Münchener Kommentar zur Insolvenzordnung

Herausgegeben von

Hans-Peter Kirchhof
Richter am Bundesgerichtshof a. D.

Dr. Hans-Jürgen Lwowski
Rechtsanwalt
Professor an der Universität Hamburg

Dr. Rolf Stürner
o. Professor an der Universität Freiburg i. Br.
Richter am Oberlandesgericht in Karlsruhe

Band 3

§§ 270–359

Internationales
Insolvenzrecht

Insolvenzsteuerrecht

Sachverzeichnis
für die Bände 1–3

Die einzelnen Bände
des Münchener Kommentars zur InsO

Band 1
Einleitung
§§ 1–102

Insolvenzrechtliche
Vergütungsverordnung (InsVV)

Band 2
§§ 103–269

Band 3
§§ 270–359

Internationales
Insolvenzrecht

Insolvenzsteuerrecht

Sachverzeichnis
für die Bände 1–3

Münchener Kommentar zur Insolvenzordnung

Band 3
§§ 270–359

Internationales
Insolvenzrecht

Insolvenzsteuerrecht

Sachverzeichnis
für die Bände 1–3

2. Auflage

Verlag C. H. Beck München 2008

Zitiervorschlag:
MünchKommInsO-*Kirchhof* § 134 RdNr. 4

Verlag C. H. Beck im Internet:
beck.de
ISBN 978 3 406 55093 5
© 2008 Verlag C. H. Beck oHG
Wilhelmstraße 9, 80801 München
Satz und Druck: Druckerei C. H. Beck Nördlingen
(Adresse wie Verlag)

Gedruckt auf säurefreiem, alterungsbeständigem Papier
(hergestellt aus chlorfrei gebleichtem Zellstoff)

Im Einzelnen haben bearbeitet:

§§ 270–279	Arne Wittig/Dr. Christian Tetzlaff
§ 280	Hans-Peter Kirchhof
§§ 281–285	Arne Wittig/Dr. Christian Tetzlaff
Vor § 286	Dr. Ulrich Ehricke
§§ 286, 287	Guido Stephan
§ 288	Dr. Ulrich Ehricke
§§ 289–291	Guido Stephan
§§ 292–295	Dr. Ulrich Ehricke
§§ 296, 297 a	Guido Stephan
§§ 298, 299	Dr. Ulrich Ehricke
§§ 300–303	Guido Stephan
§§ 304–314	Dr. Claus Ott/Dr. Mihai Vuia
§§ 315–332	Dr. Matthias Siegmann
§§ 333, 334	Dr. Eva Schumann
Vor § 335, §§ 335–339	Dr. Stefan Reinhart
§ 340	Dr. Uwe Jahn
§§ 341–358	Dr. Stefan Reinhart
§ 359	Dr. Hermannjosef Schmahl

Anhang:

Art. 102, §§ 1–11 EGInsO	Dr. Stefan Reinhart
Konzerninsolvenzrecht	Dr. Ulrich Ehricke
Art. 1–47 EuInsVO	Dr. Stefan Reinhart
Länderberichte	
Insolvenzsteuerrecht	Stephan Kling/Dr. Matthias Schüppen/ Winfried Ruh
Sachverzeichnis Bände 1–3	Ulrike Rau

Inhaltsverzeichnis

Band 1

	§§
Verzeichnis der Abkürzungen und der abgekürzt zitierten Literatur (S. XV)	
Einleitung	vor § 1
Erster Teil. Allgemeine Vorschriften	1–10
Zweiter Teil. Eröffnung des Insolvenzverfahrens. Erfaßtes Vermögen und Verfahrensbeteiligte	11–79
Erster Abschnitt. Eröffnungsvoraussetzungen und Eröffnungsverfahren	11–34
Zweiter Abschnitt. Insolvenzmasse. Einteilung der Gläubiger	35–55
Dritter Abschnitt. Insolvenzverwalter. Organe der Gläubiger	56–79
Anhang zu § 65: Insolvenzrechtliche Vergütungsverordnung (InsVV)	
Dritter Teil. Wirkungen der Eröffnung des Insolvenzverfahrens	80–147
Erster Abschnitt. Allgemeine Wirkungen	80–102

Band 2

Zweiter Abschnitt. Erfüllung der Rechtsgeschäfte. Mitwirkung des Betriebsrats	103–128
Dritter Abschnitt. Insolvenzanfechtung	129–147
Vierter Teil. Verwaltung und Verwertung der Insolvenzmasse	148–173
Erster Abschnitt. Sicherung der Insolvenzmasse	148–155
Zweiter Abschnitt. Entscheidung über die Verwertung	156–164
Dritter Abschnitt. Gegenstände mit Absonderungsrechten	165–173
Fünfter Teil. Befriedigung der Insolvenzgläubiger. Einstellung des Verfahrens	174–216
Erster Abschnitt. Feststellung der Forderungen	174–186
Zweiter Abschnitt. Verteilung	187–206
Dritter Abschnitt. Einstellung des Verfahrens	207–216
Sechster Teil. Insolvenzplan	217–269
Erster Abschnitt. Aufstellung des Plans	217–234
Zweiter Abschnitt. Annahme und Bestätigung des Plans	235–253
Dritter Abschnitt. Wirkungen des bestätigten Plans. Überwachung der Planerfüllung	254–269

Band 3

Siebter Teil. Eigenverwaltung	270–285
Achter Teil. Restschuldbefreiung	286–303
Neunter Teil. Verbraucherinsolvenzverfahren und sonstige Kleinverfahren	304–314
Erster Abschnitt. Anwendungsbereich	304
Zweiter Abschnitt. Schuldenbereinigungsplan	305–310
Dritter Abschnitt. Vereinfachtes Insolvenzverfahren	311–314

Inhaltsverzeichnis

	§§
Zehnter Teil. Besondere Arten des Insolvenzverfahrens	315–334
Erster Abschnitt. Nachlaßinsolvenzverfahren	315–331
Zweiter Abschnitt. Insolvenzverfahren über das Gesamtgut einer fortgesetzten Gütergemeinschaft	332
Dritter Abschnitt. Insolvenzverfahren über das gemeinschaftlich verwaltete Gesamtgut einer Gütergemeinschaft	333, 334
Elfter Teil. Internationales Insolvenzrecht	335–358
Zwölfter Teil. Inkrafttreten	359
Anhang:	
Einführungsgesetz zur Insolvenzordnung (EGInsO)	Art. 102 §§ 1–11
Konzerninsolvenzrecht	
EuInsVO	Art 1–47
Länderberichte	
Insolvenzsteuerrecht	
Sachverzeichnis für die Bände 1–3	

Die Bearbeiter aller drei Bände

Dr. Alfred Bergmann
Richter am Bundesgerichtshof

Dr. Georg Bitter
o. Professor an
der Universität Mannheim

Helmut Brandes
Vorsitzender Richter am Bundesgerichtshof a. D.

Wolfgang Breuer
Rechtsanwalt und Fachanwalt
für Insolvenz- und für Steuerrecht in Köln

Dr. Georg Caspers
o. Professor an der
Universität Erlangen-Nürnberg

Dr. Dr. h. c. Jochen Drukarczyk
o. Professor an der Universität Regensburg

Hans-Georg Eckert
Vorsitzender Richter am Oberlandesgericht Rostock a. D.

Dr. Ulrich Ehricke, LL.M., M.A.
o. Professor an der Universität Köln

Dr. Horst Eidenmüller, LL.M.
o. Professor an der Universität München

Dr. Guido Eilenberger
em. o. Professor an der Universität Rostock

Dr. Joseph Füchsl
Rechtsanwalt und Fachanwalt für Insolvenzrecht
in München

Dr. Hans Gerhard Ganter
Vorsitzender Richter am Bundesgerichtshof

Dr. Klaus Hubert Görg
Rechtsanwalt in Köln

Dr. Thorsten Graeber
Richter am Amtsgericht Potsdam
(Insolvenzgericht)

Bearbeiter

Dr. Hans Haarmeyer
Professor an der Fachhochschule Koblenz
RheinAhrCampus Remagen

Dr. Hendrik Hefermehl
Rechtsanwalt, Fachanwalt für Insovenzrecht, Notar und
vereidigter Buchprüfer in Stuttgart

Udo Hintzen
Diplom-Rechtspfleger, Fachhochschule Berlin

Dr. Michael Huber
Präsident des Landgerichts Passau
Honorarprofessor an der Universität Passau

Dr. Uwe Jahn
Rechtsanwalt in Frankfurt a. M.

Hans-Peter Kirchhof
Richter am Bundesgerichtshof a. D.

Stephan Kling
Rechtsanwalt in Köln

Dr. Gerhart Kreft
Vorsitzender Richter am Bundesgerichtshof a. D.

Dr. Dr. h. c. Manfred Löwisch
o. Professor an der Universität Freiburg i. Br.
und Rechtsanwalt in Stuttgart

Dr. Hans-Jürgen Lwowski
Rechtsanwalt
Professor an der Universität Hamburg

Barbara Nowak
Diplom-Rechtspflegerin
Justizamtsrätin beim
Amtsgericht Hohenschönhausen in Berlin

Dr. Claus Ott
o. Professor an der Universität Hamburg
Richter am Oberlandesgericht a. D.

Dr. Michael Passauer
Direktor des Amtsgerichts Ahrensburg

Dr. Bernd Peters
Rechtsanwalt in Hamburg

Dr. Stefan Reinhart
Rechtsanwalt und Solicitor (England & Wales)
in Frankfurt a. M.

Bearbeiter

Winfried Ruh
Dipl. Betriebswirt (FH) und Steuerberater in Freiburg

Dr. Hermannjosef Schmahl
Richter am Amtsgericht Duisburg (Insolvenzgericht)

Dr. Klaus Schmid-Burgk
Rechtsanwalt in Hamburg

Dr. Robert Schumacher, LL.M.
Notar in Aachen

Dr. Eva Schumann
o. Professorin an der Universität Göttingen

Dr. Matthias Schüppen
Rechtsanwalt, Wirtschaftsprüfer und Steuerberater in Stuttgart

Dr. Matthias Siegmann
Rechtsanwalt am BGH in Karlsruhe

Dr. Ralf Sinz
Rechtsanwalt, Fachanwalt für Insolvenzrecht und
Diplom-Kaufmann in Köln

Guido Stephan
Richter am Amtsgericht Darmstadt

Heinz Dieter Stodolkowitz
Richter am Bundesgerichtshof a. D.

Dr. Rolf Stürner
o. Professor an der Universität Freiburg i. Br.
Richter am Oberlandesgericht Karlsruhe

Dr. Christian Tetzlaff
Rechtsanwalt in Dresden

Dr. Mihai Vuia
Richter am Amtsgericht Oldenburg i. H.

Hannes Weishäupl
Notar in Mühldorf a. Inn

Arne Wittig
Chefsyndikus in Frankfurt a. M.

Redaktioneller Hinweis zu Band 2

Berichtigung

§ 146 InsO wurde in Band 2 des Münchener Kommentars zur Insolvenzordnung 2. Auflage 2007 mit falschem Rechtsstand abgedruckt.

Die Kommentierung von RiBGH a. D. *Kirchhof* ist jedoch auf dem **aktuellen Stand** Juli 2007.

Aktueller Gesetzestext:

§ 146 Verjährung des Anfechtungsanspruchs

(1) **Die Verjährung des Anfechtungsanspruchs richtet sich nach den Regelungen über die regelmäßige Verjährung nach dem Bürgerlichen Gesetzbuch.**

(2) **Auch wenn der Anfechtungsanspruch verjährt ist, kann der Insolvenzverwalter die Erfüllung einer Leistungspflicht verweigern, die auf einer anfechtbaren Handlung beruht.**

Insolvenzordnung (InsO)

Vom 5. Oktober 1994 (BGBl. I S. 2866)

Geändert durch Gesetze vom 19. 7. 1996 (BGBl. I S. 1013), vom 28. 10. 1996 (BGBl. I S. 1546), vom 24. 3. 1997 (BGBl. I S. 594), vom 16. 12. 1997 (BGBl. I S. 2942 und S. 2968), vom 6. 4. 1998 (BGBl. I S. 666), vom 22. 7. 1998 (BGBl. I S. 1878), vom 25. 8. 1998 (BGBl. I S. 2489) und vom 19. 12. 1998 (BGBl. I S. 3836), vom 21. 7. 1999 (BGBl. I S. 1642), vom 8. 12. 1999 (BGBl. I S. 2384), vom 16. 2. 2001 (BGBl. I S. 266), durch das Mietrechtsreformgesetz vom 19. 6. 2001 (BGBl. I S. 1149, 1171), durch das Zivilprozessreformgesetz vom 27. 7. 2001 (BGBl. I S. 1887), durch Gesetz vom 26. 10. 2001 (BGBl. I S. 2710), vom 13. 12. 2001 (BGBl. I S. 3574), vom 14. 3. 2003 (BGBl. I S. 345), vom 23. 12. 2003 (BGBl. I S. 2848), vom 24. 12. 2003 (BGBl. I S. 3002), vom 5. 4. 2004 (BGBl. I S. 502), vom 9. 12. 2004 (BGBl. I S. 3214), vom 15. 12. 2004 (BGBl. I S. 3396), vom 22. 3. 2005 (BGBl. I S. 837), vom 10. 11. 2006 (BGBl. I S. 2553), vom 22. 12. 2006 (BGBl. I S. 3416), vom 26. 3. 2007 (BGBl. I S. 368), vom 13. 4. 2007 (BGBl. I S. 509), und zuletzt vom 12. 12. 2007 (BGBl. I S. 2840)

BGBl. III/FNA 311-13

Siebter Teil. Eigenverwaltung

Vorbemerkungen vor §§ 270 bis 285

Übersicht

	RdNr.		RdNr.
A. Einleitung	1	III. Anordnung der Eigenverwaltung	40
B. Die Entscheidung des Gesetzgebers für die Eigenverwaltung	3	1. Anordnung der Eigenverwaltung bei Verfahrenseröffnung	41
1. Grundfragen	3	2. Nachträgliche Anordnung der Eigenverwaltung	42
a) Der Verlauf der Diskussion im Gesetzgebungsverfahren	3	IV. Aufhebung der angeordneten Eigenverwaltung	43
b) Ist-Zustand	8	1. Auf Antrag der Gläubigerversammlung	43
2. Vorbilder	9	2. Auf Antrag eines einzelnen Gläubigers	44
a) Vergleichsordnung	9	3. Auf Antrag des Schuldners	45
b) US-amerikanisches Chapter 11-Verfahren	11	V. Wahrnehmung von Verwalteraufgaben durch den Schuldner	46
c) Eigen-Zwangsverwaltung landwirtschaftlicher Grundstücke	12	1. Die Aufgaben im Überblick	46
3. Gesetzgebungsverfahren	13	2. Verwertung von Sicherungsgut	51
C. Die systematische Stellung der Eigenverwaltung als besondere Verfahrensform	16	VI. Sachwalter	55
		1. Bestellung	56
D. Praktische Bedeutung der Eigenverwaltung	17	2. Rechte und Pflichten	57
		3. Vergütung	63
E. Anwendungsbereich	19	VII. Gläubigerausschuss	64
I. Unternehmensinsolvenz	20	VIII. Gläubigerversammlung	68
II. Konzerninsolvenz und EuInsVO	23 a	IX. Gesellschaftsrechtliche Bindungen	74 a
III. Liquidations- und Reorganisationsverfahren	24	1. Problemstellung	74 a
IV. Keine Verbraucherinsolvenz	26	2. Einzelfragen	74 d
V. Besondere Arten des Insolvenzverfahrens	27	a) Kompetenzen der Hauptversammlung und des Aufsichtsrates in der insolventen AG	74 d
F. Struktur der Eigenverwaltung	28	b) Kompetenzen der Gesellschafterversammlung bei der insolventen GmbH	74 e
I. Anzuwendende Regelungen	28		
1. Allgemeine Regelungen der Insolvenzordnung	28	c) Konzernrechtliche Weisungs- und Kontrollrechte	74 f
2. Sonderregeln des Siebten Teils der Insolvenzordnung	29	G. Insolvenzplanverfahren in Eigenverwaltung	75
3. Zivilprozessordnung und Beschwerdemöglichkeiten	32	H. Beendigung des Insolvenzverfahrens	78
II. Antrag auf Eigenverwaltung	33	I. Aufhebung oder Einstellung des Insolvenzverfahrens	78
1. Schuldnerantrag	33	II. Restschuldbefreiungsverfahrens	79
2. Auswirkungen des Eigenverwaltungsantrags auf das Eröffnungsverfahren	34	III. Überwachung der Planerfüllung	81
a) Abweisung mangels Masse und Kostenvorschuss	34		
b) Sicherungsmaßnahmen	36		

A. Einleitung

1   Eine der Grundsatzfragen des Insolvenzverfahrens ist, von wem die **Verwaltungs- und Verfügungsbefugnisse im Verfahren** ausgeübt werden; denn der Inhaber dieser Rechte bestimmt als Herr des Verfahrens die Art und Weise der Abwicklung und damit in ganz erheblichem Maße das Ergebnis des Insolvenzverfahrens.[1] Auch im Rahmen der Insolvenzordnung ist es insoweit regelmäßig bei dem aus den früheren Konkurs- und Gesamtvollstreckungsverfahren bekannten Bild geblieben, dass bei Verfahrenseröffnung die Verfügungs- und Verwaltungsbefugnisse für die Insolvenzmasse vom Schuldner auf einen vom Gericht eingesetzten Verwalter übergehen.[2] Soweit das Insolvenzverfahren dann mit dem Ziel der Liquidation des Schuldnervermögens, also nicht als Insolvenzplanverfahren abgewickelt wird, hat der Insolvenzverwalter im Wesentlichen die gleichen Aufgaben und Befugnisse wie bisher bei der Liquidation im Konkurs- oder Gesamtvollstreckungsverfahren, zB hinsichtlich der Verwertung der Masse,[3] der Anfechtung von Rechtshandlungen[4] oder der Ausübung des Wahlrechts bei gegenseitigen nicht (vollständig) erfüllten Verträgen.[5]

2   Abweichend davon kann jedoch das Insolvenzverfahren auch in **Eigenverwaltung des Schuldners ohne Einsetzung eines Insolvenzverwalters** durchgeführt werden. Diese Art der Abwicklung einer Insolvenz, die – zumindest für Liquidationsverfahren – dem deutschen Insolvenzrecht früher fremd war, ist im **Siebten Teil der Insolvenzordnung (§§ 270–285) geregelt.** In ihren Grundzügen sehen die Regelungen vor, dass die Verfügungs- und Verwaltungsbefugnis im Insolvenzverfahren beim Schuldner verbleibt, dass wesentliche Aufgaben und Befugnisse statt von einem Insolvenzverwalter vom Schuldner wahrgenommen werden und dass der Schuldner dabei unter der Aufsicht eines Sachwalters steht.[6]

B. Die Entscheidung des Gesetzgebers für die Eigenverwaltung

3   **1. Grundfragen. a) Der Verlauf der Diskussion im Gesetzgebungsverfahren.** Die Diskussion, ob ein Insolvenzverfahren auch in Eigenverwaltung abgewickelt werden kann, begann bereits mit dem **Ersten Bericht der Kommission für Insolvenzrecht,** nach deren Leitsatz 1.3.1.1 im Insolvenzverfahren immer ein Verwalter bestellt werden und die Eigenverwaltung ausgeschlossen sein sollte.[7] Dabei hat die Kommission zwar nicht verkannt, dass eine Eigenverwaltung im Ausland durchaus nicht unüblich ist und mit Vorteilen verbunden sein kann. Entscheidender Gesichtspunkt, der nach Auffassung der Kommission gegen eine Fremdverwaltung sprach, war aber das Misstrauen gegen die Geschäftsleitung des Schuldners. Ausgerechnet die Personen, welche regelmäßig die Insolvenz zu verantworten hätten, seien wohl nicht geeignet, diese wieder zu bereinigen. Deshalb würde die bisherige Geschäftsleitung meistens nicht mehr das Vertrauen der Gläubiger genießen. Außerdem seien während der Dauer des Verfahrens die Funktionsbereiche des Insolvenzverwalters und

---

[1] *Grub,* Rechte und Pflichten des Schuldners in der Insolvenzordnung, in Kölner Schrift, 2. Aufl. 2000, S. 671 ff. RdNr. 19.
[2] Siehe einerseits zum bisherigen Recht § 6 KO bzw. §§ 5 Nr. 1, 2, 8 Abs. 2 GesO und andererseits § 80.
[3] Siehe einerseits zum früheren Recht § 117 Abs. 1 KO bzw. § 17 Abs. 1 GesO und andererseits § 159. Grundsätzlich neu geregelt wurde mit der Insolvenzordnung allerdings, dass auch die Verwertung von beweglichen Gegenständen, an denen Absonderungsrechte bestehen, nach § 166 weitgehend dem Insolvenzverwalter obliegt, dazu ausführlich die Kommentierung von § 166.
[4] Siehe einerseits zum bisherigen Recht §§ 29 ff. KO bzw. § 10 GesO und andererseits §§ 129 ff.
[5] Siehe einerseits zum bisherigen Recht § 17 KO bzw. § 9 Abs. 1 GesO und andererseits § 103.
[6] Ähnlich *Grub,* Rechte und Pflichten des Schuldners in der Insolvenzordnung, in Kölner Schrift, 2. Aufl. 2000, S. 671 ff. RdNr. 21 f.
[7] Hierzu und zum folgenden 1. KommBer., Begr. zu Leitsatz 1.3, S. 125 ff.

der sonstigen Insolvenzorgane einerseits und der Organe des Schuldners andererseits zu trennen und auseinanderzuhalten; dies sei aber bei einer Eigenverwaltung nicht möglich, da die Geschäftsleitung stärker den Interessen des Unternehmens und der Anteilseigner als denen der Gläubiger verpflichtet sei.

Diese Auffassung setzte sich aber in der weiteren Diskussion der Insolvenzrechtsreform **4** nicht durch, sondern im **Diskussionsentwurf des Bundesjustizministeriums** (DE) wurde die Eigenverwaltung zugelassen.[8] Dabei waren sogar zwei verschiedene Eigenverwaltungsverfahren vorgesehen. §§ 320 ff. DE trafen Regelungen zur Abwicklung einer Unternehmensinsolvenz in Eigenverwaltung unter Aufsicht eine Sachwalters, die in wesentlichen Grundzügen der jetzigen Gesetzesfassung in §§ 270 ff. entsprechen. Zusätzlich sollte nach §§ 336 ff. DE die Abwicklung von Verbraucherinsolvenzverfahren in Eigenverwaltung sogar ohne Einsetzung eines Sachwalters möglich sein. Der **Referentenentwurf**[9] und der **Regierungsentwurf**[10] übernehmen dann diese Regelungen und die Konzeption des Eigenverwaltungsverfahrens in doppelter Ausprägung – mit Sachwalter bei Unternehmensinsolvenzen und ohne Sachwalter bei Verbraucherinsolvenz – ohne weitere grundsätzlich inhaltliche Änderungen.

Trotzdem stand der **deutsche Gesetzgeber einer Eigenverwaltung des Schuldners** in **5** der Insolvenz noch im Gesetzgebungsverfahren **bis zuletzt kritisch** gegenüber. Maßgebliches Argument ist dazu immer gewesen, dass „der Bock nicht zum Gärtner gemacht" werden solle; vom Gesetzgeber so formuliert, dass eine Person, die den Eintritt der Insolvenz nicht hat vermeiden können, meist nicht dazu geeignet sein wird, die Insolvenzmasse optimal zu verwerten und im Insolvenzverfahren die Interessen der Gläubiger über eigene Interessen zu stellen.[11] Allerdings ist das Argument nur bedingt zutreffend, weil es nicht zwischen der juristischen Person mit ihren Organen und den handelnden natürlichen Personen unterscheidet. Empirische Studien zeigen, dass in den U.S.A. bei der Insolvenz großer, börsennotierter Unternehmen in den 80er Jahren über 90% der in der Geschäftsführung verantwortlichen Personen im Zusammenhang mit der Insolvenz ihre Stellung verloren haben, so dass sich ein neues Management der Sanierungsaufgabe zu stellen hatte, obwohl der *debtor in possession* in seiner Funktion bleibt. Anders sah dies allerdings bei kleineren Unternehmen aus, wo die handelnden Personen in aller Regel durch das gesamte Insolvenzverfahren die gleichen blieben.[12] Somit bleiben genügend Fälle, in denen das Misstrauen gegenüber dem Schuldner gerechtfertigt ist; und damit auch die Entscheidung des Gesetzgebers, die **Eigenverwaltung nur unter der Aufsicht eines Sachwalters zuzulassen**.[13]

Dass sich der Gesetzgeber trotz seiner kritischen Haltung, trotz massiver Kritik aus **6** Wissenschaft und Praxis[14] und trotz des Misstrauens gegenüber dem Schuldner dafür entschieden hat, die Eigenverwaltung zuzulassen, beruht im Wesentlichen auf den nach seiner

---

[8] Diskussionsentwurf (DE), Gesetz zur Reform des Insolvenzrechts, herausgegeben vom Bundesministerium der Justiz, Köln 1988.

[9] Referentenentwurf (RefE), Gesetz zur Reform des Insolvenzrechts, herausgegeben vom Bundesministerium der Justiz, Köln 1989.

[10] RegE InsO v. 15. 4. 1992, BT-Drucks. 12/2443.

[11] DE S. B289; Referentenentwurf (RefE), Gesetz zur Reform des Insolvenzrechts, herausgegeben vom Bundesministerium der Justiz, Köln 1989, S. 320; Begr. RegE InsO v. 15. 4. 1992, BT-Drucks. 12/2443, Einleitung vor § 331 RegE, S. 222. So heute auch noch *Haarmeyer/Wutzke/Förster*, Handbuch, 3. Aufl. 2001, Kap. 10 RdNr. 3.

[12] Dazu *Warren*, Business Bankruptcy, Federal Judical Center 1993, S. 68; *LoPucki/William*, Corporate Governance in the Bankruptcy Reorganization of Large, Publicly Traded Companies, 141 U. Pa. L. Rev. 669, 726 (1993); *Gilson*, Management Turnover and Financial Distress, 25 J. Fin. Econ. 241 (1989); *LoPucki*, The Debtor in Full Control – Systems Failure Under Chapter 11 of the Bankruptcy Code?, 57 Am. Bankr. L.J 247, 266 (1983).

[13] Anders als noch im Gesetzgebungsverfahren zunächst vorgeschlagen (Begr. RegE InsO v. 15. 4. 1992, BT-Drucks. 12/2443, §§ 347 ff. RegE, S. 227 ff.), gibt es eine Eigenverwaltung ohne Aufsicht durch einen Sachwalter dagegen nicht.

[14] Ein guter Überblick zu den kritischen Stimmen und zu den Argumenten findet sich bei *Grub*, Rechte und Pflichten des Schuldners in der Insolvenzordnung, in Kölner Schrift, 2. Aufl. 2000, S. 671 ff. RdNr. 26; vgl. auch die Stellungnahme bei *Uhlenbruck*, InsO, § 270 RdNr. 2, der die Kritik als „überzogen" bewertet.

Auffassung positiven Erfahrungen mit dem früheren Vergleichsverfahren. Diese Erfahrungen zeigen, dass es auch Vorteile haben kann, den Schuldner **im Insolvenzverfahren die Verfügungs- und Verwaltungsbefugnis zu belassen und ihn lediglich unter die Aufsicht eines Sachwalters** zu stellen. Diese Vorteile einer Eigenverwaltung werden vom Gesetzgeber unter vier Aspekten gesehen:[15]

- Erstens würden Kenntnisse und Erfahrungen der bisherigen Geschäftsleitung in Eigenverwaltung am besten genutzt.
- Zweitens werde die Einarbeitungszeit vermieden, die jeder Fremdverwalter benötigt.
- Drittens verursache das Verfahren insgesamt weniger Aufwand und Kosten.
- Viertens schließlich biete es einen erheblichen Anreiz für den Schuldner, rechtzeitig einen Insolvenzantrag zu stellen, wenn er damit rechnen kann, auch nach der Verfahrenseröffnung nicht völlig aus der Geschäftsführung verdrängt zu werden.

7 Erwartungsgemäß sind diese Argumente **im Gesetzgebungsverfahren nicht ohne Kritik** geblieben.[16] Auf die Diskussion in der Vergangenheit im Einzelnen noch einzugehen, erscheint müßig, da die grundsätzliche Entscheidung des Gesetzgebers getroffen ist. Es sei allerdings darauf hingewiesen, dass genau die gleichen Argumente, nämlich das Misstrauen gegenüber dem Schuldner als *debtor in possession* einerseits und die o. g. Vorteile der Eigenverwaltung andererseits auch die Diskussion zum U. S.-amerikanischen Insolvenzrecht bestimmen[17] und dort die Abwägung sogar dazu führt, dass die Eigenverwaltung für das Chapter 11-Verfahren die Regel ist. Damit ist aber noch nicht gesagt, dass die Argumente des Gesetzgebers überzeugend sind. Denn schließlich liegt dem Insolvenzverfahren U. S.-amerikanischer Prägung ein anderes Verständnis zugrunde als dem deutschen Insolvenzrecht. Dort steht im Mittelpunkt der Verfahrensziele der Schutz des Schuldners vor der Einzelzwangsvollstreckung seiner Gläubiger. Demgegenüber ist nach der ausdrücklichen gesetzlichen Bestimmung in § 1 das Insolvenzverfahren immer noch in erster Linie ein (Gesamt-)Vollstreckungsverfahren, dass der gemeinschaftlichen Befriedigung der Gläubiger dienen soll. Der Gesetzgeber hat dem jedoch in der Insolvenzordnung durch verschiedene Regelungen Rechnung getragen; insbesondere indem die Eigenverwaltung an strenge Voraussetzungen (§ 270) gebunden ist und – anders als im US-amerikanischen Chapter 11-Verfahren – auf Ausnahmen beschränkt sein soll.

8 **b) Ist-Zustand.** Entsprechend finden sich in der Diskussion **mittlerweile Stimmen, die das Eigenverwaltungsverfahren zumindest als Ausnahmeregelung befürworten.**[18] Da die Regelungen der §§ 270 ff. Möglichkeiten für unterschiedliche Gestaltungen in der Praxis lassen, erscheint jedenfalls die pauschale Kritik an der Eigenverwaltung verfehlt. Darauf hinzuweisen ist insbesondere, dass ein gesetzliches Instrumentarium zur Verfügung steht, den Schuldner ausreichend zu überwachen (§§ 274 bis 277), und ggfs. die Gläubiger – einzeln oder durch Beschluss der Gläubigerversammlung – die Möglichkeit haben, bei Fehlentwicklungen die angeordnete Eigenverwaltung durch das Insolvenzgericht aufheben zulassen (§ 272). Daneben setzt sich die Erkenntnis durch, dass Eigenverwaltung eben nicht zwangsläufig „den Bock zum Gärtner macht", da bei der Insolvenz einer Gesellschaft der

---

[15] Hierzu und zum folgenden Begr. RegE InsO v. 15. 4. 1992, BT-Drucks. 12/2443, vor § 331 RegE, S. 222 f. Auch für das U. S.-amerikanische Insolvenzrecht wird die Auffassung vertreten, dass bei Betrachtung nur des Schuldners, seiner Interessenkonflikte im Insolvenzverfahren und dem ihm gegenüber angezeigten Misstrauen es eigentlich nie zur Eigenverwaltung des *debtor in possession* kommen dürfte, wenn dem nicht auf der anderen Seite erhebliche Vorteile der Eigenverwaltung gegenüberstünden; so *Warren*, Business Bankruptcy, Federal Judical Center 1993, S. 68.

[16] Siehe dazu die ausführliche Darstellung der Meinungen bei *Vallender*, Eigenverwaltung zwischen Schuldner- und Gläubigerautonomie, WM 1998, 2129, 2130; *Grub*, Rechte und Pflichten des Schuldners in der Insolvenzordnung, in Kölner Schrift, 2. Aufl. 2000, S. 671 ff., RdNr. 26 ff.

[17] Siehe etwa bei *Warren*, Business Bankruptcy, Federal Judical Center 1993, S. 65 ff.

[18] So zB *Uhlenbruck* InsO, § 270 RdNr. 2; *Nerlich/Römermann/Riggert* vor § 270 RdNr. 6; *Blersch* in Breutigam/Blersch/Goetsch § 270 RdNr. 5; die heftige Kritik von *Pape*, Die Eigenverwaltung des Schuldners nach der Insolvenzordnung, in Kölner Schrift, 2. Aufl. 2000, S. 895 ff. RdNr. 1 wurde relativiert, vgl. *Kübler/Prütting/Pape* § 270 RdNr. 20 ff.

Schuldner und die handelnden natürlichen Personen nicht identisch sind, sondern dass durch eine Neubesetzung der Geschäftsleitung spätestens zum Zeitpunkt des Insolvenzantrags, insbesondere auch mit sanierungserfahrenen Fachleuten, der erforderliche Sachverstand bereit- und die erforderliche Vertrauensbasis hergestellt werden kann, um ein Insolvenzverfahren in Eigenverwaltung zu ermöglichen.[19] Als erstes prominentes Beispiel für eine solches Handeln des Schuldners ist insbesondere die erste Insolvenz der Philipp Holzmann AG Ende 1999 zu nennen, wo im Vorfeld des mit dem Antrag auf Eigenverwaltung verbundenen Insolvenzantrags der Finanzvorstand von seinen Aufgaben entbunden und der Vorstand um einen Sanierungsfachmann ergänzt wurde.[20] Mittlerweile ist dieser Weg bei weiteren großen Insolvenzen gewählt worden. Zu nennen ist hier u. a. die Kirch-Insolvenz,[21] die Insolvenz der Babcock-Borsig AG,[22] das Insolvenzverfahren der Drogerie-Kette „Ihr Platz" und die Eigenverwaltung bei der AgfaPhoto GmbH.[23]

2. Vorbilder. a) Vergleichsordnung. Die im Siebten Teil der Insolvenzordnung geregelte Eigenverwaltung durch den Schuldner unter Aufsicht eines neutralen Dritten ist für das deutsche Insolvenzrecht nicht völlig ohne Vorbild, weil zwar bei Liquidationsverfahren nach der Konkurs- oder Gesamtvollstreckungsordnung stets ein Verwalter eingesetzt war, aber **im Rahmen der Vergleichsordnung** zumindest nach dem Gesetz die Möglichkeit bestand, die Verfügungs- und Verwaltungsbefugnis beim Schuldner zu belassen und den Vergleichsverwalter lediglich mit Überwachungsaufgaben zu betrauen. Für den Gesetzgeber waren die Erfahrungen mit der Vergleichsordnung nicht nur ein Argument, die Eigenverwaltung im Insolvenzverfahren überhaupt zuzulassen,[24] sondern darüber hinaus hat sich die Gesetzgeber mit den Regelungen der Insolvenzordnung für die Eigenverwaltung ausdrücklich an das Modell der Vergleichsordnung angelehnt.[25]

Dies erlaubt es, beispielsweise Erkenntnisse hinsichtlich der Stellung und Aufgaben des Sachwalters, aber auch zu anderen Auslegungsfragen aus der bisherigen Rechtsprechung und Literatur zu Vergleichsordnung zu gewinnen. Denn die Eigenverwaltung trägt deutliche Züge eines Vergleichs zwischen Schuldner und den Gläubigern. Die Gläubiger gestatten dem Schuldner die Abwicklung des Insolvenzverfahrens in eigener Regie. Treten Unregelmäßigkeiten auf, zu deren Mitteilung der Sachwalter verpflichtet ist, können die Gläubiger die Eigenverwaltung beenden und ein reguläres Insolvenzverfahren einleiten.[26] Dabei ist aber zu berücksichtigen, dass die Vergleichsordnung im Wesentlichen nur hinsichtlich der Aufteilung der Befugnisse zwischen Schuldner und Vergleichsverwalter Vorbild für die Eigenverwaltung der Insolvenzordnung war, nicht aber mit ihren besonderen materiell-rechtlichen Vorschriften.[27] Vielmehr hat sich der Gesetzgeber insbesondere hinsichtlich der Wirkungen der Verfahrenseröffnung auf schuldrechtliche Beziehungen und sachenrechtliche Berechtigungen bewusst dafür entschieden, dass auch im Eigenverwaltungsverfahren die gleichen Vorschriften gelten wie im Regelinsolvenzverfahren, da die Entscheidung für oder gegen die Eigenverwaltung unbeeinflusst davon erfolgen soll, dass unterschiedliche materiell-rechtliche Regeln zur Anwendung kommen.[28]

---

[19] Vgl. *Kübler/Prütting/Pape* § 270 RdNr. 20. Anders aber immer noch *Haarmeyer/Wutzke/Förster,* Handbuch, 3. Aufl. 2001, Kap. 10 RdNr. 3.
[20] Zu dem Verfahren detailliert *Görg,* Festschrift für *Uhlenbruck,* 2000, S. 117 ff.
[21] Vgl. dazu AG München, Beschl. v. 14. 6. 2002 – 1502 IN 879/02.
[22] Vgl. dazu zB *Uhlenbruck* NJW 2002, 3219 ff. und AG Duisburg, Beschl. v. 1. 9. 2002 – 62 IN 167/02, NZI 2002, 556.
[23] Vgl. dazu zB *Bähr,* Anm. zu AG Köln, Beschl. v. 22. 8. 2005 – 71 IN 426/05, EWiR 2006, 153 f.
[24] Sehr kritisch dazu wegen der unterschiedlichen Voraussetzungen und Ziele von Vergleichs- und Eigenverwaltungsverfahren *Vallender,* Eigenverwaltung zwischen Schuldner- und Gläubigerautonomie, WM 1998, 2129, 2130.
[25] Begr. RegE InsO v. 15. 4. 1992, BT-Drucks. 12/2443, vor § 331 RegE, S. 222 f.
[26] *Kübler/Prütting/Pape* § 274 RdNr. 3.
[27] HK-*Landfermann,* 42. Aufl. 2006, vor §§ 270 ff. RdNr. 5.
[28] Begr. RegE InsO v. 15. 4. 1992, BT-Drucks. 12/2443, zu § 340 RegE, S. 225. Dies ergibt sich auch deutlich aus den Ausführungen des BGH, Beschl. v. 7. 12. 2006 – V ZB 93/06, ZIP 2007, 249 zur Frage der Verfahrensunterbrechung nach § 240 ZPO bei Eigenverwaltung.

11 **b) US-amerikanisches Chapter 11-Verfahren.** Die Eigenverwaltung ist dem Insolvenzrecht aber auch deshalb nicht neu, weil sie unter der Bezeichnung **debtor in possession** schon lange Regelform für die Abwicklung eines U. S.-amerikanischen Chapter 11-Insolvenzverfahrens ist. Während das im Bankruptcy Code[29] normierte U. S.-amerikanische Insolvenzrecht[30] für das Liquidationsverfahren im Rahmen von Chapter 7 – so wie früher die Konkurs- und Gesamtvollstreckungsordnung – die Einsetzung eines Verwalters *(trustee)* vorsieht, nimmt im Sanierungsverfahren für insolvente Unternehmen unter Chapter 11 der Schuldner als *debtor in possession* nach 11 U. S. C. § 1101 (1) die Aufgaben und Befugnisse des *trustee* in Eigenverwaltung wahr.[31] Dieses U. S.-amerikanische Verfahren in Eigenverwaltung hat besondere Bedeutung für das neue deutsche Insolvenzrecht, weil für viele Regelungen der Insolvenzordnung das Chapter 11-Verfahren Modell war und auch sonst die Erfahrungen in den USA stark in die Insolvenzrechtsreform eingeflossen sind.[32] Dies gilt insbesondere auch hinsichtlich der Entscheidung des Gesetzgebers, in Deutschland die Eigenverwaltung des Schuldners im Insolvenzverfahren einzuführen.[33]

12 **c) Eigen-Zwangsverwaltung landwirtschaftlicher Grundstücke.** Auch wenn der Gesetzgeber sich an diesem Verfahren, soweit ersichtlich, nicht orientiert hat, ist schließlich darauf hinzuweisen, dass das deutsche Recht schon bisher in § 150 b ZVG die **Eigenverwaltung bei der Zwangsverwaltung eines landwirtschaftlichen, forstwirtschaftlichen oder gärtnerischen Grundstücks vorgesehen** hat.[34] Danach ist für die Zwangsverwaltung solcher Grundstücke grundsätzlich der Schuldner zum Zwangsverwalter zu bestellen, um seine Erfahrung und Arbeitskraft für die mit der Grundstücksverwaltung verbundenen Wirtschaftsführung zu nutzen. Dagegen wäre es für die die Zwangsverwaltung betreibenden Gläubiger nachteilig, wenn ein mit dem Grundstück nicht vertrauter Dritter als Zwangsverwalter eingesetzt wird.

---

[29] Bankruptcy Code of 1978, in Kraft getreten auf Grund des Bankruptcy Reform Act of 1978, abgedruckt zB bei *King/Herzog/Wolf*, Collier Pamphlet Edition Bankruptcy Code, 1998. Der Bankruptcy Code bildet den *titel 11* des U. S. Code (nicht zu verwechseln mit Chapter 11, nämlich diesem Kapitel des Bankruptcy Code) und wird daher im Folgenden entsprechend U. S.-amerikanischen Gepflogenheiten zitiert als *11 U. S. C. § x*, mit der Nummerierung der maßgeblichen *section*.

[30] Wesentliche Bedeutung haben neben dem Bankruptcy Code allerdings noch die *Federal Rules of Bankruptcy Procedure and Official Bankruptcy Forms* (Bankruptcy Rules), in ihren Grundzügen von 1983, zuletzt geändert durch Beschluss des Supreme Court der Vereinigten Staaten vom 11. 4. 1997, abgedruckt zB bei *King*, Collier Pamphlet Edition Bankruptcy Rules, 1998. Erheblich vereinfacht lässt sich sagen, dass die Bankruptcy Rules das Prozessrecht des Insolvenzverfahrens regeln, also zB Fristen und Formen für Anträge und Rechtsmittel. Für einen Überblick zu den Rechtsquellen des U. S.-amerikanischen Insolvenzrechts siehe *Weintraub/Resnick*, Bankruptcy Law Manual, Third Edition 1992 (Cumulative Supplement 1994).

[31] Zum Verhältnis der beiden U. S.-amerikanischen Insolvenzverfahren für Unternehmen zueinander und für einen knappen Überblick zum Ablauf dieser Verfahren sowie zu den sonstigen Verfahren für insolvente Gebietskörperschaften (Chapter 9), familiengeführte landwirtschaftliche Betriebe (Chapter 12) und Verbraucher mit regelmäßigem Einkommen (Chapter 13) siehe *Warren*, Business Bankruptcy, Federal Judical Center 1993, S. 23 ff.

[32] Schon die *Kommission für Insolvenzrecht* hat ausländische Sanierungsgesetze vergleichend herangezogen, und das von der *Komission* vorgeschlagenen Reorganisationsverfahren teilt wesentliche Züge mit dem U. S.-amerikanischen Chapter 11-Verfahren; so 1. KommBer. S. 153 ff. Auch der RegE InsO v. 15. 4. 1992, BT-Drucks. 12/2443, hat sich dann für das Insolvenzplanverfahren an das Chapter 11-Verfahren angelehnt und sich für andere Regelungen an den Erfahrungen des U. S.-amerikanischen Insolvenzrechts orientiert; dazu eingehend *Funke*, Der Insolvenzplan des Entwurfs der Insolvenzordnung im Lichte der Erfahrungen mit dem amerikanischen Reorganisations- und Schuldenregulierungsrecht, in: Festschrift für Helmrich, 1994, S. 627 ff., und Begr. RegE InsO v. 15. 4. 1992, BT-Drucks. 12/2443, S. 105 f. Schließlich sind die Ergebnisse von Gesprächen, die die Berichterstatter des Rechtsausschusses bei einem Aufenthalt in New York mit amerikanischen Rechtsanwälten, Rechtswissenschaftlern, Richtern und Vertretern des Justizministeriums sowie von Banken über das U. S.-amerikanische Reorganisationsverfahren geführt haben, maßgeblich in die Arbeit des Rechtsausschusses an der Insolvenzrechtsreform und damit in die verabschiedete Fassung der Insolvenzordnung eingeflossen, *Beschlussempfehlung und Bericht des Rechtsausschusses* zum RegE InsO v. 19. 4. 1994, BT-Drucks. 12/7302, A. Zum Beratungsverfahren, S. 200.

[33] Siehe Begr. RegE InsO v. 15. 4. 1992, BT-Drucks. 12/2443, S. 106. Dazu auch *Nerlich/Römermann/Riggert* vor § 270 RdNr. 3.

[34] Auf diese Parallele weist hin *Gottwald/Haas*, Insolvenzrechts-Handbuch, § 86 RdNr. 11.

3. Gesetzgebungsverfahren. Die **Kommission für Insolvenzrecht** hatte das Für und Wider einer Eigenverwaltung ausführlich diskutiert und dann mit ihrer Mehrheit beschlossen, dass für die Abwicklung des Insolvenzverfahrens stets ein Insolvenzverwalter bestellt werden müsse. Eine Ausnahme komme nur für den ganz eng begrenzten Sonderfall eines Kleinverfahrens in Betracht, bei dem Aussicht auf einen Zwangsvergleich bestehe.

Sowohl der **Diskussionsentwurf des Bundesjustizministeriums als auch der Regierungsentwurf** sahen dagegen ein Eigenverwaltungsverfahren gleich in zwei Formen vor, nämlich die „Eigenverwaltung unter Aufsicht eines Sachwalters", die sich am früheren Vergleichsverfahren orientierte, und die „Eigenverwaltung ohne Sachwalter bei Kleinverfahren", die zur einfachen und kostensparenden Abwicklung von Verbraucherinsolvenzverfahren gedacht war.

Für die dann **verabschiedete Fassung der Insolvenzordnung übernahm der Rechtsausschuss** nur die Eigenverwaltung unter Aufsicht eines Sachwalters, wobei allerdings die Voraussetzungen der Eigenverwaltung verschärft wurden und das Eigenverwaltungsverfahren auf Ausnahmefälle beschränkt wurde. Die Eigenverwaltung ohne Sachwalter bei Kleinverfahren wurde dagegen nicht in die Insolvenzordnung aufgenommen, sondern entfiel auf Grund der kompletten Neugestaltung des Verbraucherinsolvenzverfahrens durch den Rechtsausschuss.

C. Die systematische Stellung der Eigenverwaltung als besondere Verfahrensform

Der Gesetzgeber hat das Insolvenzverfahren in Eigenverwaltung nicht vollständig geregelt, sondern gemäß § 270 Abs. 1 Satz 2 in den §§ 270 ff. **lediglich Besonderheiten gegenüber dem Regelinsolvenzverfahren normiert.** Demnach haben die §§ 270 ff. als spezialgesetzliche Regelungen Vorrang vor den allgemeinen Regelungen der Insolvenzordnung. Soweit im Siebten Teil der Insolvenzordnung keine Sonderregelungen getroffen sind, bleiben aber die allgemeinen Verfahrensregelungen der §§ 11 ff. anwendbar.[35] Dennoch formen die Sonderregelungen der §§ 270 ff. insgesamt eine eigene Verfahrensart, das Insolvenzverfahren in Eigenverwaltung.[36]

D. Praktische Bedeutung der Eigenverwaltung

Nach Verabschiedung der Insolvenzordnung blieb unklar, welche Bedeutung die Eigenverwaltung künftig haben würde. Die Einschätzungen dazu reichten von der Zielsetzung des Gesetzgebers, dass die Eigenverwaltung die Ausnahme bleiben und nicht zur Regel werden solle,[37] über die Beurteilung, dass es sich um eine „ernsthafte strategische Option" für die Lösung einer Unternehmenskrise durch Sanierung im Insolvenzverfahren handelt,[38] bis hin zur Prognose, dass die Eigenverwaltung bei mittleren und größeren Wirtschaftsunternehmen eher zum Regelinsolvenzverfahren werden wird.[39]

Tatsächlich ist aber schon die Zahl der Anträge auf Anordnung der Eigenverwaltung bisher weit hinter den Erwartungen zurückgeblieben.[40] Daneben ist **bisher eine weit**

---

[35] *Nerlich/Römermann/Riggert* vor § 270 RdNr. 2.
[36] So auch *Nerlich/Römermann/Riggert* vor § 270 RdNr. 2.
[37] *Beschlussempfehlung und Bericht des Rechtsausschusses* zum RegE der Insolvenzordnung (RegE) vom 19. 4. 1994, BT-Drucks. 12/7302, § 331 RegE, S. 185.
[38] So *Braun* in: Braun/Uhlenbruck, Unternehmensinsolvenz, Düsseldorf 1997, S. 693, vor allem für das Insolvenzplanverfahren in Eigenverwaltung.
[39] *Grub*, Rechte und Pflichten des Schuldners in der Insolvenzordnung, in Kölner Schrift, 2. Aufl. 2000, S. 671 ff. RdNr. 31.
[40] *Uhlenbruck*, InsO, § 270 RdNr. 2 f.; *Gottwald/Haas*, Insolvenzrechts-Handbuch, § 90 RdNr. 1.

verbreitete Zurückhaltung der Insolvenzgerichte gegenüber der Möglichkeit, die Eigenverwaltung anzuordnen, zu verzeichnen.[41] Hier muss allerdings festgestellt werden, dass bei den Insolvenzrichtern regional sehr unterschiedliche Standpunkte zur Durchführung von Insolvenzverfahren in Eigenverwaltung vertreten werden.[42] Die praktische Bedeutung des Verfahrens der Eigenverwaltung nimmt zu. Die Vielzahl der veröffentlichten Entscheidungen beschäftigt sich zwar mit abgelehnten Anträgen auf Eigenverwaltung,[43] andererseits konnten in einer Vielzahl von größeren Unternehmensinsolvenzen die Verfahren erfolgreich in Eigenverwaltung abgewickelt werden, so zB bei KirchMedia, Babcock-Borsig, Ihr Platz. Im Falle von Grundig scheiterte eine angedachte Eigenverwaltung. Bei der AgfaPhoto GmbH konnte die beabsichtigte übertragende Sanierung nicht durchgeführt werden, die angeordnete Eigenverwaltung wurde aufgehoben und das Verfahren als Regelinsolvenz abgewickelt. Auch in weniger spektakulären Verfahren werden mittlerweile Insolvenzverfahren in Eigenverwaltung erfolgreich durchgeführt.[44]

18 a Bei einem Teil der Insolvenzverwalterschaft bestehen weiterhin große Vorbehalte gegenüber dem Verfahren der Eigenverwaltung. Teilweise wurde hier in der Form agiert, dass der vom Gericht nach Insolvenzeinleitung bestellte Gutachter und schwache vorläufige Insolvenzverwalter beim Insolvenzgericht ausdrücklich um die Anordnung einer starken vorläufigen Insolvenzverwaltung nachgesucht hat, um so von vornherein jegliche Versuche einer Durchführung des Verfahrens in Eigenverwaltung zu unterbinden.[45] In einem anderen Fall hatte sich der vorläufige Insolvenzverwalter im Hinblick auf eine beantragte Eigenverwaltung das Recht einräumen lassen, Mitglieder der Geschäftsführung sowie Angehörige des Managements von ihren Aufgaben zu entbinden und freizustellen. Gleichzeitig hatte das Insolvenzgericht den Verwalter ermächtigt, Hausverbote für das Betriebsgrundstück des schuldnerischen Unternehmens auszusprechen.[46] Auf diese Weise hatte der Verwalter die Absicht des schuldnerischen Unternehmens, die beantragte Eigenverwaltung dadurch abzusichern, dass vor Insolvenzantragstellung sanierungserfahrene Fachleute in die Geschäftsführung berufen wurden, unterlaufen.

18 b Insbesondere bei internationalen Finanzinvestoren bestehen u. a. auch deshalb Vorbehalte gegen den Insolvenzstandort Deutschland, weil hier überwiegend noch damit gerechnet werden muss, dass sich die Gerichte, aber auch die als Gutachter eingesetzten potenziellen Anwärter auf das Amt des Insolvenzverwalters ablehnend zu einer beantragten Eigenverwaltung stellen.[47] Angesichts von spektakulären Fällen, in denen die Geschäftsleitung den

---

[41] Siehe die ablehnenden Beschlüsse AG Potsdam, Beschl. v. 7. 6. 2000 – 35 IN 224/00, DZWIR 2000, 343; AG Darmstadt, Beschl. v. 26. 2. 1999 – 9 IN 1/99, ZInsO 1999, 176 = ZIP 1999, 1494; AG Köln, Beschl. v. 17. 9. 1999 – 71 IN 28/99, ZIP 1999, 1646; AG Lübeck, Beschluss vom 4. 2. 2000 – 53 b IN 19/00, DZWiR 2000, 482; OLG Naumburg, ZInsO 2001, 810; LG Bonn, ZIP 2003, 1412; BGH, Beschl. v. 7. 7. 2005 – IX ZB 85/05, NZI 2006, 34 und in der gleichen Sache der Beschl. v. 11. 1. 2007, ZIP 2007, 394; BGH, NZI 2007, 231; NZI 2007, 238; NZI 2007, 240.

[42] Exemplarisch: RiAG Köln *Vallender*, Eine Chance für die Eigenverwaltung, NZI 2007, Heft 7 Editorial (pro) und RiAG Hamburg *Frind* ZInsO 2002, 745, 751 (contra).

[43] AG Potsdam, Beschl. v. 7. 6. 2000 – 35 IN 224/00, DZWIR 2000, 343; AG Darmstadt, Beschl. v. 26. 2. 1999 – 9 IN 1/99, ZInsO 1999, 176 = ZIP 1999, 1494; AG Köln, Beschl. v. 17. 9. 1999 – 71 IN 28/99, ZIP 1999, 1646; AG Lübeck, Beschluss vom 4. 2. 2000 – 53 b IN 19/00, DZWiR 2000, 482; OLG Naumburg, ZInsO 2001, 810; LG Bonn, ZIP 2003, 1412; BGH, Beschl. v. 7. 7. 2005 – IX ZB 85/05, NZI 2006, 34 und in der gleichen Sache der Beschl. v. 11. 1. 2007, ZIP 2007, 394; BGH, NZI 2007, 231; NZI 2007, 238; NZI 2007, 240.

[44] So in den Fällen LG Potsdam, Beschl. v. 16. 5. 2001 – 5 T 239/00, ZIP 2001, 1689 f.; LG Cottbus, Beschl. v. 17. 7. 2001 – 7 T 421/00, ZIP 2001, 2188.

[45] Vgl. zB LG Bonn, ZIP 2003, 1412. In diesem Fall hatte der zuvor zum Geschäftsführer bestellte Sanierungsfachmann allerdings nicht zeitnah eine insolvenznah auf sein Konto vorgenommene Überweisung erklären können. Aus dieser Vorgehensweise leiten sich auch Überlegungen dazu ab, dass mit der Eigenverwaltung die Abwicklung eines Insolvenzverfahrens durch einen unabhängigen Insolvenzverwalter gefährdet wird, vgl. dazu *Graf-Schlicker*, Gefährdet die Eigenverwaltung die Unabhängigkeit des Insolvenzverwalters, in Festschrift *Kirchhof*, 2003, S. 135 ff.

[46] Der BGH erklärte die vom Insolvenzgericht erlassenen Beschlüsse teilweise für rechtswidrig, BGH, NZI 2007, 231.

[47] *Vallender* NZI 2007, Heft 7 Editorial.

Firmensitz angeblich in das Ausland verlagert hatte und dort mit selbst ausgesuchten „administrators" die Insolvenz abwickeln wollte, um so vorinsolvenzliche Handlungen besser verschleiern zu können,[48] bestehen in der Praxis durchaus sachlich begründete Vorbehalte gegen die Anordnung der Eigenverwaltung. Das Instrument der Eigenverwaltung wird gerade auch deshalb kritisch betrachtet, weil es der Geschäftsführung die Möglichkeit gibt, eine allzu genaue „Durchleuchtung" der vorinsolvenzlich erfolgten Arbeit von Beratern zu unterbinden.[49] Wurden diese Berater auf Grund der Initiative von Großgläubigern eingeschaltet, so wird auch die Unterstützung der Großgläubiger für die Eigenverwaltung suspekt.

Neben der sehr restriktiven Haltung der Insolvenzgerichte wird ein Grund für die fehlende praktische Bedeutung des Eigenverwaltungsverfahrens auch darin gesehen, dass in schuldnerischen Unternehmen die Möglichkeiten und Chancen dieser Verfahrensart für eine Unternehmenssanierung im Ordnungsverfahren noch nicht bewusst sind und deshalb Anträge auf Anordnung der Eigenverwaltung, wenn sie überhaupt gestellt werden, nicht hinreichend vorbereitet sind und deshalb abgelehnt werden müssen.[50] Anträge auf Eigenverwaltung haben wohl am ehesten dann eine Chance, wenn vor der Insolvenzeinleitung sanierungserfahrene Fachleute mit guter Reputation in die Geschäftsführung des schuldnerischen Unternehmens berufen worden sind und keine Anhaltspunkte bestehen, dass sich Gesellschafter und/oder Management mit der Anordnung der Eigenverwaltung der Geltendmachung von Erstattungsansprüchen etc. entziehen wollen.[51] Andererseits wird ein derartiges Vorgehen von Seiten des Schuldners aber auch häufig vom Gericht oder vom bestellten vorläufigen Verwalter als Eingrenzung der Entscheidungsfreiheit bei der gerichtlichen Insolvenzverwalterbestellung interpretiert.[52] Es wird darauf hingewiesen, dass anstelle der externen Sanierungsfachleute, die ebenfalls kaum über nennenswerte unternehmens- und branchenbezogene Kenntnisse und Erfahrung verfügen, dann auch gleich ein Insolvenzverwalter eingesetzt werden könne. Auch der Kostenvorteil für die Anordnung der Eigenverwaltung kann sehr schnell verloren gehen, wenn in die Geschäftsführung hochkarätige Sanierungsexperten berufen werden. Dann muss aus der Insolvenzmasse die Vergütung für den Sachwalter, den Sanierungsfachmann in der Geschäftsführung sowie für die restliche Geschäftsführung (Verantwortliche für operatives Geschäft) aufgebracht werden.[53] – Gewinnen diese Gesichtspunkte bei der Entscheidung des Gerichts die „Oberhand", tendiert das Insolvenzgericht also gegen ein Eigenverwaltungsverfahren und wird zB ein starker vorläufiger Insolvenzverwalter bestellt bzw. der vorläufige Insolvenzverwalter mit Zustimmungsvorbehalt mit zusätzlichen Befugnissen gegenüber der die Eigenverwaltung anstrebenden Geschäftsführung des Schuldners ausgestattet, so wird einer der Gründe des Gesetzgebers für die Einführung der Eigenverwaltung, nämlich die Ersparnis von Einarbeitungszeit für einen Fremdverwalter, praktisch bedeutungslos.[54] Der vorläufige Verwalter hat sich dann bis zur Verfahrenseröffnung bereits in die Materie eingearbeitet. Wenn die Gläubiger sich nach Verfahrenseröffnung in der ersten Gläubigerversammlung für eine Eigenverwaltung aussprechen, so muss das Gericht dem grundsätzlich folgen. Die wesentlichen Vorteile der Eigenverwaltung (Kosten- und Zeitersparnis) können aber eigentlich nicht mehr zum Zuge kommen.

---

[48] Vgl. dazu AG Nürnberg, Beschl. v. 1. 10. 2006 – 8034 IN 1326/06, ZIP 2007, 83 (Brochier).
[49] *Förster,* ZInsO 2003, 402, 403; HambKomm-*Fiebig* Vorbem. zu §§ 270 ff. RdNr. 4.
[50] *Riggert,* Die Eigenverwaltung auf Antrag des Schuldners, Der Syndikus 2000, 36 ff.; *Haarmeyer/Wutzke/Förster,* Handbuch, 3. Aufl. 2001, Kap. 10 RdNr. 3, Fn. 8.
[51] Vgl. dazu HK-*Landfermann* § 270 RdNr. 7; *Braun/Uhlenbruck,* Unternehmensinsolvenz, 1997, S. 595; *Uhlenbruck,* NJW 2002, 3219, 3220.
[52] Vgl. dazu *Graf-Schlicker,* Gefährdet die Eigenverwaltung die Unabhängigkeit des Insolvenzverwalters?, in Festschrift *Kirchhof,* 2003, S. 135 ff.
[53] Ausführlich dazu HambKomm-*Fiebig* § 270 RdNr. 22 ff.; *Frind* ZInsO 2002, 745, 752 f.; *Noack* ZIP 2002, 1873 ff.
[54] *Hess/Weis,* InsO, Vor § 270 RdNr. 8.

E. Anwendungsbereich

19 Das Eigenverwaltungsverfahren soll nach dem Willen des Gesetzgebers im Grundsatz auf **Ausnahmefälle** beschränkt sein. Nur ein zuverlässig und kompetent erscheinender Schuldner, der das Vertrauen seine Gläubiger genießt, hat überhaupt Aussichten auf die Anordnung der Eigenverwaltung. Im Einzelnen gelten dann die folgenden rechtlichen Rahmenbedingungen.

I. Unternehmensinsolvenz

20 Die Möglichkeit, ein Insolvenzverfahren in Eigenverwaltung abzuwickeln, besteht grundsätzlich bei Unternehmensinsolvenzen. Dabei ist der **Begriff der Unternehmensinsolvenz** allein in Abgrenzung zur Verbraucherinsolvenz im Sinne von § 304 zu verstehen, da ein Verbraucherinsolvenzverfahren nach ausdrücklicher Regelung des § 312 Abs. 3 nicht in Eigenverwaltung abgewickelt werden kann.

21 Ein Eigenverwaltungsverfahren kommt damit für **natürliche Personen in Betracht, wenn sie Unternehmensträger sind,** also eine selbstständige wirtschaftliche Tätigkeit ausüben, die über das in § 304 Abs. 2 bestimmten, geringfügige Maß hinausgeht. Denkbare Anwendungsfälle für die Durchführung eines Verfahrens in Eigenverwaltung bei selbstständig tätigen Schuldnern sind etwa[55]
- die angestrebte Fortführung einer (entsprechend großen) freiberuflichen Praxis durch den Schuldner, da im Insolvenzverfahren über das Vermögen eines Arztes, Rechtsanwalts, Steuerberaters etc. der Schuldner regelmäßig weit besser als ein Insolvenzverwalter in der Lage sein sollte, den wirtschaftlichen Wert seines Unternehmens zu Anreicherung der Masse nutzbar zu machen,[56]
- die „Rettung" der berufsrechtlichen Zulassung, wenn die Verfügungsbefugnis weiterhin beim Schuldner bleibt: bei einem Rechtsanwalt wird die Durchführung des Verfahrens in Eigenverwaltung nicht weiterhelfen, da er bei Vermögensverfall seine Zulassung verliert,[57] betreibt der Schuldner hingegen eine Apotheke, so soll durch die Eigenverwaltung ein Verlust der Apothekererlaubnis abgewendet werden,[58]
- der Versuch eines wirtschaftlich gescheiterten, aber honorigen Unternehmers, kostengünstig eine Restschuldbefreiung erreichen.[59]

22 Ebenso kann das Eigenverwaltungsverfahren durchgeführt werden für die **Vereine, BGB-Gesellschaften, Personenhandelsgesellschaften und sämtliche juristischen Personen.**[60] Auch wenn die letztgenannten Gesellschaften regelmäßig Unternehmensträger sein werden, ist dies für ein Eigenverwaltungsverfahren nicht erforderlich, da sie generell gemäß § 304 Abs. 1 nicht in den Anwendungsbereich des Verbrauchinsolvenzverfahrens fallen. In Eigenverwaltung kann daher zum Beispiel auch das Insolvenzverfahren über das Vermögen eines gemeinnützigen Vereins oder einer vermögensverwaltenden GmbH durchgeführt werden.

23 Besonders geeignet erscheint das Eigenverwaltungsverfahren für **die Insolvenz von Großunternehmen.**[61] Hier kann nämlich davon ausgegangen werden, dass das Unterneh-

---

[55] Dazu auch *Uhlenbruck,* InsO, § 270 RdNr. 4 ff.; *Gottwald/Haas,* Insolvenzrechts-Handbuch, § 90 RdNr. 2; HK-*Landfermann* vor §§ 270 ff. RdNr. 7.
[56] Ausführlich dazu *Graf/Wunsch,* Eigenverwaltung und Insolvenzplan – gangbarer Weg in der Insolvenz von Freiberuflern und Handwerkern?, ZIP 2001, 1029, 1033 f.
[57] Ausführlich dazu *Tetzlaff* ZInsO 2005, 393 ff.
[58] So OVG Berlin, Beschl. v. 18. 6. 2002 – 5 S 14.02, ZVI 2004, 620.
[59] Eine solche Zielsetzung wird referiert im Fall des LG Cottbus, Beschl. v. 17. 7. 2001 – 7 T 421/00, ZIP 2001, 2188.
[60] Ähnlich *Uhlenbruck* InsO, § 270 RdNr. 2 ff.; *Pape,* Die Eigenverwaltung des Schuldners nach der Insolvenzordnung, in Kölner Schrift, 2. Aufl. 2000, S. 895 ff. RdNr. 5.
[61] Skeptischer aber HK-*Landfermann* vor §§ 270 ff. RdNr. 7; *Pape,* Die Eigenverwaltung des Schuldners nach der Insolvenzordnung, in Kölner Schrift, 2. Aufl. 2000, S. 895 ff. RdNr. 4; *Hofmann,* Die Eigenver-

men vom Unternehmensträger soweit verselbstständigt ist, vor allem bei der im Großunternehmen üblichen Fremdgeschäftsführung, dass die Interessen der tatsächlich handelnden Organe des Schuldners, nämlich der Geschäftsführung, unabhängiger von den Interessen der Eigentümer des Schuldners, nämlich der Gesellschafter, sind und damit bei einem Interessenkonflikt zwischen Gläubiger- und Schuldnerinteressen weniger zu befürchten ist, dass die Schuldnerinteressen unter Verletzung der Regeln der Insolvenzordnung zu Lasten der Gläubigerinteressen bevorzugt werden. Eine typische Konstellation, bei der dann das Eigenverwaltungsverfahren sinnvoll sein kann, liegt vor, wenn die soeben ausgewechselte und sinnvollerweise um einen Insolvenzrechtsexperten ergänzte Geschäftsführung des insolventen Unternehmens im Einvernehmen mit den Großgläubigern eine Sanierung im Insolvenzverfahren erreichen will, zB weil

- die Insolvenz nur auf einem größeren Forderungsausfall beruht, das Unternehmen nach entsprechender Reorganisation aber wieder auf Dauer ertragsfähig ist;
- die außergerichtliche Sanierung am Widerspruch einzelner Gläubiger gescheitert ist und deshalb die Restrukturierung mit einem inhaltsgleichen Insolvenzplan angestrebt wird;
- aus unternehmensstrategischen Überlegungen die (neue) Geschäftsleitung in Absprache mit den (Groß-)Gläubigern das Insolvenzverfahren bewusst als Sanierungsverfahren anstrebt und deshalb einen Eigenantrag, verbunden mit Vorlage eines Insolvenzplans, stellt;
- bei einer Personenhandelsgesellschaft (insbesondere OHG und KG) die persönlich haftenden Gesellschafter mit einem Insolvenzplan für die Gesellschaft zugleich die persönliche Restschuldbefreiung nach § 227 Abs. 2 erreichen wollen.[62]

Zu den Unternehmensinsolvenzen im Sinne des Siebten Teils der Insolvenzordnung gehören schließlich auch die Insolvenzverfahren über das Vermögen der **juristischen Personen des öffentlichen Rechts,** soweit diese nach § 12 überhaupt insolvenzfähig sind.

II. Konzerninsolvenz und EuInsVO[63]

Zusätzliche Bedeutung kommt dem Institut der Eigenverwaltung im internationalen Zusammenhang und bei der Abwicklung von Konzerninsolvenzen zu. So hat das AG Köln die Eigenverwaltung im Rahmen eines **Sekundärinsolvenzverfahrens** gem. Art. 3 Abs. 3 EuInsVO angeordnet, umso eine Kooperation zwischen den Verwaltern im Haupt- und Sekundärinsolvenzverfahren zu erleichtern.[64] Die einheitliche Leitung liegt in diesem Fall in den Händen des im Rahmen des Hauptinsolvenzverfahrens eingesetzten Verwalters, der die Leitungsorgane der eigenverwalteten Schuldnerin ersetzt oder dem zumindest auf Grund der Konzernstruktur Weisungsrechte gegenüber diesen Leitungsorganen zustehen. Im Rahmen der Eigenverwaltung wird diesen dann lediglich ein Sachwalter mit Überwachungsfunktion zur Seite gestellt. Ob es sich hierbei um eine taugliches Modell für die Abwicklung einer gesetzlich nicht vorgesehenen **Konzerninsolvenz** handelt, bleibt abzuwarten.[65]

III. Liquidations- und Reorganisationsverfahren

Bei einer **Unternehmensinsolvenz** sind in Eigenverwaltung ein **Liquidationsverfahren und ein Reorganisationsverfahren** möglich.[66] Denn §§ 282, 284 zeigen, dass in Eigenverwaltung ein Insolvenzplanverfahren mit dem Hauptziel der Reorganisation des

---

waltung insolventer Kapitalgesellschaften im Konflikt zwischen Gesetzeszweck und Insolvenzpraxis, ZIP 2007, 260 ff.

[62] Zu solchen Anwendungsfällen auch *Hess/Weis,* InsO, Vor § 270 RdNr. 10; *Haarmeyer/Wutzke/Förster,* Handbuch, 3. Aufl. 2001, Kap. 10 RdNr. 3; HK-*Landfermann* vor §§ 270 ff. RdNr. 7; *Gottwald/Haas,* Insolvenzrechts-Handbuch, § 90 RdNr. 1; *Pape,* Die Eigenverwaltung des Schuldners nach der Insolvenzordnung, in Kölner Schrift, 2. Aufl. 2000, S. 895 ff. RdNr. 5.

[63] Siehe hierzu im Anhang *Reinhart* (EuInsVO) und *Ehricke* (Konzerninsolvenzrecht).

[64] AG Köln, ZInsO 2004, 216; vgl. dazu *Smid* DZWIR 2004, 397, 408; *Meyer-Löwy/Poertzgen* ZInsO 2004, 195 ff.

[65] HambKomm-*Fiebig* Vorbem. zu §§ 270 ff. RdNr. 6.

[66] Zur Diskussion mit Nachweisen auch der Gegenansicht siehe bei § 270 RdNr. 49 f.

Schuldner ebenso durchgeführt werden kann wie ein reguläres Insolvenzverfahren nach den gesetzlichen Vorgaben, das primär die Liquidation des Schuldnervermögens zum Ziel hat und auch sonst dem früheren Konkursverfahren in seinen wesentlichen Grundzügen entspricht.[67]

25 In dieser Erstreckung der Eigenverwaltung auch auf das Liquidationsverfahren liegt eine **grundsätzliche Neuerung des Insolvenzrechts.** Denn bisher war – wie erwähnt – die Eigenverwaltung in Deutschland nur im Vergleichsverfahren möglich. Ebenso kann auch in den USA die Eigenverwaltung durch den *debtor in possession* nur bei dem Reorganisationsverfahren unter Chapter 11 ausgeübt werden, während im Liquidationsverfahren des Chapter 7 zwingend ein *trustee* eingesetzt ist, auf den die Verwaltung übergeht. Jeder Bezug auf das deutsche Vergleichsverfahren oder auf das U. S.-amerikanische Chapter 11-Verfahren muss daher im Auge behalten, dass beide Verfahren zwar die Eigenverwaltung kannten bzw. kennen, dass aber die Eigenverwaltung im Rahmen der Insolvenzordnung zumindest dann in einem völlig anderen Umfeld als diese beiden Verfahren steht, wenn sie nicht als Insolvenzplanverfahren, sondern als reguläres Insolvenzverfahren mit der Zielsetzung der Liquidation durchgeführt wird.

IV. Keine Verbraucherinsolvenz

26 Handelt es sich beim Schuldner nicht um ein Unternehmen, sondern um eine natürliche Person, die keine oder nur eine geringfügige selbstständige wirtschaftliche Tätigkeit ausübt **(Verbraucher),** steht für das Insolvenzverfahren die Eigenverwaltung nicht zur Verfügung. Denn gemäß § 304 muss für Verbraucher zwingend ein Verbraucherinsolvenzverfahren durchgeführt werden. Dies kann nach der ausdrücklichen gesetzlichen Regelung nicht in Eigenverwaltung geschehen (§ 312 Abs. 3). In der ganz überwiegenden Anzahl der Insolvenzverfahren, die natürliche Personen betreffen, kommt daher ein Eigenverwaltungsverfahren nicht in Betracht.[68] Hinsichtlich der Durchführung von Insolvenzverfahren über das Vermögen von selbstständig tätigen natürlichen Personen in Eigenverwaltung wird auf die Ausführungen unter RdNr. 21 verwiesen.

V. Besondere Arten des Insolvenzverfahrens

27 Im Zehnten Teil der Insolvenzordnung sind das Nachlassinsolvenzverfahren, das Insolvenzverfahren über das Gesamtgut einer fortgesetzten Gütergemeinschaft und das Insolvenzverfahren über das gemeinschaftlich verwaltete Vermögen einer Gütergemeinschaft als besondere Arten des Insolvenzverfahrens geregelt. Diese **besondere Arten des Insolvenzverfahrens können in Eigenverwaltung durchgeführt** werden. Dies wird zwar selten praktisch werden. Die Anwendung der Regeln des Siebten Teils ist für diese Insolvenzverfahren, anders als für das Verbraucherinsolvenzverfahren in § 312 Abs. 3, nicht ausdrücklich ausgeschlossen. Im Umkehrschluss kann daher davon ausgegangen werden, dass der Gesetzgeber eine Eigenverwaltung in diesem besondern Arten des Insolvenzverfahrens nicht ausschließen wollte.[69]

27a Beim Nachlassinsolvenzverfahren verbleibt die Verwaltungs- und Verfügungsbefugnis also beim Erben. Eine Anordnung der Eigenverwaltung wird grundsätzlich dann nicht in Betracht kommen, wenn wechselseitige Ansprüche zwischen Nachlass und Erben gem. §§ 1978, 1979 BGB oder Haftungsansprüche gem. § 1980 BGB gegen den Erben geltend zu machen sind.[70]

---

[67] Zu Liquidationsverfahren in Eigenverwaltung siehe LG Potsdam, Beschl. v. 16. 5. 2001 – 5 T 239/00, ZIP 2001, 1689 f. (Einstellung des Geschäftsbetriebs des Schuldners im Verfahren), LG Cottbus, Beschl. v. 17. 7. 2001 – 7 T 421/00, ZIP 2001, 2188 (Einstellung des Geschäftsbetriebs schon vor Verfahrenseröffnung).
[68] *Pape,* Die Eigenverwaltung des Schuldners nach der Insolvenzordnung, in Kölner Schrift, 2. Aufl. 2000, S. 895 ff. RdNr. 4.
[69] *Nerlich/Römermann/Riggert* § 270 RdNr. 15.
[70] HambKomm-*Fiebig* § 270 RdNr. 12; aA AG Köln, ZInsO 1999, 601.

F. Struktur der Eigenverwaltung

I. Anzuwendende Regelungen

1. Allgemeine Regelungen der Insolvenzordnung. Für die Eigenverwaltung sind gemäß § 270 grundsätzlich die **allgemeinen Vorschriften der Insolvenzordnung** anzuwenden. Daher läuft auch das Verfahren in Eigenverwaltung im Prinzip wie ein reguläres Insolvenzverfahren ab. Denn nach dem Willen des Gesetzgebers sollen auch bei der Eigenverwaltung die materiellen Regelungen des Insolvenzrechts im Grundsatz unverändert gelten;[71] so sollen insbesondere die Ausübung des Wahlrechts bei gegenseitigen Verträgen (§ 279) und die Insolvenzanfechtung (§ 280) unter den gleichen Voraussetzungen möglich sein wie im Regelverfahren. Insbesondere bleibt es nach § 1 dabei, dass Ziel des Insolvenzverfahrens auch bei Anordnung der Eigenverwaltung die bestmögliche, gemeinschaftliche Befriedigung der Gläubiger ist und die Gläubiger darüber entscheiden, ob dazu das Vermögen des Schuldners durch Liquidation verwertet oder in einem Insolvenzplan eine abweichende Regelung zum Erhalt des Unternehmens getroffen wird.[72] Für die Eigenverwaltung gelten grundsätzlich die gleichen Regelungen wie bei der Regelinsolvenz: Mit der Eröffnung eines Insolvenzverfahrens in Eigenverwaltung tritt zB nach § 240 ZPO eine Verfahrensunterbrechung bei laufenden Rechtsstreitigkeiten ein.[73] Auch eine Freigabe von Gegenständen ist möglich, vgl. Kommentierung § 270 RdNr. 68 a.

28

Die Eigenverwaltung stellt keine eigene Verfahrensart dar, die selbstständig beantragt und deren Ablehnung nach § 34 InsO angegriffen werden könnte.[74]

28 a

2. Sonderregeln des Siebten Teils der Insolvenzordnung. Jedoch sind für **einzelne Bereiche besondere Regelungen** in den §§ 270–285 getroffen worden. Diese gehen als lex speciales den allgemeinen Regelung vor.[75] Die spezialgesetzlichen Sonderregeln des Siebten Teils betreffen im Wesentlichen zwei Komplexe.[76]

29

Zum einen werden in §§ 270–273 die **Voraussetzungen und das Verfahren für die Anordnung bzw. Aufhebung der Eigenverwaltung** festgelegt. Insbesondere kann danach das Insolvenzgericht die Eigenverwaltung nur anordnen, wenn keine Nachteile für die Gläubiger zu erwarten sind (§ 270 Abs. 2 Nr. 3); und die Eigenverwaltung ist aufzuheben, wenn die Gläubigerversammlung dies verlangt (§ 272 Abs. 1 Nr. 1).

30

Zum anderen ist in den §§ 274–285 geregelt, wie die **Aufgaben,** die sonst in einem regulären Insolvenzverfahren vom Insolvenzverwalter wahrzunehmen sind, **zwischen dem Schuldner und dem Sachwalter verteilt sind.** Dabei orientiert sich die Insolvenzordnung an dem Leitbild, dass die laufenden Geschäfte im Eigenverwaltungsverfahren vom Schuldner geführt werden, während der Sachwalter zum einen diese Geschäftsführung kontrolliert und unterstützt sowie zum anderen die Aufgaben wahrnimmt, die im regulären Insolvenzverfahren der Insolvenzverwalter in erster Linie im Interesse der Gläubiger wahrzunehmen hat.[77] Bei diesen dem Sachwalter als insolvenztypisch zur Erfüllung in eigener Verantwortung zugewiesenen Aufgaben handelt es sich insbesondere um die Entgegen-

31

---

[71] Begr. RegE InsO v. 15. 4. 1992, BT-Drucks. 12/2443, Einleitung vor § 331 RegE, S. 223.
[72] *Beschlussempfehlung und Bericht des Rechtsausschusses* zum RegE der Insolvenzordnung (RegE) vom 19. 4. 1994, BT-Drucks. 12/7302, zu § 331, S. 185; *Vallender*, Eigenverwaltung zwischen Schuldner- und Gläubigerautonomie, WM 1998, 2129, 2135; *Haarmeyer/Wutzke/Förster*, Handbuch, 3. Aufl. 2001, Kap. 10 RdNr. 4.
[73] BGH, Beschl. v. 7. 12. 2006 – V ZB 93/06, ZIP 2007, 249 f.
[74] BGH, Beschl. v. 11. 1. 2007 – IX ZB 85/05, ZIP 2007, 394, 395.
[75] Ebenso *Hess/Weis*, InsO, Vor § 270 RdNr. 6.
[76] Zu dieser Struktur auch *Gottwald/Haas*, Insolvenzrechts-Handbuch, § 86 RdNr. 3; HK-*Landfermann*, 2. Aufl. 2001, vor §§ 270ff. RdNr. 6; *Hess/Weis*, InsO, Vor § 270 RdNr. 11 ff. Siehe zu den Sonderregeln im Überblick auch *Haußmann*, Ablauf der Eigenverwaltung, ZInsO 1998, 264, 265.
[77] Begr. RegE InsO v. 15. 4. 1992, BT-Drucks. 12/2443, zu § 331 RegE, S. 223.

nahme von Forderungsanmeldungen (§ 270 Abs. 3 Nr. 2), die Durchsetzung von Ansprüchen auf Ersatz des Gesamtschadens (§ 280), die Insolvenzanfechtung (§ 280) und die Anzeige der Masseunzulänglichkeit (§ 285).

32 **3. Zivilprozessordnung und Beschwerdemöglichkeiten.** Soweit nicht explizite Regelungen vorhanden sind, finden auf das Insolvenzverfahren **subsidiär die Vorschriften der Zivilprozessordnung Anwendung.** Wegen der Verweisung des § 270 Abs. 1 Satz 2 auf die allgemeinen Vorschriften gilt dies auch für das Eigenverwaltungsverfahren. Bei Heranziehung von Normen gelten damit primär die Sonderregelungen im Siebten Teil der Insolvenzordnung. Soweit dort keine besonderen Regelungen getroffen worden sind, sind auf der nächsten Regelungsebene die allgemeinen Vorschriften der Insolvenzordnung anzuwenden. Soweit auch danach noch eine Regelungslücke verbleibt, können über § 4 die Vorschriften der Zivilprozessordnung Anwendung finden.[78]

So ist es u. a. möglich, dass Gläubiger Schutzschriften an das Insolvenzgericht senden, wo sie ihre Bedenken gegen die Anordnung der Eigenverwaltung zur Kenntnis bringen.[79]

32a Die Entscheidung über die Anordnung oder Ablehnung einer Eigenverwaltung nach § 270 ist einer Überprüfung durch ein Beschwerdegericht entzogen. Ein Recht des Schuldners zur Einlegung einer Beschwerde gegen die Ablehnung der Eigenverwaltung ergibt sich nicht aus § 270 Abs. 1 Satz 2 i. V. m. § 34.[80] § 270 Abs. 1 Satz 2 verweist auf die allgemeinen Vorschriften „für das Verfahren". § 34, der die Befugnis zur sofortigen Beschwerde gegen die Entscheidung über einen Eröffnungsantrag behandelt, wird von dieser Verweisung nicht erfasst. In den §§ 270 ff. ist enumerativ geregelt, gegen welche Maßnahmen eine sofortige Beschwerde stattfindet. Es handelt sich um die Aufhebung der Eigenverwaltung auf Antrag eines Gläubigers (§ 272 Abs. 2) sowie um die vorzeitige Entlassung und die Vergütung des Sachwalters (§ 274 Abs. 1 i. V. m. §§ 59, 64 InsO).[81]

II. Antrag auf Eigenverwaltung

33 **1. Schuldnerantrag.** Das Eigenverwaltungsverfahren beginnt wie das Regelinsolvenzverfahren mit dem Antrag auf Insolvenzeröffnung des Schuldners oder eines Gläubigers. Eine Weichenstellung weg vom Regelinsolvenzverfahren und hin zum Eigenverwaltungsverfahren setzt dann zwingend voraus, dass der **Schuldner selbst den Antrag auf Eigenverwaltung** stellt; und zwar – zumindest nach dem Gesetzeswortlaut – spätestens bis zur Entscheidung des Gerichts über die Eröffnung des Insolvenzverfahrens (siehe dazu bei § 270 RdNr. 11 ff.; § 271 RdNr. 3 ff.). Der mit dem Insolvenzantrag eingeleitete Verfahrensabschnitt ist das Eröffnungsverfahren. Wie im Regelinsolvenzverfahren wird das Eröffnungsverfahren beendet, wenn das Insolvenzgericht die Eröffnung des Insolvenzverfahrens beschließt (§ 27 i. V. m. § 270 Abs. 1 Satz 2).[82] Stellt zunächst ein Gläubiger Insolvenzantrag und folgt danach der Eigenantrag des Schuldners mit dem Antrag auf Eigenverwaltung, so muss der antragstellende Gläubiger der Eigenverwaltung zustimmen (§ 270 Abs. 2 Nr. 2). § 270 Abs. 2 Nr. 2 findet allerdings dann keine Anwendung, wenn der Gläubigerantrag erst nach Stellung des Eigenantrages des Schuldners gestellt wird.[83]

33a Der Schuldner darf den Insolvenzantrag nicht unter der **Bedingung** der Anordnung der Eigenverwaltung stellen.[84] Liegt nur der Insolvenzgrund der drohenden Zahlungsunfähigkeit, so hat das Insolvenzgericht dem Schuldner die Möglichkeit zu geben, seinen Insolvenzantrag zurückzunehmen, wenn es die beantragte Eigenverwaltung ablehnen will.

---

[78] *Nerlich/Römermann/Riggert* § 270 RdNr. 16; vgl. dazu auch BGH ZIP 2007, 249 zur Anwendung des § 240 ZPO auf eröffnete Insolvenzverfahren in Eigenverwaltung.
[79] *Bichlmeier* DZWiR 2000, 62 ff.
[80] BGH, Beschl. v. 11. 1. 2007 – IX ZB 85/05, ZIP 2007, 394, 395; aA *Uhlenbruck* ZInsO 2003, 821, 822.
[81] BGH, Beschl. v. 11. 1. 2007 – IX ZB 85/05, ZIP 2007, 394, 395.
[82] Ebenso *Nerlich/Römermann/Riggert* vor § 270 RdNr. 7.
[83] AG Köln, Beschl. v. 22. 8. 2005 – 71 IN 426/05, ZIP 2005, 1975 ff.
[84] *Schlegel* ZIP 1999, 954, 957; HambKomm-*Fiebig* § 270 RdNr. 14.

Liegt der Mittelpunkt der hauptsächlichen Interessen des Schuldners gem. Art. 3 **EuIns-** 33 b
VO in einem anderen EU-Mitgliedstaat, und ist dort bereits ein Hauptinsolvenzverfahren eröffnet worden, so ist der dort bestellte Hauptinsolvenzverwalter ebenfalls befugt, einen Antrag auf Anordnung der Eigenverwaltung im Rahmen des deutschen Sekundärinsolvenzverfahrens zu stellen.[85]

2. Auswirkungen des Eigenverwaltungsantrags auf das Eröffnungsverfahren. 34
a) Abweisung mangels Masse und Kostenvorschuss. Für die Entscheidung nach § 26 Abs. 1 Satz 1, ob der Antrag auf Eröffnung des Insolvenzverfahrens abzuweisen ist, weil das Vermögen des Schuldners voraussichtlich nicht ausreichen wird, um die Kosten des Verfahrens zu decken, muss das Insolvenzgericht die geringeren Verfahrenskosten der Eigenverwaltung dann berücksichtigen, wenn nach den sonstigen Voraussetzungen des § 270 die Anordnung der Eigenverwaltung in dem Beschluss über die Eröffnung des Insolvenzverfahrens anzuordnen ist.

Müßte der Antrag auf Eröffnung des Insolvenzverfahrens nach § 26 Abs. 1 Satz 1 35 mangels Masse abgewiesen werden, hat das Insolvenzgericht vom Gläubiger, der den Insolvenzantrag gestellt hat, in der Regel **vor Abweisung einen Kostenvorschuss im Sinne von § 26 Abs. 1 Satz 2 einzufordern.** Hat dagegen der Schuldner den Antrag auf Verfahrenseröffnung gestellt, entscheidet das Insolvenzgericht über die Anforderung eines Vorschusses nach freiem Ermessen.[86] Bei diesem freien Ermessen bleibt es auch dann, wenn der Schuldner den Insolvenzantrag mit dem Antrag auf Anordnung der Eigenverwaltung verbindet. Wenn der Schuldner meint, angesichts der beantragten Eigenverwaltung habe das Insolvenzgericht den Vorschuss zu hoch bemessen, so kann der Schuldner gegen die Entscheidung des Gerichts nicht vorgehen. Es wird zwar davon ausgegangen, dass der Schuldner im Rahmen einer sofortigen Beschwerde gegen die Abweisung des Insolvenzantrages geltend machen kann, der angeforderte, aber nicht gezahlte Vorschuss sei fehlerhaft berechnet,[87] über diesen „Umweg" kann der Schuldner aber nicht erreichen, dass er doch die Entscheidung über die Anordnung oder Ablehnung der Eigenverwaltung nach § 270 angreifen kann. Es gibt kein Rechtsmittel gegen die Ablehnung der Eigenverwaltung.[88] Das Insolvenzgericht kann nicht vom Schuldner gezwungen werden, einen geringeren Vorschuss anzufordern, da dies zwingend die Anordnung der Eigenverwaltung voraussetzen würde.[89]

Zweckbestimmungen bei der Zahlung des Vorschusses sind unzulässig.[90] Stellt ein Dritter 35 a den Vorschuss nur für den Fall der Durchführung des Insolvenzverfahrens in Eigenverwaltung zur Verfügung, so kann das Insolvenzverfahren nicht eröffnet werden.[91]

b) Sicherungsmaßnahmen. Diskutiert wird in der Literatur, ob der Antrag des Schuld- 36 ners auf Eigenverwaltung das Eröffnungsverfahren insoweit beeinflusst, als dass damit **das Insolvenzgericht beschränkt wird hinsichtlich der Sicherungsmaßnahmen,** die sonst gemäß §§ 21 ff. angeordnet werden können.[92]

Dazu wird zum Teil vertreten, dass auch bei einem zulässigen und nicht offensichtlich 37 unbegründeten Eigenverwaltungsantrag **sämtliche Sicherungsmaßnahmen wie bei einem Antrag auf Eröffnung eines Regelinsolvenzverfahrens möglich** und unter den gleichen Voraussetzungen zu treffen seien. Insbesondere käme die vorläufige Insolvenzver-

---

[85] AG Köln, ZInsO 2004, 216, 219; HambKomm-*Fiebig* § 270 RdNr. 15; *Meyer-Löwy/Poertzgen* ZInsO 2004, 195, 198; aA *Smid* DZWIR 2004, 397, 400; *Beck* NZI 2006, 609, 616 f.
[86] Dazu ausführlich HK-*Kirchhof*, 4. Aufl. 2006, § 26 RdNr. 22 ff. m. w. Nachw.
[87] LG Traunstein, NZI 2000, 439; *Jaeger/Schilken*, InsO, § 34 RdNr. 15.
[88] BGH, Beschl. v. 11. 1. 2007 – IX ZB 85/05, ZIP 2007, 394.
[89] BGH, Beschl. v. 11. 1. 2007 – IX ZB 85/05, ZIP 2007, 394.
[90] BGH, Beschl. v. 7. 7. 2005 – IX ZB 85/05, NZI 2006, 34.
[91] BGH, Beschl. v. 7. 7. 2005 – IX ZB 85/05, NZI 2006, 34.
[92] Zur Diskussion siehe *Vallender*, Eigenverwaltung zwischen Schuldner- und Gläubigerautonomie, WM 1998, 2129, 2132; *Kübler/Prütting/Pape*, Stand 8. Lfg. 2000, § 270 RdNr. 14; *Pape*, Die Eigenverwaltung des Schuldners nach der Insolvenzordnung, in Kölner Schrift, 2. Aufl. 2000, S. 895 ff. RdNr. 12.

waltung, verbunden mit dem Erlass von Verfügungsverboten, also die Einsetzung eines starken vorläufigen Insolvenzverwalters in Betracht.[93] Denn erst am Ende des Eröffnungsverfahrens stehe fest, ob die Voraussetzungen für die Anordnung einer Eigenverwaltung vorliegen. Bis zu diesem Zeitpunkt unterscheide sich das Sicherungsbedürfnis der Gläubiger nicht von dem Sicherungsbedürfnis ohne einen Antrag des Schuldners auf Eigenverwaltung. Erst wenn das Gericht absehen könne, dass der Antrag nicht missbräuchlich gestellt worden ist und der Schuldner die erforderliche Integrität für eine Eigenverwaltung besitzt, bestehe Anlass, über eine Aufhebung von Sicherungsmaßnahmen gemäß § 25 nachzudenken. Bis dahin könne im Eröffnungsverfahren mit der Anordnung von Zustimmungsvorbehalten oder der Einsetzung eines starken vorläufigen Insolvenzverwalters die Kooperationsbereitschaft des Schuldners überprüft werden.

38 Demgegenüber wird von anderen Stimmen[94] zu Recht darauf hingewiesen, dass die Anordnung eines allgemeinen Verfügungsverbots mit gleichzeitiger Bestellung eines vorläufigen Insolvenzverwalters („starker vorläufiger Insolvenzverwalter") **regelmäßig eine spätere Eigenverwaltung durch den Schuldner praktisch unmöglich macht,** weil dieser zunächst seiner Verfügungsbefugnis verliert und damit sowohl für die geschäftsführenden Organe die Möglichkeit genommen wird, ihr Sanierungskonzept in Insolvenzverfahren umzusetzen, wie auch jedes Vertrauen der Geschäftspartner in ein Sanierungskonzept des Schuldners zerstört wird. Außerdem ließe der zwischenzeitliche Verlust der Geschäftsführungsbefugnis bei Einsetzung eines starken vorläufigen Insolvenzverwalters wegen des damit verbundenen Verlustes der Einsicht in das Unternehmen stets befürchten, dass wegen der erneut notwendigen Einarbeitung bei Anordnung der Eigenverwaltung einer Verfahrensverzögerung zu erwarten wäre. Damit würde die Einsetzung eines starken vorläufigen Insolvenzverwalters auf Grund § 270 Abs. 2 Nr. 3 „automatisch" das Eigenverwaltungsverfahren verhindern.

39 Richtig erscheint es deshalb, zumindest in all denjenigen Fällen, in denen die Eigenverwaltung konkret in Betracht kommt und die Voraussetzungen einer entsprechenden Anordnung überwiegend wahrscheinlich sind, dem Schuldner **kein allgemeines Verfügungsverbot aufzuerlegen und nur einen schwachen vorläufigen Verwalter** einzusetzen.[95] Außerdem sollte keine vorläufige Postsperre nach § 21 Abs. 2 Nr. 4 angeordnet werden, da dies dem Grundsatz widerspräche, dass die Geschäftsführungsbefugnis dem Schuldner in Eigenverwaltungsverfahren erhalten bleibt.[96] Dabei kann dem Sicherungsbedürfnis der Gläubiger durch Anordnung eines allgemeinen Zustimmungsvorbehalts nach § 21 Abs. 2 Nr. 2, 2. Alt. Rechnung getragen werden, weil so ein Insolvenzeröffnungsverfahren gestaltet wird, dass in seinen wesentlichen Grundzügen dem bewährten „Vergleichsverfahren Kölner Prägung" entspricht.[97] Während dem Schuldner dabei die Verwaltungs- und Verfügungsbefugnis verbleibt, verhindert die notwendige Einbindung des vorläufigen Insolvenzverwalters bei sämtlichen Verfügungen gläubigerschädigende Rechtshandlungen. Zugleich testet die notwendige gemeinsame Unternehmensleitung durch Schuldner und vorläufigen Insolvenzverwalter, ob der Schuldner zu der im Eigenverwaltungsverfahren gemäß §§ 275–277 erforderlichen Kooperation mit dem Sachwalter willens und fähig ist.

---

[93] So mit der nachstehenden Begr. *Haarmeyer/Wutzke/Förster,* Handbuch, 3. Aufl. 2001, Kap. 10 RdNr. 11; *Kübler/Prütting/Pape* § 270 RdNr. 107.
[94] *Vallender,* Eigenverwaltung zwischen Schuldner- und Gläubigerautonomie, WM 1998, 2129, 2132; HK-*Landfermann* vor §§ 270 ff. RdNr. 13.
[95] So auch *Vallender,* Eigenverwaltung zwischen Schuldner- und Gläubigerautonomie, WM 1998, 2129, 2132; HK-*Landfermann* vor §§ 270 ff. RdNr. 13. *Pape,* Die Eigenverwaltung des Schuldners nach der Insolvenzordnung, in Kölner Schrift, 2. Aufl. 2000, S. 895 ff. RdNr. 12.
[96] Vgl. HK-*Landfermann* vor § 270 ff. RdNr. 13. Für das Eröffnungsverfahren anders *Pape,* Die Eigenverwaltung des Schuldners nach der Insolvenzordnung, in Kölner Schrift, 2. Aufl. 2000, S. 895 ff. RdNr. 25.
[97] Ausführlich hierzu und zum folgenden *Vallender,* Eigenverwaltung zwischen Schuldner- und Gläubigerautonomie, WM 1998, 2129, 2132.

III. Anordnung der Eigenverwaltung

Das Insolvenzverfahren wird in Eigenverwaltung durchgeführt, wenn dies vom **Insol-** 40 **venzgericht angeordnet** wird. Diese Anordnung kann nach § 270 bei Eröffnung des Insolvenzverfahrens, aber auch erst später nach § 271 auf Grund eines entsprechenden Beschlusses der ersten Gläubigerversammlung erfolgen. Das Gericht trifft aber jedenfalls bei der Verfahrenseröffnung nur eine vorläufige Regelung; denn ob ein Insolvenzverfahren in Eigenverwaltung durchgeführt wird, soll gemäß dem Grundsatz der Autonomie der wirtschaftlich Betroffenen, also die Gläubigerversammlung entscheiden.[98] Entsprechend kann die Gläubigerversammlung nach § 272 Abs. 1 Nr. 1 auch die Aufhebung der angeordneten Eigenverwaltung beantragen.

1. Anordnung der Eigenverwaltung bei Verfahrenseröffnung. Grundsätzlich er- 41 nennt gemäß § 27 Abs. 1 Satz 1 das Insolvenzgericht bei Verfahrenseröffnung im Eröffnungsbeschluss einen Insolvenzverwalter. Stattdessen kann das Insolvenzgericht aber nach § 270 Abs. 1 in dem Beschluss über die Eröffnung des Insolvenzverfahrens die **Eigenverwaltung anordnen.** Voraussetzungen dafür sind gemäß § 270 Abs. 2 zum einen, dass ein entsprechender Antrag des Schuldners gestellt worden ist, und zum anderen, dass eine Gefährdung von Gläubigerinteressen durch die Eigenverwaltung nach den Umständen nicht zu erwarten ist.[99] Der Schuldner kann die Anordnung der Eigenverwaltung nicht erzwingen. Es gibt keine Rechtsmittel gegen die Ablehnung der Eigenverwaltung durch das Insolvenzgericht.[100] Auch dem Gläubiger stehen keine Rechtsmittel gegen die Anordnung der Eigenverwaltung zu; er ist auf ein Vorgehen nach § 272 verwiesen.[101] Stellt der Gläubiger allerdings frühzeitig selbst Insolvenzantrag, so ist der Schuldner mit seinem Antrag auf Anordnung der Eigenverwaltung blockiert, sofern der Schuldner erst zeitlich nach dem vorliegenden Fremdantrag Insolvenz beantragt, vgl. § 270 Abs. 2 Nr. 2.

2. Nachträgliche Anordnung der Eigenverwaltung. Wird die Eigenverwaltung nicht 42 durch das Insolvenzgericht im Beschluss über die Eröffnung des Insolvenzverfahrens (§ 270) angeordnet, so kann es gemäß § 271 unter den dort genannten Voraussetzungen auch noch nach Verfahrenseröffnung zur Anordnung der Eigenverwaltung durch das Insolvenzgericht kommen. Erforderlich dafür ist, dass ein entsprechender Antrag des Schuldners gestellt war und **die erste Gläubigerversammlung die Eigenverwaltung beschließt.**

IV. Aufhebung der angeordneten Eigenverwaltung

1. Auf Antrag der Gläubigerversammlung. Nach dem Willen des Gesetzgebers steht 43 den Gläubigern als den Betroffenen die **autonome Entscheidung** über die Abwicklung des Insolvenzverfahrens zu.[102] Entsprechend trifft die Gläubigerversammlung gemäß §§ 271, 272 auch die Entscheidung darüber, ob das Insolvenzverfahren mit einem **Insolvenzverwalter oder in Eigenverwaltung** durchgeführt wird. Um diese Autonomie der Gläubigerversammlung im Hinblick auf die Eigenverwaltung sicherzustellen, muss das Insolvenzgericht die **Anordnung der Eigenverwaltung wieder aufheben,** wenn dies von der Gläubigerversammlung beantragt wird (§ 272 Abs. 1).

2. Auf Antrag eines einzelnen Gläubigers. Die Insolvenzordnung lässt nicht nur 44 Raum für die Gesamtheit der Gläubiger, autonom über die Verfahrensabwicklung zu entscheiden, sondern gewährleistet daneben auch dem einzelnen Gläubiger **Schutz vor den möglichen Nachteilen** der Eigenverwaltung. Deshalb muss nach § 272 Abs. 1 Nr. 2 das

---

[98] Begr. RegE InsO v. 15. 4. 1992, BT-Drucks. 12/2443, Einleitung vor § 331 RegE, S. 223.
[99] Die verschiedenen Tatbestände des § 270 Abs. 1 Nr. 3 werden hier im Anschluss an den in der Begr. RegE InsO v. 15. 4. 1992, BT-Drucks. 12/2443, § 331 RegE, S. 223, verwandten Begriff zunächst als „Gefährdung der Gläubigerinteressen" zusammengefasst. Siehe im Einzelnen dazu bei § 270 RdNr. 31 ff.
[100] BGH Beschl. v. 11. 1. 2007 – IX ZB 85/05, ZIP 2007, 394.
[101] AG Köln Beschl. v. 22. 8. 2005 – 71 IN 426/05, ZIP 2005, 1975.
[102] Begr. RegE InsO v. 15. 4. 1992, BT-Drucks. 12/2443, vor § 331 RegE, S. 223.

Insolvenzgericht unter bestimmten Voraussetzungen auch auf Antrag eines Einzelgläubigers die Anordnung der Eigenverwaltung aufheben. Der Aufhebungsantrag kann sowohl von einem absonderungsberechtigten wie auch von einem Insolvenzgläubiger gestellt werden. Er ist **begründet** (§ 272 Abs. 1 Nr. 2), wenn die Voraussetzungen des § 270 Abs. 2 Nr. 3 weggefallen sind.

45   3. **Auf Antrag des Schuldners.** § 272 Abs. 1 Nr. 3 gibt **dem Schuldner** die Möglichkeit, die Eigenverwaltung vorzeitig beenden zu lassen. Denn die Eigenverwaltung wird nur Erfolg haben, wenn der Schuldner bereit ist, die ihm zufallenden Aufgaben mit vollem Einsatz zu erfüllen. Diese Bereitschaft kann aber im Verlauf des Insolvenzverfahrens entfallen, selbst wenn der Schuldner zunächst die Eigenverwaltung beantragt hat, etwa weil er mit den Weisungen des Gläubigerausschusses (§ 276) oder mit den ihm auf Antrag der Gläubigerversammlung auferlegten Einschränkungen seiner Verfügungsbefugnis (§ 277) nicht einverstanden ist.[103]

V. Wahrnehmung von Verwalteraufgaben durch den Schuldner

46   1. **Die Aufgaben im Überblick.** Wesentliches Merkmal der Eigenverwaltung ist nach § 270 Abs. 1, dass **der Schuldner berechtigt bleibt, die Insolvenzmasse zu verwalten und über sie zu verfügen.**

47   Korrespondierend dazu hat die Insolvenzordnung auch weitere Aufgaben, die in einem regulären Insolvenzverfahren vom Insolvenzverwalter zu erfüllen sind, im Falle der Eigenverwaltung dem Schuldner übertragen. Dem Schuldner obliegt gemäß § 281 die **Unterrichtung der Gläubiger** im Sinne der §§ 151 bis 153. Dazu muss der Schuldner das Verzeichnis der Massegegenstände, das Gläubigerverzeichnis und die Vermögensübersicht erstellen. Der Sachwalter hat ergänzend die Verzeichnisse und die Vermögensübersicht zu prüfen und jeweils schriftlich zu erklären, ob nach dem Ergebnis seiner Prüfung Einwendungen zu erheben sind.

48   Dem Schuldner ist weiterhin aufgegeben, im **Berichtstermin den Bericht** zu erstatten (§ 281 Abs. 2). Der Sachwalter hat zu dem Bericht Stellung zu nehmen. Auch zur Rechnungslegung im Sinne der §§ 66, 155 ist der Schuldner verpflichtet. Diese ist ebenfalls vom Sachwalter zu prüfen.

49   Das **Wahlrecht bei gegenseitigen Verträgen** ist nach § 279 vom Schuldner auszuüben. Der Schuldner soll dabei seine Rechte im Einvernehmen mit dem Sachwalter ausüben. Die Rechte, die sonst dem Insolvenzverwalter nach den §§ 120, 122 und 126 im Zusammenhang mit der Kündigung von Betriebsvereinbarungen, Durchführung einer Betriebsänderung und bei Beschlussverfahren zum Kündigungsschutz zustehen, kann der Schuldner wirksam nur mit Zustimmung des Sachwalters ausüben.

50   Schließlich hat der Schuldner an Stelle des Insolvenzverwalters nach § 283 für die **Befriedigung der Insolvenzgläubiger** zu sorgen. Dazu hat er die Verteilungen entsprechend den gesetzlichen Regelungen vorzunehmen. Der Sachwalter hat die Verteilungsverzeichnisse zu prüfen und jeweils schriftlich zu erklären, ob nach dem Ergebnis seiner Prüfung Einwendungen zu erheben sind.

51   2. **Verwertung von Sicherungsgut.** Für gesicherte Kreditgeber (und damit für die Kreditwirtschaft ebenso wie für Lieferanten) ist im Rahmen der Übertragung von Aufgaben des Insolvenzverwalters an den Schuldner besonders wichtig, dass diesem nach § 282 auch die **Verwertung von Sicherungsgut** zusteht. Er übt dabei das Recht des Insolvenzverwalters zur Verwertung von Gegenständen, an denen Absonderungsrechte bestehen, aus, ist also nur dann zur Verwertung berechtigt, wenn der Insolvenzverwalter im regulären Insolvenzverfahren dazu nach §§ 165 ff. berechtigt wäre. Diese Regelung hat der Gesetzgeber gewählt, weil die Eigenverwaltung in der Regel dann angeordnet werden wird, wenn der Schuldner ein Unternehmen betreibt und Aussichten bestehen, dieses Unternehmen im

---

[103] Begr. RegE InsO v. 15. 4. 1992, BT-Drucks. 12/2443, zu § 333 RegE, S. 224.

Rahmen des Insolvenzverfahrens zu sanieren. Ein ungehinderter Zugriff der absonderungsberechtigten Gläubiger auf ihre Sicherheiten soll im Interesse der Erhaltung solcher Sanierungschancen daher genauso wenig erfolgen können wie im regulären Insolvenzverfahren. Mit der Übertragung des Verwertungsrechts auf den Schuldner wird es dagegen möglich, die gleichen Voraussetzungen für eine gemeinsame Verwertung aller Sicherungsgegenstände im Unternehmensverbund, auch durch Sanierung des Unternehmens insgesamt, zu schaffen, wie sie im regulären Insolvenzverfahren bestehen.[104]

Der Schuldner soll sein Verwertungsrecht nur im **Einvernehmen mit dem Sachwalter ausüben.** Ein Verstoß des Schuldners gegen diese Vorschrift hat aber keine Außenwirkung, sondern die betreffenden Rechtsgeschäfte bleiben wirksam. Der Schuldner muss allerdings damit rechnen, dass in einem solchen Falle ein absonderungsberechtigter Gläubiger nach § 272 die Aufhebung der Eigenverwaltung beantragen kann.[105]

Im Vergleich zum regulären Insolvenzverfahren werden bei Eigenverwaltung die gesicherten Gläubiger mit einem geringeren Kostenbeitrag belastet. Zunächst werden in **keinem Fall die pauschalen Feststellungskosten** erhoben. Denn der Schuldner, dem bei Eigenverwaltung die Verwertung obliegt, ist in der Regel über die Rechte der Gläubiger an den Gegenständen der Insolvenzmasse hinreichend informiert, und auch der Sachwalter braucht nur im Rahmen seiner allgemeinen Aufsicht eingeschaltet zu werden. Wenn aber damit Kosten der Feststellung tatsächlich nicht anfallen, brauchen sie den gesicherten Gläubigern auch nicht in Abzug gebracht zu werden; weder die pauschalen 4% des Verwertungserlöses bei Sicherungsrechten an beweglichen Sachen (§§ 170, 171) noch die Feststellungskosten im Hinblick auf Grundstückszubehör bei Grundschulden nach § 10 Abs. 1 Nr. 1 a ZVG.[106]

Die **Verwertungskostenpauschale** des § 171 Abs. 2 in Höhe von 5% des Verwertungserlöses, die im regulären Insolvenzverfahren dem gesicherten Gläubiger zur Last fällt, erschien dem Gesetzgeber bei der Eigenverwaltung nicht angemessen. Denn im typischen Fall der Eigenverwaltung, nämlich bei Fortführung des Unternehmens durch den Schuldner, werden regelmäßig keine aufwändigen Verwertunghandlungen stattfinden. So werden Sicherungsrechte am Anlagevermögen und sonstigen Betriebsmitteln bestehen bleiben, sicherungsübereignete Waren werden im laufenden Geschäftsbetrieb ohne besondere Kosten veräußert und genauso werden abgetretene Forderung eingezogen.[107] Deshalb sieht § 282 Abs. 1 vor, dass Verwertungskosten den gesicherten Gläubigern nur insoweit vom Verwertungserlös abgezogen werden, wie diese Kosten –einschließlich der Umsatzsteuerbelastung – bei der Verwertung tatsächlich entstanden sind. Unabhängig von der gesetzgeberischen Motivation für diese Regelung gilt sie im Übrigen auch dann, wenn bei einem Insolvenzverfahren in Eigenverwaltung keine Unternehmensfortführung erfolgt, sondern der Schuldner unter Aufsicht des Sachwalters die Einzelverwertung seines Vermögens betreibt.

VI. Sachwalter

Nach § 270 Abs. 1 ist die Eigenverwaltung **nur unter Aufsicht eines Sachwalters** möglich. Die ursprünglich Absicht des Gesetzgebers im RegE der Insolvenzordnung, Kleinverfahren auch ohne Sachwalter in Eigenverwaltung zuzulassen, ist nicht Gesetz geworden.[108]

1. Bestellung. Bei Anordnung der Eigenverwaltung bestellt das Insolvenzgericht gemäß § 270 Abs. 3 anstelle des **Insolvenzverwalters einen Sachwalter.** Wird die Eigenverwal-

---
[104] Begr. RegE InsO v. 15. 4. 1992, BT-Drucks. 12/2443, § 343 RegE, S. 226.
[105] Begr. RegE InsO v. 15. 4. 1992, BT-Drucks. 12/2443, § 343 RegE, S. 226 mit Verweis auf § 340 RegE, S. 225.
[106] Begr. RegE InsO v. 15. 4. 1992, BT-Drucks. 12/2443, § 343 RegE, S. 226.
[107] Begr. RegE InsO v. 15. 4. 1992, BT-Drucks. 12/2443, § 343 RegE, S. 226.
[108] Siehe dazu bei § 270 RdNr. 7.

tung auf Beschluss der Gläubigerversammlung erst nachträglich angeordnet, so kann das Insolvenzgericht den bisherigen Insolvenzverwalter zum Sachwalter bestellen (§ 271).

57 **2. Rechte und Pflichten.** Aufgabe des Sachwalters ist es zunächst, die **Aufsicht über das Insolvenzverfahren** in Eigenverwaltung zu führen. Dazu hat der Sachwalter die wirtschaftliche Lage des Schuldners zu prüfen und seine Geschäftsführung sowie die Ausgaben für die Lebensführung zu überwachen (§ 274 Abs. 2). Um die Aufsicht wahrnehmen zu können, kommen dem Sachwalter wie einem vorläufigen Insolvenzverwalter aus § 22 Abs. 3 die Befugnisse zu, die Geschäftsräume des Schuldners zu betreten und dort Nachforschungen anzustellen, Einsicht in die Bücher und Geschäftspapiere des Schuldners zu nehmen und alle erforderlichen Auskünfte zu verlangen. Stellt der Sachwalter dabei oder sonst Umstände fest, die erwarten lassen, dass die Fortsetzung der Eigenverwaltung zu Nachteilen für die Gläubiger führen wird, so hat er dies unverzüglich dem Gläubigerausschuss bzw. den Gläubigern mit angemeldeten Forderungen und Absonderungsrechten sowie dem Insolvenzgericht anzuzeigen (§ 274 Abs. 3). Außerdem muss der Sachwalter dem Insolvenzgericht eine etwaige Masseunzulänglichkeit anzeigen (§ 285).

58 Um die Rechtstellung des Sachwalters klar von der des Insolvenzverwalters abzugrenzen, hat der Gesetzgeber bewusst eine andere Bezeichnung gewählt.[109] Dennoch sind **Rechte und Pflichten des Sachwalters in nicht unwesentlichen Bereichen denen des Insolvenzverwalters angenähert.**[110] So sind zunächst die Forderungen der Insolvenzgläubiger beim Sachwalter anzumelden (§ 270 Abs. 3), so wie dies im regulären Insolvenzverfahren beim Insolvenzverwalter geschieht. Nach § 274 gelten auch für die Bestellung, die Wahl, die Abwahl und Auswechslung des Sachwalters, für die Aufsicht des Insolvenzgerichts sowie für die Haftung und die Vergütung des Sachwalters die Regelungen für den Insolvenzverwalter (§§ 54 Nr. 2, 56 bis 60, 62 bis 65) entsprechend.

59 Neben den Aufsichtsrechten hat der Sachwalter in gewissen Umfang gemäß § 275 **Mitwirkungsrechte gegenüber dem Schuldner.** So soll der Schuldner Verbindlichkeiten, die nicht zum gewöhnlichen Geschäftsbetrieb gehören, nur mit Zustimmung des Sachwalters eingehen. Auch Verbindlichkeiten, die zum gewöhnlichen Geschäftsbetrieb gehören, soll er nicht eingehen, wenn der Sachwalter widerspricht. Der Sachwalter kann auch vom Schuldner verlangen, dass alle eingehenden Gelder nur vom Sachwalter entgegengenommen und Zahlungen nur vom Sachwalter geleistet werden.

60 Sofern dies den Gläubigern zur Überwachung des Schuldners nicht ausreicht, können diese nach § 277 die **Anordnung der Zustimmungsbedürftigkeit für bestimmte Rechtsgeschäfte** erreichen. Auf Antrag der Gläubigerversammlung ordnet nämlich das Insolvenzgericht an, dass bestimmte Rechtsgeschäfte des Schuldners nur wirksam sind, wenn der Sachwalter ihnen zustimmt. In diesem Fall sind nach §§ 81 Abs. 1 Satz 2, 3 u. 82 Rechtsgeschäfte mit Dritten, die ohne Zustimmung vorgenommen worden sind, unwirksam. Im Übrigen kann die Anordnung auch auf den Antrag eines absonderungsberechtigten Gläubigers oder eines Insolvenzgläubigers ergehen, wenn sie unaufschiebbar erforderlich ist, um Nachteile für die Gläubiger zu vermeiden. In diesem Fall ist der Antrag aber nur zulässig, wenn diese Voraussetzung der Anordnung glaubhaft gemacht wird.

61 Schließlich ist dem Sachwalter die **Insolvenzanfechtung** übertragen. Gemäß § 280 kann nur der Sachwalter Rechtshandlungen nach den §§ 129 bis 147 anfechten.

62 Im Übrigen sind die **gesetzlichen Regelungen zur Aufgabenverteilung zwischen Schuldner und Sachwalter nicht abschließend** zu verstehen. Vielmehr sind für die nicht geregelten Fälle Aufgaben und Befugnisse des Insolvenzverwalters im regulären Insolvenzverfahren für das Eigenverwaltungsverfahren entweder dem Schuldner oder dem Sachwalter zuzuweisen, wobei die Entscheidungen an dem Leitbild auszurichten ist, dass die laufenden Geschäfte im Eigenverwaltungsverfahren vom Schuldner geführt werden, während der Sachwalter zum einen diese Geschäftsführung kontrolliert und unterstützt sowie zum anderen die

---

[109] Begr. RegE InsO v. 15. 4. 1992, BT-Drucks. 12/2443, vor § 331 RegE, S. 223.
[110] *Obermüller/Hess,* InsO, 2. Aufl. 1998, RdNr. 405.

Aufgaben wahrnimmt, die im regulären Insolvenzverfahren der Insolvenzverwalter in erster Linie im Interesse der Gläubiger wahrzunehmen hat.[111]

3. Vergütung. Der Sachwalter hat nach der Verweisung in § 274 Abs. 1 auf §§ 63–65 **wie der Insolvenzverwalter** Anspruch auf Vergütung seiner Geschäftsführung und auf Erstattung angemessener Auslagen. Dabei gelten grundsätzlich (§ 10 InsVV) die Vergütungsregelungen für den Insolvenzverwalter im regulären Verfahren entsprechend. Der Sachwalter erhält jedoch **eine geringere Vergütung;** gemäß § 12 Abs. 1 InsVV ist im Regelfall eine Vergütung für den Sachwalter in Höhe von 60% der Vergütung für den Insolvenzverwalter vorgesehen. Wegen der Einzelheiten siehe bei § 274 RdNr. 48.

VII. Gläubigerausschuss

Ob ein Gläubigerausschuss eingesetzt wird, richtet sich auch bei Eigenverwaltung nach den allgemeinen Regeln. Ist ein Gläubigerausschuss vorhanden, so ist er nach § 276 **zur Mitwirkung berufen.** Danach muss nämlich der Schuldner die Zustimmung des Gläubigerausschusses einzuholen, wenn er Rechtshandlungen vornehmen will, die für das Insolvenzverfahren von besonderer Bedeutung sind. Fehlt ein Gläubigerausschuss, so tritt insoweit gemäß § 160 Abs. 1 Satz 2 die Gläubigerversammlung an seine Stelle. Welche **Geschäfte bedeutsam** sind, ergibt sich wie im regulären Insolvenzverfahren aus § 160 Abs. 2. Es handelt sich also zB um die Veräußerung des Unternehmens oder sonstiger wichtiger Vermögensgegenstände, die Aufnahme von Darlehen oder die Führung von Rechtsstreiten. **Fehlt die Zustimmung,** so bleiben gemäß § 164 die Geschäfte jedoch, wie im regulären Insolvenzverfahren, wirksam (§ 276 Satz 2).

Weiterhin ist dem Gläubigerausschuss eine spezielle Aufgabe im Eigenverwaltungsverfahren gemäß § 274 Abs. 3 Satz 1 übertragen. Danach hat der Sachwalter die **Anzeige von Umständen,** die bei Fortsetzung des Eigenverwaltungsverfahren Nachteile für die Gläubiger erwarten lassen, nicht nur dem Insolvenzgericht, sondern auch dem Gläubigerausschuss anzuzeigen.

Darüber hinaus sind für den Gläubigerausschuss im Eigenverwaltungsverfahren **weitere abweichende Sonderregeln nicht ausdrücklich vorgesehen.**[112] Bestimmte Abweichungen in Details des Verfahrensablaufs ergeben sich aus der Eigenart des Insolvenzverfahrens. So kann im regulären Insolvenzverfahren der Gläubigerausschuss gemäß § 149 bestimmen, bei welcher Stelle und zu welchen Bedingungen **Geld, Wertpapiere und Kostbarkeiten hinterlegt** und angelegt werden sollen. Eine solche Bestimmung der Hinterlegungsstelle und der Hinterlegungsbedingungen scheidet beim Eigenverwaltungsverfahren aus, da dem Schuldner insoweit die Verwaltungs- und Verfügungsbefugnis gemäß § 270 Abs. 1 Satz 1 verbleibt. Sofern die Gläubiger ohne Anordnung der Hinterlegung einen Masseschwund befürchten, bleibt ihnen der Antrag auf Anordnung der Zustimmungsbedürftigkeit nach § 277 und als ultima ratio auf Aufhebung der Eigenverwaltung nach § 272.

Trotz fehlender Sonderregelungen darf aber nicht verkannt werden, dass die Besonderheiten des Eigenverwaltungsverfahrens zu einer **grundsätzlich erweiterten Aufgabenstellung für den Gläubigerausschuss** führen. Denn während im regulären Insolvenzverfahren der Gläubigerausschuss gemäß § 69 primär auf die Unterstützung und Überwachung des Insolvenzverwalters ausgerichtet ist, hat der Gläubigerausschuss bei Anordnung der Eigenverwaltung sowohl den Schuldner als auch den Sachwalter zu beraten und kontrollieren, wobei der Schwerpunkt auf der Kontrolle des Schuldners liegt.[113]

---

[111] Begr. RegE InsO v. 15. 4. 1992, BT-Drucks. 12/2443, zu § 331 RegE, S. 223.
[112] *Nerlich/Römermann/Riggert* vor § 270 RdNr. 7.
[113] Wegen der Einzelheiten siehe bei § 276 RdNr. 4 ff.

VIII. Gläubigerversammlung

68 Nach dem Willen des Gesetzgebers steht den Gläubigern als den Betroffenen die **autonome Entscheidung** über die Abwicklung des Insolvenzverfahrens zu.[114] Diese Entscheidungsbefugnisse üben die Gläubiger in der Gläubigerversammlung aus, wobei die Gläubiger insbesondere zwei Grundentscheidungen zu treffen haben:
- Die Gläubigerversammlung entscheidet gemäß § 156 im Berichtstermin darüber, ob ein reguläres Insolvenzverfahren (regelmäßig als **Liquidationsverfahren**) oder ein Insolvenzplanverfahren (regelmäßig als **Reorganisationsverfahren**) durchgeführt wird.
- Der Gläubigerversammlung steht gemäß §§ 271, 272 die Letztentscheidung darüber zu, ob das Insolvenzverfahren mit einem **Insolvenzverwalter oder in Eigenverwaltung** durchgeführt wird.

69 Die **Letztentscheidung über die Abwicklung des Insolvenzverfahrens in Eigenverwaltung** ist der Gläubigerversammlung sowohl positiv wie auch negativ übertragen. Die erste Gläubigerversammlung kann sich nach § 271 auch dann noch für das Eigenverwaltungsverfahren entscheiden, wenn das Insolvenzgericht den Antrag des Schuldners auf Eigenverwaltung abgelehnt hatte. Umgekehrt kann nach § 272 Abs. 1 Nr. 1 jede Gläubigerversammlung eine angeordnete Eigenverwaltung, egal ob bereits bei Verfahrenseröffnung oder erst nachträglich auf Grund Beschlusses der Gläubigerversammlung gemäß § 271 angeordnet, wieder aufheben lassen.

70 Das Recht des Insolvenzverwalters zum **Antrag auf Einberufung der Gläubigerversammlung** aus § 75 Abs. 1 Nr. 1 steht im Eigenverwaltungsverfahren dem Schuldner zu.[115] Eine ausdrückliche Regelung dazu ist im Siebten Teil der Insolvenzordnung zwar nicht getroffen, sodass die Frage, ob das Antragsrecht auf den Schuldner oder den Sachwalter übergeht, aus der Systematik der Regelungen beantwortet werden muss. Dabei spricht für ein Antragsrecht des Schuldners, dass dieser einen Antrag auf Einberufung der Gläubigerversammlung stellen können muss, um bei fehlender Bestellung eines Gläubigerausschusses die nach §§ 276 Satz 2, 160 Abs. 1 Satz 2 erforderliche Zustimmung der Gläubigerversammlung zu bes. bedeutsamen Rechtshandlungen herbeiführen zu können. Gegen ein Antragsrecht des Sachwalters spricht auf der anderen Seite die Regelung des § 274 Abs. 3 Satz 2, wonach bei Feststellung drohenden Nachteile und fehlender Bestellung eines Gläubigerausschusses der Sachwalter die Insolvenzgläubiger (einzeln) zu unterrichten hat. Eine solche Unterrichtung wäre entbehrlich, wenn der Sachwalter in diesem Fall unmittelbar die Einberufung der Gläubigerversammlung beantragen könnte, um dieser Bericht zu erstatten.

71 Sowohl der Schuldner als auch der Sachwalter sind gemäß § 74 Abs. 1 Satz 2 zur **Teilnahme an den Gläubigerversammlung** berechtigt.[116] Für den Schuldner ergibt sich das unmittelbar aus dem Wortlaut der Regelung. Ein ausdrückliches Teilnahmerecht für den Sachwalter ist dagegen im Siebten Teil der Insolvenzordnung nicht vorgesehen. Dass der Sachwalter aber hier anstelle des Insolvenzverwalters zur Teilnahme berechtigt ist, ergibt sich zB aus der Pflicht des Sachwalters, zum Bericht des Schuldners im Berichtstermin Stellung zu nehmen, der er nur nachkommen kann, wenn er an dieser Gläubigerversammlung auch teilnahmeberechtigt ist.

72 Neben der grundsätzlichen Entscheidung für die Durchführung des Insolvenzverfahrens in Eigenverwaltung ist der Gläubigerversammlung insbesondere gemäß § 277 Abs. 1 die Befugnis übertragen, mit ihrem Antrag die **Wirksamkeit bestimmter Rechtsgeschäfte** des Schuldners an die Zustimmung des Sachwalters zu binden. Insoweit können die Gläubiger mit Außenwirkung die dem Schuldner im Eigenverwaltungsverfahren verbleibende Verwaltungs- und Verfügungsbefugnis beschränken und so die Gefahr verringern, dass der

---
[114] Begr. RegE InsO v. 15. 4. 1992, BT-Drucks. 12/2443, vor § 331 RegE, S. 223.
[115] Hierzu mit nachfolgender Begr. auch *Pape*, Die Eigenverwaltung des Schuldners nach der Insolvenzordnung, in Kölner Schrift, 2. Aufl. 2000, S. 895 ff. RdNr. 38.
[116] Hierzu mit nachfolgender Begr. auch *Pape*, Die Eigenverwaltung des Schuldners nach der Insolvenzordnung, in Kölner Schrift, 2. Aufl. 2000, S. 895 ff. RdNr. 38.

Schuldner für die Gläubiger nachteilige Rechtshandlungen vornimmt und ihre Befriedigungsaussichten dadurch verschlechtert.

Wie im regulären Insolvenzverfahren ist auch im Eigenverwaltungsverfahren gemäß § 162 **73** die Zustimmung der Gläubigerversammlung erforderlich, wenn **eine Betriebsveräußerung an besonders Interessierte** erfolgen soll. Insbesondere lässt sich nichts Gegenteiliges daraus ableiten, dass § 162 in der Verweisung des § 276 Satz 2 nicht genannt ist, da diese Verweisung sich nur auf Vorschriften bezieht, die die Mitwirkung des Gläubigerausschusses regeln.[117]

Die Gläubigerverwaltung kann auch im Eigenverwaltungsverfahren gemäß § 218 Abs. 2 **74** **mittelbar die Initiative zur Vorlage eines Insolvenzplans** ergreifen. Eine Abweichung vom Regelinsolvenzverfahren sieht § 284 nur insoweit vor, als der Auftrag zur Ausarbeitung des Insolvenzplans statt an den Insolvenzverwalter an den Schuldner oder den Sachwalter zu richten ist.

IX. Gesellschaftsrechtliche Bindungen

1. Problemstellung. Weitgehend umstritten ist, mit welcher Intensität im Falle der **74 a** Eigenverwaltung die gesellschaftsrechtlichen Weisungs- und Kontrollrechte bestehen bleiben. Es stellt sich die Frage, ob die Geschäftsführung einer GmbH oder der Vorstand einer AG abgelöst werden kann, obwohl bei der Anordnung der Eigenverwaltung Gericht und Gläubiger davon ausgegangen sind, dass die bestehenden Leitungsorgane auch das Verfahren in Eigenverwaltung abwickeln. Fraglich ist, ob eine vom Vorstand geplante Veräußerung des Unternehmens durch den Aufsichtsrat blockiert werden kann. Genauso problematisch sind Weisungen der Gesellschafter an die Geschäftsführung: Sind diese Weisungen eindeutig insolvenzzweckwidrig, so dürfen sie durch die Geschäftsführung nicht befolgt werden.[118] – Wie sieht es aber außerhalb des Bereiches der eindeutig insolvenzzweckwidrigen Weisungen aus?

Vertreten werden in der Diskussion im Wesentlichen **drei Auffassungen:**[119]
– Eine Auffassung, welche die Eigenverwaltung bei juristischen Personen praktisch vollständig ablehnt, geht davon aus, dass die gesellschaftsrechtlichen Beschränkungen der Geschäftsführung praktisch im vollem Umfang erhalten bleiben.[120] Die Geschäftsführung muss also auch insolvenzzweckwidrige Weisungen der Gesellschafter befolgen.
– Eine andere Meinung geht davon aus, dass die gesellschaftsrechtlichen Befugnisse im Fall der Eigenverwaltung des Schuldners nur mit der Maßgabe ausgeübt werden, dass sie nicht mit den Erfordernissen des Insolvenzverfahrens in Konflikt geraten. Weisungen der Gesellschafter an die Geschäftsführung müssen mit den Notwendigkeiten des Insolvenzverfahrens im Einklang stehen, anderenfalls sind sie wegen Insolvenzzweckwidrigkeit unwirksam.[121] Dies bedeutet, dass zB bei der Eigenverwaltung einer insolventen AG die Organstrukturen und –kompetenzen der insolventen Gesellschaft grundsätzlich bestehen bleiben. Befugnisse der Hauptversammlung, die den Vermögens- und Strukturschutzinteressen der Aktionäre dienen, sind aber ausgeschlossen. Die Kontrolle der insolventen AG erfolgt nicht über die Hauptversammlung, sondern über den Gläubigerausschuss.[122]
– Schließlich geht eine dritte Literaturmeinung noch weiter. Nach dieser Auffassung sollen gesellschaftsrechtliche Beschränkungen für das Geschäftsleitungsorgan der Eigenverwaltung nur dann bindend sein, wenn sie im Regelinsolvenzverfahren einen Insolvenzverwalter an der Ausübung seiner Verfügungsbefugnisse hindern könnten.[123] Anders gewen-

---
[117] *Nerlich/Römermann/Riggert* § 276 RdNr. 6.
[118] AG Duisburg ZInsO 2002, 1046, 1048; *Prütting/Huhn* ZIP 2002, 777, 778.
[119] Vgl. dazu *Kübler/Prütting/Pape* § 270 RdNr. 45 ff.; *Uhlenbruck,* Zur Kollision von Gesellschafts- und Insolvenzrecht in der Unternehmensinsolvenz, in Festschrift Kirchhof, 2003, S. 479 ff.
[120] *Ringstmeier/Homann,* NZI 2002, 406 ff.
[121] *Noack* ZIP 2002, 1873 ff.; *Smid* DZWIR 2002, 493, 499 f.
[122] *Noack* ZIP 2002, 1873 ff.
[123] *Prütting/Huhn* ZIP 2002, 777 ff.

det: Den Gesellschaftern sollen im Eigenverwaltungsverfahren nicht mehr Rechte zustehen als im regulären Insolvenzverfahren.[124]

74 b Die dargestellten Streitigkeiten lassen sich in der Praxis nur teilweise dadurch umgehen, dass zB bei der Eigenverwaltung einer GmbH die Gesellschafter im Rahmen der Beantragung der Eigenverwaltung ihre Gesellschaftsanteile auf einen **Treuhänder** übertragen, der an die Weisungen der Gläubigerorgane gebunden ist.[125] Diese „Geste des guten Willens" ist bei börsennotierten Gesellschaften nicht möglich. Für eine vor Insolvenzeröffnung getätigte Verkaufstransaktion hat das LG Duisburg[126] beispielsweise in Umsetzung der Holzmüller/Gelatine-Rechtsprechung des BGH[127] eine Zustimmungskompetenz der Hauptversammlung auch nach Eröffnung des Insolvenzverfahrens und Anordnung der Eigenverwaltung bejaht.

74 c Richtig dürfte es, die **Einschränkungen der gesellschaftsrechtlichen Bindungen** der Geschäftsführung der insolventen Gesellschaft möglichst weit zu fassen. Die Befugnisse der Gesellschafter sind auf ein Mindestmaß zurückzuschneiden. Den Gesellschaftern stehen nicht mehr Rechte zu als im regulären Verfahren: In der Regelinsolvenz spielt die Abberufung eines Geschäftsführers aus Sicht der Gläubiger keine Rolle, der Insolvenzverwalter ist Herr des Verfahrens, der Geschäftsführer nur eine Randfigur. Im Eigenverwaltungsverfahren könnten die Gesellschafter durch eine Entlassung der Geschäftsleitung das Verfahren „kopflos" machen. Dann gilt im Verfahren der Eigenverwaltung, dass die Gesellschafter den Geschäftsführer nicht abberufen können.

Im Regelinsolvenzverfahren könnten die Aktionäre der insolventen AG nicht dagegen vorgehen, dass der Verwalter im Wege der übertragenden Sanierung die assets des Unternehmens veräußert. Auch im Verfahren der Eigenverwaltung kann also die Hauptversammlung eine Veräußerung nicht stoppen.

Hinsichtlich der Vergütung der Geschäftsleitung gibt es keine alleinige Entscheidungskompetenz der Anteilseigner. Es ist zwar richtig, dass der Anstellungsvertrag (und die Vergütungsvereinbarung) zwischen schuldnerischer Gesellschaft und Organmitglied abgeschlossen wird und nicht zwischen Organmitglied und Gläubigerschaft bzw. Sachwalter.[128] Da es sich aber um das Geld der Gläubigergesamtheit handelt, ist es nur konsequent, dass die Höhe der Vergütung der Organmitglieder letztlich von dem Willen der Gläubigerschaft abhängt. Die Gläubigerschaft kann diesen Willen allerdings im Regelfall nur mit der Drohung durchsetzen, die Eigenverwaltung abzubrechen. Offensichtlich dem Gläubigerinteresse zuwiderlaufende Vergütungsvereinbarungen sind wegen Insolvenzzweckwidrigkeit zudem unwirksam.[129]

74 d **2. Einzelfragen. a) Kompetenzen der Hauptversammlung und des Aufsichtsrates in der insolventen AG.** Die Hauptversammlung behält ihre gesellschaftsrechtlichen Kompetenzen, soweit diese keinen direkten oder mittelbaren Bezug zur Insolvenzmasse haben.[130] Das Erfordernis eines Zustimmungsbeschlusses der Hauptversammlung zu Unternehmensveräußerungen besteht nicht.[131] Auch vor Stellung eines Beschlusses zur Aufhebung der Eigenverwaltung muss der Vorstand keinen Beschluss der Hauptversammlung herbeiführen.[132] Bei allen ihren Beschlüssen sind die Mitglieder von Hauptversammlung und Aufsichtsrat an den Insolvenzzweck gebunden. Maßnahmen, die zu Nachteilen bei der Gläubi-

---

[124] So die Auffassung von *Kübler/Prütting/Pape* § 270 RdNr. 49, der letztlich zu ähnlichen Ergebnissen wie *Prütting/Huhn* kommt.
[125] HambKomm-*Fiebig* § 270 RdNr. 38.
[126] LG Duisburg ZIP 2004, 77, 78.
[127] BGH ZIP 2004, 993.
[128] AG Duisburg NZI 2006, 112, 114.
[129] BGH ZIP 2002, 1093.
[130] *Noack* ZIP 2002, 1873, 1879; *Kessler*, Die Aktiengesellschaft in der Eigenverwaltung, S. 103.
[131] HambKomm-*Fiebig* § 270 RdNr. 39; *Noack* ZIP 2002, 1873, 1879; *Maesch*, Corporate Governance in der insolventen AG, S. 218; *Kübler/Prütting/Pape* § 270 RdNr. 48 ff.
[132] HambKomm-*Fiebig* § 270 RdNr. 39; aA *Kessler*, Die Aktiengesellschaft in der Eigenverwaltung, S. 227.

gerbefriedigung führen, sind nichtig.¹³³ Die Hauptversammlung bleibt weiterhin zuständig für die Wahl der Aufsichtsratsmitglieder, des Abschlussprüfers, für die Durchführung von Satzungsänderungen und für den Beschluss von Kapitalerhöhungen.

Die Hauptversammlung behält also gesellschaftsrechtliche Kompetenzen. Allerdings wird der Vorstand grundsätzlich allein durch den Sachwalter und die Gläubiger kontrolliert. Einer zusätzlichen Kontrolle durch die Hauptversammlung (und den Aufsichtsrat) bedarf es nicht. Weisungen sind deshalb unwirksam.¹³⁴

b) Kompetenzen der Gesellschafterversammlung bei der insolventen GmbH. 74e
Diese Grundsätze sind auf die insolvente GmbH zu übertragen: Die Gesellschafterversammlung verliert die Kompetenz, aus eigener Initiative den Geschäftsführer abzuberufen. Will die Gläubigerschaft eine Abberufung des Geschäftsführers, so kann sie dies erreichen, indem sie auf die Gesellschafter der insolventen GmbH dementsprechend einwirkt. Sind die Gesellschaftsanteile auf einen Treuhänder übertragen, so kann der Treuhänder eine Abberufung des Geschäftsführers vornehmen. Scheiden die beiden vorstehend genannten Wege aus, genießt also die Geschäftsleitung nicht mehr das Vertrauen der Gläubiger und scheitert eine Ablösung und Neubesetzung an der Blockadehaltung der Gesellschafter, so muss die Eigenverwaltung durch die Gläubiger beendet werden.

c) Konzernrechtliche Weisungs- und Kontrollrechte. Konzernrechtliche Weisungsbefugnisse gegenüber der Schuldnerin als Weisungsempfängerin kommen bei der Eigenverwaltung zum Ruhen.¹³⁵ 74f

G. Insolvenzplanverfahren in Eigenverwaltung

Nicht nur das reguläre Insolvenzverfahren, sondern auch das **Insolvenzplanverfahren** 75 **kann in Eigenverwaltung abgewickelt werden** (§ 284). Gerade hier erscheint die Anordnung der Eigenverwaltung sinnvoll, da im Insolvenzplanverfahren die Befriedigung der Gläubiger regelmäßig aus den Erträgen eines fortgeführten Unternehmens erfolgen und der Verbleib der Verwaltungs- und Verfügungsbefugnis beim Schuldner diese Unternehmensfortführung erleichtern soll.¹³⁶

In diesem Fall gilt gemäß § 284 ergänzend, dass ein Auftrag der Gläubigerversammlung 76 zur Ausarbeitung eines Insolvenzplans (statt an den Insolvenzverwalter) an den Schuldner oder an den Sachwalter zu richten ist. Mit der Möglichkeit, auch insoweit den Sachwalter einzuschalten, wird die Gläubigerautonomie gestärkt, weil damit eine vom Schuldner unabhängige Person zur Verfügung steht. Außerdem wird der Sachwalter wegen der Vielzahl widerstreitender Interessen häufig geeigneter sein als der Schulder selbst, den Insolvenzplan auszuarbeiten.¹³⁷ Wird der Auftrag trotz dieser Erwägungen an den Schuldner gerichtet, so wirkt der Sachwalter beratend mit.

Außerdem ist eine **Überwachung der Planerfüllung** in jedem Fall nach § 284 Aufgabe 77 des Sachwalters.

---

¹³³ HambKomm-*Fiebig* § 270 RdNr. 39; *Maesch,* Corporate Governance in der insolventen AG, S. 216.
¹³⁴ *Kübler/Prütting/Pape* § 270 RdNr. 54.
¹³⁵ AG Duisburg ZInsO 2002, 1046, 1048; HambKomm-*Fiebig* § 270 RdNr. 40; *Hess/Ruppe* NZI 2002, 577, 579; noch weitergehender AG Dresden ZInsO 2006, 888, 891.
¹³⁶ *Spies,* Insolvenzplan und Eigenverwaltung, ZInsO 2005, 1234 ff.; *Friedhoff,* Sanierung einer Firma durch Eigenverwaltung und Insolvenzplan, ZIP 2002, 497 ff.; *Westrick,* Chancen und Risiken der Eigenverwaltung nach der Insolvenzordnung, NZI 2003, 65, 69; *Nerlich/Römermann/Riggert* § 270 RdNr. 11.
¹³⁷ *Beschlussempfehlung und Bericht des Rechtsausschusses* zum RegE der Insolvenzordnung (RegE) vom 19. 4. 1994, BT-Drucks. 12/7302, § 345 Abs. 1 RegE, S. 186.

H. Beendigung des Insolvenzverfahrens
I. Aufhebung oder Einstellung des Insolvenzverfahrens

78 Gemäß § 200 Abs. 1 beschließt das Insolvenzgericht die **Aufhebung des Insolvenzverfahrens, sobald die Schlussverteilung vollzogen ist.** Die Verteilung der Insolvenzmasse ist gemäß § 283 Abs. 2 Aufgabe des Schuldners, wobei der Sachwalter die Verteilungsverzeichnisse zu prüfen hat. Mit dem Insolvenzverfahren wird auch die Eigenverwaltung aufgehoben.[138] Ebenso endet die Eigenverwaltung mit einer Einstellung des Insolvenzverfahrens nach §§ 207, 212, 213 wegen Masseunzulänglichkeit, Wegfalls des Eröffnungsgrunds oder bei Zustimmung aller Insolvenzgläubiger.[139]

II. Restschuldbefreiungsverfahrens

79 Auch die Durchführung des Insolvenzverfahrens in Eigenverwaltung **erfüllt im Grunde die Voraussetzungen für den Eintritt in das Restschuldbefreiungsverfahren** nach Maßgabe der Regelungen des Achten Teils der Insolvenzordnung (§§ 286–303).[140] In der Praxis wird es aber selten dazu kommen, dass nach Abschluss eines Eigenverwaltungsverfahrens der Übergang in das Restschuldbefreiungsverfahren erfolgt. Zum einen steht das Restschuldbefreiungsverfahren gemäß § 286 nur natürlichen Personen offen. Für diese ist aber das Verbraucherinsolvenzverfahren gemäß § 304 zwingend vorgeschrieben, wenn sie keine oder nur eine geringfügige selbstständige wirtschaftliche Tätigkeit ausüben. Da das Verbraucherinsolvenzverfahren gemäß § 312 Abs. 3 nicht in Eigenverwaltung durchgeführt werden kann, kommt ein Eigenverwaltungsverfahren mit anschließender Restschuldbefreiung nur dann in Betracht, wenn der Schuldner eine natürliche Person ist, aber die Voraussetzungen des § 304 nicht erfüllt und deshalb ein Regelinsolvenzverfahren eröffnet werden kann.[141] Selbst in diesem Fall dürfte dann aber, wenn überhaupt, die Eigenverwaltung meist nur beantragt und angeordnet werden, um einen Insolvenzplan zu beschließen. Der Insolvenzplan führt aber nach Maßgabe des § 227 ohnehin schon zu einer „Restschuldbefreiung" für sämtliche Verbindlichkeiten des Schuldners, soweit deren Befriedigung nicht im gestaltenden Teil des Insolvenzplans vorgesehen ist.

80 Sollte sich doch ausnahmsweise einmal ein Restschuldbefreiungsverfahren an ein in Eigenverwaltung durchgeführtes Insolvenzverfahren anschließen, finden **im Restschuldbefreiungsverfahren die Regeln der Eigenverwaltung keine Anwendung.**[142] Im Siebten Teil der Insolvenzordnung sind nämlich für die Eigenverwaltung Sonderregeln zur Abwicklung des Insolvenzverfahrens getroffen, während das Restschuldbefreiungsverfahren gemäß §§ 286, 289 Abs. 1, 3 ein vorangehendes, abgeschlossenes oder wegen Masseunzulänglichkeit eingestelltes Insolvenzverfahren voraussetzt. Zum anderen ist im Achten Teil der Insolvenzordnung vorgesehen, dass im Restschuldbefreiungsverfahren ein Treuhänder tätig wird, also nicht der Sachwalter. Insoweit müssen daher auch die Regelungen in §§ 286 ff. InsO als Sonderregeln gegenüber dem Siebten Teil der Insolvenzordnung angesehen werden.

---

[138] *Gottwald/Haas,* Insolvenzrechts-Handbuch, § 88 RdNr. 1; *Nerlich/Römermann/Riggert* vor § 270 RdNr. 7.
[139] *Haarmeyer/Wutzke/Förster,* Handbuch, 3. Aufl. 2001, Kap. 10 RdNr. 28; *Gottwald/Haas,* Insolvenzrechts-Handbuch, § 88 RdNr. 1.
[140] *Nerlich/Römermann/Riggert* § 270 RdNr. 13.
[141] *Nerlich/Römermann/Riggert* § 270 RdNr. 13.
[142] Dazu auch *Nerlich/Römermann/Riggert* § 270 RdNr. 14.

III. Überwachung der Planerfüllung bei Insolvenzplan in Eigenverwaltung

Die Eigenverwaltung hat „Nachwirkungen" über die Aufhebung des Insolvenzverfahrens hinaus, wenn gemäß § 260 im gestaltenden Teil eines Insolvenzplans vorgesehen wurde, dass sich an die Aufhebung des Insolvenz(plan)verfahrens die Überwachung der Planerfüllung anschließen soll. In diesem Fall ist gemäß § 284 Abs. 2 die sonst (§ 261 Abs. 1) dem Insolvenzverwalter obliegende Überwachung dem Sachwalter als Aufgabe übertragen. 81

§ 270 Voraussetzungen

(1) ¹Der Schuldner ist berechtigt, unter der Aufsicht eines Sachwalters die Insolvenzmasse zu verwalten und über sie zu verfügen, wenn das Insolvenzgericht in dem Beschluß über die Eröffnung des Insolvenzverfahrens die Eigenverwaltung anordnet. ²Für das Verfahren gelten die allgemeinen Vorschriften, soweit in diesem Teil nichts anderes bestimmt ist.

(2) Die Anordnung setzt voraus,
1. daß sie vom Schuldner beantragt worden ist,
2. wenn der Eröffnungsantrag von einem Gläubiger gestellt worden ist, daß der Gläubiger dem Antrag des Schuldners zugestimmt hat und
3. daß nach den Umständen zu erwarten ist, daß die Anordnung nicht zu einer Verzögerung des Verfahrens oder zu sonstigen Nachteilen für die Gläubiger führen wird.

(3) ¹Im Falle des Absatzes 1 wird anstelle des Insolvenzverwalters ein Sachwalter bestellt. ²Die Forderungen der Insolvenzgläubiger sind beim Sachwalter anzumelden. ³Die §§ 32 und 33 sind nicht anzuwenden.

Übersicht

	RdNr.		RdNr.
I. Normzweck	1	b) Verzögerung des Verfahrens	39
II. Entstehungsgeschichte der Norm: Frühere Regelung – Reformvorschläge Gesetzgebungsverfahren zur InsO	4	c) Sonstige Nachteile	43
		5. Andere Voraussetzungen?	48
		a) Sanierungs- und Liquidationsverfahren	49
III. Voraussetzungen für die Anordnung der Eigenverwaltung	8	b) Zielsetzung	51
1. Anspruch auf Anordnung der Eigenverwaltung?	8	c) Verschulden	52
		d) Insolvenzgründe	53
2. Anwendbarkeit der Regeln des Eigenverwaltungsverfahrens	9	e) Besondere Gründe für die Eigenverwaltung	54
3. Antrag des Schuldners auf Eigenverwaltung	11	IV. Die Anordnung der Eigenverwaltung	55
a) Form und Inhalt	12	1. Zuständigkeiten	56
b) Antragsberechtigung	13	2. Inhalt des Eröffnungsbeschlusses	58
c) Der Antrag auf Eigenverwaltung beim Eigenantrag des Schuldners auf Verfahrenseröffnung	17	a) Begründung	58
		b) Bestellung des Sachwalters	59
		c) Keine Verfügungsbeschränkungen	60
d) Der Antrag auf Eigenverwaltung bei einem Gläubigerantrag auf Verfahrenseröffnung	21	d) Aufforderung zur Anmeldung von Forderungen und Sicherungsrechten	63
e) Konkurrenz von Eigen- und Gläubigerantrag	28	e) Bestimmung des Berichts- und des Prüfungstermins	64
4. Keine Nachteile für die Gläubiger	31	f) Hinweis auf Restschuldbefreiung	66
a) Darlegungslast des Schuldners und Entscheidungsfindung des Gerichts	33	V. Verwaltungs- und Verfügungsbefugnis des Schuldners	67
		1. Grundsätze	67

	RdNr.		RdNr.
2. Rechtsstellung des Schuldners	69	1. Die Sonderregeln der Eigenverwaltung und die Geltung der allgemeinen Regeln	98
3. Geschäftsführung und Verfahrensziel	71	2. Vollstreckungshindernisse	100
4. Begründung von Masseverbindlichkeiten	73	a) Vollstreckungsverbote (§§ 89, 90)	101
5. Arbeitgeberfunktion	74	b) Rückschlagsperre (§ 88)	104
6. Öffentlich-rechtliche Pflichten des Schuldners	76a	3. Prozessführung	105
7. Sonstige Aufgaben des Schuldners	77	a) Unterbrechung anhängiger Prozesse und Prozessführungsbefugnis	105
VI. Rechte und Pflichten des Sachwalters	78	b) Aufnahme von Aktivprozessen	107
1. Anmeldung der Forderungen/Führung der Tabelle	80	c) Aufnahme von Passivprozessen	109
2. Prüfungspflichten	82	4. Registereintragungen	112
3. Informationspflichten	84	a) Grundbuch und gleichgestellte Register	112
4. Mitwirkungspflichten und -rechte	86	b) Handelsregister und gleichgestellte Register	113
5. Befugnisse des Sachwalters	91	5. Postsperre	114
6. Keine Übernahme der Insolvenzmasse nach §§ 148, 150	97	**VIII. Die Ablehnung der Eigenverwaltung**	115
VII. Sonstige Konsequenzen der Eigenverwaltung	98	**IX. Rechtsmittel gegen die Entscheidung über die Eigenverwaltung**	117

I. Normzweck

1 In § 270 wird die **Grundstruktur der Eigenverwaltung** dahingehend bestimmt, dass beim Verfahren in Eigenverwaltung der Schuldner unter Aufsicht eines Sachwalters die Insolvenzmasse selbst verwaltet und über sie verfügt. Auch wenn § 270 keine Legaldefinition der Eigenverwaltung enthält, wird damit durch diese Schlüsselvorschrift das Insolvenzverfahren in Eigenverwaltung von anderen Verfahrensarten (reguläres Insolvenzverfahren, Insolvenzplanverfahren, Verbraucherinsolvenzverfahren) abgegrenzt.[1]

2 § 270 regelt die **Voraussetzungen der Eigenverwaltung.** Danach soll im Interesse einer klaren Rechtslage die Eigenverwaltung unter Aufsicht eines Sachwalters nur dann in Betracht kommen, wenn sie der Schuldner beantragt hat. Der Schuldner hat dazu vor Eröffnung des Insolvenzverfahrens Gelegenheit, wenn er entweder selbst den Antrag auf Eröffnung des Insolvenzverfahrens stellt oder zu dem Antrag eines Gläubigers angehört wird.[2]

3 Schließlich werden in § 270 die **wesentlichen Rechtsfolgen** eine Anordnung der Eigenverwaltung bestimmt. Grundlegend ist dabei § 270 Abs. 1 Satz 2, wonach auch für das Verfahren in Eigenverwaltung die allgemeinen Vorschriften Anwendung finden, soweit im Siebten Teil der Insolvenzordnung nichts anderes bestimmt ist. Wesentliche Sonderregelungen für das Eigenverwaltungsverfahren sind aber der Verbleib der Verwaltungs- und Verfügungsbefugnis beim Schuldner gemäß § 270 Abs. 1 Satz 1 sowie die Bestellung eines Sachwalters anstelle des Insolvenzverwalters gemäß § 270 Abs. 3.

II. Entstehungsgeschichte der Norm: Frühere Regelung – Reformvorschläge – Gesetzgebungsverfahren zur InsO

4 Im **Ersten Bericht der Kommission für Insolvenzrecht** wurde gemäß Leitsatz 1.3.1.1 vorgeschlagen, dass im neu zu regelnden Insolvenzverfahren immer ein Verwalter bestellt werden müsse und die Eigenverwaltung ausgeschlossen sein sollte.[3] Maßgebender Grund dafür war die Auffassung, dass die Geschäftsleitung des Schuldners aus verschiedenen Grün-

---

[1] *Uhlenbruck* InsO, § 270 RdNr. 1; *Nerlich/Römermann/Riggert* § 270 RdNr. 1 f.
[2] Begr. RegE InsO v. 15. 4. 1992, BT-Drucks. 12/2443, zu § 331 RegE, S. 223.
[3] Siehe dazu 1. KommBer., Begr. zu Leitsatz 1.3, S. 125 ff.

den nicht geeignet sei, das Insolvenzverfahren abzuwickeln (siehe dazu auch vor §§ 270 ff. RdNr. 3 ff., 13 ff.).

Diese Auffassung setzte sich aber in der weiteren Diskussion der Insolvenzrechtsreform 5 nicht durch, sondern im **Diskussionsentwurf des Bundesjustizministeriums** (DE) wurde ein Eigenverwaltungsverfahren in den §§ 320 ff. DE vorgesehen.[4] § 320 DE entsprach dabei schon weitgehend, in den Grundzügen wie in der Wortwahl, der jetzigen Fassung des § 270. Ein wesentlicher Unterschied lag nur darin, dass § 320 Abs. 2 Nr. 3 DE die Anordnung der Eigenverwaltung schon dann vorsah, wenn keine Umstände bekannt sind, die bei Anordnung der Eigenverwaltung eine den Gläubigern nachteilige Veränderung in der Vermögenslage des Schuldners erwarten lassen. § 320 des **Referentenentwurfs** (RefE)[5] übernahm die Regelung weitgehend wörtlich; eine Änderung erfolgte nur soweit, dass jeglicher Nachteil für die Gläubiger, der bei Anordnung der Eigenverwaltung zu erwarten war, also nicht nur eine nachteilige Veränderung in der Vermögenslage des Schuldners, nun die Anordnung der Eigenverwaltung ausschließen sollte. Der **Regierungsentwurf** (RegE)[6] übernahm dann seinerseits die Regelung des § 320 RegE wörtlich und fügte lediglich die jetzt in § 270 Abs. 1 Satz 2, Abs. 3 Satz 2 Gesetz gewordenen Klarstellungen ein hinsichtlich des Verhältnisses der Sonderregeln des Eigenverwaltungsverfahrens zu den Vorschriften für das reguläre Insolvenzverfahren.

Diese **Vorgängerfassungen** des § 270 in den verschiedenen Gesetzesentwürfen **unter-** 6 **schieden sich von der jetzigen Gesetzesfassung** prinzipiell hinsichtlich der Voraussetzungen der Eigenverwaltung in § 270 Abs. 2 Nr. 3. Die Gesetzesentwürfe (§ 330 DE, § 330 RegE, § 331 RegE) wollten übereinstimmend die Eigenverwaltung schon dann zulassen, wenn – negativ gewendet – keine Umstände bekannt sind, die bei Anordnung der Eigenverwaltung Nachteile für die Gläubiger erwarten lassen. Der Gesetzgeber ging nämlich, wie in der Begr. zum RegE der Insolvenzordnung deutlich wird, im Gesetzgebungsverfahren lange davon aus, dass ein Schuldner, der selbst das Insolvenzverfahren beantragt oder den der antragstellende Gläubiger für vertrauenswürdig hält, regelmäßig dazu geeignet ist, bis zur Entscheidung der ersten Gläubigerversammlung das Insolvenzverfahren in Eigenverwaltung durchzuführen.[7] Nach massiver Kritik in der Literatur ist dann aber der Gesetzgeber – in Form des Rechtsausschusses des Bundestags – konzeptionell umgeschwenkt und davon ausgegangen, dass die Eigenverwaltung eine Ausnahme sein muss, nicht die Regel.[8] Dazu hat der Rechtsausschuss im Gesetzgebungsverfahren insbesondere die Voraussetzungen für die Anordnung der Eigenverwaltung verschärft. Dementsprechend verlangt jetzt § 270 Abs. 2 Nr. 3 die positive Feststellung von Umständen, die erwarten lassen, dass die Anordnung der Eigenverwaltung nicht zu Nachteilen für die Gläubiger führen wird.

Nach der jetzt geltenden Regelung in § 270 Abs. 1 ist die Eigenverwaltung **nur unter** 7 **Aufsicht eines Sachwalters** möglich. Demgegenüber hatte der Gesetzgeber im DE, im RefE und zuletzt noch im RegE der Insolvenzordnung vorgesehen, dass Kleinverfahren auch ohne Sachwalter in Eigenverwaltung durchgeführt werden können. Denn nach der ursprünglichen Vorstellung des Gesetzgebers hätte in einem kleinen Insolvenzverfahren, bei dem der Schuldner keine selbstständige Erwerbstätigkeit ausgeübt, schon die Einsetzung eines Sachwalters einen unnötigen Aufwand bedeutet.[9] Im Gesetzgebungsverfahren ist die Eigenverwaltung ohne Sachwalter dann aber durch den Rechtsausschuss des Bundestags ersatzlos gestrichen worden. Grund dafür war sicherlich im Wesentlichen die vollständige

---

[4] Diskussionsentwurf (DE), Gesetz zur Reform des Insolvenzrechts, herausgegeben vom Bundesministerium der Justiz, Köln 1988.
[5] Referentenentwurf (RefE), Gesetz zur Reform des Insolvenzrechts, herausgegeben vom Bundesministerium der Justiz, Köln 1989.
[6] Regierungsentwurf der Insolvenzordnung (RegE) vom 15. 4. 1992, BT-Drucks. 12/2443.
[7] Begr. RegE InsO v. 15. 4. 1992, BT-Drucks. 12/2443, zu § 331 RegE, S. 223.
[8] *Beschlussempfehlung und Bericht des Rechtsausschusses* zum RegE der Insolvenzordnung (RegE) vom 19. 4. 1994, BT-Drucks. 12/7302, zu § 331, S. 185.
[9] Begr. RegE InsO v. 15. 4. 1992, BT-Drucks. 12/2443, Erläuterungen vor § 347 RegE, S. 227.

Neukonzeption des Kleinverfahrens in Form des Verbrauchinsolvenzverfahrens, mit dem der Gesetzgeber meinte, dem Ziel, unnötigen Aufwand zu vermeiden, hinreichend Rechnung zu tragen. Zum anderen hat aber wohl auch das generelle Misstrauen des Rechtsausschusses gegenüber dem Institut der Eigenverwaltung, das sich zB in einer wesentlichen Verschärfung der Voraussetzungen der Eigenverwaltung geäußert hat, zu der Streichung geführt.[10]

III. Voraussetzungen für die Anordnung der Eigenverwaltung

1. Anspruch auf Anordnung der Eigenverwaltung? Nach der Regelung des § 270 Abs. 2 setzt die Anordnung der Eigenverwaltung im Eröffnungsbeschluss einen Antrag des Schuldners (§ 270 Abs. 2 Nr. 1) sowie im Falle des Eröffnungsantrages eines Gläubigers die Zustimmung des Gläubigers zum Antrag des Schuldners auf Eigenverwaltung (§ 270 Abs. 2 Nr. 2) voraus. Außerdem muss für eine Anordnung der Eigenverwaltung nach den Umständen zu erwarten sein, dass den Gläubigern die Anordnung nicht zum Nachteil gereichen wird.[11] Sind diese Voraussetzungen erfüllt, muss die Eigenverwaltung angeordnet werden; insbesondere ist nicht noch zusätzlich erforderlich, dass ein besonderer Grund für die Anordnung der Eigenverwaltung spricht. In den ersten Jahren nach Inkrafttreten der Insolvenzordnung wurde dies von den Insolvenzgerichten eher anders gesehen.[12] Der antragstellende Schuldner hat die Beweislast für das Vorliegen der Voraussetzungen des § 270 Abs. 2 Nr. 3. Der Schuldner muss darlegen, dass keine Verfahrensverzögerungen und Nachteile für die Gläubiger zu befürchten sind.[13] Hat der Schuldner das Vorliegen der Anordnungsvoraussetzungen nach § 270 Abs. 2 Nr. 3 dargelegt und hat das Gericht keine anderen Erkenntnisse, so muss das Insolvenzgericht die Eigenverwaltung anordnen.[14]

Allerdings werden sich in der Praxis in der überwiegenden Zahl der Fälle Argumente für das Insolvenzgericht finden lassen, warum ein gläubigerbenachteiligendes Schuldnerverhalten nicht gänzlich ausgeschlossen werden kann und daher die Eigenverwaltung nicht angeordnet werden muss. Gerichte haben die Ablehnung der Eigenverwaltung u. a. darauf gestützt, dass über Jahre keine testierten Bilanzen erstellt wurden, dass Verzögerungen bei der Vorlage von Unterlagen durch den Schuldner eingetreten waren und dass Mittelabflüsse im Vorfeld der Insolvenz nicht aufgeklärt worden waren.[15] Weiter wurde der Antrag auf Eigenverwaltung deshalb abgelehnt, weil das Verhalten des geschäftsführenden Gesellschafters im Eröffnungsverfahren befürchten ließ, er werde die Eigenverwaltung nutzen, um sich der persönlichen Haftung und der Geltendmachung von Erstattungsansprüchen entziehen.[16]

2. Anwendbarkeit der Regeln des Eigenverwaltungsverfahrens. Vor Prüfung der Voraussetzungen des § 270 Abs. 2 muss vorrangig festgestellt werden, ob nach den spezielleren Regelungen der §§ 304 ff. für Verbraucherinsolvenzverfahren die Regeln des Siebten Teils der Insolvenzordnung überhaupt anwendbar sind. Dies wird in der Praxis ausschließlich bei **Unternehmensinsolvenzen** (und bei der Insolvenz einer nicht-unternehmenstragenden juristischen Person) in Betracht kommen (siehe im Übrigen zur Anwendung der Eigenverwaltung auf andere Insolvenzverfahren vor § 270 RdNr. 19 ff.). Dabei kann der Unternehmensträger eine Handelsgesellschaft (einschließlich der juristischen Personen) oder eine natürliche Person sein.[17] Sofern der Schuldner nur Träger eines kaufmännischen Unter-

---

[10] Siehe zum Misstrauen des Rechtsausschusses zB die Erläuterungen in *Beschlussempfehlung und Bericht des Rechtsausschusses* zum RegE der Insolvenzordnung (RegE) vom 19. 4. 1994, BT-Drucks. 12/7302, zu § 331, S. 185.
[11] *Beschlussempfehlung und Bericht des Rechtsausschusses* zum RegE der Insolvenzordnung (RegE) vom 19. 4. 1994, BT-Drucks. 12/7302, zu § 331, S. 185.
[12] So zB AG Lübeck, Beschluss vom 4. 2. 2000 – 53b IN 19/00, DZWiR 2000, 482; AG Potsdam, DZWIR 2000, 343.
[13] *Braun/Riggert* § 270 RdNr. 8.
[14] *Braun/Riggert* § 270 RdNr. 8.
[15] AG Darmstadt ZIP 1999, 1494.
[16] AG Köln, ZIP 1999, 1646.
[17] *Nerlich/Römermann/Riggert* § 270 RdNr. 12; *Uhlenbruck*, InsO, § 270 RdNr. 4 ff.

nehmens ist, bleibt im Übrigen die Größe des Unternehmens ohne Bedeutung. Denn entgegen vereinzelt vertretener Auffassung[18] ist die Eigenverwaltung nicht auf den selbst mitarbeitenden Schuldner zugeschnitten, sondern kommt auch und gerade für Großbetriebe in Betracht, bei denen durch Managementfehler eine Insolvenzsituation entstanden ist.

Handelt es sich beim Schuldner dagegen um eine natürliche Person, die keine oder nur eine geringfügige selbstständige wirtschaftliche Tätigkeit ausübt **(Verbraucher)**, steht für das Insolvenzverfahren die Eigenverwaltung nicht zur Verfügung. Denn gemäß § 304 muss für Verbraucher zwingend ein Verbraucherinsolvenzverfahren durchgeführt werden. Dies kann nach der ausdrücklichen gesetzlichen Regelung nicht in Eigenverwaltung geschehen (§ 312 Abs. 3).

3. Antrag des Schuldners auf Eigenverwaltung. Nach § 270 Abs. 2 Nr. 1 wird die Eigenverwaltung **nur auf Antrag des Schuldners** angeordnet. Eine Anordnung durch das Insolvenzgericht von Amts wegen oder allein auf Antrag eines Gläubigers ist ausgeschlossen,[19] weil der Schuldner bzw. seine Organe nicht gezwungen werden können, aktiv die Verfahrensabwicklung zu übernehmen. Denn ein Eigenverwaltungsverfahren kann nur dann erfolgreich sein, wenn der Schuldner freiwillig bereit ist, die ihm bei dieser besonderen Verfahrensart obliegenden Aufgaben ordnungsgemäß und mit dem notwendigen Einsatz zu erfüllen.[20] Deshalb kann der Schuldner bis zur Anordnung der Eigenverwaltung seinen Antrag jederzeit wieder zurücknehmen;[21] und zwar bei Ablehnung der Eigenverwaltung durch das Insolvenzgericht auch noch nach Eröffnung des Insolvenzverfahrens, um einem Antrag der Gläubigerversammlung auf Eigenverwaltung nach § 271 die Grundlage zu entziehen (siehe dazu § 271 RdNr. 4 ff.).

a) Form und Inhalt. Die Insolvenzordnung sieht keine **besonderen Formvorschriften** für den Antrag auf Eigenverwaltung vor, so dass der Antrag schriftlich oder mündlich zu Protokoll der Geschäftsstelle des Insolvenzgerichts gestellt werden kann. Inhaltlich ist es für den Antrag ausreichend, wenn der Schuldner zum Ausdruck bringt, dass im Insolvenzverfahren kein Verwalter eingesetzt werden soll, sondern der Schuldner dieses Verfahren selbst abwickeln und dabei die Verwaltungs- und Verfügungsbefugnis über sein Vermögen behalten will. Bei Zweifeln hat das Insolvenzgericht dem Schuldner Gelegenheit geben, den Antrag klarzustellen.[22] Im Übrigen trägt der Schuldner die **Darlegungslast hinsichtlich der Voraussetzungen des § 270 Abs. 2 Nr. 3** (siehe dazu § 270 RdNr. 33 ff.), so dass der Antrag begründet werden muss.[23]

b) Antragsberechtigung. Handelt es sich beim Schuldner um eine **natürliche Person**, so korrespondiert mit seiner Berechtigung aus § 13 Abs. 1 Satz 2, den Antrag auf Eröffnung des Insolvenzverfahrens zu stellen, auch die Berechtigung zum Antrag auf Eigenverwaltung.[24]

Demgegenüber sind in § 15 für die Berechtigung zum Insolvenzantrag bei **Personengesellschaften und juristischen Personen** besondere Regelungen getroffen, die nicht notwendigerweise die Berechtigung für den Antrag auf Eigenverwaltung umfassen. Zum Teil wird allerdings davon ausgegangen, dass für den Eigenverwaltungsantrag § 15 Abs. 1, 3 entsprechende Anwendung findet,[25] als Folge wäre damit jedes Mitglied der Geschäftsführung und ggfs. jeder persönlich haftenden Gesellschafter allein berechtigt wäre, den

---

[18] *Kübler/Prütting/Pape*, Stand 8. Lfg. 2000, § 270 RdNr. 7 und nunmehr *Kübler/Prütting/Pape*, Stand 27. Lfg. 2006, § 270 RdNr. 63.
[19] Für alle siehe zum Beispiel *Gottwald/Haas*, Insolvenzrechts-Handbuch, § 86 RdNr. 3; *Haarmeyer/Wutzke/Förster*, Handbuch, 3. Aufl. 2001, Kap. 10 RdNr. 5; *Nerlich/Römermann/Riggert* § 270 RdNr. 18.
[20] Begr. RegE InsO v. 15. 4. 1992, BT-Drucks. 12/2443, zu § 333 RegE, S. 224.
[21] *Gottwald/Haas*, Insolvenzrechts-Handbuch, § 87 RdNr. 6.
[22] *Nerlich/Römermann/Riggert* § 270 RdNr. 20.
[23] *Haarmeyer/Wutzke/Förster*, Handbuch, 3. Aufl. 2001, Kap. 10 RdNr. 5.
[24] *Gottwald/Haas*, Insolvenzrechts-Handbuch, § 87 RdNr. 7.
[25] *Hess/Weis*, InsO, § 270 RdNr. 38; *Smid*, Sanierungsverfahren nach neuem Insolvenzrecht, WM 1998, 2489, 2509; *Nerlich/Römermann/Riggert*, Stand: November 2000, § 270 RdNr. 20.

Antrag auf Eigenverwaltung zu stellen. Gegen eine solche pauschale Anlehnung an § 15 spricht aber, dass dies nicht die einzige Regelung der Antragsberechtigung für den Insolvenzantrag ist. § 15 gilt nur für die Insolvenzgründe der Zahlungsunfähigkeit (§ 17) und der Überschuldung (§ 19), und nur in diesem Rahmen sieht § 15 eine Antragsbefugnis unabhängig von den gesellschaftsrechtlichen Vertretungsregelungen vor. Dagegen ist ein Antrag auf Eröffnung des Insolvenzverfahrens bei drohender Zahlungsunfähigkeit gemäß § 18 Abs. 3 nur dann berechtigt, wenn er von den Vertretungsberechtigten gestellt wird, also ggfs. durch alle Geschäftsführer gemeinsam. Grund für diese differenzierte Regelung ist die haftungs- und strafbewehrte Antragspflicht, die bei Zahlungsunfähigkeit oder Überschuldung jeden Geschäftsführer bzw. Vorstand auch ohne Vertretungsberechtigung trifft. Dieser Antragspflicht muss eine Antragsberechtigung entsprechen. Solche Notwendigkeiten bestehen aber für den Antrag auf Eigenverwaltung nicht, da eine unterbleibende Anordnung der Eigenverwaltung für die Mitglieder des Vertretungsorgans bzw. für die persönlich haftenden Gesellschafter keine unmittelbaren Nachteile hat.[26]

15 Nach der hier vertretenen Auffassung kann der Antrag auf Anordnung der Eigenverwaltung nur – in **Anlehnung an die Regelung des § 18 Abs. 3** – durch die Vertretungsberechtigten gestellt werden. Eine andere Auslegung würde der Einschätzung des Gesetzgebers nicht gerecht werden, wonach ein Insolvenzverfahren in Eigenverwaltung nur dann und nur solange sinnvoll ist, wie der Schuldner bereit ist, die ihm zufallenden Aufgaben mit vollem Einsatz zu erfüllen.[27] Denn weder könnte dem Schuldner ein solcher Antrag eines einzelnen, nicht allein vertretungsberechtigten Mitglieds der Geschäftsführung auf Eigenverwaltung rechtlich zugerechnet werden, noch wäre damit praktisch sichergestellt, dass der Schuldner im Eigenverwaltungsverfahren handlungsfähig bleibt, weil auch für die Ausübung der Verwaltungs- und Verfügungsbefugnis im Verfahren mit Vertretungsmacht gehandelt werden muss. Dies spricht dafür, dass entsprechend § 18 Abs. 3 der **Eigenverwaltungsantrag von Handelsgesellschaften und anderen juristischen Personen nur zulässig** ist, wenn diese Schuldner dabei durch ihre Organe wirksam vertreten worden sind; also bei kollektiver Vertretungsbefugnis nur dann, wenn die entsprechende Anzahl an Vorständen oder Geschäftsführern den Antrag gemeinsam gestellt haben.[28]

16 **Gesellschafter des Schuldners** ohne organschaftliche Vertretungsbefugnis sind keinesfalls für die Eigenverwaltung antragsberechtigt.[29]

17 c) **Der Antrag auf Eigenverwaltung beim Eigenantrag des Schuldners auf Verfahrenseröffnung.** Der Schuldner wird den Antrag auf Eigenverwaltung in aller Regel **gemeinsam mit seinem Eigenantrag auf Eröffnung des Insolvenzverfahrens** stellen. Dabei kann aber der Antrag auf Verfahrenseröffnung nicht unter der **Bedingung** gestellt werden, dass Eigenverwaltung angeordnet wird – und zwar insbesondere auch dann nicht, wenn der Insolvenzantrag nach § 18 wegen drohender Zahlungsunfähigkeit erfolgt und das Insolvenzverfahren in Eigenverwaltung bewusst als Sanierungsverfahren für das schuldnerischen Unternehmen angestrebt wird.[30] Denn die Verbindung mit dem Antrag auf Eigenverwaltung ändert nichts an der Bedingungsfeindlichkeit des Insolvenzantrags.

18 Die Verbindung von Insolvenzantrag und Eigenverwaltungsantrags ist aber nicht zwingend erforderlich. Vielmehr kann der Schuldner, um eine Anordnung der Eigenverwaltung im Eröffnungsbeschluss gemäß § 270 zu erreichen (für die spätere Anordnung der Eigenverwaltung nach § 271 auf Grund Beschlusses der Gläubigerversammlung siehe bei § 271,

---

[26] Zu diesem Argument *Gottwald/Haas*, Insolvenzrechts-Handbuch, § 87 RdNr. 9.
[27] Begr. RegE InsO v. 15. 4. 1992, BT-Drucks. 12/2443, zu § 333 RegE, S. 224.
[28] So auch *Gottwald/Haas*, Insolvenzrechts-Handbuch, § 87 RdNr. 9.
[29] Ebenso *Hess/Weis*, InsO, § 270 RdNr. 38.
[30] Ausführlich dazu *Schlegel*, Insolvenzantrag und Eigenverwaltungsantrag bei drohender Zahlungsunfähigkeit, ZIP 1999, 954, 956 f. So im Ergebnis auch *Gottwald/Haas*, Insolvenzrechts-Handbuch, § 87 RdNr. 3. Nach BGH Beschl. v. 7. 7. 2005 – IX ZB 85/05, NZI 2006, 34 f. kann auch bei Vorschusszahlungen zur Verfahrenskostendeckung keine Zweckbestimmung in der Form getroffen werden, dass die Zahlung nur für den Fall der Anordnung der Eigenverwaltung erfolgt.

RdNr. 15 ff.), auch **noch nachträglich den Antrag auf Eigenverwaltung** stellen. Erforderlich für die Anordnung nach § 270 ist aber, dass der Antrag auf Eigenverwaltung bis spätestens zum Beschluss des Insolvenzgerichts über die Verfahrenseröffnung vorliegt. Dagegen reicht es für die Anordnung der Eigenverwaltung im Eröffnungsbeschluss gemäß § 270 nicht aus, den Eigenverwaltungsantrags in einem eventuellen Beschwerdeverfahren über den Eröffnungsantrag – etwa bei Abweisung mangels Masse nach § 26 – nachzuschieben; denn dann könnte nicht mehr das zuständige Insolvenzgericht seine Prüfungskompetenz nach § 270 Abs. 2 Nr. 3 wahrnehmen und die für die Entscheidung maßgebenden Gesichtspunkte selbst prüfen.[31]

Streitig ist, ob und inwieweit der Antrag des Schuldners auf Eigenverwaltung bereits **Vorwirkungen auf das Insolvenzeröffnungsverfahren,** insbesondere auf die anzuordnenden Sicherungsmaßnahmen hat (siehe dazu vor § 270 RdNr. 34 ff.). 19

Nutzt der Schuldner die ihm durch § 18 eröffnete Möglichkeit, schon frühzeitig, nämlich schon bei **drohender Zahlungsunfähigkeit** ohne Insolvenzantragspflicht, einen Antrag auf Verfahrenseröffnung verbunden mit dem Eigenverwaltungsantrag zu stellen, um bewusst das Insolvenzverfahren als Sanierungsverfahren zu wählen, darf ihm dieses vom Gesetzgeber mit der Schaffung von § 18 ausdrücklich erwünschte Verhalten nicht zum Nachteil gereichen. Sind nach Auffassung des Gerichts die Voraussetzungen für die Anordnung der Eigenverwaltung nicht gegeben und liegt tatsächlich nur der Insolvenzgrund der drohenden Zahlungsunfähigkeit vor, hat daher das Gericht den Schuldner darauf hinzuweisen, um ihn Gelegenheit zu geben, den Insolvenzantrag zurückzunehmen und eine außergerichtliche Sanierung zu versuchen.[32] 20

d) Der Antrag auf Eigenverwaltung bei einem Gläubigerantrag auf Verfahrenseröffnung. Auch bei einem Antrag eines Gläubigers auf Eröffnung des Insolvenzverfahrens hat gemäß § 270 Abs. 2 Nr. 1, 2 der Schuldner noch die Möglichkeit, **anschließend an den Insolvenzantrag des Gläubigers den Antrag auf Eigenverwaltung** zu stellen. Dazu erhält der Schuldner Gelegenheit, weil ihn das Insolvenzgericht gemäß § 14 Abs. 2 zum Insolvenzantrag des Gläubigers vor Verfahrenseröffnung hören muss.[33] 21

Hat der Schuldner sich mit seinen Antrag auf Eigenverwaltung dem Antrag eines Gläubigers auf Verfahrenseröffnung angeschlossen, so kann die Eigenverwaltung gemäß § 270 Abs. 2 Nr. 2 nur angeordnet werden, wenn der **Gläubiger dem zustimmt.** Damit wird verhindert, dass der Schuldner den auf Einsetzung eines Insolvenzverwalters zielenden Insolvenzantrag eines Gläubigers einfach gegenstandslos werden lassen kann, indem der Schuldner den Antrag auf Eigenverwaltung nachschiebt.[34] Zugleich schafft dies einen Anreiz für den Schuldner, frühzeitig – selbst – den Antrag auf Verfahrenseröffnung zu stellen.[35] 22

Stellt ein Gläubiger den Insolvenzantrag, so ist auch nur die Zustimmung gerade dieses Gläubigers zum Antrag auf Eigenverwaltung erforderlich, während eine Zustimmung anderer Gläubiger nicht vorliegen muss. Liegen Insolvenzanträge mehrerer Gläubiger vor, so bedarf es nur der Zustimmung des Gläubigers, dessen Antrag dem Eröffnungsbeschluss zugrundegelegt werden soll,[36] d. h. auch bei mehreren Insolvenzanträgen verschiedener Gläubiger ist nicht die Zustimmung aller Gläubiger erforderlich.[37] Anderenfalls könnte nämlich entgegen der Wertung in § 272 Abs. 2 jeder einzelne Gläubiger selbst dann, wenn 23

---

[31] *Hess/Weis,* InsO, § 270 RdNr. 43 f.; *Haarmeyer/Wutzke/Förster,* Handbuch, 3. Aufl. 2001, Kap. 10 RdNr. 5 f.; *Hintzen,* Insolvenzantrag und Antrag auf Eigenverwaltung, ZInsO 1998, 15, 16; HK-*Landfermann* § 270 RdNr. 2; § 271 RdNr. 2; *Nerlich/Römermann/Riggert,* 271 RdNr. 2; *Gottwald/Haas,* Insolvenzrechts-Handbuch, § 87 RdNr. 4.
[32] Kritisch dazu *Schlegel,* Insolvenzantrag und Eigenverwaltungsantrag bei drohender Zahlungsunfähigkeit, ZIP 1999, 954, 957. Wie hier aber HK-*Landfermann* § 270 RdNr. 3; *Uhlenbruck* in Festschrift Metzeler, 2003, S. 94.
[33] HK-*Landfermann* § 270 RdNr. 2.
[34] *Hess/Weis,* InsO, § 270 RdNr. 46.
[35] *Uhlenbruck* in Festschrift Metzeler, 2003, S. 94.
[36] Mit diesem Ergebnis auch *Nerlich/Römermann/Riggert* § 270 RdNr. 21.
[37] So aber *Hess/Weis,* InsO, § 270 RdNr. 47; *Gottwald/Haas,* Insolvenzrechts-Handbuch, § 87 RdNr. 10.

§ 270 24–27   7. Teil. Eigenverwaltung

die Voraussetzungen für eine Eigenverwaltung vorliegen, die Anordnung der Eigenverwaltung im Eröffnungsbeschluss verhindern, indem er sich mit einem weiteren Insolvenzantrag dem Insolvenzantrag eines zustimmenden Gläubigers anschließt.

24 Der Gläubiger muss die Zustimmung selbst gegenüber dem Gericht abgeben. Bei der Zustimmung handelt es sich um eine **empfangsbedürftige Willenserklärung,** die nicht formlos abgegeben werden kann,[38] sondern schriftlich oder zu Protokoll der Geschäftsstelle erklärt werden muss (§§ 270 Abs. 1 Satz 2, 4 i. V. m. § 496 ZPO). Die Behauptung des Schuldners im Eigenverwaltungsantrag, der Gläubiger habe ihm gegenüber zugestimmt, genügt nicht.[39] Ausreichend erscheint aber, wenn der Schuldner die Zustimmung außergerichtlich schon vor dem Antrag auf Eigenverwaltung einholt und die schriftliche Erklärung des Gläubigers, dass er der Eigenverwaltung zustimme, seinem Antrag auf Eigenverwaltung beifügt.[40]

25 Die **Zustimmung ist ausdrücklich und bedingungsfrei** zu erklären; die Annahme einer stillschweigenden Zustimmung oder ein Schluss auf die Zustimmung aus den Umständen ist nicht zulässig.[41] Um Klarheit über die Zustimmung des Gläubigers erhalten, hat das Insolvenzgericht von Amts wegen gemäß § 5 Abs. 1 dem Gläubiger, der sich noch nicht geäußert hat, das Protokoll der Anhörung des Schuldners oder einen schriftlichen Antrag des Schuldners durch Aufgabe zur Post nach § 8 zuzustellen mit der Aufforderung, sich binnen einer bestimmten Frist zu erklären, ob er die Zustimmung zur Eigenverwaltung erteilt. Bleibt die Zustimmung innerhalb der festgesetzten Frist aus, muss das Gericht – falls nicht doch noch eine nachträgliche Zustimmungserklärung spätestens bis zum Eröffnungsbeschluss abgegeben wird – davon ausgehen, dass der Gläubiger seine Zustimmung verweigert.[42] Lehnt der Gläubiger seine Zustimmung zur Eigenverwaltung ab, muss er dies nicht – ebenso wenig wie eine erteilte Zustimmung – begründen.[43]

26 Zum Teil wird vertreten, dass der Gläubiger die **Zustimmung mit der Bedingung** versehen könne, dass ein bestimmter Sachwalter bestellt werden müsse oder dem Schuldner bestimmte Auflagen bezüglich seiner Verfügungen zu machen seien. Denn die Zustimmungserklärung sei keine Prozesshandlung, sondern eine Willenserklärung,[44] bzw. könne als Prozesshandlung trotz der grundsätzlichen Bedingungsfeindlichkeit durch interprozessuale Vorgänge bedingt werden.[45] Dies erscheint jedoch im Ergebnis unzutreffend,[46] da der Gläubiger dem Gericht nicht vorschreiben kann, wen es als Sachwalter zu bestellen hat. Zum anderen hat das Insolvenzgericht nur unter den in § 277 Abs. 2 genannten Voraussetzungen die Befugnis, auf Antrag eines einzelnen Gläubigers die Zustimmungsbedürftigkeit bestimmter Rechtsgeschäfte des Schuldners anzuordnen. Schließlich spricht gegen einen solche gestaltende Einflussnahme des Gläubigers auch das mehr formale Argument, dass sich seine Zustimmung nach dem Wortlaut des § 270 Abs. 2 Nr. 2 ausschließlich auf den Antrag des Schuldners beziehen muss, aber nicht auf die Anordnung der Eigenverwaltung durch das Gericht.[47]

27 Der antragstellende Gläubiger kann seine Zustimmung zur Eigenverwaltung noch bis zu Entscheidung des Insolvenzgerichts über die Verfahrenseröffnung und die Anordnung der Eigenverwaltung **widerrufen,** da die Voraussetzungen für die Eigenverwaltung im Zeit-

---

[38] So aber *Hess/Weis,* InsO, § 270 RdNr. 48.
[39] *Gottwald/Haas,* Insolvenzrechts-Handbuch, § 87 RdNr. 10; *Haarmeyer/Wutzke/Förster,* Handbuch, 3. Aufl. 2001, Kap. 10 RdNr. 7.
[40] Ebenso *Hess/Weis,* InsO, § 270 RdNr. 50.
[41] *Smid,* Sanierungsverfahren nach neuem Insolvenzrecht, WM 1998, 2489, 2508; *Hess/Weis,* InsO, § 270 RdNr. 51 f.
[42] *Kübler/Prütting/Pape* § 270 RdNr. 89; *Hess/Weis,* InsO, § 270 RdNr. 50, 51.
[43] *Smid,* Sanierungsverfahren nach neuem Insolvenzrecht, WM 1998, 2489, 2508.
[44] *Vallender,* Eigenverwaltung zwischen Schuldner- und Gläubigerautonomie, WM 1998, 2129, 2131; *Haarmeyer/Wutzke/Förster,* Handbuch, 3. Aufl. 2001, Kap. 10 RdNr. 6.
[45] *Gottwald/Haas,* Insolvenzrechts-Handbuch, § 87 RdNr. 13.
[46] So auch HK-*Landfermann* § 270 RdNr. 6; *Kübler/Prütting/Pape* § 270 RdNr. 89.
[47] HK-*Landfermann* § 270 RdNr. 6.

punkt ihrer Anordnung vorliegen müssen. Selbst wenn man richtigerweise die Zustimmungserklärung als Prozesshandlung ansieht, ist der Widerruf nicht ausgeschlossen, da der Gesetzgeber keine entgegenstehende Regelung getroffen hat. Nach Verfahrenseröffnung ist ein Widerruf aber nicht mehr möglich, sondern der Gläubiger kann dann eine Aufhebung der angeordneten Eigenverwaltung nur noch unter den Voraussetzungen des § 272 Abs. 1 Nr. 2, Abs. 2 erreichen.[48]

e) Konkurrenz von Eigen- und Gläubigerantrag. Da die Zustimmung des Gläubigers zur Anordnung der Eigenverwaltung nur erforderlich ist, wenn auch der Insolvenzantrag von Gläubiger gestellt wurde, muss beantwortet werden, wie vom Insolvenzgericht zu entscheiden ist, wenn **sowohl ein Antrag des Gläubigers als auch ein Antrag des Schuldners vorliegen,** bevor über die Verfahrenseröffnung entschieden wird. Dazu wird mangels eindeutiger Vorgaben der Insolvenzordnung vertreten, dass immer dann, wenn ein Gläubigerantrag gestellt wird, selbst wenn dies erst im Anschluss an einen Eigenantrag des Schuldners geschieht, die Eigenverwaltung gemäß § 270 Abs. 2 Nr. 2 nur angeordnet werden kann, wenn auch der antragstellenden Gläubiger zustimmt.[49] Ob dies zutrifft, beantwortet ein Blick auf die Vergleichsordnung ebenso wenig wie die Betrachtung des U. S.-amerikanischen Chapter 11-Verfahrens. Denn abgesehen davon, dass die Vergleichsordnung die strenge Gegenüberstellung von Eigenverwaltung einerseits und den Übergang der Verwaltungs- und Verfügungsbefugnisse auf einen Verwalter andererseits nicht kannte, war zum Antrag auf Eröffnung eines Vergleichsverfahrens gemäß § 2 Abs. 1 VerglO ohnehin nur der Schuldner befugt. Demgegenüber kann zwar der Antrag auf Durchführung des Chapter 11-Verfahrens sowohl vom Schuldner (*voluntary case,* 11 U. S. C. § 301) wie auch von Seiten der Gläubiger (*involuntary case,* 11 U. S. C. § 303) gestellt werden. Dieses Chapter 11-Verfahren wird dann aber regelmäßig vom *debtor in possession* in Eigenverwaltung durchgeführt, ohne dass es darauf ankommt, wer den Antrag auf Durchführung des Verfahrens gestellt hat.

Notwendig ist daher eine Entscheidung der Frage allein aus der **Systematik der Insolvenzordnung** heraus. Als Argument dafür, dass es immer auf den Gläubigerantrag ankommt, auch wenn dieser erst nach dem Eigenantrag des Schulders gestellt wird, ließe sich vor allem anführen, dass so die Interessen jedes Gläubigers vor einem Missbrauch der Eigenverwaltung durch den Schuldner am besten geschützt sind. Denn jeder Gläubiger könnte dann auch noch im Anschluss an den Schuldnerantrag die Anordnung der Eigenverwaltung im Eröffnungsbeschluss verhindern, indem er selbst noch vor Verfahrenseröffnung einen Insolvenzantrag stellt und der vom Schuldner beantragten Eigenverwaltung nach § 270 Abs. 2 Nr. 2 widerspricht. In einem solch umfassenden Schutz der Gläubigerinteressen läge aber ein Widerspruch zu den gesetzlichen Regelungen für die Zeit nach Verfahrenseröffnung. Danach hat zwar auch ein einzelner Gläubiger noch die Möglichkeit, die Eigenverwaltung durch den Schuldner zu verhindern, indem er ihre Aufhebung nach § 272 beantragt. Diese Beendigung der Eigenverwaltung steht dann aber nicht mehr im Belieben des einzelnen Gläubigers, sondern Voraussetzung einer entsprechenden Entscheidung des Insolvenzgerichts ist gemäß § 272 Abs. 2, dass auf Grund einer Änderung der Verhältnisse bei Fortsetzung der Eigenverwaltung die Gläubigerinteressen gefährdet sind und der Gläubiger dieses glaubhaft macht. Dieses spricht dafür, dass dem einzelnen Gläubiger zumindest dann, wenn bereits ein Eigenantrag des Schuldners vorliegt, auch nicht vor Verfahrenseröffnung die Befugnis gegeben werden kann, ohne weitere Voraussetzungen mit seinem weiteren Insolvenzantrag und dem Widerspruch zur Eigenverwaltung diese zu verhindern.

Vielmehr muss gelten, dass immer dann, **wenn zuerst der Schuldner einen Insolvenzantrag gestellt hat, keine Zustimmung eines Gläubigers nach § 270 Abs. 2 Nr. 2**

---

[48] *Hess/Weis,* InsO, § 270 RdNr. 53; *Gottwald/Haas,* Insolvenzrechts-Handbuch, § 87 RdNr. 11; *Vallender,* Eigenverwaltung zwischen Schuldner- und Gläubigerautonomie, WM 1998, 2129, 2131; *Nerlich/Römermann/Riggert* § 270 RdNr. 21.
[49] So AG Potsdam, Beschl. v. 7. 6. 2000 – 35 IN 224/00, DZWIR 2000, 343; *Gottwald/Haas,* Insolvenzrechts-Handbuch, § 87 RdNr. 10, Fn. 23.

vorliegen muss, selbst wenn der Gläubiger noch nachträglich auch einen Insolvenzantrag gestellt hat.[50] Gegen dieses Ergebnis lässt sich nicht einwenden, dass damit das Erfordernis einer Gläubigerzustimmung zur Eigenverwaltung rein zufällig davon abhängig ist, ob der Schuldner oder der Gläubiger zuerst den Insolvenzantrag gestellt haben. Denn nach den Intentionen des Gesetzgebers war es gerade eines der Ziele der Insolvenzrechtsreform, dass insolvente Schuldner früher als bisher in das Insolvenzverfahren gelangen. Wichtig dafür war es dem Gesetzgeber insbesondere, dem Schuldner bzw. bei juristischen Personen seinen Organen Anreize dafür zu bieten, frühzeitig einen Insolvenzantrag zu stellen, und als ein kräftiger Anreiz dafür wurde die Möglichkeit der Eigenverwaltung gesehen.[51] Daher ist es auch nur folgerichtig, wenn derjenige Schuldner, der frühzeitig, nämlich vor einem Gläubiger, den Insolvenzantrag stellt, damit belohnt wird, dass auch ein nachträglicher Gläubigerantrag den Weg zur Eigenverwaltung nicht von der Zustimmung dieses Gläubigers abhängig macht. Jedoch sollte das Insolvenzgericht dem Gläubiger, der einen Insolvenzantrag erst nach dem Eigenantrag des Schuldners gestellt hat, Gelegenheit zur Stellungnahme hinsichtlich der Voraussetzungen für die Anordnung der Eigenverwaltung nach § 270 Abs. 2 Nr. 3 geben.[52]

30 a Möglich ist es auch, dass sich der Gläubiger mit einer **Schutzschrift** an das Insolvenzgericht wendet, in der er seine Vorbehalte gegen die Anordnung der Eigenverwaltung darlegt.[53] Aufgabe der Schutzschrift ist es, zu gewährleisten, dass der hinterlegende Gläubiger mit seinen Argumenten gehört wird. Das Insolvenzgericht trifft eine gesteigerte Überprüfungspflicht, den Behauptungen des Gläubigers nachzugehen. Sind diese Behauptungen wenig substantiiert, so sind die Überprüfungspflichten des Gerichts geringer als bei substantiierten Darlegungen des Gläubiger zu Nachteilen für die Gläubigerschaft im Falle der Anordnung einer Eigenverwaltung. Mit einer Schutzschrift kann der Gläubiger hingegen nicht erreichen, dass die Anordnung der Eigenverwaltung durch das Insolvenzgericht per se unmöglich gemacht wird.[54]

31 **4. Keine Nachteile für die Gläubiger.** Neben dem Antrag des Schuldners und ggfs. der Zustimmung des Gläubigers setzt die Anordnung der Eigenverwaltung im Eröffnungsbeschluss weiterhin voraus, dass mit der Eigenverwaltung keine Gläubigerinteressen gefährdet werden. Denn nach § 270 Abs. 2 Nr. 3 darf das Insolvenzgericht die Eigenverwaltung nur anordnen, wenn nach den Umständen zu erwarten ist, dass die Eigenverwaltung **nicht zu einer Verzögerung des Verfahrens oder zu sonstigen Nachteilen für die Gläubiger** führen wird. Damit soll vor allem verhindert werden, dass der Schuldner über längere Zeit hinweg sein Unternehmen weiterführt, ohne das eigentliche Ziel des Insolvenzverfahrens, die bestmögliche Befriedigung der Schuldner, zu fördern.

32 Wie sich schon aus dem Wortlaut und der systematischen Stellung des § 270 Abs. 2 Nr. 3 im Verhältnis zu den unter § 270 Abs. 2 genannten weiteren Voraussetzungen für die Anordnung der Eigenverwaltung ergibt, muss die **Voraussetzung, dass kein Nachteil droht, in jedem Fall erfüllt sein,** unabhängig davon, ob die Eigenverwaltung vom Schuldner oder von einem Gläubiger beantragt wurde.[55] Ein Verzicht auf einzelne der Voraussetzungen beim Antrag eines Gläubigers ist im Übrigen auch deshalb nicht möglich, weil das Insolvenzgericht mögliche Nachteile der Eigenverwaltung für „die Gläubiger" zu prüfen hat und der damit gewährleistete Schutz für alle Gläubiger nicht durch die Zustimmung des antragstellenden Gläubigers zur Eigenverwaltung aufgehoben werden darf. Anderenfalls hätte es der antragstellende Gläubiger, aus dessen Sicht die Eigenverwaltung vorteilhaft erscheint, weil er hofft, im Zusammenwirken mit dem Schuldner eigene Interessen

---

[50] Ebenso AG Köln, Beschl. v. 22. 8. 2005 – 71 IN 426/05, ZIP 2005, 1975; *Haarmeyer/Wutzke/Förster*, Handbuch, 3. Aufl. 2001, Kap. 10 RdNr. 5.
[51] Begr. RegE InsO v. 15. 4. 1992, BT-Drucks. 12/2443, Allgemeine Begr., S. 80 f.
[52] *Haarmeyer/Wutzke/Förster*, Handbuch, 3. Aufl. 2001, Kap. 10 RdNr. 5.
[53] *Bichlmeier* DZWiR 2000, 62 ff.; *Uhlenbruck*, InsO, § 270 RdNr. 9; *Wehdeking* DZWIR 2005, 139, 140 f.
[54] *Kübler/Prütting/Pape* § 270 RdNr. 87; *Wehdeking* DZWIR 2005, 139 ff.
[55] Anders wohl AG Köln, Beschl. v. 17. 9. 1999 – 71 IN 28/99, ZIP 1999, 1646, wonach diese Voraussetzung nur erfüllt sein müsste beim Schuldnerantrag auf Eigenverwaltung.

zum Nachteil der anderen Gläubiger durchzusetzen, in der Hand, das Insolvenzverfahren in der für ihn günstigen, aber für die anderen Gläubiger nachteiligen Verfahrensart beginnen zu lassen.

a) Darlegungslast des Schuldners und Entscheidungsfindung des Gerichts. Für 33 die Entscheidung über die Anordnung der Eigenverwaltung hat das Gericht **gemäß § 5 Abs. 1 von Amts wegen** festzustellen,[56] ob die (negativen) materiellen Voraussetzungen des § 270 Abs. 2 Nr. 3 vorliegen, also weder eine Verzögerung des Verfahrens noch sonstige Nachteile für die Gläubiger zu erwarten sind. Die ursprüngliche Auffassung des Gesetzgebers, wonach dem Insolvenzgericht keine besonderen Nachforschungspflichten auferlegt seien,[57] ist mit der Verschärfung der Voraussetzungen für das Eigenverwaltungsverfahren in § 270 Abs. 2 Nr. 3 durch den Rechtsausschuss überholt. Es handelt sich auch nicht um eine Eilentscheidung, die keine Ermittlungen des Gerichts zuließe, sondern das Gericht muss, um die Entscheidung sachgerecht zu treffen, im Eröffnungsverfahren auf Grund § 20 und erforderlichenfalls bei Einsetzung eines vorläufigen Insolvenzverwalters auf Grund § 22 Abs. 2 und 3 ermitteln, ob die Voraussetzungen für die Anordnung der Eigenverwaltung vorliegen.[58] Dazu empfiehlt es sich, dass das Insolvenzgericht sich der Sachverhaltskenntnisse eines etwaig bestellten vorläufigen Insolvenzverwalters bedient und bei Einholung eines Gutachtens zu den Eröffnungsvoraussetzungen und zur Frage der Massekostendeckung den Gutachter anweist, auch dazu Stellung zu nehmen, ob von der Anordnung einer beantragten Eigenverwaltung Nachteile für die Gläubiger zu erwarten sind.[59]

Weil § 270 Abs. 2 Nr. 3 eine Ausnahme vom regulären Insolvenzverfahren vorsieht und 34 besondere Umstände vorliegen müssen, die die Anordnung des Eigenverwaltungsverfahren rechtfertigen, **obliegt dem Schuldner die Darlegungslast hinsichtlich der Voraussetzungen der Eigenverwaltung.** Er muss seinen Antrag auf Eigenverwaltung begründen und die Umstände dartun, auf Grund derer zu erwarten ist, dass die Anordnung der Eigenverwaltung weder zu einer Verzögerung des Verfahrens noch zu sonstigen Nachteilen für die Gläubiger führen wird. Dafür muss der Schuldner dem Insolvenzrichter soviel an Tatsachen und Unterlagen unterbreiten, dass dieser zu einer gesicherten Prognose gelangen kann.[60] Eine Entscheidung allein auf Grund der Angaben des Schuldners ist aber regelmäßig ausgeschlossen, da der Schuldner naturgemäß nur Tatsachen vortragen wird, die die Anordnung der Eigenverwaltung rechtfertigen.[61]

Bei der Prüfung dieser Voraussetzungen gemäß § 270 Abs. 2 Nr. 3 auf Grundlage der 35 ermittelten Tatsachen hat das Gericht zwar keinen Ermessens- und Beurteilungsspielraum. Es ist aber **in jedem konkreten Fall eine Prognoseentscheidung** zu treffen, bei der der voraussichtliche Verlauf des Insolvenzverfahrens ohne und mit Eigenverwaltung verglichen

---

[56] *Pape,* Die Eigenverwaltung des Schuldners nach der Insolvenzordnung, in Kölner Schrift, 2. Aufl. 2000, S. 895 ff. RdNr. 8; *Vallender,* Eigenverwaltung zwischen Schuldner- und Gläubigerautonomie, WM 1998, 2129, 2131; *Haarmeyer/Wutzke/Förster,* Handbuch, 3. Aufl. 2001, Kap. 10 RdNr. 8.
[57] Begr. RegE InsO v. 15. 4. 1992, BT-Drucks. 12/2443, zu § 331 RegE, S. 223. So auch immer noch unrichtig *Nerlich/Römermann/Riggert* § 270 RdNr. 22.
[58] Missverständlich insoweit AG Darmstadt, Beschl. v. 26. 2. 1999 – 9 IN 1/99, ZInsO 1999, 176 = ZIP 1999, 1494, 1496, wo das Gericht entgegen dem Wortlaut des Beschlusses sehr wohl seine Entscheidung auf die Angaben des Schuldners und die Erkenntnisse des vorläufigen Insolvenzverwalters stützt. Nur auf den Wortlaut dieser Entscheidung gestützt, nimmt dagegen *Bichlmeier,* Die Verhinderung der Eigenverwaltung mittels einer Schutzschrift, DZWIR 2000, 62, 63, an, dass es sich um eine Eilentscheidung handele.
[59] *Vallender,* Eigenverwaltung zwischen Schuldner- und Gläubigerautonomie, WM 1998, 2129, 2131; *Nerlich/Römermann/Riggert* § 270 RdNr. 22; *Kübler/Prütting/Pape* § 270 RdNr. 81 ff.; HK-*Landfermann* § 270 RdNr. 9; *Hess/Weis,* InsO, § 270 RdNr. 60.
[60] AG Potsdam, Beschl. v. 7. 6. 2000 – 35 IN 224/00, DZWIR 2000, 343; *Smid,* Sanierungsverfahren nach neuem Insolvenzrecht, WM 1998, 2489, 2508; *Pape,* Die Eigenverwaltung des Schuldners nach der Insolvenzordnung, in Kölner Schrift, 2. Aufl. 2000, S. 895 ff. RdNr. 8; *Riggert,* Die Eigenverwaltung auf Antrag des Schuldners, Der Syndikus 2000, 36 f.; *Haarmeyer/Wutzke/Förster,* Handbuch, 3. Aufl. 2001, Kap. 10 RdNr. 5; *Vallender,* Eigenverwaltung zwischen Schuldner- und Gläubigerautonomie, WM 1998, 2129, 2131, 2133. Völlig überzogen in den Anforderungen aber *Bichlmeier,* Die Verhinderung der Eigenverwaltung mittels einer Schutzschrift, DZWIR 2000, 62, 63 ff.
[61] *Haarmeyer/Wutzke/Förster,* Handbuch, 3. Aufl. 2001, Kap. 10 RdNr. 10.

werden.⁶² Dazu muss das Insolvenzgericht abwägen, ob das Verfahren in Eigenverwaltung voraussichtlich vergleichbar zügig ablaufen und für die Gläubiger hinsichtlich ihrer Befriedigung zu einem gleichen Ergebnis führen wird, wie ein Insolvenzverfahren, bei dem ein Insolvenzverwalter bestellt ist. Dabei geht der Gesetzgeber davon aus, dass die Eigenverwaltung die Ausnahme sein wird, nicht die Regel.⁶³ In die Prüfung einzubeziehen hat das Insolvenzgericht die Zuverlässigkeit und Geschäftserfahrenheit des Schuldners bzw. der für ihn handelnden Personen, die Funktionstüchtigkeit seines Geschäftsbetriebs, die Insolvenzursachen und das Zusammenwirken zwischen dem Schuldner und den wesentlichen Gläubigergruppen.⁶⁴

36   Bei seiner Entscheidung hat das Insolvenzgericht auch die (befürwortende oder ablehnende) **Stellungnahme von Gläubigern** als Indiz zu berücksichtigen. Denn auch die Letztentscheidung über die Anordnung der Eigenverwaltung ist gemäß §§ 271, 272 der Gläubigerautonomie überlassen.⁶⁵ Jedem eventuell von der Anordnung der Eigenverwaltung Betroffenen steht es dabei frei, in einer „Schutzschrift" dem Insolvenzgericht Gründe gegen die Anordnung der Eigenverwaltung darzulegen.⁶⁶ Im Übrigen wird es sich für das Gericht in jedem Fall empfehlen, außer dem Schuldner die wichtigsten Gläubiger zu den Voraussetzungen der Eigenverwaltung anzuhören.⁶⁷ Keinesfalls hat aber der Schuldner eine Verpflichtung, befürwortende Stellungnahmen seitens seiner Kreditgeber, Lieferanten oder Arbeitnehmer beizubringen, um den Nachweis zu führen, dass von Seiten seiner Gläubiger eine Gefährdung ihrer Interessen bei Anordnung der Eigenverwaltung nicht gesehen wird.⁶⁸ Voraussetzung des Eigenverwaltungsverfahrens ist gemäß § 270 Abs. 2 Nr. 3 nämlich nur, dass nach den Umständen bei Anordnung der Eigenverwaltung keine Nachteile für die Gläubiger zu erwarten sind, nicht aber ein vorweggenommenes Votum der Beteiligten für die Eigenverwaltung.

37   Sind für das Insolvenzgericht keine Anhaltspunkte erkennbar, dass die Eigenverwaltung zu Nachteilen für die Gläubiger führen wird oder ist sogar erkennbar, dass die Eigenverwaltung lediglich Vorteile für die Gläubiger haben wird, hat das Insolvenzgericht die Eigenverwaltung anzuordnen. Lassen sich die Voraussetzungen der Eigenverwaltung nicht feststellen, so hat das Insolvenzgericht dagegen von der Anordnung der Eigenverwaltung abzusehen. **Zweifel gehen zu Lasten des Schuldners,** der damit nicht nur die Darlegungslast,⁶⁹ sondern auch die Feststellungslast trägt.⁷⁰ Damit ist die Anordnung der Eigenverwaltung ausgeschlossen, wenn das Insolvenzgericht nicht zu der positiven Überzeugung gelangen kann, dass das Eigenverwaltungsverfahren sei voraussichtlich nicht nachteilhaft für die Gläubiger. Eine Gesamtabwägung aller vorteilhaften und nachteilhaften Umstände kommt dabei nicht in Betracht.⁷¹

38   Umgekehrt darf aber das Insolvenzgericht nicht pauschal den Antrag auf Eigenverwaltung mit der Begründung ablehnen, dass die **Gläubiger nach § 271** das Recht haben, bei

---

⁶² AG Köln, Beschl. V. 17. 9. 1999 – 71 IN 28/99, ZIP 1999, 1646; *Nerlich/Römermann/Riggert* § 270 RdNr. 22.

⁶³ *Beschlussempfehlung und Bericht des Rechtsausschusses* zum RegE der Insolvenzordnung (RegE) vom 19. 4. 1994, BT-Drucks. 12/7302, § 331 RegE, S. 185.

⁶⁴ Ähnlich *Hess/Weis* § 270 RdNr. 59.

⁶⁵ Ähnlich *Nerlich/Römermann/Riggert* § 270 RdNr. 27, der aber möglicherweise nur eine positive Stellungnahme der Gläubiger berücksichtigen will.

⁶⁶ *Bichlmeier,* Die Verhinderung der Eigenverwaltung mittels einer Schutzschrift, DZWIR 2000, 62 passim; HK-*Landfermann* § 270 RdNr. 9.

⁶⁷ HK-*Landfermann* § 270 RdNr. 9.

⁶⁸ Anders aber *Smid,* Sanierungsverfahren nach neuem Insolvenzrecht, WM 1998, 2489, 2508; *Lakies,* Die arbeitsrechtliche Bedeutung der Eigenverwaltung in der Insolvenzordnung, BB 1999, 1759, 1760.

⁶⁹ Dazu AG Potsdam, Beschl. v. 7. 6. 2000 – 35 IN 224/00, DZWIR 2000, 343.

⁷⁰ *Beschlussempfehlung und Bericht des Rechtsausschusses* zum RegE der Insolvenzordnung (RegE) vom 19. 4. 1994, BT-Drucks. 12/7302, zu § 331, S. 185; *Schlegel,* Insolvenzantrag und Eigenverwaltungsantrag bei drohender Zahlungsunfähigkeit, ZIP 1999, 954, 955; HK-*Landfermann* § 270 RdNr. 9; *Hess/Weis* § 270 RdNr. 61.

⁷¹ *Nerlich/Römermann/Riggert* § 270 RdNr. 25 f. Abwägend dagegen AG Darmstadt, Beschl. v. 26. 2. 1999 – 9 IN 1/99, ZInsO 1999, 176 = ZIP 1999, 1494, 1496.

Ablehnung der Eigenverwaltung ihrerseits diese zu beantragen und somit selbst entscheiden sollen, ob sie die Eigenverwaltung für angemessen halten.[72] Denn die maßgeblichen Weichen für ein Insolvenzverfahren werden häufig schon vor der ersten Gläubigerversammlung gestellt; und bis dahin kann auch in geeigneten Verfahren die Eigenverwaltung schon jeden Sinn verloren haben, weil die Geschäftsleitung des schuldnerischen Unternehmens angesichts des Verlusts der Verwaltungs- und Verfügungsbefugnis die Unternehmensführung aufgegeben hat und die Einsetzung des Insolvenzverwalters gegenüber den Geschäftspartnern signalisiert hat, dass mit einer Fortführung und Sanierung des Unternehmens nicht mehr zu rechnen ist.

b) Verzögerung des Verfahrens. Das Verfahren in Eigenverwaltung soll vom Schuldner nicht zum Nachteil der Gläubiger praktiziert werden können. Der Gesetzgeber wollte insbesondere ausschließen, dass das Verfahren in Eigenverwaltung vom Schuldner missbraucht wird, um über längere Zeit ein Unternehmen oder einen Betrieb weiterzuführen, ohne das Ziel des Insolvenzverfahrens, die bestmögliche Gläubigerbefriedigung, zu fördern.[73] Bei seiner Entscheidung über die Anordnung der Eigenverwaltung hat das Insolvenzgericht daher zu prüfen, ob **das Verfahren in Eigenverwaltung voraussichtlich vergleichbar zügig** ablaufen wird wie ein Insolvenzverfahren, bei dem ein Insolvenzverwalter bestellt ist. Abzuwägen ist dabei unter dem Gesichtspunkt der Verzögerung, inwieweit der Schuldner bei der Verwertung seines Vermögens besondere Kenntnisse einbringen kann und insoweit Einarbeitungszeit eines Insolvenzverwalters erspart wird.[74] Wird unmittelbar vor einer Beantragung der Eigenverwaltung die komplette Geschäftsführung ausgetauscht und stattdessen sanierungserfahrene Manager und insolvenzerfahrene Rechtsanwälte in die Geschäftsführung berufen, so geht damit der eigentliche Vorteil der Eigenverwaltung teilweise verloren, weil sich auch diese Personen erst einarbeiten müssen und insoweit kein wesentlicher Unterschied darin zu erblicken ist, ob sich nun der vorläufige Insolvenzverwalter (und spätere Insolvenzverwalter) in die Belange des Unternehmens einarbeitet oder die neue Geschäftsführung. Bei der Auswechslung der Geschäftsführung unmittelbar vor Insolvenzantragstellung mag zwar der Vorteil der Ersparnis der Einarbeitungszeit nicht gegeben sein. – Die Anordnung der Eigenverwaltung bleibt gleichwohl möglich, sofern es zu keiner Verzögerung des Verfahrens kommt. Auch wenn keine Einarbeitungszeit eingespart werden kann, heißt dies nicht zwingend, dass es dadurch zu einer Verzögerung des Verfahrens kommt; u. U. dauert das Verfahren nur genauso lang.[75]

Bei seiner Entscheidung kann das Insolvenzgericht **Indizien heranziehen.** So kann regelmäßig aus einer Verzögerung des Insolvenzantrags darauf geschlossen werden, dass ebenso das Insolvenzverfahren in Eigenverwaltung vom Schuldner nicht zügig und konsequent abgewickelt werden würde, insbesondere wenn entgegen bestehenden Insolvenzantragspflichten der Antrag auf Verfahrenseröffnung nicht rechtzeitig gestellt worden ist.[76] Deshalb ist es grundsätzlich auch negativ zu bewerten, wenn nicht der Schuldner, sondern ein Gläubiger den Antrag auf Eröffnung des Insolvenzverfahrens gestellt hat. Zwar schließt ein derartiges abwartendes Verhalten des Schuldners allein die Anordnung der Eigenverwaltung noch nicht aus, aber ohne besondere Gründe für den Verzicht des Schuldners auf einen Eigenantrag liegt darin ein Indiz, dass der Schuldner auch das Insolvenzverfahren nicht mit im erforderlichen Nachdruck betreiben könnte.[77] Gleiches gilt, wenn der Schuldner den

---

[72] So aber in der Tendenz weiterhin, wenn auch abgeschwächt, *Kübler/Prütting/Pape* § 270 RdNr. 94 f.
[73] *Beschlussempfehlung und Bericht des Rechtsausschusses* zum RegE der Insolvenzordnung (RegE) vom 19. 4. 1994, BT-Drucks. 12/7302, zu § 331, S. 185.
[74] *Beschlussempfehlung und Bericht des Rechtsausschusses* zum RegE der Insolvenzordnung (RegE) vom 19. 4. 1994, BT-Drucks. 12/7302, zu § 331, S. 185; HK-*Landfermann* § 270 RdNr. 9; *Nerlich/Römermann/Riggert* § 270 RdNr. 23.
[75] *Braun/Riggert* § 270 RdNr. 8.
[76] Ebenso *Hess/Weis*, InsO, § 270 RdNr. 62; *Nerlich/Römermann/Riggert* § 270 RdNr. 23; *Kübler/Prütting/Pape* § 270 RdNr. 96 ff.
[77] In diesem Sinne auch *Gottwald/Haas*, Insolvenzrechts-Handbuch, § 87 RdNr. 17.

Antrag zwar rechtzeitig stellt, aber Vermögens-, Gläubiger- und Schuldnerverzeichnisse nicht unverzüglich vorgelegt und dadurch schon das Insolvenzantragsverfahren erheblich verzögert wird.[78] Indizien für eine zu befürchtende Verzögerung können auch frühere Insolvenzanträge sein, bei denen der Schuldner Forderungen – typischerweise der Sozialversicherungsträger – erst unter dem Druck des Insolvenzantrag bezahlt hat.[79] Ferner können wirtschaftliche Unerfahrenheit des Schuldners oder erkennbar unkooperatives Verhalten auf die Gefahr schließen lassen, dass der Schuldner die Eigenverwaltung nicht sachgerecht durchführen kann bzw. will, so dass das Verfahren ohne Bestellung eines Insolvenzverwalters verzögert würde.[80] Dagegen ist der Schluss nicht gerechtfertigt, dass fehlende insolvenzrechtliche Kenntnisse des Schuldners regelmäßig eine Verzögerung erwarten lassen, weil der Schuldner kaum zu einer geordneten Verfahrensabwicklung in der Lage sein dürfte.[81] Ganz abgesehen davon, dass mit einem solchen Verständnis die Eigenverwaltung angesichts der im Übrigen kaum verbreiteten insolvenzrechtlichen Kenntnisse nur insolventen Rechtsanwaltssozietäten mit Insolvenzrechtlern offenstünde, bleibt bei einem solchen Verständnis auch unberücksichtigt, dass der Schuldner (insbesondere im Falle eines größeren Unternehmens) insolvenzrechtlichen Sachverstand „einkaufen" kann, indem er für die Durchführung des Insolvenzverfahrens in Eigenverwaltung sachkundige Berater heranzieht.

41 Bestehen Anhaltspunkte, dass der Schuldner **Vermögen im Vorfeld der Insolvenz beiseite geschafft** hat, scheidet ebenfalls die Anordnung der Eigenverwaltung regelmäßig aus. Denn auch dies lässt befürchten, dass die Befriedigung der Gläubiger erschwert und verzögert wird.[82] Umgekehrt bildet die Tatsache, dass ein Schuldner mit einer gründlichen Analyse seines Unternehmens und der Insolvenzursachen sowie einem entsprechenden Sanierungskonzept frühzeitig einen Insolvenzantrag gestellt hat, einen Anhaltspunkt dafür, dass der Schuldner über hinreichende Verlässlichkeit und Umsetzungsstärke verfügt, die Nachteile für die Gläubiger bei Anordnung der Eigenverwaltung nicht erwarten lassen.[83]

42 Hält man die **Einsetzung eines vorläufigen Insolvenzverwalters,** auf den die Verwaltungs- und Verfügungsbefugnis nach § 22 Abs. 1 wegen der Anordnung eines allgemeinen Verfügungsverbots übergeht, auch beim Antrag auf Eigenverwaltung (grundsätzlich oder im Einzelfall) für möglich (siehe dazu vor § 270 RdNr. 34 ff.), so begründet dann aber diese Einsetzung nicht ohne weiteres ein Indiz, dass bei Anordnung der Eigenverwaltung wegen des nochmaligen Wechsels der Verwaltungs- und Verfügungsbefugnis Verfahrensverzögerungen zu erwarten wären. Denn anderenfalls hätte es das Insolvenzgericht allein in der Hand, durch Einsetzung eines vorläufigen starken Insolvenzverwalters in jedem Fall die Voraussetzungen der Eigenverwaltung zunichte zu machen. Vielmehr kommt nur bei bes. langwierigen Eröffnungsverfahren im Einzelfall der Schluss in Betracht, dass der Schuldner während des Eröffnungsverfahrens wegen der Ausübung der Verwaltungs- und Verfügungsbefugnis durch den starken vorläufigen Insolvenzverwalter seine besonderen Sachverhaltskenntnisse verloren hat und deshalb die Anordnung der Eigenverwaltung zu einer Verfahrensverzögerung oder zu anderen Nachteilen für die Gläubiger führen könnte.[84]

43 c) **Sonstige Nachteile.** Eine zu erwartende Verfahrensverzögerung ist ein vom Gesetzgeber genanntes Regelbeispiel[85] für eine Benachteiligung der Gläubiger, die die Anordnung der Eigenverwaltung durch das Insolvenzgericht ausschließt. Für die Anordnung der Eigenverwaltung dürfen aber auch **keine sonstigen wirtschaftlichen Nachteile für die Gläu-**

---

[78] AG Darmstadt, Beschl. v. 20. 2. 1999 – 9 IN 1/99, ZIP 1999, 1494, 1496; *Pape,* Die Eigenverwaltung des Schuldners nach der Insolvenzordnung, in Kölner Schrift, 2. Aufl. 2000, S. 895 ff. RdNr. 8.
[79] *Kübler/Prütting/Pape,* § 270 RdNr. 96.
[80] *Nerlich/Römermann/Riggert* § 270 RdNr. 23.
[81] So aber *Hess/Weis,* InsO, § 270 RdNr. 55.
[82] *Kübler/Prütting/Pape* § 270 RdNr. 96.
[83] *Vallender,* Eigenverwaltung zwischen Schuldner- und Gläubigerautonomie, WM 1998, 2129, 2131.
[84] *Nerlich/Römermann/Riggert* § 270 RdNr. 24.
[85] *Nerlich/Römermann/Riggert* § 270 RdNr. 23.

biger zu erwarten sein.[86] Da der Schuldner im Eigenverwaltungsverfahren weiterhin die Verwaltungs- und Verfügungsbefugnis über die zu Insolvenzmasse gehörenden Vermögensgegenstände behält, liegt die Gefahr sonstiger Nachteile in diesem Sinne primär in befürchtetem masseschädigenden Verhalten des Schuldners,[87] also in der Verschleuderung oder dem Beiseiteschaffen von Massegegenständen.

Sonstige Nachteile für die Gläubiger sind auch zu erwarten, wenn das Insolvenzgericht in seiner Prognoseentscheidung zu dem Ergebnis kommt, dass bei Durchführung des Verfahrens in Eigenverwaltung **Ansprüche der Insolvenzmasse nicht durchgesetzt** werden. Anhaltspunkt für diese Prognose kann insbesondere ein Interessenkonflikt sein, der dann vorliegt, wenn der Insolvenzmasse Forderungen gerade gegen diejenigen Personen zustehen, die bei der Eigenverwaltung für den Schuldner handeln würden. Typisch für einen solchen Interessenkonflikt sind die Fälle, in denen der insolventen GmbH Haftungs- und Erstattungsansprüche gegen ihren geschäftsführenden Gesellschafter zustehen, zB aus der Rückzahlung von kapitalersetzenden Darlehen oder aus der Leistung von Zahlungen nach Eintritt der Zahlungsunfähigkeit bzw. Feststellung der Überschuldung gemäß § 64 Abs. 2 GmbHG.[88] Das bloße Bestehen eines Interessenkonflikts genügt aber nicht ohne weiteres dafür, dass die auf Grund der konkreten Umstände zu treffenden Prognoseentscheidung immer einen Nachteil für die Gläubiger befürchten lässt. Denn der Gesetzgeber hat die möglicherweise nachteiligen Folgen des Interessenkonflikts erkannt und gerade zur Vermeidung solcher Nachteile für die Gläubiger in § 280 vorgesehen, dass Ansprüche der Insolvenzmasse gegen die für den Schuldner handelnden Personen zumindest insoweit, wie sie von §§ 92, 93 erfasst sind, nicht vom Schuldner, sondern nur vom Sachwalter geltend gemacht werden können. Damit scheidet die Anordnung der Eigenverwaltung selbst dann nicht immer aus, wenn sich die Insolvenzmasse lediglich aus Haftungs- und Erstattungsansprüchen gegen die (geschäftsführenden) Gesellschafter zusammensetzt.[89] Jedoch liegen die Voraussetzungen für die Anordnung der Eigenverwaltung dann nicht mehr vor, wenn im Einzelfall die für den Schuldner handelnden Personen bereits konkret versucht haben, sich ihren Verbindlichkeiten gegenüber der Insolvenzmasse zu entziehen, zB indem der geschäftsführende GmbH-Gesellschafter bei der Auskunftserteilung nach § 20 gegenüber dem Insolvenzgericht mögliche Ansprüche der Gesellschaft gegen ihn verschweigt.[90]

Indizien für zu befürchtende Nachteile können auch Vorstrafen des Schuldners, bereits erfolgte gläubigerschädigende Handlungen, insbesondere anfechtbare Schuldnerhandlungen, oder sonstige, für das Insolvenzgericht erkennbare Pflichtverletzungen des Schuldners sein. Solche Regelverstöße geben nämlich Grund zur Besorgnis, dass der Schuldner auch bei Abwicklung des Insolvenzverfahrens in Eigenverwaltung die Vorschriften der Insolvenzordnung zum Nachteil der Gläubiger außer Acht lassen könnte.[91] Allerdings muss das Insolvenzgericht für die Entscheidung, ob tatsächlich Nachteile zu erwarten sind, bei der Gewichtung anfechtbarer Schuldnerhandlungen im Insolvenzvorfeld wiederum beachten, dass nach § 280 die Anfechtung bei Eigenverwaltung nicht dem Schuldner selbst, sondern dem Sachwalter obliegt, so dass nicht notwendigerweise die Durchsetzung der Anfechtungsansprüche gefährdet ist. Zum anderen können vorangegangene Pflichtverletzungen dann kein Indiz mehr für zu befürchtende Nachteile sein, wenn bei dem Schuldner die handelnden Organe ausgewechselt worden sind.

Mangelnde Geschäftserfahrenheit des Schuldners bzw. der handelnden Organe lassen ebenso wie die fehlende Funktionstüchtigkeit des Geschäftsbetriebs befürchten, dass eine

---

[86] *Beschlussempfehlung und Bericht des Rechtsausschusses* zum RegE der Insolvenzordnung (RegE) vom 19. 4. 1994, BT-Drucks. 12/7302, zu § 331, S. 185.
[87] *Gottwald/Haas,* Insolvenzrechts-Handbuch, § 87 RdNr. 15.
[88] Zu einem solchen Fall AG Köln, Beschl. v. 17. 9. 1999 – 71 IN 28/99, ZIP 1999, 1646.
[89] AG Köln, Beschl. v. 17. 9. 1999 – 71 IN 28/99, ZIP 1999, 1646.
[90] AG Köln, Beschl. v. 17. 9. 1999 – 71 IN 28/99, ZIP 1999, 1646.
[91] *Hess/Weis,* InsO, § 270 RdNr. 63; *HK-Landfermann* § 270 RdNr. 9; *Nerlich/Römermann/Riggert* § 270 RdNr. 24.

Eigenverwaltung im Insolvenzverfahren keine optimalen Ergebnisse für die Gläubiger erzielen wird.[92] Auch sind Nachteile für die übrigen Gläubiger zu befürchten, wenn bestimmte Gläubiger unter Einflussnahme auf den Schuldner streng einseitig ihre Interessen verfolgen oder gar mit dem Schuldner kollusiv zusammenwirken.[93]

47 Umgekehrt kann es als **positives Beweisanzeichen** angesehen werden, wenn der Schuldner ernsthaft die Sanierung seines Unternehmens im Insolvenzverfahren in Angriff nehmen will und dies durch einen Insolvenzantrag wegen drohender Zahlungsunfähigkeit nach § 18 (der nicht nur dem Namen nach gestellt wird, um die bereits eingetretene Zahlungsunfähigkeit oder Überschuldung zu verbergen) und/oder Vorlage eines Insolvenzplans dokumentiert. Denn eine Unternehmenssanierung wird häufig auch im besten Interesse der Gläubiger liegen, und mit seinem aktiven Herangehen zeigt der Schuldner, dass sein Eigenverwaltungsantrag nicht auf masseschädigende Handlungen zielt.[94] Dies gilt insbesondere, wenn in der schuldnerischen Gesellschaft durch eine Neubesetzung der Geschäftsleitung spätestens zum Zeitpunkt des Insolvenzantrags, insbesondere auch mit sanierungserfahrenen Fachleuten, der erforderliche Sachverstand bereit- und die erforderliche Vertrauensbasis hergestellt worden ist, um ein Insolvenzverfahren in Eigenverwaltung zu ermöglichen.[95]

48 **5. Andere Voraussetzungen?** Über die vorstehend genannten Voraussetzungen hinaus sind **keine weiteren Einschränkungen für die Anordnung der Eigenverwaltung vorgesehen.**

49 **a) Sanierungs- und Liquidationsverfahren.** Nach Vorstellung des Gesetzgebers sollte die Eigenverwaltung **hauptsächlich für Sanierungsverfahren** in Betracht kommen, also für Insolvenzverfahren, die auf eine Betriebsfortführung ausgerichtet sind.[96] Dies schließt aber nicht aus, die Eigenverwaltung auch dann anzuordnen, wenn keine Betriebsfortführung, sondern eine Liquidation beabsichtigt ist.[97] Einige der prominentesten Beispiele der Anordnung der Eigenverwaltung waren Verfahren, die zumindest auch auf eine Liquidation (zB KirchMedia) oder auf eine übertragende Sanierung (zB AgfaPhoto) ausgerichtet waren. Richtig ist zwar, dass die vom Gesetzgeber genannten Vorteile des Eigenverwaltungsverfahrens, insbesondere die Nutzung der Kenntnisse und Erfahrungen der bisherigen Geschäftsleitung und die Vermeidung der Einarbeitungszeit für einen Fremdverwalter,[98] gerade für die Fortführung und Sanierung eines Unternehmens von besonderer Bedeutung sind. Dagegen sind diese Argumente kaum von Gewicht, wenn das Unternehmen eingestellt und das Vermögen des Schuldners liquidiert werden soll.

50 Dennoch hat schon der Gesetzgeber darauf hingewiesen, dass die Eigenverwaltung „regelmäßig nur in Fortführungsfällen in Betracht kommen" wird,[99] woraus sich im Umkehrschluss ergibt, dass auch nach dem Willen des Gesetzgebers in Ausnahmefällen **ein Eigenverwaltungsverfahren auch für die Liquidation des Schuldnervermögens nicht ausgeschlossen** ist. Dass der Gesetzgeber eine Verwertung des schuldnerischen Vermögens im Eigenverwaltungsverfahren nicht ausschließen wollte, wird durch die Übertragung der Ver-

---

[92] *Gottwald/Haas*, Insolvenzrechts-Handbuch, § 87 RdNr. 16.
[93] *Vallender*, Eigenverwaltung zwischen Schuldner- und Gläubigerautonomie, WM 1998, 2129, 2133.
[94] *Gottwald/Haas*, Insolvenzrechts-Handbuch, § 87 RdNr. 16.
[95] Dazu ausführlich *Buchalik*, Faktoren einer erfolgreichen Eigenverwaltung, NZI 2000, 294 ff. Anders aber immer noch *Haarmeyer/Wutzke/Förster*, Handbuch, 3. Aufl. 2001, Kap. 10 RdNr. 3.
[96] Begr. RegE InsO v. 15. 4. 1992, BT-Drucks. 12/2443, zu § 343 RegE, S. 226.
[97] So auch *Gottwald/Haas*, Insolvenzrechts-Handbuch, § 86 RdNr. 2; *Nerlich/Römermann/Riggert* § 270 RdNr. 24. Anders aber in der Tendenz AG Lübeck, Beschluss vom 4. 2. 2000 – 53 b IN 19/00, DZWiR 2000, 482; *Haarmeyer/Wutzke/Förster*, Handbuch, 3. Aufl. 2001, Kap. 10 RdNr. 3; Zu Fällen der Unternehmenseinstellung bei Insolvenzverfahren mit Eigenverwaltung siehe LG Potsdam, Beschl. v. 16. 5. 2001 – 5 T 239/00, ZIP 2001, 1689 f. (Einstellung des Geschäftsbetriebs des Schuldners im Verfahren), LG Cottbus, Beschl. v. 17. 7. 2001 – 7 T 421/00, ZIP 2001, 2188 (Einstellung des Geschäftsbetriebs schon vor Verfahrenseröffnung).
[98] Begr. RegE InsO v. 15. 4. 1992, BT-Drucks. 12/2443, vor § 331 RegE, S. 222 f.
[99] Begr. RegE InsO v. 15. 4. 1992, BT-Drucks. 12/2443, vor § 331 RegE, S. 223.

wertungsbefugnis auf den Schuldner in § 282 bestätigt. Im Übrigen ist darauf hinzuweisen, dass gemäß § 157 allein die Gläubigerversammlung darüber entscheidet, ob ein Insolvenzverfahren als Sanierungs- oder Liquidationsverfahren durchgeführt wird. Damit kann zumindest bei der Entscheidung des Insolvenzgerichts über einen Eigenverwaltungsantrag nach § 270 das beabsichtigte Verfahrensziel noch nicht endgültig feststehen, da darüber die erst nach Verfahrenseröffnung abzuhaltende Gläubigerversammlung entscheidet. Dementsprechend kann die Zulässigkeit des Eigenverwaltungsverfahrens nicht daran geknüpft werden, dass in dem Verfahren das schuldnerischen Unternehmen fortgeführt und saniert werden soll. Vielmehr kommt es auch dann, wenn keine Fortführungslösung, sondern eine Liquidation angestrebt wird, allein darauf an, ob nach den konkreten Umständen aus der Liquidation in Eigenverwaltung bestimmte Nachteile für die Gläubiger zu erwarten sind. Allein aus der Wahl des Verfahrensziels kann aber noch nicht auf eine Benachteiligung der Gläubiger im Sinne von § 270 Abs. 2 Nr. 3 geschlossen werden.[100]

b) Zielsetzung. Entgegen einer in der Literatur vertretenen Auffassung ist es für die Anordnung der Eigenverwaltung nicht zwingend erforderlich, dass der Schuldner mit dem Insolvenzverfahren ein **klar definiertes Ziel** verfolgt, also zB die Umsetzung eines prepackaged Insolvenzplanes oder bei natürlichen Personen das möglichst schnelle und kostengünstige Erreichen des Restschuldbefreiungsverfahrens.[101] Vielmehr spricht nach der Gesetzeslage nichts dagegen, dass der eigenverwaltende Schuldner erst im Verfahren, gegebenenfalls durch Austausch mit und Unterstützung von Sachwalter und Gläubigerausschuss, eine konkrete Vorstellung entwickelt, mit welcher Zielsetzung das Insolvenzverfahren für alle Beteiligten am günstigsten abgewickelt werden kann. Allerdings ist darauf hinzuweisen, dass ein Eigenverwaltungsantrag ohne klare Zielsetzung häufig befürchten lässt, dass der Schuldner lediglich die Einsetzung eines Insolvenzverwalters vermeiden will, um zumindest selbst die Geschicke des Unternehmens weiter zu lenken oder sogar um die Aufdeckung von vorangegangenen Vermögensverschiebungen zu vereiteln. 51

c) Verschulden. Liegen die im Gesetz genannten Voraussetzungen für die Anordnung der Eigenverwaltung vor, ist darüber hinaus **nicht erforderlich, dass die Insolvenz „unverschuldet"** eingetreten ist, sondern die Eigenverwaltung ist auch nach einer Insolvenz auf Grund unternehmerischer Fehlentscheidungen möglich.[102] Der Gesetzgeber hat nämlich die für den Vergleich früheren Rechts erforderliche „Würdigkeitsprüfung" gerade nicht vorgesehen. Außerdem erschiene eine solche Verschuldensprüfung bei der Insolvenz von Handelsgesellschaften (einschließlich GmbH und AG) sinnleer, da ein Verschulden nur den handelnden natürlichen Personen zur Last fallen kann, im Insolvenzverfahren aber eine bestmögliche Verwertung (auch durch Sanierung) des Vermögens der Gesellschaft zu gewährleisten ist. Dies schließt aber nicht aus, dass ein den Gläubigern drohender sonstiger Nachteil deshalb zu erwarten ist, weil inkompetente oder unseriöse Geschäftsführer oder sonstige Organe des Schuldners im Amt geblieben sind. 52

d) Insolvenzgründe. Die Durchführung des Insolvenzverfahrens in Eigenverwaltung ist **nicht auf die Fälle drohender Zahlungsunfähigkeit des § 18 beschränkt,**[103] sondern kann auch bei Insolvenzanträgen wegen Zahlungsunfähigkeit (§ 17) oder wegen Überschuldung (§ 19) angeordnet werden.[104] Zwar erscheint die frühzeitige Einleitung eines Insol- 53

---

[100] So auch mit den vorstehenden Argumenten *Gottwald/Haas*, Insolvenzrechts-Handbuch, § 87 RdNr. 2, 20.
[101] So *Pape*, Die Eigenverwaltung des Schuldners nach der Insolvenzordnung, in Kölner Schrift, 2. Aufl. 2000, S. 895 ff. RdNr. 2; *Hess/Weis*, InsO, § 270 RdNr. 63.
[102] Anders AG Darmstadt, Beschl. v. 20. 2. 1999 – 9 IN1/99, ZIP 1999, 1494, 1495. Noch enger – und abwegig – *Bichlmeier*, Die Verhinderung der Eigenverwaltung mittels einer Schutzschrift, DZWIR 2000, 62, 64 f., der darüber hinaus einen „honorigen Lebensweg" des Schuldners bzw. seiner Organpersonen als Geschäftsmann und im Privatleben verlangt.
[103] So aber *Smid*, Sanierungsverfahren nach neuem Insolvenzrecht, WM 1998, 2489, 2508; *Lakies*, Die arbeitsrechtliche Bedeutung der Eigenverwaltung in der Insolvenzordnung, BB 1999, 1759, 1760; *Bichlmeier*, Die Verhinderung der Eigenverwaltung mittels einer Schutzschrift, DZWIR 2000, 62, 64 f.

venzverfahrens wegen drohender Zahlungsunfähigkeit verbunden mit dem Antrag auf Eigenverwaltung als aussichtsreiches Instrumentarium, die Sanierung eines krisenbedrohten Unternehmens in einem gesetzlich geregelten Ordnungsverfahren zu versuchen. Im Übrigen ist aber das Eigenverwaltungsverfahren weder auf Sanierungen beschränkt, noch kann unterstellt werden, dass bei den Insolvenzgründen der §§ 17, 19 stets von einer Gefährdung der Gläubigerinteressen auszugehen ist, da der Schuldner sein Unternehmen in diese Lage gebracht hat.[105] Vielmehr ist für das Eigenverwaltungsverfahren bewusst auf die Würdigkeitsprüfung der früheren Vergleichsordnung verzichtet worden, und auch im Übrigen findet sich im Gesetz kein Anhaltspunkt für eine Beschränkung der Eigenverwaltung auf Verfahren wegen drohender Zahlungsunfähigkeit nach § 18. Im Übrigen erlaubt allein das Vorliegen eines bestimmten Insolvenzgrundes keine abschließende Aussage darüber, ob sich in der Zukunft das Handeln des Schuldners im Eigenverwaltungsverfahren nachteilig für die Gläubiger auswirken wird, zumal die Abgrenzung zwischen den Insolvenzgründen der drohenden Zahlungsunfähigkeit und der Überschuldung fließend ist.[106]

54 **e) Besondere Gründe für die Eigenverwaltung.** Schließlich ist auch **nicht erforderlich, dass positiv besondere Gründe für die Anordnung der Eigenverwaltung sprechen**,[107] auch wenn es Fälle gibt, in denen gerade das Eigenverwaltungsverfahren sinnvoll erscheint (siehe dazu vor § 270 RdNr. 19 ff.). Für die Eigenverwaltung reicht vielmehr, dass die in § 270 genannten Umstände, die die Anordnung verhindern, nicht vorliegen. Insbesondere ist es nach dem eindeutigen Wortlaut von § 270 Abs. 2 nicht erforderlich, dass Anhaltspunkte gegeben sind, wonach die Anordnung der Eigenverwaltung für die Gläubiger günstiger sein wird, zB wegen der Erzielung eines höheren Verwertungserlöses, als das reguläre Insolvenzverfahren.[108]

IV. Die Anordnung der Eigenverwaltung

55 Wird ein Antrag auf Eigenverwaltung gestellt, so entscheidet das **Insolvenzgericht in dem Beschluss über die Eröffnung des Insolvenzverfahrens** gemäß § 270 Abs. 1 Satz 1 zugleich auch über die Anordnung der Eigenverwaltung. Diese Entscheidung über die Eigenverwaltung ergeht verfahrensrechtlich im nichtstreitigen Verfahren und ist daher haftungsrechtlich nicht gemäß § 839 Abs. 2 BGB als spruchrichterliche Tätigkeit privilegiert.[109] Die Anordnung der Eigenverwaltung erfolgt, wenn sämtliche Voraussetzungen des § 270 Abs. 2 erfüllt sind. Eine Anordnung der Eigenverwaltung durch separaten Beschluss bei Verfahrenseröffnung ist in § 270 nicht vorgesehen; sie kann aber später im eröffneten Verfahren noch gemäß § 271 erfolgen.[110]

56 **1. Zuständigkeiten.** Funktionell zuständig für die Entscheidung über die Eigenverwaltung ist gemäß § 18 Abs. 1 Nr. 1 RpflG der **Richter**.[111] Zwar überträgt § 18 Abs. 1 Nr. 1 RpflG nach seinem Wortlaut dem Richter nur „das Verfahren bis Entscheidung über dem Eröffnungsantrag unter Einschluss dieser Entscheidung und die Ernennung des Insolvenzverwalters". Daraus kann aber nicht der Schluss gezogen werden, die Bestellung des Sachwalters sei nicht dem Richter übertragen, sondern falle in die generelle Zuständigkeit des Rechtspflegers für das Insolvenzverfahren nach § 3 Nr. 2 e RpflG.[112] Denn die anfängliche

---

[104] Im Ergebnis ebenso *Gottwald/Haas*, Insolvenzrechts-Handbuch, § 87 RdNr. 16.
[105] So aber *Smid*, Sanierungsverfahren nach neuem Insolvenzrecht, WM 1998, 2489, 2508; *Lakies*, Die arbeitsrechtliche Bedeutung der Eigenverwaltung in der Insolvenzordnung, BB 1999, 1759, 1760.
[106] *Gottwald/Haas*, Insolvenzrechts-Handbuch, § 87 RdNr. 16.
[107] Anders aber AG Lübeck, Beschluss vom 4. 2. 2000 – 53 b IN 19/00, DZWIR 2000, 482; AG Potsdam, Beschl. v. 7. 6. 2000 – 35 IN 224/00, DZWIR 2000, 343.
[108] *Hess/Weis*, InsO, § 270 RdNr. 64; *Nerlich/Römermann/Riggert* § 270 RdNr. 26.
[109] *Smid*, Sanierungsverfahren nach neuem Insolvenzrecht, WM 1998, 2489, 2507.
[110] *Gottwald/Haas*, Insolvenzrechts-Handbuch, § 87 RdNr. 21; *Nerlich/Römermann/Riggert* § 270 RdNr. 3.
[111] Ebenso *Hess/Weis*, InsO, § 270 RdNr. 31 ff.; *Nerlich/Römermann/Riggert* § 270 RdNr. 3, 18.
[112] Anders: *Bernsen*, Probleme der Insolvenzrechtsreform aus der Sicht des Rechtspflegers, in Kölner Schrift, 2. Aufl. 2000, S. 1843 ff. RdNr. 45.

Bestellung des Sachwalters als Teil der Eröffnungsentscheidung kann nicht vom übrigen Eröffnungsbeschluss getrennt werden.[113]

Die Entscheidung des Richters hat aber **inhaltlich nur vorläufigen Charakter,**[114] denn bei Ablehnung des Antrags auf Eigenverwaltung kann die erste Gläubigerversammlung nach § 271 mit ihrem Antrag noch nachträglich die Anordnung der Eigenverwaltung herbeiführen; und ebenso ist eine angeordnete Eigenverwaltung vom Gericht unter den Voraussetzungen des § 272 vom Insolvenzgericht wieder aufzuheben. 57

2. Inhalt des Eröffnungsbeschlusses. a) Begründung. Ordnet das Gericht die Eigenverwaltung an, so erscheint eine **Begründung entbehrlich.**[115] Die Gläubiger haben es in der Hand, eigenständig in der Gläubigerversammlung zu entscheiden, ob sie die Aufhebung der Eigenverwaltung beantragen (§ 272 Abs. 1 Satz 1). 58

b) Bestellung des Sachwalters. Im Eröffnungsbeschluss, der im Übrigen den Anforderungen der §§ 27–29 genügen muss, ist anstelle des Insolvenzverwalters gemäß § 27 Abs. 1 Satz 1 nach § 270 Abs. 3 Satz 1 ein Sachwalter zu bestellen. Sein Name und seine Anschrift sind entsprechend § 27 Abs. 2 Nr. 2 in dem Beschluss anzugeben.[116] Im Übrigen kann hinsichtlich der Bestellung des Sachwalters auf die Erläuterungen bei § 274 RdNr. 11 ff., verwiesen werden. 59

c) Keine Verfügungsbeschränkungen. Bei Anordnung der Eigenverwaltung darf im Eröffnungsbeschluss **keine Aufforderung nach § 28 Abs. 3 ergehen, nicht mehr an den Schuldner zu leisten.**[117] Das Verbot an die Schuldner des Schuldners, nicht mehr an diesen zu leisten, sondern an den Insolvenzverwalter, setzt voraus, dass der Schuldner sein Verfügungsrecht verliert. Dies ist aber bei Eigenverwaltung nicht der Fall, sondern der Schuldner ist weiterhin berechtigt, seine Außenstände einzuziehen. Zwar kann der Sachwalter gemäß § 265 Abs. 2 vom Schuldner verlangen, dass alle eingehenden Zahlungen nur von ihm entgegengenommen werden. Hierbei handelt es sich aber um eine interne Regelung, die die Wirksamkeit von Zahlungen an den Schuldner unberührt lässt. 60

Wird die Eigenverwaltung angeordnet, so kann das Insolvenzgericht im Beschluss mangels einer dafür vorgesehenen Rechtsgrundlage auch nicht autonom, also ohne Initiative der Gläubigerversammlung nach § 277, **einzelne Verfügungsbeschränkungen** anordnen.[118] 61

Zum Teil wird vertreten, dass das Insolvenzgericht zumindest im Eröffnungsbeschluss auf den **Zustimmungsvorbehalt des Gläubigerausschusses** bzw. der Gläubigerversammlung aus § 276 für die in § 160 Abs. 2 genannten Rechtshandlungen hinweisen müsse.[119] Obwohl dieser Zustimmungsvorbehalt gemäß §§ 276 Satz 2, 164 die Verfügungsbefugnis des Schuldners im Außenverhältnis unberührt lässt, sei damit immerhin eine „abschreckende Wirkung für die Vertragspartner des Schuldners" auf Grund der Veröffentlichung des Eröffnungsbeschlusses erreicht. Für einen solchen Hinweis im Eröffnungsbeschluss findet sich aber keine gesetzliche Grundlage. Im Übrigen ergibt sich der Zustimmungsvorbehalt bereits unmittelbar aus der Insolvenzordnung; und auch sonst wird den Teilnehmern am Geschäftsverkehr abverlangt, dass sie die gesetzlichen Regelungen ohne besonderen Hinweis kennen. 62

d) Aufforderung zur Anmeldung von Forderungen und Sicherungsrechten. Die in § 28 Abs. 1, 2 vorgesehenen Aufforderungen sind im Beschluss bei Anordnung der Eigenverwaltung dahingehend zu modifizieren, dass gemäß § 270 Abs. 3 Satz 2 die Insolvenzforderungen beim Sachwalter anzumelden sind. Ebenso sind die Gläubiger mit Siche- 63

---

[113] So auch *Hess/Weis,* InsO, § 270 RdNr. 33 f.
[114] Begr. RegE InsO v. 15. 4. 1992, BT-Drucks. 12/2443, zu § 331 RegE, S. 223.
[115] Anders aber HK-*Landfermann* § 270 RdNr. 14 – „empfehlenswert"; HambKomm-*Fiebig* § 270 RdNr. 48; *Nerlich/Römermann/Riggert* § 270 RdNr. 29 – „Verpflichtung des Gerichts".
[116] *Hess/Weis,* InsO, § 270 RdNr. 70.
[117] Mit diesem Ergebnis und nachfolgender Begr. auch HK-*Landfermann* § 270 RdNr. 23; vgl. auch *Kübler/Prütting/Pape* § 270 RdNr. 37.
[118] So auch *Nerlich/Römermann/Riggert* § 270 RdNr. 3.
[119] *Blersch* in *Breutigam/Blersch/Goetsch* § 276 RdNr. 7.

rungsrechten aufzufordern, diese dem Sachwalter unverzüglich mitzuteilen.[120] Zwar könnte zweifelhaft sein, ob es einer solchen Aufforderung überhaupt bedarf, weil die Verwertung von Sicherungsgut gemäß § 282 dem Schuldner obliegt und diesem die Sicherungsrechte bekannt sind. Zum einen erleichtert dies dem Sachwalter aber die Erfüllung seiner Überwachungs- und Unterrichtungspflichten. Zum anderen dürfte auf Grund der Verweisung auf die allgemeinen Vorschriften in § 270 Abs. 1 Satz 2 von der Anwendbarkeit des § 28 Abs. 2 auszugehen sein. Zudem erscheint die Aufforderung an die Gläubiger, ihre Sicherungsrechte bekanntzugeben, auch deshalb sinnvoll, weil es nachträglich zu einer Aufhebung der Eigenverwaltung gemäß § 272 kommen kann. In diesem Fall obliegt es dem anschließend zu bestellenden Insolvenzverwalter uneingeschränkt, die Sicherungsrechte festzustellen.

64 e) **Bestimmung des Berichts- und des Prüfungstermins.** Gemäß § 270 Abs. 1 Satz 3 gilt § 29 auch bei Anordnung der Eigenverwaltung.[121] Daher hat das Insolvenzgericht im Eröffnungsbeschluss den Berichtstermin wie auch den Prüfungstermin zu bestimmen.

65 Der Eröffnungsbeschluss ist, wie sonst auch, gemäß §§ 30, 9 öffentlich bekanntzumachen.

66 f) **Hinweis auf Restschuldbefreiung.** Falls ausnahmsweise einmal das Insolvenzverfahren über das Vermögen einer natürlichen Person in Eigenverwaltung durchgeführt wird, ist gemäß § 30 Abs. 3 (i. V. m. § 270 Abs. 1 Satz 3) der Schuldner mit der Zustellung des Eröffnungsbeschlusses darauf hinzuweisen, dass er nach Maßgabe der §§ 286–303 Restschuldbefreiung erlangen kann.[122] Jedoch wird es sich dabei um eine Ausnahme verhandeln, da Insolvenzverfahren über das Vermögen einer natürlichen Person in der Mehrzahl der Fälle als Verbraucherinsolvenzverfahren abgewickelt werden, bei dem gemäß § 312 Abs. 3 die Eigenverwaltung nicht angeordnet werden kann.

V. Verwaltungs- und Verfügungsbefugnis des Schuldners

67 1. **Grundsätze.** Wird im Eröffnungsbeschluss die Eigenverwaltung angeordnet, so behält der Schuldner die **Verwaltungs- und Verfügungsbefugnis über die Gegenstände der Insolvenzmasse.** Davon erfasst ist das gesamte gemäß § 35 vom Insolvenzbeschlag erfasste Vermögen des Schuldners; d. h. auch bei Privatpersonen kann sich die Eigenverwaltung nicht nur auf das Handelsvermögen beschränken und das Privatvermögen ausnehmen, auch das pfändbare Privatvermögen gehört zur Insolvenzmasse.[123]

67a Bei schuldnerischen Unternehmen greift der Insolvenzverwalter in der Regelinsolvenz teilweise auf die Möglichkeit der **Freigabe** von Gegenständen aus der Insolvenzmasse zurück (Vgl. dazu ausführlich Kommentierung § 35 RdNr. 84 ff.). Die Freigabe ist nur möglich, wenn man davon ausgeht, dass es neben dem Vermögen des Schuldners, welches dem Insolvenzbeschlag unterfällt, auch insolvenzfreies Vermögen gibt. Bei einer echten Freigabe wird der Gegenstand in das insolvenzfreie Vermögen überführt. Obwohl in der Eigenverwaltung der Schuldner die Verwaltungs- und Verfügungsbefugnis über sein gesamtes Vermögen (vom Insolvenzbeschlag erfasstes Vermögen und insolvenzfreies Vermögen) behält, ist eine Freigabe von Gegenständen aus der Insolvenzmasse möglich. Zur Verhinderung einer Belastung der Insolvenzmasse (zB Grundsteuern und Bewachungskosten bei unverwertbaren Immobilien, Umweltaltlasten) ist auch im Eigenverwaltungsverfahren eine Freigabe möglich. Dadurch können Haftungsrisiken der Insolvenzmasse abgeschüttelt werden. Allerdings wird es in der Praxis meist so sein, dass entsprechende Ansprüche auch nach der Freigabe gegenüber der Geschäftsführung des schuldnerischen Unternehmens bzw. dem Schuldner persönlich geltend gemacht werden, der ggfs. auch mit Zwangsmaßnahmen zB von öffentlich-rechtlichen Gläubigern rechnen muss. Obwohl dies eigentlich unzulässig ist,

---

[120] Hierzu und zum folgenden auch *Hess/Weis*, InsO, § 270 RdNr. 71; HK-*Landfermann* § 270 RdNr. 23.
[121] *Kübler/Prütting/Pape* § 270 RdNr. 122.
[122] *Kübler/Prütting/Pape* § 270 RdNr. 123.
[123] *Hess/Weis*, InsO, § 270 RdNr. 20; *Gottwald/Haas*, Insolvenzrechts-Handbuch, § 89 RdNr. 2.

Insolvenzrecht PLUS

Mit dem neuen E-Mail-fachdienst insolvenzrecht von Schultze & Braun

Die perfekte Ergänzung zu Ihrem Buch!

in Kooperation mit
Verband Insolvenzverwalter Deutschlands e.V.

Insolvenzrecht PLUS – einfach praxisorientiert!

Das Online-Modul für Insolvenzverwalter, Anwälte, Gerichte, Steuerberater, Banken...

Maßgebende Kommentierungen aus erster Hand

**Münchener Kommentar zur InsO (3 Bände):
InsO, InsVV, Internat. InsR, InsSteuerR**
Der führende Großkommentar erläutert die InsO auf rund 5.000 Seiten umfassend und tiefgreifend. Er überzeugt durch systematischen Aufbau der Bearbeitung mit Normzweck, Entstehungsgeschichte und Einzelerläuterungen sowie durch wissenschaftliche Gründlichkeit und praxisbezogene Lösungen.

Andres/Leithaus
Insolvenzordnung
Ganz aktuell – der gelbe Praktiker-Kommentar, kompakt zur gesamten InsO. Mit exklusiven Online-Aktualisierungen.

Gottwald
Insolvenzrechts-Handbuch

Haarmeyer/Wutzke/Förster
Insolvenzrechtliche Vergütung (InsVV)

Buth/Hermanns
Restrukturierung, Sanierung, Insolvenz

Haß/Huber u.a.
EuInsVO

Farr
Die Besteuerung in der Insolvenz

Breuer
Insolvenzrechts-Formularbuch

Umfangreiche und aktuelle Rechtsprechung im Volltext

Insolvenzrechtliche Rechtsprechung aus **NZI, NJW, NJW-RR, LMK, ZEV, NZG, NZA, NZA-RR, NZS, NStZ, DStR, LSK** und exklusiv online weitere Rechtsprechung aktuell und direkt von den Gerichten (BeckRS)!

Zeitschrift NZI seit Bestehen 1998

Monatsaktuell die insolvenzrechtlichen Gesetze

beck-fachdienst Insolvenzrecht

Ausführliche Urteilsanmerkungen mit wertvollen konkreten Praxishinweisen, **wichtige Leitsätze, Aufsatzzusammenfassungen** und **Fachnachrichten** zur Gesetzgebung, exklusiv aus der führenden Insolvenzkanzlei Schultze & Braun, Achern – auf Wunsch auch 14-täglich als E-Mail-Dienst!
Mit Verlinkung in die Original-Entscheidungen und zu den relevanten Paragrafen!

Jetzt 4 Wochen testen!

in Zusammenarbeit mit Schultze & Braun

beck-fachdienst insolvenzrecht 14-täglich per E-Mail – so profitieren Sie konkret:

1. Über das Inhaltsverzeichnis springen Sie je nach Priorität direkt auf eine der Rubriken „Urteilsanmerkungen", „Wichtige Leitsätze", „Aktuelle Nachrichten", „Aufsatzüberblick".

2. Für die „Urteilsanmerkungen" werden die wichtigsten Entscheidungen ausgewählt – z.T. vor Veröffentlichung in einer Fachzeitschrift. Der Titel und das Kurzabstract zeigen Ihnen die zentralen Gesichtspunkte des Urteils auf.

3. Mit einem Klick auf „mehr" gelangen Sie direkt zur ausführlichen Analyse und dem hinterlegten Urteils-Volltext.

beck-fachdienst insolvenzrecht direkt verlinkt mit beck-online – die neue Dimension:

4. Bereits zu Beginn finden Sie die Normenkette mit Verlinkungen zu den relevanten Paragrafen.

5. Von Experten bearbeitet, beginnt die Urteilsanmerkung mit einer Kurzzusammenfassung des Sachverhalts.

6. In der rechtlichen Wertung werden die Entscheidung und ihre Begründung dargestellt und eingeordnet.

7. Der Clou sind die Praxishinweise, die die Bedeutung der Entscheidung für Ihre Praxis aufzeigen: mit konkreten Konsequenzen und Handlungsmöglichkeiten.

8. Alle Urteilsanmerkungen sind voll zitierbar und mit dem verfügbaren Original-Urteil per Link verknüpft. Frühere Ausgaben sind im Online-Archiv verfügbar.

9. In beck-online steht Ihnen ein Archiv an Kommentaren, Zeitschriften und Rechtsprechung zur Verfügung.

Insolvenzrecht PLUS

Jetzt gleich Ihr Passwort anfordern in 3 Schritten:

❶ Bitte Passwort(e) zum 4 Wochen-Test und Vertragsangebot für:

beck-online.**Insolvenzrecht PLUS** für 3 User

☐ zum Vorzugspreis für 3 User
für Mitglieder der VID — € 23,– im Monat*

☐ zum Vorzugspreis für 3 User
für Bezieher von NZI — € 25,– im Monat*

☐ zum Normalpreis — € 29,– im Monat*

❷ Bitte senden Sie mein(e) Passwort(e) und Ihr Angebot an folgende Anschrift:

_____
Vorname/Name (Ansprechpartner)

_____
Firma/Kanzlei/Behörde

_____
Straße/Hausnummer/Postfach

_____
PLZ/Ort

_____
Telefon

_____
E-Mail (für die Zusendung von Passwort(en) und Angebot unbedingt erforderlich)

❸ Bitte senden Sie Passwort(e) für das oben angekreuzte Modul für bis zu 3 User zu. Vorname/Name und E-Mail Adressen der Nutzer:

1. Nutzer: Vorname/Name	E-Mail
2. Nutzer: Vorname/Name	E-Mail
3. Nutzer: Vorname/Name	E-Mail

Jetzt 4 Wochen testen!

Ihr kostenloser 4-Wochen-Test – und so einfach geht's:

per Fax
089 / 38 189-297

per Telefon
089 / 38 189-747

oder gleich online testen unter
www.beck-online.de
oder
bei Ihrem Buchhändler

Und das sind Ihre Vorteile:

- Recherche in der gesamten Datenbank beck-online / beck-TREFFER inklusive
- 3 User inklusive, ab dem 4. User 75% Rabatt
- Flatrate – fester Monatspreis für die gesamte Nutzung aller Dokumente des Moduls
- Vorzugspreise für Abonnenten von NZI oder VID-Mitglieder

***Unsere Vertrauensgarantie:** Sie erhalten von uns per E-Mail Ihr(e) Passwort(e) sowie unser Vertragsangebot für die weitere Nutzung (Mindestlaufzeit 6 Monate) und können dann sofort in dem von Ihnen gewünschten Modul **uneingeschränkt und unberechnet 4 Wochen lang arbeiten**. Die Preise gelten für die Nutzung auf bis zu 3 Online-Plätzen eines Unternehmens und sind Nettopreise zzgl. 19% MwSt; Verbindungskosten sind nicht enthalten.

Verlag C.H.BECK
Wilhelmstraße 9, D-80801 München
Tel.: 089 / 38 189-747
Fax: 089 / 38 189-297
www.beck-online.de

Voraussetzungen 68–71 § 270

wird daher in der Praxis häufig kein Weg daran vorbeiführen, die Ansprüche, die eigentlich durch die Freigabe abgeschüttelt werden sollten, trotzdem aus Mitteln der Masse zu befriedigen, weil sonst dem Geschäftsführer unkalkulierbare Haftungsrisiken drohen.

Dem Schuldner sind im Eigenverwaltungsverfahren im Grundsatz **sämtliche Aufgaben** 68 **übertragen, die im regulären Insolvenzverfahren dem Verwalter obliegen** und die nicht ausschließlich in den §§ 270 ff. auf den Sachwalter übertragen sind. Es handelt sich daher bei der Regelung der dem Schuldner verbleibenden Aufgaben in den §§ 270 ff. nicht um eine abschließende Normierung. Vielmehr ist in jedem Einzelfall festzustellen, ob es um eine Aufgabe des Schuldners oder des Sachwalters handelt. Soweit das Gesetz eine Zuständigkeit für beide vorsieht, ist die Beteiligung des Sachwalters in den meisten Fällen fakultativ.

2. Rechtsstellung des Schuldners. Noch nicht abschließend geklärt ist, **auf welcher** 69 **Grundlage dem Schuldner die Verwaltungs- und Verfügungsrechte verbleiben.** Zum Teil wird angenommen, dass die Verfügungsbefugnis des Schuldners im Insolvenzverfahren seiner bisherigen Verfügungskompetenz entspricht.[124] Nach zutreffender und mittlerweile wohl herrschender Auffassung handelt der Schuldner jedoch nicht mehr kraft eigener Privatautonomie, sondern er übt die ihm verbliebenen Befugnisse im Insolvenzverfahren als Amtswalter innerhalb der in §§ 270 ff. geregelten Rechte und Pflichten aus.[125] Für ein solches Verständnis spricht schon der Wortlaut von § 270 Abs. 1 Satz 1, wonach der Schuldner gerade nicht berechtigt „bleibt", seine bisherigen Befugnisse auszuüben, sondern ihm eine originär insolvenzrechtliche Befugnis eingeräumten wird, die Insolvenzmasse zu verwalten und über sie zu verfügen. Nur aus einem solchen Verständnis der Rechtsstellung des Schuldners lässt sich dann auch erklären, warum dem Schuldner im Insolvenzverfahren das Wahlrecht hinsichtlich der Erfüllung nicht vollständig erfüllter gegenseitiger Verträge zusteht, obwohl er doch selbst diese Verträge vor Verfahrenseröffnung abgeschlossen hat.[126] Schließlich führt nur diese Auffassung zu sachgerechten Konsequenzen hinsichtlich der Bestandskraft insolvenzzweckwidriger Handlungen des Schuldners; bliebe die ursprüngliche Verfügungsbefugnis bestehen, müssten solche Handlungen unbeschadet ihrer gläubigerschädigenden Wirkung wirksam bleiben. Weil es sich aber um eine aus der Eröffnungsentscheidung des Gerichts abgeleitete insolvenzrechtliche Verfügungsbefugnis des Amtswalters handelt, sind derartige Handlungen entsprechend den allgemeinen Regeln – wie sonst insolvenzzweckwidrige Handlungen des Insolvenzverwalters – unwirksam.[127]

Da der Schuldner als Amtswalter handelt, finden aber für seine Handlungen während des 70 Verfahrens, auch nicht im Rahmen von § 147, **die Regeln zu Insolvenzanfechtungen (§§ 129 ff.) keine Anwendung.** Es ist nicht möglich, gläubigerschädigende Handlungen des Schuldners während des Eigenverwaltungsverfahrens mit der Insolvenzanfechtung anzugreifen.[128]

3. Geschäftsführung und Verfahrensziel. Wegen des gemäß § 270 Abs. 1 Satz 1 beim 71 Schuldner verbleibenden Verwaltungs- und Verfügungsbefugnis liegt die Geschäftsführung, also das **wirtschaftliche und juristischer Handeln** bei Durchführung des Insolvenzverfahrens in Eigenverwaltung beim Schuldner. Wird das Unternehmen fortgeführt, tätigt er die Einkäufe, nimmt die Kundenaufträge entgegen und übt die Arbeitgeberfunktionen aus. Der Schuldner bestimmt damit auch Art und Ausmaß sowie die Durchführung von Sanierungsmaßnahmen.[129]

---

[124] Vgl. *Bork*, Einführung Insolvenzrecht, RdNr. 404.
[125] So *Hess/Weis* § 270 RdNr. 17; *Gottwald/Haas*, Insolvenzrechts-Handbuch, § 89 RdNr. 1; HK-*Landfermann* § 270 RdNr. 19; *Pape*, Die Eigenverwaltung des Schuldners nach der Insolvenzordnung, in Kölner Schrift, 2. Aufl. 2000, S. 895 ff. RdNr. 40; *Nerlich/Römermann/Riggert* § 270 RdNr. 3; *Lakies*, Die arbeitsrechtliche Bedeutung der Eigenverwaltung in der Insolvenzordnung, BB 1999, 1759, 1760.
[126] *Kübler/Prütting/Pape* § 270 RdNr. 1.
[127] *Kübler/Prütting/Pape* § 270 RdNr. 1.
[128] *Hess/Weis*, InsO, § 270 RdNr. 63.
[129] *Vallender*, Eigenverwaltung zwischen Schuldner- und Gläubigerautonomie, WM 1998, 2129, 2135; *Gottwald/Haas*, Insolvenzrechts-Handbuch, § 89 RdNr. 2.

§ 270 72–76   7. Teil. Eigenverwaltung

72 Dessen ungeachtet bleibt es nach § 1 dabei, dass **Ziel des Insolvenzverfahrens** auch bei Anordnung der Eigenverwaltung die bestmögliche, gemeinschaftliche Befriedigung der Gläubiger ist und dass die Gläubiger darüber entscheiden, ob dazu das Vermögen des Schuldners durch Liquidation verwertet oder in einem Insolvenzplan eine abweichende Regelung zum Erhalt des Unternehmens getroffen wird.[130] Der Schuldner hat sein Handeln bei der Geschäftsführung und die Ausübung der ihm eingeräumten Befugnisse deshalb an dem Interesse dieses Verfahrensziels unter Zurückstellung seiner eigenen Interessen oder der Sonderinteressen einzelner Gläubiger auszurichten.[131]

73 **4. Begründung von Masseverbindlichkeiten.** Durch den Schuldner begründete Verbindlichkeiten der Insolvenzmasse werden zu **privilegierten Masseverbindlichkeiten im Sinne von § 55 Abs. 1 Nr. 1.**[132] Denn nach dieser gesetzlichen Regelung sind Masseverbindlichkeiten alle Verbindlichkeiten, die durch die Verwaltung, Verwertung und Verteilung der Insolvenzmasse entstehen, sei es durch Handlungen des Insolvenzverwalters oder in anderer Weise – also eben auch durch Handlungen des Schuldners, sofern dieser wegen der Anordnung der Eigenverwaltung zur Verwaltung der Insolvenzmasse befugt ist.

73 a Eine Haftung insbes. nach **§ 61** wegen der Nichterfüllung von Masseverbindlichkeiten trifft den Schuldner wohl nicht, sondern nur den Sachwalter. Die Haftung würde sich ohnehin nur gegen die Insolvenzmasse richten und zB nicht gegen einzelne Organmitglieder des schuldnerischen Unternehmens.

74 **5. Arbeitgeberfunktion.** Wie § 108 Abs. 1 klarstellt, bestehen **Arbeitsverhältnisse** ungeachtet der Eröffnung eines Insolvenzverfahrens über das Vermögen des Arbeitgebers mit Wirkung für die Insolvenzmasse fort. Im regulären Insolvenzverfahren ist die Wahrnehmung der Rechte und Pflichten aus dem Arbeitsverhältnis jedoch wegen des Übergangs der Verwaltungs- und Verfügungsbefugnis gemäß § 80 dem Insolvenzverwalter zugewiesen. Dagegen verbleibt mit der Verwaltungs- und Verfügungsbefugnis bei Anordnung der Eigenverwaltung dem Schuldner auch die Arbeitgeberfunktion.[133]

75 Ansprüche aus dem Arbeitsverhältnis werden im Falle der Eigenverwaltung **grundsätzlich nach den allgemeinen Insolvenzregelungen abgewickelt.**[134] Der Schuldner spricht Kündigungen aus, ist Partner für den Interessenausgleich und den Sozialplan und bestimmt letztlich Art und Umfang von auf die Arbeitnehmer bezogenen Sanierungsmaßnahmen. Insoweit stellt § 279 Satz 1 klar, dass auch die arbeitsrechtlichen Sondervorschriften der Insolvenzordnung (§§ 113, 120–128) im Eigenverwaltungsverfahren auf die Arbeitsverhältnisse Anwendung finden. Ansprüche der Arbeitnehmer gegen den Schuldner für die Zeit vor Eröffnung des Insolvenzverfahrens können nach §§ 38, 108 Abs. 2 nur als Insolvenzforderungen geltend gemacht werden. Für die Zeit nach Verfahrenseröffnung sind die Ansprüche aus dem Arbeitsverhältnis gemäß § 55 Abs. 1 Nr. 2 Masseverbindlichkeiten, die im Eigenverwaltungsverfahren der Schuldner aus der Insolvenzmasse berichtigen muss. Kündigungsbefugnisse stehen dem Schuldner ebenso zu, wie er die notwendigen Verhandlungen mit dem Betriebsrat zu führen hat.

76 **Besondere insolvenzrechtliche Regelungen für Arbeitsverhältnisse** bei Anordnung der Eigenverwaltung sind in § 279 Satz 1, 2 zum einen insoweit getroffen, als der Schuldner seine Rechte nach §§ 103–128 auch hinsichtlich der arbeitsrechtlichen Sondervorschriften

---

[130] *Beschlussempfehlung und Bericht des Rechtsausschusses* zum RegE der Insolvenzordnung (RegE) vom 19. 4. 1994, BT-Drucks. 12/7302, zu § 331, S. 185; *Vallender,* Eigenverwaltung zwischen Schuldner- und Gläubigerautonomie, WM 1998, 2129, 2135; *Haarmeyer/Wutzke/Förster,* Handbuch, 3. Aufl. 2001, Kap. 10 RdNr. 4.
[131] *Gottwald/Haas,* Insolvenzrechts-Handbuch, § 89 RdNr. 1.
[132] Im Ergebnis ebenso *Gottwald/Haas,* Insolvenzrechts-Handbuch, § 89 RdNr. 2.
[133] *Vallender,* Eigenverwaltung zwischen Schuldner- und Gläubigerautonomie, WM 1998, 2129, 2135; *Lakies,* Die arbeitsrechtliche Bedeutung der Eigenverwaltung in der Insolvenzordnung, BB 1999, 1759, 1761.
[134] Hierzu und zum folgenden *Lakies,* Die arbeitsrechtliche Bedeutung der Eigenverwaltung in der Insolvenzordnung, BB 1999, 1759, 1761; *Vallender,* Eigenverwaltung zwischen Schuldner- und Gläubigerautonomie, WM 1998, 2129, 2135; *Berscheid,* Das Insolvenzarbeitsrecht im Insolvenzverfahren und in der Eigenverwaltung, in Festschrift *Kirchhof,* 2003, S. 27 ff.

im Einvernehmen mit dem Sachwalter ausüben soll. Darüber hinaus ist die Wirksamkeit der Ausübung seine Rechte aus §§ 120, 122, 126 von der Zustimmung des Sachwalters abhängig. Wegen der Einzelheiten siehe bei § 279, RdNr. 11 ff.

6. Öffentlich-rechtliche Pflichten des Schuldners. Auch hinsichtlich der Gläubiger von öffentlich-rechtlichen Forderungen gilt, dass sie ihre Ansprüche nur nach dem in der Insolvenzordnung enthaltenen System der Gläubigerbefriedigung geltend machen können. Auch wenn die Geschäftsführung des schuldnerischen Unternehmens weiterhin im Amt ist und kein Insolvenzverwalter bestellt wurde, gilt die Rechtsprechung der Finanzgerichte, Sozialgerichte und Verwaltungsgerichte hinsichtlich der Durchsetzung öffentlich-rechtlicher Pflichten in der Insolvenz. 76 a

Könnte die öffentliche Hand gegenüber einem bestellten Insolvenzverwalter ihre Forderungen nicht durchsetzen und müsste sie diese zur Insolvenztabelle anmelden, so gilt dies auch im Verfahren der Eigenverwaltung. Zwangsmaßnahmen bestimmter öffentlich-rechtlicher Gläubiger gegen den eigenverwaltenden Schuldner zur Durchsetzung einer bevorzugten Befriedigung ihrer Ansprüche (unter dem Deckmantel der Erfüllung öffentlich-rechtlicher Pflichten) sind daher nach § 89 unzulässig.[135]

7. Sonstige Aufgaben des Schuldners. Im Siebten Teil der Insolvenzordnung ist im Übrigen **für eine Reihe von Fällen ausdrücklich geregelt,** dass der Schuldner Aufgaben wahrzunehmen hat. Im Überblick handelt es sich dabei um folgende Fälle: 77
– die Verwaltung der Insolvenzmasse (§ 270 Abs. 1 Satz 1),
– die Eingehung neuer Verbindlichkeiten, auch wenn sie nicht im Rahmen des gewöhnlichen Geschäftsbetriebs erfolgt (§ 275 Abs. 1),
– die Ausübung der Rechte (insbesondere des Erfüllungswahlrechts) aus §§ 103 ff. hinsichtlich noch nicht vollständig erfüllter gegenseitiger Verträge (§ 270),
– die Aufstellung des Verzeichnisses der Massengegenstände, des Gläubigerzeichnisses und der Vermögensübersicht gemäß §§ 151–153 (§ 281 Abs. 1),
– der Bericht über die Insolvenzursachen und die Maßnahmen zur Insolvenzabwicklung (§ 281 Abs. 2),
– die Rechnungslegung gemäß §§ 86, 155 (§ 281 Abs. 3),
– die Verwertung von Sicherungsgut (§ 282 Abs. 1),
– das – feststellungshindernde – Bestreiten angemeldeter Forderungen (§ 283 Abs. 1),
– die Verteilung der Insolvenzmasse zur Befriedigung der Insolvenzgläubiger (§ 283 Abs. 2) und
– die Aufstellung des Insolvenzplans, jedoch nur bei einem entsprechenden Auftrag der Gläubigerversammlung (§ 284 Abs. 1).

VI. Rechte und Pflichten des Sachwalters

Wird die Eigenverwaltung angeordnet, so ist gemäß § 270 Abs. 3 kein Insolvenzverwalter, sondern ein Sachwalter zu bestellen. Zur **Auswahl des Sachwalters** kann auf die Ausführungen bei § 274 RdNr. 8 ff., verwiesen werden. 78

Die **Rechte und Pflichten des Sachwalters** sind in §§ 274–285 geregelt und gegenüber der Rechtsstellung des Schuldners abgegrenzt. Für die Abgrenzung gilt dabei der Grundsatz, dass die laufenden Geschäfte vom Schuldner geführt werden, während der Sachwalter einerseits diese Geschäftsführung kontrolliert und unterstützt, andererseits die besonderen Aufgaben wahrnimmt, die dem Insolvenzverwalter in erster Linie im Interesse der Gläubiger übertragen sind, insbesondere gemäß § 280 die Anfechtung von gläubigerbenachteiligenden Rechtshandlungen.[136] Nach diesen Grundsätzen ist die Aufteilung der Befugnisse zwischen Schuldner und Sachwalter auch in den Fällen vorzunehmen, die im Gesetz 79

---

[135] Vgl. zu Umweltaltlasten in der Insolvenz: *Lwowski/Tetzlaff,* Umweltrisiken und Altlasten in der Insolvenz, 2002, RdNr. D 234 ff.
[136] Begr. RegE InsO v. 15. 4. 1992, BT-Drucks. 12/2443, zu § 331 RegE, S. 223.

nicht ausdrücklich geregelt sind; zB ist zur Aufnahme eines Rechtsstreits anstelle des Insolvenzverwalters der Schuldner berechtigt.[137]

80 **1. Anmeldung der Forderungen/Führung der Tabelle.** Hat das Insolvenzgericht die Eigenverwaltung angeordnet, so sind gemäß § 270 Abs. 3 Satz 2 die **Forderungen der Insolvenzgläubiger beim Sachwalter anzumelden.** Der Gesetzgeber wollte damit im Vergleich zum Rechtszustand nach der Konkurs- und der Vergleichsordnung eine Entlastung des Insolvenzgerichts herbeiführen und zugleich eine stärkere Einbeziehung des Sachwalters in das Verfahren erreichen.[138] Für die Anmeldung der Forderungen gelten die §§ 174 ff. entsprechend.[139] Die Forderungen nachrangiger Gläubiger sind auch im Eigenverwaltungsverfahren gemäß § 174 Abs. 3 Satz 1 nur anzumelden, wenn das Insolvenzgericht dazu bes. auffordert.[140]

81 Der Sachwalter führt auch die **Insolvenztabelle,** in der jeder angemeldete Insolvenzforderung mit ihrem Grundbetrag eingetragen wird. Diese Verpflichtung zur Tabellenführung ergibt sich sachnotwendig daraus, dass die Forderungen beim Sachwalter anzumelden sind.[141] Wegen der Einzelheiten siehe bei § 283, RdNr. 5 ff.

82 **2. Prüfungspflichten.** Dem Sachwalter obliegt die Prüfung der wirtschaftlichen Lage des Schuldners und seine Geschäftsführung sowie die Kontrolle der Ausgaben für seine Lebensführung gemäß § 274 Abs. 2 Satz 1.

83 Der Sachwalter hat die vom Schuldner zu erstellenden Verzeichnisse und Übersichten und die Schlussrechnung des Schuldners nach § 281 Abs. 1, 3 zu überprüfen.

84 **3. Informationspflichten.** Der Sachwalter hat die Gläubiger über Unregelmäßigkeiten bei der Verfahrensabwicklung zu informieren (§ 274 Abs. 3).

85 Darüber hinaus obliegen dem Sachwalter Informationspflichten gegenüber den Schuldnern insoweit, als er zum Bericht des Schuldners in der ersten Gläubigerversammlung gemäß § 281 Abs. 2 Stellung zu nehmen hat.

86 **4. Mitwirkungspflichten und -rechte.** Dem Verwalter ist aufgegeben, bei der Abwicklung des Insolvenzverfahrens in Eigenverwaltung mitzuwirken. Teilweise ist seine Mitwirkung obligatorisch in dem Sinne, dass die jeweiligen Rechtshandlungen nur mit seiner Mitwirkung wirksam werden; in anderen Fällen handelt es sich lediglich um Sollvorschriften.

87 Obligatorisch ist die Mitwirkung des Sachwalters gemäß § 277 Abs. 1 bei bestimmten Rechtsgeschäften auf Anordnung des Insolvenzgerichts; ist eine solche Anordnung ergangen, sind die betreffenden Rechtsgeschäfte nur wirksam, wenn ihnen der Sachwalter zustimmt.

88 Hinsichtlich der **Erfüllungswahl bei gegenseitigen Verträgen** ist eine obligatorische Mitwirkung des Sachwalters nur für die Ausübung der Rechte nach den §§ 120, 122 und 126 vorgesehen. Diese Rechte kann der Schuldner gemäß § 279 Satz 2 wirksam nur mit Zustimmung des Sachwalters ausüben. Im Übrigen soll der Schuldner seine Rechte hinsichtlich gegenseitiger Verträge gemäß § 279 Satz 2 im Einvernehmen mit dem Sachwalter ausüben.

89 Eine weitere nicht obligatorische Mitwirkungsbefugnis des Sachwalters ist in § 275 Abs. 1 insoweit vorgesehen, dass **Verbindlichkeiten, die nicht zum gewöhnlichen Geschäftsbetrieb** gehören, der Schuldner nur mit Zustimmung des Sachwalters eingehen soll. Auch hinsichtlich Verbindlichkeiten, die zum gewöhnlichen Geschäftsbetrieb gehören, steht dem Sachwalter ein Recht zum Widerspruch zu. Weder die fehlende Zustimmung noch ein

---

[137] Begr. RegE InsO v. 15. 4. 1992, BT-Drucks. 12/2443, zu § 331 RegE, S. 223.
[138] *Beschlussempfehlung und Bericht des Rechtsausschusses* zum RegE der Insolvenzordnung (RegE) vom 19. 4. 1994, BT-Drucks. 12/7302, zu § 331, S. 185.
[139] HK-*Landfermann* § 270 RdNr. 23.
[140] *Nerlich/Römermann/Riggert* § 270 RdNr. 28.
[141] *Blersch* in *Breutigam/Blersch/Goetsch*, 283 RdNr. 2; *Pape,* Die Eigenverwaltung des Schuldners nach der Insolvenzordnung, in Kölner Schrift, 2. Aufl. 2000, S. 895 ff. RdNr. 28.

Widerspruch des Sachwalters verhindern aber die Wirksamkeit der betreffenden Rechtsgeschäfte.

In gleicher Weise soll der Sachwalter gemäß § 282 Abs. 2 bei der **Verwertung von** **Sicherungsgut** mitwirken. Wird das danach erforderliche Einvernehmen des Schuldners mit dem Sachwalter nicht hergestellt, hindert dies die Rechtswirksamkeit der Verwertungshandlungen nicht. 90

5. Befugnisse des Sachwalters. Der Sachwalter kann vom Schuldner verlangen, dass ihm die Kassenführung übertragen wird. § 275 Abs. 2 sieht dafür vor, dass auf Verlangen des Sachwalters alle eingehenden Gelder nur von ihm entgegengenommen und Zahlungen nur von ihm geleistet werden. 91

Gemäß § 280 kann nur der Sachwalter die Haftung für Gesamtschäden gemäß § 92 sowie die persönliche Haftung der Gesellschafter in der Insolvenz einer Gesellschaft ohne eigene Rechtspersönlichkeit gemäß § 93 geltend machen. 92

Gemäß § 280 ist ebenfalls ausschließlich dem Sachwalter die Befugnis übertragen, Rechtshandlungen nach den §§ 129–147 anzufechten. 93

Dem Verwalter steht nach § 283 eine eigene Befugnis zu, angemeldete Insolvenzforderungen zu bestreiten. 94

Im Auftrag der Gläubigerversammlung ist der Insolvenzverwalter gemäß § 284 Abs. 1 befugt, einen Insolvenzplan auszuarbeiten. Richtet die Gläubigerversammlung diesen Auftrag an den Schuldner, so wirkt der Sachwalter beratend mit. 95

Die Überwachung der Planerfüllung ist gemäß § 284 Abs. 2 ebenfalls dem Sachwalter übertragen. 96

6. Keine Übernahme der Insolvenzmasse nach §§ 148, 150. Mit dem Verbleib der Verwaltungs- und Verfügungsbefugnis beim Schuldner korrespondiert, dass der Sachwalter beim Verfahren in Eigenverwaltung **nicht befugt** ist, die Insolvenzmasse nach § 148 in Besitz und Verwaltung zu nehmen. Entsprechend entfällt auch ein Recht des Sachwalters zur Siegelung der Masse nach § 150; denn auf Grund der Eigenverwaltung besteht gerade kein Bedürfnis, die Masse vor dem Zugriff des Schuldners zu sichern.[142] 97

VII. Sonstige Konsequenzen der Eigenverwaltung

1. Die Sonderregeln der Eigenverwaltung und die Geltung der allgemeinen Regeln. Die Eigenverwaltung ist gemäß § 270 Abs. 1 und Abs. 3 dadurch gekennzeichnet, dass der Schuldner berechtigt bleibt, unter Aufsicht eines Sachwalters die Insolvenzmasse zu verwalten und über sie zu verfügen. Außerhalb dieses Bereichs der Verwaltungs- und Verfügungsbefugnisse gelten für das Insolvenzverfahren, bei dem die Eigenverwaltung unter Aufsicht eines Sachwalters angeordnet ist, **grundsätzlich die gleichen Bestimmungen wie für ein Insolvenzverfahren mit Insolvenzverwalter** (§ 270 Abs. 1 Satz 2),[143] soweit nicht im Siebten Teil der Insolvenzordnung anderes bestimmt ist. 98

Die Sonderregeln der §§ 270 ff. und die pauschale Verweisung auf die allgemeinen Regeln der Insolvenzordnung bilden aber **keine abschließende Normierung des Eigenverwaltungsverfahrens.** Vielmehr wird in der Begr. zum RegE ausdrücklich hervorgehoben, dass auch in nicht ausdrücklich geregelten Fällen, zB hinsichtlich der Berechtigung zur Aufnahme eines Rechtsstreits, die Befugnisse zwischen Schuldner und Sachwalter nach der gesetzlich vorgesehenen grundsätzlichen Abgrenzung vorzunehmen sind, wonach die laufenden Geschäfte vom Schuldner geführt werden, während der Sachwalter einerseits diese Geschäftsführung kontrolliert und unterstützt und andererseits die besonderen Aufgaben wahrnimmt, die dem Insolvenzverwalter in erster Linie im Interesse der Gläubiger übertragen sind. Daher kommen über die ausdrücklichen Sonderregelungen hinaus weitere Abweichungen von allgemeinen Regelungen der Insolvenzordnung in Betracht, wenn diese 99

---

[142] So auch *Kübler/Prütting/Pape* § 281 RdNr. 4.
[143] Begr. RegE InsO v. 15. 4. 1992, BT-Drucks. 12/2443, zu § 331 RegE, S. 223.

nicht mit der Tatsache zu vereinbaren sind, dass die Verwaltungs- und Verfügungsbefugnis nicht auf den Sachwalter übergeht, sondern beim Schuldner verbleibt. Die Verweisung in § 270 Abs. 1 Satz 2 auf die allgemeinen Vorschriften ist deshalb so zu lesen, dass diese allgemeinen Vorschriften der Aufteilung der Kompetenzen zwischen Schuldner und Sachwalter anzupassen sind, wobei sich die jeweilige Zuständigkeit nicht unbedingt aus dem Gesetz ergeben muss.

100 **2. Vollstreckungshindernisse.** Wird die Durchführung eines Insolvenzverfahrens in Eigenverwaltung angeordnet, so bleiben davon die **vollstreckungsrechtlichen Auswirkungen der Verfahrenseröffnung unberührt.** Da besondere Regelungen im Siebten Teil der Insolvenzordnung nicht getroffen sind, gelten gemäß § 270 Abs. 1 Satz 2 insoweit die allgemeinen Vorschriften der §§ 88–91.[144]

101 a) **Vollstreckungsverbote (§§ 89, 90).** § 89 verbietet die Zwangsvollstreckung einzelner **Insolvenzgläubiger** während der Dauer des Insolvenzverfahrens in die Insolvenzmasse ebenso wie in das sonstige Vermögen des Schuldners. Ergänzt wird dieses Vollstreckungsverbot in § 90 Abs. 1 für **Masseverbindlichkeiten,** die nicht durch eine Rechtshandlung des Insolvenzverwalters begründet wurden, während der ersten sechs Monate seit Verfahrenseröffnung. Nicht als derartige Masseverbindlichkeiten gelten die Verbindlichkeiten aus einem gegenseitigen Vertrag nach Erfüllungswahl, aus Dauerschuldverhältnissen nach dem ersten Kündigungszeitpunkt und aus Dauerschuldverhältnissen, soweit die Gegenleistung zugunsten der Insolvenzmasse in Anspruch genommen worden ist (§ 90 Abs. 2 Nr. 1–3).

102 Diese Vollstreckungsverbote schützen den Schuldner auch bei Anordnung der Eigenverwaltung vor der Einzelzwangsvollstreckung. Eine geringfügige Modifikation ergibt sich nur insoweit, als hinsichtlich derjenigen Masseverbindlichkeiten, die nach § 90 Abs. 2 nicht vom Vollstreckungsverbot erfasst sind, für die Ausübung des Wahlrechts, die Kündigungsmöglichkeit und Inanspruchnahme der Gegenleistung für die Insolvenzmasse das Handeln oder Unterlassen des Schuldners, nicht des Sachwalters, maßgeblich ist.[145] Denn dem Schuldner sind gemäß § 279 das Wahlrecht bei gegenseitigen Verträgen und im besonderen das Kündigungsrecht übertragen; und er entscheidet auf Grund der im verbleibenden Verwaltungs- und Verfügungsbefugnis gemäß § 270 Abs. 1 Satz 1, ob er die Gegenleistung aus einem Dauerschuldverhältnis für die Insolvenzmasse in Anspruch nimmt.

103 Damit scheint der Schuldner gerade im Verfahren der Eigenverwaltung mit dem Vollstreckungsverbot ein Mittel in der Hand zu haben, die Verfahrensabwicklung zu verzögern und die Befriedigung der Gläubiger systematisch zu verhindern.[146] Während ein solcher „automatic stay" im US-amerikanischen Chapter 11-Verfahren in der Praxis tatsächlich im erheblichen Ausmaß zu Mißbräuchen in der Form geführt hat, dass die Schuldner im Schutz des Vollstreckungsverbots zu Lasten der Gläubiger weiter gewirtschaftet und deren Befriedigungsaussichten vermindert haben, erscheint demgegenüber eine solche Gefahr beim deutschen Eigenverwaltungsverfahren äußerst gering. Denn der Gesetzgeber hat jedem einzelnen Insolvenzgläubiger ein äußerst effektives Mittel in die Hand gegeben, eine Verfahrensverzögerung oder andere Nachteile zu verhindern, indem er nach § 272 Abs. 1 Nr. 2 die Aufhebung der Eigenverwaltung wegen Wegfalls ihre Voraussetzungen gemäß § 270 Abs. 2 Nr. 3 beantragt.

104 b) **Rückschlagsperre (§ 88).** Die Rückschlagsperre des § 88 erlaubt es dem Schuldner beim Verfahren in Eigenverwaltung, durch rechtzeitige Antragstellung innerhalb der Monatsfrist des § 88 ein ihm besonders lästiges **Pfändungspfandrecht zu beseitigen,** das anderenfalls einer erfolgreichen Sanierung entgegenstehen könnte.[147]

105 **3. Prozessführung. a) Unterbrechung anhängiger Prozesse und Prozessführungsbefugnis.** Die Eröffnung eines Insolvenzverfahrens führt gemäß § 240 ZPO zur

---

[144] *Kübler/Prütting/Pape* § 283 RdNr. 9.
[145] *Kübler/Prütting/Pape* § 283 RdNr. 10.
[146] Mit diesen Bedenken *Kübler/Prütting/Pape* § 283 RdNr. 9.
[147] *Kübler/Prütting/Pape* § 283 RdNr. 9.

Unterbrechung anhängiger Prozesse des Schuldners. Dies gilt auch dann, wenn mit der Verfahrenseröffnung Eigenverwaltung angeordnet wird. Zum einen stellt nämlich § 240 Satz 1 ZPO nach dem Wortlaut nur auf die Verfahrenseröffnung, nicht aber darauf ab, dass auch ein Insolvenzverwalter bestellt wird. Zum anderen verliert bei Eigenverwaltung der Schuldner durch die Verfahrenseröffnung gemäß § 270 Abs. 1 Satz 1 zwar nicht die Verwaltungs- und Verfügungsbefugnis über sein Vermögen und bleibt damit auch zur Prozessführung befugt. Dies ändert jedoch nichts an der Zäsur, die mit der Verfahrenseröffnung für anhängige Rechtsstreitigkeiten des Schuldners eintritt.[148]

Der Schuldner führt **Prozesse mit Wirkung für und gegen die Insolvenzmasse im eigenen Namen.** Zwar ist ihm im Eigenverwaltungsverfahren eine amtliche Stellung vergleichbar der des Insolvenzverwalters im regulären Insolvenzverfahren übertragen. Da dem Schuldner die Verwaltungs- und Verfügungsbefugnis verbleibt, erscheint es aber gekünstelt, ihm die Prozessführungsbefugnis nur in Prozessstandschaft zuzuerkennen.[149] **106**

b) Aufnahme von Aktivprozessen. Ist ein Aktivprozess des Schuldners durch die Verfahrenseröffnung unterbrochen, so kann dieser gemäß § 85 Abs. 1 im regulären Insolvenzverfahren vom Insolvenzverwalter aufgenommen werden. Ist die Eigenverwaltung angeordnet, **entscheidet der Schuldner über die Aufnahme des Rechtsstreits.**[150] Ihm ist nämlich die Verwaltungs- und Verfügungsbefugnis über sein Vermögen verblieben (§ 270 Abs. 1 Satz 1); und eine gesonderte Regelung, die die Ausübung der prozessualen Rechte auf den Sachwalter überträgt, sieht der Siebte Teil der Insolvenzordnung nicht vor.[151] **107**

Lehnt der Schuldner die Aufnahme des Rechtsstreits ab, so hat gemäß § 85 Abs. 2 die Gegenseite auch bei Anordnung der Eigenverwaltung das Recht, den Rechtsstreit ihrerseits wiederaufzunehmen. Eine solche **Aufnahme wirkt in jedem Fall gegen die Insolvenzmasse;** und es ist dem Schuldner praktisch nicht möglich, nach Ablehnung der Prozessaufnahme den Rechtsstreit freizugeben.[152] Anderenfalls würde der Schuldner, der selbst die Insolvenzmasse verwaltet, für das insolvenzfreie Vermögen einen Prozess führen. Im Falle eines obsiegenden Urteils dürfte der Ertrag dieses Prozesses nicht in die Insolvenzmasse fließen, da die Vorgehensweise sonst als eine unwirksame, modifizierte Freigabe zu klassifizieren wäre. **108**

c) Aufnahme von Passivprozessen. Für die Aufnahme der in § 86 genannten **Passivprozesse hinsichtlich Aussonderungsrechten, Absonderungsrechten und Masseverbindlichkeiten** tritt der Schuldner an die Stelle des Insolvenzverwalters,[153] so dass solche Prozesse sowohl vom Schuldner als auch vom Gläubiger aufgenommen werden können. Der Schuldner kann auch hier den Prozessgegenstand praktisch nicht freigeben, weil der Gläubiger auch bei einer Klage gegen das insolvenzfreie Vermögen den Schuldner als Beklagten heranzieht.[154] **109**

Ein Schutz der Insolvenzmasse wird über folgende Überlegung erreicht: Dem Schuldner steht bei diesen Passivprozessen nach Anordnung der Eigenverwaltung auch an der Stelle des Insolvenzverwalters das **Recht der Anerkenntnis nach § 86 Abs. 2 zu;** mit der Folge, dass die Gegenseite dann den Kostenerstattungsanspruch nur als Insolvenzgläubiger geltend machen kann. Zwar erscheint es widersinnig, dass der Schuldner den Rechtsstreit, in dem er ursprünglich den gegen ihn gerichteten Anspruch verneint hat, durch ein solches Aner- **110**

---

[148] BGH, Beschl. v. 7. 12. 2006 – V ZB 93/06, NZI 2007, 188; *Lakies,* Die arbeitsrechtliche Bedeutung der Eigenverwaltung in der Insolvenzordnung, BB 1999, 1759, 1760; *Kübler/Prütting/Pape* § 283 RdNr. 4.
[149] Mit diesen Ergebnis aber *Smid,* Sanierungsverfahren nach neuem Insolvenzrecht, WM 1998, 2489, 2511.
[150] Begr. RegE InsO v. 15. 4. 1992, BT-Drucks. 12/2443, zu § 331 RegE, S. 223.
[151] *Kübler/Prütting/Pape* § 283 RdNr. 5.
[152] *Kübler/Prütting/Pape* § 283 RdNr. 6.
[153] Begr. RegE InsO v. 15. 4. 1992, BT-Drucks. 12/2443, zu § 331 RegE, S. 223.
[154] *Kübler/Prütting/Pape* § 283 RdNr. 7.

111 Werden dagegen **in anhängigen Passivprozessen Insolvenzforderungen geltend gemacht,** so verbleibt es im Eigenverwaltungsverfahren bei der Regelung des § 87. Der Kläger kann seine Insolvenzforderungen nur im Rahmen des Insolvenzverfahrens nach Maßgabe der §§ 174 ff. verfolgen. Eine Aufnahme des Rechtsstreits kommt nur gemäß §§ 181 Abs. 2, 184 Satz 2 in Betracht, falls gemäß § 283 Abs. 1 Satz 2 ein anderer Gläubiger, der Schuldner oder der Sachwalter die Forderung bestritten haben.[156]

112 **4. Registereintragungen. a) Grundbuch und gleichgestellte Register.** Weil und solange der Schuldner im Rahmen der Eigenverwaltung gemäß § 270 Abs. 1 verfügungsbefugt bleibt, ist gemäß § 270 Abs. 3 Satz 3 die sonst nach §§ 32, 33 erfolgende Eintragung der Verfahrenseröffnung in das Grundbuch und das Luftfahrzeug- bzw. Schiffsregister entbehrlich.[157] Wird jedoch nach § 277 auf Antrag der Gläubigerversammlung durch das Insolvenzgericht die Zustimmungsbedürftigkeit des Schuldners bei Verfügung über ein Grundstück, ein eingetragenes Schiff oder ein gleichgestelltes Recht angeordnet, wird die Eintragung gemäß § 277 Abs. 3 Satz 2 nachgeholt.[158]

113 **b) Handelsregister und gleichgestellte Register.** Ist der Schuldner im Handels-, Genossenschaft-, Partnerschafts- oder Vereinsregister eingetragen, so erfolgt gemäß § 31 (i. V. m. § 270 Abs. 1 Satz 3) die Eintragung der Verfahrenseröffnung und die Anordnung der Eigenverwaltung in das betreffende Register. Der Ausschluss der Eintragung der Anordnung der Eigenverwaltung in das Grundbuch nach § 32 und in die Register für Schiffe und Luftfahrzeuge nach § 33 bedeutet nämlich nicht, dass auch keine Eintragung in die von § 31 genannten Register erfolgt.[159] Vielmehr ist eine Anpassung der registerrechtlichen Vorschriften an die Insolvenzordnung durch Verordnung vom Dezember 1998 ausdrücklich klargestellt worden, dass die Anordnung der Eigenverwaltung ebenso wie deren Aufhebung und die Anordnung der Zustimmungsbedürftigkeit bestimmte Rechtsgeschäfte durch das Insolvenzgericht nach § 277 in das jeweilige Register einzutragen ist. Denn in §§ 19 Abs. 2 Satz 2, 40 Nr. 5 Abs. 5, 43 Nr. 6 HRV sind die Anordnung und Aufhebung der Eigenverwaltung des Schuldners unter der Aufsicht eines Sachwalters ausdrücklich genannt. Ebenso sind gemäß § 21 Abs. 2 Nr. 3 GenRegV die Anordnung und Aufhebung der Eigenverwaltung in das Genossenschaftsregister einzutragen. Die Eintragung in das Partnerschaftsregister erfolgt gemäß § 5 Abs. 4 Nr. 4 PRV.

114 **5. Postsperre.** Wird ein Insolvenzverfahren in Eigenverwaltung durchgeführt, so ist **die Anordnung einer Postsperre ausgeschlossen.** Gemäß § 99 setzt die Postsperre voraus, dass sie erforderlich erscheint, um für die Gläubiger nachteilige Rechtshandlungen des Schuldners aufzuklären oder zu verhindern. Sieht das Insolvenzgericht diesen Tatbestand als erfüllt an, scheidet die Anordnung der Eigenverwaltung durch das Insolvenzgericht bei Verfahrenseröffnung ohnehin schon aus, da die Voraussetzungen des § 270 Abs. 1 Nr. 3 für ein Eigenverwaltungsverfahren nicht erfüllt sind.[160] Aber auch sonst widerspräche einer Postsperre dem Grundsatz der Eigenverwaltung, dass dem Schuldner die Verwaltungs- und Verfügungsbefugnis erhalten bleibt.[161]

---

[155] *Kübler/Prütting/Pape* § 283 RdNr. 7.
[156] *Kübler/Prütting/Pape* § 283 RdNr. 8.
[157] Begr. RegE InsO v. 15. 4. 1992, BT-Drucks. 12/2443, zu § 331 RegE, S. 223.
[158] HK-*Landfermann* § 270 RdNr. 16.
[159] Hier zu und zum folgenden *Hess/Weis,* InsO, § 270 RdNr. 77; *Kübler/Prütting/Pape* § 270 RdNr. 124 ff.
[160] Ähnlich auch *Pape,* Die Eigenverwaltung des Schuldners nach der Insolvenzordnung, in Kölner Schrift, 2. Aufl. 2000, S. 895 ff. RdNr. 25.
[161] So HK-*Landfermann* vor §§ 270 ff. RdNr. 9, schon für das Eröffnungsverfahren.

VIII. Die Ablehnung der Eigenverwaltung

Liegen die Voraussetzungen für die Anordnung der Eigenverwaltung gemäß § 270 nicht vor, **weist das Insolvenzgericht den Antrag auf Anordnung der Eigenverwaltung durch Beschluss zurück.** Die zurückweisende Entscheidung kann separat in einem zeitlich vor der Verfahrenseröffnung ergehenden, gesonderten Beschluss erfolgen. Anders als die Anordnung der Eigenverwaltung muss sie nicht im Eröffnungsbeschluss enthalten sein; dies ergibt sich nicht zuletzt im Umkehrschluss aus § 270 Abs. 1 Satz 1, wonach nur die Anordnung, nicht aber die Ablehnung der Eigenverwaltung vom Insolvenzgericht im Eröffnungsbeschluss zu erfolgen hat.[162] Wird der Antrag auf Eröffnung des Insolvenzverfahrens wegen drohender Zahlungsunfähigkeit nach § 18 gestellt, sollte ggfs. die Ablehnung des Eigenverwaltungsantrags immer vor der Entscheidung über den Insolvenzantrag erfolgen, um dem Schuldner Gelegenheit zur Rücknahme des Insolvenzantrags und damit für einen außergerichtlichen Sanierungsversuch zu geben.[163]

Für den Beschluss, mit dem das Insolvenzgericht die Anordnung der Eigenverwaltung abgelehnt, ist eine **Begründung** erforderlich.[164] Die Notwendigkeit der Begründung ergibt sich aus der nach § 270 Abs. 2 Nr. 3 gebotenen Abwägung der Interessen des Schuldners einerseits und der Gläubiger andererseits. Die Begründung soll Hinweise für die von der ersten Gläubigerversammlung nach § 271 möglicherweise zu treffenden Entscheidung über die nachträgliche Beantragung der Eigenverwaltung enthalten. Eine formelhafte Begründung der Zurückweisung des Antrags wäre unangemessen. Der Schuldner hat aber keinen Anspruch darauf, dass das Insolvenzgericht seinen Beschluss mit einer umfassenden Begründung versieht, in der sämtliche Erwägungen wiedergegeben werden. Ausreichend ist vielmehr, wenn die der Anordnung entgegenstehenden tragenden Gründe dargelegt werden.

IX. Rechtsmittel gegen die Entscheidung über die Eigenverwaltung

Die sofortige Beschwerde gegen die Entscheidung des Insolvenzgerichts über den Antrag auf Anordnung der Eigenverwaltung ist in § 270 nicht vorgesehen. Deshalb ist die Entscheidung des Insolvenzgerichts nach dem Grundsatz des § 6 Abs. 1 **unanfechtbar.**[165] Eine andere Beurteilung ergibt sich auch nicht daraus, dass die Beteiligten hinsichtlich des Eröffnungsbeschlusses die Beschwerderechte des § 34 haben. § 270 Abs. 1 Satz 2 verweist auf die allgemeinen Vorschriften „für das Verfahren". § 34, der die Befugnis zur sofortigen Beschwerde gegen die Entscheidung über den Eröffnungsbeschluss behandelt, wird von dieser Verweisung nicht erfasst. Vielmehr ist in den §§ 270 ff. genau geregelt, gegen welche Maßnahmen die sofortige Beschwerde stattfindet. Auf eine sofortige Beschwerde nach § 34 Abs. 1 oder 2 hin wird das Vorliegen oder Fehlen der Eröffnungsvoraussetzungen überprüft, nicht die Entscheidung nach § 270. Die Eigenverwaltung stellt keine eigene Verfahrensart dar, die selbstständig beantragt und deren Ablehnung nach § 34 angegriffen werden könnte.[166] Auch im Rahmen einer gerichtlichen Überprüfung der Höhe des angeforderten Vorschusses für die Verfahrenseröffnung kann keine Entscheidung über die Anordnung oder

---

[162] AG Darmstadt, Beschl. v. 20. 2. 1999 – 9 IN1/99, ZIP 1999, 1494, 1495; *Gottwald/Haas,* Insolvenzrechts-Handbuch, § 87 RdNr. 21; *Vallender,* Eigenverwaltung zwischen Schuldner- und Gläubigerautonomie, WM 1998, 2129, 2133. Dagegen aber *Pape,* Die Eigenverwaltung des Schuldners nach der Insolvenzordnung, in Kölner Schrift, 2. Aufl. 2000, S. 895 ff. RdNr. 9.

[163] Ausführlich zu den Gründen, aber zweifelnd an diesem Ergebnis *Schlegel,* Insolvenzantrag und Eigenverwaltungsantrag bei drohender Zahlungsunfähigkeit, ZIP 1999, 954, 957 ff.

[164] *Uhlenbruck,* InsO, § 270 RdNr. 17; *Vallender,* Eigenverwaltung zwischen Schuldner- und Gläubigerautonomie, WM 1998, 2129, 2133.

[165] BGH, Beschl. v. 11. 1. 2007 – IX ZB 85/05, ZIP 2007, 394 ff.; HK-*Landfermann* § 270 RdNr. 18; *Nerlich/Römermann/Riggert* § 270 RdNr. 29; dezidiert aA: *Uhlenbruck,* Rechtsmittel gegen die Ablehnung der Eigenverwaltung?, ZInsO 2003, 821 ff.

[166] BGH, Beschl. v. 11. 1. 2007 – IX ZB 85/05, ZIP 2007, 394, 395.

§ 271 1 7. Teil. Eigenverwaltung

Ablehnung der Eigenverwaltung herbeigeführt werden.[167] Da die Entscheidung über die Anordnung der Eigenverwaltung gemäß § 18 Abs. 1 Nr. 1 RPflG vom Richter getroffen wird, ist auch das Rechtsmittel der Erinnerung nicht zulässig.[168] Der Ausschluss eines Instanzenzuges begegnet keinen verfassungsrechtlichen Bedenken.[169] Die Entscheidung über die Eigenverwaltung ist nicht nur für den Schuldner unanfechtbar,[170] sondern auch für die Gläubiger.[171] Wollen die Gläubiger die Aufhebung der Eigenverwaltung beantragen, so sind sie allein auf ihre Rechte aus § 272 verwiesen.[172]

§ 271 Nachträgliche Anordnung

¹ Hatte das Insolvenzgericht den Antrag des Schuldners auf Eigenverwaltung abgelehnt, beantragt die erste Gläubigerversammlung jedoch die Eigenverwaltung, so ordnet das Gericht diese an. ² Zum Sachwalter kann der bisherige Insolvenzverwalter bestellt werden.

Übersicht

	RdNr.		RdNr.
I. Normzweck	1	3. Rechtsmittel	21 a
II. Entstehungsgeschichte der Norm: Frühere Regelung – Reformvorschläge – Gesetzgebungsverfahren zur InsO	2	4. Inhalt des Anordnungsbeschlusses	22
		a) Bestellung des Sachwalters	23
		b) Datierung	26
III. Schuldnerantrag	3	c) Aufhebung des offenen Arrestes	27
1. Rücknahme des Schuldnerantrags	4	d) Löschung von Eintragungen	28
2. Antrag auf Eigenverwaltung nach Verfahrenseröffnung	8	e) Öffentliche Bekanntmachung	29
		VI. Schutz der Minderheit	30
IV. Beschluss der ersten Gläubigerversammlung	15	1. Vetorecht in der Gläubigerversammlung	30
V. Anordnung der Eigenverwaltung	18	a) Antragsberechtigte	31
1. Bindung des Gerichts	19	b) Entscheidungskriterien	32
2. Zuständigkeit	21	c) Zeitlicher Ablauf	34
		2. Aufhebung der Anordnung	36

I. Normzweck

1   Ähnlich wie die erste Gläubigerversammlung die Möglichkeit hat, einen anderen Insolvenzverwalter zu wählen oder den Gläubigerausschuss anders zusammenzusetzen (§§ 57, 68), soll gemäß § 271 die Gläubigerversammlung auch die **vorläufige Entscheidung des Insolvenzgerichts über den Antrag des Schuldners auf Eigenverwaltung korrigieren** können. Es handelt sich dabei um eine Ausprägung des Grundsatzes der Gläubigerautonomie.[1] Dazu sieht § 271 vor, dass das Insolvenzgericht auf Antrag der ersten Gläubigerversammlung die Eigenverwaltung anordnet, wenn zunächst der Antrag des Schuldners auf Eigenverwaltung abgelehnt worden war. Der umgekehrte Fall, dass die Gläubigerversammlung eine vom Gericht angeordnete Eigenverwaltung unter Aufsicht eines Sachwalters nicht bestätigt, ist in § 272 geregelt.[2]

---

[167] BGH, Beschl. v. 11. 1. 2007 – IX ZB 85/05, ZIP 2007, 394, 395.
[168] *Nerlich/Römermann/Riggert* § 270 RdNr. 29.
[169] BGH, Beschl. v. 11. 1. 2007 – IX ZB 85/05, ZIP 2007, 394, 395 f.
[170] Vgl. dazu BGH, Beschl. v. 11. 1. 2007 – IX ZB 85/05, ZIP 2007, 394 ff.
[171] Vgl. dazu AG Köln, Beschl. v. 22. 8. 2005 – 71 IN 426/05, ZIP 2005, 1975 ff.
[172] *Haarmeyer/Wutzke/Förster*, Handbuch, 3. Aufl. 2001, Kap. 10 RdNr. 11; *HK-Landfermann* § 270 RdNr. 18.

[1] *Hess*, InsO, § 270 RdNr. 1; *Nerlich/Römermann/Riggert* § 271 RdNr. 1.
[2] Begr. RegE InsO v. 15. 4. 1992, BT-Drucks. 12/2443, zu § 332 RegE, S. 223.

II. Entstehungsgeschichte der Norm: Frühere Regelung – Reformvorschläge – Gesetzgebungsverfahren zur InsO

§ 271 hat keine Vorbilder im früheren **Konkurs- oder Vergleichsrecht,** dem die Eigenverwaltung fremd war. Im Gesetzgebungsverfahren wurde die Norm als zweiter Absatz § 321 des **Diskussionsentwurfs**[3] (DE) und des **Referentenentwurfs**[4] (RegE) vorgeschlagen und als zweiter Absatz von § 322 des **Regierungsentwurfs**[5] (RefE) in das Gesetzgebungsverfahren eingebracht. Der erste Absatz dieser Entwurfsfassungen sah dabei noch als grundsätzliche Regelung vor, dass die erste Gläubigerversammlung über die Anordnung der Eigenverwaltung zu beschließen hat, falls der Schuldner dies beantragt hat. Diese grundsätzliche Regelung erschien dem Rechtsausschuss[6] jedoch entbehrlich; und sie wurde zur redaktionellen Straffung gestrichen, da die Kompetenz der ersten Gläubigerversammlung zur positiven oder negativen Entscheidung über die Eigenverwaltung sich bereits aus dem zweiten Absatz der Entwurfsfassungen und aus der folgenden Norm (jetzt § 272) ergibt. Deshalb ist nur der zweite Absatz der Entwurfsfassungen als § 271 Gesetz geworden. 2

III. Schuldnerantrag

Voraussetzung für die nachträgliche Anordnung der Eigenverwaltung ist zum einen nach dem Wortlaut des Gesetzes in § 271 Satz 1, dass das Insolvenzgericht den **Antrag des Schuldners auf Eigenverwaltung abgelehnt** hatte. Daraus ergibt sich zwar unzweifelhaft, dass auch nach Verfahrenseröffnung die Eigenverwaltung ohne einen Antrag des Schuldners nicht angeordnet werden kann. Hinsichtlich der Details dieser Regelung bleiben aber verschiedene Fragen offen. 3

1. Rücknahme des Schuldnerantrags. Zunächst ist nicht ausdrücklich geregelt, ob der Schuldner seinen Antrag, den er vor Verfahrenseröffnung gestellt hatte, **im eröffneten Verfahren noch zurücknehmen** oder sonst verhindern kann, dass die Gläubigerversammlung gegen seinen Willen die Eigenverwaltung anordnet. 4

Dagegen könnte allenfalls das formale Argument sprechen, dass mit der ablehnenden Entscheidung des Insolvenzgerichts vom Gericht abschließend über den Schuldnerantrag entschieden ist und damit kein Antrag mehr verbleibt, der zurückgenommen werden könnte. Schon dieses formale Argument ist aber nicht überzeugend, weil auf Grund der Regelung von § 271 Satz 1 der abgelehnte Schuldnerantrag auch in das eröffnete Verfahren hinein noch insoweit rechtswirksam bleibt, als er die Grundlage für die Anordnung der Eigenverwaltung auf Grund eines entsprechenden Beschlusses der ersten Gläubigerversammlung bilden kann. 5

Vor allem aber muss der Schuldner seinen abgelehnten Antrag auf Eigenverwaltung auch noch deshalb nach Verfahrenseröffnung zurücknehmen können, weil auch der Gesetzgeber davon ausgeht, dass die Eigenverwaltung überhaupt nur Erfolg haben kann, wenn und solange der Schuldner bereit ist, die ihm bei der Eigenverwaltung zufallenden Aufgaben mit vollen Einsatz zu erfüllen, und dass die Bereitschaft des Schuldners im weiteren Verfahren entfallen kann, obwohl der Schuldner zunächst die Eigenverwaltung beantragt hatte.[7] Diese Erkenntnis hat der Gesetzgeber jedoch nur lückenhaft in der Insolvenzordnung umgesetzt, indem er dem Schuldner die Möglichkeit gibt, eine bereits angeordnete Eigenverwaltung auf seinen Antrag hin ohne weitere Voraussetzungen vom Insolvenzgericht aufheben zu lassen 6

---

[3] Diskussionsentwurf (DE), Gesetz zur Reform des Insolvenzrechts, herausgegeben vom Bundesministerium der Justiz, Köln 1988.
[4] Referentenentwurf (RefE), Gesetz zur Reform des Insolvenzrechts, herausgegeben vom Bundesministerium der Justiz, Köln 1989.
[5] Regierungsentwurf der Insolvenzordnung (RegE) vom 15. 4. 1992, BT-Drucks. 12/2443.
[6] *Beschlussempfehlung und Bericht des Rechtsausschusses* zum RegE der Insolvenzordnung (RegE) vom 19. 4. 1994, BT-Drucks. 12/7302.
[7] Begr. RegE InsO v. 15. 4. 1992, BT-Drucks. 12/2443, § 333 RegE, S. 224.

(§ 272 Abs. 1 Nr. 3). In analoger Anwendung dieser Regelung zur Ausfüllung der insoweit vom Gesetzgeber gelassenen Regelungslücke muss daher der Schuldner auch berechtigt sein, schon die Anordnung der Eigenverwaltung auf Beschluss der ersten Gläubigerversammlung zu verhindern, indem er zuvor seinen Antrag auf Eigenverwaltung zurücknimmt.[8]

7 Dieses Ergebnis wird schließlich auch dadurch bestätigt, dass anderenfalls, also bei Bindung des Schuldners an seinen abgelehnten Antrag für eine nachträgliche Anordnung der Eigenverwaltung gemäß § 271 Satz 1, es dazu kommen könnte, dass seitens des Insolvenzgerichts die Eigenverwaltung nach § 271 Satz 1 angeordnet wird, nur damit unmittelbar danach auf Antrag des Schuldners diese vom Insolvenzgericht gemäß § 272 Abs. 1 Nr. 3 wieder aufgehoben werden muss.

8 **2. Antrag auf Eigenverwaltung nach Verfahrenseröffnung.** Zumindest zur Diskussion zu stellen ist, ob ein Schuldnerantrag auch dann noch auf Beschluss der Gläubigerversammlung zur Eigenverwaltung führen kann, wenn der Schuldner die **Eigenverwaltung erst nach Eröffnung des Insolvenzverfahrens beantragt**.[9] Ein praktischer Fall könnte so aussehen, dass eine GmbH wegen Insolvenz eines Großabnehmers erhebliche Forderungen abschreiben muss, damit überschuldet ist und wegen der Drei-Wochen-Frist des § 64 Abs. 1 GmbHG schnell Insolvenzantrag stellt, ohne Eigenverwaltung zu beantragen, weil bis dahin keine Aussicht auf Sanierung im Verfahren bestand. Tritt dann zB ein Mitbewerber auf, der an einem Erwerb des Schuldnerunternehmens aus dem regulären Insolvenzverfahren heraus (übertragende Sanierung) oder der sanierten Schuldnergesellschaft am Ende eines Insolvenzplanverfahrens interessiert ist, und wollen die Gläubiger, die sich im ersten Berichtstermin für die Unternehmensfortführung entscheiden, im Interesse der ungestörten Unternehmensfortführung der bisherigen Geschäftsführung des Schuldners die Eigenverwaltung belassen, so besteht ein Bedürfnis, dieses auch dann noch zuzulassen, wenn der Schuldner die Eigenverwaltung erst nach Eröffnung des Insolvenzverfahrens beantragt.

9 Dagegen scheint zwar zunächst der **Wortlaut des § 271 Satz 1 zu sprechen**,[10] wonach Basis für die nachträgliche Anordnung der Eigenverwaltung nur ein solcher Antrag des Schuldners sein kann, den das Insolvenzgericht abgelehnt hatte. In der Zusammenschau mit § 270 Abs. 1, wonach das Insolvenzgericht grundsätzlich bei Eröffnung des Insolvenzverwalters über die Eigenverwaltung entscheidet, könnte daraus geschlossen werden, dass es sich um einen Antrag auf Eigenverwaltung handeln muss, der vor der Entscheidung über den Eröffnungsbeschluss vorlag. Ein solches Verständnis des Wortlauts ist aber keineswegs zwingend.[11] Denn das Insolvenzgericht muss über einen Schuldnerantrag auf Eigenverwaltung auch dann entscheiden, wenn er erst nach Verfahrenseröffnung gestellt wird. Dieser muss dann zwar abgelehnt werden, weil das Gericht nunmehr keine Befugnis mehr hat, die Eigenverwaltung auf Antrag des Schuldners anzuordnen, und der Eigenverwaltungsantrag nach Eintritt der Rechtskraft des Eröffnungsbeschlusses damit unzulässig ist.[12] Immerhin könnte dann aber dieser abgelehnte Antrag nach dem Wortlaut des § 270 Abs. 1 die Grundlage für einen entsprechenden Antrag der Gläubigerversammlung auf Eigenverwaltung bilden.

10 Gegen eine solche Auslegung von § 270 Abs. 1 spricht allerdings, dass auch der Gesetzgeber davon ausging, dass im **Interesse einer klaren Rechtslage** die Eigenverwaltung nur in Betracht kommen soll, wenn der Schuldner sie vor Eröffnung des Insolvenzverfahrens

---

[8] So im Ergebnis wohl auch *Hess*, InsO, § 271 RdNr. 6; *Gottwald/Haas*, Insolvenzrechts-Handbuch, § 87 RdNr. 26.
[9] Dagegen ohne Diskussion *Hintzen*, Insolvenzantrag und Antrag auf Eigenverwaltung, ZInsO 1998, 15, 16; HK-*Landfermann* § 271 RdNr. 2; *Nerlich/Römermann/Riggert* § 271 RdNr. 2. Dafür aber wohl *Hess*, InsO, § 271 RdNr. 3.
[10] So *Kübler/Prütting/Pape* § 271 RdNr. 9; so wohl auch OLG Naumburg ZInsO 2001, 810; AG Dresden ZInsO 2000, 48.
[11] *Hess*, InsO, § 271 RdNr. 3, hält den Wortlaut für „missverständlich".
[12] Zur Unzulässigkeit des nach Verfahrenseröffnung gestellten Eigenverwaltungsantrags *Gottwald/Haas*, Insolvenzrechts-Handbuch, § 87 RdNr. 4.

beantragt.¹³ Zweifelhaft ist aber, ob dieses Argument der Rechtsklarheit überzeugend ist. Für ein Interesse an einer klaren Rechtslage kommen zwei Zielrichtungen in Betracht: Zum einen, dass die unmittelbar am Verfahren Beteiligten, also vor allem das Insolvenzgericht und die Insolvenzgläubiger, so früh wie möglich Klarheit haben, ob eine Eigenverwaltung in Betracht kommt. Zum anderen, dass Dritte, die nach Verfahrenseröffnung in Rechtsverkehr mit dem Schuldner treten wollen, sich darüber im klaren sind, wer für den Schuldner handlungsbefugt ist.

Hinsichtlich der ersten Zielrichtung ist darauf zu verweisen, dass der Schuldner, der zunächst Eigenverwaltung beantragt hatte, seine Meinung dazu nach Verfahrenseröffnung ändern kann und einer Eigenverwaltung durch Rücknahme seines Antrags (wie oben dargestellt) bzw. durch den Antrag auf Aufhebung nach § 272 Abs. 1 Nr. 3 der Eigenverwaltung die Grundlage entziehen kann. Deshalb bleiben die Verfahrensbeteiligten jedenfalls im unklaren darüber, ob der Schuldner seine zunächst bekundete Bereitschaft zu Eigenverwaltung noch nach Verfahrenseröffnung aufgibt. Warum für die Verfahrensbeteiligten umgekehrt nicht die Unklarheit hinnehmbar sein soll, dass der Schuldner angesichts geänderter Umstände doch noch seine Bereitschaft zur Eigenverwaltung erklärt, ist nicht ersichtlich. Diese Zweifel sind sogar von viel geringerer Bedeutung, weil die erste Gläubigerversammlung es in der Hand hat, einen solchen nachträglichen Antrag unbeachtet zu lassen, womit es bei der Abwicklung durch den Insolvenzverwalter bleibt, während umgekehrt der Schuldner einseitig mit dem Antrag auf Aufhebung der Eigenverwaltung nach § 272 Abs. 1 Nr. 3 eine völlig geänderte Verfahrensabwicklung herbeiführen kann.

Damit bleiben als Adressaten der gewünschten Rechtsklarheit Dritte, die ein Interesse an der klaren Festlegung haben, ob für einen Schuldner im Insolvenzverfahren der Insolvenzverwalter oder der Schuldner in Eigenverwaltung rechtswirksam handeln, zB neue Verträge abschließen kann. Diese Adressaten sehen sich aber ohnehin Zweifeln ausgesetzt, weil eine zunächst angeordnete Eigenverwaltung nach § 272 aufgehoben und ein Insolvenzverwalter eingesetzt werden kann, ebenso wie umgekehrt nach § 271 jedenfalls auf Grund eines entsprechenden Schuldnerantrags vor Verfahrenseröffnung die erste Gläubigerversammlung mit ihrer Entscheidung das Amt eines zunächst eingesetzten Insolvenzverwalters beenden und stattdessen dem Schuldner die Eigenverwaltung übertragen kann. Diese Unsicherheit Dritter wird in keiner Weise vergrößert, wenn man einen Antrag des Schuldners auf Eigenverwaltung auch noch nach Verfahrenseröffnung zulassen würde, denn in jedem Fall entscheidet die erste Gläubigerversammlung, ob der zunächst tätige Insolvenzverwalter im Amt bleibt.

Somit kann festgehalten werden, dass es auch das Interesse an einer klaren Rechtslage keinesfalls gebietet, einen Antrag des Schuldners auf Eigenverwaltung, der erst nach Verfahrenseröffnung gestellt wird, unberücksichtigt zu lassen. Dieses wird im Übrigen durch einen Blick auf das U.S.-amerikanische Insolvenzrecht bestätigt. Dort ermöglicht es 11 U.S.C. § 1105 dem Insolvenzgericht, jederzeit bis zum Verfahrensende bei Planbestätigung an Stelle eines zwischenzeitlich eingesetzten Verwalters (*trustee*) auf Antrag einer interessierten Partei (*party in interest*), darunter auch der Schuldner, wieder den *debtor in possession* mit der Eigenverwaltung zu betrauen, sofern die Gründe für die Einsetzung des *trustee* entfallen sind.¹⁴ Ein Bedürfnis, im Interesse einer klaren Rechtslage solche Anträge des Schuldners ab einem früheren Verfahrenszeitpunkt auszuschließen, wurde dabei vom Gesetzgeber offenbar nicht gesehen.¹⁵

---

¹³ Begr. RegE InsO v. 15. 4. 1992, BT-Drucks. 12/2443, § 331 RegE, S. 223. Ebenso HK-*Landfermann*, 2. Aufl. 2001, § 270 RdNr. 2.
¹⁴ Dazu *Weintraub/Resnick*, Bankruptcy Law Manual, Third Edition 1992 (Cumulative Supplement 1994), S. 8–77.
¹⁵ House Report No. 95–595, 95th Cong., 1st Sess. 403 (1977); Senate Report No. 95–989, 95th Cong., 2 d Sess. 115 (1978); beide abgedruckt bei *King/Herzog/Wolf*, Collier Pamphlet Edition Bankruptcy Code, 1998, zu 11 U.S.C. § 1105.

14 Schließlich würde ein enges, wörtliches Verständnis von § 271 Satz 1 auch dem Bestreben des Gesetzgebers der Insolvenzordnung, die Gläubigerautonomie zu stärken, entgegenlaufen. Daher ist es **im Ergebnis** für die nachträgliche Anordnung der Eigenverwaltung nach § 271 nicht zwingend erforderlich, dass der Antrag des Schuldners auf Eigenverwaltung vor Eröffnung des Insolvenzverfahrens gestellt wurde oder dass das Insolvenzgericht den Antrag des Schuldners vor der ersten Gläubigerversammlung abgelehnt hatte, sondern auch ein nach Eröffnung des Insolvenzverfahrens gestellter Antrag des Schuldners, selbst wenn er bis zur ersten Gläubigerversammlung noch nicht abgelehnt worden ist, genügt als Grundlage für die nachträgliche Anordnung der Eigenverwaltung, wenn die Gläubigerversammlung sich für die Eigenverwaltung ausspricht.[16]

IV. Beschluss der ersten Gläubigerversammlung

15 Für die **nachträgliche Anordnung der Eigenverwaltung** ist weiterhin, neben dem Schuldnerantrag, ein Beschluss der ersten Gläubigerversammlung erforderlich (§ 271). Für die Beschlussfassung gelten keine Besonderheiten, so dass gemäß § 76 Abs. 2 eine Summenmehrheit der abstimmenden Gläubiger den Beschluss fassen muss, dass also die Summe der Forderungsbeträge der zustimmenden Gläubiger mehr als die Hälfte der Summe der Forderungsbeträge der abstimmenden Gläubiger betragen muss.[17] Eine doppelte Mehrheit (Kopf- und Summenmehrheit) wie bei der Abwahl des Insolvenzverwalters ist nicht erforderlich.[18] Gegenstimmen einzelner Gläubiger verhindern die Anordnung der Eigenverwaltung nicht.[19]

16 Der Beschluss über den Antrag auf Eigenverwaltung muss gerade in der ersten Gläubigerversammlung gefasst werden; **späteren Gläubigerversammlungen** steht das Antragsrecht nicht mehr zu.[20] Denn § 271 dient nur der Korrektur der vom Gericht im Eröffnungsbeschluss getroffenen Entscheidung. Im Interesse einer klaren Rechtslage soll dagegen ein späterer Wechsel vom Regelverfahren zur Eigenverwaltung nicht mehr möglich sein.[21]

17 Mit dem Beschluss über den Antrag auf Anordnung der Eigenverwaltung kann die Gläubigerversammlung **einen bestimmten Sachwalter benennen** (siehe dazu unten bei RdNr. 23 ff.); die Gläubigerversammlung ist dazu aber nicht verpflichtet.[22]

V. Anordnung der Eigenverwaltung

18 Das Insolvenzgericht entscheidet über den Antrag der ersten Gläubigerversammlung auf nachträgliche Anordnung der Eigenverwaltung durch Beschluss. Der Beschluss des Insolvenzgerichts ist gemäß § 6 nicht rechtsmittelfähig;[23] jeder Gläubiger kann aber nach § 78 die Aufhebung des Beschlusses der Gläubigerversammlung beantragen (siehe dazu unten bei RdNr. 30 ff.).

19 **1. Bindung des Gerichts.** Wurde die Eigenverwaltung im Eröffnungsbeschluss nicht angeordnet, so **muss das Insolvenzgericht diese Anordnung gemäß § 271 nachträglich treffen,** wenn die erste Gläubigerversammlung dies beantragt. Die Anordnung der Eigenverwaltung ist in diesem Fall insbesondere nicht davon abhängig, dass nach Überzeugung des Gerichts das Eigenverwaltungsverfahren im Sinne des §§ 270 Abs. 2 Nr. 3 ohne Nachteile für die Gläubiger möglich sein wird. Vielmehr bleibt dem Gericht bei einem wirksamen Antrag der Gläubigerversammlung (zum Rechtsmittel des § 78 siehe unten bei

---

[16] So im Ergebnis auch *Hess,* InsO, § 271 RdNr. 3.
[17] *Gottwald/Haas,* Insolvenzrechts-Handbuch, § 87 RdNr. 27; *Hess,* InsO, § 271 RdNr. 4; *Nerlich/Römermann/Riggert* § 271 RdNr. 3.
[18] *Kübler/Prütting/Pape,* InsO, § 271 RdNr. 6 ff.
[19] So aber *Bichlmeier,* Die Verhinderung der Eigenverwaltung mittels einer Schutzschrift, DZWIR 2000, 62, 63; *Gottwald/Haas,* Insolvenzrechts-Handbuch, § 87 RdNr. 28. Siehe dazu unten bei RdNr. 30 ff.
[20] *Hess,* InsO, § 271 RdNr. 2, 5; HK-*Landfermann* § 271 RdNr. 2; *Nerlich/Römermann/Riggert* § 271 RdNr. 3.
[21] Begr. RegE InsO v. 15. 4. 1992, BT-Drucks. 12/2443, § 331 RegE, S. 223.
[22] *Nerlich/Römermann/Riggert* § 271 RdNr. 3.
[23] *Hess,* InsO, § 271 RdNr. 10.

RdNr. 30 ff.) keine Möglichkeit, die Anordnung abzulehnen, da die Letztkompetenz insoweit der Autonomie der Gläubiger überantwortet ist. Selbst wenn das Gericht im Eröffnungsbeschluss erhebliche Bedenken gegen die Anordnung der Eigenverwaltung dargelegt hat, ist die Entscheidung über die Zulassung der Eigenverwaltung nach Verfahrenseröffnung von den Gläubigern eigenverantwortlich zu treffen. Sie gehört damit zum Kernbereich der Gläubigerautonomie, der dem Einfluss des Gerichts bewusst entzogen ist.[24]

Das Gericht sollte aber vor der Entscheidung **den Schuldner anhören,** ob dieser an 20 seinem Antrag auf Eigenverwaltung festhält, und kann die Anordnung der Eigenverwaltung davon abhängig machen. Andernfalls bestünde die Gefahr, dass die auf Antrag der Gläubigerversammlung nachträglich angeordnete Eigenverwaltung sofort wieder nach § 272 Abs. 1 Nr. 3 aufgehoben werden muss, weil der Schuldner dies beantragt.[25]

2. Zuständigkeit. Die Entscheidung über die Anordnung der Eigenverwaltung auf 21 Grund eines Beschlusses der Gläubigerversammlung nach § 271 obliegt, sofern der Insolvenzrichter sich die Entscheidung nicht vorbehält, dem **Rechtspfleger.**[26] Zwar ergibt sich bei der Entscheidung über die Anordnung der Eigenverwaltung im Eröffnungsbeschluss die Zuständigkeit des Insolvenzrichters wegen der Verbindung der beiden das Eröffnungsverfahren abschließenden Entscheidungen aus seiner Zuständigkeit für das Eröffnungsverfahren. Gemäß § 18 RPflG geht aber die Zuständigkeit nach Erlass des Eröffnungsbeschlusses an den Rechtspfleger über, sofern der Insolvenzrichter nicht ausnahmsweise von seinem Vorbehaltsrecht aus § 18 Abs. 2 RPflG Gebrauch macht. Damit fällt auch der Beschluss über die nachträgliche Anordnung der Eigenverwaltung des Schuldners in die Kompetenz des Rechtspflegers, denn eine ausdrückliche richterliche Zuständigkeit für den Beschluss nach § 271 ist in § 18 RPflG nicht vorgesehen.

3. Rechtsmittel. Da das Gesetz die sofortige Beschwerde gemäß § 6 insoweit nicht 21a vorsieht, kann gegen die Nichtzulassung des Antrags auf Abstimmung über die nachträgliche Anordnung der Eigenverwaltung im ersten Berichtstermin nur die Erinnerung gem. § 11 Abs. 2 RPflG erhoben werden. Die Erinnerung muss noch während des Termins beim Rechtspfleger erhoben werden. Dieser kann dann der Beschwerde abhelfen oder die Gläubigerversammlung vertagen, so dass im Falle einer stattgebenden Erinnerungsentscheidung über die Anordnung der Eigenverwaltung noch in der ersten Gläubigerversammlung abgestimmt werden kann.[27] Der Schuldner bzw. sein Leitungsorgan hat kein Stimmrecht bei der Entscheidung über die nachträgliche Anordnung der Eigenverwaltung.[28]

4. Inhalt des Anordnungsbeschlusses. Neben der Anordnung der Eigenverwaltung 22 müssen im Anordnungsbeschluss verschiedene weitere Dinge geregelt bzw. festgehalten sein, die mit dem Anordnungsbeschluss öffentlich bekanntzumachen sind.

a) Bestellung des Sachwalters. Mit dem Beschluss über die Anordnung der Eigen- 23 verwaltung ist öffentlich bekanntzumachen, dass das **Amt des bisherigen Insolvenzverwalters endet und stattdessen ein Sachwalter bestellt** worden ist. Ergänzend sollte im Beschluss festgehalten werden, dass auf Grund der Anordnung der Eigenverwaltung die Verwaltungs- und Verfügungsbefugnis des Schuldners, die diesem gemäß § 80 Abs. 1 infolge der Verfahrenseröffnung entzogen war, wieder auf diesen übergegangen ist.[29]

---

[24] *Hess,* InsO, § 271 RdNr. 7; *Gottwald/Haas,* Insolvenzrechts-Handbuch, § 87 RdNr. 29; *Schlegel,* Insolvenzantrag und Eigenverwaltungsantrags bei drohender Zahlungsunfähigkeit, ZIP 1999, 954, 955; *Nerlich/Römermann/Riggert* § 271 RdNr. 3; *Kübler/Prütting/Pape* § 271 RdNr. 10; *Pape,* Die Eigenverwaltung des Schuldners nach der Insolvenzordnung, in Kölner Schrift, 2. Aufl. 2000, S. 895 ff. RdNr. 10; *Haarmeyer/Wutzke/Förster,* Handbuch, 3. Aufl. 2001, Kap. 10 RdNr. 14.
[25] Dazu auch *Hess,* InsO, § 271 RdNr. 6; HK-*Landfermann* § 271 RdNr. 3.
[26] So auch HK-*Landfermann* § 271 RdNr. 3; *Kübler/Prütting/Pape* § 271 RdNr. 11; *Hess,* InsO, § 271 RdNr. 8.
[27] AG Dresden ZInsO 2000, 48; HambKomm-*Fiebig* § 271 RdNr. 8.
[28] AG Dresden ZInsO 2006, 888; HambKomm-*Fiebig* § 271 RdNr. 9.
[29] *Kübler/Prütting/Pape* § 271 RdNr. 12.

24 Gemäß § 271 Satz 2 kann der **bisherige Insolvenzverwalter zum Sachwalter** bestellt werden. Mit der ausdrücklichen Regelung wird klargestellt, dass allein die Tätigkeit als Insolvenzverwalter nicht zu einem Interessenkonflikt führt, der die Bestellung zum Sachwalter ausschließt.[30] Vielmehr wird eine Bestellung des Insolvenzverwalters zum Sachwalter häufig sinnvoll sein, da der Insolvenzverwalter sich schon die erforderliche Sachverhaltskenntnis erarbeitet hat und mit den Gegebenheiten des insolventen Unternehmens vertraut ist. Jedoch ist das Insolvenzgericht nicht gebunden, den bisherigen Insolvenzverwalter zum Sachwalter zu bestellen, denn bei § 271 Satz 2 handelt es sich nur um eine „Kann-Bestimmung".[31]

25 In entsprechender Anwendung von § 57 wird man aber der Ersten **Gläubigerversammlung, die die Eigenverwaltung beantragt, die Befugnis zugestehen müssen,** zugleich auch darüber zu entscheiden, ob sie den bisherigen Insolvenzverwalter als Sachwalter beibehält oder ob sie eine andere Person als Sachwalter wählt.[32] Denn da gemäß § 274 Abs. 1 auf den Sachwalter auch die Regelungen der §§ 56–60 entsprechende Anwendung finden, hätten gemäß § 57 die Gläubiger jedenfalls das Recht, in der auf die Bestellung des Sachwalters folgenden Versammlung eine andere Person zu wählen. Ein solches formales Verständnis von §§ 274, 57 mit der Folge, dass die Gläubiger nach dem Antrag auf Eigenverwaltung eine weitere Gläubigerversammlung zur Bestimmung eines Sachwalters ihrer Wahl abwarten müssten, erscheint aber unangemessen, weil es mit Anordnung der Eigenverwaltung ohnehin schon zu einem Übergang der Verwaltungs- und Verfügungsbefugnis gekommen ist. Ein nochmaliges Abwarten, bis die Versammlung den Sachwalter wechselt, erscheint deshalb nicht nur überflüssig, sondern würde eine kontinuierliche Verfahrensabwicklung endgültig unmöglich machen.[33]

26 b) **Datierung.** Der Beschluss über die Anordnung der Eigenverwaltung sollte in analoger Anwendung von § 27 **nach Tag und Stunde datiert** werden. Dies vermeidet Abgrenzungsschwierigkeiten hinsichtlich der Wirksamkeit von Rechtshandlungen, die gegenüber dem früheren Insolvenzverwalter vorgenommen worden sind, und Rechtshandlungen, die gegenüber dem Schuldner vorgenommen werden.[34]

27 c) **Aufhebung des offenen Arrestes.** Im Beschluss über die nachträgliche Anordnung der Eigenverwaltung ist die Aufforderung an die Schuldner des Schuldners, nicht mehr an den Schuldner zu leisten, sondern an den Insolvenzverwalter (§ 28 Abs. 3), zurückzunehmen. Da der Schuldner seine Verwaltungs- und Verfügungsbefugnis wiedererlangt hat, endet dieser offene Arrest.[35]

28 d) **Löschung von Eintragungen.** Mit Anordnung der Eigenverwaltung, wenn auch nicht im Gerichtsbeschluss, so doch von Amts wegen, hat das Insolvenzgericht dafür zu sorgen, dass die Eintragungen in das Grundbuch und gleichgestellte Register nach §§ 32, 33 gelöscht werden; denn auch insoweit hat der Schuldner die Verfügungsbefugnis wiedererlangt.[36]

29 e) **Öffentliche Bekanntmachung.** Wird die Eigenverwaltung auf Beschluss der Gläubigerversammlung erst später angeordnet, so muss dieser Beschluss des Insolvenzgerichts nach § 273 öffentlich bekanntgemacht werden.

---

[30] *Hess,* InsO, § 271 RdNr. 9.
[31] *Gottwald/Haas,* Insolvenzrechts-Handbuch, § 87 RdNr. 30; HK-*Landfermann* § 271 RdNr. 5; *Nerlich/Römermann/Riggert* § 271 RdNr. 4.
[32] In der Tendenz anders *Nerlich/Römermann/Riggert* § 271 RdNr. 4, der dem Insolvenzgericht die „freie Auswahl des Sachwalters" einräumen will. Für die Auswahlbefugnis der Gläubigerversammlung aber *Hess,* InsO, § 271 RdNr. 9.
[33] *Kübler/Prütting/Pape,* § 271 RdNr. 22 ff.
[34] HK-*Landfermann* § 271 RdNr. 23; *Uhlenbruck* § 271 RdNr. 5.
[35] *Uhlenbruck* § 271 RdNr. 5.
[36] *Uhlenbruck* § 271 RdNr. 5.

VI. Schutz der Minderheit

1. Vetorecht in der Gläubigerversammlung. Aufgrund der Entscheidungsbefugnis 30
der Gläubigerversammlung aus § 271 über die nachträgliche Anordnung der Eigenverwaltung kann im Einzelfall die Gefahr bestehen, dass wenige Gläubiger mit ihrer Stimmenmehrheit in der Gläubigerversammlung versuchen, eine **Eigenverwaltung gegen das Interesse der übrigen Gläubiger** durchzusetzen.[37] Sieht eine Minderheit in der Gläubigerversammlung durch die von der Mehrheit getroffene Entscheidung ihrer Interessen gefährdet, so steht diesen einzelnen Gläubigern das allgemeine Verfahren des § 78 zur Verfügung, nach dem Beschlüsse der Gläubigerversammlung, die einen Teil der Gläubiger unangemessen benachteiligen, vom Gericht aufgehoben werden können.[38] Unzutreffend ist dagegen die Auffassung, dass schon die Gegenstimme eines Gläubigers die Anordnung der Eigenverwaltung verhindere;[39] denn der Gesetzgeber verlangt in § 271 InsO nur einen Antrag der ersten Gläubigerversammlung, nicht die Zustimmung aller Gläubiger.

a) Antragsberechtigte. Den Antrag nach dieser Regelung, die dem früheren Vetorecht 31
des Konkursgerichts aus § 99 KO nachgebildet ist, kann **jeder absonderungsberechtigte Gläubiger, Insolvenzgläubiger (mit Ausnahme der nachrangigen Insolvenzgläubiger) oder der Insolvenzverwalter** stellen. Der Antrag muss zwingend in der laufenden Versammlung gestellt werden, in der der angegriffene Beschluss gefasst worden ist. Er muss von einem der Widerspruchsberechtigten gestellt werden, der gegen den angegriffenen Beschluss gestimmt hat.[40]

b) Entscheidungskriterien. Das Insolvenzgericht hat über den Widerspruch in der 32
Gläubigerversammlung durch einen **Beschluss gemäß § 78 Abs. 2** zu entscheiden. Zuständig für die Entscheidung ist der Rechtspfleger.

Diese Entscheidung kann **nicht die in § 270 Abs. 2 Nr. 3 genannten Kriterien** für 33
eine Ablehnung der Eigenverwaltung heranziehen.[41] Es müssen folgende Gesichtspunkte und Interessen in Einklang gebracht werden:

§ 271 sieht die Anordnung der Eigenverwaltung auf Antrag der ersten Gläubigerver- 33 a
sammlung vor, auch wenn das Insolvenzgericht vorher im Rahmen einer Prognose das Vorliegen der Voraussetzungen des § 270 Abs. 2 Nr. 3 verneint hat und sich deshalb gegen die Eigenverwaltung entschieden hat. Würde man hier jetzt zulassen, dass im Rahmen eines Beschlusses nach § 78 Abs. 2 die Entscheidung der Gläubigerversammlung wieder aufgehoben werden könnte, nur weil ein einzelner Gläubiger – genauso wie das Insolvenzgericht zuvor – meint, die Voraussetzungen des § 270 Abs. 2 Nr. 3 seien nicht erfüllt, so würde die der Gläubigerversammlung durch § 271 bewusst übertragene Letztentscheidungskompetenz ins Leere gehen. Das Gericht könnte auf bloßen Widerspruch eines Gläubigers im Interesse des Minderheitenschutzes wiederum seine eigene Einschätzung und die Einschätzung des einzelnen Gläubigers zu den Voraussetzungen der Eigenverwaltung zum Maßstab machen könnte. Weil also in erster Linie die Einschätzung der Gläubigermehrheit nach § 271 maßgebend sein soll, spricht einiges dafür, dass die Aufhebung des Beschlusses der Gläubigerversammlung nach § 78 und damit die Verweigerung der Anordnung der Eigenverwaltung ausgeschlossen ist, wenn die Gläubigerversammlung in Kenntnis aller tatsächlichen Umstände die Eigenverwaltung beantragt hat, selbst wenn diese Umstände nach Auffassung des widersprechenden Gläubigers und des Insolvenzgerichts im Sinne von §§ 78, 270 Abs. 2 Nr. 3 entgegen dem gemeinsamen Interesse der Insolvenzgläubiger zu ihrem Nachteil ist.

---

[37] *Gottwald/Haas*, Insolvenzrechts-Handbuch, § 87 RdNr. 27; HK-*Landfermann* § 271 RdNr. 1.
[38] Begr. RegE InsO v. 15. 4. 1992, BT-Drucks. 12/2443, zu § 332 RegE, S. 224; *Kübler/Prütting/Pape* § 271 RdNr. 15; HK-*Landfermann* § 271 RdNr. 4.
[39] So aber *Bichlmeier*, Die Verhinderung der Eigenverwaltung mittels einer Schutzschrift, DZWIR 2000, 62, 63.
[40] *Kübler/Prütting/Pape* § 271 RdNr. 15.
[41] So aber *Bichlmeier*, Die Verhinderung der Eigenverwaltung mittels einer Schutzschrift, DZWIR 2000, 62, 63; *Kübler/Prütting/Pape* § 271 RdNr. 15 ff.; *Gottwald/Haas*, Insolvenzrechts-Handbuch, § 87 RdNr. 27.

Der überstimmte Gläubiger hätte nur dann eine Chance mit seinem Antrag, wenn er Umstände für die Ablehnung der Eigenverwaltung benennen kann, die das Insolvenzgericht bei seiner ablehnenden Entscheidung noch nicht berücksichtigt hat.

33 b   Auf der anderen Seite ist aber zu berücksichtigen, dass eine derartige Interpretation nicht gewährleistet, dass einzelne Gläubiger davor geschützt werden, dass im Wege eines abgestimmten Verhaltens zwischen dem Schuldner und einzelnen Großgläubigern eine Eigenverwaltung durchgesetzt wird, die den Interessen der Großgläubiger entspricht, den Interessen der anderen Gläubiger aber zuwiderläuft.[42] Ein Minderheitenschutz läuft leer, wenn selbst bei eklatanten Missbräuchen der überstimmte Gläubiger keine Möglichkeit hat, den Beschluss nach § 78 Abs. 2 anzugreifen, weil die Anforderungen an die Darlegungslast des überstimmten Gläubigers so verschärft werden.

33 c   Ein Ausgleich zwischen diesen widerstreitenden Gesichtspunkten kann so aussehen, dass dann, wenn die Entscheidung in der Gläubigerversammlung nur mit der Summenmehrheit gefallen ist (also gegen die Mehrheit der abstimmenden Gläubiger), ein überstimmter Gläubiger seinen Antrag nach § 78 Abs. 2 auf Gesichtspunkte stützen kann, die schon das Gericht bewogen haben, wegen Fehlens der Voraussetzungen des § 270 Abs. 2 Nr. 3 von der Anordnung der Eigenverwaltung abzusehen. Verfolgen Großgläubiger mit der Eigenverwaltung also Ziele, die dem gemeinsamen Interesse der Insolvenzgläubiger widersprechen,[43] so kann die Entscheidung der Gläubigerversammlung wieder vom Insolvenzgericht nach § 78 Abs. 2 korrigiert werden.[44]

34   **c) Zeitlicher Ablauf.** Das Insolvenzgericht hat **zunächst das Verfahren über den Widerspruch nach § 78 rechtskräftig abzuschließen,** bevor die Entscheidung über die nachträgliche Anordnung der Eigenverwaltung erfolgt. Nur so wird vermieden, dass es bei nachträglicher Anordnung der Eigenverwaltung mit einem Wiederaufleben der Verwaltungs- und Verfügungsbefugnis des Schuldners und einer kurz darauf erfolgenden erneuten Entziehung der Verwaltungs- und Verfügungsbefugnis bei Erfolg des Widerspruchs für alle Verfahrensbeteiligten zu unnötiger Rechtsunsicherheit kommt.[45]

35   Die mit diesen zeitlichen Ablauf verbundene **Verzögerung der Entscheidung über die nachträgliche Anordnung der Eigenverwaltung** erscheint vertretbar. Denn während der Dauer des Rechtsbehelfsverfahrens kann die ordnungsgemäße Verfahrensabwicklung durch den weiter im Amt befindlichen Insolvenzverwalter fortgesetzt werden; und seine Vergütungsansprüche sind ohnehin bereits begründet, so dass dafür eine gesonderte Vergütung nicht anfällt.[46] Dessen ungeachtet ist die Entscheidung des Rechtspflegers über den Widerspruch nach § 78 ebenso eilbedürftig wie die Entscheidung des Beschwerdegerichts, falls sofortige Beschwerde eingelegt wird.[47]

36   **2. Aufhebung der Anordnung.** Sind einzelne absonderungsberechtigte oder Insolvenzgläubiger mit der Entscheidung der Gläubigerversammlung nicht einverstanden, bleibt ihnen ebenfalls die Möglichkeit unbenommen, mit einem Antrag auf Aufhebung der Anordnung nach § 272 Abs. 1 Nr. 2 zu versuchen, diese Entscheidung rückgängig zu machen.[48]

---

[42] *Kübler/Prütting/Pape,* InsO, § 271 RdNr. 18 f.
[43] Als Beispiel wird hier genannt: Sicherungsgläubiger beantragen Eigenverwaltung trotz fehlenden Sachverstandes des Schuldners, um bei der Verwertung die Kostenpauschalen zu sparen (HK-*Landfermann* § 271 RdNr. 4). Dieses Beispiel dürfte nicht sonderlich praxisrelevant sein. Eher denkbar ist der Fall, dass vorinsolvenzlich auf Initiative von Großgläubigern Beratungsgesellschaften eingeschaltet wurden und dass Geschäftsführung und Großgläubiger ein gemeinsames Interesse haben, eine „Durchleuchtung" der vorinsolvenzlichen Arbeit der Berater zu vereiteln, vgl. dazu *Förster* ZInsO 2003, 402, 403; *Grub* ZIP 1993, 393, 396.
[44] In der Tendenz ebenso *Kübler/Prütting/Pape* § 271 RdNr. 19.
[45] *Kübler/Prütting/Pape* § 271 RdNr. 20.
[46] *Kübler/Prütting/Pape* § 271 RdNr. 20 f.
[47] *Kübler/Prütting/Pape* § 271 RdNr. 20 f.
[48] HK-*Landfermann* § 271 RdNr. 1.

§ 272 Aufhebung der Anordnung

(1) Das Insolvenzgericht hebt die Anordnung der Eigenverwaltung auf,
1. wenn dies von der Gläubigerversammlung beantragt wird;
2. wenn dies von einem absonderungsberechtigten Gläubiger oder von einem Insolvenzgläubiger beantragt wird und die Voraussetzung des § 270 Abs. 2 Nr. 3 weggefallen ist;
3. wenn dies vom Schuldner beantragt wird.

(2) ¹Der Antrag eines Gläubigers ist nur zulässig, wenn der Wegfall der Voraussetzung glaubhaft gemacht wird. ²Vor der Entscheidung über den Antrag ist der Schuldner zu hören. ³Gegen die Entscheidung steht dem Gläubiger und dem Schuldner die sofortige Beschwerde zu.

(3) Zum Insolvenzverwalter kann der bisherige Sachwalter bestellt werden.

Übersicht

	RdNr.		RdNr.
I. Normzweck	1	V. Aufhebung der Eigenverwaltung auf Antrag des Schuldners	27
II. Entstehungsgeschichte der Norm: Frühere Regelung – Reformvorschläge – Gesetzgebungsverfahren zur InsO	5	1. Aufhebung ohne Gründe	27
		2. Antragsrecht	29
		VI. Aufhebungsbeschluss des Insolvenzgerichts	30
III. Aufhebung der Eigenverwaltung auf Antrag der Gläubigerversammlung	6	1. Zuständigkeit und Entscheidung des Insolvenzgerichts	31
1. Entscheidungsbefugnis	6	2. Weiterer Inhalt des Beschlusses	34
2. Voraussetzungen und Beschlussfassung	7	a) Datierung	34
3. Widerspruch	9	b) Begründung	35
4. Keine Anhörung des Schuldners	10	c) Anordnung des offenen Arrestes	36
IV. Aufhebung der Eigenverwaltung wegen drohender Gläubigerbenachteiligung auf Antrag eines einzelnen Gläubigers	11	3. Öffentliche Bekanntmachung	37
		4. Zustellung	38
		5. Rechtsmittel	40
		6. Rechtskraft	42
1. Antragsberechtigte Gläubiger; Form	13	VII. Fortführung des Insolvenzverfahrens nach Aufhebung der Eigenverwaltung	43
2. Begründetheit	15	1. Bestellung des Insolvenzverwalters	45
a) Wegfall der Voraussetzungen für die Anordnung der Eigenverwaltung	16	2. Wahl des Insolvenzverwalters durch die Gläubigerversammlung	47
b) Glaubhaftmachung	20	3. Prozessführung	49
c) Anhörung des Schuldners	23		
3. Rechtsmittel gegen die Aufhebungsentscheidung	25		

I. Normzweck

Die Entscheidung des Insolvenzgericht über den Antrag des Schuldners auf Eigenverwaltung im Beschluss über die Eröffnung des Insolvenzverfahrens nach § 270 ist der Sache nach eine vorläufige. Denn bei Ablehnung des Antrags auf Eigenverwaltung kann die Entscheidung nach § 271 nachträglich korrigiert werden. Und auch umgekehrt wird in § 272 dem **Grundsatz der Gläubigerautonomie** Rechnung getragen, indem die Anordnung der Eigenverwaltung unter den Voraussetzungen des § 272 wieder aufzuheben ist. Dabei hat der Gesetzgeber in § 272 Abs. 1 Nr. 1 bis Nr. 3 drei unterschiedliche Fallgruppen vorgesehen, bei denen aus jeweils anderen Gründen die Aufhebung der Eigenverwaltung erfolgt. 1

Zunächst gilt auch hier das generelle Prinzip der Gläubigerautonomie, so dass gemäß § 272 Abs. 1 Nr. 1 die Anordnung der Eigenverwaltung immer dann wieder aufgehoben wird, wenn dies von einer **Gläubigerversammlung beantragt** wird. Diese Regelung stellt ein Korrektiv für die fehlende Beschwerdemöglichkeit der Gläubiger gegen die Anordnung 2 der Eigenverwaltung durch das Insolvenzgericht im Eröffnungsbeschluss auf Antrag des Schuldners dar. Die Gläubigern haben zwar gegen eine solche Anordnung keine Rechtsmittel zur Verfügung; sie können aber – ohne dass dieser Antrag einer Begründung bedarf – nach § 272 Abs. 1 Nr. 1 durch Beschluss der Gläubigerversammlung die Aufhebung der Eigenverwaltung beantragen, wenn eine Mehrheit der Gläubiger der Auffassung ist, dass die Eigenverwaltung ihren Interessen schadet.[1]

3   Sodann ist der Gesetzgeber davon ausgegangen, dass die Eigenverwaltung trotz der Aufsicht des Sachwalters ein erhebliches Risiko für die Gläubiger bedeute; so zB weil gläubigerschädigende Handlungen des Schuldners nicht mit der Insolvenzanfechtung rückgängig gemacht werden können, auch nicht nach Aufhebung der Eigenverwaltung. Daher hat es der Gesetzgeber für erforderlich gehalten, die Eigenverwaltung auch kurzfristig, unabhängig vom Zusammentritt einer Gläubigerversammlung, zu beenden, wenn eine Gefährdung der Interessen der Gläubiger sichtbar wird, und hat in § 272 Abs. 1 Nr. 2 **jedem Einzelgläubiger** die Möglichkeit eingeräumt, die Aufhebung der angeordneten Eigenverwaltung wegen drohender Benachteiligung der Gläubiger, also mit der Begründung zu beantragen, dass ihre Voraussetzungen gemäß § 270 Abs. 2 Nr. 3 weggefallen seien.[2] Dabei sind die Anforderungen an einen derartigen Antrag jedoch strenger, weil der einzelne Gläubiger einen Aufhebungsgrund im Sinne von § 270 Abs. 2 Nr. 3 gemäß § 272 Abs. 2 glaubhaft machen muss.[3]

4   Schließlich kann die Eigenverwaltung nur Erfolg haben, wenn der Schuldner bereit ist, die ihm zufallenden Aufgaben mit vollem Einsatz zu erfüllen. Auch wenn der Schuldner zunächst die Eigenverwaltung beantragt hat, kann seine Bereitschaft im weiteren Verlauf des Insolvenzverfahrens entfallen, etwa weil er mit den Weisungen des Gläubigerausschusses (§ 276) oder mit den ihm auf Antrag der Gläubigerversammlung auferlegten Einschränkungen seiner Verfügungsbefugnis (§ 277) nicht einverstanden ist. Deshalb gibt § 272 Abs. 1 Nr. 3 **dem Schuldner** die Möglichkeit, die Eigenverwaltung vorzeitig beenden zu lassen,[4] ohne dass dieser Antrag einer Begründung bedarf.[5]

II. Entstehungsgeschichte der Norm: Frühere Regelung – Reformvorschläge – Gesetzgebungsverfahren zur InsO

5   Da das frühere **Konkurs- und Vergleichsrecht** die Eigenverwaltung nicht kannte, hat § 272 keine Vorbilder im alten Insolvenzrecht. Im Gesetzgebungsverfahren wurde die Norm als § 322 des **Diskussionsentwurfs**[6] (DE) vorgeschlagen. Der **Referentenentwurf**[7] (RefE) hat dann diese Regelung in § 322 RefE mit dem Zusatz ergänzt, dass der Antrag eines Gläubigers auf Aufhebung nur zulässig sein sollte, wenn der Wegfall der Voraussetzungen für eine Eigenverwaltung glaubhaft gemacht wird. Dies sollte bereits der Abwehr missbräuchlicher Anträge dienen.[8] Der **Regierungsentwurf**[9] (RegE) hat dann diese Fassung als § 333 RegE in das Gesetzgebungsverfahren eingebracht. Im Gesetzgebungsverfahren ist eine redaktionelle Anpassung nur noch insoweit erfolgt, dass nach kompletter Streichung des Eigenverwaltungsverfahrens ohne Sachwalter, das noch im RegE für Kleinverfahren vorgesehen war (§§ 347 ff. RegE), der erste Absatz der Regelung nicht mehr auf die Eigenver-

---

[1] Kübler/Prütting/Pape § 272 RdNr. 1 a.
[2] Begr. RegE InsO v. 15. 4. 1992, BT-Drucks. 12/2443, zu § 333 RegE, S. 224.
[3] Kübler/Prütting/Pape § 272 RdNr. 1 a.
[4] Begr. RegE InsO v. 15. 4. 1992, BT-Drucks. 12/2443, zu § 333 RegE, S. 224.
[5] Kübler/Prütting/Pape § 272 RdNr. 10.
[6] Diskussionsentwurf (DE), Gesetz zur Reform des Insolvenzrechts, herausgegeben vom Bundesministerium der Justiz, Köln 1988.
[7] Referentenentwurf (RefE), Gesetz zur Reform des Insolvenzrechts, herausgegeben vom Bundesministerium der Justiz, Köln 1989.
[8] Referentenentwurf (RefE), Gesetz zur Reform des Insolvenzrechts, herausgegeben vom Bundesministerium der Justiz, Köln 1989, S. 333.
[9] RegE InsO v. 15. 4. 1992, BT-Drucks. 12/2443.

waltung „unter Aufsicht eine Sachwalters" beschränkt werden musste, sondern sich pauschal auf die Eigenverwaltung beziehen konnte. Im Übrigen ist aber die Fassung des Regierungsentwurfs in § 333 RegE unverändert als § 272 Gesetz geworden.

III. Aufhebung der Eigenverwaltung auf Antrag der Gläubigerversammlung

1. Entscheidungsbefugnis. Um die Letztentscheidung der Gläubigerversammlung im Hinblick auf die Eigenverwaltung sicherzustellen, muss nicht nur das Insolvenzgericht – auf Grundlage eines Schuldnerantrags – die Eigenverwaltung gemäß § 271 noch nachträglich anordnen, wenn dies die erste Gläubigerversammlung beantragt. Vielmehr muss auch umgekehrt das Insolvenzgericht wieder die **Anordnung der Eigenverwaltung aufheben,** wenn dies von der Gläubigerversammlung beantragt wird (§ 272 Abs. 1). Dabei kommt es nicht darauf an, ob die Eigenverwaltung bereits im Eröffnungsbeschluss gemäß § 270 oder erst nachträglich auf Antrag der ersten Gläubigerversammlung gemäß § 271 angeordnet worden war.[10]

2. Voraussetzungen und Beschlussfassung. Diese negative Befugnis jeder Gläubigerversammlung, durch Beschluss eine bereits angeordnete Eigenverwaltung aufheben zu lassen, wird in § 272 Abs. 1 Nr. 1 an **keinerlei Voraussetzungen** geknüpft. Die Anordnung der Eigenverwaltung wird immer dann wieder aufgehoben, wenn dies von einer Gläubigerversammlung beantragt wird. Während die nachträgliche Anordnung einer zunächst abgelehnten Eigenverwaltung gemäß § 271 nur der ersten Gläubigerversammlung vorbehalten ist, kann daher umgekehrt außer der Ersten auch jede spätere Gläubigerversammlung zu jedem Verfahrenszeitpunkt die Eigenverwaltung nach § 272 Abs. 1 Nr. 1 beenden; denn es ist durchaus möglich, dass sich Nachteile für die Gläubiger auf Grund der Eigenverwaltung erst im Verlauf des Insolvenzverfahrens herausstellen.[11] Für die Entscheidung der Gläubigerversammlung gelten dabei hinsichtlich des Stimmrechts und der erforderlichen Mehrheitsverhältnisse die §§ 76 ff., d. h. insbesondere ist ein Beschluss der Gläubigerversammlung mit einfacher Summenmehrheit erforderlich.[12]

Für einen Antrag der Gläubigerversammlung zur Aufhebung der Eigenverwaltung müssen **keine Gründe** angegeben werden oder vorliegen; selbst dann nicht, wenn der Aufhebungsbeschluss der Gläubigerversammlung im Gegensatz zu einem vorangegangenen Beschluss in der ersten Gläubigerversammlung zur nachträglichen Anordnung der Eigenverwaltung steht. Dieses wird nicht zuletzt durch den Umkehrschluss aus § 272 Abs. 1 Nr. 2, Abs. 2 bestätigt, wo im Gegensatz zum Antrag der Gläubigerversammlung für den zulässigen und wirksamen Aufhebungsantrag eines einzelnen Gläubigers bestimmte Gründe verlangt werden, die glaubhaft gemacht werden müssen. Die Gläubigersammlung braucht deshalb, falls sie dem Schuldner eine ordnungsgemäße Verfahrensabwicklung nicht zutraut, insbesondere auch nicht abzuwarten, bis es tatsächlich zu Verfehlungen des Schuldners bei der Verfahrensabwicklung gekommen ist.[13] Dies gilt im Übrigen auch dann, wenn die Gläubiger den Antrag auf Aufhebung der Eigenverwaltung noch nicht in der ersten Gläubigerversammlung gestellt haben. Vielmehr kann die Gläubigerversammlung auch später noch den Antrag auf Aufhebung der Eigenverwaltung beschließen, ohne dass tatsächlich Unregelmäßigkeiten bei der Durchführung des Verfahrens in Eigenverwaltung durch den Schuldner aufgetreten sind.[14]

---

[10] *Gottwald/Haas,* Insolvenzrechts-Handbuch, § 88 RdNr. 3; *Nerlich/Römermann/Riggert* § 272 RdNr. 2.
[11] Begr. RegE InsO v. 15. 4. 1992, BT-Drucks. 12/2443, zu § 333 RegE, S. 224; *Kübler/Prütting/Pape* § 272 RdNr. 2; *Nerlich/Römermann/Riggert* § 272 RdNr. 2; *HK-Landfermann* § 272 RdNr. 2; *Hess/Weis* § 272 RdNr. 10.
[12] *Hess/Weis,* InsO, § 272 RdNr. 9; *Gottwald/Haas,* Insolvenzrechts-Handbuch, § 88 RdNr. 2; *Nerlich/Römermann/Riggert* § 272 RdNr. 2; *Kübler/Prütting/Pape* § 272 RdNr. 2.
[13] So auch *Kübler/Prütting/Pape* § 272 RdNr. 4; *Pape,* Die Eigenverwaltung des Schuldners nach der Insolvenzordnung, in Kölner Schrift, 2. Aufl. 2000, S. 895 ff. RdNr. 14.
[14] Tendenziell wohl anders *Kübler/Prütting/Pape* § 272 RdNr. 4 aE. Ebenso aber *Gottwald/Haas,* Insolvenzrechts-Handbuch, § 88 RdNr. 3.

9 **3. Widerspruch.** Dem einzelnen Gläubiger steht gegen den Beschluss der Gläubigerversammlung, die Aufhebung der Eigenverwaltung zu beantragen, **kein Recht zum Widerspruch** nach § 78 zu.[15] Zwar mag ein Nachteil für den überstimmten Gläubiger darin liegen, dass das reguläre Insolvenzverfahren mit höheren Kosten als das Eigenverwaltungsverfahren verbunden ist.[16] Ein möglicher Nachteil für einen Einzelgläubiger wird aber nur durch § 272 Abs. 1 Nr. 2 unter den strengen Voraussetzungen des § 272 Abs. 2 berücksichtigt, während die Vermeidung des Kostennachteils gerade kein durch § 78 geschütztes Interesse ist. Denn nach § 78 ist ein Widerspruch zu dem gemeinsamen Interesse der Insolvenzgläubiger erforderlich, das nicht verletzt sein kann, wenn das Insolvenzverfahren in der gesetzlich vorgesehenen Regelform durchgeführt und ein unabhängiger objektiver Verwalter bestellt wird.[17] Es setzt sich vielmehr die Gläubigerautonomie mit ihrer freien Entscheidung über die Art der Verfahrensabwicklung durch, wie sich auch darin zeigt, dass die Gläubigerversammlung den Antrag, die Eigenverwaltung aufzuheben, nach dem Gesetz nicht zu begründen braucht. Schließlich spricht gegen die Anwendung des § 78 hier auch, dass § 272 eine Überprüfung des Beschlusses, mit dem das Gericht die Eigenverwaltung auf Antrag der Gläubigerversammlung aufhebt, nicht vorsieht, während bei § 78 eine Beschwerdemöglichkeit gegeben wäre.[18]

10 **4. Keine Anhörung des Schuldners.** Eine Anhörung des Schuldners zu dem Antrag der Gläubigerversammlung auf Aufhebung der Eigenverwaltung durch das Insolvenzgericht **findet nicht statt**. Dies ergibt sich zunächst im Umkehrschluss aus § 272 Abs. 2 Satz 2.[19] Außerdem verbleibt dem Schuldner das Recht, sich in der Gläubigerversammlung gegen den Aufhebungsantrag zu äußern. Macht er von seinem Recht auf Teilnahme an der Gläubigerversammlung aus § 74 Abs. 1 keinen Gebrauch, so dürfte ihn dies von vornherein für die Durchführung einer Eigenverwaltung disqualifizieren;[20] jedenfalls kann er aus einem solchen Verzicht auf seine Teilnahmerecht keinen Anspruch auf gesonderte Anhörung durch das Insolvenzgericht herleiten.

IV. Aufhebung der Eigenverwaltung wegen drohender Gläubigerbenachteiligung auf Antrag eines einzelnen Gläubigers

11 Die Insolvenzordnung lässt nicht nur Raum für die Gesamtheit der Gläubiger, autonom über die Verfahrensabwicklung zu entscheiden, sondern gewährleistet daneben auch dem einzelnen Gläubiger **Schutz vor den möglichen Nachteilen** der Eigenverwaltung. Denn nach § 272 Abs. 1 Nr. 2 muss das Insolvenzgericht unter bestimmten Voraussetzungen auch auf Antrag eines Einzelgläubigers die Anordnung der Eigenverwaltung aufheben.

12 Diese Regelung soll dafür sorgen, dass in Eilfällen der Antrag möglichst schnell gestellt werden kann, **wenn unmittelbare Nachteile für die Gläubiger drohen.** Damit gibt der Gesetzgeber, wenn auch unter erschwerten Bedingungen, dem einzelnen Gläubiger die Möglichkeit, einen individuellen Antrag auf Aufhebung der Eigenverwaltung zu stellen, um das eher schwerfällige und verhältnismäßig langwierige Verfahren der Einberufung einer Gläubigerversammlung zum Zwecke der Beschlussfassung über die Stellung eines Antrags auf Aufhebung nach § 270 Abs. 1 Nr. 1 zu vermeiden.[21]

13 **1. Antragsberechtigte Gläubiger; Form.** Der Aufhebungsantrag kann sowohl von einem **absonderungsberechtigten wie auch von einem Insolvenzgläubiger** gestellt werden. Die nachrangigen Insolvenzgläubiger im Sinne des § 39 haben dagegen kein Recht,

---

[15] Ausführlich hierzu und zum folgenden auch *Kübler/Prütting/Pape* § 272 RdNr. 3a. Dagegen aber *Nerlich/Römermann/Riggert* § 272 RdNr. 2; HK-*Landfermann* § 272 RdNr. 3.
[16] So HK-*Landfermann* § 272 RdNr. 3.
[17] Ähnlich *Kübler/Prütting/Pape* § 272 RdNr. 3a.
[18] *Kübler/Prütting/Pape* § 272 RdNr. 3a.
[19] Ebenso *Hess/Weis* § 272 RdNr. 13; *Nerlich/Römermann/Riggert* § 272 RdNr. 2.
[20] *Kübler/Prütting/Pape* § 272 RdNr. 5; *Uhlenbruck,* InsO, § 272 RdNr. 3.
[21] *Kübler/Prütting/Pape* § 272 RdNr. 6.

einen Antrag auf Aufhebung der Eigenverwaltung zu stellen.[22] Dies ergibt sich zum einen aus ihrer fehlenden Nennung in § 270 Abs. 1 Nr. 2. Zum anderen spricht für ein solches Verständnis, dass die nachrangigen Gläubiger auch an der Gläubigersammlung nicht beteiligt sind und ihre Interessen im Insolvenzverfahren nur dann berücksichtigt werden, wenn die Masse ausnahmsweise ausreicht, um die nicht nachrangigen Insolvenzgläubiger vollständig zu befriedigen. Dieser zurückgesetzten Stellung würde es widersprechen, wenn man den nachrangigen Insolvenzgläubigern die Befugnis zum Antrag auf Aufhebung der Eigenverwaltung einräumen würde, obwohl die eigentlich betroffenen absonderungsberechtigten Gläubiger und die Insolvenzgläubiger mit der Eigenverwaltung einverstanden sind.

Der Antrag muss **schriftlich oder zu Protokoll der Geschäftsstelle** erklärt werden. Im Übrigen sind keine besonderen Formvorschriften einzuhalten.[23]

2. Begründetheit. Während für einen Antrag der Gläubigerversammlung keine Begründung erforderlich ist, muss für den Antrag eines einzelnen Gläubigers ein Aufhebungsgrund vorliegen. Dies soll missbräuchliche, zB querulatorische Anträge verhindern.[24] Der Antrag auf Aufhebung ist **begründet** (§ 272 Abs. 1 Nr. 2), wenn die Voraussetzungen des § 270 Abs. 2 Nr. 3 weggefallen sind.

a) Wegfall der Voraussetzungen für die Anordnung der Eigenverwaltung. Erforderlich ist für die Begründetheit zunächst, dass nach den Umständen **eine Verfahrensverzögerung oder sonstige Nachteile für die Gläubiger** zu befürchten sind (so die Voraussetzungen des § 270 Abs. 2 Nr. 3). Für die Aufrechterhaltung der Eigenverwaltung gelten somit die gleichen Anforderungen wie bei ihrer Anordnung nach § 270; nur das nunmehr für die Aufhebung das Nichtvorliegen dieser Voraussetzungen durch die Gläubiger glaubhaft zu machen ist.[25] Hinsichtlich der generellen Bedeutung dieser Merkmale kann auf die obigen Ausführungen (zu § 270 RdNr. 31 ff.) verwiesen werden.

Im Übrigen kann man die Aufhebung auf Grund des Antrags eines einzelnen Gläubigers nach § 272 Abs. 1 Nr. 2 entgegen dem Wortlaut nicht auf den Wegfall der Voraussetzungen des § 270 Abs. 2 Nr. 3 beschränken, sondern der Antrag auf Aufhebung ist auch begründet, wenn diese **Voraussetzungen von vornherein nicht vorlagen.** In diesem Fall besteht nämlich ein noch größeres Bedürfnis, einem einzelnen Gläubiger die Aufhebung der Anordnung nachträglich zu ermöglichen.[26] Grundsätzlich reicht es dabei für die in § 272 Abs. 2 geforderte Glaubhaftmachung nicht aus, wenn der einzelne Gläubiger lediglich Umstände vorträgt, die bei der Entscheidung über die Anordnung der Eigenverwaltung dem Insolvenzgericht (bei Anordnung nach § 270) bzw. der Gläubigerversammlung (bei Anordnung nach § 271) bereits bekannt waren. Denn für die Aufhebung der angeordneten Eigenverwaltung auf Antrag eines einzelnen Gläubigers kommt es nicht auf seine andere Beurteilung der bereits bekannten tatsächlichen Verhältnisse an. Generell gilt, dass der Antrag eines Gläubigers nur dann darauf gestützt werden kann, dass die Voraussetzungen für die Anordnung der Eigenverwaltung schon anfänglich nicht vorlagen, wenn dies mit neuen Tatsachen in dem Sinne begründet wird, dass diese zwar schon eingetreten, aber bei Beschluss des Insolvenzgerichts bzw. der Gläubigerversammlung noch nicht bekannt waren. Trägt der Gläubiger dagegen nur Umstände vor, die der Gläubigerversammlung im Berichtstermin, in dem sie der Eigenverwaltung mehrheitlich zugestimmt hatte, bereits bekannt waren, ist sein Antrag auf Aufhebung der Eigenverwaltung nach § 270 Abs. 2 Nr. 3 grundsätzlich nicht begründet.[27]

---

[22] Dazu im gleichen Sinne auch *Hess/Weis,* InsO, § 272 RdNr. 15; *Gottwald/Haas,* Insolvenzrechts-Handbuch, § 88 RdNr. 4; *Kübler/Prütting/Pape* § 272 RdNr. 7.
[23] *Hess/Weis,* InsO, § 272 RdNr. 17.
[24] Begr. RegE InsO v. 15. 4. 1992, BT-Drucks. 12/2443, zu § 333 RegE, S. 224; *Nerlich/Römermann/Riggert,* § 272 RdNr. 3.
[25] *Nerlich/Römermann/Riggert* § 272 RdNr. 3.
[26] *Gottwald/Haas,* Insolvenzrechts-Handbuch, § 88 RdNr. 5; *HK-Landfermann* § 272 RdNr. 4; *Nerlich/Römermann/Riggert* § 272 RdNr. 3.
[27] So in der Tendenz auch LG Potsdam, Beschl. v. 16. 5. 2001 – 5 T 239/00, ZIP 2001, 1689 f.

17 a Von diesen dargestellten Grundsätzen ist dann abzuweichen, wenn die Summenmehrheit der Gläubigerversammlung gegen die Entscheidung des Insolvenzgerichts eine Eigenverwaltung angeordnet hat und es Anzeichen dafür gibt, dass Schuldner und Großgläubiger, welche über die Summenmehrheit in der Gläubigerversammlung verfügen, die Anordnung der Eigenverwaltung aus Erwägungen durchgesetzt haben, die mit dem Grundsatz der bestmöglichen Gläubigerbefriedigung und Gläubigergleichbehandlung nicht vereinbar sind, vgl. dazu § 271 RdNr. 33 b.

18 Von besonderem Interesse erscheint die Frage, ob die **Nachteile gerade demjenigen Gläubiger drohen müssen, der den Aufhebungsantrag stellt.** Bedeutung kann dies beispielsweise erlangen, wenn der Antrag von einem absonderungsberechtigten Gläubiger gestellt wird, der vollwertig gesichert ist, dessen Sicherheit ohne jede Verzögerung verwertet wird und für den deshalb weder ein Ausfall noch ein Hinausschieben seiner Befriedigung auf Grund der Eigenverwaltung eintritt. Insoweit ist zu berücksichtigen, dass der Gesetzgeber dem einzelnen Gläubiger die Antragsbefugnis aus § 272 nicht nur zur Wahrung der eigenen Interessen des antragstellenden Gläubigers eingeräumt hat, sondern gerade auch, um bei „drohender Benachteiligung der Gläubiger" unabhängig vom Zusammentritt einer Gläubigerversammlung jedem Einzelgläubiger die Möglichkeit zu geben, die Eigenverwaltung beenden zulassen.[28] Damit steht die Antragsbefugnis auch demjenigen Gläubiger zu, der die Aufhebung der Eigenverwaltung allein im Interesse anderer Gläubiger beantragt. Da altruistisches Verhalten selten ist, wird das Insolvenzgericht allerdings an die gemäß § 272 Abs. 2 erforderliche Glaubhaftmachung in einem solchen Fall hohe Ansprüche stellen müssen.

19 Der Gesetzgeber hat die Möglichkeit für einen einzelnen Gläubiger, die Anordnung der Eigenverwaltung aufheben zu lassen, zwar auch geregelt, um die Eigenverwaltung bei einer Gefährdung der Interesse der Gläubiger kurzfristig und unabhängig vom Zusammentritt einer Gläubigerversammlung zu ermöglichen.[29] Daraus folgt aber nicht, dass der Antrag eines Gläubigers unzulässig oder unbegründet ist, wenn **noch genügend Zeit bleibt, um eine Gläubigerversammlung abzuwarten,** oder wenn die Gläubigerversammlung bereits die Frage der Aufhebung im Hinblick auf die von dem einzelnen Gläubiger vorgebrachten Gesichtspunkte erörtert hat.[30]

20 **b) Glaubhaftmachung.** Zur Abwehr von missbräuchlichen Anträgen ist gemäß § 272 Abs. 2 erforderlich, dass der Gläubiger die drohenden Nachteile glaubhaft macht. Für die Glaubhaftmachung genügen das einfache Aufstellen von Behauptungen, selbst wenn diese nachvollziehbar sind, oder der bloße Hinweis auf eine mögliche Verfahrensverzögerung nicht.[31]

21 Die **zugelassenen Mittel der Glaubhaftmachung** ergeben sich gemäss der Verweisung des § 4 aus § 294 ZPO. Der Gläubiger muss also Umstände vortragen und durch eidesstattliche Versicherung oder sonstige geeignete präsente Beweismittel belegen, aus denen zu schließen ist, dass die Fortsetzung der Eigenverwaltung mit überwiegender Wahrscheinlichkeit zu einer Verfahrensverzögerung oder sonstigen Nachteilen für die Gläubiger führen würde.[32] War eine Mehrheit der Gläubigerversammlung bereits der Auffassung, dass die Voraussetzungen der Eigenverwaltung auf Grund der von dem Gläubiger vorgebrachten Umstände nicht weggefallen sind, erschwert dies dem Gläubiger die erforderliche Glaubhaftmachung drohender Nachteile.[33]

22 Mit der Glaubhaftmachung wird der Antrag lediglich **zulässig.** Ob er begründet ist, muss das Gericht auf Grund der vorgenannten Kriterien von Amts wegen feststellen.[34]

---

[28] Begr. RegE InsO v. 15. 4. 1992, BT-Drucks. 12/2443, zu § 333 RegE, S. 224.
[29] Begr. RegE InsO v. 15. 4. 1992, BT-Drucks. 12/2443, zu § 333 RegE, S. 224.
[30] HK-*Landfermann* § 272 RdNr. 6.
[31] LG Potsdam, Beschl. v. 16. 5. 2001 – 5 T 239/00, ZIP 2001, 1689 f.
[32] *Kübler/Prütting/Pape* § 272 RdNr. 8.
[33] HK-*Landfermann* § 272 RdNr. 5 f.
[34] HK-*Landfermann* § 272 RdNr. 5.

c) Anhörung des Schuldners. Die Entscheidung über den Aufhebungsantrag eines **23** Gläubigers kann gemäß § 272 Abs. 2 Satz 2 **erst nach Anhörung des Schuldners** ergehen. Auf die Anhörung findet § 10 Anwendung. Damit kann der Schuldner die Anhörung nicht dadurch vermeiden, dass er zu dem vom Gericht festgesetzten Anhörungstermin nicht erscheint oder eine geforderte schriftliche Stellungnahme nicht fristgerecht abgibt. Vielmehr wird in beiden Fällen – und erst recht bei einem unbekannten Aufenthalt des Schuldners – das Gericht bei einem zulässigen Aufhebungsantrag die Eigenverwaltung aufheben, weil der Schuldner nicht die erforderliche Gewähr für eine gesetzmäßige Verfahrensabwicklung bietet.[35]

Im Rahmen der Anhörung hat der Schuldner die Möglichkeit, die vom Gläubiger **24** vorgetragenen Aufhebungsgründe durch eine **Gegenglaubhaftmachung** zu entkräften. In einem solchen Fall ist es zumindest zweckmäßig, wenn auch im Gesetz nicht zwingend vorgeschrieben, dass das Insolvenzgericht noch weiter den Sachverhalt ermittelt, um sich eine umfassende Entscheidungsgrundlage zu verschaffen.[36]

3. Rechtsmittel gegen die Aufhebungsentscheidung. Der Beschluss des Insolvenz- **25** gerichts zur Aufhebung der Eigenverwaltung auf Antrag eines Gläubigers ist, anders als in den Fällen des § 270 Abs. 1 Nr. 1, 3, gemäß der ausdrücklichen Regelung in § 272 Abs. 2 Satz 3 im Falle der Ablehnung des Aufhebungsantrages vom Gläubiger und bei Aufhebung des Eigenverwaltungsverfahrens vom Schuldner mit der **sofortigen Beschwerde** anfechtbar. Insofern liegt eine Ausnahme von der Regel vor, dass gegen die Anordnung oder Ablehnung der Eigenverwaltung keine Rechtsmittel möglich sind.[37] Deshalb bedarf der Beschluss einer Begründung.[38]

Wird die Beschwerde darauf gestützt, dass der Schuldner nicht angehört worden ist, kann **26** die Anhörung in der Beschwerdeinstanz noch **nachgeholt** werden.[39]

V. Aufhebung der Eigenverwaltung auf Antrag des Schuldners

1. Aufhebung ohne Gründe. Der Schuldner ist in jeder Phase des Verfahrens befugt, **27** einen Aufhebungsantrag zu stellen, dem das Insolvenzgericht ohne weitere Voraussetzungen stattgeben muss. Einen **Zwang des Schuldners zur Fortführung der Eigenverwaltung gibt es nicht,** da eine Eigenverwaltung gegen den Willen des Schuldners auch den Gläubigern keine Vorteile bieten kann. Vielmehr ist bei einem unmotivierten Schuldner zu befürchten, dass das Insolvenzverfahren nicht ordnungsgemäß abgewickelt wird.[40] In der Praxis wird es zu einem solchen Antrag des Schuldners, die Eigenverwaltung aufzuheben, nach der Erwartung des Gesetzgebers dann kommen, wenn er sich durch die Eigenverwaltung überfordert fühlt oder mit den Weisungen des Gläubigerausschusses gemäß § 276 oder möglichen Einzelbeschränkungen seiner Verfügungsmacht gemäß § 277 nicht einverstanden ist.[41]

Das Insolvenzgericht hat auf Antrag des Schuldners immer die Aufhebung der Eigen- **28** verwaltung zu beschließen. Eine Prüfung der Gründe, die den Schuldner zu seinem Antrag bewegt haben, erfolgt nicht.[42]

2. Antragsrecht. Handelt es sich bei dem Schuldner um eine juristische Person oder **29** eine Gesellschaft ohne Rechtspersönlichkeit, so steht das Antragsrecht hinsichtlich der Aufhebung der Eigenverwaltung nur den **vertretungsberechtigten Mitgliedern des Vertretungsorgans** (insbesondere Geschäftsführung oder Vorstand) zu. Dafür reicht nicht,

---

[35] *Kübler/Prütting/Pape* § 272 RdNr. 8.
[36] *Kübler/Prütting/Pape* § 272 RdNr. 8.
[37] BGH ZIP 2007, 394 ff.; *Haarmeyer/Wutzke/Förster,* Handbuch, 3. Aufl. 2001, Kap. 10 RdNr. 13; HK-*Landfermann* § 272 RdNr. 5.
[38] *Kübler/Prütting/Pape* § 272 RdNr. 9.
[39] *Hess/Weis* § 272 RdNr. 21.
[40] *Nerlich/Römermann/Riggert* § 272 RdNr. 4; *Kübler/Prütting/Pape* § 272 RdNr. 10.
[41] Begr. RegE InsO v. 15. 4. 1992, BT-Drucks. 12/2443, zu § 333 RegE, S. 224.
[42] *Hess/Weis,* InsO, § 272 RdNr. 25.

§ 272 29a–33

entgegen der Regelung in § 15 Abs. 1, 3 für den Insolvenzantrag, der Antrag irgendeines Mitglieds der Geschäftsleitung, sondern der Schuldner muss für den Aufhebungsantrag durch seine Organe wirksam vertreten worden sein; also bei kollektiver Vertretungsbefugnis durch die entsprechende Anzahl an Vorständen oder Geschäftsführer gemeinsam. Zur Begründung kann auf die entsprechenden Ausführungen zum Antrag des Schuldners auf Eigenverwaltung verwiesen werden (zu § 270 RdNr. 13 ff.). Es genügt aber auch nicht der Antrag jeder vertretungsberechtigten Person,[43] sondern es handelt sich insoweit um ein Grundlagengeschäft, das entsprechend § 15 dem gesetzlichen Vertretungsorgan des jeweiligen Schuldners vorbehalten ist.

29a Wollen die Anteilseigner der insolventen Gesellschaft aus (möglicherweise destruktiven) Gründen die Eigenverwaltung beenden, so muss der Geschäftsführer diesen Weisungen der Gesellschafter nicht nachkommen. Betreiben die Anteilseigner daraufhin die Einsetzung eines neuen Geschäftsführers, der die Eigenverwaltung beenden soll, so sind diesem Maßnahmen der Anteilseigner unwirksam, vgl. dazu Vor §§ 270 ff. RdNr. 74a ff.

VI. Aufhebungsbeschluss des Insolvenzgerichts

30 Das Insolvenzgericht entscheidet im Rahmen von § 272 über die Aufhebung der Eigenverwaltung durch förmlichen **Beschluss**.[44] Wird die Aufhebung beschlossen, ist zwingend zugleich anstelle des bisherigen Sachwalters ein Insolvenzverwalter zu bestellen (siehe dazu unten bei § 272 RdNr. 45 ff.).

31 **1. Zuständigkeit und Entscheidung des Insolvenzgerichts.** Für den Beschluss, die ursprünglich oder nachträglich angeordnete Eigenverwaltung aufzuheben, ist der **Rechtspfleger** gemäß § 18 RPflG ebenso zuständig wie für die Ernennung des Insolvenzverwalters. Ein Richtervorbehalt für die Entscheidung ist nicht vorgesehen, so dass es bei der generellen Zuständigkeit des Rechtspflegers für Entscheidungen im eröffneten Insolvenzverfahren nach § 3 Nr. 2e RPflG bleibt.[45]

32 Liegen die in § 272 genannten Voraussetzungen für eine Aufhebung der Eigenverwaltung vor, ist also der **Antrag zulässig und begründet,** so verbleibt für das Insolvenzgericht, wie sich schon aus dem Wortlaut der Norm ergibt, kein Ermessen, ob es die Eigenverwaltung aufhebt.[46]

33 Umgekehrt wird im Siebten Teil der Insolvenzordnung dem Insolvenzgericht **keine Befugnis eingeräumt, von Amts wegen** ohne einen Antrag nach § 272 die angeordnete Eigenverwaltung wieder aufzuheben.[47] Von einzelnen Stimmen in der Literatur wird darin eine Fehlentscheidung des Gesetzgebers gesehen, da damit der Schuldner seine Verwaltungs- und Verfügungsbefugnis zum Nachteil der Gläubiger missbrauchen könne, wenn zB wegen Masseunzulänglichkeit weder eine beschlussfähige Gläubigerversammlung zustande komme noch Einzelgläubiger ein Interesse daran habe, sich unter Aufbietung weiterer Kosten mit dem eigenverwaltenden Schuldner im Rechtsmittelzug um die Aufhebung der Eigenverwaltung zu streiten, oder wenn der Schuldner entsprechende Beschlüsse einer Gläubigerversammlung im kollusiven Zusammenwirken mit einzelnen Gläubigern verhindert. Außerdem läge darin ein Wertungswiderspruch zum regulären Insolvenzverfahren, wo der Insolvenzverwalter gemäß § 59 Abs. 1 aus wichtigem Grund jederzeit vom Insolvenzgericht seines Amtes enthoben werden kann.[48] Dabei wird aber nicht zutreffend gewertet, dass § 59 Abs. 1 seinen Rechtfertigung (auch) darin hat, dass im regulären Insolvenzverfahren der

---

[43] So aber HK-*Landfermann* § 272 RdNr. 7; *Uhlenbruck,* InsO, § 272 RdNr. 5.
[44] *Hess/Weis,* InsO, § 272 RdNr. 4; *Gottwald/Haas,* Insolvenzrechts-Handbuch, § 88 RdNr. 7.
[45] *Bernsen,* Probleme der Insolvenzrechtsreform aus der Sicht des Rechtspflegers, in Kölner Schrift, 2. Aufl. 2000, S. 1843 ff. RdNr. 45; *Nerlich/Römermann/Riggert* § 272 RdNr. 1; *Hess/Weis,* InsO, § 272 RdNr. 5.
[46] *Hess/Weis,* InsO, § 272 RdNr. 3; *Nerlich/Römermann/Riggert* § 272 RdNr. 1.
[47] LG Potsdam, Beschl. v. 16. 5. 2001 – 5 T 239/00, ZIP 2001, 1689 f.; *Nerlich/Römermann/Riggert* § 272 RdNr. 1.
[48] *Smid,* Sanierungsverfahren nach neuem Insolvenzrecht, WM 1998, 2489, 2515; ihm folgend *Hess/Weis,* InsO, § 272 RdNr. 2.

einzelne Gläubiger auch bei Vorliegen eines wichtigen Grundes keinen anderen Insolvenzverwalter einsetzen lassen kann. Demgegenüber hat im Eigenverwaltungsverfahren jeder Einzelgläubiger unter den Voraussetzungen des § 272 Abs. 1 Nr. 2, Abs. 2 die Möglichkeit, die Einsetzung eines anderen Verwalters, nämlich anstelle des Schuldners eines Insolvenzverwalters, zu erzwingen. Muss man dann aber davon ausgehen, dass noch nicht einmal ein einziger Gläubiger ein Interesse an der Aufhebung der angeordneten Eigenverwaltung hat, so fehlt ein Bedürfnis, die Ablösung des Eigenverwalters durch einen Insolvenzverwalter von Amts wegen vorzunehmen.

2. Weiterer Inhalt des Beschlusses. a) Datierung. Der Beschluss sollte wegen seiner 34 verfügungsbeschränkenden Wirkung entsprechend § 27 Abs. 2 Nr. 3 **Datum und Stunde seines Erlasses** angeben. Ebenfalls sind die weiteren Anordnungen nach § 27 Abs. 3 zu treffen und ggf. die Mitteilungen an die Register nach §§ 31–33 zu veranlassen.[49]

b) **Begründung.** Der Beschluss über den **Antrag eines einzelnen Gläubigers** auf 35 Aufhebung der Eigenverwaltung gemäß § 272 Abs. 1 Nr. 2 muss begründet werden.[50] Denn zum einen hat das Gericht in diesem Fall eine eigene Prüfung vorzunehmen. Zum anderen kann dieser Beschluss nach § 272 Abs. 2 Satz 3 mit dem Rechtsmittel der sofortigen Beschwerde angefochten werden. In den **übrigen Fällen,** d. h. beim Beschluss auf Antrag der Gläubigerversammlung bzw. des Schuldners, kann der Beschluss auch ohne Begründung ergehen.

c) **Anordnung des offenen Arrestes.** Mit dem Beschluss zur Aufhebung der Eigen- 36 verwaltung hat das Insolvenzgericht die Schuldner des Schuldners in der durch § 270 Abs. 1 Satz 3 geforderten entsprechenden Anwendung von § 28 Abs. 3 aufzufordern, **nicht mehr an den Schuldner zu leisten,** sondern an den jetzt eingesetzten Insolvenzverwalter.

3. Öffentliche Bekanntmachung. Die Aufhebung der Eigenverwaltung ist nach § 273 37 öffentlich bekannt zu machen. Dies gilt auch dann, wenn die **Aufhebung auf Grund des Antrags eines Gläubigers** nach § 272 Abs. 1 Nr. 2 erfolgt ist. Zwar ist eine sofortige öffentliche Bekanntmachung vor Ablauf der Beschwerdefrist in diesem Fall mit der Gefahr verbunden, dass u. U. die Bekanntmachung hinsichtlich des Erlöschens der Verfügungsbefugnis des Schuldners kurze Zeit später geändert werden muss; sofern nämlich das Beschwerdegericht die Entscheidung ändert und die Eigenverwaltung fortsetzt. Einem Zuwarten mit der Bekanntmachung steht aber entgegen, dass auf Grund der in § 273 angeordneten öffentlichen Bekanntmachung die Beschwerdefrist ohnehin erst mit der Bekanntmachung zu laufen beginnt.[51]

4. Zustellung. Der Beschluss zur Aufhebung der Eigenverwaltung ist **dem Schuldner** 38 **zuzustellen.**[52] Auch wenn dies im Gesetz nicht ausdrücklich vorgesehen ist, ergibt sich die Notwendigkeit der Zustellung aus dem Umstand, dass der Schuldner mit Erlass des Aufhebungsbeschlusses die Verwaltungs- und Verfügungsbefugnis verliert und diese gemäß § 80 auf den Insolvenzverwalter übergeht. Die individuelle Zustellung an den Schuldner ist deshalb entsprechend § 30 Abs. 2 vorzunehmen. Ergänzend ist dem Insolvenzverwalter gemäß § 8 Abs. 3 die Zustellung an die Gläubiger und die Schuldner des Schuldners zu übertragen.

Wird umgekehrt die Aufhebung der Eigenverwaltung auf Grund des Antrags eines Einzel- 39 gläubigers gemäß § 272 Abs. 2 Nr. 2 abgelehnt, so ist die Entscheidung **dem antragstellenden Gläubiger zuzustellen,** damit die Beschwerdefrist zu laufen beginnt.[53]

5. Rechtsmittel. Gegen die Entscheidung über den Aufhebungsantrag eines ein- 40 **zelnen Gläubigers** steht gemäß § 272 Abs. 2 Satz 3 dem Gläubiger bzw. dem Schuldner

---

[49] *Kübler/Prütting/Pape* § 272 RdNr. 11.
[50] *Hess/Weis*, InsO, § 272 RdNr. 27; *Kübler/Prütting/Pape* § 272 RdNr. 9.
[51] So auch *Kübler/Prütting/Pape* § 272 RdNr. 9.
[52] *Hess/Weis*, InsO, § 272 RdNr. 26; *Kübler/Prütting/Pape* § 272 RdNr. 11.
[53] *Hess/Weis*, InsO, § 272 RdNr. 22; *Kübler/Prütting/Pape* § 272 RdNr. 11.

die sofortige Beschwerde zu. Dabei beschränkt sich das Beschwerderecht bei Ablehnung des Aufhebungsantrags auf den antragstellenden Gläubiger, steht also nicht alle Gläubigern zu. Umgekehrt hat bei Aufhebung der Eigenverwaltung nur der Schuldner das Recht zur sofortigen Beschwerde.[54]

41   In allen **übrigen Fällen,** also bei Antrag der Gläubigerversammlung gemäß § 272 Abs. 1 Nr. 1 und bei Antrag des Schuldners gemäß § 272 Abs. 1 Nr. 3, ist die sofortige Beschwerde nicht vorgesehen. Damit unterliegt die Entscheidung des Insolvenzgerichts in diesen Fällen gemäß § 6 Abs. 1 keinem Rechtsmittel.[55]

42   **6. Rechtskraft.** Der Beschluss zur Aufhebung der Eigenverwaltung wird in den Fällen des § 272 Abs. 1 Nr. 1 und Nr. 3, also bei einem **Antrag der Gläubigerversammlung oder des Schuldners,** mit seinem Erlass rechtskräftig (siehe dazu bei § 273 RdNr. 13 ff.). Wird mit dem Beschluss auf **Antrag eines einzelnen Gläubigers** gemäß § 272 Abs. 1 Nr. 2 die Eigenverwaltung aufgehoben, tritt die Rechtskraft dagegen erst mit Ablauf der Beschwerdefrist ein.[56]

VII. Fortführung des Insolvenzverfahrens nach Aufhebung der Eigenverwaltung

43   Mit rechtskräftiger Aufhebung der Eigenverwaltung wird das Verfahren als **reguläres Insolvenzverfahren** fortgesetzt. Es gelten die allgemeinen Regeln, und insbesondere übernimmt der vom Insolvenzgericht einzusetzende Insolvenzverwalter gemäß §§ 80 ff. die Verwaltung der Insolvenzmasse, während die Verwaltungs- und Verfügungsbefugnis des Schuldners mit der Aufhebung der Eigenverwaltung erlischt.[57]

44   **Die Aufhebung der Eigenverwaltung ist dann endgültig,** da eine erneute Anordnung auch nicht auf Antrag der Gläubigerversammlung nach § 271 erfolgen kann. Das Antragsrecht aus § 271 steht nämlich nur der ersten Gläubigerversammlung zu, die zum Zeitpunkt der Aufhebung nach § 272 in aller Regel bereits stattgefunden haben wird.[58]

45   **1. Bestellung des Insolvenzverwalters.** Die Aufhebung der Eigenverwaltung hat zur Folge, dass mit dem Aufhebungsbeschluss zugleich ein Insolvenzverwalter eingesetzt wird, der die Verwaltung der Insolvenzmasse übernimmt. Die Bestellung erfolgt nach allgemeinen Regeln zunächst durch das Insolvenzgericht, und zwar durch den Rechtspfleger (siehe oben bei RdNr. 31). Dabei erscheint es – auch nach dem Willen des Gesetzgebers – regelmäßig für vorteilhaft, **zum Insolvenzverwalter den bisherigen Sachwalter zu bestellen,** da dieser bereits einen Einblick in die Vermögensverhältnisse des Schuldners gewonnen hat und sich auf Grund seiner Sachverhaltskenntnisse nicht neu einarbeiten muss.[59]

46   § 272 Abs. 3 ermöglicht dies ausdrücklich. Das Insolvenzgericht ist jedoch, wie sich insbesondere aus dem Wortlaut des § 272 Abs. 3 durch die Verwendung des Wortes „kann" ergibt, auch darin frei, stattdessen **eine dritte Person zum Insolvenzverwalter** zu bestellen.[60] Dabei darf es aber nicht dazu kommen, dass die Bestellung des bisherigen Sachwalters vom Insolvenzgericht abgelehnt wird, weil der Betreffende zwar als Sachwalter geeignet erschien, aber nicht in gleicher Weise für den größeren Aufgabenkreis des Insolvenzverwalters qualifiziert ist.[61] Denn da an den Sachwalter die gleichen Anforderungen zu stellen sind, wie an den Insolvenzverwalter (siehe dazu bei § 274 RdNr. 8 ff.), hätte der Betreffende schon nicht zum Sachwalter bestellt werden dürfen.

---

[54] *Nerlich/Römermann/Riggert* § 272 RdNr. 6; *Hess/Weis,* InsO, § 272 RdNr. 31.
[55] *Gottwald/Haas,* Insolvenzrechts-Handbuch, § 88 RdNr. 8; *Hess/Weis,* InsO, § 272 RdNr. 32.
[56] *Hess/Weis,* InsO, § 272 RdNr. 28.
[57] *Hess/Weis,* InsO, § 272 RdNr. 7, 33; *Smid,* Sanierungsverfahren nach neuem Insolvenzrecht, WM 1998, 2489, 2515.
[58] *Gottwald/Haas,* Insolvenzrechts-Handbuch, § 88 RdNr. 7.
[59] Begr. RegE InsO v. 15. 4. 1992, BT-Drucks. 12/2443, zu § 333 RegE, S. 224; *Kübler/Prütting/Pape* § 272 RdNr. 12; *Nerlich/Römermann/Riggert* § 272 RdNr. 5.
[60] *Hess/Weis,* InsO, § 272 RdNr. 34; *Gottwald/Haas,* Insolvenzrechts-Handbuch, § 88 RdNr. 7; *Nerlich/Römermann/Riggert* § 272 RdNr. 5.
[61] So aber HK-*Landfermann* § 272 RdNr. 8.

2. Wahl des Insolvenzverwalters durch die Gläubigerversammlung. Sofern die 47
Eigenverwaltung auf Grund eines Antrags der Gläubigerversammlung gemäß § 272 Abs. 1
Nr. 1 aufgehoben wird, kann die Gläubigerversammlung zugleich in entsprechender Anwendung von § 57 einen Beschluss darüber fassen, ob sie den bisherigen Sachwalter als Insolvenzverwalter beibehalten will oder ein anderer Insolvenzverwalter bestellt werden soll.[62]

Erfolgt die Aufhebung auf Grund eines Antrags eines Einzelgläubigers nach § 272 Abs. 1 48
Nr. 2 oder des Schuldners nach § 272 Abs. 1 Nr. 3, so hat die folgende Gläubigerversammlung jedenfalls das Recht zu Abwahl des Insolvenzverwalters nach § 57. Denn für die Bestellung des Insolvenzverwalters anstelle des Sachwalters gelten gemäß § 270 die allgemeinen Regelungen, die auch das Abwahlrecht umfassen.[63]

3. Prozessführung. Eingeleitete Prozesse (zur Prozessführung bei Anordnung der Ei- 49
genverwaltung siehe bei § 270 RdNr. 105 ff.) werden durch die Aufhebung nicht unterbrochen. Der Insolvenzverwalter tritt als Rechtsnachfolger des eigenverwaltenden Schuldners gemäß § 239 ZPO in den Prozess ein.[64]

§ 273 Öffentliche Bekanntmachung

Der Beschluß des Insolvenzgerichts, durch den nach der Eröffnung des Insolvenzverfahrens die Eigenverwaltung angeordnet oder die Anordnung aufgehoben wird, ist öffentlich bekanntzumachen.

Übersicht

	RdNr.		RdNr.
I. Normzweck	1	IV. Zustellung	10
II. Entstehungsgeschichte der Norm: Frühere Regelung – Reformvorschläge – Gesetzgebungsverfahren zur InsO	3	1. Zustellung gemäß § 30 Abs. 2	10
		2. Form der Zustellung	11
		3. Information des Sachwalters/Insolvenzverwalters	12
III. Bekanntmachung	5	V. Wirksamkeit des Beschlusses	13
1. Zeitpunkt der Bekanntmachung	5	VI. Rechtsmittelfrist	16
2. Inhalt der Bekanntmachung	6		
3. Form der Bekanntmachung	8		

I. Normzweck

Die öffentliche Bekanntmachung nach § 273 erfolgt **nur in den Fällen,** in denen die 1
Anordnung der Eigenverwaltung gemäß § 271 nachträglich erfolgt oder die angeordnete Eigenverwaltung nach § 272 aufgehoben wird.[1] Eine solche Bekanntmachung der Anordnung der Eigenverwaltung oder Aufhebung dieser Anordnung ist erforderlich, damit im Geschäftsverkehr Klarheit über die Verfügungs- und Verwaltungsbefugnisse im Insolvenzverfahren besteht.[2] Anderenfalls liefen die Geschäftspartner Gefahr, Rechtsgeschäfte mit einem Nichtberechtigten (dem Schuldner oder dem ehemaligen Insolvenzverwalter) abzuschließen, bei denen die übernommenen Verpflichtungen bzw. eingegangenen dinglichen Rechtsgeschäfte nicht gegen die Insolvenzmasse wirken.[3]

Einer **gesonderten öffentlichen Bekanntmachung bedarf es dagegen nicht,** wenn 2
die Eigenverwaltung schon im Eröffnungsbeschluss angeordnet worden ist, weil zugleich mit

---

[62] *Kübler/Prütting/Pape* § 272 RdNr. 12; so wohl auch *Hess/Weis*, InsO, § 272 RdNr. 12.
[63] *Kübler/Prütting/Pape* § 272 RdNr. 12.
[64] *Smid*, Sanierungsverfahren nach neuem Insolvenzrecht, WM 1998, 2489, 2511.
[1] *Kübler/Prütting/Pape* § 273 RdNr. 1.
[2] Begr. RegE InsO v. 15. 4. 1992, BT-Drucks. 12/2443, zu § 334 RegE, S. 224.
[3] *Nerlich/Römermann/Riggert* § 273 RdNr. 2.

dem Eröffnungsbeschluss die Eigenverwaltung gemäß § 30 Abs. 1 ohnehin sofort öffentlich bekanntgemacht wird.[4]

II. Entstehungsgeschichte der Norm: Frühere Regelung – Reformvorschläge – Gesetzgebungsverfahren zur InsO

3   Im alten **Konkurs- und Vergleichsrecht** lassen sich zwar keine Regelungen finden, die mit § 273 identisch sind, da dort ein Eigenverwaltungsverfahren nicht vorgesehen war. Eine Parallele kann aber zu den Regelungen in §§ 60 Abs. 2, 65 Abs. 2 VglO gezogen werden, die im Vergleichsverfahren die öffentliche Bekanntmachung der Anordnung eines allgemeine Veräußerungsverbots und der Aufhebung von Verfügungsbeschränkungen gegen den Schuldner vorsahen.

4   Die jetzige Regelung wurde im Gesetzgebungsverfahren als § 323 des **Diskussionsentwurfs**[5] (DE) vorgeschlagen und als § 323 des **Referentenentwurfs**[6] (RefE) bzw. § 334 des **Regierungsentwurfs**[7] (RegE) unverändert übernommen. Im Gesetzgebungsverfahren ist eine redaktionelle Anpassung nur noch insoweit erfolgt, dass nach kompletter Streichung des Eigenverwaltungsverfahrens ohne Sachwalter, das noch im RegE für Kleinverfahren vorgesehen war (§§ 347 ff. RegE), die Regelung nicht mehr auf die Eigenverwaltung „unter Aufsicht eine Sachwalters" beschränkt werden musste, sondern sich pauschal auf die Eigenverwaltung beziehen konnte. Im Übrigen ist aber die Fassung des Regierungsentwurfs in § 334 RegE unverändert als § 273 Gesetz geworden.

III. Bekanntmachung

5   **1. Zeitpunkt der Bekanntmachung.** Wird die Eigenverwaltung schon **bei der Eröffnung des Verfahrens** angeordnet, so wird sie nur als Teil des Eröffnungsbeschlusses nach § 30 Abs. 1 öffentlich bekanntgemacht. Spätere Entscheidungen über die **nachträgliche Anordnung der Eigenverwaltung oder ihre Aufhebung** müssen auf der Grundlage von § 273 gesondert bekanntgemacht werden.[8]

6   **2. Inhalt der Bekanntmachung.** Neben der Entscheidung über die Anordnung oder Aufhebung der Eigenverwaltung sind auch die damit **verbundenen weitergehenden Anordnungen** öffentlich bekanntzumachen.[9] So ist darauf hinzuweisen, dass mit der Anordnung der Eigenverwaltung die Verwaltungs- und Verfügungsbefugnis wieder auf den Schuldner übergeht und das Amt des Insolvenzverwalters endet. Ebenso ist die Aufhebung des Verbots der Leistung an den Schuldner bzw. das Inkrafttreten dieses Verbots bekanntzumachen.

7   Im Falle der Aufhebung der Eigenverwaltung hat das Insolvenzgericht auch den **Namen und die Anschrift des bestellten Insolvenzverwalters** öffentlich bekanntzumachen.[10]

8   **3. Form der Bekanntmachung.** Die **öffentliche Bekanntmachung** erfolgt gemäß § 9 durch Veröffentlichung im Internet. Wegen der Einzelheiten kann auf die Kommentierung des § 9 verwiesen werden.

9   Neben der öffentlichen Bekanntmachung hat das Insolvenzgericht dafür zu sorgen, dass entsprechende Korrekturen in den Registern gemäß § 31 vorgenommen werden und dass

---

[4] Begr. RegE InsO v. 15. 4. 1992, BT-Drucks. 12/2443, zu § 334 RegE, S. 224; *Kübler/Prütting/Pape* § 273 RdNr. 1.
[5] Diskussionsentwurf (DE), Gesetz zur Reform des Insolvenzrechts, herausgegeben vom Bundesministerium der Justiz, Köln 1988.
[6] Referentenentwurf (RefE), Gesetz zur Reform des Insolvenzrechts, herausgegeben vom Bundesministerium der Justiz, Köln 1989.
[7] RegE InsO v. 15. 4. 1992, BT-Drucks. 12/2443.
[8] Begr. RegE InsO v. 15. 4. 1992, BT-Drucks. 12/2443, zu § 334 RegE, S. 224; HK-*Landfermann* § 273 RdNr. 1.
[9] *Kübler/Prütting/Pape* § 273 RdNr. 1 c; *Hess/Weis,* InsO, § 272 RdNr. 5.
[10] *Hess/Weis,* InsO, § 272 RdNr. 9.

bei Aufhebung der Eigenverwaltung auch die **Eintragung in das Grundbuch und in die Register** der §§ 32, 33 nachgeholt wird.[11]

IV. Zustellung

1. Zustellung gemäß § 30 Abs. 2. Der Beschluss zur Anordnung oder Aufhebung der Eigenverwaltung sollte dem Schuldner, den Gläubigern und den Schuldnern des Schuldners zugestellt werden. Eine solche gesonderte Zustellung ist zwar im Gesetz nicht ausdrücklich geregelt. Sie **empfiehlt** sich aber, weil anderenfalls die Wirkungen der §§ 81, 82 erst mit der öffentlichen Bekanntmachung eintreten würden. Die Notwendigkeit der Zustellung ergibt sich deshalb aus § 30 Abs. 2. § 8, der für Zustellungen im Insolvenzverfahren einschlägig ist, steht dabei der Zustellung des Beschlusses über die Aufhebung oder Anordnung der Eigenverwaltung nicht entgegen. Denn dort ist nur geregelt, in welcher Form die Zustellung erfolgt; die Zustellung wird damit aber bei Anordnung einer öffentlichen Bekanntmachung nicht ausgeschlossen.[12]

2. Form der Zustellung. Die Zustellung kann gemäß § 8 Abs. 1 durch Aufgabe zur Post erfolgen. Ebenso kann gemäß § 8 Abs. 3 das Insolvenzgericht den Insolvenzverwalter beauftragen, die Zustellung durchzuführen, wenn die Eigenverwaltung aufgehoben und anstelle des Sachwalters ein Insolvenzverwalter bestellt wird. Unzulässig ist es dagegen, den Sachwalter mit der Zustellung des Beschlusses nach § 271 zu beauftragen, wenn die Eigenverwaltung nachträglich angeordnet wird. Denn der Sachwalter ist in § 8 Abs. 3 nicht genannt, und ihm kann das arbeitsaufwändige Zustellungsverfahren auf Grund seiner bloßen Aufsichtsfunktion (§ 270 Abs. 1 Satz 1) und seiner geringeren Vergütung nicht zugemutet werden.[13]

3. Information des Sachwalters/Insolvenzverwalters. Auch ohne besondere gesetzliche Regelung ist selbstverständlich, dass das Insolvenzgericht den Sachwalter bzw. Insolvenzverwalter von der Anordnung oder Aufhebung der Eigenverwaltung in Kenntnis zu setzen hat.[14]

V. Wirksamkeit des Beschlusses

Der Beschluss über die nachträgliche Anordnung oder Aufhebung der Eigenverwaltung wird mit seinem Erlass wirksam. Ein Aufschub des Eintritts der Wirksamkeit bis zur Zustellung oder öffentlichen Bekanntmachung der Entscheidung findet nicht statt.[15]

Dies ergibt sich aus dem allgemeinen Grundsatz, dass verfügungsbeschränkende Maßnahmen im Insolvenzverfahren schon mit ihrem Erlass und nicht erst mit ihrer Zustellung wirksam werden sollen. Gleiches muss für die nach §§ 271, 272 zu treffenden Entscheidungen über die Anordnung bzw. Aufhebung der Eigenverwaltung gelten, weil damit entweder die Verfügungsbefugnis des Schuldners wiederauflebt oder erlischt.[16]

Der Beschluss zur Anordnung oder Aufhebung der Eigenverwaltung ist in dem Zeitpunkt erlassen, in dem er aufhört, ein Internum des Insolvenzgerichts zu sein, also mit Abgabe des Beschlusses in den Geschäftsgang.[17]

VI. Rechtsmittelfrist

Der Beschluss zur Aufhebung der Eigenverwaltung nach § 272 Abs. 1 Nr. 2 kann gemäß § 272 Abs. 2 Satz 3 mit der sofortigen Beschwerde angefochten werden. Die Rechtsmittelfrist für die sofortige Beschwerde beginnt mit dem Ablauf des zweiten Tages nach dem Tag

---

[11] HK-*Landfermann* § 273 RdNr. 2; *Hess/Weis*, InsO, § 272 RdNr. 7, 9.
[12] *Kübler/Prütting/Pape* § 273 RdNr. 2 f., ebenso *Hess/Weis*, InsO, § 272 RdNr. 8.
[13] *Kübler/Prütting/Pape* § 273 RdNr. 3.
[14] *Kübler/Prütting/Pape* § 273 RdNr. 2.
[15] *Hess/Weis*, InsO, § 272 RdNr. 28; *Kübler/Prütting/Pape* § 273 RdNr. 4.
[16] *Kübler/Prütting/Pape* § 273 RdNr. 4.
[17] *Kübler/Prütting/Pape* § 273 RdNr. 4.

der Veröffentlichung, es sei denn, die Entscheidung ist schon vorher dem Gläubiger oder Schuldner individuell zugestellt worden. Dann beginnt die Rechtsmittelfrist schon mit der Zustellung.[18]

§ 274 Rechtsstellung des Sachwalters

(1) Für die Bestellung des Sachwalters, für die Aufsicht des Insolvenzgerichts sowie für die Haftung und die Vergütung des Sachwalters gelten § 54 Nr. 2 und die §§ 56 bis 60, 62 bis 65 entsprechend.

(2) [1] Der Sachwalter hat die wirtschaftliche Lage des Schuldners zu prüfen und die Geschäftsführung sowie die Ausgaben für die Lebensführung zu überwachen. [2] § 22 Abs. 3 gilt entsprechend.

(3) [1] Stellt der Sachwalter Umstände fest, die erwarten lassen, daß die Fortsetzung der Eigenverwaltung zu Nachteilen für die Gläubiger führen wird, so hat er dies unverzüglich dem Gläubigerausschuß und dem Insolvenzgericht anzuzeigen. [2] Ist ein Gläubigerausschuß nicht bestellt, so hat der Sachwalter an dessen Stelle die Insolvenzgläubiger, die Forderungen angemeldet haben, und die absonderungsberechtigten Gläubiger zu unterrichten.

Übersicht

	RdNr.		RdNr.
I. Normzweck	1	b) Überwachung der Geschäftsführung	27
II. Entstehungsgeschichte der Norm: Frühere Regelung – Reformvorschläge – Gesetzgebungsverfahren zur InsO	4	c) Überwachung der Ausgaben für die Lebensführung	30
		d) Mitwirkungsobliegenheit des Schuldners	31
III. Bestellung des Sachwalters	8	2. Unterrichtung bei drohenden Nachteilen	34
1. Person	8		
2. Bestellung des Sachwalters durch das Insolvenzgericht	11	V. Haftung des Sachwalters	41
		1. Haftung für die Verletzung insolvenzspezifischer Pflichten	41
3. Wahl des Sachwalters durch die erste Gläubigerversammlung	14		
4. Aufsicht und Entlassung	16	2. Haftung für die Erfüllung von Masseverbindlichkeiten	46
IV. Die Aufgaben und Befugnisse des Sachwalters	18	VI. Vergütung des Sachwalters	48
1. Überprüfung und Überwachung	22	VII. Vergütung der Gesellschaftsorgane	54
a) Überprüfung der wirtschaftlichen Lage des Schuldners	23		

I. Normzweck

1   Das Eigenverwaltungsverfahren ist gemäß § 270 Abs. 1 Satz 1 dadurch gekennzeichnet, dass die Verwaltungs- und Verfügungsbefugnis beim Schuldner verbleibt und statt des Insolvenzverwalters ein Sachwalter bestellt wird, der den Schuldner zu überwachen hat. Dementsprechend muss die **Rechtsstellung des Sachwalters** im Verhältnis zum Schuldner, aber auch in Abgrenzung zur Rechtsstellung des Insolvenzverwalters im regulären Insolvenzverfahren geregelt werden.

2   § 274 ist die **grundlegende Norm,** mit der die Rechtsstellung des Sachwalters geregelt wird. Dazu erklärt § 274 Abs. 1 für die Stellung des Sachwalters zum Insolvenzgericht, für seine Haftung und seine Vergütung die den Insolvenzverwalter betreffenden Vorschriften für entsprechend anwendbar.[1] Zugleich stellt § 274 Abs. 2 klar, dass der Sachwalter im Hinblick

---

[18] *Hess/Weis,* InsO, § 272 RdNr. 10.
[1] Begr. RegE InsO v. 15. 4. 1992, BT-Drucks. 12/2443, zu § 335 RegE, S. 224.

auf die Geschäftsführung nur Aufsichtsfunktionen hat.[2] Schließlich verpflichtet § 274 Abs. 3 den Sachwalter zur Unterrichtung des Gerichts und der Gläubiger, wenn er erkennt, dass bei einer Fortsetzung der Eigenverwaltung Nachteile für die Gläubiger drohen. Damit sollen die Gläubiger in die Lage versetzt werden, die Aufhebung der Eigenverwaltung nach § 272 zu beantragen.[3]

Weitere Regelungen zur Rechtsstellung des Sachwalters sind in den §§ 275, 277, 279, 280–285 getroffen. Mit dieser detaillierten Regelung seiner Rechte und Pflichten wird klargestellt, dass für die Rechtsstellung des Sachwalters nicht pauschal die Regelungen für den Insolvenzverwalter herangezogen werden können, da dem Sachwalter keine eigene Verwaltungs- und Verfügungsbefugnis zukommt, sondern dass der Sachwalter **mit speziell geregelten Befugnissen auf die Kontrolle des Schuldners beschränkt** ist.[4] Zugleich soll mit dieser Aufgaben- und Kompetenzzuweisung an den Sachwalter verhindert werden, dass der Schuldner seine eigene Interessen über die Interessen der Gläubiger stellt, für die er als Amtswalter das Insolvenzverfahren durchzuführen hat.[5]

II. Entstehungsgeschichte der Norm: Frühere Regelung – Reformvorschläge – Gesetzgebungsverfahren zur InsO

Bereits die **Vergleichsordnung kannte gemäß §§ 91 ff. VglO einen Sachwalter.** Es handelt es sich dabei um eine „schillernde" Rechtsfigur, deren Rechte und Pflichten weitgehend denen des Vergleichsverwalters entsprachen.[6] Dabei handelte es sich aber nicht um ein Organ im laufenden Vergleichsverfahren, sondern gemäß § 91 VglO wurde der Sachwalter erst nach Aufhebung des Vergleichsverfahren mit der Bestätigung des Vergleichs tätig, sofern sich der Schuldner im Vergleich der Überwachung durch den Sachwalter bis zur Erfüllung des Vergleichs oder bis zum Eintritt einer im Vergleich festgesetzten Bedingung unterworfen hatte. Dem früheren Sachwalter der Vergleichsordnung entspricht daher eher jetzt die fortgesetzte Tätigkeit des Insolvenzverwalters im Anschluss an die Durchführung eines Insolvenzplanverfahrens bei Überwachung der Planerfüllung nach §§ 260 ff. – abgesehen davon, dass der Sachwalter der Vergleichsordnung in einem privatrechtlichen Geschäftsbesorgungsverhältnis zum Schuldner stand.[7] Demgegenüber hat der Sachwalter der Insolvenzordnung mit dem Sachwalter der Vergleichsordnung nur den Namen gemeinsam, während sich seine Rechte und Pflichten grundlegend unterscheiden.[8]

Vielmehr finden die Regelungen zur Rechtsstellung des Sachwalters **ihr Vorbild in den Rechten und Pflichten des Vergleichsverwalters** nach der Vergleichsordnung. So hat der Gesetzgeber mit § 274 Abs. 1, wenn auch sprachlich ausführlicher, den früheren **§ 38 VglO in die Insolvenzordnung übertragen.**[9]

Mit der Regelung in § 274 Abs. 2 zur Beschränkung des Sachwalters auf Aufsichtsfunktionen hat der Gesetzgeber **§§ 39, 40 VerglO inhaltlich übernommen.**[10] Ebenso lehnt sich die Unterrichtungspflicht des Sachwalters gegenüber dem Gläubigerausschuss oder den Gläubigern nach § 274 Abs. 3 an die Vergleichsordnung an, die in § 40 Abs. 2 VerglO eine ähnliche Unterrichtungspflicht, allerdings nur gegenüber dem Gericht und nicht gegenüber den Gläubigern, vorsah.[11] Die Ähnlichkeit mit den Regelungen der Vergleichsordnung zeigt

---

[2] Begr. RegE InsO v. 15. 4. 1992, BT-Drucks. 12/2443, zu § 335 RegE, S. 224.
[3] Begr. RegE InsO v. 15. 4. 1992, BT-Drucks. 12/2443, zu § 335 RegE, S. 224.
[4] *Nerlich/Römermann/Riggert* § 274 RdNr. 1.
[5] *Blersch* in Breutigam/Blersch/Goetsch § 274 RdNr. 1.
[6] *Kilger/K. Schmidt,* Insolvenzgesetze, § 92 VglO, Anm. 1) mit Nachw. von Literatur und Rechtsprechung zur Vergleichsordnung.
[7] *Kilger/K. Schmidt,* Insolvenzgesetze, § 92 VglO, Anm. 1) mit Nachw. von Literatur und Rechtsprechung zur Vergleichsordnung.
[8] So zutreffend FK-*Foltis* § 274 RdNr. 3.
[9] *Hess/Weis* § 274 RdNr. 10.
[10] Begr. RegE InsO v. 15. 4. 1992, BT-Drucks. 12/2443, zu § 335 RegE, S. 224.
[11] Begr. RegE InsO v. 15. 4. 1992, BT-Drucks. 12/2443, zu § 335 RegE, S. 224; *Kübler/Prütting/Pape* § 274 RdNr. 1.

sich auch in der Regelung der Haftung des Sachwalters gemäß § 274 Abs. 1, die nicht nur der Haftung des Insolvenzverwalters, sondern auch der des Vergleichsverwalters früherer Prägung entspricht.[12]

7   Im Gesetzgebungsverfahren wurde die Norm als § 324 des **Diskussionsentwurfs**[13] (DE) vorgeschlagen. Der **Referentenentwurf**[14] (RefE) hat dann diese Regelung in § 324 RefE in einem zusätzlichen dritten Absatz um die Pflicht des Sachwalters ergänzt, Umstände, die Nachteile für die Gläubiger bei Fortsetzung der Eigenverwaltung erwarten lassen, unverzüglich anzuzeigen. Der **Regierungsentwurf**[15] (RegE) hat dann diese Fassung als § 335 RegE in das Gesetzgebungsverfahren eingebracht. Im Gesetzgebungsverfahren ist eine redaktionelle Anpassung nur noch insoweit erfolgt, dass nach kompletter Streichung des Eigenverwaltungsverfahrens ohne Sachwalter, das noch im RegE für Kleinverfahren vorgesehen war (§§ 347 ff. RegE), der dritte Absatz der Regelung nicht mehr auf die Eigenverwaltung „unter Aufsicht eine Sachwalters" beschränkt werden musste, sondern sich pauschal auf die Eigenverwaltung beziehen konnte. Im Übrigen ist aber die Fassung des Regierungsentwurfs in § 335 RegE unverändert als § 274 Gesetz geworden.

III. Bestellung des Sachwalters

8   **1. Person.** Der Siebte Teil der Insolvenzordnung trifft keine gesonderten Regelungen hinsichtlich der als Sachwalter zu bestimmenden Person. Aufgrund der ausdrücklichen Verweisung in § 274 Abs. 1 gilt daher in entsprechender Anwendung von § 56 Abs. 1, dass eine **geeignete, geschäftskundige und von den Gläubigern und dem Schuldner unabhängige natürliche Person** zum Sachwalter bestellt werden muss.[16] Juristische Personen können als Sachwalter ebenso wenig wie als Insolvenzverwalter bestellt werden.[17] Weil die gleichen Anforderungen gestellt werden wie an einen Insolvenzverwalter im regulären Insolvenzverfahren, ist es unzulässig, wegen der gegenüber dem Insolvenzverwalter eingeschränkten Aufgaben und Befugnisse des Sachwalters weniger qualifizierte Personen zu bestellen.[18]

9   Noch offen ist, ob wegen fehlender Unabhängigkeit ein **Berater des Schuldners,** der im Vorfeld des Insolvenzverfahrens eingeschaltet war und insbesondere einen „pre-packaged" Insolvenzplan mit vorbereitet hat, ohne weiteres als Sachwalter disqualifiziert ist.[19] Zum Teil wird dazu vertreten, dass die erforderliche Unabhängigkeit regelmäßig bei Personen fehle, die den Schuldner vor dem Eintritt der Insolvenz rechtlich oder wirtschaftlich beraten haben.[20] Denn wer den Schuldner wirtschaftlich oder rechtlich beraten und dabei nach Wegen aus der wirtschaftlichen Krise gesucht habe, habe primär die Interessen des Schuldners im Blickfeld. Diese Gefahr der Parteilichkeit werde noch verstärkt, wenn der Berater offene Honoraransprüche gegenüber dem Schuldner habe oder Honoraransprüche vor Insolvenzeinleitung möglicherweise nicht anfechtungsfest bedient wurden.[21]

---

[12] *Kübler/Prütting/Pape* § 274 RdNr. 1.
[13] Diskussionsentwurf (DE), Gesetz zur Reform des Insolvenzrechts, herausgegeben vom Bundesministerium der Justiz, Köln 1988.
[14] Referentenentwurf (RefE), Gesetz zur Reform des Insolvenzrechts, herausgegeben vom Bundesministerium der Justiz, Köln 1989.
[15] RegE InsO v. 15. 4. 1992, BT-Drucks. 12/2443.
[16] HK-*Landfermann* § 274 RdNr. 3, *Nerlich/Römermann/Riggert* § 274 RdNr. 13; *Kübler/Prütting/Pape* § 274 RdNr. 5.
[17] *Kübler/Prütting/Pape* § 274 RdNr. 5.
[18] *Nerlich/Römermann/Riggert* § 274 RdNr. 13. In der Tendenz anders HK-*Landfermann* § 272 RdNr. 8.
[19] Zu einem solchen Fall, jedoch ohne Problematisierung der Rechtsfragen, LG Cottbus, Beschl. v. 17. 7. 2001 – 7 T 421/00, ZIP 2001, 2188.
[20] *Lüke*, Anm. zu LG Cottbus, Beschl. v. 17. 7. 2001 – 7 T 421/00, ZIP 2001, 2189, 2190; *Vallender*, Eigenverwaltung zwischen Schuldner- und Gläubigerautonomie, WM 1998, 2129, 2133 f.; HK-*Landfermann* § 274 RdNr. 3.
[21] *Vallender*, Eigenverwaltung zwischen Schuldner- und Gläubigerautonomie, WM 1998, 2129, 2133. Zur Insolvenzanfechtung von vorinsolvenzlich gezahlten Beraterhonoraren vgl. BGH ZIP 2006, 1261 ff.

Unbestritten muss hier eine Prüfung im Einzelfall erfolgen.[22] Im Grundsatz wird man allerdings fordern müssen, dass der Sachwalter kein früherer Berater des Schuldners sein darf und insbesondere auch von einem eventuell neu bestellten Geschäftsleitungsorgan des Schuldners vollkommen unabhängig sein sollte.[23] Eine „Insolvenzberatung und -verwaltung aus einer Hand", wo der Schuldner zunächst durch eine Beratungsgesellschaft vorinsolvenzlich restrukturiert wurde, dann derselbe Berater den Insolvenzplan erstellt hat und schließlich eine Person aus dem Umfeld der Beratungsgesellschaft die Rolle des Sachwalters übernimmt, ist nicht geeignet, das Vertrauen in das Instrument der Eigenverwaltung zu stützen.[24] Die Unabhängigkeit des Sachwalters sollte sich das Insolvenzgericht vor Bestellung des Sachwalters ausdrücklich von diesem versichern lassen, um sich zu vergewissern, dass keine Interessenkollisionen bestehen.[25]

2. Bestellung des Sachwalters durch das Insolvenzgericht. Der Sachwalter kann zum einen im Falle des § 270 Abs. 3 mit Eröffnung des Insolvenzverfahrens bestellt werden, sofern bereits das Insolvenzgericht in dem Eröffnungsbeschluss die Eigenverwaltung anordnet. Zum anderen kann auch erst nachträglich im bereits eröffneten Insolvenzverfahren ein Sachwalter bestellt werden, sofern nach § 271 das Insolvenzgericht erst auf Antrag der ersten Gläubigerversammlung die Eigenverwaltung anordnet.

Da die Insolvenzordnung die Regelung des § 79 KO nicht übernommen hat, scheidet bei Anordnung der Eigenverwaltung die **Bestellung mehrere Sachwalter** ebenso aus, wie im regulären Insolvenzverfahren nicht mehrerer Insolvenzverwalter bestellt werden können.[26]

Der bestellte Sachwalter erhält gemäß §§ 274 Abs. 1, 56 Abs. 2 eine **Urkunde über seine Bestellung.** Bei Beendigung seines Amtes hat er die Urkunde dem Insolvenzgericht zurückzugeben.[27]

3. Wahl des Sachwalters durch die erste Gläubigerversammlung. Da § 274 Abs. 1 ausdrücklich auch auf § 57 verweist, ist die erste Gläubigerversammlung befugt, einen **anderen Sachwalter als den gerichtlich bestellten** zu wählen. Die Stellung des vom Gericht bestellten Sachwalters ist damit der Sache nach zunächst auch nur eine vorläufige.[28] Wird die Eigenverwaltung erst nach Verfahrenseröffnung auf Antrag der Gläubigerversammlung nach § 271 angeordnet, kann diese erste Gläubigerversammlung zugleich mit dem Antrag auf Eigenverwaltung einen Sachwalter ihrer Wahl benennen (streitig, siehe dazu bei § 271 RdNr. 25).

Das Insolvenzgericht darf gemäß §§ 270 Abs. 1 Satz 2, 57 Satz 2 die **Bestellung des gewählten Sachwalters nur versagen,** wenn dieser für die Übernahme des Amtes nicht geeignet ist. Im Übrigen bleibt die Wahl aber dem Ermessen der Gläubigerversammlung freigestellt; und für die Wahl eines anderen Sachwalters ist insbesondere nicht erforderlich, dass dem zunächst bestellten Sachwalter eine Pflichtverletzung zur Last fällt.[29]

4. Aufsicht und Entlassung. Wegen der Verweisung in § 274 Abs. 1 auf §§ 58 f. steht der Sachwalter ebenso wie ein Insolvenzverwalter im regulären Insolvenzverfahren unter **Aufsicht des Insolvenzgerichts.**[30] Das Insolvenzgericht kann daher gemäß § 58 jederzeit Einzelauskünfte oder Berichte über den Sachstand und die Geschäftsführung verlangen. Die Erfüllung der Pflichten des Sachwalters kann das Gericht gemäß § 58 Abs. 2 durch Festsetzung von Zwangsgeld nach vorheriger Androhung erzwingen.

---

[22] *Nerlich/Römermann/Riggert* § 274 RdNr. 14.
[23] *Kübler/Prütting/Pape* § 274 RdNr. 9; HambKomm-*Fiebig* § 274 RdNr. 3.
[24] Ähnlich *Kübler/Prütting/Pape* § 274 RdNr. 9.
[25] *Kübler/Prütting/Pape* § 274 RdNr. 10.
[26] MünchKommInsO-*Graeber* § 56 RdNr. 119.
[27] *Hess/Weis* § 274 RdNr. 11; *Nerlich/Römermann/Riggert* § 274 RdNr. 14.
[28] *Blersch* in *Breutigam/Blersch/Goetsch* § 274 RdNr. 4; *Kübler/Prütting/Pape* § 274 RdNr. 4.
[29] *Hess/Weis*, InsO, § 274 RdNr. 12; *Nerlich/Römermann/Riggert* § 274 RdNr. 16.
[30] Siehe zur Aufsicht auch HK-*Landfermann* § 274 RdNr. 4; *Nerlich/Römermann/Riggert* § 274 RdNr. 15; *Kübler/Prütting/Pape* § 274 RdNr. 16 ff.

§ 274 17–20   7. Teil. Eigenverwaltung

17 Als ultima ratio bleibt dem Insolvenzgericht, den Sachwalter unter den Voraussetzungen des § 59 aus wichtigem Grund **aus dem Amt zu entlassen.** Hinsichtlich der Antragsbefugnisse gemäß § 59 Abs. 1 Satz 2 und des Rechtsmittels der sofortigen Beschwerde gemäß § 59 Abs. 2 gelten keine grundlegenden Besonderheiten.[31] Dabei muss § 59 naturgemäß so gelesen werden, dass sowohl hinsichtlich Antrags- wie auch der Beschwerdebefugnis der Sachwalter an die Stelle des Insolvenzverwalters tritt.

IV. Die Aufgaben und Befugnisse des Sachwalters

18 Im **allgemeinen ist die Rechtsstellung des Sachwalters durch bestimmte Prüfungsbefugnisse, Überwachungsaufgaben und Mitwirkungserfordernisse gekennzeichnet.**[32] Damit hat der Gesetzgeber die Kompetenzen, die dem Insolvenzverwalter im regulären Verfahren zukommen, bei Anordnung der Eigenverwaltung zwischen Schuldner und Sachwalter aufgeteilt. Dabei stehen insgesamt dem Schuldner die weiterreichenden Kompetenzen zu; allein schon weil ihm die Verfügungs- und Verwaltungsbefugnis verbleibt. Im Übrigen war für die Aufteilung der Grundsatz maßgebend, dass die laufenden Geschäfte vom Schuldner geführt werden und dass der Sachwalter einerseits diese Geschäftsführung kontrolliert und unterstützt, andererseits die besonderen Aufgaben wahrnimmt, die dem Insolvenzverwalter in erster Linie im Interesse der Gläubiger übertragen sind, insbesondere die Anfechtung von gläubigerbenachteiligenden Rechtshandlungen. Nach diesem allgemeinen Kriterium[33] ist auch bei einer fehlenden Regelung für jeden Einzelfall zu prüfen, ob die entsprechenden Aufgaben und Befugnisse dem Sachwalter oder den Schuldner übertragen sind.[34]

19 Die dem Sachwalter zugewiesenen **Aufgaben und Befugnisse im Rahmen von § 274 Abs. 1** orientieren sich an den dort genannten Regeln für den Insolvenzverwalter. Mit den **Regelungen zur Prüfung und Überwachung in § 274 Abs. 2** hat der Gesetzgeber dagegen nahezu wörtlich die ursprüngliche Regelung des § 39 VglO übernommen. Da die Regelungen der früheren Vergleichsordnung insoweit als Vorbild für die Regelungen in der InsO dienten, können im gewissen Umfang Erkenntnisse hinsichtlich der Stellung und Aufgaben des Sachwalters auch aus der Rechtsprechung und Literatur zu Vergleichsordnung gewonnen werden.[35] Dabei muss aber berücksichtigt werden, dass anders als im früheren Vergleichsverfahren die Eigenverwaltung nicht zwingend auf die Sanierung des Schuldners ausgerichtet ist, sondern auch Liquidationsverfahren in Eigenverwaltung durchgeführt werden können.[36]

20 Dementsprechend sind auch die Pflichten des Sachwalters nicht auf eine vergleichsweise Schuldenbereinigung gerichtet. Anders als für den Vergleichsverwalter, zu dessen Aufgaben es gehörte, dafür zu sorgen, dass nur angemessene, ehrliche und durchführbare Vergleiche bestätigt wurden,[37] fehlt für den Sachwalter eine solche vergleichsorientierte Pflichtenbindung.[38] Vielmehr sind dem Sachwalter die im Gesetz genannten Aufgaben im Hinblick darauf zugewiesen, die Ziele des Insolvenzverfahrens zu erreichen. Deshalb muss der Sachwalter seine Tätigkeit darauf ausrichten und die pflichtgemäße Erfüllung seiner Aufgaben daran messen lassen, dass auch das Insolvenzverfahren in Eigenverwaltung gemäß §§ 270 Abs. 1 Satz 2, 1 dazu dient, die Gläubiger gemeinschaftlich zu befriedigen. Angesichts dieser Zielsetzung ist also festzuhalten, dass die Stellung des Sachwalters nur insoweit das Verantwortungsmodell der Vergleichsordnung übernommen hat, als damit durch Nutzung der Kenntnisse und Erfahrungen der bisherigen Geschäftsleitung des Schuldners für das Insol-

---

[31] *Blersch* in *Breutigam/Blersch/Goetsch* § 274 RdNr. 6.
[32] *Nerlich/Römermann/Riggert* § 274 RdNr. 2.
[33] Entgegen *Nerlich/Römermann/Riggert* § 274 RdNr. 2, der eine solche Abgrenzung nach allgemeinen Kriterien für nicht möglich hält.
[34] Begr. RegE InsO v. 15. 4. 1992, BT-Drucks. 12/2443, zu § 331 RegE, S. 223.
[35] *Kübler/Prütting/Pape* § 274 RdNr. 2 f.
[36] FK-*Foltis* § 274 RdNr. 45; *Blersch* in *Breutigam/Blersch/Goetsch* § 274 RdNr. 12.
[37] BGH, Urt. v. 27. 5. 1963 – III ZR 200/61, WM 1963, 916, 917.
[38] FK-*Foltis* § 274 RdNr. 45.

venzverfahren die Verwertung der Insolvenzmasse, insbesondere durch Fortführung des Schuldnerunternehmens, mit größtmöglicher wirtschaftlicher Effektivität sichergestellt werden soll.[39]

Dennoch ist die Rechtsstellung der Sachwalters der des früheren Vergleichsverwalters **21** insofern ähnlich, als er ebenso wie der Vergleichsverwalter als sachkundiger und unparteiischer Gehilfe des Insolvenzgerichts in einer amtsähnlichen Stellung als **Organ der staatlich kontrollierten Gläubigerselbstverwaltung** tätig wird. Dabei ist er wegen seines eingeschränkten Tätigkeitsbereichs weder Amtstreuhänder noch gesetzlicher Vertreter des Schuldners, sondern im Wesentlichen auf eine prüfende und überwachende Tätigkeit beschränkt. Eine gesetzliche Vertretungsmacht ist dem Sachwalter im Rahmen von § 275 Abs. 2 nur insoweit eingeräumt, wie er eingehende Zahlungen entgegennimmt und ausgehende Zahlungen leistet.[40]

1. Überprüfung und Überwachung. Gemäß § 274 Abs. 2 obliegt dem Sachwalter die **22** Prüfung der wirtschaftlichen Lage des Schuldners und die Überwachung seiner Geschäftsführung sowie der Ausgaben für die Lebensführung. Es handelt sich um eine **einleitende Rahmenvorschrift** entsprechend den früheren §§ 39, 40 VerglO, die den Tätigkeitsbereich des Sachwalters im Verhältnis zum Schuldner allgemein beschreibt.[41] Die Überprüfung und Überwachung ist dem Sachwalter dabei, so wie früher dem Vergleichsverwalter,[42] als Helfer des Gerichts, nicht als Gehilfe des Schuldners übertragen.

a) Überprüfung der wirtschaftlichen Lage des Schuldners. Die Überprüfung der **23** wirtschaftlichen Lage des Schuldners soll dem Sachwalter die Erfüllung seiner übrigen Pflichten ermöglichen und hat insoweit dienende, unselbstständige Bedeutung.[43] Sie soll primär **mit dem Ziel zu erfolgen,** die Stellungnahmen des Sachwalters zum Bericht des Schuldners in der ersten Gläubigerversammlung (§ 281 Abs. 2), zu den vom Schuldner erstellten Verzeichnissen (§ 281 Abs. 1) sowie zur Rechnungslegung des Schuldners (§ 281 Abs. 2) und die Geltendmachung von Gesamtschäden sowie die dem Sachwalter obliegende Insolvenzanfechtung gemäß § 280 vorzubereiten.[44]

Zur Erfüllung seiner Überprüfungspflichten hat der Sachwalter **im Einzelnen** die Bücher **24** und Konten des Schuldners zu prüfen, Forderungen festzustellen sowie ggf. Immobilien und Warenbestände zu schätzen. Da ihm gemäß § 280 das Anfechtungsrecht übertragen ist, hat er außerdem auf Rechtshandlungen, die anfechtbar sein könnten, bes. zu achten.[45] Schließlich muss der Sachwalter insbesondere gemäß § 281 die vom Schuldner erstellten Verzeichnisse und die Vermögensübersicht sowie die Schlussrechnung des Schuldners überprüfen.

Insgesamt obliegt dem Sachwalter die Überprüfung der wirtschaftlichen Lage des Schuld- **25** ners als **permanente Pflicht,** die während des gesamten Verfahrens besteht.[46] Sie ist nicht auf eine rückblickende Kontrolle beschränkt. Vielmehr hat der Sachwalter in Fortführungsfällen, so wie im früheren Vergleichsverfahren der Vergleichsverwalter, zukunftsgerichtet auch die Fortführungskonzeption zu überprüfen und zu beurteilen. Dies schließt regelmäßig eine Kontrolle der Planrechnung und Liquiditätsplanung des Schuldners ebenso ein wie die Beurteilung geplanter Umstrukturierungen mit den verbundenen Kosten, der erwarteten Wettbewerbsfähigkeit und sonstiger betriebswirtschaftlicher Beurteilungen und Planrechnungen.[47]

---

[39] FK-*Foltis* § 274 RdNr. 45.
[40] Im Anschluss an die Ausführungen zur Stellung des Vergleichsverwalters von *Kilger/K. Schmidt,* Insolvenzgesetze, § 20 VerglO, Anm. 3) mit Nachw. der älteren Literatur und Rechtsprechung zur Vergleichsordnung. Ebenso jetzt zum Sachwalter *Hess/Weis,* InsO, § 274 RdNr. 5 ff.
[41] *Nerlich/Römermann/Riggert* § 274 RdNr. 3.
[42] Dazu *H. Mohrbutter,* in *Mohrbutter/Mohrbutter,* Handbuch der Insolvenzverwaltung, 7. Aufl. 1996 RdNr. XX.1.
[43] *Blersch* in *Breutigam/Blersch/Goetsch* § 274 RdNr. 12; *Nerlich/Römermann/Riggert* § 274 RdNr. 3.
[44] *Kübler/Prütting/Pape* § 274 RdNr. 49.
[45] *Nerlich/Römermann/Riggert* § 274 RdNr. 5.
[46] *Pape,* Die Eigenverwaltung des Schuldners nach der Insolvenzordnung, in Kölner Schrift, 2. Aufl. 2000, S. 895 ff. RdNr. 24.

§ 274 26–30　　　　　　　　　　　　　　　　　7. Teil. Eigenverwaltung

26　Die **Prüfungsintensität,** die dem Sachwalter dabei auferlegt ist, unterscheidet sich kaum von derjenigen des Insolvenzverwalters, zumal der Sachwalter das Einzige vor Ort tätige Kontrollorgan der Gläubiger ist.[48] Der Sachwalter ist im Ergebnis nur von der Ausarbeitung der Verzeichnisse und Abfassung des Berichtes sowie der eigenen Rechnungslegung entlastet. Im Übrigen hat sein Kenntnisstand dem des Insolvenzverwalters entsprechen, weil er sonst nicht in der Lage ist, die vom Schuldner erstellten Unterlagen sachgerecht zu prüfen und die ihm ebenfalls obliegenden Pflicht zur Überwachung der Geschäftsführung sorgfältig vorzunehmen. Dies gilt ebenso für die Geltendmachung von Gesamtschäden, der persönlichen Haftung der Gesellschafter und der Insolvenzanfechtung. Auch in diesem Bereich kann der Sachwalter nicht sachgerecht handeln, ohne sich einen vollständigen Überblick über die Vermögensverhältnisse des Schuldners verschafft zu haben. Damit obliegen dem Sachwalter weit intensivere Prüfungspflichten als früher dem Vergleichsverwalter, der dem Vergleichsschuldner weitgehend die Beurteilung der Zweckmäßigkeit seiner Geschäftsführung überlassen konnte, solange nur die Mindestanforderungen nach der Vergleichsordnung im Übrigen erfüllt wurden.

27　b) Überwachung der Geschäftsführung. Die **allgemeine Pflicht des Sachwalters zur Überwachung der Geschäftsführung** aus § 274 Abs. 2 soll die Gefahr verringern, dass der Schuldner Gegenstände der Insolvenzmasse beiseite schafft oder Dritte entgegen dem Grundsatz der Gläubigergleichbehandlung bevorzugt. Sie erstreckt sich auf die Prüfung der Geschäftsbücher und der Kassenführung des Schuldners.[49] Mit der Überwachungspflicht korrespondiert aber keine allgemeine Weisungsbefugnis des Sachwalters.[50]

28　Eine Reihe von Einzelregelungen des Siebten Teils der Insolvenzordnung **konkretisiert die allgemeine Überwachungspflicht** aus § 274 Abs. 2:
– Der Schuldner soll Verbindlichkeiten außerhalb des gewöhnlichen Geschäftsbetriebs nur mit Zustimmung des Sachwalters eingehen (§ 275 Abs. 1 Satz 1).
– Der Schuldner soll seine Rechte aus §§ 103 bis 128, insbesondere zur Erfüllungswahl bei noch nicht vollständig erfüllten gegenseitigen Verträgen, nur im Einvernehmen mit dem Sachwalter ausüben (§ 279 Satz 2).
– Die Verwertung von Sicherungsgut soll der Schuldner nur im Einvernehmen mit dem Sachwalter vornehmen (§ 282 Abs. 2).

29　Im Übrigen hat sich der **Sachwalter über die wirtschaftliche Lage des Schuldners stets gründlich zu informieren,** damit er in der Lage ist, die laufende Geschäftsführung stets sachkundig zu überwachen.[51] Insoweit erscheint es dann aber problematisch, dass die Mitwirkungsbefugnisse des Sachwalters bei der Geschäftsführung nur fakultativ ausgestaltet ist. Der Sachwalter ist deshalb darauf angewiesen, dass der Schuldner ihn fortlaufend informiert und seine Handlungen mit ihm abstimmt. Anderenfalls besteht die Gefahr von Gläubigerschädigungen, die noch dadurch erhöht wird, dass die Handlungen des Schuldners als Eigenverwalter nicht anfechtbar sind und der Sachwalter diese nur nachträglich überprüfen kann, weil er nicht unmittelbar an den genannten Rechtshandlungen zu beteiligen ist. Auch wenn der Sachwalter in den genannten Fällen den Rechtshandlungen des Schuldners für deren Wirksamkeit nicht zustimmen muss, so steht ihm deshalb doch ein Anspruch auf vollständige Information über die betreffenden Geschäfte zu.[52]

30　c) Überwachung der Ausgaben für die Lebensführung. Dem Sachwalter obliegt gemäß § 274 Abs. 2 auch die Überwachung der Ausgaben zur Lebensführung. Dies bezieht sich auf das **Recht des Schuldners aus § 278,** für sich und seine Familienangehörigen aus der Insolvenzmasse Mittel für eine bescheidene Lebensführung zu entnehmen. Mit der

---
[47] FK-*Foltis* § 274 RdNr. 49; *Hess/Weis,* InsO, § 274 RdNr. 31.
[48] Hierzu und zum folgenden *Blersch* in *Breutigam/Blersch/Goetsch* § 274 RdNr. 12; *Kübler/Prütting/Pape* § 274 RdNr. 52.
[49] *Nerlich/Römermann/Riggert* § 274 RdNr. 6.
[50] *Blersch* in *Breutigam/Blersch/Goetsch* § 274 RdNr. 13.
[51] HK-*Landfermann* § 274 RdNr. 7.
[52] *Kübler/Prütting/Pape* § 274 RdNr. 49 ff., insbes. RdNr. 56.

Überwachung soll vermieden werden, dass der Schuldner einen darüber hinausgehenden, unangemessenen Lebensstil pflegt und das zur Verteilung an die Gläubiger bestimmte Vermögen vermindert.[53]

d) Mitwirkungsobliegenheit des Schuldners. Um den Sachwalter die Erfüllung seiner Überprüfungs- und Überwachungsaufgaben zu ermöglichen, werden ihm durch Verweisung in § 274 Abs. 2 Satz 2 die Rechte eines vorläufigen Insolvenzverwalters gemäß § 22 Abs. 3 eingeräumt, mit denen **umfassende Informationsobliegenheiten des Schuldners** korrespondieren.[54] Der Sachwalter ist danach insbesondere berechtigt, die Geschäftsräume des Schuldners zu betreten und dort Nachforschungen anzustellen. Der Schuldner hat dem Sachwalter Einsicht in seine Bücher, Geschäftspapiere und alle Datenträger zu gestatten und ihm alle erforderlichen Auskünfte zu erteilen. §§ 274 Abs. 2 Satz 2, 22 Abs. 3 begründen aber weder ein Recht für den Sachwalter, die Privaträume des Schuldners zu betreten, noch sind danach Dritte zu Auskünften gegenüber dem Sachwalter verpflichtet.[55] Ist der Schuldner keine natürliche Person, so sind nach § 101 Abs. 1, Satz 1, 2 die Mitglieder des Vertretungs- oder Aufsichtsorgans und die vertretungsberechtigten persönlich haftenden Gesellschafter des Schuldners, auch wenn sie in den letzten zwei Jahren vor dem Eröffnungsantrag ausgeschieden sind, zur Auskunft und Mitwirkung verpflichtet. Gleiches gilt für die Angestellten und früheren Angestellten des Schuldners.[56] 31

Verweigert der Schuldner die Erfüllung seiner Mitwirkungsobliegenheiten aus § 22 Abs. 3, so ist darin immer ein Umstand zu sehen, bei dem eine Fortsetzung der Eigenverwaltung Nachteile für die Gläubiger erwarten lässt und der vom Sachwalter gemäß § 274 Abs. 3 anzuzeigen ist.[57] Die Abwicklung des Insolvenzverfahrens in Eigenverwaltung setzt nämlich eine vertrauensvolle Zusammenarbeit des Schuldners mit dem Sachwalter voraus; und verweigert der Schuldner diese Zusammenarbeit, indem er dem Sachwalter Einsicht oder Auskünfte verweigert, ist dies ein deutliches Indiz, dass die Fortsetzung der Eigenverwaltung zu Nachteilen für die Gläubiger führen wird. Dies muss als Sanktion die Aufhebung der Eigenverwaltung zur Folge haben. 32

Im Übrigen könnte wegen der Verweisung des § 22 Abs. 3 Satz 3 auf § 98 die dem Schuldner aufgegebene Mitwirkung mit den dort genannten **Zwangsmitteln durchgesetzt** werden. Insbesondere kann das Insolvenzgericht bei Vorliegen der Voraussetzungen nach § 98 Abs. 2 den Schuldner zwangsweise vorführen und nach Anordnung in Haft nehmen lassen.[58] 33

2. Unterrichtung bei drohenden Nachteilen. Gemäß § 274 Abs. 3 hat der Sachwalter unverzüglich dem **Gläubigerausschuss und dem Insolvenzgericht** anzuzeigen, wenn er Umstände feststellt, die Nachteile für die Gläubiger bei Fortsetzung der Eigenverwaltung erwarten lassen. Ist ein Gläubigerausschuss nicht eingesetzt, so sind durch den Sachwalter an dessen Stelle die Insolvenzgläubiger mit angemeldeten Forderungen und die absonderungsberechtigten Gläubiger zu unterrichten. 34

Die Umstände, die die Unterrichtungspflicht begründen, sind an den in § 270 Abs. 2 Nr. 3 geregelten Voraussetzungen der Eigenverwaltung orientiert. Beispiele dafür bilden insbesondere Verstöße des Schuldners gegen seine Obliegenheiten zur Kooperation mit dem Sachwalter, eine Verzögerung der Verfahrensabwicklung durch den Schuldner und Unregelmäßigkeiten in finanzieller Hinsicht, zB eine unsachgerechte Buchführung oder Entnahmen für eine (verschwenderische) Lebensführung des Schuldners und seiner Familienangehörigen über das bescheidene Maß des § 278 hinaus.[59] 35

---

[53] *Nerlich/Römermann/Riggert* § 274 RdNr. 7.
[54] Dazu auch *Blersch* in *Breutigam/Blersch/Goetsch* § 274 RdNr. 16; *HK-Landfermann* § 274 RdNr. 4.
[55] *Nerlich/Römermann/Riggert* § 274 RdNr. 8.
[56] *Blersch* in *Breutigam/Blersch/Goetsch* § 274 RdNr. 17.
[57] *Kübler/Prütting/Pape* § 274 RdNr. 54.
[58] *Pape*, Die Eigenverwaltung des Schuldners nach der Insolvenzordnung, in Kölner Schrift, 2. Aufl. 2000, S. 895 ff. RdNr. 26; *Nerlich/Römermann/Riggert* § 274 RdNr. 9.
[59] *Nerlich/Römermann/Riggert* § 274 RdNr. 19.

36 Seiner Verpflichtung zur Anzeige hat der Sachwalter **unverzüglich** nachzukommen. Dies ist gemäß § 121 Abs. 1 Satz 1 BGB so zu verstehen, dass die Benachrichtigung ohne schuldhaftes Zögern erfolgen muss. Dem Sachwalter ist kein Ermessen dahingehend eingeräumt, zunächst mit dem Schuldner intern Maßnahmen zur Abhilfe zu vereinbaren, ohne die Gläubiger zu benachrichtigen.[60] Es handelt sich vielmehr um eine unbedingte Pflicht des Sachwalters zur Information der Gläubiger, weil nur diese auf Grund der Gläubigerautonomie entscheiden können, ob trotz der bekanntgewordenen Umstände die Eigenverwaltung fortgesetzt werden soll.

37 **Zweck der Anzeige** ist es, den Gläubigern rechtzeitig einen Antrag auf Anordnung der Zustimmungsbedürftigkeit nach § 277 oder als ultima ratio den Antrag auf Aufhebung der Eigenverwaltung nach § 272 zu ermöglichen.[61] Wegen dieser zu erwartenden Konsequenzen hat der Sachwalter mit einer Anzeige ein Druckmittel in der Hand, die erforderliche Mitwirkung des Schuldners und seine sachgerechte Verfahrensabwicklung im vorrangigen Interesse der Gläubiger durchzusetzen. Dies ersetzt in vielen Bereichen die fehlende Weisungsbefugnis des Sachwalters wenigstens teilweise und kann erreichen, dass der Schuldner die nur internen Mitwirkungsbefugnisse des Sachwalters akzeptiert.[62]

38 Denn da der Sachwalter nicht befugt ist, einen der Anträge nach §§ 272, 277 selbst zu stellen, muss er **den Gläubigerausschuss benachrichtigen,** um ihm die Entscheidung über den Antrag auf Einberufung einer Gläubigerversammlung gemäß § 75 Abs. 1 Nr. 2 zu ermöglichen, in der über einen der Anträge nach §§ 272, 277 zu beschließen ist. Aufgrund seiner verfahrensrechtlichen Stellung darf dabei der Gläubigerausschuss eine entsprechende Anzeige nicht einfach entgegennehmen, sondern muss den Antrag auf eine entsprechende Gläubigerversammlung pflichtgemäß prüfen. Da dem Gläubigerausschuss dies als insolvenzspezifischen Verpflichtung obliegt, kann es nach § 71 die Haftung der Gläubigerausschussmitglieder begründen, wenn sie eine Anzeige des Sachwalters nach § 274 Abs. 3 Satz 1 ohne Reaktion hinnehmen und dies zu einer Schädigung der Gläubiger führt.[63]

39 **Besteht kein Gläubigerausschuss,** können stattdessen die Mitteilungen an die Gläubiger dazu führen, dass diese von ihrem Antragsrecht nach §§ 272 Abs. 1 Nr. 2, 277 Abs. 2 Gebrauch machen. Deshalb entspricht die Aufzählung der vom Sachwalter zu benachrichtigenden Gläubiger in § 274 Abs. 3 Satz 2 den Antragsberechtigten nach §§ 272 Abs. 1 Nr. 2, 277 Abs. 2.

40 Neben den Gläubigern hat der Sachwalter im Falle des § 274 Abs. 3 immer **auch dem Insolvenzgericht anzuzeigen,** wenn festgestellte Umstände Nachteile für die Gläubiger bei Fortsetzung der Eigenverwaltung erwarten lassen. Denn das Insolvenzgericht kann zwar nicht von Amts wegen in einem solchen Fall die Eigenverwaltung aufheben, aber nach § 74 eine Gläubigerversammlung einberufen, in der über den Antrag auf Aufhebung der Eigenverwaltung nach § 272 Abs. 1 Nr. 1 zu beschließen ist.[64]

V. Haftung des Sachwalters

41 **1. Haftung für die Verletzung insolvenzspezifischer Pflichten.** Gemäß der ausdrücklichen Verweisung in § 274 Abs. 1 auf § 60 haftet der Sachwalter den Gläubigern für die **Erfüllung seiner insolvenzspezifischen Pflichten.**

42 Zu den insolvenzspezifischen Pflichten des Sachwalters, deren schuldhafte Verletzung zur Haftung führen kann, sind seine **Pflichten zur Prüfung und Überwachung aus § 274 Abs. 2** ebenso wie seine **Pflicht zur Anzeige nach § 274 Abs. 3** zu zählen. Denn diese Pflichten des Sachwalters sind speziell auf sein Amt zugeschnitten; und bei der Eigenver-

---

[60] Im Ergebnis ebenso *Kübler/Prütting/Pape* § 274 RdNr. 58 ff.
[61] Hierzu und zum folgenden HK-*Landfermann* § 274 RdNr. 9; *Kübler/Prütting/Pape* § 274 RdNr. 58 ff.
[62] *Blersch* in *Breutigam/Blersch/Goetsch* § 274 RdNr. 18.
[63] *Pape,* Die Eigenverwaltung des Schuldners nach der Insolvenzordnung, in Kölner Schrift, 2. Aufl. 2000, S. 895 ff. RdNr. 53.
[64] *Blersch* in *Breutigam/Blersch/Goetsch* § 274 RdNr. 16.

waltung sind die Gläubiger in besonderem Maße darauf angewiesen, dass der Sachwalter auf die Wahrnehmung ihrer Interessen durch den Schuldner achtet. Geschieht dies nicht, muss der Sachwalter unter den sonstigen Voraussetzungen des § 60 persönlich für die Verluste einstehen, die den Gläubigern aus der Fortsetzung einer nachteiligen Eigenverwaltung erwachsen.[65]

Weiterhin sind dem Sachwalter als **insolvenzspezifische Pflichten nach § 280** die Geltendmachung der Haftung nach §§ 92, 93 und die Insolvenzanfechtung nach den §§ 129 bis 147 übertragen.[66]

Gemäß § 60 haftet der Sachwalter **nur bei schuldhafter Pflichtverletzung. Sorgfaltsmaßstab** ist die Aufgabenerfüllung eines ordentlichen und gewissenhaften Sachwalters. Im Vergleich zu den Pflichten eines Insolvenzverwalters ist dabei aber zu berücksichtigen, dass dem Sachwalter im Vergleich zum Insolvenzverwalter wesentlich eingeschränkte Befugnisse zugewiesen sind. Insbesondere ist dem Sachwalter nicht die Verwaltungs- und Verfügungsbefugnis übertragen, so dass er im Geschäftsverkehr nicht als Vertragspartner auftritt.[67] Beim Einsatz von Angestellten des Schuldners haftet der Sachwalter – wie der Insolvenzverwalter im regulären Insolvenzverfahren – nicht für jedes Verschulden dieser Personen nach § 278 BGB, sondern nur im Rahmen von § 60 Abs. 2 für deren Auswahl, Überwachung und bei Entscheidungen von besonderer Bedeutung.[68] Im Übrigen haftet der Sachwalter jedoch für seine Erfüllungshilfen wie für eigenes Verschulden.[69]

Haben Pflichtverletzungen des Sachwalters zu Schadensersatzansprüchen geführt, so können diese gemäß §§ 280, 92 Satz 2 **nur von einem neu bestellten Sachwalter geltend gemacht werden.**[70] Die Ansprüche verjähren wie beim Insolvenzverwalter gemäß § 62 innerhalb von drei Jahren ab dem Zeitpunkt, zu dem der Verletzte von dem Schaden und den anspruchsbegründenden Umständen Kenntnis erlangt hat.[71]

2. Haftung für die Erfüllung von Masseverbindlichkeiten. § 274 Abs. 1 verweist nicht auf § 61, wo die Haftung des Insolvenzverwalters bei der Begründung von **Masseverbindlichkeiten** geregelt ist, die später aus der Masse nicht vollständig erfüllt werden können. Die fehlende Anwendbarkeit dieser Haftungsregelung ergibt sich daraus, dass der Schuldner verwaltungs- und verfügungsbefugt bleibt und damit bei der Begründung von Masseverbindlichkeiten grundsätzlich frei ist, so dass den Sachwalter keine Mitverantwortung trifft.[72] Im Übrigen trifft den Sachwalter auch keine Verpflichtung, Vertragspartner des Schuldners zu warnen, wenn er die Gefahr der Masseunzulänglichkeit für diese voraussehen konnte. Der Sachwalter erfüllt vielmehr seine Pflichten bei drohender Masseunzulänglichkeit, wenn er dies gemäß § 285 dem Gericht anzeigt.[73]

Der Verwalter hat jedoch gemäß § 277 Abs. 1 in entsprechender Anwendung von § 61 **für die Nichterfüllung von Masseverbindlichkeiten zu haften,** wenn angeordnet worden ist, dass das betreffende Rechtsgeschäft nur mit seiner Zustimmung wirksam wird, und der Sachwalter seiner Zustimmung erteilt hat (dazu ausführlich bei § 277 RdNr. 33 f.). Ebenso kommt eine Haftung des Sachwalters analog § 61 in Betracht, wenn er im Rahmen von Aufgaben, die ihm kraft Gesetzes im Eigenverwaltungsverfahren obliegen, also zB gemäß § 280 bei Durchführung von Anfechtungsprozessen, Masseschulden begründet.[74]

---

[65] *Blersch* in *Breutigam/Blersch/Goetsch* § 274 RdNr. 15 f.; *Kübler/Prütting/Pape*, § 274 RdNr. 58; HK-*Landfermann* § 274 RdNr. 9.
[66] *Hess/Weis,* InsO, § 274 RdNr. 22.
[67] *Blersch* in *Breutigam/Blersch/Goetsch* § 274 RdNr. 7; *Nerlich/Römermann/Riggert* § 274 RdNr. 17 f.
[68] *Blersch* in *Breutigam/Blersch/Goetsch* § 274 RdNr. 7.
[69] *Hess/Weis,* InsO, § 274 RdNr. 20.
[70] *Blersch* in *Breutigam/Blersch/Goetsch* § 274 RdNr. 15.
[71] *Hess/Weis,* InsO, § 274 RdNr. 23; *Blersch* in *Breutigam/Blersch/Goetsch* § 274 RdNr. 8; *Nerlich/Römermann/Riggert* § 274 RdNr. 17.
[72] HK-*Landfermann* § 274 RdNr. 5; *Kübler/Prütting/Pape* § 274 RdNr. 32 ff.
[73] HK-*Landfermann* § 274 RdNr. 5.
[74] HK-*Landfermann* § 274 RdNr. 5.

VI. Vergütung des Sachwalters

48 § 274 Abs. 1 verweist hinsichtlich der Vergütung des Sachwalters auf die **Regelungen für den Insolvenzverwalter in §§ 63–65.** Der Sachwalter hat danach gemäß § 63 Anspruch auf Vergütung seiner Geschäftsführung und auf Erstattung angemessener Auslagen. Dabei gelten grundsätzlich nach § 10 InsVV die Vergütungsregelungen für den Insolvenzverwalter im regulären Verfahren entsprechend. Insbesondere wird die Vergütung des Sachwalters wie beim Insolvenzverwalter gemäß §§ 1 Abs. 1, 10 InsVV nach dem Wert der Insolvenzmasse zur Zeit der Beendigung des Insolvenzverfahrens berechnet. Dabei bleiben aber mit Absonderungsrechten belastete Massegegenstände gemäß § 1 Abs. 2 Nr. 1 InsVV stets außer Betracht, da die Verwertung gemäß § 282 ausschließlich dem Schuldner übertragen ist.[75]

49 Der Sachwalter erhält jedoch **im Vergleich zum Insolvenzverwalter eine geringere Vergütung.** Gemäß § 12 Abs. 1 InsVV ist im Regelfall eine Vergütung für den Sachwalter in Höhe von 60% der Vergütung für den Insolvenzverwalter vorgesehen. Eine diesen Regelsatz übersteigende Vergütung ist insbesondere dann festzusetzen, wenn das Insolvenzgericht einen Zustimmungsvorbehalt des Sachwalters für bestimmte Geschäfte des Schuldners angeordnet hat, § 12 Abs. 2 InsVV. Diese Regelung schließt es aber nicht aus, dass weitere eigenverwaltungsspezifische Zuschläge gewährt werden und daneben auch auf die allgemeinen Zu- und Abschläge des § 3 InsVV zurückgegriffen wird.[76] Eine weitere Sonderregelung für die Eigenverwaltung findet sich in § 12 Abs. 3 InsVV. Nach dieser Vorschrift sind bei der Pauschalierung der Auslagen gem. § 8 Abs. 3 InsVV für jeden angefangenen Monat der Tätigkeit des Sachwalters höchstens 125 € festzusetzen.

50 Bei Eigenverwaltung ist **eine den Regelsatz übersteigende Vergütung** gemäß § 12 Abs. 2 InsVV insbesondere festzusetzen, wenn die Zustimmungsbedürftigkeit bestimmter Rechtsgeschäfte gemäß § 277 Abs. 1 angeordnet ist, weil damit die Stellung der Sachwalters der des Insolvenzverwalters angenähert ist, sein Arbeitseinsatz erheblich höher ausfällt und auch seine Haftungsrisiko stärker dem des Insolvenzverwalters gleicht. Je nach Art und Umfang der zustimmungspflichtigen Geschäfte und des damit konkret verbundenen Mehraufwandes für den Sachwalter kann die Vergütung bis zur Höhe des einfachen Regelsatzes steigen, was aber nach verbreiteter Ansicht nur bei Anordnung des Zustimmungsvorbehalts für nahezu alle Rechtsgeschäfte in Betracht kommt.[77] Eine solche Einschränkung wäre aber wegen der umfangreichen **Überprüfungs- und Stellungnahmepflichten** des Sachwalters und unter Berücksichtigung des Risikos, das der Sachwalter allein dadurch eingeht, dass er in starkem Maße auf die Richtigkeit der Angaben des Schuldners angewiesen ist, problematisch. Vielmehr erscheint die Herabsetzung der Vergütung des Sachwalters durch Abschläge nur in einfach gelagerten Fällen angemessen, bei denen die Überprüfung der Verzeichnisse und Schlussrechnungen nach § 281 keinen allzu großen Aufwand erfordert. Bei komplexeren Verfahren werden sich dagegen die Überprüfungsaufgaben nicht wesentlich von der Pflicht zur Aufstellung der Verzeichnisse, die den Insolvenzverwalter trifft, unterscheiden.[78]

50a Als besondere Zuschlagskriterien kommen bei der Eigenverwaltung insbes. in Betracht:[79]
– die Anordnung von Zustimmungsvorbehalten nach § 277,
– die Übernahme der Kassenführung durch den Sachwalter nach § 275 Abs. 2,
– die Ausarbeitung eines Insolvenzplans im Auftrag der Gläubigerschaft,
– die Überwachung der Planerfüllung durch den Sachwalter sowie

---

[75] *Hess/Weis* § 274 RdNr. 25; *Haarmeyer/Wutzke/Förster*, Handbuch, 3. Aufl. 2001, Kap. 10 RdNr. 24.
[76] *Kübler/Prütting/Pape* § 274 RdNr. 41; *Eickmann*, InsVV, § 12 InsVV RdNr. 6 ff.
[77] *Haarmeyer/Wutzke/Förster*, Handbuch, 3. Aufl. 2001, Kap. 10 RdNr. 25; *HK-Landfermann* § 274 RdNr. 6.
[78] So auch *Kübler/Prütting/Pape* § 281 RdNr. 17.
[79] Vgl. *Kübler/Prütting/Pape* § 274 RdNr. 43 f.

– das Auftreten überdurchschnittlicher Schwierigkeiten bei den gesetzlich geregelten Fällen der Mitwirkung und Zustimmung des Sachwalters (§§ 275 Abs. 1, 276, 279, 281, 282 Abs. 2, 283 Abs. 2, 284).

Das Insolvenzgericht setzt gemäß § 64 Abs. 1 die Vergütung und die zu erstattenden Auslagen des Sachwalters durch **Beschluss** fest.   51

Die Vergütung des Sachwalters ist als **Masseverbindlichkeit** vorab zu befriedigen. Dies ergibt sich aus der Verweisung des § 274 Abs. 1 auf § 54 Nr. 2. Obwohl in § 54 Nr. 2 nicht ausdrücklich erwähnt, gehören somit die Vergütung und die Auslagen des Sachwalters zu den Kosten des Insolvenzverfahrens; und sie sind in einem masseunzulänglichen Verfahren gemäß § 209 Abs. 1 Nr. 1 vorrangig vor den anderen Masseverbindlichkeiten zu berichtigen.[80]   52

Der Sachwalter hat gemäß § 9 InsVV auch den Anspruch auf einen **Vorschuss für seine Vergütung und die Auslagen** während des laufenden Eigenverwaltungsverfahren, wenn das Insolvenzgericht zustimmt.[81] Wegen der fehlenden Verwaltungs- und Verfügungsbefugnis steht dem Sachwalter aber, anders als dem Insolvenzverwalter, insoweit ein Entnahmerecht nur dann zu, wenn der Sachwalter gemäß § 275 Abs. 2 die Kassenführung an sich gezogen hat. In allen anderen Fällen gewährt § 9 InsVV einen Anspruch des Sachwalters gegen die Insolvenzmasse, der vom Schuldner erfüllt werden muss.   53

Wird im Laufe des Verfahrens die Art der Verfahrensabwicklung gewechselt und wird etwa nach ursprünglicher Bestellung eines Sachwalters die Anordnung der Eigenverwaltung widerrufen und ein Insolvenzverwalter bestellt, so bestehen – auch bei Personenidentität – zwei voneinander unabhängige Vergütungsansprüche. Die Vergütung des Sachwalters ist mit der Rechtskraft der Aufhebungsentscheidung fällig.[82] Im Übrigen muss bei der Vergütung des nachfolgend bestellten Insolvenzverwalters berücksichtigt werden, dass sich die Tätigkeit des Sachwalters bereits entlastend ausgewirkt hat. Im umgekehrten Fall (also zunächst Bestellung Insolvenzverwalter, danach Bestellung Sachwalter) ist die Arbeitsentlastung auch bei der Bemessung der Vergütung des Sachwalters zu berücksichtigen.[83]   53 a

VII. Vergütung der Gesellschaftsorgane

§ 274 trittt keine Regelung für die Vergütung der Gesellschaftsorgane der eigenverwalteten schuldnerischen Gesellschaft. Das Insolvenzgericht ist für eine Entscheidung über die Vergütung der organschaftlichen Vertreter der Schuldnerin nicht zuständig. Die Vergütung richtet sich nach dem Anstellungsvertrag der Organmitglieder mit der Schuldnerin. Für den Abschluss oder die Änderung dieses Vertrags bleiben die Gesellschaftsorgane zuständig.[84] Entscheidungen der Gesellschaftsorgane, mit denen die Gläubigerschaft nicht einverstanden ist, können durch die Aufhebung der Eigenverwaltung sanktioniert werden. Offensichtlich dem Gläubigerinteresse zuwiderlaufende Vergütungsvereinbarung sind allerdings wegen Insolvenzzweckwidrigkeit[85] unwirksam, so dass es ratsam erscheint, dass die Anteilseigner die Vergütung der Organmitglieder mit der Gläubigerschaft und dem Sachwalter von vornherein abstimmen.[86]   54

---

[80] *Blersch* in *Breutigam/Blersch/Goetsch* § 274 RdNr. 3; *Nerlich/Römermann/Riggert* § 274 RdNr. 11; *Hess/Weis*, InsO, RdNr. 26.
[81] So im Ergebnis auch *Blersch* in *Breutigam/Blersch/Goetsch* § 274 RdNr. 10.
[82] *Kübler/Prütting/Pape* § 274 RdNr. 48.
[83] *Eickmann* § 12 InsVV RdNr. 17; *Kübler/Prütting/Pape* § 274 RdNr. 48.
[84] AG Duisburg, Beschl. v. 4. 10. 2005 – 60 IN 136/02, NZI 2006, 112; *Braun/Riggert* § 274 RdNr. 9.
[85] BGH, Urt. v. 25. 4. 2002 – IX ZR 313/99, ZIP 2002, 1093 ff.
[86] Im Ergebnis ebenso *Kübler/Prütting/Pape* § 278 RdNr. 9; anders AG Duisburg, Beschl. v. 4. 10. 2005 – 60 IN 136/02, NZI 2006, 112.

§ 275 Mitwirkung des Sachwalters

(1) ¹Verbindlichkeiten, die nicht zum gewöhnlichen Geschäftsbetrieb gehören, soll der Schuldner nur mit Zustimmung des Sachwalters eingehen. ²Auch Verbindlichkeiten, die zum gewöhnlichen Geschäftsbetrieb gehören, soll er nicht eingehen, wenn der Sachwalter widerspricht.

(2) Der Sachwalter kann vom Schuldner verlangen, daß alle eingehenden Gelder nur vom Sachwalter entgegengenommen und Zahlungen nur vom Sachwalter geleistet werden.

Übersicht

	RdNr.		RdNr.
I. Normzweck	1	2. Im Rahmen des gewöhnlichen Geschäftsbetriebs	6
II. Entstehungsgeschichte der Norm: Frühere Regelung – Reformvorschläge – Gesetzgebungsverfahren zur InsO	2	3. Außerhalb des gewöhnlichen Geschäftsbetriebs	11
III. Begründung neuer Verbindlichkeiten	4	4. Verstoß des Schuldners gegen § 275 Abs. 1 InsO	12
1. Verbindlichkeiten	5	IV. Kassenführung durch den Sachwalter	14

I. Normzweck

1 Während die allgemeine Rechtsstellung des Sachwalters im Verhältnis zum Schuldner durch § 274 umschrieben wird, regeln §§ 275–277 **im Detail die Befugnisse des Schuldners hinsichtlich der Vornahme bestimmter Rechtshandlungen** bei Abwicklung des Insolvenzverfahrens in Eigenverwaltung. Um die Aushöhlung der Masse durch den Schuldner zu verhindern, sehen sie vierfach abgestufte Mitwirkungs- und Zustimmungserfordernisse vor.[1]

- Gemäß § 275 Abs. 1 entscheidet der Schuldner über die Begründung von **Verbindlichkeiten, die zum gewöhnlichen Geschäftsbetrieb** gehören, grundsätzlich allein, und dem Sachwalter steht lediglich ein Widerspruchsrecht zu.
- Will der Schuldner **Verbindlichkeiten außerhalb des gewöhnlichen Geschäftsbetriebs** eingehen, soll er dazu gemäß § 275 Abs. 1 Satz 1 die Zustimmung des Sachwalters einholen.
- Auf der nächsten Stufe ist dann gemäß § 276 für **Rechtshandlungen mit besonderer Bedeutung für das Insolvenzverfahren vorgesehen,** dass der Schuldner diese nur mit Zustimmung des Gläubigerausschusses vornehmen soll. Dies sind immer zugleich Transaktionen, die über den gewöhnlichen Geschäftsbetrieb hinaus gehen.[2]
- Sofern schließlich die Gläubigerversammlung oder im Eilfall ein einzelner Gläubiger einzelne Transaktionen für bes. bedeutsam oder gefährlich hält, kann auf entsprechenden Antrag nach § 277 das Insolvenzgericht auch im Außenverhältnis die **Wirksamkeit bestimmter Rechtsgeschäfte an die Zustimmung des Sachwalters** knüpfen.

II. Entstehungsgeschichte der Norm: Frühere Regelung – Reformvorschläge – Gesetzgebungsverfahren zur InsO

2 Die Regelung in § 275 über die Mitwirkung des Sachwalters bei der Begründung von Verbindlichkeiten und seine Befugnis zur Kassenführung entspricht nach Auffassung des Gesetzgebers der **früheren Regelung des Vergleichsrechts in § 57 VerglO,** die fast

---

[1] Zu diesem Stufenverhältnis ähnlich auch HK-*Landfermann* § 276 RdNr. 1; *Kübler/Prütting/Pape* § 275 RdNr. 1.
[2] HK-*Landfermann* § 276 RdNr. 1.

wörtlich übernommen worden ist.³ Eine Übertragung der zu § 57 VerglO entwickelten Grundsätze muss aber berücksichtigen, dass im früheren Vergleichsverfahren der Schuldner seine Verwaltungsbefugnis im Sinne einer vollständigen rechtlichen wirtschaftlichen Dispositionsfreiheit behielt, während er im Eigenverwaltungsverfahren als Amtswalter primär im Interesse der Schuldner zu handeln hat. Diese Amtswalterstellung des Schuldners muss bei Auslegung von § 275 beachtet werden.⁴

Im Gesetzgebungsverfahren wurde die Norm als § 325 des **Diskussionsentwurfs**⁵ (DE) 3 vorgeschlagen. Der **Referentenentwurf**⁶ (RefE) hat diese Regelung in § 325 RefE mit einer geringfügigen sprachlichen Glättung inhaltlich unverändert übernommen. Diese Fassung ist dann als § 336 vom **Regierungsentwurf**⁷ (RegE) in das Gesetzgebungsverfahren eingebracht worden. In dessen Verlauf ist nochmals eine rein sprachliche Verbesserung im zweiten Absatz der Entwurfsfassung erfolgt; im Übrigen ist aber die Fassung des Regierungsentwurfs inhaltlich unverändert als § 275 Gesetz geworden.

III. Begründung neuer Verbindlichkeiten

§ 275 Abs. 1 unterscheidet hinsichtlich der Mitwirkungsbefugnisse des Sachwalters bei 4 der Begründung neuer Verbindlichkeiten zwischen Rechtshandlungen im gewöhnlichen Geschäftsbetrieb und Verbindlichkeiten außerhalb dieses Rahmens. Voraussetzung der Abstimmungserfordernisses mit dem Sachwalter ist aber, dass die Verbindlichkeiten zumindest aus der **Geschäftsführung gerade für die Insolvenzmasse** herrühren. Handelt es sich dagegen (und dies ist nur im Eigenverwaltungsverfahren über das Vermögen einer natürlichen Person denkbar, bei dem es sich um einen Ausnahmefall handeln wird) um die Begründung von Verbindlichkeiten für die private Lebensführung des Schuldners, so ist der Verwalter gemäß § 274 Abs. 2 darauf beschränkt, die Ausgaben im Hinblick auf ihre Vereinbarkeit mit einer bescheidenen Lebensführung im Sinne von § 278 zu überwachen. §§ 278, 274 Abs. 2 treffen insoweit eine Spezialregelung, während sich § 275 Abs. 1 Satz 1 ausdrücklich und allein auf den „Geschäftsbetrieb" bezieht und, anders als § 274 Abs. 2, nicht auch die Lebensführung erfasst.⁸

1. Verbindlichkeiten. Neue Verbindlichkeiten im Sinne dieser Regelung werden bei 5 der **rechtsgeschäftlichen Begründung von Verpflichtungen** durch Vertrag ebenso wie durch einseitiges Rechtsgeschäft eingegangen.⁹ Erfasst sind auch Hand- und Bargeschäfte, falls durch sie wenigstens für eine logische Sekunde Verpflichtungen des Schuldners begründet werden.¹⁰ Dagegen ist die Regelung des § 275 Abs. 1 nicht auf Geldzahlungsverpflichtungen des Schuldners beschränkt, sondern gilt für die Begründung sämtlicher Leistungsverpflichtungen, also zB auch für Liefer- und Herstellungsverpflichtungen aus Handelsgeschäften mit Dritten.¹¹ Auch solche vom Schuldner begründete Verpflichtungen führen gemäß § 55 Abs. 1 Nr. 1 zu Masseverbindlichkeiten, die im Übrigen spätestens bei Nichterfüllung ebenso Geldansprüche gegen die Masse darstellen wie originäre Geldzahlungsverpflichtungen. Wegen dieser in allen Fällen erfolgenden Belastung der Masse durch

---
³ Begr. RegE InsO v. 15. 4. 1992, BT-Drucks. 12/2443, zu § 336 RegE, S. 224.
⁴ *Blersch* in *Breutigam/Blersch/Goetsch* § 275 RdNr. 1.
⁵ Diskussionsentwurf (DE), Gesetz zur Reform des Insolvenzrechts, herausgegeben vom Bundesministerium der Justiz, Köln 1988.
⁶ Referentenentwurf (RefE), Gesetz zur Reform des Insolvenzrechts, herausgegeben vom Bundesministerium der Justiz, Köln 1989.
⁷ RegE InsO v. 15. 4. 1992, BT-Drucks. 12/2443.
⁸ Im Ergebnis ebenso *Nerlich/Römermann/Riggert* § 275 RdNr. 2; *Blersch* in *Breutigam/Blersch/Goetsch* § 275 RdNr. 3. Für die Vergleichsordnung zum Verhältnis von §§ 56, 57 VerglO so schon *Kilger/K. Schmidt,* Insolvenzgesetze, § 57 VerglO, Anm. 2.
⁹ So schon für die Vergleichsordnung *Kilger/K. Schmidt,* Insolvenzgesetze, § 57 VerglO, Anm. 2.
¹⁰ *Nerlich/Römermann/Riggert* § 275 RdNr. 2. Dagegen aber für § 57 VerglO *Kilger/K. Schmidt,* Insolvenzgesetze, § 57 VerglO, Anm. 2.
¹¹ Dagegen *Blersch* in *Breutigam/Blersch/Goetsch* § 275 RdNr. 3.

Rechtshandlungen des Schuldners müssen sämtliche Verbindlichkeiten gleich behandelt werden.

6 **2. Im Rahmen des gewöhnlichen Geschäftsbetriebs.** Wird das Insolvenzverfahren in Eigenverwaltung durchgeführt, so verbleibt dem Schuldner gemäß § 270 Abs. 1 Satz 1 die Verwaltungs- und Verfügungsbefugnis. Als Prinzip gilt daher, dass **sämtliche vom Schuldner vorgenommene Rechtshandlungen für und gegen die Insolvenzmasse wirksam** sind. Soweit der Schuldner im Rahmen des gewöhnlichen Geschäftsbetriebs handelt, ist dabei im Grundsatz, wie sich im Umkehrschluss aus § 275 Abs. 1 Satz 2 ergibt, eine Information oder eine Zustimmung des Sachwalters nicht erforderlich.

7 **Ob eine Verbindlichkeit zum gewöhnlichen Geschäftsbetrieb gehört,** ist durch Vergleich des jeweilgen Geschäfts nach Art und Umfang der begründeten Verbindlichkeiten mit Art und Umfang des bisherigen Schuldnergeschäfts festzustellen. Außerhalb des gewöhnlichen Geschäftsbetriebs erfolgt regelmäßig die Veräußerung oder Belastung von Grundstücken, die Aufnahme von Darlehen und der Verzicht auf Forderungen.[12] Die Neueinstellung von Arbeitnehmern wird dagegen in den meisten Fällen zum gewöhnlichen Geschäftsbetrieb gehören.[13] Im Übrigen ist, ähnlich wie in § 116 HGB, jeweils im Einzelfall unter Berücksichtigung des konkret vom Schuldner geführten Unternehmens zu prüfen, welche Handlungen dort regelmäßig und im Normalfall vorkommen können. Dies sind im Zweifel alle Rechtsgeschäfte, die den Unternehmensgegenstand verwirklichen. Besonders schwerwiegende Geschäfte, auch wenn sie im Rahmen des Unternehmenszwecks liegen, stehen dabei aber außerhalb des gewöhnlichen Geschäftsbetriebs, so dass auch reguläre Handelsgeschäfte nicht mehr dem gewöhnlichen Geschäftsbetrieb zuzurechnen sind, wenn sie nach Art und Umfang die bisherige unternehmerische Tätigkeit erheblich übersteigen.[14]

8 Auch im Rahmen des gewöhnlichen Geschäftsbetriebs ist dem Sachwalter in § 274 Abs. 2 aber aufgegeben, die Geschäftsführung des Schuldners zu **überwachen.** Um ihm diese Überwachung zu ermöglichen, sieht § 275 Abs. 1 Satz 2 vor, dass der Schuldner auch Verbindlichkeiten, die zum gewöhnlichen Geschäftsbetrieb gehören, nicht eingehen soll, wenn der Sachwalter widerspricht. Insoweit braucht der Schuldner hier also nicht für die Begründung jeder einzelnen Verbindlichkeit die Zustimmung des Sachwalters, sondern es obliegt vielmehr dem Sachwalter, einzelnen Geschäften zu widersprechen, wenn er Bedenken hat. Dabei kann der Sachwalter von vornherein konkreten Einzelgeschäften oder einer bestimmten Art von Geschäften widersprechen.[15]

9 Eine **Verpflichtung des Sachwalters zum Widerspruch** besteht immer dann, wenn er die Absicht des Schuldners erkennt, im Rahmen seines gewöhnlichen Geschäftsbetriebs eine Verbindlichkeit zu begründen, die nicht im Einklang mit dem Zweck des Insolvenzverfahrens nach § 1, nämlich einer bestmöglichen Gläubigerbefriedigung, steht. Beispiele hierfür sind Rechtsgeschäfte, bei denen Leistung und Gegenleistung nicht im angemessenen Verhältnis stehen, durch die die Gläubiger insgesamt benachteiligt oder Einzelgläubiger unberechtigt bevorzugt werden oder bei denen die vorhandenen Insolvenzmasse zur Erfüllung der Verbindlichkeiten nicht ausreicht.[16]

10 Damit der Sachwalter sein **Widerspruchsrecht** sinnvoll ausüben kann, muss er vorab über das betreffende Geschäfte informiert sein. Ein solches Informationsrecht des Sachwalters und eine damit korrespondierende Informationsobliegenheiten des Schuldners ergibt sich aus §§ 274 Abs. 2 Satz 2, 22 Abs. 3. Der Sachwalter sollte dabei aber nicht etwa eine laufende Berichterstattung über sämtliche im Zusammenhang mit eine Unternehmensfortführung begründete Verpflichtungen verlangen,[17] sondern zu Beginn des Verfahrens fest-

---

[12] So auch *Nerlich/Römermann/Riggert*, § 275 RdNr. 3.
[13] *Lakies*, Die arbeitsrechtliche Bedeutung der Eigenverwaltung in der Insolvenzordnung, BB 1999, 1759, 1760.
[14] *Blersch* in *Breutigam/Blersch/Goetsch* § 275 RdNr. 4.
[15] *Nerlich/Römermann/Riggert* § 275 RdNr. 4; *Blersch* in *Breutigam/Blersch/Goetsch* § 275 RdNr. 5.
[16] *Blersch* in *Breutigam/Blersch/Goetsch* § 275 RdNr. 5.
[17] So aber *Blersch* in *Breutigam/Blersch/Goetsch* § 275 RdNr. 5.

legen, bei welcher Art von Geschäften er im Vorhinein informiert werden will, um gegebenenfalls von seinem Widerspruchsrecht Gebrauch zu machen, und welche Geschäfte der Schuldner ohne vorherige Information des Sachwalters eingehen kann. Denn nur so ist dem Schuldner die reibungslose Aufrechterhaltung eines funktionierenden Geschäftsbetriebes möglich.[18]

3. Außerhalb des gewöhnlichen Geschäftsbetriebs. Gemäß § 275 Abs. 1 Satz 1 soll der Schuldner Verbindlichkeiten außerhalb des gewöhnlichen Geschäftsbetriebs **nur mit Zustimmung des Sachwalters** eingehen. Zustimmung im Sinne dieser Regelung ist nur die Einwilligung gemäß § 183 BGB, also das vorherige Einverständnis mit dem betreffenden Rechtsgeschäft, nicht aber die Genehmigung (§ 184 BGB), die erst nach Abschluss des Rechtsgeschäfts erteilt wird. Darin liegt zwar eine Abweichung von der Legaldefinition der Zustimmung in §§ 183, 184 BGB, aber nur dieses Verständnis entspricht dem Gesetzeszweck, bei außergewöhnlichen Geschäfte eine Kontrolle durch den Sachwalter zu ermöglichen. Denn eine nachträgliche Genehmigung des Sachwalters wäre wegen der fehlenden Außenwirkung des Zustimmungserfordernisses in § 275 Abs. 1 Satz 1 wenig effektiv, sondern hätte nur noch den Sinn, die Vereinbarkeit des eigenmächtigen Schuldnerhandelns mit den Zwecken des Insolvenzverfahrens nachträglich zu bestätigen.[19] Im Übrigen wird regelmäßig durch die vorherige Zustimmung des Sachwalters keine Verzögerung eintreten, da Verbindlichkeiten außerhalb des gewöhnlichen Geschäftsbetriebes ohnehin nicht tagtäglich eingegangen werden und auch sonst vorbereitet werden müssen. Im Übrigen kann aber wegen der Ausgestaltung als Soll-Regelung die vorherige Zustimmung in Ausnahmefällen entbehrlich sein; zB bei einem eilbedürftigen Rechtsgeschäft, zu dem die Zustimmung des Sachwalters nicht rechtzeitig erreicht werden kann.[20]

4. Verstoß des Schuldners gegen § 275 Abs. 1 InsO. § 275 Abs. 1 Satz 2 ist eine Soll-Regel, die nur bestimmte Mitwirkungsrechte des Sachwalters begründet, so dass die Wirksamkeit der Geschäfte **im Außenverhältnis** von der fehlenden Zustimmung bzw. von einem Widerspruch des Verwalters unberührt bleibt, weil die dem Schuldner in § 270 Abs. 1 Satz 1 eingeräumte Verwaltungs- und Verfügungsbefugnis nicht beschränkt wird. Dritte können also nicht die Unwirksamkeit von Rechtsgeschäften mit der Begründung geltend machen, der Sachwalter habe widersprochen oder entgegen § 275 nicht zugestimmt.[21] Im Ausnahmefall kann sich aber die Unwirksamkeit aus dem Gesichtspunkt der Insolvenzzweckwidrigkeit ergeben, wenn der Geschäftspartner arglistig mit dem Schuldner zum Nachteil der Gläubiger zusammengewirkt hat.[22] Die Schwelle dafür liegt aber hoch, da der Dritte sich bei Anordnung der Eigenverwaltung darauf verlassen kann, dass der Schuldner die Mitwirkungsrechte des Sachwalters im Innenverhältnis beachtet.[23]

Verletzt der Schuldner seine Obliegenheit aus § 275 Abs. 1, die Eingehung neuer Verbindlichkeiten in der vorgesehenen Weise mit dem Sachwalter abzustimmen, bleibt dies **im Innenverhältnis** nicht folgenlos. Eine solche Obliegenheitsverletzung des Schuldners ist vielmehr ein Umstand, der erwarten lässt, dass die Fortsetzung der Eigenverwaltung zum Nachteil für die Gläubiger führen wird. Dies muss vom Sachwalter gemäß § 274 Abs. 3 dem Gläubigerausschuss bzw. den Gläubigern und dem Insolvenzgericht angezeigt werden, so dass die Gläubiger dann die Möglichkeit haben, die Anordnung der Zustimmungsbedürftigkeit nach § 277 oder die Aufhebung der Eigenverwaltung nach § 272 zu beantragen.[24]

---

[18] *Kübler/Prütting/Pape* § 275 RdNr. 20.
[19] *Blersch* in *Breutigam/Blersch/Goetsch* § 275 RdNr. 6; *Nerlich/Römermann/Riggert* § 275 RdNr. 3.
[20] *Nerlich/Römermann/Riggert* § 275 RdNr. 3; *Blersch* in *Breutigam/Blersch/Goetsch* § 275 RdNr. 5.
[21] *Blersch* in *Breutigam/Blersch/Goetsch* § 275 RdNr. 2; *HK-Landfermann* § 275 RdNr. 2; *Nerlich/Römermann/Riggert* § 275 RdNr. 7.
[22] BGH, ZIP 2002, 1093 ff.; *Spickoff*, Insolvenzzweckwidrige Handlungen des Insolvenzverwalters, KTS 2000, 15 ff.
[23] *HK-Landfermann* § 275 RdNr. 2; *Blersch* in *Breutigam/Blersch/Goetsch* § 275 RdNr. 7.
[24] So auch *Blersch* in *Breutigam/Blersch/Goetsch* § 275 RdNr. 6; *Nerlich/Römermann/Riggert* § 275 RdNr. 8; *HK-Landfermann* § 275 RdNr. 2.

Daneben trifft den Schuldner wegen Verletzung einer insolvenzspezifischen Pflicht die Haftung nach §§ 270 Abs. 1 Satz 2, 60, die aber angesichts der ohnehin bestehenden Insolvenz wirtschaftlich wertlos ist.[25]

IV. Kassenführung durch den Sachwalter

14 Der **Sachwalter kann gemäß § 275 Abs. 2 die Kassenführung an sich ziehen,** indem er vom Schuldner verlangt, dass alle eingehenden Gelder nur vom Sachwalter entgegengenommen und Zahlungen nur vom Sachwalter geleistet werden sollen. Diese Entscheidung trifft der Sachwalter, ohne dass es dazu einer gerichtlichen Beschlussfassung oder einer Mitwirkung des Schuldners bedarf.[26] Zielrichtung dieser Befugnis ist es, unwirtschaftliche Bargeschäfte des Schuldners weitgehend auszuschließen, rechtswidrigen Geldabfluss zu verhindern und die Aufnahme kurzfristiger Kredite ohne Zustimmung des Sachwalters zu unterbinden.[27]

15 Der Sachwalter hat nach **pflichtgemäßem Ermessen** zu prüfen, ob er die Kassenführung übernimmt, und ist dabei (anders als früher der Vergleichsverwalter) nicht nur auf Fälle einer konkreten Gefährdung der Insolvenzmasse beschränkt. Anlass, in dieser Weise die Kassenführung an sich zu ziehen, besteht, wenn der Sachwalter Grund zu der Annahme hat, dass der Verbleib der Kassenführung beim Schuldner zu einer Verletzung der Belange der Gläubiger oder zu einer ungleichmäßigen Befriedigung von Verbindlichkeiten führen kann.[28] Dies liegt vor allem nahe, wenn Masseunzulänglichkeit droht oder die Gefahr besteht, dass der Schuldner über die nach § 278 gerechtfertigten Mittel für eine bescheidenen Lebensführung hinaus Entnahmen aus der Insolvenzmasse tätigt.[29] Es ist aber nicht erforderlich, dass ein konkreter Grund für die Besorgnis besteht, der Schuldner werde die Kassenführung missbrauchen.[30]

16 Übernimmt der Sachwalter die Kassenführung, so gehört es zu seinen insolvenzspezifischen Aufgaben, die Erfüllbarkeit von Neuverbindlichkeiten aus dem vorhandenen Kassenbestand zu überprüfen, weil er den Überblick über die Zahlungsmöglichkeiten des Schuldners hat.[31] Er nimmt eingehende Gelder entgegen, und dafür kann nach den Regelungen des § 149 eine Hinterlegungsstelle bestimmt werden.[32] Zahlungen leistet der Sachwalter in diesem Fall als **gesetzlicher Vertreter des Schuldners.** Seine Vertretungsmacht ist auf diese Entgegennahme von Geldern und die Vornahme von Geldzahlungen beschränkt. Dies schließt alle Hilfsmaßnahmen ein, die damit im Zusammenhang stehen, insbesondere die Befugnis, über Konten des Schuldners zu verfügen. Diese Kontoführungsbefugnis ist von dem betreffenden Kreditinstitut dem Sachwalter allein auf Grund seiner nachgewiesenen Bestellung einzuräumen. Die Vertretungsbefugnis des Sachwalters bei Kassenführung umfasst auch die Berechtigung, Zahlungsaufforderungen und Mahnungen auszusprechen; sie ermächtigt jedoch nicht zu Rechtsgeschäften im Zusammenhang mit den Zahlungsverkehr, so dass der Sachwalter Forderungen weder aufrechnen noch erlassen kann. Sie schließt keine Prozessführungsbefugnis ein, sondern es bleibt Aufgabe des Schuldners, offen stehende Forderungen einzuklagen.[33]

17 Im Übrigen handelt es sich bei der Übernahme der Kassenführung um **eine interne Maßnahme.** Der Sachwalter wird nur als gesetzlicher Vertreter tätig und verdrängt auch in dem Bereich der Kassenführung die Verwaltungs- und Verfügungsbefugnis des Schuldners nicht. Deshalb kann der Schuldner im Verhältnis zu Dritten weiter für die Masse wirksam

---

[25] *Haarmeyer/Wutzke/Förster,* Handbuch, 3. Aufl. 2001, Kap. 10 RdNr. 19; *Blersch* in *Breutigam/Blersch/Goetsch* § 275 RdNr. 7.
[26] *Nerlich/Römermann/Riggert* § 275 RdNr. 5.
[27] *Blersch* in *Breutigam/Blersch/Goetsch* § 275 RdNr. 8.
[28] *Kübler/Prütting/Pape* § 275 RdNr. 24.
[29] *HK-Landfermann* § 275 RdNr. 3.
[30] *Blersch* in *Breutigam/Blersch/Goetsch* § 275 RdNr. 8; *Nerlich/Römermann/Riggert* § 275 RdNr. 5.
[31] *Kübler/Prütting/Pape* § 275 RdNr. 24 f.
[32] *Vallender,* Eigenverwaltung zwischen Schuldner- und Gläubigerautonomie, WM 1998, 2129, 2136.
[33] *Blersch* in *Breutigam/Blersch/Goetsch* § 275 RdNr. 8; *Nerlich/Römermann/Riggert* § 275 RdNr. 6.

Zahlungen leisten, soweit er Zugriff auf entsprechende Geldmittel hat, und Zahlungen mit Tilgungswirkung entgegennehmen.[34] Zahlungsverpflichtungen, die der Schuldner begründet hat, muss der Sachwalter im Rahmen seiner Kassenführung erfüllen, selbst wenn der Schuldner diese Verbindlichkeit im gewöhnlichen Geschäftsverkehr gegen den Widerspruch des Sachwalters oder außerhalb des gewöhnlichen Geschäftsverkehrs ohne seine Zustimmung eingegangen ist. Daraus resultiert ein erhebliches Konfliktpotential, das aber bei dem im Eigenverwaltungsverfahren geforderten vertrauensvollen Zusammenwirken von Schuldner und Sachwalter in Grenzen gehalten werden kann.[35]

§ 276 Mitwirkung des Gläubigerausschusses

¹ Der Schuldner hat die Zustimmung des Gläubigerausschusses einzuholen, wenn er Rechtshandlungen vornehmen will, die für das Insolvenzverfahren von besonderer Bedeutung sind. ² § 160 Abs. 1 Satz 2, Abs. 2, § 161 Satz 2 und § 164 gelten entsprechend.

Übersicht

	RdNr.		RdNr.
I. Normzweck	1	2. Zustimmungserfordernisse von Gläubigerausschuss und Sachwalter	9
II. Entstehungsgeschichte der Norm: Frühere Regelung – Reformvorschläge – Gesetzgebungsverfahren zur InsO	2	3. Gläubigerversammlung	10
		4. Folgen fehlender Zustimmung	12
III. Besonders bedeutsame Rechtshandlungen	4	V. Schutz der Gläubigerminderheit	14
1. Rechtshandlungen	4	VI. Sonstige Aufgaben des Gläubigerausschusses im Eigenverwaltungsverfahren	17
2. Besondere Bedeutung	5	1. Funktion des Gläubigerausschusses	17
IV. Zustimmung des Gläubigerausschusses	7	2. Überwachung und Unterstützung des Schuldners	18
1. Zeitpunkt	8	3. Überwachung und Unterstützung des Sachwalters	19

I. Normzweck

Die Norm gehört zum Regelungskomplex der §§ 275–277, die abgestufte Regelungen hinsichtlich der Kontrolle und Mitwirkung von Sachwalter und Gläubigerschaft bei der Eingehung von Verbindlichkeiten und der Durchführung von Transaktionen durch den eigenverwaltenden Schuldner enthalten. Die Vorschrift des § 276 betrifft **Rechtshandlungen, die für die Verfahrensabwicklung von besonderer Bedeutung** sind. Dabei wird mit der Regelung in § 276 klargestellt, dass die Geschäfte, die im Regelinsolvenzverfahren an die Zustimmung des Gläubigerausschusses gebunden sind, auch im Falle der Eigenverwaltung nur mit Zustimmung des Gläubigerausschusses vorgenommen werden dürfen.[1] Es handelt sich um eine parallele Regelung zu § 161 Abs. 1 Satz 1, die als Spezialvorschrift für das Eigenverwaltungsverfahren ausgestaltet ist.[2]

II. Entstehungsgeschichte der Norm: Frühere Regelung – Reformvorschläge – Gesetzgebungsverfahren zur InsO

Da das frühere **Konkurs- und Vergleichsrecht** die Eigenverwaltung nicht kannte, hat § 276 keine Vorbilder im alten Insolvenzrecht. Für das Vergleichsverfahren sah zwar § 44

---

[34] HK-*Landfermann* § 275 RdNr. 3; *Blersch* in *Breutigam/Blersch/Goetsch* § 275 RdNr. 9.
[35] Wesentlich skeptischer *Blersch* in *Breutigam/Blersch/Goetsch* § 275 RdNr. 9.
[1] Begr. RegE InsO v. 15. 4. 1992, BT-Drucks. 12/2443, zu § 337 RegE, S. 224.
[2] *Blersch* in *Breutigam/Blersch/Goetsch* § 276 RdNr. 1.

VerglO (fakultativ) die Bestellung eines Gläubigerbeirats durch das Vergleichsgericht vor. Seine Aufgaben waren aber als selbstständiges Hilfsorgan des Vergleichsverwalters[3] auf die Unterstützung und Überwachung des Vergleichsverwalters und nicht des Schuldners gerichtet. Gemäß § 45 VglO hatten die Mitglieder des Gläubigerbeirats zwar das Recht, selbst mit Einsicht in die Bücher und Geschäftspapiere des Schuldners und des Vergleichsverwalters aktiv zu werden; eine Verpflichtung, die Zustimmung des Gläubigerbeirats für bes. wichtige Rechtsgeschäfte einzuholen, war jedoch weder für den Schuldner noch den Vergleichsverwalter vorgesehen.

3   Im Gesetzgebungsverfahren wurde die Norm als § 326 des **Diskussionsentwurfs**[4] (DE) und unverändert als § 326 des **Referentenentwurfs**[5] (RefE) vorgeschlagen. Der **Regierungsentwurf**[6] (RegE) hat diese Fassung unverändert (abgesehen von der Anpassung der Nummerierungen für die Verweisungen) als § 337 RegE in das Gesetzgebungsverfahren eingebracht, wo sie ohne weitere inhaltliche Änderung als § 276 Gesetz geworden ist.

III. Besonders bedeutsame Rechtshandlungen

4   **1. Rechtshandlungen.** Als Rechtshandlungen sind von § 276 alle **Willensbetätigungen des Schuldners mit rechtlichem Erfolg** erfasst, also jede rechtlich erhebliche Handlung. Dazu zählen insbesondere auch Erfüllungshandlungen, die Entgegennahme empfangsbedürftiger Willenserklärungen und Prozesshandlungen.[7]

5   **2. Besondere Bedeutung.** § 276 Satz 1 benutzt den Begriff der für das Insolvenzverfahren bes. bedeutsame Rechtshandlungen im gleichen Sinne wie § 160 Abs. 1. Trotz der fehlenden Verweisung auf 160 Abs. 1 Satz 1, Abs. 2 ist daher davon auszugehen, dass die Rechtshandlungen, zu denen der Schuldner die Zustimmung des Gläubigerausschusses einzuholen hat, die gleichen wie im regulären Insolvenzverfahren sind.[8] Unterschiede ergeben sich nur insoweit, als nicht anstelle des Insolvenzverwalters der Sachwalter, sondern der Schuldner die Zustimmung einzuholen hat.[9]

6   § 160 Abs. 2 fasst die früher in den §§ 133, 134 KO aufgeführten Geschäftsgegenstände zusammen und benennt diese durch Verwendung des Worts „insbesondere" als **Regelbeispiele**. Demnach handelt es sich um bes. bedeutsame Rechtshandlungen vor allem, wenn ein Unternehmen oder ein Betrieb bzw. wesentliche Teile daraus (zB das Warenlager) freihändig geäußert, Darlehen aufgenommen oder ein Rechtsstreit mit erheblichen Streitwert anhängig gemacht werden sollen.[10] Aus dem Charakter des § 160 Abs. 2 als Benennung von Regelbeispielen ergibt sich aber auch, dass dies eine lediglich beispielhafte Aufzählung ist, die durch weitere Fälle wichtiger Rechtshandlungen ergänzt werden kann, sofern die betreffenden Rechtshandlungen nach den Umständen des individuellen Verfahrens von erheblicher wirtschaftlicher Bedeutung sind.[11]

---

[3] Zu dieser Stellung des Gläubigerbeirats im früheren Vergleichsverfahren *Kilger/K. Schmidt,* Insolvenzgesetze, § 44 VglO Anm. 1).
[4] Diskussionsentwurf (DE), Gesetz zur Reform des Insolvenzrechts, herausgegeben vom Bundesministerium der Justiz, Köln 1988.
[5] Referentenentwurf (RefE), Gesetz zur Reform des Insolvenzrechts, herausgegeben vom Bundesministerium der Justiz, Köln 1989.
[6] RegE InsO v. 15. 4. 1992, BT-Drucks. 12/2443.
[7] *Nerlich/Römermann/Riggert* § 276 RdNr. 3.
[8] Dies ergibt sich auch aus den Gesetzesmotiven, Begr. RegE InsO v. 15. 4. 1992, BT-Drucks. 12/2443, zu § 337 RegE, S. 224. Ebenso *Kübler/Prütting/Pape* § 276 RdNr. 1; *Nerlich/Römermann/Riggert* § 276 RdNr. 4.
[9] *Kübler/Prütting/Pape* § 276 RdNr. 1.
[10] *Nerlich/Römermann/Riggert* § 276 RdNr. 4.
[11] Ebenso *Nerlich/Römermann/Riggert* § 276 RdNr. 4.

IV. Zustimmung des Gläubigerausschusses

Will der Schuldner eine Rechtshandlung vornehmen, die für das Insolvenzverfahren von besonderer Bedeutung ist, hat er dazu gemäß § 276 Satz 1 die **Zustimmung des Gläubigerausschusses** einzuholen. Der Gläubigerausschuss entscheidet nach der allgemeinen Regelung in § 72 mit der Mehrheit der abgegebenen Stimmen durch Beschluss.[12]

1. Zeitpunkt. Der Schuldner muss die Zustimmung des Gläubigerausschusses einholen, **bevor er bes. bedeutsame Rechtshandlungen vornimmt.** Dies wird zwar zum Teil bestritten, wobei zur Begründung darauf abgestellt wird, dass nach dem Konkursrecht die nachträgliche Zustimmung möglich gewesen sei und aus der Gesetzesbegründung nicht entnommen werden könne, dass der Gesetzgeber dies ändern wollte.[13] Schon aus dem Wortlaut des § 276 („vornehmen will") ergibt sich aber unzweifelhaft, dass eine nachträgliche Zustimmung nicht ausreicht. Auch die Regelungen des Konkursrechts können nicht eine andere Auslegung rechtfertigen, da zum einen §§ 133, 134 KO ausdrücklich lediglich die „Genehmigung" des Gläubigerausschusses für bes. bedeutsame Rechtshandlungen vorsah. Zum anderen war die handelnde Person nach altem Konkursrecht der Konkursverwalter als unabhängiger Amtswalter, der für seine Handlungen nach § 82 KO persönlich haftete. Demgegenüber geht es im Rahmen von § 276 um Rechtshandlungen des Schuldners, bei dem auf Grund der Besonderheiten des Eigenverwaltungsverfahrens in viel stärkerem Maße Interessenkonflikte zu befürchten sind. Dies lässt es zwingend erforderlich erscheinen, dass seine Rechtshandlungen von besonderer Bedeutung für das Insolvenzverfahren im Voraus der Überprüfung durch den Gläubigerausschuss unterliegen.[14]

2. Zustimmungserfordernisse von Gläubigerausschuss und Sachwalter. Bei einer **Rechtshandlung außerhalb des gewöhnlichen Geschäftsbetriebs, die zugleich für das Insolvenzverfahren vom besonderer Bedeutung** ist, hat die Regelung in § 275 Abs. 1 Satz 1 zur erforderlichen Zustimmung des Sachwalters keine abschließende Funktion, sondern der Schuldner hat zusätzlich zu Zustimmung des Sachwalters auch die des Gläubigerausschusses einzuholen.[15]

3. Gläubigerversammlung. Ist **kein Gläubigerausschuss bestellt,** tritt anstelle der erforderlichen Zustimmung des Gläubigerausschusses die Zustimmung der Gläubigerversammlung. Dies ergibt sich aus der Verweisung auf § 61 Abs. 1 Satz 2 in § 276 Satz 2. Um diese Zustimmung herbeiführen können, ist der Schuldner in einem solchen Fall entsprechend § 75 Abs. 1 Satz 1 berechtigt, den Antrag auf ein Votum der Gläubigerversammlung zu stellen.[16]

Unberührt von der Regelung des § 276 bleibt **bei einer Betriebsveräußerung** im Übrigen das Erfordernis einer Zustimmung der Gläubigerversammlung nach §§ 162, 270 Abs. 1 Satz 2 (siehe dazu vor § 270 RdNr. 73).

4. Folgen fehlender Zustimmung. Nimmt der Schuldner eine für das Insolvenzverfahren bes. bedeutsame Rechtshandlungen ohne die nach § 276 erforderliche Zustimmung des Gläubigerausschusses (bzw. der Gläubigerversammlung) vor, lässt dies **im Außenverhältnis die Wirksamkeit der Rechtshandlung unberührt.**[17] § 276 Satz 2 verweist nämlich insoweit ausdrücklich auf § 164, der dies in gleicher Weise für eine fehlende Zustimmung zu Rechtshandlungen des Insolvenzverwalters im regulären Insolvenzverfahren regelt.

---

[12] FK-*Foltis* § 276 RdNr. 8.
[13] *Hess/Weis* § 276 RdNr. 5; FK-*Foltis* § 276 RdNr. 7.
[14] Anders für das reguläre Insolvenzverfahren MünchKommInsO-*Görg* § 160 RdNr. 25.
[15] HK-*Landfermann*, 2. Aufl. 2001, § 276 Rdr. 1; FK-*Foltis*, 3. Aufl. 2002, § 276 RdNr. 3.
[16] *Uhlenbruck* § 276 RdNr. 4.
[17] *Nerlich/Römermann/Riggert* § 276 RdNr. 5. Pointiert kritisch dazu *Blersch* in *Breutigam/Blersch/Goetsch* § 276 RdNr. 4.

12a In Ausnahmefällen (insbes. Kollusion zwischen Vertragspartner und Schuldner) können die Rechtshandlungen des Schuldners wegen Insolvenzzweckwidrigkeit nichtig sein.[18]

13 Unterlässt es der Schuldner, die erforderliche Zustimmung einzuholen, wird dies aber regelmäßig genügend Anlass für die Gläubiger sein, einen **Antrag auf Anordnung der Zustimmungsbedürftigkeit** nach § 277 oder auf **Aufhebung der Eigenverwaltung** nach § 272 zu stellen, um solch eigenmächtiges Handeln zu unterbinden.[19] Den Gläubigern muss dabei die Kenntnis vom eigenmächtiges Handeln des Schuldners verschafft werden, weil die Vornahme bes. bedeutsame Rechtshandlungen ohne die erforderliche Zustimmung den Sachwalter zur Anzeige nach § 274 Abs. 3 verpflichtet.[20] Daneben kommt wegen seines Verstoßes gegen insolvenzspezifischen Pflichten eine Haftung des Schuldners aus §§ 60, 270 Abs. 1 Satz 2 in Betracht, die aber wegen der ohnehin eingetretenen Insolvenz wirtschaftlich wertlos ist.[21]

V. Schutz der Gläubigerminderheit

14 Mit dem Verweis auf § 161 Satz 2 wird auch für das Insolvenzverfahren in Eigenverwaltung das Recht einer qualifizierten Minderheit von Gläubigern (§ 75 Abs. 1 Nr. 3) übernommen, im Falle einer Zustimmung des Gläubigerausschusses beim Insolvenzgericht eine **vorläufige Untersagung der Rechtshandlungen** zu beantragen und eine Einberufung der Gläubigerversammlung zur Entscheidung über die Vornahme des Rechtsgeschäfts zu verlangen. Das Insolvenzgericht hat dann nach pflichtgemäßem Ermessen zu überprüfen, ob die betreffende Rechtshandlung dem gemeinsamen Interesse aller Insolvenzgläubigern entspricht.[22]

15 An Stelle des in diesem Fall im Regelinsolvenzverfahren gemäß § 161 Satz 2 anzuhörenden Insolvenzverwalters tritt die zwingende Anhörung des Sachwalters vor dem Beschluss durch das Insolvenzgericht.[23] Die Anhörung des Schuldners ist zwar nicht vorgeschrieben,[24] sie erscheint aber regelmäßig sinnvoll. Denn im Eigenverwaltungsverfahren entscheidet der Schuldner auf Grund seiner Verwaltungs- und Verfügungsbefugnis über die Vornahme des zustimmungspflichtigen Rechtsgeschäfts; und er kann über die wirtschaftlichen Hintergründe die notwendigen Auskünfte erteilen.[25]

16 Trotz vorläufiger Untersagung einer Rechtshandlung bleibt aber gemäß § 164 **im Außenverhältnis** gegenüber dem Geschäftspartner die entgegen der Anordnung vorgenommene Rechtshandlung des Schuldners wirksam.[26]

VI. Sonstige Aufgaben des Gläubigerausschusses im Eigenverwaltungsverfahren

17 **1. Funktion des Gläubigerausschusses.** Die Insolvenzordnung regelt im Siebten Teil nicht ausdrücklich, welche Funktionen dem Gläubigerausschuss bei Anordnung der Eigenverwaltung im Insolvenzverfahren zukommen. Diese Funktionen allein, entsprechend § 69, **auf die Unterstützung und Überwachung des Sachwalters zu beschränken, ergibt keinen Sinn,** weil die Verfügungen weiter vom Schuldner getroffen werden und der Geldverkehr, falls der Sachwalter nicht gemäß § 275 Abs. 2 die Kassenführung an sich zieht, weiter vom Schuldner abgewickelt wird. Eine sinnvolle Tätigkeit des Gläubigerausschusses ist daher auf die unmittelbar Unterstützung und Überwachung des Schuldners auszurichten.

---

[18] Vgl. dazu BGH ZIP 2002, 1093; *Spickoff,* Insolvenzzweckwidrige Handlungen des Insolvenzverwalters, KTS 2000, 15 ff.
[19] So auch *Uhlenbruck* § 276 RdNr. 6; *Blersch* in *Breutigam/Blersch/Goetsch* § 276 RdNr. 6.
[20] *Blersch* in *Breutigam/Blersch/Goetsch* § 276 RdNr. 6.
[21] *Blersch* in *Breutigam/Blersch/Goetsch* § 276 RdNr. 4.
[22] *Blersch* in *Breutigam/Blersch/Goetsch* § 276 RdNr. 3.
[23] Begr. RegE InsO v. 15. 4. 1992, BT-Drucks. 12/2443, zu § 337 RegE, S. 224.
[24] So aber wohl *Blersch* in *Breutigam/Blersch/Goetsch* § 276 RdNr. 2; *Nerlich/Römermann/Riggert* § 276 RdNr. 5.
[25] *Blersch* in *Breutigam/Blersch/Goetsch* § 276 RdNr. 3.
[26] *Nerlich/Römermann/Riggert* § 276 RdNr. 5.

Würde der Ausschuss dagegen nur den Sachwalter unterstützen und überwachen, wäre ein doppeltes Kontrollorgan mit redundanten Pflichten geschaffen. Der Gläubigerausschuss muss deshalb bei Eigenverwaltung als Organ verstanden werden, das sowohl den Schuldner als auch den Sachwalter berät und kontrolliert, wobei der Schwerpunkt auf der Kontrolle des Schuldners liegt.[27] Dies entspricht auch dem Normbefehl des § 69, wonach die Mitglieder des Gläubigerausschusses die Geschäftsführung zu unterstützen und überwachen haben, die bei Eigenverwaltung gemäß § 270 Abs. 1 Satz 1 dem Schuldner verbleibt. Wegen der damit verbundenen Gefahr, dass der Schuldner, obwohl er die bestmögliche Befriedigung seiner Gläubiger gewährleisten soll, Eigeninteressen wahrnimmt und so auf Grund seiner Verwaltungs- und Verfügungsbefugnis die Gläubiger schädigt, muss aber der Gläubigerausschuss die Aufgaben, die ihm im Eigenverwaltungsverfahren zugewiesen sind, bes. ernst nehmen.[28]

Deshalb ist die Einsetzung eines Gläubigerausschusses als ergänzendes Überwachungsorgan zusätzlich zum Sachwalter von großer Wichtigkeit. Die Bestellung eines Gläubigerausschusses kann auch dazu dienen, Bedenken der Gläubigerschaft gegen die Anordnung der Eigenverwaltung zu zerstreuen. Allerdings ist auch darauf hinzuweisen, dass die Gläubigerausschussmitglieder bei einer Eigenverwaltung bes. gefährdet sind, in Haftung genommen zu werden, falls der Schuldner die Anordnung der Eigenverwaltung nutzt, um die Gläubiger zu schädigen.[29] **17 a**

2. Überwachung und Unterstützung des Schuldners. Die Aufgaben und Befugnisse des Gläubigerausschusses im Verhältnis zum Eigenverwaltung den Schuldner **entsprechen dem in § 69 geregelten Verhältnis** des Gläubigerausschusses zum Insolvenzverwalter im regulären Insolvenzverfahren.[30] Danach haben die Mitglieder des Gläubigerausschusses den Schuldner bei der Geschäftsführung zu unterstützen und zu überwachen. Dazu haben sie sich über den Gang der Geschäfte zu unterrichten und können die Geschäftspapiere einsehen sowie den Geldverkehr und -bestand prüfen lassen. Korrespondierend dazu obliegt dem Schuldner auf Anforderung des Gläubigerausschusses eine Berichtspflicht aus § 69, die der Berichtspflicht des Insolvenzverwalters gegenüber dem Gläubigerausschuss im regulären Insolvenzverfahren entspricht (siehe dazu § 69 RdNr. 18 f.). **18**

3. Überwachung und Unterstützung des Sachwalters. Der Gläubigerausschuss hat auch die Tätigkeit des Sachwalters zu überwachen und diesen zu unterstützen. **Speziell geregelt** ist im Siebten Teil der Insolvenzordnung insoweit nur in § 274 Abs. 3 Satz 1 die Zuständigkeit des Gläubigerausschusses für die Entgegennahme einer Anzeige des Sachwalters über Umstände, die Nachteile für die Gläubiger bei Fortsetzung der Eigenverwaltung erwarten lassen. Außerdem obliegt dem Gläubigerausschuss entsprechend § 69 die Unterstützung und Überwachung des Sachwalters bei der Wahrnehmung derjenigen Aufgaben, die den Sachwalter im Eigenverwaltungsverfahren übertragen sind. Dies sind insbesondere die ausschließlich dem Sachwalter vorbehaltenen Durchsetzung von Ansprüchen der Insolvenzmasse gemäß § 280. Daneben hat der Gläubigerausschuss darauf zu achten, dass der Sachwalter die Überwachung des Schuldners tatsächlich wahrnimmt.[31] **19**

Zur Erfüllung seiner Überwachungspflicht gegenüber dem Sachwalter kann der Gläubigerausschuss Berichte des Sachwalters über seine Tätigkeit anfordern. Die entsprechende Berichtspflicht ergibt sich wie im regulären Insolvenzverfahren für den Insolvenzverwalter auch für den Sachwalter aus § 69.[32] **20**

---

[27] So mit der vorstehenden Begr. auch *Pape*, Die Eigenverwaltung des Schuldners nach der Insolvenzordnung, in Kölner Schrift, 2. Aufl. 2000, S. 895 ff. RdNr. 54. Ebenso im Ergebnis HK-*Landfermann* § 276 RdNr. 1; *Haarmeyer/Wutzke/Förster*, Handbuch, 3. Aufl. 2001, Kap. 10 RdNr. 27.
[28] *Nerlich/Römermann/Riggert* § 276 RdNr. 2.
[29] So *Braun/Riggert* § 276 RdNr. 6; vgl. zu diesem Problem: *Pape*, Schwierigkeiten und Risiken der Mitwirkung im Gläubigerausschuss, WM 2006, 19 ff.
[30] *Pape*, Die Eigenverwaltung des Schuldners nach der Insolvenzordnung, in Kölner Schrift, 2. Aufl. 2000, S. 895 ff. RdNr. 54.
[31] *Pape*, Die Eigenverwaltung des Schuldners nach der Insolvenzordnung, in Kölner Schrift, 2. Aufl. 2000, S. 895 ff. RdNr. 55.
[32] *Pape*, Die Eigenverwaltung des Schuldners nach der Insolvenzordnung, in Kölner Schrift, 2. Aufl. 2000, S. 895 ff. RdNr. 55.

§ 277 Anordnung der Zustimmungsbedürftigkeit

(1) ¹Auf Antrag der Gläubigerversammlung ordnet das Insolvenzgericht an, dass bestimmte Rechtsgeschäfte des Schuldners nur wirksam sind, wenn der Sachwalter ihnen zustimmt. ²§ 81 Abs. 1 Satz 2 und 3 und § 82 gelten entsprechend. ³Stimmt der Sachwalter der Begründung einer Masseverbindlichkeit zu, so gilt § 61 entsprechend.

(2) ¹Die Anordnung kann auch auf den Antrag eines absonderungsberechtigten Gläubigers oder eines Insolvenzgläubigers ergehen, wenn sie unaufschiebbar erforderlich ist, um Nachteile für die Gläubiger zu vermeiden. ²Der Antrag ist nur zulässig, wenn diese Voraussetzung der Anordnung glaubhaft gemacht wird.

(3) ¹Die Anordnung ist öffentlich bekanntzumachen. ²§ 31 gilt entsprechend. ³Soweit das Recht zur Verfügung über ein Grundstück, ein eingetragenes Schiff, Schiffsbauwerk oder Luftfahrzeug, ein Recht an einem solchen Gegenstand oder ein Recht an einem solchen Recht beschränkt wird, gelten die §§ 32 und 33 entsprechend.

Übersicht

	RdNr.		RdNr.
I. Normzweck	1	2. Entscheidung	20
II. Entstehungsgeschichte der Norm: Frühere Regelung – Reformvorschläge – Gesetzgebungsverfahren zur InsO	4	3. Inhalt des Beschlusses	22
		4. Keine Rechtsmittel	24
		V. Mitteilungs- und Verlautbarungsverpflichtungen	25
III. Voraussetzungen für die Anordnung der Zustimmungsbedürftigkeit	6	1. Öffentliche Bekanntmachung	26
1. Antrag	6	2. Zustellung	27
a) Gläubigerversammlung	8	3. Registereintragungen	30
b) Einzelne Gläubiger	10	VI. Folgen angeordneter Zustimmungsbedürftigkeit	32
2. Zustimmungsbedürftige Rechtsgeschäfte	14	1. Rechtsgeschäfte mit Zustimmung des Sachwalters	32
IV. Der Beschluss zur Anordnung der Zustimmungsbedürftigkeit	18	2. Rechtsgeschäfte ohne Zustimmung des Sachwalters	35
1. Anhörung	19		

I. Normzweck

1 Gemäß § 270 Abs. 1 behält der Schuldner bei Anordnung einer Eigenverwaltung grundsätzlich die Verwaltungs- und Verfügungsbefugnis über sein Vermögen, und die Wirkungen des § 80 treten nicht ein. Dies bringt naturgemäß die Gefahr mit sich, dass während des laufenden Verfahrens der Schuldner für die Gläubiger nachteilige Rechtshandlungen vornimmt und ihre Befriedigungsaussichten dadurch verschlechtert. Um hier gegensteuern zu können, sieht die in § 277 getroffene Regelung vor, dass beim Insolvenzverfahren in Eigenverwaltung die **Verwaltungs- und Verfügungsbefugnis des Schuldners in der Weise eingeschränkt werden kann,** dass bestimmte Rechtsgeschäfte nur mit Zustimmung des Sachwalters wirksam sind.[1] In der Regelung liegt eine Parallele zu § 21 Abs. 2 Nr. 2 für Verfügungsbeschränkungen des Schuldners bei gleichzeitiger Bestellung eines vorläufigen, schwachen Insolvenzverwalters im Eröffnungsverfahren. Ebenso wie beim vorläufigen Insolvenzverwalter kann die Anordnung der Verfügungsbeschränkungen nach § 277 aber nicht zum Übergang der allgemeinen Verwaltungs- und Verfügungsbefugnis auf den Sachwalter führen, sondern ist auf einzelne Rechtsgeschäfte beschränkt.[2] Mit dieser Regelung soll der

---

[1] Begr. RegE InsO v. 15. 4. 1992, BT-Drucks. 12/2443, zu § 338 RegE, S. 225; *Kübler/Prütting/Pape*, § 277 RdNr. 1.
[2] *Uhlenbruck* § 277 RdNr. 1; *Blersch* in *Breutigam/Blersch/Goetsch* § 277 RdNr. 1.

Widerspruch zwischen der beim Schuldner verbleibenden Verfügungsbefugnis und dem Interesse der Gläubiger an einer wirksamen Kontrolle gelöst werden.[3] Ob eine solche Einschränkung der Verfügungsbefugnis des Schuldners erfolgt, entscheidet – anders als früher nach der Vergleichsordnung – entsprechend dem Grundsatz der Gläubigerautonomie regelmäßig die Gläubigerversammlung, und in Eilfällen genügt zur Abwendung von Nachteilen für die Gläubiger der Antrag eines Gläubigers.[4]

Im Unterschied zu den Beschränkungen, die der Schuldner nach §§ 274, 285 zu beachten hat, **wirkt die hier vorgesehene Einschränkung auch gegenüber Dritten.**[5] Gutgläubige Dritte werden nur im engen Rahmen des § 81 Abs. 1, 82 geschützt. Wegen ihrer Drittwirkung sind bei Anordnung der Zustimmungsbedürftigkeit nach § 277 Abs. 3 eine öffentliche Bekanntmachung und die Verlautbarung der Anordnung im Handelsregister und gegebenenfalls im Grundbuch erforderlich.[6] 2

Zugleich sieht § 277 Abs. 1 Satz 2 mit dem Verweis auf § 61 eine **Haftung des Sachwalters für die Erfüllung von Masseverbindlichkeiten** vor, die mit seiner Zustimmung begründet werden. 3

II. Entstehungsgeschichte der Norm: Frühere Regelung – Reformvorschläge – Gesetzgebungsverfahren zur InsO

§ 277 knüpft inhaltlich an **entsprechende Vorschriften der Vergleichsordnung** in den §§ 58–65 VerglO an. Danach war das Gericht befugt, dem Schuldner ein allgemeines Veräußerungsverbot oder ein Verbot der Verfügung über bestimmte Gegenstände aufzuerlegen. Unterschiede zur jetzigen Regelung für das Eigenverwaltungsverfahren in § 277 lassen sich aber vor allem daran festmachen, dass nach § 58 VglO das Gericht auch jederzeit von Amts wegen oder ohne weitere Voraussetzungen auf Antrag auch nur eines Gläubigers dem Schuldner Verfügungsbeschränkungen auferlegen konnte. Die Entscheidung war damit nicht autonom in das Ermessen der Gläubiger gestellt, sondern dem Gericht überlassen, das sogar von Amts wegen zu prüfen hatte, welche Verfügungsbeschränkungen dem Schuldner aufzuerlegen sind.[7] 4

Die jetzige Regelung des § 277 wurde im Gesetzgebungsverfahren als § 327 des **Diskussionsentwurfs**[8] (DE) vorgeschlagen. Der **Referentenentwurf**[9] (RefE) hat diese erste Entwurfsfassung im zweiten Absatz von § 327 RefE dahingehend geändert, dass ein Eilfall, der die Anordnung der Zustimmungsbedürftigkeit schon auf Antrag eines einzelnen Gläubigers erforderlich macht, bei jedem drohenden Nachteil für die Gläubiger vorliegen kann, während § 327 DE insoweit lediglich nachteilige Veränderungen in der Vermögenslage des Schuldners berücksichtigen wollte. Der **Regierungsentwurf**[10] (RegE) hat diese Fassung um einen weiteren Satz im ersten Absatz ergänzt, der die Haftung des Sachwalters für Masseverbindlichkeiten anordnet, die mit seiner Zustimmung begründet worden sind. Diese Fassung von § 338 RegE ist dann inhaltlich unverändert als § 277 Gesetz geworden. 5

III. Voraussetzungen für die Anordnung der Zustimmungsbedürftigkeit

1. Antrag. In der Regel setzt die Anordnung der Zustimmungsbedürftigkeit durch das Insolvenzgericht gemäß § 277 Abs. 1 einen Antrag der Gläubigerversammlung voraus. **In Eilfällen,** insbesondere wenn ein nachteiliges Rechtsgeschäft des Schuldners unmittelbar 6

---

[3] *Nerlich/Römermann/Riggert* § 277 RdNr. 1.
[4] HK-*Landfermann* § 277 RdNr. 2.
[5] Begr. RegE InsO v. 15. 4. 1992, BT-Drucks. 12/2443, zu § 338 RegE, S. 225.
[6] Begr. RegE InsO v. 15. 4. 1992, BT-Drucks. 12/2443, zu § 338 RegE, S. 225.
[7] *Kilger/K. Schmidt,* Insolvenzgesetze, § 58 VglO Anm. 3.
[8] Diskussionsentwurf (DE), Gesetz zur Reform des Insolvenzrechts, herausgegeben vom Bundesministerium der Justiz, Köln 1988.
[9] Referentenentwurf (RefE), Gesetz zur Reform des Insolvenzrechts, herausgegeben vom Bundesministerium der Justiz, Köln 1989.
[10] RegE InsO v. 15. 4. 1992, BT-Drucks. 12/2443.

bevorsteht, kann die Beschränkung nach §§ 277 Abs. 2 aber auch auf Antrag eines einzelnen Gläubigers angeordnet werden.[11] Die Struktur der Regelung entspricht dabei hinsichtlich der Antragsbefugnis derjenigen des § 272 Abs. 1 Nr. 2, Abs. 2.[12]

7 Das Insolvenzgericht kann dagegen **nicht von Amts** wegen eine Zustimmungsbedürftigkeit für einzelne Rechtsgeschäfte anordnen.[13] Dazu wird zwar vereinzelt vertreten, dass § 277 keine ausreichende Überwachung des Schuldners ermögliche und deshalb in analoger Anwendung von § 21 das Insolvenzgericht befugt sei, Verfügungsbeschränkungen aller Art anzuordnen. Praktiziert wurde ein derartiges Vorgehen u. a. in den Insolvenzen von Kirch-Media und Babcock Borsig, wo im Eröffnungsbeschluss Zustimmungsvorbehalte angeordnet wurden.[14] Ein solches Verständnis des Eigenverwaltungsverfahrens verkennt aber, dass der Gesetzgeber sich bewusst dafür entschieden hat, bei dieser Verfahrensart die sonst vom Insolvenzverwalter verantwortete Abwicklung in die Hände des Schuldners zulegen. Ebensowenig wie im regulären Insolvenzverfahren die Aufsicht des Insolvenzgerichts über die Tätigkeit des Insolvenzverwalters dazu führen kann, dass diesem generelle Verfügungsbeschränkungen auferlegt werden, kann daher im Eigenverwaltungsverfahren das Insolvenzgericht von Amts wegen in die Verwaltungs- und Verfügungsbefugnis des Schuldners eingreifen. Im Übrigen stehen mit der Überwachung durch den Sachwalter und den Möglichkeiten der Gläubiger, auch einzelner Gläubiger, nach §§ 272, 277 ausreichend Instrumentarien zur Verfügung, Missbräuche der Eigenverwaltung zu verhindern.[15]

8 **a) Gläubigerversammlung.** Die Gläubigerversammlung kann den Antrag auf Anordnung der Zustimmungsbedürftigkeit **ohne Angabe von Gründen** stellen.[16] Dennoch erscheint es falsch, den Gläubigern zu einer solchen Einschränkung der Verfügungsbefugnis des Schuldners ausnahmslos zu raten.[17] Fehlt den Gläubigern generell das Vertrauen in den Schuldner, so sollten sie vielmehr den Antrag auf Aufhebung der Eigenverwaltung nach § 272 Abs. 1 Nr. 1 stellen. Entscheiden sie sich aber für die Eigenverwaltung, so kann das Eigenverwaltungsverfahren, das ja gemäß § 270 Abs. 1 Satz 1 gerade die Verwaltung der Insolvenzmasse durch den Schuldner voraussetzt, nur dann erfolgreich sein, wenn dem Schuldner genügend Raum für eigene Entscheidungen bleibt. Auch wenn die Gläubigerversammlung in ihrer Entscheidung nach § 277 frei ist, sollte daher nur die Wirksamkeit bes. bedeutsamer Rechtsgeschäfte an die Zustimmung des Sachwalters gebunden werden.

9 Die Gläubigerversammlung entscheidet über den Antrag durch Beschluss, der mit den **allgemeinen Mehrheitserfordernissen** nach §§ 76 Abs. 2, 77, also mit einfacher Mehrheit nach Forderungssummen zustandekommt.[18]

10 **b) Einzelne Gläubiger.** Gemäß § 277 Abs. 2 Satz 2 kann die Anordnung der Zustimmungsbedürftigkeit eines Rechtsgeschäfts auch auf Antrag eines absonderungsberechtigten Gläubigers oder eines Insolvenzgläubigers ergehen. Ähnlich wie gemäß § 272 Abs. 2 sieht § 277 Abs. 2 Satz 2 vor, dass der Antrag einzelner Gläubiger **nur zulässig ist, wenn seine Voraussetzungen glaubhaft gemacht werden.** Die Voraussetzungen der Glaubhaftmachung richten sich nach §§ 4 InsO, 294 ZPO. Damit wird das Antragsrecht des Einzelgläubigers sehr stark eingeschränkt, was aber angesichts der fehlenden Beschränkung des Kreises der möglichen Antragsteller gerechtfertigt ist, um einen Missbrauch dieses Antragsrechts zu vermeiden.[19]

---

[11] Begr. RegE InsO v. 15. 4. 1992, BT-Drucks. 12/2443, zu § 338 RegE, S. 225.
[12] *Kübler/Prütting/Pape* § 277 RdNr. 28.
[13] HK-*Landfermann* § 277 RdNr. 4; *Kübler/Prütting/Pape* § 277 RdNr. 12; *Prütting*, Festschrift Kirchhof, 2003, S. 433, 437; aA AG Duisburg, ZIP 2002, 1636 ff.; HambKomm-*Fiebig* § 277 RdNr. 2.
[14] AG Duisburg, ZIP 2002, 1636 ff.; AG München, Beschl. v. 14. 6. 2002 – 1502 IN 879/02; zustimmend wohl auch *Blersch* in Breutigam/Blersch/Goetsch § 270 RdNr. 20.
[15] Ähnlich HK-*Landfermann* § 277 RdNr. 4.
[16] *Kübler/Prütting/Pape* § 277 RdNr. 24.
[17] So aber *Blersch* in Breutigam/Blersch/Goetsch § 275 RdNr. 3, § 276. RdNr. 2.
[18] *Blersch* in Breutigam/Blersch/Goetsch § 277 RdNr. 2.
[19] *Nerlich/Römermann/Riggert* § 277 RdNr. 7; *Kübler/Prütting/Pape* § 277 RdNr. 31 f.; *Blersch* in Breutigam/Blersch/Goetsch § 277 RdNr. 9.

11 Damit das Insolvenzgericht die Zustimmungsbedürftigkeit auf den Antrag eines einzelnen Gläubigers hin anordnet, muss das Gericht gemäß § 5 Abs. 1 von Amts wegen feststellen, ob der **Antrag auch gemäß § 277 Abs. 2 Satz 1 begründet** ist, also zur Überzeugung des Gerichts die dort genannten Voraussetzungen vorliegen. Dazu hat das Insolvenzgericht die im Einzelfall erforderlichen Ermittlungen anzustellen.[20] Im Ergebnis muss dann zur Überzeugung des Gerichts einerseits die Anordnung der Zustimmung erforderlich sein, um Nachteile für die Gläubiger zu vermeiden. Zum anderen muss die Anordnung unaufschiebbar sein.

12 **Nachteile für die Gläubiger** im Sinne der Regelung drohen, wenn die konkrete Gefahr glaubhaft gemacht werden kann, dass ohne Anordnung der Zustimmungsbedürftigkeit Nachteile eintreten werden. Dazu ist nicht erforderlich, dass die künftige Nachteile schon als gewiss feststehen, sondern es genügt, dass eine Rechtshandlung des Schuldners absehbar ist, die die Gläubiger schädigen könnte; insbesondere Rechtshandlungen, die zu einer Verkürzung der Masse führen.[21]

13 Hinzukommen muss, dass die Anordnung der Zustimmungsbedürftigkeit **unaufschiebbar erforderlich** ist, um die Nachteile für die Gläubiger zu vermeiden. Dieses zeitliche Element verlangt, dass die gläubigerschädigende Rechtshandlung unmittelbar bevorsteht. Wäre noch die Einberufung einer Gläubigerversammlung nach §§ 74, 75 rechtzeitig möglich, ohne dass die aus dem betreffenden Rechtsgeschäft befürchteten Nachteile eintreten, ist diese Voraussetzung nicht erfüllt, sondern das Insolvenzgericht hat entweder selbst eine Gläubigerversammlung einzuberufen oder den antragstellenden Insolvenzgläubiger auf die Einberufung nach § 75 Abs. 1 Nr. 3, 4 zu verweisen.[22] Zugleich ist das Merkmal der Erforderlichkeit nur dann erfüllt, wenn kein milderes Mittel als die Anordnung der Zustimmungsbedürftigkeit den drohenden Nachteil verhindern kann. Die Anordnung der Zustimmungsbedürftigkeit darf daher nicht erfolgen, wenn das Insolvenzgericht zu der Auffassung kommt, dass als milderes Mittel eine Information des Sachwalters diesem auf Grund seiner Befugnisse aus §§ 274, 275 ermöglichen wird, den Schaden der Gläubiger zu verhindern.[23]

14 **2. Zustimmungsbedürftige Rechtsgeschäfte.** Die Gläubigerversammlung ist darin frei, für **jegliche Art von Rechtsgeschäften** die Anordnung der Zustimmungsbedürftigkeit nach § 277 zu beantragen.[24] Rechtsgeschäfte sind, wie sich aus dem Dritten Abschnitt des BGB (§§ 104 ff. BGB) ergibt, nicht nur mehrseitige Rechtsgeschäfte wie zB Verträge, sondern auch einseitige wie Kündigungen oder Anfechtungen.[25]

15 Voraussetzung der Anordnung der Zustimmungsbedürftigkeit ist weiter ihre Begrenzung auf „bestimmte" Rechtsgeschäfte. Es ist also also kein **genereller Zustimmungsvorbehalt** für alle Verfügungen des Schuldners möglich.[26] – Wenn die Gläubigerschaft dem Schuldner so wenig vertraut, dass sie einen generellen Zustimmungsvorbehalt für notwendig hält, sollte sie umgehend nach § 272 die Aufhebung der Eigenverwaltung beantragen.

15 a In dem Antrag der Gläubigerversammlung sind die vom Zustimmungsvorbehalt erfassten Rechtsgeschäfte nach Art und Umfang möglichst genau zu bezeichnen, um später Rechtsunsicherheiten bei Anwendung des Zustimmungsvorbehalts zu vermeiden, und das Insolvenzgericht hat gegebenenfalls auf ausreichend konkretisierte Versammlungsbeschlüsse hinzuwirken.[27] Daraus folgt aber nicht, dass diejenigen Rechtsgeschäfte, die zustimmungsbedürftig sein sollen, einzeln bezeichnet werden müssen.[28] Und erst recht ist nicht die

---

[20] HK-*Landfermann* § 277 RdNr. 5; *Blersch* in *Breutigam/Blersch/Goetsch* § 277 RdNr. 9.
[21] *Nerlich/Römermann/Riggert* § 277 RdNr. 6.
[22] *Blersch* in *Breutigam/Blersch/Goetsch* § 277 RdNr. 9.
[23] *Nerlich/Römermann/Riggert* § 277 RdNr. 6.
[24] Hierzu und zum folgenden auch *Kübler/Prütting/Pape* § 277 RdNr. 24.
[25] *Nerlich/Römermann/Riggert* § 277 RdNr. 2.
[26] *Bork*, Einführung in das Insolvenzrecht, RdNr. 407. AA AG Hamburg, Beschl. v. 5. 8. 2003 – 67 c IN 42/03.
[27] *Blersch* in *Breutigam/Blersch/Goetsch* § 277 RdNr. 2.
[28] So zumindest in der Tendenz *Nerlich/Römermann/Riggert* § 277 RdNr. 2.

Einhaltung des sachenrechtlichen Bestimmtheitsgrundsatzes erforderlich. Vielmehr genügt eine abstrakt-generelle Beschreibung, die dann im Einzelfall für jedes konkrete Rechtsgeschäft bestimmbar macht, ob dafür die Zustimmungsbedürftigkeit angeordnet worden ist. Daher können Verfügungen über bestimmte, im Einzelnen aufgeführte Vermögensgegenstände genauso an die Zustimmungsbedürftigkeit geknüpft werden, wie auch die Anordnung möglich ist, dass bestimmte Arten von Geschäften oder Geschäfte mit einem bestimmten Volumen nur mit Zustimmung des Sachwalters abgeschlossen werden dürfen.[29] Insbesondere kann angeordnet werden, dass der Schuldner Forderungen nur im Zusammenwirken mit dem Sachwalter einziehen kann oder Belastungen von Vermögensgegenständen nur dann wirksam werden, wenn der Sachwalter ihnen zustimmt. Ebenso können die in §§ 160 ff. bezeichneten Rechtsgeschäfte erfasst werden, was sinnvoll sein kann, da dies im Allgemeinen die bedeutsamen und somit für die Gläubiger gefährlichen Rechtsgeschäfte sind. Die Zustimmungsbedürftigkeit kann deshalb zB für die Veräußerung des Unternehmens oder des Betriebs im ganzen, für die Aufnahme eines Darlehens oder für die Aufnahme eines Rechtsstreits bei Überschreiten eines bestimmten Streitwerts angeordnet werden.[30]

16 Die Gläubigerversammlung ist insbesondere auch frei darin, die Anordnung der Zustimmungsbedürftigkeit für solche Rechtsgeschäfte zu beantragen, die **für das Insolvenzverfahren von besonderer Bedeutung** sind, obwohl der Schuldner gemäß § 276 dafür ohnehin die Zustimmung des Gläubigerausschusses einzuholen hat.[31] Darin liegt nicht etwa eine doppelte und deshalb überflüssige Kontrolle, denn eine fehlende Zustimmung des Gläubigerausschusses trotz Zustimmungserfordernisse gemäß § 276 kann nach dem ausdrücklichen Verweis auf § 164 die Wirksamkeit von Rechtshandlungen im Außenverhältnis nicht verhindern. Im Übrigen gilt, dass dann, wenn die Zustimmungsbedürftigkeit für die sonstigen Rechtsgeschäfte angeordnet werden kann, eine solche Anordnung erst recht für Rechtshandlungen möglich sein muss, die für das Insolvenzverfahren von besonderer Bedeutung sind.

17 Eine Grenze ist aber insoweit zu ziehen, als die Zustimmungsbedürftigkeit **nicht für sämtliche (oder nahezu sämtliche) Rechtshandlungen** beantragt werden kann.[32] Denn zum einen beschränkt § 274 Abs. 1 die Anordnung der Zustimmungsbedürftigkeit ausdrücklich auf „bestimmte" Rechtsgeschäfte. Zum anderen würde darin praktisch eine Aufhebung der Eigenverwaltung liegen, die nach § 270 Abs. 1 Satz 1 gerade dadurch gekennzeichnet ist, dass dem Schuldner die Verwaltungs- und Verfügungsbefugnis verbleibt. Sähe sich die Gläubigerversammlung zu einem Antrag auf Anordnung einer so weitgehende Zustimmungsbedürftigkeit veranlasst, muss sie stattdessen die Aufhebung der Eigenverwaltung nach § 272 Abs. 1 Nr. 1 beantragen.[33]

IV. Der Beschluss zur Anordnung der Zustimmungsbedürftigkeit

18 Das Insolvenzgericht entscheidet über die Anordnung der Zustimmungsbedürftigkeit durch Beschluss.

19 **1. Anhörung.** Die Anordnung der Zustimmungsbedürftigkeit oder die Zurückweisung eines entsprechenden Antrags sollte **regelmäßig erst nach Anhörung des Schuldners** ergehen, um diesem die Möglichkeit zu geben, durch eine Gegenglaubhaftmachung den Erlass der Anordnung zu verhindern. Ergänzend kann sich auch eine Anhörung des Sachwalters anbieten, um eine breitere Entscheidungsbasis zu finden. Die Anhörung des Schuldners sollte umgekehrt unterbleiben und die beantragte Anordnung erlassen werden, wenn

---

[29] Vgl. zB AG München, Beschl. v. 14. 6. 2002 – 1502 IN 879/02: „Verfügungen, die einen Betrag von 2 Mio. € übersteigen".
[30] *Blersch* in *Breutigam/Blersch/Goetsch* § 277 RdNr. 2; *Nerlich/Römermann/Riggert* § 277 RdNr. 2.
[31] *Blersch* in *Breutigam/Blersch/Goetsch* § 277 RdNr. 2.
[32] Ähnlich HK-*Landfermann* § 277 RdNr. 1; *Nerlich/Römermann/Riggert* § 277 RdNr. 2; *Kübler/Prütting/Pape* § 277 RdNr. 24; aA HambKomm-*Fiebig* § 277 RdNr. 4.
[33] So auch *Blersch* in *Breutigam/Blersch/Goetsch* § 277 RdNr. 1.

die Gefahr droht, dass der Schuldner gerade auf Grund der Mitteilung des Antrags den Aufschub der Entscheidung ausnutzt, um Masse beiseite zu schaffen, oder sonst die Eilbedürftigkeit entgegensteht.[34]

2. Entscheidung. Bei seinem Beschluss über den Antrag auf Anordnung der Zustimmungsbedürftigkeit hat das Insolvenzgericht **kein Entscheidungsermessen,** sondern kann lediglich die in § 277 genannten Voraussetzungen prüfen; insbesondere das Vorliegen eines zulässigen und inhaltlich auf bestimmte Rechtsgeschäfte beschränkten Antrags. Beantragt die Gläubigerversammlung insoweit zulässigerweise die Anordnung der Zustimmungsbedürftigkeit, hat das Insolvenzgericht dem ohne weitere Prüfung zu entsprechen.[35] Dagegen kann der Antrag insbesondere nicht deshalb zurückgewiesen werden, weil nach eigener Auffassung des Insolvenzgerichts eine Begrenzung der Verwaltungs- und Verfügungsbefugnis des Schuldners nicht geboten ist.[36]

Beim **Antrag eines Einzelgläubigers** hat das Gericht darüber hinaus von Amts wegen festzustellen, ob der Antrag gemäß § 277 Abs. 2 Satz 1 begründet ist, ob also nach Überzeugung des Gerichts die Eilbedürftigkeit und die drohenden Nachteile gegeben sind.[37]

3. Inhalt des Beschlusses. Der **Beschluss des Insolvenzgerichts** muss die einzelnen Rechtsgeschäfte, für deren Wirksamkeit die Zustimmung des Sachwalters angeordnet wird, nach Art und Umfang möglichst konkret bezeichnen. Er muss nicht begründet werden, wenn er auf Antrag der Gläubigerversammlung erfolgt ist, da für den Antrag keine Gründe vorliegen müssen und dem Insolvenzgericht in diesem Fall keine materielle Prüfungskompetenz zukommt.[38] Dagegen ist eine Begründung erforderlich, wenn die Anordnung auf Antrag eines einzelnen Gläubigers nach § 277 Abs. 2 erfolgt, weil in diesem Fall das Insolvenzgericht zur eigenen Überzeugung festzustellen hat, dass die in der Regelung genannten Voraussetzungen vorliegen.

Das Insolvenzgericht sollte den Beschluss über die Anordnung der Zustimmungsbedürftigkeit nach Tag und Stunde **datieren,** um im Streitfall die Überprüfung zu ermöglichen, ob der Schuldner zustimmungswidrig verfügt hat. Dabei ist zu beachten, dass § 277 Abs. 1 Satz 2 nicht auf § 81 Abs. 3 verweist, so dass keine Vermutung dafür spricht, dass Verfügungen des Schuldners am Tag der Anordnung der Zustimmungsbedürftigkeit erst nach dieser Anordnung vorgenommen worden sind.[39]

4. Keine Rechtsmittel. Ordnet das Insolvenzgericht die Zustimmungsbedürftigkeit bestimmte Rechtsgeschäfte an, steht dem **Schuldner** gemäß § 6 kein Rechtsmittel zu, egal ob der Beschluss auf Antrag der Gläubigerversammlung oder eines einzelnen Gläubigers erfolgt ist. Ebenso haben einzelne **Gläubiger** kein Rechtsmittel, wenn die Gläubigerversammlung bei der Abstimmung über den Antrag auf Anordnung der Zustimmungsbedürftigkeit diesen mit ihrer Mehrheit abgelehnt. Dem überstimmten Insolvenzgläubiger bleibt nur, die Aufhebung der Eigenverwaltung beim Insolvenzgericht zu beantragen, sofern die Voraussetzungen des § 272 Abs. 1 Nr. 2 erfüllt sind.[40]

V. Mitteilungs- und Verlautbarungsverpflichtungen

Wird die Zustimmungsbedürftigkeit bestimmter Rechtsgeschäfte angeordnet, so sieht § 277 Abs. 3 Mitteilungs- und Verlautbarungsverpflichtungen vor. Diese sind erforderlich, da die Anordnung der Zustimmungsbedürftigkeit die Verfügungsbefugnis des Schuldners auch im Außenverhältnis gegenüber Dritten einschränkt, aber zuvor wegen des fehlenden

---

[34] HK-*Landfermann* § 277 RdNr. 5; *Uhlenbruck* § 277 RdNr. 8. Generell gegen eine Anhörung des Schuldners *Blersch* in Breutigam/Blersch/Goetsch § 277 RdNr. 9.
[35] HK-*Landfermann* § 277 RdNr. 5.
[36] *Nerlich/Römermann/Riggert* § 277 RdNr. 4.
[37] HK-*Landfermann* § 277 RdNr. 5.
[38] Undifferenziert *Blersch* in Breutigam/Blersch/Goetsch § 277 RdNr. 3.
[39] *Blersch* in Breutigam/Blersch/Goetsch § 277 RdNr. 3 f.
[40] *Blersch* in Breutigam/Blersch/Goetsch § 277 RdNr. 7, 9.

Übergangs der Verwaltungs- und Verfügungsbefugnis solche Insolvenzwirkungen weder in die entsprechenden Register eingetragen noch öffentlich bekanntgemacht sind.[41] Daher muss der **Rechtsverkehr informiert werden,** dass trotz Anordnung der Eigenverwaltung und des Verbleibs der Verwaltungs- und Verfügungsbefugnis beim Schuldner für die Wirksamkeit bestimmter Rechtsgeschäfte die Zustimmung des Sachwalters erforderlich ist. Dies erschwert zugleich eine Minderung der Masse durch gutgläubigen Erwerb.[42]

26 **1. Öffentliche Bekanntmachung.** Gemäß § 274 Abs. 3 Satz 1 ist die Anordnung der Zustimmungsbedürftigkeit öffentlich bekanntzumachen.

27 **2. Zustellung.** Die Zustellung des Beschlusses **an den Schuldner** ist nicht ausdrücklich vorgesehen. Sie erscheint trotz fehlender Regelung im Gesetz aber ratsam, um gegebenenfalls die Vornahme zustimmungswidriger Rechtsgeschäfte trotz Kenntnis der Anordnung nachweisen zu können.[43]

28 Wegen des Verweises auf § 82 in § 277 Abs. 1 Satz 2 sollte auch eine Zustellung **an die Schuldner des Schuldners** erfolgen.[44]

29 Schließlich muss eine Übersendung des Beschlusses **an den Sachwalter** erfolgen, weil dessen Mitwirkungspflichten durch den Beschluss erweitert werden.[45]

30 **3. Registereintragungen.** Gemäß § 277 Abs. 3 Satz 2 ist die Anordnung der Zustimmungsbedürftigkeit im **Handelsregister und den gleichgestellten Register** einzutragen. Damit wird die Einschränkung der Verfügungsbefugnis des Schuldners publik gemacht und so die Basis für einen möglichen Gutglaubensschutz entzogen.[46] Grundlage für diese Eintragung im Handelsregister, dem Genossenschaftsregister und dem Partnerschaftsregister sind §§ 40 Nr. 5 Abs. 5 Buchst. d, 43 Nr. 6 Buchst. i HRV, § 21 Abs. 2 Nr. 3 GenRegV, § 5 Abs. 4 Nr. 4 PRV. Um die Eintragung zu veranlassen, hat die Geschäftsstelle des Insolvenzgerichts dem Registergericht eine Ausfertigung des Beschlusses, mit dem die Zustimmungsbedürftigkeit angeordnet wird, gemäß § 31 zu übermitteln.[47]

31 Bezieht sich die angeordnete Zustimmungsbedürftigkeit auf Verfügungen über Grundstücke und grundstücksgleiche Rechte (einschließlich der Rechte an Schiffen und Luftfahrzeugen), so erfolgt gemäß §§ 32, 33 außerdem eine **Eintragung ins Grundbuch bzw. in die entsprechenden Register** für Schiffe oder Luftfahrzeuge. Dies ist zur Vermeidung gutgläubigen Erwerbs erforderlich, da gemäß § 72 Abs. 3 Satz 3 trotz Eröffnung des Insolvenzverfahrens bei Anordnung der Eigenverwaltung keine Eintragung im Grundbuch und gleichgestellten Registern erfolgt.[48]

VI. Folgen angeordneter Zustimmungsbedürftigkeit

32 **1. Rechtsgeschäfte mit Zustimmung des Sachwalters. Im Innenverhältnis** muss der Schuldner sich bei Anordnung der Zustimmungsbedürftigkeit vor den jeweils betroffenen Rechtsgeschäften um das Einverständnis des Sachwalters bemühen. Insoweit handelt es sich also bei der Zustimmung um eine Einwilligung im Sinne von § 183 BGB. Versäumt der Schuldner die Einholung der vorherigen Zustimmung oder leugnet er das Zustimmungserfordernis, so liegt darin regelmäßig ein Umstand, den der Sachwalter nach § 274 Abs. 3 anzuzeigen hat.[49] Nach Anordnung der Zustimmungsbedürftigkeit sind die betroffenen Rechtsgeschäfte des Schuldners **im Außenverhältnis nur mit Zustimmung des Sachwalters wirksam.**

---

[41] *HK-Landfermann* § 277 RdNr. 3; *Kübler/Prütting/Pape* § 277 RdNr. 1.
[42] *Nerlich/Römermann/Riggert* § 277 RdNr. 10.
[43] *Kübler/Prütting/Pape* § 277 RdNr. 37.
[44] *Kübler/Prütting/Pape* § 277 RdNr. 37.
[45] *Kübler/Prütting/Pape* § 277 RdNr. 37.
[46] *Nerlich/Römermann/Riggert* § 277 RdNr. 10; *Kübler/Prütting/Pape* § 277 RdNr. 38.
[47] *Nerlich/Römermann/Riggert* § 277 RdNr. 10; *HK-Landfermann* § 277 RdNr. 6.
[48] *HK-Landfermann* § 277 RdNr. 6.
[49] *Nerlich/Römermann/Riggert* § 277 RdNr. 3; *Blersch* in *Breutigam/Blersch/Goetsch* § 277 RdNr. 5.

Soweit der Sachwalter der Begründung einer Masseverbindlichkeit zustimmt, trifft ihn auf **33** Grund der Verweisung in § 277 Abs. 1 Satz 2 unter den gleichen Voraussetzungen und im gleichen Umfang wie den Insolvenzverwalter im regulären Insolvenzverfahren gemäß § 61 eine **Schadensersatzpflicht, wenn diese Masseverbindlichkeit aus der Insolvenzmasse nicht voll erfüllt werden kann.** Während bei nichtzustimmungsbedürftigen Rechtsgeschäften für eine solche Haftung des Sachwalters keine Grundlage zu finden wäre, da der Sachwalter keine Möglichkeit hat, in diesen Fällen die Begründung der Masseverbindlichkeiten zu verhindern, ändert sich dies, wenn nach § 277 zur Wirksamkeit der Geschäfte seine Zustimmung erforderlich wird. Denn damit gelangt der Sachwalter in die Rolle des Geschäftsherrn. Er hat deshalb mit der Sorgfalt eines ordentlichen Sachwalters zu prüfen, ob die einzugehende Verbindlichkeiten aus der vorhandenen Masse gedeckt werden können.[50] Maßgeblicher Zeitpunkt für die Erkennbarkeit einer Masseunzulänglichkeit ist dabei der Zeitpunkt der Zustimmung des Sachwalters.[51]

Nach der in § 61 getroffenen Regelung haftet der Sachwalter dann nicht, wenn er bei **34** seiner Zustimmung zu der Begründung der Verbindlichkeit nicht erkennen konnte, dass die Masse voraussichtlich **nicht zur Erfüllung der Verbindlichkeiten ausreichen** würde.[52] Für diesen Entlastungsbeweis wird dem Sachwalter zugute kommen, dass es für ihn mangels eigener Verwaltungs- und Verfügungsbefugnis schwerer als für den Insolvenzverwalter ist, einen vollständigen Überblick über die im Verfahren entstehenden Belastungen der Insolvenzmasse zu gewinnen.[53]

2. Rechtsgeschäfte ohne Zustimmung des Sachwalters. Ist die Zustimmungs- **35** bedürftigkeit für ein bestimmte Rechtsgeschäfte angeordnet, so ist dieses Rechtsgeschäft **ohne Zustimmung des Sachwalters (schwebend) unwirksam.** Dies ergibt sich unmittelbar aus § 274 Abs. 1 Satz 1, so dass in § 274 Abs. 1 Satz 2 der Verweis auf § 81 Abs. 1 Satz 1 unterbleiben konnte.[54] Es handelt sich dabei nicht nur um eine relative Unwirksamkeit im Verhältnis zu den Insolvenzgläubigern, sondern ohne Zustimmung des Sachwalters sind die betreffenden Rechtsgeschäfte absolut unwirksam gegenüber jedermann. Da § 277 Abs. 1 Satz 2 auch auf § 280 verweist, sind von der Unwirksamkeit auch Leistungen an den Schuldner erfasst, soweit für das zugrundeliegende Rechtsgeschäft die Zustimmungsbedürftigkeit nach § 277 Abs. 1 Satz 1 angeordnet worden war.[55]

Eine **nachträgliche Genehmigung** des zunächst schwebend unwirksamen Geschäfts **36** durch den Sachwalter nach §§ 184, 185 BGB ist für sämtliche Rechtsgeschäfte möglich.[56] Für Verfügungen ergibt sich dies aus § 185 BGB. Für Verpflichtungs- und sonstige Rechtsgeschäfte findet zwar § 185 BGB keine Anwendung;[57] man wird hier aber § 177 BGB analog heranziehen können. Versagt der Sachwalter die Zustimmung, wird das Rechtsgeschäft absolut unwirksam.[58]

Gutglaubensschutz bei Verfügungen wird durch die Verweisung des § 277 Abs. 1 **37** Satz 2 auf § 81 Abs. 1 Satz 2 für Registerrechte (Grundbuch, Schiffsregister, Luftfahrzeugregister) gewährt. Trotz des absoluten Verfügungsverbotes ist damit in diesem Bereich ein gutgläubiger Erwerb vom nicht verfügungsberechtigten, aber eingetragenen Schuldner möglich. Der gute Glaube des Geschäftspartners an die Verfügungsbefugnis des Schuldners wird

---

[50] *Kübler/Prütting/Pape* § 277 RdNr. 21 f.
[51] *HK-Landfermann* § 277 RdNr. 8.
[52] *Nerlich/Römermann/Riggert* § 277 RdNr. 4.
[53] Zu diesem Gedanken auch *Blersch* in *Breutigam/Blersch/Goetsch* § 274 RdNr. 8, der daraus aber überraschenderweise den Schluss zieht, dass dem Sachwalter der Entlastungsbeweis schwerer ist als dem Insolvenzverwalter.
[54] *Blersch* in *Breutigam/Blersch/Goetsch* § 277 RdNr. 4.
[55] *Blersch* in *Breutigam/Blersch/Goetsch* § 277 RdNr. 4; *Nerlich/Römermann/Riggert* § 277 RdNr. 9.
[56] *Nerlich/Römermann/Riggert* § 277 RdNr. 3, will die Möglichkeit der nachträglichen Genehmigung wohl auf Verfügungen beschränken. Dagegen geht *Koch*, Die Eigenverwaltung nach der InsO, 1998, S. 229 ff. ausdrücklich gerade von der Genehmigungsfähigkeit für Verpflichtungsgeschäfte aus.
[57] Für die herrschende Meinung siehe *Palandt/Heinrichs* § 185 BGB RdNr. 3.
[58] *HK-Landfermann* § 277 RdNr. 7.

§ 278   1   7. Teil. Eigenverwaltung

dagegen weder bei Verfügungen über beweglichen Sachen noch über Forderungen geschützt.[59]

38   **Bei Leistungen an den Schuldner erfolgt ein Schutz des guten Glaubens** durch die Verweisung des § 277 Abs. 1 Satz 2 auf § 82.[60] Nach diesen Regelungen befreit die Leistung an den Schuldner den Leistenden von seiner Verpflichtung, wenn er zum Zeitpunkt der Leistung von der Anordnung der Zustimmungsbedürftigkeit keine Kenntnis hatte. Fahrlässige, auch grobfahrlässige, Unkenntnis schadet dem Leistenden nicht. Für die Beweislast gilt nach § 82 Satz 2, dass die Unkenntnis des Leistenden von dem Zustimmungserfordernis vermutet wird, wenn er vor Bekanntmachung der Anordnung (§ 277 Abs. 3) geleistet hat. Bei einer Leistung nach der Bekanntmachung trägt dagegen der Leistende die Beweislast für seine Unkenntnis; und kann er diesen Beweis nicht führen, wird er durch die Leistung an den Schuldner von seiner Verbindlichkeit nicht frei.

§ 278 Mittel zur Lebensführung des Schuldners

(1) Der Schuldner ist berechtigt, für sich und die in § 100 Abs. 2 Satz 2 genannten Familienangehörigen aus der Insolvenzmasse die Mittel zu entnehmen, die unter Berücksichtigung der bisherigen Lebensverhältnisse des Schuldners eine bescheidene Lebensführung gestatten.

(2) Ist der Schuldner keine natürliche Person, so gilt Absatz 1 entsprechend für die vertretungsberechtigten persönlich haftenden Gesellschafter des Schuldners.

Übersicht

	RdNr.		RdNr.
I. Normzweck	1	5. Verhältnis zur Gewährung von Unterhalt nach § 100 Abs. 1 InsO	13
II. Entstehungsgeschichte der Norm: Frühere Regelung – Reformvorschläge – Gesetzgebungsverfahren zur InsO	3	IV. Anspruchsberechtigte und zu versorgender Personenkreis	14
		1. Anspruchsberechtigte	15
III. Entnahme der für eine bescheidene Lebensführung erforderlichen Mittel	4a	2. Zu versorgender Personenkreis	17
		V. Rechtsfolgen unzulässiger Entnahmen	17b
1. § 278 als „Erfolgsprämie" für den Schuldner?	4a	1. Vorbemerkung	17b
2. Anspruch des Schuldners	5	2. Unzulässige Entnahmen im Verhältnis zu Dritten	18
3. Entnahme aus der Insolvenzmasse	6	3. Unzulässige Entnahmen im Verhältnis zur Insolvenzmasse	20
4. Bescheidene Lebensführung	9	4. Sanktionen des Sachwalters	22
a) Obliegenheit des Schuldners	9	5. Sanktionen der Gläubiger	24
b) Umfang der Entnahme	10		
c) Frühere Lebensführung als Maßstab?	12		

I. Normzweck

1   Die Vorschrift des § 278 ist in ihrem **ersten Absatz auf die Insolvenz natürlicher Personen** und auf die Insolvenz von Personengesellschaften mit persönlich haftenden natürlichen Personen als Gesellschafter **ausgerichtet**. In § 278 wird festgelegt, dass bei Abwicklung der Insolvenz einer natürlichen Person im Verfahren der Eigenverwaltung nicht nur der notwendige Unterhalt des Schuldners, sondern darüber hinaus Mittel zu einer bescheidenen Lebensführung für den Schuldner und seine Familienangehörigen unter

---

[59] *Blersch* in *Breutigam/Blersch/Goetsch* § 277 RdNr. 4; *Nerlich/Römermann/Riggert* § 277 RdNr. 9.
[60] Hier zu und zum folgenden auch *Nerlich/Römermann/Riggert* § 277 RdNr. 9; *Blersch* in *Breutigam/Blersch/Goetsch* § 277 RdNr. 4.

Berücksichtigung der bisherigen Lebensverhältnisse des Schuldners aus der Insolvenzmasse entnommen werden dürfen.[1]

Ist der Schuldner keine natürliche Person, so gilt die Regelung entsprechend für die **vertretungsberechtigten persönlich haftenden Gesellschafter des Schuldners.** Mit dem Verweis auf die in § 100 Abs. 2 Satz 2 genannten Familienangehörigen und die vertretungsberechtigten persönlich haftenden Gesellschafter wird der Kreis der Personen, deren Unterhalt die Vorschrift gewährleistet, in gleicher Weise abgegrenzt wie im Regelinsolvenzverfahren.[2]

II. Entstehungsgeschichte der Norm: Frühere Regelung – Reformvorschläge – Gesetzgebungsverfahren zur InsO

Eine § 278 Abs. 1 entsprechende Regelung fand sich früher in der **Vergleichsordnung** (§ 56 VerglO). Dort war geregelt, dass der Schuldner während des Vergleichsverfahrens die vorhandenen Mittel nur insoweit für sich verbrauchen durfte, als es zu einer bescheidenen Lebensführung für ihn und seine Familie unerlässlich war. In Zweifelsfällen kann die jetzige Vorschrift der Insolvenzordnung deshalb unter Berücksichtigung der zu § 56 VerglO entwickelten Grundsätze ausgelegt werden.[3] Ein wesentlicher Unterschied zwischen der Vergleichsordnung und dem jetzt geltenden Recht ist aber insoweit zu verzeichnen, als § 278 Abs. 2 eine ausdrückliche Regelung für die vertretungsberechtigten persönlich haftenden Gesellschafter des Schuldners trifft. Demgegenüber war § 56 VglO allein auf das Vergleichsverfahren über das Vermögen einer natürlichen Person zugeschnitten; und die Anwendung auf Vergleichsverfahren über ein Gesellschaftsvermögen war streitig.[4]

Im Gesetzgebungsverfahren wurde die Norm als § 328 des **Diskussionsentwurfs**[5] (DE) vorgeschlagen; und der Entwurf sah dort über die Regelung des § 56 VglO hinaus in § 328 Abs. 2 DE ein Entnahmerecht für die „organschaftlichen Vertreter des Schuldners" vor. Damit hätten unabhängig von ihrer Gesellschafterstellung Geschäftsführer, auch einer GmbH, und Vorstandsmitglieder einer Aktiengesellschaft den Anspruch auf die Entnahme von Mitteln zur Lebensführung aus der Insolvenzmasse gehabt. Dies entsprach der Regelung in §§ 110, 109 DE für das reguläre Insolvenzverfahren. Demgegenüber ging dann der **Referentenentwurf**[6] (RefE) schon davon aus, dass im regulären Insolvenzverfahren eine Entnahme für den Lebensunterhalt nur dem persönlich haftenden und vertretungsberechtigten Gesellschafter einer Offenen Handelsgesellschaft, einer Kommanditgesellschaft oder einer Kommanditgesellschaft auf Aktien, nicht aber den Vorstandsmitgliedern einer Aktiengesellschaft oder den Geschäftsführern einer Gesellschaft mit beschränkter Haftung zugebilligt werden konnte, da nur die wirtschaftliche Lage des Komplementärs einer insolventen Gesellschaft regelmäßig mit der eines insolventen Einzelkaufmanns vergleichbar sei: Wie der Einzelkaufmann verliere der Komplementär mit der Eröffnung des Insolvenzverfahrens die Möglichkeit, seinen Lebensunterhalt aus den Mitteln des Unternehmens zu bestreiten, und auch sein privates Vermögen sei dem Zugriff der Gläubiger ausgesetzt. Der Anstellungsvertrag des Vorstandsmitglieds einer Aktiengesellschaft oder des Geschäftsführers einer Gesellschaft mit beschränkter Haftung bestehe dagegen im Insolvenzverfahren zunächst fort; sein Vermögen werde von der Insolvenz der Gesellschaft nicht berührt.[7] Entsprechend war

---

[1] Begr. RegE InsO v. 15. 4. 1992, BT-Drucks. 12/2443, zu § 339 RegE, S. 225.
[2] Begr. RegE InsO v. 15. 4. 1992, BT-Drucks. 12/2443, zu § 339 RegE, S. 225.
[3] *Kübler/Prütting/Pape* § 278 RdNr. 1.
[4] Dazu *Kilger/K. Schmidt,* Insolvenzgesetze, § 56 VglO Anm. 1) mit Nachweisen zum früheren Meinungsstand.
[5] Diskussionsentwurf (DE), Gesetz zur Reform des Insolvenzrechts, herausgegeben vom Bundesministerium der Justiz, Köln 1988.
[6] Referentenentwurf (RefE), Gesetz zur Reform des Insolvenzrechts, herausgegeben vom Bundesministerium der Justiz, Köln 1989.
[7] Referentenentwurf (RefE), Gesetz zur Reform des Insolvenzrechts, herausgegeben vom Bundesministerium der Justiz, Köln 1989; S. 107 f.

in § 110 Abs. 1 Satz 3 RefE für das reguläre Insolvenzverfahren vorgesehen, dass das Recht auf Entnahme für den Lebensunterhalt nur den „organschaftlichen Vertretern, die zugleich persönlich haftende Gesellschafter des Schuldner sind", eingeräumt werden konnte. Korrespondierend damit erfolgte die gleiche Einschränkung für das Entnahmerecht bei Eigenverwaltung in § 328 Abs. 2 RefE. Der **Regierungsentwurf**[8] (RegE) hat dann diese Fassung von § 328 RefE wörtlich (abgesehen von der Anpassung in der Nummerierung der Verweisungen) als § 339 RegE in das Gesetzgebungsverfahren eingebracht. Im Gesetzgebungsverfahren sind schließlich noch die aus § 278 Abs. 2 Begünstigten besser als die „vertretungsberechtigten persönlich haftenden Gesellschafter des Schuldners" bezeichnet worden. Im Übrigen ist aber die Fassung des Regierungsentwurfs in § 339 RegE inhaltlich unverändert als § 278 Gesetz geworden.

III. Entnahme der für eine bescheidene Lebensführung erforderlichen Mittel

4 a **1. § 278 als „Erfolgsprämie" für den Schuldner?** Handelt es sich bei dem Schuldner um eine natürliche Person und geht er einer abhängigen Beschäftigung nach, stehen ihm zunächst die unpfändbaren Beträge gem. §§ 850 ff. ZPO zu, da diese gem. § 36 nicht in die Insolvenzmasse fallen.

4 b Bei selbstständig tätigen Schuldnern sieht es in der Praxis der Insolvenzabwicklung – außerhalb einer angeordneten Eigenverwaltung! – so aus, dass zwischen Insolvenzverwalter (mit Billigung der Organe der Gläubigerschaft) und dem Schuldner häufig die Höhe der dem Schuldner aus der selbstständigen Tätigkeit zum Lebensunterhalt verbleibenden Beträge vereinbart wird.[9] Die Abwicklung der Ein- und Ausgaben für die Weiterführung der selbstständigen Tätigkeit des Schuldners müssen dann nicht über das Anderkonto des Insolvenzverwalters erfolgen, sondern der Schuldner führt in Eigenregie (auch ohne angeordnete Eigenverwaltung!) unter Aufsicht des Verwalters seine selbstständige Tätigkeit fort und den der Insolvenzmasse zustehenden Anteil am Gewinn an den Verwalter ab. Diese Vorgehensweise steht nicht im Widerspruch zur BGH-Rechtsprechung vom 20. 3. 2003,[10] denn der BGH hat nicht gesagt, dass die beschriebenen und in der Praxis gebräuchlichen Vereinbarungen rechtswidrig sind.[11] Wird zwischen Schuldner und Insolvenzmasse die beschriebene Vereinbarung getroffen, so ist damit in der Regel auch die Gewährung von zusätzlichem Unterhalt nach § 100 „abgegolten".

4 c Führt die selbstständige Tätigkeit des Schuldners zu weiteren Verlusten, so ist für die beschriebenen Vereinbarungen zwischen Schuldner und Insolvenzmasse kein Raum. Weiterhin sind Fälle denkbar, in denen sich Verwalter und Schuldner nicht über die Höhe der dem Schuldner zustehenden Beträge einigen können oder wo der Insolvenzverwalter zur Vermeidung von Haftungsrisiken nicht auf eine derartige Vereinbarung zurückgreifen will. In diesem Fall ist die Höhe der pfändungsfreien Beträge gem. § 850i ZPO durch das Gericht festzusetzen. Das heißt also, dass der Insolvenzverwalter sämtliche Einnahmen aus der selbstständigen Tätigkeit des Schuldners auf seine Anderkonten ziehen kann und dem Schuldner nur den pfändungsfreien Betrag herausgeben muss. Reichen die Beträge, die der Schuldner so erhält, nicht aus, so kann er außerhalb einer angeordneten Eigenverwaltung versuchen, nach **§ 100** Unterhalt aus der Insolvenzmasse zu erhalten. Einen Anspruch auf Alimentierung aus der Masse kann der Schuldner aus § 100 jedoch nicht ableiten.[12]

4 d Aus § 278, der nur bei angeordneter Eigenverwaltung gilt, lassen sich hingegen Ansprüche des Schuldners ableiten. Zusätzlich zu dem oben beschriebenen pfändungsfreien Einkommen nach § 36 kann dem Schuldner nach § 278 ein erhöhter Unterhaltsbetrag gewährt werden, wenn dies unter Berücksichtigung der bisherigen Lebensverhältnisse angemessen

---

[8] RegE InsO v. 15. 4. 1992, BT-Drucks. 12/2443.
[9] Vgl. dazu *Tetzlaff* ZInsO 2005, 393, 394 f.
[10] BGH ZInsO 2003, 413 ff.
[11] *Tetzlaff* ZInsO 2005, 393, 395.
[12] LG Hamburg, ZInsO 2000, 108; HK-*Eickmann* § 100 RdNr. 1.

erscheint. Durch diese bewusst vage gehaltene Formulierung soll die Möglichkeit geschaffen werden, dem Schuldner einen gewissen Anreiz (im Sinne einer „Erfolgsprämie") für eine erfolgreiche Geschäftsführung, die den Interessen der Gläubiger zugute kommt, geben zu können.[13] Verfügt der Schuldner über insolvenzfreies Vermögen, welches ausreicht, um den in § 278 beschriebenen Lebensstandard zu führen, so steht dem Schuldner kein zusätzlicher Unterhalt aus der Insolvenzmasse zu.[14] Erwirtschaftet der Schuldner im Rahmen der Eigenverwaltung nicht so viele Gewinne aus der Fortführung der selbstständigen Tätigkeit, so kann er über § 278 trotzdem Zahlungen erhalten, welche der Höhe nach die sonst pfändungsfreien Beträge erreichen. Darauf hat der Schuldner im Einzelfall sogar einen Anspruch. Eine Aufstockung von Zahlungen, die bereits die Pfändungsfreigrenzen erreichen oder übersteigen, um eine „Erfolgsprämie" kann der Schuldner hingegen nach § 278 nicht beanspruchen. Die „Erfolgsprämie" kann aber ein Steuerungsinstrument der Gläubiger sein.

2. Anspruch des Schuldners. Die Unterhaltsgewährung für den Schuldner und seine 5 Angehörigen steht **nicht im Ermessen der Gläubiger,** sondern in § 278 wird für sie – ähnlich wie nach § 56 VerglO – ein Anspruch auf Entnahme der zu einer bescheidenen Lebensführung erforderlichen Mittel begründet.[15] Insoweit geht § 278 über die entsprechende Regelung in § 100 für das reguläre Insolvenzverfahren hinaus, da es dort ausdrücklich in das Ermessen der Gläubigerversammlung gestellt ist, „ob" dem Schuldner und seiner Familie Unterhalt gewährt werden soll.[16] Grund dafür ist, dass das Eigenverwaltungsverfahren nur durchgeführt werden kann, wenn der Schuldner sich bei der Fortführung und ggfs. auch der Liquidation seines Unternehmens mindestens im gleichen Umfang engagiert, wie bei der Unternehmensführung außerhalb des Insolvenzverfahrens. Dazu wird der Schuldner aber nur bereit sein, wenn er (und seine Angehörigen) dafür in gewissem Umfang „entlohnt" werden.

3. Entnahme aus der Insolvenzmasse. § 278 gestattet die Entnahme der für eine 6 bescheidene Lebensführung notwendigen Mittel aus der Insolvenzmasse. Diesem Anspruch kommt insbesondere vor dem Hintergrund des § 35 eine besondere Bedeutung zu, weil danach auch der Neuerwerb in die Insolvenzmasse fällt, so dass der Schuldner sehr viel häufiger auf Unterhalt aus der Insolvenzmasse angewiesen sein wird, als dies früher im Rahmen der Konkursordnung der Fall war.[17] Andererseits darf nicht übersehen werden, dass das unpfändbarer Vermögen des Schuldners gemäß § 36 Abs. 1 nicht Bestandteil der Insolvenzmasse wird. Daher kann es im Rahmen des § 278 nur um Entnahmen entweder für einen Spitzenbedarf gehen, der über die Pfändungsfreigrenzen hinausgeht,[18] oder für einen Bedarf im Rahmen der Pfändungsfreigrenzen, der aber mangels unpfändbaren Vermögens auch nicht aus solchen gedeckt werden kann. Soweit die Mittel für eine bescheidene Lebensführung allerdings ganz oder überwiegend aus dem unpfändbaren Teil des laufenden Einkommens der betreffenden natürlichen Person, der nicht zu Insolvenzmasse gehört, bestritten werden können, entfällt das Recht zur Entnahme aus Insolvenzmasse.[19]

Auf der anderen Seite findet sich aber im Gesetz kein Anhaltspunkt dafür, dass die 7 Entnahmen des Schuldners nur aus solchen Mitteln erfolgen dürfen, die im Insolvenzverfahren **für die Masse zusätzlich erwirtschaftet** worden sind.[20] Vielmehr sieht § 278 Abs. 1 ausdrücklich die Entnahme aus der „Insolvenzmasse" vor, zu der nach der Legalde-

---

[13] HambKomm-*Fiebig* § 278 RdNr. 3.
[14] HambKomm-*Fiebig* § 278 RdNr. 3; *Blersch* in *Breutigam/Blersch/Goetsch* § 278 RdNr. 5.
[15] *Beschlussempfehlung und Bericht des Rechtsausschusses* zum RegE InsO v. 19. 4. 1994, BT-Drucks. 12/7302, zu § 339, S. 186.
[16] HK-*Landfermann* § 278 RdNr. 1. Sehr kritisch dazu *Blersch* in *Breutigam/Blersch/Goetsch* § 278 RdNr. 1, 4.
[17] *Kübler/Prütting/Pape* § 278 RdNr. 2.
[18] Dazu auch *Kübler/Prütting/Pape* § 278 RdNr. 2.
[19] Begr. RegE InsO v. 15. 4. 1992, BT-Drucks. 12/2443, zu § 339 RegE, S. 225.
[20] So aber *Kübler/Prütting/Pape* § 278 RdNr. 6.

finition des § 35 nicht nur der Neuerwerb während des Verfahrens, sondern auch das gesamte vom Schuldner zu verwaltende Vermögen bei Verfahrenseröffnung gehört. Weitere Beschränkungen hinsichtlich der Entnahmen bestehen dagegen nicht.[21]

8 Anders als in einem Vergleichsverfahren nach früherem Recht (§ 56 VglO) kann die Entnahme auch aus liquiden Mitteln erfolgen, die als **Darlehen für die Masse** aufgenommen worden sind.[22] § 56 VglO beschränkte das Recht des Schuldners ausdrücklich auf den Verbrauch der „vorhandenen Mittel", womit Entnahmen aus Mitteln ausgeschlossen waren, die zu diesen Zwecke, insbesondere durch ein Darlehen, eigens hätten beschafft werden müssen.[23] Demgegenüber lässt § 278 Abs. 1 jetzt die Entnahme von Mitteln „aus der Insolvenzmasse" zu. Dazu gehört nach § 35 aber auch das während des Verfahrens erlangte Vermögen, ohne dass es für § 278 darauf ankommen kann, ob die betreffenden Gegenstände auf Grund eines Darlehensvertrages oder auf Grund einer sonstigen Rechtsgeschäfts des Schuldners in die Insolvenzmasse gelangt sind. Im Übrigen wird zu Recht darauf hingewiesen, dass eine Unterscheidung zwischen vorhandenen Mitteln und Mitteln aus der Aufnahme eines Darlehens praktisch kaum möglich wäre, da die Valuta aus einer Darlehensaufnahme durch die Fortsetzung der Geschäftstätigkeit im Umlauf- oder Anlagevermögen ununterscheidbar aufgeht.[24]

9 **4. Bescheidene Lebensführung. a) Obliegenheit des Schuldners.** Durch die Beschränkung des Schuldners auf die Entnahme lediglich solcher Mittel, die für eine bescheidene Lebensführung erforderlich sind, soll sichergestellt werden, dass der Schuldner seine Befugnis nicht missbraucht und die Masse weiter schmälert. Ein Verstoß gegen diese **Obliegenheit** zieht zwar nach § 278 keine unmittelbare Sanktion nach sich. Da aber der Sachwalter gemäß § 274 Abs. 2 Satz 1 die Ausgaben des Schuldners für die Lebensführung zu überwachen und eine Verschwendung nach § 274 Abs. 3 Satz 1 dem Gläubigerausschuss und dem Insolvenzgericht anzuzeigen hat, muss der Schuldner damit rechnen, dass ein Verstoß gegen seine Obliegenheit Sanktionen der Gläubiger, bis hin zum Antrag auf Aufhebung der Eigenverwaltung nach § 272, nach sich zieht.[25]

10 **b) Umfang der Entnahme.** Hinsichtlich des Umfangs der Entnahmebefugnis muss der Schuldner zunächst **unpfändbare Einkünfte und sonstiges insolvenzfreies Vermögen vorrangig** einsetzen.[26] Reichen diese Einkünfte und Vermögen aus, um den laufenden Lebensunterhalt abzudecken, hat der Schuldner keinen Anspruch aus § 278 Abs. 1, Mittel aus der Insolvenzmasse zu Lasten der Insolvenzgläubiger zu entnehmen. Nur soweit insolvenzfreie Mittel überhaupt nicht vorhanden sind oder nicht ausreichen, eine bescheidene Lebensführung gestatten, besteht der Anspruch auf Entnahmen nach § 278 bis zu einer solchen Höhe, dass unter Berücksichtigung der bisherigen Lebensverhältnisse eine bescheidene Lebensführung möglich ist.

11 Der **Begriff der bescheidenen Lebensführung** ist im Gesetz nicht näher geregelt. Der Gesetzgeber hat zwar zu § 100 auf das Bundessozialhilfegesetz als Maßstab für den dort genannten „notwendigen Unterhalt" hingewiesen.[27] Wegen der Verwendung unterschiedlicher Begriffe muss aber davon ausgegangen werden, dass im Rahmen des § 278 der Schuldner mehr verlangen kann. Andererseits entspricht eine bescheidene Lebensführung jedenfalls nicht einer standesgemäßen Lebensführung, so dass dem Schuldner nicht die Möglichkeit eingeräumt werden soll, ein bestimmtes Niveau zu halten, sondern die entnommenen Mittel zusammen mit sonstigem, insolvenzfreien Einkommen dürfen die Pfändungsfreigrenzen und die Sätze des Bundessozialhilfegesetzes nicht wesentlich überschreiten. Denn die Tatsache, dass sich der Schuldner einem Verfahren mit Eigenverwaltung unterwirft, kann

---

[21] In diesem Sinne auch *Nerlich/Römermann/Riggert* § 278 RdNr. 3.
[22] Ebenso FK-*Foltis* § 278 RdNr. 8. Dagegen *Hess*, InsO, § 278 RdNr. 12.
[23] Siehe dazu *Kilger/K. Schmidt*, Insolvenzgesetze, § 56 VglO Anm. 1 a).
[24] FK-*Foltis* § 278 RdNr. 8.
[25] *Kübler/Prütting/Pape* § 278 RdNr. 4.
[26] *Blersch* in *Breutigam/Blersch/Goetsch* § 278 RdNr. 5; HK-*Landfermann* § 278 RdNr. 3.
[27] Begr. RegE InsO v. 15. 4. 1992, BT-Drucks. 12/2443, § 114 RegE, S. 143.

nicht dazu führen, dass die zulässigen Entnahmen wesentlich höher sind, als sie in einem regulären Insolvenzverfahren mit Zustimmung der Gläubigerversammlung wären.[28] Wie früher zu § 56 VerglO vertreten worden ist,[29] darf der Schuldner deshalb gemäß § 278 im Eigenverwaltungsverfahren mehr entnehmen, als für den notwendigen Unterhalt erforderlich ist, nicht aber soviel, wie er zu Deckung des angemessenen Unterhalts braucht.[30] Um von vornherein Auseinandersetzungen insoweit zu vermeiden, ist dem Schuldner zu empfehlen, mit dem Gläubigerausschuss oder der Gläubigerversammlung Einigkeit über die Höhe der laufenden Entnahmen herzustellen.[31]

c) Frühere Lebensführung als Maßstab? In der Diskussion noch nicht abschließend geklärt ist, inwieweit die **bisherigen Lebensverhältnisse des Schuldners für den Umfang der zulässigen Entnahmen zu berücksichtigen** sind. Die Regelung des § 278 ist dabei in sich widersprüchlich, da einerseits nur eine bescheidene Lebensführung ermöglicht werden soll, andererseits aber die bisherigen Lebensverhältnisse zu berücksichtigen sind.[32] Zum Teil wird dazu vertreten, dass der Aufwand des Schuldners sich allein an der Insolvenzsituation zu orientieren habe und nicht dazu führen dürfe, dass den Gläubigern über Gebühr Mittel entzogen werden. Die bisherigen Lebensverhältnisse des Schuldners dürften keinesfalls so berücksichtigt werden, dass bei einer bes. üppigen Lebensführung der bisher geübte Aufwand fortgesetzt werden dürfe.[33] Andere wollen dagegen die Lebensverhältnisse des Schuldners vor Verfahrenseröffnung als Maßstab heranziehen und nehmen dabei ausdrücklich die Konsequenz in Kauf, dass derjenige Schuldner, der vor dem Insolvenzantrag eine großzügige Lebensführung gewohnt war, Entnahmen in größerem Umfang tätigen darf, als der bisher eher bescheiden lebende Schuldner.[34] Gegen diese Auffassung spricht aber insbesondere, dass dann, wenn dem Schuldner bei Eigenverwaltung § 278 einen Anspruch auf solch gesteigerte Entnahmen einräumen würde, die Gläubiger regelmäßig den Antrag auf Aufhebung der Eigenverwaltung zu stellen hätten, um die Entnahmen nach ihrem Ermessen gemäß § 100 Abs. 1 im regulären Insolvenzverfahren auf ein wesentlich niedrigeres Maß beschränken zu können.[35] § 278 Abs. 1 muss daher so gelesen werden, dass grundsätzlich die entnommenen Mittel nicht größer sein dürfen als der unpfändbare Teil eines laufenden Einkommens des Schuldners, dass aber die bisherigen Lebensverhältnisse des Schuldners darüber hinausgehende Entnahmen rechtfertigen können, falls und soweit damit der Maßstab der Bescheidenheit gewahrt bleibt.[36]

5. Verhältnis zur Gewährung von Unterhalt nach § 100 Abs. 1 InsO. Im regulären Insolvenzverfahren kann die Gläubigerversammlung gemäß § 100 Abs. 1 beschließen, ob und in welchem Umfang dem Schuldner bzw. (§ 101 Abs. 1 Satz 3) den vertretungsberechtigten persönlich haftenden Gesellschaftern des Schuldners Unterhalt aus der Insolvenzmasse gewährt werden soll. Diese Entscheidung steht im freien Ermessen der Gläubigerversammlung und erlaubt, dem Schuldner Unterhalt über den Maßstab des § 100 hinaus auch für **eine angemessene Lebensführung** zuzuerkennen.[37] Im Verhältnis dazu trifft § 278 für das Eigenverwaltungsverfahren keine abschließende Sonderregelung, sondern auch bei Anordnung der Eigenverwaltung können die Gläubiger durch Willensbildung in der Gläubigerversammlung nach § 100 Abs. 1, 101 Abs. 1 Satz 3 den handelnden Personen auf Seiten des Schuldners für die Unternehmensfortführung im Insolvenzverfahren eine angemessene und im Wesentlichen gleichwertige Gegenleistung einräumen.[38] Denn § 278 regelt nur einen unentziehbaren

---

[28] Kübler/Prütting/Pape § 278 RdNr. 5; anders aber HK-Landfermann § 278 RdNr. 3.
[29] Kilger/K. Schmidt, Insolvenzgesetze, § 56 VglO Anm. 1 a).
[30] So auch Blersch in Breutigam/Blersch/Goetsch § 278 RdNr. 3.
[31] HK-Landfermann § 278 RdNr. 5.
[32] Zur Diskussion s. a. Blersch in Breutigam/Blersch/Goetsch § 278 RdNr. 3.
[33] So Kübler/Prütting/Pape § 278 RdNr. 7.
[34] HK-Landfermann § 278 RdNr. 3; Nerlich/Römermann/Riggert § 278 RdNr. 3.
[35] In der Tendenz so auch Kübler/Prütting/Pape § 278 RdNr. 7.
[36] Ähnlich FK-Foltis § 278 RdNr. 5.
[37] MünchKommInsO-Stephan § 100 RdNr. 13, 20 f.
[38] FK-Foltis § 278 RdNr. 7.

Mindestanspruch des Schuldners gerade im Eigenverwaltungsverfahren, während § 100 Abs. 1 umgekehrt generell der Gläubigerversammlung die Möglichkeit gibt, auch ohne einen Anspruch des Schuldners diesem Unterhalt aus der Insolvenzmasse zu gewähren. Aufgrund dieses unterschiedlichen Regelungsgehalts beider Vorschriften bleiben §§ 100 Abs. 1, 101 Abs. 1 Satz 3 gemäß § 270 Abs. 1 Satz 2 im Eigenverwaltungsverfahren anwendbar.

IV. Anspruchsberechtigte und zu versorgender Personenkreis

14　Im Rahmen des § 278 ist zu unterscheiden, wem einerseits der Anspruch auf die Entnahmen zusteht, und für welchen Personenkreis andererseits der Umfang der entnommenen Mittel zu bemessen ist.

15　**1. Anspruchsberechtigte.** Einen Anspruch auf die Entnahmen des § 278 hat gemäß Abs. 1 der Regelung der **Schuldner.** Ihm sind gemäß § 278 Abs. 2 die **vertretungsberechtigten persönlich haftenden Gesellschafter des Schuldners** gleichgestellt, sofern es sich bei dem Schuldner nicht um eine natürliche Person handelt. Damit kann der Anspruch auf die Entnahme nach § 278, wie früher schon von der herrschenden Lehre zu § 56 VglO angenommen, auch dem Komplementär einer OHG, einer KG oder einer Kommanditgesellschaft auf Aktien zustehen.[39] Grund für die Ausdehnung des Anspruchs auf diesen Personenkreis ist zum einen die Grundentscheidung des Gesetzgebers auch für das reguläre Insolvenzverfahren, dass die wirtschaftliche Lage des Komplementärs einer insolventen Gesellschaft meist mit der eines insolventen Einzelkaufmanns, dem nach § 100 Unterhalt aus der Insolvenzmasse gewährt werden kann, vergleichbar ist. Denn mit der Eröffnung des Insolvenzverfahrens verliert der Komplementär die Möglichkeit, seinen Lebensunterhalt aus den Mitteln des Unternehmens zu bestreiten, und auf Grund seiner unbeschränkten Haftung muss der Komplementär auch mit dem Zugriff auf sein privates Vermögen rechnen.[40] Zum anderen gilt speziell im Eigenverwaltungsverfahren, dass bei Personengesellschaften oder der Kommanditgesellschaft auf Aktien die vertretungsberechtigten und persönlich haftenden Gesellschafter regelmäßig die Geschäfte führen und ihr unternehmerischer Einsatz auch im Insolvenzverfahren Voraussetzung für das Gelingen der Eigenverwaltung ist. Da sie mit ihrem persönlichen Vermögen aber für die Verbindlichkeiten des Schuldners haften, kann ihnen diese Tätigkeit im Eigenverwaltungsverfahren nur abverlangt werden, wenn ihnen damit zugleich zumindest im bescheidenen Umfang eine Erwerbsmöglichkeit eröffnet wird.[41]

16　Handelt es sich bei dem Schuldner dagegen um eine **Aktiengesellschaft oder GmbH,** so kommen Mittelentnahmen nach § 278 nicht in Betracht. Insbesondere kann für die Geschäftsführung keine analoge Anwendung von § 278 einen Entnahmeanspruch begründen; selbst wenn es sich um den Geschäftsführer-Gesellschafter mit 100%-Anteilsbesitz an der schuldnerischen GmbH handelt oder wenn Geschäftsführer-Gesellschafter rechtsgeschäftlich eine Haftung durch Schuldnerbeitritt, Bürgschaft, Garantie oder ähnliches übernommen haben.[42] Denn auch im regulären Insolvenzverfahren kann gemäß § 101 Abs. 1 Satz 3 nach der dort getroffenen ausdrücklichen Regelung Unterhalt aus der Insolvenzmasse im Rahmen von § 100 nur für die vertretungsberechtigten persönlich haftenden Gesellschafter des Schuldners gewährt werden. Im Übrigen wird sich bei der Aktiengesellschaft oder GmbH die Unterhaltsfrage für die Geschäftsführung bei Anordnung der Eigenverwaltung auch praktisch nicht stellen, da den insoweit handelnden Personen wegen der Fortführung ihrer organschaftlichen Tätigkeit aus ihrem Anstellungsvertrag die Ansprüche auf Gehaltszahlung während des Insolvenzverfahrens weiter zustehen. Die Ansprüche sind als Masseverbindlichkeit i. S. v. § 55 Abs. 1 Nr. 1 zu klassifizieren.[43]

---

[39] *Nerlich/Römermann/Riggert* § 278 RdNr. 5; *Kübler/Prütting/Pape* § 278 RdNr. 9.
[40] Begr. RegE InsO v. 15. 4. 1992, BT-Drucks. 12/2443, § 115 RegE, S. 144.
[41] In Nuancen anders und insgesamt sehr kritisch zu dieser Regelung *Blersch* in *Breutigam/Blersch/Goetsch* § 278 RdNr. 6.
[42] So im Ergebnis auch *Nerlich/Römermann/Riggert* § 278 RdNr. 5; *Kübler/Prütting/Pape* § 278 RdNr. 9.
[43] AG Duisburg ZIP 2005, 2335, 2336; HambKomm-*Fiebig* § 278 RdNr. 8.

Es erscheint sachgerecht, wenn § 278 bei Gesellschafter-Geschäftsführern und bei Vorständen, die erheblich an der schuldnerischen Gesellschaft beteiligt sind, als Obergrenze herangezogen wird und so ggfs. eine Kappung der vertraglich vorgesehenen Gehälter vorgenommen wird. Zutreffend wird darauf hingewiesen, dass es nicht einzusehen ist, wenn ein im Rahmen der Eigenverwaltung tätiger Schuldner oder ein persönlich haftender Gesellschafter sich auf einen bescheidenen Lebensstandard verweisen lassen muss, während ein Gesellschafter-Geschäftsführer in der Insolvenz seines Unternehmens weiter Anspruch auf ein hohes Gehalt hat.[44] Das Insolvenzgericht oder die Gläubigerschaft hat hier allerdings keine rechtliche Handhabe, überzogene Gehaltsansprüche einseitig zu kürzen.[45] Besteht der Gesellschafter-Geschäftsführer auf die Auszahlung der überhöhten Vergütung, so sollte die Gläubigerschaft prüfen, ob die Eigenverwaltung beendet wird.

2. Zu versorgender Personenkreis. Bei der Bemessung der von den Anspruchsberechtigten zur entnehmenden Mittel ist gemäß § 278 Abs. 1 nicht nur auf diese persönlich, sondern auch auf ihre in § 100 Abs. 2 Satz 2 genannten **Familienangehörigen** abzustellen. Damit ist klargestellt, dass die Entnahme von Mitteln für den Unterhalt von Familienangehörigen nur insoweit zulässig ist, als es sich um die minderjährigen, unverheirateten Kinder des Schuldners, seinen Ehegatten, seinen früheren Ehegatten, seinem Lebenspartner und dem anderen Elternteil seines Kindes hinsichtlich der Ansprüche aus den §§ 1615 l, 1615 n BGB handelt.[46] Eine Entnahme für **andere vom Schuldner unterhaltene Personen,** zB nichteheliche Lebensgefährten, ist nicht zulässig, da die Aufzählung in § 278 Abs. 1 i. V. m. § 100 Abs. 2 Satz 2 abschließenden Charakter hat.[47] Dies ergibt sich aus einem Vergleich mit § 56 VglO ebenso wie mit § 100 Abs. 1. In diesen Regelungen war bzw. ist nämlich vorgesehen, dass die „Familie" Unterhalt erhalten muss bzw. kann. Da es sich dabei nicht um einen rechtlich bestimmten Begriff handelt, können bzw. konnten in den Kreis dieser Regelungen alle Personen einbezogen werden, denen der Schuldner als Mitglieder seines Haushalts Unterstützung gewährt, auch wenn er ihnen nicht kraft Gesetzes unterhaltspflichtig ist.[48] Dagegen verweist § 278 Abs. 1 auf den in § 100 Abs. 2 Satz 2 detailliert genannten und mit Rechtsbegriffen bestimmten Personenkreis und lässt so den abschließenden Charakter der Regelung erkennen.

Hinsichtlich der Berücksichtigung von Familienangehörigen muss auch im Rahmen des § 278 der Gedanke des § 850 c Abs. 4 ZPO gelten, nach dem Familienangehörige, die über ein ausreichendes eigenes Einkommen verfügen, bei der Unterhaltsgewährung nicht zu berücksichtigen sind.[49]

V. Rechtsfolgen unzulässiger Entnahmen

1. Vorbemerkung. Im Gesetz ist ein direktes Entnahmerecht des Schuldners ohne weitere „Umsetzungsakte" vorgesehen. Einen der Regelung des § 100 entsprechenden Beschluss der Gläubigerversammlung oder eine entsprechende Bewilligung durch den Sachwalter macht § 278 nicht zur Voraussetzung einer Entnahme.[50] Es besteht auch keine Prüfungs- und Überwachungsmöglichkeit durch das Insolvenzgericht.[51] Sind Gläubiger nachträglich der Meinung, der Schuldner habe zu hohe Beträge entnommen, so können diese die Eigenverwaltung ohne weiteres beenden. Aus diesem Grund sollte sowohl dem Schuldner als auch der Gläubigerschaft daran gelegen sein, von vornherein über die Höhe der vom Schuldner vorzunehmenden Entnahmen eine Verständigung zu erzielen. Hier

---

[44] HambKomm-*Fiebig* § 278 RdNr. 8.
[45] AG Duisburg ZIP 2005, 2335, 2336; HambKomm-*Fiebig* § 278 RdNr. 8.
[46] *Nerlich/Römermann/Riggert* § 278 RdNr. 2; *Kübler/Prütting/Pape* § 278 RdNr. 8.
[47] *Hess,* InsO, § 278 RdNr. 9.
[48] MünchKommInsO-*Stephan* § 100 RdNr. 16 f.; für das frühere Vergleichsrecht *Kilger/K. Schmidt,* Insolvenzgesetze, § 55 VglO Anm. 1 a).
[49] HambKomm-*Fiebig* § 278 RdNr. 4.
[50] HambKomm-*Fiebig* § 278 RdNr. 9.
[51] HambKomm-*Fiebig* § 278 RdNr. 9.

könnten dann auch die „Erfolgsprämien" (vgl. RdNr. 4a ff.) für den Schuldner bei einer erfolgreichen Geschäftsfortführung vereinbart werden.

Um hier etwaigen Auseinandersetzungen aus dem Weg zu gehen, empfiehlt es sich für den Schuldner, bereits bei der Beantragung der Eigenverwaltung mitzuteilen, welche Unterhaltsbeiträge er zukünftig entnehmen will.[52] Bei angeordneter Eigenverwaltung sollte der Schuldner im Falle von Änderungen bei der Höhe der Entnahmen Sachwalter, Gläubigerausschuss oder Gläubigerversammlung einschalten.

18   **2. Unzulässige Entnahmen im Verhältnis zu Dritten.** Der Schuldner behält gemäß § 270 Abs. 1 Satz 1 bei Anordnung der Eigenverwaltung die Verwaltungs- und Verfügungsbefugnis über die Gegenstände der Insolvenzmasse. Ist der Schuldner eine Handelsgesellschaft, wird die Verwaltungs- und Verfügungsbefugnis auch im Eigenverwaltungsverfahren durch die vertretungsberechtigten persönlich haftenden Gesellschafter ausgeübt. Entnahmen des Schuldners oder der vertretungsberechtigten persönlich haftenden Gesellschafter, die das zulässige Maß des §§ 278 überschreiten, bleiben daher im Verhältnis zu Dritten, die die entnommenen Mittel empfangen, **grundsätzlich** wirksam.[53] Um dies plakativ darzustellen: Bezahlt der persönlich haftende Gesellschafter einer insolventen Kommanditgesellschaft in Eigenverwaltung seine luxuriöse Geburtstagsfeier mit Geld aus der Insolvenzmasse, liegt darin im Verhältnis zum Partyveranstalter eine wirksame Zahlung. Die Zahlung oder die sonstige Übertragung von Gegenständen aus Insolvenzmasse an Dritte kann dann auch nicht im Wege der Anfechtung rückgängig gemacht werden, da § 129 Abs. 1 grundsätzlich nur die Anfechtung von Rechtshandlungen zulässt, die vor Verfahrenseröffnung vorgenommen worden sind, und der Ausnahmetatbestand des § 147 nicht vorliegt.

19   Grenzen findet die grundsätzliche Wirksamkeit aber dort, wo die Verfügung des Schuldners oder seines persönlich haftenden Gesellschafters über die Insolvenzmasse für den Dritten **offensichtlich insolvenzzweckwidrig** ist. Für Verfügungen des vertretungsberechtigten persönlich haftenden Gesellschafters ergibt sich diese Schranke schon aus der allgemeinen Beschränkung seiner Vertretungsmacht durch die Grundsätze des kollusiven Zusammenwirkens. Dies muss entsprechend gelten, wenn im Eigenverwaltungsverfahren über das Vermögen einer natürlichen Person der Schuldner selbst handelt; denn zwar bleibt er verwaltungs- und verfügungsbefugt, aber handelt nicht mehr mit Wirkung für und gegen sein „eigenes" Vermögen, sondern (wie oben bei § 270, RdNr. 69f., dargestellt) für die Insolvenzmasse als Amtswalter innerhalb der in §§ 270ff. geregelten Rechte und Pflichten.[54]

20   **3. Unzulässige Entnahmen im Verhältnis zur Insolvenzmasse.** Entnimmt der **vertretungsberechtigte persönlich haftende Gesellschafter** des Schuldners, also einer insolventen OHG, KG oder KGaA, aus der Insolvenzmasse Mittel über die Grenze des § 278 hinaus, kann dies nach allgemeinen gesellschaftsrechtlichen Grundsätzen Ausgleichsansprüche des Schuldners begründen. Darüber hinaus ist dem vertretungsberechtigten persönlich haftenden Gesellschafter zwar in § 278 Abs. 2 ein Recht zur Entnahme eingeräumt, mit dem aber zugleich die insolvenzspezifische Pflicht korrespondiert, die Entnahmen auf das in § 278 Abs. 1 genannte Maß einer bescheidenen Lebensführung unter Berücksichtigung der bisherigen Lebensverhältnisse zu beschränken. Eine Verletzung dieser insolvenzspezifischen Pflicht durch übermäßige Entnahmen verpflichtet den vertretungsberechtigten persönlich haftenden Gesellschafter zum Schadensersatz in entsprechender Anwendung von § 60.

21   Gleiches muss für übermäßige Entnahmen des Schuldners im Falle der **Eigenverwaltung über das Vermögen einer natürlichen Person** gelten. In beiden Fällen ist aber die

---

[52] HambKomm-*Fiebig* § 278 RdNr. 9.
[53] So auch FK-*Foltis* § 278 RdNr. 11.
[54] So *Hess*, InsO, § 270 RdNr. 17; *Gottwald/Haas*, Insolvenzrechts-Handbuch, § 89 RdNr. 1; HK-*Landfermann* § 270 RdNr. 9; *Pape*, Die Eigenverwaltung des Schuldners nach der Insolvenzordnung, in Kölner Schrift, 2. Aufl. 2000, S. 895 ff. RdNr. 40; *Nerlich/Römermann/Riggert* § 270 RdNr. 3; *Lakies*, Die arbeitsrechtliche Bedeutung der Eigenverwaltung in der Insolvenzordnung, BB 1999, 1759, 1760.

Haftung aus § 60 von lediglich theoretischer Bedeutung, da der Schuldner bzw. der vertretungsberechtigte persönlich haftende Gesellschafter ohnehin schon für sämtliche Verbindlichkeiten mit seinem gesamten Vermögen haftet.

4. Sanktionen des Sachwalters. Der Sachwalter hat gemäß § 274 Abs. 2 Satz 1 insbesondere auch die Ausgaben des Schuldners für die Lebensführung zu überwachen. Stellt er dabei Entnahmen fest, die über den zulässigen Umfang des § 278 hinausgehen, kann er dies **aus eigenem Recht aber weder verhindern noch sanktionieren.** Eine originäre Möglichkeit zur Einflussnahme besteht für den Sachwalter allenfalls darin, nach § 275 Abs. 2 die Kassenführung an sich zu ziehen, um die Kontrolle des Schuldners zu verstärken.[55] 22

Stellt der Sachwalter übermäßige Entnahmen des Schuldners fest, so ist dies ein Umstand, der Nachteile für die Gläubiger bei Fortsetzung der Eigenverwaltung befürchten lässt, da die Entnahmen nicht mehr zur Verteilung an die Gläubiger zur Verfügung stehen. Der Sachwalter hat dies gemäß § 274 Abs. 3 unverzüglich dem Gläubigerausschuss und dem Insolvenzgericht **anzuzeigen.**[56] 23

5. Sanktionen der Gläubiger. Werden die Gläubiger vom Sachwalter über unzulässige Entnahmen des Schuldners informiert oder stellen einen solchen Sachverhalt selbst fest, so können die Gläubiger unter den Voraussetzungen des § 277 die Wirksamkeit der einschlägigen Rechtsgeschäfte, in der Praxis wohl insbesondere die Verfügung über Bankkonten, an die Zustimmung des Sachwalters binden, um weitere unzulässige Entnahmen zu verhindern.[57] Daneben kommt bei bes. schwerwiegenden Verstößen des Schuldners als ultima ratio der Gläubiger ein Antrag auf Aufhebung der Eigenverwaltung nach § 272 in Betracht.[58] 24

§ 279 Gegenseitige Verträge

¹ Die Vorschriften über die Erfüllung der Rechtsgeschäfte und die Mitwirkung des Betriebsrats (§§ 103 bis 128) gelten mit der Maßgabe, daß an die Stelle des Insolvenzverwalters der Schuldner tritt. ² Der Schuldner soll seine Rechte nach diesen Vorschriften im Einvernehmen mit dem Sachwalter ausüben. ³ Die Rechte nach den §§ 120, 122 und 126 kann er wirksam nur mit Zustimmung des Sachwalters ausüben.

Übersicht

	RdNr.		RdNr.
I. Normzweck	1	3. Anordnung der Zustimmungsbedürftigkeit (§ 277 InsO)	10
II. Entstehungsgeschichte der Norm: Frühere Regelung – Reformvorschläge – Gesetzgebungsverfahren zur InsO	3	IV. Arbeitsrechtliche Sonderregelungen	11
		1. Kündigung von Betriebsvereinbarungen	13
III. Ausübung des Wahlrechts durch den Schuldner	5	2. Betriebsänderungen	14
1. Geltung der allgemeinen Regeln	5	3. Kündigung von Arbeitnehmern	16
2. Einvernehmen mit dem Sachwalter	8		

I. Normzweck

Die Regelung des § 279 ist eine Ausprägung der Grundentscheidung des § 270 Abs. 1 Satz 2, dass auch für das Verfahren in Eigenverwaltung die **allgemeinen Vorschriften** 1

---

[55] HK-*Landfermann* § 278 RdNr. 5; *Kübler/Prütting/Pape* § 278 RdNr. 10.
[56] *Blersch* in *Breutigam/Blersch/Goetsch* § 278 RdNr. 5; *Nerlich/Römermann/Riggert* § 278 RdNr. 4; *Kübler/Prütting/Pape* § 278 RdNr. 10.
[57] In diese Richtung auch *Kübler/Prütting/Pape* § 278 RdNr. 10.
[58] Ebenso *Blersch* in *Breutigam/Blersch/Goetsch* § 278 RdNr. 5; *Nerlich/Römermann/Riggert* § 278 RdNr. 4; *Kübler/Prütting/Pape* § 278 RdNr. 10.

§ 279 2–4   7. Teil. Eigenverwaltung

der Insolvenzordnung grundsätzlich unverändert gelten. Entsprechend sieht § 279 für das Wahlrecht hinsichtlich der Erfüllung gegenseitiger Verträge und die Sonderregelungen zur Ausübung des Kündigungsrechts nach §§ 103 bis 128 grundsätzlich nur insoweit eine Modifikation vor, dass anstelle des Insolvenzverwalters der Schuldner tritt. Dabei sollen das Wahlrecht und das Kündigungsrecht vom Schuldner ausgeübt werden, da sie unmittelbar mit der vom Schuldner ausgeübten Geschäftsführung zusammenhängen.[1] Wegen der besonderen Bedeutung dieser Rechte soll der Schuldner von ihnen allerdings gemäß § 279 Satz 2 nur im Einvernehmen mit dem Sachwalter Gebrauch machen.[2] Im Übrigen wurde aber hier auf eine Sonderregelung für die Eigenverwaltung bewusst verzichtet, damit die Entscheidung, ob ein Insolvenzverwalter eingesetzt oder Eigenverwaltung angeordnet wird, unbeeinflusst von unterschiedlichen materiell-rechtlichen Regelungen bleibt.[3]

2   Ein Verstoß des Schuldners gegen die Soll-Regelung, ein Einvernehmen mit dem Sachwalter herbeizuführen, hat im Allgemeinen **keine Außenwirkung;** die Ausübung des Wahlrechts oder des Kündigungsrechts bleibt wirksam, auch wenn der Sachwalter nicht einverstanden ist.[4] Für **bes. weitreichende Rechte,** auf Grund derer ohne Zustimmung des Betriebsrats in die Rechtsstellung einer Vielzahl von Arbeitnehmern eingegriffen werden kann, hat der Gesetzgeber allerdings in § 279 Satz 3 vorgesehen, dass ihre Ausübung ohne Zustimmung des Sachwalters unwirksam ist.[5] Dabei handelt es sich um die Kündigung von Betriebsvereinbarungen (§ 120), den Antrag auf gerichtliche Zustimmung zur Durchführung einer Betriebsänderung (§ 122) und das Recht, beim Arbeitsgericht die soziale Rechtfertigung der Entlassung bestimmter Arbeitnehmer feststellen zu lassen (§ 126).

II. Entstehungsgeschichte der Norm: Frühere Regelung – Reformvorschläge – Gesetzgebungsverfahren zur InsO

3   Das Wahlrecht bei gegenseitigen Verträgen und das Recht zur vorzeitigen Kündigung von Dauerschuldverhältnissen waren in der **Vergleichsordnung** gemäß §§ 50 bis 53 VerglO in besonderer, vom Konkursrecht abweichender Weise geregelt. Der Gesetzgeber hat dies für das Insolvenzverfahren in Eigenverwaltung nicht übernommen, da die Entscheidung, ob ein Insolvenzverwalter eingesetzt wird oder ob die Eigenverwaltung zugelassen wird, nicht dadurch beeinflusst werden soll, dass unterschiedliche materiell-rechtliche Regeln zur Anwendung kommen.[6]

4   Im Gesetzgebungsverfahren war zunächst nur der erste Satz der Norm als § 329 des **Diskussionsentwurfs**[7] (DE) vorgeschlagen worden. Schon im **Referentenentwurf**[8] (RefE) wurden aber die Regelungen zur Herstellung des Einvernehmens mit dem Sachwalter bzw. zum Zustimmungserfordernis für die Ausübung bestimmter Rechte in § 329 Satz 2 und Satz 3 RefE ergänzt. Diese Entwurfsfassung wurde inhaltlich unverändert (abgesehen von der Anpassung der Nummerierung bei den Verweisungen) als § 340 des **Regierungsentwurfs**[9] (RegE) in das Gesetzgebungsverfahren eingebracht und als § 279 in das Gesetz übernommen.

---

[1] Begr. RegE InsO v. 15. 4. 1992, BT-Drucks. 12/2443, zu § 340 RegE, S. 225.
[2] Begr. RegE InsO v. 15. 4. 1992, BT-Drucks. 12/2443, zu § 340 RegE, S. 225.
[3] *Nerlich/Römermann/Riggert* § 279 RdNr. 1.
[4] Begr. RegE InsO v. 15. 4. 1992, BT-Drucks. 12/2443, zu § 340 RegE, S. 225.
[5] Begr. RegE InsO v. 15. 4. 1992, BT-Drucks. 12/2443, zu § 340 RegE, S. 225.
[6] Begr. RegE InsO v. 15. 4. 1992, BT-Drucks. 12/2443, zu § 340 RegE, S. 225.
[7] Diskussionsentwurf (DE), Gesetz zur Reform des Insolvenzrechts, herausgegeben vom Bundesministerium der Justiz, Köln 1988.
[8] Referentenentwurf (RefE), Gesetz zur Reform des Insolvenzrechts, herausgegeben vom Bundesministerium der Justiz, Köln 1989.
[9] RegE InsO v. 15. 4. 1992, BT-Drucks. 12/2443.

III. Ausübung des Wahlrechts durch den Schuldner

1. Geltung der allgemeinen Regeln. Übt der Schuldner beim Insolvenzverfahren in Eigenverwaltung auf Grund der ihm durch § 279 zugewiesenen Befugnis die Rechte aus §§ 103 ff. aus, so gelten **für die Voraussetzungen und die Konsequenzen daraus die allgemeinen Regeln.**[10] Auch beim Verfahren in Eigenverwaltung verlieren die noch offenen Erfüllungsansprüche aus gegenseitigen Verträgen mit Eröffnung des Insolvenzverfahrens ihre Durchsetzbarkeit, soweit sie nicht auf die anteilige Gegenleistung für vor Verfahrenseröffnung erbrachte Leistungen gerichtet sind. Mit der Erfüllungswahl erhalten dann aber die zunächst nicht durchsetzbaren Ansprüche die Rechtsqualität von originären Forderungen der und gegen die Masse.[11]

Entscheidet sich der Schuldner **nicht für die Erfüllungswahl,** hat der andere Teil wegen seines Nichterfüllungsschadens gemäß § 103 Abs. 2 nur eine Insolvenzforderung im Sinne von § 38. Bei teilbaren Leistungen kann der Schuldner gemäß § 105 InsO sich auch darauf beschränken, Vertragserfüllung nur für die Zukunft zu wählen. In diesem Fall sind die bis zu Verfahrenseröffnung entstandenen Gegenansprüche nur als Insolvenzforderungen zu befriedigen.[12]

Die Ausübung seiner Rechte aus §§ 103 ff. hat der Schuldner, ebenso wie im regulären Insolvenzverfahren der Insolvenzverwalter, **allein am Interesse der Gläubiger an einer möglichst optimalen Befriedigung auszurichten.** Dagegen darf sich der Schuldner weder von seinen eigenen Interessen noch von den Interessen des Vertragspartners leiten lassen.[13] Der Schuldner ist deshalb auch im Eigenverwaltungsverfahren verpflichtet, die Hauptpflichten aus bei Verfahrenseröffnung nicht vollständig erfüllten gegenseitigen Verträgen durch Wahl der Vertragserfüllung nur dann wieder in Vollzug zu setzen, wenn es sich um vorteilhafte Geschäfte für die Masse handelt oder eine Weiterbelieferung der Masse zum Zwecke der Betriebsfortführung erforderlich ist.[14] Gleiches gilt für die Ausübung des Sonderkündigungsrechts aus § 109 Abs. 1 für Miet- und Pachtverträge, die der Schuldner als Mieter abgeschlossen hat. Auch bei Eigenverwaltung ist es dem Schuldner verboten, solche Miet- oder Pachtverträge lediglich mit Rücksicht auf die Interessen des Vermieters nicht zu kündigen, zB weil der Vermieter eine naher Angehöriger oder eine ihm sonst verbundene Person ist.[15]

2. Einvernehmen mit dem Sachwalter. Grundsätzlich soll der Schuldner bei Ausübung seines Wahlrechts hinsichtlich der Erfüllung gegenseitiger Verträge oder des Kündigungsrechts Einvernehmen mit dem Sachwalter herstellen. Ein Verstoß des Schuldners hat jedoch **keine Außenwirkung,** sondern die Ausübung des Wahlrechts oder des Kündigungsrechts bleiben wirksam, auch wenn der Sachwalter nicht einverstanden war.[16]

Verstößt der Schuldner gegen die in § 279 Satz 2 geregelte Pflicht, im Einvernehmen mit dem Sachwalter zu handeln, wird eine solche Pflichtverletzung des Schuldners regelmäßig Nachteile für die Gläubiger erwarten lassen, so dass der Sachwalter dies nach § 274 Abs. 3 dem Gläubigerausschuss bzw. den Gläubigern und dem Insolvenzgericht anzuzeigen hat.[17] Die Gläubigerversammlung kann darauf mit einem **Antrag auf Anordnung der Zustimmungsbedürftigkeit** nach § 277 reagieren. Darüber hinaus kommt wegen der zu erwar-

---

[10] HK-*Landfermann* § 279 RdNr. 1; *Nerlich/Römermann/Riggert* § 279 RdNr. 2; *Kübler/Prütting/Pape* § 279 RdNr. 3.
[11] BGH v. 25. 4. 2002 – IX ZR 313/99, WM 2002, 1199.
[12] *Kübler/Prütting/Pape* § 279 RdNr. 3.
[13] *Pape*, Die Eigenverwaltung des Schuldners nach der Insolvenzordnung, in Kölner Schrift, 2. Aufl. 2000, S. 895 ff. RdNr. 47.
[14] *Kübler/Prütting/Pape* § 279 RdNr. 4.
[15] *Kübler/Prütting/Pape* § 279 RdNr. 4; *Pape*, Die Eigenverwaltung des Schuldners nach der Insolvenzordnung, in Kölner Schrift, 2. Aufl. 2000, S. 895 ff. RdNr. 47.
[16] Begr. RegE InsO v. 15. 4. 1992, BT-Drucks. 12/2443, zu § 340 RegE, S. 225; ebenso HK-*Landfermann* § 279 RdNr. 3; *Kübler/Prütting/Pape* § 279 RdNr. 1; *Nerlich/Römermann/Riggert* § 279 RdNr. 3.
[17] *Blersch* in *Breutigam/Blersch/Goetsch* § 279 RdNr. 2.

tenden Nachteile für die Gläubiger eine Aufhebung der Eigenverwaltung nach § 272 nicht nur auf Antrag der Gläubigerversammlung, sondern auch auf Antrag eines einzelnen Insolvenzgläubigers gemäß § 272 Abs. 1 Nr. 2, Abs. 2 wegen Wegfalls der Voraussetzung des § 270 Abs. 2 Nr. 3 in Betracht.[18] Diese Maßnahmen können aber nur für zukünftige Geschäfte greifen, während bereits abgegebene Erklärungen gültig bleiben.[19] Allenfalls kommt als Ausgleich für die Gläubiger eine Inanspruchnahme des Sachwalters in Betracht, wenn ihm in diesem Zusammenhang eine Verletzung seiner insolvenzspezifischen Pflicht aus § 274 Abs. 2 zur Überwachung der Geschäftsführung zur Last fällt.[20]

10   **3. Anordnung der Zustimmungsbedürftigkeit (§ 277 InsO).** Die Regelung des § 279, wonach der Schuldner seine Rechte zur Erfüllungswahl und zur Kündigung nach §§ 103 bis 128 zwar im Einvernehmen mit dem Sachwalter ausüben soll, wonach aber ein Verstoß gegen diese Verpflichtung die Wirksamkeit der Ausübung dieser Rechte unberührt lässt, beansprucht **keinen Vorrang gegenüber § 277.** Vielmehr bleibt das Recht der Gläubigerversammlung, nach § 277 anordnen zu lassen, dass bestimmte Rechtsgeschäfte des Schuldners wirksam nur mit Zustimmung des Sachwalters vorgenommen werden können, unberührt.[21] Damit kann auf Antrag der Gläubigerversammlung das Insolvenzgericht unter den Voraussetzungen des § 277 auch die Wirksamkeit einer Ausübung von Wahlrechten oder von Kündigungsrechten von der Zustimmung des Sachwalters abhängig machen.

IV. Arbeitsrechtliche Sonderregelungen

11   Wie in § 108 Abs. 1 ausdrücklich geregelt, bestehen **Arbeitsverhältnisse** ungeachtet der Eröffnung eines Insolvenzverfahrens über das Vermögen des Arbeitgebers mit Wirkung für die Insolvenzmasse fort. Im regulären Insolvenzverfahren ist die Wahrnehmung der Rechte und Pflichten aus dem Arbeitsverhältnis jedoch wegen des Übergangs der Verwaltungs- und Verfügungsbefugnis gemäß § 80 dem Insolvenzverwalter zugewiesen. Dagegen verbleibt mit der Verwaltungs- und Verfügungsbefugnis bei Anordnung der Eigenverwaltung dem Schuldner auch die Arbeitgeberfunktion.[22]

12   Mit Eröffnung eines Insolvenzverfahrens und Anordnung der Eigenverwaltung **behält der Schuldner nicht nur seine Arbeitgeberbefugnisse,** sondern auf ihn gehen gemäß § 279 Satz 1 grundsätzlich auch die besonderen Gestaltungsmöglichkeiten eines Insolvenzverwalters im regulären Insolvenzverfahren über. Einschränkungen sieht § 279 Satz 3 aber für die dort genannten, bes. weitreichenden Rechte aus §§ 120, 122, 126 vor, weil sie ermöglichen, ohne Zustimmung des Betriebsrats in die Rechtsstellung einer Vielzahl von Arbeitnehmern einzugreifen.[23] Die wirksame Ausübung dieser Rechte ist nur mit Zustimmung des Sachwalters möglich. Es ist aus Beweisgründen deshalb zu empfehlen, dass der Sachwalter seine Zustimmung in schriftlicher Form erteilt und der Schuldner diese Zustimmung bei Ausübung der Rechte vorlegt.[24]

13   **1. Kündigung von Betriebsvereinbarungen.** Im Einzelnen handelt es sich bei den zustimmungsbedürftigen Rechtshandlungen zunächst um die **Kündigung von Betriebsvereinbarungen,** sofern diese Leistungen vorsehen, welche die Insolvenzmasse belasten, und sofern mit dem Betriebsrat kein Einvernehmen über eine Herabsetzung dieser Leistungen erreicht werden kann (§ 120). Fehlt einer solchen Kündigung die erforderliche Zustim-

---

[18] Zu diesen Sanktionsmöglichkeiten Begr. RegE InsO v. 15. 4. 1992, BT-Drucks. 12/2443, zu § 340 RegE, S. 225; *Kübler/Prütting/Pape* § 279 RdNr. 2; *Nerlich/Römermann/Riggert* § 279 RdNr. 3; HK-*Landfermann* § 279 RdNr. 3; *Blersch* in *Breutigam/Blersch/Goetsch* § 279 RdNr. 2.
[19] *Kübler/Prütting/Pape* § 279 RdNr. 2.
[20] *Blersch* in *Breutigam/Blersch/Goetsch* § 279 RdNr. 2.
[21] Begr. RegE InsO v. 15. 4. 1992, BT-Drucks. 12/2443, zu § 340 RegE, S. 225.
[22] *Lakies*, Die arbeitsrechtliche Bedeutung der Eigenverwaltung in der Insolvenzordnung, BB 1999, 1759, 1761.
[23] Begr. RegE InsO v. 15. 4. 1992, BT-Drucks. 12/2443, zu § 340 RegE, S. 225.
[24] *Blersch* in *Breutigam/Blersch/Goetsch* § 279 RdNr. 5.

mung des Sachwalters, ist sie absolut unwirksam und kann insbesondere nicht im Nachhinein durch den Sachwalter genehmigt werden, da einseitige Rechtsgeschäfte keinen Schwebezustand vertragen.[25]

2. Betriebsänderungen. Die Eröffnung eines Insolvenzverfahrens führt häufig zu Betriebsänderungen, insbesondere Einschränkungen oder Stilllegungen des gesamten Betriebs oder von Betriebsteilen. Beim Eigenverwaltungsverfahren hat der Schuldner in diesem Fall die Regelungen der §§ 111–113 BetrVG in Verbindung mit §§ 121–124 zu beachten.[26] Will der Schuldner **das besondere Beschlussverfahren nach § 122 auf gerichtliche Zustimmung zur Durchführung einer Betriebsänderung** nach ergebnislosen Verhandlungen mit dem Betriebsrat über einen Interessenausgleich durchführen, ist für den Antrag gemäß § 279 Satz 3 die Zustimmung des Sachwalters erforderlich. Dabei erstreckt sich das Zustimmungserfordernis auf die Einleitung und Durchführung des Beschlussverfahrens ebenso wie auf die Einlegung etwaiger Rechtsmittel nach § 122 Abs. 3.[27]

Eine **fehlende Zustimmung des Sachwalters** kann hier bis zur gerichtliche Entscheidung nachgeholt werden.[28] Ohne die Zustimmung des Sachwalters sind die Anträge bzw. Rechtsmittel des Schuldners prozessual unzulässig.[29] Falls dennoch darüber in Unkenntnis des Zustimmungserfordernisses entschieden wurde, steht dem beteiligten Betriebsrat die außerordentliche Beschwerde wegen greifbarer Gesetzeswidrigkeit zu.[30]

3. Kündigung von Arbeitnehmern. Aufgrund seiner Verwaltungs- und Verfügungsbefugnis und der ihm damit verbleibenden Arbeitgeberfunktion gelten für die Kündigung von Arbeitsverhältnissen durch den eigenverwaltenden Schuldner **grundsätzlich die gleichen Regelungen wie bei Kündigungen im regulären Insolvenzverfahren durch den Insolvenzverwalter.** Anwendung finden somit vor allem die allgemeinen Kündigungsschutzregelungen sowie die Spezialregelungen der Insolvenzordnung, nämlich die verkürzte Kündigungsfrist nach § 113 Abs. 1 Satz 2 und die Klagefrist von drei Wochen nach § 113 Abs. 2.[31] Diese Befugnisse soll der Schuldner gemäß § 279 Satz 2 nur im Einvernehmen mit dem Sachwalter ausüben.

Will der Schuldner nach § 126 im Beschlussverfahren durch das Arbeitsgericht das dringende betriebliche Erfordernis und die **soziale Rechtfertigung der Kündigung bestimmter Arbeitnehmer feststellen lassen,** nachdem Verhandlungen über einen Interessenausgleich nach § 125 gescheitert sind, sieht § 279 Satz 3 für den Antrag des Schuldners ein Zustimmungserfordernis des Sachwalters vor. Auch hier genügt es, wenn der Sachwalter den Antrag des Schuldners nachträglich, spätestens bis zur gerichtlichen Entscheidung, genehmigt. Ohne Zustimmung des Sachwalters sind die Anträge bzw. Rechtsmittel des Schuldners prozessual unzulässig.[32] Die beteiligten Arbeitnehmer können eine außerordentliche Beschwerde wegen greifbarer Gesetzeswidrigkeit einlegen, wenn darüber unter Verkennung des Zustimmungserfordernisses entschieden wurde.[33]

---

[25] *Lakies,* Die arbeitsrechtliche Bedeutung der Eigenverwaltung in der Insolvenzordnung, BB 1999, 1759, 1762; HK-*Landfermann* § 279 RdNr. 4.
[26] *Lakies,* Die arbeitsrechtliche Bedeutung der Eigenverwaltung in der Insolvenzordnung, BB 1999, 1759, 1762.
[27] *Blersch* in *Breutigam/Blersch/Goetsch* § 279 RdNr. 4.
[28] HK-*Landfermann* § 279 RdNr. 4.
[29] *Lakies,* Die arbeitsrechtliche Bedeutung der Eigenverwaltung in der Insolvenzordnung, BB 1999, 1759, 1762.
[30] *Blersch* in *Breutigam/Blersch/Goetsch* § 279 RdNr. 4 f.
[31] *Lakies,* Die arbeitsrechtliche Bedeutung der Eigenverwaltung in der Insolvenzordnung, BB 1999, 1759, 1761.
[32] HK-*Landfermann* § 279 RdNr. 4; *Lakies,* Die arbeitsrechtliche Bedeutung der Eigenverwaltung in der Insolvenzordnung, BB 1999, 1759, 1762.
[33] *Blersch* in *Breutigam/Blersch/Goetsch* § 279 RdNr. 4 f.

§ 280 Haftung. Insolvenzanfechtung

Nur der Sachwalter kann die Haftung nach den §§ 92 und 93 für die Insolvenzmasse geltend machen und Rechtshandlungen nach den §§ 129 bis 147 anfechten.

Übersicht

	RdNr.		RdNr.
I. Normzweck	1	1. Anwendungsbereich	3
II. Entstehungsgeschichte	2	2. Geltendmachung	4
III. Inhalt der Regelung	3		

I. Normzweck

1   Die Vorschrift regelt im Rahmen der Eigenverwaltung des Schuldners die Befugnis, bestimmte Rechte der Insolvenzmasse geltend zu machen. Dazu ist der Sachwalter besser geeignet als der Schuldner, weil erhebliche Gegensätze zwischen dem Gesamtinteresse der Gläubiger einerseits und dem Einzelinteresse des verwaltenden Schuldners andererseits auftreten können: Die geltend zu machende Haftung gem. §§ 92, 93 wird oft den Insolvenzschuldner selbst oder die Mitglieder seiner Vertretungsorgane treffen, während sich Anfechtungsansprüche erfahrungsgemäß häufig gegen Personen richten, die dem Schuldner persönlich verbunden sind. Mittelbar stellt § 280 zugleich klar, dass auch bei der Eigenverwaltung die Insolvenzanfechtung uneingeschränkt stattfindet.[1]

II. Entstehungsgeschichte

2   Die Vorschrift ist neu. Die Vergleichsordnung sah eine Anfechtung noch nicht vor. Im Gesetzgebungsverfahren wurde die Norm nur hinsichtlich der Verweisungen redaktionell angepasst.

III. Inhalt der Regelung

3   **1. Anwendungsbereich.** Gem. § 270 Abs. 1 Satz 2 gelten für das Verfahren der Eigenverwaltung grundsätzlich die Vorschriften des Regelinsolvenzverfahrens, jedoch mit der Besonderheit, dass der Schuldner selbst im Zweifel die Verwaltungsbefugnisse ausübt. Eine Abweichung davon sieht § 280 vor für Ansprüche auf Ersatz eines **Gesamtschadens**, welche der Gläubigergemeinschaft entstanden ist **(§ 92)**, für die Geltendmachung der **persönlichen Haftung** der **Gesellschafter** gem. **§ 93** (vgl. auch § 334 Abs. 1) sowie für die Ausübung der **Insolvenzanfechtung** nach **§§ 129 ff.** Ein vom Sachwalter erstrittener Erlös fällt aber wieder in das vom Schuldner selbst verwaltete Vermögen.[2]

4   **2. Geltendmachung.** Zur Geltendmachung der genannten Ansprüche ist allein der Sachwalter i. S. v. § 274 befugt. Dies schließt einerseits den Insolvenzschuldner aus, andererseits aber auch die Gläubiger; insoweit besteht für die Anfechtung ein Unterschied zu den Befugnissen des Treuhänders in der Verbraucherinsolvenz (§ 313 Abs. 2). Hinsichtlich der Anfechtung übt der Sachwalter in vollem Umfange die gem. § 129 Abs. 1 dem Insolvenzverwalter zustehenden Befugnisse aus.[3] Ist der Sachwalter selbst der Schuldner des geltend zu machenden Anspruchs (insbesondere nach § 92), so ist entsprechend §§ 274, 56 ein neuer oder besonderer Sachwalter zu bestellen.[4]

---

[1] HK-*Landfermann* § 280 RdNr. 1; *Kübler/Prütting/Pape* § 280 RdNr. 1; *Uhlenbruck* § 280 RdNr. 1; *Braun/Riggert* § 280 RdNr. 2.
[2] *Blersch* in *Breutigam/Blersch/Goetsch* § 280 RdNr. 4 aE.
[3] Vgl. § 129 RdNr. 186–225, § 146 RdNr. 13 ff.
[4] *Uhlenbruck* § 280 RdNr. 3; *Blersch* in *Breutigam/Blersch/Goetsch* § 280 RdNr. 2. Ergänzend s. o. § 56 RdNr. 153 ff.

Die Prüfung und Geltendmachung der ihm zugewiesenen Ansprüche obliegt dem Sach- 5
walter als Amtspflicht im Sinne von §§ 274 Abs. 1, 60. Um die Durchsetzung vorzubereiten, hat sich der Sachwalter selbst einen möglichst vollständigen Überblick über die Vermögenslage des Schuldners zu verschaffen.[5] Hierzu ist insbesondere das Nachforschungs- und Auskunftsrecht gem. § 274 Abs. 2 Satz 2 i. V. m. § 22 Abs. 3 geeignet. Erschwert der Schuldner die Aufklärung des Sachverhalts oder die Durchsetzung eines Anspruchs in unangemessener Weise, so dass Nachteile für die Gläubiger zu erwarten sind, wird der Sachwalter dies gem. § 274 Abs. 3 dem Gläubigerausschuss und dem Insolvenzgericht anzuzeigen haben.[6]

Zu einer möglichen Haftung des Sachwalters für Masseverbindlichkeiten, die er zur 6
Vorbereitung eines Prozesses begründet, siehe oben § 274 RdNr. 47, zu Auswirkungen auf seine Vergütung siehe oben § 274 RdNr. 50.

§ 281 Unterrichtung der Gläubiger

(1) ¹**Das Verzeichnis der Massegegenstände, das Gläubigerverzeichnis und die Vermögensübersicht (§§ 151 bis 153) hat der Schuldner zu erstellen.** ²Der Sachwalter hat die Verzeichnisse und die Vermögensübersicht zu prüfen und jeweils schriftlich zu erklären, ob nach dem Ergebnis seiner Prüfung Einwendungen zu erheben sind.

(2) ¹Im Berichtstermin hat der Schuldner den Bericht zu erstatten. ²Der Sachwalter hat zu dem Bericht Stellung zu nehmen.

(3) ¹Zur Rechnungslegung (§§ 66, 155) ist der Schuldner verpflichtet. ²Für die Schlußrechnung des Schuldners gilt Absatz 1 Satz 2 entsprechend.

Übersicht

	RdNr.		RdNr.
I. Normzweck	1	4. Überprüfung und Stellungnahme durch den Sachwalter	15
II. Entstehungsgeschichte der Norm: Frühere Regelung – Reformvorschläge – Gesetzgebungsverfahren zur InsO	2	5. Niederlegung in der Geschäftsstelle	18
		V. Berichterstattung	19
III. Rechtstatsachen	4	1. Bericht und Auskünfte des Schuldners	19
IV. Erstellung der Verzeichnisse	6	2. Stellungnahme des Sachwalters	21
1. Verzeichnis der Massegegenstände	7	VI. Rechnungslegung des Schuldners	24
2. Verzeichnis der Gläubiger	10	1. Insolvenzrechtliche Rechnungslegung	25
3. Vermögensübersicht	12	2. Duale Rechnungslegung	27
		3. Überprüfung durch den Sachwalter	28

I. Normzweck

Da im Verfahren der Eigenverwaltung gemäß § 270 Abs. 1 Satz 1 der Schuldner die 1
Geschäfte führt, werden in § 281 für die Unterrichtung der Gläubiger Regelungen vorgesehen, die in erster Linie den **Schuldner zur Erstellung von Unterlagen und zu mündlichem Bericht verpflichten.** Für den Sachwalter bleibt eine Verpflichtung zur Prüfung der Unterlagen. Im Berichtstermin hat der Sachwalter sich zu dem Bericht des Schuldners zu äußern. Dem Gesetzgeber schien eine vollständige und korrekte Unterrichtung der Gläubiger auf diese Weise am besten gewährleistet zu sein.[1] Damit konkretisiert § 281 die in § 274 Abs. 2 allgemein geregelten Aufgaben und Befugnisse des Sachwalters mit einer Abgrenzung seiner Pflichten von den Pflichten des Schuldners im Bereich der

---

[5] *Kübler/Prütting/Pape* § 280 RdNr. 7.
[6] *Uhlenbruck* § 280 RdNr. 3, 5 aE.
[1] Begr. RegE InsO v. 15. 4. 1992, BT-Drucks. 12/2443, zu § 342 RegE, S. 225.

technischen Verfahrensabwicklung.² Mit dieser Übertragung wesentlicher Teile der Aufgaben eines Insolvenzverwalters im regulären Insolvenzverfahren auf den Schuldner ist diese Regelung zugleich Ausdruck der Entlastung des Verwalters durch Anordnung der Eigenverwaltung.³

II. Entstehungsgeschichte der Norm: Frühere Regelung – Reformvorschläge – Gesetzgebungsverfahren zur InsO

2 § 281 hat keine identische Entsprechung im früheren **Konkurs- oder Vergleichsrecht,** dem die Eigenverwaltung fremd war. Immerhin gab aber schon, ähnlich wie jetzt § 281 Abs. 1 Satz 1, die Vorschrift des § 4 Nr. 1 und 2 VglO im Vergleichsverfahren dem Schuldner auf, gemäß § 5 VglO eine Vermögensübersicht und gemäß § 6 VglO ein Gläubigerverzeichnis zu erstellen. Mit anderem Schwerpunkt als § 281 Abs. 2 sah dagegen § 40 Abs. 3 VglO für den Vergleichstermin die originäre Pflicht zur Berichterstattung beim Vergleichsverwalter, während nach § 69 Abs. 1 VerglO der Schuldner nur auf Verlangen des Vergleichsverwalters oder eines Vergleichsgläubigers verpflichtet war, Auskünfte zu erteilen.

3 Im Gesetzgebungsverfahren wurde die jetzt in § 281 getroffene Regelung als § 331 des **Diskussionsentwurfs**⁴ (DE) und identisch als § 331 des **Referentenentwurfs**⁵ (RefE) vorgeschlagen. Diese Entwurfsfassungen sind dann ohne Änderungen, abgesehen von der Anpassung der Nummerierung bei den Verweisungen, als § 342 des **Regierungsentwurfs**⁶ (RegE) in das Gesetzgebungsverfahren eingebracht worden und als § 281 Gesetz geworden.

III. Rechtstatsachen

4 Wegen des **erforderlichen Zusammenwirkens zwischen Sachwalter und Schuldner** gerade hinsichtlich der Unterrichtungspflichten aus § 281 wird man insoweit den Sachwalter mehr als Berater des Schuldners denn als reines Überwachungsorgan ansehen müssen. Denn der Sachwalter kann die ihm übertragenen Pflichten zur Prüfung und Stellungnahme nur dann sachgerecht wahrnehmen, wenn er den Schuldner unterstützt und auf Grund seiner einschlägigen Erfahrungen berät.⁷ Falls sich dabei herausstellt, dass die erforderliche Zusammenarbeit vom Schuldner verweigert wird, und erhebt der Sachwalter insbesondere deswegen Einwendungen gegen die vom Schuldner erstellten Unterlagen, haben die Gläubiger zu überlegen, ob bei Fortführung der Eigenverwaltung Nachteile für sie drohen und deshalb ein Antrag auf Aufhebung der Eigenverwaltung zu stellen ist.

5 Anders als in der Kommentarliteratur vertreten, können aber die dem Schuldner bei Eigenverwaltung obliegenden Unterrichtungspflichten nicht dazu herangezogen werden, die Eigenverwaltung nur in Ausnahmefällen anzuordnen.⁸ Zwar ist richtig, dass damit an den Schuldner Anforderungen gestellt werden, die ein Mindestmaß an wirtschaftlichen Kenntnissen und die Bereitschaft erfordern, die insolvenzrechtlichen Anforderungen zu berücksichtigen. Dies kann dem Schuldner aber nicht generell oder für den Regelfall abgesprochen werden; denn die Eigenverwaltung wird regelmäßig im Insolvenzverfahren für größere Unternehmen in Betracht kommen. Solchen Unternehmen stehen auf Grund der ohnehin vorhandenen Controlling-Organisation das Wissen und die Kapazitäten für die Buchhaltung und Rechnungslegung mindestens im gleichen Maße zur Verfügung wie in jeder Kanzlei eines Insolvenzverwalters. Und das spezifisch insolvenzrechtliche Know-how kann hier

---

² *Blersch* in Breutigam/Blersch/Goetsch § 281 RdNr. 1.
³ *Kübler/Prütting/Pape* § 281 RdNr. 1.
⁴ Diskussionsentwurf (DE), Gesetz zur Reform des Insolvenzrechts, herausgegeben vom Bundesministerium der Justiz, Köln 1988.
⁵ Referentenentwurf (RefE), Gesetz zur Reform des Insolvenzrechts, herausgegeben vom Bundesministerium der Justiz, Köln 1989.
⁶ RegE InsO v. 15. 4. 1992, BT-Drucks. 12/2443.
⁷ *Kübler/Prütting/Pape* § 281 RdNr. 3.
⁸ So aber *Kübler/Prütting/Pape* § 281 RdNr. 18.

„zugekauft" werden; z. B. durch Beauftragung eines insolvenzrechtlich erfahrenen Rechtsanwalts zur Unterstützung während der Eigenverwaltung.

IV. Erstellung der Verzeichnisse

In § 281 Abs. 1 Satz 1 wird dem Schuldner aufgegeben, ein Verzeichnis der Massegegenstände, das Gläubigerverzeichnis und die Vermögensübersicht zu erstellen. Es handelt sich dabei um die Unterlagen, die der Information der Verfahrensbeteiligten **in Vorbereitung des Berichtstermins** dienen.[9]

1. Verzeichnis der Massegegenstände. Der Schuldner hat nach §§ 281 Abs. 1 Satz 1, 151 ein Verzeichnis der Massegegenstände zu erstellen. Im Verzeichnis der Massegegenstände ist gemäß § 151 Abs. 2 für jeden erfassten Gegenstand sowohl der **Zerschlagungs- wie der Fortführungswert** anzugeben. Ein Verzicht auf die Angabe beider Werte kommt beim Verfahren in Eigenverwaltung auch nicht deshalb in Betracht, weil dieses – zumindest in der Intention des Schuldners – regelmäßig auf die Fortführung des Unternehmens ausgerichtet sein wird. Vielmehr haben die Gläubiger auch im Eigenverwaltungsverfahren einen Anspruch, vollständig über die Insolvenzmasse informiert zu werden – unter Einschluss der Zerschlagungs- und Fortführungswerte. Denn nur so können die Gläubiger die ihnen gemäß § 157 obliegende Entscheidung über die Liquidation oder die Fortführung des schuldnerischen Unternehmens auf informierter Grundlage treffen.[10]

Dabei kann der Schuldner gemäß § 151 Abs. 2 Satz 2 bes. schwierige Bewertungen **einem Sachverständigen übertragen.**[11] Für die Entscheidung, ob bes. schwierige Bewertungen vorliegen, ist einerseits zu berücksichtigen, dass der Schuldner die betrieblichen Verhältnisse besser kennen und ihm eine Bewertung unter Berücksichtigung der Branche leichter fallen sollte als dem branchenfremden Insolvenzverwalter im regulären Insolvenzverfahren. Andererseits wird dem Schuldner regelmäßig jegliche Erfahrung für die Bewertungen zu Liquidationswerten fehlen, und er wird zu einer zu hohen Bewertung neigen. Deshalb sind im Eigenverwaltungsverfahren an die Übertragung der Bewertung auf einen Sachverständigen regelmäßig geringere Anforderungen zu stellen.

Ebenso wie im regulären Insolvenzverfahren kann dem Schuldner auf begründeten Antrag gemäß § 151 Abs. 3 das **Insolvenzgericht gestatten, dass die Aufstellung des Verzeichnisses unterbleibt.** Ist ein Gläubigerausschuss bestellt, braucht der Schuldner für den Antrag gemäß § 151 Abs. 3 Satz 2 die Zustimmung des Gläubigerausschusses.[12] Bei der Entscheidung über diesen Antrag wird das Insolvenzgericht zu bedenken haben, dass bei der Eigenverwaltung eine große Gefahr besteht, dass der Schuldner nicht verzeichnete Massegegenstände später beiseite schafft.[13] Andererseits wird gerade beim Verfahren in Eigenverwaltung häufig ein berechtigtes Geheimhaltungsinteresse bestehen, wenn nämlich Ziel des Eigenverwaltungsverfahrens die Fortführung des reorganisierten Schuldnerunternehmens ist und dem die Offenlegung sämtlicher wirtschaftlichen Verhältnisse gegenüber jedermann, also gemäß § 154 gegenüber jedem Insolvenzgläubiger einschließlich der Lieferanten und Abnehmer, wegen einer schwerwiegenden Beeinträchtigung der Wettbewerbsposition entgegenstünde. Kann das Insolvenzgericht in einer solchen Situation die Überzeugung gewinnen, dass die bisherige Buchführung des Schuldners zutreffende Bewertungen enthält und vollständig ist, kommt daher auch beim Verfahren in Eigenverwaltung eine Befreiung von der Verpflichtung zur Aufstellung des Verzeichnisses in Betracht.[14]

2. Verzeichnis der Gläubiger. Beim Verfahren in Eigenverwaltung ist dem Schuldner gemäß § 281 Abs. 1 Satz 1 die sonst dem Insolvenzverwalter obliegende Aufstellung des

---
[9] *Blersch* in *Breutigam/Blersch/Goetsch* § 281 RdNr. 2.
[10] *Kübler/Prütting/Pape* § 281 RdNr. 8.
[11] Hierzu und zum folgenden *Blersch* in *Breutigam/Blersch/Goetsch* § 281 RdNr. 2.
[12] *Blersch* in *Breutigam/Blersch/Goetsch* § 281 RdNr. 3.
[13] *Kübler/Prütting/Pape* § 281 RdNr. 9.
[14] So für das reguläre Insolvenzverfahren zum Beispiel FK-*Wegner*, InsO, § 151 RdNr. 22.

Gläubigerverzeichnisses übertragen. Zweck der Regelung ist es, den Gläubigern einen **vollständigen Überblick über die Verbindlichkeiten des Schuldners** zu geben, die den in § 151 aufgeführten Massegegenständen gegenüberstehen.[15]

11 Für die Aufstellung des Verzeichnisses gelten im Eigenverwaltungsverfahren **keine Besonderheiten.**[16] In dem Verzeichnis sind vom Schuldner neben den ihm bekannten Insolvenzgläubigern auch die absonderungsberechtigten Gläubiger und die nachrangigen Insolvenzgläubiger unter Angabe des Grundes und des Betrags ihrer Forderung sowie ggf. des Gegenstandes, an dem ein Absonderungsrecht besteht, mit ihrer vollständigen Anschrift anzugeben. Die voraussichtlich entstehenden Masseverbindlichkeiten müssen vom Schuldner gemäß § 152 Abs. 3 Satz 2 geschätzt werden.[17]

12 **3. Vermögensübersicht.** Im regulären Insolvenzverfahren hat der Insolvenzverwalter gemäß § 153 eine Vermögensübersicht aufzustellen, in der die **Gegenstände der Insolvenzmasse und die Verbindlichkeiten des Schuldners** aufgeführt und einander gegenübergestellt werden. Diese Unterrichtung der Gläubiger obliegt bei Anordnung der Eigenverwaltung gemäß § 281 Abs. 1 Satz 1 dem Schuldner.

13 Die vom Schuldner zu fertigende Vermögensübersicht muss die **gleichen Anforderungen wie die sonst vom Insolvenzverwalter aufgestellte Übersicht** erfüllen. Auch der Schuldner hat gemäß § 153 Abs. 1 Satz 2 die Bewertungsgrundsätze des § 151 Abs. 2 und die Gliederungsvorschrift des § 152 Abs. 2 Satz 1 zu beachten.[18]

14 Im regulären Insolvenzverfahren kann das Insolvenzgericht auf Antrag des Insolvenzverwalters oder eines Gläubigers gemäß § 153 Abs. 2 dem Schuldner aufgeben, die Vollständigkeit der Vermögensübersicht **eidesstattlich zu versichern.** Beim Verfahren in Eigenverwaltung steht die Antragsbefugnis des Insolvenzverwalters insoweit dem Sachwalter zu. Denn der Schuldner tritt zwar im Eigenverwaltungsverfahren und insbesondere hinsichtlich der Aufstellung der Verzeichnisse an die Stelle des Insolvenzverwalters. Die Regelung zur eidesstattlichen Versicherung in § 153 Abs. 2 soll aber gerade den Schuldner zu vollständigen und wahrheitsgemäßen Angaben anhalten. Wegen des daraus resultierenden Interessenkonflikts kann die Antragsbefugnis nicht dem Schuldner vorbehalten sein, sondern muss vom Sachwalter wahrgenommen werden.[19]

15 **4. Überprüfung und Stellungnahme durch den Sachwalter.** Der Sachwalter hat gemäß § 281 Abs. 1 Satz 2 die vom Schuldner erstellten Verzeichnisse und die Vermögensübersicht zu prüfen und dazu jeweils schriftlich zu erklären, ob Einwendungen zu erheben sind. Die Überprüfung muss im Hinblick darauf erfolgen, ob die Verzeichnisse und Übersichten **den tatsächlichen rechtlichen und wirtschaftlichen Verhältnissen des Schuldners sowie den gesetzlichen Vorschriften entsprechen.** Der Sachwalter ist aber nicht verpflichtet, bei Aufstellung der Verzeichnisse und der Vermögensübersicht mitzuwirken oder Hilfe zu leisten.[20]

16 Die **schriftlichen Stellungnahmen des Sachwalters** muss sich zu eventuellen Einwendungen gegen die Richtigkeit und Vollständigkeit der Verzeichnisse und der Übersicht ausdrücklich erklären. Die schriftlichen Stellungnahmen sind dann gemeinsam mit den Verzeichnissen und der Vermögensübersicht beim Insolvenzgericht einzureichen.[21]

17 Die Pflichten zur Überprüfung und Stellungnahme sind dem Sachwalter als **insolvenzspezifische Pflichten** aufgegeben, für deren ordnungsgemäße Erfüllung er gemäß §§ 274 Abs. 1, 60 haftet.[22]

---

[15] *Kübler/Prütting/Pape* § 281 RdNr. 10.
[16] *Blersch* in *Breutigam/Blersch/Goetsch* § 281 RdNr. 4.
[17] *Kübler/Prütting/Pape* § 281 RdNr. 10.
[18] *Kübler/Prütting/Pape* § 281 RdNr. 11.
[19] *Blersch* in *Breutigam/Blersch/Goetsch* § 281 RdNr. 5; so im Ergebnis auch *Kübler/Prütting/Pape* § 281 RdNr. 11.
[20] *Blersch* in *Breutigam/Blersch/Goetsch* § 281 RdNr. 6.
[21] *Blersch* in *Breutigam/Blersch/Goetsch* § 281 RdNr. 6.
[22] *Kübler/Prütting/Pape* § 281 RdNr. 16.

5. Niederlegung in der Geschäftsstelle. Gemäß § 154 sind diese Verzeichnisse **auch** 18 **beim Verfahren in Eigenverwaltung** spätestens eine Woche vor dem Berichtstermin in der Geschäftsstelle des Insolvenzgerichts zur Einsicht der Beteiligten niederzulegen.[23] Zwar fehlt in § 281 Abs. 1 Satz 1 eine ausdrückliche Verweisung auf § 154. Zum einen besteht aber auch im Verfahren mit Eigenverwaltung ein entsprechendes Informationsbedürfnis der Gläubiger; denn diese haben wie im regulären Insolvenzverfahren im Anschluss an den Bericht des Schuldners im Berichtstermin gemäß § 157 zu entscheiden, ob der Betrieb fortgeführt werden soll oder ein Auftrag zur Erstellung eines Insolvenzplans nach § 284 erteilt wird. Diese Entscheidungen können die Gläubigern nur treffen, wenn sie rechtzeitig in die vom Schuldner erstellten Verzeichnisse Einsicht nehmen können.[24] Zum anderen bedarf es auch auf Grund der besonderen Gesetzestechnik im Siebten Teil der Insolvenzordnung keines ausdrücklichen Verweises auf § 154, sondern § 281 Abs. 1 Satz 1 hat eine Sonderregelung nur insoweit zu treffen, als die sonst dem Insolvenzverwalter obliegende Erstellung der Verzeichnisse dem Schuldner übertragen wird. Für die Niederlegung der Verzeichnisse in der Geschäftsstelle gilt dagegen mit § 154 die allgemeine Regelung wie im regulären Insolvenzverfahren, deren Anwendbarkeit sich schon aus der generellen Verweisung auf die allgemeinen Vorschriften in § 270 Abs. 1 Satz 2 ergibt.

V. Berichterstattung

1. Bericht und Auskünfte des Schuldners. Während es im regulären Insolvenzver- 19 fahren gemäß § 156 dem Insolvenzverwalter obliegt, im Berichtstermin über die wirtschaftliche Lage des Schuldners und ihre Ursachen zu berichten, ist gemäß § 281 Abs. 2 diese **Berichterstattung im Berichtstermin dem Schuldner aufgegeben.** Abgesehen von der vorgesehenen Stellungnahme des Sachwalters zum Bericht des Schuldners gelten insoweit gegenüber dem regulären Insolvenzverfahren keine Besonderheiten.[25] Tatsächlich ist dem Schuldner aber mit der Möglichkeit, im Berichtstermin neben der Darstellung der wirtschaftlichen Lage und der Ursachen der Insolvenz auch die Entwicklungsperspektiven aufzuzeigen und mit den Gläubigern die Möglichkeit eines Insolvenzplans zu erörtern, eine weitreichende Möglichkeit eingeräumt, auf das Verfahren gestaltend Einfluss nehmen.[26]

Ergänzend ist im Eigenverwaltungsverfahren dem Schuldner gemäß § 79 an Stelle des 20 Insolvenzverwalters aufgegeben, **auf Verlangen der Gläubigerversammlung einzelne Auskünfte und Berichte** über den Sachstand und die Geschäftsführung zu erteilen. Ergänzend ist der Sachwalter zu solchen zusätzlichen Auskünften und Berichten auskunftspflichtig.[27]

2. Stellungnahme des Sachwalters. Der Sachwalter hat zu dem Bericht des Schuldners 21 im Berichtstermin Stellung zu nehmen. Diese Stellungnahme **dient der vollständigen und korrekten Unterrichtung der Gläubiger,** die auf diese Weise vor einer allzu optimistischen Darstellung des Schuldners geschützt werden sollen.[28]

Die dem Sachwalter abverlangte **fundierte Stellungnahme** zu diesem Bericht erfordert, 22 dass der Sachwalter den Bericht des Schuldners inhaltlich überprüft und selbst die Chancen, den Betrieb zu erhalten, einschätzt. Dies wird ihm nur möglich sein, wenn die Vermögenslage des Schuldners genau kennt und sich über die Ursachen der Insolvenz unterrichtet hat.[29] Hat der Sachwalter aber weder Einwände noch Ergänzungen, kann er seine Stellung-

---

[23] Dazu *Blersch* in *Breutigam/Blersch/Goetsch* § 281 RdNr. 6; HK-*Landfermann* § 281 RdNr. 2; *Nerlich/Römermann/Riggert* § 270 RdNr. 9; *Kübler/Prütting/Pape* § 281 RdNr. 5.
[24] So *Kübler/Prütting/Pape* § 281 RdNr. 6.
[25] *Blersch* in *Breutigam/Blersch/Goetsch* § 281 RdNr. 7.
[26] *Kübler/Prütting/Pape* § 281 RdNr. 14.
[27] HK-*Landfermann* § 281 RdNr. 3.
[28] Begr. RegE InsO v. 15. 4. 1992, BT-Drucks. 12/2443, zu § 342 RegE, S. 225; *Kübler/Prütting/Pape* § 281 RdNr. 14.
[29] *Kübler/Prütting/Pape* § 281 RdNr. 2, 16.

§ 281 23–28   7. Teil. Eigenverwaltung

nahme darauf beschränken, dass er vollumfänglich mit dem Bericht des Schuldners einverstanden ist.[30]

23   Im **Bereich der dem Sachwalter eigenständig zugewiesenen Aufgaben**, insbesondere gemäß § 280 hinsichtlich der Durchsetzung von Haftungsansprüchen im Sinne der §§ 92, 93 und hinsichtlich der Insolvenzanfechtung, ist der Sachwalter verpflichtet, dem Schuldner die für seine Verzeichnisse, Übersichten und Berichte erforderlichen Auskünfte zu erteilen. Im Berichtstermin muss der Sachwalter selbst zu dieser Tätigkeit im Rahmen seiner Stellungnahme die Gläubigerversammlung unterrichten.[31]

VI. Rechnungslegung des Schuldners

24   Dem Schuldner ist in § 281 Abs. 3 Satz 1 die Pflicht zur **insolvenzrechtlichen Rechnungslegung** gemäß §§ 66, 155 übertragen. Es handelt sich um eine ergänzende Klarstellung zu § 270 Abs. 1 Satz 2, wonach den Schuldner im Eigenverwaltungsverfahren auch insoweit die Pflichten treffen, die im regulären Insolvenzverfahren Aufgabe des Insolvenzverwalters sind.[32]

25   **1. Insolvenzrechtliche Rechnungslegung.** Gemäß §§ 281 Abs. 3 Satz 1, 66 ist der Schuldner im Eigenverwaltungsverfahren zur insolvenzrechtlichen oder sog. internen Rechnungslegung verpflichtet.[33] Dafür gelten **gegenüber dem Regelinsolvenzverfahren im Übrigen keine Besonderheiten**.[34]

26   Nach der Verweisung in § 281 Abs. 3 auf § 66 Abs. 1 hat der Schuldner zumindest zum Schlusstermin (siehe § 197 Abs. 1 Nr. 1) vor Aufhebung des Insolvenzverfahrens die **Schlussrechnung** zu legen. Daneben steht der Gläubigerversammlung auch das Recht nach § 66 Abs. 3 zu, vom Schuldner zu bestimmten Zeitpunkten während des Verfahrens **Zwischenrechnungslegung** zu verlangen.[35] Für den Zeitraum **nach Anzeige der Masseunzulänglichkeit** hat auch der Schuldner gemäß § 211 Abs. 2 gesondert Rechnung zu legen.[36]

27   **2. Duale Rechnungslegung.** § 281 Abs. 3 Satz 1 stellt mit der Verweisung auf § 155 klar, dass die Pflichten des Schuldners zur Buchführung und externen **Rechnungslegung nach handels- und steuerrechtlichen Grundsätzen** unberührt bleiben, sofern der Schuldner beim Verfahren in Eigenverwaltung seinen Betrieb fortführt. Damit trifft den Schuldner bei Eigenverwaltung die Verpflichtung zu einer dualen Rechnungslegung, die sowohl die interne, insolvenzrechtliche Rechnungslegung gegenüber den Gläubigern wie auch die Buchführung und externe Rechnungslegung nach handels- und steuerrechtlichen Grundsätzen umfasst.[37] Die Verpflichtung zur Buchführung und Rechnungslegung nach Handels- und Steuerrecht erfasst gemäß § 155 Abs. 1 sowohl das insolvenzfreie Vermögen des Schuldners als auch die Insolvenzmasse. Jedoch wird dabei im Eigenverwaltungsverfahren der Schuldner gemäß § 155 Abs. 1 Satz 2 nur im Hinblick auf die Insolvenzmasse als Amtswalter tätig, während er in Bezug auf das insolvenzfreie Vermögen auf Grund seiner Stellung als Gemeinschuldner handelt.[38]

28   **3. Überprüfung durch den Sachwalter.** Der Sachwalter hat wegen der Verweisung in § 281 Abs. 3 Satz 2 auf § 281 Abs. 1 Satz 2 die **Schlussrechnung des Schuldners** zu prüfen und in einer schriftlichen Stellungnahme zu erklären, ob nach dem Ergebnis seiner Prüfung Einwendungen zu erheben sind. Um dies sachgerecht tun zu können, ist der

---

[30] *Nerlich/Römermann/Riggert* § 281 RdNr. 4.
[31] *HK-Landfermann* § 281 RdNr. 3 a.
[32] *Blersch* in *Breutigam/Blersch/Goetsch* § 281 RdNr. 8.
[33] Zu Einwendungen gegen die Schlussrechnung des Schuldners vgl. AG Duisburg Beschl. v. 4. 10. 2005 – 60 IN 136/02, NZI 2006, 112 ff.
[34] *Blersch* in *Breutigam/Blersch/Goetsch* § 281 RdNr. 8.
[35] *HK-Landfermann* § 281 RdNr. 4; *Nerlich/Römermann/Riggert* § 281 RdNr. 2; *Blersch* in *Breutigam/Blersch/Goetsch* § 281 RdNr. 8.
[36] *Blersch* in *Breutigam/Blersch/Goetsch* § 281 RdNr. 8.
[37] *Kübler/Prütting/Pape* § 281 RdNr. 12; *Nerlich/Römermann/Riggert* § 281 RdNr. 2.
[38] *Blersch* in *Breutigam/Blersch/Goetsch* § 281 RdNr. 9.

Sachwalter gehalten, sich einen lückenlosen Überblick zu verschaffen. Eine bloß stichprobenartige Überprüfung der Verzeichnisse und Rechnungen des Schuldners würde der Aufgabenstellung des Sachwalters nicht gerecht werden.[39] Die Schlussrechnung ist zusammen mit der schriftlichen Stellungnahme des Sachwalters gemäß § 66 Abs. 2 Satz 1 dem Insolvenzgericht vorzulegen, das nach der Prüfung die Schlussrechnung und die Stellungnahme gemäß § 66 Abs. 2 zur Einsicht der Beteiligten auslegt.[40]

Die Pflicht zur Überprüfung der Schlussrechnung ist dem Sachwalter als **insolvenzspezifische Pflicht** aufgegeben, für deren ordnungsgemäße Erfüllung er gemäß §§ 274 Abs. 1, 60 haftet.[41] Die Stellungnahme des Sachwalters zur Schlussrechnung muss dabei entsprechend § 197 Abs. 1 Satz 2 Nr. 1 spätestens im Schlusstermin vorliegen, damit sie in die Erörterung der Schlussrechnung einbezogen werden kann.[42] 29

Im Übrigen ist der Sachwalter aber nicht an der Rechnungslegung des Schuldners beteiligt. **Zwischenrechnungen** des Schuldners, die die Gläubigerversammlung nach § 66 Abs. 3 verlangen kann, braucht der Sachwalter nicht zu überprüfen, wie sich aus der ausdrücklichen Beschränkung in § 281 Abs. 3 Satz 2 auf die Schlussrechnung ergibt.[43] Unberührt bleibt jedoch die Verpflichtung des Sachwalters, die Geschäftsführung des Schuldners nach § 274 Abs. 2 zu überwachen, wozu auch die Überwachung der externen Rechnungslegung in handels- und steuerrechtlichen Hinsicht gehört.[44] 30

§ 282 Verwertung von Sicherungsgut

(1) ¹Das Recht des Insolvenzverwalters zur Verwertung von Gegenständen, an denen Absonderungsrechte bestehen, steht dem Schuldner zu. ²Kosten der Feststellung der Gegenstände und der Rechte an diesen werden jedoch nicht erhoben. ³Als Kosten der Verwertung können nur die tatsächlich entstandenen, für die Verwertung erforderlichen Kosten und der Umsatzsteuerbetrag angesetzt werden.

(2) Der Schuldner soll sein Verwertungsrecht im Einvernehmen mit dem Sachwalter ausüben.

Übersicht

	RdNr.		RdNr.
I. Normzweck	1	2. Bewegliche Gegenstände	11
II. Entstehungsgeschichte der Norm: Frühere Regelung – Reformvorschläge – Gesetzgebungsverfahren zur InsO	4	a) Beweglichen Sachen	14
		b) Forderungen	15
		c) Sonstige Verwertungsregelungen	16
III. Rechtstatsachen	6	3. Grundpfandrechte	17
IV. Absonderungsrechte	7	VII. Einvernehmen mit dem Sachwalter	18
1. Einteilung der Rechte	8	VIII. Kostenbeiträge	20
2. Aussonderungsrechte	9	1. Feststellungskosten	21
3. Ersatzabsonderung	12	2. Verwertungskosten	23
V. Verwertungsbefugnis des Schuldners	13	3. Umsatzsteuerbelastung	25
1. Zuweisung der Rechte des Insolvenzverwalters	13	IX. Rückführung der gesicherten Forderungen durch Verwertung	26

---

[39] *Kübler/Prütting/Pape* § 281 RdNr. 1.
[40] *Blersch* in *Breutigam/Blersch/Goetsch* § 281 RdNr. 8.
[41] *Kübler/Prütting/Pape* § 281 RdNr. 16.
[42] *HK-Landfermann* § 281 RdNr. 4.
[43] *Blersch* in *Breutigam/Blersch/Goetsch* § 281 RdNr. 8; *Kübler/Prütting/Pape* § 281 RdNr. 13. Anders aber HK-*Landfermann* § 281 RdNr. 4.
[44] *Blersch* in *Breutigam/Blersch/Goetsch* § 281 RdNr. 9.

I. Normzweck

1 Der Gesetzgeber ist davon ausgegangen, dass die Eigenverwaltung in der Regel **für Sanierungsfälle** angeordnet wird, in denen der Schuldner ein Unternehmen betreibt und in denen Aussichten bestehen, dieses Unternehmen auf der Grundlage eines Insolvenzplans zu sanieren. Ein ungehinderter Zugriff der absonderungsberechtigten Gläubiger auf ihre Sicherheiten kann daher in diesem Verfahren ebenso wenig hingenommen werden wie im Regelinsolvenzverfahren. § 282 überträgt deshalb – in den Grenzen, die sonst für das Verwertungsrecht des Insolvenzverwalters bestehen – das Verwertungsrecht auf den Schuldner und ermöglicht so, die gleichen günstigen Voraussetzungen für eine gemeinsame Verwertung verschiedener belasteter Gegenstände zu schaffen wie im sonstigen Insolvenzverfahren.[1] Gemäß § 282 Abs. 2 soll der Schuldner – entsprechend der Regelung in § 279 zur Ausübung seines Wahlrechts bei gegenseitigen Verträgen und seines Kündigungsrechts – das Verwertungsrecht nur im Einvernehmen mit dem Sachwalter ausüben.[2]

2 Dabei erschien es dem Gesetzgeber angemessen, die Verpflichtung des absonderungsberechtigten Gläubigers zur **Kostenerstattung** in § 282 Abs. 1 Satz 2, Satz 3 zu begrenzen. Denn der Schuldner, der mit der Eigenverwaltung betraut wird, ist in der Regel über die Rechte der Gläubiger an den Gegenständen der Insolvenzmasse hinreichend unterrichtet; und auch der Sachwalter braucht insoweit nur im Rahmen seiner allgemeinen Aufsicht eingeschaltet zu werden. Kosten der Feststellung der belasteten Gegenstände und der Rechte an diesen fallen also typischerweise nicht an. Anders als im Regelinsolvenzverfahren sieht daher § 282 vor, dass Feststellungskosten von Sicherheitenerlösen nicht in Abzug gebracht werden, weder bei Sicherheiten an beweglichen Gegenständen noch im Hinblick auf das Grundstückszubehör.[3]

3 Auch eine **Verwertungskostenpauschale,** wie sie in § 171 Abs. 2 für Absonderungsrechte an beweglichen Sachen vorgesehen ist, erschien dem Gesetzgeber nicht angemessen. Denn im typischen Fall der Eigenverwaltung, also bei Fortführung des Unternehmens durch den Schuldner, werden regelmäßig keine aufwändigen Verwertungsvorgänge stattfinden. Vielmehr werden Sicherheiten an Betriebsmitteln, die zur Fortführung des Unternehmens erforderlich sind, während des Verfahrens bestehen bleiben. Die Veräußerung von mit Sicherungsrechten belasteten Waren im Übrigen wird häufig im laufenden Geschäftsbetrieb, ohne besondere Kosten, erfolgen können. Auch die Einziehung von zur Sicherheit abgetretenen Forderungen wird im Falle der Eigenverwaltung regelmäßig geringere Kosten verursachen. Deshalb sieht § 282 Abs. 1 Satz 2 vor, dass als Kosten der Verwertung nur die tatsächlich entstandenen Verwertungskosten angesetzt werden können. Fällt bei der Verwertung von Sicherungsgut Umsatzsteuer an, so muss die Umsatzsteuer durch den Sicherungsgläubiger erstattet werden, sie ist nicht von der Insolvenzmasse zu tragen.[4]

II. Entstehungsgeschichte der Norm: Frühere Regelung – Reformvorschläge – Gesetzgebungsverfahren zur InsO

4 § 282 hat keine Vorbilder im früheren **Konkurs- oder Vergleichsrecht,** dem sowohl die Eigenverwaltung wie auch die Einbeziehung der Absonderungsberechtigten in das Insolvenzverfahren fremd war. So sah insbesondere § 27 Abs. 1 VerglO vor, dass Gläubiger mit Absonderungsrechten nur hinsichtlich ihres Ausfalls als Vergleichsgläubiger am Ver-

---

[1] Begr. RegE InsO v. 15. 4. 1992, BT-Drucks. 12/2443, zu § 343 RegE, S. 226.
[2] Begr. RegE InsO v. 15. 4. 1992, BT-Drucks. 12/2443, zu § 343 RegE, S. 226. Zum Zusammenhang von §§ 279, 282 auch *Kübler/Prütting/Pape* § 282 RdNr. 1.
[3] Begr. RegE InsO v. 15. 4. 1992, BT-Drucks. 12/2443, zu § 343 RegE, S. 226.
[4] Zum vorstehenden insgesamt Begr. RegE InsO v. 15. 4. 1992, BT-Drucks. 12/2443, zu § 343 RegE, S. 226.

gleichsverfahren teilnahmen. Dies wurde durch § 82 Abs. 2 Satz 1 VerglO ergänzt, wonach Sicherungsrechte durch den Vergleich nicht berührt wurden.[5]

Im Gesetzgebungsverfahren wurde der ersten Absatz der Norm als § 332 des **Diskussionsentwurfs**[6] (DE) vorgeschlagen. Der **Referentenentwurf**[7] (RefE) hat dann in § 332 Abs. 2 RefE die Regelung dahingehend ergänzt, dass der Schuldner sein Verwertungsrecht im Einvernehmen mit dem Sachwalter ausüben soll. Diese Fassung ist als § 343 des **Regierungsentwurfs**[8] (RegE) in das Gesetzgebungsverfahren eingebracht, wobei in § 343 Abs. 1 Satz 3 RegE noch ergänzt worden war, dass auch der Umsatzsteuerbetrag als Kosten der Verwertung angesetzt werden kann. Diese Entwurfsfassung ist inhaltlich unverändert als § 282 Gesetz geworden.

III. Rechtstatsachen

Zum Teil wird befürchtet, dass die in § 282 vorgesehene Kostenersparnis bei der Verwertung der Sicherheiten ein **Sonderinteresse der absonderungsberechtigten Gläubiger** an der Anordnung der Eigenverwaltung begründet, auf Grund dessen die absonderungsberechtigten Gläubiger unter Ausnutzung ihres Stimmrechts aus § 76 Abs. 2 das Eigenverwaltungsverfahren gemäß § 271 auch zum Nachteil für die übrigen Gläubiger durchsetzen könnten. Auch deshalb käme die Eigenverwaltung nur in Ausnahmefällen bei ersichtlich sanierungsfähigen Schuldnerunternehmen in Betracht.[9] Solche Befürchtungen erscheinen aber sehr fern liegend, da die tatsächliche Kostenersparnis des Eigenverwaltungsverfahrens für die gesicherten Gläubiger sich auf 4% Feststellungskosten und eventuell geringere Verwertungskosten beschränkt, so dass die gesicherten Gläubiger bei Verwertung ihre Sicherheiten durch Anordnung der Eigenverwaltung maximal 9% ersparen. Dem steht das ungleich größere Risiko gegenüber, dass der Schuldner in Eigenverwaltung Sicherheitenerlöse verwirtschaftet oder sogar veruntreut, also die gesicherten Gläubiger statt einer Ersparnis von 9% einen Verlust von 100% ihres Sicherheitenwerts erleiden.[10] Diese Abwägung von geringen Chancen und hohen Risiken diszipliniert auch die Absonderungsberechtigten, ein Eigenverwaltungsverfahren nur dann durchführen zu lassen, wenn dies im besten Interesse aller Gläubiger ist.

IV. Absonderungsrechte

Soweit im regulären Insolvenzverfahren der Insolvenzverwalter zur Verwertung von Gegenständen berechtigt ist, an denen Absonderungsrechte bestehen, überträgt § 282 Abs. 1 Satz 1 diese Verwertungsbefugnis bei Anordnung der Eigenverwaltung dem Schuldner. Zur Frage, ob eine Verwertungsbefugnis des Insolvenzverwalters besteht, wird auf die Kommentierung des § 166 verwiesen. Besteht keine Verwertungsbefugnis des Verwalters, so kann die Verwertung der Kreditsicherheiten durch den Sicherungsgläubiger selbst vorgenommen werden. § 282 erwähnt die Verwertung von Grundpfandrechten durch den gesicherten Gläubiger nicht explizit. Hier ist § 165 einschlägig. Es besteht für den Schuldner die Möglichkeit, anstelle des Insolvenzverwalters eine Einstellung der Zwangsversteigerung oder -verwaltung zu beantragen. Es wird insoweit auf die Kommentierung des § 165 verwiesen.

---

[5] Zur Geltung dieser Regelung für sämtliche Sicherheiten über die in § 82 Abs. 2 Satz 1 VerglO ausdrücklich genannten Sicherungsrechte hinaus siehe *Kilger/K. Schmidt*, Insolvenzgesetze, § 82 VglO Anm. 4).

[6] Diskussionsentwurf (DE), Gesetz zur Reform des Insolvenzrechts, herausgegeben vom Bundesministerium der Justiz, Köln 1988.

[7] Referentenentwurf (RefE), Gesetz zur Reform des Insolvenzrechts, herausgegeben vom Bundesministerium der Justiz, Köln 1989.

[8] RegE InsO v. 15. 4. 1992, BT-Drucks. 12/2443.

[9] So z. B. *Blersch* in *Breutigam/Blersch/Goetsch* § 282 RdNr. 5.

[10] Ähnlich *Pape*, Die Eigenverwaltung des Schuldners nach der Insolvenzordnung, in Kölner Schrift, 2. Aufl. 2000, S. 895 ff. RdNr. 43.

8 **1. Einteilung der Rechte.** § 282 trifft für das Verfahren in Eigenverwaltung **keine gesonderte Regelung,** auf Grund welcher Rechtsstellung Gläubigern ein Absonderungsrechte zuerkannt werden muss. Vielmehr bleibt es auf Grund des Verweises in § 270 Abs. 1 Satz 2 für die Einteilung der Gläubiger bei der allgemeinen Regelung der §§ 38 ff. Deshalb ist auch beim Verfahren in Eigenverwaltung nach den §§ 49–52 zu bestimmen, welchen Gläubigern ein Absonderungsrecht zukommt und hinsichtlich welcher Gegenstände sie damit vorrangig zu befriedigen sind.[11]

9 **2. Aussonderungsrechte.** Beim Verfahren in Eigenverwaltung wird dem Schuldner durch § 281 ein Verwertungsrecht nur hinsichtlich der mit Absonderungsrechten belasteten Gegenstände eingeräumt. Für Aussonderungsansprüche bleibt es dagegen gemäß § 270 Abs. 1 Satz 2 bei der **allgemeinen Regelung** der §§ 47 f. Der Schuldner ist danach zur Herausgabe des Aussonderungsguts des gemäß den allgemeinen Gesetzen außerhalb der Insolvenzordnung in gleicher Weise verpflichtet wie der Insolvenzverwalter in einem regulären Insolvenzverfahren.[12]

10 Besteht das Aussonderungsrecht auf Grund eines **(einfachen) Eigentumsvorbehalts,** so gelten dafür im Rahmen der Eigenverwaltung die Regelungen des § 107 Abs. 2, die regelmäßig zunächst einen faktischen Verwertungsstoppp für den Aussonderungsgläubiger begründen. Nach dieser Regelung muss für Lieferungen unter Eigentumsvorbehalt das Wahlrecht aus § 103 regelmäßig (außer bei drohender, erheblicher Wertminderung) erst unverzüglich nach den Berichtstermin ausgeübt werden. Da erst die Ablehnung der Erfüllung die Fälligkeit des Aussonderungsanspruchs begründet, sind die aussonderungsberechtigten Gläubiger bis zum Berichtstermin gehindert, die unter Eigentumsvorbehalt gelieferten Gegenstände der Masse zu entziehen. Da auch beim Verfahren in Eigenverwaltung verhindert werden soll, dass dinglich gesicherte Gläubiger die Weiterführung des Betriebes unmöglich machen, indem sie ihr Sicherungsgut zur Verwertung herauslangen, gilt diese Regelung dem Grunde nach auch im Eigenverwaltungsverfahren.[13] Die Ausübung des Wahlrechts erfolgt aber gemäß § 279 nicht durch den Insolvenzverwalter, sondern durch den Schuldner im Einvernehmen mit dem Sachwalter.

11 Ist Eigenverwaltung angeordnet und veräußert der Schuldner Gegenstände, hinsichtlich derer ein Aussonderungsanspruch besteht, nach Eröffnung des Insolvenzverfahrens unberechtigterweise, so steht dem Aussonderungsberechtigten der Anspruch auf **Ersatzaussonderung** aus § 48 ebenso zu, wie bei Veräußerung durch den Insolvenzverwalter im regulären Insolvenzverfahren.[14]

12 **3. Ersatzabsonderung.** Nach einhelliger Auffassung bestehen Ersatzabsonderungsrechte im Rahmen der Insolvenzordnung auch ohne besondere gesetzliche Regelung.[15] Dies gilt auch im Eigenverwaltungsverfahren.

V. Verwertungsbefugnis des Schuldners

13 **1. Zuweisung der Rechte des Insolvenzverwalters.** Nach der ausdrücklichen Regelung des § 282 Abs. 1 ist beim Verfahren in Eigenverwaltung dem Schuldner das Recht zur Verwertung von Sicherungsgut nur insoweit übertragen, wie im regulären Insolvenzverfahren dem **Insolvenzverwalter das Recht zur Verwertung** von Gegenständen, an denen Absonderungsrechte bestehen, zugewiesen ist. Dies bestimmt sich nach §§ 165 ff., da weitere abweichende Regelungen insoweit in § 282 nicht getroffen sind.[16]

---

[11] *Kübler/Prütting/Pape* § 282 RdNr. 2.
[12] *Kübler/Prütting/Pape* § 282 RdNr. 3.
[13] *Kübler/Prütting/Pape* § 282 RdNr. 6.
[14] *Kübler/Prütting/Pape* § 282 RdNr. 3.
[15] Siehe dazu vor §§ 49 bis 52 RdNr. 167 ff.
[16] *Blersch* in *Breutigam/Blersch/Goetsch* § 282 RdNr. 1; *Nerlich/Römermann/Riggert* § 282 RdNr. 3; *Kübler/Prütting/Pape* § 282 RdNr. 8.

2. Bewegliche Gegenstände. a) Beweglichen Sachen. Da der Schuldner nur die 14
Rechtsstellung des Insolvenzverwalters wahrnimmt, steht ihm die Befugnis zur freihändigen Verwertung von beweglichen Gegenständen, die mit Absonderungsrechten belastet sind, gemäß § 166 Abs. 1 nur dann zu, wenn er diese in Besitz hat. Nicht im Besitz des Schuldners befindliche Sachen unterliegen dagegen entsprechend § 173 dem Verwertungsrecht des Gläubigers.[17]

b) Forderungen. Beim Verfahren in Eigenverwaltung ist der Schuldner gemäß § 166 15
Abs. 2 auf Grund des ihm in § 282 Abs. 1 zugewiesenen Verwertungsrechts befugt, mit Absonderungsrechten belasteten Forderungen einzuziehen oder anderweitig zu verwerten, sofern das Absonderungsrecht sich aus einer **Sicherungszession** ergibt.[18]

c) Sonstige Verwertungsregelungen. Auch bei der Verwertung durch den Schuldner 16
im Eigenverwaltungsverfahren finden die §§ 167 f. Anwendung, die dem Sicherungsgläubiger ein Selbsteintrittsrecht bei der Verwertung von Sicherungsgut einräumen.[19] Ebenso gilt die Regelung des § 169 zum Schutz der Gläubiger vor einer Verzögerung der Verwertung.[20]

3. Grundpfandrechte. Bei der Verwertung von Immobilien auf Grund von Grund- 17
pfandrechten sind – wie aus der weiten Formulierung von § 282 folgt – sowohl der gesicherte Gläubiger nach § 49 als auch der **eigenverwaltende Schuldner** nach §§ 165, 282 Abs. 1 befugt, einen Antrag auf Zwangsversteigerung oder Zwangsverwaltung außerhalb des Insolvenzverfahrens zu stellen.[21] Ebenso stehen dem Schuldner im Eigenverwaltungsverfahren die Befugnisse zur Einstellung von Zwangsversteigerungs- und Zwangsverwaltungsverfahren nach §§ 30 d, 153 b ZVG zu, da auch in dieser Verfahrensform dem Schuldner unter den gleichen Voraussetzungen wie im regulären Verfahren die Möglichkeit gegeben werden muss, sein Unternehmen – zumindest vorübergehend – als going concern zu erhalten.[22]

VII. Einvernehmen mit dem Sachwalter

Gemäß § 282 Abs. 2 soll der Schuldner sein Verwertungsrecht im Einvernehmen mit 18
dem Sachwalter ausüben. Diese Obliegenheit des Schuldners hat aber **keine Wirkung im Außenverhältnis,** so dass es der Wirksamkeit der Rechtsgeschäfte des Schuldners bei der Verwertung von Sicherungsgut nicht entgegensteht, wenn das Einvernehmen mit dem Sachwalter nicht hergestellt wird.[23]

Verwertet der Schuldner, **ohne Einvernehmen mit dem Sachwalter** hergestellt zu 19
haben, wird darin aber regelmäßig ein Umstand im Sinne von § 274 Abs. 3 Satz 1 zu sehen sein, der Nachteile für die Gläubiger bei Fortsetzung der Eigenverwaltung erwarten lässt und der vom Sachwalter unverzüglich dem Gläubigerausschuss und im Insolvenzgericht angezeigt werden muss. Verwertungshandlungen des Schuldners ohne Einvernehmen mit dem Sachwalter können damit dazu führen, dass die Gläubigerversammlung oder ein Gläubiger, insbesondere der betroffene absonderungsberechtigte Gläubiger, den Antrag nach § 272 auf Aufhebung der Eigenverwaltung stellt.[24]

Etwaige Erlöse aus der Verwertung von Sicherungsgut sollten separiert werden. Ansonsten 19 a
besteht das Risiko, dass die Verwertungserlöse im Falle eines Scheitern der Eigenverwaltung im Rahmen der Betriebsfortführung „verwirtschaftet" wurden. Nach einer in der Literatur

---

[17] *Kübler/Prütting/Pape* § 282 RdNr. 8.
[18] *Kübler/Prütting/Pape* § 282 RdNr. 6.
[19] *Kübler/Prütting/Pape* § 282 RdNr. 8.
[20] *Nerlich/Römermann/Riggert* § 282 RdNr. 3.
[21] HK-*Landfermann* § 282 RdNr. 1; *Nerlich/Römermann/Riggert* § 282 RdNr. 4; *Kübler/Prütting/Pape* § 282 RdNr. 6.
[22] So im Ergebnis auch *Nerlich/Römermann/Riggert* § 282 RdNr. 4; HK-*Landfermann* § 282 RdNr. 2 a.
[23] *Nerlich/Römermann/Riggert* § 282 RdNr. 6; HK-*Landfermann* § 282 RdNr. 4. Deshalb insgesamt kritisch zur Verwertungsbefugnis des Schuldners *Kübler/Prütting/Pape* § 282 RdNr. 1.
[24] *Blersch* in *Breutigam/Blersch/Goetsch* § 282 RdNr. 6; *Nerlich/Römermann/Riggert* § 282 RdNr. 6; *Kübler/Prütting/Pape* § 282 RdNr. 1.

vertretenen Auffassung soll der Sachwalter dann seine Aufsichtspflichten verletzten, wenn er nicht einen entsprechenden Hinweis an den Schuldner richtet.[25]

VIII. Kostenbeiträge

20 Mit der Übertragung der Verwertungsbefugnis des Insolvenzverwalters hinsichtlich der Gegenstände mit Absonderungsrechten auf den Schuldner einher geht eine Modifikation der Regelungen bezüglich der Kostenbeiträge (§§ 170, 171). Im Eigenverwaltungsverfahren kommt es zu einer im Vergleich zum regulären Insolvenzverfahren **geringeren Kostenbelastung des absonderungsberechtigten Gläubigers.** Wird ein Insolvenzplanverfahren in Eigenverwaltung durchgeführt, ist diese geringere Kostenbelastung im Rahmen des Minderheitenschutzes nach § 251 für den Vergleich heranzuziehen, ob der Gläubiger, der die Ablehnung der Planbestätigung beantragt, im Sinne von § 251 Abs. 1 Nr. 2 durch den Plan voraussichtlich schlechter gestellt wird, als er ohne einen Plan stünde.[26]

21 **1. Feststellungskosten.** Während im regulären Insolvenzverfahren gemäß § 171 Abs. 1 Satz 2 für die **Verwertung beweglicher Gegenstände ein 4%-iger Feststellungsbeitrag anfällt, entsteht dieser bei Verwertung im Rahmen der Eigenverwaltung gemäß § 282 Abs. 1 Satz 2 nicht.** Der Grund für diese vollständige Kostenentlastung ist, dass der Schuldner selbst regelmäßig über die Rechte der Gläubiger an den Gegenständen der Insolvenzmasse hinreichend unterrichtet ist; und auch der Sachwalter braucht insoweit nur im Rahmen seiner allgemeinen Aufsicht eingeschaltet zu werden. Kosten der Feststellung der belasteten Gegenstände und der Rechte an diesen fallen daher typischerweise nicht an.[27]

22 Ebenso entfallen die **Feststellungskosten bei der Zwangsversteigerung.** Nach § 10 Abs. 1 Nr. 1a ZVG sind im regulären Insolvenzverfahren bei einer Zwangsversteigerung von Immobilien, die zur Insolvenzmasse gehören, Ansprüche auf Ersatz der Kosten für die Feststellung der mithaftenden beweglichen Gegenstände in Höhe von pauschal 4% des Werts dieses Zubehörs an erster Rangstelle zu befriedigen. Diese Kosten werden aber nach den gesetzlichen Regelung in § 10 Abs. 1 Nr. 1a ZVG nur erhoben, wenn ein Insolvenzverwalter bestellt ist. Bei Bestellung eines Sachwalters fallen sie nicht an.[28]

23 **2. Verwertungskosten.** § 282 Abs. 1 Satz 3 sieht vor, dass bei der Verwertung von Sicherungsgut in Eigenverwaltung **nur die tatsächlich entstandenen, für die Verwertung erforderlichen Kosten** angesetzt werden können. Die in § 171 Abs. 2 für Absonderungsrechte an beweglichen Sachen vorgesehene Verwertungskostenpauschale in Höhe von 5% des Verwertungserlöses kann dagegen nicht geltend gemacht werden. Denn im typischen Fall der Eigenverwaltung, also bei Fortführung des Unternehmens durch den Schuldner, finden regelmäßig keine aufwändigen Verwertungsvorgänge statt. Vielmehr werden Sicherheiten an Betriebsmitteln, die zur Fortführung des Unternehmens erforderlich sind, während des Verfahrens bestehen bleiben. Die Veräußerung von mit Sicherungsrechten belasteten Waren im Übrigen kann häufig im laufenden Geschäftsbetrieb, ohne besondere Kosten, erfolgen. Auch die Einziehung von zur Sicherheit abgetretenen Forderungen wird im Falle der Eigenverwaltung regelmäßig geringere Kosten verursachen.[29]

24 Neben der Beschränkung auf die tatsächlich angefallenen Kosten enthält § 282 Satz 3 auch – ebenso wie § 171 Abs. 2 Satz 2 im regulären Insolvenzverfahren – eine Beschrän-

---

[25] *Braun/Riggert* § 282 RdNr. 8.
[26] *HK-Landfermann* § 282 RdNr. 3.
[27] Begr. RegE InsO v. 15. 4. 1992, BT-Drucks. 12/2443, zu § 343 RegE, S. 226; so auch im Anschluss an diese Gesetzgebungsmotive *Blersch* in *Breutigam/Blersch/Goetsch* § 282 RdNr. 2; *Kübler/Prütting/Pape* § 282 RdNr. 7.
[28] *Vallender*, Eigenverwaltung zwischen Schuldner- und Gläubigerautonomie, WM 1998, 2129, 2137.
[29] Zum vorstehenden insgesamt Begr. RegE InsO v. 15. 4. 1992, BT-Drucks. 12/2443, zu § 343 RegE, S. 226.

kung auf die **erforderlichen Kosten**. Kosten, die durch die Verwertungshandlungen des Schuldners verursacht wurden, aber bei sachgerechter Verwertung nicht hätten entstehen dürfen, dürfen deshalb nicht in Abzug gebracht werden. Vielmehr sind die gesicherten Gläubiger nur verpflichtet, Kosten insoweit zu tragen, wie sie für die Erzielung des Verwertungserlöses unvermeidbar gewesen sind.[30]

3. Umsatzsteuerbelastung. Hinsichtlich der Umsatzsteuerbelastung bei der Verwertung von Sicherungsgut trifft § 282 **keine zum regulären Insolvenzverfahren abweichende Regelung**. Vielmehr ist in § 282 Abs. 1 Satz 3 ausdrücklich vorgesehen, dass wie im regulären Insolvenzverfahren gemäß § 171 Abs. 2 Satz 3 der bei der Verwertung gegebenenfalls anfallende Umsatzsteuerbetrag als Kosten der Verwertung angesetzt und damit zugunsten der Masse aus dem Bruttoerlös entnommen werden oder beim Gläubiger nach § 170 Abs. 2 geltend gemacht werden kann.[31] 25

IX. Rückführung der gesicherten Forderungen durch Verwertung

Auch bei der Eigenverwaltung müssen die gesicherten Forderungen der Gläubiger zurückgeführt werden. Es gelten hier keine Sonderregeln gegenüber dem normalen Verfahren. Bestehen Absonderungsrechte an Maschinen, die für die Fortführung des Geschäftsbetriebes erforderlich sind, und fehlt dem Schuldner die Liquidität für die Rückführung der gesicherten Forderungen, so greifen die Regelungen zum Schutz der gesicherten Gläubiger vor einer Verzögerung der Verwertung (z. B. § 169). Kann die Masse diese Zahlungen nicht aufbringen und bestehen keine Chancen für eine Befriedigung der gesicherten Forderungen (bei gleichzeitiger Fortführung des Geschäftsbetriebes) so ist die Eigenverwaltung gescheitert. Gleiches gilt auch im Hinblick auf einen Insolvenzplan. 26

§ 283 Befriedigung der Insolvenzgläubiger

(1) ¹ Bei der Prüfung der Forderungen können außer den Insolvenzgläubigern der Schuldner und der Sachwalter angemeldete Forderungen bestreiten. ² Eine Forderung, die ein Insolvenzgläubiger, der Schuldner oder der Sachwalter bestritten hat, gilt nicht als festgestellt.

(2) ¹ Die Verteilungen werden vom Schuldner vorgenommen. ² Der Sachwalter hat die Verteilungsverzeichnisse zu prüfen und jeweils schriftlich zu erklären, ob nach dem Ergebnis seiner Prüfung Einwendungen zu erheben sind.

Übersicht

	RdNr.		RdNr.
I. Normzweck	1	b) Bestreiten angemeldeter Forderungen durch den Sachwalter	13
II. Entstehungsgeschichte der Norm: Frühere Regelung – Reformvorschläge – Gesetzgebungsverfahren zur InsO	3	c) Bestreiten angemeldeter Forderungen durch einen Insolvenzgläubiger	14
		d) Klage gegen den Widerspruch	15
III. Prüfung der Forderungen	5	IV. Verteilungsverfahren	19
1. Führung der Insolvenztabelle	5	1. Verteilung durch den Schuldner	19
2. Widerspruch gegen die Feststellung zur Insolvenztabelle	7	2. Überprüfung des Verteilungsverzeichnisses durch den Sachwalter	22
a) Bestreiten angemeldeter Forderungen durch den Schuldner	9		

---

[30] Ebenso *Nerlich/Römermann/Riggert* § 282 RdNr. 5.
[31] *Blersch* in *Breutigam/Blersch/Goetsch* § 281 RdNr. 4; *Kübler/Prütting/Pape* § 282 RdNr. 7.

I. Normzweck

1 Im Regelinsolvenzverfahren führt ein **Bestreiten angemeldeter Forderungen** durch den Insolvenzverwalter oder einen Insolvenzgläubiger nach § 178 Abs. 1 dazu, dass angemeldete Forderungen nicht als festgestellt gelten. Ein Bestreiten des Schuldners steht der Feststellung der Forderung dagegen nicht entgegen. Für das Insolvenzverfahren in Eigenverwaltung räumt demgegenüber § 283 Abs. 1 sowohl dem Sachwalter wie auch dem Schuldner die Befugnisse des Insolvenzverwalters im Regelverfahren ein und sieht vor, dass eine Forderung nicht als festgestellt gilt, wenn sie im Prüfungstermin vom Schuldner oder vom Sachwalter bestritten wird. Daneben bleibt es dabei, dass das Bestreiten durch einen Insolvenzgläubiger die gleiche Wirkung hat.

2 § 283 Abs. 2 grenzt die **Befugnisse zwischen Schuldner und Sachwalter im Verteilungsverfahren** in der Weise ab, dass dem Schuldner die Aufstellung der Verteilungsverzeichnisse obliegt und er die Verteilungen vornimmt, während der Sachwalter die Verzeichnisse überprüft. Dies soll eine Beeinträchtigung der Insolvenzgläubiger durch unredliches Verhalten des Schuldners verhindern.[1] Dabei ist der Gesetzgeber jedoch davon ausgegangen, dass es nicht sehr häufig dazu kommen wird, dass der Schuldner die Verteilungen im Wege der Eigenverwaltung unter Aufsicht eines Sachwalters durchführt. Denn wenn feststeht, dass eine Fortführung des Unternehmens durch den Schuldner nicht möglich ist, wird es für die Gläubigerversammlung nahe liegen, die Aufhebung einer angeordneten Eigenverwaltung zu beantragen und die abschließenden Verteilungen durch einen Insolvenzverwalter vornehmen zu lassen.[2]

II. Entstehungsgeschichte der Norm: Frühere Regelung – Reformvorschläge – Gesetzgebungsverfahren zur InsO

3 Mit § 283 Abs. 1 sind die **Regelungen des früheren Vergleichsrechts übernommen** worden, wonach sowohl der Schuldner als auch der Vergleichsverwalter berechtigt waren, Forderungen im Vergleichstermin zu bestreiten. Ein solcher Widerspruch hatte nicht nur Auswirkungen auf das Stimmrecht (§ 71 Abs. 1, 2 VerglO), sondern auch für die Vollstreckung aus dem Vergleich (§§ 85 Abs. 1 VerglO). In Anlehnung an dieser Regelung hat der Gesetzgeber in § 283 Abs. 1 vorgesehen, dass eine Forderung nicht als festgestellt gilt, wenn sie im Prüfungstermin entweder vom Schuldner oder vom Sachwalter bestritten wird.[3] § 283 Abs. 2 hat dagegen kein Vorbild im früheren Konkurs- oder Vergleichsrecht, das die Eigenverwaltung nicht kannte und daher für die Verteilungen nicht die Aufgaben des Schuldners von denen eines Verwalters oder Sachwalters abgrenzen musste.

4 § 283 geht zurück auf § 333 des **Diskussionsentwurfs** (DE),[4] der unverändert auch als § 333 im **Referentenentwurf** (RefE) zu finden war.[5] Diese Entwurfsfassung ist dann in § 344 des **Regierungsentwurfs**[6] übernommen und lediglich um die Klarstellung ergänzt worden, dass „außer den Insolvenzgläubigern" der Schuldner und der Sachwalter angemeldete Forderungen bestreiten können. Dies entsprach § 71 Abs. 1 VglO, wo das Recht zum Bestreiten neben dem Schuldner und dem Vergleichsverwalter ausdrücklich auch den Vergleichsgläubigern eingeräumt war. Die Fassung der Regelung im RegE (§ 344 RegE) ist dann nochmals vom Rechtsausschuss geändert worden.[7] Zum einen hatte der RegE sich auf ein Bestreiten „im Prüfungstermin" beschränkt und die Möglichkeit der schriftlichen

---

[1] Nerlich/Römermann/Riggert § 283 RdNr. 2.
[2] Begr. RegE InsO v. 15. 4. 1992, BT-Drucks. 12/2443, zu § 344 RegE, S. 226.
[3] Begr. RegE InsO v. 15. 4. 1992, BT-Drucks. 12/2443, zu § 344 RegE, S. 226.
[4] Diskussionsentwurf (DE), Gesetz zur Reform des Insolvenzrechts, herausgegeben vom Bundesministerium der Justiz, Köln 1988.
[5] Referentenentwurf (RefE), Gesetz zur Reform des Insolvenzrechts, herausgegeben vom Bundesministerium der Justiz, Köln 1989.
[6] RegE InsO v. 15. 4. 1992, BT-Drucks. 12/2443.
[7] Zu diesen Änderungen siehe auch HK-*Landfermann* § 283 RdNr. 1.

Prüfung der Forderungen nach § 177 Abs. 1 Satz 2, Abs. 2 noch nicht berücksichtigt. Dies ist in der dann verabschiedeten Fassung redaktionell klargestellt worden. Zum anderen ist aus der in Kraft getretenen Fassung des § 283 gegenüber sämtlichen Entwurfsfassungen die ausdrückliche Verpflichtung des Sachwalters gestrichen worden, zweifelhafte Forderungen zu bestreiten, die inhaltlich an § 71 Abs. 1 Satz 2 VerglO anschloss und insbesondere zum Bestreiten verpflichteten wollte, wenn sich Bedenken gegen die angemeldeten Forderungen aus den Geschäftsbüchern des Schuldners ergeben.[8] Mit der Streichung wollte der Rechtsausschuss aber nicht etwa das Bestreiten in das Belieben des Sachwalters stellen, sondern auch insoweit ist lediglich eine redaktionelle Klarstellung erfolgt. Der Rechtsausschuss befürchtete nämlich nur, dass die ausdrückliche Erwähnung von Geschäftsbüchern in der Entwurfsfassung (§ 344 Abs. 1 RegE) schließen lassen könnte, dass Bedenken des Sachwalters gegen angemeldete Forderungen aus den Geschäftsbüchern begründet sein müssten, während nach dem Willen des Gesetzgebers der Sachwalter alle Gesichtspunkte zu erwägen hat.[9]

III. Prüfung der Forderungen

1. Führung der Insolvenztabelle. Beim Verfahren in Eigenverwaltung ist die **Insolvenztabelle durch den Sachwalter zu führen.** § 283 weist gerade diese Aufgabe nicht dem Schuldner zu, sondern aus der Pflicht der Gläubiger, gemäß § 270 Abs. 3 Satz 2 ihre Forderungen beim Sachwalter anzumelden, folgt, dass dieser auch die Insolvenztabelle zu führen hat.[10]

Für die Führung der Insolvenztabelle **gelten die Regelungen der §§ 174–186** mit der Maßgabe, dass nicht der Schuldner, sondern der Sachwalter an die Stelle des Insolvenzverwalters tritt. Der Sachwalter hat daher gemäß §§ 174, 270 Abs. 3 Satz 2 die Anmeldungen entgegenzunehmen und die angemeldeten Forderungen gemäß § 175 in die Insolvenztabelle einzutragen. Die Insolvenztabelle ist sodann innerhalb der in § 175 genannten Frist auf der Geschäftsstelle des Insolvenzgerichts niederzulegen.[11]

2. Widerspruch gegen die Feststellung zur Insolvenztabelle. Auch im Eigenverwaltungsverfahren findet der mit Verfahrenseröffnung nach § 29 Abs. 1 Nr. 2 bestimmte **Prüfungstermin** gemäß § 176 statt. Die Verfahrensbeteiligten haben dort die Möglichkeit, die zu prüfenden und gegebenenfalls nach § 176 Satz 2 zu erörternden Forderungen zu bestreiten. Mit der allgemeinen Formulierung von § 283 Abs. 1 ist klarstellt, dass ein Bestreiten aber nicht auf den Prüfungstermin nach § 176 beschränkt, sondern gegebenenfalls auch in einem schriftlichen Prüfungsverfahren nach § 177 möglich ist.[12] Wie im regulären Insolvenzverfahren gilt gemäß §§ 270 Abs. 1 Satz 2 eine angemeldete und in die Insolvenztabelle eingetragene Forderung als festgestellt, soweit gegen sie ein Widerspruch nicht erhoben worden ist oder soweit ein erhobener Widerspruch beseitigt wurde.

Abweichend von der Regelung des § 178 Abs. 1 Satz 2 für das reguläre Insolvenzverfahren sieht dabei § 283 Abs. 1 Satz 2 vor, dass auch das **Bestreiten des Schuldners** die Feststellung einer angemeldeten Forderung hindert. Der Schuldner nimmt insoweit als Amtswalter Verfahrensrechte wie ein Insolvenzverwalter im regulären Verfahren wahr, und seine Rechte im Hinblick auf die Prüfung und Feststellung von Insolvenzforderungen sind somit im Eigenverwaltungsverfahren erheblich erweitert.[13]

---

[8] *Beschlussempfehlung und Bericht des Rechtsausschusses* zum RegE InsO v. 19. 4. 1994, BT-Drucks. 12/7302, zu § 344 Abs. 1, S. 186.
[9] *Beschlussempfehlung und Bericht des Rechtsausschusses* zum RegE InsO v. 19. 4. 1994, BT-Drucks. 12/7302, zu § 344, S. 186.
[10] FK-*Foltis* § 283 RdNr. 2; *Kübler/Prütting/Pape* § 283 RdNr. 12; *Pape*, Die Eigenverwaltung des Schuldners nach der Insolvenzordnung, in Kölner Schrift, 2. Aufl. 2000, S. 895 ff. RdNr. 30.
[11] FK-*Foltis* § 283 RdNr. 2; *Blersch* in *Breutigam/Blersch/Goetsch* § 283 RdNr. 2.
[12] *Blersch* in *Breutigam/Blersch/Goetsch* § 283 RdNr. 2, 5.
[13] *Kübler/Prütting/Pape* § 283 RdNr. 12; *Blersch* in *Breutigam/Blersch/Goetsch* § 283 RdNr. 3.

9 a) Bestreiten angemeldeter Forderungen durch den Schuldner. Im **regulären Insolvenzverfahren** führt das Bestreiten des Schuldners gemäß § 201 Abs. 2 lediglich dazu, dass dem Insolvenzgläubiger nach Aufhebung des Insolvenzverfahrens kein vollstreckbarer Tabellenauszug erteilt werden kann. Dagegen bleibt gemäß § 178 Abs. 1 Satz 2 ein Widerspruch des Schuldners für die Feststellung der Forderung und damit gemäß § 189 für die Berücksichtigung bei der Verteilung unbeachtlich.

10 Wird das Insolvenzverfahren in Eigenverwaltung durchgeführt, so sieht demgegenüber § 283 Abs. 1 Satz 2 vor, dass ein Bestreiten des Schuldners dazu führt, dass die Forderung nicht als festgestellt gilt. Bestreitet der Schuldner eine Forderung, so hat dies damit **dieselbe Wirkung, wie im regulären Insolvenzverfahren der Widerspruch des Insolvenzverwalters oder eines Insolvenzgläubigers** nach § 178 Abs. 1 Satz 2.[14] Dies steht im Einklang damit, dass im Eigenverwaltungsverfahren der Schuldner nicht nur die laufenden Geschäfte führt, sondern auch gemäß § 279 die Gläubigerrechte gestaltet und gemäß § 282 realisiert sowie die Befriedigung der Gläubiger gemäß § 283 Abs. 2 übernimmt. Insoweit stellt die Regelung eine Parallele zum früheren Recht in §§ 71 Abs. 1, 2, 97 Abs. 1 VerglO dar.[15] Da Erklärungen des Schuldners im Eigenverwaltungsverfahren auch sonst, insbesondere im Hinblick auf die dem Schuldner verbleibende Verwaltungs- und Verfügungsbefugnis, Erklärungen des Insolvenzverwalters im regulären Insolvenzverfahren gleichstehen, hat die Regelung des § 283 Abs. 1 im Hinblick auf den Schuldner im Wesentlichen klarstellende Wirkung.[16]

11 Zum Teil wird vertreten, dass dem Schuldner auf Grund eines Nebeneinanders der Regelungen aus §§ 283 Abs. 1, 178 ff. und § 201 eine **doppelte Widerspruchsbefugnis** zukäme, nämlich einmal als Amtswalter im Eigenverwaltungsverfahren mit dem vorstehend beschriebenen Wirkungen des Bestreitens entsprechend den Rechtsfolgen eines Bestreitens durch den Insolvenzverwalter im regulären Verfahren, und zum anderen als Schuldner nur mit den Folgen des § 201. Deshalb könne der Schuldner als Verwalter eine Forderung anerkennen und zugleich insoweit bestreiten, dass nur die Vollstreckung aus der Insolvenztabelle nach Aufhebung des Insolvenzverfahrens gemäß § 201 verhindert wird.[17] Eine solche Differenzierung ist aber im Gesetz nicht vorgesehen. Im Übrigen ist dafür auch kein praktisches Bedürfnis erkennbar.[18] Schließlich wäre eine solche „Spaltung" des Bestreitens mit der prozessualen Wahrheitspflicht nicht zu vereinbaren.[19]

12 Das Bestreiten durch den Schuldner hat auch die Wirkungen des § 77 hinsichtlich des **Stimmrechts für die betroffene Forderung.** Zwar ist weder in § 283 Abs. 1 noch in § 77 ausdrücklich geregelt, dass im Eigenverwaltungsverfahren auch ein Bestreiten des Schuldners gemäß § 77 Abs. 1 grundsätzlich das Stimmrecht für die bestrittene Forderung ausschließt. Insoweit gilt aber, insbesondere auf Grund der Verweisung des § 270 Abs. 1 Satz 2, der allgemeine Rechtsgedanke des § 77, dass ein Stimmrecht nur für Forderungen gewährt wird, die nicht wirksam bestritten sind.[20]

13 b) Bestreiten angemeldeter Forderungen durch den Sachwalter. Wie im Regelinsolvenzverfahren dem Insolvenzverwalter wird dem **Sachwalter die Befugnis eingeräumt,** bei der Prüfung der Forderungen angemeldete Forderungen zu bestreiten. Insoweit sind keine besonderen Voraussetzungen für das Bestreiten von Forderungen durch den Sachwalter aufgestellt; und der Sachwalter ist insbesondere nicht, wie man aus dem ursprünglichen Fassung der Norm in § 344 Abs. 1 RegE hätte schließen können, darauf beschränkt,

---

[14] HK-*Landfermann* § 283 RdNr. 2; *Kübler/Prütting/Pape* § 283 RdNr. 13.
[15] HK-*Landfermann* § 283 RdNr. 2.
[16] Ähnlich FK-*Foltis* § 283 RdNr. 3.
[17] *Blersch* in Breutigam/Blersch/Goetsch § 283 RdNr. 3, mwN. So hier auch MünchKommInsO-*Schumacher* § 178 RdNr. 30.
[18] HK-*Landfermann* § 283 RdNr. 5.
[19] *Pape,* Die Eigenverwaltung des Schuldners nach der Insolvenzordnung, in Kölner Schrift, 2. Aufl. 2000, S. 895 ff. RdNr. 51.
[20] Ähnlich *Nerlich/Römermann/Riggert* § 283 RdNr. 3. Im Ergebnis ebenso HK-*Landfermann* § 283 RdNr. 5 a.

dass sich seine Bedenken gegen die Forderung aus den Geschäftsbüchern des Schuldners ergeben. Vielmehr hat der Sachwalter alle Gesichtspunkte zu erwägen, aus denen sich Bedenken gegen eine angemeldete Forderungen ergeben können.[21] Bei der Forderungsprüfung hat also der Sachwalter nach pflichtgemäßem Ermessen zu entscheiden, ob eine angemeldete Forderungen nach Grund, Höhe oder hinsichtlich der Gläubigerstellung zu bestreiten ist. Die erforderlichen Informationen zur ordnungsgemäßen Ausübung des Widerspruchsrechts muss sich der Sachwalter in Erfüllung seiner Verpflichtung zur Prüfung und Überwachung aus § 274 Abs. 2 und zur Überprüfung der Verzeichnisse nach § 281 Abs. 1 verschaffen. Bei der Entscheidung über das Bestreiten einer angemeldeten Forderungen hat der Sachwalter sicherzustellen, dass die Insolvenzmasse nicht mit zweifelhaften Forderungen belastet wird, und er muss bei begründeten Zweifeln die Forderung bestreiten.[22]

c) Bestreiten angemeldeter Forderungen durch einen Insolvenzgläubiger. Wie im regulären Verfahren nach §§ 178 Abs. 1, 179 Abs. 1 steht im Eigenverwaltungsverfahren auch **jedem einzelnen Insolvenzgläubiger** gemäß § 283 Abs. 1 die Befugnis zu, angemeldete Forderungen mit der Wirkung zu bestreiten, dass sie als nicht festgestellt gelten.[23]

d) Klage gegen den Widerspruch. § 283 Abs. 1 Satz 2 sieht vor, dass eine Forderung, die ein Insolvenzgläubiger, der Schuldner oder Sachwalter bestritten hat, im Sinne der §§ 178 Abs. 1 Satz 1, 179 Abs. 1 als nicht festgestellt gilt. Wie im Regelinsolvenzverfahren bleibt es dann dem **anmeldenden Gläubiger überlassen, Klage auf Feststellung** zur Tabelle zu erheben (§ 179 Abs. 1). Da auch der Widerspruch des Schuldners diese Qualität eines regulären Bestreitens hat, gilt insbesondere auch in diesem Fall für die Klage gegen den Widerspruch nicht § 184, sondern die Vorschrift des § 180.[24] Eine Differenzierung danach, ob der Schuldner als Amtswalter oder nur persönlich im Hinblick auf seine Nachhaftung die Forderung bestritten hat, kommt nicht in Betracht.[25]

Passiv legitimiert für die Klage ist der Bestreitende (§ 179 Abs. 1). Deshalb ist die Klage nicht in jedem Fall gegen den Sachwalter als Partei kraft Amtes zu richten,[26] sondern bei einem Bestreiten durch den Schuldner richtet sich die Klage auch gegen den Schuldner in seiner Eigenschaft als Eigenverwalter.[27] Wird nach Rechtshängigkeit der Feststellungsklage das Verfahren in Eigenverwaltung aufgehoben, ist in entsprechender Anwendung von §§ 241, 246 ZPO der Prozess durch den Insolvenzverwalter fortzuführen.

Falls für die bestrittene Forderung bereits ein vollstreckbarer Schuldtitel oder ein Endurteil vorlag, ist es Sache des Bestreitenden, also ggfs. auch des Schuldners, seinen **Widerspruch gemäß § 179 Abs. 2 zu verfolgen.** War schon ein Rechtsstreit anhängig, ist die Feststellung durch Aufnahme des Rechtsstreits zu betreiben (§ 180 Abs. 2).[28]

Liegt eine rechtskräftige Entscheidung vor, durch die eine Forderung festgestellt oder ein Widerspruch für begründet erklärt wurde, so wirkt dies gemäß § 183 im regulären Insolvenzverfahren gegenüber dem Insolvenzverwalter und allen Insolvenzgläubigern. Wird das Insolvenzverfahren in Eigenverwaltung durchgeführt, so erstreckt sich diese **Rechtskraftwirkung neben den Insolvenzgläubigern auch auf den Sachwalter und den Schuldner.** Wegen der feststellungshindernden Wirkung auch ihres Widerspruchs gemäß § 283 Abs. 1 Satz 2 besteht nämlich die Notwendigkeit, auch den Sachwalter und den Schuldner an das in einem Feststellungsprozess erzielte Urteil zu binden.[29]

---

[21] *Beschlussempfehlung und Bericht des Rechtsausschusses* zum RegE InsO v. 19. 4. 1994, BT-Drucks. 12/7302, zu § 344, S. 186.
[22] *Gottwald/Haas,* Insolvenzrechts-Handbuch, § 89 RdNr. 13; *Blersch* in *Breutigam/Blersch/Goetsch* § 283 RdNr. 4.
[23] *Nerlich/Römermann/Riggert* § 283 RdNr. 3.
[24] LG Gera, Urt. v. 30. 11. 2005 – 1 S 232/05; HambKomm-*Fiebig* § 283 RdNr. 3; HK-*Landfermann,* 2. Aufl. 2001, § 283 RdNr. 5 a; *Kübler/Prütting/Pape* § 283 RdNr. 14.
[25] So aber *Blersch* in *Breutigam/Blersch/Goetsch* § 283 RdNr. 7. Ausführlich dazu oben bei RdNr. 11.
[26] So aber FK-*Foltis,* InsO, § 283 RdNr. 2, 4.
[27] So hier auch MünchKommInsO-*Schumacher* § 179 RdNr. 14.
[28] *Kübler/Prütting/Pape* § 283 RdNr. 14.
[29] HK-*Landfermann* § 283 RdNr. 5 a; *Kübler/Prütting/Pape* § 283 RdNr. 14.

IV. Verteilungsverfahren

19 **1. Verteilung durch den Schuldner.** § 283 Abs. 2 Satz 1 überträgt dem **Schuldner die Aufgabe, die Verteilungen im Insolvenzverfahren durchzuführen,** falls es ausnahmsweise bis dahin bei der angeordneten Eigenverwaltung trotz Liquidation des Schuldnervermögens geblieben sein sollte. Dies ist als Verweis auf alle Regelungen der §§ 187–199 aufzufassen, so dass dem Schuldner nicht nur die eigentliche Verteilung, sondern insbesondere auch die Aufstellung der Verteilungsverzeichnisse gemäß §§ 188, 193 obliegt.[30] Dieses Verständnis der Aufgabenverteilung zwischen Schuldner und Sachwalter wird im Übrigen durch § 283 Abs. 2 Satz 3 bestätigt, der die Aufgaben des Sachwalters ausdrücklich auf die Überprüfung der Verteilungsverzeichnisse und die Stellungnahme dazu beschränkt. Da die Verteilungen durch Auszahlung der vorhandenen Barmittel an die Gläubiger erfolgen, kann der Sachwalter sich allerdings aktiv in die Durchführung von Abschlags-, Schluss- und Nachtragsverteilungen einschalten, indem er sich gemäß § 275 Abs. 2 die Kassenführung vorbehält.[31]

20 Im Übrigen werden im Siebten Teil der Insolvenzordnung hinsichtlich des Verteilungsverfahrens **keine gesonderten Regelungen** getroffen, so dass insoweit §§ 187 ff. mit der Maßgabe Anwendung finden, dass der Schuldner an die Stelle des Insolvenzverwalters tritt, ohne dass sich sonst bei Eigenverwaltung substantielle Unterschiede zur Durchführung der Verteilungen und zur Erstellung des Verteilungsverzeichnisses gegenüber dem regulären Insolvenzverfahren ergeben.[32] Insbesondere bleibt es dabei, dass die Grundlage für die Verteilungsverzeichnisse die Tabelle der angemeldeten Forderungen bildet, die gemäß § 270 Abs. 3 Satz 2 vom Sachwalter zu führen ist.[33] Absonderungsberechtigte Gläubiger müssen gemäß § 190 dem Schuldner ihren endgültigen Forderungsausfall nachweisen. Änderungen des Verteilungsverzeichnisses gemäß § 193, die auf Grund der §§ 189 bis 192 erforderlich werden, sind in der gesetzlich vorgesehenen Frist durch den Sachwalter vorzunehmen. Entscheidungen des Insolvenzgerichts über Einwendungen gegen das Verteilungsverzeichnis sind im Rahmen von § 194 Abs. 2 und Abs. 3 anstelle des Insolvenzverwalters dem Schuldner zuzustellen. Hat das Insolvenzgericht eine Berichtigung des Verzeichnisses angeordnet, steht das Recht des Insolvenzverwalters zur sofortigen Beschwerde aus § 194 Abs. 3 Satz 2 im Eigenverwaltungsverfahren dem Schuldner zu. Der Schuldner hat nach § 195 Abs. 1 den zu zahlenden Bruchteil dem Gläubigerausschuss vorzuschlagen. Ist kein Gläubigerausschuss bestellt, so entscheidet der Schuldner gemäß § 195 Abs. 1 Satz 2 selbst. Der Schuldner hat auch nach § 195 Abs. 2 die betreffenden Gläubiger zu unterrichten. Ebenso braucht der Schuldner wie der Insolvenzverwalter im regulären Insolvenzverfahren für die Vornahme der Schlussverteilung nach § 196 Abs. 2 die vorherige Zustimmung des Insolvenzgerichts.[34] Beträge, die bei der Schlussverteilung zurückzubehalten sind, hat im Rahmen von § 198 der Schuldner zu hinterlegen. Auch für eine **Nachtragsverteilung** nimmt der Schuldner sämtliche Rechte und Pflichten aus §§ 203–205 wie der Insolvenzverwalter im regulären Insolvenzverfahren wahr. Das Recht der Beschwerde aus § 204 Abs. 2 Satz 2 gegen einen Beschluss, mit dem die Nachtragsverteilung angeordnet wird, bleibt dem Schuldner dabei wie im regulären Insolvenzverfahren erhalten; dieses Beschwerderecht ist für den Schuldner im Eigenverwaltungsverfahren nicht deshalb ausgeschlossen, weil § 204 Abs. 2 für das reguläre Verfahren dem Insolvenzverwalter kein Recht zur Beschwerde einräumt.[35]

21 Käme es im Eigenverwaltungsverfahren über das Vermögen einer natürlichen Person einmal zu dem seltenen Fall einer vollständigen Befriedigung sämtlicher Gläubiger, ist § 199 Satz 1 so zu lesen, dass der Schuldner die uneingeschränkte Verwaltungs- und Verfügungs-

---

[30] *Blersch* in *Breutigam/Blersch/Goetsch* § 283 RdNr. 10; *Nerlich/Römermann/Riggert* § 283 RdNr. 4.
[31] So auch Hess, InsO, § 284 RdNr. 9.
[32] FK-*Foltis* InsO, § 283 RdNr. 5; *Blersch* in *Breutigam/Blersch/Goetsch* § 283 RdNr. 10; *Kübler/Prütting/Pape* § 283 RdNr. 11.
[33] HK-*Landfermann* § 283 RdNr. 3.
[34] *Blersch* in *Breutigam/Blersch/Goetsch* § 283 RdNr. 10.
[35] Ebenso FK-*Foltis*, InsO, § 283 RdNr. 5.

befugnis über den **Überschuss** erhält.³⁶ Würde das Eigenverwaltungsverfahren als Liquidationsverfahren über das Vermögen einer Gesellschaft durchgeführt, müsste es dagegen bei der Regelung des § 199 Satz 2 mit der Maßgabe bleiben, dass der Schuldner den Überschuss an seine Gesellschafter nach den Regelungen für die Liquidation außerhalb des Insolvenzverfahrens herauszugeben und auf sie zu verteilen hat. Solche Konstellationen erscheinen aber praktisch ausgeschlossen.

2. Überprüfung des Verteilungsverzeichnisses durch den Sachwalter. Die Regelung in § 283 Abs. 2 Satz 2 bezieht sich auf die Pflicht des Schuldners nach §§ 283 Abs. 2 Satz 1, 188, 193, ein Verteilungsverzeichnisse aufzustellen und ggfs. zu ändern. Die Pflicht des Sachwalters zur **Prüfung der Verteilungsverzeichnisse und Stellungnahme** hinsichtlich möglicher Einwendungen ist dem Sachwalter als insolvenzspezifische Pflicht auferlegt, für deren ordnungsgemäße Erfüllung er im Rahmen des § 60 haftet.³⁷ Er hat daher das vom Schuldner aufzustellende Verteilungsverzeichnisse ebenso sorgfältig zu überprüfen, als habe er es selbst erstellt. Über die Ergebnisse hat er die Gläubiger schriftlich zu informieren, wozu entsprechend § 188 Satz 2 die Stellungnahme zusammen mit dem Verteilungsverzeichnis auf der Geschäftsstelle zur Einsicht der Beteiligten niederzulegen ist.³⁸ 22

Dem Sachwalter werden im Siebten Teil der Insolvenzordnung darüber hinaus jedoch **keine Befugnisse eingeräumt, förmlich im Sinne des § 194 Einwendungen** gegen das Verteilungsverzeichnis geltend zu machen. Dazu wird zwar vereinzelt vertreten, die Sach- und Interessenlage der Insolvenzbeteiligten in der Eigenverwaltung rechtfertige es, eine Einwendung des Sachwalters wie die Einwendung eines Gläubigers nach § 194 zu behandeln.³⁹ Dem kann aber nicht gefolgt werden, weil im Eigenverwaltungsverfahren dem Sachwalter eine Überwachungsfunktion nur im gemeinsamen Interesse aller Gläubiger übertragen ist, während § 194 die Behandlung des Sonderinteresses einzelner Gläubiger regelt. Zu einer Entscheidung des Insolvenzgerichts kommt es nach § 197 Abs. 3 daher nur, wenn auf Grund der Stellungnahme des Sachwalters ein Insolvenzgläubiger gemäß § 194 Einwendungen gegen das Verteilungsverzeichnis erhebt.⁴⁰ 23

Die Befugnisse des Sachwalters im Verteilungsverfahren können aber im Rahmen von § 277 auf Antrag der Gläubigerversammlung bzw. eines einzelnen Insolvenzgläubigers **durch Anordnung des Insolvenzgerichts erweitert** werden. Da danach die Anordnung der Zustimmungsbedürftigkeit für bestimmte Rechtsgeschäfte des Schuldners möglich ist, ist es jedenfalls zulässig, die Wirksamkeit der Verteilung – Abschlagsverteilungen ebenso wie die Schluss- und ggfs. Nachtragsverteilung – von der Zustimmung des Sachwalters abhängig zu machen (zur vollständigen Übertragung an den Sachwalter im Rahmen der Kassenführung siehe oben bei RdNr. 19); denn den dabei vorzunehmenden Auszahlungen an die Schuldner durch Barzahlung oder im bargeldlosen Zahlungsverkehr kommt der Charakter eines Rechtsgeschäfts zu.⁴¹ Darüber hinaus muss aber auch schon die wirksame Aufstellung der Verteilungsverzeichnisse nach § 277 an die Zustimmung des Sachwalters gebunden werden können, da es sich dabei nur um die – notwendige – Grundlage der tatsächlichen Verteilung handelt. 24

§ 284 Insolvenzplan

(1) ¹ Ein Auftrag der Gläubigerversammlung zur Ausarbeitung eines Insolvenzplans ist an den Sachwalter oder an den Schuldner zu richten. ² Wird der Auftrag an den Schuldner gerichtet, so wirkt der Sachwalter beratend mit.

(2) Eine Überwachung der Planerfüllung ist Aufgabe des Sachwalters.

---

³⁶ FK-*Foltis*, InsO, § 283 RdNr. 6.
³⁷ So in der Tendenz auch *Kübler/Prütting/Pape* § 283 RdNr. 2.
³⁸ *Blersch* in Breutigam/Blersch/Goetsch § 283 RdNr. 10; HK-*Landfermann* § 283 RdNr. 6.
³⁹ FK-*Foltis*, InsO, § 283 RdNr. 8.
⁴⁰ HK-*Landfermann* § 283 RdNr. 6.
⁴¹ So im Ergebnis auch FK-*Foltis*, InsO, § 283 RdNr. 9.

Übersicht

	RdNr.		RdNr.
I. Normzweck	1	b) Auftrag an den Sachwalter	18
II. Entstehungsgeschichte der Norm: Frühere Regelung – Reformvorschläge – Gesetzgebungsverfahren zur InsO	3	V. Besonderheiten bei Durchführung des Insolvenzplanverfahrens	22
		1. Stellungnahme zum vorgelegten Insolvenzplan	23
III. Rechtstatsachen	5	2. Aussetzung von Verwertung und Verteilung	24
IV. Erstellung des Insolvenzplans	6		
1. Inhalt des Insolvenzplans	6	3. Anfechtungsrechtsstreite nach Aufhebung des Insolvenzplanverfahrens	26
2. Planinitiative	8	VI. Überwachung der Planerfüllung	27
a) Initiativrecht des Schuldners	9		
b) Intitiativrecht des Sachwalters	12	1. Aufgabenzuweisung an den Sachwalter	27
3. Auftrag der Gläubigerversammlung	13		
a) Auftrag an den Schuldner	13	2. Vergütung des Sachwalters	29

I. Normzweck

1   Die Aufstellung eines Insolvenzplans mit dem Ziel der Erhaltung des schuldnerischen Unternehmens (bzw. des Unternehmens des selbstständig tätigen Schuldners) und die Abwicklung des Insolvenzverfahrens in Eigenverwaltung gehören untrennbar zusammen. Will der Schuldner seine wirtschaftliche Existenz retten (also eine Sanierung des Rechtsträgers bei schuldnerischen Unternehmen bzw. eine Schuldbefreiung bei natürlichen Personen ohne Durchlaufen des Restschuldbefreiungsverfahrens), so kann er dies praktisch nur durch den Insolvenzplan erreichen.[1] Will der Schuldner diesen Weg beschreiten, so wird er regelmäßig bereits bei Insolvenzantragstellung einen ausgearbeiteten Insolvenzplan vorlegen. Wird das Insolvenzverfahren dann in Eigenverwaltung durchgeführt, so gelten die Regelungen in den §§ 217–269 für das Insolvenzplanverfahren.

Die Vorschrift des § 284 enthält nur besondere Regelungen für die Beauftragung des Schuldners oder des Sachwalters mit der Ausarbeitung eines Insolvenzplans nach Anordnung der Eigenverwaltung durch die Gläubigerversammlung – also zu einem sehr späten Zeitpunkt. Vgl. dazu die Bemerkungen unter RdNr. 5.

Insolvenzplanverfahren und Eigenverwaltungsverfahren sind besondere Insolvenzverfahren mit Abweichungen zum regulären Insolvenzverfahren. Die Regelung des § 284 stellt dabei nicht nur klar, dass beide Verfahrensarten als Insolvenzplanverfahren in Eigenverwaltung zusammentreffen können,[2] sondern ihr kommt besondere Bedeutung zu, da die Aufstellung eines Insolvenzplans und die Abwicklung des Verfahrens im Einvernehmen mit den Gläubigern regelmäßig Ziel der Eigenverwaltung sein wird.[3]

2   Die besonderen Regelungen für die Eigenverwaltung beim Insolvenzplanverfahren betreffen zwei Aspekte: Nach § 284 Abs. 1 kann die Gläubigerversammlung sowohl den Sachwalter wie auch den Schuldner zur **Ausarbeitung eines Insolvenzplans** beauftragen. Wird der Auftrag an den Schuldner gerichtet, so kommt dem Sachwalter eine beratende Aufgabe zu. Die in § 284 Abs. 2 getroffene Regelung, dass die **Überwachung der Planerfüllung** durch den Sachwalter erfolgt, entspricht der allgemeinen Aufteilung der Befugnisse zwischen Schuldner und Sachwalter im Falle der Eigenverwaltung.[4] Im Übrigen sind für die Eigenverwaltung keine Sonderregelungen getroffen, so dass der Verweis des § 270 Abs. 1 Satz 2 auf die allgemeinen Vorschriften bei Vorlage eines Insolvenzplans auch den Verweis auf die §§ 217 ff. einschließt.[5]

---

[1] *Kübler/Prütting/Pape* § 284 RdNr. 1.
[2] Zur Durchführung eines Insolvenzplanverfahrens in Eigenverwaltung u. a. *Friedhoff*, Sanierung einer Firma durch Eigenverwaltung und Insolvenzplan, ZIP 2002, 497 ff.
[3] *Nerlich/Römermann/Riggert* § 284 RdNr. 1; *Kübler/Prütting/Pape* § 2843 RdNr. 1.
[4] Begr. RegE InsO v. 15. 4. 1992, BT-Drucks. 12/2443, zu § 345 RegE, S. 226.
[5] *Blersch* in *Breutigam/Blersch/Goetsch* § 284 RdNr. 1.

II. Entstehungsgeschichte der Norm: Frühere Regelung – Reformvorschläge – Gesetzgebungsverfahren zur InsO

Da weder die Konkurs- noch die Vergleichsordnung einen Insolvenzplan im jetzigen Sinne kannten, **fehlte im früheren Insolvenzrecht eine § 284 entsprechende Vorgängernorm.** Auch die Regelungen zum Vergleich oder Zwangsvergleich wiesen keine ähnlichen Regelungen auf, da das Initiativrecht für diese Instrumente gemäß § 2 Abs. 1 Satz 2 VglO und § 173 KO ausschließlich beim Schuldner lag.   3

Für die Insolvenzrechtsreform hatte der Gesetzgeber in § 345 des **Regierungsentwurfs**[6] vorgesehen, dass ein Insolvenzplan, den die Gläubigerversammlung in Auftrag gibt, vom Schuldner, beraten durch den Sachwalter, erstellt wird.[7] Damit waren die Entwurfsfassungen aus § 334 des **Diskussionsentwurfs**[8] und § 334 des **Referentenentwurfs**[9] wörtlich übernommen worden. Erst der **Rechtsausschuss** hat dann in § 284 auch die Möglichkeit für die Gläubigerversammlung eröffnet, anstelle des Schuldners den Sachwalter mit der Ausarbeitung eines Insolvenzplans zu beauftragen. Das Verfahren der Eigenverwaltung sollte dadurch flexibler gestaltet werden. Der Rechtsausschuss erhoffte sich von der Möglichkeit der Beauftragung einer vom Schuldner unabhängigen Personen außerdem eine Stärkung der Gläubigerautonomie. Die Möglichkeit, den Plan durch einen Sachwalter ausarbeiten zu lassen, soll auch zur Akzeptanz der besonderen Verfahrensart beitragen. Schließlich wird nach Auffassung des Rechtsausschusses der Sachwalter häufig wegen der Vielzahl der widerstreitenden Interessen geeigneter sein als der Schuldner selbst, den Insolvenzplan auszuarbeiten.[10] Tatsächlich wirkt diese Regelung aber systemwidrig, weil die Anordnung der Eigenverwaltung insgesamt nur sinnvoll erscheint, wenn der Schuldner geeignet ist, die Aufgaben des Insolvenzverwalters und damit auch die Ausarbeitung eines Planes zu übernehmen. Wird stattdessen der Sachwalter mit der Ausarbeitung des Planes beauftragt, bleibt zu fragen, welchen Sinn die Eigenverwaltung noch haben soll.[11]   4

III. Rechtstatsachen

Dass die § 284 zugrundeliegende Prämisse, wonach ein Insolvenzplan erst im Auftrag der Gläubigerversammlung ausgearbeitet wird, **in der Praxis je eine Rolle spielen wird, erscheint sehr zweifelhaft.**[12] Denn kommt es überhaupt zu einem Eigenverwaltungsverfahren, wird nahezu ausnahmslos – auch wenn dies rechtlich nicht erforderlich ist – der Schuldner schon mit den Insolvenzantrag einen pre packaged-Insolvenzplan vorgelegt haben oder zumindest den Antrag auf Eigenverwaltung mit der Absicht, einen Insolvenzplan vorzulegen, begründet haben. Neben dem vom Schuldner initiierten Insolvenzplan dann noch einen konkurrierenden Insolvenzplan auf Antrag der Gläubigerversammlung auszuarbeiten, erscheint wenig sinnvoll. Selbst wenn aber im Ausnahmefall ein Eigenverwaltungsverfahren ohne Initiative des Schuldners für einen Insolvenzplan angeordnet worden sein sollte, erschiene ein Auftrag der Gläubigerversammlung, einen Insolvenzplan auszuarbeiten, wenig sinnvoll. Denn darüber kann die Gläubigerversammlung praktisch frühestens im Berichtstermin entscheiden, der gemäß § 29 Abs. 1 Nr. 1 erhebliche Zeit, bis zu drei Monate, nach Verfahrenseröffnung stattfindet. Wird dazu noch das Eröffnungsverfahren   5

---

[6] RegE InsO v. 15. 4. 1992, BT-Drucks. 12/2443.
[7] Begr. RegE InsO v. 15. 4. 1992, BT-Drucks. 12/2443, zu § 345 RegE, S. 226.
[8] Diskussionsentwurf (DE), Gesetz zur Reform des Insolvenzrechts, herausgegeben vom Bundesministerium der Justiz, Köln 1988.
[9] Referentenentwurf (RefE), Gesetz zur Reform des Insolvenzrechts, herausgegeben vom Bundesministerium der Justiz, Köln 1989.
[10] Zum Vorstehenden insgesamt *Beschlussempfehlung und Bericht des Rechtsausschusses* zum RegE InsO v. 19. 4. 1994, BT-Drucks. 12/7302, zu § 345, S. 186.
[11] *Kübler/Prütting/Pape* § 284 RdNr. 2 f.
[12] Zu solchen Zweifeln auch *Gottwald/Haas*, Insolvenzrechts-Handbuch, § 89 RdNr. 9; *Pape,* Die Eigenverwaltung des Schuldners nach der Insolvenzordnung, in Kölner Schrift, 2. Aufl. 2000, S. 895 ff. RdNr. 58.

berücksichtigten, vergehen zwischen den Eröffnungsantrag und dem Berichtstermin leicht drei Monate und mehr. Dass aber einerseits für ein solch langen Zeitraum das Insolvenzverfahren ohne Ausrichtung auf einen Insolvenzplan vorangeschritten sein könnte und andererseits dann noch Raum für einen Insolvenzplan bleibt, erscheint ausgeschlossen. Denn ohne mit klarer Zielrichtung vorgenommene Sanierungsschritte dürfte einerseits die Dauer des Verfahrens die Masse derart geschmälert haben, dass ein Plan nicht mehr umsetzbar ist.[13] Zum anderen müssen, wenn ein Insolvenzplan überhaupt Erfolg haben soll, sämtliche Beteiligten, d. h. insbesondere Arbeitnehmer, Kunden, Lieferanten und Banken, von Anfang an dafür gewonnen werden und darauf hinarbeiten.[14] Die praktische Bedeutung der Vorschrift des § 284 wird daher gering sein.

5 a   Bei den bisher bekannt gewordenen größeren Unternehmensinsolvenzen, in denen die Eigenverwaltung angeordnet wurde, kam es teilweise nicht zur Vorlage eines Insolvenzplans. Im Falle der Insolvenz der AgfaPhoto GmbH wurde die übertragende Sanierung des Unternehmens im Rahmen eines Eigenverwaltungsverfahrens versucht. Teilweise wurde die Eigenverwaltung auch eingesetzt, um die Schwierigkeiten, die sich aus dem Fehlen eines Konzerninsolvenzrechts ergeben, zu bewältigen. Weitere Anwendungsbereiche der Eigenverwaltung sind z. B. die Erleichterung der Zusammenarbeit bei internationalen Insolvenzen (Durchführung des Sekundärinsolvenzverfahrens in Eigenverwaltung) oder der Versuch einer Rettung der berufsrechtlichen Zulassung bei Freiberuflern. Vgl. dazu die Kommentierung von § 270 RdNr. 17 ff., 20 ff., 23 a. Es muss also in der Praxis nicht zwingend zu einer Verbindung von Insolvenzplan und Eigenverwaltungsverfahren kommen.

IV. Erstellung des Insolvenzplans

6   **1. Inhalt des Insolvenzplans.** Im Siebten Teil der Insolvenzordnung ist hinsichtlich des **Inhalts eines möglichen Insolvenzplans** für das Verfahren in Eigenverwaltung keine gesonderte Regelung getroffen. Gemäß § 270 Abs. 1 Satz 2 gelten daher für die Aufstellung des Plans und dessen Gliederung die gleichen Grundsätze wie im regulären Insolvenzplanverfahren. Insbesondere ist der Plan auch hier in einen darstellenden und einen gestaltenden Teil aufzuteilen.[15]

7   **Ziel des Insolvenzplans im Eigenverwaltungsverfahren** wird regelmäßig die Sanierung des Unternehmensträgers bei Fortführung des Unternehmens durch den Schuldner seinen, weil Sinn der Eigenverwaltung gerade ist, dem Schuldner die Betriebsfortführung zu ermöglichen und die Gläubiger aus den laufenden Überschüssen des fortgeführten Unternehmens zu befriedigen. Andere Verwertungsalternativen sind aber auch bei Anordnung der Eigenverwaltung nicht ausgeschlossen, so dass der Insolvenzplan auch eine übertragene Sanierung vorsehen oder als Liquidationsplan ausgestaltet sein kann.[16]

8   **2. Planinitiative.** Im regulären Insolvenzverfahren ist gemäß § 218 Abs. 1 das Recht der Planinitiative, also das Recht zur Vorlage eines Insolvenzplans sowohl dem **Insolvenzverwalter als auch dem Schuldner** eingeräumt. Zusätzlich ist der Gläubigerversammlung in §§ 157 Satz 2, 218 Abs. 2 mittelbar das Recht der Planinitiative dadurch eingeräumt, dass die Gläubigerversammlung den Verwalter zur Ausarbeitung eines Insolvenzplans beauftragen und ihm das Ziel des Plans vorgeben kann.[17] § 284 Abs. 1 trifft unmittelbar nur eine Regelung zu diesem mittelbaren Planinitiativrecht der Gläubigerversammlung. Eine ausdrückliche Regelung zum Recht der Planinitiative für den Schuldner oder den Sachwalter im Eigenverwaltungsverfahren fehlt.

---

[13] *Pape,* Die Eigenverwaltung des Schuldners nach der Insolvenzordnung, in Kölner Schrift, 2. Aufl. 2000, S. 895 ff. RdNr. 58.
[14] Dazu *Buchalik,* Faktoren einer erfolgreichen Eigenverwaltung, NZI 2000, 294, 297 f.
[15] *Kübler/Prütting/Pape* § 284 RdNr. 4.
[16] *Blersch* in *Breutigam/Blersch/Goetsch* § 284 RdNr. 1; *Kübler/Prütting/Pape* § 284 RdNr. 4.
[17] Ausführlich zu einem solchen derivativen Verwalterplan MünchKommInsO-*Eidenmüller* § 218 RdNr. 14 ff.

a) Initiativrecht des Schuldners. § 284 Abs. 1 schränkt das **Initiativrecht für den** 9
Schuldner nicht dahingehend ein, dass dieser etwa nur auf einen entsprechenden Auftrag
der Gläubigerversammlung das Recht zur Planvorlage hätte.[18] Denn auch und insbesondere
im Verfahren mit Eigenverwaltung erscheint es sinnvoll, dass der Schuldner seine Vorstellung
zur Bewältigung der eingetretenen Insolvenz in Form eines Insolvenzplans den Gläubigern
zur Entscheidung vorstellt. § 284 Abs. 1 ist daher lediglich als Sonderregelung zu § 218
Abs. 2 zu verstehen mit dem Inhalt, dass ausführendes Organ für das mittelbare Initiativrecht
der Gläubigerversammlung anstelle des Insolvenzverwalters bei Anordnung der Eigenverwaltung sowohl der Sachwalter als auch der Schuldner sein können.

Deshalb **verbleibt dem Schuldner das eigene Initiativrecht** aus § 218 Abs. 1. Er kann 10
ebenso wie im regulären Insolvenzverfahren einen von ihm initiierten Insolvenzplan gemäß
§ 218 Abs. 1 Satz 2 schon von Anfang an zusammen mit seinen Anträgen auf Eröffnung des
Insolvenzverfahrens und Anordnung der Eigenverwaltung dem Insolvenzgericht vorlegen.
Ebenso ist der Schuldner im Eigenverwaltungsverfahren berechtigt, aus eigener Initiative
einen Insolvenzplan noch im eröffneten Verfahren vorzulegen, wobei sich für ihn eine
doppelte Legitimation ergibt, da bei Eigenverwaltung das originäre Initiativrecht als Schuldner und das Initiativrecht an Stelle des Insolvenzverwalters aus § 218 Abs. 1 Satz 1 in einer
Person zusammenfallen.[19]

Das eigene Initiativrecht des Schuldners entfällt auch nicht dadurch, dass die Gläubiger- 11
versammlung ihm nach §§ 157 Satz 2, 284 Abs. 1 den Auftrag zur Ausarbeitung eines
Insolvenzplans, eventuell verbunden mit konkreten Weisungen, erteilt. Vielmehr hat der
Schuldner dann die Möglichkeit, seinen „eigenen" und den im Auftrag der Gläubigerversammlung ausgearbeiteten Insolvenzplan als **konkurrierende Pläne** vorzulegen und zur
Abstimmung zu stellen.[20] Ob dies sinnvoll und praktikabel ist, muss allerdings bezweifelt
werden. – Es droht das Szenario, dass die Gläubiger im Laufe des Insolvenzverfahrens mit
mehreren Insolvenzplänen auseinandersetzen müssen – dem vom Schuldner in seiner „Eigenschaft" als Schuldner vorgelegten Insolvenzplan, dem vom Schuldner in seiner „Eigenschaft" als Insolvenzverwalter vorgelegten Plan, dem vom Schuldner auf Aufforderung der
Gläubigerversammlung nach § 284 vorgelegten Plan und möglichen weiteren Insolvenzplänen, die vom Sachwalter vorgelegt werden, wenn die Gläubigerversammlung diesen nach
§ 284 mit der Erstellung eines Insolvenzplans beauftragt.

b) Intitiativrecht des Sachwalters. Ein **eigenes Recht der Planinitiative,** also zur 12
Ausarbeitung und Vorlage eines Insolvenzplans ohne Auftrag der Gläubigerversammlung,
wird dem Sachwalter in § 284 Abs. 1 nicht eingeräumt. Dennoch geht ein Teil der Literatur
davon aus, dass dem Sachwalter ohnehin – in Analogie zu § 218 Abs. 1 Satz 1 – ein
Initiativrecht zustehe, das durch § 284 Abs. 1 ebenso wenig eingeschränkt werde wie das
Initiativrecht des Schuldners.[21] Eine analoge Anwendung von § 218 Abs. 1 Satz 1 in 2 auf
den Sachwalter scheidet aber aus, da dem Sachwalter im Eigenverwaltungsverfahren nur eine
Aufsichtsfunktion übertragen ist, während die gestaltenden Aufgaben des Insolvenzverwalters, also insbesondere die Verwaltungs- und Verfügungsbefugnis, dem Schuldner verbleiben.[22] Hätte der Gesetzgeber dem Sachwalter ein eigenes Planinitiativrecht zugestehen
wollen, so hätte dies entsprechend der Regelung in § 218 Abs. 1 Satz 1 für den Insolvenzverwalter einer ausdrücklichen gesetzlichen Ermächtigung bedurft. Ohne diese Ermächtigung bleibt es aber grundsätzlich, also ohne Auftrag der Gläubigerversammlung, Sache des
Schuldners, auf der Grundlage seiner Kenntnis des Unternehmens über die Möglichkeiten
eines Insolvenzplans zu entscheiden; so wie es ihm auch im Übrigen gemäß § 281 aufgege-

---

[18] So im Ergebnis auch FK-*Foltis* § 284 RdNr. 5; *Gottwald/Haas,* Insolvenzrechts-Handbuch, § 89 RdNr. 9; *Nerlich/Römermann/Riggert* § 284 RdNr. 3; *Kübler/Prütting/Pape* § 284 RdNr. 5. Ebenso hier MünchKommInsO-*Eidenmüller* § 218 RdNr. 96.
[19] *Blersch* in *Breutigam/Blersch/Goetsch* § 284 RdNr. 2.
[20] Ausführlich dazu MünchKommInsO-*Eidenmüller* § 218 RdNr. 100 f.
[21] So *Hess,* InsO, § 284 RdNr. 4.
[22] So hier auch MünchKommInsO-*Eidenmüller* § 218 RdNr. 97.

ben ist, mit seinem Bericht die Entscheidung der Gläubigerversammlung über Liquidation oder Fortführung vorzubereiten. Ohne den Auftrag der Gläubigerversammlung hat daher der Sachwalter nicht das Recht zur Planinitiative.[23]

13 **3. Auftrag der Gläubigerversammmlung. a) Auftrag an den Schuldner.** Da der Schuldner gemäß § 218 Abs. 1 ohnehin berechtigt ist, einen Insolvenzplan auszuarbeiten und vorzulegen, hat ein Auftrag der Gläubigerversammlung an den Schuldner nach § 284 Abs. 1 Satz 1 zur Ausarbeitung eines Insolvenzplans im Wesentlichen die Funktion einer **Bestätigung des Einverständnisses der Gläubiger** mit der Initiierung des Insolvenzplanverfahrens.[24] Jedoch kann die Gläubigerversammlung dem Schuldner gemäß § 157 Satz 2 Eckpunkte der inhaltlichen Ausgestaltung des Insolvenzplans und das Ziel vorgeben.[25] Das Recht des Schuldners, zusätzlich einen eigenen Plan vorzulegen, erlischt durch den Auftrag der Gläubigerversammlung nicht (siehe dazu oben bei RdNr. 10).

14 Der Auftrag durch die Gläubigerversammlung wird nach § 157 Satz 2 **regelmäßig in der ersten Gläubigerversammlung,** dem Berichtstermin, erfolgen. Wie auch sonst, bleibt nach § 157 Satz 3 der Gläubigerversammlung auch im Eigenverwaltungsverfahren jedoch das Recht vorbehalten, erst in einer späteren (außerordentlichen) Gläubigerversammlung den Auftrag zur Ausarbeitung eines Insolvenzplans an den Schuldner zu richten oder einen erteilten Auftrag zu widerrufen.[26]

15 Bei der Ausarbeitung des Insolvenzplans im Auftrag der Gläubigerversammlung hat der Schuldner gemäß § 270 Abs. 1 Satz 2 die **gleichen Rechte und Pflichten wie ein Insolvenzverwalter.** Der ausgearbeitete Insolvenzplan muss gemäß § 218 Abs. 2 in angemessener Frist vorgelegt werden. Ebenso muss der Schuldner gemäß § 218 Abs. 3 den Plan unter beratender Mitwirkung des Gläubigerausschusses, des Betriebsrats und des Sprecherausschusses der leitenden Angestellten erstellen. Dies wird zwar zum Teil mit der Begründung bestritten, § 284 Abs. 1 Satz 2 träfe eine besondere Mitwirkungsregelung, die die Mitwirkung auf die Beratung durch den Sachwalter beschränke.[27] Jedoch ist nicht ersichtlich, dass der Gesetzgeber damit eine abschließende Regelung treffen wollte, sondern § 284 Abs. 1 Satz 2 muss so verstanden werden, dass neben den Mitwirkungsberechtigten aus § 218 Abs. 3 auch der Sachwalter zur Beratung berechtigt und verpflichtet ist.[28]

16 Richtet die Gläubigerversammlung den Auftrag zur Ausarbeitung eines Insolvenzplans an den Schuldner, so hat der **Sachwalter** gemäß § 284 Abs. 1 Satz 2 bei der Planerstellung beratend mitzuwirken.[29] Ein Auftrag zur Planerstellung zugleich an den Schuldner und den Sachwalter ist nicht möglich, sondern nach dem eindeutigen Wortlaut von § 284 Abs. 1 muss die Gläubigerversammlung eine Entscheidung für die Ausarbeitung des Insolvenzplans durch den Sachwalter oder den Schuldner treffen.[30] Da das Insolvenzgericht nicht voraussetzen darf, dass eine Abstimmung des vorgelegten Insolvenzplans zwischen Schuldner und Sachwalter überhaupt und hinsichtlich jedes Details erfolgt ist, muss § 232 Abs. 1 Nr. 3 im Eigenverwaltungsverfahren so verstanden werden, dass das Insolvenzgericht einen vom Schuldner vorgelegten Plan dem Sachwalter zur Stellungnahme zuleiten muss.[31] Daneben ist der Sachwalter auf Grund seiner allgemeinen Überwachungs- und Unterrichtungsverpflichtung aus § 274 Abs. 2, 3 zur unverzüglichen Anzeige an das Insolvenzgericht und die

---

[23] *Blersch* in *Breutigam/Blersch/Goetsch* § 284 RdNr. 2; HK-*Landfermann* § 283 RdNr. 2; *Nerlich/Römermann/Riggert* § 284 RdNr. 2.
[24] *Kübler/Prütting/Pape* § 284 RdNr. 6.
[25] Ausführlich dazu hier MünchKommInsO-*Eidenmüller* § 218 RdNr. 98 ff. Im Ergebnis ebenso *Hess*, InsO, § 284 RdNr. 5; *Blersch* in *Breutigam/Blersch/Goetsch* § 284 RdNr. 3; *Nerlich/Römermann/Riggert* § 284 RdNr. 3.
[26] So auch FK-*Foltis*, InsO, § 284 RdNr. 6.
[27] So hier MünchKommInsO-*Eidenmüller* § 218 RdNr. 101.
[28] Ebenso FK-*Foltis*, InsO, § 284 RdNr. 12.
[29] *Blersch* in *Breutigam/Blersch/Goetsch* § 284 RdNr. 6.
[30] FK-*Foltis*, InsO,m § 284 RdNr. 7.
[31] *Nerlich/Römermann/Riggert* § 284 RdNr. 5.

Insolvenzgläubiger verpflichtet, wenn der Schuldner dem ihm erteilten Planauftrag nicht im erforderlichen Umfang nachkommt.[32]

Erarbeitet der Schuldner trotz des Auftrags der Gläubigerversammlung den vorgegebenen Insolvenzplan nicht, so kann die Gläubigerversammlung gemäß §§ 157 Satz 3, 284 Abs. 1 ihre Entscheidung noch ändern und den Auftrag an den Sachwalter richten. Daneben kann die Ausarbeitung des Insolvenzplans vom Insolvenzgericht nach §§ 270 Abs. 1 Satz 58 Abs. 2 mit Mitteln der Aufsicht erzwungen werden.[33] Schließlich kommt als schärfste Sanktion in Betracht, dass die Gläubigerversammlung gemäß § 272 die Eigenverwaltung aufheben lässt.[34] 17

b) Auftrag an den Sachwalter. Die **Gläubigerversammlung** kann den Auftrag zur Ausarbeitung eines Insolvenzplans gemäß § 284 Abs. 1 Satz 1 statt an den Schuldner an den Sachwalter richten. Dies führt regelmäßig gemäß §§ 12 Abs. 1, 2, 3 Abs. 1e) InsVV zu einer erhöhten Vergütung des Sachwalters, die sich an 60% der Vergütung für den Insolvenzverwalter in einem vergleichbaren, regulären Insolvenzplanverfahren orientiert.[35] 18

Sinnvoll erscheint der Auftrag zur Ausarbeitung eines Insolvenzplans an den Sachwalter nur, wenn zwischen dem Schuldner und dem Sachwalter Einvernehmen über die Ziele des Insolvenzplanverfahrens besteht. Die Beauftragung des Sachwalters mit der Ausarbeitung eines Insolvenzplans gegen den Willen des Schuldners dürfte dagegen regelmäßig wenig Erfolg versprechend sein, da dann Störmaßnahmen des Schuldners nicht auszuschließen sind. In einem solchen Fall wird die Gläubigerversammlung besser beraten sein, die Aufhebung der Eigenverwaltung nach § 272 Abs. 1 Nr. 1 zu beantragen, um dann den Insolvenzverwalter nach § 218 Abs. 2 mit der Ausarbeitung des Insolvenzplans zu beauftragen.[36] 19

Wird der Sachwalter mit der Ausarbeitung des Insolvenzplans beauftragt, steht er insoweit hinsichtlich seiner Rechte und Pflichten dem nach §§ 157 Satz 2, 218 Abs. 2 mit der Planerstellung beauftragten **Insolvenzverwalter gleich.**[37] Insbesondere hat der Sachwalter gemäß 218 Abs. 2 den Insolvenzplan binnen angemessener Frist dem Gericht vorzulegen. Bei der Aufstellung des Plans muss der Sachwalter die Mitwirkungsrechte aus § 218 Abs. 3 wahren. 20

Wird der Sachwalter mit der Ausarbeitung des Insolvenzplans von der Gläubigerversammlung beauftragt, so ist ihm damit zugleich auch ein **eigenes Recht zur Vorlage des im Auftrag ausgearbeiteten Insolvenzplans** an das Insolvenzgericht nach § 218 Abs. 1 eingeräumt. Eine Unterscheidung zwischen der Ausarbeitung des Insolvenzplans und seiner Vorlage, die in der Konsequenz den Schuldner verpflichten müsste, den vom Sachwalter ausgearbeiteten Plan vorzulegen, erscheint als überflüssiger Formalismus.[38] 21

V. Besonderheiten bei Durchführung des Insolvenzplanverfahrens

Auch wenn grundsätzlich trotz Anordnung der Eigenverwaltung für die Durchführung des Insolvenzplanverfahrens gemäß § 270 Abs. 1 Satz 2 die allgemeinen Vorschriften der §§ 217 ff. gelten, ergeben sich für den **Verfahrensablauf bei Anordnung der Eigenverwaltung einige Besonderheiten** daraus, dass im Sechsten Teil der Insolvenzordnung über das Recht zur Planinitiative hinaus bestimmte Aufgaben und Befugnisse des Insolvenzverwalters geregelt sind, die im Eigenverwaltungsverfahren entweder den Schuldner oder den Sachwalter treffen müssen. Da insoweit die §§ 270 ff. keine ausdrücklichen Regelungen 22

---

[32] *Blersch* in *Breutigam/Blersch/Goetsch* § 284 RdNr. 7.
[33] FK-*Foltis*, InsO, § 284 RdNr. 12.
[34] *Blersch* in *Breutigam/Blersch/Goetsch* § 284 RdNr. 7.
[35] *Blersch* in *Breutigam/Blersch/Goetsch* § 284 RdNr. 5.
[36] So in der Tendenz auch *Kübler/Prütting/Pape* § 284 RdNr. 6.
[37] Hierzu und zum weiteren FK-*Foltis*, InsO, § 284 RdNr. 9 ff.; MünchKommInsO-*Eidenmüller* § 218 RdNr. 103.
[38] So hier auch MünchKommInsO-*Eidenmüller* § 218 RdNr. 102.

treffen, muss die Frage, ob für die jeweilige Regelung der Schuldner oder der Sachwalter an Stelle des Insolvenzverwalters tritt, jeweils nach dem Grundsatz beantwortet werden, dass der Schuldner die laufenden Geschäfte führt, während der Sachwalter einerseits diese Geschäftsführung kontrolliert und unterstützt sowie andererseits die besondern Aufgaben wahrnimmt, die dem Insolvenzverwalter in erster Linie im Interesse der Gläubiger übertragen sind.[39]

23 **1. Stellungnahme zum vorgelegten Insolvenzplan.** Ist ein Insolvenzplan vorgelegt worden, so hat das Insolvenzgericht diesen nach § 232 verschiedenen Betroffenen zur Stellungnahme zuzuleiten.[40] Im Eigenverwaltungsverfahren gilt dabei nach § 232 Abs. 1 Nr. 2, dass der **Schuldner** den Plan zur Stellungnahme erhalten muss, wenn – im Auftrag der Gläubigerversammlung – der Sachwalter den Insolvenzplan ausgearbeitet hat. Umgekehrt muss das Insolvenzgericht dem **Sachwalter** den Insolvenzplan gemäß § 232 Abs. 1 Nr. 3 zu Stellungnahme zuleiten, wenn der Schuldner den Plan vorgelegt hat – egal, ob der Schuldner den Plan auf Grund seines eigenen Initiativrechts aus § 217 oder im Auftrag der Gläubigerversammlung gemäß § 284 Abs. 1 ausgearbeitet hat.

24 **2. Aussetzung von Verwertung und Verteilung.** Im Insolvenzplanverfahren haben gemäß § 233 Satz 1 sowohl der Schuldner wie auch der Insolvenzverwalter die Befugnis, unter bestimmten Voraussetzungen die Aussetzung der Verwertung und Verteilung beim Insolvenzgericht zu beantragen. Da im Eigenverwaltungsverfahren die **Verwertung (§ 282 Abs. 1) und die Verteilung (§ 283 Abs. 2) allein dem Schuldner zugewiesen** sind, tritt bei Anordnung der Eigenverwaltung für das Insolvenzplanverfahren insoweit nicht der Sachwalter an Stelle des Insolvenzverwalters, sondern die Antragsbefugnis nach § 233 Satz 1 auf Aussetzung der Verwertung und Verteilung steht ausschließlich dem Schuldner zu.[41]

25 Ebenso tritt bei Anordnung der Eigenverwaltung für die Antragsbefugnis aus § 233 Satz 2 hinsichtlich einer **Fortsetzung der zunächst ausgesetzten Verwertung und Verteilung** der Schuldner an die Stelle des Insolvenzverwalters. Wollen die Gläubiger die Verwertung gegen den im Eigenverwaltungsverfahren gemäß § 282 Abs. 1 allein verwertungsbefugten Schuldner erzwingen, müssen sie die Aufhebung der Eigenverwaltung nach § 272 herbeiführen.

26 **3. Anfechtungsrechtsstreite nach Aufhebung des Insolvenzplanverfahrens.** Kommt es zur Aufhebung eines in Eigenverwaltung durchgeführten Insolvenzplanverfahrens, so ist an Stelle des Insolvenzverwalters gemäß § 258 Abs. 3 der Sachwalter vorab über den Zeitpunkt des Wirksamwerdens der Aufhebung zu unterrichten. Mit der Aufhebung erlischt das Amt des Sachwalters gemäß § 259 Abs. 1. Davon unberührt bleibt die Befugnis des Sachwalters, **Anfechtungsrechtsstreite gemäß § 259 Abs. 3 fortzuführen**,[42] sofern dies im gestaltenden Teil des Insolvenzplans vorgesehen ist. Da die Insolvenzanfechtung gemäß § 280 dem Sachwalter übertragen ist, würde anderenfalls nach Aufhebung des Insolvenzplanverfahrens noch nicht beendete Anfechtungsrechtsstreite ohne die daraus mögliche Massemehrung enden. Um dies zu verhindern und das reguläre Insolvenzverfahren mit dem Eigenverwaltungsverfahren im durch § 72 Abs. 1 Satz 2 gebotenen Maße gleichzubehandeln, muss der Sachwalter die bei Verfahrensende laufenden Anfechtungsprozesse im Rahmen von § 259 Abs. 3 zu Ende führen können.[43]

VI. Überwachung der Planerfüllung

27 **1. Aufgabenzuweisung an den Sachwalter.** Gemäß § 284 Abs. 2 wird bei Anordnung der Eigenverwaltung die Überwachung einer Planerfüllung **nach Durchführung des**

---

[39] Begr. RegE InsO v. 15. 4. 1992, BT-Drucks. 12/2443, zu § 331 RegE, S. 223.
[40] Sieht zum Nachstehenden auch *Nerlich/Römermann/Riggert* § 284 RdNr. 5.
[41] Mit dem gleichen Ergebnis auch *Nerlich/Römermann/Riggert* § 284 RdNr. 5.
[42] Anders *Nerlich/Römermann/Riggert* § 284 RdNr. 5, der jedoch übersieht, dass § 259 Abs. 3 eine Sonderregelung für Anfechtungsprozesses trifft.
[43] So auch *Schlegel*, Die Eigenverwaltung in der Insolvenz, 1999, Seite 150 f.

Insolvenzplanverfahrens dem Sachwalter als Aufgabe zugewiesen. Dabei ist es unerheblich, ob der Plan vom Sachwalter oder vom Schuldner ausgearbeitet wurde.[44] Die Regelung schließt an §§ 260 ff. an und setzt voraus, dass im gestaltenden Teil des Insolvenzplans eine Überwachung der Planerfüllung vorgesehen und mit dem Insolvenzplan beschlossen wird. Die hier getroffene Regelung kann aber nicht in dem Sinne verstanden werden, dass nach Durchführung eines Insolvenzplanverfahrens in Eigenverwaltung stets die Überwachung der Planerfüllung durch den Sachwalter erfolgen muss. Eine Regelüberwachung durch den Sachwalter widerspräche dem Recht der Gläubiger, frei zu entscheiden, ob die Planerfüllung überwacht werden soll.[45]

Erfolgt die Überwachung nach Durchführung eines Insolvenzplanverfahrens in Eigenverwaltung, tritt der **Sachwalter an die Stelle des Insolvenzverwalters** und nimmt die in den §§ 261–263 für den Insolvenzverwalter im Überwachungsverfahren vorgesehenen Aufgaben und Befugnisse wahr. Dieser Pflichtenkreis ist dabei ausschließlich dem Sachwalter zugewiesen, und für den Schuldner verbleiben daraus weder Aufgaben noch Rechte.[46] Daneben bleiben gemäß §§ 72 Abs. 1 Satz 2, 261 Abs. 1 Satz 2 die Mitglieder des Gläubigerausschusses im Amt, und die Aufsicht des Insolvenzgerichts bleibt bestehen.[47] 28

2. Vergütung des Sachwalters. Beauftragen die Gläubiger nach Aufhebung eines Insolvenzplanverfahrens in Eigenverwaltung den Sachwalter mit der Überwachung, so steht ihm dafür eine **besondere Vergütung** zu. Die Höhe der Vergütung ergibt sich aus §§ 12 Abs. 1, 6 Abs. 2 InsVV und beträgt normalerweise 60% der im regulären Insolvenzverfahren festzusetzenden Vergütung eines Insolvenzverwalters für seine Tätigkeit im Überwachungsverfahren. Die für das Überwachungsverfahren anfallenden Vergütung ist gemäß § 269 Satz 1 vom Schuldner zu tragen, wenn nicht ausnahmsweise dafür gemäß § 269 Satz 2 eine Übernahmegesellschaft einzutreten hat. Die Vergütung besteht im Wesentlichen aus der vorstehend umschriebenen Vergütung des Sachwalters und der Vergütung für die Mitglieder des Gläubigerausschusses, deren Ämter nach § 261 Abs. 1 Satz 2 fortbestehen. Die Überwachung darf gemäß § 268 erst aufgehoben werden, wenn die Vergütungsansprüche befriedigt sind.[48] 29

§ 285 Masseunzulänglichkeit

Masseunzulänglichkeit ist vom Sachwalter dem Insolvenzgericht anzuzeigen.

Übersicht

	RdNr.		RdNr.
I. Normzweck	1	b) Anzeige durch den Schuldner	8
II. Entstehungsgeschichte der Norm: Frühere Regelung – Reformvorschläge – Gesetzgebungsverfahren zur InsO	2	c) Anzeige durch einen Gläubiger	10
		3. Folgen einer Anzeige der Masseunzulänglichkeit	11
		a) Fortsetzung des Insolvenzverfahrens in Eigenverwaltung	11
III. Rechtstatsachen	4	b) Allgemeine Wirkungen	15
IV. Masseunzulänglichkeit	5	c) Nachhaftung für Masseforderungen.	18
1. Begriff der Masseunzulänglichkeit	5	V. Fehlende Massekostendeckung (§ 207 InsO)	19
2. Pflicht zur Anzeige durch den Sachwalter	6	VI. Folgen der Verfahrenseinstellung	23
a) Die Aufgabe des Sachwalters	6		

---

[44] FK-*Foltis*, InsO, § 284 RdNr. 13.
[45] Im Ergebnis ebenso *Kübler/Prütting/Pape* § 284 RdNr. 7; *Nerlich/Römermann/Riggert* § 284 RdNr. 6.
[46] *Blersch* in *Breutigam/Blersch/Goetsch* § 284 RdNr. 9.
[47] FK-*Foltis*, InsO, § 284 RdNr. 14. Ebenso MünchKommInsO-*Stephan* § 261 RdNr. 13.
[48] Zum Vorstehenden *Kübler/Prütting/Pape* § 284 RdNr. 8; *Blersch* in *Breutigam/Blersch/Goetsch* § 284 RdNr. 10.

I. Normzweck

1 Entsprechend der dem Sachwalter auch sonst übertragenen Aufsichts- und Warnfunktion wird dem Sachwalter durch § 285 auferlegt, die **Masseunzulänglichkeit** im Sinne des § 208 dem Insolvenzgericht anzuzeigen. Insoweit ist vom Sachwalter eine Aufgabe wahrzunehmen, die sonst gemäß § 208 dem Insolvenzverwalter obliegt.[1] Damit soll sichergestellt werden, dass das Insolvenzgericht von einer Masseunzulänglichkeit zuverlässig in Kenntnis gesetzt wird. § 285 enthält aber darüber hinaus keine materiellen Regelungen zur Einstellung des Verfahrens.[2]

II. Entstehungsgeschichte der Norm: Frühere Regelung – Reformvorschläge – Gesetzgebungsverfahren zur InsO

2 Da das frühere Konkurs- und Vergleichsrecht keine speziellen Regelungen zur Abwicklung massunzulänglicher Verfahren trafen,[3] **fehlt eine § 285 entsprechende Vorgängerregelung** in der Konkurs- ebenso wie in der Vergleichsordnung. Allenfalls lässt sich eine Parallele ziehen zur Aufgabe des Vergleichsverwalters aus §§ 40 Abs. 2, 100 Abs. 1 Nr. 1, 17 Nr. 6 VglO, die mangelnde Massekostendeckung im Vergleichsverfahren sofort dem Gericht anzuzeigen.

3 **In § 346 des Regierungsentwurfs der Insolvenzordnung (RegE)[4] war zunächst vorgesehen,** dass sowohl der Schuldner als auch der Sachwalter die Feststellung der Masseunzulänglichkeit gemäß § 318 RegE beantragen können. In dieser Fassung fand sich die Norm auch schon in § 335 des **Diskussionsentwurfs (DE)**[5] und § 335 des **Referentenentwurfs (RefE).**[6] Dem Gesetzgeber erschien es für die Abwicklung eines massearmen Insolvenzverfahrens bedeutsam, dass die Feststellung der Masseunzulänglichkeit möglichst schnell nach ihrem Eintritt erfolgt. Dem sollte es dienen, dass sowohl der Schuldner als auch der Sachwalter den entsprechenden Antrag stellen können.[7] Der Rechtsausschuss hat dann aber die Konzeption insgesamt geändert, indem anstelle des ursprünglich vorgesehenen Verfahrens zur Feststellung der Masseunzulänglichkeit die bloße Anzeige der Masseunzulänglichkeit durch den Insolvenzverwalter in § 208 vorgesehen wurde.[8] Korrespondierend damit hat der Rechtsausschuss mit der dann verabschiedeten Fassung von § 285 dem Sachwalter die Pflicht zur Anzeige der Masseunzulänglichkeit übertragen, ohne näher zu erörtern, ob dies nicht (auch) Aufgabe des eigenverwaltenden Schuldners hätte sein müssen.[9] Damit wird die gesamte Verantwortlichkeit (einschließlich eventueller haftungsrechtlicher Konsequenzen) auf den Sachwalter verlagert, ohne dass dieser die Begründung von Masseverbindlichkeiten (sofern nicht die Zustimmungsbedürftigkeit nach § 277 angeordnet ist) verhindern kann. Vor diesem Hintergrund wird zum Teil vertreten, dass es sachgerechter gewesen wäre, dem Schuldner die Anzeige der Masseunzulänglichkeit zu übertragen.[10] Jedoch hat der Schuldner kein unmittelbares Interesse an der rechtzeitigen Anzeige der Masseunzulänglichkeit, da ihm keine besonderen Nachteile aus der Fortführung des Ver-

---

[1] *Smid,* Die Abwicklung masseunzulänglicher Insolvenzverfahren nach neuem Recht, WM 1998, 1313, 1324.
[2] *Nerlich/Römermann/Riggert* § 285 RdNr. 1.
[3] Ausführlich dazu MünchKommInsO-*Hefermehl* § 208 RdNr. 4 ff.
[4] RegE InsO v. 15. 4. 1992, BT-Drucks. 12/2443.
[5] Diskussionsentwurf (DE), Gesetz zur Reform des Insolvenzrechts, herausgegeben vom Bundesministerium der Justiz, Köln 1988.
[6] Referentenentwurf (RefE), Gesetz zur Reform des Insolvenzrechts, herausgegeben vom Bundesministerium der Justiz, Köln 1989.
[7] Begr. RegE InsO v. 15. 4. 1992, BT-Drucks. 12/2443, zu § 346 RegE, S. 226.
[8] Siehe dazu im Detail *Beschlussempfehlung und Bericht des Rechtsausschusses* zum RegE InsO v. 19. 4. 1994, BT-Drucks. 12/7302, zu § 234 b, S. 179 f.
[9] *Beschlussempfehlung und Bericht des Rechtsausschusses* zum RegE InsO v. 19. 4. 1994, BT-Drucks. 12/7302, zu § 346, S. 186.
[10] *Kübler/Prütting/Pape* § 285 RdNr. 11 f.

fahrens bei eingetretener Masseunzulänglichkeit drohen. Zwar käme wegen seiner Stellung als Amtswalter theoretisch eine Haftung des Schuldners für neue eingegangene Masseverbindlichkeiten aus §§ 270 Abs. 1 Satz 2, 61 in Betracht, aber anders als für den Insolvenzverwalter im regulären Insolvenzverfahren ist diese Haftung für den Schuldner bedeutungslos, da er ohnehin für die Verbindlichkeiten haftet und außerdem insolvent ist.[11] Außerdem korrespondiert die Verpflichtung des Sachwalters zur Anzeige der Masseunzulänglichkeit mit seiner Verpflichtung aus § 274 Abs. 1 zur Prüfung der wirtschaftlichen Lage des Schuldners und seiner Geschäftsführung.[12] Deshalb erscheint es richtig, dass die Anzeige der Masseunzulänglichkeit dem Sachwalter aufgegeben ist.[13]

III. Rechtstatsachen

Falls es nach Anordnung der Eigenverwaltung zur Anzeige der Masseunzulänglichkeit durch den Sachwalter kommt, hat das **Eigenverwaltungsverfahren seinen Zweck verfehlt.** Denn in diesem Fall hat im Regelfall der Schuldner die ursprünglich kostendeckende Masse weiter verwirtschaftet und ist nicht mehr erfüllbare Neuverbindlichkeiten eingegangen. Nun kann man dazu sagen, dass es die Gläubiger in dieser Situation in der Hand haben, den Schuldner dadurch zu „bestrafen", dass sie Antrag auf Aufhebung der Eigenverwaltung nach § 272 stellen. Allerdings stellt sich hier die Frage, wer diesen Antrag stellen soll (Altmassegläubiger oder Insolvenzgläubiger), oder wer an der Stellung des Aufhebungsantrages überhaupt noch ein Interesse hat. Zutreffend wird darauf hingewiesen, dass die Aufhebung der Eigenverwaltung nach Eintritt der Masseunzulänglichkeit und die Einsetzung eines Insolvenzverwalters für die Abwicklung des masseunzulänglichen Verfahrens zu einer weiteren Schmälerung der Insolvenzmasse führt.[14]

Die Insolvenzgläubiger sollten (mit Unterstützung des Sachwalters) darauf bedacht sein, ein „Abgleiten" des Verfahrens in die Masseunzulänglichkeit zu verhindern. Sie sollten es nicht soweit kommen lassen. Sie haben es als Gläubiger in der Hand, unverzüglich einen Antrag auf Aufhebung der Eigenverwaltung nach § 272 zu stellen, falls sich während der Abwicklung herausstellt, dass der Schuldner die Deckung der Masseverbindlichkeiten gefährdet. Andernfalls ist eine weitergehende Schädigung Dritter und der Insolvenzmasse zu befürchten.[15]

Hinzuweisen ist auf Fälle, bei denen die Masseunzulänglichkeit auf Grund nicht vorhersehbarer aufoktroyierter Masseverbindlichkeiten eingetreten ist – Bsp.: Die Umweltbehörde fordert eine Sanierung der Umweltaltlasten auf dem Betriebsgrundstück des schuldnerischen Unternehmens und fordert die Vorauszahlung der Ersatzvornahmekosten in Höhe von mehreren Millionen Euro. In diesem Fall ist der Eintritt der Masseunzulänglichkeit nicht gleichzusetzen mit einem Versagen des Schuldners oder einem Scheitern des Instituts der Eigenverwaltung im konkreten Fall. Hier sollten die Gläubiger im Einzelfall prüfen, ob eine Abwicklung des masseunzulänglichen Verfahrens in den Händen des eigenverwaltenden Schuldners verbleiben kann und ob ggfs. Möglichkeiten für eine Rückkehr ins massezulängliche Verfahren bestehen.

IV. Masseunzulänglichkeit

1. Begriff der Masseunzulänglichkeit. Gemäß § 285 hat der Sachwalter die **Masseunzulänglichkeit im Sinne des § 208** dem Insolvenzgericht anzuzeigen. Dabei muss die Anzeige der Massunzulänglichkeit durch den Sachwalter nicht nur erfolgen, wenn ein Fall von § 208 Abs. 1 Satz 1 vorliegt, also bereits feststeht, dass die Insolvenzmasse nicht aus-

---

[11] *Blersch* in *Breutigam/Blersch/Goetsch* § 285 RdNr. 1.
[12] Ähnlich *Hess*, InsO, § 285 RdNr. 3.
[13] Zur Frage, ob daneben auch der Schuldner zur Anzeige berechtigt oder sogar verpflichtet ist, siehe unten bei RdNr. 8 f.
[14] *Kübler/Prütting/Pape* § 285 RdNr. 16 f.
[15] *Kübler/Prütting/Pape;* § 285 RdNr. 1.

reicht, um die fälligen sonstigen Masseverbindlichkeiten zu erfüllen, sondern auch schon dann, wenn die Masse voraussichtlich nicht ausreichen wird, um die bestehenden sonstigen Masseverbindlichkeiten im Zeitpunkt der Fälligkeit zu erfüllen, also lediglich ein Fall von § 208 Abs. 1 Satz 2 eingetreten ist.[16] Denn zum einen werden die beiden Fälle in § 208 ausdrücklich gesetzlich gleichgestellt. Zum anderen sind keine Gründe ersichtlich, die eine Einschränkung bei der Anzeigepflicht des Sachwalters gegenüber der entsprechenden Pflicht des Insolvenzverwalters rechtfertigen könnten. Schließlich liegt eine frühzeitige Anzeige auch im Interesse des Sachwalters. Denn ihm droht wegen seiner Pflicht zur Überwachung der Geschäftsführung eine Schadenersatzpflicht aus §§ 274 Abs. 1, 60. Es kommt zu einer Potenzierung der Haftung des Sachwalters, wenn er an der Begründung der Masseverbindlichkeiten über die Anordnung eines Zustimmungsvorbehalts beteiligt war. Dann droht ihm nach § 61 ebenso wie dem Insolvenzverwalter eine persönliche Haftung für die Nichterfüllbarkeit von Masseverbindlichkeiten, und zwar auch schon dann, wenn er bei der Begründung der Masseverbindlichkeiten nicht erkennen konnte, dass die Masse voraussichtlich zur Erfüllung nicht ausreichen würde.

6   **2. Pflicht zur Anzeige durch den Sachwalter. a) Die Aufgabe des Sachwalters.** Die Pflicht zur Anzeige der Masseinsuffizienz obliegt dem Sachwalter als **insolvenzspezifische Pflicht,** so dass der Sachwalter für die korrekte Anzeige im Rahmen von § 60 persönlich einzustehen hat. Zur Vermeidung einer solchen Haftung muss der Sachwalter seine Kontroll- und Aufsichtspflichten erfüllen und die Eingehung von Neuverbindlichkeiten durch den Schuldner sorgsam überwachen. Er hat bei der Überwachung der Geschäftsführung bes. auf Erfüllbarkeit neu eingegangener Verbindlichkeiten aus der Masse zu achten und, wenn sich die Gefahr der Masseunzulänglichkeit konkretisiert, vom Schuldner und dessen Angestellten gemäß §§ 274 Abs. 2 Satz 2, 22 Abs. 3 Satz 3 unverzüglich Informationen zu verlangen.[17] Hält er die Begründung weiterer Neuverbindlichkeiten für unvertretbar, weil sie zur Masseunzulänglichkeit führen könnten, hat er dies den Gläubigern nach § 274 Abs. 3 anzuzeigen.[18] Dem **Schuldner** ist dagegen eine Verpflichtung zur Anzeige nicht aufgegeben.[19]

7   **Erfüllt der Sachwalter schuldhaft seine Pflicht zur unverzüglichen Anzeige der Masseunzulänglichkeit nicht,** so kann dies seine Haftung gegenüber den Verfahrensbeteiligten, insbesondere gegenüber den neuen Massegläubigern, wegen Verletzung seiner Überwachungs- und Anzeigepflichten aus §§ 274 Abs. 1, 285, 60 begründen.[20] Diese Haftung ist auch nicht etwa deshalb ausgeschlossen, weil nach § 277 Abs. 1 Satz 2 der Sachwalter nur dann aus § 61 für die Erfüllbarkeit von Masseverbindlichkeiten haften soll, wenn für deren wirksam Begründung seiner Zustimmung erforderlich war. Denn aus § 60 haftet der Sachwalter nicht auf Erfüllung der neu begründeten Masseverbindlichkeit, sondern nur auf das negative Interesse des Gläubigers, so gestellt zu werden, als sei die Anzeige rechtzeitig erfolgt.

8   **b) Anzeige durch den Schuldner.** Zum Teil wird vertreten, dass § 285 **das Recht des Schuldners zur Anzeige** der Masseunzulänglichkeit nicht ausschließe.[21] § 285 erweitere lediglich die Anzeigebefugnis des Schuldners in der Eigenverwaltung auf den Sachwalter; der Schuldner als verwaltungs- und verfügungsbefugtes Handlungssubjekt der Eigenverwaltung bleibe dazu jedoch weiter berechtigt. Dabei wird aber außer Acht gelassen, dass damit dem Schuldner über §§ 209, 210 die Befugnis eingeräumt würde, bei Anzeige der Masseunzulänglichkeit begründete Masseverbindlichkeiten gegenüber danach begründeten Masseverbindlichkeiten im Rang zurück zu setzen und die Vollstreckung wegen der „Alt-Masse-

---

[16] So im Ergebnis auch *Blersch* in *Breutigam/Blersch/Goetsch* § 285 RdNr. 1; *Nerlich/Römermann/Riggert* § 285 RdNr. 1.
[17] HK-*Landfermann* § 285 RdNr. 3.
[18] *Kübler/Prütting/Pape* § 285 RdNr. 9 f.
[19] *Nerlich/Römermann/Riggert* § 285, Fn. 1.
[20] Hess, InsO, § 285 RdNr. 4; *Blersch* in *Breutigam/Blersch/Goetsch* § 285 RdNr. 2.
[21] FK-*Foltis*, InsO, § 285 RdNr. 1 f.; *Smid*, InsO, § 285 RdNr. 3.

verbindlichkeiten" zu verhindern. Ein solcher Eingriff in die Rechte der „Alt-Massegläubiger", der mit der Anzeige verbunden ist, darf aber nicht allein vom Willen des Schuldners abhängig sein.[22] Deshalb ist § 285 so zu verstehen, dass **allein der Sachwalter** die Masseunzulänglichkeit mit den Rechtswirkungen nach §§ 209, 210 anzeigen kann.[23]

Zeigt der Schuldner die Masseunzulänglichkeit an, kann aber nach §§ 274 Abs. 1, 58 Abs. 1 das Gericht den **Sachwalter zum Bericht auffordern.** Zu erwarten ist, dass der Sachwalter sich dann einer berechtigten Anzeige des Schuldners zur Vermeidung der eigenen Haftung mit einer eigenen Anzeige anschließen wird.[24]

c) **Anzeige durch einen Gläubiger.** Auch die Insolvenzgläubiger haben **keine Befugnis zur Anzeige der Masseunzulänglichkeit;** weder nach den allgemeinen Regeln der §§ 208 ff. noch nach der speziellen Regelung des § 285 für die Eigenverwaltung. Da jedoch die Masseunzulänglichkeit ein Umstand ist, der immer Nachteile für die Gläubiger bei Fortsetzung der Eigenverwaltung erwarten lässt (siehe dazu unten bei RdNr. 13), kann die Anzeige der Masseunzulänglichkeit durch einen Gläubiger im Rahmen eines Antrags nach § 272 Abs. 1 Nr. 2 zur Aufhebung der Eigenverwaltung führen.[25]

3. Folgen einer Anzeige der Masseunzulänglichkeit. a) Fortsetzung des Insolvenzverfahrens in Eigenverwaltung. Die Anzeige der Masseunzulänglichkeit hat **keine speziellen Wirkungen auf das Verfahren der Eigenverwaltung,** sondern es gelten weiterhin die auch im regulären Insolvenzverfahren anwendbaren Grundsätze der §§ 208–211.[26] § 285 erschöpft sich darin, dem Sachwalter die Anzeige der Masseunzulänglichkeit aufzuerlegen. Daraus folgt aber nicht, dass im Falle der Masseunzulänglichkeit die restliche Abwicklung des Insolvenzverfahrens dem Sachwalter übertragen wird. Es bleibt vielmehr bei der Regelung des § 270 Abs. 1 Satz 1, wonach der Schuldner das Insolvenzverfahren auch als massearmes Verfahren auf Grund der ihm verbleibenden Verwaltungs- und Verfügungsbefugnis abzuwickeln hat.[27]

Insbesondere kommt es auch **nicht zu einer Aufhebung der Eigenverwaltung** von Gesetzes wegen oder durch zwingende Anordnung des Insolvenzgerichts, denn § 272 regelt die Aufhebung abschließend.[28] Damit bleibt nach §§ 270 Abs. 1, 208 Abs. 3 der Schuldner weiter befugt, die Insolvenzmasse zu verwalten und darüber zu verfügen.[29] Auf diesem Wege kann der Schuldner weiter unter dem Schutz der Vollstreckungsverbote der §§ 89, 90, 210 operieren, so dass eines der wichtigsten Reformziele, nämlich die endgültige Liquidation von Unternehmen durch Abwicklung auch massearmer Insolvenzverfahren, verfehlt worden ist.[30]

Dies rechtfertigt es, im Eintritt der Masseunzulänglichkeit immer einen **Grund im Sinne von § 274 Abs. 3** zu sehen, also einen Umstand, der es erwarten lässt, dass die Fortsetzung der Eigenverwaltung zu Nachteilen für die Gläubiger führt.[31] Deshalb muss der Sachwalter bei Masseunzulänglichkeit immer zugleich auch die Erwartung von Nachteilen nach § 274 Abs. 3 an das Insolvenzgericht und den Gläubigerausschuss bzw. an die Insolvenz- und die absonderungsberechtigten Gläubiger anzeigen.[32] Nur wenn daraufhin

---

[22] Zu diesem Argument HK-*Landfermann* § 285 RdNr. 1.
[23] So ausdrücklich auch Hess, InsO, § 285 RdNr. 2; *Blersch* in *Breutigam/Blersch/Goetsch* § 285 RdNr. 2.
[24] FK-*Foltis,* InsO, § 285 RdNr. 3.
[25] Hess, InsO, § 285 RdNr. 2.
[26] *Smid,* Die Abwicklung masseunzulänglicher Insolvenzverfahren nach neuem Recht, WM 1998, 1313, 1324; *Blersch* in *Breutigam/Blersch/Goetsch* § 285 RdNr. 2.
[27] Im Ergebnis ebenso Hess, InsO, § 285 RdNr. 5; FK-*Foltis,* InsO § 285 RdNr. 4; HK-*Landfermann* § 285 RdNr. 4; unter Berufung auf § 270 Abs. 1 Satz 2 auch *Kübler/Prütting/Pape* § 285 RdNr. 15 ff.
[28] So im Ergebnis auch *Smid,* Die Abwicklung masseunzulänglicher Insolvenzverfahren nach neuem Recht, WM 1998, 1313, 1324.
[29] HK-*Landfermann* § 285 RdNr. 4.
[30] *Smid,* Die Abwicklung masseunzulänglicher Insolvenzverfahren nach neuem Recht, WM 1998, 1313, 1324.
[31] So auch HK-*Landfermann* § 283 RdNr. 4; *Smid,* Die Abwicklung masseunzulänglicher Insolvenzverfahren nach neuem Recht, WM 1998, 1313, 1324.
[32] Ebenso *Smid,* Die Abwicklung masseunzulänglicher Insolvenzverfahren nach neuem Recht, WM 1998, 1313, 1324.

von einem Insolvenz- oder absonderungsberechtigten Gläubiger oder von der Gläubigerversammlung der Antrag auf Aufhebung des Insolvenzverfahrens nach § 272 gestellt wird, kommt es zur Beendigung der Eigenverwaltung durch Gerichtsbeschluss. Problematisch daran ist jedoch, dass voraussichtlich den Insolvenzgläubigern ebenso wie den absonderungsberechtigten Gläubigern das Interesse an einem Aufhebungsantrag fehlen wird, weil sie entweder als Insolvenzgläubiger nunmehr von dem Verfahren nichts mehr zu erwarten haben oder weil sie als Absonderungsberechtigte nach wie vor bevorrechtigt befriedigt werden.

14   Demgegenüber werden durch eine Fortsetzung der Eigenverwaltung nach Anzeige der Masseunzulänglichkeit die **Interessen der Alt-Massegläubiger im Sinne des § 209 Abs. 3 gefährdet.** Denn bei einer Verfahrensfortführung durch den Schuldner in Eigenverwaltung kann dieser nach § 209 Abs. 2 nunmehr nach Anzeige der Masseunzulänglichkeit Neu-Masseverbindlichkeiten im Sinne des § 209 Abs. 1 Nr. 2 begründen, die den Alt-Massegläubigern im Range vorgehen. Diese Nachrangigkeit der Alt-Massegläubiger gegenüber den Neu-Massegläubigern im masseunzulänglichen Verfahren entspricht aber so sehr dem Nachrang der der Insolvenzgläubiger gegenüber den Massegläubigern vor Anzeige der Masseunzulänglichkeit, dass den Alt-Massegläubigern nach Anzeige der Masseunzulänglichkeit die Antragsbefugnis zur Aufhebung der Eigenverwaltung aus § 208 in entsprechender Anwendung dieser Regelung zuerkannt werden muss.[33]

15   **b) Allgemeine Wirkungen.** Die Anzeige der Masseunzulänglichkeit führt zu den **allgemeinen Wirkungen** nach §§ 208 ff. wie im regulären Verfahren, wobei anstelle des Insolvenzverwalters jedoch der Schuldner tritt.[34] Die Anzeige der Masseunzulänglichkeit ist vom Insolvenzgericht **öffentlich bekanntzumachen** und den bekannten Massegläubigern gesondert zuzustellen. Gemäß § 210 wird ein **Vollstreckungsverbot für die Alt-Massegläubiger** i. S. d. § 209 Abs. 1 S. 3 wirksam. Die Pflicht des Schuldners zur Verwaltung und **Verwertung der Insolvenzmasse** aus § 270 Abs. 1 Satz 1 besteht gemäß § 208 Abs. 3 fort.[35]

16   Die Massegläubiger sind in der neuen **Rangfolge des § 209 zu befriedigen.** Die Befriedigung obliegt dabei dem Schuldner.[36] Ist gemäß § 211 Abs. 3 eine Nachtragsverteilung anzuordnen, so ist auch dafür im Rahmen der Eigenverwaltung der Schuldner – und nicht der Sachwalter – zuständig. Eine Zuständigkeit des Sachwalters ist nämlich im Siebten Teil der Insolvenzordnung nicht ausdrücklich anordnet. Jedoch wird man den Sachwalter – so wie im regulären Insolvenzverfahren den Insolvenzverwalter – als befugt ansehen müssen, den Antrag auf Anordnung der Nachtragsverteilung gemäß § 211 Abs. 3 Satz 1 zu stellen.[37]

17   Der Schuldner hat für seine Tätigkeit nach der Anzeige der Masseunzulänglichkeit gemäß § 211 Abs. 2 **gesondert Rechnung zu legen.**[38] Etwas Abweichendes ergibt sich auch nicht aus dem fehlenden Verweis auf § 211 Abs. 2 in § 281 Abs. 3 Satz 1. In entsprechender Anwendung von § 281 Abs. 3 Satz 2 bleibt der Sachwalter zur Prüfung dieser Rechnung und zur schriftlichen Stellungnahme hinsichtlich etwaiger Einwendungen verpflichtet.[39] Im Übrigen obliegen weiterhin dem **Sachwalter die Überwachungspflichten** aus § 274 Abs. 2.[40]

18   **c) Nachhaftung für Masseforderungen.** Den Schuldner trifft **rechtlich eine unbegrenzte Nachhaftung** für die im Verfahren begründeten Masseverbindlichkeiten. Denn da der Schuldner auf Grund der ihm verbliebenen Verwaltungs- und Verfügungsbefugnis solche Verbindlichkeiten selbst begründet hat, kann seine Haftung für Masseansprüche nicht auf die

---

[33] Vgl. dazu HK-*Landfermann* § 285 RdNr. 4; aA *Kübler/Prütting/Pape* § 285 RdNr. 17.
[34] *Nerlich/Römermann/Riggert* § 285 RdNr. 1.
[35] *Blersch* in *Breutigam/Blersch/Goetsch* § 285 RdNr. 3; *Kübler/Prütting/Pape* § 285 RdNr. 8.
[36] *Kübler/Prütting/Pape* § 285 RdNr. 15 ff.
[37] *Kübler/Prütting/Pape* § 285 RdNr. 15 ff.
[38] *Kübler/Prütting/Pape* § 285 RdNr. 15 ff.
[39] *Kübler/Prütting/Pape* § 285 RdNr. 15 ff.
[40] *Kübler/Prütting/Pape* § 285 RdNr. 15 ff.

an ihn ausgekehrte Masse beschränkt sein, sondern die Massegläubiger können den Schuldner nach Aufhebung der Eigenverwaltung uneingeschränkt in Anspruch nehmen.[41]

V. Fehlende Massekostendeckung (§ 207 InsO)

Massearme Insolvenzverfahren in Eigenverwaltung können nicht nur massunzulängliche Verfahren i. S. v. § 208 sein, bei denen die Masse nicht ausreicht, um die sonstigen Masseverbindlichkeiten zu erfüllen, sondern weitergehend kann sich im eröffneten Verfahren herausstellen, dass die Insolvenzmasse noch nicht einmal ausreicht, um die Kosten des Verfahrens zu decken. Besondere Regelungen für die Bewältigung dieser Situation des § 207 Abs. 1 im Verfahren der Eigenverwaltung fehlen. Deshalb bleibt es generell bei den **allgemeinen Regelungen des § 207**.[42]

Der Schuldner kann in einem solchen Fall entsprechend § 207 Abs. 3 Satz 2 die **weitere Verwertung der Masse einstellen.** Er ist verpflichtet, auf die sofortige Einstellung des Verfahrens hinzuwirken; und das Insolvenzgericht hat nach Kenntniserlangung von der fehlenden Massekostendeckung wie im regulären Insolvenzverfahren auch das Verfahren in Eigenverwaltung – gegebenenfalls nach der Verteilung von Barmitteln gemäß § 207 Abs. 3 Satz 1 – einzustellen.[43] Vor Einstellung muss gemäß § 207 Abs. 2 eine Gläubigerversammlung zur Anhörung der Insolvenzgläubiger, des Sachwalters und der Massegläubiger stattfinden. Die Einstellung unterbleibt gemäß § 207 Abs. 1 Satz 2 nur dann, wenn Gläubiger einen Massekostenvorschuss für die Weiterführung des Verfahrens einzahlen.

Besonderheiten bei Eigenverwaltung gegenüber dem regulären Insolvenzverfahren ergeben sich jedoch zum einen daraus, dass auch in diesem Fall gemäß § 285 der **Sachwalter die fehlende Massekostendeckung dem Insolvenzgericht** anzuzeigen hat. Hierzu wird zwar vertreten, dass eine Anzeige durch den Sachwalter entfallen könne, weil bei fehlender Massekostendeckung ein Verfahren nach den §§ 208 ff. ohnehin nicht mehr stattfinden und das Insolvenzgericht ohnehin keine weiteren Nachweise verlangen könne. Eine unmittelbare Einbeziehung des Sachwalters in das Verfahren zur Einstellung mangels Masse nach § 207 erschiene deshalb überflüssig.[44] Dagegen spricht aber, dass der Sachwalter gemäß § 274 Abs. 3 schon Umstände anzeigen muss, auf Grund derer Nachteile für die Gläubiger bei Fortsetzung der Eigenverwaltung zu befürchten sind. Im Wege des argumentum a maiore ad minus wird man dann aber aus § 285 den Sachwalter erst recht als verpflichtet ansehen müssen, die fehlende Massekostendeckung dem Insolvenzgericht anzuzeigen.[45]

Zum anderen obliegt dem Schuldner an Stelle des Insolvenzverwalters die **quotale Berichtigung der Verfahrenskosten** aus den vorhandenen Barmitteln vor Einstellung des Verfahrens nach § 207 Abs. 3.[46]

VI. Folgen der Verfahrenseinstellung

Wird ein reguläres Insolvenzverfahren mangels Masse oder wegen Masseunzulänglichkeit gemäß §§ 207, 211 eingestellt, so erhält der Schuldner gemäß § 215 Abs. 2 das Recht zurück, über die Insolvenzmasse frei zu verfügen. Wurde das Insolvenzverfahren in Eigenverwaltung begonnen, kann diese Regelung naturgemäß nicht im wörtlichen Verständnis zu

---

[41] *Kübler/Prütting/Pape* § 285 RdNr. 30.
[42] *Smid*, Die Abwicklung masseunzulänglicher Insolvenzverfahren nach neuem Recht, WM 1998, 1313, 1324; *Nerlich/Römermann/Riggert* § 285 RdNr. 1.
[43] Hess, InsO, § 285 RdNr. 5; *Kübler/Prütting/Pape* § 285 RdNr. 15 ff.; *Smid*, Die Abwicklung masseunzulänglicher Insolvenzverfahren nach neuem Recht, WM 1998, 1313, 1324.
[44] So *Kübler/Prütting/Pape* § 285 RdNr. 19.
[45] *Smid*, Die Abwicklung masseunzulänglicher Insolvenzverfahren nach neuem Recht, WM 1998, 1313, 1324; im Ergebnis so jetzt auch *Pape*, Die Eigenverwaltung des Schuldners nach der Insolvenzordnung, in Kölner Schrift, 2. Aufl. 2000, S. 895 ff. RdNr. 36; der die Pflicht zur Anzeige direkt aus § 274 Abs. 3 herleitet.
[46] *Smid*, Die Abwicklung masseunzulänglicher Insolvenzverfahren nach neuem Recht, WM 1998, 1313, 1324.

einem Rückfall der Verfügungsbefugnis auf dem Schuldner führen; denn dieser war ja auch schon vorher gemäß § 270 Abs. 1 Satz 1 verfügungsbefugt. Jedoch endet in entsprechender Anwendung des § 215 Abs. 2 gegebenenfalls eine gemäß § 277 angeordnete Zustimmungsbedürftigkeit.[47]

24 Hinsichtlich **Vollstreckungsmaßnahmen der Insolvenzgläubiger** bleibt es auch nach Einstellung eines Eigenverwaltungsverfahrens bei der Regelung der §§ 215 Abs. 2 Satz 2, 201, 202. Die Gläubiger, die bis dahin an der Individualvollstreckung gehindert waren, können also nach Verfahrensaufhebung wieder vollstrecken, wobei ihnen gegebenenfalls der Auszug aus der Tabelle als Titel für die Zwangsvollstreckung dient.[48]

25 Wurde ausnahmsweise das Insolvenzverfahren über das Vermögen einer natürlichen Person in Eigenverwaltung durchgeführt, so kann gemäß § 289 Abs. 3 nach Einstellung des Insolvenzverfahrens das **Restschuldbefreiungsverfahren** durchgeführt werden, sofern die Einstellung nach § 211 wegen Masseunzulänglichkeit und nicht nach § 207 mangels Masse erfolgt ist.[49]

---

[47] Ähnlich *Kübler/Prütting/Pape* § 285 RdNr. 31, der allerdings eine „Aufhebung" von Verfügungsbeschränkungen fordert.
[48] *Kübler/Prütting/Pape* § 285 RdNr. 31.
[49] *Kübler/Prütting/Pape* § 285 RdNr. 31.

Achter Teil. Restschuldbefreiung

Vorbemerkungen vor §§ 286 bis 303

Schrifttum: *Ackmann,* Schuldbefreiung durch Insolvenz?, 1983; *ders.,* Anerkennung ausländischer Insolvenzwirkungen – Anwendung restschuldbefreiender schweizerischer Regelungen in Deutschland, EWiR 1993, S. 803; *ders./Wenner,* Inlandswirkung des Auslandskonkurses – Verlustscheine und Restschuldbefreiungen, IPRax 1990, S. 209; *Aderhold,* Auslandskonkurs im Inland: Entwicklungen und System des deutschen Rechts mit praktischen Beispielen unter besonderer Berücksichtigung des Konkursrechts der Vereinigten Staaten von Amerika, Englands, Frankreichs sowie der Schweiz, 1992; *Aden,* Zur Anerkennung des restschuldbeschränkenden Wirkung, JZ 1994, 151; *Aderhold,* Zur Rechtsverfolgung der Ansprüche aus einem Schweizerischen Konkursverlustschein in der Bundesrepublik, EWiR 1990, 279; *Alley,* The Continuing Adventures of Code § 523 (a) 15, in: *Norton* (ed.), Annual Survey of Bankruptcy Law 200/2001, 2001, S. 3; *App,* Bemerkenswertes am dänischen Insolvenzrecht, DGVZ 1990, 69; *ders.,* Zur Restschuldbefreiung im französischen Recht, DGVZ 1991, 180; *Arnold,* Insolvenzrechtsreform in Westeuropa, ZIP 1985, 321; *Balz,* Zur Reform des französischen Insolvenzrechts, ZIP 1983, 1153; *ders.,* Insolvenzverfahren für Verbraucher, ZRP 1986, 12; *ders.,* Logik und Grenzen des Insolvenzrechts, ZIP 1988, 1438; *ders.,* Nichtanwendung des VollstrZustÜbk auf Anfechtungsklagen des Konkursverwalters, EWiR 1990, 257; *ders.,* Das neue Europäische Insolvenzübereinkommen, ZIP 1996, 948; *Becker,* Insolvenz in der Europäischen Union. Zur Verordnung des Rates über Insolvenzverfahren, ZEuP 2002, 287; *Berry/Bailey/Shaw-Miller,* Personal Insolvency – Law and Practice, 1993; *Bogdan,* Das schwedische Schuldensanierungsgesetz, ZEuP 1995, 617; *Brougham/Briggs,* Current Issues in Insolvency – Bankruptcy Reform Proposals, Insolvency Intelligence 2002, 17; *Bull,* Der Bankruptcy Reform Act – das neue amerikanische Konkursgesetz, ZIP 1980, 843; *Cork/Graham,* Insolvenzrechtsreform in England – Erläuterungen zum Cork-Report, ZIP 1982, 1275; *Cowans,* Bankruptcy Law and Practice, 7. ed., 1999, vol. 2, chapter 5 und 6; *Crabb/Fletcher,* Insolvency Act 1986 with annotations, 1986; *Dammann,* Das neue französische Insolvenzrecht, ZIP 1996, 300; *Derrida/Godé/Sortais,* Redressement et liquidation judiciaires des entreprises, 1992; *Ebenroth,* Die Inlandswirkung der ausländischen lex fori concursus bei Insolvenz einer Gesellschaft, ZZP 101 (1988), 121; *Ehricke,* Die Wirkung einer ausländischen Restschuldbefreiung im Inland nach deutschem Recht, RabelsZ 62 (1998), 712; *ders.,* Zur Anerkennung einer im Ausland einem Deutschen erteilten Restschuldbefreiung, IPRax 2002, 505; *ders./Ries,* Die neue Europäische Insolvenzverfahrensordnung, JuS 2003, 313; *ders.,* Verbraucherinsolvenz und Restschuldbefreiung in den Mitgliedstaaten der EU, ZVI 2005, 1104; *Eckhardt,* Die Restschuldbefreiung – Probleme der Voraussetzungen und Rechtsfolgen der Restschuldbefreiung unter vergleichender Berücksichtigung des US-amerikanischen Rechts, Diss. Köln 2006; *Eckstein,* Das englische Konkursrecht, 1935; *Exner,* Schuldbefreiung in Norwegen, KTS 1992, 547; *Ferrand,* Das Französische Schuldensanierungsgesetz vom 31. Dezember 1989 und seine Anwendung durch die Zivilgerichte, ZEuP 1995, 600; *Fach,* Aspekte der Insolvenzrechtsreform von 1986 in England, 1991; *Flessner,* Sanierung und Reorganisation, 1982; *ders.,* Anerkennung der Schuldbefreiung aus einem französischen Insolvenzverfahren, EWiR 1989, 1023; *ders.,* Entwicklungen im internationalen Konkursrecht, besonders im Verhältnis Deutschland-Frankreich, ZIP 1989, 749; *ders.,* Das neue Europäische Reorganisationsverfahren vor deutschen Gerichten, IPRax 1992, 151; *ders.,* Insolvenzplan und Restschuldbefreiung im Internationalen Konkursrecht, in: *Stoll* (Hrsg.), Stellungnahmen und Gutachten zur Reform des deutschen Internationalen Insolvenzrechts, 1992, S., 201; *ders.,* Internationales Insolvenzrecht in Deutschland nach der Reform, IPRax 1997, 1; *Fletcher,* The Law of Insolvency, 2. ed., 1996; *Florian,* Das englische Internationale Insolvenzrecht, 1989; *Forsblad,* Restschuldbefreiung und Verbraucherinsolvenz im künftigen deutschen Insolvenzrecht, 1997; *Gottwald,* Aspekte der Unternehmensinsolvenz im englischen Recht, KTS 1981, 17; *ders.,* Grenzüberschreitende Insolvenzen, 1987; *ders./Pfaller,* Aspekte der Anerkennung ausländischer Insolvenzverfahren im Inland, IPRax 1998, 170; Graf, Die Anerkennung ausländischer Insolvenzentscheidungen, 2003; *Grasmann,* Das Erlöschen von Insolvenzforderungen nach Schuld- oder Insolvenzstatut, Festschrift für Kitagawa, 1990, S. 117; *Gregory,* Bankruptcy of Individuals, 2. ed., 1992; *Grier/Floyd,* Personal Insolvency: A practical guide, 2. ed., 1993; *Grunsky,* Das italienische Sanierungsverfahren für Großunternehmen, ZIP 1981, 1303; *Guyon,* Droit des affaires: Entreprises en difficultés, redressement judiciaire faillite, 5. ed, 1995; *Habscheid, E. J.,* Internationales Konkursrecht und Einzelrechtsverfolgung, KTS 1989, 593; *ders.,* Grenzüberschreitendes (internationales) Insolvenzrecht der Vereinigten Staaten von Amerika und der Bundesrepublik Deutschland, 1998; *Haines,* Recent developments in Chapter 11, in: Norton (ed.), Annual Survey of Bankruptcy Law 2000/2001, 2001, S. 511; Halsbury's Laws of England, Bailey (ed.), Vol. 3 (2), Bankruptcy and Insolvency, 4. ed., 1989; *Hanisch,* Internationalprivatrechtliche Probleme des insolvenzrechtlichen Konkordats, in: Liber Amicorum Schnitzer, 1979, S. 223; *ders.,* Die Wende im deutschen internationalen Insolvenzrecht, ZIP 1985, 1233; *ders.,* Nochmals – Schweizerische Konkursverlustscheine im deutschen Prozeß, IPRax 1993, 297; *ders.,* BGH zum Konkursverlustschein, IPRax 1993, 385; *ders.,* Grenzüberschreitende Insolvenz, Festschrift für Nakamura, 1996, S. 221; *ders.,* Auswirkungen der Anerkennung eines in Deutschland eröffneten

Konkurses in der Schweiz auf dort hängige Einzelvollstreckungsmaßnahmen, EWiR 1998, 71; *Herschner/ Brown*, Section 727, in: *Norton* (ed.), Annual Survey of Bankruptcy Law 1999/2000, 2000, S. 575; *dies.*, Section 523 – Exeptions to Discharge, in: *Norton* (ed.), Annual Survey of Bankruptcy Law 2000/2001, 2001, S. 431; *dies.*, Section 727, in: *Norton* (ed.), Annual Survey of Bankruptcy Law 2000/2001, 2001, S. 505; *Heukamp*, Verfahrensrechtliche Aspekte der Gläubigerautonomie im deutschen und französischen Insolvenzrecht, 2005; *Huber, P.*, Internationales Insolvenzrecht in Europa, ZZP 114 (2001), 533; *Huls*, Alternatives to Personal Bankruptcy, in: *Hörmann* (Hrsg.), Verbraucherkredit und Verbraucherinsolvenz, 1986, S. 289; *ders.*, Die Aussichten für einen gesetzlichen Vergleich bei Verbraucherschulden in den Niederlanden, in: *Reifner/ Reis* (Hrsg.), Überschuldung und Hilfen für überschuldete Haushalte in Europa, 1992, S. 331; *Jackson*, The Logic and Limits of Bankruptcy Law, 98 Harv. L. Rev. (1985), 1393; 44; *Jander*, Übersicht über das amerikanische Konkursrecht unter Berücksichtigung der Reformvorhaben, RIW 1993, 547; *ders./Sohn*, Übersicht über das neue amerikanische Konkursrecht, RIW 1981, 7; *Jayme*, Sanierung von Großunternehmen und internationales Konkursrecht, Festschrift für Riesenfeld, 1983, S. 217; *Kirchhof*, Grenzüberschreitende Insolvenzen im Europäischen Binnenmarkt, WM 1993, Teil I: 1364; Teil II: 1401; *Klopp*, Aus deutscher Sicht interessierende Schwerpunkte der französischen Insolvenzrechtsreform, KTS 1988, 267; *Klopp*, Restschuldbefreiung und Schuldenregulierung nach französischem und deutschem Recht, KTS 1992, 347; *Knüllig-Dingeldey*, Nachforderungsrecht oder Schuldbefreiung, 1984; *Koch*, Europäisches Insolvenzrecht und Schuldbefreiungs-Tourismus, in: Festschrift für Erik Jayme, Band I, 2004, 437; *Konecny*, Insolvenzverfahren bei natürlichen Personen in Österreich, ZEuP 1995, 589; *Koskelo*, Schuldensanierung für Privatpersonen in Finnland, ZEuP 1995, 622; *Kusch*, Die Insolvenzverfahren kleiner Leute nach dem Bankruptcy Code der USA, in: Hörmann (Hrsg.), Verbraucherkredit und Verbraucherschutzinsolvenz, 1986, S. 279; *Laut*, Universalität und Sanierung im internationalen Insolvenzrecht, 1997; *Leible/Staudinger*, Die europäische Verordnung über Insolvenzverfahren, KTS 2000, 533; *Leipold*, Wege zu einem funktionsfähigen internationalen Konkursrecht, Festschrift Institut für Rechtsvergleichung der Waseda Universität Tokio, 1988, 787; *Lotz*, Der Weg aus dem „Schuldturm", rechtsvergleichende Überlegungen zur Ausgestaltung eines effektiven Insolvenzrechts für Privatpersonen, 1990; *Ludwig*, Neuregelungen des deutschen internationalen Insolvenzverfahrensrechts, 2004; *Lüer*, Einzelzwangsvollstreckung im Ausland bei inländischen Insolvenzverfahren, KTS 1978, 200; *Lüke, W.*, Zu neueren Entwicklungen im deutschen internationalen Konkursrecht, KTS 1986, 1; *ders.*, Das europäische internationale Insolvenzrecht, ZZP 111 (1998), 275; *McQueen*, Insolvency Law Reform – A second chance, Journal of International Banking Law 2002, 85; *Medla*, Maßnahmen zur präventiven Unternehmenssanierung im deutschen und im französischen Recht, 2008; *Menzinger*, Das freie Nachforderungsrecht der Konkursgläubiger, 1976; *Meyer-Löwy/Poertzgen/de Vries*, Einführung in das englische Insolvenzrecht, ZInsO 2005, S. 293; *ders./Poertzgen/Eckhoff*, Einführung in das US-amerikanische Insolvenzrecht, ZInsO 2005, 735; *Minuth*, Chapter 11 des US-amerikanischen Bankruptcy Code: Mythos und Realität, in: Festschrift für Greiner, 2005, S. 245; *Mikami*, Konsumentenkonkurs und Restschuldbefreiung in Japan, DGVZ 1995, 17; *Moltrecht*, Das Schuldenregulierungsverfahren nach Kapitel 13 des amerikanischen Konkursgesetzes und das Problem der Kleininsolvenz in rechtsvergleichender Sicht, 1987; *Neumann*, Die Gläubigerautonomie im künftigen Insolvenzverfahren, 1995; *v. Oertzen*, Inlandswirkungen eines Auslandskonkurses, 1990; *Paulus*, Restschuldbefreiung und internationales Insolvenzrecht, ZEuP 1994, 301; *ders.*, Zur Wirkung ausländischer Vergleiche in Deutschland, JZ 1997, 419; *Perker*, Das Reorganisationsverfahren im englischen Insolvenzrecht, 1994; *Prütting*, Aktuelle Entwicklungen des internationalen Insolvenzrechts, ZIP 1996, 1277; *ders.*, Restschuldbefreiung, ZIP 1992, 882; *Reifner/Haane*, Europäische Entwicklungen im Bereich privater Entschuldung, in: *Reifner/Reis*, Überschuldung und Hilfen für überschuldete Haushalte in Europa, 1992, S. 293; *Reinhart*, Sanierungsverfahren im internationalen Insolvenzrecht, 1995; *ders.*, Zur Anerkennung ausländischer Insolvenzverfahren, ZIP 1997, 1734; *Riesenfeld*, Cases and materials on creditor's remedies and debtor's protection, 3. ed, 1979; *ders.*, Probleme des internationalen Insolvenzrechts aus der Sicht des neuen Konkursreformgesetzes der Vereinigten Staaten, in: Probleme des Internationalen Insolvenzrechts, hrsg. v. Marschall v. Bieberstein, 1982, S. 39; *ders.*, Das amerikanische Sanierungsverfahren – Ein rechtsvergleichender Überblick, KTS 1983, 85; *Saffer/Wenzel*, Until Debts Do Us Part – Dischargeability under § 523 (a) (5), § 523 (a) (15) and § 523 (a), 18, in: *Norton* (ed.), Annual Survey of Bankruptcy Law 2000/2001, 2001, S. 19; *Schulte*, Die europäische Restschuldbefreiung zu den rechtsvergleichenden und kollisionsrechtlichen Aspekten der Restschuldbefreiung im europäischen Insolvenzrecht, 2001; *Soinne*, Traité théoretique et pratique des procédures collectives, 1987; *Spennemann*, Insolvenzverfahren in Deutschland – Vermögen in Amerika, 1981; *Stadler*, Zur Anerkennung ausländischer Zwangsvergleiche, IPRax 1998, 91; *Starnecker*, Englische Insolvenzverfahren: administrative receivership and administration order vor dem Hintergrund der deutschen Insolvenzordnung, 1995; *Sterzenbach*, Anerkennung des Auslandskonkurses in Italien, 1993; *Stoll* (Hrsg.), Vorschläge und Gutachten zur Umsetzung des EU-Übereinkommens über Insolvenzverfahren im deutschen Recht, 1997; *Summ*, Anerkennung amerikanische Konkurse in der Bundesrepublik Deutschland: eine Darstellung am Beispiel englischer, italienischer und französischer Insolvenzverfahren, 1992; *Taupitz*, Das (zukünftige) europäische Internationale Insolvenzrecht, ZZP 111 (1998), 315; *Trunk*, Dogmatische Grundlagen der Anerkennung von Auslandskonkursen, KTS 1987, 415; *Ulrich/Poertzgen/Pröm*, Einführung in das französische Insolvenzrecht, ZInsO 2006, 64; *Vallender/Heukamp*, Die Reform des französischen Unternehmensinsolvenzrechts, InsVo 2006, 1; *Wenner*, Ausländische Sanierungsverfahren in Inlandsarrest und § 238 KO, KTS 1990, 429; *ders.*, BGH – Anerkennung eines im Ausland geschlossenen Zwangsvergleichs, WiB 1997, 194; *Wenzel*, Die Restschuldbefreiung in der deutschen und österreichischen Insolvenzrechtsreform, KTS 1993, 187; *Wimmer*, Die Verordnung (EG) Nr. 1346/2000 über Insolvenzverfahren, ZInsO 2001, 97; *Zierau*, Die Stellung der Gläubi-

Vorbemerkungen vor §§ 286 bis 303 **vor §§ 286 bis 303**

ger im französischen Sanierungsverfahren, 1991; *Zilkens,* Die *discharge* in der englischen Privatinsolvenz, Diss. Münster 2006; *Zmmermann,* Das italienische Gesetz Nr. 95 über die außerordentliche Verwaltung der in der Krise befindlichen Großunternehmen, 1986; *Zipes,* Recent Developments in Chapter 11, in: *Norton* (ed.), Annual Survey of Bankruptcy Law 2000/2001, 2001, S. 529.

Übersicht

	RdNr.		RdNr.
A. Einleitung	1	b) Schuldensanierungsverfahren nach dem Gesetz vom 31. 12. 1989	48
B. Länderbericht USA	5	IV. Rechtsfolgen der Verfahren	51
I. Einleitung	5	1. Insolvenzverfahren nach Art. L 620-1 ff. C.com.	51
1. US-amerikanisches Insolvenzrecht und Restschuldbefreiung	5	2. Freiwilliges Schuldensanierungsverfahren nach dem Gesetz vom 31. 12. 1989	60
2. Rechtspolitische Erwägungen in Bezug auf die discharge	7	3. Zwingendes Schuldensanierungsverfahren nach dem Gesetz vom 31. 12. 1989	61
II. Adressatenkreis der Restschuldbefreiung	9	V. Verfahrensrechtliche Aspekte	62
III. Formelle und materielle Voraussetzungen für die Erteilung der discharge	11	1. Mitwirkungsrechte der Verfahrensbeteiligten	62
1. Insolvenzverfahren	11	2. Rechtsschutzbestimmungen	64
2. Discharge	13	VI. Erfahrungen mit Restschuldbefreiung und Schuldensanierung	66
a) Liquidationsverfahren	13	D. Länderbericht England	69
b) Schuldenregulierungsverfahren	25	I. Einleitung	69
c) Reorganisationsverfahren	26	II. Adressatenkreis der Restschuldbefreiung	71
IV. Erteilung und Rechtsfolgen der Restschuldbefreiung	27	III. Überblick über die Formen der Schuldbefreiung im englischen Insolvenzrecht	73
1. Regelungen für alle Verfahren	27	1. Deed of arrangement	74
2. Besondere Regelungen für das Schuldenregulierungsverfahren	29	2. Individual Voluntary Arrangement	75
3. Besondere Regelungen für das Reorganisationsverfahren	31	3. County Court Administration Order	76
V. Verfahrensrechtliche Aspekte	32	4. Disacharge im individualen Insolvenzverfahren	78
1. Ablauf des Verfahrens	32	a) Persönlicher Anwendungsbereich	79
2. Mitwirkungsrechte der Verfahrensbeteiligten	33	b) Eröffnung des Insolvenzverfahrens	80
3. Rechtsschutzbestimmungen	35	c) Discharge als Insolvenzaufhebungsgrund	81
4. Möglichkeiten des Widerrufs	36	IV. Discharge und Rechtsfolgen der Erteilung	82
VI. Erfahrungen mit der Restschuldbefreiung	37	1. Überblick	82
C. Französisches Insolvenzrecht und Schuldensanierung	38	2. Automatic discharge	83
I. Einleitung	38	3. Discharge by order of court	85
1. Überblick und rechtspolitische Beweggründe	38	4. Rechtsfolgen der discharge	88
2. Ausgestaltung	40	V. Verfahrensrechtliche Aspekte	90
II. Adressatenkreis der Restschuldbefreiung	42	VI. Erfahrungen mit der discharge	92
III. Formelle und materielle Voraussetzungen für die Erteilung der Restschuldbefreiung bzw. Schuldensanierung	46	E. Kollisionsrechtliche Aspekte der Restschuldbefreiung	93
1. Vorbemerkung	46	I. Einleitung	93
2. Formelle und materielle Voraussetzungen	47	II. Qualifikation des Begriffs der „Restschuldbefreiung„	95
a) Insolvenzverfahren nach Art. L 620-1 ff. C.com.	47	1. Weite Begriffsfassung	95
		2. Ausnahmen	98

	RdNr.		RdNr.
III. Anerkennung einer ausländischen Restschuldbefreiung	99	kung einer ausländischen Restschuldbefreiung	102
1. Formelle Anerkennung	99	b) Materielle Anknüpfung an das Insolvenzstatut	104
a) Grundlage der formellen Anerkennung	99	IV. Grenzen der Anerkennung	106
b) Das Erfordernis einer zweistufigen formellen Anerkennung	100	V. Rechtslage nach der EuInsVO	107
2. Materielle Anerkennung	101	VI. Restschuldbefreiung in Partikular- und Sekundärverfahren	113
a) Eingeschränkte Bedeutung der materiellen Anknüpfung für die Wir-			

A. Einleitung

1   Die **Abwendung vom freien Nachforderungsrecht** nach Ende des Insolvenzverfahrens hin zur Vorstellung einer Restschuldbefreiung für bestimmte Schuldner basiert auf einer Änderung der rechtspolitischen Prämissen des Insolvenzrechts. Diese ist wesentlich getragen von ökonomischen Erwägungen, welche es ratsam erscheinen lassen, die Interessen unbefriedigt gebliebener Gläubiger in der Insolvenz des Schuldners den Interessen des allgemeinen Wirtschaftsverkehrs an dem „**fresh start**" eines einmal gescheiterten Akteurs zurücktreten zu lassen.[1] Die in Deutschland verstärkt seit Mitte der siebziger Jahre[2] diskutierte Einführung einer Restschuldbefreiung entspricht einer international festzustellenden Strömung, welche ihren Ausgangspunkt im anglo-amerikanischen Rechtskreis hat.[3] Der Gedanke, dass redlichen Schuldnern unter bestimmten Voraussetzungen eine Befreiung von ihren Schulden zuteil werden soll, hat dann nach und nach Eingang in verschiedene Rechtsordnungen erhalten. So hat sich die Diskussion der Restschuldbefreiung in Deutschland von Anfang an stark an **ausländischen Vorbildern** orientiert. Während die Kommission für Insolvenzrecht zunächst noch eine Restschuldbefreiung nach dem Vorbild des englischen oder US-amerikanischen Recht als im Wesentlichen unvereinbar mit den Grundprinzipien des einheitlichen Insolvenzverfahrens und der Wahrung der Gläubigerautonomie ablehnte,[4] zogen sowohl der Diskussionsentwurf des Bundesministeriums der Justiz als auch der Referentenentwurf des Bundesministeriums der Justiz eine Restschuldbefreiung ohne Zustimmung der Gläubiger in Anlehnung an das US-amerikanische Recht in Betracht.[5] Die **Erkenntnisse der Rechtsvergleichung** mit anderen Staaten, die ein Schuldenbereinigungsverfahren kennen, sind seitdem ein tragender Pfeiler in der Begründung für die Einführung der Restschuldbefreiung in die InsO.[6] Neben dem US-amerikanischen und englischen Recht wird dabei auch der rechtsvergleichende Blick nach Frankreich gewendet, dessen Recht die Insolvenz herkömmlicherweise zwar streng als Sanktion für unternehmerisches Fehlverhalten begriffen hatte, sich im Rahmen der Insolvenzrechtsreformen von 1985 und 1989 jedoch auch für eine Restschuldbefreiung bzw. ein Schuldenregulierungsverfahren für nicht unternehmerisch tätige Personen entschieden hat.[7] Vor dem Hintergrund der Bedeutung, die die Rechtsvergleichung für die Entstehungsgeschichte der deutschen Regelung zur Restschuldbefreiung hat, erscheint es zweckmäßig zu sein, die Verfahren zur Schuldenbereinigung in diesen drei Rechtsordnungen nachzuzeichnen, um somit Anhaltspunkte zur Klärung etwaiger, zukünftiger Unklar-

---

[1] Vgl. etwa die ökonomische Analyse von *Starnecker*, Englische Insolvenzverfahren: administrative receivership und administration order vor dem Hintergrund der deutschen Insolvenzordnung, 1995.
[2] Vgl. *Heilmann* KTS 1975, 18; *Kilger* ZRP 1976, 190; *Menzinger*, Das freie Nachforderungsrecht der Konkursgläubiger, 1982; *Ackmann*, Schuldbefreiung durch Konkurs?, 1983; *Knüllig-Dingeldey*, Das freie Nachforderungsrecht der Konkursgläubiger, 1984.
[3] Vgl. *Eckhardt*, S. 272 ff.; *Schmidt-Räntsch* E RdNr. 189.
[4] Zweiter Bericht 1986, Leitsatz 6.3, Abs. 1, Begr. S. 163.
[5] §§ 225–241 Diskussionsentwurf des Gesetzes zur Reform des Insolvenzrechts. Entwurf einer Insolvenzordnung (EInsO, 1988/1989; §§ 225 bis 241, Referentenentwurf zur InsO, 1989).
[6] Vgl. *Forsblad*, S. 40 f.
[7] Siehe *Ehricke*, ZVI 2005, 285, 289; *Köhler*, ZVI 2004, 626; *Schmidt-Räntsch*, E RdNr. 191.

heiten der deutschen Regelungen bzw. deren Regelungszweck anzubieten. Dabei kann es sich bei der Darstellung der **Rechtsordnungen der USA, Frankreichs und Englands** naturgemäß aber nur um eine grobe Skizze handeln. Vom Aufbau soll dabei zwar versucht werden, eine gewisse Einheitlichkeit zu wahren; diese kann auf Grund der z. T. erheblichen Unterschiede in den einzelnen Rechtsordnungen jedoch nicht streng durchgehalten werden.

Die Darstellung der Regelungen über die Restschuldbefreiung rechtfertigt sich zudem auch noch aus einem zweiten Grund. Trotz der wichtigen Vorarbeiten ist die rechtsvergleichende Diskussion nämlich bei weitem noch nicht abgeschlossen. Bislang hat sie hauptsächlich die – zweifellos – wichtige Funktion gehabt, Beispiele für die Ausgestaltung der mit einer Restschuldbefreiung zusammenhängenden Fragen zu finden, die als Maßstab für die Normierung der entsprechenden Bereiche im deutschen Recht fungieren können.[8] So steht insbesondere die weitergehende und notwendige Frage einer (kritischen) **funktionalen Vergleichung** der deutschen Regelungen mit den ausländischen Vorbildern erst am Anfang der Klärung. Es stellt sich insoweit insbesondere das Problem, ob die Schaffung der deutschen Regelungen vor dem Hintergrund der Vergleichsrechtsordnungen auch im Zusammenhang mit den jeweiligen insolvenzrechtlichen Ansätzen in den betreffenden Staaten korrespondiert. Dabei geht es um einen bes. komplizierten Bereich des methodischen Vorgehens bei der Vergleichung verschiedener Rechte. Denn die Übernahme von Instrumenten aus einem fremden Rechtssystem in das eigene, um parallel liegende Probleme lösen zu können, ist dort bes. schwierig, wo die fremden Regelungen einem im eigenen Recht unbekannten Regelungskontext entstammen. Es bedarf in diesem Zusammenhang noch einer eingehenderen Klärung, ob die Einführung von Regelungen zur Restschuldbefreiung, z. B. nach anglo-amerikanischem oder nach französischem Vorbild, auch in Deutschland zu den in den anderen Staaten festgestellten Ergebnissen führen können, oder ob nicht Abweichungen zu erwarten sind, die darauf basieren, dass in den Vergleichsrechtsordnungen die Restschuldbefreiung in ein System des Insolvenzrechts eingebettet ist, welches nicht oder nur bruchstückhaft mit dem deutschen Verständnis und deren rechtlichen Ausprägungen vergleichbar ist (Vergleichung der Regelungsrahmen).

Ein zweiter Aspekt, der bei der rechtsvergleichenden Erarbeitung von Regelungen zur Restschuldbefreiung im deutschen Recht bislang nicht hinreichend berücksichtigt zu sein scheint, ist die Einbeziehung der Komponente der Rechtsentwicklung. Denn es geht nicht nur darum, die Funktion gleichartiger Regelungen zu vergleichen, sondern zu überprüfen, ob aus der Entwicklung in fremden Rechtsordnungen Prognosen abzuleiten sind, wie sich im zeitlichen Ablauf die nunmehr in Deutschland eingeführte Regelung in der Praxis voraussichtlich auswirken wird (**„zeitlich-diagonale Rechtsvergleichung"**).[9]

Vor diesem Hintergrund lassen sich für die weitere rechtsvergleichende Diskussion um die Restschuldbefreiung im deutschen Recht konkret folgende zwei Fragen aufwerfen: Sind bei den Anregungen, die aus anderen Rechtsordnungen in das deutsche Recht übernommen wurden, die Rahmenbedingungen, in denen der jeweilige normative Ansatz der Restschuldbefreiung verankert ist, – zumindest in ihrer Funktion – hinreichend berücksichtigt worden?

Wurde mit der Restschuldbefreiung nicht möglicherweise ein Verfahren übernommen, das in den Vergleichsrechtsordnungen zwar eine detaillierte Regelung erfahren hat und den

---

[8] Einen kursorischen Überblick über die Behandlung der Restschuldbefreiung in verschiedenen Rechtsordnungen bei *Ehricke,* ZVI 2005, 285 ff.; *Jahn/Sahm,* Insolvenzen in Europa, 4. Aufl., 2004; *Ziegel,* Comparative Consumer Insolvency Regimes, 2003; *Niemi-Kiesilainen/Ramsey/Whitford,* Consumer Bankruptcy in a Global Perspective, 2003; ferner vgl. zu weiteren Beispiele die Darstellungen bei *Konecny* ZEuP 1995, 589 ff. (zu Österreich); *Huls,* S. 289, 294 ff.; *Huls,* Verbraucherschulden in den Niederlanden, S. 331 ff. (für die Niederlande); *Aderhold,* S. 293 ff. (für die Schweiz); *App* DGVZ 1990, 69; *Arnold* ZIP 1985, 321, 322; *Reifner/Haane,* Europäische Insolvenzrecht, 293, 306 (jeweils zu Dänemark); *Exner* KTS 1992, 547 ff. (für Norwegen); *Koskelo* ZEuP 1995, 622 ff. (zu Finnland); *Bogdan* ZEuP 1995, 617 ff. (zu Schweden); *Mikami* DGVZ 1995, 17 ff. (zu Japan); *Arnold* ZIP 1985, 321, 330 f.; *Frühbeck* ZIP 1983, 1002 ff. (jeweils für Spanien); *Grossmann* Int. Ins.Rev. 1996, 1, 2 (Fn. 17) (für Portugal).

[9] Zu Fragen einer Rechtsvergleichung, die die Komponente der Entwicklung in sich aufnimmt siehe – wenngleich in einem anderen Rechtsgebiet – *Ehricke,* Staatliche Eingriffe in den Wettbewerb, 1994, S. 22 f.; *Dehousse,* American Journal of Comparative Law 42 (1994), 761.

gleichen rechtspolitischen Erwägungen entspricht wie in Deutschland, welches dort aber gleichwohl nicht den erwünschten Erfolg hat bzw. zu Problemen in anderen Bereichen führt, so dass davon ausgegangen werden muss, dass die entsprechenden (negativen) Folgen auch in Deutschland entstehen?

Diese Problembereiche können im Rahmen dieser Kommentierung freilich nicht beantwortet werden; sie mögen aber als eine programmatische Anregung und ein Beitrag zur weiterführenden rechtsvergleichenden Diskussion der Restschuldbefreiung und deren komparativen Absicherung verstanden werden. Als Basis zu dieser Diskussion soll die nachfolgende Gegenüberstellung der rechtlichen Ausgestaltung der unterschiedlichen Formen der Schuldbefreiung in den Rechtsordnungen der USA, Frankreichs und Englands dienen.

B. Länderbericht USA

I. Einleitung

5   **1. US-amerikanisches Insolvenzrecht und Restschuldbefreiung.** Das US-amerikanische Insolvenzrecht kennt in seinem *Bankruptcy Reform Act* von 1978 (*Bankruptcy-Code*, BC)[10] die Restschuldbefreiung des Gemeinschuldners **(discharge)** nach Abschluss bei drei verschiedenen Insolvenzverfahren. *Discharge* kann gewährt werden nach Abschluss des Liquidationsverfahrens gem. chapter 7 BC, welches im Wesentlichen mit dem deutschen Insolvenzverfahren vergleichbar ist. Ebenso besteht die Möglichkeit, Restschuldbefreiung zu erlangen im Anschluss an das Reorganisationsverfahren gem. chapter 11 BC sowie nach dem sog. Schuldenregulierungsverfahren gem. chapter 13 BC. Dem Verfahren nach chapter 13 BC im Wesentlichen angeglichen ist das Schuldenregulierungsverfahren nach chapter 12 BC.[11] Vom Schuldenregulierungsverfahren unterscheidet sich das Liquidationsverfahren dadurch, dass der Schuldner sein gegenwärtiges Vermögen opfert und dadurch sein zukünftiges Einkommen sowie anderen Neuerwerb vor dem Gläubigerzugriff bewahrt. Im Schuldenregulierungsverfahren wird die Gläubigerbefriedigung hingegen durch Teile künftigen Einkommens erzielt; das gegenwärtige Schuldnervermögen bleibt jedoch unberührt. Im Rahmen des Verfahrens nach chapter 11 BC wird auf der Grundlage des sog. „*disclosure statement*", in dem der Schuldner alle nur irgendwie relevanten Details entweder vergangenheitsbezogen verbindlich und prüfbar beschreibt oder soweit wie notwendig prognostiziert und das der gerichtlichen Genehmigung bedarf, mit Zustimmung der Gläubiger ein Reorganisationsplan, d.h. Sanierungsplan,[12] aufgestellt. Dieser beinhaltet einen (Teil-)Forderungsverzicht der Gläubiger.

6   Obwohl sich damit Bestimmungen zur Restschuldbefreiung insgesamt an mehreren Stellen des BC finden, gilt die Regelung des § 727 BC im Rahmen des Liquidationsverfahrens nach chapter 7 BC auf Grund ihrer überragenden praktischen Bedeutung als die Zentralvorschrift der Restschuldbefreiung des amerikanischen Insolvenzrechts. Daneben sind als besondere Bestimmungen § 1141 BC für das Reorganisationsverfahren sowie § 1328 BC für das Schuldenregulierungsverfahren zu beachten. Grundsätzlich gilt für alle Verfahrensarten auch der Ausschluss von der discharge für bestimmte Arten von Gläubigerforderungen gem. § 523 BC. Insbesondere werden Steuerforderungen und **punitive damages** nicht von der discharge erfasst (s. unten RdNr. 28).

6 a   Im Jahre 2005 sind der „Bankruptcy Abuse Prevention" und „Consumer Protection Act" in Kraft getreten.[13] Damit soll einem vermeintlichen Missbrauch des Liquidationsverfahrens

---

[10] Publ. L.No. 95–598, 92 Stat. 2529; 11 U. S. C. §§ 101 ff.
[11] Siehe dazu *Epstein/Nickles/White* §§ 9–23 ff.
[12] Dessen Rechtsnatur ist ungeklärt; unbestritten ist freilich, dass der Plan sowohl Urteils- als auch Vertragselemente enthält, vgl. Stratford of Texas v. Statual of Texas, 635 F. 2 d 365 (5th Cir. 1981).
[13] Dazu s. *Resnick/Sommer*, The Bankruptcy Abuse Prevention and Consumer Protection Act of 2005, 2005.

nach chapter 7 BC vorgebeugt werden.[14] Statt der Wahl des chapter 7-Verfahrens sollen die Schuldner stärker in das Schuldenregulierungsverfahren nach chapter 13 BC gezwungen werden, wo der Schuldner seinen Gläubigern sein verfügbares Einkommen für mindestens drei Jahre zur Verfügung stellen muss.[15] Inhaltlich soll dieses Ziel im Wesentlichen durch die Einführung eines Bedürftigkeitstests für Schuldner („means-test"), die ein chapter 7-Verfahren beantragen, erreicht werden (vgl. 11 USC § 707 (2) (b) BC). Hierbei handelt es sich um eine für das US-amerikanische Recht neue Form der Einkommensüberprüfung, die die Wahl eines bedarfsgerechteren Privatinsolvenzverfahrens[16] erleichtern soll. Es gibt eine gesetzliche Vermutung für das chapter 7-Verfahren, wonach ein Schuldner dann, wenn er nach Abzug aller notwendigen Lebenshaltungskosten über ein Monatseinkommen verfügt, das – multipliziert mit 60 – den Betrag von 6000 US-Dollar übersteigt, rechtsmissbräuchlich handelt und daher das chapter 13-Verfahren durchlaufen muss.[17] Als weitere Änderungen sind im chapter 7-Verfahren die Lockerung des Schutzes von Wohnimmobilien vorgesehen. Die Wohnimmobilie des Schuldners wird nur noch bis zu einem Höchstwert von 100 000 US-Dollar von einer Liquidation ausgenommen werden, wenn der Schuldner die Immobilie nicht länger als zwei Jahre vor seinem Antrag auf Einleitung des Verfahrens bewohnt hat.[18] Im chapter 13-Verfahren ist die Restschuldbefreiung nunmehr von der Versicherung des Schuldners abhängig, so dass er alle vor Antragstellung bestehenden Kindesunterhaltspflichten erfüllt hat.[19] Zudem beträgt die Laufzeit des Zahlungsplans fünf Jahre, wenn das verfügbare Schuldnereinkommen während der Letzten sechs Monate vor Verfahrenseröffnung das für seinen Bundesstaat geltende Durchschnittsübereinkommen übersteigt. Zudem hat der Schuldner jährlich Einkommensnachweise vorzulegen. Er hat für einen bestimmten Zeitraum rückwirkend ab der Eröffnung des Verfahrens Steuerrückerstattungen zu belegen.[20] Ferner ist eine Ausdehnung der Sperrzeit zwischen zwei Verfahren von sechs auf acht Jahre vorgenommen worden.[21] Die Änderungen haben zu einer signifikanten Verlagerung zu chapter 13-Verfahren geführt. Während im Jahre 1997 von 1 404 145 Verfahren 989 372 auf das chapter 7-Verfahren und 403 025 auf das chapter 13-Verfahren entfielen sind im Jahre 2006 von 587 898 eröffneten Verfahren 348 949 Verfahren nach chapter 7 BC und 238 430 nach chapter 13 BC eröffnet worden. Chapter 11-Verfahren sind dagegen im Jahre 2006 – wie auch vorher – vernachlässigbar gering (519). Während die Befürworter in der Reform eine wichtige Maßnahme zur Eindämmung des Insolvenzmissbrauchs in den USA sehen, meinen Kritiker, dass die Neuregelungen schuldnerfeindlich seien und mit dem bewährten Grundsatz des „fresh starts" nicht in Einklang gebracht werden können.[22]

2. Rechtspolitische Erwägungen in Bezug auf die *discharge*. Das US-Insolvenzecht 7 soll nach den Änderungen des Jahres 2005 neben dem **Ziel optimaler und gleichmäßiger Gläubigerbefriedigung** auch dem Zweck dienen, Gemeinschuldner unter bestimmten Voraussetzungen nach Verfahrensabschluss von den unbefriedigt gebliebenen Verbindlichkeiten zu befreien.[23] Dadurch soll ihm grundsätzlich die Möglichkeit zu einem **wirtschaftlichen Neuanfang** *(fresh start)* gegeben werden.[24] Die Befreiung des Schuldners von Teilen

---

[14] *Resnick/Sommer,* a. a. O., S. 17 f.
[15] S. 11 U. S. C. § 1322 (d) (2).
[16] S. American Bankrupty Institute, abzurufen unter www.abiworld.org, bankruptcy statistics.
[17] *Eckhardt,* S. 158.
[18] Vgl. *Springeneer* VuR 2001, 207, 209.
[19] Vgl. 11 U. S. C. § 1302 (d) (1) (B) und (C).
[20] Vgl. *Eckhardt,* S. 159.
[21] S. *Eckhardt,* S. 159; vgl. auch 11 U. S. C. § 1328.
[22] S. *Eckhardt,* S. 159; *Springeneer* VuR 2001, 207, 209.
[23] Vgl. dazu *Bull* ZIP 1980, 843; *Menzinger,* Das freie Nachforderungsrecht der Konkursgläubiger, 22.
[24] Dazu Local Loan v. Hunt, 229 U. S., 234, 244: „One of the primary purposes of the BA is to relieve the honest debtor from the weight of oppressive indebtness and permit him to start a fresh free from the obligations and responsabilities consequent on business misfortunes." S. *Cowans* § 5.1; vgl. auch *Jackson,* 98 Harv. 2. Rev. 1393 (1985); *Moltrecht,* Das Schuldenregulierungsverfahren nach Kapitel 13 des amerikanischen Konkursgesetzes und das Problem der Kleininsolvenz in rechtsvergleichender Sicht, Diss. Bonn (1987), 64.

seiner Verbindlichkeiten erfolgt dabei im Wesentlichen unabhängig vom Willen seiner Gläubiger.[25] Sie beruht vor allem auf der rechtspolitischen Erwägung, dass das Risiko wirtschaftlichen Misserfolges nicht allein vom Schuldner getragen werden solle[26] und dass es durchaus im gesamtwirtschaftlichen Interesse liegt, dem Schuldner einen Anreiz zu geben, auch zukünftig einer produktiven Tätigkeit nachzugehen und damit als Akteur auf den Markt zurückzukehren.[27] Würde der Schuldner hingegen das Gefühl haben, immer nur für die Gläubiger zu arbeiten, so wären nachteilige Auswirkungen auf seine Produktivität zu erwarten, oder es stünde zu befürchten, dass er in die Schattenwirtschaft abrutscht. Diese Produktivitätseinbußen werden als gesamtwirtschaftlich nachteiliger angesehen als die Einbußen, die die Gläubiger im Rahmen einer Restschuldbefreiung hinzunehmen haben, weil sie einen Teil ihrer Forderungen nicht realisieren können. Gleichwohl sind die recht schuldnerfreundlichen Ansätze im US-amerikanischen Recht durch die Änderungen in den Restschuldbefreiungsverfahren relativiert worden. Die Interessen der Kreditgeber haben sich in etwas größerem Maße durchgesetzt und dazu geführt, dass die Befreiung des Schuldners von seinen Forderungen an höhere Schranken geknüpft wird. Damit kann der Sache nach durchaus eine Angleichung der Anforderungen an die Restschuldbefreiung an das Niveau festgestellt werden, das in Deutschland besteht.

8 Um einen umfassenden Schutz des Schuldners zu erreichen, ist es staatlichen Stellen weiterhin untersagt, Genehmigungen, Konzessionen, Wahlrechte oder sonstige Rechte zu verweigern bzw. zu widerrufen und Anstellungsverhältnisse zu kündigen oder abzulehnen, wenn nachweislich der einzige Grund für dieses Verhalten die Nichtbezahlung der von der *discharge* betroffenen Schulden ist *(protection against discriminatory treatment).*[28] Vor dem Hintergrund ähnlicher Erwägungen soll zudem auch Verbrauchern und Privatpersonen mit nur geringem Einkommen bzw. Vermögen die Möglichkeit eines ihre Interessen bes. berücksichtigenden geordneten Verfahrens eröffnet werden.[29] Ein ähnliches rechtspolitisches Ziel verfolgt im Rahmen des Insolvenzverfahrens schließlich auch die Sanierung.[30] Sie ist zeitlich jedoch immer der Restschuldbefreiung vorgeschaltet und von Letzterer strikt zu trennen. Mit der Sanierung ist die Idee verbunden, den angeschlagenen Wirtschaftsteilnehmer auf der Basis seiner ursprünglichen Organisation als wirtschaftlich gesundes Unternehmen wieder in den Markt zurückzuführen. Der Sanierungsansatz ist auf die Unternehmensinsolvenz zugeschnitten und wird vor allem nach chapter 11 BC gewährleistet.[31] Die Restschuldbefreiung kommt erst dann zum Zuge, wenn der Gemeinschuldner sein gegenwärtiges Haftungsvermögen an seine Gläubiger verloren hat und über dessen wirtschaftlichen Einsatz entschieden ist.[32] Die rechtlichen Fragen der Sanierung bleiben im Folgenden unberücksichtigt.

II. Adressatenkreis der Restschuldbefreiung

9 Nach US-amerikanischem Recht können Gemeinschuldner von Insolvenzverfahren **alle natürlichen oder juristischen Personen** sein, die ihren Wohnsitz bzw. ihr Vermögen in den USA haben.[33] Jedoch steht nicht jedes Verfahren allen Gemeinschuldnern offen. Vielmehr sind die einzelnen Verfahren grundsätzlich auf bestimmte Personengruppen bezogen. So ist der Kreis der begünstigten Personen im Rahmen des Liquidationsverfahrens nach

---

[25] Vom Gläubigerwillen hängt die Gewährung der discharge nur im Rahmen des Reorganisationsverfahrens nach Chapter 11 ab.
[26] *Knüllig-Dingeldey,* S. 41.
[27] *Riesenfeld,* Cases and materials on creditors' remedies and debtor's protection, 3rd ed., 729 mwN.
[28] *Cowans* § 5.1.
[29] *Kusch,* Die Insolvenzverfahren kleiner Leute nach dem Bankruptcy Code der USA, in: *Hörmann,* Verbraucherkredit und Verbraucherschutzinsolvenz, 1986, 279.
[30] Dazu vgl. ausführlich *Flessner,* S. 35 f. und 185 ff.
[31] Vgl. *Meyer-Löwy/Poertzgen/Eckhoff* ZInsO 2005, 735, 738 ff.; *Minuth,* in: Festschrift Greiner, 2005, S. 245 ff.
[32] *Balz* ZIP 1988, 1438, 1444.
[33] 11 U. S. C. § 109 (a); ausf. dazu *Cowans* § 5.5. (b).

chapter 7 BC, abgesehen von dem eng gefassten Negativkatalog des § 109 (b) BC,[34] unbeschränkt. Gemeinschuldner in diesem Verfahren kann demnach jede natürliche oder juristische Person sein. Das Verfahren nach chapter 13 BC ist dagegen auf natürliche Personen beschränkt, die über regelmäßige Einkünfte verfügen und deren gesicherte Schulden $ 750 000 und ungesicherte Schulden $ 250 000 nicht übersteigen.[35] Das insoweit notwendige Tatbestandsmerkmal der „regelmäßigen Einkünfte" ist erfüllt, wenn das Einkommen der natürlichen Personen so gleich bleibend und regelmäßig ist, dass etwaige Zahlungen nach einem gem. chapter 13 BC aufzustellenden Schuldenregulierungsplan erfolgen können.[36] Das Verfahren nach chapter 12 BC steht nur Farmern offen. Das Reorganisationsverfahren gem. chapter 11 BC steht schließlich zwar theoretisch nahezu sämtlichen insolvenzfähigen Privatpersonen offen, in der Praxis sind es jedoch lediglich Kaufleute und Angehörige freier Berufe, die das Verfahren beantragen.[37]

Durch die Gewährung der *discharge* werden in keinem Fall Mitschuldner und Bürgen des Gemeinschuldners begünstigt. Vielmehr bleiben die Haftung von Mitschuldnern und Bürgen sowie die Rechte von Gläubigern aus dinglichen Sicherheiten an Sachen Dritter von der *discharge* unberührt.[38]

III. Formelle und materielle Voraussetzungen für die Erteilung der *discharge*

1. Insolvenzverfahren. Aus dem Charakter der Erteilung der *discharge* als **Abschluss des Insolvenzverfahrens** folgt unmittelbar, dass die *discharge* erst dann erteilt werden kann, wenn zunächst das Insolvenzverfahren wirksam eröffnet worden ist. Die Eröffnung erfolgt auf Antrag.[39] Der Antrag kann in den Verfahren nach chapter 7 und chapter 11 BC vom Schuldner *(volontary case)*[40] oder von einem bzw. mehreren Gläubigern *(involuntary case)* gestellt werden.[41] Ehepartner können gem. § 302 (a) BC einen gemeinsamen Insolvenzantrag stellen. Bei einem solchen gemeinsamen Antrag werden die beiden Insolvenzmassen zusammengelegt.[42] Die Eröffnung des Schuldenregulierungsverfahrens nach chapter 13 BC erfolgt hingegen nur auf Antrag des Schuldners.[43] Der Gemeinschuldner ist zwar berechtigt, die Verfahrenseröffnung zu beantragen, eine Verpflichtung dazu besteht jedoch nicht.[44] Die Wahl einer Verfahrensart hat aber nicht notwendigerweise Ausschlusswirkung gegenüber den anderen Verfahrensarten. Es besteht vielmehr die Möglichkeit der *conversion*. Die Entscheidung für ein Verfahren nach chapter 7 kann jederzeit umgewandelt werden in ein Verfahren gem. chapter 11 und chapter 13 BC und umgekehrt.[45] Dieses Umwandlungsrecht wird als notwendig angesehen, um auf etwaige tatsächliche Verände-

---

[34] Danach können Eisenbahngesellschaften, in- und ausländische Versicherungen, Banken, Sparkassen, Genossenschaftsbanken, Darlehenskassen, Bausparkassen sowie kleinere Investmentgesellschaften keine Gemeinschuldner im Sinne des chapter 7 BC sein. Der Grund für den Ausschluss dieser Schuldner vom Bankruptcy Code liegt darin, dass für sie auf Grund anderer Gesetze besondere Überwachungsstellen bestehen, die die Befugnis zur Geschäftsabwicklung im Insolvenzfalle haben.
[35] 11 U. S. C. § 109 (e).
[36] 11 U. S. C. § 101 (30).
[37] Vgl. dazu ausführlich *Minuth,* Festschrift Greiner, 2005, S. 245 ff.
[38] 11 U. S. C. § 524 (e).
[39] 11 U. S. C. § 301, 303.
[40] *Eckhardt,* S. 174; *Bull* ZIP 1980, 843, 845: *Kemper,* S. 26.
[41] In der Praxis kommt der Antragstellung von der Gläubigerseite freilich keine nennenswerte Bedeutung zu, weil 99% der Anträge vom Schuldner gestellt werden. Ein einzelner Gläubiger ist zur Antragstellung nur unter den in 11 U. S. C. § 303 (b) (2) genannten Voraussetzungen berechtigt, d. h. wenn es abgesehen vom Arbeitgeber des Schuldners nicht mehr als zwölf Gläubiger gibt und seine Forderung mindestens 10 000 $ beträgt; vgl. *Bull,* ZIP 1980, 843, 845.
[42] *Fordblad,* S. 131; *Kemper,* S. 21; *Eckhardt,* S. 175.
[43] 11 U. S. C. § 303 (a). Das ist schon insofern zwingend, weil der Schuldenregulierungsplan durch den Schuldner aufgestellt wird.
[44] *Bull* ZIP 1980, 843, 845.
[45] Sog. conversion, 11 U. S. C. §§ 706, 1142, 1307, dazu s. *Williams,* Bankruptcy Year in Review 2001, 2002, S. 133; *Eckhardt,* S. 175 f.

rungen im persönlichen, familiären, beruflichen oder finanziellen Bereich reagieren zu können.[46]

12 Das Insolvenzverfahren ist eröffnet, sobald der Antrag des Schuldners auf Verfahrenseröffnung mit den erforderlichen Unterlagen bei Gericht eingeht[47] oder das Gericht auf Gläubigerantrag nach genauer Prüfung der Insolvenzgründe das Verfahren durch Beschluss eröffnet.[48] Dem US-amerikanischen Insolvenzrecht sind besondere Insolvenzantragspflichten fremd.[49] Mit Einreichung des Antrages wird jedoch eine Antragsgebühr fällig, die im Falle des Schuldnerantrages jedoch auch in Raten gezahlt werden kann.[50] Darüber hinaus kann die Zahlung dieser Gebühr gegebenenfalls auch erlassen werden.[51] Die hierin deutlich werdende Ausprägung eines **Schuldnerschutzgedankens** findet sich ferner auch in der Vorschrift des § 305 (a) BC, wonach die Nichteröffnung des Insolvenzverfahrens bzw. dessen Einstellung nur möglich ist, wenn dies den Interessen von Gläubigern und Schuldnern besser dient als die Eröffnung oder Fortsetzung des Verfahrens oder wenn einer der in § 707 (a), § 1307 (c) BC genannten Gründe vorliegt. Zu diesen Gründen zählt ein bedeutender Zahlungsverzug mit nachteiligen Folgen für die Gläubiger, die Nichtbezahlung von gesetzlichen Gebühren sowie das Versäumnis des Schuldners, innerhalb von 15 Tagen oder der vom Gericht bestimmten Zeit eine Auflistung aller Gläubiger sowie eine Aufstellung der Schulden, des Vermögens einschließlich laufender Einkünfte und Ausgaben einzureichen, und die Abweichung vom bzw. die Nichtbeachtung des Schuldenregulierungsplanes.[52] Masselosigkeit oder -unzulänglichkeit allein führt dagegen nicht zur Anerkennung bzw. Einstellung des Verfahrens.[53] Vielmehr wird auch bei masselosen oder massearmen Insolvenzen ein Insolvenzverfahren durchgeführt, welches jedoch dann nur das Ziel verfolgt, die gesetzlichen Voraussetzungen der *discharge* zu erfüllen.[54]

13 **2. Discharge. a) Liquidationsverfahren.** Das Gericht hat dem Gemeinschuldner *discharge* zu gewähren, sofern nicht einer der in **§ 727 (a) BC aufgezählten Ausnahmetatbestände** vorliegt und dieser durch den Verwalter oder einen Gläubiger im Wege einer Widerspruchsklage geltend gemacht wird (§ 727 (c) BC).[55] Die Konzeption des BC sieht ein Regel-Ausnahmeverhältnis vor. Nach § 727 (a)–(b) BC hat das Gericht die Schuldenbefreiung für alle Verbindlichkeiten zu erteilen, die – unabhängig davon, ob die Forderung ordnungsgemäß angemeldet oder festgestellt ist – bei Verfahrenseröffnung begründet waren. Ferner werden solche nicht vor Verfahrenseröffnung entstandenen Verbindlichkeiten erfasst, die das Gericht nach § 502 (f)–(i) BC festsetzt.[56] Dagegen sieht das US-amerikanische Recht in § 523 (a) (1)–(18) eine ganze Reihe von Verbindlichkeiten vor, die von vornherein von der *discharge* ausgenommen sind (s. auch unten RdNr. 28). Diese Verbindlichkeiten lassen sich schematisch wie folgt zusammenfassen:[57] Steuerschulden aus den letzten drei Jahren, Schulden aus auf Grund irreführender Angaben abgeschlossenen Verträgen, nicht angegebene außerplanmäßige Schulden, Schulden aus Veruntreuung und Betrug während der Ausübung einer treuhänderischen Verpflichtung, Verpflichtungen aus vorsätzlichen und böswilligen Verletzungen einer anderen Person oder deren Vermögen, die einer staatlichen Stelle

---
[46] *Eckhardt*, S. 175.
[47] 11 U. S. C. § 301.
[48] 11 U. S. C. § 303 (h).
[49] *Bull* ZIP 1980, 843, 845; *Stahlschmidt* JR 2002, 89, 91; *Kemper*, S. 24; *Eckhardt*, S. 173.
[50] Gem. 28 U. S. C. § 1930 (a) beträgt die Antragsgebühr für Verfahren nach chapter 7 BC und 13 BC $ 130 und die für Verfahren nach chapter 11 grundsätzlich $ 300.
[51] 28 U. S. C. § 1915 (a).
[52] *Ackmann*, S. 60.
[53] Dazu ausführlich *Ackmann*, S. 60 f.
[54] *Riesenfeld*, in: *Marschall v. Bieberstein* (Hrsg.), Probleme des Internationalen Insolvenzrechts, 1982, 66 ff.; *Ackmann*, S. 63, spricht insoweit anschaulich von einem „proforma-Konkurs".
[55] Sehr ausführlich zur *discharge* nach § 727 BC *Cowans* §§ 5.7 ff. Zu den aktuellen Entwicklungen *Herschner/Brown*, S. 505 ff.
[56] Dazu *Eckhardt*, S. 204 f.
[57] *Epstein/Nickles/White*, S. 326; *Hay*, US-amerikanisches Recht, 2. Aufl., 2002, RdNr. 534; *Eckhardt*, S. 205.

geschuldeten Strafen oder Bußgelder, Schulden aus Ausbildungsdarlehen, Verbindlichkeiten aus Trunkenheitsfahrten.[58]

1. *Discharge* wird nicht gewährt, wenn der Schuldner keine natürliche Person *(individual)* ist.[59] Die lange Zeit ebenfalls berechtigten Personenhandelsgesellschaften und juristischen Personen sind seit der Reform des Bankruptcy Act durch den Bankruptcy *Reform Act* von 1978 von der Erteilung des *discharge* ausgeschlossen.[60]

2. Ausgeschlossen ist die Erteilung einer discharge weiterhin, wenn der Schuldner, in der Absicht einen Gläubiger oder den Insolvenzverwalter an der Vollstreckung zu hindern oder zu betrügen, innerhalb eines Jahres vor Insolvenzantragstellung Schuldnervermögen oder nach Insolvenzantragstellung Massevermögen veräußert, beiseite geschafft, zerstört, beschädigt oder verheimlicht bzw. ein Veräußern, Beiseiteschaffen, Zerstören, Beschädigen oder Verheimlichen durch Dritte gestattet hat.[61]

3. Ein weiterer Ausnahmetatbestand ist erfüllt, wenn der Schuldner Geschäftsunterlagen jedweder Art, einschließlich Bücher, Dokumente, EDV-Aufzeichnungen und sonstige Papiere, aus denen seine Finanzlage oder die von ihm vorgenommenen Rechtsgeschäfte ersichtlich sind, verborgen, zerstört, beschädigt, verfälscht oder pflichtwidrig nicht geführt bzw. nicht aufbewahrt hat, soweit dieses Verhalten nicht unter Berücksichtigung aller Umstände des Falles gerechtfertigt war.[62]

4. Zur Verweigerung der *discharge* führen ebenfalls Straftaten des Schuldners, die mit der Insolvenz in Zusammenhang stehen. Dazu zählt die mündliche oder schriftliche Abgabe falscher eidlicher oder eidesstattlicher Erklärungen (welche für das Insolvenzverfahren wesentlich sein müssen),[63] die Vortäuschung nicht bestehender Ansprüche, das Gewähren oder Anbieten von Geld, Vermögensstücken oder sonstigen Vorteilen für ein rechtswidriges Tun oder die Nichtherausgabe von das Vermögen oder die finanziellen Angelegenheiten des Schuldners betreffenden Insolvenzunterlagen an ein nach dem BC zum Besitz berechtigtes Insolvenzorgan.[64] Anders als im Strafverfahren ist als Beweis für die Straftaten die überwiegende Wahrscheinlichkeit ausreichend.[65]

5. Ferner wird keine *discharge* gewährt, wenn es dem Schuldner vor Erlass der Entscheidung über die Verweigerung der *discharge* misslungen ist, eine befriedigende Erklärung für jeglichen Verlust von Vermögensbestandteilen zu geben, die zur Erfüllung seiner Verbindlichkeiten hätten verwendet werden können.[66]

6. Ein weiterer Ausnahmetatbestand liegt vor, wenn der Schuldner im Insolvenzverfahren gerichtliche Anordnungen nicht befolgt hat, es sei denn, es handelt sich dabei um die Anordnung, in einer entscheidungserheblichen Frage auszusagen, oder wenn der Schuldner unter Berufung auf das Aussageverweigerungsrecht zum Schutz vor Selbstbezichtigung in einer entscheidungserheblichen Frage die Aussage verweigert hat, obwohl ihm Straflosigkeit in Bezug auf die durch das Aussageverweigerungsrecht gedeckte Angelegenheit zugesagt wurde, oder wenn er aus einem anderen Grund als der berechtigten Berufung auf das Aussageverweigerungsrecht zum Schutz vor Selbstbezichtigung in einer entscheidungserheblichen Frage die Aussage vor Gericht verweigert hat.[67]

---

[58] Zu diesen Ausnahmen ausführlich *Eckhardt,* S. 206 ff.
[59] 11 U. S. C. § 727 (a) (1).
[60] Zu den Gründen der Änderung s. *Ackmann,* S. 70; *Riesenfeld,* Cases, 729.
[61] 11 U. S. C. § 727 (a) (2); s. *Ackmann,* 70. In Einzelheiten ausführlich Collier on Bankruptcy § 727.02, mwN; *Cowans* § 5.10 f.; *Epstein/Nickles/White* § 7–19; *Eckhardt,* S. 237 ff.
[62] 11 U. S. C. § 727 (a) (3); *Cowans* § 5–13; *Epstein/Nickles/White* § 7–20; *Jordan/Warren,* Bankruptcy, 2. ed., 1989, S. 137; *Eckhardt,* S. 241 ff.
[63] S. *Eckhardt,* S. 245 mit Veweis auf *Ferguson,* American Bankruptcy LJ 1996, 55, 69 ff.
[64] 11 U. S. C. § 727 (a) (4) (A)-(D); *Epstein/Nickles/White* § 7–21.
[65] S. *Eckhardt,* S. 244.
[66] 11 U. S. C. § 727 (a) (5); *Cowans* § 5–16; *Epstein/Nickles/White* § 7–22; *Albergotti,* Understanding Bankruptcy in the US, 1992, S. 212; *Eckhardt,* S. 246 ff.
[67] 11 U. S. C. § 727 (a) (6); *Cowans* § 5–17; *Epstein/Nickles/White* § 7–23; *Albergotti,* Understanding Bankruptcy in the US, 1992, S. 212 f.; *Eckhardt,* S. 248 f.

20 7. Überdies ist die *discharge* ausgeschlossen, wenn der Schuldner einen der in § 727 (a) (2–6) BC aufgeführten Tatbestände innerhalb eines Jahres vor Stellung des Insolvenzantrags oder während des laufenden Verfahrens im Rahmen eines anderen Insolvenzverfahrens begangen hat, welches einen *insider* betraf.[68]

21 Der *insider*-Begriff ist in 11 U. S. C. § 103 (31) definiert. Ist der Schuldner eine natürliche Person, so ist *insider* jeder Verwandte des Schuldners oder Verwandte eines Mitgesellschafters des Schuldners, die *partnership*, deren Gesellschafter der Schuldner ist, oder der Mitgesellschafter des Schuldners. Ist der Schuldner hingegen eine juristische Person, ist *insider* jeder Geschäftsführer, leitende Angestellte oder sonstige Leitende, die *partnership*, in welcher die juristische Person persönlich haftender Gesellschafter ist, sowie der Mitgesellschafter der juristischen Person, sowie Verwandte der aufgeführten Personen. Sofern der Schuldner eine *partnership* ist, gilt als *insider* jeder Mitgesellschafter, deren Verwandte sowie Verwandte von Personen, welche den Schuldner beherrschen, die *partnership*, deren Mitgesellschafter der Schuldner ist, jeder Gesellschafter des Schuldners bzw. jeder, der beherrschenden Einfluss auf den Schuldner ausübt. Handelt es sich bei dem Schuldner um eine Gebietskörperschaft, sind *insider* die gewählten Vertreter bzw. deren Verwandte.

22 8. Ausgeschlossen ist die *discharge* auch, wenn sie dem Schuldner bereits in einem früheren Verfahren innerhalb von sechs Jahren vor Insolvenzantragstellung nach § 1141, nach § 371 oder § 476 BC gewährt wurde.[69]

23 9. Zudem ist die *discharge* ausgeschlossen, wenn dem Schuldner innerhalb der letzten sechs Jahre vor Insolvenzantragstellung in einem Schuldenregulierungsverfahren nach § 1228 oder § 1328 BC bzw. nach § 660 BC *discharge* gewährt wurde, es sei denn, die nach dem Vergleichsplan geleisteten Zahlungen erreichten wenigstens 100% der festgestellten ungesicherten Forderungen oder 70% der festgestellten ungesicherten Forderungen, sofern der Vergleichsplan vom Schuldner in gutem Glauben vorgelegt worden war und seine bestmöglichen Leistungen vorgesehen hatte.[70]

24 10. Schließlich ist *discharge* auch dann nicht möglich, wenn das Gericht einem nach Verfahrenseröffnung schriftlich erklärten Verzicht des Schuldners auf das *discharge*-Privileg zugestimmt hat.[71]

25 **b) Schuldenregulierungsverfahren.** Sobald der Schuldner den ihm im Schuldenregulierungsplan auferlegten **Zahlungsverpflichtungen vollständig nachgekommen** ist, und wenn kein formgerechter Verzicht auf die *discharge* vorliegt,[72] hat das Gericht dem Schuldner die Befreiung von allen Verbindlichkeiten, deren Erlass der Plan vorsieht, sowie von den nicht angemeldeten und nicht festgestellten Ansprüchen zu gewähren.[73] Für den Fall der nicht vollständigen Erfüllung des Schuldenregulierungsplans ist die Gewährung der *discharge* nur unter drei Voraussetzungen vorgesehen.[74] Die Nichterfüllung muss auf Umstände zurückzuführen sein, die der Schuldner nicht zu vertreten hat, die Höhe der an die ungesicherten Gläubiger geleisteten Zahlungen entspricht der Insolvenzquote, die bei Durchführung des Liquidationsverfahrens nach chapter 7 BC zu erfüllen gewesen wäre, und schließlich darf eine Änderung des Schuldenregulierungsplans nicht möglich sein.

26 **c) Reorganisationsverfahren.** Das **Reorganisationsverfahren nach chapter 11 BC** überlässt die Frage des Schicksals der Altschulden der Vereinbarung zwischen den Gläubigern.[75] Das kann dann von besonderer Bedeutung sein, wenn der Schuldner nach chapter 7

---

[68] 11 U. S. C. § 727 (a) (7); *Cowans* § 5.18; *Albergotti*, Understanding Bankruptcy in the US, 1992, S. 212; *Eckhardt*, S. 249.
[69] 11 U. S. C. § 727 (a) (8); *Cowans* § 5.19.
[70] 11 U. S. C. § 727 (a) (9); *Cowans* § 5.19; *Eckhardt*, S. 249 f.
[71] 11 U. S. C. § 727 (a) (10).
[72] 11 U. S. C. § 1328 (a).
[73] 11 U. S. C. § 1328 (a).
[74] 11 U. S. C. § 1328 (b).
[75] Vgl. *Haines*, S. 511 ff.; *Zipes*, S. 529 ff.; ferner s. *Minuth*, Festschrift Greiner, 2005, S. 245, 253 ff.; vgl. *Braun/Uhlenbruck*, 493.

und 13 BC von einer *discharge* zwar ausgeschlossen ist, es ihm jedoch gelingt, sich mit seinen Gläubigern auf eine *discharge* zu einigen.[76] Verwehrt ist einer Kapitalgesellschaft die *discharge*[77] im Verfahren nach chapter 11 BC aber dann, wenn der Plan ein Liquidationsplan ist oder im Wesentlichen das gesamte Vermögen der Masse liquidiert wird.

IV. Erteilung und Rechtsfolgen der Restschuldbefreiung

1. Regelungen für alle Verfahren. Die **Rechtsfolgen** der *discharge* sind für alle Verfahren in § 524 BC geregelt. Nach § 524 (a) (1) BC führt die *discharge* zur Nichtigkeit aller Urteile, die die persönliche Haftung des Gemeinschuldners für seine Verbindlichkeiten aussprechen, welche von der *discharge* erfasst werden. Ferner wirkt die *discharge* nach § 524 (a) (2) BC als gerichtliches Verbot, über von der *discharge* erfasste persönliche Verbindlichkeiten des Schuldners einen Prozess zu beginnen, fortzuführen oder die Erfüllung einer solchen Verbindlichkeit gerichtlich oder außergerichtlich im Wege der Einziehung, Zwangsvollstreckung in das Schuldnervermögen oder auf Rechnung zu erzwingen. Ergeht trotz dieses Verbotes ein Urteil, so ist dies ebenfalls nichtig. Eine Geltendmachung der Dischargewirkungen seitens des Schuldners ist nicht erforderlich, vielmehr hat das Gericht die Wirkungen stets von Amts wegen zu berücksichtigen.[78]

Die *discharge* erstreckt sich nur auf die **persönliche Haftung des Schuldners** *(personal liability)*, nicht aber auch auf die dafür bestellten Sicherheiten.[79] Ferner sind auf Grund von § 523 (a) BC weitere Verbindlichkeiten von der *discharge* ausgenommen *(exceptions to discharge)*.[80] Insbesondere sollen die Vorteile der *discharge* demjenigen Schuldner nicht zugute kommen, der bei Eingehung der Verbindlichkeit unehrlich oder unrechtmäßig gehandelt hat. Die wichtigsten Ausnahmen von der *discharge* bilden insoweit Steuer- oder Zollverbindlichkeiten,[81] der Erwerb von Geld und Vermögen, die Erlangung einer Dienstleistung oder eines Krediters, sofern dieses jeweils auf arglistiger Täuschung des Vertragspartners bei Vertragsschluss beruht,[82] Unterhaltsansprüche von Ehegatten, Geschiedenen oder Kindern des Schuldners,[83] Ansprüche Dritter aus vorsätzlich begangenen Handlungen,[84] Geldstrafen und Geldbußen wegen Taten, die sich mehr als drei Jahre vor Stellung des Insolvenzantrages ereignet haben und die an eine staatliche Stelle (governmental unit, § 101 (27) BC) zu zahlen sind sowie Verbindlichkeiten aus vorangegangenen Insolvenzverfahren, in welchen entweder keine *discharge* gewährt wurde oder der Schuldner auf die *discharge* verzichtet hat.[85] Ferner wird die **discharge** auch u. a. für folgende Forderungen verwehrt. Schulden auf Grund eines Endurteils beruhend auf arglistigen Handlungen oder Untreue im Rahmen eines Treuhandverhältnisses gegenüber bestimmten Einlagen oder Kreditinstituten (§ 523 (a) (11)); Schulden, die auf „böswilligen" oder grob fahrlässigen Unterlassungen des Gemeinschuldners beruhen, um Kapital einer der in § 523 (a) (11) genannten Einrichtungen zu erlangen (§ 523 (a) (12)) und Verbindlichkeiten, die zum Zweck der Zahlung von Steuerschulden auferlegt wurden, soweit die Steuerforderung gem. § 523 (a) (1) nicht von der **discharge** erfasst wird (§ 523 (a) (14)).[86]

---

[76] Northwest Bank Nebraska v. Tveten, 848 F. 2 d 871 (8th Cir. 1988).
[77] 11 U. S. C. § 1141 (d) (3) (A) BC.
[78] Zu § 524 BC vgl. *Cowans* 5.22. Auf die ursprüngliche Regelung, nach der die *discharge* dem Schuldner lediglich eine Einwendung gab, weist *Ackmann*, 77, hin.
[79] 11 U. S. C. § 524 (a) (1) und (2). Damit wurde die ständige Rechtsprechung kodifiziert; vgl. Long v. Bullard, 117 U. S. 617 (1836); Louisville Joint *Stock* Land Bank v. Radford, 295 U. S. 555, 583 (1935).
[80] S. dazu ausführlich *Epstein/Nickles/White* § 7–24 ff.; *Collier* on Bankruptcy, 1998, §§ 523.05 und 523.11; *Herscher/Braun*, S. 449 ff.; *Eckhard*, S. 204 ff.; vgl. auch *E. J. Habscheid*, S. 181 ff.
[81] 11 U. S. C. § 523 (a) (1).
[82] 11 U. S. C. § 523 (a) (2).
[83] 11 U. S. C. § 523 (a) (5).
[84] 11 U. S. C. § 523 (a) (6).
[85] 11 U. S. C. § 523 (a) (7); 11 U. S. C. § 523 (a) (10).
[86] S. *E. J. Habscheid*, S. 180; speziell zu den aktuellen Entwicklungen bei § 523 (a) (15) und (18) BC vgl. die Beiträge von *Alley* und *Saffer/Wenzel*, in *Norton*, Annual Survey 2001/2002, S. 3 ff. und 19 ff.

29 **2. Besondere Regelungen für das Schuldenregulierungsverfahren.** Der **Umfang der discharge** im Rahmen des Schuldenregulierungsverfahrens nach chapter 13 BC hängt entscheidend vom Verhalten des Schuldners ab. Hat der Schuldner die ihm nach dem Schuldenregulierungsplan obliegenden Zahlungen vollständig erfüllt, richtet sich der Umfang der *discharge* nach § 1328 (a) BC.[87] Demnach wird der Schuldner, soweit der im Schuldenregulierungsverfahren ausgearbeitete Plan dies vorsieht, bei vollständiger Erfüllung der im Schuldenregulierungsplan auferlegten Zahlungen durch Gewährung der *discharge* von allen Verbindlichkeiten befreit.[88] Weitere Voraussetzung ist, dass kein wirksamer Verzicht auf die Schuldbefreiung vorliegt.[89] **Ausgenommen** von der Restschuldbefreiung sind allerdings u. a.[90] langfristige Verbindlichkeiten, zu deren Erfüllung auch über die Laufzeit des Schuldenregulierungsplans hinaus sich der Schuldner durch den Plan verpflichtet hat.[91] Ferner sind auch Unterhaltsverbindlichkeiten[92] sowie Verbindlichkeiten, die der Schuldner nach Eröffnung des Insolvenzverfahrens ohne Zustimmung des Verwalters eingegangen ist,[93] von der *discharge* ausgeschlossen. Dabei handelt es sich im Wesentlichen um Verbindlichkeiten aus Konsumentenkrediten, die der Schuldner eingegangen ist, um den ihm nach dem Plan obliegenden Zahlungsverpflichtungen nicht nachzukommen. Andere nach Verfahrenseröffnung entstandene Verbindlichkeiten können nach § 1322 (d) (6), § 1328 (a) i. V. m. § 128 (d) BC noch angemeldet werden, wodurch sie vom Schuldenregulierungsplan und dadurch auch von der *discharge* erfasst werden (vgl. § 1305 BC). Etwas anderes gilt nur, wenn der Gläubiger wusste oder hätte wissen müssen, dass der Schuldner vor Eingehung der Verbindlichkeit die Zustimmung des Verwalters nicht eingeholt hat, obwohl ihm dies möglich gewesen wäre.[94] Folge dessen ist, dass dann insoweit eine *discharge* nicht erteilt wird.

30 Wurde der **Plan dagegen nicht vollständig erfüllt,** kommt die Gewährung der *discharge* nur unter besonderen, in § 1328 (b) BC genannten Voraussetzungen in Betracht. Diese eingeschränkte Form der *discharge* wird auch als „*hardship discharge*" bezeichnet.[95] Zum einen darf der Schuldner für die Nichterfüllung nicht verantwortlich sein.[96] Zum anderen darf der Betrag, der auf jeden festgestellten, ungesicherten Anspruch gezahlt worden ist, nicht geringer sein als diejenige Summe, die im Falle der Liquidation nach chapter 7 BC bezahlt worden wäre,[97] und schließlich darf eine Anpassung des Regulierungsplans nach § 1329 BC nicht durchführbar sein.[98] Liegen diese Voraussetzungen vor, wird *discharge* nur für die ungesicherten Verbindlichkeiten gewährt, die im Plan vorgesehen sind. Nicht erfasst werden auch alle im Rahmen einer nach § 1328 (a) gewährten *discharge* ausgeschlossenen sowie ein Teil der in § 523 (a) aufgelisteten Verbindlichkeiten. Diese Liste der speziellen Ausschlussgründe wird regelmäßig durch sog. **amendments** ergänzt.[99]

31 **3. Besondere Regelungen für das Reorganisationsverfahren.** Ähnlich wie im Schuldenregulierungsverfahren ist auch im Reorganisationsverfahren nach chapter 11 BC der Plan **(Reorganisationsplan),** in dem die zur Reorganisation notwendigen Maßnahmen

---

[87] Vgl. *Eckhardt*, S. 265 ff.
[88] 11 U. S. C. § 1328 (a).
[89] *Eckhardt*, S. 256.
[90] Ausnahmen ergeben sich im Einzelnen aus § 1328 (a) (1)–(3) und (b) (1)–(3) BC – dazu *Eckhardt*, S. 257.
[91] 11 U. S. C. § 1328 (a) (1) i. V. m. § 1322 (b) (5).
[92] 11 U. S. C. § 1328 (a) (2) i. V. m. § 523 (a) (5). Daneben sind noch weitere Verbindlichkeiten ausgeschlossen, welche aber praktisch nur von untergeordneter Bedeutung sind; vgl. § 523 (a) (8) und (9).
[93] 11 U. S. C. § 1328 (d) i. V. m. § 1305 (a) (2). Dabei handelt es sich um Verbindlichkeiten aus Konsumentenkrediten, die der Schuldner eingegangen ist, um den ihm nach dem Plan obliegenden Zahlungsverpflichtungen nachzukommen.
[94] 11 U. S. C. § 1305 (c).
[95] *Mecham*, Bankruptcy Basics, 2. Aufl., 2004, S. 23; *Ackmann*, 65; *ders.* KTS 1986, 555, 567; *Forsblad*, S. 143; *Eckhardt*, S. 258.
[96] 11 U. S. C. § 1328 (b) (1).
[97] 11 U. S. C. § 1328 (b) (2).
[98] 11 U. S. C. § 1328 (b) (3).
[99] Siehe *E. J. Habscheid*, S. 179 ff.

festgelegt werden, der wichtigste Bestandteil.¹⁰⁰ Der Plan bedarf der Annahme der Forderungsinhaber, welche in dem Plan in verschiedene Klassen eingeteilt werden.¹⁰¹ Wird der Reorganisationsplan dann bestätigt, führt dies zur Befreiung des Schuldners von allen vor der Bestätigung entstandenen Verbindlichkeiten, sofern der Plan nicht ausdrücklich den Fortbestand dieser Verbindlichkeiten vorsieht.¹⁰²

V. Verfahrensrechtliche Aspekte

1. Ablauf des Verfahrens. Das zuständige **Insolvenzgericht entscheidet** über die Gewährung oder die Ablehnung einer *discharge* im Rahmen des anhängigen Insolvenzverfahrens.¹⁰³ Es wird tätig auf Antrag und hat auf Grund der ihm vorgelegten Daten und Unterlagen über die Gewährung einer *discharge* zu entscheiden. Der Entscheidungsprozess verläuft im Rahmen eines üblichen Verfahrens. Die Besonderheit des *discharge*-Verfahrens liegt im Wesentlichen darin, dass das Gericht, wenn es zur Auffassung gelangt, *discharge* zu gewähren bzw. abzulehnen, einen Termin zur mündlichen Verhandlung anberaumt.¹⁰⁴ Dies gilt allerdings nur dann, wenn der Gemeinschuldner eine natürliche Person ist. In diesem mündlichen Termin hat das Gericht die Aufgabe, dem Schuldner, der persönlich zu erscheinen hat, die Entscheidungsgründe darzulegen.¹⁰⁵ Dadurch soll erreicht werden, dass die Akzeptanz der Entscheidung bei dem Antragsteller steigt.

2. Mitwirkungsrechte der Verfahrensbeteiligten. Die **Zustimmung der Gläubiger** ist für die Gewährung der *discharge* grundsätzlich nicht erforderlich. Gleichsam als Ausgleich können die Gläubiger aber zur Sicherung ihrer Forderungen jeweils die Neubegründung einer von der *discharge* erfassten Forderung mit dem Gemeinschuldner vereinbaren.¹⁰⁶ Dadurch besteht aber die Gefahr der Aushöhlung des *discharge*-Privilegs des Schuldners durch auf wirtschaftlichen Druck der Gläubiger abgeschlossene **Neubegründungsvereinbarungen** *(reaffirmation aggreements)*. Um dies zu vermeiden, sind solche Vereinbarungen nur dann durchsetzbar, wenn sie vor Gewährung der *discharge* getroffen wurden, und wenn in ihr eine klare und unzweideutige Bestimmung enthalten ist, dass diese Vereinbarung vor Gewährung der *discharge* oder innerhalb von 60 Tagen ab Einreichung der Vereinbarung bei Gericht, sollte dies später als die Gewährung der *discharge* erfolgt sein, widerrufen werden kann. Darüber hinaus ist für die Wirksamkeit einer solchen Neubegründungsvereinbarung erforderlich, dass diese Vereinbarung bei Gericht gemeldet wird. Im Fall anwaltlicher Vertretung ist diese Vereinbarung mit einem Schreiben zu versehen, aus welchem hervorgeht, dass der Schuldner über die Folgen der Vereinbarung vollständig aufgeklärt wurde und er zur Neubegründung der von der *discharge* erfassten Forderung nicht verpflichtet sei.¹⁰⁷ Wird der Schuldner nicht durch einen Anwalt vertreten, prüft das Gericht, ob eine derartige Vereinbarung eine unzumutbare Härte für den Schuldner oder einen seiner Unterhaltsberechtigten darstellt und ob es in seinem besten Interesse sei. Das gilt jedoch nicht, wenn es sich bei der neu zu begründenden Verbindlichkeit um einen dinglich gesicherten Konsumentenkredit handelt (§ 524 (c) (6) (B) BC).

Bezüglich der Zustimmung zur *discharge* durch die Gläubiger gilt allerdings im Rahmen des Reorganisationsverfahrens etwas anderes. Im Rahmen des Reorganisationsplans nach chapter 11 ist, da jener die Zustimmung der Gläubiger bedarf, auch deren Zustimmung zur *discharge* erforderlich, da sie nur in einer Vereinbarung zwischen den Gläubigern festgelegt werden kann.¹⁰⁸

---

¹⁰⁰ *Epstein/Nickles/White* §§ 10–15 ff.
¹⁰¹ 11 U.S.C. § 1141.
¹⁰² 11 U.S.C. § 1141 (d).
¹⁰³ Zum Verfahren näher *Eckhardt*, S. 173 ff.
¹⁰⁴ Dazu vgl. *Eckhardt*, S. 253.
¹⁰⁵ 11 U.S.C. § 524 (d).
¹⁰⁶ 11 U.S.C. § 524 (c).
¹⁰⁷ Vgl. *Knüllig-Dingeldey*, S. 51.
¹⁰⁸ Vgl. *Minuth*, Festschrift Greiner, S. 245, 254 f.

35   **3. Rechtsschutzbestimmungen.** Nach § 727 (c) (1) BC hat der Verwalter und jeder Gläubiger die Möglichkeit, im Wege der Klage **Einspruch gegen die Gewährung der discharge** zu erheben. Aus der Klage, deren Erhebung innerhalb einer vom Gericht festgelegten Frist erfolgen muss, müssen die Versagensgründe hervorgehen. Auf Verlangen eines Beteiligten kann das Gericht nach § 727 (c) (2) BC den Verwalter damit beauftragen, die Handlungen und das Verhalten des Schuldners auf das Vorliegen von Verweigerungsgründen hin zu untersuchen. Der Kläger trägt die vollständige Beweislast hinsichtlich des Vorliegens von Versagensgründen.[109] Verteidigt sich der Schuldner gegen die vorgetragenen Vorwürfe, entscheidet das Insolvenzgericht im streitigen Verfahren nach mündlicher Verhandlung über die Begründetheit der Klage.[110]

36   **4. Möglichkeiten des Widerrufs.** Wurde die *discharge* durch Betrug erlangt und hat die beantragende Partei hiervon erst nachträglich erfahren oder hat der Schuldner den Erwerb von Massevermögen vorsätzlich und in betrügerischer Absicht dem Verwalter verschwiegen oder hat er nach Gewährung der *discharge* einen Verstoß gegen § 727 (a) (6) BC begangen, so hat das Gericht auf Antrag des Insolvenzverwalters oder eines Gläubigers die Erteilung der *discharge* nach mündlicher Verhandlung zu widerrufen.[111] Als Auslegung des Grundsatzes der Rechtssicherheit ist die Antragstellung auf Widerruf der *discharge* **befristet.** Die Frist beträgt in jedem Fall ein Jahr ab Gewährung der *discharge,* im Falle von § 727 (d) (2) und (3) BC ist sie aber auch noch bis zur Verfahrensbeendigung möglich, soweit das Verfahren ein Jahr nach Gewährung der *discharge* noch fortdauert. Im Rahmen des Schuldenregulierungsverfahrens nach chapter 13 kann die *discharge* auf Antrag eines Beteiligten innerhalb eines Jahres widerrufen werden, wenn die Eröffnung der *discharge* auf Grund einer betrügerischen Handlung des Schuldners erfolgt ist und der Antragsteller hiervon erst nach Gewährung der *discharge* Kenntnis erlangt hat.[112]

VI. Erfahrungen mit der Restschuldbefreiung

37   In den USA haben die Möglichkeiten zur Bereinigung der Verschuldung von natürlichen Personen nach chapter 7 und chapter 13 insgesamt eine **hohe Akzeptanz** erlangt. Sie scheinen dort grundsätzlich geeignet zu sein, die widerstreitenden Ziele von gleichmäßiger Gläubigerbefriedigung und der Möglichkeit des Schuldners zu einem *fresh start* in der Praxis zu vereinen.[113] Obwohl das Reorganisationsverfahren nach chapter 13 sowohl für die Gläubiger als auch für den Schuldner im Vergleich zu den anderen Verfahren vorteilhafter sein kann, wurde in der Praxis das Liquidationsverfahren nach chapter 7 bevorzugt. Da allerdings davon ausgegangen wird, dass das Verfahren nach chapter 13 angesichts der nicht erfolgenden Zerschlagung von Vermögenswerten das volkswirtschaftlich sinnvollere Instrument zur Schuldenbereinigung darstellt, ist durch die Änderung des BC im Jahre 2005 mit Erfolg versucht worden, für die Schuldner Anreize zu geben, ein Verfahren nach chapter 13 anzustreben.[114] Die Wirkung der Verschärfung der Voraussetzungen des Verfahrens nach chapter 7 ist signifikant. Zwar bevorzugen die Beteiligten grundsätzlich nach wie vor eine Zerschlagung und einen völligen Neuanfang gegenüber einem Weiterführen nach einer Reorganisation,[115] doch hat sich das Verhältnis merklich geändert. Die Verschärfung der Voraussetzung des chapter 7 Verfahrens schützt die Gläubiger und vermindert das Missbrauchspotenzial, führt aber im Gegenzug zu einer Benachteiligung gerade der mittellosen Verbraucherschicht.[116]

---

[109] 11 U.S.C. appendix – bankruptcy rule 4005.
[110] *Ackmann*, S. 75.
[111] 11 U.S.C. § 727 (d); dazu *Eckhardt*, S. 253 f.
[112] 11 U.S.C. § 1328 (e): dazu *Eckhardt*, S. 258 f.
[113] *Forsblad*, S. 143 f.
[114] Huls, Privatkonkurs in den USA, 309, 328, *Jander* RIW 1993, 547, 552 f.
[115] *Forsblad*, S. 145.
[116] Vgl. *Resnick/Sommer*, Bankruptcy Abuse Prevention and Consumer Protection, 2005, S. 182 f.

C. Französisches Insolvenzrecht und Schuldensanierung

I. Einleitung

1. Überblick und rechtspolitische Beweggründe. Lange Zeit galt auch **in Frankreich das Recht der freien Nachforderung** nach Abschluss des Insolvenzverfahrens. Das Urteil, mit dem das Insolvenzverfahren wegen Erschöpfung der Aktivmasse *(insuffisance d'actif)* aufgehoben wird *(cloture des opérations de liquidation judicaire)*,[117] berechtigte die Gläubiger zur Einzelzwangsvollstreckung gegen den Schuldner hinsichtlich des restlichen Teils ihrer Forderungen.[118] Mit diesem Aufhebungsurteil konnte jeder Gläubiger nach Abschluss des Verfahrens erneut gegen den Schuldner vorgehen. Das Recht zur Einzelzwangsvollstreckung lebte ab diesem Zeitpunkt wieder auf.[119] Mit dem **loi no. 85–98 vom 25. 1. 1985** wurde jedoch eine eigenständige Form der Restschuldbefreiung geschaffen.[120] Mittlerweile ist loi no. 85–98 vom 25. 1. 1995 im **Code de commerce (C. com)** inkorporiert **(Art. L. 620-1 ff.).** Die Restschuldbefreiung gilt jedoch nur für einen eingeschränkten Adressatenkreis, nämlich die Gewerbetreibenden im Sinne des C.com. Insofern kommt die durch dieses Gesetz vorgenommene Rechtsänderung anderen Personen, für welche das französische Recht kein allgemeines Kollektivverfahren vorsieht, grundsätzlich nicht zugute.[121] Demnach waren Privatpersonen – zunächst noch bis zum 1. 3. 1990 – auf die richterliche Fristgewährung nach Art. 1244-1 Code Civil beschränkt. Das betraf den **Vermögensverfall** *(déconfiture)* des Schuldners, d. h. den Zustand offenbarer Zahlungsunfähigkeit. Dabei wird das Vermögen des Schuldners auf die gleiche Weise verwertet, als wenn er weiterhin zahlungsfähig wäre: Jeder Gläubiger hat demnach auch weiterhin die Möglichkeit der Individualvollstreckung; eine Veröffentlichung des Vermögensverfalls erfolgt nicht, und der Schuldner hat auch keine eidesstattliche Versicherung abzugeben. Die Folgen des Vermögensverfalls sind in den Artikeln 1188, 1276, 1613, 1860, 2003, 2032 Code Civil geregelt. Nach der Fristgewährung gem. Art. 1244-1 Code Civil kann das Gericht auf Antrag des Schuldners ihm unter Berücksichtigung seiner Lage und der wirtschaftlichen Situation eine Fristverlängerung bei der Begleichung seiner Verbindlichkeiten von bis zu zwei Jahren gewähren. Eine wichtige Rechtsänderung fand jedoch im Jahre 1989 statt und brachte auch für Privatpersonen eine wesentliche Verfahrensänderung bei Überschuldung mit sich: Um die zunehmende Überschuldung der privaten Haushalte zu bekämpfen, wurde durch das **Gesetz vom 31. 12. 1989 (loi no. 89–1010)**[122] ein Schuldenbereinigungsverfahren auch für Privatleute geschaffen. Dieses sieht zunächst ein gütliches Verfahren *(phase amiable)* vor, in dem beim Gericht die Anordnung von Vollstreckungsbeschränkungen nach Art. L. 331-5 C.consom. beantragt werden kann. Eine wesentliche Neuerung hat im französischen Recht das Gesetz Nr. 2005–845 *(„loi de sauvegarde des*

---

[117] Nach Art. L. 622-30 C.com. ist eine Verfahrensaufhebung möglich, wenn entweder alle Verbindlichkeiten getilgt worden sind, oder wenn keine realisierbaren Aktiva mehr vorliegen oder wenn die Fortführung der Liquidierungsmaßnahmen mangels Masse unmöglich wird. Letzteres ist der Fall, wenn trotz der Realisierung der Vermögenswerte und weiterhin im Interesse des Unternehmens und der Gläubiger angestrengten Maßnahmen und Verfahren die auch nur teilweise Befriedigung der Gläubiger nicht möglich ist (vgl. Art. 152-1 Direct No. 85–1388). Hiervon zu trennen ist die Abweisung des Eröffnungsantrags mangels Masse. Diese ist nicht vorgesehen, weil gemäß Art. L 627-3 C.com. die öffentliche Hand die Aufbringung der Verfahrenskosten zunächst sicherstellt; vgl. *Klopp,* KTS 1992, 347, 351; *Baur/Stürner* RdNr. 39.12.
[118] Art. 91 loi no. 67–563.
[119] Siehe *Klopp,* KTS 1992, 347, 348 f.
[120] Zu den Gründen für die Gesetzesreform von 1985 ausführlich *Klopp,* KTS 1988, 267, 268.
[121] Siehe *Klopp,* KTS 1992, 347, 352.
[122] Die Art. 1 bis 12 und 15 bis 18 des Gesetzes vom 31. 12. 1989 wurden durch Gesetz vom 26. 7. 1993 in den neuen Code de la consommation (C. consom.) eingefügt und sind Art. L. 331-1 bis L. 333-7 geworden; dazu *Ferrand* ZEuP 1995, 600, 601. Die aktuelle Fassung des C. consom ist abrufbar unter www.legifrance.gouv.fr. Vgl. auch *Köhler,* ZVI 2004, 626.

entreprises") vom 26. 7. 2005 gebracht, welches am 1. 1. 2006 in Kraft getreten ist.[123] Durch das Reformgesetz haben die Vorschriften des 6. Buches des C.com. eine neue Nummerierung erfahren. Zudem wurden neue Vorschriften und neue Begrifflichkeiten eingeführt.[124] Flankierend wurde am 29. 12. 2005 die Durchführungsverordnung *("décret d'application)* veröffentlicht,[125] die einzelne Vorschriften des neuen Gesetzes konkretisiert. Wesentliche Änderungen in verfahrensrechtlicher Hinsicht bringt das neue französische Unternehmensinsolvenzrecht insoweit als das frühere freiwillige Vergleichsverfahren *("règlement amiable")* zwar in den Grundzügen bestehen geblieben ist, sich jetzt jedoch *„procédure de conciliation"* nennt.[126] Zudem hat es Änderungen in der Einsetzung eines *„mandataire ad hoc"* (Art. L 611-3 C.com.) gegeben.[127] Schließlich gibt es nun auch im französischen Insolvenzrecht ein präventives Verfahren *("„procédure de sauvegarde")*, das (nur) der Schuldner bei drohender Zahlungsunfähigkeit (vgl. Art. L. 620-1 (1) C.com) beantragen kann. Das präventive Insolvenzverfahren lehnt sich an das bisherige *redressement judiciaire* mit Verabschiedung eines *plan de continuation* an, das praktisch vorgezogen wird.[128] Die Leitungsorgane bleiben ähnlich wie bei einer deutschen Eigenverwaltung im Amt; sie werden gem. Art. L. 622-1 C.com von einem gerichtlich bestellten Verwalter *(administrateur judiciaire)* unterstützt oder überwacht. Zum Teil wird dieses Verfahren „Chapter 11-Verfahren à la francais" bezeichnet.[129]

39 Begründet wird eine Vollstreckungsbeschränkung im französischen Insolvenzrecht innerhalb der verschiedenen Verfahrenstypen nach wie vor im Wesentlichen mit sozialpolitischen Erwägungen. Dem Schuldner soll ein wirtschaftlicher Neuanfang ermöglicht werden. Große Bedeutung hat dabei die Zielvorstellung des französischen Gesetzgebers, durch Schuldbefreiung die Gründung neuer Unternehmen und die Schaffung von neuen Arbeitsplätzen zu erreichen, wie dies insbesondere im französischen Unternehmenssanierungsrecht zum Ausdruck kommt.[130] Die Reduzierung des Risikos eines finanziellen Zusammenbruchs soll Unternehmertum fördern und positiven Einfluss auf die französische Wirtschaft ausüben. **Schuldenbereinigung** *(apurement du passif)* ist Ziel des französischen Insolvenzrechts.[131]

40 **2. Ausgestaltung.** Die im Rahmen des Insolvenzverfahrens von Kaufleuten, Handwerkern und juristischen Personen nach dem C.com. vorgesehene Restschuldbefreiung ist freilich nur bedingt mit der *discharge* angelsächsischen Rechts vergleichbar. Sie wird nicht allein nach Ermessen des Gerichts angeordnet, sondern tritt nur ein, wenn der Schuldner die ihm nach dem Sanierungsplan obliegenden Pflichten erfüllt, es zu einem Liquidationsausschluss des Gerichts kommt oder das Verfahren mangels Masse eingestellt wird.[132] Das französische Recht kennt für Handelsgesellschaften und juristische Personen zudem ein außergerichtliches **Schuldenbereinigungsverfahren in Form eines Vergleichsverfahrens** *(procédure de conciliation* – früher: *règlement amiable)* nach Art. L. 611-7 C.com. Dieses Verfahren kann auf Antrag eines Schuldners eröffnet werden, der seine Zahlungen noch nicht seit mehr als 45 Tagen eingestellt hat und dem juristische, wirtschaftliche oder ökonomische Schwierigkeiten drohen oder bereits eingetreten sind. Ziel dieses freiwilligen

---

[123] Vgl. *Vallender/Heukamp,* InVo 2006, 1; *Ulrich/Poertzgen/Pröm,* ZInsO 2006, 64, 68 f.; *Bauerrais,* ZGR 2006, 294; *Medla,* S. 69 ff.
[124] *Vallender/Heukamp,* InVo 2006, 1, 2; *Medla,* S. 71, Fn. 269.
[125] Zuletzt abgeändert durch das Dekret 2006–1709 v. 23. 12. 2006; vgl. *Vallansan,* Rev. Proc. Coll. 2006, 5 ff.; *Roussel Galle/Giradin* JCP éd E 2006, 111 ff.
[126] Dazu u. a. *Vallender/Heukamp* InVo 2006, 1, 3 f.; *Dammann/Undritz* NZI 2005, 198, 199 ff.
[127] *Dammann/Undritz* NZI 2005, 198, 199.
[128] *Dammann/Undritz* NZI 2004, 198, 199; *Vallender/Heukamp* InVo 2006; 1, 4 f.; *Ulrich/Poertzgen/Pröm* ZInsO 2006, 64, 69; vgl. auch *Sonnenberger/Dammann,* Französisches Handels- und Wirtschaftsrecht, 3. Aufl. 2008, RdNr. VIII 36.
[129] So *Vallender/Heukamp* InVo 2006, 1, 4.
[130] *Flessner* EWiR 1989, 749; *Laut,* S. 185 ff.; *Zierau,* S. 59.
[131] S. z. B. *Medla,* S. 72.
[132] Vgl. *Klopp* KTS 1988, 267, 276 ff. und 282.

Verfahrens ist der Abschluss eines Vergleiches zwischen dem Schuldner und seinen Hauptgläubigern zur Überwindung einer wirtschaftlichen Krise,[133] in deren Rahmen die Gläubiger u. a. auf einen Teil ihrer Forderungen verzichten.[134]

Bei Überschuldung von Privatpersonen ist eine der Restschuldbefreiung zumindest teilweise vergleichbare Schuldensanierung nach dem Schuldensanierungsgesetz vom 31. 12. 1989 im Verfahren der sog. **freiwilligen Schuldensanierung** *(phase amiable)*[135] möglich, wenn sich der Schuldner und die Gläubiger auf Vorschlag der Kommission (siehe unten RdNr. 49) auf einen (Teil-)Forderungserlass *(au remise de dettes)* einigen (Art. L. 331-6 C. consom). Dagegen ist im Rahmen der sog. **zwingenden Schuldensanierung** *(phase judiciaire)* keine Restschuldbefreiung mehr möglich, weil das Gericht und die Kommission (siehe unten RdNr. 49) im Rahmen dieses Verfahrens nur die Möglichkeit haben, bei allen Verbindlichkeiten des Schuldners Zahlungstermine zu verschieben bzw. neu anzusetzen („moratoire", Art. L. 331-7 C. consom.). Der Erlass von Forderungen ist dagegen insoweit, abgesehen von Nebenforderungen wie Zinsen, nicht möglich.[136] Zu beachten ist, dass die zwingende Phase nur auf Antrag des Schuldners eingeleitet wird (Art. L. 331-7 C. consom.). Die Kommission spricht Empfehlungen aus, die das Gericht nach Prüfung der Vereinbarkeit mit Art. L. 331-7 C. consom. bestätigt, sofern kein „Widerspruch" eingelegt wurde. Durch die gerichtliche Bestätigung werden die Empfehlungen wirksam. Bei einem Widerspruch entscheidet das Gericht über die Maßnahmen. Die Schuldensanierung kommt insoweit deshalb natürlichen Personen, die weder Kaufleute, noch Handwerker oder Landwirte sind, nur zugute, wenn deren Überschuss und deren Einkommen einen Zahlungs- bzw. Sanierungsplan zulässt. **41**

II. Adressatenkreis der Restschuldbefreiung

Das französische Insolvenzverfahrensrecht setzt die seit dem Napoleonischen *Code de commerce* vom 12. 9. 1807 für das französische Insolvenzrecht typische Auffassung, Insolvenzrecht sei Kaufmannsrecht, um.[137] Entsprechend ist der von einer Restschuldbefreiung betroffene **Personenkreis** begrenzt. Eine Restschuldbefreiung kommt für Unternehmen, Handwerker und Landwirte in Betracht. Die Restschuldbefreiung für Landwirte richtet sich nach der loi no. 88–102 vom 30. 12. 1988.[138] Gem. Art. L. 628-1 C.com. gilt eine **Abweichung vom Grundsatz auch in Elsass und Lothringen:** Dort ist das Insolvenzverfahren auf Grund der besonderen historischen Situation in vollem Umfang auf Privatpersonen anwendbar.[139] Damit sollte an das früher maßgebliche deutsche Recht angeknüpft werden. Aufgrund dieser Konzeption ist eine Restschuldbefreiung in Elsass und Lothringen grundsätzlich auch für Privatpersonen möglich. Gleichwohl sind die Gerichte in den betroffenen Departements offensichtlich zurückhaltend bei der Eröffnung von Insolvenzverfahren über das Vermögen von Privatpersonen.[140] Der wesentliche Grund dafür liegt in der Befürchtung, dass Schuldner, insbesondere wenn sie skrupellos sind, allzu leicht in den Genuss der Restschuldbefreiung nach Art. L. 622-32 C.com. kommen. Beschränkend wirken freilich die französischen, Insolvenzstrafrechtlichen Vorschriften, wonach Schuldner sich bei betrügerischer Zahlungsunfähigkeit strafbar machen.[141] **42**

---

[133] *Vallender/Heukamp* InVo 2006, 1, 2; *Sonnenberger/Dammann,* Französisches Handels- und Wirtschaftsrecht, 3. Aufl. 2008, RdNr VIII 28 f.; *Dammann* RLDA 6/2005 Nr. 83.
[134] Siehe *Sonnenberger/Dammann,* Französisches Handels- und Wirtschaftsrecht, 3. Aufl., 2008, RdNr. VIII 29; *Balz* ZIP 1983, 1153, 1155 f.; *Forsblad,* S. 171 f.
[135] Vgl. dazu ausführlich *Ferrand* ZEuP 1995, 600, 607.
[136] Art. L. 331-7 Nr. 3; i. V. m. Art. L. 331-1 C. consom; *Ferrand* ZEuP 1995, 610.
[137] Code Commerce, 111. Buch, Art. 437 ff. „Des faillites et des banqueroutes"; vgl. auch *Baur/Stürner* RdNr. 39.2; *Laut,* S. 183; *Neumann,* S. 38.
[138] *Klopp* KTS 1992, 347, 352; vgl. *Neumann,* S. 43.
[139] S. *Ehricke* IPRax 2002, 505 ff.
[140] *Vallens* Sem.jur. 1989, 3387; vgl. aber den Fall BGH v. 18. 9. 2001 – IX ZB 51/00, IPRax 2002, 525.
[141] Délit d'insolvabilité frauduleuse, s. *Klopp,* KTS 1992, 347, 352.

43 Die **Einführung einer jedermann zugänglichen Privatinsolvenz** wird hingegen abgelehnt.[142] Er sei der besonderen Situation der Privatleute nicht angepasst, und zudem seien die Verfahren der Kaufmannsinsolvenz zu komplex und zu kostenintensiv.[143] Die Möglichkeit zur Restschuldbefreiung durch Insolvenzverfahren setze die falschen erzieherischen Signale an Kreditnehmer, da sie glauben könnten, sich schnell und billig ihrer Schulden entledigen zu können. Die psychologischen Wirkungen eines Insolvenzverfahrens seien zudem wegen seines Stigmatisierungseffekts zu belastend, als dass sie privaten Verbrauchern zugemutet werden sollten. Dieses für deutsches Verständnis kaum nachvollziehbare Argument erklärt sich in Frankreich insbesondere daher, dass sich das dortige Insolvenzrecht historisch aus dem Strafrecht entwickelt hat und weniger in allgemeine verfahrensrechtliche Wertungen eingebettet ist. Schließlich wird in Frankreich auch darauf verwiesen, dass es in den Staaten, die über die Institution der Zivilkonkurses verfügen, keine signifikanten Auswirkungen auf das Funktionieren von Angebot und Nachfrage im Kreditsektor gehabt habe.[144]

44 Eine **Ausnahme** von der Versagung der Restschuldbefreiung für natürliche Personen gibt es allerdings insoweit, als ihnen im Rahmen des freiwilligen Schuldensanierungsverfahrens nach dem Gesetz vom 31. 12. 1989 für ihre außerberuflichen Schulden *(dettes non professionelles)*[145] nach Zustimmung der Gläubiger ein Forderungserlass gewährt werden kann.[146] Das gilt jedoch nur, sofern sie nicht dem Gesetz Nr. 84-184 vom 1. 3. 1984 über die außergerichtliche Vorbeugung und den außergerichtlichen Vergleich bei Schwierigkeiten von Unternehmen, dem Gesetz Nr. 88-1202 vom 30. 10. 1988 über die Anpassung der landwirtschaftlichen Betriebe an die wirtschaftlichen und sozialen Gegebenheiten und dem Gesetz Nr. 85-98 vom 25. 1. 1985 über das Sanierungs- und Liquidationsverfahren der Unternehmen unterliegen.[147]

45 Nicht zu den durch das freiwillige Sanierungsverfahren begünstigten Personen zählen grundsätzlich die Bürgen des Schuldners.[148] Im Rahmen des Insolvenzverfahrens ist jedoch hinsichtlich der Wirkungen des Sanierungsplans zwischen einfachen und selbstschuldnerischen Bürgen zu unterscheiden. Während sich die einfachen Bürgen *(cautions simples)* auf den Plan und seine Wirkungen berufen können, bleibt dies den selbstschuldnerischen Bürgen *(cautions solidaires)* versagt.[149]

III. Formelle und materielle Voraussetzungen für die Erteilung der Restschuldbefreiung bzw. Schuldensanierung

46 **1. Vorbemerkung.** Restschuldbefreiung erklärt sich vor dem Hintergrund des jeweils vorab durchgeführten Liquidationsverfahrens. Im französischen Insolvenzrecht wird – mit den Modifizierungen des *Loi de sauvegarde des entreprises* – grundsätzlich in einem einheitlichen Verfahren die Liquidation und die Sanierung unterschieden. Da die Sanierung des Schuldners Hauptzweck des Verfahrens ist, kommt eine Liquidation mit abschließender Restschuldbefreiung nur dann in Betracht, wenn die Sanierung aussichtslos erscheint oder

---

[142] Vgl. zu den Versuchen, einen Privatkonkurs einzuführen und die Gründe der Ablehnung *Klopp*, KTS. 1992, 347, 353; *Neumann*, S. 46 f.; Paisant, Sem.jur. 1990, Ed. G. No. 29 f.
[143] *Ferrand* ZEuP 1995, 600, 615 (Fn. 75).
[144] *Klopp* KTS 1992, 347, 356.
[145] Art. L. 331-2 C.consom. Ein *Kaufmann*, der in den Anwendungsbereich der Art. L. 620-1 ff. C.com. fällt, kann für seine außerberuflichen Schulden keine Schuldensanierung beantragen Art. L. 333-3 C.consom. Vgl. Cass.civ. 1., 19. 11. 1991, in Dictionnaire permanent difficultés des entreprises, Nr. 1561; C. cass. 1 re civ. v. 13. 3. 2001, Gaz. Pal. 2001, 1243.
[146] Art. L. 331-6 C.consom.
[147] Vgl. Art. L. 333-3 C.consom.
[148] Zur Situation des Bürgen des überschuldeten Schuldners vgl. *Philippe* Anm. zu C. cass. 1 re civ. v. 15. 7. 1999, *Dalloz* 2000 jur 589.
[149] Dazu *Derrida/Gode/Sortais*, Redressement et liquidation judiciaires des entreprises RdNr. 200. Während bereits durch die Eröffnung des Konkursverfahrens die Vollstreckung der Forderung gegen den Schuldner unterbrochen wird, bleibt die Haftung des Bürgen unberührt. Vgl. dazu *Soinne* RdNr. 1212.

fehlgeschlagen ist. Die Erfolgsaussichten einer Sanierung werden in einer sog. Beobachtungsphase beurteilt, mit der das Insolvenzverfahren beginnt.[150]

2. Formelle und materielle Voraussetzungen. a) Insolvenzverfahren nach Art. L 620-1 ff. C.com. Das Insolvenzverfahren wird regelmäßig auf **Antrag des Schuldners** eröffnet. Der Antrag ist innerhalb von 14 Tagen nach Einstellung der Zahlungen zu stellen. Gem. Art. L. 621-2 C.com. ist neben dem Schuldner auch jeder Gläubiger zur Antragstellung berechtigt. Ferner kann das Gericht das Verfahren auch von Amts wegen oder auf Veranlassung der Staatsanwaltschaft eröffnen. Die Eröffnung erfolgt durch Entscheidung des Gerichts, welches die Zahlungseinstellung des Schuldners feststellt und die sog. **Beobachtungsphase** *(période d'observation)* einleitet.[151] In dieser Phase, die grundsätzlich auf sechs Monate, maximal jedoch auf ein Jahr bzw. auf Antrag der Staatsanwaltschaft auf 14 Monate befristet ist,[152] und während welcher die Gläubigerforderungen eingefroren werden,[153] ist die Vornahme der durchzuführenden Handlungen einigen Verfahrensorganen zugeteilt: Der Verwalter *(administrateur)* unterbreitet insbesondere den **Sanierungsplan** und nimmt dem Schuldner entzogene Verfügungsbefugnisse wahr;[154] der Vertreter der Gläubiger *(le représentant des créanciers)* stellt die Verbindlichkeiten fest, überprüft die Forderungen und soll für ihre Befriedigung sorgen. Der sog. beauftragte *Richter (juge commissaire)* überwacht die schnelle **Abwicklung des Verfahrens** und ist mit dem Schutz der betroffenen Interessen beauftragt.[155] Auf der Basis des Berichts des Verwalters[156] wird[157] am Ende der Beobachtungsphase nach Beratung mit dem Schuldner, dem Gläubigervertreter und gegebenenfalls anderer Personen der Plan erstellt und vom Gericht nach Anhörung des Schuldners, des Verwalters des Gläubigervertreters, der Kontrolleure und des Unternehmensausschusses *(représantants du comité d'entreprise)* beschlossen.[158] Dieser Sanierungsplan hat die Form eines – mehr oder weniger ausgehandelten – **Zwangsvergleichs** und kann eine Schuldbefreiung vorsehen.[159] Sieht das Gericht hingegen keine Möglichkeit der Betriebsfortführung, so kann es statt dessen zu jedem Zeitpunkt die gerichtliche Liquidation anordnen.[160] Im Hinblick auf die Restschuldbefreiung ist allerdings nur die *liquidation judiciaire* von Interesse.[161] Die Verwertung des schuldnerischen Vermögens in der Liquidation schließt das bis zum Verfahrensende erworbene Vermögen ein (Art. L. 622-9 C.com.). Darüber hinaus muss der Schuldner jedoch keine weiteren Opfer für eine Restschuldbefreiung erbringen. Zudem gibt es im französischen Recht nicht die Voraussetzung der Einkommensabtretungen oder die Einhaltung von Fristen.

b) Schuldensanierungsverfahren nach dem Gesetz vom 31. 12. 1989. Aufgrund des unbefriedigenden Zustands, der damit einherging, dass die Restschuldbefreiung für Privatpersonen nach dem Gesetz vom 25. 1. 1985 nicht möglich war, wurde am 31. 12.

---

[150] Dazu vgl. *Sonnenberger/Dammann*, Französisches Handels- und Wirtschaftsrecht, 3. Aufl. 2008, RdNr. VIII 38 f.

[151] S. *Ulrich/Poertzgen/Pröm*, ZInsO 2006, 64, 66.

[152] Art. L. 621-6 C.com. i. V. m. Art. 20 Décret No. 85–1388. Statt der sechs Monate kann jedoch eine Verkürzung der Beobachtungsfrist auf praktisch „Null" vorgenommen werden, um im Fall eines Liquidationsverfahrens dessen Eröffnung nicht unnötig zu verzögern. Vgl. dazu 107 TribGI Bethune, 8. 1. 1986, Gaz. Pal., 1986, S. 22.

[153] Art. L. 621-24 C.com. Dadurch soll die Tätigkeit des Betriebes unter der Überwachung der vom Gericht einzusetzenden Organe gewährleistet werden, um die so gewonnene Zeit dazu zu nutzen, einen Plan zur Rettung des Betriebes zu erstellen. Vgl. Art. L. 621-54, L. 621-26 ff. C.com.

[154] Art. L. 621-22, Art. L. 621-23 C.com.

[155] Art. L. 621-17 C.com. Daneben kommen noch den Arbeitnehmervertretern (représentant des salariés) erhebliche Informations- und Konsultationsrechte zu (Art. L. 621-8 C.com); zudem werden durch Beschluss des beauftragten Richters ein oder zwei Kontrolleure aus den Reihen der Gläubiger bestellt (Art. L. 621-13 C.com.) – zu den Neuerungen vgl. *Damann/Undritz* NZI 2004, 198, 201 f.

[156] Art. L. 621-54 C.com.

[157] Art. 145 loi no. 85–98.

[158] Vgl. Art. L. 621-56, L. 621-54, L. 621-62 und L. 621-139 C.com.

[159] Art. L. 621-60 C.com.

[160] Vgl. Art. L. 621-27, Art. L. 621-62 C.com.

[161] S. *Sonnenberger/Dammann*, Französisches Handels- und Wirtschaftsrecht, 3. Aufl. 2008, RdNr. VIII 55.

1989 die sog. *loi Neiertz* (loi no. 89–1010) – jetzt Art. L. 331-1 ff. C.consom. – eingeführt. Das **Ziel dieses Gesetzes** ist die Vorbeugung und Regelung der mit der Überschuldung von Privatpersonen und Familien verbundenen Schwierigkeiten.[162] Dabei wird zum einen versucht, in einem sog. vorbeugenden Teil die Überschuldung von Privathaushalten im Ursprung zu vermeiden. In einem kurierenden Teil soll zum anderen der Zustand der Überschuldung von Privathaushalten entschärft werden. Dafür sind zwei Verfahren vorgesehen, nämlich die *phase amiable* und die sich eventuell anschließende *phase judiciaire civile*. Eine wirkliche und zwingende Restschuldbefreiung wird dadurch allerdings nicht erreicht, denn das Vermögen des Schuldners muss nicht insgesamt geopfert werden,[163] und die Restschuldbefreiung ist von der Zustimmung der Gläubiger abhängig.

49 Das **freiwillige Schuldensanierungsverfahren** beginnt mit dem Antrag des überschuldeten Schuldners an die Verwaltungskommission, in dem er die ihm bekannten Vermögenswerte und Verbindlichkeiten anzugeben hat.[164] In jedem Departement wird zumindest eine Verwaltungskommission zur Überprüfung der Lage der Überschuldung von Privatpersonen und zur Zusammenführung von Schuldnern und ihren Gläubigern zur Ausarbeitung eines Sanierungsplanes gebildet. Sie setzt sich zusammen u. a. aus dem Präfekten des Departements als Vorsitzendem, dem Generalsteuereintreiber als stellvertretender Vorsitzender, dem örtlichen Vertreter der Banque de France und zwei vom Präfekten ausgewählten Persönlichkeiten.[165] Die Kommission hat dem Amtsrichter am Wohnsitz des Schuldners über die Verfahrenseröffnung zu berichten und kann bei ihm auch den Erlass von Vollstreckungsunterbrechungsbeschlüssen in gegen den Schuldner anhängigen Zwangsvollstreckungsverfahren beantragen.[166] Die Hauptaufgabe der Kommission besteht darin, zwischen dem Schuldner und seinen Gläubigern zu vermitteln, um innerhalb von zwei Monaten einen vertraglichen Sanierungsplan zu erstellen (vgl. Art. L. 331-6 C.consom.). Dabei kann sie, um sich eine Übersicht über die Verschuldung des Betroffenen zu verschaffen, jeden anhören, dessen Vernehmung ihr sinnvoll erscheint, sofern diese unentgeltlich tätig wird.[167] Gelingt es der Kommission nicht, während dieser zwei Monate einen vertraglichen Sanierungsplan zwischen dem Schuldner und den Gläubigern herbeizuführen, kann der Schuldner eine zwingende Schuldensanierung beantragen (vgl. Art. L. 331-7 i. V. m. Art. L. 331-1 C.consom.). Dies führt dann zum Ende des freiwilligen Verfahrens. Praktisch zur Beendigung des freiwilligen Verfahrens führt grds. auch die Einleitung bzw. das Fortführen von Vollstreckungsmaßnahmen eines Gläubigers. Dabei ist allerdings zu beachten, dass im freiwilligen Verfahren die Anordnung der Vollstreckungsaussetzung nicht zwingend ist. Vollstreckungsmaßnahmen der Gläubiger sind, wenn sie gegen den aufgestellten Plan, an dem der betroffene Gläubiger mitgewirkt hat, oder gegen die Anordnung der Vollstreckungsaussetzung durch das Gericht verstoßen, ein Grund, das Scheitern der Verhandlungen zu erklären. Die Feststellung des Scheiterns der Verhandlungen wiederum ist eine der Voraussetzungen für die Eröffnung der „*phase de recommendations*" (vgl. Art. L. 331-7 C.consom.).

50 Im sogenannten **zwingenden Sanierungsverfahren** sind nach einer Gesetzesänderung von 1995 zwei Phasen zu unterscheiden: die Empfehlungsphase *(phase de recommandation)*, in der die Kommission Empfehlungen zur Sanierung des Schuldnervermögens aufstellt, und die sich anschließende gerichtliche Überprüfungs- und Bestätigungsphase. Die Empfehlungsphase wird nur unter drei Voraussetzungen eröffnet: (1) Die Kommission muss das Scheitern der Verhandlungen zwischen Schuldner und Gläubigern festgestellt haben, (2) die Gläubiger und der Schuldner wurden darüber informiert und (3) der Schuldner hat bei der Kommission einen Antrag auf Eröffnung der Empfehlungsphase gestellt (vgl. Art. L. 331-7 C.consom.). Die Antragstellung des Schuldners hat die Unterbrechung jeglicher Fristen,

---

[162] *Ferrand*, ZEuP 1995, 600, 601; *Neumann*, S. 45 ff.; *Laut*, S. 188 ff.
[163] *Schulte*, S. 66; *Laut*, S. 190.
[164] Art. L. 331-3 C.consom.
[165] Art. L. 331-1 C.consom.
[166] Art. L. 331-5 C.consom.
[167] Art. L. 331-3 C.consom.

auch Verjährungsfristen zur Folge (Art. L. 331-7 C.consom.). Entgegen dem Wortlaut des Art. L. 331-7 C.consom. ist die Kommission bei Vorliegen der Voraussetzungen verpflichtet, die Empfehlungsphase zu eröffnen.[168] Der Rahmen der von der Kommission vorzuschlagenden Maßnahmen ist in Art. L. 331-7 C.consom. genau vorgeschrieben. Die Empfehlung eines Schulderlasses ist dabei allerdings nicht vorgesehen. Bei der Erstellung der Empfehlungen hat die Kommission die Kenntnisse, die die jeweiligen Gläubiger über die Verschuldungssituation des Schuldners bei Vertragsabschluss haben konnten, zu berücksichtigen, um die Gläubiger ggf. zu sanktionieren, wenn sie durch ihr Verhalten die finanzielle Situation des Schuldners durch Nachlässigkeit oder sogar willentlich verschlechtert haben.

Die **Empfehlungen der Kommission,** die innerhalb von zwei Monaten nach Antragsstellung ergehen müssen (vgl. Art. L. 331-20 C.consom.), werden an den Schuldner, die Gläubiger und das Gericht weitergeleitet, das nach Prüfung der Vereinbarkeit mit Art. 331–7 C.consom. diese bestätigt und ihnen Vollstreckbarkeit verleiht. Etwas anderes gilt dann, wenn dem Gericht kein Widerspruch gegen die Empfehlungen vorliegt. Das Gericht darf die Empfehlungen nicht verändern, sondern muss bei Vorliegen von einer Unvereinbarkeit mit Art. L. 331-7 C.consom. zurück an die Kommission verweisen, die neue Empfehlungen aufzustellen hat. Liegt ein Widerspruch gegen die Empfehlungen vor, so kann der Richter alle zur Überprüfung des Sachverhalts erforderlichen Maßnahmen einleiten (Art. L. 331-2 C. Consom.). Seine Entscheidung über die zu treffenden Maßnahmen hat sich an den in Art. L. 331-7 und Art. L. 331-7–1 C.consom. vorgesehenen Maßnahmen zu orientieren. Die gerichtlich bestätigten Maßnahmen sind nur gegenüber den Gläubigern wirksam, deren Existenz der Schuldner der Kommission angezeigt hat und die von der Kommission über das Verfahren der Schuldensanierung benachrichtigt worden sind (Art. L. 331–8 C.consom.).

Eine **Alternative zum Empfehlungsverfahren** nach Art. L. 331-7 C.consom. sieht das Gesetz seit seiner Änderung durch das Gesetz Nr. 98–657 vom 29. Juli 1998 für die Fälle vor, in denen ein im Empfehlungsverfahren aufgestellter Sanierungsplan mangels Masse nicht sinnvoll ist, d. h. für die Fälle, in denen die Finanzen des Schuldners bestenfalls zur Deckung des täglichen Bedarfs ausreichen. Für diese Fälle kennt Art. L. 331-7 C.consom. die Möglichkeit der Empfehlung eines Aufschubs der Fälligkeit von Forderungen bzw. einer Fristverlängerung für einen Zeitraum, der drei Jahre nicht überschreiten darf **(moratoire).** Ausgenommen hiervon sind jedoch Unterhalts- sowie Steuerforderungen. Allerdings besteht die Möglichkeit des Erlasses von Steuerschulden unter den Voraussetzungen des Art. L. 247 des Gesetzes über das Steuerverfahren. Dieser **Fälligkeitsaufschub** bedeutet jedoch keine Annullierung der Schulden, sondern verschiebt nur die Erfüllungspflicht. Nach dem Ablauf des Zeitraums des Fälligkeitsaufschubs prüft die Kommission die Situation des Schuldners erneut und empfiehlt gegebenenfalls die Maßnahmen nach Art. L. 331-7 C.consom. Für ein freiwilliges Verfahren ist zu diesem Zeitpunkt kein Raum mehr. Ist der Schuldner vermögenslos geblieben, so empfiehlt die Kommission nach ausführlicher Begründung die Teil- oder Volllöschung der bestehenden Schulden, außer von Steuer- und/oder Unterhaltsschulden. In den auf die Löschung folgenden acht Jahren kann keine weitere Löschung gleichartiger *(similaire)* Schulden, wie die bereits gelöschten Schulden, erfolgen. Nach der Löschung haben die Gläubiger dann keine Handhabe mehr, auf Grund ihrer Forderungen gegen den Schuldner vorzugehen, allerdings haben sie weiterhin die Möglichkeit, ihre Rechte zu schützen, wie etwa durch die Zwangsräumung der Wohnung des Schuldners, wenn dieser im Rückstand mit der Zahlung des Mietzinses ist. Ein Schuldner, der falsche Aussagen gemacht hat, um unberechtigterweise von der Schuldenlöschung zu profitieren, verliert seine Rechte gem. Art. L. 333-2 C.consom.

IV. Rechtsfolgen der Verfahren

1. Insolvenzverfahren nach Art. L 620-1 ff. C.com. Nach Abschluss der Sanierungsphase wird durch Urteil des Gerichts der Sanierungsplan bestimmt, wenn das Gericht von

---

[168] Vgl. *Bouteiller,* JC com. Fasc. 1710, RdNr. 67.

der Möglichkeit der Weiterführung des Betriebes ausgeht.[169] Andernfalls ordnet es die gerichtliche Liquidation an.[170] Das den Plan festsetzende Urteil wird bekannt gegeben und zugestellt, und ist somit gegenüber allen wirksam.[171] Darin werden die den Sanierungsplan ausführenden Personen sowie die übernommenen Verpflichtungen bestimmt.[172] Das Gericht ist sowohl bei der Festsetzung der Dauer des Planes[173] als auch bei der Bestimmung der Fristen für die Zahlung der Quoten an die Gläubiger nicht an besondere Mindestfristen gebunden. Der Verwalter hat die zur Umsetzung des Planes notwendigen Schritte zu veranlassen (Art. L. 621-67 C.com). Zur **Überwachung der Plandurchführung** wird ein *„commissaire à l'exécution du plan"* eingesetzt, der personengleich mit dem Verwalter oder mit dem Gläubigervertreter des Verfahrens sein kann (Art. L. 621-68 C.com.).[174] Erfüllt der Schuldner seine sich aus dem Plan ergebenden Zahlungsverpflichtungen, erlöschen die gegen ihn bestehenden unerfüllt gebliebenen Forderungen. Das gilt aber nicht, sofern die Gläubiger einen Titel auf Grund der Verurteilung des Schuldners in einem Strafverfahren erlangt haben, welches nicht in Zusammenhang mit der beruflichen Tätigkeit des Schuldners stand,[175] wenn es sich um an die Person des Schuldners gebundene Rechte der Gläubiger handelt[176] und wenn Ansprüche geltend gemacht werden, die auf einer Gläubigerbenachteiligung *(fraude à l'égard des créanciers)* oder auf Grund von Straftaten nach den Art. 626-1 ff. C.com. beruhen.[177] Kommt er hingegen seinen Zahlungsverpflichtungen nicht nach, können die Gläubiger ihre ursprüngliche Forderung wieder in der gesamten Höhe abzüglich der bereits erhaltenen Zahlungen im Liquidationsverfahren, das auf die Aufhebung des Planes folgt, geltend machen.[178]

52 Ordnet das Gericht hingegen die **gerichtliche Liquidation** an, führt dies zur Beschlagnahme und Besitzentziehung für den Schuldner.[179] Nur wenn Gründe des öffentlichen Interesses dies gebieten, darf der Schuldner ausnahmsweise und nicht länger als für die Dauer von drei Monaten seinen Betrieb fortführen. Die Verwaltung obliegt während dieser Zeit dem Liquidator,[180] der als Vertreter der Gläubigerinteressen *(représentant des créanciers)* als zweites Organ des Liquidationsverfahrens der Kontrolle durch den beauftragten Richter[181] unterliegt.[182] Das **Verfahren endet durch Beschluss** des Gerichts, wenn keine zu befriedigenden Verbindlichkeiten mehr vorliegen, oder ebenfalls durch Beschluss, wenn das Verfahren mangels Masse eingestellt wird.[183] Selbst bei Einstellung des Verfahrens mangels Masse ist es den Gläubigern jedoch verwehrt, ihre unbefriedigt gebliebenen Forderungen durchzusetzen. Davon ausgenommen bleiben nur Ansprüche gegen den Schuldner, die auf einer strafrechtlichen Verurteilung beruhen, die außerhalb der beruflichen Tätigkeit des Schuldners liegen oder Rechte, die personenbezogen sind.[184] Eine weitere Ausnahme von dem Ausschluss freier Nachforderung der Gläubiger nach Einstellung des Verfahrens mangels Masse besteht für Schuldner, die bereits ein Insolvenzver-

---

[169] Nach Art. L. 621-70 C.com. müssen insofern ernsthafte Aussichten für die Sanierung des Unternehmens und die Regelung der Verbindlichkeiten bestehen.
[170] Art. L. 621-21 C.com.
[171] Art. 97 Dekret Nr. 85–1388.
[172] Art. L. 621-63 C.com.
[173] Art. L. 621-66 C.com.
[174] Art. L. 621-67 C.com.
[175] Art. L. 622-32 C.com. i. V. m. L. 622-31 C.com.
[176] Da eine Definition dieser Rechte nicht im loi no. 85–98 enthalten ist, muss insofern auf die allgemeine Definition dieses Begriffes aus dem Familienrecht zurückgegriffen werden, welche darunter insbesondere Unterhalts-, aber auch Schmerzensgeldansprüche verstehen.
[177] Art. L. 622-32 Abs. 1 C.com. (in Verb. mit L. 622-30 C.com.).
[178] Art. L. 621-82 C.com.
[179] Art. L. 622-9 C.com.
[180] Art. L. 622-1 C.com.
[181] Art. L. 621-8, 621-135 C.com.
[182] Art. L. 622-12 C.com. zum Umfang der Aufsicht s. *Guyon* RdNr. 1158.
[183] Art. L. 622-30 C.com.
[184] Art. L. 622-32 Abs. 1 C.com.

fahren durchgemacht haben, welches ohne vollständige Befriedigung der Gläubiger abgeschlossen wurde.[185]

Mit dem Gesetz vom 25. 1. 1985 bzw. im 6. Buch, 2. Abschnitt des C.com. ist die **53** Restschuldbefreiung in Frankreich also in Form eines **Vollstreckungshindernisses** ausgestaltet worden: Der Anspruch der Gläubiger soll im Anschluss an ein durchgeführtes Insolvenzverfahren und mit Erlass des Aufhebungsurteils nicht untergehen, sondern nur nicht mehr vollstreckbar sein. Die Hauptforderung erlischt folglich nicht.[186] So bleibt beispielsweise auch die Haftung des Bürgen nach wie vor bestehen.[187] Die Erlangung des Vollstreckungshindernisses ist indes an keine Mindestleistungen oder Befriedigungsquoten des Schuldners geknüpft. Gleichwohl dürfte die Befürchtung einer Missbrauchsgefahr schon deshalb nicht bestehen, weil der Schuldner zur Erlangung der Restschuldbefreiung sein gesamtes Vermögen opfern muss.[188]

Das nach Verfahrensaufhebung angeordnete Vollstreckungshindernis setzt das schon wäh- **54** rend des Verfahrens bestehende Vollstreckungsverbot weiter fort. Bereits mit dem Urteil zur Eröffnung des Insolvenzverfahrens unterliegen die Gläubiger einem Einzelverfolgungsverbot (Art. Art. L. 621-40 ff. C.com.), welches auch in der *liquidation judiciaire* gilt.[189] Nach Aufhebung des Insolvenzverfahrens ohne vollständige Befriedigung der Gläubiger tritt insofern keine Änderung ein. Die Forderungen bleiben nun dauerhaft mit einem Vollstreckungshindernis behaftet.

Nach Art. Art. L. 622-32 Abs. 1 C.com. besteht allerdings auch ein Katalog von **Ausnah- 55 men zum Vollstreckungsverbot.** Ausgenommen sind solche Gläubiger, die in einem Strafverfahren, das mit der beruflichen Tätigkeit des Schuldners in keinem Zusammenhang steht, einen Titel erworben haben. Das gilt ebenfalls für Gläubiger, welche „an die Person gebundene Rechte" gegen den Schuldner haben. Zu diesen Rechten gehören u. a. Forderungen aus Familienrecht, insbesondere Unterhaltsansprüche, und Schmerzensgeldansprüche.[190] Vollstrecken können gem. Art. L. 622-32 Abs. 3 C.com. auch die Gläubiger, die einen Anspruch wegen Gläubigerbenachteiligung haben. Gleiches gilt für den Fall der Eröffnung der „persönlichen Insolvenz" *(faillite personelle)*, des Verbots zur Führung oder Kontrolle eines kaufmännischen Unternehmens oder einer juristischen Person und im Fall des Bankrotts.[191]

Ferner findet eine **Individualvollstreckung** statt, wenn der persönliche Schuldner oder **56** Leiter einer Gesellschaft, die liquidiert wurde, bereits ein Insolvenzverfahren absolviert hat, welches ohne vollständige Befriedigung der Gläubiger abgeschlossen wurde. Eine zweite Restschuldbefreiung soll dem „rückfälligen Schuldner" *(debiteur recidiviste)* nicht zugestanden werden. Hat er seine erste und einzige Chance auf einen *fresh start* vertan, bleibt er dem Nachforderungsrecht der Zweitgläubiger ausgesetzt.[192] Hinzu kommt, dass die Insolvenzgläubiger aus dem ersten Verfahren ihre Forderungen nun erneut verfolgen können, sofern es sich um ein echtes, neues Insolvenzverfahren und nicht nur um ein Liquidationsverfahren handelt, das sich an ein fehlgeschlagenes Sanierungsverfahren anschließt.[193] Schließlich sieht Art. L. 622-34 C.com. die Wiederaufnahme des Liquidationsverfahrens vor, wenn sich nach Einstellung des Liquidationsverfahrens herausstellt, dass Aktiva verheimlicht worden sind oder ein Fall der Gläubigerbenachteiligung vorliegt.

Liegt einer der Ausnahmefälle vor, erhalten die Gläubiger auf Antrag einen vom Gerichts- **57** präsidenten durch Beschluss erlassenen vollstreckbaren Titel, mit dem sie die Vollstreckung dann betreiben können.[194]

---

[185] Art. L. 622-33 Abs. 3 C.com.
[186] *Klopp* KTS 1992, 347, 349; *Laut*, S. 221.
[187] *Soinne* RdNr. 1212; Art. L. 622-32 Abs. 2 C.com.
[188] *Laut*, S. 222.
[189] *Summ* S. 205; *Schulte* S. 58.
[190] *Soinne* RdNr. 1216; *Klopp* KTS 1992, 347, 350.
[191] *Klopp* KTS 1992, 347, 350.
[192] Trib.G I Nizza, 30. 5. 1990, D Somm. 113, m. Anm. *v. Derrida*.
[193] *Soinne* RdNr. 1216.
[194] Art. L. 622-32 Abs. 4 C.com.; *Klopp* KTS 1992, 347, 351.

58 Insgesamt gesehen haben Schuldner allerdings ein Interesse daran, möglichst zügig ein Insolvenzverfahren zum Abschluss zu bringen, um schnell von ihren Restschulden befreit zu werden.

59 Da etwa 98% der Insolvenzverfahren in Frankreich mit der Aufhebung des Verfahrens mangels vollständiger Befriedigung der Gläubiger enden, hat die Restschuldbefreiung nach Insolvenzaufhebung eine große praktische Bedeutung.[195]

60 **2. Freiwilliges Schuldensanierungsverfahren nach dem Gesetz vom 31. 12. 1989.** Kommt es im Rahmen des freiwilligen Schuldensanierungsverfahrens zu einer **Einigung über den Sanierungsplan,** so können darin verschiedene Sanierungsmaßnahmen vorgesehen sein: Neben dem Erlass von Forderungen *(remise de dettes),* kommen weiterhin auch eine Zinsherabsetzung bzw. -streichung *(réduction ou suppression du taux d'intérêt),* eine Neustaffelung der Rückzahlungen *(rééchelonnement des dettes),* die Stundung der Forderung *(report de dettes)* und die Konsolidierung, Schaffung bzw. das Ersetzen von Sicherheiten in Betracht.[196] In dem Plan soll auch die Art und Weise einer Ausführung enthalten sein. Zu seiner Wirksamkeit ist, obwohl es sich insoweit um einen Vertrag handelt, zumindest nach dem Gesetzeswortlaut nicht die Annahme durch alle Gläubiger erforderlich.[197] Kommt der Schuldner seinen vertraglichen Planverpflichtungen nicht nach, kann der Plan rückgängig gemacht werden.[198]

61 **3. Zwingendes Schuldensanierungsverfahren nach dem Gesetz vom 31. 12. 1989.** Im Rahmen des zwingenden Sanierungsverfahrens stehen der Kommission und ggf. dem Richter verschiedene Sanierungsmaßnahmen zur Verfügung. Sie können die **Stundung oder Neustaffelung** der schuldnerischen Verbindlichkeit bis zur Hälfte der Restlaufzeit des Vertrages bzw. bis zum Ablauf von acht Jahren empfehlen.[199] Ferner können sie einen niedrigeren als den geforderten Zinssatz vorschlagen[200] und die Verträge unter Berücksichtigung des Gläubigerverhaltens auf ihre Sittenverträglichkeit hin überprüfen.[201] Hingegen kann es im zwingenden Verfahren nicht zu einem (Haupt-)Forderungserlass kommen. Der Vollstreckungsrichter kann keinen (Haupt-)Forderungserlass anordnen.

V. Verfahrensrechtliche Aspekte

62 **1. Mitwirkungsrechte der Verfahrensbeteiligten.** Im Rahmen des Insolvenzverfahrens müssen die Gläubiger ihre Forderungen anmelden, da sie andernfalls nicht am Insolvenzverfahren teilnehmen und nach Art. 621-46 C.com. erlöschen, es sei denn die Anmeldung wurde nicht schuldhaft versäumt.[202] Nur **angemeldete Forderungen werden bei der Feststellung der Schuldnerverbindlichkeiten** und anschließend im Sanierungsplan, bei der Erlösverteilung aus der Unternehmensübertragung bzw. der Liquidation berücksichtigt. Bei der Ausarbeitung eines Vergleichs werden die Gläubiger angehört und durch

---

[195] Die Restschuldbefreiung erhält aus deutscher Sicht zudem zunehmende Bedeutung im Hinblick auf den sog. Restschuldbefreiungstourismus nach Frankreich – vgl. z. B. www.insolvenzfrankreich.de oder www.insolvenz-frankreich.de.

[196] Art. L. 331-7 C.com.

[197] Vgl. *Ferrand* ZEuP 1995, 600, 608 mwN; *Klopp* KTS 1992, 347, 358, weist darauf hin, dass durch die Berücksichtigung der Verantwortlichkeit der Kreditgeber bei Gewährung des Krediites ein zumindest moralischer Druck der Gläubiger besteht, einen außergerichtlichen Plan anzunehmen.

[198] Vielfach beinhaltet der Plan auch eine Klausel, die den Wegfall des Planes für den Fall vorsieht, dass der Schuldner seinen Verpflichtungen aus dem Plan nicht nachkommt.

[199] Art. L. 331-7 Nr. 1 C.com. Das gilt jedoch nicht, sofern die Verbindlichkeit auf Grund einer Steuerschuld oder gegenüber einem Sozialversicherungsträger besteht.

[200] Empfiehlt die Kommission aber einen niedrigeren als den gesetzlichen Zinssatz, muss sie dies ausführlich begründen.

[201] Von dieser Regelung soll vor allem eine Abschreckungswirkung ausgehen, leichtfertig Kredite zu gewähren. Auf dieses Motiv des Gesetzgebers weist *Ferrand* ZEuP 1995, 600, 600, Fn. 54, hin.

[202] Jeder Gläubiger hat seine Forderungen innerhalb einer Frist von fünfzehn Tagen seit Veröffentlichung des Urteiles über das Sanierungsverfahren anzumelden. Eine längere Frist von dreißig Tagen gilt nur für nicht im Mutterland ansässige Gläubiger, Art. 66 Dekret vom 27. 12. 1985. Zu den Möglichkeiten des Gläubigers, trotz Fristversäumung seine Forderungen noch in das Insolvenzverfahren einbringen zu können, siehe *Klopp* KTS 1988, 267, 282.

den Vertreter ihres Interesses über den Verhandlungsverlauf unterrichtet. Sie haben sich auf Anfrage innerhalb von dreißig Tagen zu Vergleichsangeboten des Schuldners zu äußern. Kommen sie dieser Verpflichtung nicht oder nicht fristgerecht nach, kann der Vorschlag des Vertreters ihrer Interessen zumindest in dieser Höhe nicht mehr in Frage gestellt werden.[203]

Das Gesetz vom 31. 12. 1989 sieht, abhängig von der jeweiligen Verfahrensart, unterschiedliche **Beteiligungsmöglichkeiten der Gläubiger** vor, die durch das Loi de sauvegarde des entreprises erweitert worden sind.[204] Während des freiwilligen Schuldensanierungsverfahrens ergeht keine Aufforderung an die Gläubiger, ihre Forderungen bei der Kommission anzumelden. Das ist problematisch, weil auf diese Weise vielfach bedeutende Gläubiger nicht am Sanierungsverfahren teilhaben.[205] Die an dem Verfahren teilnehmenden Gläubiger sind zwar nicht verpflichtet, dem Vergleich zuzustimmen, auf Grund des psychologischen Druckes auf die Gläubiger dürften sie jedoch regelmäßig nur wenig Neigung zeigen, ihre Zustimmung nicht zu erteilen. Kommt es zu einem zwingenden Schuldensanierungsverfahren sind sowohl die Kommission als auch der Richter befugt, aber nicht verpflichtet, die Gläubiger aufzufordern, ihre Forderungen anzumelden.[206] Kommission und Gericht werden durch den Schuldner über seine Passiva und damit über dessen Schuldner informiert. Die Kommission informiert ihrerseits die Gläubiger über die bestehenden Passiva. Sowohl der gütliche Sanierungsplan als auch der durch die Kommission im zwingenden Verfahren aufgestellte Plan haben gegenüber Gläubigern, deren Existenz der Kommission nicht bekannt war, keine Wirksamkeit (vgl. Art. L. 331–8 C.consom.). Die Gläubiger können sich vor der Kommission durch eine Person ihrer Wahl vertreten lassen; vor Gericht besteht kein Vertretungszwang (Art. L. 338–1 C. Consom.).

2. Rechtsschutzbestimmungen. Stellt sich nach Einstellung des Liquidationsverfahrens mangels vollständiger Befriedigung der Gläubiger heraus, dass ein Fall der Gläubigerbenachteiligung vorliegt oder Aktiva des Schuldners verheimlicht worden sind, kann das Liquidationsverfahren auf Antrag jedes Betroffenen **wieder aufgenommen** werden. Da es sich um die Wiederaufnahme des alten Verfahrens handelt, werden auch die entdeckten Vermögenswerte zur Befriedigung der bereits festgestellten Forderungen verwendet.[207]

Gegen die Entscheidungen der Kommission im Verfahren der Schuldensanierung nach Gesetz vom 31. 12. 1989 kann **Rechtsmittel** beim Amtsgericht *(tribunal d'instance)* eingelegt werden.[208] Das Rechtsmittel bezieht sich einerseits auf die Überprüfung der Zulassung des Antrags auf außergerichtlichen Vergleich und damit nur auf die Prüfung des Vorliegens der in Art. L. 331-2 C.consom. aufgeführten Bedingungen und andererseits auch auf die Empfehlungen der Kommission (Art. L. 332-4 C.consom.).[209] Entscheidet der Richter über das Rechtsmittel, so hängt die Verfahrensart davon ab, ob das Verfahren streitig ist oder nicht. Ist das Verfahren streitiger Art, ist der Richter verpflichtet, den Parteien rechtliches Gehör zu gewähren; es ergeht zudem ein streitiges Urteil und kein Beschluss der freiwilligen Gerichtsbarkeit. Nach Ansicht der Rechtsprechung[210] handelt es sich um ein Verfahren der freiwilligen Gerichtsbarkeit, wenn das Rechtsmittel vom Schuldner eingelegt wird. Obwohl Art. 16 *Nouveau Code de procédure civile* insoweit nicht zur Anwendung kommt und deshalb eigentlich kein Gehör gewährt werden müsste, wird von der Recht-

---

[203] Art. 621–42 C.com.
[204] Zur Beteiligungsmöglichkeit der Gläubiger ausf. *Heukamp*, Verfahrensrechtliche Aspekte der Gläubigerautonomie im deutschen und im französischen Insolvenzverfahren, 2005, S. 121 ff.; *Sonnenberger/Dammann*, Französisches Handels- und Wirtschaftsrecht, 3. Aufl. 2008, RdNr. VIII 64 ff.
[205] *Ferrand* ZEuP 1995, 600, 608.
[206] Art. L. 331-3 C.consom.
[207] Vgl. *Ferrand* ZEuP 1995, 600, 612.
[208] Art. L. 331-4 C.consom.
[209] Die Unzulässigkeitsentscheidungen werden in den meisten Fällen getroffen, da die Schulden beruflicher Art sind. Nur in wenigen Fällen beruhen sie auf mangelnder Überschuldung, so gut wie nie auf bösem Glauben des Schuldners. Dazu *Ferrand* ZEuP 1995, 600, 613.
[210] *Cour de cassation*, *Dass. civ.* I, 4. 4. 1991, *Bulletin des arrêts de la Cour de Cassation, Chambres Civiles* I, Nr. 122; D. 1991, J 307 m. Anm. *Bouloc*.

sprechung nunmehr auch hier die mündliche oder schriftliche Anhörung der Parteien gefordert.²¹¹ Wird die Entscheidung hingegen von einem oder mehreren Gläubigern angefochten, handelt es sich um ein streitiges Verfahren.

VI. Erfahrungen mit Restschuldbefreiung und Schuldensanierung

66 Der französische Gesetzgeber hat bislang im Wesentlichen nur für Insolvenzen unternehmerisch tätiger Personen die Möglichkeit einer Restschuldbefreiung ähnlich dem Muster der *discharge* geschaffen. Darin spiegelt sich die rechtspolitische Tendenz in Frankreich wider, wirtschaftsstarke Akteure normativ besonders zu beachten, weil man sich davon in größerem Maße positive Effekte für die Volkswirtschaft erhofft.²¹²

67 Das **Bedürfnis zu privater Schuldensanierung** ist in Frankreich indes groß. So wurden seit Inkrafttreten des Gesetzes bis zum 31. 3. 1993 227 522 Anträge auf Durchführung der *phase amiable* gestellt, von denen 88 746 erfolgreich abgeschlossen wurden, was einer Quote von fast 60% entspricht, soweit man die unzulässigen Anträge ausnimmt. Für die *phase judiciaire* lagen bis zum 30. 3. 1993 bereits 36 193 Anträge vor.²¹³ Seit dem Inkrafttreten der neuen Vorschriften nach der Gesetzesänderung von 1998 bis zum Februar 2002 wurden 230 563 Mal die phase amiable eröffnet, 75 786 Mal wurden von den Kommissionen Empfehlungen ausgesprochen, worunter 52 023 Mal ein *moratoire* vorgeschlagen wurde. Im Jahr 2000 wurden 148 265 Anträge auf Eröffnung des freiwilligen Sanierungsverfahrens gestellt, im Jahre 2001 dagegen nur noch 137 882 Anträge.²¹⁴ Allerdings ist eine wirkliche Entlastung und ein *fresh start* für Privatpersonen durch die Vorschriften zur Restschuldbefreiung kaum möglich, da nur einzelfallbezogen und sehr begrenzt in Verträge und Forderungsrechte eingegriffen werden kann. Weder werden die Gläubiger in das Verfahren eingebunden, noch wird dem Schuldner das Recht genommen, sein Vermögen zu verwalten. Ein weiteres **Manko des französischen Sanierungsverfahrens** für Privatpersonen liegt in der fehlenden Publizität der Verfahrenseinleitung und in der nicht vorgesehenen Pflicht zur Förderungsanmeldung, so dass die Gefahr besteht, dass nur einzelne Gläubiger erfasst werden und ein umfassendes Sanierungskonzept unter Beteiligung aller Gläubiger nicht realisiert werden kann.²¹⁵ Da eine wirksame Kontrolle der Sanierungspläne nicht vorgesehen ist, scheitern in der Praxis immerhin noch zwischen 20 und 30% der Pläne.²¹⁶ Aus diesem Grund wird in der französischen Literatur darauf hingewiesen, dass das Ziel einer effektiven Schuldensanierung durch die französischen Regelungen im Wesentlichen nicht erreicht wird. Abhilfe wird insoweit allenfalls durch die Einführung eines Zivilkonkurses erwartet.²¹⁷

68 Schließlich führt die große Bedeutung der Schuldenbereinigungsverfahren für Private dazu, dass die zuständigen französischen Gerichte stark überlastet sind. Dadurch kommt es z. T. zu signifikanten Engpässen in der Justiz, die zu höheren Rechtsgewährungskosten führen.²¹⁸

D. Länderbericht England

I. Einleitung

69 Die **Wurzeln der discharge** in England reichen bis in das 16. und 17. Jahrhundert zurück. Die damaligen Regelungen waren allerdings nicht zivilrechtlich, sondern strafrecht-

---

[211] Cass. 1re civ. v. 28. 10. 1997, JCPE 1997, pan. 1350.
[212] Vgl. dazu ausführlicher *Medla*, S. 96 ff.
[213] Vgl. *Schulte*, S. 67; *Neumann*, S. 47 (Fn. 179 f.) mwN.
[214] Ministére de l'Economie, des Finances et de l'Industrie, Le suredettements des particuliers – 14. 2. 2002, Dossiers de presse 2002.
[215] *Schulte*, S. 67; *Ferrand* ZEuP 1995, 600, 608.
[216] *Ferrand* ZEuP 1995, 600, 611.
[217] Siehe Rapp.*Léron*, Direction des Journaux officiels, No. 4184, 1992, 88.
[218] *Ferrand* ZEuP 1995, 600, 612 f.; *Lutz*, Verbraucherüberschuldung, S. 133, 136.

lich ausgerichtet und sahen einen Sanktionenschutz vor Bankrotten vor.[219] Erst mit Beginn des 18. Jahrhunderts setzte sich das heutige Verständnis der *discharge* durch, wonach sich der Schuldner unter bestimmten Umständen als „würdig" erweisen konnte, eine zivilrechtliche Schuldbefreiung zu erlangen.[220] Die bedeutendsten Quellen der *discharge* finden sich in dem *Bankruptcy Act* von 1914 (ergänzt durch den Bankruptcy Amendmend Act 1926) und in dem *Insolvency Act* von 1976.[221] Beide Gesetze sind durch den neuen *Insolvency Act* von 1986 abgelöst. Der **IA gilt in England und Wales.** Schottland[222] und Nordirland werden ausgenommen, obwohl sect. 440, 441 IA die Regeln des IA einschließlich die der discharge – zumindest begrenzt auf diese Territorien ausweitet.

Im Juli 2001 ist in Großbritannien ein **Diskussionsentwurf zu Änderungen des Insolvenzrechts** vorgelegt worden. Das so genannte White Paper „*Productivity and Enterprise: Insolvency – A Second Chance*"[223] folgt auf das frühere Diskussionspapier „*Bankruptcy – A Fresh Start*" vom April 2000[224] und enthält u. a. wesentliche Änderungen im Recht der Schuldbefreiung. Zentrales Ziel ist die Verbesserung der Wiedereingliederung von Schuldnern in das Wirtschaftsleben, insbesondere durch eine Verminderung der negativen sozialen Effekte einer Insolvenz. Hintergrund des Änderungsvorschlags im Insolvenzrecht der natürlichen Personen ist die Auffassung, dass das herkömmliche Recht (zu) viele derjenigen Personen davon abhält, erneut unternehmerisch tätig zu werden, die bereits einmal mit unternehmerischen Aktivitäten gescheitert sind. Dies sei aber gesamtwirtschaftlich nachteilig, weil ein gewisses Maß an risikobereitem Entrepreneurship die ökonomische Entwicklung in Gang bringe. Im White Paper heißt es insoweit: „*Our [fresh start] proposals for personal bankruptcy are based on the recognition that honest failure is an inevitable part of dynamic market economy.*"[225]

Zentraler Punkt der vorgeschlagenen Änderungen ist die grundsätzliche Absenkung der Frist bis zur ersten Schuldbefreiung von drei Jahren auf zwölf Monate und bis zur zweiten Schuldbefreiung nach fünf Jahren. Etwas anders soll nur für diejenigen Schuldner gelten, die nicht den Verpflichtungen nachkommen, die ihnen in Abschnitt IX des *Insolvency Acts 1986* auferlegt sind. Zudem sollen einige persönliche Folgen der Insolvenz für natürliche Personen gestrichen werden, wie etwa, dass bankrotte natürliche Personen keine Grundstücksmakler oder keine Mitglieder im *National Patients Safety Agency Care Commission* sein dürfen. Zugleich wird in dem White Paper angekündigt, dass zum Schutz des Wirtschaftsverkehrs ein System von Beschränkungen innerhalb der Insolvenz natürlicher Personen eingeführt werden soll. Danach kann der Treuhänder im Verfahren bei Gericht sog. *bankruptcy restriction orders* beantragen, wenn er zu dem Schluss kommt, dass dem Schuldner ein finanzielles Fehlverhalten vorzuwerfen ist. Diese *order* können eine Dauer von zwei bis fünfzehn Jahre haben und orientieren sich an den Art. 6 bis 9 des *Company Directors Disqualification Act 1986*.

Gegen das *White Paper* hat sich im Hinblick auf die Regeln für die Insolvenz natürlicher Personen stellenweise erheblicher Widerspruch geregt: Während die Maßnahmen zur Verminderung des „Stigmas der Insolvenz privater Personen" begrüßt werden, wird die Herabsenkung der Frist, ab der eine Schuldbefreiung erlangt werden kann, sehr kritisch gesehen.[226] Als Hauptargument wird darauf hingewiesen, dass ein Schuldner bei einer derartig kurzen

---

[219] *Graham*, Int'l Insolvency Rev. 2002, 97, 102 ff.; *Eckstein*, S. 1; *Ackmann*, S. 31; *Zilkens*, S. 26 f.
[220] Sehr ausführlich *Zilkens*, S. 27 ff.; s. ferner *Flecher*, Law of Insolvency, S. 8; *Tolmie*, Corporate and Personal Insolvency Law, S. 8; *Dennis/Fox*, New Law of Onsolvency, S. 14.
[221] Law Reports, Statutes 1914, 291 ff.; Law Reports, Statutes 1976 (II), 1263 ff. Zu dieser Entwicklung *Fletcher*, Law of Insolvency, S. 14 f.; *Zilkens*, S. 41 ff.
[222] Zum schottischen Recht vgl. *Forsblad*, S. 105 ff.; *Saint Clair*, The law of corporate insolvency in scotland, 2004.
[223] Dazu vgl. *Brougham/Briggs*, Insolvency Intelligence 2002, 17 ff.; *Mc Queen*, Journal of International Banking Law 2002, 85 ff.; *Editorial*, Company Lawyer 2002, 1.
[224] Dazu vgl. *McQueen*, Small Business Tax and Finance, issue June 2000.
[225] S. dazu *Zilkens*, S. 64.
[226] Vgl. *Oldfield*, Recovery, Sept. 2001, 3 f.; *McQueen*, Journal of International Banking Law 2002, 85, 86; *Brougham/Briggs*, Insolvency Intelligence 2002, 17, 18.

Frist bis zur Erteilung der discharge keinen Anreiz mehr sähe, sich mit seinem Gläubiger so zu einigen, dass jener möglichst vollständig befriedigt werde, was für ihn eine zeitlich durchaus langfristigere Belastung darstellen könnte, sondern statt dessen den (zeitlich weniger lang belastenden) Weg in das Insolvenzverfahren wähle. Darüber hinaus wird darauf hingewiesen, dass das White Paper nicht hinreichend zwischen *culpable* und *non-culpable debtors* unterscheide. Schließlich wurde auch vor der Gefahr einer zu großen „Amerikanisierung" des Insolvenzrechts im Hinblick auf die discharge gewarnt.[227] Gleichwohl ist er am 15. 9. 2003 verabschiedet worden und im März 2004 in Kraft getreten.[228] Der Enterprise Act versucht einen Kompromiss zwischen einer relativ großzügigen Behandlung von redlichen Schuldnern, die „unverschuldet" in die Insolvenz hineingerutscht sind und daher mit einer schleunigen Erteilung der discharge rechnen können sollen und den unredlichen Schuldnern, die mit gerichtlich angeordneten „Bankruptcy Restriction Orders"[229] verfolgt werden. Die weitreichendste Veränderung nach dem Enterprise Act 2002 betrifft die discharge Periode. Die discharge findet automatisch nach zwölf Monaten statt, wobei in der Mehrzahl der Fälle die discharge früher eintritt.[230] Der Anwendungsbereich der automatic discharge umfasst jetzt auch wiederholte Bankrotteure; nur „criminal bankrupts" erhalten eine discharge nicht durch bloßen Zeitablauf.[231] Im Enterprise Act 2002 sind ferner verschiedene Straftatbestände abgeschafft, und es werden Ausübungsschranken für „undischarged bankrupts" beseitigt.[232] Neu ist auch, dass der Official Receiver nicht mehr jeden Fall einzeln untersuchen muss, sondern nach Ermessen sich mit den schweren Fällen auseinandersetzen kann.[233]

70   Englisches Insolvenzrecht hat im Gegensatz zum kontinentaleuropäischen Insolvenzrecht seit jeher eine doppelte Zielsetzung verfolgt. Neben der Gesamtvollstreckung mit der Aufgabe kollektiver und gleichmäßiger Gläubigerbefriedigung verfolgt das englische Insolvenzrecht auch das Ziel, den „ehrlichen aber glücklosen Schuldner" *(honest but unfortunate)* zu schützen und ihm die Möglichkeit eines *fresh start* anzubieten.[234] Diese zweigeteilte Zielsetzung spiegelt sich in einer Aufspaltung der Verfahren in gerichtliches Schuldbefreiungs- und außergerichtliches Masseverwertungsverfahren wider. Dadurch kann das Schuldbefreiungsverfahren auch dann durchgeführt werden, wenn das Masseverwertungsverfahren bereits abgeschlossen ist.[235] Darüber hinaus ist auch die Nichteröffnung des Insolvenzverfahrens mangels Masse nur in Ausnahmefällen möglich, um den wirtschaftlichen Neubeginn des Schuldners umfassend gewährleisten zu können.[236]

II. Adressatenkreis

71   Der IA sieht sowohl Vorschriften für das Unternehmensinsolvenzverfahren als auch für das Insolvenzverfahren für Privatleute vor. Die unterschiedlichen Formen der Schuldbefreiung, die das englische Recht kennt,[237] insbesondere die *discharge,* sind dabei aber vornehmlich auf

---

[227] Vgl. *Davies,* Insolvency and the Enterprise Act 2002, S. 195 ff.; *Davis/Fox,* New Law of Insolvency, S. 237; *Alexander,* Insolvency Law and Pactice 2003, S. 3, 4; *Brougham/Briggs,* Insolvency Intelligence 2002, 17, 20.
[228] Dazu vgl. allgemein *Davies,* Insolvency and the Enterprise Act 2002, 2003; S. 5 ff. *Dennis/Fox,* New Law of Insolvency, 2003, *Müller-Seils,* Rescue Culture und Unternehmenssanierung in England und Wales nach dem Enterprise Act 2002, 2006, S. 70 ff.; *Ehricke/Müllller-Seils/Köster* NZI 2003, 409; *Meyer-Löwy/Poertzgen/de Vries,* ZInsO 2005, 293.
[229] Dazu vgl. *Zilkens,* S. 84 ff.
[230] Vgl. *Davies,* Insolvency and the Enterprise Act 2002, S. 189, 201, 213.
[231] *Zilkens,* S. 65.
[232] *Davies,* Insolvency and the Enterprise Act 2002, S. 220 ff.
[233] *Zilkens,* S. 65; *Dennis/Fox,* New Law of Insolvency, S. 204 f.
[234] Ausführlich *Zilkens,* S. 9 ff.; s. ferner *Fletcher,* S. 9; *Forsblad,* S. 105; *Ziegert,* Jahrbuch für Rechtssoziologie 1980, 358, 372.
[235] *Schulte,* 52 f.
[236] Vgl. im Weiteren dazu Halbury's Laws of England, para 621 ff.; *Fletcher,* S. 309 ff.
[237] Sofort RdNr. 73 ff.

die Insolvenz von natürlichen Personen (*debtors*, sect. 385 IA) ausgerichtet. Erfasst werden davon Kaufleute und Nichtkaufleute, zwischen denen seit 1861 freilich insoweit rechtlich nicht mehr differenziert wird,[238] sowie Gesellschafter von Personenhandelsgesellschaften. Das englische Recht kennt bei Personenhandelsgesellschaften ferner die Insolvenz einzelner oder aller Gesellschafter ohne eine Gesellschaftsinsolvenz oder einer Parallelinsolvenz von Gesellschaft und (einzelnem) Gesellschafter.[239] Für den Fall der Insolvenz von Kapitalgesellschaften sieht das englische Gesellschaftsrecht deren Liquidation vor.[240] Insoweit besteht das Problem der Restschuldbefreiung nicht, weil auf Grund der Auflösung eine nachinsolvenzliche Haftung ausgeschlossen ist.[241] Der Enterprise Act 2002 hat zu einem neuen administration-Verfahren geführt, das das alte Verfahren nach sect. 8 ff. IA 1986 ersetzt hat (vgl. sect. 248 – 255 Enterprise Act 2002), aber ebenso wie das alte Reorganisationsverfahren für Unternehmen (*administration order*) ebenfalls keine Schuldbefreiung im eigentlichen Sinne kennt.[242] Das Gleiche gilt auch für die übrigen Formen der Reorganisations- bzw. Fortführungsverfahren, wie dem *scheme of arrangement* (sect. 425 *Companies Act*)[243] und dem *company voluntary arrangement*.[244]

72 Nicht von einer Schuldbefreiung betroffen werden Mitschuldner, Bürgen oder sonstige Sicherungsgeber des Schuldners.[245]

III. Überblick über die Formen der Schuldbefreiung im englischen Insolvenzrecht

73 Das Verständnis von der Schuldbefreiung eines Schuldners in der Krise ergibt sich im englischen Recht erst vor dem Hintergrund der Besonderheiten des englischen Insolvenzrechts. Dem englischen Schuldner steht nämlich **in der Vermögenskrise nicht nur das Insolvenzverfahren offen,** er kann vielmehr – neben einem informellen Verfahren[246] – zusätzlich unter drei Verfahren wählen, um seine finanzielle Situation zu regeln. In diesen Verfahren kann ebenso wie im Insolvenzverfahren eine Form von Schuldbefreiung gewährt werden.[247]

74 **1. Deed of arrangement.** Für den Schuldner bietet das englische Recht die Möglichkeit an, zur Vermeidung der Insolvenz einen Vergleich zwischen Schuldner und Gläubiger zu schließen oder das Eigentum des Schuldners auf einen *trustee* zugunsten der Gläubiger zu übertragen (*deed of arrangement*).[248] Rechtsgrundlage dessen ist der *Deeds of Arrangement Act* von 1914. Ein solcher **Vergleich hat Vertragscharakter** und ist vollstreckbar. Kommt der Schuldner den im Vertrag niedergelegten Pflichten nach, überträgt er insbesondere Eigentum auf einen *trustee,* so tritt bezüglich der anderen Schulden eine Befreiung ein. Die *deed of arrangement* ist in der Praxis jedoch eine praktisch nicht benutzte Verfahrensform.[249] Da es sich bei dieser Form des Vergleiches um einen privaten außergerichtlichen Vergleich handelt, der der Zustimmung der Mehrheit der Gläubiger bedarf, kommt eine Überprüfung des Vergleichs durch das Gericht nicht in Betracht. Der entscheidende Nachteil liegt zudem

---

[238] Siehe *Fletcher*, S. 8.
[239] *Berry/Bailey/Shaw-Miller*, S. 430.
[240] Die Liquidation erfolgt entweder im Rahmen einer freiwilligen Auflösung der Gesellschaft (voluntary winding up; sect. 84 (1) IA, 378 (1) und (2) Companies Act) oder als compulsory winding up; dazu s. im Einzelnen *Starnecker*, S. 58 ff.
[241] Dieses Verfahren wird als *winding-up* Verfahren bezeichnet; dazu vgl. *Triebel*, Englisches Handels- und Wirtschaftsrecht, 1978, 193 ff.; *Gottwald*, KTS 1981, 17 ff.; *Starnecker*, S. 57 ff.
[242] Siehe *Müller-Seils*, S. 76 ff. *Schulte*, S. 41; *Starnecker*, S. 96 ff.; *Fletcher*, S. 60 (Fn. 96).
[243] *Starnecker*, S. 81 ff.
[244] Dazu ausführlich *Müller-Seils*, S. 136 ff.; *Zilkens*, S. 99 f.
[245] Vgl. sect. 281 (7) IA.
[246] S. *Tolmie*, Corporate and Personal Insolvency Law, S. 77 f.; *Zilkens*, S. 94; vgl. auch *Ramsay*, in: Consumer Bankruptcy in a Global Perspective, S. 205, 214 ff.
[247] Vgl. *Zilkens*, S. 94.
[248] Vgl. dazu *Forsblad*, S. 98; *Fletcher*, S. 59 f.; *Grier/Floyd*, S. 59 ff., *Triebel/Hodgson/Kellenter/Müller* RdNr. 824; *Baur/Stürner* RdNr. 39.30.
[249] *Schulte*, S. 37; *Forsblad*, S. 98; Halsbury's Law of England, para 829.

darin, dass ein Insolvenzantrag von nicht zustimmenden Gläubigern durch den Abschluss einer *deed* nicht gesperrt werden kann und sie deshalb die Eröffnung eines neuen Verfahrens beantragen können (vgl. sect. 276 subsect. 2 (c) IA).[250]

75   **2. Individual Voluntary Arrangement.** Eine zweite Möglichkeit des Schuldners, eine Befreiung von seinen Schulden in der Krise zu erlangen, bietet das *individual voluntary arrangement* nach Teil VIII sections 252 ff. IA.[251] Eine solche Form des *arrangement* kommt in zwei Arten vor *(composition* und *scheme of arrangement).*[252] In beiden Fällen soll damit die Insolvenz abgewendet und eine **privatautonome Schuldenregulierung** herbeigeführt werden. Die sog. *composition* entspricht einem Vergleich im deutschen Sinne. Sie stellt eine rechtsverbindliche Vereinbarung zwischen Gläubigern und Schuldnern dar, in der der Schuldner sich zur Zahlung eines bestimmten Betrages verpflichtet und die Gläubiger auf einen Teil ihrer Forderungen verzichten. Dem Schuldner verbleiben dabei jedoch in der Regel seine Verwaltungs- und Verfügungsrechte. Das **scheme of arrangement** ist in verschiedenen Formen üblich. Regelmäßig wird die Übertragung des schuldnerischen Vermögens auf einen Treuhänder *(supervisor)* vorgenommen, um einen *trust* zu schaffen, der der Befriedigung der Gläubiger dient. Der Umfang, in welchem Schuldenbefreiung eintritt, ergibt sich dann aus dem Inhalt der Vereinbarung. Der wesentliche Vorteil des *individual voluntary arrangement* besteht in der Möglichkeit, dass eine einstweilige Verfügung *(interim order)* erlassen wird, die das Insolvenzverfahren abwendet oder stoppt (sect. 252 (2) (a) IA).[253] Zudem wird auch die Einzelzwangsvollstreckung und jede gerichtliche Geltendmachung von Ansprüchen durch die Gläubiger verhindert (sect. 252 (2) (b) IA).[254] Das individual voluntary arrangement bindet gem. sect. 260 subsect. 2 (b) IA auch die Gläubiger, die dem Vergleich nicht zugestimmt haben. Das individual voluntary arrangement hat in der englischen Insolvenzpraxis auch nach dem Inkrafttreten des Enterprise Act 2002 immer noch einen hohen Stellenwert,[255] obwohl die Vorteile für Schuldner nach dem Enterprise Act 2002 überwiegen.[256]

76   **3. County Court Administration Order.** Als dritte Möglichkeit kann der Schuldner Befreiung von seinen Schulden in der Krise erlangen durch die sog. *county court administration order.*[257] Sie kommt allerdings nur in Frage bei **Verfahren mit einem geringen Umfang** bis zu einem Betrag von 5000 £. Zudem muss der Schuldner ein Einkommen haben, das es erlaubt, die Schulden oder zumindest einen wesentlichen Teil davon über einen vom Gericht festzulegenden Zeitraum zurückzuzahlen (sect. 112 (6) *County Courts Act* 1984). Im Rahmen der Schuldtilgung durch den Schuldner kann das Gericht den Schuldner verpflichten, sein zukünftiges Einkommen einzusetzen und Vermögensgegenstände zu verwerten. Allerdings stellt die *county administration order* keine umfassende Liquidation dar, wie sie aus dem klassischen Insolvenzverfahren bekannt ist. Eine Liquidation findet nur insoweit statt, wie es das Gericht für sinnvoll hält. Dabei hat das Gericht regelmäßig einen weiten Ermessensspielraum.[258] Mit Erfüllung der *administration order* ist der Schuldner dann von seinen übrigen Schulden befreit (sect. 117 (2) *County Courts Act* 1984).

77   Eine **Besonderheit** ist die *administration order* zudem auch deshalb, weil sie eine vollstreckungshindernde Wirkung entfaltet. Unter bestimmten Voraussetzungen verlieren Gläubiger

---

[250] *Fletcher,* S. 66; *Schulte* S. 38.
[251] Dazu s. *Fletcher* S. 41 ff.; *Davies,* Insolvency and the Enterprise Act 2002, S. 277 ff.; *Forsblad,* S. 98 ff.; *Triebel/Hodgson/Kellenter/Müller* RdNr. 822 f.; *Grier/Floyd,* para 5.03; *Cork/Graham* ZIP 1982, 1275, 1276, 1280 f.; *Balz* ZRP 1986, 12, 14; *Baur/Stürner* RdNr. 39.31.
[252] *Fletcher,* S. 42.
[253] *Fletcher,* S. 42 ff., 53 ff.
[254] *Zilkens,* S. 95; *Forsblad,* S. 101; *Grier/Floyd,* para 5.29 ff.; *Baur/Stürner,* RdNr. 39.31.
[255] DTI Statistics and Analysis Directorate; Individual Insolvencies in England and Wales, Stand Februar 2005.
[256] S. *Zilkens,* S. 96 f.
[257] *Fletcher,* S. 60 ff.; *Halsbury's Law of England,* para 863 ff.; *Grier/Floyd* para 11.20 ff.; *Forsblad,* S. 102 ff.; *Zilkens,* S. 97 f.; *Balz* ZRP 1986, 12, 14.
[258] *Fletcher,* S. 61 f.

während der Laufzeit der *administration order* das Recht, ihre Forderungen gerichtlich durchzusetzen (sect. 114 *County Courts Act* 1984). Ebenso dürfen bestimmte Gläubiger ihre Forderungen auch nicht mehr im Insolvenzverfahren anmelden (sect. 114 *County Courts Act* 1984). Schließlich dürfen die in der order benannten und unterrichteten Gläubiger während der Laufzeit der *administration order* keinen Antrag auf Insolvenzeröffnung über das Vermögen des Schuldners stellen.[259] In der Praxis hat sich die *administration order* jedoch als im Wesentlichen ineffizient und zu zeitaufwändig erwiesen.[260] Dafür gibt es verschiedene Gründe.[261] Ein wesentliches Manko wird darin gesehen, dass die *administration order* auf das *county court limit* (5000 £) beschränkt ist.[262] Zudem wird es als problematisch angesehen, dass der Schuldner einzelne Forderungen aus dem Verfahren der *administration order* herausnehmen kann.[263] Damit ist eine Grundbedingung für ein Schuldenbereinigungsverfahren, nämlich dass alle Gläubiger gleichermaßen beteiligt werden, nicht gegeben.

4. Discharge im individuellen Insolvenzverfahren. Die **wichtigste Form der Schuldenregulierung** findet sich indes im allgemeinen Insolvenzverfahren nach dem Insolvency Act in der Fassung des Enterprise Act 2002.[264] Die dort stattfindende Schuldenbefreiung ist allerdings geprägt von den Besonderheiten des englischen Insolvenzverfahrens. **78**

a) Persönlicher Anwendungsbereich. Das englische Insolvenzverfahren für Privatpersonen umfasst in seinem persönlichen Anwendungsbereich alle natürlichen Personen *(individuals)*. Dabei wird nicht mehr zwischen Kaufleuten und NichtKaufleuten unterschieden.[265] Die Insolvenz für (nicht rechtsfähige) Partnerschaften – *partnerships* – unterliegt den eigenständigen Regelungen der *insolvent partnership order* von 1986. Danach kann eine *partnership* wie eine nicht eingetragene Gesellschaft nach Teil V des IA abgewickelt werden. Denkbar ist aber auch nur die Insolvenz einzelner oder aller Gesellschafter ohne Gesellschaftsinsolvenz oder die gleichzeitige Insolvenz von Gesellschaft und (einzelnen) Gesellschaftern.[266] Im Falle der Gesellschafter-Insolvenz steht den Gesellschaftern Restschuldbefreiung nach den generellen Insolvenzvorschriften zu, frühestens jedoch nach drei Jahren ab Auflösung der Gesellschaft. Eine *summary administration* nach section 275 IA mit zweijähriger *discharge*-Frist gem. section 279 (2) (a) IA ist nicht möglich *(Insolvent Partnership Order* 1986, Sch. 2, Part 111.).[267] **79**

b) Eröffnung des Insolvenzverfahrens. Das Insolvenzverfahren wird **auf Antrag eröffnet.** Dieser Antrag kann gem. sect. 267 IA durch den Gläubiger[268] oder nach sect. 272 IA durch den Schuldner gestellt werden. Gem. section 264 IA kann auch der Treuhänder in einem *Individual Voluntary Arrangement* den Antrag auf Eröffnung des Insolvenzverfahrens stellen, wenn das individual voluntary arrangement gescheitert ist. Voraussetzung dafür, dass das Gericht das Insolvenzverfahren eröffnen kann, ist nach § 272 (1) IA das Unvermögen des Schuldners, seine Schulden zu bezahlen *(inability to pay his debts)*. Zusätzliche Voraussetzungen, wie noch nach dem *Bankruptcy Act* von 1914, sind nicht mehr zu erfüllen.[269] Einige Ausnahmen gibt es nur, wenn ein Gläubiger den Antrag auf Eröffnung eines Insolvenzverfahrens stellt. So muss die Zwangsvollstreckung einer Forderung erfolglos **80**

---

[259] *Forsblad,* S. 104; vgl. auch die Ausnahmen in sect. 12 (4) County Courts Act.
[260] *Forsblad,* S. 104; *Balz* ZRP 1986, 12, 14.
[261] *Fletcher,* S. 62.
[262] Vgl. *Ramsay,* in: Consumer Bankruptcy in Global Perspektive, S. 205, 213. *Berry/Shaw/Miller,* S. 611; *Schulte,* S. 42.
[263] S. *Schulte,* S. 42.
[264] Vgl. *Schulte,* S. 43 f.
[265] Siehe *Fletcher,* S. 8.
[266] Vgl. *Berry/Bailey/Shaw-Miller,* S. 430.
[267] Zur discharge der Gesellschafter s. *Schulte,* S. 44; *Berry/Bailey/Shaw-Miller,* S. 457.
[268] Der Schuldner muss seine finanzielle Situation schriftlich darlegen und so nachweisen, dass er zahlungsunfähig ist. Er muss eine Gebühr von £ 310 als Vorschuss auf die Kosten des Insolvenzverfahrens zahlen, den das Gericht auch in Härtefällen nicht erlassen kann; vgl. zu den Voraussetzungen *Zilkens,* S. 6.
[269] Zur alten Rechtslage vgl. *Ackmann,* 25 ff.; *Eckstein,* 259 ff.

sein oder der Schuldner trotz Mahnung nicht leisten.[270] In jedem Fall hat das Insolvenzgericht allerdings ein **Ermessen hinsichtlich der Eröffnung des Insolvenzverfahrens** (sect. 274 (2) IA). Denn auch wenn die gesetzlichen Voraussetzungen erfüllt sind, kann das Gericht eigene Überlegungen in seine Entscheidung einbeziehen.[271] Regelmäßig wird die Eröffnung eines Verfahrens etwa dann abgelehnt, wenn zu erwarten steht, dass die Durchführung des Insolvenzverfahrens zu keiner Vermögensverteilung führt, weil auf Grund von Vermögensmangel noch nicht einmal die Kosten des Verfahrens gedeckt werden können. Ein Insolvenzverfahren darf weiterhin dann nicht eröffnet werden, wenn die ungesicherten Forderungen die Höhe von derzeit 20 000 £ überschreiten (sect. 273 (1) (a) IA).[272] Insoweit bleibt nur Raum für ein sog. vereinfachtes Verfahren *(summary administration)*. Entsprechendes gilt dort, wo der Wert der zu erwartenden Insolvenzmasse den Betrag von 2000 £ nicht übersteigt (sect. 273 (1) (b) IA). Ein solches Verfahren ist in vielfältiger Weise vereinfacht.[273] Das Insolvenzverfahren wird eröffnet, nachdem das Gericht den Insolvenzantrag verhandelt hat (sect. 278 (a) IA) Von diesem Zeitpunkt an ist der Schuldner ein „undischarged bankrupt". Er ist vor jeder Rechtsverfolgung seiner Gläubiger geschützt (sect. 285 subsect. 3 (a) und (b) IA). Die Gläubiger dürfen nur Kreditsicherheiten verwerten (sect. 285 subsect. 4 IA).

81   **c) Discharge als Insolvenzaufhebungsgrund.** Die Besonderheit der Schuldbefreiung *(discharge)* liegt nun darin, dass sie neben der Insolvenzaufhebung durch das Gericht den zweiten Grund darstellt, ein Insolvenzverfahren über das Vermögen von Privatpersonen zu beenden.[274] Das bedeutet, dass englische Privatinsolvenzen somit stets mit einer Restschuldbefreiung enden, oder sie bleiben bestehen, bis sie aufgehoben werden. Daher ist es im englischen Recht nicht selten der Fall, dass sich ein Schuldner, obwohl sein Vermögen komplett verwertet wurde, über mehrere Jahre hinweg „in der Insolvenz" *(undischarged bankrupt)* befindet, da eine *discharge* nicht erfolgt ist und ein Aufhebungsgrund ebenfalls nicht vorliegt. Für den Schuldner hat dies zur Konsequenz, dass für ihn dann, wenn das Insolvenzgericht keine *discharge order* (sect. 280 (2) (a) IA) erlässt, der Insolvenzzustand nicht beendet wird. Er kann damit auch den übrigen zivilrechtlichen und öffentlich-rechtlichen Beschränkungen, den laufend entstehenden Kosten und der höheren Strafbarkeitsgefahr nicht entgehen.[275] Der Grund dafür liegt darin, dass ein eigenständiger Insolvenzaufhebungsgrund nach der Schlussverteilung der Masse nach englischem Recht nicht besteht. Vor diesem Hintergrund erklärt sich, dass das englische Recht auch einer **sog. „zweiten Insolvenz"** *(second bankruptcy)* kennt. Dieser *second bankruptcy* ist in den sect. 334, 335 IA für diejenigen Fälle vorgesehen, in denen ein Schuldner, gegen den ein Konkursverfahren eröffnet wurde, der aber noch keine Restschuldbefreiung erlangt hat, erneut in Insolvenz fällt, weil seine neu angehäuften Schulden Überhand genommen haben. Das zweite Verfahren genießt besondere Priorität, um zu erreichen, dass dem Schuldner in der Insolvenzsituation des ersten Verfahrens neue Kreditmöglichkeiten geschaffen werden können (vgl. sect. 335 (5) (6) IA). Dem liegt die Überlegung zugrunde, dass nur dann, wenn die Kreditgläubiger ganz besondere Vorrechte genießen, sie auch bereit sein werden, dem bereits insolventen Schuldner (neue) Kredite zu gewähren. Der *second bankruptcy* ist in der Regel wie eine normale Insolvenz zu behandeln, so dass auch er entweder durch *discharge* oder durch Aufhebung endet. Unabhängig von der discharge setzt der trustee Verwaltung und Vertei-

---

[270] Ein Gläubigerantrag setzt eine ungesicherte Forderung des Antrag stellenden Gläubigers voraus, die den sog. *bankruptcy level* (derzeit £ 750) überschreitet und deren Erfüllung trotz Mahnung nicht zu erwarten ist (sections 267 (2), (4), 268 IA). Gläubiger dürfen sich allerdings auch zusammenschließen, um die Betragsgrenze zu erreichen, sect. 267 (2) (a) IA.
[271] *Fletcher/Crabb*, sect. 264, subs. (2).
[272] Diese Grenze ergibt sich aus der Insolvency Proceedings *(Monetary Limits)* Order von 1986, welche gem. sect. 418 (1) IA zur Konkretisierung der sect. 273 IA erlassen wurde.
[273] Siehe dazu *Schulte,* S. 46.
[274] *Zilkens,* S. 8.
[275] Vgl. *Fletcher,* S. 321.

lung der Masse ggf. fort. Dabei treffen den Schuldner bestimmte Mitwirkungspflichten, die der trustee für eine ordentliche Verwaltung benötigt.[276]

IV. Discharge und Rechtsfolgen der Erteilung

1. Überblick. Im englischen Recht hat die *discharge* die **Funktion einer Verfahrensbeendigung.** Inhaltlich sind zwei unterschiedliche Formen der *discharge* zu unterscheiden. 82

Zum einen gibt es die *automatic discharge* nach sect. 279 IA, die ohne weitere Voraussetzungen nach dem Ablauf einer Frist von zwölf Monaten eintritt. Zum anderen kennt das englische Recht eine durch gerichtlichen Beschluss angeordnete *discharge (discharge by order of court)* nach sect. 280 IA, die als gerichtliche Ermessensentscheidung auf Antrag des Schuldners ergeht.

2. Automatic discharge. Die 1976 eingeführte *automatic discharge* ist eine Form der Schuldenbefreiung, die solchen Schuldnern zugute kommen sollte, die zum ersten Mal insolvent geworden sind *(first-time-bankrupt)*. Nach den Vorstellungen des *Enterprise Act 2002* wird die *automatic discharge* nunmehr sehr viel großzügiger gewährt als nach früherem Recht[277] Allein in den Fällen eines *criminal bankruptcy* wird keine automatic discharge gewährt (sect. 279 (2) IA). Die *automatic discharge* erlangt der Schuldner dabei ohne sein Zutun.[278] Es ist nicht notwendig, dass ein entsprechender Antrag gestellt wird. Soweit ein Schuldner ein Interesse daran hat, bestimmte Schulden trotzdem zu begleichen – etwa weil er auf den betreffenden Gläubiger in der Zukunft angewiesen ist – hat er die Möglichkeit, durch ein *reaffirmation agreement* seine Verbindlichkeiten wieder aufleben zu lassen, soweit jedenfalls das im englischen Recht vorausgesetzte Erfordernis der *consideration* erfüllt ist.[279] Bei einem solchen *reaffirmation agreement* handelt es sich freilich um nichts anderes als die vertragliche Neubegründung einer Schuld,[280] welche auch nach Erteilung der *automatic discharge für* solche Forderungen, die von dieser Schuldbefreiung betroffen sind, möglich ist. 83

Die Restschuldbefreiung in Form einer *automatic discharge* wird allein durch Zeitablauf nach Insolvenzeröffnung erreicht, ohne dass zusätzliche Voraussetzungen erfüllt sein müssen (sect. 279 IA). Regelmäßig beträgt die **Wartefrist zwölf Monate.** Der official receiver kann diese Frist allerdings verkürzen, wenn er die Unbedenklichkeit erklärt (sect. 279 (2) IA).[281] Trotz dieser grundsätzlich bedingungslos und automatisch eintretenden Restschuldbefreiung hat das Gericht dennoch die Möglichkeit, auf Antrag des *official receiver* oder des *trustee* diese Fristen zu verlängern oder dem Gemeinschuldner bestimmte Auflagen zu erteilen, die zur Erlangung der Restschuldbefreiung erfüllt werden müssen (sect. 279 (3) IA);[282] insbesondere ist dies der Fall, wenn der Schuldner den ihm während des Insolvenzverfahrens obliegenden Verpflichtungen nicht nachgekommen ist.[283] Als eine solche Auflage kann insbesondere eine *income payment order* in Betracht kommen,[284] um zukünftige Einkommen des Schuldners zugunsten der Gläubiger mitzuverwerten. Diese *order* ist über den Zeitpunkt der eigentlichen Insolvenzbeendigung durch Restschuldbefreiung hinaus wirksam (sect. 310 (6) (b) IA). Nach der Vorschrift der sect. 310 (6) (b) IA darf die *income payment order* einen Zeitraum von drei Jahren nicht überschreiten. Kommt der Schuldner seinen Verpflichtungen aus der *order* nicht nach, hat das Gericht u. a. die Möglichkeit, die erteilte *discharge* zu widerrufen (sect. 375 IA).[285] Der Schuldner kann mit dem 84

---

[276] Sect. 333 IA und dazu *Zilkens*, S. 92.
[277] Zur Rechtslage nach früherem Recht vgl. die Kommentierung in der 1. Aufl., RdNr. 83.
[278] Vgl. zur alten Rechtslage noch *Ackmann*, S. 40.
[279] *Forsblad*, S. 92.
[280] Vgl. *Forsblad*, S. 97 f. mwN; s. ferner auch *Eckstein*, S. 302; *Ackmann*, S. 38 f.
[281] Zu den Überlegungen auch im Gesetz noch kürzere Laufzeiten einzuführen vgl. *Zilkens*, S. 74 ff.
[282] Einzelheiten dieses Verfahrens ergeben sich aus den Vorschriften Nr. 6215 und 6176 (4) der Insolvency Rules; s. auch *Forsblad*, S. 95.
[283] Sect. 279 (4) IA.
[284] Vgl. *Zilkens*, S. 78 ff.
[285] Vgl. *Schulte*, S. 55.

Vertrag auch ein *income payment agreement* schließen. Dabei handelt es sich um einen Vertrag, der den Inhalt einer *income payment order* hat.[286]

85   **3. Discharge by order of court.** Nach den neuen Regelungen des *Enterprise Act 2002* kann auch gegen wiederholte Bankrotteure eine *automatic dischage* gewährt werden. Die *discharge by order of court* gem. sect. 280 IA hat nur noch einen sehr eingeschränkten Anwendungsbereich. Nach Ablauf von **fünf Jahren** nach Eröffnung des Insolvenzverfahrens können diejenigen Personen, die nicht in den Anwendungsbereich der *automatic discharge* fallen (sect. 279 (6) IA – gem. sect. 264 (1) (d) IA verurteilte Schuldner – einen Antrag auf *discharge* durch gerichtliche Anordnung stellen.

86   Die Voraussetzungen und Einzelheiten zur Erlangung einer Restschuldbefreiung in Form einer *discharge by order of court* ergeben sich aus besonderen Verfahrensregeln, den sog. *insolvency rules*. Nach sect. 412 IA ist der *Lord Chancellor* ermächtigt, zusammen mit dem *Secretary of State* für die Verbraucherinsolvenz wichtige Verfahrensregeln festzulegen. Nach diesen Regeln muss der Schuldner den *official receiver* von seinem Antrag an das Gericht benachrichtigen und einen bestimmten Kostenvorschuss leisten (*rule 6217 (1) Insolvency Rules*).

Der *official receiver* fertigt daraufhin einen **Bericht** an, in dem u. a. über das schuldnerische Verhalten, den Schuldenstand, die Umstände des laufenden und früheren Insolvenzverfahrens Auskunft gegeben wird. Dieser Bericht dient dem Gericht als Entscheidungsgrundlage (*rule 6218 Insolvency Rules*). Der Schuldner kann Einwendungen erheben, die im Anhörungstermin, zu dem auch die Gläubiger geladen werden, erörtert werden. Besondere Bedeutung kommt dem schuldnerischen Verhalten zu. Bei einem Fehlverhalten *(misconduct)* kann die *discharge order* abgelehnt werden, wenn dieses Fehlverhalten im Zusammenhang mit der Insolvenz steht. Die Beurteilung eines solchen Verhaltens steht dabei im gerichtlichen Ermessen, welches sich aber an den Prinzipien orientiert, die vor Einführung des *Insolvency Acts* entwickelt worden sind.[287] Das Gericht hat dabei insbesondere das Gläubigerinteresse am Erhalt ihrer Forderungsrechte gegen das Interesse des Schuldners an Restschuldbefreiung, sowie das öffentliche Interesse, den Schuldner als Akteur in das Wirtschaftsleben wieder zu integrieren, abzuwägen. Das Gericht hat ferner zu berücksichtigen, inwieweit der Schuldner überhaupt in der Lage ist, zukünftig Bedingungen oder Zahlungsverpflichtungen zu erfüllen, um den Schuldenstand realistisch zu verringern. Zudem soll auch verhindert werden, dass dem Schuldner durch überzogene Vorbedingungen eine *discharge* dauerhaft faktisch verwehrt wird.

87   Das Gericht kann auf der Grundlage dieser Überlegung die Erteilung der *discharge* ablehnen, eine unbedingte *discharge* oder eine *discharge* unter Bedingungen aussprechen (sect. 280 (2) IA). Eine solche Bedingung kann u. a. die Zahlung zukünftigen Einkommens oder sonstigen in der Zukunft erworbenen Vermögens sein.[288] Sect. 280 (3) IA überlässt es ebenfalls dem gerichtlichen Ermessen, ob die Restschuldbefreiung sofort, nach Ablauf einer bestimmten Frist oder erst nach Erfüllung aller Bedingungen wirksam werden soll. **Mindestbefriedigungsquoten** existieren nicht.

---

[286] Dazu *Davies*, Insolvency and the Enterprise Act 2002, S. 228; *Dennis/Fox*, New Law of Insolvency, S. 210.
[287] Siehe *Fletcher*, S. 312 f. Diese Prinzipien ergeben sich im Wesentlichen aus Kriterien zur Erteilung einer *discharge* nach dem Bankruptcy Act 1914 (Law Report, Statutes 1914, 291 ff.). Die dort in § 26 (3) (a) – (1) aufgelisteten *facts* umfassten unter anderem:
– fehlende Deckung von wenigstens 50% der ungesicherten Forderungen durch das Vermögen des Schuldners, es sei denn, die Masselosigkeit ist ohne Verschulden des Schuldners eingetreten (§ 26 (3) (a))
– mangelhafte Buchführung (§ 26 (3) (b))
– Fortführung der Geschäfte trotz Kenntnis der Insolvenz (§ 26 (3) (c))
– Eingehung von Verbindlichkeiten, ohne hinreichende Aussicht, diese erfüllen zu können (§ 26 (3) (d))
– gewagte Spekulationen, ausufernder (extravaganter) Lebensstil, Glückspiel oder grobe Nachlässigkeit in der Geschäftsführung (§ 26 (3) (f))
– Gewährung nicht geschuldeter Vorrechte innerhalb von drei Monaten vor Erlass des Sequestrationsbeschlusses, soweit zu diesem Zeitpunkt bereits Zahlungsunfähigkeit vorlag (§ 26 (3) (i)).
[288] Siehe *Schulte*, S. 56.

4. Rechtsfolgen der discharge. Die Erteilung einer *discharge,* sei es in Form einer **88** *automatic discharge* oder als *discharge by order of the court,* befreit den Schuldner gem. sect. 281 (1) IA grundsätzlich von seinen Insolvenzschulden *(bankruptcy debts).* Der Umfang dessen, was als *bankruptcy debts* anzusehen ist, ergibt sich im Einzelnen aus sect. 382 IA. *Bankruptcy debts* sind sowohl solche Schulden, die vor Insolvenzeröffnung entstanden sind, als auch solche, die nach Eröffnung entstanden sind, aber auf einer Verpflichtung beruhen, die bereits vor Eröffnung bestanden hat.[289] Materiell-rechtlich stellt die *discharge* eine persönliche, die gerichtliche Durchsetzung hindernde Einrede dar.[290] Die Annhame, dass die Forderungen, die von einer *discharge* betroffen sind, materiell erlöschen,[291] kann nicht erklären, dass nach englischem Recht die Schuldner auch nach der Befreiung noch aus denselben Forderungen gegen die Sicherungsgeber vorgehen können und dass die Gläubiger ihre Insolvenzforderungen auch nach der Schuldbefreiung noch beim *trustee* anmelden können, der sie dann aus der Masse befriedigt.[292]

Gesicherte Forderungen werden von der Restschuldbefreiung nicht betroffen (sect. **89** 281 (2) IA). Entsprechend werden Sicherungsgeber, wie Bürgen oder Mitschuldner, nicht von ihren Verpflichtungen befreit; sie müssen nach wie vor für den Schuldner einstehen (sect. 281 (7) IA). Von der Erteilung der *discharge* werden ebenfalls nicht erfasst Forderungen wegen Betrugs oder Untreue, Forderungen wegen Geldstrafen, bestimmte Buß- bzw. Ordnungsgelder, Schadensersatzansprüche wegen Personenverletzung und bestimmte familienrechtliche Ansprüche (sect. 281 (3) ff.).[293]

V. Verfahrensrechtliche Aspekte

Das entscheidende Gericht ist befugt, von sich aus oder auf Antrag seine Entscheidung **90** über die Gewährung einer *discharge* jederzeit zu **widerrufen oder abzuändern,** wenn ihm neue Tatsachen bekannt werden. Dabei bedarf es nicht der Anrufung eines höherrangigen Gerichts (sect. 375 (1) IA). Das **Rechtsmittel** gegen die Änderungs- oder Widerrufsentscheidung ist an den *Court of Appeal* zu richten (sect. 375 (2) IA).[294]

Auch im Rahmen der Schuldbefreiung durch *Country Court Administration Order* steht es **91** dem Gericht zu, bei Bekanntwerden neuer Umstände die *order* zu widerrufen oder zu ändern. Gegen diese Entscheidung sind Rechtsmittel möglich.[295] Aufgrund des privatautonomen Charakters der *deed of arrangement* und des *individual voluntary arrangements* stehen Schuldnern und Gläubigern nur die allgemeinen Rechtsmittel zur Verfügung.[296]

VI. Erfahrungen mit der *discharge*

Die Möglichkeit einer Restschuldbefreiung nach Durchlaufen eines Insolvenzverfahrens **92** wird insgesamt betrachtet in England **eher zurückhaltend** angenommen, obwohl das englische Recht ein echtes Nebeneinander von Insolvenzverfahren mit *discharge* und Restschuldbefreiung durch Vergleich kennt. Das an sich für die Fälle der Verbraucherüberschuldung gedachte Verfahren der *County Court Administration Order* hat sich in der Praxis als ineffektiv erwiesen.[297] Wesentlicher Grund dafür ist, dass die Schuldner oftmals unter dem Druck einiger Gläubiger diese von den Wirkungen der *order* ausnehmen und damit den Sinn und Zweck dieses Instruments leerlaufen lassen. Aber auch die Insolvenz als Möglichkeit der Schuldenregulierung stößt nicht selten auf Ablehnung, weil damit der gesellschaftliche

---

[289] S. *Zilkens,* S. 77 f.; *Grier/Floyd,* para 9.72.
[290] Überzeugend *Zilkens,* S. 76 unter Berufung auf *Berry/Bailey/Shaw-Miller,* S. 443; *Fridman/Hicks/Johnson,* Bankruptcy Law and Practice, S. 270 und gegen die hier in der 1. Aufl. vertretene Auffassung.
[291] *Schulte,* S. 57; Vorauflage., RdNr. 88.
[292] S. *Zilkens,* S. 76.
[293] Vgl. *Zilkens,* S. 77 f.
[294] Zu den verfahrensrechtlichen Aspekten vgl. *Schulte,* S. 56.
[295] *Grier/Floyd,* para 1.24 ff.
[296] *Grier/Floyd,* para 1124; *Fletcher,* S. 115 f.
[297] *Forsblad,* S. 105.

Makel des Bankrotts verbunden ist.[298] Dieser Makel (*„stigma of bankruptcy"*) soll zwar durch die neuen Regelungen durch den Enterprise Act 2002 abgeschwächt werden, doch bedarf es offensichtlich noch einiger Zeit, bis sich diese Form der Restschuldbefreiung gegen das *individual voluntary arrangement* durchgesetzt hat. Ähnlich wie im deutschen Recht wird auch im englischen Recht diskutiert, die Möglichkeiten für völlig mittellose Schuldner zu verbessern.[299] So ist etwa vorgesehen, dass den völlig mittellosen Schuldnern auf Anordnung des official receiver ihre Schulden erlassen werden sollen. Für Schuldner, die keine Vermögensgegenstände aber ein laufendes Einkommen haben, soll die county court administration order attraktiver gemacht werden.[300]

E. Kollisionsrechtliche Aspekte der Restschuldbefreiung

I. Einleitung

93 Die Frage nach den **kollisionsrechtlichen Aspekten** der Restschuldbefreiung ist die Frage nach den Wirkungen einer ausländischen Restschuldbefreiung im Inland. Dabei handelt es sich um einen wichtigen, aber gleichzeitig komplizierten Ausschnitt aus dem gesamten Bereich des Internationalen Insolvenzrechts. Die Bedeutung ergibt sich im Wesentlichen daraus, dass in vielen Staaten – wie nunmehr auch in Deutschland – im Rahmen des Insolvenzverfahrens nicht nur die Liquidation des Vermögens des Schuldners, sondern grundsätzlich auch und gerade dessen Sanierung vorgenommen werden soll. Wesentliche Instrumente zur Erreichung dieses Zwecks sind die Restschuldbefreiung oder vergleichbare Formen der Schuldenbereinigung. Werden diese im Ausland erteilt, hat das damit verfolgte Ziel der Sanierungsbemühungen aber nur dann Erfolg, wenn die Wirkungen der in einem Staat erteilten Restschuldbefreiung nicht an den Staatsgrenzen halt macht. Es geht damit um das Problem der Anerkennung einer fremden Restschuldbefreiung in Deutschland. Die im Inland kraft gerichtlicher Entscheidung erteilte Restschuldbefreiung beansprucht weltweite Wirkung[301]

94 Das **deutsche Recht sieht nur rudimentäre Regelungen** zu dieser Frage vor. Im Anwendungsbereich der EuInsVO gelten die unter RdNr. 108 ff. dargelegten Grundsätze, und im autonomen deutschen internationalen Insolvenzrecht kommen vor allem die allgemeinen Vorschriften der §§ 343 Abs. 2, 353 und 355 InsO zur Anwendung.

II. Qualifikation des Begriffs der „Restschuldbefreiung"

95 **1. Weite Begriffsfassung.** Voraussetzung für die Anwendung der Grundsätze des Internationalen Insolvenzrechts auf die kollisionsrechtlichen Fragestellungen einer grenzüberschreitenden Restschuldbefreiung ist, dass das Instrument der Restschuldbefreiung überhaupt in dessen **Anwendungsbereich** liegt. Nach allgemeiner Auffassung regelt das Internationale Insolvenzrecht die kollisionsrechtlichen Fragen bezüglich der Insolvenzverfahren und aller „insolvenzspezifischen Rechtsfolgen".[302] Entscheidend ist mithin, ob sich die jeweils betrachtete Restschuldbefreiung als Insolvenzverfahren oder als eine „insolvenzspezifische Rechtsfolge" eines solchen Verfahrens qualifizieren lässt. Das hängt wiederum davon ab, im Rahmen welchen Verfahrens die Schuldenbereinigung erteilt wurde, und ob dieses Verfahren seinerseits als Insolvenzverfahren verstanden werden kann.[303]

---

[298] *Grier/Floyd,* para 9.02; *Forsblad,* S. 105.
[299] Vgl. *Department for Constitutional Affairs,* Consultation Paper: A Choice of paths, July 2004.
[300] Dazu vgl. *Zilkens,* S. 104.
[301] *Gottwald/Gottwald* § 131, RdNr. 84; *Schulte,* S. 130 ff.
[302] *Gottwald/Gottwald* § 129, RdNr. 1 ff.; *Häsemeyer,* RdNr. 35.14; *Kübler/Prütting/Kemper* § 343 RdNr. 1.
[303] Zu Fragen der Qualifikation im Internationalen Insolvenzrecht s. *Reinhart,* 150 ff. mit Nachweisen über die Qualifikation von Sanierungsverfahren als Insolvenzverfahren in der Rechtsprechung; *Gottwald/Gottwald*

Die **Qualifikation ausländischer Verfahren** als Insolvenzverfahren ist grundsätzlich **96** weit anzusetzen. Das gebietet der Grundsatz der Gleichwertigkeit der Rechtsordnungen.[304] Entscheidend ist, dass mit dem ausländischen Verfahren im Wesentlichen die Ziele verfolgt werden, die auch in § 1 verankert sind. Dass die ausländischen „Insolvenzverfahren" dabei im Hinblick auf die Sanierung für die betroffenen Gläubiger unterschiedliche Wege mit teilweise von deutschen Vorstellungen abweichenden Nebeneffekten eröffneten, schadet nicht.[305] In seiner Norsk-Data-Entscheidung hat der BGH zudem darauf hingewiesen, dass dort, wo ein ausländisches Sanierungsverfahren den Gläubigern ungleiche oder im Interesse nationaler Wirtschaftspolitik unzumutbare Opfer auferlege, das Ergebnis auch mit den Mitteln des ordre public korrigiert werden könne.[306] Daraus folgt im Umkehrschluss, dass selbst die **wirtschaftspolitische Ausrichtung einiger ausländischer Sanierungsverfahren** kein (negatives) Qualifikationsmerkmal sein kann.[307] Die Gegenansicht will von einem „Insolvenzverfahren" nur dort sprechen, wo damit im Wesentlichen die Befriedigung der Gläubiger verfolgt werde. In den Staaten, die eine Restschuldbefreiung kennen, stelle diese aber grundsätzlich ein selbständiges rechtliches Ziel dar, das üblicherweise in einem von der Verwertung und Verteilung der Masse abgesetzten gerichtlichen Verfahren verfolgt werde, so dass sie deshalb aus dem Anwendungsbereich des Internationalen Insolvenzrechts herausfielen.[308] Ein solcher Ansatz ist indes abzulehnen. Zum einen knüpft er noch an die mittlerweile im deutschen Recht überwundene Auffassung an, das Insolvenz- bzw. Insolvenzverfahren habe nur die Funktion der Zerschlagung und anschließenden Verteilung von Vermögen.[309] Zum anderen geriete man dann, wenn die Restschuldbefreiung nicht als Instrument bzw. als typische Folge eines Insolvenzverfahrens qualifiziert würde, in einen Widerspruch mit dem Zwangsvergleich, der unbestrittenermaßen dem Regime des Internationalen Insolvenzrechts unterstellt wird.[310]

Eine **genauere Bestimmung des Anwendungsbereichs** des Internationalen Insol- **97** venzrechts findet sich allerdings nunmehr in Art. 1 Abs. 1 EuInsVO. Diese ist verallgemeinerungsfähig und steckt den Rahmen dessen ab, was vom Internationalen Insolvenzrecht erfasst wird.[311] Danach kommt das Internationale Insolvenzrecht auf Gesamtverfahren zur Anwendung, welche die Insolvenz des Schuldners voraussetzen und den vollständigen oder teilweisen Vermögensbeschlag gegen den Schuldner sowie die Bestellung des Verwalters zur Folge haben. Diese Verfahren sind in Anhang A der Verordnung aufgelistet. Anhand

---

§ 130 RdNr. 13 ff.; FK-*Wimmer* § 343 RdNr. 27; vgl. zudem *Jaeger/Jahr* §§ 237, 238 RdNr. 9; s. auch die Kritik bei *M. Aden*, JZ 1994, 152.
[304] *Gottwald/Gottwald* § 130 RdNr. 3.
[305] BGH ZIP 1997, 39, 41.
[306] BGH ZIP 1997, 39, 41; BGH v. 18. 9. 2001 – IX ZB 51/00 IPRax 2002, 535, dazu *Ehricke* IPRax 2002, 505 ff.
[307] Siehe auch *Flessner* IPRax 1997, 9 f.; *Gottwald*, S. 18, Fn. 38; *Reinhart* ZIP 1997, 1736, der daraus im weiteren folgert, dass alle ausländischen Insolvenzbereinigungsverfahren als „Insolvenzverfahren" im Sinne des Internationalen Insolvenzrechts qualifiziert werden könnten. Allerdings übersieht er die Einschränkung, die sich aus dem Hinweis des BGH auf die Begründung zum Gesetzentwurf der Bundesregierung zur Insolvenzordnung ergibt, welche er sich im Urteil zueigen gemacht hat: BGH ZIP 1997, 39, 41 f. und BT-Drucks. 12/2443, 236, abgedruckt bei *Kübler/Prütting*, Das neue Insolvenzrecht, 1, 632 ff., unter 5 b.
[308] Siehe mit unterschiedlich deutlicher Ausprägung *Gottwald/Gottwald* § 130, RdNr. 13 ff.; *Mohrbutter/Wenner* XXIII RdNr. 108; *Ebenroth* ZZP 101 (1988), 124 C; *v. Oertzen*, 32 f. Vgl. in diesem Zusammenhang zudem auch *Flessner* ZIP 1989, 756; *Aderhold*, 192 f. *Balz* EWiR 1990, 257.
[309] Zur Kritik s. ausführlicher *Ehricke* RabelsZ 62 (1998), 721 f.
[310] *Mohrbutter/Wenner* RdNr. XXIII 227 ff.; FK-*Wimmer* § 343 RdNr. 29; *Gottwald/Gottwald* § 129 RdNr. 7.5; *Hanisch*, Festschrift für *A. F. Schnitzer*, 238; *Jayme*, Festschrift für Stefan Riesenfeld, 117 ff.; zur Neugestaltung dieses Instituts vgl. *Braggion* RIW 2000, 438 f.; s. zum Zwangsvergleich aus der Rechtsprechung z. B. LG Aachen 25. 2. 1987, IPRspr. 1987, Nr. 192; BGH ZIP 1997, 39 mit Anmerkungen von *C. Paulus*, JZ 1997, 419 ff.; *Wenner* WiB 1997, 194; *Stadler* IPRax 1998, 91 ff.; *Gottwald/Pfaller* IPRax 1998, 173 ff.
[311] Vgl. *Kropholler*, Europäisches Zivilprozessrecht, 8. Aufl., 2005, Art. 1, RdNr. 31, der meint, dass durch den Anwendungsbereich der EuInsVO gleichzeitig der Anwendungsbereich der allgemeinen Regeln, insbesondere des EuGVO abgesteckt werden wird. Der Sache nach nun auch BGH ZIP 1997, 39, 41 f. S. zudem *W. Lüke* ZZP 111 (1998), 275, 279 ff.; *Gottwald/Gottwald* § 130 RdNr. 13.

dieser Kriterien lässt sich dann konkret überprüfen, ob eine ausländische Schuldenbereinigung als Insolvenzverfahren oder als typische Rechtsfolge eines solchen Verfahrens qualifiziert werden kann, so dass auf sie dann die Regelungen des Internationalen Insolvenzrechts anwendbar sind. Gem. § 343 Abs. 2 InsO werden Entscheidungen, die zur Durchführung oder Beendigung des nach § 343 Abs. 1 InsO anerkannten ausländischen Insolvenzverfahrens ergangen sind, ebenfalls anerkannt ("Annexanerkennung"). Als Ausnahmen dazu werden – anders als im Anwendungsbereich der EuInsVO – nur die fehlende Zuständigkeit des Gerichts der Verfahrenseröffnung (§ 343 Abs. 1 Nr. 1 InsO) oder der ordre public (§ 343 Abs. 1 Nr. 2 InsO) anerkannt. § 343 Abs. 2 InsO ist parallel zu Art. 25 Abs. 1 EuInsVO konstruiert, so dass die in dem dortigen Zusammenhang entwickelten Überlegungen auch im Anwendungsbereich des § 343 Abs. 2 InsO gelten.[312] Da es sich bei der Wirkung ausländischer Restschuldbefreiungen nur um die Fragen der Anerkennung und nicht der Vollstreckung handelt, spielt § 353 und insbesondere § 353 Abs. 2 InsO insoweit keine Rolle. Die Vollstreckbarkeit ausländischer Entscheidungen erst nach dem Erlass eines deutschen Vollstreckungsurteils erstreckt sich gem. § 353 Abs. 2 InsO auch nur auf die in § 343 Abs. 2 InsO geregelten Sicherungsmaßnahmen nicht aber auf Entscheidungen, die zur Durchführung oder Beendigung des anerkannten Insolvenzverfahrens ergangen sind.[313]

98   2. **Ausnahmen.** Zu der weiten Qualifikation ausländischer Verfahren als Insolvenzverfahren gibt es jedoch Ausnahmen. Bedenken entstehen bei **Moratorien**[314] oder **Sanierungsverfahren, die im Vorfeld der Insolvenz** eingeleitet werden. Genannt werden in diesem Zusammenhang unter anderem die italienische *amministrazione straordinaria delle grandi imprese in crisi*,[315] das französische Verfahren der *redressement judiciaire*[316] und das US-amerikanische Reorganisationsverfahren nach chapter 11 des Bankruptcy (Reform) Act.[317] Das letztere strebt freilich trotz des Sanierungsziels weiterhin die gleichmäßige Befriedigung der Gläubiger an,[318] und das italienische Verfahren ist in Anhang A der EuInsVO aufgenommen, so dass Schuldenbereinigung im Rahmen dieser Verfahren als typische Folge eines Insolvenzverfahrens zu qualifizieren ist. Da im **Anhang A der EuInsVO** nur die französische *redressement judiciaire avec nomination d'un administrateur* erwähnt ist, ist die einfache *redressement judiciare* ebenso ein Beispiel, in dem ein Schuldenbereinigungsverfahren keine „insolvenztypische Folge" ist, wie die französische *procédure de conciliation*. Letztere ist beispielsweise weder ein Gesamtverfahren, das alle Gläubiger mit einschließt, noch führt sie zu einem Vermögensbeschlag oder hat die Bestellung eines Verwalters zur Folge. Diese Sanierung schließt sich zudem auch nicht notwendigerweise an ein Insolvenzverfahren an.[319] Ähnliches gilt im Übrigen auch etwa für das englische *creditors voluntary winding up of companys*.[320] In diesen und entsprechenden Fällen ist der Anwendungsbereich des Internationalen Insolvenzrechts mithin überschritten. Insoweit greifen dann **die allgemeinen Regeln des Internationalen Verfahrensrechts** ein,

---

[312] Ebenso *Gottwald/Gottwald* § 132, RdNr. 8; *Ludwig*, Neuregelung des deutschen internationalen Insolvenzverfahrensrechts, 2004, S. 89, 93.

[313] Vgl. unten die Kommentierung von *Reinhart* zu § 353 InsO.

[314] Vgl. *Arnold* ZIP 1985, 325 ff.

[315] Ausführlich dazu *Einhaus*, Die „außerordentliche Verwaltung" („amministrazione straordinaria") des reformierten italienischen Insolvenzrechts, Diss. Freiburg 2004.

[316] Ausführlich s. *Zierau*, Die Stellung der Gläubiger im französischen Sanierungsverfahren, 1991. Ferner vgl. auch *Aderhold*, S. 187 ff.; *Klopp* KTS 1988, 267–289; *ders.* KTS 1992, 347 ff.; *App* DGVZ 1991, 180 f.; *Dammann* ZIP 1996, 300 ff.; *Ferrand* ZEuP 1995, 600 ff.

[317] Dazu s. ausführlich *Flessner*, Sanierung und Reorganisation, 1982, S. 33 ff.; *Riesenfeld* KTS 1983, 86 ff.; *Balz* EWiR 1990, 267; *Aderhold*, S. 186; BGH, RIW 1990, 222.

[318] Vgl. BGH, RIW 1990, 222; aA OLG Hamburg, IPRax 1992, 170 ablehnend zu diesem Urteil von *Flessner* IPRax 1992, 151 ff.

[319] Siehe dazu *Vallender/Henkamp* InVo 2006, 1, 4; *Dammann/Undritz* NZI 2005, 198, 199 ff.; *Sonnenberger/Dammann*, Französisches Handels- und Wirtschaftsrecht 3. Aufl. 2008, RdNr. VIII 27 ff.

[320] Siehe ausführlich *Fletcher*, The Law of Insolvency, 1996, Ch. 17 ff.; *Fach*, Aspekte der Insolvenzrechtsreform von 1986 in England, 1991, S. 86; *Perker*, Das Reorganisationsverfahren im englischen Insolvenzrecht, 1994, S. 17 f.; *Gottwald*, S. 18; *ders.* KTS 1981, 24 f.

also das EuGVO³²¹ und § 328 ZPO, wobei insbesondere die Anwendung des § 328 ZPO wegen seines Absatzes 1 Nr. 5 zu Anerkennungsschwierigkeiten führen kann.³²²

III. Anerkennung einer ausländischen Restschuldbefreiung

1. Formelle Anerkennung. a) Grundlage der formellen Anerkennung. Die Anerkennung der ausländischen Insolvenzentscheidung nach den allgemeinen Regeln meint zunächst lediglich die **verfahrensrechtliche Anerkennung** des ausländischen Insolvenzeröffnungsbeschlusses (sog. „formelle Anerkennung"). Sie hat zur Folge, dass das Recht des Entscheidungsstaates für die Bestimmung der Entscheidungswirkungen maßgeblich ist; es werden also die nach der Rechtsordnung des Gerichtsorts eintretenden Wirkungen auf das Inland erstreckt. Der anerkannte Akt hat im Inland mithin die gleiche rechtliche Bedeutung wie nach der Rechtsordnung des Entscheidungsstaates.³²³ Gegenstand dieser Wirkungserstreckung sind mithin die *prozessualen* Wirkungen, wie etwa Rechtskraft-, Präklusions- und Gestaltungswirkungen.³²⁴

Die **Gegenauffassung** will die ausländische Entscheidung in ihren originären Wirkungen nicht übernehmen, sondern sie einem entsprechenden inländischen Akt gleichstellen.³²⁵ In eine ähnliche Richtung geht der Versuch anderer, die Wirkungserstreckung als oberste Grenze zu betrachten und sie nur auf solche prozessualen Wirkungen zu beziehen, die auch im inländischen Recht bekannt sind.³²⁶ **Solche Einschränkungen sind jedoch abzulehnen.** Damit würde nämlich im Ergebnis der im Universalitätsgedanken liegende Fortschritt wieder eingeschränkt und das damit verfolgte Anliegen, die grenzüberschreitende Insolvenz möglichst *einer* Rechtsordnung zuzuweisen und so zu einer Gläubigergleichbehandlung unter einem Statut zu kommen, beeinträchtigt.³²⁷ Zudem ist im Hinblick auf die Restschuldbefreiung dem speziellen Einwand, dass es eine solche im deutschen Recht nicht gebe und daher eine Anerkennung ausgeschlossen sei, spätestens mit Inkrafttreten der InsO der Boden entzogen.³²⁸

b) Das Erfordernis einer zweistufigen formellen Anerkennung. Aus dem Umstand, dass in der Regel zur Erteilung der Restschuldbefreiung zwei hoheitliche Entscheidungen erforderlich sind, nämlich die Entscheidungen über die Eröffnung des Insolvenzverfahrens und über die Erteilung der Restschuldbefreiung, ergibt sich das **Erfordernis einer zweistufigen formellen Anerkennung.**³²⁹ Denn, wenn die Restschuldbefreiung als ein Insolvenzverfahren bzw. als eine Folge eines solchen Verfahrens qualifiziert wird, dann wäre es nicht einsichtig, den hoheitlichen Akt der Entscheidung über die Restschuldbefreiung anzuerkennen, ohne vorher zu prüfen, ob der vorbereitende, notwendige Schritt der Eröffnung des Insolvenzverfahrens möglicherweise (aus wesentlichen Gründen) im Inland nicht anerkannt werden kann.³³⁰

---

³²¹ Es handelt sich in diesem speziellen Fall ja gerade nicht um eine Insolvenzsache, auf die die EuGVO nach Art. 1 Abs. 2 lit b) keine Anwendung findet.

³²² Vgl. dazu etwa MünchKommZPO-*Gottwald* § 328, RdNr. 92 ff.; *Zöller/Geimer* § 328 RdNr. 178 ff.; *Martiny*, in: Handbuch des Internationalen Zivilverfahrensrechts, Band 111/1 (Anerkennung ausländischer Entscheidungen nach autonomem Recht), RdNr. 1205 ff.

³²³ *Gottwald/Gottwald* § 132 RdNr. 79; *Martiny* § 3 RdNr. 363 f.; vgl. auch K. *Müller* ZZP 79 (1966), 221; *Kübler/Prütting/Kemper* § 343 RdNr. 31; HK-*Stephan* § 343 RdNr. 3 ff.

³²⁴ *Reinhart*, S. 126 f.

³²⁵ Siehe die Darstellung bei *Martiny* RdNr. 364.

³²⁶ So zum alten Recht *Hess/Kropshofer* § 237 KO, 11 ff.; *Kilger/K. Schmidt* § 237 KO, Anm. 6; *Habscheid*, KTS 1989, 612 f.; *Lüke*, KTS 1986, 17; vgl. allgemein *Martiny* RdNr. 369 f. mwN; K. *Müller* ZZP 79 (1966), 203 ff.

³²⁷ So auch S. *Leipold*, in: Festschrift zum 30-jährigen Bestehen des Instituts für Rechtsvergleichung der Waseda-Universität, 800. Vgl. dagegen *Flessner* ZIP 1989, 757; *Ackmann/Wenner*, IPRax 1990, 213; *Summ*, 148; *Ehricke* RabelsZ 62 (1998), 723 f.

³²⁸ Vgl. *Ackmann/Wenner*, IPRax 1990, 213. S. auch *Flessner*, in: *H. Stoll*, 209, der darauf hinweist, dass dem auch schon de lege lata so sei.

³²⁹ Siehe *Ehricke* RabelsZ 62 (1998), 724 f.; BGH ZIP 1997, 39, 42; *ders.*, IPRax 2002, 505, 506; anders aber *Koch*, Festschrift Jayme, 437, 441, der nicht zwischen der Anerkennung der Eröffnungsentscheidung und Anerkennung der Restschuldbefreiung unterscheiden möchte; vgl. dazu auch *Reinhart*, S. 214 ff.

³³⁰ Dies übersieht *Koch*, Festschrift Jayme, 437, 441.

Allein auf die Anerkennung der gerichtlichen Entscheidung über die Insolvenzverfahrenseröffnung kommt es nämlich nur in denjenigen seltenen Fällen an, wo die Restschuldbefreiung unmittelbar, d. h. ohne weitere gerichtliche Entscheidung, auf diesem Eröffnungsentscheid beruht,[331] wie etwa bei der *automatic discharge* des englischen Rechts.[332]

101   **2. Materielle Anerkennung.** Die Anerkennung der formellen Wirkung eines ausländischen Insolvenzverfahrens sagt allerdings noch nichts darüber aus, ob im Inland auch die **materiell-rechtlichen Folgewirkungen der Entscheidung** über die Restschuldbefreiung zu beachten sind, die der Staat, in dem das Verfahren eröffnet wurde, kennt (sog. „materielle Anerkennung").[333] Praktisch geht es dabei im Wesentlichen darum, ob ein Gläubiger vor einem inländischen Gericht eine Forderung gegen den Schuldner deshalb nicht durchsetzen kann, weil jener einwendet, diese sei von der ihm gegenüber erteilten Restschuldbefreiung erfasst und deshalb erloschen, nicht mehr einklagbar oder nicht mehr durchsetzbar.

Im deutschen Recht **herrscht die Auffassung vor,** dass es auf Grund der teilweise tiefgehenden Auswirkungen, die eine Anerkennung einer fremden Entscheidung auch auf das materielle Recht hat, neben der prozessrechtlichen Anerkennung der ausländischen Entscheidung für die materiell-rechtlichen Wirkungen, die von dieser Entscheidung ausgehen, eine zusätzliche „Anerkennung" erforderlich ist, über die die lex causae entscheidet.[334] Demnach kommt eine (materielle) Wirkungserstreckung eines ausländischen Urteils im Inland nur dann in Betracht, wenn dies vom sachlich anzuwendenden Recht unterstützt wird. Damit wird die verfahrensrechtliche Anerkennung verknüpft mit einer nach materiellem IPR zu behandelnden Frage,[335] so dass nach einer formellen Anerkennung der die Restschuldbefreiung aussprechenden Entscheidung anschließend noch kollisionsrechtlich zu ermitteln sei, ob auch die materiell-rechtlichen Folgewirkungen der ausländischen Restschuldbefreiung im Inland Wirkung entfalten.[336] **Heftig umstritten** ist indes, an welches Statut hinsichtlich der materiellen Wirkung der ausländischen Restschuldbefreiung kollisionsrechtlich anzuknüpfen ist.[337] Auf der einen Seite wird wegen des Erfordernisses eines breiten Gläubigerschutzes an das Schuldstatut angeknüpft,[338] während die Gegenauffassung die lex fori concursus heranzieht und darauf hinweist, dass es ansonsten zu einer Zersplitterung des Gesamtvorganges käme und damit das mit einer Restschuldbefreiung verfolgte Ziel nicht erreicht werden könne.[339]

102   **a) Eingeschränkte Bedeutung der materiellen Anknüpfung für die Wirkung einer ausländischen Restschuldbefreiung.** Dieser Streit ist aber für die Frage der Wirkung einer ausländischen Restschuldbefreiung in Deutschland praktisch in den überwiegenden Fällen ohne Bedeutung. Denn die Frage nach der kollisionsrechtlichen Anknüpfung der materiellen Wirkung ergibt sich nämlich nur, wenn es sich um materielle Rechtsfolgen des verfahrensrechtlich anerkannten, fremden hoheitlichen Aktes handelt, die nicht Gegenstand des Aktes selbst sind, sondern welche sich vielmehr ipso iure aus dem Gesetz ergeben und deshalb von dem betreffenden hoheitlichen Akt auch nicht angeordnet werden.[340] Es kommt

---

[331] Ebenso *Graf,* Die Anerkennung ausländischer Insolvenzentscheidungen, 2003, S. 376 f.; Kübler/Prütting/*Kemper,* § 343 RdNr. 22.
[332] Dazu s. *Fletcher* S. 288; *Florian,* Das englische Internationale Insolvenzrecht, 1989, S. 60 f.; *Gregory,* Bankruptcy of Individuals, § 1101 und insbes. § 1105 und oben RdNr. 83.
[333] Vgl. *Schulte,* S. 154; Gottwald/*Gottwald* § 132, RdNr. 86.
[334] Vgl. Gottwald/*Gottwald* § 132 RdNr. 79.
[335] *Martiny* § 2 RdNr. 276 mwN.
[336] Vgl. BGH ZIP 1997, 39, 42; Gottwald/*Arnold* § 122, 1. Aufl., RdNr. 32 und 34; *Reinhart,* S. 127; *Trunk* KTS 1987, 421; *Habscheid,* KTS 1989, 612; *Aderhold,* S. 220; *v. Oertzen,* S. 61.
[337] Ausführlich zu diesem Streit s. *Ehricke,* RabelsZ 62 (1998), 725 ff.
[338] So u. a. *Grassmann,* Festschrift für Kitagawa, 122 ff.; *ders.* Rev. crit. 1992, 421 ff.; *Baur/Stürner* RdNr. 37.36 und 37.11 ff.; *Lüer* KTS 1978, 207.
[339] So etwa *Hanisch,* Festschrift für Schnitzer, 236 ff.; *Ackmann/Wenner* IPRax 1990, 212 f.; *Paulus,* ZEuP 1994, 316 f.; *Ehricke* RabelsZ 62 (1998), 730 f.
[340] Vgl. *Reinhart,* S. 128.

daher auf die kollisionsrechtliche Anknüpfung der Folgen eines formell anerkannten hoheitlichen Aktes dort nicht an, wo sich jene bereits unmittelbar aus dieser Entscheidung ergeben. Für die Restschuldbefreiung gilt daher, dass deren **materiellen Folgen dann nicht mehr selbständig angeknüpft** zu werden brauchen, wenn sie sich bereits aus dem formell anerkannten Akt der Erteilung der Restschuldbefreiung ergeben. Dies ist immer der Fall, wenn die Entscheidung über die Erteilung der Restschuldbefreiung, wie etwa im deutschen Recht (vgl. §§ 289, 301), Gestaltungscharakter hat. Nur dort, wo der ausländischen Entscheidung über die Restschuldbefreiung ausnahmsweise einmal lediglich Tatbestandswirkung zukommen sollte, ist bezüglich der materiellen Wirkungen eine gesonderte Anknüpfung nötig. Tatbestandswirkungen hat eine Entscheidung über die Erteilung einer Restschuldbefreiung dann, wenn sich die materiellen Folgen, z. B. das Erlöschen einer Forderung, die Berechtigung des Schuldners, die Erfüllung zu verweigern, oder eine Vollstreckungshemmung ausschließlich aus dem Gesetz ergeben und als Voraussetzung die Erteilung einer Restschuldbefreiung erfordern.

Entsprechend ist daher bei der Anerkennung einer fremden Restschuldbefreiung im Einzelfall stets zu prüfen, ob die **hoheitliche Entscheidung,** welche die Restschuldbefreiung ausspricht, **Tatbestands- oder Gestaltungswirkungen** hat. Erst dann geht es überhaupt um die Frage, an welches Recht hinsichtlich der materiellen Wirkungen der Restschuldbefreiung angeknüpft wird. Damit stellt sich der Umstand, ob die materiellen Wirkungen der Restschuldbefreiung sich aus der Entscheidung selbst ergeben oder ob diese nur notwendige Voraussetzung für gesetzlich vorgesehene Folgen ist, als die eigentliche „Vorfrage" bei der Anerkennung einer Restschuldbefreiung dar.[341]

b) Materielle Anknüpfung an das Insolvenzstatut. Steht eine Entscheidung über die Anknüpfung der materiellen Wirkungen an, so ist zutreffenderweise an das **Insolvenzstatut** anzuknüpfen. Es ist zwar nicht von der Hand zu weisen, dass unabhängig davon, ob es, wie zum Teil behauptet wird, in der Praxis durch die Anwendung der lex fori concursus tatsächlich zu kaum befriedigenden Ergebnissen komme oder nicht,[342] die genannten Gläubigerschutzerwägungen bei der materiellen Anerkennung einer ausländischen Restschuldbefreiung von teils erheblicher Bedeutung sind. Wenn jedoch ein ausländischer Gesetzgeber den – aus ökonomischer Sicht großenteils – für wünschenswert gehaltenen Versuch der wirtschaftlichen Wiedereingliederung eines insolventen Schuldners durch die Einführung der Restschuldbefreiung unternimmt, und diesem Ziel den Gläubigerschutz unterordnet, dann darf das anerkennende inländische Gericht wegen des beschriebenen Charakters des Universalitätsprinzips im Rahmen der materiellen Anerkennung nicht durch eine Berufung eines anderen als des Insolvenzstatuts diese Entscheidung des Staates im Ergebnis (ggf.) leerlaufen lassen.[343] Der im **Universalitätsprinzip** verankerte Gerechtigkeitsgehalt kann nämlich nur verwirklicht werden, wenn sich die Universalität der fremden Entscheidung auf den formellen und materiellen Bereich erstreckt. Wenn man also mit der Anerkennung des Universalitätsprinzips den ersten Schritt getan hat, muss mit der Anwendung des Insolvenzstatuts auf die materiellen Folgen einer Insolvenzentscheidung auch der zweite Schritt folgen.

Diese Auffassung wird durch die **Rechtsprechung** gestützt. Zwar liegen nach der Neuorientierung des Internationalen Insolvenzrechts im Jahre 1985 – soweit ersichtlich – noch keine höchstrichterlichen Aussagen vor, die ausdrücklich zur Anknüpfung der materiellen Anerkennung bei einer Restschuldbefreiung für den Fall Stellung nehmen, wo das Schuldstatut und das Insolvenzstatut auseinander fallen, doch lässt sich aus einigen Entscheidungen, die zu verwandten Fragestellungen getroffen wurden, eine solche Tendenz ableiten. So hat etwa das OLG Saarbrücken judiziert, dass die Frage des Erlöschens von Forderungen auf Grund eines ausländischen Insolvenzverfahrens nicht nach dem Schuldstatut, sondern

---

[341] *Reinhart* ZIP 1997, 1737; *ders.,* S. 129.
[342] So *Baur/Stürner* RdNr. 37.14; dagegen überzeugend *Ackmann/Wenner*, IPRax 1990, 212 f., Fn. 52.
[343] *Gottwald*, S. 45; *Flessner* ZIP 1989, 757; *ders.,* S. 209; *Prütting* ZIP 1996, 1283; *Aderhold*, S. 294. Anders etwa *v. Oertzen*, S. 146 ff.

im Interesse einer umfassenden Insolvenzbereinigung und wegen des Sachzusammenhangs nach dem Insolvenzstatut zu beurteilen sei.[344] In den vielfach beachteten Urteilen des OLG Stuttgart,[345] des OLG Köln[346] und des BGH zum Schweizer Verlustschein[347] sind die materiellen Wirkungen dieses Verlustscheines ausdrücklich auch in Deutschland anerkannt worden,[348] doch bestand insoweit die Besonderheit, dass Insolvenzstatut und Schuldstatut gerade *nicht* auseinanderfielen.[349] Die wichtige Frage, **welchem Statut der Vorrang gebührt, wenn beide Statuten divergieren,** ist damit zwar nicht (ausdrücklich) beantwortet worden, doch geht der BGH in diesem Urteil davon aus, dass eine gesetzliche Restschuldbefreiung ihren Zweck, dem Schuldner einen Wiederaufbau seiner wirtschaftlichen Existenz zu ermöglichen, nur dann erfüllen könne, wenn die erteilte Restschuldbefreiung dem Schuldner nicht nur einen national beschränkten, sondern einen globalen Neuanfang ermögliche, so dass sie daher gegenüber allen Gläubigern wirken müsse. Der BGH hat damit also Bereitschaft gezeigt, insoweit dem **Schuldnerschutz Vorrang** vor dem Grundsatz *pacta sunt servanda* einzuräumen und sich dadurch grundsätzlich für den Vorrang des Gleichbehandlungsgrundsatzes[350] vor dem Vertrauensgrundsatz entschieden.[351] Es liegt daher die Vermutung nahe, dass der BGH die materielle Wirkung der Restschuldbefreiung im Inland auch dann anerkennen würde, wenn das zugrundeliegende Schuldstatut von dem des Insolvenzstatuts abweicht.[352] Diese Vermutung wird gestützt durch die Ausführungen im Norsk-Data-Fall, wo sich der BGH – allerdings für den Fall eines ausländischen Vergleichs – mit Hinweis auf die Gläubigergleichbehandlung ausdrücklich für die kollisionsrechtliche Anknüpfung der materiellen Wirkung an das Insolvenzstatut ausgesprochen hat.[353]

IV. Grenzen der Anerkennung

106 Die Anerkennung einer ausländischen Restschuldbefreiung in Deutschland ist indes **nicht unbeschränkt.** Sie ist vielmehr an einige, aus dem allgemeinen Anerkennungsrecht abgeleitete Voraussetzungen gebunden. Wesentlich dabei ist, dass eine ausländische Schuldbefreiung bzw. eine ähnliche Beschränkung der Rechtsverfolgung im Inland nur dann anerkannt werden kann, wenn die das ausländische Insolvenzverfahren eröffnende Stelle nach deutschem Recht **international zuständig** ist (§ 343 Abs. 2 in Verbindung mit § 343 Abs. 1 Nr. 1 InsO; § 3, 4 InsO, § 13 ZPO).[354] Der vorübergehende – üblicherweise dann auf den Zeitraum des Insolvenzverfahrens beschränkte – Aufenthalt des Schuldners in dem betreffenden Staat, um dort in den Genuss der Restschuldbefreiung zu gelangen, reicht dabei allerdings nicht aus, die internationale Zuständigkeit des ausländischen Insolvenzeröffnungsstaates zu begründen.[355] Ferner muss das im Ausland eröffnete Insolvenzverfahren **grund-**

---

[344] OLG Saarbrücken ZIP 1989, 1145, 1147 unter Berufung auf *Hanisch* ZIP 1985, 1245 (IV 2); dazu zustimmend die Urteilsanmerkung von *Flessner,* EWiR 1989, 1082; kritisch hingegen *Grasmann,* Festschrift für Kitagawa, 122 ff.
[345] OLG Stuttgart IPRax 1990, 233 f.; dazu *Ackmann/Wenner* IPRax 1990, 209 ff. und die Anmerkungen zu diesem Urteil von *Aderhold* EWiR 1990, 279 f.; *Aden* JZ 1994, 151 f.
[346] OLG Köln, IPRax 1993, 326, dazu *Hanisch,* IPRax 1993, 297 ff.
[347] BGHZ 122, 373; BGH ZIP 1997, 39; dazu C. *Paulus* ZEuP 1994, 301 ff.; *Ackmann* EWiR 1993, 803; *Hanisch,* IPRax 1993, 385 f.
[348] Im Gegensatz zu einer Reihe früherer Urteile, RGZ 100, 241.
[349] Dazu vgl. *Hanisch* EWiR 1998, 71 f.
[350] Dieser wird in diesem Zusammenhang anders interpretiert von *Baur/Stürner* RdNr. 37.11 mit Hinweis auf RdNr. 6.2 und 6.27 ff.
[351] *Paulus* ZEuP 1994, 301, 316.
[352] So ausdrücklich, *Paulus* ZEuP 1994, 301, 317; im Ergebnis wohl auch *Hanisch* IPRax 1993, 386; vgl. auch *Kirchhof* WM 1993, 1404 f.
[353] BGH ZIP 1997, 39, 42.
[354] BGHZ 95, 256, 270; *Zöller/Geimer* § 328 ZPO RdNr. 91 ff.; MünchKommZPO-*Gottwald* § 328 ZPO RdNr. 55 ff.; *Schack,* Internationales Zivilverfahrensrecht, S. 351 ff.; *Ebenroth* ZZP 101 (1988), 125 ff.
[355] S. BGH NJW 2002, 960, *Ehricke* IPrax 2002, 505; *Koch,* Festschrift Jayme, 437, 340 ff.; *Gottwald/Gottwald* § 130, RdNr. 19.

sätzlich **universell** sein, also das *gesamte Vermögen* des Schuldners erfassen. Denn nur, wo das der Fall ist, besteht auch ein hinreichendes Interesse an der *universellen Entlastung* des Schuldners.[356] Zudem ist es für eine Anerkennung erforderlich, dass das ausländische Insolvenzverfahren **für die konkrete Rechtsfolge Auslandsgeltung beansprucht,**[357] und schließlich muss die anzuerkennende Entscheidung nach dem Recht des Staates, in dem sie ergangen ist, **wirksam (vollziehbar) sein.**[358]

Die äußerste Grenze der Anerkennung einer ausländischen Restschuldbefreiung wird durch den deutschen **ordre public** gezogen.[359] Dies drückt § 343 Abs. 2 InsO mit dem Verweis auf § 343 Abs. 1 Nr. 2 InsO aus.[360] Wie allgemein im Kollisionsrecht, muss er auch hier grundsätzlich eng verstanden werden, damit man nicht durch bloße nationale Vorbehalte gegen die konkrete Form der Schuldenbereinigung das Ziel, das mit der Restschuldbefreiung in dem betreffenden Staat verfolgt wird, leerlaufen lassen kann.[361] Typische Beispiele für die Anwendung sind die Verletzung des rechtlichen Gehörs,[362] wobei der Maßstab bei ausländischer Restschuldbefreiung durchaus großzügig gehandhabt werden kann,[363] oder die Diskriminierung von inländischen Gläubigern im ausländischen Verfahren.[364]

V. Rechtslage nach der EuInsVO

In der EuInsVO sind Regeln über die Beachtung ausländischer Restschuldbefreiungen ebenfalls **nur rudimentär** enthalten. Gleichwohl ist die Frage des die Restschuldbefreiung regelnden Rechts in der EuInsVO relativ eindeutig geklärt. Nach Art. 4 Abs. 2 lit. k) soll das Recht des Staates der Verfahrenseröffnung auch für die dort erteilte Restschuldbefreiung Anwendung finden.[365] Denkbar sind freilich auch Fälle, wo die Restschuldbefreiung in einem bes. frühen Stadium, vor Abschluss des Insolvenzverfahrens, erteilt wird, welche dann unter Art. 4 Abs. 2 lit. j) fallen könnten.[366] Materiell-rechtlich ist dies jedoch unerheblich, weil lit j) ebenfalls auf das Recht des Staates der Verfahrenseröffnung verweist. Mit der Feststellung des die Restschuldbefreiung bestimmenden Rechts ist allerdings noch nichts ausgesagt über das in der EuInsVO geregelte Anerkennungsrecht.

Die Anerkennung des Eröffnungsbeschlusses mit all seinen Wirkungen wird für den Grundsatz **in Art. 16 EuInsVO** geregelt. Dieser Vorschrift unterfiele die Restschuldbefreiung aber nur, wenn sie als eine Wirkung der Eröffnung des Insolvenzverfahrens zu qualifizieren ist. Das ist in der Regel gerade nicht der Fall, weil es für die Erteilung der Restschuldbefreiung üblicherweise eines weiteren gerichtlichen Entscheides bedarf; lediglich in bes. gelagerten Fällen, wie der *direct discharge,* finden sich Ausnahmen.

---

[356] *Ackmann/Wenner,* IPRax 1990, 214; zu der Sonderproblematik von parallel zum Hauptinsolvenzverfahren geführten Partikular- bzw. Sekundärverfahren s. unten RdNr. 113.
[357] Vgl. BGHZ 95, 256, 263 ff.; BGHZ 122, 373, 375 f.; BGHZ 125, 196, 200.
[358] *Gottwald/Arnold,* 1. Aufl., § 122, RdNr. 16.
[359] BGH, NJW 2002, 960; *Ehricke* IPRax 2002, 505, 507; *Kübler/Prütting/Kemper* § 343 RdNr. 15 ff.
[360] Vgl. dazu HK-*Stephan* § 343 RdNr. 3; HambKomm-*Undritz* § 343 RdNr. 1.
[361] Vgl. dazu *Drobnig,* Cross-Border Insolvency, 103; *Spellenberg,* in: H. Stoll (Hrsg.), Stellungnahmen und Gutachten zur Reform des deutschen Internationalen Insolvenzrechts, 183 ff.; *Flessner* IPRax 1997, 9 f.; *Reinhart* ZIP 1997, 1738 f.; der BGH hat zudem entschieden, dass die Anerkennung der Schuldenbereinigung als solche nicht gegen den ordre public verstößt, BGHZ 122, 373, 379 ff. S. zudem FK-*Wimmer* § 343 RdNr. 33; *Braun/Liersch* § 343 RdNr. 10.
[362] Siehe allgemein *Gottwald,* S. 45; *Mohrbutter/Wenner* RdNr. XXIII. 124; allgemein dazu *Vallender,* Kölner Schrift, zur Insolvenzordnung, 249 ff., insbes. RdNr. 74.
[363] Siehe *Trunk,* S. 272; *Gottwald/Gottwald* § 130 RdNr. 19 f. Vgl. zudem BGHZ 122, 373, 379; *Ackmann/Wenner,* IPRax 1990, 215. Für ein engeres Verständnis (tatsächliche Teilnahme am ausländischen Konkursverfahren) aber z. B. *Kuhn/Uhlenbruck/Lüer* §§ 237, 238 KO, RdNr. 94; s. auch den Hinweis auf entsprechende Anforderungen im US-amerikanischen Recht bei *Riesenfeld,* Probleme des internationalen Insolvenzrechts aus der Sicht des neuen Konkursreformgesetzes der Vereinigten Staaten von Amerika, in Marschall v. Bieberstein (Hrsg.), Probleme des internationalen Insolvenzrechts, 1981, 46, Fn. 37.
[364] Siehe *Gottwald/Gottwald* § 130 RdNr. 19; BGHZ 134, 79, 92.
[365] Siehe *Balz* ZIP 1996, 951 f.; *Gottwald,* S. 45; *Taupitz* ZZP 111 (1998), 315, 347 f.
[366] So wohl auch *Prütting* ZIP 1996, 1277 (1283).

110 Auf die Anerkennung einer Entscheidung zur Erteilung der Restschuldbefreiung ist **Art. 25 Abs. 1 EuInsVO** anwendbar.[367] Diese Vorschrift vergrößert die in Art. 16 EuInsVO geregelten anerkennungsfähigen Verfahren und erstreckt die Anerkennung auch auf Entscheidungen, die unmittelbar auf Grund des Insolvenzverfahrens ergehen und in engem Zusammenhang damit stehen (Art. 25 Abs. 1, 2. Unterabsatz EuInsVO). Darunter fällt, wie aus dem Wortlaut deutlich wird („auf Grund des Insolvenzverfahrens"), auch die Entscheidung über die Erteilung einer Restschuldbefreiung. Die gesonderte **Prüfung der lex causae** hinsichtlich der einzelnen Forderungen im Anerkennungsstaat unterbleibt dabei, weil den anerkannten Entscheidungen auch die materiellen Wirkungen beigemessen werden sollen, die das Recht des Staates der Verfahrenseröffnung auch vorsieht.[368]

111 Die **EuInsVO knüpft bereits an die Entscheidung der Erteilung der Restschuldbefreiung** die materiellen Wirkungen im Anerkennungsstaat. Das ergibt sich aus Art. 17 Abs. 1 EuInsVO, dessen Gedanke auch für Art. 25 Abs. 1 EuInsVO zu gelten hat. Die Übertragung der in Art. 17 Abs. 1 EuInsVO vorgesehenen Bestimmungen zur Wirkung der Anerkennung auf Art. 25 Abs. 1 EuInsVO ergibt sich dabei aus folgender Überlegung. Hinsichtlich der Anerkennung anderer Entscheidungen als der in Art. 16 EuInsVO genannten fehlt eine Regelung über die *Wirkung* der Anerkennung. Der Verweis in Art. 25 Abs. 1 EuInsVO auf Art. 16 EuInsVO und dessen Verweis auf Art. 3 EuInsVO, sowie der Umstand, dass es sich bei Art. 25 EuInsVO um eine Erweiterung des Anwendungsbereichs des Art. 16 Abs. 1 EuInsVO handelt, machen jedoch deutlich, dass die Regelungen über die Wirkungen der Anerkennung, die in Art. 17 Abs. 1 EuInsVO für Verfahren vorgesehen sind, die nach Art. 3 Abs. 1 EuInsVO eröffnet wurden, auch für die Anerkennung von Entscheidungen nach Art. 25 EuInsVO gelten müssen. Das bedeutet, dass auch sonstige insolvenzbezogene Entscheidungen im Inland automatisch ihre Wirkungen entfalten, die sie im Erlassstaat auch haben, sobald sie im Erststaat wirksam geworden sind.[369] Andernfalls müsste man der EuInsVO unterstellen, dass es die Regelung eines solch wesentlichen Aspekts, wie der Wirkung der Anerkennung von Entscheidungen eines Gerichts, die zur Durchführung und Beendigung eines Insolvenzverfahrens führen, für einen durch Gericht bestätigten Vergleich oder für Entscheidungen, die unmittelbar auf Grund des Insolvenzverfahrens ergehen, übersehen hätte. Dafür gibt es jedoch keine Anhaltspunkte.

112 Die in Art. 17 Abs. 2 Satz 2 EuInsVO festgelegte Regelung, dass jegliche Beschränkung der Rechte der Gläubiger, insbesondere eine Schuldbefreiung infolge des Verfahrens, hinsichtlich des im Gebiet des anderen Vertragsstaats belegenen Vermögens nur denjenigen Gläubigern gegenüber wirkt, die ihre Zustimmung hierzu erteilt haben, bezieht sich nur auf den Fall der Schuldbefreiung in Sekundärverfahren nach Art. 3 Abs. 2 EuInsVO.[370] Insoweit wirkt eine Beschränkung der Rechte der Gläubiger durch eine Schuldbefreiung hinsichtlich des im Gebiet eines anderen Mitgliedstaats belegenen Vermögens nur gegenüber den Gläubigern, die ihre Zustimmung erteilt haben. Damit soll gewährleistet werden, dass nicht Gläubiger Bestimmungen treffen, die Wirkung für die Gläubiger in anderen Partikularverfahren haben, ohne dass diese ihr Zustimmung dazu äußern können. Eine entsprechende Regelung kennt das autonome internationale Insolvenzrecht in § 355 Abs. 2 InsO. (vgl. auch unten RdNr. 113)

VI. Restschuldbefreiung in Partikular- und Sekundärverfahren

113 Soweit auf das Vermögen in einem Staat begrenzte Insolvenzverfahren eröffnet werden können und diese als solche nach den Regeln des deutschen Internationalen Insolvenzrechts

---

[367] *Gottwald/Gottwald* § 132 RdNr. 84; *Koch,* Festschrift Jayme, 437, 441; *Pannen/Riedemann,* EuInsVO, 2008, Art. 25 RdNr. 20; *Paulus,* Art. 25 EuInsVO, RdNr. 8.
[368] *Ehricke* RabelsZ 62 (1998), 712, 726 ff.; 730 ff.; *Schulte,* S. 153; *Gottwald/Gottwald* § 132, RdNr. 85.
[369] Ebenso *Balz* ZIP 1996, 952 f. Zu alledem s. auch *Taupitz,* ZZP 111 (1998), 315, 347 ff.
[370] S. *Pannen/Pannen/Riedemann,* EuInsVO, 2008, Art. 17, RdNr. 18 f.; *Kübler/Prütting/Kemper,* Art. 17, EuInsVO RdNr. 12; HambKommInsO-*Undritz,* Art. 17, EuInsVO RdNr. 7;.vgl. auch *Prütting* ZIP 1996, 1277, 1283 f.

anerkannt werden, stellt sich die Frage nach den **Wirkungen einer** in dem betreffenden Staat erteilten „**partiellen**" **Restschuldbefreiung**. Es besteht bei einer allgemeinen Anerkennung ihrer materiell-rechtlichen Wirkungen nämlich die Gefahr, dass die Gläubiger ihre Forderungen auf Grund der hoheitlich angeordneten Schuldbefreiung nicht mehr durchsetzen können, obwohl möglicherweise in einem anderen Staat noch (ausreichend) Vermögen des Schuldners belegen ist. In § 355 Abs. 1 InsO ist daher vorgesehen, dass in einem Verfahren, das nur das inländische (deutsche) Vermögen erfasst, die Restschuldbefreiung gem. §§ 286 ff. InsO ausgeschlossen ist, weil die Schuldbefreiung den Gläubigern nur zugemutet werden könne, wenn das gesamte in- und ausländische Vermögen des Schuldners verwertet worden ist.[371] In der EuInsVO ist das entsprechende Problem gelöst, indem sowohl für Partikularverfahren nach Art. 3 Abs. 2 EuInsVO als auch bei Sekundärverfahren nach Art. 3 Abs. 3 EuInsVO geregelt ist, dass diese zwar ohne weiteres in den anderen Mitgliedstaaten anzuerkennen sind, dass aber Beschränkungen von Gläubigerrechten, insbesondere Schuldbefreiungen, hinsichtlich des im Gebiet eines anderen Mitgliedstaates belegenen Vermögens nur gegenüber denjenigen Gläubigern gelten, die ihre Zustimmung hierzu erteilt haben (Art. 17 Abs. 2, Art. 34 Abs. 1, 2. Unterabs. EuInsVO).

§ 286 Grundsatz

Ist der Schuldner eine natürliche Person, so wird er nach Maßgabe der §§ 287 bis 303 von den im Insolvenzverfahren nicht erfüllten Verbindlichkeiten gegenüber den Insolvenzgläubigern befreit.

§ 286 (RegE)

Ist der Schuldner eine natürliche Person, so wird er nach Maßgabe der §§ 287 bis 303 von den im Insolvenzverfahren nicht erfüllten Verbindlichkeiten gegenüber den Insolvenzgläubigern befreit. Wird der Antrag auf Eröffnung des Insolvenzverfahrens mangels Masse abgewiesen, so wird der Schuldner im Entschuldungsverfahren nach § 289 b von den Verbindlichkeiten befreit, die zum Zeitpunkt der Abweisung mangels Masse einen begründeten Vermögensanspruch gegen den Schuldner darstellen.

Schrifttum: Neuordnung des Insolvenzrechts – Bericht über das RWS-Forum 3, ZIP, 1989, 807 ff.; *Ackmann,* Lebenslängliche Schuldverstrickung oder Schuldbefreiung durch Konkurs, ZIP 1982, 1266; *ders.,* Schuldbefreiung durch Konkurs?, 1983; *ders.,* Neue Wege zur Bereinigung von Verbraucherinsolvenzen, KTS 1986, 555; *Ahrens,* Zur Funktion von § 1 Satz 2 InsO, VuR 2000, 8; *ders.,* Erwerbsobliegenheit mal 2: Prozesskostenhilfe- und insolvenzrechtliche Anforderungen an den Schuldner, ZInsO 1999, 632; *ders.,* Prozessabtretung im Restschuldbefreiungsverfahren, Anmerkungen zur Konzeption von § 287 Abs. 2. Satz 1 InsO, DZWIR 1999, 46; *ders.,* Keine Verkürzung der Wohlverhaltensperiode auf fünf Jahre, Anm. zu BGH, Beschl vom 21. 5. 2004 – IX ZB 274/03, NZI 2004, 452; *ders.,* Innenbeziehungen der Gläubiger bei Versagungsanträgen nach §§ 290, 295 ff., InsO, NZI 2001, 113; *ders.,* Kein Licht am Ende des Tunnels? Verfahrensrechtliche Überlegungen zur konkreten Normenkontrolle über die Restschuldbefreiung, ZInsO 2002, 1010; *ders.,* Konkrete Normenkontrollverfahren zur Restschuldbefreiung unzulässig, ZInsO, 2003, 197; *ders.,* Verfassungsgerichtliche Kontrolle und insolvenzrechtliches Redlichkeitspostulat, ZVI 2003, 509; *ders.,* Gestaltungsspielräume im Insolvenzrecht, ZVI 2004, 69; *Anlauf,* Vorgänger der Restschuldbefreiung nach heutigem Insolvenzrecht, 2006; *App,* Widerruf der Restschuldbefreiung – Kurzüberblick über Antragsvoraussetzungen für den Gläubiger, MDR 2000, 1226; *Arnold,* Das Insolvenzverfahren für Verbraucher und Kleingewerbetreibende nach der Insolvenzordnung von 1994, DGVZ 1996, 129; *ders.,* Die Restschuldbefreiung nach der Insolvenzordnung von 1994, DGVZ 1996, 65; *Ast,* Über den Umgang mit Nullmassen, ZVI; 2002, 183; *Balz,* Insolvenzverfahren für Verbraucher?, ZRP 1986, 12; *ders.,* Aufgaben und Struktur des künftigen einheitlichen Insolvenzverfahrens, ZIP 1988, 273; *ders.,* Schuldbefreiung durch Insolvenzverfahren, FLF 1989, 16; *Behr,* Verbraucherinsolvenz und Restschuldbefreiung, JurBüro 1988, 513; *Beule,* Aktuelles zur Insolvenzrechtsreform, InVo 1997, 197; *Bindemann,* Handbuch Verbraucherkonkurs. 2. Aufl. 1999; *ders.,* Verkürzte fünfjährige Treuhandphase auch nach

---

[371] Vgl. HambKommInsO-*Undritz* § 355 RdNr. 1.

§ 286

8. Teil. Restschuldbefreiung

In-Kraft-Treten des InsO-Änderungsgesetzes seit dem 1. 12. 2001, ZVI 2002, 248; *Bogdan*, Das neue schwedische Schuldensanierungsgesetz, ZeuP 1995, 617; *Bork*, Prozesskostenhilfe für den Schuldner des Insolvenzverfahrens, ZIP 1998, 1209; *Bruchner*, Restschuldbefreiung, WM 1992, 1268; *Busch/Graf-Schlicker*, Restschuldbefreiung mit Prozesskostenhilfe?, InVo 1988, 269; *Büttner*, Zulässigkeit eines erneuten Insolvenzantrags zur Erlangung der Restschuldbefreiung, NZI 2007, 229; *Christmann*, Zur Verfassungsmäßigkeit der Restschuldbefreiung nach der Insolvenzordnung, DGVZ, 1992, 177; *Delhaes*, Zur Zulässigkeit des Restschuldbefreiungsantrags in einem durch Gläubigerantrag eingeleiteten Verbraucherinsolvenzverfahren, ZInsO 2000, 358; *Döbereiner*, Die Restschuldbefreiung nach der Insolvenzordnung, 1997; *ders.*, Die Notwendigkeit eines Entschuldungsverfahrens, KTS 1998, 31; *ders.*, Die Restschuldbefreiung nach der neuen Insolvenzordnung, JA 1996, 724; *Ehlers*, Startschuß für das Restschuldbefreiungsverfahren – Neue Aufgaben für Steuerberater, DStR 1999, 240; *Engelhardt*, Politische Akzente einer Insolvenzrechtsreform, ZIP 1986, 1287; *Förster*, Von der Kostenstundung zur Restschuldbefreiung – Formaler Zirkus ohne Nutzen, ZInsO 2002, 116; *Forsblad*, Restschuldbefreiung und Verbraucherinsolvenz im neuen deutschen Insolvenzrecht, 1977; *Funke*, Restschuldbefreiung und Prozesskostenhilfe, ZIP 1998, 1708; *Gerhardt*, Insolvenzverfahren für Verbraucher aus der Sicht der Wissenschaft, FLF, 1989 99; *Grote*, Ein Jahr Verbraucherinsolvenz und Restschuldbefreiung-Chance oder Farce für überschuldete Verbraucher?, VuR 2000, 3; *ders.*, Die Berücksichtigung von Entgeltabtretungen im Verbraucherinsolvenzverfahren ZInsO 1999; *ders.*, Einkommensverwertung und Existenzminimum des Schuldners in der Verbraucherinsolvenz, 2000; *ders.*, Erhöhung der Pfändungsfreigrenzen nach § 850 f ZPO im Insolvenzverfahren, ZInsO 2000, 490; *ders.*, Restschuldbefreiungsantrag des Verbraucherschuldners im Insolvenzverfahren, das auf Gläubigerantrag eröffnet wurde, ZInsO 2000, 146; *ders.*, Reform des Verbraucherinsolvenzverfahrens Rpfleger 2000, 521; *ders.*, Baukasten Restschuldbefreiung und das Licht am Ende des Tunnels, ZInsO 2006, 119; *Hamburger/Kuhlemann/Walbrühl*, Wirksamkeit von Schuldnerberatung, Expertise zum 2. Armuts- und Reichtumsbericht der Bundesregierung, 2004; *Hattwig*, Ungewissheit für Schuldner deliktischer Forderungen – Überlegungen zu § 184 InsO, ZInsO 2004, 636; *Heilmann*, Die Schuldverstrickung natürlicher Personen nach dem Konkurs – ein soziales Unrecht, KTS 1975, 18; *Heinze*, Prozesskostenhilfe für den Gemeinschuldner in der Verbraucherinsolvenz, DZWIR 2000, 183; *Hergenröder*, Der „redliche" Schuldner im Sinne von § 1 Satz 2 InsO, DZWIR 2001, 342; *ders.*, Das Privatinsolvenzrecht auf der britischen Insel, ZVI 2007, 337; *Heyer*, Der „Null-Plan" im Verbraucherinsolvenzverfahren, JR 1996, 314; *ders.*, Restschuldbefreiung in Eigen- und Fremdantragsverfahren ZInsO 2002, 59; *ders.*, Restschuldbefreiung bei Masselosigkeit ohne Eröffnung des Insolvenzverfahrens ZInsO 2003, 203; *Heyer/Grote*, Alternativmodell zum Entschuldungsmodell bei Masselosigkeit, ZInsO 2006, 1121; *Hintzen*, Zuständigkeitsfragen im Verbraucherinsolvenzverfahren, Rpfleger 2000, 312; *Hörmann*, Hilft der Insolvenzentwurf dem Verbraucher, WM 1992, 1223; *Hoffmann*, Verbraucherinsolvenz und Restschuldbefreiung, 1998; *Hofmeister/Jäger*, Kleintransporter statt Sattelschlepper, Das „Wustrauer Modell" – Ausgangspunkt für eine Reform der Verbraucherentschuldung, 1998; *Holzer*, Anmerkung zu AG Köln, DZWIR 2000, 170 f., 2000 174 f. (174); *Holzscheck/Hörmann/Daviter*, Die Praxis des Konsumentenkredits in der Bundesrepublik Deutschland – Studie im Auftrag des Bundesministeriums der Justiz, 1982; *Holzscheck/Hörmann*, Rechtstatsachen zum Konsumentenkredit, ZIP 1982, 1172; *Kalter*, Die nachkonkursliche Vermögens- und Schuldenmasse, KTS 1975, 215; *Jäger*, Masselose Insolvenzverfahren ohne Verfahrenseröffnung – eine Neubelebung einer alten Idee, ZVI 2005, 15; *Jaeger*, Lehrbuch des deutschen Konkursrechts, 8 Aufl. 1932/1972; *Kirchhof*, Das Verbraucherinsolvenzverfahren aus Gläubigersicht, ZInsO 1998, 54; *ders.*, Zwei Jahre Insolvenzordnung – Ein Rückblick, ZInsO 2001, 1; *ders.*, Rechtsbeschwerden durch einen beim BGH zugelassenen Rechtsanwalt ZInsO 2001, 1073; *Korcak*, Überschuldungssituation in Deutschland im Jahr 2002, Aktualisierung der Daten zur Überschuldung; 2004; *Korcak/Pfefferkorn*, Studie der GP-Forschungsgruppe zur Überschuldungssituation und Schuldnerberatung in der Bundesrepublik Deutschland, 1990; *Kohte*, Schuldenbereinigungsverfahren – ein untauglicher Versuch, ZIP 1994, 184; *ders.*, Alte Schulden – neue Verfahren ZInsO 2002, 53; *ders.*, Zur Restschuldbefreiung bei Strafgefangenen, EWiR 2002, 491; *Kraemer*, Die Restschuldbefreiung im Spannungsfeld zwischen Steuerrecht und Insolvenzordnung (InsO), DStZ 1995, 399; *Ley*, Verbraucherinsolvenzverfahren für unter Vormundschaft oder Betreuung stehende Schuldner, ZVI 2003, 101; *Lösch*, Die Restschuldbefreiung nach der neuen Insolvenzordnung – ein „Freifahrtschein zum Schuldenmachen"?, JA 1994, 44; *Lücke/Schmittmann*, Zur Unzulässigkeit eines Restschuldbefreiungsantrags, ZInsO 2000, 87 f.; *Lwowski/Heyn*, Die Rechtsstellung des absonderungsberechtigten Gläubigers nach der Insolvenzordnung, WM 1998, 473; *Maier/Krafft*, Verbraucherinsolvenzen und Restschuldbefreiung nach der Insolvenzordnung, BB 1997, 2173; *Mäusezahl*, Zur Anwendbarkeit der §§ 850 ff. ZPO in der Verbraucherinsolvenz, ZInsO 2000, 193; *Messner*, Dissonanzen zwischen Insolvenz- und Erbrecht, ZVI 2004, 433; *Möhlen*, Anwendbarkeit des § 850 f Abs. 1 ZPO auf das Restschuldbefreiungsverfahren, Rpfleger 2000, 4; *Moltrecht*, Das Schuldenregulierungsverfahren nach Kapitel 13 des amerikanischen Konkursgesetzes und das Problem der Kleininsolvenz in rechtsvergleichender Sicht, 1987; *Müller*, Restschuldbefreiung und materielles Recht, KTS 2000, 57; *Obermüller*, Eingriffe in die Kreditsicherheiten durch Insolvenzplan und Verbraucherinsolvenzverfahren, WM 1998, 483; *Oetker*, Die Gesamtvollstreckungsordnung zwischen gestern und morgen, DZWIR 1996, 177; *Ohle*, Das neue Rechtsinstitut der Restschuldbefreiung, ZfgK, 397; *Ott/Zimmermann*, Verbraucherinsolvenzverfahren: Arbeitseinkommen des Schuldners – Prüfstein für die Zuständigkeit des Insolvenzgerichts und Kompetenz des Treuhänders –, ZInsO 2000, 421; *Otte*, Die zivilrechtliche Gesetzgebung im „Dritten Reich, NJW 1988, 2836; *Pape, G.* Restschuldbefreiung und Masselosigkeit, Rpfleger 1997, 237; *ders.*, Die Insolvenzordnung ist in Kraft getreten, NJW 1999, 1; *ders.*, Muß es eine Restschuldbefreiung im Insolvenzverfahren geben, ZRP 1993, 285; *ders.*, Zur Regelung der Insolvenz privater Verbraucher nach Insolvenzordnung (InsO), Rpfleger 1995, 133; *ders.*, Anmerkung zu AG Köln, Beschl. vom 19. 1. 1999 – 72 IK 1/99; *ders.*, Aktuelle Entwicklungen im

Grundsatz **§ 286**

Verbraucherinsolvenzverfahren und Erfahrungen mit den Neuerungen des InsO-Änderungsgesetzes 2001, ZVI 2002, 225; *ders.*, Erforderlichkeit eines Eigenantrags des Schuldners im Fall des Antrags auf Restschuldbefreiung NZI 2002, 186; *ders.*, Restschuldbefreiungsexorzismus durch konkrete Normenkontrolle, ZInsO 2002, 951; *ders.*, Ende der Restschuldbefreiung für alle?, ZInsO 2006, 897; *ders.*, Fiktive Gesamtstrafe oder alleinentscheidende Tilgungsfrist? – ZInsO 2001, 1044; *ders.*, Vorzeitige Erteilung der Restschuldbefreiung bei fehlenden Forderungsanmeldungen, NZI 2004.1; *Pape, I*, Zur Finanzierung der Verfahrenskosten im Verbraucherinsolvenzverfahren, NZI 1999, 89; *Paulus*, Restschuldbefreiung und Internationales Insolvenzrecht, ZEuP 1994, 301; *Peters*, Zum isolierten Widerspruch des Insolvenzverwalters gegen die qualifizierte Anmeldung einer Forderung KTS 2006, 295; *Preuß*, Durchsetzung und Verwertung von Insolvenzforderungen nach Ankündigung der Restschuldbefreiung, NJW 1999, 3450; *Prütting*, Restschuldbefreiung 1992, 882; *Prütting/Stickelbrock*, Ist die Restschuldbefreiung verfassungswidrig?, ZVI 2002, 305; *Reifner/Knobloch* Private Überschuldung in Deutschland, 2006; *Riedel*, Versagung der Restschuldbefreiung bei Ausschluss einer angemessenen Erwerbstätigkeit wegen langjähriger Haftstrafe, ZVI 2002, 131; *Röhm*, Die Versagung der Restschuldbefreiung wegen einer Insolvenzstraftat nach § 290 Abs. 1 Nr. 1 InsO, DZWIR 2003, 143; *Schmahl*, Keine Restschuldbefreiung ohne Eigenantrag, ZInsO 2002, 212; *Schmerbach/Stephan* Der Diskussionsentwurf zur Änderung der Insolvenzordnung und anderer Gesetze ZInsO 2000, 541 *Schmerbach*, Die Änderung der §§ 6, 7 durch das Gesetz zur Reform des Zivilprozesses ZInsO 2001, 1087; *Schmidt*, Das Prüfungsrecht des Insolvenzverwalters zum Forderungsgrund der unerlaubten Handlung, ZInsO 2006, 523; *Schmidt, B.*, Die „vergessenen Unterhaltsgläubiger, InVo 2001, 8; KTS, 1988, 1; *ders.*, Schwerpunkte einer Verbraucherinsolvenzregelung, ZIP, 1988, 1157; Schuldenreport 2006, 2006; *Schmidt, S.*, Verfolgung verfahrensfremder Ziele bei Verbindlichkeiten des Schuldners unterhalb der zu stundenden Verfahrenskosten, ZVI 2005, 621; *Scholz*, Überlegungen zu einer „Verbraucherinsolvenz"-Regelung, FLF 1987, 127; *Schumacher*, Restschuldbefreiung für natürliche Personen nach dem künftigen Insolvenzrecht, ZEuP 1995, 576; *Sesemann*, Verfahrensaussetzung nach § 148 ZPO analog bis zur verfassungsgerichtlichen Überprüfung des Instituts der Restschuldbefreiung, ZVI 2003, 99; *ders.*, Restschuldbefreiung – verfassungswidrig oder nicht?, NZI 2002, 655; *ders.*, Zur Frage der Verfassungswidrigkeit der in den §§ 286 bis 303 InsO vorgesehenen Möglichkeit der Restschuldbefreiung für natürliche personen, NZI 2004, 462; *Siegmann*, Der Tod des Schuldners im Insolvenzverfahren, ZEV 2000, 345; *Smid*, Gleichbehandlung der Gläubiger und Wiederherstellung eines funktionsfähigen Insolvenzrechts als Aufgaben der Insolvenzrechtsreform, BB 1992, 501; *ders.*, Die Aufgaben des neuen Insolvenzverfahrens, DZWIR 1997, 309; *Smid/Frenzel*, Die Elemente des Eröffnungsbeschlusses im neuen Insolvenzrecht, DZWIR 1998 442; *Springeneer*, Reform des Verbraucherinsolvenzrechts: Das schwierige Unterfangen, Null-Masse-Fälle ohne Systembrüche neu zu regeln, ZVI 2006, 1; *Stephan*, § 850 f Abs. 1 ZPO im Verbraucherinsolvenz- und Restschuldbefreiungsverfahren; *ders.*, Steuererklärung und Null-Massen-Insolvenz, ZVI 2002, 187; *Sternal*, Das Gesetz zur Vereinfachung des Insolvenzverfahrens, NJW 2007, 1909; *Thomas*, Mindestquote als Voraussetzung für die Restschuldbefreiung, Kölner Schrift zur Insolvenzordnung 1205; *Trendelenburg*, Restschuldbefreiung, 2000; *Trinkner*, Wiedereinführung der altorientalischen Schuldknechtschaft durch die Insolvenzordnung ?, BB 1992, 2442; *Uhlenbruck*, Wilhelm, Insolvenzverfahren für Verbraucher aus der Sicht der forensischen Rechtspflege, FLF 1989, 11; *ders.*, Gesetzentwurf zur Reform des Insolvenzrechtes: die Restschuldbefreiung als geeignetes Mittel der Entschuldung, MDR 1990, 4; *ders.*, Die Restschuldbefreiung nach dem Regierungsentwurf einer Insolvenzordnung (InsO), DGVZ 1992, 33; *ders.* Zum Regierungs-Entwurf einer Insolvenzordnung und dem Entwurf eines Einführungsgesetzes, KTS 1992, 499; *ders.*, Insolvenzrechtsreform: Flucht der Schuldner aus dem „Modernen Schuldturm" auf Kosten der Unterhaltsberechtigten?, FamRZ 1998, 1473; *ders.*, Ein Jahr InsO – Ziel erreicht oder Reformbedarf, DZWIR 2000, 15; *Vallender*, Die bevorzugte Behandlung von „Altfall-Schuldnern" bei der Restschuldbefreiung, ZIP 1996, 2058; *ders.*, Schuldenregulierung in der Verbraucherinsolvenz, DGVZ 1997, 97; *ders.*, Ausweg aus dem „modernen Schuldturm"? – Das gesetzliche Restschuldbefreiungsverfahren nach der künftigen Insolvenzordnung, VuR 1997, 155; *ders.*, Das Verbraucherinsolvenz- und Restschuldbefreiungsverfahren, InVo 1998, 169; *ders.*, Anwaltliche Gebühren im Verbraucherinsolvenz- und Restschuldbefreiungsverfahren, MDR 1999, 598–601; *ders.* Erste gerichtliche Erfahrungen im Verbraucherinsolvenzverfahren, ZIP 1999, 125; *ders.*, Das Schicksal nicht berücksichtiger Forderungen im Verbraucherinsolvenz- und Restschuldbefreiungsverfahren, ZIP 2000, 1288; *ders.*, Die bevorstehenden Änderungen des Verbraucherinsolvenz- und Restschuldbefreiungsverfahrens auf Grund des InsOÄndG und ihre Auswirkungen auf die Praxis; *Wacket*, Vorschläge des BKG zur Verbraucherinsolvenz, FLF 1989, 65–68; *Walper*, Auswirkungen von Armut auf die betroffenen Kinder und Jugendliche, 2004; *Wenzel*, Restschuldbefreiung bei Insolvenzen natürlicher Personen, DB 1990, 975; *ders.*, Verfassungsmäßigkeit der Restschuldbefreiung, DGVZ 1993, 81; *Wimmer*, Verbraucherinsolvenzen und Restschuldbefreiung nach der Insolvenzordnung, BB 1989, 386; *de With/Nack*, Der Moderne Schuldturm, ZRP 1984, 1; *Wittig*, Insolvenzordnung und Konsumentenkredit, WM 1998, 157; *Wöchner*, Gedanken zur Restschuldbefreiung nach dem Entwurf zum Gesetz zur Reform des Insolvenzrechts, BB 1989, 1065; *Zimmermann*, Überschuldung privater Haushalte, 2000.

Übersicht

	RdNr.		RdNr.
A. Einleitung............................		1. Ausgangslage	1
I. Sinn- und Zweck der Restschuldbefreiung................................	1	2. Einschränkung des freien Nachforderungsrechts	5

§ 286   8. Teil. Restschuldbefreiung

	RdNr.
3. Zweck der Restschuldbefreiung	6
4. Kritik am gesetzlichen Restschuldbefreiungsverfahren	13
a) Verfassungsrechtliche Einwendungen	13
b) Verfahrensrechtliche Kritik	17
II. Restschuldbefreiung als weiteres Verfahrensziel (§ 1 Satz 2)	22
1. Kein automatisches Erlöschen offengebliebener Forderungen	22
2. Möglichkeit der Entschuldung durch Restschuldbefreiung	23
III. Wege zur Restschuldbefreiung (Überblick)	24
1. Insolvenzplan (§ 227)	25
2. Schuldenbereinigungsplan (§ 305 Abs. 1 Nr. 4)	26
3. Verfahren nach §§ 286–303	27
IV. Struktur des Restschuldbefreiungsverfahrens	28
1. Eigenständiges Verfahren	28
2. Zweistufiges Verfahren	31
V. Überblick über das Restschuldbefreiungsverfahren nach §§ 286–303	32
1. Antrag des Schuldners (§ 287)	32
2. Anhörung der Insolvenzgläubiger und des Insolvenzverwalters im Schlusstermin (§ 289 Abs. 1 Satz 1)	33
3. Beschluss des Insolvenzgerichts (§ 289 Abs. 1 Satz 2)	34
a) Versagung der Restschuldbefreiung (§ 290)	34
b) Ankündigung der Restschuldbefreiung	35
4. Aufhebung des Insolvenzverfahrens nach Rechtskraft der Entscheidung	36
5. Wohlverhaltensperiode (§§ 287 Abs. 2 Satz 1, 295)	37
6. Versagung der Restschuldbefreiung während der Wohlverhaltensperiode	38
7. Entscheidung über die Restschuldbefreiung nach dem Ende der Wohlverhaltensperiode (§ 300 Abs. 1)	39
a) Endgültige Versagung der Restschuldbefreiung (§ 300 Abs. 2)	40
b) Erteilung der Restschuldbefreiung und öffentliche Bekanntmachung (§ 300 Abs. 3)	41
8. Widerruf der Restschuldbefreiung (§ 303)	42
B. Rechtsentwicklung in Deutschland	43
I. Das Recht der freien Nachforderung vor In-Kraft-Treten der Reichskonkursordnung am 1. 10. 1879	43
1. Das Recht der freien Nachforderung im gemeinen Recht	44

	RdNr.
2. Kodifizierte Schuldbefreiungsmodelle	45
II. Das freie Nachforderungsrecht in der Gesetzgebungsgeschichte der Reichskonkursordnung	50
III. Die Restschuldbefreiung in der Weimarer Republik, in der Zeit des Nationalsozialismus und in der Nachkriegszeit	50 a
IV. Die Restschuldbefreiung in der Insolvenzrechtsreform	51
1. Reformdiskussion bis zur Vorlage des Zweiten Berichts der Kommission für Insolvenzrecht	51
2. Kommission für Insolvenzrecht	52
3. Diskussionsentwurf und Referentenentwurf zur Insolvenzordnung	53
4. Regierungsentwurf zur Insolvenzordnung	54
5. Änderungen nach In-Kraft-Treten der Insolvenzordnung	55
6. InsOÄndG vom 26. 10. 2001	56
C. Einzelerläuterungen	58
I. Normzweck	58
II. Entstehungsgeschichte	59
III. Anwendungsbereich	60
1. Natürliche Personen	60
2. Insolvenzverfahren über das eigene Vermögen dieser Person	66
3. Redlichkeit des Schuldners	69
4. Keine Anwendung auf juristische Personen und Gesellschaften ohne Rechtspersönlichkeit	70
III. Ausnahme von Anwendungsbereich bei Fortbestand der Vollstreckungsbeschränkung des § 18 Abs. 2 Satz 3 GesO	71
1. Inhalt der Vollstreckungsbeschränkung des § 18 Abs. 2 Satz 3 GesO	71
2. Weitergeltung (Art. 108 Abs. 1 InsO)	72
3. Neues Insolvenzverfahren (Art. 108 Abs. 2 EGInsO)	73
IV. Weitere Voraussetzungen	74
1. Eröffnetes und nicht mangels Masse wieder eingestelltes Verfahren	74
2. Nicht erfüllte Verbindlichkeiten gegenüber Insolvenzgläubiger	76
3. Inhalt der Verweisung auf §§ 287 ff.	77
V. Wirkung der Restschuldbefreiung (Überblick)	78
1. Gegenüber Insolvenzgläubigern	78
2. Art und Umfang der Befreiung	79
VII. Wirkung bei nicht erteilter Restschuldbefreiung	80
1. Gründe für die Nichterteilung der Restschuldbefreiung	80

	RdNr.		RdNr.
2. Wirkungen der Nichterteilung der Restschuldbefreiung	81	a) Das Grundkonzept des neuen Entschuldungsverfahrens	84
VIII. Änderungen des § 286 durch den RegE zur Entschuldung mittelloser Personen	82	b) Aufbau des Entschuldungsverfahrens	85
1. Gegenstand der Gesetzesänderung	82	c) Von der Restschuldbefreiung erfasste Verbindlichkeiten	89
2. Zweck der Gesetzesänderung	83		

A. Einleitung

I. Sinn und Zweck der Restschuldbefreiung

1. Ausgangslage. Nach geltendem Recht können Gläubiger wegen titulierter Forderungen aus rechtskräftigen Urteilen und sonstigen Vollstreckungstiteln bis zum Eintritt der Verjährung die Zwangsvollstreckung betreiben. Diese Verjährungsfrist beträgt gemäß § 197 Abs. 1 BGB 30 Jahre. Da jede Vornahme oder Beantragung einer Vollstreckungshandlung diese Verjährungsfrist unterbricht (§ 212 Abs. 1 Nr. 2 BGB), besteht meist eine **lebenslange Haftung** für titulierte Forderungen.

Die bis zum 31. 12. 1998 geltende Konkursordnung sah gemäß § 164 KO nach der Beendigung des Konkursverfahrens ein **unbeschränktes Nachforderungsrecht** der Gläubiger vor, die im Konkursverfahren ganz oder teilweise unbefriedigt geblieben waren. Dieses unbegrenzte Nachforderungsrecht in § 164 KO verschärfte darüber hinaus die Haftung des Schuldners. Soweit eine Forderung durch die Eintragung in die Konkurstabelle vollstreckbar geworden war, konnten Gläubiger den Schuldner wegen Forderungen, die ursprünglich einer kurzen Verjährungsfrist unterlagen, nunmehr 30 Jahre lang (§ 145 Abs. 2 KO, 218 Abs. 1 Satz 2 BGB) oder falls die Verjährung unterbrochen wird, noch länger in Anspruch nehmen.

Diese Weiterhaftung des Schuldners entfiel nur, wenn die Gläubiger im Rahmen eines Konkursverfahrens durch einen **Zwangsvergleich oder in einem gerichtlichen Vergleichsverfahren** mehrheitlich auf einen Teil ihrer Forderungen verzichtet haben. Aufgrund der hohen Mehrheitsanforderungen (§ 182 KO, § 74 VerglO) und dem Erfordernis einer Mindestquote (§ 7 Abs. 1 und 2 VerglO) waren die Zwangsvergleiche und Vergleichsverfahren ohne praktische Bedeutung.

Auch die Eröffnung eines Insolvenzverfahrens beseitigt die uneingeschränkte Haftung des Schuldners für seine Verbindlichkeiten nicht. **Während des Insolvenzverfahrens** wird diese uneingeschränkte Haftung lediglich zur Realisierung des Haftungszugriffs der Insolvenz- und Massegläubiger den Regelungen der Insolvenzordnung unterworfen. **Nach der Einstellung des Insolvenzverfahrens** lebt die uneingeschränkte Haftung des Schuldners für alle Verbindlichkeiten, soweit diese durch das Insolvenzverfahren keine Befriedigung gefunden haben, wieder auf. Die Regelung des § 164 Abs. 1 und Abs. 2 KO wurde sinngemäß in § 201 Abs. 1 und 2 übernommen.

2. Einschränkung des freien Nachforderungsrechts. Mit dem Institut der Restschuldbefreiung wird nun das freie Nachforderungsrecht zwar nicht aufgehoben, aber eingeschränkt.[1] Die Regelungen in den §§ 286–303 sollen dem Schuldner einen Weg eröffnen, auf dem er sich **nach einem Insolvenzverfahren** von seinen restlichen Verbindlichkeiten befreien kann.[2] **Ohne Zustimmung seiner Gläubiger** kann ein Schuldner dann eine Restschuldbefreiung erlangen, wenn er für eine Zeit von **sechs Jahren** nach der Eröffnung des Insolvenzverfahrens den pfändbaren Anteil seiner Einkünfte an einen Treuhänder abtritt, der daraus die Insolvenzgläubiger anteilig befriedigt.

---

[1] *Heilmann* KTS 1975, 18; *Ackmann,* Schuldbefreiung durch Konkurs?, S. 114 ff.
[2] Begr. des DE, S. 195.

6 3. Zweck der Restschuldbefreiung. Die Überschuldung natürlicher Personen hat sich zu einem Massenphänomen entwickelt. Immer mehr Privathaushalte können mit den ihnen zur Verfügung stehenden Mitteln ihren finanziellen Verpflichtungen nicht mehr nachkommen.[3] Zwar fehlen umfassende präzise statistische Erhebungen über das Ausmaß der Überschuldung privater Haushalte. Die Schätzungen belaufen sich jedoch zum Stichtag 31. 12. 2002 auf ca. 3,13 Mio. mit steigender Tendenz.[4] Das sind 8,1% aller Haushalte, wovon 2,19 Mio in den alten Bundesländern (7,2% der Privathaushalte) und 0,94 Mio in den neuen Bundesländern (11,3% der Privathaushalte) als überschuldet gelten. Überschuldungsursachen sind nicht nur in erster Linie ein verändertes Konsumverhalten, „erst kaufen, dann zahlen", erleichtert durch den bargeldlosen Zahlungsverkehr, sondern vielfach unterschiedliche Faktoren, die erst in ihrem Zusammenwirken eine Überschuldung verursachen. Auslösefaktoren sind Arbeitslosigkeit, steigende Ausgaben durch Trennung und Scheidung, übernommene Bürgschaften und das Scheitern einer selbstständigen Tätigkeit. Insbesondere nehmen Überschuldungen sogenannter „Scheinselbstständiger" zu, die keinerlei Ansprüche auf Arbeitslosengeld bzw. -hilfe haben und auf Sozialhilfe angewiesen sind. Arbeitslosigkeit ist allein oder in Kombination mit anderen Ursachen der häufigste Auslöser von Überschuldung. Nach der Überschuldungsstatistik des Statistischen Bundesamtes[5] war in 29,6% aller Fälle die Arbeitslosigkeit der am häufigsten genannte (Haupt-)Auslöser für eine „Überschuldung".[6] Kritische Lebensereignisse wie Trennung, Tod oder Scheidung führten in 13,1% Fällen in eine Überschuldung, gefolgt von gescheiterter Selbstständigkeit (10,3%) und unwirtschaftlicher Haushaltsführung (8,5%). Daraus lässt sich feststellen, dass „Überschuldung" nicht alleine mit individuellem Fehlverhalten erklärbar ist. Überschuldete Personen und ihre Familien können nur begrenzt am normalen wirtschaftlichen und sozialen Leben teilnehmen. Ohne Intervention befinden sie sich in einer Überschuldungsspirale. Der Schuldenberg wird immer größer. Bei Verlust des Girokontos sind sie vom bargeldlosen Zahlungsverkehr ausgeschlossen. Ihr Arbeitsplatz ist gefährdet bzw. ihre Arbeitsplatzsuche erschwert, es besteht die Gefahr der Wohnungslosigkeit. Überschuldung ist verbunden mit einer psycho-sozialen Destabilisierung der Schuldnerinnen und Schuldner und ihrer Familien.[7] Überschuldung hat nicht nur unmittelbar Auswirkungen auf den Schuldner selbst. Regelmäßig wird dadurch auch die gesamte Familie belastet. Die damit verbundenen negativen Folgen treffen insbesondere die Kinder. Armut beeinträchtigt die Erziehungsfähigkeit der Eltern, Armut gefährdet die Chancen von Kindern bei der Ausbildung ihrer Fähigkeiten und ihrer persönlichen Autonomie, gefährdet das Niveau ihrer Schulbildung und ihrer beruflichen Ausbildung. Armutskrisen in Kindheit und Jugend können bewirken, dass es den davon Betroffenen in ihrem späteren Erwachsenenleben schwerer fällt, sich einen befriedigenden Platz im beruflichen, sozialen und privaten Leben zu sichern.[8]

7 Die **Einschränkung des freien Nachforderungsrechts** soll diesen Schuldnern einen **wirtschaftlichen Neubeginn ermöglichen.** Ein Schuldner hat wenig Motivation an einer künftigen Arbeit, wenn er keine Hoffnung hat, jemals aus dem „Schuldturm", in dem er

---

[3] *Holzscheck/Hörmann/Daviter,* Die Praxis des Konsumentenkredits in der Bundesrepublik Deutschland, 1982 hrsg. vom Bundesministerium der Justiz; *dies.* ZIP 1982, 1172 ff. *Korczak/Pfefferkorn,* Studie der GP-Forschungsgruppe zur Überschuldungssituation und Schuldnerberatung in der Bundesrepublik Deutschland, 1990; *Forsblad* S. 21 ff.; Antwort der Bundesregierung zur „Wirtschaftlichen Situation von Familien und deren soziale Auswirkungen", BT-Drucks. 12/6224, S. 25.

[4] *Korczak,* S. 46.

[5] Erhebungsjahr 2006: Statistisches Bundesamt Wirtschaft und Statistik 10/2007 S. 953.

[6] Der Begriff der „Überschuldung" im Rahmen der Armutsforschung ist nicht identisch mit der Definition von Überschuldung in § 19 Abs. 2 InsO. Der 2. Armuts- und Reichtumsbericht der Bundesregierung (BT-Drucks. 15/5015) hatte Überschuldung wie folgt definiert: Ein Privathaushalt ist dann überschuldet, wenn Einkommen und Vermögen über einen längeren Zeitraum trotz Reduzierung des Lebensstandards nicht ausreichen, um fällige Forderungen zu begleichen (relative Überschuldung).

[7] Lebenslagen in Deutschland, 2. Armuts- und Reichtumsbericht der Bundesregierung, BT-Drucks. 15/5015 S. 63; *Walper,* 1 ff.

[8] BT-Drucks. 14/5680 S. 11.

lebenslänglich verstrickt ist, herauszukommen.⁹ Er muss sich nicht selten sein Leben lang mit dem pfändungsfreien Teil seines Einkommens begnügen. Dieser pfändungsfreie Betrag unterscheidet sich oft nicht wesentlich von der Sozialhilfe, auf die ein Schuldner auch grundsätzlich ohne eigenen Arbeitseinsatz Anspruch hätte. Der Motivationsverlust führt zur Einstellung der Arbeit bzw. häufig zur Aufnahme einer Beschäftigung im Bereich der Schattenwirtschaft. Auf das Einkommen aus einer solchen Tätigkeit haben die Gläubiger keinen Zugriff.

Der **wirtschaftliche Wert des Nachforderungsrechts** ist daher meist sehr gering. Er beträgt regelmäßig nur wenige Prozent des Nominalwerts der Forderung.¹⁰ Daher ist auch eine Beschränkung des freien Nachforderungsrechts durch eine gesetzliche Schuldbefreiung **mit Art. 14 GG vereinbar.** Die gesetzliche Restschuldbefreiung berücksichtigt auch objektiv vertretbar nicht nur einseitig Schuldnerinteressen sondern auch die Interessen der Gläubiger.¹¹ Eine gesetzliche Restschuldbefreiung verbessert nämlich die Möglichkeiten einer Haftungsverwirklichung.¹² Anders als bei einem freien Nachforderungsrecht und einer damit verbundenen lebenslangen Überschuldung wird dem Schuldner nicht die Motivation zu einer Erwerbstätigkeit genommen. Er ist vielmehr verpflichtet, falls er eine Restschuldbefreiung erlangen will, einer Erwerbstätigkeit nachzugehen und den Neuerwerb zur Gläubigerbefriedigung einzusetzen. **8**

Außerdem wird mit Ermöglichung einer Restschuldbefreiung für natürliche Personen die frühere **Ungleichheit bei der nachkonkurslichen Nachhaftung natürlicher Personen und Personengesellschaften gegenüber Kapitalgesellschaften** beseitigt. Das unbegrenzte Nachforderungsrecht des § 164 Abs. 1 KO besteht „de facto" nicht bei juristischen Personen, insbesondere bei Aktiengesellschaften und Gesellschaften mit beschränkter Haftung. Hier führte das Konkursverfahren zur Auflösung und in der Regel zur Löschung der Gesellschaft im Handelsregister. Damit wird dem Nachforderungsrecht der Gläubiger die Grundlage entzogen. Ähnliches gilt für Gesellschaften ohne Rechtspersönlichkeit wie die OHG oder die KG, wenn kein natürlich haftender Gesellschafter eine natürliche Person ist. **9**

Anstöße für eine Einführung einer Restschuldbefreiung auf gesetzlicher Grundlage gaben auch die **Regelungen in anderen Ländern.** Die Reformdiskussion im Hinblick auf die Einführung einer Restschuldbefreiung war maßgeblich durch die discharge- und Verbraucherinsolvenzregelungen des anglo-amerikanischen Rechtskreises geprägt.¹³ Die Befreiung des Schuldners von seinen Schulden mit dem Ziel, diesem wieder einen wirtschaftlichen Neuanfang zu ermöglichen, ist traditionell Bestandteil der Insolvenzrechte des anglo-amerikanischen Rechtskreises. Im Gesetzgebungsverfahren der Insolvenzordnung spielte das US-amerikanische Schuldbefreiungsverfahren eine bedeutsame Rolle.¹⁴ Dies fand seinen Ausdruck in einer Informationsreise der zuständigen Berichterstatter in die USA während des parlamentarischen Beratungsprozesses. Im **US-amerikanischen bankruptcy code,** in dem grundsätzlich davon ausgegangen wird, dass der Schuldner ehrlich, aber glücklos ist (honest but unfortunate debtor), führen zwei Wege zu einer Schuldbefreiung **(discharge).** Im Verfahren des **Chapter VII** muss der Schuldner sein ganzes Vermögen einsetzen. Dieses Vermögen wird den Gläubigern zur Verfügung gestellt, mit Ausnahme des Eigenheims, des Autos und des Hausstandes, die, wenn sie nicht wertvoll sind, dem Schuldner verbleiben. Dieses Verfahren ist relativ kurz und wird daher von der Mehrzahl der amerikanischen Verbraucher gewählt. Der Nachteil dieses Verfahrens ist, dass zahlreiche Forderungen von einer Schuldbefreiung ausgenommen sind, wie z. B. Steuerschulden und die in den USA **10**

---

⁹ *Scholz* FLF 1987, 127.
¹⁰ Begr. zum DE S. 196.
¹¹ *Döbereiner,* S. 28 ff.; *Prütting/Stickelbrock,* ZVI (Zeitschrift für Verbraucher-Insolvenzrecht) 2002, 305, 306.
¹² *Wenzel,* DGVZ 1993, 81, 84 f.
¹³ Dazu ausführlich oben vor § 286 1 ff.; *Balz,* ZRP 1986, 12 ff.; *Ackmann,* Schuldbefreiung durch Konkurs 1983, 51 ff.; *ders.* KTS 1986, 555 ff.
¹⁴ *Balz,* ZRP 1986, 12 ff.

sehr wichtigen Studiendarlehen, die nur erlassen werden, wenn sie älter als sieben Jahre sind. Ferner sind Unterhaltsansprüche, Schulden aus vorsätzlichen unerlaubten Handlungen, Geldstrafen, durch Trunkenheit im Straßenverkehr verursachte Ansprüche sowie Luxusaufwendungen von der Restschuldbefreiung ausgenommen.[15] Im Verfahren nach **Chapter XIII** wird nicht das gesamte Vermögen des Schuldners liquidiert. Der Schuldner darf vielmehr sein beim Insolvenzfall vorhandenes Vermögen behalten. Auf Grund eines von ihm vorgeschlagenen und vom Gericht bestätigten Plans zahlt er innerhalb eines Zeitraums von drei bis fünf Jahren die Schulden oder einen Teil davon zurück. Wenn das Gericht dann zustimmt, wird der Rest der Schuld erlassen. Der innerhalb der Tilgungszeit zurückgezahlte Betrag muss mindestens genau so hoch sein, wie der Wert des bei der Insolvenz vorhandenen Vermögens.[16] Dieses Verfahren diente dem Rechtsausschuss des Deutschen Bundestages als Vorbild für das deutsche Insolvenzrecht[17]

11   Während der 20 Jahre andauernden Reformdiskussion um ein neues Insolvenzrecht in Deutschland führten auch viele kontinentaleuropäische Länder Schuldenregulierungsverfahren zur Lösung des Problems der Überschuldung natürlicher Personen ein. Neben den bereits bestehenden Schuldenbereinigungsregelungen in England,[18] Schottland und Irland führten Österreich,[19] Schweden,[20] Norwegen,[21] Finnland,[22] Belgien[23] und Frankreich[24] ein Schuldenbereinigungsverfahren ein. Dieser rechtspolitischen Entwicklung konnte sich der Gesetzgeber der Insolvenzordnung auch mit dem Blick auf eine Harmonisierung europäischer Rechtsordnungen nicht verschließen.[25]

12   Viele Ähnlichkeiten mit dem deutschen Insolvenzverfahren weist das österreichische Verfahren auf. Auch hier besteht eine enge Verbindung zwischen dem allgemeinen Insolvenzverfahren und dem Schuldenbereinigungsverfahren für den Verbraucher. Anders als das deutsche Insolvenzverfahren kennt das österreichische Recht eine **Mindestquote.** Danach kann das **„Abschöpfungsverfahren",** das ähnlich wie die Wohlverhaltensperiode ausgestaltet ist, mit einer Restschuldbefreiung nach Ablauf von sieben Jahren bei Erreichen der **Mindestbefriedigungsquote von 10%** beendet werden.[26] Konnte der Schuldner innerhalb von **drei Jahren** 50% der Forderungen begleichen, kann das Verfahren auch schon nach drei Jahren Laufzeit der Abtretungserklärung beendet werden.[27] Wird die Befriedigungsquote von 10% innerhalb der sieben Jahre nicht erreicht, kann das Gericht das Abschöpfungsverfahren **um drei Jahre verlängern.**[28] Dem deutschen Gesetzgeber diente **das österreichische Modell der Verfahrenskostenstundung** als Vorbild, um das Problem des Zugangs mittelloser Schuldner zum Insolvenzverfahren im InsOÄndG vom 26. 10. 2001 zu regeln. Danach sind die Kosten des Verfahrens, soweit sie nicht aus der Masse beglichen werden können, vorläufig aus den „Amtsgeldern" zu zahlen. Diese vorgeschossenen Amtsgelder sind dem Bund unmittelbar aus der Konkursmasse und im Abschöpfungsverfahren aus den Geldern, die der Treuhänder durch Abtretung der Forderungen des Schuldners auf Einkünfte aus seinem Arbeitsverhältnis erlangt, zu ersetzen. Bis zu drei Jahren nach der Beendigung des Abschöpfungsverfahren ist der Schuldner zur Nachzahlung der Beträge verpflichtet, die aus den Amtsgeldern gezahlt wurden und noch nicht ersetzt

---

[15] *Trendelenburg,* S. 110.
[16] Zu dem Verfahren insgesamt *Moltrecht,* Das Schuldenregulierungsverfahren nach Kapitel 13 des amerikanischen Konkursgesetzes und das Problem der Kleininsolvenz in rechtsvergleichender Sicht, 1987.
[17] FK-*Kohte* vor §§ 286 ff. RdNr. 20.
[18] *Hergenröder,* ZVI 2007, 337.
[19] Konkursordnungsnovelle 1993 vom 30. 12. 1993.
[20] Schuldensanierungsgesetz vom 17. 7. 1992; Ausführliche Darstellung bei *Bogdan* ZEuP 1995, 618.
[21] Gesetz vom 17. 7. 1992.
[22] Gesetz über die Schuldensanierung für Privatpersonen, dazu *Koskelo* ZEuP 1995, 622.
[23] *Trendelenburg,* S. 119.
[24] Loi Neiertz vom 31. 12. 1989.
[25] *Trendelenburg,* S. 82.
[26] § 213 Abs. 1 Nr. 2 der österreichischen Konkursordnung.
[27] § 213 Abs. 1 Nr. 1 der österreichischen Konkursordnung.
[28] § 213 Abs. 4 der österreichischen Konkursordnung.

worden sind, soweit er dazu ohne Beeinträchtigung des notwendigen Unterhalts dazu imstande ist.[29]

Seit dem Inkrafttreten der Insolvenzordnung am 1. 1. 1999 bis zum 31. 12. 2007 sind 381 227 Verbraucherinsolvenzverfahren mit dem Ziel einer Restschuldbefreiung eröffnet worden. Zusätzlich sind im gleichen Zeitraum etwa 300 000 Anträge auf Eröffnung des Insolvenzverfahrens über das Vermögen selbständiger und ehemals selbstständiger natürlicher Personen gestellt worden, von denen der überwiegende Teil in ein Restschuldbefreiungsverfahren mündet.[30] Die jährliche Steigerungsquote der Verbraucherinsolvenzverfahren mit dem Ziel einer Restschuldbefreiung, die sich im Jahr 2002 nach der Einführung der Verfahrenskostenstundung auf 61,5% belief, hat sich zwischenzeitlich (2006) auf 40,2% eingependelt. Die durchschnittlichen Schulden je Fall, die sich im Jahr 1999 noch auf 179 000 € beliefen, zeigen eine stetig abnehmende Tendenz. Im Jahr 2007 betrugen die Schulden je Fall durchschnittlich nur noch 59 000 €.[31] Mehr als zwei Drittel aller überschuldeten Privathaushalte haben Schulden bei Kreditinstituten. An zweiter Stelle stehen Schulden bei Versandhäusern und bei Behörden (Finanzämter, Justizbehörden). Mietschulden sind in den neuen Bundesländern ein größeres Problem als in den alten Bundesländern.[32] **12a**

4. Kritik an der Restschuldbefreiung. a) Verfassungsrechtliche Einwendungen. **13**
Gegen die Einführung einer Restschuldbefreiung werden **verfassungsrechtliche Bedenken** erhoben.[33] Die Abschaffung des Rechts der freien Nachforderung sei ein Eingriff in das Eigentumsrecht der betroffenen Gläubiger,[34] Art. 14 GG. Durch die Einführung einer Restschuldbefreiung wird jedoch die generelle Durchsetzbarkeit einer Forderung nicht angetastet. Sie wird nur in der seltenen Insolvenz-Ausfall-Situation begrenzt. Solche Haftungsbegrenzungen gibt es auch im Vollstreckungsrecht durch Vollstreckungsschutzvorschriften und im Gesellschaftsrecht durch die Zulassung juristischer Personen. Die Beschränkung der Durchsetzbarkeit wirkt sich auch nicht gegenüber Bürgen und anderen Mitverpflichteten aus. Der Wesensgehalt des Eigentumsrechts wird daher durch ein Restschuldbefreiungsverfahren, so wie es die Insolvenzordnung regelt, nicht beschränkt.[35]

Bedenken gegen die Verfassungsmäßigkeit der Einführung einer Restschuldbefreiung **14** könnten sich auch aus einer Verletzung **der Grundsätze der Rechtssicherheit und des Vertrauensschutzes** hinsichtlich der Behandlung von **Altforderungen,** die vor Inkrafttreten der Insolvenzrechtsreform entstanden sind, ergeben.[36] Da die Regelungen der Insolvenzordnung auch auf solche Rechtsverhältnisse anzuwenden sein werden, die vor dem 1. Januar 1999 begründet worden sind, kommt ihnen eine Rückwirkung vor. Die Durchsetzbarkeit zuvor entstandener und noch nicht erfüllter Forderungen wird durch die Insolvenzordnung neu geregelt.

Eine solche Rückwirkung ist jedoch zulässig, wenn nicht bei einer Abwägung im Einzelfall das Vertrauen des Einzelnen auf den Fortbestand einer bestimmten Regelung gegenüber dem Reforminteresse und dem Wohl der Allgemeinheit überwiegt.[37] Die bisherigen gesetzlichen Bestimmungen des freien Nachforderungsrechts haben nur eine geringe Befriedigung **15**

---

[29] § 184 der österreichischen Konkursordnung.
[30] Statistisches Bundesamt, Wirtschaft und Statistik 4/2008, S. 302 ff.
[31] Statistisches Bundesamt, Wirtschaft und Statistik 4/2008, S. 305 (Tabelle 3).
[32] *Korczak,* S, 27.
[33] *Kübler/Prütting/Wenzel* § 286 RdNr. 56–69 ausführlich zur verfassungsrechtlichen Beurteilung. Die Diskussion zur Frage der Verfassungsmäßigkeit der Restschuldbefreiung wurde erneut entfacht durch den Vorlagebeschluss des AG München vom 30. 8. 2002 (ZVI 2002, 330). Das AG München hält die Bestimmungen über die Erteilung der Restschuldbefreiung, §§ 286 ff., für verfassungswidrig, weil sie gegen die Eigentumsgarantie des Art. 14 GG und den Grundsatz des rechtlichen Gehörs gemäß Art. 103 Abs. 1 GG verstoßen. Dazu (ablehnend) *Prütting/Stickelbrock* ZVI 2002, 305.
[34] *Christmann* DGVZ 1993, 81.
[35] *Forsblad,* S. 275 ff.
[36] *Ohle,* ZfgK 1993, 397, 398.
[37] *BVerfGE* 38, 61, 83; *BVerfGE* 68, 193, 221 f.

der Gläubiger durch zahlungsunfähige Schuldner ermöglicht. Die Einführung der Restschuldbefreiung lässt dagegen eine verbesserte Befriedigungsaussicht erwarten. Sie ist daher auch unter dem Gesichtspunkt des Vertrauensschutzes und der Rechtssicherheit nicht zu beanstanden.[38]

16 Andererseits ist zu bedenken, ob nicht aus Art. 1, 2 Abs. 1 GG eine Gewährleistung eines **Rechts auf einen Neuanfang** nach finanziellem Zusammenbruch folgt.[39] Der Gedanke eines Rechts auf einen Neuanfang liegt insbesondere nahe, wo gewöhnliche oder ganz leichte Fahrlässigkeit zu hohen Schulden und zur Insolvenz geführt haben. Ohne Entschuldung führt dies für den Schuldner zu einer massiven lebenslangen Existenzgefährdung, ohne dass der Gläubiger damit eine ins Gewicht fallende Befriedigung erlangt.

16 a Das Amtsgericht München legte dem Bundesverfassungsgericht mehrere Verfahren zur Entscheidung vor, um die Verfassungswidrigkeit des gesamten Achten Teils der Insolvenzordnung feststellen zu lassen.[40] Diese Vorlageverfahren hat das Bundesverfassungsgericht als unzulässig zurückgewiesen, sodass sich das Gericht mit der Verfassungsmäßigkeit der Vorschriften zur Restschuldbefreiung nicht befasst hat.[41]

17 **b) Verfahrensrechtliche Kritik.** Überwiegend besteht Übereinstimmung, dass einem „schuldlosen Schuldner" die Möglichkeit eröffnet werden muss, früher als nach dreißig Jahren eine Restschuldbefreiung zu erlangen.[42] Kritisiert wird, dass dieses Verfahren im **Insolvenzrecht angesiedelt** und nicht in der Einzelzwangsvollstreckung oder im Bereich der richterlichen Vertragshilfe geregelt ist. Die Restschuldbefreiung bringe keine echte Befreiung des Schuldners von seinen Verbindlichkeiten, sondern schaffe einen neuen Schuldturm, weil während des anhängigen Insolvenzverfahrens und der anschließenden Treuhandphase Teile des künftigen Vermögens festgelegt werden. Neugläubigern wird das künftige Vermögen des Schuldners weitgehend entzogen. Der Schuldner selbst habe für die Dauer des Verfahrens selbst keine Kreditmöglichkeiten. Zur Absicherung von neuen Verbindlichkeiten sei er nicht imstande.[43]

18 Auch die Tatsache, dass es bei einer Abweisung mangels Masse zu keinem Verfahren komme, bedingt durch die Verknüpfung von Schuldbefreiungsverfahren mit dem Insolvenzverfahren, sei eine mit den Zielsetzungen des Restschuldbefreiungsverfahrens kaum zu vereinbarenden Schwäche.[44]

19 Ein weiterer Kritikpunkt, der aus der Verknüpfung der Restschuldbefreiung mit dem Insolvenzverfahren resultiert, ist, dass das allgemeine **Insolvenzverfahren zu aufwändig** sei, um es im Rahmen eines Massenverfahrens, um dass es sich bei der Restschuldbefreiung handeln wird, obligatorisch zur Entschuldung einzusetzen.[45] Bei den Verfahren, die schon

---

[38] *Forsblad* S. 292 ff.; *Prütting/Stickelbrock,* ZVI 2002, 305, 306.
[39] MünchKommInsO-*Stürner* Einleitung RdNr. 93.
[40] AG München NZI 2002, 676 (Beschl. v. 30. 8. 2002), ZVI 2003, 39 (Beschl. v. 20. 11. 2002, NZI 2004, 456 (Beschl. v. 9. 6. 2004).
[41] Zu dem ausführlichen Schrifttum zu den Richtervorlagen des Münchener Amtsgerichts: *Prütting/Stickelbrod* ZVI 2002, 305; *Pape, G.* ZInsO 2002, 1010; *Ahrens* ZInsO 2002, 1010, ZInsO, 2003, 197, ZVI 2003, 509; *Seesemann* NZI 2002, 655.
[42] *Uhlenbruck* MDR 1990, 4, 8.
[43] *Uhlenbruck* MDR 1990, 4, 10.
[44] *Pape,* Rpfleger 1997, 237, 240 ff.; FK-*Ahrens* § 286 RdNr. 19. Diesem „Schwachpunkt" ist durch die mit dem InsOÄndG v. 26. 10. 2001 (BGBl. I S. 2710) eingefügten Regelungen der §§ 4 a ff. über die Verfahrenskostenstundung abgeholfen worden. Ein Insolvenzverfahren über das Vermögen einer natürlichen Person mit dem Ziel der Restschuldbefreiung kann nunmehr nicht mehr wegen fehlender Deckung der Verfahrenskosten abgewiesen werden. Allerdings ergeben sich bei der Abwicklung dieser masseunzulänglichen Verfahren eine Vielzahl neuer Probleme. Dazu *Pape* ZVI 2002, 225, 237 f.
[45] *Döbereiner* S. 64. Diese Kritik bekommt nach der Einführung der Verfahrenskostenstundung durch das InsOÄndG v. 26. 10. 2001 ein neues Gewicht. Die Mehrheit der Verfahren ist masselos. Sie müssen, trotz der fehlenden Deckung der Verfahrenskosten und obwohl die Gläubigerbefriedigung keinerlei Rolle mehr spielt, nur um ihrer selbst willen eröffnet werden, damit der Schuldner eine Zugangsberechtigung für das Restschuldbefreiungsverfahren erhält. Sie sind von einem Verwalter oder Treuhänder abzuwickeln, obwohl einziger Zweck die Vorbereitung der Entscheidung über die Ankündigung der Restschuldbefreiung im Schlusstermin ist. Dazu *Ast* ZVI 2002, 183; *Förster* ZInsO 2002, 116; *Stephan* ZVI 2002, 187.

nicht mangels Masse abgewiesen werden würden, sei die verteilungsfähige Masse derart gering, dass eine Verteilung an die Gläubiger überhaupt nicht stattfinden werde. Die Durchführung eines allgemeinen Insolvenzverfahrens sei dann sinnlos und überflüssig. Dieser Einwand wurde bald nach der Einführung der Verfahrenskostenstundung durch das InsO-ÄndG vom 26. 10. 2001 und dem dadurch bedingten Anstieg der Verfahren in der Fachöffentlichkeit aufgegriffen. Der „Aufruf deutscher Insolvenzrichter und -rechtspfleger zur Wiederherstellung der Funktionsfähigkeit des Insolvenzgerichte und der Insolvenzordnung" Ende 2002 zeichnete das Bild einer unzumutbaren Justizbelastung, die dem allgemeinen Rechtsfrieden schaden könne.[46] Die Idee von einem Restschuldbefreiungsverfahren ohne vorausgegangenem Insolvenzverfahren in den Fällen, in denen eine verteilungsfähige Masse nicht vorhanden ist, beherrschte in den folgenden Jahren die Reformdiskussion.[47]

Der im August 2007 von der Bundesregierung eingebrachte und am 14. Februar 2008 im Deutschen Bundestag in erster Lesung behandelte Entwurf eines **Gesetzes zur Entschuldung mittelloser Personen, zur Stärkung der Gläubigerrechte sowie zur Regelung der Insolvenzfestigkeit von Lizenzen**[48] hat diese Kritik aufgenommen. Um das Verfahren zu vereinfachen ist vorgesehen, in den Fällen, in denen der Schuldner aus seinem Einkommen und Vermögen nichts zur Befriedigung seiner Gläubiger beitragen kann, kein Insolvenzverfahren durchzuführen. In diesen Fällen beginnt – nach Feststellung der Verfahrensvoraussetzungen durch das Gericht und einen vorläufigen Treuhänder – die Treuhandphase (die sog. Wohlverhaltensperiode). Der Gesetzgeber bezeichnet dieses Verfahren als „Entschuldungsverfahren", um damit die verfahrensrechtlichen Besonderheiten kenntlich zu machen.[49]

Schließlich wird gegen die gesetzliche Restschuldbefreiung nach den §§ 286 ff. eingewendet, die fehlende Unterstützung des Schuldners in der Form einer **nachsorgenden Betreuung** während der Wohlverhaltensperiode werde in vielen Fällen zum Scheitern des Verfahrens führen, was die Effektivität des Restschuldbefreiungsverfahrens als Entschuldungsverfahren in Frage stelle. Der Schuldner müsse im Rahmen der nachsorgenden Betreuung eine allgemeine Beratung erhalten. Nur damit sei er in der Lage, seine Haushaltsführung zu stabilisieren. Das Leben nahe des Existenzminimums bedeute für den Schuldner auch eine erhebliche psychische Belastung. Das Restschuldbefreiungsverfahren verfehle seinen Sinn, wenn der Schuldner durch eine fehlende nachsorgende Betreuung nicht gelernt habe, nach der Entschuldung mit seiner neuen wirtschaftlichen Freiheit umzugehen und auf absehbare Zeit wieder in den „Schuldturm" gelange.[50]

Die Argumente für eine Regelung der Restschuldbefreiung außerhalb der Insolvenzordnung beruhen eher auf praktischen als auf dogmatischen Erwägungen. Ein Forderungsverlust der Gläubiger durch eine Restschuldbefreiung erhält nur dann seine Berechtigung, wenn das Vermögen und Einkommen des Schuldners ermittelt und zur Schuldentilgung eingesetzt worden ist und die Gläubiger die Chance hatten, ihre Forderungen anzumelden. Dies geschieht aber in einem Insolvenzverfahren. Überdies dient die Wohlverhaltensphase wie das Insolvenzverfahren der Gesamtbereinigung aller Schulden durch eine gleichmäßige Befriedigung aller Gläubiger aus dem Einkommen des Schuldners. Das Rechtsinstitut der Restschuldbefreiung ist daher als materielles Insolvenzrecht zu qualifizieren, das aus diesem Grund seinen **Regelungsstandort im Insolvenzverfahren** haben muss.[51] Der Kritik, dass es, bedingt durch die Verknüpfung von Schuldbefreiungsverfahren mit dem Insolvenzverfahren, bei einer Abweisung mangels Masse zu keinem Verfahren komme, war zunächst durch das InsOÄndG vom 26. 10. 2001 abgeholfen worden. Mit der Einführung der

---

[46] Aufruf deutscher Insolvenzrichter und -rechtspfleger, ZInsO 2002, 949.
[47] *Heyer* ZInsO 2003, 201; *Hofmeister/Jäger* ZInsO 2005, 180; *Heyer/Grote* ZInsO 2006, 1121; *Grote* ZInsO 2006, 119; *Springeneer* ZVI 2006, 1; *Jäger* ZVI 2005, 15.
[48] BT-Drucks. 16/7416.
[49] BT-Drucks. 16/7416, S. 33.
[50] *Döbereiner* S. 59; *Scholz* FLF 1987, 127, 131; *ders.* ZIP 1988, 1157, 1163.
[51] *Schmidt-Räntsch,* Insolvenzrechts-Handbuch § 76 RdNr. 17–21; *Stephan* ZVI 2002, 187.

§ 286 22–25   8. Teil. Restschuldbefreiung

Verfahrenskostenstundung (§§ 4a–4d) und der Neufassung des § 26 scheiterte das Restschuldbefreiungsverfahren nicht mehr an der fehlenden Verfahrenskostendeckung. Auch der Entwurf eines **Gesetzes zur Entschuldung mitteloser Personen, zur Stärkung der Gläubigerrechte sowie zur Regelung der Insolvenzfestigkeit von Lizenzen**[52] hat an diesem Prinzip festgehalten und das „Entschuldungsverfahren" in das Insolvenzverfahren integriert. Als ein Schwachpunkt des Verfahrens wird sich möglicherweise erweisen, dass die fehlende Unterstützung des Schuldners in der Wohlverhaltensperiode durch eine nachsorgende Betreuung viele Verfahren scheitern lassen. Dies ist aber kein Problem, das durch die Insolvenzordnung, sondern durch die Sozialpolitik zu lösen ist. Ein Restschuldbefreiungsverfahren kann nur funktionieren, wenn Schuldner auf eine begleitende Betreuung durch Schuldnerberatungsstellen zurückgreifen können.[53]

II. Restschuldbefreiung als weiteres Verfahrensziel

22   **1. Kein automatisches Erlöschen offengebliebener Forderungen (§ 201 Abs. 1, Abs. 2).** Obwohl die Insolvenzordnung in § 1 Satz 2 als Verfahrensziel bestimmt, dem redlichen Schuldner die Gelegenheit zu geben, sich von seinen restlichen Verbindlichkeiten zu befreien, **erlöschen mit der Aufhebung die offen gebliebenen Forderungen des Schuldners nicht automatisch.** Mit der Eröffnung eines Insolvenzverfahrens wird die unbeschränkte Haftung des Schuldners für seine Verbindlichkeiten lediglich für die Dauer des Verfahrens ausgesetzt und der Haftungszugriff den Regelungen der InsO unterworfen. Endet das Insolvenzverfahren lebt die uneingeschränkte Haftung des Schuldners für alle Verbindlichkeiten, die während und durch das Insolvenzverfahren keine Befriedigung gefunden haben, wieder auf. Dieses schon in § 164 KO geregelte sog. freie Nachforderungsrecht ist auch in die Insolvenzordnung übernommen worden (§ 201 Abs. 1, Abs. 2).

23   **2. Möglichkeit der Entschuldung durch Restschuldbefreiung (§ 201 Abs. 3).** Trotz der grundsätzlich unbeschränkten Nachhaftung eröffnet Abs. 3 dem redlichen Schuldner die Möglichkeit, Restschuldbefreiung zu erlangen. Die Nachhaftung nach § 201 Abs. 1 tritt nicht ein, wenn der Schuldner nach den §§ 286–303 Restschuldbefreiung erlangt.

III. Wege zur Restschuldbefreiung (Überblick)

24   Das Restschuldbefreiungsverfahren nach den §§ 286–303 stellt nicht das Einzige, mit der neuen Insolvenzordnung eingeführte Entschuldungsverfahren dar. Für Verbraucher, die unter die Vorschriften der §§ 304ff. fallen, besteht eine weitere Entschuldungsmöglichkeit im Rahmen eines **Schuldenbereinigungsplans.** Personen, die nicht den Regelungen des Verbraucherinsolvenzverfahrens unterworfen sind, können durch einen **Insolvenzplan** nach den §§ 217ff. eine Befreiung von ihren Verbindlichkeiten erlangen.

25   **1. Insolvenzplan.** In einem Insolvenzplan nach den §§ 217ff. kann eine Haftung des Schuldners für seine Verbindlichkeiten beliebig geregelt werden, wenn alle Gläubiger diesem Plan ihre Zustimmung erteilen. Verweigert eine Minderheit die Zustimmung zu dem Insolvenzplan, kann die fehlende Zustimmung durch das Insolvenzgericht ersetzt werden, solange die widersprechenden Gläubiger nicht schlechter gestellt werden, als sie ohne Plan stünden. Diese Entschuldungsmöglichkeit durch einen Insolvenzplan nach den §§ 217ff. können Verbraucher, die unter die Vorschriften der §§ 304ff. fallen, nicht in Anspruch nehmen, § 312 Abs. 3.[54] Durch das InsOÄndG vom 26.10.2001 wurden werbende und ehemalige Kleinunternehmer, deren Verschuldungsstruktur nicht einem Verbraucher gleichgesetzt werden kann, dem Regelinsolvenzverfahren zugewiesen. Für diese Personengruppe

---

[52] Siehe RdNr. 19a.
[53] *Hamburger/Kuhlemann, Walbrühl*, S. 9ff.
[54] Der RegE (BT-Drucks. 16/7416, S. 16) sieht eine Aufhebung der §§ 312–314 vor. Damit wird die Erstellung eines Insolvenzplan und eine Restschuldbefreiung durch einen Insolvenzplan künftig auch im Verbraucherinsolvenzverfahren nach den §§ 304ff. möglich sein.

wird das Insolvenzplanverfahren als weitere Entschuldungsmöglichkeit an Bedeutung gewinnen, auch wenn der Gesetzgeber das Planverfahren in erster Linie als Sanierungsinstrument insolventer Unternehmen konzipiert hat (§ 1 Satz 2) und eine Restschuldbefreiung kein notwendiges Element einer planmäßigen Regelung ist.

2. Schuldenbereinigungsplan. Verbraucher, für die die Vorschriften über das Verbraucherinsolvenzverfahren gelten (§§ 304 ff.), müssen zunächst eine **außergerichtliche und,** wenn das Gericht die Durchführung eines Schuldenbereinigungsplanverfahrens gemäß den §§ 306, 307 anordnet, eine **gerichtliche Schuldenbereinigung** mit ihren Gläubigern versuchen, bevor das Insolvenzverfahren in vereinfachter Form und im Anschluss daran das Restschuldbefreiungsverfahren durchgeführt werden kann. Die Entschuldung in diesen Verfahren setzt eine Zustimmung der Gläubiger voraus, wobei das Gericht im gerichtlichen Schuldenbereinigungsverfahren unter bestimmten Voraussetzungen die fehlende Zustimmung einzelner Gläubiger ersetzen kann.[55]

3. Verfahren nach den §§ 286–303. Im Unterschied zu einer Schuldenbereinigung auf Grund eines Insolvenzplans oder eines Schuldenbereinigungsplans ist bei der gesetzlichen Schuldbefreiung nach den §§ 286–303 der persönliche Anwendungsbereich nicht beschränkt. **Alle natürliche Personen** können sich mit Hilfe der Restschuldbefreiung von ihren Schulden befreien. Die gesetzliche Schuldenbereinigung setzt **keine Zustimmung der Gläubiger** voraus. Sie kann jedoch nur erlangt werden, wenn der Schuldner vorher ein Insolvenzverfahren über sein Vermögen durchlaufen hat.

IV. Struktur des Restschuldbefreiungsverfahrens

1. Restschuldbefreiungsverfahren als eigenständiges Verfahren. Das Restschuldbefreiungsverfahren ist ein in der Insolvenzordnung geregeltes eigenständiges Verfahren für natürliche Personen.[56] Es wird durch das Erfordernis eines zusätzlichen, allein vom Schuldner zu stellenden Antrags mit dem alleinigen Ziel der Schuldbefreiung eingeleitet. Es besteht eine enge, aber nicht notwendige Verbindung zwischen dem Insolvenzverfahren und dem Schuldenbereinigungsverfahren.

Zwar muss ein Insolvenzverfahren eröffnet sein, um zu einem Restschuldbefreiungsverfahren zu gelangen.[57] Ein Insolvenzverfahren muss nicht durchgeführt sein, da das Restschuldbefreiungsverfahren auch bei Masseunzulänglichkeit zulässig ist (§ 289 Abs. 3 Satz 1).

Andererseits muss das Insolvenzverfahren über das Vermögen einer natürlichen Person nicht mit einem Restschuldbefreiungsverfahren verbunden sein. Ein Insolvenzverfahren ist auch durchzuführen, wenn das Restschuldbefreiungsverfahren unzulässig ist oder gemäß § 290 Abs. 1 die Restschuldbefreiung zu versagen ist, oder wenn kein Antrag auf Erteilung der Restschuldbefreiung gestellt wird.

2. Restschuldbefreiungsverfahren als zweistufiges Verfahren. Das Restschuldbefreiungsverfahren ist ein zweistufiges Verfahren. In der ersten Stufe wird darüber befunden, ob der Schuldner Zugang zu dem eigentlichen Schuldbefreiungsverfahren haben soll. Der Verfahrensabschnitt beginnt mit dem Antrag des Schuldners auf Erteilung der Restschuldbefreiung und endet mit der Entscheidung des Gerichts nach § 289 Abs. 1 Satz 2, durch die eine Restschuldbefreiung versagt wird oder eine Schuldbefreiung nach Maßgabe von § 291

---

[55] Das außergerichtliche und gerichtliche Schuldenbereinigungsverfahren wird durch den RegE (BT-Drucks. 16/7416) grundlegend verändert. Künftig muss ein außergerichtlicher Einigungsversuch nur durchgeführt werden, wenn keine realistischen Einigungschancen bestehen, d. h. wenn er offensichtlich aussichtslos ist. Nach der Legaldefinition in § 305 Abs. 1 Nr. 1 InsO RegE ist dies nur gegeben, wenn die Gläubiger nur eine Befriedigungsquote von 5% oder darunter zu erwarten haben oder der Schuldner mehr als 20 Gläubiger hat. Eine gerichtliches Schuldenbereinigungsverfahren findet nicht mehr statt. Stattdessen kann das Gericht die Zustimmung ablehnender Gläubiger zum außergerichtlichen Schuldenbereinigungsplan ersetzen.
[56] FK-*Ahrens* § 286 RdNr. 18.
[57] Der RegE (BT-Drucks. 16/7416) verabschiedet sich von diesem Prinzip. Künftig soll auch die Eröffnung eines Insolvenzverfahrens verzichtet werden, wenn das Verfahren masselos ist (§ 286 Abs. 2 RegE).

§ 286 32–34　　　　　　　　　　　　　　　　　　　　　　　8. Teil. Restschuldbefreiung

angekündigt wird, und der Aufhebung des Insolvenzverfahrens gemäß § 289 Abs. 2 Satz 2. Das Zulassungs- oder Vorverfahren verläuft zeitlich parallel zu dem anhängigen Insolvenzverfahren. Dieses Zulassungs- oder Vorverfahren endet mit dem inhaltlichen Abschluss des Insolvenzverfahrens. Mit der gerichtlichen Ankündigung der Restschuldbefreiung beginnt der zweite Verfahrensabschnitt, die Treuhand- oder Wohlverhaltensperiode. Entsprechend der Laufzeit der Abtretungserklärung beträgt diese Phase sechs Jahre. Die Laufzeit wird von der Eröffnung des Insolvenzverfahrens an berechnet.[58] Nach Ablauf der Wohlverhaltensperiode entscheidet das Gericht über die Erteilung der Restschuldbefreiung. Der Schuldner hat in dieser Wohlverhaltensperiode umfassende Obliegenheiten zu erfüllen, die ihn veranlassen sollen, seine noch bestehenden Verbindlichkeiten mit dem ihm zur Verfügung stehenden Mitteln zu erfüllen.

V. Überblick über das Restschuldbefreiungsverfahren nach den §§ 286–303[59]

32　**1. Antrag des Schuldners (§ 287).** Der Schuldner, der eine Restschuldbefreiung erlangen will, muss gemäß § 287 Abs. 1 Satz 2 einen entsprechenden Antrag schriftlich beim Insolvenzgericht einreichen. Dieser Antrag soll mit dem Antrag auf Eröffnung des Insolvenzverfahrens verbunden werden. Wird er nicht mit diesem verbunden, so ist er innerhalb von zwei Wochen nach einem Hinweis des Gerichts zu stellen (§ 287 Abs. 1). Der Schuldner muss mit dem Antrag die Erklärung nach § 287 Abs. 2 Satz 1 verbinden, dass er den pfändbaren Teil seiner Bezüge aus einem Dienst- oder Arbeitsverhältnis oder an deren Stelle tretenden laufende Bezüge für die Zeit von sechs Jahren nach der Aufhebung des Insolvenzverfahrens an einen vom Gericht zu bestimmenden Treuhänder abtritt. Waren die Forderungen aus einem Arbeits- oder Dienstverhältnis bereits an einen Dritten abgetreten, muss der Schuldner in seiner Erklärung darauf hinweisen (§ 287 Abs. 2 Satz 2).

33　**2. Anhörung der Insolvenzgläubiger und des Verwalters im Schlusstermin (§ 289 Abs. 1 Satz 1).** Über den Antrag des Schuldners entscheidet das Insolvenzgericht nach Anhörung der Insolvenzgläubiger und des Insolvenzverwalters, dessen Aufgaben bei Verbrauchern im Sinne des § 304 der Treuhänder wahrnimmt (§ 312 Abs. 1), im öffentlich bekannt gemachten Schlusstermin durch Beschluss (§ 289 Abs. 1). Verzichtet das Gericht im schriftlichen Verfahren gem. § 5 Abs. 2[60] auf die Durchführung des Schlusstermins, kann es durch Beschluss anordnen, dass die Gläubiger binnen einer Frist zu dem Restschuldbefreiungsantrag schriftlich Stellung nehmen können; der Fristablauf tritt dann an die Stelle des Schlusstermins.

34　**3. Beschluss des Insolvenzgerichts (§ 289 Abs. 1 Satz 2). a) Versagung der Restschuldbefreiung (§ 290).** Wenn Versagungsgründe vorliegen und ein Gläubiger die Versagung beantragt hat, muss das Gericht die Restschuldbefreiung gemäß § 290 Abs. 1 versagen. Der Gläubiger muss den Versagungsgrund glaubhaft machen (§ 290 Abs. 2). Ein Versagungsgrund liegt vor, wenn der Schuldner wegen einer Straftat nach den §§ 283–283 c StGB rechtskräftig verurteilt ist (§ 290 Abs. 1 Nr. 1) oder wenn er in den letzten drei Jahren vor dem Antrag auf Eröffnung des Insolvenzverfahrens oder nach diesem Antrag vorsätzlich oder grob fahrlässig schriftlich unrichtige Angaben über seine wirtschaftlichen Verhältnisse gemacht hat, um einen Kredit zu erhalten, Leistungen der öffentlichen Hand zu erlangen oder Leistungen an öffentliche Kassen nicht erbringen zu müssen (§ 290 Abs. 1 Nr. 2). Das Gericht muss die Restschuldbefreiung auch dann versagen, wenn in den letzten zehn Jahren vor dem Antrag auf Eröffnung des Insolvenzverfahrens oder nach

---

[58] Für Verfahren, die vor dem In-Kraft-Treten des InsOÄndG vom 26. 10. 2001 am 1. 12. 2001 eröffnet worden waren, betrug die Dauer der Treuhand- oder Wohlverhaltensperiode 7 bzw. 5 Jahre, beginnend mit der Aufhebung des Insolvenzverfahrens, Geändert durch das InsOÄndG vom 26. 10. 2002.

[59] Dieser Überblick beschreibt das geltende Recht. Die im RegE (BT-Drucks. 16/7416) geplanten Änderungen werden unter den RdNr. 81 ff. dargestellt..

[60] § 5 Abs. 2 wurde durch das Gesetz zur Vereinfachung des Insolvenzverfahrens v. 13. 4. 2007 (BGBl. I S. 509 ff.) neu eingefügt.

Grundsatz 35–37 § 286

diesem Antrag dem Schuldner bereits eine Restschuldbefreiung erteilt oder nach § 296 oder § 297 versagt worden ist (§ 290 Abs. 1 Nr. 3) oder wenn der Schuldner im letzten Jahr vor dem Antrag auf Eröffnung des Insolvenzverfahrens oder nach diesem Antrag vorsätzlich oder grob fahrlässig die Gläubigerbefriedigung dadurch beeinträchtigt hat, dass er unangemessene Verbindlichkeiten begründet, sein Vermögen verschwendet oder die Eröffnung des Verfahrens verzögert hat, ohne dass Aussicht auf eine Besserung der wirtschaftlichen Lage bestand (§ 290 Abs. 1 Nr. 4). Das Gericht darf auch keine Restschuldbefreiung gewähren, wenn der Schuldner während des Insolvenzverfahrens Auskunfts- oder Mitwirkungspflichten vorsätzlich oder grob fahrlässig verletzt (§ 290 Abs. 1 Nr. 5) oder wenn er die nach § 305 Abs. 1 Nr. 3 vorzulegenden Verzeichnisse über sein Vermögen und Einkommen, die Gläubiger und die gegen ihn gerichteten Forderungen vorsätzlich oder grob fahrlässig unrichtig oder unvollständig aufstellt (§ 290 Abs. 1 Nr. 6). Gegen die Versagung der Restschuldbefreiung kann der Schuldner die sofortige Beschwerde einlegen (§ 289 Abs. 2 Satz 1).

b) Ankündigung der Restschuldbefreiung. Liegt keiner dieser Gründe vor oder fehlt 35 ein Versagungsantrag eines Gläubigers, stellt das Gericht nach § 291 Abs. 1 durch Beschluss fest, dass der Schuldner die Restschuldbefreiung erlangt, wenn er den Obliegenheiten nach § 295 nachkommt und die Voraussetzungen für eine Versagung nach § 297 oder § 298 nicht gegeben sind. In diesem Beschluss bestimmt das Gericht gemäß § 291 Abs. 2 zugleich den Treuhänder, auf den die pfändbaren Bezüge des Schuldners nach Maßgabe der Abtretungserklärung übergehen. Der Beschluss, der die Restschuldbefreiung ankündigt, kann nach § 289 Abs. 2 Satz 1 von jedem Insolvenzgläubiger, der im Schlusstermin die Versagung der Restschuldbefreiung beantragt hat, mit der sofortigen Beschwerde angefochten werden.

4. Aufhebung des Insolvenzverfahrens (§ 289 Abs. 2 Satz 2). Das Insolvenzverfah- 36 ren wird mit der Rechtskraft der Entscheidung, die die Restschuldbefreiung versagt oder ankündigt, aufgehoben. Beide Beschlüsse sind öffentlich in der Form des § 9 bekannt zu machen. Wird das Insolvenzverfahren eingestellt, kann die Restschuldbefreiung nach § 289 Abs. 3 Satz 1 nur erteilt werden, wenn nach der Anzeige der Masseinsuffizienz die Insolvenzmasse gemäß § 209 verteilt worden ist und die Einstellung nach § 211 erfolgt. Dabei ist § 289 Abs. 2 mit der Maßgabe anzuwenden, dass an die Stelle der Verfahrensaufhebung die Einstellung tritt.

5. Wohlverhaltensperiode. Während der sechsjährigen[61] Wohlverhaltensperiode hat 37 der Treuhänder die auf Grund der Abtretung erlangten Bezüge getrennt von seinem eigenen Vermögen zu halten und nach § 292 Abs. 1 S. 2 einmal jährlich auf der Grundlage des Schlussverzeichnisses an die Gläubiger zu verteilen. Nach Ablauf von vier Jahren seit der Eröffnung des Insolvenzverfahrens steigert sich der Selbstbehalt des Schuldners, um dessen Motivation zu stärken, die sechsjährige[62] Wohlverhaltensperiode durchzustehen. Aus diesem Grunde muss der Treuhänder gemäß § 292 Abs. 1 S. 3 nach vier Jahren 10% und nach fünf Jahren 15% der durch die Abtretung erlangten Bezüge an den Schuldner abführen. Nach § 292 Abs. 2 Satz 1 kann die Gläubigerversammlung dem Treuhänder zusätzlich die Aufgabe zuweisen, die Erfüllung der Schuldnerobliegenheiten des § 295 zu überwachen. Stellt der Treuhänder dabei einen Verstoß fest, muss er die Gläubiger unverzüglich unterrichten (§ 292 Abs. 2 Satz 2). Während der Wohlverhaltensperiode sind gemäß § 294 Abs. 1 Zwangsvollstreckungen zugunsten einzelner Insolvenzgläubiger in das Vermögen des Schuldners unzulässig. Ferner ist jedes Abkommen des Schuldners oder anderer Personen mit einzelnen Insolvenzgläubigern nichtig (§ 294 Abs. 2), durch das diesen ein Sondervor-

---

[61] Für vor dem 1. 12. 2001 eröffneten Verfahren beträgt die Wohlverhaltensperiode sieben Jahre. Geändert durch das InsOÄndG vom 26. 10. 2002.

[62] Für die vor dem 1. 12. 2001 eröffneten Verfahren ist es eine siebenjährige Wohlverhaltensperiode mit einem Motivationsrabatt von 20% nach dem Ablauf von sechs Jahren seit der Aufhebung des Insolvenzverfahrens § 292 Abs. 1 Satz 3 aF.

teil verschafft wird. Mit einer Forderung gegen den Schuldner kann ein Gläubiger schließlich auf die Forderung auf das Arbeitsentgelt, die von der Abtretungserklärung erfasst wird, nur insoweit aufrechnen, als er bei einer Fortdauer des Verfahrens nach § 114 Abs. 2 zur Aufrechnung berechtigt wäre. Während der sechsjährigen Wohlverhaltensperiode,[63] deren Laufzeit von der Eröffnung des Insolvenzverfahrens an gerechnet wird, die aber erst mit der Rechtskraft des Beschlusses nach § 291 Abs. 1 beginnt, muss der Schuldner nach § 295 unterschiedlichen Obliegenheiten nachkommen, um in den Genuss der Restschuldbefreiung zu kommen. Zunächst muss der Schuldner eine angemessene Erwerbstätigkeit ausüben oder, wenn er ohne Beschäftigung ist, sich um eine solche bemühen. In diesem Falle darf er keine zumutbare Tätigkeit ablehnen (§ 295 Abs. 1 Nr. 1). Des Weiteren muss er das Vermögen, das er von Todes wegen oder im Hinblick auf ein künftiges Erbrecht erwirbt, zur Hälfte an den Treuhänder abführen (§ 295 Abs. 1 Nr. 2). Ferner hat er jeden Wechsel seines Wohnsitzes oder der Beschäftigung unverzüglich dem Gericht und dem Treuhänder anzuzeigen (§ 295 Abs. 1 Nr. 3, 1. Variante). Er darf auch keine von der Abtretungserklärung erfassten Bezüge und kein Vermögen im Sinne des § 295 Abs. 1 Nr. 2 verheimlichen (§ 295 Abs. 1 Nr. 3, 2. Variante). Zusätzlich muss er dem Gericht und dem Treuhänder auf Verlangen Auskunft über seine Erwerbstätigkeit, über sein Bemühen um eine solche und über seine Bezüge und sein Vermögen erteilen (§ 295 Abs. 1 Nr. 3, 3. Variante). Schließlich darf der Schuldner zur Befriedigung der Insolvenzgläubiger Zahlungen nur an den Treuhänder leisten und keinem der Insolvenzgläubiger einen Sondervorteil gewähren (§ 295 Abs. 1 Nr. 4). Während der Wohlverhaltensperiode darf der Schuldner auch eine selbstständige Tätigkeit ausüben. In diesem Falle ist eine Zuweisung der Einkünfte des Schuldners an die Gläubiger im Wege der Abtretung nicht möglich. Damit den Gläubigern daraus keine Nachteile entstehen, obliegt es dem Schuldner gemäß § 295 Abs. 2, die Insolvenzgläubiger durch Zahlungen so zu stellen, wie wenn er ein angemessenes Dienstverhältnis eingegangen wäre.

38 6. Versagung der Restschuldbefreiung während der Wohlverhaltensperiode. Um Verstöße gegen die Schuldnerobliegenheiten zu sanktionieren, hat das Insolvenzgericht die Restschuldbefreiung vorzeitig abzulehnen, wenn ein Verstoß gegen die Obliegenheiten des § 295 erwiesen ist und durch diesen Verstoß die Befriedigung der Insolvenzgläubiger beeinträchtigt wird (§ 296 Abs. 1 S. 1). Eine Versagung scheidet jedoch aus, wenn den Schuldner hinsichtlich des Verstoßes kein Verschulden trifft (§ 296 Abs. 1 S. 1, 2. Hs.). Allerdings darf die Restschuldbefreiung nur dann nicht gewährt werden, wenn ein Gläubiger dies beantragt. Dabei kann der Antrag nach § 296 Abs. 1 S. 2 nur binnen eines Jahres ab Bekanntwerden des Verstoßes gestellt werden. Er ist nur zulässig, wenn der den Antrag stellende Gläubiger die Voraussetzungen der Sätze 1 und 2 glaubhaft macht (§ 296 Abs. 1 Satz 3). Vor der Entscheidung über diesen Antrag sind gemäß § 296 Abs. 2 Satz 1 der Treuhänder, der Schuldner und die Insolvenzgläubiger zu hören. Nach § 296 Abs. 2 Satz 2 muss der Schuldner über die Erfüllung seiner Obliegenheiten Auskunft erteilen und – auf Antrag eines Gläubigers – die Richtigkeit dieser Angaben an Eides Statt versichern. Gibt der Schuldner die Auskunft oder die Versicherung an Eides Statt ohne hinreichende Entschuldigung nicht innerhalb der dafür gesetzten Frist ab oder erscheint er trotz ordnungsgemäßer Ladung unentschuldigt nicht zu einem Termin, den das Gericht für die Erteilung der Auskunft oder die eidesstattliche Versicherung bestimmt hat, ist die Restschuldbefreiung zu versagen (§ 296 Abs. 2 Satz 3). Das gesamte Verfahren oder Teile davon können dabei schriftlich durchgeführt werden. Gegen die Entscheidung steht sowohl dem antragstellenden Insolvenzgläubiger als auch dem Schuldner die sofortige Beschwerde zu (§ 296 Abs. 3 Satz 1). Der rechtskräftige Beschluss, der die Restschuldbefreiung vorzeitig versagt, ist gemäß § 296 Abs. 3 Satz 2 öffentlich bekannt zu machen. Ein weiterer Versagungsgrund ist nach § 297 Abs. 1 gegeben, wenn der Schuldner im Zeitraum zwischen dem Schlusstermin

---

[63] Soweit das Insolvenzverfahren vor dem 1. 12. 2001 eröffnet worden war, beträgt die Wohlverhaltensperiode sieben Jahre, beginnend mit der Aufhebung des Insolvenzverfahrens § 287 Abs. 2 Satz 1 aF.

Grundsatz

und der Aufhebung des Insolvenzverfahrens oder während der sechsjährigen[64] Wohlverhaltensperiode wegen einer Straftat nach den §§ 283–283 c StGB rechtskräftig verurteilt wird. Auch hierfür ist ein Antrag eines Insolvenzgläubigers erforderlich, für den ebenfalls die Jahresfrist des § 296 Abs. 1 S. 2 gilt (§ 297 Abs. 2). Die Zulässigkeit des Antrages erfordert die Glaubhaftmachung der Voraussetzungen des Versagungsgrundes (§ 297 Abs. 2 i. V. m. § 296 Abs. 1 Satz 3). Auch § 296 Abs. 3 gilt entsprechend. Die Restschuldbefreiung ist schließlich nach § 298 Abs. 1 auf Antrag des Treuhänders zu versagen, wenn die an diesen abgeführten Beträge die Mindestvergütung für das vorangegangene Tätigkeitsjahr nicht decken und der Schuldner den Fehlbetrag auch nicht einzahlt. Vor der Entscheidung ist der Schuldner gemäß § 298 Abs. 2 Satz 1 zu hören. Gemäß § 298 Abs. 3 gilt § 296 Abs. 3 entsprechend, so dass gegen die Entscheidung dem Treuhänder und dem Schuldner die sofortige Beschwerde zusteht und der rechtskräftige Beschluss öffentlich bekannt zu machen ist. Versagt das Gericht die Restschuldbefreiung nach den §§ 296, 297 oder 298, enden mit der Rechtskraft des Beschlusses gemäß § 299 die Laufzeit der Abtretungserklärung, das Amt des Treuhänders und die Beschränkung der Gläubigerrechte.

7. Entscheidung über die Erteilung der Restschuldbefreiung nach Ende der Wohlverhaltensperiode (§ 300 Abs. 1). Wurde die Restschuldbefreiung während der sechsjährigen[65] Wohlverhaltensperiode nicht vorzeitig versagt, entscheidet das Insolvenzgericht nach Anhörung des Schuldners, der Insolvenzgläubiger und des Treuhänders durch Beschluss über die Gewährung der Restschuldbefreiung (§ 300 Abs. 1).

a) Endgültige Versagung der Restschuldbefreiung (§ 300 Abs. 2). Das Insolvenzgericht versagt nach § 300 Abs. 2 die Restschuldbefreiung auf **Antrag eines Insolvenzgläubigers,** wenn ein Versagungsgrund im Sinne der § 296 oder § 297 vorliegt, oder auf **Antrag des Treuhänders,** wenn die Voraussetzungen des § 298 gegeben sind. Gegen den jeweiligen Beschluss steht dem Schuldner und jedem Insolvenzgläubiger, der im Rahmen der vorherigen Anhörung die Versagung der Restschuldbefreiung beantragt hat, die sofortige Beschwerde zu (§ 300 Abs. 3 Satz 2).

b) Erteilung der Restschuldbefreiung und öffentliche Bekanntmachung (§ 300 Abs. 3). Liegen dem Gericht keine Versagungsanträge vor oder sind die Versagungsanträge nicht zulässig oder unbegründet, erteilt es die Restschuldbefreiung. Für die Versagung oder Erteilung der Restschuldbefreiung ist in gleicher Weise die öffentliche Bekanntmachung vorgesehen, die bundesweit im Internet (§ 9 Abs. 1 Satz 1 InsO) erfolgt.

8. Widerruf der Restschuldbefreiung (§ 303). Wurde die Restschuldbefreiung bereits erteilt, wird aber nachträglich bekannt, dass der Schuldner seine Obliegenheiten nach § 295 vorsätzlich verletzt und dadurch die Befriedigung der Insolvenzgläubiger erheblich beeinträchtigt hat, kann der Schuldner die Wohltat der Restschuldbefreiung wieder verlieren. Das Gericht widerruft in diesen Fällen die Restschuldbefreiung nach § 303 Abs. 1, wenn ein Insolvenzgläubiger dies beantragt. Der Antrag des Gläubigers ist nur zulässig, wenn er innerhalb eines Jahres nach Eintritt der Rechtskraft der Entscheidung über die Erteilung der Restschuldbefreiung gestellt wird. Außerdem muss der antragstellende Gläubiger das Vorliegen der Voraussetzungen für einen Widerrufsgrund ebenso glaubhaft machen wie den Umstand, dass er bis zur Rechtskraft der Entscheidung keine Kenntnis von diesen hatte (§ 303 Abs. 2). Vor der Entscheidung über den Widerruf muss das Gericht gemäß § 303 Abs. 3 Satz 1 den Schuldner und den Treuhänder hören. Gegen die Entscheidung kann der Schuldner und der antragstellende Gläubiger die sofortige Beschwerde erheben (§ 303 Abs. 3 Satz 2). Die Entscheidung, welche die Restschuldbefreiung widerruft, ist nach § 9 öffentlich bekannt zu machen (§ 303 Abs. 3 Satz 3).

---

[64] Soweit das Insolvenzverfahren vor dem 1. 12. 2001 eröffnet worden war, beträgt die Wohlverhaltensperiode sieben Jahre, beginnend mit der Aufhebung des Insolvenzverfahrens § 287 Abs. 2 Satz 1 aF.
[65] Siehe Fn. 39.

B. Rechtsentwicklung in Deutschland

I. Das Recht der freien Nachforderung vor dem Inkrafttreten der Reichskonkursordnung am 1. 10. 1879

43 In Deutschland ist der Gedanke an eine Schuldbefreiung nicht neu.[66] Vor dem Inkrafttreten der Reichskonkursordnung am 1. 10. 1879 galt in den deutschen Einzelstaaten auf dem Gebiet der Konkursordnung ein Fülle kodifizierter Partikularrechte, teilweise auch nicht kodifiziertes gemeines Recht.

44 **1. Das Recht der freien Nachforderung im gemeinen Recht.** Im römischen Recht war die **cessio bonorum** (Güterabtretung) ein Mittel für den Schuldner, die Folgen einer Insolvenz zu mildern. Trat er den Gläubigern freiwillig sein ganzes Vermögen ab, so entging er der Schuldhaft. Er konnte den Gläubigern, sofern sie aus dem abgetretenen Vermögen nicht vollständig befriedigt waren, bei späterer Inanspruchnahme entgegenhalten, kein bedeutendes Vermögen erworben zu haben, bzw. den Neuerwerb für den Unterhalt zu benötigen (beneficium competentiae).[67] Das gemeine Recht übernahm die Rechtsfiguren der cessio bonorum und des **beneficium competentiae.** Nach gemeinem Recht war eine Vollstreckung in den Neuerwerb unzulässig, sofern dieser unbedeutend war. War er von Belang, konnten sich die Gläubiger in Höhe ihrer Restforderungen daraus befriedigen. Die cessio bonorum behandelte man als Antrag auf Bewilligung des beneficium competentiae. Über die Gewährung des beneficium competentiae entschied das Gericht, wobei hier von Bedeutung war, ob der Schuldner seine Insolvenz verschuldet hatte. Böswillige und leichtsinnige Schuldner waren vom beneficium competentiae ausgeschlossen. War der Schuldner zur cessio bonorum zugelassen, konnte er auch bei bedeutendem Neuerwerb den Gläubigern das beneficium competentiae entgegenhalten.[68] Auch die **gemeinrechtliche Vollstreckungspraxis** sah Indulten (Moratorien) vor, durch die dem Schuldner für die Dauer fünf Jahren (Quinquenellen) Zahlungsaufschub bewilligt wurde.

45 **2. Kodifizierte Schuldbefreiungsmodelle.** Die **Hamburger Fallitenordnung** von 1753 klassifizierte die Schuldner in vorsätzlich/böswillige, leichtsinnige und unglückliche Schuldner. Sie gestattete in Art. 107 den „unglücklichen" Schuldner die cessio bonorum zwecks völliger Abtragung der Schulden, sofern sie den unverschuldeten Vermögensverlust „klärlich dokumentierten". Eine spätere Nachforderung seitens der Gläubiger war dann ausgeschlossen. Im Jahre 1869 wurde die vorgenannte Klassifikation der Schuldner aufgehoben. Hinsichtlich des Nachforderungsrechts wurde bestimmt, dass die wegen betrügerischen Bankrotts oder Entweichung verurteilten Schuldner unbeschränkt, alle übrigen Schuldner hingegen nach den Grundsätzen über die leichtsinnigen Schuldner weiterhaften sollten. Der *„leichtsinnige Schuldner"* blieb einem Nachforderungsrecht solange ausgesetzt, bis er den nicht bevorrechtigten Konkursgläubigern bestimmte Mindestquoten gezahlt hatte. Die Gläubiger waren in drei Klassen eingeteilt: 1. ältere Hypothekarien, 2. jüngere Hypothekarien, 3. Buchgläubiger. Die zum Erlass der Rechtsforderung grundsätzlich erforderlichen Quoten betrugen 80% für die Erste, 60% für die zweite und 40% für die dritte Klasse. Wurden die Quoten gezahlt, dann konnte er von seinen Gläubigern nicht zu weiteren Zahlungen angehalten werden.[69]

46 Die **Bremer Debitverordnung von 1843** gewährte dem Schuldner innerhalb von drei Jahren nach Beendigung eines Konkursverfahrens das „beneficium competentiae. Dies galt allerdings nicht für die mangels Masse eingestellten Verfahren.[70]

---

[66] *Trinkner* BB 1992, 441, 444; *Jaeger,* Lehrbuch des deutschen Konkursrechts, 8. Aufl. 1932/73 S. 216.
[67] *Ackmann,* Schuldbefreiung durch Konkurs? 9 f.; *Bayer,* Concurs-Process (1850) § 12 S. 28.
[68] *Ackmann,* Schuldbefreiung durch Konkurs? 9 ff.
[69] *Ackmann,* Schuldbefreiung durch Konkurs? 1983, 9 ff.
[70] *Ackmann,* Schuldbefreiung durch Konkurs? 1983, 10.

Die **Lübecker Konkursordnung von 1862** sicherte den Schuldner gegen das Nachforderungsrecht durch die Gewährung einer allgemeinen Rechtwohltat der Kompetenz (beneficium competentiae) zur Bestreitung des notwendigen Unterhalts.[71]   47

Die **Badische Prozessordnung von 1831** erkannte zwar das freie Nachforderungsrecht der Gläubiger an. Der Schuldner konnte jedoch mit dem nach Konkursbeendigung erworbenen Vermögen von den Konkursgläubigern nur dann in Anspruch genommen werden, „als dadurch der nöt(h)ige Unterhalt für ihn und seine Familie nicht geschmälert wurde.[72]   48

Andere Kodifikationen wie die **Preußische Konkursordnung von 1855,** das **Sächsische Bürgerliche Gesetzbuch von 1863** und **die Bayerische Prozessordnung von 1869** sahen ein unbeschränktes Recht der Gläubiger zur Nachforderung vor.   49

II. Das freie Nachforderungsrecht in der Gesetzgebungsgeschichte der Reichskonkursordnung vom 1. 10. 1879

Im Gesetzgebungsverfahren der Konkursordnung wurde auch die Frage des freien Nachforderungsrechts ausführlich behandelt. Die „Begründung des Entwurfs einer Konkursordnung" setzte sich sowohl mit den Regelungen nach gemeinen Recht, den Besonderheiten der Hamburger, der Lübecker als auch der Bremer Verordnungen sowie den Schuldbefreiungsmodellen im anglo-amerikanischen Recht auseinander. Sie entschied sich für das unbeschränkte Nachforderungsrecht mit der Begründung, dass eine Beschränkung des Nachforderungsrechts kein geeignetes Mittel sei, dem Gemeinschuldner wieder zu Wohlstand zu verhelfen. Solche Haftungsbeschränkungen würden vielmehr den Kredit untergraben. Darüber hinaus „würde jede Beschränkung und gar Versagung eine Rechtsverletzung gegen die Gläubiger enthalten, und dem Gemeinschuldner im Gegensatz zu den zahlreichen Schuldnern, deren Vermögen auf Andringen, sei es eines oder mehrerer Gläubiger durch Einzelexekutionen erschöpft ist, ohne einen rechtfertigenden Grund ein weitreichendes Privilegium gewähren".[73] Der „Herstellung gesunder Kreditverhältnisse" sollte die Regelung in § 1 KO dienen, wonach das Neuvermögen des Schuldners nicht dem Konkursbeschlag unterworfen sein sollte. § 164 Abs. 1 KO (§ 152 Abs. 1 KO aF), der das unbeschränkte Nachforderungsrecht der nicht befriedigten Konkursgläubiger nach der Aufhebung des Konkursverfahrens begründete, wurde in der Ersten und zweiten Lesung des Entwurfs ohne weitere Aussprache angenommen. In den drei Beratungen im Plenum des Reichstages wurde die Frage der Nachforderung nicht mehr gesondert behandelt. Die frühen lokalen Schuldbefreiungsmodelle endeten somit mit der Konkursordnung vom 10. Februar 1877, die am 1. Oktober 1879 in Kraft getreten war.   50

III. Die Restschuldbefreiung in der Weimarer Republik in der Zeit des Nationalsozialismus und in der Nachkriegszeit

Zwei Gesetzeskomplexe in der Weimarer Republik hatten zunächst die Umschuldung und dann auch die Entschuldung einer bestimmten Bevölkerungsgruppe zum Gegenstand. Das sog. „Ostpreußenhilfegesetz" vom 18. Mai 1929 und das Osthilfegesetz vom 31. 3. 1931 zielten auf eine Sanierung der Landwirtschaft in den östlichen Landesteilen Deutschland ab, die damals auf Grund hoher Verschuldung schwer angeschlagen war. Die Entschuldungsmaßnahmen sollten dazu beitragen, die Funktionsfähigkeit der deutschen Landwirtschaft und so auch die Ernährung der Bevölkerung zu gewährleisten. In der Zeit des Nationalsozialismus wurde die Entschuldungsgesetzgebung im Wesentlichen durch das „Gesetz zur Regelung der landwirtschaftlichen Schuldverhältnisse vom 1. Juni 1933" und durch das „Gesetz über eine Bereinigung alter Schulden" vom 17. August 1938 und 3. September 1940 geprägt.[74] Diese   50 a

---

[71] *Ackmann*, Schuldbefreiung durch Konkurs? 1983, 10.
[72] *Ackmann*, Schuldbefreiung durch Konkurs? 1983, 10.
[73] *Hahn*, S. 342 f.
[74] *Anlauf*, 73 ff. und 203 ff.

Gesetze griffen die Ansätze aus der Weimarer Zeit auf und wurden während des 2. Weltkrieges zu einer noch umfassenderen Vertragshilfe ausgebaut.[75] Erwähnenswert ist diese Entschuldungsgesetzgebung, weil sie, wenn man den unterschiedlichen gesellschaftspolitischen Kontext dieser Entschuldungsgesetzgebung und des heutigen Restschuldbefreiung außer Betracht lässt, in der verfahrensrechtlichen Ausgestaltung viele Ähnlichkeiten aufweist. Das „Gesetz über eine Bereinigung alter Schulden" in seinen Fassungen vom 17. 8. 1938[76] und 3. 9. 1940[77] richtete sich im Gegensatz zu den vorgenannten Vorgängermodule, die sich ausschließlich auf den Bereich der Landwirtschaft bezogen, erstmals an „den Schuldner an sich". Der Schuldner hatte zunächst eine gütliche Einigung mit seinen Gläubigern anzustreben, um auf diese Weise, eine Bereinigung seiner Altschulden zu erlangen. Gelang dies nicht, konnte er die richterliche Vertragshilfe in Anspruch nehmen, die in zwei Schritten erfolgte. Zunächst hatte der Richter sich um eine gütliche Schuldenbereinigung mit den jeweiligen Gläubigern zu bemühen. Erst wenn dieser Einigungsversuch fehlgeschlagen war, war eine zwingende Schuldenbereinigung nach den gesetzlichen Schuldenbereinigungsvorschriften durchzuführen. Die Regelungsbefugnis des Richters umfasste insbesondere die Möglichkeit, den Zinssatz der Altschulden zu bestimmen, Stundungen zu gewähren, Teilzahlungen festzusetzen und als ultima ratio dem Schuldner sämtliche Schulden zu erlassen, die dieser binnen eines Zeitraums von 10 Jahren nicht abzahlen konnte. Der Schuldner seinerseits musste – wenn auch begrenzt – zehn Jahre Eigenleistungen zur Schuldentilgung erbringen. In dieser Zeit bestand für den Schuldner Vollstreckungsschutz.[78]

50 b Nach dem Zweiten Weltkrieg regelte das Vertragshilfegesetz (VHG) von 1952[79] abschließend die Abhilfe für den Schuldner, der durch Kriegsereignisse, Kriegsfolgen und die Währungsumstellung in wirtschaftliche Schwierigkeiten geraten war. Für diese Fälle wurde der Richter ermächtigt, rechtsgestaltend in das Vertragsverhältnis einzugreifen, umso die Leistungspflicht des Schuldners an seine veränderte Leistungsfähigkeit anzupassen. Verbindlichkeiten konnten durch eine richterliche Entscheidung herabgesetzt oder gestundet werden. Entscheidungsgrundlage war eine umfassende Beurteilung der Interessenlage beider Seiten (§ 1 VHG).

IV. Die Restschuldbefreiung innerhalb der Insolvenzrechtsreform

51 **1. Die Reformdiskussion bis zur Vorlage des Zweiten Berichts der Kommission für Insolvenzrecht im Jahre 1986.** Im Jahre 1959 gab ein Fachkongress des Arbeitskreises für Insolvenz- und Schiedgerichtswesen e. V. in Köln den Anstoss für eine Diskussion um eine Reform des Konkursordnung.[80] Im Mittelpunkt dieser Reformdiskussion standen Überlegungen zur Neugestaltung des Verfahrens, um angesichts der Vielzahl der mangels Masse nicht eröffneten Verfahren, die Funktionsfähigkeit des Konkursverfahrens wieder herzustellen. Das unbeschränkte Nachforderungsrecht war in diesem Stadium der Reformdiskussion kein Thema.[81] Durch eine zunehmende Verschuldung privater Verbraucher wurde jedoch in der rechtswissenschaftlichen Literatur in der Mitte der siebziger Jahre der Gedanke der Einführung einer Restschuldbefreiung nach anglo-amerikanischen Recht aufgeworfen.[82] Dieses Thema wurde Anfang der achtziger Jahre in einigen Dissertationen aufgenommen.[83] Nachdem nach 1980 in der Reformdiskussion die Bedeutung der wirt-

---

[75] *Otte* NJW 1988, 2836, 2839.
[76] RGBl. 1938 I, 1033.
[77] RGBl. 1940 I, 1209.
[78] *Anlauf,* 309 ff.
[79] BGBl. I S. 198; mittlerweile obsolet geworden und formell aufgehoben, BGBl. 2000 I S. 897.
[80] *Uhlenbruck,* in Einhundert Jahre Konkursordnung 1877–1977, S. 3, 21.
[81] *Forsblad,* S. 37.
[82] *Heilmann* KTS 1975, 142; *Kilger* ZRP 1976, 190.
[83] *Ackmann,* Schuldbefreiung durch Konkurs?, Bonn 1982/83; *Knüllig-Dingeldey,* Nachforderungsrecht oder Schuldbefreiung, Göttingen 1984; *Menzinger,* Das freie Nachforderungsrecht der Konkursgläubiger, Freiburg i. Br. 1980, 1981.

schaftlichen und persönlichen Überforderung von Verbrauchern immer deutlicher geworden ist, nahm sich die Politik nun des Themas an und erklärte die Verwirklichung einer Restschuldbefreiung zu einem sozialen und freiheitlichen Anliegen.[84] Zuvor war auf einer Fachtagung der Verbraucherverbände 1985 erstmals eine insolvenzrechtliche Lösung in die rechtspolitische Diskussion eingebracht worden.[85]

2. Kommisison für Insolvenzrecht. Die vom Bundesmininster der Jusitz 1978 eingesetzte Kommission für Insolvenzrecht lehnte jedoch in ihrem 2. Bericht 1986[86] die Einführung einer Restschuldbefreiung in einem einheitlichen Insolvenzverfahren nach anglo-amerikanischem Vorbild ab. Sie hielt eine Restschuldbefreiung (discharge) mit den tragenden Grundprinzipien eines einheitlichen Insolvenzverfahrens nicht vereinbar. Sie erkannte zwar das Bedürfnis, natürlichen Personen eine endgültige Schuldenbereinigung zu erleichtern, an, war aber der Auffassung, dass es sich bei der Verbraucherüberschuldung um ein Problem des Verbraucherschutzes handele, „das keinen umittelbaren Bezug zur Insolvenzrechtsreform hat".[87] Sie schlug vor, den konkursbeendenden Zwangsvergleich zu erleichtern und weitergehende Überlegungen hinsichtlich eines erweiterten Vollstreckungsschutzes nach Beendigung des Insolvenzverfahrens oder in Richtung einer Schuldenbereinigung im Rahmen eines Vertragshilfeverfahrens anzustellen.[88] Sicherheiten sollten nur unwirksam werden, soweit Gläubiger sie im letzten Monat vor dem Antrag des Gemeinschuldners auf Eröffnung des Verfahrens durch Zwangsvollstreckung erlangt hatten.[89] Weitere Einschränkungen „älterer" Lohnpfändungen oder -abtretungen wurden für den Insolvenzfall nicht vorgesehen. Die Vorschläge der Kommission für Insolvenzrecht stießen auf Kritik. Es wurden Alternativmodelle vorgestellt.[90]

3. Der Diskussionsentwurf eines Gesetzes zur Reform des Insolvenzrechts und der Referentenentwurf zur Insolvenzordnung. Mit dem Vorschlag des damaligen Bundesministers der Justiz Engelhard, einem in Not geratenen Schuldner auch durch einen Konkurs Restschuldbefreiung zu verschaffen,[91] d. h. ohne das Erfordernis eines Vergleichs zwischen Gläubigern und Schuldner bzw. auch ohne Gläubigerzustimmung, wurde eine Abkehr von dem Reformmodell der Kommission für Insolvenzrecht hin zu einem einheitlichen Insolvenzverfahren mit der Möglichkeit einer Restschuldbefreiung eingeleitet. Der 1988 vorgelegte Diskussionsentwurf des Bundesministeriums der Justiz zur Reform des Insolvenzrechts sah abweichend von den Vorschlägen der Kommission für Insolvenzrecht die Einführung einer Restschuldbefreiung ohne die Zustimmung der Gläubiger in Anlehnung an die discharge-Bestimmungen des anglo-amerikanischen Rechts im Rahmen der Insolvenzordnung vor.[92] Die §§ 225 bis 242 DE enthielten im Wesentlichen die Regelungen, die in den §§ 286 bis 303 Gesetz geworden sind. Zur Minderung der Verfahrenskosten war unter anderem vorgesehen, dass die Gläubiger dem Schuldner die Eigenverwaltung anstelle eines Insolvenzverwalters überlassen konnten, wenn sie der Ansicht waren, dass dem Schuld-

---

[84] *Engelhard* ZIP 1986, 1287; *Balz* ZRP 1986, 12.
[85] *Hörmann* (Hrsg.) Verbraucherrecht und Verbraucherinsolvenz, 1986.
[86] Herausgegeben vom Bundesministerium der Justiz, Verlag Kommunikationsforum Recht Wirtschaft Steuern, Köln 1986, S. 162.
[87] Zweiter Bericht, Begr. zu Leitsatz 6.3., S. 163.
[88] Die Leitsätze des „Zweiten Berichtes der Kommission für Insolvenzrecht lauten:
6.3. Restschuldbefreiung (discharge), erweiterter Vollstreckungsschutz und Vertragshilfe
(1) Neben einem erleichterten liquidationsbeendenden Zwangsvergleich (Leitsätze zu 5.) und einer vereinfachten Schuldenregulierung (Leitsätze zu 6.2.) kommt im einheitlichen Insolvenzverfahren eine Restschuldbefreiung (discharge) nach anglo-amerikanischem nicht in Betracht.
(2) Offen bleibt, ob
 a) ein erweiterter Vollstreckungsschutz für die Zeit nach Beendigung des Insolvenzverfahrens und
 b) eine Schuldenbereinigung nach Art einer richterlichen Vertragshilfe eingeführt werden soll.".
[89] Zweiter Bericht 1986, Leitsatz 6.2.2, Begr. S. 155 ff.
[90] *Balz* ZRP 1986, 12; *Scholz* ZIP 1988, 1157; Entwurf eines „Gesetzes über die Entschuldung von Verbrauchern" von der Arbeitsgemeinschaft der Verbraucherverbände e. V. und die Bundesarbeitsgemeinschaft der freien Wohlfahrtsverbände e. V.
[91] *Engelhard* ZIP 1986, 1287, 1291.
[92] §§ 225–241 DE.

ner die Fortführung oder Abwicklung seines Betriebes bzw. die Sanierung desselben überlassen bleiben könne. Dem Schuldner sollte in diesen Fällen ein Sachwalter zur Seite gestellt werden.[93] In Kleininsolvenzen über das Vermögen von natürlichen Personen, die keinen oder nur einen kleinen Geschäftsbetrieb führen, insbesondere von Arbeitnehmern und Verbrauchern, sollten zur weiteren Kostenreduktion Verfahren mit Eigenverwaltung sogar ohne die Bestellung eines Verwalters möglich sein. Dem insolventen Arbeitnehmer und Verbraucher sollte so der Zugang zum Insolvenzverfahren erleichtert werden, da in solchen Verfahren in der Regel nur die laufenden und künftigen Bezüge des Schuldners für die Gläubigerbefriedigung von Gewicht waren.[94] Nach der Allgemeinen Begründung des Diskussionsentwurfes war es „ein zugleich soziales und freiheitliches Anliegen, dem redlichen Schuldner nach der Durchführung eines Insolvenzverfahrens über sein Vermögen leichter als heute eine endgültige Schuldenbereinigung zu ermöglichen.[95] Die Vorschläge des Diskussionsentwurfs wurden im Wesentlichen von dem Referentenentwurf aus dem Jahre 1989 als §§ 225 bis 241 RefEInsO übernommen.

54   **4. Regierungsentwurf zur Insolvenzordnung.** Im Jahre 1992 leitete die Bundesregierung dem Bundesrat den Gesetzentwurf einer Insolvenzordnung zu. Die Regelungen über eine Restschuldbefreiung in diesem Entwurf (§§ 235 bis 252 RegEInsO) entsprachen ohne gravierende Änderungen den Vorschlägen des Referentenentwurfs.[96] In seiner Stellungnahme[97] regte der Bundesrat an, zu prüfen, ob eine Restschuldbefreiung, die von ihm grundsätzlich als erforderlich angesehen wurde, nicht besser in einem selbstständigen Verfahren außerhalb der InsO geregelt werden sollte. Der Bundesrat befürchtete, dass die Verbindung der Restschuldbefreiung mit einem vorherigen obligatorischen Insolvenzverfahren zu einer „Flut zusätzlicher Gesamtvollstreckungsverfahren" und zu einer übermäßigen Mehrbelastung der Gerichte und somit der Länderhaushalte führe.[98] In der **Gegenäußerung**[99] vertrat die Bundesregierung die Auffassung, dass eine Kostenersparnis in einem selbstständigen Verfahren nicht zu erwarten sei, da sich ein solches Verfahren in seiner Ausgestaltung einem Insolvenzverfahren weitgehend annähern müsse. Zusammen mit der Stellungnahme des Bundesrates und ihrer Gegenäußerung brachte die Bundesregierung am 15. April 1992 den Gesetzentwurf im Bundestag ein.[100] In den Stellungnahmen zur öffentlichen Anhörung des Rechtsausschusses am 28. April 1993 (74. Sitzung)[101] wurde die Einbettung des Entschuldungsverfahrens in die Insolvenzordnung überwiegend abgelehnt und als alternativer Standort das Vollstreckungsrecht[102] oder ein eigenständiges Gesetz[103] vorgeschlagen. Am 19. April 1994 empfahl der Rechtsausschuss des Bundestages die Annahme der auf seiner Beschlussempfehlung und seinem Bericht beruhenden Fassung des Gesetzentwurfs zur Insolvenzordnung.[104] In diesem waren die Vorschriften zur Restschuldbefrei-

---

[93] §§ 320–335 DE.
[94] §§ 336 345 DE.
[95] BMJ (Hrsg.) Gesetz zur Reform des Insolvenzrechts: DE, 1988, S. A 27.
[96] Zu den Abweichungen gegenüber dem RefE *Landfermann* ZIP 1991, 1660 ff.
[97] Stellungnahme des Bundesrates in: *Kübler/Prütting* (Hrsg.) Das neue Insolvenzrecht. Bd. I S. 529.
[98] Diese Befürchtung hat sich, nachdem das Insolvenzverfahren praktiziert wird, nicht bestätigt. Die befürchtete Flut von Verfahren mit dem Ziel der Restschuldbefreiung ist ausgeblieben.
[99] Gegenäußerung der Bundesregierung in: *Kübler/Prütting* (Hrsg.) Das neue Insolvenzrecht. Bd. I S. 531.
[100] BT-Drucks. 12/2443.
[101] Anlagen zum Protokoll der 74. Sitzung des Rechtsausschusses.
[102] Arbeitsgemeinschaft der Verbraucherverbände (Anlage zum Prot. der 74. Sitzung des Rechtsausschusses, S. 192, 205); Bundesarbeitsgemeinschaft der Freien Wohlfahrtspflege, Verbraucherverbände (Anlage zum Prot. der 74. Sitzung des Rechtsausschusses, S. 136, 138, 139); Bundesverband deutscher Banken (Anlage zum Prot. der 74. Sitzung des Rechtsausschusses, S. 239, 235); Deutscher Gewerkschaftsbund (Anlage zum Prot. der 74. Sitzung des Rechtsausschusses, S. 516, 531); Institut für Finanzdienstleistungen und Verbraucherschutz, (Anlage zum Prot. der 74. Sitzung des Rechtsausschusses, S. 283, 289, 291).
[103] Deutscher Industrie- und Handelstag (Anlage zum Prot. der 74. Sitzung des Rechtsausschusses, S. 388, 392); Institut für Finanzdienstleistungen und Verbraucherschutz, (Anlage zum Prot. der 74. Sitzung des Rechtsausschusses, S. 283, 291).
[104] BT-Drucks. 12/7302, Bericht des Rechtsausschusses, S. 186.

ung in einen eigenen Abschnitt der Insolvenzordnung eingestellt worden, um ihre Bedeutung hervorzuheben. Das Verfahren mit Eigenverwaltung ohne Sachwalter in Kleininsolvenzen war durch das ursprünglich nicht vorgesehene Verfahren für Verbraucher- und sonstige Kleininsolvenzen[105] ersetzt worden, umso durch die Förderung außergerichtlicher Einigungen den Bedürfnissen der Verbraucher besser Rechnung tragen zu können und gleichzeitig die Gerichte soweit wie möglich zu entlasten. Der Gesetzentwurf zur Insolvenzordnung wurde zusammen mit dem Einführungsgesetz zur Insolvenzordnung am 21. April 1994 im **Bundestag** angenommen.[106] Da nach Ansicht des Bundesrates im Gesetzentwurf die finanziellen Möglichkeiten der für die Umsetzung zuständigen Länder nicht hinreichend berücksichtigt worden waren, wurde er zunächst dem Vermittlungsausschuss vorgelegt. Der Vermittlungsausschuss wurde vom Bundesrat überdies aufgefordert, ein neues Konzept der Verbraucherentschuldung außerhalb der Insolvenzordnung und weitgehend ohne gerichtliches Verfahren zu entwickeln, da für eine im Rahmen der Verbraucherentschuldung notwendige flankierende persönliche Betreuung bei der Entschuldung des Verbrauchers das Justizpersonal weder ausgebildet noch um erforderlichen Umfang vorhanden sei.[107] Außerdem hielt es der Bundestag für erwägenswert, die Kreditwirtschaft in gewissem Umfang an den Kosten der Verbraucherentschuldung zu beteiligen.[108] Der Vermittlungsausschuss bestätigte am 15. Juni 1994 die Insolvenzordnung in der vom Bundestag verabschiedeten Fassung. Der Zeitpunkt des Inkrafttretens des Gesetzes wurde auf den 1. Januar 1999 hinausgeschoben.

5. Änderungsvorschläge nach Inkrafttreten der Insolvenzordnung. Schon bald 55 nach dem Inkrafttreten der Insolvenzordnung zeigten sich bei der Anwendung der neuen Insolvenzordnung gravierende Probleme. Auch das neue Entschuldungsverfahren wurde nicht in dem Umfang in Anspruch genommen, wie man zuvor vermutet hatte. Die 70. Konferenz der Justizministerinnen und Justizminister beauftragte daher im Frühjahr 1999 eine Bund-Länder-Arbeitsgruppe, die Probleme der praktischen Anwendungen und Schwachstellen des neuen Insolvenzrechts, in erster Linie des Verbraucherinsolvenzverfahrens zu analysieren und Änderungsmöglichkeiten aufzuzeigen.[109] Diese Arbeitsgruppe legte am 24./25. 5. 2000 einen Zwischenbericht vor. Das Restschuldbefreiungsverfahren im Insolvenzverfahren wurde in diesem Zwischenbericht nicht in Frage gestellt. Um dem überschuldeten Verbraucher jedoch den Zugang zur Restschuldbefreiung zu erleichtern bzw. zu ermöglichen, wurden Vorschläge zur Senkung der Kosten im Verbraucherinsolvenzverfahren unterbreitet und ein „Stundungsmodell" für die Verfahrenskosten entwickelt. Die Bund-Länder-Arbeitsgruppe erörterte auch die Frage, ob die Vorschrift des § 850f Abs. 1 ZPO (Änderung des unpfändbaren Betrages zum Schutze des Existenzminimums) bei der Forderungsabtretung nach § 287 Anwendung findet. Sie sah hierfür jedoch keinen gesetzgeberischen Handlungsbedarf.[110] Die Ergebnisse der Bund-Länder-Arbeitsgruppe fanden im wesentlichen Eingang in dem vom Bundesministerium der Justiz im August 2000 vorgelegten **Diskussionsentwurf** eines Gesetzes zur Änderung der InsO und anderer Gesetze.

6. InsOÄndG vom 26. 10. 2001. Am 20. 12. 2000 verabschiedete das Bundeskabinett 56 den Entwurf eines Gesetzes zur Änderung der Insolvenzordnung und anderer Gesetze.[111] Die Kritik, die gegen dem Diskussionsentwurf vorgebracht wurde,[112] blieb im **Regierungsentwurf** unberücksichtigt. Die das Restschuldbefreiungs- und Verbraucherinsolvenzverfahren betreffenden Regelungen entsprachen in wesentlichen den Vorschlägen der Bund-Länder-Arbeitsgruppe und des Diskussionsentwurfes. Kernpunkt des Gesetzes zur Änderung

---

[105] Neunter Teil (§§ 357a–357k) Entwurf einer InsO des Rechtsausschusses.
[106] BR-Drucks. 336/94 und 337/94 = BT-Drucks. 12/7666 und 12/7667.
[107] BT-Drucks. 12/7667.
[108] BT-Drucks. 12/7667.
[109] *Graf-Schlicker/Remmert* ZInsO 2000, 321.
[110] *Stephan* ZInsO 2000, 376.
[111] NZI 2001, Beilage zu Heft 1.
[112] *Schmerbach/Stephan* ZInsO 2000, 541 ff.; *Grote* Rpfleger 2000, 521.

§ 286 57, 57a   8. Teil. Restschuldbefreiung

der InsO war die Schaffung einer eigenständigen, von den Vorschriften über die Prozesskostenhilfe abweichende **Verfahrenskostenhilfe.** Dem Schuldner werden mit dieser Regelung die Verfahrenskosten gestundet. Damit soll auch völlig mittellosen Personen der Zugang zum Insolvenzverfahren und damit einer Restschuldbefreiung ermöglicht werden. Hinsichtlich des Restschuldbefreiungsverfahrens sah der Gesetzentwurf auch die Änderung einer Reihe von Vorschriften vor. Durch eine Neufassung des § 287 Abs. 1 wurde die in der Rechtsprechung umstrittene Frage geregelt, die sich stellt, wie zu verfahren ist, wenn ein Gläubiger einen Insolvenzeröffnungsantrag gestellt hat. Nunmehr hatte, sowohl im Regelverfahren wie auch im Verbraucherinsolvenzverfahren, der Schuldner einen eigenen Insolvenzantrag zu stellen, um eine Restschuldbefreiung zu erlangen. Dieser Antrag ist, anders als bei der derzeit geltenden Regelung, auch im Regelinsolvenzverfahren gleichzeitig mit dem Antrag auf Eröffnung des Insolvenzverfahrens einzureichen. Die Stundung der Verfahrenskosten, die dem mittellosen Schuldner den Zugang zum Insolvenzverfahren ermöglichen soll, erforderte eine Änderung der §§ 292 Abs. 1, 293 Abs. 2 und 298 Abs. 1 und Abs. 2. Hierbei erhalten die Massegläubiger aus § 53 ein Vorwegbefriedigungsrecht hinsichtlich der gestundeten Verfahrenskosten und dem Treuhänder wird die Vergütung seiner Ansprüche gesichert. Der Verfahrenskostenreduzierung diente auch die Aufhebung des § 300 Abs. 3 Satz 2. Eine bundesweite Veröffentlichung der Erteilung der Restschuldbefreiung ist nicht mehr zwingend erforderlich. Mit der Änderung von § 302 Nr. 1 sollte der Schuldner möglichst frühzeitig Kenntnis davon erhalten, welche Forderungen von einer Restschuldbefreiung erfasst werden, da nunmehr der Gläubiger verpflichtet wird, bereits bei der Forderungsanmeldung im Insolvenzverfahren darauf hinzuweisen, wenn er der Auffassung ist, seiner Forderung liege eine unerlaubte Handlung zugrunde. Außerdem wurden in § 302 die zum Zwecke der zur Begleichung der Verfahrenskosten gewährten zinslosen Darlehen von einer Restschuldbefreiung ausgeschlossen.

57 Ganz wesentliche Änderungen wurden auf Empfehlung des **Rechtsausschusses des Deutschen Bundestages** während des Gesetzgebungsverfahrens eingebracht. Zum einen wurde die Dauer der **Wohlverhaltensperiode von sieben auf sechs Jahre verkürzt.** Die Laufzeit der Wohlverhaltensperiode sollte mit der Eröffnung des Insolvenzverfahrens und nicht erst mit dessen Aufhebung beginnen. Die Wirksamkeit der Lohnabtretung wurde von drei auf zwei Jahre begrenzt. Weiterhin wurde klargestellt, dass die §§ 850, 850a, 850c, 850e, 850f Abs. 1, 850g bis 850i der Zivilprozessordnung im Insolvenzverfahren und in der Wohlverhaltensperiode entsprechend gelten. Schließlich wurde in § 175 Abs. 2 eine Regelung aufgenommen, wonach für den Fall, dass ein Gläubiger eine Forderung aus einer vorsätzlich begangenen unerlaubten Handlung angemeldet hat, das Insolvenzgericht verpflichtet ist, den Schuldner auf die Rechtsfolgen des § 302 und auf die Möglichkeit des Widerspruchs hinzuweisen.

57a Mit der Einführung der Verfahrenskostenstundung durch das InsOÄndG vom 26. 10. 2001[113] schienen zunächst die aufgetretenen Probleme der praktischen Anwendung und die Schwachstellen des neuen Restschuld- und Verbraucherinsolvenzverfahren beseitigt zu sein. Die Einführung der Verfahrenskostenstundung führte jedoch zu einem sprunghaften Anstieg der Verfahren, insbesondere der so genannten „Nullverfahren" oder „massenlosen Verfahren" und entfachte eine neue Diskussion um die Verfassungsmäßigkeit der Restschuldbefreiung.[114] Die Restschuldbefreiung im Rahmen des Insolvenzverfahrens wurde erneut in Frage gestellt und stattdessen eine Verjährungslösung zur Entschuldung natürlicher Personen gefordert.[115] Richter, Rechtspfleger und Insolvenzverwalter verfassten einen öffentlichen „Aufruf zur Wiederherstellung der Funktionsfähigkeit der Insolvenzgerichte und der Insolvenzordnung".[116] Diese Diskussion spiegelte sich in zahlreichen Aufsätzen, die

---

[113] BGBl. I S. 2710.
[114] AG München ZVI 2002, 330; *Prütting/Stickelbrock* ZVI 2002, 305.
[115] *Ast* ZVI 2002, 183; *Förster* ZInsO 2002, 1105.
[116] ZInsO 2002, 1053.

sich mit einer Vereinfachung des Restschuld- und Verbraucherinsolvenzverfahren befassten, nieder.[117]

Auf diese Diskussion reagierte das Bundesministerium der Justiz mit der Vorlage eines **Diskussionsentwurfs zur Änderung der Insolvenzordnung.**[118] Der Schwerpunkt dieses Entwurfs lag auf Vorschlägen zur Zusammenführung des außergerichtlichen Einigungsversuchs mit dem gerichtlichen Schuldenbereinigungsverfahren. Der außergerichtlich erstellte und verwendete Schuldenbereinigungsplan sollte alleinige Entscheidungsgrundlage in einem nachfolgenden gerichtlichen Zustimmungsersetzungsverfahren sein. Darüber hinaus wollte der Diskussionsentwurf die Wirkungen eines kraft gerichtlichen Beschlusses angenommenen Schuldenbereinigungsplans auch auf solche Gläubiger erstrecken, die im Plan nicht genannt sind, vorausgesetzt, die unterlassene Benennung ist dem Schuldner nicht subjektiv vorwerfbar. Schließlich sah der Diskussionsentwurf eine Verfahrenserleichterung für die Gläubiger vor, die einen Versagungsantrag stellen wollten. Sie sollten den Versagungsantrag nicht mehr nur ausschließlich im Schlusstermin persönlich stellen können, sondern ihn bis spätestens zum Schlusstermin auch schriftliche einreichen können. 57 b

Im September 2004 legte das Bundesministerium der Justiz den **Referentenentwurf eines Gesetzes zur Änderung der Insolvenzordnung, der Kreditwesengesetzes und anderer Gesetze** vor.[119] Der Referentenentwurf nahm wegen verfassungsrechtlicher Bedenken Abstand von dem Vorschlag, die Wirkungen des gerichtlichen Schuldenbereinigungsplans auch auf solche Gläubiger zu erstrecken, die im Gläubigerverzeichnis nicht benannt sind. Ferner sah der Referentenentwurf vor, das obligatorische außergerichtliche Einigungsverfahren auf die Fälle zu beschränken, die Aussicht auf Erfolg haben. Ein weiterer wesentlicher Änderungsvorschlag sah vor, den Insolvenzgerichten die Befugnis einzuräumen, die Restschuldbefreiung eines Schuldners vom Amts wegen versagen zu können, wenn dem Gericht Erkenntnisse darüber vorliegen, dass der Schuldner einen in § 290 geregelten Versagungsgrund erfüllt oder eine in § 295 geregelt Obliegenheit verletzt hat. Ergänzend sollte dem Treuhänder das Recht eingeräumt werden, bei Gericht Versagungsanträge zu stellen. 57 c

Nach der Veröffentlichung dieses Referentenentwurfs wurde insbesondere durch die Stellungnahme des Bayerischen Staatsministeriums der Justiz eine Grundsatzdebatte über die sachgerechte Bewältigung masseloser Verfahren mit vertretbaren personellen und organisatorischen Mitteln eingeleitet. Diese führte zur Einsetzung einer Bund-Länder-Arbeitsgruppe durch die Justizministerkonferenz am 24. 11. 2004, die den Auftrag hatte, neue Vorschläge für eine Entschuldung masseloser Schuldner zu entwickeln. Das Bundesjustizministerium entwickelte in einem Eckpunktepapier **„Alternative Formen der Restschuldbefreiung"** ein eigenes Modell, das als **treuhänderloses Entschuldungsverfahren** für masselose Schuldner bezeichnet wurde und über neue Vorschriften – §§ 303 a bis 303 g – in die Insolvenzordnung integriert werden sollte. Dieses Entschuldungsverfahren sollte für den Schuldner kostenfrei sein. Nach dem Ablauf einer achtjährigen „Wohlverhaltensperiode" sollte er die Erfüllung der in seinem Forderungsverzeichnis aufgeführten Forderungen verweigern können. Das Insolvenzverfahren sollte nur noch für Schuldner gelten, die in der Lage sind, die Verfahrenskosten und sonstige Auslagen zu tragen sowie mindestens 10% der Forderungen der Insolvenzgläubiger zu befriedigen. Am 2. 6. 2006 beschloss die Justizministerkonferenz den Vorschlag der Bund-Länder-Arbeitsgruppe als Gesetzentwurf in das Gesetzgebungsverfahren einzubringen. 57 d

Angesichts der weitreichenden Kritik an dem Vorschlag der Bund-Länder-Arbeitsgruppe,[120] die die Vorschläge der Bund-Länder-Arbeitsgruppe als zu sozial unausgewogen und unpraktikabel ansah, kam das Bundesministerium der Justiz diesem Auftrag nicht nach, 57 e

---

[117] Z. B. *Jäger* ZVI 2003, 55; *Heyer* ZInsO 2003, 201; *Göbel* ZInsO 2003, 15..
[118] Entwurf eines Gesetzes zur Änderung der Insolvenzordnung, des Bürgerlichen Gesetzbuches und anderer Gesetze, Beilage zu ZVI 2003, Heft 4.
[119] Beilage zu ZVI 2004, Heft 9.
[120] *Frind* ZInsO 2006, 342; *Heyer* ZVI 2006, 169; *Schmerbach/Henning/Jäger/Göbel/Elbers/Heyer/Grote* NZI Heft 5/2006, V; *Vallender* NZI 2006, 279; Stellungnahme der BRAK, abgedr. in ZInsO Heft 11/2006, III;

sondern legte am 23. 1. 2007 einen **Referentenentwurf**[121] vor, der im Wesentlichen wieder den Gedanken aufgriff, auch die masselosen Verfahren in das Insolvenzverfahren zu integrieren. Die Kosten in den masselosen Verfahren sollen künftig nicht mehr gestundet werden. Vielmehr sollen masselose Verfahren nach Abweisung des Insolvenzantrags (§ 26 InsO) unter Verzicht auf die Verfahrenseröffnung sofort in die Restschuldbefreiungsphase übergeleitet werden. Die in dem Referentenentwurf vorgeschlagenen Regelungen wurden im Wesentlichen in den **Regierungsentwurf vom 31. 8. 2007**[122] übernommen.

C. Einzelerläuterungen

I. Normzweck des § 286

58   Zunächst nimmt § 286 das in § 1 normierte Verfahrensziel auf und konkretisiert es, indem diese Norm den Anwendungsbereich abgrenzt. Sie bestimmt den personalen Anwendungsbereich. Allein **natürliche Personen** können eine Schuldbefreiung erlangen. Diese Schuldbefreiung tritt nur gegenüber den Insolvenzgläubigern ein und zwar hinsichtlich der im Insolvenzverfahren nicht erfüllten Verbindlichkeiten. Die Rechte der absonderungsberechtigten Gläubiger bleiben im Grundsatz unberührt. Durch die Verweisung auf die §§ 287 bis 303 ordnet diese Norm die Schuldbefreiung als Mittel einer Gesamtbereinigung der Schulden durch eine gleichmäßige quotenmäßige Befriedigung aller Gläubiger in das Insolvenzrecht ein. Die Restschuldbefreiung ist damit eine durch Prozesshandlungen, wie der Antragstellung und der Abtretungserklärung, durch Verfahrensformen, von der Glaubhaftmachung bis hin zur rechtsmittelfähigen Erteilung von Restschuldbefreiung, geprägtes insolvenzverfahrensrechtliches Institut.[123] Die Erfüllung der tatbestandlichen Voraussetzungen dieses Verfahrens begründet einen **Rechtsanspruch** eines jeden insolventen Schuldners auf eine Restschuldbefreiung.

II. Entstehungsgeschichte

59   § 286 findet sich mit nahezu identischem Wortlaut in § 225 des Diskussionsentwurfes[124] der InsO und § 225 des Referentenentwurfs.[125] Lediglich die Formulierung, die in den vorgenannten Entwürfen „..., so kann er ... befreit werden" lautete, wurde in dem zum Gesetz gewordenen Regierungsentwurf in: „..., so wird er ... befreit" geändert. Damit soll betont werden, dass der Schuldner bei Vorliegen der entsprechenden Voraussetzungen einen Rechtsanspruch auf eine Restschuldbefreiung hat.

III. Anwendungsbereich

60   **1. Natürliche Personen.** Das Restschuldbefreiungsverfahren nach den §§ 286–303 ist natürlichen Personen vorbehalten. **Jede natürliche Person** kann unabhängig von ihrer sozialen Rolle die Restschuldbefreiung erlangen. Es ist unerheblich, ob es sich hierbei um eine unternehmerisch tätige Person oder um einen Verbraucher handelt, die Person erwerbstätig ist oder nicht. Auszubildende, Studierende, Hausfrauen, Hausmänner, Arbeits-

---

Hergenröder DZWiR 2006, 265; *Frind* DRiZ 2006, 193; *Pape* ZInsO 2006, 897; *Ohle/Schatz/Jäger* ZVI 2006, 480.
[121] (Referenten-)Entwurf eines Gesetzes zur Entschuldung mittelloser Personen, zur Stärkung der Gläubigerrechte sowie zur Regelung der Insolvenzfestigkeit von Lizenzen vom 23. 1. 2007, ZVI 2007, Beil. 1 zu Heft 1.
[122] (Regierungs-)Entwurf eines Gesetzes zur Entschuldung mittelloser Personen, zur Stärkung der Gläubigerrechte sowie zur Regelung der Insolvenzfestigkeit von Lizenzen vom 31. 8. 2007, BR-Drucks. 600/07 (abgedruckt in ZVI 2007, Beil. 2 zu Heft 8) = BT 16/7416.
[123] FK-*Ahrens* § 286 RdNr. 4.
[124] DE S. 116.
[125] RefE S. 132.

lose, Rentner können ebenso wie Freiberufler, Landwirte, Einzelkaufleute, persönlich haftende Gesellschafter oder Geschäftsführer einer Gesellschaft durch das Restschuldbefreiungsverfahren von ihren im Insolvenzverfahren nicht erfüllten Verbindlichkeiten befreit werden

Allerdings ist der Zugang zum Verfahren unterschiedlich ausgestaltet. Für einen **Verbraucher** im Sinne des § 304 führt der Weg über das Verbraucherinsolvenzverfahren in das einheitliche Restschuldbefreiungsverfahren. Für alle übrigen natürlichen Personen schließt sich das Restschuldbefreiungsverfahren an das Regelinsolvenzverfahren an. **61**

Auch **geschäftsunfähige und beschränkt geschäftsfähige Personen,** also auch Minderjährige, können bei einer wirksamen Vertretung eine Restschuldbefreiung nach den §§ 286–303 erlangen.[126] Durch das Gesetz zur Beschränkung der Haftung Minderjähriger[127] (MHbeG vom 25. 8. 1998) wird die wirtschaftliche und soziale Notwendigkeit eines Restschuldbefreiungsverfahrens Minderjähriger teilweise entfallen. Nach § 1629 a Abs. 1 BGB wird die Haftung Minderjähriger wegen der rechtsgeschäftlich als Folge der gesetzlichen Vertretung begründeten Verbindlichkeiten begrenzt. Die Haftung beschränkt sich auf den Bestand des bei Eintritt der Volljährigkeit vorhandenen Vermögens des Kindes; dasselbe gilt für Verbindlichkeiten aus Rechtsgeschäften, die der Minderjährige gemäß §§ 107, 108 oder § 111 mit Zustimmung seiner Eltern vorgenommen hat oder für Verbindlichkeiten aus Rechtsgeschäften, zu denen die Eltern die Genehmigung des Vormundschaftsgerichts erhalten haben. Wegen der Bereichsausnahmen in § 1629 a Abs. 2 BGB sowie wegen der Haftung für deliktisch begründete Verbindlichkeiten bleibt aber ein Bedürfnis für ein Restschuldbefreiungsverfahren Minderjähriger bestehen.[128] Ähnliches gilt für rechtlich Betreute, bei denen insbesondere wegen ihrer Überschuldung ein Einwilligungsvorbehalt gemäß § 1903 BGB angeordnet ist.[129] Um eine Willenserklärung, ein Rechtsgeschäft oder eine Prozesshandlung wirksam werden zu lassen, bedarf der Betreute in einem solchen Fall der Einwilligung des Betreuers. Der Betreute ist in einem solchen Fall wie ein beschränkt geschäftsfähig Minderjähriger zu behandeln. **62**

Unter Vormundschaft stehende Minderjährige und volljährige Betreute sind parteifähig, im Insolvenzverfahren insolvenzfähig und im Verbraucherinsolvenzverfahren auch verfahrensfähig, wenn die Voraussetzungen in ihrer Person erfüllt sind. Im Insolvenzverfahren werden sie durch ihren Vormund allgemein und den Betreuer entsprechend dem angeordneten Aufgabenbereich vertreten. Gerade in den Fällen, in denen der Betreute nicht in der Lage ist, seine Vermögensverhältnisse zu überblicken und zu ordnen, hat der Betreuer die vorrangige Aufgabe, die Vermögensverhältnisse des Betreuten zu ermitteln. Aus der Fürsorgepflicht und dem Aufgabenkreis des Betreuers folgt, dass sich um eine außergerichtliche Schuldenbereinigung bemühen und, wenn diese scheitert, einen Insolvenzantrag stellen muss.[130]

Straf- und Untersuchungshäftlinge können ebenfalls an einem Restschuldbefreiungsverfahren teilnehmen. Fraglich könnte sein, ob sie die Treuhandzeit während der Straf- oder Untersuchungshaft absolvieren dürfen. Auch die Inhaftierung als solche sowie eine damit etwa einhergehende Verminderung des pfändbaren Einkommens kann nicht als Obliegenheitsverletzung i. S. d. InsO § 295 angesehen werden.[131] Der Anspruch des Strafgefangenen auf Auszahlung des nach StVollzG § 52 zu verwahrenden Eigengeldes ist unabhängig von den Grenzwerten des ZPO § 850 c pfändbar. Von den Verbindlichkeiten aus vorsätzlich begangenen unerlaubten Handlungen werden sie jedoch nicht befreit. **63**

Unerheblich ist, ob ein Schuldner relativ vermögend ist, wenn nur die Voraussetzungen für die Eröffnung eines Insolvenzverfahrens in seiner Person vorliegen **64**

---

[126] FK-*Ahrens* § 286 RdNr. 31.
[127] BGBl. I S. 2487.
[128] FK-*Ahrens* § 286 RdNr. 31.
[129] *Ley* ZVI 2003, 101.
[130] *Ley* ZVI 2003, 101, 107.
[131] **AA** LG Hannover, ZInsO 2002, 449 dazu *Kohte* EWiR 2002, 491 und *Riedel* ZVI 2002, 131.

65 Auch **ausländischen Schuldnern** steht nach einer Inlandsinsolvenz das Restschuldbefreiungsverfahren offen. Die Vorschriften der Insolvenzordnung, vor allem § 38, enthalten keine Beschränkung auf inländische Gläubiger.[132]

66 **2. Insolvenzverfahren über das eigene Vermögen dieser Person.** Restschuldbefreiung kann nur derjenigen natürlichen Person erteilt werden, die selbst die Voraussetzungen der §§ 287–303 erfüllt. **Persönlich haftende Gesellschafter** kommen nicht auf Grund eines Insolvenzverfahrens über das Vermögen der Gesellschaft in den Genuss einer Schuldbefreiung. Erst ein Insolvenzverfahren über ihr eigenes Vermögen nach Maßgabe der §§ 287 ff. befreit sie von ihrer Mithaftung.[133]

67 Gleiches gilt für **Bürgen und Mitschuldner,** die nur in einem eigenständigen Insolvenzverfahren Restschuldbefreiung erlangen können. So wird z. B. auch die Ehefrau eines insolventen Unternehmers, die wirksam für dessen Verbindlichkeiten die Mithaftung übernommen hat, von dieser Haftung nur durch ein eigenes Verfahren zur Erlangung der Restschuldbefreiung befreit.

68 Auch bei einem **Familien- und Haushaltsverbund** kommt die Restschuldbefreiung nur dem Schuldner zugute, der das Verfahren zur Erlangung der Restschuldbefreiung erfolgreich durchlaufen hat. Jede einzelne Person des Familien- und Haushaltverbundes muss daher ein eigenständiges Restschuldbefreiungsverfahren durchführen. Die im Gesetzgebungsverfahren vom Bundesrat vertretene Anregung, die Wirkungen der Restschuldbefreiung jedenfalls bei der Insolvenz eines Verbrauchers umfassend dem gesamten Familien- und Haushaltsverbund zugute kommen zu lassen,[134] hat sich zu Recht nicht durchgesetzt. Aufgrund der Personenbezogenheit des Restschuldbefreiungsverfahrens, vgl. nur § 295, erscheint ein Verbund von Schuldbefreiungsverfahren nicht zweckmäßig.[135] Darüber hinaus wäre bei einer Privilegierung von bestimmten Personengruppen nicht hinreichend zuverlässig zu verhindern gewesen, dass nicht bedürftige Personen und solche, die sich unredlich verhalten haben, in den Genuss einer Restschuldbefreiung kommen könnten. Auch eine Anwendung der Regeln über die Streitgenossenschaft (§§ 59 f. ZPO) kommt bei einem Familien- oder Haushaltsverbund nicht in Frage, da in einem Restschuldbefreiungsverfahren ebenso wie im Insolvenzverfahren eine Vielzahl von Ansprüchen betroffen ist, von denen nur einzelne in einer Rechtsgemeinschaft oder in einem anderen die Streitgenossenschaft begründenden Verhältnis stehen.[136]

69 **3. Redlichkeit des Schuldners.** Obwohl es in § 286 nicht ausdrücklich erwähnt ist, kann nur ein **redlicher Schuldner** das Restschuldbefreiungsverfahren in Anspruch nehmen. In § 290 wird die Redlichkeit anhand der dort aufgeführten Versagungsgründe konkretisiert.

70 **4. Keine Anwendung auf juristische Personen und Gesellschaften ohne Rechtspersönlichkeit.** Das Restschuldbefreiungsverfahren findet keine Anwendung auf **juristische Personen** oder **Gesellschaften ohne Rechtspersönlichkeit.** Mit der Eröffnung des Insolvenzverfahrens oder mit der Abweisung des Insolvenzantrags mangels Masse werden die Aktiengesellschaft, die Kommanditgesellschaft auf Aktien, die Genossenschaft und die Gesellschaft mit beschränkter Haftung aufgelöst (§ 289 Abs. 1, § 262 Abs. 1 Nr. 3, 4 bzw. § 289 Abs. 2 AktG, § 101 GenG, § 60 Abs. 1 Nr. 4 GmbHG). Entsprechendes gilt für Gesellschaften ohne Rechtspersönlichkeit, wenn kein persönlich haftender Gesellschafter eine natürliche Person ist (§ 131 HGB). Der rechtsfähige Verein und die Stiftung verlieren mit der Eröffnung des Insolvenzverfahrens ihre Rechtsfähigkeit (§ 42 Abs. 1, § 86 BGB).

---

[132] Begr. des RegE; BR-Drucks. 1/92 vor § 379, S. 236.
[133] FK-*Ahrens* § 286 RdNr. 30.
[134] Bundesrat zu § 250 Abs. 2 RegE/§ 301 Abs. 2, BT-Drucks. 12/2442, S. 253, abgedruckt in *Kübler/Prütting*, RWS-Dok. 18, Bd. I, S. 557 f. – Gegenäußerung Bundesregierung zu § 250 Abs. 2 RegE/§ 301 Abs. 2, BT-Drucks. 12/2442, S. 267 f. abgedruckt in *Kübler/Prütting*, RWS-Dok. 18, Bd. I, S. 558 f.
[135] FK-*Ahrens* § 286 RdNr. 33; *Uhlenbruck/Vallender,* InsO 12. Aufl., § 286 RdNr. 11; kritisch *Forsblad,* S. 266 f.; *Scholz* BB 1992, 2233, 2236; *ders.* FLF 1995 145, 148.
[136] FK-*Ahrens* § 286 RdNr. 43.

Von Bedeutung ist das Nachforderungsrecht daher nur, wenn das Insolvenzverfahren eine natürliche Person betrifft oder wenn nach einem Insolvenzverfahren über eine Gesellschaft natürliche Personen weiter haften.[137]

IV. Ausnahme von dem Anwendungsbereich bei Fortbestand der Vollstreckungsbeschränkung nach § 18 Abs. 2 Satz 3 GesO (Art. 108 EGInsO)

1. Inhalt der Vollstreckungsbeschränkung des § 18 Abs. 2 Satz 3 GesO. Nach 71 § 18 Abs. 2 Satz 3 GesO können nach der Durchführung eines Gesamtvollstreckungsverfahrens die Gläubiger wegen ihrer restlichen Verbindlichkeiten nur insoweit gegen einen redlichen Schuldner vollstrecken, als dieser „über ein angemessenes Einkommen hinaus zu neuem Vermögen gelangt". Diese Vorschrift ist im Vorgriff auf die Restschuldbefreiung nach der InsO eingeführt worden, hat allerdings in den Jahren ihrer Geltung kaum praktische Bedeutung erlangt.

2. Weitergeltung. Nach Art. 108 Abs. 1 EGInsO ist eine bis 1998 eingetretetene Voll- 72 streckungsbeschränkung auch nach dem Inkrafttreten der Insolvenzordnung zu beachten. Über den Wortlauf hinaus muss dies nicht nur für die Vollstreckungsbeschränkung als Folge eines bis zum 31. 12. 1998 durchgeführten, sondern auch für eine solche als Folge eines über den 31. 12. 1998 hinaus andauernden Gesamtvollstreckungsverfahrens gelten.[138]

3. Neues Insolvenzverfahren (Art. 108 Abs. 2 EGInsO). Wird über das Vermögen 73 eines Schuldners, der durch ein Gesamtvollstreckungsverfahren in den Genuss einer Vollstreckungsbeschränkung gekommen ist, ein Insolvenzverfahren neuen Rechts eröffnet, so werden die Forderungen, die der Vollstreckungsbeschränkung unterliegen, in diesem Insolvenzverfahren als nachrangige Forderungen behandelt, und zwar mit dem Rang nach **allen Forderungen,** die gemäß § 39 Abs. 1 kraft Gesetzes nachrangig sind. Der schlechte Rang dieser Forderungen ist die angemessene Fortschreibung der geringen Befriedigungschancen der betroffenen Gläubiger außerhalb des Insolvenzverfahrens.[139]

V. Weitere Voraussetzungen

1. Eröffnetes und nicht mangels Masse wieder eingestelltes Insolvenzverfahren. 74 Notwendige Voraussetzung eines Restschuldbefreiungsverfahrens ist die **Eröffnung eines Insolvenzverfahrens.** Dies wird in § 286 durch die Formulierung klargestellt, dass der Schuldner von den **im** Insolvenzverfahren nicht erfüllten Verbindlichkeiten gegenüber den Insolvenzgläubigern befreit wird. Das Erfordernis eines vorangegangenen Insolvenzverfahrens, wobei es unerheblich ist, ob ein Regel- oder Verbraucherinsolvenzverfahren vorangegangen war, wird damit begründet, dass nur ein Insolvenzverfahren die hinreichende Grundlage für eine vollständige Übersicht über das pfändbare Vermögen des Schuldners bietet[140] und nur ein Insolvenzverfahren sicherstellt, dass das pfändbare Vermögen des Schuldners unter Nutzung der Insolvenzanfechtung zur gemeinschaftlichen Gläubigerbefriedigung herangezogen werden kann. Daher bestimmt § 289 Abs. 3, dass bei einer Einstellung des Insolvenzverfahrens Restschuldbefreiung nur erteilt werden kann, wenn nach **Anzeige der Masseunzulänglichkeit** die Insolvenzmasse nach § 209 verteilt worden ist und eine Einstellung nach § 211 erfolgt. Die Kosten eines Insolvenzverfahrens müssen daher jedenfalls gedeckt sein.

Kommt es zu einer **Einstellung mangels Masse** (§ 207) oder zu einer Einstellung wegen 75 Wegfalls des Eröffnungsgrundes (§ 212) oder mit Zustimmung der Gläubiger (§ 213), fehlt es an einer Grundlage für eine Restschuldbefreiung nach den §§ 286–303. Diese Voraussetzung, dass jedenfalls die Kosten eines Insolvenzverfahrens gedeckt sein müssen, schließt

---

[137] Begr. des RegE, BR-Drucks. 1/92, S. 188.
[138] *Schulze,* NJW 1998, 2100, 2101; *Vallender/Rey* NZI 1999 1, 3.
[139] Begr. zu Art. 111 RegE EG, BT-Drucks. 12/3803, S. 119.
[140] Begr. zu § 329 RegE, § 215 Abs. 2, BT-Drucks. 12/2442, S. 222 abgedruckt in *Kübler/Prütting,* RWS-Dok. 28, Bd. I S. 625 f.

§ 286 75a–79   8. Teil. Restschuldbefreiung

diejenigen Schuldner von einer Restschuldbefreiung aus, die diese Kosten nicht aufbringen können. Ob ein Teil der Kosten des Insolvenzverfahrens durch die Gewährung von Prozess- oder Insolvenzkostenhilfe gedeckt werden können, war streitig. Nach dem am 1. 12. 2001 in Kraft getretenen **Gesetz zur Änderung der InsO und anderer Gesetze**[141] wird durch eine Stundung der Verfahrenskosten die Abweisung wegen mangelnder Kostendeckung gem. §§ 26, 54 vermieden. Im Falle einer Stundungsentscheidung gemäß § 4a InsOÄndG 2001 durch das Insolvenzgericht, sind die Verfahrenskosten i. S. v. § 26 Abs. 1 Satz 1 als gedeckt anzusehen.

75a   Von diesem Grundgedanken, dass ein eröffnetes Insolvenzverfahren notwendige Voraussetzung eines Restschuldbefreiungsverfahrens ist, verabschiedet sich **der Entwurf eines Gesetzes zur Entschuldung mittelloser Personen (RegE)**.[142] Künftig soll sich auch nach einer Abweisung mangels Masse ein Restschuldbefreiungsverfahren durchgeführt werden können.

76   **2. Nicht erfüllte Verbindlichkeiten gegenüber Insolvenzgläubigern.** Weitere Voraussetzung ist, dass im vorangegangenen Insolvenzverfahren Verbindlichkeiten unerfüllt geblieben sind. Ist eine Verbindlichkeit etwa in der Treuhandzeit erfüllt worden, entfällt das Forderungsrecht und damit insoweit eine Restschuldbefreiung.

77   **3. Inhalt der Verweisung auf die §§ 287 ff.** § 286 ordnet nicht schon selbst die Befreiung des Schuldners von seinen Verbindlichkeiten ein, sondern verweist auf das Verfahren zur Erlangung der Restschuldbefreiung. Dieses Verfahren ist in den §§ 287 bis 303 geregelt. Danach kann eine Restschuldbefreiung durch bestimmte Prozesshandlungen, wie der Antragstellung und der Abtretungserklärung (§ 287 Abs. 1 und Abs. 2), sowie durch bestimmte Verfahrensformen, von der Glaubhaftmachung der Versagungsgründe, durch Anhörung bis hin zur rechtsmittelfähigen Erteilung der Restschuldbefreiung und der Erfüllung bestimmter Obliegenheiten (§§ 296, 297, 298) erlangt werden. Erfüllt der Schuldner die in den §§ 287 ff. festgelegten Voraussetzungen, dann hat er einen Rechtsanspruch auf eine Schuldbefreiung, von der er nur durch das in §§ 287 ff. normierte Versagungs- oder Widerrufsverfahren ausgeschlossen werden kann.

VI. Wirkung der Restschuldbefreiung (Überblick)

78   **1. Nur gegenüber Insolvenzgläubigern.** Wird die Restschuldbefreiung erteilt, so wirkt sie gemäß § 301 Abs. 1 Satz 1 gegen **alle Insolvenzgläubiger.** Nach § 301 Abs. 1 Satz 2 sind damit **auch die Gläubiger, die sich nicht am Verfahren beteiligt haben,** mit ihren Einwendungen und mit der Geltendmachung ihrer Forderungen präkludiert. Sie gilt somit auch für die Gläubiger, die ihre Forderungen im vorangegangenen Insolvenzverfahren nicht angemeldet haben. Die **Rechte der absonderungsberechtigten Gläubiger** bleiben im Grundsatz unberührt.

79   **2. Art und Umfang der Befreiung.** Die Restschuldbefreiung umfasst alle Ansprüche, die am Insolvenzverfahren teilnehmen konnten, ausgenommen die in § 302 bestimmten Forderungen. Das sind die Verbindlichkeiten des Schuldners aus einer vorsätzlich begangenen unerlaubten Handlung (Nr. 1), Geldstrafen und die diesen in § 39 Abs. 1 Nr. 3 gleichgestellten Verbindlichkeiten (Nr. 2) sowie in den Verfahren, die nach dem 30. 11. 2001 eröffnet worden sind, auch Verbindlichkeiten aus zinslosen Darlehen, die dem Schuldner zur Begleichung der Kosten des Insolvenzverfahrens gewährt wurden. Die Forderungen die von der Restschuldbefreiung erfasst werden, können gegenüber dem Schuldner prinzipiell nicht mehr durchgesetzt werden können (§ 301 Abs. 1). Der in der Tabelle titulierte Ausfall kann nicht mehr von dem Gläubiger im Wege der Zwangsvollstreckung geltend gemacht werden. **Rechte der Insolvenzgläubiger gegen Mitschuldner und Bürgen des Schuldners** sowie die Rechte dieser Gläubiger aus einer zu ihrer Sicherung einge-

---
[141] NZI 2001, Beilage zu Heft 1.
[142] Entwurf eines Gesetzes zur Entschuldung mittelloser Personen, zur Stärkung der Gläubigerrechte sowie zur Regelung der Insolvenzfestigkeit von Lizenzen vom 31. 8. 2007 = BT-Drucks. 16/7416.

tragenen Vormerkung oder aus einem Recht, das im Insolvenzverfahren zur abgesonderten Befriedigung berechtigt, werden durch die Restschuldbefreiung nicht berührt (§ 301 Abs. 2). Nach der erteilten Restschuldbefreiung kann die Schuld gegenüber dem Schuldner nicht mehr durchgesetzt werden. Die Restschuld wird in eine **nicht mehr erzwingbare Verbindlichkeit** umgewandelt. Es entsteht eine Schuld, die zwar immer noch einen Grund für das Behaltendürfen der Leistung bildet, aber für Haupt- und Nebenleistungen nicht mehr durchsetzbar ist.

VII. Wirkung bei nicht erteilter Restschuldbefreiung

1. Gründe für die Nichterteilung der Restschuldbefreiung. Die Wirkungen einer 80 Restschuldbefreiung treten nicht ein, wenn der Antrag des Schuldners auf Erteilung der Restschuldbefreiung nach § 287 als unzulässig oder wegen eines Versagungsgrundes nach § 290 zurückgewiesen worden ist. Die Wirkungen der Restschuldbefreiung treten auch nicht ein, wenn im Verlauf der Treuhandzeit die Restschuldbefreiung wegen einer Obliegenheitsverletzung (§ 296), einer Insolvenzstraftat (§ 297) oder der Nichtdeckung der Mindestvergütung des Treuhänders (§ 298) die Treuhandperiode vorzeitig beendet und die Restschuldbefreiung versagt wird. Die Wirkungen der Restschuldbefreiung entfallen auch, wenn diese nach § 303 nachträglich widerrufen werden. Schließlich ist der Schuldner berechtigt, das **Schuldbefreiungsverfahren freiwillig zu beenden.** Das gilt zunächst für die Rücknahme des Antrags auf Erteilung der Restschuldbefreiung, den der Schuldner grundsätzlich auch noch in der Treuhandperiode zurücknehmen kann.

2. Wirkungen der Nichterteilung der Restschuldbefreiung. Wird dem Schuldner 81 die Restschuldbefreiung nicht erteilt, können die Gläubiger ihre restlichen Forderungen gegen den Schuldner unbeschränkt geltend machen, ihr **unbeschränktes Nachforderungsrecht lebt wieder auf.** Bei einer Versagung der Restschuldbefreiung nach den §§ 296, 297 oder 298 endet die Beschränkung der Gläubigerrechte mit der Rechtskraft der Versagungsentscheidung, bei einer Rücknahme mit dem Zugang der Rücknahmeerklärung bei dem Insolvenzgericht. **Vollstreckungstitel** für die Gläubiger, die an dem Insolvenzverfahren teilgenommen haben, ist die **Tabelle** (§ 201 Abs. 2). Neben der Tabelle darf auf einen früher erwirkten Titel grundsätzlich nicht mehr zurückgegriffen werden. Insolvenzforderungen, die überhaupt nicht zur Tabelle angemeldet worden sind, oder die zwar angemeldet, aber wegen nicht beseitigtem Widerspruch des Insolvenzverwalters oder Treuhänders oder eines Insolvenzgläubigers nicht festgestellt wurden, bewahren ihren ursprünglichen Inhalt. Die Gläubiger solcher Forderungen sind berechtigt, ihre Forderungen uneingeschränkt auf Grund eines bereits vorhandenen Titels, durch **Klage** oder durch die **Aufnahme eines unterbrochenen Prozessverfahrens** gegen den Schuldner geltend zu machen. Abtretungen oder Verpfändungen von Forderungen auf die Bezüge aus einem Dienstverhältnis, die bereits vor der Eröffnung des Verfahrens vorgenommen wurden, werden gemäß § 114 Abs. 1 nach Ablauf von zwei Jahren nach dem Ende des zurzeit der Eröffnung des Verfahrens laufenden Kalendermonat unwirksam.[143] Diese Wirkung, die an die Eröffnung des Insolvenzverfahrens geknüpft ist, endet nicht durch eine Versagung der Restschuldbefreiung.

VIII. Änderungen des § 286 durch den RegE zur Entschuldung mittelloser Personen

Schrifttum zum RegE: *Ahrens,* Die Entschuldung mittelloser Personen im parlamentarischen Verfahren, NZI 2008, 86; *ders.,* Zwei Schritte vor, ein Schritt zurück – Die geplante Reform des Insolvenzrechts natürlicher Personen, ZRP 2007, 84; *ders.,* Entschuldungsverfahren und Restschuldbefreiung, NZI 2007, 193; *Dick,* Versagungsgründe – aktuelle Rechtslage und Neuregelung durch den Referentenentwurf 2007, ZVI

---

[143] Bei vor Inkrafttreten des InsOÄndG vom 26. 10. 2001 vom eröffneten Insolvenzverfahren, das am 1. 12. 2001 in Kraft getreten ist, gilt nach wie vor die Dreijahresfrist.

§ 286 82–84   8. Teil. Restschuldbefreiung

2007, 123; *ders.*, Versagung contra Restschuldbefreiung, ZInsO 2007, 673; *Frind,* Preiswert ist nicht immer gerecht, ZInsO 2007, 473; *Grote,* Verbraucherinsolvenz und Entschuldungsverfahren: Neuer Regierungsentwurf, ZInsO 2007, 918; *Heyer,* Restschuldbefreiung im Insolvenzverfahren, 2003; *ders.,* 3. Deutscher Insolvenzrechtstag: Widerstand gegen den Gesetzentwurf zum Entschuldungsverfahren; *Holzer,* Regierungsentwurf zur Entschuldung mittelloser Personen, zur Stärkung der Gläubigerrechte sowie zur Regelung der Insolvenzfestigkeit von Insolvenzen, ZVI 2007, 393; *Jäger,* RegE zur Entschuldung völlig mittelloser Personen – mehr als nur ein Silberstreif am Horizont, ZVI 2007, 507; *Pape,* Neue Wege zur Entschuldung mittelloser Personen, ZVI 2007, 239; *ders.,* Entwicklung der Rechtsprechung zum Verbraucherinsolvenz- und Restschuldbefreiungsverfahren ZInsO 2007, 1289; *ders.,* Entwicklung des Verbraucherinsolvenzverfahrens im Jahre 2006, NJW 2007, 3474; *ders.,* Altbekanntes und Neues zur Entschuldung mittelloser Personen, NZI 2007, 681; *Rüntz/Heßler/Wiedemann/Schwörer,* Die Kosten des Stundungsmodells, ZVI 2006, 185; *Schmerbach,* Die geplante Entschuldung völlig mittelloser Personen, NZI 2007, 198; *Stephan,* Der vorläufige Treuhänder im Regierungsentwurf zur Entschuldung mittelloser Personen, ZVI 2007, 414; *Vallender,* Die Richtung stimmt InVo 2007, 219; *ders.,* Erfolg beim dritten Anlauf?, NZI 2007, 617.

82 **1. Gegenstand der Gesetzesänderung.** Der RegE fügt dem § 286 einen zweiten Satz hinzu, der wie folgt lautet: *„Wird der Antrag auf Eröffnung des Insolvenzverfahrens mangels Masse abgewiesen, so wird der Schuldner im Entschuldungsverfahren nach § 289 b von den Verbindlichkeiten befreit, die zum Zeitpunkt der Abweisung mangels Masse einen begründeten Vermögensanspruch gegen den Schuldner darstellen."* Der Bundesrat hat in seiner Stellungnahme zu dem Gesetzentwurf gebeten, im weiteren Verlauf des Gesetzgebungsverfahrens zu prüfen, ob im Entschuldungsverfahren eine genauere Abgrenzung zwischen Alt- und Neuverbindlichkeiten erfolgen sollte. Um in Zweifelsfällen eine „exakte Einordnung als Insolvenz- oder Neuforderung zu ermöglichen, sollte die Abweisungsentscheidung, ebenso wie die Eröffnungsentscheidung nach § 27 Abs. 2 Satz 3 InsO, die Angabe des genauen Zeitpunkts der Abweisung vorzusehen.[1] In ihrer Gegenäußerung hat die Bundesregierung dem Vorschlag des Bundesrates zugestimmt. Entsprechend der Regelung zum Eröffnungsbeschluss (§ 27 Abs. 2 Satz 3 InsO) soll deshalb in den Abweisungsbeschluss die Stunde der Abweisung aufgenommen werden.[2]

83 **2. Zweck der Gesetzesänderung.** Der neue Satz 2 enthält die Grundregel des neuen Entschuldungsverfahrens und bestimmt von welchen Verbindlichkeiten der Schuldner nach erfolgreichem Abschluss dieses Verfahrens befreit wird.

84 **a) Das Grundkonzept des neuen Entschuldungsverfahrens.** Bislang war ein eröffnetes und nicht mangels Masse wieder eingestelltes Insolvenzverfahren notwendige Voraussetzung für ein Restschuldbefreiungsverfahren. Das Erfordernis eines vorangegangenen Insolvenzverfahrens wurde damit begründet, dass nur ein solches Verfahren die hinreichende Grundlage für eine vollständige Übersicht über das pfändbare Vermögen des Schuldners bietet.[3] Um bei mittellosen Schuldnern eine Abweisung mangels Masse zu vermeiden, wurde durch das Gesetz zur Änderung der Insolvenzordnung und anderer Gesetze[4] die sog. Verfahrenskostenstundung eingeführt. Von diesem Grundgedanken, dass ein eröffnetes und nicht mangels Masse wieder eingestelltes Insolvenzverfahren notwendige Voraussetzung eines Restschuldbefreiungsverfahrens ist, rückt der Entwurf eines Gesetzes zur Entschuldung mittelloser Personen (RegE)[5] ab. Bei fehlender Kostendeckung soll künftig nach § 286 Satz 2, 289 Abs.3 RegE in allen Insolvenzverfahren natürlicher Personen die Eröffnung mangels Masse abgewiesen (§ 26 InsO) bzw. das Verfahren eingestellt (§§ 207, 211 InsO) und sogleich ein Restschuldbefreiungsverfahren eingeleitet werden können. Mit dem Wegfall des obligatorischen Insolvenzverfahrens soll unnötiger Aufwand vermieden werden. Das künftige Entschuldungsverfahren in den masselosen Fällen soll zu einer Entlastung von Gerichten sowie Treuhändern und damit letztlich zu einer entscheidenden Kostenentlastung führen. Nicht länger sollen erhebliche Haushaltsmittel für die Eröffnung letztlich nutzloser Insolvenzverfahren aufgewendet werden.

---
[1] BT-Drucks. 16/7416 S. 117.
[2] BT-Drucks. 16/7416 S. 144.
[3] BT-Drucks. 12/2442 S. 222 abgedruckt in *Kübler/Prütting*, RWS-Dok. 28; Bd. I S. 625.
[4] NZI 2001, Beilage zu Heft 1.
[5] BT-Drucks. 16/7416.

b) **Aufbau des Entschuldungsverfahrens.** Bei dem **Entschuldungsverfahren** – so 85
auch die Bezeichnung in § 286 Satz 2 RegE und in den Überschriften zu den §§ 289 b und
289 c RegE – handelt es sich um kein eigenständiges Verfahren.[6] Vielmehr werden damit
nur ein besonderer Weg und einige Sonderregeln im Rahmen des Restschuldbefreiungsverfahrens bezeichnet. Deswegen ist dieses Verfahren allen natürlichen Personen eröffnet,
unabhängig davon, ob sie ein Regel- oder Verbraucherinsolvenzverfahren zu absolvieren
hätten. Hat in einem masselosen Verfahren der Schuldner einen eigenen Insolvenzeröffnungsantrag und einen Restschuldbefreiungsantrag gestellt, dann ist von Amts wegen in das
Entschuldungsverfahren einzutreten, wenn das Insolvenzantrag mangels Masse abgewiesen (§
26) oder eingestellt (§§ 207, 211) wird. Ein Entschuldungsantrag wird als eigenständiger
Verfahrensantrag nicht verlangt.[7]

Zunächst sollen in einem besonderen Verfahrensabschnitt die Grundlagen für das Ent- 86
schuldungsverfahren geschaffen werden. Hat der Schuldner einen Antrag auf Erteilung der
Restschuldbefreiung gestellt und zeichnet sich ab, dass sein Vermögen voraussichtlich nicht
ausreicht, um die Kosten des Verfahrens zu decken, dann muss das Gericht einen „**vorläufigen Treuhänder**" bestellen, der u. a. prüft, ob der Antrag mangels Masse abzuweisen,
oder ein Insolvenzverfahren eröffnet werden kann.[8] Ist unter Berücksichtigung des Berichts
des vorläufigen Treuhänders der Insolvenzantrag mangels Masse abzuweisen und hat der
Schuldner die erforderlichen Unterlagen – u.a. das Vermögensverzeichnis, eine Vermögensübersicht, ein Verzeichnis der Gläubiger und ein Verzeichnis der gegen ihn gerichteten
Forderungen – vorgelegt und die Richtigkeit und Vollständigkeit dieser Angaben nach
Belehrung durch den vorläufigen Treuhänder schriftlich an Eides statt versichert, so beschließt das Gericht die Einleitung des Entschuldungsverfahrens.

Das Entschuldungsverfahren beginnt somit mit der Abweisung mangels Masse. Gleichzeitig 87
beginnt die Laufzeit der Abtretungserklärung nach § 287 Abs 2 RegE. Beendet wird dieser
Abschnitt mit der Ankündigung der Restschuldbefreiung und Bestimmung eines Treuhänders. In der Zeit zwischen der Abweisung mangels Masse und der Ankündigung der Restschuldbefreiung kann das Gericht von Amts wegen oder auf Antrag eines Insolvenzgläubigers
wegen eines Versagungsgrundes nach § 290 Abs. 1 die Restschuldbefreiung versagen.

Ein weiterer Regelungskomplex dient dazu, die Verbindlichkeiten des Schuldners zu 88
bestimmen, um das zur Gläubigerbefriedigung zur Verfügung stehende Vermögen verteilen
zu können. Zu diesem Zweck steht ein besonderes Feststellungsverfahren (§ 292 a RegE) zur
Verfügung. Da dieses Verfahren davon abhängt, ob Einkünfte oder Vermögen zu verteilen ist,
ist es nicht an einen festen Zeitpunkt im Restschuldbefreiungsverfahren gebunden.

c) **Von der Restschuldbefreiung erfasste Verbindlichkeiten.** Da es bei der Einleitung 89
eines Entschuldungsverfahrens keine Insolvenzgläubiger gibt, musste in dem neuen Satz 2
festgelegt werden, von welchen Verbindlichkeiten der Schuldner nach erfolgreichem Abschluss dieses Verfahrens befreit wird. Die Restschuldbefreiung kann in diesem Fall nicht
weitergehen als bei einem eröffneten Insolvenzverfahren, jedoch andererseits nicht hinter
diesem zurückbleiben. § 286 InsO ist deshalb durch eine Bestimmung ergänzt worden, nach
der der Schuldner von denjenigen Verbindlichkeiten befreit wird, die **zum Zeitpunkt der
Abweisung mangels Masse** einen begründeten Vermögensanspruch gegen den Schuldner
darstellen. Begründete Vermögensansprüche sind solche, die im Falle der Eröffnung Insolvenzforderungen i. S. d. § 38 InsO wären. Bei der Bestimmung des „begründeten Ver-
mögensanspruchs" ist wie nach § 38 InsO im eröffneten Verfahren eine materiell-rechtliche
Betrachtung maßgebend.[9] Mithin kommt es nicht darauf an, ob der Gläubiger am Verfahren
teilnimmt oder darauf verzichtet.

---

[6] *Ahrens* NZI 2007, 193, 194.
[7] *Ahrens* NZI 2007, 193, 194.
[8] Die obligatorische Bestellung eines vorläufigen Treuhänders ist in den parlamentarischen Beratungen in Frage gestellt worden. (Stenographischer Bericht der 142. Sitzung des Deutschen Bundestages vom 14. 2. 2008, S. 1496 ff.).
[9] Begr. BT-Drucks. 16/7416 S. 61.

§ 287 Antrag des Schuldners

(1) ¹Die Restschuldbefreiung setzt einen Antrag des Schuldners voraus, der mit seinem Antrag auf Eröffnung des Insolvenzverfahrens verbunden werden soll. ²Wird er nicht mit diesem verbunden, so ist er innerhalb von zwei Wochen nach dem Hinweis gemäß § 20 Abs. 2 zu stellen.

(2) ¹Dem Antrag ist die Erklärung beizufügen, daß der Schuldner seine pfändbaren Forderungen auf Bezüge aus einem Dienstverhältnis oder an deren Stelle tretende laufende Bezüge für die Zeit von sechs Jahren nach der Eröffnung des Insolvenzverfahrens an einen vom Gericht zu bestimmenden Treuhänder abtritt. ²Hatte der Schuldner diese Forderungen bereits vorher an einen Dritten abgetreten oder verpfändet, so ist in der Erklärung darauf hinzuweisen.

(3) Vereinbarungen, die eine Abtretung der Forderungen des Schuldners auf Bezüge aus einem Dienstverhältnis oder an deren Stelle tretende laufende Bezüge ausschließen, von einer Bedingung abhängig machen oder sonst einschränken, sind insoweit unwirksam, als sie die Abtretungserklärung nach Absatz 2 Satz 1 vereiteln oder beeinträchtigen würden.

§ 287 Antrag des Schuldners (RegE)

(1) ¹Die Restschuldbefreiung setzt einen Antrag des Schuldners voraus, der mit seinem Antrag auf Eröffnung des Insolvenzverfahrens verbunden werden soll. ²Wird er mit diesem verbunden, so ist er innerhalb von zwei Wochen nach dem Hinweis gemäß § 20 Abs. 2 zu stellen. ³Kann der Schuldner Restschuldbefreiung voraussichtlich nur im Entschuldungsverfahren nach § 289 b erlangen, so hat er innerhalb von zwei Monaten nach Antragstellung ein Verzeichnis des vorhandenen Vermögens und des Einkommens, eine Zusammenfassung des wesentlichen Inhalts dieses Verzeichnisses, ein Verzeichnis der Gläubiger und ein Verzeichnis der gegen den Schuldner gerichteten Forderung vorzulegen. ⁴Liegen für den Schuldner die in § 305 Abs. 1 Nr. 3 genannten Verzeichnisse vor, die nicht älter als sechs Monate sind, so kann auf diese verwiesen werden; sie werden damit Bestandteil des Antrags. ⁵Der Schuldner hat dem Antrag eine Erklärung beizufügen, ob einer der Versagungsgründe des § 290 Abs. 1 Nr. 1 und 3 vorliegt. ⁶Wird ein vorläufiger Treuhänder bestellt, so hat der Schuldner die Richtigkeit und Vollständigkeit seiner in den Verzeichnissen und der Erklärung gemachten Angaben nach Belehrung durch den vorläufigen Treuhänder schriftlich an Eides statt zu versichern.

(2) ¹Dem Antrag ist die Erklärung beizufügen, daß der Schuldner seine pfändbaren Forderungen auf Bezüge aus einem Dienstverhältnis, oder an deren Stelle tretende laufende Bezüge für die Zeit von sechs Jahren nach der Eröffnung des Insolvenzverfahrens im Fall der Abweisung mangels Masse für die Zeit von sechs Jahren nach dem Erlass des Abweisungsbeschlusses, an einen vom Gericht zu bestimmenden Treuhänder abtritt. ²Hatte der Schuldner diese Forderungen bereits vorher an einen Dritten abgetreten oder verpfändet, so ist in der Erklärung darauf hinzuweisen. ³§ 27 Abs. 3 gilt entsprechend.

(3) Vereinbarungen, die eine Abtretung der Forderung des Schuldners auf Bezüge aus einem Dienstverhältnis oder an deren Stelle tretende laufende Bezüge ausschließen, von einer Bedingung abhängig machen oder sonst einschränken, sind insoweit unwirksam, als sie die Abtretungserklärung nach Absatz 2 Abs. 1 vereiteln oder beeinträchtigen würden.

(4) ¹Das Bundesministerium der Justiz wird ermächtigt, durch Rechtsverordnung mit Zustimmung des Bundesrates für die Beteiligten Formulare für die nach den Absätzen 1 und 2 vorzulegenden Anträge und Erklärungen einzuführen. ²Soweit nach Abs. 1 Formulare eingeführt sind, muss sich der Schuldner ihrer bedienen. ³§ 305 Abs. 5 Satz 3 gilt entsprechend.

Übersicht

	RdNr.		RdNr.
I. Normzweck	1	d) Einzelne Bezüge auf Arbeitseinkommen	39
II. Entstehungsgeschichte	4	e) Abtretungsschutz	41
III. Antrag des Schuldners (Abs. 1, Abs. 2)	11	aa) Unpfändbarkeit nach § 850 a ZPO	41
1. Antragsberechtigung (Abs. 1 Satz 1)	11	bb) Unpfändbarkeit nach 850 c ZPO	42
2. Der Insolvenzantrag des Schuldners als besondere Zulässigkeitsvoraussetzung	12	cc) Erweiterte Unpfändbarkeit nach § 850 f ZPO	43
3. Antragszeitpunkt	14	dd) Zugriffsvorrechte	44
a) Der Schuldner hat einen eigenen Insolvenzantrag gestellt	14	ee) Unpfändbarkeit bei mehreren Einkommen	45
b) Der Schuldner hat keinen eigenen Insolvenzantrag gestellt	18	ff) Erhöhung des pfändbaren Betrages entsprechend § 850 c Abs. 4 ZPO	46
c) Besonderheiten bei dem Antrag eines Schuldners i. S. d. § 304	19	gg) Klarstellung durch das InsO-ÄndG vom 26. 10. 2002	47
d) Besonderheiten bei den vor dem 1. 12. 2001 eröffneten Verfahren	21	3. Gleichgestellte Forderungen	50
4. Antragsform (Abs. 1 Satz 2)	22	a) Abzutretende gleichgestellte Forderungen	50
a) Allgemeines	22	b) Abtretbarkeit einzelner Sozialleistungsansprüche	51
b) Schriftliche Antragstellung	23	c) Abtretungsschutz	52
c) Erklärung zu Protokoll der Geschäftsstelle	24	aa) Unabtretbarkeit gemäß § 54 Abs. 3 Abs. 5 SGB I	52
d) Besonderheiten beim Antrag eines Schuldners nach § 304	25	bb) Unabtretbarkeit gemäß § 54 Abs. 4 SGB I	53
5. Antragsinhalt (Abs. 2)	26	**VI. Wirksamwerden der Abtretung**	54
a) Restschuldbefreiungsantrag	26	**VII. Dauer der Abtretung**	56
b) Abtretungserklärung für die Dauer der Wohlverhaltensperiode	26	1. Allgemeines	56
aa) Warnfunktion der Vorschrift	26	2. Regelfall	59
bb) Inhalt der Abtretungserklärung	27	3. Altfall (Art. 107 EGInsO)	63
c) Frühere Abtretung oder Verpfändung (Satz 2)	29	**VIII. Unwirksamkeit vereinbarter Abtretungsverbote (Abs. 3)**	64
aa) Mitteilungspflicht	29	1. Zweck der Vorschrift	64
bb) Wirksamkeit früherer Verfügungen (§ 114) und Verkürzung der Wohlverhaltensperiode	30	2. Anwendungsbereich	65
cc) Verfügungen nach Eröffnung des Insolvenzverfahrens (§ 81 Abs. 2)	31	3. Umfang der Unwirksamkeit	66
d) Kein Angebot zur Mindestquote	32	**IX. Änderungen des § 287 durch den RegE zur Entschuldung mittelloser Personen**	67
e) Abtretungserklärung eines selbstständigen Schuldners	33	1. Gegenstand der Gesetzesänderung	67
f) Antragsrücknahme	33 a	2. Zweck der Gesetzesänderung	68
IV. Rechtsnatur der Abtretungserklärung	34	3. Voraussetzungen der Einleitung eines Entschuldungsverfahrens	71
V. Gegenstand der Abtretung	35	a) Eröffnungsantrag	71
1. Allgemeines	35	b) Besonderheiten im Verbraucherinsolvenzverfahren	72
2. Forderungen auf Bezüge aus einem Dienstverhältnis	36	c) Vorlage der Verzeichnisse und Erklärungen	73
a) Arbeitseinkommen	36	d) Versicherung an Eides statt	77
b) Naturalleistungen	37		
c) Einkünfte selbstständig tätiger Schuldner	38		

I. Normzweck

§ 287 regelt das Erfordernis der **Antragstellung** durch den Schuldner und bestimmt 1 zugleich, dass der Antrag auf Erteilung der Restschuldbefreiung mit dem Antrag auf Eröffnung des Insolvenzverfahrens zu verbinden ist. Die möglichst frühe Antragstellung soll den zügigen Ablauf des Verfahrens fördern. Der Schuldner soll sich rechtzeitig erklären, ob er den Weg der Restschuldbefreiung gehen möchte. Die Gläubiger sollen etwaigen Versagungsgründen gegen die Erteilung der Restschuldbefreiung frühzeitig nachgehen können (Abs. 1, Satz 1). Abs. 1 Satz 2 hat zwei Funktionen. Zum einen soll diese Vorschrift verhindern, dass ein Schuldner, die Chance der Restschuldbefreiung aus Rechtsunkenntnis nicht nutzt. Schuldner, die das Verfahren zur Erlangung der Restschuldbefreiung in Anspruch nehmen, sind häufig nicht rechtskundig beraten. Sie sollen daher noch einmal ausdrücklich auf die gesetzliche Möglichkeit der Restschuldbefreiung hingewiesen werden. Darüber hinaus dient Satz 2 der Verfahrensstraffung. Der Schuldner wird unter Fristsetzung aufgefordert, einen Antrag auf Restschuldbefreiung zu stellen. Damit soll im Interesse aller Verfahrensbeteiligter klargestellt werden, ob der Schuldner eine Restschuldbefreiung in Anspruch nehmen will.

2 Durch die **Abtretung der Bezüge** erklärt der Schuldner seine Bereitschaft, sich sechs Jahre lang grundsätzlich mit dem unpfändbaren Teil seines Einkommens zu begnügen (Abs. 2). Mit dieser Abtretungsregelung wird auch nach dem Ende des Insolvenzbeschlags das pfändbare künftige Einkommen dem Verfügungsrecht des Schuldners entzogen und eine Gläubigerbefriedigung aus dem Neuerwerb gewährleistet.

3 Zum umfassenden Schutz dieser Haftungsverwirklichung werden der Abtretung entgegenstehende **Abtretungsverbote** untersagt (Abs. 3).

II. Entstehungsgeschichte

4 Die Vorschrift über den Antrag des Schuldners hat im Gesetzgebungsverfahren zahlreiche Änderungen erfahren. Zwar blieb das Grundkonzept, die Normierung eines antragsabhängigen Verfahrens, in dem der Schuldner seine pfändbaren Bezüge abzutreten hat, von Anfang an unverändert. Verändert wurden jedoch die Regelungen über die Form der Antragstellung nach Abs. 1 Satz 2, die Hinweispflicht in Abs. 2 Satz 2 und die Unwirksamkeitserklärung in Abs. 3.

5 Der **Diskussionsentwurf** sah in § 226 Abs. 1 DE lediglich einen schriftlichen Antrag als zulässig an, der spätestens vor dem Berichtstermin bei dem Insolvenzgericht einzureichen war. § 226 DE enthielt weder die in Abs. 2 Satz 1 normierte Hinweispflicht noch den Abs. 3, der der Abtretung entgegenstehende Abtretungsverbote untersagt.

6 Der **Referentenentwurf** (§ 226 RefE) entsprach im Wesentlichen den Absätzen 1 und 2 der Gesetzesfassung. Im Referentenentwurf war der Antrag „vor dem Ende des Berichtstermins", in der Gesetzesfassung ist er „spätestens im Berichtstermin" einzureichen. Eine inhaltliche Änderung war damit nicht verbunden. Im Referentenentwurf wurde eingefügt, dass der Antrag auf Erteilung der Restschuldbefreiung auch zu Protokoll der Geschäftsstelle erklärt werden kann. Der Referentenentwurf enthielt auch die Hinweispflicht auf frühere Abtretungen oder Verpfändungen (Abs. 2 Satz 2).

7 Abs. 3 wurde erst durch den Rechtsausschuss eingefügt (§ 346 b Abs. 3 InsO-E in der Fassung des Rechtsausschusses). Dieser Absatz sollte sicherstellen, dass Abtretungsverbote in Tarifverträgen oder in anderen Abreden die für die Restschuldbefreiung wesentliche Abtretung nicht beeinträchtigen.

8 Nach dem **In-Kraft-Treten des Insolvenzordnung** entzündete sich der Streit, wie zu verfahren ist, wenn ein Gläubiger einen Insolvenzeröffnungsantrag gestellt hat. Zum einen war streitig, ob der Schuldner dann möglicherweise auch ohne eigenen Insolvenzantrag und ohne Durchführung eines Schuldenbereinigungsverfahrens Restschuldbefreiung erlangen konnte, wenn er nur einen Antrag auf Restschuldbefreiung gestellt hatte.[1] Zum anderen war auch höchst umstritten, ob dann, wenn der Schuldner nachträglich auch einen Insolvenzan-

---

[1] So: *Delhaes* ZInsO 2000, 358; *Kirchhof* ZInsO 1998, 54, 60; *Smid/Krug/Haarmeyer* § 306 RdNr. 8; *Wittig* WM 1998, 157, 163; *Vallender* InVo 1998, 169, 175; *Bindemann* RdNr. 45; *Holzer* DZWIR 2000, 175 Anm. zur Entscheidung des AG Köln DWIR 2000, 170; aA *Kübler/Prütting/Wenzel* § 306 RdNr. 4; *Fuchs* ZInsO 1999, 185, 188; *Pape* ZIP 1999, 2037, 2044; *ders.* ZInsO 1998, 353, 355; HK-*Landfermann* § 306 RdNr. 7.

trag gestellt hatte, auch das außergerichtliche und/oder das gerichtliche Schuldenbereinigungsverfahren durchzuführen waren. Schließlich sah man auch keinen überzeugenden Grund in der Regelung, wonach ein überschuldeter Verbraucher nach § 305 Abs. 1 Nr. 1 mit dem Eröffnungsantrag auch die Restschuldbefreiung beantragen musste, während natürliche Personen, die unter das Regelinsolvenzverfahren fielen, die Möglichkeit hatten, den Restschuldbefreiungsantrag noch im Berichtstermin zu stellen. Diese Probleme griff die **Bund-Länder-Arbeitsgruppe in ihrem Bericht für die 71. Konferenz der Justizministerinnen und Justizminister am 24. und 25. Mai 2000 in Potsdam** auf. Sie vertrat die Auffassung, dass im Falle eines Gläubigerantrags auf Eröffnung des Insolvenzverfahrens auf einen nachträglichen Eröffnungsantrag der Schuldnerin bzw. des Schuldners nicht verzichtet werden kann, da sonst die Gefahr bestehe, dass insolvente Personen ihnen nahe stehende Gläubiger veranlassen könnten, einen Antrag auf Eröffnung des Insolvenzverfahrens zu stellen, um auf diese Weise das gesetzliche Erfordernis eines außergerichtlichen Einigungsversuches um umgehen. Die Bund-Länder-Arbeitsgruppe empfahl daher, ausdrücklich gesetzlich klarzustellen, dass ein Schuldner einen Antrag auf Erteilung der Restschuldbefreiung nur in Verbindung mit einem eigenen Eröffnungsantrag stellen kann. Das Gesetz zur Änderung der Insolvenzordnung und anderer Gesetze ... fasste Abs. 1 völlig neu.[2] Während allerdings der Referentenentwurf es noch als ausreichend ansah, wenn der Schuldner den Restschuldbefreiungsantrag „unverzüglich" nach dem Hinweis gemäß § 20 Abs. 2 stellte, rückte bereits der Regierungsentwurf von der unbestimmten Fristsetzung ab und ordnete an, dass der Restschuldbefreiungsantrag innerhalb „von zwei Wochen" nachzuholen ist. Mit der Neufassung des Abs. 1 durch das Gesetz zur Änderung der Insolvenzordnung und anderer Gesetze stellt der Gesetzgeber klar, dass eine **Restschuldbefreiung nur auf Grund eines eigenen Insolvenzantrags des Schuldners** erlangt werden kann.[3] Damit sollte auch dem gesetzgeberischen Willen Rechnung getragen werden, dass ein überschuldeter Verbraucher nach § 305 Abs. 1 Nr. 1 ohne außergerichtliches und gerichtliches Schuldenbereinigungsverfahren, soweit es das Gericht als sinnvolles Instrument einer einvernehmlichen Schuldenbereinigung ansieht, keine Restschuldbefreiung erlangen kann.

Die im Gesetzgebungsverfahren kontrovers geführte Diskussion um die in Abs. 2 geregelte **Dauer der Wohlverhaltensperiode** spiegelt sich in den Gesetzesentwürfen nicht wieder. Der Zeitraum von sieben Jahren war in sämtlichen Entwürfen festgelegt. Im Deutschen Bundestag fand aber hierüber eine Diskussion statt. Die Fraktion der SPD beantragte, die Dauer der Wohlverhaltensperiode grundsätzlich auf fünf Jahre zu kürzen mit der Möglichkeit, diese Regellaufzeit auf sieben Jahre zu verlängern oder auf drei Jahre zu verkürzen.[4] Sie begründete diese Initiative damit, dass die Motivation des Schuldners, die Wohlverhaltensperiode durchzustehen, nur dann gegeben sei, wenn das Ende der Schuldenregulierung in einem überschaubaren Rahmen ersichtlich sei. Es wurde hierbei auch auf die Regelungen in anderen Ländern verwiesen, in denen Fristen von drei bis fünf Jahren vorgesehen sind. Dieser Antrag der SPD-Fraktion wurde mit den Stimmen der Koalitionsfraktionen CDU/CSU und FDP mehrheitlich abgelehnt. Die Ablehnung wurde im Wesentlichen damit begründet, dass eine variable Dauer die Gerichte zu sehr belaste und die Regelung über den Selbstbehalt

---

[2] Der bis zum 30. 11. 2001 geltende Abs. 1 lautete: *Die Restschuldbefreiung setzt einen Antrag des Schuldners voraus. Der Antrag ist spätestens im Berichtstermin entweder schriftlich beim Insolvenzgericht oder zu Protokoll der Geschäftsstelle zu erklären. Er kann mit dem Antrag auf Eröffnung des Insolvenzverfahrens verbunden werden.*

[3] AA *Heyer* ZInsO 2001, 59 ff.

[4] Nach Abs. 2 sollte folgendender zusätzlicher Absatz eingefügt werden: „*Die Regellaufzeit der Abtretungserklärung kann bis zu einer Mindestfrist von drei Jahren oder einer Höchstfrist von sieben Jahren festgelegt werden. Sie soll verkürzt werden, wenn der Schuldner ohne eigenes Verschulden in die Notlage gekommen ist, insbesondere wenn die Begr. der Schulden nicht leichtfertig und die Überschuldung vom Schuldner nicht zu vertreten ist. Sie soll verlängert werden, wenn der Schuldner die Überschuldung mutwillig herbeigeführt hat, indem er in den letzten zwei Jahren vor der Überschuldung Teile seines Vermögens verschenkt oder verschwendet oder unangemessene Verbindlichkeiten begründet hat, um dieses Verfahren herbeizuführen. Ist der Schuldner auf Grund seiner persönlichen und wirtschaftlichen Verhältnisse zu einer Abtretung nicht in der Lage, so kann eine Entscheidung nach § 248, 2 § 346 erst nach dem zweifachen der festgesetzten Laufzeit getroffen werden.*".

in den letzten Jahren der Wohlverhaltensperiode ausreichend sei, den Durchhaltewillen des Schuldners zu stärken.

10   Die am 1. Januar 1999 in Kraft getretene Insolvenzordnung sah eine siebenjährige Regellaufzeit für die Abtretung des pfändbaren Einkommens, beginnend mit der Aufhebung des Insolvenzverfahrens als ausgewogenen Interessenausgleich zwischen Schuldner und Gläubigern an. Obwohl seitens der Verbände der Schuldnerberater die zu lange Dauer der Wohlverhaltensperiode kritisiert wurde und im Hinblick auf Regelungen in anderen Ländern eine kürzere Wohlverhaltensperiode als vorteilhafter angesehen wurde, sah der Gesetzgeber keinen Handlungsbedarf für eine Änderung. Die Bund-Länder-Arbeitsgruppe, die im Juni 1999 von der 70. Konferenz der Justizministerinnen und Justizminister beauftragt worden war, die Probleme der praktischen Anwendungen und Schwachstellen des Insolvenzrechts, insbesondere des Verbraucherinsolvenzverfahrens, zu untersuchen und Änderungsmöglichkeiten aufzuzeigen, griff die Frage einer Verkürzung der Wohlverhaltensperiode nicht auf. Überraschend wurde vom Rechtsausschuss des Deutschen Bundestages die Frage der Dauer der Wohlverhaltensperiode aufgegriffen und eine Verkürzung des Wohlverhaltensperiode empfohlen. Nach Auffassung des Rechtsausschusses sei ein Schuldner oftmals nicht in der Lage, über eine Dauer von mehr als sieben Jahren sein Leben an den Pfändungsfreigrenzen auszurichten. Die Wohlverhaltensperiode sollte daher durch zwei Maßnahmen verkürzt werden. Zum einen sollte die Abtretungsdauer von sieben auf sechs Jahre herabgesetzt werden, zum anderen soll die Laufzeit der Abtretung nicht erst mit der Aufhebung des Verfahrens, sondern mit der Eröffnung des Verfahrens beginnen. Der Rechtsausschuss konnte sich bei dieser Empfehlung auch auf ein Gutachten des Instituts für Finanzdienstleistungen stützen, das unmittelbar vor der Beschlussfassung im Rechtsausschuss vorlag und das zu dem Ergebnis kommt, dass die ökonomischen Folgekosten, die mit einer Verkürzung der Wohlverhaltensperiode und des Lohnabtretungsvorrangs verbunden sind, marginal ausfielen und im Vergleich zu den Vorteilen, die eine solche Verkürzung bringe, vernachlässigbar seien. Die Vorverlagerung der Laufzeit der Abtretungserklärung auf die Verfahrenseröffnung sollte auch die unbefriedigende Situation beseitigen, dass sich in Einzelfällen das Insolvenzverfahren über einen Zeitraum von zwei Jahren erstreckt, ohne dass nennenswerte Vermögenswerte des Schuldners feststellbar wären oder er für diese Verzögerung verantwortlich ist. Der Deutsche Bundestag ist den Empfehlungen des Rechtsausschusses gefolgt, so dass mit der Änderung von zwei Worten, nämlich von „sieben" auf „sechs" und von „Aufhebung" auf „Eröffnung" für den Schuldner weitrechende Konsequenzen entstanden sind. So kann sich in bestimmten Fallkonstellationen eine Verkürzung um drei Jahre ergeben.

III. Antrag des Schuldners

11   **1. Antragsberechtigung (Abs. 1, Satz 1).** Den Antrag auf Restschuldbefreiung kann **nur der Schuldner** stellen. Ein Gläubiger kann einen Antrag auf Restschuldbefreiung des Schuldners nicht stellen, weil er sich dadurch verbesserte Befriedigungsaussichten verspricht. Auf diese Weise soll verhindert werden, dass ein Schuldner, der nicht bereit ist, die Obliegenheiten eines Restschuldbefreiungsverfahrens zu erfüllen, in ein solches gedrängt wird.

12   **2. Der Insolvenzantrag des Schuldners als besondere Zulässigkeitsvoraussetzung.** Ein eigener Insolvenzantrag des Schuldners ist sowohl im Verbraucher- als auch im Regelinsolvenzverfahren, Voraussetzung des Restschuldbefreiungsverfahrens.[5] Dies war bis zur Klarstellung durch das InsOÄndG vom 26. 10. 2001 höchst streitig.[6] Im Regelinsolvenzverfahren war es für den Antrag des Schuldners auf Erteilung der Restschuldbefreiung ohne Bedeutung, auf wessen Initiative das Insolvenzverfahren eingeleitet worden war. Auch der

---

[5] BGH NZI 2005, 271; NZI 2004, 593; NZI 2004, 511.
[6] Der bis zum 30. 11. 2001 geltende § 287 Abs. 1 lautete: *Die Restschuldbefreiung setzt einen Antrag des Schuldners voraus. Der Antrag ist spätestens im Berichtstermin entweder schriftlich beim Insolvenzgericht oder zu Protokoll der Geschäftsstelle zu erklären. Er kann mit dem Antrag auf Eröffnung des Insolvenzverfahrens verbunden werden.*

Schuldner, der keinen Insolvenzantrag gestellt hat, konnte bis spätestens im Berichtstermin einen Antrag auf Erteilung der Restschuldbefreiung stellen. Im Verbraucherinsolvenzverfahren nach den §§ 303 bis 314 war es dagegen streitig, wie zu verfahren ist, wenn ein Gläubiger den Insolvenzeröffnungsantrag gestellt hatte. Hatte der Schuldner keinen eigenen Insolvenzantrag gestellt, so erhob sich die Frage, ob ein außergerichtliches und ein gerichtliches Schuldenbereinigungsverfahren durchzuführen war, oder ob es genügte, dass dieser Schuldner bis spätestens im Prüfungstermin gemäß § 312 einen Restschuldbefreiungsantrag gestellt hat.[7]

Das InsOÄndG vom 26. 10. 2001 hat diese Streitfrage, ob eine Antrag auf Erteilung der Restschuldbefreiung ohne eigenen Insolvenzantrag zulässig ist, nun geklärt, auch für das Regelinsolvenzverfahren.[8] Zwar wird die Auffassung vertreten, aus dem Gesetzeswortlaut ergäbe sich nur, dass der Schuldner dann, wenn er einen Eigenantrag gestellt hat, diesen mit dem Restschuldbefreiungsantrag verbinden soll. Dies lasse jedenfalls für das Regelinsolvenzverfahren die Möglichkeit offen, einen isolierten Restschuldbefreiungsantrag zu stellen. Soweit der Begründung des Gesetzgebers zu Neuregelung des § 20 Abs. 2 zu entnehmen sei, dass nach der „Konzeption des Gesetzentwurfs der Schuldner nur auf Grund eines eigenen Insolvenzeröffnungsantrags eine Restschuldbefreiung erlangen kann",[9] beziehe dies sich nur auf das Verbraucherinsolvenzverfahren.[10] Dieser Auffassung ist insoweit zuzustimmen, als der Wortlaut des § 287 Abs. 1 Satz 1 nicht eindeutig ist und zu Missverständnissen Anlass gibt.[11] Aus der systematischen Stellung und den Motiven des Gesetzgebers ergibt sich aber, dass nach der Neufassung des § 287 Abs. 1 auch im Regelinsolvenzverfahren ein Antrag auf Restschuldbefreiung nur zulässig ist, wenn der Schuldner einen eigenen Eröffnungsantrag gestellt hat. Zum einen folgt dies aus der systematischen Stellung der Vorschrift. § 287 Abs. 1 Satz 1 ist ebenso wie § 20 Abs. 2 Teil jener Bestimmungen, die nicht nur für das Verbraucherinsolvenzverfahren, sondern für alle Insolvenzverfahren über das Vermögen einer natürlichen Person Geltung haben. Der gerichtliche Hinweis nach § 20 Abs. 2 hat löst nur bei einem Eigenantrag im Regelinsolvenzverfahren die Frist des § 287 Abs. 1 Satz 2 aus. Im Verbraucherinsolvenzverfahren wird § 20 Abs. 2 von der Sondervorschrift des § 305 Abs. 3 verdrängt. Die Gesetzesbegründung zu § 20 Abs. 2 führt als Motiv für die Hinweispflicht an, dass der Schuldner nur auf Grund eines eigenen Insolvenzeröffnungsantrags eine Restschuldbefreiung erlangen kann.[12]

Ist der Insolvenzantrag unzulässig, dann ist auch der Restschuldbefreiungsantrag unzulässig.[13]

3. Antragszeitpunkt. a) Der Schuldner hat einen eigenen Insolvenzantrag gestellt. Der Antrag auf Erteilung der Restschuldbefreiung ist zusammen mit dem Antrag auf Eröffnung des Insolvenzverfahrens zu verbinden. Stellt der Schuldner die beiden Anträge nicht gemeinsam, etwa aus Unkenntnis über die Möglichkeit einer Restschuldbefreiung, dann hat er dies innerhalb von zwei Wochen nachzuholen, nachdem er gemäß § 20 Abs. 2 über die Restschuldbefreiung belehrt worden ist. Diese Frist kann nicht verlängert werden,

---

[7] *Grote* ZInsO 2000, 146, 147; FK-*Grote* § 306 RdNr. 23; *Delhaes* ZInsO 2000, 358; *Kirchhof* ZInsO 1998, 54, 60; *Wittig* WM 1998, 157, 163; *Vallender* InVo 1998, 169, 175; *Bindemann* RdNr. 45; *Holzer* DZWIR 2000, 175 Anm. zur Entscheidung des AG Köln DWIR 2000, 170; *Fuchs*, ZInsO 1999, 185, 188; *Pape*, ZIP 1999, 2037, 2044; *ders.* ZInsO 1998, 353, 355; 2037, 2044; *ders.* ZInsO 1998, 353, 355; OLG Köln, ZInsO 2000, 334; LG Köln DZWIR 2000, 480; AG Düsseldorf ZInsO 2000, 111; AG Köln DZWIR 2000, 170, 173.

[8] AA *Heyer* ZInsO 2002, 59 ff.

[9] Begr. zum InsOÄndG BT-Drucks. 14/5680 S. 24.

[10] So *Heyer* ZInsO 2002, 59 ff., HKInsO-*Landfermann*, 3. Aufl. § 287 RdNr. 2 c; *Pape* ZVI 2002, 225, 231 und NZI 2002, 186, 187; *Fuchs* NZI 2002, 299; AG Hamburg ZVI 2002, 475; AG Köln ZVI 2002, 414.

[11] *Schmahl* ZInsO 2002, 212 ff.

[12] *Schmahl* ZInsO 2002, 212 ff.; FK-*Ahrens* § 287 RdNr. 6.

[13] AG Dresden ZVI 2005, 50 und ZVI 2005, 384 Das Amtsgericht hatte ein Rechtsschutzbedürfnis für das Verfahren verneint, da die Gesamtverbindlichkeiten um 981,30 Euro geringer waren als die zu stundenden Verfahrenskosten. Das Beschwerdegericht (LG Dresden ZVI 553) hat diese Entscheidung aufgehoben. Dazu *Schmidt* ZVI, 2005 621.

da es sich um eine gesetzliche Frist handelt (§ 224 Abs. 2 ZPO, § 4). Versäumt der Schuldner die zweiwöchige Nachholungsfrist, dann ist eine Wiedereinsetzung in den vorigen Stand nicht möglich, weil es sich bei der Frist des § 20 Abs. 2 nicht um eine Notfrist i. S. d. § 233 ZPO handelt. Kann der Schuldner die Antragsfrist nicht einhalten, so bleibt ihm nur die Möglichkeit, den Insolvenzantrag zurückzunehmen (§ 13 Abs. 2).

15 **Unterlässt das Gericht diese Belehrung,** dann muss es auch einen danach gestellten Restschuldbefreiungsantrag zulassen. Ohne den ordnungsgemäßen Hinweis zur Nachholung des Antrags auf Restschuldbefreiung beginnt die Frist nicht zu laufen. Aus dem Gesetz ergibt sich keine zeitliche Grenze für den Restschuldbefreiungsantrag. Somit kann der Schuldner, wenn nicht die Frist des § 287 Abs. 1 Satz 2 ausgelöst wird, den Antrag grundsätzlich bis zur Aufhebung oder Einstellung des Insolvenzverfahrens nachholen.[14]

16 **Ist der Hinweis des Gerichts mangelhaft,** weil er nicht mit seinem Mindestinhalt erteilt worden ist, beginnt ebenfalls die Frist zur Nachholung des Antrags nicht zu laufen. Das Gesetz schreibt als Mindesthinweis die Bezugnahme auf die §§ 286 bis 303 vor. Der Hinweis kann seinen Zweck nur erfüllen, wenn er den Schuldner ausdrücklich über die Bestimmungen zur Antragstellung (§ 287 Abs. 1, 2) belehrt: die Notwendigkeit eines besonderen schriftlichen Antrags beim Insolvenzgericht, das Erfordernis der Abtretungserklärung einschließlich des vorgeschriebenen Inhalts, den Beginn und die Länge der Frist für Antrag und Abtretungserklärung sowie die Folgen einer Fristversäumnis. Wie weit der Hinweis auf andere Voraussetzungen der Restschuldbefreiung oder die Verfahrensabläufe in Betracht kommen, kommt auf den Einzelfall an und liegt im Ermessen des Gerichts.[15]

17 Der Hinweis des Gerichts, der die Nachholungsfrist auslöst, ist an keine Form gebunden. Der Hinweis kann nicht nur schriftlich, sondern **auch mündlich,** etwa in einem Anhörungstermin, in einer Gläubigerversammlung oder notfalls auch telefonisch erfolgen.[16] Der Hinweis nach § 20 Abs. 2 löst die Rechtsfolgen des § 287 Abs. 1 Satz 2 nur aus, wenn er vollständig ist – insbesondere über das Antragserfordernis belehrt und den Zeitpunkt des Ablaufs der First benennt und dem Schuldner tatsächlich zugegangen ist.[17] Der Hinweis sollte aber zu Beweiszwecken aktenkundig gemacht werden. Es empfiehlt sich jedoch, da die Belehrung eine Frist in Gang setzt, diese zuzustellen.[18]

18 **b) Der Schuldner hat keinen eigenen Insolvenzantrag gestellt.** Stellt ein Gläubiger einen Insolvenzeröffnungsantrag, ohne dass ein Insolvenzantrag oder Restschuldbefreiungsantrag des Schuldners vorliegt, dann löst dies im **Regelinsolvenzverfahren** gemäß den §§ 4, 139 ZPO, 20 Abs. 2 die Verpflichtung des Gerichts aus, den Schuldner darauf hinzuweisen, dass er einen Insolvenzantrag und zugleich einen Restschuldbefreiungsantrag stellen kann. Solange der Schuldner auf Grund dieses Hinweises keinen eigenen Insolvenzantrag gestellt hat, läuft für diesen Hinweis die zweiwöchige Antragsfrist noch nicht, da diese Frist einen Eigenantrag des Schuldners voraussetzt.[19] Ist ein Hinweis des Gerichts gemäß § 20 Abs. 2 bereits erfolgt und stellt danach der Schuldner einen eigenen Insolvenzantrag, dann beginnt die Frist nach § 287 Abs. 1 Satz 2 für den Restschuldbefreiungsantrag ohne weiteren Hinweis zu laufen. Die zweiwöchige Frist ist gemäß §§ 187 Abs. 1, 188 Abs. 2 BGB zu berechnen.

Wird das Insolvenzverfahren auf Antrag eines Gläubigers eröffnet, ist bis zum Abschluss des Verfahrens ein Eigenantrag des Schuldners nicht mehr möglich. Ausnahmsweise kann jedoch ohne eigenen Insolvenzantrag die Restschuldbefreiung beantragt werden, wenn das Gericht den Schuldner nicht hinreichend belehrt hatte, dass er zur Erreichung der Restschuldbefreiung nicht nur einen entsprechenden Antrag, sondern darüber hinaus auch einen

---

[14] FK-*Ahrens* § 287 RdNr. 12; OLG Köln Rpfleger 2001, 42; OLG Zweibrücken ZVI 2002, 128.
[15] *Schmahl* ZInsO 2002, 212 ff.
[16] MünchKommInsO-*Schmahl* § 20 RdNr. 95.
[17] BGH NZI 2004, 593.
[18] *Vallender* NZI 2001, 561 ff.
[19] BGH NZI, 593.

Eigenantrag auf Insolvenzeröffnung stellen muss; dafür ist dem Schuldner eine richterliche Frist zu setzen.[20]

Hat der ordnungsgemäß belehrte Schuldner in einem früheren Insolvenzverfahren den Antrag auf Erteilung der Restschuldbefreiung nicht rechtzeitig gestellt, führt die Präklusion des früheren Antrags zur Unzulässigkeit eines erneuten Restschuldbefreiungsantrags, wenn kein neuer Gläubiger hinzugekommen ist.[21] Nach der zutreffenden Auffassung des BGH müsste, wenn man einen neuen Antrag des Schuldners zuließe, ein aufwändiges Insolvenzverfahren ein zweites Mal durchgeführt werden. Dies sei verfahrensunökonomisch und könne als Konsequenz einer schuldhaften Säumnis des Schuldners jedenfalls dann nicht hingenommen werden, wenn keine neuen Gläubiger hinzugekommen sind. Der Schuldner ist nicht schutzwürdig, wenn er in dem früheren Insolvenzverfahren ordnungsgemäß auf die Möglichkeit, einen Restschuldbefreiungsantrag zu stellen, und den dafür zur Verfügung stehenden Zeitraum hingewiesen worden ist. Dagegen müssen die Gläubiger so früh wie möglich wissen, ob ihr Schuldner Restschuldbefreiung anstrebt. In einer vorangegangenen Entscheidung[22] hatte der BGH einen mit einem Antrag auf Restschuldbefreiung verbundenen Antrag des Schuldners auf Eröffnung des Insolvenzverfahrens, als zulässig angesehen, nachdem zuvor der Antrag eines Gläubigers mangels Masse abgewiesen worden. Diese beiden Entscheidungen verdeutlichen. dass es von den Umständen des Einzelfalles abhängt, ob eine Präklusion eingreift.[23]

c) Besonderheiten bei dem Antrag eines Schuldners i. S. d. § 304. Im **Verbrau-** 19 **cherinsolvenzverfahren** wird die Hinweisfrist des § 287 Abs. 1 Satz 2 von der Sondervorschrift des § 305 Abs. 1 Nr. 2, Abs. 3 verdrängt, wenn der Schuldner einen eigenen Insolvenzeröffnungsantrag gestellt hat. Gibt der Schuldner keine Erklärung gemäß § 305 Abs. 1 Nr. 2 darüber ab, ob die Restschuldbefreiung beantragt oder nicht beantragt werden soll, hat das Gericht ihn nach § 305 Abs. 3 Satz 1 zur Ergänzung seiner Unterlagen und Erklärungen aufzufordern. Die Ergänzungsaufforderung ist mit dem Hinweis nach § 20 Abs. 2 zu verbinden. Es läuft jedoch nur die Monatsfrist des § 305 Abs. 3 Satz 2. Gibt der Schuldner trotz eines Hinweises nach § 305 Abs. 3 innerhalb der Frist keine Erklärung über den Antrag auf Erteilung der Restschuldbefreiung ab, dann gilt der Antrag auf Eröffnung des Insolvenzverfahrens als zurückgenommen (§ 305 Abs. 3 Satz 2). Hat das Gericht den nach den 305 Abs. 3 erforderlichen Hinweis unterlassen, dann ist der Antrag auch noch nachträglich zuzulassen.[24]

Liegt bei einem Verbraucher i. S. d. § 304 nur der **Eröffnungsantrag eines Gläubigers** 20 vor, so hat sich der Hinweis des Gerichts auch auf § 306 Abs. 3 zu erstrecken. Dem Schuldner ist vor der Entscheidung über die Eröffnung des Insolvenzverfahrens die Gelegenheit zu geben, ebenfalls einen Insolvenzantrag zu stellen. In diesem Falle beträgt die Frist, mit dem Insolvenzantrag auch einen Antrag auf Erteilung der Restschuldbefreiung zu stellen, drei Monate, § 305 Abs. 3 Satz 3. Diese Fristen können nicht verlängert werden. Eine Wiedereinsetzung in den vorigen Stand ist nicht möglich.

d) Besonderheiten bei den vor dem 1. 12. 2001 eröffneten Verfahren. War das 21 Insolvenzverfahren bereits vor dem 1. 12. 2001 eröffnet worden, dann kann der Schuldner im Regelinsolvenzverfahren den Antrag auf Erteilung der Restschuldbefreiung noch spätestens im Berichtstermin stellen, auch dann, wenn er keinen eigenen Insolvenzantrag gestellt hatte

4. Antragsform (Abs. 1 Satz 2). a) Allgemeines. Der Antrag ist **schriftlich** beim 22 Insolvenzgericht einzureichen. Ob der Restschuldbefreiungsantrag auch **zu Protokoll der**

---

[20] BGH NZI 2005, 271.
[21] BGH NZI 2006, 601; LG Koblenz ZVI 2005, 91; LG Zweibrücken NZI 2005, 397; AG Marburg ZInsO 2005, 726; aA AG Göttingen; *Büttner* ZVI 2007, 299.
[22] BGH NZI 2006, 181.
[23] AG Potsdam ZInsO 2006, 1287.
[24] FK-*Ahrens* § 287 RdNr. 11.

Geschäftsstelle erklärt werden kann, ist mit der Änderung des § 13 durch das Gesetz zur Vereinfachung des Insolvenzverfahrens vom 13. April 2007[25] fraglich geworden. Danach ist für alle Insolvenzanträge die Schriftform vorgeschrieben. Die Erklärung des Insolvenzantrags zu Protokoll der Geschäftsstelle ist nicht mehr zulässig. Wird entsprechend § 287 Abs. 1 Satz 1 der Restschuldbefreiungsantrag mit dem Antrag auf Eröffnung des Insolvenzverfahrens verbunden, so kann dies nur schriftlich geschehen. Wird jedoch im Falle des § 283 Abs. 1 Satz 2 oder vor dem Insolvenzantrag ein isolierter Restschuldbefreiungsantrag gestellt, so dürfte nach wie vor die Erklärung dieses Antrags zu Protokoll der Geschäftsstelle zulässig sein. Mit der Änderung des § 13 wurde der Zweck verfolgt, die Gerichte zu entlasten und zu erreichen, dass insbesondere Eigenanträge von Schuldnern sorgfältiger und vollständiger ausgefüllt werden.[26] In dem Insolvenzantrag hat der Schuldner umfangreiche Angaben zu seinen Vermögensverhältnissen zu machen und hierfür Unterlagen beizubringen. Dieses Erfordernis besteht bei der Erklärung, Restschuldbefreiung zu beantragen nicht. Dem Antrag ist lediglich die Abtretungserklärung gem. § 287 Abs. 2 Satz 1 und der Hinweis auf eine vorherige Abtretung und Verpfändung gemäß § 287 Abs. 2 Satz 2 beizufügen. Da der Gesetzgeber davon abgesehen hat, mit der Änderung des § 13 auch gleichzeitig ein Schriftformerfordernis in § 287 Abs. 1 zu regeln, ist es zulässig, einen isolierten Restschuldbefreiungsantrag auch zu Protokoll der Geschäftsstelle zu erklären. In § 287 Abs. 1 Satz 2 aF[27] war noch ausdrücklich bestimmt, dass der Antrag zu Protokoll der Geschäftsstelle erklärt werden kann. Diese Bestimmung fehlt in der Neufassung. Damit ist keine sachliche Änderung verbunden.[28]

Eine andere Betrachtungsweise könnte sich ergeben, wenn der Gesetzgeber von seiner Verordnungsermächtigung in § 13 Abs. 3 Gebrauch macht und für den Insolvenzantrag ein Formular einführt, dessen Verwendung zwingend ist. Nach dem Wortlaut wird zwar nur der Insolvenzantrag, nicht jedoch der Restschuldbefreiungsantrag von der Verordnungsermächtigung erfasst. Nach dem weiten Verständnis des BGH zum Bestimmtheitsgebot aus Art. 80 Abs. 1 Satz 2 GG,[29] wonach sich die Vorgaben nicht unmittelbar aus dem Text der Ermächtigungsgrundlage ergeben müssen, kann der Restschuldbefreiungsantrag in ein bindendes Formular aufgenommen werden.[30]

23 **b) Schriftliche Antragstellung.** Wird der Antrag schriftlich gestellt, so unterliegt er den Regeln über bestimmende Schriftsätze. Ein schriftlicher Antrag muss von dem Antragsteller oder seinem gesetzlichen Vertreter oder Bevollmächtigten unterschrieben sein (§§ 4 InsO, 253 Abs. 4, 130 Nr. 6 ZPO). Wie andere bestimmende Schriftsätze darf der Antrag durch Telefax übermittelt werden,[31] vorausgesetzt die Kopiervorlage wurde gemäß den §§ 129, 130 Nr. 6 ZPO ordnungsgemäß unterschrieben. Für die Nutzung elektronischer Telekommunikationsmittel gelten die Grundsätze der Rechtsprechung über die Klageerhebung.[32] Zur Ersetzung der Schriftform durch die elektronische Form vgl. § 130a ZPO.

24 **c) Erklärung zu Protokoll der Geschäftsstelle.** Es ist hierbei zu beachten, dass entgegen der allgemeinen Regelung in § 129a ZPO, wonach Anträge, deren Abgabe vor dem Urkundsbeamten der Geschäftsstelle zulässig ist, **vor der Geschäftsstelle eines jeden Amtsgerichts** abgegeben werden können, die gesetzliche Regelung in § 287 aF ausdrücklich eine **Antragstellung beim Insolvenzgericht** verlangt hatte. Durch den Wegfall dieser ausdrücklichen Bestimmung ist davon auszugehen, dass der Antrag auch durch Erklärung zu Protokoll bei jedem Amtsgericht gestellt werden kann, da für die Sonderregelung keine

---

[25] BGBl. I S. 509.
[26] *Sternal* NJW, 1909.
[27] Gültig bis zum 30. 11. 2001.
[28] FK-*Ahrens* § 287 RdNr. 7.
[29] Vgl. BVerfGE 80, 1, 20.
[30] Vgl. FK-*Ahrens* § 287 RdNr. 9 zur Verordnungsermächtigung in § 305 Abs. 5.
[31] BGH NJW 1993, 3141, mwN; BAG NJW 1990, 3165; BVerwG NJW 1989, 1175, 1176; aA *Smid/Krug/Haarmeyer* § 287 RdNr. 4.
[32] BGHZ 144, 160.

d) Besonderheiten bei dem Antrag eines Schuldners nach § 304. Im Gegensatz 25 zum Regelinsolvenzverfahren muss der Antrag auf Eröffnung des Insolvenzverfahrens im Verbraucherinsolvenzverfahren **schriftlich** eingereicht werden (§ 305 Abs. 1 1. Hs.). Eine Erklärung zu Protokoll der Geschäftsstelle ist nicht zulässig. Der Gesetzgeber in hat § 305 Abs. 5 eine Verordnungsermächtigung geschaffen, die es gestattet, im Verbraucherinsolvenzverfahren vom Schuldner zwingend zu verwendende Vordrucke einzuführen. Von dieser Ermächtigung hat das Bundesministerium der Justiz Gebrauch gemacht. Der Antrag auf Erteilung der Restschuldbefreiung ist in dem amtlichen Vordruck, dessen sich der Schuldner bedienen muss, enthalten. Hat jedoch der Schuldner mit seinem schriftlichen Insolvenzantrag keinen Antrag auf Erteilung der Restschuldbefreiung gestellt, wird man einen nachträglich zu Protokoll der Geschäftsstelle erklärten Restschuldbefreiungsantrag als zulässig ansehen müssen.

5. Antragsinhalt (Abs. 2). a) Restschuldbefreiungsantrag. Eine bestimmte Formu- 26 lierung für den Antrag auf Erteilung der Restschuldbefreiung ist nicht vorgeschrieben. Es genügt, wenn das Begehren des Schuldners, Restschuldbefreiung zu erlangen, deutlich zum Ausdruck kommt. Es bedarf dann auch keiner ausdrücklichen Erwähnung des Wortes „Restschuldbefreiung".[33]

b) Abtretungserklärung für die Dauer der Wohlverhaltensperiode. aa) Warn- 27 **funktion der Vorschrift.** Mit dem Antrag auf Erteilung der Restschuldbefreiung hat der Schuldner nach § 287 Abs, 2 Satz 1 die Erklärung abzugeben, dass er seine pfändbaren Forderungen auf Bezüge aus einem Dienstverhältnis oder an deren Stelle tretende laufende Bezüge für die Zeit von sechs Jahren an einen vom Gericht zu bestimmenden Treuhänder abtritt. Nach der Gesetzesbegründung hat diese Abtretungserklärung bereits bei der Antragstellung eine **Warnfunktion.** Sie soll einen Schuldner, der sich nicht freiwillig für die lange Periode der Treuhandzeit mit dem pfändungsfreien Einkommen begnügen will, von einem Antrag auf Restschuldbefreiung abhalten. Damit soll auch das Gericht vor leichtfertigen Anträgen geschützt werden.

bb) Inhalt der Abtretungserklärung. Aus der Erklärung des Schuldners muss eindeutig 28 hervorgehen, dass alle pfändbaren „Forderungen auf Bezüge aus einem Dienstverhältnis oder an deren Stelle tretenden laufende Bezüge" an den Treuhänder abgetreten werden sollen. Zwar ist eine Formulierung für den Antragsinhalt nicht vorgeschrieben. Um Unklarheiten nicht aufkommen zu lassen, sollte sich der **Inhalt der Abtretungserklärung am Gesetzeswortlaut orientieren.** Nur so ist gewährleistet, dass die abzutretende Forderung hinreichend bestimmt oder jedenfalls bestimmbar ist. Auch die Dauer der Abtretung muss eindeutig auf „die Zeit von sechs Jahren nach der Eröffnung des Insolvenzverfahrens" festgelegt sein.[34] Über den Gesetzeswortlaut hinausgehende Angaben sind nicht erforderlich. Zum Inhalt einer Abtretungserklärung gehört daher auch nicht die Angabe des Arbeitgebers des Schuldners, zumal unter Umständen in der sechsjährigen Laufzeit der Abtretung Forderungen verschiedener im Zeitpunkt der Abtretungserklärung noch nicht feststehender Schuldner des insolventen Schuldners an den Treuhänder abgetreten werden. müssen. Das Gericht hat darauf hinzuwirken, dass der Schuldner eine hinreichend bestimmte Erklärung abgibt.

c) Frühere Abtretung oder Verpfändung (Satz 2). aa) Mitteilungspflicht. Zusam- 29 men mit der Abtretungserklärung, nicht in der Erklärung,[35] hat der Schuldner nach § 287 Abs. 2 Satz 2 auf vorherige Abtretungen und Verpfändungen hinzuweisen. Damit sollen die Gläubiger und der Treuhänder sich ein Bild über die Verteilungsquote in der Treuhand-

---

[33] *Römermann* in *Nerlich/Römermann* RdNr. 15 zu § 287.
[34] HK-*Landfermann* § 287 RdNr. 4.
[35] So ist es aber vom Gesetzgeber formuliert.

§ 287 30–32   8. Teil. Restschuldbefreiung

periode machen können. Ein **Hinweis auf erfolgte Lohnpfändungen** ist nicht erforderlich, da diese nur über einen relativ kurzen Zeitraum nach der Eröffnung des Insolvenzverfahrens ihre Wirksamkeit behalten.[36] Gemäß § 114 Abs. 3 Satz 1 ist die Pfändung nur insoweit wirksam, als sie sich auf die laufenden Bezüge für den zurzeit der Verfahrenseröffnung laufenden Kalendermonat bezieht. Ist die Eröffnung nach dem fünfzehnten des Monats erfolgt, ist die Pfändung auch für den folgenden Kalendermonat wirksam.

30   bb) **Wirksamkeit früherer Verfügungen (§ 114).** Der **Hinweis auf frühere Abtretungen und Verpfändungen** ist notwendig, weil diese Abtretungen und Verpfändungen nach § 114 Abs. 1 zwei Jahre nach Verfahrenseröffnung unwirksam werden.[37] Grundsätzlich werden Vorausabtretungen und -pfändungen zugunsten einzelner Gläubiger durch die Eröffnung eines Insolvenzverfahrens in ihrer Wirksamkeit nicht berührt. Sie bleiben bis zur vollständigen Erfüllung der gesicherten Forderung wirksam. Dieser Grundsatz musste jedoch durchbrochen, da ansonsten ein Restschuldbefreiungsverfahren gegenstandslos werden würde. Das Arbeitseinkommen bei Verbraucherschuldnern ist in der Regel der einzige Vermögenswert, der deshalb zur Sicherung von Krediten oder anderen Verbindlichkeiten abgetreten ist. Eine Teilbefriedigung der Gläubiger in der Wohlverhaltensperiode wäre nicht möglich. Aus diesem Grund sieht § 114 Abs. 1 eine Beschränkung der Wirkung von Abtretung oder Verpfändung von Bezügen aus einem Dienstverhältnis oder an deren Stelle tretende laufende Bezüge vor. Die Abtretung oder Verpfändung wird zwei Jahre nach der Eröffnung des Insolvenzverfahrens, gerechnet zum Monatsende, unwirksam.

31   cc) **Verfügungen nach Eröffnung des Insolvenzverfahrens (§ 81 Abs. 1 und 2).** Eine Verfügung des Schuldners über künftige Bezüge aus einem Dienstverhältnis des Schuldners oder an deren Stelle tretenden laufende Bezüge ist während des Insolvenzverfahrens nach § 81 Abs. 1 unwirksam, um die Insolvenzmasse vor Schmälerungen durch den Schuldner zu bewahren. Damit aber auch nach der Beendigung des Insolvenzverfahrens diese Bezüge zur Verteilung an die Gläubiger in der Wohlverhaltensperiode zur Verfügung stehen, verbietet § 81 Abs. 2 dem Schuldner während des Insolvenzverfahrens über sein künftiges, **nach Verfahrensbeendigung anfallendes Arbeitseinkommen** und vergleichbare Bezüge zu verfügen. Nur eine Abtretung an einen Treuhänder nach § 287 Abs. 2 ist wirksam. Alle anderen Verfügungen sind absolut unwirksam.

32   d) **Kein Angebot zur Mindestquote.** Auch wenn der Schuldner im Zeitpunkt der Abtretungserklärung über kein pfändbares Vermögen verfügt oder im Abtretungszeitraum zu erwarten hat, wird die Abtretungserklärung und damit zugleich der Antrag auf Erteilung der Restschuldbefreiung nicht unzulässig. Das Gesetz verlangt lediglich die Abtretungserklärung, nicht ihren wirtschaftlichen Erfolg.[38] Die Insolvenzordnung schreibt **im Restschuldbefreiungsverfahren keine Mindestquote** vor.[39] Im Gesetzgebungsverfahren ist die Einführung einer Mindestquote diskutiert und abgelehnt worden. Eine vom Bundesrat initiierte Änderung der Insolvenzordnung zur Einführung einer Mindestquote konnte nicht durchgesetzt werden. Es liegt somit **keine unbewusste Regelungslücke** vor. Der Gesetzgeber hat auch in den §§ 286 ff. keine Bestimmung dahingehend getroffen, dass die Restschuldbefreiung zu versagen ist, wenn an die Gläubiger keine Quote gezahlt wird. Die Wahl des Wortes Restschuldbefreiung beschreibt daher lediglich den vom Gesetzgeber vorgestellten Normalfall, in dem es zu einer Teilbefriedigung der Gläubiger aus den laufenden Bezügen des Schuldners kommt.[40] Der Gesetzgeber hat, wie die §§ 286 ff. zeigen, die Gewährung einer

---

[36] Krit. *Döbereiner*, S. 185.
[37] Für die vor dem 1. 12. 2001 eröffneten Insolvenzverfahren werden die Abtretungen drei Jahre nach der Verfahrenseröffnung unwirksam. Im Hinblick auf die Abkürzung der Wohlverhaltensperiode von sieben auf sechs Jahre ist auch in § 114 Abs. 1 die Abtretungsdauer für Bezüge aus einem Dienstverhältnis um ein Jahr verkürzt worden.
[38] FK-*Ahrens* § 287 RdNr. 19; aA *Thomas*, in Kölner Schrift zur Insolvenzordnung, S. 1205, 1211.
[39] OLG Köln NZI 2000, 494 ff.; BayOBLG NZI 1999, 451, 453; LG Würzburg ZInsO 1999, 583 ff.; AG Göttingen NZI 1999, 124 f.; aA LG München NZI 1999, 465.
[40] *Smid/Krug/Haarmeyer* § 287 RdNr. 9.

Restschuldbefreiung nicht an die Teilbefriedigung der Gläubiger, sondern an die Erfüllung von Obliegenheiten geknüpft. Die Erfüllung der Obliegenheiten soll bewirken, dass der Schuldner durch eine Beschäftigung liquide Mittel zur Gläubigerbefriedigung erlangt. Gelingt ihm dies trotz aller Bemühungen nicht, kann ihm dies nicht zum Vorwurf gemacht werden und die Restschuldbefreiung versagt werden.

e) Abtretungserklärung eines selbstständig tätigen Schuldners. Auch ein selbstständig tätiger Schuldner, der über keine Bezüge aus einem Dienstverhältnis oder gleichgestellte Einkünfte verfügt, muss die Abtretung erklären. Es ist nicht auszuschließen, dass er in der sechsjährigen Treuhandzeit eine nicht selbstständige Beschäftigung aufnimmt. Entgegen einer in der Literatur vertretenen Auffassung[41] ist der selbstständig tätige Schuldner nicht verpflichtet mitzuteilen, welche Beträge er regelmäßig an die Gläubiger zu Händen des Treuhänders, abtreten und auszahlen kann. Eine solche **Informationspflicht** ist dem Gesetz nicht zu entnehmen. Sie widerspricht auch der gesetzlichen Systematik des § 295 Abs, 2, die dem Schuldner hinsichtlich des Zahlungszeitpunkts weitgehende Freiheiten lässt.[42]

f) Antragsrücknahme. Die Rücknahme des Antrags auf Erteilung der Restschuldbefreiung ist zwar nicht ausdrücklich geregelt. Sie ist aber grundsätzlich zulässig,[43] Auch wenn ein Gläubiger einen Antrag auf Versagung der Restschuldbefreiung angekündigt hat, kann der Schuldner den Antrag **bis zu Schlusstermin** zurücknehmen, ohne dass der Gläubiger zustimmen müsste.[44] Da mit einer Versagung nach § 290 ein erneuter Antrag auf Erteilung der Restschuldbefreiung nicht verhindert wird, besteht auch kein schützenswertes Interesse des Gläubigers an einer Entscheidung über den Versagungsantrag in dem Verfahrensabschnitt bis zur Ankündigung der Restschuldbefreiung im Schlusstermin.[45] In der anschließenden Wohlverhaltensperiode besteht die Gefahr, dass der Schuldner die Rücknahme dazu nutzt, um die mit der zehnjährigen Sperre nach § 290 Abs. 1 Nr. 3 bewehrten Versagung nach den §§ 296 und 297 zu umgehen. Aus diesem Grund kann der Antrag auf Erteilung der Restschuldbefreiung nicht mehr zurückgenommen werden, wenn ein Gläubiger einen Versagungsantrag gestellt hat.[46]

In der Rücknahmeerklärung ist gleichzeitig der Widerruf der Abtretungserklärung zu sehen. Die Folgen von § 299, die Beendigung der Laufzeit der Abtretungserklärung, des Amtes des Treuhänders und der Beschränkung der Rechte der Gläubiger, sind durch das Gericht durch Beschluss auszusprechen.[47]

Ein nach Verfahrenseröffnung wirksam zurückgenommener Antrag auf Restschuldbefreiung kann in demselben Verfahren nicht erneut gestellt werden.[48]

IV. Rechtsnatur der Abtretungserklärung

Die Rechtsnatur der Abtretungserklärung nach § 287 Abs. 2 Satz ist streitig. Vielfach wurde zunächst die **Abtretung als materiell-rechtlicher Vertrag** gesehen, der dann wirksam werden soll, wenn der Treuhänder mit der Übernahme seines Amtes konkludent sein Einverständnis erklärt.[49] Nach anderer Auffassung handelt es sich bei der Abtretungs-

---

[41] Smid/Krug/Haarmeyer § 287 RdNr. 7.
[42] FK-Ahrens § 295 RdNr. 64.
[43] BGH NZI 2005, 399, 400; FK-Ahrens § 287 RdNr. 15; Uhlenbruck/Vallender InsO, 12. Aufl. § 287, RdNr. 20.
[44] LG Freiburg NZI 2004, 98; aA AG Königstein ZVI 2003, 365.
[45] FK-Ahrens § 287 RdNr. 15.
[46] FK-Ahrens § 287 RdNr. 16; HK-Landfermann § 287 RdNr. 10; Uhlenbruck/Vallender InsO, 12. Aufl. § 287, RdNr. 20.
[47] FK-Ahrens § 287 RdNr. 16.
[48] AG Duisburg, DZWIR 2007, 527.
[49] HK-Landfermann § 287 RdNr. 4; Smid, Grundzüge § 27 RdNr. 30; Forsbald S. 213; Vallender VuR 1997, 155, 156; Häsemeyer, Insolvenzrecht, RdNr. 26 154; Döbereiner, S. 175; Uhlenbruck/Vallender, InsO 12. Aufl. § 287 RdNr. 38; Kübler/Prütting/Wenzel, InsO § 287 RdNr. 5; Römermann in Nerlich/Römermann, InsO

erklärung nach § 287 um eine „**bes. geartete Erklärung**"[50] oder um eine **prozessuale Erklärung,** die als charakteristische prozessrechtliche Folge eine besondere Prozessvoraussetzung des Restschuldbefreiungsverfahrens bildet.[51] Danach ist die Abtretungserklärung als Prozesshandlung ein notwendiger Bestandteil des Antrags auf Erteilung der Restschuldbefreiung. Diese Erklärung wird mit Zugang bei Gericht wirksam. In dem Beschluss nach § 291 Abs. 2 wird mit der Bestimmung des Treuhänders, die abgetretene Forderung auf diesen übertragen.[52] Dieser Auffassung, die die Abtretung nicht als materiellrechtlichen Vertrag, sondern als eine prozessuale Erklärung ansieht, die notwendiger Bestandteil des Antrags auf Erteilung der Restschuldbefreiung ist, ist der Vorzug zu geben. Dafür spricht, dass bei der Abgabe der Abtretungserklärung der Abtretungsempfänger nicht feststeht und der Schuldner diese Erklärung dem Gericht zuleiten muss. Auch eine Annahme der Abtretungserklärung, die gemäß § 398 Satz 1 bei der vertraglichen Forderungsabtretung notwendig ist, sieht die Insolvenzordnung nicht vor. Als Prozesshandlung, durch die die gemeinschaftliche Gläubigerbefriedigung verwirklicht werden soll, wird sie gegenüber dem Gericht erklärt und unterliegt nicht der **Anfechtung wegen eines Willensmangels.** Sie ist so auszulegen, dass der Schuldner seine Bezüge nicht nur an einen, sondern an jeden durch das Gericht bestimmten Treuhänder zu übertragen bereit ist. Das Gericht überträgt sodann durch den Beschluss gemäß § 291 Abs. 2 mit der Bestimmung des Treuhänders die Forderung auf diesen.[53] Ernennt das Gericht einen anderen Treuhänder, so leitet es die pfändbaren Beträge auf ihn über. Versagt das Gericht die Restschuldbefreiung oder weist es aus einem anderen Grund den Antrag auf Erteilung der Restschuldbefreiung ab, wird die Forderung nicht auf den Treuhänder übertragen. Wird die Restschuldbefreiung nach den §§ 296 bis 298 versagt, endet mit dieser gerichtlichen Entscheidung die Abtretung. Bis zur Ankündigung der Restschuldbefreiung, ist die Abtretungserklärung deshalb frei widerruflich. Widerruft der Schuldner die Abtretungserklärung, dann ist davon auszugehen, dass damit der Antrag auf Erteilung der Restschuldbefreiung zurückgenommen wird. Der Antrag auf Erteilung der Restschuldbefreiung wird mit dem **Widerruf der Abtretungserklärung** unzulässig. Als prozessuale Erklärung kann die Abtretungserklärung auch noch in der Wohlverhaltensperiode, nach der Ankündigung Restschuldbefreiung, zurückgenommen werden. Falls der Schuldner seinen Antrag auf Erteilung der Restschuldbefreiung zurücknimmt, widerruft er damit zugleich auch seine Abtretungserklärung nach § 287 Abs. 2 Satz 1. Dieser Auffassung folgt auch der BGH.[54] In seiner Entscheidung vom 13. 7. 2006 stellte der BGH fest, dass die Abtretungserklärung des Schuldners gemäß § 287 Abs. 2 Satz 1 InsO vorangig als Prozesshandlung zu verstehen sei. Sie sei im Zweifel so auszulegen, dass der Schuldner die Restschuldbefreiung unter den jeweils gültigen gesetzlichen Bedingungen anstrebt.

V. Gegenstand der Abtretung

35 **1. Allgemeines.** Zur kollektiven Gläubigerbefriedigung muss der Schuldner seine **pfändbaren Forderungen auf Bezüge aus einem Dienstverhältnis oder an deren Stelle laufende Bezüge** an den Treuhänder abtreten. Der Begriff „Bezüge aus einem Dienstverhältnis oder an deren Stelle laufende Bezüge" wird auch im Gesetz in anderen Vorschriften, den §§ 81 Abs. 2 Satz 1, 89 Abs. 2 Satz 1, 114 Abs. 1 verwendet. Ansprüche, die zu keiner der beiden Forderungsgruppen gehören, also weder Bezüge aus einem Dienst-

---

§ 287 RdNr. 29; einschränkend *Braun/Buck*, InsO 2. Aufl. § 287 RdNr. 20 OLG Zweibrücken ZVI 2002, 128, 129.
[50] *Ahrens* DZWIR 1999, 45 ff.; FK-*Ahrens* § 287 RdNr. 19 ff.; *Grote*, Einkommensverwertung und Existenzminimum des Schuldners in der Verbraucherinsolvenz RdNr. 140; ähnlich *Jauernig*, Zwangsvollstreckungs- und Konkursrecht, 1998, § 95 II, 3 a.
[51] FK-*Ahrens* § 287 RdNr. 37 mit ausführlicher Begr.
[52] FK-*Ahrens* § 287 RdNr. 37; *Smid/Krug/Haarmeyer* § 287 RdNr. 10.
[53] FK-*Ahrens* § 287 RdNr. 29.
[54] BGH NZI 2006, 871.

verhältnis noch an deren Stelle tretende laufende Bezüge betreffen, werden von der Abtretungserklärung und dem Forderungsübergang nicht erfasst. Sie können nicht zu den Tilgungsleistungen des Schuldners gezogen werden. Es handelt sich um eine **Vorausabtretung künftiger Bezüge.** Die abzutretende Forderung muss, wie bei der rechtsgeschäftlichen Vorausabtretung, bestimmt oder zumindest bestimmbar sein. Da eine noch nicht bestehende Forderung bestimmbar sein kann, ist, auch wenn der Schuldner gegenwärtig über keine abtretbaren Bezüge verfügt, die Abtretung künftiger Forderungen zulässig.

2. Forderungen auf Bezüge aus einem Dienstverhältnis. a) Arbeitseinkommen. 36
Als Bezüge aus einem Dienstverhältnis werden sämtliche Arten von **Arbeitseinkommen** im Sinne des § 850 ZPO erfasst.[55] In diesem Sinne ist Arbeitseinkommen, unabhängig von der Benennung oder der Berechnungsart, alle in Geld zahlbaren Bezüge oder Vergütungen, die dem Schuldner aus einer Dienst- oder Arbeitsleistung zustehen, gleichgültig, ob es sich um ein Dienstverhältnis des privaten oder öffentlichen Rechts handelt und ohne Rücksicht auf das Zustandekommen des Vertrages, also auch bei faktischen Arbeitsverhältnissen. Es umfasst die von § 19 EstG und § 14 Abs. 1 SGB IV aufgeführten Einkünfte aus unselbstständiger Tätigkeit. Es kommt nicht darauf an, ob die Bezüge der Alimentierung des Schuldners dienen oder der Entgeltcharakter im Vordergrund steht. Auch einmalige Bezüge, z. B. aus einer Aushilfstätigkeit, sind als Arbeitseinkommen anzusehen.

b) Naturalleistungen. Erhält der Schuldner von seinen Dienstherrn oder Arbeitgeber, 37
neben seinem in Geld zahlbarem Einkommen als Dienstleistungsvergütung, auch **Naturalleistungen** wie Verpflegung, Deputatleistungen, Stellung einer Hausmeister- oder Dienstwohnung oder eines Dienstwagens u. dgl., dann sind entsprechend § 850e Nr. 3 ZPO Geld- und Naturalleistungen zusammenzurechnen.[56] Sie sind auch zusammenzurechnen, wenn sie infolge des Arbeitsverhältnisses zu einem besonderen Vorzugspreis gewährt werden.[57] Zu erfassen ist dann der mit dem Vorzugspreis dem Schuldner gewährte Vermögensvorteil. Die **Zusammenrechnung** erfolgt in der Weise, dass die Naturalleistungen wertmäßig auf die dem Schuldner pfandfrei verbleibenden Teile des Arbeitseinkommens angerechnet werden. Übersteigt der Wert der Naturalbezüge den Betrag des dem Schuldner an sich pfandfrei zustehenden Teiles seines Arbeitseinkommens, dann wird der Mehrbetrag der Naturalbezüge von der Abtretung nicht erfasst. Bezieht der Schuldner die Naturalleistung und das Arbeitseinkommen nur von einem Arbeitgeber, dann erfolgt die Festlegung des Wertes der Naturalbezüge und die Berechnung des nach ihrer Berücksichtigung pfandfrei bleibenden Teiles des in Geld zahlbaren und damit von der Abtretung erfassten Arbeitseinkommens durch den Arbeitgeber.[58] Dieser kann die Zusammenrechnung jedoch nur dann in eigener Verantwortung vornehmen, wenn die Gläubiger und Schuldner mit der beabsichtigten Berechnung einverstanden sind und so den Arbeitgeber von einem Risiko freistellen.[59] Besteht kein Einverständnis, dann kann eine klarstellende Entscheidung, also eine Bewertung der Sachleistungen, durch das Insolvenzgericht verlangt werden. Über den Antrag entscheidet der Rechtspfleger. Darüber, ob der Schuldner Naturalleistungen als Arbeitseinkommen neben seinem in Geld zahlbaren Arbeitseinkommen erhält, kann das Insolvenzgericht keine klarstellende Entscheidung treffen. Ob und inwieweit ein Anspruch auf Naturalleistungen rechtlich besteht, ob der bei einem Angehörigen beschäftigte Schuldner mit Naturalleistungen Arbeitsentgelt bezieht oder Naturalleistungen erhält, ist eine Frage der materiellen Berechtigung. Dieses kann nicht durch einen klarstellenden Beschluss des Insolvenzgerichts, sondern nur im Klageverfahren vom Prozessgericht entschieden werden. Bezieht der Schuldner Arbeitseinkommen in Geld und Naturalien von verschiedenen

---

[55] Begr. zu § 92 RegE BR-Drucks. 1/92, 136.
[56] LAG Niedersachsen 12. Kammer, Urteil vom 19. 12. 2006 – 12 Sa 1208/2006 (zitiert nach juris).
[57] *Stöber,* Forderungspfändung RdNr. 1165; OLG Saarbrücken NJW 1958, 227.
[58] Nach LAG Niedersachen (RdNr. 67) kann bei der Ermittlung eines vom Arbeitgeber unentgeltlich zur Verfügung gestellten Firmenfahrzeuges kann der geldwerte Vorteil der Privatnutzung entsprechend den lohnsteuerrechtlichen Verwaltungsvorschriften bemessen werden.
[59] *Stöber,* Forderungspfändung RdNr. 1169.

Arbeitgebern, so kann jeder Arbeitgeber ohne gerichtliche Anordnung nur das von ihm zu leistende Einkommen zusammenrechnen. Die von den mehreren Arbeitgebern an den Treuhänder auszukehrenden Beträge können nur durch das Insolvenzgericht in entsprechender Anwendung des § 850 e Nr. 2 ZPO zusammengerechnet werden.

38 c) **Einkünfte selbstständig tätiger Schuldner.** Bezüge aus einem Dienstverhältnis sind zunächst Einkünfte aus unselbstständiger Tätigkeit. Vollstreckungsrechtlich werden jedoch auch manche Einkünfte selbstständig tätiger Schuldner dem Arbeitseinkommen i. S. v. § 850 ZPO gleichgestellt. Dies sind die Vergütungen für Dienstleistungen aller Art, die die Erwerbstätigkeit des Schuldners vollständig oder zu einem wesentlichen Teil in Anspruch nehmen (§ 850 Abs. 2, 2. Halbs. ZPO). Es sind dies die wiederkehrend zahlbaren Bezüge aus unabhängigen Dienstverträgen, z. B. Ansprüche eines selbstständigen Handelsvertreters oder Versicherungsvertreters auf Fixum und Provision, die Bezüge eines Vorstandsmitglieds einer Aktiengesellschaft oder einer Genossenschaft sowie des Geschäftsführers einer GmbH oder dem Vorstandsmitglied eines Vereins, Bezüge von Vertragsspielern der Sportvereine, soweit diese Tätigkeit den Schuldner vollständig oder zu einem wesentlichen Teil in Anspruch nimmt (Lizenzspieler der Bundesliga). Zu dem Arbeitseinkommen im Sinne des § 850 Abs. 2 zählt auch der Entgeltanspruch eines (Zahn)Arztes gegen die Kassen(zahn)ärztliche Vereinigung, wenn dieser zum wesentlichen Teil durch seine kassen(zahn)ärztliche Tätigkeit in Anspruch genommen wird.[60] Ob diese Einkünfte selbstständig tätiger Schuldner zu den gemäß § 287 Abs. 2 Satz 1 abzutretenden Bezüge gehören erscheint im Hinblick auf die Regelung des § 295 Abs. 2 fraglich. § 295 Abs. 2 regelt, dass ein selbstständig tätiger Schuldner eigenständig Zahlungen an den Treuhänder zu leisten hat. Diese Vorschrift geht davon aus, dass eine Abtretung der wiederkehrenden Leistungen selbstständig Tätiger nicht erfolgt ist. Da der Gesetzgeber in seiner Gesetzesbegründung darauf verweist, dass entsprechend der vollstreckungsrechtlichen Grundlegung zu den „Bezügen aus einem Dienstverhältnis" sämtliche Arten von Arbeitseinkommen im Sinne des § 850 ZPO zu rechnen sind, unterfallen auch diese Bezüge der Abtretung an den Treuhänder. Auch der selbstständig tätige Schuldner erklärt, als besondere Voraussetzung der Restschuldbefreiung, die Abtretung. Diese sonst bei selbstständig tätigen Schuldnern vielfach inhaltsleere Verpflichtung erhält dadurch zusätzlich einen Sinn, diese ihre dem Arbeitseinkommen gleichzustellenden Einkünfte abzutreten haben. Dem steht auch § 295 Abs. 2 nicht entgegen, weil diese Vorschrift selbst nicht die Unabtretbarkeit von Einnahmen anordnet, sondern nur die Konsequenzen zieht, falls Einkünfte nicht abtretbar sind.[61]

39 d) **Einzelne Einkünfte.** Zum Arbeitseinkommen zählen die **Lohnfortzahlung während des Urlaubs des Schuldners oder im Krankheitsfall** sowie das während Kuren weitergezahlte Arbeitsentgelt. Erfasst werden die vom Arbeitgeber gezahlten **Wohnungsgelder** oder **Mietkostenzuschüsse, Familien-, Kinder- und Trennungszulagen, Provisionen und Tantiemen.** Das **Arbeitsentgelt eines Strafgefangenen** für im Gefängnis geleistete Arbeit gemäß § 43 StVollG zählt ebenfalls zu den laufenden Bezügen.[62] Arbeitseinkommen ist auch das **Altersentgelt** für Altersteilzeit (Altersteilzeitgesetz vim 23. 7. 1996). Auch Ansprüche, die erst nach dem Ende des Dienstverhältnisses entstehen, werden im Zwangsvollstreckungsrecht dem Arbeitseinkommen zugerechnet. **Ruhegelder** und Hinterbliebenenbezüge nach § 850 Abs. 2 ZPO, die der bisherige Arbeitgeber, eine selbstständige Pensionskasse oder eine andere selbstständige Versorgungseinrichtung dem Dienstpflichtigen aus Anlass seiner Tätigkeit für das Unternehmen für die Zeit nach seinem Ausscheiden aus dem Arbeitsleben zugesagt und zu leisten hat, sowie Vorruhestandsgelder sind wie Arbeitseinkommen pfändbar und damit auch von der Abtretung erfasst. Als Arbeitseinkommen zählen **die Vergütung für Mehrarbeitsstunden, das Urlaubsgeld, Aufwandsentschädigungen, Ablösegelder, Gefahren-, Schmutz-, Erschwerniszulagen**

---

[60] BGHZ 96, 324, 327 f.
[61] FK-*Ahrens* § 287 RdNr. 50, *Arnold* DGVZ 1996, 65, 69.
[62] Begr. es RegE in *Kübler/Prütting* (Hrsg.), Das neue Insolvenzrecht, Bd. 1 S. 534.

und ähnliches sowie Weihnachtsvergütungen. § 850 Abs. 2 ZPO bezeichnet ausdrücklich die **Dienst- und Versorgungsbezüge der Beamten** als Arbeitseinkommen. Zu ihnen zählen die Bezüge, die Beamten nach den Besoldungs- und Versorgungsgesetzen erhalten, wie Grundgehalt und Zulagen, die Dienstbezüge der Berufssoldaten und Soldaten auf Zeit nach § 30 SoldatenG, die Bezüge der Zivildienstleistenden und die Bezüge Wehrpflichtiger nach den §§ 12a, 13, 13a USG.[63] Zweckgebundene Ansprüche der Beamten aus den §§ 18, 33, 34, 35 und 43 BeamtVG, etwa über die Erstattung der Kosten eines Heilverfahrens, unterliegen nach den §§ 51 BeamtVG, 51 BRRG nicht der Pfändung und sind nicht abtretbar[64]

Kein Arbeitseinkommen stellen die **Lohn- oder Einkommensteuererstattungen** 40 dar[65] auch wenn diese Erstattungsansprüche zur Insolvenzmasse gehören, weil sie nach § 829 ZPO),[66] aber nicht nach § 850 Abs. 2 ZPO pfändbar sind. Ihre Verkehrsfähigkeit ist nach § 46 AO beschränkt, denn gegenüber dem Finanzamt sind solche Abtretungen nur wirksam, wenn die Abtretungsanzeige nach Entstehung am Ende des Ausgleichsjahrs vorgelegt wird.[67] Nicht zum Arbeitseinkommen gehört nach § 13 Abs. 3 5. VermBG auch die **Arbeitnehmer-Sparzulage,**[68] die nicht übertragbar ist. **Vermögenswirksame Leistungen** sind zwar Bestandteil des Arbeitseinkommens, doch ist der Anspruch auf die vermögenswirksame Leistung nach § 2 Abs. 7 Satz 2 5. VermBG nicht übertragbar.[69] Das vom Arbeitgeber ausgezahlte **staatliche Kindergeld** ist kein Teil des Arbeitseinkommens.[70] Seine Pfändbarkeit ist nach § 54 SGB I zu bestimmen Ebenfalls kein Arbeitseinkommen, bildet die von einer Gewerkschaft gezahlte **Streik- und Aussperrungsunterstützung.** Es handelt sich hier um die die Zuwendung eines Dritten.[71] Jedenfalls spricht die Parallele zur steuerrechtlichen Beurteilung nach der neueren Rechtsprechung des BFH gegen die Beurteilung als Arbeitslohn.[72] Von Gästen freiwillig gezahlte **Trinkgelder** gehören im Allgemeinen nicht zu den Arbeits- oder Dienstlöhnen bzw. gleichgestellten Einkünften.[73] Vereinbaren die Arbeitsvertragsparteien eine **Gehaltsumwandlung,** nach der ein Teil des monatlichen Barlohns vom Arbeitgeber auf eine Lebensversicherung zugunsten des Arbeitnehmers (Direktversicherung) gezahlt werden soll, entstehen insoweit keine pfändbaren Ansprüche auf Arbeitseinkommen mehr.[74] Während der Treuhandphase darf der Schuldner jedoch eine solche im Allgemeinen unbedenkliche Abrede nur in den Grenzen von § 295 Abs. 1 Nr. 1 treffen.[75] Zum Arbeits-

---

[63] OLG Braunschweig NJW 1955, 1599; MünchKommZPO-*Smid* § 850 RdNr. 25; *Zöller/Stöber* ZPO, § 850 RdNr. 4; *Stöber* Forderungspfändung, 12. Aufl., RdNr. 904 ff.

[64] *Stöber* Forderungspfändung, 11. Aufl., RdNr. 880 f.

[65] BFH Beschl. v. 9. 1. 2007 – VII B 45/06; BFH ZVI 2007, 137; BGH NZI 2005, 565; FG Hamburg EFG 2007, 86; LG Kiel ZInsO 2004, 558, LG Koblenz ZInsO 2000, 507, 508; FG Düsseldorf ZInsO 2004, 1368.; FG Münster EFG 2005, 251 f.; Hessisches FG EFG 2005, 331, 332; LG Braunschweig NJW 1972, 2315; *Stein/Jonas/Brehm* § 850 RdNr. 30; Schuhen in Kasseler Handbuch 2.11 RdNr. 39; differenzierend *Schaub* Arbeitsrechts-Handbuch, § 92 1115; aA *Uhlenbruck/Vallender*, InsO 12. Aufl. § 287 RdNr. 31; *Kübler/Prütting/Wenzel*, InsO § 287 RdNr. 9; LAG Hamm NZA 1989, 529, 530; LAG Frankfurt BB 1989, 295, 296.

[66] *Kuhn/Uhlenbruck* § 1 RdNr. 73 b; Hess KO, § 1 RdNr. 77; *Kilger/K. Schmidt* KO, § 1 Anm. 2 B d.

[67] *Klein/Brockmeyer* AO, 6. Aufl., Anm. 3; *Kühn/Hoffmann* AO, 17. Aufl., Anm. 2; LG Koblenz ZInsO 2000, 507; AG Dortmund ZVI 2002, 294; aA AG Gifhorn ZInsO 2001, 630.

[68] *Baumbach/Lauterbach/Albers/Hartmann* Grundz. § 704 RdNr. 64; anders noch die Rechtslage nach § 12 Abs. 3 des 3. VermBG, BAG NJW 1977, 75, 76.

[69] *Stöber,* Forderungspfändung, 12. Aufl. RdNr. 915 ff.; *Baumbach/Lauterbach/Albers/Hartmann* Grundz § 704 RdNr. III; MünchArbR-*Hanau* § 72 RdNr. 161; MünchKommZPO-*Smid* § 850 RdNr. 30; LG Würzburg Rpfleger 1979, 225; *Stein/Jonas/Brehm* § 850 RdNr. 23; Kasseler Handbuch-*Schubert*, 2.11 RdNr. 29.

[70] LG Würzburg Rpfleger 1979, 225; *Stein/Jonas/Brehm* ZPO, § 850 RdNr. 23; Kasseler Handbuch-*Schubert*, 2.11 RdNr. 29.

[71] *Boewer/Bommermann*, Lohnpfändung und Lohnabtretung, RdNr. 444; aA MünchArbR-*Hanau* § 72 RdNr. 159; *Stöber* Forderungspfändung, 12. Aufl., RdNr. 883.

[72] BFH NJW 1991, 1007; anders noch BFHE 135, 488.

[73] BAG NJW 1996, 1012; Kasseler Handbuch-*Schaben*, 2.11 RdNr. 36; aA *Helwich* Pfändung des Arbeitseinkommens, 2. Aufl., 28.

[74] BAG BB 1998, 1009 = EWiR 1998, 575 mit Anm. *Hintzen*.

[75] FK-*Ahrens* § 287 RdNr. 45; BAG BB 1998, 1009 = EWIR 1998 mir Anm. *Hintzen*.

einkommen zählen auch Bezüge, die der Arbeitgeber als **Ersatz für entgangene** oder vorenthaltene **Arbeitsvergütung** zu zahlen hat, wie den Lohnersatz bei vorzeitiger Entlassung, die Abfindung aus einem Sozialplan oder die Vergütung bei Annahmeverzug.[76]

41 e) **Abtretungsschutz. aa) Unpfändbarkeit nach § 850 a ZPO.** Nur was als Arbeitseinkommen gepfändet werden kann, ist wegen des generellen Gleichlaufs von Abtretbarkeit und Pfändbarkeit grundsätzlich auch abtretbar, soweit nicht die insolvenzrechtliche Abtretungsregelung eine andere Beurteilung fordert.[77] Der Pfändung und damit auch der Abtretung entzogen sind die zweckgebundenen Einkommen oder Einkommensanteile nach § 850 a ZPO. Bei der Feststellung des abgetretenen Betrages bleiben sie außer Betracht. Unpfändbar und damit nicht der Abtretung unterliegen:

zur Hälfte die für die Leistung von Mehrarbeitsstunden gezahlten Teile des Arbeitseinkommens, § 850 a Nr. 1 ZPO,

Urlaubsgeld, Zuwendungen aus Anlass eines besonderen Betriebsereignisses und Treuegelder, soweit sie den Rahmen des Üblichen nicht übersteigen (Nr. 2),

Aufwandsentschädigungen, Auslösungsgelder, sonstige sozialen Zulagen für auswärtige Beschäftigungen, das Entgelt für selbstgestelltes Arbeitsmaterial, Gefahren-, Schmutz- und Erschwerniszulagen, soweit sie den Rahmen des Üblichen nicht übersteigen (Nr. 3),

Weihnachtsvergütungen bis zum Betrage der Hälfte des monatlichen Arbeitseinkommens, höchstens aber bis zum Betrag von 500 Euro (Nr. 4);

Heirats- und Geburtsbeihilfen (Ziffer 5); Erziehungs- und Studienbeihilfen (Nr. 6); Sterbe- und Gnadenbezüge aus Arbeits- oder Dienstverhältnissen (Nr. 7) und Blindenzulagen (Nr. 8). Die Aufzählung ist zwar nicht erschöpfend, da in Sondergesetzen noch andere Bezüge für unpfändbar erklärt worden sind. Dennoch darf § 850 a ZPO ausdehnend ausgelegt werden.

42 bb) **Unpfändbarkeit nach 850 c ZPO.** Soweit Bezüge nicht gemäß § 850 a ZPO grundsätzlich der Pfändung und damit auch der Abtretung entzogen sind, legt § 850 c ZPO unter Berücksichtigung der Unterhaltsverpflichtungen unpfändbare Einkommensanteile fest. Die pauschale Festlegung von unpfändbaren Einkommensanteilen soll dem Schuldner das Existenzminimum sichern.

43 cc) **Erweiterte Unpfändbarkeit nach § 850 f ZPO.** Die pauschale Festlegung der Pfändungsfreigrenzen in § 850 c ZPO, die Gläubigern, Vollstreckungsorganen und Drittschuldnern die Feststellung des pfändbaren Einkommens erleichtert und damit funktionsfähiges Vollstreckungsverfahren gewährleistet, lässt die individuellen Bedürfnisse der Betroffenen außer Betracht. Die pauschalen Pfändungsfreigrenzen berücksichtigen keine **gesteigerten Unterhaltsbedürfnisse,** wenn der Schuldner mehr als fünf Personen zum Unterhalt verpflichtet ist. Auch ein besonderer, durch persönliche (z. B. durch Krankheit) oder durch zwingende berufliche Aufwendungen verursachter **Mehrbedarf** wird durch die nach § 850 c ZPO ermittelten pfändungsfreien Beträge nicht abgedeckt. Diese pauschale Festlegung des Pfandfreibetrags kann in der Zwangsvollstreckung durch § 850 f ZPO korrigiert werden. Ob eine Korrektur der pauschalen Festlegung des Pfandfreibetrags gemäß § 850 f ZPO auch bei der Abtretung nach § 287 Abs. 2 im Restschuldbefreiungsverfahren erfolgen kann, war höchst streitig.[78] Die Ablehnung einer Korrektur des pauschalen Pfandfreibetrags entsprechend § 850 f ZPO war mit dem Argument der **„Freiwilligkeit der Abtretung"** abgelehnt worden. Der Schuldner verzichte freiwillig für einen längeren Zeitraum auf einen bestimmten Teil seines pfändbaren Einkommens. Anders als bei der

---
[76] Zöller/Stöber § 850 RdNr. 15.
[77] FK-Ahrens § 287 RdNr. 39.
[78] Für eine Anwendung des § 850 f ZPO bei der Abtretung nach § 287 Abs. 2: FK-Ahrens § 287 RdNr. 52 ff.; Bindemann, RdNr. 243; HK-Landfermann § 291 RdNr. 8 ff.; Mäusezahl ZInsO 2000, 193 ff. aA Möhlen Rpfleger 2000, 4 ff.; Schmidt-Räntsch in Kölner Schrift zur Insolvenzordnung, S. 1177; Smid/Krug/Haarmeyer § 287, RdNr. 16; Hess § 287 RdNr. 28; Döbereiner S. 188; Kübler/Prütting/Wenzel § 287 RdNr. 16.

Pfändung im Rahmen der Zwangsvollstreckung erfolge die Entziehung des pfändbaren Teils des Einkommens nicht durch staatlichen Zwang, sondern durch einen Verzicht, um die Restschuldbefreiung zu erlangen.[79] Dagegen spricht, dass es nicht darauf ankommt, ob die Abtretungserklärung freiwillig abgegeben wird, zumal die Abtretungserklärung eine zwingende Verfahrensvoraussetzung ist. Die individuelle Lage kann in gleicher Weise wie bei der Einzelzwangsvollstreckung einen zusätzlichen Schutz des Schuldners und seiner unterhaltsberechtigten Angehörigen erfordern. Die **Sicherung des Existenzminimums** des Schuldners in der Wohlverhaltensperiode kann nicht zu Lasten der Allgemeinheit gehen, wenn der Schuldner durch den Zugriff der Gläubiger sozialhilfebedürftig wird. Es ist auch denkbar, dass der Schuldner zur Erzielung von Arbeitseinkommen besondere berufsbedingte Aufwendungen hat, die von dem pauschalierten Pfändungsfreibetrag nicht gedeckt sind. Die Interessenlage legte daher eine entsprechende Anwendung des § 850 f ZPO für die Abtretung nach § 287 Abs. 2 nahe.[80] Diese Abtretung ist kein materiellrechtlicher Vertrag sondern eine prozessuale Erklärung, die notwendiger Bestandteil des Antrags auf Restschuldbefreiung ist. Aufgrund der Qualifikation der Abtretung als Prozesshandlung kann über § 4, der auf die subsidiäre Anwendung der ZPO verweist, auch § 850 f ZPO eine entsprechende Anwendung finden, da sich aus den Besonderheiten des Restschuldbefreiungsverfahrens nichts anderes ergibt.[81] In der Wohlverhaltensperiode gibt es dem Zwangsvollstreckungsverfahren vergleichbare Situationen, in denen eine Korrektur der pauschalen Pfändungsfreigrenze des § 850 c ZPO entsprechend § 850 f ZPO gerechtfertigt ist. Die **Korrektur der pauschalen Pfändungsfreigrenze** des § 850 ZPO bedarf einer konstitutiven gerichtlichen Entscheidung. Nach den §§ 850 ff. ZPO entsteht erst durch eine solche Entscheidung ein Anspruch des Schuldners auf Auszahlung des Differenzbetrages zwischen § 850 c ZPO und dem nach § 850 f ZPO korrigierten Betrag. Der Gesetzgeber hat diese Streitfrage durch das InsO-ÄndG vom 26. 10. 2001 geklärt, siehe unten gg).

dd) Zugriffsvorrechte. Die ZPO gewährt in § 850 d ZPO bestimmten Angehörigen wegen Unterhaltsansprüchen und in § 850 f Abs. 2 ZPO **Deliktsgläubigern** gegenüber anderen Gläubigern ein Zugriffsvorrecht. Dieses Vorrecht ist durch ein besonderes Verhältnis des Schuldners zu dem Gläubiger begründet. Von ihrem Regelungsgehalt passen die Zugriffsvorrechte nicht in eine Gesamtvollstreckung, deren Zweck die gleichmäßige Befriedigung aller Gläubiger ist. Die Zugriffsvorrechte sind daher bei der Abtretung nach § 287 Abs. 2 nicht entsprechend anwendbar.[82]

ee) Unpfändbarkeit bei mehreren Einkommen. Bezieht ein Schuldner mehrere Einkommen, so sind sie im Zwangsvollstreckungsverfahren auf Antrag durch das Vollstreckungsgericht zusammenzurechnen. Die Interessenlage erfordert auch in der Wohlverhaltensperiode in entsprechender Anwendung der §§ 850 e Nr. 2 und 850 e Nr. 2a eine **Zusammenrechnung mehrerer abgetretener Einkommen.** Ließe man die Möglichkeit einer Zusammenrechnung nicht zu, würde das zu einem Ergebnis führen, das dem Sinn einer gleichmäßigen Gläubigerbefriedigung wiedersprechen würde und den Schuldner in der Wohlverhaltensperiode gegenüber einem Vollstreckungsschuldner ungerechtfertigt bevorzugen würde.[83] Zum Verfahren siehe unten gg).

ff) Erhöhung des pfändbaren Betrages entsprechend § 850 c Abs. 4 ZPO. Die pauschalen Pfändungsfreibeträge des § 850 c ZPO berücksichtigen auch nicht den Fall, dass ein **Unterhaltsberechtigter des Schuldners über eigenes Einkommen verfügt.** Hierfür sieht § 850 c Abs. 4 ZPO vor, dass nach den konkreten Umständen im Einzelfall eine

---

[79] *Smid/Krug/Haarmeyer* § 287 RdNr. 17; *Kübler/Prütting/Wenzel* § 287 RdNr. 16.
[80] OLG Köln ZIP 2000, 2074 für die entsprechende Anwendbarkeit der §§ 850 ff. ZPO im eröffneten Insolvenzverfahren.
[81] *Grote,* Einkommensverwertung und Existenzminimum des Schuldners in der Verbraucherinsolvenz RdNr. 145.
[82] FK-*Ahrens* § 287 RdNr. 59; *Grote* (Fn. 39) RdNr. 129.
[83] *Steder* ZIP 1999, 1877; aA FK-*Ahrens* § 287 RdNr. 60.

Erhöhung des pauschalierten pfändbaren Betrages auf Antrag des Gläubigers erreicht werden kann. Die Interessenlage in der Wohlverhaltensperiode rechtfertigt auch eine entsprechende Anwendung des § 850 c Abs. 4 ZPO bei der Abtretung nach § 287 Abs. 2. Auf Antrag eines Gläubigers kann das Insolvenzgericht in entsprechender Anwendung des § 850 c Abs. 4 ZPO den pfändbaren Betrag erhöhen.[84]

47   **gg) Klarstellung durch das InsOÄndG vom 26. 10. 2001.** Die Frage des von den Pfändungsfreigrenzen des § 850 c ZPO abweichenden Pfändungsschutzes war für die gerichtliche Praxis ein Problem, das einer Klärung bedurfte. Dennoch sah die von der 70. Konferenz der Justizministerinnen und Justizminister eingesetzte Bund-Länder-Arbeitsgruppe hierfür keinen gesetzgeberischen Handlungsbedarf.[85] Nachdem Literatur[86] und Rechtsprechung[87] sich dieses Themas annahmen, empfahl der Rechtsausschuss des Deutschen Bundestages klarzustellen, dass eine entsprechende Anwendung der §§ 850 ff. ZPO im Insolvenzverfahren und während der Wohlverhaltensperiode gerechtfertigt sei, wenn der Zweck der jeweiligen zwangsvollstreckungsrechtlichen Regelung mit dem Ziel der Gesamtvollstreckung in Zusammenhang steht.[88] Durch eine Änderung der §§ 36 Abs. 1 und Hinzufügung eines Abs. 4 sowie durch die Änderung des § 292 Abs. 1 ist nun klargestellt, dass die §§ 850, 850 a, 850 c, 850 e, 850 f Abs. 1 und 850 g bis 850 i der Zivilprozessordnung im Insolvenzverfahren und in der Wohlverhaltensperiode gelten.

48   Verfahrensrechtlich ist geregelt worden, dass für die Entscheidungen, ob ein Gegenstand nach den in § 36 Abs. 1 Satz 2 genannten Vorschriften der Zwangsvollstreckung unterliegt, das Insolvenzgericht zuständig ist. Anstelle des Gläubigers ist der Insolvenzverwalter bzw. der Treuhänder antragsberechtigt. Auch für eine entsprechende Entscheidung im Eröffnungsverfahren ist das Insolvenzgericht zuständig. Insoweit hat der Gesetzgeber für die verfahrensrechtliche Zuständigkeit eine klarstellende Entscheidung getroffen. Dies ist auch sachlich gerechtfertigt, denn dem Insolvenzgericht liegen regelmäßig alle Unterlagen vor, die für die Entscheidung maßgebend sind.[89] Funktionell zuständig für die Entscheidung in der Wohlverhaltensperiode ist der Rechtspfleger, §§ 3 Nr. 2 e, 18 RPflG.

49   Streitig ist, welcher Rechtsweg für dieses Verfahren eröffnet ist. Es wird die Auffassung vertreten, dass gegen die Entscheidung nach §§ 11 Abs. 1 RPflG, 793, 577, 567 ff. ZPO das Rechtsmittel der sofortigen Beschwerde gegeben ist. Dies wird damit begründet, dass die Verweisung in § 36 Abs. 1 Satz 2 auf die Vorschriften der §§ 850 ff. ZPO auch im Insolvenzverfahren der Instanzenzug eröffnet ist, der für das Zwangsvollstreckungsverfahren maßgeblich ist.[90] Die Gegenmeinung sieht die befristete Erinnerung gemäß § 11 Abs. 2 RPflG als den zulässigen Rechtsbehelf an, über die der Richter abschließend entscheidet, weil die Insolvenzordnung ein Rechtsmittel gegen die Entscheidung gemäß den §§ 850 ff. ZPO nicht vorsieht.[91] Dieser Auffassung ist zu folgen, auch wenn das Ergebnis unbefriedigend ist. Für die Entscheidungen des Insolvenzgerichts gilt ausnahmslos das Enumerationsprinzip. Entscheidungen des Insolvenzgerichts unterliegen nur in den Fällen, in denen dies bes. angeordnet ist, dem insolvenzrechtlichen Rechtsmittel der sofortigen Beschwerde, § 6 Abs. 1. Auch die Entscheidungen darüber, inwieweit ein Vermögensgegenstand zur Insolvenzmasse einzuziehen ist und in welchem Umfang der Schuldner sein Einkommen an den Treuhänder abzutreten hat, ist eine insolvenzrechtliche und keine einzelzwangsvollstreckungsrechtliche Entscheidung. Somit ist gegen die Entscheidungen gem. §§ 850 ff. nicht

---

[84] LG München ZInsO 2000, 628 (LS); AG Aachen Beschl. vom 8. 2. 2001 – 19 IK 88/99 – nicht veröffentlicht –.
[85] *Graf-Schlicker/Remmert* ZInsO 2000, 321, 324.
[86] *Steder* ZIP 1999, 1874 ff.; *Möhlen* Rpfleger 2000, 4 ff.; *Stephan* ZInsO 2000, 376 ff.; *Kothe* DZWIR 2001, 34 ff.; *Ahrens* VUR 2001, 30 ff.; *Haas* DStR 2001, 1043; *Hintzen* Rpfleger 2000, 312 ff.; *Mäusezahl* ZInsO 2000, 193 ff.
[87] OLG Köln NZI 2000, 529 f.; OLG Frankfurt NZI 2000, 531 f.; OLG Stuttgart NZI 2002, 52 f.
[88] BT-Drucks. 14/6468 S. 17.
[89] Begr. Beschl.-Empf. des Rechtsausschusses zu § 36, BT-Drucks. 14/6468 S. 17.
[90] *Vallender* NZI 2001 561, 561; LG Wuppertal ZInsO 2001, 328 f.
[91] OLG Köln ZInsO 2000, 499 ff.

das Rechtsmittel der sofortigen Beschwerde eröffnet. Im Ergebnis ist es zwar unbefriedigend, dass über diese Entscheidungen des Rechtspflegers der Insolvenzrichter abschließend entscheidet und wenn der Richter selbst entschieden hat, ein Rechtsmittel nicht gegeben ist. Dies führt zu einer Flut von Einzelentscheidungen, die einer einheitlichen Rechtsprechung abträglich sind.[92] Auch besteht kein besonderer Grund, für diese Entscheidungen keine Beschwerde zuzulassen. Es ist aber letztlich die Entscheidung des Gesetzgebers gewesen, diese Entscheidungen nicht in den Katalog der mit der sofortige Beschwerde anfechtbaren insolvenzrechtlichen Entscheidungen aufzunehmen.

3. Pfändbare Ansprüche auf laufende Bezüge, die an die Stelle von Dienstbezügen treten. a) Abzutretende gleichgestellte Forderungen. Nach § 287 Abs. 2 Satz 1 hat der Schuldner außerdem die pfändbaren Forderungen auf laufende Bezüge zu übertragen, die an die Stelle der Bezüge aus einem Dienstverhältnis treten. Die Begründung zum Regierungsentwurf zählt hierzu Renten und die sonstigen laufenden Geldleistungen der Sozialversicherungsträger sowie der Bundesanstalt für Arbeit im Fall des Ruhestands, der Erwerbsunfähigkeit oder der Arbeitslosigkeit.[93] Zur Auslegung kann dabei auch auf die Definition des Erwerbsersatzeinkommens gemäß § 18a Abs. 1 Nr. 2, Abs. 3 SGB IV abgestellt werden.[94] Abtretbar sind diese Sozialleistungen jedoch gemäß § 53 SGB I, **soweit sie** nach den §§ 54 SGB I, 850ff. ZPO **pfändbar sind.** Von der Abtretungserklärung erfasst werden nur **laufende Geldleistungen.** Ein abtretbarer Anspruch auf laufende Geldleistungen liegt vor, wenn die Leistungen regelmäßig wiederkehrend für bestimmte Zeitabschnitte gezahlt werden. Den Charakter als wiederkehrende Leistungen verlieren sie auch nicht als verspätete oder zusammengefasste Zahlungen, z. B. als Rentennachzahlungen[95] Stets sind damit aber nur **Geldleistungen** abzutreten. Kostenerstattungsansprüche wegen einer selbst beschafften Sach- oder Dienstleistung sind als Surrogate ebenso wie die Ansprüche auf diese Sozialleistungen nach § 53 Abs. 1 SGB I unabtretbar,[96] auch betreffen sie keine laufenden Leistungen. Auch die **Vorausabtretung künftiger Sozialleistungsansprüche** ist grundsätzlich zulässig.[97] Unpfändbar sind jedoch Sozialleistungen, deren gesetzliche Anspruchsvoraussetzungen noch durch ein künftiges ungewisses Ereignis bedingt sind.[98] Dass die künftige Entstehung der Forderung nur überhaupt denkbar erscheint, genügt für die Pfändung nicht.[99] Deshalb

---

[92] LG Wuppertal ZInsO 2001, 328f.; *Grote* ZInsO 2000, 490ff.
[93] BR-Drucks. 1/92, 136.
[94] Nach § 18a Abs. 3 SGB IV sind Erwerbsersatzeinkommen, die auf Grund oder in entsprechender Anwendung öffentlich-rechtlicher Vorschriften erbracht werden, das Krankengeld, das Verletztengeld, das Versorgungskrankengeld, das Mutterschaftsgeld, das Übergangsgeld, das Unterhaltsgeld, das Kurzarbeitergeld, das Winterausfallgeld, das Arbeitslosengeld, das Insolvenzausfallgeld, Renten der Rentenversicherung wegen Alters oder verminderter Erwerbsfähigkeit, die Erziehungsrente, die Knappschaftsausgleichsleistung, die Anpassungsgeld für entlassene Arbeitnehmer des Bergbaus und Leistungen nach den §§ 27 und 28 des Sozialversicherungs-Angleichungsgesetzes Saar, Altersrenten und Renten wegen Erwerbsunfähigkeit der Alterssicherung der Landwirte, die an ehemalige Landwirte oder mitarbeitende Familienangehörige gezahlt wurden, die Verletztenrente der Unfallversicherung, soweit sie den Betrag übersteigt, der bei gleichem Grad der Minderung der Erwerbsfähigkeit als Grundrente nach dem Bundesversorgungsgesetz gezahlt würde; das Ruhegehalt und vergleichbare Bezüge aus einem öffentlich-rechtlichen Dienst- oder Amtsverhältnis oder aus einem versicherungsfreien Arbeitsverhältnis mit Anspruch auf Versorgung nach beamtenrechtlichen Vorschriften oder Grundsätzen sowie vergleichbare Bezüge aus der Versorgung der Abgeordneten, das Unfallruhegehalt und vergleichbare Bezüge aus einem öffentlich-rechtlichen Dienst- oder Amtsverhältnis oder aus einem versicherungsfreien Arbeitsverhältnis mit Anspruch auf Versorgung nach beamtenrechtlichen Vorschriften oder Grundsätzen sowie vergleichbare Bezüge aus der Versorgung der Abgeordneten, Renten der öffentlich-rechtlichen Versicherungs- oder Versorgungseinrichtungen bestimmter Berufsgruppen wegen Minderung der Erwerbsfähigkeit oder Alters, der Berufsschadensausgleich nach § 30 Abs. 3 bis 11 des Bundesversorgungsgesetzes und anderen Gesetzen, die die entsprechende Anwendung der Leistungsvorschriften des Bundesversorgungsgesetzes vorsehen.
[95] FK-*Ahrens* § 287 RdNr. 69.
[96] KassKomm-*Seewald*, § 53 RdNr. 4; differenzierend *Morzynski* SGB I, 2. Aufl., § 53 RdNr. 3.
[97] BGH NJW 1989, 2383, 384; KassKomm-*Seewald*, § 53 RdNr. 8; *Hauck/Haines* SGB I § 53 RdNr. 3; *Stein/Jonas/Brehm* § 850i RdNr. 71 mwN.
[98] *Zöller/Stöber* § 850i RdNr. 27.
[99] *Stein/Jonas/Brehm* § 850i RdNr. 71; *Stöber* Forderungspfändung, 12. Aufl., RdNr. 1369.

§ 287 51   8. Teil. Restschuldbefreiung

scheidet etwa die Pfändung von Krankengeld jedenfalls vor Arbeitsaufnahme aus. Eine Rente wegen Erwerbs- oder Berufsunfähigkeit ist nicht pfändbar, solange nicht zu erwarten ist, dass die Voraussetzungen der Erwerbs- oder Berufsunfähigkeit eintreten.[100] Vor der Insolvenz des Arbeitgebers ist dann der Anspruch auf Zahlung von Insolvenzgeld unpfändbar. Gleiches muss für den Anspruch auf Arbeitslosengeld vor dem Eintritt der Arbeitslosigkeit gelten, weshalb auch eine Abtretung grundsätzlich nicht in Betracht kommt. Für die Abtretbarkeit derartiger künftiger Forderungen gemäß § 287 Abs. 2, deren Entstehung noch durch ein künftiges ungewisses Ereignis bestimmt ist, ist der Grundsatz des Gleichlaufs von Abtretbarkeit und Pfändbarkeit für Sozialleistungen zu durchbrechen, weil die spezifische Situation der Abtretung nach § 287 Abs. 2 zur Erlangung der Restschuldbefreiung eine besondere Beurteilung fordert. Derartige künftige Forderungen sind für die Tilgungsleistungen des Schuldners in einem Gemeinschaftsverfahren, in dem die Leistungen gleichmäßig und unterschiedslos an sämtliche Gläubiger zu verteilen sind, mit einzubeziehen.[101] Die Unpfändbarkeit solcher Forderungen soll den Schuldner bei der Einzelzwangsvollstreckung vor in die Leere gehender Pfändungen schützen. Die Forderungsabtretung gemäß § 287 Abs. 2 soll sämtliche möglichen laufenden Bezüge des Schuldners zur Befriedigung der Gesamtgläubigerschaft in der siebenjährigen Wohlverhaltensperiode erfassen.

51 b) **Abtretbarkeit einzelner Sozialleistungsansprüche gemäß § 287 Abs. 2. Arbeitslosengeld** gemäß § 3 Abs. 1 Nr. 8 I. V. mit §§ 117 ff. SGB III und **Arbeitslosengeld II** gemäß den Vorschriften des SGB II sind pfändbar und können somit auch abgetreten werden. Leistungen im Bereich der **Ausbildungsförderung** für den Lebensunterhalt und die Ausbildung nach BAföG und als Stippendien nach den Graduiertenförderungsgesetzen der Länder[102] sind kein Erwerbsersatzeinkommen und damit nicht dem Arbeitseinkommen gleichgestellt. Im Übrigen sind diese Leistungen nach § 850a Nr. 3 und 6 ZPO unpfändbar, soweit sie sich etwa auf Fahrtkosten, Lern- und Arbeitsmittel und die Kosten einer auswärtigen Unterkunft beziehen.[103] **Erziehungsgeld** ist grundsätzlich nach § 54 Abs. 3 Nr. 1 SGB I unpfändbar. Soziale Entschädigungen wegen **Gesundheitsschäden** stellen nach den §§ 5, 24 SGB I ebenfalls Sozialleistungen dar.[104] Neben den Leistungen nach dem Schwerbehindertengesetz sind auch diese Zahlungen wegen Gesundheitsschäden gemäß den §§ 14, 15, 31, 35 BVG nach § 54 Abs. 3 Nr. 3 SGB I unpfändbar.[105] **Insolvenzgeld** kann gemäß § 189 SGB III wie Arbeitseinkommen gepfändet und übertragen werden. **Kindergeld** ist nicht von der Abtretung nach § 287 Abs. 2 Satz 1 erfasst, da das Pfändungsprivileg des § 54 Abs. 5 SGB I im Rahmen eines Gemeinschaftsverfahrens keine Anwendung finden kann. **Kurzarbeitergeld** ist nach § 54 Abs. 4 SGB I wie Arbeitseinkommen pfändbar und damit von der Abtretung erfasst. Es wird allerdings regelmäßig unter den Pfändungsfreigrenzen des § 850c ZPO liegen. **Mutterschaftsgeld**, das für die Zeit nach der Geburt nach § 13 Abs. 1 MuSchG gezahlt wird, ist gemäß § 54 Abs. 3 Nr. 2 SGB I unpfändbar und damit unabtretbar bis zur Höhe des Erziehungsgeldes nach § 5 Abs. 1 BErzGG. Mutterschaftsgeld nach § 13 Abs. 2 MuSchG, das Frauen, die nicht in der gesetzlichen Krankenversicherung sind, zu Lasten des Bundes erhalten ist dagegen pfändbar. Ebenso ist Mutterschaftsgeld, das aus einer Teilzeitbeschäftigung während des Erziehungsurlaubs herrührt und Mutterschaftsgeld, das anstelle von Arbeitslostenhilfe gewährt wird, pfändbar. Dienstbezüge, Anwärterbezüge und Zuschüsse, die nach beamten- oder soldatenrechtlichen Vorschriften für die Zeit des Mutterschutzes gezahlt werden, sind Arbeitseinkommen und nicht Mutterschaftsgeld. Leistungen der **Pflegeversicherung** an Pflegebedürftige dienen dem durch Körper- und Gesundheitsschaden bedingten Mehraufwand. Geldleistungen der Pflegeversicherung an Versicherte (§ 28 PflegeVG) sind nach § 54 Abs. 3 Nr. 3 SGB I und Leistungen zur sozialen Sicherung

---
[100] LG Koblenz JurBüro 1998, 161.
[101] AA FK-*Ahrens* RdNr. 70.
[102] *Stein/Jonas/Brehm* § 850i RdNr. 46.
[103] *Stein/Jonas/Brehm* § 850i RdNr. 74.
[104] Übersicht bei Kasseler Handbuch-*Schubert*, 2.11 RdNr. 85f.
[105] BT-Drucks. 12/5187, 29; *Zöller/Stöber* § 850i RdNr. 24; *Hornung* Rpfleger 1994, 442, 443.

der Pflegepersonen (Beiträge zur gesetzlichen Rentenversicherung § 44 PflegeVG) nach § 850 e Nr. 1 ZPO nicht pfändbar und somit auch nicht abtretbar. Zusätzliche Leistungen für **Schwerbehinderte** gemäß § 31 Abs. 2 bis 5 SchwbG sind nach § 54 Abs. 3 Nr. 3 SGB I unpfändbar, da sie den durch einen Körper- oder Gesundheitsschaden bedingten Mehraufwand ausgleichen sollen. Sozialleistungen an Schwerbehinderte oder Schwerbeschädigte, die dem **Ausgleich von Einkommensverlusten** dienen, wie z. B. die Ausgleichsrente nach § 32 BVG und der Berufsschadensausgleich § 30 BVG sind dagegen pfändbar und somit abtretbar.[106] Der Anspruch auf **Sozialhilfe** (insbesondere Hilfe zum Lebensunterhalt nach §§ 11 bis 23 BSHG) kann nicht gepfändet und nicht abgetreten werden (§ 43 Abs. 1 Satz 2 BSHG). **Wohngeld** (§ 7 SGB I) ist von § 54 Abs. 3 SGB I nicht als unpfändbare Leistung erfasst. Es wäre somit wie Arbeitseinkommen pfändbar und abtretbar. Die laufenden Leistungen übersteigen jedoch den nach § 850 c ZPO unpfändbaren Betrag nicht. Daher ist die Abtretbarkeit des Wohngeldes nur bei einer Zusammenrechnung mit Arbeitseinkommen oder anderen Sozialgeldleistungen erheblich.

c) Abtretungsschutz. aa) Unabtretbarkeit gemäß § 54 Abs. 3, Abs. 5 SGB I. Unpfändbar und damit auch nicht von einer Abtretung erfasst sind **Erziehungsgeld** und vergleichbare Leistungen der Länder, **Mutterschaftsgeld,** das für Zeit nach der Geburt nach § 13 Abs. 1 MuSchG gezahlt wird, bis zur Höhe des Erziehungsgeldes nach § 5 Abs. 1 BerzGG und Geldleistungen, die dafür bestimmt sind, den durch einen **Körper- oder Gesundheitsschaden** bedingten Mehraufwand auszugleichen. **Kindergeld** als eine Leistung zur Minderung des Familienaufwandes kann nach § 54 Abs. 5 SGB I allein wegen gesetzlicher Unterhaltsansprüche eines Kindes gepfändet werden. Dieses Pfändungsprivileg kann aber im Rahmen eines Gemeinschaftsverfahrens, in dem die Leistungen des Schuldners gleichmäßig und unterschiedslos an sämtliche Gläubiger zu verteilen sind, keine Anwendung finden. Ansprüche auf Kindergeld sind deshalb im Rahmen der §§ 53 Abs. 3 SGB I, 287 Abs. 2 Satz 1 nicht von der Abtretung erfasst.

bb) Unabtretbarkeit gemäß § 54 Abs. 4 SGB I. Andere laufende, Geldleistungen, als die in RdNr. 52 genannten sind „wie Arbeitseinkommen" pfändbar. Ansprüche auf laufende Geldleistungen, die der Sicherung des Lebensunterhalts zu dienen bestimmt sind, können gemäß § 53 Abs. 3 SGB abgetreten werden, soweit sie den für Arbeitseinkommen geltenden unpfändbaren Betrag überschreiten. Damit verweist § 53 Abs. 3 SGB I umittelbar auf die Pfändungsschutzbestimmungen der §§ 850 c ff. ZPO. Laufende Bezüge, die an die Stelle von Dienstbezügen treten werden somit nur in Höhe der nach § 850 c nicht pfändbaren Beträge von der Abtretung erfasst. Im Rahmen der Abtretung von Sozialleistungen sind aber nicht nur die pauschalen Pfändungsfreigrenzen des § 850 c ZPO zu beachten. Vielmehr kommen auch die **erweiterten Pfändungsschutzbestimmungen** des § 850 c Abs. 4 ZPO (siehe RdNr. 46) und § 850 f Abs. 1 ZPO (siehe oben RdNr. 43) zur Anwendung. Auch eine **Zusammenrechnung laufender Geldleistungen** gemäß § 850 c Abs. 4 ZPO (siehe oben RdNr. 45) ist möglich.[107]

VI. Wirksamwerden der Abtretung

Zum Zeitpunkt der Abtretungserklärung steht der Abtretungsempfänger, der Treuhänder, noch nicht fest, denn dieser wird erst nach der Antragstellung durch den Beschluss des Insolvenzgerichts nach § 291 Abs. 2 ZPO bestimmt. Fasst man die Forderungsabtretung im Restschuldbefreiungsverfahren als **prozessuale Erklärung**[108] und nicht als **materiellrechtliche Erklärung** auf, die eine besondere Verfahrensvoraussetzung des Restschuldbefreiungsverfahrens bildet, dann vollzieht sich der Forderungsübergang auf den Treuhänder in einem **mehrgliedrigen Vorgang.** Die Abtretungserklärung als notwendiger Bestandteil des

---

[106] *Stöber,* Forderungspfändung RdNr. 1358.
[107] FK-*Ahrens* § 287 RdNr. 85.
[108] BGH NZI 2006, 871.

Antrags auf Erteilung der Restschuldbefreiung erlangt ihre Wirksamkeit mit dem Zugang bei Gericht. Mit der Ernennung des Treuhänders überträgt das Gericht im Wege einer gestaltenden Entscheidung die Forderung auf diesen. Eine ausdrückliche Übertragung der Forderung auf den Treuhänder verlangt § 291 Abs. 2 nicht. Vielmehr bildet der Rechtsübergang eine gesetzlich angeordnete Folge der Treuhänderbestellung.[109]

55 Solange der Treuhänder nicht ernannt worden ist, ist die Abtretungserklärung frei widerruflich. Widerruft der Schuldner nur die Abtretungserklärung, ist davon auszugehen, dass damit auch der Antrag auf Erteilung der Restschuldbefreiung widerrufen worden ist. Ein nicht zurückgenommener Antrag auf Erteilung der Restschuldbefreiung wird dann unzulässig.

VII. Dauer der Abtretung

56 **1. Allgemeines.** Die Dauer der Abtretung gehörte zu den am meist diskutierten Themen im Gesetzgebungsverfahren.[110] Die Festlegung auf sieben Jahre, die die am 1. 1. 1999 in Kraft getretene Insolvenzordnung noch vorsah, orientierte sich nicht an biblischen Vorbildern, sondern war ein Kompromiss zwischen einer fünf- und einer zehnjährigen Dauer.[111] Auch nach dem In-Kraft-Treten des Gesetzes wurde in der Literatur erneut die Forderung erhoben, auch im Hinblick auf die Erfahrungen in anderen Ländern, die Dauer der Wohlverhaltensperiode zu verkürzen. Für die Beibehaltung einer **Wohlverhaltensperiode von sieben Jahren** wird in Anspruch genommen, dass eine solche Dauer wegen der Wirksamkeit vorheriger Abtretungen erforderlich sei, damit auch die ungesicherten Gläubiger teilweise in den Genuss des verteilungsfähigen Einkommen des Schuldners kommen. Würde die Laufzeit der Abtretung verkürzt werden, dann müsste auch entsprechend die Dauer der Wirksamkeit vorheriger Abtretungen reduziert werden. Diese würde die durch eine Lohnabtretung gewährte Sicherheit weitgehend entwerten. Andererseits könne eine **Verkürzung der Laufzeit** der Abtretung die Motivation der zahlungsunfähigen Schuldner ein Restschulbefreiungsverfahren durchzuführen und durchzuhalten fördern. Dadurch könnte auch das Restschuldbefreiungsverfahren eine höhere Akzeptanz erreichen. Rechtstatsächliche und rechtsvergleichende Untersuchungen, die diese Auffassungen untermauern, fehlten bis dahin.

57 Im Gesetzgebungsverfahren des Gesetzes zur Änderung der Insolvenzordnung und anderer Gesetze griff der **Rechtsausschuss des Bundestages** erneut das Problem der Dauer der Wohlverhaltensperiode auf. Hintergrund dieser Diskussion war ein Gutachten des Instituts für Finanzdienstleistungen, das dem Rechtsausschuss vorlag. Dieses Gutachten kommt zu dem Ergebnis, die ökonomischen Folgekosten, die mit einer Verkürzung der Wohlverhaltensperiode verbunden seien, fielen marginal aus und seien im Vergleich zu den Vorteilen, die eine solche Verkürzung bringen würde, vernachlässigbar. Zu diesem Vorteil rechnet das Gutachten etwa die sinnvolle Reorganisation überschuldeter Familienhaushalte, die Anreicherung der Insolvenzmasse und die Verteilungsgerechtigkeit unter den Insolvenzgläubigern.[112]

58 Auf Empfehlung des Rechtsausschusses wurde in § 287 Abs. 2 die Zahl sieben durch die Zahl sechs ersetzt. Der Zeitpunkt, vom dem an die Abtretungsperiode berechnet wird, ist die Eröffnung des Insolvenzverfahrens und nicht mehr die Aufhebung des Verfahrens. Dies gilt allerdings nur für die Verfahren, die vor dem 1. 12. 2001 noch nicht eröffnet waren, Art. 103 EGInsO. Der Zeitpunkt, von dem an die Wohlverhaltensperiode berechnet wird, ist aber nicht identisch mit dem Beginn der Wohlverhaltensperiode. Diese beginnt mit all ihren Verpflichtungen für den Schuldner mit der Aufhebung des Insolvenzverfahrens.

---

[109] *Ahrens* DZWIR 1999, 45; *Grote,* Einkommensverwertung und Existenzminimum des Schuldners in der Verbraucherinsolvenz S. 100; ähnlich *Smid/Krug/Haarmeyer* § 287 RdNr. 16; aA HK-*Landfermann* § 287 RdNr. 16; *Römermann* in *Nerlich/Römermann* § 287 RdNr. 21.
[110] RdNr. 9.
[111] *Gerhardt* FLF 1989, 99, 101.
[112] Begr. Beschl.-Empf. des Rechtsausschusses zu § 36, BT-Drucks. 14/6468 S. 18.

2. Regelfall. Im Regelfall hat der Schuldner die Bezüge für die Zeit von **sechs Jahren** 59
an einen vom Gericht zu bestimmenden Treuhänder abzutreten. Die Frist **beginnt** mit der
Eröffnung des Insolvenzverfahrens, also mit dem Zeitpunkt, der gemäß § 27 Abs. 2 Nr. 3 in
dem Insolvenzbeschluss benannt ist. Fehlt die Angabe des Eröffnungszeitpunkts, gilt nach
§ 27 Abs. 3 als Eröffnungszeitpunkt unwiderleglich die Mittagsstunde, 12:00 Uhr des Tages,
an dem der Eröffnungsbeschluss unterschrieben worden ist. Die Berechnung der sechsjährigen Frist richtet sich nach § 4 i. V. m. § 222 Abs. 1 ZPO, § 187 Abs. 1, § 188 Abs. 2
BGB. Sie **endet** an dem Tag, der durch seine Zahl dem Tag entspricht, an dem der
Eröffnungsbeschluss erlassen wurde. Mit dem Termin entfallen die Wirkungen der Abtretungserklärung.

Erklärt ein Schuldner zulässigerweise **die Abtretung erst nach der Eröffnung des** 60
Insolvenzverfahrens, weil er verspätet gemäß § 20 Abs. 2 belehrt wurde und erst dann
den Restschuldbefreiungsantrag gestellt hat, dann beginnt die Frist der Abtretungserklärung
mit ihrem Eingang bei Gericht zu laufen.

Ist die Frist der Abtretungsdauer noch vor der Ankündigung der Restschuldbefreiung 61
abgelaufen, kann die Restschuldbefreiung auch ohne Ankündigungsbeschluss gemäß § 291
erlassen werden.[113]

Eine **vorzeitige Beendigung** der Laufzeit der Abtretungserklärung ist aus unterschiedli- 62
chen Gründen möglich. Zum einen endet die Abtretungszeit vorzeitig ohne Restschuldbefreiung, wenn diese nach den §§ 296 bis 298 versagt wird. Darüber hinaus kann der
Schuldner das Restschuldbefreiungsverfahren auch freiwillig beenden, indem er die Verpflichtungen vollständig erfüllt. In diesem Fall, wenn die Forderungen rechtzeitig erfüllt sind,
ist auch die Restschuldbefreiung vorzeitig auszusprechen.[114] Gleiches gilt, wenn kein Gläubiger vorhanden ist, an denen die Einkünfte zu verteilen sind, weil beispielsweise keine
Forderung ordnungsgemäß angemeldet wurde.[115] Dies bedeutet auch keinen Eingriff in die
Rechtsposition der Insolvenzgläubiger, die nicht an dem Insolvenzverfahren teilgenommen
und aus diesem Grund auch nicht in das Schlussverzeichnis aufgenommen worden sind.
Diesen Gläubigern wird nicht die Möglichkeit genommen, einen Versagungsantrag zu
stellen und damit den Verlust ihrer Forderungen auf Grund der Regelung in § 301 zu
verhindern. Durch die Nichtteilnahme am Verfahren, gleichgültig aus welchem Grund, ist es
diesen Insolvenzgläubigern verwehrt, Verfahrensrechte wahrzunehmen. Die Insolvenzgläubiger, die ihre Forderungen nicht angemeldet haben, haben keine Stimmrechte im
Insolvenzverfahren und nehmen auch nicht an der Verteilung teil. Dies gilt auch für das
Restschuldbefreiungsverfahren. Auch in diesem Verfahren nehmen sie nicht an der Verteilung teil und sind nicht befugt Versagungsanträge zu stellen. Ansonsten würde unter
Umständen der Streit über den Bestand einer Forderung in das Restschuldbefreiungsverfahren verlagert.

Von der Dauer der Abtretungserklärung sind die Wirkungen dieser Erklärung zu unter- 62 a
scheiden. Die Treuhandphase (Wohlverhaltensperiode) schließt sich an das Insolvenzverfahren an. Nach der Ankündigung der Restschuldbefreiung gehen die abgetretenen Beträge auf
den Treuhänder über. Zwar hat nach dem Gesetzeswortlaut der Schuldner seine pfändbaren
Forderungen auf Bezüge aus einem Dienstverhältnis und die gleichgestellten Bezüge auf die
Dauer von sechs Jahren an den Treuhänder abzutreten. Diese Forderungen gehen jedoch erst
durch die gerichtliche Entscheidung nach § 291 auf den Treuhänder über. Auch die
Wirkungen der §§ 294 bis 297 treten erst nach der Ankündigung der Restschuldbefreiung
ein.[116]

---

[113] FK-*Ahrens* § 287 RdNr. 89 f.
[114] AG Rosenheim ZInsO 2001, 48; *Döbereiner* S. 222; HK-*Landfermann* § 299 RdNr. 2; FK-*Ahrens* § 300 RdNr. 12 a; aA AG Köln NZI 2002, 218 f.
[115] AG Düsseldorf – 505 IK 9/99 – zitiert bei *Lohmann* ZInsO 2000, 445.
[116] FK-*Ahrens* § 287 RdNr. 89 l–89 o; HK-*Landfermann* § 295 RdNr. 2; LG Göttingen NZI 2004, 596; aA AG Göttingen NZI 2003, 217.

63 **3. Altfall. a) Zweck der Regelung.** War der Schuldner bereits vor dem 1. 1. 1997 zahlungsunfähig, so verkürzte sich die Laufzeit der Abtretung nach Art. 107 EGInsO von sechs auf fünf Jahre. Zahlungsunfähigkeit muss zwei Jahre an dem vor Inkrafttreten der Insolvenzordnung liegenden Stichtag des 31. 12. 1996 bestanden haben. Durch diese Bestimmung sollte vermieden werden, dass durch das Hinausschieben des In-Kraft-Tretens der Insolvenzordnung redliche Schuldner unzumutbar lange auf eine Restschuldbefreiung warten müssen. In einer Entscheidung vom 21. 5. 2004[117] stellte der BGH fest, dass eine Verkürzung der Wohlverhaltensperiode auf fünf Jahre nach der Übergangsvorschrift des Art. 107 EGInsO in Insolvenzverfahren, die ab dem 1. 12. 2001 eröffnet worden sind, nicht mehr möglich ist.[118] Der Gesetzgeber hat dieser Entscheidung mit der Streichung des Art. 107 EGInsO durch das Gesetz zur Vereinfachung des Insolvenzverfahrens vom 13. 4. 2007[119] Rechnung getragen.[120]

VIII. Unwirksamkeit vereinbarter Abtretungsverbote (Abs. 3)

64 **1. Zweck der Vorschrift.** Die Aufbringung der Tilgungsmittel stellt eine entscheidende Voraussetzung für das Gelingen der Restschuldbefreiung dar. Aus diesem Grunde werden vereinbarte Abtretungsverbote für unwirksam erklärt, soweit sie die Abtretungserklärung des Schuldners vereiteln oder beeinträchtigen.

65 **2. Anwendungsbereich.** Soweit einzel- oder tarifvertragliche Vereinbarungen zwischen Schuldner und Drittschuldner, die die Forderungsabtretung des Schuldners nach § 287 Abs. 2 Satz 1 vereiteln oder beeinträchtigen, sind sie unwirksam. Trotz der möglichen Rechtsnormqualität von Tarifverträgen, fallen auch diese unter den Begriff der Vereinbarung im Sinne des § 287 Abs. 3. Vom Abtretungsverbot werden auch Vereinbarungen erfasst, die die Abtretung von einer Bedingung abhängig machen oder sonst einschränken, z. B. wenn die Abtretung unter dem Vorbehalt der Zustimmung des Drittschuldners steht.[121]

66 **3. Umfang der Unwirksamkeit.** Es handelt sich um eine relative Unwirksamkeit. Die Vereinbarungen sind nicht absolut unwirksam. Sie leben daher nach der Beendigung der sechsjährigen Wohlverhaltensperiode auch wieder auf. Die **relative Unwirksamkeit** bewirkt, dass sich die Drittschuldner im Verhältnis zum Insolvenzschuldner bzw. Treuhänder nicht auf ein etwaiges Abtretungsverbot, einen Zustimmungsvorbehalt oder ähnliche Abreden berufen können.[122]

XI. Änderungen des § 287 durch den RegE zur Entschuldung mitteloser Personen

67 **1. Gegenstand der Gesetzesänderung.** In § 287 sind dem Absatz 1 folgende Sätze angefügt worden: „*Kann der Schuldner Restschuldbefreiung voraussichtlich nur im Entschuldungsverfahren nach § 289 b erlangen, so hat er innerhalb von zwei Monaten nach Antragstellung ein Verzeichnis des vorhandenen Vermögens und des Einkommens, eine Zusammenfassung des wesentlichen Inhalts dieses Verzeichnisses, ein Verzeichnis der Gläubiger und ein Verzeichnis der gegen den Schuldner gerichteten Forderungen vorzulegen. Liegen für den Schuldner die in § 305 Abs. 1 Nr. 3 genannten Verzeichnisse vor, die nicht älter als sechs Monate sind, so kann auf diese verwiesen werden; sie werden damit Bestandteil des Antrags. Der Schuldner hat dem Antrag eine Erklärung beizufügen, ob einer der Versagungsgründe des § 290 Abs. 1 Nr. 1 und 3 vorliegt. Wird ein vorläufiger Treuhänder bestellt, so hat der Schuldner die Richtigkeit und Vollständigkeit seiner in den Verzeichnissen und der Erklärung gemachten Angaben nach Belehrung durch den vorläufigen Treuhänder schriftlich an Eides statt zu versichern.*" In Absatz 2 sind in Satz 1 nach dem Wort „*Insolvenzverfahrens*" die

---

[117] BGH NZI 2004, 452.
[118] Dazu kritisch *Ahrens* NZI 2004, 455.
[119] BGBl. I, 509.
[120] Zu den Einzelheiten der „Altfallregelung" vgl. Vorauflage RdNr. 63–69.
[121] *Römermann* in *Nerlich/Römermann* § 287 RdNr. 50.
[122] *Uhlenbruck/Vallender* InsO, 12. Aufl. § 287 RdNr. 62; FK-*Ahrens* § 287 RdNr. 94; AA HK-*Landfermann* § 287 RdNr. 19.

Wörter „*im Fall der Abweisung mangels Masse für die Zeit von sechs Jahren nach dem Erlass des Abweisungsbeschlusses,*" eingefügt und folgender Satz angefügt worden: „*§ 27 Abs. 3 gilt entsprechend.*" Schließlich wurde ein neuer Absatz 4 angefügt, der wie folgt lautet: „*(4) Das Bundesministerium der Justiz wird ermächtigt, durch Rechtsverordnung mit Zustimmung des Bundesrates für die Beteiligten Formulare für die nach den Absätzen 1 und 2 vorzulegenden Anträge und Erklärungen einzuführen. Soweit nach Satz 1 Formulare eingeführt sind, muss sich der Schuldner ihrer bedienen. § 305 Abs. 5 Satz 3 gilt entsprechend.*"

2. Zweck der Gesetzesänderung. Die in § 287 in Abs. 1 neu angefügten Sätze regeln die Antragserfordernisse für das Entschuldungsverfahren. Kommt es nicht zu einer Eröffnung eines Insolvenzverfahrens, das eine verlässliche Übersicht über das pfändbare Vermögen des Schuldners bietet, so muss den Gläubigern ein anderer Weg eröffnet werden, ein möglichst verlässliches Bild über die Vermögensverhältnisse des Schuldners zu gewinnen. Dies soll u. a. durch die **Vorlage bestimmter Unterlagen** geschehen. Wie bereits jetzt schon im Verbraucherinsolvenzverfahren soll der Schuldner ein Verzeichnis des vorhandenen Vermögens und des Einkommens, eine Zusammenfassung des wesentlichen Inhalts dieses Verzeichnisses, ein Verzeichnis der Gläubiger und ein Verzeichnis der gegen den Schuldner gerichteten Forderungen vorlegen. Im Interesse einer einheitlichen Verfahrensausgestaltung und um im gerichtlichen Verfahren auf geordnete Unterlagen zurückgreifen zu können, sollen **einheitliche Formulare** eingeführt werden. Sie sollen nach Abs. 4 sowohl für das Restschuldbefreiungs- als auch für das Entschuldungsverfahren durch Rechtsverordnung des Bundesministeriums der Justiz mit Zustimmung des Bundesrates festgelegt werden. Ihre Verwendung wird zur Pflicht gemacht. Um ein zuverlässiges und umfassendes Bild über die wirtschaftliche Situation des Schuldners zu gewinnen, hat der Schuldner darüber hinaus die die Richtigkeit und Vollständigkeit seiner in den Verzeichnissen und der Erklärung gemachten Angaben nach Belehrung durch den vorläufigen Treuhänder schriftlich an Eides statt zu versichern.

Ferner hat der Schuldner dem Antrag eine Erklärung beizufügen, ob einer der **Versagungsgründe des § 290 Abs. 1 Nr. 1 und 3** vorliegt. Auf diese Weise kann das Gericht von Amts wegen, wenn ein solcher Versagungsgrund vorliegt, die Restschuldbefreiung versagen.

Mit der Änderung in Absatz 2 wird die **Laufzeit der Abtretungserklärung** festgelegt. Da es im Entschuldungsverfahren zu keiner Eröffnung kommt, wird durch die Änderung von Absatz 2 Satz 1 auf den Erlass des Abweisungsbeschlusses abgestellt. Ist in der Entscheidung der Zeitpunkt für den Beginn der Abtretung nicht angegeben, so gilt nach dem neu eingefügten Satz 3 entsprechend § 27 Abs. 3 InsO als Beginn der Zeit der Abtretung die Mittagsstunde des Tages, an dem die Entscheidung erlassen worden ist.

3. Voraussetzungen der Einleitung eines Entschuldungsverfahrens. a) Eröffnungsantrag. Die Einleitung eines Entschuldungsverfahren setzt zunächst einen Insolvenzeröffnungsantrag und einen Restschuldbefreiungsantrag voraus. Der Restschuldbefreiungsantrag soll mit dem Antrag auf Eröffnung des Insolvenzverfahrens verbunden sein. Ein Entschuldungsantrag wird als eigenständiger Antrag nicht verlangt. Ist der Restschuldbefreiungsantrag nicht mit dem Antrag auf Eröffnung des Insolvenzverfahrens verbunden, so ist er innerhalb von zwei Wochen nach dem Hinweis gemäß § 20 Abs. 2 zu stellen. Diesem Antrag ist lediglich gemäß Abs. 2 die Erklärung beizufügen, dass der Schuldner seine pfändbaren Beträge aus einem Dienstverhältnis oder an deren Stelle tretende laufende Bezüge für die Zeit von sechs Jahren nach der Eröffnung des Insolvenzverfahrens oder nach dem Erlass des Abweisungsbeschlusses an einen vom Gericht zu bestimmenden Treuhänder abtritt. Sind die Bezüge des insolventen Schuldners bereits vor der Eröffnung des Insolvenzverfahrens an einen Gläubiger abgetreten oder einem Gläubiger verpfändet worden, so hat er darauf hinzuweisen. Weitere Unterlagen hat der Schuldner mit dem Anträgen nicht vorzulegen.

b) Besonderheiten im Verbraucherinsolvenzverfahren. Für das Verbraucherinsolvenzverfahren ist in § 305 besonders festgelegt, dass der Antrag auf Restschuldbefreiung mit dem Antrag auf Eröffnung des Insolvenzverfahrens oder unverzüglich nach diesem Antrag vorzulegen ist. Hier ist die Verbindung der beiden Anträge zwingend. Die entsprechenden amtlichen Vordrucke, die der Schuldner im Verbraucherinsolvenzverfahren bereits benutzen muss, sehen entsprechende Erklärungen vor. Für das Nachreichen der fehlenden Unterlagen und Erklärungen sieht § 305 Abs. 3 Satz 2 eine Frist von einem Monat nach einem entsprechendem Hinweis des Gerichts vor. Ergänzt der Schuldner innerhalb der Monatsfrist die fehlenden Unterlagen und Erklärungen nicht, so hat das Gericht seinen Antrag als unzulässig zu verwerfen (§ 305 Abs. 3 RegE). Hat ein Gläubiger die Eröffnung des Verfahrens beantragt, beträgt die Frist zur Ergänzung der Unterlagen drei Monate. Diese Regelung für das Verbraucherinsolvenzverfahren ist als lex specialis zu § 287 Abs. 1 Satz 3 anzusehen.

73 c) **Vorlage der Verzeichnisse und Erklärungen.** Liegen die Voraussetzungen für ein Verbraucherinsolvenzverfahren nicht vor, so hat der masselose Schuldner **innerhalb von zwei Monaten nach der Antragstellung** ein Verzeichnis des vorhandenen Vermögens und des Einkommens, eine Zusammenfassung des wesentlichen Inhalts dieses Verzeichnisses, ein Verzeichnis der Gläubiger und ein Verzeichnis der gegen den Schuldner gerichteten Forderungen vorzulegen. Es handelt sich um die gleichen Unterlagen, die bislang der Schuldner im Verbraucherinsolvenzverfahren mit der Antragstellung gemäß § 305 Abs. 3. Der Schuldner für den die Vorschriften des Verbraucherinsolvenzverfahrens gelten, kann auf die mit der Antragstellung bereits gemäß § 305 Abs. 1 Nr. 3 eingereichten Verzeichnisse verweisen, wenn sie nicht älter als sechs Monate sind.

74 Warum der Gesetzgeber hinsichtlich der Vorlage der Verzeichnisse und Erklärungen die Schuldner unterschiedlich behandelt, je nachdem, ob es sich um einen Verbraucher im Sinne von § 304 handelt oder um eine natürliche Person, die nicht den Vorschriften des Verbraucherinsolvenzverfahrens unterfällt, ist nicht verständlich. Dies hat auch der Bundesrat in seiner Stellungnahme zu dem Gesetzentwurf kritisiert.[123] Nach Auffassung des Bundesrates dürfte es dem Schuldner auch zuzumuten sein, zunächst die Verzeichnisse zu erstellen, bevor er zusammen mit dem Insolvenzantrag die Restschuldbefreiung beantragt, da es natürlichen Personen nicht obliegt, innerhalb bestimmter Fristen einen Insolvenzantrag über ihr Vermögen zu stellen. Es ist auch insbesondere auch nicht nachvollziehbar, welchem Zweck die Zweimonatsfrist dient. Ohne irgendwelche Auskünfte des Schuldners in diesem Zeitraum kann auch das Gericht keine verfahrensfördernde Entscheidungen treffen. Da es sich nicht um eine Ausschlussfrist handelt, wird das Gericht nach Ablauf der Frist, falls keine Verzeichnisse und Erklärungen vorgelegt worden sind, den Schuldner zur Vorlage der Unterlagen auffordern müssen. Der Antrag auf Restschuldbefreiung kann gemäß § 289 b Abs. 1 RegE nur dann als unzulässig zurückgewiesen werden, wenn die eingereichten Verzeichnisse und Erklärungen nicht vollständig sind und auf Aufforderung des Gerichts nicht ergänzt wurden, nicht jedoch, wenn sie überhaupt nicht eingereicht worden sind.

75 Dieses Problem hat der Bundesrat in seiner Stellungnahme zu dem Gesetzentwurf aufgegriffen.[124] Der Bundesrat bat im weiteren Verlauf des Gesetzgebungsverfahrens das Verfahren zur Einleitung des Entschuldungsverfahrens nach § 287 Abs. 1 Satz 3 bis 6, §§ 289 a ff. InsO-E darauf zu überprüfen, ob konkrete Kriterien aufgenommen werden können, aus denen sich ergibt, **wann der Schuldner zur Einreichung** der in § 287 Abs. 1 Satz 3 und 4 InsO-E genannten Verzeichnisse verpflichtet ist, ob konkrete Grundlagen benannt werden können, an Hand derer das Gericht zu entscheiden hat, ob die Voraussetzungen für ein Entschuldungsverfahren und damit für die Bestellung eines vorläufigen Treuhänders vorliegen und ob die Einhaltung der in § 287 Abs. 1 Satz 3 InsO-E genannten Frist als Zulässigkeitsvoraussetzung ausgestaltet werden kann. Nach Auffassung des Bundesrates sollte in Erwägung gezogen werden, anstelle dieser Frist die in § 289 b Abs. 1 InsO-E enthaltene Regelung dahin gehend neu zu gestalten, dass die Aufforderung des Gerichts zur Einrei-

---

[123] BT-Drucks. 16/7416 S. 118.
[124] BT-Drucks. 16/7416 S. 118.

chung der Unterlagen bereits dann zu erfolgen hat, wenn der Schuldner die Verzeichnisse nicht bereits zusammen mit der Beantragung der Restschuldbefreiung einreicht.

Abs. 4 gibt dem Bundesministerium der Justiz die Befugnis, durch Rechtsverordnung mit Zustimmung des Bundesrates die Benutzung bestimmter Formulare für das Entschuldungsverfahren vorzuschreiben. Aufgrund des Verweises auf § 305 Abs. 5 Satz 3 kann in Zukunft auch die Benutzung elektronischer Formulare vorgeschrieben werden.

Ferner hat der Schuldner sich darüber zu erklären, ob er wegen einer Straftat nach den §§ 283 bis 283c StGB in der Vergangenheit rechtskräftig verurteilt worden ist oder ob ihm in den letzten zehn Jahren bereits einmal eine Restschuldbefreiung erteilt oder versagt worden ist. Durch diese Erklärung erhält das Gericht die Informationen, die nach § 290 Abs. 1 InsO für eine Versagung der Restschuldbefreiung von Amts wegen bedeutsam sind.[125] **76**

d) Versicherung an Eides statt. Kommt es voraussichtlich zu einer Abweisung des Eröffnungsantrags mangels Masse, hat das Insolvenzgericht nach § 289a Abs. 1 InsO-E einen vorläufigen Treuhänder zu bestellen, der die Einleitung des Entschuldungsverfahrens mit vorbereitet. Der vorläufige Treuhänder hat unter anderem den Schuldner über die Bedeutung der eidesstattlichen Versicherung zu belehren (§ 289a Abs. 4, 5 RegE). Die grundlegende Verpflichtung zur Abgabe der Versicherung an Eides statt ergibt sich aus § 287 Abs. 1 Satz 6 InsO-E. **77**

§ 288 Vorschlagsrecht

Der Schuldner und die Gläubiger können dem Insolvenzgericht als Treuhänder eine für den jeweiligen Einzelfall geeignete natürliche Person vorschlagen.

Übersicht

	RdNr.		RdNr.
I. Normzweck	1	b) Begründungspflicht bei der Auswahl	13
II. Geltungsbereich des Vorschlagsrechts	3	c) Bestimmungsrecht des Schuldners bzw. des Gläubigers; Auswahl aus Listen	14
III. Vorschlagsrecht	6	d) Amtshaftungsansprüche gegen den Insolvenzrichter	16
1. Vorschlag	6	e) Person des Treuhänders	18
a) Funktion des Vorschlags	6	f) Anforderungen an den Treuhänder	24
b) Formale Anforderungen an den Vorschlag	7	g) Auswahlkriterien des Gerichts	25
aa) Form	7	h) Auswahlermessen	26
bb) Frist	9	i) Als Treuhänder in Betracht kommende Personen	29
cc) Stellungnahme	11	aa) Geeignete Personen	29
2. Auswahl	12	bb) Nicht geeignete Personen	32
a) Rechtlicher Charakter des Vorschlags	12		

I. Normzweck

Während die Rechtsstellung und der Aufgabenkreis des Treuhänders in § 292 eingehend geregelt sind, enthalten weder das Gesetz noch die Begründung zur InsO genauere Hinweise zur **Qualifikation** und zur **Auswahl der Person des Treuhänders**.[1] Auch im InsOÄndG ist diesbezüglich keine Konkretisierung vorgenommen worden. Ansatzpunkt ist daher nur die Regelung des § 288, die an sich lediglich das Recht zum Vorschlag von Treuhändern regelt. Diese Vorschrift wurde erst im Laufe des Beratungsprozesses als Reaktion auf die Anregung des Bundesrates zu Auswahl, Qualifikation und Tätigkeit des **1**

---

[125] Begr. BT-Drucks. 16/7416 S. 62.
[1] Vgl. *Uhlenbruck* DGVZ 1992, 33, 37; *Smid/Krug/Haarmeyer* § 288 RdNr. 1; *Kübler/Prütting/Wenzel* § 288 RdNr. 2; *Fuchs,* Kölner Schrift, 1679, 1743 (RdNr. 186).

Treuhänders[2] vom Rechtsausschuss des Bundestages aufgenommen. Vom Rechtsausschuss ausdrücklich verfolgter Zweck der Vorschrift ist es, dem Gericht – über diejenigen ihm ohnehin bereits bekannten Personen – solche Personen bekannt zu machen, die das Amt des Treuhänders auch unentgeltlich auszuüben bereit sind.[3] Damit sollen vorrangig die Kosten des Verfahrens niedrig gehalten werden. Dies entspricht nicht nur den allgemeinen Anforderungen der Verfahrensökonomie, sondern hier wird vor allem dem Interesse des Schuldners Rechnung getragen, dass aus der Bestellung des Treuhänders möglichst geringe Kosten erwachsen, weil für die Dauer der Wohlverhaltensperiode diese Kosten stets gedeckt sein müssen und ein Verstoß dagegen mit der Folge der Versagung der Restschuldbefreiung sanktioniert werden kann (§ 298).[4]

2 **Zweck des Vorschlagsrechts** ist es aber auch, dem Schuldner zu ermöglichen, eine Person seines Vertrauens vorschlagen zu können, die ihm dann als Ansprechpartner zur Seite steht und ihn während der Treuhandphase berät und unterstützt. Neben der Beraterstellung hat dies zusätzlich auch den psychologischen Effekt, dass sich der Schuldner von einer ihm wohl gewogenen Person durch die belastende Zeit der Wohlverhaltensperiode begleiten lässt und so dessen Durchhaltewillen gestärkt wird. Das wiederum ist auch für das Verfahren als solches förderlich.[5] Eine Einschränkung dieser Funktion findet sich dort, wo der Treuhänder – wie oft üblich – zugleich die Überwachung der Erfüllung der Obliegenheiten nach § 292 Abs. 2 übertragen bekommen hat; insoweit kann eine Vertrauensbeziehung nur schwer entstehen.[6] Dieser Umstand macht zugleich deutlich, dass der Treuhänder in einer nicht unproblematischen **Dilemma-Situation** steckt, die sich zwingend aus der im deutschen Recht verfolgten Konzeption des Restschuldbefreiungsverfahrens ergibt: auf der einen Seite soll er Stütze und Vertrauensperson für den Schuldner sein, auf der anderen Seite handelt er aber auch und insbesondere im Interesse der Gläubiger. Insoweit unterscheidet er sich vom Insolvenzverwalter, der nur in einem viel geringeren Maße die Interessen des Schuldners zu beachten hat.

In der Praxis hat sich das Vorschlagsrecht bislang kaum durchgesetzt. In aller Regel werden als Treuhänder die Personen eingesetzt, die auch als Insolvenzverwalter tätig werden.[7]

II. Geltungsbereich des Vorschlagsrechts

3 Das **Vorschlagsrecht nach § 288** gilt nur für einen Treuhänder im Restschuldbefreiungsverfahren mit dem Aufgabengebiet, wie es von § 292 vorgegeben wird.[8] Derjenige Treuhänder, welcher im vereinfachten Insolvenzverfahren nach §§ 311 ff. tätig werden soll, kann daher nicht vorgeschlagen werden. Das ergibt sich aus dem Verweis des § 313 Abs. 1 Satz 3 auf die §§ 56 ff., wonach der Treuhänder im vereinfachten Verfahren bei Verfahrenseröffnung durch das Insolvenzgericht bestimmt wird.[9] Etwas anderes ergibt sich auch nicht aus der durch das InsOÄndG eingeführten früheren Laufzeit der Abtretung. Denn diese Vorverlegung zieht keine zeitgleiche oder parallele Einsetzung der Treuhänder nach § 292 und § 313 nach sich.[10] Gem. § 313 Abs. 1 Satz 3 in Verbindung mit § 57 steht es dann allerdings der Gläubigerversammlung frei, gegebenenfalls den eingesetzten Treuhänder ab-

---

[2] Stellungnahme des BRat, BT-Drucks. 12/2443, S. 255 f.; vgl. dazu auch die Gegenäußerung der BReg., BT-Drucks. 12/2443, S. 266.
[3] Begr. des Rechtsausschusses, BT-Drucks. 12/7302, S. 187.
[4] Vgl. *Smid/Krug/Haarmeyer* § 288 RdNr. 4. Zu § 298 s. u. § 298 RdNr. 10 ff.
[5] Vgl. *Römermann* in *Nerlich/Römermann* § 288 RdNr. 3; *Döbereiner*, S. 335.
[6] Siehe *Kothe*, Anlage zum Stenographischen Protokoll der 74. Sitzung des Rechtsausschusses, 477, 482; s. auch unten § 292 RdNr. 42 ff.
[7] Vgl. FK-*Grote* § 288 RdNr. 1; *Braun/Buck* § 288 RdNr. 4; HambKommInsO-*Streck* § 288 RdNr. 1; vgl. auch AG Mönchengladbach ZInsO 2005, 330.
[8] FK-*Grote* § 288 RdNr. 2; zu den einzelnen Bereichen des Aufgabenkreises s. u. § 292 RdNr. 14 ff.
[9] Vgl. unten *Ott/Vuia* § 313 RdNr. 4 ff.; ferner *Römermann* in *Nerlich/Römermann* § 313 RdNr. 6.
[10] Zutreffend FK-*Grote* § 288 RdNr. 2 a.

zuzuwählen und stattdessen einen anderen Treuhänder zu wählen. Auf diese Weise kann unter Umständen im Ergebnis doch derjenigen Person die Verwaltung übertragen werden, die bei Bestehen eines Vorschlagsrechts nominiert worden wäre.[11]

Der Unterschied im Vorschlagsrecht hinsichtlich der Bestimmung eines Treuhänders führt zu einem Problem in der **Situation, in der der Treuhandphase im Restschuldbefreiungsverfahren ein Verbraucherinsolvenzverfahren vorausgeht.** Dies kommt in der Insolvenzpraxis recht häufig vor.[12] Der Gesetzgeber hatte für derartige Fälle vor Augen, dass nur *eine* Person als Treuhänder für das Verbraucherinsolvenz- und das Restschuldbefreiungsverfahren bestimmt wird.[13] Wird also durch das Insolvenzgericht nach § 313 Abs. 1 ein Treuhänder für das vereinfachte Insolvenzverfahren bestimmt, so fragt es sich, ob im Hinblick auf ein sich möglicherweise anschließendes Restschuldbefreiungsverfahren die **Regelung des § 288** oder doch zumindest **deren Wertung Beachtung finden** muss, um dem gesetzlichen Vorschlag Rechnung zu tragen. Ein Vorschlagsrecht im Anwendungsbereich des § 313 Abs. 1 zu implementieren, ist auf Grund der eindeutigen normativen Konzeption der Vorschrift nicht möglich, denn dort wird ausdrücklich auf die §§ 56 bis 66 und gerade nicht auf die Regeln im neunten Teil der InsO verwiesen. Allerdings wird teilweise befürwortet, dass zumindest die in § 288 zum Ausdruck kommende Wertung zu beachten sei.[14] Insoweit wird ausgeführt, dass das Insolvenzgericht im Rahmen des § 313 eine Einzelfallentscheidung zu treffen habe, im Rahmen derer darauf zu achten sei, dass die einzusetzende Person sowohl für die Verwaltertätigkeit als auch als Treuhänder geeignet sei. Daher müssten schon bei der Bestellung nach § 313 Vorschläge von Gläubigern oder des Schuldners Beachtung finden, insbesondere wenn dadurch Verfahrenskosten verringert werden könnten.

Dieser Auffassung ist nicht zu folgen.[15] Bei dem vereinfachten Insolvenzverfahren und dem Restschuldbefreiungsverfahren handelt es sich **um zwei systematisch in der InsO getrennt geregelte** und auf Grund einer strukturellen Unterschiedlichkeit der Verfahrenstypen **strikt zu trennende Verfahren.** Aus diesem Grund kann die Vorstellung des Gesetzgebers, in beiden Verfahren könne ein und dieselbe Person die Verwaltung bzw. Betreuung übernehmen, nicht bedeuten, dass der Treuhänder aus dem ersten Verfahren automatisch in das andere Verfahren übernommen wird. Es bedarf zweier unterschiedlicher Bestellungsakte; dabei ist es dem Gericht freilich unbenommen, dieselbe Person erneut zu bestellen oder – auf Vorschlag der Vorschlagsberechtigten – eine andere Person zu berufen. Da aber bei der Eröffnung eines Verbraucherinsolvenzverfahrens noch nicht sicher feststeht, dass sich ein Restschuldbefreiungsverfahren anschließt, etwa weil der notwendige Antrag nach § 287 nicht gestellt wird oder weil einer der in § 290 Abs. 1 genannten Versagungsgründe eingreift oder weil die Voraussetzungen des § 314 Abs. 3 Satz 2 vorliegen, kann das Gericht dies nicht als selbstverständlich ansehen und darf bei der Bestellung des Treuhänders nach § 313 nicht die Maßstäbe anlegen, wie sie bei § 288 gelten. Vielmehr hat das Insolvenzgericht zu Beginn jedes Verfahrens getrennt zu prüfen, welcher Treuhänder für die jeweilige Aufgabe der geeignete ist. Andernfalls würde dies dazu führen, dass das Insolvenzgericht bei jedem vereinfachten Verfahren davon auszugehen hätte, dass sich ein Restschuldbefreiungsverfahren anschließt und deshalb im Rahmen des § 313 stets die Wertung des § 288 zu berücksichtigen wäre. Damit würde aber aus einer Möglichkeit eine Notwendigkeit gemacht. So ist das Insolvenzgericht auch insbesondere befugt, nach Aufhebung des vereinfachten Verbraucherinsolvenzverfahrens für die Wohlverhaltensperiode eine andere Person als Treuhänder zu bestellen, sofern der bisherige Amtsinhaber wegen der Verlegung der Kanzlei das Kriterium der Ortsnähe nicht mehr erfüllt.[16]

---

[11] Vgl. unten *Ott/Vuia* § 313 RdNr. 7.
[12] Vgl. *Döbereiner*, S. 13.
[13] BT-Drucks. 12/7302, S. 193; s. BGH ZInsO 2003, 750; BGH ZVI 2004, 544; *Vallender* DGVZ 1997, 53, 56; *Wittig* WM 1998, 157, 168; FK-*Grote* § 288 RdNr. 5.
[14] FK-*Grote* § 288 RdNr. 5; *Döbereiner*, S. 13.
[15] So im Ergebnis offenbar auch *Vallender* DGVZ 1997, 53, 56; Uhlenbruck/*Vallender* § 288 RdNr. 2; vgl. zudem *Fuchs*, Kölner Schrift, 1679, 1743 (RdNr. 186).
[16] AG Göttingen ZVI 2006, 523.

Die **Einbeziehung eines Vorschlagsrechts in das Verbraucherinsolvenzverfahren** ist darüber hinaus weder mit dem Regelungsgehalt des § 313 noch mit den unterschiedlichen Konzeptionen des Treuhänders in den jeweiligen Verfahren zu vereinbaren. Das vereinfachte Insolvenzverfahren zielt im Ergebnis nämlich auf eine Verteilung der Masse (§ 314), während das Restschuldbefreiungsverfahren auf eine Sanierung gerichtet ist. Zudem besteht der wesentliche Unterschied zwischen Restschuldbefreiungsverfahren und vereinfachtem Insolvenzverfahren darin, dass bei ersterem die Gläubigerautonomie beschnitten wird und daher als Kompensation das Vorschlagsrecht gewährt wird. Dort, wo die Gläubiger mittels der Gläubigerversammlung hingegen ihren Willen in Bezug auf den Treuhänder anders, namentlich durch Abwahl, durchsetzen können, bedarf es daher eines Vorschlagsrechts nicht. Eine mittelbare Einführung des Vorschlagsrechts in die Regelung des § 313 würde dazu führen, dass ein Element eingefügt wird, das vom Gesetzgeber nicht gewollt ist und der Systematik der beiden Verfahren widerspräche.

III. Vorschlagsrecht

6   **1. Vorschlag. a) Funktion des Vorschlags.** Die Funktion eines gerichtlich eingesetzten Treuhänders war im früheren Konkurs- und Vergleichsrecht unbekannt;[17] die im früheren Recht bekannten Treuhänder leiteten ihren Auftrag vielmehr vom Schuldner ab (so z. B. beim Liquidationsvergleich, § 7 Abs. 4 VglO,[18] oder bei der außergerichtlichen Schuldenbereinigung;[19] ähnlich auch im Hinblick auf den Sachwalter nach §§ 91 ff. VglO).[20] Entsprechend sollen die Schuldner nach der Neukonzeption der Insolvenzordnung nunmehr bei der **Suche nach einem geeigneten Treuhänder** mitwirken können, um durch die Vorschläge das Insolvenzgericht bei der Suche nach geeigneten Personen für das Amt des Treuhänders in dem *speziellen* Fall zu unterstützen. Zugleich hat das Vorschlagsrecht im Hinblick auf den Schuldner auch die Funktion, ihm das Bewusstsein zu vermitteln, dass in einer ihn fundamental betreffenden Angelegenheit, wie es die Einsetzung eines Treuhänders darstellt, eine Entscheidung nicht ohne seine Mitwirkung gefällt wird. Auch für die Gläubiger stellt das Vorschlagsrecht die Möglichkeit der **Beteiligung bei der Auswahl** eines Treuhänders dar. Im Hinblick auf die Gläubiger hat das Vorschlagsrecht zusätzlich auch die Funktion, für einen Ausgleich dafür zu sorgen, dass ihnen hinsichtlich der Ablehnung eines vom Gericht ausgewählten Treuhänders die Gläubigerautonomie entzogen ist und sie keine Möglichkeit der Abwahl haben, wie es in § 57 bei Insolvenzverwaltern vorgesehen ist.[21]

7   **b) Formale Anforderungen an den Vorschlag. aa) Form.** Für den Vorschlag ist **keine besondere Form** vorgesehen. Er kann dem Gericht also insbesondere mündlich, schriftlich oder mittels elektronischer Medien (z. B. E-Mail) vorgebracht werden.[22]

8   Der **Inhalt des Vorschlages** muss die zustellungsfähige Anschrift der betreffenden Person enthalten. Zudem ist es erforderlich, dass Angaben über die vorgeschlagene Person gemacht werden,[23] insbesondere über die berufliche Stellung; über etwaige Erfahrungen mit Treuhänderstellungen, etc. (z. B. im Betreuungsrecht); über die Stellung der vorgeschlagenen Person zum Vorschlagenden; über die soziale Stellung und über den Umstand, dass die vorgeschlagene Person das Amt des Treuhänders auch unentgeltlich ausüben wird. Die

---

[17] Vgl. aber zu den Vorschlägen für einen Vergleichsverwalter, bei dem die Unterstützung des Vergleichsschuldners einen wesentlichen Stellenwert einnehmen sollte, *Gottwald/Uhlenbruck*, 1. Aufl. 1990, Insolvenzrechts-Handbuch, § 72 RdNr. 80.
[18] *Mohrbutter* RdNr. III 214.
[19] *Kuhn/Uhlenbruck* § 23 KO RdNr. 16; *Kilger/K. Schmidt* § 23 KO Anm. 5; *Jaeger/Henckel* § 23 KO RdNr. 19 ff.
[20] Siehe u. a. *Kilger/K. Schmidt* § 92 VglO Anm. 1; *Gottwald/Uhlenbruck*, 1. Aufl. 1990, Insolvenzrechts-Handbuch, § 77 RdNr. 3 ff.
[21] Vgl. FK-*Grote* § 288 RdNr. 4.
[22] HambKommInsO-*Streck* § 288 RdNr. 3; *Uhlenbruck/Vallender* § 288 RdNr. 4; *Andres/Leithaus* § 288 RdNr. 2.
[23] Siehe *Römermann* in *Nerlich/Römermann* § 288 RdNr. 6 ff.

Notwendigkeit dieser Angaben ergibt sich daraus, dass der Vorschlag dem Gericht unmittelbar helfen soll, sich ein – wenn auch nicht notwendigerweise vollständiges – Bild über den Kandidaten zu machen. Das Gericht ist allerdings nicht verpflichtet, z. B. bei der bloßen Nennung einer Person, Nachforschungen über seine Geeignetheit anzustellen.

bb) Frist. Eine Frist für den Vorschlag ist nicht zu beachten. Aus rein praktischen 9
Gründen empfiehlt es sich jedoch, den **Vorschlag rechtzeitig vor dem Beschluss** des Insolvenzgerichts einzureichen, in dem der Treuhänder nach § 291 Abs. 2 bestellt wird, damit das Gericht Gelegenheit bekommt, die Eignung der vorgeschlagenen Person zu prüfen. Der Vorschlag kann bereits mit dem Insolvenzantrag eingereicht werden; er sollte spätestens im Schlusstermin vorliegen.[24]

Auch ein Vorschlag, der für die Auswahl des Treuhänders zu spät kommt, kann allerdings noch insoweit sinnvoll sein, als das Gericht damit einen Kandidaten für den Fall zur Hand hat, dass der Treuhänder während des Verfahrens wechselt (§ 292 Abs. 2 Satz 2).[25]

Das Gericht ist formal **nicht verpflichtet,** dem Schuldner oder dem Gläubiger Fristen 10
einzuräumen, die sie erbitten, um eine aus ihrer Sicht zum Vorschlag geeignete Person zu suchen. Denn die Ordnungsmäßigkeit der Bestellung des Treuhänders hängt nicht von der Ausübung des Vorschlagsrechts ab,[26] so dass es keine Notwendigkeit dafür gibt, den Gläubigern oder dem Schuldner Zeit zur Suche einer vorschlagsfähigen Person zu geben. Gleichwohl hat das Gericht seinen Ermessensspielraum aber regelmäßig dahingehend auszuüben, dass eine beantragte, angemessene Frist zur Suche eines geeigneten Treuhänders gewährt wird. Andernfalls würde die Funktion des Vorschlagsrechts im Hinblick auf die Gläubiger oder den Schuldner beeinträchtigt werden. Gibt es jedoch Anhaltspunkte, dass die Einräumung einer angemessenen Frist zu einer Verzögerung des Verfahrens führen würde, *darf* das Gericht eine solche Bedenkzeit nicht einräumen.[27] Dies ergibt sich aus dem Interesse an einem zügigen Verfahrensablauf, der gewährleisten soll, dass die Auflagen des Schuldners schnell und vollständig erfüllt werden und kein Raum für etwaige Unregelmäßigkeiten auf Seiten des Schuldners eröffnet wird.

cc) Stellungnahme. § 288 gibt den Vorschlagsberechtigten **kein Recht zur Stellung-** 11
nahme zu dem vom Gericht ausgewählten Treuhänder. Ob ein solches aus § 289 Abs. 1 Satz 1 abzuleiten ist, erscheint zweifelhaft. Ziel dieser Vorschrift ist die Gewährung rechtlichen Gehörs hinsichtlich des Antrags auf Restschuldbefreiung und nicht die Möglichkeit der Stellungnahme zur Auswahl des Treuhänders durch das Gericht.[28] Gegen die vom Insolvenzgericht vorgenommene Auswahl des Treuhänders können die Gläubiger bzw. der Schuldner nur mit der sofortigen Beschwerde gegen den gesamten Beschluss (vgl. § 291 Abs. 2) nach § 289 Abs. 2 Satz 1 vorgehen.

2. Auswahl. a) Rechtlicher Charakter des Vorschlags. Der Vorschlag eines Treuhän- 12
ders ist vom rechtlichen Charakter her nur eine Anregung, die keine Bindungswirkung für das Insolvenzgericht entfaltet.[29]

b) Begründungspflicht bei der Auswahl. Das Gericht hat in seiner Ermessensent- 13
scheidung den Vorschlag zu berücksichtigen. Insoweit liegt hierin eine wichtige Bedeutung der Vorschrift. § 288 regelt zwar eigentlich eine Selbstverständlichkeit. Durch den Umstand, dass diese eine normative Regelung erfahren hat, wird dem Richter allerdings der tatsächliche Spielraum genommen, einen Vorschlag *nicht* in seine Erwägungen einzubeziehen. Ihm obliegt damit bei der Auswahl des Treuhänders eine **Begründungspflicht** in seinem

---

[24] *Uhlenbruck/Vallender* § 288 RdNr. 3; *Römermann* in *Nerlich/Römermann* § 288 RdNr. 5.
[25] *Römermann* in *Nerlich/Römermann* § 288 RdNr. 5.
[26] *Kübler/Prütting/Wenzel* § 288 RdNr. 3; *Römermann* in *Nerlich/Römermann* § 288 RdNr. 5; *Graf-Schlicker/Kexel* § 288 RdNr. 2.
[27] Ebenso *Graf-Schlicker/Kexel* § 288 RdNr. 2; HK-*Landfermann* § 288 RdNr. 3.
[28] Vgl. unten *Stephan* § 289 RdNr. 15 ff.; *Römermann* in *Nerlich/Römermann* § 289 RdNr. 6 ff.
[29] Siehe *Römermann* in *Nerlich/Römermann* § 288 RdNr. 9; FK-*Grote* § 288 RdNr. 13; *Uhlenbruck/Vallender* § 288 RdNr. 2; *Smid/Krug/Haarmeyer* § 288 RdNr. 4; *Goetsch* in *Breutigam/Blersch/Goetsch* § 288 RdNr. 4; HambKommInsO-*Streck* § 288 RdNr. 2; *Häsemeyer* RdNr. 26.30.

Beschluss nach § 291 Abs. 2, warum er nicht den vorgeschlagenen Treuhänder, sondern eine andere Person ausgewählt hat. Die bloße Bestimmung eines anderen Treuhänders ohne Begründung der Abweichung vom Vorschlag bietet Platz für eine sofortige Beschwerde nach § 289 Abs. 2 Satz 1. Dies gilt insbesondere dann, wenn das Gericht von einem *gemeinsamen* Vorschlag von Gläubiger und Schuldner abweicht.[30]

14 **c) Bestimmungsrecht des Schuldners bzw. des Gläubigers; Auswahl aus Listen.** Fraglich ist allerdings, ob das Gericht sein Ermessen unter Umständen dahingehend auszuüben hat, dass es bei der Prüfung der Geeignetheit der Person den **Wünschen des Schuldners** nachkommen muss. Vereinzelt ist insoweit behauptet worden, dass dem Schuldner – jedenfalls faktisch – ein Bestimmungsrecht eingeräumt werden müsse, weil er den Treuhänder im Regelfall auch bezahlen müsse.[31] Dem kann nicht gefolgt werden. Dagegen spricht bereits der Wortlaut des § 288. Zudem widerspräche ein derartiges **einseitiges Bestimmungsrecht** dem Sinn und Zweck des Vorschlagsrechts. Denn das Insolvenzgericht hat den Treuhänder stets danach auszusuchen, ob er im konkreten Einzelfall zur Erfüllung der ihm obliegenden Aufgaben geeignet ist. Daher verbietet sich die Auswahl nach rein schematischen Kriterien oder nach Vorgaben des Schuldners oder der Gläubiger. Das Gericht hat in seiner Auswahlentscheidung vielmehr ein ganzes Bündel an Anforderungen an die Person zu prüfen und alle Interessen zu berücksichtigen. Es muss insbesondere vermeiden, dass der Treuhänder zu sehr dem Lager der Gläubiger oder des Schuldners nahesteht, so dass Interessenkonflikte zu befürchten sein könnten. Etwas anderes kann auch dann nicht gelten, wenn sich der vorgeschlagene Kandidat bereit erklärt, die Aufgabe unentgeltlich zu übernehmen. Zwar ist die Unentgeltlichkeit der Treuhändertätigkeit ein wichtiges Argument, doch ist die Bereitschaft zu unentgeltlichem Handeln nicht das einzige oder das ausschlaggebende Kriterium. Das Kostenargument darf nicht zu Lasten der Qualität der Tätigkeit des Verwalters gehen, denn eine sorgfältige Ausübung der Treuhänderstellung liegt sowohl im Interesse der Gläubiger als auch im Interesse des Schuldners.[32] Allerdings kann das Angebot zum unentgeltlichen Tätigwerden als Entscheidungskriterium zwischen zwei ansonsten gleich befähigten Kandidaten herangezogen werden.

15 Grundsätzlich ist es mit dem Ermessen des Insolvenzgerichts und seiner Freiheit der Auswahl auch vereinbar, wenn das Gericht Treuhänder, ähnlich wie Insolvenzverwalter, aus bei ihm geführten „**Listen**" entnimmt.[33] Dabei muss allerdings gewährleistet sein, dass zum einen dem besonderen Charakter des Restschuldbefreiungsverfahrens, wie er im Vorschlagsrecht des § 288 Ausdruck findet, Rechnung getragen wird und zum anderen, dass die auf einer solchen Liste verzeichneten Personen in der Lage sind, die vielfältigen Aufgaben eines Treuhänders sorgfältig auszuführen.

16 **d) Amtshaftungsansprüche gegen den Insolvenzrichter.** Wie bei der Auswahl eines Insolvenzverwalters können bei der Auswahl eines ungeeigneten Treuhänders **Amtshaftungsansprüche gegen den Richter** entstehen.[34] Dabei ist es unerheblich, ob der Richter bei der Auswahl eines Treuhänders möglicherweise dem Vorschlag eines der Vorschlagsberechtigten gefolgt ist, denn es kommt nur auf den Umstand der Ungeeignetheit an. Freilich ist der Amtshaftungsanspruch **ultima ratio** und dürfte nur in extrem gelagerten Ausnahmefällen eingreifen.[35]

---

[30] *Hess/Obermüller* RdNr. 1107; FK-*Grote* § 288 RdNr. 13; HambKommInsO-*Streck* § 288 RdNr. 1; vgl. auch *Römermann* in *Nerlich/Römermann* § 288 RdNr. 9; *Goetsch* in *Breutigam/Blersch/Goetsch* § 288 RdNr. 4; *Kübler/Prütting/Wenzel* § 288 RdNr. 3.
[31] So *Wittig* WM 1998, 209, 213.
[32] Siehe FK-*Grote* § 288 RdNr. 8.
[33] Zu den Problemen solcher Listen vgl. ausf. oben *Graeber* § 56 RdNr. 56 ff.; *Kleine-Cossack*, RWS-Forum 2000, S. 1; *Holzer/Kleine-Cosack/Prütting*, Die Bestellung des Insolvenzverwalters, 2002.
[34] *Haarmeyer* InVo 1997, 57.
[35] Siehe z. B. BGH VersR 1965, 1194; OLG München ZIP 1991, 1367 f. (für den Konkursverwalter); BGH NJW 1981, 1726 (vorläufiger Verwalter); vgl. ferner *Häsemeyer* RdNr. 6.08; MünchKommBGB-*Papier* § 839 RdNr. 322.

Der Insolvenzrichter kann auch Haftungsansprüchen ausgesetzt sein, wenn er das ihm zur 17
Verfügung stehende Ermessen fehlerhaft ausgeübt hat. Denkbar ist dies in den Fällen, in
denen der Richter eine Interessenkollision des Treuhänders mit einem Lager übersehen hat
und deshalb einen einseitigen Interessenvertreter bestellt hat oder wo der Richter sich bei
der Bestellung von Personen zum Treuhänder von sachfremden Kriterien hat leiten lassen
oder wenn eine Person objektiv weniger geeignet ist als eine andere Person, die zur Auswahl
gestanden hätte.

e) Person des Treuhänders. Das Vorschlagsrecht bezieht sich dem Wortlaut des § 288 18
nach ausdrücklich nur auf eine **natürliche Person.** Gleichwohl ist vertreten worden, dass es
als ultima ratio möglich sein müsse, dass das Gericht auch juristische Personen, insbesondere
karitative Einrichtungen, als Treuhänder bestellen kann, wenn sich ansonsten keine geeignete natürliche Person finden lasse, die zur Übernahme des Treuhänderamtes bereit sei.
Andernfalls sei zu befürchten, dass die Funktionsfähigkeit des Restschuldbefreiungsverfahrens beeinträchtigt werden könnte. Zudem könnte sich die Bestellung einer juristischen
Person als geeigneter Treuhänder anbieten, wenn sich die betreffende Stelle auf die mit der
Tätigkeit eines Treuhänders verbundene Aufgabe spezialisiert habe oder sogar bereit sei, den
Schuldner mit dem Ziel einer Beseitigung seiner Unerfahrenheit oder Sorglosigkeit im
Umgang mit seinem verfügbaren Einkommen zu beraten.[36] Dogmatisch ließe sich eine
derartige Auffassung damit begründen, dass nur das Vorschlagsrecht gem. § 288 auf natürliche Personen beschränkt ist, hinsichtlich des Beschlusses des Gerichts über die Bestimmung
des Treuhänders sieht das Gesetz in § 292 Abs. 2 aber keine derartigen Beschränkungen vor.
Allerdings kann aus dem Umstand, dass § 288 erst später in den Regelungskanon der InsO
aufgenommen wurde, mittelbar geschlossen werden, dass damit eine Konvergenz zu § 291
Abs. 2 hergestellt werden sollte, so dass die Regelung über das Vorschlagsrecht als Ausdruck
des Willens des Gesetzgebers zu verstehen ist, im Rahmen der gesamten Restschuldbefreiung nur eine natürliche Person als Treuhänder bestellen zu können. Zwingend ist dieser
Schluss allerdings nicht.

Soweit der Treuhänder aus einem vereinfachten Insolvenzverfahren (§§ 311 ff.) auch 19
Treuhänder im Restschuldbefreiungsverfahren wird, ist die Lage eindeutig, denn wegen des
Verweises in § 313 Abs. 1 Satz 3 auf § 56 kann dieser nur eine natürliche Person sein.

Darüber hinaus erlaubt die **Vorschrift des § 313 Abs. 1 Satz 3 aber keine verall-** 20
gemeinerbaren Aussagen über die Berufung einer juristischen Person als Treuhänder im
Restschuldbefreiungsverfahren dergestalt, dass § 313 Abs. 1 Satz 3 mit dem Verweis auf § 56
Abs. 1 die Berufung einer juristischen Person als Treuhänder generell ausschließe.[37] Denn
die Vorschrift des § 313 Abs. 1 Satz 3 bezieht sich ausschließlich auf den Treuhänder im
vereinfachten Insolvenzverfahren, nicht jedoch auf den in seinem Charakter davon verschiedenen Treuhänder im Restschuldbefreiungsverfahren. Die dort getroffene Bestimmung über
den Treuhänder ist wegen seiner anderen Aufgaben, die im Wesentlichen denen des
Insolvenzverwalters entsprechen,[38] nicht auf den Treuhänder im Restschuldbefreiungsverfahren zu übertragen.

Gegen die Bestellung einer juristischen Person zum Treuhänder im Restschuldbefreiungs- 21
verfahren sprechen auch nicht (mehr) die Bedenken des Einsatzes von juristischen Personen
als Treuhänder im Hinblick auf **Haftungsfragen** und **Aufsichtsprobleme** bei einer juristischen Person mit austauschbaren Handelnden.[39] Infolge der neuesten Rechtsentwicklungen
zur Wissenszurechnung und zur Einstandspflicht juristischer Personen für die Handlungen
der für sie Tätigen, wonach die juristische Person eine weitgehende Haftung ohne Exkulpationsmöglichkeit sowohl für das Verhalten der für sie Tätigen im Außenverhältnis als auch

---

[36] *Kübler/Prütting/Wenzel* § 288 RdNr. 2; vgl. auch *Döbereiner*, S. 336.
[37] *Römermann* in *Nerlich/Römermann* § 288 RdNr. 13.
[38] Vgl. dazu *Müller* ZInsO 1999, 335; *Wagner* ZIP 1999, 689, 690 f.; *Kübler/Prütting/Wenzel* § 313 RdNr. 2; *Hess/Obermüller* RdNr. 1050 f.; *Häsemeyer* RdNr. 29.03 ff.
[39] Vgl. zu den diesbezüglichen Bedenken bei der Frage, ob juristische Personen das Amt des Insolvenzverwalters übernehmen dürfen, die Beschlussempfehlung des BTag BT-Drucks. 12/7302, zu § 65, S. 65.

für Organisationsmängel im Innenverhältnis trifft,[40] ist die rechtliche Behandlung einer juristischen Person insoweit weitgehend einer natürlichen Person gleichgestellt.

22 Die Ablehnung der Bestellung einer juristischen Person als Treuhänder beruht daher letztlich auf dem **rechtspolitischen Willen des Gesetzgebers,** der seinen Ausdruck im Wortlaut des § 288 findet. Dafür, dass er im Hinblick auf die juristische Person zwischen Vorschlag und Bestimmung differenzieren wollte, gibt es keinen Hinweis. Vielmehr ist kein vernünftiger Grund ersichtlich, warum der Gesetzgeber, wenn er denn die Tätigkeit des Treuhänders auch für juristische Personen hätte öffnen wollen, das Vorschlagsrecht in § 288 nur auf natürliche Personen beschränkt.[41] Es hätte dann doch viel näher gelegen, dass der Schuldner auch eine juristische Person vorschlagen können soll, wenn er meint, diese würde seine Interessen im Amt des Treuhänders am besten wahren können. Der Umstand, dass eine solche Erweiterung im Tatbestand des § 288 unterblieben ist, spricht unzweideutig dafür, dass hier nur eine natürliche Person vorgeschlagen und bestimmt werden können soll.

23 Für diese sich als herrschende Meinung herauskristallisierende Auffassung, dass nur natürliche Personen als Treuhänder bestellt werden können,[42] spricht auch, dass damit letztlich erhebliche praktische Schwierigkeiten vermieden werden, in die die Gerichte kämen, wenn sie im Rahmen ihrer Ermessenserwägung bei der Bestellung des Treuhänders die oft nur **schwer zu beurteilende Entscheidung** zu fällen haben, ob bei juristischen Personen, die als gewerbliche Vereine oder Organisationen die Treuhändertätigkeit ausüben wollen, möglicherweise doch rein unternehmerische Interessen, wie z. B. die Gewinnerzielungsabsicht, im Vordergrund stehen,[43] so dass die Interessen des Schuldners und der Gläubiger insoweit nur unzureichend Berücksichtigung fänden. Trotz der im Ergebnis eindeutigen Wertung des deutschen Gesetzgebers bestehen vor dem Hintergrund, dass die Tätigkeit eines Treuhänders eine Dienstleistung ist, an der Beschränkung auf den Kreis natürlicher Personen erhebliche EG-rechtliche Bedenken. Diese richten sich vor allem gegen eine Vereinbarkeit des Ausschlusses (ausländischer) juristischer Personen von der Möglichkeit, die Dienstleistung des Treuhänders zu erbringen. Darin könnte eine Verletzung des Art. 49 EG-Vertrages liegen.[44]

24 **f) Anforderungen an den Treuhänder.** Der Gesetzgeber hat ausdrücklich darauf verzichtet, den Insolvenzgerichten eine Richtschnur an die Hand zu geben, mit der die Anforderungen an die Person des Treuhänders konkretisiert werden.[45] Zwar hatte der Bundesrat im Gesetzgebungsverfahren auf die Aufstellung von Anforderungen an die **Qualifikation als Treuhänder** gedrängt,[46] doch nahm die Bundesregierung dahingehend Stellung, dass eine weitere Spezifizierung, insbesondere das Vorliegen bestimmter Fähigkeiten oder eine besondere Berufsausbildung, im Gesetz nicht vorzunehmen sei. Die Freiheit der Entscheidung des Insolvenzgerichts über den einzusetzenden Treuhänder basiert dabei auf der Überlegung, dass nur das Gericht als unabhängige Instanz die Aufgabe bewältigen kann, bei der Bestimmung des Treuhänders die unterschiedlichen Ziele der **Kostenminimierung,** der **Unterstützung des Schuldners,** die **Forderungsverwirklichung** der Gläubiger und die **Neutralität** der Person des Treuhänders in Einklang zu bringen.[47] Diese Freiheit bedeutet freilich nicht, dass nicht gleichwohl von mehreren Insolvenzgerichten oder von einem einzelnen Insolvenzgericht für den von ihm betreuten Bereich auch ein Katalog

---

[40] Siehe dazu ausführlich *Kleindiek,* Delikthaftung und juristische Person, 1997; *Haas,* Geschäftsführerhaftung und Gläubigerschutz, 1997; *Medicus,* ZGR 1998, 570; *ders.* GmbHR 1993, 531.
[41] *Römermann* in *Nerlich/Römermann* § 288 RdNr. 13; insoweit auch *Döbereiner,* S. 337. Vgl. auch *Gottwald/Schmidt-Räntsch,* Insolvenzrechts-Handbuch, § 78 RdNr. 30.
[42] So auch *Römermann* in *Nerlich/Römermann* § 288 RdNr. 1013; *Hoffmann,* 111; *FK-Grote* § 288 RdNr. 6; HK-*Landfermann* § 288 RdNr. 5; *Andres/Leithaus* § 288 RdNr. 2.
[43] Vgl. dazu *Pape* ZRP 1993, 285, 290.
[44] S. dagegen aber *Prütting* ZIP 2005, 1097, 1103 f.
[45] Bedauernd: *Pape* ZRP 1993, 285, 289; vgl. *Vallender* VuR 1997, 155, 157; *Römermann* in *Nerlich/Römermann* § 288 RdNr. 14; FK-*Grote* § 288 RdNr. 7.
[46] Bundesrat, BT-Drucks. 12/2443, S. 255.
[47] So ganz deutlich die Stellungnahme der Bundesregierung, BT-Drucks. 12/2443, S. 266 zu Nr. 30; s. auch FK-*Grote* § 288 RdNr. 3; *Smid/Krug/Haarmeyer* § 288 RdNr. 2; *Uhlenbruck/Vallender* § 288 RdNr. 9.

g) Auswahlkriterien des Gerichts. Die Auswahlkriterien des Gerichts haben sich daran zu orientieren, dass die als Treuhänder in Betracht gezogene Person **individuell geeignet** sein muss, die konkrete Aufgabe zu erfüllen.[48] Der im Vergleich zum Insolvenzverwalter beschränkte Aufgabenbereich des Treuhänders nach § 292 macht allerdings deutlich, dass für diese Aufgabe die Personen nicht über die gleichen besonderen Fähigkeiten verfügen müssen, wie es für die Bestellung als Insolvenzverwalter notwendig ist. Der Kreis der potenziellen Treuhänder ist damit größer als der der Insolvenzverwalter.[49] Vor dem Hintergrund des **typischen Aufgabenbereichs** eines Treuhänders können verschiedene Faktoren genannt werden, die in der Person des Treuhänders erfüllt sein sollten, wobei sie je nach Einzelfall unterschiedlich zu gewichten sind. Zu diesen gehören, dass die in Frage kommenden Personen 25

– eine **juristische Grundkompetenz** haben, welche ausreicht, um den Anforderungen an die Überwachung des Schuldners und die Überprüfung von Forderungen angemessen Rechnung zu tragen,
– eine gewisse **geschäftliche Erfahrung** haben,
– ausreichende **soziale Kompetenz** haben, da sie den Schuldner über eine Periode von sechs Jahren unterstützen sollen,
– eine gewisse **Vertrautheit und Nähe zum Schuldner** und dessen Umfeld haben,
– eine gewisse **Ortsnähe** zum Schuldner und eine gute Erreichbarkeit aufweisen und
– **Neutralität** besitzen.[50] Das gilt insbesondere dann, wenn die Gläubigerversammlung dem Treuhänder die Überwachung des Schuldners auferlegt.

h) Auswahlermessen. Aus dem Kreis der in Betracht kommenden Personen hat das Insolvenzgericht nach **freiem Ermessen** auszuwählen. Dies gilt vor allem dann, wenn der Schuldner und der Gläubiger verschiedene Personen als Treuhänder vorschlagen[51] und entspricht den Regeln bei der Auswahl eines Insolvenzverwalters.[52] Dabei sind jedoch bestimmte Aspekte zu berücksichtigen, die das Gericht bei seiner Entscheidung, den für den konkreten Fall passenden Treuhänder aus der Gruppe der allgemein geeigneten Kandidaten auszuwählen, in jedem Fall zu berücksichtigen hat. Gleichzeitig ist bei der Ermessensentscheidung auch zu bedenken, dass es bei dem Restschuldbefreiungsverfahren nicht mehr nur um den Aspekt der Haftungsverwirklichung geht, sondern es auch der Reorganisation des Schuldners und seiner Wiedereingliederung in den Markt dient. So wird das Insolvenzgericht zum einen darauf zu achten haben, dass der Treuhänder sowohl eine neutrale Stellung zum Schuldner wie auch zu den Gläubigern einnimmt. Dem kommt bes. dort erhebliche Bedeutung zu, wo die Gläubigerversammlung den Treuhänder mit der Überwachung des Schuldners beauftragt. Zum anderen sind die Kosten des Treuhänders ein Auswahlkriterium. Und drittens muss das Gericht bei seiner Auswahl darauf achten, dass der auszuwählende Treuhänder auch tatsächlich in der Lage ist, die jeweilige Verwaltung im konkreten Fall durchzuführen. Es muss also sichergestellt sein, dass er in der Lage ist, dem Schuldner als Ansprechpartner zur Verfügung zu stehen – das beinhaltet Ortsnähe und Erreichbarkeit[53] – und dass nicht von vornherein eine erkennbare Arbeits- und Zeitüberlastung vorliegt. 26

Diese Auswahlkriterien sind vom Insolvenzgericht im Rahmen seines pflichtgemäßen Ermessens heranzuziehen, wobei durchaus ein **Zielkonflikt** zwischen möglichst geringer Kostenbelastung und möglichst intensiver und kompetenter Betreuung auftreten kann. Im Hinblick darauf, dass es darauf ankommt, den Schuldner sechs Jahre lang zu betreuen und

---
[48] *Haarmeyer* InVo 1997, 57; FK-*Grote* § 288 RdNr. 8.
[49] Siehe *Smid/Krug/Haarmeyer* § 288 RdNr. 3; *Uhlenbruck/Vallender* § 288 RdNr. 10.
[50] Offener *Uhlenbruck/Vallender* § 288 RdNr. 11; wie hier im Ergebnis AG Göttingen ZVI 2006, 523.
[51] *Uhlenbruck/Vallender* § 288 RdNr. 10.
[52] *Uhlenbruck/Vallender* § 288 RdNr. 5.
[53] Vgl. AG Göttingen ZVI 2006, 523; FK-*Grote* § 288 RdNr. 9.

ihm den Wiedereinstieg in das wirtschaftliche Geschehen zu ermöglichen, scheint von der Wertung des Restschuldbefreiungsverfahrens her im Zweifel die Qualität der Betreuung Vorrang vor den Kosten zu haben, wobei jedenfalls ein sinnvolles Verhältnis beider Positionen zu erreichen ist.[54]

27   In der Literatur ist der Aspekt, dass bei der Auswahl des Treuhänders auch darauf geachtet werden müsse, dass die Verfahrenskosten reduziert werden sollten, als „nicht nachvollziehbar" und deshalb für die Insolvenzgerichte als unbeachtlich kritisiert worden,[55] da zumindest in den Fällen, in welchen der Treuhänder Gelder einziehe und verteile, seine Vergütung aus diesen Mitteln entnommen werde und damit wirtschaftlich die Gläubiger die Kosten trügen. Dieses Argument würde indes voraussetzen, dass bereits zu Beginn des Verfahrens deutlich ist, ob während der Wohlverhaltensperiode tatsächlich Gelder eingezogen und verteilt werden können. Diese Voraussetzung ist aber regelmäßig nicht gegeben. Und selbst wenn dem so wäre, besteht ein Bedürfnis nach einer größtmöglichen Reduzierung der Verfahrenskosten, weil damit eine möglichst hohe Befriedigungsquote erreicht wird.[56]

28   Das Gericht hat seine Entscheidung für eine Person als Treuhänder in seinem **Beschluss** darzulegen (vgl. oben RdNr. 13). Die Bestellung des Treuhänders für die Wohlverhaltensperiode wird regelmäßig durch den Rechtspfleger vorgenommen. Diese Aufgabe kann auch von dem Insolvenzrichter übernommen werden. In diesem Falle unterliegt der Beschluss keiner Anfechtung.[57]

i) Als Treuhänder in Betracht kommende Personen. aa) Geeignete Personen – Mitarbeiter der Beratungsstellen der Wohlfahrts- und Verbraucherverbände.[58]

29   Für sie spricht, dass sie in der Schuldnerberatung und Betreuung regelmäßig einen relevanten Erfahrungsschatz gesammelt und damit fachliche Kompetenz erworben haben. Es ist allerdings darauf hingewiesen worden, dass möglicherweise Bedenken gegen die Bestellung von Mitarbeitern der Beratungsstellen der Wohlfahrts- und Verbraucherverbände im Hinblick auf ihre Neutralität bestehen, wenn dieselbe Person, die als Treuhänder eingesetzt werden soll, den Schuldner bereits im außergerichtlichen Verfahren vertreten hat.[59] Zugleich scheinen auf der Seite der Schuldnerberater Bedenken hinsichtlich eines Interessenkonfliktes zu existieren, wenn sie gleichzeitig den Schuldner betreuen und überwachen sollen.[60]

– Gerichtsvollzieher[61]

30   Der Gerichtsvollzieher ist auf Grund seiner juristischen Vorbildung und seiner öffentlichrechtlichen Stellung für die Position eines Treuhänders geeignet. Er bietet sich als Ansprechpartner an und gewährleistet die räumliche Nähe zum Schuldner. Zugleich kommt dem Gerichtsvollzieher durchaus eine nicht zu unterschätzende soziale Kompetenz als Mittler zwischen den Interessen der Gläubiger und denen der Schuldner zu, die sich positiv in seiner Aufgabe als Betreuender niederschlagen kann.[62] Allerdings wird kaum wegzudiskutieren sein, dass eine Reihe von Schuldnern auf Grund der Stellung des Treuhänders als Gerichtsvollzieher den Eindruck haben, dieser werde seine Aufgabe zugunsten der Gläubiger ausüben, so dass eine Vertrauensbeziehung nicht aufgebaut werden kann.[63] Dem ist aber

---

[54] Vgl. *Römermann* in *Nerlich/Römermann* § 288 RdNr. 22; s. auch oben RdNr. 24.
[55] *Wittig* WM 1998, 209, 213.
[56] So *Römermann* in *Nerlich/Römermann* § 288 RdNr. 20.
[57] AG Göttingen NZI 2005, 117.
[58] Vgl. *Döbereiner*, 339; *Hess/Pape/Pape* InsO und EGInsO, RdNr. 1221; kritisch hierzu *Wittig* WM 1998, 209, 213.
[59] FK-*Grote* § 288 RdNr. 9.
[60] *Hupe*, Erkennbare Probleme mit dem neuen Insolvenzrecht, BAG-SB Info 1995, 22, 26; *Berner*, Schuldnerhilfe, 1995, 69; *Just*, Sozialberatung für SchuldnerInnen, 1990, 42 ff.
[61] *Uhlenbruck* DGVZ 1980, 145 ff., 161 ff.; *ders.* DGVZ 1992, 33, 37 f.; *Vallender* DGVZ 1997, 53, 56; *Arnold* DGVZ 1996, 129, 132; *Wittig* WM 1998, 209, 213; FK-*Grote* § 288 RdNr. 11; *Römermann* in *Nerlich/Römermann* § 288 RdNr. 17.
[62] Siehe *Goetsch* in *Breutigam/Blersch/Goetsch* § 288 RdNr. 7; vgl. allgemein *Augustin*, Der Gerichtsvollzieher als Sequester, Diss. Bonn 1996, 3 ff.; *Pawlowski* DGVZ 1991, 177, 180.
[63] *Döbereiner*, S. 338 f.; *Römermann* in *Nerlich/Römermann* § 288 RdNr. 17. Skeptisch auch *Smid/Krug/Haarmeyer* § 288 RdNr. 4.

entgegenzuhalten, dass der Gerichtsvollzieher seiner Amtspflicht unterworfen ist, die gerade zu einer besonderen Neutralität der Interessenwahrung verpflichtet.

Die Übertragung der Aufgabe als Treuhänder auf den Gerichtsvollzieher bedürfte aber einer Änderung der Geschäftsanweisung für Gerichtsanordnung (GAGV), weil die Tätigkeit des Gerichtsvollziehers als Treuhänder, trotz gewisser Ähnlichkeiten zu den in §§ 168 Nr. 2 und 141 Nr. 2 GAGV normierten Aufgaben der Gerichtsvollzieher, in der bisherigen Aufgabenbeschreibung nach der Geschäftsanordnung für Gerichtsvollzieher nicht enthalten ist.[64]

– **Insolvenzverwalter/Anwälte**

In Betracht kommen auf Grund ihrer juristischen oder betriebswirtschaftlichen Kompetenz Insolvenzverwalter oder Rechtsanwälte.[65] Sie verfügen als Organ der Rechtspflege auch über die notwendige Neutralität. Für die meisten Anwälte dürfte der Posten eines Treuhänders auf Grund der geringen Vergütung (vgl. § 293 RdNr. 8 ff.) allerdings wenig attraktiv sein. Bei den Anwälten, die sich auf die Treuhänderstellung spezialisieren und durch eine gewisse Quantität an Mandaten ihr Einkommen sichern wollen, besteht die Gefahr, dass sie den Anforderungen an eine sorgfältige Ausübung der Treuhänderposition möglicherweise nicht immer gerecht werden können.

Es ist darauf hingewiesen worden, dass für Insolvenzverwalter die Bereitschaft bestehen könnte, die Treuhänderposition im Anschluss an die Insolvenzverwalterfunktion mit zu übernehmen, um dann die mit der Treuhänderposition verbundenen Verluste durch eine Mischkalkulation aufzufangen.[66] In der Tat zeichnet sich eine – freilich informelle – Praxis ab, nach der Insolvenzverwalter Treuhänderpositionen in Aussicht auf weitere Mandate als Insolvenzverwalter übernehmen. Das gilt insbesondere für die Personen, die auf den Markt der Insolvenzverwalter eintreten wollen.[67]

bb) Nicht geeignete Personen – Gläubiger

32 Aufgrund der Eigeninteressen kommen wegen der fehlenden Neutralität als Treuhänder weder ein Gläubiger, noch deren Vertreter, Mitarbeiter, Interessenvertreter der oder des Gläubigers oder Mitarbeiter von Inkassobüros in Betracht.[68]

– **Verwandte, Freunde, etc.**

Ebenso scheiden Verwandte, Freunde, enge Bekannte oder langjährig betraute Schuldenberater als Treuhänder aus.[69] Insoweit muss hier anderes gelten als bei der Bestellung eines Betreuers im Betreuungsrecht (vgl. § 1897 V BGB). Zwar mögen diese Personen ein besonderes Vertrauen des Schuldners genießen, und möglicherweise sind sie auch in erhöhtem Maße zu einer unentgeltlichen Übernahme der Treuhänderposition bereit, doch fehlt es ihnen auf Grund der Verankerung im Lager des Schuldners an der notwendigen Neutralität.[70]

§ 289 Entscheidung des Insolvenzgerichts

(1) ¹Die Insolvenzgläubiger und der Insolvenzverwalter sind im Schlußtermin zu dem Antrag des Schuldners zu hören. ²Das Insolvenzgericht entscheidet über den Antrag des Schuldners durch Beschluß.

(2) ¹Gegen den Beschluß steht dem Schuldner und jedem Insolvenzgläubiger, der im Schlußtermin die Versagung der Restschuldbefreiung beantragt hat, die

---

[64] *Vallender* DGVZ 1997, 54, 56; *Uhlenbruck* DGVZ 1992, 33, 38; FK-*Grote* § 288 RdNr. 11.
[65] Vgl. *Scholz* BB 1992, 2233, 2235; *Maier/Kraft* BB 1997, 2173, 2176; FK-*Grote* § 288 RdNr. 12.
[66] *Grote* ZInsO, 1998, 107, 111; FK-*Grote* § 288 RdNr. 12.
[67] FK-*Grote* § 288 RdNr. 12.
[68] Vgl. AG Göttingen VZI 2005, 117; *Römermann* in *Nerlich/Römermann* § 288 RdNr. 21; FK-*Grote* § 288 RdNr. 10.
[69] So auch *Römermann* in *Nerlich/Römermann* § 288 RdNr. 21; *Heyer*, 47; *Hofmann*, S. 111 f.; anders aber *Arnold* DGVZ 1996, 65, 69.
[70] Vgl. *Döbereiner*, 336 f.; *Heyer*, S. 47; *Smid/Krug/Haarmeyer* § 288 RdNr. 4; *Wittig* WM 1998, 209, 213.

§ 289   8. Teil. Restschuldbefreiung

sofortige Beschwerde zu. ²Das Insolvenzverfahren wird erst nach Rechtskraft des Beschlusses aufgehoben. ³Der rechtskräftige Beschluß ist zusammen mit dem Beschluß über die Aufhebung des Insolvenzverfahrens öffentlich bekanntzumachen.

(3) ¹Im Falle der Einstellung des Insolvenzverfahrens kann Restschuldbefreiung nur erteilt werden, wenn nach Anzeige der Masseunzulänglichkeit die Insolvenzmasse nach § 209 verteilt worden ist und die Einstellung nach § 211 erfolgt. ²Absatz 2 gilt mit der Maßgabe, daß an die Stelle der Aufhebung des Verfahrens die Einstellung tritt.

§ 289 Entscheidung des Insolvenzgerichts (RegE)

(1) ¹Die Insolvenzgläubiger und der Insolvenzverwalter sind zu dem Antrag des Schuldners zu hören. ²Das Insolvenzgericht entscheidet über den Antrag des Schuldners durch Beschluß.

(2) ¹Gegen den Beschluß steht dem Schuldner und jedem Insolvenzgläubiger, der die Versagung der Restschuldbefreiung beantragt hat, die sofortige Beschwerde zu. ²Das Insolvenzverfahren wird erst nach Rechtskraft des Beschlusses aufgehoben. ³Der rechtskräftige Beschluß ist zusammen mit dem Beschluß über die Aufhebung des Insolvenzverfahrens öffentlich bekanntzumachen.

(3) Wird das Insolvenzverfahren nach § 207 oder § 211 eingestellt, so kann der Schuldner Restschuldbefreiung im Entschuldungsverfahren nach § 289 b nur erlangen, wenn die Barmittel gemäß § 207 Abs. 3 verwendet wurden oder eine Verteilung nach § 209 erfolgt ist.

Übersicht

	RdNr.		RdNr.
I. Normzweck	1	c) Ankündigung der Restschuldbefreiung und Bestellung eines Treuhänders (§ 291)	30
II. Entstehungsgeschichte	4	3. Mitteilung der Entscheidung	32
III. Verfahren	6	4. Rechtsmittel (Abs. 2 Satz 1)	35
1. Zuständigkeit	6	a) bei Zurückweisung des Antrags als unzulässig	35
a) Örtliche und sachliche Zuständigkeit	6	b) bei Versagung der Restschuldbefreiung	36
b) Funktionelle Zuständigkeit	10	c) bei Ankündigung der Restschuldbefreiung	37
2. Mündliche Verhandlung	12	d) gegen die Ernennung des Treuhänders	38
3. Rechtliches Gehör	15	e) Weitere sofortige Beschwerde	39
a) Pflicht zur Anhörung der Insolvenzgläubiger und des Insolvenzverwalters	15	5. Rechtskraft der Entscheidung	40
b) Unterlassen einer Anhörung (§ 10)	19	6. Kosten des Verfahrens	41
c) Zeitpunkt der Anhörung	20	a) Gerichtskosten	41
d) Zweck und Ergebnis der Anhörung	21	b) Rechtsanwaltskosten	43
e) Besonderheiten bei Verfahren nach Abs. 3	25	c) Gegenstandswert	45
4. Schriftliches Verfahren	26 a	V. Aufhebung des Insolvenzverfahrens	46
IV. Beschluss des Insolvenzgerichts über den Antrag des Schuldners auf Restschuldbefreiung	27	1. Voraussetzung der Aufhebung des Insolvenzverfahrens	46
1. Entscheidungsform (Abs. 1 Satz 2)	27	2. Öffentliche Bekanntmachung der Entscheidung (Abs. 2 Satz 3, § 200)	49
2. Überblick zu den Entscheidungsmöglichkeiten	28	3. Wirkung der Aufhebung	51
a) Zurückweisung des Antrags auf Erteilung der Restschuldbefreiung	28	a) bei Versagung der Restschuldbefreiung	51
b) Versagung der Restschuldbefreiung (§ 290)	29	b) bei Ankündigung der Restschuldbefreiung	53

274   Stephan

	RdNr.		RdNr.
VI. Verfahren bei Masseunzulänglichkeit (Abs. 3)	54	dem in § 304 Abs. 1 genannten Personenkreis gehört (Abs. 4)	80
1. Voraussetzungen (Satz 1)	54	10. Der vorläufige Treuhänder im Verfahren, in denen der Schuldner nicht zu dem in § 304 Abs. 1 genannten Personenkreis gehört (Abs. 4)	81
a) Erfolgte Verteilung der Insolvenzmasse nach Anzeige der Masseunzulänglichkeit (§§ 208, 209)	54	11. Die Vergütung des vorläufigen Treuhänders	82
b) Abgrenzung zu Einstellungen nach §§ 207, 212, 213	55	**IX. § 289 b (RegE) – Einleitung des Entschuldungsverfahrens**	84
2. Anhörung des Insolvenzgläubiger und des Insolvenzverwalters	56	1. Gegenstand der Gesetzesänderung	84
3. Entscheidungsmöglichkeiten	57	2. Zweck der Gesetzesänderung	85
a) Versagung der Restschuldbefreiung	57	3. Voraussetzungen für die Einleitung des Entschuldungsverfahrens	86
b) Ankündigung der Restschuldbefreiung und Bestellung eines Treuhänders	58	a) Bericht des vorläufigen Treuhänders	86
4. Weiteres Verfahren (Satz 2)	59	b) Vollständige Unterlagen	87
a) Einstellung nach § 211 statt Aufhebung	59	c) Entscheidung des Gerichts	89
b) Wirkung der Einstellung	60	d) Rechtsmittel	90
VII. Änderungen des § 289 durch den RegE zur Entschuldung mittelloser Personen	63	e) Funktionelle Zuständigkeit	91
1. Gegenstand der Gesetzesänderung	63	4. Einleitung des Entschuldungsverfahrens bei einer Einstellung des Insolvenzverfahrens gemäß §§ 207, 211	92
2. Zweck der Gesetzesänderung	64	5. Beschränkungen der Wirkungen von Abtretung und Verpfändung	93
VIII. § 289 a (RegE) – Besteuerung eines vorläufigen Treuhänders	66	**X. § 289 c (RegE) – Entscheidung im Entschuldungsverfahren**	94
1. Gegenstand der Gesetzesänderung	66	1. Gegenstand der Gesetzesänderung	94
2. Zweck der Gesetzesänderung	67	2. Zweck der Gesetzesänderung	95
3. Die Voraussetzungen für die Bestellung des vorläufigen Treuhänders (Abs. 1 Satz 1)	69	3. Das Versagungsverfahren	96
4. Die Rechtsstellung des vorläufigen Treuhänders	72	a) Die Entscheidung über die Einleitung des Entschuldungsverfahrens	96
5. Das Verfahren der Bestellung und die öffentliche Bekanntmachung (Abs. 1 Satz 2)	73	b) Hinweispflichten des Gerichts	97
6. Das Verbot ein Gutachten einzuholen (Abs. 1 Satz 3)	74	c) Versagung der Restschuldbefreiung auf Antrag eines Gläubigers	100
7. Die Kostenbeteiligung des Schuldners (Abs. 2)	76	d) Versagung der Restschuldbefreiung vom Amts wegen	101
8. Aufgaben des vorläufigen Treuhänders (Abs. 3)	79	e) Überwachung des Schuldners (§ 289 c Abs. 2 Satz 4)	102
9. Der vorläufige Treuhänder im Verfahren, in denen der Schuldner zu		f) Ankündigung der Restschuldbefreiung (§§ 2889 c Abs. 3, 291 Abs. 1)	103
		g) Rechtsmittel	105

I. Normzweck

§ 289 enthält in Abs. 1 und 3 die Verfahrensregelungen für die Entscheidung des Insolvenzgerichts über den Antrag des Schuldners auf Erteilung der Restschuldbefreiung. Mit dem Beschluss nach 289 Abs. 1 Satz 1 wird der erste Abschnitt des Restschuldbefreiungsverfahrens, das **Zulassungsverfahren,** beendet. Mit dieser Entscheidung **sind die Versagungsgründe** aus § 290 Abs. 1 für den späteren Verfahrensablauf **präkludiert.**

Eine Klammer zwischen dem Insolvenzverfahren und dem Restschuldbefreiungsverfahren schafft § 289 Abs. 2 Satz 2. Das Insolvenzverfahren darf danach erst nach der Rechtskraft der Entscheidung über die Ankündigung bzw. Versagung der Restschuldbefreiung aufgehoben werden. Wegen der großen Bedeutung dieser Entscheidung für die Insolvenzgläubiger und den Schuldner sehen die Verfahrensregelungen in Abs. 1 eine Anhörung und in Abs. 2 ein Rechtsmittel und die öffentliche Bekanntmachung vor.

3   Abs. 3 trifft eine Sonderregelung für den Fall, dass das Insolvenzverfahren nach § 211 nach Anzeige der **Masseunzulänglichkeit** eingestellt wird. Mit dieser Regelung wird die Grundvoraussetzung einer Restschuldbefreiung normiert, dass nur ein bis zur Verteilung des Vermögens durchgeführtes Insolvenzverfahren Grundlage einer Restschuldbefreiung sein kann. Nur dann ist gewährleistet, dass das gegenwärtige Vermögen des Schuldners ermittelt und zur gleichmäßigen Gläubigerbefriedigung eingesetzt wird und die Forderungen der Insolvenzgläubiger für die anschließende Verteilung während der Laufzeit der Abtretung vollständig festgestellt werden.

II. Entstehungsgeschichte

4   Der **Diskussionsentwurf**[1] enthielt In § 227 DE unter der Überschrift „Anhörung" die Regelung, die dem jetzigen Abs. 1 Satz 1 entspricht. § 228 Abs. 1 DE entsprach dem jetzigen Abs. 1 Satz 2 und Abs. 2 DE dem Abs. 2 Satz 1 mit der Ausnahme, dass in Abs. 2 DE der Schlusstermin als „Anhörungstermin" bezeichnet wurde. Abs. 3 DE hat in Abs. 2 Satz 2 und 3 der jetzigen Regelung seine Entsprechung. Der **Referentenentwurf**[2] hat die Regelungen des Diskussionsentwurf in den §§ 227, 228 übernommen. Lediglich der Begriff „Anhörungstermin" in Abs. 2 DE wurde durch den Begriff „Schlusstermin" ersetzt.

5   Durch den **Rechtsausschuss** wurden die §§ 227 und 228 RefE zum Zwecke der „redaktionellen Straffung" zu § 289 Abs. 1 und Abs. 2 zusammengefasst.[3] Außerdem wurde als Abs. 3 die Regelung des § 329 Abs. 2 RegE neu eingefügt. Die Umstellung erschien zweckmäßig, da in der Beschlussempfehlung die Einstellung des Verfahrens in einem früheren Abschnitt der Insolvenzordnung geregelt wird als die Restschuldbefreiung.[4]

III. Verfahren

6   **1. Zuständigkeit. a) Sachliche und örtliche Zuständigkeit. Sachlich zuständig** für die Entscheidung über die Ankündigung der Restschuldbefreiung ist das **Insolvenzgericht** (§ 289 Abs. 1 Satz). Insolvenzgericht ist das Amtsgericht, an dessen Bezirk ein Landgericht seinen Sitz hat.[5] Es handelt sich um eine **ausschließliche Zuständigkeit,** die der Parteivereinbarung entzogen ist.

7   Die **örtliche Zuständigkeit** folgt aus § 3 Abs. 1. Danach ist das Insolvenzgericht zuständig, in dessen Bezirk der Schuldner seinen allgemeinen Gerichtsstand nach den §§ 13 ff. ZPO hat. Nimmt eine **unternehmerisch tätige Person** die Restschuldbefreiung in Anspruch und liegt der Mittelpunkt der wirtschaftlichen Tätigkeit an einem anderen Ort als dem des allgemeinen Gerichtsstandes, ist ausschließlich das Gericht zuständig, in dessen Bezirk dieser Ort liegt (§ 3 Abs. 1 Satz 2).

8   Die Prüfung der örtlichen Zuständigkeit erfolgt bereits bei Einreichen des Insolvenzantrags. Eine Wohnsitzverlegung oder eine Verlegung des Mittelpunktes der wirtschaftlichen Tätigkeit zwischen dem Zeitpunkt der Antragstellung und der Eröffnung des Insolvenzverfahrens berührt nicht die Zuständigkeit des ursprünglich angerufenen Gerichts.[6] Nach der rechtskräftigen Eröffnung des Insolvenzverfahrens bleibt dieses Gericht weiterhin örtlich zuständig, auch wenn das Verfahren von dem unzuständigen Insolvenzgericht eröffnet worden ist.[7]

---

[1] BMJ (Hrsg.), DE, S. 116, 117.
[2] BMJ (Hrsg.), RefE, S. 133.
[3] Begr. der Beschlussempfehlung des Rechtsausschusses, in *Kübler/Prütting* (Hrsg.), Das neue Insolvenzrecht, Bd. I, S. 537.
[4] Begr. der Beschlussempfehlung des Rechtsausschusses, in *Kübler/Prütting* (Hrsg.), Das neue Insolvenzrecht, Bd. I, S. 537.
[5] § 2 Abs. 2 ermächtigt jedoch die Landesregierungen abweichend davon andere oder zusätzliche Insolvenzgerichte zu bestimmen. Von dieser Ermächtigung haben die Bundesländer Berlin, Baden-Württemberg, Bayern, Bremen, Hessen, Niedersachsen, Rheinland-Pfalz, Sachsen und Schleswig-Holstein Gebrauch gemacht.
[6] OLG München Rpfleger 1987, 78.
[7] *Kuhn/Uhlenbruck* RdNr. 7 b zu § 71 KO.

Für das Restschuldbefreiungsverfahren ist dasselbe Amtsgericht in seiner Funktion als 9
Insolvenzgericht zuständig, das auch das Insolvenzverfahren durchgeführt hat. Zwar ist das
Restschuldbefreiungsverfahren für sich betrachtet ein eigenständiges Verfahren. Es schließt
sich aber nahtlos an das eigentliche Insolvenzverfahren an. Der Antrag auf Restschuldbefreiung ist im spätestens im Berichtstermin, also noch während des Insolvenzverfahrens zu
stellen. Das Gericht, das das Insolvenzverfahren durchgeführt hat, verfügt dadurch bereits
über die Sachkenntnisse, die den Entscheidungsaufwand im nachfolgenden Restschuldbefreiungsverfahren erleichtern. Nach dem Eröffnungsantrag eintretende Veränderungen bezüglich des allgemeinen Gerichtsstands sind daher auch im Rahmen der Zuständigkeit für
das Restschuldbefreiungsverfahren entsprechend § 261 Abs. 2 Nr. 2 ZPO i. V. m. § 4 unbeachtlich.[8]

b) Funktionelle Zuständigkeit. Grundsätzlich ist nach § 3 Nr. 2 RPflG das Insolvenz- 10
verfahren dem Rechtspfleger übertragen. Dies gilt auch für das Restschuldbefreiungsverfahren. Dem **Richter ist jedoch die Entscheidung nach § 289 vorbehalten,** wenn ein
Insolvenzgläubiger die Versagung der Restschuldbefreiung beantragt (§ 18 Abs. 1 Nr. 2
RPflG). Dieser Vorbehalt erstreckt sich nur auf die Entscheidung über die **Begründetheit
des Versagungsantrags.**

Ist nicht über den Versagungsantrag zu befinden, sondern der Antrag auf Erteilung der 11
Restschuldbefreiung wegen eines formellen Mangels **als unzulässig zurückzuweisen,** so
fällt diese Entscheidung in die **Zuständigkeit des Rechtspflegers,**[9] es sei denn, der
Richter hätte sich das Verfahren ganz oder teilweise nach § 18 Abs. 2 RPflG vorbehalten.
Der Richtervorbehalt des § 18 Abs. 1 Nr. 2 RPflG beruht auf der Überlegung, dass die
Entscheidung über die Restschuldbefreiung, dann wenn ein Gläubiger einen Versagungsantrag gestellt hat, der rechtsprechenden Tätigkeit i. S. v. Art. 92 GG sehr nahe kommt.[10]
Eine solche, dem Richter vorzubehaltende Abwägung widerstreitender Standpunkte wird
für den Fall, dass der Antrag auf Erteilung der Restschuldbefreiung wegen eines formellen
Mangels als unzulässig zurückzuweisen ist, nicht gefordert.[11] Hat kein Insolvenzgläubiger
einen Versagungsantrag gestellt, trifft der Rechtspfleger die Entscheidung, § 18 Abs. 1 Nr. 2
RPflG.

2. Mündliche Verhandlung. Anders als im Zivilprozess, in dem grundsätzlich das 12
Prinzip der Mündlichkeit gilt (§ 128 Abs. 1 ZPO), können die Entscheidungen im Insolvenzverfahren ohne mündliche Verhandlung getroffen werden (§ 5 Abs. 2). Im Insolvenzverfahren herrscht der **Grundsatz der fakultativen Mündlichkeit.**[12] Danach reicht es aus,
wenn die von einer gerichtlichen Entscheidung betroffenen Verfahrensbeteiligten in irgendeiner Form Kenntnis und Gelegenheit zur Stellungnahme erhalten. Wenn das Gesetz im
Insolvenzverfahren ausdrücklich eine Anhörung des Schuldners vorschreibt, bedeutet das
nicht, das dort in jedem Fall eine mündliche Verhandlung stattfinden müsste. **Abweichend
von diesem Grundsatz der fakultativen Mündlichkeit** schreibt das Gesetz in § 289
Abs. 1 Satz 1 vor, dass die Insolvenzgläubiger und der Insolvenzverwalter **im Schlusstermin des Insolvenzverfahrens anzuhören sind.**

Soweit das Gesetz zwingend eine mündliche Anhörung vorsieht, gilt auch der **Grundsatz** 13
der Unmittelbarkeit.[13] Verhandlung und Beweisaufnahme sind unmittelbar vor dem
erkennenden Gericht vorzuführen. Aus diesem Grund kann im Schlusstermin der Rechtspfleger die Insolvenzgläubiger, den Insolvenzschuldner sowie den Verwalter oder Treuhänder
nur zu dem Antrag des Schuldners auf Erteilung der Restschuldbefreiung anhören, nicht
jedoch zu dem Versagungsantrag eines Gläubigers. Das Gericht kann den Schuldner, der die

---

[8] *Döbereiner,* S. 288.
[9] OLG Köln NZI 2000, 587, LG Göttingen ZInsO, 2001, 90, 91; aA LG Münster NZI 2000, 531;
HK-*Landfermann* § 289 RdNr. 5.
[10] *Römermann* in *Nerlich/Römermann* § 289 RdNr. 15.
[11] OLG Köln, NZI 2000, 587.
[12] *Prütting,* in Kölner Schrift RdNr. 48.
[13] *Prütting,* in Kölner Schrift S. 198 RdNr. 48.

Restschuldbefreiung beantragt hat, auffordern, zur Erfüllung seiner Auskunftspflichten an diesem Schlusstermin teilzunehmen. Das Gericht sollte den Schuldner zum Termin laden, falls bereits ein Gläubiger einen Versagungsantrag gestellt hat oder angekündigt hat. Das Gericht muss den Schuldner zu dem Termin laden, wenn ein Insolvenzgläubiger oder der Insolvenzverwalter bzw. der Treuhänder dies beantragt haben, um den Schuldner zu befragen. Der Schuldner ist dann zum Erscheinen und zur Auskunftserteilung verpflichtet. Zweck dieser Anhörung ist es letztlich, in diesem Termin zu klären, ob ein Antrag auf Versagung der Restschuldbefreiung gestellt wird.[14] Stellt ein Insolvenzgläubiger im Schlusstermin auf Grund der Anhörung einen Versagungsantrag, so sind die Akten dem Richter vorzulegen, der auf Grund eines weiteren Anhörungstermins oder nach schriftlicher Anhörung über die Versagungsantrag entscheidet. Gleiches gilt auch für den Fall, dass ein Insolvenzgläubiger bereits vor dem Schlusstermin einen Versagungsantrag gestellt hat und sich der Richter zu dem Zeitpunkt das Verfahren nicht nach § 18 Abs. 2 vorbehalten hatte.

14 Über den Antrag auf Erteilung der Restschuldbefreiung wird daher, falls ein Insolvenzgläubiger die Versagung der Restschuldbefreiung beantragt hat, in der Regel nicht im, sondern erst nach dem Prüfungstermin entschieden werden. Ist der Antrag auf Erteilung der Restschuldbefreiung jedoch unzulässig, so bedarf es keiner Anhörung der Insolvenzgläubiger und des Insolvenzverwalters gemäß Abs. 1 Satz 1. Die Entscheidung über den unzulässigen Antrag kann bereits vor dem Schlusstermin getroffen werden.[15]

15 **3. Rechtliches Gehör. a) Pflicht zur Anhörung der Insolvenzgläubiger und der Insolvenzverwalters.** Das Gericht hat vor seiner Entscheidung über die Ankündigung der Restschuldbefreiung **die Insolvenzgläubiger und den Insolvenzverwalter anzuhören.** Der Anspruch auf Gewährung rechtlichen Gehörs verlangt keine Anhörung der Gläubiger, die ausschließlich Inhaber von Forderungen im Sinne des § 302 sind, da diese Forderungen nicht von den Wirkungen der Restschuldbefreiung erfasst werden. Sie sind nicht materiell Beteiligte, so dass eine Gewährung rechtlichen Gehörs unterbleiben kann. Dasselbe gilt für die Entscheidung, mit der das Restschuldbefreiungsverfahren auf Grund der vorzeitigen Tilgung aller Verbindlichkeiten zum Abschluss gebracht wird. Eine Beeinträchtigung von Rechtspositionen aller Beteiligten scheidet aus. Rechtliches Gehör ist in diesem Falle nicht geboten.

16 Im vereinfachten Insolvenzverfahren tritt der Treuhänder an die Stelle des Insolvenzverwalters.

17 Das Gericht hat auch den **Schuldner vor einer ablehnenden Entscheidung des Antrags auf Erteilung der Restschuldbefreiung anzuhören.** Eine Regelung, die eine Anhörung des Schuldners zu den vorgebrachten Versagungsgründen vorsieht, fehlt. Das Fehlen einer solchen Regelung bedeutet aber nicht, dass die Regelungen über die Restschuldbefreiung insoweit verfassungswidrig sind. Die Verpflichtung, rechtliches Gehör zu gewähren folgt unmittelbar aus Art. 103 Abs. 1 GG.

18 Soweit nach § 289 Abs. I Satz 1 der **Insolvenzverwalter anzuhören** ist, dient diese Anhörung nicht der Wahrung rechtlichen Gehörs, sondern der Sachverhaltserforschung. Der Insolvenzverwalter, bzw. im vereinfachten Verfahren der Treuhänder, hat den besten Einblick in das Verhalten des Schuldners vor und während der Zeit des Insolvenzverfahrens. Er ist am besten darüber informiert, ob der Schuldner seinen Auskunfts- und Mitwirkungspflichten nachgekommen ist.

19 **b) Unterlassen einer Anhörung nach § 10 InsO.** Eine Anhörung des Schuldners kann nach § 10 unterbleiben, wenn sich der Schuldner im Ausland aufhält oder sein Aufenthalt unbekannt ist und sich deshalb die Anhörung das Verfahren übermäßig verzögern würde. Der Anspruch auf Gewährung rechtlichen Gehörs ist nicht schrankenlos. § 10 regelt nur die Einschränkung des rechtlichen Gehörs zu Lasten des Schuldners. Für die **Anhörung der**

---

[14] HK-*Landfermann* § 289 RdNr. 4.
[15] OLG Köln NZI 2000, 587, 588; *Lücke/Schmittmann* ZInsO 2000, 87; aA HK-*Landfermann* § 289 RdNr. 5; LG Münster NZI 2000, 531.

Insolvenzgläubiger, die im Restschuldbefreiungsverfahren mehrmals erfolgt, fehlt eine entsprechende Regelung. Insoweit besteht hier eine Regelungslücke. Da kein Unterschied von der Interessenlage her zum Fall des Absehens der Anhörung des Schuldners besteht, ist § 10 analog auch auf die Anhörung eines Gläubigers anzuwenden.

c) Zeitpunkt der Anhörung. Die **Anhörung soll erst im Schlusstermin des Insolvenzverfahrens erfolgen,** um für die gesamte Verfahrensdauer feststellen zu können, ob der Schuldner seinen Auskunfts- und Mitwirkungspflichten nachgekommen ist.[16] Liegt vor dem Schlusstermin ein wirksamer Antrag des Schuldners auf Erteilung der Restschuldbefreiung vor, dann hat das Gericht den Beteiligten, Gläubiger und Insolvenzverwalter dies mitzuteilen und diese darauf hinzuweisen, dass hierzu eine Anhörung im Schlusstermin erfolgt. 20

d) Zweck und Ergebnis der Anhörung. Die **Anhörung der Insolvenzgläubiger** dient der Gewährung rechtlichen Gehörs gemäß Art. 103 Abs. 1 GG.[17] **Gewährung rechtlichen Gehörs** bedeutet, dass der Beteiligte sich vor dem Erlass der Entscheidung in tatsächlicher und rechtlicher Hinsicht zum Streitstoff äußern kann[18] und das Gericht dieses Vorbringen auch zur Kenntnis nimmt und in Erwägung zieht. Anhören bedeutet somit nicht nur eine formale Entgegennahme einer Äußerung. Eine an Art. 103 Abs. 1 GG orientierte verfassungskonforme Auslegung des § 289 Abs. 1 Satz 1 gebietet, dass das Gericht die im Rahmen der Anhörung vorgetragenen Tatsachen und Rechtsauffassungen bei seiner Entscheidung umfassend berücksichtigt und würdigt.[19] 21

Darüber hinaus dient die Anhörung der **Sachverhaltsaufklärung.** Insbesondere die Anhörung des Insolvenzverwalters verfolgt diesen Zweck. Der Insolvenzverwalter ist durch die Entscheidung über den Antrag des Schuldners auf Restschuldbefreiung nicht in seinen Rechten betroffen. Die Anhörung des Insolvenzverwalters dient daher nicht der Wahrung rechtlichen Gehörs. Der Insolvenzverwalter hat den besten Einblick in das Verhalten des Schuldners vor und während der Zeit des Insolvenzverfahrens. Solange kein Versagungsantrag gestellt worden ist, dienen die Informationen des Insolvenzverwalters nur den Insolvenzgläubigern aus Grundlage einer Entscheidung für einen Versagungsantrag. Das Gericht kann diese Informationen weder zur Anregung eines Versagungsantrags noch zu Ermittlungen von Amts wegen nutzen, solange kein Gläubiger einen Versagungsantrag gestellt hat. 22

Führt die Anhörung der Insolvenzgläubiger und des Insolvenzverwalters nicht zu einem Versagungsantrag, dann kann der Rechtspfleger eine Entscheidung über den Antrag des Schuldners auf Restschuldbefreiung treffen. 23

Hat ein Insolvenzgläubiger bereits vor der Anhörung einen Versagungsantrag gestellt oder stellt er den Versagungsantrag auf Grund der durchgeführten Anhörung, muss der Rechtspfleger, wenn er den Antrag als Erteilung der Restschuldbefreiung für zulässig erachtet und aus diesem Grund den Antrag nicht verwirft, die Akten dem Richter zur Entscheidung über den Versagungsantrag des Insolvenzgläubigers vorlegen. 24

e) Besonderheiten bei Verfahren nach Abs. 3. Wird ein Insolvenzverfahren nach seiner Eröffnung wegen Masseunzulänglichkeit wieder eingestellt, so kann zwar Restschuldbefreiung erteilt werden. Es wird in diesem Fall aber **kein Schlusstermin** durchgeführt. Es hat dann eine gesonderte Anhörung zu erfolgen. Umstritten ist, ob diese Anhörung schriftlich erfolgen kann,[20] oder vor dem Einstellungsbeschluss eine **Gläubigerversammlung** stattzufinden hat, in der die Insolvenzgläubiger und der Insolvenzverwalter oder Treuhänder zu dem Versagungsantrag angehört werden.[21] Die Begründung, dass eine schriftliche Anhörung ausreichend sei, weil § 289 Abs. 3 Satz 2 nicht auf Abs. 1 Satz 1 verweist, 25

---

[16] Begr. RegE BR-Drucks. 1/92, S. 189.
[17] Begr. des RegE, BR-Drucks. 1/92 zu § 237, S. 189.
[18] BVerfGE 95 (98); 145, 148.
[19] Döbereiner S. 295; Römermann in Nerlich/Römermann RdNr. 8, § 289; der Auffassung von Smid, in Leipold S. 139, 158; § 289 Abs. 1 verstoße gegen Art. 103 Abs. 1 GG ist nicht zu folgen, da sie zu sehr am Wortlaut der Vorschrift haftet.
[20] FK-Ahrens § 289 RdNr. 5, 23, § 290 RdNr. 69; OLG Celle ZInsO 2002, 230 ff.
[21] Häsemeyer RdNr. 26.25; HK-Landfermann § 289 RdNr. 9.

ist nicht überzeugend. Mit dieser Verweisung soll nur klargestellt werden, dass das Insolvenzverfahren nur nach Rechtskraft des Beschlusses, der die Restschuldbefreiung ankündigt, gemäß § 211 eingestellt werden kann und der rechtskräftige Beschluss über die Ankündigung der Restschuldbefreiung zusammen mit dem Beschluss über die Einstellung des Insolvenzverfahrens öffentlich bekannt zu machen ist.

26 Nach dem Sinn und Zweck der Anhörung der Insolvenzgläubiger und des Insolvenzverwalters bzw. des Treuhänders zu dem Antrag des Schuldners auf Erteilung der Restschuldbefreiung kann die Anhörung nur in einer Gläubigerversammlung durchgeführt werden. Die Anhörung dient nicht nur der Gewährung des rechtlichen Gehörs, sondern in erster Linie der Sachverhaltsaufklärung. Die Möglichkeit in einer Gläubigerversammlung den Insolvenzverwalter bzw. Treuhänder und unter Umständen den Schuldner befragen zu können, eröffnet dem Insolvenzgläubiger in vielen Fällen erst eine Grundlage für einen Versagungsantrag, den er dann in diesem Termin stellen kann. Dagegen sind diese Informationsmöglichkeiten in einem schriftlichen Verfahren gegenüber der mündlichen Anhörung erschwert und eingeschränkt. Eine solche Ungleichbehandlung bei der Informationsbeschaffung, die Grundlage eines Versagungsantrags sein kann, ist nicht gerechtfertigt.

26 a **4. Schriftliches Verfahren (§ 5 Abs. 2).** Nach § 5 Abs. 2 kann das Gericht das Verfahren oder einzelne seiner Teile schriftlich durchführen, wenn die Vermögensverhältnisse des Schuldners überschaubar und die Zahl der Gläubiger oder die Höhe der Verbindlichkeiten gering ist. Diese Möglichkeit ein schriftliches Verfahren durchzuführen, ist durch das Gesetz zur Vereinfachung des Insolvenzverfahrens vom 13. 4. 2007[22] eingeführt worden und ersetzt den § 312 Abs. 2, der ersatzlos gestrichen wurde. Konnte bis dahin ein schriftliches Verfahren nur im Verfahren nach den §§ 304 ff. durchgeführt werden, so ist nunmehr auch im Regelinsolvenzverfahren ein solches Verfahren zulässig. Grenzwerte für die Überschaubarkeit der Vermögensverhältnisse, die Zahl der Gläubiger und die Höhe der Verbindlichkeiten werden von dem Gesetzgeber nicht vorgegeben.[23] Auch der Schlusstermin gem. § 289 Abs. 1 kann durch ein schriftliches Verfahren ersetzt werden. Auch wenn gerade für eine Versagungsentscheidung das Prinzip der Unmittelbarkeit (s. RdNr. 13 ff.) erheblich ist, wird wohl in der Praxis, gerade in den masselosen Verfahren, überwiegend von der eingeräumten Befugnis, das Verfahren schriftlich durchzuführen, Gebrauch gemacht werden.

IV. Beschluss des Insolvenzgerichts über den Antrag des Schuldners auf Restschuldbefreiung

27 **1. Entscheidungsform (Abs. 1 Satz 2).** Die Entscheidung über den Antrag auf Erteilung der Restschuldbefreiung ergeht durch Beschluss, § 289 Abs. 1 Satz 2, unabhängig davon, ob auf Grund einer mündlichen Verhandlung entschieden worden ist. Abs. 1 Satz 2 verweist ausdrücklich auf diese Entscheidungsform. Auch ohne ausdrücklichen Hinweis ist im Restschuldbefreiungsverfahren der Beschluss die einzige Entscheidungsform, da Entscheidungen nach der Insolvenzordnung ohne mündliche Verhandlung ergehen dürfen, § 5 Abs. 2 Satz 1. Eine Entscheidung ergeht bei fakultativer mündlicher Verhandlung, soweit das Gesetz nichts anderes anordnet, immer durch **Beschluss.**[24]

28 **2. Überblick zu den Entscheidungsmöglichkeiten. a) Zurückweisung des Antrags auf Erteilung der Restschuldbefreiung.** Ist der Antrag des Schuldners auf Erteilung der Restschuldbefreiung unzulässig, muss das Insolvenzgericht ihn verwerfen. Der Antrag ist unzulässig, wenn die allgemeinen Prozessvoraussetzungen oder die besonderen Voraussetzungen des Restschuldbefreiungsverfahrens fehlen.[25] Hat in einem solchen Fall ein Gläubiger einen Versagungsantrag gestellt, dann ist auch dieser Antrag abzuweisen.

---

[22] BGBl. I, 509.
[23] *Sternal,* NJW 2007, 1910.
[24] *Musielak/Stadler* RdNr. 10 zu § 128; *Döbereiner* S. 302.
[25] § 287 RdNr. 13–49.

b) Versagung der Restschuldbefreiung (§ 290). Ist von einem Gläubiger bis zum 29 Zeitpunkt der im Schlusstermin vorgeschriebenen Anhörung aus den Gründen der §§ 290 Abs. 1, 314 Abs. 1 Satz 2 i. V. m. Abs. 3 Satz 2 die Versagung der Restschuldbefreiung beantragt worden und ist dieser Antrag zulässig und begründet, dann hat das Gericht dem Schuldner die Restschuldbefreiung zu versagen. Da an dem Verfahren auf Versagung der Restschuldbefreiung der oder die antragstellenden Gläubiger als Parteien eines Streitverfahrens beteiligt sind, sind die Beteiligten im Rubrum entsprechend aufzuführen. Aus den Gründen der Entscheidung muss sich ergeben, auf Grund welcher Versagungsanträge das Insolvenzgericht über den Antrag auf Erteilung der Restschuldbefreiung entschieden hat.[26]

c) Ankündigung der Restschuldbefreiung und Bestellung eines Treuhänders 30 **(§ 291).** Wird vom Schuldner ein zulässiger Antrag auf Erteilung der Restschuldbefreiung gestellt und hat kein Insolvenzgläubiger die Versagung der Restschuldbefreiung beantragt, hat das Gericht die Restschuldbefreiung anzukündigen und einen Treuhänder zu bestellen. Bei dieser Entscheidung hat das Gericht keinen Ermessensspielraum. Die gleiche Entscheidung trifft das Gericht, wenn bei einem zulässigen Antrag auf Erteilung der Restschuldbefreiung, der Versagungsantrag des Insolvenzgläubigers unzulässig oder unbegründet war.

Die Bestellung eines Treuhänders ist auch dann erforderlich, wenn der bisherige Insol- 31 venzverwalter oder Treuhänder im Insolvenzverfahren dieses Amt übernehmen soll. Auch wenn der Gesetzgeber für das Verbraucherinsolvenzverfahren vor Augen hatte, dass **ein und dieselbe Person als Treuhänder für das vereinfachte Verbraucherinsolvenz- und das Restschuldbefreiungsverfahren** bestellt wird,[27] so bedeutet dies nicht, dass der Treuhänder aus dem Insolvenzverfahren automatisch in das andere Verfahren übernommen wird. Es bedarf auch für ein und dieselbe Person zwei unterschiedlicher Bestellungsakte.[28]

3. Mitteilung der Entscheidung. Die Entscheidung über den Antrag des Schuldners 32 auf Erteilung der Restschuldbefreiung ist dem Schuldner **zuzustellen,** falls der Antrag als unzulässig abgewiesen oder die Restschuldbefreiung auf Antrag eines Gläubigers versagt wird. Hat ein Insolvenzgläubiger erfolglos die Versagung der Restschuldbefreiung beantragt, ist auch diesem die Entscheidung des Gerichts zuzustellen. Die Insolvenzordnung regelt nicht, in welchen Fällen eine **Zustellung notwendig** ist. Dies ergibt sich vielmehr aus §§ 289 Abs. 2 Satz 1 InsO, 4 InsO, 329 Abs. 3 ZPO. Den übrigen Verfahrensbeteiligten ist die Entscheidung formlos mitzuteilen.

Die erforderlichen Zustellungen erfolgen von Amts wegen (§ 8 Abs. 1 Satz 1). Für die 33 Zustellung muss **nicht grundsätzlich** die **Ausfertigung** oder eine **beglaubigte Abschrift** verwandt werden. Anders als im Zivilprozess (§§ 170 Abs. 1, 210 ZPO) wird im Insolvenzverfahren zur Verfahrenserleichterung wegen der großen Anzahl von Beteiligten auf die Beglaubigung verzichtet, § 8 Abs. 1 Satz 3. Die Gesetzesbegründung für den Verzicht auf die Zustellung von beglaubigten Abschriften trifft zwar für die Entscheidung über den Antrag auf Erteilung der Restschuldbefreiung nicht zu, da der Adressatenkreis der zuzustellenden Entscheidung auf die Antragsteller beschränkt ist. Aufgrund der ausdrücklichen Regelung in Abs. 1 Satz 2 erstreckt sich aber der Verzicht auf eine Beglaubigung auch auf die Entscheidungen im Restschuldbefreiungsverfahren.[29]

Die Zustellungen können mit der Aufgabe zu Post erfolgen (§ 8 Abs. 1 Satz 2), müssen es 34 aber nicht. Die Auswahl des Zustellungsweges obliegt dem Insolvenzgericht. Eine öffentliche Bekanntmachung ersetzt im Insolvenzverfahren zwar jede Zustellung (§ 9 Abs. 3). Dies entbindet das Gericht jedoch nicht, sich um eine reguläre Zustellung zu bemühen.

4. Rechtsmittel (Abs. 2 Satz 1). a) bei Abweisung des Antrags als unzulässig. 35 Wird der Antrag auf Erteilung auf Erteilung der Restschuldbefreiung **als unzulässig zurückgewiesen,** steht dem Schuldner gegen diese Entscheidung das Rechtsmittel der sofortigen

---

[26] OLG Celle NZI 2002, 169 ff.; OLG Celle NZI 2001, 596 f.
[27] BT-Drucks. 12/7302 S. 193.
[28] § 288 RdNr. 3.
[29] *Nerlich/Römermann/Becker* RdNr. 7 zu § 8.

Beschwerde zu (§§ 6, 289 Abs. 2 Satz 1, 577 ZPO). Hat der Rechtspfleger diese Entscheidung getroffen, dann kann diese mit der sofortigen Erinnerung angefochten werden.

36 **b) bei Versagung der Restschuldbefreiung.** Die Entscheidung, die dem Antrag auf Versagung der Restschuldbefreiung stattgibt, ist mit der sofortigen Beschwerde anfechtbar, wenn diese Entscheidung der Richter erlassen hat. Hat der Rechtspfleger die Restschuldbefreiung versagt, ist der Rechtsbehelf der sofortigen Erinnerung gegeben.

37 **c) bei Ankündigung der Restschuldbefreiung.** Jeder Gläubiger, der **im Schlusstermin** die Versagung der Restschuldbefreiung erfolglos beantragt hat, kann gegen die Entscheidung, die die Restschuldbefreiung ankündigt, die sofortige Beschwerde einlegen.

38 **d) Rechtsmittel gegen die Ernennung des Treuhänders.** Gegen die Ernennung des Treuhänders im Ankündigungsbeschluss steht weder dem Treuhänder selbst, noch den übrigen Verfahrensbeteiligten ein Rechtsmittel zu. Er kann jedoch die Übernahme des Amtes ablehnen, da niemand gegen seinen Willen das Amt eines Treuhänders annehmen muss. Die Erfordernis, dass ein Treuhänder das Amt auch durch ausdrückliche oder konkludente Erklärung annehmen muss, ist in den §§ 286 ff. nicht ausdrücklich geregelt. Sie ergibt sich jedoch auch aus der Begründung des Regierungsentwurfs.[30]

39 **e) Weitere sofortige Beschwerde.** Gegen die Beschwerdeentscheidung ist gemäß § 7 die Rechtsbeschwerde statthaft. Für diese Rechtsbeschwerde bedarf es keiner Zulassung (§ 574 Abs. 1 Nr. 1 ZPO i. V. m. § 7 InsO). Das Rechtsbeschwerdegericht kann allerdings gem. § 577 Abs. 1 ZPO die Rechtsbeschwerde als unzulässig verwerfen, wenn die zwingend erforderliche Begründung der Rechtsbeschwerde nicht die Angaben gemäß § 575 Abs. 3 ZPO enthält. Hat das Beschwerdegericht die sofortige Beschwerde gegen einen Eröffnungsbeschluss als unzulässig verworfen und hilfsweise deren Begründetheit verneint, ist die Rechtsbeschwerde nur zulässig, wenn hinsichtlich beider Begründungen die Zulässigkeitsvoraussetzungen des § 574 Abs. 2 ZPO dargelegt werden.[31] Über die Rechtsbeschwerde entscheidet der BGH, § 133 GVG. Zulässigkeitsvoraussetzung ist, dass die Rechtssache grundsätzliche Bedeutung hat oder die Fortbildung des Rechts oder die Sicherung einer einheitlichen Rechtsprechung diese erfordert (§ 574 Abs,. 2 ZPO). Die Rechtsbeschwerde ist binnen einer Notfrist von einem Monat ab Zustellung des anzufechtenden Beschlusses durch Einreichen einer Beschwerdeschrift bei dem Rechtsbeschwerdegericht einzureichen. Unter Geltung des § 7 aF bestand kein Anwaltszwang. Nunmehr bestimmt § 575 Abs. 1 Satz 1 ZPO, dass die Rechtsbeschwerde bei dem Rechtsbeschwerdegericht einzulegen ist. Beim BGH besteht Anwaltszwang, folglich ist nur ein beim BGH zugelassener Anwalt befugt, die Rechtsbeschwerde einzulegen.[32]

40 **5. Rechtskraft der Entscheidung.** Die formelle Rechtskraft der Entscheidung über den Antrag des Schuldners auf Erteilung der Restschuldbefreiung tritt mit der Unanfechtbarkeit der Entscheidung, d. h. mit Ablauf der zweiwöchigen Beschwerdefrist bzw. Erinnerungsfrist ein, wenn der Rechtspfleger die Entscheidung erlassen hat. Ist gegen gegen die Entscheidung eine Beschwerde bzw. Erinnerung eingelegt worden, so wird die Entscheidung mit der Rechtskraft der Beschwerdeentscheidung formell rechtskräftig. Die formelle Rechtskraft der stattgebenden Entscheidung über den Restschuldbefreiungsantrag des Schuldners ist Voraussetzung für die Aufhebung des Insolvenzverfahrens. Trotz eingetretener formeller Rechtskraft kann das Verfahren auch bei insolvenzrechtlichen Beschlüssen unter den Voraussetzungen der §§ 578 ff. wieder aufgenommen werden.[33]

41 **6. Kosten des Verfahrens. a) Gerichtskosten.** Mit den allgemeinen Gebühren für die Durchführung des Insolvenzverfahrens ist grundsätzlich auch die Durchführung des Restschuldbefreiungsverfahrens abgegolten. Eine besondere Gebühr für die Entscheidung über

---

[30] Begr. RegE, BR-Drucks. 1/92 S. 189.
[31] BGH NZI 2006, 606.
[32] *Schmerbach* ZInsO 2001, 1087 ff.; *Kirchhof* ZInsO 2001, 1073 ff.
[33] *Döbereiner* S. 305.

den Antrag auf Erteilung der Restschuldbefreiung fällt nicht an, auch nicht für den Gläubiger, der einen Versagungsantrag gestellt hat, Nur für die Gläubigeranträge auf Versagung der Restschuldbefreiung nach den §§ 296 ff. wird wegen der zusätzlichen Belastung des Gerichts eine Gebühr in Rechnung gestellt. Der Schuldner muss allerdings die gerichtlichen Auslagen tragen.

Für das **Beschwerdeverfahren** gegen die Entscheidung über die Versagung der Restschuldbefreiung entsteht eine Gebühr von 50 Euro (KV 2361), falls die Beschwerde verworfen oder zurückgewiesen wird. Wird die Beschwerde nur teilweise verworfen oder zurückgewiesen, kann das Gericht die Gebühr nach billigem Ermessen auf die Hälfte ermäßigen oder bestimmen, dass eine Gebühr nicht zu erheben ist. Wird eine Rechtsbeschwerde verworfen oder zurückgewiesen, wird eine Gebühr von 100 Euro erhoben (2364 KV).

b) Rechtsanwaltskosten. Für die Vertretung eines Gläubigers oder Schuldners im Verfahren über den Antrag auf Erteilung der Restschuldbefreiung erhält der Rechtsanwalt keine besondere Gebühr mehr. Bis zum Inkrafttreten des RVG am 22. 12. 2006 erhielt der Rechtsanwalt eine besondere volle Gebühr (**§ 74 Abs. 1 Satz 1 BRAGO**). Der Gesetzgeber ging damals davon aus, dass die Prüfung der Voraussetzungen für die Ankündigung der Restschuldbefreiung nicht einfach ist. Diese Auffassung wurde nicht aufrecht erhalten. Dem Anwalt stehen somit für das Verfahren über den Antrag auf Restschuldbefreiung weder für die Vertretung des Schuldners noch für die Vertretung des Gläubigers Gebühren zu.

Wird ein **Antrag auf Versagung der Restschuldbefreiung bzw. Widerruf der Restschuldbefreiung** gestellt, so erhält der Rechtsanwalt im Verfahren die Hälfte der vollen Gebühr (Nr. 3321 VV RVG). Voraussetzung für das Entstehen der Gebühr für die Versagung oder den Widerruf der Restschuldbefreiung war bisher, dass der Antrag erst nach Aufhebung des Insolvenzverfahrens bei Gericht einging. Ging der Antrag früher ein, so galt er als durch die Gebühr nach § 74 BRAGO für das Antragsverfahren abgegolten. Nunmehr entsteht die Gebühr nach dem ausdrücklichen Wortlaut der Nr. 3321 Abs. 3 VV RVG auch gesondert, wenn der Antrag auf Versagung bereits vor Aufhebung des Insolvenzverfahrens gestellt wird. Damit entsteht die Gebühr nun unabhängig vom Zeitpunkt der Antragstellung, also auch während des noch laufenden Insolvenzverfahrens. Abgegolten wird mit der Gebühr jede Tätigkeit in diesem Verfahren, inklusive der Prüfung ob gegen die Entscheidung des Insolvenzgerichts Rechtsmittel eingelegt werden soll. Sind mehrere, gleichzeitige Anträge über das Verfahren anhängig, so stellen sie eine Angelegenheit i. S. v. § 15 RVG dar – Nr. 3321 Abs. 1 VV RVG, die nur einmal abgerechnet werden kann.

c) Gegenstandswert. Der Gegenstandswert für die anwaltliche Gebühr ist unter Berücksichtigung des wirtschaftlichen Interesses, das der Auftraggeber im Verfahren hat nach den §§ 28 Abs. 3, 23 Abs. 2 RVG zu bestimmen. Fehlen hierfür tatsächliche Anhaltspunkte, dann ist im Zweifel ein Gegenstandswert von 4000 Euro anzunehmen[34]

V. Aufhebung des Insolvenzverfahrens

1. Voraussetzungen der Aufhebung des Insolvenzverfahrens (§ 200). Voraussetzung für eine Aufhebung des Insolvenzverfahrens ist, dass die Entscheidung über die Erteilung der Restschuldbefreiung in Rechtskraft erwachsen ist. Dadurch soll gewährleistet werden, dass die Liquidation und Verteilung des Schuldnervermögens zu Ende geführt wird und die Beschränkung der Gläubigerrechte während des Treuhandverfahrens ohne Unterbrechung in die während des Insolvenzverfahrens nach § 294 bestehende Beschränkung übergeht.

Die Aufhebung des Insolvenzverfahrens setzt weiter voraus, **dass die Schlussverteilung vollzogen ist** (§ 200 Abs. 1). Das ist der Fall, wenn der Insolvenzverwalter oder Treuhänder

---

[34] BGH ZVI 2003, 91; LG Mainz ZVI 2003, 362; OLG Celle ZInsO 2002, 32 f.; *Vallender* MDR 1999, 598, 600.

die Insolvenzquote an die Gläubiger ausgezahlt, die zurückzubehaltenden Beträge (§ 198) und die Beträge, die er wegen eines Annahmeverzugs oder weil ihm der wahre Berechtigte unbekannt ist, hinterlegt hat. Die erfolgte Schlussverteilung hat der Verwalter dem Gericht anzuzeigen.

48 Diese Regelung, die sich noch nicht in der Konkursordnung befand, kann den Beginn der Wohlverhaltensperiode nachhaltig verzögern, wenn sich z. B. Verteilungsprobleme nach § 189 Abs. 2 ergeben. In solchen Fällen kann, ohne weitere Verzögerungen die Aufhebung des Verfahrens nach § 200 mit einem Vorbehalt der Nachtragsverteilung beschlossen werden. Die Aufhebung des Verfahrens steht der Anordnung einer Nachtragsverteilung nicht entgegen (§ 203 Abs. 2).[35]

49 **2. Öffentliche Bekanntmachung.** Der Aufhebungsbeschluss ist zusammen mit dem Beschluss über die Ankündigung bzw. Versagung der Restschuldbefreiung öffentlich bekannt zu machen. Die Bekanntmachung erfolgt gemäß § 9 Abs. 1 Satz 1 durch eine zentrale und länderübergreifende Veröffentlichung im Internet.[36] Die Veröffentlichung kann auszugsweise erfolgen. Die Bekanntmachung gilt als bewirkt, sobald nach dem Tag der Veröffentlichung zwei weitere Tage verstrichen sind (§ 9 Abs. 1 Satz 1).

50 Die öffentliche Bekanntmachung kann jedoch bis zum 31. Dezember 2008 zusätzlich zu der elektronischen Bekanntmachung nach § 9 Abs. 1 Satz 1 der Insolvenzordnung in einem am Wohnort oder Sitz des Schuldners periodisch erscheinenden Blatt erfolgen; die Veröffentlichung kann auszugsweise geschehen. Für den Eintritt der Wirkungen der Bekanntmachung ist ausschließlich die Bekanntmachung im Internet nach § 9 Abs. 1 Satz 1 der Insolvenzordnung maßgebend (Art. 103 c Abs. 2 EGInsO). Im Übrigen ist dann die die amtlich veranlasste weitere Veröffentlichung in Tageszeitungen usw. nur noch dann zulässig, wenn dieses landesrechtlich bestimmt ist. Damit reduziert sich die Bekanntmachungsform allein auf die elektronische Bekanntmachung.

51 **3. Wirkung der Aufhebung. a) Versagung der Restschuldbefreiung.** Bei einer Versagung der Restschuldbefreiung lebt mit der Aufhebung des Verfahrens das uneingeschränkte Nachforderungsrecht der Insolvenzgläubiger bezüglich der unbefriedigt gebliebenen Restforderungen nach § 201 Abs. 1 wieder auf. § 201 Abs. 3 entfaltet keine Wirkungen mehr. Vollstreckungstitel für die Forderungen der Insolvenzgläubiger ist die Tabelle, § 201 Abs. 2. Auf einen früher erwirkten Titel darf daneben grundsätzlich nicht mehr zurückgegriffen werden, denn ein vor der Eröffnung des Verfahrens erwirkter Vollstreckungstitel wird aufgezehrt.[37]

52 **Pfändungen, Sicherungsabtretungen und Verpfändungen,** die bereits vor der Eröffnung des Insolvenzverfahrens bewirkt worden sind, werden gemäß § 114 Abs. 1 und Abs. 3 mit der Eröffnung des Insolvenzverfahrens unwirksam oder sind auf zwei Jahre beschränkt. Da diese Konsequenz an die Eröffnung des Insolvenzverfahrens geknüpft ist, endet sie nicht mit der Versagung der Restschuldbefreiung. Die Zweijahresfrist läuft weiter. Für vor dem 1. 12. 2001 eröffnete Verfahren beträgt diese Frist drei Jahre. Durch das InsOÄndG vom 26. 10. 2001 wurde die Wirksamkeit der Lohnvorausabtretung von drei auf zwei Jahre begrenzt.

53 **b) bei Ankündigung der Restschuldbefreiung.** Wird die Restschuldbefreiung angekündigt, dann beginnt mit der Aufhebung des Verfahrens die Laufzeit der Abtretung (Wohlverhaltensperiode). Der Schuldner gewinnt mit der Aufhebung die Verfügungsgewalt über sein Vermögen zurück, die er mit der Verfahrenseröffnung gemäß § 80 Abs. 1 an den

---

[35] FK-*Kohte* § 314 RdNr. 30.
[36] Die Bekanntmachungen im Internet erfolgen inzwischen nicht mehr länderspezifisch, sondern auf einer zentralen Internetplattform aller Bundesländer unter www.insolvenzbekanntmachungen.de. Die näheren Einzelheiten dazu sind in der Verordnung zu öffentlichen Bekanntmachungen in Insolvenzverfahren im Internet v. 12. 2. 2000 (InsNetVO) geregelt. Diese Änderung erfolgte durch das Gesetz zur Vereinfachung des Insolvenzverfahrens vom 13. April 2007, das am 1. Juli 2007 in Kraft getreten ist (BGBl I 2007, 509).
[37] FK-*Ahrens* § 289 RdNr. 8; aA *Pape* KTS 1992, 185, 188.

Insolvenzverwalter bzw. Treuhänder verloren hatte. Da die massezugehörigen Gegenstände im Insolvenzverfahren verwertet worden waren, erstreckt sich die Verfügungsgewalt auf das Neuvermögen, soweit solches der Schuldner angesichts der Abtretung der laufenden Bezüge an den Treuhänder noch erwerben kann.

VI. Verfahren bei Masseunzulänglichkeit (Abs. 3)

1. Voraussetzungen (Satz 1). a) Erfolgte Verteilung der Insolvenzmasse nach Anzeige der Masseunzulänglichkeit (§§ 288, 209). Sind die Kosten eines Insolvenzverfahrens gedeckt, können aber die fälligen sonstigen Masseverbindlichkeiten nicht voll erfüllt werden, wird das Insolvenzverfahren **bis zur vollständigen Verteilung der Insolvenzmasse** durchgeführt und erst danach vom Gericht nach § 211 Abs. 1 eingestellt. Auch in diesem Falle kann ein Restschuldbefreiungsverfahren durchgeführt werden. Dazu muss der Insolvenzverwalter dem Insolvenzgericht die Masseunzulänglichkeit angezeigt haben und die Massegläubiger in der von § 209 Abs. 1 festgelegten Rangreihenfolge befriedigt haben. Nach der Vorstellung des Gesetzgebers sind im Falle der Masseunzulänglichkeit die Einkommens- und Vermögensverhältnisse des Schuldners vollständig erfasst und seine im Verfahren gemachten Angaben überprüft worden, um Vermögensverschleierungen zu verhindern. 54

b) Abgrenzung zu Einstellungen nach §§ 207, 212, 213. Steht für die Verteilung an die Gläubiger keine Masse zur Verfügung, die nach § 290 verteilt werden kann, scheidet eine Restschuldbefreiung aus, da es zu keiner Verwertung im Sinne des § 289 Abs. 3 kommt. Zwar wird auch die Auffassung vertreten, dass eine Restschuldbefreiung auch bei einer Abweisung mangels Masse in Frage kommt, wenn die erforderlichen Feststellungen gemacht werden konnten, da für diesen Fall die gesetzgeberische Begründung nicht ausreicht.[38] Ausdrücklich ausgeschlossen ist jedoch eine Restschuldbefreiung bei der Einstellung nach §§ 212, 213. 55

2. Anhörung der Insolvenzgläubiger und des Insolvenzverwalters. Wird das Insolvenzverfahren wegen Masseunzulänglichkeit nach § 211 eingestellt, wird kein Schlusstermin durchgeführt. Deshalb verweist § 289 Abs. 3 auch nicht auf Abs. 1 Satz 1. Trotzdem muss vor der Ankündigung eine gesonderte Anhörung der Insolvenzgläubiger und des Insolvenzverwalters bzw. Treuhänders erfolgen. Hierfür muss er eine Gläubigerversammlung einberufen werden.[39] 56

3. Entscheidungsmöglichkeiten. a) Versagung der Restschuldbefreiung. Ist der Antrag des Schuldners auf Erteilung der Restschuldbefreiung **unzulässig,** dann muss das Gericht diesen Antrag, verwerfen. Unzulässig ist der Antrag, wenn die allgemeinen Verfahrensvoraussetzungen oder die besonderen Voraussetzungen des Restschuldbefreiungsverfahren fehlen. Ist von einem Gläubiger bis zum Zeitpunkt der anstelle des Schlusstermins erfolgten Anhörung aus den Gründen der §§ 290 Abs. 1, 314 Abs. 1 Satz 2 i. V. m. Abs. 3 Satz die Versagung der Restschuldbefreiung beantragt worden und ist dieser Antrag zulässig und begründet, dann hat das Gericht dem Schuldner die Restschuldbefreiung zu versagen. 57

b) Ankündigung der Restschuldbefreiung und Bestellung eines Treuhänders. Hat bei einem zulässigen Antrag auf Erteilung der Restschuldbefreiung kein Gläubiger im Anhörungstermin, der anstelle des Schlusstermins anberaumt worden ist, oder vorher einen Versagungsantrag gestellt, dann muss das Gericht die Restschuldbefreiung ankündigen und einen Treuhänder bestellen. Die gleiche Entscheidung trifft das Gericht, wenn bei einem zulässigen Antrag auf Erteilung der Restschuldbefreiung der Versagungsantrag des Insolvenzgläubigers unzulässig oder unbegründet war. 58

---

[38] *Smid/Krug/Haarmeyer* § 289 RdNr. 11.
[39] Siehe oben RdNr. 26; aA *Häsemeyer* RdNr. 26.

59 **4. Weiteres Verfahren (Satz 2). a) Einstellung nach § 211 statt Aufhebung.** Auf die Einstellung des Verfahrens wegen Masseunzulänglichkeit ist nach Abs. 3 die Regelung aus Abs. 2 entsprechend anwendbar. Erst nach Rechtskraft des Beschlusses über die Restschuldbefreiung ist das Insolvenzverfahren nach § 211 einzustellen. Diese Einstellung ist zusammen mit dem Beschluss über die Ankündigung der Restschuldbefreiung öffentlich bekannt zu machen.

60 **b) Wirkung der Einstellung.** Bei einer Versagung der Restschuldbefreiung lebt mit der Einstellung des Insolvenzverfahrens nach § 211 das uneingeschränkte Nachforderungsrecht der Insolvenzgläubiger bezüglich der unbefriedigt gebliebenen Restforderungen nach § 201 Abs. 1 wieder auf. § 201 Abs. 3 entfaltet keine Wirkungen mehr. Vollstreckungstitel für die Forderungen der Insolvenzgläubiger ist die Tabelle, § 201 Abs. 2. Auf einen früher erwirkten Titel darf daneben grundsätzlich nicht mehr zurückgegriffen werden, denn ein vor der Eröffnung des Verfahrens erwirkter Vollstreckungstitel wird aufgezehrt.

61 Hatte dagegen der Schuldner im Prüfungstermin nach § 178 Abs. 1 Satz 2 der Feststellung widersprochen, dann ist eine Vollstreckung aus der Tabelle nicht möglich. In diesen Fällen hatte der Gläubiger bereits seit dem Prüfungstermin die Möglichkeit, sich außerhalb des Insolvenzverfahrens bei dem Prozessgericht einen Titel gegen den Schuldner zu erstreiten.

62 **Pfändungen, Sicherungsabtretungen und Verpfändungen,** die bereits vor der Eröffnung des Insolvenzverfahrens bewirkt worden sind, werden gemäß § 114 Abs. 1 und Abs. 3 mit der Eröffnung des Insolvenzverfahrens unwirksam oder sind auf zwei beschränkt. Da diese Konsequenz an die Eröffnung des Insolvenzverfahrens geknüpft ist, endet sie nicht mit der Versagung der Restschuldbefreiung. Die 2-Jahresfrist läuft weiter.

VII. Änderungen des § 289 durch den RegE zur Entschuldung mitteloser Personen

63 **1. Gegenstand der Gesetzesänderung.** In § 289 Absatz 1 Satz 1 und Absatz 2 Satz 1 werden jeweils die Wörter *„im Schlusstermin"* gestrichen. Absatz 3 wird neu gefasst und lautet nunmehr: *„(3) Wird das Insolvenzverfahren nach § 207 oder § 211 eingestellt, so kann der Schuldner-Restschuldbefreiung im Entschuldungsverfahren nach § 289b nur erlangen, wenn die Barmittel gemäß § 207 Abs. 3 verwendet wurden oder eine Verteilung nach § 209 erfolgt ist."*

Der Bundesrat hat in seiner Stellungnahme zu dem Gesetzentwurf vorgeschlagen, dass in Absatz 1 Satz 1 der abschließende Punkt durch ein Semikolon ersetzt und folgender Halbsatz angefügt wird: *„Schriftsätze der Insolvenzgläubiger, die im Schlusstermin vorliegen, werden berücksichtigt."* Nach Auffassung des Bundesrates könnte aus der im Gesetzentwurf vorgesehenen Streichung der Wörter „im Schlusstermin" in Absatz 1 und 2 der Schluss gezogen werden, dass nun eine schriftliche Anhörung der Gläubiger zu erfolgen habe. Dies würde gegenüber der Ladung der Gläubiger zum Schlusstermin durch öffentliche Bekanntmachung einen wesentlichen Mehraufwand verursachen. Durch die Änderung solle klargestellt werden, dass es beim Verfahren des Schlusstermins gemäß den §§ 197, 74 InsO bleibt, die Gläubiger aber auch schriftlich Stellung nehmen können.[40] In ihrer Gegenäußerung hat die Bundesregierung erklärt, dass sie die vom Bundesrat vorgeschlagene Klarstellung für sinnvoll halte.[41]

64 **2. Zweck der Gesetzesänderung.** Nach der geltenden Fassung von § 289 InsO sind die Insolvenzgläubiger im Schlusstermin zu dem Restschuldbefreiungsantrag des Schuldners zu hören. Erst in diesem Termin können sie nach § 290 Abs. 1 InsO die Versagung der Restschuldbefreiung beantragen. Dieser späte Zeitpunkt für eine Anhörung der Insolvenzgläubiger, und des Insolvenzverwalters wurde gewählt, um für die gesamte Verfahrensdauer überprüfen zu können, ob der Schuldner seinen Auskunfts- und Mitwirkungspflichten

---

[40] BT-Drucks. 16/7416 S. 119.
[41] BT-Drucks. 16/7416 S. 145.

nachgekommen ist.[42] Findet kein schriftliches Verfahren statt (§ 5 Abs. 2 InsO), so hat dies häufig zur Folge, dass die Gläubiger von ihrem Recht auf rechtliches Gehör keinen Gebrauch machen, da sie den Aufwand scheuen, die Gläubigerversammlung zu besuchen. Damit wird die Rechtsverfolgung der Gläubiger erheblich behindert.[43] Nunmehr haben die Gläubiger durch die Streichung der Wörter „*im Schlusstermin*" in § 289 Absatz 1 Satz 1 und Absatz 2 Satz 1 die Möglichkeit Versagungsanträge auch schriftlich zu stellen. Eine Anwesenheit im Schlusstermin ist nicht mehr erforderlich. Diese Regelung kann dazu führen, dass die Insolvenzgerichte künftig in jedem Verfahren mit einer Vielzahl von Versagungsanträgen konfrontiert werden, die jederzeit gestellt werden können und über die jederzeit – nach einem Anhörungsverfahren entschieden werden muss.[44]

§ 289 Abs. 3 InsO-E sieht als Voraussetzung der Restschuldbefreiung auch im Entschuldungsverfahren vor, dass bei einer Einstellung nach § 207 InsO oder § 211 InsO die Barmittel gemäß § 207 Abs. 3 InsO verwendet wurden oder eine Verteilung nach § 209 InsO stattgefunden hat.

§ 289 a Bestellung eines vorläufigen Treuhänders (RegE)

(1) ¹ Hat der Schuldner einen Antrag auf Erteilung einer Restschuldbefreiung gestellt und reicht sein Vermögen voraussichtlich nicht aus, um die Kosten des Insolvenzverfahrens zu decken, so hat das Gericht einen vorläufigen Treuhänder zu bestellen, für den die §§ 22, 56, 58 bis 66 entsprechend gelten. ² Seine Bestellung ist wie die Anordnung von Verfügungsbeschränkungen nach § 23 öffentlich bekannt zu machen. ³ Neben der Bestellung eines Treuhänders ist eine Maßnahme nach § 21 Abs. 2 Satz 1 Nr. 1 nicht zulässig.

(2) ¹ Die Bestellung eines vorläufigen Treuhänders unterbleibt, wenn die Kosten für die Einleitung des Entschuldungsverfahrens nicht beglichen sind. ² In diesem Fall fordert das Insolvenzgericht den Schuldner auf, die Kosten innerhalb von zwei Wochen zu berichten. ³ Kommt der Schuldner dieser Aufforderung nicht nach, so gilt sein Antrag auf Restschuldbefreiung als zurückgenommen.

(3) ¹ Der vorläufige Treuhänder prüft insbesondere anstelle eines Sachverständigen, ob die Verfahrenskosten gedeckt sind. ² Er hat die vorhandenen Barmittel zu sichern und mit Zustimmung des Gerichts für die Kosten des Verfahrens zu verwenden. ³ Ferner hat er den Schuldner anhand der gegen diesen geltend gemachten Forderungen über die Folgen zu unterrichten, wenn eine Forderung nach § 302 von der Restschuldbefreiung ausgenommen ist.

(4) Gehört der Schuldner zu dem in § 304 Abs. 1 genannten Personenkreis, so hat der vorläufige Treuhänder mit ihm die Verzeichnisse nach § 305 Abs. 1 Nr. 3 zu erörtern, ihn über die Bedeutung der eidesstattlichen Versicherung zu belehren und darauf hinzuwirken, dass er die Richtigkeit und Vollständigkeit seiner in den Verzeichnissen und der Erklärung nach § 287 Abs. 1 gemachten Angaben schriftlich an Eides statt versichert.

(5) ¹ Gelten für den Schuldner die besonderen Vorschriften des Neunten Teils nicht, so hat der vorläufige Treuhänder ihn bei dem Ausfüllen der Verzeichnisse nach § 287 Abs. 1 zu unterstützen, ihn über die Bedeutung der eidesstattlichen Versicherung zu belehren und darauf hinzuwirken, dass er die Richtigkeit und Vollständigkeit seiner in den Verzeichnissen und der Erklärung nach § 287 Abs. 1 gemachten Angaben schriftlich an Eides statt versichert. ² In seinem Bericht hat sich der vorläufige Treuhänder auch zu Anfechtungstatbeständen zu äußern.

(6) Dem vorläufigen Treuhänder steht für seine Vergütung und seine Auslagen ein Anspruch gegen die Staatskasse zu, soweit das Vermögen des Schuldners dafür nicht ausreicht.

---

[42] BT-Drucks. 12/2443 S. 189.
[43] *Ahrens* ZRP 2007, 84, 88.
[44] Kritisch dazu *Pape* ZVI 2007, 239.

VIII. § 289 a (RegE) – Bestellung eines vorläufigen Treuhänders

Übersicht

	RdNr.		RdNr.
1. Gegenstand der Gesetzesänderung	66	8. Aufgaben des vorläufigen Treuhänders (Abs. 3)	79
2. Zweck der Gesetzesänderung	67	9. Der vorläufige Treuhänder im Verfahren, in denen der Schuldner zu dem in § 304 Abs. 1 genannten Personenkreis gehört (Abs. 4)	80
3. Die Voraussetzungen für die Bestellung des vorläufigen Treuhänders (Abs. 1 Satz 1)	69		
4. Die Rechtsstellung des vorläufigen Treuhänders	72	10. Der vorläufige Treuhänder im Verfahren, in denen der Schuldner nicht zu dem in § 304 Abs. 1 genannten Personenkreis gehört (Abs. 4)	81
5. Das Verfahren der Bestellung und die öffentliche Bekanntmachung (Abs. 1 Satz 2)	73		
6. Das Verbot ein Gutachten einzuholen (Abs. 1 Satz 3)	74	11. Die Vergütung des vorläufigen Treuhänders	82
7. Die Kostenbeteiligung des Schuldners (Abs. 2)	76		

66 **1. Gegenstand der Gesetzesänderung.** Nach § 289 sieht der RegE die Einfügung eines neuen § 289 a vor. Absatz 1 dieser neuen Vorschrift regelt die Voraussetzungen für die Bestellung eines „vorläufigen Treuhänders" und legt dessen Rechtsstellung fest. Die öffentliche Bekanntmachung der Bestellung wird angeordnet und die Bestellung eines Sachverständigen neben dem vorläufigen Treuhänder wird untersagt. Absatz 2 regelt die Beteiligung des Schuldners an den Verfahrenskosten. Die allgemeinen Aufgaben des vorläufigen Treuhänders werden in Absatz 3 umschrieben. Absatz 4 regelt die Aufgaben des vorläufigen Treuhänders, wenn der Schuldner zu dem in § 304 Abs. 1 genannten Personenkreis gehört. Absatz 5 regelt die Aufgaben des vorläufigen Treuhänders, wenn dieser nicht zu diesem Personenkreis gehört. Mit der Vergütung des vorläufigen Treuhänders befasst sich Absatz 6.

67 **2. Zweck der Gesetzesänderung.** Der vorläufige Treuhänder als **zentrale Figur des Entschuldungsverfahrens** soll das Verfahren strukturieren, den Schuldner beim Ausfüllen der Formulare unterstützen, ihn über die Abgabe der eidesstattlichen Versicherung belehren und den Schuldner bis zum Beginn der Wohlverhaltensperiode begleiten. Er hat alle Aufgaben abzudecken, die in einem Eröffnungsverfahren der Gutachter und der vorläufige Verwalter zu bewältigen haben.

68 Die obligatorische Einsetzung eines vorläufigen Treuhänders ist in der Literatur kritisiert worden.[45] Auch in den parlamentarischen Beratungen wurde die Notwendigkeit eines vorläufigen Treuhänders in Frage gestellt.[46] Sämtliche Aufgaben, die nach § 289a RegE der vorläufige Treuhänder zu erledigen hat, können derzeit zumindest im Verbraucherinsolvenzverfahren schon von der nach § 305 I Nr. 1 InsO die Bescheinigung über das Scheitern des außergerichtlichen Verfahrens ausstellenden Person oder Stelle erledigt werden. Es handelt sich um eine Verdoppelung von Aufgaben, die für den Normalfall des Verbraucherinsolvenzverfahrens, überflüssig ist, so dass auch die Funktion des vorläufigen Treuhänders unklar ist. Eine eigenständige Bedeutung könnte der vorläufige Treuhänder allenfalls bei selbstständigen oder ehemals selbstständigen Schuldnern haben, die keinen Antrag nach § 305 Abs.1 InsO stellen müssen. Würde man diese Vorschrift auf Schuldner, die bei Verfahrenseröffnung ins Regelinsolvenzverfahren gehören erweitern, könnte man den gesamten vorläufigen Treuhänder in der vorgesehenen Form einsparen.[47]

---

[45] *Pape* NZI 2007, 681; *Stephan* ZVI 2007, 441; *Heyer* ZVI 2008, 89.
[46] Stenographischer Bericht der 142. Sitzung des Deutschen Bundestages vom 14. 2. 2008, S. 1496 ff.; *Smid/Krug/Haarmeyer* § 289 RdNr. 11.
[47] *Pape* NZI 2007, 681, 685.

3. Voraussetzungen für die Bestellung des vorläufigen Treuhänders (Abs. 1 69
Satz 1). Zeichnet sich im Eröffnungsverfahren ab, dass das Vermögen des Schuldners möglicherweise nicht zur Abdeckung der Verfahrenskosten ausreichen wird und dass ein Verfahrenskostenvorschuss voraussichtlich nicht geleistet wird, hat das Insolvenzgericht nach § 289a Abs. 1 RegE einen vorläufigen Treuhänder zu bestellen.[48] Vor der Bestellung eines vorläufigen Verwalters muss das Gericht somit die Masselosigkeit des Verfahrens bereits ermittelt haben. Die Bestellung eines vorläufigen Treuhänders setzt somit zunächst eine überschlägige Prüfung der Einkommens- und Vermögensverhältnisse des Schuldners voraus. Diese Regelung erscheint insoweit widersprüchlich, dass es die vorrangige Aufgabe des vorläufigen Treuhänders sein soll, zu prüfen, ob die Verfahrenskosten gedeckt sind, obwohl es nach der vorgeschlagenen Regelung des § 289a I RegE zur Bestellung eines vorläufigen Treuhänders nur kommen soll, wenn voraussichtlich die Kosten des Insolvenzverfahrens nicht gedeckt sind – das heißt das Gericht ohnehin schon prognostiziert hat, dass die Verfahrenskosten nicht gedeckt sind.

Da **im Verbraucherinsolvenzverfahren** die Verzeichnisse des vorhandenen Vermögens 70
und des Einkommens, das Gläubigerverzeichnis und ein Verzeichnis der gegen den Schuldner gerichteten Forderungen obligatorischer Bestandteil des Antrags nach § 305 Abs. 1 InsO sind, kann das Gericht somit im Verbraucherinsolvenzverfahren in der Regel aufgrund der eingereichten Verzeichnisse zuverlässig feststellen, ob das Vermögen und die Einkünfte des Schuldners **voraussichtlich** ausreichen, um die Kosten des Verfahrens zu decken. In Ausnahmefällen kann eine Bewertung bestimmter Vermögensgegenstände durch einen Sachverständigen erforderlich werden. Dann gilt der allgemeine Amtsermittlungsgrundsatz nach § 5 InsO, wonach das Insolvenzgericht von Amts wegen alle Umstände zu ermitteln hat, die für das Insolvenzverfahren von Bedeutung sind. Es kann zu diesem Zweck insbesondere Zeugen und Sachverständige vernehmen. Das Gericht kann und muss somit in diesen problematischen Fällen zunächst einen Sachverständigen bestellen. Erst wenn dieser zu dem Ergebnis gelangt, dass das Verfahren voraussichtlich masselos ist, kann es den vorläufigen Treuhänder bestellen. Die Regelung des Abs. 1 Satz 3 wonach neben der Bestellung eines Treuhänders eine Maßnahme nach § 21 Abs. 1 Satz 1 Nr. 1 nicht zulässig ist, kann auf dieses Verfahrensstadium noch nicht zutreffen, da erst die Voraussetzungen für Bestellung eines vorläufigen Treuhänders geprüft werden, ein vorläufiger Treuhänder somit noch nicht eingesetzt ist.

Im **Regelinsolvenzverfahren** gestaltet sich die Prüfung der voraussichtlichen Masselosig- 71
keit des Verfahrens komplizierter. Dies nicht nur, weil die zu bewertenden Vermögenssachverhalte (z.B. durch Anfechtungssachverhalte) bei Selbstständigen oder ehemals Selbstständigen schwieriger sind. Dem Gericht stehen auch – anders als im Verbraucherinsolvenzverfahren – nicht zwingend ausgefüllte Vermögensverzeichnisse, sowie Gläubiger – und Forderungsverzeichnisse zu Verfügung. Der Gesetzgeber hat hier – aus jedenfalls bei ehemals Selbstständigen nicht ganz nachvollziehbaren Gründen – darauf verzichtet, die Vorlage vollständiger Antragsunterlagen als Zulässigkeitsvoraussetzung auszugestalten.

4. Die Rechtsstellung des vorläufigen Treuhänders (Abs. 1 Satz 1). Für den vor- 72
läufigen Treuhänder gelten die §§ 22, 56, 58 bis 66 entsprechend. Im Hinblick auf die Verweisung auf § 22 hat der vorläufige Treuhänder die Rechtsstellung eines vorläufigen Verwalters. Dennoch wird der überwiegende Aufgabenbereich des vorläufigen Verwalters nicht auf den vorläufigen Treuhänder zutreffen. Die Sicherung und Erhaltung des Schuldnervermögens (§ 22 Abs. 1 Nr. 1) wird in einem masselosen Verfahren keine große Bedeutung erlangen. Die Unternehmensfortführung dürfte eine Aufgabe sein, die in einem masselosen Entschuldungsverfahren einer natürlichen Person selten vorkommt. Für eine solche Tätigkeit wäre jedenfalls die Vergütung von 450 Euro in der Regel nicht angemessen. Allein die Prüfungsaufgaben gem. § 22 Abs. 1 Nr. 3 fallen in einem masselosen Entschuldungsverfahren an. Die Auswahlkriterien ergeben sich aus § 56 wonach als vorläufiger

---

[48] Begr. BT-Drucks. 16/7416 S. 68.

Treuhänder eine für den jeweiligen Einzelfall geeignete, insbesondere geschäftskundige und von den Gläubigern und dem Schuldner unabhängige natürliche Person zu bestellen ist. Der vorläufige Treuhänder steht unter der Aufsicht des Insolvenzgerichts (§ 58). Das Insolvenzgericht kann den vorläufigen Treuhänder aus wichtigem Grund aus dem Amt entlassen (§ 59). Er haften wie der Insolvenzverwalter oder der vorläufige Verwalter (§§ 60 bis 62) und hat einen Anspruch auf Vergütung (§§ 63, 64). Bei Beendigung des Amtes hat er gegenüber dem Insolvenzgericht Rechnung zu legen (§ 66).

73 **5. Das Verfahren der Bestellung und die öffentliche Bekanntmachung (Abs. 1 Satz 2).** Die Bestellung des vorläufigen Treuhänders ist wie die Anordnung von Verfügungsbeschränkungen nach § 23 Abs. 1 InsO zu veröffentlichen. Die öffentliche Bekanntmachung erfolgt durch eine zentrale und länderübergreifende Veröffentlichung im Internet (§ 9 Abs. 1 Satz 1).

74 **6. Das Verbot ein Gutachten einzuholen (Abs. 1 Satz 3).** Der Treuhänder hat anstelle eines Sachverständigen die Deckung der Verfahrenskosten prüfen, § 289a Abs. 3 RegE. Er soll einen entsprechenden Bericht abgeben und in Regelinsolvenzverfahren Anfechtungstatbestände prüfen. Damit soll den Gläubigern eine verlässliche Tatsachengrundlage für die Einschätzung der wirtschaftlichen Situation des Schuldners an die Hand gegeben werden. Deshalb ist im Entschuldungsverfahren kein Raum für eine zusätzliche Bestellung von Sachverständigen.

75 Vor der Bestellung eines vorläufigen Treuhänders muss das Gericht die voraussichtliche Masselosigkeit ermitteln. In den meisten Fällen kann dies das Gericht anhand der vom Schuldner erteilten Auskünfte. Dies ist jedoch nicht immer der Fall ist. Dann gilt § 5, wonach die Gerichte in schwierigen Fällen zunächst einen „normalen" Sachverständigen bestellen können und dann, wenn dieser zu dem Ergebnis gelangen würde, dass das Verfahren tatsächlich masselos ist, anschließend einen vorläufigen Treuhänder bestellen müssen. Dies ist durch Abs. 1 Satz 3 nicht ausgeschlossen.

76 **7. Die Kostenbeteiligung des Schuldners (Abs. 2).** Das neue Entschuldungsverfahren sieht einen Kostenbeitrag des Schuldners vor. Er hat die Kosten für die Einleitung des Entschuldungsverfahrens zu zahlen. Es handelt sich um eine Gebühr von 25 Euro (Anlage 1 – Kostenverzeichnis – Nummer 2310). Nach Auffassung des Gesetzgebers soll dem Schuldner insbesondere klar gemacht werden, dass eine Restschuldbefreiung nur aufgrund eigener Anstrengungen erreicht werden kann und er ernsthaft an dem Verfahren mitzuarbeiten hat. Eine Entschuldung zum Nulltarif soll es künftig nicht mehr geben.[49] Schließlich soll der Kostenbeitrag des Schuldners auch zu einer Entlastung der Länder von den erheblichen Kosten der Restschuldbefreiung beitragen. Zu einer erheblichen Entlastung der Länder von den Kosten der Restschuldbefreiung wird der Kostenbeitrag des Schuldners nicht führen, da der den Gerichten entstehende Mehraufwand, der mit der Aufforderung zur Einzahlung, der Verbuchung und Überwachung des Eingangs und den Zustellungen verbunden ist, den Kostenbeitrag des Schuldners aufzehren wird.[50]

77 Nach der Vorprüfung durch das Gericht, ob das Vermögen des Schuldners ausreicht, die Kosten des Verfahrens zu decken, fordert es vom Schuldner einen Kostenvorschuss von 25 Euro an. Es muss dem Schuldner eine Frist zur Zahlung des Kostenvorschusses von zwei Wochen setzen. Da es sich um eine gesetzliche Frist handelt, kann sie vom Gericht nicht verlängert werden. Kommt der Schuldner dieser Aufforderung nicht nach, so gilt sein Antrag als zurückgenommen. Das Gericht hat dem Schuldner formlos mitzuteilen, dass der Antrag auf Erteilung der Restschuldbefreiung als zurückgenommen gilt. Die Rücknahmefiktion kann, muss aber nicht durch einen förmlichen Beschluss festgestellt werden.

78 Der Gesetzgeber hält in diesem Fall die Rücknahmefiktion hier für angemessen, da dem Gericht kaum ein Bewertungsspielraum eröffnet wird und insofern keine gerichtliche Ent-

---

[49] Begr. BT-Drucks. 16/7416 S. 65.
[50] *Stephan* ZVI 2007, 441, 445.

scheidung geboten ist.⁵¹ Ein Rechtsmittel hiergegen wird nicht vorgesehen, weil der Schuldner durch die Rücknahmefiktion nicht gehindert ist, einen neuen Antrag auf Restschuldbefreiung zu stellen.

8. Aufgaben des vorläufigen Treuhänders (Abs. 3). Die Aufgaben des vorläufigen Treuhänders sind in Absatz 3 festgelegt. Er soll als „Zentralfigur des Entschuldungsverfahrens" anstelle eines Sachverständigen die Deckung der Verfahrenskosten prüfen und einen entsprechenden Bericht abgeben. Er hat die Barmittel des Schuldners zu sichern, obwohl der Treuhänder gerade deswegen bestellt wurde, weil keine zu sichernden Mittel vorhanden sind. Der vorläufige Treuhänder soll den Schuldner über die Reichweite der Restschuldbefreiung und ausgenommene Forderungen nach § 302 InsO belehren. Für den Schuldner ist es von erheblicher Bedeutung, möglichst frühzeitig im Verfahren darüber informiert zu werden, welche Forderungen nach § 302 InsO von einer Restschuldbefreiung ausgenommen sind. Nach Auffassung des Gesetzgebers hat der vorläufige Treuhänder den Schuldner auf diese Gefahr hinzuweisen, ihm die Tatbestandsvoraussetzungen und die Rechtsfolgen der Norm zu erläutern und ihn zu belehren, wie er in diesem Fall unter Umständen dennoch eine umfassende Entschuldung erreichen kann. Die Belehrung darf nicht abstrakt erfolgen, vielmehr hat der vorläufige Treuhänder anhand der bekannten Verbindlichkeiten des Schuldners dies an einzelnen Forderungen festzumachen. Zu einer Unterrichtung über die Frage, ob die gegen den Schuldner geltend gemachten Forderungen von der Restschuldbefreiung nach § 302 InsO ausgenommen werden wird der vorläufige Treuhänder allerdings nicht in der Lage sein, weil gar keine Anmeldung der Forderungen vorgesehen ist.⁵²

9. Der vorläufige Treuhänder im Verfahren, in denen der Schuldner zu dem in § 304 Abs. 1 genannten Personenkreis gehört (Abs. 4). Die Aufgaben des vorläufigen Treuhänders unterscheiden sich danach, welcher Schuldner eine Restschuldbefreiung begehrt. Gehört der Schuldner zu den Personen, die zwingend vor Eröffnung eines Insolvenzverfahrens einen Einigungsversuch mit ihren Gläubigern zu unternehmen haben (vgl. § 305 Abs. 1 Nr. 1 InsO), so hat er gemäß Absatz 4 nochmals die Verzeichnisse gem. § 305 Abs. 1 Nr. 3 InsO mit dem Schuldner zu erörtern und ihn zu einer erheblichen Gewissensanspannung hinsichtlich seiner Vermögensverhältnisse anzuhalten, da diese Verzeichnisse nun Bestandteil des Antrags auf Restschuldbefreiung werden, die von der Versicherung an Eides statt abgedeckt werden. Dies gilt allerdings nur dann, wenn die Verzeichnisse nach § 305 Abs. 1 Nr. 3 InsO nicht älter als sechs Monate sind (vgl. § 287 Abs. 1 Satz 4 RegE). Andernfalls sind sie nicht geeignet, ein aktuelles Bild über die wirtschaftliche Situation des Schuldners zu liefern. Sie können dann zwar noch als Grundlage für die Erstellung der in § 287 Abs. 1 Satz 3 InsO-E genannten Verzeichnisse dienen, doch ist in diesem Fall eine Bezugnahme auf sie ausgeschlossen und der Antragsvordruck für das Entschuldungsverfahren komplett auszufüllen.

Angesichts der erheblichen Konsequenzen, die eine falsche Versicherung an Eides statt für den Schuldner zeigen kann (u. U. § 156 StGB), ist er durch den vorläufigen Treuhänder zu belehren, bevor er gem. § 287 Abs. 1 Satz 6 RegE an Eides statt versichert, seine Angaben seien richtig und vollständig.

10. Der vorläufige Treuhänder in Verfahren, in denen der Schuldner nicht zu dem in § 304 Abs. 1 genannten Personenkreis gehört (Abs. 5). Bei (ehemals) unternehmerisch tätigen Schuldnern hat der vorläufige Treuhänder den Schuldner beim Ausfüllen der Verzeichnisse nach § 305 zu unterstützen. Außerdem zeigt die Erfahrung, dass es häufig im Vorfeld der Insolvenz zu Rechtshandlungen gekommen ist, die auf ihre Anfechtbarkeit hin zu überprüfen sind. Der vorläufige Treuhänder hat diese Rechtshandlungen nach Absatz 5 festzustellen, sie mit dem Schuldner zu erörtern und sich in seinem Bericht hierzu zu äußern. Liegen im nennenswerten Umfang solche Rechtshandlungen vor, so hat er sich

---

⁵¹ Begr. BT-Drucks. 16/7416 S. 65.
⁵² *Pape* NZI 2007, 681, 686.

auch dazu zu äußern, ob unter Berücksichtigung der über eine Anfechtung für die Masse zu realisierenden Mittel die Verfahrenskosten gedeckt sind. Nach Auffassung des Bundesrates kommen anfechtbare Rechtshandlungen nicht nur bei unternehmerisch tätigen Schuldnern in Betracht sondern auch bei Verbrauchern im Sinne des § 304 InsO. Letztere können ebenso wie (ehemals) unternehmerisch tätige Schuldner ein Interesse daran haben, bestimmte Vermögensgegenstände dem Zugriff der Gläubiger zu entziehen. Daher sollte anders als es der Gesetzentwurf vorsieht, sich der vorläufige Treuhänder unabhängig davon, ob der Schuldner unternehmerisch tätig war oder ist, in seinem Bericht dazu äußern, ob es im Vorfeld der Insolvenz zu Rechtshandlungen gekommen ist, die auf ihre Anfechtbarkeit hin zu überprüfen sind.[53] Nach Auffassung der Bundesregierung hätte eine Ausdehnung der Prüfung auf Verbraucher zur Folge, dass die Vergütung des vorläufigen Treuhänders – die im Verbraucherinsolvenzverfahren deutlich niedriger ist als im Regelinsolvenzverfahren – angehoben werden müsste. Dies soll aber vermieden werden.[54]

82   **11. Die Vergütung des vorläufigen Treuhänders (Abs. 6).** Die Grundvergütung des vorläufigen Treuhänders soll im Verbraucherinsolvenzverfahren 250 € betragen, im Regelinsolvenzverfahren 450 € (§ 14a InsVV-RegE). Diese Beträge erhöhen sich in Abhängigkeit von der jeweiligen Zahl der Gläubiger. Hat der Schuldner mehr als fünf Gläubiger, so erhöht sich diese Vergütung je fünf Gläubiger um 50 €. Der RegE-InsO beziffert in diesem Zusammenhang die Vergütung für ein durchschnittliches Verbraucherinsolvenzverfahren mit 450 € und für ein Regelinsolvenzverfahren mit 900 €.

83   Wegen des Wegfalls der Stundungslösung sowie des bisherigen § 63 Abs. 2 InsO ist in Absatz 6 eine Regelung aufgenommen worden, die dem vorläufigen Treuhänder für den Fall, dass aus den abgetretenen Einkünften die Gerichtskosten, zu denen auch die vorab aus der Staatskasse zu zahlenden Vergütungen für den vorläufigen Treuhänder[24] zählen, aus der Masse nicht berichtigt werden können, einen direkten Anspruch gegen die Staatskasse einräumt. Dieser Anspruch kann, da er von der Restschuldbefreiung nicht erfasst wird, auch nach Abschluss des Entschuldungsverfahrens gegen den Schuldner geltend gemacht werden. Einer Sonderregelung für die Nachhaftung, wie sie § 4b InsO in den Stundungsfällen in Anlehnung an das Prozesskostenhilferecht vorsah, bedarf es nicht. Die Nachhaftung des Schuldners ist aufgrund der Verjährungsregelung in § 5 GKG auf einen Zeitraum von vier Jahren nach dem Ablauf des Kalenderjahres, in dem das Verfahren rechtskräftig abgeschlossen worden ist, begrenzt. Nach Auffassung des Gesetzgebers bieten die haushaltsrechtlichen Bestimmungen der Länder flexible Möglichkeiten, um für die Geltendmachung der verauslagten Vergütung innerhalb dieses Zeitraums den wirtschaftlichen Verhältnissen des Schuldners Rechnung zu tragen.

§ 289b Einleitung des Entschuldungsverfahrens (RegE)

(1) ¹ Ist unter Berücksichtigung des Berichts des vorläufigen Treuhänders der Insolvenzantrag mangels Masse abzuweisen und hat der Schuldner die Verzeichnisse und die Erklärung nach § 287 Abs. 1 und 2 nicht vollständig vorgelegt, fordert ihn das Insolvenzgericht auf, das Fehlende unverzüglich zu ergänzen. ² Kommt der Schuldner dieser Aufforderung nicht innerhalb eines Monats nach, so ist sein Antrag auf Restschuldbefreiung durch Beschluss, gegen den dem Schuldner die sofortige Beschwerde zusteht, als unzulässig zu verwerfen. ³ Andernfalls beschließt das Gericht mit der Abweisung mangels Masse die Einleitung des Entschuldungsverfahrens.

(2) In den Fällen des § 289 Abs. 3 beschließt das Gericht die Einleitung des Entschuldungsverfahrens mit der Einstellung des Insolvenzverfahrens.

(3) § 114 gilt mit der Maßgabe, dass an die Stelle der Eröffnung des Insolvenzverfahrens der Erlass des Beschlusses nach § 291 tritt.

---

[53] BT-Drucks. 16/7416 S. 120.
[54] BT-Drucks. 16/7416 S. 146.

IX. § 289 b (RegE) – Einleitung des Entschuldungsverfahrens

Übersicht

	RdNr.		RdNr.
1. Gegenstand der Gesetzesänderung	84	d) Rechtsmittel	90
2. Zweck der Gesetzesänderung	85	e) Funktionelle Zuständigkeit	91
3. Die Voraussetzungen für die Einleitung des Entschuldungsverfahrens.....	86	4. Einleitung des Entschuldungsverfahrens bei einer Einstellung des Insolvenzverfahrens gemäß §§ 207, 211 ...	92
a) Bericht des vorläufigen Treuhänders.................................	86	5. Beschränkungen der Wirkungen von Abtretung und Verpfändung	93
b) Vollständige Unterlagen	87		
c) Entscheidung des Gerichts	89		

1. Gegenstand der Gesetzesänderung. Nach § 289 a sieht der RegE die Einfügung 84 eines neuen § 289 b vor. In Absatz 1 sind die Voraussetzungen für die Einleitung des Entschuldungsverfahrens geregelt. Absatz 2 befasst sich mit der Einleitung des Entschuldungsverfahren bei einer Einstellung des Insolvenzverfahrens gemäß §§ 207, 211. Mit der Beschränkung der Wirkung von Abtretung oder Verpfändung der Bezüge aus einem Dienstverhältnis im Falle eines Entschuldungsverfahrens befasst sich Absatz 3.

2. Zweck der Gesetzesänderung. Für die Einleitung des Entschuldungsverfahrens 85 bedarf es besonderer Regelungen. Insbesondere ist festzulegen, welche Voraussetzungen für die Einleitung eines solchen Verfahrens gegeben sein müssen.

3. Voraussetzungen für die Einleitung des Entschudlungsverfahrens. a) Bericht 86 **des vorläufigen Treuhänders.** Zunächst hat der vorläufige Treuhänder dem Gericht seinen Bericht über die Vermögenssituation des Schuldners vorzulegen. Die wohl wichtigste Aufgabe ist die zuverlässige Feststellung der Vermögensverhältnisse des Schuldners. Wenn diese Feststellungen getroffen sind, kann entschieden werden, ob die notwendigen Kosten für das Verfahren gedeckt sind, so dass das Insolvenzverfahren eröffnet werden kann oder ob mangels Masse eine Eröffnung nicht in Betracht kommt und der Insolvenzantrag entsprechend abgewiesen werden muss. Die Einleitung des Entschuldungsverfahrens setzt voraus, dass der Insolvenzantrag mangels Masse abzuweisen ware.

b) Vollständige Unterlagen. Der Schuldner muss die Verzeichnisse und Erklärungen 87 nach § 287 Abs. 1 und 2 vollständig vorgelegt haben. Zu den Verzeichnissen nach § 287 Abs. 1 zählen das Verzeichnis des vorhandenen Vermögens und des Einkommens, eine Zusammenfassung des wesentlichen Inhalts dieses Verzeichnisses, ein Verzeichnis der Gläubiger und ein Verzeichnis der gegen den Schuldner gerichteten Forderungen. Der Schuldner hat dem Antrag eine Erklärung beizufügen, ob einer der Versagungsgründe des § 290 Abs. 1 Nr. 1 und 3 vorliegt. Zu den Erklärungen nach § 287 Abs. 2 zählen die Erklärung, dass der Schuldner seine pfändbaren Forderungen auf Bezüge aus einem Dienstverhältnis, oder an deren Stelle tretende laufende Bezüge für die Zeit von sechs Jahren nach Eröffnung des Insolvenzverfahrens oder nach dem Erlass des Abweisungsbeschlusses, an einen vom Gericht zu bestimmenden Treuhänder abgeben hat. Ferner ist in der Erklärung darauf hinzuweisen, ob diese Forderungen bereits vorher an einen Dritten abgetreten oder verpfändet sind.

Das Gericht hat die Unterlagen auf Vollständigkeit zu prüfen. Sind diese Unterlagen nicht 88 vollständig, hat das Insolvenzgericht den Schuldner aufzufordern, das Fehlende unverzüglich zu ergänzen. Bei der Aufforderung zur Ergänzung der Unterlagen hat das Gericht das Fehlende konkret zu bezeichnen. Das Gericht soll ferner auf die Monatsfrist des Abs. 1 Satz 2 ausdrücklich hinweisen. Eine Verlängerung der Frist ist, da es sich um eine gesetzliche Frist handelt, nicht möglich. Die Monatsfrist wird durch die förmliche Zustellung in Lauf gesetzt.

89   **c) Entscheidung des Gerichts.** Ergänzt der Schuldner das Fehlende innerhalb der Frist, so beschließt das Gericht, die Abweisung mangels Masse und die Einleitung des Entschuldungsverfahrens. Kommt der Schuldner der Aufforderung zur Ergänzung der Unterlagen nicht nach, so verwirft das Gericht durch Beschluss den Antrag auf Erteilung der Restschuldbefreiung als unzulässig.

90   **d) Rechtsmittel.** Gegen die Verwerfung des Antrags auf Erteilung der Restschuldbefreiung als unzulässig, steht dem Schuldner die sofortige Beschwerde zu. Gegen die Einleitung des Entschuldungsverfahrens ist kein Rechtsmittel gegeben.

91   **e) Funktionelle Zuständigkeit.** Für das gesamte Verfahren zur Einleitung des Entschuldungsverfahrens ist der Richter zuständig, nicht der Rechtspfleger (§ 18 Abs. 1 Nr. 1 RPflG).

92   **4. Einleitung des Entschuldungsverfahrens bei einer Einstellung des Insolvenzverfahrens gemäß §§ 207, 211.** Wird das bereits eröffnete Insolvenzverfahren nach § 207 oder § 211 eingestellt, dann beschließt das Gericht mit der Einstellung des Insolvenzverfahrens die Einstellung des Entschuldungsverfahrens. In diesem Fall müssen die in § 287 Abs. 1 vorgesehenen Erklärungen und Unterlagen nicht vorgelegt werden.

93   **5. Beschränkungen der Wirkungen von Abtretung und Verpfändung.** Eine Beschränkung der Wirkungen von Abtretung und Verpfändung von Bezügen aus einem Dienstverhältnis ist für das Restschuldbefreiungsverfahren unabdingbar, da ansonsten die pfändbaren Teile des von dem Schuldner erzielten Einkommens ausschließlich den durch die Abtretung oder Verpfändung gesicherten Gläubigern und nicht der Gesamtheit der Insolvenzgläubiger zufließen würde. Auch in einem zunächst masselosen Verfahren bleibt bei einem nachträglich während des Verfahrens erzielten pfändbaren Einkommen eine Verteilung an die in § 292 a RegE genannten Gläubiger möglich. Aus diesem Grund ist der Anwendungsbereich des § 114 auf diese Verfahren zu erstrecken.

§ 289 c Entscheidung im Entschuldungsverfahren (RegE)

(1) ¹ Der Beschluss nach den §§ 26, 207 oder nach § 211 ist unter Hinweis auf den Antrag auf Restschuldbefreiung öffentlich bekannt zu machen. ² Die Gläubiger sind darauf hinzuweisen, dass die Verzeichnisse nach § 287 Abs. 1 beim Insolvenzgericht zur Einsicht der Beteiligten niedergelegt sind.

(2) ¹ Die Restschuldbefreiung ist auf Antrag eines Gläubigers oder von Amts wegen zu versagen, wenn ein Versagungsgrund nach § 290 Abs. 1 vorliegt. ² Der Antrag kann nur innerhalb einer Ausschlussfrist von drei Monaten, die mit der öffentlichen Bekanntmachung nach Absatz 1 beginnt, gestellt werden. ³ Die §§ 290 Abs. 2 und 297 a Abs. 2 gelten entsprechend. ⁴ § 292 Abs. 2 ist mit der Maßgabe anzuwenden, dass der Treuhänder mit der Überwachung von jedem beteiligten Gläubiger auf dessen Kosten beauftragt werden kann. ⁵ Hierauf sind die Gläubiger in der öffentlichen Bekanntmachung hinzuweisen.

(3) ¹ Gegen den Beschluss über den Antrag auf Versagung der Restschuldbefreiung steht dem Schuldner und jedem Gläubiger, der die Versagung der Restschuldbefreiung beantragt hat, die sofortige Beschwerde zu. ² Der rechtskräftige Beschluss ist öffentlich bekannt zu machen.

X. § 289 c (RegE) – Einleitung des Entschuldungsverfahrens

Übersicht

	RdNr.		RdNr.
1. Gegenstand der Gesetzesänderung	94	a) Die Entscheidung über die Einleitung des Entschuldungsverfahrens	96
2. Zweck der Gesetzesänderung	95	b) Hinweispflichten des Gerichts	97
3. Das Versagungsverfahren	96		

	RdNr.		RdNr.
c) Versagung der Restschuldbefreiung auf Antrag eines Gläubigers	100	f) Ankündigung der Restschuldbefreiung (§§ 289 c Abs. 3, 291 Abs. 1	103
d) Versagung der Restschuldbefreiung vom Amts wegen	101	g) Rechtsmittel	105
e) Überwachung des Schuldners (§ 289 c Abs. 2 Satz 4)	102		

1. Gegenstand der Gesetzesänderung. Der neu eingefügte § 289 c (RegE) bestimmt in Abs. 1, dass der Beschluss, der den Antrag auf Eröffnung des Insolvenzverfahrens mangels Masse abweist, unter Hinweis auf den Antrag auf Restschuldbefreiung öffentlich bekannt zu machen ist. Bereits das Gesetz zur Vereinfachung des Insolvenzverfahrens, das am 1. 7. 2007 in Kraft getreten ist, fügte dem § 26 Abs. 3 einen dritten Satz hinzu, der anordnete, dass auch der Abweisungsbeschluss unverzüglich öffentlich bekannt zu machen ist. Die Regelung in § 289 c RegE ist jedoch weitergehend, da die öffentliche Bekanntmachung im Entschuldungsverfahren zusätzlich den Hinweis auf den Antrag auf Restschuldbefreiung enthalten soll.

Ferner enthält Abs. 1 Satz 2 die Verpflichtung des Gerichts, die Gläubiger auf die Möglichkeit hinzuweisen, dass die Verzeichnisse nach § 287 Abs. 1 beim Insolvenzgericht zur Einsicht der Beteiligten niedergelegt sind. Gleiches gilt hinsichtlich der öffentlichen Bekanntmachung und der Hinweise bei einer Einstellung des Insolvenzverfahrens mangels Masse gem. § 207 sowie bei einer Einstelung nach Anzeige der Masseunzulänglichkeit nach § 211.

Abs. 2 regelt das Versagungsverfahren, wenn ein Versagungsgrund nach § 290 Abs. 1 vorliegt. Er enthält den Hinweis, dass sowohl eine Versagung auf Antrag eines Gläubigers als auch eine Versagung von Amts wegen möglich ist. In Satz 2 ist eine Ausschlussfrist von drei Monaten für den Versagungsantrag eines Gläubigers festgesetzt worden. Mit der Verweisung in Satz 3 auf § 290 Abs. 2 wird klargestellt, dass der **Antrag eines Gläubigers** nur zulässig ist, wenn ein Versagungsgrund glaubhaft gemacht wird (§ 290 Abs. 2). Mit der Verweisung auf § 297 a Abs. 2 RegE wiederum wird auf Einzelheiten des Verfahrens der **Versagung von Amts** hingewiesen. Danach kann die Versagung von Amts wegen nur binnen sechs Monaten nach dem Zeitpunkt erfolgen, in dem der Versagungsgrund dem Gericht bekannt geworden ist. Eine Versagung von Amts wegen darf auch nur wegen eines Versagungsgrundes nach § 290 Abs. 1 Nr. 1 (rechtskräftige Verurteilung wegen einer Insolvenzstraftat) oder Nr. 3 (früheres Restschuldbefreiungsverfahren) erfolgen. Ferner ist in Abs. 2 geregelt, dass jeder der am Verfahren beteiligten Gläubiger den Treuhänder mit der Überwachung des Schuldners entsprechend § 292 Abs. 2 beauftragen kann. Auch auf dieses Recht sind die Gläubiger in dem Beschluss nach den §§ 26, 207 oder 211 in der öffentlichen Bekanntmachung hinzuweisen. Die Kosten dieser Überwachung hat der Gläubiger zu tragen, der die Überwachung des Schuldners beantragt hat.

Mit den **Rechtsmitteln** gegen den Beschluss über den Antrag auf Versagung der Restschuldbefreiung befasst sich Abs. 3.

2. Zweck der Gesetzesänderung. § 289 c soll im Wesentlichen sicherstellen, dass **auch in masselosen Verfahren nur ein „redlicher Schuldner" in den Genuss der Restschuldbefreiung kommen soll.** Es muss daher eine Versagungsmöglichkeit geschaffen werden, die dem Versagungsverfahren im Restschuldbefreiungsverfahren entspricht. Abs. 1 sieht daher die **öffentliche Bekanntmachung** der Entscheidung über die Einleitung des Entschuldungsverfahrens vor, damit die Gläubiger frühzeitig auf das Entschuldungsverfahren und die Möglichkeit, dass ihre Forderungen die Durchsetzbarkeit verlieren, hingewiesen werden. Damit sich die Gläubiger ein Bild über die wirtschaftliche Lage des Schuldners machen können, werden sie darauf hingewiesen, dass die in § 287 Abs. 1 genannten Verzeichnisse zur Einsicht der Beteiligten niedergelegt sind.

Da das Entschuldungsverfahren im Wesentlichen unter den gleichen Bedingungen wie das Restschuldbefreiungsverfahren ablaufen soll, kann die Restschuldbefreiung auch in gleicher Weise versagt werden. In Abs. 2 und 3 wird daher das Versagungsverfahren einschließlich der Rechtsmittel den Besonderheiten des Entschuldungsverfahrens angepasst.

96 **3. Das Versagungsverfahren. a) Die Entscheidung über die Einleitung des Entschuldungsverfahrens.** Mit dem Beschluss über die Abweisung mangels Masse wird das Entschuldungsverfahren eingeleitet (§ 289 Abs. 1 Satz 3). War das Insolvenzverfahren eröffnet worden und stellt sich nachträglich heraus, dass die Insolvenzmasse nicht ausreicht, die Kosten des Verfahrens zu decken und in diesem Fall das Gericht gemäß §§ 207 das Verfahren einstellt, so wird in gleicher Weise mit diesem Beschluss über die Einstellung des Verfahrens das Entschuldungsverfahren eingeleitet. Gleiches gilt im Falle einer Anzeige der Masseunzulänglichkeit nach § 211 InsO. Für die Entscheidung über die Abweisung mangels Masse nach § 26 ist der Richter funktionell zuständig, für die Entscheidung nach § 207 oder 211 ist der Rechtspfleger funktionell zuständig. Der Abweisungsbeschluss ist gemäß § 34 Abs. 1 für den Antragsteller und den Schuldner mit der sofortigen Beschwerde anfechtbar, die Einstellungsbeschluss nach § 207 mit der sofortigen Beschwerde gemäß § 216.

97 **b) Hinweispflichten des Gerichts.** Der Beschluss über die Abweisung mangels Masse, bzw. die Einstellung mangels Masse (§ 207) oder die Einstellung nach Anzeige der Masseunzulänglichkeit (§ 211) muss –, wenn der Schuldner einen Antrag auf Restschuldbefreiung gestellt hat – zahlreiche Hinweise enthalten. Der Beschluss muss zunächst den Hinweis erhalten, dass der Schuldner einen Restschuldbefreiungsantrag gestellt hat und dass die Verzeichnisse nach § 287 Abs. 1 zur Einsicht der Beteiligten beim Insolvenzgericht niedergelegt sind. Der Hinweis auf die Verzeichnisse nach § 287 Abs. 1 RegE ist nur im Abweisungsbeschluss nach § 26 erforderlich, da bei einer Einstellung des Verfahrens nach den §§ 207 oder 211 diese Verzeichnisse nicht vorhanden sind. Die Verzeichnisse nach § 287 Abs. 1 sind: ein Verzeichnis des vorhandenen Vermögens und des Einkommens, eine Zusammenfassung des wesentlichen Inhalts dieses Verzeichnisses, ein Verzeichnis der Gläubiger und ein Verzeichnis der gegen den Schuldner gerichteten Forderungen. Hierüber werden gemäß § 287 Abs. 4 amtliche Formulare eingeführt, die im Wesentlichen den in § 305 Abs. 1 Nr. 3 genannten Verzeichnissen entsprechen müssten, da dort die gleichen Verzeichnisse vorzulegen sind. Ist der Schuldner ein Verbraucher, für den die Vorschriften der §§ 304 ff. gelten, dann sind von diesem bereits mit dem Antrag die in § 305 Abs. 1 Nr. 3 genannten Verzeichnisse vorgelegt worden. Sind diese nicht älter als sechs Monate, so kann auf diese verwiesen werden.

98 Ferner sind die Gläubiger in diesem Beschluss darauf hinzuweisen, dass sie innerhalb einer Ausschlussfrist von drei Monaten, die mit der öffentlichen Bekanntmachung der Entscheidung beginnt, Versagungsanträge stellen können, dass der Versagungsantrag nur zulässig ist, wenn er glaubhaft gemacht wird und dass jeder beteiligte Gläubiger auf seine Kosten den Treuhänder mit der Überwachung des Schuldners beauftragen kann. Auch wenn dies sich aus der Gesetzessystematik nicht so eindeutig ergibt, bezieht sich die in Abs. 2 Satz 4 statuierte Hinweispflicht nicht nur auf den vorangegangen Satz zur Überwachung des Schuldners, sondern auf den gesamten Absatz. Gerade der Hinweis auf die Versagungsmöglichkeiten ist der für den Schuldner wichtigste Hinweis. Zwar besteht im Restschuldbefreiungsverfahren ein solcher Gläubigerhinweis nicht. Hierbei ist jedoch zu beachten, dass in einem Restschuldbefreiungsverfahren, d.h. in einem Verfahren, dem der Laufzeit der Abtretungserklärung ein Insolvenzverfahren vorausgegangen war, die Gläubiger viel intensiver durch Anschreiben und Bekanntmachungen in das Verfahren einbezogen waren.

99 Der Beschluss mit den gesamten Hinweisen ist öffentlich bekannt zu machen. Die öffentliche Bekanntmachung erfolgt durch eine zentrale und länderübergreifende Veröffentlichung im Internet[55] (§ 9). Fehlen diese Hinweise oder sind sie unzureichend, so können sie die

---

[55] www.insolvenzbekanntmachungen.de

Ausschlussfrist für die Versagungsanträge nicht Gang setzen. In einem solchen Fall kann auch noch nach der Ankündigung der Restschuldbefreiung nach § 291 ein Gläubiger den Treuhänder mit der Überwachung des Schuldners beauftragen. Ansonsten besteht dieses Recht nach Ankündigung der Restschuldbefreiung nicht mehr. Auch im Restschuldbefreiungsverfahren muss die Beauftragung eines Treuhänders noch während des Insolvenzverfahrens, spätestens im Schlusstermin erfolgen. Danach besteht diese Möglichkeit nicht mehr.[56]

c) Versagung der Restschuldbefreiung auf Antrag eines Gläubigers. Die Versagung der Restschuldbefreiung wegen eines Versagungsgrundes nach § 290 Abs. 1 kann im Entschuldungsverfahren von jedem Gläubiger beantragt werden, der zum Zeitpunkt der Abweisung mangels Masse einen begründeten Vermögensanspruch gegen den Schuldner hatte (§ 286 Satz 2 RegE). Der Antrag kann nur innerhalb einer **Ausschlussfrist von drei Monaten,** die mit der öffentlichen Bekanntmachung des Abweisungsbeschlusses beginnt, gestellt werden. Der Antrag ist nur zulässig, wenn der Versagungsgrund nach § 290 Abs. 1 glaubhaft gemacht worden ist. 100

d) Versagung der Restschuldbefreiung von Amts wegen. Eine Versagung von Amts wegen erfolgt nur, wenn ein Versagungsgrund nach Abs. 1 Nr. 1 oder Nr. 3 vorliegt. Dies folgt aus der Verweisung auf § 297 a Abs. 2 RegE. 101

e) Überwachung des Schuldners (§ 289 c Abs. 2 Satz 4). Grundsätzlich ist es nicht die Aufgabe des Treuhänders, die Erfüllung der Obliegenheiten des Schuldners zu überwachen. § 289 c Abs. 2 Satz 4 iVm § 292 Abs. 2 ermöglicht es, dem Treuhänder die Aufgabe der Überwachung zu übertragen. Im Restschuldbefreiungsverfahren haben die Gläubiger von diesem Recht wenig Gebrauch gemacht. Dieses Recht wird im masselosen Verfahren noch weniger in Anspruch genommen werden. Da es im Entschuldungsverfahren keine Gläubigerversammlung gibt, ist dieses Recht im dem einzelnen am Verfahren beteiligten Gläubiger übertragen worden. Das Recht muss vor der Ankündigung der Restschuldbefreiung ausgeübt werden. Nach der Ankündigung der Restschuldbefreiung ist dies nicht mehr möglich. Für eine unterschiedliche Behandlung der Gläubiger im Restschuldbefreiungsverfahren und im Entschuldungsverfahren gibt es keine sachliche Rechtfertigung. 102

Die Vergütung für die Überwachung hat der Gläubiger zu tragen, der den Antrag gestellt hat. Nach § 15 InsVV erhält der Treuhänder hiefür eine zusätzliche Vergütung, die regelmäßig 35 Euro je Stunde beträgt. Die Vergütung ist vom Insolvenzgericht bei der Ankündigung der Restschuldbefreiung festzusetzen (Abs. 2 Satz 4 iVm § 16 Abs. 1 InsVV).

f) Ankündigung der Restschuldbefreiung (§§ 289 c Abs. 3, 291 Abs. 1). Nach Ablauf der Ausschlussfrist von drei Monaten, die mit der öffentlichen Bekanntmachung des Abweisungsbeschlusses mangels Masse (§ 26) oder des Einstellungsbeschlusses nach § 207 oder § 211 beginnt, kann das Gericht über einen von einem Insolvenzgläubiger gestellten Antrag auf Versagung der Restschuldbefreiung entscheiden. Grundsätzlich wäre in diesem Beschluss auch – falls die Voraussetzungen einer Versagung nicht vorliegen – die Restschuldbefreiung gem. § 291 Abs. 1 anzukündigen und der Treuhänder zu bestimmen, auf den die pfändbaren Bezüge des Schuldners nach Maßgabe der Abtretungserklärung übergehen. 103

Dem steht jedoch der Wortlaut des § 291 Abs. 1 entgegen. Danach kann die Restschuldbefreiung erst dann angekündigt werden, wenn die Voraussetzungen des § 289 c Abs. 2 oder des § 290 nicht gegeben sind. Die Versagung auf Antrag eines Insolvenzgläubigers ist an feststellbare Ausschlussfristen gebunden, nicht jedoch die Versagung von Amts wegen. Diese kann immer erfolgen. Es dürfen nur zwischen der Versagung und dem Zeitpunkt, in dem der Versagungsgrund dem Gericht bekannt geworden ist, nicht mehr als sechs Monate liegen. Nach Ablauf der Frist von drei Monaten für den Versagungsantrag

---

[56] HK-*Landfermann*, § 292 RdNr. 17; MünchKommInsO-*Ehricke* § 292 RdNr. 292 RdNr. 42.

des Insolvenzgläubigers lässt sich somit nicht feststellen, ob die Voraussetzungen des § 298c Abs. 2 gegeben sind, da das Gericht für die Versagung von Amts wegen nicht an eine Frist gebunden ist. Dies kann jedoch nicht dem Sinn und Zweck der Regelung entsprechen.

In der Gesetzesbegründung ist ausdrücklich aufgeführt, dass, um das Verfahren nicht unverhältnismäßig lange in der Schwebe zu halten und um dem Schuldner möglichst bald Gewissheit zu geben, ob er überhaupt eine Restschuldbefreiung erlangen kann, die Gläubiger einen Versagungsantrag innerhalb von drei Monaten nach öffentlicher Bekanntmachung des Abweisungs- bzw. Einstellungsbeschlusses zu stellen haben.[57] Somit kann die Entscheidung über die Ankündigung der Restschuldbefreiung gemäß § 291 nicht mit dem Argument, hinausgeschoben werden, dass für das Gericht eine Versagung von Amts wegen auch noch weit über die drei Monate hinaus möglich ist.

104 Hat nach Ablauf der drei Monate das Gericht die Restschuldbefreiung nicht von Amts wegen versagt und ist auf Antrag eines Insolvenzgläubigers die Restschuldbefreiung nicht versagt worden, so hat es in einem Beschluss festzustellen, dass der Schuldner Restschuldbefreiung erlangt, wenn der den Obliegenheiten nach § 295 nachkommt und die Voraussetzungen für eine Versagung nach §§ 297 bis 298 nicht vorliegen. Das Gericht hat in dem gleichen Beschluss den Treuhänder zu bestimmen, auf den die pfändbaren Bezüge des Schuldners nach Maßgabe der Abtretungserklärung (§ 287 Abs. 2) übergehen. Der von dem Gericht bestimmte Treuhänder für die Laufzeit der Abtretungserklärung muss nicht personenidentisch sein mit dem „vorläufigen Treuhänder", zumal sich deren Aufgaben wesentlich unterscheiden. Hat ein Gläubiger den Treuhänder beauftragt, den Schuldner zu überwachen, ist auch dies in dem Beschluss auszusprechen. Mit der Ankündigung der Restschuldbefreiung beginnt die Laufzeit der Abtretungserklärung. Im Interesse der Rechtsicherheit sollte das Gericht in dem Beschluss, in dem die Restschuldbefreiung angekündigt wird, auch die genaue Laufzeit der Abtretung angeben. Von dem Zeitpunkt des Wirksamwerdens der Abtretung ist die Verfahrensdauer zu unterscheiden, die mit dem Erlass des Abweisungsbeschlusses beginnt und sechs Jahre dauert.

105 **g) Rechtsmittel.** Das Rechtsmittel der sofortigen Beschwerde gegen den Beschluss, steht dem Schuldner zu, wenn ihm die Restschuldbefreiung es **auf Antrag eines Gläubigers versagt** worden ist, nicht jedoch bei einer Versagung von Amts wegen. Darauf hat der Bundesrat in seiner Stellungnahme zu dem Gesetzentwurf hingewiesen und die Bundesregierung gebeten zu prüfen, ob nicht doch eine Rechtsmittel gegen eine Versagung von Amts wegen zuzulassen sein. Es seien Fälle denkbar, die auch bei einer Versagungsentscheidung von Amts wegen ein Rechtsmittel geboten erscheinen lassen. So sei die Versagung der Restschuldbefreiung auf Grund einer rechtskräftigen Verurteilung wegen einer Straftat nach den §§ 283 bis 283c StGB nach herrschender Meinung nach Ablauf der für das Zentralregister maßgeblichen Tilgungsfristen des § 46 BZRG nicht mehr möglich. Verkenne das Gericht die Tilgungsfristen oder berechne es sie falsch, müsse dem Schuldner die Möglichkeit eröffnet werden, diese Entscheidung anzufechten. Dies gelte gleichermaßen für die Fälle des § 290 Abs. 1 Nr. 3 InsO, in denen ebenfalls die auf einem Rechenfehler beruhende fehlerhafte Entscheidung einer Korrektur zugänglich sein müsse.[58] In ihrer Gegenäußerung stimmte die Bundesregierung den Bedenken des Bundesrates zu, dass dem Schuldner aus Gerechtigkeitsgründen auch bei einer Versagung von Amts wegen trotz einer möglichen Mehrbelastung der Gerichte eine Beschwerdemöglichkeit eröffnet werden sollte.[59]

106 Weist das Insolvenzgericht den Antrag eines Insolvenzgläubigers auf Versagung der Restschuldbefreiung zurück, so steht dem Gläubiger, der die Versagung beantragt hat, die sofortige Beschwerde zu. Der rechtskräftige Beschluss ist öffentlich bekannt zu machen.

---

[57] Begr. BT-Drucks. 16/7416 S. 68.
[58] BT-Drucks. 16/7416 S. 121.
[59] BT-Drucks. 16/7416 S. 147.

§ 290 Versagung der Restschuldbefreiung

(1) In dem Beschluß ist die Restschuldbefreiung zu versagen, wenn dies im Schlußtermin von einem Insolvenzgläubiger beantragt worden ist und wenn
1. der Schuldner wegen einer Straftat nach den §§ 283 bis 283 c des Strafgesetzbuchs rechtskräftig verurteilt worden ist,
2. der Schuldner in den letzten drei Jahren vor dem Antrag auf Eröffnung des Insolvenzverfahrens oder nach diesem Antrag vorsätzlich oder grob fahrlässig schriftlich unrichtige oder unvollständige Angaben über seine wirtschaftlichen Verhältnisse gemacht hat, um einen Kredit zu erhalten, Leistungen aus öffentlichen Mitteln zu beziehen oder Leistungen an öffentliche Kassen zu vermeiden,
3. in den letzten zehn Jahren vor dem Antrag auf Eröffnung des Insolvenzverfahrens oder nach diesem Antrag dem Schuldner Restschuldbefreiung erteilt oder nach § 296 oder § 297 versagt worden ist,
4. der Schuldner im letzten Jahr vor dem Antrag auf Eröffnung des Insolvenzverfahrens oder nach diesem Antrag vorsätzlich oder grob fahrlässig die Befriedigung der Insolvenzgläubiger dadurch beeinträchtigt hat, daß er unangemessene Verbindlichkeiten begründet oder Vermögen verschwendet oder ohne Aussicht auf eine Besserung seiner wirtschaftlichen Lage die Eröffnung des Insolvenzverfahrens verzögert hat,
5. der Schuldner während des Insolvenzverfahrens Auskunfts- oder Mitwirkungspflichten nach diesem Gesetz vorsätzlich oder grob fahrlässig verletzt hat oder
6. der Schuldner in den nach § 305 Abs. 1 Nr. 3 vorzulegenden Verzeichnissen seines Vermögens und seines Einkommens, seiner Gläubiger und der gegen ihn gerichteten Forderungen vorsätzlich oder grob fahrlässig unrichtige oder unvollständige Angaben gemacht hat.

(2) Der Antrag des Gläubigers ist nur zulässig, wenn ein Versagungsgrund glaubhaft gemacht wird.

§ 290 Versagung der Restschuldbefreiung (RegE)

(1) In dem Beschluss nach § 289 ist die Restschuldbefreiung von Amtes wegen oder auf einen spätestens im Schlusstermin gestellten Antrag eines Insolvenzgläubigers zu versagen, wenn
1. *der Schuldner wegen einer Straftat nach den §§ 283 bis 283 c des Strafgesetzbuches rechtskräftig verurteilt worden ist,*
1 a. *der Schuldner wegen einer zum Nachteil des Antrag stellenden Insolvenzgläubigers begangenen Straftat rechtskräftig zu einer Geldstrafe von mindestens neunzig Tagessätzen oder einer Freiheitsstrafe verurteilt worden ist, sofern der der Verurteilung zugrunde liegende Straftatbestand dem Schutz des Eigentums oder des Vermögens zu dienen bestimmt ist; dies gilt auch für eine Steuerstraftat nach den §§ 370, 373 und 374 des Abgabenordnung.*
2. *der Schuldner in den letzten drei Jahren vor dem Antrag auf Eröffnung des Insolvenzverfahrens oder nach diesem Antrag vorsätzlich oder grob fahrlässig schriftlich unrichtige oder unvollständige Angaben über seine wirtschaftlichen Verhältnisse gemacht hat, um einen Kredit zu erhalten, Leistungen auf öffentlichen Mitteln zu beziehen oder Leistungen an öffentliche Kassen zu vermeiden.*
3. *in den letzten zehn Jahren vor dem Antrag auf Eröffnung des Insolvenzverfahrens oder nach diesem Antrag dem Schuldner Restschuldbefreiung erteilt oder nach § 296 oder § 297 versagt worden ist.*
3 a. *in den letzten drei Jahren vor dem Antrag auf Eröffnung des Insolvenzverfahrens oder nach diesem Antrag dem Schuldner Restschuldbefreiung nach § 290 Absatz 1 Nr. 5 oder 6*

§ 290

versagt wurde; dies gilt auch im Falle des § 297a, wenn die nachträgliche Versagung auf Gründe nach § 290 Abs. 1 Nr. 5 oder 6 gestützt worden ist.

4. der Schuldner im letzten Jahr vor dem Antrag auf Eröffnung des Insolvenzverfahrens oder nach diesem Antrag vorsätzlich oder grob fahrlässig die Befriedigung der Insolvenzgläubiger dadurch beeinträchtigt hat, dass er unangemessene Verbindlichkeiten begründet oder Vermögen verschwendet oder ohne Aussicht auf eine Besserung seiner wirtschaftlichen Lage die Eröffnung des Insolvenzverfahrens verzögert hat.

5. der Schuldner Auskunfts- oder Mitwirkungspflichten nach diesem Gesetz vorsätzlich oder grob fahrlässig verletzt hat,

6. der Schuldner, in den §§ 287 Abs. 1 Satz 3, 305 Abs. 1 Nr. 3 vorzulegenden Verzeichnissen seines Vermögens und seines Einkommens, seiner Gläubiger und der gegen ihn gerichteten Forderungen vorsätzlich oder grob fahrlässig unrichtige oder unvollständige Angaben gemacht hat,

7. der Schuldner als vertretungsberechtigtes Organ einer Gesellschaft oder als Gesellschafter den Antrag auf Eröffnung des Insolvenzverfahrens pflichtwidrig und schuldhaft nicht oder nicht rechtzeitig gestellt hat.

(2) Der Antrag des Gläubigers ist nur zulässig, wenn ein Versagungsgrund glaubhaft gemacht wird.

(3) Die Versagung von Amts wegen erfolgt nur, wenn ein Versagungsgrund nach Absatz 1 Nr. 1 oder Nr. 3 vorliegt.

Übersicht

	RdNr.		RdNr.
I. Normzweck	1	cc) Versagung der Restschuldbefreiung innerhalb der Letzten zehn Jahre	54
II. Entstehungsgeschichte	6	dd) Fristberechnung	57
III. Voraussetzungen für die Versagung der Restschuldbefreiung	13	d) Beeinträchtigung der Befriedigung der Insolvenzgläubiger (Nr. 4)	58
1. Formelle Voraussetzungen	13	aa) Allgemeines	58
a) Ordnungsgemäßes Verfahren nach § 289 Abs. 1 Satz 1	13	bb) Begründung unangemessener Verbindlichkeiten	59
b) Antrag eines Insolvenzgläubigers	14	cc) Vermögensverschwendung	60
c) Form und Zeitpunkt	16	dd) Verzögerung der Verfahrenseröffnung	61
aa) Schlusstermin	17	ee) Beeinträchtigung der Gläubigerbefriedigung	65
bb) Schriftliches Verfahren	17a	ff) Zeitraum	68
cc) Besonderheiten bei Verfahren nach § 289 Abs. 3	18	gg) Verschulden	69
d) Glaubhaftmachung eines Versagungsgrundes (Abs. 2)	19	e) Verletzung von Auskunfts- oder Mitwirkungspflichten (Nr. 5)	70
e) Besonderheiten des vereinfachten Verfahrens (§ 314 Abs. 3)	21	aa) Allgemeines	70
2. Materielle Voraussetzungen	24	bb) Auskunfts- und Mitwirkungspflichten	71
a) Insolvenzstraftat (Nr. 1)	24	cc) Rechtmäßigkeit der gerichtlichen Anordnung	73
b) Kredit- und Leistungserschleichung (Nr. 2)	33	dd) Zeitraum	75
aa) Allgemeines	33	ee) Verschulden	76
bb) Unrichtige oder unvollständige Angaben	34	f) Unrichtige oder unvollständige Angaben in den nach § 305 Abs. 1 Nr. 3 vorzulegenden Verzeichnissen (Nr. 6)	77
cc) Kredit- oder Leistungserschleichung	38	aa) Allgemeines	77
dd) Zeitraum	42	bb) Unrichtiges oder unvollständiges Vermögensverzeichnis	78
ee) Verschulden	44	cc) Verschulden	79
c) Wiederholter Restschuldbefreiungsantrag (Nr. 3)	46	IV. Entscheidung	80
aa) Allgemeines	46	1. Feststellung des Versagungsgrundes	80
bb) Erteilung der Restschuldbefreiung innerhalb der Letzten zehn Jahre	48		

	RdNr.		RdNr.
2. Unzulässiger oder unbegründeter Versagungsantrag	84	1. Gegenstand der Gesetzesänderung	95
a) Zuständigkeit	84	2. Zweck der Gesetzesänderung	96
b) Beschlussformel (Tenor)	84	3. Erweiterung der Versagungsgründe	100
aa) Zurückweisung des Gläubigerantrags	85	a) Versagung wegen einer zum Nachteil des Antrag stellenden Insolvenzgläubigers begangenen Straftat (Nr. 1 a)	100
bb) Ankündigung der Restschuldbefreiung (§ 291)	86	b) Versagung wegen einer innerhalb der letzten drei Jahre von Antragstellung bereits versagten Restschuldbefreiung (Nr. 3 a)	101
c) Beschlussgründe	87		
d) Weiteres Verfahren	88		
3. Begründeter Versagungsantrag	89	c) Versagung wegen der Verletzung von Auskunfts- oder Mitwirkungspflichten (Nr. 5)	102
a) Zuständigkeit	89		
b) Beschlussformel (Tenor)	90		
aa) Versagung der Restschuldbefreiung	90	d) Versagung wegen unzureichender Verzeichnisse (Nr. 6)	103
bb) Kostenentscheidung	91	e) Versagung wegen Verletzung der Insolvenzantragspflichten (Nr. 7)	104
c) Beschlussgründe (Entscheidungsgründe)	92		
d) Weiteres Verfahren	93	4. Versagungsverfahren	105
V. Rechtsfolgen	94	a) Versagung auf Antrag eines Insolvenzgläubigers	105
VI. Änderungen durch den RegE zur Entschuldung mitteloser Personen	95	d) Versagung von Amts wegen	106

I. Normzweck

Die Norm nennt die Gründe, bei deren Vorliegen die Erteilung der Restschulbefreiung auf Antrag eines Insolvenzgläubigers zu versagen ist. Diese Versagungsgründe sollen den Grundsatz verwirklichen, dass nur ein redlicher, also ein ehrlicher, zuverlässiger, pflichtbewusster Schuldner,[1] der sich seinen Gläubigern gegenüber nichts hat zuschulden kommen lassen, eine Restschuldbefreiung erlangen kann. Somit ist **§ 290 eine der zentralen Vorschriften** des gesetzlichen Schuldenbereinigungsverfahrens. 1

Die gesetzliche Vermutung geht von dem redlichen Schuldner als Regelfall aus. § 290 normiert die **Ausnahmetatbestände,** die zu einer Versagung der Restschuldbefreiung führen können.[2] 2

Der Gesetzgeber hat aus Gründen der Rechtssicherheit davon abgesehen, die Versagungsgründe durch eine **Generalklausel oder durch Regelbeispiele** zu erfassen.[3] Nach Wortlaut und Zielsetzung der Vorschrift ist mit der Aufzählung einzelner Tatbestände eine **abschließende Regelung** erfolgt. Zwar bleiben dadurch manche „unredliche" Verhaltensweisen folgenlos. Mit der Bildung von verschiedenen abschließenden Fallgruppen soll verhindert werden, dass die Entscheidung über die Schuldbefreiung in ein weites Ermessen des Insolvenzgerichts gestellt wird.[4] Schuldner und Gläubiger sollen vorn vornherein wissen, unter welchen Bedingungen eine Restschuldbefreiung erteilt oder versagt werden kann. Sie erhalten so die Möglichkeit, die Folgen bestimmter Verhaltensweisen erkennen und vorausberechnen zu können. Trotzdem sind durch zahlreiche unbestimmte Rechtsbegriffe bei den einzelnen Versagungsgründen Ermessensentscheidungen erforderlich. 3

In Abs. 1 wird festgelegt, dass Versagungsgründe nur dann vom Insolvenzgericht geprüft werden, wenn die Versagung der Erteilung der Restschuldbefreiung von einem Insolvenzgläubiger beantragt wird. Nur die Gläubiger sollen darüber entscheiden, ob Versagungsgründe zu überprüfen sind, weil es um den Verlust ihrer Forderungen geht. Kommt es bis zum Ende des Schlusstermins zu keinem derartigen Antrag, so hat das Insolvenzgericht – bei 4

---

[1] FK-*Ahrens,* Anm. 1 zu § 290.
[2] FK-*Ahrens,* Anm. 4 zu § 290.
[3] *Döbereiner,* S. 118 ff. der für eine generalklauselartige Regelung eintritt.
[4] RegE BR-Drucks. 1/92, S. 190; aA LG Hannover ZVI (Zeitschrift für Verbraucher-Insolvenzrecht) 2002, 130.

Vorliegen der weiteren Voraussetzungen (§ 286 Abs. 2) – die Ankündigung der Restschuldbefreiung auszusprechen.

5   Bei den **Versagungsgründen im Einzelnen** handelt es sich um verschiedenartige Tatbestände, die die Einhaltung sowohl materiellrechtlicher also auch verfahrensrechtlicher Pflichten regeln.

II. Entstehungsgeschichte

6   Der Diskussionsentwurf enthielt in § 229 DiskE folgende Regelung:

„(1) In dem Beschluß ist die Restschuldbefreiung zu versagen, wenn dies im Anhörungstermin von einem Insolvenzgläubiger beantragt worden ist und wenn der Schuldner
1. *eine Straftat nach den §§ 283 bis 283 c des Strafgesetzbuchs begangen hat,*
2. *nicht früher als 10 Jahre vor dem Antrag auf Eröffnung des Insolvenzverfahrens Restschuldbefreiung erlangt hatte,*
3. *nicht früher als ein Jahr vor dem Antrag auf Eröffnung des Insolvenzverfahrens vorsätzlich oder grob fahrlässig die Befriedigung der Insolvenzgläubiger dadurch erheblich beeinträchtigt hat, daß er Verbindlichkeiten begründet oder Vermögen verschwendet oder die Eröffnung des Insolvenzverfahrens verzögert hat, oder*
4. *während des Insolvenzverfahrens Auskunfts- und Mitwirkungspflichten nach diesem Gesetz vorsätzlich oder grob fahrlässig nicht unerheblich verletzt hat.*

(2) Der Antrag des Gläubigers ist nur zulässig, wenn einer der Versagungsgründe glaubhaft gemacht wird."

7   Der Referentenentwurf stellte in Abs. 1 nicht mehr auf einen Anhörungstermin, sondern auf den Schlusstermin ab. Außerdem fasste er die Versagungsgründe neu. In Ziffer 1 wurde neben den Insolvenzstraftaten (§§ 283 bis 283 c StGB) der Kreditbetrug (§ 285 b StGB) als weiterer Versagungsgrund eingefügt. Dies wurde damit begründet, dass auch ein Schuldner, der durch die Vorlage unrichtiger Unterlagen oder durch ähnliche Täuschungshandlungen sich Kredit für seinen Geschäftsbetrieb zu verschaffen sucht, zum eigenen Vorteil und zum Nachteil der Gläubiger handelt und somit dieses Verhalten den Straftatbeständen der §§ 283 bis 283 c StGB gleichzusetzen sei.[5]

8   Weiterhin wurde, um das Insolvenzgericht nicht damit zu belasten, die objektiven und subjektiven Voraussetzungen einer Straftat nachzuprüfen, darauf abgestellt, ob ein **strafrechtliches Verfahren** anhängig oder eine rechtskräftige Verurteilung erfolgt ist.

9   In Ziffer 3 und Ziffer 4 des Diskussionsentwurfes durfte eine Versagung der Restschuldbefreiung nur bei **erheblicher Gläubigerbeeinträchtigung** bzw. **nicht unerheblicher Pflichtverletzung** erfolgen. Der Referentenentwurf knüpfte eine Versagung nicht mehr an eine besondere Erheblichkeit der Gläubigerbeeinträchtigung und Pflichtverletzung.

10 Im Regierungsentwurf wurde in Ziffer 1 der Kreditbetrug nach § 265 b StGB wieder gestrichen. Als neuer Versagungsgrund wurde als Ziffer 2, die Falschangabe zur Erlangung eines Kredits eingefügt. Der Kreditbetrug wurde damit als eigener Versagungsgrund in Ziffer 2 eingefügt, ohne dass es der Voraussetzung einer Strafbarkeit nach § 265 b StGB bedurfte. Ergänzt wurde diese Ziffer dahingehend, dass auch fehlerhafte falsche Angaben gegenüber der öffentlichen Hand zu einer Versagung der Restschuldbefreiung führen können. Die Ziffern 3 und 4 in den vorangegangen Entwürfen wurden nunmehr zu den Ziffern 4 und 5.

11 Der Bundesrat hielt die Fassung des Regierungsentwurfes nicht nur sprachlich sondern auch inhaltlich für änderungsbedürftig.[6] So führten neben sprachlichen Modifikationen die Vorschläge des Bundesrates zu weiteren Veränderungen. Der Versagungsgrund in Ziffer 1

---

[5] Begr. zu § 229 RefE S. 236.
[6] Stellungnahme des Bundesrates und Gegenäußerung der Bundesregierung in: *Kübler/Prütting* (Hrsg.), Das neue Insolvenzrecht, Bd. 1 S. 540.

wurde auf **rechtskräftige Verurteilungen** beschränkt, da allein der Verdacht einer entsprechenden Straftat für eine Versagung der Restschuldbefreiung nicht ausreichend sei. In Ziffer 2 wurde der für die Falschangabe maßgebliche Zeitraum auch auf die Zeit nach der Eröffnung des Insolvenzverfahrens ausgedehnt. Derselbe Zeitrahmen wurde auch auf das missbräuchliche Verhalten in Ziffer 4 übertragen.

Weitere Veränderungen erfuhr die Norm durch die Behandlung im **Rechtsausschuss.** 12
Ziffer 3 erfuhr eine inhaltliche Erweiterung. Die Zehn-Jahres-Sperre für einen neuen Antrag auf Erteilung der Restschuldbefreiung, die bisher nur bei einer Erteilung der Restschuldbefreiung galt, besteht auch bei einer Versagung der Restschuldbefreiung nach §§ 296, 297. Damit soll vorgebeugt werden, dass Restschuldbefreiungsverfahren nicht missbräuchlich in Anspruch genommen werden.

III. Voraussetzungen für die Versagung der Restschuldbefreiung

1. Formelle Voraussetzungen. a) Ordnungsgemäßes Verfahren nach § 289 Abs. 1 13
Satz 1. Der Entscheidung über die Versagung der Restschuldbefreiung muss eine Anhörung der Insolvenzgläubiger und des Insolvenzverwalters, im vereinfachten Verfahren des Treuhänders, vorausgehen. Der Grundsatz des rechtlichen Gehörs verlangt aber auch, obwohl dies nicht ausdrücklich geregelt ist, dass vor einer Entscheidung, die dem Schuldner die Restschuldbefreiung versagt, dem Schuldner rechtliches Gehör gewährt werden muss.

b) Antrag eines Insolvenzgläubigers. Nur auf **Antrag eines Gläubigers,** nicht von 14
Amts wegen, kann die Restschuldbefreiung versagt werden.[7] Auch der Insolvenzverwalter und der Treuhänder im vereinfachten Insolvenzverfahren haben kein Antragsrecht. Allein der Gläubiger soll es in der Hand haben, zu entscheiden, ob ein Versagungsgrund durch das Gericht geprüft wird, da letztlich durch eine Restschuldbefreiung seine Forderung zur Disposition steht. Durch eine Anhörung des Insolvenzverwalters offenkundig gewordene Versagungsgründe führen nicht zu einer Versagung der Restschuldbefreiung, wenn kein Gläubiger einen Versagungsantrag stellt. Es ist nicht erforderlich, dass der antragstellende Gläubiger von dem geltend gemachten Versagungsgrund selbst betroffen ist.[8] **Jeder Insolvenzgläubiger,** der an dem Verfahren teilgenommen hat, kann einen Versagungsantrag stellen. Eine solche Begrenzung des Antragsrechts auf die unmittelbar geschädigten Gläubiger lässt sich weder dem Gesetzeswortlaut noch dem Gesetzeszweck entnehmen. Die Versagungsgründe des § 290 zielen nicht auf die Schädigung von Insolvenzgläubigern ab. In dem Katalog der Versagungsgründe des § 290 sind vielmehr, unabhängig von einer Gläubigerschädigung, Verhaltensweisen normiert, die nach Einschätzung des Gesetzgebers typischerweise auf eine Unredlichkeit des Schuldners schließen lassen.[9] Insolvenzgläubiger, die nicht an dem Insolvenzverfahren teilgenommen und aus diesem Grund auch nicht in das Schlussverzeichnis aufgenommen worden sind, können keinen Versagungsantrag stellen und damit den Verlust ihrer Forderungen auf Grund der Regelung in § 301 zu verhindern. Durch die Nichtteilnahme am Verfahren, gleichgültig aus welchem Grund, ist es **diesen Insolvenzgläubigern verwehrt, Verfahrensrechte wahrzunehmen.** Die Insolvenzgläubiger, die ihre Forderungen nicht angemeldet haben, haben keine Stimmrechte im Insolvenzverfahren und nehmen auch nicht an der Verteilung teil. Dies gilt auch für das Restschuldbefreiungsverfahren. Auch in diesem Verfahren nehmen sie nicht an der Verteilung teil und sind nicht befugt Versagungsanträge zu stellen. Ansonsten würde unter Umständen der Streit über den Bestand einer Forderung in das Restschuldbefreiungsverfahren verlagert.[10] Gläubiger, die ausschließlich

---

[7] OLG Celle NZI 2001, 596 f.; AG Hamburg ZVI 2005, 51.
[8] BGH NZI 2007, 357; OLG Celle, ZInsO 2000, 456 [457]; HK-*Landfermann*, § 290 RdNr. 22; HambKomm-*Streck*, § 290 RdNr. 2; *Wenzel* in *Kübler/Prütting*, InsO, § 290 RdNr. 5; *Römermann* in *Nerlich/Römermann,* InsO, § 290 RdNr. 17; *Uhlenbruck/Vallender,* InsO, 12. Aufl., § 290 RdNr. 15; **aA** AG Mönchengladbach, ZInsO 2001, 674 [676]; FK-*Ahrens* § 290 RdNr. 27.
[9] OLG Celle NZI 2001, 238 ff.
[10] AA AG Köln NZI 2002, 218 f.

§ 290 15–17 a   8. Teil. Restschuldbefreiung

Inhaber von Forderungen im Sinne des § 302 sind, steht, obwohl sie von den Wirkungen der Restschuldbefreiung nicht berührt werden, auch ein Antragsrecht zu.[11]

15 Der Antragsteller kann bis zu dem Beschluss über die Ankündigung oder Versagung der Restschuldbefreiung seinen **Antrag erweitern oder zurücknehmen.**

16 **c) Form und Zeitpunkt. aa) Schlusstermin.** Der Antrag kann nicht schriftlich eingereicht werden oder zu Protokoll der Geschäftsstelle erklärt werden. Schriftliche oder zur Protokoll der Geschäftsstelle erklärten Anträge sind lediglich als Ankündigungen zu verstehen.[12]

17 Eine Versagung der Restschuldbefreiung ist von dem Insolvenzgläubiger **im Schlusstermin** (§ 197), also **vor der Aufhebung des Insolvenzverfahrens,** zu beantragen. Der lediglich schriftlich an das Insolvenzgericht gestellte Antrag eines Insolvenzgläubigers auf Versagung der Restschuldbefreiung steht dem im Schlusstermin von einem anwesenden Gläubiger gestellten Antrag nicht gleich. Er ist unzulässig.[13] Die Entscheidung über den Antrag auf Restschuldbefreiung soll nach der Gesetzesbegründung deshalb erst nach Anhörung der Insolvenzgläubiger und des Insolvenzverwalters oder des Treuhänders im Schlusstermin erfolgen, damit für die gesamte Verfahrensdauer festgestellt werden kann, ob der Schuldner seinen Auskunfts- und Mitwirkungspflichten genügt hat.[14] Die Antragstellung im Schlusstermin ermöglicht, den Antrag mündlich zu erläutern und eventuelle Einwendungen sofort zu klären. Zugleich wird dadurch das Gewicht der Glaubhaftmachung des Antrags bestärkt, die nur durch die im Termin präsenten Beweismittel statthaft ist, §§ 4 InsO, 294 Abs. 2 ZPO.[15] Deshalb kann der Antrag auch nicht in einem früheren Termin gestellt werden.[16] Aufgrund des eindeutigen Wortlauts kann der Antrag auch nicht mehr in einem **Rechtsmittelverfahren** über eine Beschwerde gegen die Versagung oder Ankündigung der Restschuldbefreiung nachgeholt werden.[17] Ein auf die Gründe des § 290 gestützter Versagungsantrag kann nicht mehr in der Treuhandphase gestellt werden. Nach dem rechtskräftigen Beschluss über die Ankündigung der Restschuldbefreiung ist das vergangene Verhalten nicht mehr zu beurteilen. Nach der Beendigung des Insolvenzverfahren gelten für die Versagung der Restschuldbefreiung ausschließlich die Bestimmungen der §§ 295 bis 298. Es ist nach dem eindeutigen Wortlaut des Gesetzes nicht zulässig, die Versagungsgründe des § 290 auf Fälle anzuwenden, in denen sich erst nach Ankündigung der Restschuldbefreiung herausstellt, dass seinerseits ein solcher Versagungsgrund vorlag. Es handelt sich um eine bewusste gesetzgeberische Entscheidung.[18] Nach Abschluss des Insolvenzverfahrens soll das Verhalten des Schuldners in der Vergangenheit, abgesehen von strafrechtlich relevanten Verfehlungen, keine Rolle mehr spielen.[19]

Eine Wiedereinsetzung in den vorigen Stand nach § 4 i.V.m. § 223 ZPO ist nicht zulässig, da es sich bei der Frist innerhalb der der Versagungsantrag zu stellen ist, um keine Notfrist handelt.

17 a **bb) Schriftliches Verfahren.** Von dem Erfordernis, dass der Versagungsantrag im Schlusstermin zu stellen ist und eine Entscheidung darüber erst danach ergehen darf (§ 289 Abs. 1, § 290 Abs. 1), kann nur in den Fällen abgesehen werden, in denen es die Insolvenzordnung dem Insolvenzgericht gestattet, auf die Abhaltung eines Schlusstermins ganz zu

---

[11] Die in der Vorauflage vertretene gegenteilige Auffassung kann nach der beabsichtigten Einführung des neuen Versagungsgrundes § 290 Abs 1 Nr. 1 a nicht mehr aufrecht erhalten werden. A. A. *Dötereiner* S. 230 f.
[12] LG Nürnberg-Fürth VuR 2002, 32; aA OLG Celle ZInsO 2002, 230 ff. für den Fall, dass das Insolvenzgericht im masseunzulänglichen Verfahren auf die Durchführung eines Schlusstermins verzichtet hat. Dazu siehe RdNr. 18.
[13] LG München ZInsO 2001, 767; LG Nürnberg-Fürth ZVI 2002, 287.
[14] BT-Drucks. 12/2443, S. 189 zu § 237 RegE.
[15] FK-*Ahrens* § 290 RdNr. 58.
[16] FK-*Kohte* § 314 RdNr. 29.
[17] FK-*Ahrens* § 290 RdNr. 59; AG Oldenburg NZI 2002, 327.
[18] BGH, Beschl. vom 27. 7. 2006 – IX ZB 234/03; BGH NZI 2006, 538; BGH ZVI 2003, 170; AG Duisburg, Beschl. Vom 21. 2. 2007, 62 IK 365/04.
[19] Vgl. Begr. Zu § 237, 240 RegEInsO. BT-Drucks. 12/2442 S. 189, 191.

verzichten. Sind die Vermögensverhältnisse des Schuldners überschaubar und die Zahl der Gläubiger oder die Höhe der Verbindlichkeiten gering, kann das Insolvenzgericht gemäß § 5 Abs. 2 anordnen, dass das Verfahren oder einzelne seiner Teile schriftlich durchgeführt werden.[20] In diesem Fall muss die Antragstellung zwingend im Rahmen der schriftlichen Schlussanhörung erfolgen. Der Antrag ist in diesem Fall schriftlich oder zu Protokoll der Geschäftsstelle eines jeden Amtsgerichts zu stellen (§§ 129a Abs. 1, 496 ZPO) Das Gericht hat für die Anhörung und die Versagungsanträge eine Frist zu setzen.[21]

Ein nach Ablauf dieser Frist gestellter Versagungsantrag ist verspätet und als unzulässig zurückzuweisen. Hat ein Gläubiger bereits vor der Anordnung der schriftlichen Schlussanhörung einen Versagungsantrag gestellt, so ist er lediglich als Ankündigung eines Versagungsantrags anzusehen und im Rahmen der schriftlichen Schlussanhörung noch einmal zu wiederholen.[22] Es ist kein Grund ersichtlich im schriftlichen Verfahren, anders als bei der Anberaumung eines Schlusstermins, eine Antragstellung außerhalb der schriftlichen Schlussanhörung zuzulassen. Das Gericht kann die Anordnung, das Verfahren schriftlich durchzuführen, jederzeit aufheben oder abändern. Die Anordnung, ihre Aufhebung oder Abänderung sind öffentlich bekannt zu machen. Im Falle einer Masseunzulänglichkeit ist unter entsprechender Anwendung der für den Schlusstermin bzw. für die schriftliche Schlussanhörung geltenden Grundsätze das Versagungsverfahren durchzuführen.[23]

cc) Antragsfrist bei Einstellung des Verfahrens wegen Masseunzulänglichkeit. 18 Wird kein Schlusstermin durchgeführt, weil das Insolvenzverfahren wegen Masseunzulänglichkeit nach § 211 eingestellt wird, muss vor dem Erlass des Einstellungsbeschlusses eine **Antragsfrist durch das Gericht festgesetzt** werden. Hierzu ist ein besonderer Beschluss des Gerichts erforderlich. Da in diesem Fall das Gericht die erforderliche Anhörung nach § 289 Abs. 1 Satz 1 in einen besonderes anberaumten Anhörungstermin durchzuführen hat, ist der Versagungsantrag auf diesen Termin zu befristen.[24] Ist die Durchführung des schriftlichen Verfahrens angeordnet worden und geht der Versagungsantrag des Insolvenzgläubigers erst nach Ablauf der den Insolvenzgläubigern gesetzten Frist ein, so ist der Versagungsantrag unzulässig, weil verspätet.[25]

d) Glaubhaftmachung eines Versagungsgrundes (Abs. 2). Gemäß § 290 Abs. 2 ist 19 der Versagungsantrag eines Gläubigers nur zulässig, wenn ein Versagungsgrund glaubhaft gemacht worden ist. Das gesetzliche Erfordernis der Glaubhaftmachung bezieht sich auf bestimmte vorgetragene Tatsachen (§ 294 ZPO). Rechtfertigen bereits diese Tatsachen nicht den Antrag, so ist die Glaubhaftmachung als Zulässigkeitsvoraussetzung bereits gescheitert. Der Antrag ist dann bereits unzulässig.[26] Eine Glaubhaftmachung setzt zunächst voraus, dass ein Versagungsgrund schlüssig dargelegt worden ist. Die bloße Behauptung eines Gläubigers im Schlusstermin, ein Versagungsgrund läge vor, ist nicht ausreichend.[27] Rechtsausführungen sind nicht erforderlich. Allein die Angabe von Tatsachen, die den Tatbestand eines Versagungsgrundes erfüllen, ist idR unzureichend.[28] Diese Tatsachen sind glaubhaft zu machen. Zur Glaubhaftmachung kann sich der Antragsteller gem. §§ 4 InsO, 294 ZPO aller **präsenten Beweismittel** bedienen und auch zur Versicherung an Eides Statt zugelassen werden. Eine Beweisaufnahme, die nicht sofort erfolgen kann, ist unstatthaft (§§ 4, 294 Abs. 2 ZPO). Beweisantritte sind daher unzulässig. Das Gericht ist weder

---

[20] Diese Regelung wurde eingeführt durch das Gesetz zur Vereinfachung des Insolvenzverfahrens vom 13. April 2007, das am 1. Juli 2007 (BGBl I 2007, 509) in Kraft getreten ist. Sie löste den § 312 Abs. 2 ab, der lediglich die Möglichkeit des schriftlichen Verfahrens für das Verbraucherinsolvenzverfahren gem. den §§ 304 ff. vorsah.
[21] LG Kassel ZVI 2004, 548; FK-*Ahrens* § 290 RdNr. 60.
[22] LG Kassel ZVI 2004, 548; FK-*Ahrens* § 290 RdNr. 60.
[23] FK-*Ahrens* § 290 RdNr. 60.
[24] § 289 RdNr. 25, 26.
[25] AG Mönchengladbach NZI 2001, 492.
[26] AG Duisburg, Beschl. Vom 21. 2. 2007, 62 IK 365/04.
[27] LG München ZInsO 2001, 767.
[28] *Römermann* in *Nerlich/Römermann* § 290 RdNr. 19.

berechtigt noch verpflichtet, Beweis über Tatsachen zu erheben, die der Gläubiger glaubhaft zu machen hat.

20 Da im Schlusstermin der Insolvenzverwalter bzw. im Falle des § 313 der Treuhänder zum Zwecke der Anhörung nach § 289 Abs. 1 Satz 1 präsent ist, kann sich der Gläubiger auf deren Wissen berufen, ohne eine eidesstattliche Versicherung vorlegen zu müssen. Mittel der Glaubhaftmachung können im Übrigen die **Vorlage von Urkunden** wie Kreditunterlagen, die von dem Schuldner bei der Kreditvergabe unterzeichnete Selbstauskunft, Drittschuldnererklärungen, eidesstattliche Versicherungen, die im Schuldenbereinigungsverfahren vorzulegenden Vermögensverzeichnisse, ein vom Schuldner unterzeichneter Aktenvermerk[29] sein oder Grundbuchauszüge, die dem Nachweis dienen, dass der Schuldner wesentliche Vermögenswerte verschwiegen hat.[30] Grundsätzlich kann eine Glaubhaftmachung auch durch Vorlage einfacher Kopien erfolgen, wenn der Schuldner die behaupteten und in den vorgelegten Kopien dargestellten Umstände nicht in Abrede stellt.[31] Wird ein Versagungsgrund auf unstreitige Tatsachen gestützt, genügt allerdings eine schlüssige Darlegung; einer gesonderten Glaubhaftmachung bedarf es nicht dann nicht mehr.[32] Die Glaubhaftmachung muss bis zum Ende des Schlusstermins erfolgen.[33] Eine spätere Glaubhaftmachung ist grundsätzlich unzulässig.[34] War eine Glaubhaftmachung des Versagungsgrundes nicht erforderlich, weil der Schuldner im Schlusstermin nicht erschienen war und den Sachvortrag nicht bestritten hat, kann das Bestreiten und die Glaubhaftmachung noch in einem Rechtsmittelverfahren als Tatsacheninstanz nachgeholt werden.[35]

21 e) **Besonderheiten des vereinfachten Insolvenzverfahrens (§ 314 Abs. 3).**[36] Zum Zwecke der Verfahrensvereinfachung und -beschleunigung ermöglicht § 314 im vereinfachten Verfahren **von einer Verwertung der Masse ganz oder teilweise abzusehen,** wenn der Schuldner in der Lage ist, aus seinem pfändungsfreien Vermögen oder aus Zuwendungen Dritter an den Treuhänder einen bestimmten Betrag zu zahlen.

22 Hat ein Treuhänder einen Antrag gestellt, von der Verwertung der Masse ganz oder teilweise abzusehen, dann hat das Gericht dem Schuldner aufzugeben, einen bestimmten Ablösebetrag binnen einer bestimmten First an den Treuhänder zu zahlen. In diesem Fall darf das Gericht die Entscheidung über eine Versagung und die Erteilung der Restschuldbefreiung erst nach dem Ablauf dieser Frist treffen. Wird der bestimmte Betrag nach Ablauf dieser Frist und einer weiteren Frist von zwei Wochen, die das Gericht dem Schuldner unter Hinweis auf die Möglichkeit der Versagung der Restschuldbefreiung gesetzt hat, nicht gezahlt, dann hat das Gericht den Restschuldbefreiung zu versagen, wenn ein Insolvenzgläubiger dies beantragt hat (§ 314 Abs. 3). Vor der Entscheidung ist der Schuldner zu hören.

23 Nach **Versagung der Restschuldbefreiung aus dem Versagungsgrund des § 314 Abs. 3** kann das Insolvenzverfahren noch nicht aufgehoben werden, da die Masse noch nicht verwertet ist. Das Gericht wird die Anordnung der vereinfachten Verteilung aufheben und die Verwertung wieder dem Treuhänder übertragen.

24 2. **Materielle Voraussetzungen. a) Insolvenzstraftat – § 290 Abs. 1 Nr. 1 –.** Restschuldbefreiung kann nicht gewährt werden, wenn der Schuldner wegen Bankrotts (§ 283 StGB), Bankrotts in bes. schwerem Fall (§ 283 a StGB), Verletzung der Buchführungspflicht (§ 283 b StGB) oder Gläubigerbegünstigung (§ 283 c StGB) rechtskräftig verurteilt wurde. Unerheblich ist es, ob eines der aufgeführten Delikte **vollendet oder nur versucht**

---

[29] LG Stuttgart ZInsO 2001, 134.
[30] AG Göttingen NZI 2000, 92 ff.
[31] LG Stuttgart ZInsO 2001, 134.
[32] AG Göttingen NZI 2002, 61 f.
[33] BGH ZVI 2006, 596; BGHZ 156, 139 = NZI 2003, 662.
[34] LG München ZInsO 2001, 767.
[35] FK-*Ahrens* § 290 RdNr. 61 c.
[36] Das vereinfachte Insolvenzverfahren soll durch das Gesetz zur Entschuldung mittelloser Personen, zur Stärkung der Gläubigerrechte sowie zur Regelung der Insolvenzfestigkeit von Lizenzen (BT-Drucks. 16/7416) künftig wegfallen. Die §§ 312–314 sollen aufgehoben werden.

wurde.³⁷ Eine **Verwarnung unter Strafvorbehalt** stellt keine Verurteilung dar.³⁸ Der Erlass einer zur **Bewährung ausgesetzten Strafe** schließt die Verwertung der Verurteilung als Versagungsgrund nach § 290 Abs. 1 Nr. 1 nicht aus, da ein solcher Straferlass nicht zur Folge hat, dass die Verurteilung nicht mehr zum rechtlichen Nachteil des Täters verwertet werden darf. Er steht lediglich der (weiteren) Vollstreckung der erlassenen Strafe entgegen.³⁹ Ebenso ist ein **Strafbefehl** ausreichend.⁴⁰

Die Verurteilung des Schuldners wegen **anderer Straftaten** als denen der §§ 283–283c StGB stellt keinen Versagungsgrund für die Restschuldbefreiung dar, selbst wenn sie erhebliche Zweifel an der Redlichkeit des Schuldners begründet.

Die Versagung der Restschuldbefreiung wegen rechtskräftiger Verurteilung nach den §§ 283 bis 283c setzt nicht voraus, dass die abgeurteilte Tat mit dem aktuellen Insolvenzverfahren in einem konkreten Zusammenhang steht.⁴¹ Weder Wortlaut des § 290 Abs. 1 Nr. 1 noch Sinn und Zweck der Vorschrift gebieten, dass die Straftat in einem konkreten **Zusammenhang zu dem Insolvenzverfahren** stehen muss, in dessen Rahmen der Schuldner den Antrag auf Erteilung der Restschuldbefreiung gestellt hat.⁴² Nach dem Wortlaut des § 290 Abs. 1 Nr. 1 stellt jede strafrechtliche Verurteilung nach den §§ 283 bis 283c StGB einen Versagungsgrund dar. Anders als in § 296 Abs. 1 fordert § 290 Abs. 1 Nr. 1 auch nicht, dass durch die Straftat die Befriedigung der Insolvenzgläubiger beeinträchtigt worden ist. Nach dem Sinn und Zweck wollte der Gesetzgeber nur den redlichen Schuldner in den Genuss der Restschuldbefreiung kommen lassen. Es ergeben sich auch keine Anhaltspunkte dafür, dass der Gesetzgeber in den Fällen einer Verurteilung unabhängig von dem laufenden Verfahren von der Redlichkeit des Schuldners ausging.⁴³ Nach dem Sinn und Zweck der Regelung können daher auch Verurteilungen, die in keinerlei Zusammenhang mit einer früheren, zwischenzeitlich überwundenen Insolvenz des Schuldners stehen und keinen Bezug zum aktuellen Insolvenzverfahren haben, nicht außer Betracht bleiben.⁴⁴ Der Vergleich mit der Auslegung von § 175 KO, bei dem ein Zusammenhang zwischen Straftat und dem Insolvenzverfahren verlangt wurde,⁴⁵ kann im Hinblick auf § 1 Satz 2 in diesem Verfahren zu keiner anderen Auslegung führen. Jene Vorschriften – welche nur auf die §§ 283 und 283a, nicht auch auf die §§ 283b und 283c StGB abstellten – regelten die Voraussetzungen dafür, dass der Schuldner überhaupt die Möglichkeit erhielt, durch Mehrheitsentscheidung der Gläubiger einen Schuldnachlass zu erlangen. Eine persönliche Würdigkeit des Schuldners war keine Voraussetzung für das Zustandekommen eines Insolvenzplans Die Restschuldbefreiung nach den §§ 286 ff. InsO andererseits ist sogar gegen den Willen sämtlicher Gläubiger möglich. Ein solcher Zwangseingriff in Gläubigerrechte setzt höhere Anforderungen voraus.⁴⁶ Die §§ 283 bis 283c StGB, auf die § 290 Abs. 1 Nr. 1 InsO verweist, dienen schließlich nicht nur dem Schutz der Einzelnen, jeweils betroffenen Gläubiger, sondern auch der Funktionsfähigkeit der Kreditwirtschaft insgesamt.⁴⁷ Insbesondere beruht § 283b StGB auf der Erfahrung, dass die Erfüllung der Buchführungs- und Bilanzierungsvorschriften eine Grundvoraussetzung jeder ordnungsmäßigen Wirtschaftsführung ist und ihre Verletzung die Gefahr von Fehlentschließungen mit schweren wirtschaftlichen Auswirkun-

---

[37] *Römermann* in *Nerlich/Römermann* § 290 RdNr. 19.
[38] FK-*Ahrens* § 290 RdNr. 13.
[39] AG Duisburg NZI 2001, 669; *Pape*, ZInsO, 2001, 1044; FK-*Ahrens* § 290 RdNr. 13.
[40] AG Duisburg NZI 2001, 669.
[41] BGH NZI 2003, 163; Bay ObLG NZI 2002, 110; OLG Celle NZI 2001, 414; AG Stuttgart NZI 2005, 641; Röhm, DZWiR, 2003, 143; FK-*Ahrens* § 290 RdNr. 13; HKInsO-*Landfermann*; *Uhlenbruck/Vallender* § 290 RdNr. 16; **aA** AG Göttingen, ZVI 2002, 290.
[42] *Kübler/Prütting/Wenzel* § 290 RdNr. 8 a.; *Römermann* in *Nerlich/Römermann* § 290 RdNr. 33.
[43] BayObLG NZI 2002, 110.
[44] AA HK-*Landfermann* § 290 RdNr. 4; FK-*Ahrens* § 290 RdNr. 13, 15.
[45] *Kuhn/Uhlenbruck* § 175 KO RdNr. 5.
[46] BGH NZI 2003, 163.
[47] BVerfGE 48, 48, 61 f.

gen in sich birgt.⁴⁸ § 283 b StGB stellt ein abstraktes Gefährdungsdelikt dar, für welches die Insolvenz lediglich eine objektive Bedingung der Strafbarkeit ist (§ 283 b Abs. 3 i. V. m. § 283 Abs. 6 StGB). Wenn § 290 Abs. 1 Nr. 1 InsO uneingeschränkt auch auf diese Norm verweist, deren Tatbestand allein auf die Verletzung der Buchführungspflicht abstellt, so lässt dies erkennen, dass ein Bezug dieser Pflichtverletzung zu der konkret eingetretenen Insolvenz gerade nicht vorausgesetzt wird. Tragbar ist diese Regelung für den Insolvenzschuldner, der eine Restschuldbefreiung anstrebt, durch die zeitliche Begrenzung in Anlehnung an die Tilgungsfristen des Bundeszentralregistergesetzes.⁴⁹

27 Obwohl in § 290 Abs. 1 Nr. 1 eine zeitliche Grenze nicht vorgeschrieben ist, darf eine strafrechtliche Verurteilung nach den §§ 283 bis 283 c StGB keinen dauernden Versagungsgrund herbeiführen. Das Verwertungsverbot des § 51 Abs. 1 BZRG ist zu beachten. Wenn eine Verurteilung im Bundeszentralregister nach § 45 Abs. 1 BZRG getilgt worden ist oder zu tilgen ist, dürfen dem Betroffenen die Tat und die Verurteilung im Rechtsverkehr weder vorgehalten noch zu seinem Nachteil verwertet werden.⁵⁰ Diese Vorschriften sind auch im Rahmen des § 290 Abs. 1 Nr. 1 zu beachten, auch wenn sie in erster Linie im Strafverfahren von Bedeutung sind. § 51 Abs. 1 BZRG spricht allgemein vom Rechtsverkehr und gilt daher für alle Rechtsverhältnisse und Rechtsbeziehungen im privaten und öffentlichen Recht.⁵¹ Darf sich der Schuldner nach Eintritt der Tilgungsreife gemäß § 53 Abs. 1 BZRG als unbestraft bezeichnen, muss er auch so behandelt werden. Im Falle einer Gesamtstrafenbildung darf hinsichtlich des Zeitraums, innerhalb dessen eine Verurteilung der Ankündigung der Restschuldbefreiung entgegensteht, nur die Tilgungsfrist bezüglich der Einzelstrafe herangezogen werden, die im Hinblick auf einen der Tatbestände der §§ 283 bis 283 c StGB verhängt worden ist.⁵² Das Gericht ist in einem solchen Falle gehalten eine fiktive Gesamtstrafe aus den Verurteilungen nach den §§ 283 bis 283 c StGB zu bilden. Diese fiktive Gesamtstrafenbildung kann für das Gericht einen erheblichen, aber nicht vermeidbaren Mehraufwand bedeuten. Dem Gericht ist in einem solchen Fall die Aufgabe zugewiesen, sich intensiv mit den objektiven und subjektiven Umständen der Straftat zu befassen, zumal zu bedenken ist, dass eine Tateinheit der Insolvenzstraftaten zu anderen Delikten möglich ist. In diesem Fall kann das Insolvenzgericht nicht an eine vom Strafrichter ermittelte Einzelstrafe anknüpfen (§ 52 StGB).

28 Dem Verwertungsverbot steht § 51 Abs. 2 BZRG nicht entgegen, da selbst im Falle der Erteilung der Restschuldbefreiung die Schadensersatzansprüche aus den §§ 823 ff. BGB, insbesondere §§ 823 Abs. 2 BGB i. V. m. §§ 283–283 c StGB nach § 302 Nr. 1 trotz früherer Insolvenzstraftaten bleiben. Die aus der Tat entstandenen Rechte werden den Gläubigern als Dritten durch das Verwertungsverbot nicht entzogen.

29 Um das Insolvenzgericht nicht mit der Aufgabe zu belasten, selbst die objektiven und subjektiven Voraussetzungen einer der in § 290 Abs. 1 Nr. 1 aufgeführten Straftaten feststellen zu müssen, stellt das Gesetz darauf ab, ob eine rechtskräftige Verurteilung erfolgt ist.

30 Sollte tatsächlich ein strafgerichtliches Verfahren anhängig sein oder bereits eine Verurteilung erfolgt sein, so kann das Restschuldbefreiungsverfahren nach § 148 ZPO i. V. m. § 4 bis zur Rechtskraft des Strafurteils ausgesetzt werden, wenn ein Gläubiger bereits im Schlusstermin eine noch nicht rechtskräftige Verurteilung wegen Insolvenzstraftaten. oder ein

---

⁴⁸ Amtl. Begr. der Bundesregierung zum Entwurf des 1. Gesetzes zur Bekämpfung der Wirtschaftskriminalität, BT-Drucks. 7/3441, S. 38 zu § 283 b StGB.
⁴⁹ BGH NZI 2003, 163.
⁵⁰ BGH NJW 2003, 974; OLG Celle NJW-RR 2002, 196; AG Stuttgart NZI 2005, 641; *Döbereiner*, S. 121; FK-*Ahrens* § 290 RdNr. 80; HK-*Landfermann* § 290 RdNr. 4; *Römermann* in Nerlich/Römermann § 290 RdNr. 34; *Braun* 2. Aufl. Anm. 2 b; aA *Kübler/Prütting-Wenzel* § 290 RdNr. 8 mit dem Hinweis, „dass, wer eine der benannten Straftaten begangen hat, ein solches Ausmaß an Rücksichtslosigkeit gegenüber den Interessen seiner Gläubiger offenbart, dass ihm die für den redlichen Schuldner geschaffene Restschuldbefreiung nicht gebührt.".
⁵¹ *Rebmann/Uhlig* § 51 RdNr. 26.
⁵² OLG Celle NZI 2001, 314 ff.; LG Düsseldorf NZI 2002, 674: AG Stuttgart NZI 2005, 641; *Uhlenbruck/Vallender*, InsO § 290 RdNr. 25; *Hergenröder* DZWIR 2001, 342; **aA** AG Duisburg NZI 2001, 669; AG München, ZVI 2004, 129.

anhängiges Strafverfahren wegen derartiger Delikte als Versagungsgrund für die Restschuldbefreiung geltend macht und einen Versagungsantrag nach Eintritt der Rechtskraft ankündigt oder auf diese Umstände bereits jetzt einen Versagungsantrag stützt. Dadurch lässt sich vermeiden, dass das Gericht zunächst die Restschuldbefreiung durch Beschluss in Aussicht stellt und kurze Zeit später auf Antrag eines Gläubigers nach § 297 wieder versagen muss. Dies wäre unökonomisch und bedeutete für das Gericht den doppelten Aufwand. Eine **Aussetzung der Entscheidung** nach § 148 ZPO i. V. m. § 4 InsO bis zum rechtskräftigen Abschluss des Strafverfahrens ist daher zweckmäßig und damit geboten.[53]

31 Eine Aussetzung gemäß § 148 ZPO i. V. m. § 4 InsO kann allerdings nicht angeordnet werden, wenn lediglich das Gericht **von Amts wegen** um eine noch nicht rechtskräftige Verurteilung wegen Insolvenzstraftaten oder um die Anhängigkeit eines derartigen Strafverfahren weiß. Da die Versagung der Restschuldbefreiung nach § 290 Abs. 1 Nr. 1 nur auf Antrag eines Gläubigers erfolgt, darf das Gericht nicht von sich aus Umstände berücksichtigen, welche die Versagung der Restschuldbefreiung nach § 290 Abs. 1 Nr. 1 rechtfertigen.

32 Das Gericht hat, wenn ein Gläubiger die Versagung unter Hinweis auf die rechtskräftige Verurteilung untersagt, als Entscheidungsgrundlage regelmäßig die Strafakten beizuziehen oder einen Auszug aus dem Bundeszentralregister anzufordern, in dem die Rechtskraft der strafrechtlichen Verurteilung ausgewiesen ist. Dies ist dem antragstellenden Gläubiger nicht möglich. Er hat dem Gericht darzulegen, wann und von welchem Gericht eine Verurteilung ausgesprochen worden ist. Nicht ausreichend und als unzulässig zurückzuweisen ist allein eine „ins Blaue" abgegebene Behauptung, dass der Schuldner wegen der in Ziffer 1 aufgeführten Straftaten verurteilt worden sei. Eine solche Behauptung erfüllt nicht die Kriterien, die an die Glaubhaftmachung eines Versagungsgrundes gestellt werden.[54] Der Insolvenzgläubiger hat jedoch die Möglichkeit durch Befragung des Schuldners im Anhörungstermin zu dem Antrag auf Erteilung der Restschuldbefreiung Informationen über mögliche strafrechtliche Verurteilungen nach den §§ 283 bis 283 c StGB zu erlangen. Hierfür muss er aber rechtzeitig vor dem Schlusstermin dem Gericht gegenüber anregen, den Schuldner zu dem Schlusstermin zu laden. In diesem Termin ist der Schuldner dem Insolvenzgläubiger gegenüber gemäß § 97 Abs. 1 und Abs. 3 zur Auskunft verpflichtet.

b) Kredit- und Leistungserschleichung – § 290 Abs. 1 Nr. 2. aa) Allgemeines. 33
Gemäß Abs. 1 Ziffer 2 wird dem Schuldner die Restschuldbefreiung versagt, wenn er vorsätzlich oder grobfahrlässig in den letzten drei Jahren vor dem Antrag auf Eröffnung des Insolvenzverfahrens oder danach schriftlich unrichtige oder unvollständige Angaben gemacht hat, um einen Kredit zu erhalten, Leistungen aus öffentlichen Mitteln zu beziehen oder um Leistungen an öffentliche Kassen zu vermeiden. Die **eigenständige Bedeutung dieses Versagungsgrundes** rechtfertigt sich in erster Linie daraus, dass der Kreditbetrug nach § 265 b StGB und der Betrug nach § 263 StGB nicht in § 290 Abs. 1 Nr. 1 InsO aufgeführt sind. Sachverhalte, die unter diese Straftatbestände fallen, werden von § 290 Abs. 1 Nr. 2 erfasst, sofern die den Betrug bzw. Kreditbetrug begründenden unrichtigen Angaben schriftlich innerhalb der Dreijahresfrist vor dem Eröffnungsantrag erfolgten. Wurde der Schuldner bereits rechtskräftig auf Grund einer Krediterschleichung wegen Betrugs oder Kreditbetrugs verurteilt, folgt daraus aber keine Bindungswirkung für das Insolvenzgericht. Denn auf die Entscheidungsgründe bezieht sich die materielle Rechtskraft des Urteils nicht, so dass keine Bindungswirkung bezüglich der tatsächlichen und rechtlichen Feststellungen besteht. Deshalb muss der Insolvenzrichter den Sachverhalt neu ermitteln und subsumieren.

bb) Unrichtige oder unvollständige schriftliche Angaben. Eine Angabe ist **unrich-** 34
tig, wenn sie von der Wirklichkeit abweicht. Sie ist **unvollständig,** wenn die im Rahmen einer den Schein der Vollständigkeit erweckenden Erklärung enthaltenen Angaben zwar

---

[53] *Döbereiner,* S. 125.
[54] *Smid/Krug/Haarmeyer* § 290 RdNr. 9.

35 Nur eine **schriftliche** unrichtige oder unvollständige Angabe führt zur Versagung der Restschuldbefreiung.[56] Die Beschränkung des Versagungsgrundes auf schriftliche Angaben wird kritisiert, weil sich durch mündliche Angaben ein Schuldner in gleicher Weise wie durch schriftliche Kredite oder Leistungen einer öffentlichen Kasse erschleichen kann.[57] Der Unrechtsgehalt ist bei beiden Verhaltensweisen identisch, eine Abstufung in der Unredlichkeit nicht zu erkennen. Zwar wird die Schriftform bei der Kredit- und Leistungsgewährung der Regelfall sein, doch können auch zusätzliche mündliche Auskünfte ursächlich für eine Kreditvergabe oder Leistungsgewährung gewesen sein. Die Entscheidung des Gesetzgebers, als Versagungsgrund nur schriftliche Angaben als Versagungsgrund zu berücksichtigen ist im Interesse der Rechtssicherheit und vor allem im Interesse der Gerichtsentlastung erfolgt. Wird dagegen überhaupt keine Erklärung abgegeben, wie zum Beispiel bei der unterlassenen Abgabe einer Steuererklärung, dann liegt mangels Schriftlichkeit kein Verstoß gegen § 290 Abs. 1 Nr. 2 vor.[58]

36 Die Angaben müssen gemacht worden sein, um einen Kredit zu erhalten, Leistungen aus öffentlichen Kassen zu beziehen oder Leistungen an öffentliche Kassen zu vermeiden. Es muss eine unzutreffende Erklärung aus diesen drei Gründen abgegeben worden sein. Andere unzutreffende Angaben, etwa im Rahmen einer Zwangsvollstreckung, sind unbeachtlich.[59]

37 Die Angaben müssen die **wirtschaftlichen Verhältnisse des Schuldner** betreffen. Nicht maßgebend sind unzutreffende Angaben über die wirtschaftlichen Verhältnisse anderer Personen, wie die Bonität eines Bürgen, auch wenn diese Umstände für die Kreditwürdigkeit des Schuldners von entscheidender Bedeutung sind.

37a Nach der zutreffenden Ansicht des BGH muss der Schuldner die Erklärung nicht selbst abgegeben haben.[60] Der Schuldner hat auch dann schriftlich unrichtige Angaben gemacht, wenn er die entsprechenden Erklärungen nicht selbst formuliert, sondern durch einen Dritten hat abfassen lassen. § 290 Abs. 1 Nr. 2 setzt kein vom Schuldner unterzeichnetes eigenhändiges Schriftstück voraus. Mit der Beschränkung dieser Vorschrift auf schriftliche Angaben wollte der Gesetzgeber lediglich die Feststellung erleichtern, ob der Versagungsgrund vorliegt. Die gerichtliche Entscheidung darüber sollte nicht von – unter Umständen langwierigen und aufwändigen – Beweiserhebungen abhängen. Es handelt sich, folgt man dieser Auffassung, nicht um eine unzulässige Ausdehnung des Katalogs des § 290 Abs. 1 auf ähnliche Fälle mit gleichem Unrechtsgehalt,[61] sondern um eine Auslegung des Tatbestandsmerkmals „schriftlich", entsprechend dem Sinn und Zweck des in § 290 Abs. 1 N.2 normierten Versagungstatbestandes. Unrichtige schriftliche Angaben, die der Schuldner zwar nicht persönlich niedergelegt hat, die jedoch mit seinem Wissen und seiner Billigung an den Empfänger weitergeleitet worden sind, werden daher von der Vorschrift in gleicher Weise erfasst. Darauf, ob der Schuldner seine von einem Dritten niedergelegten Angaben nochmals durchgelesen hat, bevor dieser sie an den Gläubiger weitergeleitet hat, kommt es nicht an.[62]

38 **cc) Kredit- oder Leistungserschleichung.** Der Begriff „Kredit" ist weit auszulegen. Er umfasst jede Form von **Darlehen, Zahlungsaufschub oder Finanzierungshilfe**.[63] Da es sich um Angaben zur Erlangung eines Kredites handeln muss, fallen Angaben zur Rückgängigmachung einer Kreditkündigung nicht darunter.[64]

---

[55] FK-*Ahrens* § 290 RdNr. 18; AG Alsfeld NJW 1981, 2588.
[56] LG Göttingen, NZI 2002, 326.
[57] *Römermann* in *Nerlich/Römermann* § 290 RdNr. 45; *Döbereiner* S. 127.
[58] OLG Köln NZI 2001, 205 f.
[59] AA *Kraemer* DStZ 1995 399, 401; *Döbereiner* S. 126.
[60] BGH NZI 2006, 414; **aA** HKInsO-*Landfermann* § 290 RdNr. 5.
[61] So aber HKInsO-*Landfermann* § 290 RdNr. 5.
[62] BGH NZI 2006, 414.
[63] HK-*Landfermann* § 290 RdNr. 5; *Kübler/Prütting/Wenzel* § 290 RdNr. 13.
[64] *Römermann* in *Nerlich/Römermann* § 290 RdNr. 53.

Als Leistungen, die der Schuldner durch die unrichtigen Angaben erschleichen wollte, 39
kommen **Sozialleistungen**,[65] aber auch **Arbeitslosengeld, Arbeitslosenhilfe**[66] **oder Erziehungsgeld** in Betracht. Eine Leistungsvermeidung kann sich beispielsweise auf Steuerzahlungen oder die Rückzahlung überbezahlter öffentlicher Zuwendungen beziehen. Gerade bei Anträgen auf **Stundung von Steuerrückständen** gemäß § 222 AO oder auf einstweilige Einstellung oder Beschränkung der Vollstreckung (§ 258 AO) werden häufig unrichtige oder unvollständige Angaben gemacht, weil beispielsweise nicht alle einzusetzenden Vermögensgegenstände oder alle Einkünfte aufgeführt werden. Es muss jedoch für den Schuldner eine Erklärungspflicht bestanden haben.

Dass es tatsächlich zu einer Kreditgewährung oder Leistungsgewährung bzw. Leistungs- 40
vermeidung gekommen ist nicht erforderlich. Die Versagung der Restschuldbefreiung erfolgt bereits dann, wenn der Schuldner die Angaben vorsätzlich unrichtig oder unvollständig in der **Absicht der Kredit- oder Leistungserschleichung** gemacht hat. Dies ist auch zutreffend, da sich die Unredlichkeit des Schuldners bereits in der Absicht dokumentiert. Das Gleiche gilt, wenn dem Schuldner lediglich **grobe Fahrlässigkeit** vorzuwerfen ist, obwohl in diesem Falle die Formulierung „um ... zu ..." nicht passt, die auf ein zielgerichtetes Handeln hinweist. Dennoch bedarf es auch hier keiner tatsächlichen Leistungsgewährung oder -vermeidung.

Unerheblich ist es, aus welchem Grunde es nicht zur Gewährung des Kredits oder der 41
Leistungen aus öffentlichen Kassen gekommen ist. Ein Ursachenzusammenhang zwischen der unzutreffenden Angabe und der Nichtbewilligung des Kredits oder der Leistungen aus Mitteln oder Kassen ist nicht erforderlich.[67] Allein die subjektiven Handlungsmotive sind für die Versagung der Restschuldbefreiung ausschlaggebend, so dass ein Versagungsgrund auch dann vorliegt, wenn eine unzutreffende Angabe von dem Erklärungsempfänger erkannt worden ist und deswegen die Leistung abgelehnt worden ist oder die unzutreffende Angabe von dem Schuldner berichtigt worden ist.

Fälle aus der Rechtsprechung zur Kredit- oder Leistungserschleichung: Unrichti- 41 a
ge oder **unvollständige Steuererklärungen** können die Voraussetzungen für eine Versagung erfüllen.[68] Eine teilweise auf Schätzungen des Schuldners beruhende Einkommensteuererklärung ist nur dann „unrichtig" im Sinne von § 290 Abs. 1 Nr. 2, wenn die Unrichtigkeit von in ihr enthaltenen Angaben feststeht. Ein auf Schätzungen des Finanzamts beruhender Steuerbescheid beweist für sich genommen nicht die Unrichtigkeit der Steuererklärung des Steuerpflichtigen.[69] Unzutreffende Angaben in einer Steuererklärung werden nicht durch eine steuerstrafrechtlich wirksame Selbstanzeige kompensiert.[70] Falsche Angaben des Schuldners bei dem schriftlichen **Abschluss eines Kreditvertrags** erfüllen zwar die objektiven Voraussetzungen des Versagungsgrundes, es können jedoch die subjektiven Voraussetzungen für eine Versagung gem. § 290 Abs. 1 Nr. 2 fehlen. Macht ein Schuldner bei einem erfolglosen Vollstreckungsversuch am **gegenüber dem Vollstreckungsbeamten** hinsichtlich seiner Erwerbstätigkeit falsche Angaben, so rechtfertigt dies eine Versagung der Restschuldbefreiung.[71] Eine Versagung der Restschuldbefreiung wegen unrichtiger Angaben **zur Erlangung eines Kredits** nach § 290 Abs. 1 Nr. 2 kommt nicht in Betracht, wenn der Schuldner die Kreditunterlagen **blanko unterschreibt** und einem Kreditvermittler übergibt. Er muss nicht damit rechnen, dass der Kreditvermittler seine Angaben unrichtig bzw. unvollständig weitergibt.[72] Nach Auffassung des BGH handelt der

---

[65] AG Göttingen, Beschl. v. 5. 6. 2007, 71 IN 2/06 (Mietzuschuss der Sozialagentur).
[66] LG Stuttgart ZInsO 2001, 134.
[67] HK-*Landfermann* § 290 RdNr. 5 a; *Kübler/Prütting/Wenzel* § 290 RdNr. 13; aA FK-*Ahrens* § 290 RdNr. 24.
[68] LG Kaiserslautern, ZInsO 2006, 1172; OLG Köln NZI 2001, 205.
[69] BGH NZI 2006, 249.
[70] AG Celle ZVI 2003, 367.
[71] BGH NZI 2006, 414.
[72] AG Wuppertal, ZVI 2005, 505.

Schuldner in einem solchen Fall nicht grob fahrlässig es sei denn, es bestehe ein konkreter Anlass zu der Befürchtung, dass der Vermittler die Angaben nicht ordnungsgemäß in das Vertragsformular eintragen wird[73]

42   dd) **Zeitraum.** Die Angaben müssen **in den letzten drei Jahren vor dem Antrag** auf Erteilung der Restschuldbefreiung **oder nach diesem Antrag** gemacht worden sein. Der Zeitraum erstreckt sich über das Insolvenzeröffnungsverfahren hinaus auch auf unzutreffende Erklärungen, die während der Dauer des Insolvenzverfahrens **bis zum Schlusstermin** abgegeben wurden. Die Frist endet nicht schon mit der Eröffnung des Insolvenzverfahrens.[74] Nach dem Ende des Schlusstermins kann ein Versagungsantrag nicht mehr auf § 290 gestützt werden.

43   Unerheblich ist es, ob der Antrag von dem Schuldner oder einem Gläubiger gestellt worden ist, ob der Antrag unvollständig war oder erst gemäß § 306 geruht hat. Die Frist ist gemäß den §§ 4 InsO, 222 Abs. 1 ZPO, 187 f. BGB zu berechnen. Maßgebend ist der Zeitpunkt zu dem die Angaben dem Kreditgeber oder der Behörde zugänglich gemacht worden sind.[75]

44   ee) **Verschulden.** In subjektiver Hinsicht fordert § 290 Abs. 1 Satz 2 Nr. 2 ein **vorsätzliches oder grob fahrlässiges Verhalten. Vorsatz** bedeutet Wissen und Wollen der objektiven objektiven Tatbestandselemente, wozu auch die Folge einer durch die unzutreffenden Angaben herbeigeführten Kredit- oder Leistungsgewährung bzw. Leistungsvermeidung gehört.

45   **Grobe Fahrlässigkeit** ist dann gegeben, wenn der Schuldner die Sorgfalt in einem bes. schweren, ungewöhnlich hohen Maß vernachlässigt. Dies ist der Fall, wenn einfachste und ganz nahe liegende Überlegungen nicht angestellt werden und dasjenige unbeachtet bleibt, was unter den gegebenen Umständen jedem einleuchten musste.[76] Diesem Verschuldenserfordernis wird in der Praxis besondere Bedeutung zukommen. Dabei sind auch subjektive, in der Individualität des Handelnden begründete Umstände zu berücksichtigen.[77] Aus diesem Grunde darf insbesondere bei **Verbraucherschuldnern kein zu strenger Maßstab** angelegt werden. Viele hochverschuldete Personen verlieren in ihrer Überschuldungssituation den Überblick über ihre Vermögensverhältnisse, so dass sie unrichtige Angaben machen. In dieser Situation werden oft wirtschaftlich unsinnige Umschuldungen von Konsumentenkrediten unter massiver Einflussnahme unseriöser Kreditvermittler vorgenommen.[78] Deshalb darf gerade bei diesem Personenkreis nicht[79] vorschnell ein grobes Verschulden angenommen werden, auch wenn die Unrichtigkeit dieser Angaben für den Schuldner eigentlich leicht zu erkennen gewesen wäre. Dies gilt insbesondere dann, wenn die Ursache hierfür darauf zurückzuführen ist, dass der Schuldner den Überblick über seine Vermögensverhältnisse verloren hat.

46   c) **Wiederholter Restschuldbefreiungsantrag – § 290 Abs. 1 Nr. 3. aa) Allgemeines.** Die Restschuldbefreiung ist gemäß § 290 Abs. 1 Nr. 3 zu versagen, wenn dem Schuldner in den letzten zehn Jahren vor dem Antrag auf Eröffnung des Insolvenzverfahrens bereits eine Restschuldbefreiung erteilt oder diese nach § 296 oder § 297 versagt wurde. Zweck dieser **zehnjährigen Sperrfrist** ist es, einen Missbrauch des Insolvenzverfahrens als Mittel zur wiederholten Reduzierung der Schuldenlast zu verhindern. Die Restschuldbefreiung soll als Hilfe für unverschuldet in Not geratene Personen dienen, nicht als Zuflucht für diejenigen, die bewusst finanzielle Risiken auf andere abwälzen wollen.[80] Nach der

---

[73] BGH NZI 2005, 687; aA LG Mönchengladbach ZVI 2004, 358.
[74] So aber HK-*Landfermann* § 290 RdNr. 6.
[75] *Römermann* in *Nerlich/Römermann* § 290 RdNr. 25.
[76] BGHZ 89, 153, 161; BGH NJW 1980, 887, 888; BGH NJW 1992, 3235, 3236.
[77] LG Stuttgart ZInsO 134, 135.
[78] *Kübler/Prütting/Wenzel* § 290 RdNr. 12.
[79] *Kübler/Prütting/Wenzel* § 290 RdNr. 12; FK-*Ahrens* § 290 RdNr. 25.
[80] Begr. RegE, BT-Drucks. 12/2443, S. 1190, abgedruckt in: *Kübler/Prütting*, RWS-Dok., 18, Bd. I S. 538 f.

gesetzlichen Wertung erscheint danach ein erneutes Schuldbefreiungsverfahren als vorwerfbar und damit missbräuchlich, weil den Schuldner die Erfahrung aus dem vorigen Verfahren zu einem vorsichtigen Wirtschaften veranlassen musste.

Im Gesetzgebungsverfahren gab es zur Dauer der Sperrfrist unterschiedliche Auffassungen, die sich jedoch in den Gesetzentwürfen nicht niedergeschlagen haben. Es gab Befürworter einer kürzeren Frist von sieben Jahren,[81] andere plädierten für eine längere Frist[82] oder generell dafür, nur einmal im Leben eine Restschuldbefreiung zu gewähren.[83] Die Festlegung einer Dauer von zehn Jahren, wie sie sich bereits in 229 DE findet, stellt sich daher als ein Kompromiss dieser unterschiedlichen Auffassungen dar. 47

bb) Erteilung der Restschuldbefreiung innerhalb der letzten zehn Jahre. Eine **Erteilung der Restschuldbefreiung innerhalb der letzten zehn Jahre** stellt nach dem **Wortlaut des Gesetzes** einen Versagungsgrund dar, unabhängig davon, ob die erneute Verschuldung auf Umständen wie Krankheit oder Arbeitslosigkeit beruht, die außerhalb des Verantwortungsbereichs des Schuldners liegen. Entgegen der Intention des Gesetzgebers, mit diesem Versagungsgrund eine missbräuchliche Inanspruchnahme des Restschuldbefreiungsverfahrens zu verhindern, liegt eine **Beschränkung auf die wirklichen Missbrauchsfälle** nicht vor. 48

Es ist jedoch nicht möglich, im Wege der geltungserhaltenden Reduktion von der Anwendung des § 290 Abs. 1 Ziffer 3 1. Alt. die Fälle auszunehmen, in denen **die erneute Verschuldung dem Schuldner nicht zurechenbar** ist. Eine solche Auslegung wäre nur möglich, wenn der Gesetzgeber unbewusst eine Norm zu allgemein formuliert hätte.[84] Es ist jedoch davon auszugehen, dass sich der Gesetzgeber im Gesetzgebungsverfahren mit dieser Problematik auseinandergesetzt hat und hierbei bewusst einen allgemein gehaltenen Versagungsgrund gewählt hat.[85] Aus Gründen der Rechtssicherheit hat der Gesetzgeber davon abgesehen, die Versagung der Restschuldbefreiung durch eine Generalklausel, die alle Missbrauchsfälle erfasst, zu regeln. Mit der Aufstellung einzelner klar umschriebener Fallgruppen wollte der Gesetzgeber die Entscheidung über die Restschuldbefreiung nicht in ein weites Ermessen des Insolvenzgerichts stellen. Der Gesetzgeber hat dabei bewusst in Kauf genommen, dass diese Fallgruppen zum einen nicht alle Missbrauchsfälle erfassen und andererseits auch Sachverhalte der Versagung unterwerfen, in denen rechtsmissbräuchliches Verhalten dem Schuldner nicht nachgewiesen werden muss. Daher kann auch nicht im Wege einer geltungserhaltenden Reduktion die Anwendung des § 290 Abs. 1 Nr. 3 auf die wirklichen Missbrauchsfälle beschränkt werden.[86] Ein Schuldner kann somit ausnahmsweise nicht geltend machen, die erneute Verschuldung sei ihm nicht vorwerfbar und somit die Inanspruchnahme eines Restschuldbefreiungsverfahrens vor Ablauf der Zehnjahresfrist nicht rechtsmissbräuchlich.[87] 49

Der Wortlaut „Erteilung der Restschuldbefreiung" lässt keine eindeutige Aussage darüber zu, ob auch eine **Schuldbefreiung auf Grund eines außergerichtlichen und gerichtlichen Schuldenbereinigungsplans** nach den §§ 308, 309 eine Wiederholungsverbot begründet. Nach dem Zweck der Vorschrift soll verhindert werden, dass eine Restschuldbefreiung auch gegen den Willen der Schuldner mehrmals erteilt wird und damit unredliche Schuldner das Insolvenzverfahren als Mittel zur wiederholten Reduzierung ihrer Schuldenlast missbrauchen können.[88] 50

---

[81] Institut für Finanzdienstleistungen und Verbraucherschutz, Anlage zum Stenographischen Protokoll der 74. Sitzung des Rechtsausschusses 283, 290.
[82] *Wacket* FLF 1989, 65, 67.
[83] *Prütting* ZIP 1992, 882, 883.
[84] *Döbereiner*, S. 129.
[85] *Döbereiner*, S. 129.
[86] *Döbereiner*, S. 128.
[87] AA FK-*Ahrens* § 290 RdNr. 29; in HK-*Landfermann* § 290 RdNr. 8.
[88] Begr. zu § 229 RefE.

§ 290 51–54

51 Eine Entschuldung auf Grund eines außergerichtlichen Schuldenbereinigungsplans beruht auf einem **freiwilligen Forderungsverzicht der Gläubiger**. Die erneute Gewährung einer Restschuldbefreiung ist dann kein Mittel zur missbräuchlichen Schuldenreduzierung. Eine Restschuldbefreiung auf der Grundlage eines außergerichtlichen Entschuldungsplans fällt daher schon nach dem Gesetzeszweck nicht in den Anwendungsbereich des § 290 Abs. 1 Nr. 3.

52 Eine Entschuldung im Rahmen des Verbraucherinsolvenzverfahrens nach den §§ 304 ff. erfolgt im Falle der gerichtlichen Zustimmungsersetzung **gegen den Willen der Gläubiger**. Dies würde für eine Anwendbarkeit des § 290 Abs. 1 Nr. 3 auf das gerichtliche Schuldenbereinigungsverfahren nach §§ 308, 309 sprechen, da eine Entschuldung gegen den Willen der Gläubiger nicht mehrfach zur Schuldenreduzierung missbraucht werden soll.

53 Dennoch bezieht sich das Wiederholungsverbot, auch wenn eine Anwendung der Sperrfrist auf die durch eine Zustimmungsersetzung nach § 309 zustande gekommene Entschuldung nach dem Gesetzeszweck gerechtfertigt wäre,[89] nur auf die **gesetzliche Restschuldbefreiung nach den §§ 286 ff.** Im Rahmen der Insolvenzordnung wird der Begriff der Restschuldbefreiung nur für die gesetzliche Restschuldbefreiung nach den §§ 286 ff. verwendet. Im Zusammenhang mit der außergerichtlichen und gerichtlichen Entschuldung taucht dieser Begriff im Gesetz nicht auf. Folglich erfasst § 290 Abs. 1 Nr. 3 nur die Erteilung der Restschuldbefreiung nach den §§ 286 ff.[90]

53 a Eine gesetzliche Regelung für den Fall, dass der Schuldner während eines Restschuldbefreiungsverfahrens einen neuen Insolvenz- und Restschulbefreiungsantrag stellt, fehlt. In Ausnahmefällen kann nach Ankündigung der Restschuldbefreiung und Beendigung des Insolvenzverfahrens wegen neuer Verbindlichkeiten auch ein neues Insolvenzverfahren eröffnet werden, wenn der Schuldner neues Vermögen erworben hat. Ein Neuerwerb während der Treuhandperiode ist allerdings selten, da in der Regel der gesamte Neuerwerb an den Treuhänder abgeführt wird und allenfalls dem Schuldner neues Vermögen oder pfändbare Einkünfte auf Grund einer Erbschaft, wegen des Motivationsrabatts nach § 292 Abs. 1 Satz oder im Falle einer selbstständigen Tätigkeit zufließen. Wird in einem solchen zweiten Insolvenzverfahren ein Antrag auf Restschuldbefreiung gestellt, obwohl im ersten Verfahren noch keine Entscheidung über die Erteilung oder Versagung der Restschuldbefreiung getroffen worden ist, besteht die gleiche Interessenlage wie bei der Anwendung des § 290 Abs. 1 Nr. 3. Daher ist im Wege der erweiternden Auslegung § 290 Abs. 1 Nr. 3 auch auf diese Fälle anzuwenden und die Restschuldbefreiung zu versagen.[91] In der Literatur wird daher vorgeschlagen, § 290 Abs. 1 Nr. 3 im Wege der erweiternden Auslegung auch auf diese Fälle anzuwenden und die Restschuldbefreiung zu versagen.[92] Angesichts des Bestrebens des Gesetzgebers, mit der Aufstellung einzelner klar umrissener Fallgruppen, die Entscheidung über die Restschuldbefreiung nicht in ein weites Ermessen des Insolvenzgerichts zu stellen und hierbei auch in Kauf zu nehmen, nicht alle möglichen Missbrauchsfälle zu erfassen, bestehen jedoch Bedenken über den Wortlaut hinaus auch anderen Fallkonstellationen eine eine Sperrwirkung zuzuerkennen. Das anhängige erste Restschuldbefreiungsverfahren, in dem noch keine Entscheidung über die Erteilung oder Versagung der Restschuldbefreiung getroffen wurde, löst daher keine Sperrwirkung für das zweite Verfahren aus.

54 **cc) Versagung der Restschuldbefreiung innerhalb der letzten zehn Jahre.** Ein Versagungsgrund liegt auch vor, wenn dem Schuldner innerhalb von zehn Jahren vor dem Antrag auf Eröffnung des Insolvenzverfahrens die **Restschuldbefreiung gemäß § 296 oder § 297 versagt** wurde. Da im Gesetz nur eine auf die §§ 296 und 297 gestützte Versagung eine Sperrwirkung begründet, stellt eine frühere Versagung der Restschuldbefreiung gemäß § 298 wegen fehlender Deckung der Mindestvergütung des Treuhänders ebenso

---

[89] Döbereiner S. 132.
[90] Döbereiner S. 132; Kübler/Prütting/Wenzel § 290 RdNr. 15.
[91] FK-Ahrens § 290 RdNr. 29 b.
[92] FK-Ahrens § 290 RdNr. 29 b.

wenig ein Versagungsgrund dar, wie ein **Widerruf gemäß § 303,** eine Versagung gemäß Abs. 1 und eine Versagung gemäß § 314 Abs. 3. Es gibt zwar keinen sachlichen Rechtfertigungsgrund dafür, dass im Falle des Widerrufs nach § 303 die Sperrfrist nicht gilt, da der Widerruf nach § 303, ebenso wie im Falle der Versagung nach § 296, wegen eines Verstoßes gegen eine der Schuldnerobliegenheiten erfolgt. Deswegen wird zwar teilweise die Auffassung vertreten, dass auch ein Widerruf nach § 303 eine Wiederholungssperre bewirkt.[93] Angesichts der eindeutigen gesetzlichen Regelung ist aber eine solche Analogie nicht zulässig.[94]

Der eindeutige Wortlaut des Absatzes 1 Nr. 3 begründet auch keine Wiederholungssperre, wenn eine Restschuldbefreiung wegen mittels eines **außergerichtlichen Schuldenbereinigungsplans** oder auf der Grundlage eines weiteren **Schuldenbereinigungsplans im Verbraucherinsolvenzverfahren** gescheitert ist. Die Sperrwirkung einer bereits einmal gescheiterten Restschuldbefreiung bezieht sich nur auf die gesetzliche Restschuldbefreiung gemäß den §§ 286 ff. 55

In gleicher Weise stellt die **Gewährung des erweiterten Vollstreckungsschutzes nach § 18 Abs. 2 Satz 3 GesO** keinen Versagungsgrund im Sinne des Absatzes 1 Nr. 3 dar. Eine Sperrwirkung entfaltet ebenso wenig die Durchführung eines Verbraucherinsolvenzverfahrens ohne anschließendes Restschuldbefreiungsverfahren, wie die frühere Durchführung oder Einstellung eines Insolvenzverfahrens mangels Masse oder die Rücknahmefiktion des § 305 Abs. 1 Nr. 2. 56

Im Hinblick auf die eindeutige gesetzliche Regelung ist auch die einschränkende Auslegung des § 290 Abs. 1 Nr. 3 abzulehnen, wonach eine Versagung der Restschuldbefreiung nach § 296, bei der ein Verschulden des Schuldners nicht festgestellt worden ist, keine Sperrfrist zur Folge haben soll.[95] Ein solcher Sachverhalt ist wegen der Verschuldensvermutung in § 296 im Einzelfall möglich. Eine solche einschränkende Auslegung würde aber zu erheblichen Beweisschwierigkeiten führen.[96] Mit der Aufstellung einzelner klar umschriebener Fallgruppen sollte die Entscheidung über die Restschuldbefreiung nicht in ein weites Ermessen des Gerichts gestellt werden. Dabei hat der Gesetzgeber bewusst in Kauf genommen, dass diese Fallgruppen nicht alle Missbrauchsfälle erfassen, andererseits jedoch auch Sachverhalte der Versagung unterworfen werden, in denen ein vorwerfbares Verhalten dem Schuldner nicht nachgewiesen werden muss. 56a

dd) Fristberechnung. Die Frist beginnt mit dem Beschluss über die Erteilung bzw. Versagung der Restschuldbefreiung. Maßgeblich ist die Rechtskraft der Erteilungs- oder Versagungsentscheidung.[97] Die Frist ist nach den §§ 4 InsO, 222 Abs. 1 ZPO, 187 f. BGB zu berechnen. Die Frist beträgt zehn Jahre vor dem neuen Antrag auf Eröffnung des Insolvenzverfahrens oder nach diesem Antrag bis zum Schlusstermin. 57

d) Beeinträchtigung der Befriedigung der Insolvenzgläubiger – § 290 Abs. 1 Nr. 4 –. aa) Allgemeines. Versagungsgrund nach Abs. 1 Nr. 4 ist die vorsätzliche und grobfahrlässige Beeinträchtigung der Gläubigerbefriedigung durch drei tatbestandlich unterschiedliche Verhaltensweisen. Die drei Alternativen der Gläubigerschädigung sind, die Begründung unangemessener Verbindlichkeiten, die Vermögensverschwendung und die Verzögerung der Verfahrenseröffnung. Nach der Begründung des Regierungsentwurfs[98] sollen unter diesen Versagungsgrund **Ausgaben für Luxusaufwendungen** und die **Begründung von Schadensersatzforderungen** durch vorsätzliche unerlaubte Handlungen fallen, auch wenn diese von einer Restschuldbefreiung nicht erfasst werden (§ 302 Nr. 1). 58

---

[93] *Hoffmann* S. 146; HK-*Landfermann* § 290 RdNr. 8.
[94] *Römermann* in *Nerlich/Römermann* § 290 RdNr. 70; *Döbereiner* S. 130, 144. Kübler/Prütting-*Wenzel* InsO § 290 RdNr. 14; FK-*Ahrens* § 290 RdNr. 31; aA HKInsO-*Landfermann* § 290 RdNr. 10; Uhlenbruck/*Vallender* InsO 12. Aufl. § 290, RdNr. 44; HambKomm-*Streck* § 290, RdNr. 22.
[95] So aber HKInsO-*Landfermann* § 290 RdNr. 9.
[96] FK-*Ahrens* § 290 RdNr. 30.
[97] HK-*Landfermann* § 290 RdNr. 7.
[98] Begr. RegE, BT-Drucks. 12/2442, S. 190.

59 bb) Begründung unangemessener Verbindlichkeiten. Grundsätzlich führt nicht allein die Eingehung von Verbindlichkeiten zur Versagung der Restschuldbefreiung. Befindet sich der Schuldner nämlich in der Krise, bleibt ihm in der Regel nichts anderes übrig, als Verbindlichkeiten zu begründen.[99] Verbindlichkeiten sind dann unangemessen begründet, wenn sie in der konkreten Lebenssituation des Schuldners außerhalb einer nachvollziehbaren Nutzenentscheidung stehen.[100] Der Schuldner muss diese Verbindlichkeiten **entgegen der wirtschaftlichen Vernunft** eingegangen sein, wobei hier keine objektiven Kriterien anzusetzen sind, sondern auf den Horizont des Schuldners unter Berücksichtigung seiner individuellen Umstände abzustellen ist. Allein objektiv wirtschaftlich sinnlose und nicht nachvollziehbare Maßnahmen hochverschuldeter Personen sind kein Versagungsgrund, wenn die Ursache darin zu sehen ist, dass der Schuldner den Überblick über seine Vermögensverhältnisse verloren hat. Gerade solchen Personen soll eine Restschuldbefreiung zukommen. Das Verhalten muss allerdings auch eine **Wesentlichkeitsgrenze** überschreiten. Eine für einen Außenstehenden sinnlos erscheinende, aber geringfügige Begründung einer Verbindlichkeit stellt keinen Versagungsgrund dar.

Die **Rechtsprechung** hat den Versagungsgrund der Begründung unangemessener Verbindlichkeiten verneint, wenn der Schuldner, der einen Management-Schule aufbaut, nach Stellung des Insolvenzantrages noch eine Arbeitnehmerin als Ausbilderin einstellt, weil er mit der Einstellung die Voraussetzungen für den Aufbau der Schule zu schaffen versucht.[101] Die Eingehung (und Nichtbegleichung) von Verbindlichkeiten nach der Eröffnung des Insolvenzverfahrens begründet einen Versagungsantrag dann nicht, wenn der Schuldner über kein pfändbares Vermögen verfügt.[102]

Im produzierenden Gewerbe wird man Kreditaufnahmen zur Erfüllung von Aufnahmen akzeptieren müssen, wenn sie unter Beachtung der üblichen kaufmännischen Grundsätze erfolgen. Etwas anders gilt, wenn kurzfristige Kredite für langfristige Verbindlichkeiten in Anspruch genommen werden oder wenn Aufträge finanziert werden, die von vornherein kalkulatorisch keinerlei Gewinn versprechen.[103]

60 cc) Vermögensverschwendung. Eine Vermögensverschwendung liegt nicht schon bei einem Vermögensverbrauch vor, sondern erst dann, wenn der Wertverzehr außerhalb einer nachvollziehbaren Verhaltensweise liegt.[104] Etwa getätigte Ausgaben müssen im Verhältnis zum Gesamtvermögen und dem Einkommen des Schuldners als grob unangemessen und wirtschaftlich nicht nachvollziehbar erscheinen.[105] Eine Vermögensverschwendung kann in einer kurzfristig, zum Nachteil der Gläubigerbefriedigung vorgenommenen Liquiditätsbeschaffung begründet sein, wenn der Schuldner Waren oder Leistungen erheblich unter ihrem Wert in einer den Anforderungen einer ordnungsgemäßen Wirtschaft widersprechenden Weise veräußert oder sonst abgibt. Auch die Vermögensverschwendung muss eine **Wesentlichkeitsgrenze** überschreiten. Eine für einen Außenstehenden sinnlos erscheinende, aber geringfügige Ausgabe führt zu keiner Vermögensverschwendung.

In der **Rechtsprechung** wurde ein **Versagungsgrund** bei einem Schuldner **bejaht,** der im Bewusstsein seiner Zahlungsunfähigkeit einen Betrag von 2000 € (Steuererstattung) beim Glücksspiel einsetzt und verliert.[106] Als Vermögensverschwendung wurde angesehen, wenn ein Schuldner im absehbaren Vorfeld eines Insolvenzverfahrens keine Rücklagen für die Verfahrenskosten gebildet hat, obwohl ihm das möglich gewesen wäre.[107] Veräußert der

---

[99] *Smid* BB 1992, 501, 512.
[100] FK-*Ahrens* § 290 RdNr. 34.
[101] LG Berlin ZVI 2002, 288.
[102] AG Göttingen ZVI 2004, 628.
[103] AG Oldenburg ZVI 2003, 367.
[104] *Uhlenbruck/Vallender,* InsO 12. Aufl. § 290 RdNr. 54; *Kübler/Prütting/Wenzel,* InsO § 290 RdNr. 18.
[105] BGH NZI 2006, 712.
[106] AG Duisburg JurBüro 2007, 329.
[107] AG Duisburg NZI 2005, 462; LG Duisburg, Beschluss vom 28. 7. 2003 – 11 T 94/03; M aA BGH NZI 2006, 712.

Schuldner seinen Geschäftsbetrieb und verwendet den Erlöse statt zur Schuldentilgung für eine Urlaubsreise im Wert von 2000 € ist ein Versagungsgrund wegen Vermögensverschwendung zu bejahen.[108] Auch die Fortsetzung eines der Situation des Schuldners unangemessenen Lebensstils kann als Vermögensverschwendung i. S. von § 290 I Nr. 4 InsO angesehen werden.[109]

Verneint wurde von der **Rechtsprechung** eine Vermögensverschwendung in folgenden Fällen: Veräußert ein Schuldner, der seinen Geschäftsbetrieb abgemeldet hatte, vier Fahrzeuge aus diesem Betrieb zu einem Gesamtpreis von 5100 € und verbraucht er in der Folgezeit diesen Erlös, so liegt darin keine zur Versagung führende Verschwendung.[110] Die Ausschlagung einer Erbschaft stellt keine Vermögensverschwendung im Sinne des § 290 Abs. 1 Nr. 4 dar, da es sich um ein höchstpersönliches Recht handelt, das vom Insolvenzbeschlag nicht erfasst wird. Die Ausschlagung einer Erbschaft rechtfertigt es daher selbst dann nicht, dem Schuldner die Restschuldbefreiung zu versagen, wenn sie in Gläubigerbenachteiligungsabsicht durchgeführt wurde.[111] Bei einer quartalsweise zu zahlenden Hundesteuer von 9,75 € nebst einer Mahngebühr von 2,50 € liegt keine Vermögensverschwendung vor.[112] Für die Versagung der Restschuldbefreiung liegt der Versagungsgrund des $ 290 Abs. 1 Nr. 4 nicht vor, wenn der Schuldner aus seinem unpfändbaren Einkommen eine Flugreise für 590,– DM in sein Heimatland bezahlt und er mit seiner Ehefrau und deren 2 Kindern eine große Wohnung anmietet.[113] Die Weigerung der Schuldnerin, dem ohne ihre Mitwirkung vorbereiteten Verkauf einer Immobilie zuzustimmen, stellt keine Vermögensverschwendung nach § 290 Abs. 1 Nr. 4 dar. Eine Vermögensverschwendung ergibt sich auch nicht daraus, dass die Schuldnerin insgesamt eine freihändige Verwertung des in Rede stehenden Objekts abgelehnt und den Weg einer Verwertung der Immobilie im Wege der Zwangsversteigerung befürwortet hat, da es keinen feststehenden Grundsatz gibt, dass eine freihändige Verwertung stets zu einem höheren Erlös als eine Verwertung im Wege der Zwangsversteigerung führt.[114]

dd) Verzögerung der Verfahrenseröffnung. Schließlich liegt ein Versagungsgrund **61** vor, wenn der Schuldner ohne Aussicht auf eine Verbesserung seiner wirtschaftlichen Lage die Eröffnung des Insolvenzverfahrens zum Nachteil seiner Gläubiger verzögert hat. In der Gesetzesbegründung wird ausdrücklich darauf hingewiesen, dass mit dieser Bestimmung keine Verpflichtung des Schuldners zur Stellung eines Insolvenzantrags begründet wird, wie sie für die Vertretungsorgane juristischer Personen gilt. Der Schuldner muss durch sein Verhalten vielmehr Gläubiger davon abgehalten haben, die Eröffnung eines Insolvenzverfahrens zu beantragen.[115]

Beurteilungskriterium für den Begriff der **Verzögerung** ist, ob ein ordentlicher Schuld- **62** ner im eigenen und im Gläubigerinteresse den Antrag bereits früher gestellt hätte.[116] Es handelt sich hier um eine bewusst allgemein gehaltene Tatbestandvoraussetzung, die einer Konkretisierung durch die Rechtsprechung bedarf.[117]

Von einer Täuschung und damit einer verzögerten Eröffnung des Insolvenzverfahrens **63** kann nicht ausgegangen werden, wenn der Schuldner nach § 305 Abs. 1 Nr. 1 eine **außergerichtliche Einigung mit seinen Gläubigers** versucht. Ein „Verzögern" ist jedoch in den Fällen gegeben, in denen der Schuldner die Einleitung eines Insolvenzverfahrens bewusst so lange hinausschiebt, bis nahezu alle verwertbaren Mittel oder Vermögensstücke

---

[108] LG Düsseldorf NZI 2004, 390.
[109] BGH NZI 2005, 233.
[110] BGH NZI 2006, 712.
[111] LG Mainz ZVI 2003, 362.
[112] AG Göttingen ZVI 2004, 628.
[113] AG Bonn ZVI 2002, 234.
[114] AG Köln, Beschluss vom 16. 11. 2006 – 72 IN 723/04.
[115] Begr. RegE, BR-Drucks. 1/92, S. 190; aA *Kraemer* DStZ 1995, 339, 402.
[116] *Döbereiner* S. 135.
[117] *Döbereiner* S. 117.

verbraucht oder übertragen worden sind. Mit diesem Versagungsgrund ist auch ein Verhalten des Schuldners erfasst, das Gläubigern durch einen verspäteten Insolvenzantrag die Anfechtung gläubigerbenachteiligender Manipulationen unmöglich macht.

64 Stellt der **Schuldner als Vertretungsorgan einer juristischen Person** verspätet einen Insolvenzantrag, so kann ihm deswegen nicht mit dem Hinweis auf Abs. 1 Nr. 4 die Restschuldbefreiung für ihn als Privatperson nicht versagt werden. Dies gilt auch, wenn der Schuldner die Restschuldbefreiung erstrebt, um sich von den Verbindlichkeiten zu befreien, für die er wegen der Uneinbringlichkeit der Forderung bei der Gesellschaft auch persönlich haftet, beispielsweise durch eine Inanspruchnahme aus einer Bürgschaft.[118]

64a **Verneint** wurde von der **Rechtsprechung** eine Verzögerung der Verfahrenseröffnung in folgenden Fällen: Zahlt ein Schuldner über längere Zeit den Mietzins für einen Gewerberaum nicht, so liegt keine eine Versagung gemäß § 290 Abs. 1 Nr. 4 begründende verzögerliche Insolvenzantragstellung vor, solange der Schuldner nicht aktiv, z. B. durch Täuschung den Gläubiger von der Stellung eines Insolvenzantrags abhält.[119] Ebenso begründet ein Insolvenzeröffnungsantrag eines Einzelunternehmers 6 Monate nach der Geschäftseinstellung keinen Versagungsantrag.[120]

65 ee) Beeinträchtigung der Gläubigerbefriedigung. Die in Abs. 1 Ziffer 4 sanktionierten **Verhaltensweisen müssen kausal zu einer Gläubigerbeeinträchtigung geführt haben.** Der Schuldner muss durch sein Verhalten den Ansatz einer höheren Quote verhindert haben. Ein Versagungsgrund liegt daher nicht vor, wenn der Schuldner aus seinem unpfändbaren Einkommen Verbindlichkeiten begründet hat.[121] Das Verhalten des Schuldners braucht nicht die einzige Ursache für eine geringere Quote zu sein. Für die Kausalität genügt eine Mitursächlichkeit. Eine Beeinträchtigung liegt nicht vor, wenn sich ohne einen konkreten Vermögensverlust allein die Befriedigungsaussichten verschlechtert haben.

66 Andererseits ist die Unredlichkeit des Schuldners nicht von der **Anfechtbarkeit der Rechtshandlung** abhängig. Daher führen nicht nur masseschmälernde Handlungen, die nicht mehr im Wege der Insolvenzanfechtung rückgängig gemacht werden können zu einer Versagung.[122] Es kann daher auch nicht darauf ankommen, ob auf Grund eine Anfechtungsmöglichkeit, eine Beeinträchtigung der Gläubigerbefriedigung ausscheidet, weil der anfechtbar erworbenen Gegenstand an die Insolvenzmasse gemäß § 143 Abs. 1 Satz 1 zurückzugewähren ist, da eine Realisierung des Anspruchs nicht sicher ist.[123]

67 Die Beeinträchtigung setzt **keine Erheblichkeit** voraus. Jede feststellbare Beeinträchtigung führt zur Versagung der Restschuldbefreiung, da im Rahmen der Versagungsgründe des § 290 vorrangig das unredliche Verhalten des Schuldners und nicht die durch dieses Verhalten eingetretenen Folgen sanktioniert werden.

68 ff) **Zeitraum.** Das in Abs. 1 Ziffer 4 sanktionierte Verhalten muss **innerhalb des letzten Jahres** vor dem Antrag auf Eröffnung des Insolvenzverfahrens oder danach liegen. Unerheblich ist, wann die Beeinträchtigung eingetreten ist. Durch diese zeitliche Beschränkung soll Beweisschwierigkeiten vorgebeugt werden. Auch sollen lange zurückliegende Verfehlungen einer Restschuldbefreiung nicht entgegenstehen. Die Frist ist nach den §§ 4 InsO, 222 Abs. 1 ZPO, 187 f. BGB zu berechnen.

69 gg) **Verschulden.** Die Beeinträchtigung der Gläubigerinteressen muss **vorsätzlich** oder **grob fahrlässig** herbeigeführt worden sein. Bei der Beurteilung der groben Fahrlässigkeit kann bei hochverschuldeten Personen kein strenger Maßstab angelegt werden. Vielfach verlieren hochverschuldete Personen den Überblick über ihre wirtschaftlichen Verhältnisse

---

[118] AA *Kraemer* DStZ 1995, 399, 402.
[119] AG Göttingen NZI 2006, 116.
[120] AG Göttingen ZVI 2005, 504.
[121] AG Coburg, ZVI 2004, 313.
[122] *Döbereiner* S. 134; aA *Knüllig-Dingeldey* S. 202 ff.
[123] *Römermann* in *Nerlich/Römermann* § 290 RdNr. 76.

und verhalten sich aus diesem Grunde passiv, „stecken den Kopf in den Sand". Sie stellen in dieser Situation erst auf Grund eines Anstoßes Dritter verspätet den Insolvenzantrag.

e) Verletzung von Auskunfts- oder Mitwirkungspflichten – § 290 Abs. 1 Nr. 4 –. 70
aa) Allgemeines. Der Schuldner im Insolvenzverfahren hat umfassende Auskunfts- und Mitwirkungspflichten. Der Gesetzgeber ging davon aus, dass von einem Schuldner, der von seinen Verbindlichkeiten befreit werden will, erwartet werden könne, dass er seine Vermögensverhältnisse offen legt, alle verlangten Auskünfte erteilt und sich auf Anordnungen des Insolvenzgerichts jederzeit zur Verfügung stellt.[124]

bb) Auskunfts- und Mitwirkungspflichten. Die Auskunfts- und Mitwirkungspflich- 71
ten des Schuldners im Insolvenzverfahren sind in den §§ 97, 98, 101, 20 geregelt. Nach § 97 muss der Schuldner dem Insolvenzgericht, dem Insolvenzverwalter, dem Treuhänder, dem Gläubigerausschuss und, auf gerichtliche Anordnung, der Gläubigerversammlung Auskunft über alle das Verfahren betreffenden Verhältnisse erteilen. Der Schuldner muss sich auf Anordnung des Gerichts jederzeit zur Verfügung stellen, um seine Auskunfts- und Mitwirkungspflichten zu erfüllen (§ 97 Abs. 3). Er darf sich nicht weigern, Auslandsvermögen beizuschaffen, auf das der Insolvenzverwalter nicht zugreifen kann, insbes. in den Fällen, in denen der andere Staat die Eröffnungswirkungen des Insolvenzverfahrens nicht anerkennt.[125]

Weitere besondere **Auskunftspflichten** enthält § 20 **im Insolvenzeröffnungsverfah-** 72
ren. In diesem Verfahrensabschnitt hat der Schuldner die Auskünfte zu erteilen, die zur Entscheidung über den Eröffnungsantrag erforderlich sind. Dazu gehört im Hinblick auf § 30 Abs. 2 die Vorlage eines vollständigen Schuldner- und Gläubigerverzeichnisses einschl. der Anschriften und eine zeitnahe Vermögensübersicht. Die Auskunftspflicht umfasst auch die Herausgabe der Betriebsunterlagen, die zur Prüfung der geschuldeten Angaben notwendig sind.[126] Der Schuldner hat auch Tatsachen zu offenbaren, die geeignet sind, eine Strafverfolgung gegen ihn herbeizuführen. Die Auskunftspflichten des Schuldners erschöpfen sich nicht in reinen Antwortpflichten auf Nachfragen des Gerichts, der Gläubiger oder des Treuhänders. Bei Umständen, die für den Schuldner erkennbar gar nicht Gegenstand von Nachfragen sein können, weil sie den übrigen Verfahrensbeteiligten nicht bekannt sein können, wie z.B. die Aufnahme einer weiteren selbstständigen wirtschaftlichen Tätigkeit, sind diese Auskunftspflichten aktive Pflichten. Der Schuldner muss in diesem Fall auch solche Umstände von sich aus ohne besondere Nachfragen offenbaren.[127] Er hat Personen, die zur Aufklärung beitragen können, von ihrer Verschwiegenheitspflicht zu befreien.[128]

cc) Rechtmäßigkeit der gerichtlichen Anordnung. Die Restschuldbefreiung wegen 73
Nichterfüllung der Auskunfts- und Mitwirkungspflichten kann nur versagt werden, wenn die der Auskunfts- und Mitwirkungspflicht zugrundeliegende Anordnung rechtmäßig war.[129] § 290 Abs. 1 Nr. 5 will vermeiden, dass unredliche Schuldner in den Genuss der Restschuldbefreiung kommen. Es ist daher nicht gerechtfertigt, einem Schuldner die Restschuldbefreiung zu versagen, der unrechtmäßige Anordnungen nicht befolgt. Das muss auch, wenn die Anordnung unrechtmäßig war, für Schuldner gelten, bei denen der Verdacht der Unredlichkeit nahe liegt.[130]

Für den Versagungsgrund aus Nr. 5 ist es unerheblich, ob sich die Pflichtverletzung zum 74
Nachteil der Gläubiger ausgewirkt hat. Eine Gefährdung der Gläubigerrechte ist, anders als in Nr. 2 und Nr. 4, kein Tatbestandsmerkmal.[131] Die Auskunft und Mitwirkung des Schuldners ist ein wesentliches Element zur Erreichung der Ziele des Insolvenzverfahrens. Ihre

---

[124] Begr. des RegE InsO, BR-Drucks. 1/92 zu § 239, S. 190 f.
[125] Begr. des RegE InsO, BR-Drucks. 1/92 zu § 239, S. 19 f.; *Balz* ZIP 1988, 273, 293; LG Köln ZIP 1997, 2161.
[126] HK-*Kirchhof* § 20 RdNr. 11.
[127] AG Oldenburg ZInsO 2002, 1170 f., AG Erfurt ZInsO 2006, 1173.
[128] *Vallender* ZIP 1996, 532.
[129] BGH NZI 2003, 389.
[130] *Döbereiner*, S. 139.
[131] BGH NZI 2007, 357; **aA** LG Memmingen ZVI 2004, 630.

§ 290 75–76a 8. Teil. Restschuldbefreiung

Verletzung indiziert immer eine erhebliche Gefährdung der Gläubigeransprüche.¹³² Mit der Pflichtverletzung muss der Schuldner auch eine **Wesentlichkeitsgrenze** überschritten haben.¹³³ Bei ganz geringfügigen Verstößen verbietet es der Verhältnismäßigkeitsgrundsatz, eine Restschuldbefreiung zu versagen.¹³⁴

75 dd) Zeitraum. Obwohl der Gesetzestext nur von Auskunfts- und Mitwirkungspflichten während des Insolvenzverfahrens spricht, erfassen die Pflichten auch das Eröffnungsverfahren.¹³⁵ Bei einem Verbraucherinsolvenzverfahren ist auch das Verfahren über den gerichtlichen Schuldenbereinigungsplan eingeschlossen.¹³⁶

76 ee) Verschulden. Nur ein vorsätzlicher oder grobfahrlässiger Pflichtverstoß ist ein Versagungsgrund. Der Verschuldensgrad der groben Fahrlässigkeit ist in § 290 nicht definiert. Die Rechtsprechung versteht unter grober Fahrlässigkeit ein Handeln, bei dem die im Verkehr erforderliche Sorgfalt in ungewöhnlich hohem Maße verletzt wurde, wenn ganz nahe liegende Überlegungen nicht angestellt oder beiseite geschoben wurden und dasjenige unbeachtet geblieben ist, was im gegebenen Fall sich jedem aufgedrängt hätte. Bei der groben Fahrlässigkeit handelt es sich um eine auch subjektiv schlechthin unentschuldbare Pflichtverletzung.¹³⁷ Hat ein Schuldner die Übersicht über seine wirtschaftliche Lage verloren, kann eine grobe Fahrlässigkeit nicht angenommen werden.¹³⁸ Bei der Feststellung von grober Fahrlässigkeit i. S. d. § 290 Abs. 1 Nr. 5 kommt es bei der Feststellung der einzelnen Verbindlichkeiten auf die Höhe der Forderung, deren Anteil an der Gesamtverschuldung, die Anzahl der Gläubiger und den Zeitpunkt des letzten Vollstreckungsversuches bzw. Korrespondenz an.¹³⁹ Beantwortet ein Schuldner gezielte Nachfragen des Gerichts objektiv unrichtig und unterlässt Klarstellungen zu Angaben in seinem Vermögensverzeichnis, so ist dieses Verhalten in der Regel nur durch grobe Gleichgültigkeit gegenüber den Gläubigerinteressen und den eigenen Pflichten zu erklären und daher grob fahrlässig.¹⁴⁰ Auf ein mitwirkendes Verschulden eines Gläubigers ist unbeachtlich, da es nicht um eine Haftungsverteilung geht, sondern nur um die Beurteilung der Redlichkeit des Schuldners.¹⁴¹

76a Die **Rechtsprechung** hat im Einzelnen in folgenden Fällen eine Verletzung von Auskunfts- und Mitwirkungspflichten **bejaht**. Nach Auffassung des BGH stellt das **Verschweigen von Forderungen** durch den Schuldner einen Verstoß gegen die Auskunfts- und Mitwirkungspflicht dar, der die Versagung der Restschuldbefreiung begründet. Der Umstand, dass es sich nach Auffassung des Schuldners um schwierig beizutreibende Forderungen handelt, steht ihrer Berücksichtigung bei der Versagungsentscheidung nicht entgegen. Denn es ist nicht Sache des Schuldners seine Aktiva zu bewerten und vermeintlich „für die Gläubiger uninteressante" Positionen zu verschweigen.¹⁴² Ein Schuldner verletzt seine Auskunfts- und Mitwirkungspflicht, wenn er als Gesellschafter einer GbR nach Abweisung des Insolvenzantrags über das Vermögen der Gesellschaft mangels Masse die Eröffnung des Insolvenzverfahrens über sein Vermögen und Erteilung der Restschuldbefreiung beantragt und sodann verschweigt, dass ohne Wissen des Insolvenzverwalters aus der Abwicklung von Verträgen ein Geldbetrag an die Gesellschaft ausgezahlt worden ist, auf den ihm möglicherweise ein Anspruch gegen die Gesellschaft zusteht. Verwendet der Schuldner den Geldbetrag zur Rückzahlung eines Verwandtendarlehens, so ist ihm wegen grob fahrlässiger Verletzung seiner Pflichten aus § 290 Abs. 1 Nr. 5 InsO die beantragte Restschuldbefreiung zu ver-

---

¹³² BGH NZI 2005, 232; AG Oldenburg ZInsO 2002 1170 f.: AG Göttingen ZVI 2006, 353.
¹³³ FK-*Ahrens* § 290 RdNr. 47; LG Hamburg NZI 2991, 46, 47.
¹³⁴ BGH ZInsO 2007, 76; BGH ZVI 2003, 170; BGH NZI 2005, 461; s. auch BT-Drucks. 12/7302 S. 188.
¹³⁵ HK-*Landfermann* § 290 RdNr. 14.
¹³⁶ FK-*Ahrens* § 290 RdNr. 43; AG Hamburg NZI 2001, 46, 47.
¹³⁷ BGH NZI 2006, 299.
¹³⁸ AG Hamburg NZI 2001, 46 ff.
¹³⁹ AG Göttingen ZVI 2005, 557.
¹⁴⁰ AG Hamburg NZI 2001, 46, 47.
¹⁴¹ AG Hamburg NZI 2001, 46, 47.
¹⁴² BGH ZInsO 2007, 96.

sagen.[143] Ein Schuldner verstößt gegen die auch während des Eröffnungsverfahrens bestehenden Auskunfts- und Mitwirkungspflichten, wenn er dem Sachverständigen trotz mehrfacher Aufforderung und unter Androhung von Haft, keine Auskunft über seine Vermögensverhältnisse erteilt.[144]

Ein Schuldner ist verpflichtet, nach Antragstellung, aber vor Eröffnung begründete Forderungen unverzüglich dem Sachverständigen/Insolvenzverwalter mitzuteilen; ansonsten ist der Versagungstatbestand des § 290 Abs. 1 Nr. 5 erfüllt. Verschweigt der Schuldner eine im laufenden Eröffnungsverfahren begründete Forderung, ist damit die im Rahmen des § 290 Abs. 1 Nr. 5 zu berücksichtigende Wesentlichkeitsgrenze auch dann überschritten, wenn es sich um eine geringfügige Forderung (hier: 116,40 €) handelt.[145]

Zeigt ein Schuldner eine Beschäftigung bei einer Firma nicht an und führt auch den pfändbaren Betrag seines Einkommens nicht an den Insolvenzverwalter abführt, liegt der Versagungsgrund des § 290 Abs. 1 Nr. 5 für die Restschuldbefreiung vor. Der Schuldner hat zumindest grob fahrlässig seine Auskunfts- und Mitwirkungspflichten verletzt.[146]

Verschweigt ein Schuldner in den vorbereitenden Gesprächen zur Erstellung des Sachverständigengutachtens ein Treuhandkonto, so verletzt seine Auskunfts- und Mitwirkungspflicht nach § 290 Abs. 1 Nr. 5.[147]

Ein Schuldner verletzt seine Mitwirkungs- und Auskunftspflichten, wenn er während des Insolvenzverfahrens Auskunftspflichten über Umstände verweigert, die die Anfechtung von Rechtshandlungen nach den §§ 129 ff. begründen können.[148]

Ein Versagungsgrund nach § 290 Abs. 1 Nr. 5 liegt vor, wenn der Schuldner nicht nur die Tatsache, verschweigt, dass er Eigentümer einer Eigentumswohnung ist, sondern dies sogar ausdrücklich leugnet.[149]

Verschleiert ein Schuldner seine Einkünfte, indem er sich hinter einer Scheinauslandsgesellschaft („englischen Limited) versteckt, dann ist der Versagungsgrund des § 290 Abs. 1 Nr. 5 erfüllt.[150]

Auch wenn im Insolvenzverfahren die Abgabe der Steuererklärung Aufgabe des Treuhänders und nicht des Schuldners ist, ist eine wahrheitswidrige Erklärung des Schuldners, die Steuererklärung abgegeben zu haben, ein Verstoß gegen die Mitwirkungspflichten, wenn dadurch der Treuhänder abgehalten wird, Steuererstattungsansprüche zu realisieren.[151]

Der Schuldner verletzt seine Mitwirkungspflichten, wenn er trotz mehrfacher Aufforderungen dem Treuhänder die zur Erstellung der Erklärungen notwendigen Unterlagen nicht zur Verfügung gestellt und die erforderlichen Auskünfte hierzu nicht erteilt hat.[152]

Dem Schuldner ist nach § 290 Abs. 1 Nr. 5 die Restschuldbefreiung zu versagen, wenn er während der Wohlverhaltensphase Einkünfte aus der Erteilung von Tennisunterricht i. H. v. 375 DM in einem Jahr gegenüber dem Treuhänder verschweigt.[153]

Wechselt der Schuldner ohne Hinterlassung einer Anschrift seinen Wohnsitz, so ist § 290 Abs. 1 Nr. 5 erfüllt.[154]

Macht ein Schuldner keinerlei Angaben über die Anmeldung und Eintragung eines Gebrauchsmusters, so verstößt er damit gegen die Auskunftsverpflichtung nach § 290 Abs. 1 Nr. 5, auch wenn er der Auffassung ist, das Gebrauchsmuster habe zum Zeitpunkt der

---

[143] AG Erfurt ZInsO, 1173.
[144] AG Göttingen ZVI 2006, 353.
[145] AG Göttingen ZVI 2006, 68.
[146] AG Bonn ZInsO 2006, 49.
[147] BGH ZVI 2005, 551.
[148] AG Gera InVo 2005, 358.
[149] LG Münster Rpfleger 1005, 275.
[150] BGH ZVI 2005, 276.
[151] LG Mönchengladbach NZI 2005, 173.
[152] AG Mönchengladbach, Beschl. vom 4. 2. 2004 – 19 IK 67/03.
[153] LG Mönchengladbach ZVI 2003, 675.
[154] AG Königstein ZVI 2003, 365.

Gutachtenerstellung keinerlei vermögensrechtlichen Wert dargestellt. Diese Einschätzung obliegt allein dem Gericht.[155]

Betreibt der Schuldner weiterhin sein Ladengeschäft, obwohl der Treuhänder ihm die Fortführung der Geschäftstätigkeit verboten hat, ist dies eine direkte und vorsätzliche Zuwiderhandlung gegen eine zentrale Verfahrensentscheidung des Treuhänders und damit ein Versagungsgrund nach § 290 Abs. 1 Nr. 5.[156]

Eine Versagung der Restschuldbefreiung wegen Verletzung der Auskunfts- und Mitwirkungspflichten hat die **Rechtsprechung** in folgenden Fällen **verneint:**

Orientiert sich ein Schuldner hinsichtlich ererbten Vermögens an den missverständlichen Ausführungen eines gerichtlichen Merkblattes, und teilt dem Treuhänder nicht mit, dass ihm durch eine Erbschaft Vermögen zugefallen sei, sondern verbraucht davon einen Teil für eigene Zwecke, so hat der dadurch nicht grob fahrlässig gegen seine Mitwirkungspflichten verstoßen. Der Schuldner war auch nicht verpflichtet, bei dem Treuhänder oder dem Insolvenzgericht nachzufragen. Er durfte vielmehr davon ausgehen, dass das ihm vom Insolvenzgericht zugestellte Merkblatt die für ihn maßgebliche Rechtslage in einer für nicht juristisch vorgebildete Personen klaren und eindeutigen Weise erläutert.[157]

Wird eine Bürgschaftsverpflichtung des Schuldners erst drei Monate nach Verfahrenseröffnung fällig gestellt, kann es an grober Fahrlässigkeit i. S. d. § 290 Abs. 1 Ziffer 5 fehlen, wenn sich das Insolvenzgericht bei einem Eigenantrag mit der Angabe der Summe der Gesamtverbindlichkeiten begnügt hat und der Gläubiger vom Schuldner nicht benannt wird.[158]

Ein Schuldner, der eine Berufstätigkeit in einem Staat mit anerkannt schlechten Kommunikationsmöglichkeiten (hier: Irak) aufnimmt, verstößt durch die Nichtangabe der Adresse nicht gegen § 290 Abs. 1 Nr. 5 InsO, solange er ohne Schwierigkeiten über seinen Verfahrensbevollmächtigten erreichbar ist.[159]

Ein Verstoß gegen eine Vereinbarung mit dem Insolvenzverwalter über die Abführung einer monatlichen Pauschale ist keine Pflichtverletzung i. S. d. § 295 Abs. 1 Nr. 5 InsO.[160]

Die Aufgabe einer Arbeitsstelle während des Insolvenzverfahrens stellt keinen Verstoß gegen Mitwirkungspflichten dar, da keine Verpflichtung zur Arbeit während des Insolvenzverfahrens besteht.[161]

77 **f) Unrichtige oder unvollständige Angaben in den nach § 305 Abs. 2 Nr. 3 vorzulegenden Verzeichnissen – § 290 Abs. 1 Nr. 5 –. aa) Allgemeines.** Für den Schuldner im Verbraucherinsolvenzverfahren besteht ein weiterer Versagungsgrund, wenn er in den gemäß § 305 Abs. 1 Nr. 3 vorzulegenden Verzeichnissen grob fahrlässig oder vorsätzlich unrichtige oder unvollständige Angaben gemacht hat. Diese Vorschrift wurde erst im Endstadium des Gesetzgebungsverfahrens durch den Rechtsausschuss eingefügt. Durch sie soll der Schuldner in einem Verbraucherinsolvenzverfahren angehalten werden, vollständige und richtige Angaben seines Vermögens und seiner Verbindlichkeiten vorzulegen, die dem Gericht und den Gläubigern einen Überblick über die wirtschaftlichen Verhältnisse ermöglichen.[162] Die Erfüllung dieser Verpflichtungen ist eine der wesentlichen Gegenleistungen des Schuldners für die Rechtsnachteile, die für seine Gläubiger mit der Restschuldbefreiung verbunden sind. Der Schuldner erfüllt seine Sorgfaltspflichten bei der Antragstellung deshalb nur, wenn er die amtlichen Formulare vor dem dem Ausfüllen gründlich und gewissenhaft durcharbeitet.[163] Ein Verstoß gegen § 290 Nr. 6 InsO liegt bei unrichtigen oder unvoll-

---

[155] AG Leipzig ZVI 2002, 427.
[156] LG Cottbus ZVI 2002, 218.
[157] BGH NZI 2006, 299.
[158] AG Göttingen ZVI 2006, 163.
[159] AG Göttingen, NZI 2006, 116.
[160] AG Regensburg ZInsO 2004, 1214.
[161] AG Regensburg ZInsO 2004, 1214.
[162] BGH NZI NZI 2004, 633, HKInsO-*Landfermann*, 3. Aufl. § 290 RdNr. 15.
[163] AG Duisburg, Beschl. vom 8. 5. 2007, 62 IK 9/07.

ständigen Angaben auch dann vor, wenn sie sich **nicht zum Nachteil der Gläubiger** auswirken.[164] Jeder Gläubiger, der Forderungen angemeldet hat, kann einen auf § 290 Abs. 1 Nr. 6 gestützten Versagungsantrag stellen.[165]

Ergänzt oder berichtigt der Schuldner noch **vor der Eröffnung des Insolvenzverfahrens** seine ursprünglich nicht vorsätzlich unvollständigen oder unrichtigen Angaben, kann ihm die Restschuldbefreiung nicht wegen Verletzung der Erklärungs- und Auskunftspflichten gemäß § 290 Abs. 1 Nr. 6 versagt werden.[166] Zu weitgehend ist jedoch die Auffassung des Amtsgerichts Duisburg, wonach nachträgliche Ergänzungen oder Berichtigungen eine Verletzung der Erklärungs- und Auskunftspflichten nur dann heilen, wenn sie von dem Schuldner aus eigenem Antrieb und freiwillig vorgenommen worden sind.[167] Da in der Regel das Gericht unmittelbar nach Eingang des Insolvenzantrags die Anträge prüft und bei mangelhaften Anträgen gemäß § 305 Abs. 3 unverzüglich den Schuldner auffordert die unvollständigen Vordrucke zu ergänzen, hat der Schuldner infolge der gerichtlichen Hinweispflicht überhaupt keine Gelegenheit aus eigenem Antrieb und freiwillig unvollständige Anträge zu ergänzen. Das Berichtigen und Ergänzen falscher oder unvollständiger Angaben kann nicht gleichgesetzt werden mit dem Rücktritt vom Versuch einer Straftat.[168] Korrigiert der Schuldner daher nach Maßgabe des § 305 Abs. 3 seine Verzeichnisse im Eröffnungsverfahren, ist der Versagungsgrund nicht erfüllt.[169]

Die Regelung war erforderlich, da diese Mitwirkungspflicht des Schuldners nicht von Abs. 1 Nr. 5 erfasst wird. Abs. 1 Nr. 5 erfasst nur die Auskunfts- und Mitwirkungspflichten im Insolvenzverfahren. Zu dem Zeitpunkt, zu dem die Verzeichnisse gemäß § 305 Abs. 1 Nr. 3 vorgelegt werden müssen, ruht jedoch das Verfahren über den Antrag auf Eröffnung des Insolvenzverfahrens (§ 306 Abs. 1). Die Verzeichnisse nach § 305 Abs. 1 Nr. 3 verfolgen auch einen anderen Zweck, als die in Abs. 1 Nr. 5 sanktionierten Schuldnerpflichten. Während die Mitwirkungs- und Auskunftspflichten im Insolvenzverfahren die Liquidation des Schuldnervermögens vorbereiten sollen, dienen die Verzeichnisse nach § 305 Abs. 1 Nr. 3 der Information der Gläubiger als Entscheidungsgrundlage, ob sie einem von dem Schuldner vorgelegten Schuldenbereinigungsplan zustimmen. Ein Motiv eines Schuldners, unrichtige oder unvollständige Angaben zu machen, kann sein, das Verfahren zu seinen Gunsten zu beeinflussen, indem er beispielsweise Forderungen oder Gläubiger erfindet.

bb) Unrichtiges oder unvollständiges Vermögensverzeichnis. Nur eine **schriftliche** unzutreffende Angabe **in den vorzulegenden Verzeichnissen** ist ein Versagungsgrund. Eine schriftliche oder mündliche unzutreffende Angabe außerhalb dieser Verzeichnisse führt nicht zu einer Versagung der Restschuldbefreiung. Insoweit unterscheidet sich diese Regelung von dem Versagungsgrund des Abs. 1 Nr. 5, der auch den Verstoß gegen mündliche Auskunftspflichten sanktioniert. Zu den Begriffen der Unrichtigkeit und Unvollständigkeit siehe die entsprechenden Ausführungen bei RdNr. 34. Ein unerheblicher Verstoß führt nicht zu einer Versagung der Restschuldbefreiung.[170] Die Versagung der Restschuldbefreiung gemäß § 290 Abs. 1 Nr. 6 setzt eine die Befriedigung der Insolvenzgläubiger beeinträchtigende Wirkung der falschen oder unvollständigen Angaben grundsätzlich

---

[164] BGH NZI 2007, 357; BGH NZI 2004, 633; LG Heilbronn, InVo 2002, 417; LG Frankfurt aM, NZI 2002, 673; AG Hamburg, ZInsO 2001, 30; AG Göttingen, ZVI 2003, 88]; *Kübler/Prütting/Wenzel* § 290 RdNr. 20 a, **aA** LG Saarbrücken, NZI 2000, 380; AG Münster, NZI 2000, 555; AG Dortmund ZVI 2006, 128; AG Rosenheim, ZVI 2003, 43 [44]; *Nebe* VuR 2000, 341; *Ahrens*, NZI 2001, 113; FK-*Ahrens* § 290 RdNr. 54; *Uhlenbruck/Vallender* § 290 RdNr. 80; *Braun/Buck*, InsO, 2002, § 290 RdNr. 21.
[165] BGH NZI 2007, 357.
[166] BGH NZI 2005, 461, BayObLG NZI 2002, 392; HKInsO-*Landfermann*, § 290 RdNr 20.
[167] AG Duisburg, Beschl. vom 8. 5. 2007, 62 IK 9/07.
[168] Eine solche Parallele zieht jedoch das Amtsgericht Duisburg – AG Duisburg, Beschl. vom 8. 5. 2007, 62 IK 9/07.
[169] So auch FK-*Ahrens* § 290 RdNr. 52.
[170] Begr. der Beschlussempfehlung des Rechtsausschusses in *Kübler/Prütting* (Hrsg.), Das neue Insolvenzrecht, Bd. I, S. 551.

nicht voraus. Es genügt, dass die falschen oder unvollständigen Angaben ihrer Art nach geeignet sind, die Befriedigung der Insolvenzgläubiger zu gefährden.[171]

79 **cc) Verschulden.** Die unrichtigen und unvollständigen Angaben müssen auf **Vorsatz oder grober Fahrlässigkeit** beruhen. Eine grobe Fahrlässigkeit kann nicht angenommen werden, wenn die Fehlerhaftigkeit der Angaben darin begründet liegt, dass der Schuldner die Übersicht über seine wirtschaftliche Lage verloren hat und er ohne qualifizierte Hilfestellung, etwa die einer Schuldnerberatungsstelle, das Verfahren betreibt.[172] Bei der Nichtangabe eines Gläubigers im Gläubigerverzeichnis kann es an einem grob fahrlässigen Verhalten mangeln, wenn die Forderung und der Anteil an der Gesamtverschuldung gering ist und der Zeitpunkt des letzten Vollstreckungsversuchs bzw. der Korrespondenz längere Zeit zurückliegt.[173] Für das Vorliegen von Vorsatz und grober Nachlässigkeit trägt der Gläubiger die Darlegungslast, es sei denn eine Vermutung spricht für das Vorliegen eines grob fahrlässigen oder vorsätzlichen Verhaltens des Schuldners.[174]

80 In der **Rechtsprechung** wurde es als nicht grob fahrlässig angesehen, wenn Schuldner eine titulierte (Delikts-)Forderung, hinsichtlich derer das letzte Gläubigerschreiben zwei Jahre zurücklag, versehentlich nicht in das Vermögensverzeichnis aufnimmt.[175] Hat der Schuldner kein vollständiges Gläubigerverzeichnis vorgelegt, so stellt dies ein Versagungsgrund nach § 290 Abs. 1 Nr. 6 dar.[176] Die Nichtangabe eines gebrauchten Motorrollers im Vermögensverzeichnis erfüllt den Versagungstatbestand des § 290 Abs. 1 Nr. 6. Es handelt sich nicht um einen unwesentlichen Verstoß des Schuldners, der eine Versagung als unverhältnismäßig erscheinen lässt.[177] Gibt der Schuldner in seinem Vermögensverzeichnis einen bestehenden Lebensversicherungsvertrag nicht an, ist das Vermögensverzeichnis unvollständig. Das Verschweigen einer geringen Lebensversicherung – auch bei einem geringen Rückkaufswert (hier: 426,15 €) – ist zumindest dann grob fahrlässig, wenn das Vermögensverzeichnis nicht sehr umfangreich ist und es sich bei der Lebensversicherung offensichtlich um den einzigen Vermögenswert des Schuldners handelt.[178] Hat der Schuldner in seinem Vermögensverzeichnis einen Vermögenswert (hier: eine Beteiligung an einer gemeinnützigen Baugenossenschaft in Höhe von 409,03 €) nicht angegeben, liegt unabhängig von der Frage, ob dieses Unterlassen auf einem Verschulden oder schlichten Vergessen des Schuldners beruht, bereits dann kein Versagungsgrund i. S. d. § 290 Abs. 1 Nr. 6 vor, wenn es sich um einen ganz unwesentlichen Verstoß handelt. Wo diese Wesentlichkeitsgrenze verläuft, ist anhand der Umstände des Einzelfalls zu bestimmen.[179] Ist in dem vom Schuldner gemäß § 305 Abs. 1 Nr. 3 InsO vorgelegten Verzeichnis der Gläubiger und der gegen ihn gerichteten Forderungen die Forderung eines Gläubigers nicht enthalten, der in den beiden Monaten vor Insolvenzantragstellung seine Forderungen beim Schuldner mehrmals angemahnt hatte, muss die Restschuldbefreiung nach § 290 Abs. 1 Nr. 6 InsO wegen grob fahrlässig unvollständiger Angaben versagt werden.[180] Hat der Schuldner einen Gläubiger im Gläubigerverzeichnis nicht aufgeführt, bedeutet es einen schweren Sorgfaltsverstoß, der die Ver-

---

[171] BGH NZI 2004, 633; LG Heilbronn InVo 2002, 417, 418; LG Frankfurt aM NZI 2002, 673; AG Hamburg ZInsO 2001, 30, 32; AG Göttingen ZVI 2003, 88, 89; *Kübler/Prütting/Wenzel*, InsO § 290 RdNr. 20 a, 22; *Gottwald/Schmidt-Räntsch*, Insolvenzrechts-Handbuch 2. Aufl. § 77 RdNr. 16 Fn. 17; **aA** LG Saarbrücken NZI 2000, 380, 381; AG Münster NZI 2000, 555, 556; AG Rosenheim ZVI 2003, 43, 44; *Nebe* VuR 2000, 341; *Ahrens* NZI 2001, 113, 118 f.; FK InsO-*Ahrens*, 3. Aufl. § 290 RdNr. 54; *Uhlenbruck/Vallender*, aaO § 290 RdNr. 80; *Smid*, InsO 2. Aufl. § 290 RdNr. 2; *Braun/Buck*, InsO 2002 § 290 RdNr. 21.
[172] *Döbereiner* S. 138; FK-*Ahrens* § 290 RdNr. 52; *Nerlich* in *Nerlich/Römermann* § 290 RdNr. 102; aA *Kübler/Prütting/Wenzel* § 290 RdNr. 22.
[173] AG Göttingen ZVI 2007, 330.
[174] AG Göttingen ZVI 2007, 330.
[175] AG Dortmund ZVI 2006, 128.
[176] AG Hamburg, Beschl. v. 20. 12. 2005 – 868 c IK 187/04.
[177] AG Göttingeen ZVI 2006, 164.
[178] AG Baden-Baden ZVI 2005, 440.
[179] BGH NZI 2005, 233.
[180] LG Hildesheim ZVI 2004, 545.

sagung der Restschuldbefreiung rechtfertigt, wenn der Schuldner die Berichtigung des Gläubigerverzeichnisses unterlässt, obwohl der Gläubiger gegen ihn Zwangsvollstreckungsmaßnahmen während des laufenden Insolvenzverfahrens betreibt.[181] Die Restschuldbefreiung kann nicht gemäß § 290 Abs. 1 Nr. 6 InsO wegen unvollständiger Angaben versagt werden, wenn der Schuldner im Vermögensverzeichnis eine Geschäftsführertätigkeit nicht angegeben hat, aus der er keinerlei zusätzliche Einkünfte bezogen hat. Es ist Sache des Gläubigers, im Rahmen des Versagungsantrags glaubhaft zu machen, dass dem Schuldner aus der Geschäftsführertätigkeit doch zusätzliche Einkünfte zugeflossen sind.[182]

IV. Entscheidung

1. Feststellung des Versagungsgrundes. Das Gericht prüft die sachliche Berechtigung 80a des Versagungsantrages erst, wenn die Zulässigkeit des Versagungsantrags feststeht. Sind die Versagungsgründe nicht glaubhaft gemacht oder trotz gerichtlicher Aufforderung und Fristsetzung nicht nachgeholt worden, dann ist der Antrag ohne weitere Prüfung als unzulässig abzuweisen.

Da auch im Restschuldbefreiungsverfahren wie insgesamt im Insolvenzverfahren das 81 **Amtsermittlungsprinzip** gilt, hat das Gericht alle Umstände, die die Versagung begründen, umfassen von Amts wegen festzustellen. Das Gericht darf sich nicht auf die Prüfung des ihm von dem Gläubiger vorgelegten oder offenkundigen Stoffs beschränken.[183] Die zulässigen und zweckmäßigen Aufklärungsmittel wählt das Gericht nach pflichtgemäßem Ermessen aus. Das Gericht kann Zeugen und Sachverständige vernehmen, § 5 Abs. 1 Satz 2. Wichtige Aufklärungsmittel sind die Beziehung von Akten und Urkunden sowie die Einholung von Auskünften, die Parteivernehmung.

Die **Gegenstand der Amtsermittlung** wird jedoch durch den Antrag und den dazu 82 von dem Gläubiger vorgetragenen und glaubhaft gemachten Sachverhalt begrenzt. Das Gericht kann die Versagung nicht aus dem vom Gläubiger vorgetragenen Grund abweisen, aber die Restschuldbefreiung aus einem anderen, vom Gläubiger nicht vorgetragenen Grund versagen.[184]

Die den Versagungsgrund begründenden Tatsachen müssen mit an Sicherheit grenzender 83 Wahrscheinlichkeit (§ 286 Abs. 1 Nr. 1 ZPO) festgestellt worden sein. Dies gilt auch für die subjektiven Tatbestandsvoraussetzungen. Die Versagungswirkungen dürfen nicht bei einem vermuteten, aber nicht feststehenden Verschulden angeordnet werden. Daher ist der Versagungsantrag zurückzuweisen, wenn nach Ausschöpfung aller Erkenntnisquellen offen bleibt, ob Gründe vorliegen, die eine Versagung begründen. Der Gläubiger trägt die **Feststellungslast** für die Tatsachen, aus denen er die für ihn günstige Rechtsfolge, die Versagung der Restschuldbefreiung herleiten will.

2. Unzulässiger oder unbegründeter Versagungsantrag des Insolvenzgläubigers. 84 **a) Zuständigkeit.** Über den Versagungsantrag entscheidet das Insolvenzgericht, wobei die Entscheidung **dem Richter vorbehalten** ist. Entscheidet statt des Richters der Rechtspfleger, dann ist die Entscheidung unwirksam (§ 8 Abs. 4 Satz 1 RPflG).

b) Beschlussformel (Tenor). aa) Zurückweisung des Gläubigerantrags. Die Ent- 85 scheidung ergeht durch **Beschluss**. Abs. 1 verweist ausdrücklich auf diese Entscheidungsform. Der Tenor des Beschlusses bei einem unzulässigen oder unbegründeten Versagungsantrag lautet: Der Antrag auf Versagung der Restschuldbefreiung wird zurückgewiesen. Der Tenor muss nicht notwendig den Hinweis enthalten, dass der Versagungsantrag unzulässig oder unbegründet war. Dies ergibt sich aus den Entscheidungsgründen. Die Entscheidung

---
[181] LG Hannover ZInsO 2003, 382.
[182] ZVI 2003, 291.
[183] HK-*Landfermann* § 290 RdNr. 16, *Römermann* in *Nerlich/Römermann* § 290 RdNr. 104; aA FK-*Ahrens* § 290 RdNr. 64.
[184] OLG Celle, NZI 2001, 586 f., FK-*Ahrens* § 290 RdNr. 64; *Hoffmann* S. 124; aA *Kübler/Prütting/Wenzel* § 290 RdNr. 4.

enthält einen Ausspruch über die Kosten. Zwar ist das Verfahren über den Antrag auf Versagung der Restschuldbefreiung gerichtsgebührenfrei. Wegen der gerichtlichen Auslagen und der anwaltlichen Kosten, falls in diesem Verfahren ein Rechtsanwalt als Verfahrensbevollmächtigter beteiligt war, ist eine Kostenentscheidung zu treffen, wonach der Gläubiger, der eine Versagung beantragt hat – der Versagungsantragsteller – die Kosten des Verfahrens zu tragen hat, die durch diesen Antrag verursacht worden sind.

86 **bb) Ankündigung der Restschuldbefreiung.** Im Regelfall wird, wenn der Versagungsantrag zurückgewiesen wird, gleichzeitig der Antrag auf Erteilung der Restschuldbefreiung entscheidungsreif sein. Der Beschluss der den Versagungsantrag zurückweist, enthält dann gleichzeitig auch die Ankündigung der Restschuldbefreiung gemäß § 291.

87 **c) Beschlussgründe:** Die Entscheidung ist zu begründen, da gegen die Entscheidung dem Gläubiger, der die Restschuldbefreiung beantragt hat, das Rechtsmittel der sofortigen Beschwerde zusteht. Enthält die Entscheidung keine Begründung, so ist diese mit der Abhilfeentscheidung gemäß § 6 Abs. 2 nachzuholen.

88 **d) Weiteres Verfahren.** Sobald die Entscheidung über die Ankündigung der Restschuldbefreiung und damit auch die Entscheidung über die Zurückweisung des Versagungsantrags rechtskräftig geworden ist, wird das Insolvenzverfahren aufgehoben (§ 289). Diese Aufhebung ist gemäß § 289 Abs. 2 Satz 3 öffentlich bekannt zu machen. Mit dem Wirksamwerden des Aufhebungsbeschlusses beginnt die Laufzeit der Abtretung. Die pfändbaren Bezüge, die der Schuldner an den vom Gericht zu bestellenden Treuhänder abgetreten hat, gehen auf diesen über. Umstände, die eine Versagung der Restschuldbefreiung gerechtfertigt hätten, aber erst nach der Rechtskraft des Ankündigungsbeschlusses bekannt werden, können im weiteren Verfahren nicht mehr berücksichtigt werden. Nach der rechtskräftigen Ankündigung der Restschuldbefreiung kommt es nur noch darauf an, ob der Schuldner die Obliegenheiten nach den §§ 295 bis 298 erfüllt.

89 **3. Begründeter Versagungsantrag des Insolvenzgläubigers. a) Zuständigkeit.** Ist ein Versagungsantrag begründet, so hat der Richter dem Schuldner die beantragte Restschuldbefreiung zu versagen. Eine Versagung der Restschuldbefreiung durch den Rechtspfleger ist unwirksam (§ 18 Abs. 1 Ziffer 2, § 8 Abs. 4 RPflG). Sie leidet an einem unheilbaren Mangel.[185]

90 **b) Beschlussformel (Tenor). aa) Versagung der Restschuldbefreiung.** Der Tenor des zulässigen und begründeten Versagungsantrags eines Gläubigers lautet: Dem Schuldner wird die Restschuldbefreiung versagt. Eine zusätzliche Zurückweisung des Schuldnerantrags auf Erteilung der Restschuldbefreiung ist nicht erforderlich.

91 **bb) Kostenentscheidung.** Bei einem Antrag auf Versagung der Restschuldbefreiung stehen sich der antragstellende Gläubiger und der Schuldner wie Parteien in einem Rechtsstreit gegenüber. Daher sind auch in einem solchen Verfahren die **§§ 91 ff. ZPO i. V. m. § 4 anzuwenden.**[186] Die Entscheidung enthält somit einen Ausspruch über die Kosten des Verfahrens über den Antrag auf Erteilung der Restschuldbefreiung. Zwar werden **Gerichtskosten für einen Versagungsantrag nicht erhoben.** Die gerichtlichen Auslagen und die außergerichtlichen Kosten, die zur zweckmäßigen Rechtsverfolgung notwendig waren, hat jedoch der Schuldner zu tragen, der mit seinem Antrag auf Erteilung der Restschuldbefreiung unterlegen ist. Zu den außergerichtlichen Kosten zählen Gebühren und Auslagen die für einen bevollmächtigten Rechtsanwalt.

92 **c) Entscheidungsgründe.** Die Entscheidung ist zu begründen, da mit dieser Entscheidung der Antrag des Schuldners auf Erteilung der Restschuldbefreiung abgelehnt wird und gegen diese Entscheidung ein Rechtsmittel statthaft ist.

---

[185] BayObLG Rpfleger 1987, 58.
[186] *Döbereiner* S. 310 f.

d) Weiteres Verfahren. Die Versagungsentscheidung ist dem Schuldner zuzustellen, 93
dem Gläubiger formlos mitzuteilen. Nach Rechtskraft der Versagungsentscheidung ist dieser
Beschluss zusammen mit dem Beschluss über die Aufhebung des Insolvenzverfahrens öffentlich bekannt zu machen § 289 Abs. 2 Satz 2 und 3. Legt der Schuldner gegen die Versagung
der Restschuldbefreiung die sofortige Beschwerde ein (§ 289 Abs. 2 Satz 1), dann wird die
Aufhebung des Insolvenzverfahrens (§ 200) bis zur rechtskräftigen Beschwerdeentscheidung
aufgeschoben.

V. Rechtsfolgen der Versagung

Mit der Versagung der Restschuldbefreiung **endet das Zulassungsverfahren** zur Wohl- 94
verhaltensperiode. Die pfändbaren Bezüge, über die der Schuldner eine Abtretungserklärung
abgegeben hat, werden nicht auf einen Treuhänder übertragen. Die Rechtsfolgen des § 294
treten nicht ein. Zwangsvollstreckungen in das Vermögen des Schuldners sind wieder
zulässig. Mit der Aufhebung des Insolvenzverfahrens gewinnt der Schuldner die Verfügungsgewalt über sein Vermögen zurück, die er mit Verfahrenseröffnung oder vorher mit der
Auferlegung eines allgemeines Verfügungsverbotes gemäß § 21 Abs. 2 Nr. 2 verloren hatte.

VI. Änderungen durch den RegE zur Entschuldung mittelloser Personen

1. Gegenstand der Gesetzesänderung. § 290 erfährt durch den RegE zur Entschul- 95
dung mittelloser Personen umfassende Änderungen. In Abs. 1 wird der Satzteil vor Nummer
1 wie folgt gefasst: *„In dem Beschluss nach § 289 ist die Restschuldbefreiung von Amts wegen oder
auf einen spätestens im Schlusstermin gestellten Antrag eines Insolvenzgläubigers zu versagen, wenn".*

Nach der Nummer 1 wird eine neue **Nummer 1a** eingefügt, die wie folgt lautet: *„1 a.
der Schuldner wegen einer zum Nachteil des Antrag stellenden Insolvenzgläubigers begangenen Straftat
rechtskräftig zu einer Geldstrafe von mindestens neunzig Tagessätzen oder einer Freiheitsstrafe verurteilt
worden ist, sofern der der Verurteilung zugrunde liegende Straftatbestand dem Schutz des Eigentums
oder des Vermögens zu dienen bestimmt ist; dies gilt auch für eine Steuerstraftat nach den §§ 370, 373
und 374 der Abgabenordnung;"*

Nach der Nummer 3 wird folgende **Nummer 3 a.** eingefügt: *„3 a. in den letzten drei
Jahren vor dem Antrag auf Eröffnung des Insolvenzverfahrens oder nach diesem Antrag dem Schuldner
Restschuldbefreiung nach § 290 Absatz 1 Nr. 5 oder 6 versagt wurde; dies gilt auch im Falle des
§ 297a, wenn die nachträgliche Versagung auf Gründe nach § 290 Abs. 1 Nr 5 oder 6 gestützt
worden ist;"*

In Nummer 5 werden die Wörter *„während des Insolvenzverfahrens"* gestrichen und das
Wort *„oder"* durch ein Komma ersetzt.

In Nummer 6 werden die Angabe *„§ 305 Abs. 1 Nr. 3"* durch die Angabe *„den §§ 287
Abs. 1 Satz 3, 305 Abs. 1 Nr. 3"* und der Punkt am Ende durch das Wort *„oder"* ersetzt.

Schließlich wird eine neue **Nummer 7** angefügt, die wie folgt lautet: *„7. der Schuldner als
vertretungsberechtigtes Organ einer Gesellschaft oder als Gesellschafter den Antrag auf Eröffnung des
Insolvenzverfahrens pflichtwidrig und schuldhaft nicht oder nicht rechtzeitig gestellt hat."*

Folgender **neuer Absatz 3** wird angefügt: *„(3) Die Versagung von Amts wegen erfolgt nur,
wenn ein Versagungsgrund nach Absatz 1 Nr. 1 oder Nr. 3 vorliegt."*

2. Zweck der Gesetzesänderung. Mit den Änderungen in § 290 soll durch eine 96
Erweiterung der Versagungsgründe die **Zulassung zur Restschuldbefreiung erschwert**
und das **Verfahren zur Versagung der Restschuldbefreiung erleichtert** werden. Der
Gesetzgeber will die missbräuchliche Inanspruchnahme der Restschuldbefreiung erschweren
und die Rechte der Gläubiger stärken. Dies soll durch eine Versagung der Restschuldbefreiung von Amts wegen bei einfach feststellbaren Fällen erreicht werden.[187] Aus diesem Grunde
wurde in Abs. 1 der Satzteil vor Nummer 1 neu gefasst und ein neuer Absatz 3 eingefügt.
Die Versagung wegen einer vom Schuldner begangenen Straftat soll auch auf Straftaten von

---

[187] Begr. BT-Drucks. 16/7416 S. 37 f.

erheblichem Gewicht ausgedehnt werden, die gegenüber dem Antrag stellenden Gläubiger verübt und durch die in Eigentum oder Vermögen eingegriffen wurde. Dem ist durch die Einfügung eines neuen Versagungstatbestandes, der Nummer 1 a, Rechnung getragen worden. Eine Sperre gegenüber missbräuchlich wiederholten Restschuldbefreiungsverfahren einer Versagung nach Abs. 1 Nr. 5 und 6 soll durch die neue Nummer 3 a eingefügt werden. Da die Verletzung von Mitwirkungspflichten in weiterem Umfang als bisher zu einer Versagung der Restschuldbefreiung führen soll wurden in Nummer 5 die Wörter „*während des Insolvenzverfahrens*" gestrichen.

97 Ein weiterer neuer Versagungstatbestand ist durch die neue Nummer 7 eingefügt worden. Hier soll der Schuldner, der in seiner Eigenschaft als Geschäftsführer oder Gesellschafter einer insolventen Gesellschaft entgegen einer bestehenden gesetzlichen Verpflichtung nicht oder nicht rechtzeitig Insolvenzantrag gestellt hat, in einem Verfahren über sein privates Vermögen keine Restschuldbefreiung erlangen, weil er mit diesem Verhalten eine fehlende Zuverlässigkeit demonstriert habe und eine Verkürzung der Befriedigung der Gesamtheit der Insolvenzgläubiger zumindest in Kauf genommen habe.[188] Diese Erweiterung der Versagungsgründe erfolgte insbesondere im Hinblick auf die Initiativen der Sozialversicherungsträger, die um ihre Verluste durch Anfechtungen zu reduzieren, als Gläubigergruppe eine bevorzugte Behandlung im Insolvenzverfahren beanspruchen.[189]

98 Schließlich soll die Geltendmachung der Versagung für die Gläubiger erleichtert werden. Bislang konnte eine Insolvenzgläubiger – wenn kein schriftliches Verfahren angeordnet war – die Versagung nur im Schlusstermin beantragen. Da – wie in der Gesetzesbegründung ausgeführt ist[190] – die Insolvenzgläubiger den Aufwand scheuen, persönlich im Schlusstermin zu erscheinen, um die Versagung der Restschuldbefreiung zu beantragen, soll durch die Einfügung des Wortes „spätestens" in Abs. 1 erreicht werden, dass die Insolvenzgläubiger berechtigt sind, bereits vor dem Termin wirksam einen Antrag auf Versagung der Restschuldbefreiung schriftlich zu stellen.

99 Ob durch diese Maßnahmen grundsätzlich die missbräuchliche Inanspruchnahme des Verfahrens erschwert und die Rechte der Gläubiger gestärkt werden, ist umstritten.[191] Ein tatsächlicher Missbrauch der Restschuldbefreiung in beachtenswertem Umfang ist bislang nicht festzustellen. Die spektakulären Fälle der Versagung einer Restschuldbefreiung sind immer noch Einzelfälle, die nicht als Beleg für zu unterbindenden Missbrauch herangezogen werden sollten.[192] Der durch ein deliktisches Verhalten des Schuldners geschädigte Insolvenzgläubiger ist hinreichend durch § 302 InsO geschützt, da für Verbindlichkeiten aus einer vorsätzlich unerlaubten Handlung die insolvenzrechtliche Nachhaftung bestehen bleibt. Ein solcher Gläubiger wird vermögensrechtlich durch eine Restschuldbefreiung in stärkerer Weise als durch eine Versagung privilegiert, weil er nach der Erteilung der Restschuldbefreiung nicht mehr in einer Konkurrenz mit den anderen Insolvenzgläubigern steht. Schließlich lädt der Gesetzgeber mit der Einführung einer erheblich verkürzten Laufzeit der Abtretungserklärung für solche Schuldner, die 40% der Verbindlichkeiten innerhalb von zwei Jahren begleichen, geradezu zu einer missbräuchlichen Inanspruchnahme des Restschuldbefreiungsverfahrens ein. Vgl. dazu § 300 RdNr. 44.

100 **3. Erweiterung der Versagungsgründe. a) Versagung wegen einer zum Nachteil des Antrag stellenden Insolvenzgläubigers begangenen Straftat (Nr. 1 a).** Versagungsgrund ist eine rechtskräftige strafrechtliche Verurteilung zu einer Geldstrafe von mindestens neunzig Tagessätzen oder einer Freiheitsstrafe wegen einer zum Nachteil des Antrag stellenden Insolvenzgläubigers begangenen Straftat, sofern der der Verurteilung

---

[188] Begr. BT-Drucks. 16/7416 S. 72.
[189] *Knospe/Gellrich* NZS 2006, 303.
[190] Begr. BT-Drucks. 16/7416 S. 69.
[191] *Pape* ZVI 2007, 239; *ders* ZInsO 2006, 897.
[192] Stellungnahme des Deutschen Anwaltsverein (DAV) zum Entwurf eines Gesetzes zur Entschuldung völlig mittelloser Personen und zur Änderung des Verbraucherinsolvenzverfahren (Referentenentwurf), April 2007.

zugrunde liegende Straftatbestand dem Schutz des Eigentums oder des Vermögens zu dienen bestimmt ist; dies gilt auch für eine Steuerstraftat nach den §§ 370, 373 und 374 der Abgabenordnung.

Da nicht jedes Bagatelldelikt die schwerwiegenden Folgen einer Versagung der Restschuldbefreiung auslösen soll, muss es sich um eine Verurteilung zu einer Geldstrafe von mindestes neunzig Tagessätzen oder zu einer Freiheitsstrafe handeln. Bei einer Gesamtstrafenbildung, in die andere Straftaten mit einbezogen sind, die nicht dem Schutz des Vermögens oder des Eigentums zu dienen bestimmt sind, wird darf nur die Einzelstrafe berücksichtigt werden, die die an § 297 geknüpften Voraussetzungen erfüllt.

Außerdem muss es sich um eine dem Schutz des Eigentums oder dem Vermögen dienende Straftat handeln. Einschlägige Delikte sind Diebstahl, Raub, Unterschlagung, Untreue, Betrug, Subventionsbetrug, Erpressung, Jagdwilderei, Pfandkehr, Hehlerei, Begünstigung und Urkundenfälschung.[193] Inwieweit dies auch für die Nötigung gilt ist umstritten.[194]

Schließlich muss es sich um eine zum Nachteil des den Antrag stellenden Insolvenzgläubigers begangene Straftat handeln.

Als besondere, nicht im Strafgesetzbuch aufgeführte Straftaten, erwähnt die Vorschrift § 370 AO (Steuerhinterziehung), § 373 AO (Gewerbsmäßiger, gewaltsamer und bandenmäßiger Schmuggel) und § 374 AO (Steuerhehlerei). § 370a AO (Gewerbsmäßige oder bandenmäßige Steuerhinterziehung) wird – so die Begründung des Gesetzentwurfs –[195] als Qualifikation über den Grundtatbestand des § 370 AO abgedeckt.

Schließlich muss es sich um eine rechtskräftige Verurteilung handeln. Damit soll das Insolvenzgericht von der Aufgabe entlastet werden, selbst die subjektiven und objektiven Voraussetzungen einer solchen Straftat feststellen zu müssen.

b) Versagung wegen einer innerhalb der letzten drei Jahre von Antragstellung 101 **bereits versagten Restschuldbefreiung (Nr. 3 a).** Bislang konnte einem Schuldner die Restschuldbefreiung versagt werden, wenn ihm bereits in den letzten zehn Jahren vor dem Antrag auf Eröffnung des Insolvenzverfahrens Restschuldbefreiung erteilt oder nach § 296 oder 297 versagt worden war. Keine Sperre begründete dagegen eine Versagung nach den § 290.[196] Nunmehr soll auch eine Versagung nach § 290 eine Sperrfrist auslösen. Würde jedoch § 290 insgesamt in den Katalog der Versagungsgründe der Nummer 3 aufgenommen werden, so würde sich bei den Gründen nach § 290 Abs. 1 Nr. 1, 1a und 4 InsO-RegE unverhältnismäßig lange Sperrfristen ergeben, da die jeweils dem Tatbestand eigenen Fristen noch hinzugerechnet werden müssten.[197] Aus diesem Grund hat der Gesetzgeber jedenfalls bei einer Versagung der Restschuldbefreiung nach § 290 Abs. 1 Nr. 5 und 6 InsO das Bedürfnis nach einer Sperrfrist gesehen. Schuldner, die Auskunfts- und Mitwirkungspflichten verletzen und auch sonst unzutreffende Angaben machen, sollen nicht gleich wieder einen neuen Insolvenzantrag stellen dürfen.

Nach Auffassung des Gesetzgebers werden damit gleichzeitig auch die von Nr. 1 und 1a erfassten Fälle abgedeckt, da es der Lebenserfahrung entspreche, dass bei der Begehung von Straftaten gegen einzelne oder alle Insolvenzgläubiger auch regelmäßig unrichtige Angaben gemacht werden.[198]

Schließlich wird auch eine nachträgliche Versagung gemäß § 297a InsO-RegE in Nummer 3a einbezogen, wenn die nachträgliche Versagung auf die Gründe nach § 291 Abs. 1 Nr. 5 oder 6 InsO-RegE gestützt werden kann.

---

[193] *Ahrens* ZInsO 2007, 673, 679.
[194] *Ahrens* ZInsO 2007, 673, 679; bejahrend BGH MDR 1972, 571; aA *Roth* JA 88, 198.
[195] Begr. BT-Drucks. 16/7416 S. 7.
[196] FK-*Ahrens*, § 290 RdNr. 31, HKInsO-*Landfermann*, § 290 RdNr. 10; **aA** *Kübler/Prütting/Wenzel*, § 290 RdNr. 14 zu § 290 Abs. 1 Nr. 1.
[197] Begr. BT-Drucks. 16/7416 S. 70.
[198] Begr. BT-Drucks. 16/7416 S. 71.

Für die Versagung wegen einer dem Schuldner bereits versagten Restschuldbefreiung nach Abs. 1 Nr. 5 oder 6 oder nach § 297 a InsO-RegE, wenn die nachträgliche Versagung auf Gründe nach § 290 Abs. 1 Nr. 5 und Nr. 6 gestützt war, ist eine **Sperrfrist von drei Jahren** vorgesehen, da es sich „nur" um eine bloße Verletzung verfahrensrechtlicher Pflichten handele.[199]

102 **c) Versagung wegen der Verletzung von Auskunfts- oder Mitwirkungspflichten (Nr. 5).** Nach dem Wortlaut der bislang geltenden Fassung von Abs. 1 Nr. 5 wird nur die vorsätzliche oder grob fahrlässige Verletzung von Auskunfts- oder Mitwirkungspflichten **während des Insolvenzverfahrens** erfasst. Die h. M. hat trotz des Wortlautes die Vorschrift nach dem Sinn der Regelung so verstanden, dass sämtliche Auskunfts- und Mitwirkungspflichten während des gesamten Insolvenzverfahrens bis zum Schlusstermin, also auch die in dem gerichtlichen Verfahren über den Schuldenbereinigungsplan und die im Eröffnungsverfahren erfasst werden.[200] Mit der vorgesehenen Streichung der Worte *„während des Insolvenzverfahrens"* soll dies jedoch nochmals ausdrücklich klargestellt werden. Nach wie vor reicht jedoch die Verletzung von Auskunfts- oder Mitwirkungspflichten in einem vorangegangenen Insolvenzverfahren nicht aus.[201]

103 **d) Versagung wegen unzureichender Verzeichnisse (Nr. 6)** Die Restschuldbefreiung kann nach geltendem Recht versagt werden, wenn der Schuldner im Verbraucherinsolvenzverfahren die nach § 305 Abs. 1 Nr. 3 vorzulegenden Verzeichnisse vorsätzlich oder grob fahrlässig unrichtig oder unvollständig ausgefüllt hat. § 287 Abs. 1 Satz 3 InsO-RegE sieht nunmehr auch die Einführung von Verzeichnissen im Regelinsolvenzverfahren vor. Vorsätzlich oder grob fahrlässige unrichtige oder unvollständige Angaben in diesen neu eingeführten amtlichen Formularen sollen nunmehr auch eine Versagung der Restschuldbefreiung begründen.

104 **e) Versagung wegen Verletzung der Insolvenzantragspflichten (Nr. 7)** Ein neu eingefügter Versagungsgrund stellt die Verletzung von Insolvenzantragspflichten des Schuldners als vertretungsberechtigtes Organ oder als Gesellschafter einer Gesellschaft dar. Im Hinblick auf die massenhafte Verletzung der Insolvenzantragspflicht soll mit dieser Regelung die Einhaltung der Insolvenzantragspflichten stärker durchgesetzt werden als bisher.[202] Als problematisch könnte sich herausstellen, dass dieser neue Versagungstatbestand keine zeitliche Begrenzung enthält, bis zu der ein entsprechendes pflichtwidriges Handeln des Schuldners berücksichtigt werden kann. Die Rechtsprechung wird hier klären müssen, ob die Verletzung der Antragspflicht in einem Zusammenhang mit dem aktuellen Ereignis stehen muss oder ob auch lange zurückliegende Verfehlungen zu berücksichtigen sind.[203]

Im Vorgriff auf die geplanten Änderungen im Gesellschafts- und Insolvenzrecht durch den Entwurf eines Gesetzes zur Modernisierung des GmbH-Rechts und zur Bekämpfung von Missbräuchen (MoMiG),[204] wonach Insolvenzantragspflichten nicht nur für die vertretungsberichtigten Organe sondern auch unter bestimmten Voraussetzungen für die Gesellschafter (§ 15 a InsO-E) gelten, erwähnt Nr. 7 bereits den Gesellschafter. § 26 Abs. 3 InsO gewährt jedem, der in zulässiger Weise einen Verfahrenskostenvorschuss gem § 26 Abs. 1 Satz 2 oder § 207 Abs. 1 Satz 2 geleistet hat, einen Ersatzanspruch gegenüber der Person, die pflichtwidrig und schuldhaft entgegen den Vorschriften des Insolvenz- oder Gesellschaftsrechts keinen Insolvenzantrag gestellt hat. In diesem Falle trifft die Beweislast, ob die Person pflichtwidrig und schuldhaft gehandelt hat, diese Person. Eine solche Beweislastumkehr gilt bei der Versagung der Restschuldbefreiung nicht. Hier hat der den Antrag stellende Insolvenzgläubiger nach § 290 Abs. 2 den Versagungsgrund glaubhaft zu machen.

---

[199] Beg. BT-Drucks. 16/7416 S. 70.
[200] BGH NZI 2005, 232; HKInsO-*Landfermann* § 290 RdNr. 17; FK-*Ahrens* § 290 RdNr. 43.
[201] HKInsO-*Landfermann* § 290 RdNr. 17.
[202] *Pape* NZI 2007, 681, 686.
[203] *Pape* NZI 2007, 681, 686.
[204] BR-Drs. 354/07.

Nicht einfach wird für die Insolvenzgerichte die Feststellung des Vorwurfs einer pflichtwidrigen und schuldhaften Verletzung der Insolvenzantragspflicht sein, da sie weder die Möglichkeiten eines strafrechtlichen Ermittlungsverfahrens noch die Zeit für entsprechende Ermittlungen haben.[205]

4. Versagungsverfahren. a) Versagung auf Antrag eines Insolvenzgläubigers. Nach 105 der Änderung des Abs. 1, wonach spätestens im Schlusstermin der Versagungsantrag zu stellen ist, kann **jederzeit bis zum Schlusstermin** oder in einem schriftlichen Verfahren bis zu der dem Schlusstermin gleich gesetzten Frist, ein schriftlicher Versagungsantrag von einem Insolvenzgläubiger gestellt werden. Ist der Ankündigung der Restschuldbefreiung kein Insolvenzverfahren vorausgegangen sondern ein **Entschuldungsverfahren nach § 289 b** (RegE) eingeleitet worden, sind die Gläubiger den Insolvenzgläubigern gleichgestellt, die zum Zeitpunkt der Abweisung mangels Masse einen begründeten Vermögensanspruch gegen den Schuldner besaßen (§ 286 Satz 2 (RegE).

Der den Antrag stellende Gläubiger hat den Versagungsgrund nach Abs. 1 **glaubhaft zu machen.**

b) Versagung von Amts wegen. Eine Versagung von Amts wegen erfolgt nur, wenn 106 ein Versagungsgrund nach Abs. 1 Nr. 1 oder Nr. 3 vorliegt (Abs. 3 RegE). Diese Versagungstatbestände, die rechtskräftige Verurteilung des Schuldners wegen Insolvenzstraftaten (§§ 293 bis 283 c StGB) oder die Erteilung oder Versagung der Restschuldbefreiung in einem früheren Insolvenzverfahren sind für das Insolvenzgericht einfach festzustellen, für Insolvenzgläubiger jedoch schwer zu ermitteln. Alle anderen in Abs. 1 aufgeführten Versagungstatbestände können nur auf Antrag eines Insolvenzgläubigers zu einer Versagung der Restschuldbefreiung führen.

Die Gläubiger können ihre noch **offenen Forderungen wieder unbeschränkt geltend** 107 **machen,** § 201 Abs. 1. Die Insolvenzgläubiger, deren Forderungen festgestellt sind und nicht vom Schuldner im Prüfungstermin bestritten worden sind, können aus der Eintragung in die Tabelle wie aus seinem vollstreckbaren Urteil die Zwangsvollstreckung gegen den Schuldner betreiben, § 201 Abs. 2. Die Feststellung der Insolvenzforderung zur Tabelle begründet auch den Umfang der Nachhaftung. Maßgeblich ist der Eintrag in die Insolvenztabelle. Für im Insolvenzverfahren bestrittene Forderungen muss der Insolvenzgläubiger entweder nach Abschluss des Verfahrens sich einen Titel erwirken oder während des Insolvenzverfahrens Feststellungsklage gegen den Schuldner nach § 184 erheben. Für während des Insolvenzverfahrens begründete und nicht getilgte Masseverbindlichkeiten beschränkt sich die Haftung auf die nach der Aufhebung des Verfahrens zurückerhaltenen Massegegenstände.[206]

Die Versagung der Restschuldbefreiung nach § 290 löst nach dem Wortlaut des Gesetzes 108 **keine zehnjährige Sperrfrist** gemäß Abs. 1 Nr. 3 aus. Der Schuldner kann erneut einen Antrag auf Erteilung der Eröffnung des Insolvenzverfahrens zu dem Zweck stellen, eine Restschuldbefreiung zu erlangen.

§ 291 Ankündigung der Restschuldbefreiung

(1) Sind die Voraussetzungen des § 290 nicht gegeben, so stellt das Gericht in dem Beschluß fest, daß der Schuldner Restschuldbefreiung erlangt, wenn er den Obliegenheiten nach § 295 nachkommt und die Voraussetzungen für eine Versagung nach § 297 oder § 298 nicht vorliegen.

(2) Im gleichen Beschluß bestimmt das Gericht den Treuhänder, auf den die pfändbaren Bezüge des Schuldners nach Maßgabe der Abtretungserklärung (§ 287 Abs. 2) übergehen.

---

[205] Pape NZI 2007, 681, 686.
[206] AA Häsemeyer RdNr. 25.09.

§ 291 (RegE)

(1) Sind die Voraussetzungen des § 289c Abs. 2 oder des § 290 nicht gegeben, so stellt das Gericht in dem Beschluß fest, daß der Schuldner Restschuldbefreiung erlangt, wenn er den Obliegenheiten nach § 295 nachkommt und die Voraussetzungen für eine Versagung nach §§ 297 bis 298 nicht vorliegen.

(2) Im gleichen Beschluß bestimmt das Gericht den Treuhänder, auf den die pfändbaren Bezüge des Schuldners nach Maßgabe der Abtretungserklärung (§ 287 Abs. 2) übergehen.

Übersicht

	RdNr.		RdNr.
I. Normzweck	1	d) Übertragung der Überwachungspflichten auf den Treuhänder	19
II. Entstehungsgeschichte	4	e) Zurückweisung eines Versagungsantrages eines Insolvenzgläubigers	20
III. Voraussetzungen für die Ankündigung der Restschuldbefreiung	5	f) Kostenentscheidung	21
1. Formelle Voraussetzungen	5	3. Beschlussgründe (Entscheidungsbegründung)	24
a) Antrag des Schuldners auf Restschuldbefreiung (§ 287)	5	4. Weiteres Verfahren	26
b) Ordnungsgemäßes Verfahren nach § 289 Abs. 1 Satz 1	6	5. Besonderheiten zur Treuhänderbestellung im vereinfachten Insolvenzverfahren (§ 313 Abs. 1 Satz 2)	28
2. Materielle Voraussetzung	8	V. Rechtsfolgen	31
a) Kein Versagungsantrag eines Insolvenzgläubigers	8	1. Voraussetzungen	31
b) Unzulässiger oder unbegründeter Versagungsantrag des Insolvenzgläubigers (Fehlen der Voraussetzungen des § 290)	9	2. Aufhebung des Insolvenzverfahrens	32
IV. Entscheidung	11	3. Übergang der pfändbaren Beträge auf den Treuhänder	33
1. Zuständigkeit	11	4. Beginn der Wohlverhaltensperiode	35
2. Beschlussformel (Tenor)	13	5. Präklusion der Versagungsgründe	36
a) Ankündigung der Restschuldbefreiung	13	VI. Änderungen durch den RegE zur Entschuldung mittelloser Personen	37
b) Festlegung der Laufzeit der Abtretungserklärung	15	1. Gegenstand der Gesetzesänderung	37
c) Bestellung eines Treuhänders (Abs. 2)	17	2. Zweck der Gesetzesänderung	38

I. Normzweck

1   Das Gericht muss die Restschuldbefreiung ankündigen, wenn kein Gläubiger einen Versagungsantrag gestellt hat oder die gestellten Versagungsanträge erfolglos geblieben sind. Diese gerichtliche Entscheidung beendet das Zulassungsverfahren und leitet in das Schuldbefreiungs- oder Hauptverfahren über. § 291 regelt den **Gegenstand des Beschlusses,** der die Restschuldbefreiung ankündigt.

2   Die Entscheidung des Gerichts enthält deklatorische und konstitutive Elemente. Mit der im Beschluss zu treffenden **Feststellung,** dass die Restschuldbefreiung angekündigt wird, soll für den Schuldner Klarheit geschaffen werden, dass er es nun allein in der Hand hat, eine Restschuldbefreiung zu erlangen, sofern er den Obliegenheiten des § 295 nachkommt[1] und er die Mindestvergütung des Treuhänders bei fehlender Deckung aufbringen kann. Das Verhalten des Schuldners in der Vergangenheit ist für die Erteilung einer Restschuldbefreiung nicht mehr erheblich, es sei denn, dieses würde im Verlauf der Treuhandphase zu einer Verurteilung führen.

3   Mit der **Bestimmung des Treuhänders** und der **Überleitung der abgetretenen Forderungen auf den Treuhänder** werden die Voraussetzungen dafür geschaffen, dass

---

[1] Begr. § 230 DE; Begr. RegE, BT-Drucks. 12/2443, S. 191, abgedruckt in *Kübler/Prütting*, RWS-Dok. 18, Bd. 1, S 542.

während der Treuhandzeit der pfändbare Teil des Arbeitseinkommens des Schuldners an die Gläubiger verteilt werden kann.

II. Entstehungsgeschichte

Die Vorschrift findet sich bereits nahezu wortgleich im Diskussionsentwurf (§ 230 InsO-E), im Referentenentwurf (§ 230 InsO-E) und im Regierungsentwurf. Im Rechtsausschuss wurden schließlich im Abs. 1 eingefügt: „... und die Voraussetzungen für eine Versagung nach §§ 346k oder 346l (heute §§ 297 und 298) nicht vorliegen."[2] Diese Ergänzung erfolgte, nachdem der Rechtsausschuss auf Vorschlag des Bundesrates § 346l [§ 297] eingefügt hatte.[3]

III. Voraussetzungen für die Ankündigung der Restschuldbefreiung

1. Formelle Voraussetzungen. a) Antrag des Schuldners auf Restschuldbefreiung (§ 287). Die Ankündigung der Restschuldbefreiung erfordert nach § 287 Abs. 1 Satz 1 einen **Antrag des Schuldners**. Weder von Amts wegen, noch auf Antrag eines Gläubigers, der sich durch ein Restschuldbefreiungsverfahren eine Verbesserung seiner Befriedigungsaussichten verspricht, noch durch einen Antrag des Insolvenzverwalters oder des Treuhänders kann eine Restschuldbefreiung angekündigt werden.

b) Ordnungsgemäßes Verfahren nach § 289 Abs. 1 Satz 1. Besondere Verfahrensvoraussetzung neben dem Antrag auf Erteilung der Restschuldbefreiung ist, dass die Insolvenzgläubiger und der Insolvenzverwalter, bzw. im Verbraucherinsolvenzverfahren der Treuhänder, im Schlusstermin des Insolvenzverfahrens angehört worden sind. Wird kein Schlusstermin durchgeführt, weil das Verfahren wegen Masseunzulänglichkeit gemäß § 211 eingestellt wird, muss die Anhörung in einem gesonderten Termin erfolgt sein.[4, 5] Hatte das Gericht gemäß § 5 Abs. 2 angeordnet, den Schlusstermin schriftlich durchführen, so muss auch dieses Verfahren ordnungsgemäß durchgeführt worden sein. Die Durchführung des Schlusstermins im schriftlichen Verfahren hat das Gericht durch Beschluss anzuordnen. Dieser Beschluss ist öffentlich bekannt zu machen. Das Gericht hat den Gläubigern eine Frist zu Stellung eines Versagungsantrags zu setzen. Stellt ein Gläubiger einen zulässigen Versagungsantrag, so sind die am Verfahren beteiligten Insolvenzgläubiger,[6] der Insolvenzverwalter bzw. der Treuhänder anzuhören.

Weitere besondere Verfahrensvoraussetzung ist, dass eine Abtretungserklärung des Schuldners gemäß § 287 Abs. 2 vorliegt und das Verfahren nicht wegen Masselosigkeit nach § 289 Abs. 3 Satz 1 eingestellt wurde.

2. Materielle Voraussetzung. a) Kein Versagungsantrag eines Insolvenzgläubigers. Sind die formellen Voraussetzungen für den Antrag des Schuldners auf Erteilung der Restschuldbefreiung erfüllt und hat kein Insolvenzgläubiger bis zum Schlusstermin einen Versagungsantrag gestellt, dann muss das Gericht feststellen, dass der Schuldner die Restschuldbefreiung erlangt. Eine Abwägung des Gerichts ist dafür nicht notwendig. Das Gericht hat bei seiner Entscheidung **keinen Ermessensspielraum.** Der Schuldner hat ein subjektives Recht auf Erteilung der Restschuldbefreiung, falls er die Voraussetzungen dafür erfüllt.[7]

b) Unzulässiger oder unbegründeter Versagungsantrag des Insolvenzgläubigers (Fehlen der Voraussetzungen des § 290). In gleicher Weise muss das Gericht die Rest-

---
[2] Fassung des Rechtsausschusses in *Kübler/Prütting* (Hrsg.) Das neue Insolvenzrecht, Bd. 1, S. 542.
[3] Drucks. 12/2443, S. 2442, S. 257, 267.
[4] Siehe § 289 RdNr. 26.
[5] Siehe § 289 RdNr. 26.
[6] BGH NZI 2005, 399.
[7] AA *Bork* ZIP 1998, 1209.

schuldbefreiung ankündigen, falls der Versagungsantrag des Gläubigers unzulässig oder unbegründet ist.

10   Die Unzulässigkeit des Versagungsantrags kann beispielsweise darauf beruhen, dass der Insolvenzgläubiger die Versagungsgründe nicht glaubhaft macht.

IV. Entscheidung

11   **1. Zuständigkeit.** Zuständig für die Entscheidung ist, falls die Ankündigung darauf beruht, dass kein Versagungsantrag eines Gläubigers gestellt worden ist, der **Rechtspfleger** des Insolvenzgerichts.[8]

12   Ist ein Versagungsantrag gestellt werden, erlässt der **Richter** den Ankündigungsbeschluss zugleich mit der Zurückweisung des Versagungsantrags (§ 18 Abs. 1 Nr. 2 RPflG).

13   **2. Beschlussformel (Tenor). a) Feststellungsauspruch: Ankündigung der Restschuldbefreiung (Abs. 1).** Der Tenor des Ankündigungsbeschlusses enthält zunächst die Feststellung, dass der Schuldner Restschuldbefreiung erlangt, wenn er den Obliegenheiten nach § 295 nachkommt und die Voraussetzungen für eine Versagung nach §§ 297 oder 298 nicht vorliegen. Auch eine Obliegenheitsverletzung nach § 296 Abs. 2 kann zur Versagung der Restschuldbefreiung führen, obwohl das Gesetz einen Hinweis auf diese Norm nicht vorsieht. Im Feststellungsauspruch sollte daher auch auf die Folgen eines Verstoßes gegen diese verfahrensbezogene Obliegenheit hingewiesen werden.[9]

14   Ohne Ankündigung der Restschuldbefreiung findet keine Überleitung von dem Vorverfahren in die Treuhandphase statt. Fehlt im Ankündigungsbeschluss der Hinweis auf die Folgen eines Verstoßes gegen die §§ 295, 297, 296 Abs. 2 und 298, so ist dadurch die Erteilung der Restschuldbefreiung nicht ausgeschlossen. Im Hinblick auf die subjektiven Erfordernisse der Versagungsgründe kann die fehlende Mitteilung von Bedeutung sein.

15   **b) Festlegung der Laufzeit der Abtretungserklärung.** Obwohl die Vorschrift des § 291 nicht bestimmt, dass Gegenstand der gerichtlichen Entscheidung auch die Festlegung der Laufzeit der Abtretungserklärung ist, sollte das Gericht, um Rechtsunsicherheiten zu vermeiden, in seiner Entscheidung auch die Laufzeit der Abtretungserklärung festlegen.[10] Trifft das Gericht keine ausdrückliche Entscheidung, beträgt die Treuhandzeit sechs Jahre und für die vor dem 1. 12. 2001 eröffneten Verfahren sieben Jahre.[11]

16   Die Entscheidung über den Antrag auf Erteilung der Restschuldbefreiung sollte daher in den Fällen einen Ausspruch über die Laufzeit enthalten, in denen entweder abweichend von dem Regelfall eine verkürzte Laufzeit in Betracht kommt oder falls ein Schuldner einen Antrag gestellt hat, die Laufzeit auf fünf Jahre zu verkürzen, das Gericht diesem Antrag nicht entspricht. Ein Antrag des Schuldners ist allerdings für eine Verkürzung der Laufzeit nicht notwendig, da das Gericht von Amts wegen zu prüfen hat, § 5 Abs. 1 Satz 1, ob der Schuldner einen Anspruch auf eine auf fünf Jahre verkürzte Treuhandzeit hat.

17   **c) Bestellung eines Treuhänders (Abs. 1).** In der Entscheidung bestimmt das Gericht gleichzeitig die Person des Treuhänders, auf den die abgetretenen Forderungen übergehen. Die Auswahl der Person der Treuhänders trifft das Gericht entweder auf Vorschlag des Schuldners oder der Gläubiger nach § 288 oder von Amts wegen. Das Gericht ist bei seiner Entscheidung nicht an den Vorschlag gebunden.

18   Auch einer übereinstimmenden Empfehlung von Schuldner und Gläubiger muss das Gericht nicht folgen. Das Gericht wird sich aber in einem solchen Falle nur aus gewichtigen Gründen über den Vorschlag hinwegsetzen können.[12]

---

[8] AA *Smid/Krug/Haarmeyer* § 291 RdNr. 3, der allein den Richter für den Ankündigungsbeschluss für zuständig hält. Diese Auffassung findet jedoch in § 18 Abs. 1 Ziffer 2 RpflG keine Stütze.
[9] FK-*Ahrens* 291 RdNr. 6.
[10] FK-*Ahrens* 291 RdNr. 7.
[11] § 287 Abs. 2 Satz 1 aF, Art 103 a EGInsO.
[12] FK-*Ahrens* 291 RdNr. 9.

d) Übertragung von Überwachungspflichten auf den Treuhänder. § 292 Abs. 2 19
Satz 1 gibt der Gläubigerversammlung die Möglichkeit, dem Treuhänder die Aufgabe der
Überwachung des Schuldners zu übertragen. Diese Übertragung, die spätestens im Schlusstermin erfolgen muss,[13] hat das Gericht im Beschluss nach § 291 Abs. 2 festzustellen.

Stellt das Gericht im Ankündigungsbeschluss fest, dass der Treuhänder die Erfüllung der 20
Obliegenheiten des Schuldners zu überwachen hat, dann muss in diesem Beschluss gleichzeitig auch der Stundensatz für die Vergütung des Treuhänders festgesetzt werden, § 16
InsVV.

e) Zurückweisung des Versagungsantrages eines Insolvenzgläubigers. Hat ein 21
Gläubiger gemäß § 290 Abs. 1 einen Antrag auf Versagung der Restschuldbefreiung gestellt
und erachtet das Gericht diesen Antrag als unzulässig und unbegründet, weist es zugleich
mit dem Ankündigungsbeschluss den Antrag auf Versagung der Restschuldbefreiung als
unzulässig oder unbegründet zurück.[14]

f) Kostenentscheidung. Bei einem Antrag eines Gläubigers auf Versagung der Rest- 22
schuldbefreiung stehen sich der antragstellende Gläubiger und der Schuldner wie Parteien in
einem Rechtsstreit gegenüber. Somit sind im Restschuldbefreiungsverfahren die §§ 91 ff.
ZPO i. V. m. § 4 InsO anzuwenden. Auch wenn für den Ankündigungsbeschluss und dem
Antrag auf Versagung der Restschuldbefreiung nach § 290 keine Gerichtskosten erhoben
werden, ist Kostenentscheidung wegen der gerichtlichen Auslagen und der außergerichtlichen Kosten, die zur zweckmäßigen Rechtsverfolgung entstanden sind, gerechtfertigt.

Der Ankündigungsbeschluss enthält daher, falls der Antrag auf Versagung der Restschuld- 23
befreiung als unzulässig oder unbegründet zurückgewiesen wird, den Ausspruch, dass insoweit der Gläubiger die Kosten des Versagungsantrags zu tragen hat.

3. Beschlussgründe. Der Ankündigungsbeschluss ist zu begründen. Dies gilt für an- 24
fechtbare Beschlüsse schon deshalb, weil der Betroffene die Erwägungen des Gerichts
kennen muss, um sich mit ihnen auseinanderzusetzen und entscheiden zu können, ob er ein
Rechtsmittel einlegen will. Zudem verpflichtet der Anspruch auf rechtliches Gehör das
Gericht, die wesentlichen der Rechtsverfolgung und der Rechtsverteidigung dienenden
Tatsachenbehauptungen des Betroffenen in den Entscheidungsgründen zu verarbeiten.[15]

Die Begründung eines Ankündigungsbeschlusses muss nicht ausdrücklich zu dem gesam- 25
ten Parteivorbringen Stellung nehmen; es genügt vielmehr eine Auseinandersetzung mit den
wesentlichen Tatsachenbehauptungen.[16] Formelhafte Wendungen, die nicht auf das Vorbringen der Partei eingehen, stellen jedoch keine ausreichende Begründung dar. In diesem Fall
ist der Beschluss in gleicher Weise wie bei einer fehlenden Begründung mangelhaft. In
diesem Fall muss er auf ein Rechtsmittel hin aufgehoben werden. Die Sache ist dann zur
erneuten Entscheidung zurückzuverweisen. Verzichten die Parteien auf die Begründung des
Beschlusses, dann kann darin ein Rechtsmittelverzicht liegen, weil für eine Nachprüfung
durch das Rechtsmittelgericht die Darstellung der Entscheidungsgründe regelmäßig unerlässlich ist.

4. Weiteres Verfahren. Der Ankündigungsbeschluss ist, falls er nicht verkündet worden 26
ist, den Beteiligten zuzustellen. Ist nach Ablauf der Beschwerdefrist der Ankündigungsbeschluss rechtskräftig, dann ist er zusammen mit dem Beschluss über die Aufhebung des
Insolvenzverfahrens öffentlich bekannt zu machen. Sie erfolgt in der durch § 9 vorgeschriebenen Weise.

---

[13] FK-*Ahrens* § 292 RdNr. 17; *Smid/Krug/Haarmeyer* § 292 RdNr. 7; aA *Nerlich* in *Nerlich/Römermann* § 292 RdNr. 45.
[14] Nach Auffassung von *Smid/Krug/Haarmeyer* RdNr. 2 zu § 291 kann das Gericht die Entscheidung, mit der der Antrag eines Gläubigers auf Versagung der Restschuldbefreiung zurückgewiesen wird und den Ankündigungsbeschluss in gesonderte Beschlüsse fassen. Ein Erfordernis zwei gesonderte Beschlüsse zu fassen ist jedoch nicht erkennbar.
[15] BGH NJW 1983, 123; OLG Köln NJW-RR 1987, 1152; 1991, 1280.
[16] BGH NJW 1983, 123.

27 Durch die öffentliche Bekanntmachung des Beschlusses nach § 289 Abs. 1 Satz 2 soll jeder Gläubiger die Möglichkeit haben zu erfahren, ob dem Schuldner die Restschuldbefreiung versagt oder die Chance zur Erlangung der Restschuldbefreiung eingeräumt worden ist.

28 **5. Besonderheiten zur Treuhänderbestellung im vereinfachten Insolvenzverfahren (§ 313 Abs. 1 Satz 2).** Ist dem Restschuldbefreiungsverfahren ein Verbraucherinsolvenzverfahrens vorausgegangen, dann ist bereits bei der Eröffnung des vereinfachten Insolvenzverfahrens ein Treuhänder bestimmt worden (§ 313 Abs. 1 Satz 2). Der Gesetzgeber ist davon ausgegangen, dass dann die Bestätigung des bisher tätigen Treuhänders auch für das Restschuldbefreiungsverfahren den Regelfall bilden wird.[17]

29 Es ist jedoch zu beachten, dass es sich bei dem Treuhänder im vereinfachten Insolvenzverfahren und dem Treuhänder im Restschuldbefreiungsverfahren um **verschiedenartige Ämter und Funktionen** handelt, die zu trennen sind.[18] Die Entscheidung über die Treuhänderbestellung aus dem Verbraucherinsolvenzverfahren muss daher für das Restschuldbefreiungsverfahren nicht übernommen werden. Das Gericht ist berechtigt für das **eigenständige Restschuldbefreiungsverfahren** einen anderen Treuhänder zu bestimmen.

30 Dies folgt schon daraus, dass für den Treuhänder im Restschuldbefreiungsverfahren nach § 288 ein Vorschlagsrecht des Schuldners und der Gläubiger besteht, nicht jedoch für den Treuhänder, der im vereinfachten Insolvenzverfahren tätig wird.

V. Rechtsfolgen

31 **1. Voraussetzungen.** Um die Wohlverhaltensperiode oder Treuhandzeit in Gang zu setzen, muss der Ankündigungsbeschluss zwingend die Feststellung enthalten, dass dem Schuldner die Restschuldbefreiung erteilt wird, falls er die Voraussetzungen dafür erfüllt. Gleichzeitig muss in diesem Beschluss ein Treuhänder bestimmt worden sein, auf den die pfändbaren Bezüge des Schuldners, die von der Abtretungserklärung erfasst werden, übergehen. Mit Rechtskraft des Ankündigungsbeschlusses, der diese Voraussetzungen erfüllt, ist das Zulassungsverfahren beendet. Die zweite Phase des Restschuldbefreiungsverfahrens, die Wohlverhaltensperiode oder Treuhandzeit wird eingeleitet. Die formelle Rechtskraft, d. h. die Unanfechtbarkeit der Entscheidung tritt ein, wenn die zweiwöchige Beschwerdefrist abgelaufen ist.

32 **2. Aufhebung des Insolvenzverfahrens.** Erst nach Rechtskraft des Ankündigungsbeschlusses kann das Insolvenzgericht das Insolvenzverfahren aufheben. Damit ist sichergestellt, dass die Beschränkung der Gläubigerrechte während des Insolvenzverfahrens gemäß §§ 89 ff. ohne Unterbrechung in die während der Treuhandzeit nach § 294 bestehende Beschränkung übergeht und dass die Liquidation und Verteilung des Schuldnervermögens zu Ende geführt wird. Mit der Aufhebung des Insolvenzverfahrens erlangt dann der Schuldner mit Ausnahme der an den Treuhänder abgetretenen Beträge **die volle Verfügungsmacht über sein Vermögen** zurück.

33 **3. Übergang der pfändbaren Beträge auf den Treuhänder.** Die von der Abtretungserklärung des Schuldners erfassten Beträge gehen auf den in dem Ankündigungsbeschluss bestimmten Treuhänder über. Die Abtretungserklärung, die gemäß § 287 Abs. 2 Satz 1 bereits dem Antrag auf Erteilung der Restschuldbefreiung beigefügt sein muss, ist kein aufschiebend bedingtes Rechtsgeschäft, das wirksam wird, wenn das Gericht die Restschuldbefreiung nach § 291 ankündigt und im gleichen Beschluss den Treuhänder bestimmt, und das als rechtsgeschäftliches Angebot einer, wenn auch nur konkludenten, Annahme durch den Treuhänder bedarf.[19]

---

[17] BT-Drucks. 12/7302, S. 193.
[18] FK-*Ahrens* 291 RdNr. 10.
[19] So aber *Döbereiner* S. 176, *Römermann* in *Nerlich/Römermann* § 291 RdNr. 8.

Vielmehr ist die Abtretungserklärung eine Prozesshandlung, die einen notwendigen 34
Bestandteil des Antrags auf Erteilung der Restschuldbefreiung darstellt. Im Wege einer
gestaltenden Gerichtsentscheidung überträgt das Gericht durch den Beschluss nach § 291
Abs. 2 mit der Bestimmung des Treuhänders die Forderung auf diesen.[20] Daher werden auch
in einem Verbraucherinsolvenzverfahren, wenn der Treuhänder bereits mit der Eröffnung
des vereinfachten Insolvenzverfahrens sein Amt übernommen hat, erst mit dem Ankündigungsbeschluss nach § 291 die Bezüge auf ihn übergeleitet.[21]

4. Beginn der Wohlverhaltensperiode. Mit der Rechtskraft des Ankündigungs- 35
beschlusses und dem damit verbundenen Übergang der abgetretenen Beträge auf den
Treuhänder wird auch die sechsjährige Wohlverhaltensperiode in Lauf gesetzt.

5. Präklusion der Versagungsgründe nach § 290. Mit der Rechtskraft des die Rest- 36
schuldbefreiung ankündigenden Beschlusses muss der Schuldner, um die Restschuldbefreiung endgültig zu erlangen, nur noch die Voraussetzungen der §§ 296 bis 298 erfüllen. Die
Versagungsgründe des § 290 sind für die Laufzeit der Abtretungserklärung ohne Bedeutung.

VI. Änderungen durch den RegE zur Entschuldung mittelloser Personen

1. Gegenstand der Gesetzesänderung. In § 291 Abs. 1 wird die Angabe „§ 290" 37
durch die Angabe „§ 289c Abs. 2 oder des § 290" und die Angabe „§ 297 oder § 298" durch
die Angabe „§§ 297 bis 298" ersetzt.

2. Zweck der Gesetzesänderung. Die Neufassung der Vorschrift stellt eine Folge- 38
änderung zur Einführung des Entschuldungsverfahrens und zur Erweiterung der Versagungsmöglichkeiten dar. Der ergänzende Hinweis auf § 289c Abs. 2 soll klarstellen, dass die
Ankündigung der Restschuldbefreiung auch im Entschuldungsverfahren stattzufinden hat,
wenn Versagungsgründe für die Restschuldbefreiung in diesem Verfahren nicht gegeben
sind.[22]
Da künftig als weiterer Versagungsgrund während der Laufzeit der Abtretungserklärung
§ 297a, die Versagung wegen nachträglich bekannt gewordener Versagungsgründe, hinzukommt, war Abs. 1 entsprechend zu ergänzen.

§ 292 Rechtsstellung des Treuhänders

(1) ¹ **Der Treuhänder hat den zur Zahlung der Bezüge Verpflichteten über die
Abtretung zu unterrichten.** ² **Er hat die Beträge, die er durch die Abtretung
erlangt, und sonstige Leistungen des Schuldners oder Dritter von seinem Vermögen getrennt zu halten und einmal jährlich auf Grund des Schlußverzeichnisses
an die Insolvenzgläubiger zu verteilen, sofern die nach § 4a gestundeten Verfahrenskosten abzüglich der Kosten für die Beiordnung eines Rechtsanwalts berichtigt
sind.** ³ **§ 36 Abs. 1 Satz 2, Abs. 4 gilt entsprechend.** ⁴ **Von den Beträgen, die er
durch die Abtretung erlangt, und den sonstigen Leistungen hat er an den Schuldner nach Ablauf von vier Jahren seit der Aufhebung des Insolvenzverfahrens zehn
vom Hundert und, nach Ablauf von fünf Jahren seit der Aufhebung fünfzehn vom
Hundert abzuführen.** ⁵ **Sind die nach § 4a gestundeten Verfahrenskosten noch
nicht berichtigt, werden Gelder an den Schuldner nur abgeführt, sofern sein
Einkommen nicht den sich nach § 115 Abs. 1 der Zivilprozessordnung errechnenden Betrag übersteigt.**

(2) ¹ **Die Gläubigerversammlung kann dem Treuhänder zusätzlich die Aufgabe
übertragen, die Erfüllung der Obliegenheiten des Schuldners zu überwachen.** ² **In**

---

[20] FK-*Ahrens* § 291 RdNr. 11; § 287 RdNr. 27 ff.; ähnlich *Smid* InsO § 287 RdNr. 11; *Kübler/Prütting/Wenzel* § 291 RdNr. 2.
[21] AA *Vallender* VuR 1997, 155, 156.
[22] Begr. BT-Drucks. 16/7416 S. 73.

§ 292   8. Teil. Restschuldbefreiung

diesem Fall hat der Treuhänder die Gläubiger unverzüglich zu benachrichtigen, wenn er einen Verstoß gegen diese Obliegenheiten feststellt. ³ Der Treuhänder ist nur zur Überwachung verpflichtet, soweit die ihm dafür zustehende zusätzliche Vergütung gedeckt ist oder vorgeschossen wird.

(3) ¹ Der Treuhänder hat bei der Beendigung seines Amtes dem Insolvenzgericht Rechnung zu legen. ² Die §§ 58 und 59 gelten entsprechend, § 59 jedoch mit der Maßgabe, daß die Entlassung von jedem Insolvenzgläubiger beantragt werden kann und daß die sofortige Beschwerde jedem Insolvenzgläubiger zusteht.

§ 292 Rechtsstellung des Treuhänders (RegE)

(1) ¹ Der Treuhänder hat den zur Zahlung der Bezüge Verpflichteten über die Abtretung zu unterrichten. ² Er hat die Beträge, die er durch die Abtretung erlangt, und sonstige Leistungen des Schuldners oder Dritter von seinem Vermögen getrennt zu halten und einmal jährlich auf Grund des Schlussverzeichnisses an die Insolvenzgläubiger zu verteilen, sofern die Verfahrenskosten berichtigt sind. ³ § 36 Abs. 1 Satz 2, Abs. 4 gilt entsprechend. ⁴ Von den Beträgen, die er durch die Abtretung erlangt, und den sonstigen Leistungen hat er an den Schuldner nach Ablauf von vier Jahren seit der Aufhebung des Insolvenzverfahrens zehn vom Hundert und nach Ablauf von fünf Jahren seit der Aufhebung fünfzehn vom Hundert abzuführen, sofern die Verfahrenskosten berichtigt sind. ⁵ Der Treuhänder kann die Verteilung längstens bis zum Ende der Laufzeit der Abtretungserklärung aussetzen, wenn dies mit Rücksicht auf die Geringfügigkeit der zu verteilenden Beträge angemessen erscheint; er hat dies dem Gericht einmal jährlich unter Angabe der Höhe der erlangten Beträge mitzuteilen.

(2) ¹ Die Gläubigerversammlung kann dem Treuhänder zusätzlich die Aufgabe übertragen, die Erfüllung der Obliegenheiten des Schuldners zu überwachen. ² In diesem Fall hat der Treuhänder die Gläubiger unverzüglich zu benachrichtigen, wenn er einen Verstoß gegen diese Obliegenheiten feststellt. ³ Der Treuhänder ist nur zur Überwachung verpflichtet, soweit die ihm dafür zustehende zusätzliche Vergütung gedeckt ist oder vorgeschossen wird.

(3) ¹ Der Treuhänder hat bei der Beendigung seines Amtes dem Insolvenzgericht Rechnung zu legen. ² Die §§ 58 und 59 gelten entsprechend, § 59 jedoch mit der Maßgabe, dass die Entlassung von jedem Insolvenzgläubiger beantragt werden kann und dass die sofortige Beschwerde jedem Insolvenzgläubiger zusteht.

Übersicht

	RdNr.		RdNr.
I. Zweck und Grundlagen	1	III. Gesetzliche Aufgaben des Treuhänders (§ 292 Abs. 1)	14
1. Der Zweck der Vorschrift und Überblick	1	1. Unterrichtung über die Abtretung (§ 292 Abs. 1 Satz 1)	15
2. Grundlagen	3	2. Verpflichtungen nach § 292 Abs. 1 Satz 2	17
a) Rechtlicher Charakter des Treuhänderamtes	3	a) Einbeziehung der übergegangenen Bezüge	18
b) Offenkundigkeitsprinzip bzw. Zuordnung des Treuguts zum Vermögen des Treugebers	5	b) Verwahrung auf Treuhandkonto	24
c) Zugriff Dritter auf das Treuhandvermögen	6	c) Jährliche Verteilung gemäß Schuldenverzeichnis (§§ 188, 197 Abs. 1 Satz 2 Nr. 2)	27
II. Die Person des Treuhänders	9	aa) Verteilung an die Insolvenzgläubiger	27
1. Allgemeines	9	bb) Ausschluss der Verteilung an Neugläubiger	29
2. Beginn und Ende des Treuhänderamtes	11	3. Abführung des „Motivationsrabatts" an den Schuldner (§ 292 Abs. 1 Satz 4)	31
a) Beginn des Amtes	11		
b) Ende des Amtes	12		

	RdNr.		RdNr.
a) Allgemeines	31	a) Haftung im Rahmen der Verwaltung	73
b) Auszahlungsmodus	33	b) Haftung im Rahmen der Überwachung	75
c) Berechnung der auszukehrenden Beträge	36	3. Weitergehende Haftung	77
d) Motivationsrabatt für den selbständigen Schuldner	38	4. Haftung gegenüber Dritten	78
e) Pfändbarkeit	39	5. Haftungsmaßstab	79
4. Weitere Aufgaben während der Wohlverhaltensperiode	40	6. Haftungsprivilegierung des unentgeltlich tätigen Treuhänders	80
a) Beratung und Betreuung	40	VIII. Verfahrensrechtliches	81
b) Übernahme der steuerrechtlichen Pflichten	41	IX. Die geplanten Änderungen gem. § 292 a RegE	83
IV. Durch die Gläubigerversammlung übertragene Pflichten (§ 292 Abs. 2)	42	1. Grundkonzeption der Neuregelung	83
1. Überwachung des Schuldners (§ 292 Abs. 2 Satz 1)	42	2. Voraussetzung für die Verteilung aufgrund des Feststellungsverfahrens	87
		a) Kein Schlussverzeichnis	87
2. Benachrichtigung der Gläubiger (§ 292 Abs. 2 Satz 2)	50	b) Mitteilungspflicht des Treuhänders	88
V. Rechnungslegung durch den Treuhänder (§ 292 Abs. 3 Satz 1)	57	3. Anordnung des Feststellungsverfahrens	90
VI. Überwachung des Treuhänders	62	a) Beschluss über die Anordnung des Feststellungsverfahrens	90
1. Aufsicht (§ 292 Abs. 3 Satz 2 in Verbindung mit § 58)	62	b) Öffentliche Bekanntmachung	91
2. Entlassung (§ 292 Abs. 3 Satz 2 i. V. m. § 59)	65	4 Durchführung des Verteilungsverfahrens	93
		a) Allgemeines	93
VII. Haftung des Treuhänders	70	b) Einwendungen der Gläubiger	94
1. Fehlen einer speziellen Haftungsvorschrift	70	5. Absehen vom Feststellungsverfahren	96
2. Normative Grundlage der Haftung	72	6. Feststellungsverfahren bei Vorliegen eines Verteilungsverzeichnisses	98
		7. Bewertung	99

I. Zweck und Grundlagen

1. Der Zweck der Vorschrift und Überblick. Da die Figur eines gerichtlich eingesetzten Treuhänders im bisherigen deutschen Gesamtvollstreckungs- und Vergleichsrecht ohne Vorbild war, hat es über die Regelungen bezüglich des Treuhanders im Gesetzgebungsverfahren **erhebliche Unsicherheiten** und Streitigkeiten gegeben.[1] Ein gewisses Abbild dessen spiegelt sich darin wieder, dass sich bei der Vorschrift des § 292 nicht von einem einheitlichen Normzweck sprechen lässt. Vielmehr ist diese Vorschrift eine **Zusammenfassung vieler Einzelbestimmungen,** die den Treuhänder im Restschuldbefreiungsverfahren betreffen. Sie stellt die zentrale Vorschrift für den Treuhänder dar. In Abs. 1 und in Abs. 3 sind vornehmlich Rechte und Pflichten des Treuhänders im Restschuldbefreiungsverfahren geregelt. Gemäß Abs. 1 hat der Treuhänder die Verwaltung der durch die Abtretung erlangten und vom Schuldner zu zahlenden Beträge (Satz 2) während der Treuhandphase zu vorzunehmen und sie an die Gläubiger zu verteilen. Der durch das InsOÄndG 2001 geänderte Abs. 1 hat die Aufgaben des Insolvenzverwalters an das damals **neue Stundungskonzept** angepasst. Durch das Gesetz zur Entschuldung mittelloser Personen, das am 22. 8. 2007 vom Bundeskabinett beschlossen worden ist, wird das Stundungskonzept wieder abgeschafft,[2] so dass sich auch einige Änderungen für die Vorschrift des § 292 Abs. 1 ergeben. Der Einsatz eines Treuhänders nach Abschluss des gerichtlichen Verfahrens hat nach der Intention des Gesetzgebers vor allem die Funktion, die Einbeziehung des pfändbaren Neuerwerbs des Schuldners in die Haftungsmasse möglichst kostengünstig zu gewährleisten.[3]

---

[1] Zu Einzelheiten vgl. *Römermann* in *Nerlich/Römermann* § 292 RdNr. 1 ff.
[2] S. dazu u. a. *Pape* NZI 2007, 681; *Schmerbach* NZI 2007, 710.
[3] Vgl. FK-*Grote* § 292 RdNr. 1.

Aus Kostenersparnisgründen erfolgt die Verteilung der eingegangenen Beträge an die Gläubiger nur einmal pro Jahr,[4] wobei die geplante Änderung vorsieht, dass aus Kostenersparnisgründen die Verteilung für ein oder mehrere Jahre ausgesetzt werden kann. Zur Verwaltung der eingehenden Beträge und den sonstigen Leistungen gehört auch, dass der Treuhänder dem Schuldner nach Ablauf von 4 Jahren seit Aufhebung des Insolvenzverfahrens vorab einen jährlich wachsenden Anteil an den Einnahmen auskehrt. Mit diesem sogenannten „Motivationsrabatt" soll der Schuldner Anreize bekommen, die sechsjährige Wohlverhaltensperiode durchzustehen.[5] Die Ergänzung in Abs. 1 Satz 5 stellt genauere Bemessungsgrundsätze für den Motivationsrabatt dar.

2 **Außerhalb des Regelinsolvenzverfahrens** geht die Überwachung des Schuldners bezüglich der Einhaltung seiner Obliegenheiten auf die Gläubiger über.[6] Da es für die Gesamtheit der Gläubiger sehr problematisch ist, dieser Aufgabe nachzukommen, gibt Abs. 2 der Gläubigerversammlung die Möglichkeit, den Treuhänder mit der Überwachung der Obliegenheiten des Schuldners zu beauftragen. Die Vergütung des Treuhänders für diese Überwachungsaufgaben ist von den Gläubigern zu leisten, entweder indem sie die Vergütung gesondert vorschießen oder indem sie damit einverstanden sind, dass sich ihre Auszahlungsquote entsprechend verringert. Die Übertragung der Überwachung auf den Treuhänder hat zugleich die Funktion, dass der Schuldner nicht durch schikanöse Überwachungsmaßnahmen der Gläubiger an dem Erreichen der Restschuldbefreiung gehindert wird.[7]

Abs. 3 sieht vor, dass der Treuhänder bei der Beendigung seines Amtes dem Insolvenzgericht **Rechnung zu legen** hat (Satz 1). Abs. 3 regelt in seinem Satz 2 zudem die **Aufsicht** des Insolvenzgerichts über den Treuhänder. Der Verweis auf die §§ 58 und 59 gibt dem Insolvenzgericht die Möglichkeit, den Treuhänder zu kontrollieren und ggf. zu entlassen. Da die Einberufung einer Gläubigerversammlung außerhalb des Insolvenzverfahrens nicht vorgesehen ist, regelt das Gesetz in Abs. 3 Satz 2, dass das Recht zur Stellung eines Antrags auf Entlassung des Treuhänders von jedem Insolvenzgläubiger beantragt werden kann und dass die sofortige Beschwerde auch jedem Insolvenzgläubiger zusteht.

3 **2. Grundlagen. a) Rechtlicher Charakter des Treuhänderamtes.** Die Figur des Treuhänders im Restschuldbefreiungsverfahren bedarf in vielerlei Hinsicht noch eingehender Untersuchungen. Die **Rechtsstellung des Treuhänders** ist entgegen der entsprechend lautenden Überschrift des § 292 in dieser Vorschrift nämlich allenfalls rudimentär bestimmt.[8] In verfahrensrechtlicher Hinsicht ist die Stellung des Treuhänders an die des Insolvenzverwalters angelehnt.[9] Inhaltlich unterscheidet sich seine Rechtsstellung und seine Rechtsmacht aber erheblich von der eines Insolvenzverwalters. Im Gegensatz zum Insolvenzverwalter erhält der Treuhänder **nicht durch hoheitliche Anordnung** die Verfügungsbefugnis über das gesamte pfändbare Vermögen des Schuldners. Vielmehr wird ihm durch eine eigene Handlung des Schuldners in Form einer Abtretung die Verfügungsbefugnis über das ihm zufließende Vermögen übertragen, wobei ihm materiell das gesamte Vermögen des Schuldners zufließt.[10] Die staatliche Bestellung des Treuhänders stellt nur den rechtswirksamen Vollzug der rechtsgeschäftlichen Abtretungserklärung dar.[11] Damit kommt die Figur des Treuhänders insoweit dem des Verwaltungstreuhänders nahe, der im früheren Recht zum Teil bei der Durchführung von Vergleichsverfahren eingesetzt wurde und bei dem die Gläubiger aus den Erträgen des Schuldnervermögens befriedigt werden sollten.[12]

---

[4] Begr. der Beschlussempfehlung des Rechtsausschusses, BT-Drucks. 12/7302, S. 188.
[5] Vgl. BT-Drucks. 12/7302, S. 153.
[6] Vgl. *Scholz* DB 1996, 765, 769; *Mayer/Krafft* BB 1997, 2173, 2176.
[7] Siehe FK-*Grote* § 292 RdNr. 1.
[8] Vgl. *Häsemeyer* RdNr. 26.31; *Döbereiner*, S. 343; *Römermann* in *Nerlich/Römermann* § 292 RdNr. 12; *Uhlenbruck/Vallender* § 292 RdNr. 4.
[9] *Haarmeyer/Wutzke/Förster*, Kap. 10 RdNr. 69; FK-*Grote* § 292 RdNr. 2; *Hess/Pape/Pape* RdNr. 1220; *Kübler/Prütting/Wenzel* § 292 RdNr. 2; *Römermann* in *Nerlich/Römermann* § 292 RdNr. 13.
[10] Vgl. *Hess/Obermüller* RdNr. 1010; FK-*Grote* § 292 RdNr. 2; *Smid/Krug/Haarmeyer* § 292 RdNr. 2.
[11] So *Smid/Krug/Haarmeyer* § 292 RdNr. 2.
[12] Vgl. dazu *Bley/Mohrbutter* § 3 VglO RdNr. 10 c.

In § 292 ist nicht geregelt, um **welche Art von Treuhand** es sich im Rahmen des Restschuldbefreiungsverfahrens handelt.[13] Diese Einordnung ist vor allem deshalb bedeutsam, um beurteilen zu können, wer im Falle von Zwangsvollstreckungen in das Treuhandvermögen die Drittwiderspruchsklage nach § 771 ZPO erheben darf. Sicher ist, dass es sich nicht um eine eigennützige (Sicherungs-)Treuhand handeln kann, weil der Treuhänder kein eigenes rechtliches Interesse an dem Restschuldbefreiungsverfahren hat.[14] Zum Teil wird in der Literatur vertreten, dass es sich bei der Treuhand des § 292 um eine uneigennützige Verwaltungstreuhand zum Zweck der Gläubigerbefriedigung handele.[15] Dieser Auffassung ist indes nicht zuzustimmen. Zwar liegt die Treuhandschaft durchaus im Interesse der Gläubiger, was ganz deutlich dadurch zu Tage tritt, dass der Treuhänder auch die Erfüllung der Obliegenheiten durch den Schuldner überwacht und sein Amt zum Zweck der Gläubigerbefriedigung ausübt, indem er verpflichtet ist, die an ihn abgeführten Beträge an die Gläubiger zu verteilen. Zugleich liegt das Treuhandverhältnis aber auch im Interesse des Treugebers, also des Schuldners. Zum einen ermöglicht erst die Tätigkeit des Treuhänders seine Restschuldbefreiung, und zum anderen erhält er ab dem fünften Jahr gestaffelt bereits Zahlungen aus den beim Treuhänder eingehenden Beträgen. Es handelt sich also in Wirklichkeit um ein **doppeltes Treuhandverhältnis,**[16] auf Grund dessen der Treuhänder in einem doppelten Fremdinteresse tätig wird, insoweit er Verwaltungsaufgaben für den Treugeber und für die Gläubiger übernimmt. Dadurch, dass der Verlust der Verfügungsbefugnis des Treugebers durch eigene rechtsgeschäftliche Erklärung erfolgt und nur kraft hoheitlichen Aktes auf den Treuhänder übergeleitet wird und dieser nicht als Eigentümer, sondern zur Erfüllungssicherung im Fremdinteresse tätig wird und seine Berechtigung gesetzlich begrenzt ist, handelt es sich nicht um eine Treuhand im engen juristischen Sinne, sondern um eine uneigentliche obligatorische Treuhand.[17] Der bestellte Treuhänder verpflichtet nämlich weder sich noch den Treugeber persönlich, vielmehr betreffen seine Verfügungen nur das verwaltete Vermögen.[18] Vor diesem Hintergrund liegt eine fremdnützige Verwaltungstreuhand im Doppelinteresse vor, wobei dieser Einordnung nach einhelliger Meinung nicht der Umstand entgegensteht, dass der Treuhänder eine Vergütung erhält.[19]

b) Offenkundigkeitsprinzip bzw. Zuordnung des Treuguts zum Vermögen des Treugebers. § 292 Abs. 1 Satz 2 hat eine grundlegende Bedeutung für die Frage der sachlichen und wirtschaftlichen Zuordnung des Treuguts zum Vermögen des Treugebers. Grundsätzlich gilt nach herrschender Meinung,[20] dass für die Anerkennung eines Gegenstandes als Treugut erforderlich ist, dass der Treuhänder dieses Treugut unmittelbar aus dem Vermögen des Treugebers erhält. Dieser **Unmittelbarkeitsgrundsatz** ist von der Rechtsprechung in dem Fall durchbrochen worden, dass von dritter Seite Geld auf ein Anderkonto eingezahlt oder überwiesen wird, das offenkundig zu dem Zweck bestimmt ist, fremde Gelder zu verwalten.[21] Gleiches ist auch dann anzunehmen, wenn die Überweisung auf ein nicht als Anderkonto eingerichtetes Konto erfolgt, sofern die den Zahlungen zugrunde liegenden Forderungen nicht in der Person des Treuhänders, sondern unmittelbar in der Person des Treugebers entstanden waren.[22] Als eine weitere Durchbrechung des Unmittel-

---

[13] Eingehender bereits *Döbereiner,* S. 343 ff.
[14] So auch *Römermann* in Nerlich/Römermann § 292 RdNr. 13; *Döbereiner,* S. 334.
[15] *Kübler/Prütting/Wenzel* § 292 RdNr. 3, der sich in seiner Fn. 3 auf *Döbereiner,* S. 343 bezieht, wobei an der dortigen Fundstelle keine Stütze für die von Wenzel vorgebrachte Auffassung besteht; vgl. ferner *Wenzel* VuR 1990, 121, 131.
[16] *Römermann* in Nerlich/Römermann § 292 RdNr. 13; *Döbereiner,* 343; *Hess/Obermüller* RdNr. 1014; FK-*Grote* § 292 RdNr. 2; *Uhlenbruck/Vallender* § 292 RdNr. 6; HambKommInsO-*Streck* § 292 RdNr. 4.
[17] So *Smid/Krug/Haarmeyer* § 292 RdNr. 2.
[18] Vgl. *Smid/Krug/Haarmeyer* § 292 RdNr. 2; *Römermann* in Nerlich/Römermann § 292 RdNr. 13; FK-*Grote* § 292 RdNr. 2.
[19] Vgl. z. B. BGH WM 1969, 935; *Palandt/Bassenge* § 903 RdNr. 35.
[20] Vgl. BGH NJW 1954, 190, 191; BGH NJW 1959, 1223, 1225; *Palandt/Bassenge* § 903 RdNr. 37; *Brox/Walker* Zwangsvollstreckungsrecht RdNr. 1415.
[21] BGH ZIP 1993, 213, 214.
[22] *Kübler/Prütting/Wenzel* § 292 RdNr. 6 mit Hinweis auf BGH NJW 1959, 1223, 1225.

barkeitsprinzips ist auch Abs. 1 Satz 2 zu verstehen. Diese Vorschrift macht nämlich deutlich, dass es für die Zuordnung des Treuguts zum Vermögen des Treugebers nicht auf die Unmittelbarkeit des Übergangs des Treuguts vom Vermögen des Treugebers in das des Treuhänders ankommt, sondern es schon ausreicht, dass der Treuhänder die Bezüge des Treugebers (Schuldners) auf Grund der Abtretung direkt von einem Dritten, nämlich dem Arbeitgeber, erhält.[23] Eine weitere Durchbrechung des Offenkundigkeitsprinzips ergibt sich aus § 292 Abs. 1 Satz 2 im Hinblick auf den Erlös, den der Treuhänder aus der Verwertung von Gegenständen erhält, die der Schuldner auf Grund der Obliegenheiten des § 295 Abs. 1 Nr. 2 an den Treuhänder übertragen muss. Grundsätzlich würde der Verwertungserlös kein Treugut darstellen, weil eine dingliche Surrogation bei Treugut nicht anerkannt wird.[24] Jedoch ergibt sich wegen § 292 Abs. 1 Satz 2 im Restschuldbefreiungsverfahren eine Ausnahme davon, weil die Möglichkeit einer dinglichen Surrogation bereits durch die Besonderheit des Treuhandverhältnisses gleichsam vorprogrammiert ist.[25] Der Treuhänder ist nämlich im Rahmen des Restschuldbefreiungsverfahrens kraft Gesetzes verpflichtet, das vom Schuldner an ihn herausgegebene Vermögen an die Insolvenzgläubiger zu verteilen. Handelt es sich bei diesem Vermögensgegenstand nicht bereits um Geld, sondern um einen Einzelgegenstand, setzt die Verteilung voraus, dass dieser Gegenstand durch den Treuhänder versilbert wird. Wie die Begründung des Regierungsentwurfes deutlich macht, handelt es sich bei den erlangten Beträgen um Treuhandvermögen, damit Gläubiger des Treuhänders nicht darauf Zugriff nehmen können.[26] Würde der Erlös aus der Verwertung nicht als Treugut anerkannt werden, könnten Gläubiger des Treuhänders entgegen der gesetzlichen Intention auf diesen Erlös Zugriff nehmen; es wäre dann nicht mehr sichergestellt, dass diese Beträge für die Befriedigung der Insolvenzgläubiger zur Verfügung stehen.[27]

6   c) **Zugriff Dritter auf das Treuhandvermögen.** Die **Durchbrechung des strengen Unmittelbarkeitsprinzips** hat wesentliche Bedeutung für die Frage des Zugriffs Dritter auf das Treuhandvermögen. Denn inwieweit das sich beim Treuhänder befindliche Treugut tatsächlich zur Gläubigerbefriedigung verwendet werden kann, hängt insbesondere davon ab, in welchem Umfang es vor dem Zugriff, in der Regel also vor Zwangsvollstreckungen Dritter geschützt ist, oder inwieweit der Treugeber ein **Aussonderungs- oder Drittwiderspruchsrecht** hat.

Die Rechtsprechung hat aus dem Unmittelbarkeitsprinzip zunächst gefolgert, dass nur dasjenige Treugut ausgesondert werden kann, welches unmittelbar aus dem Vermögen des Treugebers in das des Treuhänders mit treuhändischer Bindung übergegangen ist und welches nur formaljuristisch, nicht aber materiell und wirtschaftlich aus dem Vermögen des Treugebers ausgeschieden ist.[28] Demgemäß geht die heute herrschende Meinung davon aus, dass der Grundsatz der Unmittelbarkeit und die sich daraus ergebende Abgrenzung zu formalistisch sind und stattdessen auf die Offenkundigkeit des Treuhandverhältnisses (**Offenkundigkeitsprinzip**)[29] oder auf die Bestimmtheit des Treuguts (**Bestimmtheitsprinzip**)[30] abgestellt werden sollte. Auch mit diesen Kriterien könne den Gefahren der Unbestimmbarkeit des Treuhandverhältnisses und der Ungenauigkeit der Begriffsgrenze zwischen dinglichen und persönlichen Rechten, welche zu erheblichen Unsicherheiten des Rechtsverkehrs insbesondere im Hinblick auf Kreditsicherheiten führen, begegnet werden.[31] Auch der Gesetzgeber ist bei der Ausgestaltung des § 292 Abs. 1 Satz 2 davon ausgegangen, dass das Unmittelbarkeitsprinzip für das Treuhandverhältnis im Restschuldbefreiungsverfahren

---

[23] Vgl. *Kübler/Prütting/Wenzel* § 292 RdNr. 4; *Döbereiner*, S. 344.
[24] Vgl. RGZ 153, 346, 370; *Palandt/Bassenge* § 903 RdNr. 37.
[25] *Döbereiner*, S. 344.
[26] BR-Drucks. 1/92, § 241, S. 191.
[27] So überzeugend *Döbereiner*, S. 344.
[28] BGH NJW 1959, 1223, 1224.
[29] Vgl. etwa *Canaris*, Festschrift für Flume, Bd. 1, 371 ff.; *Thomas* NJW 1968, 1705 ff.
[30] So etwa *Assfalg* NJW 1963, 1582, 1588.
[31] Siehe zu alledem *Kübler/Prütting/Wenzel* § 292 RdNr. 7.

nicht in dem strengen Sinne gilt.³² Nach der Intention des Gesetzgebers sollte die dem Treuhänder auferlegte Pflicht, die Beträge und sonstigen Leistungen des Schuldners oder Dritten von seinem Vermögen getrennt zu halten, sicherstellen, dass jedem Insolvenzgläubiger die Drittwiderspruchsklage gem. § 771 ZPO zusteht, wenn von einem Gläubiger des Treuhänders in das Treugut vollstreckt wird. Die Möglichkeit einer Drittwiderspruchsklage auch für Insolvenzgläubiger macht vor dem Hintergrund Sinn, dass es sich im Rahmen des Restschuldbefreiungsverfahrens um eine doppelte Treuhand handelt.³³ Das „die Veräußerung hindernde Recht" der Insolvenzgläubiger ist in diesem Fall der Anspruch des Gläubigers gegen den Treuhänder auf Auszahlung des ihnen jeweils quotenmäßig zustehenden Betrages.³⁴

Betreiben Neugläubiger des Schuldners die **Zwangsvollstreckung in das Treugut,** können lediglich die Insolvenzgläubiger unter Berufung auf den Auszahlungsanspruch gegen den Treuhänder die Drittwiderspruchsklage erheben. Der Treuhänder kann dagegen auf Grund seiner rechtlichen Stellung nicht gegen die Zwangsvollstreckung vorgehen, da er sich auf Grund der fortbestehenden wirtschaftlichen Zuordnung der fraglichen Gelder zum Schuldnervermögen nicht auf seine formalrechtliche Eigentümerposition berufen kann.³⁵

Vollstrecken Gläubiger eines Insolvenzgläubigers in das Treugut, so hat der Treuhänder auch hier **kein Interventionsrecht.** Dem Schuldner steht es dagegen frei, gegen die Vollstreckung die Drittwiderspruchsklage zu erheben, weil er sich auf die fortbestehende wirtschaftliche Zuordnung des Treugutes zu seinem Vermögen berufen kann. Auch die übrigen Insolvenzgläubiger haben die Möglichkeit der Drittwiderspruchsklage, da sie verhindern können müssen, dass ihr Anspruch auf quotenmäßige Befriedigung vereitelt wird. Dies ergibt sich aus dem Gleichbehandlungsgrundsatz aller Gläubiger im Restschuldbefreiungsverfahren.³⁶

Mit dieser weitgehenden Möglichkeit der Verhinderung des Zugriffs Dritter auf das Treuhandvermögen durch die Einräumung einer **Drittwiderspruchsklage** gem. § 771 ZPO wird sichergestellt, dass alle an den Treuhänder abgeführten Beträge und Leistungen tatsächlich zur gleichmäßigen Gläubigerbefriedigung zur Verfügung stehen.

II. Die Person des Treuhänders

1. Allgemeines. Trotz der zentralen Stellung der Person des Treuhänders im Restschuldbefreiungsverfahren schweigt das Gesetz zur Frage, **welche Personen** das Amt des Treuhänders einnehmen können. Ebenso wenig sagen die Gesetzesmaterialien etwas dazu aus.³⁷ Allein die Vorschrift des § 288 gibt einen Hinweis auf die auszuwählende Person des Treuhänders. Danach können der Schuldner oder der Gläubiger dem Insolvenzgericht eine für den jeweiligen Einzelfall geeignete natürliche Person vorschlagen, welche insbesondere dazu bereit ist, die Verwaltung unentgeltlich zu übernehmen. Ein Vertreter des Gläubigers kann indes nicht zum Treuhänder bestellt werden, da auch für den Treuhänder der Grundsatz der Unabhängigkeit von den Gläubigern gilt.³⁸

Der Treuhänder wird vom Insolvenzgericht im gleichen **Beschluss** bestimmt, in dem auch die Restschuldbefreiung angekündigt wird (§ 291 Abs. 2). Die Bestellung erfolgt grundsätzlich durch den Rechtspfleger. Sie kann auch durch den Insolvenzrichter vor-

---

³² Vgl. BR-Drucks. 1/92, zu § 241, S. 191; *Schmidt-Räntsch,* Insolvenzordnung mit Einführungsgesetz, § 293 RdNr. 1; der Gesetzgeber hat sich bei seinen Erwägungen von zwei neueren Entscheidungen des Bundesgerichtshofs leiten lassen, die sich vom strengen Unmittelbarkeitsprinzip der älteren Rechtsprechung abheben; vgl. BGH ZIP 1993, 1185, dazu *Lüke* EWiR 1993, 1139; BGH ZIP 1993, 213 ff.
³³ So auch *Döbereiner,* S. 345.
³⁴ *Döbereiner,* S. 345.
³⁵ HambKommInsO-*Streck* § 292 RdNr. 4; HK-*Landfermann* § 292 RdNr. 5; *Döbereiner,* S. 346; vgl. aber auch *Uhlenbruck/Vallender* § 292 RdNr. 27.
³⁶ *Döbereiner,* S. 346.
³⁷ Kritisch dazu *Pape* ZRP 1993, 285, 289; s. aber auch *Fuchs,* Kölner Schrift, 1679, 1743 f. (RdNr. 186).
³⁸ Vgl. AG Göttingen NZI 2005, 117; ferner siehe oben § 288 RdNr. 14 und 24.

§ 292 10–13　　　　　　　　　　　　　　　　　　　　　8. Teil. Restschuldbefreiung

genommen werden. In diesem Fall unterliegt die Bestellung keiner Anfechtung.[39] Hinsichtlich der Maßstäbe für die Auswahl der Person des Treuhänders und welches bes. geeignete Personen für dieses Amt sind, s. bereits oben die Kommentierung zu § 288 RdNr. 24 ff.

10　**Juristische Personen** können trotz der insoweit nicht ganz eindeutigen Aussagen des Gesetzes nicht als Treuhänder eingesetzt werden.[40]

11　**2. Beginn und Ende des Treuhänderamtes. a) Beginn des Amtes.** Der Beginn des Amtes des Treuhänders ist an **zwei Voraussetzungen** gebunden. Voraussetzung ist zunächst die Bestimmung und Ernennung des Treuhänders durch das Insolvenzgericht und zum anderen die Annahme des Amtes durch die ernannte Person.

Das Insolvenzgericht bestimmt die Person des Treuhänders durch einen Beschluss nach § 291 Abs. 2. Von der **Bestimmung der Person** des Treuhänders ist der Beginn des Amtes des Treuhänders streng zu unterscheiden. Die Person, die in dem Beschluss als Treuhänder bestimmt worden ist, wird in das Amt des Treuhänders erst mit Rechtskraft dieses Beschlusses eingesetzt. Durch die **Vorverlegung der Laufzeit der Abtretung** auf den Zeitpunkt der Eröffnung des Verfahrens auf Grund der Änderung durch das InsOÄndG 2001 kommt es zu einer Überschneidung des Insolvenzverfahrens mit der Laufzeit der Abtretung. Da aber während des Insolvenzverfahrens der Insolvenzverwalter die Verwaltungs- und Verfügungsmacht über die Masse hat, **beginnt die Tätigkeit** des Treuhänders, wie nach ursprünglichem Recht, in dem Verfahrensabschnitt, der mit der Aufhebung des Insolvenzverfahrens und der Ankündigung der Restschuldbefreiung beginnt.[41]

Es ist erforderlich, dass die im Beschluss bestimmte Person das ihr übertragene Amt auch **annimmt.** Dieses Erfordernis ist im Gesetz zwar nicht ausdrücklich geregelt, es ergibt sich jedoch aus dem Umstand, dass niemand gegen seinen Willen das Amt des Treuhänders übernehmen muss.[42] Dem Schuldner steht kein Beschwerderecht zu.

12　**b) Ende des Amtes.** Das Amt des Treuhänders endet mit der **Rechtskraft des Beschlusses über die Erteilung der Restschuldbefreiung** gem. § 300 Abs. 1. Zum Zeitpunkt dieses Beschlusses sind die Aufgaben des Treuhänders regelmäßig erschöpft. Zwar verliert die Abtretung an den Treuhänder bereits mit Ende der Wohlverhaltensperiode ihre Wirksamkeit (§ 287 Abs. 2 Satz 1), so dass er die Verwaltungs- und ggf. auch die Überwachungsaufgabe in diesem Zeitpunkt verliert, doch obliegen ihm danach bis zum Beschluss des Gerichts über die Erteilung des Weiteren noch die Aufgaben der letzten Verteilung (vgl. § 292 Abs. 1 Satz 2), die Rechnungslegung (§ 292 Abs. 3 Satz 1) und die Anhörung gem. § 300 Abs. 1.[43] Da es im Rahmen der Rechtsmittel gegen Beschlüsse über die Restschuldbefreiung gem. § 300 Abs. 3 Satz 3, 6, § 577 ZPO aber noch dazu kommen kann, dass der Treuhänder in seinem Amt auftreten muss, muss es zu diesem Zweck noch andauern. Demzufolge ist das Amt des Treuhänders auch erst mit Rechtskraft des gerichtlichen Beschlusses vollständig beendet.[44]

13　Enden kann das Amt des Treuhänders auch mit der Rechtskraft des **Beschlusses über die vorzeitige Beendigung** des Restschuldbefreiungsverfahrens auf Grund des Vorliegens der Versagungsgründe der §§ 296 bis 298 oder wegen eines ungeschriebenen vorzeitigen Beendigungsgrundes,[45] wie z. B. der vollständigen Gläubigerbefriedigung.[46]

---

[39] AG Göttingen NZI 2005, 117.
[40] Vgl. dazu ausführlich oben § 288 RdNr. 20 ff.; anders *Döbereiner*, S. 335 ff.
[41] Ebenso FK-*Grote* § 292 RdNr. 3 a; vgl. allgemein dazu *Döbereiner*, S. 332; *Römermann* in *Nerlich/Römermann* § 292 RdNr. 15; *Hess/Hess* § 292 RdNr. 10.
[42] *Römermann* in *Nerlich/Römermann* § 292 RdNr. 16; *Hess/Obermüller* RdNr. 1005; *Döbereiner*, S. 333; *Fuchs*, Kölner Schrift, 1679, 1744, RdNr. 187; *Uhlenbruck/Vallender* § 292 RdNr. 8.
[43] So auch *Römermann* in *Nerlich/Römermann* § 292 RdNr. 18; *Hess/Hess* § 292 RdNr. 11. Unzutreffend dagegen *Döbereiner*, S. 333, der nur auf das Ende der Wohlverhaltensperiode abstellt und dabei übersieht, dass damit die Aufgaben des Treuhänders noch nicht vollständig beendet sind.
[44] So offenbar auch *Hess/Hess* § 292 RdNr. 11; anders aber ohne weitere Begr. *Römermann* in *Nerlich/ Römermann* § 292 RdNr. 18.
[45] *Uhlenbruck/Vallender* § 292 RdNr. 10; vgl. dazu ferner unten § 299 RdNr. 13 ff.
[46] Siehe *Döbereiner*, S. 333; *Römermann* in *Nerlich/Römermann* § 292 RdNr. 19 f.

Das Amt des Treuhänders endet auch mit dessen **Entlassung aus wichtigem Grund** durch das Insolvenzgericht.[47] Auch in diesen Fällen ist ein weiteres Tätigwerden des Treuhänders in seinem Amt nicht mehr notwendig.

Das Amt des Treuhänders endet zudem, wenn der Schuldner während der Wohlverhaltensperiode verstirbt, weil eine Fortführung mit dem Erben nicht möglich ist. Der Erbe haftet zwar nur für die Verbindlichkeiten des Erblassers gemäß § 1975 ff. BGB, auf ihn gehen aber nicht die Obliegenheiten des Erblassers nach § 295 über.[48] Schließlich endet das Amt des Treuhänders auch mit seinem Tod oder bei Geschäftsunfähigkeit.[49]

III. Gesetzliche Aufgaben des Treuhänders (§ 292 Abs. 1)

Im Restschuldbefreiungsverfahren werden dem Treuhänder durch das Gesetz zahlreiche Aufgaben zugewiesen. Dabei handelt der Treuhänder gemäß seines rechtlichen Charakters als uneigennützige, doppelseitige Treuhand als neutrale Person, die sowohl dem Schuldner Hilfe zu leisten hat als auch das Gericht und die Gläubiger unterstützt.[50] Die Amtsausübung untersteht der Aufsicht des Insolvenzgerichts, das jederzeit einzelne Auskünfte oder einen Bericht über den Sachstand und die Aufgabenerfüllung von ihm verlangen kann, § 292 Abs. 3 Satz 2 i. V. m. § 58 (dazu näher unten RdNr. 62).

1. Unterrichtung über die Abtretung (§ 292 Abs. 1 Satz 1). Nach der Übernahme des Amtes hat der Treuhänder Vorkehrungen dafür zu treffen, dass ein **Treuhandvermögen gebildet wird,** aus welchem dann die entsprechenden Leistungen erbracht werden. Dazu ist es notwendig, dass er diejenigen, die zu einer Zahlung verpflichtet sind, von der Abtretung nach § 287 Abs. 2 Satz 1 **unterrichtet**.[51] In der Praxis trifft dies regelmäßig den Arbeitgeber des Schuldners oder den Sozialleistungsträger. Bei dieser Abtretungsanzeige handelt es sich nicht um eine solche im Sinne des § 409 BGB, weil sie nicht durch den Gläubiger – im hiesigen Fall also den Schuldner des Insolvenzverfahrens – sondern durch den Treuhänder erfolgt. Der Treuhänder handelt dabei kraft seines eigenen Amtes und in Ausführung seiner gesetzlich gestellten Aufgabe, so dass der Treuhänder auch nicht als durch den Insolvenzschuldner bevollmächtigt anzusehen ist.[52] Die **Anzeige erfolgt formlos.** Formvorschriften können sich allerdings aus anderen Vorschriften ergeben, die vom Treuhänder auf Grund seiner Sorgfaltspflichten zu beachten sind. Dies gilt insbesondere gem. § 411 BGB für die dort genannten Adressaten.[53] Aus Rechtssicherheitserwägungen erfolgt die Anzeige regelmäßig durch die Übersendung einer Abschrift der Abtretungserklärung und des Beschlusses über die vorläufige Erteilung der Restschuldbefreiung.[54] Der Treuhänder hat den Abtretungsschuldner zudem darauf hinzuweisen, wann gegebenenfalls vorliegende vorrangige Abtretungen nach § 114 Abs. 1 ihre Gültigkeit verlieren.[55] Im Rahmen der Abtretungsanzeige hat der Treuhänder den Verpflichteten darauf hinzuweisen, nunmehr seine Leistung auf ein vom Treuhänder zu benennendes Konto, das von dessen Vermögen getrennt anzulegen ist, zu überweisen bzw. einzuzahlen (näher dazu unten RdNr. 18 ff.).

Eine **Frist für die Unterrichtung** der Drittschuldner sieht das Gesetz nicht vor. Um jedoch einen möglichst vollständigen Eingang der Bezüge während der sechsjährigen Periode auf dem Treuhandkonto sicherzustellen, ist davon auszugehen, dass die Unterrichtung unverzüglich erfolgt. Ein Verstoß gegen diese Verpflichtung führt zu einer Verletzung der Sorgfaltspflichten des Treuhänders.

---

[47] Dazu s. ausführlich unten RdNr. 65 ff.
[48] *Uhlenbruck/Vallender* § 292 RdNr. 9; *Döbereiner,* S. 219 f.; *Siegmann* ZEV 2000, 345, 348.
[49] *Uhlenbruck/Vallender* § 292 RdNr. 10.
[50] Siehe oben RdNr. 3 ff.
[51] *Uhlenbruck/Vallender* § 292 RdNr. 16.
[52] *Römermann* in *Nerlich/Römermann* § 292 RdNr. 26.
[53] *Uhlenbruck/Vallender* § 292 RdNr. 19; *Römermann* in *Nerlich/Römermann* § 292 RdNr. 27.
[54] Siehe FK-*Grote* § 292 RdNr. 5; *Smid/Krug/Haarmeyer* § 292 RdNr. 4; *Uhlenbruck/Vallender* § 292 RdNr. 17; HambKommInsO-*Streck* § 292 RdNr. 2; *Heyer* S. 90.
[55] So FK-*Grote* § 292 RdNr. 5.

17 **2. Verpflichtungen nach § 292 Abs. 1 Satz 2.** Die Vorschrift des § 292 Abs. 1 Satz 2 enthält die zentrale Regelung über die **Aufgaben des Treuhänders.** In dieser Vorschrift sind drei Einzelaufgaben zusammengefasst. Der Treuhänder hat zunächst die Beträge, die er durch die Abtretung erlangt, und sonstige Leistungen des Schuldners oder Dritter einzuziehen (**RdNr. 18 ff.**). Zudem hat er die Beträge auf einem Treuhandkonto zu verwahren und zu verwalten (**RdNr. 24 ff.**). Schließlich hat er den eingegangenen Betrag abzüglich einiger Positionen auf Grund eines Schlussverzeichnisses jährlich an die Insolvenzgläubiger zu verteilen (**RdNr. 27 ff.**).

18 **a) Einziehung der übergegangenen Bezüge. Hauptaufgabe** des Treuhänders ist es, die Rechte aus der Abtretungserklärung des Schuldners über seine Ansprüche auf Arbeitsentgelt durchzusetzen. Dementsprechend muss der Treuhänder den Verpflichteten dazu anhalten, auf das vom Treuhänder benannte Treuhandkonto zu überweisen oder einzuzahlen. Im Falle, dass der Schuldner selbstständig tätig ist, muss der Treuhänder den Schuldner schriftlich auffordern, die zu zahlenden Beträge auf das angegebene Treuhandkonto zu den vereinbarten Fälligkeitsterminen einzuzahlen.[56] Falls eine wirksame Lohnabtretung zu Gunsten eines Gläubigers vorliegt und diese gem. § 114 Abs. 1 noch während drei Jahren nach der Verfahrenseröffnung wirksam bleibt, kann dieser Gläubiger nach Aufhebung des Insolvenzverfahrens die Forderung zunächst wieder selbst einziehen, so dass es insoweit zu keinen Zahlungen auf das Treuhandkonto kommt.[57]

19 Fraglich ist, ob es auch zu den Aufgaben des Treuhänders gehört, die **eingehenden Beträge zu überprüfen** oder die von der Abtretung erfassten Bezüge klageweise im Wege der Drittschuldnerklage geltend zu machen. Das Gesetz sieht insofern keine Regelungen vor. Daraus ist zum Teil gefolgert worden, dass der Treuhänder diese Aufgaben auch nicht wahrzunehmen hat.[58] Eine solche Auffassung übersieht jedoch, dass das auf dem Treuhandkonto eingegangene Geld ausschließlich der Restschuldbefreiung dienendes Sondervermögen des Schuldners ist, über das der Treuhänder die Verfügungsbefugnis hat.[59] Aus diesem Grund steht eine Prozessführungsbefugnis für das treuhänderisch gehaltene Sondervermögen nur dem Treuhänder zu und nicht etwa den Insolvenzgläubigern, da zu ihren Gunsten kein Beschlagsrecht hieran begründet wurde. Daraus folgt, dass der Treuhänder die von der Abtretung erfassten Bezüge auch klageweise im Wege der **Drittschuldnerklage** geltend zu machen hat.[60] Um aber gegebenenfalls die Bezüge einzuklagen, muss der Treuhänder notwendigerweise auch dazu verpflichtet sein, die eingehenden Beträge zu überprüfen. Aus seiner Stellung als Amtswalter über zweckgebundenes Vermögen ergibt sich, dass der Treuhänder bei Verzug oder Minderleistung den Arbeitgeber mahnen muss.[61] Der Treuhänder muss darauf achten, dass der Arbeitgeber tatsächlich die **pfändbaren Beträge abführt** und die Vorschriften der §§ 850 ff. ZPO beachtet. In diesem Zusammenhang hat der Schuldner dem Treuhänder gemäß § 295 Abs. 1 Nr. 3 auf Verlangen die erforderlichen Auskünfte über die Höhe seiner Bezüge und die Anzahl der unterhaltsberechtigten Personen zu erteilen.[62] Der Treuhänder hat ferner auch die **Berechtigung von Absonderungsrechten** zu überprüfen, die der Abtretung vorgehen. Das ist insbesondere bei Entgeltabtretungsklauseln in Allgemeinen Geschäftsbedingungen und hinsichtlich der nach § 114 Abs. 1 vorrangigen Abtretung der Fall.[63] Der Treuhänder hat auch die Aufgabe, zu überprüfen, ob der Schuldner eine missbräuchliche Wahl der Steuerklasse

---

[56] *Smid/Krug/Haarmeyer* § 292 RdNr. 4.
[57] *Hess/Obermüller* RdNr. 1031; *Römermann* in *Nerlich/Römermann* § 292 RdNr. 30; *Hess/Hess* § 292 RdNr. 16.
[58] Vgl. *Scholz* DB 1996, 765, 769; *Smid/Krug/Haarmeyer* § 288 RdNr. 2; *Adam* ZInsO 2007, 198.
[59] Vgl. *Häsemeyer* RdNr. 26.48 f.; *FK-Grote* § 292 RdNr. 6.
[60] So auch *FK-Grote* § 292 RdNr. 6; vgl. *HK-Landfermann* § 292 RdNr. 3; *Uhlenbruck/Vallender* § 292 RdNr. 24; *HambKommInsO-Streck* § 292 RdNr. 2; *Heyer*, S. 91; *Gottwald/Schmidt-Räntsch* § 78 RdNr. 31; *Häsemeyer* RdNr. 26.33; *W. Müller* ZInsO 1999, 335, 336.
[61] *Hess/Hess* § 292 RdNr. 16.
[62] *FK-Grote* § 292 RdNr. 6; *Kübler/Prütting/Wenzel* § 292 RdNr. 6; *HK-Landfermann* § 292 RdNr. 3.
[63] Eingehend *FK-Grote* § 292 RdNr. 7.

getroffen hat.[64] Vor dem Hintergrund, dass von den Parteien dem Treuhänder mehr und mehr steuerrechtliche Pflichten des Schuldners übertragen werden, wird man davon auszugehen haben, dass der Treuhänder auch verpflichtet ist, die für die Gläubiger günstigere Steuerklasse zu wählen.[65] Dies ist freilich vom Vorwurf einer rechtsmissbräuchlichen Wahl der Steuerklasse zu trennen.[66] Der Treuhänder kann gegenüber dem Ehegatten des Schuldners einen Anspruch gemäß § 850 h Abs. 2 ZPO analog geltend machen.[67]

Durch das InsOÄndG 2001 ist in § 292 Abs. 1 in den **neuen Satz 3** ein Verweis auf § 36 Abs. 1 Satz 2 und Abs. 4 aufgenommen worden. Damit wird klargestellt, dass die Vorschriften der ZPO, die den **Umfang der Pfändbarkeit des Arbeitseinkommens** bestimmen (§§ 850 ff. ZPO), z. T. auch in der Treuhandperiode Anwendung finden. Nicht verwiesen wird jedoch auf die §§ 850 b, 850 d, 850 f Abs. 2 und 3 und § 850 k ZPO. Mit dem Verweis auf die Regelungen der ZPO soll die Motivation des Schuldners in der Zeit, in der er den pfändungsfreien Betrag, seines Einkommens an einen Treuhänder abzutreten hat, gestützt werden, indem § 292 Abs. Satz 3 ihm einen Anspruch auf Rückzahlung eines wachsenden Teils der beim Treuhänder eingegangenen Beträge gibt. Die Regelung kommt damit auch den Gläubigern zugute, da sie den Schuldner anhält, seinen Obliegenheiten nachzukommen. Letztlich liegt dies auch im Interesse der Staatskasse, wenn hierdurch eine vorzeitige Beendigung des Restschuldbefreiungsverfahrens verhindert wird. Dies ist insbesondere bei Schuldnern angezeigt, die – wie es in den Stundungsfällen wohl regelmäßig der Fall sein wird – sich bereits seit Jahren mit dem pfändungsfreien Teil, ihres Einkommens begnügen mussten oder auf öffentliche Unterstützungsleistungen angewiesen waren.[68] Der neue Verweis in Abs. 1 Satz 3 **entscheidet auch den bislang herrschenden Streit** über die Frage, ob die Insolvenzgerichte oder die Prozessgerichte für die erforderliche richterliche Entscheidung zuständig sind im ersteren Sinne. Damit hat sich der Gesetzgeber der bisherigen Linie einiger Obergerichte angeschlossen, die den insolvenzrechtlichen Bezug der in § 292 Abs. 1 im Zusammenhang mit der Abtretung des Arbeitseinkommens entstehenden Fragen in den Vordergrund gestellt hatten.[69] Eine in der Einzelvollstreckung bestehende Antragsberechtigung des Gläubigers geht auf den Treuhänder über (vgl. § 36 Abs. 4 S. 2). Sofern nach einer der genannten ZPO-Vorschriften dem Schuldner das Antragsrecht zusteht, bleibt es auch während der Wohlverhaltensperiode dabei.[70] Die Gläubiger selbst können dem Treuhänder nur die Anregung geben, ein entsprechendes Verfahren einzuleiten.[71] Nicht geregelt worden ist vom Gesetzgeber allerdings, inwieweit auch bei nach § 114 Abs. 1 privilegierten Abtretungen §§ 850 ff. ZPO Anwendung finden und wer für die entsprechenden Entscheidungen zuständig ist.[72]

Da der Treuhänder kraft seiner Rechtsstellung der Einzige ist, der Ansprüche im Zusammenhang mit der Abtretung geltend machen kann, obliegt es ihm, das **Sondervermögen zu schützen.** Die notwendigen Auslagen für die Rechtsverfolgung darf der Treuhänder den an ihn abgetretenen Beträgen entnehmen.[73] Reichen diese dazu nicht aus, muss der Treuhänder die Rechtsverfolgung nur aufnehmen, wenn die Kosten von anderer Seite übernommen werden, denn es kann ihm nicht zugemutet werden, dass er die erforderlichen

---

[64] Vgl. AG Duisburg ZInsO 2002, 383, 384; OLG Köln WM 2000, 2114; *Uhlenbruck/Vallender* § 292 RdNr. 6.

[65] Ähnlich wie hier *Uhlenbruck/Vallender* § 292 RdNr. 22; anders FK-*Grote* § 292 RdNr. 6.

[66] S. AG Duisburg ZInsO 2002, 383, 384.

[67] *Uhlenbruck/Vallender* § 292 RdNr. 22; *Gerigk* ZInsO 2001, 931, 936; vgl. zudem LG Cottbus ZInsO 2006, 1337; *Kahlert* ZInsO 2006, 1314.

[68] Begr. RegE, BT-Drucks. 14/5680 S. 29 zu 16.

[69] So bereits OLG Köln ZInsO 2000, 499 m. Anm. *Grote*; OLG Frankfurt/M. NZI 2000, 531; zu dem Problemkreis allgemein *Fuchs/Vallender,* ZInsO 2001, 681; HambKommInsO-*Streck* § 292 RdNr. 5.

[70] HambKommInsO-*Streck* § 292 RdNr. 5; *Uhlenbruck/Vallender* § 292 RdNr. 53.

[71] HK-*Landfermann* § 292 RdNr. 11; *Uhlenbruck/Vallender* § 292 RdNr. 53 f.; anders *Warrikoff* ZInsO 2004, 1331 f.

[72] S. FK-*Grote* § 292 RdNr. 6 a; vgl. *Grote,* Einkommensverwertung und Existenzminimum des Schuldners in der Verbraucherinsolvenz, S. 42 ff.; *Fuchs/Vallender* ZInsO 2001, 681, 686.

[73] Siehe dazu auch *W. Müller* ZInsO 1999, 335, 336.

Beträge vorschießt. Das gilt auch dann, wenn man ihm zubilligen würde, sich an den später eingehenden Beträgen als Erster zu befriedigen. In Betracht kommt insoweit praktisch nur die Gewährung von **Prozesskostenhilfe.**

Ein solcher Anspruch ergibt sich aus § 116 Satz 1 Nr. 1 ZPO, der die Gewährung von Prozesskostenhilfe für eine Partei kraft Amtes vorsieht, wenn die Kosten für die Verfolgung von Rechtsstreitigkeiten für die verwaltete Vermögensmasse nicht aufgebracht werden können. Beim Konkursverwalter war allgemein anerkannt, dass diesem grundsätzlich ein Anspruch auf Prozesskostenhilfe zusteht.[74] Für einen Treuhänder im Restschuldbefreiungsverfahren kann grundsätzlich das Gleiche gelten: Dafür spricht, dass er auf Grund eines hoheitlich übertragenen Treuhandverhältnisses tätig wird und damit Partei kraft Amtes im Sinne des § 116 Satz 1 Nr. 1 ZPO ist. Zudem ähnelt auf Grund seiner Tätigkeit als uneigennütziger doppelseitiger Treuhänder der Treuhänder im Restschuldbefreiungsverfahren bei der Verfolgung rechtlicher Interessen im Zusammenhang mit dem an ihn abgetretenen Vermögen insoweit dem Insolvenzverwalter, so dass ihm beim Vorliegen der weiteren Voraussetzungen der §§ 114 ff. ZPO Prozesskostenhilfe zu gewähren ist, wenn eine Prozessführung zur Verwirklichung der Haftungsmasse aussichtsreich erscheint.[75]

21 Keinesfalls brauchen aber die Gläubiger dem Treuhänder die erforderlichen Kosten **vorzuschießen.** Eine analoge Anwendung des § 292 Abs. 2 Satz 3 ist hier ausgeschlossen.[76] Diese Vorschrift bezieht sich nur auf die dem Treuhänder von den Gläubigern auferlegte – und deshalb auch von ihnen finanzierte – Überwachungstätigkeit. Diese wird ausschließlich im Interesse der Gläubiger ausgeübt.[77] Bei der Rechtsverfolgung von Ansprüchen im Zusammenhang mit der Abtretung von laufenden Bezügen gem. § 287 Abs. 2 wird der Treuhänder aber nicht nur im Interesse der Gläubiger tätig, sondern auch im Interesse des Schuldners. Das Interesse des Schuldners besteht darin, dass insoweit seine ihn treffenden Obliegenheiten erfüllt werden.

22 Der Treuhänder hat auch **sonstige Leistungen** des Schuldners oder dritter Personen einzuziehen. Zu solchen sonstigen Leistungen gehören etwa Zahlungen, die zur Deckung der Mindestvergütung des Treuhänders gemäß § 298 Abs. 1 erfolgt sind oder Zahlungen des Schuldners aus einer Erbschaft nach § 295 Abs. 1 Nr. 2.[78]

23 Der Treuhänder muss anders als der Insolvenzverwalter weder **externe Buchführungs- oder Bilanzierungspflichten** noch steuerrechtliche Verpflichtungen des Gemeinschuldners erfüllen. Er ist gesetzlich nur zur **internen Rechnungslegung** gegenüber dem Insolvenzgericht verpflichtet, die als eine reine Einnahmenüberschussrechnung zu verstehen ist. Der Sollbestand ergibt sich aus der Summe aller Einnahmen abzüglich der Summe aller Ausgaben. Der Sollbestand wird nachgewiesen durch die Summe aller Guthaben bei Banken oder in der Kasse des Treuhänders.[79] Die **Buchhaltung des Treuhänders** beginnt mit der Übernahme des Amtes und endet mit der letzten Rechnungslegung gegenüber dem Insolvenzgericht. Diese sogenannte Endabrechnung wird nach der Prüfung der Schlussrechnung am Ende dieser Periode erstellt. Die Insolvenzbuchhaltung beginnt mit dem Banksaldo per Stichtag der Übernahme des Amtes und sie endet mit Null, wenn nach der Endabrechnung das in der Schlussrechnung ausgewiesene Guthaben an die Gläubiger verteilt ist.[80]

24 **b) Verwahrung auf Treuhandkonto.** Das Gesetz schreibt vor, dass die Beträge, die der Treuhänder durch die Abtretung oder auf Grund sonstiger Leistungen des Schuldners oder Dritter erhält, von seinem Vermögen getrennt zu halten sind. Um diese Anforderung zu

---

[74] Vgl. BGH NJW 1998, 1229; OLG Schleswig ZIP 1997, 1427f.; OLG Frankfurt/Main ZIP 1997, 1600; MünchKommZPO-*Wax* § 116 ZPO RdNr. 14; *Zöller/Philippi* § 116 ZPO RdNr. 2; *Pape* WPrax 8/94 S. 5; *Kilger*, Festschrift für Merz, 1992, 253, 257 ff.; FK-*Grote* § 292 RdNr. 8.

[75] So ausdrücklich und überzeugend FK-*Grote* § 292 RdNr. 8; *Uhlenbruck/Vallender* § 292 RdNr. 24.

[76] Anders aber FK-*Grote* § 292 RdNr. 6.

[77] Vgl. unten RdNr. 42 ff.

[78] *Römermann* in Nerlich/Römermann § 292 RdNr. 31.

[79] Zu alledem *Smid/Krug/Haarmeyer* § 292 RdNr. 3.

[80] So *Smid/Krug/Haarmeyer* § 292 RdNr. 3.

erfüllen, hat der Treuhänder ein **Treuhandkonto bzw. ein Anderkonto** einzurichten, auf das die eingehenden Beträge fließen.[81] Über dieses Konto hat ausschließlich der Treuhänder Verfügungsberechtigung.[82] Aufgrund des Treuhandverhältnisses haben die Gläubiger und der Schuldner über das Treuhandkonto keine Verfügungsmacht, unabhängig davon, ob das Treuhandkonto ausdrücklich als solches bezeichnet worden ist oder nicht.[83]

Das Treuhandkonto muss als **offenes Treuhandkonto** ausgestaltet sein, das bedeutet, die 25 Natur des Kontos als Treuhandkonto muss bei der Kontoeröffnung der Bank gegenüber offen gelegt werden. Dies ergibt sich daraus, dass bei einem verdeckten Treuhandkonto eine Aufrechnung der Bank mit eigenen Ansprüchen gegen den Treuhänder aus dem Treuhandkonto möglich ist.[84] Bei einem offenen Treuhandkonto gilt regelmäßig der Ausschluss der Aufrechnungsbefugnis der Bank als vereinbart.[85] Selbst wenn man davon ausgeht, dass für die Zuordnung zum Treugut nach der neusten Rechtsprechung des Bundesgerichtshofs die Publizität der Treuhand nicht mehr erforderlich ist,[86] so erscheint es doch zur Vermeidung von Schwierigkeiten und Rechtsunsicherheiten zweckmäßig, dass das Konto, auf welches die Beträge einzuzahlen sind, der Bank gegenüber ausdrücklich als Treuhand-Anderkonto bezeichnet wird.[87]

Die **Verzinsung** des auf dem Treuhandkonto eingegangenen Geldes wird vom Gesetz 26 anders als etwa im Mietrecht (§ 550 b Abs. 2 BGB) nicht gefordert. Daher kann eine solche Pflicht zum Anlegen der an den Treuhänder abgeführten Beträge und Leistungen nur aus dem Treuhandverhältnis abgeleitet werden. Vor dem Hintergrund, dass der Treuhänder sowohl das Interesse der Gläubiger als auch das des Schuldners im Hinblick auf eine möglichst große verteilungsfähige Masse zu beachten hat, wird man davon ausgehen können, dass sich der Treuhänder um eine verzinsliche Geldanlage zu bemühen hat.[88] Anders als etwa beim Notar, bei dem keine generelle Pflicht zur Anlage des verwahrten Geldes besteht, weil bei ihm grundsätzlich der Gesichtspunkt der Verfügbarkeit Vorrang vor dem Zinsertrag hat, ist der Treuhänder nur verpflichtet, einmal jährlich das Vermögen zu verteilen. Daher kann der Treuhänder ohne größere Probleme die abgeführten Beträge verzinslich anlegen. Dies gilt allerdings nur, soweit eine **risikofreie Geldanlage** möglich ist.[89] Die Verpflichtung des Treuhänders besteht sowohl gegenüber dem Schuldner als auch gegenüber den Insolvenzgläubigern.[90]

c) Jährliche Verteilung gemäß Schuldenverzeichnis (§§ 188, 197 Abs. 1 Satz 2 27 Nr. 2). aa) Verteilung an die Insolvenzgläubiger. Die vorrangige Verpflichtung des Treuhänders im Hinblick auf die Gläubiger ist, nach § 292 Abs. 1 vom Schuldner abgetretene oder von ihm oder anderen Verpflichteten eingezahlte Beträge einmal jährlich an die Gläubiger zu verteilen. Der Treuhänder hat bei der Vornahme der Auszahlung die Weisung des Insolvenzgläubigers zu befolgen soweit damit nicht in die originären Kompetenzen des Treuhänders eingegriffen wird. Zu denken ist an die Vorgabe des Gläubigers, auf ein bestimmtes Konto zu leisten.[91] Der Schuldner hat dagegen keine Möglichkeit, Einfluss auf

---

[81] Siehe *Römermann* in *Nerlich/Römermann* § 292 RdNr. 32; *Kübler/Prütting/Wenzel* § 292 RdNr. 5; *Smid/Krug/Haarmeyer* § 292 RdNr. 4; *Uhlenbruck/Vallender* § 292 RdNr. 25; *Döbereiner*, S. 347 f.; *W. Müller* ZInsO 1999, 335, 336.
[82] *Hess/Obermüller* RdNr. 1021.
[83] *Römermann* in *Nerlich/Römermann* § 292 RdNr. 32.
[84] *Hess/Obermüller* RdNr. 1025 f.; *Römermann* in *Nerlich/Römermann* § 292 RdNr. 33.
[85] Vgl. BGH WM 1973, 895; BGH WM 1987, 922.
[86] Vgl. BGH NJW 1993, 2622.
[87] *Döbereiner*, S. 347.
[88] Ebenso *Döbereiner*, S. 347 f.; *Hess/Obermüller* RdNr. 1020; HK-*Landfermann* § 292 RdNr. 5; *Uhlenbruck/Vallender* § 292 RdNr. 25; *Heyer*, S. 91; *Römermann* in *Nerlich/Römermann* § 292 RdNr. 34; im Ergebnis auch HambKommInsO-*Streck* § 292 RdNr. 5.
[89] *Römermann* in *Nerlich/Römermann* § 292 RdNr. 34; *Hess/Obermüller* RdNr. 1020.
[90] Ebenso *Römermann* in *Nerlich/Römermann* § 292 RdNr. 34; HK-*Landfermann* § 292 RdNr. 5; *Hess/Obermüller*, Die Rechtsstellung der Verfahrensbeteiligten, RdNr. 386; *Obermüller/Hess*, InsO: eine systematische Darstellung der Insolvenzordnung unter Berücksichtigung kreditwirtschaftlicher und arbeitsrechtlicher Aspekte, RdNr. 716; anders HambKommInsO-*Streck* § 292 RdNr. 3.
[91] *Uhlenbruck/Vallender* § 292 RdNr. 30; *Preuss* NJW 1999, 3450, 3451.

§ 292   28   8. Teil. Restschuldbefreiung

die Auszahlungen zu nehmen. Insbesondere steht ein Widerspruch des Schuldners gegen die angemeldete Forderung der Verteilung nicht entgegen (vgl. § 178 Abs. 1 S. 2).[92] Die **verteilungsfähige Masse** ergibt sich aus den auf dem Anderkonto eingehenden Beträgen, von denen zunächst die Vergütung des Treuhänders und nach Ablauf von vier Jahren der Selbstbehalt des Schuldners abgezogen werden.[93] Die verteilungsfähige Masse ist damit **stets neu zu dem jährlichen Zeitpunkt** der Verteilung zu berechnen. Gemäß § 298 Abs. 1 ist aus den eingehenden Beträgen zuerst die Vergütung des Treuhänders zu decken, so dass der Treuhänder die gemäß §§ 293 Abs. 2, 64 durch das Insolvenzgericht festgesetzte Vergütung vorab entnehmen darf.[94] Wann diese Entnahme durch den Treuhänder erfolgt, ist ihm überlassen. Er ist nicht an den jährlichen Verteilungsrhythmus gebunden, da sich § 292 Abs. 1 Satz 2 ausdrücklich nur auf die Gläubiger und nicht auf den Vergütungsanspruch des Treuhänders bezieht.[95] Zum Selbstbehalt siehe ausführlich unten RdNr. 31 ff. Gläubiger, die im Insolvenzverfahren ihre Forderung nicht rechtzeitig angemeldet haben, werden bei der Verteilung nicht berücksichtigt.[96] Eine Ausnahme kann dort begründet werden, wo ein Schlussverzeichnis nicht erstellt wurde (z. B. bei vorzeitiger Beendigung des Insolvenzverfahrens). Soweit man insoweit den Schuldner als verpflichtet ansieht, selbst ein Verteilungsverzeichnis zu erstellen, kann ein dort aufgeführter Insolvenzgläubiger vom Treuhänder verlangen, in das Verteilungsverzeichnis aufgenommen zu werden.[97]

28   **Besonderheiten** gelten für Schuldner, denen eine Stundung der Verfahrenskosten gem. § 4a gewährt worden ist. In diesen Fällen erfolgt eine Ausschüttung an die Gläubiger erst, wenn die gestundeten Verfahrenskosten durch die eingegangenen Beträge gedeckt sind. Davon sind neben den Verfahrenskosten während der Treuhandperiode auch alle Beträge erfasst, die im Insolvenzverfahren nicht aus der Masse zurückgeführt werden konnten.[98] Etwas anderes gilt allerdings im **Hinblick auf die gestundeten Rechtsanwaltskosten**, wenn dem Schuldner gem. § 4a Abs. 2 ein Rechtsanwalt beigeordnet wurde. Die Rechtsanwaltskosten werden daher grundsätzlich bis zur Erteilung der Restschuldbefreiung gestundet, so dass der Schuldner sie gem. § 4b nach Beendigung der Treuhandperiode in Raten bezahlen muss, wenn sein Einkommen die dort bestimmten Einkommensgrenzen überschreitet.[99] Dahinter steht die Vorstellung, dass die Kosten für einen Rechtsanwalt nicht notwendigerweise durch die Abwicklung eines Insolvenzverfahrens veranlasst sind, sondern vielmehr Ausdruck einer besonderen Fürsorge des Staates gegenüber dem rechtsunkundigen Bürger darstellen, so dass sie im Ergebnis nicht auf die Gläubiger abgewälzt werden sollen (vgl. Begr. RegE BT-Drucks. 14/5680, S. 29 zu Nr. 16). Mit den Änderungen durch das neue Gesetz zur Entschuldigung mittelloser Personen fallen die Vorschriften über die Verfahrenskostenstundung weg. Dem entsprechend wird § 292 Abs. 1 S. 2 der neuen Fassung dann klar stellen, dass die Verteilung an die Gläubiger und die Abführung der Beträge an den Schuldner erst erfolgen kann, wenn die Kosten des Restschuldbefreiungsverfahrens berichtigt sind. Der Begriff der Kosten des Verfahrens wird durch die Gesetzesnovellierung nicht geändert. Erfasst werden nach wie vor auch die Mindestvergütung des Treuhänders und die Rechtsanwaltskosten.

Die Verteilung der so berechneten Masse erfolgt auf der Grundlage des Schlussverzeichnisses nach §§ 188, 197 Abs. 1 Satz 2 Nr. 2.[100] Damit sind in erster Linie die Insolvenz-

---
[92] Vgl. *Preuss* NJW 1999, 3450, 3451.
[93] Zu letzterem vgl. unten RdNr. 31 ff.
[94] Siehe *Scholz* DB 1996, 765, 769; *Hess/Obermüller* RdNr. 1027; *Römermann* in *Nerlich/Römermann* § 292 RdNr. 37.
[95] *Römermann* in *Nerlich/Römermann* § 292 RdNr. 37.
[96] *Uhlenbruck/Vallender* § 292 RdNr. 41; *Vallender* ZIP 2000, 1288, 1290.
[97] *Uhlenbruck/Vallender* § 292 RdNr. 41 unter Verweis auf *Uhlenbruck* NZI 2001, 408, 410.
[98] FK-*Grote* § 292 RdNr. 9 a.
[99] Vgl. ausführlicher dazu FK-*Grote* § 292 RdNr. 9 a.
[100] *Arnold* DGVZ 1996, 65, 69; *Vallender* ZIP 2000, 1288, 1290; FK-*Grote* § 292 RdNr. 10; HK-*Landfermann* § 292 RdNr. 6; *Römermann* in *Nerlich/Römermann* § 292 RdNr. 41; HambKommInsO-*Streck* § 292 RdNr. 3.

gläubiger Begünstigte der Verteilung, die ihre Forderungen im Insolvenzverfahren angemeldet hatten.[101] Unter den Insolvenzgläubigern wird das zu verteilende Vermögen nach einer Quote verteilt, die dem Anteil ihrer jeweiligen Forderungen an der Summe der nach dem Insolvenzverfahren unbefriedigt gebliebenen Forderungen entspricht.[102]

Gemäß § 289 Abs. 3 ist eine Restschuldbefreiung auch dann möglich, wenn das Verfahren nach § 211 in Verbindung mit § 208 wegen Masseunzulänglichkeit eingestellt worden ist. Regelmäßig wird in diesem Fall das Verfahren noch nicht bis zu einem Schlussverzeichnis gediehen sein.[103] In diesem Fall wird das Gericht entsprechend den Vorschriften über die Schlussverteilung einen Verteilungsschlüssel festlegen, nach dem der Treuhänder dann die Verteilung während der Treuhandphase vorzunehmen hat.[104]

bb) Ausschluss der Verteilung an Neugläubiger. Neugläubiger sind im Schlussverzeichnis nicht aufgenommen, da sie keine Insolvenzgläubiger sind. Sie nehmen daher nicht an der Verteilung der an den Treuhänder geleisteten Zahlung teil. Mit dieser rigiden Regelung soll verhindert werden, dass das ohnehin nur beschränkt zur Verfügung stehende verteilungsfähige Vermögen noch durch die Berücksichtigung solcher Gläubiger zu Lasten der Insolvenzgläubiger geschmälert wird, die – im Gegensatz zu jenen – mit dem Schuldner in Kenntnis seiner Zahlungsunfähigkeit Geschäfte getätigt haben und daher weniger schützenswert sind, weil sie sich grundsätzlich – etwa durch die Vereinbarung von Zug-um-Zug-Leistungen – vor dem Ausfall ihrer Forderungen hätten schützen können.[105]

Eine solche Regelung ist allerdings zweischneidig. Den Neugläubigern stehen als Haftungsobjekte damit nur solche Vermögensgegenstände zur Verfügung, die der Schuldner nicht nach § 295 Abs. 1 Nr. 2 an den Treuhänder abführen muss. In der Regel erhalten die Schuldner während der Wohlverhaltensperiode jedoch keine Erbschaften, Lottogewinne, Schenkungen oder Leistungen aus einer Lebensversicherung als Drittbegünstigte, so dass die **Befriedigungsaussichten der Neugläubiger** praktisch gleich Null sind.[106] Vor diesem Hintergrund ist davon auszugehen, dass viele Personen daher von Verträgen mit dem Schuldner während der Wohlverhaltensperiode absehen werden. Dies kann sich jedoch als negativ herausstellen, da die wirtschaftliche Weiterexistenz des Schuldners oft von derartigen Verträgen abhängen wird.[107] De lege ferenda ist daher darüber nachzudenken, ob Neugläubiger in ihrer Allgemeinheit oder hinsichtlich bestimmter Personen möglicherweise an dem vom Treuhänder zu verteilenden Treugut partizipieren können. Dabei muss freilich eine Balance zwischen den einzelnen Interessen der beteiligten Akteure gefunden werden.[108]

Den Neugläubigern sind auch die **Gläubiger von Unterhaltsansprüchen** gleichgestellt, deren Ansprüche nach Verfahrenseröffnung oder während der Wohlverhaltensperiode entstehen.[109] Den Gläubigern von Unterhaltsansprüchen, die während der Wohlverhaltensperiode entstanden sind, bleibt ein Zugriff nur auf die Beträge zwischen der Pfändungsfreigrenze und dem Existenzminimum nach § 850 d ZPO. Da in vielen Fällen die Pfändungsfreibeträge nicht einmal das Existenzminimum decken oder beide Beträge oft identisch sind, wird in der Praxis der Unterhaltsgläubiger regelmäßig keine oder nur geringfügige Zahlungen während der Wohlverhaltensperiode erhalten. Dies bedeutet eine **Schlechterstellung der Unterhaltsgläubiger** gegenüber den Insolvenzgläubigern, welche sowohl im Vorfeld des Gesetzgebungsverfahrens als auch danach erhebliche Kritik ausgelöst hat.[110] Die

---

[101] HK-*Landfermann* § 292 RdNr. 6; *Vallender* ZIP 2000, 1288, 1290; *Zimmer* ZVI 2004, 273.
[102] *Döbereiner*, S. 196; *Hess/Obermüller* RdNr. 1029; *Römermann* in *Nerlich/Römermann* § 292 RdNr. 42.
[103] Siehe *Häsemeyer* RdNr. 26.32 und RdNr. 26.56; FK-*Grote* § 292 RdNr. 10.
[104] FK-*Grote* § 292 RdNr. 10; *Kübler/Prütting/Wenzel* § 292 RdNr. 9; HambKommInsO-*Streck* § 292 RdNr. 3; anders *Heyer*, S. 93 f.
[105] Vgl. *Döbereiner*, S. 199.
[106] Vgl. *Döbereiner*, S. 199; *Balz* FLF 1989, 16, 19.
[107] Vgl. *Gerhard* FLF 1989, 99, 103; *Smid*, in Insolvenzrecht im Umbruch, 144; *Döbereiner*, S. 199.
[108] Vgl. etwa den Vorschlag bei *Döbereiner*, S. 199 f.
[109] *Römermann* in *Nerlich/Römermann* § 292 RdNr. 41; *Döbereiner*, S. 197 f.
[110] Vgl. Arbeitsgemeinschaft der Verbraucherverbände, Anlage zum Sten.Prot. der 74. Sitzung des Rechtsausschusses, S. 192, 201 f.; *Bender*, Anlage zum Sten.Prot. der 74. Sitzung des Rechtsausschusses, 388, 403;

Benachteiligung der Unterhaltsgläubiger ergibt sich zum einen aus dem Umstand, dass sie keine Insolvenzgläubiger sind und es daher schwer mit dem Gleichbehandlungsgrundsatz zu vereinbaren wäre, wenn sie wie Insolvenzgläubiger behandelt würden. Zudem darf nicht übersehen werden, dass Sinn und Zweck von Unterhaltsverpflichtungen im Wesentlichen darin liegen, dass eine gegenwärtige Bedürftigkeit von Unterhaltspflichtigen beseitigt werden soll. Zugleich ist die Unterhaltsverpflichtung aber stets an die **Leistungsfähigkeit des Unterhaltsschuldners** zu knüpfen (vgl. § 1603 BGB).[111] Während der Wohlverhaltensperiode ist diese Leistungsfähigkeit aber gerade nicht oder in einem nur geringen Umfang noch gegeben. Würde man einen Teil der an den Treuhänder abgeführten Gelder für Unterhaltszahlungen reservieren, um zumindest Teilzahlungen an Unterhaltsgläubiger leisten zu können und so einen aktuellen Bedarf dieser Personen teilweise zu befriedigen, käme es zu einer Verringerung des auskehrbaren Betrages für die Insolvenzgläubiger, die nach den insolvenzrechtlichen Grundlagen des Restschuldbefreiungsverfahrens (Gleichbehandlungsgrundsatz) nicht zu rechtfertigen ist. Daher hat der Gesetzgeber mit der Schlechterstellung der Unterhaltsgläubiger nur die Konsequenz aus dem Umstand gezogen, dass Unterhaltsgläubiger mit ihren Forderungen, die in der Wohlverhaltensperiode entstanden sind, ebenso wie andere Neugläubiger nur aus dem Vermögen befriedigt werden können, das nicht für die Insolvenzgläubiger zur Verfügung steht. Zudem darf auch nicht übersehen werden, dass sich durch die Zahlungen des „Motivationsrabatts" gemäß § 292 Abs. 1 Satz 4 (dazu sofort unten RdNr. 31 ff.) die Leistungsfähigkeit des Schuldners steigern kann und die Unterhaltsgläubiger damit die Erwartung haben können, dass ihre Forderungen aus diesem Vermögen erfüllt werden.

31 **3. Abführung des „Motivationsrabatts" an den Schuldner (§ 292 Abs. 1 Satz 4).**
a) Allgemeines. Der Treuhänder hat nach Ablauf von vier Jahren seit Aufhebung des Insolvenzverfahrens dem Schuldner jährlich einen **progressiv gestaffelten Prozentanteil** derjenigen Beträge abzuführen, die bei ihm eingegangen sind: Von den Beträgen, die während des vierten Jahres der Treuhandphase beim Treuhänder eingegangen sind, hat er 10% an den Schuldner auszukehren, und im fünften Jahr sind es 15% der eingehenden Beträge. Da sich bei einem Schuldner, der bereits vor dem 1. 1. 1997 zahlungsunfähig war, gem. Art. 107 EGInsO die Abtretung von sieben auf fünf Jahre verkürzt, kommt insoweit nur die erste Stufe des Motivationsrabatts (10% im fünften Jahr) zum Tragen.[112]

32 Dieser „Motivationsrabatt" soll die **wirtschaftliche Lage des Schuldners verbessern** und einen **zusätzlichen Anreiz** für den Schuldner bilden, die sechsjährige Treuhandphase durchzustehen.[113] Im Vorfeld der Insolvenzordnung wurden auch weitergehende Vorschläge diskutiert, wie etwa eine Steigerung des Auskehrbetrages des Schuldners von 5% pro Jahr für die gesamte Dauer der Treuhandphase oder eine Verkürzung der Regeldauer der Treuhandphase auf fünf Jahre.[114] Obwohl diese Vorschläge ursprünglich abgelehnt worden sind und die Dauer der Wohlverhaltensperiode auf sechs Jahre reduziert worden ist, ist die rechtspolitische Diskussion noch nicht beendet.

Ob die mit dem Motivationsrabatt verfolgten Ziele allerdings tatsächlich erreicht werden, ist praktisch schwer zu beurteilen. Soweit bekannt, werden die Beträge, die an den Schuldner nach dem vierten Jahr ausgezahlt werden, sofort für die Neugläubiger verbraucht, so dass die Auskehrung dieser Beträge regelmäßig nicht dazu führt, dass der Schuldner tatsächlich mehr Vermögen zur Verfügung hat, was es ihm erleichtern würde, die harte Zeit der Wohl-

---

Bundesarbeitsgemeinschaft der freien Wohlfahrtspflege, Anlage zum Sten.Prot. der 74. Sitzung des Rechtsausschusses, S. 136, 138; *Döbereiner*, S. 197 ff.; offen *Römermann* in *Nerlich/Römermann* § 292 RdNr. 41.
[111] Zu diesen Grundlagen vgl. statt vieler *Köhler/Luthin*, Handbuch des Unterhaltsrechts, 9. Aufl. 2002, § 1 RdNr. 1 ff.
[112] *HK-Landfermann* § 292 RdNr. 9.
[113] Vgl. BT-Drucks. 12/7302, 153; *FK-Grote* § 292 RdNr. 15; *Smid/Krug/Haarmeyer* § 292 RdNr. 6; *Römermann* in *Nerlich/Römermann* § 292 RdNr. 38; *Kübler/Prütting/Wenzel* § 292 RdNr. 9; *Andres/Leithaus* § 292 RdNr. 8; *Graf-Schlicker/Kexel* § 292 RdNr. 6.
[114] Siehe hierzu BT-Drucks. 12/7302, S. 187 f.

verhaltensperiode leichter durchzustehen.[115] Das neue Gesetz zur Entschuldung mittelloser Personen wird in Satz 4 eine Ergänzung einfügen, die verdeutlicht, dass die Ausschüttung eines Motivationsrabattes davon abhängig ist, dass zuvor die Verfahrenskosten berichtigt sind. Damit soll der durch das neue Gesetz bezweckte Einsparungseffekt untermauert werden, indem dem Schuldner kein Motivationsrabatt zukommen soll, solange die Verfahrenskosten nicht gedeckt sind.

Durch das InsOÄndG 2001 ist die **Ausschüttung des Motivationsrabattes modifiziert** worden. Durch den neu eingefügten Satz 5 dürfen dann, wenn die nach § 4a gestundeten Verfahrenskosten noch nicht berichtigt sind, Gelder an den Schuldner nur abgeführt werden, wenn sein Einkommen nicht den nach § 115 Abs. 1 ZPO errechneten Betrag übersteigt. Hintergrund dieser Regelung ist, dass der Schuldner in der Treuhandperiode nicht besser gestellt werden soll, als er in den Jahren nach der Erlangung der Restschuldbefreiung steht, wenn er die restlichen gestundeten Kosten in Raten zurückbezahlen muss.[116] In dieser Neuregelung ist zudem die immanente Wertung enthalten, dass vor einer Ausschüttung des Motivationsrabattes zu Gunsten des Schuldners zunächst die Verfahrenskosten zu berichtigen sind.[117] Eine **Ausnahme für die Einschränkung** der Auszahlung des Motivationsrabattes sieht der Gesetzgeber bei Schuldnern, die die durch § 115 Abs. 1 ZPO festgelegten Mindesteinkommensgrenzen unterschreiten. In diesen Fällen muss vor der Ausschüttung des Motivationsrabattes eine vorherige Einkommensprüfung des Schuldners stattfinden. Dazu ist in einem ersten Schritt zu errechnen, welcher Betrag dem Schuldner von seinem Einkommen verbleiben würde, wenn dieses nicht durch die Abtretung geschmälert wäre und wenn er die Raten zu zahlen hätte. Dieser Betrag ist mit dem aktuellen pfändungsfreien Einkommen des Schuldners zu vergleichen. Unterschreitet der erste Betrag den ermittelten Vergleichsbetrag oder entspricht er ihm, so ist dem Schuldner der volle Motivationsrabatt auszuzahlen. Bei einer Überschreitung seines Einkommens erhält der Schuldner dagegen keinen Motivationsrabatt. Die dadurch eingesparten Beträge werden zum Ausgleich der gestundeten Kosten verwendet. Sollte bei diesem Verfahren ausnahmsweise doch Vermögen des Schuldners übrig bleiben, so ist dieses wiederum dem Schuldner auszuschütten.[118] Da die Errechnung des Betrages nur durch individuelle Daten des Schuldners möglich ist, muss der Treuhänder ihn auffordern, die für die Berechnung notwendigen Daten zu liefern und ggf. auch zu belegen.

In der Literatur ist die Frage aufgeworfen worden, ob **Satz 5 nicht dahingehend einschränkend auszulegen sei,** dass die Auszahlung des Motivationsrabatts uneingeschränkt zu erfolgen habe, wenn nur noch die Rechtsanwaltskosten gestundet seien und die übrigen Verfahrenskosten bereits ausgeglichen wurden.[119] Dieser Auffassung ist zuzustimmen, da es sonst zu **Widersprüchlichkeiten** kommt. Zwar verweist der Satz 5 allgemein auf die Verfahrenskosten nach § 4a, in denen auch die Rechtsanwaltskosten enthalten sind, doch würde die Verweigerung des Motivationsrabattes, wenn die Kosten des Rechtsanwalts noch nicht beglichen worden sind, zu einer ungerechtfertigten Benachteiligung des Schuldners führen. Der dann einbehaltene Motivationsrabatt kommt nämlich nicht dem Ausgleich der gestundeten Kosten zugute, sondern wird an die Gläubiger verteilt. Der Schuldner wäre im Fall der Stundung von Rechtsanwaltskosten damit doppelt belastet: Zum einen werden die Kosten während der Treuhandperiode nicht getilgt, so dass er sie nach der Erteilung der Restschuldbefreiung berichtigen muss, und zum anderen würde ihm der Motivationsrabatt verwehrt werden. Es ist nicht einzusehen, warum dem Schuldner in diesen Fällen der Motivationsrabatt vorenthalten wird, ohne dass damit ein Ausgleich der Verfahrenskosten verbunden ist und er statt dessen den Gläubigern zugute kommt.[120] Dem folgend ist § 292

---

[115] Kritisch auch *Kohte* ZIP 1994, 184, 186.
[116] Begr. RegE BT-Drucks. 14/5680, S. 29 zu Nr. 16.
[117] FK-*Grote* § 292 RdNr. 15 b.
[118] Vgl. zu alledem ausführlich FK-*Grote* § 292 RdNr. 15 c; s. auch *Andres/Leithaus* § 292 RdNr. 8; *Kübler/Prütting/Wenzel* § 292 RdNr. 9 h.
[119] FK-*Grote* § 292 RdNr. 15 b.
[120] So die überzeugende Argumentation von FK-*Grote* § 292 RdNr. 15 b.

Abs. 1 Satz 5 so zu verstehen, dass der Motivationsrabatt an den Schuldner auch dann ausgeschüttet wird, wenn alle Verfahrenskosten mit Ausnahme der des Rechtsanwaltes beglichen sind. Diese Zweifelsfragen werden mit den Änderungen durch das neue Gesetz zur Entschuldung mittelloser Personen obsolet, weil demnach § 292 Abs. 1 S. 5 der jetzigen Fassung gestrichen wird. Durch den Wegfall der Vorschriften über die Verfahrenskostenstundung richtet sich die Ausschüttung des Motivationsrabattes nur noch nach der allgemeinen Regelung des § 292 Abs. 1 Satz 4. Der neue Satz 5 wird dann Vorgaben zum Auszahlungsanspruch enthalten (s. unten RdNr. 35 a).

33 b) **Auszahlungsmodus.** Die Auszahlung an den Schuldner wird vom Treuhänder zur Verminderung des Verwaltungsaufwandes regelmäßig **einmal jährlich** erfolgen.[121] Denkbar ist freilich auch, dass die Beträge **in kürzeren Abständen** an den Schuldner ausgeschüttet werden, etwa bei einer wirtschaftlich bes. schwierigen Situation des Schuldners. Zum Teil wird auch vertreten, dass unabhängig von einer wirtschaftlich präkeren Situation die Zahlung monatlich erfolgen soll.[122] Da der Auszahlungsmodus im **Ermessen des Treuhänders** liegt,[123] bestehen gegen eine monatliche Zahlung keine rechtlichen Bedenken. Insoweit ist aber eine Abstimmung des Treuhänders mit dem Insolvenzgericht sinnvoll, um etwaigen Vorwürfen unsachgemäßer Verwaltung vorzubeugen. Eine Abstimmung der vorherigen Ausschüttung mit den Gläubigern ist dagegen nicht erforderlich, weil ihre Interessen durch diese Handlung nicht berührt werden;[124] sie wäre zudem grundsätzlich auch gar nicht möglich, da es im Restschuldbefreiungsverfahren bekanntlich kein Organ der Gläubigerschaft mehr gibt, mit dem man vertretend für alle Gläubiger die vorzeitige Ausschüttung absprechen könnte.

34 Die Beträge werden dem Schuldner vom Treuhänder aus den bei ihm eingegangenen Zahlungen ausgeschüttet. Das bedeutet, dass der Schuldner die an ihn fließenden Beträge nicht erst gar nicht an den Treuhänder abführen darf. Es handelt sich insoweit **nicht um einen echten Selbstbehalt,** sondern der Schuldner muss zunächst sämtliche Beträge an den Treuhänder abführen, um dann von ihm den prozentualen Anteil wieder zurückzuerhalten. Dies ergibt sich eindeutig aus der Überlegung, dass die Abtretungserklärung des Schuldners nach § 287 Abs. 2 alle der Pfändung unterliegenden Einkünfte umfasst und nicht auf einen bestimmten Prozentsatz davon beschränkt ist. Eine Abänderung dieser Abtretungserklärung nach dem Ablauf von vier Jahren sieht das Gesetz gerade nicht vor.[125]

35 Die zeitliche Staffelung ist nach § 4, § 222 ZPO, §§ 187 Abs. 1, 188 Abs. 2 BGB zu **berechnen.** Für den wachsenden Anteil des Schuldners ist es auf Grund der gesetzlichen Festlegung ohne Bedeutung, ob in dem vorangegangenen Zeitraum tatsächlich Zahlungen auf dem Treuhandkonto eingegangen sind oder nicht.[126] Ebenso wird auch **kein Mittelwert** der Zahlungen in den vorausgegangenen Jahren gebildet.[127]

35 a Zu den Änderungen, die durch das geplante Gesetz zur Entschuldung mittelloser Personen in die InsO eingefügt werden sollen, gehört auch, dass der bisherige § 292 Abs. 1 Satz 5 durch einen neuen Satz 5 ersetzt wird, der Vorgaben über die Verteilungsmodalitäten vorsieht. Danach soll der Treuhänder nicht mehr – wie bisher – gehalten sein, jährlich Auszahlungen vorzunehmen, sondern kann die Verteilung zeitlich strecken und zwar bis längstens zum Ende der Laufzeit der Abtretungserklärung. Ihm bleibt es aber überlassen zu entscheiden, weiterhin den jährlichen Auszahlungsturnus einzuhalten oder – wenn dies

---

[121] FK-*Grote* § 292 RdNr. 15.
[122] *Döbereiner*, S. 189; *Heyer*, Verbraucherinsolvenzverfahren, S. 59.
[123] HK-*Landfermann* § 292 RdNr. 8.
[124] Anders *Smid/Krug/Haarmeyer* § 292 RdNr. 6. Vgl. auch *Goetsch* in *Breutigam/Blersch/Goetsch* § 292 RdNr. 3: Ausschüttung gemeinsam mit der Ausschüttung an die Gläubiger.
[125] Siehe *Krug*, Der Verbraucherkonkurs, 1998, S. 135 ff., 136; *Smid/Krug/Haarmeyer* § 292 RdNr. 6; *Römermann* in *Nerlich/Römermann* § 292 RdNr. 39.
[126] Vgl. *Scholz* DB 1996, 765, 769; *Vallender* VuR 1997, 155, 157; *Römermann* in *Nerlich/Römermann* § 292 RdNr. 40; FK-*Grote* § 292 RdNr. 16.
[127] Vgl. *Scholz* DB 1996, 765, 769; FK-*Grote* § 292 RdNr. 16.

angemessen erscheint – sogar in kürzeren Abständen Auszahlungen vorzunehmen. (s. oben RdNr. 33). So bietet sich (weiterhin) eine jährliche Auszahlung an, wenn nur wenige Gläubiger vorhanden sind oder wenn an einzelne Gläubiger nennenswerte Beträge auszukehren sind. Der Hintergrund für die Änderung des Auszahlungsmodus ist ebenfalls die mit dem neuen Gesetz angestrebte Kostensenkung. Vor dem Hintergrund, dass die im geltenden Recht zwingend vorgeschriebene jährliche Verteilung an die Gläubiger dann einen unverhältnismäßigen Aufwand verursachen kann, wenn der Schuldner über die zur Deckung der Treuhändervergütung erforderlichen Beträge hinaus nur geringfügige Beiträge an den Treuhänder abführt, sieht die Neuregelung vor, dass der Treuhänder die Verteilung innerhalb der Restschuldbefreiungsphase für ein oder mehrere Jahre aussetzen kann. Der Treuhänder hat dabei ein Ermessen, das er durch Abwägung des notwendigen Aufwandes für eine Auskehrung an die Gläubiger einerseits und des wirtschaftlichen Interesses der Gläubiger an einem zeitnahen Erhalt der Quote andererseits ausüben muss. Dabei muss der Treuhänder die wirtschaftlichen Verhältnisse der Gläubiger berücksichtigen. Die Abwägung muss vom Treuhänder unter Berücksichtigung des beim Treuhänder vorhandenen Gesamtbetrages vorgenommen werden.

Der Schutz der Gläubiger wird bei der Aussetzung der Verteilung durch den Treuhänder indirekt gewährleistet. Der Treuhänder muss dem Aufsicht führenden Insolvenzgericht einmal jährlich unter Angabe der Höhe der erlangten Beträge mitteilen, dass er die Verteilung ausgesetzt hat. Dabei müssen die Gründe, die für die Aussetzung eine Rolle gespielt haben, offen gelegt werden. Dies wird zwar nicht ausdrücklich im Gesetz vorgeschrieben, ist aber notwendig, um dem Schutzgesichtspunkt Rechnung tragen zu können. Die Entscheidung des Treuhänders wird vom Insolvenzgericht im Rahmen seiner Aufsicht nach § 58 aber grundsätzlich nicht auf ihre Zweckmäßigkeit überprüft. Etwas anderes gilt nur, wenn der Treuhänder rechtsmissbräuchlich handelt.

c) Berechnung der auszukehrenden Beträge. Die an den Schuldner auszukehrenden 36 Beträge sind aus dem Vermögen zu entnehmen, das sich aus dem von der Abtretung an den Treuhänder erfassten Bezügen und aus den sonstigen Leistungen, also auch der Hälfte der Erbschaft oder Zahlungen, die der Treuhänder nach § 295 Abs. 2 erhält, zusammensetzt.[128] Die Auffassung, welche den an den Treuhänder erlangten **erbrechtlichen Erwerb von der Berechnung ausnehmen** will,[129] ist nicht mit dem eindeutigen Gesetzeswortlaut zu vereinbaren, der von „sonstigen Leistungen" spricht und damit auf § 295 Abs. 1 Nr. 2 verweist.

Der an den Schuldner **auszukehrende Betrag errechnet** sich aus den in § 292 Abs. 1 37 Satz 4 benannten Prozentsätzen von demjenigen Betrag, der nach Begleichung der Treuhändervergütung noch verbleibt. Wenn der Treuhänder nicht unentgeltlich tätig wird, sieht § 14 Abs. 3 InsVV eine Mindestvergütung vor.[130] Dies ergibt sich zwar nicht ausdrücklich aus dem Wortlaut des § 292 Abs. 1 Satz 4, doch lässt sich dies mittelbar aus dem Regelungszusammenhang dieser Vorschrift mit der des § 298 Abs. 1 entnehmen, womit die hier vertretene Auffassung sehr wohl einen Anhaltspunkt im Gesetz hat.[131] Die dort vorgesehene Androhung der Versagung der Restschuldbefreiung bei Nichtbegleichung der Vergütung des Treuhänders macht deutlich, dass das Gesetz davon ausgeht, dass von den eingehenden Beträgen zunächst die Vergütung des Treuhänders und sodann die Leistungen an den Schuldner und die Gläubiger zu befriedigen sind.

Zudem folgt die **vorrangige Befriedigung des Treuhänders** auch aus der systematischen Einbettung des § 292 Abs. 1 Satz 3. Dieser bezieht sich auf § 292 Abs. 1 Satz 2, welcher wiederum die Verteilung der Beträge an die Insolvenzgläubiger regelt. Da insoweit unstreitig ist, dass die Verteilung an die Insolvenzgläubiger erst nach Abzug der Treuhänder-

---

[128] FK-*Grote* § 292 RdNr. 15; HK-*Landfermann* § 292 RdNr. 7; HambKommInsO-*Streck* § 292 RdNr. 6.
[129] *Leipold*, Festschrift für Gaul, 1997, 367, 377.
[130] Vgl. LG Koblenz, ZInsO 2001, 24.
[131] Insoweit zur Entgegnung auf HK-*Grote* § 292 RdNr. 15.

vergütung erfolgt, folgt daraus, dass auch die Auskehrung von Beträgen an den Schuldner erst nach Begleichung der Treuhändervergütung erfolgen kann.[132]

38 **d) Motivationsrabatt für den selbständigen Schuldner.** Der Motivationsrabatt für den Schuldner steht dem Wortlaut des § 292 Abs. 1 Satz 4 nach jedem Schuldner zu, also auch dem selbstständigen Schuldner, dem nach § 295 Abs. 2 weitgehend freigestellt ist, wann er die ihm obliegenden Leistungen erbringt.[133] Auch den **Selbstständigen** fließen demnach die Prozentanteile pro Jahr an den Beträgen, die an den Treuhänder abgeführt wurden, nach Abzug der Treuhändervergütung zu. Aufgrund des gesetzlich vorgegebenen gleichen Verteilungsprinzips für selbstständige wie für nicht-selbstständige Schuldner bleibt kein Raum für die Ermittlung eines Mittelwertes der zurückliegenden Jahre für den Motivationsrabatt, um zu verhindern, dass bei Zahlung aller Beträge erst im letzten Jahr der Wohlverhaltensperiode ein unangemessener Betrag an den Schuldner zurückfließt.[134] Ebenso erlaubt die Gleichbehandlung von selbstständigen und nicht-selbstständigen Gläubigern nicht, dass bei den selbstständigen Schuldnern die Berechnung von dem gesamten, an den Treuhänder geflossenen Betrag statt von dem zuvor um die Treuhändervergütung gekürzten Betrag erfolgt.[135]

39 **e) Pfändbarkeit.** Der Anspruch des Schuldners auf Auskehrung von Beträgen nach § 292 Abs. 1 Satz 3 ist für die Neugläubiger grundsätzlich **pfändbar**.

40 **4. Weitere Aufgaben während der Wohlverhaltensperiode. a) Beratung und Betreuung.** Als weitere Aufgabe des Treuhänders während der Wohlverhaltensperiode ist die **Beratung des Schuldners** im Sinne einer wirtschaftlichen Haushaltsführung und Einkommensverwertung sowie die **moralische Unterstützung** des Schuldners im Sinne einer nachsorgenden Betreuung angesehen worden.[136] Begründet wird diese Aufgabe mit der Bedeutung des Beistandes für den Schuldner in der belastenden Zeit der Wohlverhaltensperiode durch den Treuhänder, weil die zusätzliche Beiziehung von Schuldnerberatungsstellen oder ähnlichen Einrichtungen zum Restschuldbefreiungsverfahren gesetzlich nicht vorgeschrieben ist. Durch die beratende und betreuende Tätigkeit könne der Treuhänder den Durchhaltewillen des Schuldners stärken und so nicht unerheblich zum Gelingen der Restschuldbefreiung beitragen. Dahinter steht die Vorstellung, dass es für einen wirklichen Erfolg der Restschuldbefreiung auch darauf ankomme, dass der Schuldner lerne, durch eine Anpassung seines Verhaltens mit den ihm tatsächlich zur Verfügung stehenden finanziellen Mitteln auszukommen.[137] Des Weiteren bedeute das Leben nahe des Existenzminimums für den Schuldner und dessen Familienangehörige eine erhebliche Belastung, insbesondere weil viele Schuldner es nicht gewohnt sind, in ihrer wirtschaftlichen Bewegungsfreiheit so stark und so lange eingeschränkt zu sein.[138] Hier soll der Treuhänder eingreifen, um durch eine unterstützende Betreuung den Durchhaltewillen des Schuldners zu stärken und damit zu einem Gelingen der Restschuldbefreiung beizutragen.

Eine solche Aufgabe ist allerdings in den §§ 286 ff. nicht verankert. Zudem sehen diese Vorschriften auch **keine Betreuung des Schuldners** durch den Treuhänder vor. Ausdrücklich hat die Bundesregierung in ihrer Erwiderung auf eine vom Bundesrat vorgeschlagene Ergänzung, demzufolge der Treuhänder darauf hinwirken solle, dass der Schuldner sich im Bedarfsfall an eine Schuldnerberatungsstelle wendet,[139] eine Festschreibung der Betreuung

---
[132] So auch *Kübler/Prütting/Wenzel* § 292 RdNr. 9; im Ergebnis ebenso HambKommInsO-*Streck* § 292 RdNr. 6. Anders FK-*Grote* § 292 RdNr. 16; HK-*Landfermann* § 292 RdNr. 13.
[133] Vgl. dazu unten § 295 RdNr. 103.
[134] Siehe FK-*Grote* § 292 RdNr. 16.
[135] So FK-*Grote* § 292 RdNr. 16.
[136] *Döbereiner*, S. 341.
[137] Vgl. dazu *Kohte/Kemper*, Blätter der Wohlfahrtspflege, 1993, 81, 87; *Scholz* ZIP 1988, 1157, 1163; *ders.* FLF 1987, 127, 131; *ders.* MDR 1992, 817, 819.
[138] Ausführlich dazu *Döbereiner*, S. 59 f.
[139] BT-Drucks. 12/2443, Nr. 32, S. 256.

durch den Treuhänder abgelehnt.[140] Wenngleich die Sinnhaftigkeit der Beratung und Betreuung des Schuldners durch einen Treuhänder während der Wohlverhaltensperiode nicht in Abrede gestellt werden kann, so werden vor diesem Hintergrund die Beratung und Betreuung nur als **wünschenswerte,** aber unverbindliche Aufgaben des Treuhänders zu qualifizieren sein. Eine Pflicht des Treuhänders zur Beratung und Betreuung des Schuldners während der Wohlverhaltensperiode in dem Sinne, dass sie durch das Insolvenzgericht sanktionierbar wäre, lässt sich aus dem Gesetz nicht ableiten. Es wäre zudem auch mit erheblichen praktischen Schwierigkeiten verbunden. In der Praxis dürfte es nämlich bei Streitfällen zu ganz erheblichen Problemen für das Insolvenzgericht kommen, zu entscheiden, ob eine Beratung oder eine Betreuung des Schuldners ordnungsgemäß durchgeführt worden ist. Konsentierte Kriterien, wie eine Beratung bzw. eine Betreuung des Schuldners auszusehen hat, sind praktisch nicht aufzustellen. Unabhängig davon, dass eine solche Tätigkeit immer vom Einzelfall abhängig ist, darf auch nicht übersehen werden, dass der Treuhänder eben nicht nur im Interesse des Schuldners tätig wird, sondern auch die Interessen der Gläubiger zu wahren hat, insbesondere wenn er mit der Überwachungstätigkeit beauftragt worden ist. In diesem Fall würde eine etwaig anzunehmende Pflicht des Treuhänders zur Beratung und Betreuung des Schuldners ohnehin ad absurdum geführt werden, weil sich der Treuhänder dann oftmals in einem nicht zu überbrückenden Konflikt zwischen dem Interesse des Schuldners und den Interessen der Gläubiger befände.

b) Übernahme der steuerrechtlichen Pflichten. Gem. § 34 Abs. 1 AO müsste der **41** Treuhänder die **steuerrechtlichen Pflichten** des Schuldners vollumfänglich erfüllen, wenn er die Position eines Vermögensverwalters gem. § 34 Abs. 3 AO oder eines Verfügungsberechtigten (§ 35 AO) hat.[141] Im Gegensatz zum Insolvenzverwalter wird dem Treuhänder in Bezug auf den Schuldner nicht dieselbe uneingeschränkte Verfügungsmacht gegeben.

Seine **Verfügungsbefugnis** ist auf die Verwaltung und Verteilung der abgetretenen Bezüge und sonstigen eingehenden Beträge, also künftigen Vermögens, begrenzt. Damit erfüllt er nicht die Anforderungen, die an eine Rechtsstellung als Vermögensverwalter nach § 34 Abs. 3 AO gestellt sind. Die steuerlichen Pflichten des Schuldners treffen ihn damit nicht.[142] Die Finanzverwaltung scheint in ihrer Praxis den Treuhänder ebenfalls nicht als Vertreter i. S. d. §§ 34, 35 AO anzusehen, so dass ihm keine Auskünfte erteilt werden dürfen.[143] Das LG Mönchengladbach hat angenommen, dass es zu den Aufgaben des Treuhänders gehört, die Steuererklärung anzufertigen; der Schuldner sei nur verpflichtet, die für die Vorlage der Steuererklärung erforderlichen Unterlagen beizubringen. Mit dieser Entscheidung bezieht sich das Gericht aber nur auf den Treuhänder im vereinfachten Insolvenzverfahren. Eine Übertragung auf den Treuhänder nach § 292 nimmt das Gericht hingegen nicht vor.[144]

IV. Durch die Gläubigerversammlung übertragene Pflichten (§ 292 Abs. 2)

1. Überwachung des Schuldners (§ 292 Abs. 2 Satz 1). Von den gesetzlichen Auf- **42** gaben des Treuhänders nach Abs. 1 sind die **von der Gläubigerversammlung übertragenen Pflichten** des Treuhänders gemäß Abs. 2 streng zu unterscheiden. Grundsätzlich obliegt dem Treuhänder nicht die Aufgabe, die Erfüllung der Obliegenheiten des Schuldners

---

[140] BT-Drucks. 12/2443, zu Nr. 32, S. 267. Kritisch jedoch *Kothe/Kemper,* Blätter der Wohlfahrtspflege, 1993, 81, 87; *Ohle,* Kreditwesen 1993, 397, 398; *Scholz,* FLF 1987, 127, 131; *ders.* MDR 1992, 1817, 1819; *ders.* BB 1992, 2233, 2235.
[141] Siehe *Maus* ZInsO 1999, 688.
[142] *Maus* ZInsO 1999, 688; *ders.,* Steuern im Insolvenzverfahren, RdNr. 164; *Smid/Krug/Haarmeyer* § 292 RdNr. 3; HambKommInsO-*Weitzmann* § 155 RdNr. 23; *Uhlenbruck/Vallender* § 292 RdNr. 14; *Gerigk* ZInsO 2001, 431, 935.
[143] OFD Koblenz, ZInsO 1999, 566; OFD Frankfurt/Main ZInsO 2001, 747.
[144] S. LG Mönchengladbach NZI 2005, 173; *Sternal* NZI 2006, 135.

zu überwachen.¹⁴⁵ Für die Gläubiger besteht auch grundsätzlich keine Veranlassung, eine Überwachung des Schuldners zu wünschen, wenn der Schuldner eine angemessene Erwerbstätigkeit ausübt und die Bezüge an den Treuhänder abgibt. Etwas anderes gilt freilich bei einer bekannten Unzuverlässigkeit des Schuldners.¹⁴⁶ § 292 Abs. 2 verschafft der Gläubigerversammlung daher erst die Möglichkeit, dem Treuhänder die Aufgabe der Überwachung des Schuldners zu übertragen. Das gilt auch für die Überwachung eines selbständigen Schuldners.¹⁴⁷ Eine solche Übertragung kann **ausschließlich durch die Gläubigerversammlung** vorgenommen werden. Da aber nach der Ankündigung der Restschuldbefreiung der Gläubigerversammlung durch das Gesetz kein Platz mehr eingeräumt ist und die Voraussetzungen für ihre Einberufung nach der Aufhebung des Insolvenzverfahrens nicht mehr vorliegen, muss die Beauftragung zur Überwachung in der Gläubigerversammlung **spätestens zum Schlusstermin** erfolgen.¹⁴⁸ Wenn das Bedürfnis zur Überwachung des Schuldners im Schlusstermin noch nicht deutlich ist, bietet es sich an, dass die Gläubigerversammlung einen bedingten Beschluss trifft, z. B. dass eine Überwachung stattfinden soll, wenn der Schuldner seinen Arbeitsplatz verliert.¹⁴⁹ Die Übertragung der Aufsicht nach Abs. 2 kann während der Treuhandphase daher auch nicht durch einzelne Gläubiger oder eine Mehrheit von Gläubigern erfolgen. Dies ergibt sich aus der Gegenüberstellung der Regelung in Abs. 2 mit der Vorschrift über die Entlassung des Treuhänders nach Abs. 3, wo der Gesetzgeber ausdrücklich die Möglichkeit des Antragsrechts einzelner Gläubiger vorgesehen hat. Eine solche ausdrückliche Bestimmung fehlt aber in Abs. 2.¹⁵⁰ Die **Entscheidung der Gläubigerversammlung** über die Frage, ob der Treuhänder den Schuldner im Restschuldbefreiungsverfahren auch hinsichtlich der Erfüllung der Obliegenheiten überwachen soll, hat zu einem solch relativ frühen Zeitpunkt eine doppelte Funktion. Zum einen soll unter den Gläubigern geklärt werden, welche Rolle sie – zumindest mittelbar – im Restschuldbefreiungsverfahren noch spielen wollen, und zum anderen wird durch die frühzeitige Klärung, ob eine Überwachung des Schuldners erfolgen soll, auch die Auswahl der Person des Treuhänders erleichtert. Die Personen, die als Treuhänder in Frage kommen, können nämlich vor dem Hintergrund der Übertragung einer zusätzlichen Aufgabe besser entscheiden, ob sie ihr Amt annehmen oder nicht.¹⁵¹ Dies ist deshalb relevant, weil für den Treuhänder dann, wenn er das Treuhänderamt übernommen hat, grundsätzlich keine Möglichkeit mehr besteht, das Amt der Überwachung abzulehnen. Denn die Übernahme des Amtes als Treuhänder wird als (konkludente) Einwilligung angesehen, die Erfüllung aller mit dem Amt einhergehenden Aufgaben zu übernehmen, also auch die Übertragung dieser Aufgabe durch die Gläubiger.¹⁵² Aus diesem Grund braucht der Treuhänder die Annahme des Überwachungsauftrages auch nicht ausdrücklich zu erklären.

43   Unabhängig davon, dass der Treuhänder die Überwachungsaufgaben übernehmen muss, wenn er sich bereit erklärt hat, die Verwaltungsaufgaben zu übernehmen, ist die Frage, ob er seiner Pflicht dann nicht nachzukommen braucht, wenn die Vergütung für diese Tätigkeit nicht bereitgestellt wird. Das Gesetz erlaubt es dem Treuhänder insoweit, seine Überwachungspflichten ruhen zu lassen, wenn und soweit er dafür keine Vergütung erhält. Grundlage dieser Konstruktion ist, dass es sich insoweit um eine gesetzlich geregelte, rechts-

---

¹⁴⁵ Allgemeine Meinung, vgl. nur *Häsemeyer* RdNr. 26.34; *Wittig* WM 1998, 209, 212; FK-*Grote* § 292 RdNr. 17; *Smid/Krug/Haarmeyer* § 292 RdNr. 7; *Römermann* in *Nerlich/Römermann* § 292 RdNr. 45; *Uhlenbruck/Vallender* § 292 RdNr. 57.
¹⁴⁶ HambKommInsO-*Streck* § 292 RdNr. 8.
¹⁴⁷ S. FK-*Grote* § 292 RdNr. 11.
¹⁴⁸ FK-*Grote* § 292 RdNr. 17; *Smid/Krug/Haarmeyer* § 292 RdNr. 7; HambKommInsO-*Streck* § 292 RdNr. 9; anders *Heyer*, S. 95, der auch schriftliche Mehrheitsbeschlüsse der Gläubiger während der Wohlverhaltensperiode über Beginn und Ende der Überwachung zulassen will.
¹⁴⁹ HambKommInsO-*Streck* § 292 RdNr. 17.
¹⁵⁰ Vgl. FK-*Grote* § 292 RdNr. 17; HK-*Landfermann* § 292 RdNr. 10.
¹⁵¹ Ähnlich auch FK-*Grote* § 292 RdNr. 17; HK-*Landfermann* § 292 RdNr. 10.
¹⁵² So auch FK-*Grote* § 292 RdNr. 18; anders offensichtlich aber *Römermann* in *Nerlich/Römermann* § 292 RdNr. 46 f.

geschäftliche Treuhand handelt.[153] Daher geht es nicht darum, dass der Treuhänder die Übernahme von Überwachungsaufgaben ablehnen kann, wenn ihm keine zusätzliche Vergütung gezahlt wird,[154] sondern es geht darum, dass der Treuhänder die ihm eigentlich obliegende Pflicht nicht auszuüben braucht.

Die Höhe des Stundensatzes der **Vergütung** des Treuhänders für die Überwachungsaufgaben wird vom Insolvenzgericht in dem Beschluss zur Bestellung des Treuhänders festgesetzt (§ 16 InsVV).[155]

Die Deckung der Vergütung des Treuhänders ist zwar grundsätzlich Sache der Gläubiger, sie kann aber auch durch einen **Dritten** vorgenommen werden. Der Schuldner ist dagegen jedoch nicht dazu verpflichtet, die Vergütung des Treuhänders für die Überwachung zu sichern.

Die Zahlung durch die oder durch einen Gläubiger wird in der Regel **in Form eines Vorschusses** geleistet werden. Ansonsten wird die Vergütung für die Überwachung aus den Abtretungsbeträgen gedeckt.[156] Neben der Summe für die reine Überwachungstätigkeit sind auch die **notwendigen Auslagen** für die Überwachung von den Gläubigern zu decken. Dem Sinn und Zweck der Übertragung der Überwachung entsprechend ist diese Tätigkeit nur möglich, wenn die gesamten damit verbundenen Kosten gedeckt werden.[157] Soweit der Treuhänder die Vergütung für die Überwachung von den an ihn abgetretenen Beträgen entnimmt, ist dies erst möglich, nachdem er von diesen Beträgen die Vergütung seiner Verwaltung und ggf. den Motivationsrabatt für den Schuldner beglichen hat.[158] Reichen die dann noch übrig bleibenden Mittel nicht aus, um die Kosten der Überwachung des Schuldners zu decken, so müssen die Gläubiger **zusätzliche Beträge** aufwenden. Andernfalls ist der Treuhänder berechtigt, seine Überwachungsaufgaben ruhen zu lassen.

Wenngleich nicht ausdrücklich geregelt, so ist vom Gesetzgeber jedoch intendiert, dass die Vergütung **von allen Gläubigern gemeinschaftlich** geleistet wird. Das ergibt sich aus dem Umstand, dass die Aufgabe der Überwachung des Schuldners nur von der Gläubigerversammlung beschlossen werden kann. Leistet ein Gläubiger den Vorschuss für die Überwachungsaufgaben des Treuhänders, so ist er berechtigt, von den anderen Gläubigern nach den allgemeinen Regeln des Gesamtschuldnerausgleiches (§§ 421 ff. BGB) Ausgleich zu verlangen. Haben die Gläubiger dem Treuhänder **zu viel Vorschuss** geleistet, so hat der Treuhänder nach vollständiger Deckung seiner Vergütung den überschießenden Betrag an den Gläubiger oder an die Gläubiger zurückzugewähren, die diesen Vorschuss bereitgestellt haben. Er darf diesen Betrag hingegen nicht auf das Treuhandkonto einbringen, weil ansonsten die Möglichkeit besteht, dass der Schuldner im Rahmen seines Motivationsrabattes von den Zahlungen der Gläubiger für die Überwachung profitieren könnte, oder dass in Ausnahmefällen die Vergütung des Treuhänders aus Mitteln der Gläubigerschaft für die Überwachung erfolgen könnte.[159] Nicht zu teilen ist jedoch die Auffassung, dass der vorleistende Gläubiger oder die vorleistenden Gläubiger einen Anspruch auf bevorzugte Befriedigung aus den Abtretungsbeträgen haben, wenn – unabhängig vom konkreten Erfolg der Überwachungsmaßnahmen – zu einem späteren Zeitpunkt wieder Beträge zur Verteilung an die Gläubiger anstehen.[160] Aus dem Sinn und Zweck des Vorschusses und des Umstandes, dass dieser grundsätzlich von der Gläubigergesamtheit geleistet werden soll, ergibt sich lediglich, dass für den Fall überschießender Beträge derjenige, der diese geleistet hat, sie auch zurückfordern kann, doch bedeutet dies keinesfalls eine Bevorrechtigung bestimmter Gläubiger. Dies wäre nämlich ein Verstoß gegen § 295. Zudem bestünde ansonsten für Gläubiger

---

[153] Vgl. dazu *Liebig/Mathews*, S. 327.
[154] So etwa *Kübler/Prütting/Wenzel* § 292 RdNr. 13.
[155] Der vorgesehene Betrag beläuft sich derzeit auf 15 Euro pro Stunde, § 15 Abs. 1 InsVV.
[156] Vgl. *Häsemeyer* RdNr. 36.34.
[157] Vgl. auch *FK-Grote* § 292 RdNr. 18; vgl. auch *Kübler/Prütting/Wenzel* § 292 RdNr. 13 a.
[158] Vgl. zum Motivationsrabatt oben RdNr. 31 ff.
[159] Missverständlich daher *Römermann* in *Nerlich/Römermann* § 292 RdNr. 46.
[160] So aber *FK-Grote* § 292 RdNr. 18.

die einfache Möglichkeit, sich aus den geringen Beträgen, die an den Treuhänder abgetreten werden, bevorzugt befriedigen zu lassen, indem sie vor den anderen die Vergütung des Treuhänders für die Überwachung zahlen, um sich somit einen Vorrang vor den anderen Gläubigern bei der Befriedigung aus den abgetretenen Beträgen zu sichern.[161]

48   Wenn die Gläubigerversammlung dem Treuhänder die Überwachung des Schuldners in der Gläubigerversammlung überträgt, so ist dies vom Insolvenzgericht als Ergebnis dieser Gläubigerversammlung zu **protokollieren.** Dieser Beschluss ist allerdings nicht die Grundlage für den Überwachungsauftrag. Im Gegensatz zu dem Treuhandverhältnis im Hinblick auf die Verwaltung gem. § 292 Abs. 1 ist die Treuhänderstellung im Hinblick auf den Überwachungsauftrag eine gesetzlich geregelte rechtsgeschäftliche Treuhand, die von einem freiwilligen Beschluss der Gläubigerversammlung abhängt.[162]

49   Die **Aufgabe der Überwachung** beinhaltet für den Treuhänder im Wesentlichen, dass er vom Schuldner Auskunft über dessen Erwerbstätigkeit oder über die Bemühungen, eine Stelle zu bekommen, sowie über dessen Bezüge und Vermögen einholt.[163] Die Aufgabe des Treuhänders umfasst **nur solche Tätigkeiten, die der Überwachung dienen.** Damit sind Maßnahmen des Treuhänders nicht gedeckt, die etwa Obliegenheitsverstöße des Schuldners ahnden oder in sonstiger Weise in das Verhalten des Schuldners eingreifen. Insbesondere stehen dem Treuhänder keine Zwangsmittel zur Seite, um den Schuldner zur Einhaltung seiner Obliegenheiten anzuhalten.[164]

50   **2. Benachrichtigung der Gläubiger (§ 292 Abs. 2 Satz 2).** Die Überwachungsaufgabe des Treuhänders wird in Satz 2 ergänzt um die **Benachrichtigungspflicht gegenüber den Gläubigern.** Da der Treuhänder selbst keine Zwangsmittel hat, um den Schuldner zur Einhaltung seiner Obliegenheiten anzuhalten, hat diese Regelung die Funktion, den Gläubigern zu ermöglichen, ihrerseits Folgen aus der Missachtung der Obliegenheiten durch den Schuldner zu ziehen. Ihnen steht die Möglichkeit offen, die Versagung der Restschuldbefreiung gemäß § 296 beim Insolvenzgericht zu beantragen. Die Benachrichtigungspflicht des Treuhänders gegenüber den Gläubigern hat damit eine zentrale Funktion. Sie stellt gleichsam das Brückenglied dar zwischen der Beachtung der Obliegenheiten des Schuldners während der Wohlverhaltensperiode, der Aufgabe des Treuhänders und den Sanktionsmöglichkeiten der Gläubiger. Die Gläubiger selbst können die Überwachung des Schuldners nicht durchführen. In ihrem Interesse wird daher der Treuhänder tätig. Da der Treuhänder zugleich auch im Interesse des Schuldners tätig wird, ist es konsequent, dass ihm **keine Zwangsmittel** zur Seite stehen, um die Einhaltung der Obliegenheiten des Schuldners einzufordern.[165] Diese Obliegenheiten werden zwar auch im eigenen Interesse des Schuldners erfüllt, sie sind aber im Wesentlichen im Interesse der Gläubiger angeordnet. Daher sollen auch die Gläubiger und nicht der Treuhänder darüber entscheiden können, ob ein Verstoß gegen die Obliegenheiten den Antrag auf Versagung der Restschuldbefreiung zur Folge haben soll. Diese Entscheidung kann von den Gläubigern aber nicht getroffen werden, ohne dass sie Information erhalten. Da sie diese Informationen nicht direkt bekommen können, sind sie auf die Benachrichtigung durch den Treuhänder angewiesen. Daraus folgt unmittelbar, dass die Benachrichtigungspflicht eine wesentliche Pflicht des Treuhänders ist, deren **schuldhafte Verletzung ihn regresspflichtig** gegenüber den Gläubigern macht (s. dazu unten RdNr. 70 ff.).

51   Der Treuhänder hat die Pflicht, die Gläubiger **unverzüglich zu benachrichtigen,** wenn er einen Verstoß des Schuldners gegen seine Obliegenheiten feststellt. Unverzüglich meint im Sinne der Legaldefinition des § 121 Abs. 1 Satz 1 BGB ohne schuldhaftes Zögern.[166] Damit wird dem Treuhänder ein gewisser Zeitraum eingeräumt, um die ihm vorliegenden

---

[161] Wie hier HambKommInsO-*Streck* § 292 RdNr. 10.
[162] Vgl. FK-*Grote* § 292 RdNr. 19.
[163] Vgl. *Kübler/Prütting/Wenzel* § 292 RdNr. 11; *Döbereiner,* S. 341 f.
[164] Vgl. *Smid/Krug/Haarmeyer* § 292 RdNr. 8.
[165] HambKommInsO-*Streck* § 292 RdNr. 11.
[166] So auch *Römermann* in *Nerlich/Römermann* § 292 RdNr. 49.

Informationen daraufhin zu überprüfen, ob sie den Schluss rechtfertigen, dass eine Obliegenheitsverletzung des Schuldners vorliegt oder sich ggf. beim Insolvenzgericht zu erkundigen, ob aus den vorliegenden Informationen ein Verhalten des Schuldners abzuleiten ist, das die Voraussetzung des § 296 erfüllt, insbesondere ob damit ein Verstoß vorliegt, der zu einer Beeinträchtigung der Befriedigung der Gläubiger führt und schuldhaft gewesen ist.

Es liegt im **Ermessen des Treuhänders,** die Überwachung des Schuldners vorzunehmen und dadurch diejenigen Informationen zu sammeln, die notwendig sind, um ggf. den Gläubigern Benachrichtigung von einem Obliegenheitsverstoß machen zu können. Der Umfang der Investigationen hängt von den konkreten Bedingungen des Einzelfalls ab. Zentrale Bedeutung für die Überwachungsaufgaben wird die Verpflichtung des Schuldners haben, dem Treuhänder auf Verlangen Auskunft gemäß § 295 Abs. 1 Nr. 3 über die Erwerbstätigkeit oder die Bemühungen um eine solche und über dessen Bezüge und Vermögen zu geben. Hält es der Treuhänder für erforderlich, so kann die Erteilung der notwendigen Informationen des Schuldners auch im Rahmen einer gerichtlichen Anhörung erfolgen.[167] Der Treuhänder muss darüber hinaus die ihm ohne weiteres zugänglichen Informationsmöglichkeiten ausschöpfen. **Tiefergehende Nachforschungen** in Form von detektivischen Ermittlungen sind dabei freilich nicht erforderlich.[168] Man wird in der Regel davon ausgehen können, dass in dem Fall, in welchem der Schuldner einen Arbeitsplatz hat, sich die Überwachungstätigkeit darauf beschränken kann, einmal im Jahr Auskünfte über die Situation des Schuldners einzuholen. Bei arbeitslosen Schuldnern ist die Frist zur Einholung von Informationen kürzer. Zu denken ist daran, dass der Treuhänder alle viertel Jahre Informationen über die Situation des Schuldners einholt.[169] Bei einem **selbstständigen Schuldner** ist die Überwachungspflicht insoweit begrenzt, als von ihm keine Bewerbungsbemühungen erwartet werden; daher sollte hier im Regelfall auch davon ausgegangen werden, dass der Treuhänder einmal im Jahr Erhebungen über die Situation des Schuldners anstellt. Die Art und Weise, wie der Treuhänder an die Information über die Situation des Schuldners herankommt, ist ihm überlassen. Möglich ist die Einladung zu einem persönlichen Gespräch oder der Besuch an der Arbeitsstelle. Praktisch wird der Treuhänder aber den Schuldner telefonisch oder schriftlich bitten, an ihn die erbetenen Informationen zu übersenden, um den Verwaltungsaufwand möglichst gering zu halten.

In welcher **Art und Weise** der Treuhänder mit den ihm zugehenden Informationen umgeht, ist ebenfalls in sein Ermessen gestellt. Es ist allerdings davon auszugehen, dass es in seinem Interesse liegt, den Umfang und die Ergebnisse der Überwachungsmaßnahmen zu dokumentieren. Der Treuhänder wird in der Regel schriftliche Vermerke über die Gespräche und Besuche mit bzw. bei dem Schuldner anlegen. Ebenfalls wird er die vom Schuldner beigebrachten Unterlagen und Erklärungen dokumentieren. Möglich ist auch, dass der Treuhänder dem Gericht in Form eines Zwischenberichts über den Verlauf der Wohlverhaltensperiode und die Pflichterfüllung durch den Schuldner berichtet.[170] Rechtlich eingefordert werden diese Maßnahmen allerdings nicht. Sie sind aber vor dem Hintergrund der Beweislage bei etwaigen Regressforderungen gegen den Treuhänder sinnvoll.

Aufgrund der ihm vorliegenden Informationen hat der Treuhänder zu entscheiden, ob ein **Verstoß gegen die Obliegenheiten** vorliegt, den er den Gläubigern mitteilen muss. Eine solche Regelung ist problematisch. Das Gesetz erfordert nämlich nur die Mitteilung von Verstößen an die Gläubiger; der **Verdacht auf einen Verstoß** reicht noch nicht aus. Das bedeutet, dass das Tätigwerden eine rechtliche Wertung des Treuhänders voraussetzt.[171] Um diese Aufgabe ordnungsgemäß erfüllen zu können, muss der Treuhänder ein gewisses juristisches Grundwissen haben oder sich dieses von Fachleuten besorgen. Die Einbeziehung Dritter ist aber problematisch auf Grund der dadurch entstehenden Kosten. Daher ist dem in

---

[167] Siehe *Smid/Krug/Haarmeyer* § 292 RdNr. 9.
[168] Siehe *Römermann* in *Nerlich/Römermann* § 292 RdNr. 48; *Graf-Schlicher/Kexel* § 292 RdNr. 11.
[169] Vgl. *Smid/Krug/Haarmeyer* § 292 RdNr. 9; FK-*Grote* § 292 RdNr. 20.
[170] Zu alledem s. *Smid/Krug/Haarmeyer* § 292 RdNr. 9; FK-*Grote* § 292 RdNr. 20.
[171] Siehe dazu auch FK-*Grote* § 292 RdNr. 22.

der Literatur gemachten Vorschlag zuzustimmen, wonach der Treuhänder **bei Zweifelsfragen** das Insolvenzgericht konsultieren kann.[172] Zwar besteht keine Vorlageberechtigung des Treuhänders in dem Sinne, dass das Insolvenzgericht eine Klarstellung über die rechtliche Frage vorzunehmen hat, doch ist vor dem Hintergrund einer möglichst geringen Kostenentwicklung bei der Überwachung zu fordern, dass das Insolvenzgericht bei begründeten Anfragen des Treuhänders eine informelle Zusammenarbeit nicht verweigert und die notwendigen Hinweise gibt. Im Einzelfall wird die Einholung von rechtlichem Rat durch den Treuhänder davon abhängen, ob die damit entstehenden Kosten von den Gläubigern gedeckt werden.

55 Es steht schließlich auch im Ermessen des Treuhänders, **welchen Weg er zur Unterrichtung der Gläubiger** wählt. Da § 296 Abs. 1 Satz 2 vorsieht, dass der Antrag der Gläubiger auf Versagung der Restschuldbefreiung nur binnen eines Jahres nach dem Zeitpunkt gestellt werden kann, in dem die Obliegenheitsverletzung dem Gläubiger bekannt geworden ist, ist der Treuhänder in der Art der Bekanntmachung an ein Mittel gebunden, das den Zeitpunkt der Kenntnis bei den Gläubigern über die Obliegenheitsverletzung des Schuldners eindeutig dokumentiert. Eine **mündliche Mitteilung** reicht daher grundsätzlich nicht. Die Benachrichtigung hat daher im Wege der Zustellung der Nachricht zu erfolgen, etwa durch Einschreiben, Fax, Postzustellungsurkunde oder E-Mail. Dort, wo die Gruppe der Gläubiger bes. groß ist, und auch moderne und kostengünstige Kommunikationsmittel, wie z. B. E-Mail, auf Grund der Wahrscheinlichkeit von Addressenänderungen nicht garantieren, dass jeder Gläubiger Kenntnis von einem etwaigen Obliegenheitsverstoß erhält, ist es möglich, die Obliegenheitsverletzung **öffentlich bekannt zu machen** und die Informationen des Treuhänders über den Verstoß auf der Geschäftsstelle des Amtsgerichts zur Einsicht für die Gläubiger zu hinterlegen, worauf in der Bekanntmachung hinzuweisen ist.[173]

56 Da die Gläubigerversammlung dem Treuhänder den Auftrag zur Überwachung erteilt, haben auch die Gläubiger in der Gläubigerversammlung die Möglichkeit, die Überwachung des Treuhänders im Einzelnen **zu spezifizieren.** Dabei dürfen sie allerdings keine Erweiterung der Überwachungsaufgaben über den im Gesetz gezogenen Rahmen hinaus fordern. In der Regel wird sich daher die Spezifizierung der Überwachung durch die Gläubiger in einer Einschränkung des Überwachungsauftrags erschöpfen. Denkbar ist etwa, dass die Gläubiger dem Treuhänder aufgeben, den Schuldner nur einmal pro Jahr schriftlich nach Informationen über seine Situation zu befragen. Denkbar ist auch die Beschränkung der Stundenzahl pro Jahr, die der Treuhänder zur Überwachung aufwenden darf. Ebenfalls können die Gläubiger dem Treuhänder auch vorschreiben, in welcher Form die Benachrichtigung an sie zu erfolgen hat.[174]

V. Rechnungslegung durch den Treuhänder (§ 292 Abs. 3 Satz 1)

57 Bei der Beendigung seines Amtes hat der Treuhänder **gegenüber dem Insolvenzgericht Rechnung** zu legen.[175] Die Rechnungslegung gegenüber dem Insolvenzgericht ist der formale Abschluss der Tätigkeit des Treuhänders. Sie ist an keine besondere Form gebunden. An Form und Inhalt sind in Anbetracht der geringen Summen, die zu erwarten sind, keine zu hohen Erwartungen zu stellen.[176] Die Verknüpfung der Buchhaltungspflicht mit dem Zeitraum des Amtes des Treuhänders wird verständlich vor dem Hintergrund, dass die Rechnungslegung des Treuhänders dem Insolvenzgericht die Möglichkeit geben soll, zu

---

[172] Siehe FK-*Grote* § 292 RdNr. 22.
[173] So überzeugend *Smid/Krug/Haarmeyer* § 292 RdNr. 10; zustimmend auch FK-*Grote* § 292 RdNr. 20.
[174] Vgl. dazu auch FK-*Grote* § 292 RdNr. 23.
[175] Vgl. *Uhlenbruck/Vallender* § 292 RdNr. 67; dazu mit einem anschaulichen Beispiel *W. Müller* ZInsO 1999, 335, 338 f.
[176] HambKommInsO-*Streck* § 292 RdNr. 12; *Mäusezahl* in Fachanwaltshandbuch Insolvenzrecht RdNr. 14.98.

überprüfen, ob der Treuhänder das ihm auferlegte Amt ordnungsgemäß erfüllt hat. Weitere Funktion der Buchhaltungspflicht ist die Dokumentation der Erfüllung der Obliegenheiten des Schuldners und die Bildung einer rechnungsmäßigen Grundlage für die Beträge, die an die Gläubiger am Ende der Wohlverhaltensperiode noch zu verteilen sind.

Die Rechnungslegung des Treuhänders ist lediglich als eine **interne Rechnungslegung** 58 gegenüber dem Insolvenzgericht zu verstehen.[177] Gegenüber den Gläubigern besteht eine derartige Rechnungslegungspflicht somit nicht. Die Vorschrift des § 292 Abs. 3 Satz 1 knüpft zwar an § 66 an, im Unterschied zur Rechnungslegungspflicht des Insolvenzverwalters besteht die Pflicht des Treuhänders wegen Fehlens der Gläubigerversammlung aber nur im Verhältnis zum Insolvenzgericht.[178]

Aufgrund des Umstandes, dass es sich bei der Rechnungslegung gemäß § 292 Abs. 3 59 Satz 1 um eine interne Rechnungslegung handelt, hat der Treuhänder weder externe Buchführungs- oder Bilanzierungspflichten, noch steuerrechtliche Verpflichtungen des Schuldners zu erfüllen.

Aus der Buchhaltung des Treuhänders ist eine **geordnete und nachvollziehbare Auf-** 60 **stellung** sämtlicher Einnahmen und Ausgaben aus dem Treuhandkonto zu ersehen. Insbesondere muss dokumentiert werden, zu welchem Zeitpunkt in welcher Höhe Beträge an welche Empfänger gezahlt und von wem in welcher Höhe Beträge auf das Konto eingegangen sind.[179] Damit ist die Buchhaltung des Treuhänders eine **reine Einnahmenüberschussrechnung.** Dabei ist von den Summen aller Einnahmen die Summe aller Ausgaben abzuziehen. Dieser Soll-Bestand wird der Summe aller Guthaben bei Banken oder in der Kasse (Ist-Bestand) gegenübergestellt. Der Zeitraum der Buchhaltung des Treuhänders erstreckt sich von dem Zeitpunkt der Ankündigung der Restschuldbefreiung bis zum Ende des Amtes des Treuhänders. Der letztere Zeitpunkt muss nicht notwendigerweise mit dem Ende der Wohlverhaltensperiode zusammenfallen,[180] weil sich während der Wohlverhaltensperiode die Person des Treuhänders ändern kann und jeder Treuhänder mit Übernahme des Amtes eigenständig neu Rechnung zu legen hat. Wird daher die Restschuldbefreiung vorzeitig versagt, so ist damit eine vorzeitige Rechnungslegung des Treuhänders verbunden, weil mit der Versagung der Restschuldbefreiung auch sein Amt endet.

Nach Prüfung der Schlussrechnung am Ende der genannten Periode[181] wird eine soge- 61 nannte **Endabrechnung** erstellt.[182] Die Endabrechnung dokumentiert insbesondere die Verteilung des in der Schlussrechnung ausgewiesenen Guthabens an die Gläubiger.

VI. Überwachung des Treuhänders

1. Aufsicht (§ 292 Abs. 3 Satz 2 in Verbindung mit § 58). Der Treuhänder unter- 62 steht der **Aufsicht des Gerichts.** Dies hat unterschiedliche Funktionen. Zum einen soll gewährleistet werden, dass die Aufgaben des Treuhänders ordnungsgemäß erfüllt werden. Zugleich wird damit das Insolvenzgericht eine gewisse Kontrolle über die Tätigkeit des Treuhänders erhalten und damit gleichzeitig auch die Möglichkeit, sich einen Kenntnisstand über die Situation während der Wohlverhaltensperiode zu verschaffen. Schließlich hat die Aufsicht auch die Funktion, im Hinblick auf den Treuhänder leitend und helfend tätig zu werden.[183] Dies gilt jedenfalls in dem Fall, in dem der Treuhänder eine Person ist, die in der Tätigkeit als Treuhänder im Restschuldbefreiungsverfahren unerfahren ist.[184]

---

[177] Vgl. *Smid/Krug/Haarmeyer* § 292 RdNr. 3; *Römermann* in *Nerlich/Römermann* § 292 RdNr. 50; *W. Müller* ZInsO 1999, 335, 339.
[178] Siehe FK-*Grote* § 292 RdNr. 24; *Uhlenbruck/Vallender* § 292 RdNr. 67.
[179] Vgl. *Römermann* in *Nerlich/Römermann* § 292 RdNr. 50; *Smid/Krug/Haarmeyer* § 292 RdNr. 3.
[180] Daher unrichtig *Smid/Krug/Haarmeyer* § 292 RdNr. 3; vgl. auch *Uhlenbruck/Vallender* § 292 RdNr. 68.
[181] Zu dieser Prüfung s. *W. Müller* ZInsO 1999, 335, 339.
[182] Siehe *Smid/Krug/Haarmeyer* § 292 RdNr. 3.
[183] Vgl. *Smid/Krug/Haarmeyer* § 292 RdNr. 11.
[184] Vgl. zu den Personen, die als Treuhänder in Betracht kommen, oben § 288 RdNr. 18 ff.

63 **Normativ** wird die Aufsicht des Gerichtes über die Verweisung des § 292 Abs. 3 Satz 2 auf die für den Insolvenzverwalter geltende Vorschrift des § 58 bestimmt. Inhaltlich entsprechen die Regelungen zur Aufsicht des Treuhänders dabei aber nur teilweise denjenigen, die für den Insolvenzverwalter gelten. Dies ergibt sich indessen nicht aus dem Wortlaut des Gesetzes, sondern ist aus der im Vergleich zum Insolvenzverwalter unterschiedlichen Stellung des Treuhänders abzuleiten. Der Treuhänder hat im Vergleich zum Insolvenzverwalter einen **reduzierten Aufgabenkreis** und nur begrenzte Befugnisse. Diesem Umstand muss Rechnung getragen werden, wenn es um die Aufsicht des Gerichtes über den Treuhänder geht.[185]

Die Aufsicht des Gerichts beinhaltet die Möglichkeit, die Tätigkeit des Treuhänders zu **überwachen** und auf sie **Einfluss zu nehmen.** Im Einzelfall hängt der Umfang der Aufsicht des Insolvenzgerichts davon ab, ob es sich beim Treuhänder um eine Person handelt, die in der Wahrnehmung fremder Vermögensinteressen über entsprechende Erfahrungen verfügt oder ob es sich um eine Person handelt, die im Hinblick auf die Verwaltung und Überwachung im Restschuldbefreiungsverfahren unerfahren ist.[186] Das Gericht kann jederzeit **Auskünfte und Sachstandsberichte** vom Treuhänder verlangen.[187] Zudem hat das Insolvenzgericht die Möglichkeit, den Treuhänder, gegebenenfalls mittels der Festsetzung von **Zwangsgeldern, zur Einhaltung seiner Pflichten** anzuhalten.[188] Dazu gehört etwa die Abgabe eines Berichtes über den bisherigen Verlauf der Wohlverhaltensperiode; die Beantwortung von Anfragen des Insolvenzgerichts; die ordnungsgemäße Überwachung des Schuldners und deren Dokumentation; die unverzügliche Benachrichtigung der Gläubiger über Obliegenheitsverletzungen; die Erfüllung der Rechnungslegungspflichten und die zügige Durchführung der jährlichen Verteilung.[189]

64 In der Regel hat das Insolvenzgericht zur **Wahrung rechtlichen Gehörs** vor Erlass einer Zwangsmaßnahme wegen Nichterfüllung der eben aufgezählten Pflichten dem Treuhänder die Möglichkeit zu geben, die Gründe für die Verzögerung der Pflichterfüllung darzulegen. Dem Gericht steht es sodann frei, dem Treuhänder eine weitere Frist zur Erfüllung der Pflicht aufzuerlegen mit dem Hinweis, dass nach erfolglosem Ablauf dieser Frist die angedrohten Zwangsmaßnahmen automatisch eingreifen werden.[190] Ausnahmsweise kann das Insolvenzgericht auch sofort zu den ihm zur Verfügung stehenden Zwangsmaßnahmen greifen, wenn durch die Nichterfüllung der Pflicht des Treuhänders die Rechte anderer wesentlich verletzt würden oder der Gang des Verfahrens ungebührlich verhindert oder verzögert würde. Die schuldhafte Verletzung der Aufsichtspflicht kann zu Amtshaftungsansprüchen gegen den betreffenden Insolvenzrichter aus § 839 BGB i. V. m. Art. 34 GG führen.[191]

65 **2. Entlassung (§ 292 Abs. 3 Satz 2 i. V. m. § 59).** Aufgrund der Verweisung des § 292 Abs. 3 Satz 2 auf § 59 hat das Insolvenzgericht auch die Möglichkeit, den Treuhänder zu entlassen. Eine Entlassung ist **ultima ratio** und deshalb nur bei Vorliegen eines wichtigen Grundes möglich. Ebenso wie bei der Entlassung eines Verwalters ist die Entlassung eines Treuhänders nicht etwa ein besonderes Disziplinierungsmittel des Gerichtes zur Durchsetzung erwünschten Verhaltens, sondern sie dient der **Einhaltung der Rechtmäßigkeit** des Verfahrens und der Sicherung der gleichmäßigen Befriedigung der Gesamtgläubigerschaft unter Achtung der Gläubigerautonomie und der Ziele des Restschuldbefreiungsverfahrens.[192] Die Entlassung kann von Amts wegen, auf eigenen Antrag des Treuhänders oder auf Antrag eines Gläubigers erfolgen.[193] Die in § 293 Abs. 3 aufgenommene Maßgabe, dass die

---

[185] Vgl. FK-*Grote* § 292 RdNr. 25; *Smid/Krug/Haarmeyer* § 292 RdNr. 11.
[186] Vgl. *Smid/Krug/Haarmeyer* § 292 RdNr. 11; FK-*Grote* § 292 RdNr. 25.
[187] Vgl. zu Einzelheiten *Uhlenbruck/Vallender* § 292 RdNr. 73; *W. Müller* ZInsO 1999, 335, 337 f.
[188] *Uhlenbruck/Vallender* § 292 RdNr. 70.
[189] So *Smid/Krug/Haarmeyer* § 292 RdNr. 12.
[190] Siehe *Smid/Krug/Haarmeyer* § 292 RdNr. 13.
[191] *Uhlenbruck/Vallender* § 292 RdNr. 74.
[192] So ausdrücklich *Smid/Krug/Haarmeyer* § 292 RdNr. 14.
[193] Ebenso *Kübler/Prütting/Wenzel* § 292 RdNr. 14; HambKommInsO-*Streck* § 292 RdNr. 13. Anders, nämlich nur von Amts wegen *Uhlenbruck/Vallender* § 292 RdNr. 77.

Entlassung von *jedem* Insolvenzgläubiger beantragt werden kann und dass die sofortige Beschwerde auch jedem einzelnen Insolvenzgläubiger zusteht, ist die Kompensation dafür, dass keine Abwahl des Treuhänders durch die Gläubigerversammlung möglich ist.[194] § 292 Abs. 3 Satz 2 verweist nämlich nicht auf § 57. Für eine **Analogie** ist wegen der im Übrigen detaillierten Verweisungen kein Raum.[195]

Als wichtige Gründe für die Ablösung des Treuhänders kommen insbesondere in Betracht: **66**
– wiederholte oder bes. schwerwiegende Pflichtverletzungen
– Amtsunfähigkeit in Folge einer Krankheit[196]
– Unfähigkeit, Ungeeignetheit oder objektive Überforderung des Treuhänders
– Nichtanzeige bestehender Interessenkollision an das Insolvenzgericht
– Verletzung der Rechnungslegungspflichten in erheblichem Umfang.[197]

Soweit es um eine Pflichtverletzung des Treuhänders geht, ist nicht jede solche Verletzung **67** ein Grund für die Entlassung. Es muss sich vielmehr um eine Verfehlung des Treuhänders handeln, die es als ausgeschlossen ansehen lässt, dass der Treuhänder weiterhin das Vertrauen des Insolvenzgerichts, des Schuldners oder der Gläubiger genießt. Voraussetzung für eine Entlassung ist die tatsächliche Feststellung des vorgeworfenen pflichtwidrigen Verhaltens. Nur **Verfehlungen schwerster Art,** etwa gegen die Masse gerichtete oder anlässlich der Verwaltung begangene Straftaten, wie Unterschlagung, Untreue, Vorteilsgewährung oder Bestechung, können es rechtfertigen, dass der Treuhänder ohne Nachweis der Verfehlung entlassen wird.[198]

Vor seiner Abberufung ist dem Treuhänder ebenfalls grundsätzlich rechtliches Gehör zu gewähren, so dass er anzuhören ist. Ihm steht gemäß § 59 Abs. 2 gegen den Abberufungsbeschluss des Insolvenzgerichts ferner **sofortige Beschwerde** zu. Im Fall der Ablehnung des Antrages ist jeder Insolvenzgläubiger beschwerdebefugt.[199]

Wird ein Treuhänder aus seinem Amt entlassen, so ist ihm dennoch für die bisherige **68** Tätigkeit vom Gericht eine Vergütung festzusetzen, die sich je nach dem Zeitpunkt der Entlassung aus dem Gesamthonorar für das Verfahren und der Aufteilung zwischen altem und neuem Treuhänder quotal nach Aufwand und Zeit berechnet.[200]

Dem Schuldner selbst steht keine Möglichkeit zu, Aufsichtsmaßnahmen gegen den **69** Treuhänder zu beantragen. Er kann zwar dem Gericht Hinweise auf Verfehlungen des Treuhänders geben, welche das Gericht dann im Hinblick auf die Funktion des Treuhänders für den Schuldner ordnungsgemäß zu bescheiden hat.[201] Dies kommt im Ergebnis dem nahe, was §§ 1837 Abs. 2, 1886 BGB für das Betreuungsrecht vorsehen,[202] doch kommt eine Analogie zu diesen Vorschriften[203] nicht in Frage. Zwar stellt die Aufsicht des Gerichts über den Treuhänder auch eine Maßnahme des Schuldnerschutzes dar, doch besteht beim Verhältnis des Treuhänders zum Schuldner keine ähnlich strukturierte Beziehung wie zwischen dem Betreuer und dem Betreuten. Im Gegensatz dazu muss nämlich die Tätigkeit des Treuhänders sowohl den Interessen der Gläubiger als auch denen des Schuldners gerecht werden.

---

[194] Siehe *Andres/Leithaus* § 292 RdNr. 11; FK-*Grote* § 292 RdNr. 27; *Hess/Obermüller* RdNr. 1006; *Fuchs,* Kölner Schrift, 1679, 1745 (RdNr. 188).
[195] Vgl. *Hess/Hess* § 292 RdNr. 11; *Römermann* in *Nerlich/Römermann* § 292 RdNr. 21.
[196] BT-Drucks. 12/2443, S. 170.
[197] Siehe *Hess/Hess* § 292 RdNr. 13; *Hess/Obermüller* RdNr. 1008.
[198] LG Halle ZIP 1993, 1739; *Uhlenbruck/Vallender* § 292 RdNr. 79; vgl. auch *Uhlenbruck* KTS 1989, 229, 246; *Hess/Hess* § 292 RdNr. 14; s. weiter *Carl* DZWiR 1994, 1870; *Pape* EWiR 1993, 1203.
[199] *Uhlenbruck/Vallender* § 292 RdNr. 77; HambKommInsO-*Streck* § 292 RdNr. 13.
[200] So *Smid/Krug/Haarmeyer* § 292 RdNr. 15.
[201] Siehe FK-*Grote* § 292 RdNr. 28; HambKommInsO-*Streck* § 292 RdNr. 13; HK-*Landfermann* § 292 RdNr. 20.
[202] Vgl. u. a. MünchKommBGB/*Schwab* § 1837 BGB RdNr. 11 ff.; MünchKommBGB-*Wagenitz* § 1886 BGB RdNr. 5 ff., insbes. 7; *Staudinger/Engler* § 1886 BGB RdNr. 10 ff. Allgemein dazu vgl. *Kaufmann,* DAV 1999, 335 ff.
[203] So FK-*Grote* § 292 RdNr. 28.

VII. Haftung des Treuhänders

70 **1. Fehlen einer speziellen Haftungsvorschrift.** Im Gegensatz zur Haftung des Insolvenzverwalters ist die Haftung des Treuhänders im Restschuldbefreiungsverfahren **nicht ausdrücklich geregelt.** Auf die Haftungsvorschrift des § 60 wird in § 292 Abs. 3 anders als etwa in § 313 Abs. 1 Satz 2 nicht Bezug genommen. Das bedeutet allerdings nicht, dass zu Gunsten des Treuhänders eine allgemeine Haftungsfreistellung eingreifen soll.[204] Problematisch ist freilich, auf welche normative Grundlage eine Haftung des Treuhänders gestellt werden soll. Zum Teil wird eine entsprechende Anwendung des § 60 auf die Tätigkeit des Treuhänders in der Treuhandphase befürwortet.[205] Eine derartige analoge Anwendung des § 60 erfüllt im Hinblick auf den Treuhänder allerdings nicht die methodischen Voraussetzungen für eine Analogie. Man wird zwar noch von einer vergleichbaren Interessenlage ausgehen können, weil sowohl der Insolvenzverwalter als auch der Treuhänder dem Grunde nach ähnliche Aufgaben wahrnehmen und beide als Amtswalter vom Gericht bestellt worden sind.[206] Doch scheitert die analoge Anwendung des § 60 an der Voraussetzung des Vorliegens einer unbewussten Regelungslücke. In § 293 Abs. 3 Satz 2 hat der Gesetzgeber im Hinblick auf den Treuhänder nicht etwa allgemein auf die §§ 56 bis 66 verwiesen, wie er dies in § 313 Abs. 1 Satz 3 für den Treuhänder im vereinfachten Insolvenzverfahren oder im § 21 Abs. 2 Nr. 1 im Hinblick auf den vorläufigen Insolvenzverwalter – wo allerdings der Verweis auf § 57 ausgespart ist – getan hat, sondern er hat detailliert nur die §§ 58 und 59 für anwendbar erklärt. Daraus ist zu entnehmen, dass der Gesetzgeber bewusst auf eine Anwendbarkeit des § 60 auf den Treuhänder im Restschuldbefreiungsverfahren verzichtet hat.[207]

71 Der **Grund, dass nicht auf § 60 verwiesen wurde,** ist aus den Vorarbeiten zur Insolvenzordnung nicht eindeutig zu entnehmen. Er wird im Wesentlichen wohl darauf beruhen, dass der Gesetzgeber auf Grund des eingeschränkten Aufgaben- und Verantwortungsbereichs des Treuhänders die auf einen weitergehenden Tätigkeitskreis abstellenden Haftungsregelungen für den Insolvenzverwalter nach § 60 nicht für den Treuhänder in der Wohlverhaltensperiode übernehmen wollte.[208] Zugleich wird man annehmen können, dass der Gesetzgeber mit der ausgesparten Verweisung auf § 60 auch die **Unabhängigkeit des Restschuldbefreiungsverfahrens vom Insolvenzverfahren** deutlich machen wollte. Wenn es also für den Ausschluss der Verweisung auf § 60 nur auf den eingeschränkten Tätigkeitsbereich ankäme, so wäre diese Regelung daher widersprüchlich. Die Betonung der Eigenständigkeit der Stellung des Treuhänders im Restschuldbefreiungsverfahren verdeutlicht, dass die Haftung des Treuhänders nur auf Grund des besonderen Treuhandverhältnisses zum Schuldner und zu den Gläubigern begründet sein soll. Daraus folgt, dass sich die Haftungsvoraussetzungen aus den allgemeinen bürgerlich-rechtlichen Regelungen ergeben.[209]

72 **2. Normative Grundlage der Haftung.** Die Treuhandstellung des Treuhänders begründet eine **schuldrechtliche Sonderbeziehung** zu den Gläubigern und zum Schuldner. Es handelt sich dabei regelmäßig um eine besondere Form eines gesetzlichen Geschäftsbesorgungsverhältnisses, welches durch den hoheitlichen Akt der Bestimmung des Treuhänders (§ 291 Abs. 2) begründet wird. Im Falle des Treuhänders im Restschuldbefreiungsverfahren

---

[204] Einhellige Meinung: *Römermann* in *Nerlich/Römermann* § 292 RdNr. 53; *Kübler/Prütting/Wenzel* § 292 RdNr. 16; *Hess/Hess* § 292 RdNr. 8; FK-*Grote* § 292 RdNr. 29 f.; *Döbereiner*, S. 349.
[205] *Hänsemeyer* RdNr. 26.32; HK-*Landfermann* § 292 RdNr. 14; *W. Müller* ZInsO 1999, 335, 339; tendenziell auch *Mayer/Krafft* BB 1997, 2173, 2178.
[206] Siehe auch FK-*Grote* § 292 RdNr. 29.
[207] So *Obermüller*, in *Hess/Obermüller* Insolvenzplan, RdNr. 1013; *Hess/Hess* § 292 RdNr. 8; FK-*Grote* § 292 RdNr. 29; *Kübler/Prütting/Wenzel* § 292 RdNr. 16; *Uhlenbruck/Vallender* § 292 RdNr. 11; *Römermann* in *Nerlich/Römermann* § 292 RdNr. 52.
[208] FK-*Grote* § 292 RdNr. 29.
[209] Siehe *Römermann* in *Nerlich/Römermann* § 292 RdNr. 53; FK-*Grote* § 292 RdNr. 30; *Hess/Obermüller* § 292 RdNr. 1013; *Hess/Hess* § 292 RdNr. 9; vgl. auch *Kuhn/Uhlenbruck* § 78 KO RdNr. 7; *Jaeger/Weber* § 82 KO RdNr. 1.

besteht aber die Besonderheit, dass er nicht bloß zu einem Beteiligten in Beziehung steht, sondern sowohl im Hinblick auf den Schuldner als auch in Bezug auf die Gläubiger unterschiedliche Pflichten erfüllen muss: auf der einen Seite steht die Verwaltungs- und Beratungs-/Betreuungstätigkeit im Hinblick auf den Schuldner und auf der anderen Seite steht die Überwachungstätigkeit für die Gläubiger. Aufgrund der Besonderheiten dieser doppelseitigen Treuhand[210] wird man hinsichtlich der Haftungsgrundlage für seine Aufgabe der Verwaltung und für die Aufgabe der Überwachung folglich zu differenzieren haben.

a) Haftung im Rahmen der Verwaltung. Die *Verwaltung* ist dem Treuhänder durch den Hoheitsakt der gerichtlichen Bestimmung gemäß § 291 Abs. 2 übertragen. Mit der Annahme des Amtes durch den Treuhänder (s. oben RdNr. 11) entsteht ein gesetzliches Treuhandverhältnis, das ihn verpflichtet, die ihm anvertrauten Interessen, insbesondere die Vermögensinteressen, im Sinne des Treugebers pfleglich zu behandeln.[211] Der BGH hat in einem etwas ähnlich gelagerten Fall, nämlich dort, wo ein hoheitlich von der Militärregierung eingesetzter Treuhänder (custodian) betroffen war, für den es keine gesetzliche Regelung zur Haftung gab, entschieden, dass die **rechtsgeschäftlichen Grundsätze eines Geschäftsbesorgungsverhältnisses** (§§ 675, 662 ff. BGB) auch auf das gesetzliche Schuldverhältnis anzuwenden sind.[212] Die Entscheidung ist aber singulär geblieben und kann daher nicht verallgemeinert werden. Da die §§ 675, 662 ff. BGB ausdrücklich von *rechtsgeschäftlich vereinbarten* Geschäftsbesorgungsverhältnissen ausgehen, es sich aber hier bei der Tätigkeit des Treuhänders um ein gesetzlich geregeltes Verhältnis handelt, wird man die Vorschriften der §§ 675, 662 ff. BGB hier zutreffenderweise nicht analog anwenden können. Ferner ist eine analoge Anwendung der Haftungsregelung für den Vormund (§ 1833 BGB) vorgeschlagen worden.[213] Begründet wird diese Analogie damit, dass auch der Vormund durch eine gerichtliche Anordnung bestellt werde, wodurch ein gesetzliches Schuldverhältnis begründet werde. Zudem ähnele die Tatsache, dass der Schuldner in der Treuhandphase die Verfügungsbefugnis über sein Vermögen nicht völlig entzogen bekäme, den Regelungen im Betreuungsrecht, wo gem. §§ 1896, 1901 BGB die Betreuung nur insoweit vorzunehmen sei, als es im Einzelfall erforderlich ist. Die insoweit einschlägige Haftungsnorm des Betreuers in § 1908 i BGB verweise auch auf § 1833 BGB.[214] Ein Rückgriff auf die Haftung des Vormunds bzw. des Betreuers ist hier jedoch nicht erforderlich.[215] Vielmehr ergibt sich die Anspruchsgrundlage der Haftung des Treuhänders bereits aus der **Verletzung des Treuhandverhältnisses** selbst. Da dieses auf einem gesetzlichen Schuldverhältnis beruht, kommt es bei einer schuldhaften Verletzung der ihm obliegenen Pflichten zu einer Haftung wegen positiver Forderungsverletzung des gesetzlichen Treuhandverhältnisses (§ 280 Abs. 1 BGB).[216] Eine analoge Heranziehung des § 60 kommt nicht in Betracht, weil § 292 Abs. 3 S. 2 auf diese Vorschrift gerade nicht verweist.[217] Der Umstand, dass es sich hier um ein gesetzliches Schuldverhältnis handelt, ist für die Anwendbarkeit des Instituts der positiven Forderungsverletzung unschädlich.[218] Die Regelung des § 1833 BGB ist letztlich nichts anderes als das Pendant des bei der positiven Forderungsverletzung zum Ausdruck kommenden allgemeinen Rechtsgrundsatzes für das Vormundschaftsrecht.[219]

---

[210] Siehe dazu oben RdNr. 4.
[211] Vgl. zu den Verpflichtungen des Treuhänders bei einer doppelseitigen Treuhand *Grundmann,* 265 ff.; *Henckel,* Festschrift für Coing 1982, Band II, 137, 140; BGH WM 1971, 969; BGH NJW 1966, 116.
[212] Siehe BGHZ 24, 393, 396; kritisch dazu *Jaeger/Weber* § 78 KO RdNr. 5 b mwN.
[213] *Döbereiner,* S. 349 f. und im Anschluss daran FK-*Grote* § 292 RdNr. 32.
[214] Siehe FK-*Grote* § 292 RdNr. 32 im Anschluss an *Döbereiner,* S. 349.
[215] Ebenso *Uhlenbruck/Vallender* § 292 RdNr. 12.
[216] So auch *Römermann* in *Nerlich/Römermann* § 292 RdNr. 54; *Kübler/Prütting/Wenzel* § 292 RdNr. 116; *Uhlenbruck/Vallender* § 292 RdNr. 11; HambKommInsO-*Streck* § 292 RdNr. 14. Anders HK-*Landfermann* § 292 RdNr. 21; *Häsemeyer* RdNr. 26.32.
[217] S. oben RdNr. 70 f; HambKommInsO-*Streck* § 292 RdNr. 14.
[218] Siehe statt aller *Palandt/Heinrichs* § 276 BGB RdNr. 2.
[219] Vgl. dazu allgemein *Palandt/Diederichsen* § 1833 BGB RdNr. 1; MünchKommBGB-*Wagenitz* § 1833 BGB RdNr. 1.

74 Es gilt für den Anspruch auf Haftung des Treuhänders aus § 280 Abs. 1 BGB in Verbindung mit dem Treuhandverhältnis die **allgemeine Verjährung** nach §§ 195, 199 BGB.[220] Für die Geltendmachung des Anspruches ist es – ebenso wie in der Parallelvorschrift des § 1843 Abs. 2 BGB im Betreuungsrecht – nicht erforderlich, dass das Treuhandverhältnis bereits beendet ist.[221]

75 **b) Haftung im Rahmen der Überwachung.** Im Hinblick auf die Haftung des Treuhänders in seiner Funktion als *Überwacher* des Schuldners ergibt sich die Grundlage der Haftung ebenfalls aus der **Verletzung eines Treuhandverhältnisses**.[222] Die Rechtsnatur der Überwachungstätigkeit ist im Gegensatz zur Verwaltungstätigkeit aber kein gesetzliches Treuhandverhältnis, sondern ein gesetzlich geregeltes, rechtsgeschäftliches Treuhandverhältnis in Form eines Geschäftsbesorgungsvertrages. Dieser Vertrag kommt zustande durch die Übertragung der Überwachungsaufgabe an den Treuhänder durch die Gläubigerversammlung einerseits und mittels eines (gesetzlich vorausgesetzten) Kontrahierungszwanges, der dem Treuhänder auferlegt wird, wenn er sich bereit erklärt, als Treuhänder in dem Restschuldbefreiungsverfahren zu fungieren und daher alle Aufgaben zu übernehmen, von denen das Gesetz annimmt, dass der Treuhänder sie zu übernehmen hat.[223] Daher ist es unrichtig anzunehmen, der Vertrag käme dadurch zustande, dass die Gläubiger die Kosten für die Überwachung decken. Die Kostenübernahmepflicht der Gläubiger ist nämlich nur deren Hauptleistungspflicht in dem Geschäftsbesorgungsverhältnis, nicht aber konstituierendes Merkmal für den Abschluss des Schuldverhältnisses.

76 Für die **Verjährung** und **Geltendmachung** des Anspruches gilt das soeben in RdNr. 74 für die Haftung im Rahmen der Verwaltungstätigkeit Ausgeführte.

77 **3. Weitergehende Haftung.** Die Haftung des Treuhänders auf Grund der Verletzung des Treuhandverhältnisses schließt eine weitergehende Haftung nicht aus. In Betracht kommen Ansprüche der Insolvenzgläubiger oder des Schuldners aus **Delikt**.[224] Denkbar ist insbesondere ein Schadensersatzanspruch aus § 823 Abs. 2 BGB in Verbindung mit § 246 StGB, wenn der Treuhänder die ihm anvertrauten Gelder veruntreut. Nach § 826 BGB kann der Treuhänder haften, wenn er mit Schädigungsabsicht die verwahrten Gelder nicht entsprechend dem Schlussverzeichnis verteilt, sondern einzelne Gläubiger zu Lasten der übrigen bevorzugt.[225]

78 **4. Haftung gegenüber Dritten.** Gegenüber Dritten, die nicht am Restschuldbefreiungsverfahren beteiligt sind, kommen Ansprüche gegen den Treuhänder nur **nach den allgemeinen Vorschriften** in Betracht.[226] Denkbar ist insbesondere, dass sich der Treuhänder im Rahmen der Verwertung von Gegenständen schadensersatzpflichtig macht, welche der Schuldner auf Grund der Obliegenheit nach § 295 Abs. 1 Nr. 2 an den Treuhänder übertragen hat.[227]

79 **5. Haftungsmaßstab.** Vom Haftungsgrund ist der Haftungsmaßstab, der für die Pflichtverletzung gilt, zu unterscheiden. Hinsichtlich des Haftungsmaßstabes gelten **die allgemeinen Grundsätze**. Danach muss der Treuhänder gemäß § 276 Abs. 1 BGB für Vorsatz und jegliche Fahrlässigkeit haften.[228] Nicht zu überzeugen vermag eine **Herabsetzung des Verschuldensmaßstabes** bei den Verwaltungsaufgaben des Treuhänders auf das Niveau, das das Betreuungsrecht kennt, wonach der Sorgfaltsmaßstab ein subjektiver wäre, der sich an

---

[220] Siehe *Döbereiner*, S. 349.
[221] So auch *Döbereiner*, S. 349.
[222] Vgl. *FK-Grote* § 292 RdNr. 35; *Goetsch* in *Breutigam/Blersch/Goetsch* § 292 RdNr. 8; *Kübler/Prütting/Wenzel* § 292 RdNr. 17.
[223] Siehe dazu auch oben RdNr. 42 ff.
[224] Vgl. *Römermann* in *Nerlich/Römermann* § 292 RdNr. 54; *FK-Grote* § 292 RdNr. 34; *Döbereiner*, S. 350; *Hess/Obermüller* § 292 RdNr. 1015.
[225] *Döbereiner*, S. 350; *FK-Grote* § 292 RdNr. 34.
[226] Ausführlich zur Einbeziehung Dritter vgl. *Grundmann*, S. 296 ff.
[227] Siehe *Döbereiner*, S. 350.
[228] Vgl. *Römermann* in *Nerlich/Römermann* § 292 RdNr. 55.

den Lebenskreisen, den Lebensumständen und den Rechts- und Geschäftserfahrungen des Treuhänders bemisst.[229] Ein solcher subjektiver Haftungsmaßstab wird im Hinblick auf die Haftung des Treuhänders vor allem deshalb als sachgerecht befürwortet, weil damit bei der Überprüfung der Aufgabenerfüllung des Treuhänders flexibel auf die individuellen Eigenheiten des Treuhänders eingegangen werden kann. Damit sei es möglich, einen professionell tätig werdenden Treuhänder mit viel Erfahrung anders zu behandeln, als einen Verwandten oder Freund des Schuldners, der diese Aufgabe zum ersten Mal oder nur sehr selten übernimmt. Eine solche Sichtweise rückt die Tätigkeit des Treuhänders im Lager des Schuldners in den Vordergrund. Dabei wird jedoch übersehen, dass der Treuhänder bei der Verwaltungstätigkeit zwar eine wichtige Unterstützungsfunktion für den Schuldner übernimmt, gleichwohl aber nicht nur in dessen Interesse, sondern auch im Interesse der Gläubiger tätig wird. Dies erfordert, dass der Treuhänder bei seiner Tätigkeit das Maß an Sorgfalt beachtet, was die Verkehrskreise *objektiv* an die Tätigkeit des Treuhänders knüpfen, weil andernfalls die Gefahr besteht, dass bei einem subjektiven Sorgfaltsmaßstab widerstreitende Interessen zwischen Gläubiger und Schuldner nicht hinreichend gleichmäßig geschützt werden.

6. Haftungsprivilegierung des unentgeltlich tätigen Treuhänders. Für unentgeltlich tätige Treuhänder ist eine weitere Haftungsprivilegierung vorgeschlagen worden.[230] Danach soll derjenige, der die Treuhänderschaft unentgeltlich übernimmt, die **Haftungsprivilegierung des § 599 BGB analog** für sich in Anspruch nehmen können. Indes scheitert eine analoge Anwendung des § 599 BGB, weil diese Vorschrift speziell auf den Verleiher zugeschnitten ist und daher auf das Rechtsverhältnis des Treuhänders nicht passt.[231] Allerdings stellt § 599 BGB die spezialgesetzliche Ausprägung eines allgemeinen Rechtsgrundsatzes dar, wonach unentgeltlich und damit uneigennützig Handelnde privilegiert werden sollen, indem sie nur für grobe Fahrlässigkeit und Vorsatz haften.[232] Dieser Grundsatz findet sich auch etwa in § 521 BGB wieder. Auch bei der unentgeltlichen Übernahme des Treuhänderamtes kommt der diesem Grundsatz innewohnende Gedanke zum Tragen. Sie ist Ausdruck der Uneigennützigkeit des Handelns des Treuhänders, so dass es interessengerecht ist, wenn hier die gleiche Wertung wie in den §§ 521 und 599 BGB eingreift. Der Treuhänder haftet damit grundsätzlich nur für grobe Fahrlässigkeit und Vorsatz.[233] Es erschiene darüber hinaus auch unbillig, wenn man den unentgeltlich handelnden Treuhänder nicht entsprechend weitgehend von der Gefahr des Haftungsrisikos verschonen würde. Dies hat allerdings nichts damit zu tun, dass durch den Verzicht auf die Vergütung des Treuhänders das Treuhänderverhältnis auf ein bloßes Gefälligkeitsverhältnis herabgestuft würde.[234] Richtig ist zwar, dass die Übernahme des Treuhänderamtes eine erhebliche Verantwortung für den Treuhänder im Hinblick auf die Verfahrensbeteiligten bedeutet, doch wird dieser Verantwortung dadurch Rechnung getragen, dass die Haftung des Treuhänders nicht vollständig ausgeschlossen wird, sondern seine Verantwortlichkeit nur auf grobe Fahrlässigkeit und Vorsatz beschränkt wird.

Neben den rechtlichen Argumenten, die für eine Beschränkung der Haftung des unentgeltlich tätig werdenden Treuhänders sprechen, darf nicht übersehen werden, dass die Beschränkung der Haftung auf grobe Fahrlässigkeit und Vorsatz das Bemühen unterstützen wird, Treuhänder zu finden, die unentgeltlich diese Aufgabe übernehmen. Da als unentgeltliche Treuhänder ohnehin nur solche Personen in Betracht kommen, die üblicherweise

---

[229] Vgl. FK-*Grote* § 292 RdNr. 33; zum Vormund: BGH FamRZ 1983, 1220; BGH FamRZ 1964, 199; MünchKomm-*Wagenitz* § 1833 BGB, RdNr. 5; *Palandt/Diederichsen* § 1833 BGB RdNr. 3.
[230] Siehe *Döbereiner*, S. 349.
[231] Insoweit zutreffend *Römermann* in *Nerlich/Römermann* § 292 RdNr. 55.
[232] Vgl. *Staudinger/Reuter* § 599 BGB RdNr. 1; MünchKommBGB-*Kollhosser* § 599 BGB RdNr. 1; *Deutsch* NJW 1966, 705, 709; *Röhl*, JZ 1974, 519, 523.
[233] Ebenso FK-*Grote* § 292 RdNr. 33; *Braun/Buch* § 292 RdNr. 12; *Graf-Schlicker/Kexel* § 292 RdNr. 13; anders hingegen *Uhlenbruck/Vallender* § 292 RdNr. 12; *Kübler/Prütting/Wenzel* § 292 RdNr. 17.
[234] So aber die Kritik von *Römermann* in *Nerlich/Römermann* § 292 RdNr. 55.

§ 292   8. Teil. Restschuldbefreiung

nicht Treuhänderämter in Restschuldbefreiungsverfahren übernehmen, wird die Gefahr, auch für fahrlässige Pflichtverletzung haften zu müssen, viele Personen von vornherein davon abhalten, dass – vom Gesetzgeber allerdings favorisierte – Modell der unentgeltlich ausgeübten Treuhänderschaft auszuüben.[235]

VIII. Verfahrensrechtliches

81 Die **Entlassung aus dem Amt** kann gemäß § 292 Abs. 3 Satz 2 in Verbindung mit § 59 von Amts wegen oder auf Antrag des Verwalters erfolgen. § 292 Abs. 3 relativiert die Verweisung auf § 59 zudem insoweit, dass auch jeder Insolvenzgläubiger die Entlassung des Treuhänders beim Insolvenzgericht beantragen kann. Damit wird dem Umstand Rechnung getragen, dass während des Restschuldbefreiungsverfahrens die Gläubigerversammlung nicht mehr zusammenkommt, sodass nicht sie, sondern jeder Insolvenzgläubiger selbst das Recht haben muss, gegen den Treuhänder vorgehen zu können.

82 Der **Schuldner hat kein eigenes Antragsrecht,** mit dem er die Entlassung des Treuhänders beantragen könnte. Dies wird zum Teil auf Grund der engen Verbindung zwischen dem Treuhänder und dem Schuldner sowie wegen des erheblichen Einflusses, den der Treuhänder auf das Erreichen der Restschuldbefreiung habe, bedauert.[236] Die Versagung des Antragsbefugnisses für den Schuldner ist jedoch interessengerecht. Da der Treuhänder auch die Interessen der Gläubiger vertreten und eine Aufsicht über den Schuldner durchführen muss, bestünde ansonsten die Gefahr, dass der Schuldner einen für ihn unliebsamen Treuhänder aus seinem Amt drängen will und mit der Androhung eines Antrages beim Insolvenzgericht möglicherweise ein Druckmittel gegen den Treuhänder in der Hand hat, das dazu führt, dass die Aufgaben durch den Treuhänder im Hinblick auf die Gläubiger nicht mehr ordnungsgemäß durchgeführt werden. Dem Schuldner bleibt aber jedenfalls die Möglichkeit, das Insolvenzgericht auf etwaige Unregelmäßigkeiten in der Amtsführung des Treuhänders hinzuweisen, so dass das Insolvenzgericht ggf. von Amts wegen entscheiden wird, ob der Treuhänder aus seinem Amt zu entlassen ist. Gegen den die Entlassung aussprechenden Beschluss des Insolvenzgerichts steht dem Treuhänder gemäß § 292 Abs. 3 Satz 2 in Verbindung mit § 59 Abs. 2 Satz 1 die sofortige Beschwerde und gemäß § 7 die Rechtsbeschwerde zu. Wird die Entlassung aus dem Amt vom Insolvenzgericht abgelehnt, so kann gegen diese Entscheidung vom Treuhänder (§ 292 Abs. 3 Satz 2 in Verbindung mit § 59 Abs. 2 Satz 2) oder von dem beantragenden Insolvenzgläubiger gemäß § 292 Abs. 3 Satz 2 die sofortige Beschwerde und nach Maßgabe des § 7 die Rechtsbeschwerde erhoben werden.

---

§ 292 a Verteilung auf Grund des besonderen Feststellungsverfahrens (RegE)

(1) ¹Liegt ein Schlussverzeichnis nicht vor, sind die Beträge, die der Treuhänder durch die Abtretung erlangt, und die sonstigen Leistungen zunächst zur Berichtigung der Vergütung des Treuhänders, sodann zur Berichtigung der übrigen Kosten des Verfahrens zu verwenden. ²Der Treuhänder teilt dem Gericht einmal jährlich die Höhe der erlangten Beträge mit und gibt dabei an, ob bis zum Ende der Laufzeit der Abtretungserklärung unter Berücksichtigung auch der Kosten des besonderen Feststellungsverfahrens Beträge für eine Verteilung an die Gläubiger zur Verfügung stehen. ³Wenn dies feststeht, ordnet das Gericht die Durchführung des besonderen Feststellungsverfahrens an, das in der Regel schriftlich durchgeführt werden soll.

(2) ¹In dem Beschluss über die Anordnung des besonderen Feststellungsverfahrens fordert das Gericht die Gläubiger auf, ihre Forderungen innerhalb einer Notfrist von drei Monaten unter Beachtung des § 174 beim Treuhänder anzumelden. ²Die Anordnung ist öffentlich

---

[235] So auch FK-*Grote* § 292 RdNr. 33; *Döbereiner*, S. 351; skeptisch dagegen *Römermann* in *Nerlich/Römermann* § 292 RdNr. 55.
[236] Vgl. FK-*Grote* § 292 RdNr. 36.

bekannt zu machen und den Gläubigern sowie dem Schuldner besonders zuzustellen. ³ *§ 8 Abs. 3 gilt entsprechend.* ⁴ *Für die Durchführung des besonderen Feststellungsverfahrens gelten die §§ 174 bis 186 entsprechend.* ⁵ *Die Entscheidung über die Erteilung der Restschuldbefreiung steht der Durchführung des besonderen Feststellungsverfahrens nicht entgegen.*

(3) ¹ *Für die Verteilung gilt § 292 Abs. 1 Satz 2 bis 4 mit der Maßgabe, dass an die Stelle des Schlussverzeichnisses ein Verteilungsverzeichnis tritt, das der Treuhänder im Anschluss an das Verfahren nach Absatz 2 aufstellt.* ² *Einwendungen eines Gläubigers gegen das Verteilungsverzeichnis sind bis zum Ablauf von drei Wochen nach der öffentlichen Bekanntmachung nach Absatz 2 Satz 2 bei dem Insolvenzgericht zu erheben.* ³ *Mit der Verteilung darf nur begonnen werden, wenn ihr das Gericht nach Ablauf dieser Frist zugestimmt hat.* ⁴ *Im Übrigen gelten die §§ 188 bis 191, 193, 194 Abs. 2 und 3 sowie § 201 entsprechend.*

(4) ¹ *Das Gericht kann von der Anordnung des besonderen Feststellungsverfahrens absehen, wenn dies mit Rücksicht auf die Geringfügigkeit des nach Abzug der Kosten zu verteilenden Betrages angemessen erscheint.* ² *Wird ein nachträgliches Feststellungsverfahren nicht durchgeführt, ist der Betrag nach Beendigung des Verfahrens dem Schuldner zu überlassen.*

(5) Wird das Entschuldungsverfahren im Anschluss an eine Verfahrenseinstellung nach § 207 oder § 211 durchgeführt, gelten die Absätze 1 bis 4 mit der Maßgabe entsprechend, dass die Durchführung des Feststellungsverfahrens unterbleibt, wenn bereits ein Verteilungsverzeichnis nach § 188 vorliegt, das der Verteilung nach § 292 Abs. 1 zugrunde zu legen ist.

IX. Die geplanten Änderungen gem. § 292 a RegE

1. Grundkonzeption der Neuregelung. § 292 a RegE regelt die Verteilung von Vermögenswerten des Schuldners, wenn kein Schlussverzeichnis vorliegt. Dies ist typischerweise dann der Fall, wenn, wie die Neukonzeption nach dem Gesetz zur Entschuldung mittelloser Personen[237] dies vorsieht, auf die Vorschaltung eines eröffneten Insolvenzverfahrens verzichtet wird. Insoweit ergibt sich eine Schwierigkeit in den Fällen, in denen der Schuldner während der Wohlverhaltensperiode neues Vermögen erlangt. § 292 a RegE stellt die Regelung dar, nach welchem Schlüssel dieses Vermögen zu verteilen ist. Im Gegensatz zu dem früheren Entwurf der Bund-Länder-Arbeitsgruppe, der vorsah, dass stets ein Insolvenzverfahren zu eröffnen ist, wenn der Schuldner zu neuem Vermögen gelangt, das die Kosten für die Durchführung eines Insolvenzverfahrens abdeckt,[238] sieht die Neuregelung in § 292 a RegE ein eher unbürokratisches Verfahren vor, um während der Wohlverhaltensperiode zu berücksichtigendes neues Vermögen des Schuldners an die Gläubiger zu verteilen. Damit soll verhindert werden, dass es zu einer komplizierten Anrechnung der bereits im Entschuldungsverfahren verstrichenen Zeit bei der Überleitung in ein Insolvenzverfahren kommt.[239]

Die Neuregelung in § 292 a RegE sieht grundsätzlich zwei Wege vor, mit dem Vermögen, das der Schuldner während der Wohlverhaltensperiode erlangt, umzugehen. Welcher dieser Wege beschritten wird, liegt im Ermessen des Gerichts. Das Gericht kann von der Anordnung eines Feststellungs- und Verteilungsverfahrens absehen, wenn dies mit Rücksicht auf die Geringfügigkeit des nach Abzug der Verfahrenskosten und der Treuhändervergütung zu verteilenden Betrags angemessen erscheint. Das Vermögen, das der Schuldner dann während der Wohlverhaltensperiode erlangt hat, wird nach dem Vorbild der Regelungen über die Nachtragsverteilung gemäß § 203 Abs. 3 Satz 1 InsO dem Schuldner überlassen. Damit soll – freilich ggf. in sehr geringem Maße – zu dessen wirtschaftlichem Neustart beigetragen werden.[240]

---

[237] Entwurf des Gesetzes zur Entschuldung mittelloser Personen, zur Stärkung der Gläubigerrechte sowie zur Regelung der Insolvenzfestigkeit von Lizenzen vom 5. 12. 2007.
[238] Dazu vgl. *Heyer* ZVI 2006, 169; *Pape* ZInsO 2006, 897; *Stephan* NZI 2006, 671; *Hergenröder* DZWIR 2006, 265.
[239] Begr. zum RegE, S. 36.
[240] Begr. zum RegE, S. 36.

85 Denkbar ist allerdings im Rahmen der Neukonzeption der Entschuldung mitteloser Schuldner, dass der dem Schuldner überlassene Betrag bereits von einem Gläubiger, dessen Forderung von der Restschuldbefreiung unberührt bleibt, vorab gepfändet wurde. Der zweite Weg, den das Gericht anordnen kann, ist eröffnet wenn ausreichend verteilungsfähiges Vermögen vorliegt. Insoweit ordnet das Gericht ein dem eröffneten Insolvenzverfahren entsprechendes Feststellungs- und Verteilungsverfahren an, in dem die Gläubiger ihre Forderungen in einer von dem Treuhänder geführten Tabelle anmelden können und in dem sie einen Tabellenausschnitt als Vollstreckungstitel erhalten. Die Parallelität des in § 292 a RegE gewählten Anmeldungsverfahrens zu dem Anmeldungsverfahren gemäß § 174 InsO setzt sich auch insoweit fort, als die Feststellung bestrittener Forderungen in klarem Wege erfolgen muss. Wie im eröffneten Insolvenzverfahren wird insoweit auch danach differenziert, ob es sich um eine titulierte Forderung handelt. Voraussetzungen für das Verteilungsverfahren ist, dass der Treuhänder während der Laufzeit der Abtretungserklärung Beträge vereinnahmt, die neben seiner Vergütung und der im vorausgegangenen Verfahren entstandenen Kosten auch die Kosten decken, die für das Gericht und den Treuhänder bei der Durchführung des besonderen Feststellungsverfahrens zusätzlich entstehen.

86 Der Grund für das neue Verteilungsverfahren ist der Umstand, dass – anders als bei der Vorschaltung eines Insolvenzverfahrens – in der Neukonzeption des Entschuldungsverfahrens für mittellose Personen mangels einer durchgeführten Forderungsanmeldung und -prüfung nicht auf ein Verteilungsverzeichnis zurückgegriffen werden kann. Bei einer Verteilung ohne ein solches Verzeichnis oder bei der Verteilung auf Grund eines Verzeichnisses, das allein der Schuldner eingereicht hat, besteht die Gefahr, dass eine gerechte Verteilung der Masse an die Gläubiger nicht gewährleistet werden kann.[241] Damit würde der Grundsatz der Gläubigergleichbehandlung empfindlich gestört werden. Deshalb muss für die Gläubiger die Möglichkeit geschaffen werden, ihre Forderungen anzumelden. Zudem besteht ein erhebliches Interesse von Unterhalts- und Deliktsgläubigern daran, dass in den Fällen, in denen der Schuldner im Laufe der Restschuldbefreiungsphase in größerem Umfang pfändbares Einkommen oder Vermögen erwirkt, bereits im Verfahren einen Vollstreckungstitel zu erlangen.[242] Vor dem Hintergrund dieser Erwägung sieht § 292 a RegE vor, dass eine Verteilung in diesen Fällen aufgrund eines besonderen Feststellungsverfahrens erfolgt.

87 **2. Voraussetzung für die Verteilung auf Grund des Feststellungsverfahrens. a) Kein Schlussverzeichnis.** Die Verteilung auf Grund des besonderen Feststellungsverfahrens setzt voraus, dass ein Schlussverzeichnis nicht vorliegt. Damit ist der Hauptanwendungsfall des § 292 a RegE das neu eingeführte Entschuldungsverfahren nach den §§ 289 bis 289 c RegE,[243] bei dem die Restschuldbefreiungsphase im Anschluss an eine Abweisung mangels Masse eingeleitet wird. In diesem Fall regelt das Gesetz, dass die bei dem Treuhänder durch die Abtretung eingehenden Beträge und die sonstigen Leistungen in erster Linie die Deckung der Vergütung des Treuhänders gewährleisten sollen und sodann zur Berichtigung der übrigen Kosten des Verfahrens verwendet werden. § 292 a RegE Abs. 1 Satz 1 bezieht sowohl die auf Grund der Abtretungserklärung beim Treuhänder eingehenden Beträge als auch Leistungen des Schuldners, z. B. auf der Grundlage von § 295 Abs. 1 Nr. 2, ein. Hat der Schuldner keine pfändbaren Einkünfte, so ist er nach § 298 RegE gleichwohl verpflichtet, aus seinem pfandfreien Einkommen jährlich einen Betrag an den Treuhänder abzuführen, der dessen Mindestvergütung deckt. Aus den ggf. überschießenden Beträgen sind die offenen Verfahrenskosten zu berichtigen, die im Öffnungsverfahren insbesondere durch die Bestellung des vorläufigen Treuhänders entstanden sind.

88 **b) Mitteilungspflicht des Treuhänders.** Der Treuhänder ist verpflichtet, dem Gericht einmal im Jahr die Höhe der erlangten Beträge mitzuteilen (§ 292 a RegE Abs. 1 Satz 2, 1. Halbsatz). Er muss dem Gericht dazu mitteilen, ob bis zum Ende der Laufzeit der

---

[241] Vgl. dazu *Vallender* InVo 2007, 219, 225 (zum früheren Entwurf des BMJ).
[242] Begr. zum RegE, S. 36 f.
[243] Siehe hierzu *Stephan* § 289 RdNr. 66 ff.

Abtretungserklärung unter Berücksichtigung auch der Kosten des besonderen Feststellungsverfahrens Beträge für eine Verteilung an die Gläubiger zur Verfügung stehen (§ 292 a RegE Abs. 1 Satz 2, 2. Halbsatz). Damit schafft der Treuhänder die Informationsgrundlage für das Gericht, auf der es die Durchführung des besonderen Feststellungsverfahrens anordnen kann.[244] Das Gesetz bezeichnet den genauen Zeitpunkt der Mitteilungspflicht jedoch nicht. Aus Praktikabilitätsgründen ist aber davon auszugehen, dass der Treuhänder jeweils nach Ablauf von einem Jahr nach Beginn der Wohlverhaltensperiode die erforderlichen Informationen an das Gericht weitergibt.

Steht fest, dass ein überschießender Betrag vorhanden ist, so ordnet das Gericht die Durchführung des besonderen Feststellungsverfahrens an (§ 292 a RegE Abs. 1 Satz 3). Dieses Feststellungsverfahren soll in der Regel schriftlich durchgeführt werden, um den Aufwand des Verfahrens möglichst gering zu halten. In den Fällen, in denen nach der Berichtigung der Kosten für den Treuhänder und das Gericht noch genügend Masse für eine Verteilung an die Gläubiger zur Verfügung steht, ist ein Feststellungsverfahren gerechtfertigt, zumal auf Grund der titelschaffenden Funktion des Feststellungsverfahrens zugleich Individualklagen einzelner Gläubiger vermieden werden können.[245]

3. Anordnung des Feststellungsverfahrens. a) Beschluss über die Anordnung des Feststellungsverfahrens. Steht fest, dass in dem Berichtszeitraum des Treuhänders genügend Masse bei ihm eingegangen ist, so dass auch die Gläubiger befriedigt werden können, so ergeht gemäß § 292 a RegE Abs. 2 Satz 1 ein Beschluss des Insolvenzgerichts über die Anordnung des besonderen Feststellungsverfahrens. Inhalt dieses Beschlusses ist die Aufforderung des Gerichts an die Gläubiger, ihre Forderung bei dem Treuhänder anzumelden. Das Anmeldungsverfahren entspricht der Anmeldung von Forderungen zur Tabelle gemäß § 174. Abweichend vom eröffneten Insolvenzverfahren sind die Forderungen der Gläubiger im Feststellungsverfahren allerdings in einer Notfrist von drei Monaten anzumelden. Damit soll gewährleistet werden, dass das Feststellungsverfahren möglichst innerhalb der laufenden Restschuldbefreiungsphase zügig abgewickelt wird. Verzögerungen beim Abschluss des Feststellungsverfahrens können allerdings auf Grund von Wiedereinsetzungsverfahren gegen die Versäumung der Anmeldefrist oder wegen Feststellungsklagen nach § 180 InsO entstehen.

b) Öffentliche Bekanntmachung. Der Beschluss über die Anordnung des besonderen Feststellungsverfahrens ist öffentlich bekannt zu machen. Die öffentliche Bekanntmachung richtet sich nach § 9 InsO. Den bekannten Gläubigern und dem Schuldner ist der Beschluss gesondert zuzustellen. Damit soll gewährleistet werden, dass die Gläubiger von der Möglichkeit, ihre Forderungen beim Treuhänder anzumelden, Kenntnis erlangen und der Schuldner darüber informiert wird, dass sein beim Treuhänder eingegangenes Vermögen zu Verteilung an die Gläubiger herangezogen wird.[246] Um Kosten zu sparen verweist § 292 a Abs. 2 Satz 3 RegE auf die Zustellungsvorschrift gemäß § 8 Abs. 3. Danach kann das Insolvenzgericht den Treuhänder beauftragen, die Zustellung durchzuführen. Zur Durchführung der Zustellung und zur Erfassung in den Akten kann sich der Treuhänder auch eines Dritten, insbesondere des eigenen Personals bedienen. Im Falle der Zustellung durch den Treuhänder muss er die von ihm nach § 184 Abs. 2 Satz 4 ZPO angefertigten Vermerke unverzüglich zu den Gerichtsakten reichen.

Die Durchführung des Feststellungsverfahrens wird entsprechend der Anmeldung und Feststellung von Forderungen im eröffneten Verfahren gemäß §§ 174–186 durchgeführt. § 292 a Abs. 1 Satz 5 RegE macht deutlich, dass die Verzögerung bei dem Abschluss des Feststellungsverfahrens einer zwischenzeitlichen Entscheidung über die Restschuldbefreiung nach Ablauf der Laufzeit der Abtretungserklärung nicht entgegensteht. Das Feststellungsverfahren und die anschließende Verteilung muss dann als isoliertes Verfahren fortgesetzt werden.[247]

---

[244] Begr. zum RegE, S. 73.
[245] Begr. zum RegE, S. 73.
[246] Begr. zum RegE, S. 74.
[247] Begr. zum RegE, S. 74.

93 **4. Durchführung des Verteilungsverfahrens. a) Allgemeines.** § 292 a Abs. 3 RegE regelt die Durchführung des Verteilungsverfahrens. Insoweit wird auf § 292 Abs. 1 Satz 2 bis 4 verwiesen,[248] wobei aufgrund des fehlenden Schlussverzeichnisses das beim Treuhänder aufgestellte Verteilungsverzeichnis die Grundlage für die Verteilung bildet. § 292 a Abs. 3 Satz 1 RegE macht deutlich, dass der Treuhänder nach Ende der Anmeldungsfrist ein Verteilungsverzeichnis aufstellt.

94 **b) Einwendungen der Gläubiger.** § 292 Abs. 3 Satz 2 sieht vor, dass Gläubiger gegen das Verteilungsverzeichnis Einwendungen erheben können. Diese sind bis zum Ablauf von drei Wochen nach der öffentlichen Bekanntmachung nach § 292 a Abs. 2 Satz 2 RegE bei dem Insolvenzgericht zu erheben. Diese Fristenregelung ist missverständlich. Im Hinblick auf die in § 292 a Abs. 3 Satz 4 RegE vorgenommene Verweisung auf die §§ 188 bis 191, 193, 194 Abs. 2 und 3 sowie § 201 sollen Einwendungen gegen das Verzeichnis innerhalb einer Ausschlussfrist geltend gemacht werden. Um aber Einwendungen gegen das Verzeichnis vorzubringen, muss das Verzeichnis vorliegen. Der Verweis auf die öffentliche Bekanntmachung in § 292 a Abs. 3 Satz 2 RegE auf § 292 a Abs. 2 Satz 2 RegE bezieht sich aber nur auf die Bekanntmachung, dass Forderungen anzumelden sind. Erst danach kann das Verzeichnis aufgestellt werden und – wie § 188 deutlich macht – können Einwendungen erst nach Veröffentlichung des gesamten Verzeichnisses erhoben werden. Dies wäre allerdings nicht möglich, wenn nach Ablauf von drei Wochen nach der öffentlichen Bekanntmachung nach § 292 a Abs. 2 Satz 2 RegE noch gar kein Verzeichnis vorliegt. Insoweit handelt es sich offensichtlich um ein Redaktionsversehen. Durch den Verweis in § 292 a Abs. 3 Satz 4 RegE auf die Vorschriften über das Verteilungsverzeichnis und die Verteilung gemäß §§ 188 ff. wird deutlich, dass das Schlussverzeichnis auf der Geschäftsstelle zur Einsicht für die Beteiligten niedergelegt werden muss und sich daran erst die Frist für Einwendungen von drei Wochen anschließt.[249]

95 Die Verteilung auf Grund des Verteilungsverzeichnisses darf nur vorgenommen werden, wenn das Gericht dieser zugestimmt hat. § 292 a Abs. 3 Satz 3 RegE fordert also die Billigung des Verteilungsverzeichnisses durch das Gericht nach Ablauf der Fristen, in denen Einwendungen erhoben werden können. Das Gericht hat über Einwendungen von Gläubigern gegen das Verteilungsverzeichnis zu entscheiden und ihnen sowie dem Treuhänder die Entscheidung zuzustellen (§ 292 a Abs. 3 Satz 4 RegE i. V. m. § 194 Abs. 2 Satz 1). Gemäß § 292 a Abs. 3 Satz 4 RegE i. V. m. § 194 Abs. 2 Satz 2 kann der Gläubiger gegen diesen Beschluss die sofortige Beschwerde erheben. Eine Entscheidung des Gerichts, durch die eine Berichtigung des Verzeichnisses angeordnet wird, ist dem Gläubiger, der die Einwendungen erhoben hat, und dem Treuhänder ebenfalls zuzustellen. Zudem ist die Entscheidung des Gerichts in der Geschäftsstelle zur Einsicht der Beteiligten niederzulegen. Dem Treuhänder und den anderen Insolvenzgläubigern steht gegen den Berichtigungsbeschluss die sofortige Beschwerde zu (§ 292 a Abs. 3 Satz 4 RegE i. V. m. § 194 Abs. 3 Satz 2). Die Beschwerdefrist dazu beginnt mit dem Tag, an dem die Entscheidung niedergelegt worden ist.

96 **5. Absehen vom Feststellungsverfahren.** § 292 a Abs. 4 RegE gibt dem Insolvenzgericht das Ermessen von der Anordnung eines besonderen Feststellungsverfahrens abzusehen, wenn dies mit Rücksicht auf die Geringfügigkeit des nach Abzug aller Kosten zu verteilenden Betrags angemessen erscheint. Diese Regelung trägt dem Umstand Rechnung, dass es auch in Fällen, in denen die vom Treuhänder vereinnahmten Beträge die gesamten Verfahrenskosten decken, wirtschaftlich sinnlos sein kann, ein besonderes Feststellungsverfahren durchzuführen. Dies ist insbesondere dann der Fall, wenn nach Abzug der für die Durchführung des Verfahrens entstehenden Kosten nur Minimalbeträge übrig blieben. Der Regierungsentwurf hat davon abgesehen eine de minimis-Grenze in das Gesetz aufzunehmen.[250] Stattdessen wird die Frage, ob das besondere Feststellungsverfahren durchgeführt wird oder nicht, in das Ermessen

---

[248] Siehe hierzu *Ehricke* § 292 RdNr. 17 ff.
[249] Begr. zum RegE, S. 74.
[250] Anders jedoch noch der Entwurf des BMJ, der eine Grenze von 1000 Euro vorsah; dazu *Ahrens* NZI 2007, 193; *Schmerbach* NZI 2007, 198; *Pape* NZI 2007, 681.

des Gerichts gestellt. Damit lehnt sich die Regelung in § 292 a Abs. 4 Satz 1 RegE an die Regelung der Nachtragsverteilung in § 203 Abs. 3 an. Das Gericht soll abwägen, ob die Durchführung eines Feststellungsverfahrens lohnend ist, oder ob es aus Sicht der Gläubiger hingenommen werden kann, dass eine Verteilung der zur Verfügung stehenden Beträge unterbleibt. Die Begründung zum Entwurf des § 292 a RegE bietet nur wenige Hinweise für die Ausübung des Ermessens.[251] Jedenfalls muss das Gericht seine Entscheidung von der Anzahl der bekannten Gläubiger und der Höhe des verbleibenden Betrags abhängig machen und berücksichtigen, ob es aus Sicht der Gläubiger vertretbar erscheint, dass der verbleibende Betrag nicht an sie, sondern an den Schuldner herausgegeben wird.[252]

In den Fällen, in denen ein nachträgliches Feststellungsverfahren nicht durchgeführt wird, ist der beim Treuhänder eingegangene Betrag nach Beendigung des Verfahrens dem Schuldner zu überlassen. Die Regelung des § 292 a Abs. 4 Satz 2 RegE ist an die Vorschrift des § 203 Abs. 1 InsO angelehnt. Danach hat das Gericht von einer Durchführung des besonderen Feststellungsverfahrens abzusehen, wenn am Ende der Laufzeit der Abtretungserklärung lediglich Beträge eingegangen sind, die nicht ausreichen um die zusätzlichen Gerichts- und Treuhänderkosten für die Durchführung des Feststellungsvertrags zu decken. Der Regierungsentwurf nimmt es in Kauf, dass der Schuldner nach Abschluss des Restschuldbefreiungsverfahrens einen Teil seiner an den Treuhänder abgeführten pfändbaren Einkünfte zurückerhält, der im Verhältnis zur Gesamtlaufzeit der Abtretungserklärung allerdings einen monatlichen Betrag von deutlich unter EUR 10,– entspricht. Dabei wird in der Begründung zum Gesetzentwurf von Mindestkosten in Höhe von EUR 500,– für die Durchführung des besonderen Feststellungsverfahren ausgegangen.[253] Kann dieser Betrag nicht erreicht werden, hat der Staat auf die überschießenden Beträge – nach Berichtigung sämtlicher Verfahrenskosten – keinen Anspruch. Die Gläubiger können hingegen mit titulierten Unterhalts- oder Deliktsforderungen in diesen Rückzahlungsanspruch des Schuldners gegen den Treuhänder vollstrecken.

6. Feststellungsverfahren bei Vorliegen eines Verteilungsverzeichnisses. § 292 a Abs. 5 RegE regelt den Sonderfall, dass das Insolvenzverfahren bei Einstellung des Verfahrens mangels Masse oder wegen Masseunzulänglichkeit bereits soweit fortgeschritten war, dass ein Verteilungsverzeichnis vorlag. In diesem Fall soll ein zweites Anmeldeverfahren oder ein aufwändiges Verfahren zur nachträglichen Forderungsanmeldung vermieden werden und die Verteilung auf der Grundlage des bereits vorhandenen Verzeichnisses erfolgen. Voraussetzung dafür ist allerdings, dass der Treuhänder nachträglich noch Beträge erhält, die überhaupt an die Gläubiger ausgekehrt werden können. In allen anderen Fällen, in denen noch kein Verteilungsverzeichnis gemäß § 188 vorlag, ist das besondere Feststellungsverfahren nach § 292 a Abs. 1–4 RegE durchzuführen.

7. Bewertung. Der Regierungsentwurf hat mit der Vorschrift des § 292 a RegE grundsätzlich ein in sich schlüssiges Konzept für die Feststellung und Verteilung von Masse entwickelt, die der mittellose Schuldner im Laufe der Wohlverhaltensperiode verlangt.[254] In der Praxis dürften bei mittellosen Schuldnern regelmäßig nicht genügend Beträge eingehen, dass neben den Kosten für den Treuhänder und die Verfahrenskosten auch noch Beträge übrig blieben, die an die Gläubiger ausgeschüttet werden könnten. Für den Ausnahmefall – z. B. bei einer Erbschaft – ist es aber erforderlich, dass eine Verteilungsregel gefunden wird. Der Regierungsentwurf überzeugt damit, dass er die bekannten Instrumente der Anmeldung von Forderungen zur Tabelle einschließlich der Feststellung eines Verteilungsverzeichnisses mit den Regeln über die Schlussverteilung kombiniert und in das Verfahren zur Entschuldung mitteloser Personen integriert. Neben den Problemen mit der Einwendungsfrist in § 292 a Abs. 3 Satz 2 RegE ist aber bereits auf weitere Defizite hingewiesen worden. So sei der Ansatz

---
[251] Kritisch dazu *Pape* NZI 2007, 681, 683.
[252] Begr. zum RegE, S. 74 f.
[253] Begr. zum RegE, S. 75.
[254] Ebenso *Vallender* NZI 2007, 617, 622; skeptischer *Pape* NZI 2007, 682, 683 f.

einer bedarfsweisen Prüfung von Forderungen in § 292 a RegE insgesamt zu unpräzise. Das fehlende Forderungsprüfungs- und Feststellungsverfahren würde bei Rechtsstreitigkeiten im Anschluss an die Erteilung der Restschuldbefreiung verlagert werden.[255] Angeregt wird insoweit, dass das in § 292 a Abs. 2 RegE vorgeschlagene Verfahren zur Feststellung der Forderungen zu einem obligatorischen Verfahren gemacht werde, in dem stets die Forderungen der Gläubiger geprüft und ein Verteilungsverzeichnis aufgestellt werde. Dies hat fraglos den Vorteil, eine verlässliche Grundlage für die Verteilung im Fall des unerwarteten Zuflusses von Mitteln aus der Abtretungserklärung des Schuldners, als auch für die Frage des Bestehens ausgenommener Forderungen i. S. d. § 302 InsO zu haben. Der Weg über die Feststellung der Forderung erst bei lohnenden Beträgen und des Absehens von der Anordnung eines besonderen Feststellungsverfahrens bei Unangemessenheit der zu verteilenden Beträge gemäß § 292 a Abs. 4 RegE bräuchte bei der obligatorischen Aufstellung eines Verteilungsverzeichnisses dann nicht beschritten zu werden. Zudem bliebe den Gerichten die Entscheidung der Frage erspart, ab welcher Grenze Beträge aus der Abtretung an den Schuldner auszukehren wären, weil sich die Durchführung eines Forderungsfeststellungsverfahrens nicht lohnt. Der Ansatz der Regelung des § 292 a RegE, dass eine Forderungsprüfung und -feststellung nur stattfinden soll, wenn der Treuhänder dem Gericht meldet, dass er Beträge erlangt hat, die eine Verteilung an die Gläubiger lohnen, macht deutlich, dass die Frage, welche Forderungen von der Restschuldbefreiung ausgenommen sind, damit wieder auf die Zeit nach Erteilung der Restschuldbefreiung vertagt wird. Dies würde dazu führen, dass die unbefriedigende Situation eintrete, wie sie vor Inkrafttreten des Insolvenzrechtsänderungsgesetzes 2001 bestanden habe.[256] Zudem ist – allerdings zum früheren Entwurf des BMJ – darauf hingewiesen worden, dass es notwendig sei, dass das Forderungsverzeichnis an die Gläubiger geschickt werden solle, damit sich die Gläubiger zu einem möglichst frühen Zeitpunkt ein Bild machen könnten, die Richtigkeit des Forderungsverzeichnisses zu überprüfen. Die Regelungen des früheren § 292 a in der Entwurfsfassung des BMJ RefE berge die Gefahr in sich, dass Verteilungen aufgrund eines Forderungsverzeichnisses erfolgen, das nicht die tatsächliche Höhe der Forderungen der Gläubiger wiedergebe.[257] Da die Diskussion um die Neufassung der Regelungen der Restschuldbefreiung durch die Gegenäußerung der Bundesregierung vom 5. 12. 2007[258] wieder eröffnet worden ist,[259] bleibt abzuwarten, ob die angedeuteten Kritikpunkte noch in § 292 a RegE eingearbeitet werden. Grundsätzlich verdient der § 292 a RegE allerdings bereits in dieser Form Zustimmung.

§ 293 Vergütung des Treuhänders

(1) ¹Der Treuhänder hat Anspruch auf Vergütung für seine Tätigkeit und auf Erstattung angemessener Auslagen. ²Dabei ist dem Zeitaufwand des Treuhänders und dem Umfang seiner Tätigkeit Rechnung zu tragen.

(2) § 63 Abs. 2 sowie die §§ 64 und 65 gelten entsprechend.

§ 293 Vergütung des vorläufigen Treuhänders und des Treuhänders (RegE)

(1) ¹Der Treuhänder und der vorläufige Treuhänder haben Anspruch auf Vergütung für ihre Tätigkeit und auf Erstattung angemessener Auslagen. ²Dabei ist ihrem Zeitaufwand und dem Umfang ihrer Tätigkeit Rechnung zu tragen.

(2) Die §§ 64 und 65 gelten entsprechend.

---

[255] *Pape* NZI 2007, 681, 683.
[256] *Pape* NZI 2006, 681, 684.
[257] *Vallender* InVo 2007, 219, 225.
[258] BT-Drucks. 17/7416.
[259] Vgl. dazu *Ahrens* NZI 2008, 86; *Ehricke* ZVI 2008, Heft 5; stenogr. Protokoll der 142. Sitzung der 16. Wahlperiode des BTages v. 14. 2. 2008, S. 14967 ff.

Übersicht

	RdNr.		RdNr.
I. Normzweck	1	c) Auslagenerstattung	24
II. Anspruchsgrundlage und unentgeltliche Treuhändertätigkeit	3	aa) Berechnung	24
		bb) Rechtsverfolgungskosten	27
1. Anspruchsgrundlage für die Vergütung der Verwaltungstätigkeit	3	cc) Nachweis der Auslagen	29
		d) Vorschüsse	32
2. Anspruchsgrundlage für die Vergütung der Überwachungstätigkeit	6	aa) Vorschüsse auf die Vergütung	32
		bb) Vorschüsse auf die Auslagen	33
3. Unentgeltliche Treuhändertätigkeit	7	**IV. Festsetzung**	34
III. Vergütung	8	1. Festsetzung der Vergütung für die Verwaltungstätigkeit	35
1. Bemessensgrundlage	8	2. Festsetzung der Vergütung für die Überwachung	36
2. Berechnung der Vergütung	9	a) Allgemeines	36
a) Verwaltungstätigkeit (§ 14 InsVV)	10	b) Abweichung vom Vergütungssatz nach § 15 Abs. 2 Satz 2 InsVV	37
aa) Berechnung	10		
bb) Abrechnungszeitpunkt	13	c) Zustellung und öffentliche Bekanntmachung	39
cc) Mindestvergütung	14		
dd) Privatautonome Vereinbarungen; Verzicht	16	d) Rechtsmittel	40
b) Vergütung für die Überwachung der Obliegenheiten des Schuldners (§ 15 InsVV)	17	**V. Einbeziehung in das Stundungsmodell**	42
aa) Berechnung	17	**VI. Geplante Änderungen durch das Gesetz zur Entschuldung mittelloser Personen**	43
bb) Abrechnungszeitraum	19		
cc) Deckung des Gesamtbetrages	20		
dd) Abweichende Regelungen	22		

I. Normzweck

§ 293 regelt die **Vergütung des Treuhänders** während der Wohlverhaltensperiode. Sie stellt eine Parallelvorschrift zu § 63 dar und ist während des gesamten Entstehungsprozesses der InsO unverändert geblieben.[1] Durch die Hinzufügung des Verweises auf § 63 Abs. 2 in Abs. 2 im InsOÄndG 2001 soll in so genannten „masselosen" Verfahren gewährleistet werden, dass die Mindestvergütung des Treuhänders ebenfalls durch die Stundung der Staatskasse gedeckt ist.[2] Mit der Streichung des Verweises auf § 63 Abs. 2 durch das Gesetz zur Entschuldung mittelloser Personen wird auf die Aufhebung der Verfahrenskostenstundung reagiert. Damit gilt insoweit wieder die Rechtslage vor Inkrafttreten des InsOÄndG 2001. Die Vergütungsregelung versucht einen **Ausgleich** zu schaffen zwischen dem Interesse des Treuhänders, für seine Tätigkeit ein angemessenes Entgelt zu bekommen, und dem Interesse des Schuldners, nur einen möglichst kleinen Betrag für die Mindestvergütung aus seinem unpfändbaren Vermögen zahlen zu müssen sowie den Interessen der Gläubiger, dass von den an den Treuhänder abgetretenen Beträgen nur ein möglichst kleiner Teil als Vergütung an den Treuhänder ausgeschüttet wird.

Unbestreitbar kommt dem Treuhänder die zentrale Rolle in dem Ausgleich der unterschiedlichen Interessen zu. Sowohl Gläubiger als auch Schuldner haben nämlich ein erhebliches Interesse an einer **qualitativ hohen Betreuung,** Verwaltung und Aufsicht durch den Treuhänder. Dies ist nur durch eine **angemessene Vergütung** zu erreichen.[3] Ob dies durch den Regelungsansatz im neuen Insolvenzrecht gewährleistet werden kann, bleibt abzuwarten.[4]

Die Entscheidung, zu welchen Lasten die Vergütung des Treuhänders geht, ist zu Ungunsten der Gläubiger gefallen. Die Vergütung wird aus den an sich für sie vorgesehenen

---

[1] § 293 entspricht § 346 h der Beschlussempfehlung des Rechtsausschusses (BT-Drucks. 12/7302, S. 188) und § 242 des RegE (BR-Drucks. 1/92, S. 191).
[2] Vgl. *Andres/Leithaus* § 293 RdNr. 4; *Graf-Schlicker/Kexel* § 293 RdNr. 4; FK-*Grote* § 293 RdNr. 5 a.
[3] Vgl. *Uhlenbruck/Vallender* § 293 RdNr. 1.
[4] Skeptisch z. B. *Grote* ZInsO 1998, 107, 111; *Bindemann* RdNr. 241.

abgetretenen Beträgen und sonstigen Leistungen gewährt. Erst wenn diese Gelder nicht ausreichen, die **Mindestvergütung** zu decken, muss der Schuldner aus seinem unpfändbaren Vermögen leisten. Diese Entscheidung des Gesetzgebers ist interessengerecht, denn die gesamte Konzeption der Restschuldbefreiung würde kollabieren, wenn die regelmäßig einkommensschwachen oder mittellosen Schuldner auch noch für die Vergütung des Treuhänders aufkommen müssten. Allerdings erschiene es ebenfalls unbillig, wenn die Gläubiger die Vergütung des Treuhänders auch dann tragen müssten, wenn kein Geld beim Treuhänder eingegangen ist. Die (mittelbare) Belastung der Gläubiger mit der Vergütung des Treuhänders ist nur dadurch zu rechtfertigen, dass das an den Treuhänder gelangte Vermögen den Gläubigern noch nicht individuell zugewiesen ist und sie deshalb keinen unmittelbaren Vermögensverlust erleiden, wenn es an den Treuhänder fließt. Wenn die Gläubiger aber für die Vergütung der Verwaltung aus ihrem eigenen Vermögen Beträge nachschießen müssten, weil beim Treuhänder seitens des Schuldners kein Geld eingegangen ist, dann liefe dies auf eine Vollfinanzierung der Tätigkeit des Treuhänders durch die Gläubiger hinaus. Das wäre jedoch nur zu rechtfertigen, wenn der Treuhänder auch ausschließlich ihre Interessen wahrnähme. Da der Treuhänder auch nicht unerheblich im Interesse des Schuldners tätig wird, ist die Verpflichtung des Schuldners, die Mindestvergütung zu decken, ein **notwendiger Interessenausgleich.** Die Sanktion der Versagung der Restschuldbefreiung bei Nichtdeckung der Mindestvergütung (§ 298) hat infolge dessen mehr als nur eine symbolische Bedeutung. Sie ist vielmehr tragendes Element und Rechtfertigung für die Kostenteilung bei der Treuhändervergütung zu Lasten der Gläubiger. In dieser Überlegung liegt daher auch der strukturelle Grund, die Mindestvergütung nicht durch andere Kostenträger übernehmen zu lassen.[5]

2 § 293 umfasst **ausschließlich die Vergütung des Treuhänders** für seine Tätigkeit im Rahmen des Restschuldbefreiungsverfahrens. Durch die Neufassung des Abs. 1 durch das Gesetz zur Entschuldung mittelloser Personen wird dem Treuhänder der vorläufige Treuhänder gleichgesetzt. Dem Insolvenzverwalter, der nicht selbst zum Treuhänder bestellt worden ist, steht ein Vergütungsanspruch im Sinne des Abs. 1 Satz 1 nicht zu.[6] Ein Treuhänder, der im vereinfachten Insolvenzverfahren eingesetzt wird, wird nach §§ 313, 61 InsO, § 13 InsVV vergütet. Die **Verschiebung des Zeitpunktes des Beginns** der Laufzeit der Abtretung auf den Zeitpunkt der Eröffnung des Insolvenzverfahrens ändert an dem Aufgabenbereich und an der Vergütung des Treuhänders nichts, auch wenn es stellenweise zu einer Parallellität von Insolvenzverfahren und Abtretungsphase kommen kann.[7]

II. Anspruchsgrundlage und unentgeltliche Treuhändertätigkeit

3 **1. Anspruchsgrundlage für die Vergütung der Verwaltungstätigkeit.** § 293 Abs. 1 Satz 1 stellt die **rechtliche Grundlage** für den Anspruch des Treuhänders auf eine Vergütung seiner Verwaltungstätigkeit dar, der durch die Regelungen der InsVV konkretisiert wird. Sie ist eine Ausformung des allgemeinen Prinzips, wonach derjenige, der hoheitlich eine Aufgabe übertragen bekommt, die auch im öffentlichen Interesse liegt, grundsätzlich Anspruch auf eine dem Aufwand angemessene Vergütung hat,[8] und § 293 Abs. 1 Satz 1 stellt damit lediglich klar, dass dem Treuhänder eine Vergütung für seine Tätigkeit – also sowohl der Verwaltungs- als auch der Überwachungsaufgaben – zusteht und er angemessene Auslagen erstattet verlangen kann.[9]

4 Durch die Bestellung des Treuhänders durch das Insolvenzgericht und die Annahme des Amtes durch den Treuhänder entsteht ein **gesetzliches Treuhandverhältnis,** auf das die

---
[5] Dazu vgl. unten § 298 RdNr. 3 ff.
[6] BGH ZInsO 2004, 142; HambKommInsO-*Streck* § 293 RdNr. 2.
[7] FK-*Grote* § 293 RdNr. 4.
[8] Vgl. *Smid/Krug/Haarmeyer* § 293 RdNr. 1; *Haarmeyer/Wutzke/Förster* VergVO, 1. Aufl., Einl., RdNr. 23 ff.
[9] Vgl. *Smid/Krug/Haarmeyer* § 293 RdNr. 1; anders zu § 63: *Nerlich/Römermann/Delhaes* § 63 RdNr. 5.

Regeln eines Geschäftsbesorgungsverhältnisses allenfalls beschränkt anwendbar sind.[10] Es sind insoweit teilweise die allgemeinen Regeln des BGB anwendbar, soweit sich nicht aus der Besonderheit des Rechtsverhältnisses oder aus den Vorschriften der InsO etwas anderes ergibt. Schuldner der Vergütung für die Verwaltung ist der Schuldner im Restschuldbefreiungsverfahren. Jedoch braucht und darf der Treuhänder den Schuldner nicht auf Zahlung verklagen. Er ist darauf verwiesen, seinen Anspruch im hierfür vorgesehenen Festsetzungsverfahren beim Insolvenzgericht zu beantragen. Da der Treuhänder ohnehin schon im Besitz des Vermögens ist, aus dem seine Vergütung zu leisten ist, gibt ihm die Festsetzung durch das Gericht dann das Recht, sich aus dem an sich den Gläubigern zugewiesenen Vermögen zu befriedigen. Die Festsetzung stellt daher einen Titel zur eigenmächtigen Vollstreckung in das bei ihm bereits vorhandene Vermögen des Schuldners dar. Ist kein Vermögen vorhanden, greift die „Vollstreckungsmöglichkeit" nicht weiter, etwa auch nicht in das pfändungsfreie Vermögen des Schuldners. Die Mindestvergütung ist vom Schuldner **nicht durch hoheitliche Zwangsvollstreckung** eintreibbar, sie ist freiwillig zu leisten, allerdings unter dem erheblichen Druck, andernfalls nicht in den Genuss der Restschuldbefreiung zu kommen.

Die Vergütung des Treuhänders ist **kein Erfolgshonorar,** sondern reine Tätigkeitsvergütung.[11] Das Insolvenzgericht darf bei der Festsetzung der Vergütung daher keine Abzüge für erfolglose oder mangelhafte Leistungen vornehmen. Schadensersatzansprüche wegen Pflichtverletzungen bleiben hiervon unberührt. 5

2. Anspruchsgrundlage für die Vergütung der Überwachungstätigkeit. Für den Anspruch des Treuhänders auf Vergütung der Überwachungstätigkeit stellt § 293 Abs. 1 Satz 1 ebenfalls die rechtliche Grundlage dar. Auch hier wird letztlich eine Selbstverständlichkeit normativ festgeschrieben, denn der Anspruch des Treuhänders ergibt sich aus dem aus der **doppelten Treuhänderschaft** resultierenden geschäftsbesorgungsähnlichen Verhältnis, welches aber nur unter der Voraussetzung des Übertragungsaktes nach § 292 Abs. 1 Satz 2 entsteht. Entsprechend der Zielrichtung der Geschäftsbesorgung sind Schuldner des Vergütungsanspruchs die Gläubiger.[12] 6

3. Unentgeltliche Treuhändertätigkeit. Der Treuhänder kann – muss aber nicht – auf seine Vergütung oder auf die Auslagenerstattung ganz oder teilweise, für die gesamte Treuhandphase oder für bestimmte Zeitabschnitte **verzichten.** Das gilt sowohl für die Vergütung der Verwaltung als auch für die der Überwachung.[13] Es steht nämlich immer in seinem Ermessen, den Antrag auf Festsetzung der Vergütung zu stellen. Ein vor dem Restschuldbefreiungsverfahren geäußerter Verzicht auf die Vergütung ist folglich in Wirklichkeit nichts anderes als die bindende Erklärung, den Antrag auf Festsetzung der Vergütung nicht zu stellen. Der Umstand, dass auf Grund der Beschlussempfehlung des Rechtsausschusses der Gesetzgeber ausdrücklich auf die Möglichkeit des Verzichts der Vergütung hingewiesen hat, stellt dagegen keinen Hinweis auf eine etwaige (faktische) Verbindlichkeit des Verzichts, sondern nur einen – juristisch unverbindlichen – Appell dar, dessen Befolgung das Verfahren günstiger gestalten soll. Es ist allerdings kaum zu erwarten, dass in der Praxis der Restschuldbefreiung – wie etwa im Betreuungsrecht[14] – der Verzicht eine größere Rolle spielen wird.[15] 7

---

[10] Vgl. § 292 RdNr. 3 f. und 73.
[11] Vgl. *Haarmeyer/Wutzke/Förster* vor § 1 InsVV RdNr. 27.
[12] Zu Einzelheiten s. § 292 RdNr. 17 ff.
[13] Vgl. auch BT-Drucks. 12/7302, S. 188.
[14] Die Vergütung des Betreuers regelt sich nach § 1908 i. V. m. § 1836 BGB – vgl. dazu *Erman/Holzhauer*, 10. Aufl. 2000, § 1908 i BGB RdNr. 25; *Erman/Holzhauer*, aaO, § 1836 BGB RdNr. 2 ff. Der Grund für die grundsätzliche Unentgeltlichkeit der Tätigkeit beruht auf dem Verweis auf die Regeln des Vormundschaftsrechts, die Ausdruck des Umstandes sind, dass die Vormundschaft ein staatsbürgerliches Ehrenamt ist – BVerfGE 54, 251; vgl. auch *Palandt/Diederichsen* § 1836 BGB RdNr. 4 ff.
[15] Vgl. *Döbereiner*, S. 351; *Römermann* in *Nerlich/Römermann* § 293 RdNr. 3; *Smid/Krug/Haarmeyer* § 292 RdNr. 1.

III. Vergütung

8 **1. Bemessungsgrundlage.** Das Gesetz legt in § 292 Abs. 1 Satz 2 als Bemessungskriterien für die Vergütung des Treuhänders allgemein den **Zeitaufwand des Treuhänders** und den Umfang seiner Tätigkeit fest. Zwar scheint der Wortlaut dieser Vorschrift dem die Vergütung festsetzenden Insolvenzgericht (§ 293 Abs. 2 i. V. m. § 64) eine gewisse Freiheit bei der Bemessung der Vergütung zuzubilligen,[16] doch steht dem Insolvenzgericht **kein Ermessen** zu. § 292 Abs. 1 Satz 2 ist lediglich als Hinweis darauf zu verstehen, aus welchen Bestandteilen sich die Berechnungsgrundlage der Vergütung ergibt. Diese spiegeln sich zusammengefasst in der Vergütungsstaffelung des § 14 Abs. 2 InsVV wider, die die Konkretisierung der Höhe der Vergütung zusammengesetzt aus Umfang und Zeitaufwand abschließend darstellt.[17] Die in § 14 Abs. 2 InsVV genannten Beträge sind **keine Sockelbeträge**, so dass das Insolvenzgericht keinen Spielraum hat, auf die gesetzlich vorgesehenen Beträge noch weitere Beträge aufzuschlagen, um etwa den zeitlichen Aspekt oder einen weit überdurchschnittlichen Aufwand zu berücksichtigen.[18]

9 **2. Berechnung der Vergütung.** Einzelheiten der Berechnung der Vergütung des Treuhänders ergeben sich aus dem Verweis in § 293 Abs. 2 auf § 65, der wiederum den dritten Abschnitt der Insolvenzrechtlichen Vergütungsordnung (InsVV),[19] nämlich die §§ 14 bis 16, für anwendbar erklärt.

10 **a) Verwaltungstätigkeit (§ 14 InsVV). aa) Berechnung.** Die Vergütung für die Verwaltungstätigkeit ist in § 14 InsVV geregelt.[20]

11 Die Vergütung des Treuhänders für seine Verwaltungstätigkeit berechnet sich gem. § 14 Abs. 1 InsVV nach der Vermögenssumme der Beträge, die er zu verwalten hat. Das sind die Beträge, welche auf Grund der Abtretungserklärung nach § 297 Abs. 2 oder auf andere Weise, wie etwa durch Herausgabe nach § 295 Abs. 1 Nr. 2, zur Befriedigung der Gläubiger beim Treuhänder eingehen. Dieser Berechnungsansatz macht die grundsätzliche Vorstellung, der Treuhänder werde nach Umfang und Zeitaufwand vergütet, zunichte. Dies hat der Verordnungsgeber im Hinblick auf eine einfache Handhabung der Vergütungsberechnung hingenommen.[21] Zugleich ist dem Insolvenzgericht damit ein Mittel genommen, die ggf. sehr niedrige Vergütung nach Umfang durch eine zusätzliche Draufgabe nach Zeitaufwand zu vergrößern und damit das Vergütungsgefüge der Treuhänder unkontrollierbar werden zu lassen.

12 Von der sich aus § 14 Abs. 1 InsVV ergebenden Summe erhält der Treuhänder nach § 14 Abs. 2 InsVV einen **bestimmten Bruchteil als Vergütung**. Wie beim Insolvenzverwalter und beim Zwangsverwalter ist die Vergütung **degressiv ausgestaltet**.[22] Von den ersten 25 000 Euro erhält der Treuhänder 5%, von einem Mehrbetrag bis 50 000 Euro 3% und von dem darüber hinausgehenden Betrag 1%. Das bedeutet, dass ein Treuhänder bei einem Gesamtbetrag von zum Beispiel 60 000 Euro eine Vergütung von

dem Betrag bis 25 000 Euro:	5%	= 1250 Euro
dem Betrag von 25 000 Euro bis 50 000 Euro, also weiteren 25 000 Euro:	3%	= 750 Euro
dem Betrag über 50 000 Euro, also weiteren 10 000 Euro:	1%	= 100 Euro
insgesamt: 2100 Euro erhält.		

---

[16] Darauf basiert FK-*Grote* § 293 RdNr. 2 offensichtlich auch die Auffassung, dass dem Richter grundsätzlich eine Ermessensentscheidung offen stehe.
[17] Siehe *Smid/Smid* § 65, § 14 InsVV, RdNr. 35.
[18] So auch *Römermann* in *Nerlich/Römermann* § 293 RdNr. 7.
[19] Insolvenzrechtliche Vergütungsverordnung v. 19. 8. 1998 (BGBl. I S. 2205).
[20] Vgl. auch Band 1 *Nowak* InsVV § 14 RdNr. 1 ff.
[21] Vgl. FK-*Grote* § 293 RdNr. 6.
[22] Siehe §§ 2, 3 InsVV; §§ 146 ff. ZVG; HambKommInsO-*Streck* § 293 RdNr. 2; *Uhlenbruck/Vallender* § 293 RdNr. 3; *Kübler/Prütting/Wenzel* § 293 RdNr. 3.

bei einem Betrag von 40 000 Euro von		
dem Betrag bis 25 000 Euro:	5%	= 1250 Euro
dem Betrag von 25 000 Euro bis 50 000 Euro, also weiteren 15 000 Euro:	3%	= 450 Euro
insgesamt: 1700 Euro erhält.		

bei einem Betrag von 15 000 Euro von		
dem Betrag bis 25 000 Euro, also 15 000 Euro:	5%	= 750 Euro
insgesamt: 750 Euro erhält.		

bb) Abrechnungszeitpunkt. Die Abrechnung findet nach Ablauf des **gesamten Restschuldbefreiungsverfahrens** statt.[23] Der Anspruch entsteht mit dem Tätigwerden des Treuhänders.[24] Er wird fällig, wenn seine Tätigkeit im Restschuldbefreiungsverfahren beendet ist.[25] Bemessungsgrundlage der Vergütungssätze sind alle Beträge, die beim Treuhänder eingehen.[26]

Wird die Wohlverhaltensperiode früher abgebrochen, so richtet sich die Vergütung zeitanteilig nach dem bis dahin eingegangenen Beträgen seiner Verwaltung.[27]

cc) Mindestvergütung. § 14 Abs. 3 InsVV setzt eine Mindestvergütung von 100 Euro pro Jahr für den Treuhänder an, die jährlich vom Beginn des Amtes als Treuhänder zu berechnen ist.[28] Damit soll der Treuhänder davor geschützt werden, dass er bei ausbleibenden oder nicht verfügbaren Beträgen unentgeltlich tätig werden muss. Der Anspruch auf die Mindestvergütung steht dem Treuhänder zu, unabhängig davon, ob oder in welchem Umfang er **tatsächlich Verwaltungsaufgaben wahrgenommen** hat.[29] Den Betrag von 100 Euro hat der Schuldner grundsätzlich aus eigenen Mitteln sicherzustellen. Ansonsten muss er befürchten, dass ihm die Restschuldbefreiung versagt wird (§ 298 Abs. 1).[30] Der Anspruch entsteht mit dem Tätigwerden.[31] Da der Gesetzgeber nicht verlangt, dass der Treuhänder das Vermögen des Schuldners kreditiert, steht es ihm zu, bis zum Ende eines Treuhandjahres die jeweils entstandene Gesamtvergütung der vergangenen Jahre auf Grund der eingezogenen Beträge zu berechnen. Ist diese Summe geringer als die bis dahin fällig gewordenen Mindestvergütungen, so kann der Treuhänder vom Schuldner Zahlung des Fehlbetrages verlangen.[32] **Reicht das Vermögen nicht aus** und ist dem Schuldner gem. § 4a Stundung der Verfahrenskosten bewilligt worden, so entsteht ein Sekundäranspruch des Treuhänders wegen dieses Betrages gegen die Staatskasse (dazu unten RdNr. 42). Diese Bestimmung fällt mit Inkrafttreten des Gesetzes zur Entschuldung mittelloser Personen weg.

Rechtspolitisch ist die gering angesetzte Vergütung des Treuhänders **fragwürdig**. Sie ist getragen von dem Bestreben, das Restschuldbefreiungsverfahren möglichst kostengünstig auszugestalten.[33] Diese Vorstellung kollidiert jedoch mit dem Bedürfnis nach einer qualitativ

---

[23] Vgl. *Blersch* § 14 InsVV RdNr. 24; *Keller*, Vergütung und Kosten, RdNr. 229; FK-*Grote* § 293 RdNr. 8.
[24] Oben *Nowak* § 14 InsVV RdNr. 3; FK-*Grote* § 293 RdNr. 8.
[25] S. *Eickmann* vor § 1 RdNr. 4; s. Band 1 *Nowak* § 14 InsVV RdNr. 4; *Nerlich/Römermann/Delhaes* § 63 RdNr. 5; HambKommInsO-*Streck* § 293 RdNr. 2.
[26] S. *Haarmeyer/Wutzke/Förster* § 14 InsVV RdNr. 7; *Keller*, Vergütung und Kosten, RdNr. 129; s. Band 1 *Nowak* § 14 InsVV RdNr. 27.
[27] *Smid/Smid* § 65, § 14 InsVV RdNr. 35.
[28] Anders *Römermann* in *Nerlich/Römermann* § 293 RdNr. 6; wie hier HambKommInsO-*Streck* § 293 RdNr. 2; *Uhlenbruck/Vallender* § 293 RdNr. 8; *Andres/Leithaus* § 293 RdNr. 3.
[29] Band 1 *Nowak* InsVV § 14 InsVV RdNr. 9; FK-*Grote* § 293 RdNr. 10; *Römermann* in *Nerlich/Römermann* § 293 RdNr. 6; HambKommInsO-*Streck* § 293 RdNr. 2; *Graeber* ZInsO 2006, 585; *Smid/Krug/Haarmeyer* § 293 RdNr. 3; anders aber offensichtlich *Krug*, Verbraucherkonkurs, 1988, 138.
[30] Vgl. *Smid/Krug/Haarmeyer* § 293 RdNr. 3; *Haarmeyer/Wutzke/Förster* § 14 InsVV RdNr. 7f.
[31] S. Band 1 *Nowak* § 14 InsVV RdNr. 3.
[32] So überzeugend FK-*Grote* § 293 RdNr. 10a.
[33] Vgl. HambKommInsO-*Büttner* § 14 InsVV RdNr. 5.

hochwertigen Betreuung durch den Treuhänder. Es ist nämlich durchaus fraglich, ob sich bei der Höhe der zu erwartenden Beiträge tatsächlich qualifizierte Personen bereit erklären, die Position des Treuhänders zu übernehmen.[34] Es ist vielmehr absehbar, dass die geringe Vergütung dazu führt, dass die Treuhänderarbeit entweder gleichsam „nebenher" geleistet oder in einer derartigen Massenabfertigung vorgenommen wird, dass der Sinn und Zweck dieser Tätigkeit nicht erfüllt werden kann. Damit besteht die Gefahr, dass ein wesentlicher Pfeiler des Restschuldbefreiungsverfahrens durch die geringe Vergütungsleistung ausgehöhlt wird.[35] Auf diese Überlegungen hat der Verordnungsgeber teilweise reagiert und eine Erhöhung des Mindestbetrages jedenfalls dort vorgesehen, wo der Treuhänder die durch Abtretung eingehenden Beträge an mehr als fünf Gläubiger verteilt.[36] Der Treuhänder erhält für jedes Jahr der Tätigkeit eine Erhöhung der Vergütung um 50 Euro pro 5 Gläubiger.[37] Eine solche Vergütung fällt aber nur in den Jahren an, in denen eine Verteilung an die Gläubiger tatsächlich stattfindet.[38] Die Erhöhungsvorschrift für Treuhänder ist auf Verfahren anzuwenden, in denen nach dem 1.1.2004 die Wohlverhaltensperiode begann.[39] Durch die geplanten Änderungen nach dem Gesetz über die Entschuldung mittelloser Personen werden sich die Sätze nicht ändern.

16 **dd) Privatautonome Vereinbarungen; Verzicht.** Eine privatrechtliche Vergütungsvereinbarung zwischen dem Treuhänder und den Gläubigern oder dem Schuldner ist unzulässig. Das ergibt sich aus der als abschließend aufzufassenden Regelung der Festsetzungs*befugnis* des § 16 Abs. 1 Satz 1 InsVV, wonach diese (nur) dem Insolvenzgericht zusteht.[40] Damit soll die Unabhängigkeit des Treuhänders von den einzelnen Verfahrensbeteiligten gewährleistet werden. Das Verbot privater Vereinbarungen gilt auch dann, wenn sich der Treuhänder darin zu einer geringeren Vergütung verpflichtet als gerichtlich festgesetzt ist. Denn dem Treuhänder steht es jederzeit frei, auch nach der gerichtlichen Festsetzung seinen vollständigen oder teilweisen Verzicht auf die Vergütung zu erklären.[41] Diese Erklärung bedarf keiner Form und ist an das Insolvenzgericht zu richten. Einer Vereinbarung bedarf es daher nicht. Wird gleichwohl eine Vergütungsvereinbarung mit dem Treuhänder geschlossen, ist sie wegen § 134 BGB nichtig.[42]

17 **b) Vergütung für die Überwachung der Obliegenheiten des Schuldners (§ 15 InsVV). aa) Berechnung.** Hat die Gläubigerversammlung dem Treuhänder auch die Überwachung des Schuldners übertragen, so steht ihm dafür eine zusätzliche Vergütung zu. Einzelheiten ergeben sich aus § 15 InsVV.[43]

18 Die Vergütung für die Überwachungsaufgaben wird nach Zeitaufwand berechnet. Der Regelstundensatz beträgt 35 Euro.[44] Dieser Stundensatz ist für das Insolvenzgericht jedoch nicht bindend, so dass es bei der Festsetzung dieser Vergütung auch einen höheren Stunden-

---

[34] Siehe das Berechnungsbeispiel bei *Bindemann,* Handbuch des Verbraucherkonkurses 1997, 152; *Haarmeyer/Wutzke/Förster* § 14 InsVV RdNr. 7.
[35] Zu den Problemen mit der geringen Vergütung s. auch FK-*Grote* § 293 RdNr. 7; Bundesrechtsanwaltskammer ZInsO 1998, 26, 32.
[36] Verordnung zur Änderung der InsVV v. 4.10.2004 (BGBl. I S. 2569); vgl. auch Begründung zu dieser Verordnung, ZVI 2004, 638, 644.
[37] Zur Kritik – insbesondere im Hinblick auf §§ 2 und 13 InsVV s. *Blersch* ZIP 2004, 2311, 2317; FK-*Lorenz* § 14 InsVV RdNr. 8 a.
[38] *Graeber* ZInsO 2006, 585, 587; HambKommInsO-*Büttner* § 14 InsVV RdNr. 6.
[39] HambKommInsO-*Büttner* § 14 InsVV RdNr. 7 a; anders FK-*Lorenz* § 14 InsVV RdNr. 8 b.
[40] Vgl. *Döbereiner,* S. 354; *Uhlenbruck/Vallender* § 293 RdNr. 6; FK-*Grote* § 293 RdNr. 11; BK-*Blersch* § 16 InsVV RdNr. 7; FK-*Lorenz* § 16 InsVV RdNr. 5.
[41] Vgl. *Römermann* in *Nerlich/Römermann* § 293 RdNr. 13; *Uhlenbruck/Vallender* § 293 RdNr. 16; *Graf-Schlicher/Kexel* § 293 RdNr. 5; *Kübler/Prütting/Wenzel* § 293 RdNr. 3; s. Band 1 *Nowak* § 14 InsVV RdNr. 10.
[42] Siehe etwa *Haarmeyer/Wutzke/Förster* vor § 1 InsVV RdNr. 43; vgl. zum vergleichbaren Problem bei der Vergütungsvereinbarung mit Insolvenzverwaltern *Kuhn/Uhlenbruck* § 85 KO RdNr. 15; *Kilger/K. Schmidt* § 85 KO Anm. 3; *Balz,* Kölner Schrift, 3, 21.
[43] Vgl. Band 1 *Nowak* InsVV § 15 RdNr. 1 ff.
[44] Vgl. Begründung zur Verordnung zur Änderung der InsVV v. 4.10.2004, ZVI 2004, 638, 644.

satz festsetzen kann.[45] Dabei können etwa die Qualifikation des Treuhänders oder die Schwierigkeit der Überwachungsaufgabe berücksichtigt werden.[46] Kein Kriterium für die Erhöhung des Stundensatzes ist allerdings der bloße Umfang der Überwachungstätigkeit, da dies nur eine Auswirkung auf die Anzahl der erforderlichen Überwachungsstunden und deshalb auf die Höhe der Gesamtvergütung hat.[47] Für Verfahren, in denen der Treuhänder in der Wohlverhaltensperiode vor dem 1.1.2004 Leistungen erbracht hat, gilt noch der geringere Stundensatz von 15 Euro.[48]

bb) Abrechnungszeitraum. Die Vergütung für die Überwachung wird ebenso wie die übrige Vergütung **pro Jahr für den Zeitraum des abgelaufenen Jahres** fällig.[49] Das ergibt sich aus der grundsätzlichen Koppelung des Vergütungsanspruchs gem. § 15 Abs. 2 InsVV an den Anspruch aus § 14 InsVV (vgl. oben RdNr. 14). 19

cc) Deckung des Gesamtbetrages. Der Gesamtbetrag der Überwachungsgebühren wird nach § 15 Abs. 2 InsVV **gedeckelt.** Er darf nach Satz 1 den Betrag nicht übersteigen, der für die Vergütung für die allgemeine Verwaltung/Betreuung nach § 14 InsVV geschuldet wird. Damit wird allerdings grundsätzlich verhindert, dass die Vergütung für die Überwachung ein Ausgleich zu der geringen Vergütung für die allgemeinen Verwaltungsaufgaben des Treuhänders sein kann, mittels derer dann durch eine Mischkalkulation die Aufgabe des Treuhänders wieder attraktiver geworden wäre. Die Vergütung der „Nebenaufgabe" soll nicht höher sein als die der „Kernaufgabe" des Treuhänders.[50] Sinn und Zweck der Deckelung soll ausweislich der Begründung zum InsVV außerdem sein, dass verhindert wird, dass die Vergütung für die Überwachung in eine Höhe steigt, die von den Gläubigern nicht vorhergesehen wird.[51] 20

Der in § 15 Abs. 2 Satz 1 vorgesehene Verweis auf § 14 InsVV insgesamt führt dazu, dass in den Fällen des § 14 Abs. 3 InsVV, wo bei dem Treuhänder nur geringe oder gar keine Beiträge eingehen, die Überwachungsvergütung den Betrag von 100 Euro grundsätzlich ebenfalls nicht übersteigen darf.[52] 21

dd) Abweichende Regelungen. Die Gläubigerversammlung kann allerdings abweichende Regelungen treffen (§ 15 Abs. 2 Satz 2 InsVV) und so einen **anderen Höchstbetrag der Vergütung** festlegen.[53] Diese Regelung hat weitreichende Konsequenzen. Sie ist legitimiert durch den Umstand, dass der Treuhänder im Hinblick auf die Überwachung im Interesse der Gläubiger tätig wird und die Gläubiger daher selbst entscheiden können sollen, welcher Betrag dafür aufgewendet werden soll, da dies zu ihren Lasten geht und sie auch den Auftrag zu dieser Aufgabe (§ 292 Abs. 2) gegeben haben. Diese Regelung kann jedoch instrumentalisiert werden, um den Posten des Treuhänders trotz der geringen Vergütung für seine „Kerntätigkeit" attraktiv zu machen, indem die Verwaltungstätigkeit mit der Überwachungstätigkeit gekoppelt wird und Letztere mit einem hohen Stundenlohn versehen wird. Damit hätte es die Gläubigerversammlung in der Hand, die Bedingungen zu schaffen, die auch für hochqualifizierte und daher entsprechend teure Treuhänder interessant sind. Gleichzeitig würde verdeutlicht, dass die so genannte „Nebenaufgabe" der Überwachung des Treuhänders aus Sicht der Gläubiger durchaus zum entscheidenden Bereich der Tätigkeit des Treuhänders gehört. 22

---

[45] Vgl. Begr. zu § 15 InsVV (BGBl. 1998 I S. 2205); *Uhlenbruck/Vallender* § 293 RdNr. 13.
[46] *Smid/Krug/Haarmeyer* § 293 RdNr. 4; *Haarmeyer/Wutzke/Förster* § 15 InsVV RdNr. 3.
[47] Siehe FK-*Grote* § 293 RdNr. 12, der aber zu Unrecht *Smid/Krug/Haarmeyer* § 293 RdNr. 4 als andere Auffassung bezeichnet, obwohl sich die Aussage an der zitierten Stelle auf die Schwierigkeit und nicht auf den bloßen Umfang der Tätigkeit bezieht.
[48] Begründung zur Verordnung zur Änderung der InsVV v. 4.10.2004, ZVI 2004, 638, 644.
[49] Vgl. insoweit auch *Smid/Krug/Haarmeyer* § 293 RdNr. 4.
[50] *Römermann* in *Nerlich/Römermann* § 293 RdNr. 10.
[51] Amtl. Begr. zu § 15 InsVV (BGBl. 1998 I S. 2205).
[52] HambKommInsO-*Büttner* § 15 InsVV RdNr. 6; *Blersch* ZIP 2004, 2311, 2317.
[53] HambKommInsO-*Büttner* § 15 InsVV RdNr. 7.

23 Die **Entscheidung der Gläubigerversammlung** über die abweichende Festsetzung des Stundensatzes oder eines bestimmten Deckelungsbetrags unterliegt nicht der Kontrolle des Insolvenzgerichts. Es hat die Abweichung von der Regelvergütung in seinem Beschluss über die Ankündigung der Restschuldbefreiung (§ 291 Abs. 1) nur deklaratorisch festzustellen.[54]

24 **c) Auslagenerstattung. aa) Berechnung.** Neben der Vergütung für seine Tätigkeit hat der Treuhänder auch einen Anspruch auf Erstattung seiner angemessenen Auslagen. Die Einzelheiten hierzu sieht die InsVV in § 16 Abs. 1 Satz 2 bis Satz 4 vor.[55]

25 **Erstattungsfähig sind die entstandenen Auslagen.** Zu ihnen gehören die Kosten für Porto, Telefon und Internet (Versendung von E-mails), Kopien, Zustellkosten und notwendige Reisekosten.[56] Leitlinie für die Beurteilung dessen, was unter den Begriff der Auslagen fällt, ist § 4 Abs. 2 InsVV.[57] Erstattungsfähig ist des Weiteren die anfallende Umsatzsteuer, soweit der Treuhänder umsatzsteuerpflichtig ist (§§ 16 Abs. 1 Satz 4, 7 InsVV). Ein Treuhänder, der umsatzsteuerpflichtiger Unternehmer ist, kann demnach zu seiner Nettovergütung auch die Umsatzsteuer in Rechnung setzen, die er selbst abführen muss. Damit soll verhindert werden, dass die geringe Vergütung des Treuhänders noch weiter verringert wird.[58]

26 **Nicht erstattungsfähig** sind die allgemeinen Geschäftskosten des Treuhänders. Darunter fallen insbesondere die allgemeinen Bürokosten, die Gehälter der Mitarbeiter und die Kosten einer Haftpflichtversicherung (vgl. § 4 Abs. 1 und Abs. 3 InsVV).[59]

27 **bb) Rechtsverfolgungskosten.** Problematisch ist, ob die Aufwendungen, die der Treuhänder im Rahmen notwendiger Rechtsverfolgungskosten zu erbringen hat, ebenfalls nach § 16 Abs. 1 Satz 2 InsVV erstattungsfähig sind. **Derartige Kosten entstehen** dann, wenn der Treuhänder den Anspruch auf Abtretung gegen den Entgeltschuldner oder gegen scheinbar bevorrechtigte Dritte durchsetzen will.[60] Rechtsverfolgungskosten werden als Masseschulden verstanden[61] und sind daher keine Auslagen. Im Restschuldbefreiungsverfahren sind aus dem vom Treuhänder verwalteten Vermögen nach § 293 nur die Vergütung für die Treuhändertätigkeit, für die Überwachung und für die notwendigen Auslagen zu begleichen. Die Rechtsverfolgungskosten sind dagegen Kosten, die neben der Treuhändertätigkeit auftreten und auch nicht in der Vergütung für die Überwachungstätigkeit enthalten sind. Da insoweit eine nicht hinnehmbare Lücke in der Kostentragung entsteht – der Treuhänder wird die Rechtsverfolgungskosten kaum aus eigener Tasche bezahlen wollen – muss hier der Auslagenbegriff weit verstanden werden, mit der Folge, dass auch notwendige Rechtsverfolgungskosten als Auslagen nach § 293, § 16 Abs. 1 Satz 2 InsVV erstattungsfähig sind.[62]

28 Erstattet werden nur angemessene Auslagen. Der **Begriff der Angemessenheit** bestimmt sich nach den allgemeinen Regeln, die als Maßstab für die Kontrolle der Aufwendungen von Vermögensverwaltern im Rahmen der §§ 670, 675 BGB entwickelt worden sind. Daher sind solche Auslagen angemessen, die ein durchschnittlicher Treuhänder im Zeitpunkt der Erbringung der Auslagen bei ordnungsgemäßer Amtsführung aus der Perspektive eines nach verständigem Ermessen Handelnden für erforderlich erachten durfte.[63] Dem Treuhänder ist auch die von ihm zu zahlende Umsatzsteuer zu erstatten (§ 16 Abs. 1 Satz 4 i. V. m. § 7 InsVV).[64]

---

[54] FK-*Grote* § 293 RdNr. 14.
[55] Vgl. Band 1 *Nowak* § 16 InsVV RdNr. 1 ff.
[56] *Smid/Krug/Haarmeyer* § 293 RdNr. 5; FK-*Grote* § 293 RdNr. 15.
[57] Vgl. *Haarmeyer/Wutzke/Förster* § 4 InsVV RdNr. 46 ff.
[58] *Römermann* in *Nerlich/Römermann* § 293 RdNr. 17.
[59] Siehe dazu *Haarmeyer/Wutzke/Förster* § 4 InsVV RdNr. 3 ff.
[60] FK-*Grote* § 293 RdNr. 16.
[61] Vgl. oben *Hefermehl* § 55 RdNr. 44; *Andres* in *Nerlich/Römermann* § 55 RdNr. 14 ff.
[62] So auch FK-*Grote* § 293 RdNr. 16; HambKommInsO-*Streck* § 293 RdNr. 6.
[63] *Römermann* in *Nerlich/Römermann* § 293 RdNr. 15; HambKommInsO-*Streck* § 293 RdNr. 6; *Haarmeyer/Wutzke/Förster* § 16 InsVV RdNr. 2, § 4 InsVV RdNr. 46 ff.; allgemein vgl. auch MünchKommBGB-*Seiler* § 670 BGB RdNr. 8 und 10; *Palandt/Sprau* § 670 BGB RdNr. 4; BGHZ 95, 375, 388.
[64] *Uhlenbruck/Vallender* § 293 RdNr. 12.

cc) Nachweis der Auslagen. § 16 Abs. 1 Satz 3 InsVV sieht vor, dass die Auslagen des Treuhänders **im Einzelnen anzuführen und zu belegen sind**.[65] Die Ansetzung von Pauschalbeträgen – wie etwa beim Insolvenzverwalter – ist damit nicht zu vereinbaren. Eine solche Regelung ist sinnvoll, denn zum einen ist es bei dem begrenzten Aufgabenbereich des Treuhänders zumutbar, eine genaue Aufstellung der Auslagen zu verlangen.[66] Zum anderen entspricht eine genaue Aufstellung dem Ziel, das Verfahren insgesamt kostengünstig zu gestalten, indem auch nur die tatsächlich angefallenen Kosten und nicht pauschalisierte Beträge ersetzt werden. Damit kann zum Teil auch verhindert werden, dass durch den Ansatz von Pauschalbeträgen versucht wird, eine etwaige geringe Vergütung aufzufangen. Insoweit ist die Auffassung, die innerhalb bestimmter Auslagengruppen, wie Porti, Telefon oder Kopien, wo Einzelnachweise nur schwer zu beschaffen seien, einen pauschalen Satz anerkennen will,[67] nicht mit dem Sinn und Zweck der Vorschrift vereinbar.

Die **Strenge der Anforderungen** an die Auslagenerstattung ist nur dort gemildert worden, wo für die Auslagen kein fester Betrag angegeben werden kann, wie z. B. für Schreibauslagen. Insoweit ist denkbar, dass sich die Berechnung der Auslagen an dem orientiert, was das GKG in Verbindung mit den Nummern 9000 ff. des Kostenverzeichnisses vorsieht.[68] Jedenfalls sollte insoweit aber eine „Pfennigfuchserei"[69] vermieden werden, um das Amt des Treuhänders nicht noch unattraktiver zu machen, als es ohnehin schon ist.

§ 16 Abs. 1 Satz 3 InsVV verlangt nicht nur die Auflistung der Auslagen, sondern auch deren **Beleg**. Auch diese Vorschrift ist vor dem Hintergrund der **Kostengenauigkeit** streng zu verstehen. Allerdings ist bei der Belegpflicht der Verhältnismäßigkeitsgrundsatz zu beachten. Dort, wo der Aufwand für einen detaillierten Nachweis der Kosten nicht mehr in einem akzeptablen Verhältnis zum Wert der nachgewiesenen Kosten steht, muss es zulässig sein, andere Formen des Nachweises der tatsächlich entstandenen Kosten heranzuziehen. Denkbar ist insoweit eine (notfalls eidesstattliche) Versicherung des Treuhänders.[70]

d) Vorschüsse. aa) Vorschüsse auf die Vergütung. Dem Treuhänder wird durch § 16 Abs. 2 Satz 1 InsVV erlaubt, Vorschüsse auf seine Vergütung aus den bei ihm eingehenden Beträgen zu entnehmen, **ohne dass eine Zustimmung des Gerichts** erforderlich wäre.[71] Damit wird ein gewisser Wertungswiderspruch aufgehoben, der dadurch entsteht, dass auf der einen Seite der Vergütungsanspruch bereits mit der Arbeitsleistung bzw. mit dem Antritt des Amtes beginnt,[72] auf der anderen Seite die Vergütung selbst – soweit sie die Kernaufgabe betrifft – aber erst nach Ende der Überwachungszeit festgesetzt wird. Die Entnahmebefugnis wird nach § 16 Abs. 2 Satz 1 InsVV allerdings auf den von ihm bereits verdienten Teil der Vergütung und die Mindestvergütung seiner Tätigkeit beschränkt. Werden von den Gläubigern an den Treuhänder Vorschüsse zur Übernahme der Überwachungsaufgabe gezahlt, so sind diese anzurechnen.[73] Ein **Missbrauch dieser Regelung** wird durch die Aufsicht des Insolvenzgerichts über den Treuhänder nach § 292 Abs. 3 Satz 2 in Verbindung mit §§ 58, 59 verhindert.[74] Möglich ist auch die **Bildung von Rücklagen** aus den vom Schuldner eingegangenen Beträgen zur Sicherung der eigenen Mindestvergütung für die gesamte Verfahrensdauer. Die Bildung von Rückstellungen kann zu einer Verzögerung der Ausschüttung an die Gläubiger führen.[75]

---

[65] Vgl. *Haarmeyer/Wutzke/Förster* § 4 RdNr. 47 f.; HambKommInsO-*Büttner* § 16 InsVV RdNr. 5; HambKommInsO-*Streck* § 293 RdNr. 6.
[66] Ebenso *Smid/Krug/Haarmeyer* § 293 RdNr. 5.
[67] FK-*Grote* § 293 RdNr. 17.
[68] *Römermann* in *Nerlich/Römermann* § 293 RdNr. 14.
[69] *Eickmann* § 5 InsVV RdNr. 10; *Haarmeyer/Wutzke/Förster* § 4 InsVV RdNr. 50.
[70] So *Römermann* in *Nerlich/Römermann* § 293 RdNr. 14; oben *Nowak* § 16 InsVV RdNr. 4.
[71] *Hess/Obermüller* RdNr. 1092; *Römermann* in *Nerlich/Römermann* § 293 RdNr. 21; *Smid/Krug/Haarmeyer* § 293 RdNr. 6; FK-*Grote* § 293 RdNr. 18; s. Band 1 *Nowak* § 16 InsVV RdNr. 15; HambKommInsO-*Büttner* § 16 InsVV RdNr. 10; *Uhlenbruck/Vallender* § 293 RdNr. 9.
[72] Vgl. BGH ZIP 1992, 120, 123 (zum Vergütungsanspruch beim Konkursverwalter).
[73] Vgl. *Döbereiner*, 351; *Römermann* in *Nerlich/Römermann* § 293 RdNr. 21.
[74] Amtl. Begr. zu § 16 InsVV (BGBl. 1998 I S. 2205).
[75] FK-*Grote* § 293 RdNr. 10 b; *Keller*, Vergütung und Kosten, RdNr. 234.

33 **bb) Vorschüsse auf die Auslagen.** In § 16 Abs. 2 InsVV ist nicht vorgesehen, dass der Treuhänder auch **auf seine Auslagen Vorschüsse** aus den eingehenden Beträgen entnehmen darf. Das bedeutet, dass der Treuhänder einen Zeitraum von bis zu sieben Jahren warten muss, um seine Auslagen ersetzt zu bekommen. Da die Auslagen nur von den im letzten Jahr bei ihm einlaufenden Beträgen erstattet werden können und keine Form der Rücklagenbildung für die notwendigen Auslagen gestattet ist, besteht die Gefahr, dass die Beträge nicht ausreichen, um die insgesamt entstandenen Auslagen des Treuhänders zu decken.[76] Hinsichtlich des Umstandes, dass bei der Tätigkeit des Treuhänders Auslagen in nicht geringem Umfange anfallen können, entsteht ein **Konflikt** zwischen der gesetzlichen Lage und dem Interesse des Treuhänders, seine Auslagen auch während der Tätigkeit erstattet zu bekommen. Lässt man diesen Konflikt dahinstehen, liefe man Gefahr, dass in Anbetracht eines möglichen Ausfalls seiner Auslagenerstattung am Ende der Tätigkeit die Qualität der Tätigkeit des Treuhänders während der Treuhandphase leiden könnte. Eine **saubere juristische Lösung** läge darin, *de lege ferenda* die Bildung einer Rücklage aus den eingezahlten Beträgen zuzulassen, aus der der Treuhänder seine Auslagen entnehmen darf. Wird diese Rücklage nicht ausgeschöpft, kann sie zur Vergütung der ausstehenden Beträge des Treuhänders verwendet werden oder kommt bei der letzten Verteilung den Gläubigern zugute. Wird festgestellt, dass der Treuhänder Beträge aus dieser Rücklage entnommen hat für Auslagen, die entweder nicht notwendig waren oder nicht hinreichend belegt werden können, so entsteht mit der Festsetzung der zu erstattenden Auslagen durch das Gericht ein Rückzahlungsanspruch gegen den Treuhänder, der entweder mit dem ausstehenden Vergütungsanspruch verrechnet werden kann oder den Gläubigern zugute kommt. *De lege lata* ist der Vorschlag zu befürworten, wonach in diesen Fällen der Rechtsgedanke des § 9 Satz 2 InsVV, der eine Sonderregelung für den Anfall besonders hoher Auslagen vorsieht,[77] entsprechend angewendet werden soll.[78] Danach soll das Insolvenzgericht auf Antrag des Treuhänders die Zustimmung zur Entnahme eines Auslagenvorschusses erteilen, wenn – verhältnismäßig – besonders hohe Auslagen erforderlich waren. Gegen den Beschluss des Insolvenzgerichts wäre nach §§ 293 Abs. 2, 64 Abs. 3, § 567 Abs. 2 ZPO die sofortige Beschwerde möglich. Eine normative Grundlage für diese Vorgehensweise gibt es indessen nicht. Zu rechtfertigen wäre sie nur teleologisch im Hinblick auf die Notwendigkeit der Lösung des bestehenden Dilemmas.

IV. Festsetzung

34 Die Festsetzung der Vergütung des Treuhänders wird gemäß § 293 Abs. 2, § 64 Abs. 1, § 16 Abs. 1 InsVV **durch das Insolvenzgericht** vorgenommen. Funktionell zuständig ist der Rechtspfleger (Argument ex § 18 Abs. 1 Nr. 2 RPflG).[79] Zu unterscheiden ist dabei die Festsetzung der Vergütung für die Aufgaben nach § 14 InsVV und die Erstattung der Auslagen gemäß § 16 Abs. 1 Satz 2 einerseits und die Festsetzung der Vergütung für die Zusatzaufgaben nach § 292 Abs. 2.

35 **1. Festsetzung der Vergütung für die Verwaltungstätigkeit.** Die Festsetzung der Vergütung für die Verwaltungsaufgaben und der Erstattung notwendiger Auslagen erfolgt nur auf Grund eines **Antrags des Treuhänders.** Im Hinblick auf einen möglichst geringen Aufwand sieht § 16 Abs. 1 Satz 2 InsVV vor, dass das Insolvenzgericht nur einmal, nämlich bei Beendigung der Tätigkeit des Treuhänders, die Vergütung in einem **Beschluss** festsetzen soll.[80] Dabei sind der Übersicht wegen die Vergütung und die Auslagen gesondert aufzuführ-

---

[76] Siehe FK-*Grote* § 293 RdNr. 19; HambKommInsO-*Büttner* § 16 InsVV RdNr. 10.
[77] Vgl. *Smid/Smid* §§ 65, 66, § 9 InsVV RdNr. 28; *Hess*, InsVV, § 9 InsVV RdNr. 3.
[78] FK-*Grote* § 293 RdNr. 19; HambKommInsO-*Streck* § 293 RdNr. 7; *Kübler/Prütting/Wenzel* § 293 RdNr. 3; *Henning* ZInsO 2004, 585, 594; vgl. auch *Uhlenbruck/Vallender* § 293 RdNr. 11.
[79] Vgl. *Pape*, Rpfleger 1995, 133, 138; *Döbereiner*, S. 351; FK-*Grote* § 293 RdNr. 20; *Uhlenbruck/Vallender* § 293 RdNr. 17; *Andres/Leithaus* § 293 RdNr. 6.
[80] Vgl. *Smid/Krug/Haarmeyer* § 293 RdNr. 6; *Kübler/Prütting/Eickmann* § 16 InsVV RdNr. 4; *Haarmeyer/Wutzke/Förster* § 16 InsVV RdNr. 1.

ren.⁸¹ Dieser Beschluss muss entsprechend § 64 Abs. 2 öffentlich bekannt gemacht werden.⁸² Er ist den Gläubigern, dem Schuldner und dem Treuhänder zuzustellen⁸³ und kann von ihnen mit sofortiger Beschwerde angegangen werden, wenn der Gegenstandswert 50,– Euro überschreitet (§§ 293 Abs. 2, 64 Abs. 3 Satz 2, § 567 Abs. 2 Satz 2 ZPO). Aus § 64 Abs. 2 Satz 2 ergibt sich des Weiteren, dass die festgesetzten Beträge nicht zu veröffentlichen sind. In der öffentlichen Bekanntmachung des Beschlusses ist aber darauf hinzuweisen, dass der vollständige Beschluss in der Geschäftsstelle eingesehen werden kann.

2. Festsetzung der Vergütung für die Überwachung. a) Allgemeines. Die Festsetzung der **Vergütung der Überwachungsaufgaben bedarf keines Antrages.** Sie ergeht von Amts wegen schon mit der Ankündigung der Restschuldbefreiung nach § 291 Abs. 1 (§ 16 Abs. 1 Satz 1 InsVV). Mit der Festsetzung bei der Bestellung des Treuhänders soll bezweckt werden, dass für alle Beteiligten Klarheit besteht, welche Aufwendungen durch die Überwachung entstehen werden. Insbesondere soll es dem Treuhänder während der Tätigkeit ermöglicht werden, festzustellen, dass die Höchstgrenze der Überwachungsvergütung nach § 14 Abs. 2 InsVV erreicht ist, damit er die Überwachungstätigkeit rechtzeitig einschränken kann.⁸⁴

In dem Fall, wo der Treuhänder die Überwachungsaufgaben erst zu einem späteren Fall übernimmt, hat das Gericht auch erst dann in einem Beschluss die Vergütung pro Stunde festzulegen.⁸⁵

b) Abweichung vom Vergütungssatz nach § 15 Abs. 2 Satz 2 InsVV. Wird von der **Gläubigerversammlung eine abweichende Regelung** über den Vergütungssatz nach § 15 Abs. 2 Satz 2 InsVV getroffen, so hat das Gericht dies ebenfalls in einem Beschluss festzustellen und damit die Verbindlichkeit des Vergütungssatzes herzustellen.⁸⁶ Wenn das Gericht von dem Regelsatz des § 15 Abs. 1 InsVV abweichen will, braucht es neben den Gläubigern keine weiteren Beteiligten zu hören. Die gegenteilige Auffassung⁸⁷ ist nicht überzeugend. Denn weder der Schuldner noch der Insolvenzverwalter sind von einer Abweichung vom Regelsatz nach oben nachteilig betroffen; ihnen braucht daher kein Gehör gewährt zu werden. Dem Gericht steht es allerdings frei, sie gleichwohl anzuhören. Für die Gläubiger stellt eine derartige höhere Festsetzung eine Beschwer dar, so dass ihnen vor dem Beschluss rechtliches Gehör zu gewähren ist.⁸⁸ Das Insolvenzgericht muss in diesem Fall aus Gründen der Zweckdienlichkeit eine weitere Gläubigerversammlung gem. § 74 einberufen,⁸⁹ auf der die Beweggründe für den höheren Vergütungssatz dargelegt werden und den Gläubigern Gelegenheit zur Stellungnahme gegeben wird. Die Gläubigerversammlung kann dem Insolvenzgericht jedoch nicht bindend widersprechen. Allerdings hat sie die Möglichkeit, die Beauftragung der Überwachung des Schuldners ganz zurückzunehmen. Vor diesem Hintergrund dürften sich die Gläubigerversammlung und das Insolvenzgericht im Streitfall stets auf einen Kompromiss verständigen.

Aus der **Notwendigkeit der Gewährung rechtlichen Gehörs** für die Gläubiger ergibt sich, dass das Gericht in dem Fall, wo der Treuhänder die Überwachungstätigkeit erst zu einem späteren Zeitpunkt während des Verfahrens übernimmt, regelmäßig nicht von dem gesetzlichen Regelsatz abweichen darf. Mit Eröffnung des Restschuldbefreiungsverfahrens besteht nämlich die Gläubigerversammlung nicht mehr, so dass dann die Wahrung des rechtlichen Gehörs der Gläubiger nur noch schwer gewährleistet ist. Etwas anderes gilt in dem Fall, wo die Gruppe der Gläubiger überschaubar und bekannt ist, und dann, wenn die

---
⁸¹ Vgl. *Döbereiner*, S. 353.
⁸² *Uhlenbruck/Vallender* § 293 RdNr. 20.
⁸³ *Römermann* in *Nerlich/Römermann* § 293 RdNr. 19.
⁸⁴ *Smid/Smid* §§ 65, 66 RdNr. 38.
⁸⁵ *Römermann* in *Nerlich/Römermann* § 293 RdNr. 19.
⁸⁶ *Uhlenbruck/Vallender* § 293 RdNr. 14.
⁸⁷ *Römermann* in *Nerlich/Römermann* § 293 RdNr. 19.
⁸⁸ Vgl. allg. *Vallender*, Kölner Schrift, 249, 275, RdNr. 84 f.
⁸⁹ Siehe oben *Ehricke* § 74 RdNr. 22; vgl. auch LG Stuttgart ZIP 1989, 1595.

Gläubigerversammlung in ihrem Beschluss zur Beauftragung der Überwachung die Festsetzung der Vergütung in das Ermessen des Gerichts gestellt hat.

39 **c) Zustellung und öffentliche Bekanntmachung.** Der Beschluss über die Festsetzung der Überwachungsvergütung ist als Teil der Entscheidung des Insolvenzgerichts über die Ankündigung der Restschuldbefreiung den Parteien zuzustellen und gem. § 289 Abs. 2 Satz 3 nach Rechtskrafterlangung öffentlich bekannt zu machen.

Ein später erfolgender Beschluss über die Festsetzung der Überwachungsvergütung muss entsprechend § 64 Abs. 2 öffentlich bekannt gemacht werden; er ist darüber hinaus den Beteiligten zuzustellen.

40 **d) Rechtsmittel.** Gegen die Festsetzung der Überwachungsvergütung des Insolvenzgerichts, die in dem Beschluss über die Ankündigung der Restschuldbefreiung enthalten ist, stehen die Rechtsmittel des § 289 Abs. 2 zur Verfügung. § 567 Abs. 2 ZPO kommt insoweit nicht zur Anwendung.

41 Wird erst in einem späteren Beschluss vom Gericht die Überwachungsvergütung festgesetzt, so richtet sich das Rechtsmittel nach § 293 Abs. 2 i. V. m. § 64 Abs. 3, so dass in diesem Fall die Beschränkung für ein weiteres Rechtsmittel nach § 567 Abs. 2 ZPO eingreift. § 289 Abs. 2 kommt hier nicht zur Anwendung, weil diese Vorschrift ausdrücklich nur für den Beschluss über den Antrag auf Erteilung der Restschuldbefreiung Anwendung findet.

V. Einbeziehung in das Stundungsmodell

42 Der Verweis auf den durch das InsOÄndG 2001 ebenfalls geänderten § 63 Abs. 2 bewirkt eine **Einbeziehung des Kostenanspruchs in das Stundungsmodell.** Gem. Art. 103a EGInsO gilt dies aber nur für die nach Inkrafttreten des InsOÄndG 2001 eröffneten Verfahren. Nach § 63 Abs. 2 steht dem Treuhänder für den Fall der Stundung der Verfahrenskosten gem. § 4a ein Vergütungsanspruch sowie ein Anspruch auf Auslagenerstattung gegen die Staatskasse zu, wenn die Insolvenzmasse für deren Erfüllung nicht ausreicht. Damit wird bewirkt, dass der Schuldner nicht mehr gezwungen ist, die Vergütung und die Auslagen aus seinem pfändungsfreien Vermögen zu decken. Eine Stundung des Vergütungs- und Auslagenanspruchs unmittelbar durch das Insolvenzgericht kommt – anders als bei den Kosten des Insolvenzverfahrens – nicht in Betracht. Es handelt sich dabei nämlich um Ansprüche eines Dritten.[90]

VI. Geplante Änderung durch das Gesetz zur Entschuldung mitteloser Personen

43 Die Neufassung des § 293 Abs. 1 RegE sieht vor, dass der vorläufige Treuhänder ebenso wie der Treuhänder Anspruch auf Vergütung für seine Tätigkeit und auf Erstattung angemessener Auslagen hat. Die Einzelheiten der Vergütung des vorläufigen Treuhänders ergeben sich aus dem geplanten neuen § 14a InsVV. Danach beträgt die Vergütung des vorläufigen Treuhänders für die Tätigkeit nach § 289a Abs. 4 RegE EUR 250,– und für die Tätigkeit nach § 289a Abs. 5 RegE EUR 450,–.[91] Wenn der Schuldner mehr als fünf Gläubiger hat, so erhöht sich die genannte Vergütung je fünf Gläubiger um EUR 50,–. Änderungen im Hinblick auf die Vergütung des Treuhänders ergeben sich ebenfalls aus dem geplanten neuen § 14a InsVV. Zum einen gilt die Vergütung des Treuhänders gemäß § 14 InsVV nur mit der Maßgabe, dass die Vergütung erst ab dem zweiten Jahr der Tätigkeit anfällt. Für den Fall, dass dem Schuldner während des Restschuldbefreiungsverfahrens in einem zunächst masselosen Verfahren doch Vermögenswerte zufließen und das Verteilungsverfahren gemäß § 292a RegE angeordnet wird, kann der Treuhänder gemäß § 14a Abs. 3 RegE InsVV 50% der Vergütung nach § 2 Abs. 1 InsVV, mindestens aber EUR 300,– verlangen. Der Gesetzgeber hat diese Regelung gewählt, weil die Vergütungsstaffel des § 14

---

[90] S. *Braun/Buck* § 293 RdNr. 11.
[91] Siehe zu § 289a die Kommentierung von *Stephan*.

Abs. 2 InsVV den Aufwand des Treuhänders insoweit nicht hinreichend abbildet. Da es sich bei der Aufgabe des Treuhänders nach § 292 a RegE[92] um eine Aufgabe handelt, die eher dem eröffneten Insolvenzverfahren entspricht, kommt die Vergütungsstaffel des § 2 Abs. 1 InsVV entsprechend zur Anwendung, wobei die Vergütung allerdings entsprechend der Belastung des Treuhänders um die Hälfte reduziert wird. Dadurch soll dem Aufwand des Treuhänders hinreichend Rechnung getragen werden, allerdings führt die entsprechende Anwendung der Vergütungsstaffel des § 2 Abs. 1 InsVV dazu, dass in Abweichung zu § 14 Abs. 3 Satz 2 InsVV eine Erhöhung der Vergütung nach der Anzahl der Gläubiger unterbleibt.

Die Neufassung von § 293 RegE führt zu einer Streichung des Verweises auf § 63 Abs. 2 und stellt klar, dass sowohl für den Treuhänder als auch den vorläufigen Treuhänder die §§ 64 und 65 entsprechend gelten. **44**

Voraussetzung für den Anspruch des Treuhänders gegen die Staatskasse ist zunächst, dass die Beträge, die der Treuhänder durch Abtretung oder in sonstiger Weise vom Schuldner erlangt hat, nicht ausreichen, die Kosten zu decken. Darüber hinaus ist es notwendig, dass der Antrag des Schuldners auf Stundung bewilligt worden ist. Liegen diese Voraussetzungen vor, so entsteht ein **selbstständiger Sekundäranspruch** des Treuhänders gegen die Staatskasse, der bei Erfüllung im Wege des gesetzlichen Forderungsübergangs auf diese übergeht.[93] Der Anspruch entsteht mit der formalen Aufnahme der Tätigkeit; der Anspruch auf Auszahlung der Vergütung erst mit der Festsetzung durch das Gericht. Aufgrund der allgemeinen Zumutbarkeitserwägungen, dass der Treuhänder nicht längere Zeit ohne Vergütung tätig sein soll, hat der Treuhänder auch hinsichtlich des Sekundäranspruchs einen Anspruch auf Vorschuss auf die Mindestvergütung.[94] Liegt eine Bewilligung der Stundung nicht vor, bleibt der Treuhänder darauf angewiesen, die Bezüge vom Schuldner zu bekommen, wobei die Regelung des § 298 als Drohpotenzial wirkt. **45**

§ 294 Gleichbehandlung der Gläubiger

(1) Zwangsvollstreckungen für einzelne Insolvenzgläubiger in das Vermögen des Schuldners sind während der Laufzeit der Abtretungserklärung nicht zulässig.

(2) Jedes Abkommen des Schuldners oder anderer Personen mit einzelnen Insolvenzgläubigern, durch das diesen ein Sondervorteil verschafft wird, ist nichtig.

(3) Gegen die Forderung auf die Bezüge, die von der Abtretungserklärung erfaßt werden, kann der Verpflichtete eine Forderung gegen den Schuldner nur aufrechnen, soweit er bei einer Fortdauer des Insolvenzverfahrens nach § 114 Abs. 2 zur Aufrechnung berechtigt wäre.

Übersicht

	RdNr.		RdNr.
I. Normzweck und Überblick	1	d) Zwangsvollstreckungsmaßnahmen	14
1. Normzweck	1	2. Unzulässige Zwangsvollstreckungsmaßnahmen	16
2. Überblick	2	a) Rechtsfolgen	16
II. Zwangsvollstreckungsverbot (Abs. 1)	3	b) Zuständigkeit für Rechtsbehelfe	18
1. Anwendungsbereich	3	3. Rechtsstellung anderer Gläubiger	20
a) Zwangsvollstreckung zu Gunsten einzelner Insolvenzgläubiger	5	a) Neugläubiger	20
		aa) Allgemeines	20
b) Vermögen des Schuldners	9	bb) Einzelheiten	21
c) Zeitraum	10	b) Massegläubiger	24

---

[92] Siehe hierzu auch *Ehricke* § 292 RdNr. 83 ff.
[93] Vgl. *Graf-Schlicker/Remmert* ZInsO 2000, 321, 326.
[94] FK-*Grote* § 293 RdNr. 20; *Uhlenbruck/Vallender* § 293 RdNr. 23.

§ 294 1, 2   8. Teil. Restschuldbefreiung

	RdNr.		RdNr.
c) Aussonderungsberechtigte Gläubiger	25	3. Aufrechnungslage	41
III. Sonderabkommen (§ 294 Abs. 2)	26	a) Bei Verfahrenseröffnung bestehende Aufrechnungslage	41
1. Allgemeines	26	b) Erwerb neuer Forderungen durch den Verpflichteten	44
2. Abschluss eines Abkommens	27		
a) Begriff des Abkommens	27	c) Aufrechnung, die sich auf den unpfändbaren Teil des Schuldnervermögens bezieht	45
b) Zeitpunkt des Abschlusses des Abkommens	28		
c) Adressaten des § 294 Abs. 2	29	d) Aufrechnungshindernisse	46
d) Sondervorteil	32	4. Frist zur Aufrechnung	54
3. Rechtsfolge	33	5. Aufrechnung durch andere Gläubiger	55
IV. Beschränkung der Aufrechnung (§ 294 Abs. 3)	34	6. Aufrechnung durch den Schuldner	56
1. Allgemeines	34	7. Aufrechnung nach Ende der Wohlverhaltensperiode	57
2. Anwendungsbereich der Aufrechnungsbeschränkung	35		

I. Normzweck und Überblick

1   **1. Normzweck.** § 294 erklärt nicht, wie es die Gesetzesüberschrift zunächst nahezulegen scheint, den **Gleichbehandlungsgrundsatz** auch im Restschuldbefreiungsverfahren für anwendbar,[1] sondern er setzt die Geltung des **Grundsatzes par conditio creditorum** bereits voraus. Die Konzeption des Restschuldbefreiungsverfahrens als ein Teil des Insolvenzrechts führt dazu, dass auch dieser insolvenzspezifische Verfahrensgrundsatz im Rahmen des Restschuldbefreiungsverfahrens zur Anwendung kommt. § 294 hat vielmehr die Aufgabe, die Wirkungen des Gleichbehandlungsgrundsatzes für die Gläubiger im Restschuldbefreiungsverfahren zu konkretisieren. Ziel der Vorschrift ist es, für die Dauer der siebenjährigen Wohlverhaltensperiode dafür zu sorgen, dass sich die Befriedigungsaussichten der Gläubiger untereinander nicht verschieben.[2] Dazu beinhaltet sie Instrumente, die zur Sicherung des Bestandes der Haftungsmasse führen sollen und setzt das Prinzip der gleichmäßigen Befriedigung um. Die Norm deckt dabei drei Bereiche ab, bei denen die Gefahr einer Ungleichbehandlung offensichtlich bes. nahe liegen.

2   **2. Überblick.** In § 294 Abs. 1 werden **Einzelzwangsvollstreckungen** für unzulässig erklärt. Damit wird der allgemein bereits in § 89 niedergelegte und das Insolvenzverfahren prägende Grundsatz des Verbotes der Einzelzwangsvollstreckung auch für das Restschuldbefreiungsverfahren zu einem zentralen Prinzip erhoben. Ziel dessen ist es, dass den Insolvenzgläubigern nur diejenigen Beträge zufließen, die der Schuldner im Laufe der Wohlverhaltensperiode an den Treuhänder abgeführt hat. Ein weitergehender Zugriff auf das Vermögen des Schuldners während dieser Zeit soll verhindert werden.

Dasselbe Ziel verfolgt das Verbot der Vereinbarungen des Schuldners oder anderer Personen mit einzelnen Insolvenzgläubigern, durch das diesen ein **Sondervorteil** verschafft wird (§ 294 Abs. 2). Ein entsprechender Gedanke findet sich in § 89 nicht. Hintergrund dieser an den Regelungsgedanken der §§ 181 Satz 3 KO und 8 Abs. 3 VglO angelehnten Bestimmung ist, dass gerade im Restschuldbefreiungsverfahren die Tendenz groß sein könnte, dass der Schuldner versucht, durch bevorzugte Befriedigung bestimmter Gläubiger zu Lasten der übrigen Gläubiger deren Wohlverhalten zu „erkaufen". Mit dem Verbot von Sonderabkommen soll verhindert werden, dass ein Insolvenzgläubiger durch das Versprechen von Sonderleistungen davon abgehalten wird, seine Antragsrechte der §§ 290 Abs. 1, 296 Abs. 1, 297 Abs. 1 und 303 Abs. 1 zu gebrauchen oder Rechtsmittel gegen die Erteilung

---
[1] So aber offensichtlich *Smid/Krug/Haarmeyer* § 294 RdNr. 1.
[2] *Smid/Krug/Haarmeyer* § 294 RdNr. 1; FK-*Ahrens* § 294 RdNr. 1; HambKommInsO-*Streck* § 294 RdNr. 1; *Uhlenbruck/Vallender* § 294 RdNr. 1; *Römermann* in *Nerlich/Römermann* § 294 RdNr. 4; *Hess/Obermüller* RdNr. 831.

der Restschuldbefreiung einzulegen.³ Zugleich bewirkt es einen Schutz der übrigen Gläubiger, weil damit verhindert wird, dass durch Vereinbarungen die allen zur Verteilung zukommende Masse geschmälert wird.

Zum Schutz der Befriedigungsaussichten der Gläubiger wird in § 294 Abs. 3 schließlich ein Zugriff auf die pfändbaren Bezüge aus einem Dienstverhältnis des Schuldners verwehrt, indem die für das Insolvenzverfahren geltenden **Aufrechnungsbeschränkungen** des § 114 Abs. 2 auch in das Restschuldbefreiungsverfahren erstreckt werden.⁴ Die in § 294 vorgesehenen, zum Teil weitreichenden und erheblichen Restriktionen, denen die Gläubiger unterworfen sind, sind notwendig, da ohne sie die Ziele des Restschuldbefreiungsverfahrens von Anfang an nicht erreichbar wären.⁵ Die Fortführung des Gleichbehandlungsgrundsatzes der Gläubiger auch im Restschuldbefreiungsverfahren ist die **innere Rechtfertigung** dafür, dass eine möglicherweise überstimmte Minderheit, welche mit ihren Bedenken gegen die Ankündigung der Restschuldbefreiung nicht durchgedrungen ist, gleichwohl den Auswirkungen der Eröffnung des Restschuldbefreiungsverfahrens unterworfen wird.⁶ Im Gesetzgebungsverfahren gab es an dieser Konzeption zu keinem Zeitpunkt Streit. Der Diskussionsentwurf von 1988 sah in seinem § 233 bereits die Absätze 1 und 2 des schließlich verabschiedeten § 294 vor.⁷ Der Abs. 3 wurde durch den Referentenentwurf aus dem Jahre 1989 hinzugefügt.⁸ Vorläufervorschriften waren § 181 Satz 3 KO und § 8 Abs. 3 VglO.⁹

Die Regelung des § 294 ist schließlich umgekehrt auch ein Bestandteil des Regelungskonvoluts des achten Teils der Insolvenzordnung, mit dem die Chancen des Schuldners auf einen Neuanfang unterstützt werden sollen, indem die rechtliche Grundlage dafür geschaffen wurde, dass dasjenige Vermögen, welches nicht an den Verwalter abgetreten werden muss, dem Schuldner zur freien persönlichen Verfügung bleibt.¹⁰

II. Zwangsvollstreckungsverbot (Abs. 1)

1. Anwendungsbereich. Mit der Aufhebung des Insolvenzverfahrens nach der Ankündigung der Restschuldbefreiung endet das Vollstreckungsverbot aus § 89 Abs. 1 und Abs. 2 Satz 1 (§§ 289 Abs. 2 Satz 2, 201 Abs. 1). Um den **Bestand der Haftungsmasse** und die gleichmäßigen Befriedigungsaussichten der Insolvenzgläubiger auch während der Zeit des Restschuldbefreiungsverfahrens zu sichern, verwehrt § 294 Abs. 1 in Verbindung mit § 201 Abs. 3 auch in der Zeit danach einen Zugriff auf das pfändbare und unpfändbare Vermögen des Schuldners im Wege der Einzelzwangsvollstreckung. Dadurch wird deutlich gemacht, dass die Insolvenzgläubiger mit Ankündigung der Restschuldbefreiung zur Befriedigung ihrer Interessen ausschließlich auf die **Verteilungsregeln des Schuldbefreiungsverfahrens** beschränkt werden.¹¹

§ 294 Abs. 1 erfasst nur die Zwangsvollstreckungsmaßnahmen für einzelne *Insolvenzgläubiger*. Das bedeutet im Umkehrschluss, dass Einzelzwangsvollstreckungsmaßnahmen anderer Gläubiger grundsätzlich erlaubt bleiben. Damit trifft § 294 Abs. 1 eine Aussage über die Abgrenzung der Zugriffsmöglichkeiten von Insolvenzgläubigern und anderen Gläubigern auf das Vermögen des Schuldners.¹² Unberührt bleibt dadurch das dem Treuhänder übertragene Vermögen. Das andere Vermögen des Schuldners unterliegt der Zwangsvollstreckung, soweit es sich nicht um das pfändungsfreie Vermögen des Schuldners handelt. Eine

---

³ Siehe FK-*Ahrens* § 294 RdNr. 2.
⁴ Vgl. *Schmidt-Räntsch*, Kölner Schrift, 1. Aufl., 1177, RdNr. 21.
⁵ Vgl. *Smid/Krug/Haarmeyer* § 294 RdNr. 1; *Smid*, Insolvenzrecht im Umbruch, 139, 144.
⁶ So zu Recht *Smid/Krug/Haarmeyer* § 294 RdNr. 1.
⁷ BMJ, DE, S. 119.
⁸ BMJ, RefE, S. 136.
⁹ Dazu vgl. statt aller *Kuhn/Uhlenbruck* § 181 KO RdNr. 5 ff.; *Hess/Kropshofer* § 181 KO RdNr. 18 ff.; *Jaeger/Weber* § 181 KO RdNr. 7 ff.
¹⁰ Dazu *Kilger/K. Schmidt* § 8 VglO Anm. 4; *Bley/Mohrbutter* § 8 VglO RdNr. 35 ff.
¹¹ FK-*Ahrens* § 294 RdNr. 5.
¹² HambKommInsO-*Streck* § 294 RdNr. 4.

Besonderheit gilt nur für **Unterhaltsgläubiger** und Gläubiger mit Forderungen aus vorsätzlichen unerlaubten Handlungen. Diese beiden Gruppen dürfen in den für andere Gläubiger nicht pfändbaren Teil der Bezüge des Schuldners vollstrecken.[13] Neugläubiger, deren Forderungen erst nach Aufhebung des Insolvenzverfahrens entstanden sind, können nur in das nicht auf den Treuhänder übertragene Vermögen vollstrecken, wenn es pfändbar ist.[14] Aussonderungsberechtigten Gläubigern steht grundsätzlich auch der Weg der Zwangsvollstreckung offen.

5   a) **Zwangsvollstreckung zu Gunsten einzelner Insolvenzgläubiger.** § 294 Abs. 1 erfasst die Zwangsvollstreckungsmaßnahmen **zu Gunsten eines Insolvenzgläubigers.** Gemeint sind damit alle persönlichen Gläubiger, die einen zurzeit der Eröffnung des Insolvenzverfahrens begründeten Vermögensanspruch gegen den Schuldner besitzen.[15] Es kommt dabei nicht darauf an, ob die Gläubiger am Insolvenzverfahren tatsächlich teilgenommen haben oder nicht; es ist also keine Forderungsanmeldung zur Tabelle notwendig.[16] Auch Gläubiger nachrangiger Forderungen nach § 39 werden als Insolvenzgläubiger[17] von dem Zwangsvollstreckungsverbot erfasst. Damit ist inhaltlich eine **Erweiterung** des Zwangsvollstreckungsverbotes im Vergleich zur Konkursordnung erfolgt. So waren nach früherem Recht die seit Konkursbeginn auf Konkursforderungen entfallenden Zinsen zwar unanmeldbare Konkursforderungen, doch konnten sie durch Zwangsvollstreckungsmaßnahmen in das konkursfreie Vermögen beigetrieben werden;[18] dies ist nun nicht mehr möglich. Eine Ausnahme besteht auch nicht für den Fall, dass der Schuldner entgegen § 305 Abs. 1 Nr. 3 eine titulierte Forderung in dem Vermögensverzeichnis nicht angegeben hat.[19]

6   Das Vollstreckungsverbot gilt umfassend.[20] Ihm unterfallen alle Insolvenzforderungen, so dass auch **Geldstrafen und Geldbußen** nicht im Zwangsvollstreckungsverfahren eingetrieben werden können.[21] Allerdings steht das Vollstreckungsverbot nicht der Verhängung einer Ersatzfreiheitsstrafe entgegen.[22] Der Grund dafür liegt im Wesentlichen darin begründet, dass die Ersatzfreiheitsstrafe keine bevorzugte Befriedigung von Gläubigern bewirkt. Allerdings muss man im Einzelfall streng die Verhältnismäßigkeit prüfen,[23] weil insoweit Bedenken entstehen können, dass durch das Vollstreckungsverbot ein gewisser Schutz des Schuldners bewirkt wird (auch wenn tatsächliche Zielrichtung das schuldnerische Vermögen ist), der im Falle der Ersatzfreiheitsstrafe dem Schuldner nicht zugute kommt.[24] Ebenso ist einem Gläubiger die Einzelzwangsvollstreckung verwehrt, dem ein vor Eröffnung des Verfahrens entstandener Schadensersatzanspruch aus einer von dem Schuldner vorsätzlich begangenen unerlaubten Handlung zusteht.[25] Das Gleiche gilt auch für vor Eröffnung des Verfahrens entstandene **Unterhaltsforderungen.**[26]

Soweit vertreten wird, § 294 Abs. 1 sei – jedenfalls hinsichtlich derjenigen Gläubiger, die nicht im Verfahren beteiligt sind – teleologisch zu reduzieren, dergestalt, dass Zwangsvollstreckungen wegen eines Unterhaltsanspruchs oder einer Forderung aus einer vorsätzlichen

---

[13] HK-*Landfermann* § 294 RdNr. 7; HambKommInsO-*Streck* § 294 RdNr. 4.
[14] HambKommInsO-*Streck* § 294 RdNr. 4.
[15] Vgl. oben § 38 RdNr. 6, 10 ff.; s. zudem *Uhlenbruck/Vallender* § 294 RdNr. 5; HK-*Landfermann* § 294 RdNr. 3.
[16] BGH ZInsO 2006, 872, 873; *Uhlenbruck/Vallender* § 294 RdNr. 5; FK-*Ahrens* § 294 RdNr. 6; HambKommInsO-*Streck* § 294 RdNr. 3; *Kübler/Prütting/Wenzel* § 294 RdNr. 2 a; *Römermann* in *Nerlich/Römermann* § 294 RdNr. 7; HK-*Landfermann* § 294 RdNr. 6; *Vallender* ZIP 2000, 1288, 1290.
[17] Vgl. *Vallender* ZIP 1997, 1993, 1998; *Landfermann*, Kölner Schrift, 159, 169, RdNr. 32, FK-*Ahrens* § 294 RdNr. 6; *Kübler/Prütting/Wenzel* § 294 RdNr. 3.
[18] Siehe *Kuhn/Uhlenbruck* § 63 KO RdNr. 2 mwN.
[19] *Pape* ZInsO 2007, 1289, 1312.
[20] *Döbereiner*, S. 185 f.; *Römermann* in *Nerlich/Römermann* § 294 RdNr. 7.
[21] Kritik bei *Döbereiner*, S. 192 in Fn. 257; kritisch: *Wette*, Kommunalkassen-Zeitschrift 1989, 230, 233.
[22] LG Osnabrück ZInsO 2007, 112; *Pape* ZVI 2007, 7, 8 f.; HambKommInsO-*Streck* § 294 RdNr. 3 a.
[23] Vgl. insoweit BVerfG NZI 2006, 711.
[24] Kritisch auch *Rönnau/Tächau* NZI 2007, 208; *Fortmann* ZInsO 2005, 140.
[25] *Uhlenbruck/Vallender* § 294 RdNr. 6.
[26] HambKommInsO-*Streck* § 294 RdNr. 3; *Andres/Leithaus* § 284 RdNr. 1.

unerlaubten Handlung, die vor Eröffnung des Insolvenzverfahrens entstanden ist, möglich sind,[27] ist dies **nicht mit der derzeitigen gesetzlichen Konzeption vereinbar.**[28] Eine derartige teleologische Reduktion wird lediglich auf den „Grundgedanken des § 89 Abs. 2 Satz 2" gestützt. Das Vollstreckungsverbot im Insolvenzverfahren hat den Zweck, dasjenige Vermögen, das den (Insolvenz-)Gläubigern haftungsrechtlich zugewiesen ist, möglichst umfangreich zu schützen und die Gläubigergleichbehandlung durchzusetzen.[29] Dessen Regelungspendant im Restschuldbefreiungsverfahren ist § 294 Abs. 1. Gleichzeitig soll vor dem Hintergrund des Sanierungsgedankens der Schutz des zukünftigen Vermögens künftiger Bezüge gewährleistet werden.[30] Dieser Schutz ist in § 89 Abs. 2 aufgenommen und lässt nur hinsichtlich der Neugläubiger ausnahmsweise solche Zwangsvollstreckungsmaßnahmen zu, bei denen das individuelle Interesse überwiegt. § 294 Abs. 1 erfasst hingegen nur die Zwangsvollstreckung von Insolvenzgläubigern, und es geht nicht um Neugläubiger. Daher kann der „Grundgedanke des § 89 Abs. 2 Satz 2" insoweit für § 294 Abs. 1 keine Rolle spielen; eine entsprechende teleologische Reduktion des § 294 Abs. 1 kommt daher nicht in Frage. Sie würde im Ergebnis auch dazu führen, dass entgegen des Wortlauts der Norm die Zwangsvollstreckung für Insolvenzgläubiger im Restschuldbefreiungsverfahren weitergehend möglich wäre als im Insolvenzverfahren. Zu den Möglichkeiten der Neugläubiger s. sofort unten RdNr. 20 ff.

In das Vollstreckungsverbot einbezogen sind auch die von der Restschuldbefreiung ausgenommenen Forderungen nach § 302.[31]

Das **im Ausland belegene Vermögen** des Schuldners gehört bei der Eröffnung eines 7 Verfahrens vor einem deutschen Insolvenzgericht zur Insolvenzmasse.[32] Vorbehaltlich der Anerkennung der Durchsetzung durch den betreffenden Staat ist auch eine Zwangsvollstreckung wegen Insolvenzforderungen in dieses Vermögen untersagt. Im Hinblick auf das EuInsÜ ist die Situation bei der Anerkennung des Restschuldbefreiungsverfahrens noch unklar (vgl. Art. 25 Abs. 1 Satz 2 EuInsVO).[33] Hier bleibt die endgültige Verabschiedung und die Ausdifferenzierung durch die Praxis abzuwarten.

Gelangt **ausländisches Vermögen** in die Hände eines inländischen Gläubigers, so unterfällt es automatisch den Vorschriften der §§ 286 ff., so dass der Treuhänder den erlangten Gegenstand kondizieren kann.[34]

Vorbehaltlich besonderer Regelungen im fremden Recht muss für den ausländischen Gläubiger Gleiches gelten. Ist der Vermögensgegenstand nicht herauszuverlangen, so wird der Wert dessen auf das, was an den Gläubiger auszukehren ist, angerechnet.[35]

Das Zwangsvollstreckungsverbot gilt schließlich auch für die **Rechtsnachfolger der** 8 **Insolvenzgläubiger,** sei es, dass sie gem. § 404 BGB rechtsgeschäftlich oder gem. § 412 BGB gesetzlich Inhaber der Forderung geworden sind.

b) Vermögen des Schuldners. Um die Befriedigungserwartungen der Gläubiger im 9 Restschuldbefreiungsverfahren möglichst umfassend erfüllen zu können, zielt das Vollstreckungsverbot auf das **gesamte Vermögen** des Schuldners ab. Den Gläubigern ist damit nicht nur der Zugriff auf das neuerworbene Vermögen verwehrt, sondern darüber hinaus auch auf das sonstige, bereits bei Verfahrenseröffnung vorhandene Vermögen.[36] Ebenso kann

---

[27] So FK-*Ahrens* § 294 RdNr. 8.
[28] Wie hier auch *Andres/Leithaus* § 294 RdNr. 1.
[29] Begr. RegE, BR-Drucks. 1/92, S. 137 f.
[30] *Nerlich/Römermann/Wittkowski* § 89 RdNr. 2; oben *Breuer* § 89 RdNr. 6 f., 18 ff.
[31] S. *Heyer*, S. 97; *Fortmann* ZInsO 2005, 140; FK-*Ahrens* § 302 RdNr. 18; HK-*Landfermann* § 294 RdNr. 3; HambKommInsO-*Streck* § 294 RdNr. 3.
[32] BGHZ 68, 16; BGH ZIP 1985, 944.
[33] Siehe *Ehricke* RabelsZ 62 (1998), 712, 736 ff.
[34] *Nerlich/Römermann/Wittkowski* § 89 RdNr. 8; BGH WM 1980, 316, 318; BGHZ 88, 147, 150; *Hanisch* ZIP 1989, 273; ders. ZIP 1983, 1291, 1293.
[35] Vgl. *Flessner* ZIP 1989, 749, 752; *Hanisch* ZIP 1983, 1293.
[36] *Smid/Krug/Haarmeyer* § 294 RdNr. 2; *Römermann* in *Nerlich/Römermann* § 294 RdNr. 8; FK-*Ahrens* § 294 RdNr. 8.

auch nicht in die laufenden Bezüge des Schuldners einschließlich der nach § 292 Abs. 1 Satz 3 an den Treuhänder abzuführenden Beträge, wie die Einkünfte aus selbständiger Tätigkeit, vollstreckt werden. Das Zwangsvollstreckungsverbot des § 294 Abs. 1 erstreckt sich auch auf das von Todes wegen oder mit Rücksicht auf ein künftiges Erbrecht bzw. auf das in sonstiger Weise erworbene Vermögen.[37] Vom Vollstreckungsverbot werden ebenfalls Gegenstände aus der Insolvenzmasse erfasst, von deren Verwertung der Treuhänder gegen Zahlung eines entsprechenden Betrages nach § 314 Abs. 1 Satz 1 und Satz 2 abgesehen hat.[38]

Hat der Schuldner während des Verfahrens womöglich Vermögensgegenstände **verheimlicht,** so ermöglicht dies ebenfalls nicht die Zwangsvollstreckung in diese Gegenstände.[39] Allerdings ist bezüglich nachträglich ermittelter Gegenstände aus der Masse die Nachtragsverteilung möglich. Dem steht § 294 schon deshalb nicht entgegen, weil es sich bei der Nachtragsverteilung nicht um eine Form der Zwangsvollstreckung handelt. Zudem wird der Schutzgedanke des § 294 durch die Regelung der **Nachtragsverteilung** gesichert.[40]

10   c) **Zeitraum.** § 294 Abs. 1 bezieht das Vollstreckungsverbot auf die Laufzeit der Abtretungserklärung. Da nach § 287 Abs. 2 Satz 1 die Laufzeit bereits mit der Eröffnung des Insolvenzverfahrens beginnt, müsste konsequenterweise das Vollstreckungsverbot schon im Insolvenzverfahren einsetzen. Damit würde es aber mit dem für den Schutz der Insolvenzmasse vor Einzelzwangsvollstreckungsmaßnahmen geltenden § 89 kollidieren. Diese offensichtlich vom Gesetzgeber **nicht gesehene Widersprüchlichkeit** ist dadurch aufzulösen, dass man das Zwangsvollstreckungsverbot in § 294 Abs. 1 weiterhin mit der Rechtskraft des Beschlusses über die Ankündigung der Restschuldbefreiung beginnen lässt.[41] Der Anwendungsbereich des § 294 ist – ebenso wie der der §§ 295–297 – **teleologisch zu reduzieren,** so dass der Begriff „Laufzeit der Abtretungserklärung" die Treuhandphase bis zum Abschluss der Frist umfasst.[42] Da mit der Rechtskraft der Ankündigung der Restschuldbefreiung auch die Aufhebung des bis dahin laufenden Insolvenzverfahrens verbunden ist, gehen die Vollstreckungsverbote des § 89 Abs. 1 und § 294 Abs. 1 ineinander über. Aus diesem Grund kann an einem Vermögensgegenstand des Schuldners zwischenzeitlich weder eine Verstrickung noch ein Pfändungspfandrecht entstehen.[43] Ein vor der Eröffnung des Insolvenzverfahrens und dem Eintritt der Rückschlagsperre gem. § 88 durch Zwangsvollstreckung erworbenes Pfändungspfandrecht oder eine Zwangshypothek werden von dem Vollstreckungsverbot nicht berührt.[44]

11   Das **Zwangsvollstreckungsverbot endet,** wenn nach § 299 die Beschränkung der Gläubigerrechte vorzeitig beendet wird, weil die Restschuldbefreiung gem. §§ 296, 297 oder 298 vorzeitig rechtskräftig versagt wird.

12   Im Übrigen legt der Wortlaut des § 294 Abs. 1 den Schluss nahe, dass mit Ablauf der sechs- bzw. fünfjährigen (Art. 107 EGInsO) Wohlverhaltensperiode die Zwangsvollstreckung einzelner Insolvenzgläubiger wieder möglich ist, und zwar bis zu dem Zeitpunkt, an dem gem. §§ 300 Abs. 1, 286 die Restschuldbefreiung erteilt wird und die Forderungen nicht mehr durchsetzbar sind. In diesem Zeitraum, den die Gläubiger unter Umständen mit der Stellung von Versagungsanträgen gem. § 300 Abs. 2 vergrößern können, besteht

---

[37] Siehe FK-*Ahrens* § 294 RdNr. 8.
[38] So FK-*Ahrens* § 294 RdNr. 8.
[39] Siehe *Römermann* in *Nerlich/Römermann* § 294 RdNr. 9; *Hess/Obermüller* RdNr. 1065 f.; *Hess/Obermüller,* Die Rechtsstellung der Verfahrensbeteiligten nach der Insolvenzordnung, RdNr. 392; *Wittig* WM 1998, 157, 209, 223; im Ergebnis auch FK-*Ahrens* § 294 RdNr. 8; *Kübler/Prütting/Wenzel* § 294 RdNr. 4.
[40] Siehe *Römermann* in *Nerlich/Römermann* § 294 RdNr. 10; vgl. ferner *Häsemeyer* RdNr. 7.67 f.; *Nerlich/Römermann/Westphal* §§ 203, 204 RdNr. 1; vgl. auch oben *Hintzen* § 203 RdNr. 2.
[41] *Haarmeyer/Wutzke/Förster,* Handbuch, Kap. 10 RdNr. 68; *Römermann* in *Nerlich/Römermann* § 294 RdNr. 6; FK-*Ahrens* § 294 RdNr. 16; HK-*Landfermann* § 294 RdNr. 1; *Uhlenbruck/Vallender* § 294 RdNr. 11.
[42] So auch FK-*Ahrens* § 294 RdNr. 4 a; FK-*Ahrens* § 287 RdNr. 89 f.
[43] FK-*Ahrens* § 294 RdNr. 16; HambKommInsO-*Streck* § 294 RdNr. 5; vgl. zudem AG Göttingen ZInsO 2006, 1064.
[44] Siehe FK-*Ahrens* § 294 RdNr. 16.

die **Möglichkeit des einzelzwangsvollstreckungsrechtlichen Zugriffs** auf dasjenige Vermögen, das nicht zur Verteilung durch den Treuhänder bestimmt ist. Dies **widerspricht der gesetzlichen Vorstellung** von der Restschuldbefreiung,[45] deren grundlegendes Instrument zur Befriedigung der Insolvenzgläubiger die Verteilung des beim Treuhänder eingehenden Vermögens bei gleichzeitigem Ausschluss der Einzelzwangsvollstreckung ist. Vor dem Hintergrund der Wertung des § 89 Abs. 1, nach dem ein Vollstreckungsverbot bis zur Aufhebung des Insolvenzverfahrens begründet wird, und unter Zugrundelegung der Zielsetzung des § 294 Abs. 1, der unter Wahrung des Gleichbehandlungsgrundsatzes die Universal- und Einzelexekution der Insolvenzgläubiger aufeinander abstimmen soll, ist in erweiternder Auslegung des § 294 Abs. 1 das Ende des Vollstreckungsverbots auf den Zeitpunkt der Erteilung der Restschuldbefreiung oder ihrer Versagung gem. § 300 Abs. 2 zu legen.[46]

Nach der Erteilung der Restschuldbefreiung sind die Forderungen der Insolvenzgläubiger gem. § 301 Abs. 1 nicht mehr durchsetzbar; eine Zwangsvollstreckung ist insoweit also nicht möglich. Anderes gilt für Neugläubiger. 13

Im Anschluss an den **Widerruf der Restschuldbefreiung** gem. § 303 lebt das unbeschränkte Nachforderungsrecht der Gläubiger wieder auf; die individuellen Forderungen können mittels der Zwangsvollstreckung durchgesetzt werden.

d) **Zwangsvollstreckungsmaßnahmen.** Die Maßnahmen der Zwangsvollstreckung, 14 die von § 294 Abs. 1 erfasst werden, entsprechen denen, die auch nach § 89 untersagt sind. Daher ist insoweit auf die Kommentierung zu § 89 zu verweisen.[47]

Die Stellung eines Antrages auf Erteilung einer vollstreckbaren Ausfertigung der Insol- 15 venztabelle nach der Aufhebung des Insolvenzverfahrens während der Treuhandzeit des Restschuldbefreiungsverfahrens ist – ebenso wie andere Maßnahmen, die die Vollstreckung nur vorbereiten – möglich.[48] Damit wird gewährleistet, dass der Gläubiger sofort auf eine eventuelle Versagung oder einen späteren Widerruf der Restschuldbefreiung reagieren kann.[49] Auch hierbei handelt es sich zwar unstrittig um eine Vollstreckungsmaßnahme,[50] doch spricht indes nichts dagegen, dass in einem etwaigen Anwendungsfall die Wertung des § 201 Abs. 2 Satz 3 heranzuziehen ist.[51]

Aus demselben Grund fehlt einer Klage, mit der Insolvenzgläubiger während der Wohlverhaltensperiode die Titulierung ihrer Forderung erreichen wollen, auch nicht das Rechtsschutzinteresse.[52]

Einwendungen gegen die in der Tabelle eingetragenen Forderungen sind vom Schuldner selbst auf Grund § 767 ZPO geltend zu machen.

2. Unzulässige Zwangsvollstreckungsmaßnahmen. a) Rechtsfolgen. Eine gegen 16 § 294 Abs. 1 verstoßende Vollstreckungsmaßnahme muss vom Vollstreckungsorgan ohne weitere Prüfung von Amts wegen abgelehnt werden.[53] Wird eine Zwangsvollstreckungsmaßnahme gleichwohl durchgeführt, so ist diese Maßnahme unwirksam, wobei unter

---

[45] So auch FK-*Ahrens* § 294 RdNr. 17; HambKommInsO-*Streck* § 294 RdNr. 5; *Kübler/Prütting/Wenzel* § 294 RdNr. 2.
[46] FK-*Ahrens* § 294 RdNr. 17.
[47] Vgl. § 89 RdNr. 9 ff.
[48] LG Tübingen NZI 2006, 647; LG Leipzig NZI 2006, 603; LG Göttingen ZInsO 2005, 1113; LG Arnsberg ZVI 2004, 699; vgl. auch HambKommInsO-*Streck* § 294 RdNr. 6; *Fischer* ZInsO 2005, 69; *Uhlenbruck/Vallender* § 294 RdNr. 10.
[49] FK-*Ahrens* § 294 RdNr. 20; FK-*Schulz* § 202 RdNr. 11; *Pape* ZInsO 2007, 1289, 1312 f.
[50] Nach herrschender Meinung beginnt eine Vollstreckungsmaßnahme mit der ersten Vollstreckungshandlung eines Vollstreckungsorgans und nicht bereits mit der Antragstellung der Zwangsvollstreckung durch die Gläubiger; s. *Stein/Jonas/Münzberg* vor § 704 ZPO RdNr. 110 ff.; *Baumbach/Lauterbach/Albers/Hartmann* § 704 ZPO RdNr. 51 m. w. N. auch zur Gegenauffassung.
[51] So FK-*Ahrens* § 294 RdNr. 20; zu § 201 Abs. 2 Satz 3 s. *Wimmer* DZWiR 1999, 62, 65; FK-*Schulz* § 202 RdNr. 9 ff.
[52] LG Arnsberg ZVI 2004, 699; *Fischer* ZInsO 2005, 69; HambKommInsO-*Streck* § 294 RdNr. 6 mit Verweis auf eine unveröffentlichte Entscheidung vom AG Hamburg v. 22. 1. 2006 – AZ 4 C 526/05.
[53] Zu den Änderungen im GAGV vgl. *Smid/Krug/Haarmeyer* § 294 RdNr. 3.

§ 294   17, 18   8. Teil. Restschuldbefreiung

Umständen (mit ex nunc-Wirkung) eine **Heilung** in Betracht kommen könnte.⁵⁴ **Vollstreckungsverbote,** die nicht beachtet werden, sind mittels der Erinnerung gemäß § 766 Abs. 1 Satz 1 ZPO anzugehen. Gegen Maßnahmen des Rechtspflegers ist ebenfalls die Erinnerung gemäß § 766 ZPO oder eine Rechtspflegererinnerung gemäß § 11 Abs. 1 Satz 1 RPflG zulässig.

Nach zutreffender Ansicht tritt bei der Pfändung eines Gegenstandes des Schuldnervermögens im Rahmen des Restschuldbefreiungsverfahrens nur eine Verstrickung ein; ein Pfändungspfandrecht entsteht nicht.⁵⁵ Die Verstrickung kann im Rechtsbehelfsverfahren beseitigt werden.

17   **Aktivlegitimiert für die Erinnerung** ist grundsätzlich der Treuhänder, soweit in die vom Schuldner nach § 287 Abs. 2 Satz 1 abgetretenen Forderungen vollstreckt wird. Wird in andere Gegenstände vollstreckt, so kann der Schuldner mit einer Erinnerung dagegen vorgehen. Soweit durch Pfändungs- und Überweisungsbeschlüsse ein Dritter behauptet, in seinen Rechten beeinträchtigt zu sein, hat auch dieser die Möglichkeit, eine Erinnerung geltend zu machen. Insolvenzgläubiger sind dagegen nicht berechtigt, gemäß § 766 Abs. 1 Satz 1 ZPO Erinnerung einzulegen.

18   **b) Zuständigkeit für Rechtsbehelfe.** Die Zuständigkeit für die Entscheidung über die Erinnerung im Restschuldbefreiungsverfahren ist bislang **ungeklärt.** Gemäß § 89 Abs. 3 Satz 1 entscheidet im eröffneten Insolvenzverfahren nicht das Vollstreckungsgericht, sondern das Insolvenzgericht.⁵⁶ Im Restschuldbefreiungsverfahren fehlt eine dem § 89 Abs. 3 Satz 1 entsprechenden Zuständigkeitsregelung. Daraus ist gefolgert worden, dass **§ 89 Abs. 3 Satz 1** im Restschuldbefreiungsverfahren **analog angewendet** werden müsse. Dafür soll insbesondere die größere Sachnähe sprechen, die ebenso wie im Insolvenzverfahren auch für das Restschuldbefreiungsverfahren ein wesentlicher Grund für die Zuständigkeit des Insolvenzgerichts statt des Vollstreckungsgerichts sei.⁵⁷ Dem ist aber mit der herrschenden Meinung zu widersprechen.⁵⁸ Mit der Ankündigung der Restschuldbefreiung wird nämlich das Insolvenzverfahren aufgehoben. Damit greift ein anderes Regime für die Entscheidung gegen Vollstreckungsmaßnahmen ein. Voraussetzung für eine entsprechende Anwendung des § 89 Abs. 3 Satz 1 im Restschuldbefreiungsverfahren wäre eine versehentliche Regelungslücke. Für ein solches Übersehen gibt es in der Entstehungsgeschichte der Insolvenzordnung keinen Anhaltspunkt. Der Gesetzgeber ist offensichtlich vielmehr davon ausgegangen, dass mit Aufhebung des Insolvenzverfahrens und Überleitung in das Restschuldbefreiungsverfahren die allgemeinen Zuständigkeitsregelungen wieder aufleben.

Gleichwohl eine **Kompetenz des Insolvenzgerichts** anzunehmen, könnte zu einem Konflikt mit Art. 101 Abs. 1 Satz 2 GG führen. Insoweit kann nichts anderes gelten als hinsichtlich der Zuständigkeit für die in § 89 Abs. 1 und 2 nicht geregelten Verstöße gegen das Vollstreckungsverbot im Insolvenzverfahren; auch dort ist trotz grundsätzlicher Zuständigkeit des Insolvenzgerichts für diese Fälle wegen Fehlens einer ausdrücklichen Zuordnung zum Insolvenzgericht das Vollstreckungsgericht zuständig.⁵⁹

Zudem ist durchaus zu bezweifeln, ob das zuständige Gericht im Restschuldbefreiungsverfahren auch tatsächlich die größere Sachnähe bezüglich der Zwangsvollstreckungsakte hat. Denn die angegangenen Zwangsvollstreckungsmaßnahmen berühren vielmehr Rechtsmaterien, mit denen das Vollstreckungsgericht befasst ist. Das gilt insbesondere für Einwen-

---

⁵⁴ Einzelheiten bei *Viertelhausen,* Einzelzwangsvollstreckung während des Insolvenzverfahrens, S. 79 ff.
⁵⁵ *Vallender* ZIP 1997, 1993, 2000; vgl. allgemein zur privat- und öffentlich-rechtlichen Theorie BGHZ 119, 75, 90 ff.
⁵⁶ Vgl. dazu *Uhlenbruck* InVo 1996, 85, 90; s. zudem oben § 89 RdNr. 38 ff.
⁵⁷ So noch FK-*Ahrens,* 2. Aufl., § 294 RdNr. 25.
⁵⁸ Vgl. etwa *Häsemeyer* RdNr. 26.44, Fn. 29; *Smid/Krug/Haarmeyer* § 294 RdNr. 2; HK-*Landfermann* § 294 RdNr. 6; HambKommInsO-*Streck* § 294 RdNr. 7; LG Köln ZVI 2004, 53; AG Göttingen ZInsO 2006, 1064. Auch *Ahrens* hat nunmehr seine abweichende Auffassung aufgegeben – FK-*Ahrens* § 294 RdNr. 25.
⁵⁹ Siehe FK-*App* § 89 RdNr. 19.

dungen, die auf die Verletzung allgemein-vollstreckungsrechtlicher Normen (z. B. Vollstreckungsvoraussetzungen) gestützt werden. Der **Grund für die abweichende Zuständigkeit** in § 89 Abs. 3 Satz 1 liegt im Wesentlichen darin, dass die notwendige Beurteilung insolvenzrechtlicher Fragestellungen hauptsächlich im Hinblick auf die Gläubiger (Anspruchsqualifikation) eine hervorgehobene Bedeutung haben soll.[60]

Zwangsvollstreckungsmaßnahmen in Grundstücke, die gegen § 294 Abs. 1 verstoßen, werden mit den grundbuchrechtlichen Rechtsbehelfen geltend gemacht.[61] **19**

3. Rechtsstellung anderer Gläubiger. a) Neugläubiger. aa) Allgemeines. Die Frage, ob das Zwangsvollstreckungsverbot auch hinsichtlich der Neugläubiger gelten soll, ist geprägt von dem **Gegensatz der Befriedigungsinteressen** der Insolvenzgläubiger einerseits und den **Haftungsinteressen** der Neugläubiger andererseits. **20**

Die Vorschriften des Restschuldbefreiungsverfahrens **benachteiligen im Ergebnis die Neugläubiger;** sie sind allerdings in sich durchaus konsequent.[62] Die Folgerichtigkeit besteht darin, dass auf der einen Seite den Neugläubigern formal nicht die Zwangsvollstreckung in das Vermögen des Schuldners nach Ankündigung der Restschuldbefreiung verwehrt wird. Gleichzeitig ist die Möglichkeit der Zwangsvollstreckung allerdings so ausgestattet, dass in der Regel keine Masse beim Schuldner vorhanden ist, in welche während des Restschuldbefreiungsverfahrens tatsächlich vollstreckt werden könnte.[63]

Dies ist aus zwei Gründen **nicht unbillig.** Zum einen muss in Rechnung gestellt werden, dass jeder Gläubiger, der mit dem Schuldner in der Wohlverhaltensperiode kontrahiert, sein Ausfallrisiko kennt und sich dementsprechend davor schützen kann (z. B. durch ein Vorkasseerfordernis oder durch Zug-um-Zug-Leistung). Wer diese Information nicht in sein wirtschaftliches Kalkül einbezieht, kann später durch die Rechtsordnung nicht ebenso behandelt werden wie Insolvenzgläubiger, die beim Abschluss ihrer Verträge keine solchen Informationen hatten und daher zu diesem Zeitpunkt nicht alertiert waren, die Abwicklung ihres Geschäfts entsprechend zu organisieren. Zum anderen sieht das Gesetz zumindest im Ansatz eine Möglichkeit vor, für die Neugläubiger einen Haftungsfonds beim Schuldner zu schaffen, indem der Schuldner im Restschuldbefreiungsverfahren nach § 295 Abs. 1 Nr. 2 verpflichtet wird, Neuerwerb in Form von Vermögen, das er durch Erbfall erlangt, nur zur Hälfte des Wertes an den Treuhänder herauszugeben.[64] Zudem bestehen – wenngleich ebenfalls nur in geringem Maße – auch andere Möglichkeiten des Zugriffs der Neugläubiger auf das Vermögen des Schuldners (dazu jetzt im Folgenden RdNr. 21 f.).

bb) Einzelheiten. Grundsätzlich bestehen während der Wohlverhaltensperiode **für Neugläubiger keine Vollstreckungsbeschränkungen,** weil der Anwendungsbereich des § 294 Abs. 1 die Neugläubiger nicht mitumfasst.[65] Ihnen ist allerdings verwehrt, in die durch Lohn- und Gehaltsabtretung aufgebrachten Einkünfte des Schuldners zu vollstrecken; Ausnahmen bestehen dort, wo es sich um einen Unterhaltsanspruch handelt, der nach Eröffnung des Verfahrens entstanden ist,[66] oder um eine neue Forderung aus einer vorsätzlichen unerlaubten Handlung (vgl. § 89 Abs. 2 Satz 1 und Satz 2).[67] Der **Kostenerstattungsanspruch eines Insolvenzgläubigers,** der auf Feststellung seiner Forderung als ausgenommene Forderung klagt, stellt keine Neuforderung dar, sondern eine Forderung, aus der während der Wohlverhaltensperiode nicht vollstreckt werden darf.[68] Neugläubiger haben damit nur einen beschränkten Vorrat an Vermögen, in das während der Wohlverhaltensperiode vollstreckt werden kann. Dazu gehören zunächst die Gegenstände aus der **21**

---

[60] Vgl. HK-*Eickmann* § 89 RdNr. 6 mit kritischer Bewertung dieses Regelungsansatzes.
[61] *Landfermann,* Kölner Schrift, 159, 170, RdNr. 36.
[62] So auch *Smid/Krug/Haarmeyer* § 294 RdNr. 3. Anders hingegen FK-*Ahrens* § 294 RdNr. 13.
[63] *Landfermann,* Kölner Schrift, 159, 171, RdNr. 41.
[64] Vgl. unten § 295 RdNr. 49 ff.
[65] S. BGH ZInsO 2007, 872.
[66] Dazu speziell *Uhlenbruck* FamRZ 1998, 1473.
[67] Siehe FK-*Ahrens* § 294 RdNr. 9; *Smid/Krug/Haarmeyer* § 294 RdNr. 3.
[68] AG Bremen v. 26. 10. 2007, 248 M 480854/07.

§ 294   22–25   8. Teil. Restschuldbefreiung

Insolvenzmasse, von deren Verwertung der Treuhänder gegen Bezahlung eines entsprechenden Betrages nach § 314 Abs. 1 Satz 1 und Satz 2 abgesehen hat.[69] Die Neugläubiger können auch während der Wohlverhaltensperiode die Zwangsvollstreckung in künftige Lohnansprüche des Schuldners betreiben. Da aber eben diese Ansprüche an den Treuhänder abgetreten sind, entfaltet eine solche Maßnahme – abgesehen von einer Rangsicherung – allerdings zunächst **keine Wirkung**.[70] Dem Treuhänder steht das Instrument der Drittwiderspruchsklage aus § 771 ZPO zur Verfügung, wenn der Neugläubiger tatsächlich wirksam eine Lohnpfändung vornehmen will,[71] um den Eingriff in die ihm zustehenden Vermögenswerte abzuwehren.

22 Auf Grund der **besonderen Bedeutung von Unterhaltsansprüchen** kann ein Neugläubiger wegen solcher Forderungen, die nach Eröffnung des Insolvenzverfahrens entstanden sind, oder auf Grund einer neuen Forderung aus einer vorsätzlichen unerlaubten Handlung auch auf den gemäß den §§ 850 d, 850 f Abs. 2 ZPO für andere Gläubiger unpfändbaren Teil der Einkünfte zugreifen.[72] Ein solches **Pfändungsvorrecht** nach § 850 d ZPO kann unter Umständen gemäß §§ 412, 401 Abs. 2 BGB auf einen Dritten übergehen, wenn ein solcher Anspruch, der eine Bevorrechtigung begründet, z. B. auf Grund §§ 1607 Abs. 2 Satz 2, 1608 Satz 3, 1615 b BGB, § 91 BSHG, § 94 Abs. 3 SGB VIII, § 7 UVG oder § 37 BAföG auf einen Dritten übergeht.[73]

Auch den nach § 292 Abs. 1 Satz 3 nach Ablauf von vier und mehr Jahren von dem Treuhänder an den Schuldner abzuführenden Bonus können sich Neugläubiger pfänden und überweisen lassen.[74]

23 **Vollstreckt ein Neugläubiger in das treuhänderisch gehaltene Vermögen,** kann der Treuhänder dagegen mit der Erinnerung gemäß § 766 ZPO angehen. In dem Fall, in welchem es strittig ist, ob der Vollstreckungsgegenstand zum treuhänderischen oder zum freien Vermögen gehört, ist die Drittwiderspruchsklage gemäß § 771 ZPO eröffnet.[75]

24 **b) Massegläubiger.** Massegläubiger gemäß § 53 können Restschuldbefreiungsverfahren wegen sogenannter **gewillkürter Masseverbindlichkeiten** uneingeschränkt vollstrecken. Wegen sogenannter oktroyierter Masseverbindlichkeiten ist ebenfalls eine Vollstreckung möglich. Zwar ist ein sechsmonatiger Vollstreckungsschutz zu beachten, doch wird dieser abgelaufen sein, wenn das Restschuldbefreiungsverfahren angelaufen ist.[76]

25 **c) Aussonderungsberechtigte Gläubiger.** Aussonderungsberechtigte Gläubiger können während der Wohlverhaltensperiode ihre Herausgabeansprüche auch mit der Zwangsvollstreckung durchsetzen, denn sie sind im Hinblick auf ihren Aussonderungsanspruch keine Insolvenzgläubiger und werden daher vom Anwendungsbereich des § 294 Abs. 1 nicht erfasst. Ausnahmen von diesem Grundsatz gibt es indes gemäß §§ 50 ff., 166 ff. bei Mobiliarsicherheiten bzw. auf Grund der §§ 49, 65 InsO, 30 d ff., 153 b f. ZVG bei Immobiliarsicherheiten.[77]

---

[69] Zur möglicherweise entstehenden Kollision dieses zur Vollstreckung für Neugläubiger bereitstehenden Vermögens mit dem Schutz des unpfändbaren Einkommens vgl. FK-*Ahrens* § 294 RdNr. 10; s. auch *Pape* ZInsO 2007, 1289, 1312.
[70] Vgl. *Vallender* ZIP 1997, 1993, 2000; FK-*Ahrens* § 294 RdNr. 11.
[71] Siehe *Wittig* WM 1998, 209, 214.
[72] Begr. zu § 100 RegE, BR-Drucks. 1/92, S. 137 f.; *Landfermann*, Kölner Schrift, 159, 171 RdNr. 41; *Forsblad*, S. 261; FK-*Ahrens* § 294 RdNr. 11.
[73] Im Einzelnen wird allerdings nach Fallgruppen und Normzweck zu bestimmen sein, ob tatsächlich dieses Vorrecht auf den betreffenden Dritten übergeht. Vgl. dazu ausführlich MünchKommZPO-*Smid* § 850 d RdNr. 6 f.; *Stein/Jonas/Brehm* ZPO § 850 d RdNr. 11 ff.
[74] FK-*Ahrens* § 294 RdNr. 12.
[75] *Häsemeyer* RdNr. 26.47, 26.54; FK-*Ahrens* § 294 RdNr. 13.
[76] Vgl. *Helwich* DGVZ 1998, 50; FK-*Ahrens* § 294 RdNr. 14.
[77] Vgl. dazu *Vallender* ZIP 1997, 1993, 2001; *Uhlenbruck* InVo 1996, 85, 90; AG Rosenheim ZInsO 2000, 291; s. ferner auch *Helwich* DGVZ 1998, 50, 52 ff. zu Zwangshypothek, Zwangsversteigerung und Zwangsverwaltung.

III. Sonderabkommen (§ 294 Abs. 2)

1. Allgemeines. Zur Sicherung der Gleichbehandlung der Gläubiger während der 26 Wohlverhaltensperiode ordnet § 294 Abs. 2 zusätzlich die Nichtigkeit von Abkommen an, durch die einzelne Gläubiger bevorzugt werden sollen (sog. Sonderabkommen). Ein solches Sonderabkommen kann u. U. auch eine Strafbarkeit gemäß § 283c StGB begründen.[78]

Die Vorschrift des § 294 Abs. 2 lehnt sich an die früheren Bestimmungen in § 181 Satz 3 KO und § 8 Abs. 3 VglO an. Anders als die Vorschrift des § 181 Satz 3 KO, in der vorausgesetzt wird, dass ein Abkommen des Schuldners oder einer anderen Person vorliegt, auf Grund dessen einzelne Gläubiger bevorzugt werden sollen, kommt es § 294 zufolge auf ein etwaiges Bewusstsein und den Willen der Bevorzugung nicht an.[79] Abgesehen von den mit dem Fehlen dieses subjektiven Elements zusammenhängenden Aspekten, kann die Rechtspraxis zu § 181 Satz 3 KO und § 8 Abs. 3 VglO aber gleichwohl zur Auslegung der Vorschrift des § 294 Abs. 2 grundsätzlich herangezogen werden.[80]

2. Abschluss eines Abkommens. a) Begriff des Abkommens. Dem Wortlaut des 27 § 294 Abs. 2 zufolge ist jedes Abkommen des Schuldners oder einer anderen Person mit einem einzelnen Insolvenzgläubiger nichtig. Der **Begriff des Abkommens** ist in diesem Zusammenhang klärungsbedürftig. Der Begriff Abkommen könnte darauf hinweisen, dass von der Regelung des § 294 Abs. 2 nur vertragliche Vereinbarungen mit den Insolvenzgläubigern erfasst werden.[81] Vor dem Hintergrund des Schutzzweckes des § 294 Abs. 2 griffe hingegen eine Beschränkung auf Verträge im rechtstechnischen Sinne, auf Verpflichtungs- und Verfügungsgeschäfte sowie Verfahrensakte zu kurz. Vielmehr sind auch **einseitige Rechtsakte,** wie z. B. eine Ermächtigung, unter dem Begriff der Vereinbarung i. S. d. § 294 Abs. 2[82] zu verstehen. Dieser **weite Anwendungsbereich** ergibt sich nicht nur aus dem Schutzzweck der Norm, sondern lässt sich auch auf andere Erwägungen stützen. So weist bei genauerem Hinsehen bereits der Wortlaut des § 294 Abs. 2 darauf hin, dass nicht nur Verträge als Abkommen im Sinne der Norm zu verstehen sind; wäre dies gewollt, so hätte der Gesetzgeber möglicherweise exaktere Formulierungen wie „gegenseitige Abkommen" oder „gemeinsame Abkommen" oder den Begriff „Rechtsgeschäft" oder ähnliches gewählt. Der Begriff des Abkommens ist ein – zugegebenermaßen ebenfalls nicht glücklicher – Ausdruck dafür, dass jegliche Handlung des Insolvenzschuldners oder eines anderen erfasst werden soll, die dazu beitragen, dass hinter dem Rücken der anderen Gläubiger Vermögensverschiebungen vorgenommen werden können, die den Grundsatz der Gleichbehandlung verletzen können.[83]

Schließlich zeigt auch der **Vergleich mit den entsprechenden Begriffen** aus § 181 Satz 3 KO und § 8 Abs. 3 VglO, dass auch einseitige Rechtsakte vom Tatbestand erfasst werden.[84] Dagegen kann auch nicht eingewendet werden, die Insolvenzordnung unterscheide die insolvenzrechtliche Wirkung einer einseitigen Leistung von Übereinkommen, mit denen Sondervorteile gewährt werden, wie sich daraus zeige, dass Zahlungen und damit einseitige Rechtsakte des Schuldner, die einem Insolvenzgläubiger Sondervorteile verschaffen, dem Schuldner allein in Gestalt einer Obliegenheitsverletzung nach § 295 Abs. 1 Nr. 4 angerechnet würden, während für die einverständliche Regelung mit dem Gläubiger durch

---

[78] Vgl. *Smid/Krug/Haarmeyer* § 294 RdNr. 4; ausführlich *Schönke/Schröder/Stree* StGB, 27. Aufl. 2006 § 283c RdNr. 1 ff.; Leipziger Kommentar zum StGB-*Tiedemann* §§ 283 bis 283d, 21. Lieferung 1996, § 283c RdNr. 1 ff.; *Vormbaum* GA 1981, 101.
[79] Vgl. zur alten Rechtsordnung *Kuhn/Uhlenbruck* § 181 KO RdNr. 8; *Kilger/K. Schmidt* § 181 Anm. 3.
[80] *Römermann* in *Nerlich/Römermann* § 294 RdNr. 13.
[81] So FK-*Ahrens* § 294 RdNr. 26.
[82] So ausdrücklich *Smid/Krug/Haarmeyer* § 294 RdNr. 4; *Kübler/Prütting/Wenzel* § 294 RdNr. 5; *Andres/Leithaus* § 294 RdNr. 4; *Graf-Schlicker/Kexel* § 294 RdNr. 3.
[83] Ebenso HK-*Landfermann* § 294 RdNr. 8; *Uhlenbruck/Vallender* § 294 RdNr. 22; HambKommInsO-*Streck* § 294 RdNr. 8; *Braun/Buck* § 294 RdNr. 6.
[84] Siehe dazu *Kuhn/Uhlenbruck* § 181 KO RdNr. 5; *Bley/Mohrbutter* § 8 VglO RdNr. 35; *Obermüller* DB 1976, 901, 902; *Jaeger/Weber* § 181 KO Anm. 6 ff.

Abkommen hingegen die rechtsgeschäftliche Normierung und Nichtigkeitsfolge aus § 294 Abs. 2 eingreife.[85] Zum einen existieren durchaus Fallgestaltungen, in denen weder ein Abkommen im Sinne von § 294 Abs. 2 geschlossen wird, noch eine Obliegenheitsverletzung durch eine einseitige Rechtshandlung seitens des Schuldners vorliegt. Das ist etwa der Fall, wenn eine andere Person leistet, ohne eine Übereinkunft getroffen zu haben. In diesen Fällen gäbe es nach der soeben referierten Auffassung eine Regelungslücke, die den Schutzansatz des § 294 Abs. 2 partiell leerlaufen ließe. Zudem ist die Annahme falsch, einseitige Leistungen würden nur als Obliegenheitsverletzung betrachtet. Vielmehr werden derartige Leistungen in zweifacher Weise von insolvenzrechtlichen Wirkungen erfasst. Zum einen ist eine solche Leistung mit der Nichtigkeitsfolge verbunden, so dass die Leistung zurückgefordert werden kann und damit den Gläubigern insgesamt wieder zugute kommt. Zum anderen soll mittels des § 295 Abs. 1 Nr. 4 präventiv dafür gesorgt werden, dass derartige Zahlungen nicht vorgenommen werden, weil der Schuldner damit die Versagung der Restschuldbefreiung riskiert. Wollte man nur auf den letzten Aspekt abstellen, so würde der Schuldner, zwar um den Preis der Versagung der Restschuldbefreiung, die Möglichkeit haben, bestimmte Gläubiger zu bevorzugen und damit wirksam der Masse Vermögen zu entziehen, welches allen Gläubigern zugute kommen soll. Aber auch hier gebietet der Schutzzweck des § 294 Abs. 2, der gerade die Nichtigkeitsfolge für derartige Vermögensverschiebungen vorsieht, dass das derart verschobene Vermögen wieder in die Masse zur Verteilung an alle Gläubiger gelangen kann.

28   **b) Zeitpunkt des Abschlusses des Abkommens.** Auch der Zeitpunkt des Abschlusses des Abkommens ist wegen des umfassenden Schutzzweckes des § 294 Abs. 2 **weit zu fassen**. Zwar gehört die Vorschrift des § 294 Abs. 2 in den Regelungszusammenhang des Restschuldbefreiungsverfahrens, doch kann der Zeitpunkt für den Abschluss eines Sonderabkommens nicht nur während, sondern auch vor der Eröffnung des Insolvenzverfahrens liegen.[86] Neben der Funktion der Vorschrift, die Gleichbehandlung der Gläubiger im Hinblick auf Sonderabkommen umfassend zu sichern, spricht auch eine Gegenüberstellung mit der alten Vorschrift des § 181 KO für diesen weiten Anwendungsbereich, denn § 294 Abs. 2 sieht eine zeitliche Grenze, wie § 181 KO sie kannte, gerade nicht mehr vor.[87] Spätester Zeitpunkt zum Abschluss eines Abkommens ist der Ablauf der Frist bzw. des Rechtsmittelverfahrens aus § 303 Abs. 2 bzw. Abs. 3. Solange das Restschuldbefreiungsverfahren noch nicht formell abgeschlossen ist, besteht nämlich die Gefahr, dass Gläubiger durch bestimmte Sondervorteile davon abgehalten werden sollen, ihre Antragsrechte auszuüben. Dies kann nur verhindert werden, wenn auch noch Abkommen nach Erteilung der Restschuldbefreiung erfasst werden können.[88]

29   **c) Adressaten des § 294 Abs. 2.** Adressat der Regelung des § 294 Abs. 2 ist zunächst der **Schuldner**. Dem Schuldner werden die von ihm zur Erfüllung seiner Schuld oder in Vertretung eingeschalteten Personen zugerechnet.[89]

30   Einbezogen in den Anwendungsbereich des § 294 Abs. 2 sind aber auch **„andere Personen"**. Darunter ist jede Person zu verstehen, die, ohne vom Schuldner in den Erfüllungsvorgang einbezogen zu sein, ebenfalls auf eine Insolvenzforderung leistet. Dabei ist es nicht Voraussetzung, dass dieser Dritte mit Kenntnis oder mit Mitwirkung des Schuldners gehandelt hat.[90] Erfasst werden insbesondere alle Leistungen, zu denen sich der Dritte allein im Hinblick auf eine eingetretene oder absehbare Insolvenz des Schuldners verpflichtet hat und die aus Mitteln erbracht werden, die nicht an den Treuhänder abzuführen sind.[91] Ferner

---

[85] So FK-*Ahrens* § 294 RdNr. 26.
[86] *Uhlenbruck/Vallender* § 294 RdNr. 25; HambKommInsO-*Streck* § 294 RdNr. 8.
[87] Vgl. zu § 181 *Jaeger/Weber* § 181 KO RdNr. 7; *Kuhn/Uhlenbruck* § 181 KO RdNr. 5; RG v. 20. 1. 1912, RGZ 170, 183, 186.
[88] Vgl. FK-*Ahrens* § 294 RdNr. 29.
[89] So FK-*Ahrens* § 294 RdNr. 30.
[90] Vgl. *Smid/Krug/Haarmeyer* § 294 RdNr. 6; FK-*Ahrens* § 294 RdNr. 31.
[91] *Kübler/Prütting/Wenzel* § 294 RdNr. 6.

gehören dazu die Abkommen, welche Zahlungen des Dritten auf eine Insolvenzforderung betreffen und Abreden, die Einfluss auf den Gläubiger haben können, wie z. B. der Ankauf von Forderungen[92] oder die Übernahme einer Bürgschaft.[93] Von § 294 Abs. 2 werden auch Abreden etwa dergestalt erfasst, mit denen sich der Arbeitgeber des Schuldners verpflichtet, außerhalb der Regelung des § 114 Teile des Arbeitsentgeltes einem einzelnen Insolvenzgläubiger unmittelbar zufließen zu lassen.[94]

Nicht erfasst werden dagegen **Kreditsicherheiten eines Dritten,** die für den Fall bereitgestellt werden, dass die Forderung gegen den Schuldner notleidend wird, oder Absprachen, auf Grund derer sich ein Dritter verpflichtet, die Mindestvergütung für den Treuhänder zu decken.[95] 31

d) Sondervorteil. Ein Sondervorteil liegt dann vor, wenn ein Insolvenzgläubiger entgegen den allgemeinen Verteilungsvorschriften des Restschuldbefreiungsverfahrens **ohne Rechtfertigung** den anderen Insolvenzgläubigern gegenüber bevorzugt wird. Es kommt dabei – anders als bei der entsprechenden früheren Vorschrift des § 181 Satz 3 KO („... bevorzugt werden sollen ...") – nur auf die **objektive Bevorzugung** an.[96] Mit dieser Einschränkung ist die Rechtsprechung zur Auslegung des § 181 Satz 3 KO entsprechend heranzuziehen.[97] Wesentlich ist eine wirtschaftliche Betrachtungsweise.[98] 32

Unberechtigt ist ein Sondervorteil dann, wenn die Haftungsmasse unter Verletzung des Grundsatzes par conditio creditorum verkürzt wird. Gleiches gilt, wenn ein Einfluss auf den Willensbildungs- und Entscheidungsprozess auf Seiten des Gläubigers zu befürchten ist,[99] wobei dann allerdings eine Beziehung zu einer solchen Entscheidungsbildung erforderlich ist, da ohne diese einer missbilligten Vorteilsgewährung der Bewertungsmaßstab fehlen würde.[100]

Ein unberechtigter Sondervorteil liegt demnach **nicht schon dann vor,** wenn der Schuldner oder ein Dritter einem einzelnen Gläubiger etwas verspricht, um auf den Willensbildungs- und Entscheidungsprozess auf Seiten dieses betreffenden Gläubigers Einfluss zu nehmen, soweit dadurch die Masse des Schuldners nicht beeinträchtigt wird.[101] Ein Abkommen, das darauf gerichtet ist, Einfluss auf den Willensbildungs- und Entscheidungsprozess des Gläubigers zu nehmen, ist nur dann gemäß § 294 Abs. 2 nichtig, wenn der Gläubiger tatsächlich die entsprechende Handlung (etwa ein Antrag nach den §§ 290 Abs. 1, 296 Abs. 1, 297 Abs. 1 und 303 Abs. 1) unterlässt und es dadurch zu einer Verkürzung der Haftungsmasse unter Mißachtung der Gläubigergleichbehandlung und zu Gunsten des betreffenden Gläubigers kommt.[102] Da es im Rahmen des § 294 aber darauf ankommt, dass die Gleichbehandlung der Gläubiger missachtet wird, indem ihnen tatsächlich weniger Vermögen zur Verteilung zur Verfügung steht als ihnen ohne das Abkommen zur Verfügung stünde, kann es nicht darauf ankommen, dass auf Grund objektiver oder subjektiver Umstände die Gefahr besteht, ein Gläubiger würde seine Antragsbefugnisse in einer bestimmten Art und Weise ausführen.[103] Ein unberechtigter Sondervorteil liegt eben nur dann vor, wenn

---

[92] RGZ 28, 96; RGZ 30, 22, 23.
[93] RGZ 41, 41, 42; *Smid/Krug/Haarmeyer* § 294 RdNr. 5; FK-*Ahrens* § 294 RdNr. 30.
[94] Siehe *Kübler/Prütting/Wenzel* § 294 RdNr. 6.
[95] Ebenso *Kübler/Prütting/Wenzel* § 294 RdNr. 6; dort zur Begr. gegebenen Hinweis, die Vereinbarung zur Deckung der Mindestvergütung diene der Gesamtheit der Insolvenzgläubiger, kann indes in der Verallgemeinerung nicht gefolgt werden, weil die Deckung der Mindestvergütung nicht nur im Interesse des Schuldners liegt, vgl. dazu die Kommentierung zu § 298 RdNr. 4 ff. und 15.
[96] *Römermann* in *Nerlich/Römermann* § 294 RdNr. 13; FK-*Ahrens* § 294 RdNr. 31.
[97] *Römermann* in *Nerlich/Römermann* § 294 RdNr. 13.
[98] *Uhlenbruck/Vallender* § 294 RdNr. 23.
[99] So FK-*Ahrens* § 294 RdNr. 32.
[100] Vgl. BGHZ 6, 232, 237 f.
[101] Vgl. zu § 181 KO *Kuhn/Uhlenbruck* § 181 KO RdNr. 5; OLG Düsseldorf, WM 1989, 1071; *Hess/Kropshofer* § 181 KO RdNr. 7; BGHZ 6, 232, 237 f.
[102] So zu § 181 KO BGHZ 6, 232, 238; *Jaeger/Weber* § 181 KO RdNr. 8; *Kilger/K. Schmidt* § 181 KO Anm. 3; *Kuhn/Uhlenbruck* § 181 KO RdNr. 6; *Bauer/Stürner* RdNr. 24.6. Zur Insolvenzordnung vgl. hier FK-*Ahrens* § 294 RdNr. 32.
[103] So aber offensichtlich FK-*Ahrens* § 294 RdNr. 32.

aus dem allen Gläubigern zur Verfügung stehenden Vermögen bestimmte Vermögenswerte einem einzelnen Gläubiger zukommen. Da der Schuldner mit seinem **freien Vermögen nach eigenem Belieben verfahren kann,** liegt ein unberechtigter Sondervorteil nur dann vor, wenn die Haftungsmasse unter Missachtung der Gläubigergleichbehandlung verkürzt wird.[104] Auf den Einfluss der Willensbildung bei dem betreffenden Gläubiger alleine kommt es nicht an. Vor diesem Hintergrund kann die Bezahlung einer Geldstrafe zur Abwendung der Vollstreckung einer Ersatzfreiheitsstrafe nur dann einen vom Schuldner gewährter Sondervorteil darstellen, wenn dieser Betrag nicht aus seinem pfändungsfreien Vermögen stammt.[105]

33 **3. Rechtsfolge.** § 294 Abs. 2 ordnet als Rechtsfolge die **Nichtigkeit des Abkommens** an. Sie erfasst gleichermaßen das Verpflichtungs- wie das Erfüllungsgeschäft.[106] So weit Sachleistungen betroffen sind, können diese gem. § 985 BGB herausverlangt werden.[107] Hinsichtlich von Zahlungen kommt ein **Rückforderungsanspruch** aus § 817 Satz 1 BGB in Betracht. Insoweit besteht allerdings das Problem der Anwendung des § 817 Satz 2 BGB.[108] Mit dem Wegfall des subjektiven Elements in § 294 Abs. 2, also des schuldhaften Handelns, besteht nunmehr kein Grund, den Konditionsausschluss gem. § 817 Satz 2 anzuwenden.[109] Es besteht zwischen § 294 Abs. 2 und § 295 Abs. 1 Nr. 4 ein **abgestimmtes Verhältnis,** wonach die unzulässige Zahlung mit der verfahrensrechtlichen Option als Obliegenheitsverletzung und den materiell-rechtlichen Konsequenzen einer Versagung der Restschuldbefreiung bedacht ist, die rechtsgeschäftlichen Folgen aber in § 294 Abs. 2 geregelt sind. Ein daneben tretender Konditionsausschluss würde einerseits die gegen das gesetzliche Verbot verstoßende Leistung doppelt sanktionieren und andererseits ein erfülltes Sonderabkommen folgenlos stellen.[110] Auf Grund der durch das Restschuldbefreiungsverfahren geschaffenen neuen verfahrensrechtlichen Situation ist die Kondiktion der unzulässig auf ein Sonderabkommen erbrachten Leistung also möglich.[111]

IV. Beschränkung der Aufrechnung (§ 294 Abs. 3)

34 **1. Allgemeines.** Die kollektiven Befriedigungsaussichten der Gläubiger können unter Verletzung des Grundsatzes der gleichmäßigen Befriedigung auch dann eingeschränkt oder vollständig vereitelt werden, wenn während der Wohlverhaltensperiode eine Aufrechnung mit einer Forderung des Schuldners erklärt wird. Insbesondere nach der Ankündigung der Restschuldbefreiung kann es für Gläubiger von Interesse sein, im Wege der Aufrechnung ihre Forderung zu realisieren. Nach den allgemeinen Regeln der §§ 94 ff. bleibt eine bei der Eröffnung des Insolvenzverfahrens begründete Aufrechnungsbefugnis grundsätzlich bestehen.[112] Eine **Einschränkung dieser Aufrechnungsbefugnis** sieht § 114 Abs. 2 vor, der die Befugnis zur Aufrechnung mit Bezügen aus einem Dienstverhältnis oder gleichgestellten

---

[104] S. *Graf-Schlicker/Kexel* § 294 RdNr. 3.
[105] Vgl. HambKommInsO-*Streck* § 294 RdNr. 10; unter Berufung auf eine zu § 295 Abs. 1 Nr. 4 ergangene Entscheidung des AG Mannheim ZVI 2005, 385.
[106] FK-*Ahrens* § 294 RdNr. 34; zu § 181 KO s. statt aller *Hess/Kropshofer* § 181 KO RdNr. 30.
[107] Vgl. BGH NJW 1951, 643; InsolvenzHdb-*Eickmann* § 66 RdNr. 17; FK-*Ahrens* § 294 RdNr. 34; aA *Larenz/Canaris,* Schuldrecht, Bd. II/2, 13. Aufl., § 68 III 3 e; unklar dagegen *Smid/Krug/Haarmeyer* § 294 RdNr. 7.
[108] Vgl. *Jaeger/Weber* § 181 KO RdNr. 14; *Bley/Mohrbutter* § 8 VglO RdNr. 46; *Schwark* NJW 1974, 1892, 1894 den Konditionsausschluss verneinend; befürwortend hingegen RGZ 72, 46, 48; *Kuhn/Uhlenbruck* § 181 KO RdNr. 11; *Hess/Kropshofer* § 181 KO RdNr. 29; InsolvenzHdb-*Eickmann* § 66 RdNr. 17. Vgl. auch *Andres/Leithaus* § 294 RdNr. 4.
[109] So auch FK-*Ahrens* § 294 RdNr. 34; *Smid/Krug/Haarmeyer* § 294 RdNr. 7.
[110] So ausdrücklich und überzeugend FK-*Ahrens* § 294 RdNr. 34; HambKommInsO-*Streck* § 294 RdNr. 12; *Uhlenbruck/Vallender* § 294 RdNr. 29.
[111] FK-*Ahrens* § 294 RdNr. 34; *Smid/Krug/Haarmeyer* § 294 RdNr. 7; *Uhlenbruck/Vallender* § 294 RdNr. 29.
[112] Dazu vgl. *Häsemeyer* RdNr. 19.02 ff.; *ders.* Kölner Schrift, 645, 648 ff. RdNr. 8 ff.; *Nerlich/Römermann/Wittkowski* § 94 RdNr. 5 ff.; *Bork* RdNr. 262 ff.; *Adam* WM 1998, 801.

Einkünften befristet.[113] Das Einkommen des Schuldners bildet allerdings in der Regel die wesentliche Haftungsmasse (vgl. § 295 Abs. 1 Nr. 1). Ein Zugriff auf dieses Vermögen im Rahmen der Aufrechnung während der Wohlverhaltensperiode stellt einen wesentlichen Eingriff in die Gläubigergleichbehandlung dar. Gleichwohl sah § 233 des Diskussionsentwurfs noch keine Einschränkung der Aufrechnungsbefugnis während der Restschuldbefreiungsphase vor. Erst im Rahmen des Referentenentwurfs wurde der Gedanke des § 114 Abs. 2 auch in das Restschuldbefreiungsverfahren aufgenommen.[114] Nach § 294 Abs. 3 kann der Insolvenzgläubiger gegen die Lohn- und Gehaltsforderungen, die von einer Abtretungserklärung erfasst werden, mit einer Forderung gegen den Schuldner nur aufrechnen, soweit er, auch ein Insolvenzverfahren unterstellt, nach § 114 Abs. 2 zur Aufrechnung berechtigt wäre. Erfasst wird von dieser Vorschrift damit im Wesentlichen der Arbeitgeber und jeder andere, der dem Schuldner Bezüge aus einem Dienstverhältnis oder an deren Stelle tretende laufende Bezüge schuldet.[115] Mit der Verweisung auf § 114 Abs. 2 sind auch die Aufrechnungsverbote des § 96 Abs. 1 Nr. 2 bis 4 zu beachten.[116] Auf Grund dieser Regelung stehen spätestens nach drei Jahren, regelmäßig aber durchaus früher, die gesamten Bezüge des Schuldners zur Gläubigerbefriedigung während der Wohlverhaltensperiode zur Verfügung.[117]

2. Anwendungsbereich der Aufrechnungsbeschränkung. Die Forderungen des Schuldners, gegen die nur eine **beschränkte Aufrechenbarkeit mit Forderungen** besteht („Bezüge"), werden genauer durch die Verweisung auf § 114 Abs. 1 beschrieben. Dieser Vorschrift nach werden **Bezüge aus einem Dienstverhältnis** erfasst. Unter Dienstverhältnis ist die durch Dienstvertrag begründete Verpflichtung zu Diensten jeder Art gegen Entgelt zu verstehen, wobei die Geschäftsbesorgungsverträge ausgenommen sind. Arbeitsverhältnisse werden insoweit den Dienstverhältnissen gleichgestellt.[118] Als Bezüge aus einem Dienstverhältnis, die von § 114 erfasst werden, sind alle Einkommen oder Vergütungen aus gegenwärtigen oder früheren Dienst- bzw. Arbeitsverhältnissen ohne Rücksicht auf das Zustandekommen des Vertrages und damit auch aus **faktischen Arbeitsverhältnissen** zu verstehen.[119] Insbesondere sind als Arbeitseinkommen die von den § 19 Abs. 1 EStG und § 14 Abs. 1 SGB IV aufgeführten Einkünfte aus unselbständiger Tätigkeit anzusehen. **Zum Einkommen zählen** daher auch vom Arbeitgeber bzw. Dienstherren gezahlte Wohnungsgelder oder Mietkostenzuschüsse, Familien-, Kinder- und Trennungszulagen, Provisionen, Tantiemen, Prämien für Verbesserungsvorschläge, Erfindungsvergütungen oder Erfolgsbeteiligungen.[120] Zum Arbeitseinkommen gehören gemäß § 850 Abs. 3 ZPO auch Wettbewerbsrenten, die einem Arbeitnehmer auf Grund von Vereinbarung mit dem Arbeitgeber als Entschädigung für übernommene Beschränkungen seiner Berufstätigkeit nach Beendigung des bisherigen Dienstverhältnisses gewährt werden (s. §§ 74 ff. HGB für Handlungsgehilfen; §§ 133 f. GewO in Verbindung mit §§ 74 f. HGB für technische Angestellte); gleiches gilt für den Ausgleichsanspruch eines Handelsvertreters (§§ 87, 89 b, 90 a HGB).[121] Nach § 850 Abs. 3 b ZPO gehören auch Versorgungsrenten früherer Arbeitnehmer oder unterhaltsberechtigter Angehöriger, die auf Versicherungsverträgen beruhen und bestim-

---

[113] Siehe *Nerlich/Römermann/Kießner* § 114 RdNr. 6; FK-*Eisenbeis* § 114 RdNr. 7 ff.; oben *Löwisch/Caspers* § 114 RdNr. 35 ff.
[114] Vgl. die Kritik von *Wochner* BB 1998, 1065, 1066 im Rahmen der Auseinandersetzung mit dem DE; s. zugleich auch *Smid*, Insolvenzrecht im Umbruch, 139, 145.
[115] Vgl. FK-*Ahrens* § 294 RdNr. 35; *Döbereiner*, S. 268 ff.
[116] HambKommInsO-*Streck* § 294 RdNr. 13.
[117] Vgl. auch HambKommInsO-*Streck* § 294 RdNr. 13; *Döbereiner*, S. 270, der im Interesse der Gewährleistung einer möglichst gleichmäßigen Befriedigung aller Insolvenzgläubiger auch eine Beschränkung der Aufrechnungsmöglichkeit auf ein Jahr für angemessen hält.
[118] Vgl. oben *Löwisch/Caspers* § 114 RdNr. 4.
[119] Vgl. MünchKommZPO-*Smid* § 850 RdNr. 20 mwN.
[120] Siehe statt aller MünchKommZPO-*Smid* § 850 ZPO RdNr. 22.
[121] Vgl. u. a. *Zöller/Stöber* § 850 ZPO RdNr. 10; *Wieczorek/Schütze/W. Lüke* ZPO, 3. Aufl. 1999, § 850 ZPO RdNr. 69 ff.

mungsgemäß Ruhegeld- oder Hinterbliebenenbezüge ersetzen oder ergänzen würden, zu den Arbeitseinkommen. Ebenso sind Versorgungszusagen sowie insbesondere auch Renten aus Lebensversicherungen, die der Arbeitgeber zur Versorgung des Arbeitnehmers oder seiner unterhaltsberechtigten Angehörigen auf deren Leben eingegangen ist, als Arbeitseinkommen zu qualifizieren.

36 § **850 Abs. 2 ZPO** bestimmt näher, was unter **Bezügen aus einem Dienstverhältnis** zu verstehen ist. Dazu gehören Dienst- und Versorgungsbezüge der Beamten; Dienstbezüge der Berufssoldaten und Soldaten auf Zeit; Wehrsold der Wehrpflichtigen; Arbeits- und Dienstlöhne der Arbeiter und Angestellten im Öffentlichen Dienst, in Handel und Industrie, in einem kaufmännischen Arbeitsverhältnis, in Land- und Forstwirtschaft, im Haushalt, in einem Ausbildungsverhältnis oder in einem sonstigen privatrechtlichen Arbeitsverhältnis; Ruhegelder und ähnliche, nach dem einstweiligen oder dauernden Ausscheiden aus dem Dienst- oder Arbeitsverhältnis gewährte fortlaufende Einkünfte; Bedienungsgeld des Kellners (ohne Trinkgeld); sonstige Vergütungen für Dienstleistungen aller Art, die die Erwerbstätigkeit des Schuldners vollständig oder zu einem wesentlichen Teil in Anspruch nehmen.[122]

37 Neben den Bezügen aus einem Dienstverhältnis werden von § 294 Abs. 3 auch die **an deren Stelle tretenden laufenden Bezüge** erfasst. In Betracht kommen insbesondere Sozialleistungen, so weit sie an die Stelle der Bezüge aus einem Dienstverhältnis getreten sind (sogenannte Entgeltersatzleistungen). Derartige Entgeltersatzleistungen sind im achten Abschnitt des SGB III geregelt. Es handelt sich dabei insbesondere um Arbeitslosengeld (§§ 117 ff. SGB III), Unterhaltsgeld (§§ 153 ff. SGB III), Übergangsgeld (§§ 160 ff. SGB III), Kurzarbeitergeld (§§ 169 ff. SGB III), Insolvenzgeld (§§ 183 ff. SGB III), Arbeitslosenhilfe (§§ 190 ff. SGB III), Wintergeld und Winterausfallgeld (§§ 209 ff. SBG III). Zu den sonstigen laufenden Bezügen gehören ferner u. a. das Arbeitsentgelt eines Strafgefangenen für im Gefängnis geleistete Arbeit nach § 43 StVollzG, eine Geldrente, die der Schuldner nach § 843 BGB erhält, Geldrenten nach § 13 StVG, § 18 HaftpflichtG oder nach § 618 Abs. 3 BGB bzw. § 63 Abs. 3 HGB wegen einer Verletzung der Fürsorgepflicht des Arbeitgebers,[123] Mutterschaftsgeld nach § 13 Abs. 1 MuSchG.

38 Bei den an die Stelle der Dienstbezüge tretenden laufenden Bezügen bzw. den sonstigen laufenden Bezügen ist freilich zu berücksichtigen, dass sie von § 294 Abs. 3 nur insoweit erfasst werden, wie sie **gemäß § 287 Abs. 2 Satz 1 abtretbar** sind. Die Abtretbarkeit derartiger Forderungen läuft parallel mit ihrer Pfändbarkeit. Hinsichtlich dieser Bezüge ist die Pfändbarkeit in aller Regel aber stark eingeschränkt oder sogar ganz ausgeschlossen.[124]

39 Vom Anwendungsbereich der Aufrechnungsbeschränkung nicht erfasst sind **Zahlungen, die keine laufenden Bezüge** darstellen, also etwa nur auf Grund eines einmaligen, nicht wiederkehrenden Ereignisses gezahlt wurden. Ebenso fallen Einkünfte aus einer selbstständigen Tätigkeit nicht in den Anwendungsbereich des § 294 Abs. 3, da sich § 114 nur auf Bezüge aus einem Dienstverhältnis bezieht. Schließlich fallen auch **Ansprüche auf Steuererstattung** gegen das Finanzamt nicht unter § 294 Abs. 3 mit der Folge, dass das Finanzamt mit eigenen Forderungen gegen einen Steuererstattungsanspruch aus einem Veranlagungszeitraum während der Treuhandperiode aufrechnen kann.[125] Um dieses Ergebnis zu umgehen, wird zum Teil aus dem Zwangsvollstreckungsverbot des **§ 294 Abs. 1 ein Aufrechnungsverbot abgeleitet**.[126] Dies ist jedoch **bedenklich,** weil damit der gesetzlich

---

[122] Siehe *Zöller/Stöber* § 850 ZPO RdNr. 4 ff.; *Wieczorek/Schütze/W. Lüke* ZPO, 3. Aufl. 1999, § 850 ZPO RdNr. 57 ff.; *Stein/Jonas/Brehm* § 850 ZPO RdNr. 28 f.
[123] Vgl. *Döbereiner*, S. 191.
[124] Vgl. *Döbereiner*, S. 191 f.; vgl. auch oben *Stephan* § 287 RdNr. 29 f.
[125] S. BGH ZInsO 2005, 873; FG Kassel ZVI 2005, 223; FG Düsseldorf ZInsO 2004, 1368; LG Koblenz, ZInsO 2000, 507 f.; vgl. auch BFH ZVI 2007, 138; aA AG Göttingen NZI 2001, 270, 271; vgl. dazu auch *Hilbertz/Busch* ZInsO 2000, 491.
[126] *Grote* ZInsO 2001, 452, 453 ff. und im Anschluss daran FK-*Ahrens* § 294 RdNr. 35 a; ebenso *Uhlenbruck/Vallender* § 294 RdNr. 34; AG Göttingen NZI 2001, 329; AG Neuwied NZI 2000, 335; dagegen *Goetsch* in *Blersch/Bräutigam/Goetsch* § 294 RdNr. 8.

vorgesehene Anwendungsbereich des Aufrechnungsverbotes gem. § 294 Abs. 3 im Ergebnis unterlaufen wird. Es ist zudem nicht ersichtlich, warum das Finanzamt mit seinen Forderungen anders gestellt werden sollte als ein anderer Gläubiger, dessen Forderung nicht in den Anwendungsbereich der Aufrechnungsbeschränkung fällt (vgl. unten RdNr. 55). Wollte man speziell die Aufrechnungsmöglichkeit des Finanzamtes beschränken, so müsste dies durch eine Gesetzesänderung vorgenommen werden. Auch unabhängig von den Ansprüchen des Finanzamtes folgt aus dem allgemeinen Vollstreckungsverbot kein über den Anwendungsbereich des Abs. 3 hinausgehendes Aufrechnungsverbot. Ein solches ist weder mit der Systematik noch mit der Entstehungsgeschichte des Gesetzes zu vereinbaren.[127]

In **personeller Hinsicht** umfasst der Anwendungsbereich des § 294 Abs. 3 auf der einen Seite den Schuldner bzw. nach der Abtretung an den Treuhänder gem. § 287 Abs. 2 den Treuhänder, auf der anderen Seite den Arbeitgeber, den Dienstherren oder den zur Zahlung der Bezüge Verpflichteten. **40**

3. Aufrechnungslage. a) Bei Verfahrenseröffnung bestehende Aufrechnungslage. **41**
Die Aufrechnung als solche bestimmt sich nach den **allgemeinen Regelungen** der §§ 387 ff. BGB. Demnach müssen sich zwei aufrechenbare, fällige und gleichartige Forderungen gegenüberstehen. Die Hauptforderung des Insolvenzschuldners, gegen die der Verpflichtete (also der Schuldner der Bezüge) aufrechnen will, darf bei der Eröffnung des Insolvenzverfahrens noch nicht entstanden sein. Gemäß §§ 294 Abs. 3, 114 Abs. 2 Satz 3 ist es allerdings unschädlich, wenn das der Hauptforderung zu Grunde liegende Arbeits- bzw. Dienstverhältnis zu diesem Zeitpunkt bereits begründet war. Die Aufrechnung selbst kann allerdings auf Grund der §§ 294 Abs. 3, 114 Abs. 2 Satz 2, 95 Abs. 1 Satz 1 erst erfolgen, wenn die Voraussetzungen der Aufrechnung eingetreten sind.[128] Wegen der allgemeinen Regelung des § 387 BGB reicht hierfür die Erfüllbarkeit der Hauptforderung; die Fälligkeit ist nicht zu verlangen.[129]

Wurde die Aufrechnung bereits **vor der Abtretung der Forderung** auf die Bezüge auf **42** den Treuhänder erklärt, kann der Verpflichtete die Aufrechnung nach § 404 BGB dem Treuhänder entgegenhalten.[130] In der Praxis wird es allerdings die Regel sein, dass entweder der Treuhänder oder der Schuldner den Verpflichteten von der Abtretung der Forderungen an den Treuhänder in Kenntnis setzt, damit der Verpflichtete die pfändbaren Bezüge unmittelbar an den Treuhänder abführt. Vor diesem Hintergrund bleibt dem Verpflichteten die Aufrechnungslage nur unter den Voraussetzungen des § 406 BGB erhalten. Wenn der Verpflichtete also die Aufrechnung nach der Abtretung in deren Kenntnis erklärt, darf er nur mit Gegenforderungen aufrechnen, die er vor Kenntnis der Abtretung an den Treuhänder erlangt hat.[131] Eine Aufrechnungsmöglichkeit für den Verpflichteten besteht demgemäß nur, wenn die Aufrechnungslage bereits im **Zeitpunkt der Kenntniserlangung** bestand oder wenn sich aus der Rechtslage, wie sie bei der Kenntniserlangung vor der Abtretung bestand, ohne die Abtretung bis zur Fälligkeit der abgetretenen Forderung eine Aufrechnungslage entwickelt hätte.[132] Demnach reicht es also aus, wenn der Rechtsgrund für die Gegenforderung im Zeitpunkt der Kenntniserlangung von der Abtretung bereits bestand.

Endet das Arbeits- bzw. Dienstverhältnis, sei es durch Kündigung, Fristablauf oder in sonstiger Weise vor Ablauf der Aufrechnungsfrist, so endet damit auch die Aufrechnungsbefugnis. Wird ein befristetes Arbeitsverhältnis verlängert, so bleibt die Aufrechnungsbefugnis über die zunächst vorgesehene Dauer hinaus bestehen, weil insoweit der ursprüngliche

---
[127] BGH ZInsO 2005, 874; HambKommInsO-*Streck* § 294 RdNr. 14; *Graf-Schlicker/Kexel* § 294 RdNr. 5; vgl. zudem *Stahlschmidt* ZInsO 2006, 629, 632 f.; Allgemeiner s. auch AG Wittlich ZVI 2003, 428; HK-*Landfermann* § 294 RdNr. 15.
[128] FK-*Ahrens* § 294 RdNr. 36; *Adam* WM 1998, 801, 802.
[129] Siehe statt aller *Häsemeyer,* Kölner Schrift, 645, 650 RdNr. 12.
[130] Eingehend *Döbereiner,* S. 268 f.
[131] Vgl. BGH NJW 1996, 1056, 1057; FK-*Ahrens* § 294 RdNr. 37; *Döbereiner,* S. 269.
[132] Vgl. *Palandt/Grüneberg* § 406 BGB RdNr. 1.

Rechtsgrund ebenfalls bestehen bleibt.[133] In der Verlängerung des befristeten Arbeitsvertrages wird man auch kein unzulässiges Sonderabkommen sehen können, denn eine solche Vereinbarung steht regelmäßig im Zusammenhang mit den Erwerbsobliegenheiten des Schuldners.[134]

43 Die **Gegenforderung,** mit der der Verpflichtete aufrechnen möchte, muss nach den allgemeinen Regeln des § 387 BGB grundsätzlich fällig sein. Allerdings gibt es gemäß § 406 BGB dort eine Ausnahme, wo zum Zeitpunkt der Abtretung nur der Rechtsgrund der Gegenforderung, nicht aber ihre Fälligkeit bestand. Gerechtfertigt wird diese Erweiterung durch den Schutz des Schuldners hinsichtlich der Aufrechenbarkeit seiner zunächst gegen den bisherigen Gläubiger zustehenden Forderung auch dem neuen Gläubiger gegenüber. In § 406 BGB ist in diesem Fall aber auch gleichzeitig die Begrenzung für eine solche Erweiterung enthalten, welche auch in der Insolvenz ihre Anwendung findet.[135] Soweit nämlich der Schuldner von der Vorausabtretung Kenntnis erlangt hat, steht ihm der Schutz aus § 406 BGB nicht mehr zur Verfügung.

44 b) **Erwerb neuer Forderungen durch den Verpflichteten.** Erwirbt der Verpflichtete erst **nach der Eröffnung des Insolvenzverfahrens** Forderungen gegen den Schuldner, so ist gemäß §§ 294 Abs. 3, 114 Abs. 2 Satz 2, 96 Nr. 2 die Aufrechnung ganz ausgeschlossen. Nach Verfahrenseröffnung erworben ist in diesem Zusammenhang auch eine Gegenforderung, die vor Verfahrenseröffnung in aufrechenbarer Weise bestand, noch vor Verfahrenseröffnung sicherungshalber an einen Dritten abgetreten und nach Verfahrenseröffnung zurückerworben wurde.[136] Dagegen gilt eine Gegenforderung nicht als nach der Verfahrenseröffnung erworben, wenn die Gegenforderung erst nach der Verfahrenseröffnung übertragen und dann zurück übertragen wurde.[137] Zudem wird die Aufrechnungsbefugnis von Sozialleistungs- bzw. Versicherungsträgern gemäß § 52 SGB I durch § 96 Nr. 2 nicht berührt.[138]

45 c) **Aufrechnung, die sich auf den unpfändbaren Teil des Schuldnervermögens bezieht.** § 294 Abs. 3 in Verbindung mit § 114 Abs. 2 bezieht sich nicht auf die Möglichkeit der Aufrechnung des Verpflichteten in Bezug auf die unpfändbaren Teile der Einkünfte des Schuldners.[139] Damit wird eine **Ausnahme zum Aufrechnungsverbot** des § 394 BGB gegenüber unpfändbaren Forderungen statuiert. Eine derartige Ausnahme ist aber nur in eng begrenzten Ausnahmefällen zulässig. Um einen solchen handelt es sich bei Ansprüchen aus einer vorsätzlichen unerlaubten Handlung oder aus einer vorsätzlichen Vertragsverletzung.[140]

46 d) **Aufrechnungshindernisse. Grenzen der Aufrechnung** ergeben sich im Wesentlichen durch § 96 Nr. 2–4, auf die nach §§ 294 Abs. 3, 114 Abs. 2 Satz 2 verwiesen wird. Der Verweis bezieht § 96 Nr. 1 ausdrücklich nicht mit ein.

47 In dem Fall, in dem der Verpflichtete erst nach Eröffnung des Verfahrens von einem anderen Gläubiger seine Forderung erworben hat, fehlt es an der spezifischen Schutzbedürftigkeit des betreffenden Verpflichteten, welche ansonsten die Grundlage der Aufrechnungsmöglichkeit auch in der Insolvenz ist.[141] Zum Ausschluss der Aufrechnung gemäß § 96 Nr. 2 siehe im Einzelnen oben RdNr. 19 ff.

---

[133] Siehe FK-*Ahrens* § 294 RdNr. 38.
[134] So auch FK-*Ahrens* § 294 RdNr. 38 und 33.
[135] Siehe *Wenzel* VuR 1990, 121, 129; *Häsemeyer*, Kölner Schrift, 645, 647, 664, RdNr. 5, 52; *Windel* KTS 1995, 367, 402; *Diekmann* in: Insolvenzrecht im Umbruch, 211, 223; FK-*Ahrens* § 294 RdNr. 39.
[136] Siehe *Nerlich/Römermann/Wittkowski* § 96 RdNr. 15; oben § 96 RdNr. 21; *Häsemeyer* RdNr. 19.3; *Bork*, Einführung in die neue Insolvenzordnung, RdNr. 273; *Kuhn/Uhlenbruck* § 55 KO RdNr. 10. AA allerdings *Schicke* NJW 1974, 2118; *Kornblum* BB 1981, 1296, 1303.
[137] Siehe RGZ 51, 394, 395.
[138] Vgl. § 96 RdNr. 25.
[139] Vgl. die Begr. des RegE InsO, BR-Drucks. 1/92, zu § 243 S. 192.
[140] Vgl. *Döbereiner*, S. 270, s. auch *Wenzel* DB 1990, 975, 977.
[141] Dazu allgemein *Häsemeyer*, Kölner Schrift 645, 655, RdNr. 31; *Bork* RdNr. 272; *Nerlich/Römermann/Wittkowski* § 96 RdNr. 14 f.; oben § 96 RdNr. 19 f.

Eine Aufrechnung ist auch dann unstatthaft, wenn der Verpflichtete die Aufrechnungs- **48** möglichkeit durch eine anfechtbare Rechtshandlung erlangt hat (§ 96 Nr. 3) oder er erst nach der Eröffnung des Insolvenzverfahrens eine Forderung gegen den insolventen Schuldner persönlich begründet hat (§ 96 Nr. 4).[142] Einzelheiten s. oben in der Kommentierung zu § 96 Nr. 3 und 4, § 96 RdNr. 27 ff.

Ausgeschlossen ist die Aufrechnung nach § 390 BGB. **49**

Grenzen der Aufrechnung ergeben sich auch aus den **besonderen Pfändungsschutz-** **50** **bestimmungen** der §§ 850 ff. ZPO. Aufrechenbar sind nämlich nur die gemäß § 394 BGB pfändbaren (laufenden) Bezüge. So sind etwa die nicht wiederkehrend gezahlten Vergütungen gemäß § 850 i ZPO keine laufenden Bezüge im Sinne von § 294 Abs. 3 und § 114 Abs. 2 Satz 2, so dass diese nicht pfändbar und wegen § 400 BGB daher nicht abtretbar sind.[143]

Oftmals ist bei Sozialleistungen bzw. bei Entgeltersatzleistungen die Pfändbarkeit der **51** Bezüge stark eingeschränkt, weil nur der Betrag gepfändet werden darf, der auch beim Arbeitseinkommen pfändbar wäre. Bei Rentenzahlungen ist § 850 b Abs. 1 Nr. 1 ZPO zu beachten. Renten, die wegen einer Verletzung des Körpers oder der Gesundheit zu entrichten sind, unterliegen grundsätzlich nicht der Pfändung. Etwas anderes gilt nur dann, wenn das Vollstreckungsgericht den Pfändungsschutz aufgehoben hat (§ 850 b Abs. 2 ZPO). Das Mutterschaftsgeld gem. § 13 Abs. 1 MuSchG ist nach § 54 Abs. 3 Nr. 2 SGB I unpfändbar.

Soweit eine Forderung nur **bedingt pfändbar** ist (§ 850 b ZPO), hängt die Aufrechen- **52** barkeit von der Entscheidung des Insolvenzgerichts über die Pfändbarkeit ab. Bis zu einer derartigen Entscheidung bleibt eine zuvor erklärte Aufrechnung unwirksam.[144]

Gegenüber **unpfändbaren Bezügen** gibt es wiederum eine Gegenausnahme, die aus **53** dem Arglisteinwand abgeleitet wird. Demgemäß sind auch unpfändbare Bezüge aufrechenbar, wenn die Gegenforderung aus einer vorsätzlichen unerlaubten, strafbaren oder sittenwidrigen Handlung resultiert.[145] Unter Berücksichtigung des Maßstabs des § 850 f Abs. 2 ZPO kann in Einzelfällen sogar eine Aufrechnung gegenüber unpfändbaren Bezügen möglich sein, wenn sich die Gegenforderung aus einer vorsätzlichen Vertragsverletzung ergibt.[146]

4. Frist zur Aufrechnung. Die Aufrechnung im Rahmen des § 294 Abs. 3 ist nur in **54** **begrenzter Zeit** erlaubt. Zulässig ist sie, soweit sie sich auf die Bezüge für die Zeit vor Ablauf von drei Jahren – nach dem Übergangsrecht gem. Art. 107 EGInsO vor Ablauf von zwei Jahren – nach dem Ende des zurzeit der Eröffnung des Verfahrens laufenden Kalendermonats bezieht. Dies ergibt sich aus der Verweisung des § 294 Abs. 3 auf § 114 Abs. 2 Satz 1 und dessen Verweisung auf § 114 Abs. 1. Der **Zeitraum beginnt** mit dem Entstehen der Forderung des Schuldners. **Er endet** mit Ablauf desjenigen Tags des letzten Monats, welcher drei Jahre später dem Tag vorhergeht, der durch seine Benennung dem Anfangstag der Frist entspricht. Diese Fristberechnung ergibt sich aus §§ 222 Abs. 1 ZPO, 188 Abs. 2, 2. Hs. in Verbindung mit § 187 Abs. 2 Satz 1 BGB, auf die gemäß § 4 verwiesen wird.[147] Der in der Literatur vertretenen Auffassung, dass aus dem Gedanken des § 303 Abs. 2 in Verbindung mit § 390 Satz 1 BGB folge, dass die Aufrechnung gegen Bezüge, die während der dreijährigen Frist des § 114 Abs. 2 entstanden sind, nur noch binnen eines weiteren

---

[142] FK-*Ahrens* § 294 RdNr. 40; zur eingehenden Begr. dieses Aufrechnungsverbotes s. oben § 96 Nr. 4 RdNr. 40.
[143] Eine Aufzählung der Einzelfälle nicht wiederkehrend gezahlter Vergütungen bei MünchKommZPO-*Smid* § 850 i ZPO RdNr. 8; *Zöller/Stöber* § 850 i ZPO RdNr. 1.
[144] *Stein/Jonas/Brehm* § 850 b ZPO RdNr. 34; MünchKommBGB-*v. Feldmann* § 394 BGB RdNr. 3.
[145] Vgl. FK-*Ahrens* § 294 RdNr. 41; BGHZ 30, 36, 38.
[146] Vgl. *Staudinger/Gursky* § 394 BGB RdNr. 51 ff.; *Wenzel* VuR 1990, 121, 130; FK-*Ahrens* § 294 RdNr. 41.
[147] § 4 verweist auch hinsichtlich des Restschuldbefreiungsverfahrens auf die allgemeinen Vorschriften der ZPO; der Begriff Insolvenzverfahren ist insofern weit zu verstehen und nicht nur auf das Insolvenzverfahren im engeren Sinne zu beschränken, vgl. etwa *Nerlich/Römermann/Becher* § 4 RdNr. 3 ff.; FK-*Schmerbach* § 4 RdNr. 2; *Kübler/Prütting/Prütting* § 4 RdNr. 3.

Jahres zulässig sei,[148] ist nicht zu folgen. Richtig ist zwar, dass das Restschuldbefreiungsverfahren grundsätzlich eine schnelle Klärung der Rechtsverhältnisse verlangt. Doch lässt sich aus § 303 Abs. 2 **keine Frist der Geltendmachung einer Aufrechnung** ableiten. § 303 Abs. 2 erfasst ausdrücklich den auch vom inhaltlichen Regelungsgehalt anders gelagerten Fall der Zulässigkeit eines Antrages eines Insolvenzgläubigers gegen die Erteilung der Restschuldbefreiung. Ein solcher Antrag ist innerhalb eines Jahres nach Rechtskraft der Entscheidung zu stellen. Mit diesem Fristerfordernis soll für den Schuldner **Rechtssicherheit** geschaffen werden.[149] Bei der Geltendmachung einer Aufrechnung gilt hingegen etwas anderes. Eine Frist für den Verpflichteten, die Aufrechnung innerhalb des durch § 294 Abs. 3 abgesteckten zeitlichen Rahmens geltend zu machen, sieht das Gesetz gerade nicht vor. Es ist praktisch auch nicht weiter erforderlich, denn in aller Regel wird der Verpflichtete ein Interesse daran haben, seine Forderung umgehend gegen die Forderung des Schuldners auf Bezüge aufzurechnen. Darüber hinaus ist weder ersichtlich, warum dem Verpflichteten eine engere Grenze zur Ausübung seines Anfechtungsrechts gezogen werden muss, noch sind wesentliche Gründe erkennbar, warum bereits zu einem Zeitpunkt vor Ende der Wohlverhaltensperiode geklärt sein muss, welche Forderungen berechtigterweise mit den Ansprüchen auf Bezüge aufgerechnet werden können.

55 **5. Aufrechnung durch andere Gläubiger.** § 294 Abs. 3 beschränkt die Aufrechnungsmöglichkeit nur auf die Schuldner von laufenden Bezügen, so dass die **anderen Insolvenzgläubiger** während der Wohlverhaltensperiode die Aufrechnung wirksam erklären können. Eine Forderung des Gläubigers kann jedoch nur gegen eine Forderung bzw. einen Vermögenswert des Schuldners aufgerechnet werden, die nicht nach § 295 Abs. 1 Nr. 1 oder Nr. 2 an den Treuhänder abgeführt werden muss.

Dahinter steht die Überlegung, dass sich der Grundsatz der **Gläubigergleichbehandlung** nur auf das Vermögen bezieht, das an den Treuhänder abgetreten werden muss. Vor diesem Hintergrund ist eine weitere Beschränkung der Aufrechnungsmöglichkeiten nicht notwendig. Dagegen spricht auch nicht, dass ein Gläubiger durch die Möglichkeit der Aufrechnung mit einer Forderung des Schuldners, die einen Vermögensgegenstand aus seinem freien Vermögen bildet, insgesamt saldiert besser steht als ein anderer Gläubiger, der diese Möglichkeit nicht hat. Denn die Befriedigungsaussichten der Gläubiger beziehen sich nur auf das Vermögen, das innerhalb der Sechs-Jahres-Frist an den Treuhänder abgeführt wird. Entsprechend weit reicht dann auch der Gläubigergleichbehandlungsgrundsatz. Es kann daher nicht darum gehen, dass die Gläubiger insgesamt unterschiedliche Befriedigungsquoten erhalten.[150] Zudem besteht auch nicht die Gefahr der Gläubigerungleichbehandlung dadurch, dass ein Gläubiger, der nicht Adressat des § 294 Abs. 3 ist, gegen einen Anspruch auch vor dessen Abtretung aufrechnet, den der Schuldner an den Treuhänder herausgeben, also abtreten müsste.[151] Als Beispiel, das allerdings wohl kaum praxisrelevant sein dürfte, wird der Fall angeführt, wo im Rahmen eines Vermächtnisses der Erbe als Schuldner des Vermächtnisanspruchs gleichzeitig auch Insolvenzgläubiger ist und vorzeitig die Aufrechnung mit seiner eigenen Forderung gegen den Schuldner als Vermächtnisnehmer erklärt, so dass das gemäß § 295 Abs. 1 Nr. zur Hälfte an den Treuhänder abzuführende Vermächtnis der Gläubigergesamtheit als Masse im Verteilungsverfahren nicht mehr zur Verfügung steht. Da die Abtretungen des Schuldners an den Treuhänder Vorausabtretungen sind, greifen hier allenfalls die Rechte nach §§ 404 oder 406 BGB ein.

56 **6. Aufrechnung durch den Schuldner.** Die Möglichkeit der Aufrechnung durch den Schuldner ist zwar **theoretisch denkbar,** in der Insolvenzordnung jedoch – zu Recht – nicht geregelt.[152] Eine derartige Regelung ist nämlich nicht notwendig, da es in der Praxis

---

[148] So FK-*Ahrens* § 294 RdNr. 43.
[149] Vgl. dazu *Römermann* in *Nerlich/Römermann* § 303 RdNr. 10; oben *Stephan* § 303 RdNr. 7.
[150] So aber fälschlich *Döbereiner*, S. 271.
[151] So jedenfalls *Döbereiner*, S. 271.
[152] Vgl. dazu *Döbereiner*, S. 272 ff.; *Smid*, in: Insolvenzrecht im Umbruch, 139, 145.

eine solche Aufrechnungserklärung des Schuldners nicht geben wird. Soweit etwa der Schuldner die Aufrechnung mit seinen Forderungen auf Bezüge gegenüber einem Anspruch des Arbeitgebers erklärt, etwa weil er ohne die Begleichung dieser Verbindlichkeit den Verlust seines Arbeitsplatzes befürchtet, so besteht von vorneherein keine Aufrechnungslage, wenn diese Abtretung vor Erbringung der Arbeitsleistung erklärt worden ist. Nach Erbringung der Arbeitsleistung geht eine Aufrechnung des Schuldners ebenfalls ins Leere, weil der Schuldner auf Grund der Vorausabtretung an den Treuhänder nicht mehr Forderungsinhaber ist. Soweit der Schuldner mit Ansprüchen die Aufrechnung erklärt, welche Teile seines freien Vermögens sind, ist eine solche Aufrechnung grundsätzlich möglich und nach den allgemeinen Regeln der §§ 387 ff. auch erlaubt. Insoweit besteht auch nicht die Gefahr, dass die Gläubigerbefriedigung beeinträchtigt würde.[153]

7. Aufrechnung nach Ende der Wohlverhaltensperiode. Die Aufrechnung durch einen **Insolvenzgläubiger nach Erteilung der Restschuldbefreiung** scheidet mangels einer Aufrechnungslage aus. Denn auf Grund der Erteilung der Restschuldbefreiung kann die Gegenforderung, mit welcher der Insolvenzgläubiger gegen den schuldnerischen Anspruch aufrechnen will, nicht mehr geltend gemacht und damit auch nicht mehr aufgerechnet werden. Andernfalls bestünde die Gefahr, dass die Restschuldbefreiung dadurch unterlaufen würde, dass eine Aufrechnung seitens des ehemaligen Insolvenzgläubigers möglich wäre.[154] Im Gegensatz dazu kann der **ehemalige Schuldner** nach Erteilung der Restschuldbefreiung die Aufrechnung mit einer Forderung gegen einen ehemaligen Gläubiger gegen dessen Anspruch erklären. Hintergrund für ein solches Verhalten kann unter Umständen die Schaffung von good will im Hinblick auf eine bestehende oder künftige Geschäftsbeziehung sein. Einer solchen Aufrechnung steht nichts entgegen, so weit die allgemeine Aufrechnungslage gemäß § 387 BGB vorliegt. Der Charakter der Hauptforderung, gegen die der ehemalige Schuldner aufrechnet, als Naturalobligation[155] schließt eine wirksame Aufrechnung nicht aus, da die Hauptforderung nach § 387 BGB nur erfüllbar sein muss und Naturalobligationen zwar nicht durchsetzbar aber erfüllbar sind.[156] Dass die Befriedigung des Gläubigers, ohne wegen der Restschuldbefreiung auf eine solche Befriedigung einen Anspruch zu haben, wirksam ist, ergibt sich aus § 301 Abs. 3, der eine Befriedigung der Gläubiger insoweit zulässt.[157]

57

§ 295 Obliegenheiten des Schuldners

(1) Dem Schuldner obliegt es, während der Laufzeit der Abtretungserklärung

1. eine angemessene Erwerbstätigkeit auszuüben und, wenn er ohne Beschäftigung ist, sich um eine solche zu bemühen und keine zumutbare Tätigkeit abzulehnen;
2. Vermögen, das er von Todes wegen oder mit Rücksicht auf ein künftiges Erbrecht erwirbt, zur Hälfte des Wertes an den Treuhänder herauszugeben;
3. jeden Wechsel des Wohnsitzes oder der Beschäftigungsstelle unverzüglich dem Insolvenzgericht und dem Treuhänder anzuzeigen, keine von der Abtretungserklärung erfaßten Bezüge und kein von Nummer 2 erfaßtes Vermögen zu verheimlichen und dem Gericht und dem Treuhänder auf Verlangen Auskunft über seine Erwerbstätigkeit oder seine Bemühungen um eine solche sowie über seine Bezüge und sein Vermögen zu erteilen;

---

[153] Anders jedoch *Döbereiner,* S. 273 f., der fälschlicherweise annimmt, dass die Aufrechnung mit einer Forderung aus dem freien Vermögen eine Obliegenheitsverletzung nach § 295 Abs. 1 Nr. 2 oder Nr. 4 darstellen könnte.
[154] Vgl. dazu *Döbereiner,* S. 274; HambKommInsO-*Streck* § 294 RdNr. 15.
[155] Vgl. dazu unten *Stephan* § 301 RdNr. 18.
[156] Vgl. BGHZ 103, 362, 367; MünchKommBGB-*Schlüter* § 387 BGB RdNr. 21 f.
[157] Vgl. zu weiteren rechtspolitischen Bedenken vgl. *Döbereiner,* S. 275.

§ 295

4. Zahlungen zur Befriedigung der Insolvenzgläubiger nur an den Treuhänder zu leisten und keinem Insolvenzgläubiger einen Sondervorteil zu verschaffen.

(2) Soweit der Schuldner eine selbständige Tätigkeit ausübt, obliegt es ihm, die Insolvenzgläubiger durch Zahlungen an den Treuhänder so zu stellen, wie wenn er ein angemessenes Dienstverhältnis eingegangen wäre.

Übersicht

	RdNr.
I. Normzweck	1
II. Regelungsaufbau	5
1. Gesetzliche Systematik und de-minimis Regel	5
a) Systematische Einordnung	5
b) De-minimis Regel	7
2. Ausgestaltung der Obliegenheitsverletzung	9
III. Obliegenheiten gem. § 295 Abs. 1	11
1. Allgemeines	11
2. Erwerbstätigkeit, § 295 Abs. 1 Nr. 1	13
a) Ausübung einer angemessenen Erwerbstätigkeit, § 295 Abs. 1 Nr. 1 Alt. 1	15
aa) Angemessene Erwerbstätigkeit	15
bb) Beendigung der Erwerbstätigkeit	20
(1) Fristende des Arbeitsverhältnisses	21
(2) Anfechtung des Arbeitsvertrages	22
(3) Aufhebungsvertrag	23
(4) Kündigung	24
(a) Kündigung seitens des Schuldners	24
(b) Kündigung seitens des Arbeitgebers	25
cc) Mehrarbeit durch Überstunden	29
(1) Verfassungskonformität	42
(2) Kriterien zur Ausgestaltung des Begriffs der Zumutbarkeit	44
(3) Grenzen der Zumutbarkeit	45
dd) Übernahme einer anderen Erwerbstätigkeit	30
ee) Teilzeitbeschäftigung	34
b) Bemühungen bei Beschäftigungslosigkeit, § 295 Abs. 1 Nr. 1 Alt. 2	35
aa) Allgemeines	35
bb) Anforderungen an den Schuldner	36
c) Keine Ablehnung zumutbarer Tätigkeiten, § 295 Abs. 1 Nr. 1 Alt. 3	39
aa) Regelungsinhalt	39
bb) Kritik	40
cc) Voraussetzungen an die Zumutbarkeit	41
(1) Verfassungskonformität	42
(2) Kriterien zur Ausgestaltung des Begriffs der Zumutbarkeit	44
(3) Grenzen der Zumutbarkeit	45

	RdNr.
dd) Fort- und Weiterbildungsmaßnahmen	47
ee) Folgen der Ablehnung einer zumutbaren Tätigkeit	48
3. Herauszugebender Vermögenserwerb, § 295 Abs. 1 Nr. 2	49
a) Allgemeines	49
b) Kritik	50
c) Ausschlagungsfrist für die Erbschaft gem. § 1944 BGB	51
d) Heranziehung der Auslegungskriterien des § 1374 Abs. 2 BGB	53
aa) Erwerb von Todes wegen	54
bb) Pflichtteilsanspruch gem. § 2303 BGB	57
e) Erwerb mit Rücksicht auf ein künftiges Erbrecht	58
f) Abschließende Regelung des § 295 Abs. 1 Nr. 2	60
g) Vermögenserwerb in der Person des Schuldners und Übertragung an den Treuhänder	62
h) Wertberechnung	65
i) Miterbengemeinschaft	67
j) Obliegenheit zur Information über einen in Aussicht stehenden Erwerb von Todes wegen	69
4. Unterrichtungen, § 295 Abs. 1 Nr. 3	70
a) Überblick	70
b) Adressaten der Unterrichtung	73
c) Die Obliegenheiten im Einzelnen	75
aa) Wechsel des Wohnsitzes	75
bb) Wechsel der Beschäftigungsstelle	79
cc) Obliegenheit, keine von der Abtretung erfassten Bezüge zu verheimlichen	82
dd) Obliegenheit, kein von § 295 Abs. 1 Nr. 2 erfasstes Vermögen zu verschweigen	84
ee) Weitere Obliegenheiten	85
d) Auskunft des Schuldners	86
aa) Auskunftsbegehren	86
bb) Frist zur Auskunftserteilung	87
cc) Umfang, Form und Inhalt der Auskunft	88
(1) Umfang der Auskunft	88
(2) Form der Auskunft	89
(3) Inhalt der Auskunft	90
(a) Erwerbstätigkeit	90
(b) Bezüge	91
(c) Vermögen	92
5. Obliegenheit zur Gleichbehandlung aller Gläubiger, § 295 Abs. 1 Nr. 4	93

Obliegenheiten des Schuldners 1, 2 § 295

	RdNr.		RdNr.
IV. Selbständige Tätigkeit, § 295 Abs. 2................................	99	a) Umfang und Höhe	106
1. Allgemeines............................	99	b) Überschuss	109
2. Struktur der Obliegenheit nach § 295 Abs. 2	103	c) Festlegung des fiktiven Gesamteinkommens.............................	110
3. Wahlfreiheit der Beschäftigung........	105	d) Zahlungstermine..................	112
4. Zahlungen an den Treuhänder	106	**V. Rechtsfolgen bei einem Verstoß gegen eine Obliegenheit des § 295**	113

I. Normzweck

§ 295 schreibt dem Schuldner für die Laufzeit der Abtretungserklärung **bestimmte** 1 **Obliegenheiten** vor. Die Begründung des Regierungsentwurfes spricht von dieser Vorschrift als einer der zentralen Regelungen der Restschuldbefreiung.[1] Sie verfolgt einen **doppelten Zweck.** Zum einen soll sie dafür sorgen, dass sich der Schuldner während der als Wohlverhaltensperiode bezeichneten Treuhandzeit nach Kräften darum bemüht, dass die Gläubigerforderungen **so weit als möglich befriedigt** werden.[2] Die Norm trägt damit zur **effektiven Haftungsverwirklichung**[3] bei. Zum anderen dient § 295 der Vermeidung des Missbrauchs des Rechtsinstituts der Restschuldbefreiung,[4] indem durch das Erfordernis der Erfüllung von Obliegenheiten zu erreichen versucht wird, dass nur **redliche Schuldner** in den Genuss der Restschuldbefreiung kommen. Mit dieser *doppelten* Zweckverfolgung stellt die Vorschrift des § 295 damit nicht nur einen Zusammenhang zu § 1 Satz 2 her,[5] sondern sie konkretisiert vielmehr das Verhältnis zwischen den beiden Zielen des Insolvenzverfahrens gemäß § 1 und versucht einen Ausgleich zwischen den grundsätzlich entgegengesetzten Interessen zu erzielen.[6]

Aus der Vorschrift ergeben sich für den Schuldner im Einzelnen die **Anforderungen,** 2 denen er gerecht werden muss, damit das Insolvenzgericht ihm die Restschuldbefreiung nach Ablauf der Wohlverhaltensperiode erteilt. Mit dem Eintritt in die Treuhandphase hat es der Schuldner also weitgehend selbst in der Hand, ob ihm die Restschuldbefreiung erteilt wird. Maßgebend ist damit *grundsätzlich* allein sein Verhalten während dieser Periode. Auf früheres Verhalten des Schuldners kommt es nicht an.[7] Dieses ist nur insofern von Belang, als der Schuldner gemäß § 297 in dem Zeitraum zwischen Schlusstermin und Aufhebung des Insolvenzverfahrens oder während der Laufzeit der Abtretungserklärung wegen einer Straftat nach den §§ 283 bis 283 c StGB rechtskräftig verurteilt wird. Zugleich setzt die Erreichung der Zielvorstellungen der Restschuldbefreiung auch ein **Mindestmaß an Kooperationsbereitschaft** des Schuldners mit den am Verfahren Beteiligten voraus, die durch die den Schuldner betreffenden Obliegenheiten ebenfalls gesteuert werden sollen. Die Anforderungen an den Schuldner sind dabei bewusst hoch angesetzt.[8] Dies soll zum einen bewirken, dass die den Gläubigern zustehende Masse bestmöglich – und nicht nur pro forma – vergrößert wird. Zum anderen findet sich darin auch die Idee wieder, dass sich eine Person, die insolvent geworden ist, ihren Austritt aus dem „Schuldturm" verdienen muss.[9] Dahinter steht die wichtige, juristisch freilich kaum fassbare Vorstellung, dass die Gläubiger nur dann den Ausfall ihrer Forderungen hinnehmen (und als gerecht ansehen) werden, wenn sie erkennen, dass ihr Schuldner dafür eine gewisse „Leidensperiode" auf sich nehmen muss.

---

[1] S. z.B. Begr. RegE, BT-Drucks. 12/2443, S. 192; *Kübler/Prütting/Wenzel* § 295 RdNr. 1; *Döbereiner*, S. 145; *Römermann* in *Nerlich/Römermann* § 295 RdNr. 4; FK-*Ahrens* § 295 RdNr. 1; *Smid/Krug/Haarmeyer* § 295 RdNr. 1.
[2] Begr. RegE, BT-Drucks. 12/2443, S. 192.
[3] FK-*Ahrens* § 295 RdNr. 1.
[4] *Hess/Hess* § 295 RdNr. 12; *Döbereiner*, S. 145.
[5] So *Römermann* in *Nerlich/Römermann* § 295 RdNr. 6; *Döbereiner*, S. 145.
[6] Vgl. FK-*Ahrens* § 295 RdNr. 2, *Wimmer* BB 1998, 386, 387.
[7] FK-*Ahrens* § 295 RdNr. 2.
[8] *Kübler/Prütting/Wenzel* § 295 RdNr. 1; *Smid/Krug/Haarmeyer* § 295 RdNr. 1.
[9] *Döbereiner*, S. 145; *Uhlenbruck* KTF 1992, 499, 514.

Ehricke

Dabei darf „verdienen" nicht in einem juristischen, synallagmatischen Sinn missverstanden werden, denn selbstverständlich begründen die Obliegenheiten keinen Anspruch der Gläubiger gegenüber dem Schuldner.[10] Zugleich muss der Schuldner durch eigenes Verhalten (und nicht lediglich durch die Nutzbarmachung fremder Unterstützung) nach außen hin verdeutlichen, dass er bereit ist, seine durch die Insolvenz aus Sicht des Wirtschaftsverkehrs entstandene „Scharte" auszuwetzen und einen **gewissen Lernprozess** durchzustehen, um als kreditwürdiger Akteur in das Wirtschaftsleben zurückzukehren.

3   Als **Sanktionsmechanismus** zur Sicherstellung der Einhaltung der in § 295 vorgesehenen Obliegenheiten ist die Versagung der Restschuldbefreiung gem. § 296 vorgesehen, wenn der Schuldner während der Laufzeit der Abtretungserklärung eine seiner Obliegenheiten schuldhaft verletzt und dadurch die Befriedigung der Insolvenzgläubiger beeinträchtigt. Der Umstand, dass die Restschuldbefreiung nur auf Antrag der Gläubiger versagt werden kann, macht eindrücklich deutlich, dass die Obliegenheiten allein im Gläubigerinteresse erfüllt werden müssen. Aus Sicht der Gläubiger hat die Erfüllung der Obliegenheiten damit vorrangig eine Befriedigungsfunktion und zusätzlich – da eine vollständige Befriedigung regelmäßig nicht erreicht werden wird – eine Genugtuungsfunktion.

4   Gegen die Vorschrift des § 295 ist im Schrifttum das **Bedenken** vorgebracht worden, dass im Endeffekt die Gläubigerinteressen nicht hinreichend gewahrt werden könnten und sie sogar dem unredlichen Schuldner leicht die Gelegenheit bieten würde, in den Genuss der Restschuldbefreiung auch ohne (nennenswerte) Zahlungen zu gelangen, weil den Gläubigern keine gezielten Überwachungsmittel zur Verfügung stünden, mit denen sie einen schuldhaften Verstoß gegen die Obliegenheiten feststellen und glaubhaft machen könnten.[11] Diese Kritik steht im Zusammenhang mit der allgemeinen Diskussion um die Missbrauchsanfälligkeit des Restschuldbefreiungsverfahrens.[12] Vor dem Hintergrund, dass die rechtspolitisch mit der Restschuldbefreiung verfolgten Ziele nur durch eine **Kompromissformel** zu erreichen waren,[13] sind Regelungsunzulänglichkeiten allerdings kaum zu vermeiden. Es wird sich allerdings erst in Zukunft erweisen, ob die Gefahren des Missbrauchs sich als so erheblich herausstellen, dass die Regelung des § 295 und mit ihr auch die des § 296 insoweit einer kritischen Überarbeitung unterzogen werden müssen. Im Hinblick auf die strengen Anforderungen, die die Obliegenheiten an den Schuldner stellen und auf das nicht ganz unerhebliche Abschreckungspotenzial für den Schuldner, dass seine Bemühungen um die Erlangung der Restschuldbefreiung schnell vergebens sein könnten, wenn die Obliegenheiten nicht erfüllt werden, ist allerdings die Prognose möglich, dass Missbräuche eher die seltene Ausnahme bleiben werden. Soweit des Weiteren auch die fehlenden Informationsmöglichkeiten der Gläubiger kritisiert werden, ist dem zu entgegnen, dass diese immerhin die Möglichkeit haben, dem Treuhänder die Überwachung des Schuldners aufzutragen (§ 292 Abs. 2). Im Rahmen dieser Tätigkeit hat der Treuhänder die Gläubiger unverzüglich zu benachrichtigen, wenn er einen Verstoß gegen die Obliegenheiten feststellt (§ 292 Abs. 2 Satz 2).

II. Regelungsaufbau

5   **1. Gesetzliche Systematik und de-minimis-Regel. a) Systematische Einordnung.** Systematisch entspricht § 295 der Norm des § 290 Abs. 1. § 295 geht nämlich wie auch § 290 Abs. 1 von dem Grundsatz aus, dass dem Schuldner die Restschuldbefreiung zu erteilen ist und enthält (i. V. m. § 296) die Voraussetzungen, unter denen ausnahmsweise die Restschuldbefreiung zu versagen ist.[14]

---

[10] Vgl. *Römermann* in *Nerlich/Römermann* § 295 RdNr. 5; *Kübler/Prütting/Wenzel* § 295 RdNr. 2; *Arnold* DGVZ 1996, 65, 69.
[11] *Scholz* DB 1996, 765, 769; *Römermann* in *Nerlich/Römermann* § 295 RdNr. 7.
[12] Vgl. *Römermann* in *Nerlich/Römermann* § 295 RdNr. 7; s. auch *Hess/Hess* § 295 RdNr. 12; *Döbereiner*, S. 145.
[13] S. zur Entstehungsgeschichte der Vorschriften zur Restschuldbefreiung oben § 286 RdNr. 43 ff.
[14] FK-*Ahrens* § 295 RdNr. 5; HK-*Landfermann* § 295 RdNr. 1.

§ 295 steht darüber hinaus auch in einem **systematischen Zusammenhang** mit den 6
Bestimmungen der §§ 297, 298 und § 303. Die Gesamtheit dieser Normen stellt ein abgestuftes System von Versagungs- und Widerrufsgründen der Restschuldbefreiung dar. Dieses System balanciert die divergierenden Interessen zwischen den Gläubigern (welche an einer weitreichenden Befriedigung ihrer Forderungen interessiert sind) und dem Schuldner (der eine endgültige Befreiung von seinen Verbindlichkeiten erstrebt) angemessen aus. Das System ist dadurch gekennzeichnet, dass zwischen den einzelnen Phasen der Restschuldbefreiung, also vom Zulassungsverfahren über die Treuhandphase bis zur Erteilung der Restschuldbefreiung, zu trennen ist. Diese Trennung ist dadurch gekennzeichnet, dass in jeder Phase des Verfahrens an den Widerruf bzw. an die Versagung der Restschuldbefreiung unterschiedliche Anforderungen und zwar in zunehmendem Maße gestellt werden. So ist etwa bei einer Versagung der Restschuldbefreiung nach § 296 im Gegensatz zu den Versagungsgründen in § 290 erforderlich, dass die Verletzung einer der Obliegenheiten des § 295 zu einer Beeinträchtigung der Befriedigung der Insolvenzgläubiger führen muss (§ 296 Abs. 1 Satz 1 HS. 1 aE). Die **Unterteilung der Anforderungen** an den Schuldner in den unterschiedlichsten Phasen des Restschuldbefreiungsverfahrens hat zur Folge, dass in der Treuhandphase allein die Versagungsgründe des § 295 maßgebend und die des § 290 hingegen präkludiert sind.[15] Für eine etwaige analoge Anwendung des § 290 während der Treuhandphase in den Fällen, in denen sich erst in einem späteren Verfahrensabschnitt Verfehlungen herausstellen, die in einem früheren Abschnitt zur Versagung der Restschuldbefreiung geführt hätten, fehlt es aus dem vorgenannten Grund an einer planwidrigen Unvollständigkeit des Gesetzes. Denn der Gesetzgeber ist sich dieser besonderen Problematik bewusst gewesen und hat es in § 303 dergestalt gelöst, dass die Restschuldbefreiung zu widerrufen ist, wenn sich nachträglich herausstellt, dass der Schuldner eine seiner ihm nach § 295 auferlegten Obliegenheiten vorsätzlich verletzt hat und dadurch die Befriedigung der Insolvenzgläubiger erheblich beeinträchtigt hat.

Durch die Rechtsprechungspraxis ist mittlerweile eine **inhaltliche Verknüpfung des § 295 mit der Vorschrift des § 309** zur Ersetzung des Zustimmungserfordernisses vorgenommen worden. Zum einen sollen in einem Schuldenbereinigungsplan Obliegenheiten, wie sie in § 295 Abs. 1 Nr. 1 oder in Nr. 2 vorgesehen sind, aufgenommen werden können,[16] ohne dass die Ersetzung der Zustimmung zum Schuldenbereinigungsplan allein daran scheitere, dass er keine Nebenpflichten des Schuldners entsprechend den Obliegenheiten gem. § 295 enthalte.[17] Zum anderen soll die Zustimmung ausnahmsweise nicht ersetzt werden, wenn konkrete Anhaltspunkte für künftige Verletzungen des § 295 vorliegen.[18] Die Verknüpfung der Zustimmungsersetzung bei Schuldenbereinigungsplänen mit bestimmten Obliegenheiten gem. § 295 ist von der Autonomie der Ausgestaltung des Schuldenbereinigungsplanes (dazu vgl. unten *Ott/Vuia* § 305 RdNr. 45 ff.) gedeckt, und es kann im Hinblick auf den Schutz der Gläubiger durchaus auch sinnvoll sein, einige der in § 295 genannten Obliegenheiten als Nebenverpflichtungen zu vereinbaren. Dagegen ist das (ausnahmsweise) Abstellen auf (vermutete) künftige Obliegenheitsverletzungen nach § 295 für die Versagung der Zustimmungsersetzung nicht überzeugend. Denn eine solche Prognose wäre mit einer nicht mehr hinnehmbaren Rechtsunsicherheit belastet, da völlig unklar ist, welche Umstände ggf. vorgetragen werden müssten, um eine derartige (konkrete) Prognose zu stützen oder zu schwächen. Das gilt vor allem, wenn der Schuldner in früherer Zeit noch keine Handlungen begangen hat, die eine Obliegenheitsverletzung darstellen könnten. Aber selbst wenn eine frühere Verletzung vorliegt, darf daraus noch nicht auf das künftige Verhalten geschlossen werden, weil die Aussicht auf Restschuldbefreiung eine neue Motivation für ein obliegenheitskonformes Verhalten darstellt.[19]

---

[15] FK-*Ahrens* § 295 RdNr. 3.
[16] S. AG Göttingen, DZWIR 2002, 42; OLG Karlsruhe, ZInsO 2001, 913.
[17] AG Mönchengladbach, ZInsO 2001, 713; tendenziell anders AG Göttingen, DZWIR 2002, 42.
[18] LG Heilbronn NZI 2001, 434, 435; dazu *Schäferhoff* ZInsO 2001, 687, 691; FK-*Ahrens* § 295 RdNr. 7 b.
[19] S. FK-*Grote* § 309 RdNr. 31 b.

7   **b) De-minimis-Regel.** Die steigenden Anforderungen an die Versagung der Restschuldbefreiung im Laufe des Verfahrensfortgangs sind eine Ausprägung des **Vertrauensschutzgedankens.** Das Gesetz will den Schuldnern durch die abgestuften Anforderungen mit zunehmender Dauer des Restschuldbefreiungsverfahrens ein Mindestmaß an Schutz vor der vorschnellen Versagung der Restschuldbefreiung gewähren. Fraglich ist jedoch, ob sich daraus auch ableiten lässt, dass mit fortschreitender Dauer der Wohlverhaltensperiode steigende Anforderungen an die Versagung der Restschuldbefreiung gestellt werden, so dass beispielsweise zum Ende der Wohlverhaltensperiode geringfügige Verstöße des Schuldners gegen eine der in § 295 bezeichneten Obliegenheiten nicht zu einer Versagung der Restschuldbefreiung führen können[20] oder dass es eine **Wesentlichkeitsgrenze** gibt, die überschritten werden muss,[21] so dass unerhebliche Beeinträchtigungen bei der Frage der Versagung der Restschuldbefreiung unberücksichtigt zu bleiben haben.

Der Wortlaut des Gesetzes lässt keinen Spielraum für derartige Vertrauensschutzerwägungen zu. Bedenkt man insbesondere, dass die Wohlverhaltensperiode vornehmlich dazu vorgesehen ist, der in § 1 Satz 1 angesprochenen Haftungsverwirklichung der Gläubiger zu dienen, so lässt sich eine Abschwächung der Verpflichtung gegen Ende der Wohlverhaltensperiode, wie z. B. auf Grund von Vertrauensschutzgesichtspunkten, **nicht rechtfertigen.** Vertrauensschutzerwägungen entsprächen zudem auch nicht dem System, auf dem die Restschuldbefreiung beruht. Der Vertrauensschutz bezieht sich nämlich genau betrachtet nur darauf, dass dann, wenn der Beschluss gem. § 291 gefasst worden ist, die grundsätzliche Frage, ob ein Restschuldbefreiungsverfahren gewährt wird, nicht mehr gem. § 290 in Frage gestellt wird. Darüber hinaus ist für Vertrauensschutzerwägungen, die sich in einer **de-minimis-Regelung** wiederfänden, kein Platz. Der Schuldner muss sich vielmehr für die gesamte Dauer der Wohlverhaltensperiode an die ihm auferlegten Obliegenheiten halten. Geschützt wird er durch das Verschuldenserfordernis des § 296 Abs. 1 Satz 1 aE, durch die Antragsfrist des § 296 Abs. 1 Satz 2 und durch das Erfordernis der Glaubhaftmachung des Obliegenheitsverstoßes gem. § 296 Abs. 1 Satz 3. Ein weitergehender Schutz widerspräche der Genugtuungsfunktion im Hinblick auf die Gläubiger, aus deren Sicht die Erfüllung der Obliegenheiten bis zur letzten juristischen Sekunde der Wohlverhaltensperiode die Rechtfertigung für die Einbuße der Geltendmachung ihrer Forderung darstellt.[22] Schließlich ist gegen eine Zulassung von geringfügigen Verstößen gegen die Obliegenheiten aus § 295 einzuwenden, dass keine Kriterien vorliegen, unter welchen Umständen von einer „Geringfügigkeit" auszugehen ist. Es müsste sich dabei um einen offenen Rechtsbegriff handeln, dessen Konkretisierung zumindest mittelfristig zu Rechtsunsicherheiten führt.

8   Abzulehnen ist ferner der Vorschlag, im Hinblick auf die Zeitspanne der Treuhandphase, von einer **Hinweispflicht** entsprechend §§ 298 Abs. 1, Abs. 2 Satz 2, 305 Abs. 3, 314 Abs. 3 Satz 2 auszugehen, um der Erteilung der Restschuldbefreiung nicht allzu große Hürden entgegenzusetzen. Damit sei vor der Versagung der Restschuldbefreiung gemäß § 296 der Schuldner bei pflichtwidrigem Handeln auf die Möglichkeit der Versagung der Restschuldbefreiung hinzuweisen. Zutreffend ist, dass die Hinweispflicht eine Entsprechung in der Abmahnung bei einem Dauerschuldverhältnis kennt,[23] doch besteht zwischen dem Charakter eines Dauerschuldverhältnisses und des Restschuldbefreiungsverfahrens eine derart große Diskrepanz, dass die Regelungsinstrumente nicht übertragen werden können. Unabhängig davon ist aus dem Umstand, dass in den Regelungen der §§ 298 Abs. 1 und Abs. 2 Satz 2, 305 Abs. 3 und 314 Abs. 3 Satz 2 ausdrücklich Hinweispflichten aufgeführt sind und in § 295 bzw. § 296 dies nicht geschehen ist, zu folgern, dass derartige Hinweispflichten in diesem Zusammenhang vom Gesetzgeber auch gar nicht vorgesehen sein sollten. Andernfalls könnte der Schuldner dazu verleitet werden, permanent gegen die in § 295

---

[20] FK-*Ahrens* § 295 RdNr. 4.
[21] Begr. des Rechtsausschusses, BT-Drucks. 12/7302, 188.
[22] Vgl. oben RdNr. 2.
[23] FK-*Ahrens* § 295 RdNr. 4.

bezeichneten Obliegenheiten zu verstoßen, weil ihm vor der Sanktion Gelegenheit gegeben werden müsste, sich obliegenheitspflichtkonform zu verhalten.

2. Ausgestaltung der Obliegenheitsverletzung. Die den Schuldner während der 9 Wohlverhaltensperiode treffenden Obliegenheiten sind in § 295 **enumerativ** aufgezählt.[24] Der Gesetzgeber hat davon abgesehen, eine Generalklausel zu statuieren oder sich einer Technik von Regelbeispielen zu bedienen, was Raum für eine Erweiterung des gesetzlichen Tatbestandes böte.[25] Die Absage an die soeben genannten Regelungsmodelle führt zu einer größeren Rechtssicherheit für den Schuldner, der sich darauf verlassen kann, dass er die Restschuldbefreiung erlangt, solange sich seine Handlungen in den positivrechtlich gesetzten Grenzen befinden. Zum einen wird dadurch gewährleistet, dass die Entscheidung über die Versagung der Restschuldbefreiung nicht in das freie Ermessen des Insolvenzgerichts gestellt ist.[26] Anderseits sind die in § 295 aufgezählten Versorgungsgründe neben den zusätzlich in §§ 296 Abs. 2 Satz 3, 297 Abs. 1, 298 Abs. 1 genannten abschließend zu verstehen, so dass andere als die in § 295 bis § 298 geregelten Tatbestände für die Dauer der Wohlverhaltensperiode keine Versagung der Restschuldbefreiung rechtfertigen können. Hat der Schuldner also beispielsweise in dem nach § 305 Abs. 1 Nr. 3 vorzulegenden Vermögensverzeichnis nicht sämtliche Vermögensgegenstände aufgelistet, so besteht während der Wohlverhaltensperiode kein Versagungsgrund, solange der Schuldner damit nicht gleichzeitig gegen ein Auskunftsbegehren nach § 295 Abs. 1 Nr. 3 verstößt.[27]

Nicht ganz eindeutig geregelt ist das Verhältnis der **verfahrensbezogenen Verhaltens-** 10 **anforderungen** während der Wohlverhaltensperiode der angestellten Schuldner zu denen derjenigen Schuldner, die eine selbständige Tätigkeit ausüben. Die Ausgestaltung der Norm legt eine generelle Alternativität zwischen den Obliegenheiten des ersten Absatzes und denen bei einer selbstständigen Tätigkeit nach § 295 Abs. 2 nahe. In diesem Sinne scheint sich auch die Begründung des Regierungsentwurfs auszudrücken, wonach § 295 Abs. 1 den Regelfall eines Dienstverhältnisses beträfe, bei welchem die Bezüge des Schuldners von der Abtretungserklärung erfasst würden.[28] Nach dem Sinn und Zweck der Norm lässt sich hingegen ein solches Verhältnis nicht begründen.[29] § 295 Abs. 2 stellt lediglich eine **lex specialis** zu § 295 Abs. 1 Nr. 1 für Schuldner dar, die auf Grund ihrer Selbstständigkeit kein Dienstverhältnis einzugehen brauchen. Dies ergibt sich eindeutig aus dem Gleichstellungspassus im Wortlaut des Abs. 2. Der Hinweis auf den Wortlaut des Einleitungssatzes des § 295 Abs. 1, wonach mit dem Bezug auf die Laufzeit der Abtretungserklärung eine Frist aufgestellt wird, die auch für den selbständigen Schuldner gelte, ist dagegen weniger ergiebig.[30] Es wäre ferner auch völlig sinnwidrig, Selbständigen im Gegensatz zu Angestellten nicht die Obliegenheit aufzuerlegen, die Hälfte des Vermögens an den Treuhänder herauszugeben, das er von Todes wegen oder mit Rücksicht auf ein künftiges Erbrecht erwirbt, weil es keine Kriterien gibt, auf Grund derer der Umfang des Interesses der Gläubiger an einer möglichst weitgehenden Befriedigung und im Hinblick auf die Genugtuung bei Selbstständigen geringer sein sollte. Dieselbe Erwägung gilt für das Verbot der Verschaffung eines Sondervorteils gem. § 295 Abs. 1 Nr. 4. Bei den in § 295 Abs. 1 Nr. 3 genannten Obliegenheiten hingegen lässt sich zwischen denjenigen differenzieren, die ausschließlich den unselbständig beschäftigten Schuldner betreffen (wie etwa der Anzeige eines Wechsels der Beschäftigungsstelle) und den sonstigen, die auch den selbstständig tätigen Schuldner betreffen.[31]

---

[24] S. *Heyer,* S. 98; HambKommInsO-*Streck* § 295 RdNr. 2.
[25] FK-*Ahrens* § 295 RdNr. 5.
[26] Vgl. Begr. zu § 239 RegE, BT-Drucks. 12/2443, S. 190.
[27] FK-*Ahrens* § 295 RdNr. 5.
[28] Begr. RegE, BT-Drucks. 12/2443, S. 192.
[29] Ebenso HambKommInsO-*Streck* § 295 RdNr. 2; HK-*Landfermann* § 295 RdNr. 1; *Kübler/Prütting/Wenzel* 295 RdNr. 1 a.
[30] Vgl. aber FK-*Ahrens* RdNr. 6.
[31] FK-*Ahrens* § 295 RdNr. 6.

III. Obliegenheiten gemäß § 295 Abs. 1

11 **1. Allgemeines.** Bei den Anforderungen des § 295 Abs. 1 handelt es sich um **materielle Obliegenheiten** und nicht um Pflichten des Schuldners. Sie sind nicht generalklauselhaft zusammengefasst, sondern abschließend aufgezählt und wurden vom Gesetzgeber so ausgestaltet, wie vernünftig und redlich Handelnde sie vereinbart hätten, unterläge die Befreiung von den Restschulden einer privaten Vereinbarung und unterstellte man den Beteiligten rationales Verhalten und hinreichende Information.[32] Obliegenheiten sind Rechtsgebote, die im eigenen Interesse liegen und Verhaltensanforderungen in eigener Sache darstellen.[33] Verstöße gegen eine Obliegenheit haben daher grundsätzlich weder eine Schadensersatzpflicht gegenüber anderen Beteiligten zur Folge, noch begründen sie andere Ansprüche der Gläubiger gegenüber dem Schuldner.[34] Ein Verstoß gegen eine Obliegenheit hat vielmehr die Minderung oder Vernichtung der eigenen Rechtsposition des Belasteten zur Folge,[35] der im Fall der Obliegenheiten des § 295 die Grundlage für eine Versagung der Restschuldbefreiung gemäß § 296 bildet. Gleichwohl sind die Obliegenheiten dem Schuldner im Interesse der Gläubiger auferlegt. Damit ist eine Regelungskonstruktion gewählt worden, die für den Regelungsadressaten fremde Interessen zu eigen macht. Im Falle des Scheiterns ist für den Adressaten die Folge (Sanktion) der Verlust der Aussicht auf die Restschuldbefreiung und die Kompensation für die enttäuschten fremden Interessen das Aufleben des freien Nachforderungsrechts (§§ 201, 303).

Die Obliegenheiten des § 295 treffen den Schuldner **nur für die Dauer der Wohlverhaltensperiode nach Ankündigung der Restschuldbefreiung** (s. RdNr. 12). Diese Frist gilt für den unselbständig tätigen Schuldner wie auch für den selbständig tätigen Schuldner gemäß § 295 Abs. 2.[36] Sie beginnt mit der Annahme der Abtretung durch den Treuhänder und endet mit dem Ablauf der sechs Jahre dauernden Treuhandphase, sofern nicht das Verfahren in Ausnahmefällen vorher eingestellt wird (vgl. Art. 107 EGInsO für Schuldner, die bereits vor dem 1. Januar 1997 zahlungsunfähig waren).[37] Die ursprüngliche Dauer der Laufzeit der Abtretungserklärung ist willkürlich gegriffen. Die Periode von sieben Jahren ist als hinreichend lang angesehen worden, um die Gläubiger in einem hinnehmbaren Ausmaß zu befriedigen und sie damit nicht wesentlich schlechter zu stellen als nach früherer Rechtslage. Gleichzeitig wurde sie als nicht zu lang betrachtet, um die Restschuldbefreiung von vornherein für die Schuldner unattraktiv zu machen.[38] Nichts zu tun hat sie mit dem im 5. Buch Mose, Kapitel 15 angesprochenen Erlassjahr, das alle sieben Jahre erfolgen soll.[39]

Die Dauer der Frist ist allerdings von Anfang an rechtspolitisch umstritten gewesen.[40] Mit dem InsOÄndG 2001 ist diese Frist geändert worden. Der Antrag des Schuldners auf Restschuldbefreiung kann gem. § 287 Abs. 1 S. 1 mit dem **Antrag auf Eröffnung des Insolvenzverfahrens** verbunden werden und muss die Erklärung enthalten, dass er sein pfänd-

---

[32] S. Döbereiner, S. 149; Häsemeyer RdNr. 26.35; Balz ZIP 1988, 1438, 1455; Wenzel DB 1990, 975, 976.

[33] S. dazu allgemein Larenz/Wolf, Allgemeiner Teil des Bürgerlichen Rechts 8. Aufl. 1997, § 13 RdNr. 48; Gernhuber, Das Schuldverhältnis, 1989, § 2 III 1; R. Schmidt, Die Obliegenheiten, 1953, S. 104.

[34] Vgl. Römermann in Nerlich/Römermann § 295 RdNr. 5; Arnold DGVZ 1996, 65, 69; Kübler/Prütting/Wenzel § 295 RdNr. 2; Wenzel NZI 1999, 15, 16; Fuchs, Kölner Schrift, 1738 (RdNr. 175).

[35] R. Schmidt, Die Obliegenheiten, 1953, S. 104; Enneccerus/Nipperdey, Lehrbuch des bürgerlichen Rechts, Bd. 1, Halbband 1, 15. Aufl., 1959, § 74 IV.

[36] FK-Ahrens § 295 RdNr. 9.

[37] Römermann in Nerlich/Römermann § 295 RdNr. 8; s. aber Goetsch in Breutigam/Blersch/Goetsch RdNr. 1, der die Frist mit der rechtskräftigen Aufhebung des Insolvenzverfahrens gem. § 287 Abs. 2 beginnen lassen möchte.

[38] Döbereiner, S. 146; Häsemeyer, Festschrift für Henckel, 353, 364.

[39] Landfermann KKZ 1989, 144, 150.

[40] ZT wurde diese Frist als zu kurz angesehen, so z. B. von Balz ZRP 1986, 12, 19; ders. ZIP 1988, 273, 293; Scholz FLF 1987, 127, 131; ders. ZIP 1988, 1157, 1163; Wachet FLF 1989, 65, 67. Ein Teil der Literatur hielt die Frist von 7 Jahren für schon zu lang: Heilmann/Smid, Grundzüge des Insolvenzrechts, 2. Aufl., 1993, § 17 RdNr. 10; Smid BB 1992, 501, 512; Bender, Uhlenbruck, Wellensiek, jeweils in: Anlage zum stenographischen Protokoll der 74. Sitzung des Rechtsausschusses, 388, 400; 336, 356 und 504, 515.

bares Einkommen oder seine anstelle dieses Einkommens tretenden Bezüge für die Dauer von **sechs Jahren** nach Eröffnung des Insolvenzverfahrens an einen vom Gericht zu bestellenden Treuhänder abtrete.[41] Damit ist ein tragbarer Kompromiss zwischen Gläubiger- und Schuldnerinteressen sowie dem Genugtuungsinteresse zustande gekommen.

Das Verhalten des Schuldners vor oder nach der Treuhandperiode spielte für die Versagungsgründe des § 295 keine Rolle, weil sie nur gewährleisten sollte, dass *während* der Laufzeit der Abtretungserklärung die Gläubiger davor geschützt werden, dass ihnen möglicherweise Vermögenswerte vorenthalten werden bzw. der Gläubiger nicht alles unternimmt, um seine Vermögenslage zugunsten der Gläubiger zu verbessern.[42]

Mit der Neufassung des § 287 Abs. 1, wonach der Schuldner seine Bezüge für die Dauer von sechs Jahren nach Eröffnung des Insolvenzverfahrens abzutreten hat, stellt sich die Frage, ob den Schuldner die Obliegenheiten des § 295 auch **schon vor der Ankündigung der Restschuldbefreiung** treffen können. Der Sache nach erscheint eine zeitliche Erstreckung der Obliegenheiten nicht notwendig, weil die Gläubiger vor der Treuhandphase durch § 290 Abs. 1 geschützt sind[43] und nach dem Ende der Laufzeit der Abtretungserklärung gem. § 303 die Restschuldbefreiung widerrufen werden kann, wenn sich nachträglich herausstellt, dass der Schuldner eine seiner Obliegenheiten vorsätzlich verletzt und dadurch die Befriedigung der Insolvenzgläubiger erheblich beeinträchtigt hat.[44]

Vor dem Hintergrund, dass der Wortlaut des § 295 aber auf die Laufzeit der Abtretungserklärung abstellt, könnte sich gleichwohl das Problem der **Erstreckung der Obliegenheiten** in den Zeitraum vor der Ankündigung der Restschuldbefreiung stellen. Dies ist mittlerweile allerdings vom LG Hannover angenommen worden,[45] das entschieden hat, dass die Anwendbarkeit der Versagungsgründe der §§ 295, 296 vorverlagert werden könne, so dass die Versagung der Restschuldbefreiung auch im eröffneten Insolvenzverfahren auf die §§ 295, 296 gestützt werden könne. Ein solches Ergebnis begegnet jedoch **tiefgreifenden Bedenken.** Unabhängig von den – nicht unerheblichen – allgemeinen Unstimmigkeiten bei der Anwendung der §§ 294 bis 297 auf das Zulassungsverfahren[46] und den erheblichen Konflikten, die bei der Anwendung des § 295 im Zulassungsverfahren mit § 290 Abs. 1 entstehen,[47] kommt eine Extension des § 295 Abs. 1 Nr. 2 und Abs. 2 nicht in Betracht. Zum einen widerspricht dies dem Ziel der Gesetzesnovelle, dem Schuldner mit der Neufassung der Vorschrift zu helfen und zu einer deutlichen Erleichterung für ihn beizutragen.[48] Würde man nämlich die Obliegenheiten bereits nach der Stellung des Antrags auf Eröffnung des Insolvenzverfahrens, verbunden mit der Stellung des Antrags auf Restschuldbefreiung, für anwendbar halten, so träfe ihn in Wirklichkeit eine Verschärfung seiner Situation im Vergleich zur früheren Rechtslage, weil er erhebliche Einschnitte hinnehmen muss, ohne die Aussicht auf Erteilung der Restschuldbefreiung zu haben. Es lässt sich sogar weitergehend argumentieren, dass die Belastungen, die die Obliegenheiten für den Schuldner darstellen, überhaupt nur dann gerechtfertigt sind, wenn man in ihnen gleichsam die „Gegenleistung" für die Möglichkeit der Erlangung der Restschuldbefreiung sieht (vgl. oben RdNr. 2). Da diese Möglichkeit für den Schuldner aber erst mit der Ankündigung der Restschuldbefreiung greifbar wird, scheidet eine Erstreckung der Einschnitte in die Position des Schuldners auf Grund der Obliegenheiten während des Zulassungsverfahrens aus. Aus

---

[41] Zu Einzelheiten vgl. oben *Stephan* § 287 RdNr. 26 ff.
[42] So auch HambKommInsO-*Streck* § 295 RdNr. 1; HK-*Landfermann* § 295 RdNr. 1.
[43] Zutreffend AG Möchengladbach ZInsO 2002, 45 zu einer vor Verfahrenseröffnung angefallenen Erbschaft; vgl. auch OLG Oldenburg, ZInsO 2002, 389.
[44] Vgl. dazu § 303 RdNr. 12 ff.
[45] LG Hannover ZInsO 2002, 449, dazu kritisch *Riedel* ZVI 2002, 131; ähnlich auch AG Göttingen ZVI 2003, 295; wohl auch *Kübler/Prütting/Wenzel* § 295 RdNr. 1 c; anders hingegen die hM: AG Oldenburg ZVI 2002, 220, 221 f.; AG Göttingen ZInsO 2005, 1002; LG Göttingen NZI 2004, 596; AG Köln ZVI 2004, 262.
[46] Vgl. dazu FK-*Ahrens* § 287 RdNr. 89 n.
[47] Dazu vgl. *Ahrens* NZI 2001, 113; wie hier im Ergebnis auch AG Oldenburg ZVI 2002, 220, 221 f.; *Riedel* ZVI 2002, 131 f.; HambKommInsO-*Streck* § 295 RdNr. 1.
[48] Dazu s. Begr. Rechtsausschuss, BT-Drucks. 14/6468, S. 18; *Vallender* NZI 2001, 561, 567.

systematischen Gründen ist zudem anzunehmen, dass die vom Wortlaut des § 295 Abs. 1 eröffnete Anwendung der Obliegenheiten in das Zulassungsverfahren vom Gesetzgeber nicht gewollt war: Es sprechen die besonderen Verwertungsregeln in der Treuhandzeit, wie insbesondere die Begrenzung der Verteilung des Neuerwerbs und der „Motivationsrabatt", gegen eine Übertragung in das Verwertungsregime während des eröffneten Insolvenzverfahrens.[49] Daraus folgt, dass eine Erstreckung der Obliegenheiten des § 295 auf die Zeit vor Ankündigung der Restschuldbefreiung trotz des Wortlautes der Norm nicht gewollt war. Das bedeutet auch, dass wegen der zeitlichen Staffelung der Restschuldbefreiung ein Verhalten, das einen der Tatbestände des § 295 erfüllt, nicht zur Begründung der Versagung der Restschuldbefreiung herangezogen werden kann, wenn dieses Verhalten vor Ankündigung der Restschuldbefreiung abgeschlossen war.

13   **2. Erwerbstätigkeit, § 295 Abs. 1 Nr. 1.** Da während des Insolvenzverfahrens das vorhandene pfändbare Vermögen des Schuldners durch den Insolvenzverwalter liquidiert worden ist, kommt dem **Arbeitseinkommen** des unselbständig tätigen Schuldners für die weitergehende Befriedigung der Forderungen der Gläubiger herausragende Bedeutung zu. Für einen selbständig tätigen Schuldner gelten die Vorgaben des Abs. 2.[50] Der Gesetzgeber hat sich gegen ein Modell entschieden, nach dem der Schuldner monatliche Mindestzahlungen zu leisten verpflichtet ist.[51] Wenngleich damit dem Gedanken der Gläubigerbefriedigung grundsätzlich weitergehend Rechnung getragen worden wäre als mit dem nunmehr in § 295 niedergelegten System, so hätte es doch voraussichtlich dazu geführt, dass die Restschuldbefreiung wesentlich schwieriger zu erreichen gewesen wäre, da der Schuldner das gesamte Risiko der Vermögensbeschaffung getragen hätte. Da der Schuldner regelmäßig vermögenslos ist, hätte dies dazu geführt, dass er sich hätte verschulden müssen, was dem Sinn und Zweck der Restschuldbefreiung zuwidergelaufen wäre, oder dass er das Risiko der Arbeitslosigkeit vollständig hätte tragen müssen, was insbesondere bei unverschuldeter Arbeitslosigkeit und in volkswirtschaftlichen Krisensituationen als unbillig angesehen worden wäre. Daher hat man sich für ein System entschieden, das beiden Interessen gerecht wird. Dies ist zutreffend als **„abgestuftes System der Belastungen"**[52] bezeichnet worden. Ausgangspunkt ist die Ausübung einer angemessenen Erwerbstätigkeit. Übt der Schuldner eine Beschäftigung aus, die nicht angemessen ist, so muss er eine andere angemessene Erwerbstätigkeit übernehmen, um seinen Obliegenheiten zu genügen; er muss sich aber nicht um eine solche Tätigkeit bemühen. Übt der Schuldner keine Beschäftigung aus, so muss er sich um eine angemessene Beschäftigung, nicht aber um eine neue zumutbare Tätigkeit bemühen. Ist er beschäftigungslos, obliegt es ihm zudem, eine nur zumutbare Tätigkeit anzunehmen, wenn sie ihm angeboten wird.

14   Das **Risiko der Arbeitslosigkeit** des Schuldners trifft damit die Insolvenzgläubiger,[53] doch wird dies insoweit abgemildert, als der Schuldner zur Aktivität bei der Arbeitssuche und zu einer (zumutbaren) Erwerbstätigkeit angehalten wird. Genügt der Schuldner mit seinem Verhalten diesen Obliegenheiten, so ist es ohne Belang, wenn er wegen Arbeitslosigkeit keine pfändbaren und an die Insolvenzgläubiger zu verteilenden Einkünfte erzielt.[54] Das Restschuldbefreiungsverfahren sieht keine Mindestquote oder Mindestzahlung des Schuldners vor.[55] Eine gewisse Ausnahme gibt es nur hinsichtlich der Mindestvergütung des Treuhänders.[56] Ebenso soll es grundsätzlich nicht zu Lasten des Schuldners gehen, wenn er

---

[49] So FK-*Ahrens* § 297 RdNr. 89 o.
[50] HK-*Landfermann* § 295 RdNr. 1; HambKommInsO-*Streck* § 295 RdNr. 3.
[51] FK-*Ahrens* § 295 RdNr. 10.
[52] FK-*Ahrens* § 295 RdNr. 10; HambKommInsO-*Streck* § 295 RdNr. 3; vgl. auch HK-*Landfermann* § 295 RdNr. 2 f.
[53] *Römermann* in *Nerlich/Römermann* § 295 RdNr. 10; *Hess/Obermüller,* Insolvenzplan, Restschuldbefreiung und Verbraucherinsolvenz, RdNr. 994.
[54] Begr. RegE, BT-Drucks. 12/2443, S. 192.
[55] *Goetsch* in *Breutigam/Blersch/Goetsch* § 295 RdNr. 10.
[56] S. oben § 293 RdNr. 1 f. und unten § 298 RdNr. 2 ff.

wegen Krankheit, Kinderbetreuung oder vergleichbaren Gründen kein Vermögen erwerben kann, das über der Pfändungsgrenze liegt und daher den Gläubigern zugute kommen kann.

a) Ausübung einer angemessenen Erwerbstätigkeit, § 295 Abs. 1 Nr. 1 Alt. 1. 15
aa) Angemessene Erwerbstätigkeit. § 295 Abs. 1 Nr. 1 Alt. 1 richtet sich ausschließlich an den erwerbstätigen Schuldner. Er hat während der Laufzeit der Abtretungserklärung eine *angemessene* Erwerbstätigkeit auszuüben. Was unter einer **„angemessenen Erwerbstätigkeit"** zu verstehen ist, wird durch **zwei Kriterienbündel** konkretisiert.[57]

Einerseits knüpft der Begriff an die gegenwärtige Situation und den **bisherigen Lebens-** 16 **zuschnitt** des Schuldners an, welche durch verschiedene Merkmale gekennzeichnet werden. Dazu gehören auf der einen Seite berufs- und ausbildungsbezogene Aspekte, wie die berufliche Ausbildung, die bisher ausgeübten beruflichen Tätigkeiten und die beruflichen Entwicklungschancen des Schuldners.[58] Auf der anderen Seite beurteilen sich die bisherigen Lebensverhältnisse des Schuldners nach seinen persönlichen Verhältnissen, wie beispielsweise nach seinem Gesundheitszustand oder nach seinem Lebensalter. Daraus folgt, dass mit dem Erreichen der Altersgrenzen gemäß §§ 35 ff. SGB VI keine weitere Erwerbstätigkeit verlangt werden kann.[59] Zu den persönlichen Verhältnissen gehören ferner auch die familiäre Situation und die soziale Lage des Schuldners. So ist bei der Angemessenheit der Erwerbstätigkeit insbesondere zu berücksichtigen, ob der Schuldner minderjährige Kinder oder Pflegefälle zu betreuen hat. Befindet sich der Schuldner in Straf- oder sonstiger Haft, so ist er an einer Erwerbstätigkeit gehindert, was der Erteilung der Restschuldbefreiung freilich insoweit nicht im Wege steht.[60]

Der Begriff der angemessenen Erwerbstätigkeit wird andererseits bestimmt von dem 17 Aspekt der durch den Schuldner **zu bewirkenden bestmöglichen Befriedigung** seiner Gläubiger.[61] Dabei wird – stillschweigend – davon ausgegangen, dass im Grundsatz die angemessene Tätigkeit zur bestmöglichen Gläubigerbefriedigung führt. Zugleich bedeutet die Berücksichtigung der Gläubigerbefriedigung auch, dass der Schuldner regelmäßig eine Vollzeitbeschäftigung[62] und grundsätzlich eine besser vergütete Tätigkeit aufnehmen muss,[63] wenn er nicht für seine (nach Art und Umfang angemessene) Tätigkeit hinreichend entlohnt wird. Etwas anderes kann unter Umständen dann gelten, wenn die geringer entlohnte Tätigkeit im Gegensatz zur besser bezahlten Tätigkeit mit einem sichereren Arbeitsplatz verbunden ist. Nur derjenige Schuldner soll die Restschuldbefreiung entsprechend dem Zweck der Norm erlangen, welcher sich um eine größtmögliche Befriedigung seiner Gläubiger bemüht.[64] Das bedeutet z.B., dass der Schuldner gegen die Obliegenheit des § 295 Abs. 1 Nr. 1 Alt. 1 verstößt, wenn er entweder – im Vergleich zum bisherigen Lebenszuschnitt – eine schlechter vergütete Tätigkeit annimmt oder es unterlässt, eine besser bezahlte Tätigkeit aufzunehmen.[65] Ebenso ist dem Schuldner beispielsweise die Restschuldbefreiung zu versagen, wenn der Schuldner mit seinem Arbeitgeber abspricht, dass ein Teil der Vergütung unmittelbar oder mittelbar einem Dritten zugewendet wird,[66] ein niedrigeres Gehalt während der Treuhandzeit durch ein höheres im Anschluss daran ausgeglichen werden soll oder an Stelle eines Teils des Gehaltes der Schuldner anderweitige Vorteile erhalten soll.[67] Zudem verstößt eine solche Absprache gegen § 294 Abs. 2.

---

[57] Dazu vgl. *Wenzel* NZI 1999, 15, 18; *Kraemer* DStZ 1995, 399, 403.
[58] S. *Döbereiner,* S. 150 f.
[59] S. FK-*Ahrens* § 295 RdNr. 12; HambKommInsO-*Streck* § 295 RdNr. 4.
[60] FK-*Ahrens* § 295 RdNr. 12.
[61] Vgl. *Prziklang,* S. 68 f.; *Kübler/Prütting/Wenzel* § 295 RdNr. 4; HambKommInsO-*Streck* § 295 RdNr. 4.
[62] S. *Heyer,* S. 120; HambKommInsO-*Streck* § 295 RdNr. 5; vgl. auch AG Hamburg ZInsO 2001, 278.
[63] FK-*Ahrens* § 295 RdNr. 12; *Fuchs,* Kölner Schrift, 1740 (RdNr. 177); HambKommInsO-*Streck* § 295 RdNr. 5.
[64] Vgl. bereits RdNr. 1 f.
[65] FK-*Ahrens* § 295 RdNr. 12; HambKommInsO-*Streck* § 295 RdNr. 5.
[66] *Kübler/Prütting/Wenzel* § 295 RdNr. 6.
[67] HambKommInsO-*Streck* § 295 RdNr. 5; *Kübler/Prütting/Wenzel* § 295 RdNr. 6.

Ist der **Arbeitgeber des Schuldners zugleich ein Insolvenzgläubiger** und vereinbart der Gläubiger mit dem Schuldner, dass ein Teil seiner Arbeitsleistung in Anrechnung seiner dem Schuldner gegenüber bestehenden Forderungen erfolgen soll, so ist darin zudem ein Verstoß gegen § 295 Abs. 1 Nr. 4 Alt. 2 zu erblicken.[68] Das Problem von Absprachen ist von besonderer Bedeutung, wenn der Schuldner bei seinem Ehepartner, einem Verwandten oder einer sonst nahe stehenden Person beschäftigt ist, weil auf Grund der Nähebeziehung die Gefahr des Unterlaufens bes. groß ist.[69] In solchen Fällen ist die **Angemessenheit der Beschäftigung** sorgfältig zu prüfen.[70] Vor allem gilt ein bes. strenger Maßstab, wenn im Zusammenhang mit der Insolvenz der frühere Betrieb nunmehr von dem Ehegatten fortgeführt wird und der ehemals selbständig tätige Schuldner dort Angestellter ist. Insoweit ist erforderlich, dass das mit dem Schuldner vereinbarte Entgelt dem entspricht, was in der betreffenden Berufsgruppe unter vergleichbaren Umständen üblich ist.[71]

18 Für die Auslegung des Begriffes der „angemessenen Erwerbstätigkeit" in § 295 Abs. 1 Nr. 1 Alt. 1 lässt sich größtenteils auf die Vorschrift des **§ 1574 Abs. 2 HS. 1 BGB** rekurrieren. Es handelt sich bei dieser Norm des Ehegattenunterhaltes zwar nicht um eine Legaldefinition;[72] die durch die Rechtsprechung und im Schrifttum dort entwickelten Maßstäbe können aber dennoch als Richtmaßstab auf das Restschuldbefreiungsverfahren angewendet werden, soweit diese sich nicht auf unterhaltsrechtliche Besonderheiten bezieht.[73] Demnach ist eine Erwerbstätigkeit dann angemessen, wenn sie der Ausbildung, den Fähigkeiten, dem Lebensalter und dem Gesundheitszustand des Schuldners entspricht.[74] Verbunden ist dies mit der Vermutung, dass die vom Schuldner noch aktuell ausgeübte Erwerbstätigkeit auch als angemessen anzusehen ist.[75] In bestimmten Fällen können auch niedriger qualifizierte Tätigkeiten noch als angemessen gelten, doch müssen sie in jedem Fall noch von der zumutbaren Tätigkeit[76] abgrenzbar sein.[77] Ob zur Auslegung des Begriffes der „angemessenen Erwerbstätigkeit" auch auf die Praxis zu dem am 1. 1. 1998 außer Kraft getretenen § 103 AFG zurückgegriffen werden kann,[78] ist zweifelhaft, weil es insoweit um die Frage der „Zumutbarkeit" geht, die wiederum aber erst im Zusammenhang mit dem beschäftigungslosen Schuldner eine wesentliche Rolle spielt (dazu s. unten RdNr. 28 ff.).

19 Bestreitet ein Insolvenzgläubiger die Angemessenheit dieser Tätigkeit und behauptet damit zugleich, dass der Schuldner die Obliegenheit des § 295 Abs. 1 Nr. 1 Alt. 1 verletzt, so muss er nach den allgemeinen Regeln darlegen und beweisen, dass die ausgeübte Tätigkeit im Verhältnis zum bisherigen Lebenszuschnitt des Schuldners nicht als angemessen gewertet werden kann.[79] Damit soll vermieden werden, dass bereits geringe Diskrepanzen zu einer Versagung der Restschuldbefreiung führen können oder dass der Schuldner von einem Gläubiger erpressbar wird.

20 **bb) Beendigung der Erwerbstätigkeit.** Eine angemessene Erwerbstätigkeit darf der Schuldner **grundsätzlich nicht aufgeben**, es sei denn, er findet im unmittelbaren Anschluss eine neue Anstellung, bzw. er gibt für eine bessere Stelle die alte auf. Jedoch bedeutet

---

[68] S. *Kübler/Prütting/Wenzel* § 295 RdNr. 6; HambKommInsO-*Streck* § 295 RdNr. 5.
[69] Vgl. AG Dortmund NZI 1999, 420, 421.
[70] *Römermann* in *Nerlich/Römermann* § 295 RdNr. 9; *Kübler/Prütting/Wenzel* § 295 RdNr. 6.
[71] S. *Kübler/Prütting/Wenzel* § 295 RdNr. 6; vgl. ferner *Kraemer* DStZ 1995, 399, 403.
[72] S. *Palandt/Brudermüller* § 1574 RdNr. 3; MünchKommBGB-*Maurer* § 1574 RdNr. 2 f.; vgl. aber *Staudinger/Verschragen* § 1574 RdNr. 8.
[73] So auch *Kübler/Prütting/Wenzel* § 295 RdNr. 3; *Hess/Hess* § 295 RdNr. 14; *Smid/Krug/Haarmeyer* § 295 RdNr. 5; *Braun/Buck* § 295 RdNr. 5; FK-*Ahrens* § 295 RdNr. 13; *Wenzel* NZI 1999, 15, 16; *Ahrens*, ZInsO 1999, 632, 634; *Fuchs*, Kölner Schrift, 1739 (RdNr. 175); *Priziklang*, S. 69. S. ferner unten RdNr. 33.
[74] S. dazu *v. Westphalen* DRiZ 1978, 235; *Döbereiner*, S. 150; vgl. ausführlich MünchKommBGB-*Maurer* § 1574 RdNr. 5 u. 6 ff.
[75] MünchKommBGB-*Maurer* § 1574 RdNr. 14; vgl. auch BGH NJW 1981, 2804, 2805.
[76] Dazu s. RdNr. 29 ff.
[77] *Ahlers* ZInsO 1999, 632, 634.
[78] So *Fuchs* BuW 2000, 324, 328 unter nicht ganz nachvollziehbarer Berufung auf *Vallender* InVo 1998, 169, 177.
[79] FK-*Ahrens* § 295 RdNr. 14.

nicht jeder Verlust der ausgeübten Erwerbstätigkeit automatisch auch einen Verstoß gegen die Obliegenheit des § 295 Abs. 1 Nr. 1 Alt. 1. Es ist vielmehr nach den Gründen zu unterscheiden, welche zu dem Verlust der Erwerbstätigkeit geführt haben.[80] Die Aufgabe einer Erwerbstätigkeit zu Gunsten eines Studiums ist sehr problematisch. Auf der einen Seite besteht die gesetzliche Forderung an den Schuldner, eine angemessene Erwerbstätigkeit nicht aufzugeben, um ein regelmäßiges Einkommen zu verdienen, das den Gläubigern zugute kommt. Diese – meist einzige – Einnahmequelle darf nicht ohne Not aufgegeben werden, weil ansonsten die Aussicht der Gläubiger, vor Erteilung der Restschuldbefreiung wenigstens einen Teil ihrer Forderungen zu bekommen, komplett leer laufen könnte. Auf der anderen Seite bedeutet die Aufnahme eines Studiums die Möglichkeit, später eine bessere Erwerbstätigkeit übernehmen zu können, was wiederum im Interesse der Gläubiger liegen könnte. Bedenkt man allerdings, dass während der Studienzeit regelmäßig kein verteilungsfähiges Vermögen erwirtschaftet wird und zieht man die durchschnittliche Studienzeit hinzu, so ist den Gläubigern nicht zuzumuten, dass sie es hinnehmen müssen, dass der Schuldner aus einer angemessenen Erwerbstätigkeit ausscheidet, um eine Zeit lang zu studieren ohne Garantie, dass sich daraus später eine Erwerbstätigkeit anschließen könnte, die den vorherigen Ausfall an Einkommen kompensieren könnte. Daher muss ein Schuldner die Einschränkung in seiner persönlichen Entwicklung, kein Studium aufnehmen zu dürfen, hinnehmen. Ein Studium kann allerdings dann aufgenommen werden, wenn es sich direkt an den Schulabschluss anschließt.[81] In der **Fortsetzung eines begonnenen Studiums** ist allerdings nur dann kein Obliegenheitsverstoß zu sehen, wenn dafür nicht eine angemessene Erwerbstätigkeit aufgegeben wird.[82]

(1) Fristende des Arbeitsverhältnisses. Kein Verstoß gegen die Obliegenheit liegt vor, wenn der Schuldner – mangels anderer Möglichkeiten – ein befristetes Arbeitsverhältnis aufgenommen hatte und nunmehr das Arbeitsverhältnis fristgemäß endet. 21

(2) Anfechtung des Arbeitsvertrages. Ist das Arbeitsverhältnis durch Anfechtung des Arbeitsvertrages beendet worden, so liegt kein Verstoß gegen die Obliegenheit vor, wenn der Anfechtungsgrund vor der Treuhandphase liegt, weil es für die Erfüllung der Obliegenheiten während der Wohlverhaltensperiode nur auf gegenwärtiges Verhalten des Schuldners ankommt. Liegt der **Anfechtungsgrund** dagegen innerhalb der Treuhandphase, so ist je nach Lage des einzelnen Falls zu beurteilen, ob der Anfechtungsgrund so zu bewerten ist, dass in ihm die Wurzel dafür begründet ist, dass eine Lage geschaffen werden soll, die derjenigen entspricht, die bei einer Obliegenheitsverletzung vorliegen musste. Aufgrund des diesem Umstand innewohnenden Wollensmerkmals wird dies regelmäßig anzunehmen sein, wenn ein Anfechtungsgrund des § 123 BGB erfüllt ist, hingegen grundsätzlich nicht, wenn die Anfechtung wegen Irrtums nach § 119 BGB erfolgt. 22

(3) Aufhebungsvertrag. Schließt der Schuldner mit seinem Arbeitgeber einen Aufhebungsvertrag, so kann darin eine Obliegenheitsverletzung liegen. Dieses ist aber dann nicht der Fall, wenn **gewichtige Gründe** den Abschluss des Aufhebungsvertrages rechtfertigen. Derartige Gründe liegen insbesondere dann vor, wenn entweder das Festhalten des Schuldners an dem Vertrag unzumutbar wäre, oder wenn dieser Schritt jedenfalls mittelfristig dazu führt, dass sich die Befriedigungsaussichten der Gläubiger verbessern. Beispiele sind etwa, wenn es zu Vertragsverletzungen des Arbeitgebers gekommen ist oder von diesem oder von Mitarbeitern auf den Schuldner ein nicht weiter hinzunehmender Druck ausgeübt wurde, das Vertragsverhältnis zu beenden; oder wenn der Schuldner eine Entlassung aus dem Vertrag benötigt, um eine besser bezahlte Stellung zu übernehmen. Die **Zahlung einer** 23

---

[80] FK-*Ahrens* § 295 RdNr. 15; HK-*Landfermann* § 295 RdNr. 4; *Römermann* in *Nerlich/Römermann* § 295 RdNr. 11; *Heyer*, S. 121 f.; HambKommInsO-*Streck* § 295 RdNr. 5; vgl. auch AG Holzminden ZVI 2006, 260.
[81] S. HambKommInsO-*Streck* § 295 RdNr. 5; AG Göttingen ZInsO 2002, 385; vgl. aber dagegen auch *Uhlenbruck/Vallender* § 295 RdNr. 15.
[82] Vgl. *Uhlenbruck/Vallender* § 295 RdNr. 15; HambKommInsO-*Streck* § 295 RdNr. 5.

Abfindungssumme bei Vertragsauflösung, die der Schuldner sonst nicht bekommen hätte, führt nicht per se zur Rechtfertigung eines Aufhebungsvertrages, die eine Obliegenheitsverletzung ausschließt.[83] Dies ist nur bei den Fällen möglich, wo die Befriedigungsaussichten der Gläubiger besser sind als ohne die Abfindungszahlung. Es ist also insoweit immer zu prüfen, ob den Gläubigerinteressen nicht möglicherweise besser gedient wäre, wenn die Arbeit durch den Schuldner festgesetzt wird, wobei im Rahmen der Beurteilung bes. die Sicherheit des Arbeitsplatzes eine wesentliche Rolle spielt.

24 (4) **Kündigung. (a) Kündigung seitens des Schuldners.** Geht die Kündigung vom Schuldner aus, so stellt die Kündigung regelmäßig ein **Indiz für die Verletzung** der Obliegenheit gem. § 295 Abs. 1 Nr. 1 Alt. 1 dar. Ausnahmsweise ist dies nicht der Fall, wenn für die Kündigung wesentliche Gründe vorliegen. Zu diesen gehören etwa gesundheitliche Gründe[84] oder die Betreuung von Kindern oder nahen Angehörigen des Schuldners.[85] Eine Ausnahme liegt ebenfalls vor, wenn der Schuldner seinen Arbeitsplatz kündigt und einen geringer vergüteten Arbeitsplatz annimmt, soweit der neue Arbeitsplatz sicherer ist als der frühere und dies in Verbindung mit dem Entgelt jedenfalls mittelfristig zu einer umfangreicheren Befriedigung der Gläubiger führt als die vorherige Situation.[86] Wird mit der neuen Tätigkeit ein Entgelt erzielt, welches unterhalb der Pfändungsgrenze liegt, etwa weil auf Grund der Betreuungsaufgaben nur eine Teilzeitarbeit in Betracht kommt, und ist diese Tätigkeit gleichwohl als angemessen zu beurteilen, hat die Aufgabe der vorherigen Tätigkeit keine Auswirkung auf die Restschuldbefreiung, weil dadurch die Gläubigerbefriedigung formal nicht beeinträchtigt wird.[87] Gleichzeitig bleibt der Schuldner auch in diesem Fall verpflichtet, sich um eine neue Arbeit zu kümmern.

25 (b) **Kündigung seitens des Arbeitgebers.** Hat der Arbeitgeber des Schuldners das Arbeitsverhältnis beendet, so beurteilt sich die Frage, ob ein Verstoß gegen die Obliegenheit des § 295 Abs. 1 Nr. 1 Alt. 1 vorliegt, danach, **aus welchen Gründen der Arbeitgeber das Arbeitsverhältnis beendet** hat.

26 Bei einer ordentlichen Kündigung des Arbeitgebers ist zunächst zu fragen, ob der Arbeitgeber den allgemeinen **Kündigungsschutz** des Kündigungsschutzgesetzes zu beachten hat. Wenn dies nicht der Fall ist (vgl. § 23 Abs. 1 S. 2 KSchG), darf der Arbeitgeber dem Schuldner die Kündigung erklären, ohne dass die Kündigung sozial gerechtfertigt zu sein braucht. In diesem Fall liegt keine Obliegenheitsverletzung vor. Zudem ist zu berücksichtigen, dass sich in der Praxis dann, wenn der Arbeitgeber von dieser Möglichkeit Gebrauch macht und dem Schuldner die Kündigungsgründe nicht mitteilt, was zulässig ist,[88] trotz der Auskunftspflicht des Schuldners nach § 296 Abs. 2 Satz 2 häufig nicht nachweisen lässt, dass der Schuldner die Obliegenheit des § 295 Abs. 1 Nr. 1 Alt. 1 verletzt hat.[89] Unterliegt der Schuldner hingegen dem allgemeinen Kündigungsschutz, so muss die Kündigung des Arbeitgebers nach § 1 Abs. 2 KSchG sozial gerechtfertigt sein. Handelt es sich um eine Kündigung aus dringenden betrieblichen Erfordernissen, so liegt kein dem Schuldner zurechenbares Verhalten vor,[90] mit der Folge, dass kein Obliegenheitsverstoß gegeben ist. Dasselbe gilt bei personenbedingten Kündigungen.

27 Differenzierter ist die **verhaltensbedingte Kündigung** zu betrachten. Auch hier liegt nicht automatisch ein Obliegenheitsverstoß vor. Vielmehr ist im Einzelfall auf den konkreten Kündigungsgrund abzustellen.[91] Dabei ist in die Wertung einzubeziehen, dass die

---

[83] *Römermann* in *Nerlich/Römermann* § 295 RdNr. 11; FK-*Ahrens* § 295 RdNr. 19.
[84] OLG Celle FamRZ 1983, 704.
[85] *Römermann* in *Nerlich/Römermann* § 295 RdNr. 11; FK-*Ahrens* § 295 RdNr. 20.
[86] Vgl. OLG Karlsruhe FamRZ 1993, 836 f.; FK-*Ahrens* § 295 RdNr. 20.
[87] So auch FK-*Ahrens* § 295 RdNr. 20.
[88] Vgl. u. a. *Schaub*, Arbeitsrechts-Handbuch, § 123 V 1, mwN.
[89] FK-*Ahrens* § 295 RdNr. 16.
[90] FK-*Ahrens* § 295 RdNr. 17; hinsichtlich der betriebsbedingten Kündigung auch: *Römermann* in *Nerlich/Römermann* § 295 RdNr. 11.
[91] *Kübler/Prütting/Wenzel* § 295 RdNr. 6 a; *Römermann* in *Nerlich/Römermann* § 295 RdNr. 11.

Arbeitstätigkeit während der Wohlverhaltensperiode ausgeübt wird, um zur Befriedigung beizutragen, so dass das kündigungsrechtlich relevante Verhalten auch regelmäßig nur dann als ein Obliegenheitsverstoß zu qualifizieren ist, wenn es sich gegen die Befriedigung der Forderung der Insolvenzgläubiger richtet.[92] Dies entspricht der Rechtslage hinsichtlich der unterhaltsrechtlichen Erwerbsobliegenheiten.[93] Dort reicht allein ein Verschulden hinsichtlich des Verlustes des Arbeitsplatzes ebenfalls nicht aus, um dieses Verhalten des Unterhaltsrechtsschuldners einer freiwilligen Arbeitsplatzaufgabe gleichzustellen; erforderlich ist, dass der Schuldner sich durch eine Straftat seiner Schuld entziehen wollte oder dem Schuldner zumindest bewusst gewesen ist, dass er infolge seines Verhaltens seine Schuld nicht mehr werde erbringen können.[94] Ein Obliegenheitsverstoß liegt aber auch dann vor, wenn ein bestehendes Arbeitsverhältnis wegen mehrfacher Unterschlagung gekündigt wird.[95] Insoweit ist auf Grund der Unterschlagungshandlung des Schuldners der Bezug zur Befriedigung der Gläubiger gegeben, selbst wenn das unterschlagene Gut dem Arbeitgeber gehörte. Gestützt wird dies zudem auch durch die vergleichbare Wertungsgrundlage der sozialversicherungsrechtlichen Erwerbsobliegenheit. Nach § 144 Abs. 1 Nr. 1 SGB III ruht nämlich der Anspruch auf Arbeitslosengeld nur dann vorübergehend, wenn der Arbeitslose Anlass zur Lösung des Arbeitsverhältnisses gegeben und dadurch vorsätzlich oder grob fahrlässig ohne wichtigen Grund die Arbeitslosigkeit herbeigeführt hat. Hier wird also ein qualifiziertes Verschulden vorausgesetzt. Daran soll es bereits dann mangeln, wenn für den Arbeitnehmer Anhaltspunkte dafür bestanden, anschließend schnell wieder einen Arbeitsplatz finden zu können.[96] Wenn also schon für die im Vergleich zur endgültigen Versagung der Restschuld schwächere Wirkung (nur befristete Sperre der Zahlungen) ein qualifiziertes Verschulden vorausgesetzt wird, dann wird man hinsichtlich des Verschuldensmaßstabs bei der Obliegenheitsverletzung auf Grund schuldhaften Verhaltens, die zu einer verhaltensbedingten Kündigung führt, nicht dahinter zurückbleiben dürfen. Für eine außerordentliche Kündigung des Arbeitgebers gelten die soeben für die ordentliche Kündigung aufgestellten Grundsätze entsprechend.[97]

Wird dem Schuldner gekündigt, so muss er, um der Obliegenheit des § 295 Abs. 1 Nr. 1 Alt. 1 zu genügen, sich gegen die Kündigung wehren, also eine **Kündigungsschutzklage** erheben, wenn die Verteidigung gegen die Kündigung Aussicht auf Erfolg hat.[98] Unterlässt er es, eine Kündigungsschutzklage zu erheben, so muss das Insolvenzgericht, wenn unter Berufung auf dieses Unterlassen die Versagung der Restschuldbefreiung nach § 296 beantragt wird, die hypothetischen Erfolgsaussichten einer Kündigungsschutzklage nachprüfen. Die Restschuldbefreiung ist dem Schuldner regelmäßig zu versagen, wenn die Klage voraussichtlich Erfolg gehabt hätte. Hinsichtlich der Erfolgsaussichten ist bei streitigen Rechtsfragen auf die Rechtsprechung des Arbeitsgerichts abzustellen, das für den Kündigungsschutzprozess zuständig gewesen wäre. Ausnahmsweise ist die Restschuldbefreiung dann nicht zu versagen, wenn das Unterlassen der Klageerhebung auf einem Verschulden des Anwalts des Schuldners beruht. Dessen Verschulden muss sich der Schuldner nämlich nicht zurechnen lassen, weil von dem Schuldner in dieser Situation nicht mehr verlangt werden kann, als sich hinsichtlich der Erfolgsaussichten einer Kündigungsschutzklage an einen Anwalt zu wenden.

cc) Mehrarbeit durch Überstunden. Fraglich ist, ob auch Mehrarbeit durch Überstunden zur angemessenen Erwerbstätigkeit gehört mit der Folge, dass eine Aufgabe oder

---

[92] FK-*Ahrens* § 295 RdNr. 17; *Döbereiner*, S. 150 f.
[93] BGH NJW 1993, 1974, 1975; BGH NJW 1994, 258 f.
[94] BGH NJW 1993, 1974, 1975.
[95] AG Holzminden ZVI 2006, 260.
[96] S. etwa *Stevens-Bartol* in *Lohre/Mayer/Stevens-Bartol,* Arbeitsförderung – SGB III, 2. Aufl., 1999, § 144 RdNr. 1 ff.; *Niesel,* Sozialgesetzbuch, Arbeitsförderung, SGB III, 4. Aufl., 2007, § 144 RdNr. 2.
[97] FK-*Ahrens* § 295 RdNr. 18.
[98] Abweichend *Römermann* in *Nerlich/Römermann* § 295 RdNr. 12; FK-*Ahrens* § 295 RdNr. 18; *Döbereiner,* S. 150.

Einschränkung von Mehrarbeit eine Obliegenheitsverletzung darstellt. Vor dem Hintergrund, dass § 295 Abs. 1 Nr. 1 dafür sorgen will, dass die Gläubiger durch den Lohn einer für den Schuldner angemessenen Tätigkeit befriedigt werden, ist dies abzulehnen. Von der Sanktionsfolge umfasst ist damit **nur die Aufgabe der regulären Tätigkeit,** die auch den ganz wesentlichen Teil des Einkommens ausmacht. Darüber hinaus gehende Einkünfte durch Überstunden sollen zwar den Gläubigern durchaus zugute kommen, weil die Hälfte des für die Leistung der Mehrarbeitsstunden gezahlten Entgelts nach § 850 Nr. 1 ZPO pfändbar ist und damit an den Treuhänder abgetreten ist. Gleichwohl sind die Interessen der Gläubiger nicht dahingehend geschützt, dass der Schuldner unter Androhung der Versagung der Restschuldbefreiung verpflichtet ist, Überstunden zu machen. Da es sich insoweit um eine außerordentliche Arbeit handelt, die nur bei Gelegenheit zu zusätzlichen Einkünften führt, und welche allenfalls einen geringen Anteil des gesamten Einkommens ausmacht, darf eine solche zusätzliche Arbeit nicht mit der regulären Arbeit auf eine Stufe gestellt werden. Das wird auch dadurch unterstrichen, dass Überstunden betriebsbedingt zu leisten sind und vom Schuldner nicht nach Belieben abverlangt werden können.[99] Die Einschränkung oder **Aufgabe von Nebentätigkeiten** führt ebenfalls nicht zu einem Verstoß der Erwerbsobliegenheiten. Auch hier würden ansonsten Einkünfte aus zusätzlichen Tätigkeiten mit solchen aus der (Haupt-)Erwerbstätigkeit gleichgestellt, obwohl der Schuldner zur Erzielung von Nebeneinkünften nicht verpflichtet ist. Allerdings kommt dann, wenn der Schuldner solchen Nebentätigkeiten regelmäßig nachgeht, die Hälfte des Verdienstes den Gläubigern zugute, da in dieser Größenordnung die Einkünfte gem. § 850a Nr. 1 ZPO pfändbar sind und damit an den Treuhänder abgetreten sind.[100] Die aus unregelmäßig nachgegangenen Nebentätigkeiten erlangten Einkünfte sind dagegen nicht pfändbar und kommen damit nicht den Gläubigern zugute.[101]

30   dd) **Übernahme einer anderen Erwerbstätigkeit.** Da dem berufstätigen Schuldner die Ausübung einer angemessenen Erwerbstätigkeit obliegt, darf er deshalb grundsätzlich nicht **irgendeiner beliebigen Tätigkeit** nachgehen, sondern diese muss eine Synthese der Möglichkeiten des Schuldners und der möglichst weitgehenden Befriedigung der Interessen der Schuldner darstellen.[102] Übt der Schuldner bereits eine angemessene Erwerbstätigkeit aus, so ist er daher nicht gehalten, sich um eine Tätigkeit zu bemühen, durch welche er eine höhere Vergütung erzielen könnte. Dieses ergibt sich aus dem eindeutigen Wortlaut des § 295 Abs. 1 Nr. 1 Alt. 1; eine solche Obliegenheit trifft nur den beschäftigungslosen Schuldner. Daher stellt das **Unterlassen der Suche** nach einer besser dotierten Anstellung keine Obliegenheitsverletzung dar. Etwas anderes gilt lediglich dann, wenn sich das Unterlassen des Schuldners als rechtsmissbräuchlich darstellt.[103] Davon ist etwa auszugehen, wenn dem Schuldner eine besser bezahlte Anstellung von anderer Seite oder seinem bisherigen Arbeitgeber angeboten wird und er dieses Angebot, etwa aus Bequemlichkeit oder Gleichgültigkeit, ausschlägt. Ferner dürfte im Einzelfall eine Obliegenheitsverletzung auch dann anzunehmen sein, wenn der Schuldner eine andere Tätigkeit zu übernehmen hätte, z. B. weil das jetzige Arbeitsverhältnis nicht angemessen ist, und auch übernehmen könnte, aber keinerlei Anstrengungen entfaltet, um diese andere Tätigkeit zu übernehmen.[104] Auch wenn unabhängig von diesen Ausnahmefällen unterlassene Bemühungen keinen Obliegenheitsverstoß darstellen, ist es rein vorsorglich in der Praxis durchaus angeraten, sich nachweislich um eine angemessene Tätigkeit zu bemühen. Damit kann sich der Schuldner davor schützen, dass ihm insoweit ein Verstoß gegen § 295 Abs. 1 Nr. 1 Alt. 1 vorgeworfen wird, da ihn in diesem Falle kein Verschulden i. S. d. § 296 Abs. 1 1. HS trifft.[105]

---

[99] Zurückhaltend auch FK-*Ahrens* § 295 RdNr. 21.
[100] Vgl. OLG Hamm BB 1956, 209; *Stein/Jonas/Brehm* § 850a ZPO RdNr. 10.
[101] OLG Hamm BB 1956, 209.
[102] Vgl. auch *Fuchs* BuW 2000, 324, 328.
[103] Siehe FK-*Ahrens* § 295 RdNr. 22.
[104] FK-*Ahrens* § 295 RdNr. 22.
[105] Vgl. FK-*Ahrens* § 295 RdNr. 23.

Kommt es für den Schuldner auf Grund der konkreten Sachlage in Betracht, eine andere als die bisherige angemessene Tätigkeit auszuüben, so wird von ihm verlangt, dass er sein bisheriges **Arbeitsverhältnis beendet und die neue Tätigkeit aufnimmt.** Dabei ist er freilich an die arbeitsrechtlichen Bestimmungen gebunden. Im Rahmen dieser hat er jedoch alles zu versuchen, um aus seiner derzeitigen Position in die andere zu wechseln. Eine solche Anforderung besteht, wenn bei der bisherigen Tätigkeit eine wesentliche Diskrepanz zwischen Qualifikation und Entlohnung oder zwischen Tätigkeit und Entlohnung besteht.[106]

Ist die Möglichkeit des Wechsels nicht hinreichend sicher, darf der Schuldner hingegen nicht ohne weiteres sein bisheriges Arbeitsverhältnis in der Hoffnung aufgeben, eine neue (angemessene) Tätigkeit alsbald zu finden. Denn schlägt die Erwartung des Schuldners fehl, ein neues Anstellungsverhältnis zeitnah zu finden, würde die Haftungsverwirklichung für die Dauer der Beschäftigungslosigkeit des Schuldners vereitelt.

Die Obliegenheit der Übernahme einer *angemessenen* Erwerbstätigkeit bedeutet, dass vom Schuldner **weniger Flexibilität** und **Mobilität** gefordert zu werden braucht, als bei der Aufnahme einer bloß zumutbaren Beschäftigung gem. § 295 Abs. 1 Nr. 1 Alt. 3. Der Schuldner muss also lediglich eine Tätigkeit ausüben, welche seinem bisherigen Lebenszuschnitt im Wesentlichen entspricht. Es wird vom Schuldner dagegen ausdrücklich nicht verlangt, dass er eine unzumutbare oder eine lediglich zumutbare Tätigkeit aufnimmt. Daraus folgt, dass der Schuldner sich daher nicht um eine minder qualifizierte Tätigkeit bemühen muss oder diese anzunehmen hat, wenn er eine Tätigkeit ausübt, die zwar schlechter vergütet wird, als eine derartige, in der Regel berufsfremde Tätigkeit, die aber den konkreten Lebensumständen, insbesondere seiner Berufsausbildung und einer langjährigen Berufstätigkeit des Schuldners, entspricht.[107] Es stellt auch grundsätzlich keinen Obliegenheitsverstoß dar, wenn der Schuldner seinen Wohnsitz in ein anderes Bundesland verlegt, in dem die Arbeitslosenquote bes. hoch ist.[108] Es gelten dann aber die Verpflichtungen zur Übernahme einer anderen Erwerbstätigkeit in besonderem Maße.

Übt der Schuldner eine seinen Fähigkeiten und seiner **Berufsausbildung entsprechende angemessene Tätigkeit** aus und erhält er für seine Tätigkeit keine angemessene Vergütung, so begeht der Schuldner nicht nur dann eine Obliegenheitsverletzung, wenn er eine besser dotierte angemessene Arbeit nicht annimmt, sondern bereits dann, wenn er sein Arbeitseinkommen verschleiert, um unter Vermeidung der Obliegenheitsverletzung eine besser vergütete adäquate Arbeit nicht ausüben zu brauchen.[109] Eine solche Verschleierung erfüllt zwar ebenfalls einen Verstoß gegen die Obliegenheit des § 295 Abs. 1 Nr. 3, doch ist dieser im Verhältnis zum Obliegenheitsverstoß gegen § 295 Abs. 1 Nr. 1 Alt. 1 subsidiär, weil letzterer keine beabsichtigte Gläubigerbenachteiligung voraussetzt.[110] Als Maßstab für ein unangemessen niedriges Gehalt ist dabei von dem Wert der Arbeitsleistung auszugehen, der sich im Allgemeinen an den tariflichen Mindestlöhnen oder nach der üblichen Vergütung i. S. d. § 612 Abs. 2 BGB orientiert.[111] Unter Berücksichtigung von verwandtschaftlichen Beziehungen und anderen Umständen des Einzelfalls kann dabei jedoch noch ein Abschlag von bis zu 30% hingenommen werden.[112] Grundsätzlich ist ein Arbeitsverhältnis zwischen Eheleuten oder Verwandten unbedenklich.[113] Jedoch ist im Einzelfall zu überprüfen, ob die Vergütung unter Berücksichtigung der jeweiligen Nähebeziehung noch angemessen ist.[114]

---

[106] Enger hingegen FK-*Ahrens* § 295 RdNr. 24.
[107] FK-*Ahrens* § 295 RdNr. 23; *Wenzel* VuR 1990, 121, 128; *Fuchs*, Kölner Schrift, 1740 (RdNr. 177).
[108] AG Hamburg ZInsO 2001, 278.
[109] FK-*Ahrens* § 295 RdNr. 24.
[110] FK-*Ahrens* § 295 RdNr. 24.
[111] *Stein/Jonas/Brehm* § 850 h ZPO RdNr. 24; MünchKommZPO-*Smid* § 850 h RdNr. 13.
[112] LAG Düsseldorf BB 1955, 1140; LAG Hamm ZIP 1993, 610, 611 f.; abweichend MünchKommZPO-*Smid* § 850 h RdNr. 13.
[113] Wie hier FK-*Ahrens* § 295 RdNr. 24; anders *Kübler/Prütting/Wenzel* § 295 RdNr. 6.
[114] Vgl. AG Dortmund, NZI 1999, 429 – ein Zahntechnikermeister verdiente im Betrieb seiner Mutter € 650,– netto.

§ 295 33a–36   8. Teil. Restschuldbefreiung

33a   Eine faktische Beschränkung der Verdienstmöglichkeit des Schuldners muss hingenommen werden. Das gilt uneingeschränkt dann, wenn der Schuldner dies nicht zu vertreten hat und kein Fall gegeben ist, dass sich der Schuldner um eine besser bezahlte Beschäftigung bemühen muss. In der Regel dürften dies Fälle von krankheitsbedingten Beschränkungen der Verdienstmöglichkeit sein. Denkbar ist aber auch der kollektive Verzicht der Arbeitnehmer eines Unternehmens auf einen Teil des Verdienstes oder auf eine Lohnerhöhung um einen Beitrag zur Rettung ihres Unternehmens zu erbringen. Eine Beschränkung der Verdienstmöglichkeit ist auch hinzunehmen, wenn die Ursache dafür in der Zeit vor Beginn der Wohlverhaltensperiode liegt, etwa wenn ein Schuldner wegen einer Straftat zeitweise nur ein geringes Einkommen erzielen kann, der Straftatbestand, wegen dessen die Verurteilung erfolgt ist, aber schon vor Beginn der Wohlverhaltensperiode verwirklicht worden ist.[115] Eine Obliegenheitsverletzung liegt aber dann vor, wenn der Schuldner während der Wohlverhaltensperiode eine Straftat begeht und er auf Grund der Verurteilung nicht in der Lage ist, eine angemessene Erwerbstätigkeit auszuüben.[116]

34   **ee) Teilzeitbeschäftigung.** Übt der Schuldner eine angemessene Tätigkeit nur in Form einer Teilzeitbeschäftigung aus, so entspricht dies grundsätzlich nicht den Anforderungen des § 295 Abs. 1 Nr. 1 Alt. 1, weil die Norm implizit davon ausgeht, dass der Schuldner zur Erfüllung seiner Obliegenheit seine ganze Arbeitskraft einsetzt.[117] Der Schuldner muss daher seine Tätigkeit zeitlich aufstocken, eine weitere (angemessene) Teilzeitbeschäftigung annehmen oder sich um eine Vollzeitbeschäftigung bemühen. Diese Pflicht kann im Einzelfall aber dadurch begrenzt sein, dass dem Schuldner aus seinem bisherigen Arbeitsverhältnis bestimmte Pflichten bzw. Verbote obliegen, wie etwa ein (vereinbartes) Konkurrenzverbot,[118] die ihm die Übernahme einer weiteren Tätigkeit nicht erlauben, oder dass aus anderen Gründen, z. B. um Erziehungs- oder Pflegeaufgaben wahrzunehmen, ein anderer Umfang der Beschäftigung nicht zumutbar ist.

35   **b) Bemühungen bei Beschäftigungslosigkeit, § 295 Abs. 1 Nr. 1 Alt. 2. aa) Allgemeines.** Ist der Schuldner ohne Beschäftigung, muss er sich nach der zweiten Alternative der Erwerbsobliegenheiten des § 295 Abs. 1 Nr. 1 um eine **angemessene Erwerbstätigkeit bemühen.** Diese Anforderung betrifft folglich nur den beschäftigungslosen Schuldner. Übt der Schuldner also eine Tätigkeit aus, die nicht angemessen ist, so richten sich die Anforderungen an den Schuldner allein nach § 295 Abs. 1 Nr. 1 Alt. 1.[119] Insoweit knüpft § 295 Abs. 1 Nr. 1 Alt. 2 systematisch an die erste Alternative des § 295 Abs. 1 Nr. 1 an.[120] Um eine lediglich zumutbare Tätigkeit[121] i. S. d. § 295 Abs. 1 Nr. 1 Alt. 3 hat sich demnach auch der beschäftigungslose Schuldner nicht zu bemühen. Jedoch muss der Schuldner eine solche annehmen, wenn sie ihm angeboten wird, und sich nicht zugleich auch das Angebot einer angemessenen Arbeit stellt. Dies ergibt sich seinerseits aus dem Zusammenhang der zweiten mit der dritten Alternative der Norm.[122]

36   **bb) Anforderungen an den Schuldner.** Die Anforderungen an den Schuldner sind **hoch anzusetzen,** damit die Chancen erhöht werden, dass er alsbald in ein Beschäftigungsverhältnis eintritt und mit dem dort verdienten Entgelt zur Befriedigung der Gläubiger beitragen kann. Der Schuldner muss sich daher *ernsthaft* um eine Beschäftigung bemühen

---

[115] Ebenso *Heyer*, S. 117; HambKommInsO-*Streck* § 295 RdNr. 6; anders LG Hannover ZInsO 2002, 449; AG Hannover ZVI 2004, 501.
[116] HambKommInsO-*Streck* § 295 RdNr. 6.
[117] S. AG Hamburg, NZI 2001, 103, wonach ein 30-jähriger Schuldner dann seine Obliegenheiten verletzt, wenn er – obwohl ledig und kinderlos – nur einer Teilzeitbeschäftigung von 25 Stunden pro Wochen nachgeht und sich nicht hinreichend um eine Vollbeschäftigung (35–40 Stunden pro Woche) bemüht.
[118] FK-*Ahrens* § 295 RdNr. 25.
[119] S. *Wenzel* NZI 1999, 14; *Fuchs*, Kölner Schrift, 1740 (RdNr. 177); FK-*Ahrens* § 295 RdNr. 26.
[120] FK-*Ahrens* § 295 RdNr. 26.
[121] Vgl. RdNr. 41 ff.
[122] FK-*Ahrens* § 295 RdNr. 26; *Ahrens* § 295, ZInsO 1999, 632, 634.

Obliegenheiten des Schuldners 37 § 295

(**best effort-Prinzip**).[123] Daraus folgt, dass der Schuldner die Arbeitsvermittlung nicht nur dem Arbeitsamt oder anderen Arbeitsvermittlungsstellen überlassen darf,[124] sondern er muss sich selbst auf dem freien Arbeitsmarkt um eine entsprechende Beschäftigung bemühen. Das schließt ein, dass er sich auf Anzeigen in den unterschiedlichen Medien (Zeitungen, Internet) bewerben muss. Bei einer **schwierigen Marktlage** kann der Schuldner auch gehalten sein, eigene Anzeigen schalten zu lassen,[125] wobei das Verhältnis der Kosten der Anzeige angemessen sein muss zu dem zu erwartenden Erfolg.[126] Der Schuldner genügt seiner Obliegenheit schließlich auch dann noch nicht, wenn er sich bloß auf eine vakante Stelle bewirbt oder eine eigene Anzeige schaltet, er muss die Bewerbung vielmehr auch nachhaltig und ernsthaft betreiben.[127] Dagegen sprechen auch nicht die zum Teil nicht unerheblichen Kosten, die durch die Bewerbung verursacht werden, wie etwa für Porti, Passfotos und Bewerbungsmappen, denn für diese Kosten erhält er gemäß §§ 45 f. SGB III unterstützende Leistungen, die sich für Bewerbungskosten auf jährlich maximal € 250,– belaufen.[128]

Im Einzelnen werden **Art und Umfang der Bemühungen** des Schuldners durch eine ganze Reihe individuell unterschiedlicher, objektiver und subjektiver Umstände beeinflusst. So sind etwa der Beschäftigungsstand in der Region, die persönlichen Verhältnisse sowie die Arbeitsbiographie des Schuldners bei der Beurteilung zu berücksichtigen, ob die Bemühungen um einen Arbeitsplatz ernsthaft vorgenommen werden.[129] Der Verzicht auf eine Bewerbung allein auf Grund der subjektiven Geringschätzung der eigenen Aussichten kann eine Obliegenheitsverletzung darstellen.[130] Weiterhin kann vom Schuldner unter Umständen sogar erwartet werden, dass er sich bei der Suche um einen Arbeitsplatz nicht nur auf die örtliche Umgebung beschränkt, oder dass ihn – in Ausnahmefällen – die Obliegenheit trifft, der Arbeit wegen an einen anderen Ort umzuziehen.[131] Ein **Umzug** kommt allerdings nur dann in Betracht, wenn ganz wesentliche Gründe vorliegen, aus denen sich ergibt, dass unter den gegebenen Umständen auch mittelfristig für den Schuldner keine Möglichkeit bestehen wird, eine (angemessene) Arbeit an seinem derzeitigen Wohnort oder in der Region zu finden. Hierbei sind allerdings stets die entstehenden Kosten, wie z. B. für einen Wohnungsmakler, für eine höhere Miete, für die Umzugskosten etc., zu berücksichtigen und gegen die Vorteile durch den Umzug abzuwägen. Sind die zu erwartenden Nachteile des Umzugs für den Schuldner größer als die zu erwartenden Vorteile für die Gläubiger, so ist von dem Umzugserfordernis abzusehen. Dasselbe gilt auch, wenn ganz hervorragende persönliche Gründe gebieten, dass der Schuldner an seinem bisherigen Wohnort bleibt. Schließlich liegt auch eine Obliegenheitsverletzung vor, wenn sich der Schuldner nur auf Teilzeitstellen bewirbt.[132]

Über den Wortlaut der 2. Alternative des § 295 Abs. 1 Nr. 1 hinaus erfassen die Anforderungen des Schuldners nicht nur die bloße Suche nach einer Beschäftigung; er muss sich gegebenenfalls auch darum bemühen, die **persönlichen Voraussetzungen für eine bestimmte Beschäftigung wiederherzustellen.** Dazu gehört die Wiederherstellung der gesundheitlichen Voraussetzungen für eine (bestimmte) Beschäftigung, z. B. durch Kuren oder entsprechende Therapien, sowie unter Umständen eine Ausbildung, Fortbildung oder

37

---

[123] *Scholz* DB 1996, 765, 768; FK-*Ahrens* § 295 RdNr. 27; *Preuss,* S. 177; *Prziklang,* S. 69; *Ahnert,* S. 143 ff.
[124] Begr. RegE, in: *Kübler/Prütting,* Das neue Insolvenzrecht, Bd. I, S. 548; HK-*Landfermann* § 295 RdNr. 2; HambKommInsO-*Streck* § 295 RdNr. 7; *Hess/Hess* § 295 RdNr. 15; *Forsblad* S. 219.
[125] FK-*Ahrens* § 295 RdNr. 27; *Döbereiner,* S. 151; der Sache nach ebenso *Uhlenbruck/Vallender* § 295 RdNr. 22; HambKommInsO-*Streck* § 295 RdNr. 7.
[126] Vgl. *Uhlenbruck/Vallender* § 295 RdNr. 23; HambKommInsO-*Streck* § 295 RdNr. 7, die keine „kostspieligen" Stellenanzeigen für erforderlich halten.
[127] *Römermann* in *Nerlich/Römermann* § 295 RdNr. 12; *Hess/Obermüller,* Insolvenzplan, Restschuldbefreiung und Verbraucherinsolvenz, RdNr. 994.
[128] Ebenso *Uhlenbruck/Vallender* § 295 RdNr. 22; HambKommInsO-*Streck* § 295 RdNr. 7.
[129] BGH FamRZ 1986, 244, 246; FK-*Ahrens* § 295 RdNr. 27.
[130] S. LG Kiel ZVI 2002, 747.
[131] S. etwa *Römermann* in *Nerlich/Römermann* § 295 RdNr. 9; HambKommInsO-*Streck* § 295 RdNr. 8; *Kübler/Prütting/Wenzel* § 295 RdNr. 11; *Smid/Krug/Haarmeyer* § 295 RdNr. 5.
[132] AG Neu-Ulm ZVI 2004, 131.

Umschulung. Durch solche Maßnahmen kann zwar die gegenwärtige Leistungsfähigkeit des Schuldners vorübergehend eingeschränkt werden. Dies ist aber zu rechtfertigen, wenn sich dadurch die Chancen verbessern, eine qualifizierte Tätigkeit zu erlangen und Aussicht auf bessere Einkünfte während der weiteren Laufzeit der Abtretungserklärung besteht.[133]

38 **Grenze für die Bemühungen** des Schuldners ist auch bei der Obliegenheit nach § 295 Abs. 1 Nr. 1 Alt. 2 die Unzumutbarkeit bzw. die Unmöglichkeit. Der Schuldner muss sich daher nicht um eine angemessene Erwerbstätigkeit bemühen, wenn sich die Aufnahme einer Beschäftigung wegen Krankheit oder Alter des Schuldners oder wegen einer Betreuung von Kindern oder Angehörigen als unzumutbar darstellt. Ebensowenig sind Bemühungen des Schuldners erforderlich, wenn er trotz intensiver Anstrengungen keine angemessene Erwerbstätigkeit zu finden vermag, da objektiv keine realen Beschäftigungsmöglichkeiten bestehen,[134] wenn sich also die Chance, eine entsprechende Beschäftigung zu finden, als unrealistisch oder als bloß theoretische Möglichkeit darstellt.[135]

39 **c) Keine Ablehnung zumutbarer Tätigkeiten, § 295 Abs. 1 Nr. 1 Alt. 3. aa) Regelungsinhalt.** Als letzte Alternative des § 295 Abs. 1 Nr. 1 obliegt es dem Schuldner, keine zumutbare Tätigkeit abzulehnen, wenn er keine angemessene Beschäftigung zu finden vermag. Aus dem Wortlaut der dritten Alternative sowie aus dem systematischen Zusammenhang zur zweiten Alternative des § 295 Abs. 1 Nr. 1 folgt allerdings zugleich, dass der Schuldner keine Obliegenheit hat, sich um eine zumutbare Tätigkeit zu bemühen.[136]

40 **bb) Kritik.** Die Regelung wird aus verschiedenen Gründen kritisiert. Insbesondere wird geltend gemacht, dass sie angesichts der großzügigen Rechtsprechung zum Begriff der Zumutbarkeit im Unterhalts- und Sozialrecht **weitgehende Missbrauchsmöglichkeiten** biete.[137] Nach anderer Auffassung enthalte die Vorschrift eine durch private Gläubiger gesteuerte Form der indirekten Zwangsarbeit, welche mit Art. 12 GG nicht mehr in Einklang zu bringen sei.[138] Ferner wird eingewendet, dass diese Vorschrift eine erhebliche Belastung für die Gerichte darstelle, welche durch die Prüfung der Zumutbarkeit im Einzelfall ausgelöst werden könne.[139] Diese Kritik vermag jedoch im Ergebnis nicht durchzuschlagen. Die Möglichkeiten eines Missbrauchs lassen sich etwa bereits dadurch abschwächen, dass die Vorschrift abweichend zum Unterhalts- und Sozialrecht enger interpretiert wird.[140] Die dort anzutreffenden Regeln und der Meinungsstand in Rechtsprechung und Lehre stellen nämlich keine verbindlichen Vorgaben für die Auslegung des Begriffs der Zumutbarkeit in der Insolvenzordnung dar. Ein Verstoß der Regelung gegen Art. 12 GG (Zwangsarbeit) ist ferner schon deshalb nicht gegeben, weil der Schuldner frei darüber entscheiden kann, das Verfahren zu betreiben oder darauf zu verzichten.[141] Die hier vorliegende Problematik ist vergleichbar mit der Zulässigkeit von Regelungen, welche die Gewährung von Sozialhilfeleistungen von der Übernahme zumutbarer Arbeit durch den Hilfesuchenden abhängig macht. Solche Regelungen werden nach allgemeiner Ansicht als zulässig betrachtet.[142] Hier wie dort wird eine Person nicht verpflichtet, persönliche Dienstleistungen zu erbringen, sondern wenn die Person zumutbare Arbeit annimmt, ist damit ein Vorteil verknüpft.

41 **cc) Voraussetzungen an die Zumutbarkeit.** An die Ausgestaltung der Vorschrift des § 295 Abs. 1 Nr. 1, 3. Alt. sind **strenge Voraussetzungen** anzulegen, um Missbräuchen

---

[133] Begr. RegE, BT-Drucks. 12/2443, S. 192.
[134] BGH NJW 1987, 2739, 2740; FK-*Ahrens* § 295 RdNr. 29.
[135] Vgl. BGH NJW 1986, 3080, 3081 f.; FK-*Ahrens* § 295 RdNr. 29.
[136] Vgl. FK-*Ahrens* § 295 RdNr. 30; *Preuss* RdNr. 254; abweichend *Römermann* in *Nerlich/Römermann* § 295 RdNr. 9.
[137] Vgl. *Döbereiner*, S. 153 ff. mwN.
[138] S. etwa *Reifner* VuR 1990, 132, 133.
[139] S. etwa *Uhlenbruck* DGVZ 1992, 33, 35; *ders.* MDR 1990, 4, 10.
[140] *Römermann* in *Nerlich/Römermann* § 295 RdNr. 16.
[141] *Römermann* in *Nerlich/Römermann* § 295 RdNr. 16; eingehend dazu auch *Döbereiner*, S. 154 ff.
[142] S. *Hess/Hess* § 295 RdNr. 18; ferner vgl. BVerwGE 11, 252, 253; BVerwGE 12, 129; VGH Mannheim, ESVGH 32, 247 f.; OVGE Bl. 16, 169.

vorzubeugen und dazu beizutragen, das Ziel möglichst weitgehender Gläubigerbefriedigung zu erreichen.[143]

(1) Verfassungskonformität. Der Begriff der Zumutbarkeit wird zunächst zum Teil bereits durch die Begründung des Regierungsentwurfs konkretisiert. Demnach hat der Schuldner auch eine berufsfremde oder auswärtige Tätigkeit, notfalls sogar eine Aushilfs- oder Gelegenheitstätigkeit, zu übernehmen.[144] Zugleich muss aber auch die grundrechtliche Gewährleistung aus Art. 12 Abs. 1 GG beachtet werden. Das einfache Recht der Insolvenzordnung ist insoweit verfassungskonform auszulegen. Die Grenze der Zumutbarkeit ist erreicht, wenn sich die Tätigkeit nicht mehr mit der freien Berufswahl bzw. der Berufsausübungsfreiheit nach Art 12 Abs. 1 GG vereinbaren lässt. Von besonderer Bedeutung ist dies für junge Schuldner in der ersten Ausbildungsphase, deren Haftung nicht durch das MHbeG vom 25. 8. 1998 beschränkt wird, weil dem (jungen) Volljährigen Raum bleiben muss, sein Leben selbst und ohne unzumutbare Belastungen zu gestalten.[145] Es ist danach im Einzelfall zu entscheiden, ob volljährige jugendliche Schuldner eine Berufsausbildung aufnehmen oder fortführen können oder aber im Gläubigerinteresse eine Berufstätigkeit aufzunehmen haben. Diese Entscheidung richtet sich danach, wie lange voraussichtlich die Berufsausbildung (noch) dauern wird. So wird es einem jungen Schuldner nicht erlaubt sein, nach einem abgeschlossenen Studium ein weiteres Studium aufzunehmen. Hingegen kann der junge Schuldner ein bereits fortgeschrittenes Studium beenden. Er darf nach einem abgeschlossenen Studium zusätzlich auch noch eine Berufsausbildung von kurzer Dauer (Aufbauausbildung) beginnen, wenn dadurch die Chancen steigen, dass er noch innerhalb der Wohlverhaltensperiode eine Beschäftigung findet, die voraussichtlich zu einer angemessenen Befriedigung seiner Gläubiger führt. Wird eine Ausbildung aufgenommen, welche nahezu bis an das Ende der Wohlverhaltensperiode heranreicht, ist eine genaue Interessenabwägung vorzunehmen: Das Interesse des Schuldners an der Planung seiner Lebensperspektive, die sich in einer bestimmten Ausbildung konkretisiert, muss abgewogen werden gegen die Prognose, ob durch die Aufnahme der Ausbildung die Befriedigung der Insolvenzgläubiger unerträglich beeinträchtigt würde.[146]

Es handelt sich in allen Fällen jeweils um eine **prognostische Entscheidung,** bei welcher stets die verfassungsrechtliche Vorgabe aus Art. 2 Abs. 1 und Art. 1 GG zu beachten ist. Grundsätzlich bleibt der Schuldner in der Wahl der Ausbildungsstätte frei, auch wenn er seine Insolvenz schuldhaft herbeigeführt hatte. Dieses folgt neben Art. 12 Abs. 1 GG vor allem aus dem Verhältnismäßigkeitsprinzip sowie aus der sozialpolitischen und volkswirtschaftlichen Funktion der Restschuldbefreiung.[147] Dieses muss jedenfalls dann gelten, wenn die eingeschlagene oder vorgesehene Ausbildung dem Lebensplan des Schuldners entspricht, perspektivisch eine bessere Verdienstmöglichkeit verspricht und in der gebotenen Zeit abgeschlossen werden kann.[148] Darüber hinaus muss dem Schuldner ein angemessener Freiraum für die Wahl des konkreten Arbeitsplatzes verbleiben. Dieses ergibt sich aus dem grundlegenden Prinzip der selbstverantwortlichen Gestaltung der eigenen Lebensverhältnisse durch eine freie Entfaltung der Persönlichkeit im Bereich der individuellen Leistung und Existenzerhaltung.[149] Grundsätzlich ist es aber nicht unzulässig, die Gewährung einer Leistung von der Erbringung einer anderen Leistung abhängig zu machen, die sich wie eine mittelbare Zwangsvollstreckung im Rahmen von Art. 12 GG auswirkt.[150] Selbst wenn der Schuldner während der

---

[143] *Römermann* in *Nerlich/Römermann* § 295 RdNr. 13; *Uhlenbruck/Vallender* § 295 RdNr. 25; *Smid/Krug/Haarmeyer* § 295 RdNr. 4 ff.; *Kübler/Prütting/Wenzel* § 295 RdNr. 9; FK-*Ahrens* § 295 RdNr. 31; *Döbereiner*, S. 152; *Hess/Obermüller*, Insolvenzplan, Restschuldbefreiung und Verbraucherinsolvenz, RdNr. 992.
[144] Begr. RegE, BT-Drucks. 12/2443, S. 192.
[145] Vgl. BVerfGE 72, 155, 173.
[146] *Römermann* in *Nerlich/Römermann* § 295 RdNr. 14.
[147] FK-*Ahrens* § 295 RdNr. 31.
[148] FK-*Ahrens* § 295 RdNr. 31.
[149] BVerfGE 75, 284, 292.
[150] *Jarass* in *Pieroth/Jarass*, Grundgesetz für die Bundesrepublik Deutschland, 9. Aufl., 2007, Art. 12 GG RdNr. 57.

Wohlverhaltensperiode starke Einschränkungen im Hinblick auf seine berufliche Tätigkeit hinnehmen muss, so geht es ihm mit der Beantragung der Restschuldbefreiung um die Möglichkeit des Aufbaus einer neuen wirtschaftlichen Existenz. Die Verknüpfung dieses Ziels mit Einschränkungen im Gläubigerinteresse ist daher von Art. 12 GG gedeckt.[151]

44 **(2) Kriterien zur Ausgestaltung des Begriffs der Zumutbarkeit.** Hinsichtlich der Konkretisierung des Kriteriums der Zumutbarkeit kann auch auf andere vergleichbare gesetzliche Regeln abgestellt werden.[152] Hier bietet sich zunächst insbesondere die **Vorschrift des § 121 SGB III** an.[153] Diese Norm ist zwar erst durch das Arbeitsförderungs-Reformgesetz vom 24. 3. 1997 (BGBl. I, S. 594) geschaffen worden,[154] doch beinhaltet sie ein weitestgehend ähnliches Regelungssubstrat, wie es zur Auslegung des Tatbestandsmerkmals der Zumutbarkeit in § 295 Abs. 1 Nr. 1, 3. Alt. herangezogen werden kann. Aufgrund des unterschiedlichen Regelungsrahmens der beiden Normen ist aber zu beachten, dass die im § 121 SGB III aufgestellten Kriterien keine verbindlichen Vorgaben für die Auslegung des § 295 Abs. 1 Nr. 1 Alt. 3 enthalten können.[155] Unzumutbar ist nach § 121 Abs. 2 SGB III insbesondere eine Beschäftigung, die gegen gesetzliche, tarifliche oder in Betriebsvereinbarungen festgelegte Bestimmungen über Arbeitsbedingungen oder gegen Bestimmungen des Arbeitsschutzes verstößt. Zusätzlich gibt § 121 Abs. 3 SGB III Orientierungen über zumutbare Einkommensminderungen sowie § 121 Abs. 4 SGB III über zumutbare Wegezeiten. Demgegenüber ergibt sich aus § 121 Abs. 5 SGB III, dass eine Beschäftigung nicht schon deshalb als unzumutbar gilt, weil sie befristet ist, vorübergehend eine getrennte Haushaltsführung erfordert oder nicht zum Kreis der Beschäftigungen gehört, für die der Arbeitnehmer ausgebildet ist oder die er bisher ausgeübt hat. Danach wird auch die Beschäftigung im Rahmen eines Leiharbeitsverhältnisses für den Schuldner zumutbar sein.[156]

Zur Auslegung des Begriffs der Zumutbarkeit können zudem die **Rechtsprechung zu § 1574 Abs. 2 BGB**[157] sowie die im Rahmen des § 103 Abs. 2 Satz 2 AFG ergangene Anordnung des Verwaltungsrats der Bundesanstalt für Arbeit über die Zumutbarkeit einer Beschäftigung (Zumutbarkeitsanordnung vom 16. 3. 1982) und die Rechtsprechung zum alten § 119 Abs. 1 AFG[158] herangezogen werden, soweit dabei in Rechnung gestellt wird, dass die Unzumutbarkeitsschwelle des § 295 grundsätzlich höher anzusetzen ist als im Sozial- oder im Unterhaltsrecht,[159] weil sie sich vor allem an dem Gedanken der bestmöglichen Gläubigerbefriedigung zu orientieren hat.[160]

45 **(3) Grenzen der Zumutbarkeit.** Im Hinblick auf die Zumutbarkeit einer Beschäftigung sind auch die Interessen des Schuldners zu berücksichtigen. Sie spiegeln sich wider in den **persönlichen Grenzen** der Zumutbarkeit.[161] Diese Grenzen sind individuell zu ziehen und widersetzen sich grundsätzlich einer Schematisierung. Gleichwohl lassen sich allgemeine Kriterien formulieren, die für den Einzelfall Hinweise auf die Unzumutbarkeit geben können. Kriterien über die *persönlichen* Grenzen der Zumutbarkeit lassen sich insbesondere aus § 18 Abs. 3 BSHG entnehmen.[162] Eine Arbeit ist demnach unzumutbar, wenn es an

---

[151] *Trendelenburg*, S. 251; aA *Bindemann* RdNr. 258.
[152] Vgl. dazu: *Römermann* in *Nerlich/Römermann* § 295 RdNr. 13; FK-*Ahrens* § 295 RdNr. 33; *Balz* BewHi 1989, 103, 118; *Forsblad*, S. 219; *Messner/Hofmeister*, S. 165 ff.
[153] S. *Goetsch* in *Breutigam/Blersch/Goetsch* § 295 RdNr. 6.
[154] Eingehend dazu FK-*Ahrens* § 295 RdNr. 33 mwN.
[155] FK-*Ahrens* § 295 RdNr. 33; abweichend offenbar *Wenzel* NZI 1999, 15, 17.
[156] FK-*Ahrens* § 295 RdNr. 33.
[157] *Römermann* in *Nerlich/Römermann* § 295 RdNr. 13; vgl. zudem auch *Döbereiner*, S. 150 ff.
[158] Vgl. *Krug*, S. 137.
[159] *Römermann* in *Nerlich/Römermann* § 295 RdNr. 13; *Scholz* DB 1996, 765, 768; s. auch *Döbereiner*, S. 152.
[160] *Römermann* in *Nerlich/Römermann* § 295 RdNr. 13; vgl. Begr. RegE in: *Kübler/Prütting*, Das neue Insolvenzrecht, Bd. I, S. 548; *Kübler/Prütting/Wenzel* § 295 RdNr. 12.
[161] S. *Heyer*, S. 116 f.
[162] Wie hier: *Römermann* in *Nerlich/Römermann* § 295 RdNr. 13; HambKommInsO-*Streck* § 295 RdNr. 9; anders hingegen *Heyer*, S. 100 f.

körperlicher oder geistiger Eignung mangelt, wenn die künftige Ausübung der bisherigen überwiegenden Tätigkeit wesentlich erschwert würde, wenn der Arbeit die Pflege eines Angehörigen entgegensteht[163] (oder ein sonstiger wichtiger Grund) und insbesondere die Erziehung oder Betreuung eines Kindes.

Im Hinblick auf die **Sorge für ein Kind** (§ 1626 BGB) lässt sich ferner aus den allgemeinen familienrechtlichen Bestimmungen ermitteln, ob und gegebenenfalls in welchem Umfang ein Schuldner neben der Betreuung von Kindern erwerbstätig sein muss. Der bislang die Kinder betreuende Schuldner wird die Kinder entsprechend der familiären Entscheidung auch weiterhin betreuen dürfen, wenn nicht der Partner gleichzeitig ohne Erwerbstätigkeit ist.[164] Dabei sind die Umstände des Einzelfalls jeweils genau zu untersuchen, um beurteilen zu können, ob sich eine Betreuung durch den Schuldner als pflichtwidrig erweist.[165] In gewissem Maße wird man verlangen dürfen, dass die familiäre Entscheidung über die Betreuung von Kindern so revidiert wird, dass der Schuldner eine möglichst ertragbringende Beschäftigung annehmen kann. Als Entscheidungsmaßstab bietet sich hier auch die Regelung des § 1570 BGB an. Danach obliegt es dem Schuldner nicht, eine Erwerbstätigkeit aufzunehmen, wenn er ein **Kind zu betreuen hat, welches das 8. Lebensjahr** noch nicht vollendet hat;[166] im Einzelfall gilt dies auch bei der Betreuung eines Kindes, welches noch nicht das 11. Lebensjahr vollendet hat.[167] Hat der Schuldner mehr als ein Kind zu betreuen, so ist ihm regelmäßig nur eine geringe Arbeitstätigkeit zuzumuten.[168] Eine Erwerbstätigkeit des Schuldners kann etwa über die soeben ausgeführten Altersgrenzen der Kinder hinaus gänzlich außer Betracht bleiben, wenn der Schuldner weitere Kinder zu betreuen hat,[169] oder wenn es sich bei einem Kind um ein sogenanntes „Problemkind" handelt.[170]

Der Schuldner muss dagegen eine **Teilzeit-Erwerbstätigkeit** ausüben, wenn er beispielsweise ein Kind zu betreuen hat, welches zwischen 11 und 15 Jahren alt ist,[171] oder wenn er zwei Kinder zu betreuen hat, von denen ein Kind mindestens elf und das andere Kind mindestens 18 Jahre alt ist.[172] Hat der Schuldner dagegen nur ein Kind zu betreuen, das bereits das 14. Lebensjahr vollendet hat, so ist ihm eine Vollzeitbeschäftigung zuzumuten.[173]

Besondere Maßstäbe für die Zumutbarkeit gelten schließlich für Schuldner, die alleinstehend die Sorge für ein Kind haben. Hier ist unter genauester Abwägung bei besonderer Berücksichtigung des Kindeswohls über die Zumutbarkeit der Übernahme einer Voll- oder Teilzeitbeschäftigung zu befinden.[174]

dd) Fort- und Weiterbildungsmaßnahmen. Der Schuldner ist trotz seiner Erwerbslosigkeit auch berechtigt, an Fort- oder Weiterbildungsmaßnahmen teilzunehmen, soweit dadurch die Chancen des Schuldners, eine qualifizierte Arbeitsstelle zu erlangen, steigen und Aussicht auf bessere Einkünfte während der weiteren Laufzeit der Abtretungserklärung besteht.[175] Der Schuldner kann im Einzelfall sogar verpflichtet sein, sich weiterzubilden, wenn er nur so eine zumutbare Beschäftigung erlangen kann.[176]

---

[163] Vgl. *Mergler/Zink/Dahlinger/Zeitler/Friedrich*, Bundessozialhilfegesetz, § 18 BSHG RdNr. 31 ff.
[164] FK-*Ahrens* § 295 RdNr. 35; *Römermann* in *Nerlich/Römermann* § 295 RdNr. 13; Begr. RegE, in: *Kübler/Prütting*, Das neue Insolvenzrecht, Bd. I, S. 548; *Kübler/Prütting/Wenzel* § 295 RdNr. 12.
[165] Vgl. *Römermann* in *Nerlich/Römermann* § 295 RdNr. 13; *Döbereiner*, S. 152 f.
[166] BGH NJW 1992, 2477, 2478; MünchKommBGB-*Richter* § 1570 BGB RdNr. 10.
[167] BGH NJW 1989, 1083, 1084.
[168] BGH NJW 1990, 3274, 3275.
[169] BGH NJW 1983, 933, 934; BGH NJW-RR 1990, 323, 325 f.
[170] BGH NJW 1984, 2355, 2356.
[171] BGH NJW 1981, 448 f.; BGH NJW 1984, 2355, 2356.
[172] BGH NJW 1981, 2462, 2464.
[173] BGH NJW 1983, 1548, 1549; BGH NJW 1990, 2752 f.
[174] S. *Kübler/Prütting/Wenzel* § 295 RdNr. 12; *Schumacher* ZEuP 1995, 576, 586.
[175] *Römermann* in *Nerlich/Römermann* § 295 RdNr. 14; HambKommInsO-*Streck* § 295 RdNr. 5; Begr. RegE, in: *Kübler/Prütting*, Das neue Insolvenzrecht, Bd. I, S. 548.
[176] Vgl. *Römermann* in *Nerlich/Römermann* § 295 RdNr. 14; *Hess/Obermüller*, Insolvenzplan, Restschuldbefreiung und Verbraucherinsolvenz, RdNr. 993; *Hess/Hess* § 295 RdNr. 19; *Smid*, Grundzüge des neuen Insolvenzrechts, § 24 RdNr. 36.

48 **ee) Folgen der Ablehnung einer zumutbaren Tätigkeit.** Lehnt der Schuldner eine ihm zumutbare Tätigkeit ab, so verletzt der Schuldner dadurch die Obliegenheit des § 295 Abs. 1 Nr. 1 Alt. 3. Die Restschuldbefreiung ist dann gem. § 296 zu versagen, es sei denn, aus der zumutbaren Tätigkeit hätte kein pfändbares Einkommen erzielt werden können, weshalb die Befriedigung der Gläubiger nicht beeinträchtigt werden konnte,[177] oder den Schuldner trifft kein Verschulden.

49 **3. Herauszugebender Vermögenserwerb, § 295 Abs. 1 Nr. 2. a) Allgemeines.** Nach § 295 Abs. 1 Nr. 2 obliegt es dem Schuldner, Vermögen, das er von Todes wegen oder mit Rücksicht auf ein künftiges Erbrecht erwirbt, zur Hälfte des Wertes an den Treuhänder herauszugeben. Mit dieser Regelung wird der Grundsatz durchbrochen, dass den Insolvenzgläubigern während der Wohlverhaltensperiode nur der pfändbare Einkommensanteil zufließt, das übrige Vermögen des Schuldners hingegen seinen neuen Gläubigern als Haftungsgrundlage zur Verfügung steht.[178] Der Gesetzgeber hat die **Herausgabepflicht** damit begründet, dass es unbillig wäre, dem Schuldner die Restschuldbefreiung zu gewähren, ohne dass die Gläubiger an dem erbrechtlichen Erwerb partizipieren.[179] Die Herausgabepflicht ist dabei allerdings auf die Hälfte des Wertes beschränkt worden, um sowohl den Interessen der Insolvenzgläubiger als auch denen des Schuldners gleichermaßen Rechnung zu tragen. Andernfalls bestünde die Gefahr, dass die Schuldner Erbschaften ausschlagen oder anderweitig dafür Vorsorge treffen, dass ihnen die Erbschaft nicht zufällt, ohne dadurch eine Obliegenheitsverletzung zu begehen.[180] Dieses widerspräche letztlich auch den Interessen der Gläubiger,[181] aus deren Perspektive die Partizipation an der Hälfte des erbrechtlichen Erwerbs günstiger ist, als dass auf Grund der Ausschlagung kein zusätzliches Vermögen zur Verteilung kommt. Ein anderes Ergebnis wäre nur zu erzielen, wenn zusätzlich zur vollständigen Abführung des erbrechtlich Erworbenen auch noch die Ausschlagung der Erbschaft als Obliegenheitsverletzung statuiert worden wäre.[182] Dies ist wegen der **höchstpersönlichen Natur des Ausschlagungsrechts** aber nicht möglich.[183] Dass es sich bei der Ausschlagung der Erbschaft nicht um eine Obliegenheitsverletzung handeln kann, ergibt sich zudem auch aus der Regelung des § 83 Abs. 1. Dort wird dem Schuldner gestattet, während des Insolvenzverfahrens eine Erbschaft auszuschlagen. Wenn ihm dies vom Gesetz in dieser Zeit gestattet wird, muss es (erst Recht) auch in der Treuhandperiode gestattet sein. Schließlich setzt der Wortlaut des Absatzes 1 Nr. 2 für die Herausgabeverpflichtung voraus, dass der Schuldner das Vermögen „erwirbt". Die Obliegenheitsverletzung setzt damit erst dort an, wo nach Erwerb nicht herausgegeben wird und nicht bereits an dem „Ob" des Erwerbs.[184] Wenn allerdings der Erbfall nach Eröffnung des Insolvenzverfahrens aber vor Beginn der Wohlverhaltensperiode eintritt, fällt die Erbschaft voll in die Insolvenzmasse.[185]

50 **b) Kritik.** Die Regelung des § 295 Abs. 1 Nr. 2 ist allerdings bereits erheblicher Kritik ausgesetzt. Es wird zum einen darauf hingewiesen, dass sie zu eng gefasst sei. Es sei nämlich

---

[177] FK-*Ahrens* § 295 RdNr. 35.
[178] FK-*Ahrens* § 295 RdNr. 36; vgl. auch *Römermann* in *Nerlich/Römermann* § 295 RdNr. 18. Anders jedoch z. B. in Österreich, wo die gesamte Erbschaft herausgegeben werden muss: *Mohr*, Privatkonkurs, S. 61.
[179] Begr. RegE, BT-Drucks. 12/2443, 192; vgl. auch *Smid/Krug/Haarmeyer* § 295 RdNr. 12; *Andres/Leithaus* § 295 RdNr. 5.
[180] FK-*Ahrens* § 295 RdNr. 36; *Römermann* in *Nerlich/Römermann* § 295 RdNr. 19; *Hess/Hess* § 295 RdNr. 22; *Kübler/Prütting/Wenzel* § 295 RdNr. 19.
[181] Vgl. *Trendelenburg*, S. 295.
[182] S. *Diekmann*, in: Insolvenz im Umbruch, 127, 133; *Trendelenburg*, S. 259 f.; vgl. auch *Forsblad*, S. 220, die unzutreffenderweise von einer Erwerbspflicht ausgeht.
[183] S. HK-*Landfermann* § 295 RdNr. 6; *Kübler/Prütting/Wenzel* § 295 RdNr. 19 b; *Graf-Schlicker/Kexel* § 295 RdNr. 10; HambKommInsO-*Streck* § 295 RdNr. 10; anders hingegen *Thora* ZInsO 2002, 176; vgl. aber auch Begr.RegE, BT-Drucks. 12/2443, 192.
[184] Wie hier auch *Döbereiner*, S. 166 f.; *Hess/Hess* § 295 RdNr. 22; *Römermann* in *Nerlich/Römermann* § 295 RdNr. 27; *Kübler/Prütting/Wenzel* § 295 RdNr. 19 b; *Preuss*, S. 180; unentschieden *Smid/Krug/Haarmeyer* § 295 RdNr. 12. Für eine Obliegenheitsverletzung *Bruchmann*, S. 207, wohl auch *Forsblad*, S. 220; *Diekmann*, in: Insolvenzrecht im Umbruch, 127, 132 f.
[185] BGH FamRZ 2007, 557.

nicht mit dem **Befriedigungsinteresse der Insolvenzgläubiger** zu vereinbaren, dass der Schuldner beispielsweise einen **Lottogewinn** oder als **Drittbegünstigter einer Lebensversicherung** einen Geldbetrag erhalte, ohne davon etwas an die Gläubiger abführen zu müssen.[186] Zum anderen wird moniert, dass dem Schuldner noch die Hälfte einer Erbschaft belassen wird; es gäbe auch dann noch einen genügend großen Anreiz für den Schuldner, eine Erbschaft nicht auszuschlagen, wenn er einen geringeren Anteil davon erhalten würde.[187] Trotz der nicht ganz von der Hand zu weisenden Kritik an der Ausgestaltung der Regelung des § 295 Abs. 1 Nr. 1, 3. Alt. sollte an ihr festgehalten werden. Zum einen kann man so den Überwachungsaufwand auf einem vertretbaren Niveau halten,[188] und zum anderen gelingt es damit, die widerstreitenden Interessen zwischen Gläubiger und Schuldner durch einen Kompromiss weitgehend gleichmäßig auszutarieren. Zwar wäre der Gläubigerbefriedigung formal mehr gedient, wenn der **gesamte erbschaftliche Erwerb** ihrem Zugriff unterliegen würde, doch gäbe es dann keinen – wie soeben betont[189] – Anreiz für den Schuldner, gleichsam ausschließlich im Interesse der Gläubiger die Erbschaft anzunehmen. Zudem darf nicht übersehen werden, dass es auch andere Möglichkeiten gibt, die Erbschaft nicht dem Schuldner (und damit den Gläubigern) zukommen, gleichwohl aber den Schuldner davon profitieren zu lassen. Gedacht werden könnte etwa an eine Einflussnahme auf den Erblasser, nicht den Schuldner, sondern den Ehegatten oder die Kinder als Erben einzusetzen. In diesen Fällen könnten die Gläubiger gar nicht von dem Vermögen des Erbfalls profitieren. Desweiteren ist es auch für die Gläubiger in vielen Fällen günstiger, wenn der Schuldner die Erbschaft nicht ausschlägt und ihnen dann wenigstens die Hälfte des Vermögens bleibt, anstatt sich – bei Ehegatten oder nahen Verwandten des Erblassers – ggf. mit dem Pflichtteil begnügen zu müssen. Zu bedenken ist schließlich auch der Aspekt, dass die Aussicht für den oft an der Pfändungsgrenze lebenden Schuldner, die Hälfte des erbrechtlich erlangten Vermögens für sich behalten zu dürfen, seine Motivation zum Durchhalten steigern wird. Wegen § 312 BGB lässt sich die durch § 295 Abs. 1 Nr. 2 bewirkte Motivationssteigerung nicht ohne weiteres auf **privatautonomem Weg** herbeiführen.[190] Alles in allem dürften daher die positiven Effekte für die Gläubiger im Regelfall dann, wenn der Schuldner die Hälfte des erbrechtlich erlangten Vermögens behalten darf, größer sein, als wenn ihm nichts zustünde. Ob dasselbe Ergebnis auch mit einer anderen Quotierung, wie etwa 60/40 oder sogar 75/25 erreicht worden wäre, mag zwar wahrscheinlich sein, doch sollte vor einer Diskussion über die Quoten die Entwicklung in der Praxis abgewartet werden.

c) **Ausschlagungsfrist für die Erbschaft gem. § 1944 BGB.** Aufgrund der Tatsache, 51 dass während des laufenden Insolvenzverfahrens nach § 35 die Erbschaft vollständig in die Insolvenzmasse fällt, wird der Schuldner versuchen, den Erwerb in die Treuhandzeit zu verlagern, um wenigstens in den Genuss der halben Erbschaft zu gelangen.[191] Dieses ist etwa dadurch möglich, dass der Schuldner die sechswöchige Ausschlagungsfrist des § 1944 Abs. 1 BGB oder die sechsmonatige Ausschlagungsfrist des § 1944 Abs. 3 BGB voll ausschöpft. Ein solches Verhalten des Schuldners ist zwar mit einer bestmöglichen Befriedigung der Gläubiger nicht vereinbar, doch wird es ohne Sanktionen geduldet.[192]

Fällt der Erwerb der Erbschaft erst **nach dem Ende der Wohlverhaltensperiode** an, so 52 besteht für den Schuldner keine Verpflichtung mehr, die Hälfte des erworbenen Vermögens abzuliefern.[193] Auch insoweit kann der Schuldner die Fristen des § 1944 BGB voll ausschöpfen, ohne dass ihm ein solches Verhalten zum Nachteil gereicht. Die Insolvenzgläubi-

---

[186] Stellungnahme des BRat, in: *Kübler/Prütting*, Das neue Insolvenzrecht, Bd. I, S. 549; Gegenäußerung der BReg BT-Drucks. 12/2443, S. 267; vgl. auch *Döbereiner*, S. 193; *Przikang*, S. 71.
[187] *Döbereiner*, S. 193.
[188] S. *Smid/Krug/Haarmeyer* RdNr. 11.
[189] RdNr. 49.
[190] *Trendelenburg*, S. 261.
[191] FK-*Ahrens* § 295 RdNr. 36; vgl. dazu auch *Leipold*, Festschrift für Gaul, 367, 371.
[192] Vgl. dazu ausführlich *Thora*, ZInsO 2002, 176.
[193] FK-*Ahrens* § 295 RdNr. 36; *Leipold*, Festschrift für Gaul, 367, 371 f.

ger können an diesem Erwerb grundsätzlich (Ausnahmen nach § 302) nicht partizipieren, weil dieses neu erworbene Vermögen für ihre Forderungen nicht haftet. Denn nach dem Ende der Wohlverhaltensperiode steht dem Insolvenzgläubiger nicht mehr das freie Nachforderungsrecht nach § 201 Abs. 1 zu, sondern seine Forderungen wandeln sich mit Erteilung der Restschuldbefreiung zu sogenannten unvollkommenen Verbindlichkeiten (arg. ex § 301 Abs. 3), so dass sie erfüllbar, aber nicht erzwingbar sind.[194]

53 **d) Heranziehung der Auslegungskriterien des § 1374 Abs. 2 BGB.** Die Regelung des § 295 Abs. 1 Nr. 2 ist der des § 1374 Abs. 2 BGB nachgebildet. Daher können die dort bereits durch Judikatur und Lehre gewonnenen Erkenntnisse bei der Auslegung des § 295 Abs. 1 Nr. 2 herangezogen werden.[195]

54 **aa) Erwerb von Todes wegen.** Zu dem Erwerb von Todes wegen zählt der Erwerb des Erben **auf Grund gesetzlicher, testamentarischer oder erbvertraglicher Erbfolge.**[196] Vom Erwerb von Todes wegen wird damit alles erfasst, was auf Grundlage der gesetzlichen oder einer gewillkürten Erbfolge, eines Vermächtnisses, eines Pflichtteils oder eines Erbersatzanspruches (§§ 1934 a ff.) erworben wird. Erfasst werden ferner alle Entgelte und Abfindungen für den Verlust bereits angefallener erbrechtlicher Positionen (vgl. §§ 13, 16 GrdstVG, §§ 1501, 1503 BGB; Entgelt für die Ausschlagung einer Erbschaft nach Vereinbarung bzw. auf Grund eines Erbverzichts) oder auch für den Ausschluss von der Erbfolge (z.B. die Abfindung des weichenden Erben in den Fällen der Anerbschaft gem. §§ 12–14 HöfeO).[197] Zum Erwerb von Todes wegen gehören zudem auch die Befreiung von einer Verbindlichkeit durch Konfusion[198] und die Erlangung einer Nacherbenanwartschaft, welche aber trotz zwischenzeitlicher Wertsteigerung wegen Näherrückens des Nacherbenfalls entgegen § 2331 BGB beim Anfangs- und Endvermögen mit dem gleichen Wert zu veranschlagen ist,[199] und Ansprüche aus Vergleichen, mit denen der Streit über erbrechtliche Positionen beigelegt wird.[200] Auch der Erwerb aus Vermächtnissen gehört zum Erwerb von Todes wegen, weil sich der Anspruch des Schuldners gegen den Erben nach § 2174 bereits in einem bestimmten Vermögensgegenstand konkretisiert hat.[201] Der frühere Erbersatzanspruch gemäß § 1934 a BGB aF kommt auf Grund der Übergangsregelung gemäß Art. 225 EGBGB ebenfalls (noch) in Betracht. Problematisch ist dagegen, ob auch der Zugewinnausgleich im Falle des Todes eines Ehegatten (§ 1371 Abs. 1 BGB) hälftig abgeführt werden muss. Dies scheint von einigen Stimmen bejaht zu werden.[202] Dem kann jedoch nicht zugestimmt werden. Zwar enthält die Vorschrift des § 1371 BGB eine Kombination von ehegüterrechtlichen und erbrechtlichen Elementen,[203] doch ist der Zugewinnausgleich güterrechtlich zu qualifizieren[204] und daher nicht mit einem erbrechtlichen Erwerb gleichzusetzen.[205]

---

[194] S. z. B. *Bork*, RdNr. 398; dazu ausführlich oben *Stephan* § 301 RdNr. 18 ff.
[195] FK-*Ahrens* § 295 RdNr. 37; *Römermann* in *Nerlich/Römermann* § 295 RdNr. 25; HambKommInsO-*Streck* § 295 RdNr. 10; *Smid/Krug/Haarmeyer* § 295 RdNr. 11; *Döbereiner*, S. 168.
[196] FK-*Ahrens* § 295 RdNr. 38; *Römermann* in *Nerlich/Römermann* § 295 RdNr. 21; HambKommInsO-*Streck* § 295 RdNr. 10; *Döbereiner*, S. 162; *Fuchs*, Kölner Schrift, 1742 (RdNr. 183).
[197] S. MünchKommBGB-*Koch* § 1374 RdNr. 17; *Palandt/Brudermüller* § 1374 RdNr. 16.
[198] OLG Düsseldorf FamRZ 1988, 287.
[199] BGHZ 87, 367; *Palandt/Brudermüller* § 1374 RdNr. 16; kritisch: *Gernhuber* FamRZ 1984, 1059.
[200] *Uhlenbruck/Vallender* § 295 RdNr. 32; FK-*Ahrens* § 295 RdNr. 38; HambKommInsO-*Streck* § 295 RdNr. 10; vgl. ferner MünchKommBGB-*Koch* § 1374 RdNr. 17.
[201] *Römermann* in *Nerlich/Römermann* § 295 RdNr. 23.
[202] HK-*Landfermann* § 295 RdNr. 7; *Hess/Hess* § 295 RdNr. 29; FK-*Ahrens* § 295 RdNr. 38.
[203] S. *Palandt/Brudermüller* § 1371 RdNr. 1, mwN.
[204] Diese Frage ist insbesondere im Hinblick auf die kollisionsrechtliche Behandlung des Zugewinnausgleichs diskutiert worden. Vgl. *Soergel/Schurig*, Art. 15 EGBGB, RdNr. 40; *Palandt/Heldrich*, Art. 15 EGBGB, RdNr. 26; *Staudinger/v. Bar*, Art. 15 EGBGB, RdNr. 101 f.; OLG Karlsruhe NJW 1990, 1421, OLG Hamm IPRspr. 1987, Nr. 105; aA (unter bestimmten Voraussetzungen erbrechtliche Qualifikation) MünchKommBGB-*Siehr*, Art. 15 EGBGB, RdNr. 14; OLG Düsseldorf FamRZ 1995, 1203.
[205] S. FK-*Ahrens* § 295 RdNr. 40; HambKommInsO-*Streck* § 295 RdNr. 10; *Leipold*, Festschrift für Gaul, 367, 373; HK-*Landfermann* § 295 RdNr. 7; zur Gütergemeinschaft *Diekmann*, in Insolvenz im Umbruch, 127, 136 f.

Nicht zum Erwerb von Todes wegen gehört dagegen der **Erwerb unter Lebenden auf** 55
den Todesfall, wie insbesondere die vollzogene Schenkung von Todes wegen gemäß
§ 2301 BGB.[206]

Hinsichtlich des Erwerbs von Todes wegen macht es prinzipiell keinen Unterschied, ob 56
der Schuldner **Miterbe, Vorerbe oder Nacherbe** ist. Ist der Schuldner Vorerbe und nicht
befreit i. S. d. § 2136 BGB, so ist der Schuldner zur Herausgabe nur insoweit verpflichtet,
wie er selbst zur endgültigen Verfügung über den Gegenstand berechtigt ist.[207] Dieses gilt
insbesondere für die zwischen dem Vor- und dem Nacherbfall gezogenen Nutzungen. Der
Schuldner ist nicht verpflichtet, solche Gegenstände herauszugeben, deren Übertragung
einen Erbersatzanspruch des Nacherben begründen würde. Dieses ergibt sich aus dem Sinn
und Zweck des Restschuldbefreiungsverfahrens.[208]

bb) Pflichtteilsanspruch gem. § 2303 BGB. Im Schrifttum ist in Zweifel gezogen 57
worden, ob auch der Pflichtteilsanspruch nach § 2303 BGB zum Erwerb von Todes wegen
gehört.[209] Eine **Einbeziehung des Pflichtteilanspruchs** in den Erwerb von Todes wegen
würde dazu führen, dass der Schuldner praktisch gezwungen wäre, seinen Pflichtteil gegen
den Erben geltend zu machen. Abweichend zur Erbschaft und zum Vermächtnis beruhe
dieses aber nicht auf dem Willen des Erblassers, sondern der Pflichtteilsanspruch stelle eine
bloße Forderung des übergangenen potentiellen Erben dar, welchen dieser gegen den
eingesetzten Erben einfordern kann. Wäre der Schuldner nun verpflichtet, diesen Anspruch
geltend zu machen, um seinen Obliegenheiten nachzukommen, könne dies zu einer familieninternen
Konfliktsituation führen. Dieses sei dem Schuldner bei Abwägung seiner Interessen
mit denen der Insolvenzgläubiger nicht zuzumuten. Daher sei der Schuldner nicht
verpflichtet, sein Pflichtteilsrecht zwangsweise gegen den eingesetzten Erben durchzusetzen.
Diesen Bedenken steht jedoch der Umstand entgegen, dass es sich beim Pflichtteilsrecht
um einen Ausfluss und den Ersatz des gesetzlichen Erbrechts handelt und dieses damit
ebenso von § 295 Abs. 1 Nr. 2 erfasst wird, wie es unstreitig von § 1374 Abs. 2 BGB
erfasst wird. Da in der familienrechtlichen Regelung diese Bedenken nicht durchschlagen,
ist nicht ersichtlich, warum sie es im Zusammenhang mit der Restschuldbefreiung tun
sollten. Damit ist der Schuldner **verpflichtet, seinen Pflichtteil geltend zu machen**
und ihn durchzusetzen. Tut er dies, so ist er zur Herausgabe des Erlangten verpflichtet,
denn dann erwirbt der Schuldner einen Vermögensgegenstand von Todes wegen i. S. d.
§ 295 Abs. 1 Nr. 2.[210]

e) Erwerb mit Rücksicht auf ein künftiges Erbrecht. Ein im Rahmen des § 295 58
Abs. 1 Nr. 2 relevanter Erwerb mit Rücksicht auf ein künftiges Erbrecht liegt bei einer
vorweggenommenen Erbfolge oder Erbteilung vor.[211] Ob ein Vermögen mit Rücksicht auf
ein künftiges Erbrecht übertragen wurde, richtet sich danach, ob **die Vertragsschließenden einen künftigen Erbgang vorwegnehmen** wollten.[212]

In diese Fallgruppe des Erwerbs von Todes wegen ist alles einzubeziehen, was in vorweggenommener
Erbfolge anfällt, und zudem auch der vorzeitige Erbausgleich nach § 1934 d
BGB oder ein Entgelt für einen Erbverzicht auf den Pflichtteil.[213] Ein Erwerb mit Rücksicht

---

[206] FK-*Ahrens* § 295 RdNr. 38; MünchKommBGB-*Koch* § 1374 BGB RdNr. 18; *Leipold,* Festschrift für Gaul, 367, 375.
[207] *Römermann* in *Nerlich/Römermann* § 295 RdNr. 22; *Döbereiner,* S. 162 ff.
[208] *Römermann* in *Nerlich/Römermann* § 295 RdNr. 22.
[209] *Römermann* in *Nerlich/Römermann* § 295 RdNr. 24.
[210] S. *Hess/Hess* § 295 RdNr. 29; HK-*Landfermann* § 295 RdNr. 7; *Fuchs,* Kölner Schrift, 1742 (RdNr. 183); *Döbereiner,* S. 165 f.
[211] *Uhlenbruck/Vallender* § 295 RdNr. 33; HambKommInsO-*Streck* § 295 RdNr. 10; FK-*Ahrens* § 295 RdNr. 39; HK-*Landfermann* § 295 RdNr. 7; *Kübler/Prütting/Wenzel* § 295 RdNr. 19; *Fuchs,* Kölner Schrift, 1742 (RdNr. 183); kritisch dazu, wenn der Erbfall erst nach Ablauf der Treuhandperiode eintritt: *Leipold,* Festschrift für Gaul, 367, 372.
[212] *Staudinger/Thiele* § 1374 BGB RdNr. 25; *Hess/Obermüller,* Insolvenzplan, Restschuldbefreiung und Verbraucherinsolvenz, RdNr. 998.
[213] MünchKommBGB-*Gernhuber* § 1374 RdNr. 20.

auf ein künftiges Erbrecht kann auch als Kauf erfolgen,[214] soweit der Erwerber keine vollwertige Gegenleistung erbringt.[215] Regelmäßig wird ein Erwerb mit Rücksicht auf ein künftiges Erbrecht vorliegen, wenn der künftige Erblasser anordnet, dass die Zuwendung gemäß § 2050 Abs. 3 BGB auszugleichen ist.[216] Der Tatbestand ist auch erfüllt, wenn der Schuldner ein Entgelt für einen Verzicht auf ein Erb- oder Pflichtteilsrecht erhält.[217]

59 Als ein **Erwerb mit Rücksicht auf ein künftiges Erbrecht** ist in der Regel anzunehmen ein vorzeitiger Erbausgleich gem. § 1934 d BGB; die Hofübergabe; die Übernahme eines Unternehmens durch einen Abkömmling;[218] die vorzeitige Übertragung von Grundstücken von Seiten der Eltern eines Ehegatten.[219] Für den Erwerb mit Rücksicht auf ein künftiges Erbrecht genügt es, dass die Übertragung den Erwerb von Todes wegen ersetzen soll,[220] es kommt daher nicht darauf an, dass der begünstigte Ehegatte gesetzlicher oder nur testamentarischer Erbe ist.

Die **Vorwegnahme der Erbfolge und Unentgeltlichkeit sind nicht gleichbedeutend.**[221] Der Erwerb mit Rücksicht auf ein künftiges Erbrecht liegt aber grundsätzlich nur dann vor, wenn der Erwerber keine oder keine vollwertige Gegenleistung erbringt;[222] dann kann der Erwerb auch in der Rechtsform eines Kaufes vollzogen werden.[223] Ausgleichszahlungen an erbberechtigte Geschwister oder die bei Gutüberlassungsverträgen übliche Gegenleistung, wie Leibgedinge, Verpflegung etc., stehen dem Erwerb mit Rücksicht auf ein künftiges Erbrecht nicht entgegen.[224] Nicht als Erwerb mit Rücksicht auf ein künftiges Erbrecht ist jedoch der Kauf einer Nacherbenanwartschaft zu sehen, selbst dann nicht, wenn er im Rahmen einer vorweggenommenen Erbauseinandersetzung erfolgt.[225]

60 f) **Abschließende Regelung des § 295 Abs. 1 Nr. 2.** Die beiden Tatbestände des Erwerbs von Todes wegen und auf ein künftiges Erbrecht stellen abschließende Regelungen dar. Das bedeutet, dass jeder andere Vermögenserwerb des Schuldners, welcher nicht in diese beiden Gruppen fällt, den Gläubigern nicht als verteilungsfähiges Vermögen zur Verfügung steht. § 295 Abs. 1 Nr. 2 ist nicht auf andere Erwerbstatbestände analog anwendbar.[226] Dieses folgt insbesondere aus der Entstehungsgeschichte des § 295 Abs. 1 Nr. 2. In seiner Stellungnahme zu dieser Vorschrift hatte der Bundesrat um eine Überprüfung gebeten, ob auch sonstiger Vermögenserwerb des Schuldners von diesem zur Hälfte herauszugeben ist. Es sei beispielsweise denkbar, dass ein Schuldner in diesem Zeitraum überdurchschnittlich erfolgreich einen Gewerbebetrieb unterhalte. Gemäß § 295 Abs. 2 würde er dann nur soviel an den Treuhänder zahlen, als wenn er ein angemessenes Dienstverhältnis eingegangen wäre. Den überschießenden, möglicherweise beträchtlichen Teil dieser Einkünfte könne er selbst vereinnahmen. Dieses erscheine gegenüber den Insolvenzgläubigern ungerecht. Um andererseits dem Schuldner nicht jeglichen Anreiz für den Erwerb von Neuvermögen zu nehmen, solle geprüft werden, ob derartiges Neuvermögen nicht ebenso wie Erbschaften zur Hälfte an den Treuhänder herausgegeben werden sollte.[227] Die Bundesregierung hielt eine solche Ergänzung jedoch nicht für zweckmäßig. Das Verfahren zur Erreichung der Restschuldbefreiung sei so ausgestaltet, dass es das Gericht, den Treuhänder und die Gläubi-

---

[214] BGHZ 70, 291, 293.
[215] *Palandt/Brudermüller* § 1374 BGB RdNr. 17.
[216] *Römermann* in *Nerlich/Römermann* § 295 RdNr. 25.
[217] *Römermann* in *Nerlich/Römermann* § 295 RdNr. 25; *Döbereiner*, S. 168.
[218] BGH FamRZ 1990, 1082.
[219] *Palandt/Brudermüller* § 1374 BGB RdNr. 17.
[220] *Soergel/Lange* § 1374 BGB RdNr. 13.
[221] BGH NJW 1995, 1349.
[222] *Palandt/Brudermüller* § 1374 BGB RdNr. 17.
[223] BGHZ 70, 291.
[224] OLG Schleswig FamRZ 1991, 943; *Palandt/Brudermüller* § 1374 BGB RdNr. 17.
[225] OLG Hamm FamRZ 1984, 481.
[226] *Römermann* in *Nerlich/Römermann* § 295 RdNr. 18; FK-*Ahrens* § 295 RdNr. 40; *Hess/Hess* § 295 RdNr. 29; *Fuchs*, Kölner Schrift, 1742 (RdNr. 184).
[227] Stellungnahme des BRat, in: *Kübler/Prütting*, Das neue Insolvenzrecht, Bd. I, S. 549.

ger so wenig wie möglich belaste. Ob der Schuldner seine Obliegenheiten erfülle, solle anhand klarer Kriterien feststellbar sein. Diesem Ziel würde es widersprechen, den Schuldner zu verpflichten, bei überdurchschnittlich erfolgreicher gewerblicher Tätigkeit oder nach dem Empfang von Geschenken zusätzliche Zahlungen an den Treuhänder zu leisten. Die Feststellung des Umfangs der vom Schuldner zu erbringenden Leistungen würde erhebliche Schwierigkeiten bereiten. Im Übrigen wäre es für den Schuldner oft leicht, dafür zu sorgen, dass ihm die entsprechenden Gewinne oder Geschenke erst nach Ablauf der Treuhandphase zuflössen.[228] Demzufolge kann der Schuldner über Schenkungen, die ihm während der Wohlverhaltensperiode gemacht werden, frei verfügen.

Der **Umfang** des vom Schuldner in der Treuhandzeit abzuführenden Vermögens wird daher durch die §§ 287 Abs. 2 Satz 1, 295 Abs. 1 Nr. 2, Abs. 2 abschließend bestimmt und ist enger begrenzt als bei anderen Gesamt- oder Individualvollstreckungsmaßnahmen. Der Schuldner kann daher ebenso über Schenkungen, wie einen erlangten Gewinn aus Lotto oder Gewinnspielen verfügen.[229] **61**

g) Vermögenserwerb in der Person des Schuldners und Übertragung an den Treuhänder. Aus der gesetzlichen Formulierung des § 295 Abs. 1 Nr. 2 („das er ... erwirbt") ergibt sich, dass der Vermögenserwerb **zunächst in der Person des Schuldners** eintritt, so dass vom Schuldner nicht verlangt werden kann, den Erwerb vorher an den Treuhänder abzutreten oder zu übereignen.[230] Hat der Schuldner aber den Vermögensgegenstand erworben, so besteht die Pflicht zur Übertragung der Hälfte des Vermögens. Das gilt auch dann, wenn eine Erbschaft nicht aus Bargeld, sondern aus der Beteiligung an einem Grundstück besteht.[231] Es wäre eine nicht hinzunehmende Benachteiligung der Insolvenzgläubiger, wenn man § 295 Abs. 1 Nr. 2 nur auf Barvermögen reduzieren würde. Die Herausgabe muss grundsätzlich auch **unverzüglich** geschehen.[232] Dies ergibt sich zwar nicht aus dem Gesetzeswortlaut, ist aber aus dem Sinn und Zweck der Regelung abzuleiten. Um nämlich das Interesse der (Alt-)Gläubiger an dem hälftigen Wert des Erbes nicht durch einen schnelleren Zugriff von Neugläubigern zu gefährden, ist der Schuldner verpflichtet, dieses Vermögen unverzüglich herauszugeben. Dem Schuldner steht eine **Drittwiderspruchsklage** nicht zu, wenn Neugläubiger auf das Vermögen zugreifen wollen,[233] denn der Schuldner ist nicht Dritter im Sinne des § 771 ZPO. Auch eine Vollstreckungsgegenklage gem. § 767 ZPO kommt nicht in Betracht, um die Interessen der Altgläubiger vor dem Zugriff der Neugläubiger zu schützen, da sich die Klageform nur gegen den titulierten Anspruch richtet, nicht aber gegen die Vollstreckung in einen bestimmten Gegenstand. **62**

Wegen der Unsicherheit bezüglich des Eintritts bzw. hinsichtlich der einzelnen Gegenstände eines solchen Vermögenserwerbs wird vom Schuldner keine Vorausübertragung gefordert. Dem Treuhänder stehen infolgedessen auch keine unmittelbaren Ansprüche gegen eine Erbengemeinschaft zu.[234] Der Schuldner ist allerdings erst dann zur Herausgabe verpflichtet, wenn etwaige Unsicherheiten hinsichtlich des Erwerbes bereinigt sind; insbesondere wenn etwaige Erbschaftsauseinandersetzungen *endgültig* geklärt worden sind.[235] Nach dem tatsächlichen Erwerb ist der Schuldner hingegen unverzüglich zur Herausgabe verpflichtet, denn ansonsten bestünde die Gefahr, dass etwaige Nachinsolvenzgläubiger in den **63**

---

[228] Gegenäußerung der BReg., in: *Kübler/Prütting*, Das neue Insolvenzrecht, Bd. I, S. 549.
[229] S. etwa FK-*Ahrens* § 295 RdNr. 40; HambKommInsO-*Streck* § 295 RdNr. 10; *Schmidt-Räntsch*, Kölner Schrift, 1. Aufl., 1177 (RdNr. 36); *Goetsch* in *Breutigam/Blersch/Goetsch* § 295 RdNr. 23; HK-*Landfermann* § 295 RdNr. 7, 15; tendenziell kritisch *Prziklang*, S. 71.
[230] *Römermann* in *Nerlich/Römermann* § 295 RdNr. 29; *Kübler/Prütting/Wenzel* § 295 RdNr. 19; *Hess/Obermüller*, Insolvenzplan, Restschuldbefreiung und Verbraucherinsolvenz, RdNr. 999.
[231] So aber AG Neubrandenburg NZI 2006, 647.
[232] *Kübler/Prütting/Wenzel* § 295 RdNr. 19a; *Preuss*, S. 174, *Messner/Hofmeister*, S. 169.
[233] So aber wohl *Döbereiner*, S. 160; *Preuss*, S. 175.
[234] FK-*Ahrens* § 295 RdNr. 42; *Hess/Obermüller*, Insolvenzplan, Restschuldbefreiung und Verbraucherinsolvenz, RdNr. 999.
[235] FK-*Ahrens* § 295 RdNr. 42.

§ 295 64–67   8. Teil. Restschuldbefreiung

Erwerb die Vollstreckung betreiben, wodurch die Befriedigung der Insolvenzgläubiger vereitelt werden könnte.[236]

64 Der Schuldner ist nach § 295 Abs. 1 Nr. 2 lediglich verpflichtet, ihm *tatsächlich* zugefallene Vermögenswerte zu übertragen, hingegen ist nicht ausdrücklich eine Mitwirkungsobliegenheit bei dem Erwerb des Vermögens vorgesehen. Auch hieraus ergibt sich, dass der Schuldner berechtigt bleibt, die Erbschaft auszuschlagen, ohne dass ihn eine Obliegenheitsverletzung trifft.[237] Selbiges gilt im Hinblick auf einen Erbverzicht nach § 2346 BGB oder § 2352 BGB, den Verzicht auf ein Vermächtnis nach § 2352 BGB und den Pflichtteilsverzicht.[238]

65 **h) Wertberechnung.** Für die Wertberechnung dessen, was an den Treuhänder abzuführen ist, kann **§ 2313 BGB** herangezogen werden. Anders als nach § 1374 Abs. 2 BGB ist die Nacherbschaft daher erst bei Eintritt des Nacherbfalls zu berücksichtigen.[239] Als Wert ist der nach Abzug der Verbindlichkeiten festgestellte **Nettowert des Vermögens** anzusetzen.[240] Anders als in den §§ 1374, 1375 BGB, wo ausdrücklich für die Berechnung das Nettoprinzip vorgeschrieben ist, fehlt eine entsprechende Regelung in § 295 Abs. 1 Nr. 2. Es kann insoweit aber nichts anderes gelten. Denn müsste der Schuldner die Hälfte des Bruttowertes der Erbschaft übertragen, bestünde selbst bei der Beschränkung der Erbenhaftung nach § 1975 BGB durch die Anordnung der Nachlassverwaltung oder der Eröffnung der Nachlassinsolvenz die Gefahr, dass der Schuldner die Verbindlichkeiten aus der anderen Hälfte der Erbschaft nicht befriedigen kann. Dies hätte zur Folge, dass der Schuldner trotz der Gewährung der Restschuldbefreiung wieder neuerlichen Verbindlichkeiten ausgesetzt ist. Dies würde dem Ziel der Restschuldbefreiung, dem Schuldner einen schuldenfreien Neuanfang zu verschaffen, zuwiderlaufen.[241]

66 Da der Treuhänder nach dem Wortlaut der Regelung die Hälfte des Wertes erhält, lässt sich daraus ableiten, dass der Treuhänder **keinen Anspruch auf den Vermögensgegenstand selbst** hat, um anschließend die Verwertung und Verteilung des Gegenstandes an den Schuldner sowie die Gläubiger vorzunehmen.[242] Vielmehr obliegt die Verwertung des Gegenstandes dem Schuldner, der dann anschließend die Hälfte des Wertes an den Treuhänder zu übertragen verpflichtet ist.[243] Muss der zugewandte Vermögensgegenstand erst verwertet werden, so obliegt dies dem Schuldner.[244] Der Schuldner ist verpflichtet, sich um die bestmögliche Verwertung zu bemühen. Tut er dies nicht, so hat er die Hälfte des hypothetischen Erlösbetrags herauszugeben, wobei auch hier Kosten und Belastungen zuvor abzusetzen sind.[245] Ist ihm dies nicht möglich, so ist der Versagungsgrund erfüllt.

67 **i) Miterbengemeinschaft.** Ist der Schuldner Erbe in einer Miterbengemeinschaft geworden, so steht der Verwertung und Herausgabeobliegenheit die Vorschrift des § 2033 Abs. 2 BGB entgegen, wonach der Miterbe über seinen Anteil an den einzelnen Nachlassgegenständen nicht verfügen darf. Der Schuldner ist hier verpflichtet, nach § 2033 Abs. 1 BGB durch notariell beurkundeten Vertrag seinen Anteil an dem Nachlass zur Hälfte an den Treuhänder zu übertragen. Zwischen dem Schuldner und dem Treuhänder entsteht dadurch

---

[236] *Römermann* in *Nerlich/Römermann* § 295 RdNr. 29; *Kübler/Prütting/Wenzel* § 295 RdNr. 19; vgl. auch FK-*Ahrens* § 295 RdNr. 42.
[237] S. oben RdNr. 49.
[238] *Römermann* in *Nerlich/Römermann* § 295 RdNr. 28; *Döbereiner*, S. 167.
[239] FK-*Ahrens* § 295 RdNr. 40.
[240] *Römermann* in *Nerlich/Römermann* § 295 RdNr. 31; FK-*Ahrens* § 295 RdNr. 40; HambKommInsO-*Streck* § 295 RdNr. 11; *Heyer*, S. 135; *Döbereiner*, S. 160 f.
[241] So überzeugend *Döbereiner*, S. 160 f.
[242] So aber *Döbereiner*, S. 159.
[243] *Römermann* in *Nerlich/Römermann* § 295 RdNr. 30; HambKommInsO-*Streck* § 295 RdNr. 12; *Uhlenbruck/Vallender* § 295 RdNr. 38.
[244] AG Neubrandenburg NZI 2006, 647; *Römermann* in *Nerlich/Römermann* § 295 RdNr. 30; *Heyer*, S. 134.
[245] *Uhlenbruck/Vallender* § 295 RdNr. 39; HambKommInsO-*Streck* § 295 RdNr. 12.

eine Bruchteilsgemeinschaft hinsichtlich des Gesamthandsanteils.[246] Der Treuhänder erwirbt daher mit Eintritt des Erbfalls **keine unmittelbaren Ansprüche** gegen die Erbengemeinschaft.[247] Der Gesamthandsanteil ist zu Geld zu machen, um die Hälfte des Erlöses an die Gläubiger des Schuldners zu verteilen. Dieses geschieht durch Auseinandersetzung (§§ 2042 ff. BGB) auf Verlangen des Treuhänders und des insoweit notwendigerweise zur Mitwirkung verpflichteten Schuldners nach § 2042 Abs. 1 BGB.[248] Der Erlös der Auseinandersetzung ergibt sich, nachdem von dem Erbteil die Nachlassverbindlichkeiten (§ 2046 BGB) beglichen worden sind. Diese treffen den Treuhänder als Erbteilserwerber anteilig, weil ihn die Pflichten des Miterben treffen.

Problematisch ist, dass der Erblasser gemäß § 2044 Abs. 1 BGB durch **letztwillige** 68 **Verfügung** die Auseinandersetzung in Ansehung des Nachlasses oder einzelner Nachlassgegenstände ausschließen oder von der Einhaltung einer Kündigungsfrist abhängig machen kann. Diese Anordnung hat während des Insolvenzverfahrens gemäß § 84 Abs. 2 Satz 2 **keine Wirkung.** Auch während der Wohlverhaltensperiode muss dies gelten. Andernfalls würde die Regelung des § 295 Abs. 1 Nr. 2 in der Praxis oftmals leerlaufen und Manipulationen begünstigen. Dass dieser Sachverhalt in den §§ 296 ff. nicht geregelt ist, basiert offensichtlich auf einem Versehen, denn es kann vor dem Hintergrund der soeben geschilderten Gefahren angenommen werden, dass das Fehlen einer der dem § 84 Abs. 2 Satz 2 vergleichbaren Regelung im Recht der Restschuldbefreiung vom Gesetzgeber nicht gewollt war. Vielmehr besteht während des Restschuldbefreiungsverfahrens dieselbe Interessenlage wie während des Insolvenzverfahrens. In beiden Fällen dominiert das Interesse der Gläubiger an der Vergrößerung des verteilungsfähigen Vermögens vor dem Willen des Erblassers an dem Auseinandersetzungsausschluss. Aus diesem Grund ist eine entsprechende Anwendung des § 84 Abs. 2 Satz 2 im Rahmen des § 295 Abs. 1 Nr. 2 zu befürworten.[249]

j) Obliegenheit zur Information über einen in Aussicht stehenden Erwerb von 69 **Todes wegen.** Steht ein Erwerb des Schuldners in Aussicht, ist zweifelhaft, ob es dem Schuldner obliegt, den **Treuhänder darüber zu informieren.** Eine solche Pflicht ergibt sich aus § 295 Abs. 1 Nr. 2 nicht, da die Vorschrift ausdrücklich auf eine Herausgabe von Vermögen beschränkt ist. Es wird allerdings vertreten, dass dem Schuldner eine solche Verpflichtung nach § 295 Abs. 1 Nr. 3 obliege.[250] **Zweifel** bestehen allerdings deshalb, weil sich § 295 Abs. 1 Nr. 3 ebenfalls nur auf existente und nicht auf zukünftige Bezüge und Vermögen bezieht. Zudem ist nicht recht ersichtlich, warum der Treuhänder Kenntnis über einen erst in Aussicht stehenden Vermögenserwerb haben sollte. Für die Zwecke des Restschuldbefreiungsverfahrens hinreichend ist die Kenntnis des aktuellen Vermögenserwerbs, welcher von § 295 Abs. 1 Nr. 3 erfasst wird. Eine Pflicht zur Information über eine zu erwartende Erbschaft besteht aber nicht.[251] Mit dem Hinweis, dass nach § 295 Abs. 1 Nr. 2 nur die Obliegenheit bestehe, die Hälfte des Wertes herauszugeben, ist die Obliegenheit, dem Treuhänder unverzüglich Anzeige der Erbschaft zu machen, abgelehnt worden.[252] Ebenso ist die Obliegenheit verneint worden, Vermögensgegenstände aus dem Nachlass auf den Treuhänder zu übertragen bzw. vor Auseinandersetzung der Erbengemeinschaft die Höhe seines Erbteils auf den Treuhänder zu übertragen und diesem den Eintritt in die Erbengemeinschaft zu ermöglichen. Begründet wurde dies damit, dass der Schuldner nur zur

---

[246] *Römermann* in *Nerlich/Römermann* § 295 RdNr. 32; *Hess/Hess* § 295 RdNr. 25; *Döbereiner*, S. 161; vgl. auch BGH NJW 1963, 1610.
[247] S. *Kübler/Prütting/Wenzel* § 295 RdNr. 19 a.
[248] *Römermann* in *Nerlich/Römermann* § 295 RdNr. 32.
[249] So auch *Römermann* in *Nerlich/Römermann* § 295 RdNr. 33; *Döbereiner*, S. 161 f.
[250] FK-*Ahrens* § 295 RdNr. 42; ebenso AG Göttingen ZInsO 2007, 1001, 1002 – diese Entscheidung ist (allerdings aus anderen inhaltlichen Gründen) aufgehoben worden: LG Göttingen Rpfleger 2007, 680.
[251] Ebenso HambKommInsO-*Streck* § 295 RdNr. 17; AG Neubrandenburg NZI 2006, 647; aA FK-*Ahrens* § 295 RdNr. 42.
[252] AG Neubrandenburg NZI 2006, 647.

§ 295 70–75 8. Teil. Restschuldbefreiung

Herausgabe des Wertes verpflichtet sei.²⁵³ Zur Frage, ob der in § 292 Abs. 1 Satz 4 dem Schuldner zugestandene Bonus auch auf den erbrechtlichen Erwerb zu erstrecken ist, vgl. oben bei § 292 RdNr. 36.

70 **4. Unterrichtungen, § 295 Abs. 1 Nr. 3. a) Überblick.** Den Schuldner treffen nach § 295 Abs. 1 Nr. 3 Obliegenheiten hinsichtlich der **Auskunft und Information** gegenüber dem Treuhänder und dem Insolvenzgericht. Zweck dieser Regelung ist es, dem Insolvenzgericht und dem Treuhänder zu ermöglichen, das Verhalten des Schuldners während der Treuhandzeit ohne allzu großen **Untersuchungsaufwand** zu überwachen und erforderlichenfalls zu überprüfen.²⁵⁴ Zudem soll mit der Regelung der Schuldner veranlasst werden, das zugunsten der Insolvenzgläubiger erfasste Vermögen an den Treuhänder abzuführen.²⁵⁵

71 Die einzelnen Obliegenheiten des Schuldners bestehen in
– der Anzeige jeden Wohnsitzwechsels
– der Anzeige jeden Wechsels seiner Beschäftigungsstelle
– der Angabe der von der Abtretungserklärung erfassten Bezüge
– der Angabe des von § 295 Abs. 1 Nr. 2 erfassten Vermögens
– der Auskunft über seine Erwerbstätigkeit
– der Auskunft über seine Bemühungen um eine Erwerbstätigkeit
– der Auskunft über seine Bezüge
– der Auskunft über sein Vermögen.

72 Die Obliegenheiten zur Anzeige des Wechsels der Beschäftigungsstelle, der Angabe der von der Abtretungserklärung erfassten Bezüge und der Auskunft über die Bemühungen, eine Erwerbstätigkeit zu finden, treffen nur den nicht selbständigen Schuldner. Die anderen Obliegenheiten sind von allen Schuldnern zu erfüllen.

73 **b) Adressaten der Unterrichtung.** Die einzelnen Mitteilungen hat der Schuldner an das Insolvenzgericht und an den Treuhänder zu richten. Dem Wortlaut nach reicht demnach eine Mitteilung nur an den Treuhänder oder nur an das Gericht nicht aus. Damit soll verhindert werden, dass zwischen dem Gericht und dem Treuhänder stets ein Informationsabgleich stattfinden muss, damit gewährleistet wird, dass **an beiden Stellen die gleichen Informationen vorhanden** sind. Sowohl das Insolvenzgericht als auch der Treuhänder sind zudem auch berechtigt, vom Schuldner Auskünfte zu verlangen. Diese Auskünfte dienen zur Ausübung der jeweiligen Aufsicht und sind daher nur dem Auskunftbegehrenden zu erteilen. Dieser ist dann gehalten, dem jeweils anderen die erlangte Information weiterzuleiten. In der Praxis wird regelmäßig der Treuhänder Informationen verlangen, die er dann in Ausübung seiner Amtspflicht dem Insolvenzgericht übermittelt.

74 Das Gesetz sieht hingegen nicht vor, dass der **Schuldner auch die Insolvenzgläubiger zu informieren hat.** Andernfalls bestünde die Gefahr, dass der Schuldner von Unterrichtungsobliegenheiten überfordert würde.²⁵⁶ Die Gläubiger des Schuldners können aber mittelbar die Informationen erlangen, welche der Schuldner nach § 295 Abs. 1 Nr. 3 mitteilen muss, indem sie den Treuhänder gemäß § 292 Abs. 2 mit der Überwachung des Schuldners beauftragen können. Ebenso erlangen sie Informationen vom Schuldner, wenn dieser nach § 296 Abs. 2 Satz 2 Auskunft zu erteilen hat. Besteht ein Überwachungsauftrag nicht, so kann der Treuhänder die Gläubiger informieren, auch wenn ihn insoweit gesetzlich keine entsprechende Verpflichtung trifft.²⁵⁷

75 **c) Die Obliegenheiten im Einzelnen. aa) Wechsel des Wohnsitzes.** Gemäß § 295 Abs. 1 Nr. 3 Alt. 1 obliegt es dem Schuldner, jeden Wechsel des Wohnsitzes **unverzüglich**

---

²⁵³ AG Neubrandenburg NZI 2006, 647.
²⁵⁴ FK-*Ahrens* § 295 RdNr. 43; *Römermann* in *Nerlich/Römermann* § 295 RdNr. 34; *Andres/Leithaus* § 295 RdNr. 6; HK-*Landfermann* § 295 RdNr. 8; *Smid/Krug/Haarmeyer* § 295 RdNr. 13; Begr. RegE, in *Kübler/Prütting*, Das neue Insolvenzrecht, Bd. I, S. 548; Krug, S. 63; *Haarmeyer/Wutzke/Förster*, Kap. 10 RdNr. 77.
²⁵⁵ Vgl. FK-*Ahrens* § 295 RdNr. 43.
²⁵⁶ FK-*Ahrens* § 295 RdNr. 44 und RdNr. 51.
²⁵⁷ So auch FK-*Ahrens* § 295 RdNr. 44.

anzuzeigen. Diese Obliegenheit hat eine über die reine Informationsübermittlung hinausgehende besondere Bedeutung,[258] weil sie sicherstellt, dass der Schuldner jederzeit erreichbar ist.[259] Der Begriff der Unverzüglichkeit entspricht dem in § 121 Abs. 1 Satz 1 BGB verwendeten Begriff.[260] Der Schuldner hat also die Anzeige ohne schuldhaftes Zögern vorzunehmen. Für die Vornahme ist auf die Vornahmehandlung (Erklärungsabgabe) und nicht auf den Handlungserfolg (Zugang, § 130 Abs. 1 BGB) abzustellen. Dieses folgt aus § 121 Abs. 1 Satz 2 BGB. Bei Zweifelsfragen hinsichtlich der Unverzüglichkeit kann auf die Auslegung des § 121 Abs. 1 Satz 1 BGB zurückgegriffen werden. Obergrenze wird danach eine Frist von zwei Wochen sein.[261] Es kommt daher eine Versagung der Restschuldbefreiung in Betracht, wenn ein Schuldner, der häufig seinen Wohnsitz wechselt, nicht jeden Wohnsitzwechsel anzeigt, sondern nur gelegentlich seiner Pflicht nach § 295 Abs. 1 Nr. 5 nachkommt.[262]

Der Begriff des Wohnsitzes ergibt sich im Allgemeinen aus den Regeln der §§ 7 bis 11 BGB. Der Wohnsitz ist nach hM der **räumliche Schwerpunkt** (Mittelpunkt[263]) der Lebensverhältnisse einer Person.[264] Ein Wohnsitz wird dabei nach den allgemeinen Regeln durch die tatsächliche Niederlassung und einen entsprechenden Willensentschluss begründet;[265] der Willensentschluss kann sich auch aus den Umständen ergeben,[266] wobei die polizeiliche Meldung kein notwendiges Element, sondern nur ein starkes Indiz bildet.[267] Bei einem vorübergehenden Aufenthalt kann es hieran fehlen, etwa bei einem Aufenthalt am Studienort,[268] ebenso bei dem Einzug in ein Frauenhaus[269] oder bei einer vorübergehenden Beschäftigung.[270] Wird der Schuldner in einer Justizvollzugsanstalt untergebracht, fehlt es an einem entsprechenden Willensentschluss zur Begründung eines Wohnsitzes.[271]

Der Begriff des Wohnsitzes in § 295 Abs. 1 Nr. 3 ist jedoch nicht mit dem des § 7 BGB identisch. Nach dem **Sinn und Zweck der insolvenzrechtlichen Vorschrift** kommt es darauf an, dass der Schuldner tatsächlich erreichbar und überwachbar ist. Dazu ist die Nennung der genauen Adresse notwendig, an der sich der Schuldner über eine Dauer aufhält.[272] Gem. § 7 BGB bedeutet Wohnsitz nicht die Wohnung, sondern die kleinste politische Einheit, in der die Wohnung liegt,[273] so dass das Abstellen auf diese bürgerlich-rechtliche Vorschrift dazu führen würde, dass kein anzeigepflichtiger Wohnsitzwechsel vorläge, wenn der Schuldner innerhalb einer Gemeinde oder des durch den Gerichtsbezirk bestimmten Gemeindeteils umzieht. Dies erfüllt aber nicht die Anforderungen, die insolvenzrechtlich an die Aufsicht durch den Treuhänder bzw. durch das Insolvenzgericht gestellt

---

[258] Begr. RegE, in: *Kübler/Prütting,* Das neue Insolvenzrecht, Bd. I, S. 548; *Goetsch* in *Breutigam/Blersch/Goetsch* § 295 RdNr. 26; *Kübler/Prütting/Wenzel* § 295 RdNr. 22.
[259] Vgl. AG Osnabrück ZVI 2007, 89 zum Untertauchen des Schuldners und AG Dresden ZVI 2007, 331 im Hinblick auf die Versagung der Restschuldbefreiung bei unbekanntem Aufenthalt des Schuldners.
[260] Ebenso z. B. *Döbereiner,* S. 169; *Römermann* in *Nerlich/Römermann* § 295 RdNr. 35; FK-*Ahrens* § 295 RdNr. 46.
[261] S. *Hess/Weis/Wienberg* § 295 RdNr. 35; HambKommInsO-*Streck* § 295 RdNr. 14; zu § 121 Abs. 1 Satz 1 BGB s. z. B. *Palandt/Heinrichs* § 121 BGB RdNr. 3; MünchKommBGB-*Kramer* § 121 RdNr. 7; OLG Hamm NJW-RR 1990, 523.
[262] AG Gera InVo 2006, 142.
[263] RGZ 67, 191, 193; *Larenz/Wolf,* Allgemeiner Teil des BGB, 8. Aufl., 2004, § 7 RdNr. 12.
[264] BVerfG NJW 1990, 2193, 2194; *Staudinger/Habermann/Weick,* Vorbem. zu §§ 7–11 BGB RdNr. 7; MünchKommBGB-*Schmitt* § 7 RdNr. 5.
[265] *Staudinger/Habermann/Weick* § 7 BGB RdNr. 3; *Palandt/Heinrichs* § 7 BGB RdNr. 6.
[266] BGHZ 7, 104, 109 f.
[267] BGH NJW-RR 1995, 507.
[268] BVerfG NJW 1990, 2193, 2194; BVerwG NJW 1968, 1059, 1060; vgl. aber auch FK-*Ahrens* § 295 RdNr. 46.
[269] BGH NJW-RR 1993, 4; BGH NJW 1995, 1224; abweichend OLG Karlsruhe NJW-RR 1995, 1220.
[270] Vgl. *Larenz/Wolf,* Allgemeiner Teil des BGB, 8. Aufl., 2004, § 7 RdNr. 15.
[271] FK-*Ahrens* § 295 RdNr. 46.
[272] Vgl. AG Hannover ZInsO 2007, 48; ebenso HambKommInsO-*Streck* § 295 RdNr. 15; *Kübler/Prütting/Wenzel* § 295 RdNr. 22, *Heyer,* S. 138.
[273] *Palandt/Heinrichs* § 7 BGB RdNr. 1; *Staudinger/Habermann/Weick* § 7 BGB RdNr. 13; *Zöller/Vollkommer* § 13 ZPO RdNr. 4; MünchKommZPO-*Patzina* § 13 RdNr. 7.

werden.²⁷⁴ Für diese Aufgaben wäre allein die Kenntnis, dass der Schuldner in einer bestimmten Gemeinde seinen Lebensmittelpunkt hat, aber nicht wo dort, irrelevant. Ebenso wäre der Schuldner allein bei Zugrundelegung des § 7 BGB nicht verpflichtet, dem Treuhänder anzuzeigen, dass er in Strafhaft in einer Justizvollzugsanstalt untergebracht wird, weil dort, wie soeben ausgeführt, mangels eines Willens, dort den Lebensmittelpunkt zu haben, ein Wohnsitz nicht begründet wird. Auch dies ist im Hinblick auf die Anforderungen des Restschuldbefreiungsverfahrens nicht sachgerecht. Damit wird auch die Unterbringung in einem Gefängnis von der Pflicht zur Mitteilung des Wohnsitzwechsels erfasst.²⁷⁵ Ebenso anzeigepflichtig ist ein vorübergehender Wechsel eines Studienortes.²⁷⁶

78 Daher ist der Begriff des Wohnsitzes im § 295 Abs. 1 Nr. 3 untechnisch als der Ort anzusehen, **in dem sich der Schuldner über eine relevante Dauer tatsächlich aufhält.**²⁷⁷ Die Wahl des Begriffs „Wohnsitz" im Gesetzeswortlaut ist also so zu verstehen, dass damit verdeutlicht werden soll, dass ein kurzzeitiger Wechsel des ständigen Aufenthaltes, wie z. B. zum Urlaub, wegen eines Kranken- oder Kuraufenthaltes etc., nicht mitgeteilt werden muss.²⁷⁸

Der Schuldner hat also genau genommen nicht den Wechsel des Wohnsitzes anzuzeigen, sondern den **Wechsel der Adresse,** unter der er in der Regel zu erreichen ist. Diese Obliegenheit beinhaltet die Nennung der bisherigen und die der neuen Adresse.²⁷⁹ Eine Anzeige ist auch erforderlich, wenn der Schuldner seine bisherige Adresse aufgibt, ohne eine neue ständige Adresse zu besitzen. In diesem Fall muss die Adresse bekannt gemacht werden, unter der der Schuldner zumindest vorübergehend zu erreichen ist. Dieses ergibt sich zwar nicht aus dem Wortlaut der Vorschrift, aber aus ihrem Sinn und Zweck. Denn der Zweck der Vorschrift besteht darin, das Verhalten des Schuldners während der Wohlverhaltensperiode überprüfen zu können. Der Treuhänder und das Insolvenzgericht müssen zudem in der Lage sein, den Schuldner stets postalisch oder telefonisch erreichen zu können, etwa um Auskünfte des Schuldners anfordern zu können. Aus diesem Grund liegt eine Obliegenheitsverletzung dann vor, wenn der Schuldner seinen häufigen Wohnsitzwechsel ab und zu, also nur sporadisch mitteilt.²⁸⁰

79 **bb) Wechsel der Beschäftigungsstelle.** Nach der zweiten Alternative des § 295 Abs. 1 Nr. 3 hat der nicht selbständige Schuldner dem Insolvenzgericht und dem Treuhänder jeden Wechsel der Beschäftigungsstelle unverzüglich (§ 121 Abs. 1 Satz 1 BGB) anzuzeigen. Auch hiermit ist nicht nur bloße Informationsvermittlung bezweckt, sondern es soll dem Treuhänder ermöglicht werden, seiner Verpflichtung nachzukommen, dem Arbeitgeber die Abtretung anzuzeigen und die Bezüge einzuziehen.²⁸¹

80 Der Schuldner wechselt seine Beschäftigungsstelle, wenn er seine alte Stelle aufgibt und eine neue annimmt. Übernimmt der Schuldner neben der bisherigen Tätigkeit eine **zusätzliche (Neben-)Beschäftigung,** so ist er ebenfalls verpflichtet, diese gem. § 295 Abs. 1 Nr. 3, 2. Alt. anzuzeigen.²⁸² Dies ergibt sich aus der Überlegung, dass der Treuhänder jederzeit darüber unterrichtet sein muss, an welcher Stelle oder an welchen Stellen der Schuldner einer Beschäftigung nachgeht, damit er einen Überblick behält, wo Entgelte oder Bezüge verdient werden, die an ihn abzuführen sind.²⁸³ Insoweit ist diese Obliegenheit verzahnt mit der Obliegenheit, keine Bezüge zu verheimlichen (§ 295 Abs. 1 Nr. 3, 3. Alt.). Beide Obliegenheiten gemeinsam sollen dem Treuhänder eine sichere Informationsbasis bieten. Etwas anderes kann sich ergeben, wenn der Schuldner mit der zusätzlichen Beschäf-

---

²⁷⁴ S. auch *Kübler/Prütting/Wenzel* § 295 RdNr. 22; HambKommInsO-*Streck* § 295 RdNr. 15; *Heyer*, S. 138.
²⁷⁵ *Uhlenbruck/Vallender* § 295 RdNr. 45; HambKommInsO-*Streck* § 295 RdNr. 15.
²⁷⁶ *Uhlenbruck/Vallender* § 295 RdNr. 45.
²⁷⁷ So auch *Römermann* in *Nerlich/Römermann* § 295 RdNr. 35; *Kübler/Prütting/Wenzel* § 295 RdNr. 22; HambKommInsO-*Streck* § 295 RdNr. 15.
²⁷⁸ Ebenso HambKommInsO-*Streck* § 295 RdNr. 15.
²⁷⁹ S. FK-*Ahrens* § 295 RdNr. 47; *Heyer*, S. 138; vgl. auch AG Dresden ZVI 2007, 331.
²⁸⁰ AG Gera InVo 2006, 142.
²⁸¹ Zutreffend *Römermann* in *Nerlich/Römermann* § 295 RdNr. 35.
²⁸² Wie hier HambKommInsO-*Streck* § 295 RdNr. 16. Anders FK-*Ahrens* § 295 RdNr. 48.
²⁸³ So *Kübler/Prütting/Wenzel* § 295 RdNr. 23.

tigung bloß unpfändbares Einkommen erzielt.²⁸⁴ Allerdings ist im Einzelfall stets zu prüfen, ob ggf. doch eine Gläubigerbeeinträchtigung im Sinne von § 296 vorliegt.²⁸⁵

Aus demselben Grund ist der Schuldner auch verpflichtet, es anzuzeigen, wenn er seine **81** bisherige Tätigkeit aufgibt, ohne eine neue Beschäftigung anzunehmen.²⁸⁶ Dieses folgt systematisch-teleologisch aus § 295 Abs. 1 Nr. 1. Denn regelmäßig wird dann zudem die Erwerbsobliegenheit gemäß § 295 Abs. 1 Nr. 1 verletzt sein,²⁸⁷ und nur mit Hilfe der Unterrichtungspflicht können der Treuhänder bzw. das Gericht beurteilen, ob eine Obliegenheitsverletzung tatsächlich vorliegt.

cc) Obliegenheit, keine von der Abtretung erfassten Bezüge zu verheimlichen. **82**
Nach § 295 Abs. 1 Nr. 3 Alt. 3 obliegt es dem Schuldner, keine von der Abtretungserklärung erfassten Bezüge²⁸⁸ zu verheimlichen. Diese Obliegenheit erstreckt sich indes nur auf **pfändbare Bezüge.** Dieses folgt systematisch aus § 287 Abs. 2. Daher handelt der Schuldner nicht entgegen § 295 Abs. 1 Nr. 3 Alt. 3, wenn er unpfändbare Bezüge verheimlicht.²⁸⁹ Werden pfändbare Bezüge an den Schuldner ausgezahlt, weil sein Arbeitgeber die Abtretung nicht beachtet, so hat der Schuldner sie unverzüglich an den Treuhänder weiterzuleiten.²⁹⁰ Der Herausgabeanspruch basiert dabei auf § 816 Abs. 2 BGB.²⁹¹ Eine Verletzung des § 295 Abs. 1 Nr. 3 Alt. 3 liegt auch dann vor, wenn der Schuldner das Ende der Unterhaltpflicht wegen der Trennung von seiner Ehefrau nicht anzeigt und er dadurch über Vermögen verfügen kann, das nicht unterhalb der Pfändungsgrenze liegt.²⁹² Ein Obliegenheitsverstoß liegt auch vor, wenn der Schuldner die Aufnahme eines Beschäftigungsverhältnisses nicht anzeigt,²⁹³ soweit er dort pfändbare Bezüge erhält.

Für die Auslegung des Begriffs des **„Verheimlichens"** kann, auch wenn es sich nicht um eine strafrechtlich geprägte Norm handelt, auf die Auslegung der strafrechtlichen Bestimmungen der §§ 283 Abs. 1 Nr. 1, 283b Abs. 1 Nr. 2 und § 283d Abs. 1 StGB zurückgegriffen werden. Nach diesen Normen verheimlicht der Schuldner einen Vermögensgegenstand wie die Bezüge, wenn er sie der Kenntnis des Treuhänders entzieht. Ein Verheimlichen liegt danach insbesondere auch vor, wenn der Schuldner unrichtige Angaben macht oder eine unrichtige Antwort auf Fragen gibt.²⁹⁴ Nach dem strafrechtlich geprägten Begriff des Verheimlichens kann auch ein bloßes Verschweigen genügen, soweit eine Auskunftspflicht besteht.²⁹⁵ Während der Wohlverhaltensperiode besteht eine solche Auskunftspflicht des Schuldners allerdings formal nicht. Es handelt sich vielmehr nur um eine Auskunftsobliegenheit nach § 295 Abs. 1 Nr. 3. Wegen der abgeschwächten Pflichtigkeit einer Obliegenheit²⁹⁶ kann sie zwar einer Auskunftspflicht nicht gleich gestellt werden, so dass insoweit ein bloßes Verschweigen nicht ein „Verheimlichen" darstellt. Jedoch wird ein derartiges Verschweigen von dem Versorgungsgrund nach § 295 Abs. 1 Nr. 3 am Ende erfasst, wonach es ebenfalls einen Obliegenheitsverstoß darstellt, wenn das Insolvenzgericht

---

²⁸⁴ HambKommInsO-*Streck* § 295 RdNr. 16.
²⁸⁵ S. AG Kempten ZVI 2006, 221.
²⁸⁶ Abweichend FK-*Ahrens* § 295 RdNr. 48.
²⁸⁷ FK-*Ahrens* § 295 RdNr. 48.
²⁸⁸ Vgl. § 287 RdNr. 35 ff.
²⁸⁹ FK-*Ahrens* § 295 RdNr. 49; HambKommInsO-*Streck* § 295 RdNr. 17; anders aber AG Kempten ZVI 2006, 220.
²⁹⁰ S. statt aller Begr. RegE, BT-Drucks. 12/2443, S. 192; *Römermann* in *Nerlich/Römermann* § 295 RdNr. 37; *Uhlenbruck/Vallender* § 295 RdNr. 47; HambKommInsO-*Streck* § 295 RdNr. 17; *Döbereiner*, S. 169 f.; *Hess/Obermüller*, Insolvenzplan, Restschuldbefreiung und Verbraucherinsolvenz, RdNr. 1002.
²⁹¹ *Uhlenbruck/Vallender* § 295 RdNr. 47.
²⁹² AG Holzminden ZVI 2006, 260.
²⁹³ Insoweit auch AG Kempten ZVI 2006, 220.
²⁹⁴ FK-*Ahrens* § 295 RdNr. 49; HambKommInsO-*Streck* § 295 RdNr. 18; *Schönke/Schröder-Stree,* Strafgesetzbuch, 27. Aufl., 2006, § 283 StGB RdNr. 5; *Tröndle/Fischer*, Strafgesetzbuch und Nebengesetze, 55. Aufl., 2008, § 283 StGB RdNr. 5; *Hess*, KO, Anhang III, § 283 StGB RdNr. 13.
²⁹⁵ *Schönke/Schröder/Stree*, Strafgesetzbuch 27. Aufl., 2006, § 283 StGB RdNr. 5; *Tröndle/Fischer*, Strafgesetzbuch und Nebengesetze, 55. Aufl., 2008, § 283 StGB RdNr. 5; *Hess*, KO, Anhang III, § 283 StGB RdNr. 13.
²⁹⁶ R. *Schmidt,* Die Obliegenheiten, 1953, S. 104.

oder der Treuhänder Auskunft verlangen und der Schuldner diesem Verlangen nicht nachkommt.[297] Vor diesem Hintergrund stellt es kein Verheimlichen dar, wenn es der Schuldner unterlässt, von sich aus – also ohne gefragt oder hingewiesen zu werden – über eine Erbschaft oder fälschlicherweise an ihn geflossene Bezüge zu berichten.[298] Zwar würde dies der Zielvorstellung gerecht werden, wonach sich der Schuldner nach besten Kräften um die Gläubigerbefriedigung zu bemühen hat, doch würde dies auf eine verschärfte Auskunftspflicht hinauslaufen, die das Gesetz in diesem Zusammenhang gerade nicht vorsieht.

83 Entscheidend ist die **Kenntnis des Insolvenzgerichts oder des Treuhänders** bzw. derjenigen Personen, deren Wissen sich Insolvenzgericht oder Treuhänder zurechnen lassen müssen. Auf die Kenntnis Dritter, insbesondere der Gläubiger, kommt es dagegen nicht an.

84 **dd) Obliegenheit, kein von § 295 Abs. 1 Nr. 2 erfasstes Vermögen zu verschweigen.** Nach der vierten Alternative des § 295 Abs. 1 Nr. 3 obliegt es dem Schuldner, kein von Nummer 2 der Vorschrift erfasstes Vermögen zu verheimlichen. Gegenstand des Verheimlichens ist also das Vermögen, welches der Schuldner von Todes wegen oder mit Rücksicht auf ein künftiges Erbrecht erwirbt.[299] Damit soll gewährleistet werden, dass dem Treuhänder und dem Gericht deutlich wird, wie im Einzelnen die Vermögenslage beschaffen ist. Nicht im Einklang mit dieser gesetzlichen Entscheidung steht es, wenn man keinen Obliegenheitsverstoß in dem Fall annimmt, in dem der Schuldner eine Beteiligung an einem Grundstück erbt.[300] Die Verpflichtung zur Mitteilung eines Vermögenswertes von Todes wegen beginnt nicht erst mit Ablauf der Ausschlagungsfrist gem. § 1944 BGB, sondern bereits mit dem Erbfall durch den Tod des Erblassers.[300a]

85 **ee) Weitere Obliegenheiten.** Auf Verlangen muss der Schuldner gemäß § 295 Abs. 1 Nr. 3 Alt. 5–8 dem Gericht und dem Treuhänder Auskunft über seine Erwerbstätigkeit oder seine Bemühungen um eine solche sowie über seine Bezüge und sein Vermögen erteilen. Es besteht keine Pflicht, den Gläubigern gegenüber Auskünfte zu erteilen. Aufgrund des eindeutigen Gesetzeswortlauts entsteht eine solche Pflicht auch nicht durch eine entsprechende Anordnung durch das Gericht oder den Treuhänder.[301] An der **Verfassungsmäßigkeit,** insbesondere wegen eines etwaigen Eingriffs in Art. 2 Abs. 1 GG bestehen keine Zweifel,[302] denn die Auskunftsobliegenheiten sind eine notwendige Maßnahme, um den Schuldner daran zu hindern, Teile seines Einkommens oder neu erworbenes Vermögen der Gläubigerbefriedigung zu entziehen.[303] Damit dienen sie im Ergebnis der (zumindest) teilweisen Realisierung des Schutzes der von Art. 14 Abs. 1 GG umfassten Forderung der Gläubiger und sind folglich als etwaige Eingriffe in das Recht des Schuldners aus Art. 2 Abs. 1 GG gerechtfertigt.

86 **d) Auskunft des Schuldners. aa) Auskunftsbegehren.** Es besteht keine *Verpflichtung* des Treuhänders, Erkundigungen einzuziehen.[304] Besondere Voraussetzungen oder Erfordernisse für das Auskunftsbegehren bestehen nicht. Daher ist es insbesondere auch nicht erforderlich, das **Auskunftsbegehren zu begründen.**[305] Was die Frequenz der Anfragen anbelangt, so ist dem Auskunftsbegehren in Extremfällen dort eine Grenze gesetzt, wo trotz eines offensichtlich mangelnden Informationsbedürfnisses kurzfristig Wiederholungen vorkommen.[306] Dies gilt aber nur insoweit, als das Auskunftsbegehren denselben Gegenstand

---

[297] FK-*Ahrens* § 295 RdNr. 49.
[298] Ebenso AG Neubrandenburg NZI 2006, 647, 648; *Kohte/Ahrens/Grote* § 295 RdNr. 49 f.; anders AG Göttingen ZInsO 2008, 49; HK-*Landfermann* § 295 RdNr. 17; HambKommInsO-*Streck* § 295 RdNr. 18; vgl. auch *Marotzke,* EWiR 2008, 117.
[299] Vgl. dazu bereits oben RdNr. 49 ff.
[300] So aber AG Neubrandenburg NZI 2006, 647.
[300a] AG Göttingen ZInsO 2008, 49; *Marotzke,* EWiR 2008, 117 f.
[301] AG Leipzig ZInsO 2005, 387.
[302] Vgl. dazu *Römermann* in *Nerlich/Römermann* § 295 RdNr. 41; *Döbereiner,* S. 170 f.
[303] Insoweit wie hier HambKommInsO-*Streck* § 295 RdNr. 19.
[304] *Römermann* in *Nerlich/Römermann* § 295 RdNr. 39.
[305] S. auch *Kübler/Prütting/Wenzel* § 295 RdNr. 25; FK-*Ahrens* § 295 RdNr. 51; HambKommInsO-*Streck* § 295 RdNr. 19.
[306] Vgl. insoweit BGH NJW 1983, 687, 688; BGH NJW-RR 1988, 1072, 1073.

betrifft. In diesen (Ausnahme-)Fällen verstößt der Schuldner nicht gegen seine Obliegenheit, wenn er die (bereits bekannte) Information nicht noch ein weiteres Mal gibt. Im Grundsatz muss der Schuldner aber hinsichtlich der in § 295 Abs. 1 Nr. 3 genannten Umstände auch dann Auskunft geben, wenn diese ihm nicht notwendig oder gar unsinnig erscheint.[307]

bb) Frist zur Auskunftserteilung. Für die Auskunftserteilung durch den Schuldner ist eine Frist gesetzlich nicht ausdrücklich bestimmt. Zwar mag aus einem argumentum e contrario ex § 295 Abs. 1 Nr. 3 Alt. 2, 3 nahe liegen, dass der Schuldner die Auskunft nicht unverzüglich zu geben hat. Jedoch ergibt sich aus den Gesetzesmaterialien, dass der Schuldner sämtlichen Obliegenheiten des § 295 Nr. 3 ohne schuldhaftes Zögern nachzukommen hat.[308] Eine unverzügliche Mitteilung über ein neues Beschäftigungsverhältnis liegt etwa dann nicht vor, wenn der Schuldner mit der Mitteilung eines neuen Beschäftigungsverhältnisses wartet, bis seine Probezeit abgelaufen ist.[309] Die Mitteilungsobliegenheit ist auch dann verletzt, wenn der Schuldner erst nach zehn Monaten über ein neues Beschäftigungsverhältnis Angaben macht und dies damit zu rechtfertigen versucht, dass er nach der Trennung vom Ehepartner in psychiatrischer Behandlung gewesen sei.[310]

cc) Umfang, Form und Inhalt der Auskunft. (1) Umfang der Auskunft. Die Antwort des Schuldners auf das Auskunftsverlangen muss sich inhaltlich an diesem orientieren. Die **Detailliertheit der Antwort** lässt sich nicht schematisch festlegen, sondern richtet sich nach den Umständen, wie sie sich aus dem Verlangen ergeben. Je genauer die Anfrage ist, desto ausführlicher muss der Schuldner antworten.[311] Im Übrigen wird man sich bei der Auslegung der Regelung an der Auslegung zu §§ 259 ff. BGB orientieren können, wobei ggf. zu berücksichtigen ist, dass diese Vorschrift den Fall einer Informationsverpflichtung und nicht den einer Obliegenheit meint. Danach wird ihr Umfang durch den Zweck der Auskunft[312] sowie den Grundsatz der Zumutbarkeit[313] begrenzt.

(2) Form der Auskunft. Die Auskünfte hat der Schuldner grundsätzlich schriftlich zu erteilen. Dies dient der Informationssicherheit des Treuhänders bzw. des Gerichts und ist für etwaige Beweisfragen notwendig. Daneben besteht auch eine **Pflicht zur Vorlage** der entsprechenden Unterlagen.[314] Auch damit wird das Bedürfnis des Treuhänders bzw. des Insolvenzgerichts an Information, die sie zur Aufsicht über den Schuldner benötigen, gedeckt. Die gegenteilige Ansicht, die eine solche Vorlage prinzipiell ablehnt,[315] erschwert die notwendige Informationsbeschaffung der Aufsichtsorgane unnötig, denn im Zweifel müsste der Schuldner eine nur schriftlich getätigte Behauptung ohnehin durch weitere Unterlagen belegen. Dieser zusätzliche – und damit Zeitaufwand und Kosten erzeugende Schritt – kann unterbleiben, wenn die Unterlagen, die seine schriftlichen Äußerungen belegen, den Äußerungen gleich beigelegt werden. Demnach kann auch etwa die Einsicht in **einzelne Bewerbungsschreiben** oder **Bezügerechnungen** verlangt werden.[316]

(3) Inhalt der Auskunft. (a) Erwerbstätigkeit. Der nicht selbstständig tätige Schuldner hat im Hinblick auf seine Erwerbstätigkeit detailliert Ort, Art, Umfang und Dauer der Beschäftigung entsprechend den § 2 Abs. 1 Nr. 1 bis 5, 7 NachweisG anzugeben,[317] so dass die Art des angemessenen Dienstverhältnisses gem. § 295 Abs. 2 beurteilt werden kann. Die

---

[307] *Uhlenbruck/Vallender* § 295 RdNr. 50; HambKommInsO-*Streck* § 295 RdNr. 19.
[308] Wie hier *Römermann* in *Nerlich/Römermann* § 295 RdNr. 38; *Hess/Weis/Wienberg* § 295 RdNr. 35; FK-*Ahrens* § 295 RdNr. 51; HambKommInsO-*Streck* § 295 RdNr. 19.
[309] AG Kempten ZVI 2006, 220.
[310] AG Mannheim ZVI 2005, 383.
[311] FK-*Ahrens* § 295 RdNr. 51.
[312] Vgl. z. B. BGHZ 126, 109, 116 f.
[313] Vgl. insoweit auch BGHZ 81, 21, 25; BGH NJW 1982, 573, 574; *Soergel/Wolf* § 260 BGB RdNr. 61, 68; MünchKommBGB-*Krüger* § 259 BGB RdNr. 33.
[314] *Römermann* in *Nerlich/Römermann* § 295 RdNr. 40.
[315] FK-*Ahrens* § 295 RdNr. 51.
[316] *Döbereiner*, S. 170; HambKommInsO-*Streck* § 295 RdNr. 19; *Graf-Schlicker/Kexel* § 295 RdNr. 14.
[317] FK-*Ahrens* § 295 RdNr. 52.

Auskunft über die Erwerbstätigkeit umfasst auch die Information, dass einer solchen Tätigkeit nicht (mehr) nachgegangen wird. Geht der selbständige Schuldner **keiner Erwerbstätigkeit** nach, so obliegt es ihm, seine Bemühungen um eine Erwerbstätigkeit darzulegen.[318] Dieses schließt mit ein, dass der Schuldner auch die Einzelnen konkreten Bewerbungen angibt;[319] der Schuldner genügt dieser Anforderung etwa dadurch, indem er Ablichtungen der Bewerbungsunterlagen dem Auskunftsersuchenden zugänglich macht. Denn nur so kann bewertet werden, ob der Schuldner seiner Obliegenheit nach § 295 Abs. 1 Nr. 1 Alt. 2 nachkommt.

91 **(b) Bezüge.** Im Hinblick auf § 836 Abs. 3 Satz 1 Alt. 1 ZPO muss der Schuldner seine Bezüge benennen, um über den Umfang der Pfändbarkeit zu informieren.[320] Dazu hat er genaue Auskunft über seine Bezüge zu erteilen.

92 **(c) Vermögen.** Schließlich muss der Schuldner auch Auskunft über sein Vermögen erteilen. Diese Obliegenheit erstreckt sich allerdings nur auf den **Neuerwerb,** weil zum Zeitpunkt der Obliegenheit bereits die Vermögensverzeichnisse gemäß §§ 151, 305 Abs. 1 Nr. 3 erstellt sind und sich aus ihnen die Informationen über das bisherige Vermögen ergeben. Von der Auskunft über den Neuerwerb ausgenommen sind jedoch die laufenden Bezüge sowie der Erwerb gemäß § 295 Abs. 1 Nr. 2, da insoweit schon eine eigenständige Informationsobliegenheit vorgesehen ist.[321]

93 **5. Obliegenheit zur Gleichbehandlung aller Gläubiger, § 295 Abs. 1 Nr. 4.** Die Vorschrift des § 295 Abs. 1 Nr. 4 enthält sowohl für den selbständigen als auch für den nicht selbständigen Schuldner zwei weitere Obliegenheiten, die wesentlich miteinander verzahnt sind. Zum einen obliegt es dem Schuldner, Zahlungen zur Befriedigung der Insolvenzgläubiger nur an den Treuhänder zu leisten. Zum anderen darf der Schuldner keinem Insolvenzgläubiger einen Sondervorteil verschaffen. Die Vorschrift steht systematisch in engem Zusammenhang mit dem in § 294 verankerten Grundsatz der Gleichbehandlung der Gläubiger.[322]

94 Der Anwendungsbereich der ersten Obliegenheit des § 295 Abs. 1 Nr. 4 erfasst den Fall, dass der Schuldner **an sämtliche Gläubiger** den ihnen jeweils zustehenden Verteilungsbetrag leistet und damit den Treuhänder umgeht.[323] Leistet der Schuldner nur an einen oder an einige Gläubiger, so wird dieses Verhalten von der zweiten Obliegenheit des § 295 Abs. 1 Nr. 4 erfasst. Zweck der ersten Obliegenheit ist es also, die mit einer solchen gleichmäßigen Verteilung verbundene Unsicherheit und **mangelnde Transparenz zu verhindern.** Unabhängig von kollusiven oder anderen der Gleichbehandlung der Gläubiger zuwiderlaufenden Intentionen, soll mit dieser Regelung vor allem ein funktionsfähiges sowie nachvollziehbares Verteilungsverfahren gesichert werden.[324] Zudem hat die Obliegenheit, Zahlungen nur an den Treuhänder zu leisten, auch die Funktion einer Auffangnorm, denn die erste Obliegenheitsverletzung kann insoweit immer dann eingreifen, wenn sich eine Verschaffung von Sondervorteilen nicht beweisen lässt. Dieses ist etwa der Fall, wenn ein Gläubiger die Versagung der Restschuldbefreiung nach § 296 Abs. 1 Satz 1 beantragt und er den Nachweis über die Gewährung eines Sondervorteils an einen anderen Gläubiger (vgl. § 296 Abs. 1 Satz 3) nicht erbringen kann, weil der Schuldner geltend macht, sämtliche Gläubiger entsprechend ihrer Quote bedient zu haben.[325]

---

[318] FK-*Ahrens* § 295 RdNr. 52.
[319] Abweichend FK-*Ahrens* § 295 RdNr. 52.
[320] S. FK-*Ahrens* § 295 RdNr. 52.
[321] FK-*Ahrens* § 295 RdNr. 52.
[322] S. dazu *Römermann* in *Nerlich/Römermann* § 295 RdNr. 43; HK-*Landfermann* § 295 RdNr. 9; *Döbereiner,* S. 171; *Smid,* Grundzüge des neuen Insolvenzrecht, § 27 RdNr. 40; vgl. auch Begr. RegE, BR-Drucks. 1/92, S. 192 (zu § 244); Anlage zum stenographischen Protokoll der 74. Sitzung des Rechtsausschusses, 283, 290.
[323] *Uhlenbruck/Vallender* § 295 RdNr. 56; HambKommInsO-*Streck* § 295 RdNr. 20.
[324] FK-*Ahrens* § 295 RdNr. 54.
[325] Ausführlicher zu diesem Beispiel FK-*Ahrens* § 295 RdNr. 55.

Die Obliegenheit, Zahlungen nur an den Treuhänder zu leisten, ist ausschließlich an den **95** Schuldner gerichtet, denn diese Obliegenheit bezweckt ausschließlich, das Verhalten des Schuldners zu steuern.[326] Sanktioniert werden dabei nicht nur Zahlungen des Schuldners selbst an die Insolvenzgläubiger, sondern auch solche, die **im Auftrag des Schuldners von anderen Personen** getätigt worden sind.[327] Um die Regelung der Obliegenheit der Zahlung an den Treuhänder vor Umgehungen zu schützen, werden dem Schuldner auch diejenigen Zahlungen Dritter zugerechnet, die zwar nicht in seinem Auftrag an die Gläubiger geleistet wurden, welche jedoch aus einer **faktisch-wirtschaftlichen Betrachtung** so erscheinen, als seien es in Wirklichkeit Zahlungen des Schuldners. Für den Schuldner ohne Folgen bleiben nur Zahlungen Dritter auf eine Insolvenzforderung gem. § 267 Abs. 1 BGB, Zahlungen Dritter auf Grund eigener, ihm gegenüber dem Gläubiger obliegenden Schuld (Dritter als Mitschuldner oder als Bürge) und Zahlungen Dritter an Insolvenzgläubiger, die eigentlich dem Schuldner zustanden und an den Treuhänder hätten abgeführt werden müssen, welche nicht dem Schuldner zurechenbar sind.

Die Obliegenheit betrifft nur **Zahlungen des Schuldners auf Insolvenzforderungen.** **96** Denn nur hinsichtlich dieser Forderungen liegt eine haftungsrechtliche Gemeinschaft der Gläubiger vor, so dass auch nur insoweit der Grundsatz des par condicio creditorum verletzt werden kann.[328] Daher ist es dem Schuldner unbenommen, einzelne Insolvenzgläubiger hinsichtlich ihrer Forderungen zu befriedigen, die keine Insolvenzforderungen darstellen, oder neue Gläubiger aus einem freien Vermögen zu befriedigen.[329]

Nach der zweiten Alternative des § 295 Abs. 1 Nr. 4 obliegt es dem Schuldner, keinem **97** Insolvenzgläubiger einen **Sondervorteil** zu verschaffen. Im Gegensatz zu § 294 Abs. 2 betrifft diese Obliegenheit nur die tatsächliche Leistungserbringung durch den Schuldner, rechtsgeschäftliche Vereinbarungen werden von ihr dagegen nicht erfasst.[330] Zudem liegt ein Verstoß nur vor, wenn das pfändbare Vermögen betroffen ist. Eine Ratenzahlung aus dem unpfändbaren Vermögen begründet keinen Verstoß gegen § 295 Abs. 1 Nr. 4.[331] Maßgebend für die Verletzung dieser Obliegenheit ist damit der Leistungserfolg, auf die Leistungshandlung kommt es nicht an. Denn Sinn und Zweck der Regelung in der zweiten Alternative ist es, dass der Schuldner den Insolvenzgläubigern wirkliche Sondervorteile verschafft. Aus diesem Grund werden auch Leistungen des Schuldners an andere Gläubiger ebenso von der Vorschrift nicht erfasst, wie Leistungen des Schuldners auf Forderungen der Insolvenzgläubiger, die keine Insolvenzforderungen darstellen.[332] **Leistungen auf nachrangige Insolvenzforderungen** stellen allerdings Sondervorteile dar, es sei denn aus übergeordneten Gesichtspunkten ist diese Leistung von den anderen Gläubigern hinzunehmen. Das ist etwa der Fall bei der Zahlung zur Erfüllung einer Bewährungsauflage.[333] Zweifelhaft ist es daher, einen Obliegenheitsverstoß anzunehmen, wenn aus dem pfändbaren Einkommen ohne Wissen des Treuhänders Zahlungen an die Staatsanwaltschaft zur Abwendung einer Haftstrafe erbracht werden.[334] Insoweit dürften diese Zahlungen zum einen auf Grund der sonst erheblichen Folgen für den Schuldner von den Gläubigern hinzunehmen sein und zum anderen auch in deren Interesse liegen, weil sich ihre Befriedigungsaussichten verschlechtern würden, wenn der Schuldner die Haftstrafe antreten müsste. Entsprechend der Regelung der ersten Alternative des § 295

---

[326] FK-*Ahrens* § 295 RdNr. 56.
[327] FK-*Ahrens* § 295 RdNr. 56; *Kübler/Prütting/Wenzel* § 295 RdNr. 26; *Goetsch* in *Breutigam/Blersch/Goetsch* § 295 RdNr. 28.
[328] Vgl. FK-*Ahrens* § 295 RdNr. 57.
[329] FK-*Ahrens* § 295 RdNr. 57; *Graf-Schlicker/Kexel* § 295 RdNr. 16; anders hingegen HK-*Landfermann* § 295 RdNr. 18.
[330] FK-*Ahrens* § 295 RdNr. 58; *Adam* ZInsO 2006, 1132; vgl. auch HambKommInsO-*Streck* § 295 RdNr. 21, der ein paralleles Verständnis vorauszusetzen scheint.
[331] AG Göttingen ZInsO 2005, 1001.
[332] FK-*Ahrens* § 295 RdNr. 59.
[333] Ausführliche Begründung bei FK-*Ahrens* § 295 RdNr. 59 a.
[334] AG Mannheim ZVI 2005, 383.

§ 295   98–102   8. Teil. Restschuldbefreiung

Abs. 1 Nr. 4 werden auch im Hinblick auf die zweite Alternative die Leistungen Dritter behandelt.[335]

98   Beruht die Leistung des Schuldners hingegen auf einem **Abkommen** mit einem Gläubiger, tritt die Nichtigkeitsfolge des § 294 Abs. 2 ein. Die von dem Erfüllungsgeschäft zu unterscheidende Leistungsbewirkung selbst bleibt allerdings von der Nichtigkeitsanordnung des § 134 BGB unberührt, da mit ihr kein Rechtsgeschäft vorgenommen wird.[336]

IV. Selbstständige Tätigkeit, § 295 Abs. 2

99   **1. Allgemeines.** § 295 Abs. 2 regelt eine Obliegenheit, die nur **Selbstständige** betrifft. Ob eine Person selbstständig tätig ist, lässt sich in Anlehnung an § 84 Abs. 1 Satz 2 HGB bestimmen. Danach ist selbstständig, wer im Wesentlichen frei seine Tätigkeit gestalten und seine Arbeitszeit bestimmen kann. Im Einzelnen ist auf die Kasuistik des § 84 Abs. 1 HGB zu verweisen.[337]

100   § 295 Abs. 2 versucht den widerstreitenden Interessen der Insolvenzgläubiger und des selbstständig tätigen Schuldners angemessen Rechnung zu tragen.[338] In diesem Sinne berücksichtigt er einerseits den privatautonomen Gestaltungswillen des Schuldners, weil der Schuldner berechtigt ist, einer selbstständigen Tätigkeit nachzugehen. Andererseits wird das Befriedigungsinteresse der Insolvenzgläubiger nicht schutzlos gestellt, weil es dem Schuldner obliegt, seine Gläubiger so zu stellen, wie sie bei der Eingehung eines angemessenen abhängigen Dienstverhältnisses stünden.

101   Die Regelung, nach welcher der Schuldner eine eigenständige unternehmerische Tätigkeit wahrzunehmen berechtigt ist, ist auf **rechtspolitische Kritik** gestoßen. Diese beruht auf dem Argument, dass der Schuldner bereits einen wirtschaftlichen Bankrott produziert habe, und daher vorprogrammiert sei, dass auch seine neue, selbstständige wirtschaftliche Tätigkeit scheitern werde. Außerdem wird darauf hingewiesen, dass die wirtschaftliche Situation bei einer Selbstständigkeit des Schuldners nicht genau kontrollierbar sei, weil Zahlungen an den Treuhänder weitgehend in das Ermessen des Schuldners gestellt werden; möglicherweise werde dadurch unredlichen Schuldnern ein zu großer Aktionsraum belassen.[339] Es sei auch zu bedenken, dass Gewinne nicht dem Vollstreckungszugriff von Neugläubigern entzogen seien. Aus Sicht des Schuldners führe diese Regelung zu Problemen, weil bei dem selbstständigen Schuldner allein das Bemühen um Gewinne nicht ausreiche, um den angestrebten Erfolg der Erteilung der Restschuldbefreiung zu erreichen. Der Schuldner bleibe daher bis zum Ende der Wohlverhaltensperiode im Unklaren, ob er die Restschuldbefreiung erhalte oder ob ihm dies letztlich auf Grund geschäftlicher Misserfolge, auf die er nicht immer Einfluss habe, versagt bleibe.[340]

102   Die rechtspolitische Kritik an der Regelung des § 295 Abs. 2 vermag indes insgesamt gesehen **nicht zu überzeugen.** Dagegen sprechen folgende Erwägungen: Es ist Ausdruck des grundlegenden Elements der Schuldnerautonomie, dass der Schuldner auch nach der Eröffnung des Insolvenzverfahrens berechtigt ist, einer selbstständigen Tätigkeit nachzugehen. Zudem gibt es keine Grundlage, bei Selbstständigkeit eine Vermutung der Unredlichkeit anzustellen,[341] so dass es verfassungsrechtlich nicht gedeckt wäre, dass der Schuldner als

---

[335] Im Ergebnis ebenso AG Göttingen ZInsO 2005, 1001.
[336] Vgl. *Palandt/Grüneberg* § 362 BGB RdNr. 5 f.
[337] S. *Uhlenbruck/Vallender* § 295 RdNr. 64; dazu: BAG NJW 1997, 2997, 2973 (2974); Münch-KommHGB-*Hoyningen-Huene* § 84 RdNr. 26 ff.; *Baumbach/Hopt* § 84 HGB RdNr. 35 ff.
[338] Vgl. FK-*Ahrens* § 295 RdNr. 61; *Smid/Krug/Haarmeyer* § 295 RdNr. 9; *Döbereiner*, S. 156 f.
[339] *Scholz* DB 1996, 765, 769; *Döbereiner*, S. 157 f.; *Henckel* ZZP 97 (1984), 105, 112; *Gerhardt*, Insolvenz im Umbruch, 1, 3; *Grub* ZIP 1993, 393, 398; *ders.*, AnwBl. 1993, 458, 459; *Grub/Rinn* ZIP 1993, 1583, 1586.
[340] *Döbereiner*, S. 157 f.; *Römermann* in Nerlich/Römermann § 295 RdNr. 45; S. *Hess/Obermüller*, Insolvenzplan, Restschuldbefreiung und Verbraucherinsolvenz, RdNr. 997; *Vallender* VuR 1997, 155, 159; *Scholz* DB 1996, 765, 769; *Arnold* DGVZ 1996, 65, 69.
[341] So *Römermann* in Nerlich/Römermann § 295 RdNr. 46.

Selbstständiger nach einem Bankrott nur noch eine nicht-selbstständige Arbeit übernehmen dürfte. Selbstverständlich umfasst die Entscheidung für eine selbstständige Tätigkeit allerdings auch ein gewisses Unternehmensrisiko. Wer sich als Schuldner selbstständig macht, muss deshalb auch das Scheitern seiner selbstständigen Tätigkeit ins Kalkül ziehen und in seine Überlegungen einbeziehen, dass der mögliche Misserfolg auch an, von ihm nicht zu vertretende, externe Effekte geknüpft sein kann. Die Nachteile, die mit der Selbstständigkeit für den Schuldner einhergehen, sind damit ihm selbst zuzurechnen; es gibt keine staatliche Fürsorgepflicht, ihn davor zu bewahren.[342] Die Gefahren für den Schuldner können allenfalls in geringem Umfang dadurch abgefedert werden, dass das Gericht frühzeitig auf den Umfang der bei einem angemessenen Dienstverhältnis zu leistenden Zahlungen hinweist und der Schuldner in kürzeren Zeitabständen Leistungen erbringt.[343]

Ansatzpunkt für Kritik bleibt daher nur die Frage, ob durch die Regelung des § 295 Abs. 2 die Interessen der Gläubiger beeinträchtigt werden. Für die Gläubiger könnte diese Vorschrift nämlich insoweit problematisch sein, als sich für sie erst am Ende der Wohlverhaltensperiode herausstellt, ob aus den vom Schuldner erwirtschafteten Gewinnen eine ausreichende Gesamtleistung an den Treuhänder erbracht werden konnte. Genau besehen stellt dies aber allenfalls einen strukturellen Nachteil für die Gläubiger dar. Materiell werden sie durch diese Regelung nicht beeinträchtigt, weil sie im Ergebnis so gestellt werden, als habe der Schuldner über die gesamte Periode eine angemessene Erwerbstätigkeit ausgeübt. Eine erhebliche Missbrauchsgefahr könnte zwar darin liegen, dass der Schuldner im Verlauf des Insolvenzverfahrens von einer nicht selbstständigen zu einer selbstständigen Tätigkeit wechselt, um dann bis zum Ende der Treuhandzeit keine Leistungen abführen zu müssen.[344] Allerdings bleibt dieses Risiko im Wesentlichen ein rein theoretisches, weil ein solches Verhalten während der Treuhandphase gegen § 295 Abs. 1 Nr. 1, 1. Alt. verstößt. Schließlich ist in diesem Zusammenhang auch in Betracht zu ziehen, dass für den selbstständigen Schuldner die Möglichkeit, eine Restschuldbefreiung nur durch ein bloßes Bemühen, aber ohne konkrete oder ausreichende Zahlung auf die Verbindlichkeiten, zu erreichen, nicht besteht. Der Schuldner erfährt hierdurch eine zusätzliche Motivation, sich wirtschaftlich so zu verhalten, dass er sein Ergebnis an den Interessen der Insolvenzgläubiger orientiert.

2. Struktur der Obliegenheit nach § 295 Abs. 2. Die Regelung des § 295 Abs. 2 hat bei einem selbstständig tätigen Schuldner die **Funktion** wie die Norm des § 287 Abs. 2 Satz 1 bei einem nicht selbstständigen Schuldner.[345] Der Gesetzgeber ist davon ausgegangen, dass ein Selbstständiger kein regelmäßiges Arbeitseinkommen i. S. v. § 287 hat, das er abführen könne, so dass hier die Vorausabtretung ins Leere gehen würde.[346] Daher darf der Schuldner selbst beurteilen, welche Mittel er jeweils an den Treuhänder abführen kann, ohne den Fortbestand seines Betriebs zu gefährden.[347] Gleichwohl muss auch der selbstständig tätige Schuldner zu Beginn der Wohlverhaltensperiode eine Abtretungserklärung abgeben. Denn eine Unterscheidung zwischen selbstständigem und nicht selbstständigem Schuldner ist dem Wortlaut des § 287 Abs. 2 nicht zu entnehmen. Weiterhin ist zu bedenken, dass auch ein Selbstständiger pfändbare bzw. abtretbare Ansprüche haben kann[348] und die Möglichkeit besteht, dass der Schuldner während der Treuhandphase in ein abhän-

---

[342] Überzeugend *Römermann* in Nerlich/Römermann § 295 RdNr. 46.
[343] So FK-*Ahrens* § 295 RdNr. 64.
[344] S. FK-*Ahrens* § 295 RdNr. 64.
[345] *Schmerbach* ZVI 2003, 257, 261; HambKommInsO-*Streck* § 295 RdNr. 22; *Kübler/Prütting/Wenzel* § 295 RdNr. 1 a.
[346] *Goetsch* in Breutigam/Blersch/Goetsch § 295 RdNr. 19; HK-*Landfermann* § 295 RdNr. 4. S. u. a. Begr. RegE, BT-Drucks. 12/2443, 192 f.; *Römermann* in Nerlich/Römermann § 295 RdNr. 44; *Arnold* DGVZ 1996, 65, 69; *Krug,* S. 63; *Döbereiner,* S. 16, 156, 190; *Trendelenburg,* S. 262; *dies.* ZInsO 2000, 437, 438 f.; *Fuchs,* Kölner Schrift, 1741 (RdNr. 180).
[347] *Trendelenburg,* S. 262; *dies.* ZInsO 2000, 437, 438.
[348] FK-*Ahrens* § 295 § 287 RdNr. 20; vgl. aber die insoweit unzutreffende Begr. des Regierungsentwurfs (BT-Drucks. 12/2443, S. 192), die davon ausgeht, dass eine Vorausabtretung seiner Einkünfte ausgeschlossen ist.

giges Beschäftigungsverhältnis wechselt.³⁴⁹ Soweit der selbstständig tätige Schuldner seine Einkünfte wirksam übertragen hat, besteht keine entsprechende Obliegenheit nach § 295 Abs. 2, die Norm ist von ihrem Regelungsgehalt her auf die Fälle beschränkt, in denen keine Forderungen übergegangen sind.³⁵⁰

104 Über die in § 295 Abs. 2 aufgestellte Obliegenheit gelten für die selbstständigen Schuldner zudem die allgemeinen Obliegenheiten aus § 295 Abs. 1.

105 **3. Wahlfreiheit der Beschäftigung.** Während der Treuhandphase hat der Schuldner die **freie Wahl** zwischen einer selbstständigen und einer unselbstständigen Beschäftigung. Er ist auch berechtigt, während der Treuhandphase von einer unselbstständigen Beschäftigung zu einer selbstständigen zu wechseln und umgekehrt.³⁵¹ § 295 lassen sich insoweit **keine Einschränkungen** entnehmen. Die Wahl- und Wechselmöglichkeit beschneidet das Befriedigungsinteresse der Insolvenzgläubiger nicht. Denn nach beiden Alternativen obliegt es dem Schuldner gleichermaßen, zur Befriedigung der Gläubiger durch seine Einkünfte beizutragen. Etwas anderes gilt auch dann nicht, wenn dem Schuldner auf Grund § 35 GewerbeO die **Ausübung des Gewerbes untersagt wird.**³⁵² Vor diesem Hintergrund ist der Schuldner auch nicht verpflichtet, sich um ein abhängiges Dienstverhältnis zu bemühen, wenn er sieht, dass er den Anforderungen des § 295 Abs. 2 nicht gerecht werden kann.³⁵³

106 **4. Zahlungen an den Treuhänder. a) Umfang und Höhe.** Arbeitet der **Schuldner als Selbstständiger,** so muss er seine Gläubiger durch Zahlungen an den Treuhänder so stellen, wie er in diesem Zeitraum auch bei einer angemessenen Erwerbstätigkeit erzielt hätte.³⁵⁴ Dabei ist auch der **Zinsverlust** zu berücksichtigen.³⁵⁵ Diese Beträge muss der Schuldner nicht bereits bei der Antragstellung zur Erteilung der Restschuldbefreiung mitgeteilt haben; dies wäre ihm regelmäßig auch nicht möglich, da keine Prognose über die zukünftige berufliche Entwicklung möglich ist.³⁵⁶ Bei einer nur teilweisen selbstständigen Erwerbstätigkeit, die neben der abhängigen Beschäftigung ausgeübt wird, muss der Schuldner die dem Treuhänder aufgrund der Abtretung zufließenden Einkünfte um den Betrag aufstocken, der den Gläubigern zugeflossen wäre, wenn er anstelle der selbstständigen Tätigkeit auch insoweit abhängig beschäftigt gewesen wäre.³⁵⁷

107 Die **Höhe der Zahlungen** des Schuldners orientiert sich nicht an dem wirtschaftlichen Erfolg des Schuldners.³⁵⁸ Dies ergibt sich aus der Entstehungsgeschichte der Norm. Danach wurde der Antrag des Bundesrats, einen solchen Erfolg bei der Höhe der Zahlungen zu berücksichtigen,³⁵⁹ abgelehnt.³⁶⁰ Maßgebend ist vielmehr ein hypothetisches Einkommen aus einem angemessenen, nicht notwendigerweise der selbstständigen Tätigkeit entsprechenden Dienstverhältnis.³⁶¹ Welches Dienstverhältnis angemessen wäre, wird anhand der Krite-

---

[349] *Römermann* in Nerlich/Römermann § 295 RdNr. 44.
[350] FK-*Ahrens* § 295 RdNr. 63.
[351] S. FK-*Ahrens* § 295 RdNr. 62; *Heyer*, S. 125; vgl. auch *Häsemeyer* RdNr. 26.52.
[352] Allgemein dazu *Leibner*, ZInsO 2002, 61.
[353] Ebenso HambKommInsO-*Streck* § 295 RdNr. 26; *Graf-Schlicker/Kexel* § 295 RdNr. 21; *Grote* ZInsO 2004, 1105, 1107; *Trendelenburg* ZInsO 2000, 437, 439 Fn. 31; anders AG Neu-Ulm ZVI 2004, 131, 132; AG München ZVI 2005, 384, 385; *Uhlenbruck/Vallender* § 295 RdNr. 73; *Döbereiner*, S. 157.
[354] S. *Uhlenbruck/Vallender* § 295 RdNr. 66; HambKommInsO-*Streck* § 295 RdNr. 23; *Grote* ZInsO 2004, 1105.
[355] Begr. RegE, BT-Drucks. 12/2443, 193.
[356] FK-*Ahrens* § 295 RdNr. 64; abweichend *Haarmeyer/Wutzke/Förster*, Handbuch, Kap. 10 RdNr. 62.
[357] *Graf-Schlicker/Kexel* § 295 RdNr. 19; vgl. auch BGH ZInsO 2006, 548.
[358] BGH ZInsO 2006, 548; FK-*Ahrens* § 295 RdNr. 64; *Goetsch* in Breutigam/Blersch/Goetsch § 295 RdNr. 19; HambKommInsO-*Streck* § 295 RdNr. 23; skeptisch *Trendelenburg*, S. 263; anders *Kübler/Prütting/Wenzel* § 295 RdNr. 15: Orientierung am konkreten Verdienst.
[359] Stellungnahme des BRat, in: *Kübler/Prütting,* Das neue Insolvenzrecht, Bd. I, S. 549.
[360] Vgl. Begr. RegE, BT-Drucks. 12/2443, S. 257, 267.
[361] FK-*Ahrens* § 295 RdNr. 64; HK-*Landfermann* § 295 RdNr. 4; *Goetsch* in Breutigam/Blersch/Goetsch § 295 RdNr. 22; *Preuss*, S. 172; *Döbereiner*, S. 157; *Messner/Hofmeister*, S. 164; *Hoffmann*, S. 136; abweichend: *Kübler/Prütting/Wenzel* § 295 RdNr. 15, mit unzutreffender Berufung auf *Römermann* in Nerlich/Römermann § 295 RdNR. 48; vgl. auch *Wenzel* NZI 1998, 15, 17 f.; zustimmend *Prziklang*, S. 70.

rien ermittelt, die auch im Rahmen des § 295 Abs. 1 Nr. 1 herangezogen werden, insbesondere die Ausbildung und die Vortätigkeit des Schuldners.[362]

Am **Ende der Wohlverhaltensperiode** wird unterstellt, dass der Schuldner während der **108** gesamten Laufzeit einer angemessenen Beschäftigung im Dienstverhältnis nachgegangen ist, um daraus ein fiktives Gesamteinkommen als Vergleichsmaßstab zu ermitteln.[363] Das Risiko des wirtschaftlichen Erfolgs trägt der Schuldner selbst. Hat der Schuldner während der Zeit seiner selbstständigen Tätigkeit zeitweilig **geringere oder gar keine Leistungen** erbracht, weil z. B. seine wirtschaftliche Lage ihn dazu gezwungen hat, so muss er dies dann durch spätere höhere Leistungen ausgleichen. Der Schuldner erfüllt nämlich erst dann seine Obliegenheit, wenn er bei Ablauf der Wohlverhaltensperiode insgesamt den gleichen wirtschaftlichen Wert an den Treuhänder abgeführt hat, den dieser im Falle eines angemessenen Dienstverhältnisses des Schuldners erhalten hätte.[364] Liegen die tatsächlichen Zahlungen des selbstständigen Schuldners unter dem **fiktiven Gesamteinkommen,** so kommt eine Restschuldbefreiung nicht in Betracht. Auf die Ursachen, insbesondere auf die Redlichkeit des Schuldners, kommt es dabei nicht an.[365] Ein solches Ergebnis ist entgegen einer im Schrifttum geäußerten Auffassung[366] auch nicht unrichtig. Es ist vielmehr der Preis, den der Schuldner dafür zahlen muss, dass er sich für die Selbstständigkeit entschieden hat. Da es während der Treuhandphase um die Interessen der Gläubigerbefriedigung geht, darf dieses Ziel durch die Wahl der Selbstständigkeit keineswegs durch Billigkeitserwägungen zugunsten des Schuldners abgeschwächt werden. Die Gegenauffassung hätte aber dies in nicht unwesentlichem Maße zur Folge. Dem versucht sie entgegenzusteuern, indem das Erfordernis aufgestellt wird, dass in angemessenem Umfang eine Gewinnbeteiligung des Schuldners an den Treuhänder abgeführt werden müsse.[367] Zwar kann der Schuldner dies auf freiwilliger Basis tun, doch muss die Gegenauffassung zur Stützung ihrer Meinung Mögliches zu Notwendigem machen, wozu es dogmatisch aber keine Anknüpfungspunkte gibt (s. sofort unten RdNr. 109 f.).

b) Überschuss. Ist der Schuldner **als Selbstständiger besonders erfolgreich** und hat **109** er daduch ein höheres Einkommen als er bei einem angemessenen Dienstverhältnis erhalten hätte, so bleibt dieser Überschuss bei ihm.[368] Im Gegensatz zum österreichischen Recht, wo sichergestellt ist, dass dem Schuldner nicht mehr verbleibt, als wenn er Einkünfte aus einem Dienstverhältnis hätte,[369] bestehen bei der deutschen Regelung die Bedenken, dass es die Interessen der Gläubiger benachteilige, wenn sie auf ihre Restforderungen verzichten müssten, obwohl zusätzliche Einnahmen zur Tilgung vorhanden wären.[370] Die Bundesregierung hielt an dieser Regelung gleichwohl fest mit dem Hinweis, dass eine solche Regelung leichter zu handhaben sei und dass es dem Schuldner häufig leicht falle, dafür zu sorgen, dass ihm die weiteren Gewinne erst nach Ablauf der Wohlverhaltensperiode zuflößen.[371] In der Konsequenz bedeutet dies, dass in den Fällen, in denen der Schuldner im Hinblick auf die

---

[362] S. oben RdNr. 16 ff.; vgl. auch Begr. RegE, BT-Drucks. 12/2443, 192 f.; *Trendelenburg*, S. 263; *Fuchs*, Kölner Schrift, 1741 (RdNr. 181); *Smid/Krug/Haarmeyer* § 295 RdNr. 9.
[363] *Römermann* in *Nerlich/Römermann* § 295 RdNr. 48; *Goetsch* in *Breutigam/Blersch/Goetsch* § 295 RdNr. 22; *Uhlenbruck/Vallender* § 295 RdNr. 66; *Smid/Krug/Haarmeyer* § 295 RdNr. 9.
[364] *Römermann* in *Nerlich/Römermann* § 295 RdNr. 48.
[365] *Forsblad*, S. 220; *Heyer*, S. 128 f.; HambKommInsO-*Streck* § 295 RdNr. 23; AG Darmstadt JurBüro 2006, 100.
[366] *Kübler/Prütting/Wenzel* § 295 RdNr. 15.
[367] *Kübler/Prütting/Wenzel* § 295 RdNr. 15.
[368] Vgl. dazu *Uhlenbruck*, MDR 1990, 4, 8; *Trendelenburg*, S. 264; *dies.*, NZI, 2000, 437, 439; *Runkel* ZVI 2007, 45, 54; *Grote* ZInsO 2004, 1105, 1109; *Schmerbach* ZVI 2003, 256, 263; *Römermann* in *Nerlich/Römermann* § 295 RdNr. 50; *Uhlenbruck/Vallender* § 295 RdNr. 76; *Graf-Schlicker/Kexel* § 295 RdNr. 20; HK-*Landfermann* § 295 RdNr. 11; aA AG München ZVI 2005, 384, 385; *Kübler/Prütting/Wenzel* § 295 RdNr. 15 a; *Wenzel* NZI 1999, 15, 17. Allgemein vgl. auch *Schildt*, Die Insolvenz des Freiberuflers, S. 171.
[369] § 210 Abs. 2 österrKO; *Mohr*, Privatkonkurs, 62.
[370] *Döbereiner*, S. 190; *Trendelenburg*, S. 264 f.; *dies.* ZInsO 2000, 437, 439; Stellungnahme des BRat, *Kübler/Prütting*, Das neue Insolvenzrecht, Bd. I, 549.
[371] Gegenäußerung der Bundesreg., *Kübler/Prütting*, Das neue Insolvenzrecht, Bd. I, 549.

Situation auf dem Arbeitsmarkt und seine persönlichen Verhältnisse gar keine Aussicht auf eine Anstellung hat, er sämtliche Einnahmen für sich behalten kann.[372] Vor dem Hintergrund entspricht es auch dem gesetzgeberischen Willen, dass der freiberufliche Schuldner nicht alles Pfändbare herauszugeben hat, sondern nur den Teil, der sich aus vergleichbarer unselbständiger Arbeit ergibt.[373]

110 c) **Festlegung des fiktiven Gesamteinkommens.** Wer das fiktive Gesamteinkommen bestimmt, ist im Gesetz nicht ausdrücklich geregelt.[374] Gegen die Kompetenz des Treuhänders zur **Festlegung des fiktiven Gesamteinkommens**[375] spricht, dass in der zentralen Vorschrift des § 292 keine Ansatzpunkte für eine solche Tätigkeit zu sehen sind. Zudem wäre bei der Festlegung durch den Treuhänder der Rechtsschutz weniger effektiv gewährleistet als bei der Festlegung durch das Insolvenzgericht. Schließlich ist auch nicht einzusehen, dass dem Treuhänder bei der sensiblen Aufgabe der Festlegung eines solchen Vergleichsmaßstabes ein zusätzliches Haftungsrisiko aufgebürdet werden soll. Eine gleichwohl vom Treuhänder erfolgte Festsetzung hat daher keine verbindliche Auswirkung darauf, wie viel tatsächlich abgeführt werden muss.[376] Daher ist davon auszugehen, dass das **Insolvenzgericht die Kompetenz** für die Festlegung des fiktiven Gesamteinkommens hat.[377] Fraglich ist allerdings, zu welchem Zeitpunkt das Gericht dieses Einkommen festzulegen hat. In Betracht kommt vor allem der Beschluss über den Antrag des Schuldners auf Erteilung der Restschuldbefreiung nach § 289 Abs. 1, also zu Beginn der Wohlverhaltensperiode.[378] Für eine Festlegung schon zu Beginn der Treuhandphase spricht zum einen, dass das Gericht im Beschluss nach § 289 Abs. 1 festlegt, dass der Schuldner die Restschuldbefreiung erlangt, wenn er den Obliegenheiten nach § 295 nachkommt. Daraus lässt sich der Schluss ziehen, dass die Obliegenheiten des Schuldners bereits mit der Ankündigung der Restschuldbefreiung beschrieben werden müssen. Da die Obliegenheiten des § 295 Abs. 1 hinreichend präzise gefasst sind, müsste wegen der fehlenden Differenzierung in § 291 Abs. 1 auch eine entsprechende Präzisierung der Obliegenheiten nach § 295 Abs. 2 vorgenommen werden. Demnach müsste das Insolvenzgericht in seinem Beschluss festlegen, welche Summe am Ende der siebenjährigen Periode an den Treuhänder abgeführt werden muss. Dies hat auch den Vorteil, dass der Schuldner im Rahmen seiner Tätigkeit nach und nach Teilbeträge an den Treuhänder abführen kann, um damit bereits während der Wohlverhaltensperiode Teile der Summe des fiktiven Gesamteinkommens zur Verfügung zu stellen. Dies erleichtert dem Schuldner auch die Beurteilung, welche Summe noch erwirtschaftet werden muss, um die Restschuldbefreiung erhalten zu können. Die vorherige Festlegung des fiktiven Gesamteinkommens trägt damit zur Rechts- und Planungssicherheit für den Schuldner bei. Gegen die Festsetzung des fiktiven Gesamteinkommens durch Beschluss ist gem. § 289 Abs. 2 die sofortige Beschwerde möglich.

111 Probleme ergeben sich indes, wenn der Schuldner zunächst eine Erwerbstätigkeit im Dienstverhältnis übernimmt und **später dann in die Selbstständigkeit wechselt.** Das Gesetz sieht ein Einschreiten des Gerichts insoweit nicht vor. Aus diesem Grund ist es auch nicht möglich, dass das Insolvenzgericht nach dem Wechsel während der Wohlverhaltensperiode einen Beschluss fasst, in dem das fiktive Gesamtvermögen, berechnet von dem Zeitpunkt des Wechsels in die Selbstständigkeit bis zum Ende der Wohlverhaltensperiode,

---

[372] So zu Recht HambKommInsO-*Streck* § 295 RdNr. 23; nicht entschieden in BGH ZInsO 2006, 548; anders AG München ZVI 2005, 384.
[373] Anders allerdings AG München ZVI 2005, 384, 385, das – entgegen dem Wortlaut – argumentiert, der selbstständige Schuldner müsse alles abführen, was pfändbar ist.
[374] Dazu s. FK-*Ahrens* § 295 RdNr. 64; *Smid/Krug/Haarmeyer* § 295 RdNr. 9; *Kübler/Prütting/Wenzel* § 295 RdNr. 17a; *Preuss,* S. 173; *Hoffmann,* S. 136 f.
[375] So z. B. *Smid/Krug/Haarmeyer* § 295 RdNr. 9.
[376] HambKommInsO-*Streck* § 295 RdNr. 25; *Grote* ZInsO 2004, 1105, 1108.
[377] Wie hier AG Neu-Ulm ZVI 2004, 132; *Uhlenbruck/Vallender* § 295 RdNr. 70; tendenziell ähnlich *Kübler/Prütting/Wenzel* § 295 RdNr. 17a; vgl. auch AG München ZVI 2005, 384, 385; anders: HambKommInsO-*Streck* § 295 RdNr. 25; *Grote* ZInsO 2004, 1105, 1108.
[378] Anders AG München ZVI 2005, 385.

festgelegt wird. In dieser Fallkonstellation wird das Insolvenzgericht nachträglich das fiktive Gesamteinkommen festlegen müssen. Formal geschieht dies im Rahmen der Entscheidung über die Restschuldbefreiung gem. § 300. Dies ist zwar für den Schuldner mit den Unwägbarkeiten verbunden, dass er nicht beurteilen kann, ob das von ihm erwirtschaftete Vermögen ausreichen wird, einen Betrag zur Verfügung zu stellen, welcher dem fiktiven Gesamteinkommen entspricht, doch ist dies das Risiko, welches er tragen muss, wenn er sich entscheidet, von einer nicht selbstständigen Tätigkeit in die Selbstständigkeit zu wechseln.

Wechselt der Schuldner während der Wohlverhaltensperiode des Öfteren von nicht selbstständiger Arbeit zur Selbstständigkeit und umgekehrt, so hat das Insolvenzgericht im Rahmen der Entscheidung über die Restschuldbefreiung für **die jeweiligen Abschnitte der Selbstständigkeit** das entsprechende fiktive Gesamteinkommen zu ermitteln und zu addieren, so dass der Schuldner am Ende der Wohlverhaltensperiode an den Treuhänder noch diesen Betrag auszukehren hat, bevor ihm die Restschuldbefreiung erteilt werden kann. Gegen die Entscheidung gem. § 300 ist die sofortige Beschwerde gem. § 300 Abs. 3 möglich.

d) Zahlungstermine. Bestimmte Zahlungstermine sind für den Schuldner **nicht vorgeschrieben.** Häufig wird der Schuldner auch erst nach dem Jahresabschluss beurteilen können, wieviel zu leisten er in Anbetracht der wirtschaftlichen Situation seines Unternehmens imstande ist.[379] Daher ist der Schuldner berechtigt, zeitweilig geringere oder auch keine Leistungen zu erbringen. Dieses wird insbesondere vorkommen, wenn ansonsten der Fortbestand des Gewerbebetriebs des Schuldners gefährdet wäre.[380] Etwaige vorangegangene **Minderleistungen** muss der Schuldner später ausgleichen.[381] Zum Abrechnungstermin am Ende der Wohlverhaltensperiode muss der Schuldner jedenfalls die gesamten, ihm obliegenden Zahlungen erbracht haben.[382] Der Schuldner ist aus diesem Grund auch berechtigt, erst **am Ende der Treuhandperiode** seine gesamten Leistungen zu erbringen.[383] Dem ist zwar entgegengehalten worden, dass eine solche Zahlung „nicht mehr vom Sinn dieses Verfahrens" gedeckt sei,[384] doch verkennt dieser Einwand, dass der Sinn des Verfahrens darin liegt, die Gläubiger ebenso zu befriedigen, wie sie befriedigt würden, wenn der Schuldner einer nicht-selbstständigen Tätigkeit nachginge. Kann der Schuldner nämlich die Zahlung (einschließlich etwaiger Zinsen) zu diesem Zeitpunkt erbringen, so wird das Befriedigungsinteresse der Insolvenzgläubiger nicht beeinträchtigt. Das Risiko liegt hier ausschließlich beim Schuldner. Reichen seine Leistungen nicht aus, so wird ihm die Restschuldbefreiung auf Antrag versagt (§ 296) und den Insolvenzgläubigern steht wieder das freie Nachforderungsrecht zu (§ 201 Abs. 1).[385]

V. Rechtsfolgen bei einem Verstoß gegen eine Obliegenheit des § 295

Verletzt der Schuldner eine Obliegenheit nach § 295, so wird ihm die **Restschuldbefreiung versagt,** wenn die weiteren, in § 296 genannten Voraussetzungen vorliegen.[386] § 296 verlangt insbesondere, dass die Befriedigung der Insolvenzgläubiger durch die Verletzung der Obliegenheit beeinträchtigt worden sein muss; zwischen der Obliegenheitsverletzung und der Beeinträchtigung der Gläubigerbefriedigung muss also ein **Kausalzusammenhang** bestehen.[387] Unerhebliche Beeinträchtigungen der Gläubigerbefriedigung sind dabei ver-

---

[379] Vgl. *Römermann* in *Nerlich/Römermann* § 295 RdNr. 47.
[380] *Römermann* in *Nerlich/Römermann* § 295 RdNr. 47.
[381] Vgl. *Römermann* in *Nerlich/Römermann* § 295 RdNr. 48; FK-*Ahrens* § 295 RdNr. 64; *Smid/Krug/Haarmeyer* § 295 RdNr. 9; s. auch Begr. RegE, BT-Drucks. 12/2443, S. 192.
[382] Vgl. Begr. RegE, BT-Drucks. 12/2443, S. 192 f.
[383] Wie hier *Uhlenbruck/Vallender* § 295 RdNr. 67; HambKommInsO-*Streck* § 295 RdNr. 27; abweichend FK-*Ahrens* § 295 RdNr. 64.
[384] FK-*Ahrens* § 295 RdNr. 64.
[385] Im Ergebnis wohl ebenso *Römermann* in *Nerlich/Römermann* § 295 RdNr. 48 f.
[386] Dazu vgl. unten *Stephan* § 296 RdNr. 4 ff.
[387] S. etwa *Maier/Krafft* BB 1997, 2173, 2179; FK-*Ahrens* § 295 RdNr. 7; *Hess/Hess* § 295 RdNr. 30; *Häsemeyer* RdNr. 26.35 und 26.41.

§ 296   8. Teil. Restschuldbefreiung

nachlässigbar, weil insoweit eine Wesentlichkeitsgrenze zu überschreiten ist.[388] Anhand welcher Kriterien diese Grenze zu bestimmen ist, bedarf noch der Klärung durch die Praxis. Sie wird jedenfalls einzelfallabhängig auszugestalten sein und muss den Interessen der Gläubiger an einer möglichst weitgehenden Befriedigung ebenso Rechnung tragen wie dem Schutzgedanken, dass dem Schuldner die Restschuldbefreiung verwehrt wird, obwohl die Befriedigung der Insolvenzgläubiger nur ganz geringfügig beeinträchtigt worden ist. Zu bedenken ist jedoch, dass es eine **Korrelation zur Schwere des Obliegenheitsverstoßes** geben muss. So wird man davon auszugehen haben, dass auch eine nur geringfügige Beeinträchtigung der Gläubigerbefriedigung bei einem erheblichen Verstoß gegen die Obliegenheiten die Versagung der Restschuldbefreiung zur Folge hat. Andernfalls besteht die Gefahr, dass das verhaltenssteuernde Moment der Obliegenheiten beeinträchtigt werden könnte. Wie § 296 Abs. 1 Satz 1 zu entnehmen ist, genügt die objektive Verletzung einer Obliegenheit nicht, sondern es muss für die Versagung der Restschuldbefreiung ein Verschulden hinzukommen.[389] Verschulden im Sinne des § 296 Abs. 1 Satz 1 ist dabei der vorwerfbare Verstoß gegen Gebote des eigenen Interesses.[390]

§ 296 Verstoß gegen Obliegenheiten

(1) [1] Das Insolvenzgericht versagt die Restschuldbefreiung auf Antrag eines Insolvenzgläubigers, wenn der Schuldner während der Laufzeit der Abtretungserklärung eine seiner Obliegenheiten verletzt und dadurch die Befriedigung der Insolvenzgläubiger beeinträchtigt; dies gilt nicht, wenn den Schuldner kein Verschulden trifft. [2] Der Antrag kann nur binnen eines Jahres nach dem Zeitpunkt gestellt werden, in dem die Obliegenheitsverletzung dem Gläubiger bekanntgeworden ist. [3] Er ist nur zulässig, wenn die Voraussetzungen der Sätze 1 und 2 glaubhaft gemacht werden.

(2) [1] Vor der Entscheidung über den Antrag sind der Treuhänder, der Schuldner und die Insolvenzgläubiger zu hören. [2] Der Schuldner hat über die Erfüllung seiner Obliegenheiten Auskunft zu erteilen und, wenn es der Gläubiger beantragt, die Richtigkeit dieser Auskunft an Eides Statt zu versichern. [3] Gibt er die Auskunft oder die eidesstattliche Versicherung ohne hinreichende Entschuldigung nicht innerhalb der ihm gesetzten Frist ab oder erscheint er trotz ordnungsgemäßer Ladung ohne hinreichende Entschuldigung nicht zu einem Termin, den das Gericht für die Erteilung der Auskunft oder die eidesstattliche Versicherung anberaumt hat, so ist die Restschuldbefreiung zu versagen.

(3) [1] Gegen die Entscheidung steht dem Antragsteller und dem Schuldner die sofortige Beschwerde zu. [2] Die Versagung der Restschuldbefreiung ist öffentlich bekanntzumachen.

§ 296 Verstoß gegen Obliegenheiten (RegE)

(1) [1] Das Insolvenzgericht versagt die Restschuldbefreiung auf Antrag eines Insolvenzgläubigers, wenn der Schuldner während der Laufzeit der Abtretungserklärung eine seiner Obliegenheiten verletzt und dadurch die Befriedigung der Insolvenzgläubiger beeinträchtigt; dies gilt nicht, wenn den Schuldner kein Verschulden trifft. [2] Der Antrag kann nur binnen eines Jahres nach dem Zeitpunkt gestellt werden, in dem die Obliegenheitsverletzung dem Gläubiger bekanntgeworden ist. [3] Er ist nur zulässig, wenn die Voraussetzungen der Sätze 1 und 2 glaubhaft gemacht werden.

---

[388] Begr. des Rechtsausschusses, BT-Drucks. 12/7302, 188; s. auch *Hess/Hess* § 295 RdNr. 30.
[389] Zu den Einzelheiten vgl. § 296 RdNr. 16 f.
[390] Zu Einzelheiten vgl. unten *Stephan* § 296 RdNr. 16.

(2) Vor der Entscheidung sind der Treuhänder, der Schuldner und der Insolvenzgläubiger, der den Antrag gestellt hat, zu hören.

(3) ¹ Gegen die Entscheidung steht dem Antragsteller und dem Schuldner die sofortige Beschwerde zu. ² Die Versagung der Restschuldbefreiung ist öffentlich bekanntzumachen.

Übersicht

	RdNr.		RdNr.
I. Normzweck	1	d) Pflicht zum persönlichen Erscheinen	28
II. Entstehungsgeschichte	3	e) Folgen eines Pflichtenverstoßes (Satz 3)	30
III. Voraussetzungen für die Versagung der Restschuldbefreiung wegen Obliegenheitsverletzungen (Abs. 1)	4	V. Entscheidung	31
1. Formelle Voraussetzungen	4	1. Funktionelle Zuständigkeit	31
a) Antrag eines Insolvenzgläubigers	4	2. Entscheidungsform	32
b) Glaubhaftmachung (Satz 3)	9	3. Versagung der Restschuldbefreiung	33
c) Wahrung der Jahresfrist	11	4. Zurückweisung des Versagungsantrags	34
2. Materielle Voraussetzungen	13	5. Mitteilung der Entscheidung	35
a) Verletzung einer Obliegenheit (§ 295) durch den Schuldner	13	6. Bekanntmachung der Entscheidung	36
b) Beeinträchtigung der Befriedigung durch den Schuldner	14	7. Rechtsmittel	37
c) Verschulden des Schuldners	16	8. Kosten	40
IV. Verfahren (Abs. 2)	18	a) Gerichtsgebühren	40
1. Zuständigkeit	18	b) Rechtsanwaltskosten	41
2. Wahrung des rechtlichen Gehörs (Satz 1)	20	c) Gegenstandswert	42
3. Mündliche Verhandlung	22	d) Kostenstundung	45
4. Verfahrensobliegenheiten des Schuldners	24	VI. Rechtsfolgen der Versagung der Restschuldbefreiung (§ 299)	46
a) Allgemeines	24	VII. Änderungen durch den RegE zur Entschuldung mitteloser Personen	50
b) Auskunftspflicht	25	1. Gegenstand der Gesetzesänderung	50
c) Pflicht zur Abgabe der eidesstattlichen Versicherung	26	2. Zweck der Gesetzesänderung	51
		3. Anhörung bei der Versagungsentscheidung	52

I. Normzweck

Die Vorschrift schafft die Möglichkeit, die sechsjährige Treuhandfrist zur Erlangung der Restschuldbefreiung **vorzeitig abzubrechen.**[1] Zum einen legt § 296 die materiellen Voraussetzungen fest, unter denen die Restschuldbefreiung vorzeitig in der Treuhandphase versagt werden kann, zum anderen regelt die Vorschrift das gerichtliche Verfahren über einen Antrag auf Versagung der Restschuldbefreiung. § 296 setzt die Sanktionen für den Fall der Verletzung der in § 295 auferlegten Obliegenheiten während der Treuhandphase fest und begründet darüber hinaus in Abs. 2 Satz 2 und 3 drei zusätzliche, auf das Versagungsverfahren bezogene Obliegenheiten, deren Verletzung ebenfalls zu einer Versagung der Restschuldbefreiung führen kann. 1

Die Vorschrift stellt ein Gegenstück zu dem strengen Konzept der Schuldnerobliegenheiten nach § 295 dar, indem in § 296 an den die Versagung beantragenden Gläubiger hohe Anforderungen zur Durchsetzung einer Versagung gestellt werden.[2] 2

II. Entstehungsgeschichte

Der **Diskussionsentwurf** enthielt in § 235 DE Abs. 1 und 2 mit Ausnahme des in Abs. 1 Satz 1 2. Halbs. normierten Verschuldenserfordernisses und der in Abs. 2 Satz 2 und 3 3

---

[1] Begr. des RegE in *Kübler/Prütting* (Hrsg.) Das neue Insolvenzrecht, Bd. I, S. 557.
[2] FK-*Ahrens* § 296 RdNr. 2.

festgelegten Verfahrensobliegenheiten des Schuldners die Regelung des § 296.[3] Der **Referentenentwurf** sah in § 235 RefE eine wesentliche Erweiterung der Norm vor. Das Verschuldenserfordernis und die jetzt in Abs. 2 und 3 geregelten Verfahrensobliegenheiten wurden neu eingefügt. Der Referentenentwurf sah auch vor, dass das Gericht auf Grund eines **Anhörungstermins** über den Antrag auf Versagung der Restschuldbefreiung entscheidet. Auch der **Regierungsentwurf** sah einen Anhörungstermin vor (§ 245 RegE). Nach Auffassung des **Rechtsausschusses** hätte das Erfordernis eines Anhörungstermins eine übermäßige Belastung der Gerichte mit sich gebracht.[4] Dies führte zu einer Überarbeitung des Absatzes zwei, der damit seine endgültige Fassung erhielt. Im Rechtsausschuss beantragte die **SPD-Fraktion** eine Ergänzung des Abs. 1. Danach sollte je nach der Schwere der Schuld oder Beeinträchtigung statt der Versagung eine Aufhebung des Bonus nach § 292 Abs. 1 Satz 3 oder eine Verlängerung der Laufzeit der Treuhandphase festgelegt werden können, ausgehend von einer variablen Laufzeit der Abtretungserklärung.[5] Dieser Vorschlag wurde mit den Stimmen von CDU/CSU und FDP abgelehnt, da eine Abwägung der Umstände des Einzelfalles die Gerichte zu stark belasten würde. Nach Auffassung des **Rechtsausschusses** könne, um unbillige Härten im Einzelfall zu vermeiden, das Verbot des Rechtsmissbrauchs aus § 242 BGB herangezogen werden.

III. Voraussetzungen für die Versagung der Restschuldbefreiung wegen Obliegenheitsverletzungen (Abs. 1)

4   1. **Formelle Voraussetzungen. a) Antrag eines Insolvenzgläubigers.** Das Verfahren auf Versagung der Rechtschuldbefreiung unterliegt der Gläubigerautonomie. Das Gericht kann daher eine Restschuldbefreiung nur auf **Antrag eines Insolvenzgläubigers** versagen. Mit seinem Antrag bestimmt der antragstellende Gläubiger zugleich den Verfahrengegenstand. Das Insolvenzgericht darf die Entscheidung über die Versagung der Restschuldbefreiung nicht von Amts wegen auf andere als die vom Antragsteller geltend gemachten Versagungsgründe stützen.[6] Vom Gericht darf daher von Amts wegen weder ein Versagungsverfahren eingeleitet noch auf andere Versagungsgründe erstreckt werden.[7] Auch der **Treuhänder** hat kein eigenes Antragsrecht. **Jeder Insolvenzgläubiger,** der an dem Verfahren teilgenommen hat, kann einen Versagungsantrag stellen. Insolvenzgläubiger, die nicht an dem Insolvenzverfahren teilgenommen und aus diesem Grund auch nicht in das Schlussverzeichnis aufgenommen worden sind, können keinen Versagungsantrag stellen, um damit den Verlust ihrer Forderungen auf Grund der Regelung in § 301 zu verhindern. Durch die Nichtteilnahme am Verfahren, gleichgültig aus welchem Grund, ist es **diesen Insolvenzgläubigern verwehrt, Verfahrensrechte wahrzunehmen.** Sie haben keine Stimmrechte im Insolvenzverfahren und nehmen auch dort nicht an der Verteilung teil. Dies gilt auch für das Restschuldbefreiungsverfahren. Auch in diesem Verfahren nehmen sie nicht an der Verteilung teil und sind nicht befugt, Versagungsanträge zu stellen. Ansonsten würde unter Umständen der Streit über den Bestand einer Forderung in das Restschuldbefreiungsverfahren verlagert.[8] Wer sich nicht durch eine Forderungsanmeldung in das Insolvenzverfahren integriert, besitzt keine verfahrensrechtlichen Befugnisse und kann deswegen auch keinen Versagungsantrag stellen.[9]

5   Gläubigern, die ausschließlich **Inhaber von Forderungen im Sinne des § 302** sind und deshalb von den Wirkungen der Restschuldbefreiung nicht berührt werden, ist ein Antragsrecht wegen fehlenden Rechtsschutzbedürfnisses nicht zu versagen.[10]

---

[3] BMJ (Hrsg.) DE S. 120 f.
[4] Begr. der Beschlussempfehlung des Rechtsausschusse in *Kübler/Prütting* (Hrsg.) Das neue Insolvenzrecht, Bd. 1, S. 551.
[5] Siehe Darstellung bei § 287 RdNr. 9.
[6] BGH NZI 2007, 297.
[7] AA *Kübler/Prütting/Wenzel* § 296 RdNr. 7.
[8] AA AG Köln NZI 2002, 218 f.
[9] BGH NZI 2002, 218; FK-*Ahrens* § 290 RdNr. 57 a, *Pape* NZI 2004, 1; aA AG Köln NZI 2002, 218.
[10] A. A. in der Voraufl. vgl. § 290 RdNr. 14.

Der Antragsteller kann bis zu dem Beschluss über die Ankündigung oder Versagung der Restschuldbefreiung seinen **Antrag erweitern oder zurücknehmen**.

Eine besondere **Form** ist für diesen Antrag nicht vorgeschrieben. Er kann daher schriftlich oder zu Protokoll der Geschäftsstelle mündlich erklärt werden. Der Antrag lautet dahin, dass dem Schuldner die Restschuldbefreiung zu versagen ist. Ein bestimmter Wortlaut ist für diesen Antrag nicht vorgeschrieben. Bei Unklarheiten hat das Gericht auf eine Erläuterung hinzuwirken. In dem Antrag sind die Obliegenheitsverletzung des Schuldners, die Beeinträchtigung der Befriedigungsaussichten und sowie die Einhaltung der Jahresfrist darzulegen und glaubhaft zu machen.

Gemäß § 130 a ZPO kann die gesetzliche Schriftform durch die **elektronische Form** ersetzt werden. Hierfür bedarf es jedoch noch der Ausführungsvorschriften der Länder.

b) Glaubhaftmachung (Satz 3). Die Glaubhaftmachung hat bereits bei der Antragstellung zu erfolgen. Somit hat sie auch zu erfolgen, unabhängig davon, ob der Schuldner den Antragsgrund bestreitet. Sie kann jedoch auch noch nachgeholt werden. Das Verfahren der Glaubhaftmachung richtet sich nach § 294 ZPO. Der Insolvenzgläubiger darf sich daher grundsätzlich der präsenten Beweismittel einschließlich einer eidesstattlichen Versicherung bedienen. In der Begründung zum RegE[11] wird als Beispiel eine vom Gläubiger vorgelegte schriftliche Erklärung des Treuhänders genannt, aus der ersichtlich ist, dass der Schuldner nach Beendigung seines Arbeitsverhältnisses trotz Aufforderung durch den Treuhänder keine Auskunft über seine Bemühungen gegeben hat, einen neuen Arbeitsplatz zu finden. Solche eidesstattlichen Versicherungen werden bei der Glaubhaftmachung eines Obliegenheitsverstoßes eine wichtige Rolle spielen. Ein Bestreiten der glaubhaft gemachten Tatsachen erhöht nicht den gesetzlich vorgeschriebenen Grad der richterlichen Überzeugungsbildung. Eine Gegenglaubhaftmachung kann allerdings zur Unzulässigkeit des Antrags führen.[12] Welche Mittel der Glaubhaftmachung das Gericht für die Überzeugungsbildung als ausreichend ansieht, hängt vom Einzelfall ab. Erst wenn die Zulässigkeit des Versagungsantrags feststeht, ist seine sachliche Berechtigung zu prüfen.

Glaubhaft zu machen ist nicht nur die Verletzung der Obliegenheit, sondern die Beeinträchtigung der Befriedigung von Insolvenzgläubigern und der Zeitpunkt des Bekanntwerdens der Obliegenheitsverletzung. Umstritten ist, ob der Gläubiger auch das Verschulden glaubhaft machen muss. Nach dem Wortlaut und dem Sinn und vor allem der Gesetzgebungsgeschichte ist auch das Verschulden glaubhaft zu machen. Die Bestimmung über die Glaubhaftmachung wurde an die nachträglich eingefügte Verschuldensregelung angepasst und damit auch auf diese erstreckt.[13] Aus dem Umstand, dass die Beweislast für das Verschulden beim Schuldner liegt, folgt nicht zwingend, dass damit auch das Verschulden nicht von dem Gläubiger darzulegen und glaubhaft zu machen ist.[14] Mit der Glaubhaftmachung der Verschuldensumstände wird der Kreis möglicher Vorwürfe eingegrenzt und dem Schuldner ein Rahmen vorgegeben, innerhalb dessen er sich zu entlasten hat.[15]

c) Wahrung der Jahresfrist. Dieser Antrag kann nur **innerhalb eines Jahres** gestellt werden, nachdem dem antragstellenden Gläubiger die Obliegenheitsverletzung des Schuldners bekannt geworden ist. Der Antrag kann frühestens nach der Aufhebung des Insolvenzverfahrens und Beginn der Treuhandzeit gestellt werden. Spätester Zeitpunkt für den Antrag auf Versagung der Restschuldbefreiung ist der Termin zur Entscheidung über die Erteilung der Restschuldbefreiung gemäß § 300 Abs. 2. Der für den Fristenbeginn maßgebende Kenntnisstand ist anzunehmen, wenn der Gläubiger zwar die Kenntnis nicht positiv besaß, wohl aber die Möglichkeit hatte, sich die erforderlichen Kenntnisse in zumutbarer Weise,

---

[11] BR-Drucks. 1/92 S. 193.
[12] *Vallender* InVO 1998, 169, 178; OLG Köln ZIP 1988, 664 (665).
[13] So FK-*Ahrens* § 296 RdNr. 26; aA *Nerlich/Römermann* § 296 RdNr. 21; *Fuchs* KS S. 1748, RdNr. 200.
[14] So aber *Fuchs* KS S. 1748, RdNr. 200.
[15] FK-*Ahrens* § 296 RdNr. 26.

§ 296 12–15   8. Teil. Restschuldbefreiung

ohne nennenswerte Mühe zu beschaffen. Die Frist berechnet sich nach § 4, § 222 ZPO, §§ 187 Abs. 1, 188 Abs. 2 BGB. Durch die Jahresfrist soll innerhalb eines übersehbaren Zeitraumes Rechtssicherheit hergestellt werden.[16]

12 Die Jahresfrist ist eine Ausschlussfrist. Das Verstreichen dieser Frist ist von Amts wegen zu berücksichtigen. Die Frist kann nicht verlängert werden. Auch eine Wiedereinsetzung in den vorigen Stand nach Fristversäumnis kommt nicht in Betracht

13 **2. Materielle Voraussetzungen. a) Verletzung einer Obliegenheit (§ 295) durch den Schuldner.** Das Insolvenzgericht versagt die Restschuldbefreiung, wenn der Schuldner eine seiner Obliegenheiten verletzt hat. Die Obliegenheiten sind in § 295 normiert. Zeitlich kommen nur die Obliegenheitsverletzungen zwischen der Aufhebung des Insolvenzverfahrens im Anschluss an die Rechtskraft des Beschlusses über die Ankündigung der Restschulbefreiung und der Beendigung der Treuhandphase in Betracht. Obliegenheitsverletzungen während des Insolvenzverfahrens und davor sind präkludiert. Maßgeblicher Zeitpunkt ist die Vornahme der Verletzungshandlung.

14 **b) Beeinträchtigung der Befriedigung der Insolvenzgläubiger.** Die Restschuldbefreiung ist zu versagen, wenn dadurch die Befriedigung der Insolvenzgläubiger beeinträchtigt wird. Eine Beeinträchtigung der Befriedigung der Insolvenzgläubiger liegt vor, wenn diese ohne die Obliegenheitsverletzung eine **bessere Befriedigung** im Hinblick auf ihre Forderung hätten erreichen können.[17] Ausreichend ist daher nicht eine beeinträchtigte Gläubigerbefriedigung. Es muss zwischen der Obliegenheitsverletzung und der Gläubigerbeeinträchtigung auch ein **Kausalzusammenhang** bestehen.[18] Zur Beurteilung des Zurechnungszusammenhangs kann auf die allgemeinen zivilrechtlichen Grundsätze zurückgegriffen werden. Die Äquivalenz und die Adäquanz der Kausalität müssen gewahrt sein.[19] Die Gläubigerbeeinträchtigung muss unter den Schutzweck der Norm fallen. Der Zurechnungszusammenhang wird daher auch durch das Fehlverhalten Dritter nicht unterbrochen.[20] Während die Obliegenheitsverletzung während der Treuhandperiode begangen worden sein muss, ist es ohne Belang, wann die Beeinträchtigung der Insolvenzgläubiger eintritt.

15 Es muss sich, anders als bei dem Widerruf der Restschuldbefreiung nach § 303 Abs. 1, nicht um eine **erhebliche Beeinträchtigung** handeln. Andererseits ist es auch unangemessen, die Restschuldbefreiung zu versagen, wenn die **Schlechterstellung der Insolvenzgläubiger** nur ganz **unwesentlich** ist.[21] Zwar müsste auch in diesen Fällen nach der wörtlichen Auslegung des Gesetzes dem Schuldner die Restschuldbefreiung versagt werden. In einem solchen Fall wird man der Geltendmachung des Obliegenheitsverstoßes den **Einwand der unzulässigen Rechtsausübung nach § 242 BGB** entgegenhalten müssen, da an einen geringfügigen Verstoß, vor allem wenn die Obliegenheitsverletzung nur fahrlässig war, vergleichsweise weittragende Rechtsfolgen geknüpft werden.[22] Maßgeblich ist jedoch immer, dass die Beeinträchtigung der Insolvenzgläubiger nur unwesentlich war.

---

[16] Begr. des RegE, in *Kübler/Prütting* (Hrsg), Das neue Insolvenzrecht, Bd. I S. 550 f.
[17] *Römermann* in *Nerlich/Römermann,* RdNr. 10 zu § 296.
[18] *Haarmeyer/Wutzke/Förster,* Handbuch, 2. Aufl., Kap. 10 RdNr. 80.
[19] Beispiel bei *Römermann* in *Nerlich/Römermann* RdNr. 14 zu § 296: Ein Zurechnungszusammenhang besteht beispielsweise, wenn der Schuldner den Arbeitgeber wechselt, ohne dies dem Treuhänder mitzuteilen, der neue Arbeitgeber trotz der Abtretungserklärung den vollen Lohn an den Schuldner auszahlt und die Bezüge daher nicht in voller Höhe zur Verteilung gelangen.
[20] Beispiel bei *Döbereiner,* S. 203: Wenn beispielsweise der Arbeitgeber auf Bitten des Schuldners nicht den gesamten Teil der abgetretenen Bezüge an den Treuhänder abführt, entfällt wegen des Fehlverhaltens eines Dritten, des Arbeitgebers, nicht der Zurechnungszusammenhang.
[21] *Döbereiner* S. 202 der eine Schlechterstellung pro Gläubiger um Beträge bis zu 5,– DM als keinen Versagungsgrund ansieht. Nach Auffassung Döbereiners wird bei einer solchen Konstellation in der Regel kein wirtschaftlich denkender Gläubiger die Versagung beantragen, da sich seine künftigen Befriedigungsaussichten verschlechtern, wenn dem Schuldner die Motivation seine Arbeitskraft zur Befriedigung der Gläubiger einzusetzen, durch die vorzeitige Versagung der Restschuldbefreiung genommen wird.
[22] MünchKommBGB-*Roth* § 242 RdNr. 438; *Döbereiner* S. 202; BT-Drucks. 12/3443, S. 193, Begr. zu § 245 BT-Drucks. 12/7302, S. 188, Begr. zu § 346 k.

Anknüpfungspunkt kann nicht die Schwere des Verstoßes sein. Im Hinblick auf den verfassungsrechtlich geschützten Anspruch der Gläubiger auf eine Durchsetzung ihrer Forderungen nach Art. 14 GG kann bei einer nur unwesentlichen Schlechterstellung der Gläubiger der Versagungsantrag rechtsmissbräuchlich sein.[23] Die durch den Obliegenheitsverstoß verursachte Schlechterstellung der Gläubiger ist durch einen **Vergleich zwischen dem ordnungsgemäß durchgeführten und dem unter einer Obliegenheitsverletzung absolvierten Schuldbefreiungsverfahren** zu bemessen.[24] Die Schlechterstellung muss konkret messbar sein. Ansonsten kann die Restschuldbefreiung nicht nach § 296 Abs. 1 Satz 1 versagt werden. Ohne Beschwer ist der Versagungsantrag unzulässig. Lehnt z. B. eine Schuldnerin eine neben der Kinderbetreuung zumutbare Teilzeitbeschäftigung ab, die keine pfändbaren Bezüge ergeben hätte, kann darin zwar eine Obliegenheitsverletzung zu sehen sein. Diese führt jedoch zu keiner Gläubigerbeeinträchtigung.

c) Verschulden des Schuldners. In subjektiver Hinsicht muss der Schuldner die Obliegenheitsverletzung verschuldet haben. Da die Obliegenheiten Verhaltensanforderungen an sich selbst sind, handelt es sich um ein Verschulden gegen sich selbst.[25] Verschulden bedeutet daher nicht – wie sonst – eine vorwerfbare, rechtswidrige Verletzung einer gegenüber anderen oder der Allgemeinheit bestehenden Rechtspflicht. Verschulden im Sinne des § 296 Abs. 1 Satz 1 ist vielmehr der vorwerfbare Verstoß gegen Gebote des eigenen Interesses. 16

Die Beweislast hinsichtlich des Verschuldens trifft anders als in § 290, wo der antragstellende Gläubiger die Voraussetzungen des Verschuldens darlegen und beweisen muss, hier den Schuldner. Dem Schuldner soll die Möglichkeit genommen werden, missbräuchlich die Schwierigkeiten des Verschuldensnachweises auszunutzen. Ist offen, ob den Schuldner ein Verschulden trifft, geht dies zu seinen Lasten. An den Entlastungsbeweis dürfen jedoch keine allzu strengen Anforderungen gestellt werden. 17

IV. Verfahren (Abs. 2)

1. Zuständigkeit. Zuständig für das Versagungsverfahren ist das Insolvenzgericht (§ 296 Abs. 1), auch dann, wenn die Erteilung der Restschuldbefreiung durch das Beschwerdegericht erfolgt ist. Eine dem Rechtsgedanken des § 584 Abs. 1 ZPO entsprechende Regelung, wonach ein Anfechtungsverfahren grundsätzlich bei dem Gericht durchzuführen ist, das die anzufechtende Entscheidung erlassen hat, ist von der Insolvenzordnung nicht aufgenommen worden. 18

Örtlich zuständig ist das Insolvenzgericht, bei dem das vorangegangene Insolvenzverfahren anhängig war. Auch wenn das Restschuldbefreiungsverfahren als eigenständiges Verfahren anzusehen ist, bleibt die einmal begründete örtliche Zuständigkeit maßgebend. Ein nachträglicher Ortswechsel berührt die einmal begründete örtliche Zuständigkeit nicht mehr (§ 17 Abs. 1 Satz 1 GVG). 19

2. Wahrung des rechtlichen Gehörs (Satz 1). Vor der Entscheidung über den Versagungsantrag sind der Treuhänder, der Schuldner und die Insolvenzgläubiger zu hören. Zur Entlastung des Gerichts kann die Anhörung der Verfahrensbeteiligten auch **schriftlich erfolgen**. Diese Anhörung dient der Gewährung rechtlichen Gehörs (Art. 103 GG). Die Anhörung zur Gewährung rechtlichen Gehörs ist zu unterscheiden von der Anhörung zur Aufklärung des Sachverhalts. Rechtliches Gehör bedeutet, dass der Beteiligte sich vor Erlass der Entscheidung in tatsächlicher und rechtlicher Hinsicht zu dem Versagungsantrag äußern kann. Nimmt ein Beteiligter die ihm eingeräumte Gelegenheit zur Stellungnahme nicht wahr, dann hat das Gericht seiner Pflicht Genüge getan. Haben die Beteiligten sich jedoch 20

---

[23] Römermann in Nerlich/Römermann § 296 RdNr. 8, 12 zu § 296; aA Begr. der Beschlussempfehlung des Rechtsausschusses in: Kübler/Prütting (Hrsg.) Das neue Insolvenzrecht, Bd. 1 S. 551.
[24] FK-Ahrens § 296 RdNr. 11.
[25] FK-Ahrens § 296 RdNr. 8; Braun/Buck § 296 RdNr. 4.

geäußert, dann muss das Gericht die im Rahmen der Anhörung vorgebrachten Erwägungen bei seiner Entscheidung berücksichtigen. Anzuhören sind **alle Insolvenzgläubiger,** nicht nur der Gläubiger, der den Versagungsantrag gestellt hat. Auch wenn das Gesetz von den Insolvenzgläubigern spricht, die anzuhören sind, wird eine Rechtsposition der Gläubiger, die ausschließlich Inhaber von Forderungen im Sinne des § 302 sind, durch eine unterlassene Anhörung nicht beeinträchtigt.

21 Unterbleiben kann die Anhörung des Schuldners, wenn er sich im Ausland aufhält und eine Anhörung deshalb das Verfahren übermäßig verzögern würde, § 10. Der Anspruch auf Gewährung rechtlichen Gehörs ist nicht schrankenlos. Das Interesse an einer Verfahrensbeschleunigung in Verbindung mit dem Erfordernis einer funktionierenden Rechtspflege rechtfertigt eine solche Einschränkung.[26] Dies gilt umso mehr, als dem Schuldner im Beschwerdeverfahren nachträglich rechtliches Gehör gewährt wird. Der dadurch eintretende Verlust einer Instanz kann im Interesse der Verfahrensbeschleunigung in Kauf genommen werden. Auch **die Anhörung eines Insolvenzgläubigers kann unterbleiben,** wenn sich dieser im Ausland aufhält oder wenn dessen Anschrift unbekannt ist. Zwar fehlt hierfür eine dem § 10 entsprechende Regelung. Da jedoch keine unterschiedliche Interessenlage zum Fall des Absehens einer Anhörung des Schuldners besteht, ist § 10 analog auch auf die Anhörung der Insolvenzgläubiger anzuwenden.

22 **3. Mündliche Verhandlung.** Eine mündliche Verhandlung ist auch für das Versagungsverfahren nach § 296 nicht vorgeschrieben. Die Anhörung allein zur Gewährung rechtlichen Gehörs erfordert dann, wenn die Obliegenheitsverletzung subjektiv und objektiv eindeutig belegt werden kann oder die Zahl der Gläubiger klein ist, in der Regel keine mündliche Verhandlung. Entgegen der Äußerung des Gesetzgebers in der Gesetzesbegründung ist ein schriftliches Verfahren nicht in der Regel das das Gericht weniger belastende Verfahren.[27] Ein schriftliches Verfahren verursacht auch häufig höhere Kosten als ein mündlicher Anhörungstermin.[28] Bei einer schriftlichen Anhörung ist wegen eines möglichen Verfahrensverstoßes gegen den Grundsatz der Gewährung rechtlichen Gehörs der Zugang des die Anhörung einleitenden Schriftsatzes durch Zustellungsurkunde sicherzustellen. Bestreitet der Schuldner die Obliegenheitsverletzung, dann hat das Gericht auch diese Einlassung den anderen Beteiligten zugänglich zu machen. Bei einem großen Kreis der Gläubiger sind auch die Zustellungskosten für die schriftliche Anhörung sehr hoch. Allerdings kann der Auffassung nicht gefolgt werden, die Zustellungskosten für die Terminsladung ließen sich durch eine öffentliche Bekanntmachung der Ladung im Amtsblatt erheblich vermindern.[29] Mit der öffentlichen Bekanntmachung der Ladung ist nur dem Grundsatz der Gewährung rechtlichen Gehörs ausreichend Geltung verschafft worden. Darüber hinaus sind für eine Vielzahl von Restschuldbefreiungsverfahren, nämlich in denen der Schuldner ein Verbraucher im Sinne des § 304 ist, weitere öffentliche Bekanntmachungen als die, die das Gesetz vorsieht, unzulässig. § 9 Abs. 2 findet im Verbraucherinsolvenzverfahren keine Anwendung (§ 312 Abs. 1 Satz 2).

23 **4. Verfahrensobliegenheiten des Schuldners. a) Allgemeines.** Für den Insolvenzgläubiger wird es in der Regel sehr schwierig sein, Erkenntnisse darüber zu erlangen, ob der Schuldner seinen Obliegenheiten in der Treuhandzeit nachkommt, insbesondere, wenn der Treuhänder wegen des fehlenden Auftrags der Gläubigerversammlung nach § 292 Abs. 2 nicht verpflichtet ist, den Schuldner zu überwachen und die Gläubiger von den Obliegenheitsverletzungen zu unterrichten. In dieser Lage soll durch bestimmte Verfahrensobliegenheiten dem Insolvenzgläubiger der Nachweis einer Obliegenheitsverletzung erleichtert wer-

---

[26] *Maunz/Dürig/Assmann,* Art. 103 Abs. 1 RdNr. 18.
[27] Begr. RA BT-Drucks. 12/392 S. 188: „Mit der Änderung des Absatzes 2 soll eine übermäßige Belastung der Gerichte vermieden werden. Das Verfahren oder einzelne seiner Teile, die Anhörung der Verfahrensbeteiligten, die Einholung von Auskünften des Schuldners und die Abnahme der eidesstattlichen Versicherung – sollten schriftlich durchgeführt werden können.".
[28] *Haarmeyer/Wutzke/Förster* Handbuch, Kap. 8 RdNr. 283.
[29] So aber *Haarmeyer/Wutzke/Förster,* Handbuch, Kap. 8 RdNr. 283 und *Smid,* InsO § 296 RdNr. 7.

den. Der Schuldner hat über die Erfüllung seiner Obliegenheiten Auskunft zu erteilen. Er hat, wenn der Gläubiger dies beantragt, die Richtigkeit dieser Auskunft an Eides statt zu versichern. und ist verpflichtet, zu einem Anhörungstermin, zu dem er vom Gericht geladen worden ist, zu erscheinen. Verweigert er die Auskunft oder die eidesstattliche Versicherung oder erscheint er nicht zum Termin, so ist ihm die Restschuldbefreiung zu versagen.

b) Auskunftspflicht. Die Auskunftspflicht des Schuldners dient **nicht der Ausforschung von Obliegenheitsverletzungen.** Die Auskunftspflicht setzt einen zulässigen Versagungsantrag voraus. Der Insolvenzgläubiger hat zunächst die Voraussetzungen für einen Versagungsgrund konkret darzulegen und glaubhaft zu machen. Erst dann ist der Schuldner zur aktiven Mitwirkung im Versagungsverfahren verpflichtet. Diese Auskunftspflicht geht weiter als die Verpflichtung, die der Schuldner während der Treuhandzeit gegenüber dem Treuhänder und dem Insolvenzgericht gemäß § 295 Abs. 1 Nr. 3 hat. Danach hatte der Schuldner nur über jeden Wohnsitzwechsel, Wechsel der Beschäftigungsstelle, über seine Erwerbstätigkeit oder seine Bemühungen um eine solche sowie über seine Bezüge und sein Vermögen Auskunft zu erteilen. Bei der Auskunftspflicht nach § 296 Abs. 2 Satz 2 hat der Schuldner über die Erfüllung jeder Obliegenheit Auskunft erteilen, auf die der Versagungsantrag gestützt ist. Zu orientieren hat sich die Auskunft an der konkreten Frage des Gerichts.[30] Der Gegenstand der Befragung wird allerdings durch den Zweck der Auskunft beschränkt. Das Gericht darf den Schuldner nicht zu möglichen Obliegenheitsverletzungen befragen, auf die eine Versagung nicht gestützt ist. Der Versagungsantrag des Insolvenzgläubigers begrenzt insoweit den Gegenstand der Auskunft. Das Auskunftsverlangen des Gerichts, Treuhänders oder Insolvenzgläubigers konkretisiert die Auskunftspflicht. 24

Die Auskunft kann **schriftlich** eingeholt worden. Das Gericht muss dem Schuldner für die Auskunft eine Erklärungsfrist setzen. Der Schuldner ist auch bei der schriftlichen Auskunft über **die Folgen eines Verstoßes gegen die Auskunftspflicht zu belehren.** Das Gericht kann aber auch anstelle einer schriftlichen Anhörung zu einem **Anhörungstermin** laden, zu dem auch zweckmäßig der Treuhänder und der antragstellende Gläubiger geladen werden. War den übrigen Insolvenzgläubigern schon schriftlich rechtliches Gehör gewährt worden, so ist eine formlose Benachrichtigung der Insolvenzgläubiger von diesem Termin ausreichend. In einem Anhörungstermin sind alle Verfahrensbeteiligten berechtigt, vom Schuldner Auskunft zu verlangen. Der Schuldner hat **die Auskunft persönlich zu erfüllen,** auch wenn er im Versagungsverfahren von einem Verfahrensbevollmächtigten vertreten wird. 25

c) Pflicht zur Abgabe einer eidesstattlichen Versicherung. Hat der Schuldner schriftlich oder mündlich eine Auskunft erteilt, dann kann der Insolvenzgläubiger, der den Versagungsantrag gestellt hat, verlangen, dass der Schuldner die Richtigkeit der Angaben an Eides statt versichert. Andere Gläubiger als der Antragsteller dürfen die eidesstattliche Versicherung nicht verlangen.[31] Die eidesstattliche Versicherung ist anders als die eidesstattliche Versicherung nach § 807 ZPO keine Offenbarungsversicherung. Sie dient allein der Glaubhaftmachung der erteilten Auskunft. Die eidesstattliche Versicherung kann schriftlich erfolgen oder in dem anberaumten Termin abgegeben werden. Für die schriftliche Abgabe der Versicherung an Eides statt hat das Gericht dem Schuldner eine Frist zu setzen und auf die Folgen einer Fristversäumnis hinzuweisen. Das Gericht hat den Schuldner ferner schriftlich über die Bedeutung einer Versicherung an Eides statt aufzuklären und auf die strafrechtlichen Folgen einer falschen eidesstattlichen Versicherung hinzuweisen. 26

Nur eine konkret verlangte und darauf erteilte Auskunft kann vollständig durch eine eidesstattliche Versicherung bekräftigt werden. Durch den Bezug auf die „verlangte" Auskunft, wird das Risiko des Schuldners, sich wegen einer falschen eidesstattlichen Versicherung strafbar zu machen (§§ 156, 163 StGB), eingegrenzt. Der Schuldner hat entweder schriftlich oder zu Protokoll an Eides statt zu versichern, er habe die von ihm verlangte 27

---

[30] FK-*Ahrens* § 296 RdNr. 33.
[31] FK-*Ahrens* § 296 RdNr. 33.

Auskunft nach bestem Wissen und Gewissen richtig und vollständig erteilt. Die §§ 478, 480 ZPO gelten entsprechend. Der Schuldner hat also die eidesstattliche Versicherung in Person zu leisten (§ 478 ZPO), eine Vertretung ist ausgeschlossen. Er ist über die Bedeutung der eidesstattlichen Versicherung zu belehren.

28   d) **Pflicht zum persönlichen Erscheinen.** Das Gericht kann ein persönliches Erscheinen des Schuldners zu einem Anhörungstermin anordnen. Die Entscheidung ob der Schuldner zu einem Termin geladen wird, steht ausschließlich im Ermessen des Gerichts. Ein Anspruch des antragstellenden Gläubigers, des Treuhänders oder der übrigen Insolvenzgläubiger auf Ladung des Schuldners besteht nicht. Dennoch erscheint es zweckmäßig, den Schuldner zusammen mit den anderen Verfahrensbeteiligten zu einem Anhörungstermin zu laden, es sei denn, die Obliegenheitsverletzung kann subjektiv und objektiv eindeutig belegt werden und der Schuldner bestreitet sie nicht. Die Pflicht, einer Ladung des Gerichts Folge zu leisten, ist keine verfahrensrechtliche Pflicht, die mit den verfahrensrechtlichen Zwangsmitteln durchgesetzt werden kann. Es kann bei einem Ausbleiben auch kein Ordnungsgeld gemäß § 141 Abs. 3 Satz 1 ZPO verhängt werden. Es ist vielmehr eine insolvenzrechtliche Obliegenheit, deren Verletzung die Versagung der Restschuldbefreiung zur Folge hat.

29   Der Schuldner ist von Amts wegen persönlich zu laden, auch wenn er einen Verfahrensbevollmächtigten hat (§ 4, § 141 Abs. 2 ZPO). In der Ladung ist auf die Folgen des Ausbleibens deutlich hinzuweisen. Zwar bedarf eine Ladung gemäß § 141 Abs. 2 ZPO nicht der Zustellung. Für den Nachweis einer ordnungsgemäßen Ladung wird jedoch eine Zustellung in der Regel zweckmäßig sein.

30   e) **Folgen des Pflichtenverstoßes.** Gibt der Schuldner die **Auskunft** oder die **eidesstattliche Versicherung** innerhalb der ihm gesetzten Frist ohne ausreichende Entschuldigung nicht ab oder **erscheint** er trotz ordnungsgemäßer Ladung ohne ausreichende Entschuldigung **nicht zu dem Termin,** so hat **das Gericht die Restschuldbefreiung zu versagen.** Entschuldbar sind z. B. Krankheit oder Unfall. Auch eine Unkenntnis der Ladung durch eine längere Abwesenheit kann einen Entschuldigungsgrund bilden. Allerdings ist hierbei zu beachten, dass nach § 295 Abs. 1 Nr. 3 der Schuldner jeden Wohnsitzwechsel dem Insolvenzgericht und dem Treuhänder mitteilen muss. Der Schuldner muss die fehlende Vorwerfbarkeit der Obliegenheitsverletzung darlegen und beweisen. Kann nicht festgestellt werden, ob dem Schuldner ein Verschulden trifft, so geht dies zu seinen Lasten. Für die Versagung wegen der Verletzung einer Verfahrensobliegenheit nach § 296 Abs. 2 Satz 3 bedarf es keines ausdrücklichen Gläubigerantrags. Hier kann das Gericht von Amts wegen die Restschuldbefreiung versagen.

V. Entscheidung

31   1. **Funktionelle Zuständigkeit.** Die Entscheidung über den Versagungsantrag eines Insolvenzgläubigers (§ 296 Abs. 1, Satz 1) oder die Entscheidung wegen Verletzung verfahrensbezogener Obliegenheiten (§ 296 Abs. 2 Satz 3) ist dem Richter vorbehalten, da sie der rechtsprechenden Tätigkeit i. S. von Art. 92 GG zumindest sehr nahe kommt, in einem kontradiktorischen Verfahren nach Anhörung der Beteiligten ergeht, regelmäßig schwierige Abwägungen und Bewertungen erfordert und tief in die rechtliche Stellung des Schuldners oder des Gläubigers eindringt.[32] Dies folgt aus § 18 Abs. 1 Nr. 2 RPflG.

32   2. **Entscheidungsform.** Die Entscheidung ergeht in Form eines zu begründenden Beschlusses. Auch ohne ausdrücklichen Hinweis ist im Restschuldbefreiungsverfahren der Beschluss die einzige Entscheidungsform, da Entscheidungen nach der Insolvenzordnung ohne mündliche Verhandlung ergehen dürfen, § 5 Abs. 2 Satz 2. Aufgrund einer mündlichen Verhandlung ergehende Beschlüsse sind zu verkünden. Die fehlende Begründung ist eine zur Aufhebung führende Gesetzesverletzung (§ 4 i. V. m. § 551 ZPO). Da an dem Verfahren auf Versagung der Restschuldbefreiung der oder die antragstellenden Gläubiger als

---
[32] RegEGInsO BT-Drucks. 12/3803 S. 65.

Parteien eines Streitverfahrens beteiligt sind, sind diese als Beteiligte im Rubrum entsprechend aufzuführen.

3. Versagung der Restschuldbefreiung. Ist von einem Insolvenzgläubiger die Versagung der Restschuldbefreiung beantragt worden und ist dieser Antrag zulässig und begründet, dann hat das Gericht dem Schuldner die Restschuldbefreiung zu versagen. Gleiches gilt, wenn der Versagungsantrag des Schuldners zulässig war und der Schuldner die verfahrensbezogenen Obliegenheiten (§ 296 Abs. 2 Satz 3) verletzt hat. Der Beschluss muss eine Kostenentscheidung für das Versagungsverfahren enthalten. Im Falle der Versagung der Restschuldbefreiung hat die Kosten des Versagungsverfahrens der Schuldner zu tragen.

4. Zurückweisung des Versagungsantrags. Ist der Antrag eines Gläubigers auf Versagung der Restschuldbefreiung unzulässig oder unbegründet, hat das Gericht den Versagungsantrag des Insolvenzgläubigers zurückzuweisen. Der Beschluss muss eine Kostenentscheidung für das Versagungsverfahren enthalten. Die Kosten des zurückgewiesenen Versagungsantrags hat der antragstellende Gläubiger zu tragen.

5. Mitteilung der Entscheidung. Im Allgemeinen genügt es, einen nicht verkündeten Beschluss dem Beteiligten formlos mitzuteilen. Da die Entscheidung über den Versagungsantrag eines Insolvenzgläubigers mit einem Rechtsmittel anfechtbar ist, ist er zuzustellen (§ 4, § 329 Abs. 2 und 3 ZPO). Die Entscheidung, durch die die Restschuldbefreiung versagt wird, ist somit dem Schuldner zuzustellen. Allen anderen am Versagungsverfahren Beteiligten ist diese Entscheidung formlos bekannt zu machen. Die Entscheidung, die den Versagungsantrag als unzulässig oder unbegründet zurückweist, ist dem Antragsteller zuzustellen, dem Schuldner ist sie formlos bekannt zu geben. Auch den Insolvenzgläubigern, die angehört worden sind, ist die Entscheidung formlos mitzuteilen.

6. Bekanntmachung der Entscheidung. Die **rechtskräftige Versagungsentscheidung** ist öffentlich bekannt zu machen. Die Bekanntmachung erfolgt gemäß § 9 Abs. 1 Satz 1 durch eine zentrale und länderübergreifende Veröffentlichung im Internet.[33] Die Veröffentlichung kann auszugsweise erfolgen. Eine öffentliche Bekanntmachung im Bundesanzeiger ist nicht vorgeschrieben. Zwar ist, anders als in § 289 Abs. 2 Satz 3, in § 296 Abs. 3 nicht ausdrücklich erwähnt, dass die bekannt zu machende Entscheidung rechtskräftig sein muss. Zweck der öffentlichen Bekanntmachung ist hier jedoch nicht, die Zustellung der Entscheidung zu fingieren und die Rechtsmittelfrist in Lauf zu setzen, da im Versagungsverfahren der Kreis der unmittelbar Beteiligten auf den antragstellenden Gläubiger und den Schuldner beschränkt ist. Hier geht es allein wegen der weitreichenden Bedeutung, die von einer rechtskräftigen Versagungsentscheidung ausgeht,[34] um die Unterrichtung der Verfahrensbeteiligten und aller Personen, deren Interessen durch die Versagungsentscheidung berührt werden können, deren Name oder Anschrift aber unbekannt sind.

7. Rechtsmittel. Wird der Antrag auf Versagung der Restschuldbefreiung als unzulässig oder unbegründet zurückgewiesen, steht gegen diese Entscheidung dem antragstellenden Gläubiger die sofortige Beschwerde zu. Wird die Restschuldbefreiung versagt, so steht dem Schuldner gegen diese Entscheidung gemäß § 296 Abs. 3 Satz 1 die sofortige Beschwerde zu. Die Beschwerdefrist beginnt mit der Verkündung der Entscheidung, oder wenn diese nicht verkündet wird, mit deren Zustellung (§ 6 Abs. 2). Die **zweiwöchige Beschwerdefrist** (§ 569 Abs. 1 Satz 1 ZPO) ist eine Notfrist, die nicht verlängert werden kann. Das Insolvenzgericht hat nach Eingang der sofortigen Beschwerde zu prüfen, ob die Beschwerde begründet ist. In diesem Fall hat er ihr abzuhelfen (§ 4, § 572 Abs. 1 ZPO). Hält das

---

[33] Die Bekanntmachungen im Internet erfolgen inzwischen nicht mehr länderspezifisch, sondern auf einer zentralen Internetplattform aller Bundesländer unter www.insolvenzbekanntmachungen.de. Die näheren Einzelheiten dazu sind in der Verordnung zu öffentlichen Bekanntmachungen in Insolvenzverfahren im Internet v. 12. 2. 2000 (InsNetVO) geregelt. Diese Änderung erfolgte durch das Gesetz zur Vereinfachung des Insolvenzverfahrens vom 13. 4. 2007, das am 1. 7. 2007 in Kraft getreten ist (BGBl. I 2007, 509).
[34] BT-Drucks. 12/2443 S. 193.

§ 296 38–44   8. Teil. Restschuldbefreiung

Insolvenzgericht die Beschwerde nicht für begründet, hat er sie unverzüglich dem Beschwerdegericht vorzulegen. Beschwerdegericht ist das Landgericht.

38   Die Entscheidung über die **sofortige Beschwerde** wird duch den originären Einzelrichter getroffen (§ 4, § 568 ZPO). Der originäre Einzelrichter kann das Verfahren der Kammer übertragen, wenn die Sache besondere Schwierigkeiten tatsächlicher oder rechtlicher Art aufweist oder die Rechtssache grundsätzliche Bedeutung hat.

39   Gegen die Entscheidung über die sofortige Beschwerde findet die **Rechtsbeschwerde** statt. Die Rechtsbeschwerde ist binnen einer Notfrist von einem Monat seit Zustellung der Beschwerdeentscheidung einzulegen und zu begründen. Die gemäß 574 Abs. 1 Nr. 1 ZPO in i. V. m. § 7 statthafte Rechtsbeschwerde, ist zulässig, wenn die Sache grundsätzliche Bedeutung hat oder wenn die Fortbildung des Rechts oder die Sicherung einer einheitlichen Rechtsprechung eine Entscheidung des Rechtsbeschwerdegerichts erfordert. Über Rechtsbeschwerden nach § 7 entscheidet ab dem 1. 1. 2002 stets der BGH (§ 133 GVG), es sei denn, dass Oberlandesgerichte auf Grund einer landesrechtlichen Regelung nach § 119 Abs. 3 GVG zu Berufungs- und Beschwerdegerichten für sämtliche Verfahren der Amts- oder Landgerichte gemacht worden sind.

40   **8. Kosten. a) Gerichtsgebühren.** Mit den allgemeinen Gebühren für das Insolvenzverfahren ist auch grundsätzlich das Verfahren über die Restschuldbefreiung abgegolten. Wegen der zusätzlichen Belastung des Gerichts durch den Gläubigerantrag auf Widerruf der Restschuldbefreiung wird jedoch eine dafür eine Gebühr in Rechnung gestellt.[35] Die Gebühr über den Versagungsantrag des Gläubigers beträgt EUR 30,– (KV Nr. 2350). im Beschwerdeverfahren EUR 50,– (KV Nr. 2350). Zusätzlich fallen die Kosten für die Veröffentlichung nach § 303 Abs. 3 Satz 3 gemäß KV Nr. 9904. Für die Internetveröffentlichung fällt ein Euro an. Ordnet das Gericht, soweit dies zulässig ist, zusätzlich zu der elektronischen Bekanntmachung nach § 9 Abs. 1 Satz 1 die Veröffentlichung in einem Printmedium an, so kommen die Kosten für diese Veröffentlichung in voller Höhe hinzu. Im Beschwerdeverfahren entsteht eine Gebühr in Höhe von EUR 50,– gem. KV Nr. 2361, wenn die Beschwerde verworfen oder zurückgewiesen wird.

41   **b) Anwaltskosten.** Für seine Tätigkeit in einem Versagungsverfahren nach § 296 erhält ein Rechtsanwalt die Hälfte der vollen Gebühr, Nr. 3321 VV RVG. Das Verfahren über mehrere gleichzeitig anhängige Anträge ist eine Angelegenheit. Im Beschwerdeverfahren entsteht ein halbe Gebühr nach Nr. 3500 und 3513 VV RVG.

42   **c) Gegenstandswert.** Der Gegenstandwert für die Rechtsanwaltsgebühren ist nach billigem Ermessen unter Berücksichtigung des wirtschaftlichen Interesses, das der Gläubiger mit dem Versagungsantrag verfolgt, zu bestimmen, §§ 28 Abs. 3, 23 Abs. 3 Satz 2 RVG. Ausgangspunkt für die Gegenstandsbewertung ist zunächst das wirtschaftliche Interesse, das der Auftraggeber, im Verfahren verfolgt.

43   **Vertritt der Rechtsanwalt den Gläubiger,** so ist als Ausgangsbetrag die Forderung des Gläubigers, von dessen Haftung der Schuldner durch die Restschuldbefreiung, frei wird, festzustellen. Im Einzelfall ist diese Forderungen jedoch auf einen Bruchteil herabzusetzen, wenn absehbar ist, dass der Schuldner die Forderung niemals vollständig erfüllen wird.

44   **Vertritt der Rechtsanwalt den Schuldner,** dann ist die Höhe dann ist die Höhe der Forderung des Gläubigers, der den Versagungsantrag gestellt hat, allerdings kein geeignetes Kriterium für die Wertfestsetzung im Rahmen des §§ 28 Abs. 3, 23 Abs. 3 Satz 2 RVG, da durch den Versagungsantrag die gesamten Verbindlichkeiten des Schuldners betroffen sind.[36] Das Landgericht Bochum hat den Gegenstandswert nach §§ 28 Abs. 3, 23 Abs. 3 Satz 2 RVG auf den hälftigen Betrag der zur Insolvenztabelle angemeldeten Forderungen angesetzt, weil der Schuldner zumindest teilweise in der Lage war, eine geringfügige Befriedigung der gegen ihn bestehenden Forderungen zu gewährleisten. Da das Interesse des Schuldners dahin

---

[35] Begr. zum RegE EGInsO, BT-Drucks. 12/3803, S. 72.
[36] LG Bochum ZInsO 2001, 564, 566; OLG Celle ZVI 2002, 32 ff.

geht, eine Befreiung von sämtlichen Verbindlichkeiten zu erlangen, die am Ende der Wohlverhaltensperiode noch nicht erfüllt sind, ist zunächst von dem Schuldenstand zu diesem Zeitpunkt auszugehen. Der Gesamtbestand der Verbindlichkeiten ist nunmehr unter dem Gesichtspunkt der wirtschaftlichen Realisierbarkeit zu überprüfen. Ergibt sich ein sehr hoher Forderungsbestand und ist wertmäßig nicht abzuschätzen, in welchem Umfang bei widerrufener Restschuldbefreiung eine Befriedigung erfolgen wird, dann ist der Gegenstandswert auf 4000 Euro festzusetzen.[37]

d) Kostenstundung. Im Regelfall erstreckt sich die im Eröffnungsverfahren bewilligte 45 Stundung bis zur Erteilung der Restschuldbefreiung,[38] obwohl über die Gewährung der Stundung für die Treuhandperiode als eigenständigem Verfahrensabschnitt erneut entschieden werden muss. Im Falle einer Verfahrenskostenstundung, kann gemäß § 4a Abs. 2 dem Schuldner für das Versagungsverfahren ein Rechtsanwalt beigeordnet werden. Hierbei verlangt das Gesetz, anders als bei der Beiordnung im Prozesskostenhilfeverfahren, eine besondere Erforderlichkeitsprüfung. Begründet wird dies mit dem Charakter des Insolvenzverfahrens als eines Offizialverfahrens mit gerichtlicher Fürsorge.[39] Ein Anwalt darf nur beigeordnet werden, wenn die Vertretung durch einen Rechtsanwalt trotz der dem Gericht obliegenden Fürsorge erforderlich erscheint. Nicht ausreichend für die Beiordnung, anders als im Prozesskostenhilfeverfahren (§ 121 Abs. 2 Satz 1 ZPO), ist der Umstand, dass der Gläubiger anwaltlich vertreten ist. In der Begründung zu § 4a wird ausdrücklich darauf hingewiesen, dass aus Kostengründen Abs. 2 davon absieht, die Beiordnung eines Rechtsanwalts bereits dann vorzusehen, wenn der Gegner anwaltlich vertreten ist.[40] Im Interesse der Waffengleichheit wird aber in der Gesetzesbegründung eine Beiordnung dann für erforderlich gehalten, wenn der Schuldner in den quasikontradiktorischen Verfahren nach § 290 oder § 296 für seine Restschuldbefreiung kämpft. Im Regelfall wird daher in Versagungsverfahren gemäß § 296 ein Rechtsanwalt beizuordnen sein.

VI. Rechtsfolgen der Versagungsentscheidung

Mit der Rechtskraft des Versagungsbeschlusses endet die Treuhandzeit vorzeitig. Ebenso 46 enden die Laufzeit der Abtretungserklärung und die Beschränkung der Gläubigerrechte (§ 299). Die Gläubiger dürfen wieder die Zwangsvollstreckung betreiben. Insolvenzgläubiger, die sich nicht am Insolvenzverfahren beteiligt haben, können ihre Ansprüche nunmehr so, wie sie sich bereits vor dem Insolvenzverfahren dargestellt haben, gegen den Schuldner weiter durchsetzen. Diejenigen Insolvenzgläubiger, die ihre Ansprüche zur Tabelle angemeldet hatten, können nun aus dem Auszug aus der Insolvenztabelle vollstrecken.

Pfändungen, Sicherungsabtretungen und Verpfändungen, die bereits vor der Eröffnung 47 des Insolvenzverfahrens vorgenommen wurden, sind gemäß § 114 Abs. 1 und 3 durch die Eröffnung des Insolvenzverfahrens unwirksam geworden oder in der Wirkung auf zwei Jahre, bzw. für die vor dem 1. 12. 2001 eröffneten Verfahren auf drei Jahre beschränkt worden. Da diese Wirkung an das Datum der Eröffnung des Insolvenzverfahrens geknüpft ist, endet sie auch nicht mit der vorzeitigen Versagung der Restschuldbefreiung. Die 2-Jahres-Frist, bzw. 3-Jahres-Frist, läuft deshalb weiter.

Innerhalb der nächsten zehn Jahre stellt die Versagung der Restschuldbefreiung wegen 48 einer Obliegenheitsverletzung ein Versagungsgrund gemäß § 290 Abs. 1 Ziffer 3 dar. Die Frist beginnt mit der Rechtskraft der Versagungsentscheidung an zu laufen.

Die vorzeitige Versagung der Restschuldbefreiung kann nach § 4c Nr. 5 zur Aufhebung 49 der Stundung durch das Insolvenzgericht führen.

---

[37] OLG Celle ZVI 2002, 32 ff.
[38] BT-Drucks. 14/5680 S. 20.
[39] BT-Drucks. 14/5680 S. 21.
[40] BT-Drucks. 14/5680 S. 21.

§ 297

VII. Änderungen durch den RegE zur Entschuldung mittelloser Personen

50 **1. Gegenstand der Gesetzesänderung.** § 296 Abs. 2 Satz 1 wird wie folgt neu gefasst: *„Vor der Entscheidung sind der Treuhänder, der Schuldner und der Insolvenzgläubiger, der den Antrag gestellt hat, zu hören."* Gestrichen wurde: (Entscheidung) *„über den Antrag."* Ergänzt wurde: (der Insolvenzgläubiger,) *„der den Antrag gestellt hat."*

51 **2. Zweck der Gesetzesänderung.** Künftig ist auch eine Versagung der Restschuldbefreiung von Amts wegen möglich, wenn der Schuldner wegen einer Straftat nach den §§ 283 bis 283 c des Strafgesetzbuches rechtskräftig verurteilt worden ist oder dem Schuldner in den letzten zehn Jahren vor dem Antrag auf Eröffnung des Insolvenzverfahrens oder nach diesem Antrag Restschuldbefreiung erteilt oder nach §§ 296 oder 297 versagt worden ist. Da eine Entscheidung über die Restschuldbefreiung somit auch künftig ohne Antrag eines Gläubigers erfolgen kann, sind in Abs. 2 Satz 1 die Wörter *„über den Antrag"* gestrichen worden. Da jedoch die Normen, die eine Versagung von Amts während der Laufzeit der Abtretungserklärung vorsehen, die §§ 297 oder 297 a, nicht auf § 296 Abs. 1 Satz 2 verweisen, wird in diesem Satz nur das Verfahren der Versagung wegen einer Obliegenheitsverletzung nach Abs. 1 geregelt. Die Versagung wegen einer Obliegenheitsverletzung kann jedoch nur auf Antrag eines Insolvenzgläubigers ausgesprochen werden. Somit ist der Zweck dieser Gesetzesänderung nicht ersichtlich.

Die geltende Fassung von § 296 Abs. 2 Satz 1 sieht vor, dass alle Insolvenzgläubiger zu dem Versagungsantrag zu hören sind. Nach Auffassung des Gesetzgebers hat die Erfahrung gezeigt, dass die Gläubiger die selbst keinen Antrag gestellt haben, zu dem Versagungsgrund oder zu den sonstigen für das Verfahren maßgebenden Umständen nichts beitragen können, so dass sich ihre Beteiligung häufig als reiner Formalismus erweist.[41] Der Gesetzentwurf sieht deshalb vor, dass künftig nur der Antrag stellende Gläubiger zu hören ist.

52 **3. Anhörungsregeln bei der Versagungsentscheidung.** Vor der Entscheidung über den Versagungsantrag wegen einer Verletzung der in § 295 aufgeführten Obliegenheiten sind künftig nur noch der Treuhänder, der Schuldner und der Gläubiger zu hören, der den Antrag gestellt hat. Die übrigen Insolvenzgläubiger sind nicht anzuhören. **Die vorgeschriebene Anhörung kann schriftlich oder in mündlicher Verhandlung erfolgen.** Vielfach kann eine Anhörung des Schuldners in einer mündlichen Verhandlung zweckmäßig sein.[42]

§ 297 Insolvenzstraftaten

(1) Das Insolvenzgericht versagt die Restschuldbefreiung auf Antrag eines Insolvenzgläubigers, wenn der Schuldner in dem Zeitraum zwischen Schlußtermin und Aufhebung des Insolvenzverfahrens oder während der Laufzeit der Abtretungserklärung wegen einer Straftat nach den §§ 283 bis 283 c des Strafgesetzbuchs rechtskräftig verurteilt wird.

(2) § 296 Abs. 1 Satz 2 und 3, Abs. 3 gilt entsprechend.

§ 297 Insolvenzstraftaten (RegE)

(1) Das Insolvenzgericht versagt die Restschuldbefreiung von Amts wegen oder auf Antrag eines Insolvenzgläubigers, wenn der Schuldner in dem Zeitraum zwischen Schlusstermin und Aufhebung des Insolvenzverfahrens oder während der Laufzeit der Abtretungserklärung
1. wegen einer Straftat nach den §§ 283 bis 283 c des Strafgesetzbuchs rechtskräftig verurteilt wird oder

---

[41] Begr. BT-Drucks. 16/7416 S. 78.
[42] FK-*Ahrens* § 296 RdNr. 31.

2. *wegen einer zum Nachteil des Antrag stellenden Insolvenzgläubigers begangenen Straftat rechtskräftig zu einer Geldstrafe von mindestens neunzig Tagessätzen oder einer Freiheitsstrafe verurteilt wird, sofern der der Verurteilung zugrunde liegende Straftatbestand dem Schutz des Eigentums oder des Vermögens zu dienen bestimmt ist; dies gilt auch für eine Steuerstraftat nach den §§ 370, 373 und 374 der Abgabenordnung.*

(2) ¹ § 296 Abs. 1 Satz 2 und 3, Abs. 3 gilt entsprechend. ² Die Versagung von Amts wegen erfolgt nur, wenn ein Versagungsgrund nach Absatz 1 Nr. 1 vorliegt; sie kann nur binnen eines Jahres nach dem Zeitpunkt erfolgen, in dem der Versagungsgrund dem Gericht bekannt geworden ist"

Übersicht

	RdNr.		RdNr.
I. Normzweck	1	V. Rechtsfolgen der Versagungsentscheidung	31
II. Entstehungsgeschichte	2	VI. Änderungen des § 297 durch den RegE zur Entschuldung mittelloser Personen	32
III. Voraussetzungen der Versagungsentscheidung	3	1. Gegenstand der Gesetzesänderung	32
1. Formelle Voraussetzungen	3	2. Zweck der Gesetzesänderung	34
a) Antrag eines Insolvenzgläubigers (Abs. 1)	3	3. Die Versagung nach § 297 Abs. 1 Nr. 1	35
b) Form des Antrags	4	a) Versagungsgrund	35
c) Glaubhaftmachung (Abs. 2 i. V. m. § 296 Abs. 1 Satz 3)	5	b) Antrag eines Insolvenzgläubigers	36
d) Wahrung der Jahresfrist	7	c) Versagung von Amts wegen	37
2. Materielle Voraussetzungen (Abs. 1)	8	4. Die Versagung nach § 297 Abs. 1 Nr. 2	38
a) Rechtskräftige Verurteilung wegen einer Insolvenzstraftat	8	a) Versagungsgrund	38
b) Zeitliche Grenzen	13	b) Antrag eines Insolvenzgläubigers	39
3. Verfahren nach Antragseingang	15	5. Verfahren	40
a) Feststellung der formellen und materiellen Voraussetzungen	15	6. Rechtsmittel	41
b) Anhörung des Schuldners	17	VII. § 297 a (RegE) – Nachträglich bekannt gewordene Versagungsgründe	42
IV. Entscheidung und Anfechtung der Entscheidung (Abs. 2 i. V. m. § 296 Abs. 3)	18	1. Gegenstand der Gesetzesänderung	42
1. Unzulässiger oder unbegründeter Versagungsantrag	18	2. Zweck der Gesetzesänderung	43
2. Versagung der Restschuldbefreiung	19	3. Voraussetzungen für eine nachträgliche Versagung	44
3. Bekanntmachung der Entscheidung	20	a) Versagungsgründe	44
4. Rechtsmittel	22	b) Versagung auf Antrag eines Insolvenzgläubigers	45
5. Kosten	25	c) Versagung von Amts wegen	47
a) Gerichtsgebühren	25	4. Verfahren	48
b) Rechtsanwaltskosten	26	5. Rechtsmittel	49
c) Gegenstandswert	27		
d) Kostenstundung	30		

I. Normzweck

Nach § 1 Satz 2 soll nur ein redlicher Schuldner in den Genuss der Restschuldbefreiung 1 kommen. Die rechtskräftige Verurteilung wegen einer Insolvenzstraftat stellt daher nach § 290 Abs, 1 Nr. 1 einen Versagungsgrund dar. § 290 Abs. 1 erfasst aber nur die Fälle, in denen bereits zum Zeitpunkt des Schlusstermin eine rechtskräftige Verurteilung vorliegt. Ist ein Ermittlungsverfahren wegen einer Insolvenzstraftat noch nicht abgeschlossen muss nach § 290 Abs. 1 das Gericht trotzdem die Restschuldbefreiung ankündigen. Ein Schuldner könnte daher versucht sein, eine strafrechtliche Verurteilung, z. B. durch Einlegung von

Rechtsmitteln, hinauszuzögern.[1] Die Lücke wird durch § 297 geschlossen. Die Vorschrift erstreckt den für die rechtskräftige Verurteilung wegen einer Insolvenztat relevanten Zeitraum bis zum Ende der Treuhandperiode. Die Tatsache, dass die Verurteilung wegen einer Insolvenzstraftat nicht als Obliegenheitsverletzung in § 295 aufgenommen worden ist, macht den dogmatischen Unterschied zwischen Obliegenheitsverletzungen nach § 295 und den Versagungsgründen nach 290 deutlich. Als Obliegenheitsverletzung kann eine strafrechtliche Verurteilung nicht angesehen werden.[2]

II. Entstehungsgeschichte

2   Die Vorschrift befand sich weder im Diskussions- noch im Referentenentwurf. Sie wurde erst im parlamentarischen Verfahren auf Grund eines Vorschlags in der Stellungnahme des Bundesrates[3] zum Regierungsentwurf, dem die Bundesregierung[4] zugestimmt hatte, durch den Rechtsausschuss[5] in das Gesetz aufgenommen. Im Entwurf des Bundesrates befand sich noch eine Verweisung auf § 296 Abs. 2, der vor der Entscheidung eine Anhörung der Beteiligten vorsieht. Wegen der einfach gelagerten Rechts- und Sachlage bei diesem Versagungsgrund verzichtete der Rechtsausschuss[6] auf die Verweisung.

III. Voraussetzungen der Versagungsentscheidung

3   **1. Formelle Voraussetzungen. a) Antrag eines Insolvenzgläubiger (Abs. 1).** Die Versagung der Restschuldbefreiung wegen einer Insolvenzstraftat setzt einen Antrag eines Insolvenzgläubigers voraus. Ein Versagungsverfahren wegen einer Insolvenzstraftat kann weder auf Antrag des Treuhänders noch von Amts wegen eingeleitet werden. Der Antrag kann jedoch von jedem am Verfahren beteiligten Insolvenzgläubiger, unabhängig von einer konkreten Benachteiligung durch das strafbare Verhalten des Schuldners, gestellt werden.[7]

4   **b) Form des Antrags.** Der Versagungsantrag ist an keine besondere Form gebunden. Es muss jedoch zweifelsfrei zum Ausdruck gebracht werden, dass der Gläubiger die Versagung der Restschuldbefreiung beabsichtigt.[8] Bei Unklarheiten hat das Gericht auf eine Erläuterung hinzuwirken. Er ist beim Insolvenzgericht **schriftlich** einzureichen. Er kann aber auch – trotz Änderung des § 13 durch das Gesetz zur Vereinfachung des Insolvenzverfahrens vom 13. April 2007[9] der nunmehr ausdrücklich die Schriftform für den Insolvenzantrag vorschreibt – durch Erklärung zu Protokoll der Geschäftsstelle bei jedem Amtsgericht gestellt werden, § 4, §§ 496, 129a ZPO, 153 GVG (vgl. 287 RdNr. 23). Gemäß § 130a ZPO kann auch die gesetzliche Schriftform durch **die elektronische Form** ersetzt werden. Hierfür bedarf es jedoch noch der Ausführungsvorschriften der Landesregierungen, die den Zeitpunkt, von dem an elektronische Dokumente bei den Gerichten eingereicht werden können und die dafür geeignete Form regeln § 130a Abs. 2 ZPO. Bis dahin gelten die Grundsätze der Rechtsprechung über die Klageerhebung mit Hilfe elektronischer Kommunikationsmittel.[10] Da für die Zulässigkeit des Antrags die Glaubhaftmachung von Tatsachen notwendig ist, sind die Schriftstücke, die der Glaubhaftmachung dienen sollen, in aller Regel im Original vorzulegen.

---

[1] *Uhlenbruck/Vallender* InsO, 12. Aufl. § 297 RdNr. 1.
[2] FK-*Ahrens* § 297 RdNr. 3.
[3] Stellungnahme des Bundesrates, in: *Kübler/Prütting* (Hrsg.), Das neue Insolvenzrecht, Bd. I, S. 551.
[4] Gegenäußerung der Bundesregierung, in *Kübler/Prütting* (Hrsg.), Das neue Insolvenzrecht, Bd. I, S. 552.
[5] Rechtsausschuss, in *Kübler/Prütting* (Hrsg.), Das neue Insolvenzrecht, Bd. I, S. 552 f.
[6] Begr. der Beschlussempfehlung des Rechtsausschusses, in *Kübler/Prütting* (Hrsg.), Das neue Insolvenzrecht, Bd. I, S. 553.
[7] OLG Celle NZI 2001, 314 ff.
[8] *Nerlich* in *Nerlich/Römermann* RdNr. 6 zu § 297.
[9] BGBl. I S. 509.
[10] GmS-OGB in BGHZ 144, 160; *Zöller/Greger* RdNr. 18.

c) **Glaubhaftmachung (Abs. 2 i. V. m., § 296 Abs. 1 Satz 3). aa) Vorliegen der materiellen Voraussetzungen.** Der antragstellende Gläubiger hat in seinem Antrag glaubhaft zu machen, dass der Schuldner in dem Zeitraum zwischen dem Schlusstermin und der Aufhebung des Insolvenzverfahrens oder während der Laufzeit der Abtretungserklärung wegen einer Insolvenzstraftat verurteilt worden ist. Da eine Kenntnis aller Einzelheiten und eine zutreffende rechtliche Würdigung nicht verlangt werden kann, muss dem antragstellenden Gläubiger die Rechtskraft als solche nicht bekannt gewesen sein.[11] Der antragstellende Gläubiger hat dem Gericht darzulegen, wann und von welchem Gericht eine Verurteilung ausgesprochen worden ist. Nicht ausreichend und als unzulässig zurückzuweisen ist allein eine „ins Blaue" abgegebene Behauptung, dass der Schuldner wegen einer Straftat nach den §§ 283 bis 283 c StGB verurteilt worden ist. Eine solche Behauptung erfüllt nicht die Kriterien, die an die Glaubhaftmachung eines Versagungsgrundes gestellt werden.[12] Für Insolvenzgläubiger ist es oftmals sehr schwierig, **Informationen über mögliche strafrechtliche Verurteilungen des Schuldners zu erhalten.** Der Schuldner ist nicht verpflichtet, in der Treuhandzeit eine Verurteilung wegen einer Insolvenzstraftat dem Gläubiger, Treuhänder oder Gericht mitzuteilen. Gläubiger haben nicht die Möglichkeit, Verurteilungen beim Bundeszentralregister zu erfragen.[13] Eine Auskunftsverpflichtung des Schuldners gegenüber dem Insolvenzgläubiger besteht nur bei den Obliegenheitsverletzungen gemäß § 295, aber nicht im Versagungsverfahren nach § 297 wegen des fehlenden Verweises auf § 296 Abs. 2. Diese Auskunftsverpflichtung besteht auch nur, wenn bereits ein Versagungsantrag gestellt und Versagungsgründe dargelegt worden sind. Zwar kann die Gläubigerversammlung den Treuhänder gemäß Abs. 2 im Schlusstermin beauftragen, die Überwachung des Schuldners zu übernehmen. Damit können Verstöße gegen die Erfüllung von Obliegenheit aufgedeckt werden, nicht aber eine Verurteilung wegen einer Insolvenzstraftat. Damit § 297 während der Wohlverhaltensperiode überhaupt eine Bedeutung hat, müsste der Gesetzgeber eine Verpflichtung des Schuldners schaffen, in gleicher Weise Auskunft über Verurteilungen wegen einer Insolvenzstraftat zu erteilen, so wie er Auskunft über seine Erwerbstätigkeit zu geben hat. Für eine dahingehende Auslegung des Gesetzes ist kein Raum, da im Gesetz die Obliegenheiten des Schuldners eindeutig und abschließend geregelt sind.

bb) **Bekanntwerden der rechtskräftigen Verurteilung.** Der Gläubiger muss in seinem Antrag ferner darlegen und glaubhaft machen, **wann er Kenntnis** von der Verurteilung des Schuldners wegen einer Insolvenzstraftat erlangt hat.

d) **Wahrung der Jahresfrist.** Der Antrag auf Versagung der Restschuldbefreiung ist nur zulässig, wenn der Gläubiger ihn binnen eines Jahres bei Gericht einreicht, nachdem ihm eine Verurteilung des Schuldners bekannt geworden ist (§ 296 Abs. 1). Für die Wahrung eines durch Erklärung zu Protokoll abgegebenen Antrags ist der Eingang des Protokolls beim Insolvenzgericht maßgebend (§ 4, § 129 a ZPO). Letztmalig kann der Antrag im Termin zur Entscheidung über die Restschuldbefreiung gemäß § 300 Abs. 2 gestellt werden, da das von diesem Zeitpunkt an geltende Widerrufsrecht aus § 303 Abs. 1 alle anderen zeitlich vorangegangenen Versagungsrechte ausschließt.[14]

2. **Materielle Voraussetzungen. a) Rechtskräftige Verurteilung des Schuldners wegen einer Insolvenzstraftat.** Die Restschuldbefreiung ist zu versagen, wenn der Schuldner wegen Bankrotts (§ 283 StGB), Bankrotts in bes. schwerem Fall (§ 283 a StGB), Verletzung der Buchführungspflicht (§ 283 b StGB) oder Gläubigerbegünstigung (§ 283 c StGB) rechtskräftig verurteilt worden ist. Unerheblich ist es, ob eines der aufgeführten

---

[11] FK-*Ahrens* § 297 RdNr. 7; BGH NJW 1993, 648 (653).
[12] *Smid/Krug/Haarmeyer* § 290 RdNr. 9.
[13] Nach § 30 Abs. 1 Satz 1 BZRG kann jede Person, die das 14. Lebensjahr vollendet hat, auf Antrag ein Zeugnis über den sie selbst betreffenden Inhalt des Zentralregisters (Führungszeugnis) erhalten. Ansonsten besteht eine uneingeschränkte Auskunftsmöglichkeit nach § 41 nur für Gerichte und Behörden.
[14] FK-*Ahrens* § 297 RdNr. 7.

§ 297 9–11 8. Teil. Restschuldbefreiung

Delikte **vollendet oder nur versucht** worden ist. Es handelt sich bei den in § 297 Abs. 1 bezeichneten Straftaten um **Insolvenzdelikte im engeren Sinne**. Darüber hinaus gibt es eine Vielzahl von Straftaten, die in Insolvenznähe begangen werden. Zu diesen Straftaten zählen insbesondere die Nichtabführung von Sozialversicherungsbeiträgen (§ 266a StGB), die Untreue (§ 266 StGB) und der Lieferantenkreditbetrug (§ 265a StGB). Außerdem kommt es in einer Vielzahl von Fällen zu Steuerhinterziehungen (§§ 369 ff. AO). Eine rechtskräftige Verurteilung wegen dieser **Insolvenzstraftaten im weiteren Sinne** stellt keinen Versagungsgrund für die Restschuldbefreiung dar, selbst wenn sie im Einzelfall erhebliche Zweifel an der Redlichkeit des Schuldners begründet.

9   Eine **Verwarnung mit Strafvorbehalt** ist noch keine Verurteilung und damit kein Versagungsgrund. Die Verurteilung ist vorbehalten und erfolgt gemäß § 59 StGB erst, wenn der Verwarnte eine Straftat begeht oder gegen Weisungen gröblich oder beharrlich verstößt und dadurch zeigt, dass sich die Erwartung, die der Verwarnung zugrunde gelegt worden war, nicht erfüllt hat. Dagegen schließt **der Erlass einer zur Bewährung ausgesetzten Freiheitsstrafe** die Verwertung der Verurteilung als Versagungsgrund nicht aus.

10 Umstritten ist, ob die Straftat gemäß den §§ 283 bis 283c StGB in einem konkreten **Zusammenhang zu dem Insolvenzverfahren** stehen muss, in dessen Rahmen der Schuldner den Antrag auf Erteilung der Restschuldbefreiung gestellt hat[15] (vgl. § 290 RdNr. 26). Die weit gehaltene Fassung des § 290 Abs. 1 Nr. 1 spricht dafür, dass es sich nicht um eine Insolvenzstraftat handeln muss, die einen Bezug zum konkreten Insolvenzverfahren hat. Wenn der Gesetzgeber einen Zusammenhang zwischen Insolvenzstraftat und Restschuldbefreiungsverfahren für notwendig erachtet hätte, hätte es, da die Problematik bereits durch die Rechtsprechung zu § 175 KO bekannt war, nahe gelegen, eine entsprechende Regelung in das Gesetz aufzunehmen. Der Gesetzgeber hat auch in seiner Begründung darauf hingewiesen, dass das Insolvenzgericht von der Pflicht entlastet werden soll, sich mit den objektiven und subjektiven Voraussetzungen der Verurteilungen wegen einer Insolvenzstraftat zu befassen.[16] Wenn aber der Gesetzgeber davon ausgegangen ist, dass allein die Rechtskraft der Verurteilung und das Vorliegen eines Tatbestandes der §§ 283 bis 283c StGB ausreichen sollen, um zu einem Versagungsgrund nach den §§ 283 bis 283c zu kommen, spricht wenig dafür, dem Insolvenzgericht gleichwohl die Pflicht aufzuerlegen, einen mittelbaren oder unmittelbaren Zusammenhang zwischen der Verurteilung wegen der Insolvenzstraftat und dem laufenden Restschuldbefreiungsverfahren festzustellen.[17]

11 Bei **früheren rechtskräftigen Verurteilungen** ist § 51 Abs. 1 BZRG zu beachten (vgl. § 290 RdNr. 27). Wenn eine Verurteilung im Bundeszentralregister nach § 45 Abs. 1 BZRG getilgt worden ist oder zu tilgen ist, dürfen dem Betroffenen die Tat und die Verurteilung im Rechtsverkehr weder vorgehalten noch zu seinem Nachteil verwertet werden.[18] Diese Vorschriften sind auch im Rahmen des § 290 Abs. 1 Nr. 1 zu beachten. auch wenn sie in erster Linie im Strafverfahren von Bedeutung sind. Nicht gefolgt werden kann daher der von *Wenzel*[19] vertretenen Auffassung, für die Berücksichtigung einer strafrechtlichen Verurteilung bestehe keine zeitliche Beschränkung. Die Restschuldbefreiung könne von dem nicht in Anspruch genommen werden, der durch eine dieser Straftaten seine Rücksichtslosigkeit gegenüber den Interessen seiner Gläubiger in einem derartigen Ausmaß offenbart habe. Zwar muss der Schuldner, der die Restschuldbefreiung erlangen will, redlich sein (§ 1 Satz 2). Dennoch ist das strafrechtliche Verwertungsverbot des § 51 BZRG gerade auch im Hinblick auf die dem Schuldner einzuräumende Chance, sich zu ändern und zu

---

[15] *Kübler/Prütting/Wenzel* § 290 RdNr. 8a.; *Römermann* in *Nerlich/Römermann* § 290 RdNr. 33.
[16] *Schmidt-Räntsch,* Insolvenzordnung S. 426 RdNr. 4.
[17] BGH NZI 2003, 163; Bay ObLG NZI 2002, 110; OLG Celle NZI 2001, 414; AG Stuttgart NZI 2005, 641; *Röhm* DZWiR, 2003, 143; FK-*Ahrens* § 290 RdNr. 13; HKInsO-*Landfermann; Uhlenbruck/Vallender* § 290 RdNr. 16; **aA** AG Göttingen, ZVI 2002, 290.
[18] *Döbereiner,* S. 121; FK-*Ahrens* § 290 RdNr. 80; HK-*Landfermann* § 290 RdNr. 4; *Römermann* in *Nerlich/Römermann* § 290 RdNr. 34; aA *Wenzel* in *Kübler/Prütting* § 290 RdNr. 8.
[19] *Kübler/Prütting/Wenzel* § 290 RdNr. 8 ff.

bessern, ein geeignetes Kriterium um die Grenzen festzulegen, innerhalb derer eine Verurteilung des Schuldners noch zu berücksichtigen ist.[20]

Bei einer **Gesamtstrafenbildung** ist nicht nur das Verwertungsverbot des § 51 BZRG **12** zu berücksichtigen. Da in die Gesamtstrafe auch Verurteilungen wegen anderer Straftaten als der §§ 283–283 c einfließen können, tritt auf Grund der Gesamtstrafenbildung eine längere Tilgungsfrist ein, als die Tilgungsfrist, die sich allein auf Grund der Verurteilung wegen eines Insolvenzdelikts ergibt. Diese anderen Straftaten müssen nicht einmal gegen das Vermögen gerichtet sein. Sie könnten aus ganz anderen Bereichen stammen. Da aber nach dem eindeutigen Tatbestand des § 290 Abs. 1 Nr. 1 nur Verurteilungen wegen Insolvenzdelikten zur Versagung der Restschuldbefreiung führen sollen, kann nur die Tilgungsfrist bezüglich der Einzelstrafe herangezogen werden, die im Hinblick auf einen der Tatbestände der §§ 283 bis 283 c StGB verhängt worden ist.[21] Dem Verwertungsverbot steht § 51 Abs. 2 BZRG nicht entgegen, da selbst im Falle der Erteilung der Restschuldbefreiung die Schadensersatzansprüche aus den §§ 823 ff. BGB, insbesondere §§ 823 Abs. 2 BGB i. V. m. §§ 283 bis 283 c StGB nach § 302 Nr. 1 InsO trotz früherer Insolvenzstraftaten bleiben. Die aus der Tat entstandenen Rechte werden den Gläubigern als Dritten durch das Verwertungsverbot nicht entzogen.

b) Zeitliche Grenzen. Mit der rechtskräftigen Ankündigung der Restschuldbefreiung **13** gemäß den §§ 289 Abs. 1, 291 Abs. 1 sind die Versagungsgründe des § 290 präkludiert. Nach dem Schlusstermin können sich die Gläubiger nicht mehr auf die Verurteilung des Schuldners wegen einer Insolvenzstraftat als Versagungsgrund berufen, § 290 Abs. 1, Satz 1. Da die rechtskräftige Verurteilung wegen einer Insolvenzstraftat aber auch nach dem Schlusstermin und der Aufhebung des Verfahrens bis zur Beendigung der Treuhandperiode weiterhin ein Versagungsgrund sein soll, bedurfte es dieser Regelung. Die Vorschrift unterscheidet die Verurteilung zwischen dem **Schlusstermin und der Aufhebung des Verfahrens** von der Verurteilung **während der Laufzeit der Abtretungserklärung.** Diese Differenzierung soll nur die Trennungslinie zwischen den Anforderungen des § 290, die zu einer Versagung der Restschuldbefreiung führen können, und den Obliegenheiten während der Treuhandphase markieren. Da eine strafrechtliche Verurteilung keine Obliegenheitsverletzung ist, konnte sie auch nicht in den Katalog der Obliegenheitsverletzungen nach § 295 aufgenommen werden. Einen sachlichen Unterschied hat diese Differenzierung nicht zur Folge.

Die **Laufzeit der Abtretungserklärung** ist der Zeitraum, der mit der Aufhebung des **14** Insolvenzverfahrens beginnt und auch als **Treuhandphase oder Wohlverhaltensperiode** bezeichnet wird. Daran hat auch das Gesetz zur Änderung der Insolvenzordnung und anderer Gesetze nichts geändert, das den § 287 Abs. 2 Satz 1 neu fasste. Die dort auf sechs festgelegte **Frist für die Abtretungserklärung** ist nicht identisch mit der Laufzeit der Abtretungserklärung. Die Frist für die Abtretungserklärung, die mit der Eröffnung des Insolvenzverfahrens beginnt, bezeichnet die gesamte Dauer des Insolvenzverfahrens und der Treuhandzeit bzw. Wohlverhaltensperiode.

Wird der Schuldner erst nach dem Ende der Laufzeit der Abtretungserklärung wegen einer Insolvenzstraftat verurteilt, bleibt dies angesichts des eindeutigen Wortlauts der Vorschrift ohne insolvenzrechtliche Konsequenzen und begründet auch kein Widerrufsrecht nach § 303.[22] Eine Aussetzung eines im Hinblick darauf eingeleiteten Versagungsverfahrens über diesen Zeitpunkt hinaus kommt nicht in Betracht.[23]

3. Verfahren nach Antragseingang. a) Feststellung der formellen und materiellen 15 Voraussetzungen des Versagungsantrags. Das Insolvenzgericht prüft nach Eingang des

---

[20] BGH NJW 2003, 974; OLG Celle NJW-RR 2002, 196; OLG Celle NZI 2001, 314 ff.; AG Stuttgart NZI 2005, 641; *Döbereiner*, S. 121; FK-*Ahrens* § 290 RdNr. 80; HK-*Landfermann* § 290 RdNr. 4; *Römermann* in *Nerlich/Römermann* § 290 RdNr. 34; *Braun* 2. Aufl. Anm. 2 b; aA *Kübler/Prütting/Wenzel* § 290 RdNr. 8.
[21] OLG Celle NZI 2001 314 f.
[22] FK-*Ahrens* § 297 RdNr. 4.
[23] *Graf-Schlicker/Kexel* § 297 RdNr. 2.

Antrags die Zulässigkeitsvoraussetzungen. Hat der Gläubiger die materiellen Voraussetzungen des Abs. 1 nicht dargelegt und glaubhaft gemacht, dann ist der Antrag unzulässig. Der Antrag kann in diesem Fall auch ohne vorherige Anhörung des Schuldners als unzulässig zurückgewiesen werden.

16 Liegen die Zulässigkeitsvoraussetzungen vor, dann hat das Gericht **die materiellen Voraussetzungen** einer Versagung zu prüfen. Das Gericht hat, wenn ein Gläubiger die Versagung unter Hinweis auf die rechtskräftige Verurteilung untersagt, als Entscheidungsgrundlage regelmäßig die Strafakten beizuziehen oder einen Auszug aus dem Bundeszentralregister anzufordern, in dem die Rechtskraft der strafrechtlichen Verurteilung ausgewiesen ist. Dies ist dem antragstellenden Gläubiger nicht möglich. Während der Gläubiger Informationen darüber, ob der Schuldner seine Obliegenheiten in der Wohlverhaltensperiode erfüllt hat, durch eine Auskunftsverpflichtung des Schuldners im Verfahren nach § 296 Abs. 2 erlangen kann, ist ihm dies hier nicht möglich. § 297 Abs. 2 verweist ausdrücklich nicht auf § 296 Abs. 2.

17 **b) Anhörung des Schuldners.** Zwar hat der Gesetzgeber im Hinblick auf die einfache Tatsachen- und Rechtslage davon abgesehen, auf die Anhörungsregeln und Verfahrensobliegenheiten des § 296 Abs. 2 zu verweisen. Auf eine **Anhörung des Schuldners, die auch schriftlich erfolgen kann,** kann jedoch wegen des zu gewährenden rechtlichen Gehörs nicht verzichtet werden. Eine verfassungskonforme Auslegung der §§ 297, 296 Abs. 2 gebietet, trotz der fehlenden ausdrücklichen Verweisung, zumindest den Schuldner vor der Entscheidung über den Antrag anzuhören. Die mit dem Verzicht auf die Verweisung beabsichtigte Entlastung der Gerichte genügt nicht der grundrechtlichen Gewährleistung eines fairen und rechtsstaatlichen Verfahrens. Die Entscheidung greift in Schuldnerrechte ein. Ein schädlicher Warnungseffekt, der im Vollstreckungsverfahren ein Absehen von einer Anhörung erlaubt, tritt durch eine Anhörung des Schuldners nicht ein.

IV. Entscheidung und Anfechtung der Entscheidung (Abs. 2 i. V. m. § 296 Abs. 3)

18 **1. Unzulässiger oder unbegründeter Versagungsantrag.** Die Entscheidung über den Versagungsantrag erfolgt durch den Richter (§ 18 Abs. 1 Nr. 2 RpflegerG). Es handelt sich um eine streitentscheidende Tätigkeit zwischen dem Schuldner, der die Restschuldbefreiung erlangen will, und dem Gläubiger, der die Versagung beantragt hat.[24] **Die Entscheidung, die den Antrag des Insolvenzgläubigers auf Versagung der** Restschuldbefreiung als unzulässig oder unbegründet zurückweist, ergeht durch **Beschluss.** Der Beschluss ist zu begründen. Beschlüsse, die anfechtbar sind, sind schriftlich zu begründen und zwar sofort mit der Entscheidung, weil gegen die Entscheidung die sofortige Beschwerde statthaft ist.[25] Der den Versagungsantrag zurückweisende Beschluss enthält eine Kostenentscheidung, da für dieses Verfahren besondere Kosten entstehen.

19 **2. Versagung der Restschuldbefreiung.** Ist der Antrag des Insolvenzgläubigers zulässig und begründet, versagt das Gericht dem Schuldner durch einen zu begründenden Beschluss die Restschuldbefreiung. Die Ausführlichkeit der Begründung hängt im Wesentlichen davon ab, ob und mit welchen Argumenten der Schuldner dem Versagungsantrag entgegengetreten ist. Da die Sach- und Rechtslage bei einem Versagungsgrund nach § 297 Abs. 1 in der Regel einfach gelagert ist, kann man sich hier auf eine kurze Begründung beschränken. Der Versagungsbeschluss enthält eine Kostenentscheidung. Die Entscheidung ist dem Richter vorbehalten. Der Beschluss führt gemäß § 296 zu einer Aufhebung der Ankündigung der Restschuldbefreiung. Die Treuhandzeit wird vorzeitig mit den in § 299 angekündigten Konsequenzen beendet.

---

[24] Döbereiner 279 ff., aA *Smid*, in *Leipold* Insolvenzrecht im Umbruch, S. 139 (149 ff. 152 ff.), ders. NJW 1994, 2678.
[25] KG Berlin NJW 1974, 2010, OLG Düsseldorf NJW 1971, 520.

3. Bekanntmachung der Entscheidung. Der den Versagungsantrag zurückweisende 20
Beschluss ist dem antragstellenden Gläubiger im Hinblick auf dessen Beschwerderecht
förmlich zuzustellen, dem Schuldner formlos bekannt zu machen. Wird dem Schuldner die
Restschuldbefreiung versagt, so ist diesem die Entscheidung förmlich zuzustellen und dem
Gläubiger formlos bekannt zu machen. Die gemäß den §§ 297 Abs, 2, 297 Abs. 3 vor-
geschriebene öffentliche Bekanntmachung kann diese Zustellung nicht ersetzen, da sie die
Rechtskraft der Versagungsentscheidung voraussetzt.

Die **rechtskräftige Versagungsentscheidung** ist öffentlich bekannt zu machen. Die 21
Bekanntmachung erfolgt gemäß § 9 Abs. 1 Satz 1 durch eine zentrale und länderüber-
greifende Veröffentlichung im Internet.[26] Die Veröffentlichung kann auszugsweise erfolgen.
Zwar ist, anders als in § 289 Abs. 2 Satz 3, in § 296 Abs. 3 nicht ausdrücklich erwähnt, dass
die zu bekannt machende Entscheidung rechtskräftig sein muss. Zweck der öffentlichen
Bekanntmachung ist hier jedoch nicht, die Zustellung der Entscheidung zu fingieren und
die Rechtsmittelfrist in Lauf zu setzen, da im Versagungsverfahren der Kreis der unmittelbar
Beteiligten auf den antragstellenden Gläubiger und den Schuldner beschränkt ist. Hier geht
es allein wegen der weitreichenden Bedeutung, die von einer rechtskräftigen Versagungsentscheidung ausgeht,[27] um die Unterrichtung der Verfahrensbeteiligten und aller Personen,
deren Interessen durch die Versagungsentscheidung berührt werden können, deren Name
oder Anschrift aber unbekannt ist.

4. Rechtsmittel. Wird der Antrag auf Versagung der Restschuldbefreiung als unzulässig 22
oder unbegründet zurückgewiesen, steht gegen diese Entscheidung dem antragstellenden
Gläubiger die sofortige Beschwerde zu. Wird die Restschuldbefreiung versagt, so steht dem
Schuldner gegen diese Entscheidung gemäß § 297 Abs. 2 i. V. m. § 296 Abs, 3 Satz 1 die
sofortige Beschwerde zu. Die Beschwerdefrist beginnt mit der Verkündung der Entscheidung, oder wenn diese nicht verkündet wird, mit deren Zustellung (§ 6 Abs. 2). Die
zweiwöchige Beschwerdefrist (§ 569 Abs. 1 Satz 1 ZPO) ist eine Notfrist, die nicht
verlängert werden kann. Das Insolvenzgericht hat nach Eingang der sofortigen Beschwerde
zu prüfen, ob die Beschwerde begründet ist. In diesem Fall hat er ihr abzuhelfen (§ 4, § 572
Abs. 1 ZPO). Hält das Insolvenzgericht die Beschwerde nicht für begründet, hat er sie
unverzüglich dem Beschwerdegericht vorzulegen. Beschwerdegericht ist das Landgericht.

Die Entscheidung über die **sofortige Beschwerde** wird duch den originären Einzel- 23
richter getroffen (§ 4, § 568 ZPO). Der originäre Einzelrichter kann das Verfahren der
Kammer übertragen, wenn die Sache besondere Schwierigkeiten tatsächlicher oder rechtlicher Art aufweist oder die Rechtssache grundsätzliche Bedeutung hat.

Gegen die Entscheidung über die sofortige Beschwerde findet die **Rechtsbeschwerde** 24
statt. Die Rechtsbeschwerde ist binnen einer Notfrist von einem Monat seit Zustellung der
Beschwerdeentscheidung einzulegen und zu begründen. Die gemäß 574 Abs. 1 Nr. 1 ZPO
in i. V. m. § 7 statthafte Rechtsbeschwerde, ist zulässig, wenn die Sache grundsätzliche
Bedeutung hat oder wenn die Fortbildung des Rechts oder die Sicherung einer einheitlichen
Rechtsprechung eine Entscheidung des Rechtsbeschwerdegerichts erfordert. Über Rechtsbeschwerden nach § 7 entscheidet ab dem 1. 1. 2002 stets der BGH (§ 133 GVG), es sei
denn, dass Oberlandesgerichte auf Grund einer landesrechtlichen Regelung nach § 119
Abs. 3 GVG zu Berufungs- und Beschwerdegerichten für sämtliche Verfahren der Amts-
oder Landgericht gemacht worden sind.

5. Kosten. a) Gerichtsgebühren. Mit den allgemeinen Gebühren für das Insolvenz- 25
verfahren ist auch grundsätzlich das Verfahren über die Restschuldbefreiung abgegolten. Für

---

[26] Die Bekanntmachungen im Internet erfolgen inzwischen nicht mehr länderspezifisch, sondern auf einer zentralen Internetplattform aller Bundesländer unter www.insolvenzbekanntmachungen.de. Die näheren Einzelheiten dazu sind in der Verordnung zu öffentlichen Bekanntmachungen in Insolvenzverfahren im Internet v. 12. 2. 2000 (InsNetVO) geregelt. Diese Änderung erfolgte durch das Gesetz zur Vereinfachung des Insolvenzverfahrens vom 13. April 2007, das am 1. Juli 2007 in Kraft getreten ist (BGBl I 2007, 509).
[27] BT-Drucks. 12/2443 S. 193.

den Antrag eines Gläubigers auf Versagung der Restschuldbefreiung wird aber wegen der zusätzlichen Belastung des Gerichts eine Gebühr verlangt. Die Gebühr über den Versagungsantrag des Gläubigers beträgt EUR 30,- (KV Nr. 5119). Grundsätzlich ist mit den allgemeinen Gebühren für die Durchführung des Insolvenzverfahrens auch die Durchführung der Restschuldbefreiung abgegolten. Wegen der zusätzlichen Belastung des Gerichts durch den Antrag eines Gläubigers auf Versagung der Restschuldbefreiung wird jedoch eine dafür eine Gebühr in Rechnung gestellt.[28] Kostenschuldner der Gebühr ist der antragstellende Insolvenzgläubiger, § 23 Abs. 2 GKG. Die Gebühr für den Versagungsantrag beträgt EUR 30,- (KV Nr. 2350). Zusätzlich fallen die Kosten für die Veröffentlichung nach § 303 Abs. 3 Satz 3 gemäß KV Nr. 9904. Für die Internetveröffentlichung fällt ein Euro an. Ordnet das Gericht, soweit dies zulässig ist, zusätzlich zu der elektronischen Bekanntmachung nach § 9 Abs. 1 Satz 1 die Veröffentlichung in einem Printmedium an, so kommen die Kosten für diese Veröffentlichung in voller Höhe hinzu. Im Beschwerdeverfahren entsteht eine Gebühr in Höhe von EUR 50,- gem. KV Nr. 2361, wenn die Beschwerde verworfen oder zurückgewiesen wird.

26   b) **Rechtsanwaltskosten.** Für seine Tätigkeit in einem Versagungsverfahren nach § 297 erhält ein Rechtsanwalt die Hälfte der vollen Gebühr, Nr. 3321 VV RVG. Das Verfahren über mehrere gleichzeitig anhängige Anträge ist eine Angelegenheit. Im Beschwerdeverfahren entsteht ein halbe Gebühr nach Nr. 3500 und 3513 VV RVG.

27   c) **Gegenstandswert.** Der Gegenstandwert für die Rechtsanwaltsgebühren ist nach billigem Ermessen unter Berücksichtigung des wirtschaftlichen Interesses, das der Gläubiger mit dem Versagungsantrag verfolgt, nach den §§ 28 Abs. 3, 23 Abs. 2 RVG zu bestimmen zu bestimmen. Ausgangspunkt für die Gegenstandsbewertung ist zunächst das wirtschaftliche Interesse, das der Auftraggeber, im Verfahren verfolgt. Fehlen hierfür tatsächliche Anhaltspunkte, dann ist im Zweifel ein Gegenstandswert von 4000 Euro anzunehmen[29]

28   **Vertritt der Rechtsanwalt den Gläubiger,** so ist als Ausgangsbetrag die Forderung des Gläubigers, von dessen Haftung der Schuldner durch die Restschuldbefreiung, frei wird, festzustellen. Im Einzelfall ist diese Forderung jedoch auf einen Bruchteil herabzusetzen, wenn absehbar ist, dass der Schuldner die Forderung niemals vollständig erfüllen wird.

29   **Vertritt der Rechtsanwalt den Schuldner,** dann ist die Höhe der Forderung des Gläubigers, der den Versagungsantrag gestellt hat, allerdings kein geeignetes Kriterium für die Wertfestsetzung im Rahmen c da durch den Versagungsantrag die gesamten Verbindlichkeiten des Schuldners betroffen sind.[30] Das Landgericht Bochum hat den Gegenstandswert nach § 77 Abs. 3 BRAGO auf den hälftigen Betrag der zur Insolvenztabelle angemeldeten Forderungen angesetzt, weil der Schuldner zumindest teilweise in der Lage war, eine geringfügige Befriedigung der gegen ihn bestehenden Forderungen zu gewährleisten. Da das Interesse des Schuldners dahin geht, eine Befreiung von sämtlichen Verbindlichkeiten zu erlangen, die am Ende der Wohlverhaltensperiode noch nicht erfüllt sind, ist zunächst von dem Schuldenstand zu diesem Zeitpunkt auszugehen. Der Gesamtbestand der Verbindlichkeiten ist nunmehr unter dem Gesichtspunkt der wirtschaftlichen Realisierbarkeit zu überprüfen. Ergibt sich ein sehr hoher Forderungsbestand und ist wertmäßig nicht abzuschätzen, in welchem Umfang bei versagter Restschuldbefreiung eine Befriedigung erfolgen wird, dann ist der Gegenstandswert auf 4000 Euro festzusetzen.[31]

30   d) **Kostenstundung.** Im Regelfall erstreckt sich die im Eröffnungsverfahren bewilligte Stundung bis zur Erteilung der Restschuldbefreiung,[32] obwohl über die Gewährung der Stundung für die Treuhandperiode als eigenständigem Verfahrensabschnitt erneut entschie-

---

[28] Begr. zum RegE EGInsO, BT-Drucks. 12/3803, S. 72.
[29] BGH ZVI 2003, 91; LG Mainz ZVI 2003, 362; OLG Celle ZInsO 2002, 32 f.; *Vallender* MDR 1999, 598, 600.
[30] LG Bochum ZinsO 2001, 564, 566; OLG Celle ZVI 2000 32 ff.
[31] OLG Celle ZVI 2000, 32 ff.
[32] BT-Drucks. 14/5680 S. 20.

den werden muss. Im Falle einer Verfahrenskostenstundung, kann gemäß § 4a Abs. 2 dem Schuldner für das Versagungsverfahren ein Rechtsanwalt beigeordnet werden. Hierbei verlangt das Gesetz, anders als bei der Beiordnung im Prozesskostenhilfeverfahren, eine besondere Erforderlichkeitsprüfung. Begründet wird dies mit dem Charakter des Insolvenzverfahrens als eines Offizialverfahrens mit gerichtlicher Fürsorge.[33] Ein Anwalt darf nur beigeordnet werden, wenn die Vertretung durch einen Rechtsanwalt trotz der dem Gericht obliegenden Fürsorge erforderlich erscheint. Nicht ausreichend für die Beiordnung, anders als im Prozesskostenhilfeverfahren (§ 121 Abs. 2 Satz 1 ZPO), ist der Umstand, dass der Gläubiger anwaltlich vertreten ist. In der Begründung zu § 4a wird ausdrücklich darauf hingewiesen, dass aus Kostengründen Abs. 2 davon absieht, die Beiordnung eines Rechtsanwalts bereits dann vorzusehen, wenn der Gegner anwaltlich vertreten ist.[34] Im Interesse der Waffengleichheit wird aber in der Gesetzesbegründung eine Beiordnung dann für erforderlich gehalten, wenn der Schuldner in den quasikontradiktorischen Verfahren nach §§ 290 oder 296 für seine Restschuldbefreiung kämpft. Anders ist dies grundsätzlich bei § 297 zu sehen. Zwar handelt es sich hier auch um ein quasikontradiktorisches Verfahren, in dem es um die Versagung der Restschuldbefreiung geht. Die Tatsachen, die bei § 297 den Versagungsgrund ausfüllen, sind aber in der Regel leicht feststellbar und auch für den Schuldner offensichtlich. Wegen der wenig komplexen Sach- und Rechtslage verzichtet hier auch das Gesetz auf die Anhörungsregeln. In der Gesetzesbegründung sind nur die Versagungsverfahren der §§ 290 und 296 erwähnt. Dies alles legt es nahe, dass grundsätzlich das Versagungsverfahren gemäß § 297 für den Schuldner keine Anwaltsbeiordnung erfordert, dass aber im Ausnahmefall, Gründe vorliegen können, einen Rechtsanwalt beizuordnen, z. B. bei einem Streit um Verwertungsverbote nach § 51 BZRG oder Tilgungsfristen gem. §§ 45 ff. BZRG. Im Versagungsverfahren nach § 297 ist daher in jedem Einzelfall sorgfältig zu prüfen, inwieweit eine anwaltliche Beiordnung erforderlich ist.

V. Rechtsfolgen der Versagungsentscheidung

Mit der Rechtskraft der Entscheidung enden die Laufzeit der Abtretungserklärung, das Amt des Treuhänders und die Beschränkung der Rechte der Gläubiger. Diese können gegen die Schuldner wieder die Zwangsvollstreckung betreiben. Die Insolvenzgläubiger dürfen gemäß § 201 ihre nicht befriedigten Forderungen geltend machen, ihr unbeschränktes Nachforderungsrecht lebt wieder auf. Diese Wirkungen treten ohne eine ausdrückliche Anordnung des Gerichts ein. Diese Konsequenzen ergeben sich kraft Gesetzes. Die Pfändungen die durch die Eröffnung des Insolvenzerfahren unwirksam geworden sind, und die Sicherungsabtretungen, deren Wirksamkeit durch die Eröffnung des Insolvenzverfahrens auf drei bzw. zwei Jahre beschränkt wurde, leben allerdings nicht wieder auf.

VI. Änderungen des § 297 durch den RegE zur Entschuldung mittelloser Personen

1. Gegenstand der Gesetzesänderung. § 297 wird durch den Regierungsentwurf (RegE) völlig neugefasst. Zum einen werden die Versagungsgründe durch Einfügung der Nr. 2 in Abs. 1 erheblich erweitert. Stellte bislang die rechtskräftige Verurteilung wegen einer Insolvenzstraftat nach den §§ 283 bis 283c des Strafgesetzbuches einen Versagungsgrund dar, so soll künftig dem Schuldner die Restschuldbefreiung versagt werden, wenn er in dem Zeitraum zwischen dem Schlusstermin und der Aufhebung des Insolvenzverfahrens oder während der Laufzeit der Abtretungserklärung, *„wegen einer zum Nachteil des Antrag stellenden Insolvenzgläubigers begangenen Straftat rechtskräftig zu einer Geldstrafe von mindestens neunzig Tagessätzen oder einer Freiheitsstrafe verurteilt wird, sofern der der Verurteilung zugrunde liegende Straftatbestand dem Schutz des Eigentums oder des Vermögens zu dienen bestimmt ist; dies gilt auch für eine Steuerstraftat nach den §§ 370, 373 und 374 der Abgabenordnung.*"

---

[33] BT-Drucks. 14/5680 S. 21.
[34] BT-Drucks. 14/5680 S. 21.

§ 297 33–36   8. Teil. Restschuldbefreiung

33   Außerdem regelt der neugefasste § 297 die Versagung von Amts wegen. Abs. 1 bestimmt, dass das Insolvenzgericht auch von Amts wegen die Restschuldbefreiung versagt. Abs. 2 schränkt die Versagung von Amts wegen wiederum ein. Von Amts wegen darf danach die Restschuldbefreiung wegen einer rechtskräftigen Verurteilung aufgrund einer Insolvenzstraftat nach Abs. 1 Nr. 1 versagt werden. Zeitlich wird die Versagungsmöglichkeit durch das Gericht insoweit eingeschränkt, dass sie nur binnen einen Jahres nach dem Zeitpunkt erfolgen kann, in dem der Versagungsgrund dem Gericht bekannt geworden ist.

34   **2. Zweck der Gesetzesänderung.** Nach Auffassung des Gesetzgebers zeigen die heute verfügbaren Erfahrungen, dass die Beschränkung der Versagungsgründe in Absatz 1 Nr. 1 auf rechtskräftige Verurteilungen wegen einer Insolvenzstraftat (§§ 283 bis 283 c StGB) den Zweck, unredliche Schuldner von einer Restschuldbefreiung auszuschließen, nicht umfassend verwirklicht.[35] Aus welchen verfügbaren Erfahrungen dieser Regelungsbedarf hergeleitet wird, legt der Gesetzgeber jedoch in der Gesetzesbegründung nicht offen. Versagungsverfahren spielen in der gerichtlichen Praxis nur eine verhältnismäßig untergeordnete Rolle. Eine Versagung der Restschuldbefreiung bringt auch den Insolvenzgläubigern keine wirtschaftlichen Vorteile, da der wirtschaftliche Wert des mit der Versagung wieder auflebenden Nachforderungsrechts in der Regel gleich Null ist. Lege ferenda ist der vermögensrechtliche Schutz eines geschädigten Gläubigers durch § 302 gewährleistet, da Forderungen aus vorsätzlich begangenen unerlaubten Handlungen von der Restschuldbefreiung ausgeschlossen sind. Der Gläubiger einer Forderung aus vorsätzlich begangener unerlaubter Handlung wird vermögensrechtlich durch eine Restschuldbefreiung in stärkerer Weise als durch eine Versagung privilegiert, weil er nach der Restschuldbefreiung nicht mehr in einer Konkurrenz mit den anderen Insolvenzgläubigern steht. Kann der Schuldner jedoch nicht von seinen sonstigen Verbindlichkeiten befreit werden, kollidiert dies mit wesentlichen Resozialisierungsbemühungen. Es bleibt daher ungewiss welchen Zweck diese Regelung eigentlich verfolgt.[36]

Die Einführung einer **Versagung von Amts** wegen begründet der Gesetzgeber mit dem gerade in masselosen Insolvenzverfahren äußerst geringen Interesse der Gläubiger, sich in diese Verfahren einzubringen. Deswegen würde der Aufwand, an der Gläubigerversammlung teilzunehmen, regelmäßig gescheut. Unbeantwortet bleibt indessen, welches Interesse der Staat an einer Versagung der Restschuldbefreiung hat, wenn selbst die Gläubiger eine Restschuldbefreiung nicht verhindern wollen, deren private Rechte dadurch betroffen sind. Die Versagung der Restschuldbefreiung von Amts ist daher von Kritikern zu Recht als Systembruch bezeichnet worden.

35   **3. Die Versagung nach § 297 Abs. 1 Nr. 1. a) Versagungsgrund.** Versagungsgrund ist eine nach dem Schlusstermin, aber vor dem Ende der Treuhandzeit, erfolgte rechtskräftige strafrechtliche Verurteilung wegen einer Straftat nach den §§ 283 bis 283 c StGB. Wird der Schuldner erst nach dem Ende der Treuhandzeit rechtskräftig verurteilt, bleibt dies ebenfalls ohne Konsequenzen für die Erteilung der Restschuldbefreiung. Die Laufzeit der Abtretungserklärung endet nicht mit der Entscheidung über die Erteilung der Restschuldbefreiung, sondern mit dem Ablauf der auf sechs Jahre festgelegten Frist für die Abtretungserklärung.

Die Straftat nach dem §§ 283 bis 283 c StGB muss nicht in einem konkreten Zusammenhang zu dem Verfahren stehen, in dessen Rahmen der Schuldner den Antrag auf Erteilung der Restschuldbefreiung gestellt hat.[37] Vgl. im Übrigen dazu RdNr. 8–17.

36   **b) Antrag eines Insolvenzgläubigers.** Die Versagung der Restschuldbefreiung wegen einer Straftat nach den §§ 283 bis 283 c StGB erfolgt entweder **auf Antrag eines Insolvenzgläubigers oder von Amts wegen.** Ein Treuhänder ist nicht antragsbefugt. Ist der

---

[35] Begr. BT-Drucks. 16/7416 S. 71.
[36] *Ahrens* ZInsO 2007, 673, 679.
[37] BGH NZI 2003, 163.

Ankündigung der Restschuldbefreiung kein Insolvenzverfahren vorausgegangen sondern ein **Entschuldungsverfahren nach § 289 b** (RegE) eingeleitet worden, sind die Gläubiger den Insolvenzgläubigern gleichgestellt, die zum Zeitpunkt der Abweisung mangels Masse einen begründeten Vermögensanspruch gegen den Schuldner besaßen (§ 286 Satz 2 (RegE)). Der Antrag kann von jedem am Verfahren beteiligten Insolvenzgläubiger unabhängig von einer konkreten Benachteiligung durch das strafbare Verhalten des Schuldners gestellt werden.

Der antragstellende Gläubiger hat in seinem Antrag **glaubhaft zu machen,** dass der Schuldner in dem Zeitraum zwischen dem Schlusstermin und der Aufhebung des Insolvenzverfahrens oder während der Laufzeit der Abtretungserklärung wegen einer Insolvenzstraftat verurteilt worden ist (Abs. 2 i. V. m. § 296 Abs. 1 Satz 3). Wegen der Einzelheiten vgl. RdNr. 5–7.

Der Antrag kann nur **binnen eines Jahres** nach dem Zeitpunkt gestellt werden, in dem die Obliegenheitsverletzung dem Gläubiger bekanntgeworden ist (Abs. 2 Satz 2 i. V. m § 296 Abs. 1 Satz 2).

c) **Versagung von Amts wegen.** Die Versagung von Amts wegen darf nicht zu einer umfassenden Amtsermittlungspflicht des Gerichts führen. Diese Tatsachen werden dem Gericht in vielen Fällen aus den Verfahrensakten bekannt sein. Mit dieser Gesetzesbegründung hat der Gesetzgeber dem Rechtsanwender Steine statt Brot in die Hand gegeben, da die Annahmen zum einen, dass das Gericht umfassende – gemeint ist wohl aufwändige – Ermittlungen durchführen muss, zum anderen, dass in vielen Fällen aus den Verfahrensakten die rechtskräftige Verurteilung bekannt ist, nicht zutreffen.

Durch eine Auskunft aus dem Bundeszentralregister erlangen die Gerichte unaufwändig und zeitnah eine Mitteilung, ob eine rechtskräftige Verurteilung des Schuldners vorliegt. Die uneingeschränkte Auskunftsmöglichkeit besteht nach § 41 BZRG nur für Gerichte und Behörden. Andererseits trifft es nicht zu, dass in vielen Fällen rechtskräftige Verurteilungen aus den Verfahrensakten bekannt sind. Der Schuldner ist nicht verpflichtet, in der Treuhandzeit eine Verurteilung wegen einer Insolvenzstraftat dem Gläubiger, Treuhänder oder Gericht mitzuteilen. Gläubiger haben nicht die Möglichkeit Verurteilungen beim Bundeszentralregister zu erfragen. Eine Auskunftsverpflichtung des Schuldners gegenüber dem Insolvenzgläubiger besteht nur bei den Obliegenheitsverletzungen gemäß § 295. Auch der neugefasste § 297 verweist nicht auf § 296 Abs. 2, der die Auskunftspflichten des Schuldners gegenüber den Insolvenzgläubigern regelt. Fur eine Erweiterung der Auskunftspflichten im Wege der Auslegung ist kein Raum, da im Gesetz die Obliegenheiten des Schuldners eindeutig und abschließend geregelt sind.

Damit die Versagung von Amts wegen überhaupt eine Bedeutung erlangt und sie nicht dem Zufall überlassen bleibt, ist die Amtsermittlungspflicht des Gerichts dahingehend zu konkretisieren, dass das Gericht nach dem Ablauf der Laufzeit der Abtretungserklärung und vor der Entscheidung über die Erteilung der Restschuldbefreiung einen Auszug aus dem Bundeszentralregister über die rechtskräftigen Verurteilungen des Schuldners einholt. Ergibt sich aus dem eingeholten Auszug, dass der Schuldner in dem Zeitraum zwischen dem Schlusstermin und der Aufhebung des Insolvenzverfahrens oder während der Laufzeit der Abtretungserklärung wegen einer Insolvenzstraftat rechtskräftig verurteilt worden ist, so muss das Gericht nach Anhörung des Schuldners, die auch schriftlich erfolgen kann, den Antrag auf Erteilung der Restschuldbefreiung durch Beschluss zurückweisen.

Die Versagung von Amts wegen kann nur **binnen eines Jahres** nach dem Zeitpunkt erfolgen, in dem der Versagungsgrund dem Gericht bekannt geworden ist (Abs. 2 Satz 2).

4. Die Versagung nach § 297 Abs. 1 Nr. 2. a) Versagungsgrund. Versagungsgrund ist eine nach dem Schlusstermin, aber vor dem Ende der Treuhandzeit, erfolgte rechtskräftige strafrechtliche Verurteilung zu einer Geldstrafe von mindestens neunzig Tagessätzen oder einer Freiheitsstrafe wegen einer zum Nachteil des Antrag stellenden Insolvenzgläubigers begangenen Straftat, sofern der der Verurteilung zugrunde liegende Straftatbestand dem

Schutz des Eigentums oder des Vermögens zu dienen bestimmt ist; dies gilt auch für eine Steuerstraftat nach den §§ 370, 373 und 374 der Abgabenordnung.

Da nicht jedes Bagatelldelikt die schwerwiegenden Folgen einer Versagung der Restschuldbefreiung auslösen soll, muss es sich um eine Verurteilung zu einer Geldstrafe von mindestes neunzig Tagessätzen oder zu einer Freiheitsstrafe handeln. Bei einer Gesamtstrafenbildung, in die andere Straftaten mit einbezogen sind, die nicht dem Schutz des Vermögens oder des Eigentums zu dienen bestimmt sind, wird darf nur die Einzelstrafe berücksichtigt werden, die die an § 297 geknüpften Voraussetzungen erfüllt.

Außerdem muss es sich um eine dem Schutz des Eigentums oder dem Vermögen dienende Straftat handeln. Einschlägige Delikte sind Diebstahl, Raub, Unterschlagung, Untreue, Betrug, Subventionsbetrug, Erpressung, Jagdwilderei, Pfandkehr, Hehlerei, Begünstigung und Urkundenfälschung.[38]

Inwieweit dies auch für die Nötigung gilt ist umstritten.[39]

Schließlich muss es sich – anders als bei einer Versagung nach § 297 Abs. 1 Nr. 1 – um eine zum Nachteil des den Antrag stellenden Insolvenzgläubigers handeln.

Als besondere, nicht im Strafgesetzbuch aufgeführte Straftaten, erwähnt die Vorschrift § 370 AO (Steuerhinterziehung), § 373 AO (Gewerbsmäßiger, gewaltsamer und bandenmäßiger Schmuggel) und § 374 AO (Steuerhehlerei). § 370 a AO (Gewerbsmäßige oder bandenmäßige Steuerhinterziehung) wird – so die Begründung des Gesetzentwurfs –[40] als Qualifikation über den Grundtatbestand des § 370 AO abgedeckt.

Schließlich muss es sich – wie bei der Versagung nach § 297 Abs. 1 Nr. 1 um eine **rechtskräftige** Verurteilung handeln. Damit soll das Insolvenzgericht von der Aufgabe entlastet werden, selbst die subjektiven und objektiven Voraussetzungen einer solchen Straftat feststellen zu müssen.

39 **b) Antrag eines Insolvenzgläubigers.** Die Versagung der Restschuldbefreiung wegen einer rechtskräftigen strafrechtliche Verurteilung zu einer Geldstrafe von mindestens neunzig Tagessätzen oder einer Freiheitsstrafe wegen einer zum Nachteil des Antrag stellenden Insolvenzgläubigers begangenen Straftat, sofern der der Verurteilung zugrunde liegende Straftatbestand dem Schutz des Eigentums oder des Vermögens zu dienen bestimmt ist, **kann nur auf Antrag eines Insolvenzgläubigers** erfolgen (Abs. 2 Satz 2). Eine Versagung von Amts wegen ist nicht zulässig. Auch der Treuhänder ist nicht antragsbefugt. Ist der Ankündigung der Restschuldbefreiung kein Insolvenzverfahren vorausgegangen sondern ein **Entschuldungsverfahren nach § 289 b** (RegE) eingeleitet worden, sind die Gläubiger den Insolvenzgläubigern gleichgestellt, die zum Zeitpunkt der Abweisung mangels Masse einen begründeten Vermögensanspruch gegen den Schuldner besaßen (§ 286 Satz 2 (RegE).

Der antragstellende Gläubiger hat in seinem Antrag **glaubhaft zu machen,** dass der Schuldner in dem Zeitraum zwischen dem Schlusstermin und der Aufhebung des Insolvenzverfahrens oder während der Laufzeit der Abtretungserklärung wegen einer Insolvenzstraftat verurteilt worden ist (Abs. 2 i. V. m. § 296 Abs. 1 Satz 3). Wegen der Einzelheiten vgl. RdNr. 5–7.

Der Antrag kann nur **binnen eines Jahres** nach dem Zeitpunkt gestellt werden, in dem die Obliegenheitsverletzung dem Gläubiger bekanntgeworden ist (Abs. 2 Satz 2 i. V. m § 296 Abs. 1 Satz 2).

40 **5. Verfahren.** Von einer Verweisung auf § 296 Abs. 2 und damit auf die Anhörungsregeln ist abgesehen worden. Wegen der wenig komplexen Tatsachen und Rechtslage hielt der Gesetzgeber dies für entbehrlich.[41] Ob diese Begründung auch noch angesichts der Erweiterung der Versagungstatbestände gelten kann, ist fraglich. § 297 Abs. 1 Nr. 2 verlangt Wertungen des Gerichts – z. B. hinsichtlich der Frage, ob es sich um eine zum

---

[38] *Ahrens* ZInsO 2007, 673, 679.
[39] *Ahrens* ZInsO 2007, 673, 679; bejahend BGH, MDR 1972, 571; a. A. *Roth* JA 88, 198.
[40] Begr. BT-Drucks. 16/7416 S. 7.
[41] Begr. des Rechtsausschusses zu § 346l, BT-Drucks. 12/7302 S. 188.

Nachteil des Antrag stellenden Gläubigers den Schutz des Eigentums oder des Vermögens dienende Straftat handelt – die nicht ohne Weiteres ohne Anhörung des Verfahrensbeteiligten erfolgen sollte. Wegen des im Insolvenzverfahren zu gewährenden rechtlichen Gehörs kann jedoch keinesfalls auf eine zumindest schriftliche Anhörung des Schuldners verzichtet werden.

Die Entscheidung über die Versagung – sowohl die Entscheidung auf Antrag eines Insolvenzgläubigers, als auch die Versagung von Amts wegen – ist auf Grund ihrer Tragweite und der besonderen Bedeutung für den Schuldner und die Gesamtheit der Gläubiger insgesamt dem Richter vorbehalten. Nach Auffassung des Bundesrates in seiner Stellungnahme zu dem Gesetzentwurf ist dies im RegE nicht eindeutig geregelt.[42]

Wie auch in der Begründung des Gesetzentwurfs der Bundesregierung ausgeführt, sollten die Entscheidungen über die Versagung der Restschuldbefreiung, auch soweit künftig eine Versagung von Amts wegen erfolgen kann, auf Grund ihrer Tragweite und der besonderen Bedeutung für den Schuldner und die Gesamtheit der Gläubiger insgesamt dem Richter vorbehalten bleiben. Der Bundesrat hat daher vorgeschlagen, zu Klarstellung in § 18 RPflG den Teilsatz „, wenn ein Insolvenzgläubiger die Versagung der Restschuldbefreiung beantragt," zu streichen. Diesem Vorschlag hat die Bundesregierung zugestimmt.[43]

Die Entscheidung ergeht durch Beschluss, der den Versagungsantrag als unbegründet oder unzulässig zurückweist bzw. die Restschuldbefreiung versagt.

6. Rechtsmittel. Gegen die Entscheidung steht dem Antragsteller und dem Schuldner 41 die sofortige Beschwerde zu (Abs. 2 Satz 2 i. V. m. § 296 Abs. 3). Die Entscheidung ist öffentlich bekanntzumachen. Vgl. im Übrigen RdNr. 18–24.

§ 297a Nachträglich bekannt gewordene Versagungsgründe (RegE)

(1) ¹ Das Insolvenzgericht versagt die Restschuldbefreiung von Amts wegen oder auf Antrag eines Insolvenzgläubigers, wenn sich während der Laufzeit der Abtretungserklärung herausstellt, dass ein Versagungsgrund nach § 290 Abs. 1 vorgelegen hat. ² Der Antrag kann nur binnen sechs Monaten nach dem Zeitpunkt gestellt werden, in dem der Versagungsgrund dem Gläubiger bekannt geworden ist. ³ Er ist nur zulässig, wenn die Voraussetzungen der Sätze 1 und 2 glaubhaft gemacht werden.

(2) Für die Versagung von Amts wegen gilt § 290 Abs. 3 entsprechend; sie kann nur binnen sechs Monaten nach dem Zeitpunkt erfolgen, in dem der Versagungsgrund dem Gericht bekannt geworden ist.

VII. § 297a (RegE) – Nachträglich bekannt gewordene Versagungsgründe

1. Gegenstand der Gesetzesänderung. Nach § 297 sieht der RegE die Einfügung 42 eines neuen § 297a vor, der wie folgt lautet: *(1) Das Insolvenzgericht versagt die Restschuldbefreiung von Amts wegen oder auf Antrag eines Insolvenzgläubigers, wenn sich während der Laufzeit der Abtretungserklärung herausstellt, dass ein Versagungsgrund nach § 290 Abs. 1 vorgelegen hat. Der Antrag kann nur binnen sechs Monaten nach dem Zeitpunkt gestellt werden, in dem der Versagungsgrund dem Gläubiger bekannt geworden ist. Er ist nur zulässig, wenn die Voraussetzungen der Sätze 1 und 2 glaubhaft gemacht werden. (2) Für die Versagung von Amts wegen gilt § 290 Abs. 3 entsprechend; sie kann nur binnen sechs Monaten nach dem Zeitpunkt erfolgen, in dem der Versagungsgrund dem Gericht bekannt geworden ist."*

2. Zweck der Gesetzesänderung. Zahlreiche gerichtliche Entscheidungen haben sich 43 mit der Frage befasst, ob eine Versagung der Restschuldbefreiung auch ausgesprochen werden kann, wenn der Versagungsgrund bis zur rechtskräftigen Ankündigung der Rest-

---

[42] BT-Drucks. 16/7416 S. 134.
[43] BT-Drucks. 16/7416 S. 153.

§ 297 44–48   8. Teil. Restschuldbefreiung

schuldbefreiung unbekannt geblieben war.[44] Nach ganz h. M. in Rechtsprechung und Literatur[45] kann eine Versagung der Restschuldbefreiung gemäß § 290 InsO nach dem Schlusstermin nicht mehr beantragt werden. Hierbei handelt es sich um eine bewusste Entscheidung des Gesetzgebers.[46] Wird dem Schuldner (rechtskräftig) die Restschuldbefreiung angekündigt, soll sein Verhalten in der Vergangenheit keine Rolle mehr spielen.[47] Davon rückt nun der vorliegende Gesetzentwurf ab. Nach Auffassung des Reformgesetzgebers sei es nicht hinnehmbar, dass einem Schuldner trotz Vorliegens von Versagungsgründen die Restschuldbefreiung erteilt werden muss, weil dies erst nach der rechtskräftigen Ankündigung der Restschuldbefreiung bekannt geworden ist. Auch z. B. nachträglich bekannt gewordenes Vermögen, das der Schuldner verheimlicht hat, im Wege einer Nachtragsverteilung noch den Gläubigern zugute komme, könne das Verhalten des Schuldners nicht als „redlich" angesehen werden.[48]

Der neu eingefügte § 297 a ermöglicht nunmehr eine Versagung, wenn Versagungsgründe nachträglich bekannt geworden sind.

44   **3. Voraussetzungen für eine nachträgliche Versagung. a) Versagungsgründe.** Von einer nachträglichen Versagung **werden grundsätzlich alle in § 290 Abs. 1 umschriebenen Versagungsgründe** erfasst. Eine Versagung von Amts wegen kann jedoch nur wegen eines Versagungsgrundes nach § 290 Abs .1 Nr. 1 oder Nr. 3 erfolgen. Der Versagungsgrund darf erst nach der Ankündigung der Restschuldbefreiung dem Antrag stellenden Gläubiger oder dem Gericht bekannt geworden sein. Maßgeblich ist die Rechtskraft der Ankündigungsentscheidung.

45   **b) Versagung auf Antrag eines Insolvenzgläubigers.** Im Interesse einer alsbaldigen Klärung kann der Versagungsantrag **nur binnen sechs Monaten** nach dem Zeitpunkt gestellt werden, zu dem der Versagungsgrund dem Antrag stellenden Gläubiger bekannt geworden ist. Ein Treuhänder ist nicht antragsbefugt. Ist der Ankündigung der Restschuldbefreiung kein Insolvenzverfahren vorausgegangen sondern ein **Entschuldungsverfahren nach § 289 b** (RegE) eingeleitet worden, sind die Gläubiger den Insolvenzgläubigern gleichgestellt, die zum Zeitpunkt der Abweisung mangels Masse einen begründeten Vermögensanspruch gegen den Schuldner besaßen (§ 286 Satz 2 (RegE).

46   Der antragstellende Gläubiger hat in seinem Antrag **glaubhaft zu machen,** dass vor der Ankündigung der Restschuldbefreiung ein Versagungsgrund gemäß § 290 Abs. 1 vorgelegen hat, dieser ihm jedoch erst nach der Ankündigung der Restschuldbefreiung bekannt geworden ist. Er hat ferner glaubhaft zu machen, dass zwischen dem Bekanntwerden und der Antragstellung keine sechs Monate verstrichen sind.

47   **c) Versagung von Amts wegen.** Erhält das Gericht erst nachträglich Kenntnis von dem Vorliegen eines Versagungsgrundes nach § 290 Abs. 1 Nr. 1 (rechtskräftige Verurteilung wegen einer Insolvenzstraftat) oder Nr. 3 (bereits erteilte oder versagte Restschuldbefreiung innerhalb der letzten zehn Jahre) so hat es von Amts wegen die Restschuldbefreiung zu versagen. Die Versagung ist nur binnen sechs Monaten nach dem Zeitpunkt zulässig, in dem der Versagungsgrund dem Gericht bekannt geworden ist.

48   **4. Verfahren.** Von Anhörungsregeln wie sie bei der Ankündigung der Restschuldbefreiung gemäß § 289 Abs. 2 vorgesehen sind, ist bei der nachträglichen Versagungsentscheidung abgesehen worden. Wegen des im Insolvenzverfahren zu gewährenden rechtlichen Gehörs

---

[44] Vgl. z. B. AG Duisburg, Beschl. v. 21. 2. 2007 – 62 IK 264/04; AG Leipzig ZVI 2007, 141; LG Göttingen NZI 2007, 120; BGH NZI 2006, 538; BGH ZVI 2003, 170; LG Hof ZVI 2003, 545; LG Göttingen ZVI 2002, 383; OLG Celle NZI 2002, 323; AG Mönchengladbach ZVI 2002, 86; LG München I ZInsO 2001, 767.
[45] BGH NZI 2006, 538 m. w. N.
[46] BT-Drucks. 12/2443 S. 189 zu § 237 RegE.
[47] BT-Drucks. 12/2443 S. 191 zu § 240 RegE.
[48] Begr. BT-Drucks. 16/7416 S. 79; krit. dazu *Ahrens* ZInsO 2007, 673, 680.

kann jedoch keinesfalls auf eine zumindest schriftliche Anhörung des Schuldners nicht verzichtet werden.

Die Entscheidung über die Versagung – sowohl die Entscheidung auf Antrag eines Insolvenzgläubigers, als auch die Versagung von Amts wegen – ist auf Grund ihrer Tragweite und der besonderen Bedeutung für den Schuldner und die Gesamtheit der Gläubiger insgesamt dem Richter vorbehalten. Die Entscheidung ergeht durch Beschluss, der den Versagungsantrag als unbegründet oder unzulässig zurückweist bzw. die Restschuldbefreiung versagt.

5. Rechtsmittel. Anders als § 297 Abs. 2 enthält die neue eingefügte Vorschrift keine 49
Verweisung auf § 296 Abs. 3, der das Rechtsmittel und die öffentliche Bekanntmachung regelt. Es dürfte sich hier um eine offensichtliche Gesetzeslücke handeln, da kein Grund ersichtlich ist, dass ein Rechtsmittel gegen eine solche auf Grund ihrer Tragweite und der besonderen Bedeutung für den Schuldner und die Gesamtheit der Gläubiger bedeutsame Entscheidung, ausgeschlossen sein soll. Es ist auch kein Grund ersichtlich, warum diese Entscheidung nicht wie alle anderen Versagungsentscheidungen nicht öffentlich bekanntzumachen ist.

§ 298 Deckung der Mindestvergütung des Treuhänders

(1) ¹Das Insolvenzgericht versagt die Restschuldbefreiung auf Antrag des Treuhänders, wenn die an diesen abgeführten Beträge für das vorangegangene Jahr seiner Tätigkeit die Mindestvergütung nicht decken und der Schuldner den fehlenden Betrag nicht einzahlt, obwohl ihn der Treuhänder schriftlich zur Zahlung binnen einer Frist von mindestens zwei Wochen aufgefordert und ihn dabei auf die Möglichkeit der Versagung der Restschuldbefreiung hingewiesen hat. ²Dies gilt nicht, wenn die Kosten des Insolvenzverfahrens nach § 4a gestundet wurden.

(2) ¹Vor der Entscheidung ist der Schuldner zu hören. ²Die Versagung unterbleibt, wenn der Schuldner binnen zwei Wochen nach Aufforderung durch das Gericht den fehlenden Betrag einzahlt oder ihm dieser entsprechend § 4a gestundet wird.

(3) § 296 Abs. 3 gilt entsprechend.

§ 298 Deckung der Mindestvergütung des Treuhänders (RegE)

(1) Das Insolvenzgericht versagt die Restschuldbefreiung auf Antrag des Treuhänders, wenn die an diesen abgeführten Beträge für das vorangegangene Jahr seiner Tätigkeit die Mindestvergütung nicht decken und der Schuldner den fehlenden Betrag nicht einzahlt, obwohl ihn der Treuhänder schriftlich zur Zahlung binnen einer Frist von mindestens zwei Wochen aufgefordert und ihn dabei auf die Möglichkeit der Versagung der Restschuldbefreiung hingewiesen hat.

(2) ¹Vor der Entscheidung ist der Schuldner zu hören. ²Die Versagung unterbleibt, wenn der Schuldner binnen zwei Wochen nach Aufforderung durch das Gericht den fehlenden Betrag einzahlt.

(3) § 296 Abs. 3 gilt entsprechend.

Übersicht

	RdNr.		RdNr.
I. Normzweck	1	3. Übernahme der Mindestvergütung durch andere Kostenträger	5
II. Rechtspolitische Kritik	2	III. Versagung der Restschuldbefreiung wegen nicht gedeckter Mindestvergütung	7
1. Problem	2		
2. Stellungnahme	4		

RdNr.		RdNr.
1. Formelle Voraussetzungen 7	b) Unterlassene Zahlung des Schuldners trotz Aufforderung mit Fristsetzung und Belehrung durch den Treuhänder	16
a) Antrag des Treuhänders 7		
b) Behaupten der Voraussetzungen des § 298 Abs. 1 9		
2. Verfahren nach Antragseingang 10	c) Unterlassene Zahlung des Schuldners trotz gerichtlicher Nachfristsetzung	19
a) Anhörung des Schuldners (§ 298 Abs. 2 Satz 1) 10		
b) Nachfristsetzung durch das Insolvenzgericht (§ 298 Abs. 2 Satz 2)... 12	IV. Entscheidung und Rechtsmittel (§ 298 Abs. 3)	21
3. Materielle Voraussetzungen für eine Versagung 14	1. Entscheidung über den Versagungsantrag	21
a) Fehlende Deckung der Mindestvergütung 14	2. Rechtsmittel	25

I. Normzweck

1 Die Vorschrift des § 298 vervollständigt die **gesetzlich vorgesehenen Versagungsgründe** der §§ 296 und 297. Sie steht in engem Zusammenhang mit den Vergütungsregelungen für den Treuhänder[1] und soll gewährleisten, dass die Mindestvergütung des Treuhänders in jedem Fall gedeckt ist. Die Höhe der Mindestvergütung für das Tätigkeitsjahr beträgt derzeit 100,– Euro (§§ 293 Abs. 2 i. V. m. 65, 14 Abs. 3 InsVV). Dem Treuhänder soll nicht zugemutet werden, über einen **längeren Zeitraum ohne Vergütung** tätig zu werden.[2] Üblicherweise kann die Vergütung des Treuhänders aus den Beträgen gedeckt werden, die auf Grund der Abtretungserklärung nach § 287 Abs. 2 beim Treuhänder eingehen.[3] Unter den an den Treuhänder abgeführten Beträgen sind sämtliche Gelder zu verstehen, die auf dem Treuhandkonto eingegangen sind. Das sind insbesondere Zahlungen auf Grund der Abtretungserklärung nach § 287 Abs. 2 im Hinblick auf ein Erbrecht nach § 295 Abs. 1 Nr. 2 und darüber hinausgehende Leistungen des Schuldners oder dritter Personen.[4] In dem – vom Gesetzgeber offenbar als krasse Ausnahme angesehenen – Fall, dass der Schuldner **über längere Zeit** hindurch **nicht über pfändbare Beträge** verfügt, obwohl er seine Obliegenheiten erfüllt, soll der Schuldner mit der Sanktionsandrohung der Versagung der Restschuldbefreiung dazu angehalten werden, diese Mindestvergütung notfalls aus seinem unpfändbaren Vermögen zu zahlen.[5] § 298 ist von seinem Charakter daher von den Versagensgründen der §§ 296 und 297 zu **unterscheiden.** Die Versagung der Restschuldbefreiung nach § 298 soll weder ein Verhalten sanktionieren, das ihn unwürdig erscheinen lässt, in den Genuss der Restschuldbefreiung zu kommen, noch ist diese Vorschrift Ausdruck eines Sonderopfers, dass dem Schuldner auferlegt werden soll, um die Erreichung der Restschuldbefreiung zu erschweren.[6] Sie hat lediglich die Funktion, die **Alimentation des Treuhänders** sicherzustellen.

II. Rechtspolitische Kritik

2 **1. Problem.** An der Vorschrift des § 298 ist von Anfang an **erhebliche Kritik** geübt worden. Bereits im Gesetzgebungsverfahren hatte der Bundesrat vorgeschlagen, die damalige Vorschrift des § 246 RegEInsO in eine Regelung umzuwandeln, die die Versagung der Restschuldbefreiung in das Ermessen des Gerichts stellt. Zudem sollte die Sanktion der Versagung der Restschuldbefreiung nur dann zugelassen werden, wenn der Schuldner die Mindestvergütung nicht einzahlt oder glaubhaft macht, dass er hierzu nicht in der Lage ist.[7]

---

[1] Dazu vgl. oben § 293 RdNr. 1 f.
[2] BT-Drucks. 12/2443, S. 193; vgl. auch *Pape* Rpfleger 1995, 133, 137, Fn. 58.
[3] Vgl. oben *Stephan* § 287 RdNr. 37 ff.
[4] *Römermann* in *Nerlich/Römermann* § 298 RdNr. 12.
[5] BT-Drucks. 12/2443, S. 193; vgl. auch *Römermann* in *Nerlich/Römermann* § 298 RdNr. 4; *FK-Grote* § 298 RdNr. 1; *Döbereiner*, S. 214.
[6] So zu Recht *FK-Grote* § 298 RdNr. 2.
[7] BT-Drucks. 12/2443, S. 257; *Uhlenbruck/Vallender* § 298 RdNr. 1.

Zur Begründung wurde darauf hingewiesen, dass die strengere Vorschrift des Regierungsentwurfes nicht geeignet sei, im Einzelfall zu billigen Ergebnissen zu kommen und dem Grundgedanken des § 850 f ZPO gerecht zu werden.[8] Diese Änderungsvorschläge sind jedoch abgelehnt worden; wahrscheinlich unter anderem im Hinblick darauf, dass der Betrag von damals DM 200,– (jetzt 100,– Euro) als so gering angesehen wurde, dass er auch von äußerst finanzschwachen Schuldnern aufgebracht werden könne und weil der Gesetzgeber die Erwartung hatte, dass Treuhänder bereit sein werden, ihr Amt unentgeltlich auszuüben.

In der Tat handelt es sich bei der Vorschrift des § 298 um **eine äußerst problematische** **3 Regelung.** Die **Legitimation** des § 298 beruht in erster Linie auf dem Gedanken, dass der Gesetzgeber die Verpflichtung hat, das Restschuldbefreiungsverfahren funktionsfähig auszugestalten. Dazu gehört es, Vorsorge dafür zu treffen, dass sich Personen zur Übernahme des Amtes als Treuhänder bereit erklären. Eine solche Bereitschaft würde aber erheblich beeinträchtigt werden, wenn die Personen, die als Treuhänder zur Verfügung stehen, damit rechnen müssten, nicht einmal die sehr geringe jährliche Mindestvergütung zu erhalten. Die Vorschrift des § 298 stellt zudem eine weitere Motivation für den Schuldner dar, durch eine angemessene eigene Sonderleistung zu einem funktionsfähigen Verfahren beizutragen. Während die Verpflichtungen des Schuldners gemäß § 295 im Hinblick auf die Gläubiger erfolgt, geht es in § 298 um die Sicherung des Verfahrens.[9] Schließlich darf auch nicht übersehen werden, dass das Erfordernis einer Eigenleistung des Schuldners – wenngleich mit kaum mehr als einem symbolischen Beitrag – und die mit ihrem Ausbleiben verbundenen scharfen Rechtsfolgen nicht zuletzt auch die Rechtfertigung dafür darstellt, dass der Treuhänder seine Vergütung aus dem Vermögen erhält, das den Gläubigern zugewiesen ist und daher dessen Vergütung praktisch von den Gläubigern finanziert wird, obwohl er mit seiner Verwaltungstätigkeit nicht nur in ihrem Interesse, sondern auch in dem des Schuldners tätig wird.

Gleichwohl erscheint die in § 298 vorgesehene Sanktion im Hinblick auf die mit der Regelung verfolgte Intention **unverhältnismäßig zu sein.** Es passt nicht zueinander, dass der Gesetzgeber die Erwartung hat, dass der Treuhänder seine Tätigkeit möglichst vergütungsfrei erbringt und gleichzeitig in dem Fall, wo der Treuhänder auf seine Vergütung nicht verzichten will, mit einer derart strengen und unflexiblen Sanktion die Mindestvergütung sichergestellt werden soll.

Als problematisch wird die Vorschrift des § 298 ferner deshalb angesehen, weil diese Regelung etwa dazu führen kann, dass der Schuldner wegen ohne eigenes Verschulden entstehender Arbeitslosigkeit möglicherweise durch eine Versagung der Restschuldbefreiung bestraft wird.[10] Zudem führe § 298 dazu, dass eine Ungleichbehandlung von schuldlos armen Schuldnern gegenüber demjenigen vorgenommen werde, der sich noch ein Restvermögen oder Ersparnisse hat erhalten können.[11] Es wird darauf hingewiesen, dass durch die Regelung des § 298 die Gefahr bestehe, dass den wirklich Hilfsbedürftigen, den „Ärmsten der Armen", auf Dauer die Restschuldbefreiung versagt werden wird.[12] § 298 führe im praktischen Ergebnis dazu, dass Armut mit Unredlichkeit gleichgesetzt werde.[13]

2. Stellungnahme. Der vorgebrachten Kritik ist **im Grundsatz zuzustimmen,** den- **4** noch ist vor einer Emotionalisierung der Regelung des § 298 ausdrücklich zu warnen. Führt man die genannten Argumente auf ihren juristischen Gehalt zurück, geht es bei der Kritik an § 298 in Wirklichkeit um folgende zwei Aspekte: Zum einen versagt § 298 den Gerichten bei Vorliegen der Tatbestandsmerkmale einen **Ermessensspielraum** hinsichtlich der Rechtsfolge. Damit wird den Gerichten die Möglichkeit genommen, unter Abwägung aller

---
[8] BT-Drucks. 12/2443, S. 258.
[9] Römermann in *Nerlich/Römermann* § 298 RdNr. 7.
[10] So *Häsemeyer* RdNr. 26.42; im Anschluss daran auch FK-*Grote* § 298 RdNr. 4; s. auch HK-*Landfermann* § 298 RdNr. 1; HambKommInsO-*Streck* § 298 RdNr. 1.
[11] So *Smid/Krug/Haarmeyer* § 298 RdNr. 1.
[12] *Haarmeyer/Wutzke/Förster*, Handbuch, Kap. 10 RdNr. 80 (S. 727).
[13] So *Döbereiner*, S. 214.

Interessen eine dem Einzelfall entsprechende billige Entscheidung herbeiführen zu können. Daher ist es jedoch evident, dass in dem gedachten Fall, in welchem ein Schuldner fünf Jahre lang seine Verpflichtungen erfüllt und im sechsten Jahr aus unverschuldeten Gründen die Mindestvergütung nicht mehr erbringen kann, die zwangsweise Versagung der Restschuldbefreiung durch das Gericht unbillig ist. Hier geht es um eine Verabsolutierung des Regelungsziels, dafür zu sorgen, dass der Treuhänder seine Mindestvergütung erhält, deren Verhältnismäßigkeit und Vereinbarkeit mit dem allgemeinen Regelungsziel des Restschuldbefreiungsverfahrens fraglich erscheint.

Zum zweiten geht es um die Frage der **Verfassungsmäßigkeit des § 298,** weil durch diese Regelung ein Schuldner dann, wenn die Vergütung des Treuhänders nicht mehr aus den Beträgen gedeckt werden kann, die auf Grund der Abtretung beim Treuhänder eingehen, dazu gezwungen wird, die Mindestvergütung aus dem Vermögen zu entrichten, das der Sicherung seines Existenzminimums dient, will er nicht Gefahr laufen, dass ihm die Restschuldbefreiung versagt und damit der wirtschaftliche Neuanfang verbaut wird. Das Bundesverfassungsgericht[14] geht indes davon aus, dass eine Pflicht zur Sicherung des rechtlich geschützten Existenzminimums besteht. Diese Vorstellung ist vom Gesetzgeber in der Novellierung des § 850f ZPO umgesetzt worden.[15] Dieser Wertung würde es widersprechen, wenn der Schuldner faktisch verpflichtet wäre, sein grundrechtlich geschütztes Existenzminimum zur Kostentragung des Restschuldbefreiungsverfahrens zu verwenden.[16] Mit der im Rahmen des InsOÄndG 2001 erfolgten **Ergänzung des § 298 Abs. 1** durch die Hinzufügung eines Verweises auf die Vorschrift des § 4a S. 2 ist den Bedenken Rechnung getragen worden, und insbesondere sind die verfassungsrechtlichen Probleme weitgehend entschärft.[17] Die Neuregelung führt dazu, dass die Sanktion der Versagung der Restschuldbefreiung im Fall, dass die Mindestvergütung des Treuhänders nicht gedeckt ist, nicht eingreift, wenn die Kosten des Insolvenzverfahrens gem. § 4a gestundet wurden. Die **Begründung** für die Gesetzesänderung stellt indessen weniger auf die rechtspolitischen Bedenken an der Regelung ab, sondern zieht ökonomische Erwägungen heran. Wenn dem Schuldner die Verfahrenskosten gestundet wurden, würde es eine Vergeudung öffentlicher Mittel bedeuten, wenn nach der weitgehenden Förderung eines kosten- und arbeitsintensiven Verfahrens dessen Ziel verfehlt würde, nur weil die im Verhältnis zu den Gesamtkosten unbedeutende Mindestvergütung des Treuhänders nicht gedeckt ist.[18]

Der neue **Absatz 1 S. 2 ergänzt** die ebenfalls geänderte Vorschrift des § 293 Abs. 2, denn auf Grund dieser Vorschrift wird dem Treuhänder in den Fällen des § 4a ohnehin ein Sekundäranspruch gegen die Staatskasse hinsichtlich seiner Vergütung eingeräumt. Wenn er damit seine Vergütung erhält, entfällt sein persönliches Interesse an der Stellung des Antrags nach § 298.[19] Gem. § 4a Abs. 1 S. 1 umfasst die Verfahrenskostenstundung sämtliche Kosten bis zur Erteilung der Restschuldbefreiung gem. § 300. Abs. 1 am Ende der Wohlverhaltensperiode.[20]

Ökonomische Erwägungen, die dem Gesetz zur Entschuldung mittelloser Personen zugrunde liegen, werden dazu führen, dass der § 298 Abs. 1 S. 2 wieder gestrichen wird. Es handelt sich um eine Folgeänderung zur Aufhebung der Verfahrenskostenstundung.[21] Mit der Streichung des Absatzes 1 S. 2 wird jedoch die alte Diskussion um die Rechtfertigung des § 292 Abs. 1 (s. oben RdNr. 2 ff.) neu entbrennen und möglicherweise zu den oben angedeuteten problematischen Folgen führen.

---

[14] BVerfG, NJW 1992, 3153, 3154; BVerfG, NJW 1993, 643, 644.
[15] Vgl. die Begr. in BT-Drucks. 12/1754, S. 16.
[16] Zur Frage der Verfassungsmäßigkeit des § 298 vgl. u. a. FK-*Grote* § 298 RdNr. 5; *Römermann* in *Nerlich/Römermann* § 298 RdNr. 6 f.; *Döbereiner*, S. 214 f.
[17] S. auch FK-*Grote* § 298 RdNr. 4; *Smid/Krug/Haarmeyer* § 298 RdNr. 1 f.; HambKommInsO-*Streck* § 298 RdNr. 1; *Uhlenbruck/Vallender* § 298 RdNr. 2.
[18] Begr. RegE BGBl. 2001 I, S. 2710 zu Nummer 18.
[19] Vgl. aber auch unten RdNr. 6 und 15 zu weiteren, in diesem Zusammenhang berücksichtigungsfähigen Interessen.
[20] *Goetsch* in *Breutigam/Blersch/Goetsch* § 298 RdNr. 4.
[21] Begr. des Gesetzentwurfes der Bundesregierung, S. 77.

3. Übernahme der Mindestvergütung durch andere Kostenträger. Die durch die 5
Streichung des Absatzes 1 S. 2 dem mittellosen Schuldner nicht weiter eingeräumte Möglichkeit, auch die Treuhändervergütung bis zur Erteilung der Restschuldbefreiung zu stunden, lässt die frühere sehr umfangreiche Diskussion über die Möglichkeiten, dem mittellosen Schuldner im Hinblick auf die Treuhändervergütung zu helfen,[22] wieder aktuell werden. In Betracht kommen die **harten Sanktionen** nicht mehr nur für einige Altfälle, die nicht nach § 298 Abs. 2 S. 2 vorgehen, sondern für alle Fälle, die in den Anwendungsbereich der Restschuldbefreiung fallen. Für diese Fälle kommt eine Unterstützung durch Prozesskostenhilfe auf Grund des neuen Konzepts und eine Hilfe analog § 121 ZPO auf Grund nicht zu überbrückender dogmatischer Schwierigkeiten[23] nicht in Frage. Allenfalls könnte man daran denken, ob auf die Vorschriften der **Sozialhilfe** zurückgegriffen wird.

Treuhänderkosten könnten möglicherweise durch die Sozialhilfeträger übernommen werden. Gemäß der §§ 27 Abs. 1 Satz 1, 30 BSHG kann der Sozialhilfeträger Hilfe zum Aufbau oder zur Sicherung der Lebensgrundlage gewähren. Hält man sich vor Augen, dass Sinn und Zweck dieser Regelung ist, dass der Empfänger dazu befähigt werden soll, bald wieder unabhängig von Sozialhilfe leben zu können,[24] so erscheint die Subsumtion der Übernahme der Kosten für den Treuhänder unter den Regelungsbereich der Vorschriften zur Hilfe in besonderen Lebenslagen (§§ 27 ff. BSHG) möglich.[25] Doch **überzeugt es nicht,** denjenigen eine Hilfe zu Teil werden zu lassen, die die möglichen Instrumente der finanziellen Hilfe bei Bedürftigkeit nicht ausschöpfen. Darüberhinaus ist allgemein noch folgende Erwägung von Relevanz:

Eine Lösung der Problematik der Übernahme der Treuhänderkosten bei Personen, die 6 zwar in den Genuss des Restschuldbefreiungsverfahrens kommen, für die es aber gleichwohl schwierig möglich ist, die zur Abwendung der Versagung der Restschuldbefreiung notwendigen Beträge aufzubringen, darf nicht nur in Betracht ziehen, dass sich die in § 299 angeordnete Rechtsfolge für bestimmte bedürftige Schuldner als bes. gravierend herausstellt und fragen, auf welche Weise der Betrag von 100,– Euro von anderer Seite übernommen werden könnte, sondern es sind demgegenüber noch weitere Aspekte in die **Abwägung** einzubeziehen. Dazu gehört zunächst, dass es sich bei der Summe von 100,– Euro pro Jahr in der Tat um einen **sehr geringen Betrag** handelt,[26] von dem nach allgemeiner Lebenserfahrung erwartet werden kann, dass er auch unter sehr schwierigen Bedingungen und in Anbetracht der möglichen Rechtsfolgen aufgebracht werden kann. In diesem Zusammenhang darf auch nicht übersehen werden, dass der Schuldner ggf. nicht immer den vollen Betrag von 100,– Euro an den Treuhänder entrichten muss, sondern er verpflichtet ist, die Differenz zum Betrag von 100,– Euro zu leisten; dies kann auch eine viel geringere Summe sein.

Des Weiteren ist zu beachten, dass die Zahlung des Betrages von bis zu 100,– Euro pro Jahr bei gleichzeitiger Gefahr der Versagung der Restschuldbefreiung eine zentrale Funktion im Hinblick auf den Rechtscharakter der Tätigkeit des Treuhänders (doppelte Treuhand) und zusammenhängend damit auf die Gläubiger hat.[27] Diese Funktion **würde unterlaufen werden,** wenn der vom Schuldner zu bezahlende Betrag von anderen übernommen würde. Schließlich ist in der Diskussion um den § 298 auch zu bedenken, dass die Versagung der Restschuldbefreiung wegen Nichtzahlung nur auf Antrag des Treuhänders erfolgt. Das bedeutet, dass im Einzelfall stets noch das **Verhalten des Treuhänders als Regulativ** eingreift. Dieser kann nach Lage der Dinge auch auf seine Vergütung verzichten. Dem Ergebnis nach wird damit die Ermessensentscheidung, ob die Nichtzahlung der Vergütung derart schwer wiegt, dass das ansonsten redliche Verhalten des Schuldners nicht zum Erfolg der Restschuldbefreiung führen soll, in die Hände desjenigen gelegt, der von der Nicht-

---

[22] Vgl. den Überblick bei FK-*Grote*, 2. Aufl, § 298 RdNr. 5 ff. mwN.
[23] Vgl. zur früheren Rechtslage *Bork* ZIP 1998, 1221 f.
[24] *Schellhorn/Jirasek/Seipp* BSHG 1997, § 30 RdNr. 1.
[25] Näheres FK-*Grote* § 298 RdNr. 7; vgl. auch HK-*Landfermann* § 298 RdNr. 1.
[26] Siehe oben RdNr. 2; vgl. auch die Erwägung zum Gesetz zur Entschuldung mittelloser Personen.
[27] Siehe oben § 292 RdNr. 3 f.

zahlung unmittelbar betroffen ist. Da der Treuhänder in gewisser Weise auch ein fürsorgerisches Verhältnis zum Schuldner hat,[28] kann in der Praxis davon ausgegangen werden, dass es bei Vorliegen der Voraussetzungen oft nicht zur Versagung der Restschuldbefreiung kommen wird, weil der Treuhänder auf seine Vergütung für das betreffende Jahr verzichtet und den Antrag gemäß § 298 nicht stellt.

Vor dem Hintergrund dieser Erwägungen erscheint die Rechtsfolge des § 299 auch unabhängig von der nun wieder gestrichenen Ergänzung im Ergebnis **doch interessengerecht und tragbar.** Sie vernachlässigt die Position des bedürftigen Schuldners nicht; ihr wird Rechnung getragen durch einen geringen Höchstbetrag, der im schlimmsten Fall vom Schuldner an den Treuhänder zu zahlen ist, und durch das Antragserfordernis des Treuhänders zur Versagung der Restschuldbefreiung.

III. Versagung der Restschuldbefreiung wegen nicht gedeckter Mindestvergütung

7   **1. Formelle Voraussetzungen. a) Antrag des Treuhänders.** Formelle Voraussetzung für die Versagung der Restschuldbefreiung durch das Gericht gemäß § 298 ist ein Antrag des Treuhänders. Der Antrag auf Versagung der Restschuldbefreiung ist **weder an eine Frist noch an eine besondere Form** gebunden.[29] Es besteht zudem **keine Ausschlussfrist.**[30] Antragsberechtigt ist der Treuhänder, wenn die Mindestvergütung für das vorangegangene Jahr auf Grund der Abtretung oder sonstiger Zahlungen nicht gedeckt worden ist. Als relevante zeitliche Spanne ist nach dem Wortlaut des § 298 Abs. 1 nicht das Kalenderjahr, sondern das Tätigkeitsjahr entscheidend.[31] Das Geschäftsjahr berechnet sich **ab dem Zeitpunkt der Rechtskraft des Beschlusses,** mit dem die Aufhebung des Insolvenzverfahrens verfügt worden ist oder in dem die Restschuldbefreiung in Aussicht gestellt und der Treuhänder bestimmt worden ist.[32] Der Treuhänder hat für die Stellung des Versagungsantrages sodann bis zum Ende des darauf folgenden Geschäftsjahres Zeit. Er muss die Voraussetzungen des § 298 Abs. 1 **darlegen und ggf. auch beweisen.** Unterlässt der Treuhänder die rechtzeitige Stellung des Antrages, so kann er mit seinem Versagungsantrag nicht mehr durchdringen. Durch diese Regelung soll der Schuldner davor geschützt werden, dass in mehreren Jahren hintereinander der Treuhänder trotz Ausbleibens der Mindestvergütung auf den Antrag bei Gericht verzichtet und dann in einem späteren Jahr plötzlich hohe Nachforderungen stellt, die in den von § 298 gestatteten Zeiträumen vom Schuldner nicht aufgebracht werden können.[33] Hatte der Treuhänder bereits auf die ihm zustehende Vergütung verzichtet, verstößt sein Antrag auf Versagung der Restschuldbefreiung wegen der nicht gedeckten Mindestvergütung gegen Treu und Glauben und ist deshalb als unzulässig zurückzuweisen.[34] Nimmt der Treuhänder nach Entscheidung über einen Versagungsantrag gem. § 298 InsO den Antrag aufgrund der verspäteten Zahlung zurück, ist der Beschluss über die Versagung der Restschuldbefreiung wirkungslos.[34a]

8   Stellt der Treuhänder den Antrag **vor Ablauf** der von ihm dem Schuldner zu setzenden Zahlungsfrist, so ist dieser Antrag verfahrensrechtlich unbeachtlich. Dies ergibt sich mittelbar aus § 298 Abs. 1, denn andernfalls könnte der Treuhänder nämlich nicht wahrheitsgemäß (vgl. § 138 Abs. 1 ZPO i. V. m. § 4 InsO) erklären, dass die ausstehende Vergütung vom Schuldner noch nicht beglichen wurde.[35] Das Insolvenzgericht kann einen solchen Antrag

---

[28] Siehe oben § 288 RdNr. 2 und 26.
[29] *Römermann* in *Nerlich/Römermann* § 298 RdNr. 20; *Döbereiner*, S. 342; *Uhlenbruck/Vallender* § 298 RdNr. 12.
[30] *Döbereiner*, S. 342.
[31] Siehe HK-*Landfermann* § 298 RdNr. 3; HambKommInsO-*Streck* § 298 RdNr. 3; *Braun/Buck* § 298 RdNr. 2; *Kübler/Prütting/Welzel* § 298 RdNr. 1.
[32] *Döbereiner*, S. 210; *Häsemeyer* RdNr. 26.42; FK-*Grote* § 298 RdNr. 9; *Römermann* in *Nerlich/Römermann* § 298 RdNr. 10.
[33] Vgl. FK-*Grote* § 298 RdNr. 9; HambKommInsO-*Streck* § 298 RdNr. 3.
[34] *Uhlenbruck/Vallender* § 298 RdNr. 4; *Römermann* in *Nerlich/Römermann* § 298 RdNr. 19.
[34a] LG Krefeld ZVI 2008, 86.
[35] *Döbereiner*, S. 342.

sofort abweisen; es kann allerdings auch die **Abweisung des Antrages zurückstellen** und den Treuhänder darauf hinweisen, dass der Antrag wirksam wird, wenn der Treuhänder nach Ablauf der gesetzlichen Frist erklärt, dass die Vergütung immer noch nicht vollständig beglichen ist.[36] Sinnvoll – aber praktisch kaum von Bedeutung – ist ein solches Vorgehen im Hinblick auf prozessökonomische Erwägungen. Das Gericht kann so nämlich vermeiden, zweimal über einen Antrag des Treuhänders wegen der fehlenden Deckung der Mindestvergütung entscheiden zu müssen.

b) Behaupten der Voraussetzungen des § 298 Abs. 1. Der Treuhänder muss die Voraussetzungen des § 298 Abs. 1 behaupten. Ihm ist im Gegensatz zum Antrag der Gläubiger auf Versagung der Restschuldbefreiung gem. §§ 296, 297 allerdings nicht auferlegt, den Versagungsgrund auch glaubhaft zu machen.[37] Im Falle des Bestreitens hat der Treuhänder die von ihm aufgestellte Behauptung freilich unter Beweis zu stellen. Dazu können insbesondere die Auszüge des Kontos herangezogen werden, auf dem die abgetretenen Beträge eingehen. Gegebenenfalls kann aber auch eine noch weitergehende Rechnungslegung des Treuhänders notwendig werden, um nachzuweisen, dass die Mindestvergütung für das Geschäftsjahr nicht gedeckt ist.

2. Verfahren nach Antragseingang. a) Anhörung des Schuldners (§ 298 Abs. 2 Satz 1). Nach Eingang des Antrags hat das Insolvenzgericht zeitnah dem Schuldner die **Möglichkeit zu einer Stellungnahme** zu geben. Die Anhörung des Schuldners kann sowohl in mündlicher Verhandlung in einem anzuberaumenden Termin als auch in schriftlicher Form,[38] ggf. gleichzeitig mit der gerichtlichen Zahlungsaufforderung (s. sofort unten RdNr. 12) geschehen. Der **Zweck dieser Anhörung** besteht darin, den Schuldner auf eine möglicherweise folgenschwere Entscheidung hinzuweisen und ihm rechtliches Gehör nach Art. 103 Abs. 1 GG zu gewähren. Bei schriftlicher Anhörung ist zur Festsetzung des Fristablaufes ein Zustellungsnachweis zu erbringen.[39]

Nicht anzuhören sind dagegen die Gläubiger. Durch die Versagung der Restschuldbefreiung erleiden sie nämlich keine Rechtsnachteile, denn gemäß § 298 kann die Restschuldbefreiung nicht gewährt werden, sondern sie kann lediglich versagt werden. Damit werden die Rechte der Gläubiger nicht beschwert. Dagegen ist indes vertreten worden, dass auch die Gläubiger unter dem Gesichtspunkt des rechtlichen Gehörs im Rahmen des Verfahrens nach § 298 angehört werden müssten.[40] Die Interessen der Gläubiger würden immerhin dadurch berührt, dass in dem Fall, in welchem das Gericht den Antrag des Treuhänders ablehnt und die Restschuldbefreiung nicht versagt, die Schuldner weiterhin einen Anspruch auf Verteilung der Restschuldbefreiung nach Ablauf der Wohlverhaltensperiode haben. Damit seien sie als materiell Beteiligte zu hören. Diese Auffassung vermag auch vor dem Hintergrund der Gewährung rechtlichen Gehörs nicht zu überzeugen. Nach der Ablehnung des Versagungsantrages des Treuhänders durch das Gericht verschlechtert sich die Position der Gläubiger im Verhältnis zur Situation bei der Entscheidung über den Antrag des Schuldners auf Restschuldbefreiung (§§ 287 Abs. 1, 289) nicht. Folglich tritt durch die Entscheidung des Gerichts **keine Beeinträchtigung der Rechtspositionen** der Gläubiger ein, die die Gewährung rechtlichen Gehörs erforderlich machten. Zudem ist nicht ersichtlich, inwieweit die Gläubiger durch ihre Stellungnahme auf die gerichtliche Entscheidung Einfluss nehmen könnten. Die Versagung der Restschuldbefreiung hängt allein vom Vorliegen der formalen Voraussetzungen des § 298 Abs. 1 ab, ohne

---

[36] Siehe *Döbereiner*, S. 342.
[37] Vgl. *Döbereiner*, S. 342; HK-*Landfermann* § 298 RdNr. 3; *Graf-Schlicker/Kexel* § 298 RdNr. 5; HambKommInsO-*Streck* § 298 RdNr. 2.
[38] FK-*Grote* § 298 RdNr. 13; *Smid/Krug/Haarmeyer* § 298 RdNr. 6; *Graf-Schlicker/Kexel* § 298 RdNr. 7; *Uhlenbruck/Vallender* § 298 RdNr. 16; vgl. auch BT-Drucks. 12/7302, S. 188 zur übertragbaren Situation bei § 296.
[39] *Smid/Krug/Haarmeyer* § 298 RdNr. 6.
[40] *Döbereiner*, S. 297 ff.; dagegen wie hier *Uhlenbruck/Vallender* § 298 RdNr. 15; *Kübler/Prütting/Wenzel* § 298 RdNr. 2.

§ 298 12, 13   8. Teil. Restschuldbefreiung

dass dort für das Gericht ein Ermessen vorgesehen wäre, das auf Grund der Stellungnahme der Gläubiger in der einen oder anderen Richtung ausgeübt werden könnte.[41]

12   b) **Nachfristsetzung durch das Insolvenzgericht (§ 298 Abs. 2 Satz 2).** Aus § 298 Abs. 2 Satz 2 geht hervor, dass das Gericht den Schuldner nochmals zur Zahlung aufzufordern hat. Die Aufforderung zur Zahlung muss **deutlich und eindringlich sein.** Das Gericht hat den Schuldner auf die Konsequenzen der Nichterbringung des Betrages von 100,- Euro hinzuweisen. Das Gericht sollte die letzte Zahlungsaufforderung so formulieren, dass dem Adressaten die Reichweite seines Handelns unmittelbar deutlich wird. Bloße allgemein gehaltene Standardformulierungen können in selten gelagerten Ausnahmefällen möglicherweise sogar eine **Verletzung des rechtlichen Gehörs** des Schuldners bedeuten, so dass dann die Zweiwochenfrist des § 298 Abs. 2 Satz 2 nicht zu laufen beginnt.

Erfolgt die Anhörung mündlich im Termin beim Insolvenzgericht, so kann auch die Zahlungsaufforderung **mündlich erfolgen.** Erfolgt die Anhörung schriftlich, so kann sie zugleich mit der Aufforderung zur Zahlung unter Androhung der Rechtsfolgen vorgenommen werden.[42] Das Gericht hat dem Schuldner schriftlich den exakt einzuzahlenden Betrag und das Konto, auf den der Betrag einzuzahlen ist, mitzuteilen. Das gilt auch dann, wenn die Zahlungsaufforderung mündlich erfolgt ist. Aus diesem Erfordernis ergibt sich, dass es zweckmäßig ist, auch bei der mündlichen Aufforderung zur Zahlung dem Schuldner zusätzlich **einen schriftlichen Hinweis** zu erteilen. Denkbar ist dies in Form eines allgemeinen Merkblattes, dem allerdings rechtlich keine Bedeutung zukommt, sondern das lediglich eine praktische Hilfestellung darstellt. Die Nachfrist beträgt zwei Wochen.[43] Die Frist beginnt bei einer mündlichen Verhandlung mit dem Tag der Anhörung; bei einer schriftlichen Anhörung beginnt sie mit der Zustellung der Zahlungsaufforderung.[44] Die Frist ist **keine Notfrist,** so dass eine Wiedereinsetzung in den vorherigen Stand nach § 223 ZPO in Verbindung mit § 4 nicht möglich ist. Eine Verlängerung der Zweiwochenfrist durch das Gericht ist ebenfalls ausgeschlossen.[45] Für die Fristberechnung sind die §§ 187, 188, 193 BGB maßgebend, so dass der Tag der Anhörung für den Fristbeginn nicht mitzurechnen ist.[46]

13   Bis zur gerichtlichen Entscheidung hat der Treuhänder die Möglichkeit, seinen **Antrag zurückzunehmen.** Dies wird insbesondere dann der Fall sein, wenn der Schuldner vor Ablauf der vom Gericht gesetzten Frist die Rückstände gezahlt hat. Die Rücknahme des Antrags begründet keine Gerichtskosten, denn bei Stellung des Antrages auf Versagung der Restschuldbefreiung gem. § 298 Insolvenzordnung fallen, anders als bei der Stellung des Antrags durch die Gläubiger und den Schuldner (vgl. Nr. 1431 KV; § 50 Abs. 2 GKG), keine Gebühren an.[47]

Der Gesetzgeber hat durch die Änderung des Absatzes 2 dem Schuldner die Möglichkeit eröffnet, noch **in der Wahlverhaltensperiode eine Stundung zu beantragen,** die dann dem Treuhänder über den fehlenden Betrag einen Sekundäranspruch gegen die Staatskasse eröffnet und die Versagung der Restschuldbefreiung abwendet. Das Gericht muss den Schuldner bei der Anhörung auf die Möglichkeit der Stellung eines Stundungsantrages **hinweisen.** Der Antrag muss innerhalb der Zweiwochenfrist nach der Anhörung gestellt werden. Über ihn ist vor der Entscheidung über die Versagung der Restschuldbefreiung zu entscheiden.[48] § 298 Abs. 2, Satz 2 soll durch die Änderungen des Gesetzes zur Entschul-

---

[41] *Vallender,* Kölner Schrift, 249, 277 RdNr. 89.
[42] *Smid/Krug/Haarmeyer* § 298 RdNr. 6; *FK-Grote* § 298 RdNr. 13.
[43] S. *Andres/Leithaus,* § 298 RdNr. 4; *Braun/Buck* § 298 RdNr. 4; vgl. auch *Smid/Krug/Haarmeyer* § 298 RdNr. 6.
[44] Vgl. *Haarmeyer/Wutzke/Förster,* Handbuch, Kap. 10 RdNr. 80; *Smid/Krug/Haarmeyer* § 298 RdNr. 6; FK-*Grote* § 298 RdNr. 13.
[45] *FK-Grote* § 298 RdNr. 13; *Uhlenbruck/Vallender* § 298 RdNr. 16; MünchKommZPO-*Feiber* § 224 ZPO RdNr. 3.
[46] *Smid/Krug/Haarmeyer* § 298 RdNr. 7.
[47] Siehe FK-*Schulz* § 54 RdNr. 30.
[48] Vgl. FK-*Grote* § 298 RdNr. 13a.

dung mittelloser Personen insoweit geändert werden, dass die Stundungsregelung wieder gestrichen wird und auch insoweit die Rechtslage vor Einführung der Stundungsregelungen gilt.

3. Materielle Voraussetzungen für eine Versagung. a) Fehlende Deckung der Mindestvergütung. Die Restschuldbefreiung kann nur versagt werden, wenn für das vergangene Geschäftsjahr[49] weniger als der Betrag von 100,– Euro zur Vergütung des Treuhänders verblieben ist. Der Treuhänder kann seinen Versagungsantrag allerdings **nicht auf Fehlbeträge** stützen, die länger als dieses Geschäftsjahr zurückliegen. Dies ergibt sich aus dem Wortlaut des Gesetzes. Zudem würde es der differenziert abgestuften Regelung der Versagungs- und Widerrufstatbestände des Restschuldbefreiungsverfahrens widersprechen. Denn diese sollen dem Vertrauen des Schuldners in den erfolgreichen Abschluss des Schuldbefreiungsverfahrens Rechnung tragen. Es soll das Vertrauen geschützt werden, dass dann, wenn der Treuhänder bis zum Ende des darauf folgenden Geschäftsjahres die Möglichkeit, den Versagungsantrag zu stellen, nicht genutzt hat, für den Schuldner die Gefahr der Versagung der Restschuldbefreiung nicht mehr besteht. Unterlässt der Treuhänder die Stellung des Antrages, so kann er seinen Versagungsantrag nicht weiter durchsetzen, wenn im Jahr nach dem Ausfall die Mindestvergütung wieder gedeckt war.[50]

Der Antrag des Treuhänders kann sich nicht auch darauf stützen, dass seine **Auslagen,** die **Überwachungsvergütung** nach § 292 Abs. 2 Satz 3 oder der sogenannte **Motivationsrabatt** des Schuldners nach § 292 Abs. 1 Satz 4 (dazu s. oben § 292 RdNr. 31 ff.) nicht gedeckt sind. Insoweit ist der Antrag des Treuhänders als unzulässig abzuweisen. Da der Treuhänder nur zur Überwachung verpflichtet ist, wenn die zusätzliche Vergütung gedeckt ist oder vorgeschossen wird, kann die Erteilung der Restschuldbefreiung nicht an der fehlenden Deckung der Vergütung für diese Tätigkeit scheitern.[51]

Fraglich ist, ob in **Extremfällen** möglicherweise der Antrag des Treuhänders auf Versagung der Restschuldbefreiung auf Grund fehlenden Rechtsschutzbedürfnisses unzulässig sein könnte. Dabei geht es nicht darum, dass die eindeutige Sanktionsregelung des § 298 in Abrede gestellt würde, sondern darum, ob der Antrag des Treuhänders auf Versagung der Restschuldbefreiung überhaupt zulässig ist. In Betracht kommen etwa Fälle, wo ein Antrag des Treuhänders gestellt wird, weil der symbolische Euro zu dem Betrag von 100,– Euro fehlt, oder wo der Treuhänder in dem in Frage stehenden Jahr überhaupt keine Leistungen erbracht hat, da keine Beträge zur Verteilung anstanden oder andere Tätigkeiten zu verrichten waren. Für den letzten Fall ist bereits vertreten worden, dass dem Treuhänder insoweit kein Vergütungsanspruch zustehe, weil gem. § 14 Abs. 3 InsVV dem Treuhänder ein Vergütungsanspruch nur für jedes Jahr seiner *Tätigkeit* zustehe.[52] Dem steht indes entgegen, dass der Konzeption der Mindestvergütung nach dieser Betrag dem Treuhänder in jedem Fall als Entlohnung für die Übernahme des Amtes zusteht, d. h. auch dann, wenn er ein Jahr nicht tätig geworden ist.[53] In beiden Fällen liegt es nahe, das **Rechtsschutzbedürfnis zu verneinen,** sei es allein schon wegen des Minimalbetrages, oder sei es, weil die Stellung des Antrages unter diesen Umständen eine unzulässige Rechtsausübung darstellt,[54] weil es mit der Aufgabe des Treuhänders, dem Schuldner in der schwierigen Phase der Wohlverhaltensperiode so weitgehend wie möglich Beistand zu leisten, nicht vereinbar sein könnte, wenn beim Ausbleiben eines sehr geringen Betrages der Mindestvergütung dem Schuldner durch die Stellung des Versagungsantrages durch den Treuhänder die Restschuldbefreiung verwehrt würde. Für die Frage, ob die Stellung eines Antrages des Treuhänders wegen Fehlens des Rechtsschutzbedürfnisses unzulässig sein kann, kommt es zu allererst

---

[49] Siehe oben RdNr. 7; vgl auch *Uhlenbruck/Vallender* § 298 RdNr. 5.
[50] Zu alledem FK-*Grote* § 298 RdNr. 9; *Uhlenbruck/Vallender* § 298 RdNr. 5 f.
[51] Begr. der Beschlussempfehlung des Rechtsausschusses BT-Drucks. 12/7302, S. 181.
[52] *Krug,* Der Verbraucherkonkurs, 1998, S. 138; ihm folgend FK-*Grote* § 298 RdNr. 12.
[53] Siehe oben RdNr. 1 und 3 f.
[54] Auch eine unzulässige Rechtsausübung lässt regelmäßig das Rechtsschutzbedürfnis entfallen; s. statt aller *Rosenberg/Schwab/Gottwald* Zivilprozessrecht § 92 IV.

darauf an, ob durch die mit dem Antrag begehrte Entscheidung des Gerichts überhaupt *Rechte des Treuhänders* geschützt werden. In Betracht käme insoweit allenfalls der Vergütungsanspruch des Treuhänders. Allerdings ist der Antrag des Treuhänders gem. § 298 gerade nicht darauf gerichtet, eine Entscheidung des Insolvenzgerichts herbeizuführen, die ihm die Möglichkeit verschafft, den ausgebliebenen Teil seiner Vergütung zu erlangen; es geht bei dem Antrag auf Versagung der Restschuldbefreiung auch nicht einmal mittelbar um die Vergütung des Treuhänders. Die gem. § 298 beantragte Entscheidung des Insolvenzgerichts hat vielmehr einen **Bezug zum Interesse der Gläubiger.** Denn in deren Interesse liegt die Versagung der Restschuldbefreiung bei unzureichender Mindestvergütung des Treuhänders als Sanktion für den Schuldner, um die Funktion der Mindestvergütung als subsidiäre Einstandspflicht des Schuldners für die Vergütung des Treuhänders und damit als Kompensation dafür, dass die Vergütung primär aus dem den Gläubigern zugewiesenen Vermögen erfolgt, zu wahren.[55] Ferner liegt die Versagung der Restschuldbefreiung bei unzureichender Bezahlung der Mindestvergütung auch **im allgemeinen Interesse,** weil somit gewährleistet werden soll, dass der Schuldner die Befreiung von seinen Verbindlichkeiten auf Kosten des Wirtschaftsverkehrs nur dann erreichen können soll, wenn der Schuldner – auch unter allergrößten Anstrengungen – bereit ist, die ihm auferlegten Verpflichtungen tatsächlich einzulösen. Bezieht sich damit also die auf Antrag des Treuhänders erfolgte Entscheidung des Gerichts nicht auf spezifische Interessen des Treuhänders, so kann in dem Antrag auch keine unzulässige Rechtsausübung liegen. Der Treuhänder stellt den Antrag in Wirklichkeit im Interesse der Gläubiger bzw. der Allgemeinheit, wobei ihm das Ermessen eingeräumt ist, ob er den Antrag auf Versagung der Restschuldbefreiung überhaupt stellt oder nicht.[56] Das Rechtschutzbedürfnis für den Antrag gem. § 298 ist ferner auch nicht deshalb zu verneinen, weil es sich ggf. nur um einen Minimalbetrag handelt.[57] Eine **betragsmäßige Zulassungssperre** für den Antrag anzunehmen, wäre unvereinbar mit Art. 103 Abs. 1 GG. Zudem würde bei der Annahme, ein Rechtschutzbedürfnis läge bei einem nur minimal ausbleibenden Betrag der Mindestvergütung nicht vor, ein erhebliches Abgrenzungsproblem entstehen, ab wann ein kleiner Betrag vorliegt, dessen Ausbleiben dem Treuhänder ein Rechtschutzbedürfnis gibt.[58] Damit ist der Antrag auf Versagung der Restschuldbefreiung gem. § 298 auch dann nicht wegen fehlenden Rechtschutzbedürfnisses unzulässig, wenn es sich nur um einen kleinen Betrag handelt, der zur Deckung der Mindestvergütung des Treuhänders fehlt.

16 b) Unterlassene Zahlung des Schuldners trotz Aufforderung mit Fristsetzung und Belehrung durch den Treuhänder. Als weitere materielle Voraussetzung für eine Versagung der Restschuldbefreiung muss der Schuldner vom Treuhänder zur Zahlung des ausstehenden Betrages aufgefordert worden sein. Diese **Zahlungsaufforderung muss schriftlich** erfolgen. Sie ist **eindeutig zu formulieren** und muss den fehlenden Betrag und die vom Schuldner einzuhaltende Frist deutlich zum Ausdruck bringen. Die Aufforderung des Treuhänders hat zudem zwingend auf die Möglichkeit der Versagung der Restschuldbefreiung als Rechtsfolge bei Ausbleiben der Zahlung bis zum Fristende hinzuweisen. Nach der Ergänzung des § 298 durch das InsOÄndG 2001 hat der Treuhänder auch die Pflicht, **den Schuldner auf die Möglichkeit eines Stundungsantrags** hinzuweisen. Die Verpflichtung folgt aus seiner Position gegenüber dem Schuldner (vgl. oben RdNr. 4).[59] Diese Verpflichtung entfällt jedoch mit den Änderungen durch das Gesetz zur Entschuldung masseloser Personen wieder als Folgeänderung zur Aufhebung der Verfahrenskostenstundung.

---

[55] Siehe oben RdNr. 6.
[56] Siehe bereits oben RdNr. 6.
[57] Vgl. allgemein zum Problem des Rechtschutzbedürfnisses bei Minimalbeträgen *Schneider* MDR 1990, 893.
[58] Vgl. dazu allgemein *Zöller/Greger* vor § 253 ZPO RdNr. 18; *Stein/Jonas/Schumann* § 253 ZPO RdNr. 117.
[59] Anders zur Rechtslage nach dem InsOÄndG 2001 HambKommInsO-*Streck* § 298 RdNr. 4.

Die in der Aufforderung vom Treuhänder zu setzende Zahlungsfrist muss **mindestens** 17 **zwei Wochen** betragen. Es steht allerdings im Ermessen des Treuhänders, auch eine längere Zahlungsfrist einzuräumen. Die vom Treuhänder gesetzte Frist beginnt mit Zugang der Aufforderung beim Schuldner zu laufen.

Der Treuhänder hat sowohl für den Inhalt als auch für den Zugang des Schreibens den 18 **Nachweis** zu erbringen.[60] Bei Fehlen einer dieser Voraussetzungen ist der Versagungsantrag als unzulässig vom Insolvenzgericht zurückzuweisen.[61] Die Aufforderung kann vom Treuhänder erst nach Ablauf des Tätigkeitsjahres an den Schuldner gerichtet werden. Eine verfrühte Aufforderung ist deshalb wirkungslos und setzt keine Frist in Gang.[62] Ebenso wird keine Frist in Gang gesetzt, wenn die Aufforderung an den Schuldner die formalen Voraussetzungen nicht vollständig erfüllt.

c) Unterlassene Zahlung des Schuldners trotz gerichtlicher Nachfristsetzung. 19
Nach Eingang des Antrags des Treuhänders hat das Insolvenzgericht nach Prüfung der Zulässigkeit des Antrages gemäß § 298 Abs. 2 Satz 2 den Schuldner **noch einmal zur Zahlung aufzufordern.** Dabei setzt das Gericht eine weitere Frist von zwei Wochen zur Begleichung des Fehlbetrages fest. Mit dieser weiteren Frist soll dem Schuldner eine letzte Gelegenheit gegeben werden, die Versagung der Restschuldbefreiung abzuwenden. Zum Beginn des Fristlaufs s. oben RdNr. 12. Eine Verlängerung dieser Frist ist gemäß § 224 Abs. 2 ZPO, § 4 nicht möglich.[63] Aus diesem Grund geht eine in der Literatur geäußerte Annahme fehl, dass die Länge der vom Gericht zu setzenden Frist für die Zahlung durch den Schuldner dem Ermessen des Gerichts unterliege und mindestens zwei Wochen betragen müsse.[64]

Für den Fall, dass die Aufforderung der Zahlung durch das Gericht von der Anhörung des 20 Schuldners getrennt erfolgt, ist ein erneuter Hinweis auf die Versagung der Restschuldbefreiung vom Gesetz zwar nicht erfordert, sie ist aber im Hinblick auf den Schutz des Schuldners zweckmäßig.[65]

IV. Entscheidung und Rechtsmittel (§ 298 Abs. 3)

1. Entscheidung über den Versagungsantrag. Das Insolvenzgericht entscheidet über 21 den Versagungsantrag durch **Beschluss.** Dem Versagungsantrag wird stattgegeben, wenn er sowohl zulässig als auch begründet ist. Zulässig ist er dann, wenn die formalen Voraussetzungen des § 298 Abs. 1 erfüllt sind. Begründet ist der Antrag, wenn trotz der vom Gericht vorgenommenen Zahlungsaufforderung nach Ablauf der Frist die Mindestvergütung nicht gedeckt wird. Zahlungen nach Ablauf der gerichtlichen Frist haben keinen Einfluss mehr auf die Entscheidung des Insolvenzgerichts.

Zuständig für die Entscheidung über die Versagung der Restschuldbefreiung ist der 22 Rechtspfleger.[66] Der Richtervorbehalt wird gemäß § 18 Abs. 1 Nr. 2 RPflG in Verbindung mit Art. 14 EGInsO nicht auf die Entscheidung nach § 298 ausgedehnt. Aufgrund der weitreichenden Folgen für den Schuldner ist diese Zuständigkeitsregelung auf Kritik gestoßen.[67] Es ist darauf hingewiesen worden, dass es sich offensichtlich um ein Versehen des

---

[60] *Smid/Krug/Haarmeyer* § 298 RdNr. 5; *Römermann* in *Nerlich/Römermann* § 298 RdNr. 15; *FK-Grote* § 298 RdNr. 10.

[61] *Uhlenbruck/Vallender* § 298 RdNr. 7; *HambKommInsO-Streck* § 298 RdNr. 4. Anders *Döbereiner*, S. 212, der den Versagungsantrag für unbegründet hält.

[62] *Römermann* in *Nerlich/Römermann* § 298 RdNr. 13; *HambKommInsO-Streck* § 298 RdNr. 4.

[63] *Römermann* in *Nerlich/Römermann* § 298 RdNr. 16; *FK-Grote* § 298 RdNr. 13; *Uhlenbruck/Vallender* § 298 RdNr. 16; *HambKommInsO-Streck* § 298 RdNr. 5.

[64] Vgl. *FK-Grote* § 298 RdNr. 11. Grote setzt sich mit dieser Auffassung indes in Widerspruch zu seiner eigenen Auffassung, nach der eine Verlängerung der Frist des § 298 Abs. 2 Satz 2 nicht möglich ist, s. *FK-Grote* § 298 RdNr. 13. Wie hier *HK-Landfermann* § 298 RdNr. 4; *HambKommInsO-Streck* § 298 RdNr. 5.

[65] *Döbereiner*, S. 213; *Römermann* in *Nerlich/Römermann* § 298 RdNr. 17.

[66] *Braun/Buck* § 298 RdNr. 5; *HambKommInsO-Streck* § 298 RdNr. 7; *FK-Grote* § 298 RdNr. 14; *Uhlenbruck/Vallender* § 298 RdNr. 20.

Gesetzgebers handele, denn die Entscheidung nach § 298 ist eine kontradiktorische Entscheidung nach Anhörung der Beteiligten, die dem Bereich des Art. 92 GG zuzuordnen ist und daher der Entscheidung des Richters unterliege.[68] In der Tat ist nicht ohne weiteres ersichtlich, warum § 18 Abs. 1 Nr. 2 RPflG den Richtervorbehalt nicht auch auf die Entscheidung nach § 298 erstreckt, doch sind etwaige Bedenken an der Verlagerung der Entscheidungskompetenz auf den Rechtspfleger de lege lata (noch) hinzunehmen. Zwar wird darauf hingewiesen, aus § 18 Abs. 2 Satz 3 RPflG ließe sich ableiten, dass der Richter das Versagungsverfahren nach § 298 an sich ziehen kann und er damit auch die Entscheidungskompetenz erhielte,[69] doch dürfte diese Lesart des Gesetzes unzutreffend sein. Das Evokationsrecht des § 18 Abs. 2 Satz 3 RPflG gilt nämlich nur für solche Verfahren, die sich der Richter zunächst ganz oder teilweise vorbehalten hat und die er später auf den Rechtspfleger übertragen hatte. Der Wortlaut der Vorschrift „wieder" macht deutlich, dass sich das An-sich-ziehen nur auf solche Verfahren bzw. Tätigkeiten beziehen kann, für die er über den in § 18 Abs. 1 RPflG geregelten Bereich hinaus schon einmal zuständig gewesen sein muss. Diese Auslegung wird unterstützt durch die Stellung der Bestimmungen innerhalb des Absatzes 2, in dem allein die ausdrückliche Einzelübertragung des Richters geregelt ist.[70] In der Begründung des Rechtsausschusses für die Einführung dieser Bestimmung ist allerdings ausgeführt worden, dass der Richter während der gesamten Verfahrensdauer jede Sache an sich zieht. Aus dem Umstand, dass der Gesetzgeber im Rahmen des § 18. RPflÄndG die Möglichkeit gehabt hatte, die ihm aus der Literatur bekannte Streitfrage eindeutig zu lösen und dies nicht getan hat, lässt sich schlussfolgern, dass die überwiegende Meinung, die die Revokation im vorstehend dargestellten Sinne versteht, vom Gesetzgeber als die zutreffende eingestuft wurde.[71]

23 Dem Verweis in § 298 Abs. 3 auf § 296 Abs. 3 Satz 2[72] ist zu entnehmen, dass der Beschluss, mit dem die Restschuldbefreiung versagt wird, gemäß § 9 öffentlich bekannt zu machen ist.[73] Dagegen muss der den Antrag des Treuhänders zurückweisende Beschluss nicht veröffentlicht werden.

23 a Die Entscheidung des Gerichts ergeht gebührenfrei; der Gebührentatbestand der KV Nr. 4150 greift nicht ein.[74]

24 Im Fall der Versagung der Restschuldbefreiung ergeben sich die **Folgen** aus § 299. Wird der Antrag des Treuhänders zurückgewiesen, ergeben sich keine Auswirkungen auf die Wohlverhaltensperiode oder auf das Restschuldbefreiungsverfahren im Weiteren.[75]

25 **2. Rechtsmittel.** Sowohl dem Treuhänder als auch dem Schuldner steht auf Grund der Verweisung in § 298 Abs. 3 auf § 296 Abs. 3 Satz 1 die sofortige Beschwerde gemäß § 6 zu.[76] Trotz des insoweit eindeutigen Gesetzeswortlauts bleibt fraglich, ob dem Treuhänder auch dann das **Recht zur sofortigen Beschwerde** zustehen soll, wenn er in der vom Insolvenzgericht gesetzten Nachfrist seine ausstehende Vergütung erhalten hat. Im Hinblick auf den allgemeinen Grundsatz, dass ein Beschwerderecht nur dann eingeräumt wird, wenn auch eine Beschwer vorliegt, sollte in dem Fall, wo der Treuhänder nachträglich die

---

[67] Smid/Krug/Haarmeyer § 298 RdNr. 8; FK-Grote § 298 RdNr. 14; vgl. allgemein zum Hin und Her zwischen Rechtspfleger und Richter im Restschuldbefreiungsverfahren Arnold/Meyer-Stolte/Herrmann/Hansens/Meyer-Stolte, Rechtspflegergesetz, 5. Aufl. 1999, § 18 RPflG RdNr. 24.
[68] Smid/Krug/Haarmeyer § 298 RdNr. 8.
[69] So auch FK-Grote § 298 RdNr. 14.
[70] Siehe Arnold/Meyer-Stolte/Herrmmann/Hansens/Meyer-Stolte, aaO, § 18 RPflG RdNr. 55 f.
[71] Vgl. Uhlenbruck, Rpfleger 1997, 356, 359; Arnold/Meyer-Stolte/Herrmann/Hansens/Meyer-Stolte, aaO, § 18 RPflG RdNr. 56.
[72] Der Rechtsausschuss ersetzte in § 298 Abs. 3 eine eigenständige Entwurfsformulierung durch eine Verweisung auf § 296 Abs. 3, wodurch insbesondere bewirkt werden sollte, dass die Entscheidung öffentlich bekannt zu machen ist.
[73] HambKommInsO-Streck § 298 RdNr. 8; Uhlenbruck/Vallender § 298 RdNr. 24.
[74] Uhlenbruck/Vallender § 298 RdNr. 24; Graf-Schlicker/Kexel § 298 RdNr. 11.
[75] Vgl. auch Smid/Krug/Haarmeyer § 298 RdNr. 8.
[76] Siehe HambKommInsO-Streck § 298 RdNr. 8.

ausstehende Vergütung erhalten hat, das Recht des Treuhänders zur sofortigen Beschwerde gegen den abweisenden Beschluss des Insolvenzgerichts versagt werden. Es ist nämlich schwer vorstellbar, welches berechtigte Interesse der Treuhänder in diesem Fall noch an seinem Antrag haben soll.[77] Hier gebietet es die **Prozessökonomie,** die für die sofortige Beschwerde zuständigen Gerichte nicht weiter zu beanspruchen.

§ 299 Vorzeitige Beendigung

Wird die Restschuldbefreiung nach §§ 296, 297 oder 298 versagt, so enden die Laufzeit der Abtretungserklärung, das Amt des Treuhänders und die Beschränkung der Rechte der Gläubiger mit der Rechtskraft der Entscheidung.

§ 299 Vorzeitige Beendigung (RegE)

Wird die Restschuldbefreiung nach §§ 289c, 296 bis 298 versagt, so endet die Laufzeit der Abtretungserklärung, das Amt des Treuhänders und die Beschränkung der Rechte der Gläubiger mit der Rechtskraft der Entscheidung.

Übersicht

	RdNr.		RdNr.
I. Normzweck	1	III. Anderweitige vorzeitige Beendigung	13
II. Vorzeitige Beendigung nach § 299	3	1. Vollständige Tilgung der Verbindlichkeiten	13
1. Voraussetzungen	3	2. Ablösung des künftigen Pfändungsbetrages	14
a) Versagung der Restschuldbefreiung nach §§ 296, 297, 298 oder Beendigung aus anderen Gründen	3	3. Tod des Schuldners	16
b) Eintritt der Rechtsfolgen	5	4. Keine Anmeldung von Forderungen	17
2. Rechtsfolgen	7	5. Beendigung des Verfahrens	18

I. Normzweck

§ 299 bestimmt die **Rechtsfolgen einer Versagung der Restschuldbefreiung** nach den §§ 296, 297 oder 298. Insoweit stellt die Regelung des § 299 gleichsam den actus contrarius zu § 291 dar, weil dessen Voraussetzungen nicht mehr vorliegen. Welche **Rechtsfolgen** eintreten, wenn das Restschuldbefreiungsverfahren aus anderen Gründen vorzeitig beendet wird, ist in § 299 dagegen nicht geregelt. Es werden zudem weder allgemeine Rechtswirkungen eines vorzeitig beendeten Restschuldbefreiungsverfahrens genannt, noch entscheidet die Vorschrift, aus welchen Gründen das Restschuldbefreiungsverfahren vorzeitig beendet werden kann. § 299 beschränkt sich des Weiteren auf die Regelung der Wirkungen eines **während der Wohlverhaltensperiode vorzeitig beendeten** Schuldbefreiungsverfahrens. Dies ergibt sich aus der gesetzlichen Systematik, die die Vorschrift des § 299 unmittelbar mit den Versagungsgründen der §§ 296–298 verbindet. Wegen der Beschränkung der Folgen einer Versagung auf die vorzeitige Beendigung des Verfahrens während der Wohlverhaltensperiode konnte § 299 ursprünglich weder unmittelbar noch mittelbar auf die vorzeitig beendete Schulbefreiung im ersten Teil des Verfahrens, also im Zulassungsverfahren, angewendet werden.[1] Mit der Änderung des § 287 Abs. 2 S. 1 stellt sich dies nun aber anders dar. Da die Dauer der **Abtretungserklärung mit der Eröffnung des Insolvenzverfahrens beginnt,** kann es dazu kommen, dass auch vor der Ankündigung der Restschuldbefreiung die Laufzeit der Abtretungserklärung endet. In Betracht kommen als Grund

---

[77] So auch *Hoffmann,* 144, Fn. 220; anders, jedoch ohne Begr. Römermann in Nerlich/Römermann § 298 RdNr. 26.
[1] Siehe auch FK-*Ahrens* § 299 RdNr. 4.

dafür § 296 oder die nicht explizit geregelten Beendigungsgründe (vgl. RdNr. 13 ff.). Ein derartiges vorzeitiges Ende wird ebenfalls von § 299 erfasst. Das ergibt sich aus dem Sinn und Zweck der Norm, nach dem geregelt werden soll, welche Rechtsfolgen bei einer vorzeitigen Beendigung eintreten. Dieser verfahrensrechtliche Ansatz ist genau zu unterscheiden von den übrigen Wirkungen der Abtretungserklärung (§§ 295–298), die erst mit der Ankündigung der Restschuldbefreiung eintreten.[2] Da die Vorschrift des § 299 eher exemplarische als definitive Züge trägt,[3] kann sie ansonsten dem Sinn nach angewendet werden, soweit eine Vergleichbarkeit der zu regelnden Sachverhalte besteht. Dies ist insbesondere denkbar bei der **Versagung nach §§ 289 und 290,** denn auch insoweit besteht ein Bedürfnis, über die Laufzeit der Abtretungserklärung und die Rechtsfolge eine Aussage zu treffen. Ferner bietet sich § 299 als Grundlage für eine Entscheidung über die Folgen an, wenn das Insolvenzverfahren **vor der Ankündigung der Restschuldbefreiung** mit einer Befriedigung der Gläubiger endet, ohne dass eine Regelung über die Abtretungserklärung erfolgt ist.[4]

2   § 299 nennt **drei Rechtsfolgen** der vorzeitigen Beendigung des Restschuldbefreiungsverfahrens. Es enden die Laufzeit der Abtretungserklärung, das Amt des Treuhänders und die Beschränkung der Rechte der Gläubiger. Die Beschränkung des Regelungsrahmens des § 299 bedeutet aber nicht, dass andere Rechtsfolgen ausgeschlossen wären.[5]

II. Vorzeitige Beendigung nach § 299

3   **1. Voraussetzungen. a) Versagung der Restschuldbefreiung nach §§ 296, 297, 298 oder Beendigung aus anderen Gründen.** Die Voraussetzungen für die in § 299 aufgestellten Rechtsfolgen ergeben sich nicht aus dieser Vorschrift selbst, sondern aus den §§ 296, 297 oder 298, auf die verwiesen wird. Demnach treten die Rechtsfolgen des § 299 ein, wenn der Schuldner während der Laufzeit der Abtretungserklärung schuldhaft eine seiner Obliegenheiten verletzt und dadurch die Befriedigung der Insolvenzgläubiger beeinträchtigt wird (§ 296), wenn der Schuldner in dem Zeitraum zwischen Schlusstermin und Aufhebung des Insolvenzverfahrens oder während der Laufzeit der Abtretungserklärung wegen einer Insolvenzstraftat nach den §§ 283–283 c StGB rechtskräftig verurteilt wird (§ 297 Abs. 1) oder wenn die an den Treuhänder für das vorangegangene Jahr seiner Tätigkeit abgeführten Beträge die Mindestvergütung nicht decken und der Schuldner den fehlenden Betrag nicht einzahlt, obwohl ihn der Treuhänder schriftlich zur Zahlung binnen einer Frist von mindestens zwei Wochen aufgefordert und ihn dabei auf die Möglichkeit der Versagung der Restschuldbefreiung hingewiesen hat (§ 298 Abs. 1). Nach dem Entwurf eines Gesetzes zur Entschuldung mittelloser Personen sollen die Gründe zur vorzeitigen Beendigung erweitert werden. Gem. § 289 c Abs. 1 n. F. kann die Restschuldbefreiung bei Vorliegen eines Versagungsgrundes nach § 290 Abs. 1 auch im Entschuldungsverfahren versagt werden. § 297 a n. F. gestattet die Versagung der Restschuldbefreiung auch, wenn sich während der Laufzeit der Abtretungserklärung herausstellt, dass ein Versagungsgrund gem. § 290 Abs. 1 vorgelegen hat.

Die Aufzählung der Gründe für die Versagung der Restschuldbefreiung ist **enumerativ** und abschließend. Das ergibt sich aus der Entstehungsgeschichte des § 299.[6] Im Gesetzgebungsverfahren wurde die Schaffung einer Generalklausel ausdrücklich abgelehnt. Damit sollte jede erweiternde Regelung verhindert werden, die eine Entscheidung über die Versagung in das Ermessen des Insolvenzgerichts stellt.[7]

---

[2] Vgl. dazu FK-*Ahrens* § 299 RdNr. 5 a.
[3] Siehe FK-*Ahrens* § 299 RdNr. 3; *Uhlenbruch / Vallender* § 292 RdNr. 14.
[4] So ausdrücklich FK-*Ahrens* § 299 RdNr. 5 b; vgl. auch unten RdNr. 13 ff.
[5] So auch FK-*Ahrens* § 299 RdNr. 3.
[6] Siehe dazu BMJ (Hrsg.), Gesetz zur Reform des Insolvenzrechts, DE, 1988, 121.
[7] Begr. RegE, BR-Drucks. 1/92, S. 190.

Diese abschließende Regelung bezieht sich allerdings nur auf die **hoheitlich vorgesehenen Versagungsgründe**. Der Schuldner ist darüber hinaus berechtigt, das Schuldbefreiungsverfahren während der Wohlverhaltensperiode **freiwillig zu beenden.** So kann er z. B. den Antrag auf Erteilung der Restschuldbefreiung zurücknehmen. Zudem kann der Schuldner eine Erledigungserklärung abgeben, oder der Schuldner und die Gläubiger können sich im Restschuldbefreiungsverfahren über eine endgültige Befriedigung der Forderungen einigen. In allen drei Fällen dürfen **die Rechtsfolgen des § 299 leitbildhaft herangezogen** werden, denn das Gericht muss die Entscheidung nach § 291 aufheben und über die dort angeordneten Maßnahmen entscheiden. Da die Rechtsfolgen bei der freiwilligen Beendigung des Schuldbefreiungsverfahrens keine anderen sein können als diejenigen bei der zwangsweisen Beendigung, hat das Gericht die Folgen der Beendigung entsprechend § 299 anzuordnen.[8]

Sehr umstritten ist die Frage, ob auch ohne eine spezielle normative Bestimmung eine vorzeitige Erteilung der Restschuldbefreiung vor dem eigentlichen Ablauf der Wohlverhaltensperiode möglich ist. Grundsätzlich muss die gesetzlich vorgesehene Wohlverhaltensperiode vom Schuldner durchgestanden werden, damit der durch die „Leidenszeit" bewirkte Lern- und Sühneeffekt nicht ausgehöhlt wird. Das macht § 300 Abs. 1 deutlich, wonach die Restschuldbefreiung erst nach Ende der Laufzeit zu erklären ist. Gleichzeitig besteht auch ein Interesse der Gläubiger an der Ausschöpfung der Wohlverhaltensperiode, damit sich möglichst viel verteilungsfähige Masse ansammelt. Wenn aber die Kosten des Verfahrens sowie die anderen Masseverbindlichkeiten getilgt sind und wenn keine Forderungen ordnungsgemäß angemeldet sind, könnte man erwägen, dass es unverhältnismäßig wäre, die wirtschaftliche Freiheit des Schuldners länger einzuschränken und dass es daher geboten sein könnte, die Restschuldbefreiung vorzeitig zu erteilen. Dieser Auffassung haben sich der BGH und ein Teil der Rechtsprechung[9] sowie einige Stimmen in der Literatur angeschlossen.[10] Dagegen wird argumentiert, dass bei einer vorzeitigen Erteilung der Restschuldbefreiung nicht für alle Insolvenzgläubiger die Möglichkeit bestünde, einen Versagungsantrag nach § 297 Abs. 1 zu stellen, wenn der Schuldner in den dort genannten Zeiträumen rechtskräftig wegen einer Straftat verurteilt wurde.[11] Dieses Argument spitzt sich indes auf die Frage zu, ob das Antragsrecht nach § 296 f. allen Insolvenzgläubigern zusteht oder nur denjenigen, die im Schlussverzeichnis aufgelistet sind.[12] Vor dem Hintergrund, dass jeder Gläubiger es durch die Anmeldung selbst in der Hand hat, an dem Schicksal des Restschuldbefreiungsverfahrens teilzuhaben und deshalb nicht schützenswert ist, wenn er seine Forderungen nicht anmeldet,[13] bleibt als Gruppe, die durch eine vorzeitige Erteilung der Restschuldbefreiung in ihren Rechten beschnitten werden könnte, nur die der Gläubiger, die schuldlos keine Kenntnis vom Insolvenzverfahren hat.[14] Bei einer Abwägung der in der Praxis wohl eher sehr geringen Anzahl solcher Gläubiger gegen das Interesse des Schuldners überwiegt das Interesse des Schuldners an einer Aufhebung der Einschränkung durch die Vorgaben der Wohlverhaltensperiode, wenn alle Gläubiger befriedigt und die Verfahrenskosten getilgt sind. Auch der generalpräventive Aspekt der „Leidenszeit" sollte dann in den Hintergrund treten, weil das Ziel des Insolvenzverfahrens hauptsächlich die Gläubigerbefriedigung ist und nicht so sehr ein wie immer gearteter edukativer Zweck. Schließlich ist zu bedenken, dass vor dem

---

[8] Ähnlich nunmehr auch FK-*Grote* § 299 RdNr. 5 b.
[9] BGH ZInsO 2005, 598 m. Anm. *Pape*; LG Frankfurt/M. ZVI 2003, 426; AG Kiel ZInsO 2003, 1053; AG Münster ZInsO 2003, 388; AG Vechten ZInsO 2003, 388; AG Rosenheim ZInsO 2001, 48.
[10] FK-*Ahrens* § 299 RdNr. 9b; HK-*Landfermann* § 299 RdNr. 4; HambKommInsO-*Streck* § 299 RdNr. 3; *Lohmann* ZInsO 2000, 445; *Winter* ZVI 2003, 211.
[11] *Vallender*, FS Gerhardt 1999, 298, 307; *Uhlenbruch/Vallender* § 299 RdNr. 12; *Fuchs* ZInsO 2002, 298, 307; *Kübler/Prütting/Wenzel* § 299 RdNr. 3. Ablehnend auch LG Oldenburg NZI 2004, 44, LG Traunstein ZInsO 2003, 814; AG Köln ZVI 2002, 224.
[12] Vgl. MünchKommInsO-*Stephan* § 296 RdNr. 4; HambKommInsO-*Streck* § 299 RdNr. 3; *Pape* ZInsO 2004, 647, 661.
[13] MünchKommInsO/*Stephan* § 296 RdNr. 4.
[14] *Vallender*, FS Gerhardt 2005, 598.

§ 299 5–8　　　　　　　　　　　　　　　　　　　　8. Teil. Restschuldbefreiung

Hintergrund der Gesetzesnovelle 2007 der Einspareffekt eine große Rolle spielt, so dass die Durchführung eines förmlichen Restschuldbefreiungsverfahrens kontraproduktiv wäre.[15]

5　**b) Eintritt der Rechtsfolgen.** Weitere Voraussetzung für das Eintreten der angeordneten Rechtsfolgen ist jedenfalls bei Vorliegen der Versagungsgründe nach §§ 296, 297 oder 298, dass der **Versagungsbeschluss rechtskräftig** geworden ist.[16] Die formelle Rechtskraft, also die Unanfechtbarkeit der Entscheidung, tritt ein, wenn gegen den Beschluss nicht innerhalb der Frist von zwei Wochen die sofortige Beschwerde gemäß § 300 Abs. 3 Satz 2 eingelegt worden ist.[17] Nach den allgemeinen Regelungen der §§ 578 ff. ZPO, die gem. § 4 anzuwenden sind, kann trotz eingetretener formeller Rechtskraft das Verfahren im Rahmen der Wiederaufnahme des Verfahrens durchbrochen werden.[18] Diese Möglichkeit ändert allerdings nichts daran, dass mit Eintritt der formellen Rechtskraft die Rechtsfolgen des § 299 eintreten.

Nicht geregelt und strittig ist, ob es in den Fällen, wo das Restschuldbefreiungsverfahren **auf Grund anderer als der in § 299 geregelten Umstände endet,** ebenfalls eines gerichtlichen Beschlusses bedarf.[19] Dafür spricht, dass auch bei anderen Beendigungsgründen das Verfahren zu einem formal ordnungsgemäßen Abschluss gebracht werden muss. Bei Vorliegen der Voraussetzungen, insbesondere eines notwendigen Antrags, hat das Insolvenzgericht durch Beschluss von Amts wegen die Beendigung des Restschuldbefreiungsverfahrens auszusprechen. Dieser formale Akt ist insbesondere notwendig, um das Amt des gemäß § 291 eingesetzten Treuhänders ordnungsgemäß beenden zu können. Damit endet das Restschuldbefreiungsverfahren bei anderen Gründen nicht automatisch.[20] Dementsprechend treten die Rechtsfolgen auch erst mit Bestandskraft des Beschlusses ein.

6　Die in § 299 bestimmten Rechtsfolgen treten in den Fällen der §§ 296, 297 und 298 **kraft Gesetzes mit der Entscheidung des Gerichts** über die Versagung ein. Auf die Rechtsfolgen ist in dem Beschluss daher nicht einzugehen. Anderes gilt jedoch dort, wo das Restschuldbefreiungsverfahren durch Beschluss auf Grund anderer Gründe beendet wird. Hier hat das Gericht ausdrücklich die in § 299 vorgesehenen Rechtsfolgen in dem Beschluss zu bestimmen,[21] denn insoweit kommt eine Restschuldbefreiung nicht mehr in Betracht. Es hat notwendigerweise die Beendigung des Amtes des Treuhänders anzuordnen, sowie die Beschränkung der Abtretung und der Gläubigerrechte aufzuheben.

7　**2. Rechtsfolgen.** Mit der Rechtskraft des Beschlusses über die Versagung der Restschuldbefreiung **endet die Laufzeit der Abtretungserklärung nach § 287 Abs. 2.** Der Schuldner wird damit von diesem Zeitpunkt an wieder Inhaber der an den Treuhänder abgetretenen Bezüge und kann über sie frei verfügen.[22] Dasselbe gilt im Falle des Todes des Schuldners im Hinblick auf die Erben.[23] Im Hinblick auf die materielle Rechtslage ist die Unkenntnis des Dritten von dieser Lage unerheblich.[24]

8　Zweite Rechtsfolge der vorzeitigen Beendigung ist das **Ende des Amtes des Treuhänders.** Mit der Beendigung des Amtes sind verschiedene Pflichten des Treuhänders verbunden.[25] Gem. § 292 Abs. 3 Satz 1 muss er dem Insolvenzgericht Rechnung legen. Für die Durchsetzung dieser Pflicht steht insbesondere die Festsetzung eines Zwangsgeldes nach

---

[15] Vgl. BGH ZInsO 2005, 598.
[16] Siehe u. a. *Römermann* in *Nerlich/Römermann* § 299 RdNr. 3; *Smid/Haarmeyer* § 299 RdNr. 1.
[17] Zur materiellen Rechtskraft einer Entscheidung im Restschuldbefreiungsverfahren vgl. unten *Stephan* § 300 RdNr. 37; *Döbereiner*, S. 305 ff.
[18] Vgl. zum Konkursrecht u. a. *Jaeger/Weber* § 73 KO RdNr. 13; *Kuhn/Uhlenbruck* § 73 KO RdNr. 14; *Döbereiner*, S. 305.
[19] Siehe dazu unten RdNr. 17.
[20] Vgl. *Döbereiner*, S. 222.
[21] So offensichtlich auch FK-*Ahrens* § 299 RdNr. 10; anders hingegen *Döbereiner*, S. 222.
[22] Vgl. FK-*Ahrens* § 299 RdNr. 11; *Römermann* in *Nerlich/Römermann* § 299 RdNr. 4; HambKommInsO-*Streck* § 299 RdNr. 3.
[23] *Uhlenbruck/Vallender* § 299 RdNr. 3.
[24] *Römermann* in *Nerlich/Römermann* § 299 RdNr. 4.
[25] Zu Einzelheiten s. oben § 292 RdNr. 12 f.; vgl. auch *Graf-Schlicker/Kexel* § 299 RdNr. 4.

vorheriger Androhung durch das Gericht gemäß § 58 Abs. 2 zur Verfügung. Weitere Aufgabe des Treuhänders ist die Unterrichtung des zur Zahlung der Bezüge Verpflichteten über das Ende der Abtretung. Dies ergibt sich aus dem Sinn und Zweck des § 292 Abs. 1 Satz 1. Zwar ist in der Praxis davon auszugehen, dass der Schuldner selbst ein großes Interesse daran hat, den Verpflichteten unmittelbar von dem Ende der Laufzeit der Abtretungserklärung zu unterrichten, doch kommt der Unterrichtung des Verpflichteten durch den Treuhänder eine Bestätigungsfunktion zu, die für Rechtssicherheit sorgt. Vornehmlich greifen die §§ 296 Abs. 3 und 298 Abs. 3.[26]

Aufgrund des **mit der Rechnung aufzustellenden Schlussverzeichnisses** hat der Treuhänder in Abweichung vom üblichen zeitlichen Vertretungsmodus die vor Ende der Abtretung erlangten Beträge an die Gläubiger und nach Maßgabe der Staffelung in § 292 Abs. 1 Satz 3 an den Schuldner zu verteilen.

Leistungen, die nach der Versagung der Restschuldbefreiung noch an den Treuhänder gelangen, sind von diesem an den Schuldner als Inhaber der Forderung auszuzahlen.[27] Etwas anderes kann allerdings dann gelten, wenn die Vergütung des Treuhänders in dem Zeitraum vor Ende seines Amtes mangels eingehender Beträge nicht gedeckt war und er nun mit dem eingegangenen Betrag aufrechnen kann. Zwar ist der Treuhänder hinsichtlich seiner Vergütung nach vorzeitiger Beendigung des Restschuldbefreiungsverfahren ein Massegläubiger, doch ergibt sich die Zulässigkeit seines sofortigen Zugriffsrechts auf später bei ihm eingehendes Schuldnervermögen aus der Wertung des § 293, wonach er seine Vergütung aus den an ihn abgetretenen Beträgen entnehmen darf, bevor er den (übrigen) Betrag an die Gläubiger verteilt. Dies macht deutlich, dass der Treuhänder gegenüber allen Gläubigern privilegiert ist, was sich soweit auch nach der (vorzeitigen) Beendigung des Restschuldbefreiungsverfahrens fortsetzt.

Mit dem Ende des Amtes des Treuhänders entfällt auch die ihm von den Gläubigern übertragene Aufgabe, die Erfüllung der **Obliegenheiten des Schuldners zu überwachen** (§ 292 Abs. 2 Satz 1).

Vom Tage der Rechtskraft der Versagungsentscheidung an endet auch die **Beschränkung 9 der Rechte der Insolvenzgläubiger.** Damit erlischt das Aufrechnungsverbot nach § 294 Abs. 3, und Vorzugsabkommen sind nicht mehr gem. § 294 Abs. 2 nichtig. Praktisch bedeutsam ist vor allem die Beendigung des Vollstreckungsschutzes nach § 294 Abs. 1. Das unbeschränkte Nachforderungsrecht aus § 201 Abs. 1, welches während des Restschuldbefreiungsverfahrens gemäß § 201 Abs. 3 außer Kraft gesetzt war, lebt damit wieder auf, so dass die Insolvenzgläubiger ihre nicht befriedigten Forderungen geltend machen können.[28] Der Schuldner muss damit mit seinem Vermögen für die noch nicht befriedigten Verbindlichkeiten vollständig einstehen. Die Zwangsvollstreckung wird aus der Eintragung in die Tabelle gemäß § 201 Abs. 2 betrieben. Die Frage, ob neben der Tabelle auch auf einen früher erwirkten Vollstreckungstitel im Sinne einer Titelwahl zurückgegriffen werden kann oder ob jener aufgezehrt ist, ist nach wie vor ungeklärt.[29] Für die Vollstreckungsmaßnahmen gilt von dem Moment der Rechtskraft der Versagungsentscheidung an jedenfalls der Prioritätsgrundsatz, so dass es in diesem Fall wieder zu einem Wettlauf der Gläubiger um den ersten Zugriff auf das Schuldnervermögen kommt.

Vorausabtretungen von Bezügen aus einem Dienstverhältnis nach § 114 Abs. 2 **10** bzw. von deren Vorauspfändung nach § 114 Abs. 3 werden mit der Eröffnung des Insolvenzverfahrens unwirksam und sind in ihrer Wirkung auf zwei Jahre beschränkt.[30] Wird vor Ablauf dieser 2-Jahres-Frist die Restschuldbefreiung versagt, so leben diese Rechte

---

[26] *Uhlenbruck/Vallender* § 299 RdNr. 3.
[27] *FK-Ahrens* § 299 RdNr. 12; *Braun/Buch* § 299 RdNr. 6; HambKommInsO-*Streck* § 299 RdNr. 6.
[28] Siehe HambKommInsO-*Streck* § 299 RdNr. 8; *Braun/Buch* § 299 RdNr. 7; vgl. auch Begr. RegE, BT-Drucks. 1/92, S. 193.
[29] Vgl. zu diesem Streit im Rahmen der KO etwa RGZ 112, 297, 300; *Kuhn/Uhlenbruck* § 164 KO RdNr. 1 d; *Hess/Kopshofer* § 164 KO RdNr. 7; *Gaul*, Festschrift für Weber, 155, 177 f.
[30] Siehe oben *Löwisch/Caspers* § 114 RdNr. 17 ff; HambKommInsO-*Streck* § 299 RdNr. 8.

nicht mehr auf, weil eine derartige Einschränkung von Sicherungsrechten eine allgemeine Wirkung der Eröffnung des Insolvenzverfahrens ist.[31] Da die Beschränkung der Abtretung und Pfändung an das Datum der Eröffnung des Insolvenzverfahrens geknüpft ist, endet sie nicht durch Versagung der Restschuldbefreiung, sondern läuft weiter. Unwirksame Vollstreckungsmaßnahmen oder Sicherungsrechte bleiben auch nach der Versagung außer Kraft.[32] Eine **Wiederauflebensklausel** bezüglich der Lohn- bzw. Gehaltzession bzw. bezüglich der Pfändung dieser Ansprüche ist in § 299 nicht vorgesehen.[33] Problematisch ist das Fehlen einer Wiederauflebensklausel deshalb, weil die Gründe für die Beschränkung der Sicherungsrechte, nämlich eine Vermögensmasse zur gleichmäßigen Verteilung an die Gläubiger zu schaffen, sowie die Motivation des Schuldners zur regelmäßigen Einkommenserzielung durch die Aussicht auf eine Restschuldbefreiung zu stärken, nicht mehr vorliegen, wenn die Restschuldbefreiung vorzeitig versagt wurde. Stattdessen werden diejenigen Gläubiger bevorzugt, die auf Grund des freien Nachforderungsrechts als erste nach der Rechtskraft des Beschlusses eine neue Lohn- und Gehaltspfändung bzw. Abtretung erwirken. Dadurch besteht die Gefahr, dass diejenigen Gläubiger, die zunächst ihre Forderungen gesichert haben, deren Sicherung aber durch § 114 Abs. 1 und Abs. 3 zunichte gemacht worden sind, schlechter stehen als vor dem Verfahren nicht gesicherte Gläubiger. Daraus kann allerdings nicht gefolgert werden, dass diese Situation im Ergebnis eine nicht hinzunehmende Durchbrechung des im Zessionsrecht geltenden Prioritätsprinzips sei.[34] Zuzugeben ist zwar, dass durch eine Wiederauflebensklausel die vor der Insolvenz begründeten Sicherungsrechte fortgeführt würden, doch ist die derzeitige Rechtsfolge als Konsequenz der Möglichkeit, eine Restschuldbefreiung zu erreichen, tragbar. Denn der gesicherte Gläubiger darf mit der Einleitung des Restschuldbefreiungsverfahrens nicht mehr darauf vertrauen, dass er sein Vorrecht weiter wird durchsetzen können. Es ist auch nicht ersichtlich, warum der Gläubiger dieses Vertrauen auf die vorrangige Befriedigung seiner Forderung auf Grund des Sicherungsrechtes nach Eröffnung des Restschuldbefreiungsverfahrens dann wiedererlangen soll, wenn das Restschuldbefreiungsverfahren durch einen Versagungstatbestand beendet wird, obwohl dies nicht vorhersehbar war.

11 Nicht in § 299 ausdrücklich geregelt – weil selbstverständlich – ist, dass mit dem Beschluss über die Versagung der Restschuldbefreiung die **Rechtshängigkeit des Verfahrens endet.** Dies ist relevant für die Berechnung der 10-Jahres-Frist des § 290 Abs. 1 Nr. 3, wobei sie nach dieser Vorschrift nicht eingreift, wenn die Restschuldbefreiung auf Grund von § 298 versagt wird.

12 Das Insolvenzgericht muss in dem Beschluss der Versagung der Restschuldbefreiung eine **Kostenentscheidung** treffen. Wegen der zusätzlichen Belastung des Gerichts durch Gläubigeranträge auf Versagung der Restschuldbefreiung wird für die Anträge nach §§ 296 und 297 eine Gebühr in Rechnung gestellt.[35] Die Gebühr für die Versagungsanträge gem. §§ 296 und 297 beträgt 30,– Euro (KV Nr. 5119) und im Beschwerdeverfahren 50,– Euro (KV Nr. 5135). Gemäß § 50 Abs. 2 GKG ist der Insolvenzgläubiger Schuldner der Gebühr für den Versagungsantrag.

Für den Antrag des Treuhänders auf Versagung der Restschuldbefreiung nach § 298 entsteht keine Gebühr, da eine gesetzliche Regelung dafür nicht vorgesehen ist.

---

[31] Siehe *Balz*, FLF 1989, 16; *Döbereiner*, S. 215 f.; oben *Löwisch/Caspers* § 114 RdNr. 20 f.; *Römermann* in *Nerlich/Römermann* § 299 RdNr. 7; FK-*Ahrens* § 299 RdNr. 14; *Kübler/Prütting/Wenzel* § 299 RdNr. 2; *Hess/Obermüller* RdNr. 1047.

[32] Vgl. *Forsblad*, 224; *Hess/Obermüller* RdNr. 1047; *Vallender* VuR 1997, 155, 158; *Wittig* WM 1998, 157, 209, 220.

[33] Zur Kritik s. *Scholz*, Kreditpraxis 1989, 33, 37; *ders.* ZIP 1988, 1157, 1162; *Wacket*, FLF 1989, 65, 68; *Döbereiner*, S. 216; *Römermann* in *Nerlich/Römermann* § 299 RdNr. 7; vgl. *Uhlenbruch/Vallender* § 299 RdNr. 7; HambKommInsO-*Streck* § 299 RdNr. 8; HK-*Landfermann* § 299 RdNr. 2; *Kübler/Prütting/Wenzel* § 299 RdNr. 2; *Braun/Buch* § 299 RdNr. 7.

[34] So aber *Döbereiner*, S. 216; in der Tendenz wohl auch *Römermann* in *Nerlich/Römermann* § 299 RdNr. 7.

[35] Siehe FK-*Ahrens* § 299 RdNr. 16; Begr. zum RegE EGInsO, BT-Drucks. 12/3803, S. 72.

III. Anderweitige vorzeitige Beendigung

1. Vollständige Tilgung der Verbindlichkeiten. Zur vorzeitigen Beendigung des Verfahrens führt auch die – in der Praxis allerdings kaum relevante – vollständige Tilgung aller Restverbindlichkeiten. Denkbar ist eine solche Lage, wenn der Schuldner während der Wohlverhaltensperiode **neues Vermögen** etwa durch Erbschaft, Schenkung oder Lotteriegewinn erwirbt und dieses in vollem Umfang zur Begleichung seiner Verbindlichkeiten einsetzt.

Mit der Tilgung der restlichen Schulden **entfällt die Legitimation** für das Restschuldbefreiungsverfahren.[36] Daher hat der Treuhänder eine Rückabtretung der Bezüge entsprechend § 287 Abs. 2 vorzunehmen.[37] Die noch auf dem Treuhandkonto vorhandenen Beträge sind ggf. zur Deckung der bis dahin angefallenen Vergütung heranzuziehen, und der etwaige Restbetrag ist an den Schuldner auszukehren. Gemäß der Vorschrift des § 292 Abs. 3 erfolgt eine Rechnungslegung gegenüber dem Insolvenzgericht. Der Treuhänder ist von seinem Amt zu entbinden (§ 292 Abs. 3 Satz 2 i. V. m. § 59 Abs. 1). Dies geschieht regelmäßig von Amts wegen. Dass der Treuhänder einen eigenen Antrag auf Entlassung stellt, ist zwar wegen des Verweises auf § 59 Abs. 1 in § 292 Abs. 3 Satz 2 rechtlich denkbar, praktisch aber nicht relevant.

2. Ablösung des künftigen Pfändungsbetrages. Eine weitere Möglichkeit, die zur vorzeitigen Beendigung führt, besteht in der Ablösung des künftigen Pfändungsbetrages vor Ablauf der Wohlverhaltensperiode. Es wird aber **kontrovers** beurteilt, ob eine solche Ablösung des künftigen Pfändungsbetrages möglich ist.[38] Durch die Möglichkeit der Ablösung der voraussichtlich anfallenden Pfändungsbeträge könne erreicht werden, dass die Gläubiger schneller befriedigt werden und auf Grund des Wegfalls der Treuhänder- und Übermittlungskosten mehr erhalten.[39] Bejaht man eine solche Ablösungsmöglichkeit, so muss dies zur Beendigung des Restschuldbefreiungsverfahrens führen, denn die vorzeitige Ablösung soll gerade das weitere Durchlaufen dieser Periode entbehrlich machen und den Kostenaufwand durch dieses Verfahren vermeiden. Zudem ist nicht vorstellbar, dass der Schuldner sich auf die Ablösung des künftigen Pfändungsbetrages einlässt, wenn er trotzdem weiterhin den Beschränkungen und Obliegenheiten des Restschuldbefreiungsverfahrens unterworfen wäre.[40]

Der Gesetzgeber hat eine derartige Form der Beendigung des Restschuldbefreiungsverfahrens **nicht vorgesehen.** In der Tat streiten auch gewichtige Gründe gegen eine solche Möglichkeit der Beendigung des Verfahrens. Richtig ist, dass die Kosten des Verfahrens in vielen Fällen einen Großteil der abgeführten Beträge aufzehren, insbesondere dann, wenn auf Grund der Höhe der abgetretenen Forderungen nur geringe Vermögensmengen an den Treuhänder abgeführt werden können. Eine vorzeitige Ablösung der Pfändungsbeträge würde dann für die Gläubiger eine höhere Befriedigungsquote bedeuten. Gegen die Ablösung des künftigen Pfändungsbetrages spricht auch nicht, dass damit eine erzieherische Maßnahme, die mit dem Restschuldbefreiungsverfahren zusammenhängen soll, leer liefe.[41] Richtig ist zwar, dass die Wohlverhaltensperiode auch eine gewisse Erziehungsfunktion hat, so dass der Schuldner lernen soll, sich in wirtschaftlichen Angelegenheiten vorsichtiger zu verhalten, doch bedeutet dies nicht, dass dem Schuldner nicht die Möglichkeit gegeben werden soll, sich rasch der noch bestehenden Verbindlichkeiten entledigen zu können. Es ist

---

[36] Wie hier BGH ZInsO 2005, 598; AG Rosenheim ZInsO 2001, 96; AG Frankfurt/M. ZVI 2005, 35; AG Köln ZVI 2002, 223, 224; *Andres/Leithaus* § 299 RdNr. 7; HambKommInsO-*Streck* § 299 RdNr. 4; HK-*Landfermann* § 299 RdNr. 4; aA *Uhlenbruch/Vallender* § 299 RdNr. 12 f.; *Kübler/Prütting/Wenzel* § 299 RdNr. 3.
[37] Siehe *Römermann* in *Nerlich/Römermann* § 299 RdNr. 9.
[38] Auf der einen Seite *Wochner* BB 1989, 1065, 1066 f., auf der anderen Seite *Döbereiner*, S. 220 ff.
[39] Siehe *Wochner* BB 1989, 1065, 1066 f.
[40] So auch *Döbereiner*, S. 220.
[41] So jedoch *Döbereiner*, S. 221.

empirisch noch nicht nachgewiesen, dass der angestrebte Erziehungserfolg tatsächlich erst nach einer längeren Phase, jedenfalls erst nach sechs Jahren, eintritt.[42] Wenn dieses Argument nämlich richtig wäre, dann müsste es auch dort Anwendung finden, wo die Tilgung der Verbindlichkeiten vorzeitig vollständig übernommen wird. Dort wird es jedoch – soweit ersichtlich – nicht vorgebracht.

Aus denselben Gründen ist es **unbedenklich,** wenn der Schuldner das notwendige Geld für die Ablösung des künftigen Pfändungsbetrages von Dritten, insbesondere von Verwandten, schenkungsweise und damit ohne Rückzahlungsverpflichtung zur Verfügung gestellt bekommt. Auch im Restschuldbefreiungsverfahren geht es vorrangig darum, dass die Gläubiger ihre Forderungen realisieren können; nur in zweiter Linie kommt es darauf an, dass der Schuldner eine gewisse „Leidensperiode" durchlaufen muss. Selbst wenn man unterstellt, dass der Schuldner durch die Hingabe von Vermögen seitens Dritter ohne eigenes Zutun entschuldet würde, ist doch davon auszugehen, dass auf Grund des gesamten Insolvenzverfahrens und des sich daran anschließenden Restschuldbefreiungsverfahrens der pädagogische Effekt für den Schuldner im Hinblick auf sein zukünftiges Wirtschaftsverhalten ausreichend ist.[43]

Bedenklich ist es indes, wenn der Schuldner von dritter Seite den notwendigen Betrag als zinsloses oder verzinsliches Darlehen erhält.[44] In diesem Fall ist der Schuldner nach Beendigung des Restschuldbefreiungsverfahrens sofort wieder verschuldet, da die Rückzahlungsverpflichtungen Neuforderungen sind und deshalb nicht von der Restschuldbefreiung erfasst werden. Dies würde dem Zweck der Restschuldbefreiung fundamental widersprechen, die dem Schuldner einen schuldenfreien Neuanfang ermöglichen will.[45]

15   Demzufolge ist die **Zulässigkeit der Ablösung künftiger Pfändungsbeträge differenziert** zu sehen: Erhält der Schuldner schenkungsweise das Vermögen, das notwendig ist, um die künftigen Pfändungsbeträge vorzeitig abzulösen, so bestehen keine Bedenken. Insoweit handelt es sich um einen Vorgang, der wie die vollständige Tilgung der Verbindlichkeiten wirkt und zu einer Beendigung des Restschuldbefreiungsverfahrens führt, da Letzterem die materielle Grundlage entzogen ist. Anderes muss allerdings gelten, wenn der Schuldner zur Ablösung der künftigen Pfändungsbeträge ein Darlehen aufnehmen muss und damit Rückzahlungsverpflichtungen, also wiederum neuen Schulden, ausgesetzt ist. Auch hier entfällt formal betrachtet die Grundlage für ein weiteres Restschuldbefreiungsverfahren, da die zukünftigen Pfändungsbeträge abgelöst sind, so dass man auch hier den Beendigungsgrund der vollständigen Tilgung der Verbindlichkeiten in Betracht ziehen könnte. Doch greift eine solche Sicht zu kurz. Denn faktisch findet insoweit nur eine Ersetzung von Verbindlichkeiten, die von der Restschuldbefreiung erfasst werden, durch solche statt, die wegen ihres Charakters als Neuverbindlichkeiten an sich nicht erfasst werden. Daher handelt es sich nur um eine scheinbare (vorgeschobene) vollständige Tilgung der Verbindlichkeiten, auf Grund derer das Restschuldbefreiungsverfahren nicht beendet werden kann. Wirtschaftlich betrachtet findet nämlich nichts anderes statt als ein stofflicher Austausch der früheren Verbindlichkeiten durch das Ablösungsdarlehen, so dass sich die Erstreckung der Restschuldbefreiung auf die früheren Verbindlichkeiten nun auch an der neuen Verbindlichkeit fortsetzt mit der Folge, dass die Forderung aus dem Ablösedarlehen ausnahmsweise als Forderung qualifiziert werden kann, die unter das Restschuldbefreiungsverfahren fällt, obwohl es keine Insolvenzforderung ist.

16   **3. Tod des Schuldners.** Stirbt der Schuldner während der Wohlverhaltensperiode, so könnte fraglich sein, ob auch in diesem Fall das Restschuldbefreiungsverfahren vom Gericht durch Beschluss zu beenden ist. Für die **Fortführung des Verfahrens durch die Erben**

---

[42] Vgl. zu den allgemeinen Erwägungen der Restschuldbefreiung oben *Stephan* § 286 RdNr. 6.
[43] Siehe oben § 295 RdNr. 2 f.
[44] So aber HambKommInsO-*Streck* § 299 RdNr. 4; im Ergebnis ähnlich *Pape* NZI 2004, 1, 5; HK-*Landfermann* § 299 RdNr. 6.
[45] Wie hier *Uhlenbruch/Vallender* § 299 RdNr. 13; vgl. auch AG Köln ZVI 2002, 224.

könnte sprechen, dass der Tod des Schuldners auch das Regelinsolvenzverfahren nicht beendet, sondern anstelle des verstorbenen Schuldners dessen Erben treten, die das Insolvenzverfahren nach den Regeln des Nachlassinsolvenzverfahrens gemäß §§ 315 ff. fortführen. Das Restschuldbefreiungsverfahren hat aber im Gegensatz zum Regelinsolvenzverfahren einen höchstpersönlichen Charakter, da es dem redlichen Schuldner die Möglichkeit eröffnen soll, einen wirtschaftlichen Neuanfang frei von Schulden zu beginnen. Mit dem Tode des Schuldners fällt dieser Zweck fort. Vor diesem Hintergrund kommt eine Weiterführung des **Restschuldbefreiungsverfahren durch die Erben nicht in Betracht.**[46] Wegen der Höchstpersönlichkeit der Restschuldbefreiung gilt dies auch dann, wenn die Erben selbst auf Grund ihrer desolaten wirtschaftlichen Situation eine Entschuldung nötig hätten.[47]

4. Keine Anmeldung von Forderungen. Die Erteilung erfolgt auch, wenn keine Forderungen angemeldet wurden. In diesem Fall müssen die Kosten des gesamten Verfahrens zuvor vom Schuldner aufgebracht werden.[48] Ungeklärt ist die Frage, ob die vorzeitige Restschuldbefreiung auch die gestundeten Kosten voraussetzt.[49] Dies wird zum Teil mit dem Hinweis darauf, dass diese Kosten auch später noch beigetrieben werden können, bejaht.[50] Dagegen spricht aber die Überlegung, dass die vorzeitige Restschuldbefreiung ihre Legitimation nur dann erfährt, wenn alle Schuldner zu denen auch der Staat gehört, befriedigt sind. Der Gedanke, dem Schuldner einen „fresh start" zu ermöglichen, würde unterlaufen werden, wenn nach der vorzeitigen Restschuldbefreiung die gestundeten Kosten noch beigetrieben werden müßten. Unabhängig davon ist ein Abwarten des Zeitablaufs, z. B. um Gläubigern, die ihre Forderungen nicht angemeldet haben, die Geltendmachung von Versagungsgründen zu ermöglichen, nicht erforderlich, weil Gläubiger nicht angemeldeter Forderungen ohnehin in der Wohlverhaltensphase keine Möglichkeit mehr haben, Anträge auf Versagung der Restschuldbefreiung zu stellen.[51]

5. Beendigung des Verfahrens. Es ist umstritten, ob das Restschuldbefreiungsverfahren in den Fällen **anderweitiger Beendigung automatisch endet** oder ob es eines Beschlusses bedarf.[52] Für einen verfahrensabschließenden Beschluss fehlt es an einer gesetzlichen Grundlage. Das bedeutet aber nicht, dass er entbehrlich wäre. Im Hinblick auf die Abtretungserklärung und das Amt des Treuhänders bedarf es eines formellen Verfahrensabschlusses, um nach außen hin die neue Rechtssituation zu dokumentieren. Das dient der Rechtsklarheit und Rechtssicherheit. Vor dem Hintergrund dieser Funktion ist es letztlich auch unerheblich, ob ein solcher Beschluss tatsächlich erforderlich ist, um die Abtretungserklärung zu beenden oder den Treuhänder aus dem Amt zu entlassen.[53] Zur Schließung dieser Lücke kann § 296 dem Sinn nach herangezogen werden, weil es auch dort um eine vorzeitige Beendigung des Restschuldbefreiungsverfahrens geht.[54] Dabei sind die Besonderheiten der vorzeitigen Beendigung auf Grund der nicht gesetzlich geregelten Tatbestände zu

---

[46] Siehe AG Bielefeld ZVI 2005, 505; *Heyrath/Jahn/Kühn* ZInsO 2007, 1202; *Döbereiner*, S. 219 f.; *Römermann* in *Nerlich/Römermann* § 299 RdNr. 11; HambKommInsO-*Streck* § 292 RdNr. 2; *Uhlenbruch/Vallender* § 299 RdNr. 9; vgl. aber FK-*Ahrens* § 299 RdNr. 41.

[47] *Uhlenbruch/Vallender* § 292 RdNr. 9.

[48] S. *Andres/Leithaus* § 299 RdNr. 2; *Graf-Schlicker/Kexel* § 299 RdNr. 9; *Pape* NZI 2004, 1; AG Frankfurt ZVI 2002, 35 f.; BGH ZInsO 2005, 597; BGH v. 8. 11. 2007, IX ZB 115/04; abweichend LG Oldenburg NZI 2004, 24; vgl. auch *Henning* ZInsO 2007, 1253, 1258; *Pape* ZInsO 2007, 1289, 1305.

[49] Vgl. *Henning* ZInsO 2007, 1253, 1258.

[50] So *Pape* ZInsO 2007, 1289, 1305.

[51] *Pape* ZInsO 2007, 1289, 1305; LG Göttingen NZI 2007, 734; AG Hamburg ZInsO 2005, 1060.

[52] Für automatische Beendigung z. B. *Römermann* in *Nerlich/Römermann* § 299 RdNr. 10; *Hess/Weis/Wienberg* § 299 RdNr. 5; FK-*Ahrens* § 299 RdNr. 10; HK-*Landfermann* § 299 RdNr. 3; HambKommInsO-*Streck* § 299 RdNr. 5; für Beschluss *Döbereiner*, S. 222 f.; der Sache nach auch *Andres/Leithaus* § 299 RdNr. 8; s. ferner oben RdNr. 5.

[53] So aber *Römermann* in *Nerlich/Römermann* § 299 RdNr. 10.

[54] Siehe BGH ZInsO 2005, 598; HK-*Landfermann* § 292 RdNr. 3; HambKommInsO-*Streck* § 299 RdNr. 2; *Braun/Buck* § 299 RdNr. 3; *Römermann* in *Nerlich/Römermann* § 299 RdNr. 9; *Kübler/Prütting/Wenzel* § 299 RdNr. 3; *Winter* ZVI 2003, 211; *Pape* NZI 2004, 1, 5.

§ 300   8. Teil. Restschuldbefreiung

berücksichtigen.⁵⁵ **De lege ferenda** ist im Hinblick auf die Klarheit der Regelungen im Restschuldbefreiungsverfahren eine ausdrückliche Regelung der anderweitigen vorzeitigen Beendigung wünschenswert.

§ 300 Entscheidung über die Restschuldbefreiung

(1) Ist die Laufzeit der Abtretungserklärung ohne eine vorzeitige Beendigung verstrichen, so entscheidet das Insolvenzgericht nach Anhörung der Insolvenzgläubiger, des Treuhänders und des Schuldners durch Beschluß über die Erteilung der Restschuldbefreiung.

(2) Das Insolvenzgericht versagt die Restschuldbefreiung auf Antrag eines Insolvenzgläubigers, wenn die Voraussetzungen des § 296 Abs. 1 oder 2 Satz 3 oder des § 297 vorliegen, oder auf Antrag des Treuhänders, wenn die Voraussetzungen des § 298 vorliegen.

(3) ¹Der Beschluß ist öffentlich bekanntzumachen. ²Gegen den Beschluß steht dem Schuldner und jedem Insolvenzgläubiger, der bei der Anhörung nach Absatz 1 die Versagung der Restschuldbefreiung beantragt hat, die sofortige Beschwerde zu.

§ 300 Entscheidung über die Restschuldbefreiung (RegE)

(1) Ist die Laufzeit der Abtretungserklärung ohne eine vorzeitige Beendigung verstrichen, so entscheidet das Insolvenzgericht nach Anhörung der Insolvenzgläubiger, des Treuhänders und des Schuldners durch Beschluß über die Erteilung der Restschuldbefreiung.

a) Dem Absatz 1 wird folgender Satz angefügt:
„*Das Gericht hat über die Erteilung der Restschuldbefreiung vorzeitig zu entscheiden, wenn*
1. *zwei Jahre der Laufzeit der Abtretungserklärung verstrichen sind und die Insolvenzgläubiger während des Insolvenz- und Restschuldbefreiungsverfahrens mindestens 40 vom Hundert ihrer im Schlussverzeichnis aufgenommenen Forderungen erhalten haben oder*
2. *vier Jahre der Laufzeit der Abtretungserklärung verstrichen sind und die Insolvenzgläubiger während des Insolvenz- und Restschuldbefreiungsverfahrens mindestens 20 vom Hundert ihrer im Schlussverzeichnis aufgenommenen Forderungen erhalten haben.*"
b) Absatz 2 wird wie folgt gefasst:
„*(2) Das Insolvenzgericht versagt die Restschuldbefreiung von Amts wegen oder auf Antrag eines Insolvenzgläubigers, wenn die Voraussetzungen des § 296 Abs. 1 oder Abs. 2 Satz 3 des § 297 oder des § 297a vorliegen, oder auf Antrag des Treuhänders, wenn die Voraussetzungen des § 298 vorliegen.*"

(3) ¹Der Beschluß ist öffentlich bekanntzumachen. ²Gegen den Beschluß steht dem Schuldner und jedem Insolvenzgläubiger, der bei der Anhörung nach Absatz 1 die Versagung der Restschuldbefreiung beantragt hat, die sofortige Beschwerde zu.

Übersicht

	RdNr.		RdNr.
I. Normzweck	1	III. Ende der Wohlverhaltensperiode	4
II. Entstehungsgeschichte	2	1. Laufzeit der Abtretungserklärung	4
		2. Konsequenzen für den Schuldner	6

---

⁵⁵ So auch *Döbereiner*, S. 223 f.

	RdNr.		RdNr.
3. Konsequenzen für die Insolvenzgläubiger	7	bb) Versagungsgrund nach § 297	22
4. Verfahrensrechtliche Konsequenzen für das Insolvenzgericht	8	cc) Präklusion	23
		2. Prüfung bei Versagungsantrag des Treuhänders	24
IV. Verfahren	9	a) Formelle Voraussetzungen	24
1. Formelle Verfahrensvoraussetzungen	9	b) Materielle Voraussetzungen	25
a) Keine vorzeitige Verfahrensbeendigung	9	3. Entscheidung	26
b) Ende der Wohlverhaltensperiode	10	a) Zuständigkeit	26
aa) Eröffnung vor dem 1. Dezember 2001 und keine Zahlungsunfähigkeit vor dem 1. Januar 1977	11	b) Entscheidungsform	27
		c) Versagung der Restschuldbefreiung	28
		d) Erteilung der Restschuldbefreiung	29
bb) Eröffnung nach dem 30. November 2001 und keine Zahlungsunfähigkeit vor dem 1. Januar 1977	12	4. Mitteilung der Entscheidung	30
		5. Rechtsmittel (Abs. 3 Satz 3)	31
		6. Öffentliche Bekanntmachung	32
		7. Kosten	33
cc) Eröffnung vor dem 1. Dezember 2001 und Zahlungsunfähigkeit vor dem 1. Januar 1977	13	a) Gerichtskosten	33
		b) Anwaltskosten	34
		c) Gegenstandswert	35
		d) Kostenstundung	36
dd) Eröffnung nach dem 30. November 2001 und Zahlungsunfähigkeit vor dem 1. Januar 1977	14	8. Wirkung der Entscheidung bei	37
		a) Erteilung der Restschuldbefreiung	37
		b) Versagung der Restschuldbefreiung	38
2. Anhörung	15	V. Änderungen durch den RegE zur Entschuldung mittelloser Personen	39
IV. Entscheidung	19	1. Gegenstand der Gesetzesänderung	39
1. Prüfung bei Versagungsantrag eines Insolvenzgläubigers	19	2. Zweck der Gesetzesänderung	44
a) Formelle Voraussetzungen	19	3. Verfahren	46
b) Materielle Voraussetzungen	20	a) Antrag auf vorzeitige Verfahrensbeendigung	46
aa) Versagungsgründe nach § 296 Abs. 1 oder § 296 Abs. 2 Satz 3	20	b) Versagung der Restschuldbefreiung von Amts wegen	47

I. Normzweck

Nach Beendigung der Wohlverhaltensperiode muss das Insolvenzgericht eine Entscheidung darüber treffen, ob die gesetzliche Schuldbefreiung zu versagen oder ob die Restschuldbefreiung zu erteilen ist. Abs. 1 der Norm regelt die verfahrensrechtlichen Bedingungen dieser Entscheidung. Das Gericht hat, bevor es die Entscheidung trifft die Beteiligten nochmals anzuhören. Gläubiger und Treuhänder können zum letzten Mal eine Versagung der Restschuldbefreiung beantragen. Die Versagungsgründe, die in diesem Verfahrensstadium geltend gemacht werden können, sind in Abs. 2 abschließend aufgeführt. Das Gericht muss die Restschuldbefreiung erteilen, wenn kein Versagungsantrag gestellt wird. 1

II. Entstehungsgeschichte

Für die Anhörung schrieb § 248 RegE noch einen besonderen Termin vor. Vom Rechtsausschuss des Deutschen Bundestages wurde diese Vorschrift mit § 249 RegE zur heutigen Regelung in § 300 zusammengefasst. Zur Entlastung der Gerichte wurde dabei auf einen obligatorischen mündlichen Anhörungstermin verzichtet. Der Regierungsentwurf hatte überdies noch vorgesehen, dass die Erteilung der Restschuldbefreiung und auch die Versagung derselben im Bundesanzeiger veröffentlicht wird, da sich die Bekanntmachungen an eine Vielzahl von Personen richtet, die ihren Wohnort oder Sitz außerhalb des örtlichen Bereichs des Gerichts haben. Da die damit verbunden Veröffentlichungskosten gerade beim Restschuldbefreiungsverfahren unverhältnismäßig gewesen wären, wurde von einer weiteren Veröffentlichung abgesehen.[1] 2

---

[1] Stellungnahme des Bundesrates, BT-Drucks. 12/2442, S. 248.

3   Die am 1. 1. 1999 in Kraft getretene Insolvenzordnung ordnete in Abs. 3 Satz 2 an, dass die Erteilung der Restschuldbefreiung unbeschadet des § 9 auch im Bundesanzeiger zu veröffentlichen sei. Durch das InsOÄndG vom 26. 10. 2001[2] wurde Abs. 3 Satz 2 wieder aufgehoben. Ein Anliegen der Gesetzesnovellierung war es, die Verfahrenskosten zu reduzieren, um mittellosen Schuldnern den Zugang zum Verfahren zu eröffnen. Da die Veröffentlichungen, insbesondere in den Printmedien hohe Kosten verursachten, wurde nochmals die Erforderlichkeit einer bundesweiten Veröffentlichung einzelner Entscheidungen auf den Prüfstand gestellt. Eine bundesweite Veröffentlichung der Erteilung der Restschuldbefreiung wurde für entbehrlich gehalten. Der Gesetzgeber hielt, da Ankündigung der Restschuldbefreiung durch die §§ 289 Abs. 2 Satz 3 i. V. m. § 200 Abs. 2 Satz 2 bundesweit veröffentlicht wird, dies für die Erteilung der Restschuldbefreiung für nicht mehr erforderlich. Den Gläubigern sei bundesweit öffentlich bekannt gemacht worden, dass der Schuldner in die Wohlverhaltensperiode entlassen worden sei. Somit könnten sie sich ausreichend über den Ausgang des Restschuldbefreiungsverfahrens in den Bekanntmachungsmedien des jeweiligen Bundeslandes informieren.[3]

III. Ende der Wohlverhaltensperiode

4   **1. Laufzeit der Abtretungserklärung.** Die Laufzeit der Abtretungserklärung, die man auch von der Aufhebung des Insolvenzverfahrens an als **Wohlverhaltensperiode** oder **Treuhandzeit** bezeichnet, endet **sechs Jahre nach Eröffnung des Insolvenzverfahrens** mit dem Ablauf desjenigen Tages des letzten Monats, der durch seine Zahl dem Tag entspricht, an dem der Eröffnungsbeschluss erlassen wurde. Die Berechnung richtet sich nach § 4 i. V. m. § 222 Abs. 1 ZPO, § 187 Abs. 1, § 188 Abs. 2 BGB. Der Tag der Aufhebung oder Einstellung des Insolvenzverfahrens wird nicht mitgerechnet. Diese Laufzeit gilt für alle nach dem 30. November 2001 eröffneten Insolvenzverfahren.

5   Die Laufzeit der Abtretungserklärung für die Insolvenzverfahren, die vor dem 1. Dezember 2001 eröffnet worden sind, beträgt **sieben Jahre** und beginnt mit der Aufhebung des Insolvenzverfahrens an zu laufen. War der Schuldner bereits vor dem 1. Januar 1997 zahlungsunfähig, so verkürzt sich die Laufzeit der Abtretungserklärung auf **fünf** Jahre.

Abweichend von der vor dem 1. Dezember 2001 geltenden Regelung sind die Laufzeit der Abtretungserklärung und die Dauer der Treuhandperiode nicht mehr identisch. Die Wohlverhaltensperiode besteht aus der sechsjährigen Laufzeit der Abtretungserklärung abzüglich der Zeit für das zuvor durchgeführte Insolvenzverfahren.

6   **2. Konsequenzen für den Schuldner.** Mit dem Ende der Wohlverhaltensperiode oder Treuhandzeit enden die Bindungen des Schuldners. Seine pfändbaren Beträge gehen nicht länger auf den Treuhänder über. Der Schuldner muss auch nicht mehr länger die Obliegenheiten gemäß § 295 erfüllen. In der Zeit zwischen dem Ende der Wohlverhaltensperiode und der Rechtskraft der Entscheidung über den Antrag auf Erteilung der Restschuldbefreiung ist der Schuldner jedoch von den nicht erfüllten Verbindlichkeiten noch nicht frei. Diese Wirkung tritt erst mit der Rechtskraft der Entscheidung über den Antrag auf Erteilung der Restschuldbefreiung ein.

7   **3. Konsequenzen für die Insolvenzgläubiger.** In dem Zeitraum zwischen dem Ende der Wohlverhaltensperiode und der Rechtskraft der Entscheidung über die Erteilung der Restschuldbefreiung bleibt die Beschränkung der Gläubigerrechte bestehen. In diesem Zeitraum sollen die Gläubiger entsprechend der Zielsetzung des Gesetzgebers noch nicht in das Schuldnervermögen vollstrecken können.[4]

8   **4. Verfahrensrechtliche Konsequenzen.** Nach dem Ende der Wohlverhaltensperiode muss das Insolvenzgericht von Amts wegen das Verfahren über den Antrag auf Erteilung der

---

[2] BGBl. I S. 2710.
[3] BT-Drucks. 14/5680 S. 29.
[4] FK-*Ahrens* RdNr. 11 zu § 300.

Restschuldbefreiung aufnehmen, indem es die Parteien schriftlich oder mündlich vor der endgültigen Entscheidung über die Restschuldbefreiung nochmals anhört. Eines besonderen Antrags einer der Verfahrensbeteiligen bedarf es nicht.

IV. Verfahren (Abs. 1)

1. Formelle Verfahrensvoraussetzungen. a) Keine vorzeitige Verfahrensbeendigung. Am Ende der Wohlverhaltensperiode entscheidet das Gericht über die Erteilung der Restschuldbefreiung, wenn die Restschuldbefreiung nicht vorzeitig in der Wohlverhaltensperiode beendet worden war. Das Restschuldbefreiungsverfahren kann aus den in den §§ 296 bis 298 aufgeführten Gründen vorzeitig beendet worden sein. Eine vorzeitige Beendigung kann aber auch auf Gründen beruhen, die nicht ausdrücklich im Gesetz geregelt sind. Zu diesen Gründen zählen die vollständige Tilgung aller Restverbindlichkeiten[5] oder der Tod des Schuldners.

b) Ende der Wohlverhaltensperiode. Weitere formelle Voraussetzung für die Entscheidung über den Antrag des Schuldners auf Erteilung der Restschuldbefreiung ist der Ablauf der Wohlverhaltensperiode. Hier ist zu unterscheiden zwischen den Verfahren, in denen die Eröffnung des Insolvenzverfahrens vor dem 1. Dezember 2001, und den Verfahren, die nach dem 30. November 2001 eröffnet worden sind. Weiterhin ist danach zu differenzieren, ob der Schuldner bereits vor dem 1. Januar 1997 zahlungsunfähig war und ob das Verfahren nach dem 30. November oder vor dem 1. Dezember 2001 eröffnet worden ist.

aa) Eröffnung vor dem 1. Dezember 2001 und keine Zahlungsunfähigkeit vor dem 1. Januar 1997. Die Treuhandzeit oder Wohlverhaltensperiode eines Schuldners, der diese Voraussetzungen erfüllt, beginnt **nach der Aufhebung des Insolvenzverfahrens** zu laufen und endet nach **sieben Jahren.** Der Schuldner profitiert nicht von der durch das InsOÄndG vom 26. 10. 2001 veränderten Rechtslage, durch die der Beginn der Wohlverhaltensperiode vorverlegt und die Dauer verkürzt wurde. Die Überleitungsvorschrift des Artikels 103 a EGInsO sieht vor, dass auf Insolvenzverfahren, die vor dem 1. Dezember 2001 eröffnet worden sind, die bis dahin geltenden Vorschriften weiter anzuwenden sind.

bb) Eröffnung nach dem 30. November 2001 und keine Zahlungsunfähigkeit vor dem 1. Januar 1997. Für die Schuldner, deren Insolvenzverfahren nach dem 30. November 2001 eröffnet worden ist, ist die durch das InsOÄndG vom 26. 10. 2001 verkürzte Wohlverhaltensperiode maßgebend. Die Zeitspanne der Abtretungserklärung, die nunmehr nur noch **sechs Jahre** dauert, beginnt mit der **Eröffnung des Insolvenzverfahrens.** Damit ist auch für die Verfahrensbeteiligten mit der Eröffnung des Verfahrens exakt feststellbar, wann das Restschuldbefreiungsverfahren endet. Dies ist bei den vor dem 1. Dezember 2001 eröffneten Verfahren nicht möglich, da die Dauer des Insolvenzverfahrens nicht vorhersehbar ist. Dieses kann sich in Einzelfällen über einen Zeitraum von zwei Jahren erstrecken.

cc) Eröffnung vor dem 1. Dezember 2001 und Zahlungsunfähigkeit vor dem 1. Januar 1997. Für Schuldner, die vor dem 1. Januar 1997 zahlungsunfähig waren[6] und deren Insolvenzverfahren vor dem 1. Dezember eröffnet worden ist, beträgt die Laufzeit der Abtretungserklärung **fünf Jahre.** Die fünfjährige Laufzeit wird ab **Aufhebung des Insolvenzverfahren** berechnet.

dd) Eröffnung nach dem 30. November 2001 und Zahlungsunfähigkeit vor dem 1. Januar 1997. In den Genuss der kürzesten Laufzeit der Abtretungserklärung kommen die Schuldner, die vor dem 1. Januar 1997 zahlungsunfähig waren[7] und deren Verfahren nach dem 30. November 2001 eröffnet worden ist. Für diese Schuldner, deren Insolvenzverfahren nach dem 30. November 2001 eröffnet worden ist, ist auch die durch das InsOÄndG vom

---

[5] AG Frankfurt ZVI 2002, 35–36; AG Rosenheim ZInsO 2001, 48; aA AG Köln NZI 2002, 218 f.
[6] Einzelheiten dazu bei § 287 RdNr. 63 ff.
[7] Einzelheiten dazu bei § 287 RdNr. 63 ff.

§ 300 15–18　　　　　　　　　　　　　　　　　　　　8. Teil. Restschuldbefreiung

26. 10. 2001 verkürzte Wohlverhaltensperiode maßgebend. Die Laufzeit der Abtretungserklärung **von fünf Jahren** beginnt mit der **Eröffnung des Insolvenzverfahrens.**

15　**2. Anhörung.** Vor der Entscheidung über die Erteilung der Restschuldbefreiung hat das Insolvenzgericht die Insolvenzgläubiger, den Treuhänder sowie den Schuldner anzuhören, um den Beteiligten rechtliches Gehör zu gewähren, § 300 Abs. 1. Im Anschluss an diese Anhörung ergeht der Beschluss, in dem das Gericht dem Schuldner die Restschuldbefreiung versagt, bzw. erteilt. **Die Insolvenzgläubiger können letztmalig** im Rahmen der Anhörung **die Versagung der Restschuldbefreiung beantragen,** wenn der Schuldner seine Obliegenheiten aus § 295 verletzt hat oder es zu einer rechtskräftigen Verurteilung wegen einer Insolvenzstraftat gekommen ist. Dies folgt aus der Verweisung auf § 296 Abs. 1 und § 297. Bis zum Abschluss der Anhörung kann auch der **Treuhänder letztmalig die Versagung der Restschuldbefreiung beantragen,** wenn der Versagungsgrund des § 298 gegeben ist. Durch die Einführung der Kostenstundung auch für die Treuhändervergütung ist die Sanktionsdrohung in § 298 allerdings entschärft. Entgegen dem Gesetzeswortlaut kann der Stundungsantrag für die Treuhändervergütung auch noch nachträglich, bis zum Abschluss der Anhörung auch nach einem Versagungsantrag gemäß § 298 gestellt werden, um eine Versagung hierdurch abzuwenden.[8] § 298 Abs. 1 Satz 2 lautet zwar, „dies gilt nicht, wenn die Kosten des Insolvenzverfahrens gestundet *wurden*". Nach der Gesetzesbegründung soll dem Schuldner aber die Möglichkeit eingeräumt werden, die Stundung während der Laufzeit der Abtretungserklärung zu beantragen.[9] Mit dem Ende des Anhörungstermins bzw. der Anhörungsfrist sind die Versagungsanträge präkludiert.[10]

16　Die Anhörung muss nicht in einer mündlichen Verhandlung erfolgen. Zur Entlastung der Gerichte ist auf einen obligatorischen Termin verzichtet worden.[11] Auf welche Art und Weise das Insolvenzgericht seiner Verpflichtung zur Gewährung rechtlichen Gehörs nachkommt, ist gesetzlich nicht geregelt. Der Richter oder der Rechtspfleger entscheidet nach pflichtgemäßem Ermessen. Bei einer **schriftlichen Anhörung** darf das Gericht erst nach Ablauf einer gesetzten **Erklärungsfrist** seine Entscheidung treffen. Auch wenn die Stellungnahme vor Ablauf der gesetzten Frist bei Gericht eingeht, muss das Gericht den Fristablauf abwarten. Eine Verpflichtung des Gerichts, Erklärungsfristen zu setzen, besteht allerdings nicht.[12] In einem solchen Fall darf das Gericht erst nach Ablauf einer angemessenen Frist eine Entscheidung treffen.

17　Die Anhörung eines der Beteiligten kann unterbleiben, wenn der zu Anhörende sich **im Ausland** befindet und deshalb die Anhörung das Verfahren übermäßig verzögern würde, § 10 Abs. 1 Satz 1, 1. Alt., oder der **Aufenthalt unbekannt ist,** § 10 Abs. 1 Satz 1, 2. Alt. Zwar spricht § 10 Abs. 1 nur von der Anhörung des Schuldners. Für die Anhörung der Insolvenzgläubiger und des Treuhänders fehlt eine entsprechende Regelung. Da ein Unterschied in der Interessenlage zum Fall des Absehens von der Anhörung des im Ausland weilenden Schuldners nicht besteht, ist § 10 auch auf die Anhörung der anderen Verfahrensbeteiligten (Insolvenzgläubiger und Treuhänder) entsprechend anzuwenden.[13] Gleiches gilt bei einem unbekannten Aufenthalt eines Insolvenzgläubigers.

18　Die in § 300 Abs. 1 angeordnete Anhörung dient der **Gewährung rechtlichen Gehörs.** Sie unterscheidet sich von der Anhörung zur Aufklärung des Sachverhalts. Eine Anhörung zur Sachverhaltsaufklärung kann das Gericht durch Vorführungs- und Haftbefehlsanträge erzwingen, nicht dagegen die Anhörung zur Gewährung rechtlichen Gehörs. Nimmt ein Beteiligter, dem rechtliches Gehör gewährt werden soll, die Gelegenheit zur Stellungnahme schuldhaft nicht wahr, dann hat das Gericht seiner Pflicht Genüge getan. Es ist nicht erforderlich, dass die Beteiligten sich tatsächlich äußern. Ein Unterlassen der Anhörung zur

---
[8] FK-*Grote* RdNr. § 298 RdNr. 13 a.
[9] Begr. RegE BR-Drucks. 14/01, S. 61.
[10] FK-*Ahrens* RdNr. 6 zu § 300.
[11] Begr. des Rechtsausschusses BT-Drucks. 12/7302 S. 189 zu § 346 o.
[12] *Vallender* in KS, 2. Aufl. S. 253, RdNr. 8.
[13] *Döbereiner,* S. 301 f.

Gewährung rechtlichen Gehörs stellt, anders als ein Unterlassen zur Sachverhaltsaufklärung, einen **Verstoß gegen Art. 103 Abs. 1 GG** dar. Ein Verstoß gegen Art. 103 Abs. 1 GG ist ein Verfahrensmangel und kann daher zur Aufhebung des Entscheidung führen. Die Entscheidung ist aufzuheben, wenn der Beteiligte, dessen rechtliches Gehör verletzt worden ist, alle ihm zur Verfügung stehenden Mittel, sich Gehör zu verschaffen, ausgeschöpft hat und die angegriffene Entscheidung auf der Verletzung beruht oder beruhen kann.[14] Nach § 6 Abs. 1 unterliegen die Entscheidungen des Insolvenzgerichts allerdings nur in den Fällen einem Rechtsmittel, in denen die InsO die sofortige Beschwerde ausdrücklich vorsieht. Hilft daher der Richter oder Rechtspfleger einer Entscheidung, die infolge eines Verstoßes gegen 103 Abs. 1 GG zustande gekommen ist nicht ab, dann verbleibt einem Insolvenzgläubiger, der nicht angehört wurde, zur Überprüfung der Entscheidung nur die Verfassungsbeschwerde. Gegen die Entscheidung über die Restschuldbefreiung kann nur der Insolvenzgläubiger eine sofortige Beschwerde einlegen, der bei einer Anhörung die Versagung der Restschuldbefreiung beantragt hat.

V. Entscheidung

1. Versagungsantrag eines Gläubigers. a) Formelle Voraussetzungen. Eine gesetzliche Form ist für den Versagungsantrag nicht vorgeschrieben. In dem Antrag ist jedoch die Obliegenheitsverletzung des Schuldners sowie die Einhaltung der Jahresfrist des § 296 Abs. 1 Satz 2 darzulegen und glaubhaft zu machen. Handelt es sich um einen Obliegenheitsverstoß gemäß § 296 Abs. 1 so ist auch die Beeinträchtigung der Befriedigungsaussichten glaubhaft zu machen.[15] 19

b) Materielle Voraussetzungen. aa) Versagungsgründe nach §§ 296 Abs. 1 oder § 296 Abs. 2 Satz 3. Der Gläubiger kann die Versagung auf eine Obliegenheitsverletzung im Sinne des § 295 während der Laufzeit der Abtretungserklärung stützen. Der Schuldner hat während der Laufzeit der Abtretung eine angemessene Erwerbstätigkeit auszuüben (§ 295 Abs. 1 Nr. 1), er hat von dem Vermögen, das er von Todes wegen oder mit Rücksicht auf ein künftiges Erbrecht erwirbt, die Hälfte des Wertes an den Treuhänder herauszugeben (§ 295 Abs. 1 Nr. 2), er hat gegenüber dem Treuhänder und dem Insolvenzgericht Mitteilungspflichten (§ 295 Abs. 1 Nr. 3) und er darf Zahlungen zur Befriedigung der Insolvenzgläubiger nur an den Treuhänder leisten (§ 295 Abs. 1 Nr. 4). Verletzt er eine dieser Obliegenheiten und führt diese Obliegenheitsverletzung zu einer Beeinträchtigung der Gläubiger (§ 296 Abs. 1 Satz 1), dann kann ein Insolvenzgläubiger die Versagung der Restschuldbefreiung beantragen. Der Antrag muss jedoch binnen eines Jahres nach dem Zeitpunkt gestellt werden, in dem die Obliegenheitsverletzung dem Gläubiger bekannt geworden ist. 20

Ein weiterer Versagungsgrund ist die Verletzung verfahrensbezogener Obliegenheiten § 296 Abs. 2 Satz 3. Danach hat der Schuldner vor einer Versagungsentscheidung über die Erfüllung seiner Obliegenheiten Auskunft zu erteilen, auf Antrag des Gläubigers die Richtigkeit diese Auskunft an Eides Statt zu versichern und einer Ladung des Gerichts Folge zu leisten. Erfüllt er diese verfahrensbezogenen Pflichten nicht, so ist ihm die Restschuldbefreiung zu versagen. Für die Versagung bedarf es hier keines ausdrücklichen Gläubigerantrags. Hier kann das Insolvenzgericht von Amts wegen die Restschuldbefreiung versagen. 21

bb) Versagungsgrund nach § 297. Der Versagungsantrag eines Insolvenzgläubigers kann auch darauf gestützt werden, dass der Schuldner in dem Zeitraum zwischen dem Schlusstermin und der Aufhebung des Insolvenzverfahrens oder während der Laufzeit der Abtretungserklärung wegen einer Straftat nach den §§ 283 bis 283c des Strafgesetzbuches verurteilt worden ist. Der Versagungsantrag kann jedoch nicht mehr gestellt werden, wenn der antragstellende Insolvenzgläubiger von dem Zeitpunkt der Verurteilung schon länger als ein Jahr Kenntnis hatte (§§ 297 Abs. 2, 296 Abs. 1 Satz 2). 22

---

[14] *Vallender* in KS, 2. Aufl. S. 256, RdNr. 16.
[15] Siehe § 296 RdNr. 5.

23 **cc) Präklusion.** Mit dem Ende des Anhörungstermins bzw. der Anhörungsfrist ist der Versagungsantrag präkludiert.

24 **2. Versagungsantrag des Treuhänders. a) Formelle Voraussetzungen.** Der Versagungsantrag des Treuhänders setzt lediglich die Behauptung, nicht die Glaubhaftmachung, der in § 298 Abs. 1 normierten Voraussetzungen voraus.[16]

25 **b) Materielle Voraussetzungen. aa) Versagungsgrund des § 298.** Die Restschuldbefreiung wird auf Antrag des Treuhänders versagt, wenn die an diesen abgeführten Beträge für das vorausgegangene Jahr seiner Tätigkeit die Mindestvergütung nicht decken und der Schuldner trotz schriftlich Aufforderung durch den Treuhänder und das Gericht unter Hinweis auf die Möglichkeit der Versagung der Restschuldbefreiung den fehlenden Betrag nicht binnen einer Frist von mindestens zwei Wochen bezahlt.

26 **3. Entscheidung. a) Zuständigkeit:** Der **Rechtspfleger** ist für die Erteilung der Restschuldbefreiung funktionell zuständig, wenn der Schuldner keinen Versagungsantrag gestellt hat, § 18 Abs. 2 Nr. 1 RpflG. Die Erteilung der Restschuldbefreiung gehört auch zum Aufgabenbereich des Rechtspflegers, wenn der Treuhänder die Versagung der Restschuldbefreiung beantragt hat. Die Entscheidung ist dem **Richter vorbehalten,** wenn ein Insolvenzgläubiger einen Versagungsantrag gestellt hat, § 18 Abs. 1 Nr. 2 RPflG.

27 **b) Entscheidungsform.** Die Entscheidung ergeht in der Form eines Beschlusses, unabhängig davon, ob auf Grund einer mündlichen Verhandlung entschieden worden ist. Abs. 1 verweist ausdrücklich auf diese Entscheidungsform. Auch ohne ausdrücklichen Hinweis ist im Restschuldbefreiungsverfahren der Beschluss die einzige Entscheidungsform, da Entscheidungen nach der Insolvenzordnung ohne mündliche Verhandlung ergehen dürfen, § 5 Abs. 2 Satz 1. Eine Entscheidung ergeht bei fakultativer mündlicher Verhandlung, soweit das Gesetz nichts anderes anordnet immer durch **Beschluss.**[17]

28 **c) Versagung der Restschuldbefreiung.** Ist von einem Gläubiger die Versagung der Restschuldbefreiung beantragt worden und ist dieser Antrag zulässig und begründet, dann hat das Gericht dem Schuldner die Restschuldbefreiung zu versagen. Da an dem Verfahren auf Versagung der Restschuldbefreiung der oder die antragstellenden Gläubiger als Parteien eines Streitverfahrens beteiligt sind, sind die Beteiligten im Rubrum entsprechend aufzuführen.

29 **d) Erteilung der Restschuldbefreiung.** Ist weder von den Insolvenzgläubigern noch von dem Treuhänder ein Versagungsantrag gestellt worden, dann muss das Insolvenzgericht die Restschuldbefreiung erteilen. Einen Ermessensspielraum hat das Gericht nicht, auch wenn der Schuldner offenkundig seine Obliegenheiten nicht erfüllt hat. Die Restschuldbefreiung ist auch zu erteilen, wenn der Versagungsantrag des Insolvenzgläubigers unzulässig oder unbegründet ist. In diesem Fall ist in der gleichen Entscheidung der Versagungsantrag ausdrücklich als unzulässig zurückzuweisen oder unbegründet abzuweisen.

30 **4. Mitteilung der Entscheidung.** Die Entscheidung, die den Versagungsantrag als unbegründet oder unzulässig zurückweist, ist dem Antragsteller zuzustellen. Dem Schuldner ist sie formlos bekannt zu geben. Auch den Insolvenzgläubigern, die angehört worden sind, ist die Entscheidung formlos mitzuteilen. Wird die Restschuldbefreiung versagt, dann ist der Beschluss dem Schuldner zuzustellen, den übrigen Verfahrensbeteiligten ist der Beschluss formlos mitzuteilen.

31 **5. Rechtsmittel.** Nach Abs. 3 Satz 2 steht gegen die Entscheidung dem Schuldner und jedem Insolvenzgläubiger, der bei der Anhörung nach Abs. 1 die Versagung der Restschuldbefreiung beantragt hat, die sofortige Beschwerde zu. Für den Treuhänder ist kein Rechtsbehelf vorgesehen, er kann jedoch die sofortige Erinnerung gemäß § 11 Abs. 1 Satz 2 RPflG einlegen, über die der Richter entscheidet. Gegen die Beschwerdeentscheidung ist

---

[16] AA *Maier/Krafft* BB 1997, 2179 Fn. 59.
[17] *Musielak/Stadler* RdNr. 10 zu § 128; *Döbereiner* S. 302.

gemäß § 7 die **Rechtsbeschwerde** statthaft. Für diese Rechtsbeschwerde bedarf es keiner Zulassung (§ 574 Abs. 1 Nr. 1 ZPO i. V. m. § 7 InsO). Das Rechtsbeschwerdegericht kann allerdings gem. § 577 Abs. 1 ZPO die Rechtsbeschwerde als unzulässig verwerfen, wenn die zwingend erforderliche Begründung der Rechtsbeschwerde nicht die Angaben gemäß § 575 Abs. 3 ZPO enthält. Über die Rechtsbeschwerde entscheidet der BGH, § 133 GVG. Zulässigkeitsvoraussetzung ist, dass die Rechtssache grundsätzliche Bedeutung hat oder die Fortbildung des Rechts oder die Sicherung einer einheitlichen Rechtsprechung diese erfordert (§ 574 Abs,. 2 ZPO) Die Rechtsbeschwerde ist binnen einer Notfrist von einem Monat ab Zustellung des anzufechtenden Beschlusses bei dem Rechtsbeschwerdegericht einzureichen.

6. Bekanntmachung der Entscheidung. Öffentliche Bekanntmachung (Abs. 3 Satz 1). Die Entscheidung ist öffentlich bekannt zu machen. Die Bekanntmachung erfolgt gemäß § 9 Abs. 1 Satz 1 durch eine zentrale und länderübergreifende Veröffentlichung im Internet.[18] Die Veröffentlichung kann auszugsweise erfolgen. Eine öffentliche Bekanntmachung im Bundesanzeiger ist nicht vorgeschrieben. Auf jeden Fall ist der Schuldner genau unter der Angabe seiner Anschrift, und falls er ein Gewerbe betreibt, unter der Angabe seines Geschäftszweiges anzugeben. Die Bekanntmachung gilt gemäß § 9 Abs. 1, Satz 3 als bewirkt, sobald nach der Veröffentlichung zwei weitere Tage verstrichen sind. Die öffentliche Bekanntmachung sollte erst nach Rechtskraft der Versagung erfolgen.[19]

7. Kosten. a) Gerichtskosten. Mit den allgemeinen Gebühren für das Insolvenzverfahren ist auch grundsätzlich das Verfahren über die Restschuldbefreiung abgegolten. Wegen der zusätzlichen Belastung des Gerichts durch den Gläubigerantrag auf Versagung der Restschuldbefreiung wird jedoch eine dafür eine Gebühr in Rechnung gestellt.[20] Die Gebühr über den Versagungsantrag des Gläubigers beträgt EUR 30,- (KV Nr. 2350). im Beschwerdeverfahren EUR 50,– (KV Nr. 2350). Zusätzlich fallen die Kosten für die Veröffentlichung nach § 303 Abs. 3 Satz 3 gemäß KV Nr. 9904. Für die Internetveröffentlichung fällt ein Euro an. Ordnet das Gericht, soweit dies zulässig ist, zusätzlich zu der elektronischen Bekanntmachung nach § 9 Abs. 1 Satz 1 die Veröffentlichung in einem Printmedium an, so kommen die Kosten für diese Veröffentlichung in voller Höhe hinzu. Im Beschwerdeverfahren entsteht eine Gebühr in Höhe von EUR 50,– gem. KV Nr. 2361, wenn die Beschwerde verworfen oder zurückgewiesen wird.

b) Anwaltskosten. Wird in einem Versagungsverfahren des § 300 nach Ankündigung der Restschuldbefreiung ein Rechtsanwalt tätig, erhält er die Hälfte der vollen Gebühr, Nr. 3321 VV RVG. Die Gebühr entsteht schon, wenn der Antrag auf Versagung bereits vor Aufhebung des Insolvenzverfahrens gestellt wird.[21]

c) Gegenstandswert. Der Gegenstandwert für die Rechtsanwaltsgebühren ist nach billigem Ermessen unter Berücksichtigung des wirtschaftlichen Interesses, das der Gläubiger mit dem Widerrufsantrag verfolgt, zu bestimmen, der §§ 28 Abs. 3, 23 Abs. 2 RVG. Ausgangspunkt für die Gegenstandsbewertung ist zunächst das wirtschaftliche Interesse, das der Auftraggeber im Verfahren verfolgt. **Vertritt der Rechtsanwalt den Gläubiger,** so ist als Ausgangsbetrag die Forderung des Gläubigers, von dessen Haftung der Schuldner durch die Restschuldbefreiung frei wird, festzustellen. Im Einzelfall ist diese Forderungen jedoch auf einen Bruchteil herabzusetzen, wenn absehbar ist, dass der Schuldner die Forderung niemals vollständig erfüllen wird. **Vertritt der Rechtsanwalt den Schuldner,** dann ist die

---

[18] Die Bekanntmachungen im Internet erfolgen inzwischen nicht mehr länderspezifisch, sondern auf einer zentralen Internetplattform aller Bundesländer unter www.insolvenzbekanntmachungen.de. Die näheren Einzelheiten dazu sind in der Verordnung zu öffentlichen Bekanntmachungen in Insolvenzverfahren im Internet v. 12. 2. 2000 (InsNetVO) geregelt. Diese Änderung erfolgte durch das Gesetz zur Vereinfachung des Insolvenzverfahrens vom 13. 4. 2007, das am 1. 7. 2007 in Kraft getreten ist (BGBl I 2007, 509).
[19] *Haarmeyer/Wutzke/Förster,* Handbuch zur InsO S. 726.
[20] Begr. zum RegE EGInsO, BT-Drucks. 12/3803, S. 72.
[21] FK-*Ahrens* § 300 RdNr. 18.

Höhe der Forderung des Gläubigers, der den Vesagungsantrag gestellt hat, allerdings kein geeignetes Kriterium für die Wertfestsetzung im Rahmen der §§ 28 Abs. 3, 23 Abs. 2 RVG, da durch den Versagungsantrag die gesamten Verbindlichkeiten des Schuldners betroffen sind.[22] Das Landgericht Bochum hat den Gegenstandswert nach der §§ 28 Abs. 3, 23 Abs. 2 RVG, auf den hälftigen Betrag der zur Insolvenztabelle angemeldeten Forderungen angesetzt, weil der Schuldner zumindest teilweise in der Lage war, eine geringfügige Befriedigung der gegen ihn bestehenden Forderungen zu gewährleisten. Da das Interesse des Schuldners dahin geht, eine Befreiung von sämtlichen Verbindlichkeiten zu erlangen, die am Ende der Wohlverhaltensperiode noch nicht erfüllt sind, ist zunächst von dem Schuldenstand zu diesem Zeitpunkt auszugehen. Der Gesamtbestand der Verbindlichkeiten ist nunmehr unter dem Gesichtspunkt der wirtschaftlichen Realisierbarkeit zu überprüfen. Ergibt sich ein sehr hoher Forderungsbestand und ist wertmäßig nicht abzuschätzen, in welchem Umfang bei widerrufener Restschuldbefreiung eine Befriedigung erfolgen wird, dann ist der Gegenstandswert auf 4000 Euro festzusetzen.[23]

36 **d) Kostenstundung.** Die im Eröffnungsverfahren bewilligte Stundung erstreckt sich in der Regel bis zur Erteilung der Restschuldbefreiung,[24] obwohl über die Gewährung der Stundung für die Treuhandperiode als eigenständigem Verfahrensabschnitt eine besondere Entscheidung getroffen werden muss, § 4 Abs. 3 Satz 2. Im Falle einer Verfahrenskostenstundung kann gemäß § 4 a Abs. 2 dem Schuldner für das Versagungsverfahren ein Rechtsanwalt beigeordnet werden. Im Interesse der Waffengleichheit wird, so die Gesetzesbegründung,[25] eine Beiordnung dann für erforderlich gehalten, wenn der Schuldner in den quasikontradiktorischen Verfahren nach §§ 290 oder 296 für seine Restschuldbefreiung kämpft.

37 **8. Wirkung der Entscheidung. a) bei Erteilung der Restschuldbefreiung.** Mit Rechtskraft des Beschlusses treten die Wirkungen ein, die sich aus der Erteilung der Restschuldbefreiung ergeben. Diese Wirkungen werden in § 301 normiert. Danach können die unbefriedigt gebliebenen Gläubiger ihre Forderungen nicht mehr geltend machen. Diese Forderungen verwandeln sich in Naturalobligationen. Nicht erfasst von den Wirkungen der Restschuldbefreiung werden Verbindlichkeiten aus einer vorsätzlich begangenen unerlaubten Handlung und Geldstrafen und diesen in § 39 Abs. 1 Nr. 3 gleichgestellten Verbindlichkeiten, § 302. Ebenfalls unterfallen Forderungen, die erst nach der Eröffnung des Insolvenzverfahrens entstanden sind, nicht der Restschuldbefreiung. Will ein Gläubiger nach erteilter Restschuldbefreiung die Zwangsvollstreckung betreiben, so kann der Schuldner diese mit der Vollstreckungsgegenklage nach § 767 ZPO für unzulässig erklären lassen. Der Schuldner kann sich auf die fehlende Durchsetzbarkeit der Gläubigerforderungen infolge der Gewährung der Restschuldbefreiung berufen. Durch eine Vereinbarung zwischen Schuldner und Gläubiger kann in die Wirkungen der Restschuldbefreiung nicht eingegriffen werden. § 301 Abs. 1 stellt kein nachgiebiges Recht dar.

38 **b) bei Versagung der Restschuldbefreiung.** Wird die Restschuldbefreiung versagt, dann lebt mit der Rechtskraft des Beschlusses das uneingeschränkte Nachforderungsrecht hinsichtlich der unbefriedigt gebliebenen Restforderungen nach § 201 Abs. 1 wieder auf. § 201 Abs. 3 entfaltet keine Wirkungen mehr.

V. Änderungen durch den RegE zur Entschuldung mittelloser Personen

39 **1. Gegenstand der Gesetzesänderung.** § 300 erfährt durch den „Gesetzentwurf der Bundesregierung zur Entschuldung mittelloser Personen, zur Stärkung der Gläubigerrechte sowie zur Regelung der Insolvenzfestigkeit von Lizenzen"[26] **zwei Änderungen.** Dem

---

[22] LG Bochum ZinsO 2001, 564, 566; OLG Celle ZVI 2000, 32 ff.
[23] OLG Celle ZVI 2000, 32 ff.
[24] BT-Drucks. 14/5680 S. 20.
[25] BT-Drucks. 14/5680 S. 21.
[26] BT-Drucks. 16/7416.

Abs. 1 wird folgender Satz angefügt: *„Das Gericht hat über die Erteilung der Restschuldbefreiung vorzeitig zu entscheiden, wenn*
1. *zwei Jahre der Laufzeit der Abtretungserklärung verstrichen sind und die Insolvenzgläubiger während des Insolvenz- und Restschuldbefreiungsverfahrens mindestens 40 vom Hundert ihrer im Schlussverzeichnis aufgenommenen Forderungen erhalten haben oder*
2. *vier Jahre der Laufzeit der Abtretungserklärung verstrichen sind und die Insolvenzgläubiger während des Insolvenz- und Restschuldbefreiungsverfahrens mindestens 20 vom Hundert ihrer im Schlussverzeichnis aufgenommenen Forderungen erhalten haben."*

Abs. 2 wird wie folgt neu gefasst: *„(2) Das Insolvenzgericht versagt die Restschuldbefreiung von Amts wegen oder auf Antrag eines Insolvenzgläubigers, wenn die Voraussetzungen des § 296 Abs. 1 oder Abs. 2 Satz 3, des § 297 oder des § 297a vorliegen, oder auf Antrag des Treuhänders, wenn die Voraussetzungen des § 298 vorliegen."*

Der Bundesrat hat in seiner Stellungnahme zu dem Gesetzentwurf vorgeschlagen, nach den Wörtern *„Das Gericht hat"* die Wörter *„auf Antrag des Schuldners"* einzufügen sowie den abschließenden Punkt zu streichen und in einer neuen Zeile sind die Wörter *„und der Schuldner die Erfüllung der Voraussetzungen darlegt."* anzufügen. Nach Auffassung des Bundesrates soll das Vorliegen der Voraussetzungen für eine vorzeitige Restschuldbefreiung nicht von Amts wegen überprüft werden. Vielmehr habe der Schuldner, da die Abkürzung der Laufzeit der Abtretungserklärung allein in seinem Interesse liege, dies zu beantragen und die Erfüllung der Voraussetzungen darzulegen.[27] Die Bundesregierung hat diesem Änderungsvorschlag in ihrer Gegenäußerung zugestimmt.[28]

Ferner hat der Bundesrat vorgeschlagen, den Abs. 2 wie folgt zu fassen: *„(2) Das Insolvenzgericht versagt die Restschuldbefreiung von Amts wegen oder auf Antrag eines Insolvenzgläubigers, wenn die Voraussetzungen des § 296 Abs. 1 oder Abs. 2 Satz 3, des § 297 oder des § 297a vorliegen, auf Antrag des Treuhänders, wenn die Voraussetzungen des § 298 Abs. 1 und 2 vorliegen oder von Amts wegen, wenn die Voraussetzungen des § 298 Abs. 3 vorliegen."* und einen weiteren Absatz hinzuzufügen, der wie folgt lautet: *„(2a) Das Insolvenzgericht versagt die Restschuldbefreiung von Amts wegen, wenn die Forderung der Staatskasse wegen der nach § 289a Abs. 6 an den vorläufigen Treuhänder gezahlten Beträge nicht bis zum Ende der Laufzeit der Abtretungserklärung durch die an den Treuhänder abgeführten, um die Vergütung nach § 293 berichtigten Beträge oder durch Zahlung an die Staatskasse gedeckt ist und der Schuldner den fehlenden Betrag nicht einzahlt, obwohl ihn das Gericht schriftlich zur Zahlung binnen einer Frist von mindestens zwei Wochen aufgefordert und ihn dabei auf die Möglichkeit der Versagung der Restschuldbefreiung hingewiesen hat. Der Schuldner ist vom vorläufigen Treuhänder bei der Erörterung nach § 289a Abs. 4 oder Abs. 5 über die Möglichkeit der Versagung der Restschuldbefreiung nach Satz 1 zu belehren."*[29]

Nach Auffassung des Bundesrates soll die Vergütung des vorläufigen Treuhänders, die in Verbraucherinsolvenzfällen durchschnittlich 450 Euro und in Regelinsolvenzfällen durchschnittlich 900 Euro betragen wird, von dem Schuldner gezahlt werden. Die Restschuldbefreiung soll dem Schuldner daher nicht erteilt werden, wenn er den Auslagenerstattungsanspruch nach Nummer 9018 KV-GKG-E nicht bis zum Ende der Laufzeit der Abtretungserklärung erfüllt hat. Das Aufbringen der Vergütung des vorläufigen Treuhänders durch den Schuldner soll in gleicher Weise zur Bedingung für die Erteilung der Restschuldbefreiung gemacht werden wie die Zahlung der Vergütung für den Treuhänder im Restschuldbefreiungsverfahren. Um zu verhindern, dass der Schuldner zum Ende der Wohlverhaltensperiode von einer Kostenanforderung des Gerichts unter Androhung der Versagung der Restschuldbefreiung überrascht wird, soll er auf diese Möglichkeit bereits im Rahmen der Erörterung seiner Vermögensverhältnisse mit dem vorläufigen Treuhänder gemäß § 289a Abs. 4 bzw. Abs. 5 InsO-E zu Verfahrensbeginn hingewiesen werden.

---

[27] BT-Drucks. 16/7416 S. 126.
[28] BT-Drucks. 16/7416 S. 149.
[29] BT-Drucks. 16/7416 S. 124.

Diesem Änderungsvorschlag hat die Bundesregierung in ihrer Gegenäußerung widersprochen.[30] Durch eine Umlage der Kosten des vorläufigen Treuhänders würde es für Verbraucher während der Wohlverhaltensperiode zu einer monatlichen Belastung von etwa 20 Euro, für alle anderen natürlichen Personen zu einer monatlichen Belastung von etwa 25 Euro kommen. Diese Belastung könnte von einem Großteil der Schuldner nicht getragen werden und würde ihnen den Zugang zum Entschuldungsverfahren versperren.

43 Schließlich hat der Bundesrat vorgeschlagen in Abs. 1 Satz 2 Nr. 1 und Nr. 2 jeweils nach dem Wort „*Schlussverzeichnis*" die Wörter „*oder Verteilungsverzeichnis*" einzufügen. Auch diesem Änderungsvorschlag hat die Bundesregierung nicht zugestimmt.[31] Die Regelung sei hinreichend klar, da sich aus § 292a Abs. 3 (RegE), für den Anwendungsbereich des Entschuldungsverfahrens ergebe, dass an die Stelle des Schlussverzeichnisses das Verteilungsverzeichnis tritt.

44 **2. Zweck der Gesetzesänderung.** Ursprünglich belief sich die Laufzeit der Abtretungserklärung auf sieben Jahre, die mit der Aufhebung des Insolvenzverfahrens zu laufen begann. Mit dem Gesetz zur Änderung der Insolvenzordnung und anderer Gesetze vom 26. 10. 2001 wurde die Laufzeit der Abtretungserklärung auf sechs Jahre verkürzt, beginnend mit der Eröffnung des Insolvenzverfahrens. Nunmehr soll die Laufzeit der Abtretungserklärung auf vier bzw. zwei Jahre verkürzt werden, wenn der Schuldner einen wesentlichen Teil seiner Verbindlichkeiten in dieser Zeit begleicht. Der Gesetzgeber will auf diese Weise dem Schuldner einen Anreiz bieten, erhebliche Anstrengungen zu unternehmen, um seinen Gläubigern eine möglichst hohe Befriedigungsquote zu verschaffen.[32] In der Gesetzesbegründung wird insbesondere auf die Unterstützung durch Verwandte hingewiesen. Eine solche Regelung birgt jedoch erhebliches Missbrauchspotenzial. Fraglich ist, ob es den Gläubigerinteressen dient, wenn ein einkommensstarker Schuldner nach zwei Jahren in den Genuss der Restschuldbefreiung kommt, obwohl er innerhalb von vier oder sechs Jahren seine gesamten Verbindlichkeiten durch den Einsatz seines pfändbaren Vermögens abtragen könnte. Damit wird eine neue „Entschuldungszielgruppe" geschaffen, die der Restschuldbefreiung eigentlich nicht bedarf. Problematisch ist auch, einem Schuldner, dem es gelingt, ein hinreichend großes, unbelastetes Bestandsvermögen bis zum Eintritt in das Insolvenzverfahren zu verteidigen, nach zwei Jahren Schuldenfreiheit zu gewähren, während ein anderer Schuldner, der bereits vor Verfahrensbeginn sein gleich großes Vermögen zur Befriedigung der Gläubiger eingesetzt hat, sechs Jahre auf seine Schuldbefreiung warten soll. Schließlich kann eine Laufzeitstaffelung, wie sie geplant ist, durch eine zum Zwecke der Restschuldbefreiung getätigte Kreditaufnahme zur Finanzierung riskanter oder spekulativer Geschäfte führen.[33]

45 Die weitere Gesetzesänderung in Abs. 2 trägt dem Umstand Rechnung, dass künftig das Insolvenzgericht die Restschuldbefreiung von Amts wegen versagt. Die Versagung von Amts wegen erfolgt, wenn ein Versagungsgrund nach § 297 Absatz 1 Nr. 1 vorliegt.

46 **3. Verfahren. a) Antrag auf vorzeitige Verfahrensbeendigung.** Entsprechend dem Vorschlag des Bundesrates setzt die Verkürzung der Laufzeit der Abtretungserklärung voraus, dass der Schuldner einen entsprechenden **Antrag auf vorzeitige Verfahrensbeendigung** stellt. Der Schuldner hat dem Gericht darzulegen, dass 40% bzw. 20% der im Schlussverzeichnis gemäß § 188 oder im Verteilungsverzeichnis gemäß § 292a Abs. 3 (RegE) aufgenommenen Forderungen beglichen worden sind. Hat der Schuldner die Voraussetzungen für eine Verkürzung der Laufzeit der Abtretungserklärung dargelegt und liegen dem Gericht keine Versagungsanträge vor und kommt auch eine Versagung von Amts wegen nicht in Betracht, so reicht es für die in Abs. 1 vorgeschriebene Anhörung der Beteiligten aus, dass das Gericht diese auf die bevorstehende Erteilung der Restschuldbefreiung hinweist

---
[30] BT-Drucks. 16/7416 S. 148.
[31] BT-Drucks. 16/7416 S. 149.
[32] Begr. BT-Drucks. 16/7416 S. 30.
[33] *Stephan* NZI 2006, 671, 677.

und ihnen dabei Gelegenheit gibt, innerhalb einer angemessenen Frist die Versagung zu beantragen oder in anderer Weise Bedenken gegen die beantragte Verfahrensbeendigung zu erheben. Äußern sich die Insolvenzgläubiger oder der Treuhänder nicht, so kann der Rechtspfleger durch Beschluss die Restschuldbefreiung erteilen.

b) Versagung der Restschuldbefreiung von Amts wegen. Eine Versagung von Amts 47 wegen erfolgt nur, wenn ein Versagungsgrund nach § 297 Abs. 1 Nr. 1 – eine rechtskräftige Verurteilung wegen einer Insolvenzstraftat – vorliegt oder wenn sich während der Laufzeit der Abtretungserklärung herausstellt, dass ein Versagungsgrund nach § 290 Abs. 1 Nr. 1 und Nr. 3 vorgelegen hat. Die genannten Fälle betreffen die rechtskräftige Verurteilung des Schuldners wegen Insolvenzstraftaten (§§ 293 bis 283c StGB) sowie die Erteilung oder Versagung der Restschuldbefreiung in einem früheren Insolvenzverfahren. Diese Tatsachen sind einerseits für das Insolvenzgericht einfach festzustellen, für Insolvenzgläubiger jedoch schwer zu ermitteln.

§ 301 Wirkung der Restschuldbefreiung

(1) ¹Wird die Restschuldbefreiung erteilt, so wirkt sie gegen alle Insolvenzgläubiger. ²Dies gilt auch für Gläubiger, die ihre Forderungen nicht angemeldet haben.

(2) ¹Die Rechte der Insolvenzgläubiger gegen Mitschuldner und Bürgen des Schuldners sowie die Rechte dieser Gläubiger aus einer zu ihrer Sicherung eingetragenen Vormerkung oder aus einem Recht, das im Insolvenzverfahren zur abgesonderten Befriedigung berechtigt, werden durch die Restschuldbefreiung nicht berührt. ²Der Schuldner wird jedoch gegenüber dem Mitschuldner, dem Bürgen oder anderen Rückgriffsberechtigten in gleicher Weise befreit wie gegenüber den Insolvenzgläubigern.

(3) Wird ein Gläubiger befriedigt, obwohl er auf Grund der Restschuldbefreiung keine Befriedigung zu beanspruchen hat, so begründet dies keine Pflicht zur Rückgewähr des Erlangten.

Übersicht

	RdNr.		RdNr.
I. Normzweck	1	2. Vollstreckbarkeit von Titeln	19
1. Sinn und Zweck der Norm	1	3. Durchsetzbarkeit nicht titulierter Forderungen	22
2. Vergleichbare frühere Regelungen	4	4. Vereinbarungen zur Durchsetzbarkeit einer von der Restschuldbefreiung erfassten Forderung	23
II. Entstehungsgeschichte	5		
III. Umfang der Restschuldbefreiung (Abs. 1)	7	IV. Sicherungs- und Zurückbehaltungsrecht (Abs. 2)	26
1. Erfasste Gläubiger	7	1. Grundsatz	26
a) Insolvenzgläubiger	7	2. Rechte der Insolvenzgläubiger (Satz 1)	27
b) Gläubiger mit nicht angemeldeten Forderungen	9	a) gegenüber mithaftenden Personen	27
2. Erfasste Forderungen	11	aa) Mitschuldner	27
a) Vermögensansprüche gegen den Schuldner	11	bb) Bürge	28
b) Nicht erfüllte Verbindlichkeiten	12	b) auf Grund einer Vormerkung	29
c) Zinsforderungen	13	c) wegen der Berechtigung zur abgesonderten Befriedigung	30
d) Unterhaltsforderungen	14		
e) Steuerforderungen	16	3. Beschränkung des Rückgriffs gegenüber dem Schuldner (Abs. 2 Satz 2)	34
f) Ausnahmen	17		
IV. Wirkung der Restschuldbefreiung	18	V. Leistung trotz Restschuldbefreiung (Abs. 3)	35
1. Umwandlung der nicht erfüllten Forderungen in Naturobligationen	18		

I. Normzweck

1. Sinn und Zweck der Norm. Die Norm regelt die materiellrechtlichen Wirkungen des Beschlusses, in dem die Restschuldbefreiung ausgesprochen wird.

Abs. 2 macht deutlich, dass durch die Gewährung der Restschuldbefreiung die Rechte der Gläubiger gegen mithaftende Personen und die Zugriffsrechte auf dingliche Sicherheiten nicht berührt werden. In Satz 2 ist geregelt, dass demgegenüber der Schuldner von Regressansprüchen in gleicher Weise wie gegenüber dem Gläubiger freigestellt wird. Eine parallele Regelung findet sich für die Schuldbefreiung im Insolvenzplanverfahren in § 254 Abs. 2.

Abs. 3 macht deutlich, dass die restlichen Forderungen der Insolvenzgläubiger bei der Erteilung der Restschuldbefreiung zu erfüllbaren, aber nicht erzwingbaren Verbindlichkeiten, sogenannten **unvollkommenen Verbindlichkeiten,** werden. Der Gläubiger darf eine Leistung behalten, die der Schuldner nach der Erteilung der Restschuldbefreiung erbringt.

2. Vergleichbare (frühere) Bestimmungen. Als Vorbild dieser Regelung dient § 193 KO, der die Folgen eines Zwangsvergleichs im bisherigen Konkursverfahrens, und § 82 VglO, der die Folgen des bestätigten Vergleichs im bisherigen Vergleichsverfahren regelte. Bei der gesetzlichen Restschuldbefreiung handelt es sich aber anders als dort um **zwingendes Recht.**

Auch § 193 Satz 1 KO und § 82 Abs. 1 VglO legten die Wirkungen des rechtskräftig bestätigten Zwangsvergleichs bzw. Vergleichs fest und ordneten in gleicher Weise wie § 301 Abs. 1 die Allgemeinverbindlichkeit an. Die Ausgestaltung der restlichen Verbindlichkeiten als „unvollkommene Verbindlichkeiten", die noch freiwillig erfüllt, aber nicht mehr durchgesetzt werden können, entsprach den Regelungen in § 193 Satz 2 KO und § 82 Abs. 2 Satz 1 VerglO, die den Fortbestand der Sicherheiten anordneten. Das Vergleichsrecht kannte zwar keine dem § 301 Abs. 3 entsprechende Vorschrift zum Ausschluss eines Rückgewähranspruchs bei einer Mehrleistung. Auch ohne ausdrückliche Regelung wurde auch im Vergleichsverfahren die erlassene Forderung als nicht untergegangen angesehen, da das Weiterbestehen der erlassenen Forderung notwendige und ausreichende Voraussetzung für den in § 82 Abs. 2 angeordneten Fortbestand der Sicherheiten war.[1]

II. Entstehungsgeschichte

Bereits der Diskussionsentwurf von 1988 enthielt in § 239 DE die Regelung, die unverändert in das Gesetz übernommen wurde.[2] Trotzdem ist im Gesetzgebungsverfahren diskutiert worden, ob die Wirkungen der Restschuldbefreiung dem gesamten Familien- und Hausverband, in dem der Schuldner lebt, zugute kommen müssten und nicht auf die Person der Schuldners beschränkt bleiben dürften. Der **Bundesrat** schlug daher vor, den § 301 Abs. 2 dahingehend zu ändern, dass die Rechte der Insolvenzgläubiger aus § 301 Abs. 2 Satz 1 gegen Ehegatten, Kinder und Eltern des Schuldners sowie gegen solche Personen, die mit dem Schuldner in eheähnlicher Gemeinschaft leben, ausgeschlossen werden, sofern diese Personen von dem Schuldner wirtschaftlich abhängig sind.[3] Die **Bundesregierung** widersprach der vom Bundestag vorgeschlagenen Änderung, da eine solche automatische Privilegierung von Mithaftenden und Bürgen auch Personen begünstige, die eine Restschuldbefreiung auf Grund finanzieller Verhältnisse nicht benötigten oder wegen ihres Verhaltens nicht verdienten.[4] Dem Einzelfall könne man durch jeweils eigene Verfahren für jede mithaftende Person gerecht werden. Dem Hinweis des Bundesrates, dass Kreditsicherungsmittel nicht selten zu einer unangemessenen Einbeziehung mittelloser naher Angehöriger in ein für sie unübersehbares und nicht zu bewältigendes Haftungsrisiko missbraucht werden, setzte die Bundesregierung entgegen, dass dieses Problem nicht in den Bereich des Insol-

---

[1] *Bley/Mohrbutter* § 82 RdNr. 16.
[2] BMJ (Hrsg.) DE, S. 122 f.
[3] Stellungnahme des Bundesrates in *Kübler/Prütting* (Hrsg.), Das neue Insolvenzrecht, Bd. 1 S. 557 f.
[4] Gegenäußerung der Bundesregierung in *Kübler/Prütting,* Das neue Insolvenzrecht, Bd. 1, SA. 558 f.

III. Umfang der Restschuldbefreiung (Abs. 1)

1. Erfasste Gläubiger. a) Insolvenzgläubiger (Satz 1). Von den Wirkungen der Restschuldbefreiung werden gemäß § 286 und § 301 Abs. 1 Satz 1 **alle Insolvenzgläubiger**, d. h. alle **persönlichen** Gläubiger des Schuldners, die zurzeit der Eröffnung des Insolvenzverfahrens einen begründeten **Vermögensanspruch** gegen den Schuldner hatten, erfasst. Ausländische Gläubiger stehen den inländischen Gläubigern gleich.[6] Eine Restschuldbefreiung kann ihren Zweck, dem Schuldner einen Wiederaufbau seiner wirtschaftlichen Existenz zu ermöglichen, nur erfüllen, wenn sie grundsätzlich gegenüber allen Gläubigern wirkt.[7] Das persönliche Gläubigerrecht zeichnet sich dadurch aus, dass der Schuldner „in Person" mit seinem ganzen Vermögen für die Verbindlichkeiten einzustehen hat. Den Gegensatz zu den „persönlichen Rechten" bilden die Ansprüche, die dem Gläubiger ein dingliches Recht an den Vermögensgegenständen des Schuldners geben.

Keine Insolvenzgläubiger sind zum einen die Gläubiger, die ihre Forderungen in der Insolvenz nicht geltend machen dürfen, und zum anderen die Gläubiger, die gegenüber anderen Insolvenzgläubigern bevorzugt werden und deshalb nicht auf die Teilnahme an der Insolvenzmasse angewiesen sind. Zur ersten Gruppe gehören Neugläubiger und Massegläubiger, zur zweiten Gruppe aussonderungs-, ersatzaussonderungs- und absonderungsberechtigte Gläubiger.

b) Gläubiger mit nicht angemeldeten Forderungen (Satz 2). Die Wirkungen der Restschuldbefreiung gelten auch nach Abs. 1 Satz 2 für diejenigen Gläubiger, die ihre Forderungen nicht nach § 174 Abs. 1 Satz 1 beim Insolvenzverwalter nicht oder verspätet angemeldet haben. Damit soll verhindert werden, dass Gläubiger sich der Restschuldbefreiung entziehen, indem sie ihre Forderung nicht anmelden.

Eine Forderungsanmeldung, die nach Ablauf der Ausschlussfrist des § 189 Abs. 1 angemeldet worden ist, kann weder bei der Forderungsprüfung noch bei der Verteilung berücksichtigt werden. Deshalb könnte es gerechtfertigt sein, solche Forderungen, wenn die Verspätung nicht verschuldet ist, nicht von der Wirkung der Restschuldbefreiung erfassen zu lassen. Gleiches könnte auch für **unverschuldet nicht angemeldete Forderungen** gelten.[8] Eine solche Folge wäre der Rechtssicherheit abträglich.[9] Wollte man über die Rechtskraft der Restschuldbefreiung hinaus Altschulden weiterhin als von der Schuldbefreiung ausgenommen ansehen, stünde dies dem Gesetzeszweck, dem Schuldner den Aufbau einer neuen wirtschaftlichen Existenz zu ermöglichen, entgegen. Der Gesetzgeber hat abschließend in § 302 die Verbindlichkeiten aufgeführt, deren Fortbestand er für angemessen hält. Die öffentliche Bekanntmachung der Eröffnung eines Insolvenzverfahrens gibt jedem Gläubiger die Möglichkeit in Erfahrung zu bringen, ob über das Vermögen des Schuldners ein Insolvenzverfahren eröffnet worden ist. Angesichts der Tatsache, dass seit dem 1. Januar 1999 für natürliche Personen die Möglichkeit der Restschuldbefreiung nach Maßgabe der §§ 286 ff. besteht, müssen Gläubiger seit diesem Zeitpunkt verstärkt damit rechnen, dass auch ihr Schuldner einen Insolvenzantrag stellt. Der Gläubiger, dessen Forderung der Schuldner vorsätzlich nicht in die Verzeichnisse nach § 305 Abs. 1 Nr. 3 nicht aufgenommen hat, ist dadurch auch nicht schutzlos, da dies unter Umständen einen Schadensersatzanspruch gemäß § 826 BGB begründet.[10] Es ist daher auch keine verfassungskonforme Auslegung des § 301 Abs. 1 Satz 2 vornehmen, unverschuldet zu spät angemeldete oder

---

[5] Vgl. BGH ZIP 2000, 404 ff.; NJW 2001, 2466 ff.; NJW 2002, 746 f.
[6] *Döbereiner* S. 240.
[7] *Gottwald* Insolvenzrechtshandbuch 2. Aufl. § 128 RdNr. 80.
[8] So *Döbereiner*, S. 242.
[9] HK-*Landfermann* § 301 RdNr. 5.
[10] *Vallender* ZIP 2000, 1288 ff.

§ 301 11–13   8. Teil. Restschuldbefreiung

unverschuldet nicht angemeldete Forderungen von der Wirkung der Restschuldbefreiung auszunehmen.[11] Diese Regelung ist verfassungsrechtlich nicht angreifbar.[12]

11   **2. Erfasste Forderungen. a) Vermögensansprüche gegen den Schuldner.** Insolvenzforderungen können nur Vermögensansprüche sein. Voraussetzung ist, dass der Anspruch auf Geld gerichtet ist oder sich nach den §§ 45, 46 in einen Geldanspruch umwandeln lässt. Forderungen, die keinen vermögensrechtlichen Inhalt haben, sind keine Insolvenzforderungen.[13] Solche Forderungen können jedoch vermögensrechtliche Ansprüche, in der Regel Schadensersatzansprüche, auslösen, die dann ihrerseits wieder Insolvenzforderungen sind.[14] Schadensersatzforderungen werden jedoch nur dann zu Insolvenzforderungen, wenn sie durch die Verletzung eines Hauptanspruchs (Verzug, Nichterfüllung) begründet werden. Verletzungen von Ansprüchen auf unvertretbare Handlungen, die nur der Durchsetzung eines vermögenswerten Hauptanspruchs dienen (z. B. Auskunfts- oder Rechnungslegungsanspruch) begründen ebenso wenig Insolvenzforderungen, wie sie selbst Insolvenzforderungen sind.[15] Betagte, bedingte und künftige Forderungen gelten nach § 41 Abs. 1 als fällig, sie werden daher als Insolvenzforderung von der Restschuldbefreiung erfasst. Gleiches gilt für auflösend bedingte Forderungen, die schon bestanden haben, bevor das Insolvenzverfahren eröffnet wurde. Sie werden als Insolvenzforderungen behandelt, soweit die Bedingung nicht eingetreten ist, § 42. Dasselbe gilt für aufschiebend bedingte Forderungen. Ob **Schadensersatzansprüche** Insolvenzforderungen und damit von der Schuldbefreiung erfasst sind, hängt davon ab, ob der Schuldner die unerlaubte Handlung vor Eröffnung des Insolvenzverfahrens begangen hat. War der haftungsbegründende Tatbestand bereits vor der Eröffnung des Insolvenzverfahrens verwirklicht, so sind alle daraus erwachsenden Schadensersatzansprüche Insolvenzforderungen, die von der Schuldbefreiung erfasst sind, also auch Schäden, die erst nach der Verfahrenseröffnung eintreten.

12   **b) Nicht erfüllte Verbindlichkeiten der betroffenen Gläubiger.** Grundsätzlich unterfallen **alle unbefriedigt gebliebenen Forderungen** der Insolvenzgläubiger der Restschuldbefreiung. Dies ergibt sich unmittelbar aus § 301 Abs. 1 und der Ausnahmeregelung des § 302. Auch verspätete oder überhaupt nicht angemeldete Forderungen (s. o. RdNr. 10). Forderungen, die erst **nach der Eröffnung des Insolvenzverfahrens** entstehen, werden von den Wirkungen der Restschuldbefreiung nicht erfasst. Sie sind weiterhin unbeschränkt durchsetzbar. Diese **Neuverbindlichkeiten** sind weiterhin uneingeschränkt durchsetzbar.

13   **c) Zinsforderungen.** Gesetzliche oder auf einer vertraglichen Abrede beruhende Zinsen, die seit der Eröffnung des Insolvenzverfahrens auflaufen, stellen Insolvenzforderungen dar, die jedoch nach § 39 Abs. 1 Nr. 1 als nachrangige Forderungen behandelt werden. Sie haben daher selten eine Chance auf eine Realisierung. Als Insolvenzforderungen werden diese Forderungen von der Restschuldbefreiung erfasst. Anders verhält es sich mit den Zinsen, die nach der Aufhebung des Insolvenzverfahrens während der Treuhandphase entstehen. Diese Zinsen sind Neuverbindlichkeiten und wären daher nicht von der Restschuldbefreiung erfasst. Dieses Ergebnis hätte zur Folge, dass der Schuldner weiterhin für Verbindlichkeiten haften, die aus einer Verbindlichkeit herrühren, die bereits vor der Durchführung des Restschuldbefreiungsverfahrens entstanden ist. Diese Zinsen können in der sechsjährigen Treuhandphase in erheblichem Umfange auflaufen, können jedoch bei der Gläubigerbefriedigung durch den Treuhänder **nicht berücksichtigt werden. Dadurch wird das Ziel, den Schuldner zu entschulden, um** ihm einen Neuanfang zu ermöglichen, in Frage gestellt. Daher ist eine entsprechende Anwendung des § 39 Abs. 1 Nr. 1

---

[11] So aber *Döbereiner*, S. 242 AA FK-*Ahrens* § 301 RdNr. 4; *Nerlich/Römermann* § 301 RdNr. 14; *Kübler/Prütting/Wenzel* § 301 RdNr. 4; *Vallender* ZIP 2000; 1288 ff; HK-*Landfermann* § 301 RdNr. 5.
[12] AA *Prütting/Stickelbrock* ZVI 2002, 305.
[13] *Häsemeyer* RdNr. 16.05.
[14] *Häsemeyer* RdNr. 16.05; HK-*Eickmann* § 38 RdNr. 7.
[15] MünchKommInsO-*Ehricke* § 38 RdNr. 14.

auch bezüglich der während der Treuhandperiode anfallenden Zinsen gerechtfertigt. Diese Zinsforderungen sind wie Insolvenzforderungen zu behandeln und unterfallen deshalb den Wirkungen der Restschuldbefreiung.[16]

d) Unterhaltsforderungen. Unterhaltsforderungen aus der Zeit vor der Eröffnung des Insolvenzverfahrens unterfallen als Vermögensansprüche der Restschuldbefreiung, auch wenn sie nach den §§ 1607 Abs. 2 Satz 2, 1608 Satz 3, 1615b BGB, 94 Abs. 3 SGB VIII, 7 UVG oder 37 BAFöG auf einen Dritten übergegangen sind.[17]

Soweit es sich um **Unterhaltsansprüche für die Zeit nach der Eröffnung des Insolvenzverfahrens** handelt, stellen diese keine Insolvenzforderungen dar (§ 40). Diese Unterhaltsforderungen werden nicht von der Restschuldbefreiung erfasst.[18]

e) Steuerforderungen. Steuerforderungen sind Insolvenzforderungen, wenn sie zwar im steuerrechtlichen Sinne noch nicht entstanden sind, der zivilrechtliche Tatbestand, der zur Entstehung der Steueransprüche führt, aber vom Schuldner vor Eröffnung des Verfahrens bereits verwirklicht worden ist.[19] Diese Steuerforderungen werden von der Restschuldbefreiung erfasst. Es kommt nicht darauf an, ob die Voraussetzungen eines Erlasses oder einer Stundung nach den §§ 227, 22 AO erfüllt sind.[20]

f) Ausnahmen (§ 302). Von der Erteilung der Restschuldbefreiung werden Geldstrafen und diesen in § 39 Abs. 1 Nr. 5 gleichgestellten Verbindlichkeiten nicht berührt. Zu letzteren gehören Geldbußen, Ordnungsgelder und Zwangsgelder sowie die Nebenfolgen einer Straftat oder Ordnungswidrigkeit, die zu einer Geldzahlung verpflichten. Aufgrund der ausdrücklichen gesetzlichen Anordnung sind auch die in § 302 angeführten Verbindlichkeiten aus vorsätzlicher unerlaubter Handlung sowie die Verbindlichkeiten aus zinslosen Darlehen von der Restschuldbefreiung ausgenommen.

VI. Wirkung der Restschuldbefreiung

1. Umwandlung der nicht erfüllten Forderungen in Naturobligationen. Nach der Erteilung der Restschuldbefreiung kann die Schuld nicht mehr gegen den Schuldner durchgesetzt werden. Die nicht erfüllten Verbindlichkeiten des Schuldners werden zu **„unvollkommenen Verbindlichkeiten".** Diese können zwar noch freiwillig erfüllt werden. Sie sind aber nicht mehr erzwingbar. Durch die Erteilung der Restschuldbefreiung wird der Charakter der Leistungspflicht verändert. Der Schuldgrund ändert sich nicht. Die Forderungen bleiben was sie sind, z. B. Kaufpreis-, Werk- oder Darlehensanspruch. Diese Schuld ist aber nicht mehr erzwingbar. Diese Wirkung ist **endgültig,** soweit die erteilte Restschuldbefreiung nicht gemäß § 303 widerrufen wird. Hinsichtlich einer **Aufrechnung** mit einer von der Restschuldbefreiung betroffenen Insolvenzforderung ist zu unterscheiden, wann die Aufrechnungslage bestanden hat.[21] Da mit der Erteilung der Restschuldbefreiung die Gegenforderung des Insolvenzgläubigers in eine unvollkommene Verbindlichkeit verwandelt wird, kann der Insolvenzgläubiger nach der Erteilung der Restschuldbefreiung nicht mehr aufrechnen. Eine Aufrechnung setzt nämlich voraus, dass die Gegenforderung gemäß § 387 BGB voll wirksam und durchsetzbar sein muss. Hat jedoch die Aufrechnungslage bereits bei Eröffnung des Insolvenzverfahrens bestanden, berührt das Insolvenzverfahren die gemäß § 94 erworbene Aufrechnungsbefugnis nicht. Die Aufrechnungslage wird weder durch das Insolvenzverfahren noch durch das Restschuldbefreiungsverfahren aufgehoben. Entsteht die Aufrechnungslage während des Verfahrens und sind die wechselseitigen Forderungen im

---

[16] *Döbereiner,* S. 247 f.; *Römermann* in *Nerlich/Römermann* § 301 RdNr. 9; *FK-Ahrens* § 301 RdNr. 6.
[17] *FK-Ahrens* § 301 RdNr. 5; MünchKommBGB-*Schumann* § 40 RdNr. 17; *Uhlbruck* KTS 1999, 413, 429.
[18] *Döbereiner* S. 254; *FK-Ahrens* § 301 RdNr. 5.
[19] HK-*Eickmann* § 38 RdNr. 14; *Nerlich/Römermann/Andres* § 38 RdNr. 15; MünchKommInsO-*Ehricke* § 38 RdNr. 25.
[20] *FK-Ahrens* § 301 RdNr. 6; OLG Köln NZI 2000, 596 f.
[21] *FK-Ahrens* § 301 RdNr. 10.

Zeitpunkt der Verfahrenseröffnung schon begründet, jedoch noch bedingt oder ist die Forderung des Insolvenzgläubigers noch nicht fällig, so kann dieser aufrechnen, wenn nach der Verfahrenseröffnung die Hindernisse wegfallen und sich die Forderungen dann in aufrechenbarer Weise gegenüberstehen (§ 95 Abs. 1 Satz 1). Ausgeschlossen ist die Aufrechnung allerdings, wenn die Forderung gegen die der Insolvenzgläubiger aufrechnen will, unbedingt und fällig wird, bevor er selbst eine Leistung fordern und damit aufrechnen kann.

2. Vollstreckbarkeit von Titeln. Umstritten ist, welche Wirkungen die Restschuldbefreiung auf vollstreckbare Titel hat. Als Zwangsvollstreckungstitel für Forderungen, die im Insolvenzverfahren angemeldet worden waren, dient der vollstreckbare Auszug aus der Insolvenztabelle (§ 201 Abs. 2 Satz 1). Für Insolvenzgläubiger, denen kein vollstreckbarer Tabellenauszug erteilt werden konnte, weil der Insolvenzverwalter, Treuhänder oder Schuldner der Anmeldung widersprochen hatte und der Widerspruch während des Insolvenzverfahrens nicht beseitigt wurde oder die ihre Forderung nicht angemeldet hatten, gilt der ursprüngliche, vor Verfahrenseröffnung erlangte Titel weiter.

Nach einer Auffassung in der Literatur wird die **Vollstreckbarkeit** dieser Titel durch die Restschuldbefreiung **unmittelbar beseitigt**.[22] Ein Vollstreckungsversuch ist gemäß § 775 Nr. 1 ZPO einzustellen.[23] Als Rechtsbehelf gegen eine Vollstreckung könnte der Schuldner die Erinnerung nach § 766 ZPO einlegen. Nach anderer Auffassung bedarf es für die Beseitigung der Vollstreckbarkeit einer gerichtlichen Feststellung. Der Schuldner soll, falls ein Gläubiger nach der Beendigung des Restschuldbefreiungsverfahrens die Zwangsvollstreckung betreibt, mit der Vollstreckungsgegenklage nach § 767 ZPO diese für unzulässig erklären lassen.[24] Die letztgenannte Auffassung ist vorzuziehen. Der Beschluss über die Erteilung der Restschuldbefreiung ist keine Entscheidung, aus der sich ergibt, dass das zu vollstreckende Urteil oder seine vorläufige Vollstreckbarkeit aufgehoben oder dass die Zwangsvollstreckung für unzulässig erklärt oder ihre Einstellung angeordnet worden ist. Die Aufzählung in § 775 ist erschöpfend. Für eine entsprechende Anwendung auf andere Fälle ist kein Raum. Ob mit dem dem Vollstreckungsorgan vorgelegten Titel tatsächlich eine von der Restschuldbefreiung erfasste Forderung vollstreckt wird, lässt sich in der Regel für das Vollstreckungsorgan, den Gerichtsvollzieher oder das Vollstreckungsgericht, nicht eindeutig aus dem Titel zusammen mit dem Beschluss über die Erteilung der Restschuldbefreiung ersehen. Es kann daher nicht die Aufgabe des Vollstreckungsorgans sein, festzustellen, ob die zu vollstreckende Forderung restschuldbefreit ist. Der Streit, ob die Wirkungen der Restschuldbefreiung eingetreten sind und dadurch die Zwangsvollstreckung unzulässig geworden ist, ist im Wege der Vollstreckungsgegenklage gemäß § 767 ZPO zu entscheiden.

Ist vor Erteilung der Restschuldbefreiung die Vollstreckungsklausel für den Tabellenauszug noch nicht erteilt gewesen, sondern beantragt der Gläubiger nach der Erteilung der Restschuldbefreiung einen vollstreckbaren Tabellenauszug, dann hat der Urkundsbeamte der Geschäftsstelle, ungeachtet einer rechtskräftig erteilten Restschuldbefreiung, die Vollstreckungsklausel zu erteilen. Einwendungen gegen die Zulässigkeit der Zwangsvollstreckung, die mit der Vollstreckungsgegenklage gemäß § 767 ZPO geltend zu machen sind, hindern nicht die Erteilung der Vollstreckungsklausel.

3. Durchsetzbarkeit nicht titulierter Forderungen. Hat ein Insolvenzgläubiger seinen Anspruch nicht zur Tabelle angemeldet, so wird er gemäß § 302 Abs. 1 Satz 2 von der Schuldbefreiung betroffen und kann keinen Titel erwirken. In Einzelfällen mag einer unvollkommenen Verbindlichkeit die Klagbarkeit fehlen. Ein entsprechende Klage ist, wenn es nicht an der Klagbarkeit mangelt, unbegründet.

4. Vereinbarungen zur Durchsetzbarkeit einer von der Restschuldbefreiung erfassten Forderung. Die von der Restschuldbefreiung erfassten, unbefriedigt gebliebenen Verbindlichkeiten können **nach der Erteilung der Restschuldbefreiung** grundsätzlich

---

[22] *Arnold* DGVZ 1996, 65, 68.
[23] FK-*Ahrens* § 301 RdNr. 12.
[24] *Döbereiner*, S. 228.

durch Vereinbarungen neu begründet werden. Durch ein abstraktes Schuldanerkenntnis oder durch ein Schuldversprechen im Sinne der §§ 780, 781 BGB kann die Forderung wieder klagbar gemacht werden. Wird das selbständige Schuldanerkenntnis ohne Gegenleistung erklärt, ist es schenkweise gegeben und bedarf gemäß § 518 Abs. 1 Satz 2 BGB der notariellen Beurkundung.[25]

Während der Treuhandzeit ist eine solche Vereinbarung jedoch unzulässig, da nach § 294 Abs. 2 Sonderabkommen zugunsten einzelner Gläubiger verboten sind. 24

Auch **vor der Treuhandzeit** ist ein mit einem Gläubiger vereinbarter vollständiger oder teilweiser Verzicht auf die Wirkung des § 301 Abs. 1 unwirksam. Ziel der Vorschriften der Restschuldbefreiung ist es, natürlichen Personen einen Weg aus der faktisch lebenslangen Haftung zu eröffnen. Um dies zu erreichen, werden diese von den Restverbindlichkeiten befreit. Ein wirtschaftlicher Neuanfang ist jedoch ausgeschlossen, wenn durch Vereinbarungen mit Gläubigern ein Teil der Verbindlichkeiten von der Restschuldbefreiung ausgenommen wird. Eine Vereinbarung, die vor der Erteilung der Restschuldbefreiung die Wirkungen der Restschuldbefreiung aushebelt, kann als Umgehungsgeschäft angesehen werden, das gemäß § 134 BGB nichtig ist.[26] 25

V. Sicherungs- und Zurückbehaltungsrechte (Abs. 2)

1. Grundsatz. Durch die Restschuldbefreiung werden die persönlichen Ansprüche der Insolvenzgläubiger gegen Mitschuldner und Bürgen des Schuldners sowie aus Vormerkungen und Absonderungsrechten nicht berührt. Das gilt auch, wenn solche Rechte von der Existenz und dem Umfang der im Verhältnis zwischen Insolvenzgläubiger und Schuldner zugrunde liegenden Forderung abhängen. Insoweit ist die Akzessorietät aufgehoben. Für nicht akzessorische Rechte schließt § 301 Abs. 2 die Bereicherungseinrede aus. Für die Haftung des Mitschuldners oder Bürgen ist es unerheblich, ob der Gläubiger die Rechte gegen diese vor oder nach der Insolvenzeröffnung erworben hat. 26

2. Rechte der Insolvenzgläubiger (Satz 1). a) gegenüber mithaftenden Personen. aa) Mitschuldner. Unter Mitschuldner sind nur die durch Mithaftung oder durch ein gegenseitiges Rückgriffrecht verbundenen Schuldner zu verstehen.[27] Für Gesamtschuldner ergibt sich bereits aus den §§ 423, 425 BGB die Weiterhaftung. 27

bb) Bürge. Hinsichtlich der Bürgschaften durchbricht § 301 Abs. 2 Satz 1 die Regelung der §§ 767, 768 BGB. Nach der Erteilung der Restschuldbefreiung ist nicht mehr die Hauptverpflichtung für die Bürgenhaftung maßgeblich. Diese Ausnahme zu den §§ 767, 768 BGB rechtfertigt sich in erster Linie daraus, dass die Bürgschaft den Gläubiger vor dem Vermögensverfall schützen soll. Der Verlust eines Teils der Forderungen durch die Gewährung der Restschuldbefreiung stellt aber eine Folge der Insolvenz des Schuldners dar, so dass diese Ausnahme gerechtfertigt ist. 28

b) auf Grund einer Vormerkung. Die Restschuldbefreiung beeinträchtigt auch nicht die Wirksamkeit eine zur Sicherung der Insolvenzgläubiger eingetragenen Vormerkung. In erster Linie betrifft dies die im Grundbuch eingetragene Vormerkung nach § 883 BGB. Erfasst werden aber auch die im Schiffsregister oder im Register für Pfandrechte an Luftfahrzeugen und in der Luftfahrzeugrolle eingetragenen Vormerkungen. Unerheblich ist, ob die Auflassungsvormerkung auf Grund einer Bewilligung oder einer einstweiligen Verfügung erwirkt wurde. Da gemäß § 91 nach der Eröffnung des Insolvenzverfahrens grundsätzlich keine Rechte an Gegenständen der Insolvenzmasse erworben werden können, muss das Recht regelmäßig schon bei Verfahrenseröffnung bestanden haben. 29

c) wegen der Berechtigung zur abgesonderten Befriedigung. Unberührt von der Restschuldbefreiung bleiben auch die Rechte, die im Insolvenzverfahren zur abgesonder- 30

---

[25] FK-*Ahrens* § 302 RdNr. 11; BGH NJW 1980, 1159.
[26] Vgl auch *Döbereiner* S. 235 ff.
[27] *Kilger/K. Schmidt* § 193 Anm. 4 a; *Kuhn/Uhlenbruck* § 193 RdNr. 9.

§ 302   8. Teil. Restschuldbefreiung

ten Befriedigung berechtigen. Wer zur abgesonderten Befriedigung berechtigt ist, ergibt sich aus den §§ 49 ff. Dazu gehören die Inhaber **von Grundpfandrechten wie Hypotheken und Grundschulden** (§ 49). Die Umwandlung der gesicherten Forderung in eine unvollkommene Verbindlichkeit gibt dem Grundstückseigentümer keine Einwendung nach § 1137 BGB bzw. auf Grund des Sicherungsvertrages gegen den Anspruch des Gläubigers auf Duldung der Zwangsvollstreckung nach § 1147 BGB bzw. §§ 1147, 1192 Abs. 1 BGB.

31   Die Restschuldbefreiung berührt auch keine **rechtsgeschäftlichen oder gesetzlichen Pfandrechte,** wie das Vermieter- oder Verpächterpfandrecht. Das Gleiche gilt für durch Pfändung erlangte Pfandrechte. Gegenüber diesen Pfandrechten kann nicht geltend gemacht werden, die zugrundeliegende Forderung sei eine Naturalobligation, die nicht erzwingbar sei.

32   Nachdem § 51 Nr. 1 entsprechend der bisherigen Rechtsprechung zu § 42 KO ausdrücklich festschreibt, dass die **Sicherungsübereignung und die Sicherungszession** bei der Insolvenz des Sicherungsgebers nur zur Absonderung berechtigen, kommt § 301 Abs. 2 Satz 2 auch bei diesen Sicherungsrechten zur Anwendung.

33   Auch in die **Sicherheiten für öffentliche Abgaben,** die Bund, Ländern, Gemeinden und Gemeindeverbänden nach gesetzlichen Vorschriften an zoll- und steuerpflichtigen Sachen zustehen, wird durch die Restschuldbefreiung nicht eingegriffen (§ 51 Nr. 4). Schließlich werden bestimmte Zurückbehaltungsrechte von § 301 Abs. 2 Satz 1 erfasst.

34   **3. Beschränkung des Rückgriffs gegenüber Schuldner (Satz 2).** Als weitere Folge der Restschuldbefreiung wird der Schuldner von den Rückgriffansprüchen seiner Mitschuldner, Bürgen oder anderer Rückgriffsberechtigter befreit. Diese Regelung ist jedoch nur dann von Bedeutung, wenn die Mithaftung nach dem Abschluss des Restschuldbefreiungsverfahrens erfüllt wird. Vor Abschluss des Restschuldbefreiungsverfahrens ist ein Rückgriff des Haftenden durch § 301 Abs. 1 Satz 1 ausgeschlossen.[28]

VI. Leistung trotz Restschuldbefreiung (Abs. 3)

35   Wird ein Gläubiger durch die **Leistung des Schuldners oder eines Dritten** befriedigt, obwohl er auf Grund der Restschuldbefreiung keine Befriedigung beanspruchen kann, verpflichtet dies nicht zu einer Rückgewähr des Erlangten. In dieser gesetzlichen Regelung kommt zum Ausdruck, dass bei einer unvollkommenen Verbindlichkeit der **Rechtsgrund** für Leistungen fortbesteht. Sie ergänzt damit auch § 814 1. Alt. BGB, denn sie schließt eine Rückforderung aus, ohne dass der Leistende positive Kenntnis von der Nichtschuld gehabt haben muss. Das Gleichbehandlungsgebot des § 294 Abs. 2 entfaltet nach der Beendigung des Restschuldbefreiungsverfahrens keine Wirkungen mehr.

36   Hiervon nicht erfasst ist allerdings der Fall, dass der Schuldner irrtümlich mehr erhalten hat, als ihm nach seiner ursprünglichen Forderung zustand. Bei einem solchen Sachverhalt ist das zu viel Erlangte nach Bereicherungsrecht (§ 812 BGB) herauszugeben. Der die ursprüngliche Forderung übersteigende Betrag ist zurückzuerstatten.[29]

§ 302 Ausgenommene Forderungen

Von der Erteilung der Restschuldbefreiung werden nicht berührt:
1. Verbindlichkeiten des Schuldners aus einer vorsätzlich begangenen unerlaubten Handlung, sofern der Gläubiger die entsprechende Forderung unter Angabe dieses Rechtsgrundes nach § 174 Abs. 2 angemeldet hatte;

---

[28] Dazu FK-*Ahrens* § 301 RdNr. 19 ff.
[29] MünchKommBGB-*Huber* § 254 RdNr. 35; FK-*Jaffé* § 254 RdNr. 27; aA *Kübler/Prütting/Otte* § 256 RdNr. 15.

2. Geldstrafen und die diesen in § 39 Abs. 1 Nr. 3 gleichgestellten Verbindlichkeiten des Schuldners;
3. Verbindlichkeiten aus zinslosen Darlehen, die dem Schuldner zur Begleichung der Kosten des Insolvenzverfahrens gewährt wurden.

§ 302 Ausgenommene Forderungen (RegE)
Von der Erteilung der Restschuldbefreiung werden nicht berührt:
1. Verbindlichkeiten des Schuldners aus einer vorsätzlich begangenen unerlaubten Handlung oder aus rückständigem Unterhalt, den der Schuldner vorsätzlich pflichtwidrig nicht gewährt hat; hat das Gericht die Gläubiger aufgefordert, ihre Forderungen anzumelden, so gilt dies nur, wenn der Gläubiger die entsprechende Forderung unter Angabe dieses Rechtsgrundes nach § 174 Abs. 2 angemeldet hatte;
2. Geldstrafen und die diesen in § 39 Abs. 1 Nr. 3 gleichgestellten Verbindlichkeiten des Schuldners;
3. Verbindlichkeiten aus zinslosen Darlehen, die dem Schuldner zur Begleichung der Kosten des Insolvenzverfahrens gewährt wurden.

Übersicht

	RdNr.		RdNr.
I. Normzweck	1	IV. Wirkungen	29
II. Entstehungsgeschichte	5	1. Vollstreckung der von der Restschuldbefreiung ausgenommenen Forderungen	29
III. Von der Restschuldbefreiung ausgenommene Forderungen	7	a) Vollstreckung während des Insolvenzverfahrens und in der Wohlverhaltensperiode	29
1. Verbindlichkeiten aus vorsätzlich begangener unerlaubter Handlung (Nr. 1)	7	b) Vollstreckung nach Erteilung der Restschuldbefreiung	30
a) Objektiver und subjektiver Tatbestand	7	c) Vollstreckung von Verbindlichkeiten aus einer vorsätzlich begangenen unerlaubten Handlung	31
b) Forderungsanmeldung	9	d) Vollstreckung von Geldstrafen und diesen gleichgestellten Verbindlichkeiten	32
c) Hinweispflicht des Gerichts	12		
d) Widerspruch gegen die Forderungsanmeldung	15	e) Vollstreckung von Verbindlichkeiten aus zinslosen Darlehen zur Verfahrensfinanzierung	33
aa) Widerspruch des Insolvenzverwalters oder Treuhänders	15		
bb) Fehlender Widerspruch des Schuldners	16	2. Rechtsbehelfe	34
cc) Widerspruch des Schuldners	19	V. Änderungen durch den RegE zur Entschuldung mittelloser Personen	37
e) Beseitigung des Widerspruchs durch eine Feststellungsklage	20	1. Gegenstand der Gesetzesänderung	37
2. Geldstrafen und gleichgestellte Verbindlichkeiten (Nr. 2)	23	2. Zweck der Gesetzesänderung	38
3. Verbindlichkeiten aus zinslosen Darlehen zur Begleichung Kosten des Insolvenzverfahrens (Nr. 3)	24		

I. Normzweck

Drei Gruppen von Verbindlichkeiten sind von der Restschuldbefreiung ausgenommen. **1** Das unbegrenzte Nachforderungsrecht des § 201 Abs. 1 bleibt bei Verbindlichkeiten des Schuldners **aus vorsätzlich begangenen unerlaubten Handlungen,** bei **Geldstrafen und diesen gleichgestellten Verbindlichkeiten** sowie bei **Verbindlichkeiten aus zinslosen Darlehen, die dem Schuldner zur Begleichung der Kosten des Insolvenzverfahrens gewährt worden sind,** bestehen. Der Erfüllung solcher Forderungen soll durch

§ 302 2–4   8. Teil. Restschuldbefreiung

die Restschuldbefreiung nicht infrage gestellt werden.[1] Ohne gerichtliche Festsetzung werden diese drei Gruppen von Verbindlichkeiten nicht von der Schuldbefreiung erfasst. § 302 schafft einen rechtshindernden Einwand des Gläubigers.[2]

2   Während die beiden ersten Gruppen wegen des pönalen Charakters der Verbindlichkeit nicht von einer Restschuldbefreiung erfasst werden, soll die neue, durch das InsOÄndG vom 26. 10. 2001 von einer Restschuldbefreiung ausgenommene Forderungsgruppe, die unentgeltliche Kreditierung der Verfahrenskosten privilegieren. Da nur einem redlichen Schuldner die Befreiung von der Haftung für seine Verbindlichkeiten ermöglicht werden soll, würde es der Zweckbestimmung des Restschuldbefreiungsverfahrens zuwiderlaufen, wenn sich der Schuldner auch solcher Verbindlichkeiten entledigen könnte, die auf einer vorsätzlichen unerlaubten Handlung beruhen oder den staatlichen Strafanspruch verwirklichen sollen. Ganz andere Zwecke liegen der Privilegierung der dritten Ausnahmegruppe, der Verbindlichkeiten aus zinslosen Darlehen zugrunde, die dem Schuldner zur Begleichung der Verfahrenskosten gewährt wurden. Zur Entlastung der Staatskasse von Kosten, die im Falle einer Stundung nach den §§ 4a–4d weder während des Verfahrens noch nach Erteilung der Restschuldbefreiung aus dem Einkommen und Vermögen des Schuldners beglichen werden können, soll öffentlichen oder karikativen Einrichtungen oder Stiftungen eine Unterstützung des Schuldners bei der Aufbringung der Verfahrenskosten dadurch ermöglicht werden, dass diese Leistungen nicht von der endgültigen Schuldbefreiung erfasst werden.

3   Die Ausnahmen von der Restschuldbefreiung beschränken sich abschließend auf Verbindlichkeiten der in § 302 aufgeführten Gruppen. Auch wenn es durchaus noch andere bes. schutzwürdige Forderungen gibt, die von einer Schuldbefreiung ausgenommen werden könnten, wie z. B. Unterhaltsforderungen, würde jede weitere Durchbrechung der vollständigen Schuldbefreiung zum einen den wirtschaftlichen Neubeginn des Schuldners gefährden und die Befriedigungsaussichten der Neugläubiger nachhaltig beeinträchtigen.[3]

4   Das amerikanische Insolvenzrecht, das dem deutschen Gesetzgeber bei der Restschuldbefreiung als Vorbild diente, hat in weit größerem Umfang Forderungen von der Restschuldbefreiung ausgenommen. Zu den non-dischargeable Verbindlichkeiten gehören insbesondere Ansprüche auf Zölle und Steuern, Forderungen auf Grund von Ausbildungsdarlehen und Unterhaltsansprüche. Gerade die Frage, ob auch Unterhaltsansprüche von der Restschuldbefreiung ausgenommen werden sollen, ist kontrovers diskutiert worden. **Unterhaltsansprüche,** für die Zeit nach der Eröffnung des Verfahrens stellen keine Insolvenzforderungen dar (§ 40). Der Unterhaltsgläubiger kann während des Insolvenzverfahrens nach § 89 Abs. 2 Satz 2 und während der Wohlverhaltensperiode nur in den erweiterten Teil des Arbeitseinkommens (§ 850) und in sonstigen Neuerwerb vollstrecken. Einerseits handelt es sich um sehr geringe Beträge, andererseits werden diese Unterhaltsforderungen nicht von der Restschuldbefreiung erfasst. Das wiederum kann zur Folge haben, das für den Schuldner erhebliche Unterhaltsrückstände auflaufen können, die den „fresh start" nach Ablauf der Wohlverhaltensperiode erschweren.[4] Unterhaltsforderungen, die bereits vor der Eröffnung des Insolvenzverfahrens fällig geworden sind, unterliegen der Restschuldbefreiung. Diese gesetzliche Regelung ist teilweise auf Ablehnung gestoßen[5] und sogar als verfassungswidrig[6] angesehen worden, weil ein Schuldner, der in der Vergangenheit erhebliche Unterhaltsrückstände habe auflassen lassen, sich durch die Restschuldbefreiung seiner Unterhaltspflichten entziehen könne. Die Nichteinbeziehung von Unterhaltsforderungen in den Katalog der von der Restschuldbefreiung ausgenommenen Forderungen ist jedoch sachgerecht. Tatsächlich kann sich der Schuldner den vor der Eröffnung des Insolvenzverfahrens aufgelaufenen Unterhaltsansprüchen grundsätzlich nicht vollständig entziehen, da, während der Wohlver-

---

[1] BT-Drucks. 12/2443 S. 194.
[2] FK-*Ahrens* § 302 RdNr. 2.
[3] FK-*Ahrens* § 302 RdNr. 3a.
[4] *Schmidt, B.* InVo 2001, 8 ff.
[5] *Uhlenbruck* FamRZ 1993, 1026 (1027, 1029).
[6] *Trendelenburg* S. 275.

haltensperiode auch diese Ansprüche anteilig befriedigt werden. Würden vor der Eröffnung es Insolvenzverfahrens aufgelaufene Unterhaltsforderungen nicht von den Wirkungen der Restschuldbefreiung erfasst, würde der Schuldner sofort wieder im „Schuldturm" sitzen. Zu diesen rückständigen Unterhaltsansprüchen kämen dann die während des Insolvenzverfahrens und der Wohlverhaltensperiode unbefriedigt gebliebenen Unterhaltsrückstände hinzu. Dies würden wiederum dem Schuldner die Erfüllung gegenwärtigen Unterhalts, die vorrangig gegenüber der Erfüllung von Unterhaltsrückständen ist, erschweren.[7]

II. Entstehungsgeschichte

Ziffer 1 und 2 der Vorschrift entsprechen bis auf die Verweisungsanpassung in Ziffer 2 sowohl § 240 RefE als auch § 251 RegE. Im Gesetzgebungsverfahren war von Anfang kein Streit darüber, Verbindlichkeiten aus vorsätzlich begangenen unerlaubten Handlungen sowie Geldstrafen vom Wirkungsbereich der Restschuldbefreiung auszunehmen. Der Erfüllung solcher Verbindlichkeiten sollte sich Schuldner durch das Restschuldbefreiungsverfahren nicht entziehen können.[8] Nach dem In-Kraft-Treten der Insolvenzordnung nahm die Diskussion um die Verringerung der Verfahrenskosten einen breiten Raum ein, da die Verfahrenskosten für viele Schuldner eine Zugangshürde zum Verbraucherinsolvenzverfahren und damit zu einer Restschuldbefreiung darstellten.[9] Um mittellosen Schuldnern den Weg zum Insolvenzverfahren und damit auch zur Restschuldbefreiung zu eröffnen, haben in einzelnen Bundesländern Stiftungen, öffentliche oder karikative Einrichtungen, Schuldner bei der Aufbringung der Verfahrenskosten durch Darlehen unterstützt. Diese Darlehen waren zurückzuzahlen, sobald der Schuldner sich nach der Erteilung der Restschuldbefreiung wieder wirtschaftlich erholt hatte. Da diese Einrichtungen ein erhebliches Interesse daran haben, dass die von ihnen dem Schuldner gewährten Mittel nicht von einer Restschuldbefreiung erfasst werden, waren diese Verbindlichkeiten als neue Nr. 3 von der Restschuldbefreiung auszunehmen. Im Interesse anderer überschuldeter Personen wird damit auch ein Refinanzierungsweg dieser Einrichtungen geschaffen.[10] Aus diesem Grund wurde durch das InsOÄndG vom 26. 10. 2001 Nr. 3 neu angefügt. Durch die gleichzeitig mit dem InsOÄndG vom 26. 10. 2001 eingeführte Verfahrenskostenstundung (§§ 4a–4d) wird diese Ergänzung kaum noch eine praktische Bedeutung haben. Die Unterstützung durch Stiftungen, soziale und karikative Einrichtungen bei der Aufbringung der Verfahrenskosten ist gerade daraus erwachsen, dass mittellose Schuldner bis zum In-Kraft-Treten des InsOÄndG vom 26. 10. 2001 in vielen Fällen keinen Zugang zum Insolvenzverfahren hatten. Die Inanspruchnahme der Verfahrenskostenstundung ist nunmehr der einfachere und für den mittellosen Schuldner günstigere Weg. Eine Notwendigkeit sozialer und karikativer Einrichtungen, den Schuldner beim Aufbringen der Verfahrenskosten zu unterstützen, besteht nicht mehr.

Eine weitere Änderung durch das InsOÄnd vom 26. 10. 2001 hat Nr. 1 erfahren. Dort wurde nach dem Wort „Handlung" der Halbsatz eingefügt: „sofern der Gläubiger die entsprechende Forderung unter Angabe dieses Rechtsgrundes nach § 174 Abs. 2 angemeldet hatte." Diese Änderung soll dem Interesse des Schuldners Rechnung tragen, möglichst frühzeitig darüber informiert zu werden, welche Forderungen nicht von einer Restschuldbefreiung erfasst werden.[11] Sie stellt eine notwendige Ergänzung der in § 174 Abs. 3 geregelten Verpflichtung des anmeldenden Gläubigers dar, den Grund und den Betrag der Forderung sowie die Tatsachen anzugeben, aus denen sich nach seiner Einschätzung ergibt, dass ihre eine vorsätzlich begangene unerlaubte Handlung zugrunde liegt. Sinn und Zweck der Regelung des § 174 II, die den Gläubiger verpflichtet bei der Forderungsanmeldung die

---

[7] Döbereiner S. 255 f.
[8] BT-Drucks. 12/2443 S. 194.
[9] Graf-Schlicker, Festschrift für Uhlenbruck, S. 573 ff.; dies. WM 2000, 1984 ff.
[10] BT-Drucks. 14/5680, S. 29.
[11] Begr. RegE, BT-Drucks. 14/5680, S. 41/42.

Tatsachen anzugeben, aus denen sich nach seiner Einschätzung ergibt, dass der Forderung eine vorsätzlich begangene unerlaubte Handlung des Schuldners zugrunde liegt, ist es, den Streit um die Frage, ob eine Forderung von der Restschuldbefreiung erfasst wird, nicht erst nach Abschluss des Restschuldbefreiungsverfahrens austragen zu lassen. Für die Motivation des Schuldners, sich einem Verfahren zu unterwerfen, in dem er in der Regel sechs Jahre mit dem pfandfreien Einkommen leben muss und Obliegenheiten zu erfüllen hat, ist dies von erheblicher Bedeutung. Es würde eine erhebliche Härte bedeuten, wenn der Schuldner nach dem erfolgreichen Durchlaufen der Wohlverhaltensperiode erfahren würde, eine Forderung, die uU seine wesentliche Verbindlichkeit ausmacht, wäre von der Schuldbefreiung nicht erfasst, da ihr eine vorsätzlich begangene unerlaubte Handlung zugrunde liegt.[12]

III. Von der Restschuldbefreiung ausgenommene Forderungen

7   **1. Verbindlichkeiten aus vorsätzlich begangener unerlaubter Handlung (Nr. 1). a) Objektiver und subjektiver Tatbestand.** Vom Schuldner muss der Tatbestand einer unerlaubten Handlung im Sinne der §§ 823 ff. BGB verwirklicht worden sein. Vorsätzlich begangene unerlaubte Handlungen können Diebstahl, Betrug, Untreue, Unterschlagung, Körperverletzung und andere sein. Aus der insolvenzrechtlichen Perspektive sind wichtige Schutzgesetze im Sinne des § 823 Abs. 2 BGB § 170 StGB[13] und § 263 StGB. Tathandlung i. S. des Betrugstatbestandes kann bei einem Vertragsschluss auch die Täuschung über die unzureichende Leistungsfähigkeit des Schuldners sein. Ersatzansprüche, die von der Restschuldbefreiung ausgenommen sind, können auch aus der Haftung des GmbH-Geschäftsführers wegen nicht abgeführter Arbeitnehmeranteile zur Sozialversicherung herrühren.[14] Vorenthalten sind solche Arbeitnehmeranteile auch, wenn der Arbeitgeber für diesen Zeitraum keinen fälligen Lohn mehr an die Arbeitnehmer auszahlt.[15] **Nicht von der Schuldbefreiung ausgenommen** sind Ansprüche aus Vertragsverletzungen, Gefährdungstatbeständen und ungerechtfertigter Bereicherung.[16] Von der Schuldbefreiung nicht ausgenommen sind ferner auch Steuerforderungen, weil sie aus dem Gesetz (§ 38 AO) und nicht aus vorsätzlich begangener Handlung resultieren.[17] Mit einer Steuerhinterziehung gemäß § 370 AO wird auch kein Schutzgesetz im Sinne von § 823 Abs. 2 BGB verletzt.

8   **Subjektiv** wird vom Schuldner **vorsätzliches** Handeln verlangt. Es genügt hier ein dolus eventualis. Der Vorsatz muss sich im Falle des § 823 Abs. 1 BGB auf die Verletzung des absolut geschützten Rechts oder Rechtsguts, bei § 823 Abs. 2 auf die Verletzung des Schutzgesetzes und im Falle des § 826 auf den Schaden beziehen. Zu dem **Umfang der nicht befreiten Verbindlichkeiten** gehören **Schmerzensgeldansprüche** ebenso wie die Forderungen auf Ersatz der Folgeschäden, wie z. B. die Kosten einer privatrechtlichen Rechtsverfolgung. Ein Erstattungsanspruch für den Zeitaufwand, den die geschädigte Person benötigt, um die Forderung geltend zu machen, besteht jedoch nicht.[18] **Anwaltskosten für die außergerichtliche Rechtsverfolgung** sind nur zu erstatten, wenn die Einschaltung eines Rechtsanwaltes erforderlich war. Dagegen gehören Kosten, die durch die Inanspruchnahme eines Rechtsanwaltes im Strafverfahren gegen den Schädiger entstanden sind nicht zu den weiterhin zu befriedigenden Verbindlichkeiten. Bei diesen Kosten geht es nicht um die Restitution nach § 249 BGB, sondern um die Befriedigung des Strafbedürfnisses des Opfers.[19] **Prozesskosten,** die bei der Geltendmachung eines Anspruchs aus vorsätzlich begangener Handlung entstanden sind, teilen als prozessualer Anspruch nicht die Rechtsnatur des Hauptanspruchs. Sie werden deshalb von der Restschuld-

---

[12] BT-Drucks. 14/5680 S. 27.
[13] BGHZ 30, 162, 172; NJW 1974, 1868.
[14] *Schulte/Kaubrügger* DZWIR 1999, 97.
[15] BGH ZinsO 2001, 124.
[16] AA *Gottwald,* Zwangsvollstreckungsrecht § 850 f. RdNr. 11.
[17] § 89 RdNr. 14; *App* DStZ 1984, 280.
[18] BGH, BGHZ 66, 112, 114 ff.
[19] MünchKommZPO-*Smid* § 850 f RdNr. 14; LG Hannover Rpfleger 1972, 232.

befreiung erfasst.[20] **Zinsen** sind, wenn sie als Verzugsfolgen geschuldet werden, von der Restschuldbefreiung erfasst.[21] Soweit sie es sich jedoch um Zinsforderungen aus § 849 BGB handelt, gehören sie zu den von der Restschuldbefreiung ausgenommenen Forderungen.[22]

b) Forderungsanmeldung. Weitere Voraussetzung, dass Verbindlichkeiten von der Restschuldbefreiung nicht erfasst sind, ist in den Verfahren, **die nach dem 30. 11. 2001 eröffnet worden sind,** dass der Gläubiger bei der **Forderungsanmeldung** auch die Tatsachen angegeben hat, aus denen sich nach Einschätzung des Gläubigers ergibt, dass der Forderung eine vorsätzliche unerlaubte Handlung des Schuldners zugrunde liegt. Hat der Gläubiger eine solche Forderung angemeldet, so hat das Gericht den Schuldner auf die Rechtsfolgen des § 302 Nr. 1 und auch auf die Möglichkeit eines Widerspruchs hinzuweisen. Diese Belehrung ist Ausdruck der besonderen Fürsorge gegenüber dem rechtlich wenig informierten Schuldnern. Die Belehrung hat deshalb individuell auf die einzelne Forderung abzustellen und kann nicht pauschal etwa in einem Antragsformular erfolgen.[23] 9

Die rechtliche Qualifizierung als Forderung aus einer unerlaubten Handlung soll zwar bei der Anmeldung erfolgen. Es ist jedoch ausreichend, wenn sie in der Anmeldungsfrist des § 28 Abs. 1 nachgeholt wird.[24] § 177 Abs. 1 Satz 1, 3 ermöglicht auch eine nachträgliche Forderungsanmeldung, da solange das Verfahren nicht aufgehoben ist, grundsätzlich ein Interesse an der Feststellung der Insolvenzforderungen zur Tabelle besteht.[25] Dieses Interesse an der Anmeldung und Prüfung verspäteter Forderungen besteht bis zum Schlusstermin.[26] Folglich kann eine Anmeldung und rechtliche Qualifizierung als Forderung aus unerlaubter Handlung auch noch durch eine nachträgliche Anmeldung erfolgen.[27] Während jedoch bei einer nachträglichen Forderungsanmeldung bei einem Widerspruch des Insolvenzverwalters und eines Gläubigers entweder ein besonderer Prüfungstermin anberaumt oder die Prüfung im schriftlichen Verfahren angeordnet wird (§ 177 Abs. 1 Satz 2), tritt diese Rechtsfolge bei einem Widerspruch des Schuldners gegen die Qualifizierung der Forderung als unerlaubte Handlung nicht ein. Zur Wahrung der Interessen des Schuldners ist es daher als zulässig anzusehen, dass die Prüfung der als unerlaubte Handlung qualifizierten Forderung noch im Schlusstermin erfolgen kann, wenn vorher dem Schuldner noch rechtzeitig der Hinweis gemäß § 175 Abs. 2 auf sein Widerspruchsrecht gegeben werden konnte und er eine ausreichende Überlegungsfrist und die Möglichkeit hatte, rechtlichen Rat einzuholen. 10

Der Gesetzestext sagt zur **Form der Anmeldung** lediglich, dass der Gläubiger die **Tatsachen anzugeben** habe, aus denen sich ergibt, dass ihr nach seiner Einschätzung eine vorsätzlich begangene unerlaubte Handlung zugrunde liegt. Der Gläubiger hat daher keine Beweismittel anzugeben. Dies ist auch deswegen nicht erforderlich, da eine Prüfung, ob es sich um eine Forderung aus unerlaubter Handlung handelt, nicht im Insolvenzverfahren erfolgt. Es wird daher auch keine schlüssige Darlegung des Forderungsgrundes verlangt. Mit dem konkreten Tatsachenvortrag soll lediglich eine unerlaubte Handlung plausibel dargelegt werden.[28] Nicht ausreichend ist der alleinige durch keinen Tatsachenvortrag begründete Hinweis, dass die Forderung aus einer unerlaubten Handlung resultiert. Auch die Vorlage eines Titels, aus dem sich zwar die Forderung, nicht aber die rechtliche Qualifikation als vorsätzlich begangene unerlaubte Handlung ergibt, genügt den Erfordernissen des § 175 11

---

[20] FK-*Ahrens* § 302 RdNr. 9; *Stöber,* Forderungspfändung 12. Aufl. RdNr. 1191; aA MünchKommZPO-*Smid* § 850 f RdNr. 14.
[21] MünchKommZPO-*Smid* § 850 f RdNr 14; *Stöber,* Forderungspfändung 12. Aufl. RdNr. 1191.
[22] FK-*Ahrens* § 302 RdNr. 9.
[23] Rechtsausschuss zum RegE InsOÄndg 2001, BT-Drucks. 12/6468 S. 17/18.
[24] FK-*Ahrens* § 302 RdNr. 10 b.
[25] BGH InVo 1998, 119 ff.
[26] *Kübler/Prütting/Pape* § 177 RdNr. 3.
[27] FK-*Ahrens* § 302 RdNr. 10 b.
[28] FK-*Ahrens* § 302 RdNr. 10 c.

Abs. 2 nicht. Aus Gründen der Rechtsklarheit kann auf den vom Gesetz geforderten Tatsachenvortrag nicht verzichtet werden.[29]

12   c) **Hinweispflicht des Gerichts.** Der **Hinweis des Gerichts** muss nach dem ausdrücklichen Willen des Gesetzgebers eine individuell auf die einzelne Forderung abgestellte Belehrung sein.[30] Die Belehrung darf nicht pauschal in einem Antragsformular erfolgen. Sie soll den Schuldner darauf aufmerksam machen, dass er die Möglichkeit hat, die Behauptung des Gläubigers, dass es sich um eine Forderung aus einer vorsätzlich begangenen Handlung handelt, zu bestreiten und dass er nur durch ein solches Bestreiten verhindern kann, dass die vom Gläubiger angemeldete Forderung von den Wirkungen der Restschuldbefreiung ausgenommen bleibt. Über den Zeitpunkt des Hinweises lässt sich weder etwas dem Gesetzestext noch der Gesetzesbegründung entnehmen. Da die Forderungen bei dem Insolvenzverwalter oder Treuhänder angemeldet werden, erhält das Insolvenzgericht von der Anmeldung und ihrem Inhalt erst durch die Einreichung der Tabelle und der Forderungsanmeldungen nebst Urkunden zur Niederlegung auf der Geschäftsstelle Kenntnis. Erst von diesem Zeitpunkt an ist das Insolvenzgericht in der Lage, seiner Belehrungspflicht nachzukommen. Die Belehrung hat jedoch dann so rechtzeitig zu erfolgen, dass der Schuldner die Möglichkeit hat, im Prüfungstermin zu erscheinen und sein Prüfungsrecht auszuüben. Es bietet sich an, den Schuldner förmlich zum Prüfungstermin zu laden und zusammen mit der Ladung die Belehrung vorzunehmen. Bei nachträglichen Anmeldungen kann eine entsprechende Ladung mit Belehrung zum Schlusstermin erfolgen.

13   Im Verbraucherinsolvenzverfahren gemäß §§ 304 ff. kann das Verfahren oder einzelne Teile schriftlich durchgeführt werden. Ob ein solches Verfahren sachgemäß ist, wenn Gläubiger ihre Forderungen aus als vorsätzlich begangenen Handlungen anmelden, ist zweifelhaft. Wegen der Bedeutung der Anmeldung und des unterbliebenen Widerspruchs für den Schuldner ist ein schriftliches Verfahren dann, wenn der Schuldner rechtlich unerfahren und ohne rechtlichen Beistand ist, problematisch.

14   Unterbleibt die Belehrung durch das Gericht oder entspricht sie nicht den gesetzlichen Erfordernissen, dann ist dem Schuldner gemäß § 186 Wiedereinsetzung in den vorigen Stand zu gewähren.[31] Der Antrag auf Wiedereinsetzung in den vorigen Stand ist binnen einer Frist von zwei Wochen ab Wegfall des Hindernisses zu stellen und muss innerhalb eines Jahres ab Beendigung des Prüfungstermins bei Gericht angebracht sein (§ 186, § 234 ZPO). Der Antrag kann auch noch nach Aufhebung des Insolvenzverfahrens gestellt werden, sofern die Jahresfrist des § 234 Abs. 3 eingehalten wird.[32] Bei einem unterlassenen und nicht gesetzlichen Regelungen erfolgten Hinweis steht dem Schuldner unter den Voraussetzungen des § 839 Abs. 1 Satz 1 BGB ein Amtshaftungsanspruch zu.

15   d) **Widerspruch gegen die Forderungsanmeldung. aa) Widerspruch des Insolvenzverwalters oder Treuhänders.** Ein **Widerspruch des Treuhänders oder Insolvenzverwalters** hindert die Feststellung der Forderung als Verbindlichkeit aus einer vorsätzlich begangenen unerlaubten Handlung nicht. Einen Widerspruch gegen die Qualifizierung der Insolvenzforderung als Verbindlichkeit aus einer vorsätzlich begangenen unerlaubten Handlung kann allein der Schuldner erheben. Der Widerspruch soll verhindern, dass der Schuldner keiner Nachhaftung nach Erteilung der Restschuldbefreiung ausgesetzt ist. Dieses Interesse kann nicht durch den Insolvenzverwalter oder Treuhänder wahrgenommen werden. Aus diesem Grund hat das Gericht gegenüber dem Schuldner persönlich eine besondere Hinweispflicht. Zudem kann allein der Schuldner beurteilen, ob dann, wenn eine Forderung zusätzlich aus unerlaubter Handlung begründet ist, ein isolierter Widerspruch gegen diesen zusätzlichen Schuldgrund zweckmäßig ist oder nicht. Zur Prüfung der Zweckmäßigkeit eines solchen Widerspruchs, insbesondere auch wegen des Kostenrisikos bei einer

---

[29] AA FK-*Ahrens* § 302 RdNr. 10 c.
[30] Rechtsausschuss zum RegE InsOÄndG 2001, BT-Drucks. 12/6468 S. 17/18.
[31] FK-*Ahrens* § 302 RdNr. 10 d.
[32] MünchKommInsO-*Schumacher* § 186 RdNr. 6.

auf diesen Widerspruch folgenden Feststellungsklage des Gläubigers nach § 184 kann ihm auch ein Rechtsanwalt beigeordnet werden.[33] Das Recht des Treuhänders oder Insolvenzverwalters, der Forderung dem Grunde und der Höhe nach zu widersprechen, bleibt davon unberührt. Dieser Widerspruch hat eine ganz andere Zielrichtung als der Widerspruch des Schuldners. Mit dem Widerspruch des Treuhänders oder Insolvenzverwalters soll die Teilnahme des Anmelders am insolvenzrechtlichen Verteilungsverfahren verhindert werden.[34]

bb) Fehlender Widerspruch des Schuldners. Widerspricht der Schuldner nicht, 16 so wird der Rechtsgrund der Forderung von der Rechtskraftwirkung der Tabelleneintragung gemäß § 178 Abs. 3 erfasst.[35] Der Tabelleneintrag muss jedoch die Feststellung enthalten, dass die Forderung aus einer vorsätzlich begangenen unerlaubten Handlung herrührt einschließlich der Tatsachen, aus denen sich nach Einschätzung[36] des Gläubigers dies ergibt. Hat der Gläubiger die Forderung aus einer vorsätzlich begangenen unerlaubten Handlung in der gemäß § 174 Abs. 2 geforderten Weise angemeldet und wird sie vom Rechtspfleger nicht so eingetragen, besteht ein Berichtigungsanspruch. Lediglich bei einer offensichtlich unbegründeten Behauptung darf nicht nur, sondern muss der Rechtspfleger die Eintragung des Rechtsgrundes einer Forderung aus einer vorsätzlich begangenen unerlaubten Handlung zurückweisen.[37] Ist die Eintragung des Rechtsgrundes versehentlich unterblieben, kann die Tabelle nach allgemeiner Auffassung von Amts wegen oder auf Antrag des Gläubigers berichtigt werden.[38] Diese **Berichtigung unzutreffender oder unterbliebener Tabelleneinträge** kann auch noch nach Aufhebung des Insolvenzverfahrens erfolgen. Gegen eine Entscheidung des Rechtspflegers, der eine Berichtigung anordnet oder ablehnt, ist die sofortige Rechtspflegererinnerung gegeben, jedoch kein weiteres Rechtsmittel gegen die Entscheidung des Richters (§§ 6 Abs. 1 InsO, 11 Abs. 2 RPflG).

Die unrichtige oder unterbliebene Eintragung des Feststellungsgrundes kann schließlich 17 noch durch eine allgemeine Feststellungklage i. S. v. § 256 ZPO behoben werden,[39] wenn man der Auffassung folgt, dass nicht der Tabelleneintrag als solcher konstitutive Rechtskraft besitzt, sondern eine rein deklaratorische Funktion[40] hat. Gegenstand der Feststellungsklage ist, ob die und inwieweit der Tabelleneintrag die Forderungsanmeldung und -prüfung richtig wiedergibt. Wird durch Urteil rechtskräftig festgestellt, dass die Eintragung unrichtig ist, so muss nach Vorlage des Urteils die Tabelle entsprechend berichtigt werden.[41]

Die zutreffend wiedergegebene Eintragung in die Tabelle kann nicht mit Rechtsmitteln 18 beseitigt werden. Gegenüber feststellenden Tabelleneinträgen sind allein die Rechtsbehelfe zulässig, die das Gesetz allgemein gegen rechtskräftige Urteile gewährt.

cc) Widerspruch des Schuldners. Der **Widerspruch des Schuldners** gegen eine 19 Insolvenzforderung hindert eine Vollstreckung aus der Tabelle, solange er nicht durch ein entsprechendes Feststellungsurteil beseitigt ist, § 201 Abs. 2.[42] Hierbei ist es unerheblich, ob sich der Widerspruch gegen den Grund und die Höhe richtet, oder gegen die in der Forderungsanmeldung enthaltene Behauptung des Gläubigers, die Forderung sei durch eine vorsätzlich begangene unerlaubte Handlung begründet. Der Schuldner kann gemäß den §§ 178 Abs. 1 Satz 2, 201 Abs. 2 auch den Grund, die Höhe oder die Durchsetzbarkeit der

---

[33] BGH NZI 2004, 39.
[34] LG Trier, NZI 2006, 65; aA *Peters* KTS 2006, 295; *Schmidt* ZInsO, 523.
[35] Rechtsausschuss zum RegE InsOÄndg 2001, BT-Drucks. 12/6468 S. 18.
[36] *Kübler/Prütting/Pape* § 178 RdNr. 14; OLG Celle KZS 1964, 118.
[37] FK-*Ahrens* § 302 RdNr. 10 c.
[38] KS-*Eckardt* S. 766 RdNr. 44; MünchKommInsO-*Hintzen* § 178 RdNr. 51; *Kübler/Prütting/Pape* § 178 RdNr. 24; BGHZ 91, *Kuhn/Uhlenbruck* KO 145 RdNr. 7 ff.
[39] KS-*Eckardt* S. 767 RdNr. 44; aA BGH ZIP 1993, 1876, 1878; *Kübler/Prütting/Pape* § 178 RdNr. 9; nach Auffassung von FK-*Ahrens* § 302 RdNr. 10 c ist in diesem Fall die titelergänzende Feststellungsklage der richtige Rechtsbehelf.
[40] So überzeugend KS-*Eckardt* S. 762, RdNr. 26.
[41] KS-*Eckardt* S. 767, RdNr. 44.
[42] BGH NZI 2004, 39; FK-*Ahrens* § 302 RdNr. 11.

Forderung außerhalb des Insolvenzverfahrens bestreiten. Der Widerspruch des Schuldners gegen Grund und Höhe der Forderung hat aber, soweit nicht auch der Insolvenzverwalter oder der Treuhänder einen Widerspruch gegen Grund und Höhe erhoben hat, auf die Feststellung der Forderung keinen Einfluss, § 178 Abs. 1 Satz 2. Die Forderung nimmt am insolvenzrechtlichen Verteilungsverfahren teil. Wirkungen zeigt der Widerspruch des Schuldners erst nach der Verfahrensaufhebung.

20 **e) Beseitigung des Widerspruchs durch eine Feststellungsklage.** Will der Gläubiger den Widerspruch des Schuldners beseitigen, so muss er eine **Feststellungsklage gegen den Schuldner** erheben, § 184. Hat der Schuldner seinen Widerspruch auf die Qualifizierung der Forderung als Verbindlichkeit aus einer vorsätzlich begangenen unerlaubten Handlung beschränkt, ist der **Feststellungsstreit über den Rechtsgrund** der Forderung aus einer vorsätzlich begangenen unerlaubten Handlung zu führen.[43] Vorbild eines solchen Verfahrens ist der isolierte Vorrechtsstreit nach § 146 Abs. 4 KO.[44] Damit stellt sich die Erhebung der Feststellungsklage als notwendige prozessuale Reaktion des Gläubigers auf den Widerspruch dar. Dem Kostenrisiko einer solchen Klage wird sich der Schuldner aber nur aussetzen, wenn zweifelhaft ist, ob die Forderung aus einer vorsätzlich begangenen unerlaubten Handlung herrührt. Ist dies nicht der Fall, wird er vernünftigerweise von der Einlegung des Widerspruchs absehen.[45] Das Rechtsschutzbedürfnis für die Feststellungsklage entsteht mit der Einlegung des Widerspruchs. Damit macht der Schuldner deutlich, dass er eine Zwangsvollstreckung wegen der Forderung nicht hinzunehmen bereit ist. Sein Verhalten lässt eine eine Vollstreckungsgegenklage erwarten, sobald der Gläubiger nach Erteilung der Restschuldbefreiung aus dem Titel vorgeht. Es besteht daher kein sachlicher Grund, den Streit über die Rechtsnatur der angemeldeten und trotz Widerspruchs zur Tabelle festgestellten Forderung auf die Zeit nach Erteilung der Restschuldbefreiung zu verschieben. Die möglichst frühe Klärung dieser Frage liegt sowohl im Interesse des Gläubigers als auch der Schuldners.[46]

21 Ausschließlich zuständig für die Feststellungsklage ist das Prozessgericht des Amtsgerichts, bei dem das Insolvenzverfahren anhängig ist oder war. Gehört der Streitgegenstand nicht zur Zuständigkeit der Amtsgerichte, so ist das Landgericht ausschließlich zuständig, zu dessen Bezirk das Insolvenzgericht gehört, § 180 Abs. 1. Ist für die Feststellung der Forderung der Rechtsweg zum ordentlichen Gericht nicht gegeben, so ist die Feststellung bei dem zuständigen anderen Gericht zu betreiben oder von der zuständigen Verwaltungsbehörde vorzunehmen, § 185. Mit diesen besonderen Zuständigkeiten soll der besonderen Sachkompetenz des allgemein zuständigen Gerichts bzw. der zuständigen Verwaltungsbehörde Rechnung getragen werden.

22 Im Feststellungsprozess, der allein wegen Feststellung geführt wird, ob der Forderung eine vorsätzlich begangene unerlaubte Handlung zugrunde liegt, ist allein der Schuldner passivlegitimiert. Hat außer dem Schuldner noch der Insolvenzverwalter oder Treuhänder die Forderung dem Grunde oder der Höhe nach bestritten, so kann der Gläubiger auch diesem gegenüber Feststellungsklage erheben. Soweit Schuldner und Verwalter den Widerspruch nur gegen Grund und Höhe erhoben haben, können beide gemeinsam verklagt werden. Sie sind einfache und nicht notwendige Streitgenossen.[47] Die Voraussetzungen einer Streitgenossenschaft liegen aber nicht vor, wenn die Klage des Schuldners um die Feststellung geführt wird, ob der Forderung eine vorsätzlich begangene unerlaubte Handlung zugrunde liegt.

---

[43] BGH IX ZR 176/05; BGH IX ZR 29/06.
[44] BT-Drucks. 14/5680 S. 27.
[45] BGH NZI 2004, 39.
[46] BGH NZI 2006, 492, OLG Celle; OLG Celle, ZVI 2004, 46, 48; OLG Rostock ZVI 2005, 433; *Hattwig* ZinsO 2004, 636, OLG Koblenz NZI 2008, 117.
[47] BGH ZIP 1980, 23; *Kuhn/Uhlenbruck* KO § 144 RdNr. 5; MünchKommBGB-*Schumacher* § 184 RdNr. 4.

Bei der Bemessung des **Streitwerts einer Klage auf Feststellung,** dass eine im Insolvenzverfahren über das Vermögen einer natürlichen Person festgestellte Forderung wegen vorsätzlicher unerlaubter Handlung begründet ist, ist ein über die bei einer positiven Feststellungsklage üblichen 20% hinausgehender Abschlag vorzunehmen. Das OLG Celle veranschlagt den Wert in der Regel mit $^1/_3$ des Nennwerts der Forderung.[48] 22 a

Dieser Abschlag rechtfertigt sich daraus, dass zum Zeitpunkt des Klageverfahrens nicht noch nicht absehbar ist, ob es überhaupt zu einer Restschuldbefreiung kommen wird. Kommt es zu aber zu keiner Restschuldbefreiung so muss der Feststellungskläger weiterhin mit anderen (Alt-)Gläubigern konkurrieren, sodass es unabhängig von späteren Einkommens- und Vermögensverhältnissen des Schuldners zum Zeitpunkt der Feststellungsklage noch offen ist, ob und in welcher Höhe die Forderung später durchgesetzt werden kann.

2. Geldstrafen und gleichgestellte Verbindlichkeiten. Mit den gleichgestellten Verbindlichkeiten sind sämtliche in § 39 Abs. 2 Nr. 3 bezeichneten Tatbestände gemeint. Insbesondere handelt es sich um Geldstrafen gem. § 40 StGB, Geldbußen gem. den §§ 17 ff. OwiG, Ordnungsgelder wie z. B. gemäß den §§ 141, 380, 329 AO, und Zwangsgelder nach den §§ 880, 890 ZPO oder nach den §§ 328, 329 AO. Aber nicht nur Geldbußen, Ordnungsgelder und Zwangsgelder, sondern auch die Nebenfolgen einer Straftat, die zu einer Geldzahlung verpflichten, wie die Einziehung des Wertersatzes (§§ 74 c StGB, 21 ff. OWIG, 375, 410 AO) und die Abführung des Mehrerlöses (8 WiStG), sind von der Restschuldbefreiung ausgenommen. Da von der Restschuldbefreiung nur solche Forderungen ausgenommen sind, die zu Sanktionszwecken verhängt werden, fallen Säumniszuschläge[49] nicht hierunter. Das Zwangsgeld oder – nach dem Sprachgebrauch der Reichsabgabenordnung – Erzwingungsgeld ist ein verwaltungsrechtliches Zwangsmittel, das zur Vollstreckung von solchen Verwaltungsanordnungen eingesetzt wird, die nicht auf eine Geldleistung gerichtet sind. Zwangsgelder werden in einem förmlichen Verfahren durch Verwaltungsakt festgesetzt. Säumniszuschläge sind nicht Maßnahmen des Verwaltungszwanges.[50] Gleiches gilt für die Säumniszuschläge nach § 24 SBG IV.[51] 23

3. Verbindlichkeiten aus zinslosen Darlehen zur Begleichung der Kosten des Insolvenzverfahrens. Unterstützungsleistungen, die ein Schuldner erhält, um ihm den Zugang zu dem Verbraucherinsolvenzverfahren zu ermöglichen, sind von der Restschuldbefreiung nicht erfasst. Die gewährten Mittel müssen zinslos gewährt worden sein. Das Darlehen muss zweckgebunden zur Begleichung der Verfahrenskosten gewährt worden sein. Dies gilt in allen Verfahren, die nach dem 30. 11. 2001 eröffnet worden sind. Um zu verhindern, dass unseriöse Geschäftemacher hier ein neues Betätigungsfeld erhalten, ist diese Vorschrift eng auszulegen.[52] Aus diesem Grunde werden nur **zinslose Darlehen** privilegiert, die rein zweckgebunden zur Begleichung der Verfahrenskosten gewährt wurden. 24

Es muss sich um ein **Gelddarlehen im engen Sinn** handeln.[53] Die Darlehensforderung muss bei Eröffnung des Insolvenzverfahrens begründet gewesen sein, da nur Insolvenzforderungen von der Restschuldbefreiung betroffen werden. 25

Nur **zinslose Darlehen** sind privilegiert. Nach der Definition des BGH[54] sind Zinsen die nach der Laufzeit bemessene, gewinn- und umsatzabhängige Vergütung für den Gebrauch eines auf Zeit überlassenen Kapitals. Dieser Zinsbegriff kann nach dem Sinn und Zweck der Regelung, gewerblichen Schuldenregulierern durch die Privilegierung solcher Forderungen kein neues Betätigungsfeld zu eröffnen, hier nicht zugrunde gelegt werden. Vielmehr werden von dem Zinsbegriff in Nr. 3 sämtliche Formen der Vergütung für die 26

---

[48] OLG Celle Beschl. v. 14. 1. 2008 – 9 U 107/07: **aA** so OLG Hamm ZInsO 2007, 215, das den vollen Nennwert der Forderung ansetzt.
[49] BFH NJW 1974, 719; 1984, 511.
[50] BFH NJW 1974, 719.
[51] BSG ZIP 1988, 984.
[52] BT-Drucks. 14/5689 S. 29/30.
[53] FK-*Ahrens* § 302 RdNr. 16 b.
[54] BGH NJW 79, 541, 806; BGH NJW-RR 92, 592.

Hingabe des Darlehens erfasst, d. h. auch laufzeitunabhängige Leistungen des Kreditnehmers wie Bearbeitungs- und Vermittlungsgebühren.

27 Die Darlehenshingabe muss zur Finanzierung der **Verfahrenskosten** erfolgen. Verfahrenskosten sind die Gerichtskosten und die Auslagen sowie die anwaltlichen Gebühren des Insolvenzverfahrens, des gerichtlichen Schuldenbereinigungsplanverfahrens und des Verfahrens zur Restschuldbefreiung, also die Kosten, die auch gemäß § 4a gestundet werden können.

28 Die Zweckgebundenheit des Darlehens zur Begleichung der Kosten des Insolvenzverfahrens muss bereits **bei der Auszahlung** bestanden haben. Eindeutig ist diese Zweckgebundenheit, wenn die Zahlung unmittelbar an das Gericht erfolgt.[55] Es kann daher einer Darlehensforderung die Zweckbindung nicht nachträglich beigemessen oder eine Verbindlichkeit in eine solche Darlehensforderung umgewandelt werden.[56] Da nach dem Willen des Gesetzgebers der Ausnahmetatbestand der Nr. 3 eng auszulegen ist, gehen Zweifel an der Zweckbindung zu Lasten des Gläubigers.

IV. Wirkungen

29 **1. Vollstreckung der von der Restschuldbefreiung ausgenommenen Forderungen. a) Vollstreckung während des Insolvenzverfahrens und in der Wohlverhaltensperiode.** Während des Insolvenzverfahrens und der anschließenden Wohlverhaltensperiode haben die nach Nr. 1 und Nr. 3 von der Restschuldbefreiung ausgenommenen Forderungen keine Sonderstellung. Sie werden wie die anderen Forderungen anteilig bedient, unterliegen aber andererseits auch den Vollstreckungsverboten der §§ 89, 294 Abs. 1.[57] Die von Nr. 2 erfassten Forderungen sind nach § 39 Abs. 1 Nr. 3 nachrangige Forderungen. Da regelmäßig eine Bedienung dieser Forderungen im Insolvenzverfahren und der anschließenden Wohlverhaltensperiode nicht möglich ist, werden sie nur nach ausdrücklicher gerichtlicher Aufforderung Gegenstand des Anmelde-, Prüfungs- und Verteilungsverfahrens sein. Auch die nachrangigen Gläubiger haben das Vollstreckungsverbot zu beachten.[58]

30 **b) Vollstreckung nach der Erteilung der Restschuldbefreiung. Nach Rechtskraft der Erteilung der Restschuldbefreiung** können Gläubiger von Forderungen, die von den Wirkungen der Restschuldbefreiung nicht erfasst werden, diese Forderungen unbeschränkt geltend machen. Die Vollstreckung in das Vermögen des Schuldners ist jedoch an unterschiedliche Bedingungen geknüpft: **Grundsätzlich erfolgt die Vollstreckung** von Insolvenzforderungen nach der Aufhebung des Insolvenzverfahrens **aus der Eintragung in die Tabelle.** Die Erteilung einer vollstreckbaren Ausfertigung aus der Tabelle erfolgt auf Antrag des Gläubigers, der erst nach der Aufhebung des Insolvenzverfahrens gestellt werden kann. War die Forderung, die zur Tabelle angemeldet worden war, bereits tituliert und wird der Anspruch festgestellt und nicht bestritten, so wirkt die Eintragung in die Tabelle wie ein rechtskräftiges Urteil, § 178 Abs. 3. Der Gläubiger kann in diesem Fall nicht mehr zur Vollstreckung auf den früheren Titel zurückgreifen. Dieser Titel wird durch den vollstreckbaren Tabellenauszug „aufgezehrt".[59] Der vollstreckbare Tabellenauszug ersetzt den ursprünglichen Vollstreckungstitel jedoch nur in dem Umfang, in dem der bereits früher titulierte Anspruch auch insgesamt an dem Insolvenzverfahren teilgenommen hat.[60] Mit den laufenden Zinsen seiner Forderung ist der Insolvenzgläubiger ein nachrangiger Gläubiger und nimmt nur nach besonderer Aufforderung zur Anmeldung am Insolvenzverfahren teil, § 174 Abs. 3. Soweit es daher um nachrangige Forderungen geht, ist nach wie vor der

---

[55] FK-*Ahrens* § 302 RdNr. 16 d.
[56] FK-*Ahrens* § 302 RdNr. 16 d.
[57] AA *Vallender* VuR 1997, 158.
[58] Begr. RegE BT-Drucks. 12/7302 S. 35/36.
[59] RGZ 93, 213; 112, 300; 132, 115; LG Hannover Rpfleger 1992, 127, MünchKommInsO-*Hintzen* § 201 RdNr. 37.
[60] AA *Kübler/Prütting/Holzer* § 201 RdNr. 18.

frühere Titel die zur Zwangsvollstreckung geeignete und bestimmte Grundlage.[61] Hatte der Gläubiger einen titulierten Anspruch angemeldet, so kann nach der Aufhebung des Insolvenzverfahrens nach wie vor aus dem alten Titel vollstreckt werden, sofern der angemeldete Anspruch einem Widerspruch ausgesetzt war und der Widerspruch während des Verfahrens nicht beseitigt wurde, da nach § 201 Abs. 2 Satz 1 die Erteilung einer vollstreckbaren Ausfertigung eine widerspruchslose Forderungsfeststellung voraussetzt. Hat der Gläubiger der eine titulierte Forderung hat, nicht am Insolvenzverfahren teilgenommen, so kann er nach der Aufhebung des Verfahrens nach Wegfall der Vollstreckungssperre, §§ 88, 99, 294 Abs. 1, aus diesem Titel uneingeschränkt vollstrecken. Noch nicht titulierte Ansprüche können durch Klage oder durch Aufnahme eines durch das Insolvenzverfahrens unterbrochenen Prozesses gegen den Schuldner weiter geltend gemacht werden. Diese allgemeinen Nachhaftungsregeln unterliegen für die in § 302 von der Restschuldbefreiung ausgenommen Forderungen folgenden Modifikationen.

c) Vollstreckung von Verbindlichkeiten aus einer vorsätzlich begangenen unerlaubten Handlung. Die Vollstreckung von Verbindlichkeiten aus einer vorsätzlich begangenen unerlaubten Handlung setzt voraus, dass die Forderung zur Tabelle unter Angabe des Rechtsgrundes und der Tatsachen, dass ihr eine vorsätzlich begangene unerlaubte Handlung zugrunde liegt, angemeldet worden war. Sie setzt weiter voraus, dass diesem Rechtsgrund nicht widersprochen worden war oder dass bei einem Widerspruch, dieser Widerspruch durch ein entsprechendes Feststellungsurteil beseitigt worden war. Der Widerspruch ist entsprechend einem isolierten Vorrechtsstreit nach § 246 Abs. 4 KO, bei dem eine Forderung nicht dem Grunde oder der Höhe nach, sondern wegen eines Vorrechts bestritten wird, zu beseitigen.[62] Anstelle des Streits über ein Vorrecht wird in diesem Fall ein Feststellungsstreit über den Rechtsgrund der Forderung aus einer vorsätzlich begangenen unerlaubten Handlung geführt werden.[63] Allein aus diesem Tabellenauszug, auf dem der Schuldgrund gemäß § 174 Abs. 2 angegeben ist, kann der Gläubiger vollstrecken. Auf den früher erwirkten Vollstreckungstitel darf daher neben der Tabelle grds. nicht mehr zurückgegriffen werden, da dieser durch den Tabellenauszug „aufgezehrt" worden ist. Eine Ausnahme bilden lediglich die Zinsen aus diesem Titel seit Eröffnung des Insolvenzverfahrens, wenn der Gläubiger sie, weil es sich um eine nachrangige Forderung handelt, nicht anmelden konnte, §§ 39 Abs. 1 Nr. 1, 174 Abs. 3. Wegen dieser Zinsen kann der Gläubiger auf den ursprünglichen Titel zurückgreifen, wenn hinsichtlich der Hauptforderung ein vollstreckbarer Tabellenauszug besteht, auf dem der Schuldgrund gemäß § 174 Abs. 2 angegeben ist.

d) Vollstreckung von Geldstrafen und gleichgestellten Verbindlichkeiten. Für Geldstrafen und die diesen in § 39 Abs. 1 Nr. 3 gleichgestellten Verbindlichkeiten des Schuldners wird es in der Regel keinen vollstreckbaren Tabellenauszug geben, da diese Forderungen im Insolvenzverfahren als nachrangige Forderungen nicht angemeldet werden konnten. In diesem Fall erfolgt die Vollstreckung in das Vermögen des Schuldners aus dem ursprünglichen Vollstreckungstitel.

e) Vollstreckung von Verbindlichkeiten aus zinslosen Darlehen. Hinsichtlich der Verbindlichkeiten des Schuldners aus zinslosen Darlehen, die dem Schuldner zur Begleichung der Kosten des Insolvenzverfahrens gewährt wurden, kommt es darauf an, ob diese Forderungen zur Tabelle angemeldet und festgestellt worden sind. Die Vollstreckung nach Rechtskraft der Erteilung der Restschuldbefreiung richtet sich nach den unter RdNr. 29 dargestellten Nachhaftungsregeln.

2. Rechtsbehelfe. Vollstreckt der Gläubiger aus einem früheren Titel, obwohl über den deckungsgleichen Anspruch ein vollstreckbarer Tabellenauszug vorliegt, kann der Schuldner

---

[61] LG Bielefeld DGVZ 1991, 120, MünchKommInsO-*Hintzen* § 201 RdNr. 37.
[62] BAG NJW 1986, 1896; *Kuhn/Uhlenbruck* KO § 146 RdNr. 25.
[63] BT-Drucks. 14/5680 S. 27.

hiergegen im Wege der Vollstreckungserinnerung vorgehen, § 766 ZPO. Im Rahmen der Vollstreckungserinnerung kann der Schuldner u. a. die allgemeinen Vollstreckungsvoraussetzungen rügen, insbesondere den Wegfall der Vollstreckbarkeit des Titels.[64]

35 Die Vollstreckungsklausel für den Tabellenauszug gem. § 202 Abs. 1 Nr. 1, 4 i. V. m. § 724 Abs. 2 ZPO erteilt der Urkundsbeamte der Geschäftsstelle des Insolvenzgerichts. Der Antrag auf Klauselerteilung kann bereits vor der Aufhebung des Insolvenzverfahrens gestellt werden.[65] Die Klausel darf aber erst nach der Aufhebung des Insolvenzverfahrens erteilt werden, da erst zu diesem Zeitpunkt der vollstreckbare Restbetrag feststeht. Lehnt der Urkundsbeamte die Erteilung der Klausel ab, ist hiergegen die befristete Erinnerung – binnen zwei Wochen – zulässig, § 573 Abs. 1 ZPO. Soll die Vollstreckungsklausel für oder gegen den Rechtsnachfolger erteilt werden, so finden die §§ 717, 730 ZPO entsprechende Anwendung. Hierüber befindet der Rechtspfleger (§ 20 Ziffer 12 RPflG). Kann im Falle einer solchen titelübertragenden Klausel der Gläubiger den erforderlichen Nachweis durch öffentliche oder öffentlich beglaubigte Urkunden nicht erbringen, bleibt ihm die Möglichkeit, Klage auf Erteilung der Klausel zu erheben. Für Klagen auf Erteilung der Vollstreckungsklausel ist gemäß § 202 Abs. 1 Nr. 1 das Amtsgericht ausschließlich zuständig, bei dem das Insolvenzverfahren anhängig ist oder war. Eine Gerichtsstandsvereinbarung hierüber ist unzulässig, § 40 Abs. 2 Nr. 2 ZPO. Mit der Klauselgegenklage (§ 202 Abs. 1 Nr. 2) kann der Schuldner rügen, dass die materiellen Voraussetzungen für eine titelübertragende Klausel nicht vorgelegen haben, weil er die Rechtsnachfolge für unwirksam hält. Hatte der Gläubiger auf Erteilung der Rechtsnachfolge geklagt, weil der den Nachweis der Rechtsnachfolge durch Urkunden nicht erbringen konnte, dann kann der Schuldner keine Klauselgegenklage mehr erheben.

36 Vollstreckt ein Gläubiger eine nicht privilegierte Forderung, so kann sich der Schuldner dagegen mit der Vollstreckungsgegenklage zu Wehr setzen, § 767 ZPO.

V. Änderungen durch den RegE zur Entschuldung mittelloser Personen

37 **1. Gegenstand der Gesetzesänderung.** Nr. 1 der Vorschrift wird wie folgt neu gefasst: *„1. Verbindlichkeiten des Schuldners aus einer vorsätzlich begangenen unerlaubten Handlung oder aus rückständigem Unterhalt, den der Schuldner vorsätzlich pflichtwidrig nicht gewährt hat; hat das Gericht die Gläubiger aufgefordert, ihre Forderungen anzumelden, so gilt dies nur, wenn der Gläubiger die entsprechende Forderung unter Angabe dieses Rechtsgrundes nach § 174 Abs. 2 angemeldet hatte;"*

38 **2. Zweck der Gesetzesänderung.** Die Neufassung der Nr. 1 hat zwei unterschiedliche Regelungsinhalte. Zum einen enthält er eine Klarstellung, dass es bei einer Unterhaltspflichtverletzung für den Ausschluss nach § 302 ausreicht, wenn der Schuldner **pflichtwidrig seinen Unterhaltsverpflichtungen nicht nachkommt.** Eine vorsätzliche Unterhaltspflichtverletzung stellt nämlich nicht in jedem Fall eine unerlaubte Handlung dar. Der Tatbestand des § 170 Abs. 1 StGB als Schutzgesetz im Sinne des § 823 Abs. 2 BGB ist nur dann erfüllt, wenn der Unterhaltsberechtigte durch die Pflichtverletzung in seinem Lebensbedarf gefährdet ist oder ohne die Hilfe anderer gefährdet wäre. Nach Auffassung des Gesetzgebers sollen angesichts der besonderen Schutzbedürftigkeit der Unterhaltsberechtigten auch Verbindlichkeiten des Schuldners aus einer pflichtwidrigen Unterhaltspflichtverletzung – auch wenn sie den Straftatbestand des § 170 Abs. 1 StGB nicht erfüllen – von der Erteilung der Restschuldbefreiung nicht berührt werden. Durch den Begriff der „Pflichtwidrigkeit" soll klargestellt werden, dass die vorsätzliche Nichtleistung des Unterhalts bereits dann einer unerlaubten Handlung gleichgestellt wird, wenn die Voraussetzungen für eine gesetzliche Unterhaltspflicht, die Bedürftigkeit des Unterhaltsberechtigten und die Leistungsfähigkeit des Unterhaltsverpflichteten gegeben sind.

---

[64] *Jäger/Weber* § 164 RdNr. 6; *Nerlich/Römermann/Westphal* §§ 201, 202 RdNr. 16 Fn. 7; MünchKomm-InsO-*Hintzen* § 202 RdNr. 38; FK-*Ahrens* § 302 RdNr. 20.
[65] AG Kaiserslautern ZIP 1988, 989; *Kuhn/Uhlenbruck* KO § 164 RdNr. 3 a; *Kilger/K. Schmidt* KO § 164 RdNr. 3; aA MünchKommInsO-*Hintzen* § 202 RdNr. 39.

Grundsätzlich werden Verbindlichkeiten aus einer unerlaubten Handlung nur dann von der Restschuldbefreiung ausgenommen, wenn der Gläubiger die Forderung unter Angabe dieses Rechtsgrundes angemeldet hatte. In einem Entschuldungsverfahren besteht jedoch ohne die besondere Feststellung nach § 292 a RegE keine Möglichkeit für die Gläubiger, den Rechtsgrund ihrer Forderung feststellen zu lassen. Daher enthält Nr. 1 nunmehr die Regelung, dass Verbindlichkeiten aus einer unerlaubten Handlung nur dann nicht von der Restschuldbefreiung berührt werden, wenn das Gericht die Gläubiger aufgefordert, ihre Forderungen anzumelden, und der Gläubiger die entsprechende Forderung unter Angabe dieses Rechtsgrundes nach § 174 Abs. 2 angemeldet hatte. Findet kein besonderes Feststellungsverfahren statt, so bleibt somit die Forderung unberührt. Falls die Forderung nicht tituliert ist, muss sie der Gläubiger im Zivilrechtsweg verfolgen. Ist sie bereits tituliert, so ist der Schuldner auf die Vollstreckungsgegenklage zu verweisen. Zusammen mit der Neuregelung des § 205 Abs. 2 BGB, wonach die Verjährung von Ansprüchen, die vor der öffentlichen Bekanntmachung des Hinweises auf den Antrag auf Restschuldbefreiung des Schuldners entstanden sind, für die Dauer des gesamten Entschuldungsverfahrens gehemmt ist, wird ein endloses Verfahren für die Geltendmachung und Durchsetzung von Forderungen geschaffen. Ob der Schuldner von allen Forderungen befreit wird, erfährt er erst nach dem Verfahren.[66]

§ 303 Widerruf der Restschuldbefreiung

(1) Auf Antrag eines Insolvenzgläubigers widerruft das Insolvenzgericht die Erteilung der Restschuldbefreiung, wenn sich nachträglich herausstellt, daß der Schuldner eine seiner Obliegenheiten vorsätzlich verletzt und dadurch die Befriedigung der Insolvenzgläubiger erheblich beeinträchtigt hat.

(2) Der Antrag des Gläubigers ist nur zulässig, wenn er innerhalb eines Jahres nach der Rechtskraft der Entscheidung über die Restschuldbefreiung gestellt wird und wenn glaubhaft gemacht wird, daß die Voraussetzungen des Absatzes 1 vorliegen und daß der Gläubiger bis zur Rechtskraft der Entscheidung keine Kenntnis von ihnen hatte.

(3) ¹ Vor der Entscheidung sind der Schuldner und der Treuhänder zu hören. ² Gegen die Entscheidung steht dem Antragsteller und dem Schuldner die sofortige Beschwerde zu. ³ Die Entscheidung, durch welche die Restschuldbefreiung widerrufen wird, ist öffentlich bekanntzumachen.

§ 303 Widerruf der Restschuldbefreiung (RegE)

(1) Auf Antrag eines Insolvenzgläubigers widerruft das Insolvenzgericht die Erteilung der Restschuldbefreiung, wenn sich nachträglich herausstellt, dass der Schuldner eine seiner Obliegenheiten vorsätzlich verletzt und dadurch die Befriedigung der Insolvenzgläubiger erheblich beeinträchtigt hat oder während der Laufzeit der Abtretungserklärung wegen einer der in § 297 Abs. 1 genannten Straftaten rechtskräftig verurteilt worden ist.

(2) Der Antrag des Gläubigers ist nur zulässig, wenn er innerhalb eines Jahres nach der Rechtskraft der Entscheidung über die Restschuldbefreiung gestellt wird und wenn glaubhaft gemacht wird, dass die Voraussetzungen des Absatzes 1 vorliegen und dass der Gläubiger bis zur Rechtskraft der Entscheidung keine Kenntnis von ihnen hatte.

(3) Vor der Entscheidung sind der Schuldner und der Treuhänder zu hören. Gegen die Entscheidung steht dem Antragsteller und dem Schuldner die sofortige Beschwerde zu. Die Entscheidung, durch welche die Restschuldbefreiung widerrufen wird, ist öffentlich bekanntzumachen.

---

[66] *Pape* NZI 2007, 681, 683.

Übersicht

	RdNr.		RdNr.
I. Normzweck	1	1. Unzulässiger oder unbegründeter Antrag	25
II. Entstehungsgeschichte	2	a) Zuständigkeit	25
III. Voraussetzungen für den Widerruf der Restschuldbefreiung	3	b) Entscheidungsform	26
1. Formelle Voraussetzungen	3	c) Mitteilung der Entscheidung	27
a) Rechtskräftig erteilte Restschuldbefreiung	3	d) Anfechtung der Entscheidung	28
b) Widerrufsantrag eines Insolvenzgläubigers	4	2. Widerruf der Restschuldbefreiung	29
c) Glaubhaftmachung	5	a) Zuständigkeit	29
aa) Vorliegen der materiellen Voraussetzungen	5	b) Form der Entscheidung	30
bb) Zeitpunkt des Bekanntwerdens der Obliegenheitsverletzung	6	c) Mitteilung der Entscheidung	31
d) Wahrung der Jahresfrist	7	d) Anfechtung der Entscheidung	32
2. Materielle Voraussetzungen	12	e) Öffentliche Bekanntmachung des Widerrufs (Abs. 3, Satz 3)	34
a) Verletzung einer Obliegenheit (§ 295) durch den Schuldner	12	**VI. Tod des Schuldners**	34 a
b) Keine Präklusion	13	**VII. Wirkungen des Widerrufs**	35
c) Erhebliche Beeinträchtigung der Insolvenzgläubiger	15	**VIII. Kosten**	36
d) Verschulden des Schuldners	16	a) Gerichtskosten	36
e) Beweislast	17	b) Anwaltskosten	37
IV. Verfahren	18	c) Gegenstandswert	38
1. Zuständigkeit	18	d) Kostenstundung	39
2. Anhörung des Schuldners	20	**IX. Änderungen durch den RegE zur Entschuldung mitteloser Personen**	40
V. Entscheidung	25	1. Gegenstand der Gesetzesänderung	40
		2. Zweck der Gesetzesänderung	41
		3. Entstehungsgeschichte	45
		4. Widerrufsgrund	46
		5. Widerrufsverfahren	48

I. Normzweck

1 Nur der redliche Schulter soll in den Genuss der Restschuldbefreiung kommen, die tief in die Rechtsverhältnisse der Beteiligten eingreift. Die Norm ermöglicht daher den Widerruf einer wegen eines bes. schweren Obliegenheitsverletzung zu Unrecht erteilten Restschuldbefreiung. Die Widerrufsmöglichkeit soll den Schuldner anhalten, seine Obliegenheiten bis zum Ende der Treuhandzeit konsequent zu erfüllen. Eine **nachträglich erkannte Obliegenheitsverletzung** kann daher auch noch nach der Erteilung der Restschuldbefreiung geahndet werden. Das in dieser Norm geregelte Widerrufsverfahren beseitigt den rechtskräftigen Beschluss über die Erteilung der Rechtskraft und trifft eine negative Entscheidung über die gesetzliche Restschuldbefreiung. Diese nachträgliche Widerrufsmöglichkeit wurde kritisiert, weil durch die Möglichkeit des Widerrufs der Schuldner zu lange im Ungewissen gelassen werde, ob eine Restschuldbefreiung tatsächlich eintritt.[1] Dieses Argument hatte jedenfalls vor dem In-Kraft-Treten des InsOÄndG vom 26. 10. 2001 eine erhebliche Bedeutung, da bis dahin die Dauer des Insolvenz- und Restschuldbefreiungsverfahrens für den Schuldner erheblich länger und weniger berechenbar war. Nachdem die Dauer der Wohlverhaltensperiode auf sechs Jahre verkürzt worden ist und die Berechnung dieser Frist mit der Eröffnung des Insolvenzverfahrens beginnt, wiegen die Einwände gegen eine nachträgliche Widerrufsmöglichkeit nicht mehr so schwer. Es ist andererseits zu berücksichtigen, dass sich, je mehr die Treuhandphase dem Ende zugeht, das Risiko der Aufdeckung einer Obliegenheitsverletzung verringert. Um dem zu begegnen, dass Schuldner unmittelbar vor dem Ende der Wohlverhaltensperiode Obliegenheitsverletzungen in der Annahme begehen, dass diese unaufgedeckt bleiben, kann

---

[1] Bundesarbeitsgemeinschaft der Schuldnerberatung, Anlage zum Stenographischen Protokoll der 74. Sitzung des Rechtsausschusses, 268 (271).

auch noch nach rechtskräftiger Erteilung der Restschuldbefreiung diese auf Antrag eines Insolvenzgläubigers widerrufen werden.

II. Entstehungsgeschichte

Der Diskussionsentwurf enthielt bereits diese Norm (§ 241 DiskE). Sie entspricht wörtlich dem Regierungsentwurf (§ 252 RegE) und wurde unverändert übernommen. 2

Der **„Gesetzentwurf der Bundesregierung zur Entschuldung mittelloser Personen, zur Stärkung der Gläubigerrechte sowie zur Regelung der Insolvenzfestigkeit von Lizenzen" vom 22. August 2007** sieht eine Änderung des § 303 Abs. 1 vor (vgl. RdNr. 40 ff.).

III. Voraussetzungen für den Widerruf der Restschuldbefreiung (Abs. 2)

1. Formelle Voraussetzungen. a) Rechtskräftig erteilte Restschuldbefreiung. Ein 3 Widerruf der Restschuldbefreiung setzt voraus, dass die Restschuldbefreiung durch Beschluss gemäß § 300 rechtskräftig erteilt worden ist. Rechtskräftig ist die Restschuldbefreiung, wenn die zweiwöchige Beschwerdefrist gegen die Erteilung der Restschuldbefreiung (§ 300) abgelaufen ist. Die Beschwerdefrist ist eine Notfrist (§ 224 ZPO), die mit der Verkündung der Entscheidung beginnt, unabhängig davon, ob die Beteiligten bei der Verkündung anwesend sind,[2] oder, wenn die Entscheidung nicht verkündet wird, mit deren Zustellung, § 6 Abs. 2. Da der Beschluss, durch den die Restschuldbefreiung erteilt wird, öffentlich bekannt zu machen ist, wird die Zustellung durch die öffentliche Bekanntmachung ersetzt, § 9 Abs. 3, so dass die Beschwerdefrist mit dem Tag, an dem die Bekanntmachung als bewirkt gilt, zu laufen beginnt. Die Bekanntmachung gilt als bewirkt, sobald nach dem Tag der Veröffentlichung zwei weitere Tage verstrichen sind, § 9 Abs. 1, Satz 3. Erfolgen öffentliche Bekanntmachung und Zustellung nebeneinander, dann ist für den Beginn der Beschwerdefrist das frühere Ereignis maßgebend. Dies folgt aus dem Gesetzeswortlaut des § 9 Abs. 1 Satz 3, wonach nach die öffentliche Bekanntmachung zum Nachweis der Zustellung „genügt" und nicht als Zustellung „gilt".[3]

b) Widerrufsantrag eines Insolvenzgläubigers. Das Widerrufsverfahren setzt einen 4 **Antrag eines Insolvenzgläubigers** voraus, der keiner besonderen Form bedarf. Er kann daher entweder schriftlich eingereicht oder zur Protokoll der Geschäftsstelle abgegeben werden, § 129 a ZPO. Die Möglichkeit, den Antrag vor der Geschäftsstelle eines jeden Amtsgerichts zu Protokoll abgegeben zu können, ist auch nicht durch die mit Wirkung vom 1. 7. 2007 erfolgte Änderung des § 13[4] entfallen. Um die Geschäftsstellen der Amtsgerichte zu entlasten, sieht § 13 nunmehr vor, dass Insolvenzeröffnungsanträge nur noch schriftlich und nicht mehr zu Protokoll der Geschäftsstelle abgegeben werden können. Diese Änderung bezieht sich nur auf die Eröffnungsanträge und kann daher nicht auf Anträge im Versagungs- oder Widerrufsverfahren erweitert werden. Ein Widerrufsverfahren kann nicht von Amts wegen eingeleitet werden.

c) Glaubhaftmachung. aa) Vorliegen der materiellen Voraussetzungen. Der den 5 Widerruf der Restschuldbefreiung beantragende Gläubiger muss **eine vorsätzliche Obliegenheitsverletzung** und eine dadurch kausal herbeigeführte **erhebliche Beeinträchtigung der Gläubigerbefriedigung** auf Grund von Tatsachen darlegen und glaubhaft machen, die sich erst nachträglich herausgestellt haben. Glaubhaft machen muss er insbesondere den Vorsatz und den Ursachenzusammenhang zwischen der Obliegenheitsverletzung

---

[2] AG Duisburg NZI 2000, 607.
[3] BGH NZI 2004, 341; OLG Köln ZIP 2000, 195, 196 f.; MünchKommInsO-*Ganter* § 6 RdNr. 24; aA *Jaeger/Gerhardt* InsO § 9 RdNr; 6; *Kübler/Prütting* § 6 RdNr. 19; FK-*Schmerbach* § 9 RdNr. 6; *Keller* EWiR 2003, 977.
[4] Gesetz zur Vereinfachung des Insolvenzverfahrens vom 13. April 2007, das am 1. Juli 2007 (BGBl I 2007, 509) in Kraft getreten ist.

und der erheblich beeinträchtigten Gläubigerbefriedigung. Wie die Glaubhaftmachung zu erfolgen hat, ergibt sich § 294 ZPO i. V. m. § 4 InsO. Der Gläubiger kann neben allen Beweismitteln wie Urkunden oder Zeugen, die von ihm selbst beigebracht werden müssen, auch eidesstattliche Versicherungen zur Glaubhaftmachung verwenden. Der Gläubiger kann beispielsweise eine Obliegenheitsverletzung dadurch glaubhaft machen, dass er eine schriftliche Erklärung des Treuhänders, aus der die Obliegenheitsverletzung hervorgeht, vorlegt.

6 **bb) Zeitpunkt des Bekanntwerdens der Obliegenheitsverletzung.** Da ein Widerrufsantrag ist nur zulässig ist, wenn der Gläubiger bis zur Rechtskraft der Entscheidung über die Erteilung der Restschuldbefreiung keine Kenntnis von der Obliegenheitsverletzung hatte, ist auch dieser Umstand glaubhaft zu machen. Bei der Glaubhaftmachung dieses Umstandes kann und wird der Gläubiger vor allem auf eine eidesstattliche Versicherung zurückgreifen.

7 **d) Wahrung der Jahresfrist.** Der Antrag muss **binnen Jahres nach Rechtskraft** der Entscheidung gestellt werden. Es genügt aber nicht nur, dass der Antrag binnen Jahresfrist beim Insolvenzgericht eingereicht worden ist. Der Antrag ist **unzulässig,** wenn nicht innerhalb dieser Frist der Widerrufsgrund glaubhaft gemacht worden ist. Außerdem muss der Antragsteller binnen der Jahresfrist auch glaubhaft zu machen, dass er bis zur Rechtskraft der Entscheidung von dem geltend gemachten Widerrufsgrund keine Kenntnis hatte. Der Gesetzgeber hat aus Gründen der Rechtssicherheit die Jahresfrist festgelegt.[5] Diese Jahresfrist soll auch den Schuldner schützen, der im Vertrauen auf die Erteilung der Restschuldbefreiung langfristig planen will und seine Lebensführung auch auf die verbesserte Lebenssituation einstellen will. Insbesondere für den Schuldner soll aus Gründen der Rechtssicherheit die Rechtslage nach diesem Jahr endgültig geklärt sein.

8 Die Jahresfrist des § 303 Abs. 2 ist eine **Ausschlussfrist.**[6] Der Gläubiger erleidet einen Rechtsnachteil, wenn er seinen Antrag nicht innerhalb der Frist stellt. Das Gericht muss das Verstreichen der Ausschlussfrist **von Amts** wegen beachten.[7] Auch wenn der Schuldner dies nicht einwendet, ist der Antrag bei Fristablauf als unzulässig abzuweisen. Eine **Wiedereinsetzung in den vorigen Stand** bei einer Versäumnis der Jahresfrist kommt nicht in Betracht. Die Vorschriften über die Wiedereinsetzung gemäß den §§ 233 ff. ZPO sind bei prozessualen Ausschlussfristen nicht anwendbar.[8] Ausschlussfristen dienen der Rechtssicherheit. Sie sollen gewährleisten, dass nach einer bestimmten Zeit im Interesse des Rechtsfriedens Rechtsstreitigkeiten zwischen den Gläubigern endgültig beendet sind. Diese Rechtssicherheit wäre gefährdet, wollte man den Gläubigern die Wiedereinsetzung in den vorigen Stand ermöglichen.

9 Die **Berechnung der Jahresfrist** richtet sich nach § 222 Abs. 1 ZPO i. V. m. §§ 187 ff. BGB i. V. m. § 4 und nicht nach § 139 Abs. 1.[9] Die Frist beginn mit der Rechtskraft des die Restschuldbefreiung erteilenden Beschlusses. Ist die Rechtskraft durch einen beidseitigen Rechtsmittelverzicht eingetreten, dann handelt es sich um eine Ereignisfrist, so dass die §§ 187 Abs. 1, 188 Abs. 2, 1. Alt. BGB zur Berechnung heranzuziehen sind. Fällt das Fristende auf einen Samstag, Sonntag oder einen allgemeinen Feiertag, so endet diese Frist mit dem Ablauf des nachfolgenden Werktages (§ 222 Abs. 2 ZPO i. V. m. § 4). Im Falle des Eintritts der Rechtskraft durch den Ablauf der Rechtsmittelfrist (vgl. § 705 ZPO) ist der Beginn des folgenden Tages für den Fristbeginn der maßgebliche Zeitpunkt. Die Berechnung erfolgt in diesem Fall nach § 222 Abs. 1 ZPO i. V. m. §§ 187 Abs. 2, 188 Abs. 2 2. Alt. BGB i. V. m. § 4. Das Gleiche gilt, wenn die Rechtskraft durch Ablauf der Frist für den Rechtsbehelf gegen die Beschwerdeentscheidung eintritt. Tritt die Rechtskraft auf Grund der weiteren Unanfechtbarkeit des **Beschwerdebeschlusses** mit der Verkündung

---

[5] Begr. DE zu § 241 S. 212.
[6] Döbereiner, S. 326.
[7] Palandt/Heinrichs, Überbl. v § 194 RdNr. 7; Baumbach/Lauterbach/Hartmann § 234 RdNr. 4.
[8] BGHZ 113, 228, 232.
[9] Döbereiner, S. 327; FK-Ahrens § 303 RdNr. 15.

oder der Bekanntmachung der Entscheidung ein, dann handelt es sich wieder um eine Ereignisfrist. In diesem Fall erfolgt die Fristberechnung nach § 222 Abs. 1 ZPO i. V. m. §§ 187 Abs. 2, 188 Abs. 2 1. Alt. BGB i. V. m. § 4.

Da der Fristablauf eine von Amts wegen zu beachtende Verfahrensvoraussetzung ist, trägt **10** derjenige die **Feststellungslast,** der eine günstige Sachentscheidung erstrebt. Das ist bei der Widerrufsentscheidung der Gläubiger. Die Unerweislichkeit des Zeitpunktes der Kenntniserlangung von der Obliegenheitsverletzung geht damit zu Lasten des antragstellenden Gläubigers.[10]

Die Ausschlussfrist des § 303 Abs. 2 Satz 1 kann auch nicht nach §§ 206, 210, 211 BGB **11** gehemmt werden.[11] In allen Fällen ist daher nach Ablauf eines Jahres der Widerrufsantrag als unzulässig abzuweisen.

2. Materielle Voraussetzungen. a) Verletzung einer Obliegenheit (§ 295) durch **12** **den Schuldner.** Der Schuldner muss gegen eine seiner Obliegenheiten verstoßen haben. Damit sind die in § 295 aufgezählten. Anforderungen gemeint. Weder wegen einer nach dem Ende der Treuhandzeit, noch wegen einer während der Treuhandphase erfolgten, jedoch erst nachträglich bekannt gewordenen Verurteilung wegen einer Insolvenzstraftat kann die Restschuldbefreiung widerrufen werden. Die Verurteilung wegen einer Insolvenzstraftat ist zwar gemäß § 297 ein Versagungsgrund aber keine Obliegenheitsverletzung im Sinne des § 295. Es ist geplant dies zu ändern, so dass künftig auch ein Widerruf auf Antrag eines Insolvenzgläubigers bei einer Verurteilung wegen einer in § 297 genannten Straftat möglich sein soll (s. u. RdNr. 40 ff.). Auch die Nichtzahlung der Mindestvergütung des Treuhänders ist zwar nach § 298 Abs. 1 ein Versagungsgrund, der auf Antrag des Treuhänders geltend gemacht wird. Es handelt sich aber um keine Obliegenheitsverletzung, die einen Widerruf der Restschuldbefreiung rechtfertigt.[12] Gleiches gilt für den Verstoß gegen Obliegenheiten aus § 296 Satz 2 und 3, da diese Obliegenheit nur noch entfernt dem mit der Treuhandzeit verfolgten Ziel einer Haftungsverwirklichung dient.[13]

b) Keine Präklusion. Die Geltendmachung der Versagungsgründe darf nicht präkludiert **13** sein. Der antragstellende Gläubiger darf von dem Obliegenheitsverstoß und der erheblichen Beeinträchtigung der Gläubigerbefriedigung bis zur Rechtskraft der Entscheidung über die Erteilung der Restschuldbefreiung keine Kenntnis gehabt haben. Macht der Gläubiger mehrere Obliegenheitsverstöße geltend, deren nachträgliche Kenntniserlangung er nur teilweise glaubhaft machen konnte, dann bedeutet dies nicht, dass der Antrag als ganzer unzulässig wäre. Vielmehr sind dann nur die Widerrufsgründe präkludiert, deren nachträgliche Kenntnis von dem Gläubiger nicht glaubhaft gemacht worden war.[14] Macht dagegen der Gläubiger die erst nachträglich eingetretene Kenntnis glaubhaft, stellt aber das Gericht auf Grund der Anhörung des Schuldner oder des Treuhänders fest, dass der Gläubiger bereits vor der Rechtskraft des Beschlusses nach § 300 Abs. 1 Kenntnis von dem geltend gemachten Versagungsgrund hatte, dann ist im Interesse der Rechtssicherheit die Berufung auf diesen Versagungsgrund präkludiert.

Die Präklusionswirkung ist auf den Gläubiger beschränkt, der den Widerruf beantragt. **14** Die Tatsache dass ein Gläubiger bereits Kenntnis von der Obliegenheitsverletzung vor Eintritt der Rechtskraft des Beschlusses nach § 300 Abs. 1 hatte, hindert nicht einen anderen Gläubiger, der diese Kenntnis nicht hatte, einen Widerrufsantrag zu stellen, der sich auf diesen Verstoß stützt. Somit kann der präkludierte Gläubiger einen anderen Gläubiger auf die Obliegenheitsverletzung hinweisen, so dass dieser unproblematisch den Widerrufsantrag nach § 303 Abs. 1 stellen kann, sofern er erst auf Grund dieser Mitteilung Kenntnis von dem Verstoß erlangt hat. Dieses Ergebnis erscheint auf den ersten Blick die Rechtskraft-

---

[10] *Döbereiner,* S. 328.
[11] *Döbereiner,* S. 329.
[12] FK-*Ahrens* § 303 RdNr. 8, *Kübler/Prütting/Wenzel* § 303 RdNr. 1 a.
[13] FK-*Ahrens* § 303 RdNr. 15.
[14] *Döbereiner* S. 263.

wirkung des Beschlusses nach § 300 Abs. 1 und die damit angestrebte Rechtssicherheit zu beschneiden. Der Zweck des Widerrufstatbestandes, unredlichen Schuldnern nicht das Privileg der Restschuldbefreiung zuteil werden zu lassen, rechtfertigt es aber, eine allgemeine Präklusionswirkung abzulehnen.[15] Aufgrund des Wortlauts des § 303 Abs. 1, nach dem nur der – einzelne – antragstellende Gläubiger nachträgliche Kenntnis erlangt haben darf, ist davon auszugehen, dass die Kenntnis eines Gläubigers von der Obliegenheitsverletzung bis zum Eintritt der Rechtskraft des Entscheidung über die Erteilung der Restschuldbefreiung nur eine auf diesen beschränkte Präklusion eintreten lässt. Die übrigen Gläubiger können diesen Widerrufsgrund ohne weiteres geltend machen, sofern sie nicht ebenfalls vorzeitig Kenntnis hatten.

15 c) **Erhebliche Beeinträchtigung der Befriedigung der Insolvenzgläubiger.** Die Obliegenheitsverletzung muss, anders als bei 296 Abs. 1, zu einer **erheblichen** Beeinträchtigung der Insolvenzgläubiger geführt haben. Der Unterschied zu § 296 Abs. 1 liegt darin begründet, dass der Entzug einer einmal gewährten Restschuldbefreiung für den Schuldner ein schwerwiegender Eingriff ist, der nur unter strengeren Voraussetzungen gerechtfertigt werden kann.[16] Zwischen der Obliegenheitsverletzung und der erheblichen Beeinträchtigung muss ein **Kausalzusammenhang** bestehen.[17] Die Beeinträchtigung ist nur durch den Vergleich zwischen dem ordnungsgemäß durchgeführten und dem unter einer Obliegenheitsverletzung absolvierten Schuldbefreiungsverfahren zu bemessen und nicht durch einen Vergleich zwischen den für den Insolvenzgläubiger eintretenden Folgen bei einer Erteilung der Restschuldbefreiung mit der unbeschränkten Vermögenshaftung des Schuldners gemäß § 201 Abs. 1 bei einer antragsgemäßen Versagung der Restschuldbefreiung.[18] Das Gesetz enthält keine weitere Konkretisierung der **Erheblichkeit.** Auch der Gesetzbegründung lässt sich hierzu nichts entnehmen. In der Literatur wird teilweise angenommen, dass eine Beeinträchtigung dann erheblich ist, wenn durch die Obliegenheitsverletzung die Befriedigung aller Gläubiger um mehr als 10%[19] oder 5%[20] verschlechtert worden ist. Diese Werte können nur Anhaltswerte sein. Maßgeblich müssen vielmehr die **Umstände des Einzelfalls** sein. So ist auch zu berücksichtigen, inwieweit die Gläubiger am Ende der Wohlverhaltensperiode bezogen auf die tatsächlich erzielte Befriedigungsquote infolge des Verstoßes einen Forderungsausfall erlitten haben.[21] Ist die Befriedigungsquote nur sehr gering, dann führt auch eine geringere Verkürzung der Befriedigungsquote zu einer erheblichen Beeinträchtigung.

16 d) **Verschulden des Schuldners.** Der Schuldner muss in **vorsätzlicher Weise** die Obliegenheiten verletzt haben. Dabei genügt ein bedingter Vorsatz, der die nachteiligen Folgen der Obliegenheitsverletzung nicht erfassen muss.[22] Eine fahrlässige Begehung reicht, anders als bei einer vorzeitigen Versagung nach § 296, nicht aus. Die Beschränkung des Widerrufsrecht auf **vorsätzliche Obliegenheitsverletzungen** ist kritisiert worden. Um eine missbräuchliche Inanspruchnahme der Restschuldbefreiung zu verhindern, ließe sich auch in den Fällen von fahrlässigen, zumindest aber grobfahrlässigen Obliegenheitsverletzungen eine Widerruf der Restschuldbefreiung rechtfertigen, zumal für die Versagung nach § 296 Abs. 1 ebenfalls ein fahrlässiger Verstoß ausreiche.[23] Aus Gründen der Rechtssicherheit ist die Entscheidung des Gesetzgebers richtig, die einmal dem Schuldner erteilte Restschuldbefreiung nur unter ganz engen Voraussetzungen widerrufen zu können. Auch ist der mit der Erteilung begründete Vertrauensschutz zu beachten. Dies rechtfertigt die auch in subjektiver Hinsicht strengen Voraussetzungen eines Widerrufs der Restschuldbefreiung.

---

[15] *Döbereiner* S. 265.
[16] *Döbereiner* S. 261.
[17] *Haarmeyer/Wutzke/Förster,* Handbuch, 2. Aufl. Kap. 10 RdNr. 80; *Wittig* WM 1998, 157, 209, 215.
[18] *FK-Ahrens* § 206 RdNr. 10.
[19] *Römermann* in *Nerlich/Römermann* RdNr. 5 zu § 303; *Smid/Krug/Haarmeyer* § 303 RdNr. 4.
[20] *Döbereiner,* S. 261, in *Kübler/Prütting/Wenzel* § 303 RdNr. 2.
[21] *Döbereiner,* S. 261.
[22] *Häsemeyer* RdNr. 26.60 Fn 54; *HK-Landfermann* § 303 RdNr. 2.
[23] *Döbereiner,* S. 259 f.

e) Beweislast. Die Beweislast für die für die Obliegenheitsverletzung hat der Gläubiger. Eine Beweislastumkehr, wie sie § 296 Abs. 1 Satz 1 Hs. 2 regelt, ist nicht vorgesehen. **17**

IV. Verfahren

1. Zuständigkeit. Zuständig für das Widerrufsverfahren ist das Insolvenzgericht (§ 303 Abs. 1). Eine dem Rechtsgedanken des § 584 Abs. 1 ZPO entsprechende Regelung, wonach ein Anfechtungsverfahren grundsätzlich bei dem Gericht durchzuführen ist, das die anzufechtende Entscheidung erlassen hat, ist für das Widerrufsverfahren nicht getroffen worden. Im Falle einer Beschwerdeentscheidung über die Erteilung der Restschuldbefreiung muss daher auch das Widerrufsverfahren bei dem Insolvenzgericht durchgeführt werden. **18**

Örtlich zuständig ist das Insolvenzgericht, bei dem das vorangegangene Insolvenzfahren anhängig war. Auch wenn das Restschuldbefreiungsverfahren als eigenständiges Verfahren anzusehen ist, besteht diese Eigenständigkeit bezüglich der örtlichen Zuständigkeit nicht. Das Insolvenzgericht, bei dem das Insolvenzverfahren durchgeführt worden ist, ist auch für das gesamte Restschuldbefreiungsverfahren örtlich zuständig. Ein Ortswechsel des Schuldners berührt daher die örtliche Zuständigkeit nicht. **19**

2. Anhörung von Schuldner und Treuhänder (Abs. 3 Satz 3). Vor der gerichtlichen Entscheidung über den Widerrufsantrag sind der **Schuldner und der Treuhänder zu hören** (§ 303 Abs. 3 Satz 1). Zur Entlastung des Gerichts kann die Anhörung der Verfahrensbeteiligten **schriftlich erfolgen.**[24] Die Anhörung dient der Gewährung rechtlichen Gehörs (Art. 103 GG). Das Gericht darf sich hierbei nicht auf eine bloße Anhörung **beschränken.** Rechtliches Gehör bedeutet, dass der Beteiligte sich vor Erlass der Entscheidung in tatsächlicher und rechtlicher Hinsicht zum Streitstoff äußern kann, das Gericht dieses Vorbringen zur Kenntnis nimmt und in Erwägung zieht.[25] Das Gericht muss daher die im Rahmen der Anhörung vorgebrachten Erwägungen bei seiner Entscheidung berücksichtigen. **20**

Das Gericht ist darüber hinaus berechtigt, zur weiteren Sachaufklärung auch die anderen **Insolvenzgläubiger** zu hören.[26] Die Anhörung der übrigen Insolvenzgläubiger kann schriftlich erfolgen. Es besteht aber, anders als im Versagungsverfahren nach § 296 Abs. 1, keine Verpflichtung, diesen Insolvenzgläubigern rechtliches Gehör zu gewähren.[27] Im Gesetz ist eine Anhörung der Insolvenzgläubiger nicht vorgeschrieben. Es tritt auch keine Beeinträchtigung der Rechtsposition der Gläubiger ein. Die Insolvenzgläubiger können nach Erteilung der Restschuldbefreiung ihre Insolvenzforderungen nicht mehr durchsetzen, mit Ausnahme der nach § 302 von der Restschuldbefreiung ausgenommenen Forderungen. Der Widerrufsantrag eines Gläubigers kann somit nur die Rechtsposition der übrigen Insolvenzgläubiger verbessern. Ist der Antrag des Insolvenzgläubigers erfolgreich, dann sind die materiellrechtlichen Wirkungen einer erteilten Restschuldbefreiung aufgehoben. Der Schuldner haftet dann wieder für seine Verbindlichkeiten. Ist der Widerrufsantrag nicht erfolgreich, dann verbleibt es bei der Rechtslage, wie sie im Zeitpunkt der Antragstellung bestand. **21**

Eine Anhörung der Insolvenzgläubiger, die ausschließlich Inhaber von Forderungen im Sinne des § 302 sind ist nicht erforderlich, da diese Forderungen nicht von den Wirkungen der Restschuldbefreiung erfasst werden. **22**

Die Anhörung des Schuldners kann unterbleiben, wenn er sich um Ausland aufhält und deshalb das Verfahren übermäßig verzögern würde. Das Gleiche gilt, wenn der Aufenthalt des Schuldners unbekannt ist. Dies folgt aus § 10. Der Anspruch auf Gewährung rechtlichen **23**

---

[24] Begr. des Rechtsausschusses, BT-Drucks. 12/7392, S. 188 zu 346 k.
[25] BVerfGE 11, 218(220); 86 133 (145 f); *von Münch/Kunig* Art. 103 RdNr. 10.
[26] FK-*Ahrens* § 202 RdNr. 19.
[27] *Vallender*, Das rechtliche Gehör im Insolvenzverfahren, Kölner Schrift (2. Aufl.), S. 278 RdNr. 92; *Uhlenbruck/Vallender*, InsO, 12. Aufl. § 303 RdNr. 21; HK-*Landfermann* § 303 RdNr. 5; aA *Döbereiner*, S. 299.

Gehörs ist nicht schrankenlos, so dass der Gesichtspunkt der Verfahrensbeschleunigung in Verbindung mit der Erfordernis einer funktionierenden Rechtspflege Einschränkungen rechtfertigen kann.[28] Dies gilt umso mehr, als dem Schuldner im Beschwerdeverfahren das rechtliche Gehör nachträglich gewährt wird. Der dadurch eintretende Verlust einer Instanz kann zum Zwecke der Verfahrensbeschleunigung in Kauf genommen werden. Im Hinblick auf Art. 103 Abs. 1 GG ist jedoch von der Möglichkeit, in diesen Fällen eine Anhörung zu unterlassen, restriktiv Gebrauch zu machen.[29] Auch die Anhörung eines Insolvenzschuldners kann unterbleiben, wenn sich dieser im Ausland aufhält oder wenn dessen Anschrift unbekannt ist. Zwar fehlt hierfür eine dem § 10 entsprechende Regelung. Es besteht jedoch keine unterschiedliche Interessenlage zum Fall des Absehens einer Anhörung des Schuldners. § 10 ist daher auch analog auf die Anhörung eines Gläubigers anzuwenden.[30]

24 Unterbleibt eine Anhörung des Treuhänders, so stellt dies kein Verstoß gegen Art. 103 Abs. 1 GG dar. Die Anhörung des Treuhänders dient allein der Sachverhaltserforschung. Der Treuhänder ist am besten in der Lage zu beurteilen, ob der Schuldner seinen Obliegenheiten nachgekommen ist. Durch das Unterlassen einer Anhörung des Gläubigers wird lediglich der Amtsermittlungsgrundsatz nach § 5 Abs. 1 verletzt.

V. Entscheidung

25 **1. Unzulässiger oder unbegründeter Antrag. a) Zuständigkeit.** Die Entscheidung über den Widerruf trifft der Richter gemäß § 18 Abs. 1 Nr. 2 RpflG. Die Übertragung dieser Entscheidung im Rahmen des Restschuldbefreiungsverfahrens auf den Richter ist aus verfassungsrechtlichen Gründen geboten. Bei dieser Entscheidung handelt es sich um Rechtsprechung im Sinne des Art. 92 GG, da sie in einem kontradiktorischen Verfahren nach Anhörung der Beteiligten ergeht, schwierige Abwägungen und Bewertungen erfordert und tief in die rechtliche Stellung des Schuldners oder der Gläubiger eingreift.

26 **b) Entscheidungsform.** Gelingt dem Insolvenzgläubiger die Glaubhaftmachung des Widerrufsantrags nicht oder mangelt es an sonstigen formellen Verfahrensvoraussetzungen, dann ist der Antrag durch Beschluss als unzulässig zurückzuweisen. Der Tenor der zurückweisenden Beschlusses lautet: Der Antrag des Gläubigers wird als unzulässig zurückgewiesen. Die Entscheidung ist zu begründen. Beschlüsse, die anfechtbar sind oder einen Antrag ablehnen, sind schriftlich zu begründen und zwar sofort mit der Entscheidung, weil gegen die Entscheidung die sofortige Beschwerde statthaft ist.[31] Im Widerrufsverfahren nach § 303 stehen sich der antragstellende Gläubiger und der Schuldner wie Parteien in einem Rechtsstreit gegenüber. Daher finden in diesem Verfahren die §§ 91 ff. ZPO i. V. m. § 4 Anwendung.[32] Die Entscheidung enthält somit eine Kostenentscheidung über die Kosten des Widerrufsverfahrens.

27 **c) Mitteilung der Entscheidung.** Die Entscheidung, die den Widerrufsantrag des Gläubigers als unzulässig oder unbegründet zurückweist, ist dem Antragsteller zuzustellen. Dem Schuldner ist die Entscheidung formlos bekannt zu geben. Auch den Insolvenzgläubigern, die zum Antrag auf Widerruf der Restschuldbefreiung angehört worden sind, sollte die Entscheidung formlos mitgeteilt werden.

28 **d) Anfechtung der Entscheidung.** Nach Abs. Satz 2 steht gegen die Entscheidung im Widerrufsverfahren dem Antragsteller und dem Schuldner die sofortige Beschwerde zu. Da durch den zurückweisenden Entscheidung nur der Antragsteller beschwert ist, hat er allein ein Beschwerderecht. Für die Rechtsmittel der sofortigen Beschwerde und der Rechtsbeschwerde siehe RdNr. 32.

---

[28] *Maunz/Dürig/Schmidt-Assmann*, Art. 103 Abs. 1 RdNr. 18.
[29] *Döbereiner*, S. 300.
[30] *Döbereiner*, S. 301.
[31] KG Berlin NJW 1974, 2010, OLG Düsseldorf NJW 1971, 520.
[32] *Döbereiner* S. 310 f.

2. Widerruf der Restschuldbefreiung. a) Zuständigkeit. Ebenso wie bei der zurück- 29
weisenden Entscheidung ist für die stattgebende Entscheidung der Richter zuständig (§ 18
Abs. 1 Nr. 2 RpflG).

b) Entscheidungsform. Sind die gesetzlichen Voraussetzungen erfüllt, widerruft das 30
Gericht die Restschuldbefreiung durch Beschluss. Der Ausspruch über den Widerruf der
Restschuldbefreiung ist jedoch nicht ausreichend, da damit allein das Restschuldbefreiungsverfahren noch nicht zu Ende geführt worden ist. **Mit dem Widerruf ist daher auch
gleichzeitig die Schuldbefreiung zu versagen.**[33] Wird die Erteilung der Restschuldbefreiung widerrufen, muss konsequenterweise auch die Restschuldbefreiung versagt werden.
Beide Entscheidungen sind gemeinsam zu treffen. Ohne eine Versagung darf die Schuldbefreiung nicht widerrufen werden. Der Beschluss ist zu begründen und enthält eine Kostenentscheidung (RdNr. 26).

c) Mitteilung der Entscheidung. Die Entscheidung, die die Restschuldbefreiung wi- 31
derruft, ist dem Schuldner zuzustellen. Dem Gläubiger, der den Widerrufsantrag gestellt hat,
sowie den Insolvenzgläubigern, die zu dem Versagungsantrag gehört worden sind,[34] ist die
Entscheidung formlos bekannt zu geben.

d) Anfechtung der Entscheidung. Die Entscheidung, durch die die Restschuldbefrei- 32
ung widerrufen wird, kann von dem Schuldner mit der **sofortigen Beschwerde** nach den
§§ 6, 7 und 4 InsO und 567 ff. ZPO angefochten werden. Die Beschwerdefrist beginnt mit
der Verkündung der Entscheidung oder, wenn diese nicht verkündet wird, mit deren
Zustellung. Die Beschwerde wird durch die Einreichung einer Beschwerdeschrift eingelegt
(§ 569 Abs. 2 Satz 1 ZPO). Sie kann schriftlich, telegrafisch oder per Telefax eingelegt
werden oder auch zu Protokoll der Geschäftsstelle abgegeben werden (§ 569 Abs. 2 Satz 2
ZPO). Ein Anwaltszwang besteht auch bei der mündlichen Verhandlung vor dem Beschwerdegericht nicht. Die Beschwerde ist innerhalb von zwei Wochen (§ 569 Abs. 1 Satz 1 ZPO)
einzulegen. Diese zweiwöchige Beschwerdefrist ist eine Notfrist, die gemäß § 224 Abs. 2
ZPO nicht verlängert werden kann.

Gegen die Beschwerdeentscheidung ist gemäß § 7 die **Rechtsbeschwerde** statthaft. Für 33
diese Rechtsbeschwerde bedarf es keiner Zulassung (§ 574 Abs. 1 Nr. 1 ZPO i.V.m. § 7
InsO). Das Rechtsbeschwerdegericht kann allerdings gem. § 577 Abs. 1 ZPO die Rechtsbeschwerde als unzulässig verwerfen, wenn die zwingend erforderliche Begründung der
Rechtsbeschwerde nicht die Angaben gemäß § 575 Abs. 3 ZPO enthält. Über die Rechtsbeschwerde entscheidet der BGH, § 133 GVG. Zulässigkeitsvoraussetzung ist, dass die Rechtssache grundsätzliche Bedeutung hat oder die Fortbildung des Rechts oder die Sicherung einer
einheitlichen Rechtsprechung diese erfordert (§ 574 Abs. 2 ZPO.) Die Rechtsbeschwerde ist
binnen einer Notfrist von einem Monat ab Zustellung des anzufechtenden Beschlusses durch
Einreichen einer Beschwerdeschrift bei dem Rechtsbeschwerdegericht einzureichen.

e) Öffentliche Bekanntmachung des Widerrufs (Abs. 3 Satz 3). Die Entscheidung 34
ist öffentlich bekannt zu machen. Die Bekanntmachung erfolgt gemäß § 9 Abs. 1 Satz 1
durch eine zentrale und länderübergreifende Veröffentlichung im Internet.[35] Anders als in
§ 289 Abs. 2 Satz 3 muss die zu veröffentlichende Entscheidung nicht rechtskräftig sein.[36]
Die öffentliche Bekanntmachung hat die Aufgabe, der Entscheidung nach außen hin
Geltung zu verschaffen und die Personen von der Entscheidung zu unterrichten, die zwar
ein Interesse an der Entscheidung haben, an die aber eine Einzelzustellung nicht erfolgt. Das
sind die Gläubiger, die im Widerrufsverfahren nicht angehört worden sind und denen die
Entscheidung aus diesem Grund auch nicht mitgeteilt worden ist. Es können aber auch
Gläubiger sein, deren Namen oder Wohnort unbekannt oder zweifelhaft sind.

---

[33] **AA** HK-*Landfermann* § 303 RdNr. 5.
[34] Siehe RdNr. 21.
[35] Gesetz zur Vereinfachung des Insolvenzverfahrens vom 13. April 2007 (BGBl I 2007, 509), das am 1. Juli 2007 in Kraft getreten ist.
[36] AA FK-*Ahrens* § 303 RdNr. 24.

VI. Tod des Schuldners

34 a Ist der Schuldner nach der Erteilung der Restschuldbefreiung gestorben, so ist unter den Voraussetzungen des § 303 Abs. 1 ein Widerruf gegenüber seinen Erben möglich.[37] Das Gesetz regelt die Frage zwar nicht. In § 303 Abs. 3 ist ganz allgemein vom Schuldner die Rede, worunter jedoch auch der Erbe als Schuldner des Nachlassinsolvenzverfahrens zu verstehen ist.[38] Der Widerruf der Restschuldbefreiung innerhalb der kurzen Frist des § 303 Abs. 2 InsO und unter den strengen Voraussetzungen des Abs. 1 dieser Bestimmung wirkt sich wie die Ausübung eines Gestaltungsrechts aus, weil mit dem Widerruf aus unvollkommenen (vgl. § 301 Abs. 3) wieder vollkommene Verbindlichkeiten werden. Gestaltungsrechte setzen sich aber in der Regel gegen den Erben durch.[39] Eine unbeschränkte Nachhaftung des Erben tritt mit dem Widerruf nicht ein. Ihm verbleibt die Möglichkeit der Beschränkung der Haftung auf den Nachlass.

VII. Wirkungen des Widerrufs

35 Durch den Widerruf entfallen die Wirkungen der Restschuldbefreiung nicht nur gegenüber dem anfechtenden Gläubiger,[40] sondern **gegenüber sämtlichen Insolvenzgläubigern.** Die zu unvollkommenen Verbindlichkeiten gewordenen Forderungen werden wieder unbeschränkt durchsetzbar. Das unbeschränkte Nachforderungsrecht des Gläubigers lebt wieder auf. Mit dem Widerruf der Restschuldbefreiung und der Versagung der erteilten Restschuldbefreiung sind Zwangsvollstreckungen gegen den Schuldner aus der Tabelle zulässig. § 201 Abs. 2. Das setzt voraus, dass die Forderung festgestellt und der Feststellung entweder nicht vom Schuldner widersprochen worden oder sein Widerspruch beseitigt worden ist. Ein früherer Titel ist durch die insolvenzmäßige Feststellung zur Tabelle aufgezehrt bzw. verdrängt worden (§§ 178, 184).[41] Betagte, wiederkehrende und unbestimmte Forderungen sind mit der Feststellung zur Insolvenztabelle in ihrem Forderungsinhalt verändert worden. Für die Insolvenzgläubiger und den Schuldner ist die Forderung nur noch als fällige Geldforderung vorhanden. Die seit der Eröffnung des Insolvenzverfahrens **laufenden Zinsen** können als nachrangige Forderungen ebenfalls zur Tabelle festgestellt werden (§ 39 Abs. 1 Nr. 1), falls das Gericht nachrangige Gläubiger gemäß § 174 Abs. 3 zur Anmeldung aufgefordert hatte. Dies wird aber in der Regel selten vorkommen. Soweit der Gläubiger somit Ansprüche hat, die in dem früheren Titel mittituliert sind, zum Insolvenzverfahren aber nicht anmelden kann, bildet auch der vollstreckbare Tabellenauszug hierüber keinen neuen zur Zahlung geeigneten Titel. Eine Aufzehrung des früheren Titels kommt daher nur in der Höhe in Betracht, in der der titulierte und der zum Verfahren angemeldete Betrag identisch ist.[42] Soweit es daher um nachrangige Forderungen im Sinne von § 39 geht, ist der frühere Titel die zur Zwangsvollstreckung geeignete und bestimmte Grundlage. Hat der Gläubiger einen vollstreckbaren Titel gegen den Schuldner, hat er jedoch **nicht am Insolvenzverfahren teilgenommen,** dann kann er nach dem Widerruf der Restschuldbefreiung gegen den Schuldner uneingeschränkt aus diesem Titel vollstrecken. Hatte der Gläubiger einen titulierten Anspruch im Insolvenzverfahren angemeldet, so kann nach wie vor aus dem alten Titel vollstreckt werden, sofern der angemeldete Anspruch einem Widerspruch ausgesetzt ist und der Widerspruch während des Verfahrens nicht beseitigt wurde, da nach § 201 Abs. 2 Satz 1 die Erteilung des vollstreckbaren Tabellenauszugs eine widerspruchslose Forderungsanmeldung voraussetzt.[43]

---

[37] *Uhlenbruck/Vallender* § 3 RdNr. 3; HK-*Landfermann* § 303 RdNr. 4.; *Messner* ZVI 2004, 433, 440; FKInsO-*Ahrens* § 286 RdNr. 41 aE.
[38] *Siegmann* ZEV 2000, 345; *Döbereiner*, 1997, S. 329.
[39] *Siegmann* ZEV 2000, 345, 348.
[40] Wie dies in § 89 VglO angeordnet war.
[41] *Kuhn/Uhlenbruck* § 164 Anm. 2.
[42] MünchKommInsO-*Hintzen* § 202 RdNr. 27.
[43] MünchKommInsO-*Hintzen* § 201 RdNr. 36.

Im Widerrufsverfahren entdecktes Vermögen, das im Insolvenverfahren zur Insolvenzmasse oder im Restschuldbefreiungsverfahren zu dem zu verteilenden Vermögen gehört hätte, ist im Wege einer Nachtragsverteilung an die Gläubiger auszukehren.[44] Hat der Schuldner mit der Obliegenheitsverletzung, die zu dem Widerruf der Restschuldbefreiung geführt hat, eine vorsätzliche Schädigung begangen, kann grds. zusätzlich ein Schadensersatzanpruch gegen den Schuldner bestehen. Anders als bei Obliegenheitsverletzung nach § 303 Abs. 1 muss bei einer Haftung aus § 826 BGB der Schaden mit von dem Vorsatz erfasst sein. Rechtsfolge der vorsätzlichen Schädigung ist ein Anspruch auf Ersatz des dem jeweiligen Gläubiger individuell entstanden, nachgewiesenen Schadens. Das sind die dem Gläubiger bei der Verteilung entgangenen Beträge. Für die Schadenshöhe ist von der Vermögenslage, bei der die Obliegenheit zu erfüllen gewesen wäre und nicht von der Vermögenslage, die bei Widerruf der Restschuldbefreiung vorgelegen hat, auszugehen.[45]

VIII. Kosten

a) Gerichtskosten. Grundsätzlich ist mit den allgemeinen Gebühren für die Durchführung des Insolvenzverfahrens auch die Durchführung der Restschuldbefreiung abgegolten. Wegen der zusätzlichen Belastung des Gerichts durch den Gläubigerantrag auf Widerruf der Restschuldbefreiung wird jedoch eine dafür eine Gebühr in Rechnung gestellt.[46] Kostenschuldner der Gebühr für den Widerrufsantrag ist der antragstellende Insolvenzgläubiger, § 23 Abs. 2 GKG. Die Gebühr für den Widerrufsantrag beträgt EUR 30,– (KV Nr. 2350. Zusätzlich fallen die Kosten für die Veröffentlichung nach § 303 Abs. 3 Satz 3 gemäß KV Nr. 9904. Für die Internetveröffentlichung fällt ein Euro an. Ordnet das Gericht, soweit dies zulässig ist, zusätzlich zu der elektronischen Bekanntmachung nach § 9 Abs. 1 Satz 1 die Veröffentlichung in einem Printmedium an, so kommen die Kosten für diese Veröffentlichung in voller Höhe hinzu. Im Beschwerdeverfahren entsteht eine Gebühr in Höhe von EUR 50,– gem. KV Nr. 2361, wenn die Beschwerde verworfen oder zurückgewiesen wird. 36

b) Anwaltskosten. Für seine Tätigkeit in einem Widerrufsverfahren nach § 303 erhält ein Rechtsanwalt die Hälfte der vollen Gebühr, Nr. 3321 VV RVG. Das Verfahren über mehrere gleichzeitig anhängige Anträge ist eine Angelegenheit. Im Beschwerdeverfahren entsteht eine halbe Gebühr nach Nr. 3500 und 3513 VV RVG. 37

c) Gegenstandswert. Der Gegenstandwert für die Rechtsanwaltsgebühren ist nach billigem Ermessen unter Berücksichtigung des wirtschaftlichen Interesses, das der Gläubiger mit dem Widerrufsantrag verfolgt, zu bestimmen, §§ 28 Abs. 3, 23 Abs. 3 Satz 2 RVG. Ausgangspunkt für die Gegenstandsbewertung ist zunächst das wirtschaftliche Interesse, das der Auftraggeber, im Verfahren verfolgt. **Vertritt der Rechtsanwalt den Gläubiger,** so ist als Ausgangsbetrag die Forderung des Gläubigers, von dessen Haftung der Schuldner durch die Restschuldbefreiung, frei wird, festzustellen. Im Einzelfall ist diese Forderungen jedoch auf einen Bruchteil herabzusetzen, wenn absehbar ist, dass der Schuldner die Forderung niemals vollständig erfüllen wird. **Vertritt der Rechtsanwalt den Schuldner,** dann ist die Höhe dann ist die Höhe der Forderung des Gläubigers, der den Widerrufsantrag gestellt hat, allerdings kein geeignetes Kriterium für die Wertfestsetzung im Rahmen des §§ 28 Abs. 3, 23 Abs. 3 Satz 2 RVG, da durch den Versagungsantrag die gesamten Verbindlichkeiten des Schuldners betroffen sind.[47] Das Landgericht Bochum hat den Gegenstandswert nach §§ 28 Abs. 3, 23 Abs. 3 Satz 2 RVG auf den hälftigen Betrag der zur Insolvenztabelle angemeldeten Forderungen angesetzt, weil der Schuldner zumindest teilweise in der Lage war, eine geringfügige Befriedigung der gegen ihn bestehenden Forderungen zu gewährleisten. Da 38

---

[44] FKInsO-*Ahrens* § 303 RdNr. 26.
[45] FKInsO-*Ahrens* § 303 RdNr. 28 ff.
[46] Begr. zum RegE EGInsO, BT-Drucks. 12/3803, S. 72.
[47] LG Bochum ZinsO 2001, 564, 566; OLG Celle ZVI 2002, 32 ff.

das Interesse des Schuldners dahin geht, eine Befreiung von sämtlichen Verbindlichkeiten zu erlangen, die am Ende der Wohlverhaltensperiode noch nicht erfüllt sind, ist zunächst von dem Schuldenstand zu diesem Zeitpunkt auszugehen. Der Gesamtbestand der Verbindlichkeiten ist nunmehr unter dem Gesichtspunkt der wirtschaftlichen Realisierbarkeit zu überprüfen. Ergibt sich ein sehr hoher Forderungsbestand und ist wertmäßig nicht abzuschätzen, in welchem Umfang bei widerrufener Restschuldbefreiung eine Befriedigung erfolgen wird, dann ist der Gegenstandswert auf 4000 Euro festzusetzen.[48]

39 **d) Kostenstundung.** Die im Eröffnungsverfahren bewilligte Stundung erstreckt sich in der Regel bis zur Erteilung der Restschuldbefreiung,[49] obwohl über die Gewährung der Stundung für die Treuhandperiode als eigenständigem Verfahrensabschnitt eine besondere Entscheidung getroffen werden muss, § 4 Abs. 3 Satz 2. Im Falle einer Verfahrenskostenstundung, kann gemäß § 4a Abs. 2 dem Schuldner für das Widerrufsverfahren ein Rechtsanwalt beigeordnet werden. Im Interesse der Waffengleichheit wird, so die Gesetzesbegründung,[50] eine Beiordnung dann für erforderlich gehalten, wenn der Schuldner in den quasi-kontradiktorischen Verfahren nach § 290 oder 296 für seine Restschuldbefreiung kämpft. Gleiches muss auch für das Widerrufsverfahren gemäß § 303 gelten.

IX. Änderungen durch den RegE zur Entschuldung mittelloser Personen

40 **1. Gegenstand der Gesetzesänderung.** Der „Gesetzentwurf der Bundesregierung zur Entschuldung mittelloser Personen, zur Stärkung der Gläubigerrechte sowie zur Regelung der Insolvenzfestigkeit von Lizenzen"[51] sieht eine Erweiterung des Abs. 1 vor. Am Ende des Absatzes sollen vor dem Punkt die Wörter: „*oder während der Laufzeit der Abtretungserklärung wegen einer der in § 297 Abs. 1 genannten Straftaten rechtskräftig verurteilt worden ist*" eingefügt werden. Die Restschuldbefreiung soll nicht nur widerrufen werden können, wenn der Schuldner seine Obliegenheiten während der Laufzeit der Abtretungserklärung vorsätzlich verletzt hat und dies bei Erteilung der Restschuldbefreiung nicht bekannt war. Ein Widerruf soll auf Antrag eines Insolvenzgläubigers auch möglich sein, wenn die Verurteilung wegen einer in § 297 Abs. 1 RegE genannten Straftat bei Erteilung der Restschuldbefreiung verborgen geblieben war.

41 **2. Zweck der Gesetzesänderung.** Eines der Ziele des Gesetzentwurfs zur Entschuldung mittelloser Personen ist es, dem unredlichen Schuldner die Erteilung der Restschuldbefreiung zu erschweren, um der missbräuchlichen Inanspruchnahme des Verbraucherinsolvenz- und Restschuldbefreiungsverfahrens besser vorzubeugen und die Rechte der Gläubiger zu stärken.[52] Diese Gesetzesänderung entspricht den dem Gesetzentwurf anhaftenden Verschärfungstendenzen.[53] Die bisherige Beschränkung der Widerrufsmöglichkeit auf vorsätzliche Obliegenheitsverletzungen hatte den Zweck, den Schuldner anzuhalten, seine Obliegenheiten bis zum Ende der Laufzeit der Abtretungserklärung zu erfüllen. Der Schuldner sollte nicht darauf vertrauen zu dürfen, dass eine Obliegenheitsverletzung kurz vor dem Ende der Wohlverhaltensperiode nicht mehr aufgedeckt werden wird.

42 Die Erweiterung der Widerrufsmöglichkeit auf rechtskräftige Verurteilungen wegen einer in § 297 Abs. 1 genannten Straftaten während der Laufzeit der Abtretungserklärung kann allein den Zweck verfolgen, die Fälle zu erfassen, in denen zum Zeitpunkt der Entscheidung über die Erteilung der Restschuldbefreiung bereits eine rechtskräftige Verurteilung vorlag, das Insolvenzgericht hiervon jedoch keine Kenntnis hatte, weil es entweder versäumt hatte, vor der Entscheidung einen entsprechenden Registerauszug bei dem Bundeszentralregister

---

[48] OLG Celle ZVI 2000, 32 ff.
[49] BT-Drucks. 14/5680 S. 20.
[50] BT-Drucks. 14/5680 S. 21.
[51] BT-Drucks. 16/7416.
[52] Begr. DT-Drucks. 16/7416 S. 30.
[53] *Pape* ZInsO 2006, 897, 904.

einzuholen oder dem Bundeszentralregister noch keine Mitteilung über die rechtskräftige Verurteilung vorlag.

Nach der Neufassung des § 297 durch das Gesetz zur Entschuldung mittelloser Personen **43** versagt das Insolvenzgericht die Restschuldbefreiung von Amts wegen, wenn der Schuldner während der Laufzeit der Abtretungserklärung wegen einer der in dieser Vorschrift genannten Straftat rechtskräftig verurteilt worden ist. Das Gericht hat somit, wenn die Laufzeit der Abtretungserklärung verstrichen ist, eine Auskunft aus dem Bundeszentralregister einzuholen. Hierbei kann es die üblichen Mitteilungszeiten des Strafgerichts an das Bundeszentralregister berücksichtigen. Bei einem verfahrensfehlerfreien Ablauf des Verfahrens nach § 300 dürfte der Fall, dass eine Restschuldbefreiung erteilt wird, obwohl der Schuldner während der Laufzeit der Abtretung rechtskräftig wegen einer Straftat nach § 297 (RegE) verurteilt worden ist, nicht eintreten. Zieht man in Betracht, dass der Widerruf der Restschuldbefreiung nach § 303 wegen einer Obliegenheitsverletzung an erheblich höhere Voraussetzungen geknüpft ist als die Versagung nach § 296, weil der Widerruf die Rechtskraft der bereits erteilten Restschuldbefreiung durchbricht und daher nur bei gravierenden Obliegenheitsverletzungen gerechtfertigt ist, dann erscheint die Beseitigung eines rechtskräftigen Beschlusses über die Erteilung der Restschuldbefreiung wegen eines Verfahrensfehlers des Gerichts nicht unproblematisch.

Bislang hatte § 303 keine erhebliche praktische Bedeutung. Veröffentlichte Entscheidungen **44** zu dieser Vorschrift sind nicht bekannt. Auch die vorgesehene Erweiterung des Anwendungsbereichs wird die praktische Bedeutung der Vorschrift kaum steigern, da ein Insolvenzgläubiger grundsätzlich keine Auskunftsrechte gegenüber dem Bundeszentralregister hat.

3. Entstehungsgeschichte. Die Justizministerkonferenz setzte im November 2004 eine **45** Bund-Länder-Arbeitsgruppe „Reform der Verbraucherentschuldung" ein, die die Aufgabe hatte Vorschläge zu Vereinfachung des Verbraucherinsolvenzverfahrens auszuarbeiten. Im Juni 2006 legte die Arbeitsgruppe der Justizministerkonferenz als Ergebnis ihrer Arbeit einen „Entwurf zum Entschuldungs- und Verbraucherinsolvenzverfahren"[54] vor. In diesem Entwurf ist bereits diese Änderung des § 303 enthalten. Die vorgeschlagene Änderung wurde unverändert in den im Januar 2007 in den Referentenentwurf des Bundesjustizministeriums[55] und danach in den Regierungsentwurf vom 22. August 2007 übernommen. Der Bundesrat hat in seiner Stellungnahme zu dieser Änderung keine Stellung genommen.

4. Widerrufsgrund. Als weiterer Widerrufsgrund neben der vorsätzlichen Obliegen- **46** heitsverletzung, die zu einer erheblichen Beeinträchtigung der Gläubigerbefriedigung geführt haben muss, tritt nunmehr die rechtskräftige Verurteilung wegen einer Straftat nach § 297 Abs. 1 (RegE). Zusätzliche Anforderungen sind – anders als bei einer nachträglich erkannten Obliegenheitsverletzung – an diesen Widerruf nicht geknüpft.

Unerheblich ist es, ob das Gericht bei der Entscheidung über die Restschuldbefreiung die **47** Tatsache einer rechtskräftigen Verurteilung während der Laufzeit der Abtretungserklärung hätte kennen können. In der Regel hat nur das Gericht vor der Entscheidung über die Erteilung der Restschuldbefreiung die Möglichkeit sich Kenntnisse über rechtskräftige Verurteilungen durch Auskunft aus dem Bundeszentralregister zu beschaffen, diese Möglichkeiten stehen – außer dem Schuldner selbst – keinem der übrigen Verfahrensbeteiligten offen. Da das Gericht von Amts wegen (§ 297 RegE) ermitteln muss, ob eine rechtskräftige Verurteilung vorliegt, kann bei einer verfahrensfehlerfreien Erteilungsverfahren nach § 300 grundsätzlich nicht der Fall eintreten, dass das Gericht keine Kenntnis von einer rechtskräftigen Verurteilung hat. Die Vorschrift erfasst daher alle die Fälle, in denen eine Versagung nach den §§ 297, 300 (RegE) von Amts wegen aus Gründen unterblieben ist, die im Verantwortungsbereich der Gerichte – des Straf- oder Insolvenzgerichts – liegen.

---

[54] ZVI 2006, Heft 3, Beilage 1.
[55] ZVI 2007, Heft 1, Beilage 1.

48 **5. Widerrufsverfahren.** Das Widerrufsverfahren wegen einer rechtskräftigen Verurteilung während der Laufzeit der Abtretungserklärung entspricht dem bisherigen Widerrufsverfahren bei der vorsätzlichen Obliegenheitsverletzung. **Nur ein Insolvenzgläubiger** kann einen Widerrufsantrag stellen. Ist ein Entschuldungsverfahren gemäß § 289 b (RegE) durchgeführt worden, so gibt es keine Insolvenzgläubiger. In diesen Fällen sind den Insolvenzgläubigern solche Gläubiger gleichgestellt, die zum Zeitpunkt der Abweisung mangels Masse einen begründeten Vermögensanspruch gegenüber dem Schuldner hatten (§ 286 Satz 2 (RegE).

49 Für die Entscheidung über einen Widerrufsantrag ist der Richter zuständig (§ 18 Abs. 1 Nr. 2 RPflG). Dem Schuldner und dem Treuhänder ist vor der gerichtlichen Entscheidung rechtliches Gehör zu gewähren. Ist der Antrag zulässig und begründet, so ist die erteilte Restschuldbefreiung ist zu widerrufen. **Gleichzeitig hat das Gericht auszusprechen, dass die Schuldbefreiung zu versagen ist.** Die Entscheidung ergeht durch Beschluss gegen den dem Antragsteller und dem Schuldner die sofortige Beschwerde zusteht.

Neunter Teil. Verbraucherinsolvenzverfahren und sonstige Kleinverfahren

Neunter Teil. Verbraucherinsolvenzverfahren (RegE vom 22. 8. 2007)

Schrifttum: *Ackmann,* Neue Wege zur Bereinigung von Verbraucherinsolvenzverfahren?, KTS 1986, 555; *ders.,* Schuldbefreiung durch Konkurs, Diss. Bonn 1982; *Ahrens,* Rechtsmittelzug im Insolvenzverfahren: Sofortige weitere Beschwerde in PKH-Angelegenheiten?, ZInsO 1999, 190; *ders.,* Rücknahmefiktion und Beschwerderecht, NZI 2000, 201; *ders.,* Anmerkung zu AG Aachen, Beschl. v. 13. 7. 2000 – 19 IK 29/99, VuR 2001, 30; *ders.,* Schuldbefreiung durch absolute Verjährungsfristen – 12 Antithesen, ZVI 2005, 1 ff.; *ders.,* Entschuldungsverfahren und Restschuldbefreiung, NZI 2007, 193 ff.; *Alff,* Anmerkung zu LG Hamburg, Beschl. v. 1. 10. 1999 – 321 T 85/99, Rpfleger 2000, 37; *Apel,* Die Reform des Verbraucherinsolvenz- und Restschuldbefreiungsverfahrens, NdsVBl 2002, 33 ff.; *App,* Zur Zwanzig-Gläubiger-Grenze des neuen § 304 Abs. 2 InsO, InVo 2002, 87 ff.; *ders.,* Steuerforderungen bei der nach § 304 Abs. 2 InsO nF maßgeblichen Gläubigerzahl, StB 2003, 225 f.; *ders.,* Überlegungen des Finanzamts beim Vorschlag eines Treuhänders, eine vereinfachte Verteilung durchzuführen, DStZ 2003, 387 f.; *ders.,* Ein Weg zum Schutz von Forderungen vor dem Erlöschen durch ein möglicherweise falsches Forderungsverzeichnis gem. § 308 Abs. 3 S. 2 InsO?, InVo 2002, 169; *Arnold,* Auswirkungen der Gesamtvollstreckung, insbesondere der gesamtvollstreckungsrechtlichen Schuldbefreiung auf die Einzelvollstreckung, DGVZ 1993, 33; *ders.,* Das Insolvenzverfahren für Verbraucher und Kleingewerbetreibende nach der Insolvenzordnung von 1994, DGVZ 1996, 129; *Ast,* Über den Umgang mit Nullmassen, ZVI 2002, 183 f.; *Balz,* Insolvenzverfahren für Verbraucher, ZRP 1986, 12; *ders.,* Aufgaben und Struktur des künftigen einheitlichen Insolvenzverfahrens, ZIP 1988, 273; *A. Becker,* Die Zustimmung des Finanzamts zu außergerichtlichen Schuldenbereinigungsplänen, ZVI 2002, 100 ff.; *C. Becker,* Ausführung der Reform des Insolvenzrechts durch die Länder, KTS 2000, 157; *Beicht,* Regierungsentwurf zur Neuregelung des Rechtsberatungsrechts für Schuldnerberatungen unzureichend, ZVI 2006, 430 ff.; *Beicht/Schmitz-Winnenthal,* Beratungshilfe für das außergerichtliche Insolvenzverfahren, ZVI 2006, 265 ff.; *Beier/Jacob,* Der Konsumentenkredit in der Bundesrepublik Deutschland, 1987; *Bernet,* Die Wirksamkeit der Einwendungen von Inkassounternehmen nach § 307 InsO und die Befugnis des Insolvenzgerichts zur Entscheidung streitiger Rechtsfragen, NZI 2001, 73; *Bindemann,* Handbuch Verbraucherkonkurs, 2. Aufl., 1999; *Bock/Breuer/Clemens/Gestrich/Hergenröder/Herrmann-Otto/Irsigler/Münster/Schnabel-Schüle/Schweppe,* Verschuldung und Zahlungsunfähigkeit von Privatpersonen als Gegenstand interdisziplinärer Forschung, ZVI 2007, 515 ff.; *Bork,* Reformbedarf für die InsO – Ergebnisse der Praxisbefragung Juni/Juli 1999, ZInsO 1999, 485; *ders.,* Ex-Unternehmer als Verbraucher?, ZIP 1999, 301; *ders.,* Prozeßkostenhilfe für den Schuldner des Insolvenzverfahrens? ZIP 1999, 1209; *ders.,* Übergangs-Leid, ZVI 2002, 2 ff.; *Brei,* Entschuldung Straffälliger durch Verbraucherinsolvenzverfahren und Restschuldbefreiung, FPR 2006, 95 ff.; *dies.,* Entschuldung Straffälliger durch Verbraucherinsolvenz und Restschuldbefreiung, Diss. Bielefeld 2004; *Bruckmann,* Die Rechtsprechung zur Verbraucherinsolvenz im Jahr 1999, InVo 2000, 185; *ders.,* Die Rechtsprechung zur Verbraucherinsolvenz im Jahr 2000, InVo 2001, 1; *Bruns,* Entschuldung auf Staatskosten: Darf die Prozeßkostenhilfe die materiellen Voraussetzungen für das Verbraucherinsolvenzverfahren schaffen? NJW 1999, 3445; *Busch,* Anmerkung zu AG Berlin-Lichtenberg, Beschl. v. 24. 3. 2004 – 39 IK 06/03, VuR 2005, 229 f.; *Busch/Graf-Schlicker,* Restschuldbefreiung mit Prozeßkostenhilfe?, InVo 1998, 269; *Büttner,* Beratungshilfe – Spielball wirtschaftlicher Interessen?, InVo 2007, 87 ff.; *Delhaes,* Zur Zulässigkeit des Restschuldbefreiungsantrags in einem durch Gläubigerantrag eingeleiteten Verbraucherinsolvenzverfahren, ZInsO 2000, 358; *Derleder/Rotstegge,* Die Zustimmungsersetzung im Schuldenbereinigungsverfahren und ihre Auswirkungen auf die Forderungen von Energielieferanten, ZInsO 2003, 1108 ff.; *Diepenbrock,* Die Verrechnung nach § 52 SGB I in der Insolvenz, ZInsO 2004, 950 ff.; *Döbereiner,* Die Restschuldbefreiung nach der Insolvenzordnung, 1997; *Drecktrah,* Der Eigenantrag in der Insolvenz als kontradiktorisches Verfahren?, DZWIR 2000, 104; *Dreher,* Der Verbraucher – Das Phantom in den opera der europäischen und deutschen Rechts, JZ 1997, 167; *Drexl,* Die wirtschaftliche Selbstbestimmung des Verbrauchers, 1998; *Ehricke,* Beschlüsse der Gläubigerversammlung bei mangelnder Teilnahme der Gläubiger, NZI 2000, 57 ff.; *Ernst,* Anmerkung zu LG Kassel, Beschl. v. 26. 1. 2001 – 3 T 637/00, InVo 2001, 291; *Esser/Prossliner,* Insolvenz und berufsständische Versorgung, NZI 2002, 647 ff.; *Fischer,* Anmerkung zu AG Essen, Beschl. v. 4. 7. 2002 – 163 IK 12/02, ZVI 2002, 274 f.; *Förster,* Anmerkung zu LG Frankfurt/Oder, Beschl. v. 6. 4. 2000 – 6 (a) T 407/99, ZInsO 2000, 291; *Forsblad,* Restschuldbefreiung und Verbraucherinsolvenz im künftigen deutschen Insolvenzrecht, 1997; *Frind,* Verbraucherinsolvenzverfahren: Dauerbaustelle?, ZInsO 2003, 549 ff.; *ders.,* Sicherstellung von Effizienz und Gerechtigkeit der InsO, ZInsO 2003, 341 ff.; *ders.,* InsO-Reform – mit der Praxis für die Praxis?, ZInsO 2004, 1064 ff.; *ders.,* Entschuldung light – auf dem Rücken der Schuldner und Insolvenzgerichte?, ZInsO 2006, 342 ff.; *ders.,* Preiswert ist nicht immer gerecht, ZInsO 2007, 473 ff.; *ders.,* Preiswert ist immer noch nicht gerecht, ZInsO 2007, 1097 ff.; *Fruhner,* Die Novelle zum Verbraucherinsolvenzverfahren, NJ 2002, 11 ff.; *Fuchs,* Behandlung und Abgrenzung von Insolvenzanträgen nach §§ 304 ff., ZInsO 1999, 185; *ders.,* Entwurf eines Gesetzes zur Änderung der InsO und anderer Gesetze – Anmerkungen zu ausgewählten Fragen, NZI 2001, 15; *ders.,* Verbraucherinsolvenzverfahren und Restschuldbefreiung, in: Kölner Schrift zur Insolvenzordnung, 2. Aufl., 2000, S. 1679; *ders.,* Anmerkung zu OLG Celle, Beschl. v. 16. 10. 2000 – 2 W 99/00, EWiR 2001, 539; *ders.,* Anmerkung zu BayObLG, Beschl. v. 11. 12. 2000 – 4Z BR 21/00, EWiR 2001, 681; *ders.,* Erste Erfahrungen mit dem InsO-Änderungsgesetz 2001, ZInsO 2002, 298 ff.; *ders.,* Die Änderungen im Verbraucherinsolvenzverfahren – Problemlösung oder neue Fragen?, NZI 2002, 239 ff.; *ders.,* Die Anfechtungsbefugnis des Treuhänders im Verbraucherinsolvenzverfahren nach der Änderung des § 313 Abs. 2 Satz 3 InsO durch das InsO-Änderungsgesetz 2001, ZInsO 2002, 358 ff.; *ders.,* Anmerkung zu LG Göttingen, Beschl. v. 15. 12. 2006 – 10 T 130/06, EWiR 2007, 629 f.; *Fuchs/Bayer,* Untersagung und einstweilige Einstellung der Zwangsvollstreckung während der Dauer des gerichtlichen Schuldenbereinigungsverfahrens, ZInsO 2000, 429; *dies.,* Forderungen aus Arbeitsverhältnissen – entbehrliche Klarstellung im Gesetzestext oder Auslegungsproblem?, ZInsO 2003, 300 ff.; *Fuchs/Vallender,* Die Bestimmung der „Pfändungsfreigrenzen" im (Verbraucher-)Insolvenz- und Restschuldbefreiungsverfahren, ZInsO 2001, 681; *Funke,* Restschuldbefreiung und Prozesskostenhilfe, ZIP 1998, 1708; *Gerlinger,* Der Schuldner zahlt nichts. Ein Beitrag zu PKH, Verfahrenskostenantragspflicht und Mindestleistung im Verbraucherinsolvenzverfahren, ZInsO 2000, 25; *Göbel,* Die Auswirkungen der geplanten Überleitungsvorschriften auf laufende Insolvenzverfahren, ZInsO 2001, 500 ff.; *Göttner,* Ohne außergerichtlichen Einigungsversuch keine nachhaltige Entschuldung im Verbraucherinsolvenzverfahren, ZInsO 2001, 406; *Graf-Schlicker,* Analysen und Änderungsvorschläge zum neuen Insolvenzrecht, WM 2000, 1984 ff.; *Graf-Schlicker/Kexel,* Erneute Reformen im Insolvenzrecht – der Regierungsentwurf zur Entschuldung mittelloser Personen, zur Stärkung der Gläubigerrechte sowie zur Regelung der Insolvenzfestigkeit von Lizenzen, ZIP 2007, 1833 ff.; *Graeber,* Die Praxis der Insolvenzverfahren natürlicher Personen – Eine statistische Auswertung des Verfahrens des Insolvenzgerichts Potsdam der Jahre 1999 und 2000 –, ZInsO 2001, 1040; *ders.,* Der auskunftsunwillige Schuldner im Eigenantragsverfahren – Überlegungen zur verfahrensmäßigen Behandlung –, ZInsO 2003, 551 ff.; *Graf/Wunsch,* Eigenverwaltung und Insolvenzplan – gangbarer Weg in der Insolvenz von Freiberuflern und Handwerkern?, ZIP 2001, 1029; *Grote,* Der 1. 7. 1998 – Startschuß für das Verbraucherinsolvenzverfahren?, ZInsO 1998, 107; *ders.,* Ausgewählte praktische Probleme bei der Umsetzung des Verbraucherinsolvenzverfahrens, ZInsO 1999, 57; *ders.,* Verbraucherinsolvenzverfahren nach einem halben Jahr: Plädoyer für die Abschaffung des Schuldenbereinigungsverfahrens, ZInsO 1999, 383; *ders.,* Erhöhung der Pfändungsgrenzen nach § 850 f ZPO im Insolvenzverfahren – Anmerkung zu OLG Köln, Beschl. v. 18. 8. 2000 – 2 W 155/00, ZInsO 2000, 490; *ders.,* Restschuldbefreiungsantrag des Verbraucherschuldners im Insolvenzverfahren, das auf Gläubigerantrag eröffnet wurde, ZInsO 2000, 146; *ders.,* Aufrechnung des Finanzamtes mit Einkommensteuererstattungsansprüchen des Schuldners im Insolvenz- und Restschuldbefreiungsverfahren, ZInsO 2001, 452; *ders.,* Anmerkung zu LG Mönchengladbach, Beschl. v. 26. 7. 2001 – 5 T 23/01, ZInsO 2001, 1117; *ders.,* Baukasten Restschuldbefreiung und das Licht am Ende des Tunnels, ZInsO 2006, 119 ff.; *Grote/Heyer,* Alternativentwurf zur Änderung der Insolvenzordnung zur Regelung der Entschuldung mittelloser Personen, ZInsO 2006, 1138 ff.; *Gundlach/Frenzel/N. Schmidt,* Die Anfechtungsbefugnis des Treuhänders, ZVI 2002, 5 ff.; *Hackling,* Die Bescheinigung durch geeignete Personen oder Stellen über das Scheitern der außergerichtlichen Einigung ohne Mitwirkung an der außergerichtlichen Einigung, ZVI 2006, 225 ff.; *Heinze,* Anmerkung zu BGH Beschl. v. 7. 4. 2005 – IX ZB 195/03, DZWIR 2005, 461 f.; *ders.,* Geldstrafen als Insolvenzforderungen, ZVI 2006, 14 ff.; *ders.,* Anmerkung zu BGH, Beschl. v. 22. 9. 2005 – IX ZB 55/04, DZWIR 2006, 83 f.; *Hellmich,* Die Entschuldung völlig mittelloser Personen und die Änderung des Verbraucherinsolvenzverfahrens – Stand der Diskussion, ZInsO 2007, 739 ff.; *Helwich,* Das Zusammentreffen von Lohnpfändung und Verbraucherinsolvenz – Zweifelsfragen bei der Abwicklung der Pfändung des Arbeitseinkommens –, NZI 2000, 460; *Henckel,* Verbraucherinsolvenzverfahren, Festschrift für Gaul, 1997, S. 199; *ders.,* Fehler bei der Eröffnung des Insolvenzverfahrens – Abhilfe und Rechtsmittel, ZIP 2000, 2045; *Henning,* Die praktische Umsetzung des Verbraucherinsolvenzverfahrens, InVo 1996, 288; *ders.,* Zur Verfassungswidrigkeit der Nichtbewilligung von PKH im Verbraucherinsolvenzverfahren der InsO, ZInsO 1999, 399; *Hergenröder,* Schulden ohne Ende oder Ende ohne Schulden?, DZWIR 2001, 397; *ders.,* Modifizierte Verbraucherinsolvenz bei Massehaltigkeit, DZWIR 2006, 441 ff.; *ders.,* Entschuldungsmodell statt Verbraucherinsolvenz bei Masselosigkeit, DZWIR 2006, 265 ff.; *ders.,* Der Treuhänder im Spannungsfeld zwischen Gläubiger- und Schuldnerinteressen, ZVI 2005, 521 ff.; *ders.,* Die Anerkennung geeigneter Stellen nach § 305 Abs. 1 Nr. 1 InsO, ZVI 2007, 448 ff.; *Hess,* Anmerkung zu OLG Köln, Beschl. v. 29. 8. 2001 – 2 W 105/01, WuB VI C. § 309 InsO 1.02; *Hess/Röpke,* Forderungen aus Arbeitsverhältnissen i. S. d. § 304 Abs. 1 S. 2 InsO, InVo 2003, 89 ff.; *Heuer/Hils/Richter/Schröder/Sackmann,* Der außergerichtliche Einigungsversuch im Verbraucherinsolvenzverfahren, 2005; *Heyer,* Der „Null-Plan" im Verbraucherinsolvenzverfahren, JR 1996, 314; *ders.,* Kommt die Insolvenzordnung wirklich 1999?, NJW 1997, 2803; *ders.* Verbraucherinsolvenzverfahren und Restschuldbefreiung, 1997; *ders.,* Restschuldbefreiung im Eigen- und Fremdantragsverfahren nach dem InsOÄndG 2001, ZInsO 2002, 59 ff.; *Hilbertz/Busch,* Aufrechnungsbefugnis von Steuererstattungsansprüchen im Restschuldbefreiungsverfahren – Anmerkung zu LG Koblenz, Beschl. v. 13. 6. 2000 – 2 T 162/2000, ZInsO 2000, 491; *Hintzen,* Veräußerung des Grundbesitzes im vereinfachten Insolvenzverfahren – Anmerkung zu LG Hamburg, Beschl. v. 1. 10. 1999 – 321 T 85/99, ZInsO 1999, 702; *ders.,* Zuständigkeitsfragen im Verbraucherinsolvenzverfahren, Rpfleger 2000, 312; *ders.,* Grundstücksverwertung durch den Treuhänder in der Verbraucherinsolvenz, ZInsO 2003, 586 ff.; *ders.,* Grundstücksverwertung durch den Treuhänder in der Verbraucherinsolvenz, ZInsO 2004, 713 ff.; *Hoes/Peters,* Verbraucherinsolvenz: Restschuldbefreiung ohne Schuldenbereinigungsverfahren?, WM 2000, 901; *Hoffmann,* Verbraucherinsolvenz und Restschuldbefreiung, 1998; *ders.,*

Insolvenzkostenhilfe für Verbraucherinsolvenzverfahren, NZI 1999, 53; *ders.,* Rechtsmittel im Insolvenzrecht unter besonderer Berücksichtigung des Verbraucherinsolvenzverfahrens, NZI 1999, 425; *Hofmeister,* Der Mythos der Verbraucherinsolvenz – ein Versuch über das Absurde?, ZInsO 1999, 503; *ders.,* Top oder Flopp? Der außergerichtliche Einigungsversuch nach der InsO, ZVI 2003, 12 ff.; *Hofmeister/Jäger,* Kleintransporter statt Sattelschlepper, ZVI 2005, 180 ff.; *Hofmeister/Richter,* Vertretungsbefugnis geeigneter Stellen im Verbraucherinsolvenz- und Restschuldbefreiungsverfahren, ZVI 2003, 588 ff.; *Holzer,* Zur funktionellen Zuständigkeit innerhalb des Insolvenzgerichts und zu den Voraussetzungen der Restschuldbefreiung – Anmerkung zu AG Köln, Beschl. v. 8. 2. 2000 – 72 IK 69/99, DZWIR 2000, 170; *Holzscheck/Hörmann/Daviter,* Die Praxis des Konsumentenkredits in der Bundesrepublik Deutschland, 1982; *Homann,* Theorie und Praxis der Anfechtung im Verbraucherinsolvenzverfahren, DZWIR 2007, 94 ff.; *Hörmann/Holzscheck,* Rechtstatsachen zum Konsumentenkredit, ZIP 1982, 1172; *Huth,* Beratungshilfe für Insolvenzberatung, Rpfleger 2007, 125 ff.; *Jäger,* Masselose Verbraucherinsolvenzverfahren ohne Verfahrenseröffnung – eine Neubelebung der „alten" Idee, ZVI 2005, 15 ff.; *ders.,* Der Regierungsentwurf eines Gesetzes zur Entschuldung völlig mittelloser Personen – mehr als nur ein Silberstreif am Horizont, ZVI 2007, 507 ff.; *Janlewing,* Anwaltliche und öffentlich geförderte Schuldnerberatung – zwei gleichberechtigte Hilfsangebote für Überschuldete, ZVI 2005, 617 ff.; *Keller,* Strukturprobleme und Systembrüche des neuen Insolvenzrechts bei Einbeziehung des Arbeitseinkommens des Schuldners in die Insolvenzmasse, NZI 2001, 449; *ders.,* Aktuelle Fragen zur Vergütung des Treuhänders im Verbraucherinsolvenzverfahren, ZVI 2002, 393 ff.; *Kemper,* Keine Entschuldung für unbenannte Gläubiger nach dem geplanten Entschuldungsverfahren, ZVI 2006, 434 ff.; *Kesseler,* Die Verfügungskompetenz des Treuhänders über grundpfandrechtsbelastete Grundstücke, ZInsO 2006, 1029 ff.; *Kirchhof,* Das Verbraucherinsolvenzverfahren aus Gläubigersicht, ZInsO 1998, 54; *ders.,* Zwei Jahre Insolvenzordnung – ein Rückblick, ZInsO 2001, 1; *ders.,* Anmerkung zu BGH, Beschl. v. 21. 10. 2004 – IX ZB 427/02, WuB VI A § 309 InsO 1.05; *Klaas,* Maßgeblicher Zeitpunkt für die Abgrenzung Regelinsolvenzverfahren zum Verbraucherinsolvenzverfahren, ZInsO 1999, 545; *ders.,* Fünf Jahre Verbraucherinsolvenz – fünf Jahre sind genug, ZInsO 2004, 577 ff.; *Klass,* Der Umfang der Prüfungskompetenz des Insolvenzgerichts im Rahmen des § 305 Abs. 1 InsO, ZInsO 1999, 620; *Kocher,* Entschuldung jetzt auch für mittellose Schuldner?, DZWIR 2002, 45 ff.; *Kögel,* Der Zugang von Unternehmen zum Verbraucherinsolvenzverfahren, DZWIR 1999, 235; *Köhler,* Fehlende Anfangsliquidität des Schuldners begründet keine Abweisung des Eröffnungsantrags zum Verbraucherinsolvenzverfahren unter dem Vorwand von § 26 Abs. 1 InsO – Anmerkung zu LG Kaiserslautern, Beschl. v. 28. 5. 2001 – 1 T 33/01, ZInsO 2001, 743; *König,* Prozeßkostenhilfe im Verbraucherinsolvenzverfahren, NJW 2000, 2485; *ders.,* Rechtsprechungsübersicht zur Prozeßkostenhilfe in Verbraucherinsolvenzverfahren, NJW 2000, 2487; *Kohte,* Schuldenbereinigungsverfahren – ein untauglicher Versuch, ZIP 1994, 184; *ders.,* Die Behandlung von Unterhaltsansprüchen nach der Insolvenzordnung, in: Kölner Schrift zur Insolvenzordnung, 2. Aufl., 2000, S. 781; *ders.,* Anmerkung zu LG Düsseldorf, Beschl. v. 16. 5. 2002 – 25 T 267/02, ZVI 2002, 326 ff.; *ders.,* Anmerkung zu AG Mannheim, Beschl. v. 30. 3. 2001 – IK 102/00, VuR 2002, 108 ff.; *ders.* Alte Schulden – neue Verfahren?, ZInsO 2002, 53 ff.; *ders.,* Forderungen und Anforderungen an ein vereinfachten Restschuldbefreiungsverfahren, ZVI 2005, 9 ff.; *Kohte/Ahrens/Grote,* Restschuldbefreiung und Verbraucherinsolvenzverfahren, 1999; *Kohte/Busch,* Anmerkung zu AG Schwerte, Beschl. v. 5. 8. 2004 – 3 IIa 273/02, VuR 2005, 32 f.; *Korczak,* Marktverhalten, Verschuldung und Überschuldung privater Haushalte in den neuen Bundesländern, Gutachten im Auftrag des Bundesministeriums für Familie, Senioren, Frauen und Jugend. GP Forschungsgruppe München, 1997; *Korczak/Pfefferkorn,* Überschuldungssituation und Schuldnerberatung in der Bundesrepublik Deutschland – Studie im Auftrag des Bundesministeriums für Familie und Senioren und des Bundesministeriums der Justiz, Schriftenreihe des Bundesministeriums für Familie und Senioren, 1992; *Korczak/Roller,* Überschuldung in Deutschland zwischen 1988 und 1999, Gutachten im Auftrag des Bundesministeriums für Familie, Senioren, Frauen und Jugend, 2000; *Krüger/Reifner/Jung,* Die Barwertmethode – Perspektiven der Plangestaltung im Verbraucherinsolvenzverfahren, ZInsO 2000, 12; *Krug,* Der Verbraucherkonkurs, 1996; Lebenslagen in Deutschland – Der 2. Armuts- und Reichtumsbericht der Bundesregierung, 2005 (www.bmas.bund.de); *Ley,* Checkliste: Verfahrensvoraussetzungen für das Verbraucherinsolvenzverfahren, MDR 2003, 205 f.; *ders.,* Verbraucherinsolvenzverfahren für unter Vormundschaft oder Betreuung stehende Schuldner, ZVI 2003, 101 ff.; *Lissner,* Beratungshilfe für den außergerichtlichen Einigungsversuch im Insolvenzrecht, Rpfleger 2006, 458 ff.; *Lüke/Stengel,* Anmerkung zu OLG Celle, Beschl. v. 28. 3. 2001 – 2 W 38/01, WuB VI C. § 309 InsO 1.03; *Lunkenheimer/D. Zimmermann,* Reformbedarf zur Stärkung der außergerichtlichen Einigung, ZVI 2004, 317 ff.; *Lwowski,* Die Regelung von Existenzgründungsdarlehen im Verbraucherkreditgesetz, WM-Festgabe Heinsius, 1991, S. 49; *Lwowski/Tetzlaff,* Anmerkung zu AG Hamburg, Beschl. v. 21. 10. 1999 – 68 d IK 24/99, WuB VI C § 306 InsO 1.00; *dies.,* Anmerkung zu LG Hamburg, Beschl. v. 1. 10. 1999 – 321 T 85/99, WuB VI C § 313 InsO 1.00; *Mäusezahl,* Zur Anwendbarkeit der §§ 850 ff. ZPO in der Verbraucherinsolvenz, ZInsO 2000, 193; *ders.,* Anmerkung zu LG Kleve, Beschl. v. 30. 4. 2002 – 4 T 166/02, ZVI 2002, 201; *Maier,* Insolvenzordnung und Prozeßkostenhilfe, Rpfleger 1999, 1; *Maier/Krafft,* Verbraucherinsolvenzen und Restschuldbefreiung nach der Insolvenzordnung, BB 1997, 2173; *Mathäß,* Der Selbstständige im Wandel der Insolvenzordnung, ZInsO 2005, 1264; *Mäusezahl,* DAV-Workshop zu Verfahrensvereinfachungen in den Insolvenzverfahren natürlicher Personen, ZVI 2003, 49 ff.; *Medicus,* Schulden und Verschulden, DZWIR 2007, 221 ff.; *Messner,* Anmerkung zu AG Göttingen, Beschl. v. 4. 3. 2002 – 74 IN 60/02, EWiR 2002, 443 f.; *Mroß,* Reform der Verbraucherinsolvenz und Restschuldbefreiung - neue Aufgaben für Gerichtsvollzieher?, DGVZ 2007, 49 ff.; *Müller,* Der „Verbraucher" in der neuen Insolvenzordnung, NZI 1999, 172; *ders.,* Anmerkung zu BGH, Beschl. v. 22. 9. 2005 – IX ZB 55/04, NZI 2005, 138 f.; *Munz,* Die Anwendung des Verbraucherinsolvenzverfahrens auf ehemals selbstständige natürliche Personen, ZInsO

2000, 84; *Neuner/Raab,* Hrsg., Verbraucherinsolvenz und Restschuldbefreiung, 2001; *Obermair,* Insolvenz als Erlassgrund?, StB 2005, 212 ff.; *Obermüller,* Eingriffe in die Kreditsicherheiten durch Insolvenzverfahren und Verbraucherinsolvenzverfahren, WM 1998, 483; *Ohle/Schatz/Jäger,* Zur Reform des Verbraucherinsolvenzverfahrens – ein schlechtes Entschuldungsmodell und eine gute Alternative, ZVI 2006, 480 ff.; *W. Ott/Zimmermann,* Verbraucherinsolvenzverfahren: Arbeitseinkommen des Schuldners, ZInsO 2000, 421; *Pape,* Restschuldbefreiung und Masselosigkeit, Rpfleger 1997, 237; *ders.,* Prozeßkostenhilfe und gerichtliche Schuldenbereinigung, ZInsO 1999, 117; *ders.,* Rechtsprechungsübersicht: Entscheidungen zum Verbraucherinsolvenzverfahren, insbesondere zur Bewilligung von Prozeßkostenhilfe und zur Zulässigkeit sog. „Null-Pläne", ZInsO 1999, 602; *ders.,* Ein Jahr Verbraucherinsolvenz – eine Zwischenbilanz, ZIP 1999, 2037; *ders.,* Die Gläubigerautonomie in der Insolvenzordnung, ZInsO 1999, 305 ff.; *ders.,* Entwicklung der Rechtsprechung zum Verbraucher- und Restschuldbefreiungsverfahren im Jahre 2003, ZInsO 2004, 647 ff.; *ders.,* Entwicklung des Verbraucherinsolvenzverfahrens im Jahre 2003, NJW 2004, 2492 ff.; *ders.,* Rechtsprechungsübersicht: Entscheidungen der OLG über sofortige weitere Beschwerden nach § 7 Abs. 1 InsO im Insolvenzverfahren im Jahre 1999 in Leitsätzen, ZInsO 2000, 214; *ders.,* Anmerkung zu BGH, Beschl. v. 16. 3. 2000 – IX ZR 2/00, ZInsO 2000, 282; *ders.,* Die Rechtsprechung der Oberlandesgerichte in Insolvenzsachen seit In-Kraft-Treten der InsO, NJW 2001, 23; *ders.,* Masseunzulänglichkeit trotz Masse? – Anm. zu AG Potsdam, Beschl. v. 24. 1. 2000 – 35 IN 150/99, ZInsO 2000, 268; *ders.,* Anmerkung zu OLG Köln, Beschl. v. 11. 9. 2000 – 2 W 244/99, EWiR 2001, 537; *ders.,* Bevorstehende Änderungen der InsO nach dem InsOÄndG 2001, ZInsO 2001, 587; *ders.,* Aktuelle Entwicklungen im Verbraucherinsolvenzverfahren und Erfahrungen mit den Neuerungen des InsO-Änderungsgesetzes 2001, ZVI 2002, 225 ff.; *ders.,* Entwurf eines Gesetzes zur Änderung der Insolvenzordnung – Erste Anmerkungen zum Diskussionsentwurf des Bundesministeriums der Justiz, ZInsO 2003, 389 ff.; *ders.,* Rücknahmefiktion als Erschwernis- und Disziplinierungsinstrument, ZInsO 2003, 61 ff.; *ders.,* Der (unzulässige) Zwang zur Formularverwendung, ZInsO 2002, 806 ff.; *ders.,* Anmerkung zu BGH, Beschl. v. 21. 10. 2004 – IX ZB 427/02, EWiR 2005, 125 f.; *ders.,* Entwicklung der Rechtsprechung zum Verbraucher- und Restschuldbefreiungsverfahren im Jahre 2004 – Teil I, ZInsO 2005, 617 ff.; *ders.,* Ende der Restschuldbefreiung für alle?, ZInsO 2006, 897 ff.; *ders.,* Änderungen im Eröffnungsverfahren durch das Gesetz zur Vereinfachung des Insolvenzverfahrens, NZI 2007, 425 ff.; *ders.,* Neue Wege zur Entschuldung völlig mittelloser Personen, ZVI 2007, 239 f.; *ders.,* Entwicklung des Verbraucherinsolvenzverfahrens im Jahre 2006, NJW 2007, 3474 ff.; *Pape/Haarmeyer,* Von der legislativen zur judikativen Rechtsetzung? ZInsO 1999, 135; *Pape/Pape,* Vorschläge zur Reform des Insolvenzverfahrens, insbesondere des Verbraucherinsolvenzverfahrens, ZIP 2000, 1553; *Penzlin,* Strafrechtliche Auswirkungen der Insolvenzordnung, Diss. Bayreuth 1999; *Preuss,* Verbraucherinsolvenzverfahren und Restschuldbefreiung, 1999; *Prütting,* Aktuelle Fragen der Rechtsmittel im Insolvenzrecht, NZI 2000, 145; *Reifner,* Handbuch des Kreditrechts, 1991; *Reimann,* Die InsO-Novelle 2001 und ihre Auswirkungen auf den Privatkundenkredit, ZVI 2003, 1 ff.; *Rein,* Anmerkung zu LG Münster, Beschl. v. 13. 12. 2001 – 5 T 967/01, EWiR 2002, 353 f.; *Richrath,* Anmerkung zu BGH, Beschl. v. 14. 11. 2002 – IX ZB 152/02, WuB VI C. § 304 InsO 1.03; *Rönnau/Tachau,* Der Geldstrafenschuldner in der Insolvenz – zwischen Skylla und Charybdis?, NZI 2007, 208 ff.; *Röttger,* Das Verbraucherinsolvenzverfahren – ein erster Erfahrungsbericht aus der Praxis des AG Flensburg –, SchlHA 2001, 2; *Ruby,* Schuldbefreiung durch absolute Anspruchsverjährung, Diss. Freiburg 1996; *Rüntz/Heßler/Wiedemann/Schwörer,* Die Kosten des Stundungsmodells, ZVI 2006, 185 ff.; *H.-B. Schäfer/C. Ott,* Lehrbuch der ökonomischen Analyse des Zivilrechts, 3. Aufl., 2000; *Schäferhoff,* Probleme bei der gerichtlichen Zustimmungsersetzung nach § 309 InsO, ZInsO 2001, 687; *Schatzschneider,* Moderner Schuldturm und Verbraucherschutz – Einige Anmerkungen zur Entschuldung bei Konsumentenkrediten, MDR 1986, 274; *Schellberg,* Das neue Insolvenzrecht, DB 2002, 307 ff.; *Schiwek,* Die Insolvenzordnung auf dem Prüfstand – Anmerkungen aus Sicht der amtsgerichtlichen Praxis, SchlHA 2005, 73 f.; *Schmerbach,* Bundeseinheitlicher Vordruck zum Verbraucherinsolvenzverfahren, NZI 2002, 197 f.; *ders.,* Erläutertes Formular zum Regelinsolvenzantrag ehemals Selbstständiger, ZVI 2002, 38 ff.; *ders.,* Anmerkung zu AG Göttingen, Beschl. v. 4. 3. 2002 – 74 IN 60/02, ZInsO 2002, 292 f.; *ders.,* Änderungsbedarf im Regel- und Verbraucherinsolvenzverfahren, ZInsO 2003, 253 ff.; *ders.,* InsO-Änderungsgesetz 2005 – ein Ausblick, ZInsO 2004, 697 ff.; *ders.,* Die geplante Entschuldung völlig mitteloser Personen, NZI 2007, 198 ff.; *ders.,* Strukturreform InsO, ZInsO 2005, 77 ff.; *B. Schmidt,* Die „vergessenen" Unterhaltsgläubiger, InVo 2001, 8; *S. Schmidt,* Anmerkung zu BGH, Beschl. v. 22. 9. 2005 – IX ZB 55/04, EWiR 2006, 123 f.; *T. Schmidt,* Das Finanzamt als „Jobmaschine"? oder: Die Geschäftsidee vom Handel mit Insolvenzforderungen, ZInsO 2003, 547 f.; *Schmidt-Räntsch,* Das neue Verbraucherinsolvenzverfahren, MDR 1994, 321; *Schmitz-Winnenthal,* Das Institut der anerkannten Stelle nach § 305 Abs. 1 Nr. 1 InsO – Aufgaben, Möglichkeiten, Grenzen und Finanzierung, ZVI 2004, 582 ff.; *Scholz,* „Moderner Schuldturm" und Verbraucherinsolvenz, MDR 1987, 7; *ders.,* Schwerpunkte einer Verbraucherinsolvenz-Regelung, ZIP 1988, 1157; *ders.,* Hauptstreitpunkte bei Restschuldbefreiung, BB 1992, 2233; *ders.,* Verbraucherinsolvenz und Restschuldbefreiung nach der neuen Insolvenzordnung, DB 1996, 765; Schuldenreport 1999, Kredite der privaten Haushalte in Deutschland; Schriften des Instituts für Finanzdienstleistungen, Sonderband, 1998; *Schönleiter/Kopp,* Herbstsitzung 2001 des Bund-Länder-Ausschusses „Gewerberecht", GewArch 2002, 56 ff.; *Schramm,* Kann ein Verbraucher einen Bankrott (§ 283 StGB) begehen?, wistra 2002, 55 f.; *Schulte-Kaubrügger,* Das Verbraucherinsolvenzverfahren aus der Sicht der Gläubiger – Unerwartete „Gefahren" durch den Schuldenbereinigungsplan, DZWIR 1999, 95; *Schulz/Gleissner,* Die steuerlichen Pflichten des Treuhänders im Verbraucherinsolvenz- und Restschuldbefreiungsverfahren, InVo 2000, 365; *Schürmann,* Anmerkung zu OLG Dresden, Urt. v. 10. 1. 2003 – 10 UF 684/02, FamRZ 2003, 1030 ff.; *Seagon/Wiester,* Erste praktische Erfahrungen mit der Insolvenzordnung aus Verwaltersicht, ZInsO 1999, 627; *Sellin/Kuntz,* Überschuldung in der Bundesrepublik Deutschland, BAG SB Informationen (Informationsdienst der Bundesarbeitsgemeinschaft Schuldnerberatung e. V.) Heft 4, 1993; *Smid*, Prozeßkostenhilfe für Eigenantrag des Gemeinschuldners im Insolvenzverfahren nach geltendem Recht?, NJW 1994, 2678; *ders.*, „Obstruktionsverbot" – § 245 InsO, InVo 1996, 314; *ders.*, Gerichtliche Bestätigung des Insolvenzplans trotz Versagung seiner Annahme durch Abstimmungsgruppen von Gläubigern – Zur Reichweite des sog. Obstruktionsverbots gem. § 245 InsO. Zugleich ein Beitrag zu den Maßstäben der „Obstruktionsentscheidung" des Insolvenzgerichts gem. § 245 InsO nach künftigem Recht, Festschrift für Pawlowski, 1997, S. 387; *ders.*, Einige Fragen des InsOÄndG und der weiteren Reparatur der InsO, DZWIR 2002, 221 ff.; *ders.*, Struktur und systematischer Gehalt des deutschen Insolvenzrechts in der Judikatur des IX. Zivilsenats des Bundesgerichtshofs (V), DZWIR 2007, 47 ff.; *Smid/Wehdeking*, Arbeitseinkommen des Schuldners und die Rechtszuständigkeit des Insolvenzverwalters bzw. Treuhänders in dem über das Vermögen natürlicher Personen eröffneten Insolvenzverfahren, InVo 2000, 293; *Späth*, Ausgesuchte Probleme im Verbraucherinsolvenzverfahren, ZInsO 2000, 483; *Springeneer*, Reform des Verbraucherinsolvenzrechts: Das schwierige Unterfangen, Null-Masse-Fälle ohne Systembrüche neu zu regeln, ZVI 2006, 1 ff.; *Steder*, Behandlung des Arbeitseinkommens und sonstiger laufender Bezüge im eröffneten Insolvenzverfahren, ZIP 1999, 1874; *Stephan*, § 850 f Abs. 1 ZPO im Verbraucherinsolvenz- und Restschuldbefreiungsverfahren, ZInsO 2000, 376; *ders.*, Die Umgestaltung des Einigungsversuchs und weitere Änderungen im Insolvenzverfahren natürlicher Personen durch den Diskussionsentwurf InsO-Änderung 2003, ZVI 2003, 145 ff.; *ders.*, Die Reform des Verbraucherinsolvenz- und Restschuldbefreiungsverfahren, NZI 2006, 671 ff.; *ders.*, Der vorläufige Treuhänder im Regierungsentwurf zur Entschuldung mittelloser Personen, ZVI 2007, 441 ff.; *Sternal*, Anmerkung zu LG Köln, Beschl. v. 4. 12. 2002 – 19 T 187/02, NZI 2003, 214 f.; *ders.*, Die Rechtsprechung zum Verbraucherinsolvenz- und Restschuldbefreiungsverfahren im Jahre 2005, NZI 2006, 129 ff.; *ders.*, Das Gesetz zur Vereinfachung des Insolvenzverfahrens, NJW 2007, 1909 ff.; *Theiß*, Der Schuldenbereinigungsplan gem. §§ 306 ff. InsO als Vergleich bürgerlichen Rechts – Möglichkeit der Anfechtung und des Rücktritts –, ZInsO 2005, 29 ff.; *Thomas*, Mindestquote als Voraussetzung für die Restschuldbefreiung, Kölner Schrift zur Insolvenzordnung, 2. Aufl., 2000, S. 1763; *Thurner*, Aktuelle insolvenzrechtliche Probleme in den Reformstaaten Mittel- und Osteuropas, ZInsO 1998, 66; *Tonner*, Die Rolle des Verbraucherrechts bei der Entwicklung eines europäischen Zivilrechts, JZ 1996, 533; *Triebiger*, Internationale (Verbraucher)Insolvenzverfahren – ein neuer Beratungsgegenstand für die Schuldner- und Insolvenzberatung?, ZInsO 2001, 251; *Uhlenbruck*, Rechtsmittelzug bei Insolvenzkostenhilfe und Vergütungsfestsetzung, NZI 1999, 175; *Vallender*, Die Stellung des Verbrauchers im künftigen Insolvenzrecht, VuR 1997, 43; *ders.*, Schuldenregulierung in der Verbraucherinsolvenz, DGVZ 1997, 97; *ders.*, Das Verbraucherinsolvenz- und Restschuldbefreiungsverfahren, InVo 1998, 169; *ders.*, Erste gerichtliche Erfahrung mit dem Verbraucherinsolvenzverfahren, ZIP 1999, 125; *ders.*, Anwaltliche Gebühren im Verbraucherinsolvenz- und Restschuldbefreiungsverfahren, MDR 1999, 598; *ders.*, Die vereinfachte Verteilung im Verbraucherinsolvenzverfahren, NZI 1999, 384; *ders.*, Das Verbraucherinsolvenzverfahren in der außergerichtlichen und gerichtlichen Praxis – eine erste Bestandsaufnahme, DGVZ 2000, 97; *ders.*, Verwertungsrecht des Treuhänders an mit Absonderungsrechten belasteten Immobilien?, NZI 2000, 148; *ders.*, Verbraucherinsolvenz – Gefahrenquelle Planbestätigung, ZInsO 2000, 441; *ders.*, Die bevorstehenden Änderungen des Verbraucherinsolvenz- und Restschuldbefreiungsverfahrens auf Grund des InsO-ÄndG 2001 und ihre Auswirkungen auf die Praxis, NZI 2001, 561; *ders.*, Insolvenzordnung – Wesentliche Änderungen durch das InsOÄG 2001 und das Zivilprozessreformgesetz, MDR 2002, 181 ff.; *ders.*, Par conditio creditorum ade?, NZI 2005, 599 ff.; *ders.*, Anmerkung zu BGH, Beschl. v. 12. 1. 2006 – IX ZB 140/04, WuB VI A. § 307 InsO 1.06; *ders.*, Brauchen wir ein Entschuldungsverfahren? – Überlegungen zum Entwurf eines Gesetzes zur Entschuldung völlig mittelloser Personen und zur Änderung des Verbraucherinsolvenzverfahrens, NZI 2006, 279 ff.; *ders.*, Die Richtung stimmt, InVo 2007, 219 ff.; *ders.*, Erfolg beim dritten Anlauf? Der Entwurf eines Gesetzes zur Entschuldung mittelloser Personen, zur Stärkung der Gläubigerrechte sowie zur Regelung der Insolvenzfestigkeit von Lizenzen, NZI 2007, 617; *Vallender/Caliebe*, Umfang und Grenzen der Befugnisse der Inkassounternehmen im Schuldenbereinigungsplanverfahren, ZInsO 2000, 301; *Vallender/Elschenbroich*, Konflikte zwischen dem Straf- und Insolvenzrecht bei der Vollstreckung von Geldstrafen im Verbraucherinsolvenz- und Restschuldbefreiungsverfahren, NZI 2002, 130 ff.; *Vallender/Fuchs*, In großer Wurf? – Anmerkungen zum Diskussionsentwurf des BMJ, NZI 2003, 292 ff.; *Vallender/Fuchs/Rey*, Der Ablauf des Verbraucherinsolvenzverfahrens beim Eigenantrag bis zur Eröffnungsentscheidung, NZI 1999, 218; *Veit/Reifner*, Außergerichtliches Insolvenzverfahren, 1998; *Viertelhausen*, Das Finanzamt als Gläubiger im Insolvenzverfahren, InVo 2002, 45 ff.; *Warrikoff*, Die Befreiung des Schuldners von seinen Verbindlichkeiten, ZInsO 2005, 1179 ff.; *Weil*, Anmerkung zu LG Hannover, Beschl. v. 8. 12. 2000 – 20 T 2104/00 (99), EWiR 2001, 773; *Weisbrodt*, Praktische Gestaltung des Unterhaltsprozesses bei Insolvenz des Unterhaltspflichtigen, FamRZ 2003, 1240 ff.; *Wenzel*, Anmerkung zu LG Rostock, Beschl. v. 20. 2. 2001 – 2 T 60/00, EWiR 2001, 383; *ders.*, Anmerkung zu OLG Celle, Beschl. v. 28. 2. 2000 – 2 W 9/00, EWiR 2000, 739; *ders.*, Anmerkung zu BayObLG, Beschl. v. 2. 8. 2001 – 4Z BR 11/01, DZWIR 2002, 164 f.; *Wessing*, Anmerkung zu BGH, Urt. v. 22. 2. 2001 – 4 StR 421/00, EWiR 2002, 125 f.; *Wiedemann*, Brauchen wir eine Reform der Verbraucherentschuldung?, ZVI 2004, 645 ff.; *Wimmer*, Erste Erfahrungen mit der Insolvenzordnung, ZInsO 1999, 556; *ders.*, Entwurf eines Gesetzes zur Entschuldung mittelloser Personen, zur Stärkung der Gläubigerrechte sowie zur Regelung der Insolvenzfestigkeit von Lizenzen, jurisPR-InsR 19/2007 Anm. 6; *Winter*, Einstellung der Zwangsvollstreckung in der außergerichtlichen Schuldenbereinigung, Rpfleger 2002, 119 ff.; *Wittig*, Insolvenzordnung und Konsumentenkredit Teil I, WM 1998, 157; *ders.*, Insolvenzordnung und Konsumentenkredit Teil II, WM 1998, 209; *Zeuner*, Durchsetzung von Gläubigerinteressen im Insolvenzverfahren, NJW 2007, 2952 ff.

Erster Abschnitt. Anwendungsbereich

§ 304 Grundsatz

(1) ¹Ist der Schuldner eine natürliche Person, die keine selbstständige wirtschaftliche Tätigkeit ausübt oder ausgeübt hat, so gelten für das Verfahren die allgemeinen Vorschriften, soweit in diesem Teil nichts anderes bestimmt ist. ²Hat der Schuldner eine selbstständige wirtschaftliche Tätigkeit ausgeübt, so findet Satz 1 Anwendung, wenn seine Vermögensverhältnisse überschaubar sind und gegen ihn keine Forderungen aus Arbeitsverhältnissen bestehen.

(2) Überschaubar sind die Vermögensverhältnisse im Sinne von Absatz 1 Satz 2 nur, wenn der Schuldner zu dem Zeitpunkt, zu dem der Antrag auf Eröffnung des Insolvenzverfahrens gestellt wird, weniger als 20 Gläubiger hat.

Übersicht

	RdNr.		RdNr.
A. Einleitung	1	2. Struktur von Verbraucherverbindlichkeiten	28
I. Normzweck	1	3. Ursachen der Überschuldung	30
1. Zweck der Sonderregelungen für Verbraucherinsolvenzen	1	4. Kleingewerbetreibende und ehemalige Unternehmer	31
a) Kollektivverfahren für Verbraucherinsolvenzen	1	5. Inanspruchnahme des Verbraucherinsolvenzverfahrens	32
b) Weiterer Zweck	3		
2. Normzweck des § 304	4	VI. Struktur und Grundprinzipien des Verbraucherinsolvenzverfahrens und der sonstigen Kleinverfahren	33
II. Entstehungsgeschichte	5	1. Bisherige Dreistufigkeit des Verfahrens	34
1. Rechtslage unter Geltung der Konkursordnung	5	a) Außergerichtliche Schuldenbereinigung	34
a) Universalkonkurs	5	b) Gerichtliches Schuldenbereinigungsplanverfahren	44
b) Verbraucherinsolvenzen	6	c) Insolvenzverfahren	45
c) GesO	8	d) Die Mehrstufigkeit des Verfahrens im RegE vom 22. 8. 2007	46
2. Reformdiskussion und Gesetzgebungsverfahren	9	2. Verknüpfung mit dem Verfahren der Restschuldbefreiung	47
a) Rechtsausschuss	10		
b) Mehrbelastung der Gerichte	11	B. Einzelerläuterungen	49
c) Personalbedarf	13	I. Persönlicher Anwendungsbereich	49
III. Änderungen durch das InsO-ÄndG 2001	16	1. Geltungsbereich	49
1. Neufassung des § 304	16	2. Natürliche Personen ohne selbstständige wirtschaftliche Tätigkeit (§ 304 Abs. 1 Satz 1)	50
2. Normzweck der Neuregelung	17	a) Abgrenzung zum Verbraucherbegriff	50
3. Auswirkungen der Neuregelung	18	b) Fehlen einer selbstständigen wirtschaftlichen Tätigkeit	52
4. Relevanz der bis zum 30. 11. 2001 geltenden Regelung des Anwendungsbereichs	20	c) Herausgehobene Positionen	55
		d) Vermögensverwaltung	58
IV. Weitere Gesetzesvorhaben und geplante Änderungen des Verbraucherinsolvenzverfahrens	21	3. Natürliche Personen mit beendeter selbstständiger wirtschaftlicher Tätigkeit (§ 304 Abs. 1 Satz 2)	59
1. Die Problematik der Entschuldung völlig mittelloser Schuldner	21	a) Normzweck	59
2. Gesetzesvorhaben bis 2006	22	b) Überschaubarkeit der Vermögensverhältnisse (§ 304 Abs. 1 Satz 2, Abs. 2)	60
3. Der RefE vom 23. 1. 2007 und der RegE vom 22. 8. 2007	24		
V. Rechtstatsachen	25		
1. Überschuldung und Zahlungsunfähigkeit von Verbrauchern	25		

	RdNr.		RdNr.
c) Keine Forderungen aus Arbeitsverhältnissen	61	a) Erweiterung des Anwendungsbereichs nach § 304 Abs. 1 RefE	70
d) Maßgeblicher Zeitpunkt	62	b) RegE	72
4. Anwendbarkeit des vereinfachten Verfahrens auf Gesellschaften	63	**II. Verfahrensfragen**	74
a) Juristische Personen	63	1. Auswahl des Insolvenzverfahrens	74
b) Gesellschaften ohne eigene Rechtspersönlichkeit	64	a) Entscheidung des Insolvenzgerichts	74
		b) Abgabebeschluss	75
5. Der persönliche Anwendungsbereich bis zum Inkrafttreten des InsoÄndG 2001	67	2. Rechtsmittel	76
		III. Verfahrenskostenstundung und Gewährung von Prozesskostenhilfe	77
a) Eingrenzung des Anwendungsbereichs	67	1. Neuregelung und Relevanz des Meinungsstreits	77
b) Maßgeblicher Zeitpunkt	68	2. Gesetzesentwurf der Bundesregierung vom 22. 8. 2007	82
c) Flucht in den Verbraucherkonkurs	69		
6. Der persönliche Anwendungsbereich nach dem RegE vom 22. 8. 2007	70	3. Prozesskostenhilfe in Rechtsmittelverfahren	83

A. Einleitung

I. Normzweck

1. Zweck der Sonderregelungen für Verbraucherinsolvenzen. a) Kollektivverfahren für Verbraucherinsolvenzen. Durch die Vorschriften des 9. Teils sollen zunächst Verbraucherinsolvenzen in ein Kollektivverfahren einbezogen werden, das alle Gläubiger erfasst. Damit hat der Gesetzgeber Konsequenzen aus der Erkenntnis gezogen, dass der bis zum Inkrafttreten der InsO geltende Universalkonkurs den Bedürfnissen von Verbrauchern und Verbraucherinsolvenzen nicht gerecht wurde und für Verbraucher praktisch bedeutungslos war.[1] Die Vorschriften über die Einbeziehung von Verbraucherinsolvenzen in ein Kollektivverfahren zielen vorrangig ab auf eine **umfassende Schuldenbereinigung** im Einvernehmen von Schuldner und Gläubigern zur Abwendung des Insolvenzverfahrens und für den Fall des Scheiterns einer solchen Schuldenbereinigung auf die Verknüpfung des Insolvenzverfahrens mit der Restschuldbefreiung für insolvent gewordene Verbraucher. Für mittellose Schuldner sieht der Gesetzentwurf der Bundesregierung vom 22. 8. 2007 eine Restschuldbefreiung auch für den Fall der Nichteröffnung des Insolvenzverfahrens mangels Masse vor (§ 289 b RegE; s. hierzu näher u. RdNr. 24). 1

Die gesetzliche Regelung des Verbraucherinsolvenzverfahrens verfolgt in diesem Rahmen den Zweck, Voraussetzungen für eine einvernehmliche Schuldenbereinigung zu schaffen und **Anreize für Schuldner und Gläubiger** zu setzen, sich um eine außergerichtliche oder gerichtlich vermittelte Schuldenbereinigung zu bemühen. Der Normzweck der Sonderregelungen für Verbraucherinsolvenzverfahren besteht weiterhin darin, die Belastung der Gerichte bei der Durchführung von Verbraucherinsolvenzverfahren möglichst gering zu halten. Im Gesetzentwurf der Bundesregierung vom 22. 8. 2007 ist eine weiter gehende Stärkung des außergerichtlichen Schuldenbereinigungsverfahrens in der Weise vorgesehen, dass das gerichtliche Schuldenbereinigungsverfahren entfällt und statt dessen im vorgerichtlichen Schuldenbereinigungsplanverfahren die Zustimmung ablehnender Gläubiger durch das Gericht ersetzt werden kann (§ 305 a RegE). Nur wenn eine außergerichtliche Schuldenbereinigung offensichtlich aussichtslos ist, soll auf die Durchführung eines Einigungsversuchs von vornherein verzichtet werden können (§ 305 Abs. 1 Nr. 1 RegE). S. zu den geplanten Änderung näher u. RdNr. 24, 46. 2

b) Weiterer Zweck. Zweck der gesetzlichen Sonderregelung ist es weiter, auch solche natürlichen Personen, die ehemals eine selbstständige wirtschaftliche Tätigkeit ausgeübt 3

---

[1] *Kohte* in *Kohte/Ahrens/Grote* § 304 RdNr. 1.

§ 304   4–8   9. Teil. Verbraucherinsolvenz- und sonst. Kleinverfahren

haben, unter den in Abs. 1 Satz 2 genannten Voraussetzungen ebenfalls dem vereinfachten Insolvenzverfahren zu unterwerfen und sie insoweit den Verbrauchern gleichzustellen. Die im RefE vom 23. 1. 2007 noch vorgesehene Erweiterung des Anwendungsbereichs, wonach grundsätzlich sämtliche ehemals selbstständig wirtschaftlich Tätige in den Anwendungsbereich der §§ 304 ff. einbezogen werden sollten und die Wahl des Verbraucherinsolvenzverfahrens im Ermessen des Gerichts stehen sollte, wenn die vollständige Beendigung der selbstständigen wirtschaftlichen Tätigkeit noch nicht länger als ein Jahr zurückliegt, ist nicht in den Regierungsentwurf übernommen worden (s. dazu u. RdNr. 70–73).[2] Vielmehr soll es bei der bisherigen Regelung verbleiben.

4   **2. Normzweck des § 304.** Die Norm grenzt den persönlichen Anwendungsbereich der Vorschriften über das Verbraucherinsolvenzverfahren und sonstige Kleinverfahren ein.

II. Entstehungsgeschichte

5   **1. Rechtslage unter Geltung der Konkursordnung. a) Universalkonkurs.** In der bis zum 31. 12. 1998 geltenden Konkursordnung galt das Prinzip des Universalkonkurses. Es gab kein besonderes Verfahren für Verbraucher; es war jede natürliche Person ohne Rücksicht auf ihren wirtschaftlichen Status konkursfähig. Das Konkursverfahren war aber auf **Unternehmensinsolvenzen** ausgerichtet, es basierte auf dem Modell der Schuldenhaftung mit Vermögen und zielte darauf ab, das im Zeitpunkt der Eröffnung des Konkursverfahrens vorhandene Vermögen des Gemeinschuldners für die Befriedigung der Gläubiger zu verwerten. Das Konkursverfahren war deshalb strukturell ungeeignet für Verbraucherinsolvenzen, da bei diesen typischerweise weniger das zur Insolvenzmasse gehörende Vermögen als vielmehr Einkünfte aus Arbeits- und Dienstverhältnissen für die Befriedigung der Gläubiger in Betracht kommen; diese fielen aber nach dem bis zum 31. 12. 1998 geltenden Recht nicht in die Konkursmasse. Eine Möglichkeit, solche Vermögenswerte konkursrechtlich in die Schuldenbereinigung einzubeziehen, bestand unter der Geltung der Konkursordnung nicht.

6   **b) Verbraucherinsolvenzen.** Ein wesentlicher Grund für die **Bedeutungslosigkeit des Konkursverfahrens für Verbraucherinsolvenzen** lag unter anderem auch darin, dass eine konkursrechtliche Abwicklung von Verbraucherinsolvenzen im Allgemeinen weder für den Schuldner noch für dessen Gläubiger besondere Vorteile bot. Die Möglichkeit einer konkursrechtlichen Entschuldung bestand für den Schuldner nicht; vielmehr hatten die Gläubiger das Recht der freien Nachforderung, das der dreißigjährigen Verjährung unterlag (§§ 145 Abs. 2 KO, 218 Abs. 1 BGB aF). Wegen der Wirksamkeit und Konkursfestigkeit von Vorausabtretungen sowie der Pfändung von Lohn- und Gehaltsforderungen unter der Geltung des Prioritätsprinzips bestand für Gläubiger ohne derartige besitzlose Mobiliarsicherheiten zudem kaum eine Aussicht, ihre Position durch ein Verbraucherkonkursverfahren zu verbessern.

7   Das Konkursverfahren enthielt **keine Vorkehrungen,** durch die es Gläubigern und Schuldner ermöglicht wurde, eine dem Interesse aller Beteiligten entsprechende Wahl zwischen der Befriedigung der Gläubiger aus dem Vermögen des Schuldners unter Schonung des künftigen Einkommens oder der Befriedigung aus den laufenden Einkünften des Schuldners unter Schonung seines Vermögens zu treffen, weil weder die laufenden Einkünfte in das Verfahren einbezogen werden konnten noch ein kollektives Handeln der Gläubiger sichergestellt war.[3]

8   **c) GesO.** Die GesO sah ein besonderes Insolvenzverfahren für Verbraucher nicht vor. Eine wesentliche Neuerung stellte aber die Bestimmung des § 18 Abs. 2 Satz 3 GesO dar, wonach die Einzelzwangsvollstreckung in das Schuldnervermögen nach Einstellung

---

[2] In dem Entwurf vom 2. 3. 2006 war demgegenüber – wie bereits in dem RefE vom September 2004 – vorgesehen, die §§ 304 ff. einschränkungslos auf sämtliche Schuldner anzuwenden, die zum Zeitpunkt der Antragstellung keine selbstständige wirtschaftliche Tätigkeit (mehr) ausüben; s. zum Gang des Gesetzgebungsverfahrens näher u. RdNr. 22 ff.
[3] *Balz* ZRP 1986, 12.

der Gesamtvollstreckung nur stattfindet, soweit der Schuldner über ein angemessenes Einkommen hinaus zu neuem Vermögen gelangt; diese Beschränkung galt nicht für den Schuldner, der vorsätzlich oder grob fahrlässig zum Nachteil seiner Gläubiger gehandelt hat.

2. Reformdiskussion und Gesetzgebungsverfahren. Im Mittelpunkt der Diskussion um die Bewältigung von **Verbraucherinsolvenzen** stand von Anfang an das Institut einer **Restschuldbefreiung** (s. dazu RdNr. 47). Trotz des gemeinsamen Bezugs zum Problem der Verbraucherinsolvenzen stellen Restschuldbefreiung und Verbraucherinsolvenzverfahren zwei völlig verschiedene Rechtsinstitute dar, die auch einen unterschiedlichen Entwicklungsprozess in der Entstehung der InsO durchlaufen haben.

a) Rechtsausschuss. Die **Einführung eines besonderen Insolvenzverfahrens für Verbraucher** in seiner jetzigen Ausgestaltung ist erst in einem späten Stadium der Reform des Insolvenzrechts erfolgt. Sie beruht auf einer **Beschlussempfehlung des Rechtsausschusses** des Bundestags.[4] Im RefE sowie im RegE der InsO war das Problem der Verbraucherüberschuldung vor allem unter dem Gesichtspunkt der Abhilfe durch eine Restschuldbefreiung aufgegriffen worden. Während über die Notwendigkeit und Angemessenheit der Einführung einer Restschuldbefreiung im Verlauf der Vorarbeiten nach der Vorlage eines Referentenentwurfs grundsätzlich Einigkeit erzielt wurde (s. dazu im Einzelnen u. RdNr. 47), war die ursprünglich vorgesehene Koppelung an ein allgemeines Insolvenzverfahren Gegenstand heftiger Kritik.[5] Der RegE hatte für die Masse der Verbraucherinsolvenzen ein **verwalterloses Insolvenzverfahren** vorgesehen, das im Übrigen aber mit dem Verfahren für Unternehmerinsolvenzen weithin identisch war (§§ 347 bis 357 RegE InsO). Dieses Verfahren wurde trotz der vorgesehenen Vereinfachungen als zu gerichtsbelastend und zu wenig verbrauchergerecht angesehen.[6] Gefordert wurde ein speziell auf Verbraucherinsolvenzen zugeschnittenes einfaches und kostengünstiges Vorverfahren, in dem ein Schuldenbereinigungsplan aufgestellt werden sollte.[7] Andere Vorstellungen gingen dahin, die Restschuldbefreiung insgesamt aus der InsO herauszunehmen und sie als Ergänzung der ZPO zu regeln.[8]

b) Mehrbelastung der Gerichte. Eine besondere Rolle spielten insbesondere Befürchtungen der Bundesländer in Bezug auf eine erhebliche **Mehrbelastung der Gerichte** durch Verbraucherinsolvenzverfahren.[9] Wegen der Verknüpfung der Restschuldbefreiung mit einem vorangegangenen Insolvenzverfahren wurde eine Flut neuer Insolvenzverfahren prognostiziert.[10] Dies führte zu der Forderung, die Schuldenbereinigung überschuldeter Verbraucher **außerhalb der Insolvenzordnung** zu regeln und sie der freiwilligen Gerichtsbarkeit oder im Rahmen der Schuldnerberatung den Sozialhilfebehörden zu übertragen.[11] Die Bundesregierung hatte demgegenüber die Auffassung vertreten, dass sich die zusätzliche Gerichtsbelastung in Grenzen halten werde, weil sich durch die Möglichkeit einer Restschuldbefreiung die Verhandlungsposition des Schuldners stärke, so dass sich die Zahl gütlicher Einigungen erhöhen werde, und weil Insolvenzverfahren für Verbraucher ohne viel Aufwand durchgeführt werden könnten; auch werde die Mehrbelastung der Gerichte durch Verbraucherinsolvenzverfahren durch eine Entlastung im Bereich der Zwangsvollstreckung

---

[4] BT-Drucks. 12/7302, S. 189.
[5] *Kohte* ZIP 1994, 184, 185.
[6] Vgl. *Schmidt-Räntsch* MDR 1994, 321. In der Sachverständigen-Anhörung des Rechtsausschusses wurde weitgehend die Eignung des RegE zur Lösung der Problematik in Frage gestellt, s. *Schmidt-Räntsch*, Insolvenzordnung, Einführung RdNr. 207.
[7] *Kohte* (Fn. 5) S. 186.
[8] So der Vorschlag der Arbeitsgemeinschaft der Verbraucherverbände und der Bundesarbeitsgemeinschaft der Freien Wohlfahrtspflege für ein „Gesetz über die Entschuldung der Verbraucher", VuR 1990, 309.
[9] BR-Stellungnahme zum RegE, BT-Drucks. 12/2443, S. 254 f.; abgedruckt bei *Schmidt-Räntsch,* Insolvenzordnung, S. 733 ff.
[10] *Kohte* (Fn. 5) S. 185.
[11] BR-Stellungnahme zum RegE, BT-Drucks. 12/2443, S. 255 (zu Nr. 28); abgedruckt bei *Schmidt-Räntsch,* Insolvenzordnung, S. 734.

zum Teil wieder ausgeglichen.¹² In ihrer Gegenäußerung zur Stellungnahme des Bundesrats hat die Bundesregierung erklärt, dass sie in der Einführung eines selbstständigen Restschuldbefreiungsverfahrens keine Vorteile sehe.¹³ Beispielhaft wurde erwähnt, dass die Ermittlung des gegenwärtigen Vermögens und des laufenden Einkommens des Schuldners sowie die Feststellung seiner Verbindlichkeiten in einem selbstständigen Restschuldbefreiungsverfahren nicht weniger aufwändig sein dürften als bei der vorgesehenen Restschuldbefreiung im Rahmen eines Insolvenzverfahrens.

12   In der Anhörung des Rechtsausschusses des Bundestags vom 29. 4. 1993 wurde die Eignung des im RegE InsO vorgesehenen Regelinsolvenzverfahrens für Verbraucherinsolvenzen verworfen.¹⁴ Der Rechtsausschuss hat daraufhin die Abwicklung von Verbraucherinsolvenzen neu konzipiert mit dem Ziel, den **besonderen Bedürfnissen der Verbraucher** besser Rechnung zu tragen und die Gerichte soweit wie möglich zu entlasten. Ein von den Berichterstattern mit Hilfe des Bundesjustizministeriums formulierter Text wurde als Beschluss vom Rechtsausschuss verabschiedet (§§ 357 a–357 k)¹⁵ und später auch Gesetz.

13   c) **Personalbedarf.** Wegen der zu erwartenden **Kosten der Umsetzung** der InsO und wegen der nicht gesicherten Finanzierung des zusätzlich entstehenden Stellenbedarfs haben die Regierungschefs der Bundesländer am 20. 3. 1997 den Beschluss gefasst, eine gemeinsame Bundesratsinitiative zur Verlängerung der befristeten Aussetzung des Inkrafttretens der InsO zu ergreifen. Ein **zusätzlicher Personalbedarf** wurde für den Richter- und Rechtspflegerbereich sowie für den Bereich der Folgedienste im Hinblick auf die Anforderungen des Insolvenzplanverfahrens, vor allem aber auch im Hinblick auf das Verbraucherinsolvenzverfahren erwartet. Verlässliche Ermittlungen des zusätzlichen Stellenbedarfs lagen jedoch nicht vor. Schätzungen des Mehrbedarfs in allen Bundesländern zusammen beliefen sich auf 500 Stellen für Richter und auf 1800 Stellen für Rechtspfleger sowie auf nicht näher bezifferte Stellenbedarfe für Folgepersonal.¹⁶ Diese Bedarfsschätzungen haben sich jedoch als unrealistisch und weit überhöht erwiesen und sind in der Folgezeit erheblich nach unten korrigiert worden.¹⁷

14   Die **Justizministerkonferenz** hat in ihrem Beschluss vom 11. und 12. 6. 1997¹⁸ ebenfalls darauf hingewiesen, dass die neuen Aufgaben nach der Insolvenzordnung mit dem bisherigen Personal nicht umgesetzt werden können und Gespräche mit Bundesregierung und Bundestag mit dem Ziel angekündigt, das Inkrafttreten der InsO wie von den Ministerpräsidenten gefordert zu verschieben, zumindest aber bestimmte Verfahrensvereinfachungen vorzusehen, zu denen insbesondere die **Einführung einer Mindestquote** von 10% im Verbraucherinsolvenzverfahren gehörte. Außerdem haben die Justizminister

---

¹² BR-Drucks. 1/92, S. 107.
¹³ BT-Drucks. 12/2443, S. 266 (zu Nr. 28); abgedruckt bei *Schmidt-Räntsch,* Insolvenzordnung, S. 745.
¹⁴ *Kohte* (Fn. 5) S. 185.
¹⁵ BT-Drucks. 12/7302; abgedruckt bei *Schmidt-Räntsch,* Insolvenzordnung, S. 884 ff.
¹⁶ DRiZ 1994, 148. Diese Schätzungen beruhten auf den von Bayern und Nordrhein-Westfalen vorgelegten Berechnungen. *Heyer* NJW 1997, 2803 berichtet, dass nach Auskunft eines Vertreters des Niedersächsischen Justizministeriums für den dortigen Bereich ein Mehrbedarf von 42 Richtern, 105 Rechtspflegern und 170 Stellen im Folgedienst mit einem Personalkostenvolumen von jährlich insgesamt 22 Mio. DM veranschlagt wurde. Schleswig-Holstein veranschlagte den Mehrbedarf an Richterstellen für die Abwicklung von Verbraucherinsolvenzen auf 60, Hamburg auf 93; Hamburger Abendblatt vom 25. 10. 1997.
¹⁷ Nach Auskunft der Justizbehörde Hamburg sind von den für 1999 insgesamt geplanten 50 neuen Stellen zum Ausgleich der mit der Durchführung der neuen Insolvenzordnung verbundenen Mehrbelastungen 20 Stellen nicht besetzt worden. Für das Verbraucherinsolvenzverfahren sind 18,5 Stellen neu geschaffen und besetzt worden, davon 3 Richter-, 5,5 Rechtspfleger- und 10 Stellen für Service/Verwaltung. Nach Auskunft des Insolvenzgerichts Hamburg sind in den Jahren 2000 und 2001 jeweils 0,6 und zu Beginn des Jahres 2002 0,8 Richterpensen für Verbraucherinsolvenzverfahren eingesetzt worden; außerdem sind 2 Rechtspfleger (teilweise) sowie 3 Service-Kräfte mit Verbraucherinsolvenzverfahren befasst. Zu den entsprechenden Zahlen am Insolvenzgericht Flensburg vgl. *Röttger* SchlHA 2001, 2.
¹⁸ Beschlüsse der 68. Konferenz der Justizministerinnen und Justizminister vom 11. bis 12. 6. 1997 in Saarbrücken, zu TOP I 10; abgedruckt in NJW 1997, Heft 29, Umschlag S. XVI/XVIII sowie Nds. Rpfl. 1997, 149, 152.

die angemessene Förderung der Schuldnerberatungsstellen durch die Sozialressorts als Voraussetzung für das wirksame Funktionieren des Verfahrens zur privaten Schuldenbefreiung betont.

Die Forderungen nach einer Verschiebung des Inkrafttretens der InsO und nach der 15 Einführung einer Mindestquote haben die Bundesländer jedoch nicht als Gesetzesvorlage im Bundesrat eingebracht, nachdem der Bund zugesagt hat, **anderweitig** für eine Entlastung der Gerichte zu sorgen, u. a. durch eine Erhöhung der Berufungssumme in Zivilsachen und durch einen Abbau des Kollegialprinzips an den Landgerichten. Zunächst kam es allerdings nicht in dem erwarteten Umfang zu einer Belastung der Insolvenzgerichte durch Verbraucherinsolvenzverfahren, weil die Zahl solcher Verfahren nach Inkrafttreten der Insolvenzordnung zunächst vergleichsweise gering war. Schon bald nach Inkrafttreten des InsOÄndG 2001 kam es jedoch zu dem erwarteten Anstieg der Verbraucherinsolvenzverfahren (s. zum Ganzen u. RdNr. 32). Die anstehende Reform des Insolvenzrechts (s. u. RdNr. 22–24) findet ihren hauptsächlichen Grund in den hiermit einhergegangenen Anstieg der Kosten für die öffentliche Hand.[19] Die durchschnittlichen Kosten für ein Verbraucherinsolvenzverfahren werden bei einem völlig mittellosen Schuldner auf 1500 Euro geschätzt.[20] Insbesondere zur Kontrolle der Effizienz und der Belastungen durch die Insolvenzverfahren ist in dem Gesetzentwurf der Bundesregierung vom 22. 8. 2007 vorgesehen, ein Gesetz über die Insolvenzstatistik (Insolvenzstatistikgesetz – InsStatG) einzuführen, wonach über die Insolvenzverfahren monatliche Erhebungen als Bundesstatistik durchgeführt werden sollen (§ 1 RegE InsStatG).

III. Änderungen durch das InsOÄndG 2001

1. Neufassung des § 304. Der Gesetzentwurf der Bundesregierung vom 28. 3. 2001[21] 16 sah die Neufassung der Vorschrift über den Anwendungsbereich der Bestimmungen über das Verbraucherinsolvenzverfahren vor. In seiner Stellungnahme schlug der Bundesrat vor,[22] außer den Forderungen aus Arbeitsverhältnissen auch die Forderungen von Steuergläubigern und Sozialversicherungsträgern in Abs. 1 Satz 2 der Neufassung aufzunehmen, um die dahingehende Intention der Neufassung, die in der Begründung des Entwurfs zum Ausdruck kommt, ausdrücklich klarzustellen. Die Bundesregierung stimmte diesem Vorschlag zu.[23] Dagegen hielt der **Rechtsausschuss** in seiner Beschlussempfehlung eine solche Klarstellung für entbehrlich, da sich diese bereits aus der Begründung des Regierungsentwurfs ergebe und sich in dem erweiterten Berichterstattergespräch auch zumindest ein Sachverständiger gegen diese Ergänzung ausgesprochen habe.[24] In der Begründung des Regierungsentwurfs heißt es insoweit, dass der Begriff der **„Forderungen aus Arbeitsverhältnissen"** weit zu verstehen sei, so dass nicht nur Verbindlichkeiten von Arbeitnehmern selbst, sondern beispielsweise auch gem. § 187 SGB III auf die Bundesanstalt für Arbeit übergegangene Ansprüche hierzu zählten (s. hierzu u. RdNr. 61).[25]

---

[19] *Hergenröder* DZWIR 2006, 265 f., 267; *Pape* ZInsO 2006, 897, 898.
[20] S. Begründung des Gesetzentwurfs vom 2. 3. 2006, abgedruckt in Beil. 1 zu ZVI Heft 3, 2006 und in NZI 4/2006. Das Bayerische Staatsministerium der Justiz bezifferte die durchschnittlichen Kosten eines Verbraucherinsolvenzverfahrens, bestehend aus den Gerichtskosten, den Kosten der Veröffentlichung und den Treuhänderkosten auf 3000 Euro, wobei der größte Teil auf die Treuhänderkosten entfallen soll, s. dazu *Hergenröder* (Fn. 19) S. 266. S. hierzu auch die Zahlen von *Rüntz/Heßler/Wiedemann/Schwörer* ZVI 2006, 185, 197. In der Begründung des RegE vom 22. 8. 2007 werden die Gesamtkosten des Verbraucherinsolvenzverfahrens und des anschließenden Restschuldbefreiungsverfahrens nach geltendem Recht einschließlich der Personalkosten auf 2300 Euro geschätzt, BR-Drucks. 600/07, S. 45. Frühere Schätzungen der Kosten des Verbraucherinsolvenzverfahrens beliefen sich auf 2000 DM bis 4000 DM; *Henning* InVo 1996, 288; *ders.* ZInsO 1999, 399, 401; *Vallender* InVo 1998, 169, 172; FK-Kohte, InsO, § 311 RdNr. 9.
[21] BT-Drucks. 14/5680.
[22] BT-Drucks. 14/5680, S. 38 (zu Art. 1 Nr. 21).
[23] BT-Drucks. 14/5680, S. 41 (zu Nr. 6).
[24] BT-Drucks. 14/6468, S. 18 (zu § 304 Abs. 1).
[25] BT-Drucks. 14/5680, S. 30 (zu Nr. 21).

17 **2. Normzweck der Neuregelung.**[26] In der Begründung zum Gesetzentwurf wird zu der geltenden Fassung des § 304 ausgeführt,[27] dass werbende und ehemalige **Kleinunternehmer** grundsätzlich dem Regelinsolvenzverfahren zugewiesen werden sollen, weil die bisherige Einbeziehung von Kleinunternehmern in das Verbraucherinsolvenzverfahren zu schwierigen Abgrenzungsproblemen und einer erheblichen **Belastung der Justiz** geführt hat. Nach dem Wortlaut der bis zum 30. 11. 2001 geltenden Regelung konnten auch ehemalige Unternehmer und selbst ehemalige Großunternehmer geltend machen, dem Verbraucherinsolvenzverfahren zu unterfallen. Dieses Verfahren ist aber für Insolvenzen mit sehr hohen Verbindlichkeiten und mit einer sehr großen Zahl von Gläubigern nicht geeignet. Das Unterfangen, so führt die Begründung zum Gesetzentwurf aus, in solchen Konstellationen zu einer gütlichen Einigung im Rahmen eines Schuldenbereinigungsplans zu gelangen, sei offensichtlich aussichtslos. Für ehemalige Unternehmer soll das Verbraucherinsolvenzverfahren daher nur in Betracht kommen, wenn ihre **Vermögensverhältnisse überschaubar** und etwaige Arbeitsverhältnisse vollständig abgewickelt sind. Die geltende Fassung des § 304 zielt darauf ab, das Verbraucherinsolvenzverfahren in Fällen auszuschließen, in denen Einigungsversuche von vornherein als aussichtslos erscheinen. Dazu wird auf Erfahrungen aus der Praxis verwiesen, wonach bei mehr als 5–10 Gläubigern keine Einigungschancen bestehen. Die Gesetzesänderung will jedoch die Entwicklung hin zu einer größeren Akzeptanz des Schuldenbereinigungsverfahrens nicht durch eine sehr enge Begrenzung der Zulässigkeit des Verbraucherinsolvenzverfahrens beschneiden und zieht deshalb die **Grenze bei 20 Gläubigern.** Die geltende Fassung der Bestimmung zielt im Übrigen darauf ab, die bisherige Rechtsunsicherheit hinsichtlich der Frage des Zeitpunkts, zu dem die Voraussetzungen der Zulässigkeit des Verbraucherinsolvenzverfahrens vorliegen müssen, dadurch zu beseitigen, dass der Zeitpunkt der Antragstellung für maßgeblich erklärt wird.

18 **3. Auswirkungen der Neuregelung.** Durch die Neufassung des § 304 wurden die Kriterien, nach denen der Anwendungsbereich des Verbraucherinsolvenzverfahrens abzugrenzen ist, teilweise neu definiert. Zugleich wurde eine Reihe von Streitfragen hinsichtlich des Anwendungsbereichs entschieden. Insgesamt wurde der Anwendungsbereich des Verbraucherinsolvenzverfahrens durch die Neufassung des § 304 **erheblich eingeschränkt.** Aus ihr ergibt sich, dass der Schuldner, der eine selbstständige wirtschaftliche Tätigkeit ausübt, nicht dem Verbraucherinsolvenzverfahren unterfällt, ohne Rücksicht auf den Umfang der Tätigkeit.[28] Eine Ausnahme soll nur für Schuldner gelten, die eine selbstständige wirtschaftliche Tätigkeit ausgeübt haben, also für ehemalige Unternehmer. Die geltende Regelung stellt aber nicht mehr wie § 304 Abs. 1 in der ursprünglichen Fassung ausdrücklich auf das Kriterium der Geringfügigkeit der selbstständigen wirtschaftlichen Tätigkeit, sondern stattdessen auf die Überschaubarkeit der Vermögensverhältnisse sowie zusätzlich darauf ab, dass gegen den Schuldner **keine Forderungen aus Arbeitsverhältnissen** bestehen. Das bis zum Inkrafttreten des InsOÄndG zur Eingrenzung des Anwendungsbereichs des Verbraucherinsolvenzverfahrens verwendete Kriterium der Erforderlichkeit eines in kaufmännischer Weise eingerichteten Geschäftsbetriebs (§ 304 Abs. 2 aF, s. dazu die Voraufl. RdNr. 58 ff.) verlor demgemäß seine unmittelbare Bedeutung. An die Stelle eines handelsrechtlich orientierten Abgrenzungskriteriums trat ein in sachgerechter Weise an der Funktion des Verbraucherinsolvenzverfahrens ausgerichtetes Kriterium, das zudem mehr Rechtssicherheit schafft.

19 Der Rechtssicherheit dient insbesondere die Bestimmung des Abs. 2, wonach Vermögensverhältnisse nur überschaubar sind, wenn der Schuldner im Zeitpunkt des Antrags auf Eröffnung des Insolvenzverfahrens weniger als 20 Gläubiger hat. Daraus ist zu entnehmen, dass ein Verbraucherinsolvenzverfahren ausgeschlossen ist, wenn der Schuldner zu

---

[26] Zu den Änderungen des Verbraucherinsolvenzverfahrens auf Grund des InsOÄndG 2001 *Vallender* NZI 2001, 561 ff.; *ders.* MDR 2002, 181 ff.; *Pape* ZInsO 2001, 587 ff.; *ders.* ZVI 2002, 225 ff.; *Frind* ZInsO 2003, 341 ff.; *Reimann* ZVI 2003, 1 ff.; *Apel* NdsVBl 2002, 33 ff.; *Fuchs* NZI 2002, 239 ff.; *Schellberg* DB 2002, 307 ff.; *Fruhner* NJ 2002, 11 ff.; *Kocher* DZWIR 2002, 45 ff.; *Kohte* ZInsO 2002, 53 ff.
[27] BT-Drucks. 14/5680, S. 30 (zu Nr. 21).
[28] BGH VersR 2003, 1316; BGH NJW 2003, 591.

diesem Zeitpunkt mehr als 19 Gläubiger hat. Umgekehrt ist die Regelung aber nicht dahingehend zu interpretieren, dass ehemalige Unternehmer mit weniger als 20 Gläubigern stets dem Verbraucherinsolvenzverfahren unterliegen, soweit es dafür allein auf die Überschaubarkeit der Vermögensverhältnisse ankommt. Auch bei weniger als 20 Gläubigern können unüberschaubare Vermögensverhältnisse vorliegen, die nach dem in Abs. 1 Satz 2 zum Ausdruck gekommenen Normzweck zum Regelinsolvenzverfahren führen. In diesem Zusammenhang können auch die nach der bisherigen Regelung maßgeblichen Kriterien zur Abgrenzung geringfügiger selbstständiger wirtschaftlicher Tätigkeiten (s. die Voraufl. RdNr. 58 ff.) zur Auslegung des Tatbestandsmerkmals der Überschaubarkeit der Vermögensverhältnisse heranzuziehen sein (s. u. RdNr. 60). Hinsichtlich der nach dem bis zum 30. 11. 2001 geltenden Recht umstrittenen Frage, auf welchen Zeitpunkt für die Beurteilung der persönlichen Voraussetzungen der Anwendbarkeit des Verbraucherinsolvenzverfahrens abzustellen ist (s. dazu u. RdNr. 68), bringt die Neuregelung eine Klärung dahingehend, dass der **Zeitpunkt der Antragstellung** maßgeblich sein soll. Diese Bestimmung in Abs. 2 bezieht sich zwar ausdrücklich nur auf die Zahl der Gläubiger. Aus dem mit der Neufassung des § 304 insgesamt verfolgten Normzweck, ehemalige und noch aktive Unternehmer generell dem Regelinsolvenzverfahren zu unterwerfen und davon nur für ehemalige Unternehmer eng begrenzte Ausnahmen zuzulassen, ergibt sich aber, dass der genannte Zeitpunkt auch im Übrigen für die Beurteilung der Überschaubarkeit der Vermögensverhältnisse maßgebend ist (s. u. RdNr. 62). Auch für das Bestehen von Forderungen aus Arbeitsverhältnissen ist allein der Zeitpunkt der Antragstellung maßgeblich.

4. Relevanz der bis zum 30. 11. 2001 geltenden Regelung des Anwendungs- 20
bereichs. Die bis zum 30. 11. 2001 geltenden Vorschriften sind für Insolvenzverfahren anzuwenden, die vor dem 1. Dezember 2001 eröffnet worden sind (Art. 103 a EGInsO, eingefügt durch Art. 9 InsOÄndG 2001). Verbraucherinsolvenzverfahren, die vor diesem **Stichtag** eröffnet worden sind, sind demgemäß nach den Bestimmungen der §§ 304–314 in der bis zum 30. 11. 2001 bislang geltenden Fassung abzuwickeln. Ist ein Schuldenbereinigungsplanverfahren bis zum Stichtag noch nicht abschlossen gewesen, ist das Verfahren von Amts wegen in das Regelinsolvenzverfahren überzuleiten.[29] Dies gilt auch dann, wenn in einem gerichtlichen Schuldenbereinigungsplanverfahren nach §§ 307 ff. die Gläubiger keine Einwendungen gegen den Schuldenbereinigungsplan erhoben haben oder nach der Abstimmung der Gläubiger Antrag auf Ersetzung der Zustimmung widersprechender Gläubiger gestellt ist.[30] Der Gesetzgeber wollte mit der Übergangsregelung eine klare Abgrenzung der Verfahren ermöglichen; dieser Gesetzeszweck wäre in Frage gestellt, wollte man auf den jeweiligen Stand des Schuldenbereinigungsplanverfahrens abstellen.[31] Auch die Bestimmung des § 304 über den Anwendungsbereich des Verbraucherinsolvenzverfahrens bleibt in der bis zum 30. 11. 2001 geltenden Fassung maßgeblich, soweit es um die Beurteilung der Frage geht, ob ein vor dem 1. 12. 2001 eröffnetes Insolvenzverfahren in der richtigen Verfahrensart eröffnet worden ist.

IV. Weitere Gesetzesvorhaben und geplante Änderungen des Verbraucherinsolvenzverfahrens

1. Die Problematik der Entschuldung völlig mittelloser Schuldner. Das Problem 21
der Entschuldung völlig mittelloser Schuldner hat seit Inkrafttreten der Insolvenzordnung eine

---

[29] BGH ZVI 2003, 224, 225; BGH ZInsO 2002, 766; BGH ZVI 2002, 360; OLG Celle ZInsO 2002, 191, 192; LG Hannover ZVI 2002, 66; FK-*Kohte*, InsO, § 304 RdNr. 54; *Göbel* ZInsO 2001, 500, 501; *Braun/Buck*, InsO, § 304 RdNr. 25; *Kübler/Prütting/Wenzel*, InsO, § 304 RdNr. 29, 31; *Hess*, InsO, § 309 RdNr. 26; *Römermann* in *Nerlich/Römermann*, InsO, § 304 RdNr. 24; *Uhlenbruck/Vallender*, InsO, § 307 RdNr. 62.
[30] *Kübler/Prütting/Wenzel*, InsO, § 304 RdNr. 31; aA *Bork* ZVI 2002, 2 ff. Nach Überleitung in das Regelinsolvenzverfahren wird ein Rechtsmittel gegen die zuvor versagte Ersetzung der Zustimmung unbegründet, BGH ZVI 2006, 360.
[31] BGH ZVI 2003, 224, 225; BGH ZInsO 2002, 766; OLG Celle ZInsO 2002, 191, 192; LG Hannover ZVI 2002, 66; *Göbel* (Fn. 29) S. 501.

§ 304   22   9. Teil. Verbraucherinsolvenz- und sonst. Kleinverfahren

eingehende Diskussion ausgelöst. Zunächst ging es vor allem um die Frage der Gewährung von Prozesskostenhilfe (s. hierzu die Kommentierung in der Voraufl. RdNr. 79 ff.) sowie die Zulässigkeit sog. Null-Pläne (s. hierzu § 305 RdNr. 61 ff.). Durch die Einführung der Stundungsregelungen in den §§ 4 a–4 d hat sich die Streitfrage um die Gewährung von Prozesskostenhilfe erledigt (hierzu RdNr. 77). Es bleibt das Problem, wie mit solchen Schuldnern zu verfahren ist, die keinerlei Vermögen haben. Nach Schätzungen verfügen 86,9% der Schuldner über kein pfändbares Einkommen.[32] Diese Schuldner müssen derzeit das Insolvenzverfahren durchlaufen, um anschließend in das Restschuldbefreiungsverfahren zu gelangen, obwohl in diesen Fällen ein Ertrag für die Gläubiger nicht erzielt werden kann. Dies stößt seit langem wegen des damit verbundenen Aufwands, dem kein nennenswertes Ergebnis gegenübersteht, auf Kritik.[33] Wird das Verfahren mangels Masse abgelehnt (§ 26), ist den mittellosen Schuldnern der Weg zur Restschuldbefreiung versperrt (s. u. RdNr. 47).[34]

22 **2. Gesetzesvorhaben bis 2006.** Schon kurz nach dem am 1. 12. 2001 in Kraft getretenen InsoÄndG 2001 ist vom Gesetzgeber eine weitere Gesetzesänderung gefordert worden. Im Mittelpunkt der Kritik standen die hohen Kosten, die für Verfahren mitteloser Schuldner entstanden[35] sowie das außergerichtliche Schuldenbereinigungsverfahren.[36] In dem **Diskussionsentwurf des BMJ von April 2003**[37] waren daher neben Änderungen des Regelinsolvenzverfahrens vor allem auch das Verbraucherinsolvenz- und das Restschuldbefreiungsverfahren Gegenstand weiterer gesetzgeberischer Vorhaben. So sollte die strikte Trennung zwischen außergerichtlicher und gerichtlicher Schuldenbereinigung aufgehoben werden. Die Initiative für den Einigungsversuch sollte in die Hände des Schuldners gelegt werden, der die Möglichkeit erhalten sollte, einen Antrag auf Zustimmungsersetzung zu stellen (§ 305 a DiskE InsO 2003).[38] Die Bestimmung des § 304 sollte unberührt bleiben; für ehemals selbstständig wirtschaftlich Tätige sollte lediglich § 312 Abs. 1 Satz 1, Abs. 2 und 3 Satz 2 unter bestimmten Voraussetzungen Anwendung finden können (§ 304 Abs. 3 DiskE InsO 2003). Das Problem der Entschuldung völlig mittelloser Schuldner wurde letztlich nicht aufgegriffen. In dem **Referentenentwurf von September 2004**[39] wurden die vorgesehenen Änderungen zum außergerichtlichen und gerichtlichen Schuldenbereinigungsplan im Wesentlichen übernommen. Hinsichtlich des persönlichen Anwendungsbereich sollte § 304 dahingehend geändert werden, dass die §§ 304 ff. auf alle natürliche Personen Anwendung finden sollten, die zum Zeitpunkt der Antragstellung keine selbstständige wirtschaftliche Tätigkeit ausüben, damit also auch auf alle ehemals selbstständig wirtschaftlich Tätigen.[40] Nach dem Diskussionsentwurf von April 2003 sollte demgegenüber lediglich die Bestimmung des § 312 entsprechend auch für ehemals selbstständige natürliche Personen zur Anwendung kommen[41] (s. zur Frage der analogen Anwendung § 312 RdNr. 3).

---

[32] *Heuer/Hils/Richter/Schröder/Sackmann* S. 22; nach einer Untersuchung von *Rüntz/Heßler/Wiedemann/Schwörer* ZVI 2006, 185, 193 liegt die Stundungsquote bei 90,85%; das Bundesjustizministerium ging in seinem Eckpunktepapier vom 14. 11. 2006 (s. u. Fn. 49) von etwa 80% aus.
[33] S. a. Aufruf deutscher Insolvenzrichter und -rechtspfleger, ZInsO 2002, 949; *Heyer,* Restschuldbefreiung im Insolvenzverfahren, 2004, S. 29 ff., 162; *Frind* (Fn. 26) S. 341; *Grote/Heyer* ZInsO 2006, 1138; *Vallender* NZI 2006, 279.
[34] Vgl. *Warrikoff* ZInsO 2005, 1179 ff.; *Hergenröder* DZWIR 2006, 441, 442.
[35] In der Begründung zum Gesetzentwurf vom 2. 3. 2006 wurden die Kosten mit 1500 Euro pro Verfahren geschätzt. S. hierzu auch die Untersuchung von *Rüntz/Heßler/Wiedemann/Schwörer* (Fn. 32) S. 185 ff. sowie o. RdNr. 15 und Fn. 20; krit. zum Kostenargument dagegen *Pape* (Fn. 19) S. 897 f.
[36] S. hierzu nur *Mäusezahl* ZVI 2003, 49 ff.; *Frind* (Fn. 26) S. 341; *Grote/Heyer* (Fn. 33) S. 1138; *Schmerbach* ZInsO 2003, 253 ff.; Aufruf deutscher Insolvenzrichter und -rechtspfleger zur Wiederherstellung der Funktionsfähigkeit der Insolvenzgerichte und der Insolvenzordnung, ZInsO 2002, 949.
[37] Abgedruckt in ZInsO 2003, 359; s. hierzu *Pape* ZInsO 2003, 389, 393 ff.; *Vallender/Fuchs* NZI 2003, 292 ff.; *Stephan* ZVI 2003, 145 ff.; *Frind* ZInsO 2003, 549 ff.
[38] S. hierzu *Pape* (Fn. 37) S. 394.
[39] Abgedruckt in ZInsO 2004, 1016; s. hierzu *Frind* ZInsO 2004, 1064 ff.; *Kohte* ZVI 2005, 9 ff.; zu den seinerzeitigen Reformüberlegungen s. a. *Schmerbach* ZInsO 2004, 697 ff.; *dens.* ZInsO 2005, 77 ff.
[40] S. hierzu auch AG Hamburg ZVI 2005, 621.
[41] S. *Vallender/Fuchs* (Fn. 37) S. 297 f.

Bei einem Treffen von Vertretern des BMJ und sämtlicher beteiligter Praxiskreise im **23** Februar 2005 wurde ein Alternativmodell entwickelt, wonach bei masselosen Verfahren anstelle des Verbraucherinsolvenzverfahrens direkt ein Entschuldungsverfahren eingeleitet werden sollte, das dem Restschuldbefreiungsverfahren entspricht (sog. **Wustrauer Modell**).[42] Nicht durchsetzen konnten sich Vorschläge,[43] wonach das Problem durch die Einführung absoluter Verjährungsfristen zu lösen sein soll.[44] Eine solche absolute Verjährungsregelung bietet gegenüber einem Insolvenz- bzw. Entschuldungsverfahren keinerlei Vorteile.[45] Der Zwischenbericht der Bund-Länder-Arbeitsgruppe „Neue Wege zu einer Restschuldbefreiung" schlug ein neuartiges, eigenständiges treuhänderloses Entschuldungsverfahren vor.[46] Ein von der Bund-Länder-Arbeitsgruppe vorgelegter und vom Bundesministerium der Justiz federführend betreuter **Entwurf eines Gesetzes zur Entschuldung völlig mittelloser Personen und zur Änderung des Verbraucherinsolvenzverfahrens** vom 2. 3. 2006 sah ein völlig neues Entschuldungsmodell vor.[47] In diesem Entwurf sollte § 304 – wie schon im Referentenentwurf von September 2004 – in seinem Anwendungsbereich auf sämtliche natürliche Personen Anwendung finden, die zum Zeitpunkt der Antragstellung keine selbstständige wirtschaftliche Tätigkeit ausüben. Vorgesehen war die Einführung eines eigenständigen Entschuldungsverfahrens mit individualrechtlicher Stundungslösung, einem nur eingeschränktem Vollstreckungsverbot, einer Laufzeit von acht Jahren und einer auf die vom Schuldner benannten Forderungen begrenzten Wirkung der Entschuldung, §§ 303 a–303 i GesE InsO 2006. Die Einführung eines solchermaßen ausgestalteten eigenständigen Entschuldungsverfahrens ist jedoch auf nahezu einhellige Ablehnung im Schrifttum gestoßen.[48] Dieser Ansatz ist daraufhin vom BMJ nicht weiter verfolgt worden. Bereits in dem Eckpunktepapier des Bundesjustizministeriums vom 14. 11. 2006[49] war nur noch von einem „vereinfachten Entschuldungsverfahren" die Rede, wobei vorgesehen war, lediglich die Stufe des eröffneten Verfahrens zu überspringen.[50]

3. Der RefE vom 23. 1. 2007 und der RegE vom 22. 8. 2007. Der RegE vom 22. 8. **24** 2007 (BR-Drucks. 600/07),[51] der hinsichtlich der Neuregelung der Entschuldung mittelloser Personen[52] im wesentlichen dem RefE vom 23. 1. 2007[53] folgt, sieht folgende Grundzüge vor: Das Entschuldungsverfahren wird in das Insolvenzverfahren integriert, jedoch entfällt die Durchführung eines Insolvenzverfahrens als Grundvoraussetzung der Restschuldbefreiung, wenn die Verfahrenskosten durch die Masse nicht gedeckt sind. In diesem Fall beschließt das Gericht vielmehr mit der Abweisung mangels Masse bzw. mit der Einstellung des Insolvenzverfahrens die Einleitung des Entschuldungsverfahrens (§ 289 b Abs. 1 und 2 RegE). Die Stundung der Verfahrenskosten entfällt; §§ 4 a–4 d werden aufgehoben. Der

---

[42] S. hierzu *Hofmeister/Jäger* NZI 2005, 180 ff.; *Springeneer* ZVI 2006, 1, 8 f.; s. ferner *Jäger* ZVI 2005, 15 ff.
[43] S. zu den unterschiedlichen Entschuldungsmodellen *Springeneer* (Fn. 42) S. 8 ff.
[44] S. hierzu *Wiedemann* ZVI 2004, 645, 654; *Klaas* ZInsO 2004, 577, 580; *Förster* ZInsO 2002, 1105; *Kirchhof* ZInsO 2001, 1, 13; *Ast* ZVI 2002, 183, 184; eingehend *Ahrens* ZVI 2005, 1 ff.; *Ackmann*, Schuldbefreiung durch Konkurs, S. 141 ff.; *Ruby*, Schuldbefreiung durch absolute Anspruchsverjährung, S. 59 ff.
[45] Zutr. *Ahrens* (Fn. 44) S. 2 ff.
[46] Abgedruckt in ZVI 2005, 445; s. hierzu *Kemper* ZVI 2006, 434 ff.; s. ferner *Grote* ZInsO 2006, 119 ff. (zum Restschuldbefreiungsverfahren).
[47] Abgedruckt in Beil. 1 zu ZVI Heft 3/2006 und in NZI 4/2006, VII; s. hierzu *Hergenröder* (Fn. 19) S. 265 ff.; *Pape* (Fn. 19) S. 897 ff.; *Ahrens* NZI 2007, 193 ff.
[48] *Frind* ZInsO 2006, 342; *Hergenröder* (Fn. 19) S. 272 ff.; *ders.* (Fn. 34) S. 442 f.; *Pape* (Fn. 19) S. 904 ff.; *Ohle/Schatz/Jäger* ZVI 2006, 480; s. ferner den Alternativentwurf von *Grote/Heyer* (Fn. 36) S. 1138 ff.
[49] Abrufbar im Internet unter www.bmj.de; s. hierzu auch *Homann* DZWIR 2007, 94, 99.
[50] Zu weiterführenden Überlegungen *Stephan* NZI 2006, 671.
[51] S. hierzu *Graf-Schlicker/Kexel* ZIP 2007, 1833 ff.; *Jäger* ZVI 2007, 507 ff. (mit einer graphischen Darstellung über den Verfahrensablauf); *Wimmer* jurisPR-InsR 19/2007 Anm. 6; krit. *Stephan* ZVI 2007, 441 ff.; *Frind* ZInsO 2007, 1097 ff.
[52] Der Gesetzentwurf enthält darüber hinaus Vorschriften, die insbesondere im Interesse öffentlich-rechtlicher Gläubiger zu einer Stärkung der Gläubigerpositionen beitragen sollen, ferner sollen Lizenzverträge insolvenzfest ausgestaltet werden (§ 108 a RegE); s. hierzu *Graf-Schlicker/Kexel* (Fn. 51) S. 1837.
[53] Zust. *Jäger* (Fn. 51) S. 513.

Schuldner hat einen Verfahrenskostenbeitrag von 25 Euro zu leisten.[54] Der außergerichtliche Einigungsversuch wird neu gestaltet; er ist nicht obligatorisch, wenn er offensichtlich aussichtslos gem. § 305 Abs. 1 Nr. 1 RegE ist. Das gerichtliche Schuldenbereinigungsplanverfahren entfällt. Ein Zustimmungsersetzungsverfahren findet nur auf Antrag des Schuldners statt (§ 305a Abs. 1 RegE). Das Gericht bestellt einen vorläufigen Treuhänder, wenn der Schuldner einen Antrag auf Restschuldbefreiung gestellt hat und sein Vermögen voraussichtlich nicht ausreicht, um die Kosten des Insolvenzverfahrens zu decken (§ 289a Abs. 1 RegE). Der vorläufige Treuhänder hat u. a. die Aufgabe, anstelle eines Sachverständigen zu prüfen, ob die Verfahrenskosten gedeckt sind (§ 289a Abs. 3 RegE). Sofern es sich um ein Verbraucherinsolvenzverfahren gem. § 304 Abs. 1 handelt, hat der vorläufige Treuhänder mit dem Schuldner die Verzeichnisse nach § 305 Abs. 1 Nr. 3 zu erörtern, ihn über die Bedeutung der eidesstattlichen Versicherung zu belehren und darauf hinzuwirken, dass er die Richtigkeit und Vollständigkeit seiner in den Verzeichnissen und der Erklärung nach § 287 Abs. 1 RegE gemachten Angaben schriftlich an Eides Statt versichert (§ 289a Abs. 4 RegE). Im Regelinsolvenzverfahren hat der vorläufige Treuhänder den Schuldner beim Ausfüllen der Verzeichnisse nach § 287 Abs. 1 RegE zu unterstützen und über die Bedeutung der eidesstattlichen Versicherung zu belehren und auf deren Abgabe hinzuwirken; außerdem hat er sich zu Anfechtungstatbeständen zu äußern (§ 289a Abs. 5 RegE).

24a Die Neuregelung des RegE zur Entschuldung mitteloser Personen verdient im Ganzen gesehen Zustimmung und hat wie auch der zugrunde liegende RefE vom 23. 1. 2007 verbreitet Zustimmung erfahren.[55] Zustimmung verdient insbesondere die Abkehr vom „Dogma eines durchgeführten Insolvenzverfahrens als Grundvoraussetzung für die Restschuldbefreiung".[56] Ein masseloses Verfahren, in dem es nichts zu verteilen gibt, durch **Subventionierung der Kosten** zu ermöglichen, ergibt keinen Sinn. Zu einer wesentlichen Entlastung führt auch der Verzicht auf einen obligatorischen außergerichtlichen Einigungsversuch in Fällen offensichtlicher Aussichtslosigkeit, die 80% oder mehr aller Verfahren ausmachen.[57] Der Wegfall eines gerichtlichen Schuldenbereinigungsplanverfahrens bildet nur die tatsächliche Lage ab, da dieses Verfahren in der Praxis weitgehend bedeutungslos ist. Die Institution des vorläufigen Treuhänders als zentrale Figur des Entschuldungsverfahrens stellt sich jedoch in vieler Hinsicht als problematisch dar.[58] Zwar ist der Verzicht auf den im RefE vorgesehenen Einsatz des Gerichtsvollziehers zur Überprüfung der Angaben des Schuldners in Bezug auf seine Vermögensverhältnisse und zur Abnahme der eidesstattlichen Versicherung des Schuldners zu begrüßen.[59] Ob der vorläufige Treuhänder aber eine wirk-

---

[54] ZVI 2007, Beilage zu Heft 1. Der RefE entspricht zum großen Teil dem Alternativentwurf von *Grote/Heyer* ZInsO 2006, 1121 ff. S. dazu *Hellmich* ZInsO 2007, 739 ff.

[55] S. hierzu Nr. 2310 KV-GKG RegE.

[56] *Schmerbach* NZI 2007, 198 ff.; *Ahrens* NZI 2007, 193 ff.; *Hellmich* (Fn. 54) S. 739 ff.; *Pape* ZVI 2007, 239 ff.; *Graf-Schlicker/Kexel* (Fn. 51); s. ferner u.a. die Stellungnahme des Deutschen Richterbundes unter www.drb.de, des Deutschen Anwaltsvereins unter www.anwaltverein.de, des Deutschen Vereins für öffentliche und private Fürsorge e. V. unter www.deutscher-verein.de, des Verbraucherzentrale Bundesverbandes unter www.vzbv.de; krit. im Hinblick auf die vom Schuldner geforderte Kostenbeteiligung dagegen die Stellungnahme der Arbeitsgemeinschaft Schuldnerberatung der Verbände AG SBV unter www.agsbv.de. Grundlegende Kritik findet sich bei *Vallender* NZI 2005, 599, 601 f.; *ders.* InVo 2007, 219 ff.; *ders.* NZI 2007, 617 ff.; ebenso *Frind* ZInsO 2007, 473 ff.

[57] *Pape* (Fn. 56) S. 240.

[58] S. dazu die Untersuchung von *Heuer/Hils/Richter/Schröder/Sackmann* S. 26: danach stand in 87,5% aller untersuchter Fälle zum Zeitpunkt des außergerichtlichen Einigungsversuchs keine verteilbare Masse zur Verfügung.

[59] Krit. insb. *Stephan* (Fn. 51) S. 442 ff. (erheblicher Mehraufwand für die Insolvenzgerichte und Verteuerung des Verfahrens), der für eine Stärkung der „geeigneten Stellen" plädiert; ebenso krit. *Frind* ZInsO, 2007, 1097, 1099 f., der für Hamburg von einer Mehrarbeit von ca. zwei Richterstellen ausgeht. Entgegen der Auffassung von *Jäger* (Fn. 51) S. 511 werden damit die bisherigen „Nullverfahren" nicht ohne Beratung in das gerichtliche Entschuldungsverfahren „geschickt" werden, vielmehr werden die im Übrigen der Beratungspraxis – insbesondere den Schuldnerberatungsstellen – obliegenden Pflichten dem „vorläufigen Treuhänder" auferlegt; krit. hierzu *Stephan* (Fn. 51) S. 442 ff.; *Frind* ZInsO 2007, 1097, 1099 f.

same Überprüfung der Vermögensverhältnisse des Schuldners gewährleisten und damit zur Akzeptanz des Verfahrens bei den Gläubigern beitragen kann, erscheint fraglich. Fraglich erscheint auch, ob der Einsatz des vorläufigen Treuhänders zu einer Straffung des Verfahrens oder nicht vielmehr zu Verfahrensverzögerungen und zu einem Mehraufwand bei den Gerichten führt.[60]

V. Rechtstatsachen

1. Überschuldung und Zahlungsunfähigkeit von Verbrauchern. Die Zahl der 25 Anträge auf Eröffnung eines Verbraucherinsolvenzverfahrens ist seit Jahren kontinuierlich angestiegen (s. u. RdNr. 32). Die Zahl der überschuldeten Haushalte wird für das Jahr 2002 mit 3,13 Mio. angegeben.[61] Sie ist nach vorliegenden Schätzungen über einen Zeitraum von 15 Jahren kontinuierlich gestiegen.[62] Eine im Auftrag des Bundesministeriums für Familie und Senioren und des Bundesministeriums für Justiz durchgeführte Untersuchung aus dem Jahre 1990 zur Überschuldungssituation in Deutschland nennt 1,2 Mio. überschuldete Haushalte.[63] Weitere Schätzungen haben 2,5 Mio.[64] bzw. 2,6 Mio.[65] überschuldete Haushalte ergeben.

Ein Haushalt umfasste 1998 im statistischen Durchschnitt 2,2 Personen,[66] im Jahre 2005 26 nur noch 2,11 Personen.[67] Dieser Wert ist in den neunziger Jahren kontinuierlich gesunken. In Städten mit mehr als 100 000 Einwohnern liegt er mit 1,96 sogar noch erheblich unter dem Bundesdurchschnitt. Auch ist der Wert in den Stadtstaaten niedriger als in den Flächenstaaten.[68] Die Zahl der überschuldeten Haushalte kann jedoch weder mit der Zahl der

---

[60] Zur Kritik am RefE *Schmerbach* (Fn. 56) S. 200; *Pape* (Fn. 56) 241, 248, der von einer „Alibi-Funktion" der Pflicht zur Erörterung der Verbindlichkeiten des Schuldners mit dem Gerichtsvollzieher spricht; *Vallender* InVo 2007, 219, 224; *Hellmich* (Fn. 54) S. 742; and. dagegen *Mroß* DGVZ 2007, 49 ff., der einen weitergehenden Vorschlag für ein durch Gerichtsvollzieher zu betreibendes und zu beaufsichtigendes Entschuldungsverfahren macht. Zu der aus einer Einschaltung des Gerichtsvollziehers folgenden Belastung s. *Stephan* (Fn. 50) S. 674 (15–20 Verfahren pro Gerichtsvollzieher und Jahr); *Schmerbach* (Fn. 56) 200 (mind. 50 Verfahren für den Amtsgerichtsbezirk Göttingen).

[61] Dazu eingehend *Frind* (Fn. 59) S. 1100; *Stephan* (Fn. 51) S. 443 ff. Entgegen der Auffassung von *Jäger* (Fn. 51) S. 511 werden damit die bisherigen „Nullverfahren" nicht ohne Beratung in das gerichtliche Entschuldungsverfahren „geschickt", vielmehr werden die im Übrigen der Beratungspraxis – insbesondere den Schuldnerberatungsstellen – obliegenden Pflichten dem „vorläufigen Treuhänder" auferlegt.

[62] Gutachten der GP Forschungsgruppe München 2004, erstellt im Auftrag des Bundesministeriums für Familie, Senioren, Frauen und Jugend; s. hierzu *Heuer/Hils/Richter/Schröder/Sackmann* S. 6; Armuts- und Reichtumsbericht der Bundesregierung, 2005, S. 50 (verfügbar unter www.bmas.bund.de); *Bock/Breuer/Gestrich/Hergenröder/Hermann-Otto/Irsigler/Münster/Schnabel-Schüle/Schweppe* ZVI 2007, 515 ff.

[63] In der Begründung des RegE zur InsO wird die Zahl der überschuldeten Haushalte in den alten Bundesländern einschließlich West-Berlins auf etwa 1,2 Mio. veranschlagt, BR-Drucks. 1/92, S. 107. *Bindemann* S. 19 nennt eine Zahl von 15 Mio. „finanziell völlig überforderten" sowie mindestens 2,5 Mio. zahlungsunfähigen Haushalten unter Berufung auf einen Bericht der Frankfurter Rundschau vom 29. 4. 1993, der ohne nähere Angaben auf die Arbeitsgemeinschaft der Verbraucherverbände verweist, sowie auf einen Bericht der Hannoverschen Allgemeine (1998) mit Bezug auf den Bundesverband Inkasso und den Bund Deutscher Rechtspfleger. In einem Bericht der Bundesarbeitsgemeinschaft Schuldnerberatung wird eine Zahl von 1,5 Mio. überschuldeten Privathaushalten und als Quelle „vorsichtige Schätzungen des DGB" genannt; an gleicher Stelle wird die Zahl der mit Konsumentenkrediten verschuldeten Privathaushalte mit 35 Mio. angegeben und der Anteil der zahlungsunfähigen Haushalte hieran mit etwa 5% beziffert (dies ergibt 1,75 Mio. zahlungsunfähige Haushalte), *Sellin/Kuntz* S. 26.

[64] *Korczak/Pfefferkorn* S. 112.

[65] *Bindemann* S. 213.

[66] Statistisches Jahrbuch für die Bundesrepublik Deutschland 1998, S. 64. Siehe auch die Angabe von *Heyer* (Fn. 16) S. 2804 unter Berufung auf Angaben von *Korczak,* der in einer 1997 erschienenen Untersuchung über Marktverhalten, Verschuldung und Überschuldung privater Haushalte in den neuen Bundesländern die Zahl der überschuldeten privaten Haushalte in den alten Bundesländern mit 1,46–1,58 Mio. und in den neuen Bundesländern mit 433 000–516 000 ermittelt hat (= 4,9–5,3% der Haushalte in den alten und 6,4–7,6% der Haushalte in den neuen Bundesländern), S. 300 f. Quelle: Statistisches Jahrbuch für die Bundesrepublik Deutschland, 1996, S. 66.

[67] Die Daten sind abrufbar auf der Website des Statistischen Bundesamts (http://www.genesis.destatis.de).

[68] Statistisches Jahrbuch für die Bundesrepublik Deutschland 1998, S. 64.

überschuldeten Einzelpersonen gleichgesetzt werden, noch lässt sich auf der Basis statistischer Angaben über die durchschnittliche Zahl der Mitglieder eines Haushalts die Gesamtzahl der überschuldeten Einzelpersonen hochrechnen. Zwar wird häufig die **Überschuldung eines Ehe- oder Lebenspartners** in einem Haushalt mit einer Überschuldung auch des anderen Partners verbunden sein,[69] für Kinder, die dem Haushalt angehören, kann von einer solchen Korrelation aber nicht ohne weiteres ausgegangen werden.[70] Nach einer im Auftrag des Bundesministeriums für Familie, Senioren, Frauen und Jugend erstellten Untersuchung belief sich die Zahl der überschuldeten Personen im Jahr 1999 auf 2,77 Mio., wobei die Zahl der Überschuldeten in Westdeutschland bei 1,9 Mio. und in Ostdeutschland bei 870 000 lag.[71] Teilweise ist auch von 6 Mio. Betroffenen die Rede.[72]

27 Der Tatbestand der **Überschuldung privater Haushalte** wird zumeist mit dem der **Zahlungsunfähigkeit** gleichgesetzt. Überschuldung liegt danach vor, wenn der nach Abzug der notwendigen Lebenshaltungskosten verbleibende Einkommensrest nicht mehr ausreicht, die eingegangenen Zahlungsverpflichtungen zu erfüllen.[73] Etwa vorhandene Vermögenswerte werden von dem so definierten Tatbestand der Überschuldung nicht erfasst. Diese Definition der Überschuldung lässt im Übrigen auch offen, welcher Zeitraum für die Saldierung maßgeblich sein soll. Nach einem anderen Vorschlag soll der Tatbestand der Überschuldung dann erfüllt sein, wenn das aktuelle pfändbare Vermögen des Schuldners einschließlich des pfändbaren Teils seiner Bezüge für 2 Jahre im Voraus nicht zur Deckung von fälligen Forderungen ausreicht.[74] Legt man diese Kriterien[75] zugrunde, so kann Überschuldung bereits eintreten, wenn ein Kredit mit mittlerer Laufzeit wegen Verzugs des Schuldners gekündigt wird und der Restkredit damit fällig gestellt wird.[76] Die Kündigung von Kreditverträgen wird auf jährlich 200 000 bis 300 000 beziffert.[77] Wie die Gesamtzahl der Überschuldungen mit den unterschiedlichen Kriterien korreliert, ist – soweit ersichtlich – bislang nicht untersucht worden.[78]

28 **2. Struktur von Verbraucherverbindlichkeiten.** Verbindlichkeiten privater Haushalte betreffen zum einen Zahlungsrückstände aus Mietverträgen und Energielieferungsverträgen[79] und weitere Verbindlichkeiten aus dem Bereich der Daseinsvorsorge wie u. a. aus

---

[69] S. a. die Untersuchung aus dem Jahre 2005 von *Heuer/Hils/Richter/Schröder/Sackmann* S. 10, wonach ein Übergewicht männlicher Schuldner besteht, was damit zu begründen sein könnte, dass – insbesondere bei Banken und Versicherungen als Gläubiger – die Vertragsabschlüsse häufig über den männlichen „Haushaltsvorstand" stattfinden.

[70] Zur unzureichenden insolvenzrechtlichen Behandlung der „Familie als Schuldner" *Hergenröder* DZWIR 2001, 397, 407. Auch den Angaben bei *Heuer/Hils/Richter/Schröder/Sackmann* S. 10 ff. lässt sich nicht entnehmen, inwiefern von der Verschuldung auch die Familien betroffen sind.

[71] BT-Drucks. 14/5680, S. 11 unter Hinweis auf *Korczak/Roller* S. 126; s. w. *Heuer/Hils/Richter/Schröder/Sackmann* S. 6.

[72] Vgl. *Pape* (Fn. 26) S. 587.

[73] *Grote* in *Kohte/Ahrens/Grote* Vorbem. zu §§ 286 ff. RdNr. 2; *Bock/Breuer/Gestrich/Hergenröder* u. a. (Fn. 62) S. 515; *Korczak/Pfefferkorn* S. XXI; *Korczak* S. 232; *Korczak/Roller* S. 47. Zur Ermittlung der Überschuldung wurde in diesen Untersuchungen ein Indikatorensystem entwickelt, das Stundung und Kündigung von Kreditverträgen, Lohn- und Gehaltspfändungen, Energiesperrungen und -ratenzahlungen sowie die Abgabe eidesstattlicher Versicherungen und den Besuch von Schuldnerberatungsstellen umfasst, s. *Korczak/Pfefferkorn* S. 110; *Korczak* S. 257; http:// www.selbsthilfe.solution.de/harddrug/schulden.

[74] Vorschlag der Arbeitsgemeinschaft der Verbraucherverbände e. V. und der Bundesarbeitsgemeinschaft der Freien Wohlfahrtspflege e. V. für ein „Gesetz über die Entschuldung von Verbrauchern", VuR 1990, 309 (§ 815 b ZPO).

[75] Zu den unterschiedlichen Ansätzen sowie zur Abgrenzung der Überschuldung von der bloßen Verschuldung vgl. *Bonnemann/Rickal,* Einführung in den Problemkreis der Ver-/Überschuldung, http://www.uni-essen.de/tts/lehrangebot/verschuldung, S. 2 f.; s. ferner *Heuer/Hils/Richter/Schröder/Sackmann* S. 5 f.

[76] *Scholz* DB 1992, 2233, 2238.

[77] Vgl. *Schatzschneider* MDR 1986, 274; *Holzscheck/Hörmann/Daviter,* Die Praxis des Konsumentenkredits in der Bundesrepublik Deutschland, S. 281. Zur Kritik *Scholz* MDR 1987, 7 mwN.

[78] Zu den sozialen Ursachen des Überschuldungsprozesses, insbes. zu Ursachen, die in sozialisations- und bildungsbedingten Defiziten liegen, s. *Korczak/Pfefferkorn* S. 274 ff.; *Bindemann* RdNr. 215 ff.; Schuldenreport 1999, *Reifner,* Kapitel A, Verschuldung der privaten Haushalte in Deutschland, S. 37 f.; *Bonnemann/Rickal* (Fn. 75) S. 4 ff.

Versicherungsverträgen und Geschäften des täglichen Lebens,[80] zum anderen Konsumentenkredite.[81, 82] Hinzu kommen rückständige Unterhaltsverpflichtungen.[83] **Rückständige Unterhaltsforderungen** sind normale Insolvenzforderungen, die am Verfahren teilnehmen und anderen Forderungen gleichgestellt sind.[84] Laufende Unterhaltsforderungen, die nach Eröffnung des Verfahrens anfallen, nehmen dagegen am Insolvenzverfahren grundsätzlich nicht teil (§ 40; dazu näher dort RdNr. 18 ff.). Sie unterfallen daher auch nicht der Restschuldbefreiung (s. § 40 RdNr. 23).[85] Eine weitere Gruppe bilden Darlehen zum Haus- und Grundbesitz.[86] Grundsätzlich können Verbraucherverbindlichkeiten aber aus jedem Verhalten als Konsument am Markt oder aus der Inanspruchnahme von Dienstleistungen resultieren.[87]

Der **Anteil von Bankkrediten** an der Verschuldung von Verbrauchern wird unterschiedlich eingeschätzt; teilweise wird die Verschuldung von Verbrauchern als weitgehend identisch angesehen mit einer Verschuldung bei Banken.[88] Das Volumen der **Konsumentenkredite** von etwa 400 Mrd. DM im Jahre 1997 bedeutet dabei eine Verdoppelung innerhalb der vorherigen zehn Jahre.[89] Diese Entwicklung verdeutlicht, dass der Problemkreis der Ver- und **Überschuldung** eine immer größer werdende Gruppe der Gesellschaft betrifft.[90] Gläubiger von privaten Haushalten sind jedoch nicht nur gewerbsmäßige Kreditgeber, sondern auch andere Unternehmen (Vermieter und Versorgungsunternehmen, Versicherungsunternehmen) und öffentliche Einrichtungen sowie zu einem nicht unerheblichen Teil auch andere Privatpersonen wie Vermieter, Freunde und Verwandte.[91] Gewerbsmäßige Kredite umfassen bankmäßige Kredite,[92] die überwiegend für Baufinanzierungen und für

---

[79] In der Terminologie von *Korczak/Pfefferkorn* „Primärschulden"; näher dazu dort S. 82 ff.

[80] Vgl. *Scholz* DB 1996, 765; *ders.* (Fn. 76) S. 7 und ZIP 1988, 1157; *Heuer/Hils/Richter/Schröder/Sackmann* S. 18 ff.

[81] Konsumentenkredite werden in der amtlichen Statistik der Wirtschaftsrechnungen privater Haushalte – Einkommens- und Verbrauchsstichprobe (EVS) definiert als „Aufnahme von persönlichen Kleinkrediten, persönlichen Anschaffungsdarlehen, Überziehungskrediten und Krediten zu besonderen Anlässen (Hochzeit, Umzug, Geburt u. ä.) von Banken, Sparkassen, Versand- und anderen Unternehmen, vom Arbeitgeber, dem Staat oder anderen privaten Haushalten" (Statistisches Bundesamt, Fachserie 15: Wirtschaftsrechnungen – Einkommens- und Verbrauchsstichprobe 1993, Heft 2: Vermögensbestände und Schulden privater Haushalte, Wiesbaden, 1995, S. 356).

[82] Frühere Angaben zu Formen des Konsumentenkredits finden sich bei *Hörmann/Holzscheck* ZIP 1982, 1172, 1173 f. Siehe weiter *Beier/Jacob,* Der Konsumentenkredit in der Bundesrepublik Deutschland; *Reifner,* Handbuch des Kreditrechts, § 1 RdNr 1 f

[83] Im Verhältnis zu Unterhaltsgläubigern kann den Unterhaltsschuldner eine Obliegenheit zur Einleitung eines Verbraucherinsolvenzverfahrens treffen, wenn ein solches Verfahren zulässig und geeignet ist, den laufenden Unterhalt seiner minderjährigen Kinder dadurch sicherzustellen, dass ihm Vorrang vor sonstigen Verbindlichkeiten eingeräumt wird; s. hierzu BGHZ 162, 234 = NJW 2005, 1279 f.; s. w. OLG Dresden ZVI 2003, 113 ff.; OLG Naumburg NZI 2003, 615 f. (verneinend); OLG Koblenz FamRZ 2004, 823, 824; OLG Nürnberg FamRZ 2005, 1502, 1504 (im konkreten Fall verneinend); *Hess,* InsO, § 304 RdNr. 61 ff. mwN; *Weisbrodt* FamRZ 2003, 1240. Im Rahmen des Trennungsunterhalts trifft den Unterhaltsschuldner dagegen grundsätzlich keine Obliegenheit zur Einleitung der Verbraucherinsolvenz (BGH, Urt. v. 12. 12. 2007 – XII ZR 23/06 – juris). Zum Streitstand s. näher dort sowie § 40 RdNr. 24.

[84] *B. Schmidt* InVo 2001, 8 ff.

[85] *B. Schmidt* (Fn. 84) S. 8 ff.

[86] Siehe die Rubrik „Kredite für den Wohnungsbau" in den Monatsberichten der Deutschen Bundesbank. Zum Zusammentreffen von Konsumentenkrediten und Krediten für den Wohnungsbau s. Statistisches Bundesamt, Sonderauswertung EVS 1993.

[87] Vgl. den Überblick über häufige Schuldenarten bei *Bonnemann/Rickal* (Fn. 75) S. 5 f.; http://www.selbsthilfe.solution.de/harddrug/schulden.

[88] Institut für Finanzdienstleistungen VuR 1990, 301, 302; Schuldenreport 1999, *Reifner* (Fn. 78) S. 10.

[89] Schuldenreport 1999, *Reifner* (Fn. 78) S. 12.

[90] Eine detaillierte Darstellung zur Entwicklung des Konsumentenkredits findet sich bei Schuldenreport 1999, *Reifner* (Fn. 78) S. 12 ff.

[91] Siehe dazu die Aufstellung der Schuldenarten bei *Korczak* S. 229 für die neuen Bundesländer und bei *Korczak/Pfefferkorn* S. 42 für die alten Bundesländer; Schuldenreport 1999, *Reifner* (Fn. 78) S. 35 f.

[92] Ein Überblick über gängige Kreditarten sowie deren praktisches Anwendungsgebiet ist zu finden unter http://www.selbsthilfe.solution.de/harddrug/schulden.

den Kauf von Autos aufgenommen werden,[93] sowie Kredite aus besonderen Finanzierungsgeschäften wie Finanzierungsleasing, finanziertem Abzahlungskauf (B-Geschäft) oder aus Kreditkartengeschäften[94] und weiter Verbindlichkeiten aus Kaufhaus-[95] und Versandhandelsgeschäften.[96] In einer neueren Untersuchung aus dem Jahr 2005 wurde der Anteil der Schuldner, die Schulden bei mindestens einem Kreditinstitut haben, mit 81% angegeben, an zweiter Stelle lagen Versicherungen (76,8%), gefolgt von Telefon-, Handy- oder Internetanbietern mit 58,4%.[97]

30   **3. Ursachen der Überschuldung.** Als Ursachen der Überschuldung von Verbrauchern kommen in erster Linie in Betracht **Arbeitslosigkeit** und danach **Ehescheidung** bzw. das Scheitern nicht-ehelicher Partnerschaften; weitere Ursachen ergeben sich aus **familiären Strukturen und Lebenssituationen,** aus **Unerfahrenheit** im Umgang mit Kredit- und Konsumangeboten sowie aus dauerhaftem Niedrigeinkommen.[98]

31   **4. Kleingewerbetreibende und ehemalige Unternehmer.** Hinsichtlich des von § 304 im Übrigen umfassten Kreises der Kleingewerbetreibenden (Abs. 1 aF) bzw. der ehemaligen Unternehmer (Abs. 1 Satz 2 nF) lassen sich den verfügbaren Statistiken nur wenige Angaben über Größenordnungen der Überschuldung und über die Struktur der Verbindlichkeiten entnehmen. Die Zahl der **gescheiterten Existenzgründungen** wird auf 40 000 bis 90 000 jährlich geschätzt.[99] Als Ursachen des Scheiterns werden teils mangelnde Vorbereitung und mangelnde Kenntnisse der Existenzgründer, teils insbesondere Finanzierungsmängel und vorschnelle Kündigung von Krediten genannt.[100] Die durchschnittliche Verschuldung von gescheiterten Selbstständigen wurde auf 250 000 DM geschätzt.[101]

32   **5. Inanspruchnahme des Verbraucherinsolvenzverfahrens.** Nach Inkrafttreten der Insolvenzordnung ist es zunächst in sehr viel geringerem Umfang zu Verbraucherinsolvenzverfahren gekommen als zuvor erwartet (s. zur Entwicklung bis 2001 auch die Voraufl. RdNr. 28). Nach Angaben[102] des **Statistischen Bundesamtes**[103] wurden im **Jahr 1999** insgesamt 3357 Anträge auf Eröffnung eines Verbraucherinsolvenzverfahrens gestellt, wovon 1634 eröffnet und 1496 mangels Masse abgewiesen wurden; in 227 Verfahren wurde ein Schuldenbereinigungsplan angenommen. Im **Jahre 2000** hat es insgesamt 10 479 Verbraucherinsolvenzverfahren gegeben, wovon 6886 eröffnet und 2449 abgewiesen wurden; in 1444 Verfahren wurde ein Schuldenbereinigungsplan angenommen. Aus diesen Angaben geht nicht hervor, wie viele der Verbraucherinsolvenzverfahren auf Unternehmer nach Stilllegung ihres Betriebs entfallen und eine „Flucht in den Verbraucherkonkurs" (s. u. RdNr. 69) betreffen. Die genannten Schätzungen sowie Berichte aus der Praxis deuten

---

[93] *Korczak/Roller* S. 31 f. mit weiteren statistischen Angaben zu den Verwendungszwecken von Krediten.
[94] Eingehend zu dieser Kreditart und ihrer überschuldungsfördernden Wirkung Schuldenreport 1999, *Reifner* (Fn. 78) S. 19 ff.; vgl. auch *Bindemann* RdNr. 221.
[95] Zum Aspekt der Kundenkreditkarten vgl. Schuldenreport 1999, *Reifner* (Fn. 78) S. 22 f.
[96] Vgl. *Scholz* (Fn. 80) S. 765; *ders.* (Fn. 76) S. 7; *ders.* (Fn. 80) S. 1157; *Korczak/Pfefferkorn* S. 76 ff.; *Korczak/Roller* S. 172 f. Zur Situation in den neuen Bundesländern *Korczak* S. 119 ff. (Konsumentenkredite), S. 123 ff. (Wohnungsbaukredite).
[97] *Heuer/Hils/Richter/Schröder/Sackmann* S. 17 ff.
[98] Siehe hierzu die Untersuchungen von *Korczak/Roller* S. 166 ff.; *Heuer/Hils/Richter/Schröder/Sackmann* S. 12 f. Festzustellen ist weiter, dass in Relation zur Bevölkerungszahl Schuldner aus der Region „Nord" (Bremen, Niedersachsen, Hamburg und Schleswig-Holstein) die meisten Schuldner stammen, ferner ist die Zahl der verschuldeten Haushalte in Relation zu dem Bevölkerungsanteil im Osten höher als im Westen; s. zum Ganzen *Heuer/Hils/Richter/Schröder/Sackmann* S. 13 ff.; s. zu einer interdisziplinären Untersuchung zu den Ursachen von Verschuldung *Bock/Breuer/Clemens/Gestrich/Hergenröder/Herrmann-Otto/Irsigler/Münster/Schnabel-Schüle/Schweppe* ZVI 2007, 515 ff.
[99] *Korczak/Roller* S. 75.
[100] *Korczak/Roller* S. 77 mwN.
[101] *Korczak/Roller* S. 78.
[102] Die Daten sind abrufbar auf der Website des Statistischen Bundesamts (http://www.genesis.destatis.de); s. ferner *Wiedemann* (Fn. 44) S. 647, 651; *Klaas* (Fn. 44) S. 577.
[103] Zur geplanten Einführung eines Insolvenzstatistikgesetzes s. o. RdNr. 15.

jedoch darauf hin, dass solche Verfahren nach Zahl und Umfang in der Praxis überwogen haben.[104] Berichtet wurde von einer **„völlig neuen Klientel"** der Schuldnerberatungsstellen, nämlich kleinen bis mittelständischen Unternehmern, die europaweit oder weltweit agieren („Cosmoppolitans").[105] Die Gründe für die zunächst vergleichsweise geringe praktische Relevanz der Verbraucherinsolvenzverfahren lassen sich nicht zuverlässig angeben. Hingewiesen wurde auf Engpässe bei den **Schuldnerberatungsstellen**,[106] zum Teil auch auf die komplizierten Verfahrensanforderungen, zu denen auch die umfangreichen Formulare gerechnet werden,[107] sowie auf den mangelnden Kenntnisstand bei den für die Mitwirkung an der außergerichtlichen Schuldenbereinigung in Betracht kommenden Stellen.[108] Zu den Anlaufschwierigkeiten in den ersten Jahren berücksichtigt werden müssen, zu denen gehörten neben den Engpässen bei den Schuldnerberatungsstellen möglicherweise auch, dass Verbraucher über die Möglichkeiten des Verbraucherinsolvenzverfahrens noch nicht ausreichend informiert gewesen sind. Trotz der Einschränkung des Anwendungsbereichs des § 304 durch das InsoÄndG 2001 stieg die Zahl der Verbraucherinsolvenzverfahren seit 2001 kontinuierlich an.[109] Im **Jahre 2001** gab es insgesamt 13 277 Verbraucherinsolvenzverfahren, wovon 9070 eröffnet und 2552 mangels Masse abgewiesen wurden; in 1655 Verfahren (12,4%) wurde ein Schuldenbereinigungsplan angenommen. Im **Jahre 2002** gab es insgesamt 21 441 Verbraucherinsolvenzverfahren, wovon 19 857 eröffnet und 489 mangels Masse abgewiesen wurden; in 1095 Verfahren (5,1%) wurde ein Schuldenbereinigungsplan angenommen. Im **Jahre 2003** gab es insgesamt 33 609 Verbraucherinsolvenzverfahren, wovon 32 131 eröffnet und 244 mangels Masse abgewiesen wurden; in 1234 Verfahren (3,6%) wurde ein Schuldenbereinigungsplan angenommen. Im **Jahre 2004** gab es insgesamt 49 123 Verbraucherinsolvenzverfahren, wovon 47 230 eröffnet und 252 mangels Masse abgewiesen wurden; in 1641 Verfahren (3,3%) wurde ein Schuldenbereinigungsplan angenommen. Im **Jahre 2005** gab es insgesamt 68 898 Verbraucherinsolvenzverfahren, wovon 66 945 eröffnet und 279 mangels Masse abgewiesen wurden; in 1674 Verfahren (2,4%) wurde ein Schuldenbereinigungsplan angenommen. Im **Jahre 2006** gab es insgesamt 96 586 Verbraucherinsolvenzverfahren, wovon 94 389 eröffnet und 285 mangels Masse abgewiesen wurden; in 1912 Verfahren (1,7%) wurde ein Schuldenbereinigungsplan angenommen. In dem Zeitraum **Januar bis einschließlich November 2007** gab es insgesamt 97 338 Verbraucherinsolvenzverfahren, wovon 95 330 eröffnet und 334 mangels Masse abgewiesen wurden; in 1674 Verfahren (1,7%) wurde ein Schuldenbereinigungsplan angenommen. Der Grund für diesen Anstieg liegt neben dem Verschwinden der oben genannten Anlaufschwierigkeiten vor allem in der Einführung der Bestimmungen über die Stundung der Verfahrenskosten gem. §§ 4a ff., wie bereits die drastisch gesunkene und seit 2002 kontinuierlich niedrige Zahl an mangels Masse abgewiesenen Verfahren zeigt. Ein großer Teil der eröffneten Insolvenzverfahren ist jedoch masselos.[110]

---

[104] *Seagon/Wiester* ZInsO 1999, 627, 632; s. a. *Pape/Pape* ZIP 2000, 1553, 1554; zu einer Auswertung von insgesamt 826 Verfahren des Insolvenzgerichts Potsdam zwischen dem 1. 1. 1999 und dem 31. 12. 2000, wonach sich 77% der Gläubigeranträge gegen aktive Unternehmer, 19% gegen ehemalige Unternehmer und nur 4% gegen Personen richteten, die auch zuvor nicht Unternehmer waren, vgl. *Graeber* ZInsO 2001, 1040 ff.
[105] *Triebiger* ZInsO 2001, 251; s. a. *Thurner* ZInsO 1998, 66.
[106] *Seagon/Wiester* (Fn. 104) S. 632; *Wimmer* ZInsO 1999, 556, 557; *Vallender* ZIP 1999, 125; *Hofmeister* ZInsO 1999, 503 (Erfahrungsbericht aus der Sicht einer Schuldnerberatungsstelle); *Grote* in *Neuner/Raab*, Hrsg., Verbraucherinsolvenz und Restschuldbefreiung, S. 51 („Flaschenhals" des außergerichtlichen Einigungsversuchs).
[107] *Seagon/Wiester* (Fn. 104) S. 632.
[108] *Hofmeister* (Fn. 106) S. 504.
[109] Die Daten sind abrufbar auf der Website des Statistischen Bundesamts (http://www.genesis.destatis.de).
[110] Die Justizministerien gehen davon aus, dass 80–90% der eröffneten Verbraucherinsolvenzverfahren masselos sind, *Zypries* ZVI 2005, 157; *Springeneer* (Fn. 42) S. 4; zu anderen Erfahrungen s. *Hofmeister/Jäger* (Fn. 42) S. 181.

VI. Struktur und Grundprinzipien des Verbraucherinsolvenzverfahrens und der sonstigen Kleinverfahren

33 Die Abwicklung von Verbraucherinsolvenzen und gleichgestellten Insolvenzen ist dem allgemeinen Ziel der Neuordnung entsprechend bislang in einem **dreistufigen Verfahren** vorgesehen, wobei das eigentliche Insolvenzverfahren die letzte Stufe darstellt, die nur erreicht wird, wenn auf den vorangegangenen Stufen der außergerichtlichen und sodann der gerichtlich vermittelten Schuldenbereinigung keine Einigung erzielt worden ist. In Abkehr von dem ursprünglichen Konzept ist jedoch die Durchführung des gerichtlichen Schuldenbereinigungsplanverfahrens nicht mehr unabdingbarer Bestandteil des Verbraucherinsolvenzverfahrens. Vielmehr kann das Gericht die **Fortsetzung des Eröffnungsverfahrens** anordnen, wenn nach seiner freien Überzeugung der Schuldenbereinigungsplan voraussichtlich nicht angenommen wird (§ 306 Abs. 1 Satz 3; dazu dort RdNr. 12).

34 **1. Bisherige Dreistufigkeit des Verfahrens.**[111] **a) Außergerichtliche Schuldenbereinigung. aa)** Nach den Intentionen des Gesetzgebers soll eine Schuldenbereinigung möglichst durch **Einigung zwischen Gläubigern und Schuldner** erreicht werden, ohne dass das Insolvenzgericht damit befasst wird. Demgemäß sieht das Gesetz für die Schuldenbereinigung auf dieser Stufe auch keine ausdrücklichen Regelungen vor; vielmehr gilt hier, dass die Beteiligten im Rahmen der Vertragsfreiheit jede Regelung treffen können, für die eine Einigung zustande kommt. Das Erfordernis, mit dem Antrag auf Eröffnung des Insolvenzverfahrens eine von einer geeigneten Person oder Stelle ausgestellte **Bescheinigung** vorzulegen, dass eine außergerichtliche Einigung über die Schuldenbereinigung auf der Grundlage eines Plans erfolglos versucht worden ist (§ 305 Abs. 1 Nr. 1), soll bewirken, dass entsprechende Personen oder Stellen wie insbesondere **Schuldnerberatungsstellen** auf dieser Stufe in das Schuldenbereinigungsverfahren eingeschaltet werden; davon wird eine Filterfunktion erwartet (s. dazu näher § 305 RdNr. 20).

35 **bb)** Die außergerichtliche Schuldenbereinigung stellt einen Vertrag zwischen dem Schuldner und seinen Gläubigern dar, für den die allgemeinen **Vorschriften des Vertragsrechts** und insbesondere der Grundsatz und die Grenzen der Vertragsfreiheit gelten.[112] Gläubiger und Schuldner können demgemäß in den außergerichtlichen Schuldenbereinigungsplan alle Bestimmungen aufnehmen, die ihnen zweckmäßig erscheinen, insbesondere Vereinbarungen über Teilerlass und Ratenzahlungen, Stundungen, Zinsen, Verwertung von oder Verzicht auf Sicherheiten oder Bestellung neuer Sicherheiten sowie die Vereinbarung von **Anpassungsklauseln** hinsichtlich der vom Schuldner eingegangenen Abzahlungsverpflichtungen für den Fall wesentlicher Änderungen in seiner Sphäre (Krankheit, Arbeitslosigkeit). Anders als für den gerichtlichen Schuldenbereinigungsplan gem. § 305 Abs. 1 Nr. 4 enthält das Gesetz keine Bestimmungen in Bezug auf den außergerichtlichen Schuldenbereinigungsplan, doch ergeben sich in der Sache dieselben Anforderungen, weil die Funktion beider Pläne übereinstimmend darin besteht, einer einvernehmlichen Einigung mit den Gläubigern den Boden zu bereiten (s. hierzu näher § 305 RdNr. 2).

36 Die **Zustimmung aller Gläubiger** ist Voraussetzung für die Durchführbarkeit einer außergerichtlichen Schuldenbereinigung. Soweit Gläubiger in den Schuldenbereinigungsplan nicht einbezogen worden sind, beeinträchtigt dies zwar nicht unmittelbar die Rechtsverbindlichkeit der getroffenen Vereinbarung für die daran Beteiligten, kann aber das Ziel einer umfassenden Schuldenbereinigung unerreichbar machen, weil Gläubiger, die dem Schuldenbereinigungsplan nicht zugestimmt haben, nicht gehindert sind, von dem Schuldner weiterhin volle Erfüllung zu verlangen (vgl. § 308 Abs. 3 Satz 1; dazu dort RdNr. 14). Die Einigung des Schuldners mit einem Teil seiner Gläubiger begründet **keine Vollstreckungssperre** für die an dieser Einigung nicht beteiligten Gläubiger. Gelingt es diesen

---
[111] S. hierzu auch *Smid/Haarmeyer*, InsO, § 305 RdNr. 2 ff.; *Hess*, InsO, § 304 RdNr. 16 ff.
[112] Zu dem fehlenden Anspruch auf Annahme eines Schuldenbereinigungsplans gegenüber einer Kommune als Gläubigerin einer Abgabenforderung VG Schleswig, Urt. v. 4. 4. 2005 – 4 A 533/02.

Gläubigern, im Wege der Zwangsvollstreckung auf Vermögenswerte des Schuldners zuzugreifen, die für die planmäßige Schuldenbereinigung vorgesehen sind, so wird dies in der Regel zur Unwirksamkeit des Schuldenbereinigungsplans wegen Wegfalls der Geschäftsgrundlage führen; die hierzu geltenden Grundsätze greifen unabhängig von § 779 Abs. 1 BGB ein[113] (dazu näher § 305 RdNr. 24). Nach der in Art. 7 RegEInsOÄndG 2001 ursprünglich vorgesehenen Änderung des § 765a ZPO sollte eine bereits begonnene Maßnahme der Zwangsvollstreckung für die Dauer von längstens drei Monaten eingestellt werden können, wenn zum einen der Schuldner durch Vorlage der Bescheinigung einer geeigneten Person oder Stelle im Sinne des § 305 Abs. 1 Satz 1 nachweist, dass er auf der Grundlage eines Plans eine außergerichtliche Einigung mit seinen Gläubigern versucht, und zum anderen überwiegende Belange der Gläubiger nicht entgegenstehen.[114] Bei einer Zwangsvollstreckung in das unbewegliche Vermögen sollte dies nur für die Zwangsversteigerung gelten. Die Neuregelung wurde indes sowohl vom Bundesrat als auch vom Rechtsausschuss abgelehnt und ist daher nicht in das InsOÄndG übernommen worden. Hinzuweisen ist in diesem Zusammenhang allerdings auf § 305a, wonach das Scheitern der außergerichtlichen Einigung fingiert wird, wenn ein Gläubiger die Zwangsvollstreckung betreibt, nachdem die Verhandlungen über die außergerichtliche Schuldenbereinigung aufgenommen wurden (s. dazu § 305a RdNr. 5).

Die Beteiligten haben auch die Möglichkeit, unter den bei der jeweiligen Sachlage 37 faktisch in Betracht kommenden **Alternativen der Schuldenbereinigung** eine einvernehmliche Wahl zu treffen und sich entweder darauf zu verständigen, das vorhandene Vermögen des Schuldners zu schonen und dafür stärker seine laufenden Einkünfte zur Tilgung heranzuziehen oder umgekehrt das Vermögen des Schuldners zu verwerten, um ihn für die Zukunft zu entlasten.[115]

Sollen die **laufenden Einkünfte des Schuldners** in die Schuldenbereinigung einbezo- 38 gen werden, was in der Regel der Fall sein wird, so sind dementsprechende Vorausabtretungen in die Vereinbarung einzubeziehen oder Sicherungen auf Grund bereits erfolgter Vorausabtretungen erforderlichenfalls durch entsprechende Weiterabtretungen neu zu verteilen. Dabei sind die allgemeinen Voraussetzungen der **Zulässigkeit von Vorausabtretungen** zu beachten, insbesondere der Bestimmtheitsgrundsatz. Erfolgt die Vorausabtretung durch eine den §§ 305 ff. BGB unterfallende Klausel,[116] so sind die von der Rechtsprechung entwickelten Anforderungen an die Transparenz der Abtretungsklausel in Bezug auf Zweck, Umfang und Verwertungsbefugnis[117] zu beachten.

Für den **Schuldner** besteht ein **Anreiz**, sich in diesem Stadium um eine Einigung mit 39 seinen Gläubigern auf einen Schuldenbereinigungsplan zu bemühen, da der Übergang zu den weiteren Verfahrensstufen und insbesondere die Eröffnung des Insolvenzverfahrens für ihn mit zusätzlichen Verfahrenskosten[118] und dem Verlust der Chance verbunden ist, ohne Einhaltung einer Wohlverhaltensperiode und unter Umständen ohne eigene Anstrengungen (sog. Null-Plan) von seinen Verbindlichkeiten befreit zu werden. Durch die Eröffnung des Insolvenzverfahrens verliert er auch die **Verwaltungs- und Verfügungsbefugnis** über sein Vermögen, insbesondere auch über pfändbares Einkommen (§ 80). Im ggf. nachfolgenden Verfahren der Restschuldbefreiung ist der Schuldner außer den Zahlungspflichten weiteren Einschränkungen durch Obliegenheiten (§ 295) und dem Risiko unterworfen, dass die Restschuldbefreiung versagt wird, wenn er Obliegenheiten verletzt (§ 296).

Für die **Gläubiger** ergeben sich Anreize, sich außergerichtlich auf eine Schuldenberei- 40 nigung einzulassen, aus dem Umstand, dass bei einem Scheitern auf dieser Stufe die

---

[113] Vgl. BGHZ 105, 243 = NJW 1989, 289.
[114] S. hierzu *Winter* Rpfleger 2002, 119 ff.
[115] Siehe zu diesen Alternativen unter Bezugnahme auf das US-amerikanische Recht *Balz* (Fn. 3) S. 12.
[116] Vgl. hierzu § 310 Abs. 3 BGB für Schuldenbereinigungsvereinbarungen mit Verbrauchern.
[117] Siehe hierzu BGHZ 108, 98, 104 = NJW 1989, 2383, 2384; BGHZ 137, 212 (GrS) = NJW 1998, 671 (zur Frage der Deckungsgrenze und Freigabeklausel).
[118] Zu Schätzungen der Verfahrenskosten s. o. RdNr. 15.

Einigungsbemühungen unter gerichtlicher Vermittlung und mit der Möglichkeit, dass die fehlende Zustimmung einzelner Gläubiger durch das Gericht ersetzt wird, wiederholt werden müssen, sowie weiter daraus, dass der Schuldner letztlich auch gegen den Willen der Gläubiger Restschuldbefreiung erlangen kann.[119] Für Gläubiger, die durch Vorausabtretungen von Lohnforderungen gesichert sind, kann sich ein Anreiz, einem Schuldenbereinigungsplan unter teilweisem Verzicht auf ihre Forderungen und die dafür bestehenden Sicherheiten zuzustimmen, daraus ergeben, dass derartige Vorausabtretungen im Falle der Eröffnung des Insolvenzverfahrens nur wirksam sind, soweit sie sich auf einen Zeitraum von zwei Jahren nach der Eröffnung des Insolvenzverfahrens beziehen (§ 114 Abs. 1).

41 cc) Die Durchführung eines auf Vorausabtretungen des Schuldners beruhenden Schuldenbereinigungsplans ist trotz Zustimmung aller Beteiligten nicht gesichert, wenn der Schuldner nach der Vereinbarung mit seinen Gläubigern die Abtretbarkeit seiner künftigen Lohnansprüche durch Vertrag mit seinem Arbeitgeber ausschließt.[120] Der nachträgliche **Ausschluss der Abtretbarkeit** geht der zuvor erfolgten Vorausabtretung vor, weil die Forderung in diesem Fall von vornherein als unveräußerliches Recht entsteht.[121] Mit einer solchen Maßnahme entzieht der Schuldner jedoch dem Schuldenbereinigungsplan die Geschäftsgrundlage.

42 Die Durchführung der vereinbarten Schuldenbereinigung kann weiterhin durch **Lohnpfändungen von Neugläubigern** gefährdet werden. Zwar schützt das Prioritätsprinzip Altgläubiger, denen im Rahmen des Schuldenbereinigungsverfahrens Lohnforderungen des Schuldners im Voraus abgetreten worden sind, vor einem Zugriff von Neugläubigern; ist aber im Schuldenbereinigungsplan vereinbart, dass dem Schuldner ein Teil seines pfändbaren Einkommens belassen werden soll, so bindet diese Vereinbarung andere Gläubiger nicht.

43 dd) Die Einigung der Beteiligten über einen außergerichtlichen Schuldenbereinigungsplan bindet die daran beteiligten Gläubiger an die für die Teilleistungen des Schuldners vorgesehenen Modalitäten und schließt Vollstreckungsmaßnahmen gegen den Schuldner aus, solange dieser planmäßig leistet. Vor dem Zustandekommen der außergerichtlichen Einigung ist eine Zwangsvollstreckung durch einzelne Gläubiger nicht ausgeschlossen. Das **Vollstreckungsverbot** des § 89 hängt von der Eröffnung des Insolvenzverfahrens ab. Die Rückwirkung der Verfahrenseröffnung gem. § 88, die zur Unwirksamkeit von Sicherungen führt, die im letzten Monat vor Antragstellung oder danach durch Zwangsvollstreckung erlangt worden sind, erhöht zwar das Risiko eines nicht zur Einigung bereiten Gläubigers, der diesen Weg einschlägt,[122] begründet aber zugleich für solche Gläubiger auch den Anreiz, durch möglichst frühzeitige Zwangsvollstreckung dieses Risiko zu minimieren. Nach den Änderungen durch das InsOÄndG 2001 wird dieser Anreiz jedoch durch die Erweiterung der Rückschlagsperre des § 88 auf drei Monate sowie durch die Bestimmung des § 305 a ausgeschlossen, wonach die außergerichtliche Schuldenbereinigung als gescheitert gilt, wenn ein Gläubiger nach Aufnahme der Verhandlungen die Zwangsvollstreckung betreibt (s. § 305 a RdNr. 5).

44 b) **Gerichtliches Schuldenbereinigungsplanverfahren.** Scheitert der außergerichtliche Versuch einer einvernehmlichen Schuldenbereinigung, so findet, wenn der Schuldner den Antrag auf Eröffnung des Insolvenzverfahrens stellt, nach dem geltenden Recht zunächst ein gerichtliches Verfahren über den Schuldenbereinigungsplan statt; das Verfahren über den Antrag auf Eröffnung des Insolvenzverfahrens ruht bis zur Entscheidung über den Schulden-

---

[119] Hierauf sind auch bei den Beratungen im Gesetzgebungsverfahren die Erwartungen in Bezug auf die Bedeutung außergerichtlicher Einigungen gegründet worden, s. Bericht BTag, Vorbemerkungen zum 9. Teil, BT-Drucks. 12/7302, S. 189.
[120] *Bindemann* RdNr. 13 weist auf diese Möglichkeit nicht nur hin, sondern empfiehlt sie dem Schuldner auch, um finanziellen Spielraum für Vergleichsverhandlungen im Rahmen eines Schuldenbereinigungsplans zu erlangen.
[121] Siehe nur BGHZ 102, 293, 301 = NJW 1988, 1210, 1211.
[122] *Vallender* DGVZ 1997, 97, 99.

Grundsatz 45, 46 § 304

bereinigungsplan (§ 306 Abs. 1 Satz 1). Das erstgenannte Verfahren zielt auf einen gerichtlich vermittelten Vergleich ab, bei dem das Gericht durch die Möglichkeit, die Einwendungen eines Gläubigers gegen den Schuldenbereinigungsplan durch eine Zustimmung zu ersetzen, bestimmte Veto-Positionen von Gläubigern beseitigen kann (näher hierzu § 309 RdNr. 1). Nunmehr kann jedoch das Insolvenzgericht von der Durchführung des gerichtlichen Schuldenbereinigungsplanverfahrens Abstand nehmen, wenn der Schuldenbereinigungsplan nach seiner freien Überzeugung voraussichtlich nicht angenommen wird (§ 306 Abs. 1 Satz 3; s. dazu § 306 RdNr. 12).

c) Insolvenzverfahren. Kommt es nicht zu einer Annahme des Schuldenbereinigungsplans, so entscheidet das Gericht über den **Eröffnungsantrag** (§ 311) und eröffnet das Insolvenzverfahren, wenn der Antrag zulässig und begründet ist und genügend Masse zur Deckung der Verfahrenskosten vorliegt (dazu § 311 RdNr. 12 ff.). Das Verfahren führt zu einer Verwertung der Insolvenzmasse oder zu einer vereinfachten Verteilung gem. § 314. Hat der Schuldner einen Antrag auf Restschuldbefreiung gestellt, so entscheidet das Gericht hierüber im Schlusstermin oder unter den Voraussetzungen des § 314 Abs. 1 nach Ablauf der dem Schuldner gesetzten Zahlungsfrist (§ 314 Abs. 3 Satz 1). 45

d) Die Mehrstufigkeit des Verfahrens in dem RegE. In dem Gesetzentwurf der Bundesregierung vom 22. 8. 2007 ist vorgesehen, den außergerichtlichen und den gerichtlichen Einigungsversuch zusammenzuführen. Für mittellose Schuldner soll die Durchführung eines Insolvenzverfahrens entbehrlich sein. Vielmehr kann nach Abweisung des Eröffnungsantrages mangels Masse sofort in das Restschuldbefreiungsverfahren eingetreten werden. Das Verfahren bleibt zwar mehrstufig, jedoch nimmt es einen unterschiedlichen Verlauf. Wird der Eröffnungsantrag wegen Masselosigkeit abgewiesen, beginnt das Entschuldungsverfahren gem. § 289 b RegE, in welchem der Schuldner eine Bescheinigung nach § 305 Abs. 1 Nr. 1 RegE, die Verzeichnisse nach § 305 Abs. 1 Nr. 3 RegE, die eidesstattliche Versicherung nach § 289 a Abs. 4 RegE sowie die für die Zustellung erforderliche Zahl von Abschriften des Antrags und der Vermögensübersicht vorzulegen hat; ferner muss der Schuldner nachweisen, dass er die Kosten für die Einleitung des Entschuldungsverfahrens beglichen hat (§ 289 a Abs. 2 Satz 1 RegE). Der **vorläufige Treuhänder** prüft, ob die Verfahrenskosten gedeckt sind, ferner hat er mit dem Schuldner, sofern er zu dem in § 304 Abs. 1 genannten Personenkreis gehört, die Verzeichnisse nach § 305 Abs. 1 Nr. 3 zu erörtern, den Schuldner über die Bedeutung der eidesstattlichen Versicherung zu belehren und darauf hinzuwirken, dass der Schuldner die Richtigkeit und Vollständigkeit seiner in den Verzeichnissen und Erklärungen nach § 287 Abs. 1 gemachten Angaben schriftlich an Eides statt versichert (§ 289 a Abs. 3 RegE). Verfügt der Schuldner dagegen über die Verfahrenskosten deckende Masse, genügt die Vorlage des außergerichtlichen Schuldenbereinigungsplans (§ 305 Abs. 1 Nr. 4 RegE). Das Insolvenzgericht hat dann entweder über den Antrag des Schuldners auf Zustimmungsersetzung gem. § 305 a RegE oder über den Antrag auf Eröffnung des Verfahrens zu entscheiden. Die **wesentliche Grundstruktur des Verbraucherinsolvenzverfahrens** bleibt damit erhalten.[123] An die Stelle des in der Praxis ohnehin wenig relevant gewordenen gerichtlichen Schuldenbereinigungsplanverfahrens[124] tritt lediglich die Entscheidung über den Antrag des Schuldners auf Zustimmungsersetzung (§ 305 a RegE). Schon nach geltendem Recht konnte das Gericht auf die Durchführung des gerichtlichen Schuldenbereinigungsplans verzichten, wenn der Plan voraussichtlich nicht angenommen werden wird (§ 306 46

---

[123] *Hergenröder* (Fn. 34) S. 450; s. ferner Begründung RegE, S. 39.
[124] S. hierzu *Heuer/Hils/Richter/Schröder/Sackmann* S. 26, wonach im Rahmen einer Untersuchung aus dem Jahre 2005 in 11,3% aller Anträge auf Verfahrenseröffnung ein gerichtliches Schuldenbereinigungsverfahren versucht worden ist; die vergleichsweise hohe Erfolgsquote gerichtlicher Schuldenbereinigungsverfahren (40,9%) dürfte ihren Grund allerdings darin finden, dass das Gericht von vornherein einen Einigungsversuch lediglich in geeignet scheinenden Verfahren versucht, insoweit also eine Vorauswahl stattgefunden hat; entgegen *Heuer/Hils/Richter/Schröder/Sackmann* S. 26 dürfte damit die Forderung nach der Durchführung von mehr gerichtlichen Einigungsversuchen verfehlt sein.

Abs. 1 Satz 3; s. o. RdNr. 44). Die bisherige Dreistufigkeit des Verfahrens ist damit lediglich bei mittellosen Schuldnern vollständig aufgegeben worden. In solchen Fällen verspricht allerdings von vornherein weder ein außergerichtliches noch ein gerichtliches Einigungsverfahren Aussicht auf Erfolg, und die Durchführung eines Insolvenzverfahrens ist ebenfalls überflüssig.

47 **2. Verknüpfung mit dem Verfahren der Restschuldbefreiung.** Die Restschuldbefreiung ist mit dem Insolvenzverfahren verknüpft. Die Restschuldbefreiung für natürliche Personen schließt sich als weiteres Verfahren an das Insolvenzverfahren an. Zwingende Voraussetzung für die Restschuldbefreiung ist nach dem geltenden Recht ein vorangegangenes Insolvenzverfahren. Der gesetzlichen Regelung liegt die Erwägung zugrunde, dass der ganze oder teilweise Verlust der Forderungen, der den Gläubigern durch die Restschuldbefreiung aufgezwungen wird, diesen nur zuzumuten ist, wenn zuvor alle Vermögenswerte und das Einkommen des Schuldners ermittelt und zur zumindest teilweisen Schuldentilgung eingesetzt worden sind.[125] Demgemäß kommt die Restschuldbefreiung bislang nur in Betracht, wenn das Insolvenzverfahren eröffnet und nicht – etwa mangels Masse – eingestellt worden ist. Nur im Falle der Einstellung des Insolvenzverfahrens wegen Masseunzulänglichkeit gem. § 211 kann Restschuldbefreiung erteilt werden, wenn die Insolvenzmasse nach § 209 verteilt worden ist (§ 289 Abs. 3). Der Restschuldbefreiung kann das Regelinsolvenzverfahren oder das Verbraucherinsolvenzverfahren vorhergehen. Im Falle des Verbraucherinsolvenzverfahrens kommt derzeit eine Eröffnung des Insolvenzverfahrens nur in Betracht, wenn ein außergerichtlicher Einigungsversuch des Schuldners mit den Gläubigern auf der Grundlage eines Schuldenbereinigungsplans stattgefunden hat und nachgewiesen ist (vgl. § 305 Abs. 1 Nr. 1) und außerdem ein gerichtliches Verfahren auf der Grundlage eines Schuldenbereinigungsplans durchgeführt worden ist (§ 311).

48 Nach dem Gesetzentwurf der Bundesregierung vom 22. 8. 2007 soll demgegenüber bei einer Abweisung des Eröffnungsantrages bzw. bei einer Einstellung des Verfahrens gem. § 207 oder § 211 direkt das Restschuldbefreiungsverfahren eingeleitet werden können. Um eine unangemessene Benachteiligung der Gläubiger durch ein unredliches Schuldnerverhalten zu verhindern, sollen die Möglichkeiten einer Versagung der Restschuldbefreiung erweitert werden (§§ 297, 297 a RegE). Die berechtigten Belange der Gläubiger sollen nach der Vorstellung des Gesetzgebers durch die Einschaltung eines vorläufigen Treuhänders und die Pflicht zur Abgabe einer eidesstattlichen Versicherung gewahrt werden (§ 289 a Abs. 4 und 5 RegE).

B. Einzelerläuterungen[126]

I. Persönlicher Anwendungsbereich

49 **1. Geltungsbereich.** Der Anwendungsbereich des Verbraucherinsolvenzverfahrens ist auf natürliche Personen beschränkt.[127] Dies war auch nach der bis zum 30. 11. 2001 geltenden Rechtslage der Fall. Änderungen ergaben sich durch die Neufassung des § 304 in Bezug auf Schuldner mit einer wirtschaftlich selbstständigen Tätigkeit. Während nach der bis zum 30. 11. 2001 geltenden Fassung des § 304 das Verbraucherinsolvenzverfahren auch

---

[125] *Gottwald/Schmidt-Räntsch,* Insolvenzrechts-Handbuch, § 76 RdNr. 18; *Wittig* WM 1998, 209, 210; s. ferner *Medicus* DZWIR 2007, 221 ff.

[126] S. a. die Rechtsprechungsübersichten bei *Sternel* NZI 2006, 129 ff. (2005); *Pape* ZInsO 2004, 647 ff. (2003); *ders.* NJW 2004, 2492 ff. (2003); *ders.* NJW 2007 3474 ff. (2006); s. w. *Smid* DZWIR 2007, 47 ff.

[127] Zu den Problemen bei der Beteiligung der Staatsanwaltschaft als Gläubigerin einer Geldstrafe gegen den Schuldner s. *Vallender/Elschenbroich* NZI 2002, 130 ff.; *Rönnau/Tachau* NZI 2007, 208 ff.; *Heinze* ZVI 2006, 14 ff.; *Brei* FPR 2006, 95 ff.; *Uhlenbruck/Vallender,* InsO, § 305 RdNr. 12; s.w. § 305 RdNr. 16, § 309 RdNr. 19.

für Schuldner in Betracht kam, die im Zeitpunkt der Einleitung des Insolvenzverfahrens eine **selbstständige wirtschaftliche Tätigkeit** ausübten, sofern diese als **geringfügig** zu beurteilen war (s. die Voraufl. RdNr. 57 ff.), war die Anwendbarkeit auf ehemalige Unternehmer umstritten (s. dazu die Voraufl. RdNr. 54). Nach dem geltenden Recht ist die Anwendung des Verbraucherinsolvenzverfahrens auf Personen, die bis zum Zeitpunkt der Verfahrenseinleitung eine selbstständige wirtschaftliche Tätigkeit ausüben, ausgeschlossen und kommt gem. § 304 Abs. 1 Satz 2 nur noch für Personen, die eine solche Tätigkeit zu einem früheren Zeitpunkt ausgeübt haben, in Betracht, sofern ihre **Vermögensverhältnisse überschaubar** sind und gegen sie **keine Forderungen aus Arbeitsverhältnissen** bestehen (s. dazu RdNr. 18, 61). Die Überschaubarkeit der Vermögensverhältnisse bestimmt sich nach der Legaldefinition des § 304 Abs. 2 vorrangig nach der Zahl der Gläubiger (s. dazu RdNr. 19, 60) anstelle des nach altem Recht geltenden Kriteriums der Geringfügigkeit.

2. Natürliche Personen ohne selbstständige wirtschaftliche Tätigkeit (§ 304 50 Abs. 1 Satz 1). a) Abgrenzung zum Verbraucherbegriff. In den Anwendungsbereich der §§ 304 ff. fallen zunächst natürliche Personen, die eine selbstständige wirtschaftliche Tätigkeit weder ausüben noch ausgeübt haben.[128] Das Gesetz verwendet den **Begriff des Verbrauchers** zwar in der Überschrift des Neunten Teils, nicht aber in den einzelnen Vorschriften. Der Anwendungsbereich dieser Vorschriften ist demgemäß nicht an einem allgemeinen Verbraucherbegriff auszurichten, sondern an den Tatbestandsmerkmalen des § 304.[129] Ein Rückgriff auf anderweitig entwickelten Kriterien des Verbraucherbegriffs kann aber für eine teleologische Auslegung der Vorschrift zur Lösung von Abgrenzungsproblemen in Betracht kommen (s. u. RdNr. 67).

Ein allgemeiner **Rechtsbegriff des Verbrauchers** mit feststehendem Inhalt folgt nun- 51 mehr aus § 13 BGB, jedoch gibt es keine einheitliche Rechtsmaterie des Verbraucherschutzes.[130] Der Anwendungsbereich von verbraucherschützenden gesetzlichen Regelungen[131] bestimmte sich bisher nach den jeweiligen besonderen Abgrenzungen und bestimmt sich nunmehr einheitlich nach § 13 BGB. Im Unterschied zu den gemeinhin dem Verbraucherschutz zugerechneten Rechtsmaterien verfolgen die Bestimmungen über das Verbraucherinsolvenzverfahren jedoch nicht das Ziel einer Stärkung der Verbraucher im Wettbewerb und im Güter- und Leistungsaustausch oder seines Schutzes in besonderen Bereichen des allgemeinen Verkehrs, vielmehr dient die gesetzliche Sonderregelung dem Ziel, die sog. Verbraucherinsolvenzen mit möglichst geringen Kosten für die Betroffenen selbst und für die Gerichte abzuwickeln. Man mag auch dies dem allgemeinen Ziel des Verbraucherschutzes unterordnen, doch lassen sich strukturelle Gemeinsamkeiten mit anderen Rechtsmaterien des Verbraucherschutzes kaum feststellen.

---

[128] *Kübler/Prütting/Wenzel*, InsO, § 304 RdNr. 10; *Römermann* in *Nerlich/Römermann*, InsO, § 304 RdNr. 20. Zu den Besonderheiten der Eröffnung des Verbraucherinsolvenzverfahrens für unter Betreuung stehende Schuldner *Ley* ZVI 2003, 101 ff. Zur Strafbarkeit des „Verbrauchers" wegen Bankrott (§ 283 StGB) und Vereitelung der Zwangsvollstreckung (288 StGB) BGH NJW 2001, 1874 ff.: Erweiterung der Anwendbarkeit der Bankrottdelikte auf Verbraucher; dagegen *Wessing* EWiR 2002, 125, 126 (lediglich § 288 StGB sowie § 263 StGB); *Penzlin*, Strafrechtliche Auswirkungen, S. 199 ff.; *Schramm* wistra 2002, 55 f. mwN.

[129] *Smid/Haarmeyer*, InsO, § 304 RdNr. 3; *Hess*, InsO, § 304 RdNr. 20; *Römermann* in *Nerlich/Römermann*, InsO, § 304 RdNr. 18 f.; s. ferner FK-*Kohte*, InsO, § 304 RdNr. 6 f.

[130] Siehe hierzu mit Nachweisen im Einzelnen zum europäischen und deutschen Recht *Dreher* JZ 1997, 167. *Tonner* JZ 1996, 533, der im Gegensatz hierzu die Ansicht vertritt, Verbraucherrecht sei ein eigenständiges Rechtsgebiet, betont, Verbraucherrecht sei kein geschlossenes Rechtsgebiet (S. 535) und verzichtet auch auf eine einheitliche Definition des Verbrauchers. Zum privatrechtlichen Schutz des Verbrauchers umfassend *Drexl*, Die wirtschaftliche Selbstbestimmung des Verbrauchers, S. 18 ff., 71 ff.

[131] § 1 Abs. 1 VerbrKrG aF: natürliche Person, es sei denn, der Kredit ist nach dem Inhalt des Vertrags für ihre bereits ausgeübte oder selbstständige berufliche Tätigkeit bestimmt. Vgl. w. §§ 609a BGB aF, 6 Nr. 1 HaustürWG aF, 24 Abs. 1 Nr. 1, 24a AGBG aF, Art. 29 EGBGB. In anderen Regelungen, die dem Verbraucherschutz zugerechnet werden, wurde der Begriff des Verbrauchers nicht verwendet.

51a Auch **straffällig gewordene Personen** haben grundsätzlich Zugang zu Verbraucherinsolvenz und Restschuldbefreiung.[132] Dem Insolvenzrecht kommt jedoch gegenüber der Strafvollstreckung kein Vorrang zu. Eine Einbeziehung von Geldstrafen in die außergerichtliche oder gerichtliche Schuldenbereinigung ist ausgeschlossen (s. § 305 RdNr. 16). Die Vollstreckung von Geldstrafen durch Vollziehung der Ersatzfreiheitsstrafe ist während des Insolvenzverfahrens bzw. des Restschuldbefreiungsverfahrens zulässig.[133] Die Geldstrafe zielt anders als andere Forderungen nicht auf die Verschaffung eines Vermögensvorteils, sondern auf die Verwirklichung des Strafzwecks. Der Schuldner kann sich auch nicht im Wege der Restschuldbefreiung dem staatlichen Strafanspruch entziehen (§ 302 Nr. 2). Dementsprechend ist es nicht geboten, mit der Anordnung einer Ersatzfreiheitsstrafe bis zum Abschluss des Insolvenz- bzw. Restschuldbefreiungsverfahrens zuzuwarten.[134]

52 **b) Fehlen einer selbstständigen wirtschaftlichen Tätigkeit.** Eine selbstständige wirtschaftliche Tätigkeit liegt vor, wenn sie im eigenen Namen, in eigener Verantwortung, für eigene Rechnung und auf eigenes Risiko ausgeübt wird.[135] Nach diesen Kriterien wird auch in anderen Bereichen des Rechts des Verbraucherschutzes sowie im Handels- und Gewerberecht die Abgrenzung selbstständiger von nichtselbstständiger wirtschaftlicher Tätigkeit vorgenommen.[136] Eine selbstständige wirtschaftliche Tätigkeit liegt danach stets vor, wenn es sich um eine Tätigkeit handelt, die dem **Kaufmannsbegriff** unterfällt; dieser ist nicht mehr an bestimmte Handelsgewerbe gebunden, sondern umfasst grundsätzlich **jede gewerbliche Tätigkeit**.[137] Der Gewerbebegriff, wie er von der Rechtsprechung entwickelt worden ist, setzt eine planmäßige, auf Dauer angelegte und der Gewinnzielung dienende Tätigkeit am Markt voraus;[138] dieser Begriff entspricht dem des Unternehmers.[139] Sie liegt auch dann vor, wenn die Tätigkeit lediglich nebenberuflich ausgeübt worden ist.[140] Eine gewerbliche Tätigkeit liegt im Übrigen nur vor, wenn sie der **Fremdbedarfsdeckung** dient.[141] Darin unterscheidet sich die gewerbliche Tätigkeit von der Teilnahme privater Haushalte am Markt, die der Deckung des eigenen Bedarfs dient. Eine Teilnahme von Verbrauchern am Markt zur Deckung ihres eigenen Bedarfs stellt demgemäß keine selbstständige wirtschaftliche Tätigkeit im Sinne des § 304 dar.

---

[132] *Brei* (Fn. 127) S. 95 ff.; *dies.*, Entschuldung Straffälliger durch Verbraucherinsolvenz und Restschuldbefreiung, 2005, S. 66 ff.

[133] BVerfG NJW 2006, 3626; LG Frankfurt/M. NZI 2006, 714; LG Osnabrück ZInsO 2007, 111; *Vallender/Elschenbroich* (Fn. 127) S. 133; aA *Heinze* (Fn. 127) S. 16; *Rönnau/Tachau* (Fn. 127) S. 208 ff.; zur Anordnung von Erzwingungshaft während des Insolvenzverfahrens LG Berlin NJW 2007, 1541; LG Potsdam NStZ 2007, 293; LG Neuruppin, Beschl. v. 7. 12. 2005 – 13 Qs 85/05 – juris; zweifelnd dagegen *Pape* (Fn. 126) S. 3479.

[134] BVerfG NJW 2006, 3626, 3627.

[135] Ebenso BGH NJW 2006, 917, 918; *Fuchs* ZInsO 1999, 185; FK-*Kohte*, InsO, § 304 RdNr. 6; *ders.* in *Kohte/Ahrens/Grote* § 304 RdNr. 6; *Breutigam/Blersch/Goetsch/Fluck*, InsO, § 304 RdNr. 16; *Kübler/Prütting/Wenzel*, § 304 RdNr. 10; HambKomm-*Streck*, InsO, § 304 RdNr. 5; *Andres* in *Andres/Leithaus*, InsO, § 304 RdNr. 6.

[136] Vgl. zum HaustürWG MünchKommBGB-*H. P. Westermann* § 6 HaustürWG RdNr. 8; zum VerbrKrG *Wagner-Wieduwilt* in *Bruchner/Ott/Wagner-Wieduwilt* VerbrKrG § 1 RdNr. 28; zum Handelsrecht *Heymann/Emmerich* HGB § 1 RdNr. 4 f.; MünchKommHGB-*K. Schmidt* § 1 RdNr. 27 mwN; zum Gewerberecht *Landmann/Rohmer/Kahl* GewO Einl. RdNr. 35.

[137] § 1 Abs. 2 HGB idF des Handelsrechtsreformgesetzes v. 22. 6. 1998.

[138] Siehe nur BGHZ 95, 155, 157 = NJW 1985, 3063; BGH NJW 1988, 222, jew. mwN. Siehe weiter *Heymann/Emmerich* HGB § 1 RdNr. 5 mwN.

[139] Siehe dazu *K. Schmidt*, Handelsrecht, §§ 4 I 2, 9 IV.

[140] BGH NZI 2003, 105; AG Hamburg ZVI 2005, 621; *Kübler/Prütting/Wenzel*, InsO, § 304 RdNr. 14; *Hess*, InsO, § 304 RdNr. 21 ff.; HK-*Landfermann*, InsO, § 304 RdNr. 5; *Andres* in *Andres/Leithaus*, InsO, § 304 RdNr. 6; *Graf-Schlicker/Sabel*, InsO, § 304 RdNr. 6; HambKomm-*Streck*, InsO, § 304 RdNr. 5; aA LG Rostock NJW-RR 1994, 1015; *Uhlenbruck/Vallender*, InsO, § 304 RdNr. 9; *Braun/Buck*, InsO, § 304 RdNr. 13; für das Erfordernis eines Überwiegens der selbstständigen Tätigkeit *Breutigam/Blersch/Goetsch/Fluck*, InsO, § 304 RdNr. 24.

[141] Vgl. *Kübler/Assmann*, Gesellschaftsrecht, § 5 IV 2 b; vgl. FK-*Kohte*, InsO, § 304 RdNr. 7 (planmäßiges Auftreten am Markt); s. ferner LG Göttingen ZIP 2007, 1031, 1032 (Vermietung von Immobilien).

Eine selbstständige wirtschaftliche Tätigkeit ist jedoch nicht auf kaufmännische bzw. 53
gewerbliche Tätigkeiten beschränkt. Sie ist vielmehr auch kennzeichnend für Personen,
die einen **freien Beruf** ausüben, der kraft Gesetzes nicht als Gewerbe gilt.[142] Demgemäß unterfallen auch Ärzte,[143] Rechtsanwälte,[144] Steuerberater,[145] Wirtschaftsprüfer[146] und öffentlich bestellte Vermessungsingenieure[147] dem Verbraucherinsolvenzverfahren nur, sofern sie ihre Tätigkeit bereits eingestellt haben und die Voraussetzungen des Abs. 1 Satz 2 vorliegen.[148] Das gilt ferner für Personen, deren Tätigkeit kraft Überlieferung nicht dem gewerblichen Bereich zugeordnet wird, wie insbesondere **Künstler und Schriftsteller.**[149] Auch Landwirte üben eine selbstständige Tätigkeit aus und unterfallen dem Verbraucherinsolvenzverfahren nur unter den vorgenannten Voraussetzungen.

Keine selbstständige wirtschaftliche Tätigkeit üben **abhängig Beschäftigte** aus sowie 54
Personen, die nicht erwerbswirtschaftlich tätig sind, wie Arbeitslose, Rentner, Hausfrauen
oder -männer und Studenten.[150] Hinsichtlich der sog. Scheinselbstständigen kann auch
insolvenzrechtlich auf die Abgrenzungskriterien des § 7 SGB IV zurückgegriffen werden.[151]

c) **Herausgehobene Positionen.** Personen, die herausgehobene Positionen in Unter- 55
nehmen bekleiden wie **Vorstandsmitglieder** von Aktiengesellschaften oder **Geschäftsführer** von GmbH, üben keine selbstständige wirtschaftliche Tätigkeit aus und fallen
daher in den Anwendungsbereich des Verbraucherinsolvenzverfahrens.[152] **Gesellschafter**
von **Kapitalgesellschaften** sind grundsätzlich nicht Kaufleute und üben als solche
auch keine anderweitige selbstständige wirtschaftliche Tätigkeit aus.[153] Ebenso wird die
Kaufmannseigenschaft der Kommanditisten und der stillen Gesellschafter überwiegend
verneint.[154] Sind solche Gesellschafter dagegen steuerlich als Mitunternehmer anzusehen, so sind sie auch insolvenzrechtlich den Unternehmensträgern gleichzustellen und
dem Regelinsolvenzverfahren zu unterwerfen.[155] Dasselbe gilt, wenn der Gesellschafter
in sonstiger Weise derart am Erfolg oder Misserfolg der Gesellschaft teilhat, dass er
wie ein bei einer Tätigkeit im eigenen Namen betroffen ist, wie etwa bei einer

---

[142] HK-*Landfermann*, InsO, § 304 RdNr. 5; *Kübler/Prütting/Wenzel*, InsO, § 304 RdNr. 10; *Hess*, InsO, § 304 RdNr. 21. Zur Insolvenz von Freiberuflern und Handwerkern *Graf/Wunsch* ZIP 2001, 1029.
[143] § 1 Abs. 2 BÄO; § 1 Abs. 2 ZahnheilkG (hierzu BGH NJW 2003, 591, 592); § 1 Abs. 2 BTierärzteO.
[144] § 2 Abs. 2 BRAO. Zu den Auswirkungen der Insolvenzverfahrenseröffnung auf das Beitrags- und Leistungsrecht der berufsständischen Versorgungswerke *Esser/Prossliner* NZI 2002, 647 ff.
[145] § 2 StBG.
[146] § 1 Abs. 2 WPO.
[147] § 1 VO über öffentlich bestellte Vermessungsingenieure v. 20. 11. 1938, RGBl. I S. 40.
[148] BGH ZVI 2003, 289 (Wirtschaftsprüfer und Steuerberater).
[149] *Heymann/Emmerich* HGB § 1 RdNr. 18; differenzierend MünchKommHGB-*K. Schmidt* § 1 RdNr. 32, 33; aA *Uhlenbruck/Vallender*, InsO, § 304 RdNr. 8.
[150] BGH NJW 1999, 917, 918; *Ley* MDR 2003, 205; *Uhlenbruck/Vallender*, InsO, § 304 RdNr. 7; *Römermann* in *Nerlich/Römermann*, InsO, § 304 RdNr. 19; FK-*Kohte*, InsO, § 304 RdNr. 8; *Andres* in *Andres/Leithaus*, InsO, § 304 RdNr. 5; *Graf-Schlicker/Sabel*, InsO, § 304 RdNr. 7; *Kübler/Prütting/Wenzel*, InsO, § 304 RdNr. 10; *Braun/Buck*, InsO, § 304 RdNr. 13; *Hess*, InsO, § 304 RdNr. 20; *Breutigam/Blersch/Goetsch/Fluck*, InsO, § 304 RdNr. 18; HambKomm-*Streck*, InsO, § 304 RdNr. 4.
[151] *Müller* NZI 1999, 172, 173; abw. FK-*Kohte*, InsO, § 304 RdNr. 8 (nicht unmittelbar maßgebend).
[152] BGH NJW 2006, 917, 918; AG Duisburg ZIP 2007, 1963 f.; *Müller* (Fn. 151) S. 173; *Kübler/Prütting/Wenzel*, InsO, § 304 RdNr. 5; *Hoffmann* S. 52; *Uhlenbruck/Vallender*, InsO, § 304 RdNr. 8, 13; FK-*Kohte*, InsO, § 304 RdNr. 18; *Hess*, InsO, § 304 RdNr. 20; *Braun/Buck*, InsO, § 304 RdNr. 13; HambKomm-*Streck*, InsO, § 304 RdNr. 4; *Andres* in *Andres/Leithaus*, InsO, § 304 RdNr. 6 aE.
[153] BGH NJW 2006, 917, 918; *Uhlenbruck/Vallender*, InsO, § 304 RdNr. 11; FK-*Kohte*, InsO, § 304 RdNr. 18; *Breutigam/Blersch/Goetsch/Fluck*, InsO, § 304 RdNr. 19.
[154] BGHZ 97, 127, 134 = NJW 1986, 1679; *Baumbach/Hopt* HGB § 161 RdNr. 5; *Heymann/Emmerich* HGB § 1 RdNr. 15.
[155] Zum steuerrechtlichen Mitunternehmerbegriff *L. Schmidt* EStG, 20. Aufl., 2001, § 15 RdNr. 251 ff. Dagegen stets von der Anwendbarkeit des Verbraucherinsolvenzverfahrens auf Gesellschafter von Kapitalgesellschaften ausgehend *Fuchs* (Fn. 26) S. 240.

§ 304   56–59   9. Teil. Verbraucherinsolvenz- und sonst. Kleinverfahren

mehrheitlichen Beteiligung an der Gesellschaft[156] oder bei einem geschäftsführenden Alleingesellschafter.[157] Dagegen genügt die Tätigkeit des Gesellschafters als Geschäftsführer allein nicht.[158]

56 Die **persönlich haftenden Gesellschafter** einer OHG oder KG gelten dagegen als Kaufleute, weil sie als die eigentlichen Unternehmensträger angesehen werden.[159] Auch im Übrigen kann eine Gesellschafterstellung dem Bereich der selbstständigen wirtschaftlichen Tätigkeit zuzurechnen sein, wenn mit ihr eine **unternehmerische Position** verbunden ist.[160] Das kommt etwa bei einer die Sperrminorität von 25% überschreitenden Beteiligung an einer AG in Betracht.[161]

57 Bei **Gesellschaftern einer BGB-Gesellschaft** kommt eine selbstständige wirtschaftliche Tätigkeit im Sinne einer Mitunternehmerschaft seit Inkrafttreten der Neuregelung der §§ 1, 105 HGB durch das Handelsrechtsreformgesetz nur noch eingeschränkt in Betracht. Eine Gesellschaft, die ein Gewerbe betreibt, ist danach grundsätzlich Handelsgesellschaft. Eine Ausnahme gilt für Kleingewerbe i. S. d. § 1 Abs. 2 Hs. 2 HGB. Ist jedoch eine solche Gesellschaft oder eine Gesellschaft, die nur eigenes Vermögen verwaltet, im Handelsregister eingetragen und deshalb Handelsgesellschaft (§ 105 Abs. 2 HGB), so müssen sich die Gesellschafter auch insolvenzrechtlich als Mitunternehmer behandeln lassen. Gleiches gilt für eine BGB-Gesellschaft von Freiberuflern.[162] Ist die BGB-Gesellschaft dagegen vertraglich auf die Verfolgung nichtgewerblicher Zwecke ausgerichtet, so unterliegt sie im Falle der Insolvenz dem vereinfachten Insolvenzverfahren (s. dazu näher u. RdNr. 66). Die Beteiligung an einer solchen Gesellschaft kann eine selbstständige wirtschaftliche Tätigkeit der Gesellschafter nicht begründen.

58 d) **Vermögensverwaltung.** Die Verwaltung eigenen Vermögens wie z. B. die Vermietung oder Verpachtung von Wohn- und Geschäftshäusern oder die Verwaltung von Wertpapierdepots fällt dagegen grundsätzlich nicht in den Bereich selbstständiger wirtschaftlicher Tätigkeit und begründet daher die Anwendbarkeit des Verbraucherinsolvenzverfahrens.

59 **3. Natürliche Personen mit beendeter selbstständiger wirtschaftlicher Tätigkeit (§ 304 Abs. 1 Satz 2). a) Normzweck.** Die Eingrenzung des Anwendungsbereichs des Verbraucherinsolvenzverfahrens erwies sich zunehmend als vordringlich, nachdem sich schon bald nach Inkrafttreten der InsO gezeigt hatte, dass das Verbraucherinsolvenzverfahren

---

[156] LG Köln ZIP 2004, 2249; *Häsemeyer,* Insolvenzrecht, RdNr. 29.14; *Uhlenbruck/Vallender,* InsO, § 304 RdNr. 13; *Hess,* InsO, § 304 RdNr. 28; HK-*Landfermann,* InsO, § 304 RdNr. 5; HambKomm-*Streck,* InsO, § 304 RdNr. 5; *Kothe* (Fn. 26) S. 55 f.; FK-*Kohte,* InsO, § 304 RdNr. 21; *Graf-Schlicker/Sabel,* InsO, § 304 RdNr. 9; *Braun/Buck,* InsO, § 304 RdNr. 17.

[157] BGH NJW 2006, 917, 918; LG Köln ZVI 2004, 525, 526; AG Duisburg ZIP 2007, 1963 f.; *Uhlenbruck/Vallender,* InsO, § 304 RdNr. 13; *Breutigam/Blersch/Goetsch/Fluck,* InsO, § 304 RdNr. 20; *Mathäß* ZInsO 2005, 1264; *Ley* (Fn. 150) S. 205; *S. Schmidt* EWiR 2006, 123 f.; *Braun/Buck,* InsO, § 304 RdNr. 17; *Graf-Schlicker/Sabel,* InsO, § 304 RdNr. 8; aA *Heinze* DZWIR 2006, 83 f., der stattdessen im Wege der teleologischen Reduktion die Anwendung des § 304 generell bei Schuldnern mit nicht überschaubaren Vermögensverhältnissen ausschließen will.

[158] HK-*Landfermann,* InsO, § 304 RdNr. 5; and. LG Köln NZI 2004, 673; *Kübler/Prütting/Wenzel,* InsO, § 304 RdNr. 25; *Graf-Schlicker/Sabel,* InsO, § 304 RdNr. 9; offen lassend BGH NJW 2006, 917, 918.

[159] BGHZ 45, 282, 284 = NJW 1966, 1960, 1961; BGH NJW 2006, 917, 918; *Ley* (Fn. 150) S. 205; *Hess,* InsO, § 304 RdNr. 25; *Kothe* (Fn. 26) S. 55; *Uhlenbruck/Vallender,* InsO, § 304 RdNr. 12; *Heymann/Emmerich* HGB § 1 RdNr. 15; HambKomm-*Streck,* InsO, § 304 RdNr. 5; *Graf-Schlicker/Sabel,* InsO, § 304 RdNr. 8; *Fuchs* ZInsO 2002, 298 f.; *Braun/Buck,* InsO, § 304 RdNr. 17; HK-*Landfermann,* InsO, § 304 RdNr. 5. Siehe auch BGHZ 34, 293 = NJW 1961, 1022 zur konkursrechtlichen Einordnung der persönlichen Haftung des Komplementärs einer KG; *Kübler/Prütting/Wenzel,* InsO, § 304 RdNr. 5; FK-*Kohte,* InsO, § 304 RdNr. 21; *Hoffmann* S. 52; zu BGB-Gesellschaftern s. LG Göttingen ZInsO 2002, 244; AG Göttingen ZInsO 2002, 147, 148; AG Köln ZVI 2002, 69; HambKomm-*Streck,* InsO, § 304 RdNr. 5.

[160] *Häsemeyer,* Insolvenzrecht, RdNr. 29.14; FK-*Kohte,* InsO, § 304 RdNr. 24. So für den Anwendungsbereich des VerbrKrG *Lwowski,* WM-Festgabe Heinsius, S. 49, 52 f.; ders. in *Lwowski/Peters/Gößmann* VerbrKrG S. 72 f.; MünchKommBGB-*Ulmer* § 1 VerbrKrG RdNr. 23.

[161] Siehe vorige Fn. sowie FK-*Kohte,* InsO, § 304 RdNr. 25, wonach entsprechend der Abgrenzung von Beschäftigungsverhältnis und unternehmerischer Beteiligung in der sozialrechtlichen Judikatur „zumindest" ab einer 50%-Beteiligung auf das allgemeine Insolvenzverfahren zu verweisen ist.

[162] Zust. *Hess,* InsO, § 304 RdNr. 25.

wegen der damit verbundenen Verfahrensvereinfachungen unter Verzicht auf einen Insolvenzverwalter und wegen der Aussicht, auf dem Wege des Schuldenbereinigungsplanverfahrens zu einer schnelleren Schuldenbefreiung ohne Restschuldbefreiungsverfahren mit Wohlverhaltensphase zu gelangen, in beträchtlichem Umfang von **ehemaligen Unternehmern** in Anspruch genommen wurde. Hierfür ist jedoch das vereinfachte Insolvenzverfahren strukturell ungeeignet.[163] Eine solche **„Flucht in den Verbraucherkonkurs"** (s. dazu u. RdNr. 69) zu verhindern, erwies sich deshalb als dringend erforderlich. Um auszuschließen, dass das Verbraucherinsolvenzverfahren für Insolvenzen in Anspruch genommen wird, für die es nicht gedacht und auf die es nicht zugeschnitten ist, werden Unternehmer, insbesondere auch ehemalige Unternehmer nach dem geltenden Recht generell auf das Regelinsolvenzverfahren verwiesen[164] und haben nur noch ausnahmsweise und unter engen Voraussetzungen Zugang zum Verbraucherinsolvenzverfahren (s. o. RdNr. 17 ff.). Personen, die im maßgeblichen Zeitpunkt (s. u. RdNr. 68) eine selbstständige wirtschaftliche Tätigkeit ausüben, sind vom Verbraucherinsolvenzverfahren ohne Ausnahme ausgeschlossen und auf das Regelinsolvenzverfahren verwiesen. Auf den Umfang der selbstständigen wirtschaftlichen Tätigkeit und auf die Überschaubarkeit der Vermögensverhältnisse kommt es bei diesen Personen nicht an.[165] Unerheblich ist auch, ob die selbstständige Tätigkeit neben- oder hauptberuflich ausgeübt wird bzw. wurde.[166] Die Beschränkung des Anwendungsbereichs der §§ 304 ff. in Bezug auf ehemals wirtschaftlich selbstständig tätige Schuldner entspricht der Teleologie der Vorschriften über das Verbraucherinsolvenzverfahren[167] und entlastet nicht nur die Insolvenzgerichte, sondern versperrt auch ehemaligen Unternehmern den Weg zu einer Restschuldbefreiung unter vereinfachten Voraussetzungen. Dagegen findet das Verbraucherinsolvenzverfahren auf einen Schuldner Anwendung, der in einem früheren Zeitraum eine selbstständige wirtschaftliche Tätigkeit ausgeübt hat, wenn seine Vermögensverhältnisse überschaubar sind und gegen ihn keine Forderungen aus Arbeitsverhältnissen bestehen (Abs. 1 Satz 2).

b) Überschaubarkeit der Vermögensverhältnisse (§ 304 Abs. 1 Satz 2, Abs. 2). 60
Überschaubar im Sinne des § 304 Abs. 1 Satz 2 sind die Vermögensverhältnisse des Schuldners nach der Legaldefinition des Abs. 2 nur dann, wenn der Schuldner zu dem Zeitpunkt, zu dem der Antrag auf Eröffnung des Insolvenzverfahrens gestellt wird, **weniger als 20 Gläubiger** hat.[168] Entscheidend ist dabei nicht die Zahl der Forderungen, sondern die der Gläubiger.[169] Hierbei handelt es sich um eine zwingende und abschließende Bestimmung.[170] Im Hinblick auf den eindeutigen Wortlaut und der Intention des Gesetzgebers, ein klares Abgrenzungskriterium schaffen, ist de lege lata[171] für eine teleologische Reduktion bei einer

---

[163] AG Hamburg ZVI 2005, 621; *Hess,* InsO, § 304 RdNr. 24.
[164] BGH NJW 2003, 591 f. (auch verfassungsrechtlich unbedenklich); HambKomm-*Streck,* InsO, § 304 RdNr. 5; *Vallender* (Fn. 26) S. 563; *Pape* (Fn. 26) S. 590; *Kübler/Prütting/Wenzel,* InsO, § 304 RdNr. 13; *Breutigam/Blersch/Goetsch/Fluck,* InsO, § 304 RdNr. 11; *Braun/Buck,* InsO, § 304 RdNr. 12, 15; *Fuchs* (Fn. 26) S. 240; *Richrath* WuB VI C. § 304 InsO 1.03.
[165] BGH NJW 2003, 591; HambKomm-*Streck,* InsO, § 304 RdNr. 5.
[166] AG Hamburg ZVI 2005, 621.
[167] Hierzu BGH NJW 2006, 917, 918.
[168] Auch bei nur einem Gläubiger kann ein Verbraucherinsolvenzverfahren durchgeführt werden, um dem Schuldner Zugang zur Restschuldbefreiung zu ermöglichen, LG Koblenz ZInsO 2004, 101, 102; LG Oldenburg ZInsO 1999, 586; LG Göttingen ZInsO 2000, 118; AG Köln ZInsO 2003, 912, 913; AG Tübingen ZVI 2003, 909; AG Hamburg ZVI 2000, 446; aA LG Koblenz ZInsO 2003, 909; AG Koblenz NZI 2004, 47; AG Augsburg ZVI 2003, 294 f.; wie hier *Uhlenbruck/Vallender,* InsO, § 305 RdNr. 29, § 309 RdNr. 37 (nur eine Zustimmungsersetzung nach § 309 soll ausgeschlossen sein); HambKomm-*Streck,* InsO, § 305 RdNr. 8, 23; *Hess,* InsO, § 304 RdNr. 20, § 305 RdNr. 24 f.
[169] BGH NJW 2006, 917, 919; FK-*Kohte,* InsO, § 304 RdNr. 35; HK-*Landfermann,* InsO, § 304 RdNr. 7; *Graf-Schlicker/Sabel,* InsO, § 304 RdNr. 11; *Breutigam/Blersch/Goetsch/Fluck,* InsO, § 304 RdNr. 31 f.; HambKomm-*Streck,* InsO, § 304 RdNr. 7; *Smid/Haarmeyer,* InsO, § 304 RdNr. 16. Bei öffentlich-rechtlichen, insbes. steuerrechtlichen Forderungen mehrerer Gläubiger, die von ein- und derselben Behörde verwaltet werden, ist grundsätzlich von einem Gläubiger auszugehen, *App* InVo 2002, 87; *ders.* StB 2003, 225.
[170] *Breutigam/Blersch/Goetsch/Fluck,* InsO, § 304 RdNr. 28.
[171] Zur zunächst geplanten Einführung einer einjährigen „Abkühlphase" s. u. RdNr. 71.

länger zurückliegenden Tätigkeit oder bei einer durch „Verbrauchergeschäfte" dominierten Verschuldensstruktur kein Raum.[172] Hat der Schuldner 20 oder mehr Gläubiger, so ist das Verbraucherinsolvenzverfahren auch dann ausgeschlossen, wenn die Vermögensverhältnisse des Schuldners einschließlich der Art und des Umfangs seiner Verbindlichkeiten im Übrigen überschaubar sind.[173] Auch die Aussicht, im gerichtlichen Schuldenbereinigungsplanverfahren eine einvernehmliche Regelung zu erzielen, eröffnet nicht den Zugang zum Verbraucherinsolvenzverfahren. Nicht ausgeschlossen durch den Wortlaut des Abs. 2 ist dagegen, dass dem Schuldner der Zugang zum Verbraucherinsolvenzverfahren verwehrt wird, wenn die Zahl seiner Gläubiger zwar weniger als 20 beträgt, seine **Vermögensverhältnisse auf Grund ihres Umfangs und ihrer Struktur** aber nicht als überschaubar gelten können. Abs. 2 statuiert nicht, dass die Vermögensverhältnisse stets als überschaubar gelten, wenn die Zahl der Gläubiger niedriger als 20 ist. Insoweit kann das Insolvenzgericht den Schuldner an das Regelinsolvenzverfahren verweisen, wenn die Komplexität seiner Vermögensverhältnisse mit den Besonderheiten des Verbraucherinsolvenzverfahrens unvereinbar ist. Dies kommt in Betracht, wenn zahlreiche streitige Forderungen in nicht unbeträchtlicher Höhe geltend gemacht werden oder komplexe Anfechtungssachverhalte auftreten können.[174] Ob Vermögensverhältnisse überschaubar sind, richtet sich nach ihrem Umfang und ihrer Struktur.[175] Es genügt daher nicht, wenn der Schuldner in seinen Angelegenheiten keine Ordnung hält und bspw. über keinerlei Geschäftsunterlagen mehr verfügt.[176] Bestehen gegen den Schuldner Forderungen aus Arbeitsverhältnissen, so ist das Verbraucherinsolvenzverfahren stets und zwingend ausgeschlossen (s. u. RdNr. 61). Unmaßgeblich ist dagegen, ob die Forderungen der Gläubiger im Zusammenhang mit der früheren selbstständigen Tätigkeit stehen.[177] Nur wenn zum Zeitpunkt der Antragstellung keine Forderungen mehr bestehen, die aus der ehemaligen unternehmerischen Tätigkeit herrühren, finden die Bestimmungen der §§ 304 ff. ohne weiteres Anwendung.[178]

61 c) **Keine Forderungen aus Arbeitsverhältnissen.** Entgegen einer zum Teil in der Rechtsprechung und im Schrifttum vertretenen Ansicht[179] umfassen Forderungen aus Arbeitsverhältnissen nicht nur arbeitsrechtliche Lohn- und Gehaltsansprüche von Arbeitnehmern, sondern nach dem eindeutigen Willen des Gesetzgebers (s. o. RdNr. 16) und dem Zweck der Regelung (s. o. RdNr. 17) alle Forderungen, die auf einem Arbeitsverhältnis gründen oder damit in einem rechtlichen Zusammenhang stehen, insbesondere also auch **Forderungen der Sozialversicherungsträger** auf Abführung der Arbeitnehmer- und Arbeitgeberanteile zur Sozialversicherung, **Forderungen des Finanzamts** auf Abführung

---

[172] *Fuchs* (Fn. 126) S. 241; *Pape* ZVI 2002, 225, 230; *Hergenröder* (Fn. 70) S. 408; *Andres* in *Andres/Leithaus*, InsO, § 304 RdNr. 9; *Kübler/Prütting/Wenzel*, InsO, § 304 RdNr. 17; *Römermann* in *Nerlich/Römermann*, InsO, § 304 RdNr. 27; *Hess/Röpke* InVo 2003, 89 f. in Fn. 2; HK-*Landfermann*, InsO, § 304 RdNr. 7; *Uhlenbruck/Vallender*, InsO, § 304 RdNr. 16; and. FK-*Kohte*, InsO, § 304 RdNr. 33, 36 (gesetzliche Vermutung); *ders.* (Fn. 26) S. 56; *Braun/Buck*, InsO, § 304 RdNr. 19; *Heinze* (Fn. 157) S. 84.
[173] BGH NJW 2006, 917, 918 f.: „Ein Verbraucherinsolvenzverfahren würde schon dann ausscheiden, wenn der Schuldner mehr als 19 Gläubiger hätte ...".
[174] BT-Drucks. 14/5680, S. 30; LG Göttingen ZInsO 2002, 244, 245; AG Göttingen ZInsO 2002, 147, 148; *Kübler/Prütting/Wenzel*, InsO, § 304 RdNr. 18; *Uhlenbruck/Vallender*, InsO, § 304 RdNr. 18; HK-*Landfermann*, InsO, § 304 RdNr. 8; FK-*Kohte*, InsO, § 304 RdNr. 37; *Ley* (Fn. 150) S. 206; *Graf-Schlicker/Sabel*, InsO, § 304 RdNr. 14; *Braun/Buck*, InsO, § 304 RdNr. 16; *Breutigam/Blersch/Goetsch/Fluck*, InsO, § 304 RdNr. 33 f.; HambKomm-*Streck*, InsO, § 304 RdNr. 7; *Andres* in *Andres/Leithaus*, InsO, § 304 RdNr. 9.
[175] BGH NZI 2003, 647; LG Göttingen NZI 2002, 322; *Kübler/Prütting/Wenzel*, InsO, § 304 RdNr. 18; *Uhlenbruck/Vallender*, InsO, § 304 RdNr. 17.
[176] Offen lassend BGH NZI 2003, 647; im Zweifel soll das Regelinsolvenzverfahren zu betreiben sein, *Graf-Schlicker/Sabel*, InsO, § 304 RdNr. 16; *Kübler/Prütting/Wenzel*, InsO, § 304 RdNr. 4.
[177] *Graf-Schlicker/Sabel*, InsO, § 304 RdNr. 13; aA FK-*Kohte*, InsO, § 304 RdNr. 36.
[178] *Breutigam/Blersch/Goetsch/Fluck*, InsO, § 304 RdNr. 38.
[179] LG Düsseldorf ZInsO 2002, 637 f.; LG Düsseldorf NZI 2004, 160; LG Köln NZI 2002, 505 f.; LG Dresden ZVI 2004, 19; HK-*Landfermann*, InsO, § 304 RdNr. 10; FK-*Kohte*, InsO, § 304 RdNr. 43 ff.; *ders.* ZVI 2002, 326, 327 f.; *ders.* VuR 2002, 108, 109 f.; *ders.* (Fn. 26) S. 57 f.; *Römermann* in *Nerlich/Römermann*, InsO, § 304 RdNr. 30.

Grundsatz
62 § 304

der Lohnsteuer,[180] Forderungen von Berufsgenossenschaften[181] sowie sonstige in einem rechtlichen Zusammenhang mit einem Arbeitsverhältnis stehende Forderungen wie etwa der Anspruch auf Rückzahlung eines Eingliederungszuschusses für Schwerbehinderte.[182] Dies gilt auch für Durchgriffsansprüche gegen einen geschäftsführenden (Allein-)Gesellschafter; denn für die Notwendigkeit, derartige Ansprüche aus dem Verbraucherinsolvenzverfahren heraus zu halten, macht es keinen Unterschied, ob es sich um Primär- oder Sekundäransprüche des Finanzamtes oder der gesetzlichen Krankenkasse gegen den Schuldner handelt.[183] Nach dem Wortlaut des § 304 Abs. 1 Satz 2 dürfen keine Forderungen aus Arbeitsverhältnissen bestehen. Ob hieraus folgt, dass die Existenz einer Mehrzahl von Forderungen erforderlich ist[184], erscheint im Hinblick auf die hiermit einhergehende Rechtsunsicherheit zweifelhaft. Denn es ist nicht erkennbar, ab welcher Anzahl von Forderungen die Bestimmung des § 304 Abs. 1 Satz 2 greifen soll. Nach dem Wortlaut würden mindestens zwei Forderungen genügen; es ist aber nicht erkennbar, weshalb die Bestimmung bei zwei Forderungen anwendbar sein soll, nicht dagegen bei Bestehen von nur einer Forderung. Aus dem Sinn und Zweck der Bestimmung folgt vielmehr, dass auch das Bestehen lediglich einer Forderung genügt, weil Ansprüche aus nicht abgewickelten Arbeitsverhältnissen generell aus dem Verbraucherinsolvenzverfahren herausgehalten werden sollen.

d) Maßgeblicher Zeitpunkt. Die nach dem bis zum 30. 11. 2001 geltenden Recht **62** umstrittene Frage, welcher Zeitpunkt für die Beurteilung maßgeblich sein soll (s. u. RdNr. 68), ob der Schuldner dem Anwendungsbereich der §§ 304 ff. unterfällt, hat der Gesetzgeber dahingehend geregelt, dass der Zeitpunkt der Antragstellung als maßgebend anzusehen ist.[185] Dies gilt auch im Hinblick auf das Bestehen von Forderungen aus Arbeitsverhältnissen.[186] Gleichwohl können bis zur Entscheidung über den Eröffnungsantrag eintretende Veränderungen Berücksichtigung finden, wie etwa dann, wenn die Vermögensverhältnisse des Schuldners durch das Hinzutreten weiterer Gläubiger nach Stellung des Eröffnungsantrages unüberschaubar werden.[187] Stellen sowohl der Gläubiger als auch der Schuldner einen Antrag auf Eröffnung des Verfahrens, kommt es alleine

---

[180] BT-Drucks. 14/5680, S. 14, 30 (zu Nr. 21); BGH NJW 2006, 917, 919; LG Halle DZWIR 2003, 86 (auf die Bundesanstalt für Arbeit übergegangene Ansprüche wegen Insolvenzgeldzahlungen); FG Berlin EFG 2003, 1062; AG Dresden ZVI 2005, 50; AG Köln ZVI 2002, 69; AG Hamburg ZVI 2003, 168 f.; *Kübler/ Prütting/Wenzel*, InsO, § 304 RdNr. 16; *Hess*, InsO, § 304 RdNr. 33; HambKomm-*Streck*, InsO, § 304 RdNr. 8; *Andres* in *Andres/Leithaus*, InsO, § 304 RdNr. 10; *Graf-Schlicker/Sabel*, InsO, § 304 RdNr. 18 f.; *Smid/Haarmeyer*, InsO, § 304 RdNr. 17; *Fuchs/Bayer* ZInsO 2003, 300, 301 ff.; *Hess/Röpke* (Fn. 172) S. 90 ff.; *Graf-Schlicker* WM 2000, 1984, 1986; *Pape* (Fn. 172) S. 229 f.; *Breutigam/Blersch/Goetsch/Fluck*, InsO, § 304 RdNr. 29; *Fuchs* (Fn. 26) S. 241 f.; *Schellberg* (Fn. 26) S. 307; *Kocher* (Fn. 26) S. 51; *Schmerbach* ZVI 2002, 38; *Uhlenbruck/Vallender*, InsO, § 304 RdNr. 23; *Vallender* (Fn. 26) S. 183; *Ley* (Fn. 150) S. 206; *Schönleiter/Kopp* GewArch 2002, 56, 57; *Apel* (Fn. 26) S. 37; *Hergenröder* (Fn. 34) S. 441 f.; *Braun/Buck*, InsO, § 304 RdNr. 16.

[181] *Hess*, InsO, § 304 RdNr. 38; and. insoweit AG Hamburg ZVI 2003, 168 f.; *Hess/Röpke* (Fn. 172) S. 94; *Braun/Buck*, InsO, § 304 RdNr. 16; *Kübler/Prütting/Wenzel*, InsO, § 304 RdNr. 16.

[182] *Hess*, InsO, § 304 RdNr. 33, 38; and. AG Essen ZVI 2002, 274; *Kübler/Prütting/Wenzel*, InsO, § 304 RdNr. 16; *Braun/Buck*, InsO, § 304 RdNr. 16; zust. *Fischer* ZVI 2002, 274 f.; and. für Beitragsforderungen der „SOKA-Bau" für das Winterbaugeld auch AG Charlottenburg ZVI 2003, 362.

[183] Zutr. BGH NJW 2006, 917, 919; AG Dresden ZVI 2005, 50, 51; *Hess*, InsO, § 304 RdNr. 33; *Graf-Schlicker/Sabel*, InsO, § 304 RdNr. 19; and. für Ansprüche aus § 823 Abs. 2 BGB i. V. m. § 266 a StGB LG Dresden ZInsO 2003, 1052; LG Köln ZVI 2002, 320; FK-*Kohte*, InsO, § 304 RdNr. 30; *Römermann* in *Nerlich/Römermann*, InsO, § 304 RdNr. 30; HK-*Landfermann*, InsO, § 304 RdNr. 11.

[184] So AG Duisburg ZIP 2007, 1963, 1964 (obiter dictum).

[185] BGH NJW 2003, 591; LG Göttingen ZIP 2007, 1031 f.; FK-*Kohte*, InsO, § 304 RdNr. 34; *Uhlenbruck/ Vallender*, InsO, § 304 RdNr. 3, 20; *Kübler/Prütting/Wenzel*, InsO, § 304 RdNr. 19; *Römermann* in *Nerlich/ Römermann*, InsO, § 304 RdNr. 31; *Braun/Buck*, InsO, § 304 RdNr. 15; *Breutigam/Blersch/Goetsch/Fluck*, InsO, § 304 RdNr. 56; HK-*Landfermann*, InsO, § 304 RdNr. 4; HambKomm-*Streck*, InsO, § 304 RdNr. 6; *Andres* in *Andres/Leithaus*, InsO, § 304 RdNr. 8.

[186] *Kübler/Prütting/Wenzel*, InsO, § 304 RdNr. 19; aA *Andres* in *Andres/Leithaus*, InsO, § 304 RdNr. 10 aE; *Fuchs* (Fn. 26) S. 242 f.

[187] *Fuchs* (Fn. 26) S. 243 f.; *Uhlenbruck/Vallender*, InsO, § 304 RdNr. 21, 35 ff.

Ott/Vuia

darauf an, ob im Zeitpunkt des Eigenantrags des Schuldners die Voraussetzungen des § 304 vorliegen.[188]

63 **4. Anwendbarkeit des vereinfachten Verfahrens auf Gesellschaften. a) Juristische Personen.** Keine Abgrenzungsprobleme ergeben sich zwischen natürlichen und juristischen Personen. Als juristische Personen gelten nur solche Organisationen, denen eine eigene Rechtspersönlichkeit von Gesetzes wegen beigelegt ist.[189] Auf juristische Personen ist das Verbraucherinsolvenzverfahren nicht anzuwenden, und zwar auch dann nicht, wenn diese keine selbstständige wirtschaftliche Tätigkeit ausüben oder ausgeübt haben. Insoweit zieht das Gesetz eine klare Grenze.[190]

64 **b) Gesellschaften ohne eigene Rechtspersönlichkeit.** Bei Gesellschaften ohne eigene Rechtspersönlichkeit findet das Insolvenzverfahren über das Vermögen der Gesellschaft statt (§ 11 Abs. 2 Nr. 1). Bei diesen Gesellschaften handelt es sich nicht um juristische Personen, aber auch nicht um natürliche Personen, sondern um Organisationen, die rechtlich vollständig verselbstständigt sind (OHG, KG, Partenreederei, EWIV, dazu näher § 11 RdNr. 42 ff., 60 f., 62 f.). BGB-Gesellschaften waren schon bislang überwiegend als zumindest teilweise rechtlich verselbstständigt angesehen worden; nach der neuesten Rechtsprechung des BGH ist ihre Rechts- und Parteifähigkeit jedoch anerkannt (s. dazu § 11 RdNr. 49 f.). Die Insolvenz einer **OHG** oder einer **KG** unterfällt von vornherein nicht den besonderen Vorschriften über das Verbraucherinsolvenzverfahren, weil Handelsgesellschaften durch einen in kaufmännischer Weise eingerichteten Geschäftsbetrieb gekennzeichnet sind (§§ 105 Abs. 1, 1 Abs. 2 HGB) oder kraft Eintragung von Gesetzes wegen gleichgestellt sind (§§ 105 Abs. 2, 2 Satz 1 HGB). Der Grundgedanke der Regelung des § 5 HGB, wonach der Streit um die Rechtmäßigkeit einer Eintragung in das Handelsregister im Registerverfahren auszutragen ist, um andere Verfahren zu entlasten,[191] ist auch im Zusammenhang mit § 304 heranzuziehen mit der Folge, dass das Insolvenzgericht hinsichtlich einer im Handelsregister eingetragenen Person oder Gesellschaft ohne weitere Nachprüfung von einer kaufmännischen Tätigkeit auszugehen hat.

65 Aufgrund der nunmehr höchstrichterlich anerkannten Rechtsfähigkeit der Gesellschaften bürgerlichen Rechts (s. vorige RdNr.) stehen diese in ihrer rechtlichen Ausgestaltung und Verselbstständigung juristischen Personen so nahe, dass sich eine Gleichstellung mit natürlichen Personen schon terminologisch verbietet.

66 Die bisherige Rechtslage, wonach die BGB-Gesellschaft als nicht konkursfähig galt und ein Konkurs demgemäß nur über das Vermögen der Gesellschafter in Betracht kam, ist durch die gesetzliche Neuregelung überholt (s. dazu näher § 11 RdNr. 49). Ob ein Insolvenzverfahren über das Vermögen einer **BGB-Gesellschaft** nach den Vorschriften über das Verbraucherinsolvenzverfahren und über sonstige Kleinverfahren oder im allgemeinen Insolvenzverfahren abzuwickeln ist, kann aber auch nach der höchstrichterlichen Anerkennung ihrer Rechtsfähigkeit wegen des breiten Spektrums der Erscheinungsformen von BGB-Gesellschaften nicht einheitlich beantwortet werden.[192] Nach dem Sinn und Zweck der Vorschriften über das Verbraucherinsolvenzverfahren kommt eine Anwendung auf BGB-Gesellschaften in Betracht, soweit diese keine wirtschaftliche Tätigkeit ausüben, sondern nur **ideelle Zwecke** verfolgen.[193] In diesen Fällen stehen sie natürlichen Personen näher als

---

[188] *Breutigam/Blersch/Goetsch/Fluck*, InsO, § 304 RdNr. 63.
[189] Siehe dazu nur MünchKommBGB-*Reuter* vor § 21 RdNr. 2; *Palandt/Heinrichs*, BGB, Einf. vor § 21 RdNr. 1 ff.
[190] *Römermann* in *Nerlich/Römermann*, InsO, § 304 RdNr. 22.
[191] Vgl. *Heymann/Emmerich* HGB § 5 RdNr. 1; and. *Staub/Brüggemann*, HGB, § 5 RdNr. 2.
[192] Generell gegen die Anwendbarkeit der §§ 304 ff. demgegenüber FK-*Kohte*, InsO, § 304 RdNr. 14; *Uhlenbruck/Vallender*, InsO, § 304 RdNr. 6; *Römermann* in *Nerlich/Römermann*, InsO, § 304 RdNr. 21; HK-*Landfermann*, InsO, § 304 RdNr. 3; HambKomm-*Streck*, InsO, § 304 RdNr. 3; *Andres* in *Andres/Leithaus*, InsO, § 304 RdNr. 2.
[193] Dementsprechend werden derartige Gesellschaften in den Anwendungsbereich des VerbrKrG bzw. der §§ 491 ff. BGB einbezogen; vgl. MünchKommBGB-*Ulmer* § 1 VerbrKrG RdNr. 20.

Grundsatz   67, 68 § 304

rechtlich verselbstständigten Organisationen. Die Gründe, die für die besonderen Verfahrensregelungen der §§ 305 bis 314 maßgeblich sind, treffen auch auf solche Gesellschaften zu (s. dazu o. RdNr. 5).[194] In den Anwendungsbereich der §§ 304 ff. fällt nach bisherigem Recht auch eine BGB-Gesellschaft, die eine gewerbliche Tätigkeit ausübt, weil diese gem. §§ 105, 1 HGB nur eine Tätigkeit sein kann, welche einen in kaufmännischer Weise eingerichteten Geschäftsbetrieb nicht erfordert und deshalb als geringfügig einzustufen ist. Ferner ist hinsichtlich einer Gesellschaft, die nur eigenes Vermögen verwaltet, aber nicht in das Handelsregister eingetragen ist (§ 105 Abs. 2 HGB), die Anwendbarkeit des Verbraucherinsolvenzverfahrens gegeben (vgl. o. RdNr. 57). Die Verwaltung eigenen Vermögens ist keine gewerbliche Tätigkeit, auch wenn Fremdmittel in Anspruch genommen werden.[195] Für die Anwendbarkeit des Verbraucherinsolvenzverfahrens auf **BGB-Gesellschaften** in bestimmten Fällen spricht auch der Sachzusammenhang mit der nach der neueren Rechtsprechung zwingenden persönlichen Haftung der Gesellschafter für Gesellschaftsverbindlichkeiten.[196] Im Übrigen kann das Verbraucherinsolvenzverfahren auf BGB-Gesellschaften nach dem geltenden Recht nur unter den in § 304 statuierten Voraussetzungen der Überschaubarkeit der Vermögensverhältnisse und des Nichtbestehens von Forderungen aus Arbeitsverhältnissen Anwendung finden (o. RdNr. 60 f.).

5. Der persönliche Anwendungsbereich bis zum Inkrafttreten des InsoÄndG 67 **2001. a) Eingrenzung des Anwendungsbereichs.** Nach dem bis zum 30. 11. 2001 geltenden Recht war der Umfang des von einer Insolvenz betroffenen Vermögens kein selbstständiges Tatbestandsmerkmal des § 304 aF. Nach dem Wortlaut dieser Bestimmung fielen daher auch Personen in den Anwendungsbereich des Verbraucherinsolvenzverfahrens, die nach ihrem wirtschaftlichen Status dem Leitbild des Verbraucherschutzes nicht entsprachen und für die nach **Umfang und Struktur ihres Vermögens** ein vereinfachtes Insolvenzverfahren wenig sachgerecht erschien. Es war deshalb gerechtfertigt, den Anwendungsbereich der §§ 304 ff. im Wege der **teleologischen Reduktion** zu beschränken, wenn ein komplexes Vermögen abzuwickeln ist (s. hierzu die Voraufl. RdNr. 54). S. ferner zum Begriff der geringfügigen wirtschaftlichen Tätigkeit die Kommentierung in der Voraufl. RdNr. 57 ff.

b) Maßgeblicher Zeitpunkt. Soweit § 304 aF Anwendung fand, war zweifelhaft und 68 umstritten, auf welchen **Zeitpunkt für die Beurteilung** von Art und Umfang der selbstständigen wirtschaftlichen Tätigkeit abzustellen ist, wenn der Schuldner in der Zeit vor Antragstellung in mehr als nur geringfügigem Umfang unternehmerisch tätig war, danach aber die Geringfügigkeitsgrenze unterschritten hat.[197] Entsprechende Probleme ergaben sich, wenn der Schuldner den Betrieb ganz aufgegeben oder auf Dritte übertragen hatte. Als maßgeblicher Zeitpunkt für die Beurteilung der Voraussetzungen des vereinfachten Verfahrens kamen der Zeitpunkt der Begründung der Verbindlichkeit,[198] des Eintritts der Insolvenz,[199] der Zeitpunkt der Antragstellung[200] sowie schließlich der Zeitpunkt der Ent-

---

[194] Vgl. dazu BGH NJW 2002, 368: Schutzzweck des VerbrKrG rechtfertigt dessen Anwendung auf BGB-Gesellschaften als gesellschaftsrechtlich verbundene Gruppe von natürlichen Personen.
[195] Vgl. BGH NJW 2002, 368.
[196] BGHZ 146, 341 = NJW 2001, 1056; BGH NJW 1999, 3483.
[197] S. zum Meinungsstand auch *Hess*, InsO, § 304 RdNr. 47.
[198] LG Kassel NJW-RR 1999, 1654 = ZInsO 1999, 421 (Zeitpunkt der Entstehung der Schulden); ebenso LG Leipzig DZWIR 2000, 79; AG Hamburg ZIP 2000, 323; *Münz* ZInsO 2000, 84; eingeschränkt auch *Klaas* ZInsO 1999, 545, 547. Dag. OLG Celle NZI 2000, 229; OLG Frankfurt/M. NZI 2000, 219; OLG Jena InVo 2000, 378; OLG Köln NZI 2000, 542; OLG Naumburg NZI 2000, 603; OLG Naumburg InVo 2001, 18; OLG Schleswig NZI 2000, 164; AG Kaiserslautern ZInsO 2001, 138.
[199] *HK-Landfermann*, InsO, § 304 RdNr. 4.
[200] OLG Oldenburg ZInsO 2001, 560; OLG Schleswig NZI 2000, 164; OLG Celle NZI 2000, 542; OLG Rostock NZI 2001, 213; OLG Naumburg InVo 2001, 18; OLG Frankfurt/M. NZI 2000, 219; LG Dessau NZI 2000, 605; LG Frankfurt/Oder ZInsO 2000, 290 mit abl. Anm. *Förster*; LG Göttingen NZI 2001, 218; LG Mönchengladbach ZInsO 1999, 724; LG Dessau ZIP 2000, 1502; AG Frankfurt/M. InVo 1999, 313; AG Köln DZWIR 2000, 80; AG Frankfurt/Oder ZIP 2000, 1067; AG Köln NZI 1999, 240; *Scholz* (Fn. 80) S. 765; *Vallender* (Fn. 106) S. 129; *Schulte-Kaubrügger* DZWIR 1999, 95, 96; *Hoffmann* S. 53; *Kübler/Prütting*/

scheidung über den Eröffnungsantrag in Betracht.[201] Nach dem Wortlaut des § 304 aF kam es erkennbar nicht auf eine frühere Tätigkeit des Schuldners, aus der seine Schulden stammen, an, sondern auf die Verhältnisse im laufenden Verfahren.[202] Maßgeblich war demgemäß, ob der Schuldner im Zeitpunkt der Verfahrenseröffnung durch das Insolvenzgericht keine oder nur eine geringfügige selbstständige wirtschaftliche Tätigkeit ausübt.[203] Ersteres war der Fall, wenn der Betrieb endgültig und vollständig eingestellt oder auf einen Dritten übertragen worden war.[204] Das Verbraucherinsolvenzverfahren fand auch dann statt, wenn im maßgeblichen Zeitpunkt ein ehemals vollkaufmännischer Betrieb nur noch in unbedeutendem Umfang fortgeführt wird.[205] S. im Übrigen die Kommentierung in der Vorauf. RdNr. 67–70.

69   c) **Flucht in den Verbraucherkonkurs.** Die bis zum 30. 11. 2001 geltenden Voraussetzungen des Zugangs zum Verbraucherinsolvenzverfahren boten für Unternehmer nach Stilllegung ihres Betriebs beträchtliche Anreize für eine „Flucht in den Verbraucherkonkurs", weil dieser Weg die Möglichkeit bot, sich der Kontrolle und insbesondere einer Insolvenzanfechtung durch den Insolvenzverwalter zu entziehen. Wie dargelegt ergeben sich aus der bisherigen Praxis der Verbraucherinsolvenzverfahren auch deutliche Indizien dafür, dass dieser Weg in erheblichem Umfang beschritten wurde. Nach dem bis zum 30. 11. 2001 geltenden Recht konnte dem nur dadurch begegnet werden, dass der Antrag des Schuldners auf Eröffnung des vereinfachten Verfahrens zurückgewiesen wird, wenn er sich als rechtsmissbräuchlich herausstellt.[206] Nach dem geltenden Recht ist einer solchen Fluchtbewegung jedoch nunmehr generell der Weg versperrt (s. o. RdNr. 17).

70   **6. Der persönliche Anwendungsbereich nach dem RefE vom 23. 1. 2007 und dem RegE vom 22. 8. 2007. a) Erweiterung des Anwendungsbereich nach § 304 Abs. 1 RefE.** Danach sollten die Regelungen über das Verbraucherinsolvenzverfahren grundsätzlich auf alle natürlichen Personen Anwendung finden, die im Zeitpunkt der Stellung des Eröffnungsantrags (hierzu o. RdNr. 62) **keine selbstständige wirtschaftliche Tätigkeit** ausüben.[207] Der RefE sah vor, auch solche Schuldner als „Verbraucher" zu behandeln, die eine selbstständige wirtschaftliche Tätigkeit ausgeübt haben, diese aber vor der Antragstellung vollständig[208] beendet haben.[209] Befindet sich der Schuldner noch im Liquidationsstadium, sollten die §§ 304 ff. von vorneherein keine Anwendung finden.[210]

71   Bei Personen, die ihre selbstständige wirtschaftliche Tätigkeit vor der Antragstellung beendet haben, kann die Durchführung eines Verbraucherinsolvenzverfahrens allerdings unangemessen sein, wie insbesondere dann, wenn die selbstständige wirtschaftliche Tätigkeit erst kurz vor der Antragstellung (oder gerade im Hinblick auf die beabsichtigte Antragstellung) beendet worden ist. In der Regel werden in diesem Fall Anzahl und Höhe der Verbindlichkeiten gegen den Schuldner hoch und die Durchführung eines Verbraucherinsolvenzverfahrens unangemessen sein. Der § 304 Abs. 2 RefE sah daher ein Ermessen des Insolvenzgerichts bei der Anwendung der §§ 304 ff. vor, sofern die Tätigkeit noch nicht

---

Wenzel, InsO, § 304 RdNr. 4; *Obermüller* in *Hess/Obermüller*, Insolvenzplan, RdNr. 836; *Pape* DB 1999, 1539, 1544; *Römermann* in *Nerlich/Römermann*, InsO, § 304 RdNr. 7.
[201] *Bork* ZIP 1999, 301; *Fuchs* (Fn. 135) S. 188; *ders.*, Kölner Schrift, RdNr. 16–18; FK-*Kohte*, InsO, § 304 RdNr. 17; offen lassend OLG Frankfurt/M. VersR 2002, 1043.
[202] OLG Frankfurt/M. VersR 2002, 1043; *Bork* (Fn. 201) S. 302; *Hoffmann* S. 7.
[203] *Bork* (Fn. 201) S. 303.
[204] *Bork* (Fn. 201) S. 303 f.; FK-*Kohte*, InsO, § 304 RdNr. 16; *Hoffmann* S. 7.
[205] OLG Rostock NZI 2001, 213.
[206] OLG Rostock NZI 2001, 213; *Bork* (Fn. 201) S. 304; *Fuchs* (Fn. 135) S. 188.
[207] S. hierzu Begründung zum RefE vom 23. 1. 2007, S. 52 (zu Nr. 30).
[208] Hierzu *Uhlenbruck/Vallender*, InsO, § 304 RdNr. 24.
[209] Krit. hierzu *Schiwek* SchlHA 2005, 73, 74.
[210] Vgl. *Kübler/Prütting/Wenzel*, InsO, § 304 RdNr. 15; HambKomm-*Streck*, InsO, § 304 RdNr. 6; *Andres* in *Andres/Leithaus*, InsO, § 304 RdNr. 8; diff. dagegen FK-*Kohte*, InsO, § 304 RdNr. 12 f.

länger als ein Jahr vor der Antragstellung[211] beendet worden ist. Ob die Anwendung der §§ 304 ff. angemessen bzw. unangemessen ist, hätte allerdings auch unter Zugrundelegung der nach dem geltenden Recht zwingenden Vorgaben geklärt werden müssen. Diese hätten als **Leitlinien im Rahmen der gerichtlichen Ermessensausübung** nach § 304 Abs. 2 RefE gedient. Die §§ 304 ff. hätten regelmäßig dann nicht zur Anwendung gelangen dürfen, wenn die Einstellung der Betriebstätigkeit nur kurze Zeit vor der Antragstellung erfolgt ist.[212] Die Bestimmungen über das Verbraucherinsolvenzverfahren sollten dagegen auf ehemals selbstständig wirtschaftlich Tätige nach einer „Abkühlungsphase" von einem Jahr zur Anwendung kommen (§ 304 Abs. 1 RefE).

b) Im **RegE** vom 22. 8. 2007 ist eine Änderung des Anwendungsbereichs gem. § 304 InsO in der bisher geltenden Fassung nicht mehr vorgesehen.[213] Es soll demnach bei dem bisherigen Anwendungsbereich des Verbraucherinsolvenzverfahrens bleiben. Bei der Frage, wann die §§ 304 ff. für ehemals selbstständig wirtschaftlich Tätige zur Anwendung kommen, wird es also auch zukünftig nur darauf ankommen, ob die Voraussetzungen des § 304 Abs. 1 Satz 2 i. V. m. Abs. 2 vorliegen. Ein Ermessensspielraum kommt dem Gericht insoweit nicht zu (s. o. RdNr. 60 f.). Es soll demnach bei dem bisherigen (engeren) Anwendungsbereich bleiben.

Das Abrücken des Gesetzgebers von der noch im RefE vom 23. 1. 2007 geplanten Erweiterung des persönlichen Anwendungsbereichs ist zu begrüßen.[214] Bereits die Grundannahme, nach einer „Abkühlphase" von einem Jahr könne davon ausgegangen werden, dass die Anwendung der §§ 304 ff. angemessen ist, erscheint fragwürdig. Bestehen aus der selbstständigen wirtschaftlichen Tätigkeit hohe Forderungen gegen eine Vielzahl von Gläubigern und/oder Forderungen aus Arbeitsverhältnissen, ändert auch der Ablauf eines Jahres nach Beendigung der Tätigkeit nichts daran, dass die Bestimmungen über das Verbraucherinsolvenzverfahren ihrem Zweck nach auf solche Schuldner keine Anwendung finden sollten (s. hierzu o. RdNr. 17). Soweit dem Insolvenzgericht im Übrigen ein Ermessensspielraum eingeräumt werden sollte, ist nicht erkennbar, welcher Gewinn den hiermit einhergehenden Verlust an Rechtssicherheit hätte aufwiegen können, zumal in den in § 304 Abs. 2 RegE genannten Fällen in der Regel kein Raum für eine Anwendung der Bestimmungen über das Verbraucherinsolvenzverfahren gewesen wäre (s. o. RdNr. 71).

II. Verfahrensfragen

1. Auswahl des Insolvenzverfahrens. a) Entscheidung des Insolvenzgerichts. Liegen die Voraussetzungen des § 304 vor, so ist die Durchführung des Verbraucherinsolvenzverfahrens zwingend. Weder steht dem Schuldner ein Wahlrecht, noch steht dem Insolvenzgericht hinsichtlich der Wahl der Verfahrensart ein Ermessensspielraum zu.[215] Eine ausdrückliche Entscheidung des Insolvenzgerichts über die Wahl der Verfahrensart ist in der InsO bislang nicht vorgesehen. Im Falle des Eigenantrags ist es zunächst Sache des Schuldners, ggf. für das Verbraucherinsolvenzverfahren zu optieren und die dazu gem. § 305 Abs. 1 erforderlichen Erklärungen und Unterlagen abzugeben. Einer **förmlichen Entscheidung** des

---

[211] In der Begründung zum RefE vom 23. 1. 2007, S. 54 wird unzutreffend auf die Verfahrenseröffnung abgestellt.
[212] In der Begründung zum RefE vom 23. 1. 2007 wird ebenfalls auf die „Beendigung einer umfangreichen wirtschaftlichen Tätigkeit kurz vor Verfahrenseröffnung" abgestellt, S. 54.
[213] Krit. hierzu *Stephan* (Fn. 51) S. 447, der in der Einbeziehung der ehemals Selbstständigen in den Anwendungsbereich des § 304 eine Verfahrenserleichterung sieht; *Pape* (Fn. 56) S. 244, 251 f. hält die Differenzierung des § 304 für entbehrlich und für eine Gleichbehandlung von Verbraucherinsolvenzverfahren und sonstigen Insolvenzverfahren über das Vermögen natürlicher Personen plädiert.
[214] Ebenso *Frind* (Fn. 59) S. 1099.
[215] OLG Rostock NZI 2001, 213; AG Kaiserslautern ZInsO 2001, 138, 139; *Kübler/Prütting/Wenzel*, InsO, § 304 RdNr. 6; HambKomm-*Streck*, InsO, § 304 RdNr. 9; FK-*Kohte*, InsO, § 304 RdNr. 2; *Hess*, InsO, § 304 RdNr. 1; *Uhlenbruck/Vallender*, InsO, § 306 RdNr. 12. Nach dem Gesetzentwurf der Bundesregierung vom 23. 1. 2007 sollte dem Insolvenzgericht dagegen ein Ermessen dahingehend zustehen, ob für ehemalige Unternehmer die §§ 304 ff. anzuwenden sind oder nicht.

Insolvenzgerichts über die Zulässigkeitsvoraussetzungen bedarf es nicht, wenn das Gericht diese als gegeben ansieht. Es wird dann das gerichtliche Schuldenbereinigungsplanverfahren durch Zustellung der in § 307 Abs. 1 Satz 1 genannten Unterlagen an die Gläubiger eröffnen.

75 **b) Abgabebeschluss.** Hält das Insolvenzgericht die Voraussetzungen des vereinfachten Verfahrens für nicht erfüllt, so muss es den Antrag auf Eröffnung des Insolvenzfahrens durch Beschluss **an das Regelinsolvenzverfahren abgeben.**[216] Dies setzt jedoch voraus, dass der Schuldner seinen Antrag durch **Wahl der zutreffenden Verfahrensart** umstellt, nachdem ihn das Insolvenzgericht auf Bedenken gegen die gewählte Verfahrensart hingewiesen hat; andernfalls ist der Antrag als unzulässig zurückzuweisen.[217] Streiten die Beteiligten über die richtige Verfahrensart und hält das Insolvenzgericht das vereinfachte Verfahren für das richtige Verfahren, so hat es hierüber eine Zwischenentscheidung zu erlassen.[218]

76 **2. Rechtsmittel.** Sofern das Insolvenzgericht eine Entscheidung über die maßgebliche Verfahrensart erlässt, ist diese mit der sofortigen Beschwerde angreifbar.[219] Die Entscheidung über Maßnahmen des Insolvenzgerichts, die lediglich der Vorbereitung der Entscheidung über den Eröffnungsantrag dienen, ist unanfechtbar.[220]

III. Verfahrenskostenstundung und Gewährung von Prozesskostenhilfe

77 **1. Neuregelung und Relevanz des Meinungsstreits.** Die Zulässigkeit der Gewährung von Prozesskostenhilfe im Verbraucherinsolvenzverfahren unter dem bis zum 30. 11. 2001 geltenden Recht und ggf. **Umfang und Voraussetzungen** wurden von Rechtsprechung und Schrifttum kontrovers beurteilt. Nahezu jede Position wurde hierzu vertreten. Eine einheitliche Linie hat sich nicht durchgesetzt (s. hierzu im Einzelnen die Vorauflage RdNr. 79 ff.). Mit dem am 30. 11. 2001 in Kraft getretenen InsOÄndG hat der Gesetzgeber durch die Einführung der Stundungsregelung gem. §§ 4 a ff. die Voraussetzungen dafür geschaffen, dass auch Personen Zugang zum Verbraucherinsolvenzverfahren finden können, deren Vermögen voraussichtlich nicht ausreichen wird, um die Verfahrenskosten zu decken.[221] Damit stellt sich die Frage der Gewährung von Prozesskostenhilfe für die nach dem 1. 12. 2001 eröffneten Insolvenzverfahren (s. o. RdNr. 20) nicht mehr.[222] Die hierüber

---

[216] *Bork* (Fn. 201) S. 303; *Hoffmann* NZI 1999, 425, 431; FK-*Kohte*, InsO, § 304 RdNr. 29. And. *Henckel* ZIP 2000, 2045, 2052.

[217] OLG Celle ZIP 2000, 802; OLG Naumburg NZI 2000, 603; OLG Köln NZI 2000, 542; OLG Köln NZI 2001, 216; OLG Schleswig NJW-RR 2000, 865; LG Göttingen NZI 2001, 218; LG Göttingen ZIP 2007, 1031 f. = EWiR 2007, 629 *(Fuchs)*; *Kübler/Prütting/Wenzel*, InsO, § 304 RdNr. 7; *Hess*, InsO, § 304 RdNr. 10; HambKomm-*Streck*, InsO, § 304 RdNr. 11; FK-*Kohte*, InsO, § 304 RdNr. 51; *Braun/Buck*, InsO, § 304 RdNr. 22; *Uhlenbruck/Vallender*, InsO, § 304 RdNr. 32 f.; für eine analoge Anwendung des § 17 a Abs. 2 GVG demgegenüber LG Halle NZI 2000, 379; *Bork* (Fn. 201) S. 303; *Römermann* in Nerlich/Römermann, InsO, § 304 RdNr. 39.

[218] AG Frankfurt/M. InVo 1999, 313 (Beschluss analog § 17 a Abs. 3 Satz 2 GVG); *Hess*, InsO, § 305 RdNr. 40; *Bork* (Fn. 201) S. 303; FK-*Kohte*, InsO, § 304 RdNr. 29; *Häsemeyer*, Insolvenzrecht, RdNr. 29.18; *Hoffmann* (Fn. 216) S. 431; and. LG Kassel NJW-RR 1999, 1654 (keine gesonderte gerichtliche Entscheidung über die Wahl der Verfahrensart); AG Köln NZI 1999, 241 = ZInsO 1999, 422 und 607; *Uhlenbruck/Vallender*, InsO, § 304 RdNr. 33, § 306 RdNr. 13.

[219] *Bork* (Fn. 201) S. 303; *Hoffmann* (Fn. 216) S. 431; OLG Celle ZIP 2000, 802 = EWiR 2000, 739 *(Wenzel)*; OLG Celle ZIP 2000, 2315; OLG Köln NZI 2000, 542 = EWiR 2001, 537 *(Pape)*; OLG Köln NZI 2001, 216; OLG Naumburg InVo 2001, 18; OLG Rostock NZI 2001, 213; OLG Schleswig NZI 2000, 164; LG Mannheim NZI 2000, 490 (Gericht hat auf richtige Antragstellung hinzuwirken); LG Göttingen ZIP 2007, 1031 f. = EWiR 2007, 629 *(Fuchs)*; HK-*Kirchhof*, InsO, § 34 RdNr. 15; HambKomm-*Streck*, InsO, § 304 RdNr. 11; *Kübler/Prütting/Wenzel*, InsO, § 304 RdNr. 8; abl. LG Kassel NJW-RR 1999, 1654; *Henckel* (Fn. 210) S. 2052.

[220] OLG Celle ZInsO 2001, 40; OLG Köln NZI 2001, 216.

[221] Hierzu BGH NJW-RR 2005, 775; AG Dresden ZVI 2005, 50; *Smid/Haarmeyer*, InsO, § 304 RdNr. 27 f.; *Kocher* (Fn. 26) S. 46 ff.; *Vallender* (Fn. 26) S. 181 f.; *Schellberg* (Fn. 26) S. 307 f.; *Fuchs* (Fn. 26) S. 239 f.; *Apel* (Fn. 26) S. 35 ff.; *Pape* (Fn. 26) S. 226 f.; ders. ZInsO 2005, 617 ff.; *Fruhner* (Fn. 26) S. 12 f.; *Smid* DZWIR 2002, 221, 222 ff.; *Kothe* (Fn. 26) S. 54 f.; *Gottwald/Schmidt-Räntsch*, Insolvenzrechts-Handbuch, § 85 RdNr. 11 ff.

[222] *Braun/Buck*, InsO, § 311 RdNr. 10.

Grundsatz 78–81 § 304

geführte Diskussion hat jedoch über den konkreten Anlass hinaus auch **grundsätzliche Fragen** nach den Zielen des Insolvenzverfahrens und insbesondere auch des Verbraucherinsolvenzverfahrens und nach den vom Schuldner zu schaffenden Voraussetzungen einer Gewährung der Restschuldbefreiung aufgeworfen. Dies betrifft nicht nur die Finanzierung der Verfahrenskosten, sondern auch die Frage, ob es mit dem Zweck des Insolvenzverfahrens vereinbar ist, dem Schuldner **ohne eigenen Beitrag** eine Befreiung von seinen Schulden im Wege der Restschuldbefreiung oder zuvor schon im Wege der **Zustimmungsersetzung bei einem Null-Plan** zu verschaffen.

Bereits im Dezember 1998 erklärte der Parlamentarische Staatssekretär beim Bundesjustizministerium, *Prof. Dr. Pick,* für die Bundesregierung, diese teile die Auffassung, dass bei völlig mittellosen Schuldnern durch die **Gewährung von Prozesskostenhilfe** die Voraussetzungen dafür geschaffen werden müssen, dass diese Personen am Verbraucherinsolvenz- bzw. Restschuldbefreiungsverfahren teilnehmen können. Sollten die Gerichte keine Prozesskostenhilfe gewähren, so müsse nach Ansicht der Bundesregierung eine diesbezügliche gesetzliche Klarstellung erfolgen.[223] 78

Auf der 70. Konferenz der Justizminister wurde sodann im Juni 1999 eine Bund-Länder-Arbeitsgruppe eingesetzt, die sich u. a. mit der Frage auseinandersetzen sollte, ob und in welchem Umfang im Verbraucherinsolvenzverfahren und im Restschuldbefreiungsverfahren Prozesskostenhilfe gewährt werden kann. Auf der 71. Justizministerkonferenz am 24./25. 5. 2000 in Potsdam wurde von der Arbeitsgruppe ein erster Zwischenbericht vorgelegt, der sich vor allem mit dem Verbraucherinsolvenzverfahren beschäftigt.[224] Auf der Grundlage der Vorschläge der Bund-Länder-Arbeitsgruppe legte das Bundesministerium der Justiz einen Diskussionsentwurf zur Änderung der Insolvenzordnung vor, der in Form eines Regierungsentwurfes zum Gegenstand der Beratungen im Bundesrat und schließlich auch weitgehend unverändert Gesetz wurde (vgl. zum Gesetzgebungsverfahren bereits o. RdNr. 22 f.; s. dazu auch vor §§ 4 a–4 d RdNr. 1 ff.). 79

Angesichts der unterschiedlichen Rechtsprechung hatte die Bund-Länder-Arbeitsgruppe einen dringenden gesetzgeberischen Handlungsbedarf festgestellt und sich auf Grund finanzieller Erwägungen für eine Stundung der Verfahrenskosten ausgesprochen und empfohlen, die Prozesskostenhilfebestimmungen der §§ 114 ff. ZPO im Insolvenzverfahren nicht für anwendbar zu erklären.[225] 80

Die in §§ 4 a–c getroffene Neuregelung soll gewährleisten, dass auch mittellose Schuldner Zugang zum gerichtlichen Schuldenbereinigungsplanverfahren sowie ggf. zum anschließenden Insolvenzverfahren und sodann zum Restschuldbefreiungsverfahren erlangen, um ihnen die Chance auf einen wirtschaftlichen Neuanfang zu eröffnen (s. dazu §§ 4 a–4 d RdNr. 1). Der Weg, die Anwendbarkeit der Vorschriften über Prozesskostenhilfe zu bestimmen, wurde wegen der damit verbundenen erheblichen Kosten, welche die Justizhaushalte der Länder bei einem Anstieg der Fallzahlen vor eine kaum lösbare Aufgabe gestellt hätten, nicht beschritten.[226] Stattdessen können die Verfahrenskosten dem Schuldner auf Antrag bis zur Erteilung der Restschuldbefreiung gestundet werden (s. zu den Wirkungen der Stundung §§ 4 a–4 d RdNr. 11 ff.). Sofern er sich im Laufe des Insolvenzverfahrens wirtschaftlich so weit erholt, dass er im Rahmen der Restschuldbefreiung zu Leistungen in der Lage ist, sind diese Kosten in der Wohlverhaltensperiode vorab zu berichtigen, bevor Leistungen an die Insolvenzgläubiger erbracht werden. Ist der Schuldner nach Erteilung der Restschuldbefreiung nicht in der Lage, den gestundeten Betrag aus seinem Einkommen und seinem Vermögen zu zahlen, so kann das Gericht die **Stundung** 81

---

[223] *Pick* NZI 1999, 58 (= BT-Drucks. 14/244, S. 8, zu Nr. 15).
[224] „Probleme der praktischen Anwendungen und Schwachstellen des Verbraucherinsolvenzverfahrens", zum Download unter http://www.bmj.bund.de/ggv/ggv_i.htm unter der Rubrik Bund-Länder-Arbeitsgruppen.
[225] „Probleme der praktischen Anwendungen und Schwachstellen des Verbraucherinsolvenzverfahrens", http://www.bmj.bund.de/ggv/ggv_i.htm unter B. I. 4; vgl. auch LG Koblenz NZI 2000, 488, 489.
[226] BT-Drucks. 14/5680, S. 12.

um bis zu 4 Jahre verlängern (dazu näher §§ 4a–4d RdNr. 15). Diese Regelung führt zu einer Nachhaftung des Schuldners für die Verfahrenskosten über die Erteilung der Restschuldbefreiung hinaus, die zu Beträgen bis etwa 200–2500 Euro führen kann.[227] Ist der Schuldner dagegen auch im späteren Verlauf zu Leistungen in Höhe der Verfahrenskosten nicht in der Lage, so fallen die Kosten endgültig der Staatskasse zur Last. Diese Regelung hat zur Folge, dass die Restschuldbefreiung der betreffenden Schuldner von den Gläubigern finanziert wird, soweit der Schuldner überhaupt noch Zahlungen erbringt, im Übrigen aber von der Staatskasse (s. dazu §§ 4a–4d RdNr. 4). In Verbindung mit den nach verbreiteter Ansicht zulässigen Null-Plänen führt dies entgegen der in der Begründung zum InsOÄndG 2001 aufgestellten Prognose, wonach es eine **„Entschuldung zum Nulltarif"** regelmäßig nicht geben wird,[228] dazu, dass Schuldner ohne jegliche eigene Leistung die Restschuldbefreiung erlangen können. In den Fällen der Null-Pläne fallen die Verfahrenskosten dann ebenso wie bei einer direkten Zulassung der Gewährung von Prozesskostenhilfe den Justizhaushalten der Länder zur Last.

82 2. Der **Gesetzentwurf der Bundesregierung vom 22. 8. 2007** sieht vor, die **§§ 4a–4d ersatzlos zu streichen.**[229] Stattdessen soll mittellosen Schuldnern der Weg zur Restschuldbefreiung ohne Durchführung eines Insolvenzverfahrens offen stehen. Der Schuldner soll lediglich einen angemessen Beitrag zu den Verfahrenskosten leisten.[230] Dieser soll zunächst 25 Euro betragen, zudem hat der Schuldner während der Wohlverhaltensperiode die Mindestvergütung nach § 14 Abs. 2 InsVV in Höhe von jährlich 100 Euro zzgl. MWSt. und Auslagen zu tragen. Die laufende finanzielle Beteiligung des Schuldners soll maximal 13 Euro betragen.[231] Gem. § 4 Abs. 2 RegE soll dem Schuldner auf seinen Antrag ein Rechtsanwalt beigeordnet werden, wenn dies erforderlich erscheint, wovon auszugehen ist, wenn ein Gläubiger die Versagung der Restschuldbefreiung beantragt hat. Im Übrigen werden die Vorschriften der ZPO über die Prozesskostenhilfe ausdrücklich für unanwendbar erklärt (§ 4 Abs. 2 Satz 3 RegE).[232]

83 3. **Prozesskostenhilfe in Rechtsmittelverfahren.** Im Verfahren über Versagung oder Widerruf der Restschuldbefreiung sowie im Beschwerdeverfahren gem. §§ 6f. kommt die Gewährung von Prozesskostenhilfe in Betracht.[233] Diese Verfahren weisen einen streitigen Charakter auf und entsprechen insofern den Verfahren der ZPO. Bei ihnen geht es nicht allgemein um die Durchführung des Insolvenz- und des Restschuldbefreiungsverfahrens, sondern um **gerichtliche Entscheidungen über konkrete Rechtspositionen.** Dies gilt für die Entscheidung über Versagung und Widerruf der Restschuldbefreiung, nicht aber für den dem Beschluss gem. § 291 vorhergehenden Verfahrensschritt, der sich auf die Prüfung der Voraussetzungen einer Restschuldbefreiung bezieht, sofern nicht durch einen Versagungsantrag eines Gläubigers eine streitige Situation entstanden ist.[234]

---

[227] Vgl. *Pape* (Fn. 26) S. 589.
[228] BT-Drucks. 14/5680, S. 12 f.
[229] Zust. *Schmerbach* (Fn. 56) S. 202 f.; *Jäger* (Fn. 53) S. 514; krit. dagegen *Pape* (Fn. 19) S. 898 f.; *ders.* (Fn. 56) S. 241 f., 245, der auf die Möglichkeit freiwilliger Zahlungen durch die Schuldner zur Verringerung der bis zum Abschluss des Verfahrens gestundeten Kosten hinweist; *Frind* (Fn. 59) S. 1098; *ders.* (Fn. 56) S. 475.
[230] In der Begründung zu dem Gesetzentwurf heißt es, dem Schuldner sei zuzumuten, insoweit Rücklagen zu bilden, s. RegE, S. 34 f; s. zur Obliegenheit des Schuldners, schon während der Vorbereitung des Eröffnungsantrages Rücklagen hinsichtlich der Verfahrenskosten zu bilden AG Duisburg NZI 2002, 217; LG Kleve ZInsO 2006, 1002; AG Leipzig InVo 2007, 19; AG Leipzig InVo 2007, 64; abl. demgegenüber BGH NJW-RR 2007, 116; zu dem Vorschussanspruch gegen den Ehepartner gem. § 1360a Abs. 4 BGB s. BGH NJW-RR 2007, 844.
[231] S. BR-Drucks. 600/07, S. 34.
[232] Hierzu *Hergenröder* (Fn. 34) S. 443.
[233] So *Bork* ZIP 1999, 1209, 1215 mit eingehender Begründung; zust. HK-*Landfermann*, InsO, vor §§ 304 bis 314 RdNr. 19; *Hoffmann* S. 110.
[234] Anders insoweit *Bork* (Fn. 233) S. 1215, der auch für das Verfahren über die Ankündigung der Restschuldbefreiung die Voraussetzungen der Beiordnung eines Rechtsanwalts bejaht.

Zweiter Abschnitt. Schuldenbereinigungsplan

§ 305 Eröffnungsantrag des Schuldners

(1) Mit dem schriftlich einzureichenden Antrag auf Eröffnung des Insolvenzverfahrens (§ 311) oder unverzüglich nach diesem Antrag hat der Schuldner vorzulegen:
1. eine Bescheinigung, die von einer geeigneten Person oder Stelle ausgestellt ist und aus der sich ergibt, daß eine außergerichtliche Einigung mit den Gläubigern über die Schuldenbereinigung auf der Grundlage eines Plans innerhalb der letzten sechs Monate vor dem Eröffnungsantrag erfolglos versucht worden ist; der Plan ist beizufügen und die wesentlichen Gründe für sein Scheitern sind darzulegen; die Länder können bestimmen, welche Personen oder Stellen als geeignet anzusehen sind;
2. den Antrag auf Erteilung von Restschuldbefreiung (§ 287) oder die Erklärung, daß Restschuldbefreiung nicht beantragt werden soll;
3. ein Verzeichnis des vorhandenen Vermögens und des Einkommens (Vermögensverzeichnis), eine Zusammenfassung des wesentlichen Inhalts dieses Verzeichnisses (Vermögensübersicht), ein Verzeichnis der Gläubiger und ein Verzeichnis der gegen ihn gerichteten Forderungen; den Verzeichnissen und der Vermögensübersicht ist die Erklärung beizufügen, dass die enthaltenen Angaben richtig und vollständig sind;
4. einen Schuldenbereinigungsplan; dieser kann alle Regelungen enthalten, die unter Berücksichtigung der Gläubigerinteressen sowie der Vermögens-, Einkommens- und Familienverhältnisse des Schuldners geeignet sind, zu einer angemessenen Schuldenbereinigung zu führen; in den Plan ist aufzunehmen, ob und inwieweit Bürgschaften, Pfandrechte und andere Sicherheiten der Gläubiger vom Plan berührt werden sollen.

(2) ¹In dem Verzeichnis der Forderungen nach Absatz 1 Nr. 3 kann auch auf beigefügte Forderungsaufstellungen der Gläubiger Bezug genommen werden. ²Auf Aufforderung des Schuldners sind die Gläubiger verpflichtet, auf ihre Kosten dem Schuldner zur Vorbereitung des Forderungsverzeichnisses eine schriftliche Aufstellung ihrer gegen diesen gerichteten Forderungen zu erteilen; insbesondere haben sie ihm die Höhe ihrer Forderungen und deren Aufgliederung in Hauptforderung, Zinsen und Kosten anzugeben. ³Die Aufforderung des Schuldners muß einen Hinweis auf einen bereits bei Gericht eingereichten oder in naher Zukunft beabsichtigten Antrag auf Eröffnung eines Insolvenzverfahrens enthalten.

(3) ¹Hat der Schuldner die in Absatz 1 genannten Erklärungen und Unterlagen nicht vollständig abgegeben, so fordert ihn das Insolvenzgericht auf, das Fehlende unverzüglich zu ergänzen. ²Kommt der Schuldner dieser Aufforderung nicht binnen eines Monats nach, so gilt sein Antrag auf Eröffnung des Insolvenzverfahrens als zurückgenommen. ³Im Falle des § 306 Abs. 3 Satz 3 beträgt die Frist drei Monate.

(4) ¹Der Schuldner kann sich im Verfahren nach diesem Abschnitt vor dem Insolvenzgericht von einer geeigneten Person oder einem Angehörigen einer als geeignet anerkannten Stelle im Sinne des Absatzes 1 Nr. 1 vertreten lassen. ²Für die Vertretung des Gläubigers gilt § 174 Abs. 1 Satz 3 entsprechend.

(5) ¹Das Bundesministerium der Justiz wird ermächtigt, durch Rechtsverordnung mit Zustimmung des Bundesrates zur Vereinfachung des Verbraucherinsol-

venzverfahrens für die Beteiligten Formulare für die nach Absatz 1 Nr. 1 bis 4 vorzulegenden Bescheinigungen, Anträge, Verzeichnisse und Pläne einzuführen. ² Soweit nach Satz 1 Formulare eingeführt sind, muß sich der Schuldner ihrer bedienen. ³ Für Verfahren bei Gerichten, die die Verfahren maschinell bearbeiten, und für Verfahren bei Gerichten, die die Verfahren nicht maschinell bearbeiten, können unterschiedliche Formulare eingeführt werden.

„§ 305 (RegE)

(1) Mit dem schriftlich einzureichenden Antrag auf Eröffnung des Insolvenzverfahrens (§ 311) oder unverzüglich nach diesem Antrag hat der Schuldner vorzulegen:
1. *eine Bescheinigung, die von einer geeigneten Person oder Stelle ausgestellt ist und aus der sich ergibt, dass eine außergerichtliche Einigung mit den Gläubigern über die Schuldenbereinigung auf der Grundlage eines Plans innerhalb der letzten sechs Monate vor dem Eröffnungsantrag erfolglos versucht worden ist oder offensichtlich aussichtslos war; offensichtlich aussichtslos ist eine Einigung, wenn die Gläubiger im Rahmen einer Schuldenbereinigung voraussichtlich nicht mehr als fünf vom Hundert ihrer Forderungen erhalten hätten oder der Schuldner mehr als 20 Gläubiger hat; die Länder können bestimmen, welche Personen oder Stellen als geeignet anzusehen sind;*
2. *den Antrag auf Erteilung von Restschuldbefreiung (§ 287) oder die Erklärung, dass Restschuldbefreiung nicht beantragt werden soll;*
3. *ein Verzeichnis des vorhandenen Vermögens und des Einkommens (Vermögensverzeichnis), eine Zusammenfassung des wesentlichen Inhalts dieses Verzeichnisses (Vermögensübersicht), ein Verzeichnis der Gläubiger und ein Verzeichnis der gegen ihn gerichteten Forderungen; den Verzeichnissen und der Vermögensübersicht ist die Erklärung beizufügen, dass die enthaltenen Angaben richtig und vollständig sind;*
4. *den Schuldenbereinigungsplan oder eine Bescheinigung, dass eine Einigung offensichtlich aussichtslos ist; der Schuldenbescheinigungsplan kann alle Regelungen enthalten, die unter Berücksichtigung der Gläubigerinteressen sowie der Vermögens-, Einkommens- und Familienverhältnisse des Schuldners geeignet sind, zu einer angemessenen Schuldenbereinigung zu führen; in den Plan ist aufzunehmen, ob und inwieweit Bürgschaften, Pfandrechte und andere Sicherheiten der Gläubiger vom Plan berührt werden sollen;*
5. *den Antrag auf Zustimmungsersetzung (§ 305 a) oder die Erklärung, dass Zustimmungsersetzung nicht beantragt werden soll.*

(2) ¹ In dem Verzeichnis der Forderungen nach Absatz 1 Nr. 3 kann auch auf beigefügte Forderungsaufstellungen der Gläubiger Bezug genommen werden. ² Auf Aufforderung des Schuldners sind die Gläubiger verpflichtet, auf ihre Kosten dem Schuldner zur Vorbereitung des Forderungsverzeichnisses eine schriftliche Aufstellung ihrer gegen diesen gerichteten Forderungen zu erteilen; insbesondere haben sie ihm die Höhe ihrer Forderungen und deren Aufgliederung in Hauptforderung, Zinsen und Kosten anzugeben. ³ Die Aufforderung des Schuldners muß einen Hinweis auf einen bereits bei Gericht eingereichten oder in naher Zukunft beabsichtigten Antrag auf Eröffnung eines Insolvenzverfahrens enthalten.

(3) ¹ Hat der Schuldner die amtlichen Formulare nach Absatz 5 nicht vollständig ausgefüllt abgegeben, fordert ihn das Insolvenzgericht auf, das Fehlende unverzüglich zu ergänzen. ² Kommt der Schuldner dieser Aufforderung nicht binnen eines Monats, im Fall des § 306 Abs. 3 Satz 3 binnen drei Monaten, nach, ist sein Antrag als unzulässig zu verwerfen. ³ Gegen diese Entscheidung steht dem Schuldner die sofortige Beschwerde zu.

(4) ¹ Der Schuldner kann sich vor dem Insolvenzgericht von einer geeigneten Person oder einem Angehörigen einer als geeignet anerkannten Stelle im Sinne des Absatzes 1 Nr. 1 vertreten lassen. ² § 157 Abs. 1 der Zivilprozeßordnung findet keine Anwendung.

(5) ¹ Das Bundesministerium der Justiz wird ermächtigt, durch Rechtsverordnung mit Zustimmung des Bundesrates zur Vereinfachung des Verbraucherinsolvenzverfahrens für die

Eröffnungsantrag des Schuldners 1 § 305

Beteiligten Formulare für die nach Absatz 1 Nr. 1 bis 5 vorzulegenden Bescheinigungen, Anträge, Verzeichnisse und Pläne einzuführen. ² Soweit nach Satz 1 Vordrucke eingeführt sind, muß sich der Schuldner ihrer bedienen. ³ Für Verfahren bei Gerichten, die die Verfahren maschinell bearbeiten, und für Verfahren bei Gerichten, die die Verfahren nicht maschinell bearbeiten, können unterschiedliche Formulare eingeführt werden."

Übersicht

	RdNr.		RdNr.
I. Normzweck	1	3. Antrag oder Erklärung betr. Restschuldbefreiung (Nr. 2)	40
1. Entlastung der Gerichte	1	4. Vermögensverzeichnis und andere beizufügende Verzeichnisse (Nr. 3)	43
2. Hilfestellung für den Schuldner	4	a) Vermögensverzeichnis	43
II. Entstehungsgeschichte	5	b) Gläubiger- und Forderungsverzeichnis	44
III. Neuregelung durch das InsO-ÄndG 2001	6	5. Formulare (Abs. 5)	45
1. Änderungen des § 305	6	6. Mitwirkung der Gläubiger bei der Forderungsaufstellung (Abs. 2)	47
2. Normzweck der Änderungen	7	7. Schuldenbereinigungsplan (Nr. 4)	51
3. Auswirkungen der Änderungen	8	a) Regelungsgehalt	52
IV. Geplante Neuregelung nach dem RegE vom 22. 8. 2007	10	b) Anpassungsklauseln	55
		c) Streitige Forderungen	56
V. Die außergerichtliche Schuldenbereinigung	12	d) Sicherheiten	57
1. Allgemeines	12	8. Der sog. Null-Plan	61
2. Beratungshilfe	13	a) Grundfragen	61
3. Inhalt des Schuldenbereinigungsplans	16	b) Streitstand	64
a) Vertrag	16	c) Stellungnahme	69
b) Interessenausgleich	18	d) Mindestquoten	76
c) Null-Plan	19	e) Vollstreckungsschutz	77
4. Einigungsversuch	20	f) Die geplante Änderung durch den RegE für völlig mittellose Schuldner	78
a) Bedeutung des Einigungsversuchs	20		
b) Umfang des Einigungsversuchs	21	**VII. Verfahren**	79
c) Ernsthaftigkeit des Einigungsversuchs	22	1. Prüfung der Zulässigkeit eines Verbraucherinsolvenzverfahrens	79
d) Rechtspolitische Überlegungen	23	2. Prüfung der Vollständigkeit der Unterlagen durch das Insolvenzgericht	80
5. Wirkungen	24	a) Formalia	80
a) Vertragsantrag	24	b) Ergänzungsaufforderung	81
b) Zwangsvollstreckung	25	c) Monatsfrist (Abs. 3 Satz 2)	83
c) Einigung	26	3. Folgen der Schuldnersäumnis (Abs. 3)	85
VI. Das gerichtliche Schuldenbereinigungsplanverfahren	27	a) Beibringungslast des Schuldners	86
1. Antragsberechtigung	27	b) Rücknahmefiktion	87
2. Bescheinigung über außergerichtlichen Einigungsversuch (Abs. 1 Nr. 1)	29	4. Materielle Prüfungskompetenz des Insolvenzgerichts	90
a) Anforderungen	29	a) Bescheinigung über außergerichtlichen Einigungsversuch (§ 305 Abs. 1 Nr. 1)	91
b) Geeignete Person oder Stelle	31	b) Schuldenbereinigungsplan	92
c) Ausführungsgesetze	34	c) Inhaltliche Anforderungen	93
d) Bindung des Insolvenzgerichts	36	5. Vertretung (Abs. 4)	95
e) Mitwirkung an der Schuldenbereinigung	38	6. Rechtsmittel	97
f) Zeitraum von 6 Monaten	39		

I. Normzweck

1. Entlastung der Gerichte. Die Norm verfolgt den Zweck, die Gerichte im Bereich **1** der Verbraucherinsolvenzen nachhaltig zu entlasten. Zur Verhinderung einer übermäßigen Belastung der Gerichte mit Verbraucherinsolvenzen soll der Antrag des Schuldners auf Eröffnung eines Insolvenzverfahrens nur dann zulässig sein, wenn eine außergerichtliche

Schuldenbereinigung erfolglos versucht worden ist. Die Schuldenbereinigung muss auf der Grundlage eines Plans versucht worden sein, um zu gewährleisten, dass eine außergerichtliche Einigung ernstlich betrieben worden ist.[1]

2   Die in § 305 statuierten Anforderungen an den Schuldner in Bezug auf die mit dem Eröffnungsantrag einzureichenden Unterlagen verfolgen in diesem Zusammenhang den Zweck, dem Gericht alle zur Durchführung des gerichtlichen Schuldenbereinigungsverfahrens erforderlichen Informationen vollständig und frühzeitig zu verschaffen. Das Erfordernis, einen Schuldenbereinigungsplan vorzulegen (Abs. 1 Nr. 4) und eine Bescheinigung über den erfolglosen Versuch einer Einigung über eine Schuldenbereinigung beizubringen (Abs. 1 Nr. 1), soll zugleich verstärkte Anreize für den Schuldner schaffen, sich ernsthaft um eine außergerichtliche Einigung zu bemühen.[2]

3   Dies entspricht dem Anliegen des Gesetzgebers, die Abwicklung von Verbraucherinsolvenzen möglichst weitgehend in das gerichtliche Vorfeld zu verlagern. Die Notwendigkeit, eine geeignete Person oder Stelle einzuschalten, um die vorgeschriebene Bescheinigung als Voraussetzung für das weitere Verfahren zu erlangen, legt es für die Beteiligten nahe, diese Person oder Stelle an den vorgerichtlichen Einigungsbemühungen selbst zu beteiligen. Außerdem soll frühzeitig Klarheit darüber geschaffen werden, ob der Schuldner bei Scheitern des Schuldenbereinigungsplans die gesetzliche Restschuldbefreiung erreichen will.[3] Künftig soll das gerichtliche Schuldenbereinigungsverfahren ganz abgeschafft werden (s. u. RdNr. 10 f.).

4   **2. Hilfestellung für den Schuldner.** Mit der detaillierten Regelung der vom Schuldner beizubringenden Unterlagen soll der Schuldner in die Lage versetzt werden, die erforderlichen Angaben und insbesondere den Schuldenbereinigungsplan selbst zu erstellen. Der gesetzlichen Regelung kommt demgemäß auch die Funktion einer „Gebrauchsanweisung" zu.[4]

II. Entstehungsgeschichte

5   Die Vorschrift ist auf Grund der Empfehlung des Rechtsausschusses in das Gesetz aufgenommen worden.[5] Durch Gesetz vom 19. 12. 1998 ist der Eingangssatz in Abs. 1 dahingehend geändert worden, dass der Antrag auf Eröffnung des Insolvenzverfahrens schriftlich einzureichen ist.[6] Zugleich sind die Abs. 4 und 5 eingefügt worden (Art. 2 Nr. 16 Buchst. a und b EGInsOÄndG).[7] Außerdem ist durch dieses Gesetz Art. 1 § 3 Nr. 9 RBerG auf Grund der in Abs. 4 getroffenen neuen Regelung neu in das RBerG eingefügt worden (Art. 1 Nr. 3 EG InsOÄndG).[8] Die Fassung des Abs. 4 entspricht dem Antrag des Bundesrats.[9] Der RegE sah eine Ausnahme von den Vorschriften des Rechtsberatungsgesetzes nur für die außergerichtliche Besorgung von Rechtsangelegenheiten durch eine Stelle i. S. d. § 305 Abs. 1 Nr. 1 und nur im Rahmen des in dieser Vorschrift genannten Aufgabenkreises vor.[10] Demgemäß sprach sich die Bundesregierung auch gegen eine Einfügung des Abs. 4 in

---

[1] Bericht BTag zum RegE, BT-Drucks. 12/7302, S. 190 (zu § 357b), abgedruckt bei *Hess,* InsO, § 305 RdNr. 1–15.
[2] *Gottwald/Schmidt-Räntsch,* Insolvenzrechts-Handbuch, § 82 RdNr. 1, 4.
[3] Bericht BTag zum RegE, BT-Drucks. 12/7302, S. 190 (zu § 357b).
[4] *Gottwald/Schmidt-Räntsch,* Insolvenzrechts-Handbuch, § 82 RdNr. 9.
[5] Bericht BTag zum RegE, BT-Drucks. 12/7302, S. 133 (zu § 357b).
[6] Eine Antragstellung in elektronischer Form ist unzulässig; die Bestimmung des § 130 a ZPO findet keine Anwendung; *Hess,* InsO, § 305 RdNr. 46 (§ 126 BGB); *Uhlenbruck/Vallender,* InsO, § 305 RdNr. 114; aA *Andres* in *Andres/Leithaus,* InsO, §§ 305, 305 a RdNr. 29; wohl auch FK-*Grote,* InsO, § 305 RdNr. 10.
[7] BGBl. I S. 3836.
[8] Art. I § 3 Nr. 9 RBerG lautet: „(Durch dieses Gesetz werden nicht berührt ...) die Besorgung von Rechtsangelegenheiten von Schuldnern durch eine nach Landesrecht als geeignet im Sinne des § 305 Abs. 1 Nr. 1 der Insolvenzordnung anerkannte Stelle im Rahmen ihres Aufgabenbereichs."; zur gewerblichen Schuldnerberatung s. a. *Homann* DZWIR 2007, 94, 96.
[9] BT-Drucks. 14/49, S. 8.
[10] BT-Drucks. 14/49 S. 3, 6; s. a. Gegenäußerung BReg zum Antrag des Bundesrats, BT-Drucks. 14/49, S. 10.

die Vorschrift des § 305 aus. Die genannten Bestimmungen sind mit Wirkung ab 1. 1. 1999 in Kraft getreten,[11] mit Ausnahme der Ermächtigung der Länder in § 305 Abs. 1 Nr. 1, die am 19. 10. 1994 in Kraft getreten ist.[12]

III. Neuregelung durch das InsOÄndG 2001

1. Änderungen des § 305. Zu den im Gesetzentwurf der Bundesregierung vorgeschlagenen Änderungen des § 305 hat der Bundesrat nicht Stellung genommen.

2. Normzweck der Änderungen.[13] Die Änderungen zielen, soweit sie Abs. 1 betreffen, unmittelbar nur darauf ab, die Informationsbeschaffung durch das Insolvenzgericht zu vereinfachen. Sie stehen aber auch in Zusammenhang mit der Bestimmung des § 306 Abs. 1 Satz 3 Hs. 2, wonach das **Schuldenbereinigungsplanverfahren nicht durchgeführt** wird, wenn der Schuldenbereinigungsplan nach der freien Überzeugung des Gerichts voraussichtlich nicht angenommen wird. Für diese vom Gericht zu treffende Prognose sind Informationen über das vorgerichtliche Schuldenbereinigungsverfahren und insbesondere über die Gründe relevant, die zu dessen Scheitern führten. Eine Änderung der Prüfungskompetenz des Insolvenzgerichts ist mit den Änderungen in Abs. 1 nach der Begründung zum Gesetzentwurf nicht vorgesehen. Die Änderung in Abs. 3 bezweckt, dem Schuldner ausreichend Zeit für einen Einigungsversuch mit seinen Gläubigern zu verschaffen, wenn er im Anschluss an einen Eröffnungsantrag eines Gläubigers einen eigenen Eröffnungsantrag stellt.

3. Auswirkungen der Änderungen. Mit den Änderungen in Abs. 1 Nr. 1 und Nr. 3 sind keine verfahrensrechtlichen Änderungen des gerichtlichen Schuldenbereinigungsplanverfahrens bezweckt gewesen, insbesondere sollte, wie in der Gesetzesbegründung ausgeführt wird, durch die ausdrücklich statuierte Verpflichtung des Schuldners, den außergerichtlichen Schuldenbereinigungsplan vorzulegen, die **Prüfungskompetenz des Insolvenzgerichts** nicht auf diesen Plan ausgedehnt werden. Vielmehr sollten die Vorlage des Plans und die Verpflichtung des Schuldners, die Gründe für das Scheitern des Plans darzulegen (Nr. 1) ebenso wie die neu aufgenommene Verpflichtung des Schuldners, außer einem Vermögensverzeichnis auch eine Vermögensübersicht vorzulegen (Nr. 3), dazu dienen, dem Insolvenzgericht einen schnellen Überblick darüber zu ermöglichen, ob eine gerichtlich vermittelte Schuldenbereinigung aussichtsreich erscheint. Dies ist von Bedeutung für die nach § 306 Abs. 1 Satz 3 InsOÄndG 2001 dem Insolvenzgericht eröffnete Möglichkeit, auf die Durchführung des gerichtlichen Schuldenbereinigungsplanverfahrens zu verzichten.

Zur bis zum Inkrafttreten des InsOÄndG 2001 streitigen Frage, ob das Insolvenzgericht hinsichtlich der Voraussetzungen des Antrags des Schuldners auf Eröffnung des Insolvenzverfahrens auch zu prüfen hat, ob ein den Anforderungen des § 305 Abs. 1 Nr. 1 entsprechender außergerichtlicher Einigungsversuch auf der Grundlage eines Schuldenbereinigungsplans versucht worden ist (s. dazu u. RdNr. 90 ff.), lassen sich aus den Änderungen des § 305 keine Rückschlüsse ziehen. Die Aussage in der Gesetzesbegründung, die Prüfungskompetenz des Insolvenzgerichts solle keinesfalls auf den außergerichtlichen Plan ausgedehnt werden, spricht einerseits dafür, dass nach Ansicht ihrer Verfasser eine solche Prüfungskompetenz für den gerichtlichen Schuldenbereinigungsplan nach geltendem Recht bereits besteht, andererseits aber auch dafür, dass eine solche Kompetenz hinsichtlich des **außergerichtlichen Schuldenbereinigungsplans** nach geltendem Recht nicht besteht. Zu berücksichtigen ist jedoch, dass eine Prüfungskompetenz des Insolvenzgerichts in Bezug auf den außergerichtlichen Schuldenbereinigungsplan nach der hier vertretenen Ansicht

---

[11] Art. 110 Abs. 1 EGInsO.
[12] Art. 110 Abs. 2 Satz 1 EGInsO.
[13] Zu den Änderungen auf Grund des InsOÄndG 2001 *Vallender* NZI 2001, 561, 563 ff.; *Pape* ZInsO 2001, 587 ff.

§ 305   10   9. Teil. Verbraucherinsolvenz- und sonst. Kleinverfahren

(s. u. RdNr. 90 ff.) von vornherein nur insoweit besteht, als es darum geht, ob der von § 305 Abs. 1 Nr. 1 vorausgesetzte Versuch einer außergerichtlichen Einigung auf der Grundlage eines Plans ernsthaft versucht oder vom Schuldner auf ein Scheitern angelegt war, etwa durch die Aufforderung des Schuldners an seine Gläubiger, auf alle Forderungen ohne jede Gegenleistung zu verzichten (sog. Null-Plan, s. dazu u. RdNr. 61 ff.). Zu berücksichtigen ist weiter, dass die Entscheidung des Insolvenzgerichts über einen Verzicht auf die Durchführung des gerichtlichen Schuldenbereinigungsplanverfahrens, die gem. § 306 Abs. 1 Satz 3 von einer **Prognose über den voraussichtlichen Erfolg oder Misserfolg** eines Einigungsversuchs in diesem Verfahren abhängt, eine eingehende Prüfung der Gründe voraussetzt, die zum Scheitern des Versuchs einer außergerichtlichen Schuldenbereinigung geführt haben. Das außergerichtliche Verfahren wird damit letztlich doch der vollständigen inhaltlichen Kontrolle des Insolvenzgerichts unterworfen[14] (s. dazu § 306 RdNr. 5).

IV. Geplante Neuregelung nach dem RegE vom 22. 8. 2007

10   Bereits in dem Diskussionsentwurf des Bundesministeriums der Justiz aus dem Jahre 2003[15] waren Änderungen des geltenden § 305 vorgesehen. So sollte im Zuge der geplanten Neukonzeption des Schuldenbereinigungsplanverfahrens die geltende Trennung von außergerichtlichem und gerichtlichem Plan entfallen. Der außergerichtlich begonnene Einigungsversuch, dessen Grundlage der Schuldenbereinigungsplan bilden sollte, sollte auf Antrag des Schuldners in einem gerichtlichen Zustimmungsersetzungsverfahren fortgesetzt werden. Der Schuldenbereinigungsplan konnte seine Funktion nur unzureichend erfüllen. Demgemäß soll der Einigungsversuch umgestaltet werden. Das außergerichtliche Verfahren und die damit befassten Schuldner- und Insolvenzberatungsstellen sollen durch den Wegfall des Zwangs entlastet werden, eine Einigung in Fällen zu versuchen, in denen kein Vermögen und pfändbares Einkommen vorhanden oder zu erwarten ist, und in Fällen, in denen wegen der Komplexität der Verhältnisse eine Übereinkunft mit den Gläubigern nicht zu erwarten ist.[16] In dem **Gesetzentwurf der Bundesregierung vom 22. 8. 2007** ist vorgesehen, den außergerichtlichen Einigungsversuch zu stärken.[17] Zur Begründung wird angeführt, dass dies nicht nur die Gerichte entlaste, sondern auch einen einfacheren, schnelleren, kostensparenderen und im Einzelfall angemesseneren Weg zur Bewältigung des Entschuldungsverfahrens darstelle.[18] Aus diesem Grund soll dem Schuldner zum einen die Möglichkeit eingeräumt werden, die Zustimmung ablehnender Gläubiger zum außergerichtlichen Schuldenbereinigungsplan ersetzen zu lassen, zum anderen wird der Versuch einer außergerichtlichen Schuldenbereinigung dann nicht mehr zwingend verlangt, wenn ein solcher offensichtlich aussichtslos ist. Die bereits im Diskussionsentwurf 2003 vorgesehene Aufgabe der Trennung von außergerichtlichem und gerichtlichem Schuldenbereinigungsplanverfahren wird damit aufgegriffen. Der Vorlage eines gesonderten Schuldenbereinigungsplans für das gerichtliche Verfahren bedarf es nicht mehr. Nach dem Gesetzentwurf entfällt damit im Grundsatz nicht die Pflicht zur Durchführung eines außergerichtlichen Einigungsversuchs. Nur wenn ein solcher offensichtlich aussichtslos ist, bedarf es keines außergerichtlichen Einigungsversuchs. In § 305 Abs. 1 Nr. 1 RegE ist ausdrücklich geregelt, wann eine Einigung offensichtlich aussichtslos ist (hierzu RdNr. 21).

---

[14] *Pape* (Fn. 13) S. 591; s. hierzu auch AG Köln NZI 2002, 329.
[15] Entwurf eines Gesetzes zur Änderung der Insolvenzordnung, des Bürgerlichen Gesetzbuches und anderer Gesetze, abgedr. in ZInsO 2003, 359 ff.
[16] Begründung RegE BR-Drs. 600/07, S. 81.
[17] Den außergerichtlichen Einigungsversuch befürwortend auch *Kothe* ZVI 2005, 9, 14; s. ferner *Lunkenheimer/Zimmermann* ZVI 2004, 317 ff.; *Hergenröder* DZWIR 2006, 441, 444.
[18] BR-Drs. 600/07, S. 80; s. hierzu auch *Hofmeister* ZVI 2003, 12 ff.

Die geplante Aufgabe der Trennung zwischen dem außergerichtlichen und dem gericht- 11
lichen Schuldenbereinigungsplanverfahren trägt vor allem den knappen Ressourcen der
Justiz Rechnung. Es ist das ausdrückliche Ziel des RegE vom 22. 8. 2007, vor diesem
Hintergrund einfachere Wege zur Entschuldung zu finden.[19] Darüber hinaus hat sich das
gerichtliche Schuldenbereinigungsverfahren nur in vergleichsweise wenigen Fällen als effektiv erwiesen (s. hierzu § 304 RdNr. 46).

V. Die außergerichtliche Schuldenbereinigung

1. Allgemeines. Das Gesetz verlangt vom Schuldner den Versuch einer außergericht- 12
lichen Einigung mit den Gläubigern über die Schuldenbereinigung auf der **Grundlage
eines Plans,** § 305 Abs. 1 Nr. 1.[20] Weitere gesetzliche Vorgaben in Bezug auf Inhalt
und Verfahren des Versuchs einer außergerichtlichen Schuldenbereinigung bestehen
nicht, insbesondere ist eine Mitwirkung einer geeigneten Person oder Stelle im Sinne
dieser Vorschrift an dem Versuch einer Schuldenbereinigung selbst nicht vorgeschrieben.[21] Der Schuldner kann insofern auch allein einen Schuldenbereinigungsplan aufstellen und mit den Gläubigern verhandeln. Jedoch entspricht es nicht dem Sinn und
Zweck der Vorschrift, wenn der Schuldner nur zum Schein an die Gläubiger herantritt
und einen Plan vorlegt, der nur zum Schein aufgestellt worden ist. Siehe dazu näher u.
RdNr. 22.

2. Beratungshilfe. Die **Gewährung von Beratungshilfe** für den außergerichtlichen 13
Schuldenbereinigungsversuch gem. § 305 Abs. 1 Nr. 1 ist grundsätzlich möglich.[22] Davon
geht auch der Gesetzgeber durch Ermöglichung einer entsprechenden Gebührenberechnung aus.[23] Umstritten ist aber, unter welchen Voraussetzungen ein Anspruch auf Gewährung von Beratungshilfe besteht. Ein Anspruch kommt nur in Betracht für die Wahrnehmung von Rechten (§ 1 Abs. 1 BerHG), nicht dagegen für eine Beratung in allgemeinen Lebensfragen, zu denen auch die allgemeine wirtschaftliche Situation des
Schuldners gehört.[24] Die Erstellung einer nach § 305 Abs. 1 Nr. 1 geforderten Bescheinigung über einen erfolglosen Einigungsversuch betrifft nicht die Wahrnehmung von Rechten des Schuldners. Die Verzeichnisse gem. Nr. 3 betreffen im Kern **buchhalterische
Vorgänge,** auf die sich der Schuldenbereinigungsplan und der Versuch einer Einigung
mit den Gläubigern stützen.[25] Die Klärung rechtlicher Fragen ist mit den Anforderungen des § 305 Abs. 1 nicht notwendig verbunden.[26] Beratungshilfe kann demgemäß
nur ausnahmsweise in Betracht kommen, soweit im Einzelfall die Beratungstätigkeit
nicht überwiegend auf wirtschaftlichem Gebiet liegt, sondern wesentlich die Klärung
rechtlicher Verhältnisse betrifft; dies hat der Schuldner konkret und substantiiert dar-

---

[19] S. Begr. RegE, S. 1.
[20] Die Erfolgsquote außergerichtlicher Einigungsversuche soll zwischen 1999 und 2001 von 46% auf 32% abgenommen haben; s. hierzu *Hofmeister* (Fn. 18) S. 13 ff.; zu den Zahlen für 2005 *Heuer/Hils/Richter/Schröder/Sackmann* S. 25.
[21] *Grote* ZInsO 1998, 107, 109; and. HK-*Landfermann*, InsO, § 305 RdNr. 17.
[22] BVerfG ZVI 2006, 438 (obiter dictum); BVerfG NJW 2003, 2668 (obiter dictum).
[23] Nr. 2502 ff. VV-RVG. Im RegE vom 22. 8. 2007 ist vorgesehen, das Beratungshilfegesetz dahingehend zu ändern, dass die Beratungshilfe regelmäßig nicht gewährt wird für die über die Beratung hinausgehende Tätigkeit mit dem Ziel einer außergerichtlichen Einigung mit den Gläubigern über die Schuldenbereinigung eines Plans, wenn eine Einigung offensichtlich aussichtslos nach § 305 Abs1 RegE ist (§ 2 Abs. 4 Satz 1 RegE BerHG), s. u. RdNr. 21. Ob im Übrigen Beratungshilfe zu gewähren ist, lässt sich daraus nicht entnehmen; vielmehr wird in der Begründung zum Regierungsentwurf vom 22. 8. 2007, S. 45 ausdrücklich auf die Möglichkeit einer Verweisung des Schuldners an eine Schuldnerberatungsstelle im Hinblick auf § 1 Abs. 1 Nr. 2 BerHG hingewiesen.
[24] AG Lüdenscheid ZVI 2006, 296, 297; AG Duisburg-Ruhrort ZVI 2005, 629; AG Emmerich ZVI 2006, 296; AG Oldenburg (Holst.), Beschl. v. 28. 12. 2007 – 17 II 423/06 – juris; *Büttner* InVo 2007, 87, 88.
[25] AG Lüdenscheid ZVI 2006, 296, 297; *Kalthoener/Büttner/Wrobel-Sachs,* Prozesskostenhilfe und Beratungshilfe, 4. Aufl., RdNr. 938. Zum Arbeitsablauf bei der Schuldnerberatung *Schmitz-Winnenthal* ZVI 2004, 582.
[26] S. dazu OLG Celle ZInsO 2003, 1049.

zulegen.²⁷ In den Fällen der Masselosigkeit und einem hierauf gestützten Null-Plan stehen rechtliche Fragen nicht im Vordergrund, nachdem die Zulässigkeit von Null-Plänen weitgehend anerkannt ist (s. dazu u. RdNr. 61 ff.).

14 Die Gewährung von Beratungshilfe unterliegt jedoch dem **Grundsatz der Subsidiarität**, § 1 Abs. 1 Nr. 2 BerHG. Als andere Möglichkeit für eine Hilfe kommen die nach § 305 Abs. 1 Nr. 1 anerkannten Schuldnerberatungsstellen in Betracht.²⁸ Eine dahingehende Einschränkung der Gewährung von Beratungshilfe ist im Grundsatz verfassungsrechtlich nicht zu beanstanden.²⁹ Auch der Umstand, dass **Rechtsanwälte** neben den anerkannten Schuldnerberatungsstellen als geeignet i. S. d. § 305 Abs. 1 Nr. 1 anzusehen sind (hierzu RdNr. 32), spricht nicht gegen die hier vertretene Auffassung.³⁰ Der in § 1 Abs. 1 Nr. 2 BerHG zum Ausdruck kommende Subsidiaritätsgrundsatz gilt vielmehr gerade dann, wenn mehrere gleich geeignete Möglichkeiten für den Schuldner existieren; in diesem Fall sieht das speziellere BerHG den Vorrang der Alternative vor.³¹ Durch die Einrichtung der **Schuldnerberatungsstellen** soll eine für den Schuldner kostenlose Beratung gewährleistet werden.³² Ob diese insgesamt kostengünstiger ist als eine kostenpflichtige Beratung durch Rechtsanwälte, ist nach dem eindeutigen Wortlaut des § 1 Abs. 1 Nr. 2 BerHG nicht von Belang.³³ Die vorrangige Inanspruchnahme von anerkannten Schuldnerberatungsstellen ist dem Schuldner grundsätzlich auch zumutbar. Derartige Schuldnerberatungsstellen sind für die im Bereich der außergerichtlichen Schuldenbereinigung anfallenden Aufgaben nicht weniger qualifiziert als Rechtsanwälte oder „Kammerrechtsbeistände".³⁴ Dem Schuldner sind auch Wartezeiten bei den Schuldnerberatungsstellen zumutbar.³⁵ Ein Schuldner, der selbst geraume Zeit hat verstreichen lassen, ehe er Schritte zur Schuldenbereinigung unternommen hat, kann nicht verlangen, anderen Schuldnern auf Staatskosten vorgezogen zu werden.³⁶ Die Gewährung von Beratungshilfe kommt erst in Betracht, wenn erreichbare Schuldnerberatungsstellen wegen Überlastung keine Hilfe leisten können.³⁷

---

²⁷ *Büttner* (Fn. 23) S. 88. Vgl. auch BGH NJW 2007, 596, 597 zur Abgrenzung von erlaubnisfreier Geschäftsbesorgung und erlaubnispflichtiger Rechtsbesorgung nach Art. 1 § 1 RBerG.; s. ferner OLG Brandenburg, Urt. v. 20. 3. 2007 – 6 U 89/06 – juris.
²⁸ AG Emmerich ZVI 2006, 296; AG Lüdenscheid ZVI 2006, 296; AG Hamm ZVI 2005, 628; AG Lübeck, Beschl. v. 29. 8. 2006 – 13 b UR II 797/06 – juris; AG Rostock, Beschl. v. 22. 9. 2006 – 60 II 484/06 – juris; AG Schwerte VuR 2005, 31; AG Schwelm ZInsO 2000, 173; AG Neubrandenburg, Beschl. v. 24. 1. 2005 – 10 II 1073/04 – juris; AG Konstanz, Beschl. v. 1. 3. 2006 – UR II 40/06 – juris; and. AG Schwerte ZInsO 2004, 1215; *Büttner* (Fn. 24) S. 88 ff.; *Graf-Schlicker/Sabel*, InsO, § 305 RdNr. 11; *Landmann* Rpfleger 2000, 196 ff.; *Lissner* Rpfleger 2006, 458 ff.; zur wettbewerbsrechtlichen Zulässigkeit der Werbung eines Rechtsanwaltes für die Mitwirkung bei einer Schuldenbereinigung OLG Jena NJW-RR 2006, 708, 709 f.
²⁹ BVerfG NJW 2003, 2668.
³⁰ And. aber AG Ratingen ZVI 2005, 629; AG Hamm ZVI 2005, 628; AG Köln Rpfleger 1999, 497; AG Bochum Rpfleger 2000, 461; AG Schwerte ZInsO 2004, 1215; *Janlewing* ZVI 2005, 617, 618; *Graf-Schlicker/Sabel*, InsO, § 305 RdNr. 7.
³¹ Zutr. AG Lübeck, Beschl. v. 29. 8. 2006 – 13 b UR II 797/06 – juris.
³² *FK-Grote*, InsO § 305 RdNr. 16; s. a. AG Oldenburg (Holst.), Beschl. v. 28. 12. 2007 – 17 II 423/06 – juris.
³³ BVerfG ZVI 2006, 438, 439. Beispiele für Kostenberechnungen bei *Huth* Rpfleger 2007, 125, 128; *Janlewing* (Fn. 29) S. 617.
³⁴ Vgl. dazu AG Lübeck, Beschl. v. 29. 8. 2006 – 13 b UR II 797/06 – juris: bes. kompetente Beratung und Vertretung von Schuldnern; AG Rostock, Beschl. v. 22. 9. 2006 – 60 II 484/06 – juris: nach Einschätzung der am AG Rostock tätigen Insolvenzrichter mindestens gleichwertig, in der Masse der Verfahren qualitativ sogar bessere Verfahrensvorbereitung als bei anwaltlicher Vertretung.
³⁵ Ob hierfür starre Fristen in Betracht kommen ist fraglich; BVerfG ZVI 2006, 438, 439. In der Rechtsprechung werden Fristen von 6–9 Monaten teilweise für zumutbar gehalten, AG Lüdenscheid ZVI 2006, 296, 297; and. AG Schwerte ZInsO 2004, 1215. Zur Dauer der Wartefristen s. einerseits die jeweiligen AG-Bezirke AG Lübeck, Beschl. v. 29. 8. 2006 – 13 b UR II 797/06; AG Rostock, Beschl. v. 22. 9. 2006 – 60 II 484/06, andererseits AG Hamm ZVI 2005, 628.
³⁶ Dazu zutr. AG Lüdenscheid ZVI 2006, 296, 299.
³⁷ S. dazu AG Hamm ZVI 2005, 628. Andere Kriterien müssen dagegen als sachfremd unberücksichtigt bleiben. Wer Träger einer anerkannten Schuldnerberatungsstelle ist und ob dieser mit der religiösen oder weltanschaulichen Ausrichtung der Schuldners übereinstimmt, kann für die Zumutbarkeit der Inanspruchnahme einer Schuldnerberatungsstelle und für die Gewährung von Beratungshilfe keine Rolle spielen; dafür

Ist dem Schuldner Beratungshilfe gewährt worden, so kann er Beratungshilfe nach Maß- 15
gabe des § 3 Abs. 1 BerHG durch einen Rechtsanwalt oder Rechtsbeistand, der Mitglied
einer Kammer ist, oder durch eine Beratungsstelle, die auf Grund einer Vereinbarung mit
der Landesjustizverwaltung eingerichtet ist, in Anspruch nehmen. Andere Personen oder
Stellen sind nicht berechtigt, auf Grund einer dem Schuldner gewährten Beratungshilfe
gegenüber der Staatskasse **Vergütungsansprüche** geltend zu machen. Dies gilt auch in
Bezug auf Betreiber einer „geeigneten" Stelle nach § 305 Abs. 1 Nr. 1.[38] Zwar sind diese
gem. Art. 1 § 3 Nr. 9 RBerG hinsichtlich der Besorgung von Rechtsangelegenheiten im
Rahmen ihres Aufgabenbereichs von der Erlaubnispflicht gem. Art. 1 § 1 Abs. 1 RBerG
freigestellt, die Freistellung begründet aber weder einen dem § 3 Abs. 1 BerHG entsprechenden Status noch ersetzt sie eine mit der Landesjustizverwaltung getroffene Vereinbarung.[39] Der Anspruch auf Zahlung einer Vergütung aus der Staatskasse im Rahmen der
Beratungshilfe richtet sich allein nach den Vorschriften des BerHG.[40] Gegen die aus § 3
BerHG und Art. IX Abs. 1 Satz 1 KostÄndG folgende Ungleichbehandlung zwischen den
hiervon erfassten Personen und sonstigen Personen, denen die Rechtsberatung nicht untersagt ist, bestehen keine verfassungsrechtlichen Bedenken; die Ungleichbehandlung ist vielmehr durch gewichtige Gründe gerechtfertigt, da nur die in § 3 BerHG aufgeführten
Personen die Gewähr dafür bieten, über entsprechendes Fachwissen zu verfügen und zudem
besonderen Berufspflichten unterliegen.[41]

3. Inhalt des Schuldenbereinigungsplans. a) Vertrag. Die außergerichtliche Schul- 16
denbereinigung zielt auf einen Vertrag zwischen Schuldner und Gläubigern ab und unterliegt uneingeschränkt der **Vertragsfreiheit.** Dies setzt jedoch eine entsprechende Dispositionsbefugnis der Parteien, insbesondere auch des Gläubigers über die Forderung voraus;[42]
s. dazu § 304 RdNr. 51 a, § 309 RdNr. 19 (Geldstrafe).[43] Ein Erlass von Abgabenforderungen durch die Finanzbehörden kommt unter den Voraussetzungen des § 227 AO in Betracht.[44] Der Vorschlag des Schuldners zur Schuldenbereinigung ist ein Vertragsantrag an die
Gläubiger, der sich auf alles beziehen kann, was Gegenstand einer vertraglichen Vereinbarung zwischen dem Schuldner und dem jeweiligen Gläubiger sein kann. Jedem der
Gläubiger steht es sodann frei, den Vertragsantrag anzunehmen oder abzulehnen. Den
Gläubigern steht es auch frei, Änderungen zu verlangen (vgl. den Rechtsgedanken des § 150
Abs. 2 BGB).[45]

Der Schuldenbereinigungsplan kann alle Vorschläge enthalten, die dem Schuldner 17
zweckdienlich erscheinen. So kann der Schuldner Ratenzahlungen oder eine quotenmäßige Befriedigung gegen den teilweisen Verzicht auf die Forderungen und Stundung im
Übrigen anbieten. Ebenso kann der Plan Lohnabtretungen zugunsten der Gläubiger und

---

aber *Beicht/Schmitz-Winnenthal* ZVI 2006, 265, 270 (gleiche Maßstäbe wie für Sexual- und Eheberatung).
Eine solche Differenzierung widerspräche dem Allgemeinen Gleichbehandlungsgesetz in gleicher Weise wie
im umgekehrten Fall eine Abweisung von Schuldnern aus den in § 1 AGG genannten Gründen.

[38] OLG Düsseldorf ZVI 2006, 290; LG Landau NZI 2005, 639; and. AG Landau ZVI 2005, 229; AG
Ratingen NZI 2005, 407; *Schmitz-Winnenthal* (Fn. 25) S. 587; *Hess*, InsO, § 305 RdNr. 59. Die auf den
Wortlaut beschränkte Anwendung des § 3 Abs. 1 BerHG begegnet keinen verfassungsrechtlichen Bedenken,
BVerfG NJW 2007, 830.

[39] LG Landau NZI 2005, 639.

[40] OLG Düsseldorf ZVI 2006, 290.

[41] BVerfG NJW 2007, 830; OLG Düsseldorf ZVI 2006, 290.

[42] Zu dem fehlenden Anspruch auf Annahme eines Schuldenbereinigungsplans gegenüber einer Kommune
als Gläubigerin einer Abgabenforderung VG Schleswig, Urt. v. 4. 4. 2005 – 4 A 533/02; s. zur Gläubigerstellung des Finanzamtes im Insolvenzverfahren FG Berlin EFG 2003, 1062; *A. Becker* ZVI 2002, 100 ff.;
Vierthalthausen InVo 2002, 45 ff.; HambKomm-*Streck*, InsO, § 305 RdNr. 5; *Gottwald/Frotscher*, Insolvenzrechts-
Handbuch, § 82 RdNr. 14; *Hess*, InsO, § 304 RdNr. 110 ff.

[43] S. dazu *Heinze* ZVI 2006, 14, 15.

[44] Voraussetzung ist die *Erlassbedürftigkeit* und die *Erlasswürdigkeit*; s. dazu Schreiben des BFM v. 11. 2. 2002
– IVA4 – S 0550–1/02, BStBl. I 2002, 132; *Obermair* StB 2005, 212 ff. Zur Zustimmungsersetzung s. § 309
RdNr. 19.

[45] Vgl. BGH DZWIR 2006, 172, 173; *Uhlenbruck/Vallender*, InsO, § 307 RdNr. 56.

Vereinbarungen in Bezug auf sonstige Sicherheiten vorsehen. Möglich sind auch **Anpassungsklauseln** für den Fall künftiger veränderter Verhältnisse, insbesondere einer künftigen Verbesserung der Vermögensverhältnisse des Schuldners.[46] Der außergerichtliche Schuldenbereinigungsplan unterscheidet sich hinsichtlich des möglichen Inhalts nicht vom Schuldenbereinigungsplan gem. § 305 Abs. 1 Nr. 4 (s. u. RdNr. 51). Grundsätzlich steht es dem Schuldner frei, mit Gläubigern unterschiedliche Regelungen zu treffen, weil das Gleichbehandlungsgebot des § 294 Abs. 2 nicht gilt.[47]

18 b) **Interessenausgleich.** Ein ernsthafter Einigungsversuch liegt nur vor, wenn der Vorschlag des Schuldners an die Gläubiger und der zugrundeliegende Plan auf die Vermögensverhältnisse des Schuldners und auf die Forderungen differenziert eingeht[48] und erkennen lässt, wie im Wege gegenseitigen Nachgebens (§ 779 Abs. 1 BGB) ein **Interessenausgleich** gefunden werden soll. Zwar ist für das Stadium der außergerichtlichen Schuldenbereinigung die Vorlage eines Vermögensverzeichnisses sowie eines Verzeichnisses der Gläubiger und ihrer Forderungen gegen den Schuldner i. S. d. § 305 Abs. 1 Nr. 3 nicht vorgeschrieben. Ein Vorschlag, der für die Gläubiger nicht nachvollziehbar ist und der sie nicht in die Lage versetzt, ihre Chancen und Risiken abzuschätzen, der ihnen jedoch einen weitgehenden Verzicht auf ihre Forderungen nahe legt, kann aber nicht als ernstlicher Versuch, zu einer Vereinbarung zu kommen, angesehen werden, weil der Schuldner nicht erwarten kann, dass Gläubiger sich auf Verhandlungen hierüber einlassen. Bloße Telefongespräche oder unverbindliche Gespräche genügen in keinem Fall.[49]

19 c) **Null-Plan.** Zweifelhaft und umstritten ist, ob ein Plan des Schuldners, der einen völligen oder weitestgehenden Verzicht der Gläubiger auf ihre Forderungen ohne jede oder ohne eine ins Gewicht fallende Gegenleistung des Schuldners vorsieht, als ernstlicher Versuch einer Einigung in Betracht kommen kann (Null-Plan). Dazu im Einzelnen u. RdNr. 61 ff.

20 4. **Einigungsversuch. a) Bedeutung des Einigungsversuchs.** Nach geltendem Recht steht es nicht im Belieben des Schuldners, ob er den Versuch einer außergerichtlichen Einigung mit den Gläubigern unternimmt oder nicht. Vielmehr ergibt sich aus § 305 Abs. 1 Nr. 1, Abs. 3 Satz 2, dass der Versuch einer außergerichtlichen Schuldenbereinigung Voraussetzung für den Eintritt in das gerichtliche Schuldenbereinigungsverfahren und, wenn es dort zu einer Schuldenbereinigung nicht kommt, für die Eröffnung des Insolvenzverfahrens ist. Dies entspricht der Konzeption des Gesetzgebers, der gerade auch der Phase der außergerichtlichen Schuldenbereinigung eine wesentliche Funktion im Rahmen der Bewältigung von Verbraucherinsolvenzen beigemessen hat. Dem widerspricht es, den Einigungsversuch zu einer bloßen **Formalie** abzuwerten. Die Tendenz der Rechtsprechung geht allerdings mit Zustimmung der überwiegenden Ansicht im Schrifttum in diese Richtung, indem einerseits die Vorlage eines Null-Plans durch den Schuldner grundsätzlich für ausreichend gehalten wird, um der Voraussetzung eines Einigungsversuchs gem. § 305 Abs. 1 Nr. 1 zu genügen (u. RdNr. 65 ff.) und indem andererseits dem Insolvenzgericht eine Prüfungskompetenz hinsichtlich der Ernsthaftigkeit des außergerichtlichen Einigungsversuchs weitgehend abgesprochen wird (u. RdNr. 92).

21 b) **Umfang des Einigungsversuchs.** Aus dem Gesetz ergibt sich, dass eine Einigung mit den Gläubigern versucht worden sein muss (§ 305 Abs. 1 Nr. 1). Dies bedeutet, dass grundsätzlich alle Gläubiger in den außergerichtlichen Einigungsversuch einbezogen werden müssen. Dies entspricht nicht nur dem Wortlaut des Gesetzes, sondern auch dem erkenn-

---

[46] Dazu *Kirchhof* ZInsO 1998, 54, 56; s. w. OLG Frankfurt/M. ZInsO 2000, 289; HambKomm-*Streck*, InsO, § 305 RdNr. 3.
[47] HambKomm-*Streck*, InsO, § 305 RdNr. 4; *Braun/Buck*, InsO, § 305 RdNr. 13; *Hess*, InsO, § 304 RdNr. 141; *Uhlenbruck/Vallender*, InsO, § 305 RdNr. 12.
[48] *Kirchhof* (Fn. 46) S. 56.
[49] *Kirchhof* (Fn. 46) S. 56.

baren Willen des Gesetzgebers.[50] Tritt der Schuldner nur an einen oder einige wenige Gläubiger heran, so erfüllt dies von vornherein nicht den Tatbestand des § 305 Abs. 1 Nr. 1.[51] Die Ablehnung eines solchermaßen beschränkten Einigungsvorschlags belegt demgemäß auch nicht, dass eine Einigung mit den Gläubigern erfolglos versucht worden ist. Ein derart beschränkter Einigungsversuch reicht als Voraussetzung für die Weiterführung des Verfahrens nicht aus (s. dazu RdNr. 30). In dem Gesetzentwurf der Bundesregierung vom 22. 8. 2007 ist vorgesehen, dass auf die Durchführung eines außergerichtlichen Einigungsversuchs verzichtet werden kann, wenn dieser offensichtlich aussichtslos ist, was gem. § 305 Abs. 1 Nr. 1 Hs. 2 RegE dann der Fall sein soll, wenn die Gläubiger im Rahmen einer Schuldenbereinigung voraussichtlich nicht mehr als 5% ihrer Forderungen erhalten würden oder der Schuldner mehr als 20 Gläubiger hat.[52] In zahlreichen Fällen wird damit die Durchführung eines außergerichtlichen Einigungsverfahrens in Zukunft unterbleiben, nämlich in sämtlichen Fällen der masselosen Verfahren. Konsequenterweise ist für diese Fälle vorgesehen, die Gewährung von Beratungshilfe auszuschließen (§ 2 Abs. 4 RegE BerHG). Gleichzeitig wird die Pflicht zur Durchführung eines außergerichtlichen Einigungsversuchs damit auf diejenigen Fälle beschränkt, in denen eine solche überhaupt Aussicht auf Erfolg verspricht. Entbehrlich wird in den „offensichtlich aussichtslosen" Fällen allerdings nur die Durchführung des außergerichtlichen Einigungsverfahrens, also die Erarbeitung eines Schuldenbereinigungsplans und dessen Übersendung an die Gläubiger. Für die Ausstellung einer entsprechenden Bescheinigung nach § 305 Abs. 1 Nr. 1 ist nach wie vor die Ermittlung der genauen Forderungen sowie des schuldnerischen Vermögens erforderlich, weil andernfalls den inhaltlichen Anforderungen, die an eine Bescheinigung zu stellen sind (s. hierzu RdNr. 30, 38) und für die Ermittlung der Aussichtslosigkeit eines Einigungsversuch entsprechend gelten, nicht Genüge getan wird.[53]

c) Ernsthaftigkeit des Einigungsversuchs. Nur ein Einigungsversuch, der vom Schuldner erkennbar mit dem Willen betrieben wird, zu einer Einigung mit den Gläubigern zu gelangen, entspricht dem Sinn und Zweck des Gesetzes, nicht aber ein Einigungsvorschlag, der nach seinem Inhalt nur die Ablehnung provoziert.[54] Zur Ernsthaftigkeit eines Einigungsversuchs gehört, dass der Schuldner in einer für die Gläubiger nachvollziehbaren und überprüfbaren Weise darlegt, welche Leistungen an die Gläubiger ihm möglich sind. Dies umfasst nicht nur eine Aufstellung der Einkommens- und Vermögensverhältnisse sowie der Verbindlichkeiten des Schuldners, sondern auch glaubhafte Angaben zur Frage, ob der Schuldner Vermögensverschiebungen zu Lasten der Gläubiger vorgenommen hat. In diesem Zusammenhang ist auch zu bedenken, dass die durch das InsOÄndG 2001 erfolgte Änderung des § 313, wonach das Anfechtungsrecht dem Treuhänder übertragen werden kann, damit begründet wird, dass in der Praxis wiederholt von handfesten Anhaltspunkten dafür berichtet wird, dass erhebliche Vermögenswerte im Vorfeld der Insolvenz in anfechtbarer Weise verschoben werden. Solche Vermögensverschiebungen im Nachhinein zu ermitteln und anzufechten, dürfte gerade bei Verbraucherinsolvenzen wenig aussichtsreich sein. Ein Schuldner, der sich nicht um Glaubhaftigkeit in diesem Punkt bemüht, wird nicht für sich in

---

[50] *Klass* ZInsO 1999, 620, 622; *Braun/Buck,* InsO, § 305 RdNr. 4.
[51] AG Nürnberg ZVI 2004, 185; and. *Kübler/Prütting/Wenzel,* InsO, § 305 RdNr. 6; FK-*Grote,* InsO, § 305 RdNr. 12a; ebenso für den Fall, dass der oder die ausdrücklich dem Plan widersprechenden Gläubiger über Kopf- und/oder Summenmehrheit verfügen AG Köln ZVI 2002, 68 f.; *Hess,* InsO, § 304 RdNr. 107; *Fuchs* ZInsO 2002, 289, 300; HK-*Landfermann,* InsO, § 305 RdNr. 19; eine „Gesamtkonzeption" für alle Gläubiger fordernd HambKomm-*Streck,* InsO, § 305 RdNr. 16.
[52] Nach einer Untersuchung aus dem Jahre 2005 von *Heuer/Hils/Richter/Schröder/Sackmann* S. 15, 25 liegt die durchschnittliche Regulierungsquote bei 11,1%, die durchschnittliche Zahl der Gläubiger bei 13,8; dabei sind Pläne mit Einmalzahlungsangeboten überdurchschnittlich oft.
[53] And. *Jäger* ZVI 2007, 507, 510 f., der auf der Grundlage des § 305 Abs. 1 Nr. 1 RegE das schlichte Ausstellen einer Bescheinigung nach kurzer Sichtkontrolle einiger Unterlagen, also das Abstempeln und Unterschreiben eines Formulars, für ausreichend erachtet und deshalb eine Entwertung des außergerichtlichen Einigungsversuchs befürchtet.
[54] BayObLG ZIP 1999, 1767, 1768.

Anspruch nehmen können, sich ernsthaft um eine Einigung mit den Gläubigern bemüht zu haben. Ein Vorschlag des Schuldners, der nicht auf eine Schuldenbereinigung durch beiderseitigen Interessenausgleich, sondern nur darauf abzielt, dass alle Gläubiger auf ihre Rechte verzichten, ohne dafür ihrerseits irgendeinen Vorteil zu erlangen, kann in der Regel nicht als Teil eines ernsthaften Einigungsversuchs angesehen werden. Vielmehr deutet ein solcher Vorschlag darauf hin, dass es dem Schuldner nur darauf ankommt, die Ablehnung der Gläubiger vorweisen zu können.

23 **d) Rechtspolitische Überlegungen.** Lässt man es demgegenüber genügen, dass der Schuldner das außergerichtliche Schuldenbereinigungsverfahren in der Weise absolviert, dass er einem oder einigen wenigen Gläubigern den Vorschlag unterbreitet, ohne jede greifbare Gegenleistung auf ihre Forderungen zu verzichten, so wird der als Voraussetzung für das weitere Verfahren vorgeschriebene Nachweis eines erfolglosen außergerichtlichen Einigungsversuchs eine sinnlose Förmlichkeit.[55] Es wäre dann nur konsequent, nicht nur auf einen obligatorischen gerichtlichen Einigungsversuch, wie dies gem. § 306 Abs. 1 geschieht (s. dazu § 306 RdNr. 4 f.), sondern auch auf einen obligatorischen außergerichtlichen Einigungsversuch zu verzichten und die Durchführung eines außergerichtlichen Schuldenbereinigungsverfahrens in das Belieben des Schuldners zu stellen. Dies würde auch zu einer Entlastung der Schuldnerberatungsstellen führen, die – wie aus der Praxis berichtet wird – in erheblichem Umfang durch Verfahren in Anspruch genommen werden, die von vornherein aussichtslos sind und nur deshalb durchgeführt werden müssen, weil dies eine formale Voraussetzung dafür ist, am Ende in das Restschuldbefreiungsverfahren zu gelangen. Dem trägt die vorgesehene Neuregelung des außergerichtlichen Verfahrens (§ 305 Abs. 1 Nr. 1 RegE vom 22. 8. 2007) Rechnung, die in Fällen offensichtlicher Aussichtslosigkeit einer Einigung mit den Gläubigern auf einen obligatorischen Einigungsversuch verzichtet (s. o. RdNr. 10, 21).

24 **5. Wirkungen. a) Vertragsantrag.** Der Vertragsantrag des Schuldners an die Gläubiger bezüglich einer einvernehmlichen Schuldenbereinigung löst als solcher keine Wirkungen aus, solange er von den Gläubigern nicht angenommen worden ist. Es versteht sich von selbst, dass jeder Gläubiger über die **Annahme oder Ablehnung des Vertragsantrags** des Schuldners nur mit Wirkung für sich, nicht zulasten Dritter entscheidet; Mehrheitsentscheidungen sind nicht möglich.[56] Die Annahme durch einen Teil der Gläubiger lässt in der Regel auch eine nur teilweise Schuldenbereinigung nicht zustande kommen, weil im Regelfall davon auszugehen ist, dass die Zustimmung einzelner Gläubiger zu der sie betreffenden Schuldenbereinigung unter der konkludenten Bedingung steht, dass auch die anderen Gläubiger dem Plan zustimmen,[57] weil sie andernfalls durch einen teilweisen Verzicht auf ihre Rechte nicht ihre eigene Position, sondern nur die der anderen Gläubiger verbessern würden.

25 **b) Zwangsvollstreckung.** Solange eine Einigung zwischen dem Schuldner und den Gläubigern nicht zustandegekommen ist, bleibt die Rechtslage hinsichtlich der Forderungen der Gläubiger und der dafür ggf. bestehenden Sicherheiten unberührt. Verhandlungen über eine außergerichtliche Schuldenbereinigung hindern nicht die Zwangsvollstreckung durch Gläubiger; das **Vollstreckungsverbot** des § 89 Abs. 1 setzt die Eröffnung des Insolvenzverfahrens voraus.[58] Zu den durch das InsOÄndG 2001 erfolgten Änderungen s. § 305 a RdNr. 2.

---

[55] Vgl. *Klass* (Fn. 50) S. 622; ausdrücklich für die Beibehaltung des obligatorischen außergerichtlichen Einigungsversuchs *Grote* ZInsO 1999, 383, 385, der sich aber dafür ausspricht, den „Zwang zum Schuldenbereinigungsplan" im gerichtlichen Verfahren abzuschaffen. Ebenfalls für die Beibehaltung des außergerichtlichen Einigungsversuchs wegen des damit für den Schuldner verbundenen Lerneffekts aus der Sicht der Schuldnerberatung *Göttner* ZInsO 2001, 406.
[56] *Kübler/Prütting/Wenzel*, InsO, § 305 RdNr. 5.
[57] *Kirchhof* (Fn. 46) S. 57; *Kübler/Prütting/Wenzel*, InsO, § 305 RdNr. 5 a.
[58] *Kirchhof* (Fn. 46) S. 56; *Kübler/Prütting/Wenzel*, InsO, § 305 RdNr. 4 e.

c) Einigung. Ist eine Einigung über die Schuldenbereinigung rechtswirksam zustandegekommen, so richten sich die materiellrechtlichen Wirkungen wie bei einem angenommenen Vergleich (§ 779 BGB) nach deren Inhalt (s.a. § 308 RdNr. 10).[59] Forderungen erlöschen, soweit ein Erlass bzw. Teilerlass vereinbart worden ist. Dies gilt auch für dafür bestellte akzessorische **Sicherheiten,** während nichtakzessorische Sicherheiten zwar bestehen bleiben, aber zurückgegeben werden müssen, wenn nichts anderes vereinbart worden ist.[60] Zwangsvollstreckungsmaßnahmen Dritter werden durch die Einigung über den Schuldenbereinigungsplan nicht ausgeschlossen.[61]

VI. Das gerichtliche Schuldenbereinigungsplanverfahren

1. Antragsberechtigung. Der Verfahrensabschnitt des gerichtlichen Schuldenbereinigungsplanverfahrens wird durch einen **Antrag des Schuldners** eingeleitet. Die Vorschrift des § 305 gilt nur für den Schuldner. Einen Antrag auf Eröffnung des Insolvenzverfahrens kann auch ein Gläubiger stellen, doch führt ein Eröffnungsantrag des Gläubigers nicht zum gerichtlichen Schuldenbereinigungsplanverfahren.[62] Der **Antrag des Gläubigers** ist nachrangig gegenüber dem Antrag des Schuldners, um die geordnete Durchführung des gerichtlichen Schuldenbereinigungsplanverfahrens zu gewährleisten (§ 306 Abs. 3; s. dort RdNr. 20). In dem Gesetzentwurf der Bundesregierung vom 22. 8. 2007 ist vorgesehen, auf das gerichtliche Schuldenbereinigungsverfahren ganz zu verzichten. Statt dessen muss der Schuldner nach Durchführung des außergerichtlichen Einigungsversuchs – sofern ein solcher nicht offensichtlich aussichtslos ist – die in § 305 Abs. 1 Nr. 1–4 genannten Unterlagen vorlegen. Darüber hinaus muss der Schuldner erklären, ob er einen Antrag auf Zustimmungsersetzung gem. § 305a stellt oder nicht (§ 305 Abs. 1 Nr. 5 RegE). Stellt er einen solchen Antrag nicht, entscheidet das Gericht sogleich über den Eröffnungsantrag, andernfalls zunächst über den Antrag auf Zustimmungsersetzung (s. § 304 RdNr. 46, § 311 RdNr. 3).

Stellt nur der Gläubiger einen Antrag auf Eröffnung des Verfahrens, so erhält der Schuldner gem. § 306 Abs. 3 Satz 1 Gelegenheit, ebenfalls einen Antrag zu stellen. Für diesen Antrag gelten die Voraussetzungen des § 305 in gleicher Weise wie für einen vom Schuldner zuerst gestellten Antrag, insbesondere muss zusammen mit diesem Antrag der Nachweis einer erfolglos versuchten außergerichtlichen Schuldenbereinigung erbracht werden.[63] Das folgt daraus, dass § 305 Abs. 1 Nr. 1 hinsichtlich dieses Erfordernisses eine Ausnahme für den Fall, dass der Schuldner den Antrag auf Insolvenzeröffnung erst nach einem Gläubiger stellt, nicht vorsieht; der Verweis in § 306 Abs. 3 Satz 2 stellt lediglich klar, dass das Eröffnungsverfahren auch hinsichtlich des Gläubigerantrages zunächst ruht. § 306 Abs. 1 ist also dahingehend zu verstehen, dass das außergerichtliche dem gerichtlichen Verfahren grundsätzlich voranzugehen hat.[64]

2. Bescheinigung über außergerichtlichen Einigungsversuch (Abs. 1 Nr. 1).
a) Anforderungen. Die Bescheinigung muss sich auf den erfolglosen Versuch einer Einigung mit den Gläubigern über eine Schuldenbereinigung auf der Grundlage eines Plans innerhalb der letzten sechs Monate vor dem Eröffnungsantrag beziehen. Auf Grund der Ergänzung der Vorschrift durch das InsOÄndG muss nunmehr auch der Plan beigefügt werden und es sind die wesentlichen Gründe für sein Scheitern darzulegen (s. o. RdNr. 8).

---

[59] *Kübler/Prütting/Wenzel,* InsO, § 305 RdNr. 18; *Uhlenbruck/Vallender,* InsO, § 305 RdNr. 16.
[60] *Kirchhof* (Fn. 46) S. 57.
[61] *Kübler/Prütting/Wenzel,* InsO, § 305 RdNr. 4e; *Grote* (Fn. 21) S. 110.
[62] *Hess,* InsO, § 305 RdNr. 28.
[63] *Haarmeyer/Wutzke/Förster,* Handbuch, Kap. 10 RdNr. 62; *Hess,* InsO, § 305 RdNr. 29; *Hoes/Peters* WM 2000, 901, 902 mwN.; aA LG Ulm DZWIR 1999, 391, 393; AG Göttingen NZI 1999, 505; *Forsblad* S. 202.
[64] *Hoes/Peters* (Fn. 63) S. 902 mwN.

30 Anforderungen an den **Konkretisierungsgrad der Bescheinigung** nennt das Gesetz nicht ausdrücklich; aus der Funktion der Bescheinigung nach dem Sinn und Zweck der gesetzlichen Bestimmung, tatsächliche und ernsthafte Bemühungen um eine Einigung zu dokumentieren, folgt indes, dass eine abstrakt-formelhafte Bescheinigung, die nur den gesetzlichen Wortlaut wiedergibt, nicht ausreicht. Vielmehr muss die Bescheinigung konkrete Angaben über die Art und Weise des Versuchs, über die Beteiligten und insbesondere über die Gläubiger sowie über den zugrunde gelegten Schuldenbereinigungsplan enthalten. Die Bescheinigung muss einen ernsthaften Einigungsversuch wenigstens insgesamt schlüssig ergeben; dazu gehört, dass auch der Wille zu einer Einigung zu gelangen, erkennbar ist.[65] Eine Bescheinigung, die keinen ernsthaften Einigungsversuch dokumentiert, sondern stattdessen ihrem Inhalt nach die Ablehnung eines in Wirklichkeit nur scheinbar gemachten Einigungsvorschlags provoziert, erfüllt die Voraussetzungen des § 305 Abs. 1 nicht[66] (s. dazu o. RdNr. 22). Außerdem muss die Bescheinigung den konkreten Zeitraum angeben, in dem eine außergerichtliche Einigung versucht worden ist. Schließlich muss die Bescheinigung auch nachvollziehbar erkennen lassen, in welcher Weise sich der Aussteller die zur Erteilung der Bescheinigung erforderlichen Informationen verschafft hat.[67] Diese Anforderungen ergeben sich auch aus den in der Praxis bisher bereits verwendeten Vordrucken[68] sowie nunmehr aus den amtlichen Formulare (s. dazu u. RdNr. 45). Die Vorlage einer Bescheinigung über das Scheitern eines außergerichtlichen Einigungsversuchs ist auch dann erforderlich, wenn ein Gläubiger eindeutig und unmissverständlich erklärt, zu einer außergerichtlichen Einigung nicht bereit zu sein.[69]

31 **b) Geeignete Person oder Stelle.** Die Bescheinigung muss von einer geeigneten Person oder Stelle ausgestellt sein. Mit diesem Erfordernis soll sichergestellt werden, dass zum einen **keine Gefälligkeitsbescheinigungen** ausgestellt werden und dass zum anderen die Schuldenbereinigung von einer entsprechend qualifizierten Person oder Stelle betrieben bzw. begleitet und überprüft worden ist (s. u. RdNr. 38).[70] Die Eignung bestimmt sich demgemäß zunächst nach allgemeinen Kriterien. Eine Person muss auf Grund ihrer beruflichen Ausbildung und ihrer praktischen Erfahrung für die Aufgabe, einen Schuldenbereinigungsplan aufzustellen und Verhandlungen hierüber mit Schuldner und Gläubigern zu vermitteln, qualifiziert sein. Die Stelle muss über entsprechend **qualifiziertes Personal** verfügen.[71]

32 Als qualifiziert kommen grundsätzlich in Betracht **Rechtsanwälte,** Notare, Steuerberater und Wirtschaftsprüfer, bei denen berufs- und standesrechtlich eine verantwortungsbewusste Tätigkeit gesichert ist.[72] Anwälte sind in beträchtlichem Umfang an Verbraucherinsolvenzverfahren beteiligt. Nach neueren Untersuchungen wird über ein Drittel der außergerichtlichen Schuldenbereinigungspläne mittlerweile von Anwälten vorgelegt.[73] Die

---

[65] BayObLG ZIP 1999, 1767 = BB 1999, 2102; BayObLG ZIP 1999, 1926 = NZI 1999, 451; *Vallender/Fuchs/Rey* NZI 1999, 218.
[66] BayObLG ZIP 1999, 1767, 1768 f.
[67] Einschränkend auch FK-*Grote*, InsO, § 305 RdNr. 13 (keine hohen Anforderungen); and. *Obermüller* in *Hess/Obermüller*, Insolvenzplan, RdNr. 911; im gleichen Sinne wohl auch *Vallender* ZIP 1999, 125, 127; *Hess*, InsO, § 305 RdNr. 104 ff.; *Kübler/Prütting/Wenzel*, InsO, § 305 RdNr. 4 b.
[68] Siehe die Muster für Eigenanträge des Schuldners gem. § 305, abgedruckt bei *Haarmeyer/Wutzke/Förster*, Handbuch, Kap. 10 RdNr. 60 sowie Frankfurter Kommentar Anlage V. Dieser Vordruck wurde verbreitet auch bei Insolvenzgerichten in anderen Bundesländern verwendet, *Wimmer* ZInsO 1999, 556, 557. Der vom Insolvenzgericht Darmstadt entwickelte Vordruck ist abgedruckt in NZI 1999, Beilage zu Heft 2.
[69] *Römermann* in *Nerlich/Römermann*, InsO, § 305 RdNr. 34; *Uhlenbruck/Vallender*, InsO, § 305 RdNr. 33; aA AG Hamburg NZI 1999, 419; *Kübler/Prütting/Wenzel*, InsO, § 305 RdNr. 6.
[70] Bericht BTag zum RegE, BT-Drucks. 12/7302, S. 190 (zu § 357 b); *Smid/Haarmeyer*, InsO, § 305 RdNr. 29; HK-*Landfermann*, InsO, § 305 RdNr. 11; s. dazu *Hackling* ZVI 2006, 225.
[71] S. hierzu *Schmitz-Winnenthal* (Fn. 25) S. 582 ff.; *Hergenröder* ZVI 2007, 448, 451 ff.
[72] HK-*Landfermann*, InsO § 305 RdNr. 13; *Kübler/Prütting/Wenzel*, InsO, § 305 RdNr. 5; HambKomm-*Streck*, InsO, § 305 RdNr. 14; *Römermann* in *Nerlich/Römermann*, InsO, § 305 RdNr. 16; *Hess*, InsO, § 305 RdNr. 9.
[73] *Heuer/Hils/Richter/Schröder/Sackmann* S. 21 (35,9%).

Gebührensätze für Beratungshilfe bei Insolvenzberatung sind durch das InsOÄndG 2001 deutlich erhöht worden.[74] Schuldnerberatung ist kein Randgebiet anwaltlicher Tätigkeit.[75] Vielmehr handelt es sich um einen lukrativen Markt, in dem Kanzleien mit Beratungshilfe erhebliche Umsätze erzielen.[76] Ist ein Rechtsanwalt gleichzeitig **Betreuer** des Schuldners, kann der Anwalt gleichwohl eine „geeignete Person" im Sinne des § 305 Abs. 1 Nr. 1 sein; dass der Rechtsanwalt hierbei eine „Doppelrolle" einnimmt, steht dem nicht entgegen.[77] Der Gefahr, dass es sich hierbei um eine Gefälligkeitsbescheinigung handeln könnte, kann auf andere Weise begegnet werden (s. hierzu RdNr. 30, 38). Für die Aufgabe der Schuldnerberatung qualifiziert sind grundsätzlich auch Gerichtsvollzieher, die aber konkret nicht in Betracht kommen, weil es nicht zu ihren Aufgaben gehört, Vergleichsgespräche zwischen Schuldnern zu vermitteln und auf eine Einigung hinzuwirken.[78] Im Gesetzentwurf der Bundesregierung vom 23. 1. 2007 war demgegenüber noch vorgesehen, den Gerichtsvollziehern nach Abweisung des Eröffnungsantrags mangels Masse die Abnahme der eidesstattlichen Versicherung zur Einleitung des Restschuldbefreiungsverfahrens zuzuordnen (s. § 304 RdNr. 24). Im Gesetzentwurf der Bundesregierung vom 22. 8. 2007 ist von diesem Vorhaben dagegen wieder Abstand genommen und stattdessen die Einschaltung eines vorläufigen Treuhänders vorgesehen (s. hierzu § 304 RdNr. 24 a).

Als geeignete Stelle kommen Einrichtungen in Betracht, zu deren Aufgaben die **Schuldnerberatung** gehört, sofern die Einrichtung über entsprechend qualifiziertes Personal verfügt und Aufgaben der Schuldnerberatung auch tatsächlich wahrnimmt. Die Einrichtung muss ferner die für eine Tätigkeit der Schuldnerberatung und der Mitwirkung an außergerichtlichen Schuldenbereinigungsverfahren erforderlichen organisatorischen Voraussetzungen besitzen, zu denen insbesondere auch eine eigene Geschäftsstelle sowie wirtschaftliche Leistungsfähigkeit gehört.[79] Die Stelle muss auf Aufgaben der Schuldnerberatung und der Schuldenbereinigung im Sinne der §§ 305 bis 310 ausgerichtet sein; nicht geeignet für die Mitwirkung an insolvenzrechtlichen Schuldenbereinigungsverfahren erscheinen Personen und Unternehmen oder sonstige Organisationen, die sich gewerbsmäßig mit der Vermittlung oder Durchführung von Umschuldungen befassen, da diese Tätigkeit nicht der Schuldenbereinigung i. S. d. § 305 Abs. 1 Nr. 1 dient.[80] Wirbt ein Unternehmen, das die Voraussetzungen des § 305 Abs. 1 Nr. 1 nicht erfüllt und auch keine Erlaubnis nach dem RBerG besitzt, mit dem Hinweis auf Entschuldungsmöglichkeiten, so kann dies einen Verstoß gegen das UWG begründen.[81]

c) Ausführungsgesetze. Von der Ermächtigung durch § 305 Abs. 1 Nr. 1 Hs. 2, zu bestimmen, welche Personen oder Stellen als geeignet anzusehen sind, haben die Länder

---

[74] Sie sind gestaffelt nach Arbeitsaufwand, gemessen an der Zahl der Gläubiger, und betragen gem. Nr. 2504–2507 VV-RVG 224 Euro (bis zu 5 Gläubigern), 336 Euro (6–10 Gläubiger), 448 Euro (11–15 Gläubiger), und 560 Euro (16 und mehr Gläubiger).
[75] *Janlewing* (Fn. 30) S. 617.
[76] *Büttner* (Fn. 24) S. 92. *Büttner* berichtet von einer Mitteilung des mit der Erteilung von Beratungshilfe beim AG Leipzig befassten Rechtspflegers, wonach es Kanzleien gebe, denen an einem Tag mehrere Tausend Euro Beratungshilfe angewiesen werden.
[77] LG Verden ZInsO 2007, 168.
[78] Dazu *Arnold* DGVZ 1996, 129, 132; s. ferner *Hergenröder* (Fn. 71) S. 450.
[79] VG Mainz ZInsO 2000, 462; *Uhlenbruck/Vallender*, InsO, § 305 RdNr. 59; vgl. w. BGHZ 126, 145, 148 = NJW 1994, 2548, 2548 zu den Anforderungen an die Ausstattung eines Verbands zur Bekämpfung unlauteren Wettbewerbs. Eine Verpflichtung des Landes, „geeignete Stellen" i. S. d. § 305 Abs. 1 Nr. 1 vorzuhalten und ggf. zu schaffen und mit ausreichenden Finanzmitteln auszustatten, besteht nicht; s. hierzu VG Frankfurt/M. ZVI 2004, 522, 524 f.; aA VG München ZInsO 2001, 724.
[80] VG Hannover ZVI 2007, 471 ff. (keine Anerkennung einer Kommanditgesellschaft mit zwei Komplementären, die Rechtsanwälte sind); FK-*Grote*, InsO, § 305 RdNr. 16; *Veit/Reifner* S. 38 ff.; zu Bedenken gegen von der Kreditwirtschaft errichtete Stellen s. *Forsblad* S. 200 f.
[81] OLG Oldenburg ZVI 2005, 546. Zur Werbung eines Rechtsanwalts für die Mitwirkung bei der Schuldenbereinigung unter dem Gesichtspunkt des §§ 4 Nr. 11 UWG, 43 b BRAO OLG Jena NZI 2006, 358.

durch den **Erlass von Ausführungsgesetzen** Gebrauch gemacht.[82] Als geeignete Personengruppen sind in einigen Landesgesetzen genannt Rechtsanwälte, Steuerberater, Wirtschaftsprüfer und Erlaubnisinhaber nach dem Rechtsberatungsgesetz,[83] während in den Ausführungsgesetzen der anderen Länder keine Personengruppen aufgeführt sind. Hinsichtlich der als geeignet anzusehenden Stellen sehen die Ausführungsgesetze eines Teils der Länder **allgemeine Kriterien** für die Anerkennung vor und übertragen die Entscheidung über die Anerkennung auf bestimmte staatliche Behörden,[84] während die Ausführungsgesetze der anderen Länder zusätzliche Anforderungen an die grundsätzlich anerkennungsfähigen **Institutionen** stellen.[85] Teilweise werden gewerbliche Finanzdienstleistungsbetriebe ausdrücklich ausgeschlossen.[86] Zusätzlich gilt in einigen Ländern, dass die Stelle ihren Sitz im entsprechenden Bundesland haben muss.[87] **Schuldnerberatungsstellen** werden nur in zwei Bundesländern ausdrücklich aufgeführt.[88]

35   Soweit die Landesgesetze allgemeine Kriterien aufstellen, beziehen sich diese auf die **Leitung der Stelle** durch eine zuverlässige Person, die Sachkunde der Berater, praktische Erfahrungen in der Schuldnerberatung bei mindestens einer der tätigen Personen sowie auf die Einrichtung der Stelle auf Dauer und auf das Vorhandensein der organisatorischen und technischen Ausstattung.[89] Aus der **Ermächtigung der Länder,** die als geeignet anzusehenden Personen oder Stellen zu bestimmen, folgt nicht, dass die Länder verpflichtet sind, Schuldnerberatungsstellen in ausreichender Zahl, mit ausreichender Kapazität und zudem „ortsnah" selbst vorzuhalten bzw. zu schaffen, wenn andernfalls das Beratungsangebot nicht ausreicht.[90] Die Durchführung der außergerichtlichen Schuldnerberatung und Schuldenbereinigung ist **keine staatliche Aufgabe;** die den Ländern eingeräumte Ermächtigung, geeignete Stellen zu bestimmen, dient der **Qualitätssicherung** im Bereich der Dienstleistungen für Schuldner bei dem Bemühen um eine einvernehmliche Schuldenbereinigung sowie der Verhinderung der Erteilung reiner Gefälligkeitsentscheidungen und nicht zuletzt der Entlastung der Insolvenzgerichte, denen es ohne entsprechende Ausführungsgesetze obliegen würde,[91] die Anforderungen an die Geeignetheit der Personen oder Stellen festzulegen und von Fall zu Fall zu überprüfen, ob diese Anforderungen erfüllt sind.

---

[82] Die Ausführungsgesetze der Länder sind abgedruckt u. a. bei *Kübler/Prütting/Wenzel,* InsO, Band I. Siehe a. *Becker* KTS 2000, 157 (Zusammenstellung der Regelungen der Länder in Ausübung der Kompetenzzuweisungen); s. ferner HK-*Landfermann,* InsO, § 305 RdNr. 12; *Römermann* in Nerlich/Römermann, InsO, § 305 RdNr. 14; *Uhlenbruck/Vallender,* InsO, § 305 RdNr. 36 ff.; s. näher zu den Landesausführungsgesetzen *Hergenröder* (Fn. 71) S. 448 ff.
[83] Vgl. etwa § 1 Abs. 1 AGInsO BW/Berlin, § 2 AGInsO Brandbg., §§ 1 Abs. 1 Satz 1 Nr. 2, 2 Abs. 1 Nr. 2 NdsAGInsO, § 1 Nr. 1 AGInsO LSA/AGInsO SH, § 5 ThürAGInsO. Die Erlaubnis nach dem RBerG wird auf Antrag für die geschäftsmäßige Besorgung fremder Rechtsangelegenheiten von der zuständigen Behörde für einen bestimmten Sachbereich erteilt, etwa Rentenberatern, Versicherungsberatern oder Fachprüfern, vgl. § 1 Abs. 1 RBerG.
[84] Art. 1, 5 Abs. 1 BayAGInsO, §§ 2, 6 AGInsO Berlin, §§ 1, 5 Abs. 1 HessAGInsO, § 3 Abs. 1 SächsInsOAG, § 3 Abs. 1 Satz 1, Abs. 2 ThürAGInsO.
[85] Als grundsätzlich geeignete Stellen werden Träger der Kirchen und Religionsgemeinschaften des öffentlichen Rechts, Gemeinden bzw. Gemeindeverbände, sonstige juristische Personen des öffentlichen Rechts und Verbände der freien Wohlfahrtspflege sowie Verbraucherzentralen genannt, vgl. etwa § 1 Abs. 2 Nr. 1 AGInsO BW, § 3 Abs. 1 Nr. 3 AGInsO Brandbg., § 1 Satz 1 Nr. 1 SaarlAGInsO, § 3 Abs. 1 Nr. 1 AGInsO LSA.
[86] § 2 Satz 1 Nr. 1 BremAGInsO, § 3 Abs. 1 Satz 1 NdsAGInsO, § 2 Abs. 1, 2 AGInsO NRW, § 3 Abs. 1 Satz 1, Abs. 2 ThürAGInsO; s. zur Verfassungsmäßigkeit der Regelung Niedersachsens VG Hannover ZVI 2007, 471 ff.; zu § 2 Abs. 1 Nr. 4 AGInsO NRW s. VG Aachen ZVI 2005, 264.
[87] § 2 Satz 1 Nr. 1 BremAGInsO, § 3 Abs. 1 AGInsO SH.
[88] § 1 Satz 1 HmbAGInsO, §§ 1 Abs. 1 Satz 1, 2 Abs. 1 Nr. 1 NdsAGInsO.
[89] Vgl. etwa Art. 3 BayAGInsO, § 4 AGInsO Berlin, § 3 HessAGInsO, §§ 1, 4 AGInsO RP/SächsInsOAG, § 1 Abs. 1, 2 ThürAGInsO.
[90] So aber VG München ZInsO 2001, 724.
[91] VG Hannover ZVI 2007, 471 ff.; HambKomm-*Streck,* InsO, § 305 RdNr. 14; *Römermann* in Nerlich/Römermann, InsO, § 305 RdNr. 15.

Eröffnungsantrag des Schuldners 36–38 § 305

d) Bindung des Insolvenzgerichts. Die von der zuständigen Landesbehörde ausgesprochene Anerkennung einer Stelle als geeignet im Sinne des § 305 Abs. 1 Nr. 1 bindet das Insolvenzgericht. Aus der den Ländern durch § 305 Abs. 1 Nr. 1 Hs. 2 eingeräumten Kompetenz zur Anerkennung der Stellen ist zu folgern, dass das Insolvenzgericht, soweit eine durch die zuständige Behörde erteilte Anerkennung vorliegt, die Voraussetzungen der Anerkennung **nicht zu prüfen** hat. Ergeben sich im Insolvenzverfahren Zweifel am Vorliegen oder Fortbestand der Anerkennungsvoraussetzungen, so muss die Überprüfung durch die zuständige Landesbehörde erfolgen, die über den Widerruf der Anerkennung entscheidet.[92] 36

Die landesrechtliche Anerkennung der Stelle als geeignet i. S. d. § 305 Abs. 1 Nr. 1 ist Voraussetzung der Anerkennung einer von dieser ausgestellten Bescheinigung durch das Insolvenzgericht. Die den Ländern durch § 305 Abs. 1 Nr. 1 eingeräumte Ermächtigung, die als geeignet anzusehenden Personen oder Stellen zu bestimmen, soll die Insolvenzgerichte von einer eigenen Prüfung der Geeignetheit entlasten. Dieser Normzweck schließt es aus, dass das Insolvenzgericht mit der Frage befasst wird, ob über die landesrechtlich anerkannten Stellen hinaus weitere Stellen als geeignet in Betracht kommen. 37

e) Mitwirkung an der Schuldenbereinigung. Eine Mitwirkung der die Bescheinigung ausstellenden Person oder Stelle an dem Versuch einer außergerichtlichen Schuldenbereinigung wird durch § 305 Abs. 1 Nr. 1 nicht ausdrücklich vorgeschrieben. Hat eine solche **Mitwirkung nicht stattgefunden,** so folgt aus dem Sinn und Zweck der Norm, dass der Aussteller der Bescheinigung nachvollziehbar und nachprüfbar darlegen muss, in welcher Weise er sich davon überzeugt hat, dass der Schuldner sich tatsächlich und ernsthaft um eine einvernehmliche außergerichtliche Vereinbarung zur Schuldenbereinigung bemüht hat (s. hierzu o. RdNr. 22). Die Anforderungen im Einzelnen bestimmen sich nach der Notwendigkeit, Gefälligkeitsbescheinigungen auszuschließen.[93] Die bescheinigende Stelle muss den Einigungsversuch nicht selbst durchgeführt haben,[94, 95] in der Regel wird sie sich jedoch nur davon überzeugen können, dass die Anforderungen an einen ernsthaften Einigungsversuch erfüllt sind, wenn sie diesen selbst betreiben bzw. begleitet hat.[96] Ferner muss die bescheinigende Stelle eine ausreichende Qualifikation aufweisen, um sich selbst davon überzeugen zu können, dass die Anforderungen an einen ernsthaften Einigungsversuch erfüllt sind (s. o. RdNr. 31). Eine pro forma-Bescheinigung des vom Schuldner angeblich durchgeführten Einigungsversuchs, bei dem die bescheinigende Stelle nichts weiter tut, als Angaben des Schuldners zu bestätigen, die sie nicht nachgeprüft hat, entspricht nicht dem Sinn und Zweck der gesetzlichen Regelung.[97] 38

---

[92] Vgl. etwa Art. 5 Abs. 3 BayAGInsO, § 6 Abs. 3 AGInsO Berlin/Brandbg., § 3 Abs. 3 BremAGInsO/SaarlAGInsO, § 4 Abs. 3 HmbgAGInsO/AGInsO SH/SächsAGInsO, § 5 Abs. 3 HessAGInsO, § 4 Abs. 2 AGInsO RP/AGInsO LSA/ThürAGInsO.

[93] *Kirchhof* (Fn. 46) S. 56; *Wittig* WM 1998, 157, 161; *Schmidt-Räntsch* MDR 1994, 321, 323; *Hess,* InsO, § 305 RdNr. 95; *Kübler/Prütting/Wenzel,* InsO, § 305 RdNr. 4. Darauf wies auch der Rechtsausschuss hin, Bericht BTag zum RegE, BT-Drucks. 12/7302, S. 190 (zu § 357b).

[94] OLG Schleswig ZInsO 2000, 170; *Uhlenbruck/Vallender,* InsO, § 305 RdNr. 62 f.; FK-*Grote,* InsO, § 305 RdNr. 15; *Kübler/Prütting/Wenzel,* InsO, § 305 RdNr. 7; *Römermann* in *Nerlich/Römermann,* InsO, § 305 RdNr. 25; *Graf-Schlicker/Sabel,* InsO, § 305 RdNr. 16; *Smid/Haarmeyer,* InsO, § 305 RdNr. 27; HambKomm-*Streck,* InsO, § 305 RdNr. 15; *Andres* in *Andres/Leithaus,* InsO, §§ 305, 305a RdNr. 7; *Hess,* InsO, § 305 RdNr. 54; aA AG Hamburg, Beschl v. 11. 9. 2007 68a IK 530/07 – juris; HK-*Landfermann* § 305 RdNr. 17; *Hackling* (Fn. 70) S. 226 ff.

[95] Nach der Untersuchung aus dem Jahre 2005 von *Heuer/Hils/Richter/Schröder/Sackmann* S. 21 werden 8,2% der außergerichtlichen Schuldenbereinigungspläne von den Schuldnern selbst eingereicht, jedoch ganz überwiegend unter Beteiligung von Schuldnerberatungsstellen oder mit Hilfe entsprechender – teurer – Software, die auf eigene Kosten besorgt wurde, erstellt; dazu *Hackling* (Fn. 70) S. 225.

[96] Zutr. *Hackling* (Fn. 70) S. 225; *Hergenröder* (Fn. 71) S. 449; ähnlich wohl *Hess,* InsO, § 305 RdNr. 50; s. ferner *Jäger* ZVI 2007, 507, 511; abw. (nicht zwingend erforderlich, es genügt die Vorlage der verwendeten Unterlagen) *Smid/Haarmeyer,* InsO, § 305 RdNr. 29 f.; *Römermann* in *Nerlich/Römermann,* InsO, § 305 RdNr. 25; *Uhlenbruck/Vallender,* InsO, § 305 RdNr. 63; so wohl auch *Kübler/Prütting/Wenzel,* InsO, § 305 RdNr. 7.

[97] AG Hamburg, Beschl. v. 11. 9. 2007 – 68a IK 530/07 – juris; *Hackling* (Fn. 70) S. 225 ff. Der von *Hackling* (Fn. 70) S. 226 mit Fn. 7 konstatierte Widerspruch innerhalb der hier vertretenen Ansicht besteht in der Sache nicht, s. o. RdNr. 31.

39 **f) Zeitraum von 6 Monaten.** Eine Einigung muss innerhalb der Letzten 6 Monate vor dem Eröffnungsantrag erfolglos versucht worden sein (Abs. 1 Nr. 1). Maßgeblich ist, ob der Schuldner innerhalb dieses Zeitraums den Gläubigern einen auf Schuldenbereinigung gerichteten und vom Willen zur Einigung getragenen Vertragsantrag unterbreitet hat. Dies setzt voraus, dass der Schuldner **allen Gläubigern** innerhalb des genannten Zeitraums ein derartiges Angebot gemacht hat.[98] Maßgeblicher Zeitpunkt für den Beginn der Frist ist der Zeitpunkt der letzten Ablehnung des Vorschlag des Schuldners durch einen Gläubiger.[99]

40 **3. Antrag oder Erklärung betr. Restschuldbefreiung (Nr. 2).** Der Antrag auf Erteilung der Restschuldbefreiung muss im Verbraucherinsolvenzverfahren schriftlich zusammen mit dem Eröffnungsantrag vorgelegt werden, wie sich aus § 305 Abs. 1 Hs. 1 ergibt; eine Erklärung zu Protokoll der Geschäftsstelle (§ 287 Abs. 1 Satz 2) ist nunmehr ausgeschlossen. Dem Antrag ist die Abtretungserklärung gem. § 287 Abs. 2 Satz 1 bzw. der Hinweis auf eine bereits erfolgte Abtretung oder Verpfändung beizufügen (s. dazu § 287 RdNr. 34 und § 306 RdNr. 22).

41 Der Schuldner kann auch erklären, dass die **Restschuldbefreiung nicht beantragt** werden soll. Dies kommt in Betracht, wenn der Schuldner davon ausgeht, nur im gerichtlichen Schuldenbereinigungsverfahren Restschuldbefreiung erlangen zu können, weil in seiner Person Gründe vorliegen, die auf Antrag eines Gläubigers zur Versagung der Restschuldbefreiung führen (vgl. § 290). Kommt es zur Eröffnung des Insolvenzverfahrens, so ist der Schuldner an diese Erklärung nicht gebunden; er kann den Antrag auf Restschuldbefreiung nach Eröffnung des Insolvenzverfahrens im ersten Termin stellen[100] (§ 287 Abs. 1 Satz 2 i. V. m. § 312 Abs. 1; s. § 287 RdNr. 20). Gegen die Ansicht, die Erklärung des Schuldners, Restschuldbefreiung solle nicht beantragt werden, sei **unwiderruflich** (s. o. § 30 RdNr. 14),[101] spricht, dass der Antrag gem. § 287 Abs. 1 Satz 2 auch noch nach Verfahrenseröffnung gestellt werden kann. Da es im Verbraucherinsolvenzverfahren keinen Berichtstermin gibt, kommt insofern nur der Prüfungstermin in Betracht. Etwas anderes ergibt sich allerdings dann, wenn man § 305 Abs. 1 Nr. 2 i. V. m. § 305 Abs. 3 als lex specialis in Bezug auf den maßgeblichen Zeitpunkt der Antragstellung betreffend die Restschuldbefreiung im Verbraucherinsolvenzverfahren versteht. Dann wäre eine spätere Antragstellung von vornherein ausgeschlossen. Auf die Frage, ob die **Negativerklärung des Schuldners** widerrufen werden kann, käme es dann nicht an. Diese Interpretation ist aber nicht zwingend. Der Normzweck des § 305 Abs. 1 Nr. 2 besteht darin, frühzeitig **Klarheit über den weiteren Verfahrensablauf** zu schaffen.[102] Ob die gesetzliche Restschuldbefreiung in Betracht kommt, ist wichtig für die Beurteilung der Angemessenheit eines Schuldenbereinigungsplans.[103] Wenn aber das Schuldenbereinigungsplanverfahren scheitert, ist dieser Gesichtspunkt nicht mehr relevant.

42 Der Antrag auf Erteilung der Restschuldbefreiung ist zusammen mit dem Eröffnungsantrag oder unverzüglich nach diesem Antrag zu stellen (§ 305 Abs. 1 Hs. 1). Hat der Schuldner keinen Antrag bzw. keine Erklärung zur Restschuldbefreiung gem. § 305 Abs. 1 Nr. 2 vorgelegt, so hat ihn das Insolvenzgericht darauf hinzuweisen, dass er nach Maßgabe der §§ 286 bis 303 Restschuldbefreiung erlangen kann (Abs. 3 i. V. m. § 30 Abs. 3). Eine Zurückweisung des Antrags auf Restschuldbefreiung als verspätet setzt voraus, dass dieser Hinweis an den Schuldner erfolgt ist.[104]

---

[98] And. *Obermüller* in *Hess/Obermüller*, Insolvenzplan, RdNr. 941, wonach es genügen soll, dass innerhalb der 6-Monatsfrist mindestens ein Gläubiger den Versuch einer Schuldenbereinigung definitiv abgelehnt hat; ebenso FK-*Grote*, InsO, § 305 RdNr. 12.
[99] AG Göttingen NZI 2005, 510; AG Köln NZI 2007, 57; HambKomm-*Streck*, InsO, § 305 RdNr. 18; *Hess*, InsO, § 305 RdNr. 58; *Kübler/Prütting/Wenzel*, InsO, § 305 RdNr. 6; *Uhlenbruck/Vallender*, InsO, § 305 RdNr. 70; *Grote* ZInsO 1998, 107, 109; *Braun/Buck*, InsO, § 305 RdNr. 10.
[100] FK-*Grote*, InsO, § 305 RdNr. 20.
[101] S. a. HambKomm-*Streck*, InsO, § 305 RdNr. 20.
[102] OLG Köln NZI 2000, 367, 368 f.; HK-*Landfermann*, InsO, § 305 RdNr. 19.
[103] HK-*Landfermann*, InsO, § 305 RdNr. 19.
[104] *Maier/Krafft* BB 1997, 2173, 2174.

4. Vermögensverzeichnis und andere beizufügende Verzeichnisse (Nr. 3). a) Ver- 43
mögensverzeichnis. Dem Eröffnungsantrag beizufügen ist zunächst ein Vermögensverzeichnis, das das vorhandene Vermögen und das Einkommen umfassen muss. An das Vermögensverzeichnis sind die gleichen Anforderungen zu stellen wie sie für das Vermögensverzeichnis gelten, das der Schuldner zur **Vermögensoffenbarung gem. § 807 ZPO** vorzulegen hat.[105] Das Vermögensverzeichnis muss konkrete Angaben über die dem Schuldner gehörenden beweglichen und unbeweglichen Vermögensgegenstände sowie über die ihm zustehenden Forderungen und andere Vermögenswerte enthalten und diese im Einzelnen bezeichnen. Nach dem insoweit eindeutigen Wortlaut der Vorschrift sind nicht nur die zur Insolvenzmasse gehörenden Vermögensgegenstände anzugeben, sondern – abweichend von § 807 ZPO – das gesamte vorhandene Vermögen. Dazu gehören insbesondere Forderungen aus Arbeitsverhältnissen,[106] auch soweit sie noch nicht fällig sind.[107] Anzugeben sind auch künftige Forderungen, soweit bereits ein Grund für sie gelegt ist.[108] Einkünfte müssen unabhängig von ihrer Pfändbarkeit vollständig angegeben werden; der Schuldner muss seine wirtschaftlichen Verhältnisse vorbehaltlos offen legen, um den Gläubigern eine Überprüfung zu ermöglichen.[109] Durch das InsOÄndG 2001 neu eingefügt ist die Verpflichtung des Schuldners, zusätzlich zum Vermögensverzeichnis auch eine Zusammenfassung des wesentlichen Inhalts dieses Verzeichnisses **(Vermögensübersicht)** vorzulegen (s. o. RdNr. 8).

b) Gläubiger- und Forderungsverzeichnis. Beizufügen ist weiter ein Verzeichnis der 44
Gläubiger; dies muss die Gläubiger im Einzelnen mit Namen und Anschrift aufführen.[110]
Auch streitige Forderungen sind in das Verzeichnis aufzunehmen und zwar in der von dem Gläubiger behaupteten Höhe;[111] erst im Schuldenbereinigungsplan kann der Schuldner bestrittene Forderungen niedriger bzw. mit „Null" ansetzen[112] (s. u. RdNr. 56). Dieses Verzeichnis muss ergänzt werden um ein Verzeichnis der gegen den Schuldner gerichteten Forderungen dieser Gläubiger; in dem Verzeichnis der Forderungen kann auf beigefügte Forderungsaufstellungen der Gläubiger Bezug genommen werden **(Abs. 2 Satz 1)**, zu deren Vorlage die Gläubiger auf Verlangen des Schuldners verpflichtet sind **(Abs. 2 Satz 2)**. Der Vorlage dieser Verzeichnisse ist die Erklärung beizufügen, dass die in diesen enthaltenen Angaben richtig und vollständig sind **(Abs. 1 Nr. 3 Hs. 2)**. Bei noch nicht fälligen Forderungen ist anzugeben, wann sie fällig werden.[113] Das Vermögens- und Forderungsverzeichnis dient nicht lediglich buchhalterischen Zwecken, sondern sowohl der Entlastung der Gerichts als auch der Information der Gläubiger über die Grundlagen der geplanten Schuldenbereinigung.[114]

---

[105] Römermann in Nerlich/Römermann, InsO, § 305 RdNr. 29; and. FK-Grote, InsO, § 305 RdNr. 23; ders. in Kohte/Ahrens/Grote § 305 RdNr. 23. Zu den Anforderungen gem. § 807 ZPO s. Zöller/Stöber, ZPO, § 807 RdNr. 19 ff. Zur Aufnahme von Lebensversicherungsverträgen mit geringem Rückkaufswert AG Baden-Baden ZVI 2005, 440.
[106] FK-Grote, InsO, § 305 RdNr. 24.
[107] BGH ZInsO 2005, 537 f.; Kübler/Prütting/Wenzel, InsO, § 305 RdNr. 25.
[108] BGH ZInsO 2005, 537 f.
[109] OLG Celle NZI 2002, 323; zu den Sorgfaltsanforderungen im Einzelnen AG Duisburg ZVI 2007, 481 f.
[110] Bericht BTag zum RegE, BT-Drucks. 12/7302, S. 190 (zu § 357 b); Römermann in Nerlich/Römermann, InsO, § 305 RdNr. 30; Späth ZInsO 2000, 483, 484 f.
[111] LG Kassel ZInsO 2002, 1147; AG Hamburg, Beschl. v. 20. 12. 2005 – 68 c IK 187/04 – juris; HambKomm-Streck, InsO, § 305 RdNr. 24; Graf-Schlicker/Sabel, InsO, § 305 RdNr. 27; Hess, InsO, § 304 RdNr. 57; zur Möglichkeit einer Einstellung der Forderung mit „0" demgegenüber Uhlenbruck/Vallender, InsO, § 305 RdNr. 101; Goetsch/Fluck in Breutigam/Blersch/Goetsch, InsO, § 305 RdNr. 38; bei einer Streitigkeit dem Grunde nach auch HK-Landfermann, InsO, § 305 RdNr. 34, im Übrigen in der vom Schuldner für zutreffend erachteten Höhe.
[112] Hess, InsO, § 305 RdNr. 17.
[113] BGH ZInsO 2005, 537 f.; BGH NJW-RR 2005, 990, 991; Kübler/Prütting/Wenzel, InsO, § 305 RdNr. 25; HambKomm-Streck, InsO, § 305 RdNr. 24; Graf-Schlicker/Sabel, InsO, § 305 RdNr. 28; zur Erforderlichkeit einer substantiierten Darlegung des Eröffnungsgrundes BGHZ 153, 205, 208 f. = NJW 2003, 1187 f.
[114] BGH NZI 2005, 461; BayObLG NZI 2002, 393; Graf-Schlicker/Sabel, InsO, § 305 RdNr. 22; Braun/Buck, InsO, § 305 RdNr. 22.

45 **5. Formulare (Abs. 5).**[115] Zur Vereinfachung können durch Rechtsverordnung Formulare für die nach Abs. 1 Nr. 1 bis 4 vorzulegenden Bescheinigungen, Anträge, Verzeichnisse und Pläne eingeführt werden. Soweit dies geschieht, muss sich der Schuldner ihrer bedienen (Abs. 5 Satz 2). Die Einführung dieser Formulare dient nicht nur der Vereinfachung des Verbraucherinsolvenzverfahrens, sondern auch der Vereinheitlichung, hat darüber hinaus aber auch eine inhaltliche Bedeutung, weil durch die Einführung solcher Formulare zugleich festgelegt wird, wie differenziert die Angaben des Schuldners und insbesondere auch die Angaben in der Bescheinigung gem. Abs. 1 Nr. 1 sein müssen. Nachdem der Erlass einer entsprechenden Rechtsverordnung zunächst aufgeschoben wurde, um die Erfahrungen der Praxis mit den bislang verwendeten Vordrucken abzuwarten, war eine Bund-Länder-Arbeitsgruppe mit ihrer Ausarbeitung befasst. Die solchermaßen vorbereitete **Rechtsverordnung** ist schließlich im Februar 2002 ergangen und am 1. 3. 2002 in Kraft getreten.[116]

46 Eine Ausnahme vom grundsätzlichen Zwang zur Benutzung der Formulare soll für den besonderen Teil des Schuldenbereinigungsplans gelten; der vom Schuldner autonom zu gestaltende Vorschlag zur Schuldenbereinigung soll keinen Formzwängen oder besonderen Vorgaben unterliegen. Demgegenüber haben einige Insolvenzgerichte auch hier die Verwendung der amtlichen Formulare für zwingend gehalten und dem nicht entsprechende Anträge zurückgewiesen.[117] Aus der Nr. 68 „Hinweisblatt zu den Vordrucken für das Verbraucherinsolvenzverfahren und das Restschuldbefreiungsverfahren"[118] ergibt sich jedoch zweifelsfrei, dass der Gesetzgeber eine solche Rechtsfolge gerade nicht gewollt hat; entsprechende Auflagen sind zudem gesetzeswidrig, weil auch das Gesetz die umfassende Gestaltungsfreiheit der Beteiligten respektiert.[119] Zur Reichweite und Bedeutung der Rücknahmefiktion des Abs. 3 Satz 2 in solchen Fällen s. u. RdNr. 99.

47 **6. Mitwirkung der Gläubiger bei der Forderungsaufstellung (Abs. 2).** Die Gläubiger sind typischerweise mit dem geringsten Aufwand in der Lage, ihre Forderungen gegen den Schuldner vollständig und zuverlässig anzugeben; zugleich besteht für sie ein unmittelbarer Anreiz, dies auch zu tun. Soweit ein derartiges **Forderungsverzeichnis** von Gläubigern vorliegt, kann dieses zur Grundlage des Schuldenbereinigungsverfahrens gemacht werden, indem der Schuldner in dem von ihm vorzulegenden Verzeichnis der Forderungen darauf Bezug nimmt **(Abs. 2 Satz 1)**.

48 Im Übrigen hat der Schuldner einen Anspruch gegen jeden seiner Gläubiger auf Erteilung einer schriftlichen Aufstellung ihrer gegen ihn gerichteten Forderungen, die deren Höhe angeben und nach Hauptforderung, Zinsen und Kosten aufgegliedert sein müssen **(Abs. 2 Satz 2)**. Für die Gläubiger ist damit in der Regel kein besonderer Aufwand verbunden; in jedem Fall ist ihnen die Erteilung der Aufstellung zumutbar, weil sie ihren eigenen Interessen dient und bei der weiteren Durchführung des Schuldenbereinigungsverfahrens und ggf. bei der Durchführung des Insolvenzverfahrens ohnehin erbracht werden muss.

---

[115] Durch Art. 9 des Justizkommunikationsgesetzes vom 22. 3. 2005 (BGBl. I S. 837) ist in Abs. 5 der Begriff „Vordrucke" durch den Begriff „Formulare" ersetzt worden; insoweit dürfte es sich um ein redaktionelles Versehen gehandelt haben, wenn es in § 305 Abs. 3 Satz 1 des RegE der Bundesregierung vom 23. 1. 2007 noch „Vordrucke" und nicht „Formulare" hieß.

[116] Verordnung zur Einführung von Vordrucken für das Verbraucherinsolvenzverfahren und die Restschuldbefreiung (Verbraucherinsolvenzvordruckverordnung – VbrInsVV) vom 17. 2. 2002, BGBl. I S. 703 ff. Die amtlichen Vordrucke sind in Anlage zu der Rechtsverordnung im BGBl. Abgedruckt; s. hierzu *Schmerbach* NZI 2002, 197 f.; *ders.* ZVI 2002, 38 ff.

[117] So LG Kleve ZVI 2002, 200; LG Kleve ZInsO 2002, 841, 842; obiter dictum auch LG Köln ZInsO 2003, 93, 94.

[118] Abgedruckt in BGBl. I 2002, S. 935 ff.

[119] Zu Recht abl. daher *Mäusezahl* ZVI 2002, 201; *Pape* ZInsO 2003, 61, 62 ff.; *ders.* ZInsO 2002, 806, 807 f.; *Graf-Schlicker/Sabel*, InsO, § 305 RdNr. 5; HambKomm-*Streck*, InsO, § 305 RdNr. 32.

Kommt ein Gläubiger der Aufforderung des Schuldners nicht nach, so kann der Schuldner **49** das Forderungsverzeichnis insoweit selbst erstellen.[120] Er kann stattdessen aber auch die Forderungen des Gläubigers in dem von ihm vorzulegenden Verzeichnis der Forderungen unberücksichtigt lassen und darauf Bezug nehmen, dass der Gläubiger einer **Aufforderung gem. Abs. 2 Satz 2 nicht nachgekommen** ist. In diesem Fall hat der Gläubiger die Möglichkeit, das Forderungsverzeichnis nach Maßgabe des § 308 Abs. 3 Satz 2 nachträglich zu ergänzen; macht er davon keinen Gebrauch, so erlöschen seine Forderungen (§ 308 Abs. 3 Satz 2 Hs. 2; näher dazu dort RdNr. 15). Diese Rechtsfolgen greifen jedoch nicht ein, wenn das Forderungsverzeichnis des Schuldners keinen Hinweis auf den Gläubiger enthält, der der Aufforderung nicht nachgekommen ist, und diesem das Forderungsverzeichnis deshalb auch nicht zugestellt worden ist (dazu § 308 RdNr. 15). Der Schuldner kann zudem den Gläubiger auf Auskunft verklagen.[121]

Die Aufforderung des Schuldners an den Gläubiger muss einen Hinweis auf einen bereits **50** bei Gericht eingereichten oder in naher Zukunft beabsichtigten Antrag auf Eröffnung eines Insolvenzverfahrens enthalten **(Abs. 2 Satz 3)**. Dadurch soll der Gläubiger auf die Bedeutung der von ihm verlangten Forderungsaufstellung hingewiesen werden. Außerdem bezweckt die Hinweispflicht, dem Gläubiger die Wahrnehmung seiner Rechte in dem bevorstehenden Verfahren zu erleichtern.

7. Schuldenbereinigungsplan (Nr. 4). Der Schuldenbereinigungsplan ist von maßgeb- **51** licher Bedeutung für diesen Verfahrensabschnitt. Zwingende **inhaltliche Anforderungen** an diesen Plan stellt das Gesetz nur in Bezug auf die vorgesehene Behandlung von Sicherheiten auf **(Abs. 1 Nr. 4 Hs. 2)**. Im Übrigen enthält die Bestimmung des Abs. 1 Nr. 4 nur den Hinweis darauf, dass der Plan alle Regelungen enthalten kann, die unter Berücksichtigung der Gläubigerinteressen sowie der Vermögens-, Einkommens- und Familienverhältnisse des Schuldners geeignet sind, zu einer angemessenen Schuldenbereinigung zu führen. Damit wird nur unterstrichen, dass Rechtsgrundlage der Schuldenbereinigung auch in diesem Verfahrensabschnitt die **Vertragsfreiheit** ist.[122] Rechtliche Bedeutung hat dieser gesetzliche Hinweis nicht, insbesondere ergibt sich daraus nicht ein Vorrang von **Unterhaltsverpflichtungen** des Schuldners.[123] Die im Bericht des Rechtsausschusses geäußerte Ansicht, durch den Hinweis auf die familiären Verhältnisse des Schuldners werde klargestellt, dass den Unterhaltspflichten vorrangige Bedeutung beigemessen werde,[124] findet im Wortlaut des Gesetzes keinen wie immer gearteten Ausdruck und ist deshalb unerheblich. Auch kommt dem gesetzlichen Hinweis auf die möglichen Regelungen kein besonderer Erkenntniswert für die Ausgestaltung des Schuldenbereinigungsplans zu. Die Vorschriften über den Insolvenzplan, dessen Gliederung (§ 219) und Ausgestaltung (§§ 220 ff.) sind auf den Schuldenbereinigungsplan nicht anwendbar (vgl. § 312 Abs. 3 für das vereinfachte Insolvenzverfahren).

a) Regelungsgehalt. Der Schuldenbereinigungsplan hat die Funktion einer Grundlage **52** für Vergleichsbemühungen unter Mitwirkung des Gerichts und kann deshalb alle Regelungen vorsehen, die vertraglich vereinbart und damit **Gegenstand eines Vergleichs** sein können. Dies betrifft zunächst vertragliche Regelungen zwischen Schuldnern und Gläubigern; möglich ist aber auch, eine **Beteiligung Dritter** vorzusehen, die einen Beitrag zur Schuldenbereinigung erbringen sollen und wollen, wie z. B. Familienangehörige des Schuldners oder andere dem Schuldner nahe stehende Personen. Dies hat praktische Bedeutung vor allem im Hinblick auf Ehe- oder Lebenspartner, die in einem gemeinsamen Haushalt mit dem Schuldner leben.

---

[120] AG Stuttgart ZInsO 2001, 381.
[121] S. zum Streitwert einer solchen Klage OLG Frankfurt/M., Beschl. v. 15. 1. 2007 – 4 W 91/06 – juris (Aufwand des Klägers bei eigenständiger Ermittlung von Bestand und Höhe der Klägerforderung).
[122] OLG Köln ZInsO 2001, 230; LG Traunstein ZInsO 2001, 525; *Grote* in *Kohte/Ahrens/Grote* § 305 RdNr. 28; *Römermann* in *Nerlich/Römermann*, InsO, § 305 RdNr. 36.
[123] *Römermann* in *Nerlich/Römermann*, InsO, § 305 RdNr. 37.
[124] Bericht BTag zum RegE, BT-Drucks. 12/7302, S. 191 (zu § 357 b).

53 Bezugspunkt der vorgesehenen Regelungen sind einerseits die Gläubigerinteressen, andererseits die Vermögens- und Einkommensverhältnisse des Schuldners sowie dessen Familienverhältnisse, worauf die gesetzliche Vorschrift ausdrücklich hinweist.

54 Im Einzelnen können Gegenstand des Plans etwa Regelungen über den ganzen oder teilweisen **Erlass** von Forderungen, über Stundungen, Ratenzahlungen und Behandlung von Sicherheiten sein (s. schon o. RdNr. 17). Der Plan kann auch vorsorglich Regelungen für den Fall vorsehen, dass es bei Durchführung der Schuldenbereinigung zu Störungen durch Zahlungsverzug des Schuldners kommt. In den Plan aufgenommen werden können auch **Verfallklauseln** und Klauseln über das Wiederaufleben erlassener Teilforderungen für den Fall, dass der Schuldner den im Plan festgelegten Zahlungspflichten nicht nachkommt;[125] dabei sind die Bestimmungen der §§ 498, 504 Abs. 2 BGB idF des Gesetzes zur Modernisierung des Schuldrechts v. 26. 11. 2001 bzw. – bei Altfällen – der §§ 12, 13 VerbrKrG zu beachten. In den Schuldenbereinigungsplan können ferner Regelungen aufgenommen werden, die den **Obliegenheiten des Schuldners** gem. § 295 im Verfahren der Restschuldbefreiung entsprechen. Das Gesetz schreibt dies jedoch nicht vor.[126] Stimmen die Gläubiger einem Schuldenbereinigungsplan ohne eine solche Klausel zu oder wird ihre Zustimmung ersetzt, so bleiben entsprechende Handlungen des Schuldners ohne Auswirkungen. Zur Auswirkung auf die Ersetzung der Zustimmung s. § 309 RdNr. 17.

55 **b) Anpassungsklauseln.** Von großer praktischer Bedeutung sind Klauseln, die eine Anpassung des Schuldenbereinigungsplans für den Fall vorsehen, dass sich die **persönlichen und wirtschaftlichen Verhältnisse des Schuldners** in unvorhergesehener Weise ändern, beispielsweise durch Geburt eines Kindes, Ehescheidung, schwere Erkrankung, Berufsunfähigkeit oder Arbeitslosigkeit.[127] Es wäre mit einem unverhältnismäßig großen Aufwand verbunden, für alle Eventualitäten vorsorgliche Regelungen in den Schuldenbereinigungsplan aufzunehmen und würde zudem die Vergleichsbemühungen stark belasten. Anpassungsregelungen, die eine Nachverhandlung vorsehen, sind insbesondere auch deshalb bedeutsam, weil das Gesetz eine Anpassung des Plans an veränderte wirtschaftliche Verhältnisse nicht vorsieht, andererseits aber der bestätigte Schuldenbereinigungsplan die Wirkung eines vollstreckbaren Vergleichs hat (§ 308 Abs. 1 Satz 2). Kann der Schuldner seine Verpflichtungen nicht mehr planmäßig erfüllen, so drohen Zwangsvollstreckung und ein Scheitern des gesamten Plans mit der möglichen Folge, dass erneut ein Antrag auf Eröffnung des Insolvenzverfahrens gestellt wird und das gesamte Verfahren von neuem beginnt, was für den Schuldner mit der nachteiligen Konsequenz verbunden ist, dass die bis dahin störungsfrei verlaufene Planabwicklung nicht auf die Voraussetzungen einer Restschuldbefreiung angerechnet wird. Durch Anpassungsregelungen kann erreicht werden, dass **Störungen in der Plandurchführung** zunächst nur zu einer Wiederaufnahme der Verhandlungen über eine einvernehmliche Schuldenbereinigung führen.[128] Eine Anpassungsregelung kommt auch für den Fall in Betracht, dass sich die wirtschaftlichen Verhältnisse des Schuldners wesentlich verbessern; s. dazu § 309 RdNr. 22.

56 **c) Streitige Forderungen.** In den Schuldenbereinigungsplan können auch Regelungen über die Behandlung streitiger Forderungen aufgenommen werden für den Fall, dass eine Einigung mit dem Gläubiger über Bestand und Höhe der Forderung im Verfahren über den Schuldenbereinigungsplan nicht gelingt. Eine solche Regelung kann vorsehen, dass der Gläubiger, dessen Forderung bestritten wird, dieselbe Quote wie die anderen Gläubiger

---

[125] *Gottwald/Schmidt-Räntsch*, Insolvenzrechts-Handbuch, § 83 RdNr. 21; *Uhlenbruck/Vallender*, InsO, § 305 RdNr. 12, 117 f.
[126] Vgl. AG Mönchengladbach ZInsO 2001, 773; s. hierzu auch § 309 RdNr. 16.
[127] Zur praktischen Notwendigkeit von Anpassungsklauseln *Kirchhof* (Fn. 45) S. 56; *Maier/Krafft* (Fn. 104) S. 2175; *Vallender* DGVZ 1997, 97, 98 f.; *Bindemann* RdNr. 77 f. Auf diese Notwendigkeit hat auch schon der Rechtsausschuss verwiesen, BT-Drucks. 12/7302, S. 190 f. (zu § 357 b).
[128] Ein Beispiel für eine solche Anpassungsklausel findet sich bei *Bindemann* RdNr. 78.

erhält, soweit sich seine Forderung in einem Rechtsstreit mit dem Schuldner als begründet erweist.[129] Dadurch kann erreicht werden, dass eine vom Schuldner bestrittene Forderung, die nicht in das Verzeichnis der Forderungen aufgenommen worden ist, nachträglich aber rechtskräftig festgestellt wird, in den Schuldenbereinigungsplan einbezogen wird; andernfalls kann der Gläubiger in voller Höhe Erfüllung verlangen (§ 308 Abs. 3 Satz 1). Eine entsprechende Regelung kann auch für den Fall vorgesehen werden, dass eine Forderung nach Grund bzw. Höhe von einem anderen Gläubiger bestritten wird, was unter den Voraussetzungen des § 309 Abs. 3 dazu führt, dass dessen Zustimmung nicht ersetzt werden kann mit der Folge, dass das Zustandekommen des Plans an dem Streit über diese Forderung scheitert.

d) Sicherheiten. Der Plan muss Angaben darüber enthalten, wie mit Bürgschaften, Pfandrechten und anderen Sicherheiten der Gläubiger verfahren werden soll und ob und inwieweit sie von der Schuldenbereinigung berührt werden sollen **(Abs. 1 Nr. 4 Hs. 2)**. Hierzu sind explizite Angaben im Schuldenbereinigungsplan erforderlich.[130] 57

In der Praxis verfügt ein Großteil der Gläubiger über Kreditsicherheiten. Außer Bürgschaften und Pfandrechten kommen Sicherheiten der Gläubiger in Form von Sicherungsübereignungen, Sicherungszessionen, Eigentumsvorbehalt und Vermieterpfandrechten in Betracht. 58

Der Wortlaut dieser Regelung ist **irreführend**, weil er auf einen Gestaltungsspielraum hindeutet, der rechtlich nur in beschränktem Umfang besteht.[131] Soweit Forderungen mit der Annahme des Schuldenbereinigungsplans ganz oder teilweise erlassen werden, erlöschen Bürgschaften und Pfandrechte (§§ 767 Abs. 1, 1210, 1273 Abs. 2 Satz 1 BGB). Für die Restschuldbefreiung gilt dagegen die Sonderregelung des § 301 Abs. 2 Satz 1; danach werden Sicherungsrechte durch die Restschuldbefreiung nicht berührt. Die Kreditsicherheiten der Gläubiger bleiben aber für den Fall des Scheiterns der Vereinbarung über die Schuldenbereinigung und eines sich anschließenden Insolvenz- und Restschuldbefreiungsverfahrens erhalten, wenn die gesicherten Forderungen nicht schon mit Annahme des Schuldenbereinigungsplans, sondern nur unter der **aufschiebenden Bedingung** der Planerfüllung durch den Schuldner erlassen werden. Gleiches gilt, wenn hinsichtlich der überschießenden Forderungen der Gläubiger ein pactum de non petendo vereinbart wird. **Nichtakzessorische Sicherheiten** wie Sicherungsübereignungen oder Sicherungszessionen sind grundsätzlich kraft der Sicherungsabrede freizugeben, soweit die gesicherte Forderung erlassen wird; insoweit kann aber in der Vereinbarung über den Schuldenbereinigungsplan eine abweichende Regelung getroffen werden. 59

Ein Gestaltungsspielraum für Regelungen im Schuldenbereinigungsplan besteht ferner insoweit, als Gläubiger nach Maßgabe der vorgesehenen Gesamtregulierung auf **fortbestehende Sicherheiten** verzichten bzw. diese auf andere Gläubiger übertragen können, was bei akzessorischen Sicherheiten freilich nur durch entsprechende Übertragung der gesicherten Forderungen möglich ist. 60

8. Der sog. Null-Plan. a) Grundfragen. Ein Null-Plan bezeichnet einen vorgerichtlichen oder gerichtlichen Schuldenbereinigungsplan des Schuldners, der einen Verzicht der Gläubiger auf ihre Forderungen ohne Gegenleistungen des Schuldners vorsieht. Für Schuldenbereinigungspläne, die nur sehr geringe Leistungen des Schuldners an die Gläubiger vorsehen, findet sich die Bezeichnung als „**Fast-Null-Plan**".[132] Weiterhin wird unterschieden zwischen einem „**starren Null-Plan**", der sich dadurch auszeichnet, dass 61

---

[129] Römermann in Nerlich/Römermann, InsO, § 305 RdNr. 38.
[130] OLG Celle ZInsO 2002, 285.
[131] LG Traunstein ZInsO 2001, 525: klare und hinreichend bestimmte Regelung erforderlich; ebenso Andres in Andres/Leithaus, InsO, §§ 305, 305 a RdNr. 22. Scholz DB 1996, 765, 766 sieht in Übereinstimmung mit dem Rechtsausschuss die Funktion der gesetzlichen Bestimmung darin, Irrtümer der Beteiligten über die Wirkungen des Schuldenbereinigungsplans zu vermeiden; ebenso Hess, InsO, § 305 RdNr. 135.
[132] So u. a. AG Dortmund ZInsO 1999, 417; AG Würzburg ZInsO 1999, 119 und 178.

Leistungen des Schuldners endgültig ausgeschlossen sein sollen, und einem **„flexiblen Null-Plan"**, der Zahlungen für den Fall vorsieht, dass der Schuldner wider Erwarten zu pfändbarem Einkommen oder zu einem Vermögenszuwachs durch eine Erbschaft kommt.[133]

62 Die Frage nach der Zulässigkeit solcher Null-Pläne ist zunächst unter dem Gesichtspunkt relevant, ob ein Null-Plan den Voraussetzungen für die **Zulässigkeit des Eröffnungsantrags** gem. § 305 Abs. 1 Nr. 1 genügt. Davon hängt es ab, ob ein gerichtliches Schuldenbereinigungsplanverfahren auf der Grundlage eines Null-Plans überhaupt stattfinden kann. Weiter stellt sich die Frage, ob bei Vorlage eines Null-Plans die **Zustimmung eines Gläubigers** gem. § 309 Abs. 1 ersetzt werden kann. Schließlich stellt sich die Frage, ob nach dem Scheitern des gerichtlichen Schuldenbereinigungsplanverfahrens auf der Basis eines Null-Plans das Verfahren über den Eröffnungsantrag aufgenommen und das Insolvenzverfahren eröffnet werden darf. Im Zusammenhang damit stellt sich die verfahrensrechtliche Frage, ob sich die **Prüfungskompetenz des Insolvenzgerichts** nur auf das Vorliegen der Antragsunterlagen einschließlich eines Schuldenbereinigungsplans bezieht oder auch eine Prüfung des Schuldenbereinigungsplans nach inhaltlichen Kriterien umfasst. Die Frage der Zulässigkeit von Null-Plänen war bis zum Inkrafttreten des InsOÄndG und der damit einhergehenden Einführung der Stundungsregelung schließlich auch von Bedeutung bei der Entscheidung über die Gewährung von **Prozesskostenhilfe** im Verbraucherinsolvenzverfahren; soweit diese für generell zulässig gehalten wurde, wurde im Falle von Null-Plänen die Gewährung von Prozesskostenhilfe zum Teil mangels Erfolgsaussicht abgelehnt (s. dazu die Kommentierung in der Vorauf. § 304 RdNr. 86).

63 Im Kern geht es bei allen diesen Fragen um die Behandlung **masseloser und masseinsuffizienter Verbraucherinsolvenzen**.[134] Von der Zulässigkeit von Null-Plänen hängt es ab, ob in solchen Fällen ein Zugang zur Restschuldbefreiung eröffnet wird oder ob Schuldner, die den Gläubigern keinerlei Leistungen anbieten, davon ausgenommen werden sollen. Das Insolvenzverfahren auf der Basis solcher Pläne ist für sich allein gesehen funktionslos. Da in der Praxis Null-Pläne oder Fast-Null-Pläne eine sehr erhebliche bzw. dominierende Rolle spielen, geht es letztlich um die **sozialpolitische Breitenwirkung** der Restschuldbefreiung.

64 **b) Streitstand.** Die Zulässigkeit von Null-Plänen als Voraussetzung für das gerichtliche Schuldenbereinigungsverfahren und damit auch für die folgenden Verfahrensabschnitte bis hin zur Restschuldbefreiung war in Rechtsprechung[135] und Schrifttum zunächst heftig umstritten. Der Streit wird sich insoweit erledigen, wenn die im RegE vom 22. 8. 2007 vorgesehenen Regelungen des Verfahrens bei mittellosen Schuldnern in Kraft treten, wonach ein außergerichtliches Schuldenbereinigungsverfahren u. a. bei einer zu erwartenden Quote von nicht mehr als 5% nicht mehr zwingend vorgeschrieben ist; vielmehr muss dann nur eine Bescheinigung einer Stelle oder Person vorgelegt werden, aus der sich ergibt, dass eine außergerichtliche Einigung offensichtlich aussichtslos ist (§ 305 Abs. 1 Nr. 1 RegE, s. dazu o. RdNr. 23 und u. RdNr. 78). Es wird sich jedoch weiterhin die Frage stellen, ob eine Zustimmungsersetzung zulässig ist, wenn der Schuldner einen Einigungsversuch auf der Basis eines solchen Plans unternimmt, s. § 309 RdNr. 20 ff.

65 **aa)** In der Rechtsprechung der Insolvenzgerichte sowie der Beschwerdegerichte und insbesondere der Obergerichte wird die Vorlage eines Null-Plans oder eines Fast-Null-Plans

---
[133] AG Göttingen ZInsO 2001, 527; FK-*Grote*, InsO, § 309 RdNr. 36. Dies entspricht den Besserungsklauseln nach bisherigem Vergleichsrecht; s. dazu *Kilger/K. Schmidt* § 85 VglO Anm. 8.
[134] Vgl. die Angaben bei *Heuer/Hils/Richter/Schröder/Sackmann* S. 26: in 87,5% der untersuchten Fälle stand zum Zeitpunkt des außergerichtlichen Einigungsversuchs keine verteilbare Masse zur Verfügung.
[135] Siehe dazu die Rechtsprechungsberichte von *Bruckmann* InVo 2000, 185, 186 ff. (für 1999); *ders.* InVo 2001, 1, 4 (für 2000).

Eröffnungsantrag des Schuldners 66–68 § 305

mittlerweile ganz überwiegend für zulässig gehalten.[136] Für die entgegengesetzte Ansicht finden sich nur wenige Entscheidungen.[137]

Soweit ein Null-Plan für zulässig gehalten wird, wird darauf abgestellt, dass es weder mit der Aufnahme der Restschuldbefreiung in den **Zielkatalog der Insolvenzordnung** noch mit dem verfassungsrechtlichen Gleichheitsgrundsatz vereinbar wäre, völlig mittellose Schuldner vom Zugang zur Restschuldbefreiung auszuschließen. Weiter wird darauf verwiesen, dass die InsO keine Vorschriften enthalte, die einem masselosen Verfahren entgegenstehen und dass eine Mindestquote gesetzlich nicht vorgeschrieben ist.[138] Insoweit decken sich die Argumente weitgehend mit denen, die für die Gewährung von **Prozesskostenhilfe** als Voraussetzung für die Durchführbarkeit der der Restschuldbefreiung vorgeschalteten Verfahrensabschnitte geltend gemacht wurden (s. die Kommentierung in der Vorauﬂ. § 304 RdNr. 85). 66

Gegen die Zulässigkeit von Null-Plänen wird angeführt, dass diese den **Interessen der Gläubiger** nicht Rechnung tragen, weil Gläubiger bei Null- oder Fast-Null-Plänen im Restschuldbefreiungsverfahren nichts zu erwarten haben, dies vielmehr dazu führt, dass die Forderungen der Gläubiger entschädigungslos erlöschen.[139] 67

bb) Im Schrifttum wird von einer überwiegenden Meinung die Zulässigkeit von Null-Plänen bejaht.[140] Hierzu wird vor allem darauf verwiesen, dass das Gesetz keine **Mindestquote** vorschreibt und masselose Verfahren als Voraussetzung für die Restschuldbefreiung nicht zu beanstanden seien.[141] Eine Restschuldbefreiung auch ohne Leistung des Schuldners wird als Konsequenz aus der Erweiterung der Zielbestimmung (§ 1 Satz 2) für gerechtfertigt sowie aus **sozialpolitischen,** aber auch aus **verfassungsrechtlichen** Gründen für geboten erachtet. Die Gegenmeinung[142] hält Null-Pläne insbesondere deshalb für unzulässig, weil auf diesem Wege keine Schuldenbereinigung unter angemessener Berücksichtigung der Gläubigerinteressen gewährleistet sei; die Restschuldbefreiung dürfe nicht aus dem Zusammenhang des auf **Gläubigerbefriedigung** gerichteten Insolvenzverfahrens gelöst werden. 68

---

[136] OLG Celle ZInsO 2000, 601; OLG Celle ZIP 2001, 340; OLG Frankfurt/M. NZI 2000, 473; OLG Karlsruhe NZI 2000, 163; BayObLG NJW 2000, 220 = NZI 1999, 451 = ZIP 1999, 1926; OLG Köln ZInsO 2001, 230; BayObLG NZI 2000, 129; BayObLG ZIP 1999, 1926; OLG Köln ZIP 1999, 1929; OLG Köln NZI 2001, 211 = ZInsO 2001, 230; OLG Stuttgart ZInsO 2002, 836, 837; LG Baden-Baden NJW-RR 1999, 993 = NZI 1999, 234; LG Essen NJW-RR 1999, 1350 = ZIP 1999, 1137; LG Lüneburg ZIP 1999, 372 (Fast-Null-Plan: 8%); LG Mainz NZI 2000, 549; LG Memmingen NZI 2000, 233; LG Würzburg ZInsO 1999, 583; LG Würzburg NZI 1999, 417, 418; LG Würzburg ZIP 1999, 1718; LG München II NZI 1999, 465; AG Duisburg NZI 1999, 373; AG Dortmund ZInsO 1999, 118 (Null-Plan); AG Dortmund ZInsO 1999, 417 (Fast-Null-Plan: 2,62%); AG Dortmund InVo 1999, 147; AG Göttingen NZI 1999, 124 (Null-Plan zulässig, im vorliegenden Fall Quote von 25%); AG Göttingen NZI 1999, 468; AG Hamburg NZI 2000, 281 und 336; AG Hamburg ZInsO 1999, 236 und 240; AG München VuR 1999, 49; AG Köln ZIP 1999, 147 (Fast-Null-Plan: 6,86%); AG Wolfratshausen ZIP 1999, 721 (Fast-Null-Plan: 3,07%). Offen gelassen: BGH NZI 2005, 46, 47.
[137] LG Wuppertal InVo 2000, 20; LG Mönchengladbach ZInsO 2001, 2115; AG Baden-Baden NZI 1999, 125; AG Hamburg ZIP 2000, 32; AG Essen ZInsO 1999, 239; AG Stendal ZIP 1999, 929 (Fast-Null-Plan: unter 0,8%); AG Würzburg VuR 1999, 129 (Fast-Null-Plan: 0,8%); AG Würzburg ZInsO 1999, 178 (Fast-Null-Plan); AG Würzburg DZWIR 1999, 301 (Fast-Null-Plan: 0,21%); AG Würzburg ZInsO 1999, 119 (Fast-Null-Plan: 6,71%).
[138] AG Hamburg ZInsO 1999, 236.
[139] AG Essen ZInsO 1999, 239; AG Stendal ZIP 1999, 929; AG Würzburg ZIP 1999, 319 und ZInsO 1999, 178.
[140] Bork ZIP 1999, 1209, 1213; Bruns NJW 1999, 3445; *Andres* in *Andres/Leithaus,* InsO, §§ 305, 305 a RdNr. 25; HambKomm-*Streck,* InsO, § 305 RdNr. 6; *Pape/Haarmeyer* ZInsO 1999, 135, 139; *Wittig* (Fn. 93) S. 161; *Kirchhof* (Fn. 46) S. 56; *Pape* Rpfleger 1997, 237, 241; *ders.* NJW 2001, 23, 35; *Henning* InVo 1996, 288; *Grote* (Fn. 21) S. 110; *Bindemann* RdNr. 7, 69; *Hoffmann* S. 88; *Kraemer/Vogelsang,* Handbuch zur Insolvenz, Fach 6 Kap. 26 RdNr. 49; *Haarmeyer/Wutzke/Förster,* Handbuch, Kap. 10 RdNr. 44, 68; *Goetsch* in *Breutigam/Blersch/Goetsch,* InsO, § 295 RdNr. 12; FK-*Grote,* InsO, § 309 RdNr. 35; HK-*Landfermann* § 305 RdNr. 12, 27; *Römermann* in *Nerlich/Römermann,* InsO, § 305 RdNr. 44; *Vallender* DGVZ 2000, 97, 101; and. HK-*Landfermann,* InsO, § 305 RdNr. 18, 40 ff.
[141] *Bork* (Fn. 140) S. 1213.
[142] *Henckel,* Festschrift für Gaul, S. 199, 204; *Thomas,* Kölner Schrift, RdNr. 8 ff., 16 ff.; *Kübler/Prütting/Wenzel,* InsO, § 286 RdNr. 78; *Arnold* (Fn. 78) S. 133.

69 c) **Stellungnahme.** Das Gesetz enthält zur Frage der Zulässigkeit von Null-Plänen keine speziellen Regelungen. Es sieht insbesondere eine Mindestquote weder für den Schuldenbereinigungsplan noch für die Restschuldbefreiung vor. Der Gesetzgeber ist aber zunächst erkennbar davon ausgegangen, dass auch im Falle der Verbraucherinsolvenz die Befriedigung der Gläubiger als Verfahrensziel von Bedeutung ist (§ 1 Satz 1) und nicht eine **„Entschuldung zum Nulltarif"** stattfinden soll.[143] Die Zulassung von Null-Plänen hat demgegenüber zu einem **Paradigmenwechsel** geführt, der durch den geplanten Verzicht auf die Durchführung eines Insolvenzverfahrens im Falle mittelloser Personen konsequent weiterverfolgt wird (s. u. RdNr. 78 und § 304 RdNr. 24).

70 aa) Nach dem Wortlaut des Gesetzes ist zunächst nicht ausgeschlossen, dass ein Null-Plan, der einen völligen Verzicht der Gläubiger auf alle Forderungen und Sicherheiten vorsieht, den an einen außergerichtlichen Schuldenbereinigungsplan gem. § 305 Abs. 1 Nr. 1 zu stellenden Anforderungen genügt.[144] Dem Normzweck entsprechend kommt es darauf an, dass zunächst eine **außergerichtliche Schuldenbereinigung** ernsthaft versucht worden ist (s. o. RdNr. 20).

71 Mit einer **Zustimmung der Gläubiger** zu einem Null-Plan kann in aller Regel von vornherein nicht gerechnet werden, weil kein Grund erkennbar ist, warum Gläubiger bei Wahrung ihrer eigenen Interessen einem Null-Plan zustimmen sollten.[145]

72 Im Verfahren der **außergerichtlichen Einigung** stellt die Vorlage eines Null-Plans den Antrag des Schuldners an die Gläubiger dar, ihm alle seine Verbindlichkeiten durch Vertrag zu erlassen. Rechtliche Probleme entstehen in diesem Verfahrensabschnitt durch die Vorlage eines Null-Plans nicht. Es ist Sache jedes einzelnen Gläubigers, zu entscheiden, ob er den **Angaben des Schuldners Glauben schenken** oder auf einer Überprüfung bestehen und seine Zustimmung von nachvollziehbaren und glaubhaften Angaben des Schuldners über die näheren Umstände der Insolvenz abhängig machen will und ob er bereit ist, auf seine Forderungen gegen den Schuldner durch Erlassvertrag zu verzichten. Die Aussichten für eine Einigung mit allen Gläubigern auf der Grundlage eines Erlasses sämtlicher Verbindlichkeiten des Schuldners sind in der Praxis allerdings denkbar gering. Für einen Verzicht auf ihre Forderungen besteht für die Gläubiger in der Regel **kein Anreiz,** weil ein Gläubiger, der einem Null-Plan zustimmt, sich aller – wenn auch geringen – Chancen begibt, zu einem späteren Zeitpunkt doch noch eine teilweise Befriedigung zu erlangen, ohne sich durch diesen Verzicht einen Vorteil zu verschaffen. Auch durch die Zustimmung zu einem **sog. flexiblen Null-Plan** verschlechtert der Gläubiger seine Position, weil er dadurch bestehende Forderungen aufgibt gegen die bloße Aussicht, an einer etwaigen Verbesserung der Vermögenslage des Schuldners zu partizipieren.

73 Jeder Gläubiger muss zudem mit der Möglichkeit rechnen, dass der Schuldner im Schuldenbereinigungsplan **Vermögen oder Einkünfte verschwiegen hat** und solche Mittel für neue Geschäfte einsetzt. Für die Gläubiger wird deshalb in aller Regel kein vernünftiger Grund bestehen, einem Null-Plan zuzustimmen. Auch die Bereitschaft einzelner Gläubiger, einen Null-Plan zu akzeptieren, um eine als erhaltenswert eingestufte Ge-

---

[143] So die Begründung zum InsOÄndG vom 26. 10. 2001, BT-Drucks. 14/5680, S. 13: „... den Schuldnern wird deutlich gemacht, dass eine Restschuldbefreiung nur auf Grund erheblicher eigener Anstrengungen zu erlangen sein wird. Eine Entschuldung zum Nulltarif ... wird es regelmäßig nicht geben. Schuldner, die ohne nennenswerte eigene Anstrengungen eine solche Rechtswohltat erreichen wollen, werden damit vom Eintritt in das Verfahren abgehalten ... Der Einsatz öffentlicher Mittel für ein mit dem Ziel der Restschuldbefreiung betriebenes Insolvenzverfahren ist nur dann gerechtfertigt, wenn auch der Schuldner erhebliche Anstrengungen unternimmt, um für die Verfahrenskosten aufzukommen und eine möglichst optimale Befriedigung der Gläubiger anzustreben ...".
[144] Siehe dazu *Heyer* JR 1996, 314.
[145] AG Mönchengladbach ZInsO 2003, 385 f., das aus diesem Grund auf die Durchführung eines vorgerichtlichen Einigungsversuchs und der Vorlage eines gerichtlichen Schuldenbereinigungsplans verzichtet. S. dazu *Heuer/Hils/Richter/Schröder/Sackmann* S. 25: alle 504 in der Stichprobe enthaltenen Nullpläne blieben erfolglos. Demgegenüber berichtet *Schmitz-Winnenthal* von Gläubigern, die einem Null-Plan nach umfassender Information über die Aussichtslosigkeit des Falles zugestimmt haben, (Fn. 25) S. 584.

schäftsbeziehung fortsetzen zu können,[146] wird nicht zu einer Erlassvereinbarung mit allen Gläubigern führen, weil jeder Gläubiger damit rechnen muss, dass der Schuldner die Geschäftsbeziehung nicht mit ihm, sondern mit einem anderen Gläubiger oder mit Dritten fortsetzt, so dass sein Forderungsverzicht anderen zugute kommt. Ein Null-Plan kann infolgedessen nicht als ernsthafter Versuch einer einvernehmlichen Schuldenbereinigung angesehen werden.

bb) Im gerichtlichen Schuldenbereinigungsplanverfahren bleibt die Interessenlage unverändert. Eine Ersetzung der Zustimmung der Gläubiger zu einem Null-Plan durch das Insolvenzgericht kommt deshalb grundsätzlich nicht in Betracht (s. § 309 RdNr. 22). Die Durchführung eines solchen Verfahrens ist für sich gesehen zwecklos, da von vornherein feststeht, dass es zu einer angemessenen Schuldenbereinigung unter **Berücksichtigung der Gläubigerinteressen** weder führen kann noch soll. Gleiches gilt für das Insolvenzverfahren. Die Durchführung eines Insolvenzverfahrens nach einem von den Gläubigern nicht akzeptierten Null-Plan verfehlt den eigentlichen Zweck eines solchen Verfahrens, weil in diesem Fall bereits vor Verfahrensbeginn feststeht, dass eine Befriedigung der Gläubiger nicht in Betracht kommt. Nach der Änderung des § 306 Abs. 1 gem. InsOÄndG 2001 kann auf das gerichtliche Schuldenbereinigungsplanverfahren in solchen Fällen nunmehr verzichtet werden, s. § 306 RdNr. 4 f.

Die auf die Vorlage eines Null-Plans folgenden Verfahrensabschnitte können auch nicht allein dadurch gerechtfertigt werden, dass sie formale Voraussetzung für den **Zugang zur Restschuldbefreiung** sind. Das widerspricht der gesetzlichen Konzeption der Restschuldbefreiung, die nicht einseitig am Interesse des Schuldners, sondern an einem angemessenen **Interessenausgleich** zwischen Gläubigern und Schuldner ausgerichtet ist.[147] Die bei der Verbraucherinsolvenz der Restschuldbefreiung vorgeschalteten Verfahren ergeben nur dann einen Sinn, wenn man sie als Teil eines Konzepts versteht, das dem Schuldner die Chance einer Restschuldbefreiung nur eröffnen soll, wenn er sich diese durch **angemessene Leistungen** an die Gläubiger verdient hat und das entsprechende Anreize für den Schuldner setzen soll. Eine Restschuldbefreiung, die ohne jegliche Leistung des Schuldners erlangt werden kann, beseitigt die Leistungsanreize für den Schuldner und führt zu einem den Gläubigern aufgezwungenen entschädigungslosen Verzicht auf ihre Forderungen.[148] Ein Verfahren, das mit der durch Vorlage eines Null-Plans erklärten Absicht betrieben wird, ohne Berücksichtigung der Gläubigerinteressen eine Restschuldbefreiung zu erlangen, durchbricht das Regelungskonzept der InsO.

d) Mindestquoten. Ob ein Schuldenbereinigungsplan Regelungen enthält, die geeignet sind, zu einer angemessenen Schuldenbereinigung zu führen, lässt sich nicht generell durch Festsetzung von Mindestquoten beantworten. Die Entscheidung des Gesetzgebers, keine Mindestquoten vorzusehen,[149] schließt es aus, Mindestquoten durch die Rechtsprechung festzusetzen. Die Anforderungen an eine angemessene Schuldenbereinigung lassen sich nur unter Berücksichtigung der Verhältnisse des konkreten Falles beurteilen.

e) Vollstreckungsschutz. Sozialpolitische Erwägungen und verfassungsrechtliche Prinzipien vermögen ein auf der Basis eines Null-Plans durchgeführtes Schuldenbereinigungsverfahren nicht zu rechtfertigen. Die Lage des Schuldners, der von diesem Verfahren und damit vom Zugang zur Restschuldbefreiung mangels eines angemessenen Schuldenbereinigungsplans ausgeschlossen ist, wird dadurch gegenüber der bisherigen Rechtslage nicht verschlechtert; er wird durch **Pfändungsfreigrenzen** wie bisher ausreichend geschützt.[150] Ein verfassungsrechtlicher Anspruch auf Restschuldbefreiung besteht nicht (s. die Kommen-

---

[146] Was *Heyer* (Fn. 144) S. 316 in Erwägung zieht. So auch BayObLG ZIP 1999, 1926 = NZI 1999, 451.
[147] *Thomas*, Kölner Schrift, RdNr. 13.
[148] And. *Gottwald/Schmidt-Räntsch*, Insolvenzrechts-Handbuch, § 78 RdNr. 26.
[149] Zur Diskussion um die Einführung einer Mindestquote während des Gesetzgebungsverfahrens *Döbereiner* S. 225 f.; *Pape* (Fn. 140) S. 241; FK-*Grote*, InsO, § 309 RdNr. 34.
[150] *Henckel* (Fn. 142) S. 204; *Kübler/Prütting/Wenzel*, InsO, § 286 RdNr. 79.

tierung in der Voraufl. § 304 RdNr. 97). Die Verknüpfung der Restschuldbefreiung mit einem substantiellen Interessenausgleich zwischen Gläubigern und Schuldner, wie vom Gesetz vorgesehen, ist eine sachlich gerechtfertigte Regelung, die sich im Rahmen des Gestaltungsspielraums des Gesetzgebers hält.[151]

78 **f) Die geplante Änderung durch den RegE für völlig mittellose Schuldner.** Die Neuregelung hat für den Streit um die Zulässigkeit von Null-Plänen in Bezug auf das Verfahren Bedeutung. Für völlig mittellose Personen ist nach dem RegE vorgesehen, ohne Eröffnung des Insolvenzverfahrens direkt das Restschuldbefreiungsverfahren zu beginnen (s. hierzu § 304 RdNr. 21–24 a). In diesem Fall kann auch die Durchführung eines außergerichtlichen Einigungsversuchs unterbleiben, weil ein solcher offensichtlich aussichtslos ist (vgl. § 305 Abs. 1 Nr. 1 Hs. 2 RegE).

78 a Die Frage nach der Zulässigkeit von Null-Plänen als Verfahrensvoraussetzung für den Eintritt in das Restschuldbefreiungsverfahren erübrigt sich, wenn die Neuregelung gem. § 305 Abs. 1 Nr. 1 RegE in Kraft tritt. Mittellose Schuldner brauchen dann anstelle eines Null-Plans nur eine Bescheinigung vorzulegen, aus der sich ergibt, dass eine Einigung mit den Gläubigern offensichtlich aussichtslos ist (s. dazu o. RdNr. 23). Mit der Abweisung des Eröffnungsantrags mangels Masse kann dann sogleich das Entschuldungsverfahren eingeleitet werden (§ 289 b Abs. 1 RegE). Zur Frage nach der Zulässigkeit des Antrags des Schuldners auf Zustimmungsersetzung gem. § 305 a RegE s. u. § 305 a RdNr. 10.

VII. Verfahren

79 **1. Prüfung der Zulässigkeit eines Verbraucherinsolvenzverfahrens.** Vor den in § 305 Abs. 1 aufgeführten speziellen Voraussetzungen für die Durchführung eines gerichtlichen Schuldenbereinigungsplanverfahrens muss das Insolvenzgericht prüfen, ob die allgemeinen Voraussetzungen für die Durchführung eines Verbraucherinsolvenzverfahrens vorliegen (§ 304; s. dort RdNr. 74).

80 **2. Prüfung der Vollständigkeit der Unterlagen durch das Insolvenzgericht. a) Formalia.** Vor Eintritt in das gerichtliche Schuldenbereinigungsverfahren hat das Insolvenzgericht zu prüfen, ob die in § 305 Abs. 1 genannten Erklärungen und Unterlagen der Zahl nach vollständig vorliegen. Diese Prüfung bezieht sich im Einzelnen auf das Vorliegen eines Antrags auf Eröffnung des Insolvenzverfahrens sowie auf das Vorliegen einer Bescheinigung gem. Abs. 1 Nr. 1, eines Antrags auf bzw. einer Negativerklärung zur Erteilung der Restschuldbefreiung gem. Abs. 1 Nr. 2, der Verzeichnisse gem. Abs. 1 Nr. 3 und eines Schuldenbereinigungsplans gem. Abs. 1 Nr. 4. Insoweit geht es zunächst nur um eine formale Prüfung der für das weitere Verfahren erforderlichen Voraussetzungen. Nachdem der Gesetzgeber von seiner Ermächtigung gem. Abs. 5 durch die Verordnung zur Einführung von Vordrucken für das Verbraucherinsolvenzverfahren und die Restschuldbefreiung (Verbraucherinsolvenzvordruckverordnung – VbrInsVV) vom 17. 2. 2002 Gebrauch gemacht hat, sind die Schuldner gem. Abs. 5 Satz 2 verpflichtet, die amtlichen Vordrucke zu verwenden (zu Ausnahmen s. o. RdNr. 46; zu den Möglichkeiten eines Rechtsmittels s. u. RdNr. 97 ff.).[152]

81 **b) Ergänzungsaufforderung.** Liegen die erforderlichen Erklärungen und Unterlagen nicht vollständig vor, so hat das Gericht den Schuldner aufzufordern, das Fehlende unverzüglich zu ergänzen **(Abs. 3 Satz 1).**[153] Dies dient dem Schutz des Schuldners wegen der für ihn mit der Verfahrensbeendigung verbundenen Folgen einer diesbezüglichen Säumnis. Die Chancen des Schuldners, zu einer gerichtlich vermittelten einvernehmlichen Schuldenbereinigung oder notfalls zu einer Restschuldbefreiung zu gelangen, sollen nicht durch das

---
[151] *Gottwald/Schmidt-Räntsch,* Insolvenzrechts-Handbuch, § 85 RdNr. 10.
[152] LG Köln ZVI 2002, 465 f.; AG Köln ZVI 2002, 370; *Pape* (Fn. 119) S. 64.
[153] BGH ZVI 2004, 281, 282; BGHZ 153, 205, 209 = ZVI 2003, 358; dazu EWiR 2003, 589 *(Gundlach/Frenzel).*

Fehlen notwendiger Unterlagen von vornherein zunichte gemacht werden. Die dem Schuldner eröffnete Möglichkeit, das Fehlende zu ergänzen, dient aber auch der Verfahrensökonomie.[154] Daraus folgt, dass das Gericht dem Schuldner hinreichend **konkrete Hinweise** geben muss, welche Ergänzungen im Einzelnen erforderlich sind. Ein formularmäßiger Hinweis, dass dem Verfahren wegen Fehlens bestimmter, den Anforderungen des Gesetzes genügender Unterlagen nicht Fortgang gegeben werden kann, genügt der Pflicht des Gerichts zur Verfahrensförderung nicht, weil der Schuldner daraus nicht ersehen kann, was er tun muss, um die Bedenken des Gerichts gegen eine Weiterführung des Verfahrens auszuräumen.

Aus der Förderungspflicht des Gerichts folgt aber nicht, dass das Gericht dem Schuldner **82** im Einzelnen Hilfestellung bei der Vorbereitung und Zusammenstellung der erforderlichen Unterlagen leisten muss. Zwar ist bei Verbraucherinsolvenzen damit zu rechnen, dass Schuldner mit den Anforderungen des Verfahrens ohnehin häufig überfordert sind und diese Anforderungen ohne fremde Hilfe vielfach nicht bewältigen können. Diese Art der Hilfestellung fällt aber in den Aufgabenbereich von **Schuldnerberatungsstellen** und der anderen geeigneten Stellen und Personen im Sinne von Abs. 1 Nr. 1. Insoweit genügt das Gericht seinen Verfahrenspflichten, wenn es den Schuldner auf derartige Stellen bzw. ggfs. Personen hinweist.

c) Monatsfrist (Abs. 3 Satz 2). Die Frist beginnt mit der **Zustellung der Ergän- 83 zungsaufforderung** an den Schuldner. Erforderlich ist eine förmliche Zustellung gem. §§ 8 Abs. 1 InsO, 208 ff. ZPO; eine formlose Mitteilung durch das Insolvenzgericht setzt die Frist nicht in Gang.[155] In der Praxis kann sich die Monatsfrist für den Schuldner als zu kurz erweisen, um das Fehlende zu ergänzen.[156] Es steht aber **nicht im Ermessen des Gerichts,** diese Frist zu verlängern. Vorschläge, den Fristbeginn in das Ermessen des Gerichts zu stellen und dem Gericht im Rahmen eines Vorermittlungsverfahrens aufzugeben, den Sachverhalt aufzuklären, um den angemessenen Zeitbedarf des Schuldners zur Vorbereitung eines den Anforderungen des § 305 Abs. 1 entsprechenden Antrags zu ermitteln,[157] sind mit dem Wortlaut des Abs. 3, aber auch mit dem Normzweck, der sich auf eine Entlastung der Gerichte bezieht, unvereinbar. Die Verantwortung für die sachgerechte Durchführung des außergerichtlichen Schuldenbereinigungsverfahrens liegt beim Schuldner. Dazu gehört auch bereits die Erstellung eines Schuldenbereinigungsplans sowie eines Vermögensverzeichnisses und einer Aufstellung der Verbindlichkeiten, weil anders ein ernsthafter Einigungsversuch mit den Gläubigern auch im vorgerichtlichen Verfahrensabschnitt nicht möglich ist (s. o. RdNr. 18).

Beruht das Fehlen der erforderlichen Unterlagen darauf, dass dem Schuldner die Vor- **84** schriften der §§ 304, 305 nicht bekannt sind oder er sich von § 304 nicht betroffen fühlt, so ist allerdings eine Ergänzung des Antrags innerhalb eines Monats (Abs. 3 Satz 2) praktisch nicht möglich,[158] insbesondere auch deshalb nicht, weil binnen dieser Frist ein außergerichtliches Schuldenbereinigungsverfahren kaum durchführbar ist. Die Frist verlängert sich auf 3 Monate, wenn der Schuldner im Anschluss an einen Eröffnungsantrag eines Gläubigers einen eigenen Eröffnungsantrag stellt, weil der Schuldner gem. der durch das InsOÄndG neu eingefügten Bestimmung des § 306 Abs. 3 Satz 3 in diesem Fall verpflichtet ist, zunächst eine außergerichtliche Einigung zu versuchen.

3. Folgen der Schuldnersäumnis (Abs. 3). Durch diese Vorschrift wird dem Schuld- **85** ner die Möglichkeit eröffnet, fehlende Erklärungen und Unterlagen zu ergänzen. Macht er davon keinen Gebrauch, so endet das Verfahren.

---

[154] Bericht BTag, BT-Drucks. 12/7302, S. 190 (zu § 357 b); FK-*Grote*, InsO, § 305 RdNr. 36.
[155] BayObLG ZInsO 2001, 1013.
[156] FK-*Grote*, InsO, § 305 RdNr. 41.
[157] FK-*Grote*, InsO, § 305 RdNr. 41 ff.
[158] Dazu *Jauernig*, Zwangsvollstreckung, § 94 III 1 a.

86   **a) Beibringungslast des Schuldners.** Die vom Schuldner gem. Abs. 1 Nr. 1 bis 4 beizubringenden Erklärungen und Unterlagen sind Voraussetzung für den Eintritt in das gerichtliche Verfahren über die Schuldenbereinigung, das seinerseits einem Insolvenzverfahren vorgeschaltet ist (§ 306 Abs. 1 Satz 1). Sie betreffen nicht den Eröffnungsantrag, sondern den Antrag auf Restschuldbefreiung und den Schuldenbereinigungsplan.[159] Die Beibringungslast hinsichtlich der für das Schuldenbereinigungsverfahren erforderlichen Informationen trägt grundsätzlich der Schuldner, teilweise auch der Gläubiger (Abs. 2 Satz 2; s. o. RdNr. 48 f.). Dies entspricht dem gesetzgeberischen Ziel, die Belastung der Gerichte durch Verbraucherinsolvenzen möglichst gering zu halten. Kommt der Schuldner seinen Obliegenheiten zur Verfahrensvorbereitung nicht nach, so findet das Verfahren nicht statt mit der weiteren Folge, dass auch ein Insolvenzverfahren nicht stattfindet und für den Schuldner der Zugang zu einer Restschuldbefreiung zunächst verschlossen bleibt. Dies ergibt sich aus der Regelung, wonach der Antrag als zurückgenommen gilt, wenn der Schuldner die erforderlichen Erklärungen und Unterlagen nicht vollständig und rechtzeitig beibringt **(Abs. 3 Satz 2)**. Ein erneuter Antrag des Schuldners wird dadurch nicht ausgeschlossen.

87   **b) Rücknahmefiktion.** Kommt der Schuldner der gerichtlichen Aufforderung nicht binnen eines Monats nach, so gilt sein Antrag auf Eröffnung des Insolvenzverfahrens als zurückgenommen **(Abs. 3 Satz 2)**. Damit ist auch das gerichtliche Schuldenbereinigungsverfahren beendet. Diese Frist ist keine Notfrist, so dass eine Wiedereinsetzung in den vorigen Stand bei Fristversäumnis nicht in Betracht kommt. Der Schuldner muss auf die Rechtsfolge hingewiesen werden. Die **Rücknahmefiktion** tritt kraft Gesetzes ein; eines entsprechenden Feststellungsbeschlusses des Insolvenzgerichts bedarf es dazu nicht.[160] Zur Zulässigkeit der **sofortigen Beschwerde** s. u. RdNr. 97 ff.

88   Bereits in dem Diskussionsentwurf des Bundesministeriums für Justiz aus dem Jahre 2003[161] war in § 305 Abs. 3 Satz 3 DiskE 2003 vorgesehen, dass das Insolvenzgericht über die Wirkung der Rücknahmefiktion durch Beschluss entscheidet, gegen den die sofortige Beschwerde statthaft sein sollte,[162] weil es in der Praxis teilweise zu „exzessiven Auflagenverfügungen" gekommen sei; durch die Einführung der Beschwerdemöglichkeit sollte Verzögerungen für den Schuldner vermeiden und „die Gerichte zu einem ergebnisorientierten Arbeiten" anhalten.[163] In dem Gesetzentwurf der Bundesregierung vom 22. 8. 2007 ist – wie bereits in dem Referentenentwurf aus September 2003 und dem Gesetzentwurf vom 2. 3. 2006 – die **Rücknahmefiktion** des geltenden Abs. 3 Satz 2 **gestrichen** worden. Vielmehr hat das Insolvenzgericht danach den Eröffnungsantrag des Schuldners bei Nichterfüllung der Auflagen nach Abs. 3 Satz 1 als **unzulässig zu verwerfen.** Hiergegen soll dem Schuldner dann die sofortige Beschwerde zustehen (§ 305 Abs. 3 Satz 3 RegE).[164] Sollte der Entwurf Gesetz werden, hat das Insolvenzgericht über die Wirkung der Rücknahmefiktion stets durch Beschluss zu entscheiden. Dem Schuldner steht hiergegen dann innerhalb der Frist des § 6 Abs. 2 die Möglichkeit der sofortigen Beschwerde zu. Diese wird freilich nur dann Aussicht auf Erfolg haben, wenn der Schuldner im Grundsatz mitwirkungswillig ist und lediglich Streit über die inhaltlichen Anforderungen an die vom Gericht gesetzten Auflagen besteht. Der Gefahr, dass sich Schuldner durch die Einlegung der Beschwerde die Möglichkeit offen zu halten versuchen, im Beschwerdeverfahren die fehlenden Unterlagen noch nachzureichen, besteht nicht. Denn im Rahmen des Beschwerdeverfahrens ist lediglich zu prüfen, ob der

---

[159] BGHZ 153, 205, 209 = NJW 2003, 1187. Auch eine analoge Anwendung auf das Stundungsverfahren gem. § 4 a InsO kommt nicht in Betracht, BGH NJW 2003, 2910, 2911.
[160] OLG Celle ZIP 2001, 340 = EWiR 2001, 539 *(Fuchs)*.
[161] S. hierzu *Vallender/Fuchs* NZI 2003, 292 ff.; *Stephan* ZVI 2003, 145 ff.; *Pape* ZInsO 2003, 389 ff.
[162] Zust. hierzu *Pape* (Fn. 161) S. 394 f.
[163] *Pape* ZInsO 2003, 61; krit. hierzu *Frind* ZInsO 2003, 549 („Rechtsmittelkeule"). In der im Übrigen wortgleichen Begründung zum Gesetzentwurf der Bundesregierung vom 22. 8. 2007 ist nur noch von der „Vermeidung unnötiger Verzögerungen für den Schuldner" die Rede, vgl. S. 82 RegE; dagegen auf den „Schutz" des Schuldners vor überzogenen Anforderungen des Gerichts an die Antragsangaben abstellend *Graf-Schlicker/Kexel* ZIP 2007, 1833, 1837.
[164] Zust. *Pape* ZInsO 2006, 897, 911.

Schuldner innerhalb der Frist des Abs. 3 Satz 2 die erforderlichen Unterlagen eingereicht hat oder nicht. Entgegen dem Grundsatz des § 571 Abs. 2 Satz 1 ZPO kann der Schuldner damit im Beschwerdeverfahren die bis dato noch fehlenden Unterlagen nicht nachreichen und damit der Beschwerde zum Erfolg verhelfen.[165] Eine Beschwerde wird daher vor allem in den „kritischen" Fällen (s. u. RdNr. 99) eingelegt werden. Hier besteht aber auch nach dem geltenden Recht das Bedürfnis nach einer Beschwerdemöglichkeit, die de lege lata durch eine Analogie zu § 34 Abs. 1 erreicht wird (s. u. RdNr. 99). Es ist damit zu begrüßen, wenn der Gesetzgeber hier Klarheit schaffen will.[166]

Dass der Gesetzgeber die Rücknahmefiktion aufgegeben und nunmehr dem Insolvenzgericht aufgeben will, den Eröffnungsantrag des Schuldners als unzulässig zu verwerfen, dürfte keine eigenständige Bedeutung haben.[167] Dogmatisch wäre es durchaus möglich gewesen, an der Rückwirkungsfiktion festzuhalten und dem Gericht lediglich aufzugeben, über den Eintritt der Wirkungen der Rücknahmefiktion (ggf. auf Antrag des Schuldners) durch deklaratorischen Beschluss zu entscheiden, so wie dies § 269 Abs. 3 und 4 ZPO vorsieht. Eine Änderung der geltenden Rechtslage könnte mit der geplanten Aufgabe der Rücknahmefiktion nur insoweit einhergehen, als nach dem geltenden Recht das Insolvenzverfahren ipso iure mit Ablauf der in Abs. 3 Satz 2 genannten Frist endet. Auf der Grundlage des § 305 Abs. 3 Satz 2 RegE könnte fraglich sein, ob das Verfahren erst mit der Rechtskraft des Verwerfungsbeschlusses endet.

4. Materielle Prüfungskompetenz des Insolvenzgerichts. Fraglich ist, ob dem Insolvenzgericht eine materielle Prüfungskompetenz hinsichtlich der in § 305 Abs. 1 Nr. 1 und Nr. 4 aufgeführten Voraussetzungen zusteht.

a) Bescheinigung über außergerichtlichen Einigungsversuch (§ 305 Abs. 1 Nr. 1). Hinsichtlich der vom Schuldner vorzulegenden Bescheinigung über einen erfolglosen Versuch einer außergerichtlichen Einigung mit den Gläubigern darf und muss das Insolvenzgericht eine Überprüfung daraufhin vornehmen, ob diese Bescheinigung in schlüssiger Weise einen **ernsthaften Einigungsversuch** des Schuldners und seinen Willen erkennen lässt, zu einer Einigung mit den Gläubigern zu gelangen.[168]

b) Schuldenbereinigungsplan. Sehr umstritten ist, ob dem Insolvenzgericht eine materielle Prüfungskompetenz in Bezug auf den Schuldenbereinigungsplan und seine Eignung zusteht, zu einer unter Berücksichtigung der Gläubigerinteressen angemessenen Schuldenbereinigung zu führen.[169] In den veröffentlichten Entscheidungen wird eine solche materielle Prüfungskompetenz der Insolvenzgerichte überwiegend abgelehnt und dem Gericht nur eine **formelle Prüfungskompetenz** zuerkannt, die sich darauf beschränken soll, festzustellen, ob die in § 305 vorgeschriebenen Erklärungen und Unterlagen der Form nach **quantitativ vollständig vorliegen**.[170] Begründet wird dies vor allem mit dem Argument, dass das

---

[165] S. hierzu LG Kassel ZInsO 2003, 1147, 1148.
[166] Nicht überzeugend daher die Kritik von *Frind* (Fn. 163) S. 549.
[167] In dem Referentenentwurf vom 16. 9. 2004 finden sich keinerlei Ausführungen dazu, aus welchem Grund in Abkehr von dem Diskussionsentwurf von April 2003 von der Rücknahmefiktion abgesehen worden ist; dasselbe gilt für die insoweit wortgleichen Ausführungen in dem Gesetzentwurf vom 22. 8. 2007.
[168] BayObLG NJW 2000, 220 = NZI 1999, 451; BayObLG ZIP 1999, 1767 = BB 1999, 2102 = NZI 1999, 412; *Vallender/Fuchs/Rey* (Fn. 65) S. 220 (Evidenzkontrolle); *Klass* (Fn. 50) S. 622; *Kübler/Prütting/Wenzel*, InsO, § 305 RdNr. 11; aA OLG Schleswig NZI 2000, 165; LG Würzburg ZInsO 1999, 583; LG Oldenburg NZI 2000, 486; AG Siegen NZI 2000, 285; FK-*Grote*, InsO, § 305 RdNr. 13; HK-*Landfermann*, InsO, § 305 RdNr. 27; *Hess*, InsO, § 305 RdNr. 101; *Römermann* in *Nerlich/Römermann*, InsO, § 305 RdNr. 32; *Uhlenbruck/Vallender*, InsO, § 305 RdNr. 134.
[169] Siehe dazu die Rechtsprechungsberichte von *Bruckmann* (Fn. 135) S. 186 f. (für 1999); *ders.* InVo 2001 (Fn. 132) S. 4 (für 2000).
[170] BayObLG NZI 2000, 129; BayObLG ZIP 1999, 1767 = BB 1999, 2102 = NZI 1999, 412; OLG Celle ZIP 2001, 340, 341; OLG Celle ZInsO 2000, 601; OLG Karlsruhe NZI 2000, 163; OLG Köln ZIP 1999, 1929; OLG Köln ZIP 2001, 230; OLG Schleswig NZI 2000, 165; LG Oldenburg NZI 2000, 486; LG Mainz NZI 2000, 549; LG Essen ZIP 1999, 1137; LG Würzburg ZInsO 1999, 583; LG Würzburg NZI 1999, 417; LG Würzburg ZIP 1999, 1718; LG München II NZI 1999, 465; AG Dortmund ZInsO 1999, 118; AG Göttingen ZInsO 1999, 240 und ZIP 1999, 1365; AG Gießen ZInsO 2000, 231; AG Hamburg NZI 2000,

Gesetz bestimmte Mindestvoraussetzungen für den Interessenausgleich zwischen Schuldner und Gläubigern nicht vorsehe und deshalb auch ein **Null-Plan** als Voraussetzung für das gerichtliche Schuldenbereinigungsverfahren ausreiche.[171] Eine materielle Prüfungskompetenz des Insolvenzgerichts in Bezug auf den Schuldenbereinigungsplan wird teilweise auch unter Hinweis darauf verneint, dass dieser Verfahrensabschnitt von der **Autonomie der Gläubiger und des Schuldners** bestimmt werde und das Gericht hier nur eine vermittelnde Rolle habe.[172] In anderen Entscheidungen wird dagegen eine materielle Prüfungskompetenz teils ausdrücklich, teils implizit bejaht.[173]

93 c) **Inhaltliche Anforderungen.** Der Ansicht, wonach sich das Insolvenzgericht auf eine Prüfung der formalen Vollständigkeit der Unterlagen zu beschränken habe, kann nicht gefolgt werden. Sie steht nicht im Einklang mit § 305 Abs. 1 Nr. 4, der inhaltliche Anforderungen an den Schuldenbereinigungsplan statuiert. Sie ist auch nicht zu vereinbaren mit dem erkennbaren Sinn und Zweck dieses Verfahrensabschnitts.

94 Wenn schon für die außergerichtliche Schuldenbereinigung gilt, dass bloße pro-forma Pläne und **Gefälligkeitsbescheinigungen** den gesetzlichen Anforderungen nicht genügen, so können an den dem gerichtlichen Verfahren zugrundeliegenden Schuldenbereinigungsplan keine geringeren Anforderungen gestellt werden. Ein Verzicht auf eine gerichtliche Überprüfung des Schuldenbereinigungsplans nach Maßgabe der in § 305 Abs. 1 Nr. 4 genannten Kriterien würde das Verfahren entwerten. Dies bedeutet nicht, dass das Insolvenzgericht einen Schuldenbereinigungsplan daraufhin zu überprüfen hat, ob der Plan der Sach- und Rechtslage entspricht, d. h. insbesondere die Gläubigerinteressen und die Verhältnisse des Schuldners richtig erfasst und bewertet. Zu berücksichtigen ist vielmehr, dass das gerichtliche Schuldenbereinigungsplanverfahren vorwiegend vom Zusammenwirken von Schuldner und Gläubigern bestimmt wird. Dies betrifft sowohl die Beibringung der Informationen über die tatsächliche Situation des Schuldners (§§ 305 Abs. 1 Nr. 3, Abs. 2, 307, 308) als auch die Aushandlung einer angemessenen Schuldenbereinigung selbst, die der Privatautonomie der Beteiligten unterliegt.[174] Auch die Frage, ob die Zustimmung eines Gläubigers im Einzelnen unter den Voraussetzungen des § 309 durch das Insolvenzgericht ersetzt werden kann, ist nicht schon beim Eintritt in das Schuldenbereinigungsplanverfahren, sondern erst in dessen Verlauf zu prüfen.[175] Gleichwohl verbleibt dem Insolvenzgericht bei der Prüfung der Voraussetzungen des Eintritts in das Schuldenbereinigungsplanverfahren eine – wenn auch beschränkte – materielle Prüfungskompetenz. Ein Schuldner, der das Ziel dieses Verfahrensabschnitts, eine einvernehmliche Schuldenbereinigung zu erlangen, nicht ernsthaft verfolgt, sondern dem es nur darum geht, diesen Verfahrensabschnitt auf dem Weg zu einer Restschuldbefreiung ohne Leistungen an die Gläubiger so schnell wie möglich zu absolvieren, kann zu dem gerichtlichen Schuldenbereinigungsverfahren nicht zugelassen werden; ihm fehlt das Rechtsschutzinteresse.[176] Das Rechtsschutzinteresse bestimmt sich nicht allein nach dem Interesse des Schuldners, Restschuldbefreiung zu erlangen, sondern muss jeweils auch für die Einzelnen vorgeschalteten Verfahrensabschnitte vorliegen. Das Insolvenzgericht muss deshalb den Schuldenberei-

---

336; AG Siegen NZI 2000, 285; AG Göttingen NZI 1999, 124; AG Oldenburg (Oldb) ZInsO 1999, 415; ebenso FK-*Grote,* InsO, § 304 RdNr. 9; *Uhlenbruck/Vallender,* InsO, § 305 RdNr. 116, 133, 139; *Kübler/Prütting/Wenzel,* InsO, § 305 RdNr. 12, 37; *Braun/Buck,* InsO, § 305 RdNr. 15; HambKomm-*Streck,* InsO, § 305 RdNr. 19, 28; *Andres* in *Andres/Leithaus,* InsO, §§ 305, 305 a RdNr. 12; *Smid/Haarmeyer,* InsO, § 305 ff.; *Hess,* InsO, § 305 RdNr. 50; *Römermann* in *Nerlich/Römermann,* InsO, § 305 RdNr. 31 f.
[171] LG Essen NJW-RR 1999, 1350.
[172] LG Koblenz ZInsO 2000, 171 (LS); AG Oldenburg (Oldb) ZInsO 1999, 415.
[173] LG Lüneburg ZIP 1999, 372; LG Baden-Baden NZI 1999, 234; AG Baden-Baden NZI 1999, 1125; AG Dortmund ZInsO 1999, 417; AG Essen ZInsO 1999, 239; AG Hamburg ZInsO 1999, 236; AG Köln ZInsO 1999, 115; AG Köln ZIP 1999, 147; AG Stendal ZIP 1999, 929; AG Würzburg VuR 1999, 82; AG Würzburg ZInsO 1999, 119 und 178; AG Würzburg DZWIR 1999, 301; AG Wolfratshausen ZIP 1999, 721.
[174] OLG Celle ZInsO 2000, 601; OLG Köln ZInsO 2001, 231; *Braun/Buck,* InsO, § 305 RdNr. 13; HambKomm-*Streck,* InsO, § 305 RdNr. 2; *Andres* in *Andres/Leithaus,* InsO, §§ 305, 305 a RdNr. 21; *Hess,* InsO, § 305 RdNr. 15, 88; *Römermann* in *Nerlich/Römermann,* InsO, § 305 RdNr. 49.
[175] OLG Köln ZIP 1999, 1929, 1933.
[176] And. OLG Köln ZIP 1999, 1929, 1932; wie hier *Kübler/Prütting/Wenzel,* InsO, § 286 RdNr. 78.

nigungsplan daraufhin überprüfen, ob sich aus ihm schlüssig der ernsthafte Wille des Schuldners ergibt, zu einer Einigung mit seinen Gläubigern zu gelangen. Insoweit können für den im gerichtlichen Verfahren vorgelegten Schuldenbereinigungsplan keine geringeren Anforderungen gelten als für den Nachweis eines ernsthaften vorgerichtlichen Einigungsversuch (s. dazu o. RdNr. 90 ff.). Je geringer die im Schuldenbereinigungsplan vorgesehenen Leistungen des Schuldners sind, desto höher sind die Anforderungen an eine substantiierte und schlüssige Darlegung der gleichwohl angemessenen Berücksichtigung der Gläubigerinteressen. Liegt ein diesen Anforderungen genügender Schuldenbereinigungsplan nicht vor, so gilt Abs. 3.

5. Vertretung (Abs. 4). Die durch Änderungsgesetz vom 19. 12. 1998 (o. RdNr. 5) **95** neu eingeführte Vorschrift ermöglicht eine Vertretung des Schuldners im **gerichtlichen Schuldenbereinigungsplanverfahren** durch Personen, die für die Mitwirkung an der außergerichtlichen Schuldenbereinigung geeignet sind oder einer als hierzu geeignet anerkannten Stelle angehören. Dadurch wird insbesondere die Möglichkeit eröffnet, die grundsätzlich kostenlose Mitwirkung der Schuldnerberatungsstellen an der Bewältigung von Verbraucherinsolvenzen auf den dem eigentlichen Insolvenzverfahren vorgeschalteten Verfahrensabschnitt zu erstrecken. Zur Vertretung des Gläubigers sind nunmehr auch Personen befugt, die Inkassoleistungen als registrierte Personen gem. § 10 Abs. 1 Satz 1 Nr. 1 RDG erbringen (§ 305 Abs. 4 S. 2 iVm. § 174 Abs. 1 S. 3).[177]

Die Bestimmung des Abs. 4 betrifft allerdings nur das außergerichtliche sowie gerichtliche **96** Schuldenbereinigungsplanverfahren. Aus ihr lässt sich eine darüber hinausgehende Vertretungsbefugnis nicht ableiten.[178] Im **Insolvenzverfahren** bedarf der Vertreter dagegen einer Erlaubnis zur Besorgung fremder Rechtsangelegenheiten (Art. 1 § 1 Abs. 1 RBerG),[179] andernfalls ist er gem. § 157 Abs. 2 ZPO i. V. m. § 4 InsO vom weiteren Verfahren auszuschließen.[180] Dies gilt auch für die „geeigneten Stellen" i. S. d. § 305 Abs. 1 Nr. 1. Eine erlaubnispflichtige geschäftsmäßige Rechtsbesorgung stellt insbesondere eine Tätigkeit dar, die sich nicht auf die wirtschaftliche Seite der Überschuldung beschränkt, sondern die die inhaltliche Überprüfung der gegen den Schuldner gerichteten Forderungen und die Geltendmachung eigener Forderungen des Schuldners betrifft.[181] Aus Art. 1 § 3 Nr. 9 RBerG ergibt sich nichts Abweichendes, weil danach diesen Stellen lediglich die Befugnis zur Rechtsberatung und Rechtsbesorgung „im Rahmen ihres Aufgabenbereichs" zusteht. Was zu diesem Aufgabenbereich gehört, ergibt sich aus den bundesrechtlichen Regelungen des § 305 Abs. 1 Satz 1 und § 305 Abs. 1 Nr. 1.[182] Soweit die Ausführungsgesetze der Länder den „geeigneten Stellen" weitergehende Befugnisse einräumen,[183] geht das Bundesrecht vor (Art. 31 GG).[184] Dass dem Landesgesetzgeber bewusst eine konkretisierende Regelungskompetenz durch den Bundesgesetzgeber eingeräumt worden ist, lässt sich weder den geltenden Bestimmungen noch dem Willen des Gesetzgebers entnehmen.[185]

---

[177] Neufassung durch Art. 9 des Gesetzes zur Neuregelung des RBerG vom 12. 12. 2007 (BGBl. I S. 2840); in Kraft getreten am 1. 7. 2008.
[178] *Hofmeister/Richter* ZVI 2003, 588.
[179] Zur Geltung des RBerG bei einer vom Ausland erfolgenden Rechtsbesorgung BGH NJW 2007, 596 ff. („Schulden Hulp"); s. ferner zum Vorliegen einer erlaubnispflichtigen Rechtsbesorgung bei Schuldnerberatern OLG Celle ZInsO 2003, 1049; *Hess*, InsO, § 304 RdNr. 73 ff.; *Hergenröder* (Fn. 71) S. 451.
[180] BGH ZInsO 2004, 547 f.; LG Duisburg ZVI 2003, 604; LG Kleve ZVI 2003, 605; AG Duisburg ZVI 2003, 123, 124 f.; HK-*Landfermann*, InsO, § 305 RdNr. 56 f.; *Hess*, InsO, § 305 RdNr. 125 ff.; *Kübler/Prütting/Wenzel*, InsO, § 305 RdNr. 43; *Andres* in *Andres/Leithaus*, InsO, §§ 305, 305 a RdNr. 5; ebenso LG Duisburg, Beschl. v. 18. 6. 2003 – 7 T 89/03 – juris; die hiergegen eingelegte Rechtsbeschwerde hat der BGH (NZI 2004, 456 = NZI 2004, 456) mangels Zulassung als unzulässig verworfen; and. *Schmitz-Winnenthal* (Fn. 25) S. 585.
[181] BGH NJW 2007, 596 ff. (Schulden Hulp).
[182] LG Duisburg ZVI 2003, 604 = ZInsO 2003, 1005; LG Kleve ZVI 2003, 605, 606; AG Duisburg ZVI 2003, 123, 124 f.
[183] S. hierzu *Hofmeister/Richter* (Fn. 178) S. 589.
[184] AG Duisburg ZVI 2003, 123, 125; offen lassend LG Kleve ZVI 2003, 605, 606; s. ferner *Graf-Schlicker/Sabel*, InsO, § 305 RdNr. 8.; HambKomm-*Streck*, InsO, § 305 RdNr. 31.
[185] And. *Hofmeister/Richter* (Fn. 178) S. 589; s. a. *Beicht* ZVI 2006, 430, 432 ff.

97 **6. Rechtsmittel.** Die Verfügung des Insolvenzgerichts, durch die dem Schuldner gem. Abs. 3 Satz 1 aufgegeben wird, unvollständige Unterlagen zu ergänzen (sog. **Ergänzungsaufforderung**), insbesondere der Hinweis an den Schuldner, eine vorgelegte Bescheinigung belege nicht den ernsthaften Versuch einer außergerichtlichen Einigung mit dem Gläubiger, stellt nach derzeit geltendem Recht eine nicht beschwerdefähige Entscheidung dar.[186] Wird durch das Insolvenzgericht lediglich festgestellt, dass die vom Schuldner eingereichten Unterlagen in formaler Hinsicht ergänzungsbedürftig sind und wird der Schuldner mit Hinweis auf die kraft Gesetzes eintretende Rechtsfolge des § 305 Abs. 3 Satz 2 zur Ergänzung aufgefordert, so bedarf es keiner Überprüfung im Rechtsmittelzug, weil der Schuldner durch die Rücknahmefiktion nicht gehindert ist, einen neuen Antrag zu stellen.

98 Die **Entscheidung bzw. Mitteilung** des Insolvenzgerichts, dass der Insolvenzantrag des Schuldners gem. § 305 Abs. 3 Satz 2 **als zurückgenommen gilt,** ist mit der sofortigen Beschwerde grundsätzlich nicht angreifbar.[187] Denn die Rücknahmefiktion tritt kraft Gesetzes ein und bedarf keiner eigenständigen Entscheidung des Gerichts (s. o. RdNr. 87).[188] Sie beinhaltet damit insbesondere nicht die Ablehnung des Eröffnungsantrages durch das Gericht.[189] Der Schuldner kann auch nicht verlangen, dass die Wirkung der Rücknahmefiktion gem. § 4 InsO i. V. m. § 269 Abs. 3 Satz 3 ZPO durch einen gem. § 269 Abs. 3 Satz 5 ZPO anfechtbaren deklaratorischen Beschluss festgestellt wird,[190] weil § 6 Abs. 1 insoweit etwas anderes bestimmt.[191] Zu der geplanten **Abschaffung der Rücknahmefiktion** und der Einführung einer **generellen Beschwerdemöglichkeit** s. o. RdNr. 88.

99 Anders verhält es sich dagegen, wenn es sich um die Frage handelt, wie weit die Prüfungskompetenz des Insolvenzgerichts reicht. Anfechtbar ist die Entscheidung bzw. Mitteilung des Insolvenzgerichts in Analogie zu § 34 Abs. 1 demgemäß dann, wenn die Rücknahmefiktion mit der Nichterfüllung von Auflagen begründet wird, die über die formalen Kriterien des § 305 Abs. 1 hinausgehende inhaltliche Anforderungen betreffen.[192] Dies gilt insbesondere

---

[186] BGH NJW 2004, 67; BGH NJW-RR 2005, 990; BayObLG ZIP 1999, 1767 = BB 1999, 2102; OLG Celle ZInsO 2002, 285; OLG Köln NZI 2000, 317; OLG Köln ZInsO 2000, 401; OLG Köln ZIP 2000, 1732; LG Berlin NZI 2000, 546; LG Aachen ZInsO 2003, 572, 575 = NJW-RR 2003, 1050; *Heinze* DZWIR 2005, 461 f.; *Sternal* NZI 2003, 214, 215.

[187] BGH NJW 2004, 67; BGH NJW-RR 2005, 990; BGH ZInsO 2005, 537; BGH NJW-RR 2005, 916; BayObLG ZIP 1999, 1767 = BB 1999, 2102; OLG Köln NZI 2000, 317; OLG Frankfurt/M. ZVI 2002, 165, 167; LG Göttingen NZI 2000, 280; LG Kassel ZInsO 2002, 1147, 1148; LG Kassel ZVI 2002, 465 f.; LG Schwerin ZInsO 1999, 413; *Römermann* in *Nerlich/Römermann*, InsO, § 305 RdNr. 75; HK-*Kirchhof*, InsO, § 6 RdNr. 6; *Hess*, InsO, § 305 RdNr. 119 f.; *Uhlenbruck/Vallender*, InsO, § 305 RdNr. 153.

[188] LG Köln ZVI 2002, 465 (auch unter Hinweis darauf, dass der Eintritt der Rücknahmefiktion keiner Mitteilung an den Schuldner bedarf); *Uhlenbruck/Vallender*, InsO, § 305 RdNr. 147.

[189] So aber *Fuchs* (Fn. 51) S. 304.

[190] So aber OLG Karlsruhe NJW-RR 2000, 1216, 1217; LG Potsdam ZVI 2002, 279; nach *Heinze* (Fn. 186) S. 462 soll der Schuldner – aus Gründen der Rechtsklarheit – gemäß § 269 Abs. 4 ZPO analog das Recht haben, die Feststellung zu beantragen, daneben soll die Beschwerde gemäß § 34 Abs. 1 analog statthaft sein; s. hierzu auch *Andres* in *Andres/Leithaus*, InsO, §§ 305, 305 a RdNr. 31.

[191] LG Köln ZVI 2002, 464 f.; LG Köln ZInsO 2003, 93, 93; *Uhlenbruck/Vallender*, InsO, § 305 RdNr. 156, 157; *Hess*, InsO, § 305 RdNr. 110, 119 f.; *Smid/Haarmeyer*, InsO, § 305 RdNr. 49; *Braun/Buck*, § 305 RdNr. 26; iE ebenfalls ablehnend *Sternal* (Fn. 186) S. 215.

[192] BGH NZI 2005, 414; BayObLG ZIP 1999, 1767 = BB 1999, 2102; OLG Köln ZIP 1999, 1929; OLG Schleswig ZInsO 2000, 155; OLG Celle ZIP 2000, 802; OLG Celle ZIP 2001, 340; OLG Celle ZInsO 2002, 285, 286; OLG Frankfurt/M. ZVI 2002, 165, 166 f.; LG Berlin ZInsO 2007, 1356; LG Kassel ZInsO 2002, 1147, 1148 f.; LG Aachen ZInsO 2003, 572, 575 = NJW-RR 2003, 1050; LG Berlin ZInsO 2003, 575 f.; *Breutigam/Blersch/Goetsch/Fluck*, InsO, § 304 RdNr. 54 f. („Untätigkeitsbeschwerde"); *Vallender* (Fn. 127) S. 100; *Uhlenbruck/Vallender*, InsO, § 305 RdNr. 159; *Kübler/Prütting/Wenzel*, InsO, § 304 RdNr. 9; *Hackling* (Fn. 70) S. 229 in Fn. 29; FK-*Grote*, InsO, § 305 RdNr. 50 a; *Kübler/Prütting/Pape*, InsO, § 34 RdNr. 13 c; *Pape* (Fn. 119) S. 62 ff.; *Braun/Buck*, InsO, § 305 RdNr. 26; *Kübler/Prütting/Wenzel*, InsO, § 305 RdNr. 9; *Graf-Schlicker/Sabel*, InsO, § 305 RdNr. 39; HK-*Landfermann*, InsO, § 305 RdNr. 52; aA (generell kein Rechtsmittel möglich) OLG Frankfurt/M. InVo 2000, 271; OLG Köln ZIP 2000, 1732 = EWiR 2001, 129 (*Bork*); OLG Naumburg ZInsO 2000, 218; LG Köln ZVI 2002, 465 f.; LG Köln ZInsO 2003, 93, 94; LG Berlin NZI 2000, 546; LG Berlin ZInsO 2003, 286 f.; LG Kleve ZInsO 2002, 841, 842; LG Düsseldorf NZI 2003, 505; *Smid/Haarmeyer*, InsO, § 305 RdNr. 49; HambKomm-*Streck*, InsO, § 305 RdNr. 29; *Graeber* ZInsO 2003, 551, 555; *Sternal* (Fn. 186) S. 214 f.; aA (grundsätzlich Beschwerde eröffnet) *Heinze* (Fn. 186)

dann, wenn das Insolvenzgericht die Rücknahmefiktion wegen der Vorlage eines Null-Plans festgestellt hat.[193] Hält das Insolvenzgericht die Vorlage eines Null-Plans nicht für den Anforderungen des § 305 Abs. 1 Nr. 1 entsprechend, so hilft dem Schuldner auch ein erneuter Antrag nicht weiter. In solchen Fällen ist die sofortige Beschwerde als statthaft anzusehen.[194] Dies folgt daraus, dass die Gerichte den Eröffnungsantrag des Schuldners richtigerweise als unzulässig hätten zurückweisen müssen; die Rücknahmefiktion des Abs. 3 Satz 2 erfasst derartige Konstellationen nicht.[195] Der Anwendungsbereich dieser Bestimmung ist jedoch über die o. g. Konstellationen hinaus zu beschränken. Sie greift generell nur ein, wenn der Schuldner auf die Aufforderung des Gerichts nicht reagiert.[196] Hat der Schuldner dagegen auf die gerichtliche Anforderung reagiert und weitere Unterlagen vorgelegt, die das Gericht aber nicht für ausreichend hält oder stellt das Gericht weitergehende Anforderungen auf, betrifft dies nicht den Fall des Abs. 3 Satz 2, der lediglich die Untätigkeit des Schuldners sanktionieren will.[197] Geht das Insolvenzgericht gleichwohl rechtsirrig davon aus, dass die Rücknahmefiktion eingreift, findet § 34 Abs. 1 analoge Anwendung.[198]

Weiter kommt eine Beschwerde als **außerordentlicher Rechtsbehelf** in Betracht, wenn gegen allgemeine Grundsätze eines rechtsstaatlichen Verfahrens verstoßen wird.[199] Der Hinweis auf den Gesetzeszweck des § 6 Abs. 1, ein möglichst justizfernes und beschleunigtes Insolvenzverfahren zu gewährleisten, verfängt hier nicht. Allerdings wird in den meisten Fällen bereits die Beschwerdemöglichkeit gem. § 34 Abs. 1 analog gegeben sein, so dass der außerordentlichen Beschwerde kaum eine eigenständige Bedeutung zukommen dürfte. Darüber hinaus ist seit der Einführung der Gehörsrüge nach § 321 a ZPO durch das Zivilprozessreformgesetz vom 27. 7. 2001 kein Raum mehr für eine außerordentliche Beschwerde wegen greifbarer Gesetzeswidrigkeit.[200]

Auch wenn ein Rechtsmittelverfahren über die Wirkungen der Rücknahmefiktion anhängig ist, ist ein erneuter Eröffnungsantrag des Schuldners zulässig. Insbesondere steht eine „anderweitige Rechtshängigkeit" (§ 261 Abs. 3 Nr. 1 ZPO i. V. m. § 4 InsO) einem erneuten Antrag nicht entgegen,[201] weil bei Eintritt der Rücknahmefiktion der Antrag als zurückgenommen gilt und daher das Verfahren auch nicht mehr „rechtshängig" ist. Auch besteht für einen erneuten Antrag ein Rechtsschutzbedürfnis,[202] weil der ursprüngliche Antrag des Schuldners abgelehnt worden und über ihn noch nicht abschließend entschieden worden ist.

S. 461; *Fuchs* (Fn. 51) S. 304; ebenso unter Hinweis auf Art. 19 Abs. 4 GG *Römermann* in *Nerlich/Römermann*, InsO, § 305 RdNr. 76; FK-*Grote*, InsO, § 305 RdNr. 50 b; offen lassend BGH NJW 2004, 67; BGH NJW-RR 2005, 990.

[193] OLG Celle ZIP 2001, 340 = EWiR 2001, 539 *(Fuchs)*; OLG Celle ZIP 2000, 1992; OLG Celle ZIP 2000, 802; BayObLG NZI 2000, 129; OLG Köln ZIP 1999, 1929 = NJW 2000, 223; OLG Karlsruhe OLGR 2000, 203; LG Essen NJW-RR 1999, 1350.

[194] *Ahrens* NZI 2000, 201.

[195] Zutr. OLG Frankfurt/M. ZVI 2002, 165, 168; *Hess*, InsO, § 305 RdNr. 109 f.; *Kübler/Prütting/Wenzel*, InsO, § 305 RdNr. 30; *Breutigam/Blersch/Goetsch/Fluck*, InsO, § 304 RdNr. 55; HK-*Landfermann*, InsO, § 305 RdNr. 52; eingehend LG Aachen ZInsO 2003, 572, 574 f.

[196] LG Aachen ZInsO 2003, 572 = NJW-RR 2003, 1050; LG Kassel ZInsO 2002, 1147.

[197] Da die Rücknahmefiktion nicht eingreift, ist auch Raum für einen die Beschluss über die Nichteröffnung des Verfahrens; zutr. LG Aachen ZInsO 2003, 572, 574; nicht überzeugend dagegen *Vallender* (Fn. 67) S. 128 f.; *Uhlenbruck/Vallender*, InsO, § 305 RdNr. 155.

[198] Entsprechendes gilt, wenn der Schuldner die Unterlagen rechtzeitig eingereicht hat, das Insolvenzgericht dies jedoch verkennt; iE ebenso LG Berlin ZVI 2002, 323 (analoge Anwendung des § 269 Abs. 3 Satz 5 ZPO).

[199] OLG Celle ZIP 2001, 340, 341; OLG Celle ZIP 2000, 802; LG Göttingen NZI 2000, 280 (Verstoß gegen den Grundsatz rechtlichen Gehörs); *Braun/Buck*, InsO, § 305 RdNr. 23; *Hess*, InsO, § 305 RdNr. 109; abl. LG Aachen ZInsO 2003, 572, 575; LG Kleve ZVI 2006, 291; *Sternal* (Fn. 186) S. 215; s. zu den Voraussetzungen der sog. außerordentlichen Beschwerde BGHZ 119, 372, 374 = NJW 1993, 135 ff.; BGHZ 121, 397, 398 = NJW 1993, 1865.

[200] BVerwG, Beschl. v. 7. 8. 2007 – 3 B 43/07 – juris; BGH ZIP 2007, 1431; BFH, Beschl. v. 9. 5. 2007 – IV B 10/07 – juris; dasselbe gilt für den Geltungsbereich der InsO, s. LG Kleve ZVO 2006, 291; LG Bonn, Beschl. v. 3. 2. 2006 – 6 T 154/05 – juris.

[201] So aber AG Potsdam ZInsO 2002, 340, 341; *Braun/Buck*, InsO, § 305 RdNr. 24; *Uhlenbruck/Vallender*, InsO, § 305 RdNr. 148.

[202] And. LG Kleve ZVI 2003, 29, 30.

§ 305 a 1, 2   9. Teil. Verbraucherinsolvenz- und sonst. Kleinverfahren

Gleichwohl kann über den erneuten Eröffnungsantrag erst entschieden werden, wenn feststeht, dass in dem vorausgegangenen Verfahren die Wirkung des § 305 Abs. 3 Satz 2 eingetreten ist. Solange hierüber noch nicht rechtskräftig entschieden worden ist, ist das Verfahren über den neuerlichen Eröffnungsantrag ggf. auszusetzen (§ 148 ZPO i. V. m. § 4 InsO).

102   In dem **Gesetzentwurf der Bundesregierung vom 22. 8. 2007** ist vorgesehen, eine Beschwerdemöglichkeit gegen einen die Verfahrenseröffnung wegen Nichterfüllung der Auflagen als unzulässig verwerfenden Beschluss einzuführen (§ 305 Abs. 3 Satz 3 RegE); s. hierzu o. RdNr. 88. Wird der Entwurf Gesetz, wird sich der oben dargestellte Meinungsstreit zur Beschwerdemöglichkeit in diesen Fällen erledigen.

§ 305 a Scheitern der außergerichtlichen Schuldenbereinigung

Der Versuch, eine außergerichtliche Einigung mit den Gläubigern über die Schuldenbereinigung herbeizuführen, gilt als gescheitert, wenn ein Gläubiger die Zwangsvollstreckung betreibt, nachdem die Verhandlungen über die außergerichtliche Schuldenbereinigung aufgenommen wurden.

„§ 305 a *Antrag auf Zustimmungsersetzung (RegE)*

(1) ¹ Hat sich ein Gläubiger zu dem Schuldenbereinigungsplan nicht geäußert oder ihn abgelehnt, kann der Schuldner die Ersetzung der Zustimmung durch das Insolvenzgericht beantragen. ² Als Ablehnung des Schuldenbereinigungsplans gilt es auch, wenn ein Gläubiger die Zwangsvollstreckung betreibt, nachdem die Verhandlungen über die außergerichtliche Schuldenbereinigung aufgenommen wurden.

(2) ¹ Der Antrag auf Zustimmungsersetzung ist nur zulässig, wenn den Schuldenbereinigungsplan weniger als die Hälfte der benannten Gläubiger ausdrücklich abgelehnt hat und die Summe der Ansprüche der ablehnenden Gläubiger weniger als die Hälfte der Summe der Ansprüche der benannten Gläubiger beträgt. ² Dem Antrag sind die eingegangenen Stellungnahmen der Gläubiger sowie die Erklärung beizufügen, dass die Vermögensübersicht und der Schuldenbereinigungsplan allen darin genannten Gläubigern in der dem Gericht vorliegenden Fassung übersandt wurden."

Übersicht

	RdNr.		RdNr.
I. Neuregelung durch das InsOÄndG 2001	1	1. Änderungen gegenüber der bis zum 30. 11. 2001 geltenden Rechtslage	4
1. Neuregelung	1	2. Voraussetzungen der gesetzlichen Fiktion (Abs. 1 Satz 2)	5
2. Normzweck	2		
II. Vorgesehene Neuregelung nach RegE vom 22. 8. 2007	3	IV. Änderungen gem. RegE im Einzelnen	8
III. Einzelerläuterungen	4		

I. Neuregelung durch das InsOÄndG 2001

1 **1. Neuregelung.** Die Vorschrift wurde durch das InsOÄndG 2001 neu in die InsO eingeführt. Der Bundesrat hat hierzu keine Stellungnahme abgegeben.

2 **2. Normzweck.** § 305 a soll nach der Begründung zum Gesetzentwurf[1] im Zusammenwirken mit der im vereinfachten Insolvenzverfahren auf drei Monate erweiterten Rückschlagsperre des § 88 (§ 312 Abs. 1 Satz 3) dazu beitragen, den außergerichtlichen Einigungsversuch gegen Zwangsvollstreckungen einzelner Gläubiger abzusichern. Zu diesem Zweck wird im Wege einer gesetzlichen Fiktion bestimmt, dass die außergerichtliche

---
[1] BT-Drucks. 14/5680, S. 31 (zu Nr. 23).

Schuldenbereinigung gescheitert ist, wenn die in die Einigungsbemühungen involvierten Gläubiger Vollstreckungsmaßnahmen initiieren.

II. Vorgesehene Neuregelung nach RegE vom 22. 8. 2007

Nach der vorgesehenen Abschaffung des gerichtlichen Einigungsverfahrens soll künftig der außergerichtliche Verfahrensabschnitt dadurch gestärkt werden, dass die Zustimmung von Gläubigern, die den – vorgerichtlichen – Schuldenbereinigungsplan ablehnen, durch das Insolvenzgericht ersetzt werden kann. Abweichend von dem geltenden Schuldenbereinigungsplanverfahren wird die Abwicklung des Verfahrens nicht in die Hand des Richters gelegt, vielmehr wird das Verfahren vom Schuldner und der ihn unterstützenden Schuldnerberatungsstelle betrieben. Der Richter wird dabei nur flankierend tätig, um punktuell die Zustimmung einzelner Gläubiger zu ersetzen.[2] Die vorgesehene Bestimmung regelt in Abs. 3 die Voraussetzungen der Zulässigkeit des Schuldnerantrags.

III. Einzelerläuterungen

1. Änderungen gegenüber der bis zum 30. 11. 2001 geltenden Rechtslage. Voraussetzung des Eröffnungsantrags des Schuldners ist gem. § 305 Abs. 1 Nr. 1, dass innerhalb der Letzten 6 Monate vor dem Eröffnungsantrag eine außergerichtliche Einigung mit den Gläubigern erfolglos versucht worden ist. Wann ein solcher Versuch als gescheitert anzusehen ist, war nach dem bis zum 30. 11. 2001 geltenden Recht nicht ausdrücklich bestimmt. Die Folge davon war, dass bei länger andauernden Verhandlungen über eine außergerichtliche Einigung einzelne Gläubiger die Zwangsvollstreckung gegen den Schuldner zu einem Zeitpunkt betreiben konnten, der von der **Rückschlagsperre** des § 88 noch nicht erfasst wurde und demgemäß einen Anreiz hatten, diesen Weg möglichst frühzeitig zu beschreiten, um sich **vorrangig vor anderen Gläubigern** Sicherheiten zu verschaffen. Durch einen solchen Zugriff auf Vermögenswerte des Schuldners werden die Chancen einer außergerichtlichen Schuldenbereinigung im Einvernehmen mit allen Gläubigern weiter verringert. Da nach der geltenden Regelung des § 305 a bei Zwangsvollstreckungsmaßnahmen eines Gläubigers der Einigungsversuch kraft Gesetzes als gescheitert gilt, kann der Schuldner in einem solchen Fall sogleich den **Antrag auf Eröffnung** des Insolvenzverfahrens stellen. Zusammen mit der Erweiterung der Rückschlagsperre des § 88 auf drei Monate gem. § 312 Abs. 1 Satz 3 wird hierdurch den Glaubigern der Anreiz genommen, ihre Interessen durch Betreiben der Einzelzwangsvollstreckung zu verfolgen.

2. Voraussetzung der gesetzlichen Fiktion. Der Versuch, eine außergerichtliche Einigung über die Schuldenbereinigung herbeizuführen, gilt wegen Zwangsvollstreckungsmaßnahmen eines Gläubigers nur dann als gescheitert, wenn die Verhandlungen über die außergerichtliche Schuldenbereinigung zu diesem Zeitpunkt bereits aufgenommen waren. § 305 a will damit aber nicht einfach nur den Gesetzen der Logik folgend zum Ausdruck bringen, dass das Scheitern einer Bemühung deren Beginn voraussetzt, sondern will – wie sich aus der Begründung ergibt[3] –, verhindern, dass die Fiktion zu früh greift und damit den gesamten außergerichtlichen Einigungsversuch entwertet. Als bes. regelungsbedürftig wurden dabei die Fälle angesehen, in denen der Gläubiger erst durch die Vorlage des Schuldenbereinigungsplans an Forderungen erinnert oder auf die Möglichkeit eines Zugriffs auf vom Schuldner offenbarte Vermögenswerte hingewiesen wird. Ohne Kenntnis hiervon würde der Gläubiger in einem solchen Fall allerdings wohl ohnehin nicht vollstrecken. Die **Aufnahme von Verhandlungen** setzt voraus, dass den Gläubigern vom Schuldner ein Schuldenbereinigungsplan, verbunden mit dem Vorschlag, darüber eine Einigung herbeizuführen, unterbreitet worden ist.[4] Eine förmliche Planzustellung ist nicht erforder-

---
[2] Begründung RegE, BR-Drs. 600/07, S. 380.
[3] BT-Drucks. 14/5680, S. 31 (zu Nr. 23).
[4] *Uhlenbruck/Vallender*, InsO, § 305 a RdNr. 9.

lich.⁵ Es genügt jedoch nicht, dass der Gläubiger nur anderweitig Kenntnis von dem Schuldenbereinigungsplan, nicht aber von dessen Inhalt hat.⁶ Keine Voraussetzung ist, dass über den Plan beraten worden ist, weil die Gläubiger nicht verpflichtet sind, auf das Angebot des Schuldners zu reagieren.⁷ Vollstreckungsmaßnahmen, die vor diesem Zeitpunkt betrieben werden, schließen die Durchführung des außergerichtlichen Schuldenbereinigungsverfahrens aus Rechtsgründen nicht aus und entheben den Schuldner nicht der Obliegenheit des § 305 Abs. 1 Nr. 1, eine außergerichtliche Schuldenbereinigung ernsthaft zu versuchen.⁸ Faktisch gilt freilich auch in diesem Fall, dass die Chancen einer Einigung durch jede Zwangsvollstreckung verringert werden. Im Ergebnis kann die gesetzliche Fiktion den Versuch einer außergerichtlichen Schuldenbereinigung immerhin insoweit abschirmen, als dadurch den Gläubigern der Anreiz genommen wird, die Zwangsvollstreckung auf Grund von **Informationen über Vermögenswerte** des Schuldners zu betreiben, die sie erst durch die Vorlage des Schuldenbereinigungsplans erlangt haben. Die Wirkung des § 305 a kann im Übrigen durch Vollstreckungsmaßnahmen eines Gläubigers nur ausgelöst werden, wenn dieser Gläubiger in die Verhandlungen über die außergerichtliche Schuldenbereinigung einbezogen worden ist.⁹ Solange ein Gläubiger von einem Schuldenbereinigungsplan keine Kenntnis hat, können von ihm ergriffene Vollstreckungsmaßnahmen auch nicht als Verweigerung der Zustimmung zu einem solchen Plan verstanden werden.¹⁰

6 Nach dem klaren Wortlaut des § 305 a greift die Fiktion nicht ein, wenn ein Gläubiger nach der Aufnahme von Verhandlungen über einen Einigungsversuch keine Zwangsvollstreckungsmaßnahmen betreibt, sondern statt dessen einen Antrag auf Eröffnung des Insolvenzverfahrens stellt.¹¹ Auch der Zweck der Norm, einzelnen Gläubiger die Möglichkeit einer vorrangigen Sicherung zu nehmen (s. o. RdNr. 4) gebietet keine (analoge) Anwendung des § 305 a, weil der Antrag eines Gläubigers ihm eine solche Position nicht verschafft.¹²

7 Ein Betreiben der Zwangsvollstreckung i. S. d. § 305 a liegt nur dann vor, wenn die Maßnahmen auf den Zugriff auf das Vermögens des Schuldners abzielen. Maßnahmen, die die Zwangsvollstreckung lediglich vorbereiten, wie etwa das Zustellen des Titels, genügen nicht.¹³ Der Beginn der Zwangsvollstreckung liegt daher in der Ersten gegen den Schuldner gerichteten Vollstreckungshandlung eines Vollstreckungsorgans.¹⁴

IV. Änderungen gem. RegE im Einzelnen

8 Mit der in dem Gesetzentwurf der Bundesregierung vom 22. 8. 2007 vorgesehenen Abschaffung des gerichtlichen Schuldenbereinigungsverfahrens ist nach einer erfolglosen Durchführung des außergerichtlichen Schuldenbereinigungsverfahrens auf Antrag des Schuldners das gerichtliche Zustimmungsersetzungsverfahren zu betreiben (§ 305 a Abs. 1 Satz 1 RegE). Stellt der Schuldner einen solchen Antrag, ruht das Verfahren (§ 306 Abs. 1

---

⁵ *Uhlenbruck/Vallender*, InsO, § 305 a RdNr. 4; HambKomm-*Streck*, InsO, § 305 a RdNr. 4.
⁶ *Uhlenbruck/Vallender*, InsO, § 305 a RdNr. 6, 9, 10; HambKomm-*Streck*, InsO, § 305 a RdNr. 2, 4; wohl auch *Römermann* in *Nerlich/Römermann*, InsO, § 305 a RdNr. 12; aA *Kübler/Prütting/Wenzel*, InsO, § 305 a RdNr. 7.
⁷ *Uhlenbruck/Vallender*, InsO, § 305 a RdNr. 10; aA *Hess*, InsO, § 305 a RdNr. 6 (über den Plan muss „endgültig" beraten worden sein).
⁸ HambKomm-*Streck*, InsO, § 305 a RdNr. 2.
⁹ HK-*Landfermann*, InsO, § 305 a RdNr. 3; *Uhlenbruck/Vallender*, InsO, § 305 a RdNr. 10.
¹⁰ HambKomm-*Streck*, InsO, § 305 a RdNr. 4; *Braun/Buck*, InsO, § 305 a RdNr. 3; HK-*Landfermann*, InsO, § 305 a RdNr. 2; *Kübler/Prütting/Wenzel*, InsO, § 305 a RdNr. 8; aA *Römermann* in *Nerlich/Römermann*, InsO, § 305 a RdNr. 16.
¹¹ *Kübler/Prütting/Wenzel*, InsO, § 305 a RdNr. 6; HK-*Landfermann*, InsO, § 305 a RdNr. 4; aA *Breutigam/Blersch/Goetsch/Fluck*, InsO, § 305 a RdNr. 3; HambKomm-*Streck*, InsO, § 305 a RdNr. 3; *Uhlenbruck/Vallender*, InsO, § 305 a RdNr. 7.
¹² Zutr. HK-*Landfermann*, InsO, § 305 a RdNr. 4; *Kübler/Prütting/Wenzel*, InsO, § 305 a RdNr. 6.
¹³ HambKomm-*Streck*, InsO, § 305 a RdNr. 3; *Uhlenbruck/Vallender*, InsO, § 305 a RdNr. 4, 7; aA *Kübler/Prütting/Wenzel*, InsO, § 305 a RdNr. 6; *Römermann* in *Nerlich/Römermann*, InsO, § 305 a RdNr. 11.
¹⁴ *Uhlenbruck/Vallender*, InsO, § 305 a RdNr. 4.

Satz 1 RegE), andernfalls ist sogleich – ohne dass eine Wiederaufnahme nach § 311 erforderlich wäre – über den Eröffnungsantrag zu entscheiden (s. § 311 RdNr. 3). Die noch in dem Referentenentwurf vom 23. 1. 2007 vorgesehene Pflicht des Schuldners zur Vorlage des Schuldenbereinigungsplans sowie die Regelung über die inhaltlichen Anforderungen (§ 305a Abs. 2 RefE 2007) ist überflüssig, weil sich eine entsprechende Regelung bereits aus § 305 Abs. 1 Nr. 4 ergibt und im Zustimmungsersetzungsverfahren eine Anpassung des Schuldenbereinigungsplans nach dessen Einreichung beim Insolvenzgericht nicht mehr vorgesehen ist.[15] Dass Änderungen des Plans nach Einreichung bei Gericht nicht mehr möglich sind, ist folgerichtig, weil es einen gerichtlichen Schuldenbereinigungsplan nicht mehr gibt und die Gläubiger, die dem außergerichtlichen Plan zugestimmt haben, hieran gebunden bleiben. Grundlage des gerichtlichen Zustimmungsersetzungsverfahrens kann daher nur der außergerichtliche Schuldenbereinigungsplan sein. Sollten sich nach Einreichung des Plans Änderungen ergeben und möchte der Schuldner den Gläubigern einen neuen Schuldenbereinigungsplan unterbreiten, steht es ihm frei, den Eröffnungsantrag nach § 305 zurückzunehmen und einen neuerlichen außergerichtlichen Einigungsversuch zu unternehmen. Dies dürfte zu der durch die Abschaffung des gerichtlichen Schuldenbereinigungsverfahrens erwarteten Entlastung der Insolvenzgerichte führen. Nimmt der Schuldner den Antrag dagegen nicht zurück und erscheint eine Annahme des außergerichtlichen Plans gem. §§ 308 Abs. 1 Satz 2, 309 Abs. 1 RegE nicht aussichtsreich, soll dem Gericht allerdings nach dem § 306 RegE das im geltenden § 306 Abs. 1 Satz 3 vorgesehene Ermessen zur Anordnung der Fortsetzung des Verfahrens nicht mehr zustehen. Dieser gänzliche Verzicht auf das gerichtliche Ermessen erscheint kritikwürdig, da die Gläubigerzustimmung bei offensichtlich aussichtslosen Plänen kaum ersetzungsfähig ist oder der Plan im gerichtlichen Verfahren mehrheitlich abgelehnt wird (s. u. RdNr. 10; s. a. § 306 RdNr. 6).[16] Die geltende Bestimmung des § 305a findet sich in § 305a Abs. 1 Satz 2 RegE wieder.

Der Antrag auf Zustimmungsersetzung ist nur zulässig, wenn weniger als die Hälfte der **9** benannten Gläubiger den Plan ausdrücklich abgelehnt hat und die Summe der Ansprüche der ablehnenden Gläubiger weniger als die Hälfte der Summe der Ansprüche der benannten Gläubiger beträgt. Ist dies nicht der Fall, ist der Antrag unzulässig, weil eine Zustimmungsersetzung dann gem. § 309 Abs. 1 Satz 1 RegE von vorneherein nicht möglich ist. Der Schuldner hat daher mit seinem Antrag die Stellungnahmen der Gläubiger einzureichen; ferner muss der Schuldner erklären, dass die Vermögensübersicht und der Schuldenbereinigungsplan allen darin genannten Gläubigern in der dem Gericht vorliegenden Fassung übersandt worden ist (§ 305a Abs. 3 Satz 2 RegE).

Der Antrag auf Zustimmungsersetzung ist bei Vorlage eines Null-Plans als unzulässig **10** zurückzuweisen, da ein solcher Plan offensichtlich aussichtslos iSd. § 305 Abs. 1 Nr. 1 RegE ist. Die ratio legis dieser Bestimmung, Schuldnerberatungsstellen von der Befassung mit solchen Plänen zu entlasten, muss entsprechend auch für die Insolvenzgerichte gelten. Bereits nach bisher geltendem Recht kommt es nicht zur Entscheidung über einen Schuldenbereinigungsplan, dessen Scheitern nach freier Überzeugung des Gerichts wahrscheinlicher ist als sein Erfolg, was insbesondere bei Null-Plänen zutrifft (s. § 306 RdNr. 12). Darüber hinaus fehlt das Rechtsschutzbedürfnis des Schuldners an der Durchführung eines Zustimmungsersetzungsverfahrens, weil bei Null-Plänen eine Zustimmungsersetzung generell nicht in Betracht kommt (s. dazu § 309 RdNr. 20 ff.).

§ 306 Ruhen des Verfahrens

(1) ¹Das Verfahren über den Antrag auf Eröffnung des Insolvenzverfahrens ruht bis zur Entscheidung über den Schuldenbereinigungsplan. ²Dieser Zeitraum soll drei Monate nicht überschreiten. ³Das Gericht ordnet nach Anhörung des Schuld-

---

[15] So die Begr. zum RegE vom 22. 8. 2007, S. 83 (zu Nr. 37).
[16] S. hierzu *Frind* ZInsO 2007, 1097, 1099; *ders.* ZInsO 2007, 473; *ders.* ZInsO 2006, 342.

§ 306   1   9. Teil. Verbraucherinsolvenz- und sonst. Kleinverfahren

ners die Fortsetzung des Verfahrens über den Eröffnungsantrag an, wenn nach seiner freien Überzeugung der Schuldenbereinigungsplan voraussichtlich nicht angenommen wird.

(2) ¹ Absatz 1 steht der Anordnung von Sicherungsmaßnahmen nicht entgegen. ² Ruht das Verfahren, so hat der Schuldner in der für die Zustellung erforderlichen Zahl Abschriften des Schuldenbereinigungsplans und der Vermögensübersicht innerhalb von zwei Wochen nach Aufforderung durch das Gericht nachzureichen. ³ § 305 Abs. 3 Satz 2 gilt entsprechend.

(3) ¹ Beantragt ein Gläubiger die Eröffnung des Verfahrens, so hat das Insolvenzgericht vor der Entscheidung über die Eröffnung dem Schuldner Gelegenheit zu geben, ebenfalls einen Antrag zu stellen. ² Stellt der Schuldner einen Antrag, so gilt Absatz 1 auch für den Antrag des Gläubigers. ³ In diesem Fall hat der Schuldner zunächst eine außergerichtliche Einigung nach § 305 Abs. 1 Nr. 1 zu versuchen.

„§ 306 Ruhen des Verfahrens (RegE)

(1) ¹ Hat der Schuldner einen Antrag auf Zustimmungsersetzung gestellt, ruht das Verfahren über den Antrag auf Eröffnung des Insolvenzverfahrens bis zur rechtskräftigen Entscheidung über die Zustimmungsersetzung. ² Dieser Zeitraum soll drei Monate nicht überschreiten.

(2) ¹ Absatz 1 steht der Anordnung von Sicherungsmaßnahmen nicht entgegen. ² Ruht das Verfahren, so hat der Schuldner in der für die Zustellung erforderlichen Zahl Abschriften des Schuldenbereinigungsplans und der Vermögensübersicht innerhalb von zwei Wochen nach Aufforderung durch das Gericht nachzureichen. ³ § 305 Abs. 3 Satz 2 gilt entsprechend.

(3) ¹ Beantragt ein Gläubiger die Eröffnung des Verfahrens, so hat das Insolvenzgericht vor der Entscheidung über die Eröffnung dem Schuldner Gelegenheit zu geben, ebenfalls einen Antrag zu stellen. ² Stellt der Schuldner einen Antrag, so gilt Absatz 1 auch für den Antrag des Gläubigers. ³ In diesem Fall hat der Schuldner zunächst eine außergerichtliche Einigung nach § 305 Abs. 1 Nr. 1 zu versuchen."

Übersicht

	RdNr.		RdNr.
I. Normzweck	1	c) Kopieraufwand	11
II. Entstehungsgeschichte	2	d) Fortsetzung des Verfahrens	12
III. Neuregelung durch das InsO-ÄndG 2001	3	e) Geplante Änderungen durch den RegE InsO 2007	15
1. Neuregelung	3	2. Sicherungsmaßnahmen (Abs. 2)	16
2. Normzweck	4	a) Art der Sicherungsmaßnahmen	17
3. Auswirkungen der Änderungen	5	b) Zwangsvollstreckung in das unbewegliche Vermögen	18
IV. Vorgesehene Neuregelung nach RegE vom 22. 8. 2007	6	c) Nachreichen von Unterlagen; Rücknahmefiktion	19
V. Einzelerläuterungen	7	3. Eröffnungsantrag eines Gläubigers (Abs. 3)	20
1. Ruhen des Verfahrens (Abs. 1)	7	a) Verhältnis zum Schuldnerantrag	20
a) Ruhen kraft Gesetzes	8	b) Antrag des Schuldners	21
b) Dauer	10	c) Zugang zur Restschuldbefreiung	22

I. Normzweck

1   Nach der Intention der gesetzlichen Regelung von Verbraucher- und gleichgestellten Insolvenzen soll eine Schuldenbereinigung, die auf vertraglichen Vereinbarungen zwischen Schuldner und Gläubigern beruht, Vorrang vor der Durchführung des Insolvenzverfahrens und vor der insolvenzrechtlichen Restschuldbefreiung haben. Die Ansiedlung des gerichtlichen Schuldenbereinigungsplanverfahrens zwischen der Stellung des Antrags auf Eröffnung

des Insolvenzverfahrens und der Entscheidung über diesen Antrag erhöht vor dem Hintergrund des ansonsten drohenden Insolvenzverfahrens den Einigungsdruck auf die Beteiligten und erhöht auch die Chancen einer Einigung, weil in diesem Stadium noch keine erheblichen Verfahrenskosten angefallen sind. Kommt es mit gerichtlicher Vermittlung zu einer Einigung der Beteiligten über einen Schuldenbereinigungsplan oder wird dieser durch Ersetzung der Zustimmung gem. § 309 wirksam, so entfällt die Notwendigkeit eines Insolvenzverfahrens. Die Vorschrift dient somit auch der Entlastung der Gerichte.[1] Sinnvolle Sicherungsmaßnahmen sollen aber trotz Ruhens des Verfahrens möglich bleiben (Abs. 2). Abs. 3 stellt sicher, dass im Falle eines Gläubigerantrags ein Verbraucherinsolvenzverfahren stattfinden kann.

II. Entstehungsgeschichte

Die Vorschrift ist auf Vorschlag des Rechtsausschusses eingefügt worden (§ 357 c der Beschlussempfehlung).[2]

III. Neuregelung durch das InsOÄndG 2001

1. Neuregelung. Zu den im Gesetzentwurf der Bundesregierung vorgeschlagenen Änderungen des § 306 hat der Bundesrat nicht Stellung genommen. Diese Änderungen betreffen die Fortsetzung des Verfahrens über den Eröffnungsantrag, wenn nach **der freien Überzeugung des Gerichts** der Schuldenbereinigungsplan voraussichtlich nicht angenommen wird (§ 306 Abs. 1 Satz 3),[3] die Pflicht zum Nachreichen der Abschriften des Schuldenbereinigungsplans und der Vermögensübersicht innerhalb von zwei Wochen nach Aufforderung durch das Gericht (§ 306 Abs. 2 Satz 2), die entsprechende Anwendung des § 305 Abs. 3 Satz 2 bei Versäumung dieser Frist (§ 306 Abs. 2 Satz 3) und die Pflicht des Schuldners zum Versuch einer außergerichtlichen Einigung nach § 305 Abs. 1 Nr. 1 bei Stellung eines dem Gläubigerantrag nachfolgenden Eigenantrags (§ 306 Abs. 3 Satz 3).

2. Normzweck. In der Begründung zum Gesetzentwurf[4] wird darauf hingewiesen, dass es häufig schon bei Einleitung des Schuldenbereinigungsverfahrens offensichtlich sei, dass eine gütliche Einigung auch vor dem Insolvenzgericht nicht erreicht werden kann; in solchen Fällen sei die Durchführung des Verfahrens reiner Formalismus, der lediglich Zeit und Geld verschwende. Auf das gerichtliche Schuldenbereinigungsplanverfahren sollte aber entgegen manchen Vorstellungen aus der Praxis nicht generell verzichtet werden, um die Chancen, zu einer gütlichen Schuldenbereinigung unter Vermittlung des Gerichts zu gelangen, wahrnehmen zu können. Durch den neuen Satz 3 in Abs. 1 wird die Entscheidung über die Durchführung eines Schuldenbereinigungsplanverfahrens in die freie Entscheidung des Gerichts gestellt. Im Übrigen bezwecken die Änderungen eine Überbürdung des Kopieraufwands auf den Schuldner (Abs. 2 Sätze 2 und 3) und eine Klarstellung dahingehend, dass auch der Schuldner, der nach einem vorhergehenden Gläubigerantrag seinerseits einen Eröffnungsantrag stellt, zunächst einen außergerichtlichen Einigungsversuch unternehmen muss (Abs. 3 Satz 3).

3. Auswirkungen der Änderungen. Mit der Neuregelung gem. Abs. 1 Satz 3 verliert das **gerichtliche Schuldenbereinigungsplanverfahren** seinen bisherigen rechtlichen Status als unverzichtbarer Zwischenschritt auf dem Weg zu einer Bereinigung der Verbraucherinsolvenz. Der Gesetzgeber folgt damit kritischen Stimmen insbesondere aus der Praxis. Tatsächlich hat diese Neuregelung dazu geführt, dass das gerichtliche Einigungsverfahren nur noch geringe Bedeutung erlangt hat und ein gerichtlicher Einigungsversuch

---

[1] Römermann in Nerlich/Römermann, InsO, § 306 RdNr. 3.
[2] BT-Drucks. 12/7302, S. 134.
[3] Bei einem Nullplan ist dies regelmäßig der Fall; vgl. hierzu AG Göttingen ZVI 2002, 69, 70; s. u. RdNr. 12.
[4] BT-Drucks. 14/5680, S. 31 (zu Nr. 24).

kaum noch durchgeführt wurde.[5] Dem Insolvenzgericht eröffnete die Neuregelung durch das InsOÄndG die Möglichkeit, das gerichtliche Schuldenbereinigungsplanverfahren nicht durchzuführen, sondern sogleich das vereinfachte Insolvenzverfahren zu eröffnen, wenn das Scheitern des Schuldenbereinigungsplanverfahrens wahrscheinlicher ist als ein Erfolg. Der Umstand, dass schon der Versuch einer außergerichtlichen Schuldenbereinigung gescheitert ist, vermag allein eine solche **Prognose** noch nicht zu stützen, jedoch sind die Gründe, die zu dessen Scheitern geführt haben, für die Beurteilung der Chancen, in einem gerichtlich vermittelten Verfahren doch noch zu einer gütlichen Einigung zu kommen, von ausschlaggebendem Gewicht. Demgemäß wird dem Schuldner durch die nunmehr eingefügte Ergänzung des § 305 Abs. 1 Nr. 1 auferlegt, dem Gericht die wesentlichen Gründe für das Scheitern der außergerichtlichen Schuldenbereinigung darzulegen. Von einer mangelnden Aussicht auf eine einvernehmliche Schuldenbereinigung wird vor allem dann auszugehen sein, wenn schon im außergerichtlichen Schuldenbereinigungsverfahren keine Annäherung zwischen Schuldner und Gläubigern erreicht werden konnte, weil der Schuldner den Gläubigern keine nennenswerten Tilgungsleistungen angeboten hat. Dem Gericht steht hinsichtlich seiner Prognose ein **weiter Beurteilungs- und Entscheidungsspielraum** zu, da es nach freier Überzeugung zu entscheiden hat und seine Entscheidung, ein gerichtliches Schuldenbereinigungsplanverfahren nicht durchzuführen, sondern sogleich über den Eröffnungsantrag zu entscheiden, keiner weiteren Überprüfung unterliegt. Andererseits ist zur Klärung der Frage, ob der Schuldenbereinigungsplan voraussichtlich nicht angenommen wird, ein **erheblicher Prüfungsaufwand** erforderlich, weil das Gericht die Chance eines Einigungsversuchs nur wird beurteilen können, wenn es sich eingehend mit dem außergerichtlichen Schuldenbereinigungsverfahren und den Gründen seines Scheiterns befasst.[6] Bei der Entscheidung zugunsten einer Anordnung nach Abs. 1 Satz 3 spielt weiter eine Rolle, dass das Schuldenbereinigungsplanverfahren nicht ohne weiteres dadurch zu einem Abschluss gebracht werden kann, dass das Gericht Einwendungen der Gläubiger durch eine Zustimmung ersetzt, weil die **Ersetzung der Zustimmung** an feste und sachlich überprüfbare Kriterien gebunden ist (§ 309 Abs. 1 Nr. 1 und Nr. 2). Von einer Ersetzung der Zustimmung ist in der Gesetzesbegründung in diesem Zusammenhang nur in Bezug auf „völlig uneinsichtige" Gläubiger die Rede. Es erscheint auch als sachgerecht, wenn mangels einer begründeten Aussicht auf eine einvernehmliche Schuldenbereinigung sogleich das Eröffnungsverfahren bzw. das Insolvenzverfahren durchgeführt wird. Dem entspricht es, wenn in der Begründung zu der Änderung des § 306 Abs. 1 nicht auf die Möglichkeit verwiesen wird, eine Schuldenbereinigung zu erzwingen, sondern ausgeführt wird, dass ein Einigungsversuch im Rahmen des gerichtlichen Schuldenbereinigungsplanverfahrens sinnvoll erscheint, weil zunächst ablehnende Gläubiger bei einer Mitwirkung des Insolvenzgerichts oftmals eher geneigt sind, ihre Position noch einmal zu überprüfen und sich einer gütlichen Einigung nicht weiter zu verschließen.[7]

IV. Vorgesehene Neuregelung nach RegE

6   Vorgesehen ist eine Änderung des Abs. 1, die klarstellen soll, dass das Insolvenzantragsverfahren nur ruht, wenn ein Antrag auf Zustimmungsersetzung gestellt ist.[8] Das gerichtliche Schuldenbereinigungsverfahren soll künftig wegfallen; eine Entscheidung über den Schuldenbereinigungsplan kommt demgemäß nicht mehr in Betracht. Der Gesetzentwurf soll insoweit rechtlich nachvollziehen, „was sich in der Praxis bereits ereignet hat, nämlich die Abschaffung des gerichtlichen Schuldenbereinigungsplanverfahrens".[9] Eine Änderung der

---

[5] Begründung RegE vom 22. 8. 2007, S 37 f. Vgl. *Heuer/Hils/Richter/Schröder/Sackmann* S. 26: von den dort untersuchten 682 Anträgen ist nur in 72 Fällen (= 11.3%) ein gerichtlicher Einigungsversuch unternommen worden.
[6] *Pape* ZInsO 2001, 587, 591.
[7] BT-Drucks. 14/5680, S. 31 (zu Nr. 24).
[8] Begründung RegE, S. 84 (zu Nummer 38).
[9] Begründung RegE, S. 38.

Abs. 2 und 3 ist nicht vorgesehen. Ob allerdings die in dem **Gesetzentwurf der Bundesregierung vom 22. 8. 2007** vorgesehene ersatzlose Streichung des gerichtlichen Ermessens des geltenden § 306 Abs. 1 Satz 3 sinnvoll ist, erscheint zweifelhaft, weil es durch Zustimmungsersetzungsanträge in Fällen, in denen eine Annahme des Schuldenbereinigungsplans aussichtslos erscheint, zu einer ungerechtfertigten Verfahrensverzögerung und u. U. auch zum Missbrauch des Zustimmungsersetzungsverfahrens kommt.[10] Dies gilt insbesondere in den Fällen sog. Null-Pläne (s. hierzu u. RdNr. 12; § 305 a RdNr. 10).

V. Einzelerläuterungen

1. Ruhen des Verfahrens (Abs. 1). Das Ruhen des Verfahrens über den Antrag auf Eröffnung des Insolvenzverfahrens setzt zunächst voraus, dass ein den Erfordernissen des § 305 Abs. 1 Nr. 1 bis 4 entsprechender Eröffnungsantrag vorliegt;[11] andernfalls bzw. nach erfolgloser gerichtlicher Aufforderung zur Vervollständigung gilt der Eröffnungsantrag als zurückgenommen (§ 305 Abs. 3 Satz 2). In diesem Fall ist auch das gerichtliche Schuldenbereinigungsverfahren beendet.

a) Ruhen kraft Gesetzes. Das Ruhen des Verfahrens tritt kraft Gesetzes ein.[12] Es bewirkt, dass das Insolvenzgericht zunächst über den Eröffnungsantrag nicht entscheidet. Demgemäß sind auch die allgemeinen Voraussetzungen für die Eröffnung des Insolvenzverfahrens in diesem Stadium des Verfahrens nur insoweit zu prüfen, als sie die **Zulässigkeit** eines dem Insolvenzverfahren vorgeschalteten Vermittlungsverfahrens zur Schuldenbereinigung betreffen. Das bezieht sich zunächst auf das Vorliegen der gem. § 305 erforderlichen Erklärungen und Unterlagen, darüber hinaus aber auch auf die generelle Anwendbarkeit der §§ 304 ff. auf den antragstellenden Schuldner.[13]

Nicht zu prüfen ist in diesem Verfahrensstadium das **Vorliegen eines Eröffnungsgrundes** (Zahlungsunfähigkeit oder drohende Zahlungsunfähigkeit des Schuldners, §§ 17, 18).[14] Die Insolvenzgründe müssen bei der Eröffnung des Verfahrens vorliegen und sind folglich erst bei der Entscheidung über den Eröffnungsantrags zu prüfen. Ergibt sich aber aus den vom Schuldner vorgelegten Unterlagen, insbesondere aus dem Vermögens- und Einkommensverzeichnis sowie aus dem Forderungsverzeichnis, dass ein Eröffnungsgrund eindeutig nicht vorliegt, so fehlt es auch schon für die Durchführung des gerichtlichen Schuldenbereinigungsplanverfahrens an einem **Rechtsschutzinteresse.** In diesem Fall ist in entsprechender Anwendung des § 305 Abs. 3 Satz 1 der Schuldner aufzufordern, die Notwendigkeit eines gerichtlichen Schuldenbereinigungsplanverfahrens darzulegen. Geschieht dies nicht, so gilt der Antrag als zurückgenommen. Um einen Missbrauch des Verbraucherinsolvenzverfahrens zu verhindern, muss gleiches gelten, wenn das Gericht erhebliche Zweifel am Vorliegen einer Insolvenz hat.

b) Dauer. Der Zeitraum des Ruhens soll drei Monate nicht überschreiten **(Abs. 1 Satz 2).** Dieser Zeitraum ist sehr knapp bemessen und wird allein schon wegen der zu beachtenden Fristen in der Regel nicht eingehalten werden können. Die dem Schuldner ggf. für Ergänzungen einzuräumende Frist beträgt bereits einen Monat. Den Gläubigern steht eine Frist von einem weiteren Monat für ihre Stellungnahme zu (§ 307 Abs. 1 Satz 1). Hinzu kommen erforderlichenfalls Fristen für Stellungnahmen von Schuldner und Gläubigern zu dem Vorbringen anderer Verfahrensbeteiligter. Stößt die Annahme des Plans auf den Widerspruch eines im Forderungsverzeichnis aufgeführten Gläubigers, so ist dieser vor der

---

[10] S. hierzu *Frind* ZInsO 2007, 1097, 1098 f.; *ders.* ZInsO 2007, 473, 474; *ders.* ZInsO 2006, 342, 344.
[11] BGH ZVI 2004, 282; HambKomm-*Streck,* InsO, § 306 RdNr. 2.
[12] *Uhlenbruck/Vallender,* InsO, § 306 RdNr. 5; FK-*Grote,* InsO, § 306 RdNr. 4.
[13] *Uhlenbruck/Vallender,* InsO, § 306 RdNr. 6, 7; aA LG Mainz NZI 2000, 549, 550.
[14] *Goetsch/Fluck* in *Breutigam/Blersch/Goetsch,* InsO, § 306 RdNr. 6 f.; *Hess,* InsO, § 306 RdNr. 1; *Uhlenbruck/Vallender,* InsO, § 306 RdNr. 15; HambKomm-*Streck,* InsO, § 306 RdNr. 2; *Wittig* WM 1998, 157, 162; HK-*Landfermann,* InsO, § 306 RdNr. 3; *Römermann* in *Nerlich/Römermann,* InsO, § 306 RdNr. 5; *Obermüller* in *Hess/Obermüller,* Insolvenzplan, RdNr. 1005; aA AG Göttingen ZInsO 1999, 477; *Kübler/Prütting/Wenzel,* InsO, § 306 RdNr. 13.

Entscheidung über die Ersetzung seiner Zustimmung zu hören (§ 309 Abs. 2 Satz 1). Die Frist gem. Abs. 1 Satz 2 ist demgemäß **keine Ausschlussfrist,** ihre Überschreitung löst keine Sanktionen aus.[15]

11   c) **Kopieraufwand.** Um die Verfahrenskosten zu reduzieren, sieht § 307 Abs. 1 vor, dass den Gläubigern der Schuldenbereinigungsplan sowie die Vermögensübersicht zugestellt wird. Zur weiteren Kostenreduktion sieht die Bestimmung des § 306 Abs. 2 Satz 2 vor, dass der Schuldner die erforderlichen Abschriften zu erstellen hat, dies jedoch erst **nach Aufforderung durch das Gericht.** Dadurch wird sicher gestellt, dass der damit verbundene Aufwand nur im Falle der Durchführung des Schuldenbereinigungsverfahrens erbracht wird.

12   d) **Fortsetzung des Verfahrens.** Das Gericht ordnet nach Anhörung des Schuldners[16] die Fortsetzung des Verfahrens an, wenn nach seiner freien Überzeugung der Schuldenbereinigungsplan voraussichtlich nicht angenommen werden wird.[17] Das Scheitern des Schuldenbereinigungsplans muss daher wahrscheinlicher sein als sein Erfolg.[18] Dies kann etwa dann der Fall sein, wenn ein solcher Schuldenbereinigungsplan nur als sog. **Null-Plan** ausgestaltet werden könnte.[19] Bei Null-Plänen besteht kaum begründete Aussicht auf Zustimmung der Gläubiger[20] (s. zum Null-Plan § 305 RdNr. 61 ff.). Im Übrigen kann das Gericht auf Grund der Anhörung des Schuldners[21] sowie der gem. § 305 Abs. 1 Nr. 1 geforderten Darlegung der Gründe für das Scheitern des außergerichtlichen Einigungsversuchs seine Überzeugung von der voraussichtlichen Annahme oder Nichtannahme eines gerichtlichen Schuldenbereinigungsplans bilden. Dabei kommt der Möglichkeit einer Zustimmungsersetzung nach § 309 eine wichtige Bedeutung zu.[22] Erklärt der Schuldner, er werde keinen Antrag auf Zustimmungsersetzung stellen, führt dies zwar nicht ohne weiteres dazu, dass der Plan voraussichtlich nicht angenommen wird, weil auch ein Gläubiger einen Ersetzungsantrag stellen kann;[23] eine solche Erklärung ist gleichwohl als gewichtiges Indiz für die Frage des weiteren Schicksals des Plans zu berücksichtigen.

13   Für die Prognoseentscheidung ohne Belang ist dagegen, ob das Planverfahren einen erheblichen Zeitaufwand mit sich bringen würde, etwa weil eine Vielzahl von Gläubigern vorhanden sind oder diese ihren Sitz im Ausland haben; denn diese **Verfahrensschwierigkeiten** sagen nichts darüber aus, ob der Plan voraussichtlich angenommen werden wird oder nicht.[24] Legt der Schuldner einen Plan vor, der den Gläubigern eine nicht annehmbare

---

[15] AllgM, *Wittig* (Fn. 14) S. 163; *Uhlenbruck/Vallender,* InsO, § 306 RdNr. 16; HK-*Landfermann,* InsO, § 306 RdNr. 5; HambKomm-*Streck,* InsO, § 306 RdNr. 3; *Römermann* in *Nerlich/Römermann,* InsO, § 306 RdNr. 6; FK-*Grote,* InsO, § 306 RdNr. 6; *Hess,* InsO, § 306 RdNr. 6.

[16] *Kübler/Prütting/Wenzel,* InsO, § 306 RdNr. 4; FK-*Grote,* InsO, § 306 RdNr. 7 e; *Hess,* InsO, § 306 RdNr. 7; HambKomm-*Streck,* InsO, § 306 RdNr. 8; *Andres* in *Andres/Leithaus,* InsO, § 306 RdNr. 3; *Römermann* in *Nerlich/Römermann,* InsO, § 306 RdNr. 12 f.; dagegen *Vallender* NZI 2001, 561, 564.

[17] *Kübler/Prütting/Wenzel,* InsO, § 306 RdNr. 2; für eine Entscheidungskompetenz des Schuldners dagegen *Fuchs* NZI 2001, 15, 16 ff.; *Pape/Pape* ZIP 2000, 1553, 1558; de lege ferenda auch *Römermann* in *Nerlich/Römermann,* InsO, § 306 RdNr. 11.

[18] *Fuchs* ZInsO 2002, 298, 302; *Kübler/Prütting/Wenzel,* InsO, § 306 RdNr. 3; FK-*Grote,* InsO, § 306 RdNr. 7 b.

[19] AG Mönchengladbach ZInsO 2003, 385 f.; AG Göttingen ZVI 2002, 69, 70; *Uhlenbruck/Vallender,* InsO, § 306 RdNr. 20; *Kübler/Prütting/Wenzel,* InsO, § 306 RdNr. 6; HambKomm-*Streck,* InsO, § 305 RdNr. 16, § 306 RdNr. 7; *Braun/Buck,* InsO, § 306 RdNr. 6; *Goetsch/Fluck* in *Breutigam/Blersch/Goetsch,* InsO, § 306 RdNr. 31; *Pape* ZInsO 2004, 647, 652; zweifelnd *Fuchs* (Fn. 18) S. 303; s. ferner *Hofmeister* ZVI 2003, 12, 17; und. dagegen *Graf-Schlicker/Sabel,* InsO, § 306 RdNr. 14; FK-*Grote,* InsO, § 306 RdNr. 7 c.

[20] Nach einer Untersuchung aus dem Jahre 2005 von *Heuer/Hils/Richter/Schröder/Sackmann* S. 25 sollen sämtliche „Null-Pläne" im Rahmen des außergerichtlichen Einigungsversuchs erfolglos geblieben sein; im gerichtlichen Schuldenbereinigungsverfahren sind danach allerdings „flexible Nullpläne" in 7,5% der Einigungsversuche (= 0,73% aller Anträge) angenommen worden; s. *Heuer/Hils/Richter/Schröder/Sackmann* S. 26.

[21] S. hierzu BT-Drs. 14/5680, S. 31.

[22] *Fuchs* (Fn. 18) S. 302 f.; *Goetsch/Fluck* in *Breutigam/Blersch/Goetsch,* InsO, § 306 RdNr. 9; HK-*Landfermann,* InsO § 306 RdNr. 6.

[23] *Fuchs* (Fn. 18) S. 303; enger dagegen *Kübler/Prütting/Wenzel,* InsO, § 306 RdNr. 6 (in aller Regel keine Aussicht auf Erfolg, wenn der Schuldner keinen Antrag stellt).

[24] Zutr. *Fuchs* (Fn. 18) S. 303; and. FK-*Grote,* InsO, § 306 RdNr. 7 d.

Befriedigungsquote anbietet und erfolgt dies nur aus dem Grund, ein Schuldenbereinigungsverfahren nicht durchführen zu müssen, hat das Gericht den Schuldner aufzufordern, einen den Anforderungen des § 305 genügenden Plan vorzulegen (§ 305 Abs. 3).[25]

Gegen die Entscheidung des Gerichts, das Verfahren fortzusetzen, steht dem eigenantragstellenden Schuldner die **Beschwerde** nicht zu, weil in der InsO eine solche Beschwerdemöglichkeit nicht geregelt ist (§ 6 Abs. 1) und der Schuldner darüber hinaus durch die Entscheidung, das Verfahren fortzusetzen, nicht beschwert ist, weil sie von seinem Antrag auf Eröffnung des Verfahrens nicht abweicht.[26] Dem Schuldner bleibt lediglich die Möglichkeit der **Gegenvorstellung** sowie der **außerordentlichen Beschwerde** wegen greifbarer Gesetzeswidrigkeit (s. hierzu auch § 305 RdNr. 100, § 307 RdNr. 12).[27]

e) Geplante Änderungen durch den RegE. Da nach dem Gesetzentwurf der Bundesregierung vom 22. 8. 2007 die Durchführung eines gerichtlichen Schuldenbereinigungsverfahrens nicht mehr vorgesehen ist, ruht das Verfahren über den Eröffnungsantrag nur noch, wenn der Schuldner einen Antrag auf Zustimmungsersetzung gem. § 305 a gestellt hat. Hat er einen solchen nicht gestellt, ist sogleich über den Eröffnungsantrag zu entscheiden, ohne dass das Verfahren ruht (s. § 304 RdNr. 46, § 311 RdNr. 3). Hinsichtlich des Drei-Monats-Zeitraums s. o. RdNr. 10. Entgegen anderen Überlegungen sieht der RegE weiterhin vor, dass der Schuldner nach Aufforderung durch das Gericht verpflichtet ist, Abschriften des Schuldenbereinigungsplans und des Vermögensverzeichnisses, die den Gläubigern übersandt wurden, bei Gericht einzureichen, damit die Gläubiger, deren Zustimmung ersetzt werden soll, noch einmal informiert werden, wenn das Gericht dies für angezeigt hält.[28]

2. Sicherungsmaßnahmen (Abs. 2). Die Vorschrift stellt klar, dass die sich bereits aus § 21 ergebende Aufgabe und die Befugnisse des Insolvenzgerichts, Sicherungsmaßnahmen anzuordnen, auch im Stadium des gerichtlichen Vermittlungsverfahrens zur Schuldenbereinigung gelten. Der Zweck von Sicherungsmaßnahmen kann im Verbraucherinsolvenzverfahren – anders als im Regelinsolvenzverfahren, in dem es eine vorzeitige Zerschlagung des schuldnerischen Unternehmens und Störungen des Eröffnungsverfahrens durch Individualvollstreckungen zu verhindern gilt – allerdings nur darin liegen, eine Massesicherung und -anreicherung zu bewirken.[29] Sie sind deshalb nur zulässig, um bis zur Entscheidung über den Eröffnungsantrag den Gläubigern nachteilige Veränderungen in der Vermögenssphäre des Schuldners zu verhüten, nicht jedoch zur Sicherung des Schuldenbereinigungsplans und dessen Durchführung.[30]

a) Art der Sicherungsmaßnahmen. Grundsätzlich kommen alle erforderlich erscheinenden Maßnahmen nach Maßgabe des § 21 in Betracht (s. dort RdNr. 44 f.). Dazu gehören die Bestellung eines **vorläufigen Treuhänders**,[31] der Erlass eines Verfügungsverbots gegen den Schuldner bzw. die Anordnung, dass Verfügungen des Schuldners nur mit Zustimmung des vorläufigen Treuhänders wirksam werden[32] und die Untersagung bzw. die einstweilige Einstellung der Zwangsvollstreckung gegen den Schuldner, soweit nicht unbe-

---

[25] *Fuchs* (Fn. 18) S. 304.
[26] LG Berlin ZVI 2003, 77 f.; *Fuchs* (Fn. 18) S. 304; *Hess*, InsO, § 306 RdNr. 30; s. w. HambKomm-*Streck*, InsO, § 306 RdNr. 9; *Andres* in Andres/Leithaus, InsO, § 306 RdNr. 3; *Kübler/Prütting/Wenzel*, InsO, § 306 RdNr. 3.
[27] FK-*Grote*, InsO, § 306 RdNr. 7 g; *Uhlenbruck/Vallender*, InsO, § 306 RdNr. 21.
[28] Begründung RegE vom 23. 1. 2007, S. 84.
[29] *Lwowski/Tetzlaff* WuB VI C § 306 InsO 1.00.
[30] AG Hamburg WM 2000, 895 mit zust. Anm. *Lwowski/Tetzlaff* (Fn. 29).
[31] AG Köln ZInsO 2000, 118; *Uhlenbruck/Vallender*, InsO, § 306 RdNr. 46 ff.; FK-*Grote*, InsO, § 306 RdNr. 13; *Maier/Krafft* BB 1997, 2173; *Römermann* in Nerlich/Römermann, InsO, § 306 RdNr. 16; *Andres* in Andres/Leithaus, InsO, § 306 RdNr. 4; *Römermann* in Nerlich/Römermann, InsO, § 306 RdNr. 9; *Kübler/Prütting/Wenzel*, InsO, § 306 RdNr. 10; HambKomm-*Streck*, InsO, § 306 RdNr. 11; abl. *Wittig* (Fn. 14) S. 163; *Hess*, InsO, § 306 RdNr. 18; HK-*Landfermann*, InsO, § 306 RdNr. 4; *Obermüller* in Hess/Obermüller, Insolvenzplan, RdNr. 945.
[32] *Römermann* in Nerlich/Römermann, InsO, § 306 RdNr. 10; *Uhlenbruck/Vallender*, InsO, § 306 RdNr. 55.

wegliche Gegenstände betroffen sind[33] (§ 21 Abs. 2; s. dort RdNr. 71). Für den Fall von Verbraucherinsolvenzen kommt praktische Bedeutung bes. **Verfügungsverboten** über Lohnforderungen oder sonstige laufende Bezüge sowie der Untersagung oder **Einstellung der Zwangsvollstreckung** in das bewegliche Vermögen zu.[34] Gerade bei der einstweiligen Einstellung von laufenden Zwangsvollstreckungen in Lohnforderungen ist aber zu berücksichtigen, dass eine solche nur dann zulässig sein kann, wenn sie zur Masseanreicherung oder zu sonstigen Vorteilen für die Gläubigergesamtheit führt; dies ist nicht der Fall, wenn der Pfändungsgläubiger bereits ein nicht der Rückschlagsperre des § 88 unterfallendes und nicht anfechtbares Pfändungspfandrecht i. S. d. § 832 ZPO erlangt hat, das ihm gem. § 50 Abs. 1 im eröffneten Verfahren die Befugnis zur abgesonderten Befriedigung verleiht und nach § 114 Abs. 3 nur insoweit erlischt, als es sich auf die nach Eröffnung fällig werdenden Bezüge bezieht.[35] Die Bestellung eines vorläufigen Treuhänders ist gegen die damit verbundenen zusätzlichen Kosten abzuwägen. Das Insolvenzgericht kann auch gegen den Schuldner persönlich gerichtete Maßnahmen anordnen bis hin zur zwangsweisen Vorführung und der Verhaftung des Schuldners (§ 21 Abs. 3) sowie der Verhängung einer Postsperre (§ 99).

18 b) **Zwangsvollstreckung in das unbewegliche Vermögen.** Eine Zwangsvollstreckung in das Immobiliarvermögen des Schuldners kann das Insolvenzgericht nicht untersagen oder einstweilig einstellen (§ 21 Abs. 2 Nr. 3). Hier kommt jedoch eine **einstweilige Einstellung der Zwangsversteigerung** nach den Vorschriften des ZVG (§§ 30 d ff.; 153 b ff. ZVG) in Betracht. Diese Vorschriften beziehen sich zwar auf den Zeitraum nach Eröffnung des Insolvenzverfahrens. Dabei handelt es sich aber um eine Regelungslücke, die sich daraus ergeben hat, dass die Vorschriften über Verbraucherinsolvenzverfahren im Regierungsentwurf nicht vorgesehen waren und erst auf Empfehlung des Rechtsausschusses eingefügt worden sind. Dies rechtfertigt eine **analoge Anwendung** der Vorschriften auf die Phase des gerichtlichen Schuldenbereinigungsplanverfahrens vor Eröffnung des Insolvenzverfahrens.[36] Demgemäß kann das Vollstreckungsgericht in entsprechender Anwendung des § 30 d ZVG auf Antrag des vorläufig bestellten Treuhänders oder des Schuldners, wenn ein Treuhänder nicht bestellt worden ist, die Zwangsversteigerung vorläufig einstellen, wenn durch die Versteigerung die Durchführung eines vorgelegten Schuldenbereinigungsplans gefährdet wäre und die einstweilige Einstellung dem Gläubiger unter Berücksichtigung seiner wirtschaftlichen Verhältnisse zuzumuten ist. Die Zumutbarkeit der einstweiligen Einstellung der Zwangsversteigerung für die Gläubiger ist zu bejahen, wenn der Schuldenbereinigungsplan Regelungen über die Immobiliarsicherheiten der Gläubiger vorsieht, solange er von der Mehrheit der Gläubiger nicht abgelehnt ist.[37] Die einstweilige Einstellung der Zwangsvollstreckung kann durch das Vollstreckungsgericht mit Auflagen versehen werden in entsprechender Anwendung des § 30 e ZVG.

19 c) **Nachreichen von Unterlagen; Rücknahmefiktion.** Der Schuldner hat bei einem Ruhen des Verfahrens die für die Zustellung erforderliche Zahl von Abschriften des Schuldenbereinigungsplans und der Vermögensübersicht innerhalb von zwei Wochen nach Aufforderung durch das Gericht nachzureichen (Abs. 2 Satz 2). Kommt der Schuldner dem nicht nach, gilt sein Antrag als zurückgenommen (§§ 306 Abs. 2 Satz 3, 305 Abs. 3 Satz 2).[38] Die Rücknahmefiktion tritt kraft Gesetzes ein und bedarf keines besonderen

---

[33] Näher dazu *Vallender* DGVZ 1997, 97, 100; *Fuchs/Bayer* ZInsO 2000, 429; s. w. HambKomm-*Streck*, InsO, § 306 RdNr. 11; FK-*Grote*, InsO, § 306 RdNr. 9.
[34] Bei einer Anordnung von Vollstreckungsschutzmaßnahmen ist das Insolvenzgericht auch zuständig für Entscheidungen über etwaige Vollstreckungserinnerungen; AG Göttingen ZInsO 2003, 770, 771; *Hess*, InsO, § 306 RdNr. 23; aA AG Rostock NZI 2000, 142; AG Köln ZInsO 1999, 419; AG Dresden ZIP 2004, 778.
[35] AG Hamburg WM 2000, 895.
[36] *Bindemann* RdNr. 54.
[37] *Uhlenbruck*, Insolvenzrecht, S. 33.
[38] Auf die Rechtsfolgen der Fristüberschreitung hat das Gericht den Schuldner hinzuweisen; *Uhlenbruck/Vallender*, InsO, § 306 RdNr. 61.

(deklaratorischen) Beschlusses durch das Gericht (s. § 305 RdNr. 87). Ein **Rechtsmittel** steht dem Schuldner nicht zu.[39] Anders als bei der Nichterfüllung gerichtlicher Auflagen gem. § 305 Abs. 1 ist hier auch kein Raum für eine analoge Anwendung des § 34 Abs. 1 oder eine außerordentliche Beschwerde (s. hierzu § 305 RdNr. 99–100). In dem Gesetzentwurf der Bundesregierung vom 22. 8. 2007 ist zwar in § 305 Abs. 3 Satz 3 RegE vorgesehen, eine Beschwerdemöglichkeit gegen den Beschluss nach § 305 Abs. 3 Satz 2 einzuführen. Jedoch soll die Verweisungsnorm des § 306 Abs. 2 Satz 3, der ausschließlich auf § 305 Abs. 3 Satz 2 und nicht auf dessen Satz 3 verweist, unverändert bleiben. Damit wird auch weiterhin kein Rechtsmittel gegeben sein. Aus den eben dargelegten Gründen besteht hierfür auch kein praktisches Bedürfnis, so dass weder für eine erweiternde Auslegung noch für eine Analogie Raum ist.[40]

3. Eröffnungsantrag eines Gläubigers (Abs. 3). a) Verhältnis zum Schuldnerantrag. Beantragt ein Gläubiger die Eröffnung des Insolvenzverfahrens, so ist nach den allgemeinen Vorschriften über diesen Antrag zu entscheiden. Das gerichtlich vermittelte Schuldenbereinigungsverfahren kann nur stattfinden, wenn der Schuldner den Eröffnungsantrag stellt. Um auch im Falle eines Gläubigererstantrags das **Schuldenbereinigungsplanverfahren** durchführen zu können, hat das Insolvenzgericht dem Schuldner Gelegenheit zu geben, seinerseits einen Antrag zu stellen. Macht der Schuldner hiervon Gebrauch, ruht das Verfahren gem. Abs. 1. Verzichtet der Schuldner auf einen eigenen Antrag, findet ein Schuldenbereinigungsplanverfahren nicht statt; stattdessen entscheidet das Insolvenzgericht sogleich über den Antrag auf Eröffnung des vereinfachten Insolvenzverfahrens.[41]

20

b) Antrag des Schuldners. Stellt der Schuldner den Eigenantrag, so gelten hierfür die Anforderungen des § 305 Abs. 1. Umstritten war nach bisherigem Recht, ob der Schuldner zunächst einen außergerichtlichen Versuch der Schuldenbereinigung unternehmen und hierüber eine Bescheinigung gem. § 305 Abs. 1 Nr. 1 vorlegen musste.[42] Angesichts der Bedeutung, die das Gesetz der Zweistufigkeit des auf Einvernehmen abzielenden Schuldenbereinigungsverfahrens zugemessen hat, bestand kein Grund, die Erste – außergerichtliche – Stufe zu überspringen.[43] Die Frist gem. § 305 Abs. 3 Satz 2 galt offensichtlich nicht für diesen Fall, vielmehr hatte das Gericht eine angemessene Frist festzusetzen.[44] Durch die gem. InsOÄndG 2001 erfolgte Ergänzung des § 306 Abs. 3 um Satz 3 wird bestimmt, dass der Schuldner auch bei einem dem Gläubigerantrag folgenden Eigenantrag zunächst eine außergerichtliche Schuldenbereinigung nach § 305 Abs. 1 Nr. 1 versuchen muss (s. o. RdNr. 4).[45] Zugleich wird für diesen Fall die Frist des § 305 Abs. 3 Satz 2 auf drei Monate verlängert (§ 305 Abs. 3 Satz 3 idF gem. InsOÄndG 2001; s. § 305 RdNr. 7).

21

c) Zugang zur Restschuldbefreiung. Abs. 3 stellt sicher, dass der Schuldner auch im Falle eines Gläubigerantrags einen Antrag gem. § 305 Abs. 1 stellen kann, der zugleich Voraussetzung für den späteren Übergang in das Restschuldbefreiungsverfahren ist. Stellt der Schuldner den Antrag nicht, so kommt eine Restschuldbefreiung für ihn nicht mehr in Betracht.[46] Die Gegenansicht führt dazu, dass ein in den Anwendungsbereich der §§ 304 ff. fallender Schuldner ohne vorherige Durchführung des außergerichtlichen und gerichtlichen

22

---

[39] LG Düsseldorf NZI 2003, 505; *Hess,* InsO, § 306 RdNr. 34.

[40] In der Begründung zu dem Gesetzentwurf findet sich kein Hinweis darauf, ob § 306 Abs. 2 Satz 3 bewusst nur § 305 Abs. 3 Satz 2 in Bezug nimmt.

[41] *Kübler/Prütting/Wenzel,* InsO, § 306 RdNr. 2; HK-*Landfermann,* InsO, § 306 RdNr. 7.

[42] So AG Frankfurt/M. InVo 1999, 313; HK-*Landfermann,* InsO, § 306 RdNr. 6; dagegen AG Göttingen ZInsO 1999, 655; *Wittig* (Fn. 14) S. 163; *Kirchhof* ZInsO 1998, 54, 60; *Kübler/Prütting/Wenzel,* InsO, § 306 RdNr. 3; FK-*Grote,* InsO, § 306 RdNr. 21; *Obermüller* in *Hess/Obermüller,* Insolvenzplan, RdNr. 905.

[43] Demgemäß wird im Bericht des Rechtsausschusses ausdrücklich festgestellt, dass der Neunte Teil insgesamt anzuwenden ist, wenn der Schuldner im Falle des Abs. 3 einen Antrag stellt, BT-Drucks. 12/7302, S. 191 (zu § 357 c).

[44] FK-*Grote,* InsO, § 306 RdNr. 21.

[45] S. hierzu *Heyer* ZInsO 2002, 59 f.

[46] Str., wie hier OLG Köln NZI 2000, 367; LG Rostock ZInsO 2001, 272 = EWiR 2001, 383 *(Wenzel);* AG Düsseldorf ZInsO 2000, 111; AG Köln NZI 2000, 331; AG Oldenburg (Oldb) ZInsO 2000, 234; AG

Schuldenbereinigungsplanverfahrens Restschuldbefreiung erlangen kann. Ein solches Ergebnis ist aber deswegen nicht hinnehmbar, weil das Schuldenbereinigungsplanverfahren nicht lediglich als Chance des Schuldners begriffen werden kann, sondern zugleich auch eine Pflicht zu seiner Durchführung besteht[47] (zu den insoweit gem. InsOÄndG 2001 geltenden Änderungen s. o. RdNr. 4 f.). Der Wortlaut des § 305 Abs. 1 Nr. 4 bringt deutlich die gesetzgeberische Wertung zum Ausdruck, dass das Schuldenbereinigungsplanverfahren auch den Interessen der Gläubiger dient; es kann dem Schuldner daher nicht frei stehen, auf dieses Verfahren zu verzichten und damit den Gläubigern die Möglichkeit zu nehmen, durch eine einvernehmliche Regelung mit dem Schuldner das Restschuldbefreiungsverfahren zu verhindern.[48] Ein Antrag des Schuldners, der auf einen Eröffnungsantrag des Gläubigers folgt, führt nur dann zum Ruhen des Verfahrens gem. Abs. 1, 3 Satz 1, wenn es sich um einen unbedingten, nicht nur um einen hilfsweise für den Fall gestellten Antrag handelt, dass das Insolvenzgericht auf den Gläubigerantrag hin das Insolvenzverfahren eröffnet.[49]

§ 307 Zustellung an die Gläubiger

(1) ¹Das Insolvenzgericht stellt den vom Schuldner genannten Gläubigern den Schuldenbereinigungsplan sowie die Vermögensübersicht zu und fordert die Gläubiger zugleich auf, binnen einer Notfrist von einem Monat zu den in § 305 Abs. 1 Nr. 3 genannten Verzeichnissen und zu dem Schuldenbereinigungsplan Stellung zu nehmen; die Gläubiger sind darauf hinzuweisen, dass die Verzeichnisse beim Insolvenzgericht zur Einsicht niedergelegt sind. ²Zugleich ist jedem Gläubiger mit ausdrücklichem Hinweis auf die Rechtsfolgen des § 308 Abs. 3 Satz 2 Gelegenheit zu geben, binnen der Frist nach Satz 1 die Angaben über seine Forderungen in dem beim Insolvenzgericht zur Einsicht niedergelegten Forderungsverzeichnis zu überprüfen und erforderlichenfalls zu ergänzen. ³Auf die Zustellung nach Satz 1 ist § 8 Abs. 1 Satz 2, 3, Abs. 2 und 3 nicht anzuwenden.

(2) ¹Geht binnen der Frist nach Absatz 1 Satz 1 bei Gericht die Stellungnahme eines Gläubigers nicht ein, so gilt dies als Einverständnis mit dem Schuldenbereinigungsplan. ²Darauf ist in der Aufforderung hinzuweisen.

(3) ¹Nach Ablauf der Frist nach Absatz 1 Satz 1 ist dem Schuldner Gelegenheit zu geben, den Schuldenbereinigungsplan binnen einer vom Gericht zu bestimmenden Frist zu ändern oder zu ergänzen, wenn dies auf Grund der Stellungnahme eines Gläubigers erforderlich oder zur Förderung einer einverständlichen Schuldenbereinigung sinnvoll erscheint. ²Die Änderungen oder Ergänzungen sind den Gläubigern zuzustellen, soweit dies erforderlich ist. ³Absatz 1 Satz 1, 3 und Absatz 2 gelten entsprechend.

„§ 307 Zustellung an die Gläubiger (RegE)

¹Ist der Antrag auf Zustimmungsersetzung zulässig, stellt das Insolvenzgericht den Schuldenbereinigungsplan sowie die Vermögensübersicht den vom Schuldner genannten Gläubigern, die dem Schuldenbereinigungsplan nicht zugestimmt haben, zu und fordert

---

Oldenburg (Oldb) ZInsO 2000, 411; FK-*Grote*, InsO, § 306 RdNr. 23; *Fuchs*, Kölner Schrift, RdNr. 163; *Hoes/Peters* WM 2000, 901, 902 ff.; *Braun/Buck*, InsO, § 306 RdNr. 11; *Andres* in *Andres/Leithaus*, InsO, § 306 RdNr. 7; HambKomm-*Streck*, InsO, § 306 RdNr. 13; HK-*Landfermann*, InsO, § 306 RdNr. 12; *Goetsch/Fluck* in *Breutigam/Blersch/Goetsch*, InsO, § 306 RdNr. 39; *Pape* ZIP 1999, 2037, 2044; HK-*Landfermann*, InsO, § 306 RdNr. 7; *Kübler/Prütting/Wenzel*, InsO, § 306 RdNr. 19; *Uhlenbruck/Vallender*, InsO, § 306 RdNr. 70; aA AG Bielefeld ZIP 1999, 1180 f.; *Kirchhof* (Fn. 42) S. 60; *Grote* ZInsO 2000, 146; *Holzer* DZWIR 2000, 174; *Delhaes* ZInsO 2000, 358; *Wittig* (Fn. 14) S. 163; *Heyer*, Verbraucherinsolvenz, S. 27; *Hess*, InsO, § 305 RdNr. 38, § 306 RdNr. 27; *Römermann* in *Nerlich/Römermann*, InsO, § 306 RdNr. 26.

[47] HK-*Landfermann*, InsO, § 306 RdNr. 12.
[48] *Hoes/Peters* (Fn. 46) S. 903.
[49] And. OLG Köln NZI 2000, 542 mit abl. Anm. *Pape* EWiR 2001, 537.

diese auf, binnen einer Notfrist von einem Monat zu dem Schuldenbereinigungsplan und zu dem Antrag auf Zustimmungsersetzung Stellung zu nehmen. ² Die Gläubiger sind darauf hinzuweisen, dass die Verzeichnisse beim Insolvenzgericht zur Einsicht der Beteiligten niedergelegt sind. ³ Zugleich ist ihnen mit ausdrücklichem Hinweis auf die Rechtsfolgen des § 308 Gelegenheit zu geben, binnen der Frist nach Satz 1 die Tatsachen glaubhaft zu machen, die nach § 309 Abs. 1 Satz 2 und Abs. 3 einer Zustimmungsersetzung entgegenstehen."

Übersicht

	RdNr.		RdNr.
I. Normzweck	1	b) Stellungnahme der Gläubiger	8
II. Entstehungsgeschichte	2	c) Schweigen des Gläubigers als Einverständnis (Abs. 2)	11
III. Neuregelung durch das InsO-ÄndG 2001	3	d) Auswirkungen auf Gläubiger mit großem Forderungsbestand	13
1. Neuregelung	3	2. Weiteres Verfahren (Abs. 3)	14
2. Normzweck	4	a) Förderung einer einvernehmlichen Schuldenbereinigung	14
3. Auswirkungen der Neuregelung	5	b) Mitwirkung des Gerichts	16
IV. Einzelerläuterungen	6	V. Geplante Neuregelung durch RegE vom 22. 8. 2007	17
1. Beteiligung der Gläubiger (Abs. 1)	6		
a) Zustellung (Satz 1)	6		

I. Normzweck

Die gerichtliche Schuldenbereinigung erfolgt im schriftlichen Verfahren. Die Vorschrift bezweckt einen geordneten Verfahrensablauf der Schuldenbereinigung, der das rechtliche Gehör der Beteiligten gewährleisten und dazu beitragen soll, die Chancen einer einvernehmlichen Einigung durch eingehende Aufklärung der Beteiligten über die Interessen und Vorstellungen der anderen zu erhöhen und zügig die Entscheidung der Beteiligten über eine Annahme oder Ablehnung des Schuldenbereinigungsplans herbeizuführen.[1] Dazu dient insbesondere die unwiderlegliche Vermutung des Einverständnisses mit dem Schuldenbereinigungsplan bei Schweigen eines Gläubigers. 1

II. Entstehungsgeschichte

Die Vorschrift geht auf die Beschlussempfehlung des Rechtsausschusses zurück (§ 357 d). 2

III. Neuregelung durch das InsOÄndG 2001

1. Neuregelung. Zu der im Gesetzentwurf der Bundesregierung vorgeschlagenen Änderung des § 307 hat der Bundesrat nicht Stellung genommen. 3

2. Normzweck. Die Änderung des Abs. 1 Satz 1 bezweckte eine Reduzierung der Verfahrenskosten dadurch, dass den Gläubigern außer dem Schuldenbereinigungsplan nur noch eine Vermögensübersicht zuzustellen ist. 4

3. Auswirkungen der Neuregelung. Die Beschränkung der Zustellung auf Schuldenbereinigungsplan und Vermögensübersicht führt, wie auch in der Begründung zum Gesetzentwurf ausgeführt wird,[2] nur zur Einsparung von Kopier- und Beglaubigungskosten, nicht aber zur Einsparung von Zustellungskosten, weil deren Höhe vom Gewicht der zuzustellenden Sendungen unabhängig ist. Da die Durchführung des Verbraucherinsolvenzverfahrens nach der geltenden Bestimmung des § 304 Abs. 2 nur in Betracht kommt, wenn der Schuldner im Zeitpunkt des Antrags auf Eröffnung des Insolvenzverfahrens weniger als 20 5

---
[1] Uhlenbruck/Vallender, InsO, § 307 RdNr. 2.
[2] BT-Drucks. 14/5680, S. 32 (zu Nr. 25).

Gläubiger hat, werden die Kosten, die durch die Beschränkung der zuzustellenden Unterlagen gem. § 307 Abs. 1 Satz 1 eingespart werden können, kaum sonderlich ins Gewicht fallen. Auf der anderen Seite werden durch diese Bestimmung tendenziell aber den **Gläubigern höhere Kosten** auferlegt, die sich über die Vermögens- und Einkommensverhältnisse des Schuldners und über Art und Umfang seiner Verbindlichkeiten näher informieren wollen, weil diese Gläubiger nunmehr genötigt sind, die entsprechenden Verzeichnisse auf eigene Kosten beim Insolvenzgericht einzusehen.

IV. Einzelerläuterungen

6 **1. Beteiligung der Gläubiger (Abs. 1). a) Zustellung (Satz 1). aa) Verzeichnisse, Schuldenbereinigungsplan.** Den vom Schuldner benannten Gläubigern[3] sind nur noch die Vermögensübersicht sowie der Schuldenbereinigungsplan zuzustellen. Zuzustellen sind nur die Unterlagen, die nach Maßgabe der Anforderungen des § 305 Abs. 1 Nr. 1 bis 4 **vollständig** sind. Sind einzelne Unterlagen unvollständig oder fehlen die erforderlichen Unterlagen ganz oder teilweise, so muss jegliche Zustellung unterbleiben, weil in diesem Fall die auf das Schuldenbereinigungsplanverfahren bezogenen Zulässigkeitsvoraussetzungen nicht erfüllt sind.[4] Die übrigen gem. § 305 Abs. 1 Nr. 3 vom Schuldner dem Insolvenzgericht vorzulegenden Verzeichnisse (Vermögensverzeichnis, Verzeichnis der Gläubiger und Verzeichnis der gegen ihn gerichteten Forderungen) werden nach der geltenden Fassung des § 307 Abs. 1 den Gläubigern **nicht mehr zugestellt**; stattdessen sind die Gläubiger darauf hinzuweisen, dass die Verzeichnisse beim Insolvenzgericht zur Einsicht niedergelegt sind.

7 **bb) Verfahren.** Die Zustellungen erfolgen von Amts wegen (§ 8 Abs. 1) nach den allgemeinen Vorschriften (§§ 208 ff. ZPO). Die Vorschriften über die vereinfachte Zustellung gem. § 8 Abs. 1 Satz 2 und 3 finden keine Anwendung (Abs. 1 Satz 3). Dies gilt insbesondere für die Zustellung durch den Insolvenzverwalter und die Zustellung durch Aufgabe zur Post.[5] Dies gilt auch für den Ausschluss einer öffentlichen Zustellung gem. § 8 Abs. 2.[6] Ausgeschlossen ist ferner eine Zustellung an den Vertreter gem. § 8 Abs. 2 Satz 2.[7] Auf die Beglaubigung der zuzustellenden Schriftstücke kann nicht verzichtet werden (§§ 307 Abs. 1 Satz 3, 8 Abs. 1 Satz 3). Die Zustellungen können vor allem bei einer Vielzahl von Gläubigern auf Grund dieser Vorschriften kostspielig und zeitaufwändig werden. Wegen des den Gläubigern im Falle ihres Schweigens drohenden Rechtsverlusts hat der Gesetzgeber diese Konsequenz als unausweichlich in Kauf genommen.[8] Ist der Aufenthaltsort eines Gläubigers unbekannt, kann eine Zustellung durch eine öffentliche Bekanntmachung erfolgen.[9]

8 **b) Stellungnahmen der Gläubiger. aa) Aufforderung.** Mit der Zustellung der Vermögensübersicht und des Schuldenbereinigungsplans hat das Insolvenzgericht die vom Schuldner benannten Gläubiger aufzufordern, zu diesen Unterlagen sowie zu den beim Insolvenzgericht niedergelegten Verzeichnissen Stellung zu nehmen (Abs. 1 Satz 1). In der Aufforderung ist darauf hinzuweisen, dass das Unterlassen einer Stellungnahme als Einver-

---

[3] Dem Gericht steht diesbezüglich kein Auswahlermessen zu, s. hierzu *Uhlenbruck/Vallender*, InsO, § 307 RdNr. 8.
[4] OLG Frankfurt/M. ZInsO 2000, 565; FK-*Grote*, InsO, § 307 RdNr. 4.
[5] FK-*Grote*, InsO, § 307 RdNr. 7; *ders.* in *Kohte/Ahrens/Grote* § 307 RdNr. 7; *Römermann* in *Nerlich/Römermann*, InsO, § 307 RdNr. 3; *Hess*, InsO, § 307 RdNr. 8; zu den Änderungen durch das Gesetz zur Vereinfachung des Insolvenzverfahrens *Sternal* NJW 2007, 1909, 1910.
[6] *Uhlenbruck/Vallender*, InsO, § 307 RdNr. 7.
[7] *Uhlenbruck/Vallender*, InsO § 307 RdNr. 4 f.; and. *Römermann* in *Nerlich/Römermann*, InsO, § 307 RdNr. 4 (Zustellung an einen Vertreter nach § 4 InsO i. V. m. §§ 171 ff. ZPO zulässig).
[8] HK-*Landfermann*, InsO, § 307 RdNr. 5; FK-*Grote*, InsO, § 307 RdNr. 7; *Uhlenbruck/Vallender*, InsO, § 307 RdNr. 6.
[9] AG Saarbrücken ZInsO 2002, 247; FK-*Grote*, InsO, § 307 RdNr. 7; *Uhlenbruck/Vallender*, InsO, § 307 RdNr. 24.

ständnis mit dem Schuldenbereinigungsplan gilt (Abs. 2 Satz 2). Zugleich ist jedem Gläubiger Gelegenheit zu geben, die Angaben des Schuldners über seine Forderungen zu überprüfen und erforderlichenfalls zu ergänzen **(Abs. 1 Satz 2)**. Dabei sind die Gläubiger darauf hinzuweisen, dass Forderungen gem. § 308 Abs. 3 Satz 2 erlöschen, soweit sie im Forderungsverzeichnis des Schuldners nicht enthalten sind und vom Gläubiger nicht fristgerecht ergänzt werden. Bei der Zustimmungs- oder Ablehnungserklärung des Gläubigers handelt es sich um einen bestimmenden Schriftsatz, so dass die nicht unterschriebene Stellungnahme eines Gläubigers zu einem Schuldenbereinigungsplan unwirksam ist.[10] Bei einer Vertretung des Gläubigers ist die erforderliche Prozessvollmacht gem. § 80 ZPO schriftlich nachzuweisen,[11] sofern keine anwaltliche Vertretung vorliegt (§ 88 Abs. 2 ZPO). Eine nach Ablauf der Frist des § 307 Abs. 1 erteilte Genehmigung ist unwirksam.[12]

bb) Frist zur Stellungnahme. Die Frist zur Stellungnahme und zur Ergänzung des Forderungsverzeichnisses beträgt einen Monat; sie ist eine **Notfrist (Abs. 1 Satz 1)**. Die Frist beginnt mit der Zustellung der Aufforderung bzw. des Hinweises auf die Rechtsfolgen einer unterbliebenen Ergänzung. Bei einer unverschuldeten Fristversäumung kann der Gläubiger Wiedereinsetzung in den vorigen Stand nach den allgemeinen Vorschriften (§§ 233 ff. ZPO) beantragen.[13] Ein Gläubiger kann dem (geänderten) Schuldenbereinigungsplan auch nach Ablauf der Notfrist noch wirksam zustimmen.[14] 9

cc) Einwendungen. Die Stellungnahme eines Gläubigers zum Schuldenbereinigungsplan muss ergeben, ob er Einwendungen gegen diesen Plan hinsichtlich der seine eigenen Forderungen betreffenden Regelungen erhebt. Diese Einwendungen braucht der Gläubiger nicht zu substantiieren; es genügt, wenn er deutlich macht, dass er mit dem vorliegenden Schuldenbereinigungsplan nicht einverstanden ist.[15] Erst hinsichtlich der einer Ersetzung seiner Zustimmung durch das Gericht entgegenstehenden Einwendungen obliegen dem Gläubiger weitere Darlegungen (s. § 309 RdNr. 26). Dem Gläubiger obliegt ferner eine Überprüfung und Ergänzung der Angaben des Schuldners über seine Forderungen (§ 308 Abs. 3 Satz 2; s. dort RdNr. 15). 10

c) Schweigen des Gläubigers als Einverständnis (Abs. 2). Das Einverständnis eines Gläubigers mit dem Schuldenbereinigungsplan wird unwiderleglich vermutet, wenn eine Stellungnahme von ihm nicht binnen der Monatsfrist gem. Abs. 1 Satz 1 bei Gericht eingeht und die in Abs. 1 Satz 1 genannten Unterlagen wirksam zugestellt sowie der Hinweis nach Abs. 2 Satz 2 gegeben worden ist.[16] Soweit Forderungen binnen der Monatsfrist nicht, nicht vollständig oder nicht wirksam[17] angemeldet werden, erlöschen sie (§ 308 Abs. 3 Satz 2; s. dort RdNr. 15).[18] Die Vorschrift des Abs. 2 Satz 1 verlangt vom Gläubiger nur eine Stellungnahme binnen der Notfrist des Abs. 1 Satz 1, keine endgültige Entscheidung über die Annahme des Schuldenbereinigungsplans. Die **Fiktion der Zustimmung** 11

---

[10] LG Münster NZI 2002, 215; *Rein* EWiR 2002, 353, 354; *Hess*, InsO, § 307 RdNr. 26, 29.
[11] LG Gießen ZInsO 2003, 719; AG Gießen NZI 2001, 160; *Uhlenbruck/Vallender*, InsO, § 307 RdNr. 55; *Rein* (Fn. 10) S. 354; *Braun/Buck*, InsO, § 307 RdNr. 11; *Smid/Haarmeyer*, InsO, § 307 RdNr. 2a.
[12] LG Gießen ZInsO 2003, 719; HambKomm-*Streck*, InsO, § 307 RdNr. 2, 8; *Hess*, InsO, § 307 RdNr. 19, 20 aE.
[13] HK-*Landfermann*, InsO, § 307 RdNr. 7; FK-*Grote*, InsO, § 307 RdNr. 5; *Uhlenbruck/Vallender*, InsO, § 307 RdNr. 32 f.; *Hess*, InsO, § 307 RdNr. 2, 21; *Römermann* in *Nerlich/Römermann*, InsO, § 307 RdNr. 9.
[14] BGH DZWIR 2006, 172, 173 = WuB VI A. § 307 InsO 1.06 *(Vallender)*; OLG Köln ZInsO 2001, 855, 856; AG Köln NZI 2000, 493.
[15] *Hess*, InsO, § 307 RdNr. 17; *Uhlenbruck/Vallender*, InsO, § 307 RdNr. 53; unwirksam ist die Stellungnahme eines Inkassounternehmens im Schuldenbereinigungsplanverfahren, AG Köln NZI 2000, 492; OLG Köln NZI 2001, 88; *Vallender/Caliebe* ZInsO 2000, 301; *Uhlenbruck/Vallender*, InsO, § 307 RdNr. 48; aA *Bernet* NZI 2001, 73, 74.
[16] LG Berlin ZVI 2002, 13; HambKomm-*Streck*, InsO, § 307 RdNr. 9; aA hinsichtlich des Hinweises *Braun/Buck*, InsO, § 307 RdNr. 13.
[17] S. o. RdNr. 8.
[18] LG Münster ZVI 2002, 267, 269 f.; *Andres* in *Andres/Leithaus*, InsO, § 307 RdNr. 2.

greift nicht ein, wenn der Gläubiger eine Zustimmung in Aussicht stellt unter Vorbehalt weiterer Klärungen und erst nach Ablauf der Monatsfrist seine Zustimmung endgültig verweigert.[19]

12 Die Rechtswirkungen des Abs. 2 treten ipso iure ein und bedürfen keines (deklaratorischen) Beschlusses. Eine **Beschwerde** hiergegen steht dem Gläubiger nicht zu, weil es sich zum einen nicht um eine „Entscheidung des Insolvenzgerichts" i. S. d. § 6 Abs. 1 handelt und zum anderen das Gesetz die Beschwerdemöglichkeit nicht vorsieht.[20] Auch eine analoge Anwendung des § 309 Abs. 2 Satz 3 scheidet aus.[21] Denn im Fall der Zustimmungsersetzung wird dem Gläubiger unfreiwillig sein Recht genommen, während er dies bei der Unzulässigkeit einer Einwendung selbst zu vertreten hat. Eine „Beschwerde" ist daher als **Gegenvorstellung** auszulegen für die das Insolvenzgericht zuständig ist.[22]

13 d) **Auswirkungen auf Gläubiger mit großem Forderungsbestand.** Für Gläubiger mit einem großen und weit gestreuten Forderungsbestand, insbesondere für überregional tätige Kreditinstitute bedeutet der drohende Rechtsverlust bei nicht fristgerechter Ergänzung des vom Gericht zugestellten Forderungsverzeichnisses und die Bindung an einen zugestellten Schuldenbereinigungsplan im Falle nicht fristgerechten Widerspruchs ein **erhebliches Risiko,** das nur durch innerbetriebliche Informationssysteme aufgefangen werden kann.[23]

14 **2. Weiteres Verfahren (Abs. 3). a) Förderung einer einvernehmlichen Schuldenbereinigung.** Da die gerichtliche Schuldenbereinigung durchweg im schriftlichen Verfahren abläuft, ist dem Schuldner Gelegenheit zu geben, auf die Stellungnahmen der Gläubiger durch neue Vorschläge zur Schuldenbereinigung zu reagieren, wenn dies erforderlich oder sinnvoll erscheint. Nicht erforderlich ist eine Stellungnahme des Schuldners, wenn Einwendungen der Gläubiger gegen den Schuldenbereinigungsplan nicht erhoben worden sind. Dann ist der Plan bereits wirksam geworden **(§ 308 Abs. 1 Satz 1).** Erforderlich ist eine Änderung bzw. Ergänzung des Schuldenbereinigungsplans insbesondere dann, wenn Gläubiger im Forderungsverzeichnis bislang nicht enthaltene und im Schuldenbereinigungsplan nicht berücksichtigte Forderungen geltend machen. Hinsichtlich dieser Alternative ist die Bestimmung des § 307 Abs. 3 Satz 1 zwingendes Recht; ein Ermessensspielraum steht dem Insolvenzgericht insoweit nicht zu.[24] Dem Schuldner muss insbesondere im Hinblick auf die Voraussetzungen einer Zustimmungsersetzung die Möglichkeit geboten werden, durch eine Änderung des Plans auf Stellungnahmen von Gläubigern zu reagieren. Inwieweit eine Änderung oder Ergänzung des Schuldenbereinigungsplans durch den Schuldner zur Förderung einer einverständlichen Schuldenbereinigung sinnvoll erscheint, weil noch Verhandlungsspielräume erkennbar sind oder vermutet werden können, und ob dem Schuldner deshalb eine Frist zur Änderung oder Ergänzung des Schuldenbereinigungsplans einzuräumen ist, lässt sich nicht nach generellen Kriterien beurteilen, sondern hängt von den besonderen Umständen des Einzelfalles ab. Da die Beteiligten sich im Allgemeinen strategisch verhalten und die Grenzen ihrer Verhandlungs- und Kompromissbereitschaft nicht von vornherein offen legen werden, ist es in der Regel sachgerecht, dem Schuldner, bei dem die **Planinitiative** liegt,[25] die Gelegenheit zu einer Änderung oder Ergänzung des Schuldenbereinigungsplans einzuräumen. Insoweit steht dem Insolvenzgericht ein Ermessensspiel-

---

[19] OLG Köln ZInsO 2001, 855.
[20] Zu letzterem *Rein* (Fn. 10) S. 353; s. w. LG Gießen ZInsO 2003, 719.
[21] And. LG Münster NZI 2002, 215.
[22] Zutr. *Rein* (Fn. 10) S. 353.
[23] Hierzu näher *Wittig* WM 1998, 157, 165; *Hess*, InsO, § 307 RdNr. 13.
[24] OLG Celle ZInsO 2001, 1062; HK-*Landfermann*, InsO, § 307 RdNr. 8; FK-*Grote*, InsO, § 307 RdNr. 16; *Kübler/Prütting/Wenzel*, InsO, § 307 RdNr. 11; *Fuchs*, Kölner Schrift, RdNr. 85 ff.; *Smid/Krug/Haarmeyer*, InsO, § 307 RdNr. 6 ff.; *Uhlenbruck/Vallender*, InsO, § 307 RdNr. 67 (Ermessensreduktion auf Null); aA HambKomm-*Streck*, InsO, § 307 RdNr. 12.
[25] *Obermüller* in *Hess/Obermüller*, Insolvenzplan, RdNr. 969; HambKomm-*Streck*, InsO, § 307 RdNr. 14; *Römermann* in *Nerlich/Römermann*, InsO, § 306 RdNr. 14.

raum zu.[26] Nimmt der Schuldner keine Änderungen vor, ist das Verfahren gem. § 311 analog fortzusetzen.[27] Eine Fiktion der Zustimmung des Schuldners zu den Änderungswünschen der Gläubiger analog § 307 Abs. 2[28] würde die Privatautonomie des Schuldners in Frage stellen und kommt demnach nicht in Betracht.[29]

Hat der Schuldner den Schuldenbereinigungsplan geändert oder ergänzt, so ist den Gläubigern der modifizierte Plan erneut – soweit erforderlich[30] – zuzustellen, verbunden mit der Aufforderung, binnen einer weiteren Notfrist von einem Monat hierzu Stellung zu nehmen (Abs. 3 Satz 2 und 3). Wird kein Einvernehmen über den modifizierten Schuldenbereinigungsplan erzielt, so prüft das Gericht die Möglichkeit einer Ersetzung der Einwendungen der Gläubiger durch eine Zustimmung gem. § 309. Sind die Voraussetzungen einer Ersetzung der Einwendungen durch eine Zustimmung auch hinsichtlich des vom Schuldner geänderten Schuldenbereinigungsplans nicht erfüllt, so ist das Schuldenbereinigungsplanverfahren endgültig gescheitert. Eine **erneute Abänderung oder Ergänzung des Schuldenbereinigungsplans** sieht das Gesetz nicht vor.[31] Es wäre auch nicht sachgerecht, dem Schuldner die Möglichkeit zu eröffnen, das gerichtliche Schuldenbereinigungsplanverfahren durch immer neue Angebote in die Länge zu ziehen, um die Grenzen der Zustimmungsbereitschaft der Gläubiger und der Bereitschaft des Insolvenzgerichts, eine fehlende Zustimmung zu ersetzen, auszuloten. Unbenommen bleibt dem Schuldner der Versuch, sich außergerichtlich mit sämtlichen Gläubigern zu einigen, um die Eröffnung des Insolvenzverfahrens zu vermeiden.

b) Mitwirkung des Gerichts. Nach der gesetzlichen Ausgestaltung des gerichtlichen Schuldenbereinigungsplanverfahrens beschränkt sich die Mitwirkung des Gerichts zunächst darauf, die **Einhaltung der Verfahrensvoraussetzungen** zu überwachen und die vorgesehenen Verfahrensschritte zu veranlassen. Eine gerichtliche Vermittlung zur Förderung einer einverständlichen Schuldenbereinigung ist damit noch nicht verbunden. Da eine mündliche Verhandlung mit Schuldner und Gläubigern nicht vorgesehen ist, kann das Gericht die Vergleichsbereitschaft der Beteiligten und das Zustandekommen einer einvernehmlichen Regelung nur durch schriftliche Hinweise und Vorschläge fördern. Dem Gericht steht auch die Möglichkeit offen, eine mündliche Verhandlung anzuberaumen, wenn die Teilnahme der Gläubiger und die Annahme des Plans wahrscheinlich ist.[32]

---

[26] BGH DZWIR 2006, 172, 173; OLG Celle ZInsO 2001, 1062; FK-*Grote*, InsO, § 307 RdNr. 16; *Kübler/Prütting/Wenzel*, InsO, § 307 RdNr. 12; HambKomm-*Streck*, InsO, § 307 RdNr. 11; *Uhlenbruck/Vallender*, InsO, § 307 RdNr. 67 ff.

[27] AG Halle-Saalkreis ZInsO 2001, 185; *Römermann* in *Nerlich/Römermann*, InsO, § 307 RdNr. 19; *Kübler/Prütting/Wenzel*, InsO, § 307 RdNr. 13; HambKomm-*Streck*, InsO, § 307 RdNr. 14; *Andres* in *Andres/Leithaus*, InsO, § 311 RdNr. 7; aA (keine Wiederaufnahme erforderlich) OLG Köln NZI 2001, 593, 594.

[28] So *Smid/Krug/Haarmeyer*, InsO, § 307 RdNr. 11.

[29] Dagegen auch *Kübler/Prütting/Wenzel*, InsO, § 307 RdNr. 14.

[30] Nicht erforderlich ist die erneute Zustellung an einen Gläubiger, der sich zu einer Änderung oder Ergänzung bereits vorweg geäußert hat, *Römermann* in *Nerlich/Römermann*, InsO, § 307 RdNr. 17; nicht erforderlich ist ferner die Zustellung einer in den Plan nachträglich eingestellten, für die Gläubiger lediglich vorteilhaften Klausel, LG Saarbrücken NZI 2000, 380; *Uhlenbruck/Vallender*, InsO, § 307 RdNr. 80.

[31] LG Münster InVo 2001, 325; HK-*Landfermann*, InsO, § 307 RdNr. 15; *Andres* in *Andres/Leithaus*, InsO, § 307 RdNr. 6; *Braun/Buck*, InsO, § 307 RdNr. 18; and. LG Hannover ZIP 2001, 208 = EWiR 2001, 773 (*Weil*); *Hess*, InsO, § 307 RdNr. 33; offen gelassen von OLG Köln NZI 2001, 593. Für mehrere Gelegenheiten zu erneuter Stellungnahme *Römermann* in *Nerlich/Römermann*, InsO, § 307 RdNr. 23; *Uhlenbruck/Vallender*, InsO, § 307 RdNr. 72; für eine Entscheidung nach den „Umständen des Einzelfalls unter Berücksichtigung des Interesses an einem zügigen Verfahrensablauf" LG Traunstein ZVI 2002, 197, 199; für eine „Nachbesserungsmöglichkeit" dann, wenn die Annahme des Plans an förmlichen, ohne weiteres behebbaren Hindernissen gescheitert ist und mit der Annahme des nachgebesserten Plans zu rechnen ist LG Heilbronn ZVI 2003, 163, 165; LG Hannover ZIP 2000, 208, 209 (wenn durch die Nachbesserung ein Konsens zum Greifen nahe scheint); ebenso FK-*Grote*, InsO, § 307 RdNr. 15, 20; HambKomm-*Streck*, InsO, § 307 RdNr. 15; *Kübler/Prütting/Wenzel*, InsO, § 307 RdNr. 12; in diese Richtung auch *Graf-Schlicker/Sabel*, InsO, § 307 RdNr. 15.

[32] *Uhlenbruck/Vallender*, InsO, § 307 RdNr. 77.

V. Neuregelung durch RegE vom 22. 8. 2007

17 Nach dem Entfallen des gerichtlichen Schuldenbereinigungsplans soll es künftig lediglich das auf Antrag des Schuldners (§ 305a Abs. 1 RegE) zu betreibende Zustimmungsersetzungsverfahren geben. Während nach dem geltenden Recht der gerichtliche Schuldenbereinigungsplan sämtlichen Gläubigern zur Stellungnahme zugestellt wird (§ 307 Abs. 1), soll das Gericht gem. § 307 Abs. 1 Satz 1 RegE nur noch diejenigen Gläubiger zur Stellungnahme auffordern, die dem Plan nicht zugestimmt haben. Diejenigen Gläubiger, die dem Plan außergerichtlich zugestimmt haben, bleiben an ihre Zustimmung gebunden und werden an dem Zustimmungsersetzungsverfahren nicht beteiligt. Dies bedeutet allerdings nicht, dass die zustimmenden Gläubiger über den weiteren Gang des Verfahrens nicht zu unterrichten sind; insbesondere besteht auch für sie ein Interesse am Ausgang des Zustimmungsersetzungsverfahrens. Eine gesetzliche Klarstellung hierzu ist nicht erforderlich.[33] Die in § 307 RegE vorgesehene Regelung betrifft ausschließlich die Beteiligung der Gläubiger am gerichtlichen Zustimmungsersetzungsverfahren.[34] Da die zustimmenden Gläubiger an ihre Zustimmung gebunden bleiben und auf den weiteren Verlauf des gerichtlichen Zustimmungsersetzungsverfahrens keinen Einfluss mehr nehmen können, ergibt sich aus § 307 RegE folgerichtig, dass den zustimmenden Gläubigern die in § 307 Satz 1 RegE genannten Unterlagen nicht zuzustellen sind. Gleichwohl sind die zustimmenden Gläubiger bei Abschluss des Zustimmungsersetzungsverfahrens über dessen Ausgang vom Insolvenzgericht in Kenntnis zu setzen (s. hierzu § 308 RdNr. 21). Die Gläubiger, die nicht zugestimmt haben, haben dabei nicht nur zu dem Schuldenbereinigungsplan, sondern auch zu dem Zustimmungsersetzungsantrag innerhalb der Frist des § 307 Satz 1 RegE Stellung zu nehmen und etwaige Gründe, die einer Zustimmungsersetzung entgegenstehen, glaubhaft zu machen. Der Gesetzgeber hält die hiermit einhergehende Verkürzung der Stellungnahme- und Glaubhaftmachungsfristen für zumutbar, weil den Gläubigern der Schuldenbereinigungsplan bereits zuvor im außergerichtlichen Schuldenbereinigungsverfahren zugesandt worden ist.[35]

§ 308 Annahme des Schuldenbereinigungsplans

(1) ¹Hat kein Gläubiger Einwendungen gegen den Schuldenbereinigungsplan erhoben oder wird die Zustimmung nach § 309 ersetzt, so gilt der Schuldenbereinigungsplan als angenommen; das Insolvenzgericht stellt dies durch Beschluß fest. ²Der Schuldenbereinigungsplan hat die Wirkung eines Vergleichs im Sinne des § 794 Abs. 1 Nr. 1 der Zivilprozessordnung. ³Den Gläubigern und dem Schuldner ist eine Ausfertigung des Schuldenbereinigungsplans und des Beschlusses nach Satz 1 zuzustellen.

(2) Die Anträge auf Eröffnung des Insolvenzverfahrens und auf Erteilung von Restschuldbefreiung gelten als zurückgenommen.

(3) ¹Soweit Forderungen in dem Verzeichnis des Schuldners nicht enthalten sind und auch nicht nachträglich bei dem Zustandekommen des Schuldenbereinigungsplans berücksichtigt worden sind, können die Gläubiger von dem Schuldner Erfüllung verlangen. ²Dies gilt nicht, soweit ein Gläubiger die Angaben über seine Forderung in dem beim Insolvenzgericht zur Einsicht niedergelegten Forderungsverzeichnis nicht innerhalb der gesetzten Frist ergänzt hat, obwohl ihm der Schuldenbereinigungsplan übersandt wurde und

---

[33] So aber *Jäger* ZVI 2007, 507, 512; *Frind* ZInsO 2007, 1097, 1099.
[34] S. hierzu Begr. zum RegE v. 22. 8. 2007, S. 59 (zu Nr. 35).
[35] S. hierzu die Begründung zum RegE, S. 85.

die Forderung vor dem Ablauf der Frist entstanden war; insoweit erlischt die Forderung.

§ 308 Annahme des Schuldenbereinigungsplans (RegE)
(1) ¹ Geht binnen der Frist nach § 307 Abs. 1 Satz 1 bei Gericht die Stellungnahme eines in dem Schuldenbereinigungsplan aufgeführten Gläubigers nicht ein, gilt dies als Einverständnis mit dem Schuldenbereinigungsplan. ² Haben danach alle Gläubiger dem Schuldenbereinigungsplan zugestimmt oder werden die fehlenden Zustimmungen nach § 309 ersetzt, stellt das Insolvenzgericht die Annahme des Schuldenbereinigungsplans durch Beschluss fest. ³ Andernfalls weist es den Antrag auf Zustimmungsersetzung zurück.
(2) Gegen den Beschluss steht dem Schuldner und dem Gläubiger, dessen Zustimmung ersetzt wird, die sofortige Beschwerde zu.
(3) ¹ Der Schuldenbereinigungsplan hat die Wirkung eines Vergleichs im Sinne des § 794 Abs. 1 Nr. 1 der Zivilprozessordnung. ² Soweit Forderungen in dem Verzeichnis des Schuldners nicht enthalten sind, können die Gläubiger von dem Schuldner Erfüllung verlangen. ³ Dies gilt nicht, soweit ein Gläubiger den Angaben über seine Forderung in dem beim Insolvenzgericht zur Einsicht niedergelegten Forderungsverzeichnis nicht innerhalb der gesetzten Frist widersprochen hat, obwohl ihm der Schuldenbereinigungsplan übersandt wurde und die Forderung vor dem Ablauf der Frist entstanden war; insoweit erlischt die Forderung. ⁴ Die Anträge auf Eröffnung des Insolvenzverfahrens und auf Erteilung von Restschuldbefreiung gelten als zurückgenommen."

Übersicht

	RdNr.		RdNr.
I. Normzweck	1	a) Klarstellung	7
II. Entstehungsgeschichte	2	b) Rechtsmittel	8
III. Neuregelung durch das InsO-ÄndG 2001	3	c) Zustellung des Beschlusses	9
1. Normzweck	3	3. Wirkung des angenommenen Schuldenbereinigungsplans (Abs. 1 Satz 2)	10
2. Auswirkungen der Neuregelung	4	a) Vergleich	10
IV. Vorgesehene Neuregelung nach RegE vom 22. 8. 2007	5	b) Sicherheiten	12
V. Einzelerläuterungen	6	4. Verfahrensbeendigung (Abs. 2)	13
1. Annahme des Schuldenbereinigungsplans (Abs. 1)	6	5. Nicht einbezogene Forderungen	14
2. Feststellung durch Beschluss	7	a) Fortbestand	14
		b) Obliegenheiten des Gläubigers	15
		VI. Einzelheiten der Neuregelung nach RegE vom 22. 8. 2007	16

I. Normzweck

Die Vorschrift regelt den förmlichen Abschluss des erfolgreich durchgeführten Schuldenbereinigungsplanverfahrens und dessen Rechtsfolgen für Gläubiger und Schuldner. 1

II. Entstehungsgeschichte

Die Vorschrift entspricht § 357 e der Beschlussempfehlung des Rechtsausschusses. 2

III. Neuregelung durch das InsOÄndG 2001

1. Normzweck. Die Änderung trägt dem Umstand Rechnung, dass das Forderungsverzeichnis den Gläubigern entgegen der bis dahin geltenden Rechtslage nicht mehr zugestellt wird. Der Gläubiger wird durch den weiterhin zuzustellenden Schuldenbereinigungs- 3

§ 308 4-7   9. Teil. Verbraucherinsolvenz- und sonst. Kleinverfahren

plan und die Vermögensübersicht in die Lage versetzt, nachzuprüfen, ob seine Forderung überhaupt und ggf. richtig und vollständig erfasst worden ist.

4 **2. Auswirkungen der Neuregelung.** Durch die Änderung des § 307 erhöhen sich für die Gläubiger der Informationsaufwand und das **Risiko eines Forderungsverlusts,** sofern nicht der Schuldenbereinigungsplan ein Verzeichnis der Gläubiger und der gegen den Schuldner gerichteten Forderungen enthält. Der Schuldenbereinigungsplan ersetzt jedoch kein Forderungsverzeichnis, wie sich schon daraus ergibt, dass beide von Gesetzes wegen klar unterschieden werden (§ 305 Abs. 1 Nr. 3 und Nr. 4) und demgemäß ein **Verzeichnis der Forderungen** nicht zum notwendigen und regelmäßigen Inhalt des Schuldenbereinigungsplans gehört. Zwingend erforderlich ist lediglich, dass der Plan Angaben darüber enthält, wie mit Sicherheiten von Gläubigern zu verfahren ist (§ 305 Abs. 1 Nr. 4 Hs. 2; s. § 305 RdNr. 57 ff.). Im Übrigen hat der Schuldenbereinigungsplan seiner Funktion als Grundlage für Vergleichsbemühungen entsprechend Regelungsvorschläge zu enthalten, die aber sehr pauschal sein können (s. dazu § 305 RdNr. 51 ff.). Zwar ist der Gläubiger bei der Zustellung des Schuldenbereinigungsplans darauf hinzuweisen, dass u. a. das Forderungsverzeichnis beim Insolvenzgericht zur Einsicht niedergelegt ist (§ 307 Abs. 1 Satz 1) und ebenso auf die Rechtsfolgen einer nicht rechtzeitigen Ergänzung des Forderungsverzeichnisses (§§ 307 Abs. 1 Satz 2, 308 Abs. 3 Satz 2), damit ist aber eine geringere **Warnfunktion für den Gläubiger** verbunden als mit der Zustellung eines expliziten Forderungsverzeichnisses.

IV. Vorgesehene Neuregelung nach RegE

5 Gegenstand der vorgesehenen Neuregelung ist der außergerichtliche Schuldenbereinigungsplan, während sich die bislang geltende Bestimmung des § 308 auf den gerichtlichen Schuldenbereinigungsplan bezieht; s. dazu u. RdNr. 16 ff.

V. Einzelerläuterungen

6 **1. Annahme des Schuldenbereinigungsplans (Abs. 1).** Der Schuldenbereinigungsplan ist angenommen, wenn alle Beteiligten ihm zugestimmt haben. Der Zustimmung eines Gläubigers steht es gleich, wenn er keine Einwendungen gegen den Schuldenbereinigungsplan erhoben hat **(Satz 1 Hs. 1, 1. Alt.)** oder wenn er zunächst erhobene Einwendungen im weiteren Verfahrenslauf nicht aufrechterhalten hat oder wenn seine Zustimmung gem. § 309 ersetzt wird. Der Schuldenbereinigungsplan ist demnach nur dann angenommen, wenn keine Einwendungen erhoben oder wenn alle Einwendungen durch Zustimmungen ersetzt worden sind.[1] Eine nicht durch eine Zustimmung ersetzte Einwendung bewirkt, dass das Schuldenbereinigungsplanverfahren gescheitert und das Verfahren über den Eröffnungsantrag wieder aufzunehmen ist, § 311.

7 **2. Feststellung durch Beschluss. a) Klarstellung.** Der Beschluss, durch den das Insolvenzgericht feststellt, dass der Schuldenbereinigungsplan als angenommen gilt **(Abs. 1 Satz 1 Hs. 2),** schließt das Schuldenbereinigungsverfahren formal ab und dient lediglich der Klarstellung.[2] Eine materiell-rechtliche Wirkung kommt dem Beschluss nicht zu. Der Annahmebeschluss wird ohne weiteres gegenstandslos, wenn der zugrunde liegende Beschluss über eine Zustimmungsersetzung auf die sofortige Beschwerde eines Gläubigers hin aufgehoben wird.[3] Ob der Schuldenbereinigungsplan wirksam oder unwirksam ist, bestimmt sich nach den Bestimmungen des BGB.[4] Liegt die Zustimmung aller vom

---

[1] BayObLG ZInsO 2001, 145; *Schäferhoff* ZInsO 2001, 687, 689.
[2] AllgM, s. nur BayObLG ZIP 2001, 204; FK-*Kohte*, InsO, § 308 RdNr. 19; *Uhlenbruck/Vallender*, InsO, § 308 RdNr. 8; HambKomm-*Streck*, InsO, § 308 RdNr. 4; *Römermann* in *Nerlich/Römermann*, InsO, § 308 RdNr. 6; *Theiß* ZInsO 2005, 29, 30; *Smid/Haarmeyer*, InsO, § 308 RdNr. 4; *Gottwald/Schmidt-Räntsch*, Insolvenzrechts-Handbuch, § 83 RdNr. 37; *Hess*, InsO, § 308 RdNr. 1; *Kübler/Prütting/Wenzel*, InsO, § 308 RdNr. 3.
[3] BayObLG ZIP 2001, 204 = EWiR 2001, 681 *(Fuchs).*
[4] FK-*Kohte*, InsO, § 308 RdNr. 7; s. dazu auch Bericht BTag, BT-Drucks. 12/7302, S. 192.

Schuldner benannten Gläubiger nicht vor oder ergibt sich aus den Stellungnahmen der Verfahrensbeteiligten ein **offener oder versteckter Dissens** über wesentliche Umstände (vgl. §§ 154, 155 BGB), so liegt eine wirksame Vereinbarung nicht vor.[5] Entsprechendes gilt, soweit das Insolvenzgericht die Feststellung der Annahme des Schuldenbereinigungsplans zu Unrecht darauf stützt, dass die Zustimmung eines Gläubigers gem. § 309 ersetzt worden ist.

b) Rechtsmittel. Ein Rechtsmittel gegen den Feststellungsbeschluss ist nicht gegeben.[6] In Betracht kommt aber die **Gegenvorstellung**[7] oder die Auslegung als Antrag auf Wiedereinsetzung in die Frist zur Erhebung von Einwendungen gem. § 307 Abs. 1 Satz 1.[8] Der Streit um die Wirksamkeit des festgestellten Schuldenbereinigungsplans ist im Prozessweg auszutragen. Anders als beim Streit über die Unwirksamkeit eines Prozessvergleichs[9] ist hier eine Fortsetzung des früheren Verfahrens nicht möglich, weil anders als im streitigen Verfahren das Gericht im Schuldenbereinigungsverfahren mit den geltend gemachten Forderungen in der Sache nicht befasst war und ein Streit um diese Forderungen hier nicht rechtshängig war.[10] Die Wirksamkeit des Schuldenbereinigungsplans ist im Rahmen von Leistungsklagen der Gläubiger oder von Vollstreckungsgegenklagen des Schuldners inzident zur Überprüfung gestellt.[11]

c) Zustellung des Beschlusses. Der Beschluss ist den Gläubigern und dem Schuldner zusammen mit einer Ausfertigung des Schuldenbereinigungsplans zuzustellen (Abs. 1 Satz 3).

3. Wirkungen des angenommenen Schuldenbereinigungsplans (Abs. 1 Satz 2).
a) Vergleich. Der Schuldenbereinigungsplan hat materiell-rechtlich die Wirkung eines Vergleichs. Die Forderungen der Gläubiger bestehen, sofern sie in den Schuldenbereinigungsplan einbezogen sind, in Bezug auf Inhalt und Umfang und hinsichtlich der für sie bestellten Sicherheiten nur **nach Maßgabe des Schuldenbereinigungsplans** fort; im Übrigen sind sie durch Erlassvereinbarung erloschen. Ebenso richten sich die Leistungsmodalitäten nur nach dem Schuldenbereinigungsplan. Dieser hat außerdem die Wirkung eines **Prozessvergleichs** im Sinne des § 794 Abs. 1 Nr. 1 ZPO.[12] Zur Zwangsvollstreckung benötigt der Gläubiger den Feststellungsbeschluss des Insolvenzgerichts und die Ausfertigung

---

[5] Vgl. *Hoffmann* S. 97: Brief eines Gläubigers wird vom Richter als Zustimmung zum Schuldenbereinigungsplan interpretiert, während der Gläubiger seine Ablehnung zum Ausdruck bringen wollte; HambKomm-*Streck,* InsO, § 308 RdNr. 4; für eine Prüfung der Bestimmtheit der Regelungen LG Traunstein ZInsO 2001, 526; *Andres* in *Andres/Leithaus,* InsO, § 308 RdNr. 2; *Römermann* in *Nerlich/Römermann,* InsO, § 308 RdNr. 10; zur Prüfung bei einem Gesetzes- oder Sittenverstoß *Smid/Haarmeyer,* InsO, § 308 RdNr. 6 f.; *Hess,* InsO, § 308 RdNr. 8; *Uhlenbruck/Vallender,* InsO, § 305 RdNr. 120, § 308 RdNr. 6, 14; FK-*Kohte,* InsO, § 308 RdNr. 14.

[6] BayObLG ZIP 2001, 204; FK-*Kohte,* InsO, § 308 RdNr. 19; *Hess,* InsO, § 308 RdNr. 8; HambKomm-*Streck,* InsO, § 308 RdNr. 6; *Kübler/Prütting/Wenzel,* InsO, § 308 RdNr. 3; *Vallender* ZInsO 2000, 441; *Uhlenbruck/Vallender,* InsO, § 308 RdNr. 11; *Römermann* in *Nerlich/Römermann,* InsO, § 308 RdNr. 7; HK-*Landfermann,* InsO, § 308 RdNr. 5; *Graf-Schlicker/Sabel,* InsO, § 308 RdNr. 5; *Goetsch* in *Breutigam/Blersch/Goetsch,* InsO, § 308 RdNr. 1; *Andres* in *Andres/Leithaus,* InsO, § 308 RdNr. 4.

[7] *Hoffmann* S. 97; FK-*Kohte,* InsO, § 308 RdNr. 19; *Uhlenbruck/Vallender,* InsO, § 308 RdNr. 11; *Graf-Schlicker/Sabel,* InsO, § 308 RdNr. 5; HK-*Landfermann,* InsO, § 308 RdNr. 5; HambKomm-*Streck,* InsO, § 308 RdNr. 6; *Römermann* in *Nerlich/Römermann,* InsO, § 308 RdNr. 7; *Kübler/Prütting/Wenzel,* InsO, § 308 RdNr. 3; generell gegen die Statthaftigkeit einer Gegenvorstellung unter Hinweis auf den Grundsatz der Rechtsmittelklarheit (BVerfGE 107, 395 = NJW 2003, 1924) demgegenüber BFH NJW 2008, 543 f. mwN. (Vorlage an den Gemeinsamen Senat der obersten Gerichtshöfe des Bundes).

[8] AG Hamburg NZI 2000, 446; *Braun/Buck,* InsO, § 308 RdNr. 16; HambKomm-*Streck,* InsO, § 308 RdNr. 6.

[9] Vgl. hierzu BGHZ 87, 227, 230 f. = NJW 1983, 2034 f.; BGHZ 46, 277, 278 = NJW 1967, 440, 441; *Vallender* (Fn. 6) S. 443.

[10] *Kübler/Prütting/Wenzel,* InsO, § 308 RdNr. 6 a; FK-*Kohte,* InsO, § 308 RdNr. 21; aA HambKomm-*Streck,* InsO, § 308 RdNr. 5; *Graf-Schlicker/Sabel,* InsO, § 308 RdNr. 5; HK-*Landfermann,* InsO, § 308 RdNr. 11; *Uhlenbruck/Vallender,* InsO, § 308 RdNr. 28.

[11] FK-*Kohte,* InsO, § 306 RdNr. 21 f.

[12] AG Göttingen ZVI 2005, 615, 616; FK-*Grote,* InsO, § 308 RdNr. 2; HK-*Landfermann,* InsO, § 308 RdNr. 7; *Hess,* InsO, § 308 RdNr. 7; *Uhlenbruck/Vallender,* InsO, § 308 RdNr. 11, 13, 24.

des Schuldenbereinigungsplans. Die Vollstreckungsklausel erteilt der Urkundsbeamte der Geschäftsstelle (§ 724 Abs. 2 ZPO).

11 Der Schuldenbereinigungsplan kann von dem Gläubiger unter den Voraussetzungen der §§ 119, 123 BGB **angefochten** werden,[13] wobei dies auch dann gilt, wenn die Zustimmung der Gläubiger gerichtlich ersetzt worden ist.[14] Erfüllt der Schuldner seine Verpflichtungen aus dem Plan nicht oder nur unvollständig, findet zwar § 255 keine analoge Anwendung,[15] der Gläubiger ist aber berechtigt, von dem Schuldenbereinigungsplan unter den Voraussetzungen des § 323 BGB **zurücktreten.** Es kann nicht ohne weiteres davon ausgegangen werden, dass die Möglichkeit eines solchen Rücktritts stillschweigend ausgeschlossen wurde.[16] Für einen solchen stillschweigenden Ausschluss bedürfte es besonderer Umstände; erst recht gilt dies, wenn die Zustimmung des Gläubigers zu dem Schuldenbereinigungsplan gerichtlich ersetzt worden ist.[17]

12 b) **Sicherheiten.** Die Auswirkungen des angenommenen Schuldenbereinigungsplans auf bestehende Sicherheiten bestimmen sich nach den allgemeinen Regeln des materiellen Rechts. Maßgeblich ist zunächst die Vereinbarung selbst. Sofern sich daraus nichts anderes ergibt, bleiben nichtakzessorische Sicherheiten unverändert bestehen,[18] während akzessorische Sicherheiten entfallen, soweit Gläubiger auf die gesicherten Forderungen verzichten.

13 4. **Verfahrensbeendigung (Abs. 2).** Die Annahme des Schuldenbereinigungsplans beendet das Verfahren vor dem Insolvenzgericht. Der Antrag auf Eröffnung des Insolvenzverfahrens hat sich damit erledigt. An die Stelle der Restschuldbefreiung ist die vertragliche Schuldenbereinigung getreten. Dem trägt Abs. 2 Rechnung, wonach die entsprechenden Anträge als zurückgenommen gelten.

14 5. **Nicht einbezogene Forderungen (Abs. 3). a) Fortbestand.** Die Wirksamkeit einer einverständlichen Schuldenbereinigung ist nicht davon abhängig, dass alle Gläubiger des Schuldners daran beteiligt sind, da jeder Gläubiger für sich allein vertragliche Vereinbarungen mit dem Schuldner treffen kann. Solche Vereinbarungen können jedoch nicht in die Rechte anderer Gläubiger eingreifen. Forderungen von Gläubigern, die nicht in das Schuldenbereinigungsplanverfahren einbezogen waren und die dem Schuldenbereinigungsplan weder zugestimmt haben noch ihn auf Grund ihrer Verfahrensbeteiligung gegen sich gelten lassen müssen, werden von der Annahme des Schuldenbereinigungsplans nicht erfasst und **bestehen deshalb unverändert fort.**[19] Dies bringt Abs. 3 Satz 1 zum Ausdruck. An der Verfahrensbeteiligung eines Gläubigers fehlt es, soweit seine Forderungen im Forderungsverzeichnis nicht enthalten sind und auch nicht nachträglich berücksichtigt worden sind. Dazu kann es insbesondere kommen, wenn ein Gläubiger weder im Forderungsverzeichnis noch im Gläubigerverzeichnis

---

[13] BT-Drs. 12/7392, S. 192; *Theiß* (Fn. 2) S. 30 f.; FK-*Kohte*, InsO, § 308 RdNr. 7; *Uhlenbruck/Vallender*, InsO, § 308 RdNr. 4; *Römermann* in *Nerlich/Römermann*, InsO, § 308 RdNr. 16; HK-*Landfermann*, InsO, § 308 RdNr. 7; *Smid/Haarmeyer*, InsO, § 308 RdNr. 6; *Hess*, InsO, § 308 RdNr. 18.

[14] *Theiß* (Fn. 2) S. 31.

[15] HK-*Landfermann*, InsO, § 308 RdNr. 10; *Braun/Buck*, InsO, § 305 RdNr. 14; *Kübler/Prütting/Wenzel*, InsO, § 308 RdNr. 5; *Uhlenbruck/Vallender*, InsO, § 308 RdNr. 26.

[16] *Graf-Schlicker/Sabel*, InsO, § 308 RdNr. 14; HK-*Landfermann*, InsO, § 308 RdNr. 10; aA AG Balingen, Urt. v. 30. 1. 2004 – 4 C 855/03 – juris; ebenso LG Hechingen ZInsO 2005, 49; *Uhlenbruck/Vallender*, InsO, § 305 RdNr. 16, § 308 RdNr. 26 f.; FK-*Grote*, InsO, § 308 RdNr. 11; *Hess*, InsO, § 308 RdNr. 11, 14; *Römermann* in *Nerlich/Römermann*, InsO, § 308 RdNr. 13; wohl auch *Kübler/Prütting/Wenzel*, InsO, § 309 RdNr. 6 b; nach Auffassung von AG Neubrandenburg ZVI 2004, 23, 24 soll ein Schuldenbereinigungsplan die Gläubiger benachteiligen i. S. d. § 309 Abs. 1 Satz 2 Nr. 1, wenn dieser keine Verfallsklausel enthält, weil die Gläubiger selbst bei Nichterfüllung des Plans durch den Schuldner an diesen gebunden seien; s. hierzu § 309 RdNr. 17.

[17] *Theiß* (Fn. 2) S. 31 f.; inzident jew. im Rahmen der Prüfung einer Benachteiligung i. S. d. § 309 Abs. 1 Satz 2 Nr. 2 auch LG Dortmund ZVI 2002, 32; AG Hannover ZVI 2005, 49, 50.

[18] *Kübler/Prütting/Wenzel*, InsO, § 308 RdNr. 5; HambKomm-*Streck*, InsO, § 308 RdNr. 5.

[19] *Kübler/Prütting/Wenzel*, InsO, § 308 RdNr. 7; *Uhlenbruck/Vallender*, InsO, § 308 RdNr. 33; *Smid/Haarmeyer*, InsO, § 308 RdNr. 2. Die Bestimmung des § 308 Abs. 3 findet während der Wohlverhaltensperiode keine (analoge) Anwendung, so dass das Vollstreckungsverbot insoweit auch für nicht benannte Gläubiger gilt; s. hierzu BGH NZI 2006, 602.

vermerkt ist und ihm die vom Schuldner vorgelegten Unterlagen deshalb auch nicht zugestellt werden. Auf Teilforderungen, die im Forderungsverzeichnis nicht aufgeführt sind, wie etwa nach Aufstellung des Forderungsverzeichnisses aufgelaufene Zinsforderungen, findet Abs. 3 keine Anwendung,[20] jedoch können nicht berücksichtigte Teilforderungen nach Maßgabe des § 309 Abs. 3 eine Zustimmungsersetzung ausschließen, s. § 309 RdNr. 9.

b) Obliegenheiten des Gläubigers. Ist dem Gläubiger der Schuldenbereinigungsplan 15 übersandt worden, so ist er hinsichtlich aller seiner Forderungen Verfahrensbeteiligter. Nunmehr obliegt es ihm, das beim Insolvenzgericht zur Einsicht niedergelegte Forderungsverzeichnis einzusehen und die Angaben über seine Forderungen soweit erforderlich zu ergänzen. Soweit er eine bestehende, aber in dem Forderungsverzeichnis nicht enthaltene Forderung nicht innerhalb der gesetzten Frist ergänzt hat, erlischt die Forderung **(Abs. 3 Satz 2)**.[21] Dies gilt für alle Forderungen, die vor Ablauf der Frist entstanden waren. Im Beschwerdeverfahren kann der Gläubiger nicht angemeldete Forderungen nicht nachschieben.[22]

VI. Geplante Neuregelung durch den RegE

Wie auch im geltenden Recht sind in § 308 RegE die Voraussetzungen normiert, unter 16 denen das Gericht die Annahme des Schuldenbereinigungsplans festzustellen hat; allerdings bezieht sich die Bestimmung auf den außergerichtlichen Schuldenbereinigungsplan, weil es ein gerichtliches Schuldenbereinigungsverfahren künftig nicht mehr geben soll (s. im Einzelnen die Kommentierung bei § 307 RdNr. 17).

In § 308 Abs. 1 Satz 1 RegE findet sich zunächst der Vermutungstatbestand des geltenden 17 § 307 Abs. 2 wieder. Gem. § 308 Abs. 1 Satz 2 RegE stellt das Gericht das Zustandekommen des Plans fest, wenn alle Gläubiger dem Plan zugestimmt haben; das ist der Fall, wenn die Gläubiger ausdrücklich ihre Zustimmung erklären oder eine solche im Falle des Schweigens gem. § 308 Abs. 1 Satz 1 RegE unwiderleglich vermutet wird. Haben Gläubiger Einwendungen gegen den Plan erhoben, ist der Plan nur dann zustande gekommen, wenn die fehlenden Zustimmungen gem. § 309 RegE ersetzt werden.

Nach dem geltenden Recht hat der Beschluss des Gerichts nach § 308 Abs. 1 Hs. 2 18 lediglich deklaratorischen Charakter (s. o. RdNr. 7). Der Beschluss des Gerichts wird auch künftig insoweit lediglich deklaratorische Wirkung haben, als die Annahme des Plans festgestellt wird. Allerdings soll künftig die Ersetzung der Zustimmung von Gläubigern gem. § 309 nicht mehr in einem eigenständigen, zeitlich vor dem Annahmebeschluss liegenden Beschluss, sondern zusammen mit diesem erfolgen, § 309 Abs. 1 Satz 1 RegE (s. hierzu auch § 309 RdNr. 29). Dies hat zur Folge, dass der Beschluss gem. § 308 Abs. 1 Satz 2 RegE in Verfahren, in denen die Zustimmung von Gläubigern ersetzt wird, sowohl einen deklaratorischen als auch einen konstitutiven Teil hat. Den Gläubigern, deren Zustimmung ersetzt worden ist, steht hiergegen – wie bisher gem. § 309 Abs. 2 Satz 3 – die Möglichkeit der sofortigen Beschwerde zu (s. hierzu auch § 309 RdNr. 29). Im Übrigen bleibt es bei der fehlenden Anfechtbarkeit des Annahmebeschlusses (s. hierzu o. RdNr. 8).

Liegen die Voraussetzungen des § 308 Abs. 1 Satz 2 RegE nicht vor, hat das Gericht den 19 Antrag des Schuldners auf Zustimmungsersetzung gem. § 305a RegE zurückzuweisen (§ 308 Abs. 1 Satz 3 RegE).

---

[20] *Uhlenbruck/Vallender,* InsO, § 308 RdNr. 39; aA *Kübler/Prütting/Wenzel,* InsO, § 308 RdNr. 9.
[21] Vgl. hierzu LG Göttingen ZInsO 2002, 41, 42; LG Berlin ZInsO 2005, 946, 947; *Hess,* InsO, § 305 RdNr. 85, § 308 RdNr. 22; HK-*Landfermann,* InsO, § 308 RdNr. 13; *Römermann* in *Nerlich/Römermann,* InsO, § 308 RdNr. 24; *Kübler/Prütting/Wenzel,* InsO, § 307 RdNr. 8; HambKomm-*Streck,* InsO, § 308 RdNr. 9; *Braun/Buck,* InsO, § 308 RdNr. 14; *Graf-Schlicker/Sabel,* InsO, § 308 RdNr. 11. Dem Gläubiger steht es frei, dem Insolvenzgericht die ihm nach seiner Auffassung zustehenden Forderungen gegen den Schuldner mitzuteilen, umso – auch bei einer unterbliebenen Einsichtnahme in das Forderungsverzeichnis – ein Erlöschen seiner dort nicht aufgeführten Forderungen zu vermeiden; s. hierzu *App* InVo 2002, 169.
[22] AG Göttingen ZInsO 2001, 974; s. ferner LG Münster ZVI 2002, 267, 269 f.

§ 309

20 In § 308 Abs. 3 RegE ist die geltend Regelung des § 308 Abs. 1 Satz 2, Abs. 3 übernommen worden. Insoweit kann auf die obigen Ausführungen Bezug genommen werden (RdNr. 10, 14 f.).

21 Anders als im geltenden § 308 Abs. 1 Satz 3 ist in § 308 RegE eine Zustellung des gerichtlich festgestellten Schuldenbereinigungsplans nicht mehr vorgesehen. Hierbei handelt es sich nicht um ein Redaktionsversehen.[23] Im Gegensatz zum geltenden Recht sieht der RegE ein gerichtliches Schuldenbereinigungsverfahren nicht mehr vor, dementsprechend wird es auch keinen gerichtlichen Schuldenbereinigungsplan mehr geben. Grundlage des gerichtlichen Zustimmungsersetzungsverfahrens nach § 307 RegE ist der außergerichtliche Schuldenbereinigungsplan, der im gerichtlichen Zustimmungsersetzungsverfahren nicht mehr abgeändert werden kann (s. hierzu § 305 a RdNr. 8). Der Beschluss nach § 308 Abs. 1 Satz 2 RegE beendet das Zustimmungsersetzungsverfahren nach § 305 a RegE. Inhaltlich stellt er fest, dass der außergerichtliche Schuldenbereinigungsplan zustande gekommen ist, ähnlich einem Beschluss nach § 278 Abs. 6 ZPO. Sofern die Zustimmung einzelner Gläubiger nach § 309 ersetzt worden ist, ist zunächst diesen Gläubigern der Beschluss wegen der Beschwerdemöglichkeit gem. § 308 Abs. 2 RegE zuzustellen (§ 4 InsO i.V.m. § 329 Abs. 3 Alt. 2 ZPO). Nach Rechtskraft des Beschlusses ist dieser sodann im Hinblick auf § 308 Abs. 3 Satz 1 RegE nach § 4 InsO i.V.m. § 329 Abs. 3 Alt. 1 ZPO dem Schuldner sowie sämtlichen Gläubigern, also auch an diejenigen Gläubiger, die dem Plan bereits zugestimmt haben, zuzustellen. Sofern die Annahme des außergerichtlichen Schuldenbereinigungsplans nicht festgestellt werden kann, weil nicht alle Gläubiger zugestimmt haben und die fehlenden Zustimmungen nicht ersetzt werden, ist der Antrag auf Zustimmungsersetzung zurückzuweisen. Dieser Beschluss ist dem Schuldner wegen der Beschwerdemöglichkeit nach § 308 Abs. 2 RegE gem. § 4 InsO i.V.m. § 329 Abs. 3 Alt. 2 ZPO zuzustellen, die Gläubiger sind hierüber gem. § 4 InsO i.V.m. 329 Abs. 2 Satz 1 ZPO formlos in Kenntnis zu setzen.

§ 309 Ersetzung der Einwendungen eines Gläubigers

(1) ¹Hat dem Schuldenbereinigungsplan mehr als die Hälfte der benannten Gläubiger zugestimmt und beträgt die Summe der Ansprüche der zustimmenden Gläubiger mehr als die Hälfte der Summe der Ansprüche der benannten Gläubiger, so ersetzt das Insolvenzgericht auf Antrag eines Gläubigers oder des Schuldners die Einwendungen eines Gläubigers gegen den Schuldenbereinigungsplan durch eine Zustimmung. ²Dies gilt nicht, wenn

1. der Gläubiger, der Einwendungen erhoben hat, im Verhältnis zu den übrigen Gläubigern nicht angemessen beteiligt wird, oder
2. dieser Gläubiger durch den Schuldenbereinigungsplan voraussichtlich wirtschaftlich schlechter gestellt wird, als er bei Durchführung des Verfahrens über die Anträge auf Eröffnung des Insolvenzverfahrens und Erteilung von Restschuldbefreiung stünde; hierbei ist im Zweifel zugrunde zu legen, daß die Einkommens-, Vermögens- und Familienverhältnisse des Schuldners zum Zeitpunkt des Antrags nach Satz 1 während der gesamten Dauer des Verfahrens maßgeblich bleiben.

(2) ¹Vor der Entscheidung ist der Gläubiger zu hören. ²Die Gründe, die gemäß Absatz 1 Satz 2 einer Ersetzung seiner Einwendungen durch eine Zustimmung entgegenstehen, hat er glaubhaft zu machen. ³Gegen den Beschluß steht dem Antragsteller und dem Gläubiger, dessen Zustimmung ersetzt wird, die sofortige Beschwerde zu. ⁴§ 4 a Abs. 2 gilt entsprechend.

---

[23] So aber *Jäger* ZVI 2007, 507, 512.

Ersetzung der Einwendungen eines Gläubigers 1 § 309

(3) Macht ein Gläubiger Tatsachen glaubhaft, aus denen sich ernsthafte Zweifel ergeben, ob eine vom Schuldner angegebene Forderung besteht oder sich auf einen höheren oder niedrigeren Betrag richtet als angegeben, und hängt vom Ausgang des Streits ab, ob der Gläubiger im Verhältnis zu den übrigen Gläubigern angemessen beteiligt wird (Absatz 1 Satz 2 Nr. 1), so kann die Zustimmung dieses Gläubigers nicht ersetzt werden.

„§ 309 Ersetzung der Einwendungen eines Gläubigers (RegE)

(1) Hat dem Schuldenbereinigungsplan mehr als die Hälfte der benannten Gläubiger zugestimmt und beträgt die Summe der Ansprüche der zustimmenden Gläubiger mehr als die Hälfte der Summe der Ansprüche der benannten Gläubiger, ersetzt das Insolvenzgericht in dem Beschluss über die Feststellung der Annahme des Schuldenbereinigungsplans die Einwendungen eines Gläubigers gegen den Schuldenbereinigungsplan durch eine Zustimmung. ² *Dies gilt nicht, wenn*

1. der Gläubiger, der Einwendungen erhoben hat, im Verhältnis zu den übrigen Gläubigern nicht angemessen beteiligt wird, oder
2. dieser Gläubiger durch den Schuldenbereinigungsplan voraussichtlich wirtschaftlich schlechter gestellt wird, als er bei Durchführung des Verfahrens über die Anträge auf Eröffnung des Insolvenzverfahrens und Erteilung von Restschuldbefreiung stünde; hierbei ist im Zweifel zugrunde zu legen, daß die Einkommens-, Vermögens- und Familienverhältnisse des Schuldners zum Zeitpunkt des Antrags nach Satz 1 während der gesamten Dauer des Verfahrens maßgeblich bleiben.

(2) Die Tatsachen, die nach Absatz 1 Satz 2 einer Zustimmungsersetzung entgegenstehen, sind glaubhaft zu machen.

(3) Macht ein Gläubiger Tatsachen glaubhaft, aus denen sich ernsthafte Zweifel ergeben, ob eine vom Schuldner angegebene Forderung besteht oder sich auf einen höheren oder niedrigeren Betrag richtet als angegeben, und hängt vom Ausgang des Streits ab, ob der Gläubiger im Verhältnis zu den übrigen Gläubigern angemessen beteiligt wird (Absatz 1 Satz 2 Nr. 1), kann die Zustimmung dieses Gläubigers nicht ersetzt werden."

Übersicht

	RdNr.		RdNr.
I. Normzweck	1	b) Wirtschaftliche Schlechterstellung des Gläubigers (Abs. 1 Satz 2 Nr. 2)	14
II. Entstehungsgeschichte	5	c) Zustimmungsersetzung bei einem Null-Plan	20
III. Neuregelung durch das InsO-ÄndG 2001	6	3. Verfahren (Abs. 2)	25
IV. Neuregelung nach RegE vom 22. 8. 2007	7	a) Anhörung des Gläubigers	25
V. Einzelerläuterungen	8	b) Glaubhaftmachung der Gründe für Ersetzungshindernisse	26
1. Voraussetzungen (Abs. 1)	8	c) Entscheidung des Gerichts	28
a) Mehrheitsquorum	8	d) Rechtsmittel	29
b) Antrag	11	4. Bestrittene Forderungen (Abs. 3)	30
2. Ersetzungshindernisse	12	a) Ersetzungshindernis	30
a) Unangemessene Beteiligung des Gläubigers (Abs. 1 Satz 2 Nr. 1)	12	b) Einbeziehung streitiger Forderungen	33

I. Normzweck

Die Ersetzung der Einwendungen einzelner Gläubiger durch eine Zustimmung zum 1 Schuldenbereinigungsplan hat in mehrfacher Hinsicht zentrale Bedeutung für das gesamte Schuldenbereinigungsverfahren. Der unmittelbare Zweck der Norm besteht darin, Veto-Positionen einzelner Gläubiger („Akkordstörer"), die sich aus dem Erfordernis einer einverständlichen Schuldenbereinigung ergeben, überwindbar zu machen und damit eine **Strategie der „Obstruktion"** zu neutralisieren.[1] Andernfalls könnte ein Gläubiger seine Zustimmung zu einer Schuldenbereinigung, die die Interessen aller Beteiligter einschließlich seiner eigenen Interessen berücksichtigt und der die Mehrheit der Gläubiger deswegen zustimmt, davon abhängig machen, dass ihm seine Zustimmung durch Gewährung von Sondervorteilen zu Lasten anderer abgekauft wird. Dies würde das Zustandekommen von effizienten Lösungen bei Verbraucherinsolvenzen behindern und zudem zu willkürlichen Verteilungswirkungen führen. Für eine Anwendbarkeit des § 242 BGB ist neben § 309 kein Raum.[2]

2 Die Möglichkeit einer gerichtlichen Ersetzung der Einwendungen von Gläubigern durch eine Zustimmung macht solche Positionen überwindbar und wirkt sich damit auf das gesamte Schuldenbereinigungsverfahren einschließlich des außergerichtlichen Verfahrens aus, weil jeder Gläubiger einkalkulieren muss, dass er durch eine Ablehnung des Plans letztlich keine Umverteilung zu seinen Gunsten erreichen kann. Die Befugnis des Gerichts, die Einwendungen einzelner Gläubiger durch eine Zustimmung zu ersetzen, stärkt zudem die Rolle des Gerichts als Mediator im gerichtlichen Schuldenbereinigungsverfahren.

3 Zweck der Norm ist es dagegen nicht, einzelnen Gläubigern oder einer Minderheit von Gläubigern Sonderopfer im Interesse der Gläubigermehrheit oder des Schuldners aufzuerlegen; das für das Insolvenzrecht insgesamt geltende **Umverteilungsverbot**[3] gilt auch hier.

4 Die Regelungen für das Verbraucherinsolvenzverfahren unterscheiden sich von der Regelung des „Obstruktionsverbots" im Insolvenzplanverfahren dadurch, dass im Verbraucherinsolvenzverfahren eine Abstimmung der Gläubiger insgesamt, nicht wie im allgemeinen Verfahren nach Gruppen erfolgt (vgl. § 222);[4] auch gilt die Zustimmung bei Vorliegen der Voraussetzungen nicht kraft Gesetzes als erteilt (vgl. § 245; s. dort RdNr. 16 f.).

II. Entstehungsgeschichte

5 Die Vorschrift ist vom Rechtsausschuss als § 357 f in die Beschlussempfehlung eingefügt worden.

III. Neuregelung durch das InsOÄndG 2001

6 Im Rahmen des Beschwerdeverfahrens gegen einen Beschluss des Insolvenzgerichts über die Ersetzung der Einwendungen eines Gläubigers gegen den Schuldenbereinigungsplan durch eine Zustimmung kann dem Schuldner ein Anwalt beigeordnet werden, wenn dies erforderlich erscheint. Zur Begründung wird darauf verwiesen, dass die Zustimmungsersetzung für den Schuldner erhebliche Bedeutung hat. Die Beiordnung eines Anwalts erfolgt unter den gleichen Voraussetzungen wie im Fall der Stundung der Verfahrenskosten (§ 4 a Abs. 2).

IV. Neuregelung nach RegE vom 22. 8. 2007

7 Die vorgesehene Neuregelung betrifft zum einen die Zusammenfassung der Ersetzung der Zustimmung eines Gläubigers mit der Feststellung der Annahme des Schuldenbereinigungsplans in einem Beschluss, zum andern soll das Recht eines Gläubigers, eine Zustimmungsersetzung zu beantragen, entfallen, da der Auftrag auf Durchführung des

---

[1] Siehe hierzu *Smid* InVo 1996, 314; *ders.*, Festschrift für Pawlowski, 1997, S. 387 ff., der aber zu Unrecht eine rechtlich-systematische Anknüpfung des Obstruktionsverbots an Wertungen der Rechtsordnung leugnet, InVo 1996, 314, 315; *Grote* in *Kohte/Ahrens/Grote* § 309 RdNr. 1. Allgemein zu Zwangsmaßnahmen zur Überwindung von Hold-out-Positionen *Schäfer/Ott*, Lehrbuch der ökonomischen Analyse des Zivilrechts, S. 539 ff.
[2] *Kübler/Prütting/Wenzel*, InsO, § 308 RdNr. 2; aA FK-*Grote*, InsO, § 309 RdNr. 10.
[3] Siehe hierzu die für das deutsche Recht grundlegenden Ausführungen von *Balz* ZIP 1988, 273, 278 ff.
[4] And. (§ 222 anwendbar) *Römermann* in *Nerlich/Römermann*, InsO, § 309 RdNr. 21; s. ferner FK-*Grote*, InsO, § 309 RdNr. 12.

gerichtlichen Zustimmungsersetzungsverfahrens künftig allein im Ermessen des Schuldners liegen soll.[5] Die Anhörung der Gläubiger, deren Zustimmung ersetzt werden soll, ergibt sich künftig aus § 307 RegE. Die Beschwerdevorschrift findet sich nunmehr in § 308 Abs. 2 RegE.

V. Einzelerläuterungen

1. Voraussetzungen (Abs. 1). a) Mehrheitsquorum. Das Gesetz verlangt als generelle Voraussetzung für die Ersetzung der Einwendungen eines Gläubigers durch eine Zustimmung eine **doppelte Mehrheit** auf der Seite der zustimmenden Gläubiger, begnügt sich aber jeweils mit der einfachen Mehrheit. Dem Schuldenbereinigungsplan zugestimmt haben muss die Mehrheit der benannten Gläubiger; diese Mehrheit bemisst sich nach Köpfen. Dies gilt auch dann, wenn einem Gläubiger mehrere rechtlich selbständige Forderungen zustehen.[6] Der Gläubiger ist in diesem Fall nicht gehindert, seine Zustimmung zum Schuldenbereinigungsplan auf einzelne Forderungen zu beschränken, sie im Übrigen aber zu verweigern.[7] Außerdem verlangt das Gesetz, dass diese Mehrheit über mehr als die Hälfte der Summe der gegen den Schuldner gerichteten Ansprüche der benannten Gläubiger verfügt **(Abs. 1 Satz 1).** Dies entspricht der für den Insolvenzplan geltenden Bestimmung (§ 244 Abs. 1). Gläubiger, die bereits im vorgerichtlichen Verfahren auf ihre Forderungen verzichtet haben, sind hier nicht mehr zu berücksichtigen.[8] Zwar ist ein **einseitiger Verzicht** auf eine Forderung rechtlich an sich nicht möglich, weil eine Forderung nur durch Vertrag erlassen werden kann (§ 397 Abs. 1 BGB), im Zusammenhang mit den Voraussetzungen einer Zustimmungsersetzung führt aber auch ein einseitiger Verzicht zur **Nichtberücksichtigung der Forderung.**[9] Der Schuldner muss in diesem Fall einen entsprechend berichtigten Schuldenbereinigungsplan vorlegen; andernfalls ist eine Zustimmungsersetzung grundsätzlich nicht zulässig.[10] Im Verfahren der Zustimmungsersetzung nicht zu berücksichtigen sind auch Gläubiger, die der Schuldner zwar im ursprünglichen Schuldenbereinigungsplan aufgeführt hat, die aber in einem danach eingereichten neuen Schuldenbereinigungsplan nicht mehr als Gläubiger benannt sind.[11]

Soweit Angaben von Gläubigern zur Höhe ihrer Forderungen von den Angaben des Schuldners im Schuldenbereinigungsplan abweichen und der Schuldner bei seinen Angaben auch nach Gelegenheit zur Änderung des Schuldenbereinigungsplans (Abs. 3 Satz 1) bleibt, ist nach einer bislang verbreiteten Ansicht zur Bestimmung der Mehrheit der Summe der Ansprüche von den Angaben des Schuldners auszugehen.[12] Beruft sich der Gläubiger darauf, dass eine ihm zustehende Forderung **höher als im Forderungsverzeichnis** angegeben ist, so kann dies nach dieser Auffassung zum Ausschluss der Zustimmungsersetzung führen, wenn die weiteren Voraussetzungen des § 309 Abs. 3 erfüllt sind; die Bestimmung des § 308 Abs. 3 Satz 1, wonach Forderungen, die im Verzeichnis des Schuldners nicht enthalten sind, vom Gläubiger weiterhin geltend gemacht werden können, tritt hinter § 309 Abs. 3 zurück und findet **keine Anwendung** auf im Forderungsverzeichnis **nicht erfasste Teilforderungen.**[13] Demgegenüber geht der BGH davon aus, dass Zweifel am Bestand der vom Schuld-

---

[5] Begründung RegE, S. 86.
[6] OLG Köln ZInsO 2001, 85; *Schäferhoff* ZInsO 2001, 687, 688.
[7] And. *Schäferhoff* (Fn. 6) S. 688.
[8] OLG Karlsruhe NZI 2000, 375; OLG Braunschweig ZInsO 2001, 227; LG München InVo 2001, 409; FK-*Grote*, InsO, § 309 RdNr. 8; *Graf-Schlicker/Sabel*, InsO, § 309 RdNr. 6; *Hess*, InsO, § 309 RdNr. 34.
[9] AG Köln ZVI 2007, 524 f.; *Uhlenbruck/Vallender*, InsO, § 309 RdNr. 14.
[10] AG Köln NZI 2007, 735.
[11] BayObLGZ 2001, 193 ff. = NJW-RR 2002, 625 f.; *Wenzel* DZWIR 2002, 164, 165.
[12] LG Berlin ZInsO 2000, 404; AG Köln ZIP 2000, 83; AG Regensburg ZInsO 2000, 516; *Schäferhoff* (Fn. 6) S. 689; *Braun/Buck*, InsO, § 309 RdNr. 2; HK-*Landfermann*, InsO, § 309 RdNr. 3; *Andres* in *Andres/Leithaus*, InsO, § 309 RdNr. 4; FK-*Grote*, InsO, § 309 RdNr. 9; *Kübler/Prütting/Wenzel*, InsO, § 309 RdNr. 1; *Uhlenbruck/Vallender*, InsO, § 309 RdNr. 17; ferner die Voraufl RdNr. 7; wohl auch LG Aachen ZVI 2004, 18, 19.
[13] AG Köln ZIP 2000, 83, 86; aA *Schäferhoff* (Fn. 6) S. 689.

§ 309 10–12   9. Teil. Verbraucherinsolvenz- und sonst. Kleinverfahren

ner angegebenen Forderungen auch schon bei der Bestimmung der Kopf- und Summenmehrheit zu berücksichtigen seien.[14] Dem ist zuzustimmen, weil für den Fall eines (Fast-)Null-Plans der Gläubiger nicht unangemessen beteiligt werden kann i. S. d. § 309 Abs. 1 Satz 2 Nr. 1, er aber gleichwohl vor einer Zustimmungsersetzung geschützt werden muss. In diesem Fall müssen daher vom Gläubiger glaubhaft gemachte Zweifel an den Angaben des Schuldners zur Höhe und zum Bestand der Forderungen sowohl bei der Feststellung der Kopf- und Summenmehrheit als auch bei der Ausschließung einer Zustimmungsersetzung nach § 309 Abs. 3 berücksichtigt werden. Forderungen sind mit ihrem zur Insolvenztabelle feststellbaren Betrag zu berücksichtigen, auch wenn sie vom jetzigen Gläubiger billiger aufgekauft worden sind.[15]

10   Das Mehrheitsprinzip hat in Bezug auf die Durchsetzung des Schuldenbereinigungsplans nicht die Funktion, eine Entscheidung zwischen kollidierenden Interessen zu legitimieren, sondern es hat eine heuristische Funktion für die Suche nach einer ökonomisch optimalen Lösung des Problems der Schuldenbereinigung. Dabei dürfen die Interessen der Mehrheit nicht höher veranschlagt werden als die der Minderheit, denn „in wirtschaftlichen Dingen hat die Mehrheit nicht mehr recht als die Minderheit; Mehrheitsentscheidungen garantieren keineswegs das wirtschaftliche Optimum".[16] Die mehrheitliche Zustimmung der Gläubiger zum Schuldenbereinigungsplan indiziert demgemäß lediglich, dass der Plan dem Interesse der Mehrheit entspricht; seine Durchsetzung mit gerichtlicher Hilfe hängt davon ab, ob er ebenso auch den **Interessen der übrigen Gläubiger** entspricht (vgl. Abs. 1 Satz 2 Nr. 1 und 2; dazu u. RdNr. 12, 14).

11   b) Antrag. Den Antrag auf Ersetzung der Einwendungen eines Gläubigers durch eine Zustimmung kann jeder andere Gläubiger oder der Schuldner selbst stellen. In dem Gesetzentwurf der Bundesregierung vom 22. 8. 2007 ist vorgesehen, das Antragsrecht der Gläubiger ersatzlos zu streichen; dies findet seinen Grund darin, dass die Durchführung des gerichtlichen Zustimmungsersetzungsverfahrens nach dem geplanten ersatzlosen Wegfall des gerichtlichen Schuldenbereinigungsverfahrens allein im Ermessen des Schuldners liegen soll (§ 305 a RegE; s. RdNr. 7).

12   2. Ersetzungshindernisse. a) Unangemessene Beteiligung des Gläubigers (Abs. 1 Satz 2 Nr. 1). Die Ersetzung der Einwendungen eines Gläubigers durch eine Zustimmung durch das Gericht soll verhindern, dass ein Gläubiger sich durch Ausnutzen einer Veto-Position Sondervorteile zu Lasten anderer Gläubiger verschafft (s. o. RdNr. 1); sie darf aber umgekehrt nicht dazu führen, dass dem Gläubiger **Sonderopfer** im Verhältnis zu anderen Gläubigern auferlegt werden. Hierauf bezieht sich die Regelung in **Abs. 1 Satz 2 Nr. 1**. Ob eine nicht angemessene Beteiligung des Gläubigers an der Schuldenbereinigung vorliegt, bestimmt sich nach einem Vergleich mit der für rechtlich und tatsächlich gleichgestellte Gläubiger vorgesehenen Beteiligung. Dazu ist auf alle im aktuellen Schuldenbereinigungsplan benannten Gläubiger abzustellen (s. o. RdNr. 8); ob Gläubiger, die darin nicht bzw. nicht mehr aufgeführt sind, mit einer höheren Quote abgefunden worden sind, ist bei der Frage der Zustimmungsersetzung nicht zu prüfen.[17] Im Übrigen sind alle sachlich relevanten Umstände heranzuziehen.[18] Eine schematische Gleichbehandlung aller Gläubiger ist nicht in jedem Falle sachgerecht, vielmehr kann es gerechtfertigt sein, einem Gläubiger eine höhere Quote oder eine zeitlich vorrangige Befriedigung zuzubilligen, wenn er im Gegenzug auf ihm zustehende Sicherheiten verzichtet. Insofern besteht Spielraum für Gerechtigkeitsüberlegungen außerhalb einer rechnerisch genauen

---

[14] BGH NZI 2005, 46 f. = WuB VI A. § 309 InsO 1.05 *(Kirchhof)* = EWiR 2005, 125 *(Pape)*; zust. HambKomm-*Streck*, InsO, § 309 RdNr. 4; *Pape* EWiR 2005, 125, 126; *Kirchhof* WuB VI A § 309 InsO 1.05; ebenso bereits *Römermann* in *Nerlich/Römermann*, InsO, § 309 RdNr. 17.
[15] BGH NZI 2005, 46 f. = WuB VI A. § 309 InsO 1.05 *(Kirchhof)*.
[16] *Balz* (Fn. 3) S. 278.
[17] BayObLGZ 2001, 193 = NJW-RR 2002, 625.
[18] Zur unangemessenen Beteiligung eines Gläubigers bei Nichtberücksichtigung einer Lohnabtretungserklärung AG Korbach ZVI 2002, 372.

Anteilsberechnung.[19] Der Schuldenbereinigungsplan erlaubt also eine flexible Gestaltung, solange diese nicht zu einer unangemessenen Benachteiligung einzelner Gläubiger führt. Das **Angebot von Einmalzahlungen** an Gläubiger mit geringeren Forderungen kann demgemäß mit dem Angebot von Ratenzahlungen an Gläubiger mit höheren Forderungsbeträgen verbunden werden, sofern die angebotene Befriedigungsquote für alle Gläubiger annähernd gleich ist.[20]

Keine Rolle dürfen in diesem Zusammenhang jedoch Überlegungen distributiver Gerechtigkeit spielen; eine unterschiedliche Behandlung von Gläubigern nach sozialen Kriterien der Leistungsfähigkeit bzw. der **Bedürftigkeit** hat mit einer insolvenzrechtlichen Schuldenbereinigung nichts zu tun und wäre deshalb mit dem Grundsatz der Gleichbehandlung nicht vereinbar (vgl. o. RdNr. 3 sowie u. RdNr. 19).[21]

b). Wirtschaftliche Schlechterstellung des Gläubigers (Abs. 1 Satz 2 Nr. 2). aa) Sonderopfer. Die Ersetzung der Einwendung eines Gläubigers ist weiter auch dann ausgeschlossen, wenn die Einwendung darauf gestützt wird, dass sich die wirtschaftliche Position eines Gläubigers durch eine Zustimmung zum Schuldenbereinigungsplan schlechter darstellt als bei einer Durchführung des Insolvenzverfahrens mit anschließender Restschuldbefreiung (Abs. 1 Satz 2 Nr. 2). Darin kommt, wie schon in der Regelung gem. Abs. 1 Satz 2 Nr. 1, die gesetzgeberische Intention zum Ausdruck, die Schuldenbereinigung nicht auf der Basis von **Sonderopfern einzelner Beteiligter,** sondern vielmehr in einer Weise durchzuführen, bei der niemand schlechter gestellt wird als er bei der alternativen Durchführung des Insolvenzverfahrens mit anschließender Restschuldbefreiung stehen würde, zumindest einige der Beteiligten – auf Gläubiger- oder Schuldnerseite – aber besser gestellt werden. Der Bezugspunkt der gesetzlichen Regelung ist ausschließlich die **Herstellung ökonomischer Effizienz.**[22]

bb) Erwartungswert der Forderung. Die Einwendung eines Gläubigers kann demgemäß durch das Gericht durch eine Zustimmung ersetzt werden, wenn der Erwartungswert seiner Forderung nach dem Schuldenbereinigungsplan ebenso hoch oder höher ist als der Erwartungswert der Forderung bei Durchführung des Insolvenzverfahrens und der daran anschließenden Restschuldbefreiung.[23] Zur Ermittlung des Erwartungswerts der Forderung für diesen Fall sind die für die Gläubigerbefriedigung insgesamt verfügbaren Mittel, die davon vorrangig zu befriedigenden Verfahrenskosten sowie der **Anteil des Gläubigers** an dem verbleibenden Betrag zu errechnen. Die für die Gläubigerbefriedigung insgesamt verfügbaren Mittel des Schuldners setzen sich aus dem derzeit vorhandenen pfändbaren Vermögen und der Summe der pfändbaren Teile der laufenden und künftig zu erwartenden Einkünfte des Schuldners in dem für Tilgungsleistungen des Schuldners vorgesehenen Zeitraum zusammen. Dieser Zeitraum umfasst die voraussichtliche Dauer des Insolvenzverfahrens und die sich daran anschließende, sechsjährige Treuhandphase. Die von dem sich

---

[19] *Grote* in *Kohte/Ahrens/Grote* § 309 RdNr. 12; FK-*Grote,* InsO, § 309 RdNr. 7, 12, 24; *Schmidt-Räntsch* MDR 1994, 321, 325; *Hess* WuB VI C. § 309 InsO, 1.02; *ders.,* InsO, § 309 RdNr. 63; abl. HK-*Landfermann,* InsO, § 309 RdNr. 9; HambKomm-*Streck,* InsO, § 309 RdNr. 10. Gegen das Erfordernis einer mathematisch genauen Gleichbehandlung auch LG Berlin ZInsO 2000, 404, 405; LG Berlin ZInsO 2001, 857; LG Saarbrücken NZI 2000, 380; LG Traunstein ZVI 2002, 197, 198 f.; AG Göttingen NZI 2001, 270; AG Göttingen ZInsO 2001, 768; AG Göttingen ZInsO 2000, 33; AG Regensburg ZInsO 2000, 516, 517; AG Stuttgart ZInsO 2001, 381; *Uhlenbruck/Vallender,* InsO, § 309 RdNr. 47; *Braun/Buck,* InsO, § 309 RdNr. 11; *Andres* in *Andres/Leithaus,* InsO, § 309 RdNr. 7; *Römermann* in *Nerlich/Römermann,* InsO, § 309 RdNr. 5.
[20] OLG Celle ZInsO 2001, 374= WuB VI § 309 InsO 1.03 *(Lüke/Stengel)*; OLG Köln ZInsO 2001, 230; *Kübler/Prütting/Wenzel,* InsO, § 309 RdNr. 3 b; *Uhlenbruck/Vallender,* InsO, § 309 RdNr. 41; s. a. *Lüke/Stengel* WuB VI C. § 309 InsO 1.03.
[21] S. zum abschließenden Charakter des § 309 Abs. 1 Satz 2 auch *Uhlenbruck/Vallender,* InsO, § 309 RdNr. 34; abw. FK-*Grote,* InsO, § 309 RdNr. 18, der für die Bevorzugung etwa von Kleingläubigern plädiert.
[22] Hierzu schon *Balz* (Fn. 3) S. 277 ff.
[23] Siehe hierzu die ins Einzelne gehende und mit Berechnungsbeispielen verbundene Darstellung bei *Bindemann* RdNr. 69 ff.

daraus ergebenden Gesamtbetrag abzusetzenden Verfahrenskosten werden gebildet durch die Kosten des Insolvenzverfahrens[24] einschließlich der in dieser Phase und der anschließenden Phase der Restschuldbefreiung anfallenden Treuhändervergütung. Der Anteil des Gläubigers an dem verbleibenden Gesamtbetrag ergibt sich aus dem prozentualen Verhältnis seiner Forderung zur Gesamtsumme der Forderungen aller Gläubiger, soweit der Gläubiger nicht auf Grund von Sicherheiten vorrangig vor anderen Gläubigern Befriedigung erlangen kann. In diesem Fall erhöht sich der Erwartungswert seiner Forderung entsprechend.[25] Dabei ist zu berücksichtigen, dass **Vorausabtretungen** der Bezüge aus einem Dienstverhältnis gem. § 114 Abs. 1 nur für einen Zeitraum von drei Jahren ab Eröffnung des Insolvenzverfahrens wirksam sind. War der Schuldner bereits vor dem 1. 1. 1997 zahlungsunfähig, so verkürzt sich die Dauer der Wirksamkeit von solchen Vorausabtretungen auf zwei Jahre (Art. 107 EGInsO). Für die **Pfändung** von Bezügen aus Dienstverhältnissen gilt § 114 Abs. 3 Satz 1, ferner findet § 88 Anwendung (§ 114 Abs. 3 Satz 3 Hs. 1). Dagegen verliert das Pfändungspfandrecht seine Wirksamkeit nicht in dem Zeitpunkt, an dem das Insolvenzgericht gem. § 308 Abs. 1 Satz 1 die Annahme des Schuldenbereinigungsplans feststellt. Die Bestimmung des § 114 Abs. 3 gilt hier nicht entsprechend,[26] weil keine vergleichbare Sach- und Interessenlage vorliegt. Ergibt sich daher auch unter Berücksichtigung der Einschränkungen des § 114 Abs. 3 Satz 1 sowie des § 88 eine wirtschaftliche Benachteiligung des Gläubigers i. S. d. § 309 Abs. 1 Satz 2 Nr. 2, kann dessen Zustimmung nicht ersetzt werden.

16   Die Ermittlung des Erwartungswertes der Forderung des Gläubigers setzt eine **Prognose über die künftige Entwicklung** des für die Gläubigerbefriedigung verfügbaren Einkommens des Schuldners voraus. Soweit Veränderungen vorhersehbar sind, sind sie entsprechend der Wahrscheinlichkeit ihres Eintritts zu berücksichtigen. Vorhersehbar ist beispielsweise, dass sich das Einkommen des Schuldners wegen Eintritts in den Ruhestand spätestens zu einem bestimmten Zeitpunkt reduzieren wird. Vorhersehbar ist weiter eine Verbesserung der wirtschaftlichen Verhältnisse auf Grund des bevorstehenden Endes einer Ausbildung.[27] Vorhersehbar können in eingeschränktem Umfang auch Einkommenszuwächse auf Grund von Regelbeförderungen o. ä. sein. Im Allgemeinen werden aber keine ausreichenden Anhaltspunkte bestehen, um die Wahrscheinlichkeit von Veränderungen des verfügbaren Einkommens des Schuldners auf Grund anderer Faktoren näherungsweise verlässlich zu ermitteln. Dem trägt die Bestimmung Rechnung, dass im Zweifel zugrunde zu legen ist, dass die Einkommens-, Vermögens- und Familienverhältnisse des Schuldners zum Zeitpunkt des Antrags auf Ersetzung der Einwendungen des Gläubigers durch eine Zustimmung[28] während der gesamten Dauer des Verfahrens maßgeblich bleiben (**Abs. 1 Satz 2 Nr. 2 Hs. 2).**[29] Die bloße Möglichkeit künftiger Verbesserungen der Vermögensverhältnisse reicht zur Widerlegung dieser Regelvermutung nicht aus; vielmehr müssen dazu konkrete Anhaltspunkte für eine Verbesserung vorliegen.[30] Andererseits wird aber ein künftiger Mehrbedarf des Schuldners zu berücksichtigen sein.[31]

17   Der Erwartungswert der Gläubigerforderungen hängt im Übrigen auch von der Einschätzung der **Loyalität des Schuldners** gegenüber den Gläubigern bei der Durchführung der Schuldenbereinigung bzw. während der Treuhandphase bei der Restschuldbefreiung ab. Andere als spekulative Aussagen dazu sind aber nicht möglich. Für die Entscheidung des

---

[24] Zur Frage, ob Gerichtsgebühren samt Auslagen abzuziehen sind, *Bindemann* RdNr. 72.
[25] LG Kassel InVo 2001, 290 (Lohnpfändung) m. Anm. *Ernst*; *Smid/Haarmeyer*, InsO, § 309 RdNr. 17; s. zum Verlust einer Bürgschaftsforderung AG Paderborn ZVI 2006, 210.
[26] So aber LG Trier ZVI 2005, 308 f.
[27] HK-*Landfermann*, InsO, § 309 RdNr. 10.
[28] And. LG Heilbronn NZI 2001, 434: Entscheidungszeitpunkt ist maßgeblich.
[29] *Kübler/Prütting/Wenzel*, InsO, § 309 RdNr. 8.
[30] OLG Karlsruhe ZInsO 2001, 913 (bezüglich des Eintritts eines Erbfalls); FK-*Grote*, InsO, § 309 RdNr. 22, 23 c; *Uhlenbruck/Vallender*, InsO, § 309 RdNr. 72, 78; HambKomm-*Streck*, InsO, § 309 RdNr. 16; *Smid/Haarmeyer*, InsO, § 309 RdNr. 11; *Kübler/Prütting/Wenzel*, InsO, § 309 RdNr. 9.
[31] AG Kaiserslautern ZVI 2004, 183 (bevorstehende Geburt eines unterhaltsberechtigten Kindes).

Gerichts über den Antrag auf Ersetzung der Einwendungen eines Gläubigers zum Schuldenbereinigungsplan durch eine Zustimmung müssen Erwägungen hierzu deshalb außer Betracht bleiben. Etwas anderes gilt in den Fällen, in denen in der Person des Schuldners ein Grund zur Versagung der Restschuldbefreiung gem. § 290 vorliegt.[32] Wenn zu erwarten ist, dass der Gläubiger wegen Versagung der Restschuldbefreiung seine volle Forderung behalten wird, ist grundsätzlich die Feststellung gerechtfertigt, dass der Gläubiger durch den Schuldenbereinigungsplan voraussichtlich wirtschaftlich schlechter gestellt wird; dies schließt die gerichtliche Ersetzung der Einwendung des Gläubigers durch eine Zustimmung aus.[33] Eine Schlechterstellung des Gläubigers folgt jedoch nicht schon daraus, dass der Schuldenbereinigungsplan bei einem vertragswidrigen Verhalten des Schuldners keine Sanktionen vorsieht (sog. **Verfall- oder Wiederauflebensklausel**) oder keine Obliegenheiten i. S. d. § 295 und keine Versagungsgründe gem. §§ 290, 296, 297 statuiert und infolgedessen Handlungen des Schuldners, die zur Versagung der Restschuldbefreiung führen würden, ohne Sanktion bleiben; vielmehr muss der Gläubiger ggf. konkrete Umstände dartun, aus denen sich Anhaltspunkte für künftige Vorgänge ergeben, die Obliegenheiten bzw. **Obliegenheitsverletzungen** des Schuldners begründen.[34] Strengere Anforderungen müssen jedoch für Null-Pläne gelten (dazu u. RdNr. 22). Im Übrigen ist der Gläubiger für den Fall der Nichterfüllung bzw. der Pflichtverletzung berechtigt, sich unter den Voraussetzungen der §§ 119, 313, 323 BGB von dem Plan zu lösen (s. hierzu § 308 RdNr. 11).[35]

cc) Wertvergleich. Dem Erwartungswert der Forderung des Gläubigers für den Fall 18 der Durchführung des Insolvenzverfahrens und der Restschuldbefreiung ist der Erwartungswert seiner Forderung bei Durchführung des Schuldenbereinigungsplans gegenüberzustellen. Der Erwartungswert nach dem Schuldenbereinigungsplan ist entsprechend nach den dargelegten Kriterien zu ermitteln. Ergibt sich bei einem Vergleich der beiden Werte, dass bei Durchführung des Schuldenbereinigungsplans nicht mit einer geringeren Befriedigungsquote des Gläubigers zu rechnen ist, so ist dem Antrag auf Ersetzung seiner Einwendungen durch eine Zustimmung stattzugeben. Bei der Ermittlung der dem Schuldner bei Durchführung des Insolvenzverfahrens voraussichtlich verbleibenden Beträge sind die insolvenzrechtlichen Bestimmungen über die Zugehörigkeit von Vermögenswerten und von Einkommen zur Insolvenzmasse maßgeblich.[36] Eine Schlechterstellung des Gläubigers ergibt sich aus einem Schuldenbereinigungsplan dann, wenn dort für den Fall, dass der Schuldner mit der Erfüllung seiner Verpflichtungen in Verzug gerät und der Gläubiger die Vereinbarung deshalb kündigt, ein teilweiser Forderungserlass vorgesehen ist.[37] Auch eine im Schuldenbereinigungsplan vorgesehene Regelung, wonach eine **Einkommenssteigerung des Schuldners** den Gläubigern nur mitgeteilt und zugute kommen soll, soweit sie

---

[32] S. hierzu AG Berlin-Lichtenberg NZI 2004, 390 f.; Busch VuR 2005, 229 f.; Derleder/Rostegge ZInsO 2002, 1108, 1113; s. ferner BGH ZVI 2004, 756, 757.

[33] OLG Celle ZInsO 2000, 456; AG Mönchengladbach ZInsO 2001, 674; HK-Landfermann, InsO, § 309 RdNr. 11; aA Hess/Obermüller RdNr. 983 f.

[34] LG Heilbronn NZI 2001, 434; LG Hannover NZI 2004, 389, 390; LG Dortmund ZVI 2002, 32; AG Hannover ZVI 2005, 49, 50; AG Bremen NZI 2004, 277; AG Mönchengladbach ZInsO 2001, 773; AG Berlin-Lichtenberg NZI 2004, 390, 391; HK-Landfermann, InsO, § 309 RdNr. 14 f.; Graf-Schlicker/Sabel, InsO, § 309 RdNr. 24 f.; Schäferhoff (Fn. 6) S. 691; Römermann in Nerlich/Römermann, InsO, § 309 RdNr. 20; Kübler/Prütting/Wenzel, InsO, § 309 RdNr. 6; ebenso bei der Nichtberücksichtigung einer künftigen Erbschaft OLG Karlsruhe NZI 2001, 422; Römermann in Nerlich/Römermann, InsO, § 309 RdNr. 24; aA LG Memmingen NZI 2000, 233, 235; LG Lübeck ZVI 2002, 10; LG Aachen, Beschl. v. 4. 3. 2003 – 3 T 467/02 – juris; LG Köln NJW-RR 2003, 1560, 1561; AG Göttingen ZInsO 2000, 628; AG Neubrandenburg ZVI 2004, 23, 24; Uhlenbruck/Vallender, InsO, § 309 RdNr. 77; Andres in Andres/Leithaus, InsO, § 309 RdNr. 14; HambKomm-Streck, InsO, § 309 RdNr. 19, 20; Braun/Buck, InsO, § 309 RdNr. 28; Hess, InsO, § 309 RdNr. 53; Römermann in Nerlich/Römermann, InsO, § 309 RdNr. 24; FK-Grote, InsO, § 309 RdNr. 23 a.

[35] LG Hannover NZI 2004, 389, 390; HK-Landfermann, InsO, § 309 RdNr. 15; Hess, InsO, § 304 RdNr. 153; aA Uhlenbruck/Vallender, InsO, § 308 RdNr. 27; für eine Anwendung der Grundsätze über den Wegfall der Geschäftsgrundlage FK-Kohte, InsO, § 308 RdNr. 23. Zur Auslegung einer auf die §§ 850–850 k ZPO bezugnehmenden Anpassungsklausel LG Heilbronn ZVI 2002, 409, 410 ff.

[36] LG Hamburg NZI 2000, 185.

[37] LG Göttingen NZI 2000, 487; LG Münster InVo 2001, 324; vgl. w. LG Saarbrücken NZI 2000, 380.

10% übersteigt, stellt eine Schlechterstellung der Gläubiger gegenüber ihrer Situation bei Durchführung des Insolvenzverfahrens dar, weil bei Durchführung des Insolvenzverfahrens sämtliche pfändbaren Bezüge an den Treuhänder abgetreten werden müssen; eine Zustimmungsersetzung kommt daher nicht in Betracht.[38] Bei der Vornahme des Wertvergleichs ist ggf. vom Insolvenzgericht zu prüfen, ob Sicherheiten des Gläubigers wirksam entstanden sind.[39] In den Wertvergleich sind alle Faktoren einzubeziehen.[40] Geringfügige Abweichungen können dabei außer Betracht bleiben und führen nicht zu einer Versagung der Zustimmungsersetzung.[41] Hier ist dem Insolvenzgericht im Interesse der Praktikabilität ein gewisser **Bewertungsspielraum** zuzuerkennen.[42] In den Wertvergleich einzubeziehen sind nur Zahlungen, die der Gläubiger bei Eröffnung des Insolvenzverfahrens aus der Insolvenzmasse erhalten würde; Zahlungen Dritter, die nicht in die Insolvenzmasse fallen wie z. B. Leistungen der Bundesanstalt für Arbeit bleiben unberücksichtigt.[43] Ebenfalls zu berücksichtigen ist hier – anders als im Rahmen des Abs. 1 Satz 2 Nr. 1 (s. o. RdNr. 8, 12) –, ob der Schuldner einzelne Gläubiger durch die **Gewährung von Sondervorteilen** zu einem Verzicht bzw. Erlass ihrer Forderungen veranlasst hat. Denn die Zustimmung eines Gläubigers ist regelmäßig dann nicht zu ersetzen, wenn gem. §§ 129 ff. anfechtbare Rechtshandlungen vorgenommen wurden.[44] Weiter ist zu berücksichtigen, ob die Forderung auf einer **vorsätzlichen unerlaubten Handlung** beruht, weil diese bei einer Verfahrensdurchführung nicht erlöschen würden.[45] Eine wirtschaftliche Schlechterstellung ergibt sich auch dann, wenn durch den Schuldenbereinigungsplan einem Gläubiger eine Aufrechnungsmöglichkeit genommen wird. So kann das Finanzamt in der Wohlverhaltensperiode mit Restforderungen gegen neu entstandene Steuererstattungsansprüche aufrechnen.[46] Diese Ansprüche werden von der Abtretungserklärung gem. § 287 Abs. 2 nicht erfasst, weil es sich dabei nicht um Bezüge aus einer Arbeitstätigkeit des Schuldners handelt, sondern um einen öffentlich-rechtlichen Anspruch.[47] S. dazu näher § 287 RdNr. 40; § 294 RdNr. 39. Demgemäß greift die Beschränkung der Aufrechnung gem. § 294 Abs. 2 hier nicht ein. Auch lässt sich aus dem mit der Restschuldbefreiung verfolgten Ziel kein allgemeines Aufrechnungsverbot für die Wohlverhaltensphase ableiten.[48] Die Zustimmung des Gläubigers kann demgemäß nur ersetzt werden, wenn der Schulden-

---

[38] LG Göttingen ZInsO 2001, 325.
[39] LG Köln ZInsO 2000, 676; LG München NZI 2000, 382; AG Mönchengladbach ZInsO 2001, 187; *Bernet* NZI 2001, 73, 74; FK-*Grote*, InsO, § 309 RdNr. 14.
[40] Vgl. BayObLGZ 2001, 85; OLG Karlsruhe ZInsO 2001, 913; LG Göttingen ZInsO 2001, 324; AG Göttingen InVo 2000, 310; AG Göttingen ZInsO 2000, 233; AG Köln NZI 2000, 441; AG Hamburg NZI 2001, 48 (Abzinsungsfaktor); AG Mönchengladbach ZInsO 2001, 48 (Zinsgewinn); *Krüger/Reifner/Jung* ZInsO 2000, 12, 14 ff.
[41] OLG Celle ZInsO 2001, 1062; LG Berlin ZInsO 2000, 404; AG Köln ZInsO 2000, 461; AG Köln ZIP 2000, 83; LG Berlin ZInsO 2001, 857 (Toleranzgrenze von 50 DM); AG Göttingen ZInsO 2001, 527 (Toleranzgrenze von 100 DM), ebenso AG Göttingen ZInsO 2001, 768 und ZInsO 2001, 974.
[42] AG Köln ZIP 2000, 83; HK-*Landfermann*, InsO, § 309 RdNr. 10; *Kübler/Prütting/Wenzel*, InsO, § 309 RdNr. 6; *Fuchs*, Kölner Schrift, RdNr. 94.
[43] LG Göttingen DZWIR 2001, 345; LG Göttingen ZInsO 2001, 859.
[44] *Wenzel* (Fn. 11) S. 165; *Kübler/Prütting/Wenzel*, InsO, § 309 RdNr. 7.
[45] LG Heilbronn ZVI 2003, 163, 164; AG Göttingen ZInsO 2002, 642 f.; AG Rosenheim ZVI 2003, 75, 76; *Derleder/Rotstegge* (Fn. 32) S. 1109 ff.; *Römermann* in Nerlich/Römermann, InsO, § 309 RdNr. 24.
[46] BGHZ 163, 391, 398 = NJW 2005, 2988.
[47] BGHZ 163, 391, 398; LG Koblenz ZInsO 2000, 507, 508 m. zust. Anm. *Hilbertz/Busch* ZInsO 2000, 491; LG Kiel ZInsO 2004, 558; FG Düsseldorf ZInsO 2004, 1368. Zur Verrechnung nach § 52 SGB I AG Göttingen InVo 2001, 203 (keine Aufrechnungslage bei Verrechnung gem. §§ 51, 52 SGB I); AG Bielefeld ZInsO 2001, 240 (Verrechnungsbefugnis des Landesarbeitsamts gem. § 52 SGB I); *Diepenbrock* ZInsO 2004, 950 ff.; *Hess*, InsO, § 309 RdNr. 30, 76 ff.; *Uhlenbruck/Vallender*, InsO, § 309 RdNr. 70.
[48] BGHZ 163, 391, 398 = NJW 2005, 2988; and. AG Wittlich ZVI 2003, 428 m. zust. Anm. *Th. Schmidt* ZInsO 2003, 547; AG Göttingen ZInsO 2001, 329 = NZI 2001, 270; AG Neuwied NZI 2000, 334, 335; *Uhlenbruck/Vallender*, InsO, § 294 RdNr. 39; *Uhlenbruck/Vallender*, InsO, § 309 RdNr. 69; zur Aufrechnung mit Steuererstattungsansprüchen im Insolvenz- und Restschuldbefreiungsverfahren umfassend *Grote* ZInsO 2001, 452; FK-*Grote*, InsO, § 309 RdNr. 23e; and. LG Koblenz ZInsO 2000, 507; *Hess*, InsO, § 309 RdNr. 44.

bereinigungsplan eine entsprechende Aufrechnungsmöglichkeit vorsieht.[49] Handelt es sich bei der Hauptforderung um künftige Forderungen, muss der Gläubiger substantiiert darlegen und glaubhaft machen, dass diese überhaupt zur Entstehung gelangen können (s. RdNr. 16, 26 f.).[50]

dd) Ausschluss der Ersetzung. Die Einwendung eines Gläubigers kann nicht durch eine Zustimmung ersetzt werden, wenn er Tatsachen glaubhaft macht, aus denen sich ernsthafte Zweifel in Bezug auf Bestand und Höhe von Forderungen anderer Gläubiger ergeben, die der Schuldner angegeben hat, sofern davon abhängt, ob die Voraussetzung gem. Abs. 1 Satz 2 Nr. 1 erfüllt ist **(Abs. 3).** Nicht ausgeschlossen ist die Ersetzung der Zustimmung bei öffentlich-rechtlichen Forderungen. Eine Sonderstellung kommt solchen Forderungen im Insolvenzverfahren nicht zu. Die Vorschriften des öffentlichen Rechts, welche die Voraussetzungen und das Verfahren eines Erlasses regeln, treten folglich hinter den insolvenzrechtlichen Bestimmungen des Schuldenbereinigungsplanverfahrens zurück.[51] Eine Privilegierung bestimmter Forderungen ist – abgesehen von § 302 – in der InsO nicht vorgesehen und wäre mit dem Ziel der Insolvenzrechtsreform, mehr Verteilungsgerechtigkeit durch Abbau von Vorrechten zu gewährleisten, nicht vereinbar. Demgemäß ist auch in Bezug auf **Forderungen des Finanzamts oder des Sozialversicherungsträgers** eine Zustimmungsersetzung unter den gleichen Voraussetzungen zulässig wie in Bezug auf Forderungen anderer Gläubiger.[52] Hinsichtlich einer gegen den Schuldner verhängten Geldstrafe steht der Staatsanwaltschaft als Vollstreckungsbehörde keine Dispositionsbefugnis zu (s. § 305 RdNr. 16); die verweigerte Zustimmung der Staatsanwaltschaft darf das Insolvenzgericht nicht ersetzen.[53] Die Vollstreckung der Geldstrafe ist auch während der Insolvenzverfahrens zulässig (s. dazu § 304 RdNr. 51 a). Ausgeschlossen ist die Ersetzung der fehlenden Zustimmung eines Gläubigers hingegen, wenn seine Forderung aus einer **vorsätzlich begangenen unerlaubten Handlung** des Schuldners stammt (vgl. § 302).[54] Dies betrifft Forderungen von Krankenkassen gegen ehemalige Arbeitgeber wegen vorsätzlich vorenthaltener Arbeitnehmeranteile zur Sozialversicherung (§§ 823 Abs. 2 BGB, 266 a Abs. 1 StGB) sowie Forderungen der Finanzämter wegen hinterzogener Steuern (§ 370 AO).[55]

c) Zustimmungsersetzung bei einem Null-Plan. aa) Quoren. Die Ersetzung der Zustimmung zu einem Null-Plan bedeutet, dass den betroffenen Gläubigern ihre Forderungen vollständig und gegen ihren Willen **durch hoheitlichen Akt entzogen** werden, wenn mehr als die Hälfte der anderen Gläubiger mit mehr als der Hälfte der Summe der Ansprüche einem vollständigen Verzicht auf ihre Forderungen ohne jede Leistung des Schuldners zustimmt. Das wirft zunächst die Frage auf, wie es zu dieser Konstellation kommen kann, rationales Verhalten der Gläubigermehrheit unterstellt. Es ist nicht ohne weiteres einsichtig, dass Gläubiger, die bereit sind, auf ihre Forderungen vollständig zu verzichten, nicht schon einem vom Schuldner vorgelegten außergerichtlichen Null-Plan zustimmen, sondern ihre Zustimmung außergerichtlich verweigern, um sie dann im gerichtlichen Schuldenbereinigungsplanverfahren zu erklären. Insbesondere besteht für Gläubiger, die über Kreditsicherheiten verfügen, kein vernünftiger Grund, auf ihre gesicherten Forderungen zu verzichten (vgl. o. RdNr. 15). Etwas Anderes gilt freilich, wenn die Interessen der Gläubiger nicht durchweg auf eine Befriedigung ihrer Forderungen

---

[49] LG Hildesheim ZInsO 2004, 1320; LG Koblenz ZInsO 2000, 507; FG Düsseldorf EFG 2007, 738; aA LG Kiel ZInsO 2004, 558 (Schlechterstellung wird durch weitreichende Einflüsse der Finanzverwaltung auf Steuererhebung und Entstehung von Erstattungsansprüchen kompensiert).
[50] LG Traunstein ZVI 2003, 345, 346.
[51] OLG Köln ZIP 2000, 2263 = EWiR 2001, 173 *(Schmerbach)*.
[52] OLG Zweibrücken NZI 2001, 663; OLG Dresden ZInsO 2001, 805; OLG Köln NZI 2000, 596; *Kübler/Prütting/Wenzel,* InsO, § 309 RdNr. 2; *Uhlenbruck/Vallender,* InsO, § 309 RdNr. 34.
[53] *Vallender/Elschenbroich* NZI 2002, 130, 131; *Hess,* InsO, § 306 RdNr. 23.
[54] LG München InVo 2001, 409; *Grote* in *Kohte/Ahrens/Grote* § 309 RdNr. 25.
[55] *Schäferhoff* (Fn. 6) S. 690 (Anspruchskonkurrenz zu den Primäransprüchen).

gerichtet sind, sondern eine Mehrheit der Gläubiger mit mehr als der Hälfte der Summe der Ansprüche im Lager des Schuldners steht und es diesen deshalb nicht um die Befriedigung der eigenen Forderungen, sondern um die Erzwingung einer Schuldenbefreiung zum Nulltarif geht.[56]

21 **bb) Null-Prognose.** Ob die Zustimmungsersetzung bei einem Null-Plan durch das Insolvenzgericht bei Vorliegen einer „Null-Prognose" aus Rechtsgründen generell ausgeschlossen ist, erscheint zweifelhaft. Nach dem Wortlaut der Vorschrift greift das Ersetzungshindernis des § 309 Abs. 1 Satz 2 Nr. 2 nicht ein, wenn sich bei der Ermittlung des Erwartungswertes der Forderung ergibt, dass dieser auch bei Durchführung des Insolvenzverfahrens und der anschließenden Restschuldbefreiung mit Null anzusetzen wäre.[57] In Bezug auf eine solche **„Null-Prognose"** verschlechtert sich die Position eines Gläubigers durch Zustimmung zu einem Null-Plan nicht. Gleichwohl bestehen grundsätzliche Bedenken gegen eine Ersetzung der Zustimmung des Gläubigers durch das Insolvenzgericht. Diese ergeben sich aus dem Normzweck des § 309 Abs. 1.

22 Der Gesetzgeber ging bei der Bestimmung des § 309 Abs. 1 erkennbar davon aus, dass der Schuldner entweder auf Grund der Einigung über einen Schuldenbereinigungsplan oder aber im Rahmen des Restschuldbefreiungsverfahrens Leistungen an die Gläubiger erbringt. Der Zweck der dem Insolvenzgericht eingeräumten Ersetzungsbefugnis besteht lediglich darin, **Veto-Positionen von Gläubigern** in Bezug auf einen dem Interesse der übrigen Beteiligten entsprechenden Schuldenbereinigungsplan zu überwinden, durch den sie angemessen beteiligt und nicht mit Sonderopfern belastet werden (s. o. RdNr. 1, 14). Diese Konstellation liegt bei einem Null-Plan nicht vor, weil ein solcher Plan selbst mit keinerlei Vorteilen für Gläubiger verbunden ist. Ein Gläubiger, der einem Null-Plan zustimmt, verzichtet zudem auf die durch eine Forderung **rechtlich abgesicherte Chance,** später doch noch eine teilweise Befriedigung zu erlangen, wenn sich die Einkommens- und Vermögensverhältnisse des Schuldners bessern, indem ein bisher arbeitsloser Schuldner wieder einen Arbeitsplatz erlangt, oder wenn Vermögen, das der Schuldner zunächst beiseite geschafft hat, wieder auftaucht. Da sich diese Chance in derartigen Fällen im Allgemeinen kaum quantifizieren lässt, erscheint eine gerichtliche Prognose hierzu als ausgeschlossen. Die Entscheidung, auf eine solche Chance zu verzichten, kann deshalb dem Gläubiger nicht aus der Hand genommen werden. Zu berücksichtigen ist dabei auch, dass im Restschuldbefreiungsverfahren wegen der dort geltenden Bestimmungen über Obliegenheiten des Schuldners und Sanktionen bei deren Verletzung (§§ 295 ff.) Vorkehrungen zum Schutz der Gläubigerinteressen bezüglich künftiger Befriedigungschancen getroffen sind. Ein Verzicht hierauf bewirkt bei einem Null-Plan für sich allein schon eine Schlechterstellung des Gläubigers.[58] Deshalb kann eine Zustimmungsersetzung nur dann in Betracht gezogen werden, wenn der Plan Anpassungsregelungen für den Fall der Veränderung der Einkommens- und Vermögensverhältnisse sowie eine den §§ 295, 296 entsprechende Obliegenheitsregelung enthält.[59] Zur Relevanz möglicher Obliegenheitsverletzungen für die Zustimmungsersetzung im Übrigen s. o. RdNr. 17.

23 Die Ersetzung der Zustimmung zu einem Null-Plan würde andererseits auch zu einer unangemessenen Entlastung des Schuldners führen, weil diesem eine Restschuldbefreiung ohne jede eigene Leistungspflicht und ohne die im Restschuldbefreiungsverfahren vorgesehenen sanktionsbewehrten Obliegenheiten während einer sechsjährigen Wohlverhaltensphase (§ 295) gewährt würde. Die Durchsetzung eines Null-Plans durch gerichtliche Zustimmung würde zudem dem Schuldner die Möglichkeit eröffnen, **unter Umgehung** der

---

[56] Siehe dazu den Sachverhalt OLG Frankfurt/M. NZI 2000, 473.
[57] So auch *Haarmeyer/Wutzke/Förster,* Handbuch, Kap. 10 RdNr. 79; *Bindemann* RdNr. 69; *Heyer* JR 1996, 314, 317; OLG Frankfurt/M. NZI 2000, 473; aA *Arnold* DGVZ 1996, 129, 133; *Grote* in *Kohte/Ahrens/Grote* § 309 RdNr. 33 f.
[58] LG Memmingen NZI 2000, 233; LG Heilbronn ZVI 2002, 411; LG Mönchengladbach ZInsO 2001, 1115 m. abl. Anm. *Grote* S. 1117; AG Göttingen ZInsO 2000, 628; AG Mönchengladbach ZInsO 2001, 186.
[59] LG Heilbronn ZVI 2002, 409, 411; LG Köln NJW-RR 2003, 1560.

für die Restschuldbefreiung geltenden Fristen erneut einen Schuldenbereinigungsplan – wiederum als Null-Plan – vorzulegen.[60]

Aus der Neugestaltung des Schuldenbereinigungsverfahrens gem. § 305 Abs. 1 Nr. 1 RegE folgt, dass bei Plänen, hinsichtlich derer eine Einigung offensichtlich aussichtslos ist, wozu insbesondere Null-Pläne gehören, der Antrag des Schuldners auf Zustimmungsersetzung unzulässig ist (s. dazu § 305 a RdNr. 10). Auch kann bei solchen Plänen eine Zustimmungsersetzung nicht in Betracht kommen (s. o. RdNr. 20 ff.).

cc) Zustimmungsersetzung. Hält man entgegen der hier vertretenen Ansicht eine gerichtliche Zustimmungsersetzung bei Null-Plänen nicht von vornherein für ausgeschlossen,[61] so sind die Voraussetzungen und die Rechtsfolgen der gerichtlichen Zustimmungsersetzung entsprechend den dargelegten Besonderheiten eines Null-Plans zu bestimmen. Dazu gehört, dass die Bestimmung des **§ 309 Abs. 1 Satz 2 Nr. 2,** wonach im Zweifel zugrunde zu legen ist, dass die Einkommens-, Vermögens- und Familienverhältnisse des Schuldners zum Zeitpunkt des Antrags während der gesamten Dauer des Verfahrens maßgeblich bleiben, hier **keine Anwendung** finden kann.[62] Vielmehr ist der Schuldner den für die Restschuldbefreiung geltenden Obliegenheiten (§ 295) zu unterwerfen. Zum andern muss die Sperrfrist für Restschuldbefreiung gem. § 290 Abs. 1 Nr. 3 auch hier gelten.

3. Verfahren (Abs. 2). a) Anhörung des Gläubigers. Die Gewährung rechtlichen Gehörs **(Abs. 2 Satz 1)** erfolgt im schriftlichen Verfahren, da eine mündliche Verhandlung während des gesamten Schuldenbereinigungsplanverfahrens nicht vorgesehen ist.[63] Fehlt die Anhörung, ist die Entscheidung rechtsfehlerhaft und aufzuheben.[64] Die Bestimmung des Abs. 2 Satz 1 soll nach dem Gesetzentwurf der Bundesregierung vom 22. 8. 2007 ersatzlos gestrichen werden, weil die Anhörung der Gläubiger zu der vom Schuldner nach § 305 a RegE beantragten Zustimmungsersetzung bereits mit der Aufforderung gem. § 307 RegE stattfindet.

b) Glaubhaftmachung der Gründe für Ersetzungshindernisse. aa) Darlegungslast des Gläubigers. Nach allgemeinen Verfahrensgrundsätzen muss der Gläubiger zunächst substantiiert und schlüssig darlegen, worauf sich seine Einwendungen gegen den Schuldenbereinigungsplan stützen und welche Gründe einer Ersetzung seiner Einwendungen durch eine Zustimmung durch das Insolvenzgericht entgegenstehen.[65] Dabei dürfen jedoch die Anforderungen an die Darlegungslast des Gläubigers nicht überspannt werden, weil andernfalls der Normzweck der gesetzlichen Regelung, Einwendungen des Gläubigers nur dann zu übergehen, wenn dem Gläubiger dadurch keine wirtschaftliche Schlechterstellung droht, verfehlt oder umgangen würde. Die Darlegungslast des Gläubigers muss demgemäß auf die dem Gläubiger möglichen Darlegungen beschränkt werden. Diese ergeben sich aus den ihm vom Gericht übersandten Unterlagen gem. § 305 Abs. 1 Nr. 1 bis 4. Vom Gläubiger ist zu verlangen, die **Berechnung der alternativen Erwartungswerte** seiner Forderung auf der

---

[60] *Pape* Rpfleger 1997, 237, 242.
[61] OLG Köln ZInsO 2001, 230; LG Neubrandenburg ZInsO 2001, 1120; *Andres* in *Andres/Leithaus,* InsO, § 309 RdNr. 13; HambKomm-*Streck,* InsO, § 309 RdNr. 20; Zustimmungsersetzung jedenfalls bei flexiblem Null-Plan möglich: AG Göttingen ZInsO 2001, 527, ZInsO 2001, 974 und ZInsO 1999, 589; *Derleder/Rotstegge* (Fn. 32) S. 1113 f.; aA LG Mönchengladbach ZInsO 2001, 1115 m. abl. Anm. *Grote.* Offen lassend BGH NJW-RR 2005, 416 = NZI 2005, 46 (keine Zustimmungsersetzung bei ernsthaften Zweifeln an Angaben des Schuldners betr. Forderungen).
[62] *Pape* (Fn. 60) S. 242; aA OLG Frankfurt/M. NZI 2000, 473; OLG Karlsruhe NZI 2001, 422; LG Heilbronn NZI 2001, 434; offen gelassen von AG Göttingen ZInsO 2001, 974, 975.
[63] S. zur Zustimmungsersetzung bei einem ausländischen Gläubiger LG Köln ZInsO 2002, 776 f.
[64] *Hess* (Fn. 19); HambKomm-*Streck,* InsO, § 309 RdNr. 24.
[65] BayObLG ZIP 2001, 204; OLG Celle ZInsO 2001, 374, 376; OLG Celle ZInsO 2001, 468; OLG Dresden ZInsO 2001, 805; OLG Zweibrücken NZI 2001, 663; OLG Köln NZI 2001, 211, 212; OLG Köln NZI 2001, 594 ff.; LG Köln ZInsO 2002, 776, 777; LG Kleve ZVI 2003, 27, 28; LG Traunstein ZVI 2003, 345, 346; LG Berlin ZInsO 2001, 857; *Hess* (Fn. 19); zu einer Verbindlichkeit aus vorsätzlicher unerlaubter Handlung LG München InVo 2001, 409; AG Rosenheim ZVI 2003, 75, 76; *Braun/Buck,* InsO, § 309 RdNr. 20; *Hess,* InsO, § 309 RdNr. 22, 30, 86 f.; FK-*Grote,* InsO, § 309 RdNr. 25 a.

Grundlage dieser Informationen durchzuführen.[66] Darüber hinausgehende Informationen über die persönlichen und wirtschaftlichen Verhältnisse des Schuldners und über voraussehbare Änderungen können jedenfalls bei einem Gläubiger, der nicht gewerblicher Kreditgeber ist, nicht vorausgesetzt werden.

27 **bb) Glaubhaftmachung.** Der Gläubiger hat die Gründe, die einer gerichtlichen Ersetzung der von ihm verweigerten Zustimmung entgegenstehen, glaubhaft zu machen.[67] Hierfür gilt § 294 ZPO. Soweit der Gläubiger sich wegen der Gründe, die einer Ersetzung der fehlenden Zustimmung durch das Gericht entgegenstehen, auf tatsächliche Angaben stützt, die sich aus den von dem Schuldner eingereichten Unterlagen ergeben, bedarf es keiner Glaubhaftmachung. Hat der Gläubiger keinen Einblick in Geschäftsinterna des Schuldners, der sich auf die Vermögenslosigkeit einer GmbH beruft, an der er beteiligt ist, so ist es Sache des Schuldners, die Wertlosigkeit des Anteils glaubhaft zu machen.[68] Glaubhaft zu machen hat der Gläubiger entgegenstehende oder über die vorgelegten Angaben hinausgehende Behauptungen. Dies gilt insbesondere, wenn der Gläubiger Angaben des Schuldners über Forderungen anderer Gläubiger bestreitet (vgl. Abs. 3; s. dazu u. RdNr. 30). Da die Glaubhaftmachung genügt, bedarf es der Durchführung einer Beweisaufnahme nicht.[69] Ergibt sich eine Schlechterstellung des Gläubiger bereits auf der Grundlage der Angaben des Schuldners, bedarf es keiner Glaubhaftmachung durch den Gläubiger.[70]

28 **c) Entscheidung des Gerichts.** Über den Ersetzungsantrag entscheidet das Gericht durch Beschluss, durch den entweder die beantragte Zustimmungsersetzung vorgenommen oder der Antrag abgewiesen wird. Funktional zuständig ist der Richter, nicht der Rechtspfleger (§ 18 Abs. 1 Nr. 1 RPflG).[71] Das Insolvenzgericht entscheidet im Verfahren der Zustimmungsersetzung auch über die Bestimmung der Pfändungsfreigrenzen gem. § 36 Abs. 1 Satz 2, Abs. 4 Satz 3, 1, eingefügt durch InsOÄndG 2001 (dazu § 311 RdNr. 18).[72] Bei einer Zustimmungsersetzung muss das Gericht vom Vorliegen eines Eröffnungsgrundes überzeugt sein.[73]

29 **d) Rechtsmittel.** Gegen die Entscheidung des Gerichts über den Antrag steht dem Antragsteller, wenn das Gericht die Zustimmung versagt, andernfalls dem betroffenen Gläubiger die sofortige Beschwerde zu (s. dazu § 6) sowie unter den Voraussetzungen des § 7 die **sofortige weitere Beschwerde**.[74] Gründe, die einer Ersetzung der Einwendungen durch eine Zustimmung entgegenstehen, können, soweit sie bereits zuvor bestanden und dem Gläubiger bekannt waren, vom Gläubiger nicht erst im Beschwerdeverfahren geltend

---

[66] LG Kleve ZVI 2003, 27, 28; *Graf-Schlicker/Sabel*, InsO, § 309 RdNr. 30.
[67] Siehe dazu BayObLG ZInsO 2001, 170; LG Berlin ZInsO 2000, 404; AG Göttingen InVo 2001, 204; *Hess*, InsO, § 309 RdNr. 85; *Kübler/Prütting/Wenzel*, InsO, § 309 RdNr. 5 a; *Uhlenbruck/Vallender*, InsO, § 309 RdNr. 93 ff.
[68] AG Göttingen NZI 2001, 269.
[69] LG Aschaffenburg ZInsO 1999, 482; *Braun/Buck*, InsO, § 309 RdNr. 38; *Hess*, InsO, § 309 RdNr. 4, 39; *Römermann* in *Nerlich/Römermann*, InsO, § 309 RdNr. 37; FK-*Grote*, InsO, § 309 RdNr. 14, 38; and. für den Fall, dass es sich um einen Streit über den Bestand oder Nichtbestand einer Forderung des Gläubigers geht *Graf-Schlicker/Sabel*, InsO, § 309 RdNr. 36; insgesamt abw. *Kübler/Prütting/Wenzel*, InsO, § 309 RdNr. 10 (entweder sei nach Abs. 1 Satz 1 oder nach Abs. 3 zu verfahren); in der Begründung zum RegE, S. 86 wird – allerdings ohne nähere Begründung – ebenfalls von der Erforderlichkeit einer Beweisaufnahme ausgegangen.
[70] AG Hameln ZVI 2004, 468 f.; AG Rosenheim ZVI 2003, 75, 76; *Hess*, InsO, § 309 RdNr. 9; *Kübler/Prütting/Wenzel*, InsO, § 309 RdNr. 10.
[71] HK-*Landfermann*, InsO, § 307 RdNr. 14; and. *Römermann* in *Nerlich/Römermann*, InsO, § 309 RdNr. 39.
[72] Zu den Zuständigkeitsfragen nach bisherigem Recht *Fuchs/Vallender* ZInsO 2001, 681.
[73] AG Göttingen ZIP 1999, 1365; *Kübler/Prütting/Wenzel*, InsO, § 309 RdNr. 6; *Wittig* WM 1998, 157, 167; *Krug* S. 115 ff.; aA *Römermann* in *Nerlich/Römermann*, InsO, § 309 RdNr. 32, 38; *Uhlenbruck/Vallender*, InsO, § 309 RdNr. 82.
[74] OLG Celle ZInsO 2001, 374; OLG Celle ZInsO 2001, 468; *Pape* NJW 2001, 23; *Römermann* in *Nerlich/Römermann*, InsO, § 309 RdNr. 40 f.; *Uhlenbruck/Vallender*, InsO, § 309 RdNr. 110; *Hess*, InsO, § 309 RdNr. 143; HambKomm-*Streck*, InsO, § 309 RdNr. 28; *Graf-Schlicker/Sabel*, InsO, § 309 RdNr. 38; *Goetsch* in *Breutigam/Blersch/Goetsch*, InsO, § 309 RdNr. 8; *Kübler/Prütting/Wenzel*, InsO, § 309 RdNr. 11.

gemacht werden; dies gilt insbesondere für die Nachmeldung von Forderungen.[75] Auch im Übrigen ist der Gläubiger mit allen Einwendungen ausgeschlossen, die er nicht im Zustimmungsersetzungsverfahren binnen der Notfrist des § 307 Abs. 1 Satz 1 geltend gemacht hat.[76] In dem Gesetzentwurf der Bundesregierung vom 23. 1. 2007 ist vorgesehen, die Beschwerdemöglichkeit nach Abs. 2 Satz 3 zu streichen; dies findet seinen Grund darin, dass die Ersetzung der Zustimmung nach § 309 RegE InsO 2007 zeitlich nicht mehr vor dem Annahmebeschluss in einem eigenständigen Beschluss erfolgt, sondern gem. § 309 Abs. 1 Satz 1 RegE InsO 2007 zusammen mit dem Beschluss über die Feststellung der Annahme des Schuldenbereinigungsplans (§ 308 Abs. 1 Satz 2 RegE InsO 2007). Die Beschwerdemöglichkeit gegen diesen Beschluss ergibt sich dann aus § 308 Abs. 2 Satz 1 RegE InsO 2007.

4. Bestrittene Forderungen (Abs. 3). a) Ersetzungshindernis. Bestehen Zweifel an 30 Bestand oder Höhe einer vom Schuldner angegebenen Forderung, so kann dies andere Gläubiger veranlassen, ihre Zustimmung zum Schuldenbereinigungsplan zu verweigern, weil durch die Aufnahme einer nicht bestehenden Forderung eines **vorgeschobenen Gläubigers,** wie z. B. eines Verwandten oder Bekannten,[77] die Befriedigungsquote der wirklichen Gläubiger reduziert wird. Die wirklichen Gläubiger werden hierdurch wirtschaftlich schlechter gestellt als sie bei ordnungsgemäßer Durchführung des Verfahrens stehen würden. Die Schlechterstellung ergibt sich insoweit nicht im Verhältnis zu den übrigen Gläubigern, sondern vielmehr daraus, dass der Schuldenbereinigungsplan **Scheingläubiger** berücksichtigt. Entsprechendes gilt, wenn sich die Zweifel darauf beziehen, ob der Schuldner Forderungen bestimmter Gläubiger zu hoch angegeben hat. Auch davon droht den anderen Gläubigern eine indirekte wirtschaftliche Schlechterstellung und zudem eine Benachteiligung gegenüber Gläubigern, deren Forderungen richtig angegeben werden **(Abs. 1 Satz 2 Nr. 1).** Die Angabe eines zu niedrigen Betrags einer Forderung richtet sich dagegen unmittelbar gegen den Gläubiger dieser Forderung, der dadurch im Verhältnis zu Gläubigern, deren Forderungen in der richtigen Höhe angegeben werden, benachteiligt wird (Abs. 1 Satz 2 Nr. 1). Auch hierauf nimmt Abs. 3 Bezug.[78]

Die Klärung dieser Fragen kann nur im streitigen Verfahren erfolgen. Das Verfahren gem. 31 § 309 ist dazu nicht geeignet.[79] Die Zustimmung eines widersprechenden Gläubigers kann folglich nicht ersetzt werden, wie sich aus Abs. 3 ergibt. Dies gilt freilich nur, wenn vom Ausgang des Streits abhängt, ob der widersprechende Gläubiger angemessen beteiligt wird. Der Streit ist dafür nicht relevant, wenn er sich auf den widersprechenden Gläubiger nur **in geringfügigem Umfang** auswirken kann, da es im Rahmen des Schuldenbereinigungsplanverfahrens ohnehin nur um eine angemessene Beteiligung der Gläubiger gehen kann.[80] Sieht der Schuldenbereinigungsplan vor, dass der Gläubiger einer der Höhe nach streitigen Forderung je nach dem Ergebnis einer Feststellungsklage die gleiche Quote wie die anderen rechtlich gleichgestellten Gläubiger erhalten soll, so kann seine Zustimmung ersetzt werden, sofern die übrigen Voraussetzungen vorliegen.[81]

Der Sachvortrag eines Gläubigers, durch den er Angaben des Schuldners über Forderun- 32 gen bestreitet, kann allein nicht ausreichen, das gerichtliche Schuldenbereinigungsplanverfahren zu beenden. Deshalb hängt gem. Abs. 3 das Ersetzungshindernis davon ab, ob der Gläubiger Tatsachen glaubhaft machen kann, aus denen sich ernsthafte Zweifel an der

---

[75] AG Göttingen ZInsO 2001, 974.
[76] LG Münster ZVI 2002, 267, 269.
[77] FK-*Grote,* InsO, § 309 RdNr. 38; *Uhlenbruck/Vallender,* InsO, § 309 RdNr. 103. Zu einer solchen Konstellation BGH NJW-RR 2005, 416 = NZI 2005, 46 f. = WuB VI A. § 309 InsO 1.05 *(Kirchhof).*
[78] LG Aachen ZVI 2004, 18, 19; *Hess,* InsO, § 309 RdNr. 13.
[79] FK-*Grote,* InsO, § 309 RdNr. 38; HambKomm-*Streck,* InsO, § 309 RdNr. 29; HK-*Landfermann,* InsO, § 309 RdNr. 17; *Kübler/Prütting/Wenzel,* InsO, § 309 RdNr. 5 a.
[80] FK-*Grote,* InsO, § 309 RdNr. 39; *Hess,* InsO, § 309 RdNr. 35; s. ferner LG Traunstein ZVI 2002, 197, 199.
[81] LG Zweibrücken ZVI 2004, 18, 19.

§ 310 1–4   9. Teil. Verbraucherinsolvenz- und sonst. Kleinverfahren

Richtigkeit bestimmter Angaben des Schuldners ergeben. Bei Forderungen ihm nahe stehender Personen trifft den Schuldner die Last, nähere Angaben zur Entstehung dieser Verbindlichkeiten zu machen.[82] Können danach die Einwendungen eines Gläubigers nicht durch eine Zustimmung ersetzt werden, so ist der Schuldenbereinigungsplan insgesamt gescheitert (dazu § 308 RdNr. 6).

33   **b) Einbeziehung streitiger Forderungen.** Möglich ist eine Berücksichtigung streitiger Forderungen in der Weise, dass die Eventualitäten des Streitausgangs in den Schuldenbereinigungsplan durch Eventualquoten aufgenommen werden, die je nach Ausgang des Streits herangezogen werden.[83]

§ 310 Kosten

Die Gläubiger haben gegen den Schuldner keinen Anspruch auf Erstattung der Kosten, die ihnen im Zusammenhang mit dem Schuldenbereinigungsplan entstehen.

I. Normzweck

1   Die Erstattung außergerichtlicher Kosten wird ausgeschlossen, da bei Verbraucherinsolvenzen häufig leichtfertig außergerichtliche Kosten in großer Höhe verursacht werden, die dem Schuldner jede Möglichkeit für eine gütliche Schuldenbereinigung nehmen. Die Gläubiger werden durch diese Regelung nicht unangemessen benachteiligt. Sie haben es selbst in der Hand, in welchem Umfang sie außergerichtliche Kosten entstehen lassen. Die Regelung wird zudem bewirken, dass Gläubiger aktiver an außergerichtlichen Einigungen mitwirken.[1] In dem Gesetzentwurf der Bundesregierung vom 22. 8. 2007 ist nicht vorgesehen, die Bestimmung zu ändern.

II. Entstehungsgeschichte

2   Die Vorschrift entspricht § 357 g der Beschlussempfehlung des Rechtsausschusses.

III. Einzelerläuterungen

3   **1. Ausschluss der Erstattung außergerichtlicher Kosten.** Der Schuldner hat die Kosten der Gläubiger im Schuldenbereinigungsverfahren nicht zu tragen. Dadurch wird gewährleistet, dass die verfügbaren Mittel des Schuldners ungeschmälert für die Schuldenbereinigung eingeplant werden können und dass das Verfahren von einem Streit um die Angemessenheit der von Gläubigern aufgewendeten außergerichtlichen Kosten nicht belastet wird. Kosten entstehen den Gläubigern im gerichtlichen Schuldenbereinigungsverfahren durch Einschaltung eines Rechtsanwalts.

4   **2. Reichweite der Ausschlusswirkung.** Nach dem eindeutigen Wortlaut der Vorschrift erstreckt sich deren Ausschlusswirkung auf alle Kosten, die im Zusammenhang mit dem Schuldenbereinigungsplan entstehen.[2] Damit sind auch **vertragliche Vereinbarungen** zwischen Gläubigern und Schuldner, die dem Schuldner derartige Kosten auferlegen, unwirksam.[3] Ausgeschlossen sind auch gesetzliche Ansprüche, z. B. aus Verzug (§§ 280, 286

---

[82] LG Berlin ZInsO 2004, 214.
[83] LG Aachen ZVI 2004, 18, 19; *Hess*, InsO, § 309 RdNr. 14; HK-*Landfermann*, InsO, § 309 RdNr. 26; *Braun/Buck*, InsO, § 309 RdNr. 15.
[1] Vgl. den Bericht des Rechtsausschusses zu § 357 g der Beschlussempfehlung, BT-Drucks. 12/7302, S. 193; FK-*Kohte*, InsO, § 310 RdNr. 1.
[2] OLG Karlsruhe NZI 2004, 330, 331 (zum Beschwerdeverfahren); *Smid/Haarmeyer*, InsO, § 310 RdNr. 2; *Graf-Schlicker/Sabel*, InsO, § 309 RdNr. 2.
[3] *Uhlenbruck/Vallender*, InsO, § 310 RdNr. 4; *Hess*, InsO, § 310 RdNr. 3; *Kübler/Prütting/Wenzel*, InsO, § 310 RdNr. 2; *Römermann* in *Nerlich/Römermann*, InsO, § 310 RdNr. 5; *Smid/Haarmeyer*, InsO, § 310 RdNr. 1; *Braun/Buck*, InsO, § 310 RdNr. 2; HambKomm-*Streck*, InsO, § 310 RdNr. 3; *Andres* in *Andres/Leithaus*, InsO, § 310; *Gottwald/Schmidt-Räntsch*, Insolvenzrechts-Handbuch, § 83 RdNr. 24.

BGB),⁴ sofern sie Kosten des Schuldenbereinigungsverfahrens betreffen. Dasselbe gilt für das Zustimmungsersetzungsverfahren nach § 309.⁵

Von der Ausschlusswirkung erfasst werden alle Kosten, die im Zusammenhang mit dem Schuldenbereinigungsplan stehen. Dies betrifft auch den Schuldenbereinigungsplan, der dem außergerichtlichen Einigungsversuch gem. § 305 Abs. 1 Nr. 1 zugrunde liegt. Der Ausschluss der Kostenerstattung betrifft nicht nur die Kosten des gerichtlichen Schuldenbereinigungsplanverfahrens, sondern auch die Kosten des **außergerichtlichen Einigungsversuchs,** der auf der Grundlage eines Schuldenbereinigungsplans erfolgt⁶ (and. noch Voraufl.). Ein Anspruch auf Kostenerstattung nach allgemeinen Grundsätzen kommt nur hinsichtlich solcher Kosten in Betracht, die vor der Stellung des Antrags auf Eröffnung des Insolvenzverfahrens und vor Beginn der außergerichtlichen Schuldenbereinigung auf der Grundlage eines Schuldenbereinigungsplans entstanden sind und somit nicht mit dem Insolvenzverfahren zusammenhängen.⁷ Die Ausschlusswirkung des § 310 betrifft auch die im **Zustimmungsersetzungsverfahren** anfallenden Kosten des Gläubigers.⁸ Eine Kostenerstattung nach allgemeinen Grundsätzen ist im Übrigen ausgeschlossen, wenn die bei der Geltendmachung von Forderungen entstandenen Kosten in den Rahmen **zumutbarer Eigenbemühungen** des Gläubigers fallen.⁹

Mit dem Wegfall des gerichtlichen Schuldenbereinigungsplanverfahrens nach dem RegE vom 22. 8. 2007 besteht die Ausschlusswirkung des § 310 fort für Kosten der Gläubiger, die im Zusammenhang mit einem außergerichtlichen Schuldenbereinigungsplan oder im Zustimmungsersetzungsverfahren entstanden sind.

---

⁴ LG Karlsruhe NZI 2004, 330, 331; *Braun/Buck,* InsO, § 310 RdNr. 1; *Andres* in *Andres/Leithaus,* InsO, § 310; HambKomm-*Streck,* InsO, § 310 RdNr. 2; *Hess,* InsO, § 310 RdNr. 4.
⁵ *Uhlenbruck/Vallender,* InsO, § 310 RdNr. 3; HK-*Landfermann,* InsO, § 310 RdNr. 2; HambKomm-*Streck,* InsO, § 310 RdNr. 2; aA *Graf-Schlicker/Sabel,* InsO, § 309 RdNr. 3; offen lassend LG Karlsruhe NZI 2004, 330, 331.
⁶ *Uhlenbruck/Vallender* § 310 RdNr. 3; aA *Kübler/Prütting/Wenzel* § 310 RdNr. 1; *Braun/Buck* § 310 RdNr. 1.
⁷ *Uhlenbruck/Vallender* § 310 RdNr. 3; *Andres* in *Andres/Leithaus* § 310 RdNr. 1; *Hess* § 310 RdNr. 7; *Römermann* in *Nerlich/Römermann* § 310 RdNr. 3.
⁸ *Uhlenbruck/Vallender* § 310 RdNr. 3; vgl. HK-*Landfermann* § 310 RdNr. 2; LG Karlsruhe NZI 2004, 330, 331.
⁹ Vgl. BGHZ 127, 348, 352 = NJW 1995, 446, 447 zum Ausschluss der Erstattung von Rechtsanwaltskosten in einem einfach gelagerten Schadensfall; s. a. *Löwisch* NJW 1986, 1725, 1726.

Dritter Abschnitt. Vereinfachtes Insolvenzverfahren

§ 311 Aufnahme des Verfahrens über den Eröffnungsantrag

Werden Einwendungen gegen den Schuldenbereinigungsplan erhoben, die nicht gemäß § 309 durch gerichtliche Zustimmung ersetzt werden, so wird das Verfahren über den Eröffnungsantrag von Amts wegen wieder aufgenommen.

Die Überschrift vor § 311 wird gestrichen. (RegE)

I. Normzweck

1   Die Vorschrift leitet über vom Verfahrensabschnitt des gem. § 305 eröffneten gerichtlichen Schuldenbereinigungsplanverfahrens in das Insolvenzeröffnungsverfahren, das auf den Eigenantrag des Schuldners hin zunächst geruht hat (§ 306 Abs. 1 Satz 1). Durch die Bestimmung, dass das Verfahren von Amts wegen wieder aufgenommen wird, soll das Verfahren vereinfacht und beschleunigt werden.

II. Entstehungsgeschichte

2   Die Vorschrift geht zurück auf § 357 h der Beschlussempfehlung des Rechtsausschusses.

III. Einzelerläuterungen

3   **1. Eröffnungsantrag. a) Eröffnungsantrag des Schuldners.** Hat der Schuldner den Antrag auf Eröffnung des Insolvenzverfahrens gestellt, so ruht das Verfahren über diesen Antrag bis zur Entscheidung über den Schuldenbereinigungsplan (§ 306 Abs. 1 Satz 1). Das Verfahren über den Eröffnungsantrag wird von Amts wegen wieder aufgenommen, wenn der Schuldenbereinigungsplan nicht wirksam geworden ist, weil dagegen Einwendungen erhoben wurden, die nicht durch eine gerichtliche Zustimmung ersetzt worden sind (vgl. § 308 Abs. 1 Satz 1). In diesem Fall ist das dem Insolvenzverfahren vorgeschaltete gerichtliche Schuldenbereinigungsverfahren beendet. Nach der in dem Gesetzentwurf der Bundesregierung vom 22. 8. 2007 vorgesehenen Auflösung des gerichtlichen Schuldenbereinigungsplanverfahrens tritt an dessen Stelle das Verfahren über den Antrag des Schuldners auf Zustimmungsersetzung (§ 305 a RegE InsO 2007). Stellt der Schuldner keinen Antrag auf Zustimmungsersetzung oder stellt lediglich ein Gläubiger einen Eröffnungsantrag, ruht das Verfahren über den Eröffnungsantrag nicht, es bedarf daher auch keiner Aufnahme des Verfahrens. Vielmehr ist direkt über den Eröffnungsantrag des Schuldners zu entscheiden.

4   **b) Eröffnungsantrag ohne Schuldenbereinigungsverfahren.** Hat der Schuldner auf einen Gläubigerantrag hin von der Gelegenheit, seinerseits einen Eröffnungsantrag zu stellen, der zum Ruhen des Verfahrens auch über den Antrag des Gläubigers führt (§ 306 Abs. 3 Satz 1), keinen Gebrauch gemacht, findet ein Schuldenbereinigungsverfahren nicht statt. In diesem Fall ist sogleich über den Eröffnungsantrag zu entscheiden. Gleiches gilt, wenn der Schuldner nach einem Gläubigerantrag einen Eröffnungsantrag gestellt hat, dieser aber **als zurückgenommen gilt,** weil der Schuldner die erforderlichen Unterlagen nicht oder nicht vollständig vorgelegt hat und nicht auf eine gerichtliche Aufforderung binnen eines Monats nachgereicht hat (§ 305 Abs. 3).

5   **c) Rücknahme des Eröffnungsantrags.** Schuldner und Gläubiger können einen Eröffnungsantrag bis zur Eröffnung des Insolvenzverfahrens zurücknehmen (§ 13 Abs. 2). Hat

der Schuldner einen Eröffnungsantrag gestellt, so gilt dieser als zurückgenommen, wenn der Schuldner die gem. § 305 Abs. 1 erforderlichen Erklärungen und Unterlagen nicht vollständig abgegeben oder nicht auf eine gerichtliche Aufforderung gem. § 305 Abs. 3 Satz 1 binnen eines Monats nachgereicht hat (§ 305 Abs. 3 Satz 2). Haben sowohl der Gläubiger als auch der Schuldner einen Eröffnungsantrag gestellt (vgl. § 306 Abs. 3), so sind beide Anträge hinsichtlich einer Rücknahme voneinander unabhängig.

d) Annahme des Schuldenbereinigungsplans. Ist der Schuldenbereinigungsplan von Schuldner und Gläubigern angenommen worden oder gilt er nach Maßgabe des § 308 Abs. 1 Satz 1 als angenommen, so gelten die Anträge auf Eröffnung des Insolvenzverfahrens als zurückgenommen (§ 308 Abs. 2). 6

2. Scheitern des Schuldenbereinigungsplanverfahrens. Voraussetzung der Wiederaufnahme des Verfahrens über den Eröffnungsantrag ist, dass gegen den Schuldenbereinigungsplan Einwendungen erhoben worden sind, die nicht durch gerichtliche Zustimmung ersetzt worden sind, der Versuch einer gerichtlich vermittelten Schuldenbereinigung mithin gescheitert ist. 7

War ein gerichtliches Schuldenbereinigungsplanverfahren nicht durchzuführen, weil nur der Gläubiger, nicht aber der Schuldner einen Eröffnungsantrag gestellt hat, so ruht das Verfahren über den Eröffnungsantrag nicht (vgl. § 306 Abs. 3 Satz 2); vielmehr hat das Insolvenzgericht ohne weiteres über den Eröffnungsantrag zu entscheiden. Einer Wiederaufnahme des Verfahrens bedarf es in diesem Falle nicht. 8

3. Insolvenzgründe. Eine Eröffnung des Insolvenzverfahrens setzt nach den allgemeinen Vorschriften voraus, dass ein Eröffnungsgrund gegeben ist (§ 16). Als **Eröffnungsgrund** (Insolvenzgrund) kommt im vereinfachten Insolvenzverfahren nur Zahlungsunfähigkeit des Schuldners (§ 17) oder drohende Zahlungsunfähigkeit (§ 18) lediglich in Betracht, letztere aber nur, wenn der Schuldner die Eröffnung des Insolvenzverfahrens beantragt hat (§ 18 Abs. 1). Siehe dazu näher die Erläuterungen zu §§ 17, 18. 9

Ein Anlass, Zahlungsunfähigkeit bzw. drohende Zahlungsunfähigkeit für **Verbraucher und wirtschaftlich selbstständig Tätige** abweichend von den allgemeinen Vorschriften zu bestimmen, besteht nicht. Die Frage, ob bei diesem Personenkreis die Grenze zwischen einer vorübergehenden Zahlungsstockung und der Zahlungsunfähigkeit nach anderen Kriterien zu beurteilen ist, etwa dahingehend, dass bei Verbrauchern für eine **vorübergehende Zahlungsstockung** ein Zeitraum von bis zu 8 Wochen anzusetzen ist,[1] ist grundsätzlich zu verneinen,[2] dürfte aber auch wenig praktische Relevanz haben. Gläubiger werden bei einer Zahlungsstockung über einen Zeitraum von einigen Wochen mit gerichtlichen Maßnahmen vernünftigerweise zuwarten,[3] und ebenso wenig wird der Schuldner einen Insolvenzantrag stellen, wenn er damit rechnet, mit den beiden nächsten Monatsgehältern die fälligen Zahlungen erbringen zu können. Nachteile in einem späteren Restschuldbefreiungsverfahren entstehen dem Schuldner dadurch nicht; eine Obliegenheitsverletzung gem. § 290 Abs. 1 Nr. 4 wegen der **Verzögerung des Eröffnungsantrags** kommt nur in Betracht, wenn der Schuldner selbst erkannt oder infolge grober Fahrlässigkeit nicht erkannt hat, dass eine Aussicht auf Besserung seiner wirtschaftlichen Verhältnisse nicht bestand. 10

Zahlungsunfähigkeit kann auch für Verbraucher nicht mit Überschuldung gleichgesetzt werden,[4] da die Gesetzeslage insoweit eindeutig ist. Aus der Überschuldung kann sich jedoch der Insolvenzgrund der drohenden Zahlungsunfähigkeit (§ 18 Abs. 2) ergeben. 11

4. Eröffnungsverfahren. a) Entscheidung über Eröffnungsantrag. Liegen die Voraussetzungen der Aufnahme des Verfahrens über den Eröffnungsantrag vor, so hat das 12

---

[1] Bindemann RdNr. 22; vgl. a. FK-*Kohte*, InsO, § 312 RdNr. 10; *Hess*, InsO, § 311 RdNr. 11 ff.
[2] *Römermann* in *Nerlich/Römermann*, InsO, § 312 RdNr. 5; so wohl auch *Hess*, InsO § 311 RdNr. 13.
[3] *Hoffmann* S. 57.
[4] So aber *Hess*, InsO, § 311 RdNr. 11 für den Fall, dass der Schuldner auf Dauer die laufenden Annuitäten nicht aus dem laufenden Einkommen wird decken können und die Verbindlichkeiten auch nicht durch Vermögenseinsatz entsprechend reduzieren kann.

Gericht über den Eröffnungsantrag zu entscheiden. Hierfür gelten die allgemeinen Bestimmungen (§§ 16 ff.). Hat der Schuldner lediglich einen Gläubiger, ist die Durchführung eines Verbraucherinsolvenzverfahrens über sein Vermögen nicht unzulässig,[5] um dem Schuldner nicht den Zugang zum Restschuldbefreiungsverfahren unmöglich zu machen; s. dazu § 304 RdNr. 60. Die Stellung eines Antrags auf Eröffnung des Verbraucherinsolvenzverfahrens kann aber rechtsmissbräuchlich sein, wenn die vom Schuldner angegebenen Forderungen nur geringfügig sind und es dem Schuldner zugemutet werden kann, die Forderungen in einem absehbaren Zeitraum ratenweise zu begleichen.[6] Dem Antrag des Schuldners auf Durchführung eines Verbraucherinsolvenzverfahren fehlt dagegen das erforderliche Rechtsschutzbedürfnis nicht allein deshalb, weil seine Gesamtverbindlichkeiten niedriger sind als die nach Erteilung der Restschuldbefreiung fällig werdenden Verfahrenskosten.[7]

13   **b) Prüfung des Eröffnungsgrundes.** Das Insolvenzgericht hat nunmehr zu prüfen, ob ein Eröffnungsgrund vorliegt (§ 16). Hierbei können die im Schuldenbereinigungsverfahren vom Schuldner vorgelegten Unterlagen sowie die Stellungnahmen der Gläubiger berücksichtigt werden. Das Insolvenzgericht ist jedoch nicht gehindert, vom Schuldner weitere Auskünfte zu verlangen (§ 20 i. V. m. §§ 97, 98).

14   Das Insolvenzgericht weist den Eröffnungsantrag als unzulässig ab, wenn ein Eröffnungsgrund nicht gegeben ist oder andere Verfahrenshindernisse vorliegen. § 26 findet auch im vereinfachten Insolvenzverfahren Anwendung;[8] daher kommt eine Abweisung des Eröffnungsantrags mangels Masse (§ 26 Abs. 1 Satz 1) in Betracht, wenn die Verfahrenskosten – die sich aus den Gebühren und Auslagen des Gerichts und den Kosten des Treuhänders zusammensetzen – nicht gedeckt sind.[9] Eine Abweisung **mangels Masse** kommt insbesondere auch dann in Betracht, wenn der Schuldner im Schuldenbereinigungsplanverfahren einen **Null-Plan** vorgelegt hat und ein Auskunftsverlangen keinen Erfolg verspricht, es sei denn, ein ausreichender Geldbetrag für die Verfahrenskosten wird vorgeschossen (§ 26 Abs. 1 Satz 2). Nach der bis zum 30. 11. 2001 geltenden Rechtslage sollte dem Schuldner zugemutet werden, die Verfahrenskosten aus seinem **pfändungsfreien Einkommen** aufzubringen. Der Einwand, dieses Einkommen falle nicht in die Insolvenzmasse,[10] verfängt in diesem Zusammenhang nicht, weil es nicht um einen Zugriff der Gläubiger auf unpfändbares Einkommen bzw. Vermögen geht, sondern vielmehr darum, wie die im Falle einer fehlenden Deckung der Verfahrenskosten gem. § 26 Abs. 1 Satz 1 zwingend vorgeschriebene Abweisung des Antrags auf Eröffnung des Insolvenzverfahrens vermieden werden kann, um dem Schuldner den Zugang zum Restschuldbefreiungsverfahren zu erhalten. Die Aufbringung der Verfahrenskosten liegt deshalb im Interesse des Schuldners. Zur Deckung der Verfahrenskosten greift jedoch seit dem Inkrafttreten des InsOÄndG 2001 die **Stundungsregelung der §§ 4 a ff.** ein.[11] Diese bewirkt eine Verlagerung der Verfahrenskosten auf die Gläubiger für den Fall, dass der Schuldner nach der Eröffnung des Insolvenzverfahrens und während der Wohlverhaltensphase Einkünfte oberhalb der Pfändungsfreigrenze erzielt, die dann vom Treuhänder vorrangig zur Berichtigung der gestundeten Verfahrenskosten zu verwenden sind (§ 53); dazu §§ 4 a–4 d RdNr. 4, 11.[12] Nicht von der Stundungsregelung

---

[5] Nach OLG Rostock NZI 2006, 357 soll selbst bei Vorhandensein nur eines Gläubigers für eine Beauftragung des Treuhänders gem. § 313 Abs. 2 Satz 3 ein Beschluss der „Gläubigerversammlung" erforderlich sein; ebenso BGH ZInsO 2007, 938 f.
[6] And. LG Göttingen NZI 2006, 603 (1500 Euro). De lege lata wie hier HambKomm-*Nies*, InsO, § 312 RdNr. 6; *Frind* ZInsO 2003, 341, 343 (Schuldenhöhenmindestgrenze von 5000 Euro).
[7] LG Dresden ZVI 2005, 553, 554; aA AG Dresden ZVI 2005, 384.
[8] OLG Köln NZI 2000, 217; OLG Köln ZInsO 2000, 606; BayObLG NZI 2000, 434.
[9] BayObLG NZI 2000, 36; BayObLG NZI 2000, 434; OLG Köln NJW-RR 2000, 927; OLG Celle ZInsO 2001, 799.
[10] LG Kaiserslautern ZInsO 2001, 628; *Köhler* ZInsO 2001, 743, 744.
[11] Diese Bestimmungen haben keine Auswirkungen auf vor dem 1. 12. 2001 eröffnete Insolvenzverfahren, OLG Celle ZInsO 2001, 799.
[12] Zutreffend spricht *Kirchhof* ZInsO 2001, 1, 13 von einem Vergleich zwischen Bund und Ländern zu Lasten der Insolvenzgläubiger.

erfasst werden die **Fälle fehlender Anfangsliquidität des Schuldners** wegen der Pfändung seiner Einkünfte, in denen nach Eröffnung des Verfahrens wegen des damit verbundenen Wegfalls der Pfändungswirkungen gem. § 89 Abs. 1 eine kostendeckende Masse verfügbar wird.[13] In dem **Gesetzentwurf der Bundesregierung vom 22. 8. 2007** ist vorgesehen, die §§ 4a ff. ersatzlos zu streichen. Für völlig mittellose Schuldner bleibt es damit bei der Abweisung des Eröffnungsantrages mangels Masse. Völlig mittellose Schuldner sollen künftig jedoch direkt in das Restschuldbefreiungsverfahren eintreten können (s. hierzu § 304 RdNr. 24).

c) **Sicherungsmaßnahmen.** Unabhängig von der Entscheidung über den Eröffnungsantrag kann das Gericht Sicherungsmaßnahmen gem. § 21 anordnen, soweit dies nicht bereits im Schuldenbereinigungsverfahren erfolgt ist (§ 306 Abs. 2; s. dort RdNr. 16). 15

d) **Eröffnungsbeschluss.** Liegen die formellen und materiellen Voraussetzungen für die Eröffnung des Insolvenzverfahrens vor, so eröffnet das Gericht durch Beschluss (§ 27 Abs. 2) das Insolvenzverfahren im vereinfachten Verfahren. Im Eröffnungsbeschluss werden sogleich abweichend von § 29 der Prüfungstermin (§ 312 Abs. 1; s. näher dort RdNr. 4) und abweichend von § 291 Abs. 2 der Treuhänder bestimmt (§ 313 Abs. 1; s. näher dort RdNr. 4). Zur vorgesehenen Streichung der §§ 312–314 in dem Gesetzentwurf der Bundesregierung vom 22. 8. 2007 s. u. RdNr. 19 sowie § 312 RdNr. 14. 16

5. Wirkungen der Verfahrenseröffnung; Anwendbarkeit der allgemeinen Vorschriften. Auf das Verbraucherinsolvenzverfahren sind die allgemeinen Vorschriften (insb. §§ 80 ff.) anzuwenden, soweit sich nicht aus den Besonderheiten des vereinfachten Verfahrens nach Maßgabe der §§ 312–314 etwas Anderes ergibt (s. dazu a. § 4).[14] Die §§ 850 ff. ZPO können nach bisherigem Recht im Verbraucherinsolvenzverfahren entsprechend anwendbar sein.[15] Streitig war, welches Gericht für eine Entscheidung über die Bestimmung der Pfändungsfreigrenzen für Arbeitseinkommen gem. §§ 850 ff. ZPO und für eine Änderung des unpfändbaren Betrags gem. § 850f ZPO zuständig ist.[16] Dabei steht außer Frage, dass während des außergerichtlichen Einigungsversuchs nur die **Zuständigkeit des Vollstreckungsgerichts** in Betracht kommt, sofern ein Gläubiger die Zwangsvollstreckung betreibt. Da in diesem Verfahrensabschnitt ein Insolvenzantrag noch nicht vorliegt, ist die Zuständigkeit des Insolvenzgerichts von vornherein nicht begründet.[17] Nach dem bis zum 30. 11. 2001 geltenden Recht wurde für die Entscheidung über Zwangsvollstreckungsmaßnahmen von Gläubigern **während des Eröffnungsverfahrens** teils die Zuständigkeit des **Vollstreckungsgerichts** für begründet erachtet,[18] teils die des **Insolvenzgerichts**.[19] Die Zuständigkeit des Insolvenzgerichts wurde dabei gegründet auf eine Analogie zu § 89 Abs. 3 sowie auf das Prinzip der Sachnähe.[20] Eine Regelungslücke bestand nach bisherigem Recht jedoch nicht.[21] Die Zuständigkeit des Insolvenzgerichts für die Feststellung von Pfändungsfreigrenzen ergab sich aber auch schon nach dem bis zum 30. 11. 2001 geltenden Recht 17

---

[13] LG Kaiserslautern ZInsO 2001, 626; hierzu eingehend *Köhler* (Fn. 10). Zu den Anforderungen an eine Deckungsprognose OLG Köln NJW-RR 2000, 92.
[14] BGH DZWIR 2006, 164.
[15] OLG Celle ZInsO 2001, 713; OLG Köln ZInsO 2000, 603, 604; OLG Köln ZInsO 2000, 499, 501 (zu § 850f Abs. 1 ZPO) mit zust. Anm. *Grote* ZInsO 2000, 490; OLG Frankfurt/M. NZI 2000, 531, 532 (zu § 850f Abs. 1 lit. a ZPO); AG Aachen NZI 2000, 554; *Mäusezahl* ZInsO 2000, 193; *Stephan* ZInsO 2000, 376, 377ff.; *W. Ott/Zimmermann* ZInsO 2000, 421; *Ahrens* VuR 2001, 30; *Kohte*, Kölner Schrift, RdNr. 80ff., 90; FK-*Kohte*, InsO § 313 RdNr. 19; HK-*Kirchhof*, InsO, § 4 RdNr. 18; vgl. a. *Smid/Wehdeking* InVo 2000, 293.
[16] Dazu eingehend *Fuchs/Vallender* ZInsO 2001, 681.
[17] *Fuchs/Vallender* (Fn. 16) S. 681.
[18] AG Köln ZInsO 1999, 419; *Fuchs/Vallender* (Fn. 16) S. 683; *Nerlich/Römermann/Mönning*, InsO, § 21 RdNr. 96.
[19] AG Göttingen NZI 2000, 493, 494; AG Göttingen ZInsO 2001, 275; *Hintzen* Rpfleger 2000, 312 (für den Fall, dass Sicherungsmaßnahmen angeordnet worden sind).
[20] AG Göttingen ZInsO 2001, 275; AG Göttingen NZI 2000, 493.
[21] Dazu näher *Fuchs/Vallender* (Fn. 16) S. 682f.

inzidenter im Zustimmungsersetzungsverfahren, weil für die Entscheidung über eine Zustimmungsersetzung als Vorfrage zu klären ist, welche Teile des Arbeitseinkommens des Schuldners pfändbar und damit bei Durchführung des Restschuldbefreiungsverfahrens verwertbar sind.[22] Für das **eröffnete Verfahren** wurde für Entscheidungen zu Pfändungsfreigrenzen gem. §§ 850 ff. ZPO sowie über Änderungen des unpfändbaren Betrags gem. § 850 f ZPO nach dem bis zum 30. 11. 2001 geltenden Recht teils die Zuständigkeit des **Insolvenzgerichts**,[23] teils die des **Prozessgerichts**[24] vertreten. Gegen die Zuständigkeit des Insolvenzgerichts wurde geltend gemacht, dass sich entsprechende Befugnisse aus der InsO weder direkt ergaben noch im Wege der Analogie abgeleitet werden konnten.[25] Statt dessen wurde auf die Zuständigkeit des Prozessgerichts mit der Begründung verwiesen, dass die Bestimmung der Pfändungsfreigrenzen im eröffneten Verfahren einen zwischen Insolvenzverwalter und Schuldner auszutragenden Streit um die Höhe des zur Insolvenzmasse gehörenden Einkommens betrifft. **De lege ferenda** wurde eine **einheitliche Zuständigkeit des Insolvenzgerichts** zur Bestimmung der Pfändungsfreigrenzen gem. §§ 850 ff. ZPO für den Zeitraum ab Stellung des Insolvenzantrags bis zum Ende der Wohlverhaltensperiode jedoch allgemein für zweckmäßig gehalten.[26]

18 Im RegEInsOÄndG war zunächst weder eine gesetzliche Klarstellung bezüglich der Anwendbarkeit der §§ 850 ff. ZPO noch eine Regelung der gerichtlichen Zuständigkeit vorgesehen. Die Bund-Länder-Arbeitsgruppe „Insolvenzrecht" hatte sich lediglich mit der Anwendbarkeit des § 850 f Abs. 1 ZPO auf insolvenzrechtliche Abtretungen auseinandergesetzt und einen gesetzgeberischen Handlungsbedarf dahingehend, eine solche Anwendbarkeit ausdrücklich zu normieren, angesichts der zu erwartenden Anhebung der Pfändungsfreigrenzen über das von § 850 f Abs. 1 ZPO geschützte Existenzminimum hinaus verneint.[27] Der Rechtsausschuss des Bundestags hat in seiner abschließenden Beratung des RegEInsOÄndG 2001 am 20. 6. 2001 jedoch eine Änderung des § 36 InsO durch Aufnahme eines neuen Satzes 2 in Abs. 1 empfohlen, durch den die Geltung der §§ 850, 850a, 850c, 850e, 850f Abs. 1, §§ 850g–i ZPO in entsprechender Anwendung bestimmt ist. Weiter wurde empfohlen, in § 36 InsO als neuen Absatz 4 die Bestimmung anzufügen, wonach für Entscheidungen, ob ein Gegenstand nach den in Abs. 1 Satz 2 genannten Vorschriften der Zwangsvollstreckung unterliegt, das Insolvenzgericht zuständig ist.[28] Der Bundestag ist diesen Beschlussempfehlungen gefolgt. Danach ist das **Insolvenzgericht** im eröffneten Verfahren für die Festlegung der Pfändungsfreigrenzen zuständig; dies gilt auch für das **Eröffnungsverfahren** (§ 36 Abs. 4 Satz 3). Die Zuständigkeit des Insolvenzgerichts erstreckt sich nach dieser Bestimmung auch auf die Ermittlung des pfändbaren Betrags im **Zustimmungsersetzungsverfahren** (dazu § 309 RdNr. 28).

IV. Die Änderung durch den RegE InsO 2007

19 Die Bestimmung des § 311 soll nach dem Gesetzentwurf der Bundesregierung vom 22. 8. 2007 inhaltlich nicht geändert werden. Die vorgesehene Streichung der amtlichen Überschrift vor § 311 findet ihren Grund darin, dass es mit der Streichung der §§ 312–314 und

---

[22] *Fuchs/Vallender* (Fn. 16) S. 684; *Hintzen* (Fn. 19) S. 313.
[23] OLG Celle ZInsO 2001, 713; OLG Frankfurt/M. NZI 2000, 531; OLG Köln ZInsO 2000, 499; OLG Köln ZInsO 2000, 603; OLG Hamburg NZI 2001, 320; BayObLG ZInsO 2001, 799; LG Dortmund NZI 2000, 182; AG München ZInsO 2000, 407; LG München NZI 2000, 628; LG Offenburg NZI 2000, 277; LG Wuppertal NZI 2000, 327; AG Aachen NZI 2000, 554; AG Köln ZInsO 1999, 419; AG Memmingen ZInsO 2000, 240; *Grote* (Fn. 15) S. 491; *Helwich* NZI 2000, 460, 463; *Hintzen* (Fn. 19) S. 315; *Mäusezahl* (Fn. 15) S. 193; *W. Ott/Zimmermann* (Fn. 15) S. 426 ff.; *Steder* ZIP 1999, 1874; *Stephan* (Fn. 15) S. 381.
[24] AG Duisburg NZI 2000, 385; AG Köln NZI 2001, 160 und NZI 2001, 162; AG Münster ZInsO 2001, 676; *Fuchs/Vallender* (Fn. 16) S. 685; *Keller* NZI 2001, 449, 451; *Nerlich/Römermann/Andres*, InsO, § 35 RdNr. 94.
[25] So zutr. unter Hinweis auf Art. 101 Abs. 1 Satz 2 bzw. Art. 101 Abs. 2 GG AG Duisburg NZI 2000, 385; AG Köln NZI 2001, 160, 161; AG Köln NZI 2001, 162; *Smid/Wehdeking* (Fn. 15) S. 296 f.
[26] *Fuchs/Vallender* (Fn. 16) S. 687.
[27] Krit. hierzu *Stephan* (Fn. 15) S. 376.
[28] Bericht BTag zu Art. 1 Nr. 6 InsOÄndG 2001, BT-Drucks. 14/6468, S. 6 f., 17.

der teilweisen Übernahme der Vereinfachungsbestimmungen in die allgemeinen Vorschriften (s. hierzu § 312 RdNr. 14 f.) im Verbraucherinsolvenzverfahren kein vereinfachtes Insolvenzverfahren mehr geben soll. Die Bestimmung des § 311 wird damit Teil des Zweiten Abschnitts.

§ 312 Allgemeine Verfahrensvereinfachungen

(1) ¹**Öffentliche Bekanntmachungen erfolgen auszugsweise; § 9 Abs. 2 ist nicht anzuwenden.** ²**Bei der Eröffnung des Insolvenzverfahrens wird abweichend von § 29 nur der Prüfungstermin bestimmt.** ³**Wird das Verfahren auf Antrag des Schuldners eröffnet, so beträgt die in § 88 genannte Frist drei Monate.**

(2) **Die Vorschriften über den Insolvenzplan (§§ 217 bis 269) und über die Eigenverwaltung (§§ 270 bis 285) sind nicht anzuwenden.**

Die §§ 312 bis 314 werden aufgehoben. (RegE)

I. Normzweck

Die Vorschrift bezieht sich auf das gesetzgeberische Anliegen, für Verbraucher und 1 ehemals selbstständig wirtschaftlich Tätige i. S. d. § 304 Abs. 1 Satz 2 ein vereinfachtes Verfahren vorzusehen, bei dem die Kosten für alle Beteiligten und insbesondere auch die Belastung der Gerichte soweit wie möglich reduziert werden. Demgemäß reduziert die Vorschrift die Termine auf das für Kleininsolvenzen unerlässliche Maß; ein Berichtstermin, in dem die Gläubiger über den Fortgang des Verfahrens entscheiden, ist entbehrlich, da bereits das Schuldenbereinigungsverfahren darauf ausgerichtet war, den Beteiligten zunächst Gelegenheit zu geben, die Möglichkeiten einer einvernehmlichen Bereinigung zu klären. Dem Vereinfachungszweck dient auch die nunmehr mit Wirkung ab 1. 7. 2007 auf alle Verfahren ausgeweitete Ermächtigung, das Verfahren ganz oder teilweise schriftlich durchzuführen, § 5 Abs. 2; s. dazu u. RdNr. 14.

II. Entstehungsgeschichte

Die Vorschrift beruht auf § 357 i der Beschlussempfehlung des Rechtsausschusses. 2

III. Neuregelung durch das InsOÄndG 2001

Die Änderung durch das InsOÄndG 2001 zielte darauf ab, die gerichtlichen Auslagen 3 zu senken, indem öffentliche Bekanntmachungen nur auszugsweise erfolgen und weitere und wiederholte Veröffentlichungen, wie sie gem. § 9 Abs. 2 in Betracht kommen, unterbleiben. Weiter wird die Rückschlagsperre des § 88 auf drei Monate vor einem Antrag auf Eröffnung des Insolvenzverfahrens erstreckt,[1] um Störungen des außergerichtlichen Einigungsversuchs durch den Vollstreckungszugriff einzelner Gläubiger zu unterbinden (s. dazu § 305 a RdNr. 4). Auf Schuldner, die nach Inkrafttreten des InsOÄndG 2001 nicht mehr in den Anwendungsbereich des § 304 fallen, findet § 312 Abs. 2 **analoge Anwendung.**[2]

IV. Einzelerläuterungen

1. Prüfungstermin (Abs. 1). Ein Berichtstermin findet nicht statt. Ein solcher Termin 4 ist entbehrlich, weil in der Regel bereits das vorausgegangene Schuldenbereinigungsverfahren ausreichend Gelegenheit zur **Information der Gläubiger** über die Vermögens- und

---

[1] Vgl. hierzu AG Göttingen NZI 2006, 714, 715; *Zeuner* NJW 2007, 2952 f.
[2] AG Göttingen ZVI 2003, 79; *Schmerbach* ZInsO 2002, 292; einschränkend *Messner* EWiR 2002, 443, 444 (bei vorheriger Kostenstundung nach § 4 a).

Einkommensverhältnisse des Schuldners geboten hat und nach dem Scheitern dieses Verfahrens auch kein Anlass mehr besteht, die Möglichkeiten für eine einverständliche Schuldenbereinigung weiter zu erörtern. Dem entspricht es, dass im vereinfachten Verfahren ein Insolvenzplanverfahren ausgeschlossen ist (§ 312 Abs. 3).

5   Der Prüfungstermin (§ 29 Abs. 1 Nr. 2) kann auch im schriftlichen Verfahren stattfinden.[3] Möglich ist auch, dass ein Gläubiger die anderen im Prüfungstermin vertritt.[4]

6   **2. Schriftliches Verfahren (Abs. 2 in der bis zum 30. 6. 2007 geltenden Fassung).**[5] **a) Zweckmäßigkeit.** Das Insolvenzgericht kann das schriftliche Verfahren für das ganze Verfahren einschließlich des Prüfungstermins oder für einzelne Verfahrensabschnitte anordnen. Die Anordnung des schriftlichen Verfahrens ist eine Frage der Zweckmäßigkeit und steht im **freien Ermessen** des Gerichts. In jedem Falle ist aber zu gewährleisten, dass allen Beteiligten ausreichend rechtliches Gehör gewährt wird.[6] Die Anordnung des schriftlichen Verfahrens hat wegen der damit verbundenen Rechtsfolgen durch einen (nicht beschwerdefähigen) Beschluss zu erfolgen.[7]

7   **b) Überschaubarkeit der Verhältnisse.** Voraussetzung für das schriftliche Verfahren ist, dass die Vermögensverhältnisse des Schuldners überschaubar sind und die Zahl der Gläubiger oder die Höhe der Verbindlichkeiten gering ist (Abs. 2 Satz 1). Eine Überschaubarkeit der **Vermögensverhältnisse** liegt vor, wenn sich bereits aus den im Schuldenbereinigungsplanverfahren gem. § 305 Abs. 1 Nr. 3 vorgelegten Verzeichnissen und deren Erörterung ein Überblick über die Vermögensgegenstände, das Einkommen und die Verbindlichkeiten des Schuldners gewinnen lässt, über den zwischen den Beteiligten weitgehend Übereinstimmung besteht, so dass es dazu nicht der Sichtung und Prüfung weiterer umfangreicher Unterlagen und weiterer Erörterungen bedarf.[8]

8   Voraussetzung für ein schriftliches Verfahren ist weiter eine **geringe Zahl von Gläubigern** oder eine **geringe Höhe der Verbindlichkeiten.** Als geringe Zahl von Gläubigern werden 5–8,[9] teilweise 10,[10] maximal 19[11] Gläubiger angesehen. Eine schematische Festlegung verbietet sich aber; vielmehr ist nach dem Sinn und Zweck der Vorschrift auf eine **Gesamtschau** aller Umstände abzustellen. Gleiches gilt für die Höhe der Verbindlichkeiten, so dass auch dann, wenn diese insgesamt weniger als 5000 Euro betragen, nicht ohne weiteres von einer geringen Höhe i. S. d. Abs. 2 Satz 1 ausgegangen werden kann.[12]

9   Maßgeblich für die Anordnung des schriftlichen Verfahrens und den Umfang, in dem das Verfahren schriftlich durchgeführt werden soll, ist nach dem Sinn und Zweck dieser Ermächtigung stets, ob hierdurch insgesamt eine **Verfahrensvereinfachung** erzielt werden kann, zugleich aber eine sachgerechte Durchführung des Verfahrens gewährleistet bleibt.

---

[3] LG Frankfurt/Oder ZInsO 2006, 1111, 1112; LG Mönchengladbach NZI 2004, 514.

[4] Römermann in Nerlich/Römermann, InsO, § 312 RdNr. 10; Obermüller in Hess/Obermüller, Insolvenzplan, RdNr. 1052; Haarmeyer/Wutzke/Förster, Handbuch, Kap. 10 RdNr. 86.

[5] S. nunmehr gleichlautend § 5 Abs. 2; dazu Sternal NJW 2007, 1909; s. ferner Pape NZI 2007, 425 ff.

[6] LG Frankfurt/Oder ZInsO 2006, 1111, 1112.

[7] BGH NJW 2003, 2167, 2169; BGH NZI 2006, 481; Kübler/Prütting/Wenzel, InsO, § 312 RdNr. 2; Fuchs in Graf-Schlicker, InsO, § 312 RdNr. 7; Braun/Buck, InsO, § 312 RdNr. 15; HK-Landfermann, InsO, § 312 RdNr. 13; Smid/Haarmeyer, InsO, § 312 RdNr. 10; Uhlenbruck/Vallender, InsO, § 312 RdNr. 72; Andres in Andres/Leithaus, InsO, § 312 RdNr. 1.

[8] Römermann in Nerlich/Römermann, InsO, § 312 RdNr. 12; FK-Kohte, InsO, § 312 RdNr. 71; Obermüller in Hess/Obermüller, Insolvenzplan, RdNr. 1053.

[9] Döbereiner S. 104.

[10] Römermann in Nerlich/Römermann, InsO, § 312 RdNr. 17; Smid/Haarmeyer, InsO, § 312 RdNr. 10; s. a. BGH NJW 2003, 2167, 2169 (bei 38 Gläubigern mit Forderungen in Höhe von insgesamt 426 522,30 DM ist „äußerst zweifelhaft", ob die Zulässigkeitsvoraussetzungen für die Anordnung eines schriftlichen Verfahrens vorliegen).

[11] Goetsch/Fluck in Breutigam/Blersch/Goetsch, InsO, § 312 RdNr. 17; Uhlenbruck/Vallender, InsO, § 312 RdNr. 74; weiter gehend AG Göttingen ZInsO 2002, 292.

[12] And. Römermann in Nerlich/Römermann, InsO, § 312 RdNr. 14.

3. Aufhebung oder Änderung des schriftlichen Verfahrens (Abs. 2 Satz 2).
Das Insolvenzgericht kann die Anordnung des schriftlichen Verfahrens im ganzen oder in einzelnen Teilen jederzeit **aufheben oder abändern**.[13] Ein zwingender Grund für die Aufhebung der Anordnung des schriftlichen Verfahrens ergibt sich, wenn der Treuhänder oder absonderungsberechtigte Gläubiger nach Maßgabe des § 75 die Einberufung einer Gläubigerversammlung beantragen.[14]

4. Nicht anwendbare Vorschriften (Abs. 3). a) Insolvenzplan.
Die Vorschriften über den Insolvenzplan finden keine Anwendung. Die Funktionen des Insolvenzplanverfahrens sind auf das dem vereinfachten Insolvenzverfahren vorgelagerte Schuldenbereinigungsplanverfahren übertragen.

b) Eigenverwaltung.
Die Vorschriften über die Eigenverwaltung finden ebenfalls keine Anwendung. Damit hat der Gesetzgeber dem Umstand Rechnung getragen, dass bei Insolvenzen von Verbrauchern in der Regel keine Masse vorhanden ist, die einer Verwaltung bedarf, sondern die zur Masse gehörenden Vermögensgegenstände typischerweise eigengenutzt sind und im Übrigen eine Befriedigung der Gläubiger vor allem aus laufenden Einkünften in Betracht kommt, die jedoch nur insoweit zur Insolvenzmasse gehören, als sie während der Dauer des Insolvenzverfahrens entstehen (§ 35).

5. Weitere Verfahrensvereinfachung.
Zur weiteren Vereinfachung des Verfahrens erscheint es geboten, dass das Insolvenzgericht das Verzeichnis über die Verbindlichkeiten des Schuldners gem. § 305 Abs. 1 Nr. 3 an den Treuhänder weitergibt, so dass eine gesonderte Forderungsanmeldung durch die Gläubiger gem. §§ 174 ff. unterbleiben kann.[15]

V. Die geplante Aufhebung durch den RegE

In dem Gesetzentwurf der Bundesregierung vom 22. 8. 2007 ist – anders als noch in dem Diskussionsentwurf von April 2003 und dem Referentenentwurf vom 16. 9. 2004 – vorgesehen, die §§ 312–314 aufzuheben.[16] Die dort vorgesehenen Verfahrensvereinfachungen sollen überwiegend ersatzlos gestrichen werden. Nur teilweise sollen sie künftig für sämtliche Verfahren zur Anwendung kommen können, in denen dies der Umfang erlaubt: Anordnung des schriftlichen Verfahrens (§ 5 Abs. 2 InsO idF. des Gesetzes zur Vereinfachung des Insolvenzverfahrens vom 17. 4. 2007);[17] Verzicht auf den Berichtstermin (§ 29 Abs. 2 RegE).[18]

Ersatzlos gestrichen werden sollen § 313 Abs. 2 und 3. Die Gläubiger machen von der ihnen gem. § 313 Abs. 2 Satz 3 eingeräumten Möglichkeit einer Anfechtung in der Praxis kaum Gebrauch.[19] Da der Treuhänder damit künftig für die Gläubiger anfechten und verwerten können soll, hat er dieselben Aufgaben wie der Insolvenzverwalter, so dass auch für die Regelung des § 313 Abs. 1 kein Bedürfnis mehr besteht.[20] Ebenfalls ersatzlos gestrichen werden soll § 314, weil sich die Bestimmung als ineffizient herausgestellt hat.[21] Da die Erweiterung der Rückschlagsperre nach einer außergerichtlichen Einigung mit den Gläubigern über die Schuldenbereinigung (§ 312 Abs. 1 Satz 3) in § 88 Abs. 2 RegE geregelt werden soll und die Vorschriften über den Insolvenzplan und die Eigenverwaltung im Verbraucherinsolvenzverfahren nicht mehr ausgeschlossen werden sollen, sollen auch die Regelungen des § 312 Abs. 1 Satz 3, Abs. 3 ersatzlos gestrichen werden.

---

[13] *Uhlenbruck/Vallender,* InsO, § 312 RdNr. 81.
[14] *Römermann* in *Nerlich/Römermann,* InsO, § 312 RdNr. 21; *Obermüller* in *Hess/Obermüller,* Insolvenzplan, RdNr. 1054.
[15] *Krug* S. 132.
[16] Zust. *Pape* ZInsO 2006, 897, 912.
[17] BGBl. I, S. 509 ff.; die Bestimmung ist am 1. 7. 2007 in Kraft getreten.
[18] S. *Hergenröder* DZWIR 2006, 441, 445.
[19] *Homann* DZWIR 2007, 94; *Braun/Buck,* InsO, § 313 RdNr. 21; s. ferner die Begründung in dem Gesetzentwurf vom 22. 8. 2007, S. 88.
[20] *Hergenröder* (Fn. 18) S. 446 f.
[21] S. hierzu die Begründung in dem Gesetzentwurf vom 22. 8. 2007, S. 88.

§ 313 Treuhänder

(1) ¹Die Aufgaben des Insolvenzverwalters werden von dem Treuhänder (§ 292) wahrgenommen. ²Dieser wird abweichend von § 291 Abs. 2 bereits bei der Eröffnung des Insolvenzverfahrens bestimmt. ³Die §§ 56 bis 66 gelten entsprechend.

(2) ¹Zur Anfechtung von Rechtshandlungen nach den §§ 129 bis 147 ist nicht der Treuhänder, sondern jeder Insolvenzgläubiger berechtigt. ²Aus dem Erlangten sind dem Gläubiger die ihm entstandenen Kosten vorweg zu erstatten. ³Die Gläubigerversammlung kann den Treuhänder oder einen Gläubiger mit der Anfechtung beauftragen. ⁴Hat die Gläubigerversammlung einen Gläubiger mit der Anfechtung beauftragt, so sind diesem die entstandenen Kosten, soweit sie nicht aus dem Erlangten gedeckt werden können, aus der Insolvenzmasse zu erstatten.

(3) ¹Der Treuhänder ist nicht zur Verwertung von Gegenständen berechtigt, an denen Pfandrechte oder andere Absonderungsrechte bestehen. ²Das Verwertungsrecht steht dem Gläubiger zu. ³§ 173 Abs. 2 gilt entsprechend.

Die §§ 312 bis 314 werden aufgehoben. (RegE)

I. Normzweck

1   Auch diese Vorschrift dient der Verfahrensvereinfachung, indem sie es im Vorgriff auf die Restschuldbefreiung bei der Bestellung eines Treuhänders bewenden lässt und auf die Bestellung eines Insolvenzverwalters verzichtet. Zugleich ist, um die Kosten des Treuhänders möglichst gering zu halten, dessen Aufgabenkreis im Vergleich zu dem des Insolvenzverwalters rechtlich beschränkt; er nimmt nur einen Teil der Aufgaben des Insolvenzverwalters wahr. Wichtige Aufgaben des Insolvenzverwalters sind aber den Gläubigern übertragen (vgl. Abs. 2 und 3). Die Einbeziehung eines Treuhänders in das Verfahren trägt der Kritik an dem im Regierungsentwurf ursprünglich vorgesehenen **verwalterlosen Kleinverfahren** Rechnung, die geltend gemacht hat, die Gerichte würden durch den gänzlichen Verzicht auf einen Verwalter zu stark belastet.[1]

II. Entstehungsgeschichte

2   Die Vorschrift entspricht § 357j der Beschlussempfehlung des Rechtsausschusses.

III. Neuregelung durch das InsOÄndG 2001

3   Die Änderung durch das InsOÄndG 2001 trug dem Einwand Rechnung, dass eine Verlagerung des Anfechtungsrechts auf Insolvenzgläubiger nicht funktionieren kann, weil ein Gläubiger praktisch kaum einen Anreiz hat, den mit einem Anfechtungsrecht verbundenen Aufwand auf sich zu nehmen, und zwar auch dann nicht, wenn er von der Gläubigerversammlung damit beauftragt worden ist und deshalb wenigstens mit der **Erstattung seiner Kosten rechnen** kann. Der Erfolg einer Anfechtung kommt dem diese betreibenden Gläubiger nur in Höhe seiner Insolvenzquote und damit zumeist nur in marginalem Umfang zugute. Die mit der Regelung des § 313 Abs. 2 Satz 1 in der bisherigen Fassung verfolgte Absicht des Gesetzgebers, das Verfahren zu vereinfachen und eine kostengünstige Abwicklung zu ermöglichen, ist von Erwartungen ausgegangen, die sich in der Praxis nicht bestätigt haben.[2] Um einen **Funktionsverlust der Anfechtung** zu verhindern, ermöglicht es § 313 Abs. 2 Satz 3, den Treuhänder mit der Durchsetzung der

---

[1] *Schmidt-Räntsch* MDR 1994, 321, 326.
[2] BT-Drucks. 14/5680, S. 33 (zu Nr. 29).

Anfechtung zu betrauen.[3] Damit rückt der Treuhänder wieder näher an den Insolvenzverwalter im Regelinsolvenzverfahren heran. Die **Änderung des § 313 Abs. 3** sollte die Fälle entschärfen, in denen der Schuldner über Immobilien verfügt, die zwar mit Grundpfandrechten belastet sind, bei deren Verwertung aber ein Erlösüberschuss erwartet werden kann.[4] Betreibt der gesicherte Gläubiger keine Verwertung, so konnte nach dem bis zum 30. 11. 2001 geltenden Recht der Überschuss nicht zur Masse gezogen werden. Als Reaktion auf Versuche innerhalb des Schrifttums,[5] in derartigen Konstellationen durch eine teleologische Reduktion zu einer Verwertungsmöglichkeit durch den Treuhänder zu gelangen, sieht Abs. 3 Satz 3 im Interesse der Rechtssicherheit die entsprechende Anwendbarkeit des § 173 Abs. 2 vor. Damit entspricht er dem praktischen Bedürfnis, dem **Treuhänder** ein **Recht zur Verwertung** einzuräumen, was zuvor angesichts des klaren Wortlauts des § 313 Abs. 3 aF ausgeschlossen war.[6] Durch die Änderung erhält das Insolvenzgericht die Befugnis, auf Antrag des Treuhänders eine Frist für die Verwertung durch den gesicherten Gläubiger zu bestimmen. Nach deren fruchtlosem Ablauf ist der Treuhänder zur Verwertung berechtigt.[7]

IV. Einzelerläuterungen

1. Auswahl und Bestellung des Treuhänders.[8] **a) Zeitpunkt.** Der Treuhänder wird im Verbraucherinsolvenzverfahren bereits bei der Eröffnung des Insolvenzverfahrens bestimmt (§ 313 Abs. 1 Satz 2), während er im Regelinsolvenzverfahren erst nach dem Schlusstermin bestellt wird (§ 291 Abs. 2). Dadurch soll gewährleistet werden, dass der im Verbraucherinsolvenzverfahren eingesetzte Treuhänder identisch mit dem Treuhänder im Restschuldbefreiungsverfahren ist. Der im Verbraucherinsolvenzverfahren eingesetzte Treuhänder hat, wenn nach dessen Beendigung das Restschuldbefreiungsverfahren beginnt (§ 291 Abs. 1), die Aufgaben des Treuhänders in diesem Verfahren wahrzunehmen, ohne dass es dazu einer gesonderten Bestellung bedarf.[9] Die Vergütung des Treuhänders bestimmt sich nach § 13 InsVV. Danach soll der Treuhänder in der Regel 15 % der Masse, mindestens aber 600 Euro erhalten.[10] Von 6 bis zu 15 Gläubigern erhöht sich die Vergütung für je angefangene 5 Gläubiger um 150 Euro. Ab 16 Gläubiger erhöht sich die Vergütung je angefangene 5 Gläubiger um 100 Euro.

b) Auswahl. Für die Auswahl des Treuhänders gelten die in § 56 Abs. 1 festgelegten Kriterien entsprechend (Abs. 1 Satz 3).[11] Der Treuhänder muss eine im Hinblick auf die besonderen Anforderungen des vereinfachten Insolvenzverfahrens geeignete, insbesondere geschäftskundige Person sein; von besonderer Bedeutung ist gerade auch im Verbraucherinsolvenzverfahren, dass der Treuhänder von den Gläubigern und dem Schuldner **unabhängig** ist. Eine wirtschaftliche Verflechtung zwischen dem Treuhänder und einzelnen Gläubigern schließt die persönliche Eignung aus.[12]

---

[3] Hierzu *Homann* DZWIR 2007, 94.
[4] S. hierzu krit. *Smid* DZWIR 2002, 221, 225 f.
[5] Vgl. hierzu *Vallender* NZI 2000, 148; *Pape* ZInsO 2000, 268, 269.
[6] BT-Drucks. 14/5680, S. 33 (zu Nr. 29); s. ferner HK-*Landfermann*, InsO, § 313 RdNr. 16 f.
[7] AG Essen, Urt. v. 24. 8. 2007 – 20 C 153/07 – juris.
[8] Eingehend zur Stellung des Treuhänders *Hergenröder* ZVI 2005, 521 ff.
[9] HK-*Landfermann*, InsO, § 313 RdNr. 2.
[10] Zur Erhöhung der Vergütung bei einer deutlich gesteigerten Tätigkeit des Treuhänders BGH ZInsO 2006, 1159, 1160; BGH ZInsO 2005, 760; LG Bonn ZInsO 2001, 612; *Haarmeyer/Wutzke/Förster*, Insolvenzrechtliche Vergütung, 4. Aufl. 2007, § 13 InsVV RdNr. 13 ff. Der Streit um die Frage der Verfassungsmäßigkeit der Mindestvergütung des Treuhänders (s. dazu BGH NJW 2005, 1508 = ZInsO 2005, 253; BGH NJW-RR 2004, 551; BGH NJW 2004, 941) ist durch die Neuregelung der Vergütungssätze überholt; s. dazu BVerfG ZIP 2005, 1694; BGH NJW 2005, 1508 = ZInsO 2005, 253.
[11] Näher hierzu *Hergenröder* (Fn. 8) S. 522 ff.; *Hess*, InsO, § 313 RdNr. 7 ff.; *Uhlenbruck/Vallender*, InsO, § 313 RdNr. 8 f.
[12] FK-*Kohte*, InsO, § 313 RdNr. 8.

6 **c) Vorschlagsrecht.** Dem Schuldner und den Gläubigern steht ein Vorschlagsrecht zu (§ 288).[13] Der Zweck dieses Vorschlagsrechts, die Kosten des Verfahrens gering zu halten, gilt auch für die Bestellung des Treuhänders im vereinfachten Insolvenzverfahren. Das Gericht ist an den Vorschlag nicht gebunden, s. dazu näher § 288.

7 **d) Wahl eines anderen Treuhänders.** Die Gläubigerversammlung kann im Prüfungstermin einen anderen Treuhänder wählen, § 57 i. V. m. § 313 Abs. 1 Satz 3. Für die Entlassung[14] des Treuhänders und die Aufsicht des Insolvenzgerichts über den Treuhänder sowie weiter für die Haftung[15] und Vergütung des Treuhänders gelten ebenfalls die allgemeinen Vorschriften der §§ 58 bis 66 entsprechend (Abs. 1 Satz 3).

8 **e) Urkunde.** Über seine Bestellung erhält der Treuhänder eine Urkunde entsprechend § 56 Abs. 2 Satz 1.

9 **2. Aufgaben und Kompetenzen des Treuhänders.** Ein Insolvenzverwalter wird im vereinfachten Verfahren nicht bestellt. Die Aufgaben des Insolvenzverwalters nimmt hier der Treuhänder wahr.[16] Seine Rechtsstellung bestimmt sich grundsätzlich nach den allgemeinen, für den Insolvenzverwalter geltenden Vorschriften (§§ 80 ff.);[17] seine Kompetenzen sind jedoch durch Abs. 2 und 3 eingeschränkt; s. dazu u. RdNr. 10, 15.

10 **3. Anfechtung (Abs. 2). a) Befugnis zur Anfechtung.** Die Befugnis zur Anfechtung gem. §§ 129 ff. steht im vereinfachten Verfahren grundsätzlich nicht dem Treuhänder, sondern **jedem Insolvenzgläubiger** zu **(Abs. 2 Satz 1).** Jeder Gläubiger kann aus eigener Initiative, zusammen mit anderen Gläubigern, auch in deren Vertretung oder ggf. im Auftrag der Gläubigerversammlung handeln.[18] Die Anfechtung kann nach den allgemeinen Grundsätzen auch im vereinfachten Verfahren nur durch Klage oder Widerklage bzw. Einrede oder Replik im streitigen Verfahren vor dem Zivilgericht geltend gemacht werden.[19] Um einen Funktionsverlust der Anfechtung zu verhindern, ist durch das InsOÄndG 2001 der Gläubigerversammlung die Möglichkeit eröffnet worden, den Treuhänder oder einen Gläubiger mit der Anfechtung zu beauftragen (s. o. RdNr. 3).[20] Über die Beauftragung des Treuhänders muss eine vom Insolvenzgericht einberufene und geleitete Gläubigerversammlung durch Beschluss entscheiden, und zwar auch dann, wenn an dem Verfahren nur ein Gläubiger beteiligt ist; eine gewillkürte Prozessstandschaft des Gläubigers kommt daneben nicht in Betracht.[21] Dem Insolvenzgericht steht im Falle der Beschlussunfähigkeit der Gläubigerversammlung nicht die Befugnis zu, den Treuhänder mit der Anfechtung zu beauftragen. Denn die Entscheidung über die Geltendmachung von Anfechtungsrechten obliegt nach der klaren Entscheidung des Gesetzgebers den Gläubigern; treffen diese keine Entscheidung, kann sich das Gericht nicht hierüber hinwegsetzen.[22]

---

[13] *HK-Landfermann*, InsO, § 313 RdNr. 3.
[14] Die Entlassung als Treuhänders für die Wohlverhaltensperiode setzt auch dann einen wichtigen Grund voraus, wenn der Antrag auf Entlassung vom Treuhänder selbst gestellt wird; BGH ZVI 2004, 544.
[15] Näher hierzu *Hergenröder* (Fn. 8) S. 527 f.; zur Verwertung von Grundstücken *Hintzen* ZInsO 2003, 586 ff.
[16] Näher hierzu *Hergenröder* (Fn. 8) S. 524 ff.; s. zu den Aufgaben des Treuhänders auch BGH NJW 2003, 2167, 2170.
[17] BGH NZI 2003, 666, 667; *Braun/Buck*, InsO, § 313 RdNr. 7; *Kohte* in Kohte/Ahrens/Grote § 313 RdNr. 10; zu den steuerlichen Pflichten des Treuhänders s. *Schulz/Gleissner* InVo 2000, 365; zur Verpflichtung zum Widerruf von Lastschriften s. AG Hamburg NZI 2007, 598 f. sowie die Kommentierung zu § 82 RdNr. 25 ff.; zum Umfang einer von dem Treuhänder erklärten Freigabe hinsichtlich eines Guthabens auf einem Girokonto und zukünftig eingehender Beträge aufgrund von Rückbuchungen s. zutr. AG Düsseldorf NZI 2007, 117.
[18] *Hess*, InsO, § 313 RdNr. 39.
[19] *Hess*, InsO, § 313 RdNr. 39; *Uhlenbruck/Vallender*, InsO, § 313 RdNr. 74; vgl. a. *Haarmeyer/Wutzke/Förster*, Handbuch, Kap. 5 RdNr. 312.
[20] *Gundlach/Frenzel/N. Schmidt* ZVI 2002, 5 f.; zum Erfordernis eines Beschlusses der Gläubigerversammlung bei der Durchführung eines Verbraucherinsolvenzverfahrens mit nur einem Gläubiger BGH ZInsO 2007, 938 f. = NZI 2007, 732 f.; OLG Rostock NZI 2006, 357; s. hierzu auch § 311 RdNr. 12.
[21] BGH ZInsO 2007, 938 f.=NZI 2007, 732 f.
[22] *Fuchs* ZInsO 2002, 358, 360 f.; *Uhlenbruck/Vallender*, InsO, § 313 RdNr. 69; *Graf-Schlicker/Fuchs*, InsO, § 313 RdNr. 22; FK-*Kind*, InsO, § 76 RdNr. 8; HK-*Eickmann*, InsO, § 76 RdNr. 5; *Kübler/Prütting/Wenzel*,

b) Anfechtungsgrund. Anfechtungsgrund und Anfechtungsgegner bestimmen sich 11
nach den allgemeinen Vorschriften der §§ 130 ff. Rechtliche Besonderheiten für vereinfachte Insolvenzverfahren bestehen insoweit nicht.

c) Gegenstand. Gegenstand der Anfechtung sind Rechte, die zur Insolvenzmasse gehö- 12
ren. Das den Gläubigern durch Abs. 2 eingeräumte Anfechtungsrecht, das nur eine **Prozessstandschaft** begründet,[23] ändert hieran nichts. Die Verfügungsbefugnis steht dem Treuhänder zu (§ 80 Abs. 1). Der Anfechtungsgläubiger kann daher auch im Anfechtungsprozess ohne Zustimmung des Treuhänders nicht über das streitgegenständliche Recht verfügen, insbesondere auch keinen Vergleich darüber abschließen.[24] Das aus der Anfechtung Erlangte steht der **Insolvenzmasse** zu und ist vom Anfechtungsgläubiger an diese herauszugeben;[25] eine vorrangige Befriedigung des Anfechtungsgläubigers aus dem Erlangten hinsichtlich seiner Insolvenzforderungen kommt nicht in Betracht[26] (s. jedoch zur Erstattung der dem Gläubiger entstandenen Kosten RdNr. 13).

d) Kostenerstattung. Die Kosten der Anfechtung sind dem Gläubiger aus dem Erlang- 13
ten **vorweg zu erstatten (Abs. 2 Satz 2).** Im Übrigen trägt der Anfechtungsgläubiger das Prozessrisiko selbst. Etwas anderes gilt nur, wenn der Gläubiger von der Gläubigerversammlung mit der Anfechtung beauftragt war; in diesem Fall sind die Kosten, soweit sie nicht aus dem Erlangten gedeckt werden können, aus der Insolvenzmasse zu erstatten **(Abs. 2 Satz 3).** Dies gilt auch dann, wenn die Anfechtungsklage abgewiesen worden ist.

e) Rechtswirkung. Die Abweisung der Anfechtungsklage wirkt nicht gegenüber den 14
anderen Gläubigern.[27]

4. Verwertung (Abs. 3). Die Verwertung der Insolvenzmasse obliegt grundsätzlich dem 15
Treuhänder. Insoweit gelten die allgemeinen Vorschriften.

Abweichend hiervon steht die Verwertung von Gegenständen, an denen **Absonderungs-** 16
rechte bestehen, den absonderungsberechtigten Gläubigern zu **(Abs. 3).**[28] Die Vorschriften der §§ 166 bis 169 finden demgemäß im vereinfachten Verfahren keine Anwendung.[29] Nicht anwendbar sind infolgedessen auch die Vorschriften der §§ 170, 171 über Kostenbeiträge vom Verwertungserlös solcher Sicherheiten.[30] Zur entsprechenden Anwendbarkeit des § 173 Abs. 2 nach Maßgabe des InsOÄndG 2001 s. bereits o. RdNr. 3.

Zweifelhaft ist, ob die den Gläubigern durch § 313 Abs. 3 Satz 2 eingeräumte Befugnis 17
auch das Recht zur freihändigen Verwertung umfasst. Dies ist jedenfalls im Hinblick auf Grundpfandgläubiger abzulehnen, weil insoweit § 313 Abs. 3 als Sondervorschrift zu § 165 lediglich eine Verwertungsbefugnis des Treuhänders ausschließt, nicht aber die grundsätzliche Regelung des § 49 modifiziert, nach welcher die Verwertung von Grundpfandrechten nach

---

InsO, § 313 RdNr. 2 a; *Ehricke* NZI 2000, 57, 60; *Pape* ZInsO 1999, 305, 306, 309; s. unter Geltung der KO OLG Koblenz ZIP 1989, 660; zweifelnd auch *Braun/Buck*, InsO, § 313 RdNr. 24 aE („zumindest nicht unbedenklich"); aA *Gundlach/Frenzel/N. Schmidt* (Fn. 19) S. 6 f.; and. auch bei Beschlussunfähigkeit der Gläubigerversammlung LG Frankenthal ZIP 1993, 378; *K. Schmidt*, KO, § 94 Anm. 2.
[23] *Henckel*, Festschrift für Gaul, S. 211; *Andres* in *Andres/Leithaus*, InsO, § 313 RdNr. 8.
[24] *HK-Landfermann*, InsO, § 313 RdNr. 8; HambKomm-*Nies*, InsO, § 313 RdNr. 6; *Kübler/Prütting/Wenzel*, InsO, § 313 RdNr. 2; *Andres* in *Andres/Leithaus*, InsO, § 313 RdNr. 8.
[25] *HK-Landfermann*, InsO, § 313 RdNr. 8.
[26] *Wittig* WM 1998, 157, 168; *Römermann* in *Nerlich/Römermann*, InsO, § 313 RdNr. 12; *Obermüller* in *Hess/Obermüller*, Insolvenzplan, RdNr. 1030.
[27] *Römermann* in *Nerlich/Römermann*, InsO, § 313 RdNr. 11.
[28] And. im Hinblick auf Fälle, in denen der Absonderungsberechtigte von der Verwertung einer mit einem Absonderungsrecht belasteten Immobilie absieht, *Vallender* (Fn. 5) S. 148 ff. (Verwertungsrecht des Treuhänders entgegen dem Wortlaut des § 313 Abs. 3, falls die Verwertung zu einem Erlösüberschuss führen würde); ebenso *Pape* (Fn. 5) S. 269; *Smid/Haarmeyer*, InsO, § 313 RdNr. 8.
[29] Vgl. AG Essen, Urt. v. 24. 8. 2007 – 20 C 153/07 – juris. Dies ändert allerdings nichts daran, dass der Schuldner sein Verfügungsrecht an den Massegegenständen verloren hat und sich auf solche beziehende Rechtsstreite gem. § 240 Satz 1 ZPO unterbrochen sind, s. BGH NZI 2003, 666, 667.
[30] AG Essen (vor. Fn.); *Wittig* WM 1998, 209, 218; *Obermüller* WM 1998, 483, 493; *HK-Landfermann*, InsO, § 313 RdNr. 11; *Hess/Obermüller*, Verfahrensbeteiligte, RdNr. 374; *Obermüller* in *Hess/Obermüller*, Insolvenzplan, RdNr. 1062; *Andres* in *Andres/Leithaus*, InsO, § 313 RdNr. 13.

§ 314 1, 2   9. Teil. Verbraucherinsolvenz- und sonst. Kleinverfahren

Maßgabe des ZVG erfolgt.[31] Anders verhält es sich aber bei der Sicherungszession und der Sicherungsübereignung. Hier ist der absonderungsberechtigte Gläubiger bereits Inhaber des Vollrechts geworden; § 313 Abs. 3 gibt ihm die Rechte, welche ihm im Regelinsolvenzverfahren durch die §§ 166 ff. genommen würden, zurück. Dem Sicherungszessionar und dem Sicherungseigentümer ist daher ein Recht zur freihändigen Verwertung zuzusprechen.[32]

V. Die geplante Aufhebung durch den RegE InsO 2007

18 In dem Gesetzentwurf der Bundesregierung vom 22. 8. 2007 ist vorgesehen, die Bestimmung des § 313 ersatzlos aufzuheben (s. hierzu § 312 RdNr. 14 f.).

§ 314 Vereinfachte Verteilung

(1) ¹**Auf Antrag des Treuhänders ordnet das Insolvenzgericht an, daß von einer Verwertung der Insolvenzmasse ganz oder teilweise abgesehen wird. ²In diesem Fall hat es dem Schuldner zusätzlich aufzugeben, binnen einer vom Gericht festgesetzten Frist an den Treuhänder einen Betrag zu zahlen, der dem Wert der Masse entspricht, die an die Insolvenzgläubiger zu verteilen wäre. ³Von der Anordnung soll abgesehen werden, wenn die Verwertung der Insolvenzmasse insbesondere im Interesse der Gläubiger geboten erscheint.**

(2) **Vor der Entscheidung sind die Insolvenzgläubiger zu hören.**

(3) ¹**Die Entscheidung über einen Antrag des Schuldners auf Erteilung von Restschuldbefreiung (§§ 289 bis 291) ist erst nach Ablauf der nach Absatz 1 Satz 2 festgesetzten Frist zu treffen. ²Das Gericht versagt die Restschuldbefreiung auf Antrag eines Insolvenzgläubigers, wenn der nach Absatz 1 Satz 2 zu zahlende Betrag auch nach Ablauf einer weiteren Frist von zwei Wochen, die das Gericht unter Hinweis auf die Möglichkeit der Versagung der Restschuldbefreiung gesetzt hat, nicht gezahlt ist. ³Vor der Entscheidung ist der Schuldner zu hören.**

Die §§ 312 bis 314 werden aufgehoben. (RegE)

I. Normzweck

1 Mit der Vorschrift wird eine Verfahrensvereinfachung und damit zugleich eine Minimierung der Verfahrenskosten bezweckt.[1] Dazu wird in der Begründung der Beschlussempfehlung des Rechtsausschusses ausgeführt, dass im Regelfall des Verbraucherinsolvenzverfahrens, bei dem verwertungsfähige Masse im nennenswerten Umfang nicht vorhanden ist, der Verfahrensaufwand auf ein Minimum reduziert werden kann. Da der Verfahrensaufwand zur Vermögensverwertung im Verhältnis zum Erlös in solchen Fällen nicht angemessen ist, soll vom Verwertungsverfahren abgesehen werden können, wenn der Schuldner in der Lage ist, aus seinem pfändungsfreien Einkommen oder aus Zuwendungen Dritter einen dem Wert der verwertbaren Masse entsprechenden Betrag aufzubringen.

II. Entstehungsgeschichte

2 Die Vorschrift wurde vom Rechtsausschuss als § 357 k der Beschlussempfehlung eingefügt.

---

[31] *Lwowski/Tetzlaff* WuB VI C § 313 InsO 1.00; HambKomm-*Nies,* InsO, § 313 RdNr. 8; *Alff* Rpfleger 2000, 37, 38; *Andres* in *Andres/Leithaus,* InsO, § 313 RdNr. 15; *Kübler/Prütting/Wenzel,* InsO, § 313 RdNr. 4; *Uhlenbruck/Vallender,* InsO, § 313 RdNr. 105. And. LG Hamburg WM 2000, 1026; hiergegen auch *Hintzen* ZInsO 2000, 702; ders., ZInsO 2004, 713, 714; *Vallender* (Fn. 5) S. 150, dort in Fn. 16; *Pape* (Fn. 5) S. 269; *Hess,* InsO, § 313 RdNr. 37; s. eingehend *Kesseler* ZInsO 2006, 1029 ff.
[32] *Lwowski/Tetzlaff* (Fn. 31); *Alff* (Fn. 31) S. 38; HambKomm-*Nies,* InsO, § 313 RdNr. 8.
[1] Kritisch *Smid* DZWIR 2002, 221, 225 („Brandschatzung des Schuldners").

III. Einzelerläuterungen

1. Voraussetzung der vereinfachten Verteilung (Abs. 1). Die Anordnung der vereinfachten Verteilung setzt einen **Antrag des Treuhänders** voraus.[2] Weder Schuldner noch Gläubigerversammlung sind antragsberechtigt, jedoch können beide gegenüber dem Treuhänder einen solchen Antrag anregen. Durch eine dahingehende Anregung stellt die Gläubigerversammlung klar, dass aus ihrer Sicht nichts gegen ein Absehen von der Verwertung gegen Zahlung eines Ausgleichsbetrages spricht.[3] Bietet der Schuldner dem Treuhänder an, die Masse oder Teile der Masse durch Zahlung abzulösen, so hat der Treuhänder diesem Angebot auch auf Grund seiner dem Schuldner als Verfahrensbeteiligtem gegenüber bestehenden Pflichten grundsätzlich nachzugehen.[4] Dies gilt vor allem dann, wenn der Schuldner ein konkretes Angebot unterbreitet, für einzelne Massegegenstände entsprechend dem Verkehrswert einen bestimmten Geldbetrag zu zahlen und schlüssig darlegt, hierzu innerhalb einer angemessenen Frist in der Lage zu sein.[5]

Die Anordnung der vereinfachten Verteilung kann sich nur auf Gegenstände beziehen, zu deren Verwertung der Treuhänder berechtigt ist. Bei Gegenständen, an denen ein Absonderungsrecht besteht, ist das nicht der Fall (**§ 313 Abs. 3 Satz 1**; s. dort RdNr. 16). Infolgedessen fällt auch eine Substitution der Verwertung nicht in den Kompetenzbereich des Treuhänders.[6] Dagegen steht es den absonderungsberechtigten Gläubigern frei, dem Schuldner ohne Zustimmung des Treuhänders die Gegenstände gegen Zahlung ihres Wertes zu belassen. Die Zahlung fließt dann jedoch nicht in die Masse, sondern ist dem gesicherten Gläubiger zu überlassen.[7]

Von einer Substitution der Verwertung durch **Zahlung eines Ausgleichsbetrages** soll abgesehen werden, wenn die Verwertung der Insolvenzmasse insbesondere im Interesse der Gläubiger geboten erscheint **(Abs. 1 Satz 3)**. Das kommt vor allem dann in Betracht, wenn unterschiedliche Auffassungen über den Wert der zur Insolvenzmasse gehörenden Gegenstände bestehen.[8] Die Verwertung der Insolvenzmasse kann auch dann geboten sein, wenn der Schuldner die Ausgleichszahlung nicht sofort bewirken kann oder wenn er keine Sicherheiten stellen kann, zugleich aber innerhalb der Zahlungsfrist den Massegegenstand weiter nutzt und diesen dadurch verschlechtert oder gefährdet, wie etwa im Falle von Kraftfahrzeugen.[9] Das kann aber nur dann ein Absehen von der vereinfachten Verteilung rechtfertigen, wenn der Verkaufswert des Massegegenstandes hoch ist, da andernfalls der Verwertungsaufwand im Verhältnis zu dem möglichen Erlös von vornherein gegen eine Verwertung spricht. Demgegenüber wird das Absehen von der Verwertung gegen eine angemessene Ausgleichszahlung bei Gegenständen sachgerecht sein, deren Verkaufswert vergleichsweise gering, deren Nutzungswert für den Schuldner aber hoch ist wie z. B. bei Möbeln.[10] Dagegen scheidet eine vereinfachte Verteilung aus, wenn die einzige Möglichkeit des Schuldners, sich die erforderlichen flüssigen Mittel zu verschaffen, darin besteht, selbst den verwertbaren Teil seines Vermögens zu verwerten.[11] Der Gesetzgeber hat mit der Vorschrift des § 314 Abs. 1 nicht das Ziel verfolgt, die Bemühungen um eine angemessene Verwertung des Schuldnervermögens vom Treuhänder auf den Schuldner zu verlagern.[12] Aus dem Interessenwiderstreit zwischen dem Begehren des Treuhänders nach möglichst einfacher und effizienter Abwicklung des

---
[2] Zur Bedeutung des Verfahrens zur vereinfachten Verteilung für die Finanzämter *App* DStZ 2003, 387 f.
[3] *Römermann* in *Nerlich/Römermann,* InsO, § 314 RdNr. 6.
[4] *Vallender* NZI 1999, 385, 386.
[5] *Vallender* (Fn. 4) S. 386.
[6] *Hess,* InsO, § 314 RdNr. 8; *Vallender* (Fn. 4) S. 386.
[7] *Vallender* (Fn. 4) S. 386; HambKomm-*Nies,* InsO, § 314 RdNr. 2.
[8] *Römermann* in *Nerlich/Römermann,* InsO, § 314 RdNr. 7; *Vallender* (Fn. 4) S. 388.
[9] *Römermann* in *Nerlich/Römermann,* InsO, § 314 RdNr. 7; *Vallender* (Fn. 4) S. 388.
[10] *Obermüller* in *Hess/Obermüller* RdNr. 1060; *Vallender* (Fn. 4) S. 385.
[11] *Vallender* (Fn. 4) S. 387.
[12] *Kübler/Prütting/Wenzel,* InsO, § 314 RdNr. 3; *Vallender* (Fn. 4) S. 387.

Verfahrens und den Interessen der Gläubiger an einer Verwertung der Insolvenzmasse ergibt sich auch, dass das Gericht seine Entscheidung über die Anordnung der vereinfachten Verteilung nach pflichtgemäßem Ermessen zu treffen hat.[13] Ist der Schuldner nach seinem Vortrag nicht in der Lage, den entsprechenden Betrag zu entrichten, so darf dies das Gericht nicht unberücksichtigt lassen. Der Gesetzgeber ging ersichtlich davon aus, dass die Leistungsfähigkeit des Schuldners Voraussetzung der Anordnung der vereinfachten Verteilung ist.[14]

6 **2. Verfahren. a) Anhörung der Gläubiger.** Vor der Entscheidung über den Antrag des Treuhänders sind die Insolvenzgläubiger zu hören **(Abs. 2)**. Die Anhörung kann unter den Voraussetzungen des § 312 Abs. 2 Satz 1 auch im schriftlichen Verfahren erfolgen.[15]

7 **b) Beschluss.** Das Insolvenzgericht entscheidet über den Antrag des Treuhänders durch Beschluss. Soweit sich die Anordnung auf die Verwertung nur einzelner Massegegenstände bezieht, was gem. § 314 Abs. 1 Satz 1 statthaft ist, sind diese im Beschluss genau zu bezeichnen.[16] Im Beschluss hat das Insolvenzgericht dem Schuldner aufzugeben, binnen einer vom Gericht festgesetzten Frist an den Treuhänder einen dem Wert der anderenfalls verteilbaren Masse entsprechenden Betrag zu bezahlen. Der zu bezahlende Betrag ist genau anzugeben.[17] Auf Antrag des Schuldners kann die Zahlungsfrist gem. § 4 InsO i. V. m. § 224 Abs. 2 ZPO verlängert werden, wenn erhebliche hierfür sprechende Gründe glaubhaft gemacht werden.[18] Erfolgt der Beschluss durch den Rechtspfleger, so bedarf er einer Begründung. Hatte sich dagegen der Richter das Verfahren gem. § 18 Abs. 2 Satz 1 RPflG vorbehalten, stellt es keinen Verfahrensmangel dar, wenn der Beschluss ohne Begründung erlassen wird.[19]

8 **c) Aufhebung oder Abänderung des Beschlusses.** Das Gericht ist zu einer Abänderung oder Aufhebung der Anordnung der vereinfachten Verteilung befugt, wenn sie sich im Nachhinein als unzweckmäßig erweist.[20] Dies gilt insbesondere in den Fällen, in denen der Schuldner der ihm erteilten Auflage zur Zahlung des festgesetzten Betrages ohne sein Verschulden nicht nachzukommen in der Lage ist. Bliebe die Anordnung aufrechterhalten, so müsste die Restschuldbefreiung gem. Abs. 3 Satz 2 auch dann versagt werden, wenn den Schuldner hinsichtlich der unterbliebenen Zahlung kein Verschulden trifft.[21]

9 **3. Versagung der Restschuldbefreiung (Abs. 3).** Von der Einhaltung der dem Schuldner gesetzten Zahlungsfrist hängt die Erteilung der Restschuldbefreiung ab. Demgemäß ist die Entscheidung über den Antrag des Schuldners auf Erteilung der Restschuldbefreiung erst nach Ablauf dieser Frist zu treffen **(Abs. 3 Satz 1)**. Befolgt der Schuldner die Anordnung zur Zahlung eines Ausgleichsbetrages nicht, so führt das auf Antrag eines Insolvenzgläubigers zur Versagung der Restschuldbefreiung **(Abs. 3 Satz 2)**.[22] Dem Schutz des Schuldners dient das Erfordernis einer Nachfrist von zwei Wochen **(Abs. 3 Satz 2)**. Der Schuldner ist vor der Entscheidung über die Versagung der Restschuldbefreiung zu hören **(Abs. 3 Satz 3)**.

---

[13] *Vallender* (Fn. 4) S. 387.
[14] Beschlussempfehlung des Rechtsausschusses zu § 357k, BT-Drucks. 12/7302, S. 194.
[15] *Vallender* (Fn. 4) S. 387; *Uhlenbruck/Vallender*, InsO, § 314 RdNr. 13; *Graf-Schlicker/Fuchs*, InsO, § 314 RdNr. 5.
[16] *Römermann* in *Nerlich/Römermann*, InsO, § 314 RdNr. 8; *Vallender* (Fn. 4) S. 388.
[17] *Römermann* in *Nerlich/Römermann*, InsO, § 314 RdNr. 9; *Vallender* (Fn. 4) S. 388.
[18] *Vallender* (Fn. 4) S. 388.
[19] *Vallender* (Fn. 4) S. 387.
[20] *Vallender* (Fn. 4) S. 388 mwN.; *Uhlenbruck/Vallender*, InsO, § 314 RdNr. 24; *Kübler/Prütting/Wenzel*, InsO, § 314 RdNr. 5a; *Graf-Schlicker/Fuchs*, InsO, § 314 RdNr. 10; *HK-Landfermann*, InsO § 314 RdNr. 6; *Hess*, InsO, § 314 RdNr. 3.
[21] HambKomm-*Nies*, InsO, § 314 RdNr. 5.
[22] And. *Uhlenbruck/Vallender*, InsO, § 314 RdNr. 34; wie hier HK-*Landfermann*, InsO, § 314 RdNr. 6.

4. Umsetzung der gerichtlichen Anordnung. Der Treuhänder ist verpflichtet sicherzustellen, dass der im gerichtlichen Beschluss festgesetzte Betrag tatsächlich an ihn gezahlt wird. Um eine Schädigung der Insolvenzgläubiger zu vermeiden, darf eine Freigabe des Massegegenstandes nicht vor Zahlung durch den Schuldner erfolgen, denn die Freigabe durch den Treuhänder löst den Gegenstand aus dem Insolvenzbeschlag. Der Schuldner erlangt in diesem Fall die freie Verfügungsbefugnis zurück. Der Gegenstand wird insolvenzfreies Vermögen. Gleiches gilt für den Fall, dass Treuhänder und Schuldner eine Verwertung durch den Schuldner vereinbart haben.[23]

5. Rechtsmittel. Eine Anfechtung des Beschlusses der Anordnung der vereinfachten Verteilung ist nur möglich, wenn der Rechtspfleger entschieden hat. In diesem Fall sieht das Gesetz die Erinnerung gem. § 11 Abs. 2 RPflG vor. Hatte dagegen der Richter infolge eines sich gem. § 18 Abs. 2 Satz 1 RPflG vorbehaltenen Verfahrens den Beschluss gefasst, so ist dieser gem. § 6 nicht anfechtbar, da § 314 insoweit ein Rechtsmittel nicht vorsieht.[24]

IV. Die geplante Aufhebung durch den RegE InsO 2007

In dem Gesetzentwurf der Bundesregierung vom 22. 8. 2007 ist vorgesehen, die Bestimmung des § 314 ersatzlos aufzuheben (s. hierzu § 312 RdNr. 14 f.).

---

[23] *Vallender* (Fn. 4) S. 388.
[24] *Vallender* (Fn. 4) S. 388; FK-*Kohte,* InsO, § 314 RdNr. 35; *Graf-Schlicker/Fuchs,* InsO, § 314 RdNr. 11; *Braun/Buck,* InsO, § 314 RdNr. 11; *Goetsch* in *Breutigam/Blersch/Goetsch,* InsO, § 314 RdNr. 5; *Andres* in *Andres/Leithaus,* InsO, § 314 RdNr. 6.

Zehnter Teil. Besondere Arten des Insolvenzverfahrens

Erster Abschnitt. Nachlaßinsolvenzverfahren

Vorbemerkungen vor §§ 315 bis 331

Schrifttum: *Andres/Leithaus,* Insolvenzordnung, 2006; *Bähr/Smid,* Die Rechtsprechung des BGH zur neuen Insolvenzordnung 1999–2006, Systematische Darstellung, 2007; *Chr. Becker,* Insolvenzrecht, 2005; *Binder,* Die Rechtsstellung des Erben nach dem deutschen bürgerlichen Gesetzbuch, 3 Bde. 1901 bis 1905, (= Binder I, II, III); *Braun,* Insolvenzordnung (InsO), 3. Aufl. 2007; *Dauner-Lieb,* Zwangsvollstreckung bei Nachlaßverwaltung und Nachlaßkonkurs, Festschrift für Gaul, 1997, S. 93 ff.; *dies.,* Unternehmen in Sondervermögen, Haftung und Haftungsbeschränkung, 1998; *Döbereiner,* Die Restschuldbefreiung nach der Insolvenzordnung, 1997; *Elfring,* Die Lebensversicherung im Erbrecht, ZEV 2004, 305; *Frege/Keller/Riedel,* Insolvenzrecht, 2002; *Geitner,* Der Erbe in der Insolvenz, Diss. Regensburg, 2007; *Graf-Schlicker,* Insolvenzordnung, 2007; *Grothe,* Die vollstreckungsrechtliche Rückschlagssperre des § 88 InsO, KTS 2001, 205; *Hanisch,* Nachlaßinsolvenzverfahren und materielles Recht, Festschrift für Henckel, 1995, S. 369 ff.; *Harz/Baumgartner/Conrad,* Kriterien der Zahlungsunfähigkeit und der Überschuldung, ZInsO 2005, 1304; *Hasse,* Zwangsvollstreckungen in Kapitallebensversicherungen, VersR 2005, 15; *Henckel,* Einwirkung des Insolvenzverfahrens auf schwebende Prozesse, Festschrift für Schumann, 2002, 211; *Heyrath/Jahnke/Kühn,* Der Tod des Schuldners in der Insolvenz- und Restschuldbefreiungsverfahren, ZInsO 2007, 1202; *Hillebrand,* Die Nachlaßverwaltung – unter besonderer Berücksichtigung der Verwaltungs- und Verfügungsrechte des Nachlaßverwalters –, 1998 (zugl. Diss. Bochum, 1998); *Hüsemann,* Das Nachlaßinsolvenzverfahren, Diss. Münster 1997; *Jacobi,* Die teleologische Reduktion des § 88 InsO, KTS 2006, 239; *Jaeger,* Erbenhaftung und Nachlaßkonkurs im neuen Reichsrecht, 1898; *Kick,* Die Haftung des Erben eines Personenhandelsgesellschafters, 1996 (zugl. Diss. Tübingen 1996); *Kley,* Die Rechtsprechung des Bundesverwaltungsgerichts zu Ordnungspflichten in der Insolvenz, DVBl 2005, 727; *Klose,* Verantwortung für Altlasten in der Insolvenz, NJ 2005, 393; *Klook,* Die überschuldete Erbschaft, 1997 (zugl. Diss. Bremen 1997); *Köke/Schmerbach,* Tod des Schuldners in der Insolvenz, ZVI 2007, 497; *Krug,* Das neue Nachlaßinsolvenzrecht, ZERB 1999, 7 ff.; *Lange/Kuchinke,* Lehrbuch des Erbrechts, 5. Aufl. 2001; *Leipold,* Erbrechtlicher Erwerb und Zugewinnausgleich im Insolvenzverfahren und bei der Restschuldbefreiung, Festschrift für Gaul, 1997, 367; *Lieb* (Hrsg.), Die Reform des Handelsstandes und der Personengesellschaften, 1999; *Marotzke,* Die Stellung der Nachlassgläubiger in der Eigeninsolvenz des Erben, Festschrift für Otte, 2005, 223; *Meßink,* Die unternehmenstragende Erbengemeinschaft in der Insolvenz, 2007 (zugl. Diss. Köln, 2007); *Messner,* Dissonanzen zwischen Insolvenz- und Erbrecht, ZVI 2004, 433; *Muscheler,* Die Haftungsordnung der Testamentsvollstreckung, 1994; *Nöll,* Der Tod des Schuldners in der Insolvenz, 2005; *Pape/Uhlenbruck,* Insolvenzrecht, 2002; *Pech,* Die Einbeziehung des Neuerwerbs in die Insolvenzmasse, 1999 (zugl. Diss. Hamburg, 1998); *Ponath,* Vermögensschutz durch Lebensversicherungen, ZEV 2006, 242; *Riesenfeld,* Die Erbenhaftung nach dem Bürgerlichen Gesetzbuch, 2 Bde., 1916 (Riesenfeld I und II); *K. Schmidt,* Nachlassinsolvenzverfahren und Personengesellschaften, Festschrift für Uhlenbruck, 2000, 655; *Schmidt-Kessel,* Was ist Nachlass?, WM 2003, 2086; *G. Siegmann,* Ungereimtheiten und Unklarheiten im Nachlassinsolvenzverfahren, ZEV 2000, 221; *ders.,* Der Tod des Schuldners im Insolvenzverfahren, ZEV 2000, 345; *Smid,* Große Insolvenzrechtsreform 2006, 2006; *Temme,* Die Eröffnungsgründe der Insolvenzordnung, Diss. Münster, 1997; *Tetzlaff,* Die überschuldete Fiskalerbschaft, NJ 2005, 485; *Uhlenbruck,* Die Firma als Teil der Insolvenzmasse, ZIP 2000, 401; *Vallender,* Doppelinsolvenz: Erben- und Nachlassinsolvenz, NZI 2005, 318; *Vallender/Fuchs/Rey,* Der Antrag auf Eröffnung eines Nachlassinsolvenzverfahrens, NZI 1999, 355; *Vierhaus,* Umweltrechtliche Pflichten des Insolvenzverwalters, ZinsO 2005, 127; *Westrick/Bubenzer,* Das Urheberrecht in der Insolvenz, Festschrift für Hertin, 2000, 287; *Wiester,* Nachlassinsolvenz, in: *Scherer,* MAH Erbrecht, 2006, S. 640–678; *Windel,* Über die Modi der Nachfolge in das Vermögen einer natürlichen Person beim Todesfall, 1998; *Zeitler,* Geldstrafen und Verfahrenskosten im Insolvenzverfahren, Rpfleger 2001, 337; *Zeuner,* Die Anfechtung in der Insolvenz, 2. Aufl. 2007; *Zimmermann,* Die Vergütung des Nachlasspflegers bei vermögendem Nachlass, ZEV 2001, 15; *ders.,* Die angemessene Testamentsvollstreckervergütung, ZEV 2001, 334; *ders.,* Die Vergütung des Nachlasspflegers seit 1. 7. 2005, ZEV 2005, 473; *ders.,* Probleme der Nachlassverwaltervergütung, ZEV 2007, 519.

Übersicht

	RdNr.		RdNr.
I. Begriff des Nachlassinsolvenzverfahrens	1	IV. Nachlassinsolvenz und Eigenverwaltung	9
II. Auswirkungen des Todes des Schuldners auf das Verfahren	2	V. Nachlassinsolvenz und Insolvenzplan	10
1. Fehlende Regelung	2	VI. Haftung des Erben nach Beendigung des Insolvenzverfahrens	11
2. Tod des Schuldners während des Regelinsolvenzverfahrens	3	1. Keine Sonderregelung in der InsO	11
3. Tod des Schuldners vor Eröffnung des Regelinsolvenzverfahrens	4	2. Haftung nach Aufhebung des Eröffnungsbeschlusses	12
4. Tod des Schuldners während des Verbraucherinsolvenz- und Kleinverfahrens	5	3. Haftung nach Einstellung des Insolvenzverfahrens	13
5. Tod des Schuldners vor Entscheidung über den Antrag auf Restschuldbefreiung	6	4. Haftung nach Schlussverteilung und Aufhebung	14
6. Tod des Schuldners während der Wohlverhaltensperiode	7	5. Haftung nach Beendigung des Verfahrens durch Insolvenzplan	15
III. Nachlassinsolvenz nach Todeserklärung	8	VII. Die Nachlassinsolvenz in der Rechtspraxis	16

I. Begriff des Nachlassinsolvenzverfahrens

1   Das Nachlassinsolvenzverfahren ist nach § 11 Abs. 2 Nr. 2 ein Sonderinsolvenzverfahren über ein dem Schuldner (Erben) angefallenes Sondervermögen (Nachlass), das nach Maßgabe der §§ 315 bis 331 der gleichmäßigen Befriedigung bestimmter Gläubigergruppen dient. Nach § 1975 BGB ist die Nachlassinsolvenz neben der Nachlassverwaltung aber auch ein Mittel zur Beschränkung der Haftung des Erben auf den Nachlass. Dieser Doppelfunktion dienen die Bestimmungen der §§ 1975 ff. BGB und die Normen der InsO über die Nachlassinsolvenz, §§ 11 Abs. 2 Nr. 2, 315 bis 331. Sie gewährleisten im Krisenfall insgesamt eine einigermaßen gerechte Verteilung des vom Erblasser hinterlassenen Vermögens. Wesentliche Änderungen des bisher in §§ 214 bis 235 KO geregelten Rechts des Nachlasskonkurses enthält die InsO nicht. Die Neuregelung bringt wie nach bisherigem Recht die Abweichungen des Nachlassinsolvenzverfahrens vom Regelinsolvenzverfahren. Sie will nach der amtlichen Begründung nur einzelne der allgemeinen Regelungen ersetzen oder ergänzen, die im Übrigen auch für das Nachlassinsolvenzverfahren maßgeblich sind. Jede andere Regelung hätte die enge Verzahnung des Rechts der Nachlassinsolvenz mit dem Recht der Beschränkung der Haftung des Erben aufgebrochen, was eine völlige Neuregelung bedingt hätte. Zu einer solchen konnte sich der Gesetzgeber trotz des Vorschlags der Reformkommission, ein gesondertes Nachlassinsolvenzverfahren nur noch im Falle der Zugehörigkeit eines Unternehmens zum Nachlass vorzusehen, nicht verstehen.

II. Auswirkungen des Todes des Schuldners auf das Verfahren

2   **1. Fehlende Regelung.** Die InsO regelt zwar die Einzelfragen, die sich ergeben, wenn über den Nachlass des Erblassers ein Insolvenzverfahren eröffnet wird. Sie schweigt aber dazu, wie zu verfahren ist, wenn der Schuldner während des Eröffnungsverfahrens oder nach der Eröffnung, aber vor Beendigung des Verfahrens oder während der sog. Wohlverhaltensperiode (§ 287 Abs. 2) stirbt. Ebenso wenig findet sich eine Regelung dazu, ob das Insolvenzverfahren über einen Nachlass auch als Kleininsolvenzverfahren (§ 304) durchgeführt werden kann, ob das auf Antrag des Erblassers eröffnete Kleininsolvenzverfahren im Falle des Todes vor Abschluss des Verfahrens weiterzuführen ist und ob auch der Erbe die Restschuldbefreiung beantragen kann, ferner wie zu verfahren ist, wenn der Schuldner vor

der Entscheidung über den Antrag auf Restschuldbefreiung stirbt. Deshalb ist manches streitig. Sicher ist nur, dass trotz der Verweisung auf die Vorschriften der ZPO (§ 4) die Lösung der aufgeworfenen Fragen nicht über §§ 239 ff. ZPO erfolgen kann. Eine Unterbrechung des Insolvenzverfahrens kommt wegen dessen Eilbedürftigkeit nicht in Betracht.[1] Im Übrigen wird wie folgt zu unterscheiden sein:

2. Tod des Schuldners während des Regelinsolvenzverfahrens. Es besteht Einigkeit 3 darüber, dass in diesem Falle das Regelinsolvenzverfahren in ein Nachlassinsolvenzverfahren übergeht.[2] Für die Zukunft gelten die materiellen und prozessualen Vorschriften über die Nachlassinsolvenz, was zur Folge hat, dass der Erbe an Stelle des Erblassers als Schuldner in das Verfahren eintritt. Ist der Erbe unbekannt oder verzögert sich die Entscheidung über die Annahme der Erbschaft (vgl. § 1944 Abs. 3 BGB), ist ein Nachlasspfleger zu bestellen, der die Rechte und Pflichten des Erben im Verfahren wahrnimmt. War der Erbe Insolvenzgläubiger, behält er diese Stellung, weil er sie schon zum Zeitpunkt der Eröffnung des Verfahrens hatte (§ 38) und weil die mit der Eröffnung verbundene Vermögensabsonderung die weitere Geltendmachung der Erbenansprüche ermöglicht, § 326 Abs. 1. Masseverbindlichkeiten nach § 324 Nr. 1 kommen nicht in Betracht, weil das Stadium zwischen Erbfall und Eröffnung entfällt, während solche nach § 324 Nr. 2 (Beerdigungskosten) und Nr. 3 (Kosten der Todeserklärung) sowie die Kosten der Eröffnung einer Verfügung des Erblassers von Todes wegen und der Nachlasspflegschaft (Nr. 4) geltend gemacht werden können.[3] Der Umfang der Insolvenzmasse ist durch §§ 35, 36 und den im Regelinsolvenzverfahren ergangenen Eröffnungsbeschluss festgelegt, auch wenn sich die Pfändbarkeit bei Eröffnung des Verfahrens gegenüber dem Nachlass nach der Person des Erben richtet (Anhang § 315 RdNr. 10).[4] Vom Insolvenzbeschlag ist deshalb auch der sog. Neuerwerb des Erblassers bis zum Erbfall erfasst, § 35 2. Altern., während das Eigenvermögen des Erben und dessen künftiger Erwerb nicht in die Masse fällt, weil diese Bestimmung für den Erben als Träger seines Eigenvermögens nicht gilt (Anhang § 315 RdNr. 9). Zu beachten ist, dass sich auch der Kreis der Insolvenzgläubiger wegen § 38 nicht erweitern kann, also auch nicht um die in § 327 Abs. 1 Nr. 1 und 2 genannten Pflichtteilsberechtigten, Vermächtnisnehmer und Auflagebegünstigten,[5] für die es angesichts der Vermögenslage des Erblassers ohnehin an den Voraussetzungen der Entstehung von Ansprüchen (§ 2311 BGB) oder an der Möglichkeit ihrer Durchsetzung fehlen würde (§ 1992 BGB). Insoweit kann der Erbe sich außerhalb des Verfahrens auf §§ 1990, 1991 BGB berufen, sofern pfändungsfreies Vermögen des Erblassers vorhanden ist. Das mit dem Erbfall verbundene Erlöschen von Insolvenzforderungen (z. B. solche nach § 39 Abs. 1 Nr. 3 oder Ansprüche aus der Zusage an den Lebenspartner, eine gemeinsame Darlehensschuld allein zu tragen, BGHZ 77, 50) ist zu beachten. Die nach früherem Recht bestehende Problematik, wie hinsichtlich des Neuerwerbs, den der Erblasser zwischen Eröffnung und Erbfall erlangt hat, zu verfahren ist,[6] insbesondere, ob ein weiteres ergänzendes Verfahren zu eröffnen ist, stellt sich nach neuem Recht nicht mehr, weil der Neuerwerb des Erblassers gem. § 35 zur Insolvenzmasse gehört.

---

[1] Vgl. statt aller HK-*Kirchhof* § 4 RdNr. 25; oben § 4 RdNr. 15.
[2] BGHZ 157, 350, 354 = NJW 2004, 1444; LG Frankenthal Rpfleger 1986, 104; oben § 4 RdNr. 15 *(Ganter)*, § 13 RdNr. 81 *(Schmahl)*; FK-*Schallenberg/Rafipoor* § 315 RdNr. 30; HK-*Kirchhof* § 4 RdNr. 25; HK-*Marotzke* § 320 RdNr. 8; *Nerlich/Römermann/Riering* § 315 RdNr. 8; *Uhlenbruck/Lüer* § 315 RdNr. 17; *Häsemeyer* RdNr. 33.15; *Haarmeyer/Wutzke/Förster*, Handbuch, Kap. 8 RdNr. 124; Kap. 10 RdNr. 98; *Jauernig/Berger* Zwangsvollstreckung § 67 RdNr. 2; *Lange/Kuchinke* § 49 IV 4; *Köke/Schmerbach* ZVI 2007, 498. *Becker* (RdNr. 1465) verlangt Antrag auf Fortführung als Nachlassinsolvenzverfahren; sonst soll Einstellung nach § 207 wegen Zweckfortfalls erfolgen.
[3] Übereinstimmend für die Beerdigungskosten *Uhlenbruck/Lüer* § 324 RdNr. 3; für Verbindlichkeiten gem. § 324 RdNr. 2 bis 4 *Gottwald/Döbereiner*, Insolvenzrechts-Handbuch, § 112 RdNr. 25; *Nöll*, RdNr. 467; aA für alle Masseverbindlichkeiten *Jaeger/Weber* § 214 KO RdNr. 24; *Köke/Schmerbach* ZVI 2007, 499.
[4] *Gottwald/Döbereiner*, Insolvenzrechts-Handbuch, § 112 RdNr. 25.
[5] *Jaeger/Weber* Fn. 3; *Nerlich/Römermann/Riering* § 315 RdNr. 55; *Gottwald/Döbereiner*, Insolvenzrechts-Handbuch, § 112 RdNr. 25; *Köke/Schmerbach* ZVI 2007, 499.
[6] *Kilger/K. Schmidt* § 214 KO Anm. 7.

Vor §§ 315 bis 331 3 a

3 a Der vorstehenden Darlegung der Rechtslage beim Tod des Schuldners während des Insolvenzverfahrens ist neuerdings *Nöll*[7] entgegengetreten. Er meint, § 38 werde durch § 325 insoweit verdrängt, als auch Verbindlichkeiten des Schuldners, die dieser nach Eröffnung des Insolvenzverfahrens begründet hat und die gem. § 1967 BGB mit dem Erbfall Nachlassverbindlichkeiten werden, gem. § 325 Insolvenzforderungen seien. Deren Gläubiger seien an dem vor dem Tode des Schuldners eröffneten Verfahren als Insolvenzgläubiger beteiligt, wie auch das bisherige sonstige Vermögen des Erblassers als Neuerwerb Massebestandteil werde. Dem ist entgegenzuhalten, dass nach § 38 nur derjenige Insolvenzgläubiger ist, der bei Eröffnung des Verfahrens einen begründeten Vermögensanspruch gegen den Schuldner hat, dessen Rechtsgrund also schon bei Verfahrenseröffnung bestanden hat.[8] Das trifft weder für die vom Insolvenzschuldner nach Verfahrenseröffnung begründeten neuen Verbindlichkeiten, noch für Ansprüche nach § 327 Abs. 1 Nr. 1 und 2 zu. § 38 weist die am Stichtag vorhandene Masse in Form eines dinglichen Beschlagsrechts[9] ausschließlich den im Zeitpunkt der Eröffnung vorhandenen Gläubigern zu. Ausnahmen bestehen nur dort, wo das Gesetz dies ausdrücklich bestimmt, so z. B. in den Fällen der §§ 103 Abs. 2 Satz 1, 109 Abs. 1 Satz 3, 144 Abs. 2 Satz 2. Für die zu Nachlassgläubigern gewordenen Neugläubiger des Schuldners fehlt eine entsprechende Regelung; § 325 ist keine solche. Diese Bestimmung will nur eine Selbstverständlichkeit regeln, nämlich den Ausschluss der Eigengläubiger des Erben von der Teilnahme am Nachlassinsolvenzverfahren.[10] Fehlt es aber an einer ausdrücklichen Regelung der von *Nöll* behaupteten Rechtsfolge, greift zu Gunsten der bisherigen Insolvenzgläubiger auch § 91 ein, der die haftungsrechtliche Zuweisung der Masse an die Insolvenzgläubiger nicht nur gegen Neugläubiger, sondern auch gegen einen Rechtserwerb kraft Gesetzes sichert.[11] Es wäre nicht zu erklären, weshalb Neugläubiger, die zu Lebzeiten des Schuldners nur in dessen sonstiges Vermögen i. S. d. § 88 vollstrecken konnten,[12] mit dem Erbfall in den Kreis der Insolvenzgläubiger einrücken sollen, ganz unabhängig davon, welches neue Forderungsvolumen der Schuldner „aufgetürmt" hat.[13] Ein derartiges Zufallsgeschenk kennt die InsO nicht. Dem steht nicht entgegen, dass Masseverbindlichkeiten nach § 324 Abs. 1 Nr. 2 bis 4 gleichwohl geltend gemacht werden können. Denn dabei handelt es sich um oktroyierte Verbindlichkeiten, die nach § 324 die Masse belasten (§ 1968 BGB; § 6 S. 1 KostO; § 34 Abs. 2 VerschG). Deshalb werden die Neugläubiger beim Tod des Schuldners während des Verfahrens zwar Nachlassgläubiger, entgegen *Nöll* aber keine Insolvenzgläubiger,[14] während diese (nicht alle, vgl. RdNr. 3) mit dem Erbfall ebenfalls Nachlassgläubiger werden, jedoch ohne die Möglichkeit, auf den bisher beschlagsfreien Teil des Vermögens des Erblassers zugreifen zu können.[15] Dieses sonstige Vermögen ist zwar Nachlass, jedoch entgegen *Nöll*[16] nicht Neuerwerb i. S. v. § 35 2. Altern.[17] Es gehörte schon dem bisherigen Schuldner, der es aus seinem dem Beschlag unterworfenen Vermögen (quasi im Wege der gesetzlichen Freigabe) erlangt hat. Der bloße

---

[7] Der Tod des Schuldners in der Insolvenz, 2005, RdNr. 354 f.; insb. RdNr. 393; dem folgend *Heyrath/Jahnke/Kühn* ZInsO 2007, 1202, 1203.

[8] *Gottwald/Gerhardt*, Insolvenzrechts-Handbuch, § 33 RdNr. 10; *Bork* RdNr. 70, *Becker* RdNr. 260.

[9] *Häsemeyer* RdNr. 1.15.

[10] Siehe unten § 325 RdNr. 1 und *Häsemeyer* RdNr. 33.30.

[11] *Häsemeyer* RdNr. 10.19; *Bork* RdNr. 146; *Köke/Schmerbach* ZVI 2007, 499.

[12] Oben § 91 RdNr. 5; *Häsemeyer* RdNr. 10.01, 10.13, 25.06; *Bork* RdNr. 146; siehe auch § 91 Nr. 3 a GVGA.

[13] So *Becker* RdNr. 272.

[14] So auch *Uhlenbruck/Vallender* § 312 RdNr. 49; *Nerlich/Römermann/Riering* § 315 RdNr. 55; *Häsemeyer* RdNr. 33.33 Fn. 89; *Gottwald/Döbereiner*, Insolvenzrechts-Handbuch, § 112 RdNr. 25.

[15] *Uhlenbruck/Vallender* § 312 RdNr. 49; *Gottwald/Döbereiner*, Insolvenzrechts-Handbuch, § 112 RdNr. 25.

[16] RdNr. 247; ebenso *Heyrath/Jahnke/Kühn* ZInsO 2007, 1202, 1204 re. Sp.; *Köke/Schmerbach* ZVI 2007, 500. Die bei *Jäger/Henckel* § 36 RdNr. 4 behandelte Frage betrifft nur den Fall, dass bislang unpfändbare Gegenstände im Laufe des Verfahrens gegen den ursprünglichen Schuldner pfändbar werden; vgl. dazu auch HambKomm-*Lüdtke* § 35 RdNr. 44, 45; *Braun/Bäuerle* § 35 RdNr. 8.

[17] Es verhält sich insoweit also anders als beim Anfall einer Erbschaft während der Insolvenz. Dort fällt der Nachlass gem. §§ 35, 83 in die Masse; die Nachlassgläubiger sind aber nur Neugläubiger, vgl. § 331 RdNr. 8.

Schuldnerwechsel kraft Erbrechts ändert hieran nichts. Es fehlt in einem solchen Fall am Merkmal des Erwerbs von Vermögen während des Verfahrens. Vielmehr fällt das im Regelfall kaum werthaltige sonstige Vermögen des bisherigen Schuldners an den Erben, wo es wie vor dem Erbfall für die Neugläubiger reserviert ist, wobei sich diesen gegenüber die Pfändbarkeit allerdings aus der Person des Erben bestimmt, da er Schuldner der Neugläubiger ist. Nur diese Lösung ermöglicht den reibungslosen Übergang vom Regel- in das Nachlassinsolvenzverfahren. Es entfällt die zeitaufwendige und schwierige Ermittlung des Erben, die infolge einer wahrscheinlichen Kettenausschlagung bei überschuldetem Nachlass erforderlich würde. Sie vermeidet auch die mehrfache Prüfung der Pfändbarkeit bei einem weiteren Erbfall oder beim Verkauf und Weiterverkauf der Erbschaft (§ 329 Abs. 1 und 3) während des Verfahrens.

3. Tod des Schuldners vor Eröffnung des Regelinsolvenzverfahrens. Stirbt der Schuldner nach Antragstellung, aber vor der Eröffnung des Verfahrens, tritt ebenfalls keine Unterbrechung ein. Die Vereinheitlichung der Eröffnungsgründe für Regel- und Nachlassinsolvenz (§§ 17, 320) ermöglicht (worauf die amtl. Begründung mit allgemeiner Billigung[18] hinweist) in diesem Verfahrensabschnitt einen unkomplizierten Übergang vom Regel- zum Nachlassinsolvenzeröffnungsverfahren.[19] Da sich der Eröffnungsgrund nicht mehr ändert, stellt sich die unter der Geltung der KO ungelöste Frage, ob das Verfahren unabhängig vom Vorliegen einer Überschuldung als Nachlasskonkurs weitergeführt werden kann, nicht mehr. Das Verfahren nimmt mit dem Erben als neuem Schuldner seinen Fortgang, und zwar ausschließlich nach den Vorschriften des Nachlassinsolvenzverfahrens. Freilich ist einem antragstellenden Gläubiger Gelegenheit zu geben, den Antrag wegen veränderter Verhältnisse (es fließt zukünftig kein Neuerwerb gem. § 35 2. Altern. mehr in die Masse) zurückzunehmen oder auf die Eröffnung der Nachlassinsolvenz umzustellen. Lag ein Eigenantrag des Schuldners vor, ist auch der Erbe zu hören, schon um abzuklären, ob er aus Pietäts- oder anderen Gründen Zahlungsunfähigkeit bzw. Überschuldung mit eigenen Mitteln abwenden will.[20] Der pfändbare Teil des Nachlasses und die Insolvenzmasse decken sich, das Verfahren ist – abgesehen von den überholten Vorschriften über die Antragsberechtigung – nach den §§ 315ff. abzuwickeln. War der Tod des Erblassers bis zur Eröffnung des Verfahrens unbekannt geblieben, empfiehlt sich eine Berichtigung der Eröffnungsformel gem. § 319 ZPO.[21] Am Zeitpunkt der Eröffnung ändert sich dadurch nichts.

4. Tod des Schuldners während des Verbraucherinsolvenz- und Kleinverfahrens. Der Tod des Schuldners während dieser Verfahren bereitet Schwierigkeiten, weil das Verfahren nach §§ 304ff. und das Nachlassinsolvenzverfahren ganz unterschiedlichen Zwecken dienen. Das Nachlassinsolvenzverfahren führt die Haftungsbeschränkung des Erben herbei (§ 1975 BGB), während das Verbraucherinsolvenzverfahren eine Schuldenbereinigung mit dem Ziel der Vermeidung der Eröffnung des Verfahrens im Auge hat. Beides lässt sich nicht miteinander vereinbaren. Deshalb kann nach jetzt wohl überwiegender Ansicht das Schuldenbereinigungsverfahren der §§ 304ff. im Falle des Todes des Schuldners nicht fortgeführt werden. Es wird ohne Unterbrechung in ein Nachlassinsolvenzverfahren übergeleitet, für das die §§ 315ff. gelten.[22] Die Gegenan-

---

[18] Vgl. statt aller HK-*Marotzke* § 320 RdNr. 8. Zweifel jetzt bei *Smid*, Große Insolvenzrechtsreform 2006, 196.
[19] BGHZ 157, 350, 354 = NJW 2004, 1444.
[20] Zustimmend *Gottwald/Döbereiner*, Insolvenzrechts-Handbuch, § 112 RdNr. 24. Wegen sonstiger Anpassungen, insb. wenn z. Zt. des Erbfalls schon ein Gutachtenauftrag erteilt war, vgl. *Haarmeyer/Wutzke/Förster*, Handbuch, Kap. 3 RdNr. 123, 124; *Gottwald/Uhlenbruck*, Insolvenzrechts-Handbuch, § 13 RdNr. 8; oben §§ 27 bis 29 RdNr. 19.
[21] *Jaeger/Weber* § 214 KO RdNr. 21; zur Zulässigkeit der Berichtigung des Eröffnungsbeschlusses vgl. oben § 4 RdNr. 79 und 34 RdNr. 118.
[22] Dazu abschließend BGH ZIP 2008, 798 = WMZ 2008, 799; oben vor §§ 217 bis 269 RdNr. 31, 32; *Uhlenbruck/Vallender* § 308 RdNr. 45, § 312 RdNr. 49; *Nerlich/Römermann/Riering* § 315 RdNr. 57; *Braun/Bauch* § 315 RdNr. 16; *Gottwald/Döbereiner*, Insolvenzrechts-Handbuch, § 112 RdNr. 26; *Pape/Uhlenbruck*,

sicht[23] kann nicht erklären, wie ein Kleinverfahren gegen einen noch unbekannten Erben (vgl. § 316 Abs. 1) durchgeführt werden kann, ferner wie es möglich sein soll, eine Haftungsbeschränkung herbeizuführen, wenn der Antrag des Erben bei Annahme des Schuldenbereinigungsplans als zurückgenommen gilt, und weshalb nur der von § 304 erfassten Gruppe von Erben die Möglichkeit verschlossen ist, das Verfahren in Eigenverwaltung zu führen (§ 312 Abs. 3) oder durch Insolvenzplan zu beenden (vgl. § 1989 BGB und § 312 Abs. 3 InsO). Das Ergebnis muss sein, dass das Nachlassinsolvenzverfahren nicht als Kleinverfahren beantragt und durchgeführt werden kann. Das schließt auch die Fortführung eines anhängigen Kleinverfahrens durch den Erben aus.[24] Es muss als normales Nachlassinsolvenzverfahren weitergeführt werden, sofern nicht eine Einstellung mangels Masse zu erfolgen hat, § 207. War zum Zeitpunkt des Erbfalls ein Schuldenbereinigungsplan gem. § 308 angenommen,[25] treffen die daraus resultierenden Pflichten den Erben des Schuldners. Dieser kann seine Haftung aber auf den Nachlass beschränken, idR durch Berufung auf §§ 1990 ff. BGB, ggfs. aber auch durch Beantragung eines (neuen) Nachlassinsolvenzverfahrens.

5a Den entsprechenden Ausführungen der 1. Auflage hat insbesondere *Nöll* widersprochen. Er geht zwar ebenfalls davon aus, dass eine Anwendung der Vorschriften des 2. Abschnitts des 9. Teils (Schuldenbereinigungsverfahren) in der Nachlassinsolvenz nicht in Betracht kommt,[26] hält aber die entsprechende Anwendung der Vorschriften des 3. Abschnitts für angezeigt, weil auf diese Weise das Verfahren im Interesse der Gläubiger kostengünstiger abgewickelt werden könne. Dabei wird übersehen, dass auch der 3. Abschnitt des 9. Teils Vorschriften enthält, die erbrechtlichen und nachlassinsolvenzrechtlichen Bestimmungen widersprechen: Bei Prüfung des Eröffnungsgrundes hätte sich das Insolvenzgericht gem. § 304 Abs. 1 auf die §§ 17, 18 (Zahlungsunfähigkeit oder drohende Zahlungsunfähigkeit) zu beschränken. Der weitaus häufigere Eröffnungsgrund für ein Nachlassinsolvenzfahren, die Überschuldung (§ 320), wäre dagegen im Verfahren nach § 311 nicht zu prüfen. Das würde bedeuten, dass der Erbe bei Nachlassüberschuldung gem. § 1980 BGB zur Antragstellung verpflichtet ist, § 311 in diesem Fall aber keine Eröffnung zulässt. Ferner: Die Insolvenzanfechtung findet nach § 313 nur in den Fällen der §§ 129 bis 147 statt, während die Anfechtung nach § 322 im Kleinverfahren nicht geregelt ist. Gläubigeranträge auf Eröffnung der Nachlassinsolvenz sind zwei Jahre nach der Annahme der Erbschaft nicht mehr zulässig, wogegen das Kleinverfahren auch noch zu einem späteren Zeitpunkt beantragt werden könnte. Schließlich widerspricht auch die in § 314 vorgesehene vereinfachte Verteilung der Masse erbrechtlichen Regelungen. Nach § 314 kann der Schuldner (der/die Erben) verpflichtet werden, die Masse gegen Zahlung ihres Wertes zu übernehmen. Der Erbe hätte also auf Kosten seines Privatvermögens fremdes Vermögen zu übernehmen, was im Verfahren zur Beschränkung seiner Haftung nicht zulässig sein kann (§§ 1973 Abs. 2, 1992 BGB räumen dem Erben ein Übernahmerecht ein!), ganz abgesehen davon, dass die im Gesetz vorgesehene Sanktion (Versagung der Restschuldbefreiung) bei einer Nachlassinsolvenz ohnehin ins Leere ginge, weil der Nachlass keiner Restschuldbefreiung bedarf, der Erbe auf einen Beschluss zur Übernahme nicht reagieren müsste. Deshalb hat es dabei zu verbleiben, dass insolvenzfähigen Vermögensmassen (und damit auch dem Nachlass) der Zugang zum vereinfachten Verfahren von vornherein verschlossen ist.[27] Im Übrigen wird sich die Streitfrage im dargelegten

---

Insolvenzrecht RdNr. 877; *Graf-Schlicker/Messner* § 35 RdNr. 8; HambKomm-*Wehr* § 11 RdNr. 48; ebd. *Böhm* vor § 315 RdNr. 16.

[23] *Nerlich/Römermann/Becker* § 1 RdNr. 11 (anders aber § 4a RdNr. 8); FK-*Ahrens* § 286 RdNr. 36; *Andres/Leithaus* vor § 315 RdNr. 16 (anders aber 304 RdNr. 3); *Nöll* RdNr. 479. Vgl. auch HK-*Marotzke* vor §§ 315 ff. RdNr. 3, der die Vorschriften über das Kleinverfahren anwenden will, soweit der Zweck des Nachlassinsolvenzverfahrens nicht entgegensteht; ähnlich *Becker* RdNr. 151.

[24] *Uhlenbruck/Vallender* § 312 RdNr. 49; aA *Andres/Leithaus* § 304 RdNr. 3.

[25] Dazu oben vor § 217 RdNr. 32.

[26] RdNr. 223; ebenso *Becker* RdNr. 151.

[27] *Pape/Uhlenbruck*, Insolvenzrecht RdNr. 877; *Frege/Keller/Riedel*, Insolvenzrecht RdNr. 2377.

Sinne erledigen, wenn der RegE eines Gesetzes zur Entschuldung mitteloser Personen, zur Stärkung der Gläubigerrechte sowie zur Regelung der Insolvenzfestigkeit von Lizenzen vom 22. 8. 2007 Gesetz werden sollte. Der Entwurf sieht nämlich die Streichung der §§ 312 bis 314 vor. Das im Entwurf vorgesehene Entschuldungsverfahren (§§ 289 a, 289 b) (siehe dazu *Stephan* NZI 2006, 671) ist kein Gesamtvollstreckungsverfahren; es setzt vielmehr die Ablehnung eines Insolvenzverfahrens voraus (§ 289 a Abs. 1). Diesen Fall regelt aber schon § 1990 BGB. Schließlich kommt auch die von der Gegenansicht angestrebte Anwendung der Vorschrift über ein vereinfachtes Verfahren (§ 312 Abs. 2 aF) im Nachlassinsolvenzverfahren nicht mehr in Betracht. Diese Bestimmung ist nämlich durch das Gesetz zur Änderung der InsO vom 13. 4. 2007 (Bgbl. I S. 2710) aufgehoben worden. Eine entsprechende Regelung enthält jetzt § 5 Abs. 2; sie ist auch im Nachlassinsolvenzverfahren anzuwenden.

5. Tod des Schuldners vor Entscheidung über den Antrag auf Restschuldbefreiung. In diesem Falle ergeben sich ähnliche Probleme wie im Falle des Kleininsolvenzverfahrens. Allerdings sieht § 286 die Restschuldbefreiung für jede natürliche Person vor ohne die berufsspezifischen Unterscheidungen des § 304. Nach der amtlichen Begründung soll aber nur eine natürliche Person auf der Grundlage eines Insolvenzverfahrens über ihr eigenes Vermögen in den Genuss einer Restschuldbefreiung kommen. Schon daraus ergeben sich Zweifel, ob der Gesetzgeber auch dem Erben, sofern er eine natürliche Person ist, die Möglichkeit einer Restschuldbefreiung für den Nachlass eröffnen wollte. Denn der Erbe ist zwar Schuldner im Nachlassinsolvenzverfahren; dieses Verfahren erfasst indessen nur den Nachlass, nicht das Eigenvermögen des Erben. Diese Zweifel verstärken sich noch, wenn man bedenkt, dass die Anwendung der §§ 286 ff. im Nachlassinsolvenzverfahren zu einer völlig willkürlichen und sub specie Haftungsbeschränkung ganz unverständlichen Differenzierung bezüglich der Erben führen würde. Restschuldbefreiung für den Nachlass könnten zwar natürliche Personen als Erben erlangen, während allen übrigen Erben diese versagt bliebe, insbesondere allen juristischen Personen. Offen bleibt auch die Frage, welches Interesse die in Betracht kommenden Erben daran haben könnten, durch erhebliche Einkommens- und Vermögenseinbußen (§§ 287 ff., 295 Abs. 1 Nr. 2) die Befreiung von Verbindlichkeiten zu erreichen, derentwegen sie die Haftung ohne Rückgriff auf ihr Eigenvermögen beschränken können. Dies alles ist mit dem Zweck des neu aufgenommenen Rechtsinstitutes, dem würdigen Schuldner die Möglichkeit zu eröffnen, sich von seinen Verbindlichkeiten zu befreien, nicht zu vereinbaren. Der Nachlass bedarf keiner Schuldbefreiung, und dessen Verbindlichkeiten muss der Erbe auch nicht teilweise aus seinem Eigenvermögen tilgen, schon gar nicht Geldstrafen, die nach dem Tode des Erblassers nicht mehr in den Nachlass vollstreckt werden können, die aber von der Restschuldbefreiung ausgenommen sein sollen, § 302 Nr. 2. Deshalb kann der Erbe im **Nachlassinsolvenzverfahren keine Restschuldbefreiung** beantragen.[28] War ein dahingehender Antrag im Regelinsolvenz- oder Kleinverfahren gestellt worden, ist dieser mit dem Tod des Schuldners gegenstandslos,[29] das Verfahren im Übrigen noch anhängig, § 289 Abs. 2 Satz 2. Es ist als Nachlassinsolvenzverfahren fortzuführen, falls es nicht mangels Masse einzustellen ist. Haftet der Erbe unbeschränkt und ergibt sich hieraus auch eine Überschuldung des Eigenvermögens, ändert dies nichts an der Rechtslage. Der Erbe muss sodann die Erbeninsolvenz (§ 331 Abs. 1) beantragen, um in diesem Verfahren über

---

[28] HK-*Landfermann* § 286 RdNr. 2; *Römermann* in *Nerlich/Römermann* § 299 RdNr. 11; *Hess* InsO § 286 RdNr. 38; *Graf-Schlicker/Kexel* § 299 RdNr. 7; HambKomm-*Wehr* § 11 RdNr. 48; ebd. *Böhm* vor § 315 RdNr. 16; *Andres/Leithaus* § 286 RdNr. 2; *Gottwald/Döbereiner*, Insolvenzrechts-Handbuch, § 112 RdNr. 31, *Nöll* RdNr. 213; *Wiester*, in: *Scherer*, MAH Erbrecht § 25 RdNr. 57. AA *Hüsemann* S. 103, 215, 219 (wo § 1989 BGB nicht berücksichtigt wird); *Klook*, Die überschuldete Erbschaft, S. 151. Vgl. auch HK-*Marotzke* Vor §§ 315 ff. RdNr. 3 und 4, wo auf den zu Lebzeiten erreichten Verfahrensstand abgestellt wird, sowie *K. Schmidt*, Festschrift für Uhlenbruck, S. 666 (Nachlassinsolvenz führt mit Sicherheit zur Nachlassverwertung und nicht zur Restschuldbefreiung).

[29] HambKomm-*Wehr* § 11 RdNr. 48; *Braun/Bauch* § 315 RdNr. 16; *Messner* ZVI 2004, 448.

Schuldenbereinigung oder Restschuldbefreiung zu einer Milderung der Folgen der unbeschränkten Haftung zu gelangen.[30]

7 **6. Tod des Schuldners während der Wohlverhaltensperiode.** Ist das Regel- oder Kleinverfahren aufgehoben (§ 289 Abs. 2) oder ist es nach Anzeige der Masseunzulänglichkeit eingestellt worden (§ 289 Abs. 3), ist der Tod des Schuldners während der sich anschließenden Wohlverhaltensperiode ohne Einfluss auf das abgeschlossene Insolvenzverfahren. Wohl aber berührt der Tod des Schuldners das Verfahren zur Restschuldbefreiung. Das Gesetz regelt in § 299 zwar nur den Fall der vorzeitigen Beendigung des Verfahrens auf Grund Versagung der Restschuldbefreiung. Hierher gehört aber auch der Fall des Todes des Schuldners vor Ablauf der Wohlverhaltensperiode.[31] Denn mit dem Erbfall ist das Verfahren zur Restschuldbefreiung vorzeitig beendet. Eine **Fortführung mit dem Erben des Schuldners ist nicht möglich,** weil es sich bei der Ankündigung der Restschuldbefreiung um die dem Schuldner persönlich eingeräumte Chance handelt, bei Erfüllung bestimmter Obliegenheiten Restschuldbefreiung zu erlangen.[32] Der Versuch, dem Erben als Rechtsnachfolger des Schuldners die Verpflichtung aufzuerlegen, während der restlichen Laufzeit dessen Verbindlichkeiten nach seinen Verhältnissen zu erfüllen,[33] muss daran scheitern, dass der Erbe zwar nach Maßgabe des § 1967 BGB auch für die restlichen Verbindlichkeiten des Erblassers haftet, wegen dieser Verbindlichkeiten aber die Haftung auf den Nachlass beschränken kann. Die Obliegenheiten des Erblassers nach § 295, bei denen es sich nicht um durchsetzbare Pflichten handelt, treffen den Erben dagegen nicht. Fraglich kann nur sein, an wen ein etwaiges Guthaben auf dem Treuhandkonto auszukehren ist. Anspruchsberechtigt sind die noch nicht aus diesem Sondervermögen befriedigten Insolvenzgläubiger, während für Neugläubiger nur der Zugriff auf das freie, nicht auf den Treuhänder übertragene Vermögen bleibt.[34] Auch was auf Grund des sog. Selbstbehaltes (§ 292 Abs. 1 Satz 3) an die Erben auszukehren ist, steht dem Zugriff der Neugläubiger offen, die jetzt mit den Insolvenzgläubigern konkurrieren, § 294. Eine andere Frage ist, ob der **Widerruf der Restschuldbefreiung** gem. § 303 auch nach dem Tode des Schuldners erfolgen kann. Man wird die Frage bejahen müssen,[35] wiewohl Zweifel bestehen können, weil in § 303 Abs. 3 nur vom Schuldner die Rede ist und die InsO darunter nicht stets auch den Erben versteht (z. B. nicht in § 26 Abs. 2). Da sich Gestaltungsrechte aber in der Regel gegen den Erben durchsetzen[36] und das Recht des Insolvenzgläubigers aus § 303 die Wirkung eines Gestaltungsrechts hat, weil es aus unvollkommenen Verbindlichkeiten wieder vollkommene werden lässt, spricht mehr für die Bejahung der Frage. Freilich tritt mit dem Widerruf keine unbeschränkte Nachhaftung des Erben ein. Diesem verbleiben die Möglichkeiten der Haftungsbeschränkung auf den Nachlass, was für die Insolvenz-

---

[30] *Krug* ZERB 1999, 10 will dem unbeschränkbar haftenden Erben ebenfalls die Möglichkeit der Restschuldbefreiung einräumen, nach dem Textzusammenhang aber wohl im Nachlassinsolvenzverfahren. Wie hier *Nöll* RdNr. 214.
[31] BGH NZI 2005, 399.
[32] BGH NZI 2005, 399 m. Anm. *Ahrens;* oben § 299 RdNr. 16; *HK-Landfermann* § 286 RdNr. 2, § 299 RdNr. 2; *Römermann* in: *Nerlich/Römermann* § 299 RdNr. 11; *Braun/Buck* InsO § 299 RdNr. 3; *Andres/Leithaus* § 286 RdNr. 2; *Döbereiner,* Restschuldbefreiung S. 219, 220; *Nöll* RdNr. 504; *Messner* ZVI 2004, 440; *Pape* NJW 2006, 2744, 2747; *Heyrath/Jahnke/Kühn* ZInsO 2007, 1202, 1206.
[33] So FK-*Ahrens* § 286 RdNr. 41; *Kohte/Ahrens/Grote,* Restschuldbefreiung und Verbraucherinsolvenz, 1999 S. 23, 177; *Hess* InsO § 286 RdNr. 38; *Smid/Haarmeyer* § 286 RdNr. 23.
[34] *Braun/Buck* InsO § 299 RdNr. 6; *Häsemeyer* RdNr. 26.47; *Jauernig* Zwangsvollstreckung § 66 III 3b; *Köke/Schmerbach* ZVI 2007, 505; aA *Römermann* in *Nerlich/Römermann* § 299 RdNr. 12 (Auskehrung an die Erben); *Nöll* RdNr. 505; *Heyrath/Jahnke/Kühn* ZInsO 2007, 1202, 1206.
[35] So auch *Krug* ZERB 1999, 10; FK-*Ahrens* § 286 RdNr. 41; *Uhlenbruck/Vallender* § 303 RdNr. 4; *Döbereiner,* Restschuldbefreiung S. 329 (Hinweis auf § 207 BGB); *Messner* ZVI 2004, 440; *Heyrath/Jahnke/Kühn* ZInsO 2007, 1202, 1207; *Köke/Schmerbach* ZVI 2007, 505.
[36] *Lange/Kuchinke* § 47 II 1 e; *Häsemeyer* RdNr. 21.98; RGZ 30, 17 (Anfechtung eines Zwangsvergleichs wegen arglistiger Täuschung); Mot. V 522 (für die Anfechtungsklage wegen Erbunwürdigkeit gem. § 2342 BGB). Die Ausnahme (kein Schenkungswiderruf gegen den Erben des Beschenkten) bedurfte deshalb einer ausdrücklichen Regelung in § 532 BGB.

gläubiger insbesondere im Falle der Verheimlichung der Annahme einer Erbschaft während der Wohlverhaltensperiode (Obliegenheitsverletzung nach § 295 Abs. 1 Nr. 2 und 3) nicht von Nachteil sein muss.[37]

III. Nachlassinsolvenz nach Todeserklärung

Die Todeserklärung begründet die widerlegbare Vermutung, dass der Verschollene in dem im Beschluss festgestellten Zeitpunkt gestorben ist, § 9 VerschG. Damit wird der für tot Erklärte auch erbrechtlich als tot behandelt, weshalb auch ein Nachlassinsolvenzverfahren eröffnet werden kann. War dem für tot Erklärten vor dem im Beschluss über die Todeserklärung festgestellten Zeitpunkt eine Erbschaft oder ein Vermächtnis angefallen, §§ 83, 84, und besteht Ungewissheit darüber, ob der für tot Erklärte den Erblasser überlebt hat, muss nach der Rspr. des BGH[38] voll bewiesen werden, dass dies der Fall ist. Ist der Verschollene zu Unrecht für tot erklärt worden, kann er die Aufhebung der Todeserklärung betreiben. Die Herausgabe seines Vermögens nach Maßgabe des § 2031 BGB kann er jedoch nicht verlangen. Die Eröffnung des Nachlassinsolvenzverfahrens verliert nämlich durch die Aufhebung der Todeserklärung nicht ihre Wirksamkeit.[39] Das Verfahren wird vielmehr mit dem vermeintlichen Erblasser (als Schuldner) als Regelinsolvenzverfahren fortgesetzt. Der Schuldner kann allerdings mit der Begründung, es fehle am Eröffnungsgrund, weil keine Zahlungsunfähigkeit bestehe, die Einstellung des Verfahrens beantragen, § 212. Ob die nach früherem Recht in diesem Falle zulässige Nichtigkeitsbeschwerde auch unter der Geltung der InsO noch eingelegt werden kann, erscheint im Hinblick auf die Neuregelung des § 212 fraglich.[40]

IV. Nachlassinsolvenz und Eigenverwaltung

Anders als beim Kleinverfahren schließt das Gesetz die Anwendung der Vorschriften über die Eigenverwaltung für das Nachlassinsolvenzverfahren nicht aus. Deshalb kann auf Antrag des Erben oder aller Miterben und mit Zustimmung des antragstellenden Gläubigers auch im Nachlassinsolvenzverfahren die Eigenverwaltung angeordnet werden.[41] Da diese aber nicht zu Nachteilen für die Gläubiger führen darf, § 270 Abs. 2 Nr. 3, wird sie noch seltener als im Regelverfahren in Betracht kommen, wo sie schon seltene Ausnahme ist.[42] Deshalb ist eine entsprechende Anordnung unangebracht, wenn zwischen Nachlass und Erben wechselseitige Ansprüche aus §§ 1978, 1979 BGB bestehen; dies gilt erst recht, wenn mit möglichen Ersatzansprüchen gegen den Erben aus § 1980 zu rechnen ist oder wenn er gar wegen Inventaruntreue unbeschränkbar haftet.[43] Dass Masseverbindlichkeiten nach § 324 Abs. 1 Nr. 2, 3 und 4 bestehen, steht der Anordnung der Eigenverwaltung nicht entgegen.[44] War im Regelinsolvenzverfahren Eigenverwaltung angeordnet und stirbt der Schuldner während des Verfahrens, so rückt der Erbe selbstverständlich nicht in die Rechtsstellung des Erblassers als Eigenverwalter ein.[45] Es ist vielmehr ein Insolvenzverwalter

---

[37] Vgl. dazu *Kessler*, Der Erwerb von Todes wegen im Restschuldbefreiungsverfahren nach der InsO, RhNotZ 2003, 557.
[38] BGHZ 62, 112 = NJW 1974, 699.
[39] *Kuhn/Uhlenbruck* RdNr. 6; *Jaeger/Weber* RdNr. 8, jeweils zu § 216 KO; *Andres/Leithaus* vor § 315 RdNr. 19.
[40] Dafür noch *Nerlich/Römermann/Riering* § 316 RdNr. 10; *Kübler/Prütting/Kemper* § 315 RdNr. 32; *Uhlenbruck/Lüer* § 316 RdNr. 10; *Andres/Leithaus* vor § 315 RdNr. 19; *Gottwald/Döbereiner*, Insolvenzrechts-Handbuch, § 112 RdNr. 29.
[41] HK-*Marotzke* Vor § 315 RdNr. 3, § 316 RdNr. 2; *Nerlich/Römermann/Riggert* § 270 RdNr. 15; HambKomm-*Fiebig* § 270 RdNr. 12; *Lange/Kuchinke* § 49 IV 7 b; *Gottwald/Döbereiner*, Insolvenzrechts-Handbuch, § 112 RdNr. 23; *Wiester*, in: *Scherer*, MAH Erbrecht § 25 RdNr. 58; oben vor §§ 270 bis 285 RdNr. 27.
[42] AG Darmstadt ZIP 1999, 149; *Lüke* ZIP 2001, 2145; *Pape* NJW 2002, 1165, 1177.
[43] AG Köln NZI 1999, 466 (keine Eigenverwaltung des Gesellschafter-Geschäftsführers bei Gefährdung von Ersatzansprüchen); *Staudinger/Marotzke* § 2013 RdNr. 4 und 10.
[44] *Gottwald/Döbereiner*, Insolvenzrechts-Handbuch, § 112 RdNr. 23.
[45] HK-*Marotzke* vor § 315 RdNr. 3; *Braun/Bauch* § 315 RdNr. 16.

V. Der Insolvenzplan im Nachlassinsolvenzverfahren

10 Die Vorschriften über den Insolvenzplan sind auch in der Nachlassinsolvenz anwendbar (vgl. § 1989 BGB),[47] was insbesondere bei der beabsichtigten Fortführung eines Erblasserunternehmens bedeutsam ist. Das Planvorlagerecht steht nur (vgl. § 218 Abs. 1) dem Erben und dem Insolvenzverwalter, nicht dagegen dem Testamentsvollstrecker zu, bestr., vgl. § 317 RdNr. 4. Miterben sind nur gemeinsam zur Planvorlage berechtigt.[48] Zu den nachrangigen Verbindlichkeiten, die nach § 225 Abs. 1 als erlassen gelten, gehören insbesondere Verbindlichkeiten gegenüber Pflichtteilsberechtigten und aus den vom Erblasser angeordneten Vermächtnissen und Auflagen (§ 327 Abs. 1 und 2). Die Sonderregel des § 225 Abs. 3 gilt im Nachlassinsolvenzverfahren nur bezüglich der in § 39 Abs. 1 Nr. 3 erwähnten „Nebenfolgen einer Straftat oder Ordnungswidrigkeit, die zu einer Geldzahlung verpflichten", weil die in Nr. 3 weiter aufgeführten Geldstrafen, Geldbußen, Ordnungsgelder und Zwangsgelder im Nachlassinsolvenzverfahren überhaupt nicht geltend gemacht werden können (vgl. § 327 RdNr. 3). Im Übrigen ist das Stimmrecht der nachrangigen Gläubiger des § 327 Abs. 1 und 2 bei der Beschlussfassung über den Plan eingeschränkt, § 246 Nr. 2. Einem Planvorschlag des Verwalters müssen alle Miterben zustimmen, § 247. Widerspricht auch nur ein Miterbe, greift die Fiktion des § 247 Abs. 1 nicht ein.[49] Tritt der Tod des Schuldners während des Verfahrens ein, wird dessen Fortgang nicht berührt.[50] War der Plan beim Erbfall angenommen und bestätigt, treffen den Erben die Verpflichtungen aus dem Plan nur als solchen (§ 1967 Abs. 2 BGB), d. h. mit der Möglichkeit der Haftungsbeschränkung auf den Nachlass. Hat der Erbe (oder alle Miterben) dem Plan zugestimmt, werden – sofern der Plan keinen Vorbehalt enthält – eigene Verpflichtungen begründet, die eine Haftungsbeschränkung ausschließen.[51] Verbleiben insoweit Zweifel, greift § 1989 BGB ein. Vgl. im Übrigen RdNr. 15.

VI. Die Haftung des Erben nach Beendigung des Insolvenzverfahrens

11 **1. Keine Sonderregelung in der InsO.** Die InsO trifft für die **Haftung des Erben** nach Beendigung des Nachlassinsolvenzverfahrens **keine Sonderregelung.** Gleichwohl gilt § 201 für die Haftung des Erben für die Nachlassverbindlichkeiten nicht. Denn diese Bestimmung setzt voraus, dass der Schuldner unbeschränkt, also mit seinem ganzen Vermögen bis zur Befriedigung aller Insolvenzgläubiger haftet, was für den noch beschränkbar haftenden Erben gerade nicht zutrifft. Er kann sich vielmehr in bestimmten Fällen auf erbrechtliche Tatbestände der Haftungsbeschränkung berufen und so den Zugriff der Nachlassgläubiger auf sein Eigenvermögen auch nach Beendigung des Insolvenzverfahrens abwehren, §§ 1989, 1973, 1990, 1991 BGB. Im Einzelnen gilt für die Haftung des Erben nach Beendigung des Verfahrens:

12 **2. Haftung nach Aufhebung des Eröffnungsbeschlusses.** Wird der Eröffnungsbeschluss auf sofortige Beschwerde aufgehoben, § 34 Abs. 3, entfallen dessen Wirkungen (nicht dagegen die Wirksamkeit der Rechtshandlungen des Verwalters, § 34 Abs. 3 Satz 3).

---

[46] *Nerlich/Römermann/Riering* § 315 RdNr. 56; *Gottwald/Döbereiner,* Insolvenzrechts-Handbuch, § 112 RdNr. 23; *Messner* ZVI 2004, 440.

[47] Ausführlich § 217 RdNr. 23, 47, 54; § 218 RdNr. 83, 84; § 257 RdNr. 12.

[48] Vgl. § 315 Anhang RdNr. 5; *Nerlich/Römermann/Riering* § 315 RdNr. 56; *Gottwald/Döbereiner,* Insolvenzrechts-Handbuch, § 115 RdNr. 2; aA eben § 218 RdNr. 83, 84.

[49] *Gottwald/Döbereiner,* Insolvenzrechts-Handbuch, § 115 RdNr. 8.

[50] AA wohl *Messner* (ZVI 2004, 440 unter VIII 1) und *Braun/Bauch* § 315 RdNr. 16, die wegen der fehlenden Zustimmung des Schuldners keine Möglichkeit zur Umsetzung des Plans sehen. Aber auch der Erbe kann zustimmen, wie § 1989 BGB zeigt.

[51] Dazu oben § 257 RdNr. 12.

Die Eröffnung des Verfahrens gilt als nicht erfolgt, weshalb eine Haftungsbeschränkung nach § 1975 nicht eingetreten ist. Der Erbe haftet wieder unbeschränkt, aber beschränkbar, sofern er die Möglichkeit der Haftungsbeschränkung noch nicht verwirkt hat, §§ 1967, 1975, 2013 BGB.

3. Haftung nach Einstellung des Insolvenzverfahrens. Nach Einstellung des Insol- 13 venzverfahrens ergeben sich je nach Einstellungsgrund unterschiedliche Haftungslagen für den Erben. **a)** Wird das Verfahren eingestellt, weil der Schuldner (ggfs. sämtliche Miterben) glaubhaft gemacht hat, dass **kein Eröffnungsgrund** mehr vorliegt, § 212, besteht die gleiche Haftungslage wie vor Eröffnung des Verfahrens, §§ 215, 201. Die Gläubiger können ihre Ansprüche unbeschränkt gegen Nachlass und Eigenvermögen des Erben geltend machen. Nur eine erneute Haftungsbeschränkung durch Nachlassverwaltung oder Nachlassinsolvenz schützt das Eigenvermögen des Erben. **b)** Ebenso verhält es sich im Prinzip, wenn der Erbe oder alle Miterben (Anh. § 315 RdNr. 5) die Zustimmungserklärungen aller Insolvenzgläubiger beibringen (sog. **Gantverzicht**), §§ 213, 215, 201. Auch in diesem Falle haftet der Erbe wie vor der Eröffnung des Verfahrens. Freilich wird diese Haftung selten praktisch werden, weil der Zustimmung der Gläubiger sog. Verzichtsvereinbarungen vorausgehen, die in erster Linie für die Haftung maßgebend sind. Lehnt das Insolvenzgericht den Antrag auf Einstellung nach § 213 ab, ist der Gläubiger nicht beschwerdeberechtigt, § 216 Abs. 2.[52] **c)** Wird das Insolvenzverfahren eingestellt, weil es an einer **kostendeckenden Masse fehlt**, § 207, bestimmt sich die Haftung des Erben nach §§ 1990, 1991 BGB, den ausgeschlossenen und säumigen Gläubigern gegenüber aber nur nach §§ 1973, 1974 BGB.[53] **d)** Stellt das Gericht nach **Anzeige der Masseunzulänglichkeit** das Insolvenzverfahren ein, § 211, so ist nach dem Wortlaut der Bestimmung weder § 1989 noch § 1990 BGB anwendbar. § 1989 BGB knüpft nämlich nicht an das bei Schaffung der Bestimmung noch gar nicht gesetzlich geregelte Verfahren bei Masseunzulänglichkeit an. Er setzt vielmehr eine Schlussverteilung nach § 196 mit anschließender Aufhebung des Insolvenzverfahrens voraus. § 1990 BGB greift nach seinem Wortlaut auch nicht ein, weil er den Fall des § 207 regelt, also das Fehlen einer kostendeckenden Masse, die bei § 211 vorhanden ist. Auch eine entsprechende Anwendung des § 1989 scheidet aus. Zwar wird auch im Verfahren nach Anzeige der Masseunzulänglichkeit Masse verteilt, § 208 Abs. 3; dennoch bleibt das Verfahren zu summarisch. Die Masseunzulänglichkeit wird allein auf Anzeige des Verwalters hin, ohne gerichtliche Überprüfung[54] festgestellt und selbst die anderen Einstellungen vorausgehende Anhörung des Gläubigerausschusses (§ 214 Abs. 2) findet nicht statt. Eine Gläubigerversammlung ist nicht einzuberufen.[55] Deshalb ermöglicht die Einstellung des Insolvenzverfahrens nach § 211 dem Erben nur die Berufung auf § 1990 BGB, was die Fortdauer der Verwalterhaftung bedeutet, § 1991 Abs. 1 BGB.[56]

4. Haftung des Erben nach Schlussverteilung und Aufhebung des Verfahrens. 14 Die in der InsO für diesen Fall getroffene Regelung der unbegrenzten Nachhaftung, § 201 Abs. 1, gilt nur für den unbeschränkbar haftenden Erben, §§ 1989, 2013 Abs. 1 BGB. Der noch beschränkbar haftende Erbe kann sich auf § 1989 i. V. m. 1973 BGB berufen. Das bedeutet, dass er die Erfüllung der noch offenen Nachlassverbindlichkeiten insoweit verweigern kann, als der Nachlass durch das Insolvenzverfahren erschöpft wird, § 1973 Abs. 1 Satz 1 BGB. Deshalb kann er die Befriedigung aus seinem Eigenvermögen und aus solchen Nachlassgegenständen verweigern, die für eine Nachtragsverteilung benötigt werden, § 203 Abs. 1 Nr. 1 bis 3. Dazu gehört auch, was ein absonderungsberechtigter Gläubiger als

---

[52] LG Göttingen ZIP 1999, 1566.
[53] *Gottwald/Döbereiner*, Insolvenzrechts-Handbuch, § 116 RdNr. 12.
[54] Es besteht Bindung des Prozessgerichts durch die formgerechte Anzeige, BGHZ 154, 358, 363 = NJW 2003, 2454.
[55] Oben § 211 RdNr. 11; *Pape* KTS 1995, 189f., 198, 219; *Gottwald/Klopp/Kluth*, Insolvenzrechts-Handbuch, § 74 RdNr. 32; *HK-Landfermann* § 211 RdNr. 6; *Haarmeyer/Wutzke/Förster*, Handbuch, Kap. 8 RdNr. 174; aA *Smid* WM 1998, 1313, 1317; *Nerlich/Römermann/Westphal* § 211 RdNr. 14.
[56] *Gottwald/Döbereiner*, Insolvenzrechts-Handbuch § 116 RdNr. 13.

zunächst nicht erwarteten Übererlös erzielt,[57] dagegen nicht die dem Erben als nicht verwertbar (auch unpfändbar) zurückgegebenen Gegenstände, § 197 Abs. 1 Nr. 3.[58] Insoweit ist eine Vollstreckung möglich. Der Kreis der in Frage kommenden Nachlassgläubiger umfasst, abgesehen von den bei der Schlussverteilung nicht voll befriedigten Gläubigern, die Gläubiger, die ihre Ansprüche im Nachlassinsolvenzverfahren nicht angemeldet oder ihre Anmeldung zurückgenommen haben, die ihre im Prüfungstermin bestrittenen Forderungen nicht weiterverfolgt haben, § 189 Abs. 3, solche, die abgesonderte Befriedigung beansprucht, Verzicht oder Ausfall aber nicht rechtzeitig nachgewiesen haben, § 190, und Gläubiger mit aufschiebend bedingten Forderungen, die bei der Schlussverteilung unberücksichtigt geblieben sind, weil die Möglichkeit des Bedingungseintritts allzu entfernt war, § 191. Ihnen allen haftet der Erbe nur noch nach Bereicherungsrecht. Zum Eintritt der Teilhaftung der Miterben bei Teilung nach Eröffnung des Insolvenzverfahrens vgl. § 2060 Nr. 3 BGB.

15 **5. Haftung des Erben nach Beendigung des Insolvenzverfahrens durch Insolvenzplan.** § 1989 BGB regelt die Haftung des Erben nach Bestätigung des Insolvenzplans (§ 284 Abs. 1) und der sich anschließenden Aufhebung des Verfahrens, § 258, wie schon im Falle der Beendigung des Verfahrens durch Zwangsvergleich (§ 230 KO). Deshalb ist auch unter der Geltung der InsO davon auszugehen, dass § 1989 BGB sich nicht auf die Gläubiger erstreckt, die vom Insolvenzplan betroffen sind. Für sie bestimmt der Inhalt (gestaltender Teil) des Insolvenzplans die Haftung des Erben nach Beendigung des Verfahrens;[59] insbesondere richtet sich danach auch die Beantwortung der Frage, ob der Erbe für die Verpflichtungen aus dem Plan auch mit seinem Eigenvermögen oder nur mit dem Nachlass haftet. Dass nach § 217 die Haftung des Schuldners nach der Beendigung des Verfahrens im Plan abweichend von den Vorschriften der InsO geregelt werden kann, besagt nicht, dass hierbei nur von den Vorschriften der InsO, nicht aber von der Regelung der Erbenhaftung des BGB abgewichen werden kann. Deshalb kann auch der Verzicht des Erben auf die Haftungsbeschränkung Inhalt des Plans sein.[60] Bleibt zweifelhaft, womit der Erbe haftet, greift § 1989 BGB ein. Von § 1989 BGB ebenfalls nicht betroffen sind Masseansprüche, die der Verwalter vor Aufhebung des Verfahrens zu berichtigen hat, § 258 Abs. 2. Ist dies nicht geschehen, ist § 1989 allerdings auch insoweit anwendbar.[61] Auch die Ansprüche nachrangiger Gläubiger werden von § 1989 BGB nicht erfasst, da sie gem. § 225 Abs. 1 als erlassen gelten. Die in § 225 Abs. 3 für Geldstrafen, Geldbußen sowie Ordnungs- und Zwangsgelder vorgesehene Ausnahme ist für das Nachlassinsolvenzverfahren irrelevant, weil solche Verbindlichkeiten nicht gegen den Nachlass geltend gemacht werden können, vgl. § 327 RdNr. 3. Sollten die übrigen nachrangigen Verbindlichkeiten, also insbesondere Pflichtteils- und Vermächtnisansprüche nicht als erlassen gelten, kann sich der Erbe auf § 1989 berufen. Dies gilt auch gegenüber den Gläubigern, die ihre Forderungen nicht ordnungsgemäß angemeldet haben, § 254 Abs. 1 Satz 3. Sie stehen den ausgeschlossenen Gläubigern gleich.[62]

VII. Die Nachlassinsolvenz in der Rechtspraxis

16 Die Nachlassinsolvenz als Mittel der Haftungsbeschränkung hat zwar eine größere Bedeutung als die Nachlassverwaltung als weiteres Mittel zur Beschränkung der Haftung des Erben.[63] Sie macht indessen nur einen kleinen Bruchteil der Gesamtzahl aller Insolvenzen

---

[57] BGH NJW-RR 2006, 262.
[58] *Staudinger/Marotzke* RdNr. 8; *MünchKommBGB-Siegmann* RdNr. 5, jeweils zu § 1989.
[59] *Jaeger/Weber* § 230 KO RdNr. 16; *Gottwald/Döbereiner*, Insolvenzrechts-Handbuch, § 115, RdNr. 9; *MünchKommBGB-Siegmann* § 1989 RdNr. 7; *Staudinger/Marotzke* § 1989 RdNr. 14, 15; oben § 257 RdNr. 12; *Lange/Kuchinke* § 49 VI 3 b.
[60] Vgl. zum früheren Zwangsvergleich *Kuhn/Uhlenbruck* § 230 KO RdNr. 7.
[61] *Gottwald/Döbereiner*, Insolvenzrechts-Handbuch, § 115 RdNr. 11.
[62] *Jaeger/Weber* § 230 KO RdNr. 21; *Staudinger/Marotzke* § 1989 RdNr. 18 und 19; *Gottwald/Döbereiner*, Insolvenzrechts-Handbuch, § 115 RdNr. 13.
[63] Zur Häufigkeit von Nachlassverwaltungen vgl. *Hillebrand* S. 9 f.

aus⁶⁴ und spielt deshalb – verglichen etwa mit der derzeitigen Zahl der Verbraucherinsolvenzen (2005: 68 898) – eine bescheidene Rolle. Die Einschätzung von *Döbereiner*,⁶⁵ dass der Nachlassinsolvenz im Rechtsleben als dem am häufigsten gebrauchten Mittel der Haftungsbeschränkung eine wichtige Funktion zukomme, muss relativiert werden, wenn man die Zahl der jährlichen Sterbefälle (etwa 850 000) mit der Zahl der Nachlassinsolvenzen vergleicht. Danach muss davon ausgegangen werden, dass die meisten der betroffenen Erben eine Haftungsbeschränkung überhaupt nicht ins Auge fassen. Sie ziehen es vor, die Beschränkung ihrer Haftung entweder durch eine Vereinbarung mit den Gläubigern oder durch Berufung auf §§ 1990, 1991 BGB zu erreichen. Die von *Döbereiner*⁶⁶ erwähnte Gepflogenheit, bei überschuldetem Nachlass die Erbschaft auszuschlagen,⁶⁷ verschiebt das Problem nur auf die nachfolgenden Erben. Die Prozesspraxis zeigt, dass die Berufung auf §§ 1990 ff. BGB nach wie vor das wichtigste Mittel der Haftungsbeschränkung ist. Wenn man bedenkt, dass die Zahl der Nachlassinsolvenzen vor 100 Jahren nur unwesentlich unter der heutigen Zahl lag,⁶⁸ muss es, abgesehen vom Fehlen einer kostendeckenden Masse, noch einen weiteren Grund dafür geben, dass die Bedeutung der Nachlassinsolvenz in der Rechtspraxis doch recht gering ist. *Lange-Kuchinke*⁶⁹ sehen diesen Grund nicht zu Unrecht darin, dass die gesetzliche Regelung der Erbenhaftung einschließlich der Haftungsbeschränkung zu kompliziert ist und ein allzu kompliziertes Gesetz von der Praxis nicht angenommen wird. Die Neuregelung der Nachlassinsolvenz wird daran nichts ändern; sie wird als ebenso kompliziert empfunden werden wie die bisherige Regelung.⁷⁰ Dies ist bedauerlich, weil es sich insbesondere bei der Regelung des Nachlasskonkurses um eine logisch und rechtstechnisch bis in die letzten Einzelheiten klug durchdachte juristische Konstruktion handelt, der man eine größere Akzeptanz gewünscht hätte.

§ 315 Örtliche Zuständigkeit

¹ Für das Insolvenzverfahren über einen Nachlaß ist ausschließlich das Insolvenzgericht örtlich zuständig, in dessen Bezirk der Erblasser zur Zeit seines Todes seinen allgemeinen Gerichtsstand hatte. ² Lag der Mittelpunkt einer selbstständigen wirtschaftlichen Tätigkeit des Erblassers an einem anderen Ort, so ist ausschließlich das Insolvenzgericht zuständig, in dessen Bezirk dieser Ort liegt.

Übersicht

	RdNr.		RdNr.
I. Normzweck	1	Zuständigkeit bei Krankenhausaufenthalt	6
II. Einzelerläuterungen	2	3. Mehrere örtl. Zuständigkeiten	7
1. Mittelpunkt einer selbstständigen wirtschaftlichen Tätigkeit	2	4. Zuständigkeit bei ausländischem Wohnsitz	8
Einstellung der Tätigkeit vor dem Erbfall	3	5. Zuständigkeit nach der EuInsVO	9
Verwaltung des eigenen Vermögens	4	6. Zuständigkeit bei Verfahren mit insolvenzrechtlichem Bezug	10
2. Zuständigkeit nach dem allg. Gerichtsstand des Erblassers	5		

---

⁶⁴ Vgl. die Zusammenstellung bei *Gottwald/Döbereiner*, Insovenzrechts-Handbuch, § 110 RdNr. 8 bis zum Jahre 2004. Im Jahre 2005 wurden 2630 Anträge gestellt und 1079 Verfahren eröffnet; 2006 erfolgten 966 Eröffnungen bei 2280 Anträgen.
⁶⁵ Fn. 64 RdNr. 8; *Jaeger/Weber* § 214 KO RdNr. 5 teilen diese Ansicht, ebenso *K. Schmidt*, Festschrift für Uhlenbruck, S. 655, 656. Wie oben *Graf-Schlicker/Messner* vor § 315 ff. RdNr. 5.
⁶⁶ Insolvenzrechts-Handbuch, § 110 RdNr. 8.
⁶⁷ Dazu *Weithase* Rpfleger 1988, 434.
⁶⁸ Vgl. die von *Jaeger*, Erbenhaftung S. 31 für 1896 mitgeteilten Zahlen für das Deutsche Reich (534 Konkurse).
⁶⁹ § 46 VI. Auch nach *Jaeger/Weber* § 214 KO RdNr. 1 liegt eine reichlich komplizierte Regelung vor.
⁷⁰ So auch *Döbereiner*, Restschuldbefreiung S. 53 mwN für das Regelinsolvenzverfahren.

I. Normzweck

1 Die Bestimmung knüpft an die Vorschrift des § 3 an. Hier wie dort entscheidet nun, einer schon frühen Kritik am bisherigen Recht (§ 214 KO) folgend,[1] primär eine bisher vom Erblasser ausgeübte selbstständige wirtschaftliche Tätigkeit über die örtliche Zuständigkeit, nur sekundär richtet sich diese nach dem allgemeinen Gerichtsstand. In beiden Fällen ist die Zuständigkeit eine ausschließliche. Die Bestimmung unterscheidet sich von § 3 dadurch, dass nicht an die Verhältnisse des Schuldners (das ist im Nachlassinsolvenzverfahren der Erbe), sondern an diejenigen des Erblassers angeknüpft wird. Dass damit im Falle einer selbstständigen wirtschaftlichen Tätigkeit des Erblassers die örtliche Zuständigkeit des Insolvenzgerichts von derjenigen des Nachlassgerichts abweicht (in Nachlasssachen bestimmt sich die örtliche Zuständigkeit nach dem letzten Wohnsitz des Erblassers, § 73 FGG), hat der Gesetzgeber bewusst in Kauf genommen. Denn durch die Konzentration der Insolvenzverfahren bei dem Amtsgericht, in dessen Bezirk ein Landgericht seinen Sitz hat (§ 2 Abs. 1), ist die bisherige Identität von Wohnsitzgericht des Erblassers und Nachlassgericht (die im Übrigen auch bisher schon Ausnahmen kannte) ohnehin vielfach aufgehoben worden. An der sachlichen Zuständigkeit (§ 2) ändert die Bestimmung nichts.

II. Einzelerläuterungen

2 **1. Mittelpunkt einer selbstständigen wirtschaftlichen Tätigkeit.** § 315 übernimmt in Satz 2 die Regelung des § 3 Abs. 1 Satz 2, wonach primär die Zuständigkeit desjenigen Insolvenzgerichts eingreift, in dessen Bezirk der Mittelpunkt einer selbstständigen wirtschaftlichen Tätigkeit des Erblassers lag, mag es sich dabei auch um eine geringfügige i. S. v. § 304 aF gehandelt haben. Auch im Nachlassinsolvenzverfahren soll dasjenige Insolvenzgericht zuständig sein, das räumlich dem Gewerbebetrieb, Handelsgeschäft, land- und forstwirtschaftlichen Betrieb, der Praxis oder anderen Unternehmungen, von denen aus der Erblasser tätig geworden ist, am nächsten liegt. Oblag dem Erblasser die Geschäftsführung einer Personengesellschaft oder war er alleiniger Gesellschafter und Geschäftsführer einer GmbH und lag darin jeweils das Schwergewicht seiner wirtschaftlichen Tätigkeit, kann ebenfalls von einer selbstständigen wirtschaftlichen Tätigkeit ausgegangen werden,[2] und zwar ohne Rücksicht darauf, wie sich im Falle der Mitgliedschaft in einer Personengesellschaft die Nachfolge oder das Ausscheiden vollzogen hat (dazu Anh. RdNr. 19 bis 25). Der Mittelpunkt der selbstständigen wirtschaftlichen Tätigkeit bestimmt sich dann nach dem Insolvenzgerichtsstand der Gesellschaft. Ob zwischen dem Erbfall und der Antragstellung ein längerer Zeitraum liegt (für die Nachlassgläubiger beträgt die Antragsfrist zwei Jahre seit Annahme der Erbschaft, § 319, für den Erben besteht keine zeitliche Beschränkung), ist unerheblich. Hat der Erbe das Unternehmen des Erblassers fortgeführt (vgl. Anhang RdNr. 15), erweist sich die gesetzliche Regelung als bes. zweckmäßig. Aber auch bei Abwicklung des Unternehmens mit nachfolgender Insolvenz ist nicht nur wegen der Lage der früheren Betriebsgrundstücke, sondern auch wegen des dort liegenden Schwerpunktes der früheren geschäftlichen Beziehungen die vom Gesetz vorgesehene Regelung sinnvoll. Im Übrigen wird auf die Anm. zu § 3 verwiesen.

3 Hatte der Erblasser seine selbstständige **wirtschaftliche Tätigkeit** schon **vor dem Erbfall endgültig eingestellt** und die geschäftlichen Beziehungen abgewickelt, greift Satz 2 nicht ein.[3] Die Zuständigkeit bestimmt sich dann nach dem allg. Gerichtsstand des Erblassers. Ob etwas anderes zu gelten hat, wenn der Erblasser seine Tätigkeit nicht lange vor seinem Tode aufgegeben hatte, ist fraglich. So zweckmäßig eine solche Erweiterung der

---

[1] *Jaeger*, Erbenhaftung S. 47 Fn. 56.
[2] BGH NJW 2006, 917 (zu § 304); KG NZI 2001, 156; AG Köln NZI 2002, 265 (zu § 304 nF); oben § 3 RdNr. 15; *Nerlich/Römermann/Becker* § 3 RdNr. 37; *Smid* § 3 RdNr. 16; *Graf-Schlicker/Sabel* § 3 RdNr. 8.
[3] HK-*Kirchhof* § 3 RdNr. 8; oben § 3 RdNr. 8; *Braun/Kießner* InsO § 3 RdNr. 6; *Smid* § 3 RdNr. 11; *Graf-Schlicker/Messner* RdNr. 4.

Zuständigkeit nach Satz 2 auch wäre,[4] die damit verbundene Unsicherheit bei der Bestimmung des Gerichtsstandes (wie lange darf die Einstellung des Betriebes zurückliegen?) vertrüge sich nicht mit der gebotenen Eile (das Eröffnungsverfahren ist ein Eilverfahren) bei der Klärung der Zulässigkeitsvoraussetzungen. Richtig ist allerdings, dass auch derjenige Erblasser, der in der Abwicklungsphase seines Unternehmens gestorben ist, bis zum Erbfall eine selbstständige wirtschaftliche Tätigkeit ausgeübt hat.[5]

Hatte der Erblasser nur sein **eigenes Vermögen** oder dasjenige der Familie **verwaltet**, fehlt es am Tatbestand der selbstständigen wirtschaftlichen Tätigkeit. Der Erblasser hatte solchenfalls nicht die Absicht, durch eine planmäßige, auf Erwerb abzielende unternehmerische Tätigkeit am Markt Einkommen zu erzielen und Vermögen zu erwerben.[6] Er beschränkte sich auf Erhalt oder Vermehrung des eigenen Vermögens, was bislang nicht den Tatbestand des Gewerbebegriffs erfüllt hat.[7] Die Zuständigkeit richtet sich deshalb in diesem Fall nach Satz 1. Daran hat auch die Neufassung des § 105 Abs. 2 HGB durch das Handelsrechtsreformgesetz vom 22. 6. 1998 nichts geändert. Zwar sieht diese Bestimmung vor, dass eine Gesellschaft, die nur eigenes Vermögen verwaltet, offene Handelsgesellschaft ist, wenn die Firma des Unternehmens in das Handelsregister eingetragen ist. Daraus kann aber nicht geschlossen werden, dass die Verwaltung eigenen Vermögens durch eine Einzelperson eine gewerbliche bzw. wirtschaftliche Tätigkeit ist. Denn abgesehen davon, dass § 105 Abs. 2 HGB nur Gesellschaften meint, die kein Gewerbe betreiben, betrifft die Bestimmung nicht Einzelpersonen. Sie haben, wie *Habersack*[8] zutreffend bemerkt, eine von der unternehmerischen Betätigung zu sondernde Privatsphäre, zu der auch die Verwaltung des eigenen Vermögens gehört. Auch die Tätigkeit als Vorstand oder sonstiges Organ einer familienbezogenen Vermögensverwaltungsstiftung erfüllt in der Regel nicht den Tatbestand einer selbstständigen wirtschaftlichen Tätigkeit. Der in § 14 BGB neu normierte Unternehmerbegriff kann als Teil des Verbraucherprivatrechts nicht zur Lösung der vorliegenden Frage herangezogen werden. Erwähnt sei jedoch, dass unter das Begriffsmerkmal „gewerbliche oder selbstständige berufliche Tätigkeit" i. S. v. § 14 BGB die Verwaltung eigenen Vermögens so lange nicht fällt, wie sie nicht den für eine zumindest partielle gewerbliche Tätigkeit erforderlichen zeitlichen und organisatorischen Aufwand erfordert.[9]

2. Zuständigkeit nach dem allg. Gerichtsstand des Erblassers. Fehlt es an einer selbstständigen wirtschaftlichen Tätigkeit, richtet sich die Zuständigkeit gem. Satz 1 nach dem allg. Gerichtsstand des Erblassers. Dieser bestimmt sich in erster Linie nach seinem letzten Wohnsitz (§ 13 ZPO i. V. m. §§ 7 ff. BGB), hilfsweise nach dem Aufenthaltsort oder nach dem – aufgegebenen – letzten Wohnsitz. Für das Nachlassinsolvenzverfahren ist wichtig, dass ein ausländischer Wohnsitz, § 16 ZPO, vorgeht.[10] Insofern besteht eine Abweichung gegenüber der örtlichen Zuständigkeit des Nachlassgerichts, die sich zwar ebenfalls nach dem Wohnsitz, den der Erblasser beim Erbfall hatte, richtet, in Ermangelung

---

[4] Dafür *Vallender/Fuchs/Rey* NZI 1999, 355; *HK-Marotzke* RdNr. 3; *Uhlenbruck/Lüer* RdNr. 16; *Andres/Leithaus* RdNr. 3; HambKomm-*Böhm* RdNr. 2; *Gottwald/Döbereiner*, Insolvenzrechts-Handbuch, § 112 RdNr. 27. Wie im Text *Ganter* oben § 3 RdNr. 5 (entscheidend der Zeitpunkt des Todes).
[5] *Bork* ZIP 1999, 303 (zu § 304 aF); oben § 3 RdNr. 7 b; *Smid* § 3 RdNr. 10.
[6] KG NZI 2001, 156. AA *Nerlich/Römermann/Becker* § 3 RdNr. 32; *Hess* InsO § 3 RdNr. 21. Wie hier *Häsemeyer* RdNr. 29.13; oben § 304 RdNr. 52; HambKomm-*Böhm* § 315 RdNr. 2. Einen „unternehmerisch tätigen" Erblasser setzen auch *Gottwald/Döbereiner*, Insolvenzrechts-Handbuch, § 112 RdNr. 27 voraus.
[7] Vgl. die Nachweise bei *Baumbach/Hopt* HGB § 1 RdNr. 13 und bei *Dreher* in *Lieb*, Reform des Handelsstandes, S. 16. Auf den steuerlichen Gewerbebegriff (dazu BFH NJW 2000, 168) kommt es nicht an. – Ausführlich zur Problematik *Schön* DB 1998, 1169, 1171.
[8] In *Lieb* (Fn. 7) S. 78 f. Dagegen *Dreher* (Fn. 7) S. 132 und *Siems* NZG 2001, 738, 742.
[9] *Palandt/Heinrichs* § 14 RdNr. 2; MünchKommBGB-*Micklitz* § 13 RdNr. 45, § 14 RdNr. 19. Entsprechendes galt für § 24 a AGBG (MünchKommBGB-*Basedow* § 24 a AGBG RdNr. 24; *Staudinger/Schlosser* § 24 a AGBG RdNr. 29) und für das VerbrKrG (BGH NJW 2002, 368).
[10] OLG Köln NZI 2001, 380, 381; LSG SchlH ZIP 1988, 1140, 1141; HK-*Kirchhof* § 3 RdNr. 14; *Jaeger/Weber* § 229 KO RdNr. 1; vgl. unten RdNr. 8.

§ 315 6–8   10. Teil. 1. Abschnitt. Nachlaßinsolvenzverfahren

eines inländischen Wohnsitzes aber nach dem Aufenthaltsort des Erblassers zZ des Erbfalls (§ 73 FGG).

6   Der Aufenthalt in einem Krankenhaus oder die Unterbringung in einer psychiatrischen Anstalt führt im allg. nicht zur Aufhebung des bisherigen Wohnsitzes.[11] Es fehlt in diesen Fällen am Merkmal der ständigen Niederlassung mit Domizilwillen, § 7 Abs. 1 BGB. Auch eine nur als vorübergehend gedachte Heimunterbringung führt nicht zu einer Änderung des Wohnsitzes.[12] Anders bei **dauernder Anstalts-** oder **Heimunterbringung** oder im Falle des Wegzuges vom bisherigen Wohnort in ein Altersheim, wenn damit der Wegfall aller persönlichen und vermögensmäßigen Beziehungen (Aufgabe der bisherigen Wohnung) verbunden ist. Bestimmt der Betreuer mit Befugnis zur Aufenthaltsbestimmung (§ 1896 BGB) ein Alters- oder Pflegeheim zum neuen Aufenthaltsort,[13] begründet er dort in der Regel auch den Wohnsitz des Betreuten. Hielt sich der Erblasser zZ des Erbfalls in einem **Sterbehospiz** auf, so war sein Wohnsitz auch dann am Ort des Hospizes, wenn seinem Betreuer zu dieser Zeit die nachgesuchte gerichtliche Genehmigung (§ 1907 BGB) der Wohnungsauflösung noch nicht vorlag, insbesondere wenn die Rückkehr des Erblassers in die zuletzt von ihm bewohnte Wohnung nicht mehr zu erwarten war.[14]

7   **3. Mehrere örtliche Zuständigkeiten.** Mehrere örtliche Zuständigkeiten, etwa bei mehreren Wohnsitzen, § 7 Abs. 2 BGB, begründen unter Umständen die Zuständigkeit verschiedener Insolvenzgerichte. In diesen Fällen hat der Antragsteller die Wahl gem. § 35 ZPO. Mit Eingang seines Insolvenzantrages bei einem zuständigen Insolvenzgericht schließt er gem. § 3 Abs. 2 die Zuständigkeit der übrigen Insolvenzgerichte aus.

8   **4. Zuständigkeit bei ausländischem Wohnsitz.** Sterbeort und Staatsangehörigkeit sind ohne Bedeutung für die Zuständigkeit.[15] Lagen aber Tätigkeitsmittelpunkt und Wohnsitz des Erblassers im Ausland, besteht keine inländische Zuständigkeit.[16] Gleichwohl kann gem. § 354 Abs. 1 ein Partikularinsolvenzverfahren über eine im Inland befindliche Niederlassung des Erblassers oder hier belegenes Vermögen stattfinden, und zwar auch dann, wenn im Ausland bereits ein Insolvenzverfahren eröffnet ist.[17] Dann entfällt der Nachweis des Eröffnungsgrundes, § 354 Abs. 3. Zuständig ist das Insolvenzgericht der belegenen Niederlassung oder hilfsweise des belegenen Vermögens, § 354 Abs. 3. Eine Antragsbefugnis des Schuldners (Erben) besteht allerdings nicht.[18] Der Erbe muss also am Mittelpunkt der wirtschaftlichen Tätigkeit des Erblassers oder an dessen letztem Wohnsitz eine Haftungsbeschränkung anstreben. Die Antragsbefugnis des Gläubigers besteht beim Fehlen einer Niederlassung nur, wenn ein besonderes Interesse an der Eröffnung des Verfahrens gegeben ist, § 354 Abs. 2, etwa dann, wenn Aus- und Absonderungsrechte im ausländischen Verfahren nicht berücksichtigt werden.[19] In jedem Fall kommt wie bisher ein Partikularverfahren nur in Betracht, wenn das im Inland belegene Vermögen die Kosten des Verfahrens deckt,[20] sofern nicht ein Dritter die Kosten übernimmt, § 26 Abs. 1. Im Übrigen wird auf die Kommentierung der §§ 354 ff. verwiesen.

---

[11] *Stein/Jonas/Schumann* ZPO § 12 RdNr. 2.
[12] *Zöller/Vollkommer* ZPO § 13 RdNr. 5.
[13] Die Kündigung der Wohnung des Betreuten bedarf der Genehmigung des Vormundschaftsgerichts, § 1907 BGB.
[14] OLG Düsseldorf FGPrax 2002, 75 bei einer Aufenthaltsdauer von 11 Tagen bis zum Erbfall. Vergleiche auch *Lange/Kuchinke* § 38 II 2.
[15] *FK-Schallenberg/Rafigpoor* RdNr. 31; *Gottwald*, Insolvenzrechts-Handbuch, § 130 RdNr. 134. Teilweise abweichend *Wiester*, in *Scherer*, MAH Erbrecht § 25 RdNr. 26. Vgl. auch *Staudinger/Dörner* Art. 25 EGBGB RdNr. 865.
[16] HK-*Stephan* § 354 RdNr. 10; *Andres/Leithaus/Dahl* § 354 RdNr. 4.
[17] HK-*Stephan* § 354 RdNr. 9; *Andres/Leithaus/Dahl* § 354 RdNr. 1.
[18] MünchKommBGB-*Kindler* Int. InsR RdNr. 1182, 1184; *Braun/Liersch/Delzant* § 354 RdNr. 10.
[19] *Andres/Leithaus/Dahl* § 354 RdNr. 9, *Gottwald/Gottwald*, Handbuch des Insolvenzrechts, § 130 RdNr. 17, 104.
[20] HK-*Stephan* § 354 RdNr. 13.

5. Zuständigkeit bei Geltung der EuInsVO. Im Geltungsbereich der EuInsVO kann 9 abweichend von den vorstehenden Ausführungen im Inland nur dann ein unabhängiges Partikularinsolvenzverfahren eröffnet werden, wenn der Schuldner (worunter hier der Erblasser zu verstehen ist)[21] im Inland eine Niederlassung unterhalten hat und der Gläubiger seinen Wohnsitz, gewöhnlichen Aufenthalt oder Sitz im Lande der Niederlassung hat oder seine Forderung auf einer sich aus dem Betrieb dieser Niederlassung ergebenden Verbindlichkeit beruht, Art. 3 Abs. 2 und 4, 27 EuInsVO. Die Belegenheit von sonstigem Vermögen reicht also für die Eröffnung nicht aus. Wohl aber muss der Erblasser den Mittelpunkt seiner hauptsächlichen Interessen nach Art. 3 Abs. 1 EuInsVO in einem Mitgliedsstaat gehabt haben.[22] Zu beachten ist, dass sich der Umfang der Masse nach dem anwendbaren materiellen Recht richtet, ebenso, welche Verbindlichkeiten zu berücksichtigen sind. Anwendbar sind aber stets §§ 322 ff. Die Art der Vermögenssonderung und der Haftungsbeschränkung sowie die Rangfolge der Gläubiger richten sich jedoch nach deutschem Recht.[23]

6. Zuständigkeit bei Verfahren mit insolvenzrechtlichem Bezug. § 315 regelt 10 ebenso wie § 3 nur die örtliche Zuständigkeit des Insolvenzgerichts, jedoch ausschließlich, so dass keine abweichenden Vereinbarungen möglich sind, § 40 Abs. 2 ZPO. Die Bestimmung besagt auch nichts über die **Zuständigkeit für andere Streitigkeiten** aus Anlass eines Insolvenzverfahrens. Auch §§ 27, 28 ZPO werden nicht berührt. Indirekt regeln §§ 3 und 315 aber doch die örtliche Zuständigkeit in verschiedenen insolvenzrechtlichen Streitigkeiten, so für Klagen, die sich auf die Insolvenzmasse beziehen (§ 19 a ZPO),[24] für die Klagen auf Feststellung des Bestehens einer Forderung im Falle des Bestreitens, §§ 179, 180, jedoch nur bei Eröffnung des Rechtsweges zu den ordentlichen Gerichten, § 185, und auch nicht, wenn das Verfahren bei Eröffnung schon anhängig war, § 180 Abs. 2, § 240 ZPO, bei Klagen auf und gegen die Erteilung eines vollstreckbaren Auszugs aus der Tabelle, §§ 201, 202, und bei entspr. Klagen in Bezug auf den Insolvenzplan, § 257.

Anhang zu § 315

Übersicht

	RdNr.		RdNr.
I. Schuldner und Gegenstand des Nachlassinsolvenzverfahrens	1	4. Der vom Insolvenzbeschlag erfasste Nachlass und seine Veränderungen	11
1. Erbe als Schuldner des Nachlassinsolvenzverfahrens	1	a) Gesamtgut der Gütergemeinschaft	12
2. Begriff des Erben	2	b) Gesamtgut bei Fortsetzung der Gütergemeinschaft	13
3. Pflichten des Erben im Insolvenzverfahren	3	c) Urheberrechte	14
4. Rechte des Erben im Insolvenzverfahren	4	5. Handelsgeschäft des Erblassers	15
		a) Bei Alleinerbfolge	15
5. Miterben als Schuldner	5	b) Bei Vorhandensein mehrerer Erben	17
6. Nichterben als Schuldner?	6	c) Fortführung durch Nachlassverwalter, Nachlasspfleger oder Testamentsvollstrecker	18
7. Der Nachlass als Gegenstand des Insolvenzverfahrens	7		
II. Die Nachlassinsolvenzmasse	8	6. Mitgliedschaft des Erblassers in Personengesellschaften	19
1. Keine spezifischen Regelungen für die Masse	8	a) BGB-Gesellschaft	19
		aa) Bei Vorhandensein einer Fortsetzungsklausel	20
2. Umfang der Masse	9	bb) Bei Vorhandensein einer Nachfolgeklausel	21
3. Die Bedeutung des § 36 InsO für die Nachlassinsolvenz	10	cc) Bei Vorhandensein einer Eintrittsklausel	22

---

[21] So zutreffend HK-*Marotzke* § 315 RdNr. 10.
[22] *Reinhart* Art. 3 EuInsVO RdNr. 5; *Nerlich/Römermann/Mincke* Art. 102 EGInsO RdNr. 83.
[23] *Gottwald*, Insolvenzrechts-Handbuch, § 130 RdNr. 138.
[24] Nur für Passivprozesse des Verwalters, BGH NZI 2003, 545; OLG Schleswig ZIP 2001, 1595.

	RdNr.		RdNr.
b) OHG	23	2. Konvaleszenz	31
Übergangsrecht	24	3. Sonstige Veränderungen	32
c) Vererbung des Kommanditanteils	25	4. Bestandsminderungen durch Rechtsgeschäfte unter Lebenden auf den Todesfall	33
7. Familien- und erbrechtliche Ansprüche und Gestaltungsrechte	26	a) Ausschluss von gesellschaftsrechtlichen Abfindungsansprüchen	34
a) Recht der Ausschlagung	26	b) Lebensversicherungssumme	35
b) Pflichtteils- und Zugewinnansprüche	27	5. Einfluss der Erbenhaftung auf die Masse	36
8. Praxis des freiberuflich tätig gewesenen Schuldners	28	IV. Verwalterauswahl im Nachlassinsolvenzverfahren	37
III. Veränderungen des Umfanges des Nachlasses zwischen Erbfall und Eröffnung	29		
1. Aufhebung von Konfusion und Konsolidation	30		

I. Schuldner und Gegenstand (Haftungsmasse) des Nachlassinsolvenzverfahrens

1 **1. Der Erbe als Schuldner des Insolvenzverfahrens.** Die das Nachlassinsolvenzverfahren regelnden Bestimmungen der InsO (§§ 315 bis 331) enthalten keinen Hinweis darauf, wer Schuldner im Nachlassinsolvenzverfahren ist. Den Begriff „Schuldner" vermeidet das Gesetz. Es spricht nur vom „Nachlass" (§§ 315, 317, 318, 320, 321, 322, 325, 328) bzw. vom „Erben" (§§ 316, 317, 318, 320, 322, 323, 324, 326, 330). Gleichwohl kann nicht fraglich sein, dass der Erbe Schuldner des Insolvenzverfahrens ist,[1] weil nur er Träger des Sondervermögens Nachlass und damit Schuldner der Nachlassverbindlichkeiten ist, § 1967 BGB. Auch wenn § 11 Abs. 2 Nr. 2 in Übereinstimmung mit § 315 bestimmt, dass über einen Nachlass ein Insolvenzverfahren eröffnet werden kann, ist damit nur die Insolvenzfähigkeit des Sondervermögens Nachlass festgelegt. Daraus lässt sich nicht schließen, dass der Nachlass als nicht rechtsfähiges Sondervermögen ohne seinen Rechtsträger am Insolvenzverfahren beteiligt ist.[2] Denn dieses Sondervermögen bildet bis zur Eröffnung des Verfahrens nur einen unselbständigen Teil des Gesamtvermögens des Erben. Als Teilvermögen des Erben kann das nachgelassene Vermögen des Erblassers nicht Träger von Rechten und Pflichten und auch nicht Verfahrensbeteiligter sein. Eine Schuld kann als Pflicht zu einem Tun oder Unterlassen immer nur Personen, also Rechtssubjekte treffen.[3] Mit der Absonderung des Nachlasses vom Eigenvermögen des Erben als Folge der Eröffnung des Insolvenzverfahrens erlangt der Nachlass allerdings die für die Durchführung des Verfahrens erforderliche Selbstständigkeit gegenüber dem sonstigen Vermögen des Erben. Mit dieser haftungsrechtlichen Verselbstständigung des Nachlasses ist indessen kein Übergang der bisherigen Schuldnerstellung des Erben aus § 1967 BGB auf die Masse verbunden. Sie bleibt beim Erben. Freilich unterscheidet sich die Stellung des Erben als Schuldner des Nachlassinsolvenzverfahrens von derjenigen des Schuldners im Regelinsolvenzverfahren

---

[1] BGH NJW-RR 2005, 241; OLG Köln NZI 2005, 472; *Uhlenbruck/Lüer* § 315 RdNr. 6, 10; *Gottwald/Döbereiner*, Insolvenzrechts-Handbuch, § 111 RdNr. 1. Im Übrigen wird auf die Nachweise in Fn. 1 der 1. Aufl. verwiesen. Demgegenüber gehen die amtl. Begründung zu § 11 (BT-Drucks. 12/2443 S. 113) und dieser – unausgesprochen – folgend das LG Göttingen (ZInsO 2000, 619 = Rpfleger 2001, 95 mit abl. Anm. *Siegmann* Rpfleger 2001, 260) davon aus, dass das Sondervermögen Nachlass selbst Schuldner sei. Dazu im Text und in Fn. 6. Zur Stellung des Nachlasspflegers vgl. § 316 RdNr. 2, zu der des Testamentsvollstreckers unten RdNr. 6.

[2] Der Nachlass ist nichts weiter als der Gegenstand des Verfahrens (dazu unten RdNr. 7 und *Jaeger/Ehricke* § 11 RdNr. 83), nicht aber Schuldner, vgl. schon *Strohal*, Erbrecht II (1904) S. 287; *Binder* II (1903) S. 106. Zur Entwicklung der Streitfrage bis zur Verkündung der InsO *Klook*, Die überschuldete Erbschaft, S. 421 ff. Gegen die Ausführungen in der amtl. Begründung zu 363 RegE (BT-Drucks. 12/2443 S. 231), Schuldner i. S. d. §§ 21, 22 des Entwurfs (= §§ 17, 18 InsO) sei der Nachlass, zutreffend *Bork* RdNr. 36, 426; *Jauernig/Berger* Zwangsvollstreckung § 40 RdNr. 7 und *Lange/Kuchinke* § 49 IV 2. Vgl. auch HK-*Marotzke* Vor §§ 315 ff. RdNr. 8.

[3] BGHZ 146, 341, 344 = NJW 2001, 1056; *Bork* RdNr. 65; *Dauner-Lieb* in Lieb (Hrsg.), Die Reform des Handelsstandes, 1999, 101.

nicht unerheblich. Während der Schuldner in der Regelinsolvenz zwar Massegläubiger (nach §§ 100, 55 Abs. 1 Nr. 1), aber nicht Insolvenzgläubiger sein und sich deshalb nicht am eigenen Verfahren beteiligen kann, kann der Erbe nicht bloß Massegläubiger (nach §§ 324, 55 Abs. 1 Nr. 1), sondern auch Insolvenzgläubiger sein, § 326, insbesondere Vermächtnisnehmer (§ 2150 BGB) und sogar Pflichtteilsberechtigter (vgl. § 327 RdNr. 5). Wenngleich der Erbe in diesen Fällen Gläubiger und nicht eigentlich Schuldner ist, ist er es doch nur als Träger seines Eigenvermögens. Daneben bleibt er als Träger des Nachlasses Schuldner.

2. Begriff des Erben. Die InsO geht vom **Erbenbegriff des BGB** aus. Deshalb ist es für die Nachlassinsolvenz, anders als beim Regelinsolvenzverfahren, gleichgültig, wer Schuldner ist. Es wird im Nachlassinsolvenzverfahren nicht berufsspezifisch wie bei § 304 und auch nicht zwischen natürlichen und juristischen Personen wie bei §§ 12, 15, 19, 286 unterschieden. **Maßgeblich** ist allein die **Erbfähigkeit.** Diese kommt natürlichen und juristischen Personen, dem nasciturus (§ 1923 Abs. 2 BGB) und solchen nichtrechtsfähigen Personenvereinigungen zu, die der juristischen Person stark angenähert sind (OHG, KG, nichtrechtsfähiger Verein). Sie alle können Erben und mit dem ihnen angefallenen Nachlass auch Schuldner im Insolvenzverfahren sein. Gleiches gilt nach der neueren Rechtsprechung des BGH auch für die (Außen-)GbR.[4] Nicht erbfähig sind demgegenüber nach wie vor die eheliche Gütergemeinschaft (trotz § 333) und die Miterbengemeinschaft als solche. Dem steht nicht entgegen, dass die Miterben einen Miterbenanteil oder eine transmittierte Erbschaft erwerben können. Denn dies beruht allein darauf, dass diese schon zum Nachlass gehörten oder noch dem Erblasser angefallen waren (§ 83). Die Miterben sind wie der Alleinerbe Träger des Nachlasses (§ 2032 BGB), als Gemeinschaft aber nicht erb- und auch nicht insolvenzfähig.[5]

3. Die Pflichten des Erben im Nachlassinsolvenzverfahren. Die Pflichten und persönlichen Beschränkungen, die im Regelinsolvenzverfahren den Schuldner treffen, bestehen im Nachlassinsolvenzverfahren für den Erben. So besteht für ihn die allg. Mitwirkungspflicht des § 97, insbesondere die Auskunftspflicht der §§ 20, 97 Abs. 1, auch die Offenbarungspflicht des § 98. Ebenso unterliegt er der Pflicht der eidesstattlichen Versicherung der Richtigkeit der Vermögensübersicht des Verwalters gem. § 153 Abs. 2. Es kann ihm eine Einschränkung der Bewegungsfreiheit auferlegt werden, § 97 Abs. 3, und selbst die Verhängung einer Postsperre, § 99, sowie die zwangsweise Vorführung und Verhaftung nach Anhörung, § 98 Abs. 2 und 3, kommen in Betracht.[6] Die Insolvenzverfahrenspflichten können nach § 101 auch die sog. Erbenvertreter (Nachlasspfleger, Nachlassverwalter und Testamentsvollstrecker) treffen, vgl. oben §§ 20 RdNr. 62; 101 RdNr. 14. Dagegen treffen den Erben die bei § 80 RdNr. 13 bis 19 dargelegten beruflichen und staatsbürgerlichen Beschränkungen des Schuldners nicht, auch keine familienrechtlichen Beschränkungen, die ohnehin nicht automatisch der Insolvenzeröffnung folgen. Die Bekanntmachung über die Eröffnung des Nachlassinsolvenzverfahrens (§§ 9, 30) enthält nicht den Namen des Erben, weil das Verfahren nicht unter dessen Namen geführt wird,[7] und eine Eintragung des Erben in das Schuldnerverzeichnis im Falle der Ablehnung des Eröffnungsantrages, § 26 Abs. 2, findet nicht statt, weil dessen Vermögensverhältnisse nicht betroffen sind, vgl. § 1 Abs. 2 SchuVVO.

---

[4] AA Vorauft. Wie hier jetzt die hM; vgl. MünchKommBGB-*Leipold* § 1923 RdNr. 31 (anders noch 3. Aufl. § 1923 RdNr. 32); *Palandt/Sprau* § 705 RdNr. 24; *Palandt/Edenhofer* § 1923 RdNr. 7; *Habersack* BB 2001, 477, 479; *Ulmer* ZIP 2001, 585, 586; *Lange/Kuchinke* § 4 III Fn. 12 a.

[5] *Staudinger/Werner* § 2032 RdNr. 4; *Gottwald/Döbereiner*, Insolvenzrechts-Handbuch § 110 RdNr. 2. Der BGH verneint die Rechtsfähigkeit der Miterbengemeinschaft, NJW 2002, 3389; 2006, 3715. Vgl. auch § 316 RdNr. 6.

[6] Zur Mitarbeitspflicht des Schuldners vgl. § 1 RdNr. 133.

[7] Deshalb treffen die Erwägungen des OLG Brandenburg (NZI 2002, 385) zur Unwirksamkeit eines Eröffnungsbeschlusses, der den Namen des Schuldners nicht enthält, für die Nachlassinsolvenz nicht zu, zumal dort die Eröffnung auch dann möglich ist, wenn der Erbe noch nicht bekannt ist, § 316 Abs. 1.

4. Die Rechte des Erben im Nachlassinsolvenzverfahren. Auch insoweit steht der Erbe dem Insolvenzschuldner gleich. Er kann die Eröffnung beantragen, § 317, sofortige Beschwerde gegen den Eröffnungsbeschluss einlegen, § 34 Abs. 2, oder gegen die Abweisung des Antrages mangels Masse, § 26, und insbesondere der Feststellung zur Tabelle widersprechen, §§ 176 Satz 2, 178 Abs. 2, um die Titelwirkung der Eintragung zu verhindern, § 178 Abs. 2 i. V. m. § 1991 Abs. 3 BGB. Unterbleibt ein Widerspruch, ist damit trotz § 201 Abs. 2 keine Haftung mit dem Eigenvermögen verbunden, sofern der Erbe nicht unbeschränkt haftet.

5. Miterben als Schuldner. Sind mehrere Erben vorhanden, was dem Normalfall entspricht, ist jeder Einzelne Insolvenzschuldner. Gleichwohl haben Miterben gem. § 2038 BGB ihre Rechte grundsätzlich gemeinsam auszuüben. Es gibt aber Ausnahmen: Jeder Miterbe kann den Eröffnungsantrag stellen, § 317 Abs. 1 und 2, sofortige Beschwerde gegen den Eröffnungsbeschluss oder die Ablehnung der Eröffnung einlegen (vgl. § 317 RdNr. 11) oder der Feststellung zur Tabelle widersprechen. Freilich beschränkt sich dann die Wirkung des Widerspruchs auf den bestreitenden Miterben. Für die Haftung mit dem Eigenvermögen gilt auch hier § 1989 BGB, der insoweit § 780 ZPO vorgeht. Für sonstige Verwaltungshandlungen und Verfügungen bleibt es beim Gesamthandsprinzip der §§ 2038, 2040 BGB, sofern trotz Insolvenzeröffnung mit der Wirkung des § 80 noch Raum für Rechtshandlungen der Miterben bleibt. Folglich können Miterben den Einstellungsantrag nach § 213 beim Gantverzicht oder nach § 212 wegen Wegfalls des Eröffnungsgrundes nur gemeinsam stellen, weil beide Bestimmungen einen „Antrag des Schuldners" voraussetzen.[8] Nach bisherigem Recht konnte ein Zwangsvergleich nur auf Vorschlag aller Erben geschlossen werden, § 230 KO. Daran hat sich (wie die Streichung der gegenteiligen Regelung im RegE zeigt) für den Insolvenzplan nichts geändert.[9] Zum Planinitiativrecht nach § 218, zur Zustimmung des Schuldners nach § 247 und zur Eigenverwaltung vgl. auch Vor § 315 RdNr. 9, 10.

6. Nichterben als Schuldner? Nichterben, die in näherer rechtlicher Beziehung zum Nachlass stehen, können zwar Insolvenzantrag stellen, so der Nachlasspfleger, Nachlassverwalter, Testamentsvollstrecker, Ehegatte des Erben, falls der Nachlass zum Gesamtgut gehört, und der Erbschaftskäufer. Sie können aber, abgesehen vom Erbschaftskäufer, § 330, nicht Schuldner im Nachlassinsolvenzverfahren sein. Schuldner ist stets der Träger der Vermögensmasse Nachlass, woraus sich auch die Regelung des Gesetzes für die Stellung des Erbschaftskäufers erklärt. Insbesondere kann der verwaltende Testamentsvollstrecker nicht Schuldner sein,[10] auch nicht der im Wege der vorweggenommenen Erbfolge Begünstigte, der Putativ- oder Scheinerbe oder derjenige, der sich nur als Erbe geriert, ebenso wenig wer durch Verfügung von Todes wegen bedacht ist, ohne Erbe zu sein (Vermächtnisnehmer und Auflagenbegünstigter).

7. Der Nachlass als Gegenstand (Haftungsmasse) des Insolvenzverfahrens. Die InsO übernimmt in §§ 11, 315 die Terminologie des BGB. Dort wird das Vermögen des Erblassers als Nachlass bezeichnet, wenn es auf den unmittelbaren Bezug zu seinem Träger nicht ankommt, so in § 1975 BGB. Ein sachlicher Unterschied zu dem in §§ 316 Abs. 1, 319, 330 verwendeten Begriff „Erbschaft" besteht nicht. Hier soll – wie in verschiedenen Bestimmungen des BGB, z. B. in §§ 1922, 1942, – mit der Bezeichnung „Erbschaft" mehr die Verbindung des Erben mit dem angefallenen Vermögen, seine rechtliche Stellung in

---

[8] Vgl. oben §§ 212 RdNr. 7, 213 RdNr. 5; *Gottwald/Döbereiner*, Insolvenzrechts-Handbuch § 111 RdNr. 7.
[9] HK-*Marotzke* Vor §§ 315 ff. RdNr. 4; *Braun/Frank* InsO § 218 RdNr. 2 (für Gesellschafter); *Häsemeyer* RdNr. 33.10; *Jauernig/Berger* Zwangsvollstreckung § 67 RdNr. 5; *Gottwald/Döbereiner*, Insolvenzrechts-Handbuch, § 115 RdNr. 2; *Wiester*, in: *Scherer*, MAH Erbrecht § 25 RdNr. 168. AA oben § 218 RdNr. 83, 84.
[10] AA *Häsemeyer* RdNr. 33.12 für den verwaltenden Testamentsvollstrecker sowie HK-*Kirchhof* § 34 RdNr. 8 (solange der Erbe unbekannt ist) und *Kübler/Prütting/Kemper* § 316 RdNr. 6 für den Nachlasspfleger. Wie hier *Gottwald/Döbereiner*, Insolvenzrechts-Handbuch, § 111 RdNr. 14; *Hess* InsO § 35 RdNr. 34; *Heyrath/Jahnke/Kühn* ZInsO 2007, 1202, 1203; *Floeth* EWiR 2008, 111.

Bezug auf dieses angesprochen werden. Gemeint ist stets die Gesamtheit aller vermögensrechtlichen Rechte, Rechtsstellungen und Rechtsverhältnisse einschließlich der Verbindlichkeiten. Sie alle bilden zusammen den Nachlass i. S. v. § 315.

II. Die Nachlassinsolvenzmasse[11]

1. Keine speziellen Regelungen. Die InsO enthält keine speziellen Vorschriften bzgl. der Masse in der Nachlassinsolvenz. Deren Umfang ist deshalb gem. §§ 35 bis 37 zu bestimmen, wobei sich freilich Ausnahmen und Ergänzungen ergeben, insbesondere nach § 1975 BGB. Eine Beschränkung bei der Verwertung von Massemitteln sieht § 328 vor.

2. Umfang der Masse. Dieser wird für die Regelinsolvenz durch § 35 festgelegt. Danach wird das gesamte in- und ausländische Vermögen des Schuldners zZ der Eröffnung des Verfahrens und dasjenige, das er während des Verfahrens erwirbt (sog. Neuerwerb), vom Insolvenzbeschlag erfasst. Im Nachlassinsolvenzverfahren erfährt diese Bestimmung eine wesentliche Einschränkung. In diesem Verfahren ist, wie oben angeführt, nur der Nachlass i. S. v. §§ 11, 315 Gegenstand des Insolvenzverfahrens.[12] Deshalb wird zwar der Nachlass im Umfang seines Bestandes bei Eröffnung des Verfahrens[13] einschließlich der vom Gesetz (§§ 1978 Abs. 2, 1980 Abs. 1 S. 2 BGB) dem Nachlass zugeordneten Ansprüche gegen den Erben und gegen Nachlasspfleger und Testamentsvollstrecker[14] vom Insolvenzbeschlag erfasst, nicht dagegen das „gesamte Vermögen" des Erben und auch nicht das „Vermögen, das der Schuldner während des Verfahrens erlangt". Insoweit geht § 1975 BGB als lex specialis der Bestimmung des § 35 vor. Denn mit der Eröffnung des Nachlassinsolvenzverfahrens beschränkt sich die Haftung des Erben auf den Nachlass, also auf das Vermögen des Erblassers, weshalb das vorhandene **Eigenvermögen des Erben** und dessen nach Eröffnung des Verfahrens erworbenes Vermögen **nicht zur Insolvenzmasse** gehören (vgl. auch § 84 RdNr. 4). Daran ändert auch eine unbeschränkte Haftung des Erben nichts. Sie ermöglicht zwar den Nachlassgläubigern den Zugriff auf das Eigenvermögen des Erben außerhalb des Insolvenzverfahrens, vgl. § 2013 Abs. 1 BGB, erweitert aber nicht den Umfang der Insolvenzmasse.[15] Denn die Nichterwähnung des § 1975 BGB in § 2013 BGB bewirkt lediglich, dass die Eröffnung des Verfahrens zu keiner Haftungsbeschränkung führt. Die Vermögenstrennung wird durch die Eröffnung aber selbstverständlich herbeigeführt, weil das Nachlassinsolvenzverfahren ja auch dazu dient, den Nachlass ausschließlich zur Befriedigung der Nachlassgläubiger zur Verfügung zu stellen.[16] Im Nachlassinsolvenzverfahren ist deshalb die zweite Alternative des § 35 nicht anwendbar.[17] Dem lässt sich nicht entgegenhalten, § 35 2. Altern. müsse auch im Nachlassinsolvenzverfahren anwendbar sein, damit Vermögenswerte, die der Erbe mit Nachlassmitteln während des Verfahrens erwirbt, als Neuerwerb zur Masse gehörten.[18] Denn solche Mittel gehören auch dann von Anfang an zur Masse, wenn der Erbe sie entgegen seiner Verpflichtung aus § 148 nicht dem Verwalter aushändigt. Veruntreut er diese Nachlassmittel, ist die daraus erwachsende Gegenleistung nicht Neuerwerb, sondern über den Anspruch auf das commodum ex negotiatione

---

[11] *Schmidt-Kessel,* Was ist Nachlass?, WM 2003, 2086.
[12] *Schmidt-Kessel* WM 2003, 2086.
[13] AA *Hess* InsO § 315 RdNr. 14, der auf den Zeitpunkt des Erbfalls abstellt. Wie hier *Uhlenbruck* § 35 RdNr. 1; *Uhlenbruck/Lüer* § 315 RdNr. 6; *Braun/Bauch* InsO § 315 RdNr. 5; *Kübler/Prütting/Kemper* § 315 RdNr. 11; *Gottwald/Döbereiner,* Insolvenzrechts-Handbuch, § 113 RdNr. 1; *Lange/Kuchinke* § 49 IV 4.
[14] *Häsemeyer* RdNr. 33.29.
[15] *Planck/Flad* § 2013 Anm. 2 c.
[16] *Staudinger/Marotzke* § 2013 RdNr. 4; aA *Hüsemann* S. 125.
[17] *Schmidt-Kessel* WM 2003, 2086 Fn. 3. – Den obigen Ausführungen hat *Geitner* (Der Erbe in der Insolvenz, S. 33) mit der Begr. widersprochen, Schenkungen an den Nachlass würden nicht erfasst. Schenkungen an die Masse sind aber wie die Massesurrogation vom Neuerwerb auf Grund Rechtshandlungen des Schuldners zu unterscheiden. Sie fallen automatisch in die Masse (vgl. etwa *Häsemeyer* RdNr. 9.28 und HambKomm-*Lüdtke* § 35 RdNr. 50), wie auch alle Rechte und Gegenstände zur Masse gehören, die der Verwalter durch Rechtsgeschäfte für diese erwirbt, *Häsemeyer* aaO; *Jaeger/Henckel* § 35 RdNr. 101.
[18] So *Hüsemann* S. 97, 103.

(§ 285 BGB) Bestandteil des Nachlasses.[19] Zu beachten ist, dass unvererbliche Rechte, insbesondere höchstpersönliche, nicht zum Nachlass gehören. Sie erlöschen mit dem Erbfall. Deshalb ist es für die Nachlassinsolvenz unerheblich, ob eine gewerberechtliche Personalerlaubnis bei der Regelinsolvenz in die Masse fällt oder ob sie beim Schuldner verbleibt. Das Wahlrecht der Ehegatten nach § 26 Abs. 2 EStG für eine Getrennt- oder Zusammenveranlagung erlischt nicht mit dem Tode eines Ehegatten. Es geht nach der Rspr. des BFH[20] auf dessen Erben über. Deshalb wird es bei der Insolvenz über den Nachlass des Ehegatten durch den Nachlassinsolvenzverwalter ausgeübt.[21] Zum Umfang der Masse bei Eröffnung des Verfahrens nach durchgeführter Teilung vgl. die Bemerkungen zu § 316 RdNr. 4.

10   **3. Die Bedeutung des § 36 für die Nachlassinsolvenzmasse.** Obzwar § 315 nur vom Nachlass als Gegenstand des Nachlassinsolvenzverfahrens spricht, besteht Einigkeit darüber, dass auch im Nachlassinsolvenzverfahren im Hinblick auf § 36 nur der pfändbare Teil des Nachlasses die Insolvenzmasse bildet. Zwingend geboten ist eine solche Regelung nicht. Denkbar wäre, der Insolvenzmasse als Ausgleich für das nicht anfallende Neuvermögen den ganzen Nachlass zuzuweisen, was einen Gleichlauf bei Durchführung und bei Ablehnung des Verfahrens mangels Masse zur Folge hätte. Denn nach der derzeitigen Regelung steht den Gläubigern nur der pfändbare Teil des Nachlasses zur Verfügung, wenn es zur Durchführung des Verfahrens kommt, während der Erbe bei Ablehnung der Eröffnung oder bei Einstellung des Verfahrens mangels Masse, §§ 26, 207 Abs. 1, im Falle der Erhebung der Dürftigkeitseinrede den Nachlassgläubigern auch die unpfändbaren Gegenstände herauszugeben hat.[22] Gleiches gilt für die Bereicherungshaftung nach Durchführung des Insolvenzverfahrens gem. § 1989 BGB. Diese Inkonsequenz kann allerdings hingenommen werden, weil sich der Pfändungsschutz im Falle der Nachlassinsolvenz zwangsläufig aus der Person des Erben beurteilt,[23] so dass er in den Fällen des § 811 Abs. 1 ZPO vielfach leerläuft. Die durch das InsOÄndG 2001 für entsprechend anwendbar erklärten §§ 850, 850a, 850c, 850e, 850f Abs. 1 und 850g bis 850i ZPO sind im Nachlassinsolvenzverfahren nicht anwendbar, weil das Einkommen des Erben nicht Massebestandteil wird. Auch die Pfändungsbeschränkung des § 863 Abs. 1 ZPO ist im Nachlassinsolvenzverfahren ohne Bedeutung, vgl. Abs. 2 der Bestimmung.[24] Zur Frage, ob das beim Tod des Schuldners während des Verfahrens vorhandene unpfändbare Vermögen als Nachlass in die Masse fällt, vgl. oben vor §§ 315 ff. RdNr. 3 a.

11   **4. Umfang des Insolvenzbeschlags.** Der vom Insolvenzbeschlag erfasste Nachlass unterscheidet sich von der Masse des Regelinsolvenzverfahrens als Folge des Erbfalls nach verschiedenen Richtungen. Gegenüber den §§ 35, 36 und 37 ergeben sich folgende Abweichungen:

12   a) Während § 37 die Zugehörigkeit des **Gesamtgutes der Gütergemeinschaft** zur Masse von der alleinigen Verwaltungsbefugnis des Insolvenzschuldners abhängig macht,[25] gehört im Falle des Todes eines Ehegatten (Erblasser i.S.v. §§ 315ff.) sein Anteil am Gesamtgut ebenso wie sein Vorbehalts- und Sondergut zum Nachlass, § 1482 BGB. Über-

---

[19] *Jaeger/Henckel* § 35 RdNr. 101; *Kuhn/Uhlenbruck* § 1 KO RdNr. 103; *Braun/Bäuerle* InsO § 35 RdNr. 78; *Baur/Stürner* Insolvenzrecht RdNr. 13.28; *Pech* S. 94; *Gottwald/Döbereiner*, Insolvenzrechts-Handbuch, § 113 RdNr. 1; *Runkel*, Festschrift für Uhlenbruck, S. 315, 318; nach *Kübler/Prütting/Kemper* § 315 RdNr. 11 dient § 35 der Erfassung des Neuerwerbs des Nachlasses; so wohl auch *Hess* InsO § 315 RdNr. 14 und *Lange/Kuchinke* § 49 IV 4. Zutreffend oben § 11 RdNr. 65: Der Umfang der Haftungsmasse bestimmt sich nach Erbrecht.
[20] BFHE 81, 236, 239; ZEV 2007, 542.
[21] BGH NJW 2007, 2556 m. abl. Anm. *Englisch*.
[22] MünchKommBGB-*Siegmann* § 1990 RdNr. 13 mwN.
[23] *Jaeger/Weber* § 214 KO RdNr. 33; *Kuhn/Uhlenbruck* § 214 KO RdNr. 2; *Schmidt-Kessel* WM 2003, 2086 Fn. 2; *Gottwald/Döbereiner*, Insolvenzrechts-Handbuch, § 113 RdNr. 2. Vgl. auch § 811 Abs. 1 Nr. 6 ZPO für den Fall der Einzelzwangsvollstreckung.
[24] *Gottwald/Döbereiner*, Insolvenzrechts-Handbuch, § 113 RdNr. 2.
[25] BGH NZI 2006, 402.

lebender Ehegatte und Erben bilden eine Liquidationsgemeinschaft, in der der Insolvenzverwalter die Rechte der Erben wahrzunehmen hat, § 84. Eine solche Gemeinschaft entsteht auch dann mit der Eröffnung des Insolvenzverfahrens, wenn der überlebende Ehegatte alleiniger Erbe geworden ist und deshalb zunächst keine Auseinandersetzungsgemeinschaft vorhanden war, § 1976 BGB.[26]

b) Hatten die Ehegatten **Fortsetzung der Gütergemeinschaft** vereinbart, verbleibt es beim Insolvenzfall zu Lebzeiten der Ehegatten bei der Regelung des § 37. Tritt der Erbfall ein, gehört der Anteil des verstorbenen Ehegatten am Gesamtgut nicht zum Nachlass, § 1483 Abs. 1 Satz 2 BGB. Über das Gesamtgut der fortgesetzten Gütergemeinschaft ist aber ein Sonderinsolvenzverfahren möglich, § 332.

c) Während die Zwangsvollstreckung in das **Urheberrecht** zu Lebzeiten des Urhebers nur mit seiner Einwilligung erfolgen kann, § 113 UrhG, das Urheberrecht folglich nur mit Einwilligung des Urhebers in die Masse fällt,[27] bedarf es im Nachlassinsolvenzverfahren der Einwilligung des Erben nicht, wenn das Werk erschienen ist, § 115 Satz 2 UrhG. Anders bei Nutzungsrechten. Sie fallen in die Masse, ohne dass § 34 UrhG im Wege steht. Ihre Übertragung durch den Insolvenzverwalter unterliegt allerdings § 34 UrhG.

5. Handelsgeschäft des Erblassers. Sein rechtliches Schicksal verläuft unterschiedlich, je nachdem ob Alleinerbfolge oder Miterbennachfolge eintritt:

a) Bei **Alleinerbfolge** fällt das Handelsgeschäft des Erblassers in den Nachlass. Hieran ändert auch die Fortführung des Unternehmens durch den Erben zunächst nichts. Wird das Nachlassinsolvenzverfahren eröffnet, fällt das Unternehmen mit der Firma, unter der der Erblasser es geführt hat, in die Masse. Streitig war und ist, ob der Insolvenzverwalter das **Unternehmen mit Firma** nur mit Zustimmung der Erben **veräußern** kann (der des Gläubigerausschusses bedarf es auch, § 160 Abs. 1 Nr. 1). Ausgangspunkt aller bisherigen Stellungnahmen zu dieser Frage ist die Rspr. des BGH zur Firmenübertragung. Hierbei wird für das Zustimmungserfordernis darauf abgestellt, ob es sich bei der Firma um eine solche handelt, bei deren Bildung die Aufnahme des in Frage stehenden Familiennamens gesetzlich vorgesehen (§ 18 HGB aF) oder freigestellt ist. Nur für den ersten Fall hat der BGH einen hinreichenden, die wirtschaftlichen Interessen der Konkursgläubiger überwiegenden personalen Bezug zwischen Firma und Familiennamen gelten lassen (BGHZ 85, 221, 224), während bei einer freiwilligen Lösung des Namens von einer bestimmten Person durch Verbindung mit einer GmbH dieser personenrechtliche Bezug als aufgehoben anzusehen ist. Demgemäß wurde und wird angenommen, dass der Konkursverwalter, der das Unternehmen eines Einzelkaufmannes zusammen mit der Firma veräußern will, der Einwilligung der Erben bedarf.[28] Mit der Änderung des Firmenrechts durch das Handelsrechtsreformgesetz v. 22. 6. 1998 ergibt sich indessen eine andere Rechtslage. Jetzt ist für alle nach dem 1. 7. 1998 unter Verwendung des Familiennamens des Erblassers gegründeten Unternehmen im Sinne der neueren Rspr. des BGH (BGHZ 85, 221, 224) zu entscheiden, weil § 18 HGB nunmehr auch für die Firma des Einzelkaufmannes eine Sach- oder Phantasiefirma zulässt. Daraus ist zwingend zu schließen, dass sich die Erben des Firmengründers bei Veräußerung des Unternehmens durch den Nachlassinsolvenzverwalter nicht mehr auf § 22 HGB berufen können.[29] Ob dies auch für sog. Altunternehmen gilt, die unter der Geltung des bisherigen

---

[26] Zur Rechtsstellung des zum alleinigen Vorerben berufenen Ehegatten vgl. MünchKommBGB-*Kanzleiter* § 1482 RdNr. 5.
[27] *Jaeger/Henckel* § 35 RdNr. 44; *Baur/Stürner* Insolvenzrecht RdNr. 13.5; *Gottwald/Döbereiner,* Insolvenzrechts-Handbuch, § 113 RdNr. 3; oben § 35 RdNr. 361.
[28] *Smid* § 35 RdNr. 11; *Kuchinke* ZIP 1987, 681, 686; *Bork* RdNr. 118; *Gottwald/Arnold,* Insolvenzrechts-Handbuch (1. Aufl.), § 105 RdNr. 13; *Staub/Hüffer* § 22 RdNr. 37; *Breuer* NJW Beilage 1/1999 S. 10. Eine Zustimmung halten für entbehrlich *Jaeger/Weber* § 214 KO RdNr. 29; *Jaeger/Henckel* § 35 RdNr. 23; *Nerlich/Römermann/Andres* § 35 RdNr. 36; MünchKommBGB-*Schwerdtner* § 12 RdNr. 152; MünchKommHBG-*Bokelmann* § 22 RdNr. 55, 56; *Muscheler* S. 421; *Wiester,* in: *Scherer,* MAH Erbrecht § 25 RdNr. 33.
[29] Oben § 35 RdNr. 496; *Jaeger/Henckel* § 35 RdNr. 27; *Kübler/Prütting/Holzer* § 35 RdNr. 71 a; MünchKommHGB-*Heidinger* § 22 RdNr. 81; MünchKommBGB-*Bayreuther* § 12 RdNr. 146; *Uhlenbruck* § 35

Rechts gegründet wurden und deshalb zwingend den Namen ihres Gründers in ihrer Firma führen müssen, ist zweifelhaft. *Steinbeck* (Fn. 29) verneint dies und will auf Altunternehmen weiterhin § 24 Abs. 2 HGB anwenden, während *W. H. Roth* (Fn. 29) nur für eine Übergangszeit noch bisheriges Recht anwenden will. Für das Nachlassinsolvenzverfahren sollte diese Übergangszeit mE mit dem Erbfall enden. Bis dahin stand dem Erblasser die Möglichkeit einer Firmenänderung offen; und die Erben sind nicht gehindert, sich unter einer neu gewählten Sachfirma wirtschaftlich zu betätigen. Außerdem sollte die von der Rspr. geforderte Abwägung der Interessen der Namensträger und der Interessen der Gläubiger des Erblassers unter einem neuen Gesichtspunkt gesehen werden. § 35 verlangt jetzt vom Schuldner, dass er über viele Jahre hinweg die Früchte seiner Arbeit seinen Gläubigern zur Verfügung stellt, wiewohl die Arbeit durchaus Ausfluss der Persönlichkeit ist.[30] Dann sollte es dem Erben als Träger des Erblassernamens nicht gestattet sein, unter Hinweis auf den personalen Bezug des Firmennamens trotz Freiheit in der Firmengründung die Firma des Erblassers weiterhin für sich wirtschaftlich nutzbar zu machen. Vgl. auch oben § 35 RdNr. 505.

16 b) Bisher ist stets vorausgesetzt, dass die Fortführung des Unternehmens des Erblassers durch den Erben noch nicht zu einer **Änderung der Identität zwischen Erblasser- und Erbenbetrieb** geführt hat. Kann eine solche Identität nicht mehr festgestellt werden, fällt das Unternehmen bei Eröffnung des Nachlassinsolvenzverfahrens nicht in die Masse.[31] Bei der Annahme, dass es an der Identität fehle, ist allerdings Zurückhaltung geboten. Im Ausgangsfall der Rspr.[32] war das Unternehmen zweieinhalb Jahre von der Erbin fortgeführt worden. Dieser Zeitraum ist in der Regel nicht ausreichend, um die Annahme einer Ausgliederung aus dem Nachlass zu rechtfertigen. Zählen irgendwann Geschäft und Firma nicht mehr zum Nachlass, bleibt dem Insolvenzverwalter der Anspruch auf die Betriebsgrundstücke, auf die vom Erblasser herrührende Einrichtung sowie auf Waren und Außenstände, die zum Zeitpunkt des Erbfalls vorhanden waren. Im Übrigen besteht eine Ersatzpflicht des Erben aus § 1978 BGB, auch für den sog. Goodwill des Betriebes, den er dem Nachlass mit dem Unternehmen bei der Fortführung im eigenen Namen entnommen hat.[33]

17 c) Besonderheiten ergeben sich, wenn **Miterben** das **Handelsgeschäft des Erblassers fortführen.** Das können sie auch als Miterben, ohne dass darin schon der Abschluss eines Gesellschaftsvertrages zu sehen ist.[34] Wegen der Surrogationsvorschrift des § 2041 BGB gehören – anders als beim Alleinerben – alle Geschäftsgegenstände, die während der Fortführung des Erblasserunternehmens erworben wurden, zum Nachlass. Da auch das Unternehmen selbst im Nachlass verbleibt, bieten Übernahme und Fortführung durch den

---

RdNr. 101; *Hess* InsO §§ 35, 36 RdNr. 141; *Koller/Roth/Morck* HGB § 17 RdNr. 25; *Canaris* Handelsrecht § 10 RdNr. 67 bis 70 (aber Nachfolgezusatz erforderlich); *Häsemeyer* RdNr. 9.08; *K. Schmidt* Handelsrecht § 12 I 3 c; *Gottwald/Döbereiner*, Insolvenzrechts-Handbuch, § 113 RdNr. 15; ebd. *Klopp/Kluth* § 26 RdNr. 3; *Haarmeyer/Wutzke/Förster*, Handbuch, Kap. 5 RdNr. 488; *Uhlenbruck* ZIP 2000, 401, 403; *Steinbeck* NZG 1999, 133, 137; *W.-H. Roth* in *Lieb*, Reform des Handelsstandes S. 50, 62, 63, 134; *Jauernig/Berger* Zwangsvollstreckung § 48 RdNr. 4; *Gottwald/Haas*, Insolvenzrechts-Handbuch, § 94 RdNr. 51 (für Personengesellschaften); *Braun/Bäuerle* InsO § 35 RdNr. 55. Dagegen halten eine Zustimmung für erforderlich *Baumbach/Hopt* § 17 RdNr. 47; *Kübler/Prütting/Kemper* § 315 RdNr. 13; *Kern* BB 1999, 1717, 1720; *Wertenbruch* ZIP 2002, 1931, 1934 sowie *Ott* oben § 80 RdNr. 57 für Altunternehmen.
[30] *Kuhn/Uhlenbruck* § 1 KO RdNr. 78; *Pech* S. 23; *Borck* RdNr. 118.
[31] Näher zu dieser Problematik *Jaeger/Weber* § 214 KO RdNr. 29; *Gottwald/Döbereiner*, Insolvenzrechts-Handbuch, § 113 RdNr. 16; *Staudinger/Marotzke* (2000) § 1922 RdNr. 104; *HK-Marotzke* § 315 RdNr. 4; *MünchKommBGB-Siegmann* § 1985 RdNr. 5; *Muscheler* S. 350 und ausführlich *Dauner-Lieb*, Unternehmen in Sondervermögen, S. 173 ff.
[32] OLG Braunschweig OLGE 19, 231.
[33] *Gottwald/Döbereiner*, Insolvenzrechts-Handbuch, § 113 RdNr. 16; *MünchKommBGB-Siegmann* § 1985 RdNr. 5; *Muscheler* S. 351.
[34] BGHZ 17, 299 = NJW 1955, 1227; 92, 259 = NJW 1985, 136. Ausführlich dazu *Muscheler* S. 408 f. Zur Frage, ob auch den Anteilserwerbern die Fortführung des in ungeteilter Erbengemeinschaft betriebenen Handelsgeschäftes möglich ist, vgl. KG ZEV 1999, 28 (verneinend) und *Keller* ZEV 1999, 174 (bejahend).

Nachlassinsolvenzverwalter keine Schwierigkeiten. Nur wenn die Miterben zur Fortführung des Unternehmens eine Gesellschaft (OHG) gegründet haben, ist das Unternehmen nicht mehr Bestandteil des Nachlasses. Der Insolvenzverwalter ist in diesem Falle wie bei der Aussonderung des Unternehmens durch den Alleinerben auf Ersatzansprüche aus § 1978 BGB angewiesen. Außerdem kann er noch vorhandene Nachlassgegenstände herausverlangen.[35]

d) Die **Fortführung** des Handelsgeschäftes des Erblassers **durch Nachlasspfleger, Nachlassverwalter oder Testamentsvollstrecker** erfolgt im Rahmen der Verwaltung des Nachlasses für den Erben. Deshalb gehört das Handelsgeschäft in der Nachlassinsolvenz zur Masse, gleichgültig, ob der Nachlasspfleger als Vertreter des unbekannten Erben[36] oder ob der Nachlassverwalter fortgeführt hat. Das Unternehmen ist an den Verwalter herauszugeben, § 148, der die weiteren Entscheidungen nach §§ 158 ff. herbeizuführen hat. Dies gilt auch für den Fall der Testamentsvollstreckung. Ohne Rücksicht darauf, ob das Unternehmen des Erblassers vom Testamentsvollstrecker als Bevollmächtigtem des Erben oder als dessen Treuhänder im eigenen Namen fortgeführt worden ist, ist es bei Eröffnung des Nachlassinsolvenzverfahrens dem Verwalter zu überlassen.[37] 18

6. Mitgliedschaft des Erblassers in Personengesellschaften. a) Die **Gesellschaft des bürgerlichen Rechts** wird nach § 727 BGB durch den **Tod eines Gesellschafters aufgelöst**, sofern der Gesellschaftsvertrag nicht etwas anderes vorsieht. An die Stelle des verstorbenen Gesellschafters treten dessen Erben, und zwar als Erbengemeinschaft. Der Gesellschaftsanteil ist Teil des Nachlasses.[38] Dies gilt indessen nur, wenn die Gesellschaft abgewickelt wird. Beschließen übrige Gesellschafter und Erbe/Erben die Fortsetzung der Gesellschaft, greift eine Sondernachfolge ein. Die Miterben erwerben die Gesellschafterstellung dann im Wege der Nachlassteilung persönlich entsprechend ihrem Miterbenanteil.[39] Verbleibt es bei der Abwicklung, ergreift der Insolvenzbeschlag auch den Anteil an der Abwicklungsgesellschaft. Die Verwaltungsbefugnis des Insolvenzverwalters erfährt keine Einschränkung.[40] 19

Sieht der Gesellschaftsvertrag für den Fall des Todes eines Gesellschafters die **Fortsetzung unter den übrigen Gesellschaftern** vor (§ 736 BGB), scheidet der Gesellschafter mit seinem Tode aus der Gesellschaft aus. Der gem. § 738 BGB entstehende Abfindungsanspruch fällt in den Nachlass[41] und gehört deshalb im Falle der Eröffnung des Nachlassinsolvenzverfahrens zur Masse. Einen Ausschluss dieses Anspruchs haben Erben und Nachlassinsolvenzverwalter nach hM als ein Rechtsgeschäft unter Lebenden auf den Todesfall hinzunehmen.[42] 20

Die in § 727 BGB vorgesehene anderweitige Regelung betrifft zunächst **Nachfolgeklauseln** mit dem Inhalt, dass der Gesellschaftsanteil beim Tod des Gesellschafters auf dessen Erben übergeht. Bei der Einsetzung eines Alleinerben ergeben sich dann keine Schwierigkeiten. Wird der Gesellschafter von mehreren Erben beerbt, erwerben diese die Gesellschafterstellung nicht gesamthänderisch gebunden. Vielmehr tritt eine Sondererbfolge ein, wobei jeder Miterbe den seiner Erbquote entsprechenden Teil der vererbten Gesellschafterstellung erwirbt. Für das Nachlassinsolvenzverfahren ist von erheblicher Bedeutung, ob die 21

---

[35] Dazu näher *Jaeger/Weber* § 214 KO RdNr. 30; *Gottwald/Döbereiner*, Insolvenzrechts-Handbuch, § 113 RdNr. 17. Im Ergebnis ebenso *Canaris*, Handelsrecht § 9 RdNr. 21.
[36] BGHZ 161, 281 = NJW 2005, 756; MünchKommBGB-*Leipold* § 1960 RdNr. 52.
[37] *Gottwald/Döbereiner*, Insolvenzrechts-Handbuch, § 113 RdNr. 19; *Muscheler* S. 329.
[38] BGHZ 98, 48 = NJW 1986, 2431.
[39] MünchKommBGB-*Ulmer* § 727 RdNr. 14. Zur Frage, welche Rechte dem Verwalter in diesem Falle zustehen, vgl. RdNr. 21.
[40] Staudinger/*Habermeier* § 727 BGB RdNr. 12; MünchKommBGB-*Ulmer* § 727 RdNr. 23; MünchKommBGB-*Siegmann* § 1985 RdNr. 6 (für den Nachlassverwalter); aA BayObLG Rpfleger 1988, 318; NJW-RR 1991, 361.
[41] MünchKommBGB-*Ulmer* § 727 RdNr. 58. Dem entspr. die Regelung in § 9 Abs. 4 Satz 1 PartGG.
[42] MünchKommBGB-*Ulmer* § 738 RdNr. 61; Staudinger/*Habermeier* § 727 BGB RdNr. 27; *Deckert* NZG 98, 43, 45; *Habersack* in *Lieb*, Reform des Handelsstandes S. 87. Vgl. auch unten RdNr. 34.

§ 315 Anh 22, 23
10. Teil. 1. Abschnitt. Nachlaßinsolvenzverfahren

jeweilige Gesellschafterstellung des Allein- oder Sondererben zum Nachlass gehört. Die Auffassung von der Nachlasszugehörigkeit der so erworbenen Gesellschafterstellungen hat sich nach langer Diskussion inzwischen auch in der Rspr. des BGH[43] durchgesetzt. Folglich wird ohne Rücksicht darauf, ob es sich um einen Allein- oder um Miterben handelt, der in den Nachlass gefallene und ggfs. auch kraft Gesetzes aufgeteilte Gesellschaftsanteil vom Insolvenzbeschlag erfasst. Die mit der Eröffnung des Insolvenzverfahrens über das Vermögen eines Gesellschafters sonst verbundene Auflösung der Gesellschaft (§ 728 Abs. 2 S. 1 BGB) tritt allerdings nicht ein,[44] weil sich die Insolvenz nur auf den Nachlass, nicht aber auf das Eigenvermögen des Gesellschaftererben bezieht. Der Insolvenzverwalter kann allerdings die Vermögensrechte, die mit dem Anteil verbunden sind (Gewinnansprüche, Anspruch auf das Auseinandersetzungsguthaben), ausüben und im Wege der Kündigung gem. § 725 BGB den Wert des Gesellschaftsanteils für die Masse realisieren. Für den Fall der sog. qualifizierten Nachfolgeklauseln, die nur für einen oder einen Teil der Miterben das Einrücken in die Gesellschaft vorsehen, gilt insoweit nichts anderes. Zu der Frage eines Ausgleichsanspruchs der weichenden Miterben siehe § 327 RdNr. 8.

22 Enthält der Gesellschaftervertrag eine **Eintrittsklausel** für den Fall des Todes eines Gesellschafters, liegt darin zugleich auch die Regelung der Fortsetzung der Gesellschaft unter den übrigen Gesellschaftern. Solchenfalls kann keine Gesellschafterstellung in den Nachlass fallen. Sollte keine anderweitige Regelung getroffen werden, entsteht für den/die Erben ein Abfindungsanspruch nach §§ 736, 738 BGB, der Nachlassgegenstand ist und im Falle der Nachlassinsolvenz Massebestandteil. War der Abfindungsanspruch vermächtnisweise dem Eintrittsberechtigten zugewendet, liegt bei Erfüllung vor Eröffnung der Nachlassinsolvenz § 322 vor; im Falle einer Zuwendung durch Rechtsgeschäft unter Lebenden greift Schenkungsanfechtung nach § 134 ein. Tritt der Erbe vor Eröffnung der Nachlassinsolvenz auf Grund seines Eintrittsrechts, das nicht zum Nachlass gehört, in die Gesellschaft ein, verwendet er das Abfindungsguthaben für sich. Dafür schuldet er der Masse gem. § 1978 BGB Ersatz.

23 **b)** Für die Mitgliedschaft in einer **offenen Handelsgesellschaft** galten ursprünglich die unter a) dargelegten Grundsätze, die von der Rspr. vornehmlich zur OHG entwickelt wurden. Auch die OHG wurde nach der gesetzlichen Regelung des § 131 Nr. 4 HGB durch den Tod eines Gesellschafters aufgelöst, sofern sich nicht aus dem Gesellschaftsvertrag ein anderes ergab. Das Handelsrechtsreformgesetz vom 22. 6. 1998 (BGBl. I S. 1474) hat u. a. den Auflösungsgrund des § 131 Nr. 4 (Tod des Gesellschafters) beseitigt und durch eine Neuregelung ersetzt. Nunmehr führt der **Tod** des Gesellschafters mangels abweichender gesellschaftsvertraglicher Regelung **zum Ausscheiden des Gesellschafters,** § 131 Abs. 3 Nr. 1 HGB. Gleiches gilt für die Eröffnung des Insolvenzverfahrens über das Vermögen des Gesellschafters, § 131 Abs. 3 Nr. 2 HGB. Damit entspricht die jetzige Regelrechtsfolge bei der OHG dem unter RdNr. 20 dargestellten Fall der vereinbarten Fortsetzungsklausel.[45] Der Abfindungsanspruch ist Nachlassgegenstand und im Insolvenzfall vom Verwalter geltend zu machen. Ob die Eröffnung des Nachlassinsolvenzverfahrens nach neuem Recht zum Ausscheiden des Gesellschafters führt, könnte fraglich sein.[46] Indessen ist auch nach neuem Recht zu beachten, dass die Nachlassinsolvenz nicht über das Vermögen des Gesellschafters,

---

[43] BGHZ 98, 48 = NJW 1986, 2431; 108, 187 = NJW 1989, 3152.
[44] BGHZ 91, 132, 137 = NJW 1984, 2104; OLG Hamm ZEV 1999, 234; Hess InsO § 315 RdNr. 7; MünchKommBGB-*Ulmer* § 705 RdNr. 126; *Gottwald/Döbereiner*, Insolvenzrechts-Handbuch, § 113 RdNr. 26; *Baur/Stürner* Insolvenzrecht RdNr. 33.13; *Häsemeyer* RdNr. 33.19. AA *Kübler/Prütting/Kemper* § 315 RdNr. 20; *Uhlenbruck/Lüer* § 315 RdNr. 21; *K. Schmidt,* Festschrift für Uhlenbruck, S. 665; *Baumbach/Hopt* § 131 RdNr. 22; *Windel* S. 291. Eingehend und kritisch zu BGHZ 91, 132 auch M. Siegmann, Personengesellschaftsanteil und Erbrecht, 1992, S. 144–147.
[45] Dazu kritisch *Habersack* (Fn. 42) S. 85; *K. Schmidt* NJW 1998, 2161, 2166; *Staudinger/Marotzke* (2000) § 1922 RdNr. 173 a.
[46] Dafür *K. Schmidt* Fn. 45; *Lange/Kuchinke* § 5 VI 6; *Wiester,* in: *Scherer,* MAH Erbrecht § 25 RdNr. 35; dagegen *Staudinger/Habermeier* § 728 BGB RdNr. 19; HambKomm-*Böhm* vor § 315 RdNr. 11.

sondern über den Nachlass des früheren Gesellschafters eröffnet wird, was für die bisherige Rspr. des BGH[47] spricht.

Für die bis zum 1. 7. 1998 (Tag des Inkrafttretens des Handelsrechtsreformgesetzes) **24** eingetretenen Erbfälle und stets dann, wenn eine Nachfolgeklausel vereinbart ist, gilt noch das bisherige Recht. Das bedeutet, dass eine Liquidationsgesellschaft entsteht, wenn die Gesellschaft aufgelöst wurde. In sie kann auch der Insolvenzverwalter einrücken. Enthält der Gesellschaftsvertrag – wie in der Rechtspraxis häufig – eine Nachfolgeklausel, gelten die Ausführungen unter RdNr. 21. Insbesondere führt auch hier die Eröffnung des Nachlassinsolvenzverfahrens nicht zur Auflösung der Gesellschaft bzw. zum Ausscheiden des Gesellschafter-Erben aus dieser. Dem Insolvenzverwalter verbleibt die Geltendmachung der Vermögensrechte und die Kündigung. In Abweichung von der Regelung des BGB steht dem/den Erben nach § 139 HGB ein **Wahlrecht** zu, das ausschließlich ihm vorbehalten ist und deshalb nicht vom Insolvenzverwalter ausgeübt werden kann.[48] Der Erbe kann die Einräumung einer Kommanditistenstellung verlangen, was der Gesellschaftsvertrag von vornherein vorsehen kann. Im Falle der Ablehnung durch die übrigen Gesellschafter kann der Erbe sein Ausscheiden aus der Gesellschaft erklären. In beiden Fällen steht der Geltendmachung der sich **nach der Wahl** des Erben ergebenden Rechte durch den Insolvenzverwalter nichts im Wege. Für das Eintrittsrecht gelten die Ausführungen unter RdNr. 22. Nach Art. 41 EGHGB gelten die §§ 131 bis 142 HGB in der früheren Fassung, wenn ein Gesellschafter bis zum 31. 12. 2001 die Anwendung dieser Vorschriften gegenüber der Gesellschaft verlangt hat, bevor innerhalb dieser Frist ein zum Ausscheiden des Gesellschafters führender Grund eintritt. Das Verlangen des Gesellschafters konnte aber durch einen Gesellschafterbeschluss zurückgewiesen werden.

c) Die **Vererbung des Kommanditanteils**[49] bereitet in diesem Zusammenhang die **25** wenigsten Probleme. § 177 idF des Handelsrechtsreformgesetzes stellt klar, dass beim Tod eines Kommanditisten wie nach bisherigem Recht die Gesellschaft mangels abweichender vertraglicher Bestimmungen mit den Erben festgesetzt wird. Es kommt also nicht zur Auflösung der Gesellschaft.[50] Auch hier tritt Sondererbfolge ein, wenn mehrere Erben vorhanden sind, was aber nichts daran ändert, dass der (oder die) Kommanditanteil(e) in den Nachlass fallen. Dem Insolvenzverwalter bleibt allerdings – wie auch sonst – nur die Geltendmachung der vermögenswerten Rechte einschließlich des Kündigungsrechts. Ein automatisches Ausscheiden bei Eröffnung des Nachlassinsolvenzverfahrens findet auch hier nicht statt.[51]

7. Familien- und erbrechtliche Gestaltungsrechte und Ansprüche. a) § 83 Abs. 1 **26** S. 1 bestimmt für das Regelinsolvenzverfahren, dass der Schuldner über das rechtliche Schicksal einer ihm vor Eröffnung des Verfahrens angefallenen Erbschaft allein zu entscheiden hat. Er kann sie annehmen oder ausschlagen. Gleiches gilt für ein Vermächtnis. Für das Nachlassinsolvenzverfahren gilt nichts Anderes. Stirbt der erste Erbe vor Ablauf der Ausschlagungsfrist und wird während des Laufs der Frist über seinen Nachlass das Nachlassinsolvenzverfahren eröffnet (Fall des § 316 Abs. 1, denkbar etwa im Falle des § 1944 Abs. 3 BGB), geht mit der Erbschaft das Recht zur Ausschlagung auf den Erbeserben über (§ 1952 Abs. 1 BGB). Dieser entscheidet allein darüber, ob die Erbschaft in die Masse fällt; Insolvenzverwalter oder Testamentsvollstrecker können die Wahl des Erbeserben nicht verhindern[52] selbst dann nicht, wenn die Ausschlagung erfolgt, um den Anfall der ersten Erbschaft

---

[47] BGHZ 91, 132, 137 = NJW 1984, 2104; vgl. aber auch MünchKommHGB-*K. Schmidt* § 131 RdNr. 73 mwN.
[48] MünchKommBGB-*Siegmann* § 1985 RdNr. 6.
[49] Bei vermächtnisweiser Zuwendung siehe *Reymann*, Das Vermächtnis des Kommanditisten, ZEV 2006, 307.
[50] *Habersack* (Fn. 42) S. 88.
[51] *Gottwald/Döbereiner*, Insolvenzrechts-Handbuch, § 113 RdNr. 32.
[52] *Jaeger/Windel*, § 83 RdNr. 3; oben § 83 RdNr. 10.

§ 315 Anh 27   10. Teil. 1. Abschnitt. Nachlaßinsolvenzverfahren

an sich selbst (etwas als Ersatzerbe oder Nächstberufener) zu erreichen. Die Nachlassgläubiger haben diese Entscheidung zu akzeptieren, auch wenn damit der Verlust eines wesentlichen Aktivpostens der Masse verbunden ist. Macht der Erbe von seinem Recht keinen Gebrauch, fällt der Nachlass des ersten Erblassers, auch ein Miterbenanteil, § 1952 Abs. 3, in die Masse (§§ 1942 Abs. 1, 1953 Abs. 2 BGB).[53] Der Anfall erfolgt in dem vom ersten Erblasser bestimmten Umfang und mit den von ihm angeordneten Beschränkungen und Belastungen. Dies gilt insbesondere für die Anordnung einer Testamentsvollstreckung, die der Insolvenzverwalter – anders als bei dem von ihm in Verwaltung genommenen Nachlass – zu beachten hat.[54] Der Insolvenzverwalter hat aber über den dem Erblasser angefallenen Nachlass das Insolvenzverfahren zu beantragen, wenn dessen Verbindlichkeiten nur aus dem Nachlass des Erblassers gedeckt werden könnten. Insoweit trifft die allg. vertretene Auffassung zu, dass § 83 Abs. 1 S. 1 auch im Nachlassinsolvenzverfahren anzuwenden sei.[55] Anders verhält es sich bei der 2. Altern. des § 83 Abs. 1 S. 1 („oder geschieht dies während des Verfahrens"). Sie ist richtiger Ansicht nach im Nachlassinsolvenzverfahren nicht anzuwenden. Es ist nämlich begrifflich ausgeschlossen, dass dem Erblasser des Erben während des Verfahrens, also nach seinem Tod, eine Erbschaft anfällt.[56] Erbe kann nur werden, wer im Zeitpunkt des Erbfalles lebt (§ 1923 BGB). Dies gilt im Übrigen auch dann, wenn der Erblasser diesen zum Vorerben und den Erbenschuldner des Nachlassinsolvenzverfahrens zum Nacherben eingesetzt hat (§ 83 Abs. 2). Tritt der Nacherbfall während des Verfahrens ein, fällt die Vorerbschaft nicht in den Nachlass; sie fällt dem Erbenschuldner aus eigenem Recht an, sodass auch § 35 Abs. 1 2. Altern. nicht anwendbar ist.[57] Vgl. auch § 329 RdNr. 3.

27   b) **Pflichtteils- und Zugewinnansprüche** sind zwar vererblich und übertragbar (§§ 1378 Abs. 3, 2317 Abs. 2 BGB), nach § 852 ZPO vor Anerkenntnis oder Rechtshängigkeit aber nicht pfändbar. Daraus wurde bisher gefolgert, dass sie auch nicht Massebestandteil seien. Die neuere Rspr. des BGH zur Pfändung des Pflichtteilsanspruchs zur Verwertung[58] muss indessen zu einem anderen Ergebnis führen. Nunmehr gehört auch der noch nicht anerkannte oder rechtshängig gemachte Pflichtteilsanspruch des Erblassers zur Masse,[59] wenngleich die Verwertung ohne Mitwirkung des Schuldners (Erben) nicht möglich ist,[60] der andererseits wegen der Massezugehörigkeit des Anspruchs diesen nicht mehr abtreten oder verpfänden kann. Er darf allerdings von seiner Geltendmachung absehen, ohne dass dies gegen die Vorschriften der Insolvenzanfechtung verstößt.[61] Handelt es sich um einen an den Erblasser abgetretenen Anspruch, ist dieser pfändbar und ohne Einschränkung zur Masse gehörig.[62]

---

[53] *Marotzke*, Festschrift für Otte, 2005, S. 236; aA wohl *Strohal* II S. 17 RdNr. 3a.
[54] BGHZ 167, 352 = NJW 2006, 2698 = ZEV 2006, 405 m. Anm. *M. Siegmann*. Zur Haftung für die Verbindlichkeiten der 1. Erbschaft vgl. § 331 RdNr. 7.
[55] *Uhlenbruck/Uhlenbruck* § 83 RdNr. 12; *Braun/Krohn* § 83 RdNr. 7; HambKomm-*Kuleisa* § 83 RdNr. 9.
[56] Deshalb verweisen *Jaeger/Windel* § 83 RdNr. 3 und *Schumann* (oben § 83 RdNr. 10) zutreffend nur auf § 83 Abs. 1 1. Altern.
[57] *Jaeger/Windel* § 83 RdNr. 26.
[58] BGHZ 123, 183 = NJW 1993, 2876.
[59] So zutreffend HK-*Eickmann* § 35 RdNr. 24 (Abweichung von Vorauflage); oben § 83 RdNr. 13 (Abweichung von Vorauflage); *Braun/Kroth* § 83 RdNr. 6; *Braun/Bäuerle* § 35 RdNr. 43; MünchKommBGB-*Lange* § 2317 RdNr. 17; *Lange/Kuchinke* § 37 VII 2b; *Kuchinke* NJW 1994, 1769, 1772; *Klumpp* ZEV 1998, 123, 126; *Keim* ZEV 1998, 127, 128; *Windel* KTS 1995, 367, 383; *Pech* S. 31. AA *Nerlich/Römermann/Wittkowski* § 83 RdNr. 11; *Graf-Schlicker/Scherer* § 83 RdNr. 5; *Nerlich/Römermann/Andres* § 36 RdNr. 34; *Hess* InsO § 83 RdNr. 26; *Häsemeyer* Rn. 9.10; § 35 RdNr. 432; § 36 RdNr. 53; *Gottwald/Klopp/Kluth*, Insolvenzrechts-Handbuch, § 25 RdNr. 38; *Haarmeyer/Wutzke/Förster*, Handbuch, Kap. 5 RdNr. 81; *Wiester*, in: *Scherer*, MAH Erbrecht § 25 RdNr. 32. Der Fall liegt wie beim Nutzungsrecht des Urhebers; es fällt in die Masse, seine Übertragung unterliegt aber § 34 UrhG, d. h. der Zustimmung des Urhebers.
[60] Anders beim übergeleiteten (§ 90 BSHG) Pflichtteilsanspruch, BGH NJW-RR 2005, 369.
[61] BGH NJW 1997, 2384 = ZIP 1997, 1302; *Gottwald/Huber*, Insolvenzrechts-Handbuch, § 46 RdNr. 47. Der Verzicht (§ 397 BGB) auf den noch nicht anerkannten Pflichtteilsanspruch sollte aber der Anfechtung unterliegen, offengelassen vom BGH Fn. 58, verneinend *Windel* (Fn. 59) S. 388; *Pech* S. 32. Vgl. auch *Messner* ZVI 2004, 439 und *Mayer* ZEV 2007, 556, 559.
[62] Allg. Meinung, vgl. *Kuchinke* Fn. 59.

8. Freiberufliche Praxis des Erblassers. Dass die Praxis eines freiberuflich tätigen **28** Schuldners (Rechtsanwalt, Arzt, Steuerberater) bei jeder Insolvenz in die Masse fällt, lässt sich nach dem in der Rspr. vollzogenen Wandel bei der Beurteilung der Zulässigkeit des Verkaufs[63] solcher Praxen nicht mehr in Zweifel ziehen.[64] Fraglich kann nur sein, ob die Übertragung einer Praxis durch den Insolvenzverwalter der Zustimmung des Schuldners bedarf oder ob der Verwalter in der Verwertung frei ist. Für das Regelinsolvenzverfahren wird vielfach davon ausgegangen, dass – außer der Zustimmung der Patienten zur Übergabe ihrer Krankenunterlagen bzw. der Mandanten zur Übergabe ihrer Akten – auch die Zustimmung des Schuldners notwendig sei.[65] Dass diese Zustimmung auch im Nachlassinsolvenzverfahren erforderlich ist, muss bezweifelt werden. Der Schuldner selbst kann sie nicht mehr erteilen. Den Erben steht keine entspr. Befugnis zu. Sie könnte nur aus namens- und persönlichkeitsrechtlichen Erwägungen folgen, was den Kreis der Zustimmungsberechtigten auf die Angehörigen reduzieren würde. Solche Erwägungen haben aber wie bei der Übertragung der Firma eines Unternehmens gegenüber den Interessen der Nachlassgläubiger zurückzutreten. Denn beim freiberuflich tätig gewesenen Erblasser ist der mit seinem Namen verbundene Ruf (Goodwill) der eigentliche wirtschaftliche Wert, der nur den Gläubigern zustehen kann. Deshalb bedarf der Nachlassinsolvenzverwalter für die Praxisverwertung keiner Zustimmung des/der Erben oder der Angehörigen.[66]

III. Veränderungen des Umfanges des Nachlasses zwischen Erbfall und Verfahrenseröffnung

Da der Insolvenzbeschlag nur das Vermögen des Schuldners zZ der Eröffnung des **29** Verfahrens erfasst, decken sich der Umfang des Nachlasses und derjenige der Insolvenzmasse selten. Der Nachlass unterliegt im Zeitraum zwischen Erbfall und Eröffnung der Insolvenz den verschiedensten Einwirkungen durch Nachlassgläubiger, Eigengläubiger des Erben und diesen selbst. Diese Einwirkungen sollen nach Möglichkeit mit der Absonderung des Nachlasses vom Eigenvermögen des Erben rückgängig gemacht werden. BGB und InsO versuchen auf verschiedene Weise, den Nachlassgläubigern den ganzen Nachlass zur Befriedigung ihrer Ansprüche zur Verfügung zu stellen, so wie wenn es noch zu Lebzeiten des Erblassers zu einer Abwicklung seiner Verbindlichkeiten gekommen wäre.

1. Aufhebung von Konfusion und Konsolidation. Zunächst ordnet § 1976 die **30** Wiederherstellung der durch Konfusion und Konsolidation erloschenen Rechtsverhältnisse an, und zwar mit Wirkung ex tunc. Folge ist, dass Ansprüche des Erblassers gegen den (Allein-) Erben und solche des Erben (auch des unbeschränkt haftenden, § 2013 BGB) gegen den Nachlass wiederaufleben, § 326. Wegen der Einzelheiten wird auf die Erläuterungen zu dieser Bestimmung verwiesen. Verfügungen des Erben über Nachlassgegenstände in der Zeit vor Eröffnung des Verfahrens bleiben allerdings unberührt. Der Verwalter hat insoweit nur Ansprüche aus § 1978 BGB gegen den Erben. Da das BGB für den

---

[63] Oben § 129 RdNr. 93. Beispiele für eine Rechtsanwaltspraxis in den BGH-Entscheidungen WM 1999, 2771 = NJW 1999, 3037; NJW 2001, 2462.
[64] Oben § 35 RdNr. 507 bis 509; *Uhlenbruck* § 35 RdNr. 47; *Gottwald/Klopp/Kluth,* Insolvenzrechts-Handbuch, § 26 RdNr. 10; *Haarmeyer/Wutzke/Förster,* Handbuch, Kap. 5 RdNr. 77; *Kluth* NJW 2002, 186; *Graf/Wunsch* ZIP 2001, 1029, 1033; *Henssler/Kilian* MDR 2001, 1274. AA (Verkauf nicht zulässig) HK-*Eickmann* § 35 RdNr. 28 (nicht ohne Zustimmung des Schuldners); *Smid* § 35 RdNr. 11. Vgl. auch oben § 80 RdNr. 56. Nach der Rspr. des BSG fällt der Zulassungsstatus des Vertragsarztes als solcher, der das Recht der Verlegung des Vertragssitzes beinhaltet, nicht in die Masse, NJW 2001, 2823.
[65] *Kuhn/Uhlenbruck* § 1 KO RdNr. 78 a; *Nerlich/Römermann/Andres* § 35 RdNr. 73; *Häsemeyer* RdNr. 9.09. Keine Zustimmung des Schuldners verlangen *Kilger/K. Schmidt* § 1 Anm. 2 D a bb; *Haarmeyer/Wutzke/Förster,* Handbuch, Kap. 5 RdNr. 77, 78; *Kluth* NJW 2002, 186; *Pape/Uhlenbruck,* Insolvenzrecht RdNr. 491.
[66] *Nerlich/Römermann/Riering* § 315 RdNr. 37; HambKomm-*Böhm* vor §§ 315ff. RdNr. 8; vgl. auch ebd. *Lüdtke* § 35 RdNr. 118; *Gottwald/Döbereiner,* Insolvenzrechts-Handbuch, § 113 RdNr. 15.

Alleinerben – anders als bei Miterben, § 2041 BGB[67] – keine Surrogationsvorschrift kennt, kommt Surrogation[68] beim Alleinerben nur in Ausnahmefällen in Betracht. Der Erbe hat die Erbschaft gem. §§ 667, 668 BGB mit sämtlichen Nutzungen herauszugeben und für die verbrauchten Ersatz zu leisten. Surrogate, die zufällig, also ohne Zutun des Erben, in den Nachlass gefallen sind, unterliegen ebenfalls der Herausgabepflicht,[69] so der Anspruch auf die Versicherungssumme für einen zerstörten Nachlassgegenstand, der Schadensersatzanspruch für dessen Zerstörung oder Beschädigung oder wegen Nichterfüllung einer Nachlassforderung, ferner der Ersatzanspruch des Erben gegen seinen Anwalt, durch dessen Verschulden ein Nachlassgrundstück durch Zwangsversteigerung verloren ging,[70] der Ersatzanspruch des Erben gegen den Testamentsvollstrecker gem. § 2219 BGB[71] und des endgültigen Erben gegen den vorläufigen, aber auch der mehr theoretische Fall des Gewinnes auf ein noch vom Erblasser gespieltes Los. Anders verhält es sich beim rechtsgeschäftlichen Erwerb, auch wenn dieser mit Nachlassmitteln erfolgt ist. Hier kann wegen Fehlens einer Vorschrift über die dingliche Surrogation vom Alleinerben grundsätzlich keine Herausgabe des mit Nachlassmitteln Erlangten gefordert werden. Es besteht nur eine Ersatzverpflichtung aus § 1978 BGB. Nach überwiegender Meinung ist es aber zulässig, dass der Erbe **mit Willen für den Nachlass** erwirbt, so dass in diesen Fällen der auf Grund des Rechtsgeschäftes des Erben erworbene Gegenstand Nachlassbestandteil wird.[72] Wegen Ersatzansprüchen des Erben vgl. § 324 und die dortigen Anmerkungen.

31 **2. Konvaleszenz.** Die Eröffnung der Nachlassinsolvenz ist nicht nur auf rechtsgeschäftliche Verfügungen des Erben ohne Einfluss (siehe RdNr. 30); sie wirkt sich auch nicht auf Verfügungen aus, die nach den allgemeinen Vorschriften über die Konvaleszenz (§ 185 Abs. 2 BGB) mit dem Erbfall wirksam werden. Ist eine vom Erben vor dem Erbfall getroffene Verfügung über einen Nachlassgegenstand infolge der Beerbung wirksam geworden, wird der Erwerber mit dem Erbfall, also ohne Rückwirkung, Eigentümer, § 185 Abs. 2 Fall 2 BGB. Damit ist der Gegenstand, über den der Erbe verfügt hat, endgültig aus dem Nachlass ausgeschieden; dem Verwalter bleiben die Rechte aus § 1978 BGB. Anders, wenn der Verfügende nur als Miterbe mit anderen zusammen erwirbt. Dann tritt wegen fehlender Identität zwischen Verfügendem und Erbendem keine Konvaleszenz ein.

32 **3. Sonstige Veränderungen.** Der Masseumfang kann ferner durch Zwangsvollstreckung in den Nachlass (dazu § 321), durch anfechtbare Rechtshandlungen des Erben (dazu § 322) sowie durch Aufrechnungserklärungen des Erben und verschiedener Gläubiger verändert werden. Die **Aufrechnung** wird im Falle der Eröffnung des Nachlassinsolvenzverfahrens gem. § 1977 BGB unter bestimmten Voraussetzungen für den Fall rückgängig gemacht, dass beim Fortbestand der Aufrechnungswirkungen eine Verkürzung des Aktivbestandes des Nachlasses und damit eine Schädigung der Nachlassgläubiger eintreten würde (Fall des § 1977 Abs. 2 BGB).[73] Hat ein Eigengläubiger des Erben gegen eine zum Nachlass gehörende Forderung ohne Zustimmung des Erben aufgerechnet, verliert die Aufrechnung mit der Vermögensabsonderung ihre Wirkung. Erfolgte die Aufrechnung mit Zustimmung des Erben, soll dies nach überwiegender Meinung[74] einer Verfügung gleichgestellt sein, zu der der Erbe vor Eröffnung des Verfahrens berechtigt sei. Richtigerweise ist davon auszugehen,

---

[67] *Krug* ZEV 1999, 381 ff.; *Krebber* FamRZ 2000, 197; *M. Siegmann* INF 2000, 113 (zum Surrogationserwerb eines Kommanditanteils).

[68] Dazu *D. Weber,* Vermögensrechtlich und haftungsrechtlich veranlasste Surrogation im Insolvenzrecht, Diss Heidelberg, 2003.

[69] Dazu ausführlich *Jaeger/Weber* § 214 KO RdNr. 25 f.

[70] BGHZ 46, 221, 229 = NJW 1967, 568.

[71] RGZ 138, 132.

[72] Dazu näher MünchKommBGB-*Siegmann* § 1978 RdNr. 6; *Jaeger/Weber* § 214 KO RdNr. 26; *Muscheler* S. 257, 349.

[73] Nicht behandelt wird der Fall des § 1977 Abs. 1, der dem Schutz des noch beschränkbar haftenden Erben dient.

[74] Nachweise bei MünchKommBGB-*Siegmann* § 1977 RdNr. 6; *Jaeger/Windel* § 94 RdNr. 105.

dass § 1977 Abs. 2 BGB Bestandsminderungen des Nachlasses verhüten will, woraus folgt, dass die Zustimmung des Erben ebenso ohne Bedeutung ist wie die vom Erben selbst ausgehende Aufrechnung. Diese verliert in beiden Fällen ihre Wirkung mit der Vermögensabsonderung. Dies gilt auch bei unbeschränkter Haftung des Erben; § 2013 Abs. 1 BGB findet auf den Fall des § 1977 Abs. 2 BGB keine Anwendung. Bei unbeschränkbarer Haftung gegenüber einzelnen Nachlassgläubigern (§ 2013 Abs. 2 BGB) ist § 1977 wieder anwendbar.[75] Zum Umfang der Masse bei durchgeführter Teilung vor Eröffnung des Verfahrens vgl. § 316 RdNr. 4.

4. Bestandsminderungen durch Rechtsgeschäfte unter Lebenden auf den Todesfall. Rechtsgeschäfte unter Lebenden auf den Todesfall können auf verschiedene Weise, legal oder „am Erbrecht vorbei", den Nachlassbestand vermindern. Für das Insolvenzverfahren ist zunächst von Bedeutung, dass Bestandsminderungen durch Verträge gem. § 331 BGB, insbesondere die schenkweise Zuwendung von Sparguthaben, Bausparguthaben und Wertpapierdepots zwar möglich sind, die Schenkungen aber der Anfechtung nach § 134 unterliegen und deshalb in der Regel rückgängig gemacht werden können. Problematisch sind die Fälle, bei denen Literatur und Rspr. ein endgültiges Ausscheiden von Vermögenswerten aus dem Vermögen des Erblassers für zulässig erachten. 33

a) Dazu gehört der Fall des **Ausschlusses des Abfindungsanspruchs** bei Vereinbarung einer Fortsetzungsklausel in Personengesellschaftsverträgen (oben RdNr. 20). Der damit verbundene Verlust des Anteilswertes für den Nachlass und die Insolvenzmasse wird, wenn der Ausschluss alle Gesellschafter trifft, mit dem aleatorischen und deshalb entgeltlichen Charakter der Vereinbarung gerechtfertigt.[76] Diese Begründung erscheint fraglich, weil in der Vereinbarung die unentgeltliche Zuwendung des Anteilswertes an die übrigen Gesellschafter liegt.[77] Gleiches gilt für den Fall der Einziehung des GmbH-Geschäftsanteils im Falle des Todes eines Gesellschafters unter Ausschluss des Abfindungsanspruchs. Nicht hierher gehört das Erlöschen des Abfindungsanspruchs bei Anwachsung eines Gesellschaftsanteils in einer zweigliedrigen Personengesellschaft kraft Gesellschaftsvertrages und gleichzeitiger Beerbung des einen Gesellschafters durch den anderen, § 738 BGB.[78] Dass in diesen Fällen der Abfindungsanspruch zunächst erlischt, ist nicht Folge einer der Schenkungsanfechtung unterliegenden Vereinbarung, sondern Konfusionswirkung, die mit Eröffnung des Nachlassinsolvenzverfahrens wegfällt und deshalb die Abfindungsansprüche wieder aufleben lässt.[79] 34

b) Von besonderer Bedeutung ist die Frage, ob der Anspruch auf die **Lebensversicherungssumme** Bestandteil der Insolvenzmasse ist.[80] Die Verneinung dieser Frage kann der Insolvenzmasse z T erhebliche Beträge entziehen. Die Frage beschäftigt Literatur und Rspr. seit mehr als hundert Jahren.[81] Heute[82] gilt, dass die Beantwortung der Frage im Wesentlichen von der Ausgestaltung der Bezugsberechtigung abhängt. Grundsätzlich steht die Lebensversicherungssumme dem Versicherungsnehmer zu, im Falle des Todes mit anschließender Nachlassinsolvenz seinen Erben und deshalb der Insolvenzmasse.[83] 35

---

[75] Zur Begr. vgl. MünchKommBGB-*Siegmann* § 1977 RdNr. 8.
[76] Näher *Lange/Kuchinke* § 33 II 1 b; MünchKommBGB-*Ulmer* § 727 RdNr. 61.
[77] Schon bei *Siebert*, Gesellschaftsvertrag und Erbrecht bei der oHG, 1958 S. 11, wird darin ein Anfechtungstatbestand gesehen. Ablehnend auch MünchKommBGB-*Ulmer* § 738 RdNr. 61; MünchKommBGB-*Leipold* § 1922 RdNr. 52 und MünchKommBGB-*Frank*, 3. Aufl., § 2325 RdNr. 16 (anders *Lange* in der 4. Aufl. RdNr. 20).
[78] Vgl. die Fälle RGZ 136, 97, BFH ZEV 1998, 441 und AG Potsdam ZIP 2001, 346.
[79] Vgl. *M. Siegmann* ZEV 1999, 52, 54.
[80] *Heilmann*, Der Anspruch auf die Lebensversicherung als Bestandteil der Konkursmasse, KTS 1966, 85; *Frey*, Lebensversicherung und Nachlassinteressen, Diss. Tübingen, 1996; *Müller-Feldhammer* NZI 2001, 343; *Stegmann/Lind* NVersZ 2002, 193 ff.; *Jörg Andres*, in: *Scherer*, MAH Erbrecht § 47; *Thiel* ZIP 2002, 1232.
[81] Schon *Jaeger*, Erbenhaftung und Nachlasskonkurs, 1898 S. 53 f., hat sich damit ausführlich befasst.
[82] Neuere Darstellungen bei *Kuhn/Uhlenbruck* § 1 KO RdNr. 70 f.; *Nerlich* in *Nerlich/Römermann* § 134 RdNr. 31 bis 33; *Müller-Feldhammer* NZI 2001, 343; *Hasse* VersR 2005, 15; *Ponath* ZEV 2006, 242.
[83] *Nerlich/Römermann/Andres* § 35 RdNr. 57. Die unpfändbare (§ 850 b Abs. 4 Nr. 4 ZPO) Kleinlebensversicherung bis zu einer Versicherungssumme von Euro 3579 bleibt hier unberücksichtigt. Sie dient der

Anders verhält es sich, wenn der Erblasser (Versicherungsnehmer), gleichgültig, ob widerruflich oder unwiderruflich, einen Bezugsberechtigten benannt hat, wobei die Benennung „der Erben" als Bezugsberechtigte schon dazu führt, dass nicht der Nachlass, sondern die Erben als Träger ihres Eigenvermögens Anspruch auf die Versicherungssumme haben,[84] § 167 Abs. 2 VVG. Hier bildet der sofortige Rechtserwerb den eigentlichen Inhalt des Rechts.[85] War das Bezugsrecht widerruflich ausgestaltet, folgt dieses Ergebnis aus § 331 BGB. Die Bezugsberechtigung bleibt auch beim Scheitern einer nichtehelichen Lebensgemeinschaft unverändert, wenn kein Widerruf erfolgt ist.[86] Die Versicherungssumme fällt auch in diesem Falle nicht in den Nachlass. Allerdings unterliegt die Einräumung eines Bezugsrechts durch den Erblasser der Anfechtung, und zwar mit unterschiedlichem Inhalt, je nachdem ob die Einräumung der Bezugsberechtigung bei oder nach Abschluss des Vertrages und unter den Voraussetzungen der §§ 133, 134 unwiderruflich oder widerruflich erfolgt ist. Hatte der Erblasser die **unwiderrufliche Bezugsberechtigung** schon bei Abschluss des Versicherungsvertrages oder vor der 4-Jahre-Frist des § 134 eingeräumt, erwirbt der so Begünstigte ein sofortiges unwiderrufliches Recht auf die Versicherungsleistung.[87] Der Anspruch auf die Versicherungssumme gehörte dann nie zum Vermögen des Erblassers; er fällt deshalb nicht in den Nachlass.[88] Als anfechtbare Rechtshandlung i. S. d. §§ 129, 134 sind nur die innerhalb eines von der Anfechtungsfrist erfassten Zeitraumes erfolgten Prämienzahlungen anzusehen. Erfolgte die Einräumung der unwiderruflichen Bezugsberechtigung erst nach dem Abschluss des Versicherungsvertrages, aber innerhalb des Anfechtungszeitraumes, ist dagegen diese Zuwendung als solche anfechtbar.[89] Wieder anders verhält es sich nach der neueren Rspr. des BGH[90] bei der **widerruflichen Bezugsberechtigung.** Hier hat der Begünstigte nur eine Erwerbschance erhalten. Erst mit dem Eintritt des Erbfalls entsteht für ihn ein unentziehbares Recht, das auch die Erben nicht mehr widerrufen können. Die Ansprüche des Begünstigten fallen folglich nicht in den Nachlass.[91] Die Einräumung der widerruflichen Bezugsberechtigung bei oder nach Vertragsschluss ist aber anfechtbar, weil die entspr. Rechtshandlung des Erblassers sich erst mit dem Erbfall verwirklicht. Folglich richtet sich der Anfechtungsanspruch gegen den Dritten nicht bloß auf Rückgewähr der gesetzlichen Prämien, sondern auf Auszahlung der Versicherungssumme.[92] Bei der **Sicherungszession** bestehen Besonderheiten. Sie lässt die Bezugsberechtigung nicht erlöschen. Der Sicherungsgläubiger erhält vielmehr den Vorrang vor dem Bezugsberechtigten, der den über die gesicherte Forderung hinausgehenden Rest behält.[93] Der Erblasser kann deshalb trotz Sicherungszession (bei widerruflicher Einräumung) das Bezugsrecht auf einen Dritten übertragen.[94] Mit der Anfechtung gem. §§ 133, 134 kann die Versicherungssumme aber zur Masse gezogen werden. Hatte der Erblasser als Versicherungsnehmer mit seinem begünstigten Ehegatten vereinbart, dass die Versicherungsleistung zur Tilgung eines von ihnen aufgenommenen Darlehens bestimmt ist und lässt der Ehegatte (wegen Unwirksamkeit des Widerrufs der Bezugsberechtigung) die Versicherungssumme gleichwohl an sich ausbezahlen, besteht ein Bereicherungsanspruch

---

Deckung der Beerdigungskosten. Zur Pfändbarkeit bei übersteigender Versicherungssumme BGH WM 2008, 450. Für Pfändbarkeit in der Nachlassinsolvenz HambKomm-*Lüdtke* § 35 RdNr. 264.
 [84] BGHZ 32, 44 = NJW 1960, 912; *Nerlich/Römermann/Andres* § 36 RdNr. 27; *Baur/Stürner,* Insolvenzrecht RdNr. 9.72; *Gottwald/Klopp/Kluth,* Insolvenzrechts-Handbuch, § 25 RdNr. 35; *Gottwald/Huber* ebd. § 38 RdNr. 30.
 [85] BGH NJW 1996, 2731, 2732.
 [86] BGH NJW 1996, 2727; ebenso für die Bezugsberechtigung des geschiedenen Ehegatten aus der Rentenversicherung jetzt BGH NJW-RR 2007, 976.
 [87] BGH NJW 2003, 2679; BGHZ 156, 350 = NJW 2004, 214.
 [88] *Hasse* VersR 2005, 15, 17; aA oben § 129 RdNr. 52 *(Kirchhof).*
 [89] RGZ 153, 220, 227.
 [90] BGHZ 156, 350 = NJW 2004, 214.
 [91] *Hasse* VersR 2005, 15, 33.
 [92] BGHZ 156, 350 = NJW 2004, 214.
 [93] BGHZ 109, 67 = NJW 1990, 256; oben § 51 RdNr. 191.
 [94] BGHZ 109, 67 = NJW 1990, 256.

der Masse.[95] Insgesamt führt die hM mit ihrer mehr formal[96] ausgerichteten Argumentation trotz Änderung der Rechtsprechung zur widerruflichen Bezugsberechtigung nicht selten zu unbefriedigenden Ergebnissen,[97] die Anlass zu einer Überprüfung der eingefahrenen Lösungen geben sollten.[98]

5. Der Einfluss der Erbenhaftung auf den Umfang der Masse. § 1978 BGB legt die Verantwortung des Erben gegenüber den Nachlassgläubigern für seine Verwaltung des Nachlasses bis zur Eröffnung des Insolvenzverfahrens fest. Nach der Fiktion des § 1978 Abs. 2 BGB stehen diese Ansprüche dem Nachlass zu. Haftet der Erbe, etwa infolge einer Inventaruntreue, bei Eröffnung des Verfahrens schon allg. unbeschränkt, findet gem. § 2013 Abs. 1 BGB die Bestimmung des § 1978 keine Anwendung, was bedeutet, dass der unbeschränkt haftende Erbe für den Verlust von Nachlasswerten im Falle der Nachlassinsolvenz nicht rechenschafts- und ersatzpflichtig ist, aber auch keinen Aufwendungsersatz beanspruchen kann. Diese Schmälerung der Masse trifft die Nachlassgläubiger aber nicht, weil der Erbe ihnen als Folge seiner unbeschränkten Haftung auch während der Nachlassinsolvenz persönlich und unbeschränkt mit seinem Eigenvermögen, aus dem die Ersatzansprüche der Masse zu befriedigen wären, haftet. Vgl. dazu näher § 325 RdNr. 11. Im Übrigen unterliegen die Handlungen des Erben wie bei jedem Schuldner der Anfechtung.

IV. Die Verwalterauswahl im Nachlassinsolvenzverfahren

Für die Bestellung des Nachlassinsolvenzverwalters gilt mangels Sonderregelung die Bestimmung des § 56. Danach muss der Nachlassinsolvenzverwalter eine geschäftskundige, von den Gläubigern und dem Schuldner unabhängige natürliche Person sein.[99] Ob dieses Unabhängigkeitsgebot auch dann beachtet wird, wenn der bisherige Nachlassverwalter zum Insolvenzverwalter bestellt wird, ist streitig geworden. Während *Uhlenbruck*[100] es unter der Geltung der KO für vertretbar hielt, den bisherigen Nachlassverwalter oder Nachlasspfleger zum Nachlasskonkursverwalter zu bestellen, sieht *Graeber*[101] darin einen Verstoß gegen das Unabhängigkeitsgebot, weil eine Beratung des Schuldners durch diese Personen vorausgegangen sei. Auch wenn die Beratung des Erben nicht eigentlich Aufgabe der genannten Verwalter ist und wenn ferner davon ausgegangen werden kann, dass diese vom Erben weisungsunabhängig sind, kann die Streitfrage nicht generell im einen oder anderen Sinn beantwortet werden. Es ist vielmehr im Einzelfall zu entscheiden. War der **Nachlassverwalter** ein in jeder Beziehung unbefangener Dritter[102] und haben sich während seiner Verwaltung auch keine Anhaltspunkte für eine Interessenkollision ergeben, bestehen keine Bedenken, den Nachlassverwalter bei Vorliegen der sonstigen Voraussetzungen zum Insolvenzverwalter zu bestellen.[103] Geringere Anforderungen an die Unabhängigkeit dürfen freilich nicht gestellt werden. Sollte sich auf Grund der neueren Diskussion in der erbrechtlichen Literatur die Auffassung durchsetzen,

---

[95] OLG Karlsruhe ZInsO 2000, 675. Berechtigt ist die Masse auch beim Wegfall aller Bezugsberechtigten, OLG Karlsruhe ZEV 2008, 46, 48.
[96] Vgl. MünchKommBGB-*Gottwald* § 330 RdNr. 18.
[97] So etwa in dem Fall, dass die öffentliche Hand die aus der Betreuung des Erblassers entstandenen Nachlassverbindlichkeiten zu übernehmen hat, während die Erben den eigentlichen Nachlass in Form der Lebensversicherungssumme kassieren, vgl. OLG Frankfurt NJW-RR 2003, 158; LG Koblenz NJW-RR 1999, 951.
[98] Neuer Ansatz bei *Müller-Feldhammer* NZI 2001, 343 und *Hasse* VersR 2005, 15.
[99] Zur Auswahl des Verwalters im Regelinsolvenzverfahren vgl. oben § 56. Die Entscheidung des BVerfG v. 3. 8. 2004 (NJW 2004, 2725) und die sich daran anschließende Diskussion betreffen nur das Vorauswahlverfahren, nicht die hier erörterte Problematik der Unabhängigkeit des Verwalters. Gleiches gilt für die Entscheidung v. 4. 5. 2006 (ZIP 2006, 1355) zur Konkurrentenklage (dazu *Römermann*, Bestellung von Insolvenzverwaltern, ZIP 2006, 1332).
[100] *Kuhn/Uhlenbruck* § 78 KO RdNr. 2 d.
[101] Oben § 56 RdNr. 32.
[102] Dies war bisher stets Voraussetzung für die Bestellung zum Nachlassverwalter, vgl. Planck/Flad § 1981 Anm. 4 b.
[103] Ebenso *Binz/Hess*, Der Insolvenzverwalter, 2004, RdNr. 905; *Gottwald/Döbereiner*, Insolvenzrechts-Handbuch, § 111 RdNr. 116. Auch Planck/Flad § 1988 Anm. 4; Staudinger/Marotzke § 1988 RdNr. 3; Lange/Kuchinke § 49 II 3 hielten und halten dies für möglich.

dass auch ein Miterbe[104] zum Nachlassverwalter bestellt werden kann, könnte dies im Nachlassinsolvenzverfahren keine Entsprechung finden. Es könnte dann nur die Anordnung einer Eigenverwaltung unter Aufsicht eines Sachwalters in Betracht kommen. Auch der **Nachlasspfleger** kann zum Insolvenzverwalter bestellt werden,[105] obwohl die Eröffnung des Nachlassinsolvenzverfahrens anders als beim Nachlassverwalter (§ 1988 BGB) die Nachlasspflegschaft nicht automatisch beendet. Gegebenenfalls müsste zur Wahrung der Rechte des unbekannten Erben ein anderer Pfleger bestellt werden, was die Zweckmäßigkeit einer solchen Verwalterbestellung zweifelhaft erscheinen lassen kann. Nach bisherigem Recht konnte ein **Testamentsvollstrecker** nicht bloß zum Nachlassverwalter bestellt werden.[106] Man hielt es auch für zulässig, ihm das Amt des Nachlasskonkursverwalters zu übertragen.[107] Daran hat sich unter der Geltung der InsO nichts geändert. Ist der Testamentsvollstrecker im Einzelfall geeignet und geschäftskundig, bestehen grundsätzlich keine Bedenken, ihn zum Insolvenzverwalter zu bestellen,[108] vorausgesetzt es besteht die notwendige Unabhängigkeit (was auch hier bei einem Miterben zu verneinen ist). Sollte die Insolvenz infolge Fortführung eines Nachlassunternehmens durch den Testamentsvollstrecker ausgelöst worden sein, kommt dessen Bestellung natürlich nicht in Betracht, weil sonst der eigentliche Kridar Verwalter wäre. Nach allem hat sich unter dem Gesichtspunkt der Unabhängigkeit keine Änderung gegenüber dem früheren Rechtszustand ergeben.[109] Fraglich kann immer nur sein, ob die vorgenannten Personen den sonstigen Anforderungen des § 56 (Geschäftskunde), die sich gegenüber dem bisherigen Recht deutlich erhöht haben, entsprechen können, was bei Insolvenzen über Nachlässe, zu denen ein Unternehmen gehört, in der Regel zu verneinen ist, wenn es sich bei den bis zur Eröffnung tätig gewesenen Pflegern oder Verwaltern nicht um Rechtsanwälte mit besonderen betriebswirtschaftlichen Kenntnissen gehandelt hat.

§ 316 Zulässigkeit der Eröffnung

(1) Die Eröffnung des Insolvenzverfahrens wird nicht dadurch ausgeschlossen, daß der Erbe die Erbschaft noch nicht angenommen hat oder daß er für die Nachlaßverbindlichkeiten unbeschränkt haftet.

(2) Sind mehrere Erben vorhanden, so ist die Eröffnung des Verfahrens auch nach der Teilung des Nachlasses zulässig.

(3) Über einen Erbteil findet ein Insolvenzverfahren nicht statt.

Übersicht

	RdNr.		RdNr.
I. Normzweck	1	3. Nachlassinsolvenz trotz Teilung	4
II. Voraussetzungen der Nachlassinsolvenz	2	III. Keine Nachlassinsolvenz über einen Erbteil	5
1. Insolvenz zwischen Anfall und Annahme der Erbschaft	2	1. Keine Erbteilsinsolvenz	5
2. Insolvenz bei allg. unbeschr. Haftung	3	2. Insolvenzfähigkeit der Erbengemeinschaft?	6

---

[104] Dazu *Staudinger/Marotzke* § 1981 RdNr. 29; *Lange/Kuchinke* § 49 III 3.

[105] *Binz/Hess*, Der Insolvenzverwalter, 2004, RdNr. 905; *Gottwald/Döbereiner*, Insolvenzrechts-Handbuch, § 111 RdNr. 16.

[106] Dies hielt ein besonderer Kenner des Erbrechts wie *Strohal* (Erbrecht II S. 287) sogar für bes. nahe liegend; so auch MünchKommBGB-*Zimmermann* § 2205 RdNr. 95; *Gottwald/Döbereiner*, Insolvenzrechts-Handbuch, § 111 RdNr. 16; *Wiester*, in: *Scherer*, MAH Erbrecht § 24 RdNr. 77; *Hillebrand*, Die Nachlassverwaltung, S. 70, 71; *Muscheler* S. 130; *Firsching/Graf*, Nachlassrecht RdNr. 4.809.

[107] Vgl. etwa *Kipp/Coing*, Erbrecht 14. Bearbeitung 1990, § 72 II; *Staudinger/Dittmann*, 10./11. Bearbeitung 1960, Vor § 2197 RdNr. 22.

[108] MünchKommBGB-*Zimmermann* § 2205 RdNr. 95; *Gottwald/Döbereiner*, Insolvenzrechts-Handbuch, § 111 RdNr. 16; *Lorz*, in: *Scherer*, MAH Erbrecht § 19 RdNr. 80.

[109] Vgl. dazu *Stapper* NJW 1999, 3441, 3443.

I. Normzweck

Die Vorschrift dient der Klärung der Voraussetzungen des Nachlassinsolvenzverfahrens. Sie übernimmt sachlich übereinstimmend die Regelung des § 216 KO und in Abs. 3 die des § 235 KO. Es wird in drei Fällen, bei denen die Insolvenzmöglichkeit zweifelhaft sein könnte, diese im Sinne der Zulässigkeit geklärt. Zunächst wird klargestellt, dass die Nachlassinsolvenz nicht die Annahme der Erbschaft voraussetzt. Sodann wird im Gegensatz zu dem vor In-Kraft-Treten des BGB geltenden Recht die Eröffnung des Nachlassinsolvenzverfahrens nicht mehr davon abhängig gemacht, dass der Erbe noch beschränkbar haftet. Schließlich wird klargestellt, dass beim Vorhandensein mehrerer Erben die Nachlassinsolvenz auch nach der Teilung zulässig ist. Abs. 3 regelt einen Fall, der keiner Regelung bedurfte.

II. Voraussetzungen der Nachlassinsolvenz

1. Nachlassinsolvenz zwischen Erbfall und Annahme der Erbschaft. Die Regeln des BGB für Erbschaftsanfall und -annahme (§§ 1942 Abs. 1, 1943) stellen sicher, dass es keine ruhende (subjektlose) Erbschaft gibt, weil der Erbschaftsanfall stets rückwirkend auf den Zeitpunkt des Erbfalles erfolgt. In der Schwebezeit ist zwar ungewiss, wer Erbe wird, sicher dagegen, dass ein Erbe vorhanden ist. Deshalb konnte die InsO ebenso wie die KO auch während der Schwebezeit eine Nachlassinsolvenz zulassen. Die gegenteilige Regelung des BGB für Klage und Vollstreckung vor der Annahme (§ 1958) beruht darauf, dass der Erbe vor der Annahme der Erbschaft vor dem Zugriff auf sein Eigenvermögen geschützt und ihm ermöglicht werden soll, frei von Belastungen durch Prozesse die Entscheidung über Annahme oder Ausschlagung zu treffen. Bei Einleitung des Nachlassinsolvenzverfahrens besteht diese Drucksituation nicht. Besteht Ungewissheit über die Annahme der Erbschaft oder Unklarheit über die Person des Erben, ist für das Nachlassinsolvenzverfahren – durch das Nachlassgericht – ein Nachlasspfleger zu bestellen (§ 1960). Dieser ist zum Insolvenzantrag eines Gläubigers zu hören (§ 14), er ist auskunftspflichtig (§ 20) und ggfs. auch verpflichtet zur Abgabe der eidesstattlichen Versicherung nach § 153 Abs. 2. Er nimmt die Rechte und Pflichten des noch unbekannten Erben wahr, ohne dadurch die Schuldnerstellung zu übernehmen.[1] Dass der Erbe die Schonungseinreden der §§ 2014 ff. BGB geltend machen kann, steht der Eröffnung des Verfahrens nicht entgegen.[2] § 782 Satz 2 ZPO ermöglicht aber eine Verlängerung der Fristen der §§ 2014 ff. BGB bis zur Eröffnung des Nachlassinsolvenzverfahrens.

2. Nachlassinsolvenz trotz unbeschränkter Haftung des Erben. Einer besonderen Regelung bedurfte die Frage der Insolvenzmöglichkeit trotz allg. unbeschränkbarer Haftung des Erben. In diesem Falle fand nämlich vor In-Kraft-Treten des BGB grundsätzlich kein Nachlasskonkurs statt.[3] Die Verfasser des BGB haben sich für die gegenteilige Regelung entschieden.[4] Dem folgt die Regelung des § 216 KO, dem § 316 entspricht. Beide Bestimmungen tragen der Doppelfunktion der Nachlassinsolvenz Rechnung, indem sie durch Herbeiführung einer Vermögensabsonderung auch im Falle der unbeschränkten Haftung des Erben die Nachlassgläubiger vor den Eigengläubigern des Erben schützen. Die Eröffnung des Nachlassinsolvenzverfahrens lässt die unbeschränkte Haftung des Erben unberührt. Die Bestimmung ändert nichts an dem Grundsatz, dass nach Eintritt der unbeschränkten Haftung keine Haftungsbeschränkung mehr erreicht werden kann. Dies gilt auch im Anwendungsbereich des MHbeG. § 1629 a BGB begrenzt nur den Umfang der Haftung mit dem Eigenvermögen.[5] Deshalb können die Nachlassgläubiger trotz § 89 Abs. 1 auf das

---

[1] *Jaeger/Weber* § 214 KO RdNr. 19; MünchKommBGB-*Leipold* § 1960 RdNr. 50. AA *Kübler/Prütting/Kemper* RdNr. 6; *Häsemeyer* RdNr. 33.11.
[2] *Graf-Schlicker/Messner* RdNr. 5.
[3] Mot. V S. 622.
[4] Prot. V 763.
[5] *Muscheler* WM 1998, 2271, 2281; *Klüsener* Rpfleger 1999, 55, 56.

Eigenvermögen des unbeschränkt haftenden Erben zugreifen, auch wenn sie sich am Insolvenzverfahren beteiligen. Zu beachten sind zwei Einschränkungen der Rechte der Nachlassgläubiger bei unbeschränkter Haftung des Erben. Im Falle der gleichzeitigen Eigeninsolvenz des Erben, § 331 Abs. 1, werden die Nachlassgläubiger wie absonderungsberechtigte Gläubiger behandelt. Und nach § 326 Abs. 2 und 3 kann der Erbe bei unbeschränkter Haftung einzelnen Gläubigern gegenüber den Gläubiger aus eigenen Mitteln befriedigen, um nach § 326 Abs. 2 dessen Forderung zu erwerben, im Falle des Abs. 3 sogar ohne Befriedigung des Gläubigers, wenn dieser sich nicht am Verfahren beteiligt. Die unbeschränkte Haftung trifft den Erben in diesen Fällen mithin nur mit dem Ausfallbetrag. Zur Frage, ob analog § 93 eine Einzugsermächtigung zu Gunsten des Verwalters besteht, vgl. § 325 RdNr. 12.

4   **3. Nachlassinsolvenz trotz Teilung.** Das Gesetz stellt klar, dass die von den Erben unter Verstoß gegen § 2046 Abs. 1 BGB vollzogene Teilung vor Tilgung der Nachlassverbindlichkeiten die Eröffnung des Nachlassinsolvenzverfahrens nicht hindert (anders im Falle der Nachlassverwaltung, § 2062 HS. 2 BGB). Sinn der Bestimmung ist, den Nachlassgläubigern trotz durchgeführter Teilung eine geregelte Abwicklung des Nachlasses zu gewährleisten.[6] Die Nachlassinsolvenz hat auch in diesem Falle eine Haftungsbeschränkung mit den Wirkungen der §§ 1979, 1989, 2000 und 2060 Nr. 3 BGB zur Folge. Die bereits vollzogene Teilung erschwert allerdings die dem Insolvenzverwalter gem. § 148 obliegende Sammlung der Masse, die nach der Teilung außer den nachfolgend erörterten Ansprüchen allenfalls noch solche aus § 322 umfasst. Nach §§ 1978, 666, 667 BGB besteht eine Auskunfts- und Herausgabepflicht der Miterben in Bezug auf das bei der Teilung Erlangte, auch wenn nur ein Miterbe gegen Abfindung den ganzen Nachlass erhalten hat.[7] Im Übrigen bestimmen sich Umfang der Masse und die Haftung der Miterben gem. §§ 1978, 1980 BGB nach den gleichen Regeln wie beim Alleinerben, weshalb für den Umfang der Masse nicht der Zeitpunkt der Teilung, sondern derjenige der Eröffnung maßgebend ist.[8] Haben Dritte Gegenstände aus dem Nachlass erlangt, können diese nur unter den Voraussetzungen der Schenkungsanfechtung zurückverlangt werden.[9]

III. Kein Nachlassinsolvenzverfahren über einen Erbteil

5   **1. Keine Insolvenzfähigkeit eines Miterbenanteils.** Abs. 3 der Bestimmung spricht wie sein Vorbild in der KO (§ 235) die Selbstverständlichkeit[10] aus, dass über einen Erbteil kein Insolvenzverfahren stattfindet. Die Übernahme des § 235 KO in die InsO war überflüssig. § 235 KO erklärt sich nur als seinerzeitige Klarstellung gegenüber dem vor In-Kraft-Treten des BGB geltenden Recht, das – ebenso wie noch der Entwurf I (§ 2119)[11] – den Grundsatz der geteilten Schuldenhaftung der Miterben kannte. Mit der Einführung der gesamtschuldnerischen Haftung der Erben (§ 2058 BGB) und der Ausgestaltung der Miterbengemeinschaft als Gemeinschaft zur gesamten Hand (§ 2032 BGB) entfiel die Möglichkeit eines Konkurses über einen Miterbenanteil. Dieser wurde als Einzelrecht des Miterben am Nachlass ausgestaltet, über das der Miterbe verfügen und das im Wege der Einzelvollstreckung gepfändet werden kann (§ 859 Abs. 2 ZPO), über das aber als Gesamtheit von Rechten und Pflichten keine Insolvenz eröffnet werden kann. In der Eigeninsolvenz des Erben ist der Miterbenanteil Massegegenstand; seinen Wert kann der Insolvenzverwalter durch Betreiben der Auseinandersetzung realisieren, § 84, vgl. dort RdNr. 17.

---

[6] MünchKommBGB-*Heldrich* § 2062 RdNr. 13.
[7] *Jaeger/Weber* § 216 KO RdNr. 6; *Uhlenbruck/Lüer* RdNr. 4; *Gottwald/Döbereiner*, Insolvenzrechts-Handbuch, § 112 RdNr. 4. *K. Schmidt*, Festschrift für Uhlenbruck, S. 663 zum Personengesellschaftsanteil. Zum Umfang der Masse bei Eröffnung nach der Teilung auch *Lange/Kuchinke* § 50 V 3 b.
[8] *Lange/Kuchinke* § 50 V 3 b; HambKomm-*Böhm* RdNr. 4; aA *Kübler/Prütting/Kemper* RdNr. 13; *Graf-Schlicker/Messner* RdNr. 9 (Zeitpunkt der Teilung).
[9] *Jaeger/Weber* Fn. 7.
[10] *Häsemeyer* RdNr. 33.04.
[11] Mot. V S. 642.

2. Keine Insolvenzfähigkeit der Miterbengemeinschaft. § 316 Abs. 3 ergibt nichts 6
zu der häufiger diskutierten und zu verneinenden Frage, ob die Erbengemeinschaft als
solche oder jedenfalls die unternehmenstragende Miterbengemeinschaft insolvenzfähig
ist.[12] Das Gesetz hat in § 11 Abs. 2 Nr. 2 nur das Sondervermögen Nachlass für insolvenzfähig erklärt, woraus sich ergibt, dass die in § 11 Abs. 2 Nr. 1 für andere Gesamthandsgemeinschaften anerkannte Insolvenzfähigkeit, insbesondere bei der Gesellschaft bürgerlichen Rechts, nicht auf die Miterbengemeinschaft übertragen werden kann. Insolvenzfähig ist nur der Nachlass mit den Miterben als dessen Träger, die Miterbengemeinschaft als solche aber nicht.[13] Die Insolvenzfähigkeit der Erbengemeinschaft lässt sich auch nicht aus deren angeblicher (Teil-)Rechtsfähigkeit herleiten. Eine solche wird zwar im Anschluss an die Rspr. des BGH[14] zur (Teil-)Rechtsfähigkeit der GbR für möglich gehalten.[15] Dagegen spricht aber, dass die Regelung der Haftung für die Miterben nicht mit der Annahme einer (Teil-)Rechtsfähigkeit vereinbar ist. Der Nachlass als Substrat des angeblich eigenständigen Rechtssubjekts Miterbengemeinschaft steht nämlich keineswegs allen Gläubigern als Haftungsobjekt zur Verfügung und die Haftungsnormen der §§ 2058 ff. BGB lassen sich auch nicht als akzessorisch verstehen. Überdies unterläge die Erbengemeinschaft mit eigener Rechtssubjektivität der Beschränkung des § 11 Abs. 3 (keine Insolvenz nach Verteilung des Vermögens), während § 316 Abs. 2 das genaue Gegenteil vorsieht. Trotz der neuen Rspr. des BGH zur Rechtsfähigkeit der GbR muss es deshalb dabei verbleiben, dass auch beim Vorhandensein von Miterben der Nachlass als Haftungsmasse Gegenstand des Nachlassinsolvenzverfahrens ist, während den Miterben die Stellung des Schuldners zukommt.[16]

§ 317 Antragsberechtigte

(1) Zum Antrag auf Eröffnung des Insolvenzverfahrens über einen Nachlaß ist jeder Erbe, der Nachlaßverwalter sowie ein anderer Nachlaßpfleger, ein Testamentsvollstrecker, dem die Verwaltung des Nachlasses zusteht, und jeder Nachlaßgläubiger berechtigt.

(2) ¹Wird der Antrag nicht von allen Erben gestellt, so ist er zulässig, wenn der Eröffnungsgrund glaubhaft gemacht wird. ²Das Insolvenzgericht hat die übrigen Erben zu hören.

(3) Steht die Verwaltung des Nachlasses einem Testamentsvollstrecker zu, so ist, wenn der Erbe die Eröffnung beantragt, der Testamentsvollstrecker, wenn der Testamentsvollstrecker den Antrag stellt, der Erbe zu hören.

---

[12] *Kuhn/Uhlenbruck* Anm. § 235 KO.
[13] AG Duisburg NZI 2004, 97; *Kuhn/Uhlenbruck* Fn. 12; *Uhlenbruck/Lüer* § 315 RdNr. 12; HK-*Kirchhof* § 11 RdNr. 22; FK-*Schmerbach* § 11 RdNr. 26; HambKomm-*Böhm* RdNr. 6; *Gottwald/Döbereiner*, Insolvenzrechts-Handbuch, § 110 RdNr. 2. AA *Nerlich/Römermann/Riering* § 315 RdNr. 15; *K. Schmidt* NJW 1985, 2785, *Hohensee*, Die unternehmenstragende Erbengemeinschaft, 1994 S. 206, *Meßink*, Die unternehmenstragende Erbgemeinschaft, S. 47, jeweils zur unternehmenstragenden Erbengemeinschaft.
[14] BGHZ 146, 341 = NJW 2001, 1056 mit Urteilsbespr. *K. Schmidt* S. 993; BGH NJW 2002, 1207.
[15] So insb. *Eberl-Borges* ZEV 2002, 125; schon früher im gleichen Sinne *Grunewald* AcP 197 (1997), 305.
[16] So auch oben § 11 RdNr. 63 c, 65; *Uhlenbruck/Lüer* RdNr. 8; gegen die Annahme einer Rechtssubjektivität der Miterbengemeinschaft auch BGH NJW 2002, 3389 = ZEV 2002, 504 m. Anm. *Marotzke*; MünchKommBGB-*Leipold* § 1923 RdNr. 34; MünchKommBGB-*Reuter* vor § 21 RdNr. 8; *Palandt/Edenhofer* vor § 2032 RdNr. 1; *Staudinger/Werner* § 2032 RdNr. 5; *Bork*, Allg. Teil des Bürgerlichen Gesetzbuchs, 2001 RdNr. 195; *ders.*, Einführung Fn. 36; *Canaris* Handelsrecht § 9 RdNr. 11; *Flume*, Die Personengesellschaft § 7 III 6 (S. 108); *Heil* NZG 2001, 300, 304; *Ulmer* AcP 198 (1998), 113, 129, der für die unternehmenstragende Miterbengemeinschaft allerdings zur (Teil-)Rechtsfähigkeit tendiert. Ausführlich *Dauner-Lieb*, Unternehmen in Sondervermögen, S. 332, 379, 387; *dies.* in *Lieb*, Reform des Handelsstandes, S. 98, 106. Nach BGH NJW 2006, 3715 ist die Erbengemeinschaft auch nicht parteifähig.

§ 317 1, 2   10. Teil. 1. Abschnitt. Nachlaßinsolvenzverfahren

Übersicht

	RdNr.		RdNr.
I. Normzweck	1	III. Antragsverpflichtung	7
II. Die verschiedenen Antragsberechtigten	2	IV. Das Eröffnungsverfahren	8
1. Die Antragsbefugnis des Erben	2	1. Eigenantrag des Erben	8
2. Die Antragsbefugnis der Miterben	3	2. Antrag der Nachlasspfleger und des verwaltenden Testamentsvollstreckers	9
3. Das Antragsrecht des Nachlasspflegers und des verwaltenden Testamentsvollstreckers	4	3. Antrag der Nachlassgläubiger	10
4. Antragsrecht der Nachlassgläubiger	5	4. Beschwerdeberechtigung	11
5. Verlust des Antragsrechts	6	5. Insolvenzkostenhilfe im Eröffnungsverfahren	12–14

I. Normzweck

1   Da auch das Nachlassinsolvenzverfahren nicht von Amts wegen eröffnet wird, § 13 Abs. 1, erscheint es geboten, aus dem Kreis derjenigen Personen, die an einer Absonderung des Nachlasses ein berechtigtes Interesse haben oder für die Nachlassabwicklung verantwortlich sind, möglichst vielen ein Antragsrecht zuzugestehen. Die InsO verleiht deshalb in mehreren Bestimmungen einem relativ großen Kreis von Interessierten ein Antragsrecht, §§ 317, 318, 330. Überdies ist die bisher (§ 219 KO) bestehende Einschränkung für die ehemaligen minderberechtigten Gläubiger (ausgeschlossene Gläubiger sowie Vermächtnisnehmer und Vollzugsberechtigte aus Auflagen) entfallen. Sie haben im Gegensatz zum bisherigen Recht auch dann eine Antragsbefugnis, wenn keine Insolvenz über das Vermögen der Erben eröffnet ist.

II. Die verschiedenen Antragsberechtigten

2   **1. Die Antragsbefugnis des Erben.** Das Gesetz will mit den Worten „jeder Erbe" erreichen, dass alle Arten von Erben erfasst werden. Unter Erbe ist nach der Terminologie des BGB, die die InsO beachtet, der **Alleinerbe** zu verstehen, wobei es keine Rolle spielt, ob er vor oder nach einem anderen **(Vorerbe** oder **Nacherbe)** oder an Stelle eines wegfallenden Erben als **Ersatzerbe** zur Erbfolge gelangt. Antragsberechtigt ist der Alleinerbe ohne Rücksicht darauf, ob er beschränkt oder unbeschränkt haftet. Zwar folgt aus der Regelung des § 316 Abs. 1, wonach der Eintritt der unbeschränkten Haftung die Eröffnung des Nachlassinsolvenzverfahrens nicht hindert, noch nicht, dass auch der unbeschränkt haftende Erbe antragsberechtigt ist. Die Verwirkung der Haftungsbeschränkung hätte an sich die Verweigerung der Rechtswohltat der Vermögensabsonderung gerechtfertigt. Aus rein praktischen Erwägungen (man meinte, dass die Frage, ob der Erbe das Recht der Haftungsbeschränkung verloren habe, sich zur Entscheidung im Eröffnungsverfahren nicht eigne)[1] wurde aber auch dem unbeschränkt haftenden Erben die Antragsbefugnis zugestanden. Antragsberechtigt ist auch der **vorläufige Erbe.** Die Annahme der Erbschaft ist im Insolvenzantrag nicht zu sehen, weil dieser auch als Sicherungsmaßnahme seinen Sinn hat.[2] Schlägt der vorläufige Erbe während des Eröffnungsverfahrens aus, entfällt mit seiner Erbenstellung das Antragsrecht rückwirkend,[3] wogegen die Ausschlagung nach Insolvenzeröffnung diese nicht mehr berührt.[4] Das Antragsrecht des **Vorerben** erlischt mit dem Eintritt des Nacherbfalles, weil er dann aufhört, Vorerbe zu sein, § 2139 BGB.[5] Dies gilt trotz Fort-

---

[1] HK-*Marotzke* RdNr. 7; MünchKommBGB-*Siegmann* § 1981 RdNr. 2. Kritisch zu dieser Regelung *Jaeger/Weber* §§ 217 bis 220 KO RdNr. 2.
[2] *Jaeger/Weber* § 216 KO RdNr. 2; HK-*Marotzke* RdNr. 3; MünchKommBGB-*Leipold* § 1943 RdNr. 5; *Gottwald/Döbereiner,* Insolvenzrechts-Handbuch, § 112 RdNr. 1.
[3] OLG Koblenz Rpfleger 1989, 510; *Jaeger/Weber* §§ 217 bis 220 KO RdNr. 2.
[4] *Jaeger/Weber* § 216 KO RdNr. 1; *Kilger/K. Schmidt* § 217 KO Anm. 1 a; HambKomm-*Böhm* RdNr. 2.
[5] MünchKommBGB-*Grunsky* § 2144 RdNr. 6. Ob der bisherige Vorerbe noch „im Besitz des Nachlasses" ist, ist unerheblich, so zutr. HK-*Marotzke* RdNr. 4; *Gottwald/Döbereiner,* Insolvenzrechts-Handbuch, § 112 RdNr. 5; *Lange/Kuchinke* § 49 IV („während ihrer Erbzeit").

bestehens der Haftung des Vorerben unter den Voraussetzungen des § 2145 BGB, insbesondere auch dann, wenn der Vorerbe, etwa wegen eines Inventarvergehens, unbeschränkt haftet. Mit der Erbenstellung des Vorerben erlischt auch seine Schuldnerstellung in einem gegen ihn anhängigen Nachlassinsolvenzverfahren. Schuldner wird jetzt der Nacherbe. Im Übrigen ergibt sich mit dem Nacherbfall eine neue Haftungslage für den **Nacherben,** woraus seine Antragsberechtigung aus § 317 folgt. **Nicht** antragsberechtigt ist der **Schlusserbe** aus einem sog. Berliner Testament vor dem Tode des Längerlebenden, weil er erst mit dem Tode des überlebenden Ehegatten Erbe wird. Ob ihm vorher ein Anwartschaftsrecht zuzubilligen ist, ist unerheblich. Auch der **Erbprätendent** hat als solcher kein Antragsrecht.[6] Er muss seine Berechtigung vorab im Erbscheinsverfahren dartun, weil es nicht Aufgabe des Insolvenzgerichtes ist, zu klären, wer Erbe ist.[7] Auch wenn die Erbenstellung des Antragstellers nicht bestritten wird, hat er diese glaubhaft zu machen.[8]

2. Die Antragsbefugnis der Miterben. Da § 1922 Abs. 2 für den Miterbenanteil die 3 Anwendung der Vorschriften über die Erbschaft vorschreibt, bedurfte es nur noch der Klarstellung, unter welchen Voraussetzungen ein Miterbe Insolvenzantrag stellen kann. Diese Klarstellung enthält Abs. 2. Danach können **alle Miterben gemeinschaftlich** Eröffnungsantrag stellen, ohne Rücksicht darauf, ob der Nachlass schon geteilt ist, und ob alle oder einzelne Miterben unbeschränkt haften, § 316 Abs. 1 und 2. Die Antragsbefugnis steht aber (anders als bei der Nachlassverwaltung, § 2062 BGB) **auch jedem einzelnen Miterben** zu, weil jeder Miterbe Schuldner im Nachlassinsolvenzverfahren ist. Um willkürliche Anträge auf Grund von Meinungsverschiedenheiten der Erben zu vermeiden, hat der Miterbe den Eröffnungsgrund aber glaubhaft zu machen.[9] Dass bei drohender Zahlungsunfähigkeit der Antrag nur gemeinschaftlich gestellt werden könne,[10] ist dem Gesetz nicht zu entnehmen. § 320 Satz 2 spricht zwar nur von dem Erben. Dies besagt aber nichts gegen die Einzelbefugnis des Miterben, weil das Gesetz auch sonst den Miterben meint, wenn es abbreviatorisch nur vom Erben spricht, so in §§ 316 Abs. 1, 322, 323, 324 Nr. 1 und 6, 326 Abs. 3, 328 Abs. 2 und 330. Im Übrigen besteht auch kein sachlicher Grund für eine unterschiedliche Behandlung der verschiedenen Eröffnungsgründe. Die Sonderregelung des § 18 Abs. 3 betrifft nicht die Miterben, von denen jeder auch im Falle der drohenden Zahlungsunfähigkeit zur Herbeiführung haftungsbeschränkender Maßnahmen gem. § 1975 BGB berechtigt sein muss. Stellt er einen entspr. Antrag, sind die übrigen Miterben vom Insolvenzgericht zu hören, Abs. 2 Satz 2. Die Anhörung kann unter den Voraussetzungen des § 10 entfallen.

3. Antragsrecht der Nachlasspfleger und der verwaltenden Testamentsvollstrecker. Nach Abs. 1 sind Nachlasspfleger (§ 1960 BGB), Nachlassverwalter (§ 1985 BGB) und verwaltende Testamentsvollstrecker (§ 2209 BGB) ebenfalls antragsbefugt. Der Nachlasspfleger handelt hierbei als Vertreter des Definitiverben,[11] also nicht des Nachlasses. Neben seiner Aufgabe, den unbekannten Erben zu ermitteln, hat er auch den Nachlass zu sichern und zu verwalten (sofern keine vom Nachlassgericht angeordnete Aufgabenbeschränkung besteht). Dem entspricht sein Recht, die Eröffnung des Insolvenzverfahrens zu beantragen. Wegen seiner Aufgaben im Verfahren vgl. § 316 RdNr. 2. Das **Antragsrecht des Erben** besteht **neben demjenigen** des **Pflegers,** der keine verdrängende

---

[6] BGHZ 161, 281 = NJW 2005, 756 = ZEV 2005, 109, 111 m. Anm. *Marotzke*.
[7] BGHZ 161, 281 = NJW 2005, 756; LG Wuppertal ZIP 1999, 1536 (zur Beschwerdeberechtigung).
[8] HK-*Marotzke* RdNr. 3, nach LG Köln (NZI 2003, 501) zu beweisen.
[9] *Vallender/Fuchs/Rey* NZI 99, 355; HK-*Kirchhof* § 15 RdNr. 12 und oben § 15 RdNr. 34 (für Gesellschafter).
[10] So HK-*Kirchhof* § 18 RdNr. 18 im Anschluss an *Temme* S. 106. Vgl. ferner *Haarmeyer/Wutzke/Förster,* Handbuch, Kap. 10 RdNr. 99 und oben § 218 RdNr. 84 (Erbenmehrheit erforderlich). Wie hier *Gottwald/ Döbereiner,* Insolvenzrechts-Handbuch, § 112 RdNr. 5; HambKomm-*Böhm* RdNr. 3.
[11] BGHZ 161, 281 = NJW 2005, 756; BGHZ 94, 312, 314 = NJW 1985, 2596. Gleichwohl besteht entgegen der Vorauflage das Antragsrecht neben demjenigen des Erben, *Gottwald/Döbereiner,* Insolvenzrechts-Handbuch, § 112 RdNr. 6. Wie Vorauflage HambKomm-*Böhm* RdNr. 3. Vgl. auch *Foeth* EWiR 2008, 111.

§ 317   5

Vertretungsmacht hat. Dem **Nachlassverwalter,** der nicht Vertreter des Erben, sondern ebenso wie der Insolvenzverwalter Amtsträger ist, war schon deshalb ein Antragsrecht einzuräumen, weil er gem. §§ 1985 Abs. 2, 1980 BGB eine Antragspflicht hat (RdNr. 7). Auch sein Recht besteht neben demjenigen des Erben.[12] Eine gegenseitige Anhörungspflicht besteht auch hier, Abs. 3 analog.[13] Dem Inhaber eines **Testamentsvollstreckeramtes** steht das Antragsrecht nur zu, wenn er **verwaltender Vollstrecker** ist (§ 2209 BGB); der Spezialvollstrecker (§ 2209 Abs. 1 Satz 2) oder wer nur beaufsichtigende Befugnisse hat (§ 2208 Abs. 2), ist nicht antragsberechtigt. Sind mehrere Testamentsvollstrecker ernannt (sog. Gesamtvollstrecker), muss der Eröffnungsantrag von allen gestellt werden, § 2224 Abs. 1 BGB. Bei Meinungsverschiedenheiten entscheidet gem. § 2224 Abs. 1 Satz 1 HS. 2 BGB das Nachlassgericht. Könnte dadurch eine erhebliche Verzögerung eintreten, kann in bes. gelagerten Fällen auch ein einzelner oder einzelne Testamentsvollstrecker Insolvenzantrag stellen, § 2224 Abs. 2 BGB.[14] Obwohl keine allg. Anhörungspflicht des Testamentsvollstreckers gegenüber den Erben besteht, bestimmt Abs. 3 im Interesse des jeweils anderen eine Anhörungspflicht für das Insolvenzgericht, von der wieder unter den Voraussetzungen des § 10 abgesehen werden kann. Wird der Erbe durch einen Nachlasspfleger vertreten oder besteht Nachlassverwaltung, sind der Pfleger und neben dem Erben der Verwalter zu hören.[15] Mit der Eröffnung des Verfahrens endet das Amt des Testamentsvollstreckers anders als das des Nachlassverwalters (§ 1988 BGB) nicht. Er kann die Rechte des Schuldners gegenüber dem Verwalter wahrnehmen, insbesondere Forderungen bestreiten, §§ 172, 184. Seine Befugnisse in Bezug auf den Nachlass werden während des Verfahrens aber durch die Verfügungsmacht des Insolvenzverwalters zurückgedrängt. Nur dieser ist außer dem Erben selbst zur Vorlage eines Insolvenzplans berechtigt.[16] Denn das dem Testamentsvollstrecker zustehende Antragsrecht beinhaltet nicht das Planvorlagerecht,[17] das von § 218 abschließend geregelt wird.[18] Nach Beendigung des Verfahrens leben die Befugnisse des Testamentsvollstreckers aber wieder auf.[19] Zur Frage, ob für den Testamentsvollstrecker eine Antragspflicht besteht, vgl. RdNr. 7. Nachlassverwalter, Nachlasspfleger und Testamentsvollstrecker haben ihre Antragsberechtigung durch Vorlage der Bestallungsurkunden und des Testamentsvollstreckerzeugnisses darzulegen.

5   **4. Antragsberechtigung der Nachlassgläubiger.** Abs. 1 gesteht in Übereinstimmung mit dem früheren Recht (§ 217 KO), aber ohne die Einschränkung des § 219 KO, **jedem Nachlassgläubiger** (folglich auch dem Miterbengläubiger, obwohl dieser auch die Antragsbefugnis als Schuldner hat) die Antragsbefugnis zu, also auch Pflichtteilsberechtigten, Vermächtnisnehmern und Vollzugsberechtigten aus Auflagen sowie ausgeschlossenen Gläubigern. Die amtl. Begründung rechtfertigt den Wegfall der Einschränkung des § 219 KO damit, dass neben der Überschuldung auch die Zahlungsunfähigkeit und die drohende Zahlungsunfähigkeit zur Eröffnung führe und der Nachlass beispielsweise durch Fortführung eines zum Nachlass gehörenden Unternehmens an wirtschaftlichem Wert gewinnen kön-

---

[12] MünchKommBGB-*Siegmann* § 1980 RdNr. 12; aA wohl LG Köln KTS 1986, 362 (kein Recht des Erben bei bestehender Nachlassverwaltung).
[13] Dazu näher HK-*Marotzke* RdNr. 9.
[14] Vgl. *Temme* S. 106 f. Der Katalog der Rspr. zu den Notverwaltungsmaßnahmen der §§ 744, 2038 und 2224 BGB enthält Klagen und Rechtsmittel, weshalb auch ein Insolvenzantrag möglich sein sollte. AA MünchKommBGB-*Zimmermann* § 2224 RdNr. 6.
[15] HK-*Marotzke* RdNr. 13.
[16] AA *Gottwald/Döbereiner,* Insolvenzrechts-Handbuch, § 115 RdNr. 3; *Häsemeyer* RdNr. 33.12; *Frege/Keller/Riedel,* Insolvenzrecht RdNr. 2389; *Wiester,* in: *Scherer,* MAH Erbrecht § 25 RdNr. 68. Aber dann bestünde die Gefahr konkurrierender Pläne auf Schuldnerseite, was das Gesetz mit der Regelung des § 218 gerade verhindern will. Überdies könnte der Testamentsvollstrecker keine Haftung des Erben mit dessen Eigenvermögen begründen.
[17] *Gottwald/Braun,* Insolvenzrechts-Handbuch, § 67 RdNr. 8 und 9.
[18] AA *Gottwald/Döbereiner,* Insolvenzrechts-Handbuch, § 115 RdNr. 3. Vgl. auch vor §§ 315 ff. RdNr. 10.
[19] MünchKommBGB-*Zimmermann* § 2205 RdNr. 96.

ne.²⁰ Unabhängig hiervon ist zu beachten, dass ein Pflichtteilsanspruch nur gegeben ist, wenn im Zeitpunkt des Erbfalls die Nachlassaktiva die Passiva übersteigen (§ 2311 BGB), so dass spätere Wertsteigerungen dem Pflichtteilsberechtigten nicht mehr zugute kommen.²¹ Hinsichtlich der Vermächtnisse und Auflagen ist im Hinblick auf das Ansehen des Erblassers, der im Zweifel Freigebigkeiten nur aus einem aktiven Nachlass gewähren will,²² stets zu prüfen, ob diesen Gläubigern das vom Gesetz ohne Einschränkung zuerkannte Antragsrecht auch im Falle der Überschuldung zustehen soll.²³ Da Abs. 1 jedem Gläubiger die Antragsbefugnis einräumt, steht diese grundsätzlich auch den Gläubigern solcher Nachlassverbindlichkeiten zu, die nicht auf Zahlung einer Geldsumme gerichtet sind. Sie sind gem. § 45 in Geld umzurechnen, etwa Verschaffungsansprüche, Ansprüche auf Wegnahme gem. § 539 Abs. 2 BGB oder auf Duldung der Trennung, solche auf Vornahme einer vertretbaren Handlung oder auf Abgabe einer Willenserklärung (z. B. einer Auflassungserklärung).²⁴ Anders ist idR bei Unterlassungsansprüchen und solchen auf Auskunft und Rechnungslegung zu entscheiden. Sie sind zwar Nachlassverbindlichkeiten, aber keine Insolvenzforderungen und deshalb je nach Sachlage gegen den Erben oder den Insolvenzverwalter geltend zu machen.²⁵ Auch der Anspruch auf Herausgabe eines nicht zur Masse gehörigen Gegenstandes ist zwar Nachlassverbindlichkeit, begründet im Hinblick auf § 47 aber keine Insolvenzforderung, weshalb es insoweit an einem Antragsrecht i. S. v. § 13 fehlt.²⁶ Eine Besonderheit besteht bei **Erbteilsverbindlichkeiten.** Sie beschweren nur einen oder einzelne Miterben, § 2046 Abs. 2 BGB, etwa durch Vermächtnisse und Auflagen.²⁷ Solchenfalls fehlt es an einer den gesamten Nachlass belastenden Verbindlichkeit, bei Zahlungsunfähigkeit oder Überschuldung des Miterben an einer solchen des Nachlasses. Deshalb können Gläubiger, denen nur einzelne Miterben haften, kein Nachlassinsolvenzverfahren beantragen.²⁸

5. Verlust des Antragsrechts. Das Antragsrecht geht verloren: beim Vorerben mit dem Eintritt des Nacherbfalles, beim vorläufigen Erben durch Ausschlagung, beim endgültigen Erben durch Verkauf der Erbschaft (§ 330), bei Pflegern und Verwaltern durch Beendigung des Amtes und bei den Nachlassgläubigern durch Zeitablauf, § 319.

III. Antragsverpflichtung

Die Insolvenzordnung normiert keine Antragspflicht. Diese ergibt sich aber für bestimmte Antragsberechtigte aus §§ 1980, 1985 Abs. 2 BGB. Nach § 1980 hat der **Erbe** bei Kenntnis der Zahlungsunfähigkeit oder der Überschuldung unverzüglich die Eröffnung des Nachlassinsolvenzverfahrens zu beantragen; die drohende Zahlungsunfähigkeit ist zwar Eröffnungsgrund, ihr Vorliegen verpflichtet aber nicht zur Antragstellung. Unter Erbe ist hier jeder endgültige²⁹ Erbe, also auch jeder Vorerbe und jeder Miterbe zu verstehen. Nach der Annahme besteht Antragspflicht, auch wenn die Erbenstellung von anderen Erbprätenden-

---

²⁰ Dazu und zu möglichen Bedenken bzgl. der Vermächtnisse und Auflagen HK-*Marotzke* RdNr. 19; *Lange/Kuchinke* § 47 VII 3.
²¹ Zur Firmenbewertung im Pflichtteilsrecht vgl. BGH NJW 1973, 509 (Gesamtwert bei ertragslosem Unternehmen) und BGH NJW 1982, 2497 (Liquidationswert bei ertragslosem Unternehmen zZ des Erbfalls). Zur Problematik auch *Oechsler* AcP 200 (2000), 603, 619.
²² *Lange/Kuchinke* § 49 VIII 1.
²³ HK-*Marotzke* RdNr. 19; Prüfung nach § 14 verlangen FK-*Schallenberg/Rafiqpoor* RdNr. 27.
²⁴ *Jaeger/Henckel* § 38 RdNr. 63, 65.
²⁵ Oben § 38 RdNr. 38, 46; *Jaeger/Henckel* § 38 RdNr. 73, 78; OLG Naumburg FamRZ 2008, 620.
²⁶ HK-*Kirchhof* § 14 RdNr. 17; *Haarmeyer/Wutzke/Förster,* Handbuch, Kap 3 RdNr. 65. *Häsemeyer* RdNr. 7.03, *Jauernig,* Zwangsvollstreckung § 54 III 3, *Gerhardt,* in Kölner Arbeitskreis (Hrsg.), Aktuelle Probleme des neuen Insolvenzrechts, 2000 S. 130 und *Pape/Uhlenbruck,* Insolvenzrecht RdNr. 345.
²⁷ Weitere Beispiele bei MünchKommBGB-*Heldrich* § 2058 RdNr. 18 und *Staudinger/Marotzke* § 2058 RdNr. 25. Kosten der Testamentsvollstreckung hinsichtlich eines Erbteils fallen dem ganzen Nachlass zur Last, BGH NJW 1997, 1362.
²⁸ HK-*Marotzke* RdNr. 20, *Staudinger/Marotzke* § 2058 RdNr. 30 (auch zu Ausnahmen im Falle des § 2305 BGB); *Jaeger,* Erbenhaftung S. 35; *Lange/Kuchinke* § 50 VI.
²⁹ BGHZ 161, 281 = NJW 2005, 756, also nicht der vorläufige Erbe, im Hinblick auf § 2013 Abs. 1 BGB aber auch nicht der unbeschränkt haftende Erbe.

§ 317 7

ten bestritten wird und deswegen ein Nachlasspfleger bestellt wird.[30] § 1985 Abs. 2 BGB erstreckt diese Verpflichtung auf den **Nachlassverwalter**. Mit der Anordnung der Nachlassverwaltung endet die Antragspflicht des Erben (während sein Antragsrecht fortbesteht). War der Eröffnungsgrund dem Erben schon vor Anordnung der Nachlassverwaltung bekannt geworden oder musste er ihm bekannt sein, § 1980 Abs. 2 BGB, trifft ihn noch die Verpflichtung aus § 1980 BGB.[31] Ob darüber hinaus auch den **Nachlasspfleger** und den **verwaltenden Testamentsvollstrecker** eine Antragspflicht trifft, ist streitig. Überwiegend wird die Auffassung vertreten, dass eine solche Pflicht den Nachlassgläubigern gegenüber **nicht** besteht.[32] Der Gegenschluss aus § 1985 Abs. 2 BGB trägt nach wie vor die überwiegende Meinung. Bei Verletzung der Antragspflicht sind (nur) der Erbe und der Nachlassverwalter den Gläubigern für den daraus entstehenden Schaden verantwortlich, § 1980 Abs. 1 S. 2 BGB. Eine verspätete Antragstellung durch den Nachlasspfleger ist dem Erben nicht zuzurechnen.[33] Der Umfang der Ersatzpflicht des Erben oder des Nachlassverwalters bestimmt sich nach dem Unterschied zwischen dem, was auf die Gläubiger im Nachlassinsolvenzverfahren entfallen würde, wenn der Antrag rechtzeitig gestellt worden wäre, und dem, was sie in Wirklichkeit erhalten haben.[34] Der Anspruch gehört nach der analog anwendbaren Fiktion des § 1978 Abs. 2 BGB zur Masse und ist vom Insolvenzverwalter geltend zu machen, § 92. Nachlasspfleger und Testamentsvollstrecker sind nur gegenüber dem Erben zur Antragstellung verpflichtet (§§ 1915, 1833, 2216, 2219 BGB).[35] Ihre Ersatzpflicht bestimmt sich nach dem Unterschied der Belastungen des Nachlasses bei rechtzeitiger oder verspäteter Antragstellung; es kommt also auf die Schädigung des Erben als Träger des Nachlasses, nicht als Träger seines Eigenvermögens an. Eine höhere Belastung des Nachlasses stellt aber stets einen Schaden dar.[36] Diesen Ersatzanspruch kann der Nachlassinsolvenzverwalter auch ohne vorausgegangene Pfändung geltend machen, weil er zum Nachlass gehört.[37] Da die Antragspflicht des Erben trotz Bestehens einer Nachlasspflegschaft oder einer Testamentsvollstreckung fortdauert, hat dieser von seinem Recht aus § 2215 BGB Gebrauch zu machen, um der Verantwortlichkeit aus § 1980 zu entgehen. Abgesehen vom Falle des Bestehens einer Nachlassverwaltung entfällt die Antragspflicht auch dann, wenn die Überschuldung des Nachlasses nur auf Vermächtnissen und Auflagen beruht, und zwar auch beim Vorhandensein einer kostendeckenden Masse,[38] §§ 1981 Abs. 1 S. 3, 1992 BGB, ferner dann, wenn die Überschuldung nur auf ausgeschlossenen Nachlassverbindlichkeiten beruht, §§ 1972, 1974 BGB,[39] und schließlich gem. §§ 1990, 1991 BGB auch bei unzulänglichem Nachlass, also bei fehlender Deckung der Kosten.[40] Dass der Erbe bei unterbliebener Antragstellung trotz Insolvenzreife nach § 26 Abs. 3 hafte, trifft nicht zu. **§ 26 Abs. 3** ist

---

[30] BGHZ 161, 281 = NJW 2005, 756; insoweit zweifelnd *Marotzke* ZEV 2005, 111.
[31] MünchKommBGB-*Siegmann* § 1980 RdNr. 9 mwN.
[32] BGHZ 161, 281 = NJW 2005, 756; KG FamRZ 1975, 292; MünchKommBGB-*Leipold* § 1960 RdNr. 50; MünchKommBGB-*Siegmann* § 1980 RdNr. 12; *Uhlenbruck* § 13 RdNr. 43; *Uhlenbruck/Lüer* RdNr. 7; *Nerlich/Römermann/Riering* RdNr. 9; *HK-Marotzke* RdNr. 12, 13; *Braun/Bauch* RdNr. 2. *Gottwald/Döbereiner*, Insolvenzrechts-Handbuch, § 112 RdNr. 13; *Lorz*, in: *Scherer*, MAH Erbrecht § 19 RdNr. 79; *Häsemeyer* RdNr. 33.09. AA *Kilger/Schmidt* § 217 KO Anm. 2 (für den Testamentsvollstrecker); *Pape/Uhlenbruck*, Insolvenzrecht RdNr. 329; *Bork* RdNr. 81. Ausführlich zum Problem *Muscheler* S. 231.
[33] BGHZ 161, 281 = NJW 2005, 756.
[34] BGH NJW 1985, 140, 141. Zur neueren Diskussion *K. Schmidt* NZI 1999, 9 ff. und in Kölner Arbeitskreis (Hrsg.), Aktuelle Probleme des neuen Insolvenzrechts, 2000 S. 89.
[35] BGHZ 161, 281 = NJW 2005, 756.
[36] BGH NJW 1986, 581.
[37] RGZ 138, 132; *Häsemeyer* RdNr. 33.29; aA *Jaeger/Weber* §§ 217 bis 220 KO RdNr. 24. Ausführlich *Muscheler* S. 230.
[38] *Lange/Kuchinke* § 49 VIII I c; *Häsemeyer* RdNr. 33.27.
[39] MünchKommBGB-*Siegmann* § 1980 RdNr. 6; *Uhlenbruck/Lüer* RdNr. 3.
[40] *Jaeger/Weber* §§ 217 bis 220 KO RdNr. 26; *Graf-Schlicker/Messner* RdNr. 3; *Gottwald/Döbereiner*, Insolvenzrechts-Handbuch, § 112 RdNr. 3; *Staudinger/Marotzke* § 1991 RdNr. 6. Die gegenteiligen Ausführungen bei *Nerlich/Römermann/Riering* RdNr. 13 und *Andres/Leithaus* RdNr. 8 übersehen, dass es gerade Sinn der §§ 1990, 1991 BGB ist, dem Erben bei unzulänglicher Kostendeckung die Einleitung eines Verfahrens zu ersparen. Zutr. AG Bielefeld ZIP 1999, 1223.

nicht unmittelbar **anwendbar**,[41] weil die Bestimmung voraussetzt, dass der Antrag auf Eröffnung entgegen einer gesellschaftsrechtlichen Verpflichtung unterblieben ist. Eine solche besteht auch dann nicht, wenn es sich bei dem Erben um eine GmbH oder eine andere juristische Person mit Verpflichtungen entspr. § 64 GmbHG handelt. Denn in Bezug auf den Nachlass besteht immer nur eine erbrechtliche Verpflichtung aus § 1980 BGB, keinesfalls eine gesellschaftsrechtliche. Auch die vielfach[42] vorgeschlagene analoge Anwendung des § 26 Abs. 3 kommt nicht in Betracht, unabhängig davon, in welcher Haftungslage sich der Erbe befindet. Haftet er allen Gläubigern gegenüber unbeschränkbar (etwa wegen einer Inventaruntreue, § 2005 Abs. 1 BGB), entfällt gem. § 2013 Abs. 1 BGB die Antragsverpflichtung aus § 1980 BGB und damit jede Möglichkeit, den Erben nach § 26 Abs. 3 haftbar zu machen. Eine gegenteilige Regelung wäre auch wenig sinnvoll, weil der Erbe mit mehr als seinem Gesamtvermögen nicht haften kann. Haftet der Erbe aber noch beschränkbar oder nur einzelnen Gläubigern gegenüber unbeschränkbar (§ 2013 Abs. 2 BGB), besteht ebenfalls keine Antragsverpflichtung. § 26 Abs. 3 knüpft nämlich an Abs. 1 dieser Bestimmung an, der wiederum von einer nicht kostendeckenden[43] Masse, also der Masseamut ausgeht. Exakt für diesen Fall besteht aber – wie vorstehend dargelegt – keine Antragsverpflichtung aus § 1980 BGB. Dem Erben wird vielmehr in §§ 1990, 1991 BGB das Recht eingeräumt, die Nachlassgläubiger ohne Insolvenzverfahren aus dem Nachlass zu befriedigen, was die Annahme einer Antragsverpflichtung ausschließt. Selbstverständlich ist ein Nachlassgläubiger nicht gehindert, eine Vorschusszahlung nach § 26 Abs. 1 S. 2 zu erbringen, wiewohl nicht anzunehmen ist, dass es jemals zu einem solch unvernünftigen Verhalten kommen wird. Denn mit der beträchtlichen Vorschusszahlung nach § 26 Abs. 1 S. 2 und der daraufhin erfolgten Eröffnung nimmt sich der Gläubiger die Möglichkeit, bei einem wesentlich geringeren Kostenaufwand gegen den Nachlass und das Eigenvermögen des Erben vorgehen zu können. Dies gilt auch für den Nachlassverwalter und dessen Verpflichtung aus § 1985 Abs. 2 BGB. Denn unabhängig von der Frage, ob dieser sich auf die §§ 1990, 1991 BGB berufen kann, hat er bei fehlender Kostendeckung allenfalls die Pflicht, gem. § 1988 Abs. 2 BGB die Aufhebung der Nachlassverwaltung zu beantragen. Eine Insolvenzantragspflicht besteht dagegen in diesem Falle nicht.

IV. Das Eröffnungsverfahren

1. Eigenantrag des Erben. Hier entfällt die Prüfung der Antragsfrist. Der Antrag kann auf alle in § 320 genannten Gründe gestützt werden. Der Eröffnungsgrund ist zwar nicht glaubhaft zu machen, wohl aber zu substantiieren, also schlüssig darzulegen. Einer Glaubhaftmachung bedarf es nur, wenn ein Miterbe Antragsteller ist, § 4 i. V. m. § 294 ZPO. Dann sind auch die übrigen Miterben zu hören, § 10 Abs. 2. Liegt Testamentsvollstreckung vor, ist der Vollstrecker zu hören, § 317 Abs. 3. Gleiches gilt für den Nachlassverwalter.

2. Anträge der Nachlasspfleger und verwaltenden Testamentsvollstrecker. Anträge der Nachlasspfleger einschl. Nachlassverwalter und der Testamentsvollstrecker unterliegen den gleichen Voraussetzungen wie der Erbenantrag. Es besteht keine Verpflichtung zur Glaubhaftmachung des Eröffnungsgrundes; der Antrag ist schon zulässig, wenn der Nach-

---

[41] *Gottwald/Döbereiner*, Insolvenzrechts-Handbuch, § 112 RdNr. 11; HambKomm-*Böhm* RdNr. 7; *Wiester*, in: *Scherer*, MAH Erbrecht § 25 RdNr. 24. AA wohl *Häsemann* S. 88, 89.
[42] HK-*Kirchhof* § 26 RdNr. 33 (jedoch anders ab der 4. Aufl. § 26 RdNr. 42); *Jaeger/Schilken* § 26 RdNr. 93; FK-*Schmerbach* § 26 RdNr. 96; *Uhlenbruck/Hirte* § 26 RdNr. 52; *Pape/Uhlenbruck*, Insolvenzrecht RdNr. 461 Fn. 46; *Häsemeyer* RdNr. 7.31. Wie hier HK-*Marotzke* RdNr. 2.
[43] Zu berechnen durch einen Vergleich zwischen dem in angemessener Zeit in Geld umwandelbaren Vermögen des Erblassers mit den voraussehbaren Kosten für das gesamte Verfahren, BGH ZIP 2003, 2771. *Geitner* (Der Erbe in der Insolvenz, S. 66 f.) geht bei einer Vorschusszahlung gem. § 26 Abs. 1 von einer kostendeckenden Masse und damit von einer Antragspflicht des Erben aus. Der Kostenvorschuss fällt aber gerade nicht in die Masse (vgl. etwa *Jaeger/Schilken* § 26 RdNr. 60; *Häsemeyer* RdNr. 7.30) und mit der auf die Vorschusszahlung folgenden Eröffnung würde eine Antragspflicht des Erben, so sie bestünde, entfallen (oben § 15 RdNr. 116).

lasspfleger die Überschuldung des Nachlasses nachvollziehbar dartut. Schlüssigkeit im technischen Sinne ist nicht erforderlich.[44] Es kommen alle Eröffnungsgründe in Betracht. Wegen der Pflicht zur Anhörung der übrigen Antragsberechtigten vgl. oben RdNr. 4.

10   **3. Anträge der Nachlassgläubiger.** Anträge der Nachlassgläubiger sind nur innerhalb der Frist des § 319 möglich. Die Nachlassgläubiger müssen ihre Forderung und einen Eröffnungsgrund glaubhaft machen, § 4 InsO, § 294 ZPO. Dies gilt auch für Steuerforderungen und Forderungen der Sozialversicherungsträger; die Steueranmeldungen des Schuldners und die Steuerbescheide bzw. die Leistungsbescheide oder Beitragsnachweise der Arbeitgeber sind vorzulegen.[45] Eine Antragstellung ist auch dann möglich, wenn nur ein Gläubiger vorhanden ist.[46] Bildet die einzige Forderung des antragstellenden Gläubigers den Eröffnungsgrund und ist diese bestritten, muss sie für die Eröffnung voll bewiesen werden; dies gilt auch für die Berechtigung der vom Erben erhobenen Verjährungseinrede.[47] Es obliegt nicht dem Insolvenzgericht, den Bestand bestrittener und rechtlich zweifelhafter Forderungen zu überprüfen. Bestehen insoweit Zweifel, fehlt es an der Glaubhaftmachung. Der Antragsteller hat eine Klärung im Prozesswege vorzunehmen.[48] Außerdem müssen die Gläubiger ihr rechtliches Interesse an der Eröffnung darlegen, wenn insoweit Zweifel bestehen könnten, § 14 und oben RdNr. 5. Die Angabe der statthaften Verfahrensart ist nicht erforderlich.[49]

11   **4. Beschwerdeberechtigung.** § 6 sieht eine Beschwerdeberechtigung nur bei ausdrücklicher Zulassung im Gesetz vor. § 34 Abs. 1 eröffnet bei **Ablehnung der Eröffnung** jedem Antragsteller den Beschwerdeweg. Erfolgt die Abweisung mangels Masse, § 26, steht dem Schuldner die sofortige Beschwerde auch dann zu, wenn er nicht Antragsteller war. Nach der amtl. Begründung wurde dem Schuldner die Beschwerdeberechtigung in diesem Falle deshalb gewährt, weil mit der Entscheidung die Eintragung in das Schuldnerverzeichnis gem. § 26 Abs. 2 verbunden ist. Da der Erbe bei Ablehnung mangels Masse nicht in das Schuldnerverzeichnis eingetragen wird (vgl. Anhang zu § 315 RdNr. 3), könnte seine Beschwer in diesem Falle fraglich sein. Die Beschwerdeberechtigung des Erben ist dennoch gegeben, weil seine Haftungslage bei Durchführung des Verfahrens günstiger ist als im Falle der Ablehnung mangels Masse, vgl. §§ 1990, 1991 einerseits und §§ 1989, 1973 BGB andererseits. **Gegen** den **Eröffnungsbeschluss**[50] steht dem Schuldner gem. § 34 Abs. 2 die sofortige Beschwerde zu. Deshalb kann auch der Miterbe, der ja Schuldner ist, auch dann gegen die Eröffnung sofortige Beschwerde einlegen, wenn er keinen Antrag gestellt hat.[51] Der Erbe kann allerdings nicht mit der Begründung, sein Antrag hätte gem. § 26 abgewiesen werden müssen, Beschwerde einlegen. Denn abgesehen davon, dass die Durchführung des Verfahrens seine Rechtsstellung verbessert, ist die möglicherweise gehegte Erwartung, das Insolvenzgericht werde das Verfahren nicht eröffnen, nicht schutzwürdig,[52] zumal der

---

[44] BGH WM 2007, 1754 = ZEV 2007, 587 = WuB VI A. § 317 InsO 1.08 (*Siegmann*); HK-*Marotzke* RdNr. 22; *Nerlich/Römermann/Riering* RdNr. 13; *Gottwald/Döbereiner*, Insolvenzrechts-Handbuch, § 112 RdNr. 14; *Floeth* EWiR 2008, 111; aA *Jaeger/Weber* §§ 217 bis 220 KO RdNr. 29; *Häsemeyer* RdNr. 7.04.
[45] BGH NZI 2006, 172; NZI 2004, 587.
[46] BGH NJW-RR 2006, 1061; *Pape* NJW 2005, 2757; *Becker* RdNr. 259.
[47] BGH WM 2007, 1132; NJW-RR 2006, 1061; NJW-RR 1992, 919; der Nachweis kann aber regelmäßig durch die Vorlage eines vollstreckbaren Titels geführt werden, BGH NJW-RR 2006, 1482.
[48] BGH NJW-RR 2006, 1061; NJW-RR 2002, 1571.
[49] BGHZ 157, 350 = NJW 2004, 1444; oben § 13 RdNr. 81.
[50] Die Eröffnungsformel lautet üblicherweise: „Über den Nachlass des am ... in A verstorbenen XY, zuletzt wohnhaft gewesen in B, C-Straße Nr. 1, wird heute am ... um 12 Uhr das Nachlassinsolvenzverfahren eröffnet ...". Vgl. auch oben §§ 27 bis 29 RdNr. 22.
[51] So schon das RG JW 1895, 454 für den Gesellschafter einer OHG; vgl. auch *Jaeger/Weber* §§ 217 bis 220 KO RdNr. 31; *Kuhn/Uhlenbruck* § 109 KO RdNr. 1; *Hess* InsO § 34 RdNr. 11; FK-*Schmerbach* § 34 RdNr. 12a; *Gottwald/Döbereiner*, Insolvenzrechts-Handbuch, § 112 RdNr. 21.
[52] So BGH WM 2007, 553; OLG Celle ZIP 1999, 1605; OLG Stuttgart NZI 1999, 491; OLG Köln NZI 2002, 101; LG Tübingen NJW-RR 2006, 1208; oben § 6 RdNr. 32; *Braun/Kind* § 34 RdNr. 9; *Jaeger/Schilken* § 34 RdNr. 26; *Haarmeyer/Wutzke/Förster*, Handbuch, Kap. 3 RdNr. 541; *Pape/Uhlenbruck*, Insolvenzrecht RdNr. 207; *Gottwald/Döbereiner*, Insolvenzrechts-Handbuch, § 112 RdNr. 21; ebd. *Uhlenbruck*

Antragsberechtigte 12 § 317

Schuldner jederzeit die Einstellung mangels Masse, § 207, anregen kann. Anders verhält es sich nach der Rspr. des BGH,[53] wenn die Eröffnung auf Grund eines Fremdantrags erfolgt ist. Hier kann dem Schuldner das Rechtsschutzbedürfnis für eine Beschwerde mit dem Ziel der Abweisung des Antrags mangels Masse grundsätzlich nicht abgesprochen werden. Dass dies auch für den Fall der Antragstellung durch den Schuldner auf Grund gesetzlicher Verpflichtung gilt,[54] ist für die Nachlassinsolvenz ohne Bedeutung, weil dort bei Dürftigkeit gerade keine Antragspflicht besteht (§ 1990 BGB), der Erbe vielmehr mit jedem Beweismittel die Dürftigkeit darlegen kann.[55] Eine Beschwerde ist nicht damit zu begründen, dass der Eröffnungsgrund weggefallen sei.[56] Für den unbekannten Erben kann der Nachlasspfleger sofortige Beschwerde einlegen. Nachlassverwalter und Testamentsvollstrecker sind nur gem. § 34 Abs. 1 beschwerdeberechtigt, da sie keine Schuldner sind.[57] Sie können ihre Belange im Rahmen der nach Abs. 3 gebotenen Anhörung wahren. Auch die mit der Eröffnung der Nachlassinsolvenz verbundene Einschränkung der Befugnisse des Testamentsvollstreckers rechtfertigt keine andere Entscheidung. Es verhält sich wie bei der Anordnung der Nachlassverwaltung auf Antrag des Erben. Auch dort besteht kein Beschwerderecht des Testamentsvollstreckers, wie § 76 Abs. 1 FGG zeigt. Im Übrigen ist zu bedenken, dass auch sonst nur mittelbar Betroffene wie Aktionäre oder Gesellschafter einer juristischen Person den Eröffnungsbeschluss nicht anfechten können.[58] Dem Nachlassverwalter steht schon deshalb kein Beschwerderecht zu, weil sein Amt mit der Eröffnung des Nachlassinsolvenzverfahrens endet, § 1988 Abs. 1 BGB.

5. Insolvenzkostenhilfe im Eröffnungsverfahren. Die bis 1. 12. 2001 geltende Fas- 12
sung der InsO enthielt keine spezielle Regelung der Insolvenzkostenhilfe. Wohl aber ging die InsO wie schon die KO davon aus, dass bei nicht kostendeckender Masse kein Insolvenzverfahren durchgeführt wird, § 26 Abs. 1. Daraus ergab sich, dass dem Erben-Schuldner keine Insolvenzkostenhilfe bewilligt werden konnte.[59] Dies auch für den Fall, dass der Erbe mit der von ihm erstrebten Abweisung des Antrags den ihm obliegenden Nachweis der Dürftigkeit des Nachlasses führen wollte.[60] Denn für diesen Nachweis war und ist er auf keinen Ablehnungsbeschluss angewiesen. Er kann ihn mit jedem anderen Beweismittel führen, etwa mittels Inventarerrichtung oder durch Vorlage von Protokollen über erfolglose

---

[§ 16 RdNr. 38; *Bork* RdNr. 114. Zweifelnd im Falle der Regelinsolvenz BGH MDR 2005, 49; *Häsemeyer* RdNr. 7.55. AA OLG Frankfurt MDR 1971, 491, dem *Jaeger/Weber* §§ 217 bis 220 KO RdNr. 31 und HK-*Kirchhof* § 34 RdNr. 9 folgen; *Uhlenbruck/Lüer* RdNr. 13; FK-*Schmerbach* § 34 RdNr. 18; *Graf-Schlicker/Kexel* § 34 RdNr. 26.

[53] NZI 2004, 625.
[54] BGH wie Fn. 53.
[55] *G. Siegmann* Rpfleger 2001, 260, 261.
[56] LG Düsseldorf NZI 2002, 60; oben § 6 RdNr. 32; *Braun/Kind* § 34 RdNr. 11; *Gottwald/Döbereiner*, Insolvenzrechts-Handbuch, § 112, RdNr. 21; *Jauernig/Berger*, Zwangsvollstreckung § 54 RdNr. 51; *Pape/Uhlenbruck*, Insolvenzrecht RdNr. 481, 761. Es muss Einstellung nach § 212 beantragt werden, BGHZ 169, 17 = NJW 2006, 3553. AA (sofortige Beschwerde zulässig) HK-*Kirchhof* § 34 RdNr. 22; *Nerlich/Römermann/Mönnig* § 34 RdNr. 22; *Haarmeyer/Wutzke/Förster*, Handbuch, Kap. 4 RdNr. 7; *Häsemeyer* RdNr. 7.55.
[57] So auch *Lange/Kuchinke* § 49 IV 4. AA *Jaeger/Weber* §§ 217 bis 220 KO RdNr. 31 und *Schmahl* oben § 34 RdNr. 57, die jedem auf Schuldnerseite Antragsberechtigten das Recht auf sofortige Beschwerde zubilligen. Ebenso für den Testamentsvollstrecker *Nerlich/Römermann/Riering* § 315 RdNr. 51; *Kuhn/Uhlenbruck* § 214 KO RdNr. 11; *Uhlenbruck/Lüer* § 315 RdNr. 15; HambKomm-*Böhm* vor § 315 RdNr. 15. Aber unter der Geltung der InsO ist die frühere Auffassung, zur Einlegung der Beschwerde sei jeder berechtigt, dessen rechtliche Belange durch die Entscheidung beeinträchtigt würden, überholt, vgl. *Gerhardt*, Festschrift für Uhlenbruck, S. 85; *Pape/Uhlenbruck*, Insolvenzrecht RdNr. 481, 585; *Gottwald/Döbereiner*, Insolvenzrechts-Handbuch, § 112 RdNr. 21.
[58] *Pape/Uhlenbruck*, Insolvenzrecht RdNr. 481.
[59] Oben § 4 RdNr. 17 *(Ganter)*; *Uhlenbruck/Lüer* § 315 RdNr. 5; *Braun/Bauch* § 315 RdNr. 13; *Gottwald/Uhlenbruck*, Insolvenzrechts-Handbuch, § 11 RdNr. 6; *Gottwald/Klopp/Kluth* ebd. § 17 RdNr. 42; *Nerlich/Römermann/Becker* § 4 RdNr. 20; *Haarmeyer/Wutzke/Förster*, Handbuch, Kap. 2 RdNr. 23; HK-*Landfermann* vor § 304 RdNr. 19. Vgl. auch BGH NZI 2000, 260, 261.
[60] AA LG Göttingen Rpfleger 2001, 95 mit abl. Anm. *Siegmann* Rpfleger 2001, 260. Wie hier AG Hildesheim ZInsO 2004, 1154; AG Bielefeld ZIP 1999, 1223; *Gottwald/Döbereiner*, Insolvenzrechts-Handbuch, § 112 RdNr. 22.

§ 318   1   10. Teil. 1. Abschnitt. Nachlaßinsolvenzverfahren

Vollstreckungsversuche beim Erblasser oder die Abgabe der eidesstattlichen Versicherung durch diesen.[61] Möglich war und ist demgegenüber die Bewilligung von Kostenhilfe für den antragstellenden Gläubiger,[62] allerdings nur dann, wenn eine wirtschaftlich denkende vermögende Partei vernünftigerweise einen Rechtsanwalt beauftragen würde,[63] also nicht bei Massearmut.

13   Für den Schuldner sieht das InsOÄndG (§ 4a) die Bewilligung von Kostenhilfe im Wege der Stundung für den Fall vor, dass er einen Antrag auf Restschuldbefreiung gestellt hat und diese nicht offensichtlich zu versagen ist. Aus der notwendigen Verbindung mit der Restschuldbefreiung, die gem. §§ 286, 4a nur eine natürliche Person beantragen kann, folgt, dass für einen Erben zwar in der Eigeninsolvenz, nicht aber im Nachlassinsolvenzverfahren, das keine Restschuldbefreiung für den Nachlass kennt (siehe oben vor § 315 RdNr. 6), Kostenhilfe in Betracht kommt. Nur wenn der Schuldner das Ziel der Restschuldbefreiung verfolgt, kann er auf Kostenstundung hoffen.[64] Wer eine Haftungsbeschränkung anstrebt, kann nach wie vor keine Insolvenzkostenhilfe erhalten.[65] Waren beim Erbfall die Verfahrenskosten gem. § 4a ZPO gestundet, wird diese Stundung gegenstandslos.[66]

14   Der RegE eines Gesetzes zur Entschuldung mittelloser Personen, zur Stärkung der Gläubigerrechte sowie zur Regelung der Insolvenzfestigkeit von Lizenzen v. 22. 8. 2007 sieht die Aufhebung der §§ 4a bis 4d vor. Nach § 4 Abs. 2 des Entwurfs kann der Schuldner, der die Restschuldbefreiung beantragt, die Beiordnung eines Rechtsanwalts verlangen, wenn die Vertretung durch einen Rechtsanwalt trotz der dem Gericht obliegenden Fürsorge erforderlich erscheint. Damit kommt auch nach einer Neuregelung keine Insolvenzkostenhilfe für den Erben in Betracht.

§ 318 Antragsrecht beim Gesamtgut

(1) ¹Gehört der Nachlaß zum Gesamtgut einer Gütergemeinschaft, so kann sowohl der Ehegatte, der Erbe ist, als auch der Ehegatte, der nicht Erbe ist, aber das Gesamtgut allein oder mit seinem Ehegatten gemeinschaftlich verwaltet, die Eröffnung des Insolvenzverfahrens über den Nachlaß beantragen. ²Die Zustimmung des anderen Ehegatten ist nicht erforderlich. ³Die Ehegatten behalten das Antragsrecht, wenn die Gütergemeinschaft endet.

(2) ¹Wird der Antrag nicht von beiden Ehegatten gestellt, so ist er zulässig, wenn der Eröffnungsgrund glaubhaft gemacht wird. ²Das Insolvenzgericht hat den anderen Ehegatten zu hören.

(3) Die Absätze 1 und 2 gelten für Lebenspartner entsprechend.

I. Normzweck

1   Abs. 1 der Bestimmung erweitert in Übereinstimmung mit dem bisherigen Recht (§ 218 Abs. 1 KO) den Kreis der Antragsberechtigten. Im Falle der Zugehörigkeit des Nachlasses zum Gesamtgut einer Gütergemeinschaft kann sowohl der Ehegatte, der Erbe ist, § 317, als auch der nichterbende Ehegatte, der das Gesamtgut allein oder mit seinem Ehegatten gemeinschaftlich verwaltet, die Eröffnung des Verfahrens beantragen. Wie bei den Korres-

---

[61] RGZ 74, 375, 377; OLG Düsseldorf ZEV 2000, 155; *Staudinger/Marotzke* § 1990 RdNr. 6; MünchKommBGB-*Siegmann* § 1990 RdNr. 3; *Palandt/Edenhofer* § 1990 RdNr. 2.
[62] BGH NJW 2004, 3260; *Jaeger/Schilken* § 4 RdNr. 46, § 13 RdNr. 74; *Haarmeyer/Wutzke/Förster*, Handbuch, Kap. 2 RdNr. 22, Kap. 3 RdNr. 118; *Gottwald/Uhlenbruck*, Insolvenzrechts-Handbuch, § 12 RdNr. 34. Jetzt auch oben § 4 RdNr. 23 (Ganter).
[63] BGH MDR 2005, 50; *Braun/Kießner* § 4 RdNr. 13.
[64] *Pape/Uhlenbruck*, Insolvenzrecht RdNr. 925; aA *Nerlich/Römermann/Riering* § 315 RdNr. 9.
[65] *Gottwald/Döbereiner*, Insolvenzrechts-Handbuch, § 112 RdNr. 22 und *Braun/Bauch* § 320 RdNr. 13 gegen LG Göttingen Fn. 60.
[66] *Messner* ZVI 2004, 440; HambKomm-*Wehr* § 11 RdNr. 48; *Köke/Schmerbach* ZVI 2007, 500.

pondenzvorschriften des Aufgebotsverfahrens (§ 999 ZPO) und des Inventarrechts (§ 2008 BGB) hat der nichterbende Ehegatte sein Antragsrecht nur als Allein- oder Mitverwalter des Gesamtgutes, weil ihn in diesen Fällen die Haftung des erbenden Ehegatten aus § 1967 BGB gem. § 1459 Abs. 2 BGB auch persönlich trifft.[1] Anders, wenn er von der Verwaltung ausgeschlossen ist, § 1421 BGB. In diesem Falle entspricht seine von ihm selbst herbeigeführte schwache Rechtsstellung derjenigen bei der Einzelzwangsvollstreckung (§ 740 ZPO) und im Insolvenzverfahren über das Vermögen des Gesamtgutsverwalters (§ 37 Abs. 1). Dem Gesetzgeber erschien insoweit ein Schutz nicht geboten, weil der nichterbende Ehegatte, der an der Verwaltung des Gesamtgutes nicht beteiligt ist, für die Nachlassverbindlichkeiten, die Gesamtgutsverbindlichkeiten sind, nur mit dem Anteil am Gesamtgut, nicht aber persönlich haftet, § 1437 BGB. Abs. 2 überträgt das nach § 317 für Miterben geltende Antragserfordernis der Glaubhaftmachung und die Anhörungspflicht auf den Fall der Gütergemeinschaft. Abs. 3, eingefügt mit Wirkung vom 1. 1. 2005, erweitert den Anwendungsbereich der Bestimmung auf die Lebenspartnerschaft, falls die Lebenspartner gem. § 6 LPartG Gütergemeinschaft vereinbart haben.

II. Antragsbefugnis des nichterbenden Ehegatten

1. Antragsrecht während bestehender Gütergemeinschaft. Wie bei den unter RdNr. 1 erwähnten Korrespondenzvorschriften eröffnet die Bestimmung dem nichterbenden Ehegatten, der das Gesamtgut allein oder mitverwaltet, die Möglichkeit einer Haftungsbeschränkung, wenn ein Nachlass zum Gesamtgut gehört, weil der Nichterbe dann für die Nachlassverbindlichkeiten nicht nur mit seinem Anteil am Gesamtgut, sondern auch persönlich haftet, § 1459 Abs. 2 BGB. Voraussetzung des Antragsrechts ist die Zugehörigkeit des Nachlasses zum Gesamtgut, § 1416 BGB; es besteht also nicht, wenn der Nachlass zum Vorbehalts- oder Sondergut (§§ 1418 Abs. 2 Nr. 1, 1417 BGB) des erbenden Ehegatten gehört. Unerheblich ist, zu welchem Zeitpunkt der Nachlass Gesamtgut geworden ist. Abs. 1 ist also auch dann anwendbar, wenn die Ehegatten erst nach dem Anfall der Erbschaft geheiratet haben.[2] Nach dem eindeutigen Wortlaut des Abs. 1 reicht es dagegen nicht aus, wenn der Nachlass zwar zum Gesamtgut erworben, später jedoch auf Grund Ehevertrages Vorbehaltsgut wurde, auch wenn dadurch die persönliche Haftung des nichterbenden Ehegatten nicht entfällt. Denn dann gehört der Nachlass im Zeitpunkt der Antragstellung nicht zum Gesamtgut.[3] Der Antrag bedarf nicht der Zustimmung des anderen Ehegatten, Abs. 1 Satz 2. Wird er nicht von beiden Ehegatten gestellt, bedarf es wie beim Miterben der Glaubhaftmachung des Eröffnungsgrundes, Abs. 2 Satz 1. Ebenfalls in Übereinstimmung mit § 317 Abs. 2 ist der andere Ehegatte zum Antrag zu hören. Eine zeitliche Beschränkung besteht nicht; das Antragsrecht endet selbst mit der Liquidation des Gesamtgutes nach Beendigung der Gütergemeinschaft nicht (siehe 2.).

2. Antragsrecht nach Beendigung der Gütergemeinschaft, Abs. 1 Satz 3. Die Gütergemeinschaft wird, abgesehen von dem hier nicht einschlägigen Fall des Todes eines Ehegatten, durch Ehevertrag, Aufhebungsurteil, Auflösung der Ehe und Eintritt einer auflösenden Bedingung oder Befristung beendet. Bis zur Auseinandersetzung des Gesamtgutes besteht die Gesamthandsgemeinschaft als Liquidationsgemeinschaft fort. Nach § 1472 BGB verwalten die Ehegatten das Gesamtgut aber gemeinschaftlich. Da auch die Mithaftung fortdauert, bedurfte es für den nichterbenden Ehegatten auch für die Zeit nach Beendigung der Gütergemeinschaft eines Antragsrechts, das ihm Abs. 1 Satz 3 gewährt. Für eine nach Beendigung, aber vor abgeschlossener Auseinandersetzung der Gütergemeinschaft angefallene Erbschaft gilt dies nicht. Denn nach Beendigung der Gütergemeinschaft fällt der Erwerb

---

[1] MünchKommBGB-*Siegmann* § 2008 RdNr. 1.
[2] *Jaeger/Weber* §§ 217 bis 220 KO RdNr. 4.
[3] So zutreffend *Staudinger/Marotzke* § 2008 RdNr. 6, 7 zum gleichen Problem bei § 2008 BGB gegen die in den Motiven (V 679) und auch von *Jaeger*, Erbenhaftung S. 39 und *Jaeger/Weber* §§ 217 bis 220 KO RdNr. 7 vertretene gegenteilige Ansicht.

der Ehegatten nicht mehr in das Gesamtgut, § 1416 Abs. 1 Satz 1 BGB. Wegen der Nachlassverbindlichkeiten, die bei der Teilung unberücksichtigt geblieben sind, muss auch nach durchgeführter Teilung im Hinblick auf die fortbestehende Haftung ein Antragsrecht anerkannt werden, §§ 1475, 1480 BGB,[4] zumal es sich nicht um eine Haftungsbeschränkung in Bezug auf das Gesamtgut, sondern um die Beschränkung der Haftung aus § 1967 BGB handelt. An die Stelle der Aufhebung und Scheidung einer Ehe tritt bei der Lebenspartnerschaft die Aufhebung gem. § 15 LPartG.

§ 319 Antragsfrist
Der Antrag eines Nachlaßgläubigers auf Eröffnung des Insolvenzverfahrens ist unzulässig, wenn seit der Annahme der Erbschaft zwei Jahre verstrichen sind.

I. Normzweck

1   Die Vorschrift entspricht § 220 KO. Sie beruht wie diese und die Parallelvorschrift für die Nachlassverwaltung (§ 1981 BGB) auf der Überlegung, dass es mit fortschreitender Zeit immer schwieriger wird, Nachlass und Eigenvermögen des Erben zu trennen.[1] Dass diese ratio legis nicht immer berücksichtigt wird (so nicht bei Anordnung einer Nacherbfolge) oder gar nicht zutrifft (bei der Verwaltungsvollstreckung), muss hingenommen werden. Die zeitliche Befristung gilt nur für die Nachlassgläubiger, nicht für den Erben, der allerdings unter dem Druck der Schadensersatzverpflichtung aus § 1980 BGB stets die Notwendigkeit eines Insolvenzantrages zu prüfen hat.

II. Ausschlussfrist für die Nachlassgläubiger

2   **1. Fristbeginn bei endgültiger Erbenstellung.** Das Gesetz knüpft in diesem Falle nicht an den Erbfall, sondern an die Annahme der Erbschaft an und nimmt damit die Ungewissheit in Kauf, wann in den Fällen der Annahme vor Ablauf der Ausschlagungsfrist (§ 1943 BGB) die Erbschaft angenommen worden ist. Bei den drei Möglichkeiten der Annahme lässt sich nämlich nur im Falle des Fristablaufs (§ 1943 Abs. 2) und bei der ausdrücklichen Annahmeerklärung, nicht dagegen bei schlüssiger Annahme der genaue Zeitpunkt der Annahme einigermaßen zuverlässig ermitteln. Er liegt bei Annahme durch Fristablauf 6 Wochen bzw. bei Auslandswohnsitz des Erblassers oder -aufenthalt des Erben bei Beginn der Frist 6 Monate nach Kenntnis des Erben vom Anfall und vom Berufungsgrund, § 1944 BGB. Einfacher ist der Fristbeginn zu ermitteln bei ausdrücklicher Annahmeerklärung gegenüber einem Nachlassbeteiligten (Nachlassgericht, Nachlasspfleger oder -verwalter, Testamentsvollstrecker und Miterbe). Am wenigsten eindeutig ist die Annahme durch schlüssiges Verhalten, bei deren Bejahung Zurückhaltung geboten ist.[2] Die zeitlich genau festzulegenden Handlungen wie Anträge auf Testamentseröffnung, auf Anordnung der Nachlassverwaltung oder der Nachlassinsolvenz sind nicht als Annahme anzusehen, wohl aber der Antrag auf Erteilung eines Erbscheins oder auf Eintragung des Erben als Grundstückseigentümer eines Nachlassgrundstücks, dsgl. die Erhebung der Erbschaftsklage und die Veräußerung des eigenen Miterbenanteils.[3] Ebenso verhält es sich bei der Anfechtung der fristgerecht erklärten Ausschlagung, § 1957 Abs. 1 BGB. Bei einer Mehrheit von Erben kommt es auf die letzte Annahme an.[4]

---

[4] *Jaeger/Weber* §§ 217 bis 220 KO RdNr. 6. Zur abw. Ansicht bei der fortgesetzten Gütergemeinschaft vgl. § 332 RdNr. 2.
[1] Dazu ausführlich *Muscheler* S. 135 f.
[2] MünchKommBGB-*Leipold* § 1943 RdNr. 5; *Lange/Kuchinke* § 8 II 3.
[3] Weitere Beispiele bei *Leipold* (Fn. 2) und *Lange/Kuchinke* (Fn. 2). Vgl. auch OLG Koblenz ZEV 2001, 440 (Abgabe rechtsgeschäftlicher Erklärungen durch den Erben gegenüber dem Vertragspartner des Erblassers).
[4] *Jaeger/Weber* §§ 217 bis 220 KO RdNr. 19; HK-*Marotzke* RdNr. 4; *Uhlenbruck/Lüer* RdNr. 3.

2. Fristbeginn bei Vor- und Nacherbschaft. Die Ausführungen unter 1. gelten auch **3** für den Vorerben. Dauert die Vorerbzeit über die Frist des § 319 hinaus, können die Nachlassgläubiger keinen Insolvenzantrag mehr stellen. Fraglich kann nur sein, ob mit dem Eintritt des Nacherbfalles eine neue Frist zu laufen beginnt. Dies wird, nach anfänglichen Zweifeln,[5] jetzt allgemein bejaht.[6] Dem ist zuzustimmen, auch wenn die Bestimmung nur von der „Annahme der Erbschaft" spricht, ohne – wie bei § 329 – den Nacherben zu erwähnen. Die hM kann sich auf den Wortlaut des § 2144 Abs. 1 BGB berufen, wonach die Vorschriften über die Beschränkung der Haftung des Erben auch für den Nacherben gelten. Zu beachten ist allerdings, dass die Frist schon mit dem Nacherbfall zu laufen beginnt, wenn die Nacherbschaft schon vor dem Nacherbfall angenommen wurde.[7]

3. Fristbeginn bei Bestehen einer Dauerverwaltungsvollstreckung. *Muscheler*[8] hat **4** ausführlich und überzeugend dargelegt, dass die ratio legis für den Fall der selbständigen Verwaltungsvollstreckung eine vom Wortlaut abweichende Lösung gebiete, die darin besteht, die Frist nicht vor Beendigung der Testamentsvollstreckung beginnen zu lassen.[9] So sehr eine solche Lösung zweckmäßig erscheint, steht ihr doch der eindeutige Wortlaut des Gesetzes entgegen.[10]

4. Keine Geltung für sonstige Antragsberechtigte. Die Ausschlussfrist des § 319 gilt **5** nur für Nachlassgläubiger, allerdings auch für den Erben, der beim Erbschaftskauf nur noch als Nachlassgläubiger antragsberechtigt ist.[11] Sie gilt nicht für Personen, die neben dem Erben wie dieser einen Eigenantrag stellen können, so der Nachlasspfleger, der Nachlassverwalter, der Testamentsvollstrecker und der Gesamthänder nach § 318. Deren Antragsrecht unterliegt wie dasjenige des Erben keiner zeitlichen Beschränkung; es erlischt freilich, wenn die Rechtsstellung, auf der es beruht, erlischt.[12]

§ 320 Eröffnungsgründe

¹ Gründe für die Eröffnung des Insolvenzverfahrens über einen Nachlaß sind die Zahlungsunfähigkeit und die Überschuldung. ² Beantragt der Erbe, der Nachlaßverwalter oder ein anderer Nachlaßpfleger oder ein Testamentsvollstrecker die Eröffnung des Verfahrens, so ist auch die drohende Zahlungsunfähigkeit Eröffnungsgrund.

Übersicht

	RdNr.		RdNr.
I. Normzweck	1	1. Begriff der Überschuldung	4
II. Zahlungsunfähigkeit als Eröffnungsgrund	2	2. Überschuldung und Nachlassunternehmen	5
1. Die eingetretene Zahlungsunfähigkeit	2	3. Bilanzierungszeitpunkt	6
2. Die drohende Zahlungsunfähigkeit	3	IV. Feststellung des Eröffnungsgrundes	7
III. Überschuldung als Eröffnungsgrund	4		

---

[5] Vgl. die Zusammenstellung der verneinenden Stimmen bei *Muscheler* S. 138 Fn. 72, ferner *Planck/Flad* § 2144 Anm. 4a.
[6] *Muscheler* Fn. 5.
[7] HK-*Marotzke* RdNr. 2; *Gottwald/Döbereiner*, Insolvenzrechts-Handbuch, § 112 RdNr. 10.
[8] S. 134 f.
[9] Sympathisierend HK-*Marotzke* RdNr. 3; *Smid/Fehl* RdNr. 1; *Uhlenbruck/Lüer* RdNr. 3; *Graf-Schlicker/Messner* RdNr. 3; *Häsemeyer* RdNr. 33.09.
[10] Vgl. MünchKommBGB-*Siegmann* § 1981 RdNr. 5 mit Fn. 14; *Gottwald/Döbereiner*, Insolvenzrechts-Handbuch, § 112 RdNr. 10; HambKomm-*Böhm* RdNr. 2.
[11] Vgl. § 330 RdNr. 6.
[12] *Jaeger/Weber* §§ 217 bis 220 KO RdNr. 20.

§ 320 1, 2

I. Normzweck

1   Die Bestimmung bringt, sieht man von der Streichung des § 219 und des Satz 3 des § 236 KO ab, die umfangreichste Änderung gegenüber dem bisherigen Recht. Während § 215 KO nur den Eröffnungsgrund der Überschuldung kannte, erweitert § 320 die Eröffnungsgründe um die Zahlungsunfähigkeit und – bei Antragstellung durch die in Satz 2 genannten Personen – auch um die drohende Zahlungsunfähigkeit. Man hielt die Erwägungen des KO-Gesetzgebers, dass der Nachlass ein abgeschlossenes Vermögen darstelle, das keine Erwerbsfähigkeit mehr besitze und in erster Linie zur Aufteilung unter die Gläubiger bestimmt sei, für unzutreffend. Die amtl. Begründung geht davon aus, dass der Nachlass keine statische, abgeschlossene Vermögensmasse sei, weil er durch Rechtsstreitigkeiten, Kursverluste und -gewinne und vor allem durch Veränderungen des wirtschaftlichen Wertes eines fortgeführten Unternehmens zunehmen oder sich verringern könne. Ferner nehme – so die amtl. Begründung weiter – die Feststellung der Überschuldung oft geraume Zeit in Anspruch, während der der Nachlass durch Gläubigerzugriffe Eingriffe erfahren könne. Schließlich erlaubten die einheitlichen Eröffnungsgründe einen unkomplizierten Übergang des Regelinsolvenz- in das Nachlassinsolvenzverfahren. Dass die Bestimmung den Nachlass im Insolvenzverfahren zu einem eigenständigen, rechtsfähigen Gebilde verselbstständige,[1] ist vom Gesetzgeber sicher nicht beabsichtigt. Der Wortlaut des Gesetzes gibt dafür nichts her. Und auch auf die amtliche Begründung zu § 11, die – irrig – zwar den Nachlass als Schuldner ansieht, sich aber hinsichtlich dessen Rechtsnatur einer Stellungnahme enthält, kann sich eine solche Ansicht nicht stützen.

II. Zahlungsunfähigkeit als Eröffnungsgrund

2   **1. Die eingetretene Zahlungsunfähigkeit.** Der allg. Eröffnungsgrund der Zahlungsunfähigkeit, § 17 Abs. 1, der jetzt für jedes Insolvenzverfahren und für jeden Antrag ausreichend ist, §§ 17, 19, 320, 332, 333, wird auch in der Nachlassinsolvenz nach § 17 Abs. 2 definiert. Danach ist der Erbe in seiner Eigenschaft als Träger des Nachlasses zahlungsunfähig, wenn er nicht in der Lage ist, die fälligen Zahlungsverpflichtungen des Nachlasses zu erfüllen. Dies bedeutet keine wesentliche Abweichung[2] von der bisherigen Rechtsprechungsdefinition der Zahlungsunfähigkeit, die darauf abstellt, ob von einem auf dem Mangel an Zahlungsmitteln beruhenden dauernden Unvermögen des Schuldners, seine fälligen Verbindlichkeiten im Wesentlichen zu bezahlen, auszugehen ist.[3] Für das Nachlassinsolvenzverfahren will die amtl. Begründung zu § 320 bei der Klärung der Zahlungsunfähigkeit lediglich auf die im Nachlass vorhandenen Mittel abstellen.[4] Das darf nicht wörtlich verstanden werden. Ist es dem Erben ohne weiteres möglich, für den Nachlass einen die Zahlungsfähigkeit wiederherstellenden Kredit zu bekommen, fehlt es dem Nachlass nicht an ausreichenden Mitteln. Denn zu den verfügbaren Zahlungsmitteln gehören auch abrufbare Kredite.[5] Wenn es nach dem überraschend eingetretenen Tod des Erblassers zu einer vorübergehenden Zahlungseinstellung („Zahlungsstockung") gekommen ist, weil die Erteilung des Erbscheins auf sich warten ließ und der Erblasser auch

---

[1] Wie *Smid/Fehl* RdNr. 4 meinen. Dagegen auch *Lange/Kuchinke* § 49 II 2 und IV 2.
[2] Vgl. etwa die Kommentierungen von HK-*Kirchhof* § 17 RdNr. 22f.; *Nerlich/Römermann/Mönnig* § 17 RdNr. 12; einschränkend dagegen *Häsemeyer* RdNr. 7.17 bis 7.21.
[3] BGH NJW 1962, 102; NJW 1995, 2103.
[4] Ebenso HK-*Marotzke* RdNr. 5; FK-*Schallenberg/Rafiqpoor* RdNr. 7; *Haarmeyer/Wutzke/Förster*, Handbuch, Kap. 10 RdNr. 109; *Vallender/Fuchs/Rey* NZI 1999, 355; *Gottwald/Döbereiner*, Insolvenzrechts-Handbuch, § 112 RdNr. 19.
[5] BGH WM 2007, 1796 m. Anm. *Schröder* EWiR 2007, 665. NJW-RR 2001, 1204; *Bork* RdNr. 85, *Temme* S. 12, 16. Sonstige Mittel müssen tatsächlich vorhanden sein, weshalb z.B. künftige Ansprüche aus Anfechtung (§§ 129 f., 322) nicht zu berücksichtigen sind, BGH WM 2007, 1798, 1799.

keine postmortale Vollmacht[6] erteilt hatte, so beruht die Zahlungseinstellung nicht auf einem Mangel an Zahlungsmitteln, sondern auf dem Tod des Erblassers. Dies gilt erst recht, wenn der Erbe ohne Absicht der Rückforderung – ggfs. bindend gem. § 518 BGB – nach Prüfung der Nachlassverhältnisse, die Zeit beanspruchen kann, ausreichende eigene Mittel zur Abwendung der Zahlungsunfähigkeit zur Verfügung stellt. Auch das Merkmal des „dauernden Unvermögens des Schuldners", seine fälligen Verbindlichkeiten im Wesentlichen zu erfüllen, bedarf im Nachlassinsolvenzverfahren einer genauen Überprüfung.[7] Die bisher von der Rspr. zugelassene unschädliche Zahlungsstockung von einem Monat[8] sollte deshalb entgegen dem von der Rspr. zu § 17 angenommenen Zeitraum von zwei bis drei Wochen[9] für den Erben nach wie vor Geltung haben, jedenfalls dann, wenn ein Insolvenzantrag kurze Zeit nach dem Erbfall gestellt wird. Das Indiz der Zahlungseinstellung (§ 17 Abs. 2 Satz 2) ist im Nachlassinsolvenzverfahren vorsichtig zu handhaben, nicht bloß bei der Zahlungsstockung[10] auf Grund des Todes des Erblassers, sondern auch dort, wo der Erbe im Hinblick auf § 1979 BGB bei der Erfüllung fälliger Forderungen zurückhaltend ist.[11] In solchen Fällen kann von einer Zahlungseinstellung nicht ausgegangen werden, weil das entsprechende Verhalten des Erben von den beteiligten Verkehrskreisen (auf die es ankommt[12]) nicht als Zeichen dafür angesehen wird, dass der Erbe nicht in der Lage ist, die fälligen und eingeforderten Verbindlichkeiten im Wesentlichen[13] aus dem Nachlass zu erfüllen. Es ist zu bedenken, dass auch in der Regelinsolvenz bei Bestehen einer Liquidationslücke von mehr als 10% dann nicht von Zahlungsunfähigkeit auszugehen ist, wenn „ausnahmsweise mit an Sicherheit grenzender Wahrscheinlichkeit zu erwarten ist, dass die Lücke zwar erst mehr als 3 Wochen später, aber in absehbarer Zeit vollständig oder fast vollständig beseitigt werden kann und dem Gläubiger ein Zuwarten nach den besonderen Umständen des Einzelfalles zuzumuten ist".[14] Genau dies entspricht nicht selten der Situation beim Tode des Erblassers. Für einen schon längere Zeit nach dem Erbfall gestellten Antrag müssen allerdings die allg. Regeln gelten. Zu beachten ist, dass §§ 2014 ff. BGB an der Fälligkeit der Nachlassverbindlichkeiten nichts ändern und den Insolvenzantrag nicht hindern. Dieser führt nur zur Verlängerung der Frist des § 2014 BGB (vgl. § 782 S. 2 ZPO), falls vor Ablauf der Frist Insolvenzantrag gestellt wird.

2. Drohende Zahlungsunfähigkeit. Die drohende Zahlungsunfähigkeit unterscheidet sich von der eingetretenen dadurch, dass bei Prüfung ihres Eintritts nicht bloß auf die jetzt anstehenden, sondern auch auf die zukünftigen Fälligkeitstermine abzustellen ist, § 18 Abs. 2. Sie kann nur auf Antrag des Erben oder der anderen in Satz 2 genannten Nachlassbeteiligten berücksichtigt werden, um zu verhindern, dass Gläubiger den Erben schon vor der Zahlungskrise durch einen Insolvenzantrag unter Druck setzen. Deshalb löst die nur drohende Zahlungsunfähigkeit auch keine Insolvenzantragspflicht aus, § 1980 Abs. 1 Satz 1 und 2 BGB. Solche Anträge sind oft ein Hinweis auf bestehende Meinungsverschiedenheiten in einer Gemeinschaft, die Einigungsdruck auslösen sollen. Zur Frage, ob der Insolvenzantrag wegen drohender Zahlungsunfähigkeit nur von allen Miterben gemeinsam gestellt werden kann, vgl. § 317 RdNr. 3.

---

[6] Vgl. den Fall des AG Mannheim ZIP 2007, 2119. Wegen der Zweckmäßigkeit einer solchen Vollmacht im Bankverkehr vgl. *M. Siegmann* INFO 1997, 178, wegen der damit verbundenen Gefahren BGHZ 127, 239 = NJW 1995, 250. Zur postmortalen Vollmacht ferner *Seif* AcP 200 (2000), 192; *Lorz*, in: *Scherer*, MAH Erbrecht § 20.

[7] *Becker*, Insolvenzrecht RdNr. 417 fordert zu Recht eine Lösung im konkreten Fall.

[8] BGH NJW 1995, 2103.

[9] BGHZ 163, 134 = NJW 2005, 3062 (3 Wochen); HK-*Kirchhof* § 17 RdNr. 18; *Temme* S. 30. Kritisch dazu *Penzlin* NZG 1999, 1203; *Harz/Baumgartner/Conrad* ZInsO 2005, 1304, 1307.

[10] Dazu BGHZ 163, 134 = NJW 2005, 3062.

[11] HK-*Marotzke* RdNr. 6.

[12] BGHZ 157, 350 = NJW 2004, 1444.

[13] Liquiditätslücke von weniger als 10% ist unerheblich, BGHZ 163, 134 = NJW 2005, 3062.

[14] BGH WM 2007, 1796, 1800.

III. Überschuldung als Eröffnungsgrund

4 1. Begriff der Überschuldung. Dieser ist auch für die Nachlassinsolvenz § 19 Abs. 2 zu entnehmen. Überschuldung liegt danach vor, wenn das Vermögen des Schuldners die bestehenden Verbindlichkeiten nicht mehr deckt, d. h. die Nachlass-Passiva die Aktiva übersteigen. Insoweit stimmt der Überschuldungsbegriff der InsO mit demjenigen des BGB überein (sog. rechnerische Überschuldung).[15] Für einen Nachlass, zu dem kein Unternehmen gehört, ist deshalb auf Aktivseite von Liquidationswerten auszugehen.[16] Bei den Passiva sind sämtliche Nachlassverbindlichkeiten i. S. v. § 325 zu berücksichtigen. Insbesondere dürfen die in § 1980 BGB genannten Ansprüche aus Vermächtnissen und Auflagen nicht unberücksichtigt bleiben,[17] auch nicht die Ansprüche der ausgeschlossenen und der säumigen Gläubiger. § 1980 Abs. 1 Satz 3 BGB lässt bei einer Überschuldung, die **nur** auf Vermächtnissen und Auflagen sowie auf Ansprüchen der ausgeschlossenen und säumigen Gläubiger beruht, lediglich die Insolvenzantragspflicht entfallen, ohne am Tatbestand der Überschuldung etwas zu ändern. Dem Erben bleibt in diesem Fall die Möglichkeit, sich auf § 1992 BGB zu berufen. Er kann also ohne Separation des Nachlasses gegenüber diesen Gläubigern seine Haftung nach Maßgabe der §§ 1990, 1991 BGB beschränken, und zwar auch dann, wenn eine kostendeckende Masse vorhanden ist. Es wird insoweit der mutmaßliche Wille des Erblassers berücksichtigt, der im Zweifel nur eine Belastung des Nettonachlasses durch Vermächtnisse und Auflagen wollte.[18] Die Antragsbefugnis des Erben bleibt auch in diesem Falle bestehen. Bei Antragstellung durch Vermächtnisnehmer und Vollziehungsberechtigte wird wegen deren Nachrangigkeit, § 327 Abs. 1 Nr. 2, allerdings stets das Interesse nach § 14 zu prüfen sein.[19] Pflichtteilsvertretende Vermächtnisse nach § 2307 BGB teilen nicht das Schicksal der übrigen Vermächtnisse, § 327 Abs. 2. Sie rechtfertigen nicht die Einrede nach § 1992 BGB.[20] Als Passiva sind die Masseverbindlichkeiten des § 324 und die Insolvenzforderungen der §§ 325 bis 327, also auch die dem Erben gegen den Nachlass zustehenden Ansprüche, zu berücksichtigen. Die Wertberechnung erfolgt im Nachlassinsolvenzverfahren nach allg. Regeln, d. h. gem. §§ 41, 42, 46. Trotz Schweigens des Gesetzes (vgl. § 42) sind aufschiebend bedingte Forderungen abweichend von § 2313 Abs. 1 BGB zu berücksichtigen, arg. §§ 77 Abs. 3 Nr. 1, 191. Eine vom Erblasser angeordnete Wertberechnung für die Pflichtteilsberechnung (§ 2311 Abs. 2 BGB) ist auch im Insolvenzverfahren unbeachtlich.

5 2. Überschuldung bei Nachlasszugehörigkeit eines Unternehmens. War der Erblasser Inhaber eines Unternehmens, das er bis zum Erbfall betrieben hat, ist bei der Bewertung des Nachlasses die Fortführung des Unternehmens zugrunde zu legen, wenn diese nach den Umständen überwiegend wahrscheinlich ist, § 19 Abs. 2 Satz 2. Es gibt keinen Grund, diese Vorschrift in der Nachlassinsolvenz nicht anzuwenden. Der Gesetzgeber hat gerade im Hinblick auf diese Falllage die Eröffnungsgründe für die Nachlassinsolvenz erweitert, was zeigt, dass die Nachlassinsolvenz nicht anders behandelt werden sollte als die Regelinsolvenz. Es ist also auch hier von Fortführungswerten (going-concern-Werten), auszugehen, wenn die Fortführung des Unternehmens überwiegend wahrscheinlich ist.[21] Die positive Fortführungsprognose kann für sich allein eine Insolvenzreife nicht ausräumen,

---

[15] MünchKommBGB-*Siegmann* § 1980 RdNr. 6. Bedenken bei *Häsemeyer* RdNr. 7.24 a.
[16] BayObLG NJW-RR 1999, 590; HK-*Kirchhof* § 19 RdNr. 7; *Uhlenbruck/Lüer* RdNr. 3.
[17] HK-*Marotzke* RdNr. 4; *Uhlenbruck/Lüer* RdNr. 3; HambKomm-*Böhm* RdNr. 4; *Graf-Schlicker/Messner* RdNr. 4; MünchKommBGB-*Siegmann* § 1980 RdNr. 6; aA *Haarmeyer/Wutzke/Förster*, Handbuch, Kap. 10 RdNr. 100; *Wiester*, in: *Scherer*, MAH Erbrecht, § 25 RdNr. 17; *Häsemeyer* RdNr. 33.27.
[18] HK-*Marotzke* RdNr. 4; MünchKommBGB-*Siegmann* § 1992 RdNr. 1.
[19] HK-*Marotzke* RdNr. 4; FK-*Schallenberg/Rafiqpoor* RdNr. 37.
[20] MünchKommBGB-*Siegmann* § 1992 RdNr. 4.
[21] HK-*Marotzke* RdNr. 3; FK-*Schallenberg/Rafiqpoor* RdNr. 15; *Graf-Schlicker/Messner* RdNr. 4; *Vallender/Fuchs/Rey* NZI 1999, 355; *Gottwald/Döbereiner*, Insolvenzrechts-Handbuch, § 112 RdNr. 17; *Häsemeyer* RdNr. 33.27. Die Bemerkung von *Kirchhof* in der 1. Aufl. von HK § 19 RdNr. 7 bezog sich nur auf einen „Nachlass als solchen", wie die Klarstellung in den weiteren Auflagen zeigt. AA *Smid/Fehl* RdNr. 5;

sie kann lediglich für die Bewertung des Schuldnervermögens nach Fortführungs- oder Liquidationswerten von Bedeutung sein.[22]

3. Bilanzierungszeitpunkt. Da der Eröffnungsgrund – hier die Überschuldung – im 6 Zeitpunkt der Entscheidung über die Eröffnung vorliegen muss, § 16, sind grundsätzlich nur solche Verbindlichkeiten, die im Falle der Eröffnung gegenüber Insolvenzgläubigern bestehen, zu berücksichtigen. Deshalb bleiben im Regelinsolvenzverfahren Verbindlichkeiten, die erst infolge der Insolvenzeröffnung entstehen, grundsätzlich außer Ansatz, also insbesondere Masseverbindlichkeiten. Für das Nachlassinsolvenzverfahren gilt indessen eine Besonderheit. Die in § 324 Abs. 1 Nr. 1 bis 6 erwähnten Verbindlichkeiten sind nämlich im Falle der Eröffnung Masseschulden. Sie haben aber ihren Entstehungsgrund durchweg vor Eröffnung des Verfahrens, weshalb sie als Passiva zu bilanzieren sind.[23] § 324 ändert deshalb am obigen Grundsatz im Prinzip nichts. Die Bestimmung will nur eine Gruppe von Ansprüchen, die von ihrer Entstehung her Insolvenzforderungen sind, begünstigen, weil sie aus Aufwendungen für den Nachlass entstanden sind.

IV. Feststellung des Eröffnungsgrundes

Eine Pflicht zur Glaubhaftmachung des Eröffnungsgrundes besteht nur, wenn ein Nach- 7 lassgläubiger Antragsteller ist, § 14, oder wenn nicht sämtliche Miterben oder nicht beide Ehegatten den Insolvenzantrag stellen, §§ 317 Abs. 2, 318. An die Glaubhaftmachung sind keine geringeren Anforderungen zu stellen als im Regelinsolvenzverfahren. Die für die gegenteilige Ansicht[24] vorgetragene Begründung, dass der Gläubiger keinen Einblick in die Vermögensverhältnisse des Nachlasses habe, überzeugt nicht. Der Erbe hat nämlich gem. § 1994 auf Antrag eines Nachlassgläubigers das Inventar zu errichten, in dem nach § 2001 BGB alle bei dem Eintritt des Erbfalles vorhandenen Nachlassgegenstände mit Wertangaben anzugeben sind und das alle Nachlassverbindlichkeiten zu enthalten hat, die im Zeitpunkt der Inventarerrichtung bestehen.[25] Das Inventar ermöglicht deshalb dem Nachlassgläubiger eine zeitnahe Glaubhaftmachung der Nachlassverhältnisse.

Unabhängig von der Pflicht zur Glaubhaftmachung durch den Antragsteller hat das 8 Insolvenzgericht von Amts wegen (§ 5) zu ermitteln, ob die Voraussetzungen des § 320 vorliegen. Es kann die Nachlassakten mit den darin befindlichen Unterlagen über die Inventarerrichtung beiziehen,[26] ein Sachverständigengutachten einholen, insbesondere zur Frage der Fortführung eines Unternehmens des Erblassers, § 22 Abs. 1 Nr. 3, und vom Erben weitere Auskünfte verlangen, § 20. Die Eröffnung ist nur möglich, wenn das Insolvenzgericht im Zeitpunkt seiner Entscheidung vom Vorliegen des Eröffnungsgrundes überzeugt ist.[27] Zwischen dem Antrag und der Entscheidung eingetretene Umstände, die den Eröffnungsgrund entfallen lassen, sind deshalb zu berücksichtigen. Erklärt etwa der gutsituierte Erblassersohn, dass er aus Gründen der Pietät dem Nachlass des Vaters à fond perdu einen Betrag zur Verfügung stelle – ggfs. unter Beachtung des § 518 BGB –, der die Überschuldung und Zahlungsunfähigkeit beseitigt, kann das Verfahren nicht eröffnet werden.[28] Die Feststellungslast trifft den Antragsteller. Soll der Eröffnungsgrund aus einer

---

Haarmeyer/Wutzke/Förster, Handbuch, Kap. 10 RdNr. 102, die in der 3. Aufl. Kap. 10 RdNr. 100 die Fortführungsperspektive berücksichtigen wollen, wenn ein lebendes Unternehmen in den Nachlass fällt.
[22] BGH WM 2007, 690; 2006, 2254.
[23] Oben RdNr. 4; *Kübler/Prütting/Kemper* RdNr. 4; *Binder* II S. 163; *Wiester*, in: *Scherer*, MAH Erbrecht § 25 RdNr. 17. Nach *Gottwald/Döbereiner*, Insolvenzrechts-Handbuch, § 112 RdNr. 17 sind auch sonstige Masseverbindlichkeiten nach § 55 zu berücksichtigen, dagegen keine Verfahrenskosten, die zukünftig entstehen, ebenso *Uhlenbruck/Lüer* RdNr. 3; HambKomm-*Böhm* RdNr. 4
[24] *Haarmeyer/Wutzke/Förster*, Handbuch, Kap. 10 RdNr. 99.
[25] BGHZ 32, 60 = NJW 1960, 959.
[26] BGH WM 2007, 1754.
[27] BGHZ 169, 17 = NJW 2006, 3553 m. Anm. *Gundlach*; *Jaeger/Weber* §§ 217 bis 220 KO RdNr. 27; HK-*Kirchhof* § 16 RdNr. 9; FK-*Schallenberg/Rafiqpoor* RdNr. 6; oben § 16 RdNr. 32; *Gottwald/Uhlenbruck*, Insolvenzrechts-Handbuch, § 12 RdNr. 17. Vgl. auch oben RdNr. 3.
[28] AA FK-*Schallenberg/Rafiqpoor* RdNr. 7. Vgl. dazu *Muscheler* S. 135.

§ 321   1   10. Teil. 1. Abschnitt. Nachlaßinsolvenzverfahren

einzigen Forderung des antragstellenden Gläubigers abgeleitet werden und ist diese Forderung bestritten, muss sie für die Eröffnung des Verfahrens bewiesen werden.[29] Der Eröffnungsbeschluss ist, falls keine Verkündung stattgefunden hat, unwirksam, wenn er vom zuständigen Richter nicht unterschrieben worden ist.[30] Dagegen berührt die Verletzung der Vorschriften über die örtliche Zuständigkeit die Wirksamkeit des Beschlusses nicht.[31] Sie lässt wegen § 4 InsO, § 513 Abs. 2 ZPO auch nicht die Anfechtung des Eröffnungsbeschlusses durch den Schuldner zu.[32] Wird das Verfahren eröffnet, ist der Insolvenzvermerk auf Ersuchen des Insolvenzgerichts auch ohne Voreintragung des Erben bei dem noch auf den Namen des Erblassers eingetragenen Grundstück einzutragen.[33]

9   Im isolierten Partikularverfahren über den Inlandsnachlass[34] ist bei der Feststellung des Eröffnungsgrundes das gesamte Vermögen des Erblassers, also auch das im Ausland belegene, heranzuziehen, wenn auch in Beschränkung auf das überschaubare Ausland.[35] Ebenso sind sämtliche Nachlassverbindlichkeiten ohne Rücksicht auf den Wohnsitz des Gläubigers oder dessen Staatsangehörigkeit zu berücksichtigen. Erst eine Gesamtschau aller Aktiva und Passiva ergibt, ob der Nachlass überschuldet ist.[36] Das inländische Vermögen muss allerdings ausreichen, um die Verfahrenskosten zu decken, § 26 Abs. 1 InsO, § 1990 BGB.[37]

§ 321 Zwangsvollstreckung nach Erbfall

Maßnahmen der Zwangsvollstreckung in den Nachlaß, die nach dem Eintritt des Erbfalls erfolgt sind, gewähren kein Recht zur abgesonderten Befriedigung.

Übersicht

	RdNr.		RdNr.
I. Normzweck	1	3. Zeitliche Voraussetzungen	4
II. Verlust des Absonderungsrechts aus Maßnahmen der Zwangsvollstreckung	2	4. Beendigte Zwangsvollstreckung im Zeitpunkt der Eröffnung	5
1. Zwangsvollstreckung zwischen Erbfall und Eröffnung	2	5. Verfahren zur Durchsetzung der Vollstreckungsbeschränkung	6
2. Auswirkungen der Eröffnung des Verfahrens	3	III. Entsprechende Anwendung bei Arrest und einstweiliger Verfügung	7

I. Normzweck

1   Die Bestimmung will wie ihr konkursrechtliches Vorbild (§ 221 KO) das Recht zur abgesonderten Befriedigung (§§ 49, 50) für den Fall einschränken, dass der Gläubiger nach dem Erbfall im Wege der Zwangsvollstreckung Rechte erworben hat. In einem solchen Fall verliert der Gläubiger bei Eröffnung des Nachlassinsolvenzverfahrens wie in dem neu geregelten Fall des § 88 während des Verfahrens sein Recht auf abgesonderte Befriedigung. Das Gesetz will verhindern, dass ein Nachlassgläubiger in der Zeit zwischen Erbfall und der Verfahrenseröffnung den übrigen Gläubigern den Rang abläuft. Betroffen sind allerdings auch Eigengläubiger des Erben, die in den Nachlass vollstreckt haben. Man hat dagegen eingewandt, damit ließe sich die Beseitigung eines jeden Absonderungsrechts rechtfertigen.[1] Bei dieser Kritik wird allerdings übersehen, dass die beanstandete Regelung nahe

---

[29] BGH NJW-RR 2006, 1061; oben § 317 RdNr. 10.
[30] BGHZ 137, 49 = NJW 1998, 609. Nachholung der Unterschrift mit Wirkung für die Zukunft möglich.
[31] BGHZ 138, 40 = NJW 1998, 1318.
[32] OLG Köln ZIP 2000, 462; oben § 3 RdNr. 32; HK-*Kirchhof* § 3 RdNr. 25.
[33] OLG Düsseldorf NJW-RR 1998, 1267; HK-*Marotzke* vor § 315 RdNr. 7.
[34] Dazu oben § 315 RdNr. 8.
[35] BGH NJW 1992, 624.
[36] *Gottwald/Döbereiner*, Insolvenzrechts-Handbuch, § 111 RdNr. 18.
[37] HK-*Stephan* § 354 RdNr. 3, *Gottwald*, Insolvenzrechts-Handbuch, § 130 RdNr. 116.
[1] *Binder* II S. 170.

liegende Anfechtungsstreitigkeiten vermeidet und sich deshalb als wirksame Ergänzung der Insolvenzanfechtung versteht.[2] – Aufgrund eines Missverständnisses hat das neue Recht die Regelung der KO für die Arrestvollziehung und die im Wege der einstweiligen Verfügung erlangte Vormerkung nicht übernommen. Die Lücke ist im Wege der Auslegung zu schließen.

II. Verlust des Absonderungsrechts aus Maßnahmen der Zwangsvollstreckung

1. Zwangsvollstreckung zwischen Erbfall und Eröffnung. Die Zwangsvollstreckung in den Nachlass ist für Nachlass- und Eigengläubiger des Erben möglich: für Nachlassgläubiger nach Bestellung eines Nachlasspflegers sofort mit dem Erbfall, für Eigengläubiger mit der Annahme der Erbschaft, § 1961 BGB. Die Erhebung der Einrede nach § 2014 BGB gegenüber den Nachlassgläubigern führt nur dazu, dass die Zwangsvollstreckung sich für die Dauer der Frist des § 2014 BGB auf eine Sicherungsvollstreckung beschränkt, § 782 ZPO. Hinsichtlich der Eigengläubiger des Erben sieht § 783 ZPO die gleiche Beschränkung vor. In keinem Falle kann also die Entstehung eines Pfändungspfandrechts oder einer Sicherungshypothek verhindert werden, §§ 930, 932 ZPO. Blieben die so erworbenen Rechtsstellungen bei Eröffnung der Nachlassinsolvenz bestehen, würde dies in der Tat zu einem Wettlauf der Gläubiger um den besseren Rang führen. Dem beugt die Bestimmung vor.

2. Auswirkungen der Verfahrenseröffnung. Mit der Eröffnung der Nachlassinsolvenz[3] verlieren die Pfandrechtsgläubiger und die Gläubiger einer Zwangshypothek die Befugnis, abgesonderte Befriedigung zu verlangen, wenn die Zwangsvollstreckung nach dem Erbfall erfolgte. Gleiches gilt für die Gläubiger, die die Anordnung einer Zwangsversteigerung oder Zwangsverwaltung erwirkt haben. Erfasst werden auch die von späteren Massegläubigern (etwa solchen nach § 324 Abs. 1 Nr. 2 und 5) nach dem Erbfall im Wege der Zwangsvollstreckung erworbenen Rechte. Allerdings verlieren die Gläubiger ihre Rechte nicht endgültig schon mit der Eröffnung des Verfahrens. Die Vorauflage hat dies auf eine in § 321 angeordnete relative Unwirksamkeit der genannten Rechte gestützt.[4] Dem wird man im Hinblick auf die Rspr. des BGH zu § 88[5] nicht mehr folgen können. Nach BGH hat § 88 die Wirkung, dass die betroffenen Rechte mit der Eröffnung des Verfahrens **absolut,** wenngleich **schwebend unwirksam** werden mit der Folge, dass die Rechte bei Beendigung des Verfahrens wieder aufleben und die Fortsetzung der Zwangsvollstreckung ermöglichen, wenn der belastete Gegenstand sich noch in der Masse befindet. Gleiches wird man trotz des von § 88 abweichenden Wortlauts der Bestimmung für § 321 anzunehmen haben,[6] auch wenn die Bezeichnung der von § 321 ausgelösten Wirkung als schwebend unwirksam der üblichen Terminologie widerspricht, die darunter eine vorläufige Wirkungslosigkeit versteht.[7] Die vom RG[8] für die Vorgängerbestimmung (§ 221 KO) verwendete Bezeichnung „zeitlich beschränkte Unwirksamkeit" beschreibt zwar die Dauer der Unwirksamkeit, lässt aber offen, um welche Art von Unwirksamkeit es sich handelt. Die nach der Rspr. des BGH entstehende absolute Unwirksamkeit bedeutet, dass sich eine Sicherungshypothek nicht in eine Eigentümergrundschuld verwandeln kann.[9] Sie erlischt als Folge der dinglichen Wir-

---

[2] *Gottwald/Gerhardt,* Insolvenzrechts-Handbuch, § 33 RdNr. 33; *Häsemeyer* 21.01; *Bork* RdNr. 427.
[3] Bei Erbeninsolvenz gilt § 321 nicht, die Absonderungsrechte bleiben vorbehaltlich § 88 für Nachlass- und Eigengläubiger bestehen, § 80 Abs. 2.
[4] So noch *Braun/Bauch* RdNr. 10; *Graf-Schlicker/Messner* RdNr. 1; *Gottwald/Döbereiner,* Insolvenzrechts-Handbuch, § 113 RdNr. 45 und *Jacobi* KTS 2006, 244 N. 17. Vgl. auch *Jaeger/Eckardt* § 88 RdNr. 79.
[5] BGHZ 166, 74 = NJW 2006, 1286.
[6] Vgl. auch LG Stuttgart ZEV 2002, 370 mit Anm. *G. Siegmann; Kuhn/Uhlenbruck* § 221 KO RdNr. 6, *Uhlenbruck/Lüer* RdNr. 5; *Grothe* KTS 2001, 205, 236.
[7] Vgl. etwa *Planck/Flad* § 2111 Anm. 4, während es sich hier in der Sache um eine auflösend bedingte Unwirksamkeit handelt.
[8] RGZ 157, 294, 295.
[9] Dagegen *Demharter* Rpfleger 2006, 256; *Bestelmeyer* Rpfleger 2006, 388; *Keller* ZIP 2006, 1174, aber auch schon *Grothe* KTS 2001, 205, 236.

kung¹⁰ der vom Gesetz angeordneten Unwirksamkeit. Ob die beschriebene Wirkung eintritt, hängt davon ab, ob der Insolvenzverwalter von seinem Verwertungsrecht Gebrauch gemacht und die Versteigerung betrieben (§ 165, §§ 172, 173 ZVG) oder eine bewegliche Sache, in die nach dem Erbfall vollstreckt worden ist, freihändig verkauft hat. Hatte der Verwalter die Löschung der betroffenen Rechte erreicht, können die Berechtigten deren Wiedereintragung verlangen, wenn es nicht zur Verwertung des Grundstückes gekommen ist. Mehrere unwirksame Rechte haben bei der Wiedereintragung gleichen Rang.¹¹ Ob es sich bei den die Zwangsvollstreckung betreibenden Gläubigern um Nachlass- oder Eigengläubiger handelt, ist unerheblich. Nicht bloß die Eigengläubiger des Erben, die sich gem. § 325 ohnehin nicht am Nachlassinsolvenzverfahren beteiligen können, sondern auch die Nachlassgläubiger, die sich dem Grundsatz der par conditio creditorum beugen müssen, sind von der Bestimmung betroffen. Zu beachten ist, dass § 321 nur die dort genannten Maßnahmen der Zwangsvollstreckung ergreift. Wer auf Grund eines vertraglichen oder gesetzlichen Pfandrechtes nach dem Erbfall die Zwangsvollstreckung betrieben hat, verliert sein Recht nicht. Er kann gem. §§ 49, 50 vorgehen. Die auf Grund einstweiliger Verfügung zur Sicherung des Anspruchs auf Eintragung einer Bauhandwerkersicherungshypothek mit anschließender Verurteilung zur Abgabe der Bewilligungserklärung (§ 894 ZPO) eingetragene Sicherungshypothek wird wie ein vertragliches Grundpfandrecht behandelt.¹²

4   **3. Zeitliche Voraussetzungen.** Die Bestimmung erfasst nur Maßnahmen, die zwischen dem Erbfall und der Eröffnung der Nachlassinsolvenz ausgebracht worden sind. Dann tritt die vorstehend beschriebene Wirkung ein (anders § 80 Abs. 2 Satz 2). Hat eine Vorpfändung (§ 845 ZPO) stattgefunden, ist § 321 auch dann anwendbar, wenn diese vor dem Erbfall erfolgte, die Pfändung aber erst nach dem Erbfall bewirkt worden ist. Entscheidend ist sodann die Zustellung des Pfändungs- und Überweisungsbeschlusses.¹³ Nicht erfasst werden von § 321 Vollstreckungsmaßnahmen, die noch gegen den Erblasser durchgeführt worden sind. Sie unterfallen mit der Folge der absoluten Unwirksamkeit der Rückschlagsperre des § 88, falls sie in der Monatsfrist dieser Bestimmung erfolgt sind. Zeitlich noch früher liegende Maßnahmen können nur durch Anfechtung gem. §§ 129 ff. rückgängig gemacht werden.

5   **4. Beendigte Zwangsvollstreckung im Zeitpunkt der Eröffnung.** § 321 regelt diesen Fall nicht. Deshalb werden bereits **vollzogene Maßnahmen** der Zwangsvollstreckung **nicht rückgängig** gemacht,¹⁴ ganz gleich, ob es sich um solche eines Nachlass- oder eines Eigengläubigers handelt. Das leuchtet für Vollstreckungsmaßnahmen eines Nachlassgläubigers ein, weil dieser nur das ihm Zustehende aus der haftenden Vermögensmasse erhalten hat. Deshalb besteht auch kein Bereicherungsanspruch der Masse gegen den Nachlassgläubiger. Eine andere Frage ist, ob nicht eine Anfechtung nach §§ 129 ff. in Betracht kommt.¹⁵ Bei abgeschlossener Vollstreckung durch einen Eigengläubiger des Erben verhält es sich anders. Zwar hat auch dieser ursprünglich nicht in eine fremde Vermögensmasse vollstreckt, weil die Vermögensabsonderung erst nach erfolgter Vollstreckung eingetreten ist. Gem. § 1978 BGB oblag es aber dem Erben, gegenüber seinen Eigengläubigern von seinem Recht aus § 783 ZPO Gebrauch zu machen, um zu verhindern, dass deren Vollstreckung über sichernde Maßnahmen hinausgeht. Lässt der Erbe

---

¹⁰ *Gottwald/Gerhardt*, Insolvenzrechts-Handbuch, § 33 RdNr. 33.
¹¹ BGHZ 166, 74 = NJW 2006, 1286 unter Hinweis auf *Ganter* oben § 50 RdNr. 56.
¹² Oben § 50 RdNr. 106; dazu *G. Siegmann* ZEV 2002, 370; *Gottwald/Döbereiner*, Insolvenzrechts-Handbuch, § 113 RdNr. 43, 45; *Grothe* KTS 2001, 205, 222.
¹³ RGZ 151, 265, 269, 270; BGH NJW 2006, 1870; *Graf-Schlicker/Messner* RdNr. 2; *Gottwald/Gerhardt*, Insolvenzrechts-Handbuch, § 33 RdNr. 31 (zu § 88).
¹⁴ *Uhlenbruck/Lüer* RdNr. 2; *Lange/Kuchinke* § 49 IV 5c; *Häsemeyer* RdNr. 33.05, 33.20; *Jacobi* KTS 2006, 239, 241.
¹⁵ BGHZ 162, 143 = NJW 2005, 1121, 1122; 136, 309 = NJW 1997, 3445; HK-*Marotzke* RdNr. 8. Vgl. dazu den RegE eines Gesetzes zur Anpassung des Rechts der Insolvenzanfechtung (BT-Dr. 16/886).

Zwangsvollstreckungsmaßnahmen seiner Eigengläubiger zu und unterlässt er auch die rechtzeitige Befriedigung dieser Gläubiger mit eigenen Mitteln, besteht ein **Bereicherungsanspruch** der Masse **gegen den Erben**.[16] Daneben kommt ein Schadensersatzanspruch in Betracht, falls die Zwangsversteigerung unter Wert erfolgt ist. Umstritten ist, ob auch ein Bereicherungsanspruch gegen den Eigengläubiger besteht. Man wird dies verneinen müssen, weil der Eigengläubiger vor der Absonderung aus dem Vermögen seines Schuldners Befriedigung erlangt hat.[17] Es bleibt nur der Bereicherungsanspruch der Masse gegen den Erben.

5. Verfahren zur Durchsetzung der Vollstreckungsbeschränkung. Hierfür bietet 6 sich § 766 ZPO an, weil der Insolvenzverwalter sich nicht gegen den Bestand des Absonderungsrechts wendet, sondern nur gegen die Art und Weise der Zwangsvollstreckung, die während des Verfahrens nicht möglich ist.[18] Bei einer Zwangshypothek kann der Verwalter Löschung verlangen; auch ein Vorgehen gem. § 22 GBO ist möglich. Der Nachlassgläubiger, der auf diese Weise seine Sicherung verliert, muss seine Forderung zur Tabelle anmelden. Wird das belastete Nachlassgrundstück nicht verkauft, muss der Nachlassinsolvenzverwalter die Zwangshypothek, deren Löschung er verlangt und erreicht hat, wieder eintragen lassen,[19] wobei mehrere unwirksame Rechte gleichen Rang erhalten.[20]

III. Entsprechende Anwendung bei Arrest und einstweiliger Verfügung

§ 321 erwähnt die bisher in § 221 KO geregelten Maßnahmen der Arrestvollziehung 7 und der Vollziehung einer im Wege einer einstweiligen Verfügung erlangten Vormerkung infolge eines Missverständnisses[21] nicht mehr besonders. Da mit der Nichterwähnung dieser Maßnahme keine sachliche Änderung des Anwendungsbereiches des § 321 beabsichtigt war, sind auch die auf Grund eines Arrestes erfolgten Pfändungen und die Eintragung einer Zwangshypothek unter die Bestimmung zu subsummieren.[22] Dies gilt auch für den Fall der im Wege der einstweiligen Verfügung erlangten Vormerkung,[23] obwohl auch hier von einem Recht auf abgesonderte Befriedigung nicht eigentlich gesprochen werden kann.[24]

§ 322 Anfechtbare Rechtshandlungen des Erben

Hat der Erbe vor der Eröffnung des Insolvenzverfahrens aus dem Nachlaß Pflichtteilsansprüche, Vermächtnisse oder Auflagen erfüllt, so ist diese Rechtshandlung in gleicher Weise anfechtbar wie eine unentgeltliche Leistung des Erben.

---

[16] HK-*Marotzke* RdNr. 8; *Dauner-Lieb,* Festschrift für Gaul, S. 93, 97; *Klook,* Die überschuldete Erbschaft, S. 360 f.

[17] HK-*Marotzke* RdNr. 8; *Kübler/Prütting/Kemper* RdNr. 8 bis 10; *Dauner-Lieb* Fn. 16; zweifelnd *Muscheler* S. 483. Für einen Bereicherungsanspruch gegen den Eigengläubiger *Uhlenbruck/Lüer* RdNr. 2; *Jaeger/Weber* § 221 KO RdNr. 6; *Kilger/K. Schmidt* § 221 KO Anm. 1 c; *Nerlich/Römermann/Riering* RdNr. 7; FK-*Schallenberg-Rafiqpoor* RdNr. 8; *Braun/Bauch* InsO RdNr. 9; *Graf-Schlicker/Messner* RdNr. 3; HambKomm-*Böhm* RdNr. 5; *Gottwald/Dörbereiner,* Insolvenzrechts-Handbuch, § 113 RdNr. 48; *Lange/Kuchinke* § 49 IV 5; *Windel* S. 465.

[18] *Kuhn/Uhlenbruck* § 221 KO RdNr. 6; *Häsemeyer* RdNr. 33.20. Einer stattdessen erhobenen Löschungsklage fehlt nicht das Rechtsschutzinteresse, OLG Celle KTS 1977, 47.

[19] RGZ 157, 295.

[20] BGHZ 166, 74 = NJW 2006, 1286; oben § 50 RdNr. 56.

[21] *Jauernig/Berger,* Zwangsvollstreckung § 47 RdNr. 4.

[22] HK-*Marotzke* RdNr. 3; *Jauernig/Berger* Fn. 21; *Gottwald/Dörbereiner,* Insolvenzrechts-Handbuch, § 113 RdNr. 43.

[23] Vgl. oben RdNr. 3 und LG Stuttgart ZEV 2002, 370 mit Anm. *G. Siegmann.* Anders die bewilligte Vormerkung, § 106, die vorbehaltlich der Insolvenzanfechtung Bestand hat.

[24] Dazu näher LG Stuttgart (Fn. 23); HK-*Marotzke* RdNr. 4; *Gottwald/Dörbereiner,* Insolvenzrechts-Handbuch, § 113 RdNr. 43.

Übersicht

	RdNr.		RdNr.
I. Normzweck	1	III. Durchsetzung des Rückgewähranspruchs	5
II. Voraussetzungen des Rückgewähranspruchs	2	1. Ausschluss der Anfechtung	5
1. Betroffene Gläubiger	2	2. Bereicherungshaftung	6
2. Erfüllung durch den Erben	3	3. Verfahren	7
3. Erfüllung durch andere Personen	4		

I. Normzweck

1 Die im Wesentlichen mit § 222 KO übereinstimmende Norm trägt dem Grundsatz Rechnung, dass dem Pflichtteilsberechtigten nur der Reinwert des Nachlasses haftet und Vermächtnisse und Auflagen als freigebige Zuwendungen des Erblassers im Insolvenzfall noch hinter den Pflichtteilsansprüchen rangieren (§ 327 Abs. 1). Tritt aus irgendwelchen Gründen nach Erfüllung dieser Verbindlichkeiten Überschuldung ein, kann sich der obige Grundsatz im Insolvenzverfahren nur durchsetzen, wenn der Insolvenzverwalter das an die nachrangigen Gläubiger Geleistete zurückfordern kann. Beim Pflichtteilsberechtigten kann dies zu Härten führen, weil der Berechnung des Pflichtteils der Wert des Nettonachlasses zZ des Erbfalles zugrunde zu legen ist, so dass er von nachträglichen Wertsteigerungen des Nachlasses keinen Vorteil, wohl aber die mit einer unglücklichen Verwaltung des Nachlasses durch den Erben verbundenen Nachteile zu tragen hat. Eine Milderung dieser Härte bringt die Verweisung auf §§ 134, 143 Abs. 2, die nur eine Bereicherungshaftung begründen. Die Bestimmung wird häufig als Erweiterung des § 134 gesehen.[1] Der wesentliche Unterschied zu dieser Norm besteht indessen darin, dass alle in § 322 genannten Gläubiger Ansprüche gegen den Nachlass hatten, weshalb der Erbe mit der Erfüllung ihrer Ansprüche keine Freigebigkeit vorgenommen, sondern Nachlassverbindlichkeiten erfüllt hat, § 1967 Abs. 2 BGB.[2]

II. Voraussetzungen des Rückgewähranspruchs

2 **1. Betroffene Gläubiger.** Nach dem Wortlaut der Bestimmung kommen nur Pflichtteilsberechtigte (§ 2303 BGB), Vermächtnisnehmer (§ 2147 BGB) und Auflagenbegünstigte (§ 2192 BGB) in Betracht. Zu den Vermächtnissen zählen auch die sog. **gesetzlichen Vermächtnisse** wie der Voraus des Ehegatten (§ 1932 BGB) und der Dreißigste (§ 1969 BGB).[3] Freilich wird in diesen Fällen jeweils zu prüfen sein, ob nicht im Hinblick auf den oftmals geringen Wert dieser Rechte § 134 Abs. 2 zur Anwendung kommen kann.[4] Durch das ErbGleichG vom 16. 12. 1997 (BGBl. I S. 2968) ist das Rechtsinstitut des Erbersatzanspruchs (§ 1934 a BGB) mit Wirkung vom 1. 4. 1998 beseitigt worden. Gleichwohl kann es für eine Übergangszeit unerfüllte und unverjährte **Erbersatzansprüche** für Erbfälle bis zum 31. 3. 1998 geben.[5] Für sie gilt § 322 ebenfalls. **Nicht** hierher zählen Ansprüche auf Zahlung des **vorzeitigen Erbausgleichs** nach dem ab 1. 4. 1998 ebenfalls weggefallenen § 1934 d BGB. Hier handelt es sich – wie bei der **Abfindung beim entgeltlichen Erbverzicht** – im Falle des Todes des Vaters des nichtehelichen Kindes um gewöhnliche Nachlassverbindlichkeiten.[6] Ebenso wenig werden Pflichtteilsansprüche, Vermächtnisse,

---

[1] *Zeuner*, Anfechtung RdNr. 226; *Smid/Fehl* RdNr. 1.
[2] So zutr. *Jaeger*, Erbenhaftung S. 57; *Gottwald/Döbereiner*, Insolvenzrechts-Handbuch, § 113 RdNr. 38. Vgl. aber auch *Windel* S. 459.
[3] *Staudinger/Marotzke* § 1969 RdNr. 12; MünchKommBGB-*Siegmann* § 1969 RdNr. 4.
[4] Voraus und Dreißigster sind gem. § 13 Abs. 1 Nr. 1 und 4 ErbStG auch steuerfrei.
[5] HK-*Marotzke* § 327 RdNr. 12 und 13; MünchKommBGB-*Leipold* Art. 227 EGBGB RdNr. 4.
[6] *Gottwald/Döbereiner*, Insolvenzrechts-Handbuch, § 114 RdNr. 23; MünchKommBGB-*Leipold* wie Fn. 5 RdNr. 16; es kommt nur eine Anfechtung nach §§ 129 ff. in Betracht, vgl. BGHZ 113, 393 = NJW 1991, 1610.

Auflagenforderungen und Erbersatzansprüche, deren Erfüllung schon der Erblasser schuldete, von der Bestimmung erfasst.[7] Sie waren nicht aus dem Nachlass des Erblassers, sondern aus dem ihm angefallenen Nachlass zu erfüllen. Andere nachrangige Rechte, wie z. B. solche aus der nachrangigen Verpflichtung zu einer Geldzahlung als Nebenfolge einer Straftat (§ 39 Abs. 1 Nr. 3), fallen nicht unter § 322.[8]

2. Erfüllung. Die fraglichen Nachlassverbindlichkeiten müssen „aus dem Nachlass" erfüllt worden sein. Dies ist unproblematisch, wenn der Erbe mit **Mitteln des Nachlasses** erfüllt hat. Unter Erfüllung i. S. d. Bestimmung ist nicht bloß die Leistungsbewirkung gem. § 362 BGB, sondern auch die Annahme an Erfüllungs Statt, § 364 BGB, und die – wirksame – Hinterlegung, §§ 372 ff. BGB, zu verstehen; auch die Aufrechnung gehört hierher.[9] Die Einräumung von Sicherungsrechten[10] erfolgt regelmäßig erfüllungshalber; als Vorstufe der Erfüllung wird auch diese Rechtshandlung des Erben von § 322 erfasst. **Auch Erfüllung im Wege der Zwangsvollstreckung** kann eine Rechtshandlung des Erben i. S. d. Bestimmung sein, § 141.[11] Die gelegentlich anzutreffende Bemerkung, dass es nicht darauf ankomme, mit welchen Mitteln die Befriedigung erfolgt sei,[12] bedarf der Einschränkung. Sie trifft zu, wenn der Erbe bei der Erfüllung mit **eigenen Mitteln** unter den Voraussetzungen der §§ 1978 Abs. 3, 1979 BGB einen Anspruch gegen die Masse erworben hat, § 324 Abs. 1 Nr. 1.[13] Dies wird selten der Fall sein, weil der Erbe nur dann Ansprüche nach § 1978 BGB erwirbt, wenn er den Umständen nach annehmen durfte, dass der Nachlass zur Befriedigung aller Verbindlichkeiten ausreicht. In der Regel muss der Erbe deshalb ein Inventar errichten und das Aufgebotsverfahren beantragen, wenn er Grund hatte, das Vorhandensein unbekannter Nachlassgläubiger anzunehmen, § 1980 Abs. 2 Satz 2 BGB.[14] Deshalb wird ein Erbe, der mit eigenen Mitteln erfüllt hat, häufig nur dann einen Ersatzanspruch gem. §§ 1978, 1979 BGB erwerben, wenn die Umstände, die zur Überschuldung geführt haben, erst einige Zeit nach dem Erbfall eingetreten sind und nicht vorhersehbar waren, etwa bei der unglücklichen Fortführung eines Nachlassunternehmens durch den Erben. Besteht kein Ersatzanspruch des Erben, fehlt es an der Beeinträchtigung der Masse und deshalb an den Voraussetzungen für die Entstehung eines Anspruchs nach § 322. Der Rückgewähranspruch besteht auch dann nicht, wenn der Erbe nicht die Absicht hatte, Ersatz zu verlangen (§ 685 BGB)[15] oder wenn er dies im Anfechtungsprozess erklärt, weil dann ebenfalls eine Gläubigerbenachteiligung entfällt. Schließlich besteht kein Ersatzanspruch des Erben bei unbeschränkter Haftung, § 2013 BGB. Hat der Erbe ohne Vorliegen der Voraussetzungen des § 1979 mit Nachlassmitteln erfüllt, ist er den Gläubigern zum Ersatz verpflichtet.[16] Die Gläubiger brauchen die Zahlung nicht als für Rechnung des Nachlasses erfolgt gelten zu lassen. Der Rückforderungsanspruch der Masse ist allerdings nur dann gegeben, wenn der Ersatzanspruch gegen den Erben wertlos ist, weil es sonst an der Gläubigerbenachteiligung fehlt.[17]

---

[7] *Smid/Fehl* RdNr. 1; *Gottwald/Döbereiner*, Insolvenzrechts-Handbuch, § 113 RdNr. 38. Vgl. auch *Huber*, AnfG § 5 RdNr. 8.
[8] *Zeuner*, Anfechtung RdNr. 227; *Kuhn/Uhlenbruck* § 222 KO RdNr. 2; *Kübler/Prütting/Kemper* RdNr. 3. Deshalb darf die Bestimmung nicht als Argumentationshilfe bei der Frage, ob die Erfüllung einer strafrechtlichen Bewährungsauflage im Insolvenzfall zurückgefordert werden kann, herangezogen werden, so aber *Brömmekamp* ZIP 2001, 951; dagegen zutr. *Ahrens* NZI 2001, 456; *Häsemeyer* RdNr. 21.89, 21.93.
[9] *Uhlenbruck/Lüer* RdNr. 5; *Kübler/Prütting/Kemper* RdNr. 2.
[10] RG LZ 1908, 944, 946.
[11] *Zeuner*, Anfechtung RdNr. 227; BGHZ 139, 309 = NJW 1997, 3445.
[12] FK-*Schallenberg/Rafiqpoor* RdNr. 3; *Hess* InsO RdNr. 5.
[13] HK-*Marotzke* RdNr. 3; *Graf-Schlicker/Messner* RdNr. 4; *Gottwald/Döbereiner*, Insolvenzrechts-Handbuch, § 113 RdNr. 38.
[14] BGH NJW 1985, 140.
[15] MünchKommBGB-*Siegmann* § 1978 RdNr. 13.
[16] MünchKommBGB-*Siegmann* § 1979 RdNr. 5.
[17] HK-*Marotzke* RdNr. 5. Vgl. auch *Huber*, AnfG § 5 RdNr. 9.

4 **3. Erfüllung durch Dritte.** Die Bestimmung ist auch anwendbar, wenn ein Nachlasspfleger, Nachlassverwalter oder Testamentsvollstrecker die Erfüllung vorgenommen hat. Unerheblich ist auch, ob der Vorerbe oder der Nacherbe tätig war. Die Handlung eines gesetzlichen Vertreters des minderjährigen Erben oder eines rechtsgeschäftlich Bevollmächtigten wird dem Erben zugerechnet.[18]

III. Durchsetzung des Rückgewähranspruchs

5 **1. Ausschluss der Anfechtung.** Die Anfechtung der Erfüllung der nachrangigen Ansprüche des § 322 richtet sich nach den Bestimmungen über die Anfechtung einer unentgeltlichen Leistung des Erben, d. h. nach § 134. Danach ist die Erfüllung nicht anfechtbar, wenn sie den Betrag eines **gebräuchlichen Gelegenheitsgeschenkes** geringen Wertes nicht übersteigt, § 134 Abs. 2. Die Rspr. zu § 32 Nr. 1 KO kann insoweit allerdings nicht mehr uneingeschränkt herangezogen werden, weil die Ausnahme der gebräuchlichen Gelegenheitsgeschenke von der Schenkungsanfechtung jetzt auf Gegenstände von geringem Wert beschränkt worden ist. Die Anfechtung ist ferner ausgeschlossen, wenn die Ansprüche früher als vier Jahre vor dem Antrag auf Eröffnung der Insolvenz erfüllt wurden. Die Beweislast hat insoweit der Empfänger.[19]

6 **2. Bereicherungshaftung.** Der Empfänger hat die Leistung nur zurückzugeben, soweit er durch sie **noch bereichert** ist. Er haftet nicht für die verschuldete Unmöglichkeit der Rückgewähr, auch nicht für die verschuldete Verschlechterung einer (an Erfüllungs statt) überlassenen Sache; nichtgezogene Nutzungen hat er nicht herauszugeben. Vor allem kann er sich auf den Wegfall der Bereicherung berufen, etwa weil er mit der Leistung des Erben eine sonst nicht vorgenommene Ausgabe getätigt hat, § 818 Abs. 3 BGB. Dies gilt nicht in Fällen der Bösgläubigkeit, d. h. sobald der Empfänger weiß oder den Umständen nach wissen muss, dass die Erfüllung der Ansprüche die übrigen Nachlassgläubiger benachteiligt, § 143 Abs. 2. Die Beweislast für die Bösgläubigkeit trägt der Insolvenzverwalter. Bösgläubigkeit setzt Vorsatz oder grobe Fahrlässigkeit voraus.[20] Sie ist im Beispielsfall der Fortführung eines Unternehmens des Erblassers durch den Erben selbst dann nicht anzunehmen, wenn der Empfänger von wirtschaftlichen Schwierigkeiten Kenntnis erhält. Die aus der Unternehmensfortführung herrührenden Verbindlichkeiten sind nämlich in aller Regel Nachlasserbenschulden, so dass eine Benachteiligung der anderen Gläubiger nur in Frage kommt, wenn der Erbe auch mit seinem Eigenvermögen seinen Verpflichtungen nicht mehr nachkommen kann.

7 **3. Verfahren.** Die Anfechtung erfolgt durch den Nachlassinsolvenzverwalter. Ein vor Eröffnung anhängig gemachter Einzelanfechtungsprozess gem. § 5 AnfG wird unterbrochen. Er kann vom Insolvenzverwalter gem. § 17 AnfG aufgenommen werden. Die Anfechtung kann sich gem. § 145 Abs. 1 auch gegen den Erben des Empfängers richten, freilich nicht, wenn der Empfänger als Leistung an Erfüllungs statt oder als Vermächtnis ein mit seinem Tode erlöschendes Recht, wie z. B. ein persönliches Wohnrecht nach §§ 1092, 1093 BGB, erworben hat.[21] Zur Anfechtung gegenüber dem Rechtsnachfolger vgl. oben § 145 RdNr. 8 ff. Die dortigen Ausführungen RdNr. 10 gelten allerdings nicht für das Nachlassinsolvenzverfahren. Beerbt nämlich der Erbe den Empfänger, handelt es sich um einen Anfall aus eigenem Recht, der nicht unter § 35 fällt (vgl. § 315 Anh. RdNr. 9). Es bedarf deshalb der Anfechtung gegenüber dem Erben (Schuldner).[22] Hat der Erblasser ein Vorvermächtnis angeordnet und ist im Falle der Eröffnung der Nachlassinsolvenz der Nachvermächtnisfall schon eingetreten, trifft den Nachvermächtnisnehmer die Verpflichtung zur

---

[18] Oben Vor §§ 129 bis 147 RdNr. 100; *Graf-Schlicker/Messner* RdNr. 4; *Gottwald/Döbereiner*, Insolvenzrechts-Handbuch, § 113 RdNr. 37; *Häsemeyer* RdNr. 33.29 a.
[19] HK-*Kreft* § 134 RdNr. 15. Vgl. auch *Zeuner*, Anfechtung RdNr. 228.
[20] HK-*Kreft* § 143 RdNr. 30 f.
[21] BGH NJW 1996, 3006.
[22] Vgl. auch *Huber*, AnfG § 15 RdNr. 6 aE.

Rückgewähr (§ 145 Abs. 2 Nr. 3), unabhängig davon, ob auch der Vorvermächtnisnehmer zur Rückgabe verpflichtet ist.[23] Er kann also selbstständig auf Rückgabe verklagt werden.[24]

§ 323 Aufwendungen des Erben

Dem Erben steht wegen der Aufwendungen, die ihm nach den §§ 1978, 1979 des Bürgerlichen Gesetzbuchs aus dem Nachlaß zu ersetzen sind, ein Zurückbehaltungsrecht nicht zu.

I. Normzweck

Ein dem Erben nach § 1978 Abs. 3 BGB zustehender Anspruch auf Aufwendungsersatz begründet an sich nach § 273 BGB das Recht des Erben, die Herausgabe des Nachlasses zu verweigern, bis er Ersatz für seine Aufwendungen erhalten hat. Dadurch könnte die Verwertung der Masse erheblich verzögert und der Verwalter sogar genötigt werden, Kredit aufzunehmen, um die Ersatzforderungen des Erben zu begleichen.[1] Die InsO verneint deshalb in Übereinstimmung mit dem bisherigen Recht (§ 223 KO) ein Zurückbehaltungsrecht, zumal die Ansprüche des Erben im Insolvenzverfahren Masseverbindlichkeiten sind, § 324 Abs. 1 Nr. 1. Für die Nachlassverwaltung gilt Entsprechendes.[2] **1**

II. Ausschluss des Zurückbehaltungsrechts

1. Umfang des Ausschlusses. Der Ausschluss nach § 323 bezieht sich auf den **gesamten Nachlass;** der Erbe, dem Testamentsvollstrecker, Nachlasspfleger und Nachlassverwalter gleichstehen, darf also auch nicht Teile des Nachlasses zurückbehalten. Einredefrei ist nicht bloß der Anspruch auf Herausgabe des ganzen Nachlasses (§ 667 BGB, § 148 InsO). Auch gegenüber dem Auskunftsanspruch und dem auf Rechnungslegung (§ 666 BGB), dem Anspruch auf Herausgabe der Surrogate und der Ersatzverpflichtung wegen Verwendung von Nachlassmitteln für eigene Zwecke (§ 668 BGB) besteht kein Zurückbehaltungsrecht. Eingeschränkt ist das Zurückbehaltungsrecht des Erben aber nur hinsichtlich seiner Aufwendungen, die ihm nach §§ 1978, 1979 BGB zu ersetzen sind. Deshalb ist ein **Zurückbehaltungsrecht** des Erben, das ihm schon **vor dem Erbfall** gegenüber dem Erblasser zustand (etwa wegen nützlicher Verwendungen auf eine Sache des Erblassers) und das gem. § 1976 BGB mit der Eröffnung des Verfahrens als nicht erloschen gilt, von der Bestimmung **nicht betroffen;**[3] es kann aber aus anderen Gründen ganz oder teilweise seine Wirkung verlieren, vgl. § 51 Nr. 2 und die dortigen Bemerkungen RdNr. 217 bis 222. **2**

2. Aufrechnung. Die Aufrechnung wird in § 323 nicht erwähnt. Sie ist auch im Nachlassinsolvenzverfahren nach den **allg. Bestimmungen zulässig,** § 94. Insoweit wird auf die Erläuterungen zu dieser Bestimmung verwiesen. Im Nachlassinsolvenzverfahren ergeben sich jedoch Besonderheiten nach verschiedenen Richtungen hin. Aufrechnungen, die vor Eröffnung des Verfahrens erfolgt sind, behalten nur gem. § 1977 BGB ihre Wirkung (vgl. dazu Anhang § 315 RdNr. 32). Nach Eröffnung des Verfahrens führt die damit verbundene Vermögenstrennung zwar nicht zum Wegfall der Gegenseitigkeit,[4] dem Erben fehlt aber im Hinblick auf § 80 Abs. 1 die Verfügungsbefugnis über massezugehörige Forderungen. Nachlassgläubiger können wegen § 1975 BGB nicht gegenüber Eigenforderungen des **3**

---

[23] Dazu näher oben § 145 RdNr. 32 f. Zur Rechtslage bei Eröffnung der Nachlassinsolvenz über das Vermögen des Vorvermächtnisnehmers *Hartmann* ZEV 2007, 458, 468; *Muscheler* AcP 2008, 68, 95.
[24] Oben § 145 RdNr. 38.
[1] So die amtl. Begr. zu § 223 KO, S. 49, 50.
[2] MünchKommBGB-*Siegmann* § 1978 RdNr. 16.
[3] *Jaeger/Weber* 223 KO RdNr. 2; *Kübler/Prütting/Kemper* RdNr. 4; *Graf-Schlicker/Messner* RdNr. 2; *Gottwald/Döbereiner,* Insolvenzrechts-Handbuch, § 113 RdNr. 51.
[4] AA oben § 94 RdNr. 11; *Uhlenbruck* § 94 RdNr. 9.

Erben aufrechnen.⁵ Aus dem gleichen Grund können Eigengläubiger des Erben nicht durch Aufrechnung eine Schuld gegenüber der Insolvenzmasse zum Erlöschen bringen; die Zustimmung des Erben wäre wegen § 80 ohne Bedeutung.⁶ Haftete der Erbe – jedenfalls dem aufrechnenden Gläubiger gegenüber – schon unbeschränkbar, muss er allerdings die Aufrechnung gegen seine Eigenforderung gelten lassen. Trotz der Vermögenstrennung kann der Erbe mit einer zu seinem Eigenvermögen gehörigen Forderung gegen die Forderung eines Nachlassgläubigers aufrechnen.⁷ Solchenfalls rückt er bei schon unbeschränkbarer Haftung gegenüber dem Nachlassgläubiger gem. § 326 Abs. 2 in dessen Rechtsposition ein.⁸ Bei allgemein unbeschränkter Haftung gilt dies nicht, weil der Erbe dann stets auch mit seinem Eigenvermögen für die Nachlassverbindlichkeiten einzustehen hat. Haftete der Erbe bei Erklärung der Aufrechnung mit seiner eigenen Forderung gegenüber einem Nachlassgläubiger beschränkt, erwirbt er nur einen Bereicherungsanspruch nach § 684 BGB, der sich nach der fiktiven Insolvenzquote des durch Aufrechnung befriedigten Nachlassgläubigers richtet.

4   Liegen die vorerwähnten allgemeinen Aufrechnungsvoraussetzungen im Verhältnis zur Masse vor, kann der Erbe mit seinen Ansprüchen aus § 1978 BGB, die als Masseverbindlichkeit (§ 324 Abs. 1 Nr. 1) grundsätzlich nicht den Aufrechnungsbeschränkungen der §§ 94 ff. unterliegen,⁹ gegenüber Forderungen der Masse, insbesondere solchen auf Geldersatz (§ 668 BGB), aufrechnen.¹⁰ Ist der Aufwendungsersatzanspruch des Erben nur auf Befreiung von einer Verbindlichkeit gerichtet, fehlt es allerdings an der Voraussetzung der Gleichartigkeit.¹¹ Für Ansprüche des Erben aus einem anderen Rechtsgrund und für die sonstigen Insolvenzgläubiger des § 325 gelten die §§ 95, 96. Daraus folgt: Hat sich der Erbe, der auch Schuldner des Erblassers ist, für eine Schuld des Erblassers verbürgt, kann er gegen die massezugehörige Forderung mit seinem Regressanspruch und dem gem. § 774 BGB übergegangenen Anspruch auch nach Eröffnung des Insolvenzverfahrens aufrechnen, wenn er seine Bürgschaftsschuld vor Eröffnung erfüllt hat.¹² Erfüllt er diese erst nach Eröffnung, kann er ebenfalls aufrechnen. § 95 Abs. 1 S. 2 und 3 schließt diese Aufrechnung aber aus, wenn die massezugehörige Forderung vorher voll durchsetzbar ist.¹³ Vor Erfüllung der Bürgschaftsverpflichtung besteht zwar ein Befreiungsanspruch nach § 775 Abs. 1 Nr. 1 BGB. Mit diesem kann mangels Gleichartigkeit aber nicht aufgerechnet werden.¹⁴ Die Unzulässigkeit der Aufrechnung kann der Insolvenzverwalter nur innerhalb der Frist des § 146 durchsetzen.¹⁵

§ 324 Masseverbindlichkeiten

(1) **Masseverbindlichkeiten sind außer den in den §§ 54, 55 bezeichneten Verbindlichkeiten:**
1. **die Aufwendungen, die dem Erben nach den §§ 1978, 1979 des Bürgerlichen Gesetzbuchs aus dem Nachlaß zu ersetzen sind;**
2. **die Kosten der Beerdigung des Erblassers;**

---

⁵ *Staudinger/Marotzke* § 1977 RdNr. 11; oben § 94 RdNr. 11.
⁶ *Gottwald/Döbereiner*, Insolvenzrechts-Handbuch, § 113 RdNr. 52.
⁷ MünchKommBGB-*Siegmann* § 1977 RdNr. 3; *Gottwald/Döbereiner*, Insolvenzrechts-Handbuch, § 113 RdNr. 52; *Lange/Kuchinke* § 49 II 2 Fn. 42.
⁸ Oben § 94 RdNr. 11, unten § 326 RdNr. 7.
⁹ Oben § 94 RdNr. 46, unten § 324 RdNr. 14; *Pape/Uhlenbruck*, Insolvenzrecht RdNr. 637; *Häsemeyer* RdNr. 14.26.
¹⁰ *Jaeger/Weber* § 223 KO RdNr. 4; *Hess* InsO RdNr. 2; *Häsemeyer* RdNr. 33.23.
¹¹ BGHZ 140, 270 = NJW 1999, 1182; *Jaeger/Weber* § 223 KO RdNr. 3; oben § 94 RdNr. 16; *Gottwald/Döbereiner*, Insolvenzrechts-Handbuch, § 113 RdNr. 52.
¹² Oben § 44 RdNr. 32; *Gottwald*, Insolvenzrechts-Handbuch, § 45 RdNr. 54.
¹³ Oben § 95 RdNr. 21; *Pape/Uhlenbruck*, Insolvenzrecht RdNr. 628.
¹⁴ BGH NJW 2005, 3285.
¹⁵ BGH ZIP 2007, 1467.

3. die im Falle der Todeserklärung des Erblassers dem Nachlaß zur Last fallenden Kosten des Verfahrens;
4. die Kosten der Eröffnung einer Verfügung des Erblassers von Todes wegen, der gerichtlichen Sicherung des Nachlasses, einer Nachlaßpflegschaft, des Aufgebots der Nachlaßgläubiger und der Inventarerrichtung;
5. die Verbindlichkeiten aus den von einem Nachlaßpfleger oder einem Testamentsvollstrecker vorgenommenen Rechtsgeschäften;
6. die Verbindlichkeiten, die für den Erben gegenüber einem Nachlaßpfleger, einem Testamentsvollstrecker oder einem Erben, der die Erbschaft ausgeschlagen hat, aus der Geschäftsführung dieser Personen entstanden sind, soweit die Nachlaßgläubiger verpflichtet wären, wenn die bezeichneten Personen die Geschäfte für sie zu besorgen gehabt hätten.

(2) Im Falle der Masseunzulänglichkeit haben die in Absatz 1 bezeichneten Verbindlichkeiten den Rang des § 209 Abs. 1 Nr. 3.

Übersicht

	RdNr.		RdNr.
I. Normzweck	1	6. Verbindlichkeiten nach Nr. 5	9
II. Masseverbindlichkeiten	2	a) Rechtsgeschäfte der Nachlasspfleger u. Testamentsvollstrecker	10
1. Außerhalb des § 324	2	b) Verpflichtungen aus Rechtsgeschäften des Erben	11
2. Ansprüche nach § 324 Abs. 1 Nr. 1	3		
3. Beerdigungskosten	4	7. Geschäftsführungskosten der Nachlasspfleger und Testamtensvollstrecker	12
a) Inhalt der Verpflichtung	5		
b) Gläubiger der Masseverbindlichkeiten	6	III. Rang der Masseverbindlichkeiten im Falle der Massearmut	13
4. Kosten der Todeserklärung	7		
5. Die Nachlassverwaltungsschulden der Nr. 4	8	IV. Rechtsstellung der Massegläubiger des § 324	14

I. Normzweck

Die amtl. Begründung sieht in § 324 ebenso wie in §§ 321, 322 eine Verwirklichung des Prinzips, die Wirkungen der Eröffnung eines Nachlassinsolvenzverfahrens so weit wie möglich auf den Zeitpunkt des Erbfalls zurückzubeziehen. Demgegenüber wird von anderen die ratio legis darin gesehen, dass wegen der vielseitigen Pflichten zur ordnungsmäßigen Verwaltung und haftungsrechtlichen Abwicklung des Nachlasses die Verbindlichkeiten aus ordnungsgemäßer Verwaltung im Nachlassinsolvenzverfahren als Masseverbindlichkeiten behandelt werden.[1] Besonders nahe liegend ist die in den Motiven zum BGB[2] für das konkursrechtliche Vorbild der Bestimmung (§ 224 KO) angeführte Begründung, dass der Erbe nur über die Einräumung der Position eines Massegläubigers vor der Gefahr geschützt werden könne, durch die Annahme der Erbschaft einen Verlust zu erleiden. 1

II. Masseverbindlichkeiten

1. Masseverbindlichkeiten außerhalb des § 324. Abs. 1 erwähnt nur die Masseverbindlichkeiten der §§ 54, 55, während die nach §§ 100, 123 sowie die weiteren Masseverbindlichkeiten nach §§ 163 Abs. 2, 169, 172 Abs. 1 und § 183 Abs. 3 nicht angesprochen werden. Es dürfte ein redaktionelles Versehen vorliegen, das bei der Übernahme des konkursrechtlichen Vorbildes der Norm (§ 224 KO) entstanden ist, weil die KO die erwähnten Verbindlichkeiten abgesehen von § 183 Abs. 3 nicht kannte. Jedenfalls kann dem Schweigen des Gesetzes nicht entnommen werden, dass im Nachlassinsolvenzverfah- 2

---

[1] *Häsemeyer* RdNr. 33.21; ähnlich *Henckel* JZ 1986, 697.
[2] V S. 629. Zustimmend *Dauner-Lieb*, Unternehmen in Sondervermögen, S. 117, Bedenken dagegen bei *Muscheler* S. 147 (diese Begr. spreche eher für die Annahme schlichter Konkursforderungen).

§ 324　3　　　　　　　　10. Teil. 1. Abschnitt. Nachlaßinsolvenzverfahren

ren dem Erben-Schuldner und seiner Familie überhaupt kein Unterhalt gewährt werden[3] und kein Sozialplan aufgestellt werden kann. Im Falle der Masseunzulänglichkeit berühren die in Rede stehenden Ansprüche diejenigen aus § 324 freilich nicht. Denn nach Abs. 2 der Bestimmung haben in diesem Falle die Ansprüche aus Abs. 1 den Rang des § 209 Abs. 1 Nr. 3, rangieren also vor etwaigen Unterhaltsansprüchen, die danach an letzter Stelle stehen, während Sozialplangläubiger wegen der Sonderregelung des § 123 Abs. 2 ohnehin leer ausgehen.

3　　**2. Erstattungsansprüche des Erben, Abs. 1 Nr. 1.** Da die Bestimmung als Ausgleich für die strenge Haftung des Erben aus §§ 1978, 1979 BGB und die Versagung eines Zurückbehaltungsrechts gedacht ist, hilft sie nur dem **noch beschränkbar haftenden Erben** (vgl. § 2013 Abs. 1 BGB), i. Ü. aber jedem Erben, also auch dem Vorerben, Nacherben und Miterben (zum vorläufigen Erben vgl. RdNr. 12). Sie alle können unter den Voraussetzungen der §§ 1978, 1979 BGB im Insolvenzverfahren Erstattung ihrer Aufwendungen nebst Zinsen (§§ 670, 683, 256 BGB) fordern. Von besonderer Bedeutung ist, dass der Erbe gem. §§ 670, 257 BGB Befreiung von Verbindlichkeiten verlangen kann, die er in ordnungsmäßiger Verwaltung des Nachlasses mit der Folge der persönlichen Haftung eingegangen ist. Notwendige Aufwendungen sind auch die den Erben treffenden Kosten eines durch die Eröffnung des Nachlassinsolvenzverfahrens unterbrochenen Rechtsstreits, dessen Aufnahme der Verwalter nach § 85 Abs. 2 ablehnt, jedoch nur unter der Voraussetzung, dass der Erbe den Rechtsstreit in ordnungsgemäßer Verwaltung des Nachlasses, also nicht mutwillig, geführt hat.[4] Unerheblich ist, dass die Nachlassgläubiger in diesen Fällen in der Regel sowohl den Nachlass wie auch den Erben als Träger seines Eigenvermögens in Anspruch nehmen können (sog. **Nachlasserbenschulden**). Die unterschiedliche Rangstellung in der Nachlassinsolvenz (der Anspruch der Nachlassgläubiger ist Insolvenzforderung, § 326, derjenige des Erben Masseanspruch) kann für Nachlasserbengläubiger (vgl. § 89) aber Anlass sein, den Befreiungsanspruch des Erben gegen den Nachlass zu pfänden, um als Massegläubiger Befriedigung zu erhalten.[5] Wichtig ist, dass der **Erbe** zwar Aufwendungsersatz, gem. § 662 BGB aber **keine Vergütung** verlangen kann.[6] Freilich wird man ausnahmsweise bei einer gewerblichen oder berufsmäßigen Unternehmensfortführung durch den oder die Miterben einen Vergütungsanspruch nicht völlig versagen können.[7] Es sollte dem Erben freistehen, ob er die Fortführung des Unternehmens einem Geschäftsführer überträgt und so Ansprüche nach Abs. 1 Nr. 1 begründet oder ob er diese Aufgabe selbst ausführt. Solchenfalls muss er sein Können und seine Arbeitskraft den Nachlassgläubigern nicht unentgeltlich zur Verfügung stellen.[8] Der Erbe hat in solchen oder vergleichbaren Fällen (etwa bei der Fortführung der Praxis eines Freiberuflers) einen Anspruch auf Vergütung wie ein Dritter. Ein Miterbe, der von den übrigen Miterben mit der Fortführung des Unternehmens des Erblassers beauftragt wurde,

---

[3] So aber *Jaeger/Schilken* § 100 RdNr. 6; HK-*Eickmann* § 100 RdNr. 2; *Hess* InsO § 315 RdNr. 28; *Uhlenbruck/Lüer* § 315 RdNr. 11; *Braun/Kroth* InsO § 100 RdNr. 2; *Kübler/Prütting/Kemper* § 315 RdNr. 6, während HK-*Marotzke* RdNr. 3; *Nerlich/Römermann/Riering* § 327 RdNr. 12; HambKomm-*Wendler* § 100 RdNr. 2; ebd. *Böhm* RdNr. 1; *Gottwald/Döbereiner*, Insolvenzrechts-Handbuch, § 114 RdNr. 1 und *Wiester*, in: *Scherer*, MAH Erbrecht § 25 RdNr. 136 von der Möglichkeit einer Unterhaltsgewährung ausgehen. So für das frühere Recht auch *Jaeger/Weber* § 214 KO RdNr. 11. Beinhaltet die Unterhaltsbewilligung die Nutzung der Wohnung des Erblassers, kann diese von der Zahlung eines Entgelts an die Masse abhängig gemacht werden, vgl. OLG Nürnberg NZI 2006, 44; oben § 100 RdNr. 15; *Häsemeyer* RdNr. 14.20.
[4] MünchKommBGB-*Siegmann* § 1978 RdNr. 14; oben § 85 RdNr. 29. Für einen Erstattungsanspruch ohne diese Einschränkung *Jaeger/Windel* § 83 RdNr. 149.
[5] *Staudinger/Marotzke* § 1967 RdNr. 42; MünchKommBGB-*Siegmann* § 1978 RdNr. 14; *Muscheler* S. 347.
[6] BGHZ 122, 297 = NJW 1993, 1851, 1853.
[7] *Staudinger/Marotzke* § 1978 RdNr. 26; *Windel* (S. 82) befürwortet im Anschluss an *Häsemeyer* RdNr. 33.18 einen schuldrechtlichen Wertausgleich nach Maßgabe des Anteils des Erben an der Wertschöpfung. AA *Gottwald/Döbereiner*, Insolvenzrechts-Handbuch, § 114 RdNr. 2.
[8] *Dauner-Lieb* S. 108, 205. Auch nach der Separation ist der Erbe nicht zugunsten des Nachlasses zu Dienstleistungen verpflichtet, *Pape/Uhlenbruck*, Insolvenzrecht, RdNr. 211; *Häsemeyer* RdNr. 20.58.

kann eine Vergütung verlangen.[9] Gleiches hat für die Tätigkeit des Gesellschaftererben zu gelten.[10] Steht mehreren Miterben aus gemeinschaftlicher Geschäftsbesorgung ein Aufwendungsersatzanspruch zu, sind sie gem. § 420 BGB anteilig berechtigt. Hat nur ein Miterbe Aufwendungen gehabt, etwa als Notgeschäftsführer gem. § 2038 Abs. 2 Satz 1 BGB, steht ihm allein der Aufwendungsersatzanspruch zu.[11] Erfasst werden auch Aufwendungen, die gesetzliche Vertreter des Erben (Eltern, Vormünder) oder der bisherige Betreuer des Erblassers bei Ausführung unaufschiebbarer Geschäfte nach dem Tode des Betreuten machen, etwa bei der Neueindeckung eines durch Sturm beschädigten Hausdaches, §§ 1908i, 1893, 1698b BGB.[12] In der kontrovers diskutierten Frage, ob § 224 Nr. 6 KO auch auf den amtl. bestellten Abwickler der Kanzlei eines verstorbenen Rechtsanwalts anzuwenden ist,[13] hilft § 324 Abs. 1 Nr. 1 nicht weiter. Der Abwickler wird nämlich gem. § 55 Abs. 3, 53 Abs. 9 BRAO wie ein Beauftragter des Nachlasses tätig, der ihm gem. § 53 Abs. 10 eine angemessene Vergütung schuldet. Diese Vergütung stellt sich nur dann als Aufwendung für den Erben dar, wenn er sie aus eigenen Mitteln beglichen hat. Die Lösung hat analog Nr. 6 zu erfolgen, vgl. RdNr. 12.

3. Beerdigungskosten. Nr. 2 erklärt die Kosten der Beerdigung zu Masseverbindlichkeiten. Dass im Gegensatz zu § 224 Nr. 2 KO nicht mehr von den Kosten der „standesmäßigen" Beerdigung die Rede ist, bedeutet keine inhaltliche Abweichung vom bisherigen Recht.[14] Die Norm stimmt mit § 1968 BGB überein. Danach trägt der Erbe die Kosten der Beerdigung des Erblassers. Unter Beerdigung ist auch die Feuerbestattung mit Urnenbeisetzung bzw. die Seebestattung oder die sog. Friedwaldbestattung zu verstehen, wobei es unerheblich ist, ob die Beerdigung vor oder nach der Insolvenzeröffnung stattgefunden hat. 4

a) Inhalt der Verpflichtung. Die Angemessenheit der aufgewendeten Kosten richtet sich gem. § 1610 BGB nach der Lebensstellung des Erblassers, d. h. nach dem, was nach den in den Kreisen des Erblassers herrschenden Auffassungen und Gebräuchen sowie nach dem Herkommen zu einer würdigen und angemessenen Bestattung gehört.[15] Im Einzelnen zählen dazu die Kosten der eigentlichen Bestattung, diejenigen für Traueranzeigen, Danksagungen, für die üblichen kirchlichen und weltlichen Trauerfeierlichkeiten einschließlich des sog. Leichenmahls, für die Herrichtung einer zur Dauereinrichtung bestimmten und geeigneten Grabstätte und bei Vorliegen ausreichender Gründe die Kosten einer Umbettung.[16] **Nicht** zu den Kosten der Bestattung gehören die **Kosten für die Pflege** und **Unterhaltung der Grabstätte**[17] (hier handelt es sich um eine sittliche Pflicht der Angehörigen, nicht um eine rechtliche Verpflichtung des Erben), regelmäßig auch nicht die Reisekosten von Angehörigen zum Bestattungsort, die Mehrkosten für ein Doppelgrab oder die Kosten für Trauerkleidung und Verdienstausfall.[18] 5

b) Gläubiger und Masseverbindlichkeit. Zum Kreis der Gläubiger gehört in erster Linie **der Erbe,** der die Kosten aus seinen Mitteln bestritten hat. Fraglich ist, ob auch alle 6

---
[9] *Staudinger/Marotzke* § 1978 RdNr. 26; *Johannsen* DRiZ 1977, 270, 271; nach *Dauner-Lieb* S 359 hat eine solche Vereinbarung im Falle der Separation im Regelfall keinen Bestand. Vgl. auch oben § 1 RdNr. 133.
[10] *Staudinger/Marotzke* § 1922 RdNr. 186; *M. Siegmann*, Personengesellschaftsanteil und Erbrecht, S. 201.
[11] BGH NJW 1987, 3001; *Jaeger/Weber* § 224 KO RdNr. 1; *Lange/Kuchinke* § 43 III 3 d.
[12] Der Betreuer ist solchenfalls gesetzlicher Vertreter des Erben des bisher Betreuten, vgl. MünchKommBGB(3. Aufl.)-*Hinz* § 1698b RdNr. 1. Zum Anspruch des Betreuers (§ 1896 BGB) gegen den Erben oder die Staatskasse nach dem Tod des Betreuten vgl. *Deinert* FamRZ 2002, 374 sowie OLG München NJW-RR 2006, 1517; LG Wuppertal FamRZ 2006, 1063 und LG Stendal FamRZ 2006, 1063 m. Anm. *Bienwald*.
[13] Bejahend LG Hamburg NJW 1994, 1883; *Staudinger/Marotzke* § 1967 RdNr. 38; verneinend *Uhlenbruck/Lüer* RdNr. 7; *Kilger/K. Schmidt* § 224 KO Anm. 1 f; *Nerlich/Römermann/Riering* RdNr. 12.
[14] HK-*Marotzke* RdNr. 2; *Gottwald/Döbereiner*, Insolvenzrechts-Handbuch, § 113 RdNr. 3.
[15] RGZ 160, 255, 256; BGHZ 61, 238 = NJW 1973, 2103.
[16] Vgl. die Nachweise bei MünchKommBGB-*Siegmann* § 1968 RdNr. 4 und *Zimmermann* ZEV 1997, 440, 447.
[17] Weitergehend für die Grabpflegekosten *Damrau* ZEV 2004, 456; AG Neuruppin ZEV 2007, 597.
[18] MünchKommBGB-*Siegmann* Fn. 16; auch zu den abweichenden Meinungen bzgl. der Kosten für Trauerkleidung.

anderen Kostenträger Massegläubiger nach § 324 Abs. 1 Nr. 2 sind. Die häufig anzutreffende Erläuterung, Massegläubiger sei, wer die noch ausstehenden Bestattungskosten zu fordern habe,[19] bedarf der Einschränkung. Gemeint können nur solche Gläubiger sein, die wie ein Bestattungsunternehmen auf Grund Vertrages einen Anspruch gegen den Erben haben. Zwar liegt dann eine sog. Nachlasserbenschuld vor, also eine Verpflichtung, die den Erben auch als Träger seines Eigenvermögens verpflichtet. Gleichwohl haftet auch der Nachlass, woraus im Insolvenzfall eine Masseverbindlichkeit erwächst. Treffen andere Personen (z. B. die nächsten Angehörigen, die nicht zu Erben berufen sind, oder ein Scheinerbe) die erforderlichen Anordnungen unter Eingehung entsprechender Verpflichtungen im eigenen Namen, so haften sie ihren Vertragspartnern persönlich. Diese können sich nicht an den Nachlass halten und folglich auch nicht an die Masse. Die nichterbenden Angehörigen können allerdings vom Erben gem. § 1968 BGB Befreiung von ihren Verbindlichkeiten oder Ersatz ihrer Aufwendungen verlangen.[20] Die Verpflichtungen sonstiger Kostenträger (Unterhaltspflichtige nach §§ 1360 a, 1361 Abs. 4, 1615 Abs. 2, 1615 m BGB sowie Träger der Sozialhilfe gem. § 15 BSHG bzw. § 74 SGB XII) können einen Aufwendungsersatzanspruch gegen den Erben begründen. Sie spielen in diesem Zusammenhang keine Rolle, weil sie erst in Betracht kommen, wenn vom Erben aus Nachlass und Eigenvermögen kein Ersatz zu erlangen ist.

7 **4. Kosten der Todeserklärung.** Kosten der Todeserklärung (Nr. 3) sind Masseverbindlichkeiten, wenn sie gem. § 34 Abs. 2 VerschG in dem Beschluss, durch den der Verschollene für tot erklärt wird, dem Nachlass auferlegt werden. Nach § 128 KostO wird für die Todeserklärung die doppelte Gebühr aus einem Regelgeschäftswert von 3000 Euro erhoben, § 30 Abs. 2 KostO. Hinzu kommen die Auslagen des Gerichts, die die geringen Gebühren bei umfassenden Nachforschungen erheblich übersteigen.

8 **5. Nachlassverwaltungsschulden.** Die Nachlassverwaltungsschulden der Nr. 4 sind Masseverbindlichkeiten, weil sie aus der Verwaltung des Nachlasses bis zur Eröffnung des Insolvenzverfahrens entstanden sind. § 6 KostO sieht für die hier aufgeführten Kosten (mit Ausnahme der Kosten des Aufgebotsverfahrens, für die § 22 GKG i. V. m. KV Nr. 1630 gilt) die alleinige Haftung des Erben nach den Vorschriften über die Erbenhaftung vor. Ein Nachlassgläubiger, der die Pflegerbestellung veranlasst, haftet daher nicht.[21] Es gehören dazu: **a) die Kosten der Eröffnung einer Verfügung von Todes wegen** (§§ 2260, 2300 BGB) gem. §§ 102, 103 KostO. Bei der Gebührenberechnung ist der Wert des nach Abzug der Verbindlichkeiten verbleibenden reinen Vermögens zugrunde zu legen. Vermächtnisse, Pflichtteilsrechte und Auflagen werden nicht abgezogen, § 46 Abs. 4 KostO; **b) die Kosten der gerichtlichen Sicherung des Nachlasses,** § 1960 BGB. Darunter fallen die in § 1960 Abs. 2 erwähnten Sicherungsmittel (Siegelung, Hinterlegung von Geld, Wertpapieren und Kostbarkeiten, Aufnahme eines Sicherungsverzeichnisses), aber auch die Durchführung weiterer Ermittlungen, die Anordnung des Verkaufs verderblicher Waren, die Kontensperrung sowie die Anordnung der Bewachung einer Nachlassimmobilie.[22] Die Gebühr richtet sich nach §§ 52, 106 KostO; **c) die Kosten einer Nachlasspflegschaft,** worunter auch die **Nachlassverwaltung** zu verstehen ist, §§ 1960, 1961, 1975, 1981 BGB. Die gerichtlichen Gebühren richten sich für die entspr. Anordnungen nach § 106 KostO, wobei der Wert des betroffenen Vermögens maßgebend ist. Unter Nr. 4 fällt aber auch die Vergütung der Nachlasspfleger[23] und -verwalter. Der Nachlassverwalter erhält gem. § 1987 BGB eine angemessene Vergütung und Ersatz seiner Auslagen. Die Vergütung (nicht der Aufwendungsersatz) wird durch das Nachlassgericht festgesetzt (§§ 1975, 1915, 1962, 1836 BGB); seine Auf-

---

[19] FK-*Schallenberg/Rafiqpoor* RdNr. 2; *Uhlenbruck/Lüer* RdNr. 3; *Braun/Bauch* RdNr. 4.
[20] Dazu näher auch unter Hinweis auf abw. Meinungen MünchKommBGB-*Siegmann* Fn. 16; *Gottwald/Döbereiner*, Insolvenzrechts-Handbuch, § 114 RdNr. 3.
[21] OLG Düsseldorf Rpfleger 2002, 227.
[22] MünchKommBGB-*Leipold* § 1960 RdNr. 25.
[23] BGH FamRZ 2006, 411.

wendungen muss der Verwalter, falls er sie nicht dem Nachlass entnommen hat, gegen den Erben bzw. die Masse geltend machen.[24] Der berufsmäßige Nachlasspfleger hat gem. §§ 1915, 1836, 1835 i. V. m. § 3 VBVG Aufwendungsersatz und eine Vergütung zu beanspruchen.[25] Aufwendungsersatz und (festgesetzte) Vergütung darf er dem Nachlass entnehmen und den ihm zustehenden Betrag von dem Nachlassvermögen, das er nach § 1890 BGB herauszugeben hat, abziehen.[26] § 130 steht nicht entgegen, da der Nachlasspfleger Massegläubiger ist.[27] Der Anspruch auf Aufwendungsersatz des nicht berufsmäßig tätigen Nachlasspflegers (§§ 1835 ff. BGB) wird von der Bestimmung ebenfalls erfasst. Auch nach §§ 1835 ff., 1836 e BGB, § 1 Abs. 2 VBVG auf die Staatskasse übergegangene Ansprüche sind solche i. S. d. Nr. 4.[28] Der Festsetzungsbeschluss des Nachlassgerichts (§ 56 g Abs. 1, 6 und 7 FGG) ist für Nachlassverwalter und Nachlasspfleger Vollstreckungstitel, weshalb diese hieraus die Zwangsvollstreckung in die Masse betreiben können, vorausgesetzt, der Titel ist nach der Verfahrenseröffnung gegen den Verwalter ergangen;[29] **d) die Kosten der Inventarerrichtung** (§§ 1993 ff. BGB) sind ebenfalls Masseverbindlichkeiten. Ihre Höhe richtet sich nach §§ 114 Nr. 1, 115 KostO. Zwischen den verschiedenen Arten der Aufnahme (§§ 2002 bis 2004 BGB) wird nicht unterschieden. Auch die eidesstattliche Versicherung des Erben zur vollständigen Angabe des Nachlassinventars (§ 2006 BGB, § 124 KostO) gehört materiell noch zur Inventarerrichtung. Die hierdurch entstehenden Kosten hat jedoch der Antragsteller (Gläubiger) zu tragen, § 2 Abs. 1 Nr. 1 KostO, § 261 Abs. 3 BGB, weshalb insoweit keine Masseverbindlichkeit gegeben ist; **e) die Kosten des Aufgebotes der Nachlassgläubiger** (§ 1970 BGB, §§ 989 bis 1000 ZPO) treffen nach § 22 GKG i. V. m. KV Nr. 1630 den Antragsteller (Erbe, Testamentsvollstrecker, Nachlassverwalter, Nachlasspfleger und Erbschaftskäufer). Sie sind indessen Nachlassverbindlichkeiten und können deshalb gem. § 324 Abs. 1 Nr. 4 als Masseschulden berücksichtigt werden.

6. Die Verbindlichkeiten aus den von einem Nachlasspfleger oder einem Testamentsvollstrecker vorgenommenen Rechtsgeschäften (Nr. 5). Diese Bestimmung ist für die Nachlassinsolvenz von besonderer Bedeutung, weil sie aus dem Kreis der Nachlassverbindlichkeiten diejenigen privilegiert, die auf Rechtshandlungen eines Nachlasspflegers, Nachlassverwalters oder eines Testamentsvollstreckers beruhen. Die Folge kann sein, dass bei jahrelanger Dauervollstreckung nur noch Masseverbindlichkeiten vorhanden sind,[30] ein Ergebnis, das noch dadurch begünstigt wird, dass die Rspr. die Bestimmung sehr weit auslegt (vgl. RdNr. 10).[31]

a) Rechtsgeschäfte der in Rede stehenden Personen. Über die in Nr. 5 angeführten „Rechtsgeschäfte" hinaus begründen **auch andere Handlungen der genannten Personen** Masseverpflichtungen. Es muss sich also nicht um Verbindlichkeiten aus vertraglichen Verpflichtungen handeln. Vielmehr rechnet die Rspr.[32] auch Schulden aus Wechselerklärungen des Testamentsvollstreckers und die Kosten des wegen einer solchen Wechselverbindlichkeit gegen den Nachlass geführten Rechtsstreits zu den Masseverbindlichkeiten, wobei es keine Rolle spielt, ob die der Wechselschuld zugrunde liegende Schuld Erblasserschuld ist, ebenso die Kosten eines Rechtsstreits, den eine der in Nr. 5 genannten Personen wegen eines Rechtsgeschäftes oder Handlungen des Erblassers für den Nachlass oder zur Abwehr

---

[24] Teilw. abweichend *Zimmermann* ZEV 2005, 475; 2007, 519.
[25] Zur Höhe der Vergütung des Nachlasspflegers vgl. *Zimmermann* ZEV 2001, 15 und ZEV 2005, 473 für das ab 1. 7. 2005 geltende Recht.
[26] BGH FamRZ 2006, 411.
[27] BGH FamRZ 2006, 411.
[28] Zweifelnd *Zimmermann* ZEV 1999, 329, 330; wie hier HambKomm-*Böhm* RdNr. 6; *Palandt/Edenhofer* § 1960 RdNr. 27.
[29] Die in der Vorauflage erwogene analoge Anwendung des § 179 Abs. 2 kommt wohl nicht in Betracht, vgl. oben § 53 RdNr. 58. Der Gläubiger muss auf Feststellung der titulierten Forderung klagen.
[30] *Jaeger/Weber* § 224 KO RdNr. 13; *Muscheler* S. 147.
[31] Zur rechtspolitischen Fragwürdigkeit der Bestimmung berechtigte Kritik bei *Muscheler* S. 143 f.
[32] RGZ 60, 30; BGHZ 94, 312 = NJW 1985, 2596.

§ 324   11, 12   10. Teil. 1. Abschnitt. Nachlaßinsolvenzverfahren

eines gegen diesen erhobenen Anspruchs geführt hat.[33] Auch Steuerschulden, die durch Rechtsgeschäfte eines Fremdverwalters der Nr. 5 entstehen, sind Masseverbindlichkeiten.[34] Der BGH rechnet sogar den Bereicherungsanspruch des Gläubigers, der eine dem Erben nicht zustehende Leistung auf Aufforderung des Nachlasspflegers in den Nachlass erbracht hat, zu den Masseverbindlichkeiten.[35] Für alle diese Verpflichtungen gilt aber, dass sie in **ordnungsmäßiger Verwaltung** des Nachlasses **entstanden** sein müssen.[36] Es genügt also nicht, dass der Nachlasspfleger und der Testamentsvollstrecker in ihrem Aufgabenbereich tätig geworden sind oder der Testamentsvollstrecker eine nur von seinem Vertragspartner ohne Fahrlässigkeit als erforderlich angesehene Verbindlichkeit eingegangen ist.[37] Vielmehr muss es sich um Verbindlichkeiten im Rahmen einer ordnungsmäßigen Verwaltung handeln.[38] Deliktische Verbindlichkeiten des Testamentsvollstreckers sind keine „aus Rechtsgeschäften".

11   **b) Verpflichtungen aus Rechtsgeschäften des Erben.** Verpflichtungen aus **Rechtsgeschäften des Erblassers, des Erben** oder eines **trans-** oder **postmortal Bevollmächtigten** fallen **nicht** unter die Bestimmung. Die vom vorläufigen Erben oder Vorerben begründeten Verbindlichkeiten sind zwar Nachlassverbindlichkeiten, wenn sie vom Standpunkt eines sorgfältigen Verwalters in ordnungsgemäßer Verwaltung des Nachlasses eingegangen sind.[39] Masseverbindlichkeiten entstehen dadurch aber nicht.[40] Die Gläubiger erhalten also in diesen Fällen nicht den Rang eines Massegläubigers, wohl aber in der Regel den eines Nachlasserbengläubigers mit der Möglichkeit, auch auf das Eigenvermögen des Erben zugreifen zu können. Etwas anders verhält es sich, wenn eine trans- oder postmortale Vollmacht vom Erblasser als Verwaltungsvollmacht erteilt worden ist.[41] Diese Bevollmächtigten vertreten den Erben als solchen, d. h. als Träger des Nachlasses; sie begründen unter der Voraussetzung ordnungsgemäßer Verwaltung beschränkbare Nachlassverbindlichkeiten, nicht dagegen Masseverbindlichkeiten oder Nachlasserbenschulden.[42]

12   **7. Geschäftsführungskosten der Nachlasspfleger und Testamentsvollstrecker.** Die Geschäftsführungskosten des Nachlasspflegers, -verwalters und Testamentsvollstreckers sowie des vorläufigen Erben, für die der Erbe haftet, erhalten nach Nr. 6 den Rang einer Masseverbindlichkeit, allerdings nur, soweit die Nachlassgläubiger verpflichtet sein würden, wenn die bezeichneten Personen die Geschäfte für sie zu besorgen gehabt hätten. Masseschulden werden diese Verbindlichkeiten also nur, soweit ihre **Geschäftsführung gegenüber den Nachlassgläubigern gerechtfertigt** war. Ist dies der Fall, hat der vorläufige Erbe gem. §§ 670, 683 BGB Anspruch auf Aufwendungsersatz und auf Befreiung von Verbindlichkeiten, was vor allem bei **Fortführung eines** zum Nachlass gehörigen **Handelsgeschäftes** von Bedeutung ist.[43] Zu den Ansprüchen der Nachlasspfleger und -verwalter auf Vergütung und Aufwendungsersatz vgl. die Bemerkungen zu Nr. 4 (RdNr. 8). Praktisch bedeutsam wird die Bestimmung bei der Testamentsvollstreckung. Hatte der Erblasser die Vergütung des Testamentsvollstreckers großzügig bemessen, wird doch nur die angemessene Vergütung Masse-

---

[33] BGHZ 94, 312; dagegen *Muscheler* S. 142. Deshalb kann die gegen den Nachlasspfleger erteilte Klausel auf den Insolvenzverwalter umgeschrieben werden, OLG Stuttgart RPfleger 1990, 312.
[34] *Jaeger/Weber* § 224 KO RdNr. 14; *Henckel* JZ 1986, 697; *Muscheler* S. 142.
[35] BGHZ 94, 312; ablehnend *Kilger* EWiR 1985, 505. Zur Frage der Entstehung von Masseverbindlichkeiten bei Rentenfortzahlungen nach dem Tode des Versicherten vgl. BSG NZI 2001, 502.
[36] RGZ 60, 30; BGHZ 94, 312 = NJW 1985, 2596; *Gottwald/Döbereiner*, Insolvenzrechts-Handbuch, § 114 RdNr. 2; *Häsemeyer* RdNr. 33.21.
[37] BGH NJW 1983, 40; *Häsemeyer* RdNr. 33.21.
[38] Zutreffende, aus der Entstehungsgeschichte hergeleitete Begr. bei *Muscheler* S. 149 f. AA *Braun-Bauch* RdNr. 7; *Andres/Leithaus* RdNr. 7.
[39] RGZ 90, 91, 95; BGHZ 32, 60, 64 = NJW 1960, 959, 961; NJW 1984, 366. Dazu näher *Haas*, Die Rechtsstellung des vorläufigen Erben (Diss. Tübingen 2001), S. 152, 156.
[40] *Muscheler* S. 145 mwN.
[41] Was insbesondere für Bankgeschäfte nach dem Erbfall bedeutsam ist, vgl. oben § 320 RdNr. 2.
[42] HambKomm-*Böhm* RdNr. 7; *Muscheler* S. 379 f., 385; *Seif* AcP 200 (2000), 192, 195; *Lorz*, in: *Scherer*, MAH § 20 RdNr. 29.
[43] MünchKommBGB-*Leipold* § 1959 RdNr. 4; *Staudinger/Marotzke* § 1959 RdNr. 5, 6.

schuld; im Übrigen nimmt der Honoraranspruch die Rangstellung der Vermächtnisse ein.[44] Fraglich ist, ob der **Testamentsvollstrecker,** der ein **Handelsgeschäft** des Erblassers als Treuhänder fortgeführt hat, seinen Anspruch auf Befreiung von Verbindlichkeiten (§§ 2218, 670, 257 BGB) nach Nr. 6 als Masseschuld geltend machen kann. Man wird die Frage verneinen müssen, weil der Testamentsvollstrecker als Treuhänder nicht mehr Verwalter des Nachlasses ist.[45] Handelt der Testamentsvollstrecker bei Fortführung als Bevollmächtigter des Erben, gilt Nr. 6 auch nicht, weil der Bevollmächtigte nicht in seiner Eigenschaft als Testamentsvollstrecker gehandelt hat, als er persönliche Verpflichtungen einging.[46] Auch hier kann der Testamentsvollstrecker das eine Masseschuld bildende Honorar nur aus §§ 2218, 2221 BGB fordern, nicht aus Auftrag. Hat der Erbe die in Rede stehenden Ansprüche erfüllt, erlangt er die Stellung eines Massegläubigers nach Nr. 1 oder nach § 326 Abs. 2, sofern er noch nicht unbeschränkt haftet, § 2013 BGB, § 326 Abs. 2.[47] Bezüglich der Frage, ob der amtl. bestellte Abwickler einer Anwaltskanzlei seine Ansprüche nach Nr. 6 geltend machen kann, ist der Lösung des LG Hamburg[48] der Vorzug zu geben. Die Vergütung des Abwicklers ist Masseschuld, weil der Abwickler in der Regel weit mehr als ein Nachlasspfleger zur ordnungsmäßigen Abwicklung der Kanzlei beiträgt, was die Analogie rechtfertigt.

III. Rang der Masseverbindlichkeiten des § 324 im Falle der Masseunzulänglichkeit

Abs. 2 schreibt vor, dass die bezeichneten Verbindlichkeiten im Falle der Masseunzulänglichkeit den Rang des § 209 Abs. 1 Nr. 3 haben. D. h., dass sie den Rang der Verbindlichkeiten aus § 55 besitzen und vor denjenigen aus § 100 zu berichtigen sind. Wegen der Masseverbindlichkeiten aus § 123 vgl. oben RdNr. 2. Die Verweisung auf § 209 Abs. 1 Nr. 3 bedeutet, dass die Gläubiger des § 324 nach Anzeige der Masseunzulänglichkeit keine Vollstreckung betreiben können (§ 210). Deshalb ist eine Leistungsklage gegen den Verwalter nicht mehr möglich; ihr fehlt das Rechtsschutzbedürfnis.[49] Für die Massegläubiger bleibt die Teilnahme an der Verteilung der Masse nach Maßgabe des § 209 Abs. 1 Nr. 3. Im Streitfall bleibt aber die Möglichkeit, im Wege der Feststellungsklage Grund und Höhe ihrer Forderung klären zu lassen.[50] Dies gilt auch bei unbeschränkbarer Haftung des Erben, da auch in diesem Fall nur der Nachlass zu verteilen ist. Ansprüche gegen den Erben als Träger seines Eigenvermögens hat der Gläubiger außerhalb des Insolvenzverfahrens geltend zu machen. Zur Rechtslage bei gleichzeitiger Eigeninsolvenz des Erben vgl. die Anmerkungen zu § 331. Im Falle der Massenlosigkeit (§ 207) kommt eine Befriedigung der Ansprüche des § 324 von vornherein nicht in Betracht. 13

IV. Die Rechtsstellung der Massegläubiger des § 324

Die Masseverbindlichkeiten des § 324 unterscheiden sich hinsichtlich ihrer Entstehung (es handelt sich um Ansprüche, die in der Regel schon vor der Eröffnung entstanden sind) 14

---

[44] *Uhlenbruck/Lüer* RdNr. 7; *Gottwald/Döbereiner,* Insolvenzrechts-Handbuch, § 114 RdNr. 2; *Dauner-Lieb,* Unternehmen in Sondervermögen, S. 233; *Zimmermann* ZEV 2001, 334, 339 (auch zur Frage der Angemessenheit). AA *Weißler,* Das Nachlassverfahren, II S. 270 (gewöhnliche Konkursforderung). Zur Einkommensteuerpflichtigkeit auch einer unangemessen hohen Vergütung vgl. BFHE 208, 441 = NJW 2005, 1967. Auch der Vergütungsanspruch wegen der Verwaltung eines Erbteils fällt unter Nr. 6, BGH NJW 1997, 1362.
[45] So *Jaeger/Weber* § 224 KO RdNr. 13; *Gottwald/Döbereiner,* Insolvenzrechts-Handbuch, § 114 RdNr. 2; aA *Muscheler* S. 138, 318.
[46] So auch *Muscheler* S. 351. Es liegt auch § 324 Nr. 5 nicht vor.
[47] *Smid/Fehl* RdNr. 4.
[48] NJW 1994, 1883; *Staudinger/Marotzke* § 1967 RdNr. 38. Offengelassen von BGH NZI 2005, 681. Wie hier HambKomm-*Böhm* RdNr. 8; *Biehl* NJ 2005, 555 und OLG Rostock, ZIP 2004, 1857, als Berufungsgericht zu BGH NZI 2005, 681. Vgl. auch *Pape* NJW 2006, 2744, 2746.
[49] BGHZ 154, 358, 363 = NZI 2001, 539; *Becker,* Insolvenzrecht RdNr. 1487. Das Verbot des § 210 gilt entspr., wenn ein Kostengläubiger nach Eintritt der Massearmut (§ 207) in die Masse vollstreckt, BGH NJW-RR 2007, 119.
[50] BGHZ 154, 358, 360; NJW-RR 2004, 772, 775; oben § 208 RdNr. 65; aA *Häsemeyer* RdNr. 14.26 (Leistungsklage).

§ 324   14   10. Teil. 1. Abschnitt. Nachlaßinsolvenzverfahren

wesentlich von den sonstigen Masseverbindlichkeiten des § 55 Abs. 1. Gleichwohl behandelt das Gesetz sie nicht anders als diese. Das bedeutet, dass die Gläubiger des § 324 zur Anmeldung ihrer Forderungen nicht verpflichtet sind. Allerdings müssen ihre Forderungen bis zur Schluss- oder Nachtragsverteilung geltend gemacht werden, weil sonst Zurücksetzung nach § 206 eintritt. Massegläubiger sind nicht berechtigt, an der Gläubigerversammlung teilzunehmen; auch das Planverfahren der §§ 218 ff. betrifft sie nicht. Wie die Gläubiger der sonstigen Masseverbindlichkeiten unterliegen die Gläubiger des § 324 keinerlei prozessualen Beschränkungen. Nach § 86 Abs. 1 Nr. 3 können auch die Gläubiger der in § 324 aufgeführten Ansprüche (insbesondere diejenigen der Nr. 2, 5 und 6) im Falle der Anhängigkeit eines Rechtsstreits zZ der Eröffnung des Verfahrens diesen im Prinzip sofort aufnehmen,[51] wie sie auch gegen die Masse im Wege der Vollstreckung vorgehen (das Vollstreckungsverbot des § 89 betrifft nur Insolvenzgläubiger) und gegen eine Masseforderung aufrechnen können (die Verbote der §§ 94 bis 96 betreffen ebenfalls nur Insolvenzgläubiger, vgl. § 323 RdNr. 4). Die Vollstreckungsmaßnahmen der Massegläubiger des § 324 werden allerdings von der sechsmonatigen Vollstreckungssperre des § 90 Abs. 1 erfasst.[52] Und nach Eintritt der Masseinsuffizienz (§ 208) gelten die §§ 94 bis 96 entsprechend.[53] Den Massegläubigern bleiben die bei der Masseunzulänglichkeit vorhandenen Aufrechnungslagen erhalten.[54] Nachrangigkeit i. S. d. § 209 schließt die Aufrechnung nicht aus.[55] Nur gegenüber Neumasseforderungen, die erst nach der Anzeige begründet wurden, ist sie ausgeschlossen.[56] Wichtig ist, dass die Massegläubiger Erfüllung ihrer Ansprüche in Natur verlangen können, weil § 45 für sie nicht gilt. Auch Zinsansprüche erfahren keine Einschränkungen, § 39 Abs. 1 Nr. 1 betrifft nur die Zinsen auf Insolvenzforderungen. Die auch für das neue Recht verbreitete Auffassung, dass Massegläubiger, deren Ansprüche schon zZ der Eröffnung des Verfahrens begründet waren, nicht gehindert seien, auch gegen den Schuldner persönlich Klage zu erheben und zu vollstrecken,[57] kann für das Nachlassinsolvenzverfahren allerdings keine Geltung beanspruchen. Dem steht die mit der Eröffnung des Verfahrens verbundene Haftungsbeschränkung auf den Nachlass (§ 1975 BGB) entgegen. Mit dieser Beschränkung der Haftung auf den Nachlass ist auch der Verlust der passiven Prozessführungsbefugnis des Schuldners für Rechtsstreitigkeiten, die die Masse betreffen, verbunden, wie § 1984 Abs. 1 S. 3 BGB für den Fall der Nachlassverwaltung ausdrücklich bestimmt. Im Nachlassinsolvenzverfahren kann nichts anderes gelten, weil § 1975 BGB beiden Mitteln der Haftungsbeschränkung gleiche Wirkung beilegt.[58] Anders verhält es sich nur im Falle der allgemein oder dem klagenden Gläubiger gegenüber unbeschränkten Haftung des Erben (vgl. zu dieser Sonderlage § 325 RdNr. 11) oder in Bezug auf Nachlasserbenschulden, die insbesondere bei der vom Erben veranlassten Beerdigung des Erblassers entstehen können.

---

[51] Oben § 86 RdNr. 17; § 87 RdNr. 6, 10, 15; *Pape/Uhlenbruck*, Insolvenzrecht RdNr. 571, 572; *Wiester*, in: *Scherer*, MAH Erbrecht § 25 RdNr. 137. Der Verwalter kann durch sofortiges Anerkenntnis gem. § 86 Abs. 2 die Kostenlast auf eine Insolvenzforderung beschränken. Dazu näher BGH WM 2007, 91. Unterliegt die Masse, sind auch die vor der Unterbrechung entstandenen Kosten Masseverbindlichkeiten, BGH NZI 2007, 104.
[52] Oben § 90 RdNr. 8; *HK-Eickmann* § 90 RdNr. 4; *Nerlich/Römermann/Wittkowski* § 90 RdNr. 3; *Braun/Kroth* InsO § 90 RdNr. 9.
[53] *Pape/Uhlenbruck*, Insolvenzrecht RdNr. 638.
[54] BGHZ 130, 38 = NJW 1995, 2783, 2786; oben § 94 RdNr. 46.
[55] Oben § 94 RdNr. 46; § 208 RdNr. 70, 72. AA wohl AG Ottweiler ZInsO 2000, 520. Danach schließt die Verweisung auf § 209 Abs. 1 Nr. 3 die Aufrechnung durch den Nachlassverwalter wegen seines Vergütungsanspruchs gegenüber dem Nachlassinsolvenzverwalter bei Masseunzulänglichkeit aus. Dem AG Ottweiler stimmen zu *Braun/Bauch* § 324 RdNr. 9; FK-*Schallenberg/Rafiqpoor* § 324 RdNr. 9. Wie hier *Gottwald/Döbereiner*, Insolvenzrechts-Handbuch, § 114 RdNr. 5.
[56] BGH NJW 1995, 2786; oben § 208 RdNr. 70; *Jaeger/Windel* § 94 RdNr. 65; *Gottwald/Frotscher*, Insolvenzrechts-Handbuch, § 45 RdNr. 110.
[57] *Gottwald/Klopp/Kluth*, Insolvenzrechts-Handbuch, § 58 RdNr. 15; HK-*Eickmann* § 90 RdNr. 15. Dazu auch oben § 53 RdNr. 31 und *Jaeger/Henckel* § 53 RdNr. 19.
[58] *Staudinger/Marotzke* § 1975 RdNr. 2; *Gottwald/Döbereiner*, Insolvenzrechts-Handbuch, § 114 RdNr. 5; *Riesenfeld* I S. 51; *Häsemeyer* RdNr. 25.31; *Strohal*, Das deutsche Erbrecht II, S. 292, 293.

Zur Durchsetzung ihrer Ansprüche kann den Massegläubigern des § 324 gem. § 114 **15** ZPO Prozesskostenhilfe bewilligt werden.[59] Streitig ist, ob Massegläubiger wirtschaftlich Beteiligte i. S. d. § 116 Abs. 1 Nr. 1 ZPO sind[60] und wann ihnen die Aufbringung der Prozesskosten für die vom Verwalter zur Anreicherung der Masse geführten Prozesse zuzumuten ist. Man wird zu unterscheiden haben: Wenn die Gläubiger des § 324 ohne Rücksicht auf den Ausgang des Rechtsstreits mit einer vollen Erfüllung ihrer Ansprüche rechnen können, fehlt es an einer wirtschaftlichen Beteiligung.[61] Im Übrigen können auch die Gläubiger des § 324 wirtschaftlich beteiligt sein. Ob ihnen die Kostenaufbringung zuzumuten ist, ist eine Frage des Einzelfalls.[62] Im Allgemeinen sind aber Vorschüsse auf Prozesskosten nur solchen Beteiligten zuzumuten, die diese unschwer aufbringen können und für die der zu erwartende Nutzen bei vernünftiger, auch das Eigeninteresse sowie das Prozesskostenrisiko angemessen berücksichtigender Betrachtungsweise bei einem Prozesserfolg größer sein wird.[63]

§ 325 Nachlaßverbindlichkeiten

Im Insolvenzverfahren über einen Nachlaß können nur die Nachlaßverbindlichkeiten geltend gemacht werden.

Übersicht

	RdNr.		RdNr.
I. Normzweck	1	bb) Verbindlichkeiten aus der Verwaltung des Nachlasses	6
II. Begriff der Nachlassverbindlichkeiten i. S. v. § 325	2	d) Eigenverbindlichkeiten des Erben	7
1. Beteiligte Gläubiger	2	e) Nachlasserbenschulden	8
2. Die einzelnen Verbindlichkeiten	3	f) Geschäftsschulden	9
a) Erblasserschulden	3	III. Geltendmachung von Nachlassverbindlichkeiten außerhalb der Nachlassinsolvenz	10
b) Erbfallschulden	4		
c) Nachlasskosten- und Verwaltungsschulden	5	IV. Öffentlich-rechtliche Verbindlichkeiten und Lasten	13
aa) Verbindlichkeiten aus Einleitung von Verfahren	5		

I. Normzweck

Die Bedeutung der Bestimmung ist unklar. Ihr konkursrechtliches Vorbild (§ 226 Abs. 1 **1** KO) stellte klar, dass im Verfahren „jede" Nachlaßverbindlichkeit geltend gemacht werden könne, was erforderlich war, weil bei Anwendung der Bestimmungen des Regelkonkurses nicht jeder Nachlassgläubiger auch Nachlasskonkursgläubiger gewesen wäre. Denn nach § 63 Nr. 4 KO konnten Forderungen aus einer Freigiebigkeit des Gemeinschuldners unter Lebenden und von Todes wegen im Konkursverfahren nicht berücksichtigt werden. Da die InsO diese Einschränkung nicht kennt (§ 39 Abs. 1 Nr. 4), bedurfte es dieser Klarstellung nicht, auch nicht in der einschränkenden Form, dass „nur" die Nachlaßverbindlichkeiten geltend gemacht werden können. Der sachliche Inhalt der Norm beschränkt sich deshalb auf die in der amtl. Begründung angeführte Selbstverständlichkeit, dass Eigenschulden des Erben im Insolvenzverfahren nicht geltend gemacht werden können, sofern für sie nicht auch der Nachlass haftet (sog. Nachlasserbenschulden). Auch so bleibt die Aussage der Norm noch ungenau, weil es Nachlassgläubiger gibt, die nicht am Verfahren beteiligt sind (vgl.

---

[59] *Gottwald/Klopp/Kluth,* Insolvenzrechts-Handbuch, § 17 RdNr. 48.
[60] Bejahend KG ZIP 2005, 2031; oben § 80 RdNr. 89; verneinend *Andres/Leithaus* § 4 RdNr. 21; *Häsemeyer* RdNr. 13.31; *Gottwald/Klopp/Kluth,* Insolvenzrechts-Handbuch, § 17 RdNr. 52. Vgl. auch *Jaeger/Windel* § 80 RdNr. 172, der wirtschaftliche Beteiligung bei Anzeige der Masseunzulänglichkeit annimmt.
[61] Oben § 80 RdNr. 89.
[62] Dazu näher oben § 80 RdNr. 91 mwN; *Andres/Leithaus* § 4 RdNr. 21.
[63] BGH NJW-RR 2006, 1064.

RdNr. 2). *Hess*[1] meint, die Vorschrift ermögliche die Geltendmachung aller Nachlassverbindlichkeiten (was nicht zutrifft, vgl. RdNr. 2), während *Smid/Fehl*[2] die Bestimmung im Sinne des bisherigen Rechts (§ 226 Abs. 1 KO) verstehen wollen, was ebenfalls nicht zutreffen kann, weil es eine dem § 63 KO vergleichbare Bestimmung in der InsO nicht gibt. Die Bedeutung der Bestimmung geht deshalb über die Wiedergabe einer Selbstverständlichkeit nicht hinaus.[3] Demgegenüber will *Nöll*[4] die Bestimmung dahin verstehen, dass mit dem Tod des Erblassers während des Verfahrens auch dessen Neuschulden und die Ansprüche nach § 327 Abs. 1 Nr. 1 und 2 gem. § 1967 als Nachlassverbindlichkeiten dem Kreis der bisherigen Insolvenzforderungen zugeordnet werden. Dies kann schon deshalb nicht zutreffen, weil § 38 sonst „ausgehebelt"[5] würde. § 325 hat – neben der Abwehr der Eigengläubiger – allenfalls eine – ebenfalls selbstverständliche – Beschränkung des Kreises der bisherigen Insolvenzgläubiger im Auge, weil Insolvenzforderungen, die nicht passiv vererblich sind, im Falle des Todes des Erblassers während des Verfahrens nicht mehr geltend gemacht werden können.[6]

II. Begriff der Nachlassverbindlichkeiten i. S. v. § 325

1. Beteiligte Gläubiger. Aus dem großen Kreis der Gläubiger von Nachlassverbindlichkeiten sind diejenigen am Insolvenzverfahren **nicht** beteiligt, die einen **Anspruch auf Aussonderung** eines in der Masse befindlichen Gegenstandes (§ 47) oder **in bestimmten Fällen** auf **abgesonderte Befriedigung** (§§ 49, 50) haben. Sie sind zwar Nachlassgläubiger (vgl. § 317 RdNr. 5); ein rechtliches Interesse an der Beteiligung am Insolvenzverfahren besteht für sie aber nicht. Der Aussonderungsberechtigte kann seinen Anspruch gem. § 47 ohne Einschränkung außerhalb des Verfahrens geltend machen, weshalb er nach § 47 auch nicht Insolvenzgläubiger ist; und für solche Absonderungsberechtigte, die wegen ihrer Forderung zweifelsfrei vollständig gesichert sind, fehlt es am Rechtsschutzinteresse für die Beteiligung am Verfahren.[7] Ähnlich verhält es sich mit Unterlassungsansprüchen, die auf die Verteidigung eines aussonderungsfähigen, insbesondere eines absoluten Rechtes gerichtet sind.[8] Bei sonstigen Nachlassverbindlichkeiten, die nicht auf Geld gerichtet sind (§ 45) – es kommen Auskunftspflichten,[9] Rechenschaftspflichten, Ansprüche auf Abgabe einer eidesstattlichen Versicherung und Ansprüche auf Erteilung eines Zeugnisses in Betracht –,[10] handelt es sich auch nicht stets um Insolvenzforderungen. Es ist – wie in der Regelinsolvenz – zu prüfen, ob eine Erfüllung aus der Masse oder eine Umrechnung in Geld zu erfolgen hat oder ob eine persönliche Verpflichtung des Erben – wie diejenige aus § 2314 BGB – vorliegt.[11] Evtl. Schadensersatzansprüche aus der Verletzung dieser Ansprüche sind aber Insolvenzforderungen.[12] Gleiches gilt für die Verletzung von Anzeigepflichten des Erben (§§ 673, 727 BGB). Insoweit haftet auch der Nachlass auf Schadensersatz.[13]

---

[1] InsO RdNr. 1.
[2] RdNr. 1.
[3] *Braun/Bauch* RdNr. 1.
[4] Der Tod des Schuldners in der Insolvenz, 2005, RdNr. 393 ff., 437.
[5] *Hölzle* EWiR 2004, 987.
[6] Vgl. oben vor §§ 315 RdNr. 3; *Gottwald/Döbereiner*, Insolvenzrechts-Handbuch § 112 RdNr. 25.
[7] BGH ZIP 2008, 281 = NJW 2008, 1380; HK-*Kirchhof* § 14 RdNr. 23; *Gottwald/Uhlenbruck*, Insolvenzrechts-Handbuch, § 12 RdNr. 12; *Haarmeyer/Wutzke/Förster*, Handbuch, Kap. 3 RdNr. 65; oben § 14 RdNr. 50, § 13 RdNr. 35.
[8] KG NJW-RR 2000, 1075; *Kilger/K. Schmidt* § 11 Anm. 1; *Baur/Stürner*, Insolvenzrecht RdNr. 11.4. Vgl. auch *Häsemeyer* RdNr. 14.25 für Masseverbindlichkeiten.
[9] BGH NZI 2005, 628.
[10] MünchKommBGB-*Siegmann* § 1967 RdNr. 26.
[11] *Baur/Stürner*, Insolvenzrecht RdNr. 11.4 bis RdNr. 11.6 und oben § 13 RdNr. 31; § 38 RdNr. 46; OLG Naumburg FamRZ 2008, 620 (Auskunft).
[12] *Becker*, Insolvenzrecht, RdNr. 258.
[13] MünchKommBGB-*Siegmann* § 1967 RdNr. 30; *Muscheler* S. 437. AA MünchKommBGB-*Ulmer* § 727 RdNr. 19 (nur Nachlassverbindlichkeit).

2. Die einzelnen Verbindlichkeiten. Es ist von dem Grundsatz auszugehen, dass vermögensrechtliche Verbindlichkeiten des Erblassers im Zweifel vererblich sind und zur Teilnahme am Nachlassinsolvenzverfahren berechtigen.

a) Erblasserschulden. Dies gilt zunächst für die „vom Erblasser herrührenden Schulden" (§ 1967 Abs. 1 BGB), die sog. **Erblasserschulden**.[14] Insolvenzrechtlich bedeutsam sind die Ausnahmen im Unterhaltsrecht. Abgesehen von Unterhaltsrückständen nach §§ 1615, 1360a, 1615a BGB können nämlich nur solche Unterhaltsansprüche berücksichtigt werden, für die der Schuldner als Erbe haftet (§ 40). Das trifft im Falle des § 1615 l (Unterhaltsanspruch der Mutter eines nichtehelichen Kindes gegen den Vater) und im Falle des § 1586 b BGB (Unterhaltsanspruch des geschiedenen und des diesem gleichgestellten Ehegatten) zu, weil die dort geregelte Unterhaltspflicht auf den Erben als Nachlassverbindlichkeit übergeht. § 1586 b Abs. 1 Satz 3 BGB begrenzt allerdings die Haftung des Erben auf den fiktiven Pflichtteil des Berechtigten, ohne dass dem Anspruch nur der Rang der Pflichtteilsberechtigten (§ 327 Abs. 2 Nr. 1) zukommt.[15] Der Versorgungsausgleichsanspruch gem. § 1587 b BGB ist nach § 1587 e Abs. 4 BGB vererblich. Dies betrifft aber nur den Fall, dass nach der Scheidung und dem Tode des Ausgleichsverpflichteten noch keine rechtskraftfähige Entscheidung über den öffentlich-rechtlichen Versorgungsausgleich getroffen worden ist. Dann ist dieser Anspruch zwar gegen die Erben geltend zu machen, aber nur als Prozessstandschafter,[16] weshalb die Nachlassinsolvenz den Anspruch nicht berührt. Anders bei der Anordnung von Beitragszahlungen nach § 3 b Abs. 1 Nr. 2 VAHRG. Solche unterliegen als echte Nachlassverbindlichkeiten der Haftungsbeschränkung, weshalb sie Insolvenzforderungen sind.

b) Erbfallschulden. Die sog. **Erbfallschulden** umfassen alle die Verbindlichkeiten, die aus Anlass des Erbfalls und in Bezug auf ihn entstehen. Dazu gehören die in § 1967 Abs. 2 BGB und in § 327 Abs. 1 erwähnten Verbindlichkeiten gegenüber Pflichtteilsberechtigten, Vermächtnisnehmern einschl. der sog. gesetzlichen nach §§ 1932, 1969 BGB, und Auflageberechtigten, ferner der (frühere) Erbersatzanspruch des § 1934 a BGB, der Ausbildungsanspruch des Stiefabkömmlings nach § 1371 Abs. 4 BGB und die Unterhaltsverpflichtung gegenüber der Mutter des erbberechtigten nasciturus gem. § 1963 BGB. Insoweit liegt eine Nachlassverbindlichkeit vor, die – nach allerdings nicht unbestrittener Ansicht[17] – auch bei überschuldetem Nachlass besteht. § 40 steht der Geltendmachung nicht entgegen, weil der Anspruch sich gegen den Nachlass richtet. Schließlich gehören zur Gruppe der Erbfallschulden die Kosten der Beerdigung des Erblassers (§ 324 Abs. 1 Nr. 2) und der Todeserklärung (§ 324 Abs. 1 Nr. 3).

c) Nachlasskosten- und Nachlassverwaltungsschulden. Die sog. **Nachlasskosten- und Nachlassverwaltungsschulden** bilden eine wichtige Untergruppe der Erbfallschulden. Sie entstehen zwar infolge des Erbfalls, aber nicht mit ihm. Dazu gehören:

aa) Verbindlichkeiten aus Einleitung von Verfahren. Dies sind die in § 324 Abs. 1 Nr. 3 und 4 genannten Verbindlichkeiten mit Ausnahme der Kosten des privaten Gläubigeraufgebotes eines Miterben, § 2061 Abs. 2 Satz 3 BGB. Insoweit handelt es sich um eine Eigenverbindlichkeit des Miterben.[18]

bb) Verbindlichkeiten aus der Verwaltung des Nachlasses. Darunter sind die Verbindlichkeiten aus der Geschäftsführung der mit der Verwaltung des Nachlasses betrauten

---

[14] Dazu näher MünchKommBGB-*Siegmann* § 1967 RdNr. 5 bis 9.
[15] MünchKommBGB-*Siegmann* vor § 1967 RdNr. 8; *Uhlenbruck/Lüer* RdNr. 2; aA *Jaeger/Weber* §§ 226, 227 KO RdNr. 8. Zur Frage, ob bei Vorliegen eines Erb- und Pflichtteilsverzichtes des geschiedenen Ehegatten der Anspruch aus § 1586 b BGB fortbesteht, vgl. *Pentz* FamRZ 1998, 1344 (bejahend) und *Diekmann* FamRZ 1999, 1029 (verneinend), dem zuzustimmen ist. Zu § 1586 b BGB vgl. oben § 40 RdNr. 19 bis 22; *Schindler* FPR 2006, 121; zur Höhe des Anspruchs im Falle des § 2325 BGB BGH NJW 2001, 828.
[16] OLG Brandenburg NJW-RR 2002, 217.
[17] *Staudinger/Marotzke* § 1963 RdNr. 9.
[18] AA *Staudinger/Marotzke* § 2061 RdNr. 5.

Personen einschließlich ihrer Ansprüche auf Vergütung und Aufwendungsersatz zu verstehen, § 324 Abs. 1 Nr. 5 und 6, aber auch die in ordnungsmäßiger Verwaltung des Nachlasses vom vorläufigen Erben oder vom Vorerben[19] oder vom endgültigen Erben begründeten Verbindlichkeiten sowie deren Aufwendungsersatzansprüche, § 324 Abs. 1 Nr. 1, 6. Zu den durch Bevollmächtigte des Erben begründeten Verpflichtungen vgl. die Bemerkungen § 324 RdNr. 11. Keine Nachlassverbindlichkeiten begründet der Erbschaftsbesitzer durch sein Verwaltungshandeln (arg. § 2022 Abs. 2 BGB). Auch die vorgenannten Fremdverwalter begründen nur in ihrem Aufgabenbereich Nachlassverbindlichkeiten. Überschreitet der Nachlasspfleger seinen Wirkungsbereich, entstehen keine Nachlassverbindlichkeiten. Er handelt dann als Vertreter ohne Vertretungsmacht.[20] Die Vertretungsmacht besteht zwar auch, wenn der Pfleger zweck- und pflichtwidrig handelt, bei erkennbarem Missbrauch für den Dritten entsteht aber keine Verpflichtung für den Erben.[21] Eine Nachlassverbindlichkeit entsteht auch dann nicht, wenn der Pfleger ohne die erforderliche Genehmigung des Nachlassgerichts Rechtsgeschäfte vornimmt (vgl. §§ 1821, 1822, 1915 BGB). Es fehlt ihm auch die Befugnis, im Namen des Erben ein Schenkungsversprechen abzugeben, § 1804 BGB. Gleiches gilt für den Nachlassverwalter. Auch der Testamentsvollstrecker ist in seiner Rechtsmacht eingeschränkt. Zwar liegt auch bei einer vom Testamentsvollstrecker eingegangenen, zur ordnungsmäßigen Verwaltung nicht erforderlichen, vom Vertragspartner aber ohne Fahrlässigkeit als erforderlich angesehenen Verpflichtung eine Nachlassverbindlichkeit vor.[22] Hat der Vertragspartner aber erkannt oder musste er erkennen, dass der Testamentsvollstrecker beim Abschluss eines an sich von seiner Ermächtigung gedeckten Verpflichtungsgeschäftes pflichtwidrig gehandelt hat, erwirbt er keine Rechte gegen den Nachlass.[23] Eine Verbindlichkeit wird ferner nicht begründet, wenn der Testamentsvollstrecker außerhalb seiner Verpflichtungsbefugnis handelt (§ 2206 Abs. 1 Satz 1 BGB). Auch bei erweiterter Verpflichtungsbefugnis (§§ 2207, 2209 Satz 2 BGB) entsteht keine Nachlassverbindlichkeit, wenn beim Abschluss des Rechtsgeschäftes für den Dritten ein Missbrauch der Verpflichtungsbefugnis erkennbar ist.

7   **d) Eigenverbindlichkeiten.** Eigenverbindlichkeiten des Erben sind keine Nachlassverbindlichkeiten. Sie können deshalb in der Nachlassinsolvenz nicht geltend gemacht werden.[24] Ihre Abgrenzung zu den Nachlassverbindlichkeiten ist nicht immer ganz einfach, wenn die vom Erben begründeten Verpflichtungen im Zusammenhang mit dem Nachlass stehen. Die Entstehung einer Eigenschuld setzt nämlich nicht voraus, dass es an jedem Zusammenhang mit dem Nachlass fehlt. Eigenschulden sind Verbindlichkeiten, die vor oder nach dem Erbfall in der Person des Erben entstehen und ihn als Träger seines Eigenvermögens berühren. Im Bereich der rein deliktischen Haftung des Erben liegt in der Regel eine Eigenverbindlichkeit des Erben vor.[25] Eigenschuld ist ferner der Ersatzanspruch der Nachlassgläubiger gegen den Erben wegen fehlerhafter Verwaltungsmaßnahmen gem. §§ 1978, 1979 BGB; auch der Ersatzanspruch des Geschäftspartners, dem der Erbe unter Missachtung der Verwaltungsbefugnis des Testamentsvollstreckers oder des Nachlassverwalters einen Gegenstand aus dem Nachlass verspricht, ohne zur Erfüllung in der Lage zu sein, ist Eigenschuld,[26] dsgl. die Verpflichtung aus unverantwortlichen Kreditgeschäften des Vorerben in Bezug auf den Nachlass.[27] Eigenschuld ist auch anzunehmen, wenn der Erbe ein vom Erblasser begründetes Mietverhältnis für seine Zwecke

---

[19] Anders, wenn der Vorerbe erkennbar nur eine eigene Verbindlichkeit eingehen wollte, RGZ 90, 91, 97.
[20] MünchKommBGB-*Leipold* § 1960 RdNr. 41.
[21] BGHZ 49, 1 = NJW 1968, 353.
[22] BGH NJW 1983, 40.
[23] BGH NJW-RR 1989, 642; RGZ 75, 301; 83, 348; 130, 134 (für die Verpflichtung aus § 2206 Abs. 1 Satz 2).
[24] BayObLG ZEV 2001, 408, 410.
[25] Anders bei Verletzung der Streupflicht in Bezug auf ein vom Erben verwaltetes Nachlassgrundstück, *Jaeger/Weber* § 226 KO RdNr. 19.
[26] BGHZ 25, 275 = NJW 1957, 1916; *Muscheler* S. 98.
[27] BGH LM § 1967 Nr. 4.

fortsetzt,[28] aber auch, wenn der Erbe sich nach dem Erbfall entschließt, ein Fahrzeug oder ein Tier des Erblassers zu übernehmen und dadurch Ansprüche aus § 7 StVG oder aus § 833 BGB entstehen. Eigenschuld ist ferner die Erbschaftsteuer; durch die Mithaftung des Nachlasses (§ 20 Abs. 3 ErbStG) entsteht allerdings eine Art Gesamtschuld, so dass § 43 anwendbar ist.[29] Anders verhält es sich bei der Einkommensteuer auf Einkünfte, die während der Nachlassverwaltung aus dem Nachlass erzielt werden. Hier liegt eine reine Nachlassverbindlichkeit (Masseverbindlichkeit) vor.[30] Möglich ist eine Vereinbarung des Erben mit einem Gläubiger, dass er nur mit seinem Eigenvermögen haften solle. Solchenfalls liegt keine Nachlassverbindlichkeit vor, auch wenn dies objektiv gesehen der Fall ist.[31] Umgekehrt entsteht aber dann, wenn der Erbe trotz Fehlens des Erfordernisses der ordnungsmäßigen Verwaltung eine Schuld als Nachlassverbindlichkeit anerkennt, keine solche, sondern eine reine Eigenverbindlichkeit, die nicht im Insolvenzverfahren geltend gemacht werden kann.[32]

e) Nachlasserbenschulden. Nachlasserbenschulden sind ebenfalls Eigenschulden. Da sie aber auch Nachlassverbindlichkeiten sind,[33] fallen sie unter § 325. In der Regel handelt es sich dabei um Verpflichtungen des vorläufigen Erben, des Vorerben oder endgültigen Erben aus Verträgen, die diese in ordnungsmäßiger Verwaltung des Nachlasses abgeschlossen haben. Sie entstehen vor allem bei der Fortführung eines zum Nachlass gehörenden gewerblichen Unternehmens, aber auch bei der Führung eines Rechtsstreits für den Nachlass in Ansehung der dadurch entstehenden Prozesskosten, sofern die Prozessführung in ordnungsgemäßer Verwaltung erfolgt. Ebenso sind Schadensersatzansprüche, die der Erbe zu vertreten hat, Nachlasserbenschulden, gleichgültig ob sie aus der Verletzung von reinen Nachlassverbindlichkeiten oder von Nachlasserbenschulden herrühren. Anders natürlich, wenn ein Nachlasspfleger, Nachlassverwalter oder ein Testamentsvollstrecker die Pflichtverletzung zu verantworten hat; sie begründen auch insoweit nur Nachlassverbindlichkeiten. Die besondere Eigenart der Nachlasserbenschulden besteht darin, dass sie dem Gläubiger den Zugriff auf das Eigenvermögen des Erben und auf den Nachlass ermöglichen mit der Folge, dass die Gläubiger bei Eröffnung des Nachlassinsolvenzverfahrens bis zur vollen Befriedigung den ganzen Betrag geltend machen können, den sie zZ der Eröffnung des Verfahrens zu fordern hatten, § 43. 8

f) Geschäftsschulden. Geschäftsschulden sind eine bes. wichtige Gruppe der Nachlasserbenschulden. Sie werden bei Fortführung eines Nachlassunternehmens durch den Erben oder vorläufigen Erben oder Vorerben von § 325 erfasst, wenn sowohl die Fortführung als solche wie auch das konkrete Rechtsgeschäft ordnungsmäßiger Verwaltung entsprachen.[34] Das bedeutet, dass auch dann, wenn die Einzelmaßnahmen ordnungsmäßiger Verwaltung entsprachen, die Fortführung als solche aber hätte nicht stattfinden sollen, keine Nachlassverbindlichkeiten entstehen.[35] Erfolgt die **Fortführung durch einen Testamentsvollstrecker** in den von der Praxis nur zugelassenen Varianten Bevollmächtigung oder 9

---

[28] MünchKommBGB-*Siegmann* § 1967 RdNr. 20; *Skibbe*, Festschrift für v. Lübtow, 1991 S. 247, 251. Zur Rechtslage bei Wohngeldverpflichtungen vgl. BayObLG ZEV 2000, 151 mit abl. Anm. *Marotzke* S. 153 und G. *Siegmann* NZM 2000, 995; *Lange/Kuchinke* § 47 II 1 f.; *Niederführ* NZM 2000, 641; *Dötsch* ZMR 2006, 902; *Bonifacio* MDR 2006, 244. Vgl. auch oben § 55 RdNr. 76.
[29] Streitig, vgl. *Meincke*, ErbStG, § 20 RdNr. 12, *Staudinger/Marotzke* § 1967 RdNr. 33.
[30] *Staudinger/Marotzke* § 1967 RdNr. 36; G. und M. *Siegmann* StVj 1993, 337 f.; M. *Siegmann* ZEV 1999, 52. *Wiester*, in: *Scherer*, MAH Erbrecht § 25 RdNr. 92; *Jaeger/Henckel* § 38 RdNr. 135; *Jaeger/Windel* § 80 RdNr. 137, beide zur Rechtslage in der Regelinsolvenz. Vgl. auch BayObLG ZEV 2001, 408, 410: Eine persönliche Steuerschuld des Erben ist keine Nachlassverbindlichkeit.
[31] BGH NJW 1990, 1237; RGZ 90, 91, 96.
[32] BGHZ 51, 125 = NJW 1969, 424; *Staudinger/Marotzke* § 1967 RdNr. 45.
[33] MünchKommBGB-*Siegmann* § 1967 RdNr. 15.
[34] BGH LM Nr. 4 zu § 1967 BGB. Gegen die Begründung von Nachlasserbenschulden bei Fortführung über die Frist des § 27 HGB hinaus *Dauner-Lieb*, Unternehmen in Sondervermögen, S. 212 f., 220.
[35] Dazu näher *Muscheler* S. 317. Eine ordnungsgemäße Verwaltung liegt nach OLG Düsseldorf ZEV 2000, 64, 65 nicht vor, wenn ein überschuldetes Unternehmen fortgeführt wird.

Treuhand, ergeben sich folgende Situationen: Wählt der Testamentsvollstrecker die **Treuhandlösung,** ist er Inhaber des Unternehmens. Die neuen Geschäftsschulden sind dann seine eigenen Verbindlichkeiten, die den Nachlass nicht betreffen (die alten aus der Zeit vor dem Erbfall sind selbstverständlich Nachlassverbindlichkeiten). Nachlassverbindlichkeiten (reine) sind allerdings die Befreiungsansprüche des Testamentsvollstreckers gegen den Erben gem. §§ 670, 257 BGB[36] (aber keine Masseschulden, vgl. § 324 RdNr. 12). Führt der Testamentsvollstrecker das Unternehmen als **Bevollmächtigter** fort, begründet er für den Erben Nachlasserbenschulden (aber wieder keine Masseschulden, vgl. § 324 RdNr. 12), für die Altverbindlichkeiten des Erblassers haften die Erben nach § 27 HGB ebenfalls persönlich und unbeschränkt. Kommt es zur Eröffnung des Nachlassinsolvenzverfahrens, kann der Erbe vom Nachlass Befreiung von seiner persönlichen Verpflichtung gegenüber den Geschäftsgläubigern verlangen, wenn die Schulden in ordnungsmäßiger Verwaltung des Nachlasses begründet wurden. Diese Forderung hat den Rang einer Masseschuld, vgl. § 324 RdNr. 3, die der Gläubiger nur den Rang einer einfachen Insolvenzforderung.

III. Geltendmachung von Nachlassverbindlichkeiten außerhalb des Nachlassinsolvenzverfahrens

10   Die Eröffnung des Nachlassinsolvenzverfahrens hindert die Eigengläubiger des Erben nicht daran, gegen dessen Eigenvermögen vorzugehen. Gleiches gilt für die Gläubiger einer Nachlasserbenschuld, vgl. RdNr. 8. Fraglich könnte nur sein, ob ein Nachlassinsolvenzgläubiger wie ein Konkursgläubiger nach bisherigem Recht, § 12 KO,[37] bei Verzicht auf Deckung seiner Forderung aus der Insolvenzmasse auch während des Insolvenzverfahrens gegen den Erben klageweise vorgehen kann. Das war richtiger Ansicht nach schon vor In-Kraft-Treten der InsO für den noch beschränkbar haftenden Erben zu verneinen.[38] § 2110 des Entwurfes I zum BGB sah nämlich vor, dass ein Nachlassgläubiger seine Forderung bei Konkurseröffnung nur im Konkurs geltend machen kann. In den Motiven[39] wird dazu ausdrücklich hervorgehoben, dass eine entspr. Vorschrift erforderlich sei, weil nach der KO die Geltendmachung einer Forderung gegen den Gemeinschuldner auch nach der Eröffnung des Konkursverfahrens nicht ausgeschlossen sei. Demgegenüber schließe die Eröffnung des Nachlasskonkurses jede Rechtsverfolgung der Gläubiger gegen den Erben aus. Nach In-Kraft-Treten der InsO wird man die Frage erst recht verneinen müssen. Nach der amtl. Begründung zu § 87 sollte nämlich „im Interesse einer klaren Rechtslage" die frühere Möglichkeit, nach Verzicht auf die Teilnahme am Konkursverfahren gegen den Gemeinschuldner „persönliche Klage zu erheben", ausgeschlossen sein. Dies bringt der Wortlaut des § 87 hinreichend deutlich zum Ausdruck. Dem Insolvenzgläubiger bleibt deshalb nur die Teilnahme am Nachlassinsolvenzverfahren; Einzelverfahren können, abgesehen von der Feststellungsklage nach § 184, von ihm nicht angestrengt werden.[40] Anhängige Rechtsstreitigkeiten, die den Nachlass betreffen, werden gem. § 240 ZPO unterbrochen.[41] Dies gilt auch für FG-Verfahren mit vermögensrechtlichem Bezug.[42] Auch ein Kostenfestsetzungsverfahren wird unterbrochen, und zwar auch für die Vorinstanz, wenn die Unterbrechungswirkung erst in einem späteren Rechtszug eintritt.[43]

---

[36] *Gottwald/Döbereiner,* Insolvenzrechts-Handbuch, § 112 RdNr. 22.
[37] BGH NJW 1996, 2035.
[38] Vgl. dazu *Staudinger/Marotzke* vor § 1967 RdNr. 32, wo die gegenteilige Ansicht vertreten wird. Vgl. aber jetzt HK-*Marotzke* RdNr. 7.
[39] V S. 623 f.
[40] BGH NJW-RR 2005, 241 = ZEV 2005, 112; *Jaeger/Windel* § 87 RdNr. 11; HambKomm-*Böhm* RdNr. 6; *Gottwald/Döbereiner,* Insolvenzrechts-Handbuch, § 114 RdNr. 36. Zum Streitstand vor Entscheidung des BGH vgl. Fn. 33 der Vorauflage. Wie BGH auch *Häsemeyer* RdNr. 10.45 und *Gottwald/Gerhardt,* Insolvenzrechts-Handbuch, § 32 RdNr. 45 unter Aufgabe ihrer früheren Meinung.
[41] Vgl. BGH NJW-RR 2005, 241; OLG Köln NJW-RR 2003, 47.
[42] OLG Köln NZI 2005, 472; oben vor §§ 85 bis 87 RdNr. 48.
[43] BGH NZI 2006, 128; aA oben vor §§ 85 bis 87 RdNr. 44 mwN. Keine Unterbrechung erfahren ein vom Erben angestrengtes PKH-Verfahren (BGH NJW-RR 2006, 1208), Zwangsvollstreckungsmaßnahmen

Auch **Zwangsvollstreckungsmaßnahmen der Insolvenzgläubiger** in den Nachlass 11 oder das Eigenvermögen des Erben sind unzulässig, § 89 Abs. 1. Es widerspricht Sinn und Bedeutung des § 1975 BGB, wenn trotz der Regelung des § 89 auch unter der Geltung der InsO die Ansicht vertreten wird, der Nachlassgläubiger sei trotz beschränkter Haftung des Erben auch noch nach Eröffnung des Nachlassinsolvenzverfahrens nicht gehindert, in das Eigenvermögen des Erben zu vollstrecken.[44] Richtig ist vielmehr, dass Nachlassgläubiger während des Insolvenzverfahrens durch § 1975 BGB von jedem Zugriff auf das Eigenvermögen des Erben ausgeschlossen sind.[45] Vollstreckt ein Nachlassgläubiger gleichwohl in das Eigenvermögen des Erben, kann dieser unter Hinweis auf die Eröffnung des Nachlassinsolvenzverfahrens allerdings nur gem. §§ 785, 767 ZPO die Aufhebung der Vollstreckungsmaßnahmen verlangen.[46] Das Gesetz sieht also trotz unzulässiger Zwangsvollstreckung nicht das Erinnerungsverfahren des § 766 ZPO vor, was sich aus der Art der Haftung des Erben und vor allem aus § 696 der alten CPO, dem Vorbild des § 781 ZPO, erklärt. Auch nach dieser Bestimmung bestand zum Schutz des Erben ein einheitlicher Rechtsbehelf, der auch die Vollstreckungserinnerung des Erben nach dem heutigen § 766 ZPO umfasste. Mit der Zusammenfassung aller Rechtsbehelfe des Erben zu einer „Allerweltslösung" sollte aber gewiss nicht die Zulässigkeit der Vollstreckung trotz bestehender Haftungsbeschränkung und Absonderung festgelegt werden. Es wäre nämlich unverständlich, wenn das Gesetz dem Nachlassgläubiger die Möglichkeit der Zwangsvollstreckung in das Eigenvermögen des Erben eröffnete bei gleichzeitiger Einräumung eines Rechtsbehelfs, mit dem der Erbe diese Vollstreckung für unzulässig erklären lassen kann. Demgemäß ist heute unbestritten, dass jedenfalls der Verwalter gegen die nach § 89 unzulässige Vollstreckungsmaßnahme eines Nachlassgläubigers mit der Vollstreckungserinnerung des § 766 ZPO vorgehen kann.[47] Nur wenn der Nachlassgläubiger auf Grund eines gegen den Erben persönlich ergangenen Titels vollstreckt (etwa weil es sich bei dem Titel um ein Urteil ohne den Vorbehalt des § 780 ZPO handelt), hat der Erbe die Vollstreckung in sein Eigenvermögen zu dulden. Denn einem solchen Titel liegt entweder eine persönliche Haftung auf Grund einer Nachlasserbenschuld oder nach §§ 27, 139 HGB oder wegen Haftungsverzichts oder nach §§ 1994, 2005, 2006 BGB oder schließlich wegen einer Präklusion nach § 780 ZPO zugrunde. Dann können Nachlassgläubiger auch in das Eigenvermögen des Erben vollstrecken. Die Ausnahmeregelung des § 89 Abs. 2 S. 2, die Vollstreckungsmaßnahmen in das Eigenvermögen des Schuldners auch während des Insolvenzverfahrens zulässt, ist zwar bei einer Eigeninsolvenz des Erben, nicht aber im Nachlassinsolvenzverfahren anwendbar.[48] Zur Rechtslage bei Masseverbindlichkeiten vgl. § 324 RdNr. 14.

Das Recht der Nachlassgläubiger, bei **unbeschränkter Haftung des Erben** trotz Eröff- 12 nung des Nachlassinsolvenzverfahrens auch auf dessen Eigenvermögen zugreifen zu können, wird durch § 87 nicht eingeschränkt. Nachlassgläubiger können deshalb bei unbeschränkbarer Haftung trotz Eröffnung der Nachlassinsolvenz gegen den Erben persönlich vorgehen und in dessen Eigenvermögen vollstrecken, so wie das den Eigengläubigern, den Gläubigern einer Nachlasserbenschuld und anderen Gläubigern, denen der Erbe persönlich haftet (vgl. § 331 RdNr. 5), möglich ist. Fraglich kann nur sein, ob die Nachlassgläubiger über die im Falle der Nachlassinsolvenz bei gleichzeitiger Eigeninsolvenz des Erben eintretende Be-

---

(BGH NJW 2008, 918 – Erteilung einer Vollstreckungsklausel –) und eine gegen den Schuldner während des Insolvenzverfahrens erhobene Klage (sie ist unzulässig, OLG München ZIP 2007, 2052; OLG Karlsruhe NJW-RR 2007, 1166).

[44] So aber oben § 89 RdNr. 20; *Staudinger/Marotzke* (2002) vor §§ 1967 ff. RdNr. 29; *Stein* ZEV 1998, 178, 179 (für den Fall der Nachlassverwaltung); *Lange/Kuchinke* § 49 II 2 c.

[45] BGH NJW 2007, 3132 = MDR 2007, 908; BayObLG ZEV 2001, 408, 410 („nicht möglich"); *Gottwald/Döbereiner*, Insolvenzrechts-Handbuch, § 114 RdNr. 37; *Siber*, Erbrecht S. 151 („Klagen sind „angebrachtermaßen" abzuweisen); *Planck/Flad* § 1975 RdNr. 4; *Binder* II S. 132 („rechtlich unzulässig"); *Jauernig*, Zwangsvollstreckung § 6 II 3 (Zwangsvollstreckung unzulässig); vgl. auch schon *Strohal*, Erbrecht II S. 328 und – für das Regelinsolvenzverfahren – OLG Zweibrücken NZI 2001, 423, 424.

[46] Vgl. etwa *Schlüter*, Erbrecht RdNr. 1183; *Siber* (Fn. 45) S. 151, 146; *K. Schmidt* JR 1989, 45, 48.

[47] Vgl. oben § 89 RdNr. 40; HK-*Eickmann* § 89 RdNr. 7.

[48] *Hüsemann* S. 167.

schränkung auf eine Ausfallhaftung (vgl. § 331) hinaus auch einer **Einzugsermächtigung analog §§ 93, 334** unterliegen. Eine entsprechende Forderung[49] scheitert aber daran, dass das Gesetz solche Einzugsermächtigungen trotz eines entspr. Vorschlages im Gesetzgebungsverfahren mit gutem Grund nur in den genannten Fällen vorgesehen hat. Für eine Analogie fehlt es an vergleichbaren Tatbeständen. Die Gesellschafter einer OHG haften von Anfang an neben der Gesellschaft für deren Verbindlichkeiten (§ 128 HGB), der oder die Verwalter des Gesamtgutes einer Gütergemeinschaft ebenfalls persönlich neben dem Gesamtgut (§§ 1437, 1439 BGB). Im Insolvenzfall gilt jeweils das Prinzip der Doppelberücksichtigung, § 43. Ganz anders beim Erben. Er haftet nicht neben einem anderen Schuldner und auch nicht neben einem anderen Haftungsobjekt, sondern an Stelle des Erblassers. Der Eintritt der unbeschränkbaren Haftung ändert hieran nichts. Es bleibt jedem Nachlassgläubiger der Zugriff auf das Gesamtvermögen des Erben. Erst mit der Eröffnung des Nachlassinsolvenzverfahrens stehen den Nachlassgläubigern statt bisher nur einer jetzt zwei Vermögensmassen zur Verfügung, die aber erst durch dieses Verfahren aus dem Gesamtvermögen des Erben entstanden sind. Welche insolvenzrechtlichen Folgen sich hieraus ergeben, zeigt § 331. Zur Vermeidung einer Doppelt-Liquidation (die in den Fällen der §§ 93, 334 stattfindet) begründet das Gesetz eine bloße Ausfallhaftung. Weitere Beschränkungen müssen die Nachlassgläubiger nicht hinnehmen, zumal die ratio des § 93 (Vermeidung von Sondervorteilen für einzelne Gläubiger durch einen schnellen Zugriff auf das Gesellschaftervermögen) sich nicht ohne weiteres auf das Recht der Erbenhaftung übertragen lässt. Dort gilt schon immer, dass der nachlässige Gläubiger zurückgesetzt wird (vgl. §§ 1973, 1974, 2061 BGB) und der rasch zugreifende Vorrang genießt (§ 1991 Abs. 3 BGB). Dazu kommt, dass in der Nachlassinsolvenz in aller Regel nicht wie bei § 93 Gläubigergruppen mit weitgehend gleichartigen Forderungen vorhanden sind. Der Nachlassinsolvenzverwalter hätte vielmehr bei Bestehen einer Einzugsermächtigung individuelle Ansprüche unterschiedlichster Art zu verfolgen, was vielfach zu unlösbaren Schwierigkeiten führen würde. Soll etwa der Gläubiger einer Nachlasserbenschuld (der ja Eigen- und Nachlassgläubiger ist) seine gerade für den Insolvenzfall starke Stellung wieder verlieren und nicht mehr wie ein reiner Eigengläubiger gegen den Erben vorgehen können; und soll der Nachlassinsolvenzverwalter auch die auf persönlichen Beziehungen beruhende und deshalb unpfändbare Forderung des Pflichtteilsberechtigten möglicherweise gegen dessen Willen geltend machen können; und kann er im Falle des § 2307 Abs. 2 BGB sogar sich selbst zu einer Erklärung auffordern? Und wie stellt sich die Rechtslage in dem ohnehin mit Schwierigkeiten überladenen Fall des § 2007 BGB dar, wenn von einer anteiligen unbeschränkbaren Haftung auszugehen ist? Ferner: Erstreckt sich die analoge Anwendung des § 93 auch auf die Fälle der unbeschränkbaren Haftung eines Erben, der gar nicht mehr Träger des Nachlasses und folglich auch nicht mehr Schuldner des Insolvenzverfahrens ist wie in den Fällen der Eröffnung der Nachlassinsolvenz nach Eintritt des Nacherbfalles oder nach dem Verkauf der Erbschaft bei unbeschränkter Haftung des Vorerben bzw. des Erben-Verkäufers, §§ 329, 330? Diese und weitere Fragen, die im Falle einer analogen Anwendung des § 93 entstünden (Kann der Verwalter im Falle des § 331 sich selbst gegenüber auf Teile der Forderungen der Nachlassgläubiger verzichten; und wie verhält es sich, wenn nur ein Miterbe vor der Teilung unbeschränkbar haftet (§ 2059 Abs. 1 S. 2 BGB) oder trotz unbeschränkbarer Haftung seine Schuld nach der Teilung gem. §§ 2060, 2061 BGB beschränkt?), schließen eine analoge Anwendung der §§ 93, 334 im Falle der unbeschränkbaren Haftung des Erben aus.[50] Dies gilt – wie im Falle des § 331[51] – auch bei einer Haftung des Erben aus § 27 HGB. Denn diese Bestimmung stellt einen selbstständigen handelsrechtlichen Haftungsgrund dar, dessen Realisierung dem

---

[49] *Oepen,* Massefremde Masse, 1999, RdNr. 277, 278.
[50] Zustimmend HambKomm-*Böhm* RdNr. 6; *Meßink,* Die unternehmenstragende Erbengemeinschaft, 2007, S. 69 ff., 83; *Gottwald/Döbereiner,* Insolvenzrechts-Handbuch, § 114 RdNr. 38; im Ergebnis auch *Brinkmann,* Die Bedeutung der §§ 92, 93 InsO für den Umfang der Insolvenz- und Sanierungsmasse, 2001, S. 192 ff., allerdings mit anderer Begründung (§ 93 diene dem Schutz der Sanierungsmasse).
[51] Vgl. dort RdNr. 5.

Verwalter nicht möglich ist.⁵² Es verhält sich wie bei der Bürgschaftsverpflichtung der unbeschränkt haftenden Gesellschafter einer OHG. Auch diese Verpflichtung kann der Verwalter nicht an sich ziehen.⁵³

IV. Öffentlich-rechtliche Verbindlichkeiten und Lasten

Öffentlich-rechtliche Pflichten teilen im Allgemeinen das rechtliche Schicksal der privatrechtlichen Insolvenzforderungen.⁵⁴ Für öffentlich-rechtliche Nachlassverbindlichkeiten, insbesondere **öffentlich-rechtliche Zahlungsverpflichtungen** gilt nichts anderes, weil öffentlich-rechtliche Geldschulden des Erblassers grundsätzlich auf den Erben übergehen.⁵⁵ Insofern bestehen keine Besonderheiten. Im Steuerrecht, das den Übergang des ganzen Steuerschuldverhältnisses vorsieht (§ 45 AO), besteht allerdings noch keine völlige Einigkeit darüber, ob die Einkommensteuerschuld, die auf die während des Insolvenzverfahrens angefallenen Einkünfte aus dem Nachlass entfällt, als Eigenschuld des Erben oder als Erbfallschuld im Sinne einer Masseverbindlichkeit nach § 55 Abs. 1 Nr. 1 zu behandeln ist. Während der BFH früher insoweit eine Eigenschuld des Erben angenommen hat, geht das Gericht jetzt davon aus, dass dort, wo Einkünfte aus dem Nachlass ohne Zutun des Erben erzielt werden, keine steuerliche Eigenschuld des Erben vorliegt,⁵⁶ der Erbe sich also auf eine bestehende Haftungsbeschränkung berufen kann. Richtigerweise hat dies für alle Einkünfte, die während des Verfahrens vom Verwalter erzielt werden, zu gelten, weil § 80 jede Einwirkung des Erben auf die Masse ausschließt. Für eigene Einkünfte des Erben, auch wenn sie auf einer Tätigkeit für die Masse, etwa bei einem Dienstvertrag mit dem Verwalter, beruhen, gilt dies nicht.⁵⁷ Auch im Bereich **anderer öffentlich-rechtlicher Pflichten** ist die Rechtslage für den Fall der Nachlassinsolvenz nicht eindeutig geklärt. Zwar ist auch hier davon auszugehen, dass die Ordnungspflichtigkeit durch das Insolvenzverfahren nicht eingeschränkt oder beeinflusst wird.⁵⁸ Hauptproblem⁵⁹ ist insoweit in der Regelinsolvenz die Frage, ob es sich bei den fraglichen Verpflichtungen um Insolvenzforderungen oder Masseverbindlichkeiten handelt.⁶⁰ Insoweit wird auf die Anmerkungen zu § 55 (RdNr. 82 bis 108) verwiesen. Das BVerwG vertritt weiterhin die Auffassung, dass der Insolvenzverwalter nach § 4 Abs. 3 Satz 1 BBodSchG als Inhaber der tatsächlichen Gewalt für die Sanierung von massezugehörigen Grundstücken herangezogen werden kann, die bereits vor der Eröffnung des Verfahrens kontaminiert waren, und dass eine solche Verpflichtung eine Masseverbindlichkeit i. S. d. § 55 Abs. 1 Nr. 1 ist, die allerdings mit der Freigabe entfällt.⁶¹ Nachlassinsolvenzrechtlich ist indessen von Bedeutung, ob der Erbe neben dem Nachlass als Eigenschuldner bzw. als Nachlasserbenschuldner haftet. Dabei wird man hinsichtlich der verschiedenen Pflichten zu unterscheiden haben. Schuldete schon der Erblasser die Kosten einer Ersatzvornahme, handelt es sich um eine bloße Insolvenzforderung.⁶² Dies gilt auch für die Kosten einer zwischen dem Erbfall und der Eröffnung von der Behörde durchgeführten Ersatzvornahme, soweit diese sich

---

⁵² AA (folgerichtig aus seiner Sicht) *Brinkmann* (Fn. 50) S. 194; *Oepen* (Fn. 49) RdNr. 278.
⁵³ BGHZ 151, 245 = NJW 2002, 2718; oben § 93 RdNr. 21; LG Bayreuth ZIP 2001, 1782 mit zust. Anm. *Häcker* EWiR 2002, 25; *Haas/Müller* NZI 2002, 366, 367. Dagegen *Bork* RdNr. 202 und NZI 2002, 362, 365.
⁵⁴ *Stürner*, Festschrift für Merz, S. 566; *Bähr/Smid*, Die Rechtsprechung des BGH zur neuen Insolvenzordnung, 2007, S. 120.
⁵⁵ BVerwGE 37, 314.
⁵⁶ BFHE 186, 328 = ZEV 1998, 441. Dazu *M. Siegmann* ZEV 1999, 52 und in: *Scherer*, MAH Erbrecht § 23 RdNr. 104; *Wiester*, ebd. § 25 RdNr. 46; *Pape/Uhlenbruck*, Insolvenzrecht RdNr. 1019; *Jaeger/Henckel* § 38 RdNr. 135.
⁵⁷ *Pape/Uhlenbruck*, Insolvenzrecht RdNr. 1010 aE
⁵⁸ Oben § 55 RdNr. 79; *Vierhaus* ZInsO 2005, 127, 128.
⁵⁹ Und „Dauerproblem der juristischen Auseinandersetzung" (*Pape* NJW 2002, 1173).
⁶⁰ Dazu BVerwGE 107, 299 = NJW 1999, 1416; BGHZ 148, 252 = NJW 2001, 2966.
⁶¹ BVerwGE 122, 75 = NJW 2005, 379; BVerwGE 108, 269 = NZI 1999, 246. Dazu *Kley* DVBL 2005, 727, insb. zur unterschiedlichen Behandlung der Verhaltensverantwortlichkeit (nur Insolvenzforderung).
⁶² Oben § 55 RdNr. 94; *Stürner*, Festschrift für Merz, S. 578.

auf eine Pflichtigkeit bezieht, die nicht erst der Erbe ausgelöst hat. Hat der Erbe in Befolgung einer gegen den Erblasser oder ihn selbst ergangenen behördlichen Anordnung die Beseitigung von durch den Erblasser verursachten Altlasten vorgenommen, steht ihm allerdings gem. § 1978 BGB i. V. m. § 324 Abs. 1 Nr. 1 ein Aufwendungsersatzanspruch gegen die Masse zu.[63] Eine persönliche, nicht auf den Nachlass beschränkte Verpflichtung entsteht für den Erben dann, wenn er durch Fortführung eines Nachlassunternehmens schädliche Bodenveränderungen (§ 4 Abs. 2 BBodSchG) verursacht hat. Es trifft ihn sodann die Handlungshaftung, die auch den Verwalter bei gleichen Voraussetzungen treffen kann.[64] Daneben besteht die Zustandshaftung der Masse (Erbe und Nachlass haften wie bei einer Nachlasserbenschuld). Eine durch polizei- oder ordnungsrechtliche Verfügung konkretisierte Zustandsverantwortlichkeit geht nach der Rspr. des BVerwG[65] auf den Erben über, was ihm die Beschränkung der Haftung auf den Nachlass ermöglicht. Die Kosten der nach der Eröffnung durchgeführten Ersatzvornahme bzgl. solcher Verpflichtungen sind wie Masseverbindlichkeiten im Sinne von § 55 Abs. 1 Nr. 1 zu behandeln.[66] Ob auch eine abstrakte Verhaltensverantwortlichkeit im Wege der Gesamtrechtsnachfolge auf den Erben übergeht, ist noch nicht eindeutig geklärt.[67] Das Bundesverwaltungsgericht geht allerdings in einer neueren Entscheidung[68] davon aus, dass die Gesamtrechtsnachfolge in öffentlich-rechtliche Pflichten, deren Konkretisierung durch einen Verwaltungsakt noch aussteht, auch der früheren Rechtsordnung nicht fremd war. Vorgeschrieben ist ein solcher Übergang durch § 4 Abs. 2 S. 1 BBodSchG in Bezug auf die Sanierungspflicht als Folge einer schädlichen Bodenveränderung oder Altlast. Damit ist der Weg zu einer Haftungsbeschränkung durch das Nachlassinsolvenzverfahren eröffnet.[69] Ist der Rechtsgedanke des § 4 Abs. 2 S. 2 auf abstrakte Verpflichtungen aus anderen Bereichen nicht zu übertragen und deshalb von der Entstehung einer neuen originären Zustandshaftung auszugehen,[70] lässt sich eine Haftungsbeschränkung über die Annahme einer Erblasserschuld nicht begründen. Der Erbe haftet in diesem Falle aber nur „als solcher" (§ 1967 Abs. 2 BGB), weil er nur als vom Gesetz bestimmter neuer Rechtsträger bzgl. eines zum Nachlass gehörenden Gegenstandes Verantwortung trägt. Auch hier führt die Eröffnung des Nachlassinsolvenzverfahrens zur Freistellung des Erben von der neu entstandenen Pflichtigkeit, sofern er deren Umfang nicht durch eigenes Handeln oder Unterlassen erweitert hat. Die Kosten einer Ersatzvornahme nach der Eröffnung des Verfahrens sind auch insoweit Masseverbindlichkeiten.[71]

§ 326 Ansprüche des Erben

(1) Der Erbe kann die ihm gegen den Erblasser zustehenden Ansprüche geltend machen.

(2) Hat der Erbe eine Nachlaßverbindlichkeit erfüllt, so tritt er, soweit nicht die Erfüllung nach § 1979 des Bürgerlichen Gesetzbuchs als für Rechnung des Nachlasses erfolgt gilt, an die Stelle des Gläubigers, es sei denn, daß er für die Nachlaßverbindlichkeiten unbeschränkt haftet.

---

[63] Deshalb passen die sonst zutr. Überlegungen von *Pape/Uhlenbruck,* Insolvenzrecht RdNr. 522 zu den Kosten der Beseitigung von Altlasten als letztes systemfremdes Relikt der Anerkennung von vorkonkurslichen Ansprüchen als Masseverbindlichkeiten nicht für die Nachlassinsolvenz.

[64] Oben § 55 RdNr. 80, 103; *Jaeger/Windel* § 80 RdNr. 123; *Schwemer* NordÖR 2002, 96, 97; *Bähr/Smid,* Die Rechtsprechung des BGH zur neuen Insolvenzordnung, 2007, S. 122.

[65] NJW 1971, 1624.

[66] Oben § 55 RdNr. 96 mit Hinweisen auf die Rspr.

[67] Dazu näher *M. Siegmann,* in: *Scherer,* MAH Erbrecht § 23 RdNr. 108 bis 109.

[68] Urteil vom 16. 3. 2006 – JZ 2006, 1124 m. Anm. *Ossenbühl* = NVwZ 2006, 928 m. Anm. *Palme* S. 1130.

[69] So auch *Spieth/Wolfers* NVwZ 1999, 359, 360; *M. Siegmann,* in: *Scherer* MAH Erbrecht § 26 RdNr. 109; *Palme* NVwZ 2006, 1130, 1133.

[70] So v. *Mutius/Nolte* DÖV 2000, 1; OVG Hamburg NordÖR 2000, 361.

[71] VGH München NVwZ-RR 2006, 537, 539. Vgl. auch die Nachweise oben § 55 RdNr. 97; *Schwemer* NordÖR 2002, 96, 97; *Klose* NJ 2005, 393, 396.

(3) Haftet der Erbe einem einzelnen Gläubiger gegenüber unbeschränkt, so kann er dessen Forderung für den Fall geltend machen, daß der Gläubiger sie nicht geltend macht.

Übersicht

	RdNr.		RdNr.
I. Normzweck	1	III. Rechtsübergang auf den Erben gem. Abs. 2	5
II. Ansprüche des Erben gegen den Erblasser, Abs. 1	2	1. Erfüllung bei Vorliegen der Voraussetzungen des § 1979	5
1. Wegfall von Konfusion und Konsolidation	2	2. Erfüllung ohne die Voraussetzungen des § 1979	6
2. Geltendmachung von Ansprüchen gegen den Erblasser	3	IV. Geltendmachung von Gläubigerrechten durch den Erben gem. Abs. 3	7
3. Ansprüche des Nachlasses gegen den Erben	4		

I. Normzweck

Die Vorschrift stimmt nahezu wörtlich mit § 225 KO überein. Abs. 1 ist wie Abs. 1 des § 225 KO eigentlich überflüssig, weil er nur die Folgerung aus § 1976 BGB zieht. Abs. 2 will den Erben für den Fall, dass er sich nicht auf § 1979 BGB berufen kann, „vor Härten und Unbilligkeiten schützen" und verhindern, dass die dem befriedigten Gläubiger gleich- und nachstehenden Gläubiger sich auf Kosten des Erben um den Betrag bereichern, der auf die Forderung des befriedigten Gläubigers entfallen wäre.[1] Auch hier will das Gesetz wie im Falle des § 324 den Erben vor Nachteilen in Schutz nehmen, die mit der Annahme der Erbschaft verbunden sind, was bei unbeschränkter Haftung aber nicht mehr möglich ist. Die gleichen Erwägungen gelten auch im Falle der unbeschränkten Haftung einem einzelnen Gläubiger gegenüber, Abs. 3. Auch hier sollen die übrigen Gläubiger keinen Vorteil davon haben, dass ein Insolvenzgläubiger sich nur an das Eigenvermögen des Erben halten will.

II. Ansprüche des Erben gegen den Erblasser, Abs. 1

1. Wegfall von Konfusion und Konsolidation. Als Folge der mit der Eröffnung des Nachlassinsolvenzverfahrens verbundenen Vermögenstrennung, der separatio bonorum, ordnet das BGB das Wiederaufleben der durch den Erbfall erloschenen Rechte und Verbindlichkeiten an. In Ergänzung der obigen[2] Ausführungen zum Massebestand ist zu bemerken: Rechte und Pflichten des Erben leben ohne Rücksicht darauf, ob der Erbe sein Haftungsbeschränkungsrecht schon verloren hat (vgl. § 2013 Abs. 1, der § 1976 BGB nicht erwähnt) ipso iure und ex tunc[3] wieder auf. Nebenrechte (Pfandrechte und Bürgschaften) gelten als nicht erloschen. Bestand für die Forderung des Erben eine Hypothek am Grundstück des Erblassers, verwandelt sich diese mit dem Erbfall in eine Eigentümergrundschuld (§ 1177 BGB), bei Absonderung aber wieder in eine forderungsbekleidete Fremdhypothek. War allerdings die zur Eigentümergrundschuld gewordene Hypothek während der Vereinigung gelöscht und daraufhin einem Dritten eine Hypothek bestellt worden, kann die gelöschte Hypothek des Erben nur mit dem Range nach der inzwischen neu bestellten wieder eingetragen werden. Auch eine Auflassungsvormerkung, die infolge Konfusion des Auflassungsanspruchs untergeht,[4] lebt im Falle der Absonderung mit diesem Anspruch wieder auf. Streitig ist, ob es auch dann zur Wiedererlangung der ursprünglichen Rangstelle eines Pfandrechtes des Erben kommt, wenn durch das Erlöschen des Rechts die nachfolgenden Pfandgläubiger aufgerückt sind.[5]

---

[1] Mot. V S. 633.
[2] Vgl. Anhang zu § 315 RdNr. 30.
[3] BGHZ 48, 214, 219 = NJW 1967, 2399.
[4] BGH NJW 1981, 447, 448; 2000, 1033.
[5] Dagegen MünchKommBGB-*Siegmann* § 1976 RdNr. 5; *Lange/Kuchinke* § 49 II 2 c; aA *Staudinger/Marotzke* § 1976 RdNr. 4.

§ 326 3–5 10. Teil. 1. Abschnitt. Nachlaßinsolvenzverfahren

3 **2. Geltendmachung von Ansprüchen gegen den Erblasser.** § 326 Abs. 1 ist nicht auf die wiederaufgelebten Rechte und Pflichten beschränkt. Die Bestimmung greift auch ein, wenn dem Erben aus anderen Gründen Ansprüche in Bezug auf den Nachlass zustehen. Hatte der Erbe dem Erblasser eine ihm gehörende Sache zum Gebrauch überlassen, kann er diese nach der Absonderung gem. § 985 BGB vom Nachlassinsolvenzverwalter herausverlangen, § 47. Insbesondere kann sich der Erbe auf § 326 Abs. 1 berufen, wenn trotz Vereinigung von Recht und Verbindlichkeit bzw. Recht und Belastung diese fortbestehen, wie etwa in den Fällen der §§ 889, 1063, 1068, 1256 und 1273 BGB, wenn der Erbe ein rechtliches Interesse am Fortbestehen von Grundstücksrechten, Nießbrauch oder Pfandrechten hat. Ihre Geltendmachung erfolgt gem. § 47 (Aussonderung).[6] Waren Erblasser und Erbe Miteigentümer eines Grundstücks und vereinigen sich beide Anteile in der Hand des Erben, kann der Erbe seine Ansprüche nach Eröffnung des Verfahrens gem. § 84 geltend machen, vgl. § 84 RdNr. 4. Masseansprüche des Erben können sich aus §§ 324 Abs. 1 Nr. 1, 326 Abs. 2, aus einem schon mit dem Erblasser geschlossenen Vertrag, § 55 Nr. 2,[7] aus Dienstvertrag mit dem Verwalter, § 55 Nr. 1,[8] oder aus § 100 ergeben. § 326 liegt nicht vor, wenn der Prokurist eines Handelsgeschäftes durch Erbfall dessen Inhaber wird.[9]

4 **3. Nachlassforderungen gegen den Erben.** Ansprüche des Nachlasses gegen den Erben erwähnt Abs. 1 nicht. Sie können nach Eröffnung des Insolvenzverfahrens nach allg. Regeln geltend gemacht werden, so insbesondere Ersatzansprüche aus § 1978 BGB. Auch Abfindungsansprüche können wieder aufleben und gegen den Erben erhoben werden, so in den Fällen der Anwachsung eines Gesellschaftsanteils bei der zweigliedrigen Gesellschaft beim Erbfall oder unabhängig hiervon auf Grund gesellschaftsvertraglicher Regelung. Der in einem solchen Fall erloschene oder gar nicht erst entstandene Abfindungsanspruch des Erblassers aus § 738 BGB lebt mit der Eröffnung des Nachlassinsolvenzverfahrens wieder auf und kann gegen den Erben als Träger seines Eigenvermögens durchgesetzt werden.[10]

III. Rechtsübergang auf den Erben nach Erfüllung von Nachlassverbindlichkeiten, Abs. 2

5 **1. Erfüllung einer Nachlassverbindlichkeit bei Vorliegen der Voraussetzungen des § 1979.** Treffen die Voraussetzungen des § 1979 BGB zu, durfte der Erbe also den Umständen nach annehmen, dass der Nachlass zur Deckung aller Nachlassverbindlichkeiten (mit Ausnahme der Vermächtnisse, Auflagen und der ausgeschlossenen und säumigen Gläubiger) ausreicht, müssen die Nachlassgläubiger die Leistung als für Rechnung des Nachlasses erfolgt gelten lassen. Hat der Erbe mit Nachlassmitteln getilgt, kann er den vollen Betrag als Ausgabe in Rechnung stellen; zur Erstattung ist er nicht verpflichtet. Hat er aus eigenen Mitteln bezahlt, kann er nach §§ 1978 Abs. 3, 1979 BGB vollen Ersatz beanspruchen. Im Nachlassinsolvenzverfahren ist er ohne Rücksicht auf den Rang, den der befriedigte Gläubiger in der Insolvenz gehabt hätte, nach § 324 Abs. 1 Nr. 1 Massegläubiger. War die Gläubigerforderung durch eine Hypothek gesichert, ist diese mit der Zahlung Eigentümergrundschuld geworden, die dem Nachlass zusteht. Daran ändert die Eröffnung des Verfahrens nichts;[11] insbesondere hat der Erbe nicht das Recht, statt nach § 324 Nr. 1 gem. § 326 vorzugehen, auch wenn das unter Umständen vorteilhafter für ihn wäre.[12]

---

[6] *Baur/Stürner*, Insolvenzrecht RdNr. 14.12.
[7] BGHZ 48, 214, 219 = NJW 1967, 2399 (für Vertrag mit dem Erblasser). Nach *Smid/Fehl* RdNr. 2 kommen nur Masseansprüche aus der Zeit vor dem Erbfall (§ 55 Abs. 1 Nr. 2) in Betracht.
[8] Vgl. oben § 1 RdNr. 133.
[9] KGJ 48, 125.
[10] Vgl. die Fälle RGZ 136, 97, 99, BFH ZEV 1998, 441 m. Anm. *M. Siegmann* ZEV 1999, 52 und AG Potsdam ZIP 2001, 346. Zur Fortführung von Aktivprozessen vgl. *Stöber* MDR 2007, 757, 761.
[11] MünchKommBGB-*Siegmann* § 1979 RdNr. 4.
[12] *Lange/Kuchinke* § 49 II 2b m. Fn. 45 und 46; aA HK-*Marotzke* RdNr. 6; *Braun/Bauch* RdNr. 9; *Graf-Schlicker/Messner* RdNr. 5.

2. Erfüllung von Nachlassverbindlichkeiten durch den Erben ohne Vorliegen der Voraussetzungen des § 1979 BGB.
6
Hat der Erbe eine Nachlassverbindlichkeit mit Nachlassmitteln erfüllt, obwohl er die Überschuldung oder Zahlungsunfähigkeit erkannt oder aus Fahrlässigkeit nicht erkannt hat, ist er den Gläubigern ersatzpflichtig; sie brauchen die Zahlung nicht als für Rechnung des Nachlasses erfolgt gelten zu lassen. Die Durchsetzung des vom Verwalter (§ 1978 Abs. 3 BGB, § 92 InsO) geltend zu machenden Anspruchs setzt die substantiierte Darlegung voraus, welchen Betrag die Nachlassgläubiger weniger erhalten, als sie erlangt haben würden, wenn die Zahlungen unterblieben wären.[13] Da eine solche Darlegung kaum vor dem Abschluss des Verfahrens möglich sein wird, dürfte sich im Streitfall die Erhebung einer Feststellungsklage empfehlen. Hat der Erbe den entnommenen Betrag dem Nachlass erstattet (das bloße Bestehen einer Ersatzpflicht aus § 1978 Abs. 1 BGB genügt nicht; der Erbe muss in den Nachlass bezahlt haben)[14] oder hatte er mit eigenen Mitteln die Nachlassverbindlichkeit erfüllt, erlangt er nachträglich nach Abs. 2 die Rechtsstellung des befriedigten Gläubigers, sei es als Massegläubiger, sei es als nachrangiger Gläubiger nach § 327. Dabei ist unerheblich, welche Zwecke der Erbe mit der Zahlung verfolgt hat. Deshalb wird auch der bezugsberechtigte Erbe, der Erblasserschulden tilgt, um die ihrer Sicherung dienende Versicherungssumme zu erlangen, insoweit Nachlassgläubiger.[15] Die berichtigte Forderung kann der Erbe im Insolvenzverfahren geltend machen. Anders als im vorerörterten Fall steht ihm eine etwaige Gläubigerhypothek zu, §§ 401, 412 BGB; er erlangt die Stellung eines absonderungsberechtigten Insolvenzgläubigers.[16] Etwaige Bürgschaftsrechte gehen ebenfalls auf den Erben über. Überdies erwirbt der Erbe die Forderung des befriedigten Gläubigers auch dann zum Nennbetrag, wenn er diesen mit einem geringeren Betrag abgefunden hatte.[17] Er bleibt aber den Einwendungen ausgesetzt, die dem befriedigten Gläubiger gegenüber bestanden haben. Vorausgesetzt ist stets, dass der Erbe für die Nachlassverbindlichkeiten nicht unbeschränkt haftet, Abs. 2 letzter HS, weil er bei unbeschränkter Haftung immer für den Insolvenzfall einzustehen hat und weil § 1979 BGB dann nicht gilt, § 2013 Abs. 1 BGB.

IV. Geltendmachung von Gläubigerrechten durch den Erben, Abs. 3

Abs. 3 der Bestimmung trifft eine Sonderregelung für den Fall, dass der Erbe einem **7** einzelnen Gläubiger gegenüber unbeschränkt haftet. Zwar kann der Erbe auch bei dieser Haftungslage – Vorliegen der Voraussetzungen des § 1979 unterstellt – die Position eines Massegläubigers nach § 324 Abs. 1 erlangen, wenn er den Gläubiger, dem er unbeschränkt haftet, aus eigenen Mitteln befriedigt. Ebenso kann er bei Nichtvorliegen der Voraussetzungen des § 1979 den gesetzlichen Forderungsübergang des § 326 Abs. 2 herbeiführen, wenn er – zur Abwehr des Zugriffs auf sein Eigenvermögen – vor oder nach der Eröffnung der Nachlassinsolvenz den Nachlassgläubiger aus Eigenmitteln befriedigt.[18] Abs. 3 geht aber noch weiter. Die Bestimmung ermöglicht dem Erben für den Fall, dass der haftungsmäßig privilegierte Gläubiger sich im Vertrauen auf die Zugriffsmöglichkeit auf das Eigenvermögen des Erben nicht am Verfahren beteiligt, die Geltendmachung der Forderung dieses Gläubigers, und zwar auch dann, wenn der Erbe diese nicht getilgt hat. Das Gesetz erreicht auf diese Weise eine Gleichbehandlung der Gläubiger und beschränkt die Haftung des Erben auf eine Ausfallhaftung. Da es sich bei der vom Erben geltend gemachten Forderung um

---

[13] OLG Düsseldorf ZEV 2000, 236 mit Anm. *Küpper*; zweifelnd insoweit *Marotzke* RdNr. 4. Für „Ersatz in Höhe der ausgekehrten Summe" *Kübler/Prütting/Kemper* RdNr. 4. Vgl. auch *Gottwald/Döbereiner*, Insolvenzrechts-Handbuch, § 114 RdNr. 10.
[14] HK-*Marotzke* RdNr. 4; aA wohl *Uhlenbruck/Lüer* RdNr. 4 („Ersatz zu leisten hat").
[15] BGH NJW 1996, 2230, 2231.
[16] RGZ 55, 157, 161; *Jaeger/Weber* § 225 KO RdNr. 9; *Lange/Kuchinke* § 49 II 2 c.
[17] *Jaeger/Weber* Fn. 16; HambKomm-*Böhm* RdNr. 3.
[18] HK-*Marotzke* RdNr. 8; *Gottwald/Döbereiner*, Insolvenzrechts-Handbuch, § 114 RdNr. 11; oben § 94 RdNr. 11 (Aufrechnung). Bei Aufrechnung durch einen Nachlassgläubiger kann der Erbe gem. Abs. 3 vorgehen.

eine fremde handelt, die vom Berechtigten auch noch nach Ablauf der Anmeldefrist angemeldet werden kann, § 177, wird sie als aufschiebend bedingte behandelt, § 191.[19]

§ 327 Nachrangige Verbindlichkeiten

(1) Im Rang nach den in § 39 bezeichneten Verbindlichkeiten und in folgender Rangfolge, bei gleichem Rang nach dem Verhältnis ihrer Beträge, werden erfüllt:
1. die Verbindlichkeiten gegenüber Pflichtteilsberechtigten;
2. die Verbindlichkeiten aus den vom Erblasser angeordneten Vermächtnissen und Auflagen;
3. *(aufgehoben)*

(2) ¹Ein Vermächtnis, durch welches das Recht des Bedachten auf den Pflichtteil nach § 2307 des Bürgerlichen Gesetzbuchs ausgeschlossen wird, steht, soweit es den Pflichtteil nicht übersteigt, im Rang den Pflichtteilsrechten gleich. ²Hat der Erblasser durch Verfügung von Todes wegen angeordnet, daß ein Vermächtnis oder eine Auflage vor einem anderen Vermächtnis oder einer anderen Auflage erfüllt werden soll, so hat das Vermächtnis oder die Auflage den Vorrang.

(3) ¹Eine Verbindlichkeit, deren Gläubiger im Wege des Aufgebotsverfahrens ausgeschlossen ist oder nach § 1974 des Bürgerlichen Gesetzbuchs einem ausgeschlossenen Gläubiger gleichsteht, wird erst nach den in § 39 bezeichneten Verbindlichkeiten und, soweit sie zu den in Absatz 1 bezeichneten Verbindlichkeiten gehört, erst nach den Verbindlichkeiten erfüllt, mit denen sie ohne die Beschränkung gleichen Rang hätte. ²Im übrigen wird durch die Beschränkungen an der Rangordnung nichts geändert.

Übersicht

	RdNr.		RdNr.
I. Normzweck	1	3. Verbindlichkeiten gegenüber Pflichtteilsberechtigten	5
II. Bedeutung des Nachranges	2	4. Vermächtnisse und Auflagen	6
III. Die nachrangigen Verbindlichkeiten	3	5. Erbersatzansprüche	7
1. Verbindlichkeiten des § 39	3	6. Rangklasse der weichenden Erben	8
2. Ausgeschlossene Gläubiger	4		

I. Normzweck

1   Die Bestimmung greift aus dem Kreis der Nachlassverbindlichkeiten diejenigen heraus, die erst nach Deckung aller normalen Insolvenzforderungen erfüllt werden sollen. Diese Nachrangigkeit hat – wie bei der entsprechenden Vorschrift des § 226 KO – unterschiedliche Gründe. Die in Abs. 1 in Bezug genommenen nachrangigen Verbindlichkeiten des § 39 Abs. 1 Nr. 1 (Zinsen) und Nr. 2 (Kosten der Teilnahme am Verfahren) werden im Hinblick auf das sog. Nennwertprinzip zurückgesetzt, die aus Straf- und Ordnungswidrigkeitenverfahren herrührenden Ansprüche der öffentlichen Hand (§ 39 Abs. 1 Nr. 3) im Hinblick auf ihren Strafcharakter, die Forderungen auf eine unentgeltliche Leistung (§ 39 Abs. 1 Nr. 4) deshalb, weil Ansprüche aus Schenkungsversprechen weniger schutzwürdig sind als sonstige Forderungen (vgl. §§ 134, 322), und die an letzter Stelle (Abs. 1 Nr. 5) genannten Ansprüche auf Rückgewähr kapitalersetzender Darlehen, weil sie wie haftendes Eigenkapital zu behandeln sind. Die Verweisung läuft insoweit allerdings leer, weil diese Verbindlichkeiten im Nachlassinsolvenzverfahren gar nicht vorkommen können, da sie als Schuldner eine GmbH (§ 32a GmbHG) oder eine andere Handelsgesellschaft (§§ 129a, 172a HGB) oder

---

[19] *Nerlich/Römermann/Riering* RdNr. 6; *Uhlenbruck/Lüer* RdNr. 5; *Gottwald/Döbereiner,* Insolvenzrechts-Handbuch, § 114 RdNr. 11. Nach *Braun/Bauch* RdNr. 10 liegt eine Einzugsermächtigung vor.

eine stille Beteiligung verbunden mit einer Gesellschafterstellung („GmbH und Still") voraussetzen.[1] Die § 39 Abs. 1 Nr. 4 zugrunde liegende ratio legis gilt auch für § 327 Abs. 1 Nr. 1 und Nr. 2. Auch diese Ansprüche sollen nur aus einem Nachlassüberschuss beglichen werden. Die Zurücksetzung, die ausgeschlossene und diesen gleichstehende Gläubiger erfahren, hat ihren Grund darin, dass die nachlässige Rechtsverfolgung durch diese Gläubiger und ihre Beschränkung auf einen Bereicherungsanspruch (§§ 1973, 1974 BGB) ihre Einordnung bei den nachrangigen Insolvenzforderungen rechtfertigt.

II. Bedeutung des Nachranges

Auch im Nachlassinsolvenzverfahren sind zunächst alle normalen Insolvenzforderungen 2 einschließlich der vor Verfahrenseröffnung in Bezug auf diese Forderungen entstandenen Zinsen und Kosten zu erfüllen, bevor die Rangklassen des § 39 Abs. 1 Nr. 1 bis 4 im Rang nacheinander berücksichtigt werden können. Innerhalb der Rangklasse findet eine Gleichbehandlung nach dem Verhältnis der Forderungsbeträge statt (§ 39 Abs. 1). In Bezug auf nachrangige Forderungen gilt die Zinsen- und Kostenregelung des § 39 Abs. 1 Nr. 1 und 2 nicht. Diese Ansprüche werden gem. § 39 Abs. 3 ohne Rücksicht darauf, ob sie vor oder nach der Eröffnung angefallen sind, nur zusammen mit der Hauptforderung berücksichtigt, was infolge der Verweisung in § 327 auch für die dort in Abs. 1 und 2 aufgeführten und alle weiteren nachrangigen Forderungen der Nachlassinsolvenz gilt.[2] Nach den Verbindlichkeiten des § 39 Abs. 1 Nr. 1 bis 4 folgen die Verbindlichkeiten mit vereinbartem Nachrang, § 39 Abs. 2. Erst dann folgen die drei weiteren Rangklassen des § 327 (ausgeschlossene Gläubiger, Pflichtteilsberechtigte, Vermächtnisnehmer und Auflagenbegünstigte). Die Rechtsstellung der nachrangigen Gläubiger ist im Verfahren gemindert. Nach § 174 Abs. 3 sind ihre Forderungen nur anzumelden, soweit das Insolvenzgericht zur Anmeldung dieser Forderungen bes. auffordert (eine gleichwohl erfolgte Anmeldung führt nicht zur Aufnahme in die Tabelle);[3] bei Abschlagszahlungen sollen sie nicht berücksichtigt werden, § 187 Abs. 2 Satz 2; in der Gläubigerversammlung haben sie kein Stimmrecht, § 77 Abs. 1 Satz 2, und bei der Beschlussfassung über einen Insolvenzplan nur ein eingeschränktes, § 246 Nr. 1 und 2. Im Übrigen gelten die Forderungen nachrangiger Gläubiger als erlassen, wenn im Plan nichts anderes bestimmt ist, § 225 Abs. 1. Die Ausnahme des § 225 Abs. 3 für Nebenfolgen einer Straftat oder Ordnungswidrigkeit, die zu einer Geldzahlung verpflichten, gilt auch im Nachlassinsolvenzverfahren (anders bei Geldstrafen, Geldbußen, Ordnungs- und Zwangsgelder, vgl. RdNr. 3). Materiell tritt mit der Eröffnung der Nachlassinsolvenz keine weitere Minderung der Rechtsstellung der nachrangigen Gläubiger ein. Gläubiger nach § 39 Abs. 1 Nr. 1 bis 4 sowie nach Abs. 2 können unter der Voraussetzung der §§ 94 f. aufrechnen, vgl. oben § 94 RdNr. 13, 46. Pflichtteilsberechtigten, Vermächtnisnehmern, Auflagenberechtigten und Gläubigern nach Abs. 3 steht dieses Recht – vorbehaltlich einer einmal entstandenen Aufrechnungslage – nicht zu, weil ihnen die Einreden aus §§ 1973, 1974 und 1992 BGB entgegenstehen, § 390 BGB.[4]

III. Die nachrangigen Verbindlichkeiten

1. Die Verbindlichkeiten des § 39 in der Nachlassinsolvenz. Wegen der Verbind- 3
lichkeiten nach § 39 wird auf die dortige Kommentierung verwiesen. Für das Nachlassinsolvenzverfahren sind indessen Besonderheiten zu beachten, die das Gesetz bei seiner generellen Verweisung nicht ausreichend berücksichtigt. Ob die nach § 39 Abs. 1 oder mit dem

---

[1] Zustimmend *Gottwald/Döbereiner*, Insolvenzrechts-Handbuch, § 114 RdNr. 28; vgl. auch HK-*Marotzke* RdNr. 3. AA wohl *Hüsemann* S. 148.
[2] *Gottwald/Döbereiner*, Insolvenzrechts-Handbuch, § 114 RdNr. 28.
[3] HK-*Irschlinger* § 174 RdNr. 16; oben § 174 RdNr. 32; *Nerlich/Römermann/Becker* § 174 RdNr. 26; aA FK-*Schallenberg/Rafiqpoor* RdNr. 3; *Wiester*, in: *Scherer*, MAH Erbrecht § 25 RdNr. 62. Die Unzulässigkeit der Anmeldung steht der Verjährungshemmung nicht entgegen, MünchKommBGB-*Grothe* § 204 RdNr. 50.
[4] *Gottwald/Döbereiner*, Insolvenzrechts-Handbuch, § 114 RdNr. 30.

Rang der nachrangigen Hauptforderung geltend zu machenden Zinsen für die ganze Laufzeit zu berücksichtigen sind, hängt bei Erhebung der aufschiebenden Einreden nach §§ 2014, 2015 BGB durch den Erben davon ab, ob trotz Erhebung dieser Einreden Verzugseintritt möglich ist.[5] Sodann bedarf die uneingeschränkte Bezugnahme auf § 39 Abs. 1 Nr. 3 der Korrektur. Geldstrafen, Geldbußen, Ordnungsgelder und Zwangsgelder können zwar gegenüber einem Schuldner im Regelinsolvenzverfahren geltend gemacht werden. Im Nachlassinsolvenzverfahren verhält es sich anders. Vom Übergang auf den Erben sind nämlich ausgeschlossen solche öffentlich-rechtlichen Verbindlichkeiten, die höchstpersönlichen Charakter tragen, insbesondere Geldstrafen und Geldbußen (§ 459c Abs. 3 StPO, § 101 OwiG), Ordnungs- und Zwangsgelder (§ 890 ZPO, § 178 GVG, § 45 Abs. 1 Satz 2 AO).[6] Deshalb kann § 39 Abs. 1 Nr. 3 im Nachlassinsolvenzverfahren nur mit der Beschränkung des § 226 Abs. 2 Nr. 2 KO auf „Nebenfolgen einer Straftat oder Ordnungswidrigkeit, die zu einer Geldzahlung verpflichten", Anwendung finden.[7] In Betracht kommen die Fälle der §§ 73a, 74c StGB, § 25 OwiG, § 8 WiStG, §§ 375, 401 AO. Neben diesen Verbindlichkeiten werden mit dem Rang einer normalen Insolvenzforderung die Gerichtskosten berücksichtigt, arg. § 456 Abs. 3 StPO, § 54 Nr. 3 GKG. Auch § 39 Abs. 1 Nr. 4 gilt in der Nachlassinsolvenz nur eingeschränkt. Forderungen auf eine unentgeltliche Leistung des Schuldners erlöschen nämlich mit dem Tode des Schuldners, wenn dieser eine in wiederkehrenden Leistungen bestehende Unterstützung zugesagt hat, sofern sich nicht aus dem Versprechen etwas anderes ergibt, sog. Rentenversprechen nach § 520 BGB. Bereits fällig gewordene und rückständige Leistungen sind nachrangige Erblasserschulden.[8] Bei Nichtbeachtung der Form des § 518 BGB besteht überhaupt keine Verpflichtung. Ob die Schenkungszusage für die Zeit nach dem Erbfall als Vermächtnis aufrechterhalten werden kann, ist fraglich. Dies setzt neben der Einhaltung der Form des Erbvertrages einen entsprechenden Willen voraus, der im Hinblick auf § 520 BGB nicht zu unterstellen ist.[9] Die vererbliche Verpflichtung aus einem Ausstattungsversprechen (§ 1624 BGB)[10] ist keine Forderung auf eine unentgeltliche Leistung, wenn das Versprechen den Vermögensverhältnissen der Eltern entspricht. Nicht vererblich und deshalb in der Nachlassinsolvenz nicht zu berücksichtigen ist dagegen die unentgeltliche Zusage an den Lebensgefährten, eine gemeinsame Darlehensschuld allein zu tragen.[11] Dazu, dass Ansprüche nach § 39 Abs. 1 Nr. 5 im Nachlassinsolvenzverfahren denkgesetzlich überhaupt nicht möglich sind, vgl. RdNr. 1.

4   2. Ausgeschlossene und diesen gleichstehende Gläubiger (§§ 1973, 1974 BGB).
Sie nehmen nach den Gläubigern des § 39 Abs. 1 (Rangklasse 1 bis 4) und § 39 Abs. 2 (Rangstelle 5) die sechste Rangstelle ein, werden also noch vor Ansprüchen aus Pflichtteilsrechten, Vermächtnissen und Auflagen befriedigt. Abs. 3 sieht nämlich vor, dass Gläubiger, die im Wege des Aufgebotsverfahrens ausgeschlossen sind oder diesen gleichstehen, erst nach den in § 39 bezeichneten Verbindlichkeiten befriedigt werden. Handelt es sich bei den von der Verschweigung[12] (§ 1974) betroffenen Ansprüchen um solche aus Pflichtteilsrechten, Vermächtnissen oder Auflagen, behalten sie die Rangstelle des Abs. 1 Nr. 1 und 2, sie

---

[5] Dafür RGZ 79, 201 und die überwiegende Meinung, vgl. MünchKommBGB-*Siegmann* § 2014 RdNr. 5. Ablehnend *Staudinger/Marotzke* § 2014 RdNr. 8. Die ersatzlose Streichung des § 202 Abs. 2 BGB durch das Schuldrechtsmodernisierungsgesetz kann nicht als Beleg dafür dienen, dass die Erhebung der Einreden Verzug ausschließe. Denn § 782 ZPO lässt nach wie vor trotz Erhebung der Einrede eine Sicherungsvollstreckung zu.
[6] MünchKommBGB-*Siegmann* (3. Aufl.) § 1967 RdNr. 77.
[7] Zutreffend *Holzer* NZI 1999, 44, 45; *Gottwald/Döbereiner*, Insolvenzrechts-Handbuch, § 114 RdNr. 18; oben § 39 RdNr. 20; *Lange/Kuchinke* § 47 VII 2e. Ohne diese Einschränkung *Nerlich/Römermann/Riering* RdNr. 12; *Haarmeyer/Wutzke/Förster*, Handbuch, Kap. 10 RdNr. 112.
[8] MünchKommBGB-*Siegmann* § 1967 RdNr. 8.
[9] MünchKommBGB-*Pecher* § 761 RdNr. 2.
[10] BGHZ 44, 91, 95 = NJW 1965, 2056.
[11] BGHZ 77, 55, 58 = NJW 1980, 1520.
[12] Nur § 1974 BGB ist anwendbar. § 1973 BGB scheidet aus, weil die genannten Ansprüche durch das Aufgebot nicht betroffen sind, § 1972.

werden jedoch erst nach den Verbindlichkeiten erfüllt, mit denen sie ohne die Beschränkung gleichen Rang hätten, Abs. 3 Satz 1. Im Übrigen stehen die ausgeschlossenen und die diesen gleichstehenden Verbindlichkeiten untereinander nicht gleich.[13] Abs. 3 Satz 2 legt vielmehr fest, dass durch die Beschränkungen an der Rangordnung nichts geändert wird. Gehören zu den ausgeschlossenen Verbindlichkeiten solche aus einem Rechtsgeschäft mit einem Nachlasspfleger, solche aus der Fortführung eines Unternehmens des Erblassers durch den Erben in ordnungsmäßiger Verwaltung des Nachlasses und diejenigen aus der Zusage einer unentgeltlichen Leistung durch den Erblasser, haben diese Verbindlichkeiten keineswegs gleichen Rang. Sie werden vielmehr in der genannten Reihenfolge als Masseschuld (§ 324 Abs. 1 Nr. 5), als normale Insolvenzforderung (§ 38) und schließlich als nachrangige Verbindlichkeit (§ 327 i. V. m. § 39 Abs. 1 Nr. 4) nacheinander erfüllt.[14] Mehrere Forderungen mit gleichem Rang sind wie stets bei § 327 unter sich pro rata zu berichten.

3. Verbindlichkeiten gegenüber Pflichtteilsberechtigten. Verbindlichkeiten gegenüber Pflichtteilsberechtigten folgen an 7. Stelle. Es handelt sich um die ordentlichen (§ 2303 BGB) und die außerordentlichen (§ 2325 BGB) Pflichtteilsansprüche von Abkömmlingen, Ehegatten oder Eltern des Erblassers (§ 2303 Abs. 1 und 2 BGB). Zu beachten ist, dass ein Pflichtteilsanspruch im Nachlassinsolvenzverfahren angesichts regelmäßig vorliegender Überschuldung nur denkbar ist, wenn im Berechnungszeitpunkt (Erbfall, § 2311 BGB) bei Außerachtlassung von Vermächtnissen und Auflagen die Nachlassaktiva die Schulden überstiegen, vgl. § 322 RdNr. 1. Pflichtteilsberechtigt kann auch ein Miterbe sein, so im Falle der §§ 2305, 2307 BGB mit dem Restanspruch und nach § 2325 BGB mit dem Ergänzungsanspruch. Im letzteren Fall setzt die Entstehung des Anspruchs voraus, dass sich bei Hinzurechnung des verschenkten Gegenstandes ein Aktivnachlass ergibt. Der nach § 2329 BGB gegen den Beschenkten gerichtete Ergänzungsanspruch wird ebenso wie der Ergänzungsanspruch des Alleinerben aus §§ 2325, 2329 Abs. 1 Satz 2 BGB gegen den Dritten von § 327 Abs. 1 Nr. 1 nicht berührt. Ein solcher Anspruch ist nicht Nachlassverbindlichkeit und damit auch keine „gewöhnliche Konkursforderung".[15] Der Anspruch aus § 2329 ist vielmehr dem aus § 2325 BGB wesensgleich, ohne Nachlassverbindlichkeit zu sein, weil er sich gegen einen Dritten richtet. Deshalb kann der pflichtteilsberechtigte Mit- oder Alleinerbe den Anspruch trotz Eröffnung der Nachlassinsolvenz gegen den Dritten geltend machen. Setzt sich der Insolvenzverwalter allerdings mit der Schenkungsanfechtung durch, entfällt mit der Rückgewähr des Geschenks in die Masse (§ 143) die Bereicherung des Dritten und damit auch der Anspruch des Erben.[16] Wie ein Pflichtteilsanspruch wird das pflichtteilsersetzende Vermächtnis nach § 2307 BGB behandelt, Abs. 2 Satz 1, soweit es den Pflichtteilsanspruch deckt. Dazu gehört insbesondere das sog. Deckungsvermächtnis, wenn der Erblasser dem Pflichtteilsberechtigten zur Deckung des Anspruchs bestimmte Gegenstände zuwendet. Mit dem übersteigenden Betrag nimmt das Vermächtnis die nächste Rangstelle ein. Zur Frage, ob ein Nachvermächtnis i. S. v. § 2191 BGB pflichtteilsersetzendes Vermächtnis sein kann, vgl. unten Fn. 23. Für Auflagen gilt § 2307 BGB nicht, weil sie nicht ausgeschlagen werden können. Der Pflichtteilsanspruch des nichtehelichen Kindes nach seinem Vater (und umgekehrt) gem. dem mit Wirkung vom 1. 4. 1998 aufgehobenen § 2338 a BGB ist wie ein solcher aus § 2303 zu behandeln, erhält also den Rang des Abs. 1 Nr. 1.[17] **Nicht** unter Nr. 1 fallen Ansprüche, bei denen sich nur die Berechnung oder Ausgestaltung nach den §§ 2303 ff. BGB richtet, z. B. der Anspruch aus § 1586 b BGB (vgl. oben § 325 RdNr. 3), aus § 1712 aF BGB[18] und aus dem ebenfalls mit Wirkung vom 1. 4. 1998 aufgehobenen § 1934 b BGB (vgl. dazu unten RdNr. 7). Während die erstgenannten

---

[13] *Gottwald/Döbereiner*, Insolvenzrechts-Handbuch, § 114 RdNr. 26; *Kübler/Prütting/Kemper* RdNr. 10; aA *Uhlenbruck/Lüer* RdNr. 6; *Kilger/K. Schmidt* § 226 KO Anm. 4 c.
[14] Vgl. den bei *Jaeger*, Erbenhaftung S. 70, behandelten Beispielsfall für das frühere Recht.
[15] Wie die Motive BGB V S. 638 ausführen.
[16] RG LZ 1928, 53, 55.
[17] BGH NJW 1988, 136.
[18] RGZ 90, 204.

Ansprüche Insolvenzforderungen gem. § 38 sind, nimmt der Anspruch nach § 1934 b die letzte Rangstelle (RdNr. 7) ein. Auch die Zugewinnausgleichsforderung nach §§ 1371, 1378 BGB teilt nicht den Rang des Pflichtteilsanspruchs. Sie ist Nachlassverbindlichkeit, als solche normale Insolvenzforderung, mag auch bei ihrer Regelung das Pflichtteilsrecht Vorbild gewesen sein. Traf die Verbindlichkeit aus Pflichtteilsrecht schon den Erblasser, greift § 327 Abs. 1 Nr. 1 nicht ein. Es handelt sich dann um eine reine Erblasserschuld, die zur gewöhnlichen Insolvenzforderung wird.

6   4. Vermächtnisse und Auflagen. Vermächtnisse und Auflagen, die der Erblasser angeordnet hat, bilden nach der jetzigen Fassung des Gesetzes (vgl. RdNr. 7) die letzte Rangstelle. Die sog. gesetzlichen Vermächtnisse aus §§ 1932, 1969 BGB hat der Erblasser zwar nicht angeordnet. Sie teilen aber in der Nachlassinsolvenz die Rangstufe der angeordneten Vermächtnisse, weil nach Abs. 2 der zitierten Bestimmungen auf sie die Vorschriften über Vermächtnisse entspr. Anwendung finden.[19] **Nicht hierher** gehört der **Unterhaltsanspruch der Mutter des erbberechtigten nasciturus** aus § 1963 BGB (vgl. § 325 RdNr. 4). Auch die gelegentlich als gesetzliches Vermächtnis bezeichnete **Ausgleichspflicht der Miterben** gem. § 2050 BGB[20] gehört nicht hierher. Sie ist nicht einmal Nachlassverbindlichkeit, sondern Verbindlichkeit der Abkömmlinge untereinander aus gesetzlichem Schuldverhältnis.[21] Abs. 1 Nr. 2 erfasst jede Art von Vermächtnis, insbesondere auch das sog. instrumentale Vermächtnis.[22] Ausgenommen sind jedoch das Untervermächtnis (§ 2147 BGB) und das Nachvermächtnis. Denn der Hauptvermächtnisnehmer haftet zwar gem. § 2187 Abs. 3 BGB wie ein Erbe; um eine Nachlassverbindlichkeit handelt es sich dabei aber nicht.[23] Zwei Besonderheiten sind zu beachten: Einmal kann der Erbe selbst Vermächtnisnehmer sein, wenn ihm ein Vermächtnis zugewendet wird, sog. **Vorausvermächtnis,** § 2150 BGB. Diese Rechtsstellung hat er auch im Nachlassinsolvenzverfahren[24] mit dem Vorteil, dass er – wenn auch an letzter Rangstelle – immer noch besser rangiert als mit der bloßen Erben-Schuldner-Stellung, die ihm nichts außer der Belastung mit dem Verfahren bringt.[25] Überdies geht der Erbe mit seinem Vorausvermächtnis im Falle des § 1989 BGB den Nachlassgläubigern vor, die sich erst nach Ausschüttung der Masse melden.[26] Sodann begründet das Vorausvermächtnis zugunsten des alleinigen Vorerben auf Verschaffung des Eigentums an einem Nachlassgrundstück oder sonstigem Nachlassgegenstand keine Nachlassverbindlichkeit, weil der Vorerbe sich nicht selbst Eigentum übertragen kann. Es liegt ein dinglich wirkendes Vermächtnis vor.[27] Mit Eröffnung des Insolvenzverfahrens entsteht aber der Anspruch des Erben auf Verschaffung des Eigentums (§ 1976), weshalb der Erbe mit seinem Anspruch aus § 2150 BGB mit der Maßgabe des § 45 (vgl. dort RdNr. 7) in die Rangstelle der Vermächtnisse einrückt. Hier wie auch bei der Auflage kann der Erblasser gem. Abs. 2 Satz 2 anordnen, dass ein Vermächtnis vor dem anderen Vorrang hat. Belasteten Vermächtnisse oder Auflagen eine im Nachlass befindliche transmittierte Erbschaft, findet § 327 keine Anwendung. Bei ihnen handelt es sich um Insolvenzforderungen, die der Insolvenzverwalter ggfs. mit Antrag auf Nachlassverwaltung

---

[19] MünchKommBGB-*Leipold* § 1932 RdNr. 17; *Jaeger/Weber* §§ 226, 227 KO RdNr. 32; *Lange/Kuchinke* § 12 IV 4.
[20] *Schiffner,* Pflichtteil, Erbenausgleich und die sonstigen gesetzlichen Vermächtnisse, 1897; auch *Lange/Kuchinke* § 15 III 4 a sehen in der Ausgleichspflicht ein Vermächtnis zu Lasten des Ausgleichspflichtigen und zugunsten des Berechtigten.
[21] MünchKommBGB-*Heldrich* § 2050 RdNr. 17.
[22] MünchKommBGB-*Schlichting* vor § 2147 RdNr. 5. Zum befristeten Vermächtnis vgl. oben § 41 RdNr. 9 und 10.
[23] MünchKommBGB-*Siegmann* § 1967 RdNr. 3. Unter- und Nachvermächtnisse sind auch nicht wie ein pflichtteilersetzendes Vermächtnis zu behandeln, BGH NJW 2001, 520.
[24] *Jaeger/Weber* §§ 226, 227 KO RdNr. 29; *Lange/Kuchinke* § 27 V 1 d; *Gottwald/Döbereiner,* Insolvenzrechts-Handbuch, § 114 RdNr. 20; MünchKommBGB-*Schlichting* § 2150 RdNr. 3.
[25] *Jaeger,* Erbenhaftung S. 66.
[26] *Staudinger/Marotzke* § 1989 RdNr. 23.
[27] BGHZ 32, 60 = NJW 1960, 959.

oder Nachlassinsolvenz abwehren muss,[28] sofern sie die von ihm verwaltete Masse belasten. Die **Auflage** unterscheidet sich vom Vermächtnis dadurch, dass sie dem Begünstigten keinen Anspruch gewährt, §§ 1940, 2192 ff. BGB. Sie kann ganz unterschiedliche Inhalte haben, z. B. auch die Verpflichtung, einem Testamentsvollstrecker zur Fortführung eines einzelkaufmännischen Unternehmens des Erblassers Vollmacht zu erteilen (vgl. § 325 RdNr. 9). Nur wer gem. § 2194 BGB die Vollziehung der Auflage verlangen kann, ist Inhaber eines Anspruchs.[29] Deshalb hat er auch die Stellung des Gläubigers nach § 327 Abs. 1 Nr. 2.[30]

5. Erbersatzansprüche nach § 1934 b BGB aF. Erbersatzberechtigte nach § 1934 b BGB rangierten nach der ursprünglichen Fassung des § 327 an letzter Stelle. Das ErbGleichG hat das Rechtsinstitut des Erbersatzanspruchs ganz beseitigt und § 327 Abs. 1 Nr. 3 aufgehoben. Gleichwohl können für eine Übergangszeit noch unerfüllte und unverjährte Erbersatzansprüche eine Rolle spielen.[31] Sie sind dann letztrangig zu erfüllen.

6. Ausgleichsansprüche weichender Miterben bei qualifizierter Nachfolgeklausel. Die Frage, welcher Rang dem erbrechtlichen Wertausgleichsanspruch weichender Miterben bei Vorliegen einer qualifizierten Nachfolgeklausel zukommt, stellt sich nicht, wenn man die zu dem Anteil gehörenden Vermögensrechte der Erbengemeinschaft zuweist und es deshalb keines Wertausgleichs bedarf.[32] Wären demgegenüber auch die Vermögensrechte dem Sondernachfolger zuzuordnen und bräuchte es damit einen Wertausgleich für weichende Miterben, wären deren Ansprüche zwar Nachlassverbindlichkeiten, könnten aber nur nachrangige Forderungen sein, weil sie die unterschiedliche Wertbeteiligung am Nachlass als Folge der qualifizierten Nachfolgeklausel ausgleichen müssten. Sie wären insoweit also eine Art Erbersatz und könnten deshalb nur die letzte Rangstelle des § 327 erhalten, also nach Pflichtteilsansprüchen, Vermächtnisnehmern und Auflagebegünstigten, und gleichrangig mit evtl. Erbersatzberechtigten.[33]

§ 328 Zurückgewährte Gegenstände

(1) Was infolge der Anfechtung einer vom Erblasser oder ihm gegenüber vorgenommenen Rechtshandlung zur Insolvenzmasse zurückgewährt wird, darf nicht zur Erfüllung der in § 327 Abs. 1 bezeichneten Verbindlichkeiten verwendet werden.

(2) Was der Erbe auf Grund der §§ 1978 bis 1980 des Bürgerlichen Gesetzbuchs zur Masse zu ersetzen hat, kann von den Gläubigern, die im Wege des Aufgebotsverfahrens ausgeschlossen sind oder nach § 1974 des Bürgerlichen Gesetzbuchs einem ausgeschlossenen Gläubiger gleichstehen, nur insoweit beansprucht werden, als der Erbe auch nach den Vorschriften über die Herausgabe einer ungerechtfertigten Bereicherung ersatzpflichtig wäre.

---

[28] *Uhlenbruck/Lüer* RdNr. 4; *Gottwald/Eickmann,* Insolvenzrechts-Handbuch § 31 RdNr. 128; ebd. *Döbereiner* § 114 RdNr. 21.
[29] BGHZ 121, 357 = NJW 1993, 2168.
[30] *Uhlenbruck/Lüer* RdNr. 4; *Lange/Kuchinke* § 30 III 4.
[31] Vgl. etwa BGH NJW 2001, 2713. Ausführlich HK-*Marotzke* RdNr. 12 bis 14; *Gottwald/Döbereiner,* Insolvenzrechts-Handbuch, § 114 RdNr. 23. Dort auch zur Frage der Pflichtteilsberechtigung des früheren Erbersatzberechtigten.
[32] Vgl. *M. Siegmann,* NJW 1995, 481, 484 f.; im Ausgangspunkt zust. *Staudinger/Marotzke* § 1922 RdNr. 183, alle mwN.
[33] AA *Staudinger/Marotzke* § 1922 RdNr. 188 (Rangstelle eines Pflichtteilsberechtigten); eine Berücksichtigung etwaiger Ausgleichsansprüche der Miterben im Range des § 327 Abs. 1 Nr. 1 InsO käme allenfalls insoweit in Betracht, als sie pflichtteilersetzend wirken (§ 327 Abs. 2 Satz 1 analog); richtigerweise bedarf es dieser Konstruktion nicht, vgl. oben bei Fn. 32.

I. Normzweck

1 Die Bestimmung, die mit § 228 KO identisch ist, knüpft in Absatz 1 an die Rechtslage bei Anfechtungen nach dem AnfG an. Dort können nur Rechtshandlungen des Schuldners, die seine Gläubiger benachteiligen, nach Maßgabe des Gesetzes angefochten werden. Gläubiger des Erben (wozu insbesondere Pflichtteilsberechtigte und Vermächtnisnehmer gehören) können folglich Rechtshandlungen des Erblassers nicht anfechten. Die erfolgreiche Anfechtung nach dem AnfG führt auch nur dazu, dass das, was anfechtbar weggegeben ist, dem Anfechtungsgläubiger und nicht der Gesamtheit der Gläubiger zur Verfügung gestellt werden muss. Ganz anders bei der Anfechtung durch den Insolvenzverwalter gem. §§ 129 ff. Hier gelangt das, was zurückzugewähren ist, in die Masse, § 143 Abs. 1. Dieses Ergebnis erschien den Verfassern der KO „innerlich nicht gerechtfertigt". Eine Anfechtung – so meinten sie – dürfe denjenigen, die zu keiner Zeit Gläubiger des Erblassers gewesen seien, nicht zum Vorteil gereichen.[1] Auf dieser Überlegung beruht § 328. Die Bestimmung ist allerdings insofern missglückt, als sie in Abs. 1 auf die „in § 327 Abs. 1 bezeichneten Verbindlichkeiten" verweist. Dort werden auch solche aus § 39 angeführt, die, wie der Sinn der Regelung und der Vergleich mit § 228 Abs. 1 KO zeigt, schlechterdings nicht gemeint sein können. Korrekt müsste also auf § 327 Abs. 1 Nr. 1 und 2 verwiesen werden.[2] Abs. 2 geht von der Haftungsregelung der §§ 1973, 1974 BGB gegenüber ausgeschlossenen und diesen gleichstehenden Gläubigern aus. Dort besteht – bei noch beschränkbarer Haftung des Erben, § 2013 Abs. 1 BGB – die persönliche Verantwortung des Erben nach §§ 1978, 1979 BGB den ausgeschlossenen und diesen gleichstehenden Gläubigern gegenüber nur nach bereicherungsrechtlichen Vorschriften,[3] was bedeutet, dass bei Verwertung und Weggabe des Nachlassrestes den ausgeschlossenen Gläubigern gegenüber nicht mehr gehaftet wird. Abs. 2 zieht daraus die entsprechende Folgerung für das Nachlassinsolvenzverfahren. Die ausgeschlossenen Gläubiger sollen im Nachlassinsolvenzverfahren nicht besser gestellt sein als außerhalb. Handelt es sich nur noch um die Befriedigung ausgeschlossener Gläubiger, wird die Ersatzverpflichtung des Erben durch die noch vorhandene Bereicherung begrenzt. Sind außer den ausgeschlossenen Gläubigern noch andere vorhanden (Pflichtteilsberechtigte und Vermächtnisnehmer), liegt es anders. Im Interesse dieser Gläubiger hat der Verwalter die Ersatzpflicht voll zu realisieren, was mittelbar auch den ausgeschlossenen zugute kommt.[4]

II. Zurücksetzung der Gläubiger des § 327 Abs. 1 Nr. 1 und 2, Abs. 1

2 **1. Anfechtbare Rechtshandlung.** Abs. 1 betrifft **nur die Rechtshandlungen des Erblassers.** Nicht betroffen sind solche des Erben oder die dem Erben gegenüber vorgenommenen. Sie können nach Rückgängigmachung auch für die Gläubiger des § 327 Abs. 1 Nr. 1 und 2 von Vorteil sein. Ob die Anfechtung durch einen Nachlassgläubiger noch vor der Eröffnung des Insolvenzverfahrens erfolgte und der Verwalter die von einem einzelnen Gläubiger erhobene Anfechtungsklage nach § 16 AnfG weiterverfolgt hat oder ob die Anfechtung gem. § 129 nach Eröffnung des Verfahrens vom Verwalter ausging, bleibt gleich.

3 **2. Umfang der Anfechtung.** Es ist stets zu beachten, dass der Rückgewähranspruch des § 143 nur so weit geht, dass alle vorgehenden Gläubiger befriedigt werden können. Ein Überrest ist dem – redlichen – Anfechtungsgegner zu erstatten.[5] Bei Vorsatzanfechtung, § 133, sollte der Überschuss als Masserest dem Erben verbleiben.[6] Eine Anfechtung kommt nicht in Betracht, wenn die Masse zur Befriedigung aller den Pflichtteilsberechtigten,

---

[1] Mot. V S. 638 f.
[2] HK-*Marotzke* RdNr. 3; *Gottwald/Döbereiner*, Insolvenzrechts-Handbuch, § 114 RdNr. 32.
[3] MünchKommBGB-*Siegmann* § 1973 RdNr. 5.
[4] *Gottwald/Döbereiner*, Insolvenzrechts-Handbuch, § 114 RdNr. 33.
[5] *Uhlenbruck/Lüer* RdNr. 2; HambKomm-*Böhm* RdNr. 2.
[6] *Jaeger*, Erbenhaftung S. 73; *Graf-Schlicker/Messner* RdNr. 2.

Vermächtnisnehmern und Auflagebegünstigten vorgehenden Gläubigern ausreicht.[7] Mit diesem Einwand der fehlenden Gläubigerbenachteiligung ist der Anfechtungsgegner schon im Anfechtungsverfahren zu hören. Er ist vom Verwalter zu widerlegen, weil ihn die Beweislast in Bezug auf die Gläubigerbenachteiligung trifft.[8] Im Falle der Eröffnung des Insolvenzverfahrens wegen Zahlungsunfähigkeit oder Überschuldung des Nachlasses hat allerdings der Anfechtungsgegner seine Behauptung, die Masse sei ausreichend, darzulegen.[9] Neben dem Einwand, dass die Masse zur Befriedigung der vorgehenden Gläubiger ausreiche, bleibt dem Gegner auch der weitere Einwand, dass von der Anfechtung nur Massegläubiger profitieren würden. Dies macht die Anfechtung ebenfalls unzulässig, weil nur die Insolvenzgläubiger gegen Benachteiligungen geschützt sind, § 129.[10] Ausgenommen ist der Fall, dass die Anfechtung der Beseitigung der Masseunzulänglichkeit dient,[11] weshalb trotz deren Anzeige die Anfechtung zulässig ist.[12] Die formgerecht angezeigte Masseunzulänglichkeit ist für das Prozessgericht bindend.[13] Auch die Schenkungsanfechtung des Verwalters gegen den vom Erblasser Beschenkten kann nur in den Grenzen des § 328 erfolgen. Der Restbetrag steht allerdings dem Pflichtteilsberechtigten (auch dem pflichtteilsberechtigten Erben) zu, so weit sein Anspruch aus § 2329 BGB reicht.

III. Beschränkung der Gläubiger nach §§ 1973, 1974 BGB, Abs. 2

Wie in RdNr. 1 dargelegt, beschränkt Abs. 2 die Ersatzpflicht des noch beschränkbar[14] 4 haftenden Erben gegenüber ausgeschlossenen und diesen gleichstehenden Gläubigern auf die noch vorhandene **Bereicherung.** Im Übrigen besteht ein Leistungsverweigerungsrecht des Erben, weshalb auch dem Nachlass keine weitergehenden Forderungen gegen den Erben zustehen. Wenn den ausgeschlossenen Gläubigern keine weiteren nachfolgen, ist dem Erben folglich seine Ersatzleistung zurückzugeben, soweit sie die Bereicherung übersteigt. Folgen den ausgeschlossenen Gläubigern aber weitere nachrangige Gläubiger (Pflichtteilsberechtigte, Vermächtnisnehmer und Auflagenbegünstigte), hat der Verwalter die Ersatzpflicht in vollem Umfang geltend zu machen; die Bereicherung verbleibt den ausgeschlossenen Gläubigern, der weitergehende Betrag steht den nachfolgenden Gläubigern zu. Hat der Erbe beispielsweise einen Nachlassgegenstand verschenkt, so besteht gegen ihn nur dann ein Ersatzanspruch aus § 1978 BGB, wenn außer den ausgeschlossenen Gläubigern noch Gläubiger der Rangklassen § 327 Abs. 1 Nr. 1 und 2 vorhanden sind. Ihnen steht der Gegenwert zu. Ist der ausgeschlossene Gläubiger der Letzte unbefriedigte, kommt eine Ersatzpflicht des Erben wegen Wegfalls der Bereicherung nicht in Betracht. Dem Gläubiger bleibt allerdings die Möglichkeit der Anfechtung gem. § 4 AnfG nach Beendigung des Nachlassinsolvenzverfahrens. Bei der Feststellung der Bereicherung sind dem Aktivbestand die durch Konfusion und Konsolidation erloschenen Verbindlichkeiten und Lasten hinzuzurechnen, wie auch umgekehrt die auf gleiche Weise erloschenen Rechte und Forderungen des Erben vom Aktivbestand abzuziehen sind.[15]

§ 329 Nacherbfolge

Die §§ 323, 324 Abs. 1 Nr. 1 und § 326 Abs. 2, 3 gelten für den Vorerben auch nach dem Eintritt der Nacherbfolge.

---

[7] BGH NJW-RR 1986, 991; HK-*Kreft* § 129 RdNr. 60; *Jaeger/Weber* § 228 KO RdNr. 3.
[8] BGH NJW 1999, 1395, 1397; 1995, 1093, 1095; HK-*Kreft* § 129 RdNr. 61.
[9] BGH ZIP 1997, 853, 854; NJW-RR 1993, 235; 1986, 991.
[10] BGH NJW-RR 1998, 11 057, 1060; LG Stralsund ZIP 2001, 936, 940.
[11] BGH NJW-RR 2001, 1699; *Gottwald/Huber,* Insolvenzrechts-Handbuch, § 46 RdNr. 66; oben § 129 RdNr. 105 a.
[12] BGH NJW-RR 2001, 1699; *Pape* ZIP 2001, 901.
[13] BGHZ 154, 358, 363 = NJW 2003, 2454.
[14] *Uhlenbruck/Lüer* RdNr. 4.
[15] MünchKommBGB-*Siegmann* § 1973 RdNr. 5; *Lange/Kuchinke* § 49 IX 1 d.

I. Normzweck

1 Die mit § 231 KO inhaltsgleiche Bestimmung dient der Klarstellung, welche Rechte der Vorerbe nach Eintritt der Nacherbfolge im Falle einer Nachlassinsolvenz hat. War zu diesem Zeitpunkt bereits ein Verfahren anhängig, behält der Vorerbe selbstverständlich die einmal erworbenen Rechte aus §§ 324 Abs. 1 Nr. 1, 326 Abs. 2 und 3 mit der Einschränkung des § 323. Fraglich könnte nur sein, ob das Gleiche auch dann gilt, wenn die Eröffnung erst nach Eintritt des Nacherbfalles erfolgt, weil der Vorerbe dann nicht mehr die Rechtsstellung inne hat, die er als Erbe im Nachlassinsolvenzverfahren einnehmen würde. Um insoweit mögliche Zweifel auszuschließen, erklärt das Gesetz die bezeichneten Vorschriften auch in diesem Fall für anwendbar.

II. Die Rechte des Vorerben im Nachlassinsolvenzverfahren

2 **1. Eröffnung des Nachlassinsolvenzverfahrens während der Vorerbzeit.** Insoweit bestehen keine Besonderheiten. Der Vorerbe hat die gleichen Rechte wie der endgültige Erbe, insbesondere die aus § 324 Abs. 1 Nr. 1 stehen ihm zu. § 326 Abs. 1 findet ebenfalls Anwendung, weil mit der Vermögensabsonderung die Konfusion entfällt, § 1976 BGB. Der Vorerbe kann sich auf § 326 Abs. 2 und 3 berufen und muss die Beschränkungen des § 323 beachten. Die Einschränkung des § 83 Abs. 2 gilt nicht für den Verwalter. Diese Bestimmung betrifft nur den Fall, dass zum Vermögen des Schuldners auch eine Vorerbschaft gehört, während § 329 den Fall regelt, dass der Vorerbe nur mit der Vorerbschaft Schuldner des Nachlassinsolvenzverfahrens ist, vgl. § 83 RdNr. 18. Wird das Insolvenzverfahren noch während der Vorerbzeit durch Verteilung der Masse oder durch Insolvenzplan beendet, kann sich auch der Nacherbe auf § 1989 BGB berufen. Eine unbeschränkte Haftung des Vorerben besteht fort; sie trifft den Nacherben aber nicht. Für ihn ergibt sich eine eigene Haftungslage.

3 **2. Eintritt des Nacherbfalles während der Nachlassinsolvenz.** Mit dem Eintritt des Nacherbfalles während des Nachlassinsolvenzverfahrens endet die Erben- und Schuldnerstellung des Vorerben (vgl. § 317 RdNr. 2). Schuldner des Insolvenzverfahrens wird der Nacherbe. Hatte der Nacherbe sein Anwartschaftsrecht veräußert, wird er bei Eintritt des Nacherbfalles zwar Nacherbe, jedoch nicht Schuldner. Er haftet nämlich den Nachlassgläubigern nicht, weil vor Eintritt des Nacherbfalles keine Haftung bestanden hat und mit deren Eintritt die Haftung den Erwerber trifft (§ 330), dem die Erbschaft ohne Zwischenerwerb des Nacherben anfällt.[1] Teilweise wird statt auf den Eintritt des Nacherbfalles auf den Zeitpunkt der Annahme der Nacherbschaft abgestellt.[2] Da das BGB aber keine hereditas iacens kennt, muss mit dem Wegfall des Vorerben ein anderer Erbe werden. Dies kann nur der Nacherbe sein. Der Fall liegt anders als bei § 319, wo das Gesetz für die Fristberechnung auf die Annahme der Erbschaft abstellt. Dem Vorerben oder dessen Erben verbleiben die Rechte aus §§ 324 Abs. 1 Nr. 1, 326 Abs. 2 und 3. Für den Nacherben beginnt auch in diesem Fall eine eigene Haftungslage. Mit der Schuldnerstellung übernimmt er aber den Verfahrensstand. Versäumte Rechtshandlungen kann er nicht nachholen, wohl aber einen unterlassenen Widerspruch gem. § 178, weil das Nichtbestreiten durch den Vorerben keine stärkere Wirkung haben kann als ein gegen den Vorerben ergangenes Urteil, § 201 Abs. 2 InsO, § 326 Abs. 1 ZPO.[3] Hatte der Erblasser angeordnet, dass nur der Vorerbe mit einem Vermächtnis oder einer Auflage beschwert sein soll, § 2145 Abs. 1 BGB, rückt der Nacherbe nicht in die Stellung des Schuldners dieser nachrangigen Verbindlichkeiten ein.[4] Diese Ansprüche muss der Vorerbe aus den Nutzungen der Vorerb-

---

[1] *MünchKommBGB-Grunsky* § 2100 RdNr. 30.
[2] *Smid/Fehl* RdNr. 2; *Kilger/Schmidt* § 231 KO Anm. 1.
[3] *Jaeger/Weber* § 231 KO RdNr. 1; *Uhlenbruck/Lüer* RdNr. 1; *Gottwald/Döbereiner*, Insolvenzrechts-Handbuch, § 117 RdNr. 2.
[4] *Riesenfeld* I S. 370.

schaft erfüllen. Standen dem Vorerben Ansprüche gegen den Erblasser zu, können diese mit dem Eintritt der Nacherbfolge gem. § 2143 BGB gegen den Nacherben geltend gemacht werden. Insoweit hat der Vorerbe auch das sonst ausgeschlossene (§ 323) Zurückbehaltungsrecht.

3. Eröffnung gegenüber dem Nacherben. Im Falle der Eröffnung des Nachlassinsolvenzverfahrens gegenüber dem Nacherben ist nur dieser Schuldner. Die Handlungen des Vorerben während der Vorerbzeit können allerdings Handlungen des Schuldners i. S. v. §§ 129 f. sein. Wegen seiner Ansprüche aus § 1978 BGB erhält der Vorerbe den Rang eines Massegläubigers nach § 324 Abs. 1 Nr. 1. Er tritt auch an die Stelle eines von ihm auf eigenes Risiko befriedigten Gläubigers, § 326 Abs. 2 und 3, wiewohl er nicht (mehr) Erbe und, anders als bei §§ 324, 326 vorausgesetzt, auch nicht Schuldner ist.[5] Zu den Nachlassverbindlichkeiten gehören nicht nur Ansprüche des Vorerben aus § 324 Abs. 1 Nr. 1 und solche Verbindlichkeiten, die schon gegen den Erblasser bestanden haben, sondern auch solche, die der Vorerbe in ordnungsmäßiger Verwaltung des Nachlasses eingegangen ist.[6] Zum Nachlass gehören die Ansprüche des Nacherben gegen den Vorerben wegen dessen Verwaltung und die Surrogate nach § 2111. Der Anteil des Erblassers an einer Personengesellschaft gehört aber nur dann zum Nachlass, wenn der Gesellschaftsvertrag auch zugunsten des Nacherben eine Nachfolgeklausel enthält, da sich der Nacherbfall aus Sicht der Gesellschaft als neuer Erbfall darstellt, der den Mitgliedsbestand verändert.[7]

III. Die Gesamtinsolvenz des Vorerben

Sie liegt vor, wenn über das gesamte **Vermögen eines Schuldners während dessen Vorerbzeit** das Insolvenzverfahren eröffnet wird, § 83 Abs. 2. Wegen der Einzelheiten wird auf die Kommentierung zu dieser Bestimmung verwiesen. Im vorliegenden Zusammenhang ist der Fall von Bedeutung, dass während der Gesamtinsolvenz des Vorerben der Fall der Nacherbfolge eintritt. Dann endet die Zugehörigkeit der Vorerbschaft zur Masse. Der Nacherbe kann Aussonderung aus der Masse verlangen.[8] Wird auch gegenüber dem Nacherben das Insolvenzverfahren eröffnet, stehen dem Vorerben wie in den zuvor erörterten Fällen die Rechte aus §§ 324, 326 zu, die allerdings der Verwalter in der Insolvenz über das Eigenvermögen des Vorerben geltend zu machen hat.

§ 330 Erbschaftskauf

(1) Hat der Erbe die Erbschaft verkauft, so tritt für das Insolvenzverfahren der Käufer an seine Stelle.

(2) ¹Der Erbe ist wegen einer Nachlaßverbindlichkeit, die im Verhältnis zwischen ihm und dem Käufer diesem zur Last fällt, wie ein Nachlaßgläubiger zum Antrag auf Eröffnung des Verfahrens berechtigt. ²Das gleiche Recht steht ihm auch wegen einer anderen Nachlaßverbindlichkeit zu, es sei denn, daß er unbeschränkt haftet oder daß eine Nachlaßverwaltung angeordnet ist. ³Die §§ 323, 324 Abs. 1 Nr. 1 und § 326 gelten für den Erben auch nach dem Verkauf der Erbschaft.

(3) Die Absätze 1 und 2 gelten entsprechend für den Fall, daß jemand eine durch Vertrag erworbene Erbschaft verkauft oder sich in sonstiger Weise zur Veräußerung einer ihm angefallenen oder anderweit von ihm erworbenen Erbschaft verpflichtet hat.

---

[5] Dazu näher *Riesenfeld* I S. 375. Gegen die Anwendung des § 329 im Falle der Eröffnung nach Eintritt des Nacherbfalles *Andres/Leithaus* RdNr. 1 mwN; *Braun/Bauch* RdNr. 3.
[6] OLG Oldenburg NJW 1994, 2772; *Lange/Kuchinke* § 51 II 2b.
[7] MünchKommBGB-*Ulmer* § 727 RdNr. 71, dort (§ 705 RdNr. 127) auch zur Beschränkung der Befugnisse des Nachlassinsolvenzverwalters auf die Wahrnehmung von Vermögensrechten.
[8] Vgl. § 47 RdNr. 338 sowie § 83 RdNr. 20.

§ 330 1, 2   10. Teil. 1. Abschnitt. Nachlaßinsolvenzverfahren

Übersicht

	RdNr.		RdNr.
I. Normzweck	1	III. Gläubigerstellung des Erben	6
II. Geltungsbereich der Abs. 1 und 3	2	IV. Besonderheiten beim Erbteilskauf	7
1. Erbschaftskauf	2		
2. Ähnliche Verträge	3	V. Auswirkung der Eröffnung des Nachlassinsolvenzverfahrens auf schwebende Verfahren	8
3. Rechtsfolgen des Verkaufs der Erbschaft	4		
4. Insolvenzmasse	5		

I. Normzweck

1 § 2382 BGB lässt Käufer und Verkäufer einer Erbschaft gleichermaßen für die Nachlassverbindlichkeiten haften. Es erschien deshalb als notwendige Weiterentwicklung dieser Bestimmung, den Nachlassgläubigern die Möglichkeit zu eröffnen, sich im Wege der Nachlassinsolvenz an den in den Händen des Käufers befindlichen Nachlass zu halten. Damit sollte verhindert werden, dass die Nachlassinsolvenzmasse statt aus den Bestandteilen des Nachlasses aus den Ansprüchen des Erben gegen den Verkäufer auf die Gegenleistung besteht, weil ein solcher Zustand der Grundauffassung der Nachlassinsolvenz, dass diese über die im Nachlass befindlichen Aktiva zu eröffnen ist, widersprechen würde. Aus diesen Zweckmäßigkeitserwägungen resultierte § 232 KO, dem § 330 Abs. 1 und 2 nachgebildet sind. Sie gelten auch für den Weiterverkauf und sonstige Weiterübertragungen, § 233 KO und § 330 Abs. 3.

II. Der Geltungsbereich der Abs. 1 und 3

2 **1. Erbschaftskauf.** Abs. 1 knüpft an den Erbschaftskauf und damit an das schuldrechtliche Verpflichtungsgeschäft an, das der notariellen Beurkundung bedarf, § 2371 BGB. Ein ohne Beachtung dieser Form geschlossener Vertrag ist nichtig und begründet keine Haftung nach § 2382 BGB.[1] Auch eine Heilung durch Erfüllung (Übergabe der Nachlassgegenstände) ist nicht möglich.[2] Die Haftung aus § 2382 BGB hängt nicht davon ab, ob die Erbschaft bereits übergeben worden ist.[3] Unerheblich ist auch, ob der Erwerber weiß, welche Nachlassverbindlichkeiten bestehen.[4] Gegenstand des Vertrages muss aber eine **Erbschaft** sein, d. h. das aus **Aktiva** und **Passiva** bestehende **Vermögen des Erblassers** (§ 1922 BGB). Deshalb liegt kein Erbschaftskauf vor, wenn der Käufer einzelne oder alle Nachlassaktiva übernimmt, falls er nicht weiß, dass es sich um die ganze oder nahezu die ganze Erbschaft handelt.[5] Erbschaftskauf ist auch der **Kauf** des Bruchteils einer Alleinerbschaft oder der Kauf **eines Miterbenanteils** oder des Bruchteils eines Miterbenanteils.[6] Dass der Kauf eines Miterbenanteils – Hauptanwendungsfall des Erbschaftskaufs – von § 2382 BGB erfasst wird, ist heute in der erbrechtlichen Literatur und in der Rspr. nicht mehr umstritten.[7] Die früher vertretene gegenteilige Auffassung, § 2382 BGB finde beim Verkauf eines Miterbenanteils keine Anwendung,[8] beruhte auf der heute allg. aufgegebenen Vorstellung, der Erbteilserwerber erlange mit der Übertragung des Miterbenanteils die Rechtsstellung eines Miterben. Deshalb fehlt auch der von *Jaeger*[9] ursprünglich vertretenen Auffassung die Grundlage, § 232 KO treffe den Fall des Verkaufs des Miterbenanteils nicht, weil der Erwerber an Stelle des Veräußerers Miterbe

---

[1] BGH NJW 1967, 1128, 1131; OLG Köln ZEV 2000, 240 (Fall der Schenkung); HK-*Marotzke* § 317 RdNr. 10; *Gottwald/Döbereiner*, Insolvenzrechts-Handbuch, § 117 RdNr. 12.
[2] Ganz hM, vgl. MünchKommBGB-*Musielak* § 2371 RdNr. 6. Auch § 516 BGB findet keine Anwendung, OLG Köln Fn. 1.
[3] *Gottwald/Döbereiner*, Insolvenzrechts-Handbuch, § 117 RdNr. 9, 12; 111, 9.
[4] *Riesenfeld* I S. 97.
[5] BGH NJW 1965, 862.
[6] BGH NJW 1998, 1557, 1558; LM Nr. 13 zu § 4 GrdstPrV.
[7] BGH NJW 1998, 1558; BGHZ 38, 187, 193, 194 = NJW 1963, 345; RGZ 129, 122, 123.
[8] *Binder* III S. 104, aufgegeben in Erbrecht, 1923 S. 53.
[9] Erbhaftung S. 107.

werde. Für die Stellungnahmen, die auch heute noch die Anwendbarkeit des § 232 KO[10] bzw. des § 330[11] auf den Erwerb eines Miterbenanteils leugnen, gilt nichts anderes. § 330 erfasst also auch den Verkauf des Miterbenanteils.[12] Im Übrigen fällt auch der Verkauf der Vorerbschaft[13] und der Anwartschaft des Nacherben[14] unter die Bestimmung. Auch in diesem Falle haftet der Erwerber bei Eintritt des Falles der Nacherbfolge, ohne dass er Erbe wird. Zur Haftung des Erben in diesem Falle vgl. § 329 RdNr. 3.

2. Ähnliche Verträge. Abs. 3 erstreckt die Regelung für den Erbschaftskauf auf ähnliche Verträge. Dabei handelt es sich um die Fälle des Weiterverkaufs, des Rückkaufs durch den Erben, des Tausches oder der Schenkung einer Erbschaft. Selbst der Abschluss eines Vergleiches unter Erbprätendenten des Inhalts, dass die Erbschaft nach Anteilen untereinander aufgeteilt wird, fällt unter die Bestimmung, wenn dadurch der Nichterbe einen Anspruch auf Übertragung eines Anteils an der Erbschaft erwirbt.[15] Sollte aus § 295 Abs. 1 Nr. 2 die Verpflichtung zur Übertragung eines Miterbenanteils auf den Treuhänder zu entnehmen sein,[16] wäre dies eine gesetzliche Verpflichtung, auf die Abs. 3 nicht anwendbar wäre.[17]

3. Rechtsfolgen des Verkaufs. Abs. 1 bestimmt, dass beim Verkauf der Erbschaft der Käufer für das Insolvenzverfahren an die Stelle des Erben tritt. Der **Käufer** wird also **nicht Erbe**, nimmt aber **für das Verfahren dessen Stellung** ein. Er ist statt des Erben zur Stellung des Insolvenzantrages berechtigt (§ 317) und verpflichtet (§ 1980 BGB). Die Nachlassgläubiger können nur gegen ihn, nicht gegen den Erben Insolvenzantrag stellen, weshalb § 2384 BGB dem Erben die Verpflichtung auferlegt, dem Nachlassgericht den Verkauf der Erbschaft und den Namen des Käufers mitzuteilen. Den Käufer trifft die Auskunftpflicht der §§ 20, 97, ebenso die Pflicht zur Abgabe der eidesstattlichen Versicherung. Er unterliegt bei entspr. Anordnung der persönlichen Beschränkung des Schuldners, hat aber auch das Widerspruchsrecht des § 178. Ob die Eröffnung des Nachlassinsolvenzverfahrens zu einer Haftungsbeschränkung führt, hängt nach § 2383 Abs. 1 Satz 2 BGB davon ab, ob der Erbe zum Zeitpunkt des Vertragsabschlusses noch beschränkbar haftete. Für die Zeit danach berührt die Haftungslage des Erben diejenige des Käufers nicht mehr. Jetzt verläuft sie für jeden selbstständig. Unerheblich ist, ob der Verkauf vor oder während des Verfahrens erfolgt. Der – mehr theoretische, aber nicht unmögliche[18] – Verkauf der Erbschaft durch den Erben während des Verfahrens führt dazu, dass der Käufer sofort die Stellung des Schuldners im Verfahren einnimmt, während der Erbe ausscheidet.[19] Scharf zu trennen vom Verkauf der Erbschaft durch den Erben während des Verfahrens ist der Verkauf der gesamten Nachlassaktiva durch den Nachlassinsolvenzverwalter. In diesem Falle erwirbt der Käufer nur die Aktiva, während der Erlös in die Masse fällt und den Gläubigern zusteht, so dass eine Übernahme der Verbindlichkeiten durch den Käufer ausscheidet.[20]

4. Insolvenzmasse. Zur Insolvenzmasse gehören sämtliche Nachlassgegenstände, auch wenn sie dem Käufer noch nicht übergeben sind, ferner Ersatzansprüche aus §§ 1978, 1979 gegen Käufer und Erben, wobei der Erbe auch für die Verwaltung des Käufers verantwortlich ist, weil der Verkauf der Erbschaft nicht als ordnungsmäßige Verwaltung anzusehen

---

[10] Kilger/K. Schmidt § 232 KO Anm. 1.
[11] Nerlich/Römermann/Riering RdNr. 2 unter unzutreffender Bezugnahme auf Palandt/Edenhofer vor § 2371 RdNr. 1.
[12] Kübler/Prütting/Kemper RdNr. 3; Jaeger/Weber §§ 232, 233 KO RdNr. 2; Uhlenbruck/Lüer RdNr. 2; Gottwald/Döbereiner, Insolvenzrechts-Handbuch, § 117 RdNr. 8, 10.
[13] RG Warn. 1917 Nr. 183.
[14] RGZ 101, 185, 191.
[15] RGZ 72, 209, 210/211.
[16] Wie Döbereiner (Restschuldbefreiung S. 161) meint. Vgl. auch oben § 295 RdNr. 67.
[17] Gottwald/Döbereiner, Insolvenzrechts-Handbuch, § 117 RdNr. 18.
[18] Braun/Bauch RdNr. 6; Jaeger, Erbenhaftung S. 108; Riesenfeld I S. 98; Planck/Greiff § 2383 Anm. 2 d. AA wohl Graf-Schlicker/Messner RdNr. 1.
[19] Riesenfeld Fn. 18.
[20] Jaeger/Weber §§ 232, 233 KO RdNr. 3; MünchKommBGB-Musielak vor § 2371 RdNr. 11; Gottwald/Döbereiner, Insolvenzrechts-Handbuch, § 117 RdNr. 8.

§ 330 6, 7   10. Teil. 1. Abschnitt. Nachlaßinsolvenzverfahren

ist.[21] Schließlich gehören die dem Käufer aus dem Vertrag gegen den Verkäufer zustehenden Ansprüche zur Masse, § 2383 Abs. 1 Satz 3 BGB, während der Anspruch des Erben auf den Kaufpreis nicht zur Masse gehört.[22] Er ist Eigenvermögen des Erben. Ansprüche aus §§ 129 ff. können aus Rechtshandlungen des Erblassers, des Erben und des Erbschaftskäufers hergeleitet werden.[23]

III. Gläubigerstellung des Erben nach Abschluss des Erbschaftskaufs, Abs. 2

6   § 330 nimmt dem Erben das Insolvenzantragsrecht in seiner Eigenschaft als Erbe, nicht aber in seiner Gläubigereigenschaft, Abs. 2. Danach ist der Erbe wegen seiner Forderungen, die er schon gegen den Erblasser hatte, Nachlassgläubiger, ebenso mit seinen Ansprüchen gem. §§ 324 Abs. 1 Nr. 1, 326 Abs. 2 und 3. Dass ihm diese Rechte trotz Veräußerung der Erbschaft bleiben, bestimmt Abs. 2 Satz 3, wobei auch hier ein Zurückbehaltungsrecht ausgeschlossen ist. Abs. 2 Satz 1 geht aber noch weiter und gesteht dem Erben ein Antragsrecht zu, um ihm die Möglichkeit der Haftungsbeschränkung zu eröffnen, obwohl er nicht einmal Nachlassgläubiger ist. Er wird vielmehr einem Nachlassgläubiger gleichgestellt, und zwar wegen aller Nachlassverbindlichkeiten, die im Verhältnis zwischen ihm und dem Käufer diesem zur Last fallen. Das waren nach bisherigem Recht gem. §§ 2376, 2378, 2379, 439 BGB alle Nachlassverbindlichkeiten mit Ausnahme der dem Käufer bei Vertragsabschluss nicht bekannt gewesenen Ansprüche aus Pflichtteilsrechten, Vermächtnissen und Auflagen. Nach neuem Recht besteht das Antragsrecht des Erben auch dann, wenn dem Käufer infolge grober Fahrlässigkeit das Vorhandensein von Pflichtteilsansprüchen, Vermächtnissen und Auflagen nicht bekannt war, es sei denn, dass der Verkäufer diese verschwiegen oder Freiheit von solchen Belastungen zugesichert hat, § 442 BGB nF. Das Antragsrecht des Erben ist insoweit unabhängig von seiner Haftungslage; es steht ihm auch bei bereits eingetretener unbeschränkbarer Haftung zu. Wegen anderer Nachlassverbindlichkeiten, d. h. solcher, die der Erbe im Verhältnis zum Käufer selbst zu tragen hat (außer den vorgenannten Ansprüchen aus Pflichtteilsrechten, Vermächtnissen und Auflagen gehören dazu Ansprüche aus §§ 1932, 1969 und § 1371 Abs. 2 und 3 BGB),[24] hat er die Antragsbefugnis, es sei denn, dass er unbeschränkt haftet oder eine Nachlassverwaltung besteht, Abs. 2 Satz 2 HS. 2. Denn insoweit ist er auf keine Haftungsbeschränkung angewiesen.[25] Wo dem Erben das Antragsrecht wie einem Gläubiger zusteht, unterliegt es auch den entspr. Voraussetzungen und Beschränkungen. Er hat deshalb das Bestehen seiner Forderung und den Eröffnungsgrund glaubhaft zu machen, §§ 14, 317 Abs. 2. Sein Antrag ist unzulässig, wenn seit der Annahme der Erbschaft mehr als zwei Jahre verstrichen sind, § 319.[26] Mehr als ein Antragsrecht verleiht Abs. 2 dem Erben nicht. Er kann die ihn zur Antragstellung berechtigenden Nachlassverbindlichkeiten also nicht in der Nachlassinsolvenz anmelden.[27]

IV. Besonderheiten beim Erbteilskauf

7   Wird ein Miterbenanteil verkauft, gelten auch die Vorschriften der §§ 2058 bis 2063 BGB. Insolvenzantrag kann der Käufer vor und nach der Teilung stellen, da er wie ein Miterbe antragsberechtigt ist, §§ 330 Abs. 1, 317 Abs. 1 und 2. Auch eine unbeschränkte Haftung auf Grund eigenen Versäumnisses oder weil ihn eine entspr. Haftung des Verkäufers nach § 2383 BGB trifft, hindert den Insolvenzantrag nicht, § 316. Der Antrag ist auch nach der Teilung noch zulässig, § 316 Abs. 2, § 2060 Nr. 3 BGB. Die Vorschriften über den Erbschaftskauf gelten auch dann, wenn alle Miterben ihre Anteile auf einen Dritten über-

---

[21] *Muscheler* S. 221; *Riesenfeld* I S. 101; *Planck/Greiff* § 2383 Anm. 2 d.
[22] *Staudinger/Marotzke* § 1978 RdNr. 18; *Gottwald/Döbereiner*, Insolvenzrechts-Handbuch, § 117 RdNr. 3.
[23] *Uhlenbruck/Lüer* RdNr. 3.
[24] *MünchKommBGB-Musielak* § 2376 RdNr. 5.
[25] *Jaeger*, Erbenhaftung S. 110; *Riesenfeld* I S. 107.
[26] *FK-Schallenberg/Rafiqpoor* RdNr. 8; *Riesenfeld* I S. 107.
[27] *Jaeger/Weber* §§ 232, 233 KO RdNr. 13.

tragen.[28] Anders ist – entgegen der Vorauflage – zu entscheiden, wenn die Miterben im Wege der Auseinandersetzung ihre Erbteile auf einen Miterben übertragen,[29] weil der Auseinandersetzungsvertrag unter Miterben kein Erbschaftskauf ist,[30] auch nicht das Ausscheiden eines Miterben aus der Erbengemeinschaft gegen Abfindung (sog. Abschichtung).[31]

V. Auswirkung der Eröffnung des Nachlassinsolvenzverfahrens auf schwebende Prozesse nach Verkauf der Erbschaft

Da § 240 ZPO auch die Nachlassinsolvenz betrifft,[32] werden Rechtsstreitigkeiten, die die Insolvenzmasse angehen, mit der Eröffnung des Verfahrens unterbrochen, d. h. Aktivprozesse des Käufers (§ 85) ebenso wie dessen Passivprozesse (Teilungsmassestreite und Schuldenmassestreite, §§ 86, 87). Auch Aktivprozesse, die der Erbe noch in Prozessstandschaft für den Käufer führt (§ 265 Abs. 2 ZPO), unterliegen § 240 ZPO. Passivprozesse gegen den gem. § 2382 BGB als Gesamtschuldner neben dem Käufer weiter haftenden Erben sind dagegen von der Eröffnung des Nachlassinsolvenzverfahrens nicht betroffen.[33] Da durch die Eröffnung des Verfahrens aber auch die Haftung des Verkäufers (Erben) für Nachlassverbindlichkeiten auf den Nachlass beschränkt wird,[34] wird der Nachlassgläubiger, wenn nicht schon unbeschränkbare Haftung des Erben eingetreten ist, zur Vermeidung einer Klageabweisung die Hauptsache gem. § 91a ZPO für erledigt erklären und seine Forderung im Insolvenzverfahren anmelden müssen.

8

§ 331 Gleichzeitige Insolvenz des Erben

(1) Im Insolvenzverfahren über das Vermögen des Erben gelten, wenn auch über den Nachlaß das Insolvenzverfahren eröffnet oder wenn eine Nachlaßverwaltung angeordnet ist, die §§ 52, 190, 192, 198, 237 Abs. 1 Satz 2 entsprechend für Nachlaßgläubiger, denen gegenüber der Erbe unbeschränkt haftet.

(2) Gleiches gilt, wenn ein Ehegatte der Erbe ist und der Nachlaß zum Gesamtgut gehört, das vom anderen Ehegatten allein verwaltet wird, auch im Insolvenzverfahren über das Vermögen des anderen Ehegatten und, wenn das Gesamtgut von den Ehegatten gemeinschaftlich verwaltet wird, auch im Insolvenzverfahren über das Gesamtgut und im Insolvenzverfahren über das sonstige Vermögen des Ehegatten, der nicht Erbe ist.

Übersicht

	RdNr.		RdNr.
I. Normzweck	1	3. Rechtslage bei Anordnung der Nachlassverwaltung	4
II. Rechtsstellung der Verwalter und der Nachlassgläubiger bei gleichzeitiger Erbeninsolvenz	2	4. Ausnahmen	5
1. Verwalterstellung bei gleichzeitiger Erbeninsolvenz	2	III. Ausfallprinzip bei Zugehörigkeit des Nachlasses zum Gesamtgut, Abs. 2	6
2. Stellung der Nachlassgläubiger bei gleichzeitiger Erbeninsolvenz	3	IV. Gesamtinsolvenz des Erben	7

---

[28] *Riesenfeld* I S. 235.
[29] *Lange/Kuchinke* § 44 III 2 c.
[30] MünchKommBGB-*Musielak* § 2385 RdNr. 3; *Lange/Kuchinke* § 45 I 3.
[31] BGHZ 138, 8 = NJW 1998, 1557; BGH NJW 2005, 284; *K. Schmidt* AcP 205 (2005) S. 305 f.; *Gottwald/Döbereiner*, Insolvenzrechts-Handbuch, § 117 RdNr. 8.
[32] *Gottwald/Gerhardt*, Insolvenzrechts-Handbuch, § 32 RdNr. 3; oben vor §§ 85 bis 87 RdNr. 32.
[33] *Kübler/Prütting/Kemper* RdNr. 5; *Nerlich/Römermann/Riering* RdNr. 4; *Smid/Fehl* RdNr. 2; Hamb-Komm-*Böhm* RdNr. 5; *Gottwald/Döbereiner*, Insolvenzrechts-Handbuch, § 117 RdNr. 17.
[34] MünchKommBGB-*Musielak* § 2383 RdNr. 7.

§ 331 1–3

I. Normzweck

1 Mit dem Erbfall verschmelzen das Eigenvermögen des Erben und der Nachlass zu einem Gesamtvermögen. Über dieses kann ein Regelinsolvenzverfahren stattfinden (unten RdNr. 7), wie auch über den Nachlass (Nachlassinsolvenzverfahren) und das Eigenvermögen (Erbeninsolvenz) Insolvenzverfahren stattfinden können. Treffen Erbeninsolvenz und Nachlassinsolvenz zusammen, werden zwar Eigenvermögen und Nachlass wieder getrennt. Die beteiligten Gläubiger können sich deshalb grundsätzlich nur an dem ihnen zugeordneten Verfahren beteiligen, d. h. Eigengläubiger des Erben am Erbeninsolvenzverfahren und Nachlassgläubiger am Nachlassinsolvenzverfahren. Haftet der Erbe aus erbrechtlichen Gründen aber allen oder einzelnen Gläubigern gegenüber unbeschränkbar, würde die Vermögenstrennung insofern wieder aufgehoben, als sich die Nachlassgläubiger auch an der Erbeninsolvenz beteiligen könnten, und zwar gem. § 43 auch dort bis zur vollen Befriedigung. Die darin liegende Bevorzugung[1] der Nachlassgläubiger auf der einen Seite führt zu einer Benachteiligung der Eigengläubiger auf der anderen Seite. Um diese Bevorzugung auszuschalten, sieht das Gesetz in § 331 – in Übereinstimmung mit dem konkursrechtlichen Vorbild des § 234 KO – eine Beschränkung der bezeichneten Nachlassgläubiger vor. Sie haben in der Erbeninsolvenz nur die Rechte von Absonderungsberechtigten, § 52, d. h. dass ihnen nur Ausfallforderungen zustehen.[2]

II. Die Rechtsstellung der Verwalter und der Nachlassgläubiger in der gleichzeitigen Erbeninsolvenz

2 **1. Die Stellung der Verwalter bei gleichzeitigen Insolvenzen.** Abs. 1 setzt voraus, dass „auch über den Nachlass das Insolvenzverfahren eröffnet ist". Dies kann der Fall sein, wenn zunächst das Nachlassinsolvenz- und sodann das Erbeninsolvenzverfahren eröffnet worden ist. Die Nachlassinsolvenz kann aber auch der Erbeninsolvenz nachfolgen, wobei es sich allerdings um eine Erbeninsolvenz im weiteren Sinne über das Gesamtvermögen, eine Gesamtinsolvenz (vgl. RdNr. 7), gehandelt haben muss, weil eine isolierte Erbeninsolvenz erst nach Eröffnung des Nachlassinsolvenzverfahrens oder der Nachlassverwaltung möglich ist. Über die Antragsberechtigung in diesen Fällen vgl. unten RdNr. 7. Bei **gleichzeitiger Insolvenz** des Erben laufen **beide Verfahren nebeneinander;** der Erbe ist jeweils Schuldner. Jeder Verwalter kann sich am anderen Verfahren beteiligen,[3] etwa nach dem Wiederaufleben von Forderungen und Rechten, § 1976 BGB, § 326 Abs. 1. Im Erbeninsolvenzverfahren kann der Nachlassinsolvenzverwalter Ansprüche aus §§ 1978, 1979 BGB geltend machen,[4] der Erbeninsolvenzverwalter solche aus § 324 Abs. 1 Nr. 1 im Nachlassinsolvenzverfahren. In beiden Fällen wird vorausgesetzt, dass der Erbe nicht unbeschränkbar haftet, § 2013 BGB. Haftet der Erbe einem einzelnen Gläubiger gegenüber unbeschränkt, kann der Verwalter in der Erbeninsolvenz dessen Ansprüche nach § 326 Abs. 3 im Nachlassinsolvenzverfahren geltend machen.

3 **2. Die Stellung der Nachlassgläubiger bei unbeschränkter Haftung des Erben.** Haftet der Erbe bei Eröffnung des Nachlassinsolvenzverfahrens beschränkbar, können sich die Nachlassgläubiger nur noch an den Nachlass halten,[5] während Gläubiger, denen der Erbe unbeschränkbar[6] haftet, sich uneingeschränkt auch am Erbeninsolvenzverfahren beteiligen könnten, wenn nicht § 331 eine Sonderregelung getroffen hätte. Danach können die

---

[1] BGH NJW 1994, 2287.
[2] Vgl. oben § 52 RdNr. 45.
[3] *Jaeger/Weber* § 234 KO RdNr. 2; *Uhlenbruck/Lüer* RdNr. 4.
[4] RG LZ 1915, 225. Vgl. auch *Schmidt-Kessel* WM 2003, 2091.
[5] Ausgenommen sind die in RdNr. 5 erwähnten Gläubiger.
[6] Gleichgültig, ob allen oder nur einzelnen Gläubigern gegenüber, so zutreffend HK-*Marotzke* RdNr. 2; *Uhlenbruck/Lüer* RdNr. 1, 5; FK-*Schallenberg/Rafiqpoor* RdNr. 7; *Häsemeyer* RdNr. 33.33; aA *Lange/Kuchinke* § 49 IV 9 b (nur bei unbeschränkter Haftung gegenüber einzelnen Gläubigern).

privilegierten Gläubiger zwar ihre ganze Forderung anmelden. Befriedigung erhalten sie aus der Erbeninsolvenzmasse aber nur insoweit, als sie auf die Befriedigung im Nachlassinsolvenzverfahren verzichtet oder einen Ausfall erlitten haben, § 52. Ob der Gläubiger den Weg des Verzichts wählt, ist eine Frage der Zweckmäßigkeit, die u. a. von der mutmaßlichen Dauer des Nachlassinsolvenzverfahrens und der Höhe der in der Erbeninsolvenz zu erwartenden Quote abhängt, aber auch davon, ob der Erbe in der Erbeninsolvenz Restschuldbefreiung erlangen kann. Im Übrigen haben die Gläubiger den Betrag des mutmaßlichen Ausfalles glaubhaft zu machen, wenn sie bei einer Abschlagszahlung berücksichtigt werden wollen, § 192 Abs. 2. Der auf die Forderung entfallende Anteil wird bei der Verteilung zurückbehalten, § 190 Abs. 2 Satz 2, allerdings nur bis zur Schlussverteilung. Ist bis dahin Verzicht oder Höhe des Ausfalles nicht nachgewiesen, wird der zurückbehaltene Betrag für die übrigen Gläubiger frei, § 190 Abs. 2 Satz 3, vgl. § 52 RdNr. 21 bis 24. Das Stimmrecht der Nachlassgläubiger richtet sich nach ihrer Ausfallforderung, § 237 Abs. 1 Satz 2.

3. Rechtslage bei Anordnung der Nachlassverwaltung. Die gleiche Rechtslage ergibt sich bei Anordnung einer Nachlassverwaltung. Auch hier besteht die Notwendigkeit, die Eigengläubiger vor dem Zugriff der privilegierten Nachlassgläubiger auf das Eigenvermögen zu schützen. Freilich entfällt hier die Möglichkeit, bei noch beschränkbarer Haftung gegenüber dem Nachlassverwalter Ersatzansprüche als Masseschuld geltend machen zu können, was angesichts der Zulänglichkeit des Nachlasses aber ohne Bedeutung ist.

4. Ausnahmen. Von der Bestimmung **nicht betroffen** sind **Nachlasserbenschulden.** Sie sind Eigenschulden und Nachlassverbindlichkeiten zugleich, weshalb sie sich bei Vermögensabsonderung quasi gegen zwei Schuldner richten, den Träger des Eigenvermögens und den Träger des Nachlasses. Deshalb unterstehen sie nicht dem Ausfallprinzip des § 52, sondern der Regelung des § 43. Nachlasserbengläubiger können also in jedem Verfahren bis zur vollen Befriedigung den ganzen Betrag geltend machen.[7] Gleiches gilt für die Gläubiger, denen aus der Fortführung eines Handelsgeschäftes des Erblassers **Ansprüche aus § 27 HGB** zustehen. Auch hier tritt zur erbrechtlichen Haftung aus § 1967 BGB eine weitere Haftung aus einem selbstständigen Haftungsgrund hinzu, so dass das Ausfallprinzip (das nur die erbrechtliche Haftung betrifft) keine Anwendung findet.[8] Ebenso ist bei den von *Muscheler*[9] erörterten Fällen der Haftung des Kommanditisten-Erben für Alt- und Zwischenneuschulden gem. § 139 Abs. 4 HGB bei rückständiger Hafteinlage, der Haftung des Gesellschaftererben für Altschulden der Gesellschaft (§ 130 HGB) sowie der Haftung des Erben für die während der Testamentsvollstreckung begründeten Gesellschaftsschulden zu entscheiden. Befindet sich auch die Gesellschaft in der Insolvenz, ist bzgl. dieser Ansprüche allerdings § 93 zu beachten. Abs. 1 findet auch dann keine Anwendung, wenn der Erbe den Nachlassgläubigern aus anderen Gründen zusätzlich haftet, z.B. aus **Bürgschaft** oder **Schuldübernahme.**[10] Da die Bestimmung eine gleichzeitige Insolvenz des Erben voraussetzt, greift sie auch dann nicht ein, wenn der nicht in der Insolvenz befindliche, unbeschränkt haftende Erbe Teilzahlungen bewirkt. In diesem Falle kann der Nachlassgläubiger nach § 43 vorgehen (vgl. dort

---

[7] *HK-Marotzke* RdNr. 6; *Kübler/Prütting/Kemper* RdNr. 6; *Braun/Bauch* RdNr. 5; HambKomm-*Böhm* RdNr. 4; *Graf-Schlicker/Messner* RdNr. 3; *Gottwald/Döbereiner,* Insolvenzrechts-Handbuch, § 118 RdNr. 14; *Häsemeyer* RdNr. 33.33; *Lange/Kuchinke* § 49 IV 9. Dem entspricht es, dass RGZ 90, 91, 93 die Nachlasserbenschulden als „Eine Art Gesamtschuld" zwischen dem Erben und dem Nachlass einordnet.
[8] HambKomm-*Böhm* RdNr. 4; *Lange/Kuchinke* Fn. 6; *Staudinger/Marotzke* § 1967 RdNr. 58; aA *Jaeger/Weber* § 234 KO RdNr. 11; *Uhlenbruck/Lüer* RdNr. 4; *Windel* S. 87. Nach *Meßink,* Die unternehmenstragende Erbengemeinschaft, S. 103 fallen Altgläubiger unter die Regelung des § 331.
[9] S. 493, 498, 536, 549; vgl. auch *Sick,* Haftung des Erben S. 166.
[10] BGHZ 151, 245 (zu § 93); RGZ 74, 231, 234 (Haftung aus Schuldübernahme); RGZ 154, 72, 79 (Haftung aus Bürgschaft); *Jaeger/Weber* § 234 KO RdNr. 11; *Gottwald/Döbereiner,* Insolvenzrechts-Handbuch, § 118 RdNr. 14. AA *Graf-Schlicker/Messner* RdNr. 2.

§ 331 6, 7

RdNr. 44), während dem Erben die Rechtsstellung nach § 326 wegen seiner unbeschränkten Haftung versagt bleibt.

III. Ausfallprinzip bei Zugehörigkeit des Nachlasses zum Gesamtgut, Abs. 2

6   Abs. 2 regelt zunächst den Fall, dass der erbende Ehegatte in Gütergemeinschaft lebt, der Nachlass in das Gesamtgut fällt und sodann über Nachlass und das Vermögen des alleinverwaltenden anderen Ehegatten das Insolvenzverfahren eröffnet wird. Dann gehört das Gesamtgut zur Masse im Insolvenzverfahren des anderen Ehegatten, § 37 Abs. 1 Satz 1, und zwar belastet mit den Nachlassverbindlichkeiten, arg. § 1439 BGB, weshalb ohne die Übernahme der Regelung des Abs. 1 bei unbeschränkbarer Haftung des erbenden Ehegatten das Gesamtgut und das Vermögen des verwaltenden Ehegatten für die Nachlassverbindlichkeiten haften würden, § 1437 BGB. Die entspr. Anwendung des Abs. 1 verhindert dies und verweist die Nachlassgläubiger auf den Ausfall. Der zweite Anwendungsfall behandelt das Insolvenzverfahren über das gemeinschaftlich verwaltete Gesamtgut (§ 333), in das ein Nachlass gefallen ist. Wird über diesen Nachlassverwaltung angeordnet oder das Nachlassinsolvenzverfahren eröffnet, führt die Anwendung des Abs. 1 dazu, dass die Nachlassgläubiger, denen der mitverwaltende erbende Ehegatte unbeschränkbar haftet, und die gem. §§ 1459, 1461 BGB auch auf das Gesamtgut zugreifen können, in der Gesamtgutsinsolvenz nur ihren Ausfall geltend machen können. Ebenso verhält es sich in dem von Abs. 2 letztlich erfassten Fall der gleichzeitigen Insolvenz über das sonstige Vermögen des mitverwaltenden und nichterbenden Ehegatten, der ebenfalls nach §§ 1459, 1461 BGB für die Nachlassverbindlichkeiten haftet. Unerheblich ist, ob diese Insolvenz allein oder neben der Gesamtgutsinsolvenz durchgeführt wird. Nicht geregelt ist in Abs. 2 der Fall der Nachlassinsolvenz und der gleichzeitigen Insolvenz des allein- oder mitverwaltenden Ehegatten, der Erbe ist, über sein sonstiges Vermögen. Hier greift schon Abs. 1 ein.[11]

IV. Die Gesamtinsolvenz des Erben

7   Die Gesamtinsolvenz oder Erbeninsolvenz im weiteren Sinne erwähnt das Gesetz nicht. Sie ist zunächst als Regelinsolvenz über das Eigenvermögen des Erben einschließlich der vor Eröffnung[12] des Insolvenzverfahrens angefallenen Erbschaft durchzuführen. Da es sich hierbei um **keine Nachlassinsolvenz** handelt (auch wenn der Nachlass mitbetroffen ist), gelten deren Sondervorschriften nicht.[13] Neben den Eigengläubigern des Erben sind auch die Nachlassgläubiger am Verfahren beteiligt, und zwar als gewöhnliche Insolvenzgläubiger; Ansprüche nach § 324 sind deshalb keine Masseverbindlichkeiten. Pflichtteilsansprüche, Vermächtnisse und Auflagenbegünstigte haben nicht den Rang des § 39 Abs. 1 Nr. 4, weil es nicht um Forderungen auf eine unentgeltliche Leistung des Schuldners geht. Diese Ansprüche sind gewöhnliche Insolvenzforderungen i. S. v. § 38.[14] Andererseits ist der Erbe, sofern es sich um eine natürliche Person handelt, hier (anders als im Nachlassinsolvenzverfahren, vgl. vor § 315 RdNr. 5 f.) nicht gehindert, Restschuldbefreiung zu beantragen. Bei Vorliegen der Voraussetzungen des § 304 in seiner Person muss er den Weg des Kleinverfahrens nach §§ 304 ff. beschreiten, was wegen des Fehlens eines Verwalters (§ 313) und unterschiedlicher anfechtungsrechtlicher Normen ohne Beantragung der Nachlassinsolvenz zu kaum lösbaren Schwierigkeiten führen wird. Im Regelinsolvenzver-

---

[11] *Gottwald/Döbereiner*, Insolvenzrechts-Handbuch, § 118 RdNr. 18; *Jaeger/Weber* § 234 KO RdNr. 17.
[12] Vor Eröffnung des Verfahrens ist die Erbschaft wegen § 1942 Abs. 1 BGB auch dann angefallen, wenn die Annahme erst nach der Eröffnung erfolgt, vgl. *Marotzke*, Festschrift für Otte, 2005, S. 236. Zur Rechtslage beim Erbschaftsanfall während des Verfahrens vgl. RdNr. 8.
[13] *Gottwald/Döbereiner*, Insolvenzrechts-Handbuch, § 118 RdNr. 3; *Lange/Kuchinke* § 49 IV 9; *Häsemeyer* RdNr. 33.04.
[14] *Gottwald/Döbereiner*, Insolvenzrechts-Handbuch, § 118 RdNr. 3; *Jaeger/Windel* § 83 RdNr. 6; aA wohl *Ehricke* oben § 38 RdNr. 37; dagegen *Marotzke* ZEV 2005, 311.

fahren übt nur der Gesamtinsolvenzverwalter die Rechte des Erben aus (abgesehen vom Fall des § 83 Abs. 1). Er allein kann den Antrag auf Nachlassverwaltung oder Nachlassinsolvenz stellen;[15] ihm bleibt es vorbehalten, die Einreden nach §§ 1973, 1974, 1990 bis 1992 und 2014 BGB[16] zu erheben. Dass er auch die Inventarpflichten des Erben aus §§ 1994, 2005, 2006 BGB zu erfüllen hat, wie *Jaeger*[17] meint, trifft nicht zu. Der Insolvenzverwalter hat die Insolvenzmasse, zu der auch der Nachlass gehört, zu inventarisieren, § 151, und ein Gläubigerverzeichnis zu erstellen, § 152. Daneben kann ihn nach dem Rechtsgedanken des § 2012 BGB keine Inventarpflicht treffen. Auch bei Anordnung einer **Testamentsvollstreckung** fällt der **Nachlass** in die **Insolvenzmasse,**[18] wenngleich der Verwalter die gleichen Schranken wie der Erbe zu beachten hat, § 2211 BGB. Insbesondere kann er den Nachlass nicht gem. § 2206 BGB verpflichten.[19] Ob ein Pflichtteilsberechtigter in diesem Fall seinen Zahlungsanspruch gegen den Insolvenzverwalter geltend machen muss oder gem. § 2213 Abs. 1 Satz 3 BGB gegen den Erben und den Insolvenzverwalter, ist streitig, aber im Sinne der erstgenannten Auffassung zu entscheiden.[20] § 2214 BGB bewirkt, dass die Eigengläubiger des Erben nicht auf den Nachlass zugreifen können. Deshalb ist bezüglich der Nachlassgläubiger während der Dauer der Testamentsvollstreckung § 331 entspr. anzuwenden.[21] Handelt es sich bei dem Nachlass um eine Vorerbschaft, hat der Verwalter die Verfügungsbeschränkung des § 83 Abs. 2 i. V. m. § 2115 BGB zu beachten. Vgl. auch § 329 RdNr. 5.

Von einer Gesamtinsolvenz ist allerdings auch dann auszugehen, wenn dem Schuldner **8** nach Eröffnung des Insolvenzverfahrens über sein Vermögen eine Erbschaft anfällt. Freilich muss hier beachtet werden, dass zwar die Nachlass-Aktiva in die Masse fallen (§ 35 2. Fall), die Nachlass-Passiva dem Schuldner aber erst nach der Eröffnung des Verfahrens gem. § 1967 BGB zugewachsen sind. Sie sind deshalb Neuverbindlichkeiten und daher im Verfahren nicht zu berücksichtigen.[22] Dies gilt speziell für Pflichtteils- und Vermächtnisansprüche, die erst mit dem Erbfall entstehen.[23] Dem steht nicht entgegen, dass nach § 1922 BGB das Vermögen des Erblassers als Ganzes auf den Erben übergeht und dazu nach überwiegender Meinung[24] auch die Verbindlichkeiten gehören.[25] Denn der Gesetzgeber ist

---

[15] OLG Köln NJW 2005, 452 = ZEV 2005, 307, 309 m. Anm. *Marotzke; Jaeger/Windel* § 83 RdNr. 8; *Uhlenbruck* § 83 RdNr. 5; *Andres/Leithaus* vor § 315 RdNr. 11; *Gottwald/Eickmann*, Insolvenzrechts-Handbuch, § 31 RdNr. 128; *Gottwald/Döbereiner*, ebd. § 118 RdNr. 5; *Häsemeyer* RdNr. 33.06; *Messner* ZVI 2004, 433, 434; *Vallender* NZI 2005, 319; aA *Marotzke* Fn. 12 S. 230.

[16] *Jaeger/Windel* § 83 RdNr. 8. Ob die Berufung auf § 2014 BGB aufschiebende Wirkung hat, ist nach dem zutreffenden Hinweis von *Marotzke* (Fn. 12 S. 230) auf §§ 41, 191 zweifelhaft.

[17] *Jaeger*, Erbenhaftung S. 19, 96. Wie im Text *Jaeger/Windel* § 83 RdNr. 8; *Weißler*, Das Nachlassverfahren, Bd. I S. 453, *Marotzke* Fn. 12 S. 234.

[18] BGHZ 167, 352 = NJW 2006, 2698 = ZEV 2006, 405 m. Anm. *M. Siegmann; Jaeger/Windel* § 80 RdNr. 277; *Uhlenbruck/Lüer* RdNr. 6; *Gottwald/Eickmann*, Insolvenzrechts-Handbuch, § 31 RdNr. 129; *Gottwald/Döbereiner*, ebd. § 118 RdNr. 5, 16; aA *Muscheler* S. 110 mwN; *Braun/Bäuerle* § 35 RdNr. 43.

[19] *Gottwald/Döbereiner*, Insolvenzrechts-Handbuch, § 111 RdNr. 13.

[20] BGHZ 167, 352 = NJW 2006, 2698 = ZEV 2006, 405 m. Anm. *M. Siegmann;* OLG Köln NJW 2005, 452 = ZEV 2005, 307; aA *Marotzke*, ebd. S. 310.

[21] BGHZ 167, 352 = ZEV 2006, 405; OLG Köln NJW 2005, 452 = ZEV 2005, 307; *Gottwald/Döbereiner*, Insolvenzrechts-Handbuch, § 118 RdNr. 16; *Gottwald/Eickmann*, ebd. § 31 RdNr. 130. AA *Graf-Schlicker/Messner* RdNr. 1.

[22] *Marotzke* Fn. 12 S. 239; *Messner* ZVI 2004, 434; *Häsemeyer* RdNr. 33.33; *Braun/Bäuerle* § 35 RdNr. 43; wohl auch *Jaeger/Henckel* InsO § 38 RdNr. 170 für Vermächtnisforderungen. Vgl. auch *Muscheler* S. 102 für die gleiche Rechtslage bei § 3 KO. AA *Vallender* NZI 2005, 320 mwN; oben § 35 RdNr. 48; § 83 RdNr. 5; *Gottwald/Eickmann*, Insolvenzrechts-Handbuch, § 31 RdNr. 128; *Graf-Schlicker/Scherer* § 83 RdNr. 3; HambKomm-*Kuleisa* § 83 RdNr. 4; *Jaeger/Windel* § 83 RdNr. 7 (Massegläubiger bei gegenständlich beschränkter Haftung).

[23] BGHZ 167, 352, insb. Tz. 35; unklar aber Tz. 22. Vgl. auch oben vor §§ 315 bis 331 RdNr. 3, 3 a für den Fall des Todes des Schuldners während des Verfahrens; *Häsemeyer* RdNr. 33.33 Fn. 89.

[24] MünchKommBGB-*Leipold* § 1922 RdNr. 16.

[25] So wohl *Gottwald/Eickmann*, Insolvenzrechts-Handbuch, § 31 RdNr. 128, *Jaeger/Windel* § 83 RdNr. 7.

nicht gehindert, das Vermögen i. S. d. Aktiva einer Person von deren Verbindlichkeiten abzukoppeln.[26] Im Übrigen kann die durch §§ 35, 38 herbeigeführte Trennung von Aktiva und Passiva des Nachlasses idR zu keinen Schwierigkeiten für die Nachlassgläubiger bei Durchsetzung ihrer Ansprüche führen. Sie können mit einem Antrag auf Anordnung der Nachlassverwaltung die bevorzugte Befriedigung aus dem Nachlass erreichen.[27]

---

[26] Dazu näher *Staudinger/Marotzke* vor § 1967 RdNr. 5; *Canaris,* Handelsrecht § 7 RdNr. 120.
[27] *Marotzke* Fn. 12 S. 239; *Messner* ZVI 2004, 433, 434. Diese Lösung haben schon *Binder* II S. 134, 135 und *Strohal* II S. 18 Fn. 4 vorgeschlagen. AA *Jaeger/Windel* § 83 RdNr. 7 (§ 1990 BGB).

Zweiter Abschnitt. Insolvenzverfahren über das Gesamtgut einer fortgesetzten Gütergemeinschaft

§ 332 Verweisung auf das Nachlaßinsolvenzverfahren

(1) Im Falle der fortgesetzten Gütergemeinschaft gelten die §§ 315 bis 331 entsprechend für das Insolvenzverfahren über das Gesamtgut.

(2) Insolvenzgläubiger sind nur die Gläubiger, deren Forderungen schon zur Zeit des Eintritts der fortgesetzten Gütergemeinschaft als Gesamtgutsverbindlichkeiten bestanden.

(3) ¹Die anteilsberechtigten Abkömmlinge sind nicht berechtigt, die Eröffnung des Verfahrens zu beantragen. ²Sie sind jedoch vom Insolvenzgericht zu einem Eröffnungsantrag zu hören.

Übersicht

	RdNr.		RdNr.
I. Normzweck	1	3. Insolvenzgläubiger	4
II. Insolvenzverfahren über das Gesamtgut	2	4. Insolvenzmasse	5
1. Eröffnung	2	III. Gesamtgut und sonstige Insolvenzverfahren	6, 7
2. Schuldner des Verfahrens	3		

I. Normzweck

Mit dem Eintritt der fortgesetzten Gütergemeinschaft gem. § 1483 BGB entsteht eine neue 1 Haftungslage. Nunmehr haftet das Gesamtgut außer für die Verbindlichkeiten des verstorbenen Ehegatten, die Gesamtgutsverbindlichkeiten waren, auch für die Verbindlichkeiten des überlebenden Ehegatten, und zwar unabhängig davon, ob es sich um solche aus der Zeit vor oder nach Eintritt der fortgesetzten Gütergemeinschaft handelt und ob sie vorher Gesamtgutsverbindlichkeiten waren, § 1488 BGB. Nach § 1489 Abs. 2 BGB haftet der Überlebende für die Gesamtgutsverbindlichkeiten auch persönlich, d. h. auch mit seinem Vorbehalts- und Sondergut. § 1489 Abs. 2 BGB sieht aber die Möglichkeit der Haftungsbeschränkung entspr. den Grundsätzen der Beschränkung der Erbenhaftung vor, soweit die persönliche Haftung den Überlebenden nur infolge des Eintritts der fortgesetzten Gütergemeinschaft trifft. Die Haftung für diese Verbindlichkeiten, die den Nachlassverbindlichkeiten entsprechen, beschränkt sich demgemäß auf das Gesamtgut, wenn die der Nachlassverwaltung entspr. Gesamtgutsverwaltung angeordnet oder die Nachlassinsolvenz über das Gesamtgut eröffnet wird, § 1975 BGB. § 11 Abs. 2 Nr. 2 knüpft an diese Regelung an und erklärt das Insolvenzverfahren über das Gesamtgut für zulässig, während § 332 (der weitgehend mit § 236 KO übereinstimmt) klarstellt, dass sich das Verfahren nach den Vorschriften über das Nachlassinsolvenzverfahren richtet. Diese Regelung erscheint sinnvoll, weil die Haftungslagen bei einem Erbfall und bei Eintritt der fortgesetzten Gütergemeinschaft vergleichbar sind: Den Nachlassverbindlichkeiten entsprechen die Gesamtgutsverbindlichkeiten, für die der Überlebende bei Eintritt der fortgesetzten Gütergemeinschaft nicht schon persönlich haftete. Gegen die Zugriffe wegen dieser Forderungen benötigt der Überlebende eine Beschränkungsmöglichkeit. Die Gläubiger dieser Forderungen sollen nicht durch eine doppelte Zugriffsmöglichkeit gegenüber den Gläubigern des Ehegatten bevorzugt werden,[1] wie auch umgekehrt das Gesamtgut vor Zugriffen der übrigen Gläubiger geschützt werden soll.

---

[1] BGH NJW 1994, 2286, 2287.

II. Insolvenzverfahren über das Gesamtgut der fortgesetzten Gütergemeinschaft

1. Eröffnung des Verfahrens. Das zuständige Insolvenzgericht bestimmt sich nach dem allg. Gerichtsstand des verstorbenen Ehegatten zZ seines Todes, sofern nicht der Mittelpunkt einer selbstständigen wirtschaftlichen Tätigkeit an einem anderen Ort lag, § 315. Eröffnungsgründe sind Zahlungsunfähigkeit und Überschuldung, die im Augenblick der Insolvenzeröffnung, nicht schon bei Eintritt der fortgesetzten Gütergemeinschaft vorliegen müssen. Wird die Eröffnung vom überlebenden Ehegatten oder vom Gesamtgutsverwalter beantragt, reicht drohende Zahlungsunfähigkeit aus, § 320. **Antragsberechtigt** sind nicht die Abkömmlinge; sie sind aber zu hören, Abs. 3. Auf Gläubigerseite sind kraft der Verweisung auf § 317 **alle Gläubiger** antragsberechtigt, auch wenn der Überlebende ihnen zZ des Eintritts der fortgesetzten Gütergemeinschaft nicht persönlich haftete. Haftete der überlebende Ehegatte einem Gesamtgutsgläubiger bei Eintritt der fortgesetzten Gütergemeinschaft auch persönlich, war dieser nach bisherigem Recht (§ 236 Satz 3 KO) nicht antragsberechtigt. Diese Beschränkung kennt die InsO nicht. Die amtl. Begründung sieht auch für diese Gläubiger ein mögliches Interesse an der Eröffnung des Verfahrens. Die zeitliche Grenze des § 319 gilt auch für die Gesamtgutsgläubiger. Die **Verpflichtung,** Eröffnungsantrag zu stellen, **besteht** für den **überlebenden Ehegatten** und den **Gesamtgutsverwalter,** §§ 1489 Abs. 2, 1980, 1985 BGB. Beide treffen auch die Insolvenzverfahrenspflichten der §§ 20, 97 f. Nach § 316 steht der Eröffnung nicht entgegen, dass der Überlebende die Fortsetzung der Gütergemeinschaft noch ablehnen kann, § 1484 Abs. 1 und 2 BGB, oder die Möglichkeit der Haftungsbeschränkung schon verloren hat. Selbst nach der Auseinandersetzung der Gütergemeinschaft soll nach allg. Meinung noch eine Eröffnung erfolgen können, § 316 Abs. 2.[2] Dass es keine Anteile an der fortgesetzten Gütergemeinschaft gibt, die dem Miterbenanteil entsprechen (die Gesamthandsgemeinschaft der Gütergemeinschaft und der fortgesetzten Gütergemeinschaft sind entsprechend der GbR gestaltet, vgl. § 719 BGB),[3] steht nach dieser Auffassung der Eröffnung nicht entgegen. Das Fehlen solcher Anteile spricht indessen entscheidend gegen eine entspr. Anwendung des § 316 Abs. 2. Die Gegenauffassung übersieht, dass der Miterbe seine Stellung als Erbe trotz Auseinandersetzung behält, wogegen überlebender Ehegatte und Abkömmlinge mit der Beendigung der Auseinandersetzung nicht mehr Gesamthänder sind und außerdem ein Gesamtgut als Gegenstand des Insolvenzverfahrens fehlt.[4] Die Haftung des überlebenden Ehegatten und der Abkömmlinge bestimmt sich nach der Teilung gem. den Vorschriften der Gütergemeinschaft (§§ 1498, 1480 BGB). Dort ist aber nach der Teilung ebenso wie bei der GbR (vgl. § 11 Abs. 3) kein Insolvenzverfahren gegen die nicht mehr existierende Gesamthandsgesellschaft möglich. Bei der fortgesetzten Gütergemeinschaft kann es sich nicht anders verhalten, zumal die Gegenansicht nicht erklären kann, weshalb die mit der vorzeitigen Teilung verbundene gesamtschuldnerische Haftung des Überlebenden und der Abkömmlinge (§§ 1498, 1480 BGB) mit der Eröffnung des Insolvenzverfahrens wieder entfallen und alleiniger Schuldner der Überlebende sein soll (vgl. § 37 Abs. 3). Das Argument, man müsse der beschleunigten Auseinandersetzung vor der Schuldentilgung entgegentreten, übersieht, dass der nach § 1497 Abs. 2, 1480 BGB mögliche Zugriff auf die Restmasse eine schnellere Befriedigung ermöglicht als im Insolvenzverfahren, ganz abgesehen davon, dass die Gegenansicht auch hier nicht erklären kann, weshalb nur bei der fortgesetzten Gütergemeinschaft

---

[2] *Jaeger/Henckel* § 37 RdNr. 34; HambKomm-*Böhm* RdNr. 8; *Braun/Bauch* RdNr. 11; HK-*Kirchhof* § 11 RdNr. 24 (anders für das Gesamtgut der Gütergemeinschaft, RdNr. 23); *Nerlich/Römermann/Riering* RdNr. 8; *Smid/Fehl* RdNr. 9; *Uhlenbruck/Lüer* RdNr. 11; *Andres/Leithaus* RdNr. 4; *Kilger/K. Schmidt* § 236 Anm. 4. Siehe aber FK-*Schmerbach* § 11 RdNr. 32.

[3] Vgl. *Palandt/Brudermüller* § 1419 RdNr. 1.

[4] *Gernhuber/Coester-Waltjen*, Familienrecht, 4. Aufl. 1994 § 39 V 2, weisen in einem anderen Zusammenhang richtig darauf hin, dass die Möglichkeit der Wiederherstellung einer liquidierten Gesamthand nicht zu beweisen ist. – Vgl. auch *Jaeger*, Erbenhaftung S. 116 und BGH NJW-RR 2005, 808 für die aufgelöste Erbengemeinschaft.

ein solches Bedürfnis bestehen soll, nicht aber bei der Gütergemeinschaft. Auch bei sonstigen Gesamthandsgemeinschaften sieht das Gesetz nur bis zur Auseinandersetzung des Vermögens ein Insolvenzverfahren vor, § 11 Abs. 3. Vgl. auch § 999 ZPO und § 2008 BGB, wo jeweils auf die Beendigung abgestellt wird. Zur Eröffnung während des Liquidationsstadiums vgl. unten RdNr. 7.

2. Schuldner. Schuldner des Verfahrens ist der überlebende Ehegatte, während die 3 anteilsberechtigten Abkömmlinge (§ 1483 BGB) am Verfahren nicht beteiligt sind, wiewohl auch ihr Gesamtgutsanteil zur Masse gehört.[5] Deshalb steht nur dem überlebenden Ehegatten das Recht der sofortigen Beschwerde gegen die Eröffnung (§ 34 Abs. 2) und gegen die Ablehnung der Eröffnung mangels Masse (§ 34 Abs. 1) zu. Ihn treffen die verschiedenen Pflichten des Schuldners und dessen persönliche Beschränkungen. Anfechtungsrechtlich ist für die Zeit vor dem Tode des verstorbenen Ehegatten Schuldner derjenige, der das Gesamtgut verwaltet hat.

3. Insolvenzgläubiger. Insolvenzgläubiger sind nach Abs. 2 nur die Gläubiger, deren 4 Forderungen schon zZ des Eintritts der fortgesetzten Gütergemeinschaft bestanden haben. Solche Forderungen sind die Verbindlichkeiten des verstorbenen Ehegatten, die Gesamtgutsverbindlichkeiten waren, also sämtliche Schulden des Verwalters, §§ 1437 Abs. 1, 1488 BGB. War der Überlebende Verwalter, sind die Verbindlichkeiten des anderen Ehegatten, für die das Gesamtgut gem. §§ 1438 bis 1440 BGB nicht gehaftet hat, keine Gesamtgutsverbindlichkeiten, insbesondere nicht die Verbindlichkeiten aus Erbschaft oder Vermächtnis, wenn diese Vorbehalts- oder Sondergut wurden, § 1439. Bei gemeinsamer Verwaltung sind die Verbindlichkeiten beider Ehegatten Gesamtgutsverbindlichkeiten, § 1459 Abs. 1 BGB mit den vorerwähnten Ausnahmen gem. §§ 1460 bis 1462 BGB. Nach § 326 Abs. 1 bis 3 kann auch der überlebende Ehegatte Insolvenzgläubiger sein. Ansprüche nach §§ 1978, 1979 BGB sind Masseverbindlichkeiten nach § 324 Abs. 1 Nr. 1. Zwar sind diese Ansprüche erst nach Eintritt der fortgesetzten Gütergemeinschaft entstanden; gleichwohl werden sie wegen der Verweisung auf § 324 berücksichtigt. Auch ein Abkömmling kann Insolvenzgläubiger sein, etwa wegen einer Darlehensschuld des Gesamtgutes. In dieser Eigenschaft ist der Abkömmling auch antragsberechtigt, § 317. Dagegen gehören nicht zu den Gläubigern i. S. v. Abs. 2 die in § 1967 Abs. 2 BGB genannten Pflichtteilsberechtigten, Vermächtnisnehmer und Auflagenbegünstigten, weil ihre Berechtigung erst mit dem Eintritt der fortgesetzten Gütergemeinschaft entstanden ist. Sonstige Ansprüche, die in § 327 genannt werden, können mit den dort angeführten Einschränkungen geltend gemacht werden, wobei allerdings zusätzlich zu beachten ist, dass ein Schenkungsversprechen der Zustimmung des anderen Ehegatten bedurfte, um wirksam zu sein, § 1425 Abs. 1 HS 2 BGB.

4. Insolvenzmasse. § 1489 Abs. 2 BGB bestimmt, dass das Gesamtgut nach dem Be- 5 stand, den es zZ des Eintritts der fortgesetzten Gütergemeinschaft hat, an die Stelle des Nachlasses tritt. Damit ist auch der Massebestand festgelegt. Vermehrungen ohne Zutun des überlebenden Ehegatten (Zinsen, Früchte, Schadensersatzansprüche, Versicherungsansprüche, Surrogate, § 1473 BGB) gehören ebenfalls zur Masse, desgleichen die Ersatzansprüche gegen den überlebenden Ehegatten wegen dessen Verwaltung des Gesamtgutes, § 1978 Abs. 2 BGB. *Smid/Fehl*[6] wollen auch Ersatzansprüche aus § 1978 BGB gegen die Abkömmlinge zur Masse rechnen. Aber solche können bis zur Beendigung der Gütergemeinschaft nicht entstehen, weil die Abkömmlinge von der Verwaltung des Gesamtgutes ausgeschlossen sind, § 1487 Abs. 1 BGB. Ansprüche aus deren Mitverwaltung im Liquidationsstadium (vgl. §§ 1497 Abs. 2, 1472 BGB) sind zwar möglich, fallen aber gem. § 1473 BGB in das Gesamtgut der Liquidationsgemeinschaft, vgl. RdNr. 7. Rechtsgeschäftlicher und sonstiger Neuerwerb (§ 1485) seit Eintritt der fortgesetzten Gütergemeinschaft fällt nicht in die

---

[5] *Jaeger/Weber* § 236 KO RdNr. 16; *Häsemeyer* RdNr. 34.10; RGZ 148, 250.
[6] RdNr. 5.

Masse,[7] weil es – anders als bei der Nachlassinsolvenz – ausschließlich auf den Zeitpunkt des Eintritts der fortgesetzten Gütergemeinschaft ankommt.[8] Demgegenüber will *Hess*[9] den Neuerwerb im Hinblick auf § 35 in die Masse fallen lassen. Aber § 35 2. Altern. gilt hier ebenso wenig wie in der Nachlassinsolvenz, ganz abgesehen davon, dass § 35 2. Altern. nur den Erwerb des Schuldners nach Eröffnung des Verfahrens betrifft. Überdies ist § 1489 Abs. 2 BGB lex spezialis gegenüber den Regeln der InsO. Diese Bestimmung korrespondiert insoweit mit der Regelung in Abs. 2, wonach nur die Gläubiger, deren Forderungen schon zZ des Eintritts der fortgesetzten Gütergemeinschaft bestanden haben, Insolvenzgläubiger sind (RdNr. 4), was sich wiederum aus der neuen Haftungslage erklärt, die mit Eintritt der fortgesetzten Gütergemeinschaft entstanden ist (RdNr. 1). Nur insoweit soll dem überlebenden Ehegatten die Möglichkeit einer besonderen Haftungsbeschränkung ermöglicht werden, die neben der erbrechtlichen Haftungsbeschränkung in Bezug auf Sonder- und Vorbehaltsgut besteht.[10] Zu der Frage, ob Ansprüche der Gesamtgutsgläubiger gegen den Überlebenden als sog. massefremde Masse vom Insolvenzverwalter geltend gemacht werden können, vgl. oben § 325 RdNr. 11. Der Ansicht von *Oepen*,[11] dass auch bei einem Insolvenzverfahren über das Gesamtgut der fortgesetzten Gütergemeinschaft in Analogie zu § 334 eine Einzugsermächtigung zu bejahen sei, steht zusätzlich entgegen, dass das Gesetz sich gerade nicht für eine Doppel-Liquidation in Anlehnung an die Regelung bei der Gütergemeinschaft (die doch bei einem Gesamtgut nahegelegen hätte), sondern für die Verweisung auf die Vorschriften für die Nachlassinsolvenz und damit für die Ausfallhaftung der §§ 331, 52 entschieden hat. Im Übrigen ist die Masse wie in der Nachlassinsolvenz durch §§ 129 ff., 322, 323 geschützt.

III. Gesamtgut und sonstige Insolvenzen

6   Das Gesamtgut der fortgesetzten Gütergemeinschaft ist Bestandteil der Insolvenzmasse, wenn über das Vermögen des überlebenden Ehegatten das Insolvenzverfahren eröffnet wird, § 37 Abs. 3. Dabei handelt es sich um ein Regelinsolvenzverfahren. Dem steht nicht entgegen, dass Gläubiger nach Abs. 2 oder der Verwalter im Verfahren über das Vermögen des überlebenden Ehegatten Antrag auf Eröffnung des Insolvenzverfahrens nach § 332 stellen können. Es gilt dann § 331 mit der Folge, dass bei Eröffnung die Gesamtgutsgläubiger in der Insolvenz des überlebenden Ehegatten wie Absonderungsberechtigte behandelt werden. Da der Anteil des verstorbenen Ehegatten bei Fortsetzung der Gütergemeinschaft nicht zum Nachlass gehört, § 1483 Abs. 1 Satz 3 BGB, berührt die Insolvenz über den Nachlass des verstorbenen Ehegatten das Gesamtgut nicht. Sie erfasst nur das Sondergut und den pfändbaren Teil des Vorbehaltsgutes. Auch das Insolvenzverfahren über das Vermögen eines Abkömmlings berührt das Gesamtgut nicht, § 37 Abs. 3 i. V. m. Abs. 1 Satz 3. Lehnt der überlebende Ehegatte die Fortsetzung der Gütergemeinschaft ab, fällt der Anteil des verstorbenen Ehegatten in seinen Nachlass, §§ 1484 Abs. 3, 1482. Der überlebende Ehegatte und die Erben bilden eine Liquidationsgemeinschaft,[12] es sei denn, dass der überlebende Ehegatte Alleinerbe wird. Mit der Beantragung der Nachlassinsolvenz entsteht auch in diesem Fall eine Liquidationsgemeinschaft, § 1976 BGB, deren Auseinandersetzung außerhalb des Insolvenzverfahrens erfolgt, § 84 Abs. 1. Zum Insolvenzverfahren über das Gesamtgut während bestehender Ehe vgl. §§ 333, 334 sowie § 37 RdNr. 16 bis 38.

---

[7] *Jaeger/Weber* § 236 KO RdNr. 22; *Uhlenbruck/Lüer* RdNr. 6; FK-*Schallenberg/Rafiqpoor* RdNr. 41; *Staudinger/Thiele* § 1489 RdNr. 7; *Graf-Schlicker/Messner* RdNr. 5; HambKomm-*Böhm* RdNr. 7; *Häsemeyer* RdNr. 34.12; aA *Smid/Fehl* RdNr. 5; *Andres/Leithaus* RdNr. 11.
[8] *Jaeger/Weber* (Fn. 7) RdNr. 22; oben § 11 RdNr. 67 (*Ott*).
[9] InsO RdNr. 8; ebenso *Kübler/Prütting/Kemper* RdNr. 5; *Nerlich/Römermann/Riering* RdNr. 10; *Braun/Bauch* InsO RdNr. 9.
[10] *Staudinger/Thiele* § 1489 RdNr. 10; MünchKommBGB-*Kanzleiter* § 1489 RdNr. 4; *Soergel/Gaul* 1489 RdNr. 2.
[11] Massefremde Masse, 1999 RdNr. 266. – Gegen *Oepen* auch unten § 334 RdNr. 21.
[12] Vgl. § 83 RdNr. 16.

Verweisung auf das Nachlaßinsolvenzverfahren 7 **§ 332**

Diese Bestimmungen (§§ 333, 334) sollen auch im Liquidationsstadium der fortgesetzten 7
Gütergemeinschaft gelten.[13] Dem ist zuzustimmen, weil nach Beendigung der fortgesetzten
Gütergemeinschaft der überlebende Ehegatte und die Abkömmlinge das Gesamtgut gemeinschaftlich verwalten, §§ 1497 Abs. 2, 1472 BGB. Das schließt aber nicht aus, dass auch noch
in diesem Stadium das Verfahren nach § 332 mit Beschränkung auf den Bestand des Gesamtgutes im Zeitpunkt des Eintritts der fortgesetzten Gütergemeinschaft durchgeführt werden
kann. Es handelt sich dann um parallel verlaufende Verfahren wie etwa bei einem gleichzeitig
über das gesamte Vermögen des Überlebenden eröffneten Verfahren, das nach § 37 Abs. 3
auch das Gesamtgut umfasst.[14] Voraussetzung ist allerdings, dass die Auseinandersetzung des
Gesamtgutes noch nicht beendet ist (vgl. oben RdNr. 2). Die bei gleichzeitiger Insolvenz
eintretende Aufteilung des Gesamtgutes in zwei verschiedene Massen ist in erster Linie für
die alten Gesamtgutsgläubiger von Bedeutung, während der Überlebende mit der Eröffnung
des Verfahrens nach § 332 eine Beschränkung der Haftung für diejenigen Verbindlichkeiten
erreicht, die ihm mit dem Eintritt der fortgesetzten Gütergemeinschaft persönlich auferlegt
werden und für die er ohne das Verfahren nach § 332 auch bei Beendigung der fortgesetzten
Gütergemeinschaft weiterhin haften würde.[15] Es macht daher durchaus Sinn, beide Verfahren nebeneinander auch im Liquidationsstadium zuzulassen. Sie unterscheiden sich hinsichtlich der beteiligten Gläubiger (vgl. § 332 Abs. 2), der beteiligten Schuldner (im Verfahren nach § 332 ist alleiniger Schuldner der überlebende Ehegatte, im Verfahren über das
restliche Gesamtgut sind Schuldner der Ehegatte und die Abkömmlinge) und hinsichtlich
der Masse (die Masse des Verfahrens nach § 332 bildet das Gesamtgut im Zeitpunkt des
Eintritts der fortgesetzten Gütergemeinschaft nebst den in RdNr. 5 aufgeführten weiteren
Bestandteilen, die Masse des Verfahrens über die Liquidationsgemeinschaft das, was durch
Rechtsgeschäft unter Lebenden oder von Todes wegen gem. § 1485 BGB bis zur Beendigung der fortgesetzten Gütergemeinschaft und gem. §§ 1497 Abs. 2, 1473 BGB hinzuworben wurde, sog. Neuerwerb). Auch hier ist die Ausfallhaftung zu beachten, § 331 Abs. 1
analog.

---

[13] Vgl. oben § 37 RdNr. 46 und unten § 333 RdNr. 22 mit ausführlicher Begründung; *Jaeger/Henckel*
§ 35 RdNr. 34; *Kilger/Schmidt* § 2 KO Anm. 3; *Kuhn/Uhlenbruck* § 2 KO RdNr. 5. AA *Gottwald/Klopp/
Kluth*, Insolvenzrechts-Handbuch, § 29 RdNr. 11.
[14] Vgl. RdNr. 2 und oben § 37 RdNr. 40, 41.
[15] §§ 1437 Abs. 2 S. 2, 1459 Abs. 2 S. 2 BGB gelten nicht, vgl. MünchKommBGB-*Kanzleiter* § 1489
RdNr. 2; unten § 334 RdNr. 25.

Siegmann

Dritter Abschnitt. Insolvenzverfahren über das gemeinschaftlich verwaltete Gesamtgut einer Gütergemeinschaft

Schrifttum: *Armbruster,* Die Stellung des haftenden Gesellschafters in der Insolvenz der Personenhandelsgesellschaft nach geltendem und künftigem Recht, Berlin 1996; *Baur,* Zwangsvollstreckungs- und konkursrechtliche Fragen zum Gleichberechtigungsgesetz, FamRZ 1958, 252–259; *Böhle-Stamschräder,* Änderungen der Konkursordnung und der Vergleichsordnung durch das Gleichberechtigungsgesetz, KTS 1957, 97–101; *Bork,* Gesamt(schadens)liquidation im Insolvenzverfahren, in Kölner Schrift zur Insolvenzordnung, 2. Aufl., Berlin 2000, 1333–1346; *Brinkmann,* Die Bedeutung der §§ 92, 93 InsO für den Umfang der Insolvenz- und Sanierungsmasse, 2003; *Fuchs,* Die persönliche Haftung des Gesellschafters gemäß § 93 InsO, ZIP 2000, 1089–1098; *Häsemeyer,* Kommanditistenhaftung und Insolvenzrecht, ZHR 1985, 42–75; *Maßfeller,* Das Güterrecht des Gleichberechtigungsgesetzes, DB 1957, 1145–1146; *Menz,* Das Aussonderungsrecht des einen Ehegatten im Konkurs des anderen, Diss. Tübingen 1961; *Oepen,* Massefremde Masse, Die Erstreckung von Insolvenzverfahren auf Forderungen von Insolvenz- oder Massegläubigern gegen zusätzliche Schuldner, Tübingen 1999; *Pelz,* Die Gesellschaft bürgerlichen Rechts in der Insolvenz, Diss. Bonn 1999; *K. Schmidt,* Einlage und Haftung des Kommanditisten, Köln 1977; *ders.,* Insolvenzrisiko und gesellschaftsrechtliche Haftung, JZ 1985, 301–308; *ders.,* Labyrinthus creditorum – Gesellschaftsrechtliche Haftung im Insolvenzverfahren nach §§ 92, 93 InsO, ZGR 1996, 209–224; *K. Schmidt/Bitter,* Doppelberücksichtigung, Ausfallprinzip und Gesellschafterhaftung in der Insolvenz, ZIP 2000, 1077–1089; *Schuler,* Der Sonderkonkurs des ehelichen Gesamtgutes, NJW 1958, 1609–1613; *Tschierschke,* Das Ausscheiden eines Kommanditisten und die Stellung des Ausgeschiedenen im Konkurs der Gesellschaft, Diss. München 1966; *Wissmann,* Persönliche Mithaft in der Insolvenz, 2. Aufl., Köln 1998.

§ 333 Antragsrecht. Eröffnungsgründe

(1) Zum Antrag auf Eröffnung des Insolvenzverfahrens über das Gesamtgut einer Gütergemeinschaft, das von den Ehegatten gemeinschaftlich verwaltet wird, ist jeder Gläubiger berechtigt, der die Erfüllung einer Verbindlichkeit aus dem Gesamtgut verlangen kann.

(2) ¹Antragsberechtigt ist auch jeder Ehegatte. ²Wird der Antrag nicht von beiden Ehegatten gestellt, so ist er zulässig, wenn die Zahlungsunfähigkeit des Gesamtguts glaubhaft gemacht wird; das Insolvenzgericht hat den anderen Ehegatten zu hören. ³Wird der Antrag von beiden Ehegatten gestellt, so ist auch die drohende Zahlungsunfähigkeit Eröffnungsgrund.

Übersicht

	RdNr.		RdNr.
A. Normzweck	1	a) Antragstellung durch einen Ehegatten	11
B. Entstehungsgeschichte	2	b) Antragstellung durch beide Ehegatten	12
C. Anwendungsbereich	3		
I. Gemeinschaftlich verwaltetes Gesamtgut einer Gütergemeinschaft	3	IV. Eröffnungsgründe	13
II. Schuldner	8	V. Insolvenzmasse	17
III. Antragsberechtigte	9	VI. Sonderinsolvenzverfahren zwischen Aufhebung der Gütergemeinschaft und Auseinandersetzung des Gesamtguts	20
1. Gläubiger von Gesamtgutsverbindlichkeiten	9		
2. Ehegatten	10		

A. Normzweck

1   Da das Gesamtgut bei gemeinschaftlicher Verwaltung durch die Ehegatten mit der Eröffnung des Insolvenzverfahrens über das Vermögen eines Ehegatten nach § 37 Abs. 2 nicht

Bestandteil der Insolvenzmasse wird, bedarf es einer insolvenzrechtlichen **Regelung zur Befriedigung der Gläubiger von Gesamtgutsverbindlichkeiten aus dem Gesamtgut.** § 11 Abs. 2 Nr. 2 ordnet daher an, dass über das Gesamtgut trotz fehlender Rechtspersönlichkeit ein selbständiges Insolvenzverfahren eröffnet werden kann. Die §§ 333, 334 dienen der Ausgestaltung dieses Sonderinsolvenzverfahrens. Soweit die §§ 333, 334 keine Abweichungen vom Regelinsolvenzverfahren enthalten, gelten die allgemeinen Bestimmungen.[1]

B. Entstehungsgeschichte

Die §§ 333, 334 knüpfen an die durch Art. 3 Abs. 1 Nr. 5 Gleichberechtigungsgesetz 2 vom 18. 6. 1957 in die Konkursordnung eingefügten §§ 236a bis 236c KO an.[2] Bis zum Inkrafttreten des Gleichberechtigungsgesetzes war ein selbständiges Konkursverfahren über das Gesamtgut nicht vorgesehen.[3] Während die systematisch unglückliche Stellung der §§ 236a bis 236c KO auf der nachträglichen Einfügung in die Konkursordnung beruht, lässt sich die Stellung der §§ 333, 334 am Ende der Insolvenzordnung nur damit erklären, dass der Sachzusammenhang zum Sonderinsolvenzverfahren über das Gesamtgut einer fortgesetzten Gütergemeinschaft (§ 332) stärker als zu der in § 37 enthaltenen Regelung über das Gesamtgut bei Gütergemeinschaft empfunden wurde. Als dritter Abschnitt des zehnten Teils wurden die §§ 333, 334 erst auf Beschlussempfehlung des Rechtsausschusses in das Gesetzgebungsverfahren eingebracht.[4] Im Regierungsentwurf fanden sich die entsprechenden Vorschriften verstreut in §§ 19, 22 Abs. 3 Nr. 2, 105 Abs. 2, 270 Abs. 3 RegE und damit jeweils dort, wo Abweichungen vom allgemeinen Insolvenzverfahren regelungsbedürftig erschienen.[5] § 333 enthält mit leichten Modifikationen den Regelungsinhalt des § 236a KO. Neu aufgenommen wurde in § 333 Abs. 2 Satz 3 die drohende Zahlungsunfähigkeit als Eröffnungsgrund bei einem von beiden Ehegatten gestellten Antrag.

C. Anwendungsbereich

I. Gemeinschaftlich verwaltetes Gesamtgut einer Gütergemeinschaft

Das Sonderinsolvenzverfahren über das Gesamtgut nach §§ 11 Abs. 2 Nr. 2, 333 setzt 3 voraus, dass die Ehegatten im Güterstand der Gütergemeinschaft leben und das Gesamtgut gemeinsam verwalten. Nach § 1415 BGB tritt Gütergemeinschaft durch formgebundenen Ehevertrag (§ 1410 BGB) ein.[6] Das von den Ehegatten in die Ehe eingebrachte und das in der Ehe erworbene Vermögen wird zum gemeinschaftlichen Vermögen beider Ehegatten, zum sog. **Gesamtgut** nach § 1416 Abs. 1 BGB. Das Gesamtgut steht den Ehegatten in Gesamthandsgemeinschaft zu, § 1419 BGB. Nach § 1421 Satz 1 BGB soll im Ehevertrag geregelt werden, wer das Gesamtgut verwaltet. Bei fehlender Regelung verwalten die Ehegatten das Gesamtgut gemeinsam, § 1421 Satz 2 BGB.

---

[1] Zur Zuständigkeit des Insolvenzgerichts vgl. FK-*Schallenberg/Rafiqpoor* § 333 RdNr. 5 ff.
[2] BGBl. I S. 609, 635. § 236a Abs. 2 KO wurde neu gefasst durch Art. 2 § 1 Nr. 7 Konkursausfallgeldgesetz vom 17. 7. 1974, BGBl. I S. 1481, 1485. Zum Sonderkonkurs über das Gesamtgut nach §§ 236a bis c KO vgl. *Baur* FamRZ 1958, 252, 258 f.; *Böhle-Stamschräder* KTS 1957, 97, 99 f.; *Maßfeller* DB 1957, 1145, 1146; *Schuler* NJW 1958, 1609 ff.
[3] Schriftlicher Bericht des Ausschusses für Rechtswesen und Verfassungsrecht zu BT-Drucks. II/3409, 45; *Jaeger/Weber* KO § 236a-c RdNr. 1 ff.
[4] BT-Drucks. 12/7302, 143, 157, 165, 182, 194. Kritisch schon zur systematischen Stellung der §§ 236a bis 236c KO *Jaeger/Weber* KO § 236a-c RdNr. 7.
[5] Dazu BR-Drucks. 1/92, 12 f., 25, 52, 114, 139 f., 202; BT-Drucks. 12/2443, 12 f., 25, 52, 114, 139 f., 202.
[6] Die Vorschriften über die gemeinschaftliche Verwaltung des Gesamtguts gelten auch für diejenigen Ehegatten aus der ehemaligen DDR, die sich nach der Wiedervereinigung gemäß Art. 234 §§ 4 Abs. 2 Satz 1, 4a Abs. 2 Satz 1 EGBGB für die Fortführung des gesetzlichen Güterstandes der DDR, der Eigentums- und Vermögensgemeinschaft, entschieden haben. Vgl. die Nachweise zu § 37 RdNr. 16.

§ 333 4–7   10. Teil. 3. Abschnitt. Gemeinschaftl. verwaltetes Gesamtgut einer Gütergem.

4   Vom Gesamtgut sind die Eigenvermögen (Sonder- und Vorbehaltsgut) der Ehegatten zu trennen. **Sondergut** (§ 1417 BGB) ist Vermögen, das nicht durch Rechtsgeschäft übertragen werden kann, etwa Nießbrauch- oder Urheberrechte.[7] Mangels Übertragbarkeit ist das Sondergut regelmäßig nicht pfändbar (§ 851 Abs. 1 ZPO) und gehört dann auch nicht zur Insolvenzmasse (§ 36 Abs. 1).[8] **Vorbehaltsgut** (§ 1418 BGB) entsteht durch ehevertragliche Bestimmung oder durch Bestimmung eines Dritten, der das Gut einem Ehegatten unentgeltlich zu Lebzeiten oder von Todes wegen zugewandt hat. Jeder Ehegatte verwaltet sein Sonder- und Vorbehaltsgut selbständig, §§ 1417 Abs. 3, 1418 Abs. 3 BGB. Damit bestehen bei der ehelichen Gütergemeinschaft drei voneinander zu trennende Vermögensmassen: das Gesamtgut beider Ehegatten, das Eigenvermögen des einen Ehegatten sowie das Eigenvermögen des anderen Ehegatten.

5   Die Gütergemeinschaft endet in den gesetzlich geregelten Fällen des BGB und damit nicht durch die Eröffnung des Sonderinsolvenzverfahrens über das Gesamtgut.[9] Allerdings hindert die Verfahrenseröffnung auch nicht die **Beendigung der Gütergemeinschaft.** So können die Ehegatten die Gütergemeinschaft nach Verfahrenseröffnung durch Ehevertrag aufheben (§§ 1408 Abs. 1, 1414 BGB).[10] Auch berechtigt die durch einen Ehegatten herbeigeführte Überschuldung (nicht Zahlungsunfähigkeit) des Gesamtguts nach § 1469 Nr. 4 BGB den anderen Ehegatten zur Erhebung der Klage auf Aufhebung der Gütergemeinschaft. Die Wirkung der Aufhebung beschränkt sich allerdings auf den Neuerwerb (dazu auch § 37 RdNr. 23).[11] Entsprechendes gilt, wenn noch vor Eröffnung des Sonderinsolvenzverfahrens Klage auf Aufhebung der Gütergemeinschaft erhoben wurde, die Aufhebung jedoch erst nach Eröffnung eintritt.

6   Das Sonderinsolvenzverfahren über das Gesamtgut kann unabhängig davon eröffnet werden, ob über das Eigenvermögen (Sonder- und Vorbehaltsgut) eines oder beider Ehegatten ein Insolvenzverfahren eröffnet worden ist.[12] Ein **Insolvenzverfahren über das Eigenvermögen eines Ehegatten** ist weder Voraussetzung für das Sonderinsolvenzverfahren über das Gesamtgut, noch schließt es ein solches aus.[13] Bei gemeinschaftlicher Verwaltung des Gesamtguts ist somit das Zusammentreffen von drei Insolvenzverfahren denkbar: das Insolvenzverfahren über das Eigenvermögen eines Ehegatten, das Insolvenzverfahren über das Eigenvermögen des anderen Ehegatten sowie das Sonderinsolvenzverfahren über das Gesamtgut.[14] Soweit das Sonderinsolvenzverfahren über das Gesamtgut und ein Insolvenzverfahren über das Eigenvermögen eines Ehegatten parallel laufen, ist für die Geltendmachung von Gesamtgutsverbindlichkeiten im Insolvenzverfahren über das Eigenvermögen § 334 Abs. 1 zu beachten (dazu § 334 RdNr. 18).

7   Gehört zum Gesamtgut ein Nachlass, so kann über diesen ein selbständiges **Nachlassinsolvenzverfahren** nach § 11 Abs. 2 Nr. 2, §§ 315 bis 331 eröffnet werden (dazu § 318 RdNr. 2). Bei einem Zusammentreffen eines Sonderinsolvenzverfahrens über das Gesamtgut mit einem Sonderinsolvenzverfahren über den Nachlass (dazu § 331 RdNr. 6) gelten folgende Regeln: Wird zuerst das Sonderinsolvenzverfahren über den Nachlass eröffnet, so ist dieser ab dem Zeitpunkt der Verfahrenseröffnung nicht mehr Bestandteil des Gesamtguts, mit der Folge, dass das später eröffnete Sonderinsolvenzverfahren über das Gesamtgut den Nachlass nicht erfasst. Im umgekehrten Fall ist der Nachlass zunächst Bestandteil der Insolvenzmasse

---

[7] MünchKommBGB-*Kanzleiter* § 1417 RdNr. 4; *Erman/Heckelmann* § 1417 RdNr. 1 f.
[8] Ausnahmen sind in den Fällen des § 857 Abs. 3 ZPO denkbar, vgl. *Soergel/Gaul* § 1417 RdNr. 7; *Rosenberg/Gaul/Schilken* § 20 III.1.(2); *Jaeger/Henckel* § 37 RdNr. 23.
[9] MünchKommBGB-*Kanzleiter* § 1469 RdNr. 3; *Jaeger/Weber* KO § 236 a–c RdNr. 4, 16.
[10] BGHZ 57, 123, 126. Vgl. auch MünchKommBGB-*Kanzleiter* § 1471 RdNr. 2.
[11] *Jaeger/Weber* KO § 236 a–c RdNr. 16.
[12] Dies war in § 236 c Abs. 1 KO ausdrücklich klargestellt. Dazu *Jaeger/Weber* KO § 236 a–c RdNr. 47 ff., insb. 53 ff.
[13] *Breuer*, Insolvenzrecht, S. 196 f; *Hess/Weis/Wienberg* § 37 RdNr. 50; *Kübler/Prütting/Holzer* § 37 RdNr. 13. Vgl. weiter *Böhle-Stamschräder* KTS 1957, 97, 98; *Jaeger/Weber* KO § 236 a–c RdNr. 5 f.; *Uhlenbruck/Uhlenbruck* § 37 RdNr. 6.
[14] Zum Insolvenzverfahren über das Eigenvermögen eines Ehegatten vgl. § 37 RdNr. 32 f.

des zuerst eröffneten Sonderinsolvenzverfahrens über das Gesamtgut. Wird danach ein Sonderinsolvenzverfahren über den Nachlass eröffnet, so scheidet der zu diesem Zeitpunkt noch vorhandene Nachlass aus der Insolvenzmasse des Sonderinsolvenzverfahrens über das Gesamtgut aus.[15] Die **Antragsberechtigung auf Eröffnung des Nachlassinsolvenzverfahrens** steht in der zweiten Fallgestaltung nicht mehr dem Erben bzw. dem nach § 318 antragsberechtigten Ehegatten, sondern an deren Stelle dem Insolvenzverwalter zu.[16] **Insolvenzgläubiger im Nachlassinsolvenzverfahren** sind ausschließlich die Gläubiger von Nachlassverbindlichkeiten i. S. d. § 1967 BGB, § 325. **Insolvenzgläubiger im Sonderinsolvenzverfahren über das Gesamtgut** sind hingegen nach Ausscheiden des Nachlasses aus der Insolvenzmasse nur die Gläubiger von Gesamtgutsverbindlichkeiten. Nachlassgläubiger können aber auch Gesamtgutsgläubiger sein, nämlich dann, wenn der Erbe den Nachlassgläubigern mit dem Gesamtgut unbeschränkt haftet. In diesem Fall können die Gesamtgutsgläubiger, die zugleich Nachlassgläubiger sind, ihre Forderungen nur insoweit geltend machen, als sie im Nachlassinsolvenzverfahren keine Befriedigung erhalten haben, § 331 Abs. 2.[17]

II. Schuldner

Schuldner ist nicht das Gesamtgut, denn das Gesamtgut ist zwar insolvenzfähig, nicht aber rechtsfähig.[18] Die Schuldnerstellung haben vielmehr **beide Ehegatten** inne.[19] Dies hat zur Folge, dass die aus dem Verfahren entstehenden Rechte und Pflichten grundsätzlich beiden Ehegatten gemeinsam zuzuordnen sind.[20] Ausnahmen hiervon sind nach Sinn und Zweck des jeweiligen Rechts bzw. der jeweiligen Pflicht zu ermitteln.[21] So steht das Beschwerderecht gegen die Eröffnung des Verfahrens nach § 34 Abs. 2 jedem Ehegatten zu.[22] Dies ergibt sich schon aus der Antragsberechtigung nach § 333 Abs. 2 Satz 1, die einem Ehegatten auch gegen den Willen des anderen die Antragstellung ermöglicht.

III. Antragsberechtigte

1. Gläubiger von Gesamtgutsverbindlichkeiten. Das Sonderinsolvenzverfahren dient ausschließlich der Befriedigung der Gläubiger von Gesamtgutsverbindlichkeiten. **Gesamtgutsverbindlichkeiten** sind grundsätzlich alle Verbindlichkeiten beider Ehegatten (§ 1459 Abs. 1 BGB), sofern die Haftung des Gesamtguts nicht nach §§ 1460 bis 1462 BGB ausgeschlossen ist. Zu den Gesamtgutsverbindlichkeiten gehören insbesondere die von den Ehegatten in die Gütergemeinschaft eingebrachten persönlichen Verbindlichkeiten sowie die während der Ehe von einem Ehegatten mit Zustimmung des anderen Ehegatten eingegangenen Verbindlichkeiten.[23] Nicht antragsberechtigt und auch nicht am Verfahren beteiligt sind hingegen diejenigen Gläubiger, die Befriedigung ausschließlich aus dem Eigenvermögen (Sonder- und Vorbehaltsgut) eines Ehegatten verlangen können und denen somit das Gesamtgut nicht haftet.

2. Ehegatten. Der Antrag auf Eröffnung des Verfahrens kann auch von einem oder beiden Ehegatten gestellt werden. Das Recht zur Antragstellung verbleibt einem Ehegatten

---

[15] *Jaeger/Weber* KO § 236 a–c RdNr. 38.
[16] *Jaeger/Weber* KO § 236 a–c RdNr. 39.
[17] BR-Drucks. 1/92, 232 f.; BT-Drucks. 12/2443, 232 f.; *Böhle-Stamschräder* KTS 1957, 97, 99; *Jaeger/Weber* KO § 236 a–c RdNr. 40; BGH NJW 1994, 2286, 2287.
[18] FK-*Schallenberg/Rafiqpoor* § 333 RdNr. 12; MünchKommBGB-*Kanzleiter* § 1459 RdNr. 2. Missverständlich aber BR-Drucks. 1/92, 113 und BT-Drucks. 12/2243, 113.
[19] Dazu *Schuler* NJW 1958, 1609, 1610; *Baur* FamRZ 1958, 252, 259; FK-*Schallenberg/Rafiqpoor* § 333 RdNr. 12.
[20] Umfassend *Schuler* NJW 1958, 1609, 1611 ff.; *Jaeger/Weber* KO § 236 a–c RdNr. 21 ff.
[21] Vgl. FK-*Schallenberg/Rafiqpoor* § 333 RdNr. 13 ff.; *Braun/Bauch* § 333 RdNr. 7; *Hess/Weis/Wienberg* § 333 RdNr. 6.
[22] Dazu FK-*Schallenberg/Rafiqpoor* § 333 RdNr. 21; *Jaeger/Weber* KO § 236 a–c RdNr. 18.
[23] Dazu MünchKommBGB-*Kanzleiter* § 1459 RdNr. 1, 3 f., 8.

auch dann, wenn über sein Eigenvermögen bereits ein Insolvenzverfahren eröffnet ist. Da nach § 37 Abs. 2 durch das Insolvenzverfahren über das Vermögen eines Ehegatten das Gesamtgut nicht berührt wird, steht die Antragsberechtigung für die Eröffnung des Sonderinsolvenzverfahrens über das Gesamtgut nicht dem Insolvenzverwalter des Verfahrens über das Eigenvermögen zu.[24]

11 **a) Antragstellung durch einen Ehegatten.** Sofern nur ein Ehegatte den Antrag auf Eröffnung des Verfahrens stellt, ist Eröffnungsgrund nur die Zahlungsunfähigkeit des Gesamtguts, Abs. 2 Satz 2 Hs. 1. Für die **Pflicht zur Anhörung des anderen Ehegatten** (Abs. 2 Satz 2 Hs. 2) gelten die §§ 10 Abs. 1, 14 Abs. 2, weil dieser auch Schuldner des Verfahrens ist.[25] Wird die Eröffnung abgelehnt, so steht dem antragstellenden Ehegatten gegen den abweisenden Beschluss die sofortige Beschwerde nach § 34 Abs. 1 zu.[26]

12 **b) Antragstellung durch beide Ehegatten.** Bei Antragstellung durch beide Ehegatten ist neben der Zahlungsunfähigkeit auch die drohende Zahlungsunfähigkeit des Gesamtguts Eröffnungsgrund, wobei Abs. 2 Satz 3 nur deklaratorische Bedeutung hat. Da der neu eingeführte Eröffnungsgrund der drohenden Zahlungsunfähigkeit nach § 18 nur dem Schuldner zusteht, setzt er schon insoweit einen Antrag beider Ehegatten voraus.

IV. Eröffnungsgründe

13 Die Eröffnungsgründe der Zahlungsunfähigkeit (§ 17) und der drohenden Zahlungsunfähigkeit (§ 18) **beziehen sich auf das Gesamtgut,** nicht hingegen auf die Ehegatten als Rechtsträger des Gesamtguts.[27]

14 Während § 236a Abs. 1 KO die Zahlungsunfähigkeit beider Ehegatten voraussetzte,[28] ist nach Abs. 2 Satz 2 Eröffnungsgrund die Zahlungsunfähigkeit des Gesamtguts.[29] Auch bei Antragstellung eines Gesamtgutsgläubigers nach Abs. 1 ist der in Abs. 2 Satz 2 genannte Bezug auf das Gesamtgut maßgeblich, so dass es nicht auf die Zahlungsunfähigkeit beider Ehegatten ankommt.[30] Dafür spricht neben dem eindeutigen Wortlaut des Abs. 2 Satz 2 auch § 334 Abs. 1, der die persönliche Haftung der Ehegatten regelt.[31] Dies wäre entbehrlich, wenn § 333 als Eröffnungsgrund die Zahlungsunfähigkeit beider Ehegatten, also des Gesamtguts und der Eigenvermögen der Ehegatten, vorsehen wollte. Daher kann auch nicht der Ansicht[32] gefolgt werden, dass Zahlungsunfähigkeit des Gesamtguts nur vorliegt, wenn die Ehegatten auch hinsichtlich ihrer Eigenvermögen zahlungsunfähig sind. Dem steht nicht nur die Regelung des § 334 Abs. 1 entgegen, sondern auch die in § 37 Abs. 2 vorgesehene Behandlung von Gesamtgut und Eigenvermögen als getrennte Vermögensmassen in der Insolvenz.[33] Allerdings ist *Marotzke* Recht zu geben, dass „die Eröffnungsgründe [...] in § 333 weniger deutlich geregelt [sind], als die Überschrift verspricht".[34]

15 Diese Abweichung gegenüber dem alten Recht ist insofern bedeutsam, als nach § 236a Abs. 1 KO das Sonderkonkursverfahren über das Gesamtgut nur eröffnet werden konnte, wenn nicht nur das Gesamtgut, sondern auch beide Ehegatten hinsichtlich ihrer Eigenvermögen (Sonder- und Vorbehaltsgut) zahlungsunfähig waren. Dieser Regelung lag zu-

---

[24] *Jaeger/Weber* KO § 236 a–c RdNr. 13.
[25] FK-*Schallenberg/Rafiqpoor* § 333 RdNr. 14.
[26] *Jaeger/Weber* KO § 236 a–c RdNr. 19.
[27] *Prütting* in *Kübler/Prütting* § 11 RdNr. 30.
[28] *Hess* KO § 236 a RdNr. 3; *Baur* FamRZ 1958, 252, 259; *Maßfeller* DB 1957, 1145, 1146.
[29] So auch FK-*Schallenberg/Rafiqpoor* § 333 RdNr. 3, 26; *Haarmeyer/Wutzke/Förster*, Handbuch, Kap. 10 RdNr. 123; *Jauernig/Berger*, Zwangsvollstreckung, § 40 RdNr. 7.
[30] Unzutreffend *Hess/Weis/Wienberg* § 333 RdNr. 7; *Smid/Fehl* § 333 RdNr. 3.
[31] So auch FK-*Schallenberg/Rafiqpoor* § 333 RdNr. 26; *Braun/Bauch* § 333 RdNr. 5; *Uhlenbruck/Lüer* § 333 RdNr. 3; *Bork* RdNr. 438.
[32] *Kübler/Prütting/Kemper* § 333 RdNr. 6.
[33] Vgl. nur *Menz*, S. 206.
[34] HK-*Marotzke* § 333 RdNr. 3.

grunde, dass die Ehegatten für Gesamtgutsverbindlichkeiten nicht nur mit dem Gesamtgut, sondern nach § 1459 Abs. 2 Satz 1 BGB auch als Gesamtschuldner mit ihren Eigenvermögen haften. Bei der nach § 236a Abs. 1 KO erforderlichen Zahlungsunfähigkeit sowohl des Gesamtguts als auch der Eigenvermögen beider Ehegatten wurde das Sonderkonkursverfahren also erst eröffnet, wenn Zahlungen an die Gläubiger weder aus dem Gesamtgut noch aus den Eigenvermögen beider Ehegatten möglich waren.[35] Hingegen erlaubt § 333 nunmehr die Eröffnung des Sonderinsolvenzverfahrens über das Gesamtgut auch dann, wenn die Ehegatten mit ihren Eigenvermögen noch zahlungsfähig sind. Nach Maßgabe des § 334 Abs. 1 können die Gesamtgutsgläubiger ihre Gesamtgutsverbindlichkeiten gegen die persönlich mit ihren Eigenvermögen haftenden Ehegatten jedoch für die Dauer des Sonderinsolvenzverfahrens nicht geltend machen; vielmehr steht diese Befugnis allein dem Insolvenzverwalter zu.[36]

Der Eröffnungsgrund der Zahlungsunfähigkeit muss glaubhaft gemacht werden, wenn **16** der Antrag von einem Gesamtgutsgläubiger (§§ 14 Abs. 1, 17 Abs. 1) oder von nur einem Ehegatten gestellt wird (Abs. 2 Satz 2 Hs. 1). Hingegen entfällt die **Glaubhaftmachung des Eröffnungsgrunds,** wenn beide Ehegatten den Antrag auf Verfahrenseröffnung stellen.[37] Dies erfolgt in Anlehnung an die allgemeine Regel, dass der Schuldner (hier: beide Ehegatten) seine Zahlungsunfähigkeit (hier: des Gesamtguts) nicht glaubhaft machen muss.

V. Insolvenzmasse

Die Insolvenzmasse umfasst das **Gesamtgut,** nicht hingegen die Eigenvermögen der **17** Ehegatten (Sonder- und Vorbehaltsgut, §§ 1417f. BGB).[38] Hinsichtlich seines Eigenvermögens hat jeder Ehegatte ein **Aussonderungsrecht** nach § 47 und ist insoweit nicht als Schuldner, sondern als Dritter anzusehen.[39] Allerdings muss er die Vermutung der Zugehörigkeit der Gegenstände zum Gesamtgut nach § 1416 Abs. 1 BGB entkräften (zur Anwendung der Eigentumsvermutung des § 1362 BGB vgl. § 37 RdNr. 8f., 18).[40]

Der **Neuerwerb beider Ehegatten** wird Bestandteil des Gesamtguts, soweit er nicht **18** ausnahmsweise gemäß §§ 1417f. BGB dem Sonder- oder Vorbehaltsgut zuzuordnen ist. So gehört regelmäßig das Arbeitseinkommen der Ehegatten zum Gesamtgut[41] und fällt demzufolge in die Insolvenzmasse.[42] Für die Zukunft kann dies allerdings verhindert werden, wenn die Beendigung der Gütergemeinschaft durch einen oder beide Ehegatten herbeigeführt wird (s. o. RdNr. 5).

Der **Insolvenzverwalter** unterliegt nicht den Verfügungsbeschränkungen der §§ 1453 **19** Abs. 1, 1366f. BGB.[43]

VI. Sonderinsolvenzverfahren zwischen Aufhebung der Gütergemeinschaft und Auseinandersetzung des Gesamtguts

Schon nach alter Rechtslage war umstritten, ob in der Phase zwischen Beendigung der **20** Gütergemeinschaft und Auseinandersetzung des Gesamtguts ein Sonderkonkurs über das

---

[35] Dazu *Jaeger/Weber* KO § 236a–c RdNr. 11 mwN.
[36] Die Inanspruchnahme eines Ehegatten setzt dabei kein eigenständiges Insolvenzverfahren über das Eigenvermögen dieses Ehegatten voraus (dazu § 334 RdNr. 12f., 18; unklar FK-*Schallenberg/Rafiqpoor* § 333 RdNr. 27).
[37] FK-*Schallenberg/Rafiqpoor* § 333 RdNr. 19.
[38] Zu einem zum Gesamtgut gehörigen Erwerbsgeschäft vgl. *Jaeger/Weber* KO § 236a–c RdNr. 31 ff.
[39] *Menz*, S. 205f.; *Müller*, Zwangsvollstreckung gegen Ehegatten, 1970, S. 111; *Jaeger/Weber* KO § 236a–c RdNr. 30.
[40] MünchKommBGB-*Kanzleiter* § 1416 RdNr. 4.
[41] MünchKommBGB-*Kanzleiter* § 1417 RdNr. 4.
[42] Zustimmend *Graf-Schlicker/Messner* § 333 RdNr. 4.
[43] *Berges*, Das neue eheliche Güterrecht, KTS 1958, 65, 69; *Staudinger/Thiele* § 1365 RdNr. 13; *Jaeger/Henckel* § 37 RdNr. 8 mwN.

§ 333   21, 22   10. Teil. 3. Abschnitt. Gemeinschaftl. verwaltetes Gesamtgut einer Gütergem.

Gesamtgut für zulässig zu erachten sei,[44] wobei dies überwiegend unter entsprechender Anwendung der §§ 236a bis 236c KO bejaht wurde.[45] Begründet wurde dies insbesondere mit dem dringenden Interesse der Gesamtgutsgläubiger am Sonderkonkurs, zumal das Gesamtgut häufig die einzige Haftungsmasse bilde.[46]

21 Auch für das geltende Recht wird die Zulässigkeit der Eröffnung eines Sonderinsolvenzverfahrens über das Gesamtgut in der Liquidationsphase allgemein befürwortet.[47] Dafür spricht, dass nach Aufhebung der Gütergemeinschaft die Ehegatten das Gesamtgut gemäß § 1472 Abs. 1 BGB gemeinschaftlich bis zur Auseinandersetzung verwalten. Die **gemeinschaftliche Verwaltung in der Liquidationsphase** tritt auch dann ein, wenn das Gesamtgut bis zur Beendigung der Gütergemeinschaft von nur einem Ehegatten verwaltet wurde.[48] Sinn und Zweck des § 333 sprechen für eine weite Interpretation, die auch das gemeinsam verwaltete Gesamtgut in der Liquidation umfasst. Weiterhin ist die Gesetzgebungsgeschichte zu § 11 Abs. 3 zu berücksichtigen. Im Regierungsentwurf war ursprünglich folgende Fassung vorgesehen (§ 13 Abs. 3 RegE): „Nach Aufhebung einer juristischen Person oder einer Gesellschaft ohne Rechtspersönlichkeit sowie **nach Beendigung einer Gütergemeinschaft, deren Gesamtgut gemeinschaftlich verwaltet wurde,** ist die Eröffnung des Insolvenzverfahrens zulässig, solange die Verteilung des Vermögens nicht vollzogen ist."[49] In der Begründung heißt es dazu, dass „schon das geltende Konkursrecht [...] in diesem Sinne ausgelegt" wurde.[50] Auf Beschlussempfehlung des Rechtsausschusses wurde § 11 Abs. 3 auf die heute geltende Fassung mit der Begründung beschränkt,[51] dass die rechtliche Beurteilung eines Sonderinsolvenzverfahrens nach Beendigung der Gütergemeinschaft „der Rechtsprechung überlassen bleiben" könne.[52] Nach dem Willen des Gesetzgebers soll demnach in der Liquidationsphase ein Sonderinsolvenzverfahren über das Gesamtgut jedenfalls nicht unzulässig sein. Der ursprünglichen Fassung des Regierungsentwurfs zufolge müsste dieses Sonderinsolvenzverfahren auf Gütergemeinschaften beschränkt bleiben, deren Gesamtgut bis zur Aufhebung von beiden Ehegatten gemeinschaftlich verwaltet wurde. Dies entspricht aber weder der vorgenannten Auslegung zu §§ 236a bis 236c KO,[53] noch lässt sich überzeugend begründen, warum das Sonderinsolvenzverfahren über das Gesamtgut nicht zulässig sein soll, wenn die gemeinschaftliche Verwaltung des Gesamtguts erst nach Aufhebung der Gütergemeinschaft gemäß § 1472 Abs. 1 BGB eintritt. Vielmehr ist in der Zeit zwischen Aufhebung der Gütergemeinschaft und Auseinandersetzung des Gesamtguts ein Sonderinsolvenzverfahren über das Gesamtgut nach Maßgabe der §§ 333, 334 für zulässig zu erachten, und zwar unabhängig davon, welche Verwaltungsform in der Gütergemeinschaft bis zu deren Aufhebung galt.

22 Entsprechendes gilt für die **fortgesetzte Gütergemeinschaft** in der Liquidationsphase. Da in diesem Zeitraum der überlebende Ehegatte und die Abkömmlinge das Gesamtgut gemäß §§ 1497 Abs. 2, 1472 Abs. 1 BGB gemeinschaftlich verwalten,[54] bestimmt sich das Sonderinsolvenzverfahren über das Gesamtgut nach § 333, nicht hingegen nach § 332

---

[44] Offen schon Mot. IV, S. 409 f. Die Regelungsnotwendigkeit eines Sonderkonkurses in der Liquidationsphase wurde auch im Rahmen der KO-Novelle 1898 diskutiert, jedoch ausdrücklich abgelehnt, RT-Drucks. 9/237, 10 ff.
[45] *Jaeger/Henckel* KO § 2 RdNr. 31; *Jaeger/Weber* KO § 236a–c RdNr. 9, 16; *Kuhn/Uhlenbruck* KO § 2 RdNr. 5; *Schuler* NJW 1958, 1609. AA *Soergel/Gaul* § 1472 RdNr. 9. Vgl. auch RGZ 84, 242, 249 f.
[46] *Jaeger/Henckel* KO § 2 RdNr. 31 ff., insb. 36 mwN; *Schuler* NJW 1958, 1609.
[47] *Hess/Weis/Wienberg* § 37 RdNr. 51; *Kübler/Prütting/Kemper* § 333 RdNr. 11 f.; FK-*Schallenberg/Rafiqpoor* § 333 RdNr. 30 f.; *Braun/Bauch* § 333 RdNr. 9; HambKomm/*Böhm* § 333 RdNr 8; *Uhlenbruck/Lüer* § 333 RdNr. 9.
[48] Mot. IV, S. 404 f.
[49] BR-Drucks. 1/92, 11; BT-Drucks. 12/2443, 11.
[50] BR-Drucks. 1/92, 113; BT-Drucks. 12/2443, 113.
[51] BT-Drucks. 12/7302, 9.
[52] BT-Drucks. 12/7302, 194. Dazu FK-*Schallenberg/Rafiqpoor* § 333 RdNr. 30.
[53] *Jaeger/Weber* KO § 236a–c RdNr. 9.
[54] RGZ 139, 118, 121.

i. V. m. §§ 315 bis 331.⁵⁵ Die Verweisung des § 332 auf die Bestimmungen über das Nachlassinsolvenzverfahren findet nur im Falle des § 1489 Abs. 2 BGB Anwendung (dazu § 37 RdNr. 40, § 332 RdNr. 7), nicht hingegen, wenn die Aufhebung der fortgesetzten Gütergemeinschaft Folge der §§ 1492 ff. BGB ist.

Bei der **entsprechenden Anwendung des § 333 auf das Sonderinsolvenzverfahren über das Gesamtgut in der Liquidationsphase** sind folgende Besonderheiten zu beachten: Die **Schuldnerstellung** haben sämtliche Personen inne, die an der gemeinschaftlichen Verwaltung des Gesamtguts beteiligt sind. Bei Beendigung einer ehelichen Gütergemeinschaft durch Tod eines Ehegatten steht demzufolge die Schuldnerstellung dem überlebenden Ehegatten und den Erben des verstorbenen Ehegatten zu.⁵⁶ **Insolvenzgläubiger** sind alle Gläubiger von Gesamtgutsverbindlichkeiten, wobei jedoch nach Beendigung der Gütergemeinschaft grundsätzlich **keine neuen Gesamtgutsverbindlichkeiten** mehr begründet werden können.⁵⁷ Die **Insolvenzmasse** umfasst das zum Zeitpunkt der Verfahrenseröffnung vorhandene Gesamtgut. Der **Neuerwerb** der Ehegatten fällt allerdings nicht mehr in das Gesamtgut⁵⁸ und damit auch nicht in die Insolvenzmasse.⁵⁹

23

§ 334 Persönliche Haftung der Ehegatten

(1) Die persönliche Haftung der Ehegatten für die Verbindlichkeiten, deren Erfüllung aus dem Gesamtgut verlangt werden kann, kann während der Dauer des Insolvenzverfahrens nur vom Insolvenzverwalter oder vom Sachwalter geltend gemacht werden.

(2) Im Falle eines Insolvenzplans gilt für die persönliche Haftung der Ehegatten § 227 Abs. 1 entsprechend.

Übersicht

	RdNr.		RdNr.
A. Normzweck	1	4. Sperrwirkung für die Gesamtgutsgläubiger	14
B. Entstehungsgeschichte	2	5. Insolvenzverfahren über das Eigenvermögen eines Ehegatten	18
C. Anwendungsbereich	3	6. Sachwalter	19
I. Gemeinschaftlich verwaltetes Gesamtgut einer Gütergemeinschaft	3	III. Haftungsbefreiung der Ehegatten im Insolvenzplan	20
II. Persönliche Haftung der Ehegatten für Gesamtgutsverbindlichkeiten	4	IV. Analoge Anwendung des § 334	21
1. Begriff	4	1. Gütergemeinschaften mit Alleinverwaltungsbefugnis eines Ehegatten	22
2. Inhalt	5	2. Gütergemeinschaften in der Liquidationsphase	25
3. Ermächtigungswirkung für den Insolvenzverwalter	12		

A. Normzweck

§ 334 dient ebenso wie § 333 der Ausgestaltung eines Sonderinsolvenzverfahrens über das gemeinschaftlich verwaltete Gesamtgut einer Gütergemeinschaft. § 334 knüpft materiellrechtlich an § 1459 BGB an, wonach die Ehegatten für Gesamtgutsverbindlichkeiten nicht nur mit dem Gesamtgut, sondern auch persönlich als Gesamtschuldner mit ihren Eigen-

1

---

⁵⁵ AA *Uhlenbruck/Uhlenbruck* § 37 RdNr. 9.
⁵⁶ *Jaeger/Henckel* § 37 RdNr. 36.
⁵⁷ Mot. IV, S. 404 f.; BGH FamRZ 1986, 40, 41; OLG München FamRZ 1996, 170.
⁵⁸ Mot. IV, S. 404 f. Entsprechendes gilt für die fortgesetzte Gütergemeinschaft, vgl. MünchKommBGB-*Kanzleiter* § 1497 RdNr. 3.
⁵⁹ HambKomm-*Böhm* § 333 RdNr. 8.

§ 334   2-4   10. Teil. 3. Abschnitt. Gemeinschaftl. verwaltetes Gesamtgut einer Gütergem.

vermögen haften. Mit der – sprachlich verunglückten – Formulierung in Abs. 1, dass für die Dauer des Sonderinsolvenzverfahrens nur der Insolvenzverwalter die **persönliche Haftung der Ehegatten** für Gesamtgutsverbindlichkeiten **geltend machen** kann, ist gemeint, dass in diesem Zeitraum die Gläubiger von Gesamtgutsverbindlichkeiten ihre **Ansprüche gegen die persönlich** mit ihren Eigenvermögen **haftenden Ehegatten** nicht mehr **geltend machen** können, vielmehr diese Befugnis allein dem Verwalter zusteht. Abs. 2 erstreckt die **Haftungsbefreiung nach § 227 Abs. 1** auf die persönlich haftenden Ehegatten. Damit bezieht sich die im Falle eines Insolvenzplans vorgesehene Haftungsbefreiung nicht nur auf das im Rahmen des Sonderinsolvenzverfahrens haftende Gesamtgut, sondern auch auf die Eigenvermögen beider Ehegatten.

B. Entstehungsgeschichte

2   Auf die Entstehungsgeschichte der §§ 333, 334 wurde bereits in der Kommentierung unter § 333 hingewiesen (§ 333 RdNr. 2). Zu ergänzen bleibt, dass § 334 Abs. 1 nicht die Regelungen der § 236 c KO, § 114 b VglO übernimmt, wonach den Gesamtgutsgläubigern die Befugnis zur Geltendmachung ihrer Verbindlichkeiten gegenüber den persönlich mit den Eigenvermögen haftenden Ehegatten auch während des Sonderkonkurses über das Gesamtgut verblieb.[1] Mit der Übertragung dieser Befugnis auf den Insolvenzverwalter des Sonderinsolvenzverfahrens enthält Abs. 1 einen neuen Regelungsansatz. Abs. 2 knüpft an § 236 b Abs. 2 KO und § 114 a Nr. 3 VglO an und verweist für den Fall eines Insolvenzplans auf die Haftungsbefreiung des § 227 Abs. 1. Beide Absätze haben **Parallelvorschriften in § 93 und § 227 Abs. 2**. Dort ist in entsprechender Weise die Problematik der persönlichen Haftung der Gesellschafter für die Dauer eines Insolvenzverfahrens über das Gesellschaftsvermögen geregelt. Im Regierungsentwurf waren beide Absätze noch in §§ 105 Abs. 2, 270 Abs. 3 RegE enthalten, also jeweils dort, wo sich auch die Vorschriften über die persönliche Haftung der Gesellschafter fanden.[2]

C. Anwendungsbereich

I. Gemeinschaftlich verwaltetes Gesamtgut einer Gütergemeinschaft

3   § 334 setzt nach systematischer Stellung, Sinn und Zweck sowie auf Grund des Verweises in § 11 Abs. 2 Nr. 2 ein **Sonderinsolvenzverfahren über ein von beiden Ehegatten gemeinschaftlich verwaltetes Gesamtgut einer Gütergemeinschaft** (§§ 1450 ff. BGB) voraus (s. o. § 333 RdNr. 3). Von der Eröffnung eines solchen Sonderinsolvenzverfahrens werden die jeweiligen Eigenvermögen (Sonder- und Vorbehaltsgut, §§ 1417 f. BGB) der Ehegatten nicht berührt (s. o. § 333 RdNr. 4). Ist hingegen nur über das Eigenvermögen eines Ehegatten ein Insolvenzverfahren eröffnet worden (dazu § 37 RdNr. 32 f.), so findet § 334 keine Anwendung.

II. Persönliche Haftung der Ehegatten für Gesamtgutsverbindlichkeiten

4   **1. Begriff.** Das Sonderinsolvenzverfahren über das Gesamtgut dient der Befriedigung der Gläubiger von **Gesamtgutsverbindlichkeiten** (dazu § 333 RdNr. 9). Abs. 1 knüpft an § 1459 Abs. 2 BGB an, wonach für Gesamtgutsverbindlichkeiten nicht nur das Gesamtgut,

---

[1] Dazu *Maßfeller* DB 1957, 1145, 1146; *Baur* FamRZ 1958, 252, 258 f.; *Böhle-Stamschräder* KTS 1957, 97, 99 f.; sowie umfassend *Jaeger/Weber* KO § 236 a–c RdNr. 47 ff. Zum Ausfallprinzip bei der Gesellschafterhaftung nach § 212 KO, der Parallelvorschrift zu § 236 c KO, vgl. *K. Schmidt/Bitter* ZIP 2000, 1077, 1081 ff., 1086 f.

[2] Dazu insgesamt BR-Drucks. 1/92, 25, 52, 85, 139 f., 202; BT-Drucks. 12/2443, 25, 52, 85, 139 f., 202; BT-Drucks. 12/7302, 143, 165, 182, 194.

sondern auch beide Ehegatten mit ihren Eigenvermögen persönlich als Gesamtschuldner haften. Die Gesamtgutsgläubiger könnten somit unabhängig vom Sonderinsolvenzverfahren über das Gesamtgut Befriedigung aus den jeweiligen Eigenvermögen der Ehegatten verlangen. § 89 Abs. 1 stände einem Zugriff auf die Eigenvermögen nicht entgegen, weil die Gesamtgutsgläubiger nicht als Insolvenzgläubiger, sondern als persönliche Gläubiger des jeweiligen Ehegatten auftreten. Diese Befugnis, Befriedigung aus den Eigenvermögen der Ehegatten zu verlangen, entzieht Abs. 1 für die Dauer des Sonderinsolvenzverfahrens den Gesamtgutsgläubigern und gewährt sie dem Insolvenzverwalter.

2. Inhalt. Die Formulierung des Abs. 1, wonach die **Geltendmachung der persönlichen Haftung** dem Insolvenzverwalter statt den Gläubigern zustehen soll, ist sprachlich missglückt.³ Eine entsprechende Formulierung enthält § 93. Nach der amtlichen Begründung wollte sich der Gesetzgeber mit § 93 und demzufolge auch mit § 334 Abs. 1, die ursprünglich als Absätze 1 und 2 des § 105 RegE in einer Norm zusammengefasst waren, einerseits an § 171 Abs. 2 HGB und andererseits an der neu eingeführten Regelung zur Haftung im Falle eines Gesamtschadens (§ 92) orientieren.⁴ Nach beiden Normen werden die **Rechte bzw. Ansprüche der Gläubiger durch den Verwalter geltend gemacht.** Mit der „Geltendmachung der persönlichen Haftung" nach Abs. 1 ist daher die **Geltendmachung der Ansprüche der Gesamtgutsgläubiger** gegen die persönlich mit ihren Eigenvermögen haftenden Ehegatten gemeint.

Der Formulierungsfehler des Gesetzgebers hat Teile der Literatur zu nicht überzeugenden Interpretationen des Regelungsinhalts der §§ 93, 334 Abs. 1 verleitet.⁵ Nach *Kemper* und *Lüke* sollen die §§ 93, 334 Abs. 1 weder eine cessio legis noch eine bloße Einziehungsbefugnis beinhalten. Daher soll einerseits der Gläubiger weiterhin Inhaber der Forderung sein, andererseits soll bei einer Leistung des Schuldners an den Gläubiger der Verwalter Inhaber eines Anspruchs aus ungerechtfertigter Bereicherung gegen den Gläubiger sein und das Erlangte von diesem zugunsten der Masse kondizieren können.⁶

Auch die amtliche Begründung hilft nicht weiter.⁷ Dort wird von der „Überleitung der Ausübung der Haftungsansprüche auf den Verwalter" und vom „Übergang des Rechts zur Geltendmachung der Haftung vom Gläubiger auf den Insolvenzverwalter" gesprochen; gleichzeitig werden aber die §§ 406, 412 BGB (cessio legis) für entsprechend anwendbar erklärt.⁸ Eine **cessio legis** gibt freilich weder der Wortlaut noch Sinn und Zweck der §§ 93, 334 Abs. 1 her. Die cessio legis ist der Insolvenzordnung insgesamt fremd. Selbst § 80, der das Verwaltungs- und Verfügungsrecht für die zur Insolvenzmasse gehörenden Ansprüche des Schuldners auf den Insolvenzverwalter übergehen lässt, beinhaltet keine cessio legis. Bei §§ 93, 334 Abs. 1 geht es hingegen nicht um insolvenzverfangene Ansprüche des Schuldners, sondern um Gläubigerforderungen, die nicht Bestandteil des Sonderinsolvenzverfahrens sind und die sich gegen eine insolvenzfreie Vermögensmasse richten. Schließlich enthält auch der als Vorbild dienende § 171 Abs. 2 HGB nach allgemeiner Meinung keine cessio legis.⁹

---

³ Zustimmend FK-*Schallenberg/Rafiqpoor* § 334 RdNr. 5.
⁴ BR-Drucks. 1/92, 139 f.; BT-Drucks. 12/2443, 139 f. Dazu *Oepen* RdNr. 45 (Fn. 108).
⁵ Zur Problematik vgl. auch *Armbruster*, S. 80 ff., 147 f.; *Schlegelberger/K. Schmidt* §§ 171, 172 HGB RdNr. 108. Zum Meinungsstand insgesamt vgl. *Pelz*, S. 80 f.; *Wissmann* RdNr. 344, 453; *Oepen* RdNr. 257 jeweils mwN.
⁶ *Kübler/Prütting/Lüke* § 93 RdNr. 5 f., 14, 16; *Kübler/Prütting/Kemper* § 334 RdNr. 4 f. Vgl. weiter *Pelz*, S. 83 f., sowie S. 119: „Die Geltendmachung der Gesellschafterhaftung nach § 93 InsO ist analog § 1978 Abs. 2 BGB als Fiktion der Zugehörigkeit der Ansprüche der Gläubiger zur Masse zu verstehen." Zum Meinungsstreit *Oepen* RdNr. 76 ff.
⁷ Kritisch auch *Armbruster*, S. 147 f.
⁸ BR-Drucks. 1/92, 140; BT-Drucks. 12/2443, 140. Dazu kritisch *Kübler/Prütting/Lüke* § 93 RdNr. 33. *Armbruster*, S. 15, 25, 222 spricht von einer versteckten cessio legis. Ablehnend auch *Oepen* RdNr. 84, 159.
⁹ BGHZ 27, 51, 56 f.; 42, 192, 193 f.; 82, 209, 216, 218; *Schlegelberger/K. Schmidt* §§ 171, 172 HGB RdNr. 108; *Armbruster*, S. 53 ff. mwN; *K. Schmidt*, Einlage und Haftung des Kommanditisten, S. 125; *Pelz*, S. 80 f.; *Wissmann* RdNr. 453; *Tschierschke*, S. 44; *Prütting*, Ist die Gesellschaft bürgerlichen Rechts insolvenz-

§ 334 8–10   10. Teil. 3. Abschnitt. Gemeinschaftl. verwaltetes Gesamtgut einer Gütergem.

8 Die §§ 93, 334 Abs. 1 beinhalten daher hinsichtlich der genannten Verbindlichkeiten[10] nur eine **Übertragung der Einziehungs- und Prozessführungsbefugnis** auf den Insolvenzverwalter **für die Dauer des Sonderinsolvenzverfahrens**.[11] Für den **Insolvenzverwalter** beinhaltet die Regelung eine **Ermächtigung zur Einziehung der Gesamtgutsverbindlichkeiten** gegenüber den persönlich haftenden Ehegatten, sog. **Ermächtigungswirkung**. Da Inhaber der Gesamtgutsverbindlichkeiten weiterhin die Gesamtgutsgläubiger sind, hat Abs. 1 für die Gesamtgutsgläubiger zur Folge, dass die nach § 1459 BGB bestehende Möglichkeit, sowohl aus dem Gesamtgut als auch aus den Eigenvermögen der Ehegatten Befriedigung zu verlangen, für die Dauer des Sonderinsolvenzverfahrens über das Gesamtgut beschränkt wird. Für die **Gesamtgutsgläubiger** bewirkt die Regelung somit eine **Sperrung der Befriedigung aus dem Eigenvermögen der Ehegatten**, sog. **Sperrwirkung**.[12]

9 Auf die Frage, welche Rechtsfolge eine **Leistung des persönlich haftenden Ehegatten an einen Gesamtgutsgläubiger** hat, gibt der Wortlaut des Abs. 1 keine Antwort. Die amtliche Begründung legt allerdings nahe, dass eine solche Leistung aus dem Eigenvermögen des Ehegatten **keine Erfüllungswirkung nach § 362 Abs. 1 BGB** erzeugen soll. Dies ergibt sich schon daraus, dass Sinn und Zweck der in §§ 93, 334 Abs. 1 enthaltenen Regelung einerseits die **gleichmäßige Befriedigung der Gläubiger** und andererseits die **Anreicherung der Insolvenzmasse** ist. Es soll verhindert werden, dass sich einzelne Gesamtgutsgläubiger durch einen schnellen Zugriff auf die Eigenvermögen der persönlich haftenden Ehegatten einen Vorteil verschaffen. Zugleich hindert die neue Regelung aber auch die Abweisung des Antrags auf Eröffnung des Sonderinsolvenzverfahrens wegen Massearmut, wenn die persönlich haftenden Ehegatten über ausreichende Eigenvermögen verfügen.[13] Dem Ziel einer gleichmäßigen Befriedigung der Gläubiger stände die Möglichkeit eines Ehegatten, mit befreiender Wirkung an die Gesamtgutsgläubiger zu leisten, entgegen. Darüber hinaus wird in der amtlichen Begründung ausdrücklich erwähnt, dass ein Gläubiger zur **Aufrechnung** gegen eine Forderung des persönlich haftenden Ehegatten befugt bleibe, soweit die Aufrechnungslage bereits vor Eröffnung des Sonderinsolvenzverfahrens bestanden habe.[14] Auch daraus kann geschlossen werden, dass in anderen Fällen keine Erfüllungswirkung eintreten soll. Umgekehrt muss eine Leistung des persönlich haftenden Ehegatten auf die vom Insolvenzverwalter zugunsten der Masse geltend gemachte Gesamtgutsverbindlichkeit befreiende Wirkung herbeiführen, weil sonst der leistende Ehegatte nach Abschluss des Verfahrens der Forderung des Gesamtgutsgläubigers erneut ausgesetzt wäre.

10 Nach Sinn und Zweck des Abs. 1 soll demzufolge die Leistung des persönlich haftenden Ehegatten aus seinem Eigenvermögen an den Gesamtgutsgläubiger keine Erfüllung bewirken, während eine Leistung an die Masse zur Erfüllung der Forderung des Gesamtguts-

---

fähig?, ZIP 1997, 1725, 1732. Vgl. aber auch *Heitsch,* Probleme bei der Anwendung von § 93 InsO – cessio legis oder Treuhand?, ZInsO 2003, 692 ff.
[10] § 334 erfasst nur Gesamtgutsverbindlichkeiten, nicht hingegen etwaige Ansprüche aus persönlichen oder dinglichen Sicherheiten für diese Verbindlichkeiten; vgl. insoweit zu § 93 *K. Schmidt/Bitter* ZIP 2000, 1077, 1082 ff., insb. 1085 f.; § 93 RdNr. 21; aA *Oepen* RdNr. 269 ff. (zur Bürgschaft). Zu § 93 vgl. aber auch BGH NZI 2002, 483 ff. = DZWIR 2002, 428 ff. mwN („Die Ermächtigung des Insolvenzverwalters nach § 93 InsO bezieht sich nur auf Ansprüche aus der gesetzlichen akzessorischen Gesellschafterhaftung."); dazu Anm. *Welzel* BGH EWiR § 93 InsO 1/03, 335; vgl. weiter BFH DZWIR 2002, 197 ff.; *Bitter,* Richterliche Korrektur der Funktionstauglichkeit des § 93 InsO?, ZInsO 2002, 557 ff.; *Bork,* Die analoge Anwendung des § 93 InsO auf Parallelsicherheiten, NZI 2002, 362 ff.; *Brinkmann,* Funktion und Anwendungsbereich des § 93 InsO, ZGR 2003, 264 ff.; *Bunke,* Zur Anwendbarkeit des § 93 InsO auf konkursrechtliche Individualhaftungsansprüche gegen persönlich haftende Gesellschafter, KTS 2002, 471 ff.; *Kesseler,* Persönliche Sicherheiten und § 93 InsO, ZInsO 2002, 549 ff.; *Klinck,* Die Konkurrenz zwischen Gesellschaftsverbindlichkeit und Gesellschafterbürgschaft im Hinblick auf § 93 InsO, NZI 2004, 651 ff.
[11] Zustimmend *Graf-Schlicker/Messner* § 334 RdNr. 2. So auch *Bork* in Kölner Schrift RdNr. 25; *Hess/Weis/Wienberg* § 93 RdNr. 4; *Brinkmann,* S. 176. Vgl. auch *Fuchs* ZIP 2000, 1089, 1092 ff. Zum Verzicht des Gläubigers auf die Geltendmachung seiner Ansprüche gegen die persönlich haftenden Ehegatten vgl. § 93 RdNr. 15.
[12] Dazu insgesamt *Armbruster,* S. 142 ff.
[13] BR-Drucks. 1/92, 140; BT-Drucks. 12/2443, 140. Dazu *Kübler/Prütting/Kemper* § 334 RdNr. 2.
[14] BR-Drucks. 1/92, 140; BT-Drucks. 12/2443, 140.

gläubigers führt.[15] Diese Rechtsfolge kann aber ohne cessio legis nur erreicht werden, wenn mit der Einziehungs- und Prozessführungsbefugnis auch die **Empfangszuständigkeit** hinsichtlich der Gesamtgutsverbindlichkeiten auf den Insolvenzverwalter übergeht.[16] Dann fehlt es dem Gesamtgutsgläubiger als Inhaber der Forderung an der Zuständigkeit für die Annahme der Leistung und die tatsächlich erfolgte **Leistung eines Ehegatten an den Gesamtgutsgläubiger bewirkt keine Erfüllung.**[17]

Die Notwendigkeit dieser Neuregelung,[18] die die Übertragung der Einziehungs- und Prozessführungsbefugnis[19] verbunden mit der Erteilung der Empfangszuständigkeit umfasst, ist allerdings kritisch zu hinterfragen. Während der als Vorbild dienende § 171 Abs. 2 HGB nach dem Willen des historischen Gesetzgebers den Zweck hatte, die noch ausstehende Einlage des Kommanditisten für die Masse zu sichern,[20] greift § 334 Abs. 1 nicht nur in insolvenzfreie Vermögensmassen (Eigenvermögen der Ehegatten) ein, sondern auch in Forderungen, die nicht insolvenzverfangen sind (Verbindlichkeiten gegen die persönlich haftenden Ehegatten).[21] Mag es vielleicht für Gesellschaften, deren Kreditfähigkeit weithin auf der persönlichen Haftung ihrer Gesellschafter beruht,[22] gerechtfertigt sein, „die persönliche Gesellschafterhaftung für die Verbindlichkeiten der Gesellschaft im Rahmen der Gesellschaftsinsolvenz gleichsam mit zu erledigen",[23] so lässt sich dieser Gedanke gleichwohl nicht ohne weiteres auf die eheliche Gütergemeinschaft übertragen. Der auch in § 37 Abs. 2 enthaltene Grundsatz der strikten Trennung der Vermögensmassen wird hier ohne zwingende Notwendigkeit durchbrochen.

3. Ermächtigungswirkung für den Insolvenzverwalter. Die Befugnis zur Geltendmachung der Gesamtgutsverbindlichkeiten durch den Insolvenzverwalter ist zeitlich auf die Dauer des Sonderinsolvenzverfahrens beschränkt und ist der Höhe nach insoweit begrenzt, als dieser keine Zahlungen einfordern darf, die über den Betrag hinausgehen, der bei Berücksichtigung des Liquidationswertes der bereits vorhandenen Insolvenzmasse (bestehend aus dem Gesamtgut) zur Befriedigung aller Insolvenzgläubiger erforderlich ist. Denn ein Überschuss müsste bei der Schlussverteilung nach § 199 Satz 1 wieder an die Ehegatten zurückgezahlt werden.[24] Bei Ausübung seiner Befugnis wird der Insolvenzverwalter nicht als Interessenvertreter des einzelnen Gesamtgutsgläubigers tätig, sondern im Interesse der gleichmäßigen Befriedigung aller Insolvenzgläubiger.[25]

Der Insolvenzverwalter kann die Gesamtgutsverbindlichkeiten gegenüber den persönlich haftenden Ehegatten auch klageweise geltend machen.[26] §§ 104, 105 Abs. 3 RegE sahen noch eine Regelung für den Fall vor, dass nach **Anhängigkeit eines Rechtsstreits** gegen den persönlich haftenden Ehegatten das Sonderinsolvenzverfahren über das Gesamtgut eröffnet wird. Danach stand dem Insolvenzverwalter das Recht zu, den Rechtsstreit gegen

---

[15] So für § 93 jetzt BGH BB 2007, 64, 65 = DZWIR 2007, 199 = ZIP 2007, 79 = ZInsO 2007, 35.
[16] So auch zu § 171 Abs. 2 HGB *Tschierschke* S. 44. Zur Empfangszuständigkeit vgl. *Larenz I*, S. 240; MünchKommBGB-*Wenzel* § 362 RdNr. 15.
[17] Vgl. auch BGHZ 42, 192, 194; 58, 72, 76 zu § 171 Abs. 2 HGB. AA aber *Oepen* RdNr. 142 ff., 169.
[18] Zu deren Entstehungsgeschichte vgl. auch *Kübler/Prütting/Lüke* § 93 RdNr. 2.
[19] So ausdrücklich zu § 93 BGH BB 2007, 64 mit Anm. *J. M. Schmidt* BGH EWiR § 93 InsO 1/07, 115 f.; *Lieder* DZWIR 2007, 200 f. Vgl. weiter *Runkel/J. M. Schmidt*, Die Haftungsabwicklung nach § 93 InsO, ZInsO 2007, 505 ff., 578 ff.
[20] *Hahn/Mugdan*, Materialien, Bd. VI, S. 284; RGZ 37, 82, 84 f.; 51, 33, 38; BGHZ 42, 192, 194; 58, 72, 74, 76; BGH NJW 1990, 3145. Vgl. aber auch *K. Schmidt*, Einlage und Haftung des Kommanditisten, S. 124 ff. mwN; *ders.* JZ 1985, 301, 303; *Armbruster*, S. 40.
[21] Bei *Kübler/Prütting/Lüke* § 93 RdNr. 6 wird die „Einziehung fremder Forderungen" durch den Verwalter kritiklos als „Aufgabenerweiterung" bezeichnet. Vgl. auch *Armbruster*, S. 55 f.
[22] So *K. Schmidt* JZ 1985, 301, 302.
[23] *Kübler/Prütting/Lüke* § 93 RdNr. 3. Vgl. auch *K. Schmidt*, Wege zum Insolvenzrecht der Unternehmen, 1990, S. 35 f., 82.
[24] BR-Drucks. 1/92, 85, 140; BT-Drucks. 12/2443, 85, 140. Dazu BGH ZIP 1994, 1118, 1120. Vgl. weiter § 93 RdNr. 24 bis 28.
[25] *Armbruster*, S. 48, 82 zu § 171 Abs. 2 HGB; *K. Schmidt/Bitter* ZIP 2000, 1077, 1082 f., 1087 zu § 93.
[26] So für § 93 BGH BB 2007, 64 f.

den Beklagten in einer den geänderten Verhältnissen angepassten Weise zum Vorteil der Gesamtheit der Gläubiger weiterzuverfolgen.[27] Diese Regelung wurde auf Beschlussempfehlung des Rechtsausschusses mit der Begründung gestrichen, dass sie Details enthalte, die wie bisher der Rechtsprechung überlassen bleiben können.[28] Für den als Vorbild dienenden § 171 Abs. 2 HGB ist der in §§ 104, 105 Abs. 3 RegE vorgesehene Regelungsinhalt bereits höchstrichterlich anerkannt[29] und lässt sich entsprechend auf § 334 Abs. 1 übertragen.[30]

4. Sperrwirkung für die Gesamtgutsgläubiger. Da eine Leistung des persönlich haftenden Ehegatten aus seinem Eigenvermögen an einen Gesamtgutsgläubiger grundsätzlich **keine Erfüllung i. S. d. § 362 Abs. 1 BGB** bewirkt (s. o. RdNr. 9 f.), kann der Insolvenzverwalter die nach wie vor bestehende Gesamtgutsverbindlichkeit gegenüber den persönlich haftenden Ehegatten geltend machen; diese müssen nochmals leisten. Allerdings steht dem Ehegatten, der an den Gesamtgutsgläubiger geleistet hat, ein **Bereicherungsanspruch** aus § 812 Abs. 1 BGB zu, so dass er das Geleistete von dem Gläubiger kondizieren kann.[31] Teile der Literatur wollen dem Insolvenzverwalter einen eigenen Bereicherungsanspruch gegen den Gesamtgutsgläubiger aus § 816 Abs. 2 BGB zubilligen, wenn er die Leistung des Ehegatten an den nicht empfangsberechtigten Gläubiger genehmige (§§ 362 Abs. 2, 185 Abs. 2 Satz 1 BGB).[32] Dem Insolvenzverwalter stände demzufolge das Wahlrecht zu, ob er die Gesamtgutsverbindlichkeit nach § 334 Abs. 1 gegen den persönlich haftenden Ehegatten geltend macht oder im Wege der Genehmigung von dem Gläubiger das Geleistete gemäß § 816 Abs. 2 BGB kondiziert. Dies ist abzulehnen, da der Gläubiger Forderungsinhaber ist und ihm nur die Empfangszuständigkeit fehlt; somit ist er nicht Nichtberechtigter i. S. d. § 816 Abs. 2 BGB.

Im Regierungsentwurf war noch eine Regelung für den Fall vorgesehen, dass der persönlich haftende Ehegatte in **Unkenntnis der Eröffnung des Sonderinsolvenzverfahrens über das Gesamtgut** an einen Gesamtgutsgläubiger leistet. In entsprechender Anwendung des § 82 (§ 93 RegE) sollte nach §§ 105 Abs. 3, 103 Abs. 2 RegE die Leistung des persönlich haftenden Ehegatten an den Gesamtgutsgläubiger befreiende Wirkung haben.[33] Auf Empfehlung des Rechtsausschusses wurde die Ausnahme nicht in die Insolvenzordnung aufgenommen. Die Lösung dieses Falles sollte im Interesse der Straffung des Entwurfs der Rechtsprechung überlassen bleiben.[34] Dem Regierungsentwurf folgend will *Bork* bei einer Leistung in Unkenntnis der Verfahrenseröffnung **§ 82 analog** anwenden.[35] Indessen sind Fälle kaum denkbar, in denen der persönlich haftende Ehegatte, der gleichzeitig auch Schuldner des Sonderinsolvenzverfahrens über das Gesamtgut ist, keine Kenntnis von dessen Eröffnung hat.

---

[27] BR-Drucks. 1/92, 25, 139; BT-Drucks. 12/2443, 25, 139.
[28] BT-Drucks. 12/7302, 165. Dazu *K. Schmidt* ZGR 1996, 209, 214 f.
[29] BGHZ 82, 209, 216 ff. = NJW 1982, 883, 885 mit Anm. *K. Schmidt*. Dazu auch *Schlegelberger/K. Schmidt* §§ 171, 172 HGB RdNr. 115.
[30] Vgl. auch *Bork* in Kölner Schrift RdNr. 32; *Oepen* RdNr. 105 ff., 112, 172. Zu § 93 vgl. BGH ZInsO 2003, 28 = NJW 2003, 590 mit kritischer Anm. von *Kesseler* ZInsO 2003, 67 ff. Vgl. weiter *Krüger*, Die Vergleichsbefugnis des Insolvenzverwalters bei Ansprüchen nach §§ 92, 93 InsO, NZI 2002, 367 ff.
[31] *Armbruster*, S. 142 f.; *Oepen* RdNr. 154, 169. Für die entsprechende Konstellation bei § 171 Abs. 2 HGB *Armbruster*, S. 121; *Heymann/Horn* § 171 HGB RdNr. 33; *K. Schmidt*, Einlage und Haftung des Kommanditisten, S. 154; *Westermann*, Handbuch der Personengesellschaften, 4. Aufl., 1994, RdNr. 907; *Wissmann* RdNr. 464 f. mwN.
[32] § 93 RdNr. 13. Vgl. aber auch *Kübler/Prütting/Lüke* § 93 RdNr. 14 f. mwN; sowie zu § 171 Abs. 2 HGB *Häsemeyer* ZHR 1985, 42, 56 (wobei dort § 812 BGB als Anspruchsgrundlage genannt wird); *Brinkmann*, S. 176. § 816 Abs. 2 BGB wird dabei wohl unter Rückgriff auf die Rechtsprechung BGH NJW 1986, 2430 f. = WM 1986, 906 sowie BGH ZIP 1990, 1126 f. herangezogen; kritisch dazu *Martinek*, BGH EWiR § 812 BGB 3/90, 887 f.; aA noch RGZ 92, 77, 83. Kritisch zur Genehmigungsmöglichkeit im Rahmen des § 816 Abs. 2 BGB MünchKommBGB-*Lieb* § 816 RdNr. 55; *Staudinger/Lorenz* § 816 RdNr. 32; sowie *Reuter/Martinek*, Ungerechtfertigte Bereicherung, 1983, § 8 III 3 mwN.
[33] BR-Drucks. 1/92, 24 f., 139; BT-Drucks. 12/2443, 24 f., 139.
[34] BT-Drucks. 12/7302, 165. Dazu *K. Schmidt* ZGR 1996, 209, 215 f.
[35] *Bork* in Kölner Schrift RdNr. 27.

Für die Frage, ob eine **Aufrechnung** durch den Gesamtgutsgläubiger gegen eine Forderung des persönlich haftenden Ehegatten zulässig ist, ist der Gesetzgebungswille zwar eindeutig formuliert, allerdings mit einer falschen Begründung versehen. Nach der amtlichen Begründung soll einem Gesamtgutsgläubiger, der vor Eröffnung des Sonderinsolvenzverfahrens über das Gesamtgut zur Aufrechnung gegen die Forderung eines persönlich haftenden Ehegatten berechtigt war, „dieses Aufrechnungsrecht in entsprechender Anwendung der §§ 406, 412 BGB auch im Insolvenzverfahren erhalten" bleiben.[36] Zu Recht wird kritisiert, dass die §§ 406, 412 BGB, die den gesetzlichen Forderungsübergang betreffen, nicht entsprechend auf die vorliegende Fallgestaltung übertragen werden können.[37] Denn bei § 406 BGB geht es um die Frage, ob der Schuldner bei einem Gläubigerwechsel eine gegen den bisherigen Gläubiger bestehende Forderung auch dem neuen Gläubiger gegenüber aufrechnen kann, während es hier darum geht, ob die fehlende Empfangszuständigkeit nicht nur die Erfüllung, sondern auch die Aufrechnung hindert. Da sich die Befugnis zur Annahme der Leistung nach den Grundsätzen über die Verfügungsmacht richtet, ist dem Gläubiger bei fehlender Empfangszuständigkeit auch regelmäßig das Recht entzogen, Befriedigung durch Aufrechnung herbeizuführen.[38] Damit muss der ausdrücklich formulierte Gesetzgeberwille als eine **Ausnahme zur grundsätzlich bestehenden Sperrwirkung** verstanden werden, mit der Folge, dass der Gesamtgutsgläubiger zur Aufrechnung gegen eine Forderung des persönlich haftenden Ehegatten befugt bleibt, soweit die Aufrechnungslage bereits vor Eröffnung des Sonderinsolvenzverfahrens bestand.[39] 16

Schließlich hat die Sperrwirkung zur Folge, dass ein Gesamtgutsgläubiger aus einem **vollstreckbaren Titel** gegen den persönlich haftenden Ehegatten nicht mehr vollstrecken darf.[40] 17

5. Insolvenzverfahren über das Eigenvermögen eines Ehegatten. Gläubiger von Verbindlichkeiten, denen ausschließlich das Eigenvermögen eines Ehegatten und nicht zugleich das Gesamtgut haftet, können weiterhin gesondert auf das Eigenvermögen dieses Ehegatten zugreifen. Wird die Befriedigung dieser Gläubiger aus dem Eigenvermögen durch die Geltendmachung der Gesamtgutsverbindlichkeiten durch den Insolvenzverwalter gemäß Abs. 1 gefährdet, so können diese die Eröffnung eines Insolvenzverfahrens über das gefährdete Eigenvermögen des Ehegatten beantragen (dazu § 37 RdNr. 32 bis 34).[41] Sofern das Sonderinsolvenzverfahren über das Gesamtgut parallel zu einem Insolvenzverfahren über das Eigenvermögen eines Ehegatten läuft, sind Insolvenzgläubiger des letztgenannten Verfahrens nur diejenigen Gläubiger, deren Verbindlichkeit sich ausschließlich gegen das Eigenvermögen dieses Ehegatten richtet. An dem Insolvenzverfahren über das Eigenvermögen ist weiterhin der Insolvenzverwalter des Sonderinsolvenzverfahrens über das Gesamtgut beteiligt, während die Gesamtgutsgläubiger – wegen Abs. 1 – von diesem Verfahren für die Dauer des Sonderinsolvenzverfahrens über das Gesamtgut ausgeschlossen sind.[42] 18

---

[36] BR-Drucks. 1/92, 140; BT-Drucks. 12/2443, 140.
[37] So etwa *Bork* in Kölner Schrift RdNr. 29; *Kübler/Prütting/Lüke* § 93 RdNr. 33; *Oepen* RdNr. 159; *Fuchs* ZIP 2000, 1089, 1097; sowie § 93 RdNr. 32.
[38] So auch BGHZ 42, 192, 194 zu § 171 Abs. 2 HGB. Vgl. weiter *Armbruster*, S. 107 f.; *Pelz*, S. 90 f.; *K. Schmidt*, Einlage und Haftung des Kommanditisten, S. 126; *Dieckmann*, Zur Aufrechnung, in *Leipold*, Insolvenzrecht im Umbruch, S. 211, 213 f.; *Fuchs* ZIP 2000, 1089, 1096 f.; sowie umfassend zur Aufrechnung *Oepen* RdNr. 116 ff., insb. RdNr. 123.
[39] Zustimmend HambKomm/*Böhm* § 334 RdNr. 2. So auch *Brinkmann*, S. 176.
[40] *Bork* in Kölner Schrift RdNr. 32; *Oepen* RdNr. 103 f., 168. Vgl. auch *Wissmann* RdNr. 408 (zu § 93); sowie *Häsemeyer* ZHR 1985, 42, 56 (zu § 171 Abs. 2 HGB). Vgl. weiter OLG Dresden DZWIR 2001, 126 (zu § 93); *Oepen*, Die Zuständigkeiten des Insolvenzverwalters für Gesamtschadensersatzansprüche und Gesellschafterhaftung, ZInsO 2002, 162, 165 f.
[41] BR-Drucks. 1/92, 140; BT-Drucks. 12/2443, 140.
[42] BR-Drucks. 1/92, 140; BT-Drucks. 12/2443, 140. Vgl. auch zu § 93 *Fuchs* ZIP 2000, 1089, 1090 ff. (insb. zur Antragsberechtigung und Beteiligung des Insolvenzverwalters des Sonderinsolvenzverfahrens); *Wissmann* RdNr. 343; sowie § 93 RdNr. 29.

19 **6. Sachwalter.** Im Falle der Eigenverwaltung (§§ 270 ff.) gilt das Vorgenannte entsprechend für den Sachwalter.

III. Haftungsbefreiung der Ehegatten im Insolvenzplan

20 Für die persönliche Haftung der Ehegatten gilt nach Abs. 2 im Falle eines Insolvenzplans § 227 Abs. 1 entsprechend. Der an die Stelle von Vergleich und Zwangsvergleich getretene Insolvenzplan sieht in § 227 Abs. 1 vor, dass der Schuldner **bei Fehlen einer abweichenden Bestimmung** von seinen Verbindlichkeiten gegenüber den Insolvenzgläubigern befreit wird. Der Verweis in Abs. 2 hat zur Folge, dass sich die im Insolvenzplan in Bezug auf die Haftung des Gesamtguts enthaltene Befreiung von Gesamtgutsverbindlichkeiten auch auf die persönliche Haftung der Ehegatten mit ihren Eigenvermögen erstreckt.[43] Allerdings kann im Insolvenzplan auch bestimmt werden, dass sich die Befreiung auf die Haftung aus dem Gesamtgut beschränken und sich nicht auf die persönliche Haftung der Ehegatten mit ihren Eigenvermögen erstrecken soll. Den Insolvenzplan können die Ehegatten nur gemeinschaftlich vorschlagen.

IV. Analoge Anwendung des § 334

21 Wie in RdNr. 3 dargelegt, ist Voraussetzung für die Anwendung des § 334 die Eröffnung eines Insolvenzverfahrens über ein von beiden Ehegatten gemeinsam verwaltetes Gesamtgut (§§ 1450 ff. BGB). Für Gütergemeinschaften, deren Gesamtgut nur von einem Ehegatten verwaltet wird (§§ 1422 ff. BGB), gilt § 334 daher nicht. Für diese Fallgruppe kommt nur eine analoge Anwendung des § 334 in Betracht. An eine analoge Anwendung des § 334 ist weiterhin zu denken, wenn in der Phase zwischen Aufhebung der Gütergemeinschaft und Auseinandersetzung des Gesamtguts ein Sonderinsolvenzverfahren über das Gesamtgut unter entsprechender Anwendung des § 333 eröffnet wird (dazu § 333 RdNr. 21 bis 23). Dies betrifft nicht nur die in der Liquidationsphase von beiden Ehegatten verwaltete Gütergemeinschaft (§ 1472 Abs. 1 BGB), sondern auch die in dieser Phase von dem überlebenden Ehegatten gemeinsam mit den Abkömmlingen verwaltete fortgesetzte Gütergemeinschaft (§§ 1497 Abs. 2, 1472 Abs. 1 BGB).[44]

22 **1. Gütergemeinschaften mit Alleinverwaltungsbefugnis eines Ehegatten.** Wird über das Vermögen des allein verwaltungsbefugten Ehegatten ein Insolvenzverfahren eröffnet, so gehört nach § 37 Abs. 1 Satz 1 neben dem Eigenvermögen dieses Ehegatten auch das Gesamtgut zur Insolvenzmasse (§ 37 RdNr. 21). Aus dieser das Eigenvermögen des Schuldners und das Gesamtgut beider Ehegatten umfassenden Masse werden neben den Eigengläubigern des Schuldners auch die Gesamtgutsgläubiger befriedigt (§ 37 RdNr. 24). Der nicht verwaltende Ehegatte verliert dadurch seinen Gesamtgutsanteil (§ 37 RdNr. 22). Darüber hinaus können diejenigen Gesamtgutsgläubiger, deren Forderungen gegen das Gesamtgut von dem nicht verwaltenden Ehegatten begründet wurden, außerhalb des Insolvenzverfahrens Befriedigung aus dem Eigenvermögen dieses Ehegatten verlangen (§ 37 RdNr. 25). Damit entspricht die persönliche Haftung des nicht verwaltenden Ehegatten hinsichtlich der durch ihn begründeten Gesamtgutsverbindlichkeiten während des Insolvenzverfahrens über das Vermögen des verwaltenden Ehegatten der persönlichen Haftung der Ehegatten für Gesamtgutsverbindlichkeiten für die Dauer des Sonderinsolvenzverfahrens über das Gesamtgut. Beide Konstellationen sind nahezu identisch. Ebenso wie beim Sonderinsolvenzverfahren über das Gesamtgut steht den Gesamtgutsgläubigern, deren Verbindlich-

---

[43] BR-Drucks. 1/92, 202; BT-Drucks. 12/2443, 202. Vgl. auch *Armbruster*, S. 234; *Jaeger/Weber* KO § 236 a–c RdNr. 45; *Haarmeyer/Wutzke/Förster*, Handbuch, Kap. 10 RdNr. 123; sowie *Oepen* RdNr. 244 ff. Zur analogen Anwendung des § 93 vgl. auch *Gerhardt*, Zur Haftung des ausgeschiedenen Gesellschafters im Rahmen des § 93 InsO, ZIP 2000, 2181, 2184 ff.

[44] Hingegen ist eine analoge Anwendung des § 334 im Falle eines Insolvenzverfahrens über das Gesamtgut einer fortgesetzten Gütergemeinschaft nach § 332 abzulehnen, weil mit diesem Verfahren die Haftung des überlebenden Ehegatten auf das Gesamtgut beschränkt wird. AA *Oepen* RdNr. 266.

keit durch den nicht verwaltenden Ehegatten begründet wurde, das insolvenzverfangene Gesamtgut sowie das Eigenvermögen des persönlich haftenden Ehegatten zur Verfügung. Dennoch fehlt eine § 334 entsprechende Regelung für die persönliche Haftung des nicht verwaltenden Ehegatten.

Im Hinblick auf die Kritik an Abs. 1 (s. o. RdNr. 11) ist allerdings bei einer Ausdehnung dieser Norm auf andere Fallgruppen prinzipiell Zurückhaltung geboten. In jedem Fall müsste bei einer analogen Anwendung berücksichtigt werden, dass die durch Einziehung der vom nicht verwaltenden Ehegatten begründeten Gesamtgutsverbindlichkeiten bewirkte Masseanreicherung nicht zur Befriedigung aller Insolvenzgläubiger eingesetzt werden darf. Insoweit müsste der Insolvenzverwalter eine **Sondermasse** bilden,[45] die nur den Gesamtgutsgläubigern zugute käme, deren Verbindlichkeit durch den nicht verwaltenden Ehegatten begründet wurde, nicht hingegen den anderen Gesamtgutsgläubigern sowie den Eigengläubigern des Schuldners.[46]

Hingegen ist die entsprechende Anwendung des Abs. 2 uneingeschränkt zu befürworten, wobei allerdings im **Insolvenzplan** klargestellt werden sollte, dass sich die Haftungsbefreiung auch auf die persönliche Haftung des nicht verwaltenden Ehegatten erstreckt.

2. Gütergemeinschaften in der Liquidationsphase. Auch hier spricht der vergleichbare Regelungsgegenstand – trotz der unter RdNr. 11 genannten Vorbehalte – für eine entsprechende Anwendung des § 334. Zu berücksichtigen sind aber § 1437 Abs. 2 Satz 2 BGB und § 1459 Abs. 2 Satz 2 BGB, wonach die persönliche Haftung eines Ehegatten für Gesamtgutsverbindlichkeiten nach Beendigung der Gütergemeinschaft erlischt, wenn die Verbindlichkeiten dem anderen Ehegatten zur Last fallen.[47] Im Hinblick darauf müsste der Insolvenzverwalter gegebenenfalls **Sondermassen** bilden (s. o. RdNr. 23).

---

[45] Zur Bildung von Sondermassen vgl. BGHZ 71, 296, 304 f.; *Armbruster,* S. 83 ff.; *Bork* in Kölner Schrift RdNr. 24.
[46] Vgl. auch BGHZ 27, 51, 57; 42, 192, 194.
[47] Eine entsprechende Regelung fehlt für die persönliche Haftung des überlebenden Ehegatten nach Beendigung der fortgesetzten Gütergemeinschaft, vgl. *Staudinger/Thiele* § 1489 RdNr. 3; *Soergel/Gaul* § 1489 RdNr. 2; MünchKommBGB-*Kanzleiter* § 1489 RdNr. 2.

Elfter Teil. Internationales Insolvenzrecht

Vorbemerkungen vor §§ 335 ff. InsO

Schrifttum: Literaturverzeichnis nach 1985: *Ackmann/Wenner,* Auslandskonkurs und Inlandsprozeß, Rechtssicherheit kontra Universalität im deutschen internationalen Konkursrecht, Anmerkung zu BGH vom 7. 7. 1988, IPRax 1989, 144 ff.; *dies.,* Inlandswirkung des Auslandskonkurses, Verlustscheine und Restschuldbefreiungen, Anmerkung zu OLG Stuttgart vom 20. 3. 1989, IPRax 1990, 209 ff.; *Acocella,* Internationale Zuständigkeit sowie Anerkennung und Vollstreckung ausländischer Entscheidungen in Zivilsachen im schweizerisch-italienischen Rechtsverkehr (St. Gallen, Hochsch. für Wirtschafts-, Rechts- und Sozialwiss., Diss., 1989), 1989; *Aderhold,* Auslandskonkurs im Inland (Bonn, Univ., Diss., 1991), 1992; *Ahrens,* Rechte und Pflichten ausländischer Insolvenzverwalter im internationalen Insolvenzrecht (Freiburg (Breisgau), Univ., Diss., 1999) 2002; *Altmeppen,* Änderungen der Kapitalersatz- und Insolvenzverschleppungshaftung aus „deutsch-europäischer" Sicht, NJW 2005, 1911; *Arnold,* Der deutsch-österreichische Konkursvertrag, 1987; *ders.,* West-Ost-Wanderung zwecks Schuldbefreiung?, BB 1992, 2227 ff.; *Balz,* Das neue Europäische Insolvenzübereinkommen, ZIP 1996, 948; *von Bar/Mankowski,* Internationales Privatrecht, Erster Band, Allgemeine Lehren, 2. Aufl., München 2003 (zit.: *v. Bar/Mankowski,* IPR, Bd. I), Zweiter Band, Besonderer Teil, München 1991 (zit.: *v. Bar,* IPR, Bd. II); *ders.,* Theorie und Praxis des internationalen Privatrechts, Bd. 2, Hannover 1989 (zit.: *v. Bar,* Theorie und Praxis); *Barrett,* Proposal for consultative Draft of Model International Co-operation Act for Adoption by Domestic Legislation with or without modification, International Business lawyer, 1989, 323 ff.; *Bauer,* Gläubigerprivilegien in grenzüberschreitenden Insolvenzverfahren, KKZ 2006, 181; *Benning/Wehling,* Das „Model Law on Cross-Border Insolvency" der Vereinten Nationen, EuZW 1997, 618; *Bloching,* Pluralität und Partikularinsolvenz, Berlin 2000; *Böhle-Stamschräder/Kilger,* Vergleichsordnung, 11. Aufl., München 1986; *Boll,* Die Anerkennung des Auslandskonkurses in Österreich (Innsbruck, Univ., Diss., 1988), 1990; *Booth,* Recognition of foreign bankruptcies: An analyses and critique of the inconsistent approach of the United States Courts, A. B. L. J. (Vol. 66) 1992, 135 ff.; *Bork* (Hrsg.), Handbuch des Insolvenzanfechtungsrechts, 2006, (zit.: *Adolphsen,* in: *Bork,* Handbuch); *Boshkoff,* United States Judicial Assistance in Cross-Border Insolvencies, I. C. L. Q. (Vol. 36) 1987, 729 ff.; *Bracono/Colombara,* Le reconnaisance et l'execution des décisions de faillite étrangères en suisse, in: Le juriste suisse face au droit et aux jugements etrangèrs, S. 161 ff., Universités de Berne, Fribourg, Genève, Lausanne et Neuchatel, Enseignements de 3e cycle de droit 1987, Freiburg (Schweiz) 1988.; *Beckmann,* Internationales Insolvenzrecht im Mercosur (Hamburg, Univ., Diss., 1999), 2000; *Bradley,* „BCCHK – A perspective", IIR 1994, 89; *Breitenbücher/Ehricke* (Hrsg.), Insolvenzrecht 2003: Tagungsband zum RWS-Forum am 27. und 28. März 2003, 2003; *Breitenstein,* Internationales Insolvenrecht der Schweiz, Zürich 1990; *Bünning,* Nachlaßverwalter und Nachlaßkonkurs im Internationalen Privat- und Verfahrensrecht, 1996; *v. Campe,* Insolvenzanfechtung in Deutschland und Frankreich, 1996; *Dalhuisen,* Dalhuisen on International Insolvency and Bankruptcy, Volume 1, New York 1986, Loseblattsammlung; *Dostal,* Französisches internationales Insolvenzrecht, ZIP 1998, 969 ff.; *Drobnig,* Bemerkungen zur Behandlung der Rechte Dritter, insbesondere von Sicherungsrechten (Artt. 3, 3 a, 17, 17 a VE), in: *Stoll* (Hrsg.), Stellungnahmen und Gutachten zur Reform des deutschen internationalen Insolvenzrechts, 1992, S. 177; *ders.,* Die in grenzüberschreitenden Insolvenzverfahren anwendbaren Rechtsordnungen, in: *Stoll* (Hrsg.), Stellungnahmen und Gutachten zur Reform des deutschen internationalen Insolvenzrechts, 1992, S. 51; *Ebenroth,* Die Inlandswirkungen der ausländischen lex fori concursus bei Insolvenz einer Gesellschaft, ZZP 101 (1988) 121 ff.; *Ehricke,* Zum anwendbaren Recht auf ein in einem Clearing-System vereinbartes Glattstellungsverfahren im Fall der Insolvenz ausländischer Clearing-Teilnehmer, WM 2006, 2109; *ders.,* Die Umsetzung der Finanzierungsrichtlinie (Richtlinie 2002/47/EG) im Rahmen des Diskussionsentwurfs zur Änderung der Insolvenzordnung, ZIP 2003, 1065; *ders.,* Nochmals: Zur Umsetzung der Finanzsicherheiten-Richtlinie in das deutsche Recht, ZIP 2003, 2141; *Eichenhofer,* Internationalrechtliche Fragen bei der Insolvenzsicherung von Betriebsrentenansprüchen, IPRax 1992, 74 ff.; *Favoccia,* Vertragliche Mobiliarsicherheiten im internationalen Insolvenzrecht, Köln, Berlin, Bonn, München, 1991; *Fink,* Die Behandlung der Auslandsinsolvenz in Deutschland und Frankreich (Bonn, Univ., Diss., 1993), 1993; *Flaschen/Gittlin,* The international void in the Law of Multinational Bankruptcies, Bus. Law. (Vol. 42) 1987, S. 308 ff.; *Flessner,* Ausländischer Konkurs und inländischer Arrest, Festschrift für Merz, S. 93 ff., Köln 1992; *ders.,* Das amerikanische Reorganisationsverfahren vor deutschen Gerichten, Urteilsanmerkung, IPRax 1992, S. 151 ff.; *ders.,* Das künftige Internationale Insolvenzrecht im Verhältnis zum Europäischen Insolvenzübereinkommen, in *Stoll* (Hrsg.), Vorschläge und Gutachten zur Umsetzung des EU-Übereinkommens über Insolvenzverfahren im deutschen Recht, 1997, S. 219; *ders.,* Entwicklungen im internationalen Insolvenzrecht, insbesondere im Verhältnis Deutschland Frankreich, ZIP 1989, S. 749 ff.; *ders.,* Internationales Insolvenzrecht in Deutschland nach der Reform, IPRax 1997, 1 ff.; *ders.,* Insolvenzplan und Restschuldbefreiung im Internationalen Konkursrecht – Stellungnahme zu den Artt. 15 und 16 des Vorentwurfs (VE), in: *Stoll* (Hrsg.), Stellungnahmen und Gutachten zur Reform des deutschen internationalen Insolvenzrechts, 1992, S. 201; *ders.,* Internationales Insolvenzrecht in Europa, Festschrift für Heinsius, Berlin, New York 1991; *ders.,* Urteilsanmerkung zu BGH

Vor §§ 335 ff.
11. Teil. Internationales Insolvenzrecht

vom 11. 7. 1991 (ZIP 1991, 1014), EWiR § 30 KO 4/91, 1107; *Flessner/Schulz,* Zusammenhänge zwischen Konkurs, Arrest und Internationaler Zuständigkeit, IPRax 1991, S. 162 ff.; *Fletcher,* Cross-Border cooperation in cases of international insolvency, Some recent trends compared, Tulane C. L. Forum (Vol. 6/7) 1991–92, S. 171 ff.; *Florian,* Das englische internationale Insolvenzrecht (Münster, Univ., Diss., 1988), 1989; *Funke,* Das Übereinkommen über Insolvenzverfahren, InVo 1996, 170; *Geimer,* Internationales Zivilprozeßrecht, 5. Aufl. 2005; *ders.,* Rechtsschutz in Deutschland zukünftig nur bei Inlandsbezug, NJW 1991, 3072; *Georgakopoulos,* Querverbindungen zwischen Insolvenz- und Aktienrecht in der Europäischen Union, ZEuP 1995, 633 ff.; *Giersberger,* Grenzüberschreitendes Finanzierungsleasing. Internationales Vertrags-, Sachen- und Insolvenzrecht, 1997; *Gilliéron,* La faillite et le concordat dans le projet de loi fédéral sur le droit international privé, in: Schweizerischen Vereinigung für internationales Recht (Hrsg.), Band 46, Le droit de la faillite international, S. 105 ff., Zürich 1986; *ders.,* Le chapitre 11 de la loi fédérale sur le droit international privé (loi de DIP) et le droit international suisse de l'execution forcée générale et collective, BlSchK 1988, 161 ff., 201 ff.; *ders.,* Les disposition de la nouvelle loi fédérale de droit international privé sur la faillite international, Lausanne, 1991; *ders.,* Qu'y a-t-il de nouveau en matière de faillite international, ZSR 1992, S. 259 ff.; *Glosband/Katucki,* Claims and priorities in ancillary proceedings under section 304, Brooklyn J. Int'l. L. Vol. 17 (1991), S. 477 ff.; *dies.,* Current Developments in international Insolvency Law and practice, Bus. Law. (vol. 45) 1990, S. 2273 ff.; *Goldie,* The challenge of transnational expectations and the recognition of foreign bankruptcy degrees – The United States adjustment, B. Y. I. L. (LVII.) 1987, S. 303 ff.; *Goode,* 1992: The insolvency implications for banks, in: The single market and the law of banking, edited by Ross Granston, Lonson, New York, Hamburg, Hongkong, 1991; *Göpfert,* Anfechtbare Aufrechnungslagen im deutsch-amerikanischen Insolvenzrechtsverkehr, München, 1996; *ders.,* In re Maxwell Communications – ein Beispiel „koordinierten" Insolvenzverwaltung in parallelen Verfahren, ZZPInt 1 (1996) 269 ff.; *Gottwald,* Auslandskonkurs und Registereintragung im Inland, IPRax 1991, 168; *ders.,* Gewillkürte Prozeßstandschaft kraft Ermächtigung eines ausländischen Konkursverwalters, IPRax 1995, 157 f.; *ders.,* Grenzüberschreitende Insolvenzen: europäische und weltweite Tendenzen, München 1997; *Gottwald/Pfaller,* Aspekte der Anerkennung ausländischer Insolvenzverfahren im Inland, IPRax 1998, 170; *Graham,* Corss Border Insolvency, Current legal problems (Vol. 42) 1989, S. 217 ff.; *Grassmann,* Das Erlöschen von Insolvenzforderungen nach Schuld- und Insolvenzstatus, Festschrift Zentro Kitagawa, Wege zum japanischen Recht, hrsg. von Leser/Isomara, S. 117 ff., Berlin 1992.; *ders.,* Effets nationaux d'une procedure d'éxecution collective étrangère (redressement ou liquidation judiciaires, faillite, concordat), Rev. crit. 1990, 421 ff.; *ders.,* Inlandswirkungen des Auslandskonkurses über das Vermögen eines im Konkurseröffnungstaat ansässigen Gemeinschuldners, KTS 1990, 157 ff.; *Graupner,* Die Durchsetzung des Schadensersatzanspruchs gegen einen englischen receiver vor deutschen Gerichten, RIW 1994, 109 ff.; *Großfeld,* Internationales Unternehmensrecht, Das Organisationsrecht transnationaler Unternehmen, 1986; *Gruber,* Internationale Schiedsgerichtsbarkeit und Konkursrecht, KTS 1992, 191 ff.; *Habscheid,* § 240 ZPO bei ausländischen Insolvenzen und die Universalität des Konkurses, KTS 1998, 183; *ders.,* Antrags- und Beteiligungsrecht im gesonderten (Art. 102 III EGInsO) und im sekundären Insolvenzverfahren (Art. 27 ff. EuInsÜ), NZI 1999, 299; *ders.,* Das deutsche internationale Insolvenzrecht und die vis attractiva concursus, ZIP 1999, 1113; *ders.,* Das neue schweizerische Internationale Konkursrecht, KTS 1989, 253 ff.; *ders.,* Internationales Konkursrecht und Einzelrechtsverfolgung, KTS 1989, 593 ff.; *ders.,* Unterbrechung oder Aussetzung des Inlandsprozesses bei ausländischen Insolvenzverfahren, KTS 1990, 403; *Habscheid,* Insolvenzen in den USA und seine Wirkungen in Deutschland (und umgekehrt), NZI 2003, 238; *ders.,* Grenzüberschreitendes (internationales) Insolvenzrecht der Vereinigten Staaten von Amerika und der Bundesrepublik Deutschland; Berlin 1998; *Hanisch,* Allgemeine kollisionsrechtliche Grundsätze im internationalen Insolvenzrecht, Festschrift für Jahr, S. 455 ff., Tübingen 1993.; *ders.,* Bemerkungen zur Geschichte des internationalen Insolvenzrechts, Festschrift für Merz, 1992, S. 159; *ders.,* BGH zum Konkursverlustschein, IPRax 1996, 385 ff.; *ders.,* Buchbesprechung zu *Staehelin* RabelsZ 56 (1992) 79 ff.; *ders.,* Das Recht grenzüberschreitender Insolvenzen, Auswirkungen auf dem Immobiliensektor, ZIP 1992, 1125 ff.; *ders.,* Die Wende im deutschen Internationalen Insolvenzrecht, ZIP 1985, 1233; *ders.,* Einheit oder Pluralität oder ein kombiniertes Modell beim grenzüberschreitenden Insolvenzverfahren, ZIP 1994, 1 ff.; *ders.,* Erlöse aus der Teilnahme an einem ausländischen Parallel-Insolvenzverfahren – Ablieferung auf die inländische Konkursmasse oder Anrechnung auf die Inlandsdividende, ZIP 1989, 273 ff.; *ders.,* Extraterritoriale Wirkung eines allgemeinen Veräußerungsverbots im Konkurseröffnungsverfahren – Revisibilität ermessenfehlerhafter Ermittlung ausländischen Recht – Durchgriff – Auf die Insolvenzanfechtung anwendbares Recht, IPRax 1993, 69 ff.; *ders.,* Internationale Insolvenzrechte des Auslandes und das Gegenrecht nach Art. 166 Abs. 1 IPRG, SZIER, 1992, 3; *ders.,* Kurzkommentar zu BGH vom 30. 4. 1992 (ZIP 1992, 781) EWiR § 237 KO 1/92, 589; *ders.,* Les conditions générales de la reconnaisance d'une décision de la faillite étrangère, en particulier la condition de la réciprocité, SemJud 1992, S. 437 ff.; *ders.,* Nachlaßinsolvenzverfahren und materielles Erbrecht, Festschrift für Henckel, Berlin, New York, 1995; *ders.,* Procédure d'insolvabilité interne comprenant de biens situés à l'értranger, in: Schweizerischen Vereinigung für internationales Recht (Hrsg.), Band 46, Le droit de la faillite international, Zürich 1986; *ders.,* Schweizerische Konkursverlustscheine im deutschen Prozeß, IPRax 1993, 297 ff.; *ders.,* Stellungnahme zu der Frage, ob und gegebenfalls in welcher Weise ein in seiner Wirkung territorial beschränktes Sonderinsolvenzverfahren über das Inlandsvermögen eines Schuldners vorzusehen ist, wenn dieser den Mittelpunkt seiner hauptsächlichen Interessen im Ausland hat, in: *Stoll* (Hrsg.), Vorschläge und Gutachten zur Umsetzung des EU-Übereinkommens über Insolvenzverfahren im deutschen Recht, 1997, S. 202; *ders.,* Vollmacht und Auskunft des Insolvenzschuldners über sein Auslandsvermögen, IPRax 1994, 351 ff.; *ders.,* Wirkungen deutscher Insolvenzverfahren auf in der Schweiz befindliches Schuldnervermögen, JZ 1988, S. 737 ff.; *Harding,* Re Sefel Geophysical Ltd.: A Canadian Approach to some Specific Problems in the Adjudication of International Insolvencies, Dalhousie L. J. (Vol. 12) 1989, S. 412 ff.; *Häsemeyer,* Insolvenzrecht, 3. Aufl. 2003; *Hasselbach,* Insolvenzprivilegien für Kreditinstitute bei Zahlungssystemen?, ZIP 1997, 1491 ff.; *Haubold,* Europäisches Zivilverfahrensrecht und Ansprüche im Zusammenhang mit Insolvenzverfahren, IPRax 2002, 156; *Hay,* Auslandskonkurs und Inlandsfolgen aus amerikanischer Sicht, Festschrift für Wolfram Müller-Freienfels, Baden-Baden, 1986 (zit.: *Hay,* Festschrift für Müller-Freienfels); *Henckel,* Die internationalprivatrechtliche Anknüpfung der Konkursanfechtung, Festschrift für Nagel, 1987, S. 93; *Henckel,* Insolvenzanfechtung, in: Kölner Schrift, S. 645; ders., Insolvenzanfechtung – Artt. 4 und 5 des Vorentwurfs (VE) – und Gläubigeranfechtung außerhalb des Insolvenzverfahrens, in: *Stoll* (Hrsg.), Stellungnahmen und Gutachten zur Reform des deutschen internationalen Insolvenzrechts, 1992, S. 156; *Hess,* Urteilsanerkennung, Inlandskonkurs und die Tücken der internationalen Zustellung, IPRax 1995, 16 ff.; *Heyers,* Das französische internationale Insolvenzrecht (Münster (Westfalen), Univ., Diss., 1997), 1997; *Hirte,* Der Kaußen-Konkurs vor US-amerikanischen Gerichten, ZIP 1989, 1493; *Hohloch,* Gläubigeranfechtung international, IPRax 1995, 306 ff.; *Honsberger,* Recognition of foreign compositions and judicially supervised arrangements, Canadian perspectives, in: Cross border insolvency, comparative dimensions, The Aberystwith insolvency papers, hrsgb. von *Fletcher,* Ian F., London 1990; *Howcroft/Totty,* Impact of US chapter 11 proceedings on English Assets of an American company, JIBL (Vol. 1) 1988, S. 18 ff.; *Huber,* Creditor equality in transnational Bankruptcies: the United States position, Vanderbilt J. Trans. L. (Vol. 19) 1986, S. 741 ff.; *Huguenin,* Das internationale Nachlassvertragsrecht in der Schweiz und den USA, SAG 1989, S. 61 ff.; *Jahn* (Hrsg.), Insolvenzen in Europa, 3. Aufl., 1998; *Jahr,* Wirkungen des insolvenzverfahrens auf vertragliche Rechtsverhältnisse, in: *Stoll* (Hrsg.), Stellungnahmen und Gutachten zur Reform des deutschen internationalen Insolvenzrechts, 1992, S. 171; *Jayme/Kohler,* Europäisches Kollisionsrecht 1996 – Anpassung und Transformation der nationalen Rechte, IPRax 1996, 377; *Jelinek,* Der deutsch-österreichische Konkursvertrag, 1985; *Jud,* Die Aufrechnung im internationalen Privatrecht, IPrax 2005, 104; *Junod,* Tendances actuelles de la juriprudence du Tribunal fédéral en matière de faillite prononcée à l'étranger avec des biens situés en Suisse, in: Schweizerischen Vereinigung für internationales Recht (Hrsg.), Band 46, Le droit de la faillite international, Premier Séminaire de droit international et de droit européen, Zürich 1986; *Kegel* (Hrsg.), Vorschläge und Gutachten zum Entwurf eines EG-Konkursübereinkommens, 1988; *Kemper,* Beweisprobleme im Wettbewerbsrecht, 1992; *Kirchhof,* Grenzüberschreitende Insolvenzen im europäischen Binnenmarkt, insbesondere unter Beteiligung von Kreditinstituten, WM 1993, 1364 ff.; *ders.,* Grenzüberschreitende Insolvenzen im Europäischen Binnenmarkt, WM 1993, 1364 ff.; *Klein,* Schutzwirkung des Eigentumsvorbehalts im französischen Insolvenzverfahren, RIW 1991, 809 ff.; *Klopp,* Restschuldbefreiung und Schuldenregulierung nach französischem und deutschem Recht, KTS 1992, 347 ff.; *Koch,* Auslandskonkurs und Unterbrechung des Auslandsprozesses, NJW 1989, 3072 ff.; *Kokemoor,* Das internationale Sonderinsolvenz- und -sanierungsrecht der Einlagenkreditinstitute und E-Geld-Institute gem. den §§ 46 d, 46 e und 46 f KWG, WM 2005, 188; *Kostkiewicz,* Internationales Konkursrecht: Anerkennung ausländischer Konkursdekrete und Durchführung eines Sekundärkonkurses in der Schweiz, BISchK 1993, S. 1 ff.; *Krause,* Europarechtliche Vorgaben für das Konkursausfallgeld, ZIP 1998, 56 ff.; *Krauskopf/Steven,* Immunität ausländischer Zentralbanken im deutschen Recht, WM 2000, 269; *Kropholler,* Internationales Privatrecht, 6. Auflage Tübingen 2006; *Kuhn/Uhlenbruck,* Konkursordnung, 11. Aufl., München 1994; *Lam,* United States B. C., Section 304(b)(3): „Other appropriate Relief" for Multinational Bankruptcy, I. I. I. R. (Vol. 1) 1990, S. 73 ff.; *Landfermann,* Das Internationale Insolvenzrecht in der Gesamtvollstreckungsordnung, in: *Stoll* (Hrsg.), Stellungnahmen und Gutachten zur Reform des deutschen internationalen Insolvenzrechts, 1992, S. 324; *ders.,* Elemente der Insolvenzrechtsreform in der Gesamtvollstreckung, Festschrift für Merz, München 1992, S. 367; *Langner/Lentföhr,* Urteilsanmerkung zu BAG vom 24. 3. 1992, RIW 1994, 161 ff.; *Lau,* Zur Änderung der Rechtsprechung des BGH über die Wirkung des Auslandskonkurses im Inland, BB 1986, 1450; *ders.,* Zur Änderung der Rechtsprechung des Bundesgerichtshofs über die Wirkung des Auslandskonkurses im Inland, BB 1986, 1450 ff.; *Laut,* Universalität und Sanierung im internationalen Insolvenzrecht (Freiburg (Breisgau), Univ., Diss., 1995), 1997; *Leipold,* Internationale Zuständigkeit, inländische Einzelrechtsverfolgung trotz eines Auslandskonkurses, Auswirkungen eines ausländischen Konkurses auf im Inland anhängige Zivilprozesse, in: *Stoll* (Hrsg.), Stellungnahmen und Gutachten zur Reform des deutschen internationalen Insolvenzrechts, 1992, S. 72; *ders.,* Lex fori, Souveränität, Discovery, Grundfragen des Internationalen Zivilprozeßrechts, 1989; *ders.,* Miniatur oder Bagatelle: das internationale Insolvenzrecht im deutschen Reformwerk 1994, Festschrift für Henckel, Berlin, New York, 1995; *ders.,* Wege zu einem funktionsfähigen internationalen Konkursrecht, Festschrift Law in East and West, On the occasion of the 30th anniversary of the Institute of comparative Law, Waseda University, hrsgb. von dem Institute of Comparative Law, Waseda University, Tokyo 1988; *ders.,* Zum künftigen Weg des deutschen Internationalen Insolvenzrechts, in: *Stoll* (Hrsg.), Vorschläge und Gutachten zur Umsetzung des EU-Übereinkommens über Insolvenzverfahren im deutschen Recht, 1997, S. 185; *ders.,* Zur internationalen Zuständigkeit im Insolvenzrecht, Festschrift für Gottfried Baumgärtel, Köln, Berlin, Bonn, München, 1990; *ders.,* Zuständigkeitslücken im neuen Europäischen Insolvenzrecht, in Festschrift Ishikawa, 2001, S. 221; *Leitner,* Der grenzüberschreitende Konkurs, Wien 1995; *Leonard/Carfagnini/Mclaren,* Can there be internatioonal co-operation in foreign bankruptcies? A canadian Examination of some alternative models, Rev. Int'l. Buss. L. (Vol. 3) 1989, S. 23 ff.; *Liersch,* Deutsches Internationales Insolvenzrecht, NZI 2003, 302; *Linke,* Internationales Zivilprozeßrecht, 4. Auflage, Köln, Berlin, Bonn, München, 2006; *Liersch/Walther,* Geltung und grenzen der deutsch-schweizerischen Staatsverträge auf dem gebiet des Insolvenzrechts, ZInsO 2007, 582; *Litandon,* Der Eigentumsvorbehalt und die neuen Zielsetzungen der Insolvenz in Frankreich, RIW 87, 348; *Lübchen/Landfermann,* Das neue Insolvenzrecht der DDR, ZIP 1990, 829 ff.; *Lüderitz,* Urteilsanmerkung zur Entscheidung des BGH vom 11. 7. 1985, JZ 1986, 96 ff.; *Lüer,* Deutsches Internationales Insolvenzrecht nach der neuen Insolvenzordnung, Kölner Schrift zur Insolvenzordnung, Herne, Berlin, 1997; *ders.,* Überlegungen zu einem künftigen deutschen internationalen Insolvenzrecht, KTS 1990, 377 ff.; *ders.,* Zur Neuordnung des deutschen Internationalen Insolvenzrechts, in: *Stoll* (Hrsg.), Stellungnahmen und Gutachten zur Reform des deutschen internationalen Insolvenzrechts, 1992, S. 96; *Lüke,* Die neueren Entwicklungen im deutschen internationalen Konkursrecht, KTS 1986, 1 ff.; *Mankowski,* Anmerkung zu BGH, Urt. v. 17. 5. 2003 – IX ZR 203/02, Zuständigkeitsregelung in § 19 a ZPO auch international nur für Passivprozesse des Insolvenzverwalter, NZI 2003, 545; Anmerkung zu FG Münster vom 16. 2. 1996 (ZIP 1996, 1353) ZIP 1996, 1354; *ders.,* Anmerkung zu OLG Köln, EWiR, Art. 5 EuGVÜ 1/98, 269; *ders.,* EuGVÜ-Gerichtsstand für Gesellschafterhaftungsklage des Insolvenzverwalters, NZI 1999, 56; *ders.,* Inlandskonkurs und Vollstreckbarerklärungsverfahren, ZIP 1994, 1577 ff.; *ders.,* Konkursgründe beim inländischen Partikularkonkurs, ZIP 1995, 1650 ff.; *ders.,* Rechtsbehelfe gegen Zwangsvollstreckungsmaßnahmen, die trotz einer ausländischen Insolvenz erfolgen, ZInsO 2007, 1324; *Marquardt/Hau,* Risiken für Muttergesellschaften nach französischem Insolvenz- und Haftungsrecht, RIW 1998, 441; *Martini,* Inländische Insolvenzverfahren mit schuldnerischem Vermögen in der Schweiz, DZWIR 2007, 227; *Mears,* Cross-Border Insolvencies in the 21th century: A proposal for international cooperation, I. I. I. R. (Vol. 1) 1990, S. 23 ff.; *Merz,* Probleme des internationalen Konkursrechts im Verhältnis zwischen der Bundesrepublik Deutschland und Italien, in: Jahrbuch für ital. Recht, Bd. 1, Konkursrecht, Persönlichkeitsschutz, Kapitalverkehr, Heidelberg, 1988; *Mohrbutter/Ringstmeier,* Handbuch der Insolvenzverwaltung, 8. Aufl. 2007 (zit.: Mohrbutter/Ringstmeier/*Bearbeiter*); *Müller-Freienfels,* Auslandskonkurs und Inlandsfolgen, Festschrift für Dölle; Münchner Kommentar zum BGB, Bd. 10, Einführungsgesetz zum Bürgerlichen Gesetzbuche, Internationales Privatrecht, 4. Aufl., München 2006 (zit.: MünchKommBGB-*Bearbeiter*); *Nadelmann,* The Bankruptcy Reform Act and Conflict of Laws: Trial-and-Error, Harv. Int'l. L. J. (Vol. 29) 1988, S. 27 ff.; *Nussbaum,* Das schweizerische internationale Insolvenzrecht, Zürich 1989 (zit.: Das schw. int. Insolvenzrecht); *O'Donnell,* Bankruptcy Law – Transnational Insolvencies – Comity not granted to foreign bankruptcy plan which characterized Internal revenue Service as unsecured creditor, Overseas Inns s. A. v. United States, 911 F. 2 d, 1146 (5th cir. 1990), suffolk Transnat'l L. J. (Vol. 15) 1992, 747 ff.; *Oertzen,* Inlandswirkungen eines Auslandskonkurses (Mainz, Univ., Diss., 1990), 1990; *Otte,* Anspruch des Konkursverwalters auf Rückgewähr von Inhaberaktien einer AG mit Sitz im Ausland, IPRax 1996, 327 ff.; *ders.,* Inländischer einstweiliger Rechtsschutz im Inland bei Auslandskonkurs – ein neuer internationaler Jusitzkonflikt?, RabelsZ 1994, 292 ff.; *Palmer,* A modern application of section 304 (c) of the Bankruptcy Code, In re Gercke, N. C. J. Int'l. & Com. Reg. (Vol. 19) 1991, S. 657 ff.; *Paulus,* Grundlagen des neuen Insolvenzrechts, Internationales Insolvenzrecht, DStR 2005, 334; *ders.,* „Protokolle" – ein anderer Zugang zur Abwicklung grenzüberschreitender Insolvenzen, ZIP 1998, 977 ff.; *ders.,* Restschuldbefreiung im internationalen Insolvenzrecht, ZEuP 1994, 301 ff.; *ders.,* Urteilsanmerkung JZ 1991, 267 ff.; *Prütting,* Aktuelle Entwicklung des internationalen Insolvenzrecht, ZIP 1996, 1277 ff.; *ders.,* Der Insolvenzplan im japanischen und deutschen Recht, Festschrift für Henckel, Berlin, New York 1995; *Pütz,* Internationales Insolvenzrecht aus der Sicht der österreichischen Konkursordnung, Internationaler Kreditschutz 1988, 68; *Quittner,* Cross-Border Insolvencies – Ancillary and Full Cases: The concurrent Japanese and United States Cases of Maruko Inc., IIR 1995, 171; *Rauls,* Das Reorganisationsverfahren der USA gemäß Chapter 11 BC im Deutschen Internationalen Privatrecht (Göttingen, Univ., Diss., 1993), 1993; *Reinhart,* Germany's Insolvency Bill and its cross border provisions, International Insolvency Review 1993, S. 187; *ders.,* Sanierungsverfahren im internationalen Insolvenzrecht (Frankfurt (Main), Univ., Diss., 1994), 1995; *ders.,* Zur Anerkennung ausländischer Insolvenzverfahren, ZIP 1997, 1743; *Reisinger,* Die Insolvenzverfahren von Konkursverfahren im deutsch-ungarischen Rechtsverkehr (Hamburg, Univ., Diss., 1996), 1996; *Reithmann/Martiny,* Das internationale Privatrecht der Schuldverträge, 6. Aufl., Köln 2004; *Riegel,* Prozeßunterbrechung nach § 240 ZPO im Fall ausländischer Konkurseröffnung, RIW 1990, 546; *ders.,* Grenzüberschreitende Konkurswirkungen zwischen der Bundesrepublik Deutschland, Belgien und den Niederlanden, 1991; *Riesenfeld,* Das neue Gesicht des deutschen internationalen Konkursrechtes aus rechtsvergleichender Sicht, Festschrift für Merz, Köln, 1992; *ders.,* Neue Entwicklungen im Reorganisationsrecht der Vereinigten Staaten, in: Das Unternehmen in der Krise, Probleme der Insolvenzvermeidung aus rechtsvergleichender Sicht, herausgegeben von Birk/Kreuzer, Frankfurt 1986; *ders.,* Transnational Bankruptcies in the late eighties: a Tale of Evolution and Atavism, Festschrift für John Merryman, herausgegeben von David S. Clark, Berlin 1991; *Roth,* Auslandskonkurs und individuelle Rechtsverfolgung im Inland, IPRax 1996, 324 ff.; *ders.,* Die Reichweite der lex-fori-Regel im internationalen Zivilprozeßrecht, Festschrift für Stree und Wessels, 1993, S. 1045; *Sabel/Schlegel,* Kurzkommentar zu: High Court of Justice Chancery Division Companies Court (England), Urt. v. 7. 2. 2003 – 0042/2003, EWiR 2003, 367; *Schack,* Internationales Zivilverfahrensrecht, 4. Aufl., München 2006; *Scherber,* Neues autonomes internationales Insolvenzrecht in Spanien im Vergleich zur EuInsVO und zu den neuen §§ 335–358 InsO, IPRax 2005, 160; *Schlosser,* Die Eröffnung des Insolvenzverfahrens, in: *Leipold,* Insolvenzrecht im Umbruch, Köln, Berlin, Bonn, München, 1991; *Schollmeyer,* Die vis attractiva concursus im deutsch-österreichischen Konkursvertrag, IPRax 1998, 29; *ders.,* Gegenseitige Verträge im internationalen Insolvenzrecht (Freiburg (Breisgau), Univ., Diss., 1995/96), 1997; *ders.,* Partikularinsolvenzverfahren am Ort der Belegenheit von Massebestandteilen?, IPRax 1995, 150 ff.; *Schulte,* europäische Restschuldbefreiung, Berlin 2001; *Schütze,* Deutsches internationales Zivilprozessrecht unter Einschluss des Europäischen Zivilprozessrechts, 2. Aufl., Berlin, New York, 2005; *Sinz,* Urteilsanmerkung LG Köln EWiR, § 7 KO, 1/98, S. 377; *Smart,* Carrying on Business as a Basis of Recognition of Foreign Bankruptcies in English Private International Law, Oxford Journal of Legal Sudies, Vol. 9, 1989,

S. 557 ff.; *ders.,* Cross border insolvency, London 1991; *ders.,* International Insolvency: ancillary winding up and the foreign corporation, I. C. L. Q. (Vol. 39) 1990, S. 829 ff.; *Smid,* Deutscher Konkurs und internationales Schiedsverfahren, DZWir 1993, 485 ff.; *Somers,* The model international insolvency cooperation act: an international proposal for domestic legislation, Am. U. J. Int'l. L. & Pol. (Vol. 6) 1991, S. 677 ff.; *Sonnentag,* Auslandskonkurs und Anfechtung im Inland, IPRax 1998, 330; *Spahlinger,* Sekundäre Insolvenzverfahren bei grenzüberschreitenden Insolvenzen; ein vergleichende Untersuchung zum deutschen, US-amerikanischen, schweizerischen und europäischen Recht (Tübingen, Univ., Diss., 1996/97), 1998; *Stadler,* Anerkennung ausländischer Zwangsvergleiche, IPRax 1998, 91; *Spellenberg,* Der ordre public im Internationalen Insolvenzrecht, in: *Stoll* (Hrsg.), Stellungnahmen und Gutachten zur Reform des deutschen internationalen Insolvenzrechts, 1992, S. 183; *Staehelin,* Die Anerkennung ausländischer Konkurse und Nachlaßverträge in der Schweiz (Art. 166 ff. IPRG), Basel, Frankfurt, 1989; *Sterling/Taylor,* Issues arising in Cross-Border Schemes of Arrangements, IIR 1994, 122; *Sterzenbach,* Anerkennung des Auslandskurses in Italien, Bayreuth 1993.; *Stoll* (Hrsg.), Stellungnahmen und Gutachten zur Reform des deutschen internationalen Insolvenzrechts, Tübingen, 1992 (zit.: *Bearbeiter,* in: *Stoll,* Stellungnahmen und Gutachten); *ders.,* Vorschläge und Gutachten zur Umsetzung des EU-Übereinkommens über Insolvenzverfahren im deutschen Recht, 1997; *Strub,* Das Europäische Konkursübereinkommenübereinkommen, EuZW 1996, 71; *ders.,* Insolvenzverfahren im Binnenmarkt, EuZW 1994, 424; *Stürner/Schumacher,* The new German Insolvency Law, TvI 1996, 73; *Summ,* Anerkennung ausländischer Konkurse in der Bundesrepublik Deutschland (Mainz, Univ., Diss., 1991), 1992; *Taniguchi,* International Bankruptcy and Japanese law, Stanford J. of Int'l. L (Vol. 23) 1987, S. 449 ff.; *Tay,* Canadian Bankrupcy Reform, The move from liquidation to rehabilitation, I. I. I. R. (Vol. 2) 1993, S. 44 ff.; *Tay/Strasler,* International Recognition of foreign Insolvency Proceedings: The Canadian Perspective, I. I. I. R. (Vol. 1) 1990, S. 1 ff.; *Thieme,* Partikularkonkurs, in: *Stoll* (Hrsg.), Stellungnahmen und Gutachten zur Reform des deutschen internationalen Insolvenzrechts, 1992, S. 212; *Trautmann/Westbrook/Gaillard,* Four Models for international Bankruptcy, American Journal of Comparative Law 1993, 543; *Trunk,* Arbeitnehmer im Niederlassungskonkurs: international-insolvenzrechtliche Aspekte, ZIP 1994, 1586; *ders.,* Auslandskonkurs und inländische Zivilprozesse, ZIP 1989, S. 279 ff.; *ders.,* Die bevorstehende Neuregelung des deutschen internationalen Insolvenzrechts, KTS 1994, 32 ff.; *ders.,* Dogmatische Grundlagen der Anerkennung von Auslandskonkursen, KTS 1987, 415 ff.; *ders.,* Insolvenzverfahren und internationale Schiedsgerichtsbarkeit, IPRax 1995, 133 ff.; *ders.,* Internationale Aspekte von Insolvenzverfahren, in: *Gilles,* (Hrsg.), Transnationales Prozeßrecht, 1995, S. 157 ff.; *ders.,* Internationales Insolvenzrecht, 1998; *ders.,* Neues russisches Konkursgesetz, RIW 1993, 553 ff.; *ders.,* Regelungsschwerpunkte eines Ausführungsgesetzes zum Europäischen Insolvenzübereinkommen, in: *Stoll* (Hrsg.), Vorschläge und Gutachten zur Umsetzung des EU-Übereinkommens über Insolvenzverfahren im deutschen Recht, 1997, S. 232; *ders.,* Recognition of a Foreign „Automatic Stay" in Bankruptcy – The position of Germany, France and the United States, IIR 1995, 145 ff.; *ders.,* Zur bevorstehenden Neuregelung des deutschen Internationalen Insolvenzrechts, KTS 1994, 33 ff.; *Tschernig,* Haftungsrechtliche Probleme der Konzerninsolvenz: eine Untersuchung nach deutschem und US-amerikanischem Recht unter besonderer Berücksichtigung der Problematik grenzüberschreitender Konzerninsolvenz (Regensburg, Univ., Diss., 1995), 1995; *Turck,* Das internationale Insolvenzrecht in Spanien in rechtsvergleichender Betrachtung (Freiburg (Breisgau), Univ., Diss., 1994/95), 1995; *Turner,* Insolvency Law in continental Europe: Austria, France and Germany, IL & P 1997, 145 ff.; *Viol,* Der Anschlusskonkurs in der Schweiz, NZI 2007, 276; *von Bismarck/Schümann-Kleber,* Insolvenz eines ausländischen Sicherungsgebers – Anwendung deutscher Vorschriften auf die Verwertung in Deutschland belegener Kreditsicherheiten, NZI 2005, 147; *dies.,* Insolvenz eines deutschen Sicherungsgebers – Auswirkungen auf die Verwertung im Ausland belegener Kreditsicherheiten, NZI 2005, 89; *Vorpeil,* Konkurs mit Schuldnervermögen in den USA, IPRax 1993, 259 ff.; *ders.,* Konkurs von Schuldnervermögen in den USA, IPRax 1993, S. 259 ff.; *ders.,* Konventionalregel der Comity bei Insolvenzfall mit US-Parallelverfahren, IPRax 1994, 393 ff.; *Walder,* Die international konkursrechtlichen Bestimmungen des neuen IPR-Gesetzes, Festschrift 100 Jahre SchKG, Genf, Zürich, Bern, 1989; *Wehdeking,* Reform des Internationalen Insolvenzrechts in Deutschland und Österreich, DZWIR 2003, 133; *Wenner,* Ausländisches Sanierungsverfahren, Inlandsarrest und § 238 KO, KTS 1990, 429 ff.; *ders.,* Urteilsanmerkung zu BGH vom 13. 5. 1997, EWiR § 240 ZPO 2/97, 665; *Wenzel,* Die Restschuldbefreiung in der deutschen und österreichischen Insolvenzrechtsreform, KTS 1993, 187 ff.; *ders.,* Interlokaler Restschuldtourismus, MDR 1992, 1023 ff.; *Westbrook,* Global insolvencies in a world of nation states, in: Currrent issues in insolvency law, hrsgb. von Clarke, Alison, London 1991 (zit.: Global insolvencies); *ders.,* International cooperation at low tide, ABIJ 1992, S. 27 ff.; *Westermann,* Auslandsvollstreckung während eines inländischen Vergleichsverfahrens, Festschrift für Wenner, Berlin, New York 1986; *Wielebinski,* Extending Extraterritorial Accomodations in Foreign Insolvency proceedings, Syr. J. Int'l L. & Com. 14 (1987) S. 3 ff.; *Wiesbauer,* Internationales Insolvenzrecht. Die wesentlichen Bestimmungen des österreichischen Rechts und die Staatsverträge auf dem Gebiet des internationalen Insolvenzrechts, 1986; *ders.,* Neuerungen im internationalen Insolvenzrecht, 1988; *Wiethölter,* Möglichkeiten der Anerkennung eines im Inland ergangenen Konkurseröffnungsbeschlusses auf dem Gebiet der Schweiz, InVo 1997, 120; *von Wilmowsky,* Aufrechnung in internationalen Insolvenzfällen. Das Kollisionsrecht der Insolvenzaufrechnung, KTS 1998, 343; *ders.,* Europäisches Kreditsicherungsrecht, Tübingen 1996; *ders.,* Internationales Insolvenzrecht – Plädoyer für eine Neuorientierung –, WM 1997, 1461 ff.; *ders.,* Choice of La in international Insolvencies – A proposal for reform, in: Legal Aspects of Globalization, hrsgb. von Jürgen Basedow und Toshiyuki Kono, Den Haag, 2000; *Wilms,* Die Verschleppung der Insolvenz einer „deutschen Ltd.", KTS 2007, 337 ff.; *Wimmer,* Die Besonderheiten von Sekundärinsolvenzverfahren unter besonderer Berücksichtigung des Europäischen Insolvenzüber-

Vor §§ 335 ff.
11. Teil. Internationales Insolvenzrecht

einkommens, ZIP 1998, 982; *ders.*, Die UNCITRAL-Modellbestimmungen über grenzüberschreitende Insolvenzverfahren, ZIP 1997, 2220; *ders.*, Vorüberlegungen zur Umsetzung des Europäischen Insolvenzübereinkommens und zum deutschen internationalen Insolvenzrecht, in: *Stoll* (Hrsg.), Vorschläge und Gutachten zur Umsetzung des EU-Übereinkommens über Insolvenzverfahren im deutschen Recht, 1997, S. 179; *Winkler/Weinand*, Deutsches internationales Schiedsverfahrensrecht. Anwendung des neuen deutschen Rechts auf internationale Wirtschaftsverträge, BB 1998, 597; *Witte*, Die Anerkennung schwedischer Insolvenzverfahren in der Bundesrepublik Deutschland, 1996; *Witz/Zierau*, Französisches Internationales Konkursrecht – Neue Tendenzen und Entwicklungen in der Rechtsprechung der Cour de cassation, RIW 1989, 929 ff.; *Woloniecki*, Co-operation between national courts in international insolvencies: recent United Kingdom Legislation, I. C. L. Q. (Vol. 35) 1986, S. 644 ff.; *Wood*, Principles of International Insolvency, 2. Aufl., 2007; *Wunderer*, Auswirkungen des Europäischen Übereinkommens über Insolvenzverfahren auf Bankgeschäfte, WM 1998, 793; *Yamamoto*, Japanisches internationales Insolvenzrecht, in: *Heldrich/Kono* (Hrsg.), Herausforderungen des Internationalen Zivilverfahrensrechts, 1994; *Zeeck*, Die Anknüpfung der Insolvenzanfechtung, ZInsO 2005, 281; *Zenneck*, Hauptverfahren grenzüberschreitender Insolvenzen und ihre Anerkennung durch unterstützende Nebenverfahren: in Deutschland, der Schweiz und den USA, München 1996; *Zierau*, Die Stellung der Gläubiger im französischen Sanierungsverfahren (Frankfurt (Main), Univ., Diss., 1990), 1991.

Literaturverzeichnis bis 1985: *Baumgärtel*, Die Grenzen der deutschen internationalen Konkurszuständigkeit im Falle des § 238 Abs. 1 KO, AWD 1971, 557 ff.; *Becker*, The case of Herstatt, A. B. A. J. 1976, 1291 ff.; *Becker*, Transnational Insolvency Transformed, Am. J. Comp. L. (Vol. 29) 1981, S. 706 ff.; *Becker/Loidl*, Internationale Aspekte der US Konkursordnung 1978, KTS 1984, 27 ff.; *Birk*, Das Konkursausfallgeld, RablesZ 39 (1975) 605 ff.; *Blaschczok*, Die deutsch-schweizerischen Verträge auf dem Gebiet des Insolvenzrechts, ZIP 1983, 141; *Bley/Mohrbutter*, Vergleichsordnung, begründet von Erich Bley, fortgeführt von Jürgen Mohrbutter, Bd. 1, 3. Aufl., Berlin 1970, Bd. 1, 4. Aufl. Berlin, New York 1979; *Buchner*, Zur internationalen Zuständigkeit des Konkursverwalters, speziell im deutsch-schweizerischen Verhältnis, ZIP 1985, 1114 ff.; *Buhlert*, Anmerkung zu AG Kiel vom 15. 2. 2007, Vollstreckungsabwehr bei ausländischen Insolvenzverfahren, DZWIR 2007, 173; *Canaris*, Die Auswirkungen eines im Ausland ausgebrachten Arrestes im inländischen Konkurs und Vergleich, ZIP 1983, 647 ff.; *Dallèves*, Faillite internationale et droit suisse, SemJud. 1978, 337 ff.; *Deutsch/Morales*, Bankruptcy Section 304 and U. S. Recognition of Foreign Bankruptcies: The tyranny of Comity, Bus. Law. (Vol. 19) 1984, S. 1572 ff.; *Doka*, Das internationalrechtliche Problem bei gerichtlichem Forderungsnachlaß, Wirtschaftswissenschaftliche Forschungen, Bd. 3, Beiträge zum Wirtschaftsrecht, St. Gallen, 1944; *Förger*, Die Stellung des Konkursverwalters im Internationalen Privatrecht (Regensburg, Univ., Diss.), 1969; *Frankenstein*, Internationales Privatrecht, Bd. 2, Berlin-Grunewald, 1929; *Geimer/Schütze*, Internationale Urteilsanerkennung, Bd. 1, 2. Halbbd., München 1984 (zit.: *Geimer/Schütze*); *Grossfeld*, Internationales Insolvenzrecht im Werden, ZIP 1981, 925 ff.; Handbuch des internationalen Zivilverfahrensrechts, Band I, bearbeitet von Herrmann/Basedow/Kropholler, Tübingen 1982 (zit.: *Bearb.* in: Hdb IZVR I.), Band III/1, bearbeitet von *Martiny*, Tübingen, 1984 (zit.: *Bearb.* in: Hdb. IZVR III/1); *Hagemann*, Die Handlungsbefugnis des ausländischen Konkursverwalters in Deutschland, KTS 1960, 161; *Hanisch*, Aktuelle Probleme des Internationalen Insolvenzrechtes, Schweizerisches Jahrbuch für Internationales Recht, (Bd. 36) 1980, S. 109 ff.; *ders.*, Auslandsvermögen des Schuldners im Inlandsinsolvenzverfahren und vice versa, in Festschrift 100 Konkursordnung, 1877–1977, 1977, S. 139 ff. (zit.: *Hanisch*, Festschrift 100 Jahre KO; *ders.*, Composition and Discharge in International Insolvency cases, International Bar Association, Proceedings of the Seminar on Extraterritorial Problems in Insolvency Proceedings, held on April 13/14 1978, Brüssel, Belgium; *ders.*, Deutsches Internationales Insolvenzrecht in Bewegung, ZIP 1983, 1289 ff.; *ders.*, Deux problèmes de faillite internationale, Mémoires publies par la Faculté de droit de Genève, Nr. 50, S. 107 ff., Genf 1976 (zit.: *Hanisch*, Deux problèmes); *ders.*, Die international-insolvenzrechtlichen Bestimmungen des Entwurfes eines schweizer IPR-Gesetzes, KTS 1979, 233 ff.; *ders.*, Die Pflicht des Gemeinschuldners zur Vollmachtserteilung bezüglich seiner Auslandsforderungen, ZIP 1980, 170 ff.; *ders.*, Die Wende im dt. internationalen Insolvenzrecht, ZIP 1985, 1233 ff.; *ders.*, Gegenseitigkeit, comitas und Gläubigergleichbehandlung im internationalen Insolvenzrecht, KTS 1978, 193 ff.; *ders.*, Parallel-Insolvenzen und Kooperation im Internationalen Insolvenzfall, Festschrift für Bosch, Bielefeld 1976, S. 381 ff. (zit.: *Hanisch*, Festschrift für Bosch); *ders.*, Probleme des internationalen Insolvenzrechts, in: Probleme des internationalen Insolvenzrechtes, Verhandlungen der Fachgruppe für Vergleichendes Handels- und Wirtschaftsrecht anläßlich der Tagung für Rechtsvergleichung 1981 in Frankfurt, hrsgb. von Freiherr Marschall von Bieberstein, Frankfurt, 1982 (zit.: *Hanisch*, in: *v. Bieberstein*); *ders.*, Probleme des internationalrechtlichen Konkordats, Festschrift für Schnitzer, Genf, 1979, S. 238 ff. (zit.: *Hanisch*, Festschrift für Schnitzer); *ders.*, Realisierung einer Forderung des deutschen Gemeinschuldners gegen einen Schuldner in der Schweiz zugunsten der deutschen Konkursmasse, IPRax 1983, 195 ff.; *ders.*, Rechtzuständigkeit der Konkursmasse, Frankfurt, 1973; *ders.*, Zur Reformbedürftigkeit des Konkurs- und Vergleichsrechts, ZZP (Bd. 90) 1977, S. 1 ff.; *Hess*, Konkurs und Vergleich im internationalen Privatrecht, Dissertation, Gießen, 1934; *Hirsch*, Aspects internationaux de droit suisse de la faillite, in: Mémoires publiés par la Faculté de Droit de Genève, Nr. 27, S. 69 ff., Genf, 1969 (zit.: *Hirsch*, Aspects internationaux); *ders.*, Vers L'universalité de la faillite au sein marche commun?, Cahiers de droit européen, (Vol. 6) 1970, S. 59 ff.; *Honsberger*, Conflict of Laws and the Bankruptcy Reform Act of 1978, Case Western L. R. (Vol. 30) 1980, S. 631 ff.; *Hübner*, Internationalprivatrechtliche Anerkennungs- und Substitutionsprobleme bei besitzlosen Mobiliarsicherheiten, ZIP 1980, 825 ff.; *ders.*, Internationalprivatrechtliche

Anerkennungs- und Substitutionsprobleme bei besitzlosen Mobiliarsicherheiten, ZIP 1980, 825 ff.; *Jacot,* La faillite dans le relations de droit international privé de la suisse, Neuchatel 1932 (Neuchatel, Univ., Diss., 1932); *Jaeger,* Konkursordnung mit Einführungsgesetzen, 9. Aufl., 1. Lieferung, Berlin, New York, 1977 (zit.: *Jaeger/Bearb.,* 9. Aufl.); *Jahr,* Vereinheitlichtes internationales Konkursrecht in der Europäischen Wirtschaftsgemeinschaft, RabelsZ (Bd. 36) 1972, S. 620 ff.; *Jayme,* Sanierung von Großunternehmen und internationales Konkursrecht, Festschrift für Riesenfeld, 1983, S. 117 ff.; *Keech,* Problems in the Liquidation and Reorganization of International Steamship Companies in Bankruptcy, Tulane Law Review 59 (1985), S. 1239 ff.; *Kössler,* Erlaßwirkungen eines in der Tschechoslowakei zustandegekommenen gerichtlichen Ausgleichs in Österreich, Prager Juristische Zeitschrift 1930, S. 548 ff.; *ders.,* Inländische Wirkungen eines ausländischen Präventiv-Konkordats, KuT 1930, 71 ff.; *Kronke,* Konkursausfallgeld und Auslandsbeschäftigung, IPRax 1982, 177 ff.; *Laubacher,* Die Haftungsproblematik bei Konkurs einer Gesellschaft innerhalb eines transnationalen Unternehmens, 1984; *Lüer,* Einzelzwangsvollstreckung im Ausland bei inländischen Insolvenzverfahren, KTS 1978, 200 ff.; *Mann,* Beiträge zum internationalen Privatrecht, Öffentliche-rechtliche Ansprüche im internationalen Rechtsverkehr, S. 201 ff., Berlin, 1976; *Meili,* Lehrbuch des internationalen Konkursrechts, Zürich, 1909; *Merz,* Probleme bei Insolvenzverfahren im internationalen Rechtsverkehr, ZIP 1983, 136 ff.; *Moltrecht,* Das Anschlußverfahren nach § 304 des amerikanischen Konkursgesetzes, RIW 1985, 543 ff.; *Müller-Freienfels,* Auslandskonkurs und Inlandsfolgen, Festschrift für Dölle, Band 2, Herausgegeben von v. Caemmerer/Nikisch/Zweigert, Tübingen, 1963; *Nadelmann,* An international bankruptcy code: new thoughts on an old idea, ICLQ (Vol. 10) 1961, S. 70 ff.; *ders.,* Bankruptcy Jurisdiction: News from the common market and a reflection for home consumption, A. B. L. J. (Vol. 56) 1982, S. 65 ff.; *ders.,* Bankruptcy Treaties, U. Penn. L. R. (Vol. 93) 1944/1945, 58 ff.; *ders.,* Codification of Conflict Rules for Bankruptcy, SJIR (Vol. 30) 1974, S. 57 ff.; *ders.,* Compositions – Reorganizations and Arrangements – in the Conflict of Laws, Harv. L. R. (Vol. 61) 1948, S. 804 ff.; *ders.,* Die amerikansiche Konkursordnung und gleichzeitige Konkurse im In- und Auslande, ZZP 76 (1963) 212 ff.; *ders.,* Eine Revision der Kollisionsnormen in der Konkursordnung der Vereinigten Staaten von Amerika, ZZP 66 (1953) 39 ff.; *ders.,* Foreign and domestic creditors in bankruptcy proceedings. Remnants of discrimination?, U. Penn. L. R. (Vol. 91) 1942/1943, S. 601 ff.; *ders.,* Internationaler Bankrott, KTS 1958, 103 ff.; *ders.,* Internationales Insolvenzrecht: Die Kosmos Entscheidung des Reichsgerichts, Leopold Levy und Josef Kohler, KTS 1979, 221 ff.; *ders.,* KTS 1974, 189 ff.; *ders.,* Praktische Bemerkungen zur Reform des internationalen Konkursrechts, KTS 1982, 23 ff.; *ders.,* Rehabilitating Bankruptcy Law: Lessons taught by Herstatt and company, NYULR (Vol. 52) 1977, S. 1 ff.; *ders.,* Revision of Conflict Provisions in the American Bankruptcy Act, ICLQ (Vol. 1) 1952, S. 484 ff.; *ders.,* Solomon v. Ross and international bankruptcy, Modern L. R. (Vol. 9) 1946, S. 154 ff.; *ders.,* The American Bankruptcy Act and conflicting administrations, ICLQ (Vol. 12) 1963, S. 684 ff.; *ders.,* The German Bankruptcy Act's Conflict of Law Rules Revisited in the Company der Zimmermann, RabelsZ (Bd. 41) 1977, S. 707 ff.; *ders.,* The lure in „International Bankruptcies" of assets located abroad, ICLQ (Vol. 33) 1984, 431 ff.; *ders.,* The national Bankruptcy Act and the conflict of laws, Hav. L. R. (Vol. 59) 1946 S. 1025 ff.; *ders.,* The recognition of American arrangements abroad, U. Penn. L. R. (Vol. 90) 1942, S. 780 ff.; *Nielsen,* Section 304 of the Bankruptcy Code: Has it fostered the Development of an „International Bankruptcy System"?, Columbia J. Transnat'l. L. (Vol. 22) 1984, S. 541 ff.; *Nussbaum,* Das internationale Konkursrecht der Schweiz de lege lata et ferenda (Bern, Univ., Diss.) (zit.: *Nussbaum,* Das internationale Konkursrecht); *Paulus,* Grundlagen des neuen Insolvenzrechts, Internationales Insolvenzrecht, DStR 2005, 334; *Pielorz,* Auslandskonkurs und Disposition über das Inlandsvermögen, Berlin, 1977; *ders.,* Inlandsvermögen im Auslandskonkurs, ZIP 1980, 239 ff.; *ders.,* Wende im deutschen internationalen Insolvenzrecht, IPRax 1984, 241 ff.; *Powers/Mears,* Protecting a U. S. Debotr's Assets in International Bankruptcy: A Survey and Proposal for Reciprocity, N. C. J. Int'l. L. & Com. Reg. (Vol. 10) 1985, S. 303 ff.; *Riesenfeld,* Domestic effects of foreign liquidation and rehabilitation proceedings in the light of comparaitve law, Festschrift für Gerhard Kegel, Frankfurt, 1977; *ders.,* Probleme des internationalen Insolvenzrechtes aus der Sicht des neuen Konkursreformgesetzes der Vereinigten Staaten, in Probleme des internationalen Insolvenzrechtes, Verhandlungen der Fachgruppe für Vergleichendes Handels- und Wirtschaftsrecht anläßlich der Tagung für Rechtvergleichung 1981, in Frankfurt, hrsg. von Freiherr Marschall von Bieberstein, Frankfurt, 1982 (zit.: *Riesenfeld,* in: *von Marschall*); *Savigny,* System des heutigen römischen Rechts, 8. Band, Berlin 1849; *Schaub,* Zur Problematik des internationalen Konkursrechts der Schweiz, Zeitschrift für Schweizer Recht, 1982, Bd. 1, S. 21 ff.; *Schlosser,* Europäische Wege aus der Sackgasse des deutschen internationalen Insolvenzrechtes, RIW 1983, 473 ff.; *Schmidt,* System des deutschen internationalen Konkursrechts, Frankfurt/M, 1972; *Schomaker,* Inlandswirkungen ausländischer konkursabwendender Vergleichsverfahren (Kiel, Univ., Diss., 1981), 1982; *Spennemann,* Insolvenzverfahren in Deutschland – Vermögen in Amerika: Das Beispiel Herstatt, Düsseldorf 1981; *Staudinger/Grossfeld,* J. von Staudingers Kommentar zum Bürgerlichen Gesetzbuch, 12. Aufl., Einl. zu Art. 7 ff., Art. 7–11 EGBGB, Berlin 1984 (zit.: *Staudinger/Großfeld,* Int.GesR); *Thieme,* Inlandsvollstreckung und Auslandskonkurs, RabelsZ (Bd. 37) 1973, S. 682 ff.; *Tobler,* Die Internationalen Wirkungen eines gerichtlichen Nachlassvertrages mit Bezug auf die Gläubigerforderungen, SJIR (Bd. 7) 1950, S. 104 ff.; *Trochu,* Conflit de lois en conflits de jurisdiction en matière de faillite, Paris, 1967; *Unger,* United States Recognition of Foreign Bankruptcies, Int. Law. (Vol. 19) 1985, S. 1153 ff.; *Voyame,* La LP à travers le frontières nationales, BlSchK 1983, 161 ff., 201 ff.; *Weber,* Zur Zulässigkeit eines Vergleichsverfahrens über das deutsche Vermögen eines ausländischen Schuldners, KTS 1965, 95 ff.; *Willer,* Die inländische Anerkennung des im Ausland eröffneten Konkurses einer ausländischen Gesellschaft (München, Univ., Jurist. Fak., Diss. 1972), 1972.

Vor §§ 335 ff.

11. Teil. Internationales Insolvenzrecht

Übersicht

	RdNr.
A. Einführung	1
B. Geschichte des internationalen Insolvenzrechts	4
I. Geschichtliche Entwicklung bis 1985	4
II. Änderung der Rechtsprechung ab 1985	11
III. Art. 102 EGInsO aF	13
IV. Gesetz zur Neuregelung des internationalen Insolvenzrechts	16
C. Systematik des internationalen Insolvenzrechts	19
I. Abwendung von der Prinzipiendiskussion über Territorialität und Universalität	19
II. Das internationale Insolvenzrecht als Bestandteil des internationalen Privat- und Verfahrensrechtes	23
III. Grundlegendes zur Systematik	25
1. Inländische Insolvenzverfahren	25
2. Inlandswirkungen ausländischer Verfahren	27
3. Inländische Partikularverfahren	28
IV. Internationales Insolvenzverfahrensrecht	30
1. Qualifikation verfahrensrechtlicher und sachrechtlicher Vorschriften	30
2. Lex fori Prinzip	33
3. Die verfahrensrechtliche Anerkennung ausländischer insolvenzrechtlicher Entscheidungen	34
V. Kollisionsnormen des internationalen Insolvenzrechts	36
1. Geltung des Allgemeinen Teils des IPR	36
a) Qualifikationsfragen	37
b) Renvoi	38
c) Ordre public	40
d) Vorrang des Sonderstatuts nach Art. 3 Abs. 3 EGBGB	42
2. Grundfragen der Anknüpfung im internationalen Insolvenzrecht	43
a) Die Auswahl der Anknüpfungspunkte	43
b) Anknüpfungspunkte	49
aa) lex fori concursus	49
bb) lex rei sitae	50
cc) lex contractus	51

	RdNr.
dd) lex fori concursus separati	52
c) Allseitige und einseitige Kollisionsnormen; Exklusivnormen	53
VI. Partikularinsolvenzverfahren	56
1. Funktion	56
2. Ausgestaltungsmöglichkeiten	61
a) Vollverfahren	62
b) Eingeschränkte Verfahren	63
c) Flexible Verfahren	65
d) Ergebnis	68
D. Internationale Übereinkommen	69
I. Bestehende Staatsverträge	70
II. Einigungsbemühungen auf europäischer Ebene	76
III. Sonstige Entwürfe	77
1. Model International Insolvency Cooperation Act (MIICA)	77
2. Die UNCITRAL-Modellbestimmungen	79
E. §§ 335 ff. InsO	83
I. Zeitlicher Anwendungsbereich	83
II. Sachlich-räumlicher Anwendungsbereich	84
1. Vorrang der EuInsVO	84
2. Uneingeschränkte Geltung bei Kreditinstituten, Versicherungsunternehmen, etc.	86
3. Inländische Hauptverfahren	88
a) Internationale Zuständigkeit	89
b) Kollisionsrechtliche Fragen	90
4. Anerkennung ausländischer Hauptverfahren (Zweiter Abschnitt)	92
5. Inländische Partikularverfahren (Dritter Abschnitt)	93
6. Anerkennung ausländischer Partikularverfahren	94
III. Sachlicher Anwendungsbereich (Qualifikationsfragen)	95
1. Qualifikation von Verfahren als Insolvenzverfahren	95
2. Abgrenzung insolvenzrechtlicher Fragen von verwandten Rechtsgebieten	100
a) Gesellschaftsrecht	101
b) Arbeitsrecht	104
c) Erb- und Familienrecht	105
d) Bank- und Versicherungsaufsichtsrecht	106

A. Einführung

In der wirtschaftsrechtlichen Praxis gewinnt das internationale Insolvenzrecht durch die zunehmende Globalisierung der Weltwirtschaft weiter an Bedeutung.[1] Gerade für eine Exportnation wie die Bundesrepublik Deutschland, die einen Großteil ihrer Waren und Dienstleistungen in das Ausland exportiert, ist es von Bedeutung, ob und wie deutsche Unternehmen ihre Rechte in der Insolvenz des ausländischen Geschäftspartners geltend machen können. Gleichermaßen ist es für den inländischen Insolvenzverwalter von Bedeutung, wie er ausländisches Vermögen des Schuldners für das Verfahren verwerten kann.[2] Das internationale Insolvenzrecht beinhaltet alle Rechtsfragen, die sich aus grenzüberschreitenden Sachverhalten in Insolvenzverfahren ergeben. Bezugspunkte zum Ausland oder zu ausländischen Rechtsordnungen können sich durch die Verfahrensbeteiligten (z. B. ausländische Gläubiger), den Lageort des Schuldnervermögens (der Insolvenzschuldner hat Vermögen im Ausland) oder dadurch ergeben, dass die Rechtsverhältnisse zwischen einem Gläubiger und dem Insolvenzschuldner einer ausländischen Rechtsordnung unterstehen. Die aus einer solchen Situation resultierenden Fragestellungen können, je nachdem ob sie sich im Rahmen eines inländischen oder ausländischen Insolvenzverfahrens (und dessen Wirkungen im Inland) ergeben, unterschiedlich sein.

Die Antworten zu diesen internationalen Sachverhalten finden sich in zwei Rechtsquellen: Zum einen in der Europäische Verordnung über Insolvenzverfahren (**EuInsVO**), die als Verordnung der EU in Deutschland unmittelbar gilt und – soweit deren Anwendungsbereich eröffnet ist – das deutsche autonome Insolvenzrecht verdrängt.[3] Regelungstechnisch zur EuInsVO gehören Art. 102 §§ 1 bis 11 EGInsO, die die sich aus der Verordnung ergebenden Folgen für das deutsche Recht umsetzen.[4]

Findet die EuInsVO keine Anwendung, so ist das deutsche autonome Internationale Insolvenzrecht anwendbar, mithin die nunmehr in **§§ 335 ff.** kodifizierten Vorschriften, die durch das Gesetz zur Neuregelung des Internationalen Insolvenzrechts eingefügt wurden, und die die zuvor geltende fragmentarische Regelung des Art. 102 EGInsO aF ersetzt haben.[5] Der Anwendungsbereich des deutschen autonomen Rechts ist jedoch durch den Vorrang der EuInsVO (mit immerhin 26 Europäischen Mitgliedsstaaten – alle Mitgliedsstaaten der EU außer Dänemark) stark eingeschränkt. Im räumlichen Anwendungsbereich der Verordnung hat das autonome Recht für inländische Insolvenzverfahren daher allenfalls noch Bedeutung für Insolvenzverfahren über die von dem Anwendungsbereich der EuInsVO ausgenommenen Kreditinstitute, Versicherungsunternehmen, Wertpapierfirmen oder Organismen für gemeinsame Anlagen.[6] Abgesehen von diesen Ausnahme hat das autonome Recht – spiegelbildlich – nur noch Bedeutung, wenn ein Insolvenzverfahren außerhalb des räumlichen Anwendungsbereiches der EuInsVO durchgeführt wird.[7] Der sachlich-räumli-

---

[1] So beschäftigt sich mittlerweile auch der IWF mit Fragen des internationalen Insolvenzrechts, vgl. Paulus IPRax 1999, 148 ff.; die Weltbank hat die Global Insolvency Law Database (GILD) eingerichtet, die z. B. Principles & Guidelines for Effective Insolvency and Creditor Rights Systems entwickelt hat und Konferenzen und Foren anbietet (gl. http://web.worldbank.org/WBSITEXTERNAL/TOPICS/LAWANDJUSTICE/GILD/0,,pagePK:181022~theSitePK:215006,00.html.

[2] So betrug der Wert der Ausfuhr im Jahre 2006 EUR 1389 Milliarden, der Wert der Einfuhr Euro 1360 Milliarden; die deutschen Nettokapitalanlagen im Ausland betrugen 2006 EUR 436 Milliarden, die der ausländischen Nettokapitalanlagen im Inland EUR 289 Milliarden. Deutsche Unternehmen – ohne die Kreditinstitute – hatten im Jahr 2006 Forderungen an das Ausland in Höhe von EUR 449 Milliarden, wovon alleine EUR 308 Milliarden auf Länder der Europäischen Union entfielen, vgl. Monatsbericht der Deutschen Bundesbank, Heft August 2007, Kap. XI Außenwirtschaft, S. 68 ff.

[3] Vgl. die Kommentierung der Verordnung unten unter „EuInsVO".

[4] Vgl. die Kommentierung der Vorschriften unten unter Art. 102 EGInsO.

[5] Gesetz zur Neuregelung des Internationalen Insolvenzrechts vom 14. 3. 2003 (BGBl. 2003 I 345).

[6] Vgl. im Einzelnen unten RdNr. 86 f.

[7] Vgl. im Einzelnen unten RdNr. 92 ff.

che Anwendungsbereich ist jedoch für jede einzelne Norm durchaus unterschiedlich, so dass die Frage in jedem Einzelfall zu prüfen ist.

B. Geschichte des internationalen Insolvenzrechts

I. Geschichtliche Entwicklung bis 1985

4   Das Verständnis des heutigen Internationalen Privatrechts beruht auf den Ausführungen *Savignys* im 8. Band seines „System des heutigen römischen Rechts".[8] Beeinflusst von dem *comitas* Gedanken vertrat er die für das heutige IPR noch immer prägende Auffassung, dass das Recht zur Anwendung kommen müsse, zu dem der Sachverhalt die stärkste Beziehung habe. Diesen Ausgangspunkt nahm *Savigny* auch als Grundlage für seine Ausführungen zum internationalen Insolvenzrecht, die – gerade im historischen Rückblick – noch immer lesenswert sind. Er führte aus, dass der Konkurs, der einen Ausgleich unter mehreren Gläubigern bezwecke, nur am Wohnsitz des Schuldners möglich sei. Mehrfache Konkurse in verschiedenen Ländern seien nicht zulässig, da es für persönliche Klagen kein allgemeines *forum rei sitae* gebe. Bei der Bildung der Konkursmasse und dem Verkauf auswärtiger Vermögensstücke müssten sich die unabhängigen Staaten gegenseitig Rechtshilfe leisten. Für Obligationen entscheide ausschließlich das am Ort des Konkursgerichts geltende Recht. Lediglich für ausländisches Vermögen, an dem ein Pfandrecht bestehe, bestimme sich die Rangfolge der Gläubiger nach der *lex rei sitae*, dem Recht des Belegenheitsortes. Für diese Vermögensgegenstände seien Spezialmassen zu bilden. Indem dieses vor demselben Richter geschehe, werde gewiss die Einheit der zusammentreffenden Ansprüche sicherer erreicht, als es durch die Einleitung mehrerer Konkurse in verschiedenen Gerichten geschehen könne.[9] *Savigny* ging demnach von der grundsätzlichen Anerkennung ausländischer Insolvenzverfahren sowie von der grundsätzlichen Anwendung des Rechts des Verfahrensstaates aus – eine Auffassung, der sich Literatur, Rechtsprechung und Gesetzgeber zwischenzeitlich wieder angenähert haben.

5   Die Diskussion über grenzüberschreitende Insolvenzverfahren wurde in Deutschland seit dem 19. Jahrhundert[10] jedoch nicht von kollisionsrechtlichen Überlegungen im Sinne von Savigny geprägt, sondern von einem Theorienstreit über **Universalität** und **Territorialität** der Insolvenz. Das Prinzip der Territorialität besagt, dass die Wirkungen eines Insolvenzverfahrens auf das Staatsgebiet des Insolvenzgerichts beschränkt sind. Ein im Ausland eröffnetes Verfahren konnte daher im Inland weder prozessuale noch materiellrechtliche Wirkungen entfalten mit der Folge, dass Gläubiger trotz der im ausländischen Insolvenzrecht angeordneten Vollstreckungssperre weiterhin in das inländische Vermögen des Schuldners vollstrecken konnten. Als Grund wurde jeweils angeführt, dass Hoheitsakte eines Staates nicht über den Machtbereich der tätig werdenden Staatsgewalt hinaus wirkten. Darüber hinaus seien die inländischen Gläubiger vor Nachteilen des ausländischen Insolvenzverfahrens zu schützen.[11] Das sog. Universalitätsprinzip dagegen ging davon aus, dass sich die Wirkungen eines Insolvenzverfahrens auch auf das Ausland erstreckten, wobei teilweise die Konsequenz gezogen wurde, dass demnach auch

---

[8] Vgl. zur Bedeutung Savignys im IPR *Kegel/Schurig*, IPR, S. 183 ff.; *von Hoffmann/Thorn*, IPR, § 2 RdNr. 29 ff.; MünchKommBGB-*Sonnenberger*, Bd. 10, Einl. IPR RdNr. 13.
[9] Vgl. Savigny, Band 8, S. 282–292.
[10] Ein geschichtlicher Überblick findet sich bei *Trunk*, Internationales Insolvenzrecht, S. 34 ff.; *Nadelmann* U. Pa. L. Rev. 96 (1947/48) 186 ff.; *Meili*, Lehrbuch des internationalen Konkursrecht, S. 27 ff.; *Hanisch*, Festschrift für Merz, S. 159 ff.; weitere Nachweise zur Rechtsgeschichte auch bei *Müller-Freienfels*, Festschrift für Dölle, Bd. 2, S. 359 ff.
[11] Vgl. die Ausführungen bei *Kohler*, S. 603 ff., 623 ff.; *Mentzel/Kuhn*, KO, 8. Aufl., § 237 RdNr. 1; umfassende Darstellung des Meinungsstandes bei *Pielorz*, Auslandskonkurs und Disposition über das Inlandsvermögen, S. 19 ff. mit umfassenden Nachweisen; aus der Rspr. vgl. nur OGH 1, 390; BGHZ 25, 143; BGHZ 31, 171.

international nur ein Insolvenzverfahren über das Vermögen eines Schuldners zulässig sei.[12]

Die vor Einführung der Konkursordnung geltenden landesrechtlichen Konkursgesetze **6** sahen weitgehend vor, dass die Wirkungen von Konkursverfahren territorial beschränkt waren.[13] Auch der **Gesetzgeber der Konkursordnung** hat die sich aus den internationalen Sachverhalten ergebenden Fragestellungen erörtert. So enthalten die Gesetzgebungsmaterialien zur KO die Aussage, dass das in einem Staate eröffnete Verfahren seine Wirkungen auch auf andere Staaten erstrecke, und dass die Frage, unter welchen materiellen und verfahrensrechtlichen Voraussetzungen das Verfahren zu beendigen sei, sich nach dem Recht des Konkursgerichts bestimme.[14] Demnach sollte ein Konkursverfahren auch in anderen Ländern Wirkungen entfalten.

Die sodann 1877 verabschiedete **Konkursordnung** enthielt jedoch keine umfassende **7** Regelung internationalrechtlicher Fragen, sondern – im Wesentlichen – lediglich zwei Vorschriften, die sich mit Einzelfragen des internationalen Insolvenzrechts befassten. Zum einen § 237 KO, wonach die Zwangsvollstreckung in das inländische Vermögen eines ausländischen Gemeinschuldners zulässig sein sollte; zum anderen § 238 KO, wonach bei einem Gemeinschuldner mit Sitz im Ausland unter bestimmten Voraussetzungen über dessen inländisches Vermögen ein eigenes inländisches Konkursverfahren durchgeführt werden konnte.

In seinen ersten Entscheidungen schien das **Reichsgericht** über die Intention des Gesetz- **8** gebers und die Anwendung der beiden Vorschriften noch unschlüssig. Zunächst führte es aus, dass die Konkursordnung nicht auf dem strengen Grundsatz der Territorialität stehe, und damit der ausländische Konkurs auch in Deutschland wirksam sei, soweit nicht zum Schutz inländischer Gläubiger Ausnahmen zu machen seien.[15] In einer grundlegenden Entscheidung von 1902 vertrat das Reichsgericht – entgegen den anerkennungsfreundlichen Ausführungen in den Motiven zur Konkursordnung – die Auffassung, dass die Konkursordnung das Territorialitätsprinzip verfolge, was mit der Zulässigkeit einer inländischen Zwangsvollstreckung nach § 237 KO begründet wurde.[16] Es gab daher der Klage eines Gläubigers auf Zahlung gegen eine ausländische Gemeinschuldnerin statt, obwohl der Gläubiger in dem ausländischen Konkursverfahren für einen Zwangsvergleich gestimmt hatte, der eine Kürzung dieser Forderung vorsah, und der Gläubiger die auf ihn entfallende Quote auch bereits erhalten hatte. Auf der Grundlage des Territorialitätsprinzips lehnte daher die Rechtsprechung des Reichsgerichts und – ihm folgend – auch die Rechtsprechung des **Bundesgerichtshofes** in der Folgezeit jegliche Inlandswirkungen ausländischer Konkursverfahren ab.[17] Diese Grundsätze übertrug die Rechtsprechung auch auf die In-

---

[12] Der Begriff Universalitätsprinzip ist ungenau und mehrdeutig, vgl. auch *Jaeger/Jahr* §§ 237/238 RdNr. 42 ff. mwN; *Schmidt,* System des deutschen internationalen Konkursrechtes, S. 50 ff.
[13] ROGH 3, 64 ff.; ROHG 15, 8 ff.; sowie RGZ 21, 7, 10 f. und RGZ 24, 383, 388 jeweils noch zu den vor Einführung der KO geltenden Landesgesetzen.
[14] Vgl. Motive zu dem Entwurf einer KO, S. 456 ff.; *Hahn,* Materialien, S. 402 ff. und 687 ff.; vgl. hierzu auch *Nadelmann* SJIR 1974, 57 ff.
[15] So noch in RGZ 6, 400 ff. und RGZ 16, 61 ff.; restriktiver allerdings in RGZ 14, 405 ff.; anerkennungsfreundlich auch LG Hamburg BöhmsZ 5, 180 zur Anfechtung; OLG Dresden NiemeyersZ 12, 451 und KG Berlin Seufferts' Archiv 65, 426 zur Anerkennung der Verfügungs- und Verwaltungsbefugnis des ausländischen Insolvenzverwalters; OLG Hamburg NiemeyersZ 18, 144 zur Anerkennung eines schweizerischen Konkursverlustscheins.
[16] Siehe RGZ 52, 155 ff., in der sich das Gericht auf zwei frühere Entscheidungen des Reichsgerichts berief, die jedoch vor der Konkursordnung geltende landesrechtliche Konkursgesetze betrafen, und zwar das in Rheinhessen geltende Fallimentengesetz (RGZ 21, 7, 10 f.) und die preußische Konkursordnung (RGZ 24, 383, 388), und insoweit ein sich keinen Anhaltspunkt dafür bieten konnten, wie die internationalrechtlichen Fragen auf Grundlage der Konkursordnung zu lösen waren.
[17] Keine Geltung der Zwangsvollstreckungssperre des ausländischen Verfahrens für das inländische Vermögen vgl. RGZ 114, 82 ff.; übernommen durch BGH NJW 1960, 774.
Keine Verfügungs- und Prozessführungsbefugnis des ausländischen Insolvenzverwalters, vgl. RGZ 14, 405 ff.; fortgeführt durch BGH NJW 1960, 774 ff.; BGH IPRspr. 1961 Nr. 157; BPatG IPRspr. 1983 Nr. 208.

landswirkungen ausländischer Vergleichs- und sonstiger liquidationsabwendender Insolvenzverfahren.[18]

9 Der Theorienstreit um Territorialität und Universalität beherrschte auch die Diskussion in der **Literatur,** wobei die ganz herrschende Meinung sich dem Territorialitätsprinzip anschloss.[19] In den sechziger Jahren kam durch einen Aufsatz von *Müller-Freienfels* über den Auslandskonkurs und seine Inlandsfolgen[20] und die Kommentierung der §§ 237f. KO von *Jahr*[21] Bewegung in die eingefahrene Prinzipiendiskussion. *Müller-Freienfels* stellte den Ausgangspunkt des Territorialitätsprinzips, dass nämlich die Konkurseröffnung als Staatshoheitsakt nicht in der Lage sei, über den Machtbereich des Eröffnungsstaates hinauszugehen, grundsätzlich in Frage. Das Konkursverfahren diene der Verwirklichung der Gerechtigkeit zwischen einzelnen. Es gehöre daher in die Sphäre des Privatrechts und könne daher auch anerkannt werden.[22] In seiner Argumentation stützte sich Müller-Freienfels auf Grundsätze des internationalen Privatrechts. Auch das internationale Konkursrecht müsse von der Gleichrangigkeit der in Betracht kommenden nationalen Rechtsordnungen ausgehen. Das IPR habe grundsätzlich von der Einheit des Vermögens und der *par conditio creditorum* auszugehen. Er verwies insoweit auf die Grundregel des IPR, dass das Recht angewandt werden müsse, zu welchem der Tatbestand nach seinen Anknüpfungsmomenten die engste Beziehung aufweise.[23]

10 Der Ansatzpunkt, dass es sich auch im internationalen Insolvenzrecht um kollisionsrechtliche Fragestellungen handelt und eine Anerkennung nach dem Territorialitätsgrundsatz nicht ausgeschlossen sei, wurde auch von Jahr maßgeblich vertreten.[24] Er fand in der Folgezeit mehr und mehr Verbreitung in der Literatur,[25] so dass die Rechtsprechung mit ihrer Auffassung, ausländischen Insolvenzverfahren grundsätzlich Inlandswirkung zu versagen, Ende der siebziger Jahre alleine dastand.[26]

II. Änderung der Rechtsprechung ab 1985

11 Eine **Wende der Rechtsprechung** deutete sich bereits in der Entscheidung des BGH von 1982 an.[27] Ein inländischer Gläubiger hatte dort in das ausländische Vermögen trotz des im Inland anhängigen Insolvenzverfahrens vollstreckt. Der Bundesgerichtshof entschied, dass

---

Keine Unterbrechung inländischer Verfahren nach § 240 ZPO wegen der Eröffnung eines Insolvenzverfahrens über das Vermögen einer ausländischen Prozesspartei, vgl. BGH NJW 1962, 1511 ff.; BFH IPRspr. 1977 Nr. 192. Keine Herausgebepflicht des trotz inländischen Insolvenzverfahrens im Ausland erlangten Vermögens, BayObLG LZ 1908, 550; RGZ 54, 193. RGZ 100, 241 zur Anerkennung der vollstreckungsbeschränkenden Wirkungen eines schweiz. Konkursverlustscheines.

[18] Vgl. BGHZ 32, 332, 336; keine Anerkennung des ausländischen Vergleiches, vgl. schon OLG Köln BöhmsZ 4, 369; OLG Colmar LZ 1908, 475; Großbad. OLG, Bad. Rechtspraxis 1912, 128. Zur Anwendung dieser Grundsätze auf die VerglO ausführlich *Reinhart,* Sanierungsverfahren, S. 68 ff.

[19] Vgl. die umfassenden Nachweise bei *Pielorz,* Auslandskonkurs und Disposition über das Inlandsvermögen, S. 19 ff. oder *Müller-Freienfels,* Festschrift für Dölle, S. 359 ff. sowie die ältere Kommentarliteratur wie *Mentzel/Kuhn,* KO bis zur 8. Auflage, oder *Jaeger,* KO bis zur 7. Auflage oder *Bley,* VerglO bis zur dritten Auflage.

[20] *Müller-Freienfels,* Festschrift für Dölle, Bd. 2, S. 359 ff.

[21] *Jaeger,* KO, 8. Aufl. §§ 237, 238 KO; die Kommentierung wurde in einigen Teilen vorbereitet durch eine Dissertation von *Schmidt,* System des deutschen internationalen Konkursrechtes.

[22] Vgl. ebd. S. 363 ff.

[23] Vgl. die Ausführungen ebd. S. 382 ff.

[24] *Jaeger/Jahr,* KO, 8. Aufl. §§ 237, 238 RdNr. 34, 38 ff.

[25] Vgl. *Schmidt,* System des deutschen internationalen Konkursrechtes, S. 12 ff.; siehe auch die Änderung der Kommentierung zu Vorauflage in *Jaeger/Jahr,* KO, 8. Aufl., §§ 237/238 RdNr. 5 ff., 38 ff.; *Thieme,* RabelsZ 1973, 682 ff.

[26] Siehe nur die andere Kommentarliteratur *Mentzel/Kuhn/Uhlenbruck,* KO, 9. Aufl., § 237 RdNr. 1 ff.; *Böhle-Stamschräder/Kilger,* KO, 14. Aufl., Anm. 1 ff.; *Hess/Kropshofer,* KO, 2. Aufl., § 237 RdNr. 5 f.; sowie *Hanisch* KTS 1978, 193 ff.; *ders.* Festschrift für 100 Jahre KO, S. 139 ff.; *ders.* SJIR 1980, 109 ff.; *Luer* KTS 1978, 377 ff.; *Großfeld* ZIP 1981, 925 ff.; *Pielorz,* Auslandskonkurs und Disposition über das Inlandsvermögen, S. 114 ff.; *ders.* ZIP 1980, 239 ff.; *Nadelmann* KTS 1979, 221 ff.

[27] BGHZ 88, 147 = ZIP 1983, 961 = NJW 1983, 2147.

der vollstreckende Gläubiger die so erlangten Vermögenswerte des Gemeinschuldners wegen ungerechtfertigter Bereicherung an den Konkursverwalter herausgeben müsse, und lehnte damit bereits das bisher von ihm vertretene Territorialitätsprinzip ab. In einer weiteren Entscheidung vom 11. 7. 1985 gab der BGH sodann seine ständige Rechtsprechung zum internationalen Insolvenzrecht auf.[28] Er entschied, dass ausländische Verfahren anzuerkennen seien, wenn es sich um ein Konkursverfahren handele, die eröffnende Stelle international zuständig sei und die Anerkennung der Konkurseröffnung nicht den inländischen *ordre public* verletze. Darüber hinaus entscheide auch das ausländische Konkursrecht über die Zulässigkeit der Aufrechnung im Konkurs. Diese anerkennungs- oder besser gesagt kooperationsfreundliche Haltung baute die Rechtsprechung in der Folgezeit aus und übertrug diese auch auf andere Fallkonstellationen.[29]

Bei der Überarbeitung des Insolvenzrechts der neuen Bundesländer übernahm die Volkskammer die neue Rechtsprechung für die **Gesamtvollstreckungsordnung,** beließ es jedoch bei einer fragmentarischen Regelung. § 22 GesO schrieb lediglich vor, dass in den neuen Bundesländern ein ausländisches Insolvenzverfahren anerkannt wird, wenn das ausländische Verfahrensgericht international zuständig ist und die Anerkennung nicht gegen den *ordre public* verstößt. Eine Einschränkung der Anerkennung des ausländischen Verfahrens, wie sie § 237 KO vorschrieb, enthielt die GesO dagegen nicht mehr. Andererseits erweiterte die GesO die Zulässigkeit inländischer Partikularverfahren. Während nach § 238 KO ein inländisches Partikularverfahren nur dann zulässig war, wenn sich im Inland eine Niederlassung oder ein von dem Schuldner bewirtschaftetes Grundstück befand, bedurfte es für die Zulässigkeit eines inländischen Partikularverfahrens nach § 22 II, III GesO nur inländischen Vermögens, ohne dass es nach dem Wortlaut der Vorschrift auf einen bes. qualifizierten Inlandskontakt, wie eine Niederlassung des Schuldners, ankam.[30]

III. Art. 102 EGInsO aF

Im Verlauf der **Insolvenzrechtsreform** wurden die internationalrechtlichen Vorschriften mehrmals erheblich verändert. Die im Rahmen der Insolvenzrechtsreform in Art. 102

---

[28] BGHZ 95, 256. = ZIP 1985, 944 = NJW 1985, 2897 = WM 1985, 1004.
[29] – Zur Zulässigkeit der Inlandsvollstreckung: OLG Karlsruhe BGH NJW-RR 1987, 1407; LG Köln KTS 1989, 723; restriktiv allerdings LG Frankfurt NJW 1990, 650; OLG Düsseldorf IPRspr. 1990 Nr. 254; OLG Frankfurt ZIP 1993, 1319; OLG München IPRax 1996, 399.
– Zur Anerkennung ausländischer Vergleiche, Zwangsvergleiche oder sonstiger Forderungserlasse: LG Aachen NJW-RR 1987, 502; OLG Saarbrücken ZIP 1989, 1145; OLG Stuttgart IPRax 1990, 233; OLG Köln IPRax 1993, 326; BGH WM 1993, 1389; BGH ZIP 1997, 39.
– Zur Konkursanfechtung: BGH WM 1990, 326; BGH ZIP 1990, 1014; BGH ZIP 1992, 781; BGH ZIP 1997, 150.
– Zur Pflicht des Gemeinschuldners, dem Konkursverwalter Verfügungsvollmacht für im Ausland belegene Gegenstände zu erteilen: OLG Köln NJW-RR 1986, 934; OLG Koblenz ZIP 1993, 844; OLG Koblenz NJW-RR 1994, 175.
– Zur Leistung eines Gläubigers an den Gemeinschuldner trotz ausländischer Verfahrenseröffnung: LG München WM 1987, 222;
– Zur automatischen Unterbrechung des Verfahrens nach § 240 ZPO: BGH NJW-RR 1988, 477 (ablehnend); OLG Karlsruhe NJW-RR 1991, 295; OLG Karlsruhe ZIP 1992, 940; LG Aachen IPRspr. 1993 Nr. 203; LG München NJW-RR 1994, 1150; LG Düsseldorf ZIP 1994, 1616; OLG München ZIP 1996, 385; nunmehr BGH ZIP 1997, 1242.
– Zur Eintragung eines Konkursvermerkes im Grundbuch: OLG Zweibrücken NJW 1990, 648; LG Waldshut-Tiengen BlSchK 1993, 79;
– Zu den Rechten des ausländischen Insolvenzverwalters: LG Krefeld ZIP 1992, 1407; LG Hamburg RIW 1993, 147; BGH WM 1994, 958; OLG Frankfurt IPRspr. 1994 Nr. 201;
– Zu Konkursvorrechten: LAG Düsseldorf IPRspr. 1991, Nr. 238; LAG Düsseldorf RIW 1992, 402; bestätigt durch BAG ZIP 1992, 1158.
[30] Allerdings wurde in der Literatur hierzu vorgeschlagen, dass man das Rechtsschutzbedürfnis für die Bejahung eines inländischen Partikularverfahrens nur dann bejahen solle, wenn der Wert des inländischen Vermögens in einem angemessenen Verhältnis zu den Verfahrenskosten stünden, vgl. *Smid/Zeuner*, GesO, § 22 RdNr. 23; *Lübchen/Landfermann* ZIP 1990, 829, 838; *Gottwald/Arnold*, Nachtrag GesamtvollstreckungsO, XI A RdNr. 19.

EGInsO eingefügte Vorschrift stellte nur noch ein Fragment der Normen dar, die in den Vorentwürfen zum internationalen Insolvenzrecht vorgesehen waren. Die vom Bundesjustizministerium 1978 eingesetzte Kommission für Insolvenzrecht ließ das internationale Insolvenzrecht zunächst unberücksichtigt, da sowohl die europäische Gemeinschaft als auch der Europarat an internationalen Abkommen über das internationale Insolvenzrecht arbeiteten und man deren Ergebnisse zunächst abwarten wollte.[31] Dementsprechend enthielt weder der 1988 veröffentlichte, vom Bundesjustizministerium ausgearbeitete Diskussionsentwurf noch der daraufhin überarbeitete Referentenentwurf von 1989 Vorschriften über das internationale Insolvenzrecht.

14 Unabhängig von diesen Entwürfen erarbeitete jedoch das Bundesjustizministerium Anfang 1989 einen so genannten **„Vorentwurf von Vorschriften zur Neuordnung des internationalen Insolvenzrecht"**, welcher mit insg. 34 (!) Vorschriften eine ausführliche Regelung des internationalen Insolvenzrecht vorsah.[32] Dieser Vorentwurf wurde noch im Jahre 1989 von einer Sonderkommission des Deutschen Rates für Internationales Privatrecht beraten und teilweise neu gefasst.[33] Auf Grundlage dieser Beratungen veröffentlichte 1989 das Bundesjustizministerium sodann einen **Referentenentwurf**,[34] der unverändert Eingang in die §§ 379 ff. des 1992 dem Bundestag vorgelegten **Gesetzesentwurf der Bundesregierung** gefunden hat.[35] Der insg. 21 Vorschriften umfassende Gesetzgebungsentwurf sah detaillierte Vorschriften für das internationale Insolvenzrecht vor. Der Entwurf enthielt Regeln für die Anerkennung des ausländischen Eröffnungsbeschlusses und weiterer im Verfahren ergehender Entscheidungen (§ 384) sowie für die Vollstreckbarkeit dieser Entscheidungen im Inland (§ 392). Daneben enthielt der Entwurf mehrere Kollisionsnormen zur Bestimmung des anwendbaren Rechts (§§ 379 bis 382, 390). Hinsichtlich der Anerkennung ausländischer Verfahren regelte der Entwurf darüber hinaus viele praktische Fragen wie die Bekanntmachung des ausländischen Verfahrens im Inland und sonstige Vorschriften für den Schutz des inländischen Rechtsverkehrs (§§ 385 bis 391). Und schließlich enthielt der Entwurf auch noch umfassende Regelungen über die Durchführung von Partikularverfahren und deren Verhältnis zum ausländischen Hauptverfahren (§§ 393 bis 399).

15 Wegen der gleichzeitigen Fortschritte an einem Insolvenzübereinkommen der EU-Staaten in den neunziger Jahren (vgl. dazu noch unten Vor Art. 1 EuInsVO RdNr. 3 ff.) empfahl der Rechtsausschuss des Deutschen Bundestages jedoch wieder die Streichung dieser umfangreichen Vorschriften.[36] Ausgangspunkt der Überlegungen des Rechtsausschusses war, dass die Arbeiten für das EU-Insolvenzübereinkommen bald abgeschlossen würden und diese Vorschriften dann auch für das autonome Recht übernommen werden sollten.[37] Die umfangreichen Vorschriften zum internationalen Insolvenzrecht wurden daher durch eine einzige Vorschrift ersetzt,[38] welche dann in **Art. 102 EGInsO** eingefügt wurde.

IV. Gesetz zur Neuregelung des Internationalen Insolvenzrechts

16 Nachdem am 29. 5. 2000 die Verordnung (EG) Nr. 1346/2000 des Rates über Insolvenzverfahren (EuInsVO) verabschiedet worden war, die am 31. 5. 2002 in Kraft trat,[39] stand die Überarbeitung des deutschen autonomen internationalen Insolvenzrechts folgerichtig wie-

---

[31] Vgl. Zweiter Bericht der Kommission, S. 14 f.
[32] Der Vorentwurf ist abgedruckt in: *Stoll* (Hrsg.), Stellungnahmen und Gutachten, S. 14 ff.
[33] Die einzelnen Gutachten der Kommissionsmitglieder sind abgedruckt in *Stoll*, ebd. S. 51 ff., 156 ff.
[34] Sog. „Referentenentwurf eines Einführungsgesetzes zum Gesetz zur Reform des Insolvenzrechts" der ebenfalls die internationalrechtlichen Vorschriften enthielt, abgedruckt in ZIP 1990, 1298 ff. und Bundesanzeiger 1990, Beilage 195 a.
[35] Vgl. BT-Drucks. 12/2443.
[36] Vgl. BT-Drucks. 12/7303 S. 117 f.
[37] Vgl. BT-Drucks. 12/7303 ebd.
[38] Vgl. Art. 106a in der Empfehlung des Rechtsausschusses, BT-Drucks. 12/7303 S. 100, 117 ff. und Art. 102 des Bundesratsentwurfes BR 337/94.
[39] Vgl. die Kommentierung der Verordnung unten unter EuInsVO.

der auf der Tagesordnung des deutschen Gesetzgebers, zumal die EU zwischenzeitlich zwei Richtlinien über Insolvenz von Kreditinstituten und Versicherungsunternehmen verabschiedet hatte, deren internationalrechtlichen Vorschriften im deutschen Recht umzusetzen waren.[40] Im Herbst 2002 legte der Gesetzgeber einen **Gesetzentwurf zur Neuregelung des Internationalen Insolvenzrechts** vor.[41] Dieser sah vor, ergänzende Ausführungsbestimmungen zur EuInsVO über die Zuständigkeit und die Veröffentlichung und Bekanntmachung von ausländischen Insolvenzbeschlüssen in Art. 102 EGInsO einzufügen (Art. 1 des Gesetzesentwurfs). Darüber hinaus sollte die fragmentarische Regelung des internationalen Insolvenzrechts in Art. 102 EGInsO wieder ersetzt werden durch eine ausführliche, 24 Paragraphen umfassende Regelung, die als Elfter Teil neu in die Insolvenzordnung eingefügt werden sollten (Art. 2 des Gesetzentwurfs). Diese Neuregelung des autonomen Rechts entsprach weitgehend dem damaligen Regierungsentwurf von 1992 (vgl. oben RdNr. 14), berücksichtigte andererseits aber die notwendig gewordene Umsetzung der kollisionsrechtlichen Vorschriften der Richtlinie 2001/24/EG über die Sanierung und Liquidation von Kreditinstituten sowie 2001/17/EG über die Sanierung und Liquidation von Versicherungsunternehmen.

Von einer kompletten Übernahme der Vorschriften der EuInsVO, die der Gesetzgeber in **17** den neunziger Jahren noch beabsichtigt hatte,[42] sah der Gesetzgeber jedoch ab, weil die Vorschriften der Verordnung dem nur bedingt gerecht werden würden.[43] Die EuInsVO sei von dem Vertrauen in die Rechtsstaatlichkeit und Funktionsfähigkeit der Justiz in den anderen Mitgliedsstaaten getragen. Gegenüber Drittstaaten müsse im Einzelfall geprüft werden, ob ein vergleichbares Vertrauen gerechtfertigt sei. Diese Einwände sind jedoch nur gegenüber bestimmten Regelungskomplexen der EuInsVO angebracht. Diese Einwände gelten insbesondere für die automatische Anerkennung und Vollstreckung insolvenzrechtlicher Entscheidungen, die innerhalb der Mitgliedsstaaten – ähnlich wie bei der EuGVVO – schon auf Grund der vereinheitlichten internationalen Zuständigkeit sowie der einheitlichen Auslegung der Verordnung durch den Europäischen Gerichtshof gerechtfertigt ist. Gleiches gilt für die Fragen der Kooperation der in den Mitgliedsstaaten parallel durchgeführten Haupt- und Sekundärverfahren (Kapitel III EuInsVO). Denn diese Vorschriften setzen voraus, dass der Verwalter des jeweils anderen Verfahrens den spiegelbildlich korrespondierenden Kooperationspflichten unterliegt. Solche untereinander abgestimmte Regelung fehlen jedoch gerade im Verhältnis zu Drittstaaten. In Bezug auf die kollisionsrechtlichen Vorschriften gelten die vorgenannten Einwände und Differenzierungen gegenüber der EuInsVO jedoch gerade nicht. Denn anders als im Rahmen der Anerkennung und Vollstreckung ausländischer Entscheidungen geht es im Rahmen des Kollisionsrechts nicht um das Vertrauen in die Rechtsstaatlichkeit anderer Staaten, sondern um die für den Sachverhalt sachgerechte Anknüpfung. Die Frage, an welche Sachverhaltspunkte kollisionsrechtlich sinnvoller Weise anzuknüpfen ist, ist jedoch unabhängig davon, mit welche Staat (Mitgliedsstaaten oder Drittstaaten) die internationalen Bezugspunkte bestehen. Darüber hinaus ist die Umsetzung der beiden Richtlinien zur Insolvenz über Kreditinstitute oder Versicherungsunternehmen nur eingeschränkt geglückt.

Mit der Neuregelung des deutschen internationalen Insolvenzrechts ist jedoch die ohne- **18** hin komplexe Materie nunmehr einer umfassenden und weitgehenden Kodifikation zugeführt worden.[44] Es wird nunmehr der Rechtsprechung und Literatur vorbehalten bleiben,

---

[40] Vgl. Richtlinie 2001/24/EG vom 4. 4. 2001 (ABl. L 125, 15) und Richtlinie 2001/17/EG vom 19. 3. 2001 (ABl. L 110, 28).
[41] BR-Drucks. 715/02 vom 6. 9. 2002 sowie BT-Drucks. 15/16 vom 25. 10. 2002.
[42] Vgl. BT-Drucks. 12/7303, S. 117, wo vorgeschlagen wurde, die Vorschriften des (damaligen) Übereinkommens (EuÜI) unverändert auch im Verhältnis zu Nicht-Vertragsstaaten zu übernehmen.
[43] BT-Drucks. 15/16 S. 13; ebenso bereits *Leipold*, Festschrift für Henckel, S. 533, 535 f.; ähnlich *Lüer*, Kölner Schrift, S. 1218.
[44] Einführend zur Neuregelung vgl. *Liersch*, NZI 2003, 302; *Paulus*, DStR 2005, 334; *Wehdeking*, DZWIR 2003, 133.

verbleibende Regelungslücken oder Unklarheiten, eventuell auch mit einem Rückgriff auf die EuInsVO, einer Klärung zuzuführen.

C. Systematik des internationalen Insolvenzrechts

I. Abwendung von der Prinzipiendiskussion über Territorialität und Universalität

19   Die Fragestellungen des internationalen Insolvenzrechts sind bis heute unter den Begriffen des **Territorialitäts- und Universalitätsprinzips** diskutiert worden. Die Begriffe werden auch heute noch vielfach der Diskussion über die Prinzipien des internationalen Insolvenzrechts zugrunde gelegt.[45] Die Begriffe sind jedoch weder klar definiert, noch geben diese Prinzipien Argumentations- oder Begründungshilfen, wie internationalrechtliche Fragen der Insolvenz zu lösen sind.

20   Schon der Begriff der **Territorialität** wird unterschiedlich verstanden. Das Prinzip der Territorialität wird einerseits dahingehend verwendet, dass Rechtswirkungen eines Insolvenzverfahrens nicht über das Staatsgebiet des Verfahrensstaates hinaus anzuerkennen seien.[46] Andererseits wird ausgeführt, Territorialität bedeute, dass im Inland inländisches Recht angewandt und ausländisches Recht ignoriert werde.[47] Territorialität im letztgenannten Sinne würde daher bedeuten, dass die Tatsache der Eröffnung eines Insolvenzverfahrens sehr wohl anerkannt werden könne; lediglich die Rechtswirkungen unterliegen ausnahmslos inländischem Recht. Das ist aber gerade mit der Verwendung des Begriffes der Territorialität im erstgenannten Sinne nicht gemeint, da hier schon die Tatsache der Eröffnung eines ausländischen Insolvenzverfahrens selbst ignoriert wird und daher auch die Normen des inländischen Insolvenzrechts keine Anwendung finden.[48]

21   Das Verständnis dieser „Prinzipien des internationalen Insolvenzrechts" geht noch weiter auseinander, wenn man nach der Bedeutung des Begriffes **Universalität** sucht.[49] Zum einen wird darunter verstanden, dass auch ein ausländisches Insolvenzverfahren im Inland Rechtswirkungen entfalten könne, zum anderen, dass alle Wirkungen eines Insolvenzverfahrens einem einzigen Recht unterstehen müssten, nämlich dem des Verfahrensstaates; und schließlich – noch weitergehender –, dass nach dem Universalitätsprinzip nur die Eröffnung eines einzigen Insolvenzverfahrens zulässig sei, und somit die Eröffnung eines inländischen Partikularverfahren über das Vermögen des Schuldners nicht möglich wäre.[50] Bei diesen unterschiedlichen Betrachtungsweisen werden die Fragen
- ob das ausländische Insolvenzverfahren Rechtswirkungen im Inland entfalten kann,
- welchem Recht diese bejahenden falls unterstehen und
- ob trotzdem über das inländische Vermögen ein Partikularverfahren eröffnet werden kann,

miteinander vermengt und unterschiedlich beantwortet.

---

[45] Auch der Gesetzesentwurf der Bundesregierung argumentierte bisweilen mit diesen Prinzipien, vgl. BT-Drucks. 12/2443 S. 235, 237; vgl. auch *Mohrbutter/Ringstmeier/Wenner* § 20 RdNr. 29; *Reithmann/Martiny/Hausmann*, IVR, RdNr. 2506; *Häsemeyer*, RdNr. 35.05 ff.; *Kübler/Prütting/Kemper*, Vor §§ 335–358 RdNr. 7; *Gottwald/Gottwald*, Insolvenzrechts-Handbuch, § 128 RdNr. 5 ff.; *Braun/Liersch*, Vor §§ 335–358 RdNr. 3; *Andres/Leithaus/Dahl*, Vor §§ 335–358 RdNr. 2 f.; *Hess* InsO, vor §§ 335–358 RdNr. 3 ff.; *HK-Stephan*, Vor §§ 335 ff. RdNr. 6 ff.; vgl. zur Diskussion im anglo-amerikanischen Rechtskreis auf Grundlage dieser Begriffe auch *Felsenfeld*, Kap. 1.25.

[46] Vgl. *Gottwald/Gottwald*, Insolvenzrechts-Handbuch, § 128 RdNr. 5; *Kübler/Prütting/Kemper*, Vor §§ 335–358 RdNr. 7; HK-*Stephan*, vor §§ 335 ff. RdNr. 6; FK-*Wimmer*, vor §§ 335 ff. RdNr. 24; aus der früheren Kommentarliteratur vgl. *Jaeger/Jahr* §§ 237, 238 RdNr. 5, 29 ff.; *Kuhn/Uhlenbruck* §§ 237, 238 RdNr. 5; vgl. auch BGHZ 25, 143; 31, 171.

[47] So beispielsweise *Mohrbutter/Wenner*, 7. Aufl., Kap. XXIII RdNr. 20.

[48] So die früher hL und ständige Rechtsprechung bis 1985, vgl. die Nachweise in BGH NJW 1985, 2897 und die Ausführungen zur geschichtlichen Entwicklung, oben RdNr. 4 ff.

[49] Vgl. *Jaeger/Jahr* §§ 237, 238 RdNr. 45 ff.

[50] So *Jaeger*, KO, 6./7. Aufl., § 237 Anm. 1; *Mentzel/Kuhn*, KO, 7. Aufl., § 237 Anm. 1; enger mittlerweile *Braun/Liersch*, Vor §§ 335–358 RdNr. 7; *Hess* InsO, Vor §§ 335–358 RdNr. 6; HK-*Stephan*, Vor §§ 335 ff. RdNr. 7; FK-*Wimmer*, Vor §§ 335 ff. RdNr. 23.

Abgesehen von dem Fehlen einer allgemeinverbindlichen Definition, sind darüber hinaus 22
diese immer wieder zitierten Prinzipien der Universalität und Territorialität der Terminologie und Methodik des internationalen Privat- und Verfahrensrecht unbekannt und tauchen – abgesehen von Ausführungen zum internationalen Insolvenzrecht – an keiner Stelle der gängigen Lehrbücher und Kommentierungen zum IPR auf. Allenfalls zur Kennzeichnung bestimmter Denkschulen des 19. Jahrhunderts werden die Begriffe erwähnt.[51] Kennzeichnend ist insoweit auch, dass mit beiden Begriffen weder Methodik noch Arbeitsweise zur Lösung internationalrechtlicher Fragen beschrieben werden, sondern lediglich das Ergebnis dieser Fragen beschreibend festgehalten wird (Anerkennung, Anwendung inländischen oder ausländischen Rechts, Einheit des Insolvenzverfahrens). Auch die Rechtsprechung hat sich seit ihrer Wendeentscheidung von 1985 (vgl. oben RdNr. 11 f.) nicht mehr mit einer Diskussion beider Prinzipien beschäftigt, sondern auf Grundlage der Terminologie und Denkweise des internationalen Privat- und Verfahrensrechtes die internationalrechtlichen Probleme von Insolvenzverfahren diskutiert.[52] Es ist daher nur konsequent, beide Begriffe bei der Erörterung konkreter internationalrechtlicher Fragen der Insolvenz „über Bord zu werfen",[53] und sich in der Terminologie und Methodik ausschließlich an das zu halten, was das internationale Privat- und Verfahrensrecht zur Verfügung stellt.

II. Das internationale Insolvenzrecht als Bestandteil des internationalen Privat- und Verfahrensrechtes

In Rechtsprechung und Literatur ist mittlerweile unbestritten, dass das internationale 23
Insolvenzrecht Bestandteil des internationalen Zivilverfahrensrechts und des Internationalen Privatrechts ist.[54] Erst mit der Abwendung von der Prinzipiendiskussion über Territorialität und Universalität wurde der Weg frei, die wissenschaftliche Diskussion über Fragen des internationalen Insolvenzrechts mit den dogmatischen Instrumentarien des Internationalen Zivilverfahrens- und Privatrechts zu führen. So finden sich in der wissenschaftlichen Diskussion erst seit Anfang der siebziger Jahre die bekannten Begriffe wie Kollisionsnormen, Insolvenzstatut, Sonderanknüpfung etc.[55]

Dabei verbindet das internationale Insolvenzrecht wie kein anderes Rechtsgebiet kollisionsrechtliche Fragestellungen des internationalen Privatrechts mit international-verfahrensrechtlichen Fragestellungen. Das **internationale Verfahrensrecht** behandelt die aus der Internationalität eines Sachverhaltes sich ergebenden verfahrensrechtlichen Fragen, im Wesentlichen die Fragen der internationalen Zuständigkeit inländischer Gerichte sowie die Frage der Anerkennung und Vollstreckung der im Ausland ergangenen Entscheidungen. Das **internationale Privatrecht** regelt hingegen mittels einer Vielzahl von Kollisionsnormen die Frage, welches Recht auf das in Frage stehende Rechtsverhältnis anzuwenden ist. Beide 24

---

[51] So bei *Kropholler*, IPR S. 14; *Keller/Siehr*, Allg. Lehren des IPR S. 9; *von Hoffmann/Thorn*, IPR, § 2 RdNr. 2, 8; im Zusammenhang mit öffentlichen Recht vgl. MünchKommBGB-*Sonnenberger*, Einl. IPR RdNr. 420 ff.

[52] Vgl. BGH NJW 1997, 524; BGH RIW 1995, 242; BAG RIW 1994, 160; BGH WM 1993, 1389.

[53] Diese Prinzipiendiskussion im internationalen Insolvenzrecht ist bereits seit längerem in der Lehre kritisiert worden, vgl. nur *Nadelmann* Creditor's Equality, 98 U. Pa. Law. Rev. 41 (1949/50), S. 41, 51; *Müller-Freienfels*, Festschrift für Dölle, S. 359, 367 f.; von Prinzipienwirrwarr spricht auch *Hanisch* ZIP 1994, 1. Die Terminologie hält sich aber weiterhin in den meisten Kommentaren und Lehrbüchern, vgl. nur FK-*Wimmer*, Vor §§ 335 ff. RdNr. 23 ff.; *Hess* InsO, Vor §§ 335–358 RdNr. 3 ff.; *Kübler/Prütting/Kemper*, vor §§ 335–358 RdNr. 7; HK-*Stephan*, vor §§ 335 ff. RdNr. 6 ff.; *Mohrbutter/Ringstmeier/Wenner* § 20 RdNr. 29; *Häsemeyer*, RdNr. 35.05 ff.

[54] *Andres/Leithaus/Dahl*, vor § 335 RdNr. 5; *Geimer*, IZPR, RdNr. 3363 ff.; *Gottwald/Gottwald* § 128 RdNr. 12 ff.; FK-*Wimmer*, vor §§ 335 ff. RdNr. 5; *Mohrbutter/Ringstmeier/Wenner* § 20 RdNr. 5; die Rechtsprechung hat daher seit 1985 das Internationale Insolvenzrecht aus Grundsätzen des Internationalen Zivil- und Verfahrensrechts fortentwickelt. Rechtsvergleichend gilt dies jedoch insb. für den anglo-amerikanischen Rechtsraum nicht. So wird dort insb. die Auffassung vertreten, die Kollisionsregeln des Internationalen Privatrechts seien für das internationale Insolvenzrecht untauglich, vgl. z. B. *Felsenfeld*, Kap. 1–114 ff.

[55] So vor allem zuerst in der Kommentierung bei *Jaeger/Jahr* §§ 237, 238 und der Abhandlung von *Schmidt*, System des deutschen internationalen Konkursrechtes.

Rechtsgebiete sind im internationalen Insolvenzrecht schon deswegen verzahnt, weil die Insolvenz eines Schuldners organisatorisch im Rahmen eines alle Gläubiger gleichermaßen betreffenden „Gesamtverfahrens" abgewickelt wird, andererseits die einzelnen Rechtsbeziehungen des Gemeinschuldners zu den einzelnen Gläubigern eine Änderung, Umgestaltung oder sonstige Einwirkung erfahren, die dann wiederum in einem ausgeklammerten Einzelstreitverfahren zu klären sind.[56] Der enge Zusammenhang zwischen Sach- und Verfahrensrecht im Insolvenzrecht führt zu besonderen Abgrenzungsschwierigkeiten bei der Frage, ob die Rechtsfrage dem internationalem Privat- oder dem internationalem Verfahrensrecht zuzuordnen ist (vgl. hierzu unten RdNr. 30 ff.).

III. Grundlegendes zur Systematik

25 **1. Inländische Insolvenzverfahren.** Ein im Inland eröffnetes Insolvenzverfahren wird nach inländischem Insolvenzverfahrensrecht, der *lex fori,* durchgeführt.[57] Nach welchem Sachrecht die einzelnen Rechtsverhältnisse zwischen Schuldner und Gläubiger abgewickelt werden, bestimmt sich nach den Kollisionsnormen des deutschen internationalen Insolvenzrechts. § 335 sieht eine Regelanknüpfung an das Recht des Verfahrensstaats vor (sog. Insolvenzstatut oder *lex fori concursus*). Die §§ 336 bis 342 regeln die Fälle der von der Regelanknüpfung abweichenden Sonderanknüpfung, die den Interessen des Rechtsverkehrs besser Rechnung tragen sollen, als die Regelanknüpfung an das Insolvenzstatut.

26 Das deutsche Insolvenzverfahren erfasst auch das ausländische Vermögen des Schuldners, das der Verwalter zur Insolvenzmasse zu ziehen hat. Das ergibt sich bereits aus § 35, der keine räumliche Beschränkung der Insolvenzmasse auf das im Inland belegene Vermögen vorsieht.[58] Die Durchsetzung dieser Ansprüche im Ausland hängt jedoch zunächst davon ab, ob die Gerichte des Anerkennungstaates das deutsche Insolvenzverfahren anerkennen (vgl. zu den Einzelheiten § 35 RdNr. 36 ff.). Erkennt das Anerkennungsgericht den Eröffnungsbeschluss des deutschen Gerichts an, so stellt sich so dann die Frage, nach welchem Recht sich die Wirkungen des Eröffnungsbeschlusses richten, nämlich ob insoweit ebenfalls deutsches Recht, das Recht des Anerkennungsstaates oder etwa auch das Recht eines Drittstaates heranzuziehen ist. Hier greifen die Gerichte des Anerkennungstaates wiederum auf ihr eigenes Kollisionsrecht zurück.

27 **2. Inlandswirkungen ausländischer Verfahren.** Geht es um die Inlandswirkungen ausländischer Verfahren, so sind regelmäßig zwei Fragen zu prüfen: zuerst muss der **Eröffnungsbeschluss** des ausländischen Gerichts im Inland **anerkannt** werden können, was eine Frage der verfahrensrechtlichen Anerkennung des Eröffnungsbeschlusses ist. Die Voraussetzungen dieser Anerkennung sind in § 343 in Ahnlehnung an die Anerkennung ausländischer Urteile nach § 328 ZPO geregelt. Ist dies mangels Vorliegen der Anerkennungsvoraussetzungen nicht möglich, so untersteht der Schuldner aus inländischer Sicht keinen insolvenzrechtlichen Beschränkungen. Das ausländische Insolvenzrecht kann insoweit keine Wirkungen entfalten. Kann der ausländische Eröffnungsbeschluss dagegen anerkannt werden, so ist als zweite Frage zu prüfen, welches Recht auf die jeweilige insolvenzrechtliche Frage anzuwenden ist. Denn Inhalt des Eröffnungsbeschlusses ist lediglich die Feststellung der Insolvenz. Inhalt des anerkennungsfähigen Eröffnungsbeschlusses sind aber nicht die weiteren rechtlichen Folgen, die sich aus der Verfahrenseröffnung ergeben.[59]

---

[56] Siehe *Häsemeyer,* RdNr. 3.06 f., 2.10; *Baur/Stürner,* Insolvenzrecht, RdNr. 1.11 f.

[57] Das entspricht dem allgemeinen Grundsatz des internationalen Zivil- und Verfahrensrechtes, vgl. *v. Bar/Mankowski,* IPR, Bd. I, § 5 RdNr. 75; *Kegel/Schurig,* IPR, S. 1055 f.; *Schack,* IZVR, RdNr. 40; *Nagel/Gottwald,* IZPR, § 1 RdNr. 41; *MünchKommBGB-Sonnenberger,* Bd. 10, Einl. IPR RdNr. 442.

[58] Vgl. *MünchKommInsO-Lwowski/Peters,* Bd. 1, § 35 RdNr. 36; *Kübler/Prütting/Holzer* § 35 RdNr. 20; *Braun/Bäuerle* § 35 RdNr. 4; *Nerlich/Römermann/Andres* § 35 RdNr. 12; *HK-Eickmann* § 35 RdNr. 2.

[59] Vgl. auch BGH NJW 1997, 524, 526; *Reinhart,* Sanierungsverfahren, S. 127 ff.; *Reinhart* ZIP 1997, 1734, 1737; *Homann,* System der Anerkennung, S. 19 ff.; *Mohrbutter/Ringstmeier/Wenner* § 20 RdNr. 162; vgl. auch unten § 343 RdNr. 9 f.

Diese treten nach Eröffnung des Verfahrens kraft Gesetzes ein und sind daher nicht Gegenstand der Anerkennung. Nach welchem Recht sich die gesetzlich eintretenden Wirkungen richten, ist daher erst noch kollisionsrechtlich zu ermitteln. Da Kollisionsnormen vorzugsweise „allseitig" auszugestalten sind (vgl. dazu noch unten RdNr. 53 ff.), sind für die Bestimmung des anwendbaren Rechts bei Inlands- als auch bei Auslandsverfahren im Wesentlichen dieselben Kollisionsnormen heranzuziehen. Da die Regelanknüpfung bis auf einzelne Ausnahmen auf das Recht des Verfahrensstaates verweist, richten sich die Wirkungen der Verfahrenseröffnung vornehmlich nach dem ausländischen Recht des Verfahrensstaates.

3. Inländische Partikularverfahren. Es gehört zu den − wohl kaum änderbaren − **28** Grundproblemen des internationalen Insolvenzrechts, dass ausländischen Insolvenzverfahren mit vielfach vom Inland abweichenden Regelungen Misstrauen entgegengebracht wird und daher Wege gesucht werden, um hinsichtlich des inländischen Vermögens eine Verwertung und Verteilung nach inländischem Recht sicherzustellen. Dazu dient die Durchführung von Partikular- bzw. Sekundärverfahren, die sich auf das inländische Vermögen beschränken. Ein solches Verfahren ist nach § 354 und § 356 ausdrücklich zugelassen. Ähnlich wie die EuInsVO differenziert das deutsche autonome internationale Insolvenzrecht zwischen einem Partikularverfahren (falls am Ort der internationalen Zuständigkeit noch kein Insolvenzverfahren eröffnet wurde oder das eröffnete Hauptverfahren nicht anerkennt werden kann) und einem Sekundärverfahren, wenn am Ort der internationalen Zuständigkeit bereits ein anzuerkennendes Verfahren eröffnet wurde. § 356 stellt klar, dass die Anerkennung des Hauptverfahren der Eröffnung eines Sekundärverfahrens nicht entgegen steht. Die Verwertung des Vermögens wird dann nach deutschem Insolvenzrecht durchgeführt und das ausländische Insolvenzrecht insoweit „zurückgedrängt". Denn die Eröffnung des inländischen Partikular- bzw. Sekundärverfahrens führt zum einen verfahrensrechtlich zu einem eigenständigen, nach deutschem Verfahrensrecht ablaufenden Insolvenzverfahren, zum anderen zu einer neuen kollisionsrechtlichen Anknüpfung, da als Generalnorm nun nicht mehr an das Recht des Hauptverfahrens, sondern an das (inländische) Recht des Partikular- bzw. Sekundärverfahrens, der sog. *lex fori concursus separati*, anzuknüpfen ist.

Die Durchführung eines Partikularverfahrens ist insoweit systemfremd, weil zum einen **29** hierdurch mehrere gesonderte Haftungsmassen des Schuldners geschaffen werden und weil die Eröffnung kollisionsrechtlich zu einer anderen Anknüpfung führt und insoweit die ursprüngliche Verweisungsnorm auf das Recht des Hauptverfahrens in Frage stellt. Daher stellt sich für die Partikularverfahren stets die rechtspolitisch umstrittene Frage, unter welchen Voraussetzungen die Eröffnung eines solchen Partikularverfahrens zulässig ist (vgl. unten RdNr. 56 ff.). § 354 lässt die Durchführung eines Partikularverfahrens nicht nur bei Vorliegen einer inländischen Niederlassung zu, sondern − weitergehend als die EuInsVO − bereits bei Vorliegen inländischen Vermögens, soweit in diesem Fall der antragstellende Gläubiger ein berechtigtes Interesse an der Eröffnung eines Partikularverfahrens glaubhaft machen kann.

IV. Internationales Insolvenzverfahrensrecht

1. Qualifikation verfahrensrechtlicher und sachrechtlicher Vorschriften. Aus- **30** gangspunkt bei der Beurteilung international insolvenzrechtlicher Fragestellungen ist zunächst, ob die zu klärende Rechtsfrage verfahrensrechtlicher oder materiellrechtlicher Natur ist. Ist die Rechtsfrage verfahrensrechtlicher Natur, so ist − wie noch auszuführen sein wird − grundsätzlich die *lex fori* anwendbar, während bei sachrechtlichen Fragen mittels der Kollisionsnormen erst noch zu ermitteln ist, welches Recht Anwendung finden soll. Die Abgrenzung ist daher von erheblicher Bedeutung.

Die Klärung, ob eine Rechtsfrage verfahrensrechtlicher oder sachrechtlicher Natur ist, ist **31** ebenso wie im internationalen Zivilverfahrensrecht auf Grundlage der *lex fori* zu ermitteln.⁶⁰ Danach ist unter Zugrundelegung des deutschen Rechts zu prüfen, ob die in Betracht kommende Norm tatsächlich als verfahrensrechtlich oder als sachrechtlich einzuordnen ist. Dabei kommt es nicht darauf an, ob die Norm sich in einem verfahrensrechtlichen oder materiellrechtlichen Gesetz oder Teil eines Gesetzes findet, oder ob die in Frage stehende Norm seinem Wortlaut nach verfahrensrechtlich oder materiellrechtlich konstruiert ist. Entscheidend ist eine funktionale Analyse der in Betracht kommenden Norm, dh. die Ermittlung des Regelungszweckes.⁶¹ Grundsätzlich gilt, dass eine Vorschrift, die eher den Ablauf des Verfahrens regelt *(„ad ordinem litis")*, verfahrensrechtlicher Natur ist, während eine Vorschrift, die Einfluss auf die zu fällende Entscheidung hat *(„ad decisionem")*, materiellrechtlicher Natur ist.⁶²

32 Abgrenzungsschwierigkeiten sind im Insolvenzrecht nicht zu vermeiden. Eine klare Zuordnung ist hier schon deswegen schwierig, weil materiellrechtliche Ordnungsziele wegen des vollstreckungsrechtlichen Charakters des Insolvenzrechts vielfach auch mit verfahrensrechtlichen Mitteln erreicht werden. Der Gesetzgeber hat in der Insolvenzordnung auch die in der Konkursordnung noch enthaltene Unterscheidung zwischen „Konkursrecht" (Erstes Buch) und „Konkursverfahren" (Zweites Buch) aufgegeben und die Insolvenzordnung weitgehend nach dem Ablauf des Verfahrens gegliedert.⁶³ Die Schwierigkeit dieser Frage wird deutlich im Rahmen der Zulässigkeit von Vollstreckungshandlungen. So handelt es sich bei den Vorschriften §§ 88, 89 InsO um Vorschriften, die die Zulässigkeit und Wirksamkeit von Vollstreckungshandlungen regeln und daher auf den ersten Blick verfahrensrechtlichen Charakter aufweisen. Würde man diese Vorschriften als verfahrensrechtlich qualifizieren, so müsste, wenn ein Gläubiger trotz eines ausländischen Verfahrens in inländisches Vermögen des Gemeinschuldners vollstreckt, stets deutsches Recht als *lex fori* angewandt werden. Das kann praktisch insbesondere dann zu unterschiedlichen Ergebnissen führen, wenn das ausländische Insolvenzrecht eine andere als in § 88 InsO vorgesehene Rückschlagssperre vorsieht. Andererseits liegt die Funktion dieser Vorschriften weniger darin, das Vollstreckungsverfahren selbst zu regeln, als vielmehr materiellrechtlich die Haftungsmasse zu bestimmen und vor weiteren Eingriffen zu schützen. Insofern wird man diese Vorschriften nicht als verfahrensrechtlich, sondern als materiellrechtliche Normen qualifizieren müssen mit der Konsequenz, dass das anwendbare Recht erst noch kollisionsrechtlich zu ermitteln ist.⁶⁴

33 **2. *Lex fori* Prinzip.** Ist die Rechtsfrage als verfahrensrechtlich zu qualifizieren, so gilt das im internationalen Zivilverfahrensrecht anerkannte Prinzip der *lex fori*,⁶⁵ wonach deutsche Gerichte hinsichtlich der Verfahrens ausschließlich die inländischen Vorschriften anwenden. Ein vor einem deutschen Gericht durchgeführtes Insolvenzverfahren richtet sich daher in verfahrensrechtlicher Hinsicht alleine nach den Vorschriften der InsO bzw. über § 4 InsO nach der ZPO.⁶⁶

34 **3. Die verfahrensrechtliche Anerkennung ausländischer insolvenzrechtlicher Entscheidungen.** Die Anerkennung ausländischer insolvenzrechtlicher Entscheidungen

---

⁶⁰ *Zöller/Geimer,* ZPO, IZPR RdNr. 2; *Wieczorek/Schütze/Schütze,* ZPO, Einl. RdNr. 141; *Schütze,* DIZPR, RdNr. 58; *Schack,* IZVR, RdNr. 47; *MünchKommBGB-Sonnenberger,* Bd. 10, Einl. IPR. RdNr. 408.
⁶¹ Vgl. *Geimer,* IZPR, RdNr. 53 ff., 313; *Riezler,* IZPR, S. 105; *Linke,* RdNr. 51; *MünchKommBGB-Sonnenberger,* Bd. 10, Einl. IPR RdNr. 514 f.; *Nagel/Gottwald,* IZPR, § 1 RdNr. 43.
⁶² Vgl. *Niederländer* RabelsZ 20 (1955), 1 ff. (19, 43); *von Hoffmann/Thorn,* IPR, § 3 RdNr. 9.
⁶³ Zur Unmöglichkeit der strikten Trennung zwischen materiellem und formellen Insolvenzrecht auch *Häsemeyer,* RdNr. 3.01 f.
⁶⁴ Diese Betrachtung hat den BGH offensichtlich auch bewogen, einen inländischen Gläubiger, der im Ausland nach den dortigen Verfahrensregeln ordnungsgemäße Zwangsvollstreckung durchgeführt hatte, zu verurteilen, das in der Zwangsvollstreckung Erlangte an den inländischen Konkursverwalter herauszugeben, vgl. BGHZ 88, 147 ff.; vgl. hierzu auch noch unten § 342 RdNr. 8 ff.
⁶⁵ Vgl. zum *lex fori* Prinzip *Geimer,* IZPR, RdNr. 319 ff.; *von Hoffmann/Thorn,* IPR, § 3 RdNr. 5 ff.; *Schack,* IZVR, RdNr. 40; FK-*Wimmer,* Vor §§ 335 ff. RdNr. 8.
⁶⁶ Vgl. nur BGH NJW 1985, 552, 553.

folgt den allgemeinen Regeln des internationalen Verfahrensrechts, die zu den §§ 328 ZPO, 16a FGG von Rechtsprechung und Literatur entwickelt wurden und nunmehr in § 343 kodifiziert sind.[67]

Gegenstand der verfahrensrechtlichen Anerkennung im internationalen Insolvenzrecht ist nicht das ausländische Verfahren, sondern **die in dem Verfahren ergehenden Entscheidungen,** wie dies generell bei der verfahrensrechtlichen Anerkennung der Fall ist (vgl. § 328 ZPO, § 16a FGG). Richtigerweise trennt § 343 daher zwischen der Eröffnungsentscheidung, Sicherungsmaßnahmen und sonstigen Entscheidungen, die zur Durchführung oder Beendigung des anerkannten Insolvenzverfahrens ergehen. Auch die hM der Literatur geht mittlerweile davon aus, dass es sich bei der Anerkennung um eine verfahrensrechtliche Anerkennung handele mit der Konsequenz, dass sich die Wirkung der Anerkennung – ebenso wie bei § 328 ZPO[68] – nach dem Recht des Entscheidungsstaates zu richten habe.[69] Dem hat sich zwischenzeitlich auch die Rechtsprechung angeschlossen.[70] Daher gilt auch im internationalen Insolvenzrecht der Grundsatz der **Wirkungserstreckung,** wonach der Entscheidung im Inland dieselben Rechtswirkungen beigelegt wird, die ihr auch in dem Verfahrensstaat, in dem die Entscheidung ergangen ist, zukommt. Diese Wirkungserstreckung gilt für die unserem Prozessrecht bekannten prozessualen Wirkungen von Entscheidungen wie die Rechtskraft-, Präklusions-, Gestaltungs- und Tatbestandswirkungen.[71] 35

V. Kollisionsnormen des internationalen Insolvenzrechts

1. Geltung des Allgemeinen Teils des IPR. Die teilweise in Art. 3 bis 6 EGBGB kodifizierten allgemeinen Grundsätze des IPR gelten grundsätzlich auch im internationalen Insolvenzrecht. Diskutiert wird insoweit lediglich, inwieweit auf Grund der Besonderheiten des internationalen Insolvenzrechts Abweichungen oder Ausnahmen möglich sind.[72] 36

a) Qualifikationsfragen. Ausgangsfrage bei der Beurteilung internationaler Sachverhalte ist zunächst, ob es sich überhaupt um eine *insolvenzrechtliche* Frage handelt, auf die in § 335 kodifizierten Kollisionsnormen anzuwenden sind. Im internationalen Privat- und Verfahrensrecht wird dieser Vorgang als **Qualifikation** bezeichnet. Er beschreibt die Auslegung und den Anwendungsbereich von Kollisionsnormen oder Verfahrensvorschriften des Forums.[73] Qualifikationsfragen tauchen im internationalen Insolvenzrecht in zweifacher Hinsicht auf: 37

– zum einen, wenn es um die Einordnung ausländischer Verfahren als „Insolvenzverfahren" geht;[74]

---

[67] Die Rechtsprechung hat die nunmehr in § 343 enthaltenen Kriterien bereits vor Einführung des § 343 bzw. Art. 102 EGInsO herangezogen, vgl. BGH NJW 1997, 524; BGH NJW 1994, 2549; BGH NJW 1993, 2312; BGH NJW 1985, 2897.
[68] Im deutschen internationalen Verfahrensrecht gilt die Theorie der Wirkungserstreckung, vgl. *Martiny*, in: Hdb. IZVR, Bd. III/1 RdNr. 362 ff.; *Zöller/Geimer*, ZPO, § 328 RdNr. 20; *Geimer*, IZPR, RdNr. 2776 ff.; *Schack*, IZVR, RdNr. 791 ff.; *Stein/Jonas-Roth*, ZPO, § 328 RdNr. 7.
[69] Vgl. *Reinhart*, Sanierungsverfahren, S. 124 ff. mwN; *Gottwald/Gottwald,* Insolvenzrechts-Handbuch § 132 RdNr. 6; *Hess* InsO, Vor §§ 335–358 RdNr. 23; *Trunk* KTS 1987, 415 (430 f.); *Favoccia*, S. 71 ff.; *Spellenberg*, in: *Stoll*, Stellungnahmen und Gutachten S. 193; *Habscheid* KTS 1989, 593 (612 f.); *Lüke* KTS 1986, 1 (17).
[70] Vgl. BGH NJW 1997, 524, 526; hierzu auch *Reinhart* ZIP 1997, 1734, 1737; *Reinhart*, Sanierungsverfahren, S. 127 ff.; *Homann*, System der Anerkennung, S. 19 ff.
[71] Vgl. MünchKommZPO-*Gottwald* § 328 RdNr. 136 ff.; *Geimer* IZPR RdNr. 2799 ff.; *Stein/Jonas/Roth*, ZPO, § 328 RdNr. 13 ff.; *Schack*, IZVR, RdNr. 776 ff.; *Martiny*, in: Hdb. IZVR, Bd. III/1 RdNr. 374 ff.
[72] Vgl. *Hanisch*, Festschrift für Jahr, S. 457 ff.; *Trunk*, Internationales Insolvenzrecht, S. 89 f.
[73] Die Qualifikation gehört im internationalen Privat- und Verfahrensrecht zu den umstrittensten, aber auch theoretischsten Rechtsfragen, deren Unterschiede in der Praxis jedoch keine erhebliche Bedeutung haben, vgl. zur Qualifikation *Kegel/Schurig* IPR, S. 325 ff.; *von Bar/Mankowski* IPR, Bd. I, § 7 RdNr. 138 ff.; *Palandt/Heldrich*, vor Art. 3 EGBGB RdNr. 27; *Soergel/Kegel*, vor Art. 3 EGBGB RdNr. 111; Münch-KommBGB-*Sonnenberger*, Einl. IPR RdNr. 493 ff.
[74] Die EuInsVO hat dieses Problem durch eine Auflistung der als Insolvenzverfahren angesehenen Verfahren in Anhang A und Anhang B gelöst, vgl. Art. 1 RdNr. 2 f. EuInsVO.

– zum anderen, wenn der Sachverhalt Rechtsfragen aufwirft, die sowohl den Bereich des Insolvenzrechts, als auch den Bereich anderer Rechtsgebiete, wie des Gesellschaftsrechts, Arbeitsrechts, Sachenrechts oder Erbrechts etc. berühren. In diesen Fällen muss zunächst im Rahmen der Qualifikation des Rechtsproblems abgegrenzt werden, welche Kollisionsnormen heranzuziehen sind. Diese Fragen sind in Anlehnung an die hM im internationalen Privatrecht auf Grundlage einer autonomen, funktionalen und an den Zwecken der Kollisionsnorm orientierten Auslegung zu beantworten.[75] Die damit verbundenen Probleme unterscheiden sich insoweit nicht von den anderen Qualifikationsfragen im IPR (zu den einzelnen Qualifikationsfragen siehe unten RdNr. 95 ff.).

38 **b) Renvoi.** Art. 4 EGBGB gilt auch im internationalen Insolvenzrecht. Danach sind kollisionsrechtliche Verweisungen grundsätzlich als sog. **Gesamtverweisungen** anzusehen, dh. es wird auf das ausländische Recht inklusive dessen internationalen Privatrechts verwiesen.[76] Eine Sachnormverweisung wird nach deutschem internationalen Privatrecht nur dann angenommen, wenn eine Gesamtnormverweisung dem Sinn der Verweisungsnorm widersprechen würde (Art. 4 Abs. 1 Satz 1 EGBGB) oder wenn es sich um eine Verweisung auf Grund einer Rechtswahl der Parteien handelt (Art. 4 Abs. 2 EGBGB).

39 Da eine Rechtswahl der Parteien auf Grund des zwingenden Charakters der Normen des internationalen Insolvenzrechts ausscheidet, kann eine Sachnormverweisung nur dann angenommen werden, wenn eine Verweisung auf das IPR des anderen Staates dem Sinn der Verweisung widerspräche. Im Allgemeinen kommt die Annahme einer Sachnormverweisung nur in den Fällen einer Alternativanknüpfung oder für Verweisungen auf das Recht der gemeinsamen engsten Verbindung in Betracht, wie z. B. in Art. 14 Abs. 1 Nr. 3 EGBGB.[77] Dies ist im internationalen Insolvenzrecht grundsätzlich jedoch nicht der Fall. Entgegen einer vielfach vertretenen Auffasung in der Literatur,[78] die die Kollisionsnormen des internationalen Insolvenzrechts als Sachnormverweisung qualifiziert, macht es auch im internationalen Insolvenzrecht Sinn, bei einer Verweisung auf das ausländische Recht auch dessen internationales Privatrecht zu beachten. Das ergibt sich bes. deutlich – und wird auch praktisch äußerst relevant – bei den von der Grundnorm der *lex fori concursus* abweichenden Sonderanknüpfungen. Sinn einer kumulativen Verweisung bei der Insolvenzanfechtung ist beispielsweise die Berücksichtigung der ausländischen Verkehrsinteressen. Der BGH hatte daher in seiner Entscheidung BGHZ 118, 151 ff. das Anfechtungsstatut grundsätzlich der *lex fori concursus* unterstellt, und eine weitere Anknüpfung an das ausländische Recht, das auf die Rechtshandlung Anwendung findet, davon abhängig gemacht, dass der Bezug zum Inland ganz überwiegt und ausländische Interessen nicht berührt werden. Hätte aber der Auslandsbezug überwogen, so würde es der Verweisungsnorm auf das ausländische Recht gerade nicht widersprechen, das ausländische internationale Insolvenzrecht danach zu befragen, ob es denn die Anfechtung tatsächlich nach seinem eigenen Recht beurteilt wissen möchte oder sogar nur der *lex fori concursus* unterstellt. Ähnliche Fallkonstellationen lassen sich auch für die Beurteilung von Miet- und Arbeitsverhältnissen vorstellen. Unterstellt das anwendbare ausländische internationale Insolvenzrecht diese Frage nicht ebenfalls seinem eigenen Recht, sondern verweist auf die *lex fori concursus,* so würde eine Sachnormverweisung geradezu dem Sinn der gesonderten Anknüpfung widersprechen, die gerade örtliche Verkehrsinteressen zu schützen beabsichtigt. Auch wenn die Bedeutung des Renvoi rechtspolitisch äußerst umstritten ist, so wird man auch für das internationale Insolvenzrecht von der von dem Gesetzgeber statuierten Grundregel ausgehen müssen, dass eine Gesamtver-

---

[75] Vgl. *Hanisch,* Festschrift für Jahr, S. 459 ff.; BGHZ 29, 137, 139; BGHZ 47, 324, 332.
[76] Vgl. zur Unterscheidung zwischen Sachnorm- und Gesamtverweisung *Kegel/Schurig* IPR, S. 391 ff.; MünchKommBGB-*Sonnenberger,* Art. 4 EGBGB RdNr. 15 ff.; *Staudinger/Hausmann,* Art. 4 EGBGB Rd-Nr. 47 ff.
[77] *Palandt/Heldrich,* Art. 4 EGBGB RdNr. 6 ff.; MünchKommBGB-*Sonnenberger,* Art. 4 EGBGB Rd-Nr. 27, 29; *Kegel/Schurig* IPR, S. 405.
[78] Vgl. *Gottwald/Gottwald,* Insolvenzrechts-Handbuch, § 131 RdNr. 2; bereits *Hanisch,* Festschrift für Jahr S. 455, 467; differenzierend *Trunk,* Internationales Insolvenzrecht, S. 91 f.

weisung die Regel ist und eine Sachnormverweisung nur vorliegt, wenn dies ausdrücklich oder nach der Gestaltung der Kollisionsnorm vorgesehen ist.[79]

c) Ordre public. Der *ordre public* Vorbehalt gilt unstreitig auch im internationalen Insolvenzrecht. Gesetzlich vorgeschrieben ist der *ordre public* Vorbehalt allerdings nur in § 343 für die Anerkennung ausländischer gerichtlicher Entscheidungen. Der *ordre public* Vorbehalt gilt jedoch gleichfalls auch für das insolvenzrechtliche Kollisionsrecht.[80] Denn die *ordre public* Kontrolle bei der Anwendung ausländischen Rechts gehört zu den unumstößlichen Grundsätzen des deutschen Kollisionsrechts. Art. 6 EGBGB gilt daher auch für das internationale Insolvenzrecht entsprechend.[81]

Danach ist eine ausländische Rechtsnorm nicht anzuwenden, wenn „das Ergebnis der Anwendung im Einzelfall zu den Grundgedanken der deutschen Regelung und den in ihnen liegenden Gerechtigkeitsvorstellungen in einem so schwerwiegenden Widerspruch steht, dass seine Anwendung für untragbar angesehen werden muss".[82] Die Rechtsprechung hat diese Formel ausdrücklich bereits auch für das internationale Insolvenzrecht übernommen[83] (Einzelheiten unter § 343 RdNr. 17).

d) Vorrang des Sonderstatuts nach Art. 3 Abs. 3 EGBGB. Entgegen vereinzelter Äußerungen in der Literatur ist Art. 3 Abs. 3 EGBGB weder direkt noch analog anzuwenden.[84] Die Norm regelt, dass das Sonderstatut der ausländischen *lex rei sitae* für bestimmte Bereiche dem inländischen Gesamtstatut vorgehe. Eine direkte Anwendung scheitert schon daran, dass Art. 3 Abs. 3 EGBGB diesen Vorrang des Sonderstatuts vor dem Gesamtstatut nur für die Vorschriften des Dritten und Vierten Abschnitts des EGBGB (Familien- und Erbrecht) vorsieht. Für eine analoge Anwendung ist dagegen schon deswegen kein Raum, weil die Verweisungstechnik des internationalen Insolvenzrechts nicht der des Dritten und Vierten Abschnitts des EGBGB entspricht. Denn diese Vorschriften verweisen auf ein einheitliches Vermögensstatut, ohne Sonderanknüpfungen zuzulassen. Um Regelungswidersprüche zwischen dem kollisionsrechtlich berufenen Vermögensstatut und der nicht berufenen *lex rei sitae* zu vermeiden, wird das Recht des Belegenheitsortes berücksichtigt, wenn das Belegenheitsrecht besondere Vorschriften enthält.[85] Das internationale Insolvenzrecht enthält aber schon Sonderanknüpfungen, und zwar unabhängig von der Frage, wie der Belegenheitsstaat die Rechtsfrage beurteilt. Derartige Sonderanknüpfungen werden von Art. 3 Abs. 3 EGBGB jedoch nicht erfasst.

2. Grundfragen der Anknüpfung im internationalen Insolvenzrecht. a) Die Auswahl der Anknüpfungspunkte. Zur Bestimmung des anwendbaren Rechts arbeiten die Kollisionsnormen des IPR mit sogenannten Anknüpfungspunkten, die auf eine staatliche Rechtsordnung hinweisen, nach der sich das in Frage stehende Rechtsverhältnis richten soll. So wird bei Frage des persönlichen Status (Ehe-, Familien-, Kindschaftsrecht; Geschäftsfähigkeit etc.) vielfach an den Wohnsitz oder Aufenthalt der betreffenden Person angeknüpft (sog. rechtssubjektbezogenen Anknüpfungspunkte), bei Fragen des Schuldrechts an das von den Parteien gewählte Recht (Parteiautonomie) bzw. in Ermangelung dessen an das Recht derjenigen Vertragspartei, die die charakteristische Vertragsleistung erbringt; im Sachenrecht an den Belegenheitsort (rechtsobjektbezogene Anknüpfung, sog.

---

[79] Siehe MünchKommBGB-*Sonnenberger*, Art. 4 EGBGB RdNr. 15; *v. Bar/Mankowski*, IPR, Bd. I, § 7 RdNr. 225; *Kegel/Schurig*, IPR, S. 403; zu den rechtspolitischen Bedenken gegen die Rückverweisung generell, vgl. *Flessner*, Interessenjurisprudenz, S. 129 ff.

[80] BGH NJW 1997, 524 ff.; *Hanisch*, Festschrift für Jahr, S. 459 (472).

[81] Aus den Gesetzgebungsmaterialien wird deutlich, dass der Gesetzgeber den *ordre public* sowohl für das Anerkennungs- als auch das Kollisionsrecht verstand, vgl. zum Regierungsentwurf 1992 BT-Drucks. 12/2443 S. 241.

[82] So die ständige Rechtsprechung vgl. BGHZ 54, 123, 130; BGHZ 56, 181, 191; BGHZ 75, 32; BGHZ 118, 312, 330.

[83] Vgl. BGH NJW 1997, 524, 527; BGH WM 1993, 1389, 1391; BGHZ 95, 256.

[84] Für eine entsprechende Anwendung wohl *Hanisch*, Festschrift für Jahr, S. 465 f.; dagegen *Trunk*, Internationales Insolvenzrecht, S. 90 f.

[85] Siehe MünchKommBGB-*Sonnenberger*, Art. 3 EGBGB RdNr. 18; *Kegel/Schurig* IPR, S. 425 ff.

lex rei sitae) und im Deliktsrecht an den Tatort (handlungsbezogene Anknüpfung, sog. *lex loci delicti*).[86]

44 Nach welchen Kriterien die Anknüpfungspunkte zu wählen sind, ist in der Lehre heftig umstritten.[87] Die von *Kegel* vertretene traditionelle Methode besteht darin, dass das Kollisionsrecht ein vom Sachrecht unabhängiges Rechtsideal internationalprivatrechtlicher Gerechtigkeit verfolgt. Entscheidend ist daher nicht das materiell beste Ergebnis, das sich auf Grund der verschiedenen Sachrechte erzielen ließe, sondern die Anwendung des für den zu regelnden Sachverhalt räumlich gerechtesten Rechts.[88] Dem ist in jüngster Zeit von *Flessner* entgegengehalten worden, dass nicht abstrakte kollisionsrechtliche Interessen für die Normbildung den Ausschlag geben dürften, sondern dass die konkreten menschlichen Interessen der Betroffenen, d. h. die durchaus auf die Anwendung eines bestimmten Rechts hinauslaufenden sachrechtlichen Interessen in den Vordergrund zu stellen seien.[89] Es kann nicht Aufgabe einer Kommentierung zum internationalen Insolvenzrecht sein, zu den verschiedenen Methoden der Normbildung Stellung zu beziehen. Für die Diskussion um die richtigen Kollisionsnormen im internationalen Insolvenzrecht ist es jedoch unerlässlich, sich mit den verschiedenen, im IPR diskutierten Anknüpfungsgesichtspunkten und Rechtsanwendungsinteressen auseinander zu setzen, zumal sich auch die Rechtsprechung in jüngster Zeit bei der Argumentation um die richtige Anknüpfung im internationalen Insolvenzrecht der – wenn auch umstrittenen – Methodik des IPR bedient.[90]

45 Folgende **Interessen** finden bei der Normbildung im IPR und damit auch im internationalen Insolvenzrecht Berücksichtigung: Die sog. **Parteiinteressen** kennzeichnen das Interesse der betroffenen Parteien, nach der Rechtsordnung beurteilt zu werden, mit der sie am engsten verbunden sind. Diese Interessen werden vornehmlich bei den persönlichen Rechtsverhältnissen natürlicher Personen berücksichtigt, beispielsweise bei Familien- und Statussachen. Im Schuldrecht haben Parteiinteressen dagegen nur eine untergeordnete und im Sachenrecht gar keine weitere Bedeutung. Für die kollektive Forderungsdurchsetzung im Rahmen der Insolvenz spielen diese Interessen schon deswegen keine weitere Rolle, da wegen der Vielzahl der involvierten Parteien keine eindeutige Zuordnung auf eine bestimmte Rechtsordnung möglich ist.

46 Eher von Bedeutung sind im internationalen Insolvenzrecht die sog. **Verkehrsinteressen.** Darunter wird das **Interesse des allgemeinen Rechtsverkehrs** an der Anwendung eines bestimmten Rechts verstanden.[91] Diese Interessen spielen vor allem eine Rolle bei Rechtsverhältnissen, die nicht nur die konkret beteiligten Parteien, sondern den Rechtsverkehr insgesamt berühren. Die Verkehrsinteressen weisen im internationalen Insolvenzrecht nicht auf die Anwendung eines einzigen Anknüpfungspunktes. So kommt den Verkehrsinteressen einerseits die Anwendung der *lex fori concursus* entgegen, weil der Sitz des Schuldners in der Praxis meist auch der Hauptanknüpfungspunkt für eine vollstreckungsrechtliche Durchsetzung der Forderungen gegen den Schuldner ist. Andererseits fordern Verkehrsinteressen wiederum auch die Durchbrechung dieses Grundsatzes. Das ist zunächst der Fall, wenn zu entscheiden ist, ob Rechtshandlungen des Schuldners gegenüber Dritten im Ausland, die eventuell von der Verfahrenseröffnung keine Kenntnis haben oder haben können, unwirksam oder angreifbar sein sollen. Verkehrsinteressen sind auch berührt bei sachenrechtlichen Fragestellungen, die im Rahmen der Kreditsicherheiten eine überragende Bedeutung haben. So spricht das Verkehrsinteresse dafür, sachenrechtliche Fragen der

---

[86] Vgl hierzu *von Bar/Mankowski*, IPR, Bd. I, § 7 RdNr. 1 ff.; *Kegel/Schurig*, IPR, S. 435 ff.
[87] Vgl. MünchKommBGB-*Sonnenberger*, Bd. 10, Einl. IPR RdNr. 97 ff.
[88] Vgl. insb. MünchKommBGB-*Sonnenberger*, Bd. 10, Einl. IPR RdNr. 98 ff.; *Staudinger/Sturm/Sturm*, EGBGB, Einl. zum IPR RdNr. 55 ff.; *Kegel/Schurig* IPR, S. 131 ff.; *Kegel*, Festschrift für Lewald, S. 259 ff.; *Neuhaus* § 5 I.
[89] *Flessner*, Interessenjurisprudenz, zusammenfassend auf S. 140 ff.
[90] So beispielsweise in der *Knäckbäck* Entscheidung des BGH NJW 1997, 657 ff., in der auch Geschichtspunkte des Verkehrsschutzes aufgeworfen wurde.
[91] Vgl. *Kegel/Schurig*, IPR, S. 137 ff.

Insolvenz (wie Aus- und Absonderung) der *lex rei sitae,* also dem Belegenheitsort, zu unterstellen, auch wenn damit Vermögensgegenstände des Gemeinschuldners in der Insolvenz unterschiedlich behandelt werden. Der Vorrang eines bestimmten Anknüpfungspunktes lässt sich daher über die Verkehrsinteressen nicht ermitteln.

Auch **Ordnungsinteressen** finden sich im internationalen Insolvenzrecht. Darunter wird **47** verstanden, dass die anzuwendenden Regeln zueinander passen müssen, was bei einer einzigen Rechtsordnung schon bereits vom Gesetzgeber berücksichtigt wird (oder werden sollte), beim Aufeinandertreffen von Rechtsnormen unterschiedlicher Rechtsordnungen aber zu Normhäufungen, Normwidersprüchen oder auch Normmangel führen kann.[92] Die Ordnungsinteressen weisen daher einerseits auf die Anwendung der *lex fori concursus,* weil nur die einheitliche Anwendung eines Rechts auf alle Rechtsverhältnisse des Schuldners den inneren und äußeren Entscheidungseinklang der Insolvenzabwicklung sicherstellt. Andererseits sind beispielsweise die arbeitsrechtlichen Vorschriften in der Insolvenz mit den jeweiligen nationalen sozialversicherungsrechtlichen Ansprüchen, wie beispielsweise das Insolvenzgeld, abgestimmt, so dass hierfür zur Vermeidung von Normwidersprüchen wiederum aber auf das lokale Recht des Arbeitnehmers abzustellen wäre.

Berücksichtigt werden bisweilen auch die sog. **materiellprivatrechtliche Interessen,** **48** dh. Überlegungen, wonach sich unabhängig von dem abstrakt anzuwendenden Recht das sachliche beste Recht durchsetzen soll. Diese Interessen werden jedoch in der Regel über den *ordre public* gewahrt, der die Anwendung ausländischen Rechts oder die Anerkennung ausländischer Entscheidung dann untersagt, wenn das Ergebnis nicht mit den Grundprinzipien des inländischen Rechts in Einklang zu bringen ist. Unter dieser Voraussetzung tritt die internationalprivatrechtliche Gerechtigkeit hinter der materiellprivatrechtlichen Gerechtigkeit zurück. Die materiell-privatrechtlichen Interessen werden auch im internationalen Insolvenzrecht über den *ordre public* Vorbehalt berücksichtigt, der sowohl im Rahmen des internationalen Insolvenzverfahrensrechtes als auch im Rahmen des Kollisionsrechtes, dh. bei der Anwendung ausländischen Rechts, zu prüfen ist. Das internationale Insolvenzrecht geht jedoch bei der Berücksichtigung materiellprivatrechtlicher Interessen noch einen Schritt weiter. Denn letztlich ist die Möglichkeit der Eröffnung eines Partikularverfahrens auch gegeben, selbst wenn der *ordre public* durch das ausländische Insolvenzverfahren nicht verletzt wäre. Das Partikularverfahren dient daher der Durchsetzung lokaler materiellprivatrechtlicher Interessen über den *ordre public* Vorbehalt hinaus, indem durch die generelle Anknüpfung an das Recht des Partikularverfahrens inländisches Recht durchgesetzt wird.

b) Anknüpfungspunkte. aa) *lex fori concursus.* Die grundsätzliche kollisionsrechtliche **49** Anknüpfung im internationalen Insolvenzrecht an die *lex fori concursus,* dh. an das Recht des Verfahrensstaates, ist – auch rechtsvergleichend gesehen[93] – mittlerweile unbestritten.[94] Diese Anknüpfung hat der deutsche Gesetzgeber nunmehr in § 335 übernommen; die Anknüpfung ist ebenfalls in Art. 4 EuInsVO übernommen worden. Sie wurde vor der Neuregelung des deutschen internationalen Insolvenzrechts auch bereits von der deutschen Rechtsprechung als Regelanknüpfung zugrunde gelegt.[95] Unterschiede ergeben sich jedoch jeweils dahingehend, inwieweit von dieser Regelanknüpfung Ausnahmen zuzulassen sind. So gibt es für die Behandlung dinglicher Rechte im Insolvenzverfahren eine Anknüpfung an die *lex rei sitae* (vgl. z. B. §§ 336, 346, 351 und Art. 5, 7, 8, 14 EuInsVO). Für Arbeitsverhältnisse, aber auch Miet- und Pachtverhältnisse wird dagegen eine Anknüpfung an das Vertragsstatut, die sog. *lex fori contractus,* bevorzugt (vgl. z. B. §§ 336, 337 und Art. 8, 10 EuInsVO). Und nicht zuletzt führt auch die Eröffnung eines Partikularinsolvenzverfahrens zu einer gesonder-

---

[92] Zu den Ordnungsinteressen vgl. *Kegel/Schurig,* IPR, S. 139 ff.
[93] Vgl. auch die Länderberichte unten.
[94] *Geimer,* IZPR, RdNr. 3536; *Mohrbutter/Ringstmeier/Wenner* § 20 RdNr. 30 ff.; *Gottwald/Gottwald,* Insolvenzrechts-Handbuch, § 131 RdNr. 1 ff.; *Reithmann/Martiny/Hausmann,* IVR, RdNr. 2605; *Kuhn/Uhlenbruck* §§ 237/238 RdNr. 70 f.
[95] So schon in der grundlegenden Entscheidung BGHZ 95, 265 ff.; BGH ZIP 1997, 39, 42; BGH RIW 1995, 242, 243; BAG RLIW 1994, 160; BGH ZIP 1992, 781, 786.

Vor §§ 335 ff. 50–54 11. Teil. Internationales Insolvenzrecht

ten Anknüpfung, weil nicht an das Recht des Hauptverfahrensstaates, sondern an das Recht des Partikularverfahrensstaates angeknüpft wird (*lex fori concursus separati*, vgl. auch §§ 354, 335 und Art. 28 EuInsVO).

50 **bb) *lex rei sitae*.** Die Anknüpfung an den Belegenheitsort einer Sache *(lex rei sitae)* ist die das Sachenrecht beherrschende Anknüpfung.[96] Sie gilt für Immobiliar- als auch für Mobiliarsachenrechte. Die *lex rei sitae* führt zu verschiedenen Durchbrechungen der Anknüpfung an die *lex fori concursus*. So sehen auch §§ 336, 346 und 351 eine Sonderanknüpfung für sachenrechtliche Fragen vor. Auch die EuInsVO kennt entsprechende von der Anknüpfung an die *lex fori concursus* abweichende Sonderanknüpfungen.[97]

51 **cc) *lex contractus*.** Die *lex contractus* regelt generell das auf Vertragsverhältnisse anwendbare Recht. So werden für bestimmte Vertragtypen, wie z. B. Mietverträge und Arbeitsverhältnisse, Sonderanknüpfungen an die *lex contractus* diskutiert. Auch §§ 337 bis 340 sowie die EuInsVO sehen solche Sonderanknüpfungen vor.[98]

52 **dd) *lex fori concursus separati*.** Die *lex fori concursus separati* kennzeichnet eine weitere allgemeine Sonderanknüpfung des internationalen Insolvenzrechts, die sich jedoch – ähnlich der Grundnormen der *lex fori concursus* – auf eine Vermögensgesamtheit bezieht, und zwar auf das inländische Vermögen des Partikularverfahrens, und so die Grundnorm der *lex fori concursus* des Hauptverfahrens durch die *lex fori concursus* des Partikularverfahrens verdrängt. Auch diese Anknüpfung ist im Grundsatz unstreitig. Sie findet sich als allgemeine Anknüpfung (sowohl für das Haupt- als auch für das Partikularverfahren in § 335 und findet sich ebenso in der EuInsVO.[99]

53 **c) Allseitige und einseitige Kollisionsnormen; Exklusivnormen.** Als allseitige Kollisionsnormen werden diejenigen Normen bezeichnet, die sagen, wann eigenes und wann fremdes Recht anzuwenden ist. Dagegen legen einseitige Kollisionsnormen immer nur den räumlichen Anwendungsbereich des eigenen Rechts fest.[100] Das bis 1986 geltende, im EGBGB kodifizierte internationale Privatrecht enthielt zum Großteil einseitige Kollisionsnormen, die von der Rechtsprechung und Lehre zu allseitigen Kollisionsnormen ausgebaut wurden.[101] Darüber hinaus gibt es noch sog. Exklusivnormen, die als Ausnahmevorschriften von allseitigen Kollisionsnormen den Anwendungsbereich des inländischen Rechts in systemwidriger Weise ausdehnen.[102] Einseitige oder exklusive Kollisionsnormen sind schon deswegen problematisch, weil sie regelmäßig Diskussionen auslösen, wie mit der nicht geregelten Verweisungsseite zu verfahren ist.

54 Einseitige Kollisionsnormen und Exklusivnormen finden sich auch im internationalen Insolvenzrecht, wobei hier offen bleiben kann, ob diese jeweils als einseitige Kollisionsnormen oder als Exklusivnormen zu charakterisieren wären.[103] Allein die Anwendung des deutschen Rechts, nicht aber auch des ausländischen Rechts, regeln die §§ 349, 350, 351 im Hinblick auf Verfügung über inländisches Immobiliarvermögen, Leistungen im Inland an den Schuldner sowie dingliche Rechte des Inlandsvermögens. Eine regelwidrige (und fragliche) Ausdehnung des deutschen Rechts hatte der Gesetzgeber auch für die Insolvenzanfechtung in Art. 102 Abs. 2 EGInsO aF vorgenommen. Danach konnten Rechtshandlungen, für deren Wirkung inländisches Recht maßgeblich ist, von dem ausländischen

---

[96] Vgl. *von Bar/Mankowski*, IPR, Bd. I § 7 RdNr. 42 ff.; *Kegel/Schurig*, IPR, S. 765 ff.; MünchKommBGB-*Wendehorst*, Bd. 10, Art. 43 RdNr. 3 ff.
[97] Art. 5, 7, 8, 11 und 14 EuInsVO.
[98] Art. 6 Abs. 1 EuInsVO für die Aufrechnung, Art. 10 EuInsVO für Arbeitsverträge und Art. 13 EuInsVO für benachteiligende Rechtshandlungen.
[99] Ausdrücklich Art. 28 EuInsVO.
[100] Vgl. MünchKommBGB-*Sonnenberger*, Einl. IPR RdNr. 487 ff.; *Kegel/Schurig*, IPR, S. 301 ff.; *von Bar/Mankowski*, IPR, Bd. I, § 1 RdNr. 17.
[101] Vgl. *Kegel/Schurig*, IPR, S. 204 f.
[102] Vgl. *Kegel/Schurig*, IPR, S. 303 f., *von Hoffmann/Thorn*, IPR, § 4 RdNr. 13.
[103] Die Terminologie ist ohnehin nicht einheitlich, vgl. MünchKommBGB-*Sonnenberger*, ebd. und *Kegel/Schurig*, IPR, S. 301 ff.; *von Bar/Mankowski*, ebd.

Insolvenzverwalter nur dann angefochten werden, wenn die Rechtshandlung auch nach inländischem Recht entweder angefochten werden kann oder aus anderen Gründen keinen Bestand hat. Dagegen kam es – zumindest nach dem Wortlaut der Vorschrift – nicht auf die *lex causae* der Rechtshandlung an, wenn diese ausländischem Recht untersteht. Die Frage der Insolvenzanfechtung hat der Gesetzgeber in § 339 nunmehr durch eine allseitige Kollisionsnorm geregelt. Solche einseitigen oder exklusiven Kollisionsnormen werfen immer zusätzliche Probleme für die Anwendungsfälle auf, die von der einseitigen Verweisung nicht gedeckt sind.

Keine einseitige Kollisionsnorm ist die Anknüpfung an die *lex fori concursus separati*. Zwar 55 wird diese Kollisionsnorm regelmäßig nur in Verbindung mit einem inländischen Partikularverfahren erwähnt. Sie gilt jedoch gleichermaßen, wenn einmal Rechtsfragen aus einem ausländischen Partikularverfahren im Inland relevant werden sollten (vgl. hierzu unten, § 335 RdNr. 1), so dass es sich um eine allseitige Kollisionsnorm handelt.

VI. Partikularinsolvenzverfahren

1. Funktion. Die §§ 354, 356 erlauben – wie zuvor Art. 102 Abs. 3 und § 238 KO – 56 ein gesondertes Insolvenzverfahren über das inländische Vermögen des Schuldners. Damit weicht auch das neue internationale Insolvenzrecht – ebenso wie die meisten anderen Rechtsordnungen – von der Grundregel ab, wonach ein Insolvenzverfahren das gesamte Vermögen eines Schuldners erfasst.[104] Zwar erlaubt die Insolvenzordnung eine Pluralität von Insolvenzmassen oder die Bildung gesonderter Haftungsmassen. Dies ist grundsätzlich jedoch nur dann möglich, wenn das Teilvermögen auch rechtlich verselbständigt ist.[105] Das internationale Insolvenzrecht durchbricht diesen Grundsatz, indem das im Inland belegene Vermögen des Schuldners mit dem Beschluss über die Eröffnung eines inländischen Partikularverfahrens von dem restlichen (ausländischen) Vermögen des Schuldners getrennt wird. Es wird eine **gesonderte inländische Haftungsmasse** gebildet, die von der sonstigen ausländischen Haftungsmasse des Schuldners getrennt verwaltet und – soweit es zu keiner weitgehenden Kooperation der Verfahren kommt – auch getrennt verteilt wird.

Rechtsvergleichend ist zu beobachten, dass fast alle Rechtsordnungen ein paralleles Ver- 57 fahren über das inländische Vermögen des Gemeinschuldners zulassen.[106] Auch die geltenden Staatsverträge sowie bestehende Entwürfe internationaler Abkommen erlauben eine Teilmassenbildung durch die Zulässigkeit von Partikularverfahren über das inländische Vermögen.[107] Zwar gibt es auch Staatsverträge, wie der deutsch-österreichische Konkursvertrag und der EG-Entwurf von 1980, die inländische Partikularverfahren nicht zulassen, so dass es bei einem einzigen Verfahren am Sitz des Schuldners bleibt. Im Ergebnis sehen aber auch diese Abkommen trotz der Singularität des Verfahrens die Bildung gesonderter Haftungsmassen vor. In diesem Verfahren werden nämlich für die jeweils betroffenen Länder Sondermassen über das dortige Vermögen gebildet, die rechtlich und rechnerisch getrennt abgewickelt und verteilt werden, so dass auch hier für jeden Vertragsstaat, in dem sich Vermögen befindet, eine eigene rechnerische Aktiv- und Passivmasse gebildet werden muss, die dann nach dem jeweiligen nationalem Insolvenzrecht verteilt wird.[108]

Eine fundierte rechtspolitischen Begründung für die Zulässigkeit von Partikularverfahren 58 bleibt aber sowohl die Insolvenzordnung, als auch das europäische Insolvenzrechtsübereinkommen schuldig. So hat sich auch die Sonderkommission des Deutschen Rates für interna-

---

[104] Zu den nach der Insolvenzordnung zulässigen Sondervermögen vgl. §§ 11 II, 315 ff.; 332, 333 ff. InsO; zur Rechtslage nach der KO vgl. *Kuhn/Uhlenbruck* § 1 RdNr. 7 f.; *Jäger/Henckel* § 1 RdNr. 49.
[105] Nachweise bei *Kuhn/Uhlenbruck* § 1 RdNr. 8.
[106] Vgl. die Länderberichte unten; siehe auch *Reinhart*, S. 87 ff., 121 f.; *Fletcher*, Cross Border Insolvency, S. 269, 288 f.; *Felsenfeld* on International Insolvency, ch. 4.
[107] Das gilt nicht nur für die EuInsVO, vgl. Art. 3 Abs. 2 und Art. 27 EuInsVO, sondern auch für das Istanbuler Abkommen.
[108] Vgl. Art. 43 des Entwurfes eines EG-Konkursübereinkommens 1980; Art. 1, 18, 19 des Deutsch-österreichischen Konkursvertrages.

tionales Privatrecht, die den Vorentwurf des BMJ 1989 beriet, überhaupt nicht zu der Frage geäußert, sondern gleich zu Anfang der Beratungen grundsätzliches Einverständnis über die Zulässigkeit inländischer Partikularverfahren erzielt.[109] Der Regierungsentwurf von 1992 begründete die Zulässigkeit damit, dass die Insolvenzrechte der Staaten große Unterschiede aufwiesen. Ein Einheitsverfahren ließe sich daher nur zwischen Staaten mit eng verwandten Rechtsordnungen verwirklichen.[110] Auch der sog. *Lemontey-Bericht* zum Entwurf eines EG-Konkursübereinkommens von 1980 wies darauf hin, dass hinsichtlich der Vorrechte und Sicherungsrechte erhebliche Unterschiede zwischen den Vertragsstaaten bestünden und keine kollisionsrechtliche Lösung voll befriedige.[111] In diesem Sinne hat sich auch *Hanisch* geäußert.[112] Als rechtspolitischer Grund für Partikularverfahren werden daher regelmäßig die „legitimen lokalen Befriedigungsinteressen" genannt.[113] Eine sorgfältige rechtspolitische Analyse, welche konkreten Rechtspositionen in welchem Umfang durch ein Partikularverfahren geschützt werden sollen, fehlt dagegen.

59 Dies ist umso misslicher, als die Trennung der Haftungsmassen zusätzlich noch zu einer **Änderung des anwendbaren Rechts** führt. Kommt es nämlich zu keinem inländischen Partikularverfahren, so bestimmen sich alle insolvenzrechtlichen Fragen zwischen Gläubiger und Schuldner, für die keine gesonderte Anknüpfung (wie z. B. eine Anknüpfung an die *lex rei sitae*) vorgesehen ist, nach dem ausländischen Recht des Verfahrensstaates *(lex fori concursus)*. Durch die Eröffnung eines inländischen Partikularverfahrens ändert sich der Anknüpfungspunkt. Grundnorm für die Anknüpfung ist nun das Recht der Partikularverfahrens, so dass für Rechtsverhältnisse, die in die Masse des Partikularverfahrens fallen, ein Wechsel im anwendbaren Recht erfolgt. Statt dem Recht des ausländischen Hauptverfahrens unterstehen diese Rechtsverhältnisse nun dem Recht des Partikularverfahrens. Rechtspolitisch kann dies wenig befriedigen, wenn mit der Durchführung eines Partikularverfahrens nur bestimmte Gläubiger – nicht notwendigerweise alle Gläubiger – geschützt werden sollen.

60 Die Befriedigung der lokalen Gläubigerinteressen wird daher teuer erkauft. Sie führt zunächst zu einer anderen Anknüpfung auch bei denjenigen Rechtsverhältnissen, deren Schutz mit der Eröffnung des Partikularverfahrens an sich nicht notwendigerweise bezweckt wurde. Die Verfahrenspluralität erschwert darüber hinaus die Verfahrensabwicklung in verschiedener Weise. Die Gläubiger müssen, um ihre Chancen auf bestmögliche Befriedigung zu wahren, ihre Forderungen in allen Verfahren anmelden, was zu erhöhten Kosten führt, da die Anmeldung oftmals nur von lokalen Anwälten formgemäß erledigt werden kann. Soweit dies nicht erfolgt, ist die vielfach zitierte *par conditio creditorum* in internationaler Hinsicht wiederum nicht gewahrt. Die Trennung der Haftungsmassen führt zudem zur Zerschlagung eines organisatorisch verflochtenen Unternehmens.[114] Die Haftungsmassen treten sich nach der Eröffnung beider Verfahren wie zwei unterschiedliche Rechtspersonen gegenüber. Daher finden sich in den Vorschriften über Partikularverfahren nun auch zunehmend Bestimmungen, die das Verhältnis des Partikularverfahrens zum und die Koordination mit dem Hauptverfahren regeln, um Schwierigkeiten oder gar Wertungswidersprüche zu vermeiden (vgl. insb. Art. 31 EuInsVO).

61 **2. Ausgestaltungsmöglichkeiten.** Rechtsvergleichend bietet sich daher für die Durchführung von Partikularverfahren auch ein höchst unterschiedliches Bild. Das betrifft zum einen die Zulässigkeitsvoraussetzungen für die Eröffnung und Durchführung eines Partikularverfahrens, die regelmäßig entweder an das Vorhandensein bestimmter inländischer Vermögensgegenstände oder eine Niederlassung oder auch dem Schutz bestimmter Gläubiger geknüpft wird. Aber auch die sich daran anschließende Durchführung des Verfahrens ist

---

[109] Vgl. *Thieme*, in: *Stoll*, Stellungnahmen und Gutachten, S. 212.
[110] Siehe BT-Drucks. 12/2443 S. 237.
[111] Vgl. den Lemontey-Bericht, abgedruckt in ZIP 1981, 547, 791 (792).
[112] Vgl. *Hanisch* ZIP 1994, 1 (2 f., 5 f.), der von einem „Ideal" spricht, das sich auf Grund der rechtlichen Komplexität der Rechtsverhältnisse nicht verwirklichen lasse.
[113] So ausdrücklich *Thieme*, in: *Stoll*, Stellungnahmen und Gutachten, S. 214.
[114] Vgl. hierzu, insb. bei Sanierungsverfahren *Reinhart*, Sanierungsverfahren, S. 285 ff.

unterschiedlich und reicht von einem „Mini-Verfahren" mit ganz eingeschränkten Aufgaben, bis zu einem Vollverfahren, das keine Unterschiede mehr zu einem Hauptverfahren aufweist, soweit man die Beschränkung auf das inländische Vermögen außer Acht lässt. Rechtsvergleichend lassen sich etwa drei Modelle erkennen:
- „Vollverfahren", das allen Gläubigern offen steht und das zu einer vollständigen Abwicklung und Verteilung des inländischen Vermögens führt; lediglich die Eröffnung des Verfahrens mag auf bestimmte Inlandskontakte beschränkt sein.
- „Eingeschränkte Verfahren", die nur der Befriedigung bestimmter Gläubiger dienen und die verbleibende Masse danach an das Hauptverfahren abführen.
- „Flexible Verfahren" des angloamerikanischen Rechts, die – abhängig von einer Ermessensentscheidung des Richters – als Vollverfahren oder als sehr eingeschränkte Verfahren ausgestaltet sind.

a) Vollverfahren. Der Konzeption eines Vollverfahrens folgt seit langem das **deutsche** 62 **Recht.** Auch die EuInsVO folgt diesem Modell.[115] So sah bereits § 238 KO die Möglichkeit eines Partikularverfahrens vor, in dem alle Gläubiger ihre Ansprüche geltend machen konnten und das zu einer Vollabwicklung des inländischen Vermögens führte. Die Zulässigkeit des Partikularverfahrens war allerdings beschränkt auf die Fälle, in denen der Gemeinschuldner eine Niederlassung im Inland oder aber ein mit Wohn- und Wirtschaftsgebäuden versehenes Gut als Eigentümer, Nutznießer oder Pächter bewirtschaftete.[116] Auch Art. 102 Abs. 3 EGInsO folgte der Konzeption eine Vollverfahrens, das bereits bei Vorliegen von Inlandsvermögen zulässig war.[117] Dieses Konzept findet sich nach der Neuregelung des deutschen internationalen Insolvenzrechts nunmehr auch in den §§ 354 ff. Zwar ist dort nicht ausdrücklich vorgesehen, dass **alle Gläubiger** ihre Forderungen in dem Partikularverfahren anmelden dürfen. Das entspricht jedoch der allgemeinen Auffassung.[118]

b) Eingeschränkte Verfahren. Die Funktion des Partikularverfahrens nach **schweize-** 63 **rischem Recht** ist dagegen eingeschränkt, da nur bestimmte Gläubiger zum inländischen Partikularverfahren zugelassen werden. Grundsätzlich beschränkt sich auch das schweizerische Partikularverfahren auf das inländische Vermögen des Schuldners.[119] Besteht keine inländische Geschäftsniederlassung, befinden sich aber Vermögenswerte in der Schweiz, so werden nur die Gläubiger pfandversicherter Forderungen – unabhängig von ihrem Wohnsitz –, sowie bevorrechtigte Gläubiger mit Wohnsitz in der Schweiz zum Verfahren zugelassen.[120] Hat das Schuldnerunternehmen sogar eine Zweigniederlassung im Inland, so sind darüber hinaus alle Verbindlichkeiten der Geschäftsniederlassung zu befriedigen.[121] Verbleibt nach Befriedigung dieser eingeschränkten Gläubigergemeinschaft ein Überschuss, so ist dieser der ausländischen Insolvenzverwaltung zur Verfügung zu stellen.[122] Wegen der eingeschränkten Funktion des Partikularverfahrens wird auch weder eine Gläubigerversammlung, noch ein Gläubigerausschuss gebildet. Im Ergebnis trägt das schweizerische Verfahren damit protektionistische Züge, da bei den bevorrechtigten Forderungen – soweit

---

[115] Vgl. Art. 32 Abs. 1 EuInsVO.
[116] Die Literatur vertrat allerdings die Auffassung, dass der Anwendungsbereich des § 238 KO über die dort geregelten Fälle hinaus erweitert werden sollte und eine Eröffnung auch möglich sein sollte, wenn sich die Inlandsbeziehung des Schuldners auf Vorliegen von Inlandsvermögen beschränkte, so *Flessner* ZIP 1989, 749, 754; *Hanisch,* Festschrift für Bosch, 381, 385 ff.; *Thieme,* RabelsZ 37 (1973), 682, 687; vgl. andererseits die Diskussion um eine restriktive Auslegung des § 22 GesO, vgl. *Smid/Zeuner,* GesO § 22 RdNr. 23; *Lübchen/Landfermann* ZIP 1990, 838.
[117] Vgl. MünchKommInsO-*Reinhart*, 1. Aufl., Bd. 3 Art. 102 EGInsO RdNr. 204 ff.
[118] Vgl. *Braun/Liersch/Delzant* § 354 RdNr. 15; HK-*Stephan* § 354 RdNr. 21; *Kübler/Prütting/Kemper* § 354 RdNr. 23; *Hess* InsO, § 354 RdNr. 6; für das Sekundärverfahren ist dies ausdrücklich in § 341 Abs. 1 normiert.
[119] Art. 170 I IPRG.
[120] Art. 172 I IPRG.
[121] Vgl. Art. 166 II IPRG und Art. 50 I SchKG; zum schweizerischen Partikularverfahren vgl. IPRG-*Berti,* Art. 166 ff.; *Staehelin,* S. 138 ff.; *Gilliéron,* S. 95 ff.; *Nussbaum,* S. 30 ff.; *Habscheid* KTS 1989, 253 ff.; *Hanisch* JZ 1988, 737 (742 f.).
[122] Art. 173 I IPRG.

64 Der Entwurf des Europarates, das sogenannte **Istanbuler** Abkommen,[123] sah eine ähnlich beschränkte Abwicklungsfunktion für Partikularverfahren vor, allerdings ohne auf den Wohnsitz einzelner Gläubiger abzustellen. Ein Partikularverfahren sollte ebenfalls schon zulässig sein bei Vorliegen inländischen Vermögens.[124] Danach sollten aus dem Erlös der inländischen Insolvenzmasse nur die bevorrechtigten, die gesicherten, öffentlich-rechtliche Forderungen sowie Forderungen, die aus dem Betrieb der inländischen Niederlassung herrühren, befriedigt werden, und zwar unabhängig vom Wohnsitz der Gläubiger. Ein danach verbleibender Überschuss sollte an die Insolvenzmasse des Hauptverfahrens abgeführt werden.[125] Eine Vereinfachung für die inländischen ungesicherten Gläubiger bestand allerdings darin, dass diese ihre Forderung wirksam im Partikularverfahren anmelden konnten und Kopien dieser Anmeldung an das Hauptverfahren weitergeleitet werden. Voraussetzung für die Eröffnung des Partikularverfahrens war lediglich ein Antrag des ausländischen Verwalters oder eines Gläubigers. Besondere Formen des Inlandsvermögens oder ein besonderes Rechtsschutzbedürfnis des beantragenden Gläubigers war dagegen nicht Voraussetzung.

65 **c) Flexible Verfahren.** Eine aus kontinentaleuropäischer Sichtweise ungewohnte Flexibilität kennzeichnet dagegen den **US-Bankruptcy Code.** Die Eröffnung eines inländischen Verfahrens ist sowohl auf Antrag eines Gläubigers als auch des ausländischen Verwalters zulässig, sofern sich Vermögen in den USA befindet. Die Ausgestaltung bringt deutlich zum Ausdruck, dass sich bei der Frage der Eröffnung eines inländischen Partikularverfahrens die Interessen der inländischen Gläubiger den Interessen des Verwalters des Hauptverfahrens (und freilich den dahinter stehenden Gläubiger) gegenüber stehen. Wurde nämlich der Antrag von einem Gläubiger gestellt, so kann das Insolvenzgericht – selbst noch nach Eröffnung des Verfahrens – auf Antrag des ausländischen Verwalters das inländische Verfahren zunächst Ruhen lassen oder auch einstellen.[126] Bei der Entscheidung, ob ein inländisches Verfahren zulässig ist, orientiert sich das Gericht gemäß sec. 304 (c) B. C. an den Umständen des Einzelfalles, wobei folgende Kriterien die Entscheidungen bestimmen:
– die gerechte Behandlung aller Gläubiger und anderer Beteiligter im ausländischen Hauptverfahren;
– den Schutz des US-Gläubiger gegen Diskriminierungen und Erschwerungen in der Verfolgung ihrer Ansprüche im ausländischen Verfahren;
– der wesentliche Einklang des ausländischen Insolvenzrechts mit dem nach dem Bankruptcy Code vorgeschriebenen Verteilungsregeln,
– das Konzept der „Comity", wonach ausländische hoheitliche Entscheidungen anerkannt werden, wenn das ausländische Gericht zuständig war und die Entscheidung nicht gegen wesentliche Grundsätze der US-Rechtsordnung verstößt.[127]

66 Die Entscheidung des Gerichts muss aber nicht auf die Alternative der Durchführung eines inländischen Verfahrens und dem gänzlichen Verzicht auf ein inländisches Verfahren hinauslaufen. So haben die Gerichte in New York sogar ein inländisches Verfahren nur zu den Zwecken zugelassen, um die Masse des Hauptverfahrens anzureichern. In den USA waren vor Eröffnung des ausländischen Hauptverfahrens Rechtshandlungen vorgenommen worden, die nach dem US-Bankruptcy Code anfechtbar waren. Dagegen schied eine Anfechtung nach dem Recht des Hauptverfahrens aus. Ohne sich mit der Frage auseinander zu setzen, dass an sich die kollisions- und sachrechtliche Entscheidung des Rechts des Hauptverfahrens eventuell anzuerkennen ist, haben die Gerichte dem ausländischen Verwal-

---
[123] Vgl. hierzu unten Vor Art. 1 RdNr. 5 EuInsVO.
[124] Art. 17 des Abkommens, European Treaty Series No. 136.
[125] Vgl. Art. 20–22 des Abkommens.
[126] Vgl. sec. 305 (a) (2) B. C.
[127] Zur Auslegung dieser Ermessenskriterien findet sich bereits reichlich Rechtsprechung, vgl. die Nachweise bei *Reinhart*, Sanierungsverfahren, S. 113 ff.

ter gestattet, ein inländisches Verfahren durchzuführen, das alleine dazu führte, eine nach dem US-Bankruptcy Code erfolgreiche Anfechtungsklage zu erheben, den Anspruch zu realisieren und das so gewonnene Vermögen an das Hauptverfahren abzuführen.[128] Es steht den amerikanischen Gerichten daher offen, den Umfang und damit die Funktion des inländischen Verfahrens je nach Einzelfall flexibel zu bestimmen. Aufgrund dieser sehr flexibel gehaltenen Entscheidungskriterien ist eine Entschätzung, welche rechtspolitischen Ziele mit der Durchführung eines inländischen Verfahrens verfolgt werden, schwer zu treffen.[129] Dagegen handelt es sich bei einem „ancillary proceeding" (dies wird vielfach missverstanden) nicht um ein Partikularverfahren, sondern um das Anerkennungsverfahren, denn in diesem Verfahren legt das Gericht auf Antrag des ausländischen Insolvenzverwalters Hilfsmaßnahmen fest, wie beispielsweise eine Vollstreckungssperre, die Unterbrechung anhängiger Verfahren, die Übergabe des inländischen Vermögens an den Insolvenzverwalter oder andere geeignete Hilfsmaßnahmen („other appropriate relief").[130] Es handelt sich somit weniger um ein Partikularverfahren als vielmehr um die Bestimmung der Anerkennungsfolgen in einem gesonderten Verfahren.

Eine ähnliche Flexibilität kennzeichnet auch das **englische Recht.** Bei hinreichenden 67 Inlandskontakten, die schon bei Vorliegen von Inlandsvermögen gegeben sind, wird ein sog. „ancillary proceeding" eröffnet, dessen Abwicklungsmodus jedoch nicht vorgegeben ist, sondern vom Einzelfall abhängt[131] und von der Befriedigung nur der gesicherten Gläubiger bis zur Durchführung eines vollständigen Partikularverfahrens führt. Letzteres ist nur dann der Fall, wenn das ausländische Verfahren bestimmte Gläubiger diskriminiert oder generell zu einer Benachteiligung der inländischen Gläubiger führen würde.[132]

d) Ergebnis. Dieser rechtsvergleichende Überblick zeigt, dass es bei der Durchführung 68 von Partikularinsolvenzverfahren weniger um die Bewältigung derjenigen kollisionsrechtlichen Probleme geht, die angeblich in einem Universalverfahren nicht zu bewältigen sind, sondern vielmehr um die Durchsetzung inländischer Sachnormen. Ob, in welchem Umfang und für welche Gläubiger diese durchgesetzt werden sollen, wird unterschiedlich beantwortet. Die Antwort hierauf ist jedoch maßgeblich dafür, wie das Partikularverfahren auszugestalten ist. Sie ist daher auch entscheidend dafür, wie das Partikularverfahren nach der Insolvenzordnung auszugestalten ist, was sich aus den §§ 354 ff. des Dritten Abschnitts ergibt.

D. Internationale Übereinkommen

Aufgrund der zwischenzeitlich verabschiedeten EG-Verordnung über Insolvenzverfahren 69 (EuInsVO) wurden ab deren Inkrafttreten am 31. 5. 2002 sämtliche Staatsverträge unter Beteiligung Deutschlands und anderer EU-Mitgliedsstaaten durch die EuInsVO ersetzt.[133] Bis zum Inkrafttreten der EuInsVO, bzw. für alle bis zum Inkrafttreten eröffneten Verfahren, galten die bisherigen, lückenhaft geregelten Staatsverträge uneingeschränkt. Aber auch über den 31. 5. 2002 hinaus haben die Staatsverträge noch Bedeutung, und zwar insbesondere für die nach Art. 1 Abs. 2 EuInsVO vom Anwendungsbereich der Verordnung ausgenommenen

---

[128] Vgl. die Entscheidungen *Matter of Axona International Credit & Commerce Ltd.* 88 B. R. 597 (1988), 115 B. R. 442 (S. D. N. Y. 1990), 924 F. 2 d 31 (2nd. Cir. 1991).
[129] Vgl. das Fallmaterial im *Interpool Ltd. v. Ceratin Freights of the M/VS Venture.*
[130] Sec. 304 B. C.
[131] Vgl. die Fälle *Re The Federal Bank of Australia (Ltd.)* [1893] L. J. Ch. 561; *Re Hibernian Merchants Ltd.* [1958] 1 Ch. 76; *re National Benefit Insurance Co.* [1927] 3 D. L. R. 289. Das Partikularverfahren wird dem Hauptverfahren untergeordnet. Interessant ist weiterhin, dass englische Gerichte versuchen, eine par condicio creditorum zwischen den Verfahren dadurch herbeizuführen, dass die Forderungsanmeldungen zu dem anderen Verfahren weitergeleitet werden, oder dass sogar die Massen beider Verfahren gepoolt werden, vgl. *Re Alfred Shaw and Co. Ltd., ex parte MacKenzie* [1897] 8 Q. L. J.93; *Smart,* Cross Border Insolvency, S. 248 ff.
[132] Vgl. *Smart,* Cross Border Insolvency, S. 236 f., 246 f.
[133] Vgl. Art. 44 EuInsVO.

Schuldner, d. h. für die Insolvenz von Versicherungsunternehmen, Kreditinstituten, Wertpapierfirmen und Organismen für gemeinsame Anlagen.[134]

I. Bestehende Staatsverträge

70   Internationale Abkommen, die länderübergreifende Frage von Insolvenzverfahren regeln, gibt es – bis auf die nun in Kraft getretene EuInsVO – nur wenige. Multilaterale Staatsverträge bestehen zwischen einigen südamerikanischen Ländern (die sog. Verträge von Montevideo von 1889/1940 sowie der Código Bustamente von 1928)[135] sowie zwischen den Ländern Skandinaviens (das sog. Nordische Konkursübereinkommen).[136] Darüber hinaus existieren einige bilaterale Abkommen zwischen Nachbarländern der Bundesrepublik, so zwischen Frankreich und Belgien, Frankreich und Italien, Frankreich und Österreich, Belgien und den Niederlande, Österreich und Italien, sowie Österreich und Belgien.[137] Diese bilateralen Abkommen wurden jedoch mit Inkrafttreten der EuInsVO am 31. 5. 2002 durch diese ersetzt.[138]

71   Das Einzige internationale Insolvenzrechtsabkommen, dem die Bundesrepublik beigetreten war, war bis vor kurzem der **deutsch-österreichische Konkursvertrag**.[139] Auch dieser Staatsvertrag wurde durch die am 31. 5. 2002 in Kraft tretende EuInsVO ersetzt.[140] Dagegen wurde das Insolvenzrecht in den meisten anderen Staatsverträgen der Bundesrepublik zum Zivil- und Handelsrecht oder auch zur Anerkennung und Vollstreckung ausländischer Urteile aus dem Anwendungsbereich ausgeschlossen. Dies galt für die bilateralen Staatsverträge, die die Bundesrepublik über die gegenseitige Anerkennung gerichtlicher Entscheidungen in Zivil- und Handelssachen mit der Schweiz,[141] Italien,[142] Österreich,[143] Belgien,[144] dem Vereinigten Königreich Groß-Britannien und Nordirland,[145] Griechenland,[146] Niederlande,[147] Tunesien,[148] Norwegen[149] und Spanien[150] geschlossen hat.

---

[134] Vgl. im einzelnen Art. 1 RdNr. 8 ff. EuInsVO; zur weiteren Anwendbarkeit trotz Ausschluss nach Art. 44 EuInsVO vgl. Art. 44 RdNr. 2 EuInsVO.

[135] Vgl. die Nachweise bei *Trunk*, Internationales Insolvenzrecht, S. 75 ff.

[136] Vgl. ausführlich Stummel, Konkurs und Integration, sowie *Trunk*, Internationales Insolvenzrecht, S. 70 ff.

[137] Vgl. Nachweise bei *Trunk*, Internationales Insolvenzrecht, S. 70 ff.

[138] Vgl. Art. 44 Abs. 1 d) EuInsVO.

[139] Gesetz zu dem Vertrag vom 25. Mai 1979 zwischen der Bundesrepublik Deutschland und der Republik Österreich auf dem Gebiet des Konkurs- und Vergleichs(Ausgleichs-)rechts, vom 4. 3. 1985, BGBl. 1985, 410; sowie das hierzu ergangene Ausführungsgesetz zum deutsch-österreichischen Konkursvertrag vom 8. 3. 1985, BGBl. 1985, 535, zuletzt geändert durch das Arbeitsförderungs Reformgesetz vom 24. 3. 1997, BGBl. I 1997, 594, 709.

[140] Vgl. Art. 44 Abs. 1 d) EuInsVO.

[141] Abkommen vom 2. 11. 1929 (RGBl. 1930 II 1065), in Kraft getreten am 1. 12. 1930 (RGBl. 1930 II 1270); der Ausschluss von Vergleichsverfahren ergibt sich zwar nicht explizit aus dem Gesetzestext, wird aber nach allgemeiner Ansicht angenommen, vgl. *Müller*, in: *Bülow/Böckstiegel*, Bd. 2, 660.13. mwN.

[142] Abkommen vom 18. 5. 1937, in Kraft getreten am 19. 6. 1937 (RGBl. 1937 II 145); Wiederanwendung für die BRD erklärt am 1. 10. 1952 (BGBl. 1952 II 986); vgl. Art. 12 des Abkommens.

[143] Abkommen vom 6. 6. 1959 (BGBl. 1960 II 1245), in Kraft getreten am 29. 5. 1960 (BGBl. 1960 II 1523); vgl. Art. 14 I Nr. 2 des Abkommens; der frühere Staatsvertrag zwischen Österreich und Deutschland erfasste zwar insolvenzrechtliche Vollstreckungstitel aus Konkurs- und Vergleichsverfahren, nicht aber die in dem gerichtlich bestätigten Vergleich enthaltenen Erlasswirkungen, vgl. KG, Dt. Jusitz 1934, 1476 f.

[144] Abkommen vom 30. 6. 1958 (BGBl. 1959 II 765), in Kraft getreten am 27. 1. 1961 (BGBl. 1960 II 2408); vgl. Art. 1 V des Abkommens.

[145] Abkommen vom 14. 7. 1960 (BGBl. 1961 II 301), in Kraft getreten am 15. 7. 1961 (BGBl. 1961 II 1025); vgl. Art. II 2 des Abkommens.

[146] Abkommen vom 4. 11. 1961 (BGBl. 1963 II 109), in Kraft getreten am 18. 9. 1963 (BGBl. 1963 II 1278); vgl. Art. 17 I Nr. 1 des Abkommens.

[147] Abkommen vom 30. 8. 1962 (BGBl. 1965 II 26), in Kraft getreten am 15. 9. 1965 (BGBl. 1965 II 1155); vgl. Art. 1 III c) des Abkommens.

[148] Abkommen vom 19. 7. 1966 (BGBl. 1969 II 889), in Kraft getreten am 13. 3. 1970 (BGBl. 1970 II 125); vgl. Art. 28 II Ziffer 1 des Abkommens.

[149] Abkommen vom 17. 6. 1977 (BGBl. 1981 II 341), in Kraft getreten am 3. 10. 1981 (BGBl. 1981 II 901); vgl. Art. 3 Ziffer 3 des Abkommens.

[150] Abkommen vom 14. 11. 1983 (BGBl. 1987 II 34), in Kraft getreten am 18. 4. 1988 (BGBl. 1988 II 375); vgl. Art. 3 Ziffer 1 des Abkommens.

Lediglich das Übereinkommen mit den **Niederlanden** sah vor, dass der in einem „*Vergleichsverfahren*" oder in einem niederländischen Verfahren des Zahlungsaufschubes (surséance van betaling) gerichtlich bestätigte Vergleich als Vollstreckungstitel auch in dem anderen Vertragsstaat anerkannt und vollstreckt werden kann.[151] Die Anerkennung erstreckte sich gleichermaßen auf die in dem Vergleich enthaltene Forderungskürzung, wie sich aus den Gesetzesmaterialien ergab.[152] Da diese staatsvertragliche Regelung im Zuge der Insolvenzrechtsreform nicht außer Kraft gesetzt wurde, wird man diese Vorschrift auch entsprechend auf einen Insolvenzplan anwenden können. Dagegen wird man die Restschuldbefreiung hierauf nicht anwenden können, da sie nicht auf einem „Vergleich" mit den Gläubigern beruht, sondern auf einer gesetzlich angeordneten Möglichkeit des Forderungserlasses, die von dem Rechtsinstitut des Insolvenzplanes oder Vergleichs nach der früheren Rechtslage abweicht. Die Regelung wurde jedoch ebenfalls mit Inkrafttreten der EuInsVO durch diese ersetzt.[153]

Die konkursrechtlichen **Staatsverträge,** die im letzten Jahrhundert zwischen einzelnen Mitgliedsstaaten **des deutschen Bundes und schweizerischen Kantonen** abgeschlossen wurden, finden dagegen nach Inkrafttreten der InsO keine Anwendung mehr. Gemeint sind hierbei die beiden Abkommen, die die Krone Württembergs 1825/1826 und das Königreich Bayern 1834 mit verschiedenen schweizerischen Kantonen erzielt hatten. Deren Fortgeltung wurde zwar unter der Konkurs- und Vergleichsordnung – freilich im Rahmen ihres geographischen Geltungsbereiches[154] – allgemein bejaht.[155] Es war jedoch schon bisher fraglich, ob diese Staatsverträge liquidationsabwendende Verfahren erfassen, da sich die Übereinkommen lediglich auf Konkursverfahren beziehen. Daher ist in der schweizerischen Literatur bisher auch abgelehnt worden, diese Staatsverträge auf liquidationsabwendende Verfahren wie die Vergleichsordnung anzuwenden.[156] Denn in den beiden Staatsverträgen fehlt jede Möglichkeit der Liquidationsabwendung. Da die Insolvenzordnung ein einheitliches Verfahren vorsieht, bei dem die Entscheidung, ob das Schuldnerunternehmen saniert oder liquidiert werden soll, erst im so genannten Berichtstermin getroffen wird, wird man eine Abgrenzung für die Geltung dieser Übereinkommen nicht mehr vornehmen können. Denn die mit dem Verfahren zur Eröffnung eintretende Wirkung der Anerkennung kann nicht rückwirkend von dem erst Wochen nach Verfahrenseröffnung getroffenen Beschluss abhängen, ob das Schuldnervermögen liquidiert wird (mit der Folge der Anwendung der Abkommen) oder das Schuldnerunternehmen saniert bzw. sonst wie im Rahmen eines Insolvenzplanes reorganisiert wird (mit der Folge der Nichtanwendung der Abkommen). Eine weitere Anwendung dieser Übereinkommen für ab dem 1. 1. 1999 beantragte Verfahren kommt daher grundsätzlich nicht mehr in Betracht.[157]

Sowohl die mittlerweile an die Stelle des **Brüsseler Übereinkommen** über die gerichtliche Zuständigkeit und Vollstreckung gerichtlicher Entscheidungen in Zivil- und Handels-

---

[151] Vgl. Art. 16 I d) des Abkommens, der gerichtlich bestätigte Vergleich ist vielfach Vollstreckungstitel, vgl. z. B. § 85 VerglO oder § 304 InsO.
[152] So explizit die Denkschrift zum Verordnung, in BT-Drucks. 4/2351, S. 40 f.; ebenso *Gottwald/Gottwald,* Insolvenzrechts-Handbuch, 2. Aufl., § 131, RdNr. 83.
[153] Art. 44 Abs. 1 lit. h) EuInsVO.
[154] Zum räumlichen Anwendungsbereich der beiden Abkommen *Gottwald/Gottwald,* Insolvenzrechts-Handbuch, § 133 RdNr. 25.
[155] Nachweise bei *Gottwald/Gottwald,* Insolvenzrechts-Handbuch, § 133 RdNr. 24; *Habscheid* KTS 1989, 255, die die Fortgeltung ebenso bejahen wie OLG München KTS 1982, 313; die Fortgeltung dieser alten Staatsverträge wird auch in der Schweiz angenommen, vgl. BGE 104 III 71; 109 III 83, ausführlich, mwN; *Staehelin,* S. 77 ff. und *Nussbaum,* Int. Konkursrecht, S. 52 ff.; siehe auch: *Blaschzok* ZIP 1983, 141 f.; *Bürgi* S. 178 ff.; *Gilliéron,* BlSchK 1988, 163 ff.; der Fortgeltung dieser Verordnung steht auch nicht die Neuregelung des internationalen Insolvenzrechts im IRPG entgegen, vgl. IPRG-Berti, Art. 166 RdNr. 4; *Gilliéron, Les Dispositions,* S. 56; *Nussbaum, Das schw. int. Insolvenzrecht,* S. 12.
[156] So *Gilliéron, Les dispositions,* S. 49; *Staehelin,* S. 79 f.; *Nussbaum,* Int. Konkursrecht, S. 127.
[157] AA aber das schweizerische Bundesgericht in BGE 131 III 448, 450 für das Abkommen mit der Krone Württemberg; BG ZInsO 2007, 608.

sachen (EuGVÜ)[158] getretene EuGVVO[159] als auch das am 16. 9. 1988 in **Lugano** unterzeichnete (Parallel-)**Übereinkommen** über die gerichtliche Zuständigkeit und die Vollstreckung gerichtlicher Entscheidungen in Zivil- und Handelssachen (LugÜ)[160] schließen Insolvenzverfahren aus ihrem Anwendungsbereich generell aus. Art. 1 Nr. 2 beider Übereinkommen schreiben vor, dass das Übereinkommen nicht anzuwenden ist auf Konkurse, Vergleiche und ähnliche Verfahren. Nach der Rechtsprechung des Europäischen Gerichtshofes fallen hierunter alle Verfahren, die nach den verschiedenen Rechtsordnungen der Mitgliedsstaaten auf der Zahlungseinstellung, der Zahlungsunfähigkeit oder der Erschütterung des Kredites des Schuldners beruhen und ein Eingreifen der Gerichte vorsehen, das in eine zwangsweise kollektive Liquidation der Vermögenswerte des Schuldners oder zumindest in eine Kontrolle durch die Gerichte mündet.[161]

75   Noch nicht abschließend geklärt ist jedoch, inwieweit die EuGVVO in Abgrenzung zu den ansonsten geltenden Regeln des autonomen Rechts, oder zur EuInsVO auf im Zusammenhang mit der Insolvenz stehende Gerichtsverfahren zwischen einzelnen Gläubigern und dem Gemeinschuldner anzuwenden sind. Aufgrund der weiten Definition von Art. 1 Nr. 2 EuGVVO durch den EuGH ist davon auszugehen, dass alle Entscheidungen, die unmittelbar auf Grund des Insolvenzverfahrens ergehen und in engem Zusammenhang damit stehen, nicht unter die EuGVVO fallen.[162] Keine Rolle spielt dabei, ob die Entscheidung von dem Insolvenzgericht selbst oder von einem anderen Gericht getroffen wird. Denn die sog. *vis attractiva concursus* ist in den Mitgliedsstaaten höchst unterschiedlich ausgestaltet und reicht von einer Konzentration aller mit der Insolvenz zusammen hängenden Fragen beim Insolvenzgericht bis zu einer weitgehenden Dezentralisierung, bei der nur noch die eigentlichen verfahrensrechtlichen Fragen vom Insolvenzgericht entschieden werden.[163] Mit dem Inkrafttreten der EuInsVO muss jedoch der Anwendungsbereich der EuGVVO, dh. der in Art. Abs. 1 enthaltene Ausschluss von Konkursen oder Vergleichen, anders interpretiert werden, um die von der EuInsVO gewollte Lückenlosigkeit beider Verordnungen sicher zu stellen (vgl. hierzu unten Art. 3 RdNr. 83 ff. und Art. 25 RdNr. 10 f. EuInsVO). Die Frage der Abgrenzung der Anwendungsbereiche der EuGVVO und der EuInsVO ist derzeit (Stand Frühjahr 2008) Gegenstand eines Vorlagebeschlusses des BGH an den EuGH,[164] so dass eine Klärung dieser Fragen zu erwarten steht.

II. Einigungsbemühungen auf europäischer Ebene

76   Die seit Anfang der siebziger Jahre zurück reichenden Bemühungen der EU zur Regelung des internationalen Insolvenzrechts zwischen den Mitgliedsstaaten haben nunmehr durch die am 31. 5. 2002 in Kraft getretene EG Verordnung über Insolvenzverfahren (EuInsVO) ihr Ende gefunden. Die EuInsVO gilt auch in den zwischenzeitlich der EU beigetretenen neuen Mitgliedsländern. Lediglich der EU Mitgliedsstaat Dänemark hat auf Grund des im Ams-

---

[158] Abkommen vom 29. 9. 1968 (BGBl. 1972 II 774), in Kraft getreten am 1. 2. 1973 (BGBl. 1973 II 60), zuletzt geändert durch das Beitrittsübereinkommen vom 25. 10. 1982 (BGBl. 1988 II 454), in Kraft getreten am 1. 4. 1989 (BGBl. 1989 II 214).
[159] Verordnung EG Nr. 44/2001 vom 22. 12. 2000 über die gerichtliche Zuständigkeit und die Anerkennung und Vollstreckung von Entscheidungen in Zivil- und Handelssachen, ABlEG L 12/1 vom 16. 1. 2001.
[160] Abkommen vom 16. 9. 1998, BGBl. 1994 II 2658.
[161] EuGH 22. 2. 1979, *Gourdain/Nadler*, 133/78 Slg. 1979, 733 (745), in Anlehnung an die bereits von Jenard vorgefasste Definition, vgl. *Jenard*, Bericht zum Verordnung, abgedruckt in *Bülow/Böckstiegel*, Bd. 1, 601.15.; vgl. auch OLG Hamm EuZW 1993, 519 f.
[162] Diese Abgrenzung entspricht spiegelbildlich der Abgrenzung, die in Art. 25 EuInsVO gegenüber dem EuGVÜ vorgenommen wurde, vgl. unten Anh. I Art. 25 EuInsVO.
[163] Vgl. hierzu auch *Virgos/Schmit*, Erläuternder Bericht, RdNr. 77; zur Zuständigkeitsregelung nach dem Entwurf von 1980 auch *Jahr*, in: *Kegel*, Vorschläge und Gutachten, S. 305 ff.; das deutsche Insolvenzrecht hat das Konzept der *vis attractiva concursus* für die Zuständigkeiten nicht übernommen, vgl. auch *Häsemeyer*, RdNr. 2.10, 3.05 f.
[164] Vgl. BGH ZIP 2007, 1415 mit Anm. *Klöhn/Berner* ZIP 2007, 1418; die Frage war Gegenstand der Entscheidung des OLG Frankfurt vom 26. 1. 2006 ZInsO 2006, 715; hierzu auch *Mankowski/Willemer* NZI 2006, 648, 650.

terdamer Vertrag enthaltenen Vorbehaltes gegen Verordnungen im Bereich der Zusammenarbeit in Zivilsachen und im IPR die Anwendung der EuInsVO ausgeschlossen.[165] (Zur Historie der Verordnung vgl. Vor Art. 1 RdNr. 3 ff. EuInsVO.)

III. Sonstige Entwürfe

1. Model International Insolvency Cooperation Act (MIICA). In den achtziger Jahren hat sich darüber hinaus auch die International Bar Association mit Fragen des internationalen Insolvenzrechts beschäftigt. Der Grund hierfür lag in den ernüchternden Erfahrungen, die Rechtsanwälte und Insolvenzverwalter mit größeren internationalen Insolvenzen gesammelt hatten. Der für das Insolvenzrecht zuständige Ausschuss der IBA (Committee J, Creditors Rights, Insolvency, Liquidation and Reorganisation) gründete einen Unterausschuss, der für das Gebiet des Internationalen Insolvenzrechts ein Modellgesetz entwickeln sollte, das von möglichst vielen Ländern übernommen werden sollte, umso die länderübergreifende Kooperation zwischen Insolvenzverfahren zu erleichtern. Im November 1988 stellte der Unterausschuss seinen dritten und abschließenden Entwurf eines „Model International Insolvency Cooperation Act" (MIICA) vor,[166] der im Wesentlichen eng an die Vorschriften des US-Bankruptcy Codes angelehnt war. Der insgesamt lediglich sieben Vorschriften umfassende MIICA sah vor, dass inländische Gerichte ausländische Insolvenzverwalter anerkennen und das ausländische Verfahren „unterstützen" sollten, wenn das ausländische Gericht zuständig und eine Unterstützung des ausländischen Verfahrens im „besten Interesse" der Gläubiger wäre (Art. 1). Der ausländische Insolvenzverwalter sollte zudem berechtigt sein, entweder ein inländisches Insolvenzverfahren (Art. 3) oder ein inländisches Hilfsverfahren zu beantragen (Art. 2). Unter Hilfsverfahren („a case ancillary to a foreign proceeding") wurde ein Verfahren vergleichbar sec. 304 US BC verstanden. Es handelte sich demnach nicht um ein vollständiges Verfahren hinsichtlich der inländischen Vermögenswerte, sondern lediglich für die Durchsetzung einzelner Rechtswirkungen des ausländischen Verfahrens (wie beispielsweise die Möglichkeit, das inländische Vermögen für das ausländische Verfahren zu verwerten, Verfahrensunterbrechungen herbeizuführen, oder „jede andere Art der Unterstützungshandlung"). Der Entwurf enthielt lediglich eine einzige Kollisionsnorm, wonach das inländische Gericht das materielle Insolvenzrecht des ausländischen Verfahrensstaates anwenden solle, es sei denn das Gericht entscheide „unter Berücksichtigung seines eigenen IPR", dass es seine eigenen Vorschriften anwenden müsse (Art. 4). Die Beteiligung des ausländischen Insolvenzverwalters an einem inländischen Verfahren sollte darüber hinaus keine sonstige Zuständigkeit gegenüber dem ausländischen Insolvenzverwalter begründen (Art. 5). Darüber hinaus enthielt der Entwurf noch eine Vorschrift mit Begriffsbestimmungen (Art. 6) sowie einen Vorrangvorbehalt für internationale Abkommen (Art. 7).

Das Modellgesetz ist jedoch – soweit ersichtlich – bisher von keinem Land übernommen worden, was sich daraus erklärt, dass sich das Modellgesetz stark an die im US Bankruptcy Code enthaltenen Vorschriften zum internationalen Insolvenzrecht anlehnt und daher allenfalls überhaupt nur für eine Übernahme durch Länder mit angloamerikanischer Rechtskultur taugt. Denn das US-amerikanische Recht aber auch das englische Recht[167] gewähren im internationalen Insolvenzrecht dem Richter ein weites Ermessen und geben als Handlungsanleitung dem Rechtsanwender lediglich die Vorgaben, dass man im besten Interesse der Gläubiger das ausländische Verfahren unterstützen müsse. Selbst Kanada, das in der angloamerikanischen Rechtstradition verwurzelt ist, stand deswegen im Ausschuss der IBA

---

[165] Vgl. zum räumlichen Anwendungsbereich der EuInsVO Art. 1 RdNr. 11 EuInsVO.
[166] Vgl. den Text des Entwurfes sowie den Bericht des Unterausschusses in International Business Lawyer 1989, 323 ff.; zum Entwurf auch *Somers*, AM. U. J. Int'l. L.&Pol'y, Bd. 6 (1991), S. 677 ff.; *Mears*, IIIR, Bd. 1 (1990), S. 23 ff.; *Felsenfeld*, Kap. 5–63 ff.
[167] Siehe sec. 428 Insolvency Act, der lediglich festhält, dass „assistance" zu leisten sei, aber offen lässt, in welcher Form und auf Grund welcher Regel.

dem Entwurf skeptisch gegenüber.[168] Das Modellgesetz lässt auch wesentliche Fragen des internationalen Insolvenzrechts, insbesondere des Kollisionsrechts, unbeantwortet, so dass die durch den Entwurf an sich beabsichtigte Rechtssicherheit nicht erreicht wird. Die Bemühungen des IBA zur Schaffung eines weltweiten Modellgesetzes müssen daher wohl als gescheitert betrachtet werden.

79 **2. Die UNCITRAL-Modelbestimmungen.** Wohl vor dem Hintergrund des Scheiterns des MIICA regten wiederum Praktiker auf dem UNCITRAL-Kongress von 1992 die Schaffung eines Modellgesetzes an, das mit Unterstützung der „United Nations Commission on International Trade Law", die bereits mehrere international anerkannte Modellgesetze oder internationale Abkommen entworfen hatte, erarbeitet werden sollte. Die daraufhin eingesetzte Kommission hat ihre Arbeiten für ein Modellgesetz im Mai 1997 beendet, hat sich aber gleichzeitig die Option für die Erarbeitung einer Konvention offen gelassen. Hierzu sollen jedoch zuerst die Erfahrungen bei einer eventuellen Übernahme des Modellgesetzes durch einzelne Staaten abgewartet werden. Die UN-Vollversammlung hat am 17. 12. 1997 das Modellgesetz gebilligt.[169]

80 Das Modellgesetz bleibt jedoch sowohl inhaltlich als auch systematisch weit hinter dem zurück, was in Deutschland durch Rechtsprechung und Lehre zugunsten einer anerkennungsfreundlichen Haltung erarbeitet worden ist und was das europäische Verordnung über Insolvenzverfahren (EuInsVO) festschreibt. Das UNCITRAL-Modellgesetz konzentriert sich im Wesentlichen darauf, die Anerkennung ausländischer Insolvenzverfahren zu regeln, den Zugang des ausländischen Insolvenzverwalters zu den inländischen Gerichten zu erleichtern und die länderübergreifende Zusammenarbeit der Insolvenzgerichte oder -behörden zu verbessern. Viele in der Praxis wichtige Fragen sind dagegen gar nicht geregelt oder auf Grund des dem Richter eingeräumten Ermessens zu wenig bestimmt und daher nicht in der Lage, internationalen Entscheidungseinklang zu fördern. Deutlich wird dies zunächst an dem Konzept der Anerkennung. So schreibt der die Anerkennung regelnde Art. 20 I vor, dass Verfahren, die die Insolvenzmasse betreffen, sowie Zwangsvollstreckungsmaßnahmen gegen den Schuldner unterbrochen werden und dem Schuldner die Verwaltungs- und Verfügungsbefugnis über die Masse entzogen wird. Hierbei handelt es sich aber nicht um kollisionsrechtliche Vorgaben, nach welchem Recht sich die Folgen der Anerkennung richten, sondern um sachrechtliche Vorschriften des Insolvenzrechts, die anstelle der Vorschriften des Verfahrensstaates und der Vorschriften des Anerkennungsstaates treten sollen. Diese Wirkungen sollen jedoch wieder eingeschränkt werden durch einen Verweis auf die Vorschriften des Anerkennungsstaates, die die eben genannten Rechtsfolgen einer Verfahrenseröffnung begrenzen, modifizieren oder aufheben (Art. 20 II).[170] Dies entspricht weder der Systematik des internationalen Anerkennungsrechts, noch kollisionsrechtlichem Denken.

---

[168] Vgl. *Somers,* ebd. S. 695.
[169] Die UNCITRAL-Modellbestimmungen sind abgedruckt in ZIP 1997, S. 2224 ff.; vgl. hierzu auch den Bericht von *Wimmer* ZIP 1997, S. 2220 ff.; *Benning/Wehling* EuZW 1997, 618; vgl. auch die ausführliche Darstellung bei *Felsenfeld,* Kap. 5–20. vgl. weiterhin *Adolphsen,* IPRax 2002, 337; *Anderson,* Australien Yearbook of International Law 2004; *Benning/Wehling,* EuZW 1997, 618; *Berends,* 6 Tulane J. of Int'L & Comp. Law 1998, 309; *Boone/Duedall,* The European Lawyer, 57/2006, 31; *Clift,* 12 Tulane J. Int'L & Comp. Law 2004, 307; *Fletcher,* Insolvency in Private International Law, National and International Approaches (Oxford Private International Law), 2005, 2nd edition (chapter 8); *Isham,* 26 Brook. J. Int'L 2001, 1177; *Khumalo,* International Insolvency Institute, 2004 (http://www.iiiglobal.org/topics/uncitral_model.html); *v. Boehner/Ilka,* (Deutsches) Internationales Insolvenzrecht im Umbruch: Grundfragen grenzüberschreitender Insolvenzen, unter Berücksichtigung der UNCITRAL-Modellbestimmungen über grenzüberschreitende Insolvenzverfahren; *Wessels,* International Insolvency Institute (http://www.iiiglobal.org/topics/uncitral_model.html); *Westbrook,* American Bankruptcy Law Journal 1, Winter 2002, 1; *ders.,* IFLR, September 2002, 9; *Gummow/Farley/Wisitsora-At/Heath,* Sixth Multinational Judicial Colloquium UNCITRAL – INSOL International, 12–13th March 2005, Sydney Australia, Evaluation Session; ausführlich nunmehr Pannen, Europäische Insolvenzverordnung, S. 703 ff.
[170] Kritisch hierzu auch *Wimmer* ZIP 1997, S. 2222.

Viele weitere Rechtsfolgen, die sich aus der Verfahrenseröffnung ergeben, sind dagegen 81
gar nicht geregelt. So finden sich – anders als in der EG-Verordnung – überhaupt keine
Kollisionsnormen, die das anwendbare Recht bestimmen und zwar weder für die strittigen
Fragen der Kreditsicherheiten, Gläubigervorrechte, Aufrechnung, Arbeitsverhältnisse etc.
Auch für die Insolvenzanfechtung, die innerhalb der Kommission äußerst umstritten war,
finden sich keine Kollisionsnormen, nach welchem Recht der Anfechtungstatbestand zu
beurteilen ist. So sieht Art. 23 I vor, dass der ausländische Insolvenzverwalter befugt ist,
einen Anfechtungsprozess im Inland nach den inländischen Vorschriften zum Anfechtungsrecht zu führen. Schon diese Vorschrift wirft mehr Fragen auf, als hierdurch beantwortet
werden können, denn die Partei- und Prozessführungsbefugnis eines Insolvenzverwalters ist
an sich eine Selbstverständlichkeit. Was die Frage des anwendbaren Rechts anbetrifft, so ist
diese wiederum unabhängig von der Frage des Gerichtsstands. Der Verweis auf die lex fori
als anwendbares Recht ist daher ein wenig geeigneter Anknüpfungspunkt.

Mittlerweile haben jedoch mehrere Länder ihr internationales Insolvenzrecht in Anlehnung an die Uncitral Modellbestimmungen geändert. So haben Mexico, Japan, Südafrika, 82
England, Rumänien, Polen und die USA ihr autonomes internationales Insolvenzrecht
entsprechend an das Modellgesetz angepasst.[171] In weiteren Ländern liegen entsprechende
Gesetzesentwürfe vor.[172]

E. §§ 335 ff. InsO

I. Zeitlicher Anwendungsbereich

§§ 335 ff. InsO traten zum **20. 3. 2003** in Kraft. Bis dahin galt die fragmentarische 83
Regelung zum autonomen internationalen Insolvenzrecht in Art. 102 EGInsO aF.[173] Mangels ausdrücklicher Regelung ergibt sich die Abgrenzung für die Anwendung des neuen
Rechts aus einer entsprechenden Anwendung von Art. 103, 103 a EGInsO. Danach gelten
§§ 335 ff. erst für die Insolvenzverfahren, die nach dem 20. 3. 2002 eröffnet worden sind.[174]
Es kommt demnach auch für die Inlandswirkungen ausländischer Verfahren auf den Zeitpunkt der Antragstellung an. Kennt das ausländische Recht verschiedene getrennte Verfahrenstypen, wie Vergleichs- und Anschlusskonkursverfahren im früheren Recht, die
jeweils übergeleitet werden können, dann kommt es auf die erste Antragstellung an und
nicht auf den Zeitpunkt, wann das Folgeverfahren beantragt oder eröffnet wurde.

II. Sachlich-räumlicher Anwendungsbereich

1. Vorrang der EuInsVO. Die Vorschriften des autonomen deutschen internationalen 84
Insolvenzrechts (§§ 335 ff.) finden keine Anwendung, soweit die zu beantwortende Rechtsfrage vom Anwendungsbereich der EuInsVO erfasst wird. Denn die EuInsVO ist gegenüber
dem autonomen Recht der Mitgliedstaaten vorrangig.[175] Die Frage des (verbleibenden)
Anwendungsbereiches der §§ 335 ff. ist daher grundsätzlich aus Sicht der EuInsVO zu
beantworten. Deren Anwendungsbereich ist auf grenzüberschreitende Fragen zwischen den
Mitgliedstaaten beschränkt. Im Verhältnis zu Drittstaaten soll die Verordnung dagegen keine

---

[171] Vgl. die Darstellung bei Clift, 12 Tul. J. Int'l & Comp. L 2004, S. 307, 331 ff.; *Fletcher*, Insolvency in Private International Law, 2. Aufl., S. 486 ff.; *Khumalo*, International Response to the Uncitral Model Law on Cross-Border Insolvency, International Insolvency Institute, S. 13 ff.
[172] So z. B. auch in Canada, Neuseeland, Australien.
[173] Vgl. die Kommentierung zu dieser Vorschrift in der ersten Auflage, MünchKommInsO-*Reinhart*, Bd. 3, 1. Aufl., Art. 102 EGInsO.
[174] MünchKommBGB-*Kindler*, Bd. 11, IntInsR RdNr. 940; *Braun/Liersch*, vor §§ 335-358 RdNr. 16; *Mohrbutter/Ringstmeier/Wenner* § 20 RdNr. 25; Hess InsO, vor §§ 335-358 RdNr. 19.
[175] *Mohrbutter/Ringstmeier/Wenner* § 20 RdNr. 13; MünchKommBGB-*Kindler*, Bd. 11, IntInsR RdNr. 940; *Braun/Liersch*, vor §§ 335-358 RdNr. 24; Hess InsO, vor §§ 335-358 RdNr. 17; HK-*Stephan*, vor §§ 335 ff. RdNr. 17.

Anwendung finden (vgl. dazu ausführlich unten Art. 1 RdNr. 15 ff. EuInsVO). Als Grundregel kann daher davon ausgegangen werden, dass die §§ 335 ff. nur noch im Verhältnis zu Nichtmitgliedstaaten der EuInsVO Anwendung finden.

85 Fällt die Rechtsfrage in den sachlich-räumlichen Anwendungsbereich der EuInsVO, ist darüber hinaus zu klären, ob die Rechtsfrage überhaupt im EuInsVO geregelt worden ist. Enthält die EuInsVO insoweit eine bewusste Regelungslücke, so ist ein Rückgriff auf das autonome Recht ohne weiteres möglich.[176] Etwas anderes wird man allerdings für Rechtsfragen annehmen müssen, die zwar im EuInsVO nicht ausdrücklich geregelt wurden, aber auf einer unbewussten Regelungslücke des Verordnungsgebers resultieren und sich daher aus dem Zusammenhang der Normen des EuInsVO erschließen lassen. Insoweit wäre ein Rückgriff auf das autonome Recht nicht zulässig.

86 **2. Uneingeschränkte Geltung bei Kreditinstituten, Versicherungsunternehmen etc.** Uneingeschränkte Geltung haben die §§ 335 ff. allerdings bei Insolvenzverfahren über Versicherungsunternehmen, Kreditinstituten, Wertpapierfirmen sowie Organismen für gemeinsame Anlagen. Diese sind aus dem Anwendungsbereich der EuInsVO gemäß Art. 1 Abs. 2 EuInsVO ausdrücklich ausgenommen worden, weil die dort genannten Institute der Aufsicht nationaler Behörden unterstehen. Bei Insolvenzverfahren über die vorgenannten juristischen Personen sind daher ausschließlich die §§ 335 ff. anzuwenden, es sei denn dass ein spezieller Staatsvertrag noch anwendbar wäre.[177]

87 Für Kreditinstitute und Versicherungsunternehmen hat der Europäische Rat Richtlinien erlassen, in denen die grenzüberschreitenden insolvenzrechtlichen Fragen gesondert geregelt sind.[178] Da diese als Richtlinien keine unmittelbare Geltung in den Mitgliedstaaten haben, mussten diese in jedem Mitgliedstaat in das nationale Recht umgesetzt werden. Der deutsche Gesetzgeber hat die Richtlinien bei Neuregelung des internationalen Insolvenzrechts berücksichtigt.[179] Ob die Richtlinien im Einzelnen sachgerecht umgesetzt wurden, darf bezweifelt werden.[180] Da der Gesetzgeber mit der Neuregelung des internationalen Insolvenzrechts ausdrücklich auch beide Richtlinien umsetzen wollte, sind die §§ 335 ff. im Zweifel richtlinienkonform auszulegen.[181]

88 **3. Inländische Hauptverfahren.** Ist das Schuldnerunternehmen nicht gemäß Art. 1 Abs. 2 EuInsVO von dessen Anwendungsbereich ausgenommen, so richten sich inländische Hauptverfahren – bis auf Ausnahmefälle – nach Kapitel I und Kapitel IV der EuInsVO. Dies ergibt sich daraus, dass die internationale Zuständigkeit für Hauptverfahren nur noch über Art. 3 EuInsVO zu bestimmen ist (vgl. dazu unten § 335 RdNr. 23 Art. 1 RdNr. 16 EuInsVO). Ist die internationale Zuständigkeit nach Art. 3 Abs. 1 EuInsVO gegeben, so ist für die internationalrechtlichen Fragen die EuInsVO maßgebend (vgl. auch Nr. 14 der Erwägungsgründe der Präambel). Übereinstimmung besteht jedoch andererseits darin, dass die EuInsVO nicht anwendbar ist im Hinblick auf das Verhältnis von Mitgliedstaaten zu Drittstaaten.[182] Das würde jedoch bedeuten, dass bei den internationalrechtlichen Fragestel-

---

[176] So auch *Trunk*, in: *Stoll*, Vorschläge und Gutachten, S. 232, 234; HK-*Stephan*, Vor §§ 335 ff. RdNr. 20; *Braun/Liersch*, vor §§ 335–358 RdNr. 24; MünchKommBGB-*Kindler*, Bd. 11, IntInsR RdNr. 940.

[177] So z. B. der Deutsch-österreichische Konkursvertrag, vgl. oben RdNr. 80.

[178] Vgl. Richtlinie 2001/24/EG vom 4. 4. 2001 (ABl. L 125, 15) und Richtlinie 2001/17/EG vom 19. 3. 2001 (ABl. L 110, 28).

[179] Vgl. BT-Drucks. 15/16, S. 14 ff.; weitere Vorschriften wurden durch das Gesetz zur Umsetzung aufsichtsrechtlicher Bestimmungen zur Sanierung und Liquidation von Versicherungsunternehmen und Kreditinstituten in das KWG und VAG eingefügt, vgl. BT-Drucks. 15/1653.

[180] Kritisch auch *Braun/Liersch*, Vor §§ 335–358 RdNr. 30; *Mohrbutter/Ringstmeier/Wenner* § 20 RdNr. 255; *Andres/Leithaus/Dahl*, vor § 335 RdNr. 19; MünchKommBGB-*Kindler*, Bd. 11, IntInsR RdNr. 939; zur Umsetzung der RL 2001/17/EG *Heiss/Gölz* NZI 2006, 4.

[181] Vgl. zur Richtlinienkonformen Auslegung im Allgemeinen *Palandt/Heinrichs*, Einleitung RdNr. 43; *Schulze/Zuleeg/Borchardt*, § 15 RdNr. 66 ff.; *Calliess/Ruffert/Kahl*, EGV Art. 10 RdNr. 40.

[182] Vgl. die Stellungnahme von *Virgos/Schmit*, Erläuternder Bericht, RdNr. 11, 44, 82; ebenso *Eidenmüller* IPRax 2001, 1, 5; *Deipenbrock* EWS 2001, 113, 115; *Leible/Staudinger* KTS 2000, 533, 539; *Carstens*, Die internationale Zuständigkeit; S. 28 ff., 35; *Duursma-Kepplinger*, Europäische Insolvenzverordnung, Art. 1 RdNr. 3, 8; HK-*Stephan*, Art. 1 RdNr. 11; *Huber* ZZP 114 (2001) 133, 138; *Mock/Schildt* ZInsO, 2003, 396,

lung weiterhin zu prüfen wäre, ob ein Bezug zu einem Mitgliedsstaat vorliegt (Anwendung der EuInsVO) oder zu einem Drittstatt (Anwendung des autonomen Rechts).

a) Internationale Zuständigkeit. Die internationale Zuständigkeit inländischer Gerichte zur Durchführung eines Hauptverfahrens im Inland ist ausschließlich nach Art. 3 Abs. 1 EuInsVO festzustellen. Die analoge Anwendung von § 3 wird durch die EuInsVO verdrängt, und zwar unabhängig davon, ob sich noch weitere Niederlassungen oder Betriebsstätten, Vermögensgegenstände oder Gläubiger des Schuldners in einem der anderen Mitgliedsstaaten oder in Drittstaaten befinden. Denn Art. 3 Abs. 1 EuInsVO findet auch dann Anwendung, wenn die internationale Zuständigkeit im Verhältnis zum einem Drittstaat abzugrenzen ist.[183] 89

b) Kollisionsrechtliche Fragen. Abgrenzungsschwierigkeiten entstehen jedoch bei der Bestimmung des Anwendungsbereich der Kollisionsnormen, weil in diesem Bereich schon der Anwendungsbereich der EuInsVO bisher wenig geklärt ist.[184] Die Abgrenzung wird jedoch praktisch nur in den Fällen relevant, in denen das autonome Recht eine von der EuInsVO abweichende Regelung vorsieht. Ist die Regelung des autonomen Rechts dagegen – was nicht selten der Fall ist – wortgleich mit der Regelung der EuInsVO, so kann die Abgrenzung vielfach dahingestellt bleiben. Die Auslegung der deutschen Norm wird sich in diesen Fällen ohnehin an der Vorschrift der EuInsVO orientieren.[185] Lediglich wenn Auslegungsfragen auftauchen, die im Rahmen des Anwendungsbereichs der EuInsVO zu einer Vorlage an den EuGH zwingen könnten, wird bei gleich lautendem Wortlaut der Anwendungsbereich abzugrenzen sein. 90

Die Abgrenzung, ob die Kollisionsnorm der vorrangigen EuInsVO oder des deutschen autonomen Rechts Anwendung findet, ist für jede Kollisionsnorm gesondert zu prüfen und hängt vom Regelungsgegenstand und den Anknüpfungspunkten ab, die die Norm bereits vorsieht (z. B. Belegenheit des Vermögensgegenstandes, Arbeitsort bei Arbeitsverhältnissen, Sitz des Registers bei Registerfragen etc.).[186] In der Regel ist die Belegenheit des streitgegenständlichen Vermögensgegenstandes entscheidend. Geht es dagegen nicht um einen Vermögensgegenstand, sondern um ein Recht, so wird man darauf abstellen müssen, ob das für die Insolvenzfrage maßgeblich Recht in einem der Mitgliedsstaaten belegen ist, oder außerhalb. Dagegen spielt die Frage, ob die Parteien des streitigen Rechtsverhältnisses aus den Mitgliedsstaaten der EuInsVO stammen oder beispielsweise das Insolvenzverfahren selbst in einem der Mitgliedsstaaten durchgeführt wird, für die Bestimmung des Anwendungsbereiches keine Rolle. 91

4. Anerkennung ausländischer Hauptverfahren (Zweiter Abschnitt). Für die Anerkennung ausländischer Hauptverfahren dagegen ist der Anwendungsbereich einfacher zu bestimmen. Für die Anwendung der § 343 ff. kommt es in Abgrenzung zum Kapitel II der EuInsVO darauf an, ob das ausländische Hauptverfahren von einem Gericht der Mitgliedsstaaten der EuInsVO eröffnet wurde, oder von einem Gericht aus einem Drittstaat.[187] Während sich die Anerkennung von Hauptverfahren aus den Mitgliedsstaaten ausschließlich nach Kapitel II der EuInsVO richtet, gilt für die Anerkennung von Verfahren aus Drittstaaten § 343. Gleiches gilt auch für die Anerkennung und Vollstreckung weiterer Entscheidungen des Insolvenzgerichts sowie von Entscheidungen, die unmittelbar auf Grund des 92

397; *Moss/Smith,* in: *Moss/Fletcher/Isaacs,* EC Regulation, RdNr. 8.07; *Paulus* ZIP 2003; 1725, 1726 f.; *Schmiedeknecht,* Der Anwendungsbereich, S. 108 ff.; *Smid,* Int. Insolvenzrecht, Art. 1 EurInsVO RdNr. 8.

[183] Vgl. hierzu im Einzelnen unten, Art. 1 RdNr. 16 EuInsVO; ebenso auch High Court of Leeds ZIP 2004, 1769 (Ci4net); und High Court of Leeds ZIP 2003, 813 (BRAC); zustimmend *Krebber* IPRax 2004, 540.

[184] Vgl. hierzu schon unten Art. 1 RdNr. 17 ff. EuInsVO mwN.

[185] Vgl. hierzu auch oben, RdNr. 18.

[186] Vgl. ausführlich auch Art. 1 RdNr. 17 EuInsVO; so *Paulus* NZI 2001, 505, 507; ähnlich wohl *Virgos/Schmit,* Erläuternder Bericht, RdNr. 44 aE; *Leible/Staudinger* KTS 2000, 533, 551; vgl. auch die jeweiligen Anmerkungen bei den einzelnen Kollisionsnorm.

[187] Vgl. im Einzelnen § 343 RdNr. 8.

Insolvenzverfahrens ergehen und in engem Zusammenhang damit stehen, wobei hier jeweils zusätzlich die Abgrenzung zur EuGVVO zu berücksichtigen ist.[188]

93 **5. Inländische Partikularverfahren (Dritter Abschnitt).** Auch bei der Durchführung inländischer Partikularverfahren ist für den Anwendungsbereich der §§ 354 ff. zu unterscheiden, ob das Hauptverfahren in einem Mitgliedstaat der EuInsVO oder in einem Drittstaat durchgeführt wird. Wird das Hauptverfahren in einem der Mitgliedstaaten der EuInsVO durchgeführt, so fallen die internationalrechtlichen Fragen in den Anwendungsbereich der EuInsVO. Das inländische Partikularverfahren ist dann gemäß Art. 27 ff. EuInsVO durchzuführen. Findet das Hauptverfahren dagegen in einem Drittstaat statt, so bleiben die §§ 354 ff. anwendbar.[189]

94 **6. Anerkennung ausländischer Partikularverfahren.** Soweit es um mögliche Auswirkungen eines ausländischen Partikularverfahrens im Inland geht, ist der Anwendungsbereich der EuInsVO im Verhältnis zum autonomen Recht ebenfalls danach vorzunehmen, ob das ausländische Partikularverfahren in einem der Mitgliedstaaten der Verordnung durchgeführt wird und ob es sich dabei um ein Partikular- oder Sekundärverfahren nach Art. 3 Abs. 2 EuInsVO handelt, d.h. ob das Hauptverfahren auch in einem der Mitgliedstaaten der Verordnung durchgeführt wird. Ist letzteres nicht der Fall, d.h. bezieht sich das Partikularverfahren aus einem anderen Mitgliedstaat auf ein Hauptverfahren aus einem Drittstaat, ist wiederum das autonome Recht für die sich möglicherweise ergebenden Anerkennungswirkungen maßgebend.

III. Sachlicher Anwendungsbereich (Qualifikationsfragen)

95 **1. Qualifikation von Verfahren als Insolvenzverfahren.** In der Literatur ist die Qualifikation im internationalen Insolvenzrecht bisher vornehmlich unter dem Aspekt diskutiert worden, dass bestimmte ausländische Verfahren, die ganz andere Grundlagen oder Zielsetzungen verfolgen, eventuell nicht als Insolvenzverfahren zu qualifizieren seien. So ist beispielsweise die Qualifikation für Verfahren in Frage gestellt worden, die das Verfahren in den Dienst einer industriepolitisch motivierten Sanierung des Gemeinschuldners stellen und Gläubigerinteressen diesem Zweck unterordnen.[190] Zweifel sind auch gegenüber *receivership*-Verfahren des englischen Rechts geäußert worden, die im Prinzip eher auf eine geordnete Verwertung der Sicherheit des Kreditgebers, als auf eine geordnete Abwicklung des Vermögens des Gemeinschuldners im Interesse aller Gläubiger hinauslaufen.[191]

96 In **Rechtsprechung und Literatur** sind daher bereits verschiedene Definitionsversuche unternommen worden, um den Anwendungsbereich des internationalen Insolvenzrechts abzugrenzen. Zutreffend, aber wenig hilfreich für die Praxis ist die von der Rechtsprechung für das internationale Konkursrecht entwickelte Formel, dass *„es sich bei dem ausländischen Verfahren nach den inländischen Rechtsgrundsätzen überhaupt um einen „Konkurs" handeln"* müsse,[192] denn sie lässt offen, welche inländischen Rechtsgrundsätze es sind, die ein Insolvenzverfahren kennzeichnen. In der Literatur wird bisweilen versucht, diese Rechtsgrundsätze konkreter zu bezeichnen.[193] So ist nach der ausführlichen Definition *Arnolds* ein Insolvenzverfahren ein *„gerichtliches oder gerichtlich-behördliches, kollektives Zwangsverfahren in der Sphäre des Privatrechts, das wegen der Insolvenz des Schuldners eingeleitet wird, grundsätzlich das gesamte Schuldnervermögen umfasst und eine am Prinzip der par condicio creditorum ausgerichtete Befriedigung*

---

[188] Vgl. unten, Art. 25 RdNr. 10 f. EuInsVO.
[189] Vgl. im einzelnen § 354 RdNr. 5.
[190] Gemeint ist hierbei beispielsweise das italienische Verfahren „amministrazione straordinaria", vgl. hierzu auch noch den Länderbericht zu Italien, unten.
[191] Vgl. beispielsweise das Verfahren der „administrative receivership", das auch vom Anwendungsbereich der EuInsVO ausgeschlossen wurde, vgl. Art. 1 RdNr. 4 EuInsVO.
[192] Vgl. BGH vom 11. 7. 1985 NJW 1985, 2897, 2899.
[193] Vgl. auch die Definitionen bei *Häsemeyer*, RdNr. 35.02; *Pielorz*, Auslandskonkurs und Disposition über das Inlandsvermögen, S. 67; *Ebenroth* ZZP (1988) 121, 124; *Müller-Freienfels*, Gedächtnisschrift für Dölle, S. 359, 365; *Hanisch*, Festschrift für Schnitzer, S. 223, 225.

der Gläubiger anstrebt, sei es durch Verwertung des Schuldnervermögens mit Hilfe eines Verwalters, sei es durch ein Arrangement des Schuldners mit seinen Gläubigern oder durch einen Sanierungsplan, der durch eine Gerichtsentscheidung verbindlich wird".[194] Nach *Jahr* hingegen ist unter dem Begriff des Konkurses *"jedes staatliche Verfahren der Verwaltung eines Inbegriffs von Vermögensgegenständen mit dem Ziel, alle Gläubiger, denen diese zur vollen Befriedigung voraussichtlich unzureichenden Vermögensgegenständen haften, gleichmäßig zu befriedigen"* zu verstehen.[195]

Nach neuerer Ansicht muss es sich um ein Verfahren handeln, das im Wesentlichen den gleichen Zielen dient wie ein deutsches Insolvenzverfahren.[196] Im Einzeln bedeutet dies, dass das Verfahren auf eine schwere wirtschaftliche Krise Bezug nehmen und dabei auf eine möglichst gleichmäßige Gläubigerbefriedigung aus dem schuldnerischen Vermögen unter Berücksichtigung der Interessen anderer Verfahrensbeteiligter zielen muss.[197] *Wenner* hält diese Formel für zu eng und formuliert stattdessen, dass es sich um ein staatlich veranlasstes Verfahren handelt, welches ein zur vollen Befriedigung der Gläubiger voraussichtlich nicht ausreichendes Vermögen in der Sphäre des Privatrechts mit dem Ziel verwaltet, einen Ausgleich zwischen Gläubiger-, Schuldner- und staatlichen Interessen herbeizuführen.[198] **97**

Auch der Gesetzgeber hat sich im **Gesetzgebungsverfahren** mit der Frage der Qualifikation ausländischer Verfahren auseinander gesetzt. So finden sich im Vorentwurf Ausführungen, dass Verfahren, die nicht in erster Linie auf die Durchsetzung der Vermögensrechte der Beteiligten, sondern auf die Erhaltung der Arbeitsplätze, von Unternehmen oder regionalen Wirtschaftsstrukturen angelegt sind und daher den Gläubigern nicht mindestens den erzielbaren Liquidationswert sichern, wie dies nach §§ 245 I Nr. 1, 247 II Nr. 2, 251 I Nr. 2 InsO geschieht, nicht als Insolvenzverfahren im Sinne des deutschen internationalen Insolvenzrechts zu qualifizieren seien.[199] Auch der Gesetzesentwurf der Bundesregierung stellt darauf ab, ob das ausländische Verfahren im Großen und Ganzen den Zwecken dienstbar gemacht werde, die § 1 InsO als Aufgabe des deutschen Insolvenzverfahrens beschreibe und unter denen die bestmögliche gemeinschaftliche Befriedigung der Gläubiger den ersten Rang einnehme.[200] **98**

Die oben genannten Definitionen und Ausführungen im Gesetzgebungsverfahren erweisen sich jedoch mit Blick auf die Vielfältigkeit ausländischer Verfahren und der unterschiedlichen wirtschaftspolitischen Ausprägung der Verfahren wenig hilfreich.[201] Kriterium kann beispielsweise nicht – wie bei *Jahr* – sein, dass es sich um ein staatliches Verfahren handelt.[202] Unter Aufsicht eines Gerichts oder einer Behörde finden ohnehin alle rechtsstaatlichen Verfahren statt. Ebenso wenig kann – wie bei *Arnold* – ein Kriterium sein, ob das Verfahren das gesamte Schuldnervermögen umfasst, da es immer noch ausländische Verfahren gibt, die die Insolvenzmasse im Sinne des § 35 InsO auf das inländische Vermögen beschränken.[203] Und schließlich kann es ebenso wenig Gegenstand der Qualifikation sein – wie beispielsweise im Gesetzgebungsverfahren und auch sonst gegenüber Sanierungsverfahren geäußert wurde –, dass das ausländische Verfahren den Gläubigern den Liquidationswert garantiere. **99**

---

[194] Vgl. *Gottwald/Arnold*, Insolvenzrechts-Handbuch, 1. Aufl., § 121 RdNr. 21; weniger einschränkend *Gottwald/Gottwald*, Insolvenzrechts-Handbuch, 3. Aufl., § 132 RdNr. 19.
[195] *Jaeger/Jahr*, KO, 8. Aufl. §§ 237, 238 RdNr. 9.
[196] Vgl. BAG ZIP 2007, 2047; HK-*Stephan* § 335 RdNr. 12; *Andres/Leithaus/Dahl* § 335 RdNr. 3; *Kübler/Prütting/Kemper* § 335 RdNr. 3; *Hess* InsO, § 335 RdNr. 3.
[197] *Andres/Leithaus/Dahl* § 335 RdNr. 3.
[198] *Mohrbutter/Ringstmeier/Wenner* § 20 RdNr. 175; ähnlich auch BGHZ 134, 79, 89.
[199] Vgl. die Begründung des Vorentwurfes, in: *Stoll*, Stellungnahmen und Gutachten S. 17 f.
[200] BT-Drucks. 12/2443 vom 15. 4. 1992 S. 236; ebenfalls einschränkend gegenüber ausländischen industriepolitischen Sanierungsverfahren äußern sich *Hanisch* ZIP 1985, 1236 Fn. 31; *Aderhold*, S. 194; *Gottwald/Arnold*, 1. Aufl., § 121 RdNr. 20; ähnlich auch *Oertzen*, S. 32. Zu ähnlichen Äußerung im schweizerischen IIR auch *Staehelin*, S. 178.
[201] So auch *Gottwald/Gottwald*, Insolvenzrechts-Handbuch, § 132 RdNr. 19; *Nerlich/Römermann/Mincke*, Art. 102 EGInsO RdNr. 11 f.
[202] *Gottwald/Gottwald*, Insolvenzrechts-Handbuch, § 132 RdNr. 19; *Geimer* IZPR RdNr. 3505; *Mohrbutter/RingstmeierWenner* § 20 RdNr. 175.
[203] Vgl. beispielsweise in Japan, siehe *Fletcher*, Cross Border Insolvency, S. 280, 282.

Denn Gegenstand der Qualifikation ist nicht, ob das ausländische Recht einen identischen Sachverhalt mit derselben rechtspolitischen Zielsetzung wie das inländische Recht bereinigt (z. B. durch die Garantie des Liquidationswertes).

100 Richtigerweise handelt es sich bei der Qualifikation um einen Zuordnungsvorgang, wonach eine bestimmte Rechtsfrage einer oder einer Gruppe von Kollisionsnormen oder Verfahrensnormen zugeordnet wird. Bei der Beurteilung ausländischer Verfahren ist daher im Rahmen der Qualifikation nicht zu prüfen, ob die Rechtsstellung der Gläubiger deren Rechtsstellung nach der InsO entspricht. Entscheidend für die Qualifikation ist vielmehr, ob mit dem ausländischen Verfahren die Regelung eines insolvenzrechtlichen Tatbestandes, nämlich der Insuffizienz des Vermögens des Schuldners, bezweckt wird, wobei auch hier nicht verlangt werden kann, dass das ausländische Recht dieselben Eröffnungsgründe wie das deutsche Recht vorschreibt.[204] Wie das ausländische Recht den Sachverhalt im Einzelnen regelt, ist zurückhaltend zu beurteilen. Entscheidend kann hierbei nur sein, dass die Rechte der Beteiligten (Schuldner und Gläubiger) untereinander im Hinblick auf die Vermögenssituation anhand eines gesetzlich vorgegebenen Rahmens geregelt werden. Weicht die Abwicklung der Insolvenz nach dem ausländischen Verfahren erheblich von den Rechtsgrundsätzen des inländischen Rechts ab, so ist dies allenfalls eine Frage des verfahrens- und kollisionsrechtlichen *ordre public,* mit dem bestimmte, gegen Rechtsgrundsätze unserer Rechtsordnung verstoßende Wirkungen des ausländischen Rechts zurückgewiesen werden.[205]

101 **2. Abgrenzung insolvenzrechtlicher Fragen von verwandten Rechtsgebieten.** Schwieriger als die Qualifikation von ausländischen Verfahren gestaltet sich die Qualifikation von Rechtsfragen, die an der Schnittstelle zwischen Insolvenzrecht und anderen verwandten Rechtsgebieten liegen. Nach ständiger Rechtsprechung ist hierzu zunächst der Lebenssachverhalt oder das ausländische Rechtsinstitut nach Sinn und Zweck zu erfassen und ihre Bedeutung vom Standpunkt des ausländischen Rechts zu würdigen und mit der Einrichtung der deutschen Rechtsordnung zu vergleichen. Auf dieser Grundlage ist dann die Vorschrift den aus den Begriffen der deutschen Rechtsordnung aufgebauten Merkmalen der deutschen Kollisionsnorm zuzuordnen.[206]

102 **a) Gesellschaftsrecht.** Bei der im Rahmen des § 335 vorzunehmenden **Abgrenzung zu den gesellschaftsrechtlichen Kollisionsnormen** sind insbesondere die in der Insolvenz relevant werdenden Haftungsfragen (Konzernhaftung, Haftung des gesetzlichen Organe) relevant. Diese sind generell als gesellschaftsrechtlich zu qualifizieren,[207] und zwar unabhängig davon, ob der Anspruch gegen die gesetzlichen Vertreter zugunsten der Einzelnen geschädigten Gläubiger oder des Insolvenzverwalters besteht oder in welchem Gesetz der Anspruch geregelt ist. Zwar werden diese Haftungsfragen vornehmlich in Insolvenzsituationen des Schuldners relevant und sind vielfach Schutzvorschriften zugunsten der Gläubigergemeinschaft. Diese Pflichten basieren jedoch auf der gesellschaftsrechtlichen Organisationsform eines Unternehmens und sind mit dieser untrennbar verbunden.[208] Sie finden sich im deutschen Recht daher ausschließlich in den jeweiligen gesellschaftsrechtlichen Gesetzen außerhalb der InsO.[209] Diese Vorschriften runden auch systematisch die sonstigen Vorschriften im Gesellschaftsrecht zur Kapitalerhaltung ab. Auch andere Rechtsordnungen sehen eine

---

[204] Die Auffassung von *Balz,* BGH, EWiR Art. 1 EuGVÜ, 1/90 S. 250 f., das amerikanische Reorganisationsverfahren sei abzulehnen, weil das amerikanische Recht nicht den Nachweis eines Insolvenzgrundes vom Schuldner verlange, ist daher abzulehnen.

[205] Vgl. BAG ZIP 2007, 2047, 2048 f; ausführlich *Reinhart,* Sanierungsverfahren, S. 165 ff., 169 f.; ebenso *Kirchhof* WM 1993, 1364, 1367.

[206] So die Formulierung in ständiger Rechtsprechung, vgl. BGHZ 29, 137 (139); vgl. auch BGH NJW 1996, 54 f.; *v. Bar/Mankowski,* IPR, Bd. I, § 7 RdNr. 138 ff.; *Kropholler,* IPR, §§ 15 ff.

[207] AA *Trunk,* Internationales Insolvenzrecht, S. 115 f.

[208] Ebenso OLG Jena vom 5. 8. 1998 ZIP 1998, 1496; Anmerkung *Kranemann* EwiR, 1998, 779; OLG München vom 25. 6. 1999 RIW 1999, 871; OLG Bremen vom 25. 9. 1997 RIW 1998, 63; Anmerkung *Brödermann* EwiR 1998, 125; vgl. auch *Mankowski* NZI 1999, 56 ff.

[209] Vgl. § 64 GmbHG; §§ 92 Abs. 2, 268 Abs. 3, 278 Abs. 3, 283 Nr. 14 AktG; § 130a HGB; § 99 GenG; §§ 42 Abs. 2, 48, 53, 86, 88, 89 Abs. 2, 1489 Abs. 2, 1980, 1985 BGB.

persönliche Haftung der gesetzlichen Vertreter von bestimmten Kapitalgesellschaften vor, wenn diese ihre Insolvenzantragspflichten verletzt oder im Zustand der Insolvenz weiterhin Geschäfte getätigt haben.[210] Gleiches gilt für die Anknüpfung konzernrechtlicher Ansprüche. Auch diese sind als gesellschaftsrechtlich zu qualifizieren.

Man kann die Qualifikationsfragen auch nicht mit dem Argument dahinstehen lassen, auch das internationale Insolvenzrecht sehe für diese Haftungsfragen eine Sonderanknüpfung an die *lex societas* vor, so dass im Ergebnis dieselbe Kollisionsnorm zum Zuge komme. Während dies für das autonome deutsche Recht eventuell möglich wäre, zeigt aber ein Blick auf die EuInsVO, welche Probleme hierdurch entstehen könnten. In der EuInsVO sind die Sonderanknüpfungen ausdrücklich und abschließend geregelt. Fällt ein Tatbestand nicht unter eine der Sonderanknüpfungen, so käme die Generalnorm des Art. 4 EuInsVO zum Tragen, die die Anwendung der *lex fori concursus* vorsieht. Dies würde beispielsweise bei einem inländischen Partikularverfahren dazu führen, dass sich die Haftung eines Geschäftsführers einer englischen Limited Company gegenüber einem deutschen Gläubiger nach § 64 GmbHG richten würde.[211] Bei weltweit tätigen Unternehmen würde dies zu einer für die Geschäftsführung nicht zu bewältigenden Pflichtenkollision führen. **103**

Einer Qualifikation der Haftungsfragen als gesellschaftsrechtlich steht auch nicht die Rechtsprechung des EuGH zum Anwendungsbereich der EuGVVO entgegen. Zwar hat der EuGH in Bezug auf Art. 1 Nr. 2 EuGVÜ, der Konkurse und Vergleiche vom Anwendungsbereich der Verordnung ausschließt, bereits entschieden, dass die nach französischem Insolvenzrecht bestehenden Haftungsansprüche als insolvenzrechtlich zu qualifizieren seien und daher das EuGVÜ keine Anwendung finde.[212] Hierbei handelt es sich jedoch um eine Entscheidung zum Anwendungsbereich des EuGVÜ (nun: EuGVVO). Über die Qualifikation dieser Haftungsfrage im autonomen Kollisionsrecht, ob nämlich zur Bestimmung des anwendbaren Rechts die insolvenzrechtlichen oder gesellschaftsrechtlichen Kollisionsnormen heranzuziehen sind, sagt diese Entscheidungen jedoch nichts aus. Im Übrigen ist die deutsche Rechtsprechung dem in Bezug auf Ansprüche aus den Regeln der Kapitalaufbringung oder -erhaltung nicht mehr gefolgt.[213] **104**

b) Arbeitsrecht. Qualifikationsfragen tauchen ebenfalls auf bei der Abgrenzung zum **Arbeitsrecht,** insbesondere im Zusammenhang mit § 337. Als insolvenzrechtlich sind hierbei alle Fragen zu qualifizieren, die die Wirkungen der Verfahrenseröffnung auf das Arbeitsverhältnis betreffen, sowie die Fragen der Vorrechte und der Rang der Arbeitnehmerforderungen.[214] Dagegen unterstehen die Rechtsfragen, die nicht aus der Insolvenz des Schuldners herrühren und unabhängig hiervon das Arbeitsverhältnis betreffen, Art. 30 EGBGB.[215] **105**

c) Erb- und Familienrecht. Abgrenzungsschwierigkeiten können sich auch in den Fällen internationaler **Nachlassinsolvenzverfahren** oder bei einem Verfahren über das **Gesamtgut einer Gütergemeinschaft** ergeben. Die hierbei auftretenden Abgrenzungsschwierigkeiten sind vielzählig und bisher kaum behandelt.[216] Da sich die Qualifikation **106**

---

[210] So kennt beispielsweise auch das englische Recht eine Haftung der Geschäftsführer (sog. „wrongful trading") nach sec. 212 Insolvency Act 1986; diese Vorschrift gilt jedoch nur für die gesetzlichen Vertreter englischer Gesellschaften, vgl. sec. 251 Insolvency Act i. V. m. sec. 735 Companies Act 1985; zur Haftung der Organe nach französischem Recht vgl. Art. 102 Anh. II.
[211] So aber *Trunk,* ebd.
[212] Vgl. hierzu EuGH vom 22. 2. 1979, Rs. 133/78 *Gourdain/Nadler,* RIW 1979, 273 = Slg. 1979, 733; ebenso OLG Hamm vom 26. 2. 1993 EuZW 1993, 519 f.; *Ebenroth* JZ 1988, 297; *Aderhold,* S. 177; vgl. auch *Kropholler,* EuGVÜ § 1 RdNr. 31 ff.
[213] Vgl. OLG Koblenz vom 11. 1. 2001 NZI 2002, 56; OLG Jena vom 5. 8. 1998 NZI 1999, 81; zur Geschäftsführerhaftung in der Insolvenz: OLG München vom 25. 6. 1999 RIW 1999, 871.
[214] Vgl. § 337 RdNr. 9; *Braun/Liersch/Tashiro* § 337 RdNr. 3; *Kübler/Prütting/Kemper* § 337 RdNr. 8.
[215] Von dieser Qualifikation geht anscheinend auch die EuInsVO aus, vgl. unten Art. 10 RdNr. 8 EuInsVO sowie FK-*Wimmer,* Anh. I Art. 102 EGInsO RdNr. 345; HK-*Kirchhof,* Art. 102 EGInsO RdNr. 17; *Kübler/Prütting/Kemper,* Anh. II/Art. 102 EGInsO RdNr. 152 f.; *Virgos/Schmit,* Erläuternder Bericht, RdNr. 125 ff.
[216] Vgl. allerdings *Hanisch,* Festschrift für Henckel, S. 369 ff.; *ders.* ZIP 1990, 1241 ff. jeweils zu Nachlassinsolvenzverfahren.

grundsätzlich nach der *lex fori* richtet, ist vor deutschen Gerichten die Qualifikation entsprechend der Zuordnung in den Vorschriften der Insolvenzordnung (§§ 315 ff.) und des BGB (§§ 1415 ff., 1967 ff.) vorzunehmen.

107 **d) Bank- und Versicherungsaufsichtsrecht.** Insolvenzbedingte Maßnahmen der Banken- und Versicherungsaufsicht sind als öffentlich-rechtlich zu qualifizieren und unterliegen daher nicht den Kollisionsnormen des internationalen Insolvenzrechts. In Betracht kommen hierbei Anordnungen, die den Anordnungen der Bundesanstalt für Finanzdienstleistungsaufsicht (BaFin) nach § 46 a I KWG, insbesondere dem nach § 46 a I Satz 5 KWG zulässigen Vollstreckungsverbot, vergleichbar sind. Denn das Vollstreckungsverbot der BaFin hat beispielsweise nicht die gleichmäßige Befriedigung der Gläubiger zur Zielsetzung, die § 89 InsO zugrunde liegt, sondern dient der Sicherung aufsichtsrechtlicher Maßnahmen, die das KWG zur Abwendung der Finanzkrise eines Kreditinstitutes vorsieht.[217] Das ist in der Konsequenz misslich, weil nach den im internationalen öffentlichen Recht geltenden Grundsätzen Hoheitsakte des öffentlichen Rechts grundsätzlich auf das Gebiet des Hoheitsstaates beschränkt bleiben und ausländische Hoheitsakte daher weder vor den inländischen Gerichten durchgesetzt werden, noch unmittelbare Wirkung im Inland entfalten können.[218] § 53 b III KWG geht daher davon aus, dass aufsichtsrechtliche Sicherungsmaßnahmen nach §§ 46 ff. KWG für inländische Zweigstellen von der BaFin gesondert angeordnet werden müssen.[219]

108 Die EU hat aus diesen Gründen bereits in den achtziger Jahren den Vorschlag für eine Richtlinie zur Koordinierung der Rechts- und Verwaltungsvorschriften über die Sanierung und Liquidation der Kreditinstitute unterbreitet, die vorsieht, dass entsprechende Maßnahmen der Aufsichtsbehörde des Heimatlandes im Sinne der 2. Bankrechtskoordinierungsrichtlinie in den anderen Mitgliedsstaaten automatisch wirksam sind.[220] Die Richtlinie wurde – mit wesentlichen Änderungen – zwischenzeitlich verabschiedet und ist bis zum 5. 5. 2004 umzusetzen.[221]

---

[217] Vgl. *Boos/Fischer,* KWG, § 46 a RdNr. 1; *Bähre/Schneider,* KWG, §§ 46 a–c, Anm. 1; *Reischauer/Kleinhans,* KWG § 46 a RdNr. 1; *Szagunn/Haug/Ergenzinger,* KWG, § 46 a RdNr. 1; *Fischer,* in: *Schimanski/Bunte/Lwowski,* Bankrechts-Handbuch, § 133 RdNr. 18 ff.; vgl. auch BT-Drucks. 7/4631 vom 23. 1. 1976 S. 13.

[218] Vgl. *Kegel/Schurig,* S. 1092 ff.; MünchKommBGB-*Sonnenberger,* Bd. 10, Einl. IPR RdNr. 401 ff.

[219] *Boos/Fischer,* KWG, § 533 RdNr. 39; *Reischauer/Kleinhans,* KWG, § 53 b RdNr. 1, 5; *Fischer,* in: *Schimanski/Bunte/Lwowski,* Bankrechtshandbuch, § 137 RdNr. 6; *Szagunn/Haug/Ergenzinger,* KWG, § 53 b RdNr. 20 f.

[220] Vgl. Ratsdok. 4177/1986; ABl. EG Nr. Nr. C 36/1 vom 4. 1. 1988; hierzu auch BR-Drucks. 23/86; vgl. auch *Goode,* in: The single market and the law of banking, Hrsg. *Cranston,* S. 139 ff., 146 f.; *Fischer,* in *Schimanski/Bunte/Lwowski,* Bankrechtshandbuch § 137 RdNr. 6.

[221] Richtlinie 2001/24/EG über die Sanierung und Liquidation von Kreditinstituten, ABl. EG Nr. L 125/15 vom 5. 5. 2001, vgl. auch unten zu Art. 1 RdNr. 5 EuInsVO, Anh. I.

Erster Abschnitt. Allgemeine Vorschriften

§ 335 Grundsatz

Das Insolvenzverfahren und seine Wirkungen unterliegen, soweit nichts anderes bestimmt ist, dem Recht des Staats, in dem das Verfahren eröffnet worden ist.

Literatur: Vgl. die allgemeinen Literaturangaben vor §§ 335 ff. InsO.

Übersicht

	RdNr.
I. Normzweck	1
II. Anwendungsbereich	5
1. Abgrenzung zur EuInsVO	5
a) Vorrang der EuInsVO	5
b) Nach Art. 1 Abs. 2 EuInsVO ausgenommene Schuldner	6
c) Kollisionsfragen außerhalb des Anwendungsbereichs der EuInsVO	7
2. Qualifikationsfragen innerhalb des autonomen Rechts	8
III. Regelanknüpfung	9
IV. Anderweitige Bestimmungen	12
1. Allseitig anderweitige Bestimmungen	13
2. Einseitig anderweitige Bestimmungen	14
3. Sachnormen	15
V. Einzelne Rechtsfragen	16
1. Eröffnungsverfahren	16
a) Gerichtsbarkeit	16
b) Internationale Zuständigkeit	20
aa) Vorrangige Geltung der EuInsVO	23
bb) Versicherungsunternehmen, Einlagenkreditinstitute, E-Geld Institute	24
cc) Sonstige Institute i. S. d. Art. 1 Abs. 2 EuInsVO	26
dd) Verfahrensfragen	30
c) Partei- und Insolvenzfähigkeit	31
d) Eröffnungsgründe	36
e) Rechtshilfeverkehr	38
f) Sonstige verfahrensrechtliche Fragen	42
2. Erfasstes Vermögen und Verfahrensbeteiligte	44
a) Bestimmung der Insolvenzmasse	44
b) Bestimmung der Insolvenzgläubiger	48
c) Stellung ausländischer Gläubiger im inländischen Insolvenzverfahren	49
aa) Gleichbehandlung	49
bb) Öffentlich-rechtliche Forderungen	50
d) Fremdwährungsforderungen, Umrechnung von Forderungen	55

	RdNr.
e) Bevorrechtigte oder nachrangige Insolvenzgläubiger	56
f) Aussonderungsberechtigte Gläubiger	57
g) Massegläubiger	61
aa) Kosten des Insolvenzverfahrens	61
bb) Masseverbindlichkeiten	63
3. Wirkungen der Eröffnung des Insolvenzverfahrens	65
a) Übergang der Verwaltungs- und Verfügungsbefugnis	65
aa) Kollisionsrechtliche Anknüpfung	65
bb) Anderweitige Bestimmung	66
cc) Vorgehen bei Nichtanerkennung des deutschen Insolvenzverwalters	67
(1) Vollmachtserteilung des Gemeinschuldners für den Insolvenzverwalter	68
(2) Treuhänderische Beauftragung eines Gläubigers	70
(3) Schadensersatzansprüche	72
b) Auswirkungen auf Rechtsstreitigkeiten	73
aa) Gerichtsverfahren im Ausland	73
bb) Schiedsverfahren im Ausland	75
(1) Objektive Schiedsfähigkeit	76
(2) Bindung des inländischen Insolvenzverwalters an die Schiedsvereinbarung	77
(3) Wirkung der Eröffnung auf schwebende Verfahren	78
(4) Anerkennung und Vollstreckung ausländischer Schiedssprüche	79
c) Verfügungen des Schuldners	80
d) Leistungen an den Schuldner	81
e) Erfüllung der Rechtsgeschäfte	83
f) Aufrechnung	84
g) Insolvenzanfechtung	85
4. Verwaltung und Verwertung der Insolvenzmasse	86
a) Entscheidung über die Verwertung	86
b) Absonderungsrechte	88
5. Befriedigung der Insolvenzgläubiger	93

	RdNr.		RdNr.
a) Anmeldung der Forderung zur Insolvenztabelle	93	bb) Arbeitnehmervorrechte	111
b) Verjährungsunterbrechende Wirkung der Anmeldung	95	cc) Sozialversicherungsrechtlicher Arbeitnehmerschutz	113
c) Insolvenzbezogene Rechtsstreitigkeiten, Feststellung der Forderungen	96	dd) Besondere gesetzliche Vorrechte für bestimmte Sondervermögen	114
aa) Internationale Zuständigkeit	97	6. Insolvenzplanverfahren, Forderungsmodifikationen	115
(1) Feststellungsstreitigkeiten	97	a) Verfahrensrechtliche Fragen	115
(2) Sonstige Aktiv- und Passivprozesse des Insolvenzverwalters	101	b) Bildung von Gruppen mit Auslandsbezug	116
bb) Anerkennung ausländischer Entscheidungen	103	c) Allgemeine Wirkungen des Insolvenzplans	117
d) Massegläubiger	109	7. Restschuldbefreiung	119
e) Bevorrechtigte oder nachrangige Forderungen	110	a) Verfahrensrechtliche Fragen	119
aa) Allgemeines	110	b) Anwendbares Recht	120

I. Normzweck

1 § 335 ist neben § 343, der die Anerkennung ausländischer Insolvenzverfahren regelt, eine der zentralen Normen des autonomen internationalen Insolvenzrechts.[1] § 335 stellt die **Regelanknüpfung** für alle kollisionsrechtlichen Fragen dar. Soweit im Ersten Abschnitt (§§ 335 bis 342), aber auch im Zweiten oder Dritten Abschnitt (§§ 343 bis 358) kollisionsrechtlich für einzelne Fragen keine anderweitige Anknüpfung geregelt ist, findet die Regelanknüpfung in § 335 Anwendung. Die Norm gilt für alle Insolvenzverfahren mit grenzüberschreitendem Bezug, d. h. sowohl für inländische Hauptverfahren als auch für inländische Partikularverfahren. Als allseitige Kollisionsnorm gilt § 335 (wie im Übrigen alle Vorschriften des ersten Abschnitts) nicht nur für inländische Insolvenzverfahren sondern auch für ausländische Insolvenzverfahren.[2] Die in § 335 festgelegte Regelanknüpfung an das Recht des Verfahrensstaates ist allgemein anerkannt und galt bereits vor der Neuregelung des internationalen Insolvenzrechts.[3]

2 Die Regelung entspricht Art. 4 EuInsVO und setzt für die vom Anwendungsbereich der EuInsVO ausgenommenen Kreditinstitute und Versicherungsunternehmen die in Art. 9 Richtlinie 2001/17/EG und Art. 10 Richtlinie 2001/24/EG vorgesehene Regelanknüpfung um, ohne jedoch die in diesen Richtlinien und Vorschriften vorgesehenen Beispielsfälle aufzugreifen. Hierauf hat der Gesetzgeber im Interesse einer möglichst prägnanten Regelung verzichtet, jedoch darauf hingewiesen, dass die in den vorgenannten Richtlinien angegebenen Beispiele als Interpretationshilfe herangezogen werden können.[4]

3 Zur Regelanknüpfung in § 335 finden sich jedoch im ersten Abschnitt in § 336 bis § 342 verschiedene kollisionsrechtliche **Sonderanknüpfungen,** die als „anderweitige Bestimmung" jeweils zu beachten sind. Darüber hinaus finden sich auch im Zweiten Abschnitt des Internationalen Insolvenzrechts (§§ 343 bis 353) Sonderanknüpfungen, die jedoch als einseitige Kollisionsnorm ausgestaltet wurden, weil diese nur für ausländische Insolvenzverfahren nicht dagegen für inländische Insolvenzverfahren Anwendung finden.[5] Zu den anderweitigen Bestimmungen im Sinne des § 335 zählen jedoch nicht nur Kollisionsnormen, die eine andere Anknüpfung als an die *lex fori concursus* vorsehen, sondern auch die

---
[1] *Braun/Liersch* § 335 RdNr. 1; HK-*Stephan* § 335 RdNr. 5; FK-*Wimmer* § 335 RdNr. 1; *Gottwald/Gottwald,* Insolvenzrechts-Handbuch, § 131 RdNr. 1; *Hess* InsO, § 335 RdNr. 1.
[2] *Braun/Liersch* § 335 RdNr. 1; *Gottwald/Gottwald,* Insolvenzrechts-Handbuch, § 131 RdNr. 4; MünchKommBGB-*Kindler,* Bd. 11, IntInsR RdNr. 945; HK-*Stephan* § 335 RdNr. 6; FK-*Wimmer* § 335 RdNr. 1.
[3] Vgl. die Nachweise in MünchKommInsO-*Reinhart,* 1. Aufl. Vor Art. 102 RdNr. 50; zur früheren Rechtsprechung vor der Neuregelung des Int. Insolvenzrechts vgl. nur BGHZ 95, 265 ff.; BGH ZIP 1997, 39, 42; BGH RIW 1995, 242, 243; BAG RIW 1994, 160; BGH ZIP 1992, 781, 786.
[4] BT-Drucks. 15/16 S. 18.
[5] Vgl. nur § 351 und § 352.

sogenannten selbstgerechten Sachnormen, die für bestimmte internationale Sachverhalte unmittelbar sachrechtliche Regelungen treffen.[6]

Die Regelanknüpfung an das Recht des Verfahrensstaates gilt sowohl für die verfahrensrechtlichen Fragen, als auch für die kollisionsrechtlichen Fragen.[7] Die Anknüpfung an das Recht des Verfahrensstaates dient einerseits der Gläubigergleichbehandlung,[8] berücksichtigt andererseits das Prinzip der Sachnähe, da die Zuständigkeit für die Verfahrenseröffnung grundsätzlich dem Staat zusteht, zu dem der Schuldner in wirtschaftlicher Hinsicht die engste Verbindung unterhält.[9]

II. Anwendungsbereich

1. Abgrenzung zur EuInsVO. a) Vorrang der EuInsVO. Mit Ausnahme der in Art. 1 Abs. 2 EuInsVO genannten Schuldner (vgl. nachfolgende RdNr.) kann ein inländisches Hauptverfahren nur auf Grundlage von Art. 3 Abs. 1 EuInsVO eröffnet werden.[10] Dann gelten grundsätzlich jedoch die in Art. 4 ff. EuInsVO niedergelegten kollisionsrechtlichen Vorschriften, es sei denn, diese seien auf Grund des sachlich-räumlichen Anwendungsbereichs der Verordnung ausgeschlossen. Dies ist beispielsweise denkbar, wenn zwar ein inländisches Hauptverfahren im Sinne von Art. 3 Abs. 1 EuInsVO in Deutschland geführt wird, im Einzelfall jedoch ein Drittstaatenbezug vorliegt, so dass die kollisionsrechtlichen Vorschriften der EuInsVO keine Anwendung mehr finden.[11] Bei inländischen Hauptverfahren ist nur in diesen Fällen ein Rückgriff auf das deutsche autonome Recht, hier also § 335, möglich.

b) Nach Art. 1 Abs. 2 EuInsVO ausgenommene Schuldner. Bei inländischen Hauptverfahren kann § 335 dagegen uneingeschränkt Anwendung finden, wenn es sich um ein Insolvenzverfahren über das Vermögen eines Schuldners handelt, der nach Art. 1 Abs. 2 EuInsVO vom Anwendungsbereich der EuInsVO ausgenommen wurde. Dies sind die in Art. 1 Abs. 2 EuInsVO genannten Versicherungsunternehmen, Kreditinstitute, Organismen für gemeinsame Anlagen oder Wertpapierfirmen, die Dienstleistungen erbringen, welche die Haltung von Geldern oder Wertpapieren Dritter umfassen.[12]

c) Kollisionsfragen außerhalb des Anwendungsbereichs der EuInsVO. Darüber hinaus findet § 335 Anwendung, soweit es sich um kollisionsrechtliche Fragen eines ausländischen Insolvenzverfahrens handelt, welches nicht von einem der Mitgliedsstaaten der EuInsVO eröffnet wurde. Gleiches gilt für inländische Sekundärverfahren, die wiederum parallel zu einem nicht im Anwendungsbereich der EuInsVO stattfindenden Hauptverfahren durchgeführt werden.[13] Auch für diese nicht unter die EuInsVO fallenden inländischen Sekundärverfahren findet grundsätzlich § 335 Anwendung.

2. Qualifikationsfragen innerhalb des autonomen Rechts. Ungeachtet des persönlichen oder räumlichen Anwendungsbereiches des § 335 im Verhältnis zur EuInsVO ist § 335 jedoch im Rahmen der Qualifikation von anderen Kollisionsnormen des deutschen autonomen internationalen Privatrechts abzugrenzen. Hierbei ist – wie im Rahmen eines Qualifikationsvorganges üblich – zu überlegen, ob es sich um eine insolvenzrechtliche Frage handelt, die in den Anwendungsbereich von § 335 fällt, oder um anderweitige Rechtsfragen, für die wiederum andere kollisionsrechtliche Vorschriften bestehen (beispielsweise

---

[6] So z. B. § 349 und § 350.
[7] HK-*Stephan* § 335 RdNr. 9; *Andres/Leithaus/Dahl* § 335 RdNr. 6; *Hess* InsO, § 335 RdNr. 1; *Mohrbutter/Ringstmeier/Wenner* § 20 RdNr. 250.
[8] MünchKommBGB-*Kindler*, Bd. 11, IntInsR RdNr. 945.
[9] *Braun/Liersch* § 335 RdNr. 2; MünchKommBGB-*Kindler*, Bd. 11, IntInsR RdNr. 951; HK-*Stephan* § 335 RdNr. 8; *Andres/Leithaus/Dahl* § 335 RdNr. 4.
[10] Vgl. unten RdNr. 23 ff.
[11] Vgl. zum sachlich-räumlichen Anwendungsbereich der Kollisionsvorschriften der EuInsVO auch unten, Art. 1 RdNr. 12 ff. EuInsVO.
[12] Vgl. Art. 1 RdNr. 8 ff. EuInsVO unten.
[13] Vgl. unten § 354 RdNr. 8.

gesellschaftsrechtliche Anknüpfungen, sachenrechtliche Anknüpfungen etc.). Die damit verbundenen Qualifikationsprobleme sind insoweit ähnlich der Qualifikationsprobleme, die auch im Rahmen der EuInsVO auftauchen.[14] Für die sich hieraus ergebenden Qualifikationsfragen sei auf die Ausführungen Vor § 335 RdNr. 100 ff. verwiesen.

III. Regelanknüpfung

9 § 335 sieht die als *„Grundsatz"* bezeichnete Regelanknüpfung an die sogenannte **lex fori concursus** vor, wonach das Insolvenzverfahren und seine Wirkungen dem Recht des Staates unterliegt, in dem das Verfahren eröffnet worden ist. Diese Regelanknüpfung ist seit langem, auch rechtsvergleichend betrachtet, allgemein anerkannt.[15] Sie gilt sowohl für die verfahrensrechtlichen Fragen, als auch für die kollisionsrechtlichen Fragen internationaler Insolvenzfälle.

10 Die Regelanknüpfung in § 335 gilt für alle *„Insolvenzverfahren"*. Wann es sich bei einem ausländischen Verfahren um ein *„Insolvenzverfahren"* im Sinne des § 335 handelt, ist wiederum im Wege der Qualifikation zu ermitteln. Das setzt voraus, dass es sich bei dem ausländischen Verfahren um die Regelung eines insolvenzrechtlichen Tatbestandes, nämlich der Insuffizienz des Vermögens des Schuldners handelt, wobei nicht Voraussetzung ist, dass das ausländische Recht die selben Eröffnungsgründe wie das deutsche Recht vorschreibt oder das ausländische Recht den Insolvenzsachverhalt mit der gleichen Zielrichtung regelt, wie dies in § 1 geregelt ist.[16]

11 Der Regelanknüpfung in § 335 unterliegt *„das Insolvenzverfahren und seine Wirkungen"*. Darunter sind sowohl die sich im Rahmen eines Insolvenzverfahrens ergebenden verfahrensrechtlichen Fragen, als auch die sich hieraus ergebenden materiellrechtlichen Fragen zu verstehen.[17]

IV. Anderweitige Bestimmungen

12 Die Regelanknüpfung in § 335 gilt nach dem ausdrücklichen Wortlaut jedoch nur, *„soweit nichts anderes bestimmt ist"*. Die Einschränkung verdeutlicht, dass es im 11. Teil der Insolvenzordnung verschiedene Ausnahmen zu dieser Regelanknüpfung gibt. Diese beruhen in der Regel auf besonderen Vertrauenstatbeständen zugunsten des Rechtsverkehrs, die eine Abweichung von der Regelanknüpfung an die **lex fori concursus** geboten erscheinen lassen.[18] Entsprechende Sonderanknüpfungen finden sich beispielsweise auch in der EuInsVO und waren im Übrigen auch nach der Richtlinie über die Sanierung und Liquidation von Kreditinstituten und der Richtlinie über die Sanierung und Liquidation von Versicherungsunternehmen gefordert, die mit der Neuregelung des Internationalen Insolvenzrechts in das deutsche Recht umgesetzt wurden.

13 **1. Allseitig anderweitige Bestimmungen.** Anderweitige Bestimmungen finden sich zunächst in Form sogenannten allseitiger Kollisionsnormen im Ersten Abschnitt des 11. Teils der Insolvenzordnung. Diese Sonderanknüpfungen gelten sowohl für die kollisionsrechtlichen Fragen inländischer Insolvenzverfahren als auch für die kollisionsrechtlichen Fragen ausländischer Insolvenzverfahren. Hierzu zählen § 336 (Vertrag über unbewegliche Gegenstände), § 337 (Arbeitsverhältnis), § 338 (Aufrechnung), § 339 (Insolvenzanfechtung) und § 340 (Organisierte Märkte, Pensionsgeschäfte). Je nach Sachnähe und dem für schützenswert definierten Vertrauen schreiben diese Normen eine anderweitige Anknüpfung vor, beispielsweise an die *lex causae* des Vertrages oder an die *lex rei sitae*, soweit es sich um sachenrechtliche Fragen handelt.

---

[14] Vgl. unten, Art. 4 RdNr. 2 EuInsVO.
[15] Vgl. nochmals oben RdNr. 1.
[16] Vgl. zur Qualifikation ausländischer Insolvenzverfahren im Einzelnen Vor § 335 ff. RdNr. 95 ff.
[17] HK-*Stephan* § 335 RdNr. 9; *Andres/Leithaus/Dahl* § 335 RdNr. 6.
[18] HK-*Stephan* § 335 RdNr. 14; kritisch zu den Ausnahmen *Mohrbutter/Ringstmeier/Wenner* § 20 RdNr. 34 ff.; *Andres/Leithaus/Dahl* § 335 RdNr. 5.

2. Einseitig anderweitige Bestimmungen. Anderweitige Bestimmungen finden sich 14
darüber hinaus aber auch in Form sogenannter einseitiger Kollisionsnormen, die in der
Regel nur den räumlichen Anwendungsbereich des eigenen Rechts im Hinblick auf ausländische Insolvenzverfahren regeln. Hierzu gehören § 351 (dingliche Rechte) sowie § 352
(Unterbrechung und Aufnahme eines Rechtsstreits).

3. Sachnormen. Zu den anderweitigen Bestimmungen im Sinne des § 335 zählen aber 15
auch sogenannte selbstgerechte Sachnormen, die nicht etwa als Kollisionsnorm das anwendbare Recht bestimmen, sondern unmittelbar sachrechtlich Regelungen für bestimmte internationale Sachverhalte enthalten (sogenannte selbstgerechte Sachnormen).[19] Hierzu zählen
§ 341 (Ausübung von Gläubigerrechten), § 342 (Herausgabepflicht, Anrechnung) sowie
§ 344 ff., die die Rechtsfolgen der Anerkennung des ausländischen Insolvenzverfahrens bezüglich Bekanntmachungsfragen, Registerfragen etc. unmittelbar regeln sowie § 349 und § 350.

V. Einzelne Rechtsfragen

1. Eröffnungsverfahren. a) Gerichtsbarkeit. Die selbstständige Prozessvoraussetzung 16
der Gerichtsbarkeit ist auch im internationalen Insolvenzrecht zu beachten.[20] Diese richtet
sich gemäß § 335 nach der *lex fori concursus*, also bei inländischen Haupt- oder Partikularverfahren nach deutschem Recht. Dies gilt gemäß Art. 4 EuInsVO auch für inländische
Verfahren nach der Verordnung. Sie ist als allgemeine eigenständige Prozessvoraussetzung
von Amts wegen zu prüfen.[21]

Ist der Schuldner eine **natürliche Person,** sind daher die allgemeinen, in §§ 18 bis 20 17
GVG enthaltenen Grundsätze über die persönliche Immunität zu beachten.[22] Danach sind
Diplomaten sowie deren geschützte Familienmitglieder und Hausangestellte nach § 18 GVG
und dem *Wiener UN-Übereinkommen über diplomatische Beziehungen*[23] (WÜD) von der deutschen Gerichtsbarkeit ausgenommen. Dies gilt im Umkehrschluss zu Art. 31 I Satz 2 WÜD
ausdrücklich auch für Insolvenzverfahren.[24] Die Eröffnung eines Insolvenzverfahrens wäre
danach unzulässig. Dagegen genießen Personen des konsularischen Bereichs keine Immunität.
Berufsmäßige Mitglieder der konsularischen Vertretungen, die nicht Angehörige des Empfangsstaates sind, und deren Familienmitglieder genießen nach § 19 GVG und dem *Wiener
UN-Übereinkommen über konsularische Beziehungen*[25] (WÜK) nämlich grundsätzlich nur für
Handlungen, die in Wahrnehmung konsularischer Aufgaben wahrgenommen worden sind,
Immunität.[26] Der das Insolvenzverfahren beantragende Gläubiger muss demnach gegenüber
dem konsularischen Schuldner einen Anspruch haben, der keine Immunität gewährt.

Insolvenzverfahren über das Vermögen **ausländischer Staaten** sind grundsätzlich unzu- 18
lässig.[27] Zwar genießen ausländische Staaten keine absolute Immunität, sondern nach neuerer, mittlerweile aber ganz herrschender Auffassung nur eine funktional begrenzte, sog.
relative Immunität. Danach besitzt der ausländische Staat Immunität für hoheitliches Handeln *(acta iure imperii)*, nicht aber für nichthoheitliches Handeln aus der Teilnahme am
allgemeinen Wirtschaftsleben *(acta iure gestionis).*[28] Während es demnach im Erkenntnisver-

---

[19] Vgl. *Kegel/Schurig*; IPR, S. 308 f.
[20] Ganz hM, vgl. *Gottwald/Gottwald,* Insolvenzrechts-Handbuch, § 130 RdNr. 4; *Mohrbutter/Ringstmeier/Wenner* § 20 RdNr. 43 f.; *Schütze,* DIZPR, RdNr. 459; *Geimer,* IZPR, RdNr. 3452.
[21] Ständige Rspr. seit RG RGZ 157, 389, 394; BGHZ 19, 341, 345; BGH vom 26. 9. 1978 NJW 1979, 1101; BVerfGE 46, 342, 359; vgl. auch *Schack,* IZVR, RdNr. 131 ff., 160; *Geimer,* IZPR, RdNr. 525 f.; *Linke* IZPR, RdNr. 65 ff.
[22] Vgl. *Gottwald/Gottwald,* Insolvenzrechts-Handbuch, § 130 RdNr. 4.
[23] Vom 18. 4. 1961 (BGBl. 1964 Abs. 2 S. 958), vgl. hierzu auch *Geimer,* IZPR, RdNr. 765 ff.
[24] Ebenso *Kissel/Mayer,* GVG, § 18 RdNr. 22.
[25] Vom 24. 4. 1963 (BGBl. 1969 Abs. 2 S. 1587); vgl. hierzu *Geimer,* IZPR, RdNr. 805 ff.
[26] Vgl. Art. 43 WÜK sowie *Kissel/Mayer,* GVG, § 19 RdNr. 9, 11.
[27] Wohl auch *Gottwald/Gottwald,* Insolvenzrechts-Handbuch, § 130 RdNr. 4.
[28] Vgl. *Schack,* IZVR, RdNr. 146 ff.; *Linke,* IZPR, RdNr. 71 f.; *Geimer,* IZPR, RdNr. 560 f.; *Schütze,* DIZPR, RdNr. 77 ff.; abgesegnet durch das hierzu nach Art. 100 II GG zuständige Bundesverfassungsgericht, BVerfGE 15, 25; 16, 27, 62 ff.; 46, 342, 364 ff.; 64, 1, 24 ff.

fahren auf die Qualifikation der fremden Staatstätigkeit als hoheitlich oder nicht hoheitlich ankommt,[29] kommt es bei der Immunität im Vollstreckungsverfahren darauf an, ob der Vollstreckungsgegenstand hoheitlichen oder nichthoheitlichen Zwecken dient.[30] Hieraus schließt ein Teil der Literatur, dass über das nicht hoheitlichen Zwecken dienende Vermögen eines ausländischen Staates ein Insolvenzverfahren völkerrechtlich zulässig sei.[31] Diese Einschränkung der Immunität ist abzulehnen. Anders als in der Einzelzwangsvollstreckung greift das Insolvenzverfahren grundlegend in die Position des Schuldners ein. Dem Schuldner werden weitgehende Auskunfts- und Mitwirkungspflichten sowie verschiedene Beschränkungen auferlegt, die der Immunität des ausländischen Staates zuwider laufen. Eine Differenzierung, inwieweit diese Beschränkungen und Pflichten jeweils das insolvenzbehaftete Vermögen betreffen, ist in der Praxis kaum möglich und letztlich auch nicht notwendig. Denn die Einschränkung der Immunität dient dem Schutz der Gläubiger, Ansprüche, die auf nicht hoheitlichem Handeln beruhen, durchzusetzen. In einer Insolvenzsituation eines ausländischen Staates ist dem Gläubiger aber zuzumuten, in dem ausländischen Hauptverfahren teilzunehmen. Sollte das Recht des ausländischen Staates demgegenüber ein Insolvenzverfahren über das Vermögen des Staates nicht erlauben, besteht auch keine Veranlassung, den ausländischen Staat der deutschen Gerichtsbarkeit zu unterwerfen.[32] Es besteht von daher kein Bedürfnis, die Theorie der beschränkten Staatenimmunität dahin auszudehnen, dass nur über bestimmte inländische Vermögenswerte ein Insolvenzverfahren zulässig ist.

19 **Ausländische Staatsunternehmen** unterstehen der deutschen Gerichtsbarkeit, wenn diese nach der sog. funktionalen Betrachtungsweise nicht hoheitliche Aufgaben erfüllen. Zu diesem Ergebnis kommt sowohl die ältere Rechtsprechung, die Staatsunternehmen grundsätzlich die Immunität versagen wollte,[33] als auch die neuere Rechtsprechung und Lehre, die sich nicht allein an der formalen Ausgestaltung der Organisationsform als rechtlich verselbstständigtes Unternehmen orientiert, sondern an der Funktion, die das Staatsunternehmen erfüllt.[34] Danach wäre allenfalls streitig, ob ein ausländisches Staatsunternehmen, das hoheitliche Funktionen erfüllt, der deutschen Gerichtsbarkeit untersteht. Eine Erweiterung der Gerichtsbarkeit dahingehend, dass ein Insolvenzverfahren zumindest über die inländischen Vermögensgegenstände zulässig ist, die nicht hoheitlichen Zwecken dienen, ist nach dem oben ausgeführten (vgl. vorige RdNr.) nicht statthaft. **Ausländische Zentralbanken,** die hoheitliche Aufgaben, insbesondere der Währungs- und Geldpolitik wahrnehmen, genießen daher Immunität für inländische Insolvenzverfahren.[35]

20 **b) Internationale Zuständigkeit.** Die Regeln der internationalen Zuständigkeit haben im internationalen Zivil- und Verfahrensrecht regelmäßig in zweifacher Hinsicht Bedeutung. Zum einen bestimmen sie die **Entscheidungszuständigkeit** der inländischen Gerichte, d. h. ob ein deutsches Gericht zur Durchführung des beantragten Verfahren zuständig ist. Darüber hinaus ist das Kriterium der internationalen Zuständigkeit aber auch für die Anerkennung ausländischer Entscheidungen von Bedeutung, da im Rahmen deren Anerkennung die Zuständigkeit des ausländischen Gerichts für die anzuerkennende Entscheidung

---

[29] Vgl. BVerfGE 16, 27, 62 f.; 46, 342, 393.
[30] Vgl. BVerfGE 46, 342, 392; zur Unterscheidung bei der Immunität zwischen Erkenntnis- und Vollstreckungsverfahren vgl. *Schönfeld* NJW 1986, 2980 ff.; *Geimer,* IZPR, RdNr. 562.
[31] So *Geimer,* IZPR, RdNr. 619, 3452; *Schütze,* DIZPR, RdNr. 459; *Mohrbutter/Ringstmeier/Wenner* § 20 RdNr. 44; *Nerlich/Römermann/Mincke,* Art. 102 EGInsO RdNr. 64.
[32] Im Ergebnis ebenso *Gottwald/Gottwald,* Insolvenzrechts-Handbuch, § 130 RdNr. 4 f.; abgesehen davon, dürfte dann auch die Insolvenzfähigkeit fraglich sein, vgl. unten RdNr. 31.
[33] Vgl. BGHZ 18, 1, 9; OLG Frankfurt vom 22. 9. 1987 RIW 1988, 134; LG Frankfurt vom 2. 12. 1975 NJW 1976, 1045.
[34] Vgl. *Schack,* IZVR, RdNr. 153; *von Schönfeld* NJW 1986, 2980, 2986 f.; *Esser* RIW 1984, 577, 578; *Geimer,* IZPR, RdNr. 624 f.; *Linke,* IZPR, RdNr. 85; auf diese Differenzierung *ratione materiae* haben auch OLG Frankfurt vom 4. 5. 1982 RIW 1982, 440 und BVerfGE64, 1 ff. abgestellt.
[35] Zur Immunität ausländischer Zentralbanken, vgl. auch *Krauskopf/Steven* WM 2000, 269; *Krauskopf* WM 1986, 89; *Gramlich* RabelsZ 45 (1981) 545 ff.

zu prüfen ist (sog. **Anerkennungszuständigkeit**).[36] Diese Doppelfunktion erfüllen die Zuständigkeitsregeln auch im internationalen Insolvenzrecht, da sie zum einen die internationale Zuständigkeit deutscher Insolvenzgerichte für die Durchführung von Insolvenzverfahren bestimmen, andererseits aber über § 343 Abs. 1 Nr. 1 auch Bestandteil der Anerkennungsvoraussetzungen sind (vgl. hierzu § 343 RdNr. 12).

Den Zuständigkeitsregeln kommt aber im internationalen Insolvenzrecht mittelbar noch eine weitere Bedeutung zu. Anders als das internationale Insolvenzrecht, das ein Partikularverfahren über einen räumlich abgegrenzten Vermögensteil des Schuldners ermöglicht,[37] gehen die zuständigkeitsrechtlichen Vorschriften der Insolvenzordnung in § 3 implizit immer von einem Hauptverfahren aus. Bei einer analogen Anwendung der örtlichen Zuständigkeit für die internationale Zuständigkeit wird daher gleichzeitig bestimmt, ob es sich bei dem inländischen Verfahren um ein Hauptverfahren handelt. Denn selbst wenn für ein Hauptverfahren keine internationale Zuständigkeit eines deutschen Gerichts gegeben ist, kommt danach immer noch eine Zuständigkeit zur Durchführung eines Partikularverfahrens nach § 354 in Betracht. Die **Abgrenzung zwischen Haupt- und Partikularverfahren** wird daher ebenfalls durch die Zuständigkeitsnormen bestimmt und ist auch als Aspekt der Zuständigkeit zu sehen.[38]

Von praktischer erheblicher Bedeutung ist, dass über die Zuständigkeitsnormen im internationalen Insolvenzrecht mittelbar auch das anzuwendende materielle Recht bestimmt wird. Dies ist im internationalen Verfahrensrecht zwar generell der Fall, da der Forumstaat über seine eigenen Kollisionsregeln das anzuwendende materielle Recht bestimmt.[39] Im internationalen Insolvenzrecht ist dies jedoch von besonderer Bedeutung, da praktisch alle Rechtsordnungen als kollisionsrechtliche Grundnorm die Anwendung der *lex fori concursus* vorsehen und daher – von kollisionsrechtlichen Sonderanknüpfungen abgesehen – die Bejahung der Zuständigkeit auch die Anwendung des inländischen materiellen Insolvenzrechts zur Folge hat (§ 335, Art. 4 EuInsVO). Auch wenn Fragen der internationalen Zuständigkeit und des Kollisionsrechtes grundsätzlich strikt zu trennen sind, so sind im internationalen Insolvenzrecht die internationalen Zuständigkeitsregeln unter Berücksichtigung der kollisionsrechtlichen Aspekte zu wählen.[40]

aa) Vorrangige Geltung der EuInsVO. Seit Inkrafttreten der EuInsVO[41] bestimmt sich die internationale Zuständigkeit für Hauptverfahren im Anwendungsbereich der Verordnung ausschließlich über Art. 3 EuInsVO.[42] Für ein Hauptverfahren im Inland ist zwingend notwendig, dass sich der Mittelpunkt der hauptsächlichen Interessen (COMI) im Sinne des Art. 3 Abs. 1 EuInsVO im Inland befindet. Ist dies nicht der Fall, kann im persönlichen Anwendungsbereich der EuInsVO nicht auf die Zuständigkeitsnormen des deutschen autonomen Insolvenzrechts zurück gegriffen werden. Lediglich für die gemäß Art. 1 Abs. 2 EuInsVO vom Anwendungsbereich der EuInsVO insgesamt ausgenommenen Schuldner (Kreditinstitute, Versicherungsunternehmen, Wertpapierfirmen, Organismen für gemeinsame Anlagen) bestimmt sich die internationale Zuständigkeit noch nach dem deutschen autonomen Recht (vgl. dazu die nachfolgenden RdNr.).

bb) Versicherungsunternehmen, Einlagenkreditinstitute, E-Geld Institute. Seit Inkrafttreten der EuInsVO am 31. 5. 2002 ergibt sich die internationale Zuständigkeit deutscher Gerichte aus dem deutschen autonomen Recht nur noch für diejenigen Schuldner, die gemäß Art. 1 Abs. 2 EuInsVO vom persönlichen Anwendungsbereich der Verord-

---

[36] Vgl. zur Bedeutung der Zuständigkeitsregeln im internationalen Zivil- und Verfahrensrecht *Schack*, IZVR, RdNr. 185 ff.; *Linke*, IZPR, RdNr. 102 ff.; *Schütze*, DIZPR, RdNr. 102 ff.
[37] Vgl. hierzu auch vor § 335 RdNr. 56 ff.
[38] So auch *Leipold*, Festschrift für Baumgärtel, S. 298 f.; anders wohl noch *Jaeger/Jahr* §§ 237/238 RdNr. 153 aE.
[39] *Schack*, IZVR, RdNr. 214 ff.; *Linke*, IZPR, RdNr. 135 ff.
[40] So auch *Mohrbutter/Ringstmeier/Wenner* § 20 RdNr. 46.
[41] Vgl. zu zeitlichen Anwendungsbereich der EuInsVO Art. 47 RdNr. 1 f.
[42] Vgl. ausführlich Art. 1 RdNr. 16 EuInsVO.

nung ausgenommen sind. Das heißt, nur bei Kreditinstituten, Versicherungsunternehmen, Wertpapierfirmen und Organismen für gemeinsame Anlagen kann auf das autonome Recht zurückgegriffen werden.

25 Hierbei ist zu beachten, dass für Einlagenkreditinstitute und E-Geld Institute sowie für Versicherungsunternehmen Sondervorschriften bestehen. Sowohl § 46 e Abs. 1 KWG als auch § 88 Abs. 1 a VAG sehen in Umsetzung der jeweiligen Vorschriften der Richtlinien über die Sanierung und Liquidation von Kreditinstituten und Versicherungsunternehmen vor, dass jeweils nur die Gerichte des „Herkunftsstaates" zur Eröffnung eines Insolvenzverfahrens international zuständig sind.[43] Das ist nach den jeweiligen Vorschriften des VAG bzw. KWG derjenige Staat, dessen Aufsichtsbehörde für die Erteilung der Erlaubnis zum Geschäftsbetrieb für den gesamten EU Raum zuständig ist.[44]

26 cc) **Sonstige Institute im Sinne des Art. 1 Abs. 2 EuInsVO.** Dagegen fehlen Sondervorschriften für die anderen gemäß Art. 1 Abs. 2 EuInsVO ebenfalls aus dem Anwendungsbereich der EuInsVO ausgenommenen Institute. Die Sondervorschriften aus dem KWG sowie dem VAG betreffen nicht alle der in Art. 1 Abs. 2 EuInsVO genannten Schuldner. Für Kreditinstitute, die nicht Einlagenkreditinstitute oder E-Geld Institute sind, für Wertpapierfirmen, die Dienstleistungen erbringen, welche die Haltung von Geldern oder Wertpapieren Dritter umfassen, sowie für Organismen für gemeinsame Anlagen gelten mangels Spezialvorschriften weiterhin die allgemeinen Vorschriften des autonomen Rechts zur Bestimmung der internationalen Zuständigkeit. Der Anwendungsbereich der allgemeinen Regeln über die internationale Zuständigkeit nach autonomen Recht ist daher auf diese Institute beschränkt und daher entsprechend eng. Da die Insolvenzordnung keine ausdrückliche Regelung für die internationale Zuständigkeit deutscher Gerichte getroffen hat, gilt die allgemeine Regel des deutschen internationalen Zivilprozesses, wonach bei Fehlen einer ausdrücklichen Regelung die internationale Zuständigkeit durch die örtliche Zuständigkeit indiziert wird.[45] Auch der Gesetzgeber der Insolvenzordnung ist davon ausgegangen, dass die internationale Zuständigkeit aus der Regelung der örtlichen Zuständigkeit in § 3 zu entnehmen sei.[46]

27 Die deutschen Insolvenzgerichte sind demnach **analog § 3 Abs. 1** international zuständig, wenn eines der vorgenannten Institute seinen allgemeinen Gerichtsstand i. S. d. §§ 12 bis 18 ZPO im Inland hat, es sei denn der Mittelpunkt seiner selbstständigen wirtschaftlichen Tätigkeit liegt im Ausland. In letzterem Fall wäre – aus deutscher Sicht – die Zuständigkeit der ausländischen Gerichte gegeben. Liegt dagegen der allgemeine Gerichtsstand i. S. d. §§ 12 ff. ZPO im Ausland, dagegen der Mittelpunkt der selbstständigen wirtschaftlichen Tätigkeit im Inland, so sind die deutschen Gerichte international zuständig.

28 Da sich der Anwendungsbereich des § 3 im Ergebnis auf die vorgenannten Institute reduziert, wird im Rahmen des § 3 vornehmlich die internationale Zuständigkeit für juristische Personen oder Personenvereinigungen ohne eigene Rechtspersönlichkeit von Bedeutung bleiben. Für juristische Personen wird nach § 3 Abs. 1 Satz 2 vorrangig an den Mittelpunkt der wirtschaftlichen Tätigkeit angeknüpft. Dieser liegt dort, von wo aus für Dritte erkennbar der wesentliche Teil der Geschäfte getätigt wird.[47] Der Mittelpunkt der wirtschaftlichen Tätigkeit wird am Ort des satzungsmäßigen Sitzes einer juristischen Person

---

[43] Vgl. Art. 8 Abs. 1 und Abs. 2 1. Halbsatz der Richtlinie 2001/17/EG und Art. 9 Abs. 1 der Richtlinie 2001/24/EG; beide eingefügt durch das Gesetz zur Umsetzung aufsichtsrechtlicher Bestimmungen zur Sanierung und Liquidation von Versicherungsunternehmen und Kreditinstituten, vgl. BT-Drucks. 15/1653 S. 27, 32 f.
[44] Vgl. hierzu *Prölss/Martin*, VAG, Vor § 110 a RdNr. 2 ff.; vgl. § 1 Abs. 4 KWG sowie *Boos/Fischer*, KWG, § 1 RdNr. 201.
[45] Diese Grundregel ist im IZVR unstrittig, vgl. *Geimer*, IZPR, RdNr. 946; *Riezler*, IZPR, S. 219; *Kropholler*, Hdb. IZVR I, Kap. III RdNr. 30 ff.; ständige Rspr., vgl. BGHZ 44, 46 (GS); BGHZ 94, 156; BGH vom 11. 12. 1991 NJW 1992, 974.
[46] Vgl. BT-Drucks. 12/2443 vom 15. 4. 1992 S. 241, 245.
[47] Vgl. oben MünchKommInsO-*Ganter*, Bd. 1, § 3 RdNr. 10; *Braun/Kießner* § 3 RdNr. 7; vgl. auch die insoweit gleichgelagerte Anknüpfung des Art. 3 EuInsVO.

vermutet.⁴⁸ Danach sind gemäß § 3 i. V. m. § 17 ZPO die deutschen Gerichte international zuständig, wenn die juristische Person ihren Sitz im Inland hat. Insoweit kann auf die einschlägige Kommentarliteratur zu § 17 ZPO verwiesen werden.

Soweit die internationale Zuständigkeit über § 3 Abs. 1 zu bestimmen ist, stellt sich die Frage, wie ein positiver Kompetenzkonflikt mit Gerichten anderer Staaten geregelt werden kann. § 3 Abs. 2 sieht für den Fall einer Doppelzuständigkeit vor, dass dasjenige Gericht, bei dem zuerst die Eröffnung des Insolvenzverfahrens beantragt worden ist, die übrigen Gerichte ausschließt. Das entspricht der sog. Prioritätsregel, die auch unter der EuInsVO für positive Kompetenzkonflikte gilt.⁴⁹ Diese Prioritätsregel bedarf jedoch im Rahmen der Anwendung auf internationale Insolvenzfälle einer Korrektur. Denn das Prioritätsprinzip kann freilich nicht gelten, soweit der Eröffnungsbeschluss des eröffnenden Gerichts nach § 343 nicht anerkannt werden kann. Die Anwendung des § 3 Abs. 2 bleibt daher auf diejenigen (wohl eher theoretischen) Fälle beschränkt, bei denen es zwei Mittelpunkte des Schuldners gibt, dh. auch das ausländische Gericht zuständig ist und sonst keine Anerkennungshindernisse bestehen.⁵⁰

dd) Verfahrensfragen. Die internationale Zuständigkeit ist ebenso wie die örtliche Zuständigkeit in jeder Lage des Verfahrens zu prüfen. Sie ist, da es sich um eine ausschließliche Zuständigkeit handelt, unabdingbar, und kann auch durch Parteivereinbarung oder etwa Einlassung gemäß § 39 ZPO nicht begründet werden.⁵¹ Eine Änderung der zuständigkeitsbegründenden Merkmale ist nach Rechtshängigkeit des Eröffnungsantrages unbeachtlich. Dies ergibt sich aus § 4 i. V. m. § 261 Abs. 3 Ziffer 2 ZPO. Die Rechtsprechung hat diese Grundsätze auch für die internationale Zuständigkeit angewandt.⁵² Problematisch sind insoweit nur die Fälle, in denen die zuständigkeitsbegründenden Merkmale vor Rechtshängigkeit des Insolvenzverfahrens gewechselt haben. Ein solcher Wechsel ist immer beachtlich, es sei denn, es handele sich um einen Fall der rechtsmissbräuchlichen Zuständigkeitserschleichung oder -verhinderung, der wiederum im Rahmen des *ordre public* zu beachten wäre.⁵³

c) Partei- und Insolvenzfähigkeit. Insolvenzverfahren können grundsätzlich nur über insolvenzfähige Personen oder Vermögensmassen eröffnet werden. Ob natürliche oder juristische Personen, Personenvereinigungen oder Vermögensmassen (wie z. B. der Nachlass oder das Gesamtgut der fortgesetzten Gütergemeinschaft) insolvenzfähig sind, ist bei internationalen Sachverhalten gemäß § 335 ebenfalls nach der ***lex fori concursus*** zu beurteilen.⁵⁴ Im

---

⁴⁸ FK-*Wimmer* § 335 RdNr. 11; *Kuhn/Uhlenbruck* § 71 RdNr. 3; ebenso auch Art. 3 Abs. 1 EuInsVO.
⁴⁹ Vgl. Art. 3 RdNr. 58 EuInsVO.
⁵⁰ Vgl. auch *Braun/Liersch* § 335 RdNr. 11; *Mohrbutter/Ringstmeier/Wenner* § 20 RdNr. 61; ähnlich FK-*Wimmer* § 343 RdNr. 7; *Leipold*, in: Festschrift *Henckel*, S. 537 schlägt vor, nicht auf den Antrag abzustellen, sondern darauf welches Gericht zuerst eröffnet hat; *Gottwald/Gottwald*, Insolvenzrechts-Handbuch, § 130 RdNr. 19; *Geimer*, IZPR, RdNr. 3410 f.; *Leipold*, Festschrift für Baumgärtel, S. 291, 301; obiter dictum, aber nicht auf die direkte internationale Zuständigkeit bezogen BGHZ 95, 256, 270; vor der Neuregelung vgl. *Lau* BB 1986, 1450, 1452; *Hanisch* ZIP 1985, 1233, 1236;. Art. 1 Vorentwurf, abgedruckt in *Stoll* (Hrsg.), Stellungnahmen S. 2 sowie die Begründung zum Vorentwurf, ebd. S. 75: hierzu auch *Leipold*, ebd. S. 75.
⁵¹ Unstreitig, vgl. *Geimer*, IZPR, RdNr. 3463, 3469; *Gottwald/Gottwald*, Insolvenzrechts-Handbuch, § 130 RdNr. 18; *Mohrbutter/Ringstmeier/Wenner* § 20 RdNr. 78.
⁵² Vgl. BGH NJW 1976, 626; BAG JZ 1969, 647; BayObLG FamRZ 1993, 1469; BayObLG NJW 1966, 2276; EuGH vom 17. 1. 2006 Rs. C-1/04 Staubitz-Schreiber DZWIR 2006, 196 mit Anmerkungen *Duursma-Kepplinger* DZWIR 2006, 177; *Hess/Laukemann* JZ 2006, 671; *Kindler* IPRax 2006, 114; *Knof/Mock* ZIP 2006, 188; *Mankowski* NZI 2006, 153; *Saenger/Klockenbrink* DZWIR 2006, 183; *Vogl* EWiR 2006, 141. Vgl. dazu auch die Schlussanträge des EuGH GA Colomer vom 6. 9. 2005 ZIP 2005, 1641 mit Anmerkungen *Brenner* ZIP 2005, 1646. Zur Umsetzung des EuGH Urteils vgl. BGH vom 9. 2. 2006 IX ZB 418/02 DZWIR 2006, 211; vgl. hierzu auch Art. 3 RdNr. 45 ff. EuInsVO.
⁵³ Vgl. hierzu *Schack*, IZVR, RdNr. 489 ff.; die Rechtsprechung ist bei der Annahme eines Rechtsmissbrauches jedoch zurecht restriktiv, vgl. FamRZ 1971, 519; RGZ 121, 24; auch BGH NZI 2001, 646, 647; einen Fall des zuständigkeitsrechtlichen Missbrauchs enthält Art. 6 Nr. 2 EuGVVO.
⁵⁴ Ebenso *Geimer*, IZPR, RdNr. 3472; *Reithmann/Martiny/Hausmann*, IVR, RdNr. 2532; *Gottwald/Gottwald*, Insolvenzrechts-Handbuch, § 130 RdNr. 21 f.; *Mohrbutter/Ringstmeier/Wenner* § 20 RdNr. 263; FK-*Wimmer* § 335 RdNr. 4; ebenso *Trunk*, Internationales Insolvenzrecht, S. 104 f.

Anwendungsbereich der EuInsVO ist diese Frage ausdrücklich in Art. 4 Abs. 2 lit. a) geregelt, so dass insoweit keine Differenzen bestehen.[55]

32 Zwar ließe sich überlegen, ob die Insolvenzfähigkeit nicht ebenso wie die Parteifähigkeit im Zivilprozess[56] nach dem Personalstatut der betreffenden Person zu beurteilen wäre. Die Parteifähigkeit ist jedoch nicht Voraussetzung der Insolvenzfähigkeit. Erstere knüpft – mit gewissen gesetzlichen Erweiterungen – an die Rechtsfähigkeit an, während es bei der Insolvenzfähigkeit um den haftungsrechtlichen Zugriff auf bestimmte Personen oder Vermögensmassen geht.[57] Bei der haftungsrechtlichen Zugriffsmöglichkeit sind jedoch Gesichtspunkte des Gläubigerschutzes ausschlaggebend, denen durch eine Anknüpfung an die *lex fori concursus* eher Rechnung getragen wird, als durch eine Anknüpfung an das Personalstatut.

33 Daher kann in Deutschland auch über diejenigen Personen ein Insolvenzverfahren eröffnet werden, die nach ihrem eigenen Personalstatut keine Insolvenzfähigkeit besitzen, wie zum Beispiel der französische Nichtkaufmann.[58] Gleichsam sind auch diejenigen Vereinigungen oder Gesellschaften insolvenzfähig, die funktional mit den insolvenzfähigen Vereinigungen oder Gesellschaften vergleichbar sind,[59] weil sie dann aus Sicht der Gläubiger wie eine insolvenzfähige Haftungsmasse aufgetreten sind.[60] Auf die Insolvenzfähigkeit nach dem Gesellschaftsstatut oder darauf, ob ihnen nach ihrem Gesellschaftsstatut ein besonderes Gesellschaftsvermögen zusteht,[61] kommt es dagegen nicht an.

34 Schwieriger ist die Frage zu beurteilen für Vereinigungen, die nach ihrem Personalstatut nicht parteifähig sind. Da § 11 die Insolvenzfähigkeit insoweit auf die nicht parteifähige **Gesellschaft bürgerlichen Rechts** ausgedehnt hat, sind ausländische, nach ihrem Personalstatut nicht parteifähige Vereinigungen als im Inland insolvenzfähig zu betrachten, wenn die Vereinigung einer Gesellschaft bürgerlichen Rechts vergleichbar ist. Dies ist eine Qualifikationsfrage.

35 Bei ausländischen juristischen **Personen des öffentlichen Rechts** sind Einschränkungen der Insolvenzfähigkeit nach dem Personalstatut jedoch grundsätzlich beachtlich. Zwar gilt die in § 12 enthaltene Einschränkung der Insolvenzfähigkeit über juristische Personen des öffentlichen Rechts seinem Wortlaut und seinem Zweck nach nur für die inländischen juristischen Personen, nicht jedoch für ausländische juristische Personen des öffentlichen Rechts.[62] Damit würde wieder die Grundregel des § 11 gelten, so dass ausländische juristische Personen des öffentlichen Rechts grundsätzlich insolvenzfähig wären. Zweck des § 12 ist jedoch, die Funktionsfähigkeit des Staates aufrecht zu erhalten. Diesbezügliche Einschränkungen sind daher Ausfluss der Hoheitsgewalt eines Staates und sind daher auch für ausländische Staaten grundsätzlich zu beachten. Für juristische Personen des öffentlichen Rechts gilt daher grundsätzlich das Personalstatut.

36 **d) Eröffnungsgründe.** Die Insolvenzgründe bestimmen sich nach unbestrittener Ansicht nach der *lex fori concursus*.[63] Die Anknüpfung an das Recht des Verfahrensstaates sieht auch Art. 4 Abs. 2 Satz 1 EuInsVO vor. Ist daher das inländische Gericht international zuständig, ist sind die Eröffnungsgründe nach §§ 16 ff. zu prüfen. Bei dem Insolvenzgrund der Zahlungs-

---

[55] Vgl. dazu unten Art. 4 RdNr. 16 f. EuInsVO.
[56] Vgl. auch BGHZ 97, 269, 273; BGHZ 53, 181, 183; OLG Stuttgart NJW 1974, 1627; OLG Nürnberg RIW 1985, 494; OLG Koblenz RIW 1986, 137; OLG Zweibrücken NJW 1987, 2168; aber OLG Frankfurt NJW 1990, 2204; *Schack*, IZVR, RdNr. 529 ff.; *Geimer*, IZPR, RdNr. 2202.
[57] Vgl. MünchKommInsO-*Ott/Vuia*, Bd. 1, § 11 RdNr. 10.
[58] Das französische Insolvenzrecht verleiht nur Kaufleuten Insolvenzfähigkeit, vgl. unten Anh. II; französische Gerichte erkennen dies auch an, Cour Cass. Clunet 1967, 629; *Jaeger/Jahr*, KO, §§ 237/238, RdNr. 441; *Gottwald/Gottwald*, Insolvenzrechts-Handbuch, § 130 RdNr. 21.
[59] *Trunk*, Internationales Insolvenzrecht, S. 105.
[60] Ähnlich für die Parteifähigkeit BGH NJW 1960, 1204, 1205.
[61] So *Gottwald/Gottwald*, Insolvenzrechts-Handbuch, § 130 RdNr. 22.
[62] Vgl. BT-Drucks. 12/2443 vom 15. 4. 1992 S. 113.
[63] Vgl. *Gottwald/Gottwald*, Insolvenzrechts-Handbuch, § 130 RdNr. 24; *Kübler/Prütting/Kemper* § 335 RdNr. 29; *Trunk*, Internationales Insolvenzrecht, S. 106.

Grundsatz 37–39 § 335

unfähigkeit ist auf das weltweite Zahlungsverhalten abzustellen.[64] Daher ist auch eine Zahlungseinstellung im Ausland grundsätzlich im Rahmen der Vermutung des § 17 Abs. 2 Satz 2 zu berücksichtigen. Die Vermutung ist allerdings entkräftet, wenn der Schuldner nachweist, im Inland seine fälligen Zahlungspflichten zu erfüllen. Bei dem Insolvenzgrund der Überschuldung nach § 19 ist auf die weltweiten Aktiva und Passiva abzustellen und nicht nur auf die inländischen.[65] Zu den Besonderheiten der Feststellung der Insolvenzgründe im Rahmen eines Partikular- oder Sekundärverfahrens vgl. § 354 RdNr. 24 ff., § 356 RdNr. 12).

Die Voraussetzungen für die Eröffnung eines Insolvenzverfahrens sind auch dann zu **37** prüfen, wenn im Ausland bereits ein Partikularverfahren über das dortige Vermögen eröffnet worden ist. Die Wirkungen des Eröffnungsbeschlusses des Partikularverfahrens sind insoweit nicht anerkennungsfähig.

e) **Rechtshilfeverkehr.** Rechtshilfeverfahren richten sich als rein verfahrensrechtliche **38** Fragen nach der *lex fori*. Ein Rückgriff auf § 335 bedarf es insoweit nicht. Die Inanspruchnahme internationaler Rechtshilfe kommt sowohl für Zustellungen nach §§ 23, 30, 307 i. V. m. § 8, als auch für Beweisaufnahmen im Rahmen von § 4 in Betracht. Bei Zustellungen im Ausland sind die internationalen Abkommen zu beachten, insbesondere die EU Verordnung über die Zustellung gerichtlicher und außergerichtlicher Schriftstücke in Zivil- und Handelssachen in den Mitgliedsstaaten (EUZustellVO),[66] sowie das Haager Zustellungsübereinkommen (HZÜ)[67] nebst den hierzu abgeschlossenen bilateralen Ergänzungsvereinbarungen.[68] Die EUZustellVO ist gegenüber dem HZÜ vorrangig.[69]

Die **EUZustellVO** gilt auch für Zustellungen im Rahmen von Insolvenzverfahren. Nach **39** Art. 1 Abs. 1 EUZustellVO gilt die Verordnung für die Zustellung von gerichtlichen und außergerichtlichen Schriftstücken in „Zivil- und Handelssachen". Beide Begriffe erfassen auch Insolvenzverfahren, wie ein Vergleich mit der EUGVVO[70] ergibt. Denn dort erstreckt sich der Anwendungsbereich ebenfalls auf Zivil- und Handelssachen, jedoch sind nach Art. 1 Abs. 2 b) EUGVVO „Konkurse, Vergleiche und ähnliche Verfahren" ausdrücklich ausgenommen. Da ein entsprechender Ausschluss sich in der EUZustellVO nicht findet, erstreckt sich der Anwendungsbereich der Verordnung daher auch auf Insolvenzverfahren. Da die Insolvenzordnung die vereinfachte Zustellung per Post vorsieht, ist Art. 14 EUZustellVO zu beachten, wonach es den Mitgliedsstaaten einerseits frei steht, gerichtliche Schriftstücke mit der Post zustellen zu lassen. Andererseits ermöglich Art. 14 Abs. 2 EUZustellVO, dass jeder Mitgliedsstaat die Bedingungen bekannt geben kann, unter denen er eine Zustellung gerichtlicher Schriftstücke durch die Post zulässt.[71] Für Zustellungen in anderen Mitgliedsstaaten ist daher zunächst jeweils zu überprüfen, welche weiteren Vorgaben im Zustellungsstaat nach Art. 14 EUZustellVO gelten.[72]

---

[64] So ausdrücklich sogar für Partikularverfahren BGH ZIP 1991, 1014, 1015; ähnlich bereits RGZ 21, 23; RG WarnR 1915 Nr. 63; *Gottwald/Gottwald*, Insolvenzrechts-Handbuch, § 130 RdNr. 23; *Trunk*, Internationales Insolvenzrecht, S. 106.
[65] *Gottwald/Gottwald*, Insolvenzrechts-Handbuch, § 130 RdNr. 23; *Trunk*, Internationales Insolvenzrecht, S. 106 f.
[66] Verordnung (EG) Nr. 1348/2000 des Rates vom 29. 5. 2000, ABl. EG Nr. L 160/37 vom 30. 6. 2000.
[67] Haager Übereinkommen über die Zustellung gerichtlicher und außergerichtlicher Schriftstücke im Ausland in Zivil- und Handelssachen vom 15. 11. 1965 (BGBl. 1977 II 1452).
[68] Vgl. die Auflistung bei *Bülow/Böckstiegel* unter Ziffer 405 ff.
[69] Siehe Nr. 12 der Erwägungsgründe und Art. 20 Abs. 1 EUZustellVO.
[70] Verordnung (EG) Nr. 44/2001 des Rates vom 22. 12. 2000 über die gerichtliche Zuständigkeit und die Anerkennung und Vollstreckung von Entscheidungen in Zivil- und Handelssachen, ABl. EG Nr. L 12/1 vom 16. 1. 2001. Die Verordnung hat das EuGVÜ ersetzt.
[71] Die Bundesrepublik hat die Zustellung durch die Post nur in der Versandform „Einschreiben mit Rückschein" für zulässig erklärt, soweit bestimmte Voraussetzungen hinsichtlich der Übersetzung eingehalten sind, vgl. Gesetz zur Durchführung gemeinschaftsrechtlicher Vorschriften über die Zustellung gerichtlicher und außergerichtlicher Schriftstücke in Zivil- und Handelssachen in den Mitgliedsstaaten (EG-Zustellungsdurchführungsgesetz – ZustDG) vom 9. 7. 2991, BGBl. I 2001, 1536.
[72] Die entsprechenden Durchführungsgesetze der Mitgliedsstaaten werden gemäß Art. 23 EUZustellVO ebenfalls im Amtsblatt der Europäischen Gemeinschaften veröffentlicht (über Internet: www.europa.eu.int).

§ 335 40–43 11. Teil. 1. Abschnitt. Allgemeine Vorschriften

40   Das HZÜ ist ebenfalls auf Zustellungen im Rahmen von Insolvenzverfahren anwendbar. Nach seinem Wortlaut gilt das Übereinkommen ebenfalls für „Zivil- und Handelssachen". Diese Begriffe sind auch nach dem HZÜ autonom und weit auszulegen und erfassen auch Insolvenzverfahren.[73] Ist daher ein Schriftstück zum Zwecke der Zustellung in eines der Vertragsstaates des HZÜ zu übermitteln, so ist das HZÜ zu beachten (vgl. Art. 1 I, 15 I, 16 I HZÜ).[74] Da die Insolvenzordnung die vereinfachte Zustellung durch Aufgabe zur Post vorsieht (§ 8 I 2), ist deren Zulässigkeit nach dem HZÜ jeweils zu prüfen. Denn Art. 10 a) HZÜ erlaubt zwar auch die unmittelbare Übersendung durch die Post. Den Vertragsstaaten stand jedoch offen, diese Zustellungsform auf ihrem Vertragsgebiet durch Widerspruch auszuschließen. Zustellung durch Aufgabe zur Post ist daher nur gegenüber denjenigen Vertragsstaaten unbedenklich möglich, die der Postzustellung nicht widersprochen haben.[75] Gegenüber den Vertragsstaaten, die einer Postzustellung widersprochen haben, ist daher eine andere Zustellungsform zu wählen, die das Recht des ersuchten Staates vorschreibt und mit einer Übersendung durch die Post gleichwertig ist. Zustellungen in die BRD auf dem Postwege sind grundsätzlich im Anwendungsbereich des HZÜ nicht möglich, weil die Bundesrepublik einer solchen Zustellungsform widersprochen hat.[76] Soweit auch keine bilateralen Rechtshilfeverträge über die Zustellung bestehen,[77] ist das Insolvenzgericht in der Zustellungsform frei, d. h. es kann eine Übermittlung auf dem Postwege entsprechend § 8 vornehmen.[78]

41   Muss im Rahmen von § 5 Abs. 1 **Beweis im Ausland** erhoben werden, so ist wiederum die (vorrangige) EU Verordnung des Rates über die Zusammenarbeit zwischen den Gerichten der Mitgliedsstaaten auf dem Gebiet der Beweisaufnahme in Zivil- und Handelssachen (EUBeweisaufnahmeVO)[79] sowie das Haager Beweisübereinkommen (HBÜ)[80] zu beachten, die beide auch für Beweisaufnahmen im Rahmen von Insolvenzverfahren Anwendung finden. Ansonsten gelten die für ausländische Beweisaufnahmen im Rahmen von §§ 377, 363 ZPO entwickelten Regeln.[81]

42   **f) Sonstige verfahrensrechtliche Fragen.** Entsprechend der im internationalen Zivilprozessrecht geltenden Regel, *forum regit processum,* werden Insolvenzverfahren in Deutschland grundsätzlich nach der deutschen **lex fori** abgewickelt.[82] Daher werden bei internationaler Zuständigkeit deutscher Gerichte grundsätzlich alle Verfahrensfragen nach deutschem Recht, d. h. nach der InsO beurteilt.

43   Das *lex fori* Prinzip verdrängt die **lex fori concursus** des § 335 aber nur für die verfahrensrechtlichen Fragen. Daher ist jeweils zu prüfen, ob es sich bei der zur Beantwortung

---

[73] Zur weiten Auslegung vgl. die Empfehlung der Expertenkommission der Haager Konferenz in RabelsZ 54 (1990), 364, 370; zum Anwendungsbereich vgl. auch *Hollmann* RIW 1982, 784, 785; *Wölki* RIW 1985, 530, 532.
[74] Eine Übersicht über die Vertragsstaaten findet sich bei *Bülow/Böckstiegel,* Ziffer 353, 355 mwN und Ziffer 900.82 ff. Vertragsstaaten sind Ägypten, Albanien, Antigua und Barbuda, Argentinien, Bahamas, Barbados, Belarus, Belgien, Botswana, Bulgarien, China, Dänemark, Deutschland, Estland, Finnland, Frankreich, Griechenland, Indien, Irland, Israel, Italien, Japan, Kanada, Korea (Südkorea), Kroatien, Kuweit, Lettland, Litauen, Luxemburg, Malawi, Mexiko, Niederlande, Norwegen, Pakistan, Polen, Portugal, Rumänien, Russland, San Marino, Schweden, Schweiz, Seychellen, Slowakei, Slowenien, Spanien, Sri Lanka, St. Vincent und die Grenadinen, Tschechische Republik, Türkei, Ukraine, Ungarn, USA, Venezuela, Vereinigtes Königreich und Zypern.
[75] Vgl. *Geimer,* IZPR, RdNr. 418; von einem Widerspruch gegen eine Postzustellung haben mehrere Länder Gebrauch gemacht, vgl. *Bülow/Böckstiegel,* Ziffer 351.12.
[76] Vgl. Art. 10 Ziffer a HZÜ Art. 6 Ausführungsgesetz (BGBl. I S. 3105).
[77] Vgl. die Auflistung der Verträge in *Bülow/Böckstiegel,* Ziffer 405 ff.
[78] Vgl. *Geimer,* IZPR, RdNr. 419; *Schack,* IZVR, RdNr. 601.
[79] Verordnung (EG) Nr. 1206/2001 des Rates vom 28. 5. 2001, ABl. EG Nr. L 174/1 vom 27. 6. 2001; der Vorrang gegenüber dem HBÜ ergibt sich aus Art. 21.
[80] Haager Übereinkommen über die Beweisaufnahme im Ausland in Zivil- und Handelssachen vom 18. 3. 1970 (BGBl. 1977 II 1452, 1472).
[81] Vgl. hierzu *Schack,* IZVR, RdNr. 719 ff.; *Geimer* IZPR, RdNr. 2379 ff.
[82] Unstreitig, vgl. *Geimer,* IZPR, RdNr. 3473, 319; *MohrbutterRingstmeier/Wenner* § 20 RdNr. 262; *Kuhn/Uhlenbruck* §§ 237/238 RdNr. 53, 71.

anstehenden Frage um eine verfahrensrechtliche (dann Anwendung der *lex fori*) oder um eine materiellrechtliche Frage handelt.[83] In letzterem Fall wäre dann das anwendbare Recht über die Regelanknüpfung nach § 335 zu ermitteln, soweit nichts anderes bestimmt ist.

2. Erfasstes Vermögen und Verfahrensbeteiligte. a) Bestimmung der Insolvenzmasse. Der Umfang der Insolvenzmasse bestimmt sich gemäß § 335 nach dem Recht des Eröffnungsstaates, also nach der *lex fori concursus*.[84] Dies entspricht der in Art. 4 Abs. 2 lit. b) EuInsVO enthaltenen Regelung.[85] Daher bestimmt sich die Insolvenzmasse in einem in Deutschland eröffneten Hauptverfahren nach §§ 35 ff.[86] Nach § 35 gehört auch ausländisches Vermögen des Schuldners grundsätzlich zur Insolvenzmasse.[87] Dies ergibt sich aus dem Wortlaut der Vorschrift („gesamte Vermögen"), aus den Gesetzgebungsmaterialien[88] und aus einem Umkehrschluss von § 354 Abs. 1, wonach ein Sekundärverfahren nur das inländische Vermögen umfasst. Der weltweite Geltungsanspruch gilt auch für die im Rahmen von Sicherungsmaßnahmen nach § 21 Abs. 2 Nr. 2 angeordneten Verfügungsbeschränkungen.[89]

Die *lex fori concursus* bestimmt auch, ob es sich bei bestimmten Vermögensgegenständen um von der Insolvenzmasse ausgeschlossenes **unpfändbares Vermögen** handelt.[90] Teile der Literatur verlangen hier zwar eine Sonderanknüpfung an die *lex fori executionis*.[91] Hierfür ist jedoch nach der Neuregelung des deutschen internationalen Insolvenzrechts keine Raum mehr.

Die Anknüpfung an die *lex fori concursus* gilt auch für die Frage, ob der **Neuerwerb** zur Insolvenzmasse gerechnet werden muss[92] und zwar unabhängig davon, wo dieser Neuerwerb stattgefunden hat und wie das Recht des Belegenheitsortes des neuerworbenen Vermögens den Neuerwerb rechtlich beurteilt. Dies entspricht auch der in Art. 4 Abs. 2 lit. b) EuInsVO enthaltenen Regelung. Der Insolvenzverwalter ist daher auch hinsichtlich dieser Vermögensgegenstände gehalten, diese zur Masse zu ziehen und entsprechend zu verwerten.

Befinden sich – für das Insolvenzgericht erkennbar – Teile der Insolvenzmasse im Ausland, dann sollte das Insolvenzgericht **im Eröffnungsbeschluss klarstellen,** dass die Insolvenzmasse auch das im Ausland belegene Vermögen umfasst.[93] Dies ist bisweilen hilfreich, um dem Insolvenzverwalter die Verwertung des ausländischen Vermögens zu erleichtern.

---

[83] Das ist eine Frage der Qualifikation, vgl. oben Vor §§ 335 RdNr. 30 ff.
[84] Seit längerem ständige Rechtsprechung vgl. BGHZ 118, 151, 159; 95, 256, 264; 88, 147, 150; 68, 16, 17; vgl. zudem *Reithmann/Martiny/Hausmann,* IVR, RdNr. 2606; *Mohrbutter/RingstmeierWenner* § 20 RdNr. 291; *Gottwald/Gottwald,* Insolvenzrechts-Handbuch, § 130 RdNr. 38; FK-*Wimmer* § 335 RdNr. 5; *Kuhn/Uhlenbruck/Lüer* §§ 237/238 RdNr. 56; *Trunk,* Internationales Insolvenzrecht, S. 134.
[85] Vgl. unten Art. 4 RdNr. 18 EuInsVO.
[86] Unstreitig, vgl. *Kübler/Prütting/Kemper* § 335 RdNr. 31; *Gottwald/Gottwald,* Insolvenzrechts-Handbuch, § 130 RdNr. 35, 38; *Mohrbutter/Ringstmeier/Wenner* § 20 RdNr. 80.
[87] *Gottwald/Gottwald,* Insolvenzrechts-Handbuch, § 130 RdNr. 35; *Mohrbutter/Ringstmeier/Wenner* § 20 RdNr. 80; *Kübler/Prütting/Kemper* § 335 RdNr. 31; vgl. auch *Braun/Bäuerle* § 35 RdNr. 4; FK-*Schumacher* § 35 RdNr. 4.
[88] Vgl. BT-Drucks. 12/2443 vom 15. 4. 1992 S. 240 zu § 383 des RegE.
[89] Vgl. BGHZ 118, 151, 159; OLG Köln vom 9. 6. 1994 ZIP 1994, 1459, 1460; vgl. auch Hess InsO, § 335 RdNr. 26; *Gottwald/Gottwald,* Insolvenzrechts-Handbuch, § 130 RdNr. 27; *Geimer,* IZPR, RdNr. 3431.
[90] Ebenso AG Deggendorf, ZinsO 2007, 558 mit allerdings ablehnender Anm. *Griedl/Mack,* ebd.; *Mohrbutter/Ringstmeier/Wenner* § 20 RdNr. 292; *Paulus* NZI 2001, 505, 510; ebenso wohl *Trunk,* Internationales Insolvenzrecht, S. 134 ff.; *Riegel,* Grenzüberschreitende Konkurswirkungen, S. 179.
[91] So auch noch der Verfasser in der Vorauflage, vgl. MünchKommInsO-*Reinhart,* Art. 102 RdNr. 63 f. EGInsO; *Gottwald/Gottwald,* Insolvenzrechts-Handbuch, § 130 RdNr. 40; FK-*Wimmer* § 335 RdNr. 5; *Kübler/Prütting/Kemper* § 335 RdNr. 31; *Haas,* in Festschrift für Gerhardt, S. 319, 324 ff.; *Kuhn/Uhlenbruck/Lüer* §§ 237/238 RdNr. 58; *Jaeger/Jahr* §§ 237/238 RdNr. 57.
[92] Ganz hM, vgl. nur *Kübler/Prütting/Kemper* § 335 RdNr. 31; *Gottwald/Gottwald,* Insolvenzrechts-Handbuch, § 130 RdNr. 38; *Mohrbutter/Ringstmeier/Wenner* § 20 RdNr. 291; FK-*Wimmer* § 335 RdNr. 5; *Pielorz* ZIP 1980, 239, 245.
[93] OLG Köln vom 3. 3. 1986 ZIP 1986, 384; vgl. auch die hiergegen eingelegte Verfassungsbeschwerde BVerfG ZIP 1986, 1336; *Lüer,* in: *Stoll,* Stellungnahmen und Gutachten, S. 103; *Lüer* KTS 1990, 377, 383; *Geimer,* IZPR, RdNr. 3432.

48 **b) Bestimmung der Insolvenzgläubiger.** Auch für die Bestimmung, wer als Insolvenzgläubiger am inländischen Verfahren teilnehmen kann, gilt die *lex fori concursus,* also bei einem inländischen Verfahren die Vorschriften der Insolvenzordnung.[94] Dies entspricht auch der in Art. 4 Abs. 2 lit. g) EuInsVO enthaltenen Regelung. Das Recht des Verfahrensstaates bestimmt demnach, wie Forderungen, die nicht auf Geld gerichtet sind, die bedingt oder noch nicht fällig sind, die auf ausländische Währung lauten,[95] oder auch wie Forderungen auf wiederkehrende Leistungen zu behandeln sind (vgl. §§ 38, 40 bis 46). Ob dagegen die Forderung grundsätzlich besteht, richtet sich als Vorfrage nach dem insoweit maßgeblichen Forderungsstatut *(lex causae).*

49 **c) Stellung ausländischer Gläubiger im inländischen Insolvenzverfahren. aa) Gleichbehandlung.** Die Aktivmasse des Insolvenzverfahrens steht allen Gläubigern des Schuldners zur Verfügung, und zwar auch **ausländischen Gläubigern** und Gläubigern, deren Anspruch auf ausländischem Recht beruht oder eine sonstige Auslandsbeziehung aufweist.[96] Zwar enthält die Insolvenzordnung keine § 5 KO vergleichbare Vorschrift, die eine Gleichstellung ausländischer Gläubiger noch ausdrücklich vorgesehen hatte. Auf eine solche Vorschrift ist jedoch nur deshalb verzichtet worden, weil der Gesetzgeber die in § 5 Abs. 2 KO vorgesehene Einschränkung der Gleichbehandlung im Wege eines Vergeltungsrechts nicht mehr übernehmen wollte und eine ausdrückliche Regelung der Gleichbehandlung für nicht notwendig ansah.[97] Die Frage der Mehrfachanmeldung ist darüber hinaus nunmehr in § 341 Abs. 1 ausdrücklich erwähnt und über § 342 Abs. 2 auch akzeptiert.[98] Hieraus ergibt sich gleichsam, dass eine Gleichbehandlung vorzunehmen ist, unabhängig davon, ob Gegenseitigkeit gewahrt ist und wie deutsche Gläubiger in einem Insolvenzverfahren des Gläubigerstaates behandelt werden.

50 **bb) Öffentlich-rechtliche Forderungen.** Weitgehend ungeklärt ist alleine die Behandlung **öffentlich-rechtlicher Forderungen** ausländischer Staaten im inländischen Insolvenzverfahren, insbesondere die Berücksichtigung von Forderungen ausländischer Steuerbehörden und Sozialversicherungsträger. Die Bundesregierung ging in einer Gegenäußerung zu einer Stellungnahme des Bundesrates davon aus, dass ausländische öffentlich-rechtliche Forderungen in einem inländischen Insolvenzverfahren nicht geltend gemacht werden können.[99] Denn Voraussetzung für die Berücksichtigung einer Forderung im Insolvenzverfahren sei, dass der Anspruch klagbar und mittels Zwangsvollstreckung in das Vermögen des Schuldners verfolgbar sei. Nach vordringender Auffassung kann die ausländische Steuerbehörde jedoch ihre Ansprüche auch im inländischen Insolvenzverfahren geltend machen.[100] Zwar steht der inländische Justizapparat zur Durchsetzung ausländischer Steuer- und Gebührenforderungen nicht zur Verfügung,[101] so dass ausländische Steuerbescheide – vorbehaltlich zwischenstaatlicher Übereinkommen – im Inland nicht anerkannt und vollstreckt werden können. Das bedeutet jedoch keinesfalls, dass der ausländische Staat seine Forderung nicht nach § 174 anmelden könne oder dass der Insolvenzverwalter aus Gründen der

---

[94] Ganz hM, vgl. schon *Jaeger/Jahr* §§ 237/238 RdNr. 391; *Mohrbutter/Ringstmeier/Wenner* § 20 RdNr. 268; vgl. auch schon RGZ 21, 23; RG IPRspr. 1931 Nr. 161.
[95] Vgl. hierzu OLG Köln vom 22. 6. 1988 WM 1988, 1648.
[96] So bereits schon RG 21, 23; RG IPRspr. 1931 Nr. 161; siehe dazu auch *Kübler/Prütting/Kemper* § 335 RdNr. 33.
[97] Vgl. auch BT-Drucks. 12/2443 vom 15. 4. 1992 S. 236; dies wird auch in der Literatur nicht in Frage gezogen, vgl. *Mohrbutter/Ringstmeier/Wenner* § 20 RdNr. 151; *Geimer,* IZPR, RdNr. 3379.
[98] Vgl. § 341 RdNr. 8.
[99] Vgl. BT-Drucks. 12/2443 vom 15. 4. 1992, Anlage 3, S. 269; sowie die Stellungnahme des Bundesrates, BT-Drucks. 12/2443 vom 15. 4. 1992, Anlage 2 S. 260; ebenfalls ablehnend *Kübler/Prütting/Kemper* § 335 RdNr. 33; *Jaeger/Jahr* §§ 237/238 RdNr. 394; ebenso *Trunk,* Internationales Insolvenzrecht, S. 199; *Hanisch,* in: Cross Border Insolvency, S. 112 f., 118.
[100] Nach *Jaeger/Henckel,* KO, 9. Aufl., § 5 RdNr. 2 galt § 5 KO auch für öffentlichrechtliche Ansprüche ausländischer Staaten; vgl. auch *Mohrbutter/Ringstmeier/Wenner* § 20 RdNr. 152; für die Zulässigkeit solcher Forderungen auch *Kuhn/Uhlenbruck* § 61 RdNr. 51 a.
[101] Vgl. KG OLGE 20 (1910), 91; OLG Hamburg IPRspr. 1958–59 Nr. 61; ausführlich *Mann* RabelsZ 21 (1956) S. 1 ff.; *Geimer,* IZPR, RdNr. 1976; *Kegel/Schurig,* IPR, S. 1092 ff.; *Nagel/Gottwald* § 2 RdNr. 25.

mangelnden Durchsetzbarkeit eines eventuellen Steuerbescheides im Inland die Forderung bestreiten könne. Der Insolvenzverwalter ist gegenüber ausländischen Staaten zur Gleichbehandlung dahingehend verpflichtet, dass deren Forderung nicht aus Gründen mangelnder Durchsetzbarkeit in Inland zurückgewiesen werden dürfen. Daher gehen auch Art. 39 EuInsVO sowie Art. 19 Abs. 3 des deutsch-österreichischen Konkursübereinkommens von der Anmeldbarkeit solcher Forderungen aus, ohne dass die EuInsVO oder der DöKV weitergehend die Durchsetzbarkeit solcher öffentlich-rechtlicher Forderungen geregelt hätten.

Aus den vorbezeichneten Gründen ist es daher auch nur folgerichtig, entgegen der wohl 51 noch hM auch die Zulässigkeit einer Feststellungsklage des ausländischen Staates zu bejahen, wenn die angemeldete öffentlich-rechtliche Forderung streitig geblieben ist. Ebenso wie bei Forderungen des deutschen Steuerfiskus (vgl. § 251 Abs. 3 AO) hat die zuständige ausländische Behörde nach seinen eigenen Verfahrensvorschriften zunächst einen entsprechenden Bescheid zu erlassen, der dann wiederum vom Insolvenzverwalter mit den Rechtsmitteln angegriffen werden kann, die der ausländische Staat hiergegen zur Verfügung stellt. Da § 185 für die Feststellungsklage solcher öffentlichrechtlicher Forderungen auf die „zuständigen anderen Gerichte" verweist, wird der ausländische Staat die Feststellung des Anspruchs im Rahmen des hierfür vorgesehenen gerichtlichen Verfahrens in seinem Staat durchführen können. Wird dort der Anspruch gerichtlich festgestellt, so ist der Insolvenzverwalter gehalten, aus Gründen der Gläubigergleichbehandlung die Entscheidung des ausländischen Gerichts zur Tabelle anzuerkennen.

Auch eine Beschränkung der Gleichbehandlung auf diejenigen Staaten, mit denen die 52 Bundesrepublik Abkommen über Vollstreckungshilfe abgeschlossen hat, ist abzulehnen.[102] Zwar kann sich der hier vertretene Grundsatz der Gläubigergleichbehandlung auch öffentlich-rechtlicher Forderungen auch aus solchen Staatsverträgen ergeben.[103] Soweit man jedoch akzeptiert, dass auch für inländische Insolvenzverfahren die streitig gebliebenen öffentlichrechtlichen Forderungen in dem jeweiligen ausländischen Staat festgestellt werden können, ergibt sich deren Berücksichtigung schon aus den Grundsätzen der Gläubigergleichbehandlung.

Gleiches gilt auch für die Forderungen **ausländischer Sozialversicherungsträger,** auch 53 wenn diese nach der Rechtsprechung im Inland ihre Forderung selbst nicht einklagen können.[104] Art. 39 EuInsVO schreibt dies mittlerweile für seinen Anwendungsbereich ausdrücklich vor.[105] Darüber hinaus kann sich die Anmeldbarkeit der Forderung aber auch unmittelbar aus zwischenstaatlichen Abkommen ergeben.[106]

Dagegen entscheidet sich die Behandlung dieser öffentlichrechtlichen Forderungen bei 54 der **Verteilung** nach der inländischen *lex fori concursus.* Vorrechte, die die Rechtsordnungen des jeweiligen ausländischen Staates eventuell vorsehen, bleiben im inländischen Insolvenzverfahren unberücksichtigt.[107]

d) Fremdwährungsforderungen, Umrechnung von Forderungen. Der Grundsatz 55 der *par condicio creditorum* erfordert die Vergleichbarkeit der Forderungen der Gläubiger. Diese Vergleichbarkeit kann erschwert sein, bei Forderungen, die in ausländischer Währung oder

---

[102] So wohl nun auch *Mohrbutter/Ringstmeier/Wenner* § 20 RdNr. 152, aA *Andres/Leithaus/Dahl* § 335 RdNr. 9.
[103] Vgl. die Liste der Staatsverträge in *Hübschmann/Hebb/Spitaler,* AO § 250 RdNr. 64 ff. mwN; Für bestimmte Steuern, Zölle und anderen Geldforderungen der EU-Mitgliedsländer vgl. das Gesetz zur Durchführung der EG-Beitreibungsrichtlinie; siehe auch *Hübschmann/Hebb/Spitaler,* ebd. RdNr. 117 ff.
[104] Vgl. BSG 54, 250, 256 f.; vgl. aber auch AG Mannheim, DAR 1994, 405 betreffend die Klage einer niederländischen Gemeinde auf das Entgelt für die Benutzung von Parkraum.
[105] Vgl. unten Art. 39 RdNr. 6 EuInsVO.
[106] Dies war der Fall in OLG Karlsruhe JW 1929, 2362, welches allerdings nicht die Frage der Anmeldbarkeit, sondern des Vorrechts nach § 61 KO erörtert hat; aA wiederum *Trunk,* Internationales Insolvenzrecht, S. 201 f., der die ausländischen Sozialversicherungsträger auf eine Teilnahme durch Gewähr von Vollstreckungshilfe verweisen möchte.
[107] Ausführlich hierzu noch unten, RdNr. 110.

Rechnungseinheit lauten, oder auch bei Forderungen, die nicht auf Geld gerichtet sind. Für die Herstellung der Vergleichbarkeit, d. h. die Umrechnung dieser Forderungen in Geldforderungen bzw. die Unrechnung von Geldforderungen in ausländischer Währung, ist grundsätzlich die *lex fori concursus* heranzuziehen.[108] Die Umrechnung einer Fremdwährungsforderung erfolgt daher in einem Inlandsverfahren gemäß § 45.[109]

56 **e) Bevorrechtigte oder nachrangige Insolvenzgläubiger.** Während die Konkursordnung für bestimmte Gläubiger noch eine vorzugsweise Befriedigung in bestimmter Rangfolge vorsah (vgl. § 61 KO), schafft die InsO die allgemeinen Vorrechte ab.[110] Neu eingeführt wurde stattdessen die Kategorie der nachrangigen Insolvenzgläubiger (vgl. § 39). Auch aus anderen ausländischen Insolvenzrechten ist bekannt, dass für die ungesicherten Gläubiger verschiedene Differenzierungen mit Wirkung auf die Rangfolge bei der Verteilung getroffen werden.[111] Die Einteilung der Gläubiger in bevorrechtigte oder nachrangige Gläubiger richtet sich gemäß § 335 nach der *lex fori concursus,* und zwar selbst dann, wenn die Forderung Auslandsbezug aufweist oder sogar dem ausländischen Recht untersteht.[112] Dies entspricht auch der Regelung der EuInsVO.[113]

57 **f) Aussonderungsberechtigte Gläubiger.** In die Insolvenzmasse fällt nur das Vermögen, das dem Schuldner gehört (vgl. § 35). Soweit die Rechtsinhaberschaft an einem Vermögensgegenstand einer anderen Person zusteht, so kann diese nach den meisten Rechtsordnungen verlangen, dass dieser Vermögensgegenstand ausgesondert wird (vgl. § 47). Ähnliche dingliche Rechte gewähren sog. Absonderungsrechte (§§ 49 ff.), wonach einem Gläubiger ein Vermögensgegenstand der Insolvenzmasse zur Sicherheit seiner Forderung dient (vgl. dazu unten RdNr. 88 ff.). In internationalrechtlicher Hinsicht sind bei diesen dinglichen Rechten zwei Fragestellungen zu unterscheiden. Zunächst die Frage, wem welches dingliche Recht an dem Vermögensgegenstand zusteht. Dies ist nach den allgemeinen kollisionsrechtlichen Grundsätzen zu bestimmen,[114] wonach bei körperlichen Gegenständen die *lex rei sitae*[115] und bei Rechten die *lex causae* heranzuziehen ist.[116] Erst daran schließt sich die Frage an, nach welchem Insolvenzrecht sich das Schicksal der dinglichen Rechtsposition in der Insolvenz richtet.

58 Kollisionsrechtlich denkbar ist, die Frage der Aussonderung ebenfalls § 335, also der *lex fori concursus,* zu unterstellen, oder an das jeweilige Sachstatut anzuknüpfen (die *lex rei sitae* für Sachen und die *lex causae* für Rechte). Möglich ist darüber hinaus eine Kumulation der

---

[108] Ebenso *Trunk,* S. 203 f.; zu den Umrechnungsfragen vgl. auch *Hanisch* ZIP 1988, 341 ff.; *Schmidt,* Festschrift für Merz 1992, S. 533 ff.; *Mohrbutter/Ringstmeier/Wenner* § 20 RdNr. 155.
[109] Vgl. MünchKommInsO-*Bitter* § 45 RdNr. 17.
[110] Zu den in Spezialgesetzen geregelten sog. besonderen Vorrechten, die sich auf einen bestimmten Teil der Insolvenzmasse beschränken vgl. unten RdNr. 114.
[111] Vgl. *Fletcher,* Cross Border Insolvency, S. 283 f.; vgl. auch die Länderberichte: das französische Insolvenzrecht beispielsweise kennt bevorrechtigte und einfache Insolvenzgläubiger (vgl. Länderbericht Frankreich RdNr. 36 f.), das italienische Insolvenzrecht bevorzugte und nicht bevorrechtigte Gläubiger (vgl. Länderbericht Italien Ziffer 5.3 f.), das niederländische Insolvenzrecht bevorrechtigte und nicht bevorrechtigte Gläubiger (vgl. Länderbericht Niederlande Ziffer 5.3 ff.), das spanische Insolvenzrecht Gläubiger mit allgemeiner Bevorrechtigung, normale und nachrangige Konkursgläubiger (vgl. Länderbericht Spanien Ziffer 5.3 ff.), das südafrikanische Insolvenzrecht bevorzugte, einfache und nachrangige Insolvenzgläubiger (vgl. Länderbericht Südafrika Ziffer 5.3 ff.), das Insolvenzrecht der USA bevorzugte, einfache und nachrangige Insolvenzgläubiger (vgl. Länderbericht USA Ziffer 5.2 ff.).
[112] Vgl. BGH vom 24. 3. 1992 ZIP 1992, 1158; LAG Düsseldorf vom 7. 12. 1990 RIW 1992, 402, 403; bereits schon RGZ 1, 322; RG IPRspr. 1931 Nr. 161; *Gottwald/Gottwald,* Insolvenzrechts-Handbuch, § 130 RdNr. 75; *Trunk,* Internationales Insolvenzrecht, S. 215 ff.; *Kuhn/Uhlenbruck/Lüer,* KO §§ 237/238 RdNr. 67; *Hanisch,* Festschrift für Jahr, S. 455, 464.
[113] Vgl. unten Art. 4 RdNr. 35 EuInsVO.
[114] Es handelt sich um eine Vorfrage der Aussonderung, ganz hM, vgl. nur *Mohrbutter/Ringstmeier/Wenner* § 20 RdNr. 291, 298; *Kuhn/Uhlenbruck,* KO § 237/238 RdNr. 76; *Jaeger/Jahr,* KO, § 237/238 RdNr. 57 ff.; *Gottwald/Gottwald,* Insolvenzrechts-Handbuch, § 131 RdNr. 18; *Trunk,* Internationales Insolvenzrecht, S. 137.
[115] Vgl. Art. 43 EGBGB.
[116] Vgl. Art. 28 EGBGB.

lex fori concursus mit dem Sachstatut dergestalt, dass die dinglichen im Ausland belegenen Rechte durch das inländische Insolvenzverfahren nicht stärker beeinträchtigt werden dürften als durch ein Insolvenzverfahren in dem Belegenheitsstaat. Vor der Neuregelung des internationalen Insolvenzrechts wurden alle drei Auffassungen vertreten.[117]

Der deutsche Gesetzgeber hat – rechtspolitisch bedenklich – die kollisionsrechtliche **59** Anknüpfung differenziert ausgestaltet, abhängig davon, ob sich die Frage im Rahmen eines ausländischen Insolvenzverfahrens stellt oder im Rahmen eines inländischen Insolvenzverfahrens. Nach § 351 ist für dingliche Rechte an einem Gegenstand der Insolvenzmasse, die nach inländischem Recht ein Recht auf Aussonderung begründen, eine Sonderregelung vorgesehen. Danach wird das Recht des dinglich Berechtigten von der Eröffnung des ausländischen Insolvenzverfahrens nicht berührt.[118] Es handelt sich daher um eine „anderweitige Bestimmung" im Sinne des § 335, deren Anwendungsbereich allerdings auf ausländische Insolvenzverfahren beschränkt ist.

Dagegen richtet sich bei inländischen Insolvenzverfahren die Aussonderung der im Ausland belegenen Vermögensgegenständen nach § 335. Daher bestimmt sich bei inländischen Insolvenzverfahren auch für im Ausland belegene Sachen oder Rechte die Aus- oder Absonderung nach § 47 ff.[119] Ob im Belegenheitsstaat die Anordnung des deutschen Kollisionsrechts freilich durchsetzbar ist, ist im Hinblick auf den auch vom deutschen Gesetzgeber kodifizierten Vertrauensschutz zugunsten des Belegenheitsrechts fraglich.

g) Massegläubiger. aa) Kosten des Insolvenzverfahrens. Welche Verbindlichkeiten **61** als Kosten des Insolvenzverfahrens zu qualifizieren sind, richtet sich ebenfalls gemäß § 335 nach der *lex fori concursus,* und zwar unabhängig davon, welchem Recht die kostenauslösende Maßnahme unterliegt. Das entspricht ebenfalls der Regelung der EuInsVO.[120] In einem inländischen Insolvenzverfahren sind daher nur die nach § 54 bezeichneten Kosten als Kosten des Insolvenzverfahrens bei der Verteilung zu berücksichtigen. Bei einem ausländischen Insolvenzverfahren ist das Recht des Verfahrensstaates entscheidend.

Hiervon zu unterscheiden sind allerdings die Kostenbeiträge, die bestimmte Gläubiger, **62** wie beispielsweise bestimmte absonderungsberechtigte Gläubiger nach den §§ 170 ff., zu entrichten haben. Hierbei handelt es sich um aus dem Absonderungsrecht hergeleitete „Kosten", für die diejenige Kollisionsnorm heranzuziehen ist, die für die Frage der Verwaltung und Verwertung von absonderungsberechtigten Gegenständen und Rechten gilt.[121]

bb) Masseverbindlichkeiten. Ebenfalls § 335 untersteht die Frage, ob eine Forderung **63** eine Masseverbindlichkeit ist und wie diese entstandene Verbindlichkeit im Rahmen des Insolvenzverfahrens vom Insolvenzverwalter beglichen werden muss.[122] Diese Anknüpfung entspricht auch Art. 4 Abs. 2 lit. g) EuInsVO.[123]

Hiervon zu unterscheiden ist jedoch die Frage, welchem Recht die Masseverbindlichkeit **64** unterliegt. Diese Frage ist gesondert anzuknüpfen. Es gelten insoweit die allgemeinen kollisionsrechtlichen Regeln für vertragliche, bereicherungsrechtliche oder deliktische Ansprüche.

---

[117] Für eine Anknüpfung an die *lex fori concursus, Trunk,* Internationales Insolvenzrecht, S. 136 f.; *Mohrbutter/Wenner,* 7. Aufl., Kap. XXIII RdNr. 212; *Kuhn/Uhlenbruck,* KO, § 237/238 RdNr. 67; wohl auch *Nerlich/Römermann/Mincke,* Art. 102 EGInsO RdNr. 178 f.; für eine Anknüpfung an das Sachstatut dagegen *Gottwald/Gottwald,* Insolvenzrechts-Handbuch, 2. Aufl., § 129 RdNr. 20; *v. Oertzen,* Inlandswirkungen eines Auslandskonkurses, S. 127; *Aderhold,* Auslandskonkurs im Inland, S. 282; *Ebenroth* ZZP 101 (1988) 139; *Geimer,* IZPR, 4. Aufl., RdNr. 3553; vgl. auch § 18 DÖKV; für eine Kumulation beider Lösungen *Drobnig,* in: *Stoll,* Stellungnahmen und Gutachten, S. 181 in Bezug auf Absonderungsrechte; ebenso wohl *Kübler/Prütting,* Art. 102 EGInsO Anh. II RdNr 219 f.
[118] Vgl. unten § 351 RdNr. 15.
[119] Vgl. *Mohrbutter/Ringstmeier/Wenner* § 20 RdNr. 305, 357 ff.; *Kübler/Prütting/Kemper* § 335 RdNr. 44 f.
[120] Vgl. Art. 4 Abs. 2 lit. l) EuInsVO, vgl. unten Art. 4 RdNr. 39 EuInsVO.
[121] Vgl. oben RdNr. 88.
[122] Ebenso *Mohrbutter/Ringstmeier/Wenner* § 20 RdNr. 364; *Gottwald/Gottwald,* Insolvenzrechts-Handbuch, § 131 RdNr. 4; FK-*Wimmer* § 335 RdNr. 6; ebenso bereits schon *Jaeger/Jahr,* RdNr. 57 ff.
[123] Vgl. unten Art. 4 RdNr. 31 EuInsVO.

65 3. **Wirkungen der Eröffnung des Insolvenzverfahrens. a) Übergang der Verwaltungs- und Verfügungsbefugnis. aa) Kollisionsrechtliche Anknüpfung.** Wie bereits ausgeführt, umfasst die Insolvenzmasse auch das im Ausland belegene Vermögen (vgl. oben RdNr. 44). Auch hinsichtlich des ausländischen Vermögens bestimmt die *lex fori concursus* gemäß § 335, ob die Verwaltungs- und Verfügungsbefugnis auf den Verwalter übergegangen ist.[124] Die gleiche Anknüpfungsnorm findet sich auch in Art. 4 Abs. 2 lit. c) EuInsVO.[125] Der Übergang des Verwaltungs- und Verfügungsrechts nach § 80 bei einem inländischen Insolvenzverfahren gilt daher auch für das im Ausland befindliche Vermögen.[126]

66 **bb) Anderweitige Bestimmung.** Allerdings trifft § 349 Abs. 1 für den Fall eines ausländischen Insolvenzverfahrens hinsichtlich des gutgläubigen Erwerbs eine anderweitige Bestimmung. Zwar richtet sich auch im Falle eines ausländischen Insolvenzverfahrens die Verfügungsbefugnis gemäß § 335 nach dem Recht des Verfahrensstaates. § 349 Abs. 1 regelt aber als sogenannte selbstgerechte Sachnorm, dass hinsichtlich des Gutglaubensschutzes das deutsche Recht gilt.

67 **cc) Vorgehen bei Nichtanerkennung des deutschen Insolvenzverwalters.** Erkennt das ausländische Recht den Eröffnungsbeschluss, das Vollstreckungsverbot oder die Verfügungsbefugnis des Verwalters nicht an, und kann der deutsche Insolvenzverwalter die Verteilung des ausländischen Vermögens auch nicht durch die Eröffnung eines ausländischen Partikularverfahrens verhindern, oder kommt diese Vorgehensweise aus anderen Gründen nicht in Betracht, läuft der Insolvenzverwalter Gefahr, dass das ausländische Vermögen lediglich einzelnen Gläubigern zugute kommt und die Verteilungsgerechtigkeit, die auch in internationaler Hinsicht gilt, unterlaufen wird.[127] Um die praktische Durchsetzung der Interessen des deutschen Insolvenzverfahrens im Ausland zu erleichtern, haben Rechtsprechung und Literatur jedoch verschiedene Vorgehensweisen entwickelt, auf die der Insolvenzverwalter dann zurückgreifen kann.

68 **(1) Vollmachtserteilung des Schuldners für den Insolvenzverwalter.** Nach Auffassung in Rechtsprechung[128] und Literatur[129] ist der Schuldner nach der anzuwendenden *lex fori concursus* verpflichtet, dem Insolvenzverwalter eine privatrechtliche Vollmacht zu erteilen, die ihn umfassend ermächtigt, für den Schuldner zu handeln und über das im Ausland belegene Vermögen zu verfügen. Das wurde im Hinblick auf die Konkursordnung damit begründet, dass der Schuldner nach §§ 100, 117 KO ohnehin umfassende Auskunfts- und Herausgabepflichten habe. Diesen Pflichtenkatalog hat der Gesetzgeber im Rahmen des §§ 97, 100 sogar noch erweitert und allgemeine Mitwirkungs- und Unterstützungspflichten statuiert, so dass die Pflicht des Schuldners, eine solche Vollmacht zu erteilen, nun sogar eine sichere Gesetzesgrundlage hat. Dementsprechend haben ausländische Staaten entsprechende Vollmachten deutscher Schuldner bereits anerkannt.[130]

---

[124] *Gottwald/Gottwald*, Insolvenzrechts-Handbuch, § 130 RdNr. 44.
[125] Vgl. unten Art. 4 RdNr. 19 EuInsVO.
[126] So auch *Gottwald/Gottwald*, Insolvenzrechts-Handbuch, § 130 RdNr. 44; *Kübler/Prütting/Kemper* § 335 RdNr. 35; *Reithmann/Martiny/Hausmann*, IVR, RdNr. 2544; *Trunk*, Internationales Insolvenzrecht, S. 170; ebenso bereits BGH IPRspr. 1976 Nr. 212, 591 f.
[127] Vgl. dazu *Kübler/Prütting/Kemper* § 335 RdNr. 39; *Mohrbutter/Ringstmeier/Wenner* § 20 RdNr. 98 ff.; *Andres/Leithaus/Dahl* § 335 RdNr. 19; *Gottwald/Gottwald*, Insolvenzrechts-Handbuch, § 130 RdNr. 50 ff.
[128] OLG Köln ZIP 1986, 658; OLG Köln ZIP 1986, 384, 385; vgl. auch die hiergegen eingelegte Verfassungsbeschwerde BVerfG ZIP 1986, 1336; OLG Koblenz NJW-RR 1994, 175; aA früher noch OLG Koblenz KTS 1980, 68.
[129] Ebenso *Geimer*, IZPR, RdNr. 3479 f.; *Reithmann/Martiny/Hausmann*, IVR, RdNr. 2549; *Gottwald/Gottwald*, Insolvenzrechts-Handbuch, § 130 RdNr. 51 ff.; *Mohrbutter/Ringstmeier/Wenner* § 20 RdNr. 102; *Lier*, in: *Stoll*, Stellungnahmen und Gutachten, S. 103 f.; *Hanisch* ZIP 1980, 170; *Hanisch* IPRax 1994, 351; aA allerdings *Leipold*, Festschrift für Waseda, S. 787, 791; skeptisch auch *Baur/Stürner*, Zwangsvollstreckungs-, Vergleichs- und Konkursrecht, Bd. II. § 37 RdNr. 37.5; vgl. auch *Balz* EWiR 1986, 1125 (§ 117 KO 2/86) zum *ordre public* Einwand des Belegenheitsstaates.
[130] So OGH, JBl. 1988, 653, 654 (Österreich), noch vor Inkrafttreten des deutsch-österreichischen Konkursvertrages; BG ZIP 1982, 596 (Schweiz) zur Bevollmächtigung eines Gläubigers durch den Konkursverwalter.

Da der Schuldner nach der *lex fori concursus* verpflichtet ist, eine entsprechende Voll- 69
macht zu erteilen, kann diese auch durch entsprechende **Zwangsmittel** gemäß § 98 durchgesetzt werden.[131] Kommt in Betracht, dass der Gemeinschuldner über Auslandsvermögen verfügt, so empfiehlt es sich, bereits im Eröffnungsbeschluss die Pflicht zur Erteilung einer entsprechenden Vollmacht aufzunehmen.[132] Da der Schuldner zur Unterschriftsleistung nicht gezwungen werden kann, steht es dem Insolvenzverwalter offen, den Schuldner auf Abgabe der Willenserklärung zu verklagen, die dann gemäß § 894 ZPO vollstreckt wird.[133] Die damit einhergehende zeitliche Verzögerung dürfte jedoch bereits verhindern, dass im Ausland noch Vermögenswerte realisiert werden können.

(2) Treuhänderische Beauftragung eines Gläubigers. Alternativ zur Bevollmächti- 70
gung des Insolvenzverwalters wird erwogen, einen kooperationswilligen Gläubiger, der einen Anspruch gegen den Schuldner besitzt, zu beauftragen, in die ausländischen Vermögenswerte zu vollstrecken und die ausländischen Vermögenswerte zu realisieren.[134] Diese Vorgehensweise wird bisweilen auch von ausländischen Gerichten akzeptiert.[135] Dieses Vorgehen setzt jedoch voraus, dass der Belegenheit schon die Vollstreckungssperre des deutschen Insolvenzverfahrens nicht anerkennt. Eine solche Vorgehensweise ist daher in jedem Einzelfall sorgfältig zu prüfen. Zu berücksichtigen ist, ob der beauftragte Gläubiger über einen vollstreckbaren Titel, bestenfalls sogar über einen Titel aus dem Belegenheitsstaat, verfügt, ob andere nicht herausgabepflichtige Gläubiger über einen solchen Titel verfügen, ob bereits Erkenntnis- oder Zwangsvollstreckungsverfahren gegen den Schuldner anhängig sind, etc.

Da inländische Gläubiger ohnehin gehalten sind, das im Wege der Einzelzwangsvollstre- 71
ckung erlangte ausländische Vermögen an den Insolvenzverwalter abzuführen (vgl. § 342), werden allenfalls inländische Gläubiger hierzu regelmäßig bereit sein. Bei einer Beauftragung durch den Insolvenzverwalter ergibt sich die Herausgabepflicht aus dem Auftragsverhältnis mit dem Gläubiger (§ 667 BGB). Dem Gläubiger sind daher auch die damit zusammenhängenden Kosten zu erstatten (§ 670 BGB). Für richtigerweise zulässig wird in diesem Zusammenhang auch gehalten, dem beitreibenden Gläubiger eine Erfolgsprämie zu gewähren.[136]

(3) Schadensersatzansprüche. Verweigert der Schuldner eine Vollmachtserteilung auch 72
unter Anordnung der Beugehaft mit dem Ziel, sein ausländisches Vermögen der Konkursmasse zu entziehen, so kommen ebenfalls Schadensersatzansprüche nach § 826 BGB gegen den Schuldner in Betracht.[137] Da nach der Insolvenzordnung jedoch auch der Neuerwerb in die Insolvenzmasse fällt (vgl. § 35), dürften derartige Ansprüche keinerlei praktische Bedeutung mehr besitzen.

b) Auswirkungen auf Rechtsstreitigkeiten. aa) Gerichtsverfahren im Ausland. 73
Für die Wirkungen der Verfahrenseröffnung bzw. bestimmter Sicherungsmaßnahmen im Eröffnungsverfahren sieht § 240 ZPO die Unterbrechung des anhängigen Gerichtsverfahrens vor. § 352 regelt mittlerweile die Unterbrechung in Deutschland anhängiger Gerichts-

---

[131] So bereits LG Memmingen ZIP 1983, 204; LG Köln ZIP 1997, 2161; LG Köln EWiR 1998, 77; bestätigt implizit durch OLG Köln ZIP 1998, 113, 114; ebenso *Geimer*, IZPR, RdNr. 3481; *Mohrbutter/Ringstmeier/Wenner* § 20 RdNr. 104.
[132] So OLG Köln ZIP 1986, 658.
[133] So bereits LG Köln ZIP 1998, 2161.
[134] *Geimer*, IZPR, RdNr. 3482, 3485; *Mohrbutter/Ringstmeier/Wenner* § 20 RdNr. 108; *Gottwald/Gottwald*, Insolvenzrechts-Handbuch, § 130 RdNr. 54; *Kübler/Prütting/Kemper* § 335 RdNr. 39; *Andres/Leithaus/Dahl* § 335 RdNr. 19; *Hanisch* IPRax 1994, 351, 352; *ders.* IPRax 1983, 105 ff.; *Kirchhof* WM 1993, 1401, 1402.
[135] Vgl. z. B. das Urteil des schweizerischen Bundesgerichts ZIP 1982, 596; dazu *Hanisch* IPRax 1983, 195 ff.; eine solche Vorgehensweise eines ausländischen Verwalters hat im Übrigen auch das Reichsgericht für zulässig erachtet, vgl. RGZ 153, 200 ff.; vgl. zum umgekehrten Fall der Bevollmächtigung durch einen ausländischen Insolvenzverwalter BGH WM 1994, 958; hierzu auch *Gottwald* IPRax 1995, 157 ff.
[136] Vgl. BT-Drucks. 12/2443 vom 15. 4. 1992, S. 240 zum RegE; *Mohrbutter/Ringstmeier/Wenner* § 20 RdNr. 107; *Gottwald/Gottwald*, Insolvenzrechts-Handbuch, § 130 RdNr. 54; *Geimer*, IZPR, RdNr. 3482.
[137] So OLG Köln ZIP 1998, 113 („Kohlereiterei IV"); ebenso die Vorinstanz, LG Köln ZIP 1997, 989.

verfahren auf Grund eines ausländischen Insolvenzverfahrens. Wie im umgekehrten Fall ein ausländisches Gericht die Verfahrenseröffnung in Deutschland im Hinblick auf das anhängige Gerichtsverfahren zu würdigen hat, ist dagegen bisher nicht weiter diskutiert worden. Bisweilen wird argumentiert, dass grundsätzlich auch die Frage der Verfahrensunterbrechung von der *lex fori concursus* bestimmt werden solle. Hierzu wird ausgeführt, dass die Regeln über die Verfahrensunterbrechung insolvenzrechtlich zu qualifizieren seien, weil sie dem Masseschutz dienten.[138] Dass diese Vorschriften eine bestimmte Funktion für das Insolvenzverfahren haben, reicht jedoch nicht aus, sie als insolvenzrechtlich zu qualifizieren. Richtigerweise handelt es sich um eine Vorschrift, die als prozessrechtlich zu qualifizieren ist und für die daher die **lex fori processus,** d. h. das Recht des Verfahrensstaates zugrunde zu legen ist. Das entspricht im Ergebnis auch der Regelung des § 352 Abs. 1. Die Vorschrift ist zwar nicht als Kollisionsnorm ausgestaltet, sondern als Sachnorm. Sie entspricht jedoch inhaltlich § 240 ZPO. Eine Anknüpfung an die *lex fori concursus* hätte – konsequenterweise – zur Folge gehabt, dass auch bei inländischen Erkenntnisverfahren für die Frage der Verfahrensunterbrechung auf das ausländische Insolvenzrecht abzustellen wäre, was jedoch bisher – soweit ersichtlich – nicht vorgeschlagen wurde.

74 Sieht das von dem ausländischen Gericht angewandte eigene Prozessrecht keine Unterbrechung des Erkenntnisverfahrens vor und ergeht daher ein Urteil, ohne dass der deutsche Insolvenzverwalter noch hinreichend Möglichkeit hatte, auf das Verfahren Einfluss zu nehmen, ist dies kein Grund, dem ausländischen Urteil die Anerkennung und damit die Feststellung zur Insolvenztabelle zu verwehren, wenn zumindest zuvor dem Schuldner ausreichend rechtliches Gehör gewährt worden war. Denn die Fortführung des Verfahrens ist kein so schwerwiegender Verstoß, der im Rahmen der Anerkennung der ausländischen Entscheidung den *ordre public* Einwand begründen könnte.[139] Zur Anerkennung der ausländischen Entscheidung müssen jedoch die weiteren allgemeinen Anerkennungsvoraussetzungen gegeben sein.

75 bb) **Schiedsverfahren im Ausland.** Die Eröffnung eines Insolvenzverfahrens wirft für anhängige Schiedsverfahren grundsätzlich die selben Fragen auf, die auch im Rahmen von anhängigen Gerichtsverfahren zu beachten sind.[140] Das betrifft insbesondere die Wirkungen der Verfahrenseröffnung auf anhängige Verfahren. Für Schiedsverfahren ist darüber hinaus aber noch zu beachten, dass die objektive Schiedsfähigkeit, die Bindung des Insolvenzverwalters sowie die Anerkennung und Vollstreckung eines Schiedsspruches im Insolvenzverfahren weitere Fragen aufwerfen. Hinsichtlich der damit verbundenen Fragen lassen sich für die verschiedenen ausländischen Schiedsordnungen[141] keine allgemeingültigen Antworten entwickeln, zumal die Parteien in der Ausgestaltung des Schiedsverfahrensrechts frei sind und den Schiedsrichtern vielfach eine Ermessensbefugnis hinsichtlich verfahrensrechtlicher Fragen zusteht.[142] Dennoch lassen sich einige Grundregeln herausbilden, die zu beachten sind, wobei an dieser Stelle die Fragen behandelt werden sollen, die bei einem Schiedsgericht im Ausland und der Eröffnung eines Insolvenzverfahrens im Inland entstehen (zu Fragen eines inländischen Schiedsgerichts bei einer Verfahrenseröffnung im Ausland, vgl. unten § 352 RdNr. 15 f.).

76 (1) **Objektive Schiedsfähigkeit.** Nach welchem Recht ein ausländisches Schiedsgericht die Frage der objektiven Schiedsfähigkeit des Streitgegenstandes beurteilt, lässt sich nicht allgemeingültig beantworten. Soweit ersichtlich fehlen auch in den internationalen Abkom-

---

[138] So *Trunk,* Internationales Insolvenzrecht, S. 144 f.; *ders.* ZIP 1988, 279, 280.
[139] Vgl. hierzu noch unten § 343 RdNr. 17 ff.
[140] Zu internationalen Schiedsverfahren in der Insolvenz vgl. *Smid* DZWIR 1993, 485; *Trunk* IPRax 1995, 133; *Trunk,* S. 125 ff. 148 ff.
[141] Die Differenzierung nach dem Sitz des Schiedsgerichts ist international üblich und wurde nun auch in § 1025 ZPO übernommen, vgl. BT-Drucks. 13/5274 vom 22. 5. 1998 S. 47.
[142] Vgl. nur § 1042 IV ZPO; Art. 15 der ICC Schiedsgerichtsordnung; Art. 17 der cidra arbitration rules; Art. 29 Abs. 1 der Cietac Arbitration Rules; Art. 15 Abs. 1 der UNCITRAL Arbitration Rules; § 24 Abs. 1 S. 2 DIS-Schiedsgerichtsordnung.

men ausdrückliche Regelungen.[143] Denkbar ist eine Anknüpfung an das von den Parteien vereinbarte Recht, an die *lex fori* des Schiedsgerichts aber auch auf die *lex fori* des künftigen Vollstreckungsstaates.[144] Für eine Beachtung des Vollstreckungsstatuts spricht, dass beispielsweise das UN Übereinkommen über die Anerkennung und Vollstreckung ausländischer Schiedssprüche eine Anerkennung ausschließt, wenn der Gegenstand des Streits nach dem Recht des Anerkennungsstaates nicht auf schiedsrichterlichem Wege entschieden werden kann.[145] Diese staatsvertragliche Regelung findet über § 1061 (1) ZPO Eingang in das autonome Anerkennungsrecht. Unabhängig davon, welchem Staat und nach welchen Verfahrensregeln ein ausländisches Insolvenzverfahren durchgeführt wird, empfiehlt es sich daher für den deutschen Insolvenzverwalter, die Einrede der mangelnden objektiven Schiedsfähigkeit mit Hinweis auf die mangelnde Vollstreckbarkeit der Entscheidung im Inland geltend zu machen, sofern der Rechtsstreit nach den Vorschriften des inländischen Insolvenzverfahrens nicht schiedsfähig sein sollte.

(2) Bindung des inländischen Insolvenzverwalters an die Schiedsvereinbarung. 77
Ob der deutsche Insolvenzverwalter an die Schiedsvereinbarung gebunden ist, hat das Schiedsgericht ebenfalls nach den aus seiner Sicht anwendbaren Kollisionsnormen zu ermitteln. In Betracht hierfür kommen eine Anknüpfung an das Recht des Schiedsvertrages oder aber auch an die ***lex fori concursus***.[146] Da das deutsche Insolvenzrecht von der Bindungswirkung ausgeht,[147] sollte ein deutscher Insolvenzverwalter insoweit überprüfen, inwieweit ihm die anderen in Betracht kommenden und eventuell anzuwendenden Rechtsordnungen eine Bindungswirkung verneinen.

(3) Wirkung der Eröffnung auf schwebende Verfahren. Ob die Eröffnung eines 78
inländischen Insolvenzverfahrens zu einer Unterbrechung – ähnlich § 240 ZPO – im ausländischen Schiedsverfahren führt, richtet sich nach dem Recht, dem das Schiedsverfahren untersteht. Insoweit gilt – ähnlich wie bei Verfahren vor der ordentlichen Gerichtsbarkeit – die *lex fori processus*.[148] Sieht das anwendbare Schiedsverfahrensrecht keine Verfahrensunterbrechung vor und hat dadurch der inländische Insolvenzverwalter keine Möglichkeit mehr, auf den Prozessausgang Einfluss zu nehmen, so ist dies allenfalls im Rahmen der Anerkennung des ausländischen Schiedsspruchs wegen eines möglichen *ordre public* Verstoßes zu prüfen (vgl. nachfolgende RdNr.).[149]

(4) Anerkennung und Vollstreckung ausländischer Schiedssprüche. Die Aner- 79
kennung und Vollstreckung ausländischer Schiedssprüche bestimmt sich nach § 1061 ZPO. Soweit die Anerkennungsvoraussetzungen vorliegen, hat der inländische Insolvenzverwalter grundsätzlich auch ausländische Schiedssprüche gegen den Schuldner zu beachten. Insoweit gilt nichts anderes als bei der Anerkennung ausländischer Gerichtsentscheidungen, die gegen den Schuldner ergangen sind oder auch im Laufe des Insolvenzverfahrens noch ergehen (vgl. dazu auch unten RdNr. 103). War der ausländische Schiedsspruch bereits vor Eröffnung des inländischen Insolvenzverfahrens ergangen und bestreitet der inländische Insolvenzverwalter weiterhin die Forderung des Gläubigers, so muss der Gläubiger den ausländischen Schiedsspruch im Inland gemäß § 1061 ZPO für vollstreckbar erklären lassen. Dabei liegt das Initiativrecht bei dem Gläubiger, der die Feststellung der Forderung zur Insolvenztabelle begehrt. § 179 Abs. 2 findet auf einen ausländischen Schiedsspruch nur dann Anwendung, wenn er bereits für vollstreckbar

---

[143] Vgl. Art. 2 (1) des UN Übereinkommens vom 10. 6. 1958, BGBl. 1961 II S. 121; vgl. auch *Stein/Jonas/Schlosser,* Anh. 1061 RdNr. 43.
[144] Vgl. auch *Trunk,* S. 129 ff. mwN.
[145] Vgl. Art. 5 (2) a) UNÜ; vgl. auch *Zöller/Geimer* § 1030 RdNr. 24.
[146] So für das deutsche Recht *Schlosser,* Recht der internationalen privaten Schiedsgerichtsbarkeit, RdNr. 428.
[147] BGHZ 24, 15, 18; RGZ 137, 109, 111; LG Paderborn ZIP 1980, 967; KG, SchiedsVZ 2005, 100 ff.
[148] § 240 ZPO ist nach deutschem Recht auf Schiedsverfahren nicht anwendbar, vgl. OLG Dresden SchiedsVZ 2005, 159 ff.; BGH KTS 1966, 246.
[149] Vgl. auch OLG Hamm KTS 1985, 376; *Trunk,* Internationales Insolvenzrecht, S. 148 f.

erklärt worden ist.¹⁵⁰ Ist zum Zeitpunkt der Insolvenzeröffnung das Anerkennungsverfahren nach § 1061 ZPO im Inland bereits anhängig, so wird das Verfahren gemäß § 240 ZPO unterbrochen.¹⁵¹ War der Schiedsspruch im Zeitpunkt der Insolvenzeröffnung noch nicht ergangen und ergeht er erst im Laufe des Insolvenzverfahrens, so muss der Gläubiger, falls der inländische Verwalter die Forderung weiterhin bestreitet, den ausländischen Schiedsspruch im Inland für vollstreckbar erklären lassen. Die Vollstreckbarerklärung ist lediglich eine die Zwangsvollstreckung vorbereitende Maßnahme und verstößt daher nicht gegen § 89.¹⁵² Im Rahmen des Anerkennungsverfahrens wird dann jedoch zu berücksichtigen sein, ob das ausländische Schiedsverfahren unterbrochen wurde und – falls nein – ob der inländische Verwalter zumindest noch die Möglichkeit des rechtlichen Gehörs hatte. Andernfalls kommt eine Nichtanerkennung des ausländischen Schiedsspruchs nach Art. V Abs. 2 b) UNÜ in Betracht.

80 **c) Verfügungen des Schuldners.** Werden auf Grund der Verfahrenseröffnung oder bereits im Insolvenzeröffnungsverfahren Beschränkungen der Verfügungsbefugnis angeordnet, so richten sich diese gemäß § 335 nach dem Recht des Verfahrensstaates. Zu beachten ist insoweit nur die *„anderweitige Bestimmung"* in § 349, die für Verfügungen über Grundstücke und anderer registergeführten Gegenstände die Vorschriften über den gutgläubigen Erwerb des Registerrechts für anwendbar erklärt.¹⁵³ Die Vorschrift ist als einseitige Kollisionsnorm jedoch nur auf ausländische Verfahren anwendbar.¹⁵⁴ Sie bestätigt implizit jedoch, dass sich die Verfügungsbefugnis nicht nach dem Recht des Lageortes richtet,¹⁵⁵ sondern auch bei registergeführten Vermögensgegenständen nach dem Recht des Verfahrensstaates.

81 **d) Leistungen an den Schuldner.** Die Erfüllungswirkung einer Leistung an den Schuldner richtet sich gemäß § 335 ebenfalls nach dem Recht des Verfahrensstaates. Allerdings enthält § 350 insoweit für den Fall eines ausländischen Insolvenzverfahrens und einer im Inland vorgenommen Leistung eine *„anderweitige Bestimmung"* im Sinne des § 335 zugunsten des inländischen Rechtsverkehrs. Allerdings enthält § 350 keine Kollisionsnorm, sondern eine Sachnorm, die im Ergebnis den Inhalt von § 82 für einen internationalen Sachverhalt wiederholt und je nach Kenntnisstand des Leistenden der Leistung Erfüllungswirkung zubilligt. Für den Fall eines inländischen Insolvenzverfahrens fehlt daher eine ausdrückliche Regelung, so dass nach § 335 mangels „anderweitiger Regelung" das Recht des Verfahrensstaates anzuwenden ist.¹⁵⁶

82 Diese Lösung erscheint zunächst verfehlt. Denn die Richtlinie über die Sanierung und Liquidation von Kreditinstituten, die im Rahmen der Neuregelung des deutschen internationalen Insolvenzrechts umgesetzt werden sollten, enthält ausdrücklich eine sachrechtliche Regelung über schuldbefreiende Leistungen an ein Kreditinstitut, das keine juristische Person ist. Diese sieht vor, dass der in einem anderen Mitgliedsstaat leistende Gläubiger befreit wird, wenn ihm die Eröffnung des Verfahrens nicht bekannt war.¹⁵⁷ Bei einer Leistung vor einer öffentlichen Bekanntmachung wird bis zum Beweis des Gegenteils

---

¹⁵⁰ Vgl. MünchKommInsO-*Schumacher*, Bd. 2, § 179 RdNr. 24; *Kübler/Prütting/Pape* § 179 RdNr. 15; *Jaeger/Weber* § 146 RdNr. 8; *Kuhn/Uhlenbruck* § 146 RdNr. 30; aA LAG Düsseldorf IPRspr. 1991, Nr. 238 zu einem ausländischen Gerichtsurteil.

¹⁵¹ AA OLG Saarbrücken NJW-RR 1994, 636; der Anwendungsbereich des § 240 auf das Zwangsvollstreckungsrecht ist aber auch für inländische Sachverhalte bisher nicht hinreichend geklärt, wie hier MünchKommZPO-*Gehrlein* § 240 RdNr. 3.

¹⁵² OLG Saarbrücken NJW-RR 1994, 636; dazu auch *Mankowski* ZIP 1994, 1577; *Trunk*, Internationales Insolvenzrecht, S. 214 f.; *Gottwald/Gottwald*, Insolvenzrechts-Handbuch, § 130 RdNr. 57.

¹⁵³ Bereits vor der Neuregelung wurde für Verfügungen von Gegenständen, die in eine Register eingetragen sind, das Recht des Registerstaates angewandt, vgl. *Trunk*, Internationales Insolvenzrecht, S. 150 ff.; *Kuhn/Uhlenbruck/Lüer* §§ 237/238 RdNr. 60; *Aderhold*, Auslandskonkurs im Inland, S. 260; *Hanisch* ZIP 1992, 1121, 1130; *Favoccia*, Vertragliche Mobiliarsicherheiten, S. 37 ff.

¹⁵⁴ Vgl. unten § 349 RdNr. 3.

¹⁵⁵ Diese Anknüpfung ist gelegentlich vor der Neuregelung des Int. Insolvenzrechts vertreten worden, vgl. *Jaeger/Jahr* §§ 237/238 RdNr. 318, 341; *Trunk*, Internationales Insolvenzrecht, S. 151.

¹⁵⁶ So HK-*Stephan* § 350 RdNr. 7; *Mohrbutter/Ringstmeier/Wenner* § 20 RdNr. 283.

¹⁵⁷ Vgl. Art. 15 Richtlinie 2001/24/EG.

vermutet, dass dem Leistenden die Eröffnung nicht bekannt war. Bei einer Leistung nach Bekanntmachung wird bis zum Beweis des Gegenteils vermutet, dass dem Leistenden die Eröffnung bekannt war. Dies entspricht auch Art. 24 EuInsVO, der dies jedoch als allgemeine Regelung für alle Schuldner vorschreibt. § 350 enthält dieselbe Regelung, jedoch ausdrücklich nur für ausländische Insolvenzverfahren und Leistungen im Inland. Insoweit erscheint eine Anknüpfung an die *lex fori concursus* für Inlandsverfahren sowohl von der Richtlinie als auch Art. 24 EuInsVO abzuweichen. Dem ist jedoch nicht so. Denn die Anknüpfung an die *lex fori concursus* auch für Inlandsverfahren bedeutet im Ergebnis, dass § 82 anzuwenden ist, dessen Inhalt wiederum mit der Richtlinie als auch Art. 24 weitgehend deckungsgleich ist. Im Ergebnis ist daher lediglich die Regelungstechnik eine andere. Das autonome deutsche internationale Insolvenzrecht stellt jedoch ebenso wie Art. 24 EuInsVO auf die Kenntnis der Verfahrenseröffnung ab (zum Fall einer Leistung im Inland und einem ausländischen Insolvenzverfahren, vgl. unten § 350 RdNr. 4 f.).

e) Erfüllung der Rechtsgeschäfte. Die Auswirkungen der Insolvenzeröffnung auf schwebende Verträge richtet sich gemäß § 335 nach dem **Recht des Verfahrensstaates**.[158] Das ergibt sich aus einem Umkehrschluss zu den in **§§ 336, 337** und **340** vorgesehenen **Sonderanknüpfungen** für Arbeitsverhältnisse, Verträge über unbewegliche Gegenstände sowie Organisierte Märkte und Pensionsgeschäfte, die jeweils „*anderweitige Bestimmungen*" enthalten. Dies entspricht auch der in der EuInsVO enthaltenen Regelung.[159] Begründet wird dies zurecht damit, dass die Vorschriften über die Auswirkung der Insolvenzeröffnung auf schwebende Rechtsbeziehungen insolvenzrechtlich zu qualifizieren seien, und im Hinblick auf diese schuldrechtlichen Beziehungen die durch die Anknüpfung an die *lex fori concursus* erzielte Gläubigergleichbehandlung Vorrang habe. Damit richten sich die Wirkungen der Verfahrenseröffnung auf bestehende Schuldverhältnisse bei einem inländischen Insolvenzverfahren grundsätzlich nach den §§ 103 ff., soweit nicht die Sonderanknüpfungen in §§ 336, 337 oder 340 anwendbar sind. Bei einem ausländischen Insolvenzverfahren gilt entsprechend das ausländische Insolvenzrecht des Verfahrensstaates, soweit nicht auch hier die Sonderanknüpfungen nach §§ 336, 337 oder 340 anwendbar sind.

f) Aufrechnung. Auch für die Aufrechnung in der Insolvenz gilt grundsätzlich zunächst die *lex fori concursus,* jedoch mit der Einschränkung, dass § 338 für den Fall einer Einschränkung nach der *lex fori concursus* eine Alternativanknüpfung vorsieht: wenn daher das Recht des Verfahrensstaates eine entsprechende Einschränkung vorsieht, bleibt das Recht zur Aufrechnung bestehen, wenn die *lex causae* der Passivforderung die Aufrechnung noch erlaubt. Ist dagegen die Aufrechnung schon nach dem Recht des Verfahrensstaates noch möglich, bedarf es keines Rückgriffs auf die **Sonderanknüpfung** gemäß § 338.[160]

g) Insolvenzanfechtung. Auch für die Insolvenzanfechtung gilt grundsätzlich die *lex fori concursus,* jedoch mit der Einschränkung, dass § 339 für den Fall einer Insolvenzanfechtung nach der *lex fori concursus* eine gläubigerschützende **Alternativanknüpfung** vorsieht. Gelangt nämlich die Regelanknüpfung an das Recht des Verfahrensstaates zu einer Insolvenzanfechtung, ist die Anfechtbarkeit auch nach der *lex causae* noch zu überprüfen. Nur wenn auch diese die Anfechtung ermöglicht, kann die Rechtshandlung angefochten werden.[161]

4. Verwaltung und Verwertung der Insolvenzmasse. a) Entscheidung über die Verwertung. Ebenso wie die Verwaltungs- und Verfügungsbefugnis richten sich auch

---

[158] Vgl. *Kübler/Prütting/Kemper* § 335 RdNr. 42; *Mohrbutter/Ringstmeier/Wenner* § 20 RdNr. 313; *Kuhn/Uhlenbruck/Lüer* §§ 237/238 RdNr. 66; *Gottwald/Gottwald*, Insolvenzrechts-Handbuch, § 131 RdNr. 43; *Kilger/Schmidt* § 17 KO, Anm. 10; *Reithmann/Martiny/Hausmann*, RdNr. 2619; *Taupitz* ZZP 111 (1998) 315, 344; *Trunk*, Internationales Insolvenzrecht, S. 170 f.
[159] Vgl. Art. 4 (2) e) EuInsVO, vgl. Art. 4 RdNr. 25 EuInsVO; vgl. auch Art. 4 des deutsch-österreichischen Konkursvertrags.
[160] Vgl. unten § 338 RdNr. 6.
[161] Vgl. im Einzelnen unten § 339.

Entscheidungen über die Verwertung der Insolvenzmasse, insbesondere die Verwertungsbefugnisse des Insolvenzverwalters, gemäß § 335 ausschließlich nach der *lex fori concursus*.[162] Das betrifft nicht nur die Frage, ob der Insolvenzverwalter vor der Veräußerung eines bestimmten Vermögensgegenstandes die Zustimmung des Gläubigerausschusses einholen muss und inwieweit der Schuldner hiergegen Rechtsmittel einlegen kann, sondern auch die Frage der Art und Weise der Verwertung (freihändiger Verkauf, Zwangsversteigerung, öffentliche Versteigerung etc.). Die *lex fori concursus* gilt damit auch für die Art und Weise des Verkaufs von ausländischen Immobilien.

87 Eine Sonderanknüpfung ist allenfalls denkbar für Vermögensgegenstände, an denen Absonderungsansprüche dinglich gesicherter Gläubiger bestehen, weil insoweit auch im materiellen Insolvenzrecht die Verwertungsbefugnis mit Rücksicht auf die Ansprüche der absonderungsberechtigten Gläubiger modifiziert ist (vgl. §§ 165 ff.) (vgl. hierzu die nachfolgenden RdNr.).

88 **b) Absonderungsrechte.** Kollisionsrechtlich werden die Absonderungsrechte ebenso behandelt wie Aussonderungsrechte (vgl. hierzu oben RdNr. 57). Danach gilt gemäß § 335 grundsätzlich das Recht des Verfahrensstaates. § 351 enthält jedoch eine anderweitige Bestimmung im Sinne des § 335 für den Fall, dass bei einem ausländischen Insolvenzverfahren der Vermögensgegenstand des Absonderungsrechts im Inland belegen ist: die Rechte des Absonderungsberechtigten werden von der Eröffnung des ausländischen Insolvenzverfahrens nicht berührt.[163] Diese Auffassung fand sich in den Vorentwürfen zu Art. 102[164] und hat auch in die EuInsVO[165] Eingang gefunden.

89 Damit hat sich der deutsche Gesetzgeber gegen die anderen zuvor in der Literatur vertretenen Auffassung und statt dessen für die auch in der EuInsVO enthaltene Regelung[166] entschieden. So hatten Teile der Literatur eine – teilweise allseitige – Anknüpfung an das Sachstatut des Sicherungsgegenstandes befürwortet.[167] Andere Teile der Rechtsprechung und Literatur hatten dagegen – ebenso wie nunmehr § 335 – eine generelle Anknüpfung an die *lex fori concursus* vorgesehen, das Ergebnis für inländische Sicherungsgegenstände jedoch dadurch wieder eingeschränkt, als die insolvenzrechtlichen Einschränkungen nicht weiter gehen dürften als die insolvenzrechtlichen Einschränkungen des Sachstatuts.[168] Andere Auffassungen wollte dies wiederum auf Fälle registereingetragener Vermögensgegenstände beschränken.[169] Auch die in der Literatur vertretene Unterscheidung zwischen Verwaltung und Verwertung einerseits und Verteilung andererseits, wurde damit eine Absage erteilt.[170]

90 Es ist jedoch bedauerlich, dass sich der Gesetzgeber für die auch in der EuInsVO gewählte Regelung entschieden hat.[171] Problematisch ist schon, dass eine Freistellung der Kreditsicherheiten von insolvenzrechtlichen Beschränkungen nur bei ausländischen Verfahren für die inländischen Absonderungsgegenstände erfolgen soll. Die Intention ist demnach, die

---

[162] Ebenso *Kübler/Prütting/Kemper* § 335 RdNr. 35; *FK-Wimmer* § 335 RdNr. 8.
[163] Vgl. unten § 351 RdNr. 15.
[164] Vgl. Art. 3 des Vorentwurfes, abgedruckt in: *Stoll*, Stellungnahmen und Gutachten, S. 3; § 390 des RegE, BT-Drucks. 12/2443 vom 15. 4. 1992, S. 69, 243 f.
[165] Vgl. Art 5 EuInsVO; vgl. auch Art. 14 II a) des Istanbuler Übereinkommens.
[166] Vgl. Art. 5 EuInsVO.
[167] So der Autor in der Vorauflage, *MünchKommInsO-Reinhart*, Art. 102 RdNr. 148 ff.; für eine entsprechende allseitige Anknüpfung ebenfalls *Geimer*, IZPR, 4. Aufl., RdNr. 3553; ebenso *von Savigny*, System des heutigen römischen Rechts, Bd. 8, S. 286 f.; ebenso aber nur für den Fall inländischer Sicherungsrechte *Gottwald/Gottwald*, Insolvenzrechts-Handbuch, 3. Aufl., § 129 RdNr. 31; *Kübler/Prütting/Kemper*, Art. 102 RdNr. 143; *Nerlich/Römermann/Mincke*, Art. 102 RdNr. 282; *FK-Wimmer*, 2. Aufl., Art. 102 RdNr. 325, 328; *Trunk*, Internationales Insolvenzrecht, S. 294 f.; *Hanisch* ZIP 1992, 125, 1130.
[168] So *Flessner* IPRax 1997, 1; *FK-Wimmer*, 2. Aufl., Art. 102 RdNr. 328; *Drobnig*, in: *Stoll*, Stellungnahmen und Gutachten, S. 180 f.; *Gottwald/Arnold*, Insolvenzrechts-Handbuch, 1. Aufl., § 122 RdNr. 98.
[169] So beispielsweise *Trunk*, Internationales Insolvenzrecht, S. 294 ff.
[170] *von Wilmowsky* WM 1997, 1461, 1464 ff.; ders., Europäisches Kreditsicherungsrecht, 219 ff.; EWS 1997, 295; KTS 1998, 343; ihm folgend: *Liersch*, Sicherungsrechte im internationalen Insolvenzrecht, S. 33 ff.
[171] Ebenso kritisch auch *Drobnig*, in: *Stoll*, Stellungnahmen und Gutachten, S. 178 ff.; *Trunk*, Internationales Insolvenzrecht, S. 140 f.; *Favoccia*, Vertragliche Mobiliarsicherheiten, S. 49 f.

inländischen Kreditsicherheiten vor Eingriffen des ausländischen Insolvenzrechts auszunehmen. Im umgekehrten Fall, nämlich bei inländischen Verfahren, sollten sich die Absonderungsrechte dagegen wiederum nach der inländischen *lex fori concursus* bestimmen.[172] Es handelte sich daher schon im Ansatz um eine fragwürdige selbstgerechte Sachnorm. In den Begründung der Vorentwürfe wurde angegeben, dass das Recht der Kreditsicherheiten rechtsvergleichend einen außerordentlichen Formenreichtum aufwerfe und die Einbeziehung dinglicher Rechte schwierige Anpassungsprobleme aufwerfen würde.[173] Mögliche Schwierigkeiten bei der Ausbildung der Kollisionsnorm sind aber kein Grund, auf die Einbeziehung von ausländischen Sicherungsrechten völlig zu verzichten. Die deutsche Insolvenzrechtsreform hat der Beschränkung der Rechte der absonderungsberechtigten Gläubiger für die Abwicklung der Insolvenz große Bedeutung beigemessen, und zwar im Hinblick darauf, dass Einschränkungen des Verwertungsrechtes sowohl für eine mögliche Sanierung des Schuldnervermögens als auch für eine bestmögliche Liquidation des Schuldnervermögens von Bedeutung sind.[174] Es macht daher keine Sinn, ausländische Sicherungsrechte wegen möglicher schwieriger Rechtsfragen von insolvenzrechtlichen Beschränkungen völlig auszunehmen.

Darüber hinaus zwingt diese Auffassung den Insolvenzverwalter, von sich aus für die im 91 Ausland belegenen absonderungsberechtigten Gegenstände ein Partikularverfahren zu beantragen. Denn die insolvenzrechtlichen Beschränkungen können nur noch dadurch erzielt werden, dass in dem Belegenheitsstaat ein Partikularverfahren eröffnet wird, und die absonderungsberechtigten Gegenstände und Forderungen sodann dem Recht dieses Partikularverfahrensstaates unterstehen.[175] Damit überlässt man jedoch schon die Einbeziehung der Sicherungsgegenstände in das Insolvenzverfahren dem ausländischen Recht, wofür jedoch keinerlei Begründung ersichtlich ist.

Für die **Vorfrage,** ob und welches Sicherungsrecht besteht, ist dagegen gesondert anzu- 92 knüpfen.[176] Diese Vorfrage richtet sich nach allgemeiner Ansicht nach dem auf den Absonderungsgegenstand anwendbaren Sachstatut,[177] d. h. bei körperlichen Gegenständen die *lex rei sitae* und bei Forderungen das Forderungsstatut, die sog. *lex causae* sowie das Sachstatut der Sicherungsvereinbarung. Hat man danach ermittelt, ob ein Gläubiger nach dem Sachstatut wirksam ein Sicherungsrecht begründet hat und ergeben sich auch aus anderen Insolvenzrechtstatbeständen keine Unwirksamkeit oder Anfechtbarkeit des Sicherungsrechtes,[178] so stellen sich die vorgenannten (vorige RdNr.) kollisionsrechtlichen Fragen.

5. Befriedigung der Insolvenzgläubiger. a) Anmeldung der Forderung zur Insol- 93 **venztabelle.** Das Verfahren der Anmeldung, insbesondere aber auch die Rechtsfolgen einer eventuell verspäteten Anmeldung, bestimmen sich gemäß § 335 ebenfalls nach der *lex fori concursus*.[179] Das hat die Rechtsprechung für die in Frankreich geltenden Ausschlussfristen bereits entschieden.[180] Dies entspricht auch der kollisionsrechtlichen Regelung von Art. 4 Abs. 2 lit. h) EuInsVO (vgl. unten Art. 4 RdNr. 33 EuInsVO).

---

[172] Vgl. Nachweise vorige RdNr.
[173] Vgl. die Begr. des RegE, BT-Drucks. 12/2443 vom 15. 4. 1992 S. 243 f.; und die Begründung des Vorentwurfes, abgedruckt in: *Stoll,* Stellungnahmen und Gutachten, S. 28 f.
[174] So die Begr. des RegE selbst, vgl. BT-Drucks. S. 86 ff., 196 ff.
[175] So auch *Virgos/Schmit,* Erläuternder Bericht, RdNr. 98; vgl. auch Art. 7 RdNr. 1 f. EuInsVO, unten Anh. I.
[176] Allg. Auffassung, vgl. *Kübler/Prütting/Kemper* § 335 RdNr. 44; *Kuhn/Uhlenbruck/Lüer* §§ 237/238 RdNr. 67; *Gottwald/Gottwald,* Insolvenzrechts-Handbuch, § 131 RdNr. 22; *Kirchhof* WM 1993, 1401, 1403; *Trunk,* Internationales Insolvenzrecht, S. 137.
[177] Vgl. *Kirchhof* WM 1993, 1401, 1403; *Gottwald/Gottwald,* Insolvenzrechts-Handbuch, § 131 RdNr. 22; *Kübler/Prütting/Kemper* § 335 RdNr. 44; *Drobnig,* in: *Stoll,* Stellungnahmen und Gutachten, S. 177 f.
[178] Zu beachten ist jedoch, dass das Sicherungsrecht aus anderen Gründen unwirksam sein kann, beispielsweise weil es in einer anfechtbaren Weise erlangt wurde. Dies ist wiederum nach dem Anfechtungsstatut zu ermitteln, vgl. oben RdNr. 138.
[179] Unstreitig, vgl. *Mohrbutter/Ringstmeier/Wenner* § 20 RdNr. 361; *Gottwald/Gottwald,* Insolvenzrechts-Handbuch, § 131 RdNr. 7; *Trunk,* Internationales Insolvenzrecht, S. 205 f.
[180] OLG Saarbrücken ZIP 1989, 1145.

94 Es empfiehlt sich jedoch in der Praxis, bei der Bestimmung von Anmeldefristen sowie bei der Benachrichtigung der Gläubiger auf Belange ausländischer Gläubiger Rücksicht zu nehmen. Andernfalls könnte wegen eines Verstoßes gegen das rechtliche Gehör drohen, dass bestimmte Wirkungen des inländischen Insolvenzverfahrens beispielsweise gegenüber dem ausländischen Gläubiger keine Wirkungen entfalten.[181] So schreibt beispielsweise Art. 40 EuInsVO vor, dass die bekannten ausländischen Gläubiger von der Eröffnung unverzüglich zu unterrichten sind. Die Unterrichtung soll durch individuelle Übersendung eines Vermerkes erfolgen, in dem anzugeben ist, welche Fristen einzuhalten sind, welches die Versäumnisfolgen sind, welche Stelle für die Entgegennahme zuständig ist und welche weiteren Maßnahmen vorgeschrieben sind. Zwar lässt sich aus der InsO bereits eine Pflicht zur Benachrichtigung der Gläubiger über den Eröffnungsbeschluss herleiten (§ 30 Abs. 2). Zur Vermeidung von Streitigkeiten mit ausländischen Gläubigern ist jedoch eine Art. 40 EuInsVO entsprechende Vorgehensweise sinnvoll. Die Information der ausländischen Gläubiger ist durch Aufgabe zur Post möglich.[182]

95 **b) Verjährungsunterbrechende Wirkung der Anmeldung.** Die verjährungsunterbrechende Wirkung der Anmeldung untersteht ebenfalls gemäß § 335 der *lex fori concursus*.[183] Zwar unterstellt Art. 32 Abs. 1 Nr. 4 EGBGB die Verjährung dem Forderungsstatut der anzumeldenden Forderung.[184] Die verjährungsunterbrechende Wirkung der Anmeldung bezweckt aber nicht nur Erleichterungen für den Gläubiger, sondern insbesondere Erleichterungen für den Insolvenzverwalter, der nicht gezwungen ist, auf unnötige, zur Verjährungsunterbrechung erhobene Klagen zu reagieren oder jeweils entsprechende verjährungsunterbrechende Erklärungen abzugeben (deren Wirkung für ihn ohnehin kaum einschätzbar sind, soweit die Forderung ausländischem Recht untersteht). Der enge Zusammenhang zu Fragen der Verwaltung und der Verteilung der Aktivmasse fordert daher eine für alle Gläubiger einheitliche Anknüpfung an die *lex fori concursus.*

96 **c) Insolvenzbezogene Rechtsstreitigkeiten, Feststellung der Forderungen.** Im Zusammenhang mit dem Insolvenzverfahren können Einzelstreitigkeiten verschiedenster Art stehen. Zu denken ist zum einen an sog. Feststellungsstreitigkeiten, wenn zur Insolvenztabelle angemeldete Forderungen bestritten werden (§ 179). Darüber hinaus gibt es weitere Streitigkeiten, beispielsweise Anfechtungsklagen des Insolvenzverwalters, Eintreibung von Forderungen des Gemeinschuldners, Streitigkeiten, die aus Rechtshandlungen des Insolvenzverwalters hervorgehen etc., die ebenfalls internationalrechtliche Fragen aufwerfen können. Die internationalrechtlichen Fragen der Prozessführungsbefugnis des Insolvenzverwalters (vgl. RdNr. 65 ff.) sowie die Wirkung der Verfahrenseröffnung auf bereits anhängige Rechtsstreitigkeiten (vgl. oben RdNr. 73 ff.) sind bereits erörtert worden. Vorliegend geht es daher noch um die Fragen der internationalen Zuständigkeit für diese Verfahren sowie darum, inwieweit und unter welchen Voraussetzungen ein im Ausland erwirktes Urteil im Inland anerkannt werden kann.

97 **aa) Internationale Zuständigkeit. (1) Feststellungsstreitigkeiten.** Fragen der internationalen Zuständigkeit für Feststellungsstreitigkeiten fallen dagegen nicht in den Anwendungsbereich des § 335, sondern unterstehen vielmehr der *lex fori processus,* also dem jeweiligen Prozessrecht des angerufenen Gerichts. Das gilt auch, soweit das Recht des Insolvenzverfahrensstaates für diese Streitigkeiten Sonderzuständigkeiten vorsieht.

98 Im deutschen internationalen Zivilverfahrensrecht werden die Regeln über die örtliche Zuständigkeit nach allgemeiner Auffassung auch für die internationale Zuständigkeit ent-

---
[181] So nun auch OLG Stuttgart ZInsO 2007, 611 ff.; beispielsweise könnte ein Insolvenzplan gegenüber einem ausländischen Gläubiger keine Wirkung entfalten, wenn ihm praktisch die Möglichkeit zur Teilnahme und Anmeldung seiner Forderung genommen wurde, vgl. hierzu die Ausführungen zum ordre public Einwand bei der Anerkennung ausländischer Verfahren, unten RdNr. 310.
[182] Zu Zustellungs- oder Übermittlungsfragen vgl. oben RdNr. 38 ff.
[183] Ebenso *Trunk*, Internationales Insolvenzrecht, S. 206 ff.; aA wohl OLG Düsseldorf RIW 1989, 742.
[184] Vgl. weitere Nachweise bei *Palandt/Heldrich*, Art. 32 EGBGB RdNr. 6; MünchKommBGB-*Spellenberg*, Bd. 10, Art. 32 EGBGB RdNr. 100.

sprechend angewendet.[185] Dementsprechend sollen die die örtliche Zuständigkeit für Feststellungsstreitigkeiten regelnden §§ 180, 185 auch für die internationale Zuständigkeit gelten.[186] Ist daher die Forderung eines ausländischen Gläubigers bestritten, oder besteht für eine Forderung ansonsten ein ausländischer Gerichtsstand, so ist für den Feststellungsstreit das Amts- bzw. Landgericht zuständig, bei dem das Insolvenzverfahren anhängig ist. Dagegen verbleibt es für Feststellungsstreitigkeiten, für die nicht der ordentliche Rechtsweg eröffnet ist, bei der auch ansonsten für die Streitigkeiten zwischen Gläubiger und Schuldner bestehenden Zuständigkeit. Für die Verfahren vor den Arbeits-, Sozial, Verwaltungs- oder Finanzgerichten ist daher unstreitig auch ein ausländischer Gerichtsstand denkbar, so wenn beispielsweise die Anmeldung eines ausländischen Arbeitnehmers bestritten worden ist. Die Frage, ob für die Feststellung einer Forderung der Rechtsweg zu den ordentlichen Gerichten oder den Gerichten eines anderen Rechtswegs eröffnet wäre, ist ausschließlich nach den inländischen Vorschriften zu beurteilen. Ob nach dem ausländischen Recht für diese Forderung ein spezieller Rechtsweg eröffnet ist, spielt hierbei keine Rolle.

Entgegen einer weit verbreiteten Auffassung[187] handelt es sich bei den §§ 180, 185 jedoch **99** internationalrechtlich nicht um ausschließliche Zuständigkeiten.[188] Denn im internationalen Verfahrensrecht ist lediglich die analoge Anwendung der Vorschriften über die örtliche Zuständigkeit für die internationale Zuständigkeit anerkannt. Ob dagegen die Ausschließlichkeit der Zuständigkeitsvorschrift auch auf den internationalen Sachverhalt übertragen werden kann, ist gesondert zu prüfen. Die Antwort richtet sich nach einer internationalverfahrensrechtlichen Interessenbewertung.[189] Diese spricht jedoch gegen eine ausschließliche Zuständigkeit. Denn die Zuständigkeitsanordnung in § 180 Abs. 2 folgt Praktikabilitätserwägungen für den Insolvenzverwalter. Die Ausschließlichkeit ist schon von daher weniger zwingend als die ausschließlichen Zuständigkeitsnormen des deutschen Verfahrensrechts, die aus öffentlichen Interessen, der Beweis- oder Sachnähe die Ausschließlichkeit anordnen. Aus Praktikabilitätserwägungen mag dem inländischen Gläubiger zumutbar sein, seine Forderung auf Grund der Insolvenz bei einem anderen inländischen Gericht geltend machen zu müssen, als außerhalb der Insolvenz. Im internationalen Verhältnis ist dagegen nicht nachvollziehbar, weshalb dem ausländischen Gläubiger der ausländische Gerichtsstand genommen werden soll.[190] Daher bleiben für Feststellungsstreitigkeiten auch die ausländischen Gerichte zuständig, wenn aus deutscher Sicht deren internationale Zuständigkeit auch ansonsten gegeben wäre.

Feststellungsstreitigkeiten zwischen dem Insolvenzverwalter und einem Gläubiger sind **100** vom Anwendungsbereich des **EuGVVO** und des **Lugano Übereinkommens** nicht ausgenommen.[191] Denn an sich handelt es sich hierbei um keine Streitigkeit, die „unmittelbar aus dem Insolvenzverfahren hervorgeht oder sich eng innerhalb des Rahmens eines Insolvenzverfahrens hält".[192] Gegenstand dieser Verfahren sind – bis auf Fragen des Ran-

---

[185] Vgl. *Geimer*, IZPR, RdNr. 943; *Schack*, IZVR, RdNr. 236.
[186] Für eine analoge Anwendung des § 180 auch *Nerlich/Römermann/Becker* § 180 RdNr. 28; *Gottwald/Gottwald*, Insolvenzrechts-Handbuch, § 130 RdNr. 82; *Jaeger/Jahr*, KO, §§ 237/238 RdNr. 409; *Trunk*, Internationales Insolvenzrecht, S. 208 f.
[187] So *Jaeger/Jahr*, KO, §§ 237/238 RdNr. 409; FK-*Wimmer* § 335 RdNr. 7.
[188] Ebenso *Trunk*, Internationales Insolvenzrecht, S. 209 f.; *Gottwald/Gottwald*, Insolvenzrechts-Handbuch, § 130 RdNr. 82.
[189] Vgl. *Schack*, IZVR, RdNr. 197; *Geimer*, IZPR, RdNr. 872 ff.; 972 a.
[190] Art. 15 des EG Entwurfs von 1980, abgedruckt bei *Kegel*, Vorschläge und Gutachten, S. 51, sah zwar für Streitigkeiten wegen der Zulassung der Forderungen die ausschließliche Zuständigkeit für die Gerichte des Insolvenzeröffnungsstaates vor, enthielt aber gleichsam Rückausnahmen von diesem Grundsatz, vgl. Art. 15 Nr. 7 a) und b); die Regelung ist wegen der Übernahme der im deutschen Insolvenzrecht nur eingeschränkt geltenden *vis attractiva concursus* heftig kritisiert worden, vgl. *Jahr*, in: *Kegel*, Vorschläge und Gutachten, S. 305 ff.
[191] Vgl. Art. 1 Abs. 2 Nr. b EuGVVO; *Schlosser*, EU-Zivilprozeßrecht, EuGVVO, Art. 1 RdNr. 21; *Kropholler*, Europ. Zivilprozessrecht, EuGVO, Art. 1 RdNr. 37 Fn. 113.
[192] So die Definition in EuGH vom 22. 2. 1979, Rs. C-133/78 *Gourdain/Nadler*, Slg. 1979, 733; OLG Hamm RIW 1994, 62.

ges – keine insolvenzrechtlichen Fragen, sondern allgemeine, die Forderung des Gläubigers nach Grund und Höhe betreffende Fragen. Für diese Fragen halten die beiden Übereinkommen aber sachgerechte Gerichtsstände bereit, so dass im Anwendungsbereich der EuGVVO und des Lugano Übereinkommens die §§ 180, 185 verdrängt werden. Dafür spricht letztlich auch, dass die EuInsVO – anders als die Vorentwürfe[193] – auf eine Regelung der internationalen Zuständigkeit für diese Prozesse verzichtet, andererseits aber auch betont, dass sich die Anwendungsbereiche der EuInsVO und der EuGVVO fast lückenlos aneinander fügen sollen.[194] Auch diese Regelungslücke in der EuInsVO deutet darauf hin, dass sich die Gerichtsstände aus dem EuGVÜ/Lugano Übereinkommen ergeben. Die Frage ist jedoch streitig und derzeit Gegenstand eines Vorlageverfahrens durch den BGH an den EuGH.[195]

101 **(2) Sonstige Aktiv- und Passivprozesse des Insolvenzverwalters.** Anders als viele ausländische Rechtsordnungen kennt das deutsche Insolvenzrecht keine allgemeine *vis attractiva concursus,* wonach sämtliche, mit der Insolvenz in Zusammenhang stehenden Rechtsstreitigkeiten am Ort des Insolvenzverfahrens auszutragen sind.[196] Lediglich für die Streitigkeiten, die das Gesamtverfahren betreffen, und für Feststellungsstreitigkeiten sieht die InsO eine Zuständigkeit am Ort des Insolvenzgerichts vor. Für alle anderen Rechtsstreitigkeiten bleibt es daher bei den allgemeinen Regeln zur internationalen Zuständigkeit, und damit der analogen Anwendung der örtlichen Zuständigkeitsvorschriften aus dem autonomen Recht. Dies ist nach der Rechtsprechung anerkannt für die internationale Zuständigkeit der Insolvenzanfechtung,[197] für Streitigkeiten aus Masseschulden,[198] Streitigkeiten über die Wirkungen eines Insolvenzplanes[199] und wird auch sonst in Literatur und Rechtsprechung nicht in Frage gestellt.

102 Die Anwendbarkeit des **EuGVVO** bzw. des **Lugano Übereinkommens** ist jeweils im Einzelfall zu prüfen. Rechtsstreitigkeiten, bei denen der deutsche Insolvenzverwalter beteiligt ist, führen nicht automatisch zum Ausschluss der Anwendbarkeit nach Art. 1 Abs. 2 Nr. 2 der EuGVVO. Das ist nach der Auslegung des EuGH nur dann der Fall, wenn die Streitigkeit unmittelbar aus dem Insolvenzverfahren hervorgeht oder sich eng innerhalb des Rahmens eines Insolvenzverfahrens hält.[200] Die Reichweite dieses Anwendungsausschlusses ist bisher jedoch wenig geklärt und ist im Zusammenhang mit dem Inkrafttreten der EuInsVO neu zu definieren.[201] Nach bisheriger Auffassung sind die Übereinkommen anwendbar auf die Geltendmachung von Forderungen vor Insolvenzeröffnung durch den Insolvenzverwalter[202] oder auf Klagen des Insolvenzverwalters auf von ihm abgeschlossene Geschäfte.[203] Zwar hatte der EuGH in seiner Entscheidung Gourdain/Nadler die Klage des Insolvenzverwalter wegen der Organhaftung als Konkurssache im Sinne des Übereinkommens qualifiziert. Die neuere deutsche Rechtsprechung geht jedoch zu Recht davon aus, dass es sich bei Klagen des Insolvenzverwalters gegen die Gesellschafter einer insolventen Gesellschaft aus den Grundsätzen der Kapitalaufbringung oder -erhaltung um keine „Konkurssache" handelt, weshalb die EuGVVO Anwen-

---

[193] Vgl. Art. 17 des EG Entwurfs von 1970 und Art. 15 des EG Entwurfs von 1980, sowie die Stellungnahme von Jahr, allesamt abgedruckt bei *Kegel,* Vorschläge und Gutachten, S. 8, 51, 305.
[194] Vgl. den *Schlosser* Bericht, RdNr. 53; *Virgos/Schmit,* Erläuternder Bericht, RdNr. 197.
[195] Vgl. BGH ZIP 2007, 1415; hierzu im einzelnen Art. 3 RdNr. 81 ff. EuInsVO.
[196] Die Unterschiede zwischen den Rechtsordnungen bereitete insbesondere bei den früheren Entwürfen zu einem EG-Konkursübereinkommen erhebliche Schwierigkeiten, vgl. die Ausführungen von *Jahr,* in: *Kegel,* Vorschläge und Gutachten, S. 305 ff.
[197] Vgl. nur BGH NZI 1999, 114; BGH NJW 1997, 657; BGH WM 1990, 326; OLG Köln 1998, 624.
[198] Siehe BGH RIW 1996, 857.
[199] BGH NJW 1997, 524, der die vom Berufungsgericht bejahte int. Zuständigkeit auf Grund der allg. Regeln des autonomen Rechts nicht einmal weiter problematisiert.
[200] EuGH vom 22. 2. 1979, Rs. C-133/78 *Gourdain/Nadler,* Slg. 1979, 733.
[201] Vgl. unten Art. 3 RdNr. 81 ff. EuInsVO.
[202] So BGH WM 1993, 2123.
[203] *Schack,* IZVR, RdNr. 98; *Schlosser,* EU-Zivilprozessrecht, EuGVVO, Art. 1 RdNr. 21; *Kropholler,* Europ. Zivilprozessrecht, EuGVO, Art. 1 RdNr. 35; aA OLG Zweibrücken EuZW 1993, 165.

dung findet.²⁰⁴ Dagegen entspricht es bisheriger, aber nicht mehr aufrecht zu erhaltender hM, dass Insolvenzanfechtungsklagen vom Anwendungsbereich der Übereinkommen ausgenommen sind.²⁰⁵

bb) Anerkennung ausländischer Entscheidungen. Die Anerkennung oder auch Vollstreckung ausländischer Entscheidungen richtet sich mangels ausdrücklicher Regelung in den §§ 335 ff. nach den allgemeinen Anerkennungs- und Vollstreckungsvorschriften. Soweit daher keine internationalen Übereinkommen bestehen, richtet sich die Anerkennung und Vollstreckung nach den **§§ 328, 722 f. ZPO**. 103

Streitig ist insoweit allerdings, ob auf die Voraussetzung der **Gegenseitigkeit** verzichtet werden soll. Dafür spricht zwar, dass § 343 Abs. 1 für die Anerkennung ausländischer Insolvenzverfahren auf die Voraussetzung der Gegenseitigkeit verzichtet. Daraus wird gelegentlich hergeleitet, auch die Anerkennung sonstiger Entscheidungen im Zusammenhang mit dem Insolvenzverfahren bedürfe nicht der Gegenseitigkeit nach § 328 Abs. 1 Nr. 5 ZPO.²⁰⁶ Dem ist jedoch nicht zuzustimmen. § 343 Abs. 1 betrifft nur die Anerkennung von Insolvenzverfahren oder der in diesem Verfahren ergehenden Entscheidungen,²⁰⁷ nicht aber sonstige insolvenzbezogene Rechtsstreitigkeiten. Der Verzicht auf das Erfordernis der Gegenseitigkeit begründet sich für Insolvenzverfahren aus der Tatsache, dass es sich hierbei um ein Mehrparteienverfahren handelt, bei dem die Voraussetzung der Gegenseitigkeit verfehlt wäre, und aus der Tatsache, dass eine ausdrückliche Regelung fehlt.²⁰⁸ Für sonstige insolvenzbezogene Rechtsstreitigkeiten, deren Anerkennung sich in direkter Anwendung des § 322 ZPO vollzieht, kann dagegen auf Grund der ausdrücklichen gesetzlichen Regelung auf das Erfordernis der Gegenseitigkeit nicht einfach verzichtet werden. 104

Die Anwendung der §§ 328, 722 ZPO gilt zunächst für die Anerkennung ausländischer Urteile, die nach § 179 **streitige Forderungen** zum Gegenstand haben. War das ausländische Urteil bereits ergangen, bevor im Inland das Insolvenzverfahren eröffnet worden war, und wird die Forderung dennoch bestritten, so muss der ausländische Gläubiger bei dem nach § 180 zuständigen Gericht die Anerkennung des ausländischen Titels gemäß § 328 ZPO beantragen.²⁰⁹ Möglich bleibt jedoch auch noch, die Vollstreckbarerklärung des ausländischen Titels nach § 722 ZPO zu beantragen. Dem steht auch das in § 89 enthaltene Vollstreckungsverbot nicht entgegen, da es sich bei dem Exequaturverfahren nach §§ 722 f. ZPO um ein Erkenntnisverfahren handelt, mittels dessen erst noch ein inländischer Vollstreckungstitel geschaffen werden soll.²¹⁰ Bei dem ausländischen Urteil handelt es sich nicht um einen vollstreckbaren Schuldtitel oder ein Endurteil im Sinne des § 179 Abs. 2, durch das dem Bestreitenden die Pflicht zur Initiative auferlegt wird.²¹¹ Zwar lässt eine andere Auffassung in der Literatur für die Gleichstellung des ausländischen Titels mit vollstreckbaren Titeln im Sinne des § 179 Abs. 2 ausreichen, dass die Anerkennungsvoraussetzungen für den ausländischen Titel gegeben sind.²¹² Dies erscheint jedoch nicht praktikabel, da die Prüfung der Anerkennungsvoraussetzungen oftmals schwierige Rechtsfragen beinhaltet, deren ver- 105

---

²⁰⁴ Vgl. OLG Koblenz NZI 2002, 56; OLG Jena NZI 1999, 81; OLG Bremen RIW 1998, 63; vgl. auch OLG Düsseldorf IPRax 1998, 210; *Mankowski* NZI 1999, 56.
²⁰⁵ Vgl. nur BGH NZI 1999, 114; BGH NJW 1997, 657; BGH WM 1990, 326; OLG Köln 1998, 624; vgl. aber nunmehr die Vorlage des BGH an den EuGH in ZIP 2007, 1415.
²⁰⁶ So *Trunk*, Internationales Insolvenzrecht, S. 123 f.
²⁰⁷ Vgl. die Formulierung in § 384 RegE, der ebenfalls für die Anerkennung von Insolvenzverfahren und für die Anerkennung der „in diesem Verfahren" ergehenden Entscheidungen auf die Gegenseitigkeit verzichtete; vgl. hierzu auch die Stellungnahme des Bundesrates, BT-Drucks. 12/2443 S. 260 und 269; vgl. auch unten § 343.
²⁰⁸ Vgl. auch BGHZ 122, 373, 375; *Kirchhof* WM 1993, 1364, 1366.
²⁰⁹ Vgl. zur Anerkennung eines Urteils nach dem EuGVÜ: OLG Saarbrücken NJW-RR 1994, 636; ebenso *Trunk*, Internationales Insolvenzrecht, S. 214 f.
²¹⁰ So OLG Saarbrücken NJW-RR 1994, 636, 637; *Zöller/Geimer* § 722 RdNr. 31 mwN.
²¹¹ Vgl. oben § 179 RdNr. 24; ebenso zum alten Recht *Kilger/Schmidt* § 146 Anm. 1 b; *Kuhn/Uhlenbruck* § 146 RdNr. 30; *Trunk*, Internationales Insolvenzrecht, S. 214; *Hess* § 146 RdNr. 39.
²¹² So OLG Saarbrücken, BGH NJW-RR 1994, 636; *Mankowski* ZIP 1994, 1577, 1582.

106 Ist zum Zeitpunkt der Verfahrenseröffnung das Exequaturverfahren anhängig, so wird dies nach § 240 ZPO unterbrochen. Zwar wird bisweilen angenommen, dass das Exequaturverfahren nicht unterbrochen werde,[213] oder dass zumindest bestimmte Exequaturverfahren nicht unterbrochen würden.[214] Dem ist nicht zu folgen. Zum einen gilt die Vorschrift des § 240 ZPO auch für die Vollstreckungsvorschriften nach §§ 704 ff. ZPO und insbesondere das Exequaturverfahren nach §§ 722 f. ZPO. Zum anderen entspricht eine Unterbrechung des Exequaturverfahrens auch dem Zweck des § 240 ZPO. Denn die Unterbrechung soll dem Verwalter die Möglichkeit geben, eigenständig über die Fortführung des die Masse belastenden Rechtsstreits zu entscheiden. Kommt nämlich der Insolvenzverwalter zu der Erkenntnis, dass die Entscheidung im Inland anzuerkennen ist, so kann die Forderung zur Tabelle eingetragen werden.

107 War das ausländische Urteil noch nicht ergangen, aber bereits im Ausland ein entsprechendes Verfahren anhängig, so entscheidet die *lex fori processus,* ob die Verfahrenseröffnung zunächst zu einer Unterbrechung des Rechtsstreites führt. Führt der Rechtsstreit zu einem obsiegenden Urteil des Gläubigers und verweigert der Insolvenzverwalter dennoch die Feststellung zur Insolvenztabelle, so muss der Gläubiger die Vollstreckbarerklärung des ausländischen Titels nach § 722 ZPO im Inland betreiben oder – falls es sich nach dem ausländischen Recht schon um ein Feststellungsurteil handelt – die Anerkennung nach § 328 ZPO im Wege der Feststellungsklage erwirken. Für die örtliche Zuständigkeit im Inland gelten sodann die §§ 180, 185 entsprechend.

108 War der Feststellungsstreit im Ausland bei Verfahrenseröffnung noch nicht anhängig, sondern wurde beispielsweise erst nach Bestreiten der Forderung durch den Insolvenzverwalter oder einem Gläubiger aufgenommen, so scheitert die ausländische Entscheidung nicht an der fehlenden Anerkennungszuständigkeit des ausländischen Gerichts. Die §§ 180, 185 begründen für Feststellungsstreitigkeiten nämlich keinen ausschließlichen Gerichtsstand. Die internationale Zuständigkeit kann sich nämlich auch aus den sonstigen allgemeinen Zuständigkeitsvorschriften ergeben. Lag beispielsweise der Erfüllungsort im Ausland, so kann der ausländische Gläubiger auch dort die Feststellungsklage erheben, weil die internationale Zuständigkeit nach § 29 ZPO gegeben war. Soweit keine anderweitigen Ankerkennungshindernisse bestehen,[215] ist daher die Entscheidung im Inland anzuerkennen.

109 **d) Massegläubiger.** Ob die Forderung gegenüber dem Schuldner als Masseforderung oder als Insolvenzforderung zu qualifizieren ist, und wie eine Masseforderung im Insolvenzverfahren geltend gemacht werden kann, untersteht ebenfalls gemäß § 335 der **lex fori concursus.** Zu diesem Ergebnis kommt auch die in Art. 4 Abs. 2 lit. g) EUInsVO enthaltene Regelung (vgl. Art. 4 RdNr. 30 EUInsVO). Das Schuldstatut ist hingegen irrelevant.[216] Die Behandlung von Massegläubiger in einem inländischen Insolvenzverfahren richtet sich demnach nach §§ 53 bis 55 (zur Bestimmung der Massegläubiger vgl. schon oben RdNr. 61).

---

[213] So zum Exequaturverfahren nach dem EuGVÜ OLG Saarbrücken, BGH NJW-RR 1994, 636, 637.
[214] So *Mankowski* ZIP 1994, 1577, 1579 f.; *Heß,* IPRax 1995, 16, 17 f., beides Besprechung zu OLG Saarbrücken, vorige Fn.
[215] *Trunk,* Internationales Insolvenzrecht, S. 213 f., sieht hierbei allenfalls besondere insolvenzrechtliche Probleme, wenn die ausländische Entscheidung gravierend gegen Grundregeln des inländischen Insolvenzrechts verstoßen sollte, beispielsweise dem ausländischen Gläubiger ein ihm nach deutschem Recht nicht zustehendes Vorrecht zuerkennt. Diese sind – mit *Trunk* – jedoch nach den allgemeinen Grundsätzen des *ordre public* zu lösen.
[216] Ganz hM vgl. nur *Gottwald/Gottwald,* Insolvenzrechts-Handbuch, § 130 RdNr. 75; *Mohrbutter/Ringstmeier/Wenner* § 20 RdNr. 364; *Kuhn/Uhlenbruck* §§ 237/238 RdNr. 67.

e) **Bevorrechtigte oder nachrangige Forderungen. aa) Allgemeines.** Wie eine 110 angemeldete Forderung bei der Verteilung zu berücksichtigen ist, insbesondere welchen Rang die Forderung bei der Verteilung einnimmt, bestimmt sich gemäß § 335 ebenfalls nach der *lex fori concursus*[217] und nicht nach dem auf die Forderung anwendbaren Recht (sog. Forderungsstatut). Gleiches sieht auch Art. 4 Abs. 2 lit. i) EUInsVO vor.

bb) Arbeitnehmervorrechte. Die *lex fori concursus* gilt gemäß § 335 auch für die 111 Frage, ob die Arbeitnehmer mit ihren Insolvenzforderungen **bevorrechtigte Befriedigungen** erhalten, wie dies vormals in § 61 KO vorgesehen war.[218] § 337 enthält insoweit keine anderweitige Bestimmung. Denn diese Sonderanknüpfung gilt nur für die Wirkungen des Insolvenzverfahrens auf einen Arbeitsvertrag, d. h. dessen Fortsetzung oder Beendigung (vgl. hierzu § 337 RdNr. 9). Dementsprechend gilt inländisches Insolvenzrecht für die Rangfolge der Forderungen von Arbeitnehmern selbst dann, wenn das auf dem Arbeitsvertrag anwendbare Recht oder das Recht des Ortes, an dem der Arbeitnehmer regelmäßig seine Arbeitsleistung erbracht hat, den Anspruch des Arbeitnehmers in der Insolvenz als bevorrechtigt behandelt.

Die *lex fori concursus* gilt auch für die Rangfolge bestimmter kollektiv-arbeitsrechtlicher 112 Maßnahmen wie Sozialplanansprüche. Ob solche Sozialpläne aufzustellen sind, ist zunächst eine Frage des für die Wirkungen der Verfahrenseröffnung auf das Arbeitsverhältnis anzuwendenden Rechts. Die Frage, inwieweit Arbeitnehmerforderungen jedoch Masse- oder Insolvenzforderungen sind und mit welchem Rang bestimmte arbeitsrechtliche Ausgleichsmechanismen zu befriedigen sind, bestimmt sich jedoch wiederum nach der *lex fori concursus*.[219]

cc) Sozialversicherungsrechtlicher Arbeitnehmerschutz. Basierend auf der Richt- 113 linie des Rates vom 20. 10. 1980 zur Angleichung der Rechtsvorschriften der Mitgliedsstaaten über den Schutz der Arbeitnehmer bei Zahlungsunfähigkeit des Arbeitgebers[220] gewähren die §§ 141 a ff. AFG dem Arbeitnehmer Insolvenzausfallgeld, wenn die Arbeitsentgeltansprüche auf Grund der Insolvenz des Arbeitgebers nicht erfüllt werden. Ob ein Anspruch auf Insolvenzgeld besteht, richtet sich jedoch nicht nach § 335. Die Frage ist nicht als insolvenzrechtlich zu qualifizieren. Als sozialversicherungsrechtliche Frage unterliegt die Frage den sozialversicherungsrechtlichen Kollisionsnormen (vgl. näher § 337 RdNr. 9).

dd) Besondere gesetzliche Vorrechte für bestimmte Sondervermögen. Zwar sind 114 mit der InsO die allgemeinen Vorrechte des § 61 KO abgeschafft worden. Es finden sich jedoch weiterhin insbesondere im Bank- und Versicherungsbereich besondere Vorschriften, die für bestimmte Gläubiger an bestimmten Vermögensmassen des Schuldners absonderungsrechtsähnliche Vorrechte beinhalten.[221] Die internationalrechtliche Behandlung dieser Sondermassen ist bisher nicht weiter diskutiert. Einige dieser gesetzlichen Vorschriften enthalten jedoch für Schuldner mit Sitz in der EU, dem Europäischen Wirtschaftsraum oder der Schweiz die Regelung, dass die Insolvenzvorrechte dieser Gläubiger für das inländische Insolvenzverfahren anzuerkennen sind, wenn sie im Wesentlichen der inländischen Rege-

---

[217] *Mohrbutter/Ringstmeier/Wenner* § 20 RdNr. 364; *Kuhn/Uhlenbruck* §§ 237/238, RdNr. 67; *Lüke* KTS 1986, 1, 18.
[218] Ganz hM vgl. BAG ZIP 1982, 1158; siehe hierzu die Anmerkungen von *Hanisch* EWiW 1992, 1011; und *Langer/Lenthöhr* RIW 1994, 161; vgl. auch die Vorinstanz in LAG Düsseldorf RIW 1992, 402; LAG Düsseldorf IPRspr. 1991, Nr. 238; vgl. auch RGZ 1, 322; 8, 110, 114; *Kuhn/Uhlenbruck* §§ 237/238 RdNr. 67; *Mohrbutter/Ringstmeier/Wenner* § 20 RdNr. 365.
[219] So auch *Gottwald/Gottwald*, Insolvenzrechts-Handbuch, § 131 RdNr. 58; *Mohrbutter/Ringstmeier/Wenner* § 20 RdNr. 365; aA *Lau* BB 1986, 1450, 1452.
[220] Richtlinie 80/987/EWG des Rates vom 20. Oktober 1980 zur Angleichung der Rechtsvorschriften der Mitgliedstaaten über den Schutz der Arbeitnehmer bei Zahlungsunfähigkeit des Arbeitgebers, ABl. EG Nr. L 283 vom 28. 10. 1980/23.
[221] Vgl. nur § 32 DepotG § 35 HypBG; § 6 des Gesetzes über die Pfandbriefe und verwandte Schuldverschreibungen öffentlich-rechtlicher Kreditanstalten; § 77 (3) VAG; § 1 Abs. 1 des Gesetzes betreffend die Industriekreditbank Aktiengesellschaft; § 36 des Gesetzes über Schiffspfandbriefbanken etc.; vgl. hierzu *Häsemeyer*, RdNr. 30.07 ff.; *Kuhn/Uhlenbruck* § 61 RdNr. 8 ff.; *Jaeger/Henckel*, InsO, § 35 RdNr. 141; MünchKommInsO-*Lwowski*, 2. Aufl. § 35 RdNr. 74.

lung entsprechen und die Gegenseitigkeit verbürgt ist.²²² Die – sprachlich missverständlich formulierte – „Anerkennung" der Vorrechte lässt darauf schließen, dass für die Verteilung dieser Sondermassen die *lex rei sitae* heranzuziehen ist, das ausländische Recht aber nur dann angewandt wird, wenn eine Vergleichbarkeit mit inländischen Rechten vorliegt und Gegenseitigkeit gegeben ist. Systematisch handelt es sich jedoch um eine Frage der Verteilung der Insolvenzmasse. Aus der Insolvenzmasse ist auf Grund gesetzlicher Anordnung eine Sondermasse zu bilden, die dem Schutz bestimmter Gläubiger dienen soll. Es liegt daher kein Fall sog. dinglicher Rechte im Sinne des § 351 vor. Vielmehr gilt für die Bildung und Verteilung dieser Sondermassen gemäß § 335 die *lex fori concursus,* und zwar unabhängig davon, wo die Sondermassen jeweils belegen sind.

115   **6. Insolvenzplanverfahren, Forderungsmodifikationen. a) Verfahrensrechtliche Fragen.** Das Insolvenzplanverfahren oder andere Verfahren, um die Forderungen der Gläubiger zu modifizieren, um damit die Insolvenz zu bereinigen, unterstehen gemäß § 335 grundsätzlich der *lex fori concursus.*²²³ Dies gilt sowohl für die verfahrensrechtlichen Fragen der Aufstellung des Insolvenzplanes, als auch für die Annahme und Bestätigung des Insolvenzplanes bzw. der beabsichtigten Forderungsmodifikation.

116   **b) Bildung von Gruppen mit Auslandsbezug.** Der in § 222 vorgesehenen Bildung von Gruppen kommt im Insolvenzplanverfahren eine erhebliche Bedeutung zu, und zwar in verfahrensrechtlicher als auch materiellrechtlicher Hinsicht. Verfahrensrechtlich wegen der erforderlichen Mehrheiten für die Annahme des Planes durch die Gläubiger (§§ 244 bis 246), materiellrechtlich wegen der vorgeschriebenen Gleichbehandlung innerhalb einer Gruppe (§ 226) und möglichen unterschiedlichen Behandlung gegenüber anderen Gruppen. § 222 Abs. 2 sieht vor, dass neben den drei gesetzlich vorgeschriebenen Gruppen der absonderungsberechtigten Gläubiger, der nicht nachrangigen Gläubiger und der nachrangigen Gläubiger weitere Gruppen aus Gläubigern mit gleicher Rechtsstellung und gleichartigen wirtschaftliche Interessen gebildet werden können. Die Gruppen müssen sachgerecht voneinander abgegrenzt werden. Die Kriterien für die Abgrenzung sind im Plan anzugeben. Die Vorschrift ermöglich daher auch im internationalrechtlichen Kontext, dass für Gläubiger, deren rechtliche Stellung und wirtschaftlichen Interessen beispielsweise auf Grund der Anwendung ausländischen Rechts abweicht, gesonderte Gruppen gebildet werden können. Die sachgerechte Abgrenzung ist nicht auf Grund der Tatsache vorzunehmen, dass es sich um ausländische Gläubiger handelt, oder dass beispielsweise die zugrundeliegenden Forderungen ausländischem Recht unterstehen. Voraussetzung ist vielmehr, dass zunächst das deutsche Kollisionsrecht für die Behandlung dieser Forderungen selbst auf ausländisches Recht verweist und damit selbst eine andere Behandlung der Forderung im Insolvenzverfahren vorschreibt, als für vergleichbare Forderungen, die dem deutschen Insolvenzrecht unterliegen. Das sind beispielsweise Eingriffe in die Arbeitsverträge im Ausland beschäftigter Arbeitnehmer, die nach § 337 ohnehin dem Recht des Arbeitsortes unterstehen (vgl. § 337 RdNr. 10).

117   **c) Allgemeine Wirkungen des Insolvenzplans.** Die Wirkungen eines Insolvenzplanes oder eines Vergleichs richten sich ebenfalls gemäß § 335 nach der *lex fori concursus.*²²⁴ Liegt der Forderungsmodifikation eine Gerichtsentscheidung zugrunde, die die Modifikation erst für alle Gläubiger verbindlich bestätigt (§ 248 Abs. 1), so ist der entsprechende Beschluss als anerkennungsfähige Entscheidung zu behandeln, also verfahrensrechtlich anzuerkennen.²²⁵ Die Anerkennungsvoraussetzungen richten sich nach § 343. Das auf die

---

[222] So § 6 Abs. 4 des Gesetzes über die Pfandbriefe und verwandte Schuldverschreibungen, oder § 35 Abs. 4 HypBG.
[223] *Kübler/Prütting/Kemper* § 335 RdNr. 47.
[224] Vgl. *Gottwald/Gottwald,* Insolvenzrechts-Handbuch, § 131 RdNr. 81; *Kübler/Prütting/Kemper* § 335 RdNr. 47; *Mohrbutter/Ringstmeier/Wenner* § 20 RdNr. 367; vgl. auch die Nachweise bei § 343 RdNr. 54.
[225] *Ehrike* RabelsZ 62 (1998), S. 712, 733; *Reinhart,* Sanierungsverfahren, S. 214 ff.; *Mohrbutter/Ringstmeier/Wenner* § 20 RdNr. 367; ausführlich, *Schulte,* Die europäische Restschuldbefreiung, S. 136 ff., 140 ff.; BGH NZI 2001, 646; BGH ZIP 1997, 39, 42 (Zwangsvergleich); vgl. auch LG Aachen IPRspr. 1987 Nr. 192.

erlassene Forderung anwendbare Recht spielt bei einer verfahrensrechtlichen Anerkennung keine Rolle.[226]

Tritt die Forderungsmodifikation ein, ohne dass es eines gerichtlichen Bestätigungsbeschlusses bedarf, so sind die Wirkungen materiellrechtlich anzuerkennen. Es fehlt an einer Entscheidung, die verfahrensrechtlich anerkannt werden könnte (vgl. zur Unterscheidung im Rahmen der Anerkennung oben vor Art. 335 RdNr. 27, 35). Die Rechtsfolgen der Forderungsmodifikation sind dann kollisionsrechtlich zu ermitteln, demnach also gemäß § 335 nach der *lex fori concursus* zu bestimmen.[227] Vorfrage ist freilich auch hier, dass zunächst der ausländische Insolvenzeröffnungsbeschluss anerkennungsfähig ist (vgl. § 343 RdNr. 11) und freilich dass die kollisionsrechtliche Anerkennung der ausländischen Forderungsmodifikation nicht gegen den deutschen *ordre public* verstößt (vgl. hierzu auch Vor § 335 RdNr. 40). 118

7. Restschuldbefreiung a) Verfahrensrechtliche Fragen. Die mit einer Restschuldbefreiung einhergehenden verfahrensrechtlichen Fragen richten sich – wie auch sonst die verfahrensrechtlichen Fragen ausschließlich nach der *lex fori concursus*.[228] 119

b) Anwendbares Recht. Hinsichtlich des anwendbaren Rechts war internationalrechtlich lange Zeit streitig, welches Recht auf den Forderungserlass anzuwenden ist. Als Anknüpfungspunkte wurden sowohl die *lex fori concursus* als auch die *lex causae* der jeweiligen Forderung diskutiert. Anknüpfungen an die *lex causae* finden sich in der älteren (überholten) deutschen Rechtsprechung sowie in einigen ausländischen Rechtsordnungen.[229] Danach sollte sich materiellrechtlich die Möglichkeit eines Forderungserlasses nach dem Recht richten, dem die zu erlassende Forderung untersteht. Dies hätte jedoch zu Konsequenz, dass in einem inländischen Restschuldbefreiungsverfahren das Insolvenzgericht die Restschuldbefreiung für Forderungen, die ausländischem Recht unterstehen, nur im Einklang mit diesem ausländischen Recht vornehmen könnte. Wegen des engen Sachzusammenhanges und dem Interesse einer umfassenden Insolvenzbereinigung hat der Gesetzgeber in Anlehnung an die neuere Rechtsprechung sowie die ganz hM der Literatur jedoch auf eine Sonderanknüpfung verzichtet und daher gemäß § 335 eine Anknüpfung an die *lex fori concursus* bestätigt.[230] Dies entsprach auch der Position des Regierungsentwurfes[231] und entspricht im Übrigen auch der EuInsVO.[232] 120

---

[226] Die Frage wurde in BGH NZI 2001, 646, nicht einmal mehr erwähnt, obwohl die Forderung des deutschen Gläubigers nach den Ausführungen im Tatbestand wohl deutschem Recht unterstand; noch offen lassend: BGH WM 1993, 1389; überholt: OLG Stuttgart IPRax 1990, 233 f.; RGZ 14, 405, 411; LG Mannheim IPRspr. 1928 Nr. 9.

[227] Vgl. *Mohrbutter/Ringstmeier/Wenner* § 20 RdNr. 367. Vor der Neuregelung bereits entsprechend: *Ehrike* RabelsZ 62 (1998), S. 712, 725; *Kübler/Prütting/Kemper* Art. 102 RdNr. 163; *Gottwald/Gottwald*, Insolvenzrechts-Handbuch, 2. Aufl. § 129 RdNr. 79; *Ackermann/Wenner*, IPRax 1990, 209, 204; *Schulte*, Die europäische Restschuldbefreiung, S. 148; zur Möglichkeit der sog. kollisionsrechtlichen Anerkennung auch BGH ZIP 1997, 39, 42.

[228] *Mohrbutter/Ringstmeier/Wenner* § 20 RdNr. 367; *Gottwald/Gottwald*, Insolvenzrechts-Handbuch, § 131 RdNr. 84; *Kübler/Prütting/Kemper* § 335 RdNr. 49; für die Restschuldbefreiung ausführlich *Schulte*, Die europäische Restschuldbefreiung, S. 118 ff.

[229] Vgl. RGZ 14, 405, 411; OLG Hamburg, NiemeyersZ Bd. 18, S. 144 f.; LG Mannheim IPRspr. 1928 Nr. 9; ROHG 15, 8, 9; ebenso noch OLG Stuttgart IPRax 1990, 233 f.; *Grassmann*, Festschrift für Kitagawa, S. 117, 122 ff.; ähnlich das englische Recht, vgl. *Dicey/Morris*, Rule 169 S. 1124 ff.; *Smart*, Cross-Border Insolvency, S. 162 ff.

[230] Vgl. *Mohrbutter/Ringstmeier/Wenner* § 20 RdNr. 367; *Gottwald/Gottwald*, Insolvenzrechts-Handbuch, § 131 RdNr. 84; *Kübler/Prütting/Kemper* § 335 RdNr. 49. So vor der Neuregelung schon OLG Saarbrücken, OLG Saarbrücken ZIP 1989, 1145, 1147; vgl. auch BGH WM 1993, 1389;; *Hanisch*, Festschrift für Schnitzer, S. 283 ff.; *ders.* ZIP 1985, 1233, 1242 f.; IPRax 1993, 297 ff. und 385 ff.; ausführlich neuerdings *Schulte*, Die europäische Restschuldbefreiung, S. 130, 194 ff.

[231] §§ 379, 394 RegE, BT-Drucks. 12/2243 vom 15. 4. 1992 S. 68, 70, 239, 245; zum Vorentwurf und der Stellungnahme des Dt. Rates für IPR vgl. auch *Flessner*, in: *Stoll*, Stellungnahmen und Gutachten, S. 200, 209.

[232] Vgl. Art. 4 Abs. 2 lit. j) und lit. k) EuInsVO.

§ 336 Vertrag über einen unbeweglichen Gegenstand

¹Die Wirkungen des Insolvenzverfahrens auf einen Vertrag, der ein dingliches Recht an einem unbeweglichen Gegenstand oder ein Recht zur Nutzung eines unbeweglichen Gegenstandes betrifft, unterliegen dem Recht des Staats, in dem der Gegenstand belegen ist. ²Bei einem im Schiffsregister, Schiffsbauregister oder Register für Pfandrechte an Luftfahrzeugen eingetragenen Gegenstand ist das Recht des Staats maßgebend, unter dessen Aufsicht das Register geführt wird.

Schrifttum: *von Bismarck/Schümann-Kleber,* Insolvenz eines ausländischen Sicherungsgebers – Anwendung deutscher Vorschriften auf die Verwertung in Deutschland belegener Kreditsicherheiten, NZI 2005, 147; *dies.*, Insolvenz eines deutschen Sicherungsgebers – Auswirkungen auf die Verwertung im Ausland belegener Kreditsicherheiten, NZI 2005, 89.

Übersicht

	RdNr.		RdNr.
I. Normzweck	1	3. Vertrag	8
II. Anwendungsbereich	3	a) Zeitpunkt des Zustandekommens	8
III. Unbewegliche Gegenstände (Satz 1)	5	b) Dingliche Rechtsgeschäfte	10
1. Unbeweglicher Gegenstand	5	c) Schuldrechtliche Verträge	11
2. Dingliche Rechte	6	4. Rechtsfolge	13
		IV. Schiffe, Luftfahrzeuge (Satz 2)	15

I. Normzweck

1 § 336 enthält eine **Sonderanknüpfung** an das Recht des Belegenheitsortes bzw. an das Recht des Registersitzes und weicht damit von der Regelanknüpfung an das Recht des Verfahrensstaates (§ 335) ab. Es handelt sich um eine allseitige Kollisionsnorm, die sowohl für inländische als auch ausländische Insolvenzverfahren heranzuziehen ist.[1] Die Kollisionsnorm bezieht sich auf Verträge über unbewegliche Gegenstände sowie Gegenstände, die in Schiffs-, Schiffsbauregister oder Register für Pfandrechte an Luftfahrzeugen einzutragen sind. Sachrechtlich geht es hier um die im deutschen Recht in den §§ 103 ff. geregelte Frage, wie sich die Insolvenzeröffnung auf die schwebenden Rechtsbeziehungen zwischen den Verfahrensbeteiligten auswirkt. Für Verträge über diese Gegenstände sieht auch Art. 13 Abs. 3 DöKV (deutsch-österreichischer Konkursvertrag) eine Sonderanknüpfung vor.[2] Darüber hinaus ist § 336 weitgehend identisch mit Art. 8 EuInsVO. § 336 geht jedoch über die in Art. 8 EuInsVO getroffene Regelung hinaus, weil sich § 336 nicht auf Verträge *„zum Erwerb oder zur Nutzung"* eines unbeweglichen Gegenstandes beschränkt.[3] § 336 dient zugleich der Umsetzung der entsprechenden Vorschriften aus den beiden Richtlinien über die Sanierung und Liquidation von Versicherungsunternehmen bzw. Kreditinstituten, die jeweils gleichlautende Vorschriften enthalten, und die daher bei der Auslegung des § 336 entsprechend zu berücksichtigen sind.[4]

2 Rechtspolitisch soll die Sonderanknüpfung dem sozialen Schutz der Mieter und Pächter Rechnung tragen.[5] Zu Recht wird daran kritisiert, dass die in § 336 enthaltene Regelung jedoch dann weit über das darin liegende Schutzbedürfnis hinaus geht, weil nicht nur die Insolvenz eines Vermieters bei einer Wohnraummiete geregelt wurde, sondern grundsätzlich alle Miet- und Pachtverhältnisse.[6] Aufgrund der ähnlich lautenden Vorschriften in den

---

[1] *Kübler/Prütting/Kemper* § 336 RdNr. 3; *Mohrbutter/Ringstmeier/Wenner* § 20 RdNr. 328; *FK-Wimmer* § 336 RdNr. 2; *Andres/Leithaus/Dahl* § 336 RdNr. 3.
[2] Hinweis des Gesetzgebers, BT-Drucks. 15/16, S. 18.
[3] Art. 8 beschränkt sich auf diese Vertragstypen, vgl. Art. 8 RdNr. 8 ff. EuInsVO.
[4] Vgl. Art. 19 lit. b) und c) der Richtlinie 2001/17/EG sowie Art. 20 lit. b) und c) der Richtlinie 2001/24/EG; zur Umsetzung vgl. BT-Drucks. 15/16, S. 14.
[5] So ausdrücklich BT-Drucks. 15/16, S. 18.
[6] Kritisch insbesondere *Braun/Liersch/Tashiro* § 336 RdNr. 1 ff.; *Liersch* NZI 2003, 302, 304.

beiden Richtlinien zur Sanierung und Liquidation von Kreditinstituten bzw. Versicherungsunternehmen hatte der deutsche Gesetzgeber jedoch diesbezüglich keinen Spielraum, solange er nicht für Versicherungsunternehmen und Kreditinstitute Sondervorschriften einführen wollte. Rechtspolitisch folgt die in § 336 enthaltene Sonderanknüpfung nun der historisch gewachsenen Anknüpfung, bei Immobilien auch im Falle des Insolvenzverfahrens auf das Recht des Belegenheitsortes abzustellen.[7]

II. Anwendungsbereich

Der sachlich-räumliche Anwendungsbereich von § 336 ist in mehrfacher Hinsicht abzugrenzen. Bei **inländischen Insolvenzverfahren** kommt die Norm uneingeschränkt zur Anwendung, soweit es sich um Insolvenzverfahren über das Vermögen eines Schuldner handelt, der gemäß Art. 1 Abs. 2 EuInsVO aus dem Anwendungsbereich der Verordnung ausgenommen ist, also bei Insolvenzverfahren über das Vermögen von Versicherungsunternehmen, Kreditinstituten, Wertpapierfirmen oder Organismen für gemeinsame Anlagen.[8] Aber auch im persönlichen Anwendungsbereich der EuInsVO ist eine Anwendung des § 336 bei inländischen Insolvenzverfahren möglich, nämlich soweit der unbewegliche Gegenstand oder der Sitz des Registers außerhalb der Mitgliedsstaaten der EuInsVO belegen ist. Die vorrangige Vorschrift des Art. 8 EuInsVO gilt nämlich nur, soweit der unbewegliche Gegenstand in einem der Mitgliedsstatten der EuInsVO belegen ist.[9]

Entsprechendes gilt spiegelbildlich für **ausländische Insolvenzverfahren.** Bei ausländischen Insolvenzverfahren, die in einem der Mitgliedsstaaten der EuInsVO auf Grund einer Zuständigkeit nach der EuInsVO durchgeführt werden, kann § 336 nur Anwendung finden, soweit es sich um ein Insolvenzverfahren über ein von dem Anwendungsbereich der EuInsVO ausgenommenen Schuldner handelt.[10] Darüber hinaus findet § 336 auch bei einem ausländischen Insolvenzverfahren auf Grundlage der EuInsVO Anwendung, wenn der Belegenheitsort des unbeweglichen Gegenstandes oder des Registersitzes nicht in einem Mitgliedsstaat der EuInsVO liegt.[11] Handelt es sich dagegen um ein ausländisches Insolvenzverfahren, dass nicht in einem der Mitgliedsstaaten der EuInsVO durchgeführt wird, findet § 336 wiederum uneingeschränkt Anwendung, und zwar selbst dann, wenn der streitgegenständliche unbewegliche Gegenstand oder der Registersitz in einem der Mitgliedsstaaten der EuInsVO belegen wäre.

III. Unbewegliche Gegenstände (Satz 1)

1. Unbeweglicher Gegenstand. Ob ein Gegenstand unbeweglich ist, richtet sich nach dem Recht der **lex rei sitae**.[12] Zwar führt auch der Gesetzesentwurf der Bundesregierung aus, dass sich der Begriff des unbeweglichen Gegenstandes aus der Legaldefinition in § 49 ergebe.[13] Die Stellungnahme des Gesetzgebers steht jedoch systematisch im Zusammenhang mit den Wirkungen eines ausländischen Hauptinsolvenzverfahrens auf einen inländischen Grundstückskaufvertrag. Der Verweis auf die Legaldefinition in § 49 deckt sich für diesen Fall demnach auch mit einer Begriffsbestimmung nach der sog. lex rei sitae. Die Anwendung des § 49 ist jedoch fraglich bei unbeweglichen Gegenständen, die im Ausland belegen sind.

---

[7] Vgl. hierzu insb. *Hanisch* ZIP 1992, 1125, 1129; *ders.,* Festschrift für Merz, S. 159, 166; vgl. auch *Trunk,* Internationales Insolvenzrecht, S. 174.
[8] Vgl. Art. 1 RdNr. 8 ff. EuInsVO.
[9] Vgl. Art. 8 RdNr. 14 EuInsVO.
[10] Vgl. Art. 1 Abs. 2 EuInsVO sowie vorherige RdNr.
[11] Vgl. nochmals Art. 8 RdNr. 14 EuInsVO.
[12] MünchKommBGB-*Kindler*, Bd. 11, IntInsR RdNr. 956; FK-*Wimmer* § 336 RdNr. 6; ebenso wohl *Smid,* Int. Insolvenzrecht, § 336 RdNr. 5; *Hess* InsO, § 336 RdNr. 2.
[13] Vgl. BT-Drucks. 15/16 S. 18; daher ebenfalls allein auf § 49 abstellend *Kübler/Prütting/Kemper* § 336 RdNr. 4; *Braun/Liersch/Tashiro* § 336 RdNr. 5; HK-*Stephan* § 336 RdNr. 3; *Andres/Leithaus/Dahl* § 336 RdNr. 5.

Hinzu kommt, dass die Richtlinie über die Sanierung und Liquidation von Kreditinstituten ausdrücklich vorschreibt, dass sich nach der *lex rei sitae* bestimmt, ob ein Gegenstand ein beweglicher oder ein unbeweglicher Gegenstand ist.[14] Es erscheint aber wenig sachgerecht, im Rahmen des § 336 die Begriffsbestimmung einmal auf Grundlage des deutschen Rechts (§ 49) vorzunehmen, und für den Fall der Insolvenz eines Kreditinstitutes nach der durch die Richtlinie entsprechend vorgegebenen *lex rei sitae*. Insoweit erscheint nur eine einheitliche, dann aber richtlinienkonforme Auslegung, mithin eine Anknüpfung an die *lex rei sitae* sachgerecht.

6   **2. Dingliche Rechte.** § 336 differenziert zwischen zwei Verträgen, nämlich einem Vertrag, der *„ein dingliches Recht"* an einen unbeweglichen Gegenstand betrifft, oder einem Vertrag, der *„ein Recht zur Nutzung"* eines unbeweglichen Gegenstands betrifft. Der Begriff des dinglichen Rechts ist grundsätzlich nicht auf Grund des deutschen Sachenrechts zu bestimmen, sondern als **Vorfrage** ebenfalls nach der **lex rei sitae.**[15]

7   Im Sinne eines internationalen Entscheidungseinklangs ist jedoch zu empfehlen, auch bei einer Anknüpfung an die *lex rei sitae* die Grundsätze zu berücksichtigen, nach denen auch die EuInsVO die Begriffsbestimmung des „dinglichen Rechts" vornimmt. Art. 5 EuInsVO verwendet den Begriff ebenfalls.[16] Nach der EuInsVO muss ein dingliches Recht zwei Voraussetzungen erfüllen: Das Recht muss erstens an die Sache direkt und unmittelbar gebunden sein, und zwar unabhängig von der Frage, zu welchem Vermögen die betreffende Sache gehört; zweitens muss das Recht absolut und gegenüber jedermann durchsetzbar sein. Diese auch nach der EuInsVO geforderten Mindestvoraussetzungen sollten daher gegeben sein, um von einem dinglichen Recht im Sinne des § 336 zu sprechen.

8   **3. Vertrag. a) Zeitpunkt des Zustandekommens.** § 336 spricht seinem Wortlaut nach von den Wirkungen des Insolvenzverfahrens **„auf einen Vertrag"** und setzt damit ein bei Eröffnung des Insolvenzverfahrens bestehendes Vertragsverhältnis voraus.[17] Ob ein Vertrag zum Zeitpunkt der Insolvenzeröffnung bereits geschlossen war, bestimmt sich als Vorfrage nach dem Recht des Vertrages, das auf Grundlage der allgemeinen kollisionsrechtlichen Vorschriften zu ermitteln ist (Art. 28 ff. EGBGB).[18]

9   Abgrenzungsschwierigkeiten ergeben sich hier jedoch – ebenso wie auch im Rahmen von Art. 8 EuInsVO[19] – wenn zwar die zum Vertrag führenden Willenserklärungen abgegeben worden sind, die Wirksamkeit und Durchführung des Vertrages jedoch noch von Bedingungen, Befristungen oder der Ausübung von Optionsrechten abhängig ist. Ist der Vertrag wegen des fehlenden Eintritts einer Bedingung oder wegen einer Befristung zum Zeitpunkt der Insolvenzeröffnung noch schwebend unwirksam, ist er dennoch bereits im Sinne des § 336 „zustande gekommen". Etwas anderes gilt nur für sogenannte Potestativbedingungen oder Optionsrechte, da hier kein bedingt abgeschlossener Vertrag vorliegt, sondern lediglich ein Vertragsangebot mit verlängerter Bindungswirkung.[20]

10 **b) Dingliche Rechtsgeschäfte.** § 336 erfasst nicht nur die Wirkungen des Insolvenzverfahrens auf schuldrechtliche Verträge, sondern auch auf dingliche Rechtsgeschäfte über unbewegliche Gegenstände.[21] Denn die damit zusammenhängenden Begründungs- und

---

[14] Vgl. Art. 20 lit. b) S. 2 der Richtlinie 2001/24/EG.
[15] FK-*Wimmer* § 336 RdNr. 7.
[16] Vgl. Art. 5 EuInsVO RdNr. 2 ff.
[17] Allgemeine Auffassung, vgl. *Braun/Liersch/Tashiro* § 336 RdNr. 11; HK-*Stephan* § 336 RdNr. 5; *Kübler/Prütting/Kemper* § 336 RdNr. 7; MünchKommBGB-*Kindler*, Bd. 11, IntInsR RdNr. 959; *Smid*, Int. Insolvenzrecht, § 336 RdNr. 3.
[18] *Kübler/Prütting/Kemper* § 336 RdNr. 8; *Andres/Leithaus/Dahl* § 336 RdNr. 9.
[19] Vgl. dort Art. 8 RdNr. 10 EuInsVO.
[20] Vergleiche auch oben, Art. 8 RdNr. 11 f.
[21] FK-*Wimmer* § 336 RdNr. 8; MünchKommBGB-*Kindler*, Bd. 11, IntInsR RdNr. 958; *Smid*, Int. Insolvenzrecht, § 336 RdNr. 6; aA HK-*Stephan* § 336 RdNr. 6; *Kübler/Prütting/Kemper* § 336 RdNr. 5; *Andres/Leithaus/Dahl* § 336 RdNr. 6; *Braun/Liersch/Tashiro* § 336 RdNr. 1, die jeweils nur die schuldrechtlichen Verträge erwähnen bzw. sagen, dass Verfügungen nicht erfasst sind.

Übertragungsvorgänge vollziehen sich regelmäßig in mehreren Schritten, weil es beispielsweise zur Wirksamkeit entsprechender sachenrechtlich abgegebener Erklärungen erst noch der Eintragung der Erklärung in einem Register bedarf. Insbesondere für diese sachenrechtlichen Rechtsgeschäfte liegt eine Anknüpfung an das Recht des Belegenheitsortes noch näher, als bei den von § 336 ebenfalls erfassten schuldrechtlichen Rechtsgeschäften.

c) Schuldrechtliche Verträge. Schuldrechtliche Verträge fallen unter § 336, soweit der 11 Vertrag entweder ein Recht zur **Nutzung** eines unbeweglichen Gegenstandes oder ein **dingliches Recht** an einem unbeweglichen Gegenstand betrifft. Der Begriff der „Nutzung" eines unbeweglichen Gegenstandes ist weit zu verstehen. Grundsätzlich fallen hierunter sämtliche Nutzungsmöglichkeiten, unabhängig davon, wie diese vertraglich im Einzelnen ausgestaltet sind (z. B. Miete, Pacht, Leasing).[22]

Unter „*Verträge, die ein dingliches Recht an einem unbeweglichen Gegenstand betreffen*", sind 12 sämtliche schuldrechtliche Verträge zu verstehen, die eine Änderung der sachenrechtlichen Verhältnisse an dem unbeweglichen Gegenstand bezwecken.[23] Darunter fallen sowohl Kauf-, Tausch- als auch Schenkungsverträge.[24] Voraussetzung ist jedoch, dass die mit dem Vertrag bezweckte Änderung der sachenrechtlichen Verhältnisse eine der Hauptleistungspflichten aus dem Vertrag ist. Soweit es sich bei der Änderung der sachenrechtlichen Verhältnisse nur um eine Nebenleistungspflicht handelt, bedarf der Vertragspartner nicht des mit § 336 bezweckten Schutzes.

4. Rechtsfolge. Liegen die vorgenannten Voraussetzungen vor, so bestimmen sich die 13 Wirkungen der Insolvenzeröffnung nach dem Recht des Staates in dem die Immobilie belegen ist. Das gilt auch dann, wenn die sonstigen Vertragsverhältnisse auf Grund des Kollisionsrechts oder einer Rechtswahl der Parteien einer anderen Rechtsordnung unterstellt wurden.[25]

Bei der Verweisung auf die *lex rei sitae* handelt es sich um eine sogenannte Gesamt- 14 verweisung, d. h. um eine Verweisung auf das Belegenheitsrechts unter Einschluss dessen Kollisionsrechts. Gemäß Art. 4 Abs. 1 S. 1 EGBGB sind kollisionsrechtliche Verweisungen grundsätzlich als Gesamtverweisungen zu verstehen, sofern dies nicht dem Sinn der Verweisung widerspricht.[26] Die Anknüpfung an den Belegenheitsort ist – wie auch die Anknüpfung in Art. 43 EGBGB – als Gesamtverweisung zu interpretieren.[27]

IV. Schiffe, Luftfahrzeuge (Satz 2)

§ 336 S. 2 sieht zudem eine Sonderanknüpfung für dingliche Rechte an registereinge- 15 tragenen Schiffen und Luftfahrzeugen vor. Der Gesetzgeber weist zurecht darauf hin, dass eine Anknüpfung an das Recht der Belegenheit bei eingetragenen Schiffen oder Luftfahrzeugen häufig zu einem Statutenwechsel führen würde.[28] Voraussetzung hierzu ist zunächst, dass das Schiff in ein Schiffsregister oder Schiffsbauregister und das Luftfahrzeug in ein Register für Pfandrechte an Luftfahrzeugen eingetragen wurde. Ob es sich bei einem ausländischen Register jeweils um ein solches Register handelt, ist nach funktionalen Kriterien zu beurteilen.

---

[22] Einhellige Auffassung MünchKommBGB-*Kindler*, Bd. 11, IntInsR RdNr. 958; HK-*Stephan* § 336 RdNr. 7; *Kübler/Prütting/Kemper* § 336 RdNr. 6; FK-*Wimmer* § 336 RdNr. 9; *Andres/Leithaus/Dahl* § 336 RdNr. 7.
[23] Vgl. *Kübler/Prütting/Kemper* § 336 RdNr. 5; *Andres/Leithaus/Dahl* § 336 RdNr. 6.
[24] Vgl. MünchKommBGB-*Kindler*, Bd. 11, IntInsR RdNr. 958; HK-*Stephan* § 336 RdNr. 7; *Kübler/Prütting/Kemper* § 336 RdNr. 5; FK-*Wimmer* § 336 RdNr. 8.
[25] MünchKommBGB-*Kindler*, Bd. 11, IntInsR RdNr. 961; *Braun/Liersch/Tashiro* § 336 RdNr. 16.
[26] Vgl. oben Vor §§ 335 RdNr. 38 f.; zum Verweisungsumfang generell auch *Palandt/Heldrich*, Art. 4 EGBGB RdNr. 5 ff.; MünchKommBGB-*Sonnenberger*, Bd. 10, Art. 4 RdNr. 15 ff.
[27] Vgl. bereits MünchKommBGB-*Wendehorst*, Bd. 10, Art. 43 EGBGB RdNr. 119; aA MünchKommBGB-*Kindler*, Bd. 11, IntInsR RdNr. 954 („der Sachnormcharakter folgt aus dem Sinn der dargestellten Verweisung"); *Hess* InsO, § 336 RdNr. 5.
[28] BT-Drucks. 15/16 S. 18.

§ 337 1, 2

16 Handelt es sich um ein Register im Sinne des § 336, so ist die sogenannte **lex libri siti** für die Wirkungen der Insolvenzeröffnung maßgeblich. Die *lex libri siti* ist das Recht, unter dessen Aufsicht das Register geführt wird. Das kann in der Praxis allenfalls zu Anknüpfungsschwierigkeiten führen, soweit ein Register auf Grund eines Übereinkommens verschiedener Staaten gemeinsam geführt wird.

§ 337 Arbeitsverhältnis

Die Wirkungen des Insolvenzverfahrens auf ein Arbeitsverhältnis unterliegen dem Recht, das nach dem Einführungsgesetz zum Bürgerlichen Gesetzbuche[2]) für das Arbeitsverhältnis maßgebend ist.

Schrifttum: *Braun/Wierzioch,* Neue Entwicklungen beim Insolvenzgeld, ZIP 2003, 2001; *Liebmann,* Der Schutz des Arbeitnehmers bei grenzüberschreitenden Insolvenzen (Diss. Uni Trier, 2004) (zit.: *Liebmann,* Der Schutz des Arbeitnehmers).

Übersicht

	RdNr.		RdNr.
I. Normzweck	1	1. Arbeitsverhältnis	6
II. Anwendungsbereich	3	2. Wirkungen auf ein Arbeitsverhältnis	9
III. Voraussetzungen	6	IV. Rechtsfolgen	10

I. Normzweck

1 § 337 begründet in Anlehnung an die schon früher ganz überwiegende Auffassung für Arbeitsverhältnisse eine **Sonderanknüpfung,** um der sozialpolitischen Einbettung des Arbeitsverhältnisses Rechnung zu tragen.[1] Für den Arbeitnehmer soll überschaubar sein, wie sich die Insolvenz des Arbeitgebers auf seinen Arbeitsplatz auswirkt.[2] Daher soll für Wirkungen des Insolvenzverfahrens nicht das Recht des Verfahrensstaates Anwendung finden (§ 335), sondern das Recht, das nach dem deutschen Kollisionsrecht für das Arbeitsverhältnis maßgeblich ist. Es handelt sich um eine allseitige Kollisionsnorm.[3] Eine entsprechende Kollisionsnorm findet sich in Art. 10 EuInsVO sowie in Art. 13 Abs. 2 DöKV (deutsch-österreichischer Konkursvertrag). Auch die beiden Richtlinien über die Sanierung und Liquidation von Kreditinstituten bzw. Versicherungsunternehmen, die mit der Neuregelung des deutschen internationalen Insolvenzrechts in das deutsche Recht umgesetzt werden sollten, enthalten entsprechende Vorschriften.[4]

2 Die Verweisung auf das nach deutschem IPR anwendbaren Arbeitsstatut stellt einen Gleichlauf zwischen dem anwendbaren Arbeitsrecht und dem anwendbaren Insolvenzrecht her. Das ist schon deshalb zu begrüßen, weil die Rechtssätze des Arbeits- und Insolvenzrechts (zusammen mit dem Sozialversicherungsrecht – dazu unten RdNr. 9) meist aufeinander abstimmt sind, und durch den sog. inneren Entscheidungseinklang Normwidersprüche weitgehend vermieden werden.[5]

---

[1] Vgl. BT-Drucks. 15/16 S. 18; die Sonderanknüpfung wurde bereits vor Einführung des § 337 entsprechend vertreten vgl. MünchKommInsO-*Reinhart,* Bd. 3, 1. Aufl., Art. 102 EGInsO RdNr. 119 ff.; FK-*Wimmer,* 3. Aufl., Art. 102 EGInsO RdNr. 328; *Gottwald/Gottwald,* Insolvenzrechts-Handbuch, 2. Aufl., § 129 RdNr. 48; *Flessner* IPRax 1997, 1, 8; *Trunk,* Internationales Insolvenzrecht, S. 172 ff.; vgl. auch *Liebmann,* Der Schutz des Arbeitnehmers, S. 237 ff.; aA lediglich *Mohrbutter/Wenner,* 7. Aufl., Kap. XXIII RdNr. 197, der an die *lex fori concursus* anknüpfen will und die *lex causae* des Arbeitsverhältnisses nur dann berücksichtigen will, soweit diese Regelung für den Arbeitnehmer günstiger ist.
[2] Vgl. BT-Drucks. 15/16 S. 18.
[3] Vgl. *Kübler/Prütting/Kemper* § 337 RdNr. 2; *Andres/Leithaus/Dahl* § 337 RdNr. 2.
[4] Vgl. Art. 19 lit. a) der Richtlinie 2001/17/EG sowie Art. 20 lit. a) der Richtlinie 2001/24/EG.
[5] Zum sog. inneren Entscheidungseinklang vgl. *Kegel/Schurig,* IPR, S. 141 ff.

II. Anwendungsbereich

Uneingeschränkt findet § 337 Anwendung bei inländischen Insolvenzverfahren über das Vermögen derjenigen Schuldner, die gemäß Art. 1 Abs. 2 EuInsVO von dem persönlichen Anwendungsbereich der Verordnung ausgenommen wurden (dh. Kreditinstitute, Versicherungsunternehmen, Wertpapierfirmen und Organismen für gemeinsame Anlagen).

Bei allen anderen, im persönlichen Anwendungsbereich der EuInsVO eröffneten inländischen Insolvenzverfahren ist der Anwendungsbereich des § 337 vom Anwendungsbereich des vorrangigen Art. 10 EuInsVO abzugrenzen. Da Art. 10 EuInsVO sachlich-räumlich nur Anwendung findet, soweit der gewöhnliche Arbeitsort des Arbeitsverhältnisses in einem Mitgliedstaat liegt,[6] gilt § 337 demnach bei inländischen Insolvenzverfahren nur dann, wenn der gewöhnliche Arbeitsort nicht in einem der Mitgliedstaaten der EuInsVO liegt. Da beide Vorschriften aber weitgehend identisch sind, dürfte die Abgrenzung zwischen beiden Vorschriften in der Praxis keine Rolle spielen.

Bei ausländische Insolvenzverfahren ist spiegelbildlich zu differenzieren, ob diese in Anwendungsbereich der EuInsVO durchgeführt werden oder nicht. Hier findet § 337 beispielsweise für inländische Arbeitsverhältnisse nur dann Anwendung, wenn das ausländische Insolvenzverfahren außerhalb des räumlichen Anwendungsbereichs der EuInsVO durchgeführt wird (also in einem sog. Drittstaat), oder aber in einem Mitgliedstaat der EuInsVO, der Schuldner jedoch vom Anwendungsbereich gemäß Art. 1 Abs. 2 EuInsVO ausgeschlossen ist.

III. Voraussetzungen

1. Arbeitsverhältnis. § 337 findet nur Anwendung auf *„Arbeitsverhältnisse"*. Der Begriff des Arbeitsverhältnisses ist auf Grundlage des **europäischen Gemeinschaftsrechts** auszulegen.[7] Denn auch im Rahmen von § 337 ist zu berücksichtigen, dass die Norm auch der Umsetzung der beiden Richtlinien über die Sanierung und Liquidation von Kreditinstituten und Versicherungsunternehmen dient. Diese verwenden die Begriffe des Arbeitsvertrages und des Arbeitsverhältnisses, die auch in anderen europäischen Verordnungen (vgl. Art. 18 EuGVVO) oder Richtlinien[8] verwendet werden. Nach der insoweit maßgeblichen Rechtsprechung des EuGH besteht das wesentliche Merkmal eines Arbeitsverhältnisses darin, dass jemand während einer bestimmten Zeit für einen anderen nach dessen Weisung Leistungen erbringt, für die er als Gegenleistung eine bestimmte Vergütung erhält.[9] Ob das auf das Arbeitsverhältnis anwendbare Recht oder auch das Recht des Arbeitsortes das Rechtsverhältnis als Arbeitsverhältnis qualifiziert, ist dagegen nicht maßgeblich. Praktisch relevant wird die Abgrenzung in vertraglicher Hinsicht von Dienst-, Werk- oder Geschäftsbesorgungs- oder Handelsvertreterverträgen.

Der Begriff des Arbeitsverhältnisses ist als Oberbegriff weit zu verstehen.[10] Der Begriff umfasst nicht nur den Arbeitsvertrag, sondern auch faktische Arbeitsverhältnisse, nichtige,

---

[6] Vgl. unten Art. 10 RdNr. 18 f.
[7] Die Frage, auf Grundlage welcher Rechtsordnung der Begriff auszulegen ist, wird vielfach offen gelassen, vgl. *Kübler/Prütting/Kemper* § 337 RdNr. 3; FK-*Wimmer* § 337 RdNr. 4; HK-*Stephan* § 337 RdNr. 5; *Andres/Leithaus/Dahl* § 337 RdNr. 4; teilweise unter Rückgriff auf Art. 30 EGBGB definiert, vgl. MünchKommBGB-*Kindler*, Bd. 11, IntInsR RdNr. 965; *Braun/Liersch/Tashiro* § 337 RdNr. 4; nach altem Recht auf Grundlage der *lex fori concursus* BAG ZIP 1992, 1158, 1159. Freilich lässt sich argumentieren, dass auch über Art. 30 EGBGB des deutschen Rechts, der auf Art. 6 EVÜ basiert, ein Rückgriff auf das europäische Verständnis des Begriffs erfolgt, vgl. auch MünchKommBGB-*Martiny*, Bd. 10, Art. 30 RdNr. 17 ff.
[8] Vgl. die Richtlinien bei Art. 10 RdNr. 6 Fn. 10 EuInsVO, unten.
[9] Vgl. EuGH vom 3. 7. 1986, Rs. 66/85 Lawrie Blum, Slg. 1986, 2121 RdNr. 16 f. = NJW 1987, 1138 (LS); EuGH vom 12. 5. 1998, Rs. 85/96 Martinez Sala, Slg. 1998, I 2691 RdNr. 32 = EuZW 1998, 372; EuGH vom 8. 6. 1999, Rs. 337/97 Meeusen, Slg. 1999, I 3289 RdNr. 13 = EWS 2000, 26 (LS); EuGH vom 23. 3. 2004, Rs. C-138/02 Collins/Secretary of State for Work and Pensions, Slg. 2004 I 2703 RdNr. 26 = EuZW 2004, 507.
[10] So auch die Auslegung des Begriffes nach Art. 10 EuInsVO, vgl. Art. 10 RdNr. 4 EuInsVO.

aber in Vollzug gesetzte Arbeitsverträge,[11] sowie das kollektive Arbeitsrecht.[12] Für das kollektive Arbeitsrecht gilt jedoch nach deutschem Kollisionsrecht eine andere Anknüpfung als im Individualarbeitsrecht, nämlich die Anknüpfung an das Recht des Arbeitsortes. So ist das BetrVG nur für die im Inland belegenen Betriebe anwendbar.[13] Für Tarifverträge wird generell eine Rechtswahl für möglich gehalten.[14] Praktisch wird die Frage in Insolvenzverfahren kaum relevant werden, da die Geltung der Tarifverträge im Ausland davon abhängt, ob diese dort anerkannt werden, da den Tarifvertragsparteien die Tarifautonomie durch das deutsche Recht verliehen worden ist. Geht daher der Tarifvertrag darüber hinaus, was nach dem Recht des Arbeitsortes dem Arbeitnehmer im Fall der Insolvenz des Arbeitnehmers zusteht, so entscheidet das Recht des Arbeitsortes, ob sich diese Besserstellung auch im Fall der Insolvenz durchsetzen kann.

8 § 337 gilt sowohl für die Insolvenz des Arbeitgebers, aber auch für die Insolvenz des Arbeitnehmers.[15] Auch wenn § 337 vornehmlich dem Schutz der Arbeitnehmer dient, beschränkt sich die Vorschrift ihrem Wortlaut nach nicht auf die Insolvenz des Arbeitgebers, sondern gilt in der Insolvenz aller am Arbeitsverhältnis Beteiligter.

9 **2. Wirkungen auf ein Arbeitsverhältnis.** § 337 betrifft nur die *„Wirkungen auf ein Arbeitsverhältnis"*. Damit sind die insolvenzrechtlichen Vorschriften gemeint, die eine Änderung, Beendigung etc. des Arbeitsverhältnisses auf Grund der Insolvenzsituation regeln (§§ 103 ff. im deutschen Recht). Von § 337 nicht erfasst werden dagegen die sonstigen insolvenzrechtlichen Fragen im Zusammenhang mit der Abwicklung des Insolvenzverfahrens. Dazu zählt die Frage, wie die Forderung anzumelden ist,[16] welchen Rang die Forderung des Arbeitnehmers in der Insolvenz einnimmt[17] oder inwieweit das Gehalt eines Arbeitnehmers pfändbar ist.[18] Ebenfalls nicht § 337 unterliegt die Frage, ob dem Arbeitnehmer in der Insolvenzsituation an Anspruch auf Insolvenzgeld zusteht. Als sozialversicherungsrechtlicher Anspruch folgt dieser eigenen Regeln.[19] Gleiches gilt für den Insolvenzschutz im Falle einer betrieblichen Altersversorgung.[20]

IV. Rechtsfolgen

10 Die in § 337 enthaltene Sonderanknüpfung ist als Verweis auf Art. 27, 30 EGBGB zu verstehen, d.h. die Rechtswirkungen bestimmen sich nach dem Recht des Arbeitsstatuts.[21] Das ist das von den Parteien gewählte Recht, mangels Rechtswahl das Recht des Arbeitsortes. Allerdings darf dem Arbeitnehmer durch die Rechtswahl nicht der ohne eine Rechtswahl geltende Mindestschutz des Rechts des Arbeitsortes entzogen werden.[22] Insbesondere dieser Günstigkeitsvergleich dürfte im Rahmen eines Insolvenzverfahrens bei einem Aus-

---

[11] Vgl. *Kübler/Prütting/Kemper* § 337 RdNr. 3; *FK-Wimmer* § 337 RdNr. 4; *Andres/Leithaus/Dahl* § 337 RdNr. 3; MünchKommBGB-*Kindler*, Bd. 11, IntInsR RdNr. 965.
[12] Ebenso *Gottwald/Gottwald*, Insolvenzrechts-Handbuch, § 131 RdNr. 55; aA *Kübler/Prütting/Kemper* § 337 RdNr. 3; *Smid*, Int. Insolvenzrecht, § 337 RdNr. 3.
[13] Münchener Hdb. Arbeitsrecht, Bd. 3 § 290 RdNr. 30; HK-*Stephan* § 337 RdNr. 9; *FK-Wimmer* § 337 RdNr. 6.
[14] Vgl. Münchener Hdb. Arbeitsrecht, Bd. 3 § 247 RdNr. 4 ff.
[15] *Braun/Liersch/Tashiro* § 337 RdNr. 6; *Kübler/Prütting/Kemper* § 337 RdNr. 2; MünchKommBGB-*Kindler*, Bd. 11, IntInsR RdNr. 964; HK-*Stephan* § 337 RdNr. 4; *Hess* InsO, § 337 RdNr. 2; *Andres/Leithaus/Dahl* § 337 RdNr. 2.
[16] *Kübler/Prütting/Kemper* § 337 RdNr. 8.
[17] *Kübler/Prütting/Kemper* § 337 RdNr. 8; *FK-Wimmer* § 337 RdNr. 5; *Gottwald/Gottwald*, Insolvenzrechts-Handbuch, § 131 RdNr. 58; *Hess* InsO, § 337 RdNr. 5; HK-*Stephan* § 337 RdNr. 11.
[18] Vgl. auch unten Art. 10 RdNr. 17 EuInsVO.
[19] Vgl. dazu auch Art. 10 RdNr. 11 ff. EuInsVO.
[20] Vgl. auch *FK-Wimmer* § 337 RdNr. 7; HK-*Stephan* § 337 RdNr. 10; *Andres/Leithaus/Dahl* § 337 RdNr. 6; *Gottwald/Gottwald*, Insolvenzrechts-Handbuch, § 131 RdNr. 59.
[21] Vgl. BAG ZIP 2007, 2047, 2051.
[22] Vgl. hierzu die einschlägigen Kommentare zu Art. 27, 30 EGBGB, insb. MünchKommBGB-*Martiny*, Bd. 10, Art. 30 EGBGB RdNr. 32 ff.; *Palandt/Heldrich*, Art. 30 EGBGB RdNr. 4 f.

einanderfallen zwischen gewähltem Recht und Recht des Arbeitsortes zu Schwierigkeiten führen.

§ 338 Aufrechnung

Das Recht eines Insolvenzgläubigers zur Aufrechnung wird von der Eröffnung des Insolvenzverfahrens nicht berührt, wenn er nach dem für die Forderung des Schuldners maßgebenden Recht zur Zeit der Eröffnung des Insolvenzverfahrens zur Aufrechnung berechtigt ist.

Schrifttum: *Bork,* Die Aufrechnung im internationalen Insolvenzverfahren, ZIP 2002, 690; *Ehricke,* Zum anwendbaren Recht auf ein in einem Clearing-System vereinbartes Glattstellungsverfahren im Fall der Insolvenz ausländischer Clearing-Teilnehmer, WM 2006, 2109; *Jeremias,* Internationale Insolvenzaufrechnung (Diss. Freie Uni Berlin, 2005), 2005; *Jud,* Die Aufrechnung im internationalen Privatrecht, IPRax 2005, 104; *von Wilmowsky,* Aufrechnung in internationalen Insolvenzfällen, KTS 1998, 343.

Übersicht

	RdNr.		RdNr.
I. Normzweck	1	2. Zulässigkeit nach der lex causae der Passivforderung	8
II. Anwendungsbereich	4	a) Lex causae der Passivforderung	8
III. Tatbestandsvoraussetzungen	6	b) Zurzeit der Eröffnung des Insolvenzverfahrens	9
1. Einschränkung der Aufrechnungsbefugnis nach der lex fori concursus	6	IV. Rechtsfolge	10

I. Normzweck

§ 338 sieht eine weitere von § 335 abweichende **Sonderanknüpfung** für die Zulässigkeit 1 der Aufrechnung durch einen Gläubiger des Insolvenzschuldners vor. Danach wird das Recht eines Gläubigers zur Aufrechnung von der Insolvenzeröffnung nicht berührt, wenn er nach dem für die Forderung des Schuldners maßgebenden Recht zurzeit der Eröffnung des Insolvenzverfahrens zur Aufrechnung berechtigt ist. Der Gesetzgeber übernimmt damit – fast wörtlich – die in Art. 6 EuInsVO enthaltene Sonderanknüpfung.[1] Gleichsam entspricht § 338 – ebenfalls fast wörtlich – der entsprechenden Regelung in den beiden Richtlinien zur Liquidation und Sanierung von Kreditinstituten und Versicherungsunternehmen.[2] Die frühere Rechtsprechung, die eine Anknüpfung an die *lex fori concursus* vorsah, ist damit überholt.[3]

Die Notwendigkeit einer Sonderanknüpfung wird regelmäßig damit begründet, dass das 2 Recht zur Aufrechnung für den Gläubiger ähnlich wie ein Absonderungsrecht wirke.[4] Zudem wird argumentiert, dass der Gläubiger in die Zulässigkeit der Aufrechnung auch in der Insolvenz vertraut habe.[5] Die Richtigkeit dieser Argumentation mag bezweifelt werden. Ein entsprechender Vertrauenstatbestand ist zumindest für schuldrechtlich wirkende Siche-

---

[1] Vgl. unten Art. 6 EuInsVO.
[2] Vgl. Art. 23 Abs. 1 der Richtlinie 2001/24/EG und Art. 22 Abs. 1 der Richtlinie 2001/17/EG.
[3] Die vor der Neuregelung des internationalen Insolvenzrechts hM sah noch eine Anknüpfung an die *lex fori concursus* vor. Überholt daher: Grundlegend BGHZ 95, 256, 273; OLG Düsseldorf IPRspr. 1990 Nr. 254b; vgl. aber auch LG München WM 1987, 222; ausführlich *von Wilmowsky* KTS 1998, 343 ff.; *Jaeger/Jahr* §§ 237/238, RdNr. 399 ff.; *Gottwald/Gottwald,* Insolvenzrechts-Handbuch, 2. Aufl., § 129 RdNr. 55; *Kuhn/Uhlenbruck* §§ 238/238 RdNr. 59; *Hanisch* ZIP 1985, 1233; *Kirchhof* WM 1993, 1364, 1369; *Göpfert,* Anfechtbare Aufrechnungslagen, S. 84 ff., 104 ff. mit Hinweisen zum deutsch/amerikanischen Recht.
[4] Vgl. BT/Drucks. 15/16 S. 18; *Gottwald/Gottwald,* Insolvenzrechts-Handbuch, § 131 RdNr. 65; *Kübler/Prütting/Kemper* § 338 RdNr. 1; MünchKommBGB-*Kindler,* Bd. 11, IntInsR RdNr. 969; FK-*Wimmer* § 338 RdNr. 1; *Smid,* Int. Insolvenzrecht, § 338 RdNr. 1.
[5] So ebenfalls der Regierungsentwurf, BT/Drucks. 15/16 S. 18; *Braun/Liersch/Tashiro* § 338 RdNr. 1; *Kübler/Prütting/Kemper* § 338 RdNr. 1; MünchKommBGB-*Kindler,* Bd. 11, IntInsR RdNr. 969; FK-*Wimmer* § 338 RdNr. 1; HK-*Stephan* § 338 RdNr. 2; *Andres/Leithaus/Dahl* § 338 RdNr. 2.

rungen nicht nachgewiesen.[6] Sie ist jedoch durch die nunmehr ausdrückliche Regelung des deutschen Gesetzgebers zu akzeptieren.

3   § 338 ist keine Sachnorm.[7] Denn § 338 regelt nicht, unter welchen konkreten Voraussetzungen die Aufrechnung zulässig ist. Die Vorschrift sorgt vielmehr für eine **alternative Anknüpfung** für die Zulässigkeit der Aufrechnung. Eine Beschränkung durch die *lex fori concursus* alleine ist nicht ausreichend. Das Recht des Gläubigers zur Aufrechnung kann nur dann eingeschränkt werden, wenn sowohl die *lex fori concursus* als auch die *lex causae* der Passivforderung die Unzulässigkeit der Aufrechnung vorsehen. Mit anderen Worten: Bleibt der Gläubiger nach der *lex causae* weiterhin zur Aufrechnung berechtigt, so wird dieses Recht durch Einschränkungen nach der *lex fori concursus* „nicht berührt". Derartige alternative Anknüpfungen sind auch aus anderen Kollisionsnormen im deutschen IPR bekannt.[8] § 338 gilt als allseitige Kollisionsnorm sowohl für inländische, als auch für ausländische Insolvenzverfahren.[9]

II. Anwendungsbereich

4   Der sachlich-räumliche Anwendungsbereich von § 338 ist wiederum im Verhältnis zu der vorrangigen Vorschrift des Art. 6 EuInsVO abzugrenzen. Danach findet § 338 Anwendung bei **inländischen Insolvenzverfahren,** soweit es sich um Schuldner handelt, die gemäß Art. 1 Abs. 2 EuInsVO von deren Anwendungsbereich ausgenommen sind, oder soweit Art. 6 EuInsVO sachlich-räumlich nicht anwendbar ist. Das ist der Fall, wenn der die Aufrechnung erklärende Gläubiger den Mittelpunkt seiner hautsächlichen Interessen nicht in einem der Mitgliedsstaaten der EuInsVO hat.[10]

5   Spiegelbildlich ist § 338 bei **ausländischen Insolvenzverfahren** innerhalb der Mitgliedsstaaten der EuInsVO nur dann anwendbar, wenn es sich um das Vermögen eines Schuldners handelt, der gemäß Art. 1 Abs. 2 EuInsVO vom persönlichen Anwendungsbereich der EuInsVO ausgeschlossen ist, oder die EuInsVO zwar anwendbar ist, der anwendbare Art. 6 jedoch wegen des Mittelpunktes des zur Aufrechnung berechtigten Gläubigers in einem Drittstaat sachlich-räumlich nicht anwendbar ist.[11] Findet das ausländische Insolvenzverfahren in einem Drittstaat statt, so ist § 338 uneingeschränkt anwendbar.

III. Tatbestandsvoraussetzungen

6   **1. Einschränkung der Aufrechnungsbefugnis nach der *lex fori concursus*.** § 338 setzt zunächst voraus, dass die Aufrechnungsbefugnis des Gläubigers durch die Eröffnung des Insolvenzverfahrens „berührt", d. h. eingeschränkt wird. Ob das der Fall ist, ist zunächst auf Grund der in § 335 enthaltenen Regelanknüpfung an die *lex fori concursus* zu überprüfen. Ist danach die Aufrechnung durch den Gläubiger uneingeschränkt auch noch in der Insolvenz zulässig, so bedarf es der in § 338 enthaltenen Sonderanknüpfung nicht. Enthält dagegen das Recht des Verfahrensstaates eine Einschränkung der Aufrechnungs-

---

[6] Ein solcher Vertrauenstatbestand ist auch – anders als bei den Absonderungsrechten, die bei dinglichen Sicherheiten die international anerkannte *lex rei sitae* Regel zurückgreifen – rechtsvergleichend nicht feststellbar, zumal es international keine einheitliche Regelung über die Anknüpfung für die Aufrechnung gibt, vgl. *Jud*, IPrax 2005, 104, 105 f. mwN; *Jeremias*, Internationale Insolvenzaufrechnung, S. 34 ff., S. 142 ff.; *Bucher*, in: Festschrift Geimer, 2002, S. 97 ff., 99. vgl. auch *Braun/Liersch/Tashiro* § 338 RdNr. 6, die bezweifeln, ob der von § 338 gewährte Vertrauensschutz gerechtfertigt ist.

[7] So aber *Kübler/Prütting/Kemper* § 338 RdNr. 2; MünchKommBGB-*Kindler*, Bd. 11, IntInsR RdNr. 968; *Andres/Leithaus/Dahl* § 338 RdNr. 2; HK-*Stephan* § 338 RdNr. 3; *Liersch* NZI 203, 302, 305; unklar dagegen *Hess* InsO, § 338 RdNr. 2 *(Sachnorm und Sonderkollisionsnorm)*; *Smid*, Int. Insolvenzrecht, § 338 RdNr. 4 *(sachrechtsintegrierende Vorschrift)*; *Jeremias*, Internationale Insolvenzaufrechnung, S. 281 *(kombinierte Sach- und Kollisionsnorm)*.

[8] Vgl. *v. Bar/Mankowski*, IPR, Bd. I, § 7 RdNr. 103 ff.; *Kegel/Schurig*, IPR, S. 320; MünchKommBGB-*Sonnenberger*, Bd. 10, Art. 4 RdNr. 27.

[9] *Kübler/Prütting/Kemper* § 338 RdNr. 2.

[10] Vgl. unten, Art. 1 RdNr. 27 EuInsVO mit weiteren Nachweisen.

[11] Vgl. nochmals Art. 1 RdNr. 27 EuInsVO mit weiteren Nachweisen.

befugnis zu Lasten des Gläubigers, ist der Anwendungsbereich der Sonderanknüpfung nach § 338 eröffnet.

Das nach § 335 anwendbare Recht des Verfahrensstaates bestimmt jedoch allein die insolvenzrechtliche Zulässigkeit der Aufrechnung. Die zivilrechtlichen Aufrechnungsvoraussetzungen unterstehen dagegen weiterhin dem gewöhnlichen Aufrechnungsstatut.[12] Die materiellrechtliche Möglichkeit der Aufrechnung richtet sich gemäß Art. 32 Abs. 1 Nr. 4 Alt. 1 EGBGB nach dem Recht, das für die Forderung maßgeblich ist, gegen die aufgerechnet wird (Recht der Hauptforderung).[13] Die Differenzierung zwischen der materiellrechtlichen Möglichkeit der Aufrechnung und der Zulässigkeit der Aufrechnung in der Insolvenz entspricht der bisherigen Rechtsprechung[14] und ist durch die Einführung des § 338 nicht überholt. Diejenigen Stimmen in der Literatur, die sowohl die insolvenzrechtliche Zulässigkeit als auch die materielle Wirksamkeit der Aufrechnung einheitlich einem Recht unterstellen wollen, erfassen gemäß § 335 nämlich auch Beschränkungen der Aufrechnung, die sich nicht aus dem Insolvenzrecht ergeben, sondern aus dem materiellen Zivilrecht betreffend die Aufrechnungsbefugnis, das nun nicht mehr an das Recht der Hauptforderung, sondern an das Recht des Verfahrensstaates angeknüpft wird.[15] § 338 will jedoch nur Beschränkungen „abwehren", die sich aus dem Insolvenzrecht des Verfahrensstaates ergeben, nicht dagegen Beschränkungen, die sich schon aus dem materiellen Aufrechnungsrecht ergeben.[16] Ist daher die Aufrechnung schon nach dem auf die Aufrechnung anwendbaren materiellen Recht nicht möglich, bedarf es der in § 338 enthaltenen Sonderanknüpfung nicht.

2. Zulässigkeit der Aufrechnung nach der *lex causae* der Passivforderung. a) *Lex causae* der Passivforderung. Weitere Voraussetzung des § 338 ist, dass der Gläubiger nach dem für die Forderung des Schuldners maßgebenden Recht zur Aufrechnung berechtigt ist. Gemäß dem Vorgenannten bezieht sich dieser Verweis auf das gemäß der *lex causae* anwendbare Insolvenzrecht. Demnach ist das Insolvenzrecht des Aufrechnungsstatuts darüber zu befragen, ob auch in der Insolvenzsituation die Aufrechnung noch zulässig ist.[17] Nach den obigen Ausführungen (RdNr. 7) bezieht sich der Verweis auf die *lex causae* nur auf die insolvenzrechtlichen Einschränkungen der Aufrechnung.

b) Zurzeit der Eröffnung des Insolvenzverfahrens. § 338 enthält darüber hinaus noch eine für dessen Anwendung erhebliche zeitliche Einschränkung: Danach muss der Gläubiger „zurzeit der Eröffnung des Insolvenzverfahrens" zur Aufrechnung berechtigt sein. Die Formulierung ist missverständlich. Denn entscheidend ist nicht, dass der Gläubiger die Aufrechnung bereits wirksam zum Zeitpunkt der Eröffnung des Insolvenzverfahrens erklären konnte. Entscheidend ist nur, dass beide Forderungen grundsätzlich zum Zeitpunkt der Insolvenzeröffnung bereits bestanden.[18] Entgegen einer vielfach in der Literatur vertretenen

---

[12] Vgl. *von Wilmowsky* KTS 1998, 343, 358 ff.; *Bork* ZIP 2002, 690, 692 ff.; *Kohlmann*, Kooperationsmodelle, S. 310 ff.; *Ehricke/Ries* JuS 2003, 313, 316; *Kirchhoff* WM 1993, 1364, 1369; *Göpfert*, Anfechtbare Aufrechnungslage, S. 84 ff., 104 ff. mit Hinweisen zum deutsch-amerikanischen Recht; *Schack*, IZVR, RdNr. 1099; *Geimer*, IZPR, RdNr. 3562; *Reithmann/Martiny/Hausmann*, IVR, RdNr. 2625; *Braun/Liersch/Tashiro* § 338 RdNr. 2; *Gottwald/Gottwald*, Insolvenzrechts-Handbuch, § 131 RdNr. 66; *Mohrbutter/Ringstmeier/Wenner* § 20 RdNr. 335; *Smid*, Int. Insolvenzrecht, § 338 RdNr. 4.

[13] Vgl. BGHZ 38, 254, 256; BGH NJW 1994, 1416; OLG Koblenz, REW 1993, 937; OLG Hamm, IPrax 1996, 269; OLG Hamburg, RIW 1986, 557; vgl. auch *Palandt/Heldrich*, Art. 32 EGBGB RdNr. 6; MünchKommBGB-*Spellenberg*, Bd. 10, Art. 32 EGBGB, RdNr. 65.

[14] Vgl. BGHZ 95, 256, 273; OLG Düsseldorf, IPRspr. 1990, Nr. 254 b; vgl. aber auch LG München, WM 1987, 222.

[15] Für eine einheitliche Anknüpfung: *Jeremias*, Internationale Insolvenzaufrechnung, S. 278; vgl. auch HK-*Stephan* § 335 RdNr. 16; BT-Drucks. 15/16 S. 18; *Huber* ZZP 114 (2001), 133, 161; *ders*. EuZW 2002, 490, 493 f.; *Eidenmüller* IPrax 2001, 2, 6; *Gottwald*, Grenzüberschreitende Insolvenzen, S. 36; *Aderholt*, Auslandskonkurs im Inland, S. 285 f.; für das englische Recht ähnlich: *Fletcher*, Insolvency in private international law, S. 267 f.; 273 f.

[16] Zur Differenzierung zwischen der sog. insolvenzrechtlichen Zulässigkeit der Aufrechnung und der materiellrechtlichen Voraussetzungen vgl. schon Art. 6 RdNr. 9 EuInsVO.

[17] *Kübler/Prütting/Kemper* § 338 RdNr. 7; *Andres/Leithaus/Dahl* § 338 RdNr. 7; *Bork* ZIP 2002, 690, 694.

[18] Ebenso bezüglich Art. 6 EuInsVO *Bork* ZIP 2002, 690, 694.

§ 339   11. Teil. 1. Abschnitt. Allgemeine Vorschriften

Auffassung ist auch nicht entscheidend, ob materiellrechtlich zum Zeitpunkt der Verfahrenseröffnung bereits die Aufrechnungslage bestand, d. h. die Forderungen auch bereits fällig und gleichartig gewesen sind.[19] Entscheidend ist nur, dass zum Zeitpunkt der Eröffnung bereits gegenseitige Forderungen vorliegen und dass es zur Herstellung der Aufrechnungslage keiner weiteren Rechtsgeschäfte oder rechtsgeschäftlichen Erklärungen (mit Ausnahme freilich der Aufrechnungserklärung) zwischen dem Gläubiger und dem Schuldner bedarf. Daher ist § 338 auch dann anwendbar, wenn die Aufrechnungslage erst im Verfahren eintritt (vgl. § 95).

IV. Rechtsfolge

10   Ist die Aufrechnung gemäß dem nach § 335 anwendbaren Insolvenzrecht des Verfahrensstaates unzulässig, dagegen nach dem gemäß § 338 anwendbaren Insolvenzrecht des Vertragsstatuts zulässig, so soll das Recht eines Insolvenzgläubigers zur Aufrechnung von der Eröffnung des Insolvenzverfahrens nicht berührt werden. Eine erklärte Aufrechnung bzw. eine ipso iure eintretende Aufrechnung ist damit wirksam und die Forderung des Schuldners gegen den Gläubiger – soweit die Aufrechnung der Höhe nach möglich war – erfüllt. Im Ergebnis setzt sich demnach das Recht mit der weitesten Aufrechnungsmöglichkeit durch, und zwar entweder auf Basis des Rechts des Verfahrensstaates oder auf Basis des Rechts des Vertragsstatutes.[20]

§ 339 Insolvenzanfechtung

Eine Rechtshandlung kann angefochten werden, wenn die Voraussetzungen der Insolvenzanfechtung nach dem Recht des Staats der Verfahrenseröffnung erfüllt sind, es sei denn, der Anfechtungsgegner weist nach, dass für die Rechtshandlung das Recht eines anderen Staats maßgebend und die Rechtshandlung nach diesem Recht in keiner Weise angreifbar ist.

Schrifttum: *Bork* (Hrsg.), Handbuch des Insolvenzanfechtungsrechts, 2006, (zit.: *Bearbeiter*, in: *Bork*, Handbuch); *Eidenmüller*, Gesellschaftsstatut und Insolvenzstatut, RabelsZ 2006, 474; *Habscheid*, Konkursstatut und Wirkungsstatut bei der internationalen und der künftigen innereuropäischen Insolvenzanfechtung, ZZP 114 (2001) 167; *Hanisch*, Bemerkungen zur Insolvenzanfechtung im grenzüberschreitenden Insolvenzfall (Art. 102 Abs. 2 EGInsO und die angestrebte EU-Regelung), in: Festschrift Stoll, 2001, S. 503; *Henckel*, Insolvenzanfechtung – Art. 4 und 5 des Vorentwurfs (VE) – und Gläubigeranfechtung außerhalb des Insolvenzverfahrens in: *Stoll*, Stellungnahmen und Gutachten, 1992, S. 156; *ders.*, Die internationalprivatrechtliche Anknüpfung der Insolvenzanfechtung, in: Festschrift Nagel, 1987, S. 93; *Huber*, Internationales Insolvenzrecht in Europa, ZZP 114 (2001) 133; *Kindler*, EG-Klauselrichtlinie – Mobiliarsicherheiten im internationalen Insolvenzrecht – institutionalisierte Bekämpfung des organisierten Verbrechens in der Europäischen Union, IPRax 2005, 287; *Klumb*, Kollisionsrecht der Insolvenzanfechtung (Diss. Univ. Konstanz, 2004), 2005; *Kranemann*, Insolvenzanfechtung im deutschen Internationalen Insolvenzrecht und nach der Europäischen Insolvenzrechtsverordnung: dargestellt am Beispiel England – Deutschland (Diss. Humboldt-Univ. Berlin, 1999), 2000; *Ludwig*, Neuregelungen des deutschen Internationalen Insolvenzverfahrensrechts (Diss. Uni Köln, 2004), 2004; *Paulus*, Anfechtungsklagen im grenzüberschreitenden Insolvenzverfahren, ZInsO 2006, 295; *ders.*, Which law decides on a court's competence to decide in insolvency related matters? Higher Regional Court of Frankfurt a. M., International Caselaw Alert 10 – III/2006, 10; *von Bismarck/Schümann-Kleber*, Insolvenz eines deutschen Sicherungsgebers – Auswirkungen auf die Verwertung im Ausland belegener Kreditsicherheiten, NZI 2005, 89; *von Campe*, Insolvenzanfechtung in Deutschland und Frankreich, 1996; *Zeeck*, Die Anknüpfung der Insolvenzanfechtung, ZInsO 2005, 281; *ders.*, Das internationale Anfechtungsrecht in der Insolvenz: die Anknüpfung der Insolvenzanfechtung (Diss. Uni Hamburg, 2001), 2003.

---

[19] So aber vielfach die Literatur, vgl. HK-*Stephan* § 338 RdNr. 6; *Kübler/Prütting/Kemper* § 338 RdNr. 3; FK-*Wimmer* § 338 RdNr. 4; *Braun/Liersch/Tashiro* § 338 RdNr. 7; *Andres/Leithaus/Dahl* § 338 RdNr. 5; *Jeremias*, Internationale Insolvenzaufrechnung, S. 281.

[20] *Kübler/Prütting/Kemper* § 338 RdNr. 7; *Gottwald/Gottwald*, Insolvenzrechts-Handbuch, § 131 RdNr. 65; *Andres/Leithaus/Dahl* § 338 RdNr. 7; *Smid*, Int. Insolvenzrecht, § 338 RdNr. 4; *Schack*, IZVR, RdNr. 1099; *Reithmann/Martiny/Hausmann*, IVR, RdNr. 2627.

Übersicht

	RdNr.		RdNr.
I. Normzweck	1	2. Maßgeblichkeit eines anderen Rechts	9
II. Anwendungsbereich	3	3. Unangreifbarkeit der Rechtshandlung	11
III. Anfechtbarkeit nach der lex fori concursus	5	**V. Rechtsfolgen**	13
IV. Alternativanknüpfung	8	1. Sperrwirkung der *lex causae*	13
1. Anfechtbarkeit nach der *lex causae*	8	**VI. Internationale Zuständigkeit**	17

I. Normzweck

§ 339 regelt das anwendbare Recht für die Insolvenzanfechtung. Die Vorschrift entspricht **1** weitestgehend der entsprechenden Norm in Art. 13 EuInsVO.[1] Zudem setzt § 339 die beiden Vorschriften der Richtlinien über Sanierung und Liquidation von Versicherungsunternehmen und Kreditinstitute für das deutsche Recht um.[2] § 339 übernimmt die in diesen Normen geltende Regelung für das autonome Recht. Art. 102 Abs. 2 EGInsO aF hatte für die Frage der Insolvenzanfechtung eine ähnliche, jedoch einseitige Kollisionsnorm vorgesehen, die nunmehr – leicht abgeändert – auf eine allseitige Kollisionsnorm erweitert wurde.[3] Die in § 339 enthaltene alternative Anknüpfung an die *lex causae* entspricht im Wesentlichen auch der bisherigen Rechtsprechung.[4] Mit der Regelung des § 339 wollte der Gesetzgeber sich an die in Art. 13 EuInsVO enthaltene Regelung für die internationale Insolvenzanfechtung anlehnen, um Wertungswidersprüche zwischen der Anwendung der EuInsVO und dem autonomen Recht zu vermeiden.[5] Daher wird bei der Auslegung des § 339 die Parallelnorm des Art. 13 EuInsVO jeweils heranzuziehen sein.

§ 339 ist keine Sachnorm, sondern eine Kollisionsnorm.[6] Denn nach § 339 bestimmt sich **2** die Anfechtbarkeit einer Rechtshandlung zunächst nach der Regelanknüpfung gemäß § 335, nämlich nach dem Recht des Verfahrensstaates. Nur für den Fall, dass dieses Recht die Anfechtbarkeit begründet, sieht § 339 die zusätzliche Anknüpfung an die *lex causae* der Rechtshandlung vor, die Gegenstand des Anfechtungsanspruchs ist. Diese Sonderanknüpfung dient dem Schutz des Rechtsverkehrs, der sich auf die Insolvenzfestigkeit der Rechtshandlung nach dem auf die Rechtshandlung anwendbaren Recht verlassen können muss.[7] In der Systematik des IPR handelt es sich demnach um eine sog. Alternative Anknüpfung, bei der ein materieller Stichentscheid darüber Auskunft gibt, ob und gegebenenfalls wann ein zweites Recht zur Anwendung kommt.[8]

---

[1] Vgl. Art. 13 EuInsVO unten.
[2] Vgl. Art. 24 der Richtlinie 2001/17/EG sowie Art. 30 der Richtlinie 2001/24/EG.
[3] Vgl. MünchKommInsO-*Reinhart*, 1. Aufl., Art. 102 RdNr. 138 ff. EGInsO.
[4] Die frühere Rspr. künpfte noch an die *lex fori concursus* an, vgl. OLG Hamm NJW 1977, 504; LG Köln KTS 1964, 48; LG Stuttgart IPRspr. 1988 Nr. 55; siehe auch bereits RGZ 16, 61 und RG LZ 1916, 1443 ff.; zu ähnlichen Fragen der Gläubigeranfechtung außerhalb der Insolvenz vgl. auch BGHZ 78, 318 = BGH NJW 1981, 522; in späteren Entscheidungen deutete die Rspr. eine Ausweichmöglichkeit an die *lex causae* an, vgl. BGHZ 118, 151 ff. = ZIP 1992, 781; BGH NJW 1997, 657 = ZIP 1997, 150 (Knäbäck); zur Anfechtung außerhalb der Insolvenz vgl. BGH NZI 1999, 114; OLG Düsseldorf IPRax 2000, 534.
[5] Vgl. BT-Drucks. 15/16 S. 19.
[6] Anders Teile der Literatur, die § 339 als Sachnorm qualifizieren, so *Kübler/Prütting/Kemper* § 339 RdNr. 2; *Andres/Leithaus/Dahl* § 339 RdNr. 3; so wie hier dagegen MünchKommBGB-*Kindler*, Bd. 11, IntInsR RdNr. 974; HK-*Stephan* § 339 RdNr. 2; *Hess* InsO, § 339 RdNr. 3.
[7] BT-Drucks. 15/16 S. 19; ebenso *Kübler/Prütting/Kemper* § 339 RdNr. 1; HK-*Stephan* § 339 RdNr. 2, 4; *Andres/Leithaus/Dahl* § 339 RdNr. 1; *Braun/Liersch/Tashiro* § 339 RdNr. 1; *Hess* InsO, § 339 RdNr. 2; *Smid*, Int. Insolvenzrecht, § 339 RdNr. 2.
[8] Vgl. *v. Bar/Mankowski*, IPR, Bd. I, § 7 RdNr. 103 ff., das in der Alternativanknüpfung liegende Günstigkeitsprinzip dient vielfach auch dem Verkehrsschutz, vgl. *v. Bar/Mankowski*, IPR, Bd. I, § 7 RdNr. 105. Vielfach wird die Anknüpfungsmethodik auch als kumulative Anknüpfung bezeichnet, weil eine Anfechtung im Ergebnis nur möglich ist, wenn sowohl das Insolvenzstatut als auch die *lex causae* der Rechtshandlung eine Insolvenzanfechtung ermöglichen. Das entspricht jedoch nicht der Regelungskonzeption von § 339, da sich die Sperrwirkung der *lex causae* nur auf die Anfechtung dem Grunde nach bezieht, und daher keine vollständige Kumulation zweier Rechtsordnungen vorliegt, vgl. zur kumulativen Anknüpfung an

II. Anwendungsbereich

3 Der Anwendungsbereich von § 339 ist vom Anwendungsbereich der vorrangigen Vorschrift in Art. 13 EuInsVO abzugrenzen. Bei **inländischen Insolvenzverfahren** kann § 339 in zwei Fallkonstellationen Anwendung finden: Handelt es sich um ein Insolvenzverfahren über das Vermögen eines Versicherungsunternehmens, Kreditinstitutes, Wertpapierfirma oder Organismus für gemeinsame Anlagen, die gemäß Art. 1 Abs. 2 EuInsVO vom Anwendungsbereich der vorrangigen EuInsVO ausgenommen wurden, so ist die EuInsVO schon grundsätzlich nicht anwendbar.[9] Handelt es sich dagegen um ein inländisches Haupt- oder Sekundär/Partikularverfahren nach der EuInsVO, findet § 339 Anwendung, wenn die Norm des Art. 13 EuInsVO selbst sachlich-räumlich nicht anwendbar ist. Das ist der Fall, wenn der Vermögensgegenstand, der Gegenstand der anfechtbaren Rechtshandlung ist, zum Zeitpunkt der Vornahme der anfechtbaren Rechtshandlung nicht in einem der Mitgliedsstaaten belegen war, was anhand der vorrangigen EuInsVO zu ermitteln ist.[10]

4 Spiegelbildlich ist § 339 bei **ausländischen Insolvenzverfahren** innerhalb der Mitgliedsstaaten der EuInsVO nur dann anwendbar, wenn es sich um das Vermögen eines Schuldners handelt, der gemäß Art. 1 Abs. 2 EuInsVO vom persönlichen Anwendungsbereich der EuInsVO ausgeschlossen ist, oder die EuInsVO zwar anwendbar ist, der anwendbare Art. 13 EuInsVO jedoch wegen der Belegenheit des anfechtbaren weggegebenen Vermögensgegenstandes in einem Drittstaat sachlich-räumlich nicht anwendbar ist.[11] Findet das ausländische Insolvenzverfahren, dessen Insolvenzmasse den Anfechtungsanspruch geltend macht, dagegen in einem Drittstaat statt, so ist § 339 uneingeschränkt anwendbar.

III. Anfechtbarkeit nach der *lex fori concursus*

5 § 339 wiederholt zunächst den Grundsatz, dass eine Rechtshandlung nur angefochten werden kann, *„wenn die Voraussetzungen der Insolvenzanfechtung nach dem Recht des Staates der Verfahrenseröffnung erfüllt sind."*. Damit verweist § 339 für die Insolvenzanfechtung grundsätzlich auf das Recht des Verfahrensstaates (§ 335). Die Verweisung auf das Recht des Staats der Verfahrenseröffnung ist als kollisionsrechtliche Gesamtverweisung zu verstehen, also unter Einbeziehung der Kollisionsnormen des Staates der Verfahrenseröffnung.[12]

6 Die Kollisionsnorm des § 339 erfasst Rechtshandlungen, die angefochten werden können. § 339 erfasst daher sämtliche Ansprüche und Rechtsbehelfe, mit der gläubigerbenachteiligende Rechtshandlungen des Schuldners vor Insolvenzeröffnung wieder rückgängig oder ausgeglichen werden sollen, um die gleichmäßige Befriedigung aller Insolvenzgläubiger auch für den Zeitraum vor Eröffnung des Verfahrens sicher zu stellen. Die maßgebliche Rechtshandlung muss daher vor Insolvenzeröffnung vorgenommen worden sein.[13] Der Verweis auf das Insolvenzstatut umfasst die Voraussetzungen der Anfechtung, die Geltendmachung des Anspruchs, Anfechtungsfristen sowie die Wirkung der Anfechtung.[14]

---

v. Bar/Mankowski, IPR, Bd. I, § 7 RdNr. 101; § 339 wird dagegen vielfach als kumulative Anknüpfung („*Kumulationslösung*") eingeordnet, vgl. FK-*Wimmer* § 339 RdNr. 1; *Mohrbutter/Ringstmeier/Wenner* § 20 RdNr. 340; *Andres/Leithaus/Dahl* § 339 RdNr. 1; *Smid,* Int. Insolvenzrecht, § 339 RdNr. 5; *Hess* InsO, § 339 RdNr. 4 f.; keine Kumulationslösung dagegen: *Kübler/Prütting/Kemper* § 339 RdNr. 1, 8.

[9] Vgl. Art 1 RdNr. 25 EuInsVO.
[10] Vgl. Art. 1 RdNr. 25 sowie Art. 13 RdNr. 19 EuInsVO.
[11] Vgl. nochmals Art. 1 RdNr. 25 f. EuInsVO mit weiteren Nachweisen.
[12] Zur Unterscheidung vgl. bereits oben, Vor § 335 RdNr. 38 f.; ebenso bereits BGH NJW 1997, 657, 658; BGH IPrax 1993, 87; vgl. auch Klumb, Kollisionsrecht der Insolvenzanfechtung, S. 55 ff.; *Hanisch,* in: Kegel/Thieme, Vorschläge und Gutachten, S. 319, 326 ff. zum Entwurf des EG-Konkursübereinkommens; aA aber derselbe in Festschrift Jahr, S. 455, 467.
[13] Vgl. *Kübler/Prütting/Kemper* § 339 RdNr. 5; MünchKommBGB-*Kindler,* Bd. 11, IntInsR RdNr. 976; *Andres/Leithaus/Dahl* § 339 RdNr. 4.
[14] *Kübler/Prütting/Kemper* § 339 RdNr. 3; HK-*Stephan* § 339 RdNr. 3; *Hess* InsO, § 339 RdNr. 6; *Andres/Leithaus/Dahl* § 339 RdNr. 6; *Gottwald/Gottwald,* Insolvenzrechts-Handbuch, § 131 RdNr. 75.

§ 339 verlangt, dass nach dem Insolvenzstatut „*die Voraussetzungen der Insolvenzanfechtung* 7 *erfüllt sind*". Kann die Rechtshandlung nach dem gemäß dem Insolvenzstatut anwendbaren Recht nicht angefochten werden, so erübrigt sich eine weitere Prüfung nach der *lex causae* der Rechtshandlung, und zwar selbst dann, wenn die Rechtshandlung nach der *lex causae* anfechtbar wäre. Die betroffene Rechtshandlung ist insolvenzfest.

IV. Alternativanknüpfung

1. Anfechtbarkeit nach der *lex causae*. Sind die Voraussetzungen der Insolvenzanfech- 8 tung gemäß dem nach der lex fori concursus anwendbaren Recht erfüllt, so bedarf es zur Berücksichtigung von Verkehrsinteressen einer weiteren Überprüfung durch die *lex causae*. Unerheblich ist dabei, in welchem Umfang und mit welcher Rechtsfolge die Rechtshandlung angefochten werden kann. Entscheidend ist, dass es – in welcher Form auch immer – zu einem Ausgleich für die dadurch der Gläubigergesamtheit zugefügte Benachteiligung kommt.

2. Maßgeblichkeit eines anderen Rechts. Da § 339 der Berücksichtigung von Ver- 9 kehrsschutzgesichtspunkten dient, wird im Rahmen der alternativen Anknüpfung nunmehr die Anfechtbarkeit der Rechtshandlung nach der *lex causae* überprüft. Das setzt denklogisch voraus, dass die anzufechtende Rechtshandlung einem anderen Recht untersteht, als dem nach dem Insolvenzstatut anwendbaren Recht. Daher formuliert § 339, „*dass für die Rechtshandlung das Recht eines anderen Staates maßgebend*" sein muss. Welches Recht auf die anfechtende Rechtshandlung angewendet werden muss, ist nach den Kollisionsnormen des berufenen Gerichts zu entscheiden.[15] Abzustellen ist hierbei jedoch nicht auf das Verfügungsgeschäft der Rechtshandlung,[16] sondern auf das der Verfügung zugrunde liegende schuldrechtliche Verpflichtungsgeschäft. Daher ist bei einem anfechtbaren Grundstückskaufvertrag nicht auf die Belegenheit des Grundstücks abzustellen, sondern auf die causa des Übertragungsaktes, nämlich das auf den Kaufvertrag anwendbare Recht. Dieses ist nach Art. 27 ff. EGBGB zu bestimmen. Ob es sich bei der Kollisionsnorm, mit der das auf die Rechtshandlung maßgebende Recht bestimmt wird, um eine Gesamtverweisung oder Sachnormverweisung handelt, ist auf Grund der Kollisionsnorm zu ermitteln und nicht generell zu beantworten.[17]

Bei der Bestimmung des auf das schuldrechtliche Geschäft anwendbaren Rechts nach 10 Art. 27 ff. EGBGB ist auch eine Rechtswahl der Parteien, soweit das Kollisionsrecht es erlaubt, beachtlich.[18] Eine andere Frage ist hingegen, ob und inwieweit die Rechtswahl der Parteien selbst anfechtbar ist, wenn die Parteien durch die Rechtswahl ein insolvenzfesteres Recht gewählt haben.[19] Ob auch die Rechtswahl selbst Gegenstand der Insolvenzanfechtung nach der *lex causae* sein kann, ist ebenfalls nach der *lex causae* zu beurteilen.

3. Unangreifbarkeit der Rechtshandlung. Die Rechtshandlung darf nach der *lex* 11 *causae* „**in keiner Weise angreifbar**" sein. Der Begriff „*angreifbar*" indiziert, dass im Rahmen der Überprüfung des Bestandes der Rechtshandlung nicht nur die Insolvenzanfechtung zu berücksichtigen ist, sondern dass es über die „Anfechtbarkeit" hinaus um die generelle („*in keiner Weise*") Angreifbarkeit der Rechtshandlung geht. Zu berücksichtigen sind daher alle Einwendungen des materiellen Rechts nach der *lex causae*.[20] Die Gesetzes-

---

[15] Vgl. MünchKommBGB-*Kindler*, Bd. 11, IntInsR RdNr. 977; *Braun/Liersch/Tashiro* § 339 RdNr. 9; *Mohrbutter/Ringstmeier/Wenner* § 20 RdNr. 347.
[16] So aber wohl *Kübler/Prütting/Kemper* § 339 RdNr. 6.
[17] AA wohl *Klumb*, Kollisionsrecht der Insolvenzanfechtung, S. 57, der meint, dass es sich grundsätzlich nur um eine Sachnormverweisung handeln könne.
[18] *Kübler/Prütting/Kemper* § 339 RdNr. 6; *Braun/Liersch/Tashiro* § 339 RdNr. 8.
[19] Vgl. hierzu auch Art. 13 RdNr. 5 EuInsVO; ebenso *Klumb*, Kollisionsrecht der Insolvenzanfechtung, S. 109.
[20] MünchKommBGB-*Kindler*, Bd. 11, IntInsR RdNr. 978; *Kübler/Prütting/Kemper* § 339 RdNr. 7; *Braun/Liersch/Tashiro* § 339 RdNr. 11.

begründung nennt ausdrücklich die Nichtigkeit oder sonstige Unwirksamkeit der Rechtshandlung.[21]

12 § 339 bezieht sich nur auf die Prüfung der Voraussetzungen der Angreifbarkeit nach der *lex causae*. Es werden daher im Rahmen des § 339 also nur die materiellen Voraussetzungen für die Angreifbarkeit des benachteiligten Rechtsgeschäfts geprüft. Nicht Voraussetzung von § 339 ist, dass die Angreifbarkeit nach der *lex causae* die gleichen weit reichenden Rechtsfolgen zeitigt wie einer Insolvenzanfechtung nach dem Insolvenzstatut.[22] Daher ist auch eine etwaige Verjährung der Angreifbarkeit nach der *lex causae* unbeachtlich, denn § 339 schützt nur das Vertrauen des Rechtsverkehrs in die Unangreifbarkeit der Rechtshandlung dem Grunde nach, nicht dagegen in die lediglich als Einrede gestaltete Verjährung.[23]

V. Rechtsfolgen

13 **1. Sperrwirkung der *lex causae*.** Ist für die Rechtshandlung das Recht eines anderen Staates maßgebend und ist die Rechtshandlung nach diesem Recht in keiner Weise angreifbar, so kann auch die Rechtshandlung nach dem Insolvenzstatut grundsätzlich nicht mehr angefochten werden. Die Rechtshandlung des Gläubigers ist dann insolvenzfest, und zwar selbst dann, wenn nach dem Insolvenzstatut eine Anfechtung möglich wäre.

14 § 339 ist jedoch – anders als die Vorläufervorschrift in Art. 102 Abs. 2 EGInsO aF – nicht als kumulative Anknüpfung normiert, sondern begründet für den Anfechtungsgegner allenfalls eine Einrede. Der Insolvenzverwalter muss im Rahmen eines Anfechtungsprozesses vor einem deutschen Gericht, das dann § 339 als Kollisionsnorm des Forums anwendet, einwenden, dass die Rechtshandlung nach der *lex causae* nicht angreifbar ist. Die Anfechtbarkeit nach der *lex causae* ist daher nicht von Amts wegen zu prüfen, sondern nur auf Einrede des Anfechtungsgegners.[24]

15 Für diese Einrede enthält § 339 eine Beweislastverteilung, nach der der Anfechtungsgegner die Unangreifbarkeit nach der *lex causae* darzulegen und zu beweisen hat. Die Anwendung dieser Darlegungs- und Beweislastverteilung ist in der Praxis jedoch schwierig, da damit dem Anfechtungsgegner ein Negativbeweis auferlegt wird: danach müsste nämlich der Anfechtungsgegner Tatsachenvortrag für sämtliche, nach der *lex causae* denkbaren insolvenzrechtlichen Anfechtungs- oder Unwirksamkeitsgründe leisten. Die gerichtliche Praxis wird hier jedoch mit der üblichen abgestuften Darlegungs- und Beweislastverteilung arbeiten müssen.

16 § 339 führt daher – weitergehend als § 293 ZPO – eine Beweislastregelung auch für das ausländische Recht ein, selbst wenn fremdes Recht gem. § 293 nicht wie eine beweisbedürftige Tatsache anzusehen ist, für die die Beweislastregeln ansonsten nicht gilt.[25]

VI. Internationale Zuständigkeit

17 Die internationale Zuständigkeit für die Insolvenzanfechtung ist streitig. Unklar ist vor allem, ob Insolvenzanfechtungen überhaupt in den Anwendungsbereich der EuGVVO fallen oder ob diese gem. Art. 1 Abs. 2 EuGVVO aus dem Anwendungsbereich der Verordnung ausgeklammert sind. Ob dies der Fall ist, ist derzeit Gegenstand eines Vorlagebeschlusses des BGH an den EuGH.[26]

---

[21] Vgl. BT-Drucks. 15/16, S. 19.
[22] Ähnlich schon zur Vorschrift BT-Drucks. 12/7307, S. 117 zum damaligen Art. 106 a.
[23] *Braun/Liersch/Tashiro* § 339 RdNr. 14; MünchKommBGB-*Kindler*, Bd. 11, IntInsR RdNr. 978; *Mohrbutter/Ringstmeier/Wenner* § 20 RdNr. 348; *Hess* InsO, § 339 RdNr. 7; *Liersch* NZI 2003, 302, 305; aA *Kranemann*, Insolvenzanfechtung im deutschen Internationalen Insolvenzrecht und nach der Europäischen Insolvenzrechtsverordnung, S. 144 f.
[24] MünchKommBGB-*Kindler*, Bd. 11, IntInsR RdNr. 980; *Braun/Liersch/Tashiro* § 339 RdNr. 10; *Andres/Leithaus/Dahl* § 339 RdNr. 10; *Smid*, Int. Insolvenzrecht, § 339 RdNr. 6.
[25] Vgl. BGH NJW RR 2005, 1071; vgl. bereits zur Beweislastverteilung unten, Art. 13 RdNr. 9 ff.
[26] Vgl. BGH v. 21. 6. 2007, ZIP 2007, 1415 mit Anmerkungen *Klöhn/Berner*, ZIP 2007, 1418; vgl. Vorinstanz OLG Frankfurt, ZInsO 2006, 715; hierzu: *Mankowski/Willmer*, NZI 2006, 648, 650; vgl. ausführlich bereits unten, Art. 13 RdNr. 25 EuInsVO.

§ 340 Organisierte Märkte. Pensionsgeschäfte

(1) Die Wirkungen des Insolvenzverfahrens auf die Rechte und Pflichten der Teilnehmer an einem organisierten Markt nach § 2 Abs. 5 des Wertpapierhandelsgesetzes unterliegen dem Recht des Staats, das für diesen Markt gilt.

(2) Die Wirkungen des Insolvenzverfahrens auf Pensionsgeschäfte im Sinne des § 340 b des Handelsgesetzbuchs sowie auf Schuldumwandlungsverträge und Aufrechnungsvereinbarungen unterliegen dem Recht des Staats, das für diese Verträge maßgebend ist.

(3) Für die Teilnehmer an einem System im Sinne von § 1 Abs. 16 des Kreditwesengesetzes gilt Absatz 1 entsprechend.

Schrifttum: *Ehricke,* Zum anwendbaren Recht auf ein in einem Clearing-System vereinbartes Glattstellungsverfahren im Fall der Insolvenz ausländischer Clearing-Teilnehmer, WM 2006, 2109; *ders.* Die Umsetzung der Finanzsicherheitenrichtlinie (Richtlinie 2002/47/EG) im Rahmen des Diskussionsentwurfs zur Änderung der Insolvenzordnung, ZIP 2003, 1065; *Liersch,* Deutsches Internationales Insolvenzrecht, NZI 2003, 302; *Schneider,* Netting und Internationales Insolvenzrecht, in: *Kohler/Obermüller/Wittig* (Hrsg.), Kapitalmarkt – Recht und Praxis, Gedächtnisschrift für Ulrich Bosch, 2006, S. 197–212.

Übersicht:

	RdNr.		RdNr.
1. Entstehungsgeschichte	1	3. Kommentierung	3–9
2. Zweck	2		

1. Entstehungsgeschichte. Das deutsche Internationale Insolvenzrecht war früher in den §§ 237, 238 Konkursordnung nur bruchstückhaft geregelt. Die Insolvenzordnung hatte mit Hinblick auf den bevorstehenden Abschluss des Europäischen Insolvenzübereinkommens (EuIÜ), dem der Gesetzgeber nicht vorgreifen wollte,[1] von einer Regelung abgesehen und nur in Art. 102 EGInsO einige lückenhafte Regeln gegeben.[2]

Nach dem Scheitern des EuIÜ konnte durch das Inkrafttreten der Europäischen Insolvenzverordnung (EuInsVO)[3] das Internationale Insolvenzrecht der EU weitgehend vereinheitlicht werden. In drei Richtlinien zur Regelung bestimmter Geschäfte über Finanzleistungen hatte die EU Sonderanknüpfungen vorgeschrieben, die z. T. bereits in der EuInsVO[4] berücksichtigt wurden.

Es sind die Richtlinien 98/26/EG („Finalitätsrichtlinie" oder „Systemrichtlinie"),[5] 2001/17/EG (Richtlinie über die Sanierung und Liquidation von Versicherungsunternehmen)[6] und 2001/24/EG (Richtlinie über die Sanierung und Liquidation von Kreditinstituten).[7] Wegen der beschränkten Geltung der EuInsVO blieb eine Lücke im deutschen Internationalen Insolvenzrecht, die durch die §§ 335 ff. InsO geschlossen wurde.[8]

2. Zweck. § 340 enthält von dem Grundsatz des § 335 *(lex fori concursus)* abweichende Sonderregelungen im Interesse des Verkehrsschutzes und eine den Betrieb bestimmter Geschäfte über Finanzleistungen fördernde Vereinheitlichung. Wie auch durch Art. 9 EuInsVO vorgesehen, kann durch die Wahl des maßgeblichen Vertragsrechts auch das auf die Insolvenz anzuwendende Recht bestimmt werden. § 340 ist als eine allseitige Kollisionsnorm ausgestaltet worden, daher können auch Insolvenzrechtsnormen von Nicht-EU-Staaten zur Anwendung gelangen (zur Problematik hierzu die Kommentierung zu Abs. 2).

---

[1] *Reinhart,* 1. Aufl., Art 102 RdNr 1.
[2] *Reinhart* aaO RdNr 15 ff.
[3] Siehe hierzu *Virgos/Schmit,* Erläuternder Bericht zu dem EU-Übereinkommen über Insolvenzverfahren, S. 3.
[4] ZB in Art. 9.
[5] ABl EG Nr. L 166 S. 45.
[6] ABl L 110/28 v. 20. 4. 2001.
[7] ABl L 125/15 v. 5. 5. 2001.
[8] Vgl. *Liersch* NZI 2003, 302, 303.

§ 340 3, 4   11. Teil. 1. Abschnitt. Allgemeine Vorschriften

3   **Absatz 1.** Abs. 1 schreibt eine Sonderanknüpfung vor für Rechte und Pflichten der Teilnehmer an Geschäften, die über einen organisierten Markt abgewickelt werden. Diese Regelung beruht auf Art. 23 der Richtlinie 2001/17/EG[9] und auf Art. 27 der Richtlinie 2001/24/EG[10] und findet sich auch in Art. 9 Abs. 1 EuInsVO.[11]

Es gilt im Falle der Insolvenz eines solchen Teilnehmers[12] das durch Sonderanknüpfung ermittelte Recht, nicht die *lex fori concursus* (§ 335). **„Organisierter Markt"** im Sinne des § 2 Abs. 5 des Wertpapierhandelsgesetzes ist ein „Markt, der von staatlich anerkannten Stellen geregelt und überwacht wird, regelmäßig stattfindet und für das Publikum unmittelbar oder mittelbar zugänglich ist". Diese Definition entspricht weitgehend dem Begriff des „geregelten Marktes" nach Art. 27 der Richtlinie 2001/24/EG, der über Art. 2 auf Art. 1 Nr. 13 der Wertpapierdienstleistungs-Richtlinie 93/22/EWG verweist. Sie ist aber weiter, weil sie Registrierung des betreffenden Marktes nicht vorschreibt; außerdem kann sich ein organisierter Markt im Sinne von Abs. 1 auch außerhalb der EU befinden.[13]

Der Grund für diese Sonderanknüpfung liegt in dem Ziel, das Funktionieren dieser Finanzmärkte frei von rechtlichen Komplikationen im Falle der Insolvenz eines Teilnehmers zu gewährleisten.

4   **Abs. 2.** Abs. 2 normiert eine Sonderanknüpfung für **Pensionsgeschäfte** im Sinne von § 340 b HGB, für **Schuldumwandlungsverträge** und für **Aufrechnungsvereinbarungen.**[14]

Für Pensionsgeschäfte hatte Art. 26 der Richtlinie 2001/24/EG gefordert: „Unbeschadet des Artikels 24[15] ist für Pensionsgeschäfte **(„repurchase agreements")** ausschließlich das Recht maßgeblich, das auf derartige Vereinbarungen anwendbar ist."

Pensionsgeschäfte waren in Art. 12 Abs. 1 der Richtlinie 86/635/EWG vom 8. 12. 1986 über den Jahresabschluss und den konsolidierten Abschluss von Banken und anderen Finanzinstituten[16] definiert worden. § 340 b HGB hat diese Definition bei der Umsetzung der Richtlinie 86/635/EWG übernommen.[17] Pensionsgeschäfte werden überwiegend in der Form von Wertpapierpensionsgeschäften vorgenommen.[18]

Der Satz für Wertpapierpensionsgeschäfte (Repo-Satz) ist der Leitzins der Europäischen Zentralbank („EZB").[19] Die Wertpapierpensionsgeschäfte der EZB sind ein wichtiges Instrument der EZB für die Refinanzierung. Banken nutzen ihrerseits Wertpapierpensionsgeschäfte in erheblichem Maße auch zu anderen Zwecken, zum Beispiel zur Erwirtschaftung zusätzlicher Erträge. Wertpapierpensionsgeschäfte werden auf der Grundlage

---

[9] Vgl. Fn 6
Art. 23 (1) lautet:
„*Geregelte Märkte*
(1) Für die Wirkungen einer Sanierungsmaßnahme oder der Eröffnung eines Liquidationsverfahrens auf die Rechte und Pflichten der Teilnehmer an einem geregelten Markt ist unbeschadet des Artikels 20 ausschließlich das Recht maßgeblich, das für den betreffenden Markt gilt.".
[10] Art. 27 lautet:
„*Geregelte Märkte*
Unbeschadet des Artikels 24 ist für Transaktionen im Rahmen eines geregelten Marktes ausschließlich das Recht maßgeblich, das auf derartige Transaktionen anwendbar ist.".
[11] Art. 9 verwendet den Begriff „Finanzmarkt", vgl. die Kommentierung zu Art. 9 EuInsVO.
[12] Art. 9 EuInsVO spricht von „Mitglied".
[13] Begründung in BR-Drucks 715/02 v. 6. 9. 2002, S. 23.
[14] Vgl. *Ehricke* ZIP 2003, 1065, 1074.
[15] Art. 24 normierte die Sonderanknüpfung der *lex rei sitae*.
[16] ABl EG Nr. L 372, S. 1.
[17] „§ 340 b Abs. 1 lautet wie folgt:
Pensionsgeschäfte sind Verträge, durch die ein Kreditinstitut oder der Kunde eines Kreditinstituts (Pensionsgeber) ihm gehörende Vermögensgegenstände einem anderen Kreditinstitut oder einem seiner Kunden (Pensionsnehmer) gegen Zahlung eines Betrages überträgt und in denen gleichzeitig vereinbart wird, dass die Vermögensgegenstände später gegen Entrichtung des empfangenen oder eines im Voraus vereinbarten anderen Betrags an den Pensionsgeber zurückübertragen werden müssen oder können.".
[18] Vgl. *Schimansky/Bunte/Lwowski/Kienle,* Bankrechts-Handbuch, § 105 RdNr 12 ff.
[19] Er ist in Deutschland an die Stelle des Diskontsatzes (für Wechsel) der Deutschen Bundesbank getreten.

standardisierter Rahmenverträge geschlossen, für die eine bestimmte Rechtswahl getroffen wird.[20]

In Bezug auf „Schuldumwandlungsverträge" und „Aufrechnungsvereinbarungen" hatte Art. 25 der Richtlinie 2001/24/EG gefordert:

„Für Aufrechnungs- und Schuldumwandlungsvereinbarungen (**„netting agreements"**) ist ausschließlich das Recht maßgeblich, das auf derartige Vereinbarungen anwendbar ist."

„Schuldumwandlungsverträge" im Sinne von § 340 Abs. 2 sind **Novationsverträge**,[21] die heute allerdings in der Praxis selten geworden sind.

Mit **„Aufrechnungsvereinbarungen"** sind keine Verträge über die klassische Aufrechnung[22] von Forderungen gemeint, sondern sog. **Netting-Vereinbarungen.**[23] Durch Netting-Vereinbarungen werden, meist auf der Grundlage standardisierter Rahmenverträge,[24] mehrere außerbörsliche Geschäfte[25] zusammengefasst, die unter bestimmten Voraussetzungen einheitlich beendet und abgerechnet (liquidiert) werden. Die insolvenzrechtliche Anerkennung einer solchen Netting-Vereinbarung (in der Form der Liquidations-Netting-Vereinbarung) ist von höchster wirtschaftlicher Bedeutung, insbesondere für Kreditinstitute. Sie kann zu einer erheblichen Reduzierung des Kreditrisikos führen, die bei der Eigenkapitalunterlegung berücksichtigt wird.[26]

Deutsche Transaktionspartner schließen häufig Rahmenverträge ab, die einer fremden Rechtsordnung unterstellt sind, z. B. den Rahmenvertrag der International Swaps and Derivatives Association („ISDA") von 1992 oder 2002, die Rahmenverträge der International Securities Lenders Association („ISLA") oder den Rahmenvertrag für Finanzgeschäfte („EMA") der drei europäischen Bankenverbände. In diesen Fällen wird meistens englisches Recht oder das Recht des Staates New York gewählt, gelegentlich kommt es aber auch zur Vereinbarung französischen Rechts oder des Rechts von *common law*-Staaten (New South Wales/Australien, Ontario/Kanada, HongKong, Singapur) oder anderer Rechtsordnungen, je nach Wunsch und Verhandlungsmacht des ausländischen Vertragspartners. Die genannten Rahmenverträge enthalten standardmäßig Netting-Klauseln[27] und sind als „Aufrechnungsvereinbarungen" im Sinne von § 340 Abs. 2 anzusehen. Die ISDA Rahmenverträge werden auch gelegentlich zwischen deutschen Vertragspartnern vereinbart, meist unter Wahl des englischen Rechts.

In Literatur und Bankpraxis wird diskutiert, ob (a) z. B. bei der Vereinbarung New Yorker Rechts in einem Rahmenvertrag die Normen des New Yorker Insolvenzrechts auf die Pensionsgeschäfte oder außerbörslichen Transaktionen mit Netting-Klauseln Anwendung finden im Falle der Insolvenz der deutschen Vertragspartei sowie (b) § 340 Abs. 2 bei derartigen Vereinbarungen zwischen zwei deutschen Vertragspartnern überhaupt anzuwenden ist.

Insbesondere bei einer Anwendung der New Yorker insolvenzrechtlichen Vorschriften[28] durch ein deutsches Insolvenzgericht könnten komplexe Fragen anfallen.

---

[20] ZB deutsches Recht für den Rahmenvertrag für Wertpapierpensionsgeschäfte (Repos), ein nationales EU-Recht für den Rahmenvertrag für Finanzgeschäfte („EMA"), englisches Recht oder das Recht von New York, vgl. *Kienle* aaO RdNr 20, *Schimansky/Bunte/Lwowski/Jahn*, Bankrechts-Handbuch, § 114 RdNr 55 und 66.
[21] Vgl. *Jahn* § 104 RdNr 151.
[22] Englisch: *„set-off"* im Gegensatz zu *„netting"*.
[23] Deshalb wird in der deutschen Fassung von Art. 25 der Richtlinie 2001/24/EG zur Klarstellung der englische Begriff „netting agreements" in Klammern hinzugefügt; vgl. hierzu auch *Schneider* S. 206 – gemeint sind Liquidationsnetting-Vereinbarungen (close-out netting agreements, die sich in den einschlägigen Rahmenverträgen finden).
[24] Vgl. *Jahn* § 104 RdNr 159 mwN.
[25] Insbesondere Zinssatz-Swaps, Zinssatz- und Währungsswaps, Kreditsicherungs-Swaps (credit default swaps) u. a., vgl. *Schimansky/Bunte/Lwowski/Jahn*, Bankrechts-Handbuch § 114 RdNr 2 ff.
[26] Vgl. *Schneider* S. 198 f.
[27] Vgl. die Verträge in den Anhängen 10 und 11 sowie *sections* 5 und 6 der ISDA Rahmenverträge.
[28] Die auf verschiedenen gesetzlichen Vorschriften für Kreditinstitute und Unternehmen fußen.

7 Entgegen der einhelligen Meinung in der Literatur[29] vertritt *Schneider* die Auffassung, § 340 Abs. 2 stelle keine Sonderanknüpfungsnorm für das anzuwendende Insolvenzrecht dar, sondern verweise lediglich auf den Inhalt der materiell-rechtlichen Vertragsbestimmungen der von den Parteien gewählten Netting-Vereinbarung.[30]

Gegen diese Deutung des § 340 Abs. 2 spricht die Aufnahme des § 340 in den Elften Teil der Insolvenzordnung, 1. Abschnitt, der Anknüpfungsfragen regelt. § 335 definiert die Grundregel, die Anwendbarkeit der *lex fori concursus*, die §§ 336 ff. enthalten Sonderanknüpfungen, die von § 335 abweichen. Dieses Verständnis bedarf keiner besonderen Auslegung oder Deutung des Absatzes 2, vgl. auch die amtliche Begründung.[31] Die §§ 335 ff. sind Kollisionsregeln,[32] welche auch die Vorgaben mehrerer Richtlinien erfüllen. Wenn es hierbei wegen des Charakters der Allseitigkeit der deutschen Normen zu einer Anwendbarkeit von nicht-EU-staatlichen Insolvenznormen kommen kann mit entsprechenden praktischen Schwierigkeiten, so können sich die Parteien durch vorherige Information über die betreffenden Risiken schützen. Es kann nicht überzeugen, Abs. 2 entgegen seiner Stellung im 11. Kapitel und der Funktion des § 340 als Sonderanknüpfungsregel ergebnisorientiert so zu interpretieren, dass die Vorschrift letztlich nicht zu einer Sonderanknüpfung, sondern zu einer Art vollständigen „Entknüpfung" führt.[33] Auch die Interpretation der Forderung des Art. 7 Abs. 1 der **Finanzsicherheiten-Richtlinie,**[34] insolvenzrechtlich die Durchsetzbarkeit von Netting-Regelungen sicherzustellen, als eine Anerkennung von Netting-Vereinbarungen unabhängig von insolvenzrechtlichen Bestimmungen zu deuten, geht fehl. Die Finanzsicherheiten-Richtlinie normiert mit Art. 7 Abs. 1 lediglich das von den EU-Staaten herbeizuführende Ergebnis, dass die nationalen insolvenzrechtlichen Vorschriften so zu fassen sind, dass sie den Zielen der Finanzsicherheiten-Richtlinie nicht entgegenstehen.[35]

8 Die Regelung des Abs. 2 gilt auch für Pensionsgeschäfte, Schuldumwandlungsverträge und Aufrechnungsvereinbarungen, für welche eine fremde Rechtsordnung gewählt wurde, zwischen deutschen Vertragspartnern. Weder aus dem Wortlaut der §§ 335 ff. noch der Entstehungsgeschichte ergibt sich ein Ausschluss der Geltung des Abs. 2 für rein inländische Parteien. Die Zulässigkeit der Wahl einer ausländischen Rechtsordnung für inländische Vertragsparteien besteht nach Art. 27 Abs. 1 EGBGB.

9 Abs. 3. Abs. 3 enthält eine weitere Sonderanknüpfung in Abweichung von § 335.[36] Die Bestimmung ist vergleichbar mit der Regelung des Art. 9 Abs. 1 EuInsVO[37] und schreibt die Anwendung des Insolvenzrechts vor, das für ein System im Sinne von § 1 Abs. 16 des Kreditwesengesetzes („KWG") gilt.[38] „System" ist danach ein Zahlungs- oder Abwicklungssystem, das der EU-Kommission gemeldet wurde oder ein Drittstaatensystem. Für die Teilnehmer an einem solchen System gilt dann entsprechend die Sonderanknüpfung von Abs. 1. Die sich aus § 1 Abs. 16 KWG ergebenden Beschränkungen einer Privilegierung

---

[29] Zitiert bei *Schneider*, S. 210 Fn 34 und bei *Ehricke* WM 2006, 2109, 2111 Fn 23, *Fried*, Netting-Vereinbarungen bei internationalen Sachverhalten Rn 7 in: *Zeren*, Außerbörsliche (OTC) Finanzderivate, 2008.
[30] *Schneider* S. 211.
[31] BRDrucks 715/02 v. 6. 9. 2002, S. 22.
[32] Hierzu im Einzelnen *Ehricke* aaO S. 2110.
[33] Vgl. hierzu, mit eingehender Begründung, *Ehricke* aaO S. 2111 f.
[34] Hierzu vgl. *Jahn* § 104 RdNr 76, 83 ff.
[35] So, mit eingehender Begründung, *Ehricke* aaO.
[36] Sie war bisher in Art. 102 Abs. 4 EGInsO geregelt.
[37] Vgl. *Ehricke* aaO S. 2113 und die Kommentierung zu Art. 9 EuInsVO.
[38] § 1 Abs. 16 KWG lautet wie folgt:
„Ein System im Sinne von § 24 b ist eine schriftliche Vereinbarung nach Artikel 2 Buchstabe a der Richtlinie 98/26/EG [...] über die Wirksamkeit von Abrechnungen in Zahlungs- sowie Wertpapierliefer- und abrechnungssystemen [...] einschließlich der Vereinbarung zwischen einem Teilnehmer und einem indirekt teilnehmenden Kreditinstitut, die von der Deutschen Bundesbank oder der zuständigen Stelle eines anderen Mitgliedstaats oder Vertragsstaats des Europäischen Wirtschaftsraums der Kommission der EG gemeldet wurde. Systeme aus Drittstaaten stehen den in Satz genannten Systemen gleich, sofern sie im Wesentlichen den in Artikel 2 Buchstabe a der RL 98/26/EG angeführten Voraussetzungen entsprechen."

nur für Leistungen aus Überweisungs-, Zahlungs- und Überweisungsaufträgen gelten für die Kollisionsnorm des Abs. 3 wegen der umfassenden Verweisung aus Abs. 1 nicht.[39] Vielmehr werden alle Pflichten und Rechte des Teilnehmers an dem System nach dem Recht beurteilt, das für das System gilt.

Da § 1 Abs. 16 KWG auch Drittstaatensysteme erfasst, wenn sie den Voraussetzungen der EU-Systeme entsprechen, kann auf diese Weise auch das Insolvenzrecht eines Drittstaats zur Anwendung kommen.[40]

§ 341 Ausübung von Gläubigerrechten

(1) Jeder Gläubiger kann seine Forderungen im Hauptinsolvenzverfahren und in jedem Sekundärinsolvenzverfahren anmelden.

(2) ¹Der Insolvenzverwalter ist berechtigt, eine in dem Verfahren, für das er bestellt ist, angemeldete Forderung in einem anderen Insolvenzverfahren über das Vermögen des Schuldners anzumelden. ²Das Recht des Gläubigers, die Anmeldung abzulehnen oder zurückzunehmen, bleibt unberührt.

(3) Der Verwalter gilt als bevollmächtigt, das Stimmrecht aus einer Forderung, die in dem Verfahren, für das er bestellt ist, angemeldet worden ist, in einem anderen Insolvenzverfahren über das Vermögen des Schuldners auszuüben, sofern der Gläubiger keine anderweitige Bestimmung trifft.

Schrifttum: Vgl. die allgemeinen Literaturangaben vor §§ 335 ff. InsO.

Übersicht

	RdNr.		RdNr.
I. Normzweck	1	IV. Anmeldebefugnis des Insolvenzverwalters (Abs. 2)	10
II. Anwendungsbereich	3	V. Stimmrechtsausübung durch den Verwalter (Abs. 3)	19
III. Anmeldeberechtigung der Gläubiger (Abs. 1)	7		

I. Normzweck

§ 341 verfolgt den Zweck, die Geltendmachung und Ausübung von Gläubigerrechten international zu erleichtern.[1] Die Vorschrift entspricht weitestgehend Art. 32 EuInsVO. Die Richtlinien über die Sanierung und Liquidation von Kreditinstituten und Versicherungsunternehmen enthalten jedoch keine entsprechende Vorschrift, so dass diese zur Auslegung der Vorschrift nicht herangezogen werden brauchen. Die Vorschrift ist jedoch keine Kollisionsnorm, sondern eine **Sachnorm**[2] und regelt für bestimmte, im Einzelnen noch zu definierende Fälle unterschiedliche Fragen der Geltendmachung und Ausübung von Gläubigerrechten. Abs. 1 regelt das Recht des Gläubigers zur gleichzeitigen Anmeldung seiner Forderung in mehreren parallelen Haupt- und Sekundärverfahren.[3] In Abs. 2 ist die Berechtigung des Insolvenzverwalters, die in seinem Verfahren angemeldeten Forderungen auch in einem anderen Verfahren im Namen der Gläubiger anzumelden, normiert.[4] Abs. 3 betrifft wiederum die Bevollmächtigung des Insolvenzverwalters, die Stimmrechte für die Gläubiger in einem anderen Verfahren auszuüben.

---

[39] *Ehricke* aaO S. 2112.
[40] Wie im Falle des Abs. 2.
[1] Vgl. BT-Drucks. 15/16 S. 20; MünchKommBGB-*Kindler*, Bd. 11, IntInsR RdNr. 993.
[2] *Kübler/Prütting/Kemper* § 341 RdNr. 2; *Braun/Liersch/Tashiro* § 341 RdNr. 1; *Andres/Leithaus/Dahl* § 341 RdNr. 1; HK-*Stephan* § 341 RdNr. 3.
[3] Abs. 1 ist weitestgehend wortgleich mit Art. 32 Abs. 1 EuInsVO.
[4] Abs. 2 entspricht Art. 32 Abs. 2 EuInsVO.

2   Der **sachliche Anwendungsbereich** von § 341 als Sachnorm ist auf inländische Insolvenzverfahren beschränkt.[5] Aus den Gesetzgebungsmaterialien ist dies allerdings nicht zweifelsfrei ersichtlich. Der Gesetzgeber wollte nämlich nicht nur eine Erleichterung der Geltendmachung inländischer Gläubigerrechte in ausländischen Hauptinsolvenzverfahren vorsehen, wie dies in § 397 des 1992 vorgelegten Regierungsentwurfes zur Insolvenzordnung noch geschehen war.[6] Der Gesetzgeber war der Auffassung, dass die Vorschrift des § 341 einen „breiteren Anwendungsbereich" habe, weshalb die Vorschrift im Ersten Abschnitt unter den Allgemeinen Vorschriften aufgenommen wurde. Bei systematischer Betrachtung bestehen jedoch Zweifel, ob § 341 als Sachnorm ohne Widerspruch zum System des internationalen Insolvenzrechts in § 335 ff. ein solch weitgehender Geltungsbereich zugesprochen werden kann. Denn der deutsche Gesetzgeber hat für die in Abs. 2 geregelte Anmeldeberechtigung eines Gläubigers freilich nur Gesetzgebungskompetenz hinsichtlich der im Inland durchgeführten Insolvenzverfahren. Umgekehrt kann der deutsche Gesetzgeber die in Abs. 2 enthaltene Befugnis für den Insolvenzverwalter wiederum nur dem Insolvenzverwalter eines deutschen Insolvenzverfahrens verleihen, nicht dagegen einem ausländischen Insolvenzverwalter. Gleiches gilt für die Stimmrechtsvollmacht des Verwalters nach Abs. 3, die freilich durch den deutschen Gesetzgeber auch nur dem Verwalter eines deutschen Insolvenzverfahrens verliehen werden kann. Richtigerweise unterfallen daher die in § 341 angesprochenen Fragen gemäß § 335 dem Insolvenzstatut, mit der Konsequenz, dass bei inländischen Insolvenzverfahren für Fragen der Mehrfachanmeldung und der Befugnisse des Verwalters die Sachnorm des § 341 Anwendung findet.

II. Anwendungsbereich

3   Der Anwendungsbereich des § 341 ist vom insoweit vorrangigen Anwendungsbereich der EuInsVO abzugrenzen. Denn diese enthält in Art. 32 EuInsVO eine weitgehend ähnliche, aber nicht identische Regelungen, sodass auch für § 341 – ebenso wie die anderen in § 335 ff. enthaltenen Vorschriften – der Anwendungsbereich der Rechtsnorm des autonomen Rechts vom Anwendungsbereich der vorrangigen EuInsVO zu bestimmen ist.

4   Die Abgrenzung des Anwendungsbereiches von **§ 341 Abs. 1** gegenüber Art. 32 Abs. 1 EuInsVO hat geringe praktische Bedeutung, da beide Vorschriften wortgleich sind. Eine Abgrenzung kann jedoch dann notwendig werden, wenn es um die Auslegung beider Vorschriften geht. Denn im Anwendungsbereich des § 341 Abs. 1 steht die Auslegung der Vorschrift ausschließlich den deutschen Gerichten zu, während bei Auslegungsfragen im Anwendungsbereich von Art. 32 Abs. 1 EuInsVO eine entsprechende Vorlage an den EuGH ergehen müsste. § 341 Abs. 1 findet uneingeschränkt Anwendung in Insolvenzverfahren über das Vermögen von Schuldnern, die vom Anwendungsbereich der Verordnung gemäß Art. 1 Abs. 2 EuInsVO ausgeschlossen sind (Versicherungsunternehmen, Kreditinstitute, Wertpapierfirmen sowie Organismen für gemeinsame Anlagen).[7] Darüber hinaus gilt § 341 Abs. 1 für inländische Sekundärverfahren, die parallel zu Hauptverfahren außerhalb des räumlichen Anwendungsbereichs der EuInsVO durchgeführt werden. Dagegen verbleibt im Rahmen inländischer Verfahren die auf Grundlage der EuInsVO durchgeführt werden, kein Anwendungsbereich mehr für § 341 Abs. 1, und zwar auch nicht gegenüber Gläubigern von Drittstaaten. Denn Art. 32 Abs. 1 EuInsVO gilt für das Anmelderecht aller Gläubiger, und zwar auch für Gläubiger aus Drittstaaten.[8] Der sachlich-räumliche Anwendungsbereich

---

[5] Ebenso wohl FK-*Wimmer* § 341 RdNr. 3; *Hess* InsO, § 341 RdNr. 1 MünchKommBGB-*Kindler*, Bd. 11, IntInsR RdNr. 995, der vom Teilnahmerecht ausländischer Gläubiger spricht; anders aber *Kübler/Prütting/Kemper* § 341 RdNr. 2; *Andres/Leithaus/Dahl* § 342 RdNr. 1.
[6] Vgl. BT-Drucks. 12/2443, S. 246.
[7] Vgl. Art. 1 RdNr. 8 ff. EuInsVO.
[8] Die Frage ist allerdings streitig, vgl. unten Art. 32 RdNr. 7 EuInsVO; aA MünchKommBGB-*Kindler*, Bd. 11, Art. 32 RdNr. 730; *Nerlich/Römermann/Mincke*, Art. 32 RdNr. 2; wohl auch HK-*Stephan*, Art. 32 RdNr 2; *Kübler/Prütting/Kemper*, Art. 32 EuInsVO RdNr. 2; *Paulus*, Europäische Insolvenzverordnung, Art. 32 RdNr 3.

der EuInsVO geht daher insoweit über die Mitgliedsstaaten der Verordnung hinaus und verdrängt das autonome Recht.

Für die Sachnorm in § 341 Abs. 2 gilt das in voriger Randnummer ausgeführte. Auch insoweit beschränkt sich der Anwendungsbereich von § 341 Abs. 2 auf inländische Insolvenzverfahren über das Vermögen eines Schuldners, der vom Anwendungsbereich der Verordnung gemäß Artikel 1 Abs. 2 EuInsVO ausgeschlossen ist oder auf inländische Insolvenzverfahren, die zwar in dem Anwendungsbereich der EuInsVO fallen, bei denen jedoch der deutsche Insolvenzverwalter Forderungen in Drittstaaten (außerhalb der EuInsVO) anmelden soll.

Gleiches gilt für die in § 341 Abs. 3 enthaltene Sachnorm, wonach der Verwalter zur Stimmrechtsausübung in anderen Verfahren bevollmächtigt wird. Die EuInsVO enthält – jedenfalls ausdrücklich – keine entsprechende Regelung. Dennoch ist eine entsprechende Abgrenzung von § 341 Abs. 3 zur EuInsVO nicht obsolet, da zumindest die in Art. 32 Abs. 3 EuInsVO enthaltenen Mitwirkungsrechte auch die Stimmrechte der Gläubiger umfassen sollen.[9] Zur Abgrenzung gilt das zu Abs. 2 ausgeführte.

III. Anmeldeberechtigung der Gläubiger (Abs. 1)

Die Vorschrift gilt als **Sachnorm** nur für inländische Haupt- und inländische Sekundärinsolvenzverfahren.[10] Der deutsche Gesetzgeber hat keine Gesetzgebungsbefugnis zu regeln, ob und auf welche Art der im inländischen Verfahren teilnehmende Gläubiger berechtigt ist, seine Forderung in einem ausländischen Haupt- oder in einem ausländischen Partikularverfahren anzumelden. Dies läuft schon der Konzeption der §§ 335 ff. zuwider. Danach richtet sich auch das Recht der Gläubiger auf Teilnahme an ausländischen Verfahren und Anmeldung der Forderung nach der *lex fori concursus,* also nur nach den Sachnormen des Rechts des Verfahrensstaates. Ein entsprechender Regelungsinhalt wäre auch in dem Recht des Verfahrensstaates nicht durchsetzbar. Insoweit ist der Anwendungsbereich vom § 341 Abs. 1 beschränkt auf inländische Haupt- bzw. inländische Sekundärverfahren.

§ 341 Abs. 2 ist wortgleich mit Art. 32 Abs. 1, weshalb hinsichtlich der Bedeutung und Auslegung der Vorschrift vollumfänglich auf die Ausführung zu Art. 32 Abs. 1 verwiesen werden kann.[11] Demnach hat § 341 Abs. 1 allenfalls klarstellenden Charakter, und zwar insbesondere hinsichtlich zweier Zweifelsfragen. Zunächst ist das Anmelderecht nicht auf bestimmte Gläubiger beschränkt. Teilnahme- und Anmeldeberechtigt im inländischen Insolvenzverfahren ist grundsätzlich „*jeder Gläubiger*".[12] Darüber hinaus stellt Abs. 1 ausdrücklich klar, dass ein Gläubiger nicht deswegen gehindert, seine Forderungen einem inländischen Insolvenzverfahren anzumelden, weil er seine Forderung bereits in einem weiteren, im Ausland durchgeführten Parallelverfahren (Haupt- oder Sekundärverfahren) angemeldet hat. Abs. 1 bestätigt insoweit das Recht der Mehrfachanmeldung.[13] Die sich hieraus ergebenen Fragen bei der Verteilung der Insolvenzmasse werden durch § 342 Abs. 2 geregelt.[14]

Sämtliche weitere Fragen im Zusammenhang mit einer Forderungsanmeldung werden jedoch nicht durch Abs. 1 geregelt, sondern unterstehen gemäß § 335 der *lex fori concursus.*

---

[9] Vgl. unten Art. 32 RdNr. 14 ff. EuInsVO. Danach stehen ihm Stimmrechte aber nicht grds zu sondern nur als Folge der Anmeldung nach Art. 32 Abs. 2 EuInsVO.
[10] Da die Vorschrift eine Sachnorm ist, enthält sie entgegen einiger Auffassungen in der Literatur auch keine Abweichung von *lex fori concursus* nach § 335; so aber *Kübler/Prütting/Kemper* § 341 RdNr. 3.
[11] Vgl. unten Art. 32 RdNr. 2 ff. EuInsVO.
[12] Vgl. *Andres/Leithaus/Dahl* § 341 RdNr. 2; FK-*Wimmer* § 341 RdNr. 3; HK-*Stephan* § 341 RdNr. 3.
[13] Vgl. *Gottwald/Gottwald,* InsR-HdB, § 130 RdNr. 74; MünchKommBGB-*Kindler,* Bd. 11, IntInsR RdNr. 996; HK-*Stephan* § 341 RdNr. 3; FK-*Wimmer* § 341 RdNr. 4; *Kübler/Prütting/Kemper* § 341 RdNr. 5.
[14] Vgl. unten § 342 RdNr. 18 f.

IV. Anmeldebefugnis des Insolvenzverwalters (Abs. 2)

10   Auch § 341 Abs. 2 enthält eine **Sachnorm**. Diese regelt die Berechtigung des Insolvenzverwalters, die in seinem Verfahren angemeldete Forderung in einem anderen Insolvenzverfahren anzumelden. Die Regelung enthält zugunsten des Verwalters sowohl das Grundgeschäft, als auch die Vollmacht für die Anmeldung. § 341 Abs. 2 gilt als Sachnorm – ebenso wie Abs. 1 – nur für inländische Haupt- und Sekundärverfahren.[15] Denn der deutsche Gesetzgeber kann nur dem von einem inländischen Insolvenzgericht bestellten Verwalter bestimmte Befugnisse verleihen. Ob das ausländische Insolvenzverfahren die Anmeldebefugnis des inländischen Insolvenzverwalters anerkennt, ist durch das ausländische Insolvenzgericht bzw. der für die Anmeldung zuständigen Stelle auf Grund der dortigen Anerkennungsregeln und Kollisionsnormen zu prüfen. Soweit das dortige Recht das deutsche Insolvenzverfahren anerkennt, und hinsichtlich der Befugnisse des Verwalters auf das Recht des Verfahrensstaates verweist, würde über § 341 Abs. 2 die Anmeldebefugnis des Insolvenzverwalters an sich grundsätzlich anzuerkennen sein.

11   Die Vorschrift ist dagegen nicht anwendbar auf die Anmeldung von Insolvenzforderungen durch einen ausländischen Verwalter in einem inländischen Insolvenzverfahren.[16] Die Befugnisse eines ausländischen Verwalters sind gemäß § 335 nach dem Recht des ausländischen Verfahrensstaates zu überprüfen. Nur soweit der Verwalter nach seinem lokalen Verfahrensrecht zu einer entsprechenden Anmeldung gesetzlich befugt ist, kann er ohne Nachweise einer vom Gläubiger rechtsgeschäftlich erteilten Vollmacht die in seinem Verfahren angemeldeten Forderungen auch im inländischen Verfahren anmelden.

12   Bei der Anmeldung der Forderungen im ausländischen Verfahren hat der inländische Verwalter grundsätzlich die in dem ausländischen Verfahren geltenden Anforderungen zu beachten, gegebenenfalls entsprechende Nachweise vorzulegen, und zwar sowohl hinsichtlich seiner Bestellung, als auch hinsichtlich der von ihm angemeldeten Forderungen.[17] Gegebenenfalls kann der inländische Verwalter auch eine Übersetzung der deutschen Insolvenztabelle vorlegen.

13   Die Anmeldeberechtigung besteht nur für Forderungen, die in dem Verfahren, für das der Verwalter bestellt wurde, angemeldet wurden. Die Anmeldebefugnis gilt für alle Gläubiger im Sinne des § 38, und zwar einschließlich der nachrangigen Insolvenzgläubiger im Sinne des § 39 als auch der Gläubiger, denen gemäß §§ 49 ff. ein Absonderungsrecht jedenfalls aus der inländischen Insolvenzmasse zusteht. Darüber hinaus gilt die Anmeldebefugnis auch für die von dem inländischen Insolvenzverwalter selbst bestrittenen Forderungen, da § 341 insoweit keinerlei Einschränkung vorsieht. Die Kosten für eine nach § 341 Abs. 2 vorgenommene Forderungsanmeldung im ausländischen Verfahren fallen der inländischen Insolvenzmasse zur Last. Sieht das ausländische Insolvenzrecht für die Forderungsanmeldung Gebühren vor, deren Kostenschuldner die jeweils anmeldenden Gläubiger sind, so sind diese Kosten im Innenverhältnis von der Insolvenzmasse des inländischen Verfahrens zu übernehmen.[18] Das ergibt sich aus dem Charakter der Sammelanmeldung, die § 341 Abs. 2 zugrunde liegt.

14   Die Befugnis des inländischen Verwalters beschränkt sich jedoch auf die Anmeldung. § 341 Abs. 2 verleiht dem inländischen Verwalter weder die Befugnis auf eine klageweise Feststellung des im ausländischen Verfahren angemeldeten Anspruchs,[19] noch berechtigt die Vorschrift zur Ausübung weiterer, dem Gläubiger nach dem Recht des ausländischen Verfahrensstaates zustehender Verfahrensrechte (zu den Stimmrechten vgl. Abs. 3).

---

[15] Vgl. bereits oben RdNr. 2.
[16] FK-*Wimmer* § 341 RdNr. 5.
[17] Vgl. *Kübler/Prütting/Kemper* § 341 RdNr. 11.
[18] Unklar FK-*Wimmer* § 341 RdNr. 5; *Braun/Liersch/Tashiro* § 341 RdNr. 5; MünchKommBGB-*Kindler*, Bd. 11, IntInsR RdNr. 998, die formulieren, dass „Kostenschuldner" der Gläubiger sei.
[19] HK-*Stephan* § 341 RdNr. 6; *Hess* InsO, § 341 RdNr. 9; MünchKommBGB-*Kindler*, Bd. 11, IntInsR RdNr. 997; FK-*Wimmer* § 341 RdNr. 5; *Kübler/Prütting/Kemper* § 341 RdNr. 11; aA *Andres/Leithaus/Dahl* § 341 RdNr. 7 aE.

Nach § 341 Abs. 2 ist der inländische Verwalter zur Forderungsanmeldung „berechtigt". **15**
Der Wortlaut der Norm trifft keine Aussage darüber, ob und unter welchen Umständen der
Verwalter von dieser Befugnis Gebrauch machen soll oder gegebenenfalls sogar muss. Die
Antwort hierauf lässt sich nur aus allgemeinen Grundsätzen herleiten. § 341 Abs. 2 erweitert
den Pflichtenkatalog für den inländischen Insolvenzverwalter für den Fall, dass im Ausland
Parallelverfahren stattfinden. Der Insolvenzverwalter hat daher zu prüfen, ob eine gesammel-
te Anmeldung durch ihn im Interesse der bestmöglichen Gläubigerbefriedigung aber auch
im Interesse der Abwicklung des Verfahrens liegt. Hier lassen sich keine grundsätzlichen
Aussagen treffen, insbesondere auch nicht dahingehend, dass eine Anmeldung im ausländischen Parallelverfahren grundsätzlich im Befriedigungsinteresse der Gläubiger liege, weil
dann aus dem Parallelverfahren eine weitere Quote zu erwarten sei. Zu berücksichtigen ist
jeweils, in welcher Höhe eine Quote in dem ausländischen Verfahren ohne die von dem
Verwalter vorgenommene Sammelanmeldung zu erwarten ist, welche Kosten für die einzelnen Gläubiger entstehen können, aber auch, wie die Sammelanmeldung im Gesamtkonzept
der Kooperation mit dem ausländischen Insolvenzverwalter (§ 357) einzuordnen ist. Denn
gegebenenfalls können den berechtigten Gläubigerinteressen auch durch anderweitige Kooperation der Verwalter der Verfahren Rechnung getragen werden. Man wird daher nur in
klar gelagerten Ausnahmefällen davon sprechen können, dass für den Insolvenzverwalter eine
Pflicht zur Anmeldung im ausländischen Verfahren besteht.[20]

Der Insolvenzverwalter ist aber verpflichtet, möglichst bereits im Berichtstermin über das **16**
oder die ausländischen Parallelverfahren zu berichten, auf die Möglichkeit der Anmeldung
gemäß § 341 Abs. 2 hinzuweisen und gegebenenfalls einen Beschluss der Gläubigerversammlung hierüber einzuholen.[21] An entsprechende Beschlüsse der Gläubigerversammlung
ist der Insolvenzverwalter sodann gebunden. Beschließt die Gläubigerversammlung mit der
nach § 76 erforderlichen Mehrheit, dass eine Sammelanmeldung im Interesse der Gläubiger
ist, so ist der inländische Verwalter zu einer entsprechenden Anmeldung im ausländischen
Verfahren verpflichtet. Beschließt hingegen die Gläubigerversammlung, dass eine entsprechende Anmeldung nicht im Interesse der Gläubiger ist, so ist der Verwalter nicht berechtigt,
eine entsprechende Anmeldung vorzunehmen. Dies gilt selbst dann, wenn für einzelne
Gläubiger eine Anmeldung im ausländischen Verfahren nachweislich vorteilhaft ist.

Daraus folgt, dass § 341 Abs. 2 den Verwalter nur berechtigt, alle Forderungen im auslän- **17**
dischen Verfahren anzumelden, soweit keine gegenteilige Weisung vorliegt. Denn § 341
Abs. 2 soll zur Vereinfachung Sammelanmeldungen durch den inländischen Verwalter ermöglichen. Soweit einzelne Gläubiger eine Anmeldung vornehmen möchten, verbleibt freilich
die Möglichkeit, bei einem ablehnenden Beschluss der Gläubigerversammlung den Insolvenzverwalter einzeln und rechtsgeschäftlich zu beauftragen, die Anmeldung vorzunehmen. Zur
Durchführung derselben ist der Verwalter nach § 341 Abs. 2 jedoch nicht verpflichtet.

§ 341 Abs. 2 S. 2 ist die Folge der dem Insolvenzverwalter ohne Zustimmung der **18**
Gläubiger per Gesetz verliehenen Befugnis: Die Vorschrift räumt dem betroffenen Gläubiger
ein Widerspruchsrecht ein. Dieser ist berechtigt, noch vor der Anmeldung durch den
inländischen Insolvenzverwalter diesem gegenüber anzuzeigen, dass er die Anmeldung
ablehnt. An diese Weisung ist der inländische Insolvenzverwalter gebunden. Ist die Anmeldung bereits erfolgt, so kann der Gläubiger die bereits erfolgte Anmeldung zurücknehmen.
Nach dem Wortlaut des § 341 Abs. 2 S. 2 ist nur der Gläubiger zur Rücknahme berechtigt.
Man wird jedoch den anmeldenden Verwalter über den Wortlaut hinaus für berechtigt halten

---

[20] Gegen eine Verpflichtung des Insolvenzverwalters zur Anmeldung: MünchKommBGB-*Kindler*, Bd. 11, IntInsR RdNr. 997; *Braun/Liersch/Tashiro* § 341 RdNr. 4; *Hess* InsO. § 341 RdNr. 7; HK-*Stephan* § 341 RdNr. 5; dagegen für eine Verpflichtung zur Prüfung, ob eine Anmeldung im Interesse der Gläubiger liegt und bejahendenfalls zur Anmeldung: *Kübler/Prütting/Kemper* § 341 RdNr. 10; *Andres/Leithaus/Dahl* § 341 RdNr. 7; ähnlich auch *Gottwald/Gottwald*, Insolvenzrechts-Handbuch, § 130 RdNr. 74.

[21] *Kübler/Prütting/Kemper* § 341 RdNr. 10 aE empfiehlt eine Unterrichtung lediglich im Hinblick auf das Haftungsrisiko; ähnlich auch *Andres/Leithaus/Dahl* § 341 RdNr. 7; dagegen ähnlich wie hier: *Braun/Liersch/Tashiro* § 341 RdNr. 9.

dürfen, auch die Rücknahme der Anmeldung für den Gläubiger vorzunehmen. Dagegen ist der Insolvenzverwalter nicht verpflichtet, eigenständig die von ihm ausgeführte Anmeldung zurückzunehmen, wenn der Gläubiger dies wünscht. Weigert sich der Insovelnzverwalter, die Anmeldung zurückzunehmen, ist es Sache des Gläubigers, die Rücknahme vorzunehmen. Anderes kann nur dann gelten, wenn der Insolvenzverwalter die Anmeldung vorgenommen hatte, ohne dass die Gläubiger zuvor die Möglichkeit hatten, die Anmeldung abzulehnen.

V. Stimmrechtsausübung durch den Verwalter (Abs. 3)

19 § 341 Abs. 3 regelt einen weiteren in der Praxis bedeutsamen Fall der Rechte der Gläubiger, nämlich die Ausübung des Stimmrechts. Auch hier handelt es sich um eine **Sachnorm.** Ebenso wie § 341 Abs. 2 gilt auch Abs. 3 nur für den Verwalter eines inländischen Insolvenzverfahrens, sei es ein inländisches Haupt- oder Sekundärverfahren. Die Vorschrift regelt demnach – ebenso wie Abs. 2 – sowohl die Vollmacht als auch das Grundgeschäft, damit der inländische Verwalter in einem ausländischen Verfahren die Stimmrechte der Gläubiger ausüben kann. Hierbei handelt es sich nicht um eine gesetzliche Vermutung, sondern um eine gesetzliche Fiktion, die dem Verwalter die entsprechenden Befugnisse verleiht.[22]

20 Die Stimmrechtsausübung durch den inländischen Verwalter im ausländischen Verfahren setzt zunächst voraus, dass die Forderungen, für die der Verwalter im ausländischen Verfahren das Stimmrecht ausüben möchte, auch im inländischen Verfahren angemeldet wurden. Entgegen dem weiten Wortlaut bezieht sich die Bevollmächtigung aber nur auf Forderungen, die der Verwalter gemäß Abs. 2 im ausländischen Verfahren auch angemeldet hat.[23] Diese Einschränkung ergibt sich aus dem systematischen Zusammenhang. Zwar ist das Erfordernis der Anmeldung im ausländischen Insolvenzverfahren gar nicht erwähnt. Aus den Gesetzesmaterialien wird aber ersichtlich, dass die dortige Anmeldung als Voraussetzung gesehen wird, weil ansonsten – in praktischer Hinsicht – auch schon keine Stimmrechtsausübung im ausländischen Verfahren möglich sein dürftge.[24]

21 Ebenso wie Abs. 2 enthält Abs. 3 jedoch auch die Möglichkeit des Gläubigers, anderweitige Weisung zu erteilen. Denn die Befugnis zur Stimmrechtsausübung gilt nur, *„sofern der Gläubiger keine anderweitige Bestimmung trifft"*. Damit steht freilich dem Gläubiger letztendlich die Entscheidung zu. Diese anderweitige Bestimmung kann der Gläubiger jederzeit treffen, d. h. bereits vor der Anmeldung der Forderung durch den inländischen Verwalter im ausländischen Verfahren, nach Anmeldung der Forderung, und letztlich auch noch in der Gläubigerversammlung im ausländischen Verfahren, an der der Gläubiger freilich auch selbst teilnehmen und selbst abstimmen darf. Hat der Gläubiger seine Forderung selbst angemeldet, so liegt darin konkludent die Bestimmung, das Stimmrecht auch selbst ausüben zu wollen. In diesen Fällen bedarf es einer individuellen Vollmacht durch den Gläubiger.[25] Die Stimmrechtsfiktion gilt daher nur für die durch den Insolvenzverwalter gemäß Abs. 2 angemeldeten Forderungen. Dies entspricht auch Art. 32 EuInsVO, der dem Insolvenzverwalter eine Stimmrechtsausübung nur für die Forderungen erlaubt, die durch ihn angemeldet worden sind.[26]

---

[22] MünchKommBGB-*Kindler,* Bd. 11, IntInsR RdNr. 1000; *Braun/Liersch/Tashiro* § 341 RdNr. 10; HK-*Stephan* § 341 RdNr. 8; *Hess* InsO, § 341 RdNr. 11; aA (keine Fiktion): *Kübler/Prütting/Kemper* § 341 RdNr. 16; *Andres/Leithaus/Dahl* § 341 RdNr. 11.
[23] In der Lit. wird eine andere Einschränkung vorgenommen, nämlich dass die Berechtigung zur Ausübung des Stimmrechts nur besteht, wenn die Forderung in dem Verfahren angemeldet ist, für das er zum Verwalter bestellt ist; vgl. *Andres/Leithaus/Dahl* § 341 RdNr. 12; *Kübler/Prütting/Kemper* § 341 RdNr. 9.
[24] Vgl. BT-Drucks. 15/16, S. 21 mit Verweis auf § 77.
[25] *Braun/Liersch/Tashiro* § 341 RdNr. 11; aA *Kübler/Prütting/Kemper* § 341 RdNr. 20; *Andres/Leithaus/Dahl* § 341 RdNr. 12.
[26] Vgl. unten, Art. 32 RdNr. 14 EuInsVO.

§ 342 Herausgabepflicht. Anrechnung

(1) ¹Erlangt ein Insolvenzgläubiger durch Zwangsvollstreckung, durch eine Leistung des Schuldners oder in sonstiger Weise etwas auf Kosten der Insolvenzmasse aus dem Vermögen, das nicht im Staat der Verfahrenseröffnung belegen ist, so hat er das Erlangte dem Insolvenzverwalter herauszugeben. ²Die Vorschriften über die Rechtsfolgen einer ungerechtfertigten Bereicherung gelten entsprechend.

(2) ¹Der Insolvenzgläubiger darf behalten, was er in einem Insolvenzverfahren erlangt hat, das in einem anderen Staat eröffnet worden ist. ²Er wird jedoch bei den Verteilungen erst berücksichtigt, wenn die übrigen Gläubiger mit ihm gleichgestellt sind.

(3) Der Insolvenzgläubiger hat auf Verlangen des Insolvenzverwalters Auskunft über das Erlangte zu geben.

Schrifttum: *Hanisch,* Erlöse aus der Teilnahme an einem ausländischen Parallel-Insolvenzverfahren – Ablieferung an die inländische Konkursmasse oder Anrechnung auf die Inlandsdividende?, ZIP 1989, 273; *Trunk,* Zur bevorstehenden Neuregelung des deutschen Internationalen Insolvenzrechts, KTS 1994, 33.

Übersicht

	RdNr.		RdNr.
I. Normzweck	1	5. Rechtsfolge	16
II. Anwendungsbereich	6	IV. Anrechnungsregel (Abs. 2)	18
III. Herausgabeanspruch (Abs. 1)	8	1. Das Erlangte	18
1. Erlangtes Etwas	8	2. Behalten dürfen	19
2. Durch Zwangsvollstreckung, Leistung oder in sonstiger Weise	9	3. Anrechnung	20
3. Auf Kosten der Insolvenzmasse	13	V. Auskunftspflicht (Abs. 3)	22
4. Ohne rechtlichen Grund	15	VI. Internationale Zuständigkeit	24

I. Normzweck

§ 342 enthält wichtige Regelungen für die Praxis, um den Grundsatz der *par conditio creditorum* auch international durchzusetzen.[1] In der Praxis gelingt es Gläubigern oft, sich in anderen Ländern als dem Eröffnungsstaat unter Missachtung des durch das Insolvenzrecht des Verfahrensstaates angeordneten Schutzes der Insolvenzmasse Vorteile gegenüber den anderen Gläubigern zu verschaffen. Absatz 1 gewährt daher dem Insolvenzverwalter einen **Herausgabeanspruch,** falls sich ein Gläubiger durch Zwangsvollstreckungsmaßnahmen (oder anderweitig) im Ausland auf Kosten der Insolvenzmasse bereichern konnte.[2] Absatz 2 regelt die in der Praxis ebenfalls wichtige Fallgestaltung, dass ein Gläubiger sich an mehreren Verfahren beteiligt, was nach § 341 Abs. 1 ausdrücklich zulässig ist. Da in diesen Fällen keine unzulässige Vorzugsbefriedigung des Gläubigers vorliegt, wird dem Insolvenzverwalter kein Anspruch auf Herausgabe des im ausländischen Verfahren Erlangten gewährt, sondern lediglich das Recht auf **Anrechnung** des im ausländischen Verfahren Erlangten auf die Quote im Inland.[3] Darüber hinaus gewährt § 342 Abs. 3 dem Insolvenzverwalter einen **Auskunftsanspruch,** und zwar hinsichtlich des außerhalb des Insolvenzverfahrens Erlangten (Abs. 1), als auch hinsichtlich des im Rahmen eines ausländischen Insolvenzverfahren Erlangten (Abs. 2).

---

[1] *Braun/Liersch/Tashiro* § 342 RdNr. 1; MünchKommBGB-*Kindler,* Bd. 11, IntInsR RdNr. 1003; HK-*Stephan* § 342 RdNr. 3; FK-*Wimmer* § 342 RdNr. 1.
[2] BT-Drucks. 15/16, S. 21; FK-*Wimmer* § 342 RdNr. 1; *Kübler/Prütting/Kemper* § 342 RdNr. 1; MünchKommBGB-*Kindler,* Bd. 11, IntInsR RdNr. 1002.
[3] *Gottwald/Gottwald,* Insolvenzrechts-Handbuch, § 130 RdNr. 85; FK-*Wimmer* § 342 RdNr. 1; *Kübler/Prütting/Kemper* § 342 RdNr. 1; *Hess* InsO, § 342 RdNr. 2.

2 § 342 kodifiziert weitgehend die in der bisherigen Rechtsprechung und Literatur diskutierten Modelle, die vorgenannten Fallgestaltungen zu behandeln.[4] § 342 Abs. 1 und 2 entsprechen zudem fast wörtlich der in Art. 20 EuInsVO enthaltenen Regelung.[5] Eine entsprechende Umsetzung der beiden Richtlinien über die Sanierung und Liquidation von Kreditinstituten und Versicherungsunternehmen war hingegen nicht erforderlich, da beide Richtlinien keine entsprechende Vorschrift enthalten.[6] Beide Richtlinien bieten daher für die Auslegung der Norm keine Hilfen.

3 § 342 ist eine **Sachnorm.**[7] Diese ist grundsätzlich nur bei inländischen Insolvenzverfahren nicht aber bei ausländischen Insolvenzverfahren anwendbar.[8] In praktischer Hinsicht kann der Herausgabeanspruch nach § 342 Abs. 1 zudem nur für inländische Hauptverfahren eine Rolle spielen. Eine Anwendung bei inländischen Partikularverfahren scheidet aus, da sich die Insolvenzmasse eines inländischen Partikularverfahrens auf das inländische Vermögen beschränkt.[9] Eine Zwangsvollstreckung in einen nicht im Verfahrensstaat belegenen Vermögensgegenstand berührt die Insolvenzmasse des Partikularverfahrens daher nicht.

4 Dagegen findet § 342 Abs. 1 keine Anwendung, wenn es sich um sich um Eingriffe in die Insolvenzmasse eines ausländischen Insolvenzverfahrens handelt. In diesen Fällen entscheidet gemäß § 335 das Recht des ausländischen Verfahrensstaates über die Vermögenszuordnung und das Behaltendürfen des durch die Vollstreckung Erlangten. Verklagt daher ein Verwalter eines ausländischen Insolvenzverfahrens einen Gläubiger im Inland auf Herausgabe, so ist zunächst gemäß § 335 das Recht des Verfahrensstaates zu befragen. Nur soweit dieses wiederum auf das deutsche Recht zurück verweist, kann es zu einer Anwendung des § 342 Abs. 1 kommen.

5 Auch § 341 Abs. 2 gilt als Verteilungsregelung nur für inländische Insolvenzverfahren, wobei die Vorschrift aber sowohl auf inländische Haupt- als auch inländische Sekundärverfahren Anwendung finden kann.[10] Dementsprechend steht auch der in Abs. 3 gewährte Auskunftsanspruch nur dem Verwalter eines inländischen Insolvenzverfahrens zu.

---

[4] Zum Herausgabenaspruch vgl. BGHZ 88, 147; vgl. zum umgekehrten Fall, nämlich eine Herausgabeklage eines ausländischen Konkursverwalters nach einer Zwangsvollstreckung im Inland auch OLG Düsseldorf IPRspr. 1990, Nr. 254; *Nerlich/Römermann/Mincke,* Art. 102 EGInsO RdNr. 143 ff.; *Mohrbutter/Wenner,* 7. Aufl., Kap. XXXIII RdNr. 72; *Kuhn/Uhlenbruck* § 14 RdNr. 1 e; *Geimer,* IZPR, 4. Aufl., RdNr. 3483; *Reithmann/Martiny,* IVR, 5. Aufl., RdNr. 1800; *Merz* ZIP 1983, 136; *Lüer* KTS 1978, 206 f.; *Hanisch* ZIP 1981, 1289, 1292; *Leipold,* Festschrift für Waseda, S. 790; *Hanisch,* Festschrift für 100 Jahre KO, S. 139, 155; *Lüer* KTS 1990, 377, 387; *Palandt/Sprau,* BGB, 62. Aufl., § 812 RdNr. 37; *Kilger/K. Schmidt* § 14 Anm. 2 c.; eine entsprechende Herausgabepflicht sah vor (§ 383 Abs. 1 RegE vor (BT-Drucks. 12/2443 S. 68); vgl. auch MünchKommInsO-*Reinhart,* Bd. 3, 1. Aufl., Art. 102 EGInsO RdNr. 103–113; zur Anrechnungsregelung in Abs. 2 vgl. BayObLG LZ 1908, 550 ff.; OLG Köln KTS 1978, 249 ff.; ebenso i. E. noch die ausführliche Abhandlung von *Lüer* KTS 1978, 200 ff., 1979, 12 ff. mwN (jeweils zur Anrechnung auf die Forderung); Vgl. bereits *Bley* JW 1937, 1509; *Jaeger/Jahr* §§ 237/238 RdNr. 231; *Gottwald/Gottwald,* Insolvenzrechts-Handbuch, 2. Aufl., § 128 RdNr. 70; *Hanisch,* Festschrift für 100 Jahre KO, S. 139, 154 ff.; *ders.* ZIP 1983, 1289, 1293 (jeweils zur Anrechnung auf die Quote); eine Anrechnungsregel sah auch § 383 Abs. 2 RegE vor (BT-Drucks. 12/2443 S. 68, 240); vgl. auch MünchKommInsO-*Reinhart,* Bd. 3, 1. Aufl., Art. 102 EGInsO RdNr. 184–186.
[5] Vgl. unten Art. 20 EuInsVO.
[6] Vgl. Richtlinie 2001/24/EG vom 4. 4. 2001 (ABl. L 125, 15) und Richtlinie 2001/17/EG vom 19. 3. 2001 (ABl. L 110, 28).
[7] MünchKommBGB-*Kindler,* Bd. 11, IntInsR RdNr. 1002; *Kübler/Prütting/Kemper* § 342 RdNr. 2; *Andres/Leithaus/Dahl* § 342 RdNr. 1; HK-*Stephan* § 342 RdNr. 2; *Braun/Liersch/Tashiro* § 342 RdNr. 4; *Mohrbutter/Ringstmeier/Wenner* § 20 RdNr. 110.
[8] Ebenso wohl HK-*Stephan* § 342 RdNr. 14; die Begr. geht wohl ebenfalls von einem auf inländische Verfahren beschränkten Anwendungsbereich aus, vgl. BT-Drucks. 15/16, S. 21 (trotz des Hinweises auf einen weiteren Anwendungsbereich ist nur von inländischer Insolvenzmasse bzw. inländischem Hauptverfahren die Rede); aA *Kübler/Prütting/Kemper* § 342 RdNr. 2; FK-*Wimmer* § 342 RdNr. 2; *Andres/Leithaus/Dahl* § 342 RdNr. 1.
[9] Vgl. unten § 354 RdNr. 31.
[10] AA *Kübler/Prütting/Kemper* § 342 RdNr. 2, 12, *Andres/Leithaus/Dahl* § 342 RdNr. 1, die Abs. 2 auch auf ausländische Haupt- und Partikularverfahren anwenden wollen.

II. Anwendungsbereich

Der Anwendungsbereich von § 342 ist vom Anwendungsbereich des vorrangigen Art. 20 **6** EuInsVO abzugrenzen, auch wenn soweit weitgehende inhaltliche Übereinstimmung besteht. Der in Abs. 1 kodifizierte **Herausgabeanspruch** gilt für alle inländischen Insolvenzverfahren, die aus dem persönlichen Anwendungsbereich der EuInsVO ausgeschlossen sind (Art. 1 Abs. 2 EuInsVO), also für alle Insolvenzverfahren über das Vermögen eines Kreditinstitutes, Versicherungsunternehmens, Wertpapierfirma oder Organismus für gemeinsame Anlagen. Darüber hinaus gilt § 342 Abs. 1 aber auch bei inländischen Insolvenzverfahren, die auf Grundlage der EuInsVO durchgeführt werden, wenn die Zwangsvollstreckung, die Leistung des Schuldners oder das Erlangen auf sonstige Weise in einem Drittstaat stattgefunden hat. Denn Art. 20 EuInsVO bezieht sich hinsichtlich seines sachlich-räumlichen Anwendungsbereiches nur auf entsprechende Vermögenseingriffe innerhalb der Mitgliedsstaaten der EuInsVO.[11]

Der Anwendungsbereich der in Abs. 2 enthaltenen **Anrechnungsregel** ist hingegen **7** enger. Die Vorschrift kann grundsätzlich nur Anwendung finden in inländischen Verfahren, die nicht auf Grundlage der EuInsVO durchgeführt werden. Das sind die inländischen Haupt- oder Partikularverfahren über das Vermögen von Kreditinstituten, Versicherungsunternehmen, Wertpapierfirmen oder Organismen für gemeinsame Anlagen, die vom Anwendungsbereich der Verordnung gemäß Art. 1 Abs. 2 EuInsVO ausgenommen sind. Darüber hinaus findet § 342 Abs. 2 noch Anwendung bei inländischen Sekundärverfahren, wenn das Hauptverfahren nicht in einem der Mitgliedsstaaten der EuInsVO stattfindet. Bei inländischen Insolvenzverfahren, die auf Grundlage der EuInsVO durchgeführt werden, verdrängt jedoch ansonsten Art. 20 vollständig die Vorschrift des § 342 Abs. 2, da die Anrechnungsregelung in Art. 20 auch Anwendung findet auf Zahlungen, die der Gläubiger in einem Insolvenzverfahren aus einem Drittstaat erhalten hat. Der sachlich-räumliche Anwendungsbereich der Anrechnungsregel der EuInsVO ist daher weiter als der sachlich-räumliche Anwendungsbereich des Herausgabeanspruches der EuInsVO.

III. Herausgabeanspruch (Abs. 1)

1. Erlangtes Etwas. In Anlehnung an die bereicherungsrechtliche Terminologie in **8** § 812 BGB und die bisher darauf ausgerichtete Rechtsprechung[12] ist Voraussetzung zunächst, dass ein Gläubiger des Schuldners *„etwas erlangt"* hat. Bei dem erlangten Etwas kann es sich um einen Gegenstand oder ein Recht *„aus dem Vermögen"* des Schuldners handeln. Dieser Vermögensgegenstand muss im Ausland (*„nicht im Staat der Verfahrenseröffnung"*) *„belegen"* gewesen sein.[13] Dies ist nach den Grundsätzen des deutschen Recht zu bestimmen.[14] Für den Begriff des erlangten Etwas ist nicht entscheidend, ob der Gegenstand oder die Forderung zur Insolvenzmasse gehören würde.[15] Zum dem Begriff des „Erlangten etwas" zählen sämtliche Vermögensgegenstände des Schuldners, unabhängig davon, ob sie vom Insolvenzbeschlag erfasst worden wären oder nicht. Ob der Vermögensgegenstand bei Verfahrenseröffnung in die Insolvenzmasse gefallen wäre, ist im Rahmen der Tatbestandsvoraussetzung zu prüfen, ob das vermögenswerte Etwas *„auf Kosten der Insolvenzmasse"* erlangt wurde.

2. Durch Zwangsvollstreckung, Leistung oder in sonstiger Weise. § 342 Abs. 1 **9** normiert drei Vorgänge, durch die sich die Bereicherung vollziehen kann: durch eine *„Zwangsvollstreckung"*, durch eine *„Leistung des Schuldners"* oder *„in sonstiger Weise"*. Die

---

[11] Vgl. unten Art. 20 RdNr. 5 EuInsVO.
[12] Vgl. BGHZ 88, 147 = BGH NJW 1983, 2174.
[13] Vgl. *Braun/Liersch/Tashiro* § 342 RdNr. 5; *Andres/Leithaus/Dahl* § 342 RdNr. 3; MünchKommBGB-*Kindler*, Bd. 11, IntInsR RdNr. 1004; FK-*Wimmer* § 342 RdNr. 3.
[14] Vgl. hierzu unten § 354 RdNr. 11.
[15] So aber wohl MünchKommBGB-*Kindler*, Bd. 11, IntInsR RdNr. 1004.

Begriffe sind grundsätzlich weit auszulegen. Sämtliche Rechtshandlungen, die eine vollständige oder auch nur teilweise Befriedigung der Forderung des Gläubigers bewirken, sind hierunter zu verstehen.[16]

10 Die Vorschrift nennt zunächst den Begriff der **"Zwangsvollstreckung"**. Damit sind sämtliche Akte ausländischer Zwangsgewalt gemeint. Unerheblich ist in diesem Zusammenhang, ob die Zwangsvollstreckungsmaßnahmen nach dem Recht des Vollstreckungsstaates zulässig gewesen sind oder nicht (vgl. hierzu unten, RdNr. 15).

11 Der Anwendungsbereich des Bereicherungsvorganges einer **"Leistung des Schuldners"** ist hingegen schwierig zu bestimmen. Denn hierbei wird es sich regelmäßig um eine Verfügung des Schuldners im Sinne des § 81 InsO handeln.[17] Verfügt ein Schuldner, über dessen Vermögen im Inland ein Insolvenzverfahren eröffnet wurde, im Ausland über einen Gegenstand der Insolvenzmasse, so ist gemäß § 335 die Rechtmäßigkeit dieser Vermögensverschiebung nach dem Recht des Verfahrensstaates, demzufolge nach deutschem Recht (§ 81 InsO), zu prüfen. Ist danach die Verfügung bereits unwirksam, so bedarf es eines Rückgriffs auf § 342 Abs. 1 nicht, zumal es in diesen Fällen bereits an dem erlangten Etwas fehlen dürfte. Schwieriger ist dagegen die Frage, wenn eine Überprüfung der Verfügung des Schuldners ergibt, dass die Verfügung eventuell auf Grund der auch in § 81 Abs. 1 genannten Vorschriften über den Gutglaubenserwerb wirksam sein soll. Es liegt in diesen Fällen dann zwar ein durch Leistung erlangtes Etwas vor. Aufgrund der spezielleren Regelung bezüglich der Verfügungsbefugnis des Schuldners stellt sich jedoch die Frage, ob die Vermögensverschiebung *„ohne rechtlichen Grund"* erfolgt ist, was ebenfalls Voraussetzung des Anspruchs nach § 342 Abs. 1 ist. Bejaht man in diesen Fällen auf Grund der Spezialregelung in § 81 den Rechtsgrund der Leistung (so auch unten, vgl. RdNr. 15), so besteht ebenfalls kein Anspruch gemäß § 342 Abs. 1. Es bleiben daher faktisch keine Anwendungsfälle für einen Herausgabeanspruch nach § 342 Abs. 1, wenn die Vermögensverschiebung auf einer Leistung des Schuldners beruht.

12 Eine ähnliche Problematik gilt für den Bereicherungsvorgang **"in sonstiger Weise"**. Es handelt sich um einen Auffangstatbestand, durch den Erwerbstatbestände erfasst werden, die weder unter das Vollstreckungsverbot, noch unter das Verfügungsverbot des Schuldners fallen. Ähnlich wie bei einem Erwerbsvorgang durch *„Leistung"* ist jedoch auch insoweit ein praktischer Anwendungsbereich nicht ersichtlich. Findet nämlich trotz eines inländischen Insolvenzverfahrens im Ausland ein Erwerbsvorgang statt, so ist gemäß § 335 deutsches Recht als das Recht des Verfahrensstaates auf die Frage anwendbar, ob dieser weitere Erwerbstatbestand hingenommen oder die haftungsrechtliche Zuweisung der Insolvenzmasse durch einen entsprechenden Rückgewähranspruch geschützt werden soll. Materiellrechtlich wird dies *lex specialis* durch § 91 geregelt, der ebenfalls den Erwerbsvorgang für unwirksam erklärt, mit Ausnahme der in § 91 genannten Fälle des Gutglaubenserwerbs. Ist danach der Erwerbsvorgang selbst schon unwirksam, fehlt es wiederum an dem erlangten Etwas; ist der Erwerbsvorgang hingegen auf Grund der Gutglaubensvorschriften wirksam, stellt sich die Frage, ob der begünstigte Gläubiger das erlangte Etwas nicht mit rechtlichem Grund erlangt hat, so dass auch aus diesem Grunde eine Rückabwicklung nach § 342 Abs. 1 unterbleiben müsste (vgl. hierzu unten, RdNr. 15). Auch insoweit ist kein praktischer Anwendungsbereich für die Rückabwicklung einer Bereicherung *„in sonstiger Weise"* gemäß § 342 Abs. 1 ersichtlich.

13 **3. Auf Kosten der Insolvenzmasse.** Die Voraussetzung, dass das vermögenswerte Etwas *„auf Kosten der Insolvenzmasse"* erlangt worden sein muss, kennzeichnet, dass dem Vermögensvorteil des Gläubigers unmittelbar ein Vermögensnachteil der Insolvenzmasse selbst gegenüberstehen muss.[18] Das ist zunächst nicht der Fall, wenn es sich zwar um einen Vermögensgegenstand des Schuldners handelt, dieser jedoch nicht zur Insolvenzmasse selbst

---

[16] Ebenso weit gefasst auch *Kübler/Prütting/Kemper* § 342 RdNr. 5.
[17] So auch FK-*Wimmer* § 342 RdNr. 4; *Kübler/Prütting/Kemper* § 342 RdNr. 7; *Andres/Leithaus/Dahl* § 342 RdNr. 5.
[18] Zum gleichlautenden Tatbestandsmerkmal bei § 812 BGB vgl. *Palandt/Sprau*, BGB § 812 RdNr. 31 ff.

gehörte. In Anlehnung an die Grundsätze des deutschen Bereicherungsrechts genügt hierzu jede wirtschaftliche Schlechterstellung. Darüber hinaus muss der Vermögensvorteil des Gläubigers zu einem entsprechenden Vermögensnachteil auf Seiten der Insolvenzmasse geführt haben. Auch die sonstigen, im Bereicherungsrecht bekannten Voraussetzungen, beispielsweise die Einheitlichkeit des Bereicherungsvorganges, können entsprechend auf das Tatbestandsmerkmal angewendet werden.

Das Tatbestandsmerkmal „*auf Kosten der Insolvenzmasse*" dient jedoch nicht zur zeitlichen Abgrenzung des streitgegenständlichen Bereicherungsvorgangs. Freilich kann ein Gegenstand oder eine Forderung erst nach der Eröffnung des Insolvenzverfahrens zur Masse gehören.[19] Diese Betrachtung berücksichtigt jedoch nicht, dass bei einer ungerechtfertigten Vermögensverschiebung sodann anstelle des nicht mehr vorhandenen Vermögensgegenstandes oder Rechts ein entsprechender schuldrechtlicher Anspruch gegen den Bereicherten tritt, der ebenfalls zur Insolvenzmasse gehört. Identifizieren lässt sich das Problem am Beispiel von Vollstreckungsmaßnahmen kurz vor Verfahrenseröffnung. § 88 erstreckt das in § 89 für den Fall der Verfahrenseröffnung vorgesehene Vollstreckungsverbot auch auf Vollstreckungsmaßnahmen im letzten Monat vor dem Antrag auf Eröffnung des Insolvenzverfahrens auf durch die Zwangsvollstreckung erlangte Sicherungen. Denkbar ist darüber hinaus, dass das deutsche Insolvenzgericht gemäß § 21 Abs. 2 Nr. 3 Maßnahmen der Zwangsvollstreckung gegen den Schuldner untersagt. Auch diese Bereicherungsvorgänge fallen unter den Anspruch des § 342 Abs. 1. Parallel dazu bleibt jedoch auch gemäß § 339 eine Insolvenzanfechtung möglich. **14**

4. Ohne rechtlichen Grund. Nach dem Wortlaut des § 342 Abs. 1 fehlt das in § 812 BGB enthaltene Tatbestandsmerkmal „*ohne rechtlichen Grund*". Der Gesetzgeber ist vermutlich davon ausgegangen, dass auf Grund der Wertungen in §§ 81, 89 und 91 die Rechtsgrundlosigkeit des Bereicherungsvorganges bereits indiziert ist. Dies ist jedoch nicht der Fall. Bereits vor Einführung des § 341 Abs. 1 wurde im Rahmen des durch die Rechtsprechung entwickelten Bereicherungsanspruches darüber diskutiert, dass die von dem Gläubiger nach dem ausländischen Recht durchgeführte Einzelzwangsvollstreckung dort zulässig gewesen ist.[20] Dem wurde entgegengehalten, dass dies nur die Zulässigkeit der Zwangsvollstreckung betreffe, jedoch nichts darüber aussagt, ob das Erlangte behalten werden dürfe oder nicht. Ob der Rechtserwerb beständig sei oder missbilligt werde, entscheide das anwendbare Insolenzstatut.[21] Wenn ein entsprechender Herausgabeanspruch auch von anderen Rechtsordnungen entsprechend gewährt wird,[22] ist der Herausgabeanspruch nicht unproblematisch, weil der ausländische Hoheitsakt ignoriert wird. Das ist jedoch nur dann der Fall, wenn die Frage der endgültigen Vermögenszuweisung, auf die der BGH abgestellt hat, im Rahmen des Zwangsvollstreckungsverfahrens bereits rechtskräftig entschieden wurde. Denn ebenso wie das deutsche Zwangsvollstreckungsrecht vermag auch das ausländische Recht es dem Schuldner zu ermöglichen, die Frage der Vermögenszuweisung im Zwangsvollstreckungsverfahren durch Rechtsbehelfe klären zu lassen.[23] In diesem Falle stände einem Herausgabeanspruch des Insolvenzverwalters der nach § 328 ZPO zu beachtende Einwand der Rechtskraft entgegen.[24] Man wird daher den Anspruch auf Herausgabe nach § 342 auf die Fälle beschränken müssen, in denen die Frage der Vermögenszuordnung nicht bereits durch ein ausländisches Gericht entschieden wurde und daher in Rechtskraft erwachsen ist. Dies hat **15**

---

[19] So MünchKommBGB-*Kindler*, Bd. 11, IntInsR RdNr. 1004; *Smid*, Int. Insolvenzrecht, § 342 RdNr. 3.
[20] So *Gottwald/Arnold*, Insolvenzrechts-Handbuch, 1. Aufl., § 122 RdNr. 79; anders dagegen *Gottwald/Arnold*, Insolvenzrechts-Handbuch, 2. Aufl., § 128 RdNr. 49 ff.; *Smid/Zeuner* § 22 GesO RdNr. 13; *Burgstaller/Keppelmüller* öJBl. 1996, 366, 370 in Bezug auf Österreich.
[21] Vgl. BGHZ 88, 147, 155.
[22] Einen entsprechenden Herausgabeanspruch bei Auslandsvollstreckung kennt z. B. auch das englische Recht, vgl. *Smart*, Cross-Border Insolvency, S. 193 ff.; *Florian*, S. 44 f.
[23] Beispielsweise durch ein der Vollstreckungsgegenklage vergleichbares Rechtsinstitut.
[24] Vgl. *Geimer*, IZPR, RdNr. 2801 f.; die Rechtsprechung erlässt in diesen Fällen ein inhaltlich übereinstimmendes Sachurteil, vgl. BGH NJW 1964, 1626; OLG München RIW 1996, 856.

freilich zur Konsequenz, dass es für den inländischen Insolvenzverwalter günstiger ist, gegen die Vollstreckungstätigkeit des Gläubigers im Ausland unter Hinweis auf das Vollstreckungsverbot dort nicht gerichtlich vorzugehen, um nicht insoweit eine rechtskräftige Entscheidung des ausländischen Gerichts zu erhalten.

16 5. **Rechtsfolge.** Liegen die vorgenannten Tatbestandsvoraussetzungen vor, so hat der Gläubiger **„das Erlangte dem Insolvenzverwalter herauszugeben".** Satz 2 verweist hierbei auf die Vorschriften über die Rechtsfolgen einer ungerechtfertigten Bereicherung. Art und Umfang, insbesondere die Herausgabe von Nutzungen, Surrogaten, des Wertersatzes oder die Voraussetzungen der verschärften Haftung richten sich nach §§ 818 bis 820 BGB. Dabei ist jedoch zu berücksichtigen, dass die Saldotheorie bei der Rückabwicklung nicht zu berücksichtigen ist. Fand die Vollstreckung beispielsweise Zug um Zug gegen eine Leistung des vollstreckenden Gläubigers statt, so würde eine Saldierung den Verteilungsregeln des Insolvenzrechts widersprechen, die insbesondere für beidseitige Leistungspflichten Sonderregeln (§§ 103 ff.) enthalten.[25] Der Verweis auf die Rechtsfolgenregeln des Bereicherungsrechts dient insbesondere auch zum Schutz der Gläubiger, die in Unkenntnis der Verfahrenseröffnung im Ausland eine (Teil-)Befriedigung erlangt haben.[26] Die verschärfte Haftung nach § 819 BGB setzt demnach nur dann ein, wenn dem Gläubiger die Tatsachen, aus denen sich das Fehlen des Rechtsgrundes ergibt, positiv bekannt waren.[27]

17 Unterlassungsansprüche gegen einen Gläubiger stehen dem Verwalter nach § 342 Abs. 1 jedoch nicht zu. Denn nach zutreffender Auffassung kann einer Partei nicht untersagt werden, im Ausland zu prozessieren.[28] Das wäre ein Verstoß gegen den Justizgewährungsanspruch und die Jurisdiktionsautonomie des ausländischen Staates, die Bestandteil der allgemeinen Regeln des Völkerrechts ist.[29] Zwar richtet sich die Unterlassungsverfügung nicht gegen die Gerichte des ausländischen Staates. Es wirkt sich aber faktisch über die betroffene Partei auf die Inanspruchnahme der ausländischen Gerichte aus. Die deutsche Rechtsprechung lehnt es daher auch im umgekehrten Fall ab, entsprechende Unterlassungsverfügungen im Inland überhaupt zuzustellen.[30] Im Geltungsbereich der EuGVVO dürften solche Unterlassungsklagen darüber hinaus auch die Verordnung selbst verletzen.[31]

IV. Anrechnungsregel (Abs. 2)

18 1. **Das Erlangte.** § 342 Abs. 2 regelt die *par conditio creditorum* bei der Mehrfachteilnahme eines Gläubigers in mehreren parallelen Verfahren. Die Vorschrift regelt, was mit dem in einem ausländischen Insolvenzverfahren „Erlangte" aus Sicht des inländischen Parallelverfahrens erfolgen soll. Unter dem, was der Gläubiger „*erlangt hat*" ist jeder Vermögensvorteil zu verstehen, den der entsprechende Gläubiger im Rahmen einer ordnungsgemäßen kollektiven Befriedigung aller Gläubiger erhalten hat.[32] Das betrifft nicht nur Zahlungen. Soweit der Gläubiger beispielsweise auf Grund von Absonderungsrechten den Sicherungsgegenstand selbst erhalten hat, ist dies im Rahmen von § 342 Abs. 2 Satz 1 ebenfalls zu berücksichtigen. Gleiches gilt, wenn der Gläubiger im Rahmen eines Insolvenzplanverfahrens anstelle einer Zahlung eine neue oder eventuell auch nur gekürzte Forderung oder ein

---

[25] Vgl. zur Einschränkung der Saldotheorie auch *Palandt/Sprau*, BGB § 818 RdNr. 49.
[26] So ausdrücklich BT-Drucks. 15/16 S. 21.
[27] Vgl. zur Kenntnis vom Mangel des rechtlichen Grundes im Bereicherungsrecht allg. BGHZ 133, 246; *Palandt/Sprau*, BGB § 819 RdNr. 2.
[28] Streitig: wie hier *Geimer* IZPR, RdNr. 1118 f.; *Schack*, IZVR, RdNr. 769 ff.; aA wohl *Staudinger/von Hoffmann*, Neubearb. 2001, Art. 40 EGBGB, RdNr. 285 mwN; *Schröder*, Festschrift für Kegel, S. 523; für die Zulässigkeit einer entsprechenden Unterlassungsklage auch *Mohrbutter/Ringstmeier/Wenner* § 20 RdNr. 116.
[29] Vgl. *Maunz/Düring/Herzog*, GG Art. 25 RdNr. 20.
[30] So OLG Düsseldorf EuZW 1996, 351; vgl. hierzu *Mansel* EuZW 1996, 335 ff.; das RG hatte in einer Einzelfallentscheidung allerdings einmal die Rücknahme einer im Ausland eingereichten Klage angeordnet, vgl. RGZ 157, 136, 140. Dies dürfte – wenn überhaupt – jedoch wohl nur für krasse Fälle des § 826 BGB gelten, die aber bei einer Auslandsvollstreckung allein nicht erkennbar sind.
[31] Vgl. hierzu auch *Mansel* ebd. S. 337 f.; *Hau* IPRax 1996, 44 mwN.
[32] Ähnlich: *Braun/Liersch/Tashiro* § 342 RdNr. 12.

anderweitiges Recht erhalten hat. Auch dies fällt unter den Begriff des Erlangten im Sinne des § 342 Abs. 2 Satz 1.

2. Behalten dürfen. § 342 Abs. 2 Satz 1 ordnet zunächst an, dass der Insolvenzgläubiger 19 das in einem anderen Insolvenzverfahren Erlangte behalten darf. Dies gilt selbst dann, wenn das dort Erlangte über das hinausgehen sollte, was der Gläubiger in einem inländischen Insolvenzverfahren zu beanspruchen hätte.[33] Gemäß der Regelanknüpfung an das Recht des Verfahrensstaates akzeptiert daher das deutsche Recht andere Verteilungsregeln des ausländischen Insolvenzverfahrens.[34] Dabei ist unerheblich, ob das ausländische Verfahren, in dem die teilweise Befriedigung erlangt wurde, gemäß § 343 anerkennungsfähig ist.[35] Denn die Verweigerung der Anerkennung des Eröffnungsbeschlusses des ausländischen Verfahrens bedeutet nicht, dass dessen Rechtswirkungen im Inland rückgängig gemacht werden müssen. Die fehlende Anerkennung bedeutet nur, dass das deutsche Recht die Erstreckung der Wirkung der Verfahrenseröffnung im Inland verweigert. Die im Rahmen des ausländischen Insolvenzverfahrens getroffenen Entscheidungen, beispielsweise auch über die Verteilung des dortigen Vermögens, dürfen jedoch nicht mehr rückabgewickelt oder korrigiert werden.

3. Anrechnung. § 342 Abs. 2 Satz 2 regelt zudem, dass der Gläubiger bei der Verteilung 20 im Inland erst zu berücksichtigen ist, wenn die übrigen Gläubiger mit ihm gleichgestellt sind. Auch diese Norm dient der Umsetzung der Gläubigergleichbehandlung bei der Verteilung der Insolvenzmasse, wenn einzelne Gläubiger aus mehreren Verfahren Quoten erlangen.[36] Mit der nun vorliegenden Regelung hat sich der Gesetzgeber – in Anlehnung an Art. 20 Abs. 2 EuInsVO – dafür entschieden, dass die im ausländischen Insolvenzverfahren erlangte Quote nicht etwa auf die Forderung, sondern auf die Quote anzurechnen ist.[37] Eine Anrechnung auf die Forderung gemäß § 362 BGB, wie sie vor der Neuregelung des internationalen Insolvenzrechts bisweilen vertreten wurde,[38] bevorzugt den vollstreckenden Gläubiger und verstößt gegen das Prinzip der *par conditio creditorum*. Eine solche konsolidierte Quotenberechnung hatte bereits der BGH entwickelt.[39] Diese ist auch aus anderen Rechtsordnungen bekannt.[40] Korrigiert wird daher nicht die angemeldete Forderung des Gläubigers, die ungeschmälert in der Insolvenztabelle festgestellt bleibt, sondern die Verteilung auf Grund der ungeschmälerten Forderung. Die Anrechnung fordert daher von dem Verwalter innerhalb einer Gläubigergruppe eine komplizierte Untermassenbildung. So sind zunächst bis zur Quote des betroffenen Gläubigers alle anderen Gläubiger zu befriedigen. Bei Erreichen der Quote des betroffenen Gläubigers findet sodann die weitere Verteilung unter dessen Berücksichtigung statt. Die Anrechnung findet im Rahmen der Gläubigergruppe statt, zu der der Gläubiger aus Sicht des inländischen Insolvenzrechts gehört.[41]

In welchem Verfahren angerechnet wird, hängt von der zeitlichen Reihenfolge der 21 tatsächlichen Verteilung ab. Denn die Quote in dem anderen Verfahren muss bereits „*erlangt*" worden sein. Hierfür kommt es grundsätzlich auf den Zeitpunkt der Auszahlung an, es sei denn, die Höhe der dem Gläubiger zustehenden Auszahlung ist bereits vor Auszahlung in

---

[33] HK-*Stephan* § 342 RdNr. 12; FK-*Wimmer* § 342 RdNr. 8; MünchKommBGB-*Kindler*, Bd. 11, IntInsR RdNr. 1011; *Braun/Liersch/Tashiro* § 342 RdNr. 18.
[34] So bereits BT-Drucks. 12/2443, S. 240 zu § 383 RegEInsO; MünchKommBGB-*Kindler*, Bd. 11, IntInsR RdNr. 1011.
[35] AA: *Kohlmann*, Kooperationsmodelle, S. 255; MünchKommBGB-*Kindler*, Bd. 11, IntInsR RdNr. 1011.
[36] HK-*Stephan* § 342 RdNr. 11; Hess InsO, § 342 RdNr. 12; MünchKommBGB-*Kindler*, Bd. 11, IntInsR RdNr. 1010; *Andres/Leithaus/Dahl* § 342 RdNr. 9; *Kübler/Prütting/Kemper* § 342 RdNr. 15; FK-*Wimmer* § 342 RdNr. 8.
[37] Vgl. BT-Drucks. 15/16, S. 21; *Kübler/Prütting/Kemper* § 342 RdNr. 15.
[38] So noch von *Lüer* KTS 1979, 12, 23; so auch das schweizerische Bundesgericht in BGE 42, 467, 472 ff.
[39] Vgl. BGHZ 88, 147, 153 ff.
[40] Vgl. Art. 172 Abs. 3 des schweizerischen IPRG; zum englischen und kanadischen Recht vgl. auch *Fletcher*, Insolvency in Private International Law, S. 217; *Wood*, Principles, RdNr. 28–90 ff.; *Cleaver v. Delta American Re* [2001] 2 AC 328; *Hanisch*, in: *Fletcher*: Cross Border Insolvency, Kap. 11; ebenso Art. 5 des Istanbuler Übereinkommens.
[41] *Braun/Liersch/Tashiro* § 342 RdNr. 14; *Andres/Leithaus/Dahl* § 342 RdNr. 11; *Kübler/Prütting/Kemper* § 342 RdNr. 17; HK-*Stephan* § 342 RdNr. 11.

einem Verteilungsplan rechtsverbindlich festgelegt worden. Ähnliches gilt, wenn das in dem ausländischen Verfahren Erlangte in der Absonderung des Absonderungsgegenstandes besteht oder in der Erlangung einer Forderungsmodifikation mit der darin liegenden Forderungsbestätigung. Auch hier findet die Anrechnung im inländischen Verfahren nur dann statt, wenn bereits die Verteilung im ausländischen Verfahren rechtswirksam geworden ist.

V. Auskunftspflicht (Abs. 3)

22 Die in Abs. 1 und Abs. 2 enthaltenen Grundsätze der internationalen Gläubigergleichbehandlung kann der Insolvenzverwalter nur durchsetzen, wenn er Kenntnis darüber hat, ob und was der einzelne Gläubiger im Ausland durch Zwangsvollstreckungsmaßnahmen oder Leistungen des Schuldners erlangt hat (Abs. 1) oder was ein Gläubiger durch seine Teilnahme am ausländischen Insolvenzverfahren erlangt hat (Abs. 2). Daher wird dem Insolvenzverwalter ein Auskunftsanspruch eingeräumt.[42] Die Auskunftspflicht bezieht sich jeweils immer nur auf das Erlangte, im Rahmen des Abs. 1 auch auf die Form des Bereicherungsvorgangs (durch Zwangsvollstreckung, Leistung des Schuldners etc.).[43] Die Auskunftspflicht besteht unabhängig davon, ob der Insolvenzverwalter die Information nicht auch über anderen Wege (Auskunftspflicht des Schuldners, Kooperationspflicht des ausländischen Insolvenzverwalters) erhalten könnte. Der Gläubiger ist unabhängig von anderweitigen Informationsmöglichkeiten des Verwalters verpflichtet.[44]

23 Der Auskunftsanspruch ist nach den allgemeinen zivilprozessualen Regeln durchzusetzen. Hierbei muss der Verwalter nicht im Einzelnen vortragen, dass ein Anspruch nach § 342 besteht, was angesichts der fehlenden Kenntnis schon nicht möglich ist. Der Gläubiger muss vielmehr Auskunft geben unabhängig davon, ob er dem Anspruch des Verwalters gegebenenfalls Einwendungen entgegenhalten kann (z. B. den gutgläubigen Erwerb bei einer Leistung des Schuldners). Eine Durchsetzung im Wege der einstweiligen Verfügung ist – soweit nicht Besonderheiten eine Erfüllungsverfügung erfordern – nicht geboten. Da Tatsache, dass sich hierdurch die Abwicklung des Verfahrens verzögern kann, gilt für alle streitigen Auseinandersetzungen des Verwalters mit den Verfahrensbeteiligten. Die Erfüllung des einstweiligen Rechtsschutzes ist auch deswegen nicht notwendig, weil der Gläubiger in der Regel gegen den Auskunftsanspruch selbst keine Einwendungen geltend machen kann, so dass der Verwalter nach dem erstinstanzlichen Urteil gegen Sicherheitsleistung die Zwangsvollstreckung betreiben kann.

VI. Internationale Zuständigkeit

24 Gegenüber inländischen Gläubigern besteht gemäß § 19a ZPO ein Gerichtsstand am Sitz des Insolvenzgerichts. Gleiches gilt für Gläubiger, die keinen Wohnsitz oder Sitz in der EU haben. Hat dagegen der Gläubiger seinen Sitz in der EU, ist derzeit unklar, ob die EuGVVO die Vorschrift des § 19a ZPO als vorrangiges EU-Recht verdrängt. Die Reichweite der EuGVVO ist nämlich auf Grund der notwendigen Abgrenzung der EuInsVO strittig geworden und derzeit (Ende 2007) Gegenstand eines Vorlagebeschlusses zum EuGH. Nach der auch vom Verfasser vertretenen Auffassung, ist danach die Ausschlussklausel in der EuGVVO bezüglich insolvenzrechtlicher Streitigkeiten neu auszulegen mit der Folge, dass beispielsweise auch eine entsprechende Klage nach § 342 unter den Anwendungsbereich der EuGVVO fallen könnte.[45] Klarheit wird erst die Entscheidung des EuGH bringen.

---

[42] Vgl. BT-Drucks. 15/16 S. 21; HK-*Stephan* § 342 RdNr. 13; *Andres/Leithaus/Dahl* § 342 RdNr. 12; FK-*Wimmer* § 342 RdNr. 9; MünchKommBGB-*Kindler*, Bd. 11, IntInsR RdNr. 1012.

[43] *Braun/Liersch/Tashiro* § 342 RdNr. 19; MünchKommBGB-*Kindler*, Bd. 11, IntInsR RdNr. 1012; HK-*Stephan* § 342 RdNr. 13.

[44] Ebenso *Hess* InsO, § 342 RdNr. 15; HK-*Stephan* § 342 RdNr. 13; MünchKommBGB-*Kindler*, Bd. 11, IntInsR RdNr. 1012; *Hess* InsO, § 342 RdNr. 13; *Andres/Leithaus/Dahl* § 342 RdNr. 12; aA wohl *Braun/Liersch/Tashiro* § 342 RdNr. 19 f.; FK-*Wimmer* § 342 RdNr. 9; anders bei Auskunftspflichten der Insolvenzgläubigern aus Treu und Glauben, vgl. BGHZ 74, 381; BGH NJW 1978, 1002; BGH NJW 1987, 1812.

[45] Vgl. den Vorlagebeschluss des BGH ZIP 2007, 1415; vgl. ausführlich Art. 3 RdNr. 81 ff. EuInsVO.

Zweiter Abschnitt. Ausländisches Insolvenzverfahren

§ 343 Anerkennung

(1) ¹Die Eröffnung eines ausländischen Insolvenzverfahrens wird anerkannt. ²Dies gilt nicht,
1. wenn die Gerichte des Staats der Verfahrenseröffnung nach deutschem Recht nicht zuständig sind;
2. soweit die Anerkennung zu einem Ergebnis führt, das mit wesentlichen Grundsätzen des deutschen Rechts offensichtlich unvereinbar ist, insbesondere soweit sie mit den Grundrechten unvereinbar ist.

(2) Absatz 1 gilt entsprechend für Sicherungsmaßnahmen, die nach dem Antrag auf Eröffnung des Insolvenzverfahrens getroffen werden, sowie für Entscheidungen, die zur Durchführung oder Beendigung des anerkannten Insolvenzverfahrens ergangen sind.

Literatur: *Aderhold,* Auslandskonkurs im Inland (Bonn, Univ., Diss., 1991), 1992; *Flessner,* Das amerikanische Reorganisationsverfahren vor deutschen Gerichten, Urteilsanmerkung, IPRax 1992, S. 151 ff.; *ders.,* Das künftige Internationale Insolvenzrecht i Verhältnis zum Europäischen Insolvenzübereinkommen, in *Stoll* (Hrsg.), Vorschläge und Gutachten zur Umsetzung des EU-Übereinkommens über Insolvenzverfahren im deutschen Recht, S. 219; *ders.,* Internationales Insolvenzrecht in Deutschland nach der Reform, IPRax 1997, 1 ff.; *Flessner/Schulz,* Zusammenhänge zwischen Konkurs, Arrest und Internationaler Zuständigkeit, IPRax 1991, S. 162 ff.; *Graf,* Die Anerkennung ausländischer Insolvenzentscheidungen, (Mannheim, Univ., Diss 2003) 2003; *Hanisch,* Die Wende im deutschen Internationalen Insolvenzrecht, ZIP 1985, 1233; *Haubold,* Europäisches Zivilverfahrensrecht und Ansprüche im Zusammenhang mit Insolvenzverfahren, IPRax 2002, 156; *Leipold,* Miniatur oder Bagatelle: das internationale Insolvenzrecht im deutschen Reformwerk 1994, Festschrift für Henckel, Berlin, New York, 1995; *ders.,* Zum künftigen Weg des deutschen Internationalen Insolvenzrechts, in: *Stoll* (Hrsg.), Vorschläge und Gutachten zur Umsetzung des EU-Übereinkommens über Insolvenzverfahren im deutschen Recht, S. 185; *ders.,* Zur internationalen Zuständigkeit im Insolvenzverfahren, Festschrift für Gottfried Baumgärtel, Köln, Berlin, Bonn, München, 1990; *ders.,* Zuständigkeitslücken im neuen Europäischen Insolvenzrecht, in Festschrift Ishikawa, 2001, s. 221; *Liersch,* Deutsches Internationales Insolvenzrecht, NZI 2003, 302; *Reinhart,* Sanierungsverfahren im internationalen Insolvenzrecht (Frankfurt (Main), Univ., Diss., 1994), 1995; *ders.,* Zur Anerkennung ausländischer Insolvenzverfahren, ZIP 1997, 1743; *Sabel/Schlegel,* Kurzkommentar zu: High Court of Justice Chancery Division Companies Court (England), Urt. v. 7. 2. 2003 – 0042/2003, EWiR 2003, 367; *Spellenberg,* Der ordre public im Internationalen Insolvenzrecht, in *Stoll,* Stellungnahmen und Gutachten zur Reform des deutschen internationalen Insolvenzrechts, Tübingen, 1992; *Summ,* Anerkennung ausländischer Konkurse in der Bundesrepublik Deutschland (Mainz, Univ., Diss., 1991), 1992; *Trunk,* Die bevorstehende Neuregelung des deutschen internationalen Insolvenzrechts, KTS 1994, 32 ff.; *ders.,* Dogmatische Grundlagen der Anerkennung von Auslandskonkursen, KTS 1987, 415 ff.

Übersicht

	RdNr.		RdNr.
I. Normzweck	1	bb) Ordre public Verstoß des Eröffnungsbeschlusses	19
II. Anwendungsbereich	8	cc) Verfahrensrechtlicher ordre public	20
III. Anerkennung ausländischer Eröffnungsbeschlüsse (Abs. 1)	9	dd) Materiellrechtlicher ordre public	25
1. Gegenstand der Anerkennung	9	d) Keine weiteren Anerkennungsvoraussetzungen	32
2. Anerkennungsvoraussetzungen	11	aa) Gegenseitigkeit	32
a) Insolvenzverfahren	11	bb) Wirksamkeit und Rechtskraft des Eröffnungsbeschlusses	33
b) Anerkennungszuständigkeit	12		
aa) Hauptverfahren	12	3. Anerkennungsfolgen	37
bb) Partikularverfahren	15	a) Automatische Wirkungserstreckung	37
c) Kein ordre public Verstoß	17		
aa) Einführung	17		

§ 343 1–6   11. Teil. 2. Abschnitt. Ausländisches Insolvenzverfahren

	RdNr.		RdNr.
b) Teilanerkennung	39	2. Durchführungs- und Beendigungsmaßnahmen	48
4. Folgen der Nichtanerkennung	43	a) Grundsätze	48
a) Nichtanerkennung auf Grund mangelnder Zuständigkeit	44	b) Verwalterbestellung	52
b) Nichtanerkennung auf Grund des ordre public Verstoßes	45	c) Verfahrensleitende Entscheidungen	53
		d) Insolvenzpläne	54
IV. Sonstige Entscheidungen (Abs. 2)	46	e) Restschuldbefreiung	55
1. Sicherungsmaßnahmen	47	f) Aufhebung des Insolvenzverfahrens	56
		3. Annexverfahren	57

I. Normzweck

1 § 343 ist neben § 335 eine der zentralen Normen des internationalen Insolvenzrechts. Die Vorschrift gibt in Absatz 1 den das deutsche Internationale Insolvenzrecht beherrschenden Grundsatz der automatischen Anerkennung ausländischer „Insolvenzverfahren" wieder.[1] Mit § 343 hat der Gesetzgeber die von der Rechtsprechung und Literatur schon zuvor entwickelten Grundsätze der Anerkennung kodifiziert. Danach ist Gegenstand der Anerkennung nicht das Verfahren als solches, sondern der Eröffnungsbeschluss,[2] der damit auch die Anwendung insolvenzrechtlicher Vorschriften im Anerkennungsstaat (die auf Grundlage der Kollisionsnormen zu ermitteln sind) ermöglicht.[3] Die Anerkennung geschieht automatisch, dh. die Anerkennung bedarf keines gesonderten Verfahrens zur Vollstreckbarerklärung. Die Anerkennungsvoraussetzungen entsprechen im Wesentlichen den Voraussetzungen für die Anerkennung ausländischer Entscheidungen nach § 328 ZPO und § 16a FGG. Über diese Vorschriften hinaus dreht § 343 jedoch die Beweislast bezüglich der Anerkennung um: die Anerkennung ist die Regel und darf dagegen nur versagt werden, wenn einer der beiden in § 343 Abs. 1 genannten Versagungsgründe gegeben sind.

2 Bei der Prüfung der inländischen Wirkungen ausländischer Insolvenzverfahren sind **verschiedene Anerkennungsschritte** auseinanderzuhalten:

3 – Voraussetzung ist zunächst, dass es sich bei dem ausländischen Verfahren um ein **„Insolvenzverfahren"** im Sinne des § 343 handelt (zu diesem Qualifikationsproblem vgl. unten RdNr. 11).

4 – Voraussetzung dafür, dass das ausländische Insolvenzverfahren überhaupt Berücksichtigung im Inland erfährt, ist, dass der **Eröffnungsbeschluss** des ausländischen Insolvenzgerichts **anerkannt** wird; diese verfahrensrechtliche Anerkennung ist Gegenstand des § 343 (vgl. dazu im Folgenden unter RdNr. 9 ff.). Ohne Anerkennung dieses Eröffnungsbeschlusses unterstehen der Schuldner aber auch die Gläubiger aus inländischer Sicht keinerlei insolvenzrechtlichen Beschränkungen oder Vorschriften.

5 – Wird der ausländische Eröffnungsbeschluss im Inland nach § 343 anerkannt, dann geben die inländischen **Kollisionsnormen** Auskunft darüber, welches Recht auf die in Frage stehende insolvenzrechtliche Frage anzuwenden ist, und zwar entweder das Recht des Verfahrensstaates (welches die Regelanknüpfung bildet) oder im Wege einer Sonderanknüpfung an das Vertrags- oder das Belegenheitsstatut.

6 – Handelt es sich um **andere Entscheidungen** des ausländischen Insolvenzgerichts, wie z. B. Sicherungsmaßnahmen, oder Entscheidungen die zur Durchführung oder Beendigung das anerkannten Insolvenzverfahren ergehen, so sind die Inlandswirkungen ebenfalls im Rahmen einer verfahrensrechtlichen Anerkennung des Beschlusses gemäß § 343

---

[1] Vgl. BT-Drucks. 15/16 S. 21; ständige Rechtsprechung seit BGHZ 95, 256 ff.; FK-*Wimmer* § 343 RdNr. 1; HK-*Stephan* § 343 RdNr. 3; *Andres/Leithaus/Dahl* § 343 RdNr. 2; *Smid*, Int. Insolvenzrecht, § 343 RdNr. 2; *Hess* InsO, § 343 RdNr. 2.

[2] Vgl. unten RdNr. 10; BGH ZIP 1997, 39, 42 (Norsk Data); *Reinhart* ZIP 1997, 1734, 1737; *Reinhart*, Sanierungsverfahren, S. 124 ff.; *Homann*, System der Anerkennung, S. 19 ff.; *Trunk* KTS 1987, 415 ff.; *Kübler/Prütting/Kemper* § 343 RdNr. 6; *Andres/Leithaus/Dahl* § 343 RdNr. 7; *Gottwald/Gottwald*, Insolvenzrechts-Handbuch, § 343 RdNr. 14; *Mohrbutter/Ringstmeier/Wenner* § 20 RdNr. 162.

[3] Zur Aufteilung in verfahrensrechtliche Anerkennung des Eröffnungsbeschlusses und Kollisionsrecht vgl. insbesondere *Reinhart*, Sanierungsverfahren, S. 127 ff.; BGH ZIP 1997, 39 ff.; Vor §§ 335 RdNr. 35.

Abs. 2 zu ermitteln (vgl. hierzu unten RdNr. 46 ff.). Hierbei ist jeweils zu differenzieren, ob es sich um eine insolvenzrechtliche Entscheidung handelt, bei der die verfahrensrechtliche Anerkennung nach § 343 Abs. 2 zu prüfen ist, oder ob es sich um ein kontradiktorisches Urteil zwischen dem Verwalter und einem Gläubiger handelt, das nicht nach § 343 Abs. 2, sondern nach § 328 ZPO anzuerkennen ist (vgl. hierzu unten RdNr. 57 ff.).

Die weiteren Voraussetzungen der Anerkennung nach § 343 entsprechen im Wesentlichen 7 den Anerkennungsvoraussetzungen der EuInsVO. Art. 16 EuInsVO verlangt zwar keine Überprüfung der Zuständigkeit des Erstgerichts. Dies folgt jedoch daraus, dass die Verordnung – für alle Gerichte der Verordnung verbindlich – die Kriterien für die internationale Zuständigkeit in Art. 3 EuInsVO vorgibt. Eine Überprüfung, ob das Erstgericht die Vorschriften über die internationale Zuständigkeit richtig angewendet hat, findet dagegen nicht mehr statt. Das Fehlen eines *ordre public* Verstoßes wird auch von der Verordnung verlangt, ist jedoch in einer gesonderten Norm (Art. 26 EuInsVO) geregelt. Auch die beiden Richtlinien über die Sanierung und Liquidation von Kreditinstituten oder Versicherungsunternehmen sehen vor, dass der Eröffnungsbeschluss *„ohne weitere Formalität anerkannt und dort wirksam ist, sobald sie in dem Mitgliedstaat, in dem das Verfahren eröffnet wurde, wirksam wird"*.[4] Da die Zuständigkeit in den Richtlinien einheitlich dem Herkunftsmitgliedstaat zugewiesen wird, bedurfte es in den Richtlinien – ebenso wenig wie in der EuInsVO – einer Regelung über die Anerkennungszuständigkeit.

II. Anwendungsbereich

Der sachlich-räumliche Anwendungsbereich des § 343 im Verhältnis zu den vorrangigen 8 Vorschriften der EuInsVO ist – im Gegensatz zur Abgrenzung der Kollisionsnormen des Ersten Abschnitts – einfach. § 343 findet Anwendung, wenn der Eröffnungsbeschluss von einem Gericht erlassen wurde, das nicht zu den Mitgliedstaaten der EuInsVO zählt. Soweit es sich um den Eröffnungsbeschluss des Gerichts eines der Mitgliedstaaten der EuInsVO handelt, findet § 343 nur dann Anwendung, wenn sich der Beschluss auf das Vermögen eines der gemäß Art. 1 Abs. 2 EuInsVO vom persönlichen Anwendungsbereich der Verordnung ausgeschlossenen Schuldner handelt: das sind Kreditinstitute, Versicherungsunternehmen, Wertpapierfirmen und Organismen für gemeinsame Anlagen. Der Anwendungsbereich kann daher spiegelbildlich zum Anwendungsbereich der Art. 16, 25 EuInsVO abgegrenzt werden.[5]

III. Anerkennung ausländischer Eröffnungsbeschlüsse (Abs. 1)

1. Gegenstand der Anerkennung. Für die Anerkennung ausländischer Insolvenzver- 9 fahren gab es bisher unterschiedliche Konzeptionen, weil der Begriff der Anerkennung teils im verfahrensrechtlichen, teils im kollisionsrechtlichen Sinn gebraucht wurde.[6] Nach der mittlerweile wohl hM, die nun auch durch § 343 gesetzlich bestätigt wird, handelt es sich jedoch um eine verfahrensrechtliche Anerkennung, soweit Entscheidungen des ausländischen Insolvenzgerichts betroffen sind. Daher ist beispielsweise der Eröffnungsbeschluss des ausländischen Insolvenzgerichts verfahrensrechtlich anzuerkennen, während sich die Wirkungen des ausländischen Verfahrens erst auf Grund der einzelnen Kollisionsnormen ergeben (vgl. dazu vor §§ 335 RdNr. 27, 34 f.).

Gegenstand der Anerkennung ist der **Eröffnungsbeschluss,**[7] der das Insolvenzverfahren 10 einleitet. Von der Rechtsfolgenseite her betrachtet sind Gegenstand einer verfahrensrecht-

---

[4] Vgl. Art. 9 Richtlinie 2001/24/EG sowie Art. 8 Richtlinie 2001/17/EG.
[5] Vgl. auch die Ausführungen in Art. 16 RdNr. 11 sowie Art. 25 RdNr. 7 EuInsVO.
[6] Vgl. zur Historie ausführlich *Reinhart,* Sanierungsverfahren, S. 124 ff.; *Trunk* KTS 1987, 415, 417; *Homann,* System der Anerkennung, S. 21 ff.
[7] BGH ZIP 1997, 39, 42 (Norsk Data); *Reinhart* ZIP 1997, 1734, 1737; *Reinhart,* Sanierungsverfahren, S. 124 ff.; *Homann,* System der Anerkennung, S. 19 ff.; *Trunk* KTS 1987, 415 ff.; *Kübler/Prütting/Kemper* § 343

lichen Anerkennung die prozessrechtlichen Wirkungen eines ausländischen, von einer hoheitlichen Stelle ergangenen Urteils, Beschlusses oder sonstigen Entscheidung.[8] Verfahrensrechtliche Anerkennung bedeutet hierbei, dass die prozessualen Wirkungen der im Ausland ergangenen Entscheidungen sich auf das Inland erstrecken (Theorie der so genannten Wirkungserstreckung).[9] Dies gilt allerdings nur für die dem deutschen Recht bekannten prozessualen Wirkungen wie Rechtskraft, Rechtshängigkeit, Gestaltungswirkung, Vollstreckbarkeit, Interventionswirkung, etc. (vgl. hierzu noch unten RdNr. 37).

11 **2. Anerkennungsvoraussetzungen. a) Insolvenzverfahren.** Der nach § 343 anzuerkennende Eröffnungsbeschluss muss sich schon dem Wortlaut nach auf ein *"Insolvenzverfahren"* beziehen. Nach dem Gesetzgeber sind darunter Verfahren zu verstehen, die „in etwa die gleichen Ziele wie die Verfahren der Insolvenzordnung verfolgen".[10] Als Orientierungshilfe verweist der Gesetzgeber hierbei auf die in den Anhängen A und B der EuInsVO genannten Verfahren. Diese können als Beispiele anerkennungsfähiger Typen von Verfahren herangezogen werden, da die in den Anhängen zur EuInsVO genannten Verfahren selbst nicht Gegenstand einer Anerkennung nach § 343 sein können.[11] Bei der Qualifikation eines ausländischen Verfahrens als „Insolvenzverfahren" im Sinne der deutschen Rechtsordnung sollte man jedoch rechtspolitisch Zurückhaltung üben.[12] Auch Insolvenzverfahren, die rechtspolitisch den Sanierungsgedanken des Insolvenzrechts stärker betonen und den in der InsO als maßgeblich verankerten Grundsatz der Gläubigerautonomie zurückstellen, sind gegebenenfalls als Insolvenzverfahren zu qualifizieren (zum Begriff des Insolvenzverfahrens vgl. im Einzelnen Vor §§ 335 RdNr. 95 ff.).

12 **b) Anerkennungszuständigkeit. aa) Hauptverfahren.** Ebenso wie bei der Anerkennung ausländischer Urteile nach § 328 ZPO ist auch im Rahmen der Anerkennung des ausländischen Eröffnungsbeschlusses festzustellen, ob das ausländische Insolvenzgericht gemäß unseren inländischen Vorschriften international zuständig ist (§ 343 Abs. 1 Nr. 1). Dies entspricht der bisherigen Rechtsprechung und Lehre sowie der Vorläufervorschrift des Art. 102 EGInsO aF.[13] Danach ist das ausländische Insolvenzgericht zuständig, wenn der Schuldner gemäß Art. 3 EuInsVO bzw. analog § 3 den Mittelpunkt seiner selbstständigen wirtschaftlichen Tätigkeit im Staat des Verfahrensstaates hat bzw. in Ermangelung einer selbstständigen wirtschaftlichen Tätigkeit seinen allgemeinen Gerichtsstand im Staat des Verfahrensstaates hat.[14] Ob die Anerkennungszuständigkeit über Art. 3 EuInsVO oder § 3 zu ermitteln ist, bestimmt sich danach, ob hinsichtlich des Schuldners der persönliche Anwendungsbereich der EuInsVO eröffnet ist (Art. 1 Abs. 2 EuInsVO). Ist das der Fall, ist spiegelbildlich auch die Anerkennungszuständigkeit über Art. 3 Abs. 1 EuInsVO zu ermit-

---

RdNr. 6; *Andres/Leithaus/Dahl* § 343 RdNr. 7; *Gottwald/Gottwald,* Insolvenzrechts-Handbuch, § 343 RdNr. 14; *Mohrbutter/Ringstmeier/Wenner* § 20 RdNr. 162.
[8] *Geimer,* IZPR, RdNr. 2776; *Schack,* IZVR, RdNr. 776.
[9] Vgl. *Martiny,* in: Hdb. IZVR, Bd. III/1 RdNr. 362 ff.; *Zöller/Vollkommer/Geimer,* ZPO § 328 RdNr. 20 f.; *Geimer,* IZPR, RdNr. 2776; *Stein/Jonas/Roth,* ZPO, § 328 RdNr. 7; *Schack,* IZVR, RdNr. 791.
[10] So ausdrücklich BT-Drucks. 15/16 S. 21.
[11] Soweit es sich nicht um Schuldnervermögen handelt, die gemäß Art. 1 Abs. 2 EuInsVO vom persönlichen Anwendungsbereich der Verordnung ausgenommen sind, werden die in den Anhängen genannten Verfahren auch auf Grundlage der EuInsVO anerkannt, so dass eine Anwendung des § 343 ausscheidet.
[12] Vgl. ausführlich *Graf,* Die Anerkennung ausländischer Insolvenzentscheidungen, S. 262 ff., insb. 270 ff.; *MünchKommBGB-Kindler,* Bd. 11, IntInsR RdNr. 1022; BAG ZIP 2007, 2047.
[13] Zu dessen Entstehungsgeschichte vgl. § 384 Nr. 1 des RegE, BT-Drucks. 12/2443 S. 68; ebenso wie Art. 9 (1) des Vorentwurfes, abgedruckt in *Stoll,* Stellungnahmen und Gutachten, S. 5; gl. zum alten Recht BGHZ 95, 256, 270; 122, 373, 375; vgl. zur Anerkennungszuständigkeit nach Art. 102 EGInsO aF BGH NZI 2001, 646, 647.
[14] Diese Grundregel ist unbestritten, vgl. *Kübler/Prütting/Kemper* § 343 RdNr. 11; FK-*Wimmer* § 343 RdNr. 8; *Andres/Leithaus/Dahl* § 343 RdNr. 12; *Smid,* Int. Insolvenzrecht, § 343 RdNr. 2; HK-*Stephan* § 343 RdNr. 8; *MünchKommBGB-Kindler,* Bd. 11, IntInsR RdNr. 1027; *Ludwig,* Neuregelungen des deutschen Internationalen Insolvenzverfahrensrechts, S. 78 f.; *Graf,* Die Anerkennung ausländischer Insolvenzentscheidungen, S. 293 f.; so im Ergebnis auch *Mohrbutter/Ringstmeier/Wenner* § 20 RdNr. 187; vgl. aus der Rspr. BGH NZI 2001, 640; OLG Köln NZI 2001, 380.

teln.¹⁵ Dies gilt auch, wenn der Schuldner den Mittelpunkt seiner hauptsächlichen Interessen bzw. seinen Sitz/Wohnsitz erst kurz vor Eröffnung des Insolvenzverfahrens ins Ausland verlegt hat. Entsprechende Sitzverlegungen sind allenfalls im Rahmen des *ordre public*-Einwandes beachtlich.¹⁶

In den Fällen, in denen ausnahmsweise die Zuständigkeit mehrerer ausländischer Staaten gegeben ist, und auch in mehreren Staaten ein Insolvenzverfahren eröffnet worden ist, gilt die in § 3 Abs. 2 enthaltene **Prioritätsregel** auch für die Anerkennungszuständigkeit analog. Demnach ist nur dasjenige Gericht zuständig, bei dem zuerst die Eröffnung des Insolvenzverfahrens beantragt worden ist.¹⁷ Die Gegenauffassung in der Literatur, die für die Prioritätsregel auf den Zeitpunkt der Verfahrenseröffnung abstellen möchte,¹⁸ verkennt, dass regelmäßig bereits vor Eröffnung des Insolvenzverfahrens das Insolvenzgericht bereits Sicherungsmaßnahmen anordnet, die im Inland ebenfalls anzuerkennen sind (vgl. unten RdNr. 47). Es kann aber bei parallelen Eröffnungsverfahren in mehreren Staaten aus Gründen der Rechtssicherheit nicht offen bleiben, nach welcher Rechtsordnung die bereits vor Eröffnung angeordneten Sicherheitsmaßnahmen zu beurteilen sind. Stellt das Gericht des Staates, in dem das Insolvenzverfahren zuerst beantragt worden war, das Verfahren ein, und kommt es zu einer Eröffnung des Verfahrens in dem anderen, ebenfalls zuständigen Staat, so sind die Wirkungen des Erstverfahrens hinfällig. Nur in diesem Fall kommt es zu einem Wechsel des anzuerkennenden Verfahrens und damit auch des anwendbaren Rechts, weil dann dem eröffneten Verfahren rückwirkend Wirkung von Anfang an beigemessen werden muss.

Die Möglichkeit solcher konkurrierender Verfahren ist nicht zu unterschätzen, insbesondere wenn sich die Insolvenzrechte beider Verfahrensstaaten hinsichtlich des Schuldner- oder Gläubigerschutzes unterscheiden und daher die Durchführung des Verfahrens in einem bestimmten Staat Vorteile für entweder den Schuldner oder aber die Gläubigergemeinschaft bringen kann.¹⁹

bb) Partikularverfahren. Hat der Gemeinschuldner den Mittelpunkt seiner selbstständigen wirtschaftlichen Tätigkeit oder seinen allgemeinen Gerichtsstand nicht im Staat des Verfahrensstaates, so ist das ausländische Verfahren aus unserer Sicht nicht zur Eröffnung eines Hauptverfahrens zuständig. Es kann sich gemäß unseren Zuständigkeitsvorschriften allenfalls um ein Partikularverfahren handeln, das auf das im Partikularverfahrensstaat belegene Vermögen beschränkt ist. Liegen die Zuständigkeitskriterien für die Eröffnung eines solchen Partikularverfahrens vor, dh. befindet sich im Verfahrensstaat Vermögen des Gemeinschuldners, so kann auch der Beschluss zur Eröffnung eines solchen Partikularverfahrens anerkannt werden.²⁰

---

¹⁵ Vgl. oben § 335 RdNr. 20 ff.
¹⁶ Vgl. OLG Köln NZI 2001, 380, 381; BGH NZI 2001, 646, 647; AG Düsseldorf NZI 2000, 555; vgl. zur Verlagerung des Anknüpfungspunktes auch Art. 3 RdNr. 52 EuInsVO.
¹⁷ Wie hier *Graf*, Die Anerkennung ausländischer Insolvenzentscheidungen, S. 300 f.; unklar FK-*Wimmer* § 343 RdNr. 7; *Schmidt*, System des deutschen internationalen Konkursrechtes, S. 171 (Fn. 331); *Soergel-Kegel*, Vorbem. RdNr. 245 vor Art. 7 EGBGB; *Gottwald/Arnold*, 1. Aufl., § 122 RdNr. 27, der allerdings auf die Priorität des Zugriffs abstellt; anders wohl nun *Gottwald/Gottwald*, Insolvenzrechts-Handbuch, 2. Aufl., § 130 RdNr. 18; *Gottwald/Gottwald*, Insolvenzrechts-Handbuch, § 132 RdNr. 25 aA. nämlich auf die Verfahrenseröffnung abstellend: *Kübler/Prütting/Kemper* § 343 RdNr. 14; *Braun/Liersch* § 343 RdNr. 9; *Andres/Leithaus/Dahl* § 343 RdNr. 14; *Leipold*, Festschrift für Henckel, S. 530, 534.
¹⁸ So *Jaeger/Jahr* §§ 237/238, RdNr. 213, 216; *Pielorz*, Auslandskonkurs und Disposition über das Inlandsvermögen, S. 72; *Hanisch* ZIP 1985, 126 (Fn. 30).
¹⁹ Das war z. B. der Fall im Sanierungsverfahren der Maxwell Communication Corporation, in dem sowohl in England, als auch in den USA Insolvenzverfahren beantragt wurden; vgl. zu den Hintergründen *Reinhart*, Sanierungsverfahren, S. 270 ff.; *Göpfert*, ZZPInt 1996, S. 259 ff.
²⁰ Ebenso *Reithmann/Martiny/Hausmann*, IVR, RdNr. 2570, 2600; *Gottwald/Gottwald*, Insolvenzrechts-Handbuch, § 132 RdNr. 88 ff.; *Braun/Liersch* § 343 RdNr. 6; MünchKommBGB-*Kindler*, Bd. 11, IntInsR RdNr. 1048; *Andres/Leithaus/Dahl* § 343 RdNr. 2; *Kübler/Prütting/Kemper* § 343 RdNr. 1 f.; *Mohrbutter/Ringstmeier/Wenner* § 20 RdNr. 189; *Jaeger/Jahr* §§ 237/238, RdNr. 117, 153, 239; anders noch *Mohrbutter/Wenner*, 7. Aufl., Kap. XXIII RdNr. 115 und 51, 24–31; gegen eine Anerkennung des Partikularverfahrens wohl auch *Kuhn/Uhlenbruck* §§ 237/238 RdNr. 69; *Ebenroth* ZZP 101 (1988) 121, 157 ff.

16 Dass auch ein ausländisches Partikularverfahren anerkannt werden kann, ergibt sich zum einen daraus, dass alle inländischen Zuständigkeitsvorschriften bei einer verfahrensrechtlichen Anerkennung uneingeschränkt auch für die Anerkennungszuständigkeit ausländischer Gerichte gelten. So gibt es auch im Rahmen des § 328 ZPO keine Einschränkung für die Anerkennungszuständigkeit gemäß §§ 12 ff. ZPO. Wenn die inländische Rechtsordnung auf Grund von Vermögensbelegenheit im Inland für sich die Zuständigkeit zur Durchführung eines inländischen Partikularverfahrens in Anspruch nimmt, so kann dies anderen Rechtsordnungen nicht verwehrt werden. Zum anderen bedeutet eine Anerkennung eines Eröffnungsbeschlusses eines ausländischen Partikularverfahrens keineswegs, dass damit sämtliche Wirkungen des Verfahrens anzuerkennen sind. Beschränkt sich der Eröffnungsbeschluss des ausländischen Partikularverfahrens ebenfalls auf das dortige inländische Vermögen, so bestehen keine Probleme bestimmte Wirkungen des Verfahrens, die eventuell im Inland relevant werden können (wie z. B. die Handlungsbefugnis des Insolvenzverwalters) anzuerkennen. Beschränkt sich der Eröffnungsbeschluss jedoch nicht auf das inländische Vermögen, sondern erfasst auch das ausländische Vermögen, dann können freilich diejenigen Wirkungen nicht anerkannt werden, die über das im Verfahrensstaat belegene Vermögen hinausgehen. Denn nach § 354 Abs. 1 ist das ausländische Gericht nur zur Eröffnung eines Partikularverfahrens, dh. eines auf das inländische Vermögen beschränkte Verfahren, befugt. Für darüber hinausgehende Anordnungen oder Rechtswirkungen fehlt dann dem Gericht zu Zuständigkeit, so dass es zumindest zu einer Teilanerkennung des ausländischen Eröffnungsbeschlusses kommen kann.

17 **c) Kein *ordre public* Verstoß. aa) Einführung.** Im internationalen Insolvenzrecht gilt sowohl im Kollisionsrecht als auch im internationalen Verfahrensrecht der ***ordre public***-Vorbehalt (unstreitig, vgl. auch oben vor §§ 335 RdNr. 40 f.). Der Gesetzgeber hat daher den für die verfahrensrechtliche Anerkennung in §§ 328, 1041 I Nr. 2, 1044 II Nr. 2 ZPO und § 16 a Nr. 4 FGG verwendeten Gesetzestext wörtlich übernommen. Das entspricht auch den bereits vor Inkrafttreten der InsO von der Rechtsprechung entwickelten Anerkennungsgrundsätzen.[21] Danach ist die Anerkennung ausländischer insolvenzrechtlicher Beschlüsse zu versagen, soweit dies zu einem Ergebnis führen würde, dass mit wesentlichen Grundsätzen des deutschen Rechts offensichtlich unvereinbar ist, insbesondere soweit sie mit den Grundrechten unvereinbar ist.

18 Die Übernahme des in § 328 ZPO und anderen Vorschriften verwendeten Wortlautes indiziert, dass für die Anwendung des *ordre public*-Vorbehaltes die selben Grundsätze gelten. In Anlehnung an die zu § 328 ZPO ergangene Rechtsprechung kann daher differenziert werden zwischen Verstößen gegen wesentliche Rechtsgrundsätze oder Grundrechte hinsichtlich des ausländischen Verfahrens (vgl. hierzu unter cc)) oder hinsichtlich des angewandten materiellen Rechts, das der ausländischen Entscheidung zugrunde liegt (vgl. im Folgenden unter dd)).

19 **bb) *Ordre public* Verstoß des Eröffnungsbeschlusses.** Sorgfältig zu differenzieren ist jedoch jeweils, auf welcher Ebene der *ordre public*-Verstoß anzusiedeln ist. Wie oben ausgeführt (vgl. 3 ff.) ist im Rahmen der Inlandswirkungen ausländischer Insolvenzverfahren zu differenzieren zwischen der zunächst zu prüfenden Anerkennung des eigentlichen Eröffnungsbeschlusses und – soweit dieser verfahrensrechtlich anerkannt werden kann – der Bestimmung des sodann für bestimmte Folgewirkungen anwendbaren Rechts auf Grund von Kollisionsnormen. Die *ordre public*-Prüfung findet daher im Rahmen der Bestimmung der Wirkungen des ausländischen Verfahrens auf zwei Ebenen statt, nämlich auf der Ebene der verfahrensrechtlichen Anerkennung des Eröffnungsbeschlusses und darüber hinaus auf der Ebene des von der Kollisionsnorm berufenen anwendbaren materiellen Rechts.[22] Enthalten einzelne dieser Folgewirkungen einen *ordre public*-Verstoß, so greift der auch im internationalen Insolvenzrecht anwendbare kollisionsrechtliche *ordre public* (Art. 6

---

[21] Vgl. BGH NJW 1997, 524; BGH NJW 1994, 2549; BGH NJW 1993, 2312; BGH NJW 1985, 2897.
[22] Ebenso *Homann*, System der Anerkennung, S. 98 f.; *Reinhart*, Sanierungsverfahren, S. 180 ff.

EGBGB).²³ Dies beeinflusst jedoch nicht die Anerkennung des Eröffnungsbeschlusses. *Ordre public*-widrig ist dann nicht der Eröffnungsbeschluss und die damit einhergehende Anerkennung des Insolvenzstatus des Schuldners, sondern „lediglich" die einzelne Folgewirkung, die sich aus der Anwendung des ausländischen Rechts auf Grund der Verweisung der deutschen Kollisionsnormen ergibt.²⁴ Unrichtig ist daher, im Zusammenhang mit einzelnen aus deutscher Sicht nicht akzeptablen Folgewirkungen davon zu sprechen, das ausländische Verfahren könne nicht anerkannt werden.²⁵ Ebenso wenig handelt es sich um eine Teilanerkennung.²⁶ Zwar unterbindet der Wortlaut des § 343 Abs. 1 Nr. 2 die Anerkennung, „soweit" ein *ordre public*-Verstoß vorliegt. Dabei wird im Rahmen der *ordre public*-Problematik jedoch nur selbstverständliches ausgesprochen, da der *ordre public*-Einwand als ultima ratio immer nur insoweit eingesetzt werden kann, als ein entsprechender Verstoß vorliegt.

cc) Verfahrensrechtlicher *ordre public*. Ein Verstoß gegen den verfahrensrechtlichen **20** *ordre public* liegt vor, wenn das ausländische Verfahren von den Grundprinzipien des deutschen Rechts so stark abweicht, dass es nicht mehr rechtsstaatlichen Anforderungen entspricht.²⁷ Unterschiede in der rechtlichen Ausgestaltung des Verfahrensablaufes und der Verfahrensbeteiligung des Schuldners und der Gläubiger sind hinzunehmen, auch soweit hierbei das grundgesetzlich geschützte rechtliche Gehör eingeschränkt wird.²⁸ Entscheidend ist ohnehin, wie der ausländische Richter im konkreten Einzelfall verfahren ist.²⁹ Ein *ordre public*-Verstoß wäre beispielsweise gegeben, wenn dem Gemeinschuldner vor Verfahrenseröffnung kein rechtliches Gehör gewährt worden ist.³⁰

Ein *ordre public*-Verstoß ist nicht deswegen schon gegeben, weil das ausländische Ver- **21** fahren die **Selbstverwaltung der Gläubiger einschränkt** und die Abwicklung und die maßgeblichen Verwertungsentscheidungen auf ein Gericht oder eine Behörde überträgt.³¹ So trifft beispielsweise im Rahmen der italienischen *amministrazione straordinaria* oder der französischen *redressement judiciaires* das Insolvenzgericht und nicht die Gläubiger die Entscheidung, wie das Schuldnervermögen verwertet werden soll. Die Beteiligung der Gläubiger bei der Abwicklung der Insolvenz ist weitgehend zurückgedrängt. Zwar wird im deutschen Insolvenzrecht die Selbstverwaltung der Gläubiger als das die Insolvenzabwicklung beherrschende Prinzip angesehen.³² Bisweilen wird ihr sogar verfassungsrechtlichen Rang beigemessen.³³ Auch bei der Insolvenzrechtsreform wurde die Gläubigerselbstverwaltung vom Gesetzgeber als eines der maßgeblichen Ziele und Prinzipien der Reform angesehen.³⁴ Verfassungsrechtlichen Rang oder eine Stellung als grundlegende Verfahrensmaxime hat die Gläubigerselbstverwaltung jedoch nicht. Denn die Gläubigerselbstverwaltung wurde auch vom Gesetzgeber der Insolvenzordnung nicht als verfassungsrechtlicher Grundsatz verstanden, sondern als Ausprägung der marktwirtschaftlich, deregulierten Ab-

---

[23] Vgl. oben Vor §§ 335 RdNr. 40 f.
[24] Ebenso, allerdings mit anderer Begründung: *Kübler/Prütting/Kemper*, Art. 102 RdNr. 88; *Nerlich/Römermann/Mincke*, Art. 102 RdNr. 245; *Trunk*, Internationales Insolvenzrecht, S. 272; ähnlich wohl auch FK-*Wimmer*, Art. 102 RdNr. 284.
[25] So aber *Gottwald/Gottwald* § 132 RdNr. 26; ohne Differenzierung auch *Geimer*, IZPR, RdNr. 3515.
[26] So aber *Kübler/Prütting/Kemper* § 343 RdNr. 20; *Andres/Leithaus/Dahl* § 343 RdNr. 16; *Mohrbutter/Ringstmeier/Wenner* § 20 RdNr. 193; *Gottwald/Gottwald*, Insolvenzrechts-Handbuch, § 132 RdNr. 29; *Trunk*, Internationales Insolvenzrecht, S. 272; ähnlich wohl auch FK-*Wimmer* § 343 RdNr. 11.
[27] So BGH RIW 1984, 557, 558; BGH IPRax 1992, 33, 35; BGH VersR 1992, 1284; *Martiny*, in: Hdb. IZVR, Bd. III/1 RdNr. 1096; *Stein/Jonas/Roth*, ZPO, § 328 RdNr. 105; zum *ordre public* im internationalen Insolvenzrecht auch *Spellenberg*, in: *Stoll*, Stellungnahmen und Gutachten, S. 187.
[28] BGHZ 48, 327, 330; BGH NJW 1997, 1114, 1115.
[29] So BGHZ 48, 327, 333.
[30] *Gottwald/Gottwald*, Insolvenzrechts-Handbuch, § 132 RdNr. 27; *Kübler/Prütting/Kemper* § 343 RdNr. 17; *Andres/Leithaus/Dahl* § 343 RdNr. 18; *Summ*, Anerkennung ausländischer Konkurse, S. 38.
[31] Vgl. auch *Reinhart*, Sanierungsverfahren, S. 181 f.; *Graf*, Die Anerkennung ausländischer Insolvenzentscheidungen, S. 305.
[32] *Kuhn/Uhlenbruck*, 10. Aufl., Vorb. RdNr. 6; *Weber* KTS 1959, 80, 86 f.; für die Selbstverwaltung nach der InsO vgl. *Jelinek*, in: Insolvenzrecht im Umbruch (1991), S. 21 ff. und *Heinze*, ebd. S. 31 ff.
[33] So von *Hegmanns*, Der Gläubigerausschuss, S. 23 ff., 37.
[34] Vgl. BT-Drucks. 12/2443 vom 15. 4. 1992 S. 78 unter cc) und S. 79 unter kk).

wicklung der Insolvenz.³⁵ Darüber hinaus ist der Gläubigerselbstverwaltung auch nach der Insolvenzordnung durch gesetzliche Vorgaben, deren Einhaltung wiederum vom Insolvenzgericht überprüft werden können, Grenzen gesetzt.³⁶ Schließlich ist die Beschränkung der Gläubigerautonomie in diesen Fällen nur eine Ausprägung des materiellen Rechts, das verlangt, das in dem Verfahren auch Interessen der Allgemeinheit an der Erhaltung der Arbeitsplätze, Erhaltung des Unternehmens etc. zu berücksichtigen sind. Die weitgehende Übertragung der Abwicklung des Verfahrens auf das Insolvenzgericht vermag daher einen *ordre public* Einwand nicht zu begründen.

22   Eine Beschränkung der Gläubigerbeteiligung könnte erst dann *ordre public*-widrig sein, wenn den Gläubigern kein rechtliches Gehör mehr gewährt werden würde. Aber auch der **weitgehende Ausschluss der Gläubiger vom Verfahren** wie beispielsweise im französischen Insolvenzrecht und die damit verbundene Einschränkung des rechtlichen Gehörs verstoßen nicht notwendig gegen den *ordre public*.³⁷ Das französische Insolvenzverfahren sieht nämlich vor, dass die Wahrnehmung der Interessen der Gläubiger einem unabhängigen, den Verfahrenszielen verpflichteten Beauftragten der Rechtspflege (sog. „*mandataire de justice*"), der auf Grund besonderer Sachkunde und einer Zulassungsprüfung zu diesem Amt zugelassen ist, übertragen wird. Dieser wird bereits im Eröffnungsbeschluss ohne vorherige Anhörung der Gläubiger bestimmt. Im Verfahren ist alleine dieser Gläubigervertreter berechtigt, im Namen und im Interesse der Gläubigergemeinschaft zu handeln, Stellungnahmen abzugeben oder Anträge zu stellen. Auch zu mündlichen Verhandlungen erscheinen nur die sog. Verfahrensorgane, d.h. Schuldner, Verwalter und Gläubigervertreter.³⁸ Die persönliche Anhörung von einem oder mehreren Gläubigern wird nur gewährleistet, wenn diese mindestens 15 Prozent der Gesamtforderungen vertreten.³⁹ Alleine Fragen, die lediglich einzelne Gläubiger betreffen, wie z.B. die Feststellung strittiger Forderungen, werden noch von den einzelnen Gläubigern wahrgenommen.

23   Dennoch dürfte in diesem weitgehenden Ausschluss der Gläubiger nicht zwangsläufig eine Verletzung des Anspruchs auf rechtliches Gehör liegen. Denn Art. 103 Abs. 1 GG verlangt nicht eine bestimmte Verfahrensart oder Form des Gehörs. So wird beispielsweise im französischen Verfahren rechtliches Gehör gegenüber dem Gläubigervertreter gewährt, bei dem es sich um einen unabhängigen Beauftragten der Rechtspflege handelt. Da es sich um eine kollektives Verfahren handelt, dürfte dies auch eine zulässige Form der Kanalisierung von Interessen der Gläubigergemeinschaft sein, zumal den einzelnen Gläubigern ein subsidiäres Initiativrecht zugestanden, wenn der Gläubigervertreter untätig bleibt.⁴⁰ Problematisch dürfte die Einschränkung jedoch werden, wenn Stellungnahmen oder Anträge der Gläubiger überhaupt nicht mehr zur Kenntnis des entscheidenden Richters gelangen und auch ein subsidiäres Initiativrecht den Gläubigern nicht gewährt wurde. Insoweit ist die verfahrensrechtliche Ausgestaltung des rechtlichen Gehörs nicht per se *ordre public*-widrig, sondern allenfalls im Einzelfall die Handhabung durch den Gläubigervertreter und das Gericht.

24   Soweit Verfahrensfehler als *ordre public*-Verstoß in Betracht kommen, ist allerdings zu beachten, inwieweit die Partei den Verfahrensverstoß bereits im Erstprozess mit den Mitteln des erststaatlichen Rechts zu beseitigen versucht hat. Hierzu muss die betroffene Partei die ihr zur Verfügung stehenden Rechtsmittel ausgeschöpft haben, um eine Korrektur des Verfahrensfehlers zu bewirken. Nur wenn die Einlegung von Rechtsmitteln keine Aussicht

---

³⁵ Vgl. BT-Drucks. 12/2443 vom 15. 4. 1992 S. 77 ff.; *Balz,* Sanierung von Unternehmen, S. 19 f., bezeichnet die Entscheidung über die Verwertung des Schuldnervermögens als Investitionsentscheidung, die nur von den Kapitalgebern getroffen werden könne.
³⁶ Vgl. den Minderheitenschutz oder das Obstruktionsverbot nach §§ 245, 251 InsO.
³⁷ Hierzu ausführlich *Reinhart,* Sanierungsverfahren, S. 231 ff.; anders aber bei einem automatischen Verlust der Forderung bei nicht fristgemäßer Forderungsanmeldung, so OLG Stuttgart ZInsO 2007, 611 ff.
³⁸ Vgl. auch *Zierau,* Die Stellung der Gläubiger im französischen Insolvenzverfahren, S. 76 ff.; Art. 46 I Gesetz Nr. 85–98.
³⁹ Vgl. Art. 86 Abs. 3 Décret Nr. 85–1388.
⁴⁰ Vgl. *Derrida/Godé/Sortais,* Redressement et liquidation judiciaires, Anm. 514 f.; Cass.com. D 1981, 643.

auf Erfolg hätte, wäre ein Verzicht, den Verfahrensfehler zu korrigieren, unbeachtlich. Andernfalls wäre die Partei mit dem *ordre public*-Einwand ausgeschlossen.[41]

dd) Materiellrechtlicher ordre public. Häufiger als verfahrensrechtliche Fragen werden jedoch Abweichungen im materiellen Recht zum Gegenstand der *ordre public*-Kontrolle im Anerkennungsstaat gemacht. Abweichungen von zwingenden Vorschriften des deutschen Rechts begründen nach allgemeiner Auffassung selbst noch keinen *ordre public*-Verstoß,[42] so dass Abweichungen vom deutschen (zwingenden) Insolvenzrecht grundsätzlich hinzunehmen sind. Auch hier ist ein *ordre public*-Verstoß grundsätzlich nur dann anzunehmen, wenn es zu einer untragbaren Rechtsabweichung kommt. 25

Als Anwendungsfall des materiellrechtlichen *ordre public* wird in der Literatur regelmäßig die **Diskriminierung ausländischer Gläubiger** genannt, wenn nämlich der ausländische Verfahrensstaat ausländische Gläubiger gegenüber den inländischen Gläubigern benachteiligt.[43] Eine Ungleichbehandlung allein auf Grund der Nationalität oder des Sitzes eines Gläubigers verstößt gegen Art. 3 GG, weil es sich um keine sachlich gerechtfertigte Differenzierung handelt. 26

Abweichende **Verteilungsregeln für ungesicherte Gläubiger** können grundsätzlich nicht zu einem *ordre public* Verstoß führen. Zwar hatten amerikanische Gerichte in der Entscheidung *Iverseas Inns* die in einem Insolvenzplan gerichtlich bestätigte Forderungskürzung nicht anerkannt, weil der amerikanische Fiskus abweichend vom US Bankruptcy Code kein Vorrecht erhalten hatte und darin ein Verstoß gegen die (dem *ordre public* Vorbehalte vergleichbare) *public policy* liege.[44] Auch in der schweizer Literatur wird vereinzelt verlangt, dass ein ausländischer Insolvenzplan nur dann anerkannt werden könne, wenn der Insolvenzplan auch die vom schweizerischen Insolvenzrecht geforderten materiellen Voraussetzungen für die gerichtliche Bestätigung des Planes erfülle, und zwar dass die privilegierten Gläubiger mit Wohnsitz in der Schweiz gemäß Art. 306 Abs. 2 SchKG vollständig befriedigt werden müssten.[45] Diesen Tendenzen, für die Behandlung der ungesicherten Gläubiger eine weitgehende Übereinstimmung mit dem inländischen Recht zu fordern, ist jedoch entgegenzutreten. Zwar gab es in der Bundesrepublik hinsichtlich der Ausgestaltung der Vorrechte auch verfassungsrechtliche Kritik an der Ausgestaltung der Vorrechte durch die Rechtsprechung, die letztlich zu einer Abschaffung derselben führte.[46] Verfassungsrang kommt den Verteilungsregeln für die ungesicherten Gläubiger nicht zu. Anderen Rechtsordnungen steht es daher frei, abweichend von der Insolvenzordnung, die nun nur noch zwischen gesicherten, ungesicherten nicht nachrangigen und nachrangigen Gläubigern unterscheidet,[47] weitere Differenzierungen zwischen den ungesicherten Gläubigern vorzusehen, wie dies zuvor auch im Rahmen der Konkursordnung der Fall war. Die anderweitige Ausgestaltung von 27

---

[41] BGH NJW 1990, 2201; OLG Saarbrücken IPRax 1989, 39; MünchKommZPO-*Gottwald* § 328 RdNr. 10289; *Geimer*, IZPR, RdNr. 2955; aA *Schack*, IZVR, RdNr. 866.
[42] BGH NJW-RR 1991, 1213; BGH NJW 1997, 524, 527 (Norsk Data); vgl. *Stein/Jonas/Roth*, ZPO, § 328 RdNr. 103.
[43] *Gottwald/Gottwald*, Insolvenzrechts-Handbuch, § 132 RdNr. 28; FK-*Wimmer* § 343 RdNr. 12; *Kübler/Prütting/Kemper* § 343 RdNr. 18; MünchKommBGB-*Kindler*, Bd. 11, IntInsR RdNr. 1034; *Thieme* RabelsZ 37 (1973), 682, 694; ausführlich *Nadelmann*, U. Penn.L.R. 91 (1946), S. 601 ff.; *Graf*, die Anerkennung ausländischer Insolvenzentscheidungen, S. 306 f.
[44] Overseas Inns 685 F. Supp. (N.D. Tex. 1988), bestätigt durch das Berufungsgericht in 911 F. 2d 1146 (5th Cor. 1990); ablehnend auch *Riesenfels*, in: Festschrift für Merrymann, S. 427; zustimmend dagegen, weil es sich um eine Steuerforderung gehandelt habe dagegen O'Donnel, Suffolk Transnat'l L. J. 1992, 747, 755; *Glosband/Katucki*, Brooklyn J. Int'l. L. 17 (1991), 477, 495.
[45] So allerdings unter Berufung auf das Kriterium der „angemessenen Berücksichtigung nach Art. 175, 173 Abs. 3 IPRG *Staehelin*, Die Anerkennung ausländischer Konkurse und Nachlassverträge in der Schweiz, S. 179 f.; *Breitenstein*, Internationales Insolvenzrecht der Schweiz, S. 203 f.; *Gilliéron*, Les dispositions, S. 66; *ders.* BlSchK 1988, 213.
[46] Gegenstand der verfassungsrechtlichen Kritik war Art. 3 GG und die Behandlung von Sozialplanforderung nach § 61 KO durch die Rechtsprechung, vgl. BVerfGE 65, 182; zur Abschaffung der Vorrechte BT-Drucks. 12/2443 vom 15. 4. 1992 S. 90.
[47] Vgl. §§ 50, 51, 38, 39 InsO.

Vorrechten stößt nur insoweit an Grenzen, als für die Regelung kein sachlich begründetes Differenzierungskriterium zugrunde liegt. Der Nach- oder Vorrang einer ungesicherten Forderung auf Grund des Wohnsitzes oder der Nationalität des Gläubigers verstieße daher gegen den *ordre public* (vgl. auch oben RdNr. 26).

28 Häufig werden auch **Eingriffe in die Vermögensrechte der Gläubiger,** die unserem Recht unbekannt sind oder über das nach inländischem Recht erlaubte hinausgehen, als *ordre public*-Verstoß diskutiert. Solche Rechtsunterschiede, auch wenn sie wesentlich sind, begründen regelmäßig jedoch keinen Verstoß gegen den *ordre public*.[48] Zwar hatte der Vorentwurf des Bundesjustizministeriums vorgeschrieben, dass ausländische Insolvenzpläne nicht anzuerkennen seien, wenn der Betroffene dem Plan widersprochen habe und er nach dem Plan schlechter stehe, als er ohne einen Plan stünde.[49] Als Begründung wurde ausgeführt, dass eine Anerkennung des Insolvenzplanes ausscheide, wenn die Interessen der Beteiligten gegenüber gesamtwirtschaftlichen Belangen, insbesondere einem gesamtwirtschaftlichen Interesse an der Erhaltung bestehender Unternehmen oder Arbeitsplätze oder minder geschützt würden als bei einer Zwangsverwertung im Rahmen einer Liquidation.[50] Damit hebt man freilich die **Garantie des Liquidationswertes,** die die Insolvenzordnung bei der Verwertungsentscheidung der Gläubiger als Entscheidungsmaßstab heranzieht, in den Rang eines *ordre public*.[51] Bei der Liquidationsgarantie handelt es sich jedoch nicht um einen wesentlichen Grundsatz des deutschen Rechts. So sahen die Vorschläge der Kommission für Insolvenzrecht selbst keine Liquidationsgarantie bei der Verwertungsentscheidung vor.[52] Und schließlich berührt die Liquidationsgarantie auch nicht den Kernbereich des verfassungsrechtlich geschützten Eigentums nach Art. 14 GG, zumindest nicht bei den ungesicherten Gläubigern.

29 Daher verstoßen **industriepolitische Sanierungsverfahren,** bei denen die Befriedigung der Gläubiger gegenüber der Erhaltung des Unternehmens eine untergeordnete Rolle spielt, nicht gegen den *ordre public*.[53] In der Literatur wird zwar häufig einer Nichtanerkennung solcher Verfahren das Wort geredet, und zwar vielfach mit dem Argument, es handele sich nicht um Insolvenzverfahren.[54] Kritisiert wird hierbei der „enteignende" Charakter solcher Verfahren. Wenn auch die damit verbundene rechtspolitische Kritik beachtenswert ist, liegt in der Einschränkung von Gläubigerrechten nicht notwendig ein *ordre public*-Verstoß. Zunächst kann der Eröffnungsbeschluss solcher Verfahren selbst niemals *ordre public* widrig sein, da dieser Beschluss nur die Eröffnung eines Insolvenzverfahrens zum Gegenstand hat und sich die Rechtsfolgen der Verfahrenseröffnung erst aus dem (über das Kollisionsrecht noch zu ermittelnden) materiellen Recht oder aus weiteren Entscheidungen des Insolvenzgerichts ergeben. Der *ordre public* Einwand ist daher grundsätzlich nur gegenüber den Entscheidungen des Insolvenzgerichts denkbar, durch die letztendlich – weitergehend als nach unserem Recht – in Gläubigerpositionen eingegriffen wird, wie beispielsweise die Verabschiedung eines Insolvenzplanes. Aber auch hier wird man einen *ordre public*-Verstoß nur selten bejahen können. Die Rechtsposition der ungesicherter Gläubiger hat keinen verfassungsrechtlichen Rang nach Art. 14 GG.

---

[48] Ablehnend auch BGH NZI 2001, 646, 648; BGH NJW 1997, 524, 527 im Hinblick auf geringere gesetzlich geforderte Mindestquoten als nach der VerglO.
[49] Vgl. Art. 15 Abs. 3 des Vorentwurfs, abgedruckt bei *Stoll*, Stellungnahmen und Gutachten, S. 7.
[50] Siehe die Begründung des BMJ, in: *Stoll*, Stellungnahmen und Gutachten, S. 37 ff.
[51] So auch *Flessner*, in *Stoll*, Stellungnahmen und Gutachten, S. 204.
[52] Für ungesicherte Gläubiger wurde sogar bewusst auf eine solche Garantie verzichtet vgl. Erster Bericht der Kommission, Ls 2.4.7.1 und generell Ls 2.2.2.1.; Inhabern besitzloser Mobiliarsicherheiten sollte lediglich 50 Prozent des Wertes des Sicherungsgutes garantiert werden, vgl. ebd., Ls 2.4.4.7.
[53] Ausführlich hierzu *Reinhart*, Sanierungsverfahren, S. 182 ff., S. 151 ff.; BAG ZIP 2007, 2047.
[54] Vgl. aus der Literatur *Gottwald* § 132 RdNr. 19; *Kübler/Prütting/Kemper* § 343 RdNr. 4; *Braun/Liersch* § 343 RdNr. 3; *Hanisch* ZIP 1985, 1233, 1236; *Ebenroth* ZZP 101 (1988), 121, 124 f.; *Summ*, Anerkennung ausländischer Konkurse, S. 32; *Flessner* ZIP 1989, 749, 756; *Aderhold*, Auslandskonkurs im Inland, S. 186, 192 f.; *Balz*, EWiR 1990, 257; *Oertzen*, Inlandswirkung eines Auslandskonkurses, S. 32 f.; *Pielorz*, Auslandskonkurs und Disposition über das Inlandsvermögen, S. 67.

Erwägenswert ist ein *ordre public*-Verstoß allenfalls im Hinblick auf Eingriffe in die **30 Stellung der dinglich gesicherten Gläubiger.** Denn diesen kann man einen bestimmbaren Liquidationswert zuordnen, weil ihnen ein bestimmter Gegenstand haftet. Solche weitergehenden Eingriffe in die Rechtsstellung dinglich gesicherter Gläubiger finden sich beispielsweise im französischen Insolvenzrecht. Aber auch in der gegenüber der Insolvenzordnung weitergehenden Beschränkung der Rechte dinglich gesicherter Gläubiger dürfte kaum jemals ein Verstoß gegen den *ordre public* liegen. Zunächst ist auch in der Bundesrepublik keinesfalls geklärt, inwieweit Eingriffe in die Vermögensrechte dinglich gesicherter Gläubiger in Insolvenzverfahren zulässig sind. Die Insolvenzrechtskommission beispielsweise hatte weitergehende Beschränkungen der Absonderungsrechte vorgesehen, ohne diesbezüglich verfassungsrechtliche Bedenken zu erwägen.[55] Zudem ließen sich Beschränkungen der Absonderungsrechte auch als verfassungsmäßig erlaubte Inhalts- und Schrankenbestimmung des Eigentums charakterisieren. Denn die Schrankenbestimmung unterliegt einer Abwägung zwischen den Interessen des Eigentümers und den Interessen der Allgemeinheit, die aber bei Insolvenzverfahren ebenfalls betroffen sind.[56]

Aber selbst wenn man eine im Ausland vorgenommen Beschränkung der Kreditsicherheiten als Enteignung im Sinne des Art. 14 GG qualifizieren würde, begründet dies nicht **31** notwendig eine Verstoß gegen den *ordre public*. Denn ein *ordre public*-Verstoß ist regelmäßig nur gegeben, wenn eine hinreichend starke örtliche Beziehung des zu beurteilenden Sachverhaltes zur deutschen Rechtsordnung (sog. **Inlandsbeziehung**) besteht.[57] Daher werden auch im Bereich des internationalen Enteignungsrechts Enteignungen durch ausländische Staaten anerkannt, wenn kein hinreichender Inlandsbezug des Sachverhaltes vorliegt.[58] Daher werden Eingriffe in Absonderungsrechte hinzunehmen sein, wenn das betroffene Vermögen im Verfahrensstaat oder in Drittstaaten belegen ist. Dagegen sind Eingriffe in Kreditsicherheiten der Gläubiger, die in Deutschland belegen sind und über die Regelungen der Insolvenzordnung hinausgehen, nicht hinzunehmen. Zu solchen Eingriffen wird es jedoch regelmäßig schon deswegen kaum kommen, weil in diesen Fällen der betroffene Gläubiger erforderlichenfalls die Durchführung eines inländischen Partikularverfahrens beantragen wird.

d) Keine weiteren Anerkennungsvoraussetzungen. aa) Gegenseitigkeit. Anders als **32** bei der Anerkennung ausländischer Urteile im Rahmen des § 328 ZPO ist die Verbürgung der Gegenseitigkeit bei der Anerkennung ausländischer Insolvenzverfahren keine Anerkennungsvoraussetzung.[59] Die in § 343 Abs. 1 enthaltene Aufzählung ist insoweit abschließend.[60] Auch Art. 102 Abs. 2 EGInsO aF sowie der Regierungsentwurf von 1992 sahen die Gegenseitigkeit nicht als Anerkennungsvoraussetzung vor.[61] Die in der Literatur vor Einfüh-

---

[55] Vgl. Erster Bericht der Kommission, S. 251 ff., 258 ff., 267 f.
[56] Vgl. *Maunz/Dürig/Papier*, GG Art. 14 RdNr. 254 f.; BVerfGE 50, 290, 340 f.; zur Einschränkung der Durchsetzbarkeit von Ansprüche im Zwangsvollstreckungsverfahren vgl. auch BVerfGE 46, 325; 49, 220.
[57] Ständige Rechtsprechung Vgl. BGHZ 28, 375, 385; 31, 168, 172; 60, 68, 79; *Zöller/Geimer*, ZPO, § 328 RdNr. 167; *Martiny*, in: Hdb. IZVR, Bd. III/1, RdNr. 1027.
[58] Vgl. BGHZ 104, 240, 243; MünchKommBGB-*Kreuzer*, EGBGB, nach Art. 38 Anh. III, RdNr. 42; *Spickhoff*, Der *ordre public* im internationalen Privatrecht, S. 218 ff.
[59] So schon Art. 102 EGInsO aF sowie die Rspr. von Inkrafttreten des Art. 102 EGInsO aF; vgl. BGH NJW 1997, 524, 527; BGH NJW 1993, 2312; *Geimer*, IZPR, RdNr. 3520; *Reithmann/Martiny/Hausmann*, IVR, RdNr. 2573; *Gottwald* § 132 RdNr. 31; *Mohrbutter/Ringstmeier/Wenner* § 20 RdNr. 201; *Kübler/Prütting/Kemper* § 343 RdNr. 21; MünchKommBGB-*Kindler*, Bd. 11, IntInsR RdNr. 1043; FK-*Wimmer* § 343 RdNr. 14; *Kuhn-Uhlenbruck* §§ 237–238, RdNr. 74; *Lüke* KTS 1986, 1, 16 f.; *Summ*, Anerkennung ausländischer Konkurse, S. 39 f.; *Graf*, Die Anerkennung ausländischer Insolvenzentscheidungen, S. 315 ff.; *Ludwig*, Neuregelungen des deutschen Internationalen Insolvenzverfahrensrechts, S. 86 ff.
[60] *Kübler/Prütting/Kemper* § 343 RdNr. 21.
[61] Vgl. Art. 9 des Vorentwurfs, abgedruckt in *Stoll*, Stellungnahmen und Gutachten, S. 5; § 384 des Regierungsentwurfs, BT-Drucks. 12/2443 vom 15. 4. 1992, S. 68; der Bundesrat hatte allerdings im Gesetzgebungsverfahren noch für die Einführung dieses Erfordernisses plädiert, vgl. BT-Drucks. 12/2443 vom 15. 4. 1992, Anl. 2, S. 260; dies wurde jedoch in der Gegenäußerung der Bundesregierung abgelehnt, vgl. ebenda, S. 269.

rung der Insolvenzordnung vertretene gegenteilige Auffassung[62] findet daher im Gesetz keine Stütze.

33 **bb) Wirksamkeit und Rechtskraft des Eröffnungsbeschlusses.** Die Rechtskraft der ausländischen Entscheidung ist ebenfalls keine Anerkennungsvoraussetzung.[63] Dies ergibt sich auch aus der abschließenden Aufzählung der Anerkennungshindernisse in § 343 Abs. 1. Die Endgültigkeit und Rechtskraft der Entscheidung war zwar im ursprünglichen Gesetzgebungsverfahren zur InsO 1992 zunächst gefordert worden.[64] Der Regierungsentwurf von 1992 hatte diese Anerkennungsvoraussetzung jedoch bereits wieder gestrichen, da dies eine schnelle Beschlagnahme des Vermögens und Manipulationen zum Nachteil der Insolvenzmasse verhindern würde.[65] Im Gesetzesentwurf zur Neuregelung des internationalen Insolvenzrecht von 2002 taucht die Forderung daher nicht mehr auf.[66]

34 Entfaltet die ausländische Entscheidung ohne Rechtskraft selbst keine Wirkung oder sind bestimmte Wirkungen von der Rechtskraft des Beschlusses abhängig, so hindert dies grundsätzlich die Anerkennung des Beschlusses selbst nicht. Da er die verfahrensrechtliche Anerkennung ausländischer Entscheidungen aber – ebenso wie im Rahmen von § 328 ZPO – zu einer Wirkungserstreckung führt (vgl. unten RdNr. 37), läuft die Anerkennung der ausländischen Entscheidung mangels Rechtswirkungen im Verfahrensstaat auch im Anerkennungsstaat ins Leere. Denn nach der von der Rechtsprechung auch zugrunde gelegten Theorie der eingeschränkten Wirkungserstreckung kann eine ausländische Entscheidung im Inland lediglich die prozessualen Wirkungen entfalten, die ihr auch im Entscheidungsstaat zukommen. Dies dürfte insbesondere relevant werden für die rechtsgestaltenden verfahrensabschließenden Entscheidungen wie z. B. die gerichtliche Bestätigung eines Insolvenzplanes, da rechtsgestaltende Wirkungen in der Regel erst mit Rechtskraft eintreten.[67]

35 Davon zu unterscheiden ist die in der Literatur aufgeworfene Frage, ob der Beschluss nach dem Recht des Verfahrensstaates wirksam sein müsse.[68] Das Kriterium der Wirksamkeit, das zunächst von der Rechtsprechung erwähnt wurde,[69] ist ebenfalls keine Anerkennungsvoraussetzung. Denn soweit der Beschluss auch im Verfahrensstaat noch keine Wirkung entfaltet, kann die Anerkennung einer Entscheidung auch keine Wirkungserstreckung zur Folge haben.[70] Irrelevant ist in diesem Zusammenhang auch, ob die ausländische Entscheidung aufhebbar, fehlerhaft oder an einem sonstigen schwerwiegenden Mangel leidet.[71] Soweit die Entscheidung in Ausnahmefällen schon nach dem Recht des Entscheidungsstaates nichtig ist, fehlt es an einer anzuerkennenden Entscheidung.[72] Bestehen dagegen schwerwiegende Verfahrensmängel oder andere schwerwiegende Fehler der Entscheidung, so ist allenfalls im Rahmen des *ordre public*-Einwandes zu überlegen, ob die Mängel so schwerwiegend sind,

---

[62] So u. a. *Baur/Stürner*, II RdNr. 37.27; *Trunk* KTS 1987, 415, 426; *Lau* BB 1986 1453.
[63] So die hM bereits vor Inkrafttreten der Insolvenzordnung, vgl. nur BGHZ 95, 256, 270; *Geimer*, IZPR, RdNr. 3511 f.; *Mohrbutter/Ringsmeier/Wenner* § 20 RdNr. 192; *Reithmann/Martiny/Hausmann*, IVR, RdNr. 2571; FK-*Wimmer* § 343 RdNr. 13; *Gottwald/Gottwald*, Insolvenzrechts-Handbuch, § 132 RdNr. 15; *Kübler/Prütting/Kemper* § 343 RdNr. 7; *Graf*, Die Anerkennung ausländischer Insolvenzentscheidungen, S. 284; *Ludwig*, Neuregelungen des deutschen Internationalen Insolvenzverfahrensrechts, S. 85 f.
[64] Vgl. Art. 9 des Vorentwurfes, abgedruckt in *Stoll*, Stellungnahmen und Gutachten, S. 5.
[65] Vgl. die Begr. zu § 384 des RegE in BT-Drucks. 12/2443 vom 15. 4. 1992 S. 241 sowie die Stellungnahmen des Deutschen Rates für IPR gegenüber dem Vorentwurf, abgedruckt in *Stoll*, Stellungnahmen und Gutachten, S. 270.
[66] Vgl. BT-Drucks. 15/16 S. 21.
[67] Vgl. z. B. § 254 Abs. 1 Satz 1 InsO.
[68] Dies verlangen *Mohrbutter/Ringsmeier/Wenner* § 20 RdNr. 192; *Gottwald* § 130 RdNr. 9; vgl. aber auch RdNr. 24; *Reithmann/Martiny/Hausmann*, IVR, RdNr. 2571; *Andres/Leithaus/Dahl* § 343 RdNr. 7; MünchKommBGB-*Kindler*, Bd. 11, IntInsR RdNr. 1044; *Braun/Liersch* § 343 RdNr. 4; HK-*Stephan* § 343 RdNr. 5; *Kübler/Prütting/Kemper* § 343 RdNr. 7; *Smid*, Int. Insolvenzrecht, § 343 RdNr. 3; FK-*Wimmer* § 343 RdNr. 13; *Graf*, Die Anerkennung ausländischer Insolvenzentscheidungen, S. 283.
[69] So von BGHZ 95 256, 270; OLG Saarbrücken ZIP 1989, 1145, 1146.
[70] So im Ergebnis wohl auch *Mohrbutter/Ringsmeier/Wenner* § 20 RdNr. 192.
[71] BGHZ 95, 256, 271.
[72] Vgl. auch § 328 ZPO.

dass eine Anerkennung der Entscheidung im Inland zu einem Ergebnis führen würde, das mit wesentlichen Grundsätzen des deutschen Rechts offensichtlich unvereinbar ist.

Kaum behandelt ist bisher die Frage, wonach die **vom Verwalter vorgenommenen** **36** **Handlungen** zu beurteilen sind, wenn der Eröffnungsbeschluss oder angeordnete Sicherungsmaßnahmen später **aufgehoben** werden. Teilweise wird hier vorgeschlagen, diese Handlungen nach dem Geschäftsstatut und bei Inlandsvermögen analog § 32 FGG zu behandeln.[73] Dem ist nicht zu folgen. Ebenso wie Vertragspartner des Insolvenzverwalters sich hinsichtlich dessen Vertretungs- und Verfügungsbefugnisse nach der *lex fori concursus* richten, bestimmen sich auch die Wirkungen der Rechtshandlungen, die vom Insolvenzverwalter oder ihm gegenüber vorgenommen worden sind, nach dem Recht des Verfahrensstaates.

3. Anerkennungsfolgen. a) Automatische Wirkungserstreckung. Das deutsche In- **37** solvenzrecht sieht anders als andere Rechtsordnungen kein formelles Anerkennungsverfahren vor, damit der Eröffnungsbeschluss, und damit auch das Insolvenzverfahren Wirkungen äußern kann. So schreiben beispielsweise die romanischen Rechtsordnungen ein besonderes Exequaturverfahren vor.[74] Ein solches Exequaturverfahren hat zwar den Vorteil, dass die Frage der Anerkennung einheitlich für alle Verfahrensbeteiligten verbindlich festgestellt wird. Ein solches Verfahren hat der deutsche Gesetzgeber für zu aufwändig und kostenintensiv gehalten.[75] Dieser Vorteil eines Exequaturverfahrens dürfte aber für die Praxis nicht ausschlaggebend sein. Denn in den Fällen, in denen es viele betroffene inländische Gläubiger gibt, denen gegenüber eine einheitliche Feststellung vorteilhaft wäre, wird oftmals die Inlandsbeziehung so stark sein, dass sich Vermögen im Inland befindet und es daher ohnehin zu einem gegenüber dem Auslandsverfahren vorrangigen inländischen Partikularverfahren kommt.

Das deutsche internationale Insolvenzrecht geht daher ebenso wie im Rahmen von § 328 **38** ZPO und § 16 a FGG vom Prinzip der **automatischen Anerkennung** kraft Gesetzes aus.[76] Schließlich sieht auch die EuInsVO die automatische Anerkennung des Eröffnungsbeschlusses vor. So schreibt Art. 17 Abs. 1 Satz 1 EuInsVO ausdrücklich vor, dass die Eröffnung eines Verfahrens in jedem anderen Mitgliedstaat Wirkung entfaltet, ohne dass es hierfür irgendwelcher Förmlichkeiten bedürfte.[77] Das bedeutet, dass die Frage der Anerkennung in jedem Rechtsstreit als Vorfrage zu prüfen ist, wenn eine der Rechtsfolgen des ausländischen Verfahrens im Inland streitig wird. So betrafen auch die von der Rechtsprechung auf Grundlage des alten Rechts entschiedenen Fälle jeweils die Wirkung eines ausländischen Verfahrens, beispielsweise die Anfechtungsbefugnis des ausländischen Insolvenzverwalters,[78] den Untergang einer Forderung des Gläubigers aus dem ausländischen Verfahren,[79] etc. Als Vorfrage der insolvenzrechtlichen Kollisionsnorm über das anwendbare Insolvenzrecht hat die Rechtsprechung hier jeweils geprüft, ob der ausländische Eröffnungsbeschluss anzuerkennen sei.

---

[73] So *Mohrbutter/Ringstmeier/Wenner* § 20 RdNr. 192; mit Verweis auf *Pielorz*, Auslandskonkurs und Disposition über das Inlandsvermögen, S. 67, Fn. 191.
[74] Vgl. die Länderberichte zu Schweiz, Frankreich, Italien; vgl. ausführlicher auch *Graf*, Die Anerkennung ausländischer Insolvenzentscheidungen, S. 92 ff. (Schweiz) und 132 ff. (Frankreich).
[75] Vgl. hierzu schon die Begründung der Bundesregierung in BT-Drucks. 12/2443 vom 15. 4. 1992 S. 236; *Drobnik*, in *Stoll*: Stellungnahmen und Gutachten, S. 70; vgl. auch die Stellungnahme des Deutschen Rates für IPR zum Vorentwurf, abgedruckt ebenda, S. 270.
[76] Allgemeine Auffassung, vgl. BGHZ 95, 256, 270 f.; BGH NJW 1997, 524, 526 (Norsk Data); BGH NZI 2001, 646 (Anerkennung einer Restschuldbefreiung); *Geimer*, IZPR, RdNr. 3526; *Reithmann/Martiny/Hausmann*, IVR, RdNr. 2576; *Kübler/Prütting/Kemper* § 343 RdNr. 22; *Gottwald/Gottwald*, Insolvenzrechts-Handbuch, § 132 RdNr. 32; *Trunk*, in: *Gilles*, Transnationales Prozessrecht, 1995, S. 184; *Trunk*, Internationales Insolvenzrecht, S. 280 f.; *Homann*, System der Anerkennung, S. 55 f.; *Ludwig*, Neuregelungen des deutschen Internationalen Insolvenzverfahrensrechts, S. 71.
[77] Siehe unten Art. 16, 17 EuInsVO.
[78] So BGH NJW 1997, 657 ff.
[79] BGH NJW 1997, 524 ff.

39 **b) Teilanerkennung.** Auch eine Teilanerkennung ausländischer insolvenzrechtlicher Entscheidungen ist möglich. Auch im Rahmen der Anerkennung ausländischer Urteile nach § 328 ZPO wird eine Teilanerkennung unter bestimmten Voraussetzungen zugelassen.[80] Voraussetzung ist, dass die Entscheidung in mehrere selbstständige Ansprüche geteilt werden kann. Eine Teilanerkennung ist daher möglich in den Fällen der objektiven und subjektiven Klagehäufung. Sie ist von Amts wegen zu berücksichtigen.[81]

40 Die Teilbarkeit einer insolvenzrechtlichen Entscheidung wirft wegen des kollektiven Charakters des Verfahrens und der Entscheidung allerdings weitere Fragestellungen auf. Unproblematisch ist zunächst die Teilung einer Entscheidung in den Fällen der objektiven Klagehäufung. Enthält beispielsweise ein Eröffnungsbeschluss neben der Feststellung der Eröffnung des Insolvenzverfahrens die Anordnung bestimmter Zwangsmaßnahmen gegen den Schuldner, so ist denkbar, den Eröffnungsbeschluss selbst anzuerkennen, den darüber hinaus angeordneten Zwangsmaßnahmen aber die Wirkung im Inland zu versagen. Denkbar könnte darüber hinaus sein, die von einem ausländischen Gericht im Eröffnungsverfahren angeordneten Sicherungsmaßnahmen, die gemäß § 343 Abs. 2 anzuerkennen sind (vgl. hierzu unten, RdNr. 47) nur auf bestimmte inländische Vermögensgegenstände zu beziehen.[82] Auch hier handelt es sich im Ergebnis um einen Fall der objektiven Anspruchshäufung, der eine Teilbarkeit grundsätzlich zulässt.

41 Wegen der Kollektivität des Verfahrens sind von den Anordnungen jeweils immer alle Gläubiger oder zumindest mehrere Gläubiger betroffen, vergleichbar dem Fall einer subjektiven Klagehäufung. Eine Teilbarkeit wird man auch hier bejahen können, beispielsweise wenn ein *ordre public*-relevanter Verfahrensfehler nur gegenüber einem der Gläubiger vorliegt. Zwar wird die Teilbarkeit für Fälle der notwendigen Streitgenossenschaft im Sinne von § 62 ZPO abgelehnt.[83] Die notwendige Streitgenossenschaft nach § 62 ZPO erfordert aber Einheitlichkeit gegenüber allen Streitgenossen aus prozessualen oder materiellrechtlichen Gründen. Dies ist jedoch bei Insolvenzverfahren nicht der Fall, auch wenn es sich um ein Kollektivverfahren handelt. Die Kollektivität ergibt sich aus der Tatsache, dass das Schuldnervermögen allen Gläubigern haftet, deren Rechtsstellung auch jeweils unterschiedlich sein mag und soweit allenfalls die Bildung von rechtlich gleichgelagerten Gläubigergruppen erlaubt.

42 Kein Fall der Teilanerkennung liegt jedoch vor, wenn zwar der Eröffnungsbeschluss anerkannt werden kann, einzelnen Folgewirkungen, die sich erst aus der kollisionsrechtlichen Ermittlung des anwendbaren Rechts ergeben, die Wirkung im Inland versagt bleibt, beispielsweise weil die Anwendung des ausländischen Rechts zu einem *ordre public*-Verstoß führen würde. Diese Fallgestaltung wird zwar in der Literatur als Teilanerkennung diskutiert.[84] Richtigerweise handelt es sich jedoch nicht um die verfahrensrechtliche Teilanerkennung einer Entscheidung oder eines Beschlusses, denn der Eröffnungsbeschluss selbst wird vollständig anerkannt. Vielmehr geht es darum, das kollisionsrechtlich ermittelte Recht in einem Einzelfall nicht anzuwenden, weil ein *ordre public*-Verstoß vorliegt. Das ist jedoch keine Frage der verfahrensrechtlichen Anerkennung sondern eine Frage des *ordre public*-Verstoßes auf materiellrechtlicher Ebene.

43 **4. Folgen der Nichtanerkennung.** Während die Nichtanerkennung einzelner Entscheidungen im Rahmen des Insolvenzverfahrens in ihren Folgewirkungen beschränkt

---

[80] *Zöller/Geimer*, ZPO, § 328 RdNr. 348; *Martiny*, in Hdb. IZVR, Bd. III/1, RdNr. 325 f.; *Geimer*, IZPR, RdNr. 3067 ff.; *Schack*, IZVR, RdNr. 1022 ff.

[81] BGH NJW 1992, 3105; vgl. Nachweise vorige Fn.

[82] So differenziert beispielsweise die Insolvenzordnung für die abgesonderte Befriedigung der Sicherungsgläubiger zwischen unbeweglichen und beweglichen Gegenständen, vgl. §§ 21 II Nr. 3, 49, 50 InsO. Zu beachten wäre jeweils, ob den inländischen Schutz nicht jeweils durch die Sonderanknüpfungen in § 349 oder § 351 Rechnung getragen werden kann.

[83] So *Matscher*, Festschrift für Reimer, S. 33, 36 f.; *Geimer*, IZPR, RdNr. 3071; *Martiny*, in Hdb. IZVR, Bd. III/1 RdNr. 336.

[84] Siehe *Kübler/Prütting/Kemper* § 343 RdNr. 20; *Andres/Leithaus/Dahl* § 343 RdNr. 16; *Mohrbutter/Ringstmeier/Wenner* § 20 RdNr. 193; *Gottwald/Gottwald*, Insolvenzrechts-Handbuch, § 132 RdNr. 29; *Trunk*, Internationales Insolvenzrecht, S. 272; ebenso wohl FK-*Wimmer* § 343 RdNr. 11.

bleiben, wirft die Frage, welche Konsequenzen sich aus der Nichtanerkennung eines ausländischen Eröffnungsbeschlusses ergeben, weitreichende Folgefragen auf. Denn die Anerkennung des Eröffnungsbeschluss ist Grundlage dafür, dass im Inland überhaupt insolvenzrechtliche Wirkungen des ausländischen Verfahrens eintreten können. Bei den Rechtsfolgen wird man jedoch danach differenzieren, welche „Mängel" des ausländischen Eröffnungsbeschlusses zu einer Nichtanerkennung des ausländischen Verfahrens geführt haben.

a) Nichtanerkennung auf Grund mangelnder Zuständigkeit. Fehlt es dem ausländischen Verfahrensstaat an der Anerkennungszuständigkeit (vgl. oben RdNr. 12), so kann das ausländische Insolvenzverfahren im Inland grundsätzlich keine Wirkungen entfalten. In der Praxis wird es hierbei weniger um Fragen der Nichtanerkennung gehen, sondern welchem von mehreren ausländischen Verfahren Vorrang einzuräumen ist. Denn vielfach wird auch in dem ausländischen Staat, in dem aus deutscher Sicht die internationale Zuständigkeit gegeben ist, ein Insolvenzverfahren eröffnet werden, so dass über die Anerkennungszuständigkeit im Ergebnis bestimmt wird, welches Verfahren das Hauptverfahren ist und sich im Ergebnis durchsetzt. Problematisch kann die Verfahrenspluralität allerdings dann werden, wenn das ausländische Hauptverfahren aus deutscher Sicht international nicht zuständig ist, im Staat der aus deutscher Sicht gegebenen internationalen Zuständigkeit jedoch nur ein Partikularverfahren durchgeführt wird, das wiederum seine Wirkungen auf das im Staat des Partikularverfahrens befindliche Vermögen beschränkt. Soweit sich im Inland Vermögensgegenstände befinden, wird sich die daraus ergebende internationale Lücke nur über die Durchführung eines eigenen inländischen Partikularverfahrens schließen lassen. 44

b) Nichtanerkennung auf Grund des ordre public Verstoßes. Verstößt der Eröffnungsbeschluss selbst gegen den *ordre public*-Einwand, so kann das ausländische Insolvenzverfahren im Inland grundsätzlich keine Wirkungen entfalten. Ein *ordre public* Verstoß kann nur dann zu einer Nichtanerkennung des Eröffnungsbeschlusses führen, wenn der Eröffnungsbeschluss selbst *ordre public*-widrig ist. Nicht ausreichend ist, dass einzelne der sich auf Grund der Eröffnung ergebenden Folgewirkungen gegen den *ordre public* verstoßen (vgl. oben RdNr. 19). Das ist denkbar, wenn beispielsweise der Schuldner nicht insolvent ist und das Verfahren für verfahrensfremde Zwecke missbraucht wird (z. B. zur Enteignung, nicht aber zur Regulierung der Gläubigeransprüche). Dabei ist auch zu beachten, dass nicht jede Erweiterung der Insolvenzgründe einen *ordre public*-Verstoß begründet. Denkbar ist ebenfalls ein eklatanter Verstoß gegen den Grundsatz des rechtlichen Gehörs gegenüber dem Schuldner im Insolvenzeröffnungsverfahren. Ist dagegen die Insolvenzeröffnung selbst nicht zu beanstanden, sondern ergeben sich aus der Insolvenzeröffnung Rechtsfolgen, die gegen den *ordre public* verstoßen, beispielsweise, weil in die Rechte einzelner Gläubiger *ordre public*-widrig eingegriffen wird, so führt dies nicht zu einer Nichtanerkennung des Eröffnungsbeschlusses. Denn der *ordre public*-Verstoß ergibt sich erst daraus, dass das deutsche Kollisionsrecht für die Folgewirkungen beispielsweise auf die *lex fori concursus* verweist. Insoweit ist dann der *ordre public*-Einwand nur bei der Anwendung der Kollisionsnorm zu beachten (vgl. oben, RdNr. 19). 45

IV. Sonstige Entscheidungen (Abs. 2)

§ 343 beschränkt sich jedoch nicht nur auf den Eröffnungsbeschluss, sondern gilt gemäß Absatz 2 auch für weitere insolvenzrechtliche Entscheidungen. So enthielt schon der Vorentwurf des Bundesjustizministeriums eine Vorschrift über die Anerkennung des Eröffnungsbeschlusses (Art. 9), eine weitere Vorschrift über die Vollstreckbarkeit von Anordnungen oder Entscheidungen (Art. 14), sowie besondere Vorschriften über die Anerkennung von Insolvenzplänen (Art. 15) oder die Anerkennung einer Restschuldbefreiung (Art. 16).[85] Der Regierungsentwurf sprach sodann von der Anerkennung der Eröffnung eines ausländischen 46

---

[85] Abgedruckt bei *Stoll*, Stellungnahmen und Gutachten, S. 5 ff.

Verfahrens und der in diesem Verfahren ergehenden Entscheidungen (§ 384 RegE).[86] Auch die EuInsVO erwähnt die Anerkennung des Eröffnungsbeschlusses (Art. 16 EuInsVO) und die Anerkennung sonstiger zur Durchführung und Beendigung ergangenen Entscheidungen (Art. 25 EuInsVO).[87] § 343 Abs. 2 nennt nunmehr als weitere Entscheidungen ausdrücklich „Sicherungsmaßnahmen" sowie „Entscheidungen, die zur Durchführung oder Beendigung des anerkannten Insolvenzverfahrens" ergangen sind.

47 **1. Sicherungsmaßnahmen.** § 343 Abs. 2 nennt ausdrücklich *„Sicherungsmaßnahmen"* als anerkennungsfähige Entscheidung des ausländischen Gerichts. Damit kodifiziert der Gesetzgeber den bisherigen Stand von Rechtsprechung und Literatur.[88] Unter Sicherungsmaßnahmen sind alle von Gericht angeordneten Maßnahmen nach Antragstellung aber vor formeller Eröffnung des Insolvenzverfahrens zu verstehen, die die nach Eröffnung des Verfahren vorgesehene Abwicklung und Verteilung der Insolvenzmasse im Interesse der Gläubigergemeinschaft schon im Vorfeld schützen sollen.[89] Darunter fallen Vollstreckungsverbote, Verfügungsbeschränkungen, Bestellung eines vorläufigen Insolvenzverwalters, aber auch andere, dem deutschen Recht unbekannte Sicherungsmaßnahmen (z. B. Verbot der Kündigung einzelner Dauerschuldverhältnissen wegen des Eröffnungsverfahrens). Zur Bekanntmachung der anerkennungsfähigen Sicherungsmaßnahmen vgl. § 345 RdNr. 11.

48 **2. Durchführungs- und Beendigungsmaßnahmen. a) Grundsätze.** Schwieriger zu bestimmen ist dagegen, welche Entscheidungen zur Durchführung und Beendigung des Insolvenzverfahrens ergehen. Diese Entscheidungen sind abzugrenzen von Entscheidungen, die lediglich einen Bezug zur Insolvenz haben und daher gemäß den allgemeinen Anerkennungsvorschriften (§ 328 ZPO, § 16a FGG) anerkannt werden können.[90] Die Abgrenzung ist deswegen praktisch relevant, weil § 343 – anders als § 328 ZPO – auf die Gegenseitigkeit als Anerkennungsvoraussetzung verzichtet (vgl. hierzu oben RdNr. 32).

49 Die Abgrenzung zwischen insolvenzrechtlichen Entscheidungen, die zur Durchführung und Beendigung des Verfahrens ergehen, und insolvenzbezogenen Entscheidungen ist nach richtiger Auffassung nach verfahrensrechtlichen Gesichtspunkten vorzunehmen. Insolvenzrechtliche Entscheidungen sind nur solche Entscheidungen, die das eigentliche Verfahren betreffen. Diese werden (in der Regel) fast ausschließlich durch das Insolvenzgericht erlassen. Sie betreffen die Verfahrensabwicklung und die Gläubigergemeinschaft als ganzes.[91] Insolvenzbezogene Entscheidungen sind demgegenüber Entscheidungen, die zwar auf insolvenzrechtlichen Anspruchsgrundlagen beruhen, aber Streitigkeiten des Insolvenzverwalters mit einzelnen Verfahrensbeteiligten (Gläubigern, Aussonderungsberechtigten, Masseglāubiger) und deren individuelles Rechtsverhältnis und dessen Behandlung in der Insolvenz betreffen.[92] Dies entspricht implizit wohl auch der bisherigen Rechtsprechung, ohne dass die Abgrenzungsprobleme dort bisher ausdrücklich für das autonome Recht problematisiert wurden. So hat auch die frühere Rechtsprechung, die bis zur Wendeentscheidung des BGH die Anerkennung ausländischer Insolvenzverfahren ablehnte (vgl. oben Vor §§ 335 RdNr. 4 ff.), derartige Streitigkeiten im Inland nach § 328 ZPO anerkannt, während eine insolvenzrechtliche

---

[86] BT-Drucks. 12/2443 vom 15. 4. 1992 S. 68.
[87] Vgl. unten Anh. I.
[88] Vgl. BGH NJW 1992, 2026; OLG Köln ZIP 1994, 1459, 1460; FK-*Wimmer*, 3. Aufl., Art. 102 RdNr 297; *Mohrbutter/Wenner*, 7. Aufl., Kap. XXIII RdNr. 96; *Kuhn/Uhlenbruck* §§ 237/238 RdNr. 71; *Kirchhof* WM 1993, 1364, 1368; *Prütting* ZIP 1996, 1277, 1279 f.; *Gottwald/Gottwald*, Insolvenzrechts-Handbuch, 2. Aufl., § 130 RdNr. 50 (aA allerdings noch die Vorauflage § 122 RdNr. 26). Anders zunächst auch noch der deutsche Gesetzgeber, vgl. Art. 9 Abs. 1 Vorentwurf, abgedruckt in *Stoll*, Stellungnahmen und Gutachten, S. 5, 32 f.; die Sonderkommission für internationales Insolvenzrecht des Dt. Rates für IPR sprach sich jedoch bereits für die Anerkennung einstweiliger Anordnungen aus, vgl. ebd. S. 272; BT-Drucks. 12/2443 S. 241 zu § 384 RegE.
[89] *Ludwig*, Neuregelungen des deutschen internationalen Insolvenzverfahrensrechts, S. 98 f.; *Braun/Liersch* § 343 RdNr. 12.
[90] So auch *Trunk*, Internationales Insolvenzrecht, S. 7 f.; 114 ff.
[91] So auch FK-*Wimmer* § 343 RdNr. 52; MünchKommBGB-*Kindler*, Bd. 11, IntInsR RdNr. 1051.
[92] Ebenso FK-*Wimmer* § 343 RdNr. 53; aA *Trunk*, Internationales Insolvenzrecht, S. 114 ff.

Qualifikation dieser Entscheidung auf Grundlage der damaligen Rechtsprechung zu einer Nichtanerkennung der Entscheidung hätte führen müssen.

Die ansonsten in Literatur und Rechtsprechung diskutierten Abgrenzungsmerkmale sind wenig hilfreich. So wird vielfach in der Literatur auf die Entscheidung des EuGH in der Rechtssache *Gourdain/Nadler* verwiesen, die die Insolvenzausschlussklausel des Art. 1 Abs. 2 Nr. 2 EuGVÜ betraf.[93] Dort hatte der EuGH ausgeführt, dass als „insolvenzrechtlich" Entscheidungen zu qualifizieren seien, die unmittelbar aus einem Insolvenzverfahren hervorgehen und sich eng innerhalb dieses Verfahrens halten. Der EuGH kam auf Grund dieser Definition zu dem Ergebnis, dass die nach französischem Recht bestehenden im Insolvenzrecht geregelten Haftungsansprüche gegen die gesetzlichen Vertreter einer Kapitalgesellschaft als insolvenzrechtliche Entscheidung zu qualifizieren sei. Die dort getroffene Definition ist jedoch wenig geglückt, gibt in der Praxis keine verlässlichen Anhaltspunkte und führt daher zu widersprüchlichen Ergebnissen.[94]

Ob sich die materielle Anspruchsgrundlage im Insolvenzrecht findet, kann für die Einordnung ebenfalls keine Rolle spielen, da das Insolvenzrecht mit unterschiedlicher Gewichtung bei der Entscheidungsgrundlage eine Rolle spielen kann. So können Rechtsstreitigkeiten des Insolvenzverwalter mit Absonderungsberechtigten ihre Grundlage sowohl in der rein zivilrechtlichen Begründung des Absonderungsrechtes, als auch dessen Behandlung in der Insolvenz haben. Ähnliches gilt für Streitigkeiten über den Fortbestand schwebender Rechtsgeschäfte[95] oder bei Feststellungstreitigkeiten.[96] Die Voraussetzungen der Anerkennung demnach davon abhängig zu machen, ob die tragenden Urteilsgründe insolvenzrechtlicher oder allgemein zivilrechtlicher Natur sind, ist weder praktikabel noch rechtlich begründbar.

b) Verwalterbestellung. Die Bestellung des Verwalters ist als Entscheidung zu qualifizieren, die zur Durchführung des Insolvenzverfahrens ergeht.[97] Die Anerkennung seiner Bestellung richtet sich daher nach § 343 Abs. 2. Gleiches gilt für dessen Abwahl oder die Bestellung von Überwachungsorganen (z. B. Sachwalter mit bestimmten Befugnisse, Einsetzung eines Gläubigerausschusses mit bestimmten Befugnissen).

c) Verfahrensleitende Entscheidungen. Verfahrensleitende Anordnungen, beispielsweise vom Insolvenzgericht gesetzte Ausschlussfristen für die Forderungsanmeldung, stellen ebenfalls Entscheidungen dar, die zur Durchführung des Insolvenzverfahrens erlassen werden. Auch Entscheidungen über das Stimmrecht eines Gläubigers in der Gläubigerversammlung ist verfahrensleitend (anders dagegen die Entscheidung über die Feststellung der Forderung, vgl. unten RdNr. 58). Gleiches gilt für Zwangsmaßnahmen gegen den Schuldner, solange es sich hierbei nicht um strafrechtsähnliche Zwangsmaßnahmen oder Haftbefehle handelt.

d) Insolvenzpläne. Gerichtliche Entscheidungen, die Forderungsmodifikationen enthalten oder die von den Gläubigern beschlossenen Forderungsmodifikationen bestätigen, werden ebenfalls verfahrensrechtlich anerkannt.[98] Der Bundesgerichtshof hat dies in der Norsk Data-Entscheidung zwar offen gelassen[99] und mit der mittlerweile hM die Frage der Wirksamkeit einer solchen Forderungsmodifikation nach dem Insolvenzstatut beurteilt.[100] Eine

---

[93] EuGH vom 22. 2. 1979, Rs. C-133/78, Slg. 1979 I 733 = RIW 1979, 273; *Trunk*, Internationales Insolvenzrecht, S. 6 ff.; 114 ff.
[94] Die Definition ist ohnehin nunmehr Gegenstand der Diskussion um die Abgrenzung von sog. Annexentscheidungen im Rahmen der EuInsVO und der EuGVVO, vgl. unten Art. 3 RdNr. 81 ff. EuInsVO, insb. den Vorlagebeschluss des BGH dort.
[95] Vgl. die Begründungsschwierigkeiten bei *Trunk*, Internationales Insolvenzrecht, S. 116 f.
[96] Nochmals *Trunk*, ebd. S. 212.
[97] Ebenso *Kübler/Prütting/Kemper* § 343 RdNr. 24.
[98] Siehe *Reinhart*, Sanierungsverfahren, S. 212–219; *ders.* ZIP 1997, 1734, 1737.
[99] BGH NJW 1997, 524, 526.
[100] Vgl. zur Anwendung des Insolvenzstatuts bei Forderungsmodifikationen OLG Saarbrücken ZIP 1989, 1145, 1147; OLG Stuttgart IPRax 1990, 233; offen lassend noch BGH ZIP 1993, 1094. Die Anwendung des Insolvenzstatuts ist zunächst zutreffend von *Hanisch* begründet worden, vgl. Festschrift für Schnitzer, S. 283;

kollisionsrechtliche Anerkennung scheidet aber aus, wenn über die Frage der Forderungsmodifikation durch das ausländische Gericht bereits rechtskräftig entschieden wurde.[101] Denn die Rechtsprechung gibt auch im Rahmen von § 328 ZPO der verfahrensrechtlichen Anerkennung den Vorrang, wenn über die betreffende Frage durch das Erstgericht bereits rechtskräftig entschieden wurde, weil die Rechtskraft insoweit die nochmalige sachliche Überprüfung der Entscheidung hindert.[102] Für eine kollisionsrechtliche Anerkennung der Forderungsmodifikationen ist daher nur dann Raum, wenn diese auch ohne Entscheidung einer hoheitlichen Stelle getroffen wird, wie dies beispielsweise bei einem „company voluntary arrangement" im englischen Recht der Fall ist.[103] Die Rechtsfolgen sind dann kollisionsrechtlich zu ermitteln, wobei sich die Folgewirkungen gemäß § 335 nach der *lex fori concursus* bestimmen.[104] Bedarf dagegen der ausländische Insolvenzplan einer gerichtlichen Bestätigung wie im deutschen Recht (vgl. § 248), ist dieser gemäß den Voraussetzung des § 343 anzuerkennen. Das auf die modifizierte Forderung anwendbare Recht spielt bei einer verfahrensrechtlichen Anerkennung keine Rolle.[105]

55   e) **Restschuldbefreiung.** Für die Restschuldbefreiung gilt das zur Anerkennung von Insolvenzplänen ausgeführt (vgl. vorige RdNr.). Wird die Restschuldbefreiung durch das Insolvenzgericht in einer Entscheidung ausdrücklich ausgesprochen, ist diese verfahrensrechtlich anzuerkennen (§ 300). Ist die Restschuldbefreiung, ohne dass es einer ausdrücklichen Anordnung bedarf, dagegen gesetzliche Folge der Verfahrenseinstellung gegen einen Schuldner, so sind die Rechtsfolgen kollisionsrechtlich zu ermitteln (vgl. auch oben, Vor § 335 RdNr. 27).

56   f) **Aufhebung des Insolvenzverfahrens.** Auch die Anerkennung der Aufhebung des Insolvenzverfahrens richtet sich nach § 343. Insoweit kann nichts anderes gelten, als bei der eigentlichen Verfahrenseröffnung.

57   **3. Annexverfahren.** Dagegen richtet sich die Anerkennung sog. insolvenzbezogener Entscheidungen nicht nach § 343, sondern nach der allgemeinen Anerkennungsvorschrift des § 328 ZPO. Darunter fallen insbesondere folgende, im Zusammenhang mit der Insolvenz häufig ergehenden Entscheidungen:

58   Die Anerkennung von **Feststellungsprozessen** richtet sich ebenfalls nach § 328 ZPO. Es handelt sich hierbei um keine insolvenzrechtliche Entscheidung, sondern um ein normales kontradiktorisches Streitverfahren zweier Parteien um des Bestehen oder Nichtbestehen einer Forderung, deren Besonderheit einzig und allein darin liegt, dass auf Grund der Insolvenzsituation nicht mehr auf Zahlung, sondern regelmäßig nur noch auf Feststellung zur Insolvenztabelle geklagt werden kann. Soweit in der Literatur darauf verwiesen wird, dass Gegenstand von Feststellungsstreitigkeiten auch der Rang einer Forderung im Insolvenzverfahren sein kann,[106] so handelt es sich hierbei lediglich um einen Teilaspekt der streitigen

---

Kuhn/Uhlenbruck §§ 237/238 RdNr. 94; *Gottwald/Gottwald,* Insolvenzrechts-Handbuch, § 131 RdNr. 81; *Aderhold,* Auslandskonkurs im Inland S. 295 f.; *Reinhart,* Sanierungsverfahren, S. 192 ff., 212 ff.

[101] *Ehrike* RabelsZ 62 (1998), S. 712, 733; *Reinhart,* Sanierungsverfahren, S. 214 ff.; *Kübler/Prütting/Kemper,* Art. 102 RdNr. 154, 162; ausführlich, *Schulte,* Die europäische Restschuldbefreiung, S. 136 ff., 140 ff.; BGH NZI 2001, 646; BGH ZIP 1997, 39, 42 (Zwangsvergleich); vgl. auch LG Aachen IPRspr. 1987 Nr. 192; verfahrensrechtliche und kollisionsrechtliche Anerkennung nicht trennend: *Gottwald* § 129 RdNr. 74.

[102] BGH IPRax 1983, 184, 186; BGH NJW 1983, 514, 515.

[103] Die Forderungskürzung tritt hier automatisch ein, wenn in der Gläubigerversammlung die notwendigen Mehrheiten zustande gekommen sind, ausführlich *Reinhart,* Sanierungsverfahren, S. 219 ff.; vgl. sec. 2 Insolvency Act i. V. m. sec. 1.2 Insolvency Rules.

[104] *Ehrike* RabelsZ 62 (1998), S. 712, 725; *Kübler/Prütting/Kemper,* Art. 102 RdNr. 163; *Gottwald* § 129 RdNr. 79; *Ackermann/Wenner* IPRax 1990, 209, 204; *Schulte,* Die europäische Restschuldbefreiung, S. 148; zur Möglichkeit der sog. kollisionsrechtlichen Anerkennung auch BGH ZIP 1997, 39, 42.

[105] Die Frage wurde in BGH NZI 2001, 646 nicht einmal mehr erwähnt, obwohl die Forderung des deutschen Gläubigers nach den Ausführungen im Tatbestand wohl deutschem Recht unterstand; noch offen lassend: BGH WM 1993, 1389; überholt: OLG Stuttgart IPRax 1990, 233 f.; RGZ 14, 405, 411; LG Mannheim IPRspr. 1928 Nr. 9.

[106] So *Trunk,* Internationales Insolvenzrecht, S. 212.

Auseinandersetzung. Auch in diesen Fällen fällt das Urteil in den Anwendungsbereich des § 328 ZPO.

Auch die Anerkennung von **Urteilen,** in denen Ansprüche des Schuldners festgestellt 59
oder tituliert worden sind, unterliegt § 328 ZPO. Auch diese Entscheidungen sind nicht insolvenzrechtlich, sondern normale Forderungsstreitigkeiten zweier Parteien.[107]

Auch die Anerkennung ausländischer Urteile, die **Anfechtungsprozesse** des Insolvenz- 60
verwalters und eines Gläubigers zum Gegenstand haben, unterliegt § 328 ZPO. Zwar handelt es sich bei der Insolvenzanfechtung um eine eindeutig insolvenzrechtliche Streitigkeit.[108] Nach der bisherigen Rechtsprechung des EuGH dürften daher auch Anfechtungsstreitigkeiten außerhalb des Anwendungsbereiches des EuGVVO fallen. Die Rechtsprechung ist jedoch abzulehnen und ist nunmehr auch Gegenstand eine Vorlagebeschlusses des BGH (vgl. ausführlich Art. 3 RdNr. 81 ff. EuInsVO) und nicht auf das autonome deutsche Recht zu übertragen. Anfechtungsstreitigkeiten haben zwar ihre materielle Entscheidungsgrundlage im Insolvenzrecht. Rechtlich handelt es sich jedoch um eine vermögensrechtliche Streitigkeit zwischen einem einzelnen Gläubiger und dem Schuldner, die sich aus der Insolvenzsituation ergibt. Die Streitigkeit betrifft jedoch nicht unmittelbar das Insolvenzverfahren als ganzes und ist daher lediglich als insolvenzbezogen zu qualifizieren.

Die Anerkennung von Entscheidungen, die **schwebende Rechtsgeschäfte** und deren 61
Behandlung in der Insolvenzsituation betreffen (§§ 103 ff.) richtet sich ebenfalls nach § 328 ZPO.[109] Im Anwendungsbereich des EuGVVO werden diese Entscheidungen zwar als insolvenzrechtlich qualifiziert.[110] Der Anwendungsbereich des EuGVVO ist jedoch keinesfalls mit der Abgrenzung nach deutschen autonomen Recht identisch. Es handelt sich hierbei ebenfalls um ein kontradiktorisches Urteil zwischen dem Schuldner und einem bestimmten Gläubiger, das insolvenzrechtliche Teilaspekte aufweisen mag und daher als insolvenzbezogene Entscheidung in den Anwendungsbereich des § 328 ZPO fällt.

Die Anerkennung einer Entscheidung darüber, ob ein bestimmter Gegenstand **aus- oder** 62
abzusondern ist, richtet sich ebenfalls nach § 328 ZPO, da auch hier lediglich die Auswirkungen der Insolvenz auf ein bestimmtes Rechtsverhältnis Gegenstand des Verfahrens ist.[111]

Auch Urteile, die **Rechtsgeschäfte des Insolvenzverwalters** betreffen, sind nicht 63
insolvenzrechtlich, sondern lediglich insolvenzbezogen und fallen daher in den Anwendungsbereich des § 328 ZPO.

§ 344 Sicherungsmaßnahmen

(1) Wurde im Ausland vor Eröffnung eines Hauptinsolvenzverfahrens ein vorläufiger Verwalter bestellt, so kann auf seinen Antrag das zuständige Insolvenzgericht die Maßnahmen nach § 21 anordnen, die zur Sicherung des von einem inländischen Sekundärinsolvenzverfahren erfassten Vermögens erforderlich erscheinen.

(2) Gegen den Beschluss steht auch dem vorläufigen Verwalter die sofortige Beschwerde zu.

Schrifttum: *Vallender,* Aufgaben und Befugnisse des deutschen Insolvenzrichters in Verfahren nach der EuInsVO, KTS 2005, 283.

---

[107] *Trunk,* Internationales Insolvenzrecht, S. 116; vgl. auch BGH IPRspr. 1976, Nr. 212.
[108] Vgl. *Trunk,* Internationales Insolvenzrecht, S. 116; BGH NJW 1990, 990; LG Stuttgart IPRspr. 1988 Nr. 55.
[109] Ebenso *Trunk,* Internationales Insolvenzrecht, S. 116.
[110] Vgl. OLG Zweibrücken EuZW 1993, 165.
[111] Ebenso für diesen Fall *Trunk,* Internationales Insolvenzrecht, S. 117.

Übersicht

	RdNr.		RdNr.
I. Normzweck	1	d) Anerkennungsfähiges Hauptverfahren	10
II. Anwendungsbereich	5	e) Kein inländisches Eröffnungsverfahren	11
III. Anordnung von Sicherungsmaßnahmen (Abs. 1)	6	2. Rechtsfolgen	13
1. Voraussetzungen	6	a) Maßnahmen nach § 21	13
a) Antrag	6	b) Zuständiges Gericht	15
b) Vorläufiger Verwalter	7	c) Aufhebung der Maßnahmen	16
c) Vor Eröffnung eines Hauptinsolvenzverfahrens	9	**IV. Rechtsmittel (Abs. 2)**	18

I. Normzweck

1   Im Interesse einer möglichst zügigen Sicherung der Insolvenzmasse erweitert § 344 die Möglichkeit der Anordnung von Sicherungsmaßnahmen.[1] Zwar werden bereits die von dem Gericht des ausländischen Hauptverfahrens angeordneten Sicherungsmaßnahmen gemäß § 343 Abs. 2 im Inland anerkannt. Der deutsche Gesetzgeber sah jedoch ein darüber hinausgehendes Bedürfnis zur Sicherung der inländischen Insolvenzmasse. Der vorläufige Insolvenzverwalter des ausländischen Hauptverfahrens erhält daher die Befugnis, beim zuständigen inländischen Insolvenzgericht (vgl. § 348) nach der Insolvenzordnung gemäß § 21 zulässige Sicherungsmaßnahmen zu beantragen. Nach Auffassung des Gesetzgebers könne ein solches Vorgehen sinnvoll sein, wenn sich etwa vorläufige Sicherungsmaßnahmen am Ort der Belegenheit leichter erreichen lassen oder das lokale Recht weitergehende Sicherungsmaßnahmen kennt als das des Hauptverfahrens.[2] § 344 erweitert dadurch die Handlungsoptionen des ausländischen Insolvenzverwalters zum Schutz der inländischen Insolvenzmasse. Die Vorschrift ist im wesentlichen Art. 38 EuInsVO nachgebildet. Es handelt sich hierbei um eine **Sachnorm**.[3] Darüber hinaus wird in der Literatur vielfach geäußert, die vom Gericht gemäß § 344 angeordneten Sicherungsmaßnahmen sollten dem Schutz der Insolvenzmasse eines späteren inländischen Sekundärverfahrens (§§ 354 ff.) dienen.[4]

2   Die Vorschrift ist jedoch – ebenso wie Art. 38 EuInsVO – im Zusammenspiel zwischen der Anerkennung der Sicherungsmaßnahmen des Hauptverfahrens nach § 343 und der Sicherungsmaßnahme eines eigenen Sekundärverfahrens nach § 354 missglückt. Zunächst ist die praktische Bedeutung der Vorschrift nicht einsichtig. Denn grundsätzlich werden bei anerkennungsfähigen Hauptverfahren gemäß § 343 Abs. 2 auch Sicherungsmaßnahmen aus einem ausländischen Insolvenzeröffnungsverfahren anerkannt und sind damit ipso iure im Inland wirksam.[5] Das Argument des Gesetzgebers, dass das deutsche Recht weitergehende Sicherungsmaßnahmen zulasse als das Recht des ausländischen Hauptverfahrens, ist insoweit systemwidrig, als das Recht des Hauptverfahrens gemäß § 335 den Umfang und der Schutz der Insolvenzmasse bestimmt. Anderes gilt nur, soweit auch das deutsche Recht die Notwendigkeit einer kollisionsrechtlichen Sonderanknüpfung sieht (vgl. §§ 336 ff.). Die eigenständige Anordnung von Sicherungsmaßnahmen durch ein inländisches Gericht bietet also nur insoweit Vorteile, als die Vollstreckung aus einer Sicherungsmaßnahme notwendig wird. Denn vor der Vollstreckung einer im Ausland angeordneten Sicherungsmaßnahme bedarf es einer Vollstreckbarerklärung derselben im Inland. Ob das Verfahren der Vollstreckbarerklärung jedoch länger dauert, als die eigenständige Anordnung von Sicherungsmaßnahmen, bei

---

[1] Vgl. BT-Drucks. 15/16, S. 21 f.
[2] So ausdrücklich BT-Drucks. 15/16, S. 22.
[3] So auch *Kübler/Prütting/Kemper* § 344 RdNr. 2; MünchKommBGB-*Kindler*, Bd. 11, IntInsR RdNr. 1053.
[4] Vgl. MünchKommBGB-*Kindler*, Bd. 11, IntInsR RdNr. 1053; FK-*Wimmer* § 344 RdNr. 2; *Smid*, Int. Insolvenzrecht, § 344 RdNr. 2; HK-*Stephan* § 344 RdNr. 2, 9.
[5] Vgl. bereits oben § 343 RdNr. 47; vgl. aus der Rechtsprechung vor der Neuregelung auch BGH NJW 1992, 2026; OLG Köln ZIP 1994, 1459, 1460.

denen der Verwalter ja auch einige Tatsachen vorzutragen und darzulegen hat, darf bezweifelt werden.

Darüber hinaus lässt sich die inländische Vermögensmasse jedoch auch durch ein eigenständiges inländisches Sekundärverfahren nach § 354 schützen. Denn befindet sich Vermögen des Schuldners im Inland, so kann nach § 354 grundsätzlich auch ein inländisches Sekundärverfahren beantragt und durchgeführt werden, in dessen Rahmen Sicherungsmaßnahmen angeordnet werden könnten. Die Anordnung von Sicherungsmaßnahmen auf Grundlage der deutschen Insolvenzordnung ohne wiederum ein Insolvenzverfahren auf Grundlage der Insolvenzordnung beantragt zu haben, begründet die Gefahr eines Normwiderspruchs oder eines Normmangels: Wird später kein inländisches Verfahren eröffnet, müssen die Sicherungsmaßnahmen der Insolvenzordnung in das ausländische Insolvenzrecht angepasst werden. Wird dagegen später in Deutschland ein Sekundärverfahren beantragt, stellt sich die Frage, welcher Masse die Rechtsfolgen dieser Sicherungsmaßnahmen denn zuzurechnen sind.

Der deutsche Gesetzgeber war jedoch mit Verweis auf die EuInsVO der (im Ergebnis unzutreffenden) Auffassung, dass ein Antrag auf Eröffnung eines Sekundärverfahrens nach § 354 jedenfalls von dem vorläufigen Verwalter des ausländischen Hauptverfahrens nicht gestellt werden könne.[6] Gerade dies ist aber nach der EuInsVO mittlerweile streitig.[7] Diese Argumentation ist auch nicht nachvollziehbar. Denn der inländische Gesetzgeber hätte durchaus regeln können, dass auch der vorläufige Verwalter des Hauptverfahrens als befugt gilt, das Sekundärverfahren zu beantragen. Damit wäre der vorläufige Verwalter des ausländischen Hauptverfahrens zwar gezwungen gewesen, nur zum Schutz der inländischen Insolvenzmasse bereits ein Sekundärverfahren zu beantragen, während § 344 dem ausländischen Verwalter noch die Option belässt, nur Sicherungsmaßnahmen zu beantragen, ohne später jedoch das inländische Partikularverfahren durchzuführen. Eine solche Regelung wäre jedoch in sich konsistenter gewesen, da der Schutz der inländischen Insolvenmasse entweder über die Anerkennung der Sicherungsmaßnahmen aus dem ausländischen Hauptverfahren erreicht worden wäre, oder durch Sicherungsmaßnahmen des inländischen Insolvenzeröffnungsverfahrens, weil die Sicherungsmaßnahme so jedenfalls in ein Insolvenzeröffnungsverfahren integriert geblieben wären. So verbleibt jedoch ein Fremdkörper, der darin besteht, dass die vom inländischen Insolvenzgericht außerhalb eines Eröffnungsverfahrens angeordneten Sicherungsmaßnahmen entweder hinsichtlich ihrer Folgen an das ausländische Recht des Hauptverfahrens angepasst werden müssen, oder an das inländische Recht des später folgenden Sekundärverfahrens, jedoch mit der Schwierigkeit, dass die Insolvenzordnung den Fall von Sicherungsmaßnahmen vor Antragstellung nicht kennt.

II. Anwendungsbereich

Aufgrund der in Art. 38 EuInsVO vorrangigen und nahezu gleichlautenden Regelung ist auch der Anwendungsbereich des § 344 vom Anwendungsbereich des Art. 38 EuInsVO abzugrenzen. Hierbei gilt das bereits zu § 343 ausgeführte.[8] Danach findet § 344 nur Anwendung auf Hauptinsolvenzverfahren aus Drittstaaten oder auf Hauptinsolvenzverfahren der Mitgliedsstaaten der EuInsVO, soweit es sich um ein Verfahren über das Vermögen eines Schuldners handelt, der vom persönlichen Anwendungsbereich der Verordnung ausgenommen wurde (vgl. Art. 1 Abs. 2 EuInsVO). Findet dagegen das Hauptverfahren in einem der Mitgliedsstaaten der EuInsVO statt und ist auch der persönliche Anwendungsbereich der EuInsVO eröffnet, richtet sich die Anordnung von Sicherungsmaßnahmen nach Art. 38 EuInsVO.

---

[6] So BT-Drucks. 15/16, S. 22 mit Verweis auf Art. 29 EuInsVO.
[7] Vgl. unten Art. 29 RdNr. 3 EuInsVO.
[8] Vgl. § 343 RdNr. 8.

III. Anordnung von Sicherungsmaßnahmen (Abs. 1)

6 **1. Voraussetzungen. a) Antrag.** § 344 Abs. 1 setzt zunächst einen **Antrag** voraus. Die Entscheidung liegt demnach bei dem vorläufigen Verwalter des Hauptverfahrens, ob er die Anordnung von Sicherungsmaßnahmen durch inländische Insolvenzgerichte für erforderlich und angemessen hält. Die Anordnung von Sicherungsmaßnahmen von Amts wegen ist ausgeschlossen.[9]

7 **b) Vorläufiger Verwalter.** Der Antrag muss von einem *„vorläufigen Verwalter"* gestellt worden sein. Die Verwalterbestellung ist in entsprechender Anwendung des § 347 Abs. 1 durch eine beglaubigte Abschrift der Entscheidung, durch die er bestellt worden ist, oder durch eine andere von der zuständigen Stelle ausgestellte Bescheinigung nachzuweisen.[10] Damit ist jede Person oder Stelle gemeint, die nach Stellung eines Insolvenzantrags, aber noch vor Eröffnung des Insolvenzverfahrens vom Insolvenzgericht eingesetzt wird und verwaltertypische Pflichten bereits im Eröffnungsverfahren erfüllt.[11]

8 Welche Befugnisse der bestellte vorläufige Verwalter haben muss, wird durch § 344 nicht vorgegeben. Richtigerweise muss dem ausländischen Verwalter jedoch auch nach dem Recht des Hauptverfahrens die Befugnis zustehen, im Inland einen entsprechenden Antrag zu stellen. Dennoch setzt § 344 nach seinem Wortlaut nicht voraus, dass dem ausländischen vorläufigen Verwalter ein entsprechendes Recht zur Antragstellung von Sicherungsmaßnahmen in anderen Staaten ausdrücklich eingeräumt wurde oder auf Grund seiner Bestellung *ipso iure* besteht. Dementsprechend hat das angerufene inländische Gericht die Antragsbefugnis des ausländischen vorläufigen Verwalters nur dann zu verneinen, wenn einer Überschreitung seiner Kompetenzen evident ist. Insoweit unterscheidet sich § 344 von Art. 38 EuInsVO. Denn Art. 38 EuInsVO verleiht als Sachnorm auch des Rechts des Verfahrensstaates dem vorläufigen Verwalter diese Befugnis ausdrücklich. Sei Befugnis muss daher durch das Gericht des Anerkennungsstaates nicht mehr überprüft werden.[12]

9 **c) Vor Eröffnung eines Hauptinsolvenzverfahrens.** Der Antrag auf Anordnung von Sicherungsmaßnahmen nach § 21 kann seitens des ausländischen vorläufigen Insolvenzverwalters nur *„vor Eröffnung eines Hauptinsolvenzverfahrens"* gestellt werden. Die Voraussetzung muss ebenfalls im Zeitpunkt der Anordnung der Sicherungsmaßnahmen durch das inländische Insolvenzgericht vorliegen.[13] Nach Eröffnung des ausländischen Hauptinsolvenzverfahrens ist eine Sicherung der inländischen Insolvenzmasse nur über die Anerkennung des ausländischen Verfahrens nach § 343 Abs. 1 oder durch Beantragung eines eigenständigen Sekundärverfahrens gemäß § 354 Abs. 1 möglich.

10 **d) Anerkennungsfähiges Hauptverfahren.** Aus dem systematischen Zusammenhang des § 344 ergibt sich zudem, dass es sich bei dem ausländischen Eröffnungsverfahren um ein Insolvenzverfahren handeln muss, das nach Eröffnung gemäß § 343 anerkennungsfähig ist.[14] Voraussetzung ist daher, dass es sich bei dem im Ausland beantragten Verfahren um ein Insolvenzverfahren im Sinne des § 343 handelt, dass das ausländische Insolvenzgericht gemäß § 343 Abs. 1 Nr. 1 nach deutschem Recht international zuständig ist sowie dass sich zumindest nach dem bisherigen Eröffnungsverfahren kein unheilbarer *ordre public*-Verstoß

---

[9] *Andres/Leithaus/Dahl* § 344 RdNr. 5; MünchKommBGB-*Kindler*, Bd. 11, IntInsR RdNr. 1059; HK-*Stephan* § 344 RdNr. 7; *Kübler/Prütting/Kemper* § 344 RdNr. 6.
[10] Vgl. unten § 347 RdNr. 7.
[11] Vgl. zur gleichlautenden Definitionsfrage auch Art. 38 RdNr. 4 EuInsVO; *Andres/Leithaus/Dahl* § 344 RdNr. 4; *Braun/Liersch* § 344 RdNr. 2; FK-*Wimmer* § 344 RdNr. 3 *(„es ist ausreichend dass die Person die künftige Masse schützen u. die Durchführung des Hauptverfahrens vorbereiten soll")*.
[12] Vgl. Art. 38 RdNr. 2 EuInsVO.
[13] MünchKommBGB-*Kindler*, Bd. 11, IntInsR RdNr. 1056; *Kübler/Prütting/Kemper* § 344 RdNr. 2; FK-*Wimmer* § 344 RdNr. 3; *Andres/Leithaus/Dahl* § 344 RdNr. 3; HK-*Stephan* § 344 RdNr. 7.
[14] *Kübler/Prütting/Kemper* § 344 RdNr. 4; HK-*Stephan* § 344 RdNr. 11; *Andres/Leithaus/Dahl* § 344 RdNr. 3.

bezüglich einer Verfahrenseröffnung ergeben hat, der eine Anerkennung des Eröffnungsbeschlusses grundsätzlich ausschließt. Zwar soll § 344 auch der Vorbereitung eines inländischen Sekundärverfahrens dienen, das grundsätzlich auch dann zulässig ist, wenn das ausländische Hauptverfahren nicht anerkannt werden kann (dann als Partikularverfahren, vgl. § 354, § 356). Ist jedoch das ausländische Hauptverfahren nicht anerkennungsfähig, sind auch Sicherungsmaßnahmen auf Antrag des vorläufigen Verwalters eines nicht anerkennungsfähigen Verfahrens nicht angebracht, zumal die Interessen des Schuldners oder der Gläubiger durch die Möglichkeit der Beantragung eines eigenständigen inländischen Partikularverfahrens hinreichend geschützt sind.

e) Kein inländisches Eröffnungsverfahren. Da § 344 der Sicherung des von einem 11 inländischen Partikular- bzw. Sekundärverfahren erfassten Vermögens dient, setzt § 344 voraus, dass ein inländisches Sekundärverfahren nach § 354 grundsätzlich zulässig ist, d. h. eine Niederlassung oder sonstige Vermögen im Inland vorhanden ist.[15] Nach § 21 zulässige Sicherungsmaßnahmen scheiden daher aus, wenn sich im Inland weder eine Niederlassung noch Vermögen des Schuldners befindet. Andere in der Literatur in diesem Zusammenhang genannten Voraussetzungen müssen jedoch nicht vorliegen. So ist das notwendige Interesse bei Antrag eines Gläubigers gemäß § 354 Abs. 2, nicht Voraussetzung der Anordnung von Sicherungsmaßnahmen nach § 344 Abs. 1.[16] Ebenso wenig kommt es darauf an, dass ein besonderes Gläubigerinteresse im Sinne von § 354 Abs. 2 nicht von vornherein ausscheidet.[17] Denn § 354 sieht für den Antrag des Verwalters des ausländischen Hauptverfahrens keinerlei weitere Zulässigkeitsvoraussetzungen vor, wenn sich im Inland nur Vermögensgegenstände befinden. Kaum identifizierbare Gläubigerinteressen können daher auch für die von einem ausländischen Verwalter beantragten Sicherungsmaßnahmen keine Rolle spielen.

Wurde im Inland bereits ein Antrag nach § 354 auf Eröffnung eines inländischen Sekun- 12 därinsolvenzverfahrens gestellt, so scheiden Sicherungsmaßnahmen nach § 344 grundsätzlich aus.[18] Das inländische Insolvenzrecht hat dann im Rahmen des Eröffnungsverfahrens eigenständig zu prüfen, welche Maßnahmen zur Sicherung der inländischen Insolvenzmasse notwendig sind.

2. Rechtsfolgen. a) Maßnahmen nach § 21. Liegen die vorgenannten Voraussetzun- 13 gen vor, so „*kann*" das zuständige Insolvenzgericht die Maßnahmen nach § 21 anordnen. Der Begriff „kann" verdeutlicht, dass dem Insolvenzgericht sowohl ein Entschließungsermessen, als auch ein Auswahlermessen hinsichtlich der erforderlichen Maßnahmen zusteht.[19] Die Formulierung, dass das Insolvenzgericht die Maßnahmen anordnen kann, die „*zur Sicherung des erfassten Vermögens erforderlich erscheinen*" verdeutlicht zudem, dass das Insolvenzgericht nicht an den Antrag des vorläufigen Verwalters gebunden ist, sondern das nach seinem Ermessen Erforderliche anzuordnen hat. Diese Prüfung erfolgt von Amts wegen.[20] Dabei ist jedoch das inländische Insolvenzgericht, da kein inländischer Verwalter bestellt wurde, der unter Aufsicht des inländischen Gerichts steht, auf die Sachverhaltsmitteilung des ausländischen vorläufigen Insolvenzverwalters angewiesen. Hält das Insolvenzgericht dessen Ausführungen für unvollständig oder unzureichend, so ist dem Antrag stellenden ausländischen vorläufigen Insolvenzverwalter die Möglichkeit zu geben, die Begründung seines Antrags entsprechend zu ergänzen.

---

[15] Vgl. hierzu unten § 354 RdNr. 7 ff.
[16] Anders aber wohl HK-*Stephan* § 344 RdNr. 9; wie hier dagegen MünchKommBGB-*Kindler*, Bd. 11, IntInsR RdNr. 1058; FK-*Wimmer* § 344 RdNr. 3.
[17] So aber MünchKommBGB-*Kindler*, Bd. 11, IntInsR RdNr. 1058; wie hier dagegen Braun/Liersch § 344 RdNr. 9.
[18] Vgl. *Andres/Leithaus/Dahl* § 344 RdNr. 7; *Braun/Liersch* § 344 RdNr. 10; aA aber wohl FK-*Wimmer* § 244 RdNr. 5.
[19] Vgl. MünchKommBGB-*Kindler*, Bd. 11, IntInsR RdNr. 1060; HK-*Stephan* § 344 RdNr. 12.
[20] Vgl. *Kübler/Prütting/Kemper* § 344 RdNr. 8; MünchKommBGB-*Kindler*, Bd. 11, IntInsR RdNr. 1060; *Andres/Leithaus/Dahl* § 344 RdNr. 8.

14 Bei der Auswahl der gemäß § 21 möglichen Maßnahmen sind grundsätzlich alle in Betracht zu ziehen, die auch nach § 21 angeordnet werden könnten mit Ausnahme der Bestellung eines eigenen vorläufigen Insolvenzverwalters.[21] Für die Sicherungsmaßnahmen gelten die in § 23 genannten Bekanntmachungspflichten.[22]

15 **b) Zuständiges Gericht.** Die sachliche und örtliche Zuständigkeit des inländischen Insolvenzgerichts ergibt sich aus § 348. Die Entscheidung über den Antrag ist dem Richter zugewiesen (§ 18 Abs. 1 Nr. 3 RPflG).[23]

16 **c) Aufhebung der Maßnahmen.** § 344 schweigt darüber, ob und wann angeordnete Sicherungsmaßnahmen wieder aufzuheben sind. Wurden die Sicherungsmaßnahmen nach dem Wortlaut des Beschlusses „*bis zur Eröffnung des ausländischen Hauptverfahrens*" angeordnet, so werden die Anordnungen des inländischen Insolvenzgerichts *ipso iure* mit Eröffnung des ausländischen Hauptverfahrens unwirksam.[24] Ab diesem Zeitpunkt gelten dann vielmehr unmittelbar die gemäß § 343 anzuerkennenden Eröffnungswirkungen. Wird im Inland nach Anordnung der Maßnahmen aber noch vor Eröffnung des ausländischen Hauptverfahrens ein inländisches Sekundärinsolvenzverfahren beantragt, so sind die nach § 344 angeordneten Sicherungsmaßnahmen durch das inländische Insolvenzgericht entweder zu bestätigen, zu modifizieren oder gegebenenfalls aufzuheben. Insoweit genießt dann das inländische Eröffnungsverfahren Vorrang (vgl. bereits oben RdNr. 12).

17 Unklar ist jedoch, wenn die Sicherungsmaßnahmen durch das inländische Insolvenzgericht nach dem Wortlaut des anordnenden Beschlusses nicht „*bis zur Eröffnung des ausländischen Hauptverfahrens*" sondern zeitlich unbegrenzt angeordnet wurden. In diesen Fällen bedarf es nach Eröffnung des ausländischen Hauptverfahrens einer ausdrücklichen Aufhebung der Sicherungsmaßnahmen durch das inländische Insolvenzgericht. Dies ist schon aus Gründen der Rechtssicherheit notwendig. Die Aufhebung hat von Amts wegen zu erfolgen, sobald das inländische Insolvenzgericht von der Eröffnung des ausländischen Hauptverfahrens Kenntnis erlangt hat. Gemäß § 347 Abs. 2 ist der ausländische Verwalter verpflichtet, das inländische Insolvenzgericht über die Verfahrenseröffnung unverzüglich zu informieren.

IV. Rechtsmittel (Abs. 2)

18 Da § 344 Abs. 1 dem vorläufigen Verwalter des ausländischen Hauptverfahrens ein Antragsrecht einräumt, wird dem vorläufigen ausländischen Verwalter in Abs. 2 auch das Recht zur Einreichung einer sofortigen Beschwerde zugestanden.[25] Die Beschwerdebefugnis gilt sowohl gegen die gerichtliche Anordnung einer Sicherungsmaßnahme, als auch gegen die Ablehnung einer von dem vorläufigen Insolvenzverwalter ausdrücklich beantragten Sicherungsmaßnahme. Diese weite Beschwerdebefugnis ergibt sich daraus, dass das Insolvenzgericht im Rahmen der Ermessensausübung bei der Anordnungsentscheidung sowohl über den Antrag des ausländischen Insolvenzverwalters hinausgehen kann, als auch dessen Antrag teilweise zurückweisen kann. Daneben steht auch dem Schuldner das Beschwerderecht nach § 21 Abs. 1 Satz 2 zu.[26]

---

[21] Anderer Auffassung wohl MünchKommBGB-*Kindler*, Bd. 11, IntInsR RdNr. 1062; HK-*Stephan* § 344 RdNr. 14; *Andres/Leithaus/Dahl* § 344 RdNr. 8; *Hess* InsO, § 344 RdNr. 9; *Braun/Liersch* § 344 RdNr. 15; *Liersch* NZI 2003, 302, 306, die auch die Bestellung eines inländischen Insolvenzverwalters für zulässig erachten.
[22] Vgl. *Kübler/Prütting/Kemper* § 344 RdNr. 9; HK-*Stephan* § 344 RdNr. 15.
[23] Zur Begründung vgl. BT-Drucks. 15/16, S. 26 f.
[24] Vgl. *Braun/Liersch* § 344 RdNr. 3; *Andres/Leithaus/Dahl* § 344 RdNr. 3.
[25] Vgl. MünchKommBGB-*Kindler*, Bd. 11, IntInsR RdNr. 1063; *Kübler/Prütting/Kemper* § 344 RdNr. 10; HK-*Stephan* § 344 RdNr. 16.
[26] *Kübler/Prütting/Kemper* § 344 RdNr. 11; *Andres/Leithaus/Dahl* § 344 RdNr. 9, die jedoch beide das Rechtsmittel nach § 21 nicht als zusätzliches sondern ausschließliches Rechtsmittel ansehen.

§ 345 Öffentliche Bekanntmachung

(1) ¹Sind die Voraussetzungen für die Anerkennung der Verfahrenseröffnung gegeben, so hat das Insolvenzgericht auf Antrag des ausländischen Insolvenzverwalters den wesentlichen Inhalt der Entscheidung über die Verfahrenseröffnung und der Entscheidung über die Bestellung des Insolvenzverwalters im Inland bekannt zu machen. ²§ 9 Abs. 1 und 2 und § 30 Abs. 1 gelten entsprechend. ³Ist die Eröffnung des Insolvenzverfahrens bekannt gemacht worden, so ist die Beendigung in gleicher Weise bekannt zu machen.

(2) ¹Hat der Schuldner im Inland eine Niederlassung, so erfolgt die öffentliche Bekanntmachung von Amts wegen. ²Der Insolvenzverwalter oder ein ständiger Vertreter nach § 13e Abs. 2 Satz 4 Nr. 3 des Handelsgesetzbuchs unterrichtet das nach § 348 Abs. 1 zuständige Insolvenzgericht.

(3) ¹Der Antrag ist nur zulässig, wenn glaubhaft gemacht wird, dass die tatsächlichen Voraussetzungen für die Anerkennung der Verfahrenseröffnung vorliegen. ²Dem Verwalter ist eine Ausfertigung des Beschlusses, durch den die Bekanntmachung angeordnet wird, zu erteilen. ³Gegen die Entscheidung des Insolvenzgerichts, mit der die öffentliche Bekanntmachung abgelehnt wird, steht dem ausländischen Verwalter die sofortige Beschwerde zu.

Schrifttum: Vgl. die allgemeinen Literaturangaben vor §§ 335 ff. InsO.

Übersicht

	RdNr.		RdNr.
I. Normzweck	1	a) Bekanntmachung der Eröffnung	8
II. Anwendungsbereich	4	b) Bekanntmachung der Beendigung	12
III. Öffentliche Bekanntmachung auf Antrag (Abs. 1)	5	IV. Öffentliche Bekanntmachung von Amts wegen (Abs. 2)	14
1. Voraussetzungen	5	1. Voraussetzung	14
a) Antrag	5	2. Rechtsfolgen	16
b) Anerkennungsfähigkeit	6	V. Rechtsmittel	18
c) Kein inländisches Verfahren	7		
2. Rechtsfolgen	8		

I. Normzweck

Die öffentliche Bekanntmachung soll dem ausländischen Insolvenzverfahren im inländischen Rechtsverkehr Geltung verschaffen. Denn die Eröffnung eines Insolvenzverfahren berührt die Interessen der Beteiligten in verschiedener Weise. Insbesondere im Leistungsverkehr mit dem Schuldner hat die Kenntnis von der Eröffnung des Insolvenzverfahrens Bedeutung, und zwar sowohl was den guten Glauben an die Verfügungsbefugnis des Schuldners anbetrifft, als auch was schuldbefreiende Leistungen an den Schuldner zu Lasten der Masse anbetrifft (vgl. § 350). Zweck des § 345 ist daher, die (aus Sicht des Verfahrens) ausländischen Beteiligten zu unterrichten.[1] 1

§ 345 ermächtigt daher den Verwalter eines ausländischen Insolvenzverfahrens, die Verfahrenseröffnung durch das Insolvenzgericht öffentlich bekannt machen zu lassen. Die Bekanntmachung erfolgt auf Antrag des ausländischen Insolvenzverwalters (Abs. 1), im Falle des Bestehens einer inländischen Niederlassung des Schuldners dagegen sogar von Amts wegen (Abs. 2). Die öffentliche Bekanntmachung im Inland setzt jedoch voraus, dass die Insolvenzeröffnung im Ausland nach § 343 grundsätzlich anerkennungsfähig ist (vgl. Abs. 3 Satz 1). Es handelt sich um eine **Sachnorm**,[2] die im Ergebnis Art. 21 EuInsVO sowie der 2

---

[1] MünchKommBGB-*Kindler*, Bd. 11, IntInsR RdNr. 1067; HK-*Stephan* § 345 RdNr. 3; FK-*Wimmer* § 345 RdNr. 1; Kübler/Prütting/Kemper § 345 RdNr. 1.
[2] Kübler/Prütting/Kemper § 345 RdNr. 3.

§ 345 3–6   11. Teil. 2. Abschnitt. Ausländisches Insolvenzverfahren

Umsetzungsvorschrift des Art. 102 § 5 EGInsO nachgebildet ist.[3] Sie gilt ihrem Wortlaut nach sowohl für ausländische Haupt- als auch für ausländische Partikularverfahren,[4] wobei für Partikularverfahren jedoch zweifelhaft sein dürfte, ob eine Veröffentlichung in einem anderen Staat sinnvoll ist, da sich das Vermögen des Partikularverfahrens regelmäßig nur auf die im Partikularverfahrensstaat belegenen Vermögensgegenstände beschränkt.[5]

3   Die öffentliche Bekanntmachung einer ausländischen Verfahrenseröffnung gemäß § 345 hat jedoch keine Bindungswirkung für die Frage, ob das ausländische Verfahren anzuerkennen ist.[6] Umgekehrt ist die öffentliche Bekanntmachung der Verfahrenseröffnung keine Voraussetzung für die Anerkennung eines ausländischen Verfahrens.[7] Die öffentliche Bekanntmachung hat insoweit nicht die Funktion, die Anerkennungsfähigkeit des ausländischen Verfahrens bindend festzustellen, sondern lediglich die Funktion einer faktischen Unterrichtung.

II. Anwendungsbereich

4   Der Anwendungsbereich des § 345 ist negativ von dem Anwendungsbereich des Art. 21 EuInsVO abzugrenzen. Danach findet – in Anlehnung an § 343[8] – § 345 nur Anwendung auf ausländische Insolvenzverfahren, die in Drittstaaten eröffnet wurden oder ausländische Insolvenzverfahren, die zwar in einem Mitgliedstaat der EuInsVO eröffnet wurden, die jedoch einen Schuldner betreffen, der vom persönlichen Anwendungsbereich der EuInsVO gemäß Art. 1 Abs. 2 EuInsVO ausgeschlossen ist.

III. Öffentliche Bekanntmachung auf Antrag (Abs. 1)

5   **1. Voraussetzungen. a) Antrag.** Mit Ausnahme der in Abs. 2 geregelten Bekanntmachung von Amts wegen bedarf die öffentliche Bekanntmachung der Verfahrenseröffnung eines Antrags des ausländischen Insolvenzverwalters. Die Entscheidung über den Antrag steht im Ermessen des ausländischen Insolvenzverwalters, das dieser gemäß dem Recht seines Verfahrensstaates auszuüben hat.[9] Da die Kosten der Bekanntmachung (§ 34 GKG) zu Lasten der ausländischen Insolvenzmasse gehen (vgl. unten), wird dieser im Rahmen seiner Ermessensausübung in der Regel die praktische Bedeutung für den Schutz der Insolvenzmasse gegenüber den Kosten der Veröffentlichung abzuwägen haben. Eine Haftung des Insolvenzverwalters ist nur auf Grundlage des Rechts des Verfahrensstaates denkbar.[10] Sieht das ausländische Recht die Eigenverwaltung durch den Schuldner vor (vgl. § 270), so ist auch der Schuldner selbst antragsberechtigt.

6   **b) Anerkennungsfähigkeit.** Der Beschluss der Verfahrenseröffnung muss gemäß § 343 grundsätzlich anerkennungsfähig sein,[11] d. h. die Verfahrenseröffnung muss sich auf ein Insolvenzverfahren im Sinne des § 343 beziehen, das ausländische Gericht muss gemäß § 343 Abs. 1 Nr. 1 international zuständig sein und darüber hinaus darf die Anerkennung des ausländischen Eröffnungsbeschlusses nicht zu einem *ordre public*-Verstoß führen.[12] Die

---

[3] Vgl. unten Art. 21 EuInsVO, sowie Art. 102 § 5 EGInsO.
[4] *Kübler/Prütting/Kemper* § 345 RdNr. 3; HK-*Stephan* § 345 RdNr. 6; *Andres/Leithaus/Dahl* § 345 RdNr. 8.
[5] Ebenso FK-*Wimmer* § 345 RdNr. 2.
[6] *Kübler/Prütting/Kemper* § 345 RdNr. 2; HK-*Stephan* § 345 RdNr. 4.
[7] *Kübler/Prütting/Kemper* § 345 RdNr. 2; HK-*Stephan* § 345 RdNr. 4; FK-*Wimmer* § 345 RdNr. 5; MünchKommBGB-*Kindler*, Bd. 11, IntInsR RdNr. 1067; *Andres/Leithaus/Dahl* § 345 RdNr. 1.
[8] Vgl. zur Abgrenzung schon § 343 RdNr. 8.
[9] *Braun/Liersch* § 345 RdNr. 3; *Andres/Leithaus/Dahl* § 345 RdNr. 4; HK-*Stephan* § 345 RdNr. 7; MünchKommBGB-*Kindler*, Bd. 11, IntInsR RdNr. 1069; *Kübler/Prütting/Kemper* § 345 RdNr. 5.
[10] Eine Haftung ebenfalls in Betracht ziehend MünchKommBGB-*Kindler*, Bd. 11, IntInsR RdNr. 1069, aber unklar in Bezug auf das anwendbare Recht; vgl. auch *Ahrens*, Rechte und Pflichten ausländischer Insolvenzverwalter, S. 247 ff.
[11] MünchKommBGB-*Kindler*, Bd. 11, IntInsR RdNr. 1068; HK-*Stephan* § 345 RdNr. 9; *Braun/Liersch* § 345 RdNr. 2; *Kübler/Prütting/Kemper* § 345 RdNr. 8.
[12] Vgl. hierzu § 343 RdNr. 12 ff.; 17 ff.

Voraussetzungen für die Anerkennungsfähigkeit sind gemäß § 345 Abs. 3 Satz 1 von dem Verwalter glaubhaft zu machen. Andernfalls ist der Antrag unzulässig.[13] Sind die Anerkennungsvoraussetzungen nicht glaubhaft gemacht bzw. ist nach den glaubhaft gemachten Tatsachen die ausländische Verfahrenseröffnung nicht anerkennungsfähig, so ist der Antrag des Verwalters daher als unzulässig abzuweisen.

c) Kein inländisches Verfahren. Der Antrag ist unzulässig, wenn im Inland auf Grund 7 der Belegenheit von Vermögen bereits ein inländisches Insolvenzverfahren beantragt worden ist. Welche Sicherungsmaßnahmen angeordnet und gegebenenfalls nach § 23 öffentlich bekannt zu machen sind, entscheidet dann das inländische Insolvenzgericht im Rahmen des Eröffnungsverfahrens. Würde man parallel hierzu noch die öffentliche Bekanntmachung des Eröffnungsbeschlusses des ausländischen Hauptverfahrens erlauben, so wäre dies für den Rechtsverkehr verwirrend, zumal im Hinblick auf inländische Vermögensgegenstände ohnehin nunmehr das inländische Sekundärverfahren Vorrang genießt.[14]

2. Rechtsfolgen. a) Bekanntmachung der Eröffnung. Hat der ausländische Verwal- 8 ter die öffentliche Bekanntmachung beantragt und ist der ausländische Eröffnungsbeschluss anerkennungsfähig, *„so hat das Insolvenzgericht den wesentlichen Inhalt der Entscheidung über die Verfahrenseröffnung und der Entscheidung über die Bestellung des Insolvenzverwalters im Inland bekannt zu machen"*. Zum wesentlichen Inhalt der Entscheidung zählen zunächst die Angaben, die auch in §§ 27, 28 genannt sind.[15] Es empfiehlt sich ein großzügiger Maßstab. Enthält der Beschluss weitere Feststellungen oder Anordnungen, die aus Sicht des inländischen Insolvenzgerichts von Bedeutung sein könnten, so empfiehlt sich, diese ebenfalls in die öffentliche Bekanntmachung aufzunehmen. Zu dem wesentlichen Inhalt der Entscheidung gehört auch, ob es sich bei dem ausländischen Verfahren um ein Haupt- oder um ein Partikularinsolvenzverfahren handelt.[16]

Für die Art und Weise der Veröffentlichung verweist § 345 Abs. 1 Satz 2 auf § 9 Abs. 1 9 Satz 2 und § 30 Abs. 1. Gemäß § 348 Abs. 1 ist der Antrag an das örtlich zuständige Insolvenzgericht zu richten. Funktionell zuständig für die Entscheidung ist gemäß § 18 Abs. 1 lit. 3 RPflG der Richter.

Ebenso wie bei der öffentlichen Bekanntmachung eines Eröffnungsbeschlusses aus einem 10 der Mitgliedsstaaten der EuInsVO nach Art. 102 § 5 EGInsO fallen auch bei einer öffentlichen Bekanntmachung nach § 345 keine Gerichtsgebühren an.[17] Allerdings entstehen Bekanntmachungskosten, die der ausländischen Insolvenmasse zur Last fallen.[18] Das inländische Insolvenzgericht kann daher von dem ausländischen Verwalter gemäß § 17 Abs. 1 einen entsprechenden Kostenvorschuss verlangen.

Über den Wortlaut hinaus ist § 345 Abs. 1 auch auf die öffentliche Bekanntmachung von 11 Sicherungsmaßnahmen anzuwenden, die das ausländische Insolvenzgericht im Rahmen eines Insolvenzeröffnungsverfahrens anordnet, soweit der vorläufige Verwalter dies beantragt.[19] Das ergibt sich aus dem Zusammenhang der öffentlichen Bekanntmachung mit der in § 344 gesondert geregelten Anordnung von Sicherungsmaßnahmen durch das inländische Insolvenzgericht. Wenn der deutsche Gesetzgeber schon gestattet, zur Sicherung der Insolvenzmasse ohne anhängiges Verfahren im Inland durch inländische Insolvenzgerichte Sicherungsmaßnahmen anordnen zu lassen, so muss als weniger weitreichende Maßnahme erst recht die öffentliche Bekanntmachung der im ausländischen Hauptverfahren angeordneten

---

[13] HK-*Stephan* § 345 RdNr. 9; MünchKommBGB-*Kindler*, Bd. 11, IntInsR RdNr. 1068; *Kübler/Prütting/Kemper* § 345 RdNr. 8.
[14] Vgl. unten RdNr. 15.
[15] *Kübler/Prütting/Kemper* § 345 RdNr. 6; *Andres/Leithaus/Dahl* § 345 RdNr. 5.
[16] HK-*Stephan* § 345 RdNr. 10; *Kübler/Prütting/Kemper* § 345 RdNr. 6.
[17] Vgl. unten, Art. 102 § 5 RdNr. 15; FK-*Wimmer* § 345 RdNr. 5; BT-Drucks. 15/16 S. 26.
[18] Vgl. Nr. 9004 des Kostenverzeichnisses zum GKG; § 24 GKG; vgl. auch nochmals Art. 102 § 5 RdNr. 15; FK-*Wimmer* § 345 RdNr. 5; *Braun/Liersch/xx* § 345 RdNr. 11 f.
[19] Ebenso *Braun/Liersch* § 345 RdNr. 5; *Kübler/Prütting/Kemper* § 345 RdNr. 10; *Andres/Leithaus/Dahl* § 345 RdNr. 7; aA dagegen MünchKommBGB-*Kindler*, Bd. 11, IntInsR RdNr. 1076.

Sicherungsmaßnahmen möglich sein. Ebenso wie bei § 344 ist dann im Rahmen des §§ 5, 345 ebenfalls die Anerkennungsfähigkeit des späteren Eröffnungsbeschlusses zu prüfen. Demgegenüber kann die Bekanntmachung von Sicherungsmaßnahmen nicht mit dem Argument abgelehnt werden, dass die öffentliche Bekanntmachung die Insolvenzmasse mit erheblichen Kosten belaste.[20] Dies ist eine Entscheidung des ausländischen Verwalters sowie des ausländischen Insolvenzrechts, die nicht vom deutschen internationalen Insolvenzrecht zu treffen ist. Im Rahmen der Anerkennung ausländischer Verfahren nach §§ 343 ff. stellt das deutsche internationale Insolvenzrecht dem ausländischen Verfahren lediglich die Hilfsmittel zur Verfügung, um dem ausländischen Verfahren im Inland Geltung zu verschaffen. Inwieweit der ausländische Verwalter hiervon Gebrauch macht, steht ebenso in seinem Ermessen wie die Beantragung der öffentlichen Bekanntmachung der Eröffnung des Verfahrens.

12 b) **Bekanntmachung der Beendigung.** § 345 Abs. 1 Satz 3 sieht ausdrücklich vor, dass auch die Beendigung bekanntzumachen ist, wenn die Eröffnung des Insolvenzverfahrens bekannt gemacht wurde. Dies soll in *„gleicher Weise"* erfolgen. Im Ergebnis geht es darum, die Gläubiger und den Rechtsverkehr über die wesentliche Änderung gegenüber der Bekanntmachung der Eröffnung zu unterrichten. Richtigerweise ist daher – korrespondierend zur öffentlichen Bekanntmachung des Eröffnungsbeschlusses – der wesentliche Inhalt des Beendigungsbeschlusses bekanntzumachen, soweit sich der Beschluss nicht auf die Feststellung der Verfahrensbeendigung beschränkt, sondern weitere Feststellungen enthält, die gegebenenfalls auch mit Anordnungen im veröffentlichten Eröffnungsbeschluss korrespondieren.

13 Gemäß § 345 Abs. 3 Satz 2 ist dem Verwalter eine Ausfertigung des Beschlusses zu erteilen, durch den die Bekanntmachung angeordnet wird. Hierdurch soll dem Verwalter die Wahrnehmung seiner Befugnisse im Inland erleichtert werden.[21] Allerdings ist zu beachten, dass die damit verbundene Legitimationsfunktion – ebenso wie auch die öffentliche Bekanntmachung – keinerlei Bindungswirkung für Grundbuchämter, Behörden oder sonstige Beteiligte hat.

IV. Öffentliche Bekanntmachung von Amts wegen (Abs. 2)

14 **1. Voraussetzung.** Gemäß § 345 Abs. 2 erfolgt die öffentliche Bekanntmachung von Amts wegen, wenn der Schuldner im Inland eine Niederlassung hat. Der Begriff der *„Niederlassung"* in § 345 Abs. 2 ist identisch mit dem in § 354 Abs. 1 verwendeten Begriff der Niederlassung, so dass auf die dortigen Ausführungen verwiesen werden kann.[22] Der Gesetzgeber ging davon aus, dass bei Vorliegen einer Niederlassung so zahlreiche geschäftliche Kontakte zu im Inland ansässigen Personen bestehen, dass stets eine öffentliche Bekanntmachung vorgenommen werden müsse.[23]

15 Das Bedürfnis für eine öffentliche Bekanntmachung besteht jedoch nicht, wenn auf Grund der Niederlassung im Inland bereits ein Sekundärinsolvenzverfahren beantragt worden ist.[24] Insoweit hat § 345 Abs. 2 in der Praxis kaum einen Anwendungsbereich, da dies voraussetzen würde, dass trotz der eingetretenen Eröffnung des Verfahrens im ausländischen Hauptverfahren weder der Verwalter noch einer der Gläubiger einen Antrag auf Eröffnung eines Sekundärverfahrens gestellt hat. Das dürfte bei Vorliegen einer Niederlassung eher unwahrscheinlich sein.

---

[20] So aber MünchKommBGB-*Kindler*, Bd. 11, IntInsR RdNr. 1076.
[21] So bereits die Begründung zum Regierungsentwurf von 1992, vgl. BT-Drucks. 12/2443, S. 241 zur Vorschrift des § 385 Abs. 2 Satz 2; ebenso MünchKommBGB-*Kindler*, Bd. 11, IntInsR RdNr. 1074; HK-*Stephan* § 345 RdNr. 11.
[22] Vgl. unten § 354 RdNr. 7.
[23] BT-Drucks. 15/16, S. 22; ebenso HK-*Stephan* § 345 RdNr. 13; *Andres/Leithaus/Dahl* § 345 RdNr. 11; FK-*Wimmer* § 345 RdNr. 6; *Hess* InsO, § 345 RdNr. 2.
[24] Vgl. bereits oben RdNr. 7.

2. Rechtsfolgen. Wurde im Ausland ein Hauptverfahren eröffnet und befindet sich im Inland eine Niederlassung des Schuldners, so erfolgt die öffentliche Bekanntmachung „*von Amts wegen*". Insoweit bedarf es keines Antrags des ausländischen Insolvenzverwalters. Für das Verfahren der Veröffentlichung sowie den Inhalt der öffentlichen Bekanntmachung gilt das oben zu Abs. 1 ausgeführte. 16

Damit das nach § 348 zuständige Insolvenzgericht seiner Verpflichtung nach § 345 Abs. 2 nachkommen kann, sieht die Vorschrift zudem vor, dass der Insolvenzverwalter oder ein ständiger Vertreter nach § 13 e Abs. 2 Satz 4 Nr. 3 HGB das Insolvenzgericht unterrichtet. Hieraus wird in der Literatur eine entsprechende Unterrichtungspflicht der genannten Personen hergeleitet.[25] Unproblematisch ist eine solche Unterrichtungspflicht gegenüber den im Handelsregister aufgeführten Vertretern der Zweigniederlassung, die im Rahmen ihrer Anmeldung sich ohnehin schon den Anmeldepflichten nach § 13 e Abs. 3 HGB unterwerfen, wonach sie jede Änderung der Personen zur Eintragung in das Handelsregister anzumelden haben. Es ist jedoch zweifelhaft, ob dem Verwalter eines ausländischen Verfahrens die in § 345 Abs. 2 Satz 2 enthaltene Pflichten auferlegt werden können. Denn die Pflichten des ausländischen Verwalters richten sich nach § 335 grundsätzlich nach dem Recht des ausländischen Verfahrensstaates. Da die öffentliche Bekanntmachung im Ergebnis dem Schutz der Insolvenzmasse dient, ist bezüglich des Insolvenzverwalters nicht von einer Unterrichtungspflicht auszugehen. Haftungsansprüche gegen den ausländischen Insolvenzverwalter können hieraus ebenfalls nicht hergeleitet werden. 17

V. Rechtsmittel

§ 345 Abs. 3 Satz 3 sieht vor, dass der ausländische Verwalter antragsbefugt ist, die sofortige Beschwerde gegen die Entscheidung des Insolvenzgerichts einzulegen, mit der die öffentliche Bekanntmachung abgelehnt wurde. Während der Regierungsentwurf von 1992 ein solches Rechtsmittel für den ausländischen Verwalter noch nicht vorsah,[26] hat der Gesetzgeber im Rahmen der Neuregelung des deutschen internationalen Insolvenzrechts dem ausländischen Verwalter – ebenso wie auch in anderen Vorschriften (§ 344 oder § 346) – die Notwendigkeit einer solchen Rechtsmittelmöglichkeit gesehen. Über den Wortlaut hinaus gilt die Beschwerdebefugnis jedoch nicht nur für den Fall, dass das inländische Insolvenzgericht die öffentliche Bekanntmachung einzelner Bestandteile des Eröffnungsbeschlusses ablehnt, sondern auch, wenn der Inhalt der öffentlichen Bekanntmachung – beispielsweise im Rahmen einer Bekanntmachung von Amts wegen – zu weit gefasst wurde, beispielsweise weil sodann Maßnahmen im Inland veröffentlicht werden, die hier keinerlei Bedeutung besitzen oder beispielsweise auf das Gebiet des Verfahrensstaates beschränkt sind.[27] 18

§ 346 Grundbuch

(1) Wird durch die Verfahrenseröffnung oder durch Anordnung von Sicherungsmaßnahmen nach § 343 Abs. 2 oder § 344 Abs. 1 die Verfügungsbefugnis des Schuldners eingeschränkt, so hat das Insolvenzgericht auf Antrag des ausländischen Insolvenzverwalters das Grundbuchamt zu ersuchen, die Eröffnung des Insolvenzverfahrens und die Art der Einschränkung der Verfügungsbefugnis des Schuldners in das Grundbuch einzutragen:
1. bei Grundstücken, als deren Eigentümer der Schuldner eingetragen ist;
2. bei den für den Schuldner eingetragenen Rechten an Grundstücken und an

---
[25] FK-*Wimmer* § 345 RdNr. 6; *Braun/Liersch* § 345 RdNr. 4; *Smid*, Int. Insolvenzrecht, § 345 RdNr. 7 *Andres/Leithaus/Dahl* § 345 RdNr. 12; HK-*Stephan* § 345 RdNr. 13.
[26] Vgl. BT-Drucks. 12/2443, S. 242.
[27] AA *Kübler/Prütting/Kemper* § 345 RdNr. 18; *Andres/Leithaus/Dahl* § 345 RdNr. 14; *Braun/Liersch* § 345 RdNr. 13.

eingetragenen Rechten, wenn nach der Art des Rechts und den Umständen zu befürchten ist, dass ohne die Eintragung die Insolvenzgläubiger benachteiligt würden.

(2) ¹Der Antrag nach Absatz 1 ist nur zulässig, wenn glaubhaft gemacht wird, dass die tatsächlichen Voraussetzungen für die Anerkennung der Verfahrenseröffnung vorliegen. ²Gegen die Entscheidung des Insolvenzgerichts steht dem ausländischen Verwalter die sofortige Beschwerde zu. ³Für die Löschung der Eintragung gilt § 32 Abs. 3 Satz 1 entsprechend.

(3) Für die Eintragung der Verfahrenseröffnung in das Schiffsregister, das Schiffsbauregister und das Register für Pfandrechte an Luftfahrzeugen gelten die Absätze 1 und 2 entsprechend.

Schrifttum: Vgl. die allgemeinen Literaturangaben vor §§ 335 ff. InsO.

Übersicht

	RdNr.		RdNr.
I. Normzweck	1	d) Anerkennungsfähigkeit	8
II. Anwendungsbereich	4	2. Rechtsfolgen	9
III. Eintragung im Grundbuch (Abs. 1)	5	a) Eintragungsersuchen	9
		b) Eintragungsgegenstand	10
1. Voraussetzungen	5	c) Eintragungsinhalt	11
a) Einschränkung der Verfügungsbefugnis	5	d) Löschung der Eintragung	12
		3. Rechtsmittel	13
b) Verfahrenseröffnung oder Sicherungsmaßnahmen	6	IV. Schiffsregister, Register für Pfandrechte an Luftfahrzeugen (Abs. 3)	14
c) Antrag und Verfahren	7		

I. Normzweck

1 § 346 setzt die in § 23 und § 32 geregelte Eintragung von Verfügungsbeschränkungen zur Vermeidung eines gutgläubigen Erwerbs für internationale Sachverhalte um. Damit soll auch bei internationalen Sachverhalten den Interessen der Insolvenzgläubiger Rechnung getragen werden, indem durch die Registereintragung der durch die Register gewährte Verkehrsschutz durch einen Gutglaubenserwerb zerstört wird. In Anlehnung an § 345 kann daher der ausländische Verwalter neben der öffentlichen Bekanntmachung auch gemäß § 346 die Eintragung von Verfügungsbeschränkungen im Grundbuch durchsetzen. Der entsprechende Antrag ist jedoch nicht an das Grundbuchamt, sondern an das gemäß § 348 zuständige Insolvenzgericht zu richten. Der Gesetzgeber sah die Gefahr einer Überforderung der Grundbuchämter, wenn sie die Voraussetzungen der Anerkennung eines ausländischen Insolvenzverfahrens und insbesondere die Auswirkungen dieses Verfahrens auf die Verfügungsbefugnis des Schuldners festzustellen hätten.[1]

2 Die Vorschrift ist Art. 22 EuInsVO sowie der Umsetzungsvorschrift in Art. 102 § 6 EGInsO nachgebildet. Auch § 346 ist eine Sachnorm, da sie unmittelbar die Voraussetzungen des Verfahrens der entsprechenden Grundbucheintragung regelt.[2]

3 § 346 gilt – auch wenn der Wortlaut diese Einschränkung nicht hergibt – denklogisch nur für ausländische Hauptinsolvenzverfahren, da sich ausländische Partikularverfahren grundsätzlich auf das im Recht des Verfahrensstaates belegene Vermögen beschränken, daher ein im Inland belegenes Grundstück, Schiff oder Luftfahrzeug vom Insolvenzbeschlag und von der Einschränkung der Verfügungsbefugnis des Schuldners grundsätzlich nicht erfassen können.[3]

---

[1] Vgl. BT-Drucks. 15/16, S. 22.
[2] *Kübler/Prütting/Kemper* § 346 RdNr. 3; *Andres/Leithaus/Dahl* § 346 RdNr. 1.
[3] Vgl. *Kübler/Prütting/Kemper* § 346 RdNr. 3; *Andres/Leithaus/Dahl* § 346 RdNr. 1.

II. Anwendungsbereich

Der Anwendungsbereich ist identisch mit dem Anwendungsbereich des § 345. Die Vorschrift des § 346 gilt daher nur für Hauptverfahren außerhalb des räumlichen Anwendungsbereichs der EuInsVO sowie für Hauptverfahren im räumlichen Anwendungsbereich der EuInsVO, soweit der betroffene Schuldner gemäß Art. 1 Abs. 2 vom persönlichen Anwendungsbereich der Verordnung ausgenommen wurde.

III. Eintragung im Grundbuch (Abs. 1)

1. Voraussetzungen. a) Einschränkung der Verfügungsbefugnis. Eine Eintragung im Grundbuch ist nur gerechtfertigt, wenn das ausländische Verfahren die Verfügungsbefugnis des Schuldners einschränkt. Eine solche Einschränkung liegt nicht nur bei einem Verfügungsverbot oder einer Übertragung der Verfügungsbefugnis auf den Insolvenzverwalter vor, sondern selbst dann, wenn die Verfügungsbefugnis des Schuldners eingeschränkt ist, beispielsweise wenn dieser für Verfügungen der Zustimmung des vorläufigen Insolvenzverwalters bedarf.[4]

b) Verfahrenseröffnung oder Sicherungsmaßnahmen. Die Verfügungsbefugnis des Schuldners muss *„durch die Verfahrenseröffnung oder durch Anordnung von Sicherungsmaßnahmen nach § 343 Abs. 2 oder § 344 Abs. 1"* eingeschränkt worden sein. Die Eintragung wird daher sowohl nach Verfahrenseröffnung, als auch vor Verfahrenseröffnung im Eröffnungsverfahren bereits möglich, wobei der ausländische Insolvenzverwalter die Grundbucheintragung nicht nur beantragen kann, wenn es um die Anerkennung der ausländischen Sicherungsmaßnahmen nach § 343 Abs. 2 geht, sondern auch wenn die Sicherungsmaßnahmen gemäß § 344 Abs. 1 vom inländischen Insolvenzgericht angeordnet wurden.

c) Antrag und Verfahren. Die Grundbucheintragung erfolgt – anders als bei § 32 – bei internationalen Sachverhalten nur auf Antrag des ausländischen Verwalters. Die Beantragung des Grundbucheintrags steht im Ermessen des Verwalters des ausländischen Verfahrens, das dieser gemäß dem Recht des Verfahrensstaates auszuüben hat.[5] Anders als nach Art. 22 Abs. 2 EuInsVO oder § 345 Abs. 2 ist eine obligatorische Eintragung von Amts wegen nicht vorgesehen. Der Antrag ist an das nach § 348 Abs. 1 zuständige Insolvenzgericht zu richten. Funktional ist dort der Richter gemäß § 18 Abs. 1 Nr. 3 RPflG zuständig.

d) Anerkennungsfähigkeit. Ein Registereintrag gemäß § 346 Abs. 1 setzt voraus, dass der Eröffnungsbeschluss des ausländischen Hauptverfahrens grundsätzlich gemäß § 343 anerkennungsfähig ist.[6] Dasselbe gilt entsprechend auch für die Registereintragung ausländischer Sicherungsmaßnahmen.[7] Lediglich bei Grundbucheinträgen, die auf Grundlage von Sicherungsmaßnahmen ergehen, die durch ein inländisches Insolvenzgericht angeordnet wurden, bedarf es dieser Prüfung nicht, da eine entsprechende Prüfung bereits inzident im Rahmen der Anordnung der Sicherungsmaßnahmen erfolgte (vgl. § 344 RdNr. 10).

2. Rechtsfolgen. a) Eintragungsersuchen. Liegen die Voraussetzungen für einen Grundbucheintrag vor, so ersucht das zuständige Insolvenzgericht das Grundbuchamt, die Eröffnung des Insolvenzverfahrens und die Art der Einschränkung der Verfügungsbefugnis des Schuldners in das Grundbuch einzutragen (§ 38 GBO). Insoweit gilt das auch im Rahmen von § 32 angewandte Verfahren. Da die Verfügungsbeschränkungen des ausländischen Insolvenzverfahrens von den nach dem deutschen Recht bekannten Beschränkungen abweichen können, hat das Insolvenzgericht im Eintragungsersuchen das einzutragende

---

[4] Vgl. Braun/Liersch § 346 RdNr. 3; MünchKommBGB-*Kindler*, Bd. 11, IntInsR RdNr. 1086; FK-*Wimmer* § 346 RdNr. 2.

[5] Andres/Leithaus/Dahl § 346 RdNr. 4; Kübler/Prütting/Kemper § 346 RdNr. 5.

[6] Braun/Liersch § 346 RdNr. 2; Kübler/Prütting/Kemper § 346 RdNr. 7; HK-*Stephan* § 346 RdNr. 7; MünchKommBGB-*Kindler*, Bd. 11, IntInsR RdNr. 1086; Andres/Leithaus/Dahl § 346 RdNr. 6.

[7] Braun/Liersch § 346 RdNr. 2; MünchKommBGB-*Kindler*, Bd. 11, IntInsR RdNr. 1086.

Verfahrensereignis, die Einschränkung der Verfügungsbefugnis des Schuldners sowie das ausländische Insolvenzgericht einschließlich des Verfahrensstaates möglichst klar und genau zu bezeichnen. An diese Festsetzungen ist das Grundbuchamt gebunden.[8]

10 **b) Eintragungsgegenstand.** Nach § 346 Abs. 1 Nr. 1 und 2 muss sich die Eintragung auf bestimmte, für die Verfügungsbefugnis relevante Rechte beziehen. Daher sieht § 346 Abs. 1 Nr. 1 vor, dass Einschränkungen der Verfügungsbefugnis grundsätzlich bei Grundstücken einzutragen ist, bei denen der Schuldner als Eigentümer eingetragen ist. Darüber hinaus soll die Eintragung nach § 346 Abs. 1 Nr. 2 aber auch erfolgen bei den für den Schuldner eingetragenen Rechten an Grundstücken und an sonstigen eingetragenen Rechten. Damit sind grundsätzlich sämtliche grundstücksgleiche dingliche Rechte gemeint, die im deutschen Grundbuch eingetragen sind und über die der Eingetragene grundsätzlich auch verfügen kann.[9] Die Formulierung ist insoweit mit § 32 Abs. 1 Nr. 2 identisch, so dass auf die Kommentierung dieser Vorschrift verwiesen werden kann.[10]

11 **c) Eintragungsinhalt.** Der Eintragungsinhalt leitet sich aus dem ausländischen Insolvenzstatut her, das die Verfügungsbeschränkung definiert.[11] Die Eintragungsfähigkeit und der Inhalt der Eintragung im Grundbuch richtet sich dagegen nach dem deutschen Registerrecht.[12] Diese materiellrechtlichen Beschränkungen sind für das deutsche Recht entsprechend zu formulieren. Ob das Insolvenzstatut ebenfalls Registereinträge vorsieht, spielt dagegen keine Rolle.

12 **d) Löschung der Eintragung.** Die auf Ersuchen des Insolvenzgerichts eingetragenen Verfügungsbeschränkungen sind freilich auf Antrag des Insolvenzverwalters wieder zu löschen, wenn sie in dem ausländischen Verfahren wieder aufgehoben werden oder beispielsweise auf Grund der Verfahrensbeendigung erlöschen. Neben dem Verwalter ist in diesen Fällen aber auch der Schuldner antragsbefugt. Für die Löschung der Eintragung verweist § 346 Abs. 2 Satz 3 ausdrücklich auf die entsprechende Vorschrift in § 32 Abs. 3 Satz 1, die entsprechend gilt. Insoweit kann ebenfalls auf die dortigen Ausführungen verwiesen werden.[13]

13 **3. Rechtsmittel.** Nach § 346 Abs. 2 Satz 2 steht gegen die Entscheidung des Insolvenzgerichts dem ausländischen Verwalter die sofortige Beschwerde zu. Die Beschwerdebefugnis gilt auf Grund der offenen Formulierung nicht nur für Fälle der Ablehnung eines Eintragungsantrages sondern gegebenenfalls auch für eine Stattgabe des Antrags, wenn jedoch der von dem Insolvenzgericht beschlossene Eintragungsinhalt nicht mit dem ausländischen Recht übereinstimmt.[14] Über den Wortlaut der Vorschrift hinaus steht freilich aber auch dem betroffenen Schuldner die Beschwerdebefugnis zu, in dessen Verfügungsbefugnis durch die Eintragung eingegriffen wird.

IV. Schiffsregister, Register für Pfandrechte an Luftfahrzeugen (Abs. 3)

14 § 346 Abs. 3 schreibt vor, dass die in den Absätzen 1 und 2 getroffenen Regelungen entsprechend gelten für die Eintragung der Verfahrenseröffnung in das Schiffsregister und in das Register für Pfandrechte an Luftfahrzeugen. Insoweit kann auf die obigen Ausführungen sowie auf die Kommentierung zu § 33 verwiesen werden.[15]

---

[8] Ebenso MünchKommInsO-*Schmahl*, Bd. 1, §§ 32, 33 RdNr. 49.
[9] Ähnlich weit wohl FK-*Wimmer* § 346 RdNr. 4.
[10] Vgl. MünchKommInsO-*Schmahl*, Bd. 1, §§ 32, 33 RdNr. 22 f.
[11] Vgl. *Kübler/Prütting/Kemper* § 346 RdNr. 12; *Hess* InsO, § 346 RdNr. 8.
[12] So *Braun/Liersch* § 346 RdNr. 5; MünchKommBGB-*Kindler*, Bd. 11, IntInsR RdNr. 1092; *Hess* InsO, § 346 RdNr. 8; HK-*Stephan* § 346 RdNr. 13; *Smid*, Int. Insolvenzrecht, § 346 RdNr. 2; FK-*Wimmer* § 346 RdNr. 2); *Kübler/Prütting/Kemper* § 346 RdNr. 11.
[13] Vgl. MünchKommInsO-*Schmahl*, Bd. 1, §§ 32, 33 RdNr. 76 ff.
[14] Ähnlich *Andres/Leithaus/Dahl* § 346 RdNr. 12; *Kübler/Prütting/Kemper* § 346 RdNr. 17; aA wohl HK-*Stephan* § 346 RdNr. 14; MünchKommBGB-*Kindler*, Bd. 11, IntInsR RdNr. 1093 (nur bei anlehnender Entscheidung des Gerichts).
[15] Vgl. MünchKommInsO-*Schmahl*, Bd. 1, §§ 32, 33 RdNr. 90 ff.

§ 347 Nachweis der Verwalterbestellung. Unterrichtung des Gerichts

(1) ¹Der ausländische Insolvenzverwalter weist seine Bestellung durch eine beglaubigte Abschrift der Entscheidung, durch die er bestellt worden ist, oder durch eine andere von der zuständigen Stelle ausgestellte Bescheinigung nach. ²Das Insolvenzgericht kann eine Übersetzung verlangen, die von einer hierzu im Staat der Verfahrenseröffnung befugten Person zu beglaubigen ist.

(2) Der ausländische Insolvenzverwalter, der einen Antrag nach den §§ 344 bis 346 gestellt hat, unterrichtet das Insolvenzgericht über alle wesentlichen Änderungen in dem ausländischen Verfahren und über alle ihm bekannten weiteren ausländischen Insolvenzverfahren über das Vermögen des Schuldners.

Schrifttum: *Ahrens,* Rechte und Pflichten ausländischer Insolvenzverwalter im internationalen Insolvenzrecht (Freiburg, Univ., Diss., 1999), (zit. Ahrens, Rechte und Pflichten ausländischer Insolvenzverwalter); *Liersch,* Deutsches Internationales Insolvenzrecht, NZI 2003, 302.

Übersicht

	RdNr.		RdNr.
I. Normzweck	1	1. Verwalterbestellung	4
II. Anwendungsbereich	3	2. Beglaubigte Abschrift	7
III. Nachweis der Verwalterbestellung (Abs. 1)	4	3. Übersetzung	8
		IV. Unterrichtungspflicht (Abs. 2)	9

I. Normzweck

Dem ausländischen Insolvenzverwalter werden im deutschen autonomen internationalen Insolvenzrecht diverse Befugnisse eingeräumt, um die Insolvenzmasse auch im Inland im Sinne des ausländischen Verfahrens effektiv zu schützen. Der ausländische Verwalter kann daher beim zuständigen Insolvenzgericht diverse Anträge zum Schutz der im Inland befindlichen Insolvenzmasse stellen (§§ 344 bis 346); darüber hinaus werden dem ausländischen Insolvenzverwalter diverse Teilnahmerechte am inländischen Sekundärverfahren eingeräumt (§ 356 Abs. 2, § 357 Abs. 2 und § 358). Um diese Rechte geltend machen zu können, muss sich der ausländische Insolvenzverwalter jedoch jeweils entsprechend legitimieren. § 347 Abs. 1 regelt für alle Fälle, in denen der ausländische Insolvenzverwalter sich gegenüber deutschen Behörden oder Gerichten auszuweisen hat, in welcher Form die **Legitimation** zu erfolgen hat.[1] Danach wird auf die im internationalen Rechtsverkehr übliche Form der Nachweiserbringung weitgehend verzichtet. Die Regelung ist nahezu wortgleich mit der Legitimationsregelung in Art. 19 EuInsVO.[2] Sie entspricht zudem der in den beiden Richtlinien zur Sanierung und Liquidation von Versicherungsunternehmen und Kreditinstituten enthaltenen Vorschrift.[3]

Korrespondierend zu den Unterstützungshandlungen, die der ausländische Verwalter beim inländischen Insolvenzgericht beantragen kann (§§ 344 bis 346), werden dem ausländischen Verwalter nach Abs. 2 **Unterrichtungspflichten** gegenüber dem Insolvenzgericht auferlegt.[4] Da das deutsche Insolvenzgericht nicht das Verfahren führende Gericht ist, sondern lediglich „Unterstützungsmaßnahmen" zum Schutz der Insolvenzmasse des ausländischen Verfahrens erbringt, ist es auf diese Information durch den ausländischen Insolvenzverwalter angewiesen. Die Unterrichtungspflicht ergibt sich in diesen Fällen nicht aus dem Insolvenzstatut sondern durch das durch den ausländischen Verwalter

---

[1] FK-*Wimmer* § 347 RdNr. 3; HK-*Stephan* § 347 RdNr. 2 f.; MünchKommBGB-*Kindler,* Bd. 11, IntInsR RdNr. 1097.
[2] Vgl. unten Art. 19 EuInsVO.
[3] Vgl. Art. 28 Richtlinie 2001/24/EG sowie; Art. 27 Richtlinie 2001/17/EG.
[4] FK-*Wimmer* § 347 RdNr. 2; *Braun/Liersch* § 347 RdNr. 6; *Andres/Leithaus/Dahl* § 347 RdNr. 3; *Kübler/Prütting/Kemper* § 347 RdNr. 8, *Hess* InsO, § 347 RdNr. 4; HK-*Stephan* § 347 RdNr. 9.

§ 347 3–7   11. Teil. 2. Abschnitt. Ausländisches Insolvenzverfahren

begründete Prozessrechtsverhältnis, nämlich durch die Beantragung entsprechender Maßnahmen beim deutschen Insolvenzgericht.[5] Aus einer Verletzung dieser Pflicht können daher Gläubiger oder die Insolvenzmasse Ansprüche geltend machen, ohne dass es eines Rückgriffs auf das ausländische Insolvenzstatut bedürfte. Eine entsprechende Unterrichtungspflicht ist in der EuInsVO nicht ausdrücklich geregelt und auch in den Richtlinien über die Sanierung und Liquidation von Versicherungsunternehmen oder Kreditinstituten nicht enthalten.

II. Anwendungsbereich

3   Der Anwendungsbereich des § 347 entspricht dem Anwendungsbereich der anderen Vorschriften des zweiten Abschnittes (§§ 343 ff.). § 347 findet in Abgrenzung zur der mit Absatz 1 nahezu gleich lautenden Vorschrift des Art. 19 EuInsVO Anwendung, wenn es sich um einen Insolvenzverwalter handelt, der in einem Insolvenzverfahren eines Drittstaates (außerhalb der EuInsVO) bestellt wurde, oder um einen Verwalter, der von einem Gericht im räumlichen Anwendungsbereich der EuInsVO bestellt wurde, dessen Verfahren wegen der Person des Schuldners jedoch vom Anwendungsbereich nach Art. 1 Abs. 2 EuInsVO ausgenommen wurde.[6]

III. Nachweis der Verwalterbestellung (Abs. 1)

4   **1. Verwalterbestellung.** § 347 Abs. 1 betrifft nur Entscheidungen des ausländischen Insolvenzgerichts, durch die der ausländische Verwalter bestellt worden ist oder Bescheinigung seiner erfolgten Bestellung.[7] Das kann die Eröffnungsentscheidung sein, falls der Verwalter im Eröffnungsbeschluss selbst bezeichnet wird, oder eine eigenständige Bestellungsurkunde (vgl. § 56 Abs. 2 Satz 1). Kennt das Recht des Verfahrensstaates keine eigenständige Bestellungsurkunde, kann die Bestellung auch durch eine anderweitige Bescheinigung nachgewiesen werden.

5   Die Nachweiserleichterungen des § 347 Abs. 1 gelten auch für den vorläufigen Insolvenzverwalter.[8] Schon der Wortlaut der Vorschrift enthält keine ausdrückliche Beschränkungen auf den nach Verfahrenseröffnung bestellten Verwalter, obwohl Satz 2 vom „Staat der Verfahrenseröffnung" spricht und damit implizit ein eröffnetes Verfahren voraussetzt. Zudem bestehen die Legitimationsinteressen gleichsam auch für den vorläufigen Verwalter eines ausländischen Verfahrens. Denn dieser ist nach § 344 ausdrücklich befugt, Sicherungsmaßnahmen im Inland zu beantragen. Dementsprechend hat auch der vorläufige Verwalter ein entsprechendes Interesse, sich gemäß den vereinfachten Voraussetzungen nach § 347 legitimieren zu können.

6   Die Nachweisvereinfachungen gelten jedoch nur für den Bestellungsakt.[9] Andere Entscheidungen des Insolvenzgerichts bedürfen eines im deutschen internationalen Zivil- und Verfahrensrecht üblichen Nachweises.

7   **2. Beglaubigte Abschrift.** Gemäß § 347 Abs. 1 Satz 1 kann der ausländische Verwalter seine Bestellung im ausländischen Insolvenzverfahren durch „*eine beglaubigte Abschrift der Entscheidung*", durch die er bestellt worden ist, oder durch „*eine andere von der zuständigen Stelle ausgestellte Bescheinigung*" nachweisen. Auch letztere Bescheinigung ist in einer Ausfertigung oder einer beglaubigten Abschrift vorzulegen. Damit weicht die Vorschrift von den ansonsten im internationalen Zivil- und Verfahrensrecht entwickelten Vorschriften

---

[5] Vgl. auch FK-*Wimmer* § 347 RdNr. 5.
[6] Vgl. ausführlicher zum Anwendungsbereich auch § 343 RdNr. 8.
[7] *Braun/Liersch* § 347 RdNr. 3; MünchKommBGB-*Kindler*, Bd. 11, IntInsR RdNr. 1101; HK-*Stephan* § 347 RdNr. 5; *Kübler/Prütting/Kemper* § 347 RdNr. 3.
[8] Vgl. *Braun/Liersch* § 347 RdNr. 3; *ders.* NZI 2003, 302, 307; *Andres/Leithaus/Dahl* § 347 RdNr. 1; *Kübler/Prütting/Kemper* § 347 RdNr. 3; MünchKommBGB-*Kindler*, Bd. 11, IntInsR RdNr. 1097.
[9] Vgl. FK-*Wimmer* § 347 RdNr. 3; *Braun/Liersch* § 347 RdNr. 3; *Kübler/Prütting/Kemper* § 347 RdNr. 3.

ab.¹⁰ Es bedarf weder der Legalisation, noch einer Apostille.¹¹ Ausreichend ist vielmehr lediglich eine beglaubigte Abschrift der Entscheidung, durch die er bestellt worden ist. Die Beglaubigung muss durch eine nach dem Recht des Herkunftsstaates hierzu ermächtigten Person ausgestellt worden sein.¹²

3. Übersetzung. Trotz der Nachweiserleichterung bleibt es freilich bei dem Grundsatz, 8 dass Gerichtssprache deutsch ist, weshalb das Insolvenzgericht nach § 347 Abs. 1 Satz 2 eine Übersetzung ins Deutsche verlangen kann. Eine entsprechende Regelung findet sich auch in Art. 19 Satz 2 EuInsVO sowie in den beiden Richtlinien über die Sanierung und Liquidation von Versicherungsunternehmen und Kreditinstituten.¹³ Eine ähnliche Regelung sieht die EuGVVO vor.¹⁴ Zur Vorlage und Beibringung der Übersetzung ist der antragstellende Verwalter verpflichtet. Darüber hinaus ist auch die Übersetzung zu beglaubigen. Der Wortlaut des Gesetzestextes verlangt, dass die Übersetzung von einer hierzu im Staat der Verfahrenseröffnung befugten Person zu beglaubigen ist. Über den Wortlaut hinaus kann der ausländische Insolvenzverwalter aber die Übersetzung auch im Inland anfertigen und beglaubigen lassen.¹⁵

IV. Unterrichtungspflicht (Abs. 2)

§ 347 Abs. 2 begründet eine Unterrichtungspflicht zu Lasten des ausländischen Verwal- 9 ters. Dieser ist verpflichtet, das Insolvenzgericht über alle wesentlichen Änderungen in dem ausländischen Verfahren und über alle ihm bekannten weiteren ausländischen Insolvenzverfahren über das Vermögen des Schuldners zu unterrichten. Obwohl das deutsche Recht dem ausländischen Verwalter keine Pflichten im Rahmen der Abwicklung auferlegen kann, weil diese grundsätzlich aus dem Recht des Verfahrensstaates herzuleiten ist, begründen die Anträge des Verwalters nach §§ 344 ff. ein prozessuales Sonderrechtsverhältnis,¹⁶ in dem dem Verwalter bezogen auf die von ihm gestellten Anträge korrespondierende Pflichten auferlegt werden können. Dementsprechend ist der Unterrichtungsgegenstand funktional auszulegen. Der ausländische Verwalter ist nicht verpflichtet, über alle wesentlichen Änderungen in dem ausländischen Verfahren zu unterrichten, sondern nur über die wesentlichen Änderungen, die im Zusammenhang mit dem von ihm erwirkten Beschluss von Bedeutung sind oder sein können.¹⁷ Die Unterrichtung muss unverzüglich, d.h. ohne schuldhaftes Verzögern erfolgen. Zwar sieht die Vorschrift keine zeitliche Vorgaben vor. Da die von dem inländischen Insolvenzgericht getroffenen Anordnungen jedoch wesentlichen Einfluss auf den Rechtsverkehr mit dem Schuldner haben können, ist eine möglichst unverzügliche Unterrichtung geboten.

Bei Verletzung der Unterrichtungspflicht können Haftungsansprüche gegen den auslän- 10 dischen Verwalter erwachsen.¹⁸ Diese unterstehen – ausnahmsweise – nicht dem ausländischen Insolvenzstatut des Hauptverfahrens, sondern auf Grund des Sonderrechtsverhältnisses des Verwalters mit dem deutschen Gericht dem deutschen Recht.

---

¹⁰ Vgl. hierzu allgemein MünchKommBGB-*Spellenberg*, Bd. 10, Art. 11 RdNr. 138 ff., 150 ff.; *Schack*, IZVR, RdNr. 703; *v. Bar/Mankowski*, IPR, § 5 RdNr. 28 ; *Jayme/Hausmann*, Int. Privat- u. Verfahrensrecht, S. 691.
¹¹ Vgl. hierzu bereits die gleichlautende Regelung in Art. 19 RdNr. 5 f. EuInsVO.
¹² Vgl. unten Art. 19 RdNr. 6 EuInsVO.
¹³ Vgl. Art. 19 Satz 2 EuInsVO; Art. 28 Abs. 1 Satz 2 Richtlinie 2001/24 EG sowie Art. 27 Abs. 1 Satz 2 Richtlinie 2001/17/EG.
¹⁴ Vgl. Art. 55 Abs. 2 EuGVVO; hierzu vgl. auch § 4 Abs. 3 AVAG.
¹⁵ Ebenso auch nach Art. 19 EuInsVO, vgl. die Kommentierung dort RdNr. 7; vgl. auch MünchKommBGB-*Kindler*, Bd. 11, IntInsR RdNr. 1103.
¹⁶ Das hebt auch FK-*Wimmer* § 347 RdNr. 5 hervor.
¹⁷ Ebenso *Kübler/Prütting/Kemper* § 347 RdNr. 9 ; *Andres/Leithaus/Dahl* § 347 RdNr. 4 ; FK-*Wimmer* § 347 RdNr. 6.
¹⁸ Dagegen wohl FK-*Wimmer* § 348 RdNr. 7.

§ 348 Zuständiges Insolvenzgericht

(1) ¹Für die Entscheidungen nach den §§ 344 bis 346 ist ausschließlich das Insolvenzgericht zuständig, in dessen Bezirk die Niederlassung oder, wenn eine Niederlassung fehlt, Vermögen des Schuldners belegen ist. ² § 3 Abs. 2 gilt entsprechend.

(2) ¹Die Landesregierungen werden ermächtigt, zur sachdienlichen Förderung oder schnelleren Erledigung der Verfahren durch Rechtsverordnung die Entscheidungen nach den §§ 344 bis 346 für die Bezirke mehrerer Insolvenzgerichte einem von diesen zuzuweisen. ²Die Landesregierungen können die Ermächtigungen auf die Landesjustizverwaltungen übertragen.

(3) ¹Die Länder können vereinbaren, dass die Entscheidungen nach den §§ 344 bis 346 für mehrere Länder den Gerichten eines Landes zugewiesen werden. ²Geht ein Antrag nach den §§ 344 bis 346 bei einem unzuständigen Gericht ein, so leitet dieses den Antrag unverzüglich an das zuständige Gericht weiter und unterrichtet hierüber den Antragsteller.

Schrifttum: Vgl. die allgemeinen Literaturangaben vor §§ 335 ff. InsO.

Übersicht

	RdNr.		RdNr.
I. Normzweck	1	IV. Verweisung (Abs. 3 Satz 2)	7
II. Anwendungsbereich	3	V. Konzentrationsermächtigung	
III. Zuständiges Gericht (Abs. 1)	4	(Abs. 2, Abs. 3 Satz 1)	8

I. Normzweck

1 § 348 regelt Zuständigkeitsfragen im Zusammenhang mit Anträgen des ausländischen Verwalter nach §§ 344 bis 346.[1] Diese Vorschriften erlauben dem ausländischen Verwalter die Beantragung von Sicherungsmaßnahmen (§ 344), die öffentliche Bekanntmachung der Verfahrenseröffnung im Inland (§ 345) sowie die Eintragung der Verfahrenseröffnung im Grundbuch (§ 346). Diese Vorschriften setzen implizit voraus, dass im Ausland ein Insolvenzverfahren eröffnet oder zumindest beantragt wurde, während im Inland noch kein Verfahren beantragt wurde.[2] Es gibt daher (noch) kein zuständiges Verfahrensgericht in Deutschland. § 348 knüpft deswegen an die auch für ein mögliches Sekundärverfahren geltenden Anknüpfungspunkte zur Bestimmung der Zuständigkeit an, nämlich die Niederlassung oder, wenn eine Niederlassung fehlt, das Vermögen. Diese Regelung entspricht soweit Art. 102 § 1 Abs. 3 EGInsO, der gleichsam die Zuständigkeit entsprechender Anträge im Hinblick auf ausländische Verfahren nach der EuInsVO regelt.[3]

2 Die Vorschrift enthält zudem eine Verweisungsregelung, falls der Antrag vom ausländischen Verwalter bei einem unzuständigen Gericht gestellt wird. Ähnlich Art. 102 § 1 Abs. 3 Satz 2 EGInsO enthält die Vorschrift zudem eine Ermächtigung für die Landesregierungen, die Zuständigkeit für solche Spezialfragen bei einem Gericht zu konzentrieren, was im Hinblick auf die Förderung von Fachkompetenz in diesen Spezialfragen zu begrüßen ist.

---

[1] Vgl. BT-Drucks. 15/16 S. 23; *Kübler/Prütting/Kemper* § 348 RdNr. 1; MünchKommBGB-*Kindler*, Bd. 11, IntInsR RdNr. 1105; FK-*Wimmer* § 348 RdNr. 1.
[2] Vgl. *Braun/Liersch* § 348 RdNr. 1; MünchKommBGB-*Kindler*, Bd. 11, IntInsR RdNr. 1105; *Andres/Leithaus/Dahl* § 348 RdNr. 1; *Kübler/Prütting/Kemper* § 348 RdNr. 1.
[3] Vgl. hierzu noch unten Art. 102 § 1 RdNr. 14 ff.

II. Anwendungsbereich

Der Anwendungsbereich von § 348 deckt sich mit dem Anwendungsbereich der §§ 344 bis 346 und den anderen Vorschriften des Abschnitts 2 (§§ 343 ff.). In negativer Abgrenzung zur EuInsVO und Art. 102 § 1 Abs. 3 EGInsO findet § 348 Anwendung bei Anträgen eines Verwalters aus Drittstaaten oder bei Anträgen eines Verwalters aus einem der Mitgliedsstaaten der EuInsVO, wenn es sich um ein Insolvenzverfahren über das Vermögen eines Schuldners handelt, der vom persönlichen Anwendungsbereich der Verordnung ausgeschlossen wurde.[4]

III. Zuständiges Gericht (Abs. 1)

Nach dem Wortlaut des § 348 Abs. 1 ist für die Anträge nach §§ 344 ff. das Insolvenzgericht sachlich und funktionell zuständig.[5] Die funktionelle Zuständigkeit für die Bearbeitung des Antrags ist gemäß § 18 Abs. 1 Nr. 3 RpflG dem Richter zugewiesen.

Die örtliche Zuständigkeit richtet sich primär nach dem Vorliegen einer Niederlassung des Schuldners. Der Niederlassungsbegriff ist identisch mit dem in § 354 verwendeten Begriff der Niederlassung, der zur Bestimmung der Zuständigkeit eines Partikularverfahrens verwendet wird. Insoweit kann auf die dortigen Ausführungen verwiesen werden.[6] Nur wenn der Schuldner im Inland keine Niederlassung hat, kann auf den Gerichtsstand des Vermögens abgestellt werden.[7] Auch für die Bestimmung der Belegenheit von Vermögen kann auf die Ausführungen zum Vermögensbegriff nach § 354 verwiesen werden.[8] Für den Fall, dass der Schuldner mehrere Niederlassung oder mehrere Vermögensgegenstände im Inland hat, verweist § 348 Abs. 1 Satz 2 auf das in § 3 Abs. 2 enthaltene Prioritätsprinzip. Demnach ist das Insolvenzgericht zuständig, bei dem der Verwalter den Antrag zuerst anhängig gemacht hat.[9] Die Zuständigkeit ist – wie auch der Wortlaut hervorhebt – eine ausschließliche.

Die Zuständigkeitsregelung gilt jedoch nur für die Entscheidungen nach § 344 bis § 346, nicht dagegen für andere Entscheidungen, in deren Rahmen die Wirkungen der ausländischen Insolvenzeröffnung zu prüfen sind. Daher ist beispielsweise für die Entscheidung über die gegen Zwangsvollstreckungsmaßnahmen eingelegte Erinnerung des Schuldners, über dessen Vermögen im Ausland ein Insolvenzverfahren eröffnet wurde, das Vollstreckungsgericht und nicht das Insolvenzgericht zuständig.[10]

IV. Verweisung (Abs. 3 Satz 2)

Abs. 3 Satz 2 stellt sicher, dass der bei einem unzuständigen Gericht eingereichte Antrag des ausländischen Verwalters nicht einfach als unzulässig abgewiesen wird, sondern das unzuständige Gericht verpflichtet ist, den Antrag an das nach Abs. 1 zuständige Gericht weiter zu leiten. Das betrifft nicht nur die fehlende örtliche, sondern auch die sachliche Zuständigkeit.[11] Die Verweisungspflicht hat nur deklaratorischen Charakter. Sie ergibt sich bereits aus § 4 und der Verweisung auf § 281 Abs. 2 Satz 1 Halbsatz 1 ZPO.

---

[4] Vgl. hierzu § 343 RdNr. 8.
[5] MünchKommBGB-*Kindler*, Bd. 11, IntInsR RdNr. 1106; *Andres/Leithaus/Dahl* § 348 RdNr. 1; *Kübler/Prütting/Kemper* § 348 RdNr. 2.
[6] Vgl. unten § 354 RdNr. 7 f.
[7] *Braun/Liersch* § 348 RdNr. 3; *Andres/Leithaus/Dahl* § 348 RdNr. 4; *Kübler/Prütting/Kemper* § 348 RdNr. 4; HK-*Stephan* § 348 RdNr. 6; FK-*Wimmer* § 348 RdNr. 2.
[8] Vgl. unten § 354 RdNr. 9 ff.
[9] *Braun/Liersch* § 348 RdNr. 3; HK-*Stephan* § 348 RdNr. 5, 7; *Andres/Leithaus/Dahl* § 348 RdNr. 2; *Smid*, Int. Insolvenzrecht, § 348 RdNr. 2.
[10] Anders LG Kiel DZWiR 2007, 173; mit Anm. Buhler.
[11] Allg. Auffassung, vgl. FK-*Wimmer* § 348 RdNr. 5; HK-*Stephan* § 348 RdNr. 10; *Kübler/Prütting/Kemper* § 348 RdNr. 6; MünchKommBGB-*Kindler*, Bd. 11, IntInsR RdNr. 1112; *Andres/Leithaus/Dahl* § 348 RdNr. 5.

V. Konzentrationsermächtigung (Abs. 2, Abs. 3 Satz 1)

8 Ähnlich wie Art. 102 § 1 Abs. 3 EGInsO enthalten Abs. 2 sowie Abs. 3 Satz 1 eine Ermächtigung an die Länder zur Konzentration der Zuständigkeit. So können die Landesregierung durch Rechtsverordnung die Entscheidung für die Bezirke mehrere Insolvenzgerichte einem von diesem zuweisen. Die Ermächtigung kann auf die Landesjustizverwaltungen übertragen werden. Darüber hinausgehend erlaubt Abs. 3 Satz 1 sogar eine über die Bezirke eines Bundeslandes hinausgehende Zuständigkeitskonzentration, die dann durch Vereinbarung mehrere Länder erfolgen kann. Von diesen Ermächtigungen haben die Länder bisher jedoch noch keinen Gebrauch gemacht.

§ 349 Verfügungen über unbewegliche Gegenstände

(1) Hat der Schuldner über einen Gegenstand der Insolvenzmasse, der im Inland im Grundbuch, Schiffsregister, Schiffsbauregister oder Register für Pfandrechte an Luftfahrzeugen eingetragen ist, oder über ein Recht an einem solchen Gegenstand verfügt, so sind die §§ 878, 892, 893 des Bürgerlichen Gesetzbuchs[2)], § 3 Abs. 3, §§ 16, 17 des Gesetzes über Rechte an eingetragenen Schiffen und Schiffsbauwerken und § 5 Abs. 3, §§ 16, 17 des Gesetzes über Rechte an Luftfahrzeugen anzuwenden.

(2) Ist zur Sicherung eines Anspruchs im Inland eine Vormerkung im Grundbuch, Schiffsregister, Schiffsbauregister oder Register für Pfandrechte an Luftfahrzeugen eingetragen, so bleibt § 106 unberührt.

Schrifttum: *von Bismarck/Schümann-Kleber*, Insolvenz eines ausländischen Sicherungsgebers – Anwendung deutscher Vorschriften auf die Verwertung in Deutschland belegener Kreditsicherheiten, NZI 2005, 147.

Übersicht

	RdNr.		RdNr.
I. Normzweck	1	b) Registergegenstände oder Rechte an solchen	7
II. Anwendungsbereich	4	c) Massezugehörigkeit	8
III. Verfügungen (Abs. 1)	5	2. Rechtsfolgen	9
1. Voraussetzungen	5	IV. Vormerkung (Abs. 2)	12
a) Verfügungen	5		

I. Normzweck

1 § 349 regelt im Hinblick auf Gegenstände oder Rechte an Gegenständen, die in einem inländischen Register geführt werden, zwei typische Rechtsfolgen der Insolvenz: zum einen, wie sich ein im ausländischen Verfahren erlassenes Verfügungsverbot oder Verfügungsbeschränkung im Inland auswirkt (Absatz 1); zum anderen wie sich die Verfahrenseröffnung auf schwebende Rechtsgeschäfte auswirkt, wenn im Register bereits eine Vormerkung eingetragen wurde (Absatz 2). Erfasst werden jedoch nicht die Register, in denen gewerbliche Schutzrechte eingetragen werden, sondern nur die Register, in denen Änderungen der Eigentumsverhältnisse konstitutiv eingetragen werden (Grundbuch, Schiffsregister, Schiffsbauregister sowie das Register für Pfandrechte an Luftfahrzeugen). In beiden Fällen soll der inländische Rechtsverkehr geschützt werden, indem unabhängig von der Regelung des ausländischen Insolvenzrechts sich die deutschen Vorschriften über den Gutglaubensschutz des Register bzw. die Insolvenzfestigkeit der Vormerkung im Register durchsetzen. § 349 schützt daher den inländischen Rechtsverkehr.[1] Die Vorschrift ist im Zusammenhang mit

---

[1] Vgl. MünchKommBGB-*Kindler*, Bd. 11, IntInsR RdNr. 1114; *Braun/Liersch* § 349 RdNr. 2; *Kübler/Prütting/Kemper* § 349 RdNr. 1; FK-*Wimmer* § 349 RdNr. 1.

§ 346 zu verstehen, der wiederum dem ausländischen Verwalter die Möglichkeit gibt, den guten Glauben des Rechtsverkehrs durch einen entsprechenden Registereintrag und gegebenenfalls auch durch eine öffentliche Bekanntmachung der Verfahrenseröffnung nach § 345 zu zerstören.

Absatz 1 entspricht hinsichtlich seines Zweckes Art. 14 EuInsVO, der für die Wirksamkeit 2 entgeltlicher Verfügungen über unbewegliche oder registereingetragene Gegenstände auf das Recht des Registerstaates verweist. Die von § 349 abweichende Formulierung der Vorschrift ergibt sich alleine daraus, dass Art. 14 EuInsVO offener formuliert ist, weil er auf die Registersituation aller Mitgliedsstaaten passen muss. Es kommt daher bei einem unbeweglichen Gegenstand beispielsweise nicht notwendig auf einen Registereintrag an, wenn in einem Mitgliedstaat der EuInsVO kein Register für unbewegliche Gegenstände gibt. Absatz 2 wiederum entspricht der in Art. 5 Abs. 3 EuInsVO enthaltenen Regelung. Auch die beiden Richtlinien über die Sanierung und Liquidation von Kreditinstituten und Versicherungsunternehmen enthalten entsprechende Vorschriften.[2]

§ 349 ist eine **Sonderanknüpfung,** die in ihrem Anwendungsbereich von der Regelan- 3 knüpfung an das Recht des Verfahrensstaates gemäß § 335 abweicht.[3] Zugleich ist § 349 eine einseitige Kollisionsnorm,[4] weil sie – aber auch nur in den Fällen der Auslandsinsolvenz – einseitig auf deutsches Recht verweist. § 349 ist jedoch keine Sachnorm,[5] denn sie regelt nicht die sachrechtliche Frage des gutgläubigen Erwerbs bzw. der Vormerkung, sondern verweist – redaktionell unglücklich – ausdrücklich auf die Vorschriften des deutschen Rechts, in denen diese Fragen geregelt sind. Diese Verweisung bestimmt zugleich den Umfang des Regelungsgehaltes der Kollisionsnorm, d. h. Fragen, die nicht von den in Bezug genommen Normen des deutschen Rechts erfasst werden, unterliegen weiterhin der Regelanknüpfung in § 335.

II. Anwendungsbereich

Der sachlich-räumliche Anwendungsbereich des § 349 ist negativ von den entsprechen- 4 den Vorschriften der EuInsVO abzugrenzen, auch wenn die Vorschriften der EuInsVO weitgehend gleich lautend sind. § 349 gilt nur für ausländische Hauptverfahren, die in einem Drittstaat (also nicht in einem Mitgliedstaat der EuInsVO) eröffnet wurden, oder für Hauptverfahren, die zwar in einem Mitgliedstaat der EuInsVO durchgeführt werden, die aber auf Grund des persönlichen Anwendungsbereiches der Verordnung gemäß Art. 1 Abs. 2 EuInsVO vom Anwendungsbereich der Verordnung ausgeschlossen sind.[6]

III. Verfügungen (Abs. 1)

1. Voraussetzungen. a) Verfügung. § 349 Abs. 1 betrifft nur „*Verfügungen*" über die 5 dort genannten Gegenstände oder Rechte. Der Begriff ist, zumal nur inländische Register erfasst werden, im Sinne des deutschen Sachenrechts auszulegen. Danach werden nur Rechtsgeschäfte erfasst, die unmittelbar darauf gerichtet sind, auf eine bestehendes Recht einzuwirken, es zu verändern, zu übertragen oder aufzuheben.[7] Schuldrechtliche Verpflichtungsgeschäfte, wie beispielsweise die Miete, fallen daher nicht unter § 349. Rechtsänderungen, die nicht auf einer Verfügung des Schuldners beruhen, sondern auf Grund einer Zwangsvollstreckung (z. B. ein Pfändungspfandrecht), werden ebenfalls nicht von § 349 Abs. 1 erfasst, da bezüglich dieser Maßnahmen kein Gutglaubensschutz besteht. § 349 gilt

---

[2] Vgl. Art. 25 und Art. 20 Abs. 3 der Richtlinie 2001/17/EG sowie Art. 31 und Art. 21 Abs. 3 der Richtlinie 2001/24/EG.
[3] Vgl. *Braun/Liersch* § 349 RdNr. 2; *Andres/Leithaus/Dahl* § 349 RdNr. 1; *Hess* InsO, § 349 RdNr. 2.
[4] Vgl. MünchKommBGB-*Kindler,* Bd. 11, IntInsR RdNr. 1113.
[5] Anders aber wohl MünchKommBGB-*Kindler,* Bd. 11, IntInsR RdNr. 1113 im Hinblick auf Absatz 2; *Kübler/Prütting/Kemper* § 349 RdNr. 2.
[6] Vgl. ausführlicher zum Anwendungsbereich des zweiten Abschnitts (§§ 343 ff.) Art. 343 RdNr. 8.
[7] Vgl. *Palandt/Heinrichs/Ellenberger,* 67. Aufl. Überbl. v § 104 RdNr. 16.

§ 349 6–12 11. Teil. 2. Abschnitt. Ausländisches Insolvenzverfahren

für alle Verfügungsbeschränkungen eines ausländischen Verfahrens, unabhängig davon, ob sie im Rahmen der Verfahrenseröffnung, im Rahmen des Eröffnungsverfahrens angeordnet oder ob sie auf Grund eines Antrags des ausländischen Verwalters nach § 344 von einem inländischen Gericht angeordnet werden.[8]

6 § 349 Abs. 1 gilt für Verfügungen des Schuldners, die vor als auch nach Eröffnung des ausländischen Verfahrens vorgenommen wurden.[9] Für die vor Eröffnung des ausländischen Verfahrens vorgenommen Verfügungen findet § 349 jedoch nur dann Anwendung, wenn der Rechtserwerb mangels Eintragung im inländischen Register noch nicht abgeschlossen war (vgl. § 878 BGB; § 3 Abs. 3 SchiffsRG, § 5 Abs. 3 LuftfzG).

7 **b) Registergegenstände oder Rechte an solchen.** § 349 Abs. 1 beschränkt sich auf die Gegenstände, die im Grundbuch, Schiffsregister, Schiffsbauregister oder Register für Pfandrechte an Luftfahrzeugen eingetragen sind oder über Rechte an solchen Gegenständen. Die erfassten Gegenstände werden daher durch die inländischen Register definiert. Andere registergeführte Rechte oder Gegenstände werden hingegen nicht erfasst, was sich daraus ergibt, dass andere Register keinen Gutglaubensschutz hinsichtlich der registereingetragenen Rechtsposition vorsehen. Für alle anderen Gegenstände bleibt es auch hinsichtlich des Gutglaubensschutzes bei der Regelanknüpfung an das Recht des Verfahrensstaates (§ 335).[10]

8 **c) Massezugehörigkeit.** Der Gegenstand oder das Recht muss zur ausländischen Insolvenzmasse gehören. Das ist nicht der Fall, wenn der Gegenstand oder das Recht nach dem Recht des Verfahrensstaates ohnehin der Aussonderung unterliegt oder – praktisch kaum relevant – zum pfändungsfreien Vermögen des Schuldners gehört.[11]

9 **2. Rechtsfolgen.** § 349 Abs. 1 verweist hinsichtlich des Gutglaubensschutzes auf die bereits in §§ 81 Abs. 1 und 91 Abs. 2 genannten Vorschriften für die jeweiligen Register. Damit soll sichergestellt werden, dass der Gutglaubensschutz des inländischen Rechtsverkehrs sowohl für inländische als auch für ausländische Verfahren gleichermaßen wirkt.[12] Damit ist ein gutgläubiger Erwerb der von § 349 erfassten Gegenstände oder Rechte nach Verfahrenseröffnung möglich, solange die Verfügungsbeschränkung nach § 346 noch nicht im Register eingetragen wurde (§ 892 BGB, § 16 SchiffsRG und § 16 LuftfzG). Wurde noch vor Verfahrenseröffnung verfügt, ist jedoch der Rechtserwerb zum Zeitpunkt der Verfahrenseröffnung noch nicht vollendet, so gelten die § 878 BGB, § 3 Abs. 3 SchiffsRG und § 5 Abs. 3 LuftfzG.

10 § 349 gilt jedoch nicht nur für die Verfügungen des Schuldners, sondern auf Grund der Verweisung auf die § 893 BGB, § 18 SchiffsRG und § 17 LuftfzG auch für Leistungen an den Schuldner. Es handelt sich insoweit um eine *lex specialis* gegenüber der allgemeineren Regelung in § 350 für Leistungen an den Schuldner.

11 Unberührt bleiben jedoch anderweitige Nichtigkeitsgründe betreffend die Verfügung des Schuldners, die nicht auf den durch die Verfahrenseröffnung oder -beantragung angeordneten Verfügungsbeschränkungen beruhen. Gleiches gilt für die mögliche Anfechtbarkeit der Verfügung des Schuldners im Rahmen des § 339.[13]

IV. Vormerkung

12 § 349 Abs. 2 regelt die Wirkung der Vormerkung auf einen schwebenden Vertrag bezogen auf die in § 349 Abs. 1 genannten Gegenstände oder Rechte. § 349 Abs. 2 geht als *lex*

---

[8] So auch *Kübler/Prütting/Kemper* § 349 RdNr. 15.
[9] Vgl. *Kübler/Prütting/Kemper* § 349 RdNr. 5 f.; *Andres/Leithaus/Dahl* § 349 RdNr. 5; aA wohl MünchKommBGB-*Kindler*, Bd. 11, IntInsR RdNr. 1115; *Braun/Liersch* § 349 RdNr. 3; FK-*Wimmer* § 349 RdNr. 3.
[10] Vgl. oben § 335 RdNr. 65 f.
[11] Ebenso auch Art. 14 RdNr. 8 EuInsVO.
[12] Vgl. auch MünchKommBGB-*Kindler*, Bd. 11, IntInsR RdNr. 1117; HK-*Stephan* § 349 RdNr. 3; *Smid*, Int. Insolvenzrecht, § 349 RdNr. 2; FK-*Wimmer* § 349 RdNr. 1.
[13] Vgl. § 147 InsO; ebenso MünchKommBGB-*Kindler*, Bd. 11, IntInsR RdNr. 1121; HK-*Stephan* § 349 RdNr. 8; aA *Kübler/Prütting/Kemper* § 349 RdNr. 12.

specialis jedoch § 336 vor. Voraussetzung ist jedoch, dass zugunsten des Rechtserwerbs zum Zeitpunkt der ausländischen Verfahrenseröffnung eine Vormerkung eingetragen ist. Ist die Vormerkung noch nicht eingetragen, sondern nur bewilligt, so kann die in der Bewilligung der Vormerkung liegende Verfügung des Schuldners gemäß § 349 Abs. 1 unter den Voraussetzungen der § 878 BGB bzw. § 3 Abs. 3 SchiffsRG oder § 5 Abs. 3 LuftfzG zu berücksichtigen sein.[14]

Ist danach eine Vormerkung in den in § 349 Abs. 1 genannten Registern eingetragen, so gilt für die Abwicklung des schwebenden Rechtsgeschäfts nicht die Regelanknüpfung gemäß § 335, sondern die Sonderanknüpfung an das deutsche Recht, mithin der dort ausdrücklich genannte § 106. Der Anspruch des Vormerkungsberechtigten ist danach insolvenzfest und vom ausländischen Verwalter aus der Insolvenzmasse zu erbringen.[15] Der ausländische Verwalter ist dagegen nicht berechtigt, die Erfüllung abzulehnen. **13**

Ähnliche wie Absatz 1 lässt auch Absatz 2 sonstige Unwirksamkeitsgründe der Vormerkung oder eine Anfechtung der Vormerkung nach den allgemeinen Regeln der Insolvenzanfechtung unberührt. **14**

§ 350 Leistung an den Schuldner

¹Ist im Inland zur Erfüllung einer Verbindlichkeit an den Schuldner geleistet worden, obwohl die Verbindlichkeit zur Insolvenzmasse des ausländischen Insolvenzverfahrens zu erfüllen war, so wird der Leistende befreit, wenn er zur Zeit der Leistung die Eröffnung des Verfahrens nicht kannte. ²Hat er vor der öffentlichen Bekanntmachung nach § 345 geleistet, so wird vermutet, dass er die Eröffnung nicht kannte.

Schrifttum: Vgl. die allgemeinen Literaturangaben vor §§ 335 ff. InsO.

Übersicht

	RdNr.		RdNr.
I. Normzweck	1	e) Unkenntnis der Verfahrenseröffnung	8
II. Anwendungsbereich	3	aa) Vor Bekanntmachung im Inland (Satz 2)	8
III. Schuldbefreiende Leistung (Satz 1)	4	bb) Nach Bekanntmachung im Inland	9
1. Voraussetzungen	4	2. Rechtsfolgen	10
a) Leistung an den Schuldner	4	**IV. Entsprechende Anwendung bei Sicherungsmaßnahmen**	12
b) Leistungspflicht gegenüber der ausländischen Insolvenzmasse	5		
c) Im Inland	6		
d) Nach Verfahrenseröffnung	7		

I. Normzweck

§ 350 regelt als **Sachnorm** die Frage, unter welchen Voraussetzungen ein Drittschuldner nach Verfahrenseröffnung noch schuldbefreiend an den Schuldner leisten kann. Der Regelungsgegenstand entspricht daher § 82, jedoch mit der Abweichung, dass § 350 den Fall einer ausländischen Verfahrenseröffnung abdeckt.[1] Die Vorschrift dient daher – ebenso wie § 82 – dem Schutz des gutgläubig leistenden Drittschuldners und grenzt somit den Schutz der ausländischen Insolvenzmasse von dem Schutz des leistenden Drittschuldners ab. Der **1**

---

[14] Ebenso wohl *Kübler/Prütting/Kemper* § 349 RdNr. 13; allerdings bedarf es eines Eintragungsantrags des Gläubigers, vgl. MünchKommInsO-*Ott/Vuia* § 106 RdNr. 22; *Andres/Leithaus/Dahl* § 349 RdNr. 11; HK-*Stephan* § 349 RdNr. 10.
[15] Vgl. *Smid*, Int. Insolvenzrecht, § 349 RdNr. 3; HK-*Stephan* § 349 RdNr. 9; *Andres/Leithaus/Dahl* § 349 RdNr. 11; *Kübler/Prütting/Kemper* § 349 RdNr. 14.
[1] *Braun/Liersch* § 350 RdNr. 3; FK-*Wimmer* § 350 RdNr. 1.

ausländische Verwalter kann die ausländische Insolvenzmasse vor schuldbefreienden Leistungen schützen, indem er die Verfahrenseröffnung gemäß § 345 öffentlich bekannt machen lässt.

2   Die Vorschrift entspricht Art. 24 EuInsVO,[2] der jedoch als allseitige Regelung ausgestaltet ist, während § 350 als Sachnorm nur den Fall der Leistung im Inland im Falle einer Auslandsinsolvenz – einseitig – regelt.[3] Die Vorschrift setzt gleichzeitig die entsprechenden Regelungen der Richtlinie über die Sanierung und Liquidation von Kreditinstituten um.[4] Als eigenständige Sachnorm verdrängt § 350 in seinem Regelungsbereich die gemäß § 335 an sich anwendbare Norm des Verfahrensstaates.

II. Anwendungsbereich

3   § 350 ist hinsichtlich seines Anwendungsbereiches von der entsprechenden Norm der EuInsVO (Art. 24) abzugrenzen. Aufgrund des Vorrangs der EuInsVO findet § 350 nur Anwendung, wenn es sich um ein Insolvenzverfahren handelt, das in einem Drittstaat (außerhalb der Mitgliedsstaaten der EuInsVO) eröffnet wurde,[5] oder wenn es sich um ein Insolvenzverfahren aus einem Mitgliedsstaat der EuInsVO handelt, das gemäß Art. 1 Abs. 2 vom Anwendungsbereich der Verordnung ausgenommen wurde.[6]

III. Schuldbefreiende Leistung (Satz 1)

4   **1. Voraussetzungen. a) Leistung an den Schuldner.** § 350 setzt zunächst voraus, dass der Drittschuldner zur Erfüllung einer Verbindlichkeit an den Schuldner leistet. Entscheidend ist hierbei der Eintritt des Leistungserfolges (ungeachtet der Frage der Empfangszuständigkeit für die Leistung), nämlich die Erfüllung der Verbindlichkeit. Die Leistung muss zudem an den Schuldner erbracht worden sein.

5   **b) Leistungspflicht gegenüber der ausländischen Insolvenzmasse.** Die Leistung hätte richtigerweise gegenüber der ausländischen Insolvenzmasse erbracht werden müssen. Daher muss die Forderung zunächst der ausländischen Insolvenzmasse zugestanden haben, was gemäß § 335 nach dem Recht des Verfahrensstaates zu ermitteln ist.[7] Weitere Voraussetzung ist, dass die Leistung des Drittschuldners grundsätzlich zu einer Erfüllung und damit zum Erlöschen des Schuldverhältnisses geführt hätte. Dies ist nach der *lex causae* des Schuldverhältnisses zu beurteilen. Liegt schon nach der *lex causae* keine wirksame Erfüllungshandlung vor, so dass die Forderung weiterhin der Insolvenzmasse zusteht. Entscheidend ist nämlich nicht die Leistungshandlung an den nicht mehr berechtigten Schuldner, sondern die Tatsache, dass die an sich empfangsberechtigte ausländische Insolvenzmasse ungerechtfertigt geschmälert wird. Gelangt die Leistung auf anderem Wege zur ausländischen Insolvenzmasse (beispielsweise weil der Schuldner sie dort abliefert), so wird der Leistende ebenfalls befreit.

6   **c) Im Inland.** § 350 verlangt, dass die Leistung im Inland erfolgt ist. Hierbei ist auf den Ort der Leistungshandlung, nicht auf den Ort, an dem rechtlich die Erfüllung eintritt, abzustellen. Der Ort der Leistungshandlung ist ungeachtet des auf die Verbindlichkeit anwendbaren Rechts gemäß § 269 BGB zu bestimmen.[8] Liegt der Ort der Leistungshandlung nicht in Deutschland, so gilt aus deutscher Sicht uneingeschränkt das Recht des

---

[2] Vgl. unten Art. 24 EuInsVO.
[3] Vgl. hierzu Vor §§ 335 RdNr. 53.
[4] Vgl. Art. 13 Richtlinie 2001/24/EG; die Richtlinie 2001/17/EG betreffend die Sanierung und Liquidation von Versicherungsunternehmen enthält keine entsprechende Vorschrift.
[5] Zu den Mitgliedsstaaten und dem räumlichen Anwendungsbereich der EuInsVO vgl. Art. 1 RdNr. 11 EuInsVO.
[6] Vgl. hierzu Art. 1 RdNr. 8 EuInsVO.
[7] *Kübler/Prütting/Kemper* § 350 RdNr. 7.
[8] Vgl. BT/Drucks. 15/16 S. 23; *Braun/Liersch* § 350 RdNr. 6; HK-*Stephan* § 350 RdNr. 6; MünchKommBGB-*Kindler*, Bd. 11, IntInsR RdNr. 1127; *Kübler/Prütting/Kemper* § 350 RdNr. 5.

Verfahrensstaates, es sei denn, dass dieses wiederum im Wege einer Sonderanknüpfung auf den Ort der Leistungshandlung verweist.

d) Nach Verfahrenseröffnung. § 350 setzt weiter voraus, dass das ausländische Insolvenzverfahren zum Zeitpunkt der Leistungshandlung bereits eröffnet worden war.[9] Im Falle einer Leistung vor Verfahrenseröffnung kommt allenfalls eine entsprechende Anwendung des § 350 in Betracht, soweit der Schuldner schon bereits vor Verfahrenseröffnung nicht mehr empfangsbefugt war (vgl. hierzu noch unten RdNr. 12).

e) Unkenntnis von der Verfahrenseröffnung. aa) Vor Bekanntmachung im Inland (Satz 2). § 350 schützt den guten Glauben des Leistenden in die Empfangszuständigkeit des Schuldners. Entscheidend ist daher die tatsächliche Unkenntnis des Leistenden von der Verfahrenseröffnung. Auf die Fahrlässigkeit der tatsächlichen Unkenntnis kommt es nicht an.[10] Als rein subjektives Element ist dies in der Regel jedoch schwer nachweisbar. § 350 Satz 2 enthält daher – ähnlich wie § 82 – eine Beweislastregelung dergestalt, dass vor der öffentlichen Bekanntmachung nach § 345 die Unkenntnis von der Verfahrenseröffnung vermutet wird. Es handelt sich um eine widerlegliche Vermutung.[11]

bb) Nach Bekanntmachung im Inland. Erfolgte die Leistungshandlung nach der öffentlichen Bekanntmachung, so trägt der Leistende die Beweislast dafür, dass ihm die Verfahrenseröffnung im Zeitpunkt der Leistungshandlung unbekannt war.[12]

2. Rechtsfolgen. Hat der Drittschuldner vor der Bekanntmachung der Verfahrenseröffnung geleistet und kann ihm eine Kenntnis der Verfahrenseröffnung nicht anderweitig nachgewiesen werden, so war die Leistung schuldbefreiend. Der Verwalter ist daher nicht berechtigt, die Leistung nochmals von dem Drittschuldner zu verlangen. Der Ausgleich der ungerechtfertigten Leistung an den Schuldner erfolgt dann vielmehr im Verhältnis des (rechtsgrundlos bereicherten) Schuldners zum (entreicherten) Verwalter.

Erfolgte die Leistung des Drittschuldners dagegen nach der Bekanntmachung der Verfahrenseröffnung, ohne dass der Drittschuldner seine Unkenntnis nachweisen könnte, oder auch vor der Bekanntmachung aber in Kenntnis der Eröffnung, so hat die Leistung des Drittschuldners gegenüber dem Verwalter keine schuldbefreiende Wirkung. Die Rückabwicklung erfolgt – soweit nicht der Verwalter gemäß dem Recht des Verfahrensstaates auch vom Schuldner erfolgreich die Herausgabe der Leistung zur Masse geltend machen kann – im Verhältnis zwischen dem Drittschuldner und dem Schuldner.

IV. Entsprechende Anwendung bei Sicherungsmaßnahmen

Bei rein inländischen Sachverhalten gilt § 82 auch für Leistungen vor Verfahrenseröffnung, soweit entsprechende Verfügungsbeschränkungen bereits vor Verfahrenseröffnung angeordnet wurden (§ 24 Abs. 1). Für den Sachverhalt eines ausländischen Insolvenzverfahrens fehlt eine entsprechende Regelung bzw. ein entsprechender Verweis auf § 350. Es handelt sich jedoch um eine ungewollte Regelungslücke. Denn entsprechende Verfügungsbeschränkungen im Eröffnungsverfahren sind als Sicherungsmaßnahmen nach § 343 Abs. 2 ebenfalls im Inland anzuerkennen. Insoweit besteht auch im Eröffnungsverfahren das Bedürfnis für einen entsprechenden Schutz des Drittschuldners bzw. für einen entsprechenden Schutz der ausländischen Insolvenzmasse, zumal gemäß § 345 auch die Möglichkeit der Bekanntmachung der Sicherungsmaßnahmen aus dem Eröffnungsverfahren besteht.[13] Ob

---

[9] Braun/Liersch § 350 RdNr. 4; MünchKommBGB-*Kindler*, Bd. 11, IntInsR RdNr. 1128; Kübler/Prütting/Kemper § 350 RdNr. 6; HK-*Stephan* § 350 RdNr. 4.
[10] MünchKommBGB-*Kindler*, Bd. 11, IntInsR RdNr. 1129; Hess InsO, § 350 RdNr. 2; HK-*Stephan* § 350 RdNr. 4; Kübler/Prütting/Kemper § 350 RdNr. 8.
[11] MünchKommBGB-*Kindler*, Bd. 11, IntInsR RdNr. 1131; Hess InsO, § 350 RdNr. 4; HK-*Stephan* § 350 RdNr. 8; Braun/Liersch § 350 RdNr. 8.
[12] FK-*Wimmer* § 350 RdNr. 8; Hess InsO, § 350 RdNr. 5; Kübler/Prütting/Kemper § 350 RdNr. 10; HK-*Stephan* § 350 RdNr. 9.
[13] Vgl. oben § 345 RdNr. 11; Kübler/Prütting/Kemper § 350 RdNr. 11.

daher der leistende Drittschuldner von der Leistungspflicht befreit wurde, hängt wiederum von der Kenntnis des leistenden Drittschuldners über die Verfügungsbeschränkung ab.

§ 351 Dingliche Rechte

(1) Das Recht eines Dritten an einem Gegenstand der Insolvenzmasse, der zur Zeit der Eröffnung des ausländischen Insolvenzverfahrens im Inland belegen war, und das nach inländischem Recht einen Anspruch auf Aussonderung oder auf abgesonderte Befriedigung gewährt, wird von der Eröffnung des ausländischen Insolvenzverfahrens nicht berührt.

(2) Die Wirkungen des ausländischen Insolvenzverfahrens auf Rechte des Schuldners an unbeweglichen Gegenständen, die im Inland belegen sind, bestimmen sich, unbeschadet des § 336 Satz 2, nach deutschem Recht.

Schrifttum: *Liersch*, Sicherungsrechte im Internationalen Insolvenzrecht, (Hannover, Univ., Diss., 2000), 2001; *von Bismarck/Schümann-Kleber*, Insolvenz eines ausländischen Sicherungsgebers – Anwendung deutscher Vorschriften auf die Verwertung in Deutschland belegener Kreditsicherheiten, NZI 2005, 147; *dies.*, Insolvenz eines deutschen Sicherungsgebers – Auswirkungen auf die Verwertung im Ausland belegener Kreditsicherheiten, NZI 2005, 89.

Übersicht

	RdNr.		RdNr.
I. Normzweck	1	b) Inlandsbelegenheit	9
II. Anwendungsbereich	6	c) Aus- oder Absonderungsrecht	11
III. Dingliche Rechte Dritter (Abs. 1)	7	2. Rechtsfolge	15
1. Voraussetzungen	7	IV. Rechte des Schuldners an Immobilien (Abs. 2)	16
a) Gegenstand der Insolvenzmasse	7		

I. Normzweck

1 § 351 Abs. 1 beantwortet die im internationalen Insolvenzrecht seit langem strittige aber für die Praxis der Kreditwirtschaft äußerst bedeutsame Frage, wie dingliche Sicherungsrechte im Falle einer Insolvenz zu behandeln sind. Im Ergebnis kamen nur zwei Anknüpfungspunkte in Betracht, nämlich die Anknüpfung an die *lex fori concursus*[1] oder die Anknüpfung an das Sachstatut des Sicherungsgegenstandes, d. h. die *lex rei sitae* bei Sachen bzw. die *lex causae* bei Rechten.[2] Teilweise wurden beide Auffassungen auch kombiniert.[3] Unstreitig war nur, dass zunächst zu differenzieren ist zwischen der kollisionsrechtlichen Behandlung der Vorfrage, ob und welches Sicherungsrecht besteht, und der danach folgenden Frage, nach welchem Recht sich die insolvenzrechtlichen Beschränkungen bei der Verwertung und Verteilung dieses Sicherungsrechtes richten sollen.[4]

---

[1] So von *Favoccia*, Vertragliche Mobiliarsicherheiten, S. 21 ff., 45 ff.; *Trunk*, Internationales Insolvenzrecht, S. 138 ff., 293 f.; *Mohrbutter/Wenner*, 7. Aufl., Kap. XXIII RdNr. 212; *Gottwald/Gottwald*, Insolvenzrechts-Handbuch, 2. Aufl., § 129 RdNr. 31; *Lüer* KTS 1990, 377, 399; *Riegel*, Grenzüberschreitende Konkurswirkungen, S. 192 ff.; zur älteren Rspr., die diese Frage jedoch nicht weiter problematisierte vgl. RGZ 1, 322; RGZ 8, 110 (114); vgl. auch OLG Hamburg IPRspr. 1993 Nr. 28.
[2] So bereits *Von Savigny*, System des heutigen römischen Rechts, Bd. 8, S. 286 ff.; ausführlich MünchKommInsO-*Reinhart*, 1. Aufl. Art. 102 RdNr. 148 ff., 154 EGInsO mwN; *Trunk*, Internationales Insolvenzrecht, S. 294 f.; *Hanisch* ZIP 1992, 125, 1130.
[3] Vgl. *Flessner* IPRax 1997, 1; *Drobnig*, in: *Stoll*, Stellungnahmen und Gutachten, S. 180 f.; sowie ein Teil der früheren Kommentarliteratur, vgl. ausführliche Nachweise in MünchKommInsO-*Reinhart*, 1. Aufl. Art. 102 RdNr. 148 ff. EGInsO; ausführlich zu den verschiedenen Auffassungen auch *Liersch*, Sicherungsrechte im Internationalen Insolvenzrecht, S. 64 ff.
[4] So schon *Kuhn/Uhlenbruck/Lüer* §§ 237/238 RdNr. 67; *Kirchhof* WM 1993, 1401, 1403; *Trunk*, Internationales Insolvenzrecht, S. 137.

Der Gesetzgeber hat sich nunmehr in Anlehnung an frühere Gesetzgebungsentwürfe[5] und 2
an die auch in Art. 5 EuInsVO verfolgte Lösung[6] für ein gänzlich anderes Modell entschieden, das dogmatisch die Frage nicht auf der kollisionsrechtlichen Ebene löst, sondern auf der Ebene der verfahrensrechtlichen Wirkungserstreckung: danach sollen nunmehr die in § 351 Abs. 1 genannten dinglichen Rechte von der Eröffnung des ausländischen Insolvenzverfahrens „nicht berührt" werden. Ebenso wie bei Art. 5 EuInsVO treten damit keinerlei insolvenzrechtliche Wirkungen mehr ein.[7] § 351 Abs. 1 ist daher eine **Einschränkung der in § 343 enthaltenen Wirkungserstreckung.**[8]

Rechtspolitisch ist diese Entscheidung des Gesetzgebers zu bedauern, zumal die Regelung, 3
wie viele andere Vorschriften des zweiten Abschnitts des Internationalen Insolvenzrechts, den Sachverhalt nur einseitig regeln, d. h. nur für den Fall der Auslandsinsolvenz. Im Fall einer inländischen Insolvenz soll dagegen § 335 gelten mit der Folge, dass man es dem Belegenheitsstaat überlässt, für eine entsprechende Abwehr des Rechts des Verfahrensstaates zu sorgen. In der Praxis wird daher der ausländische Verwalter gezwungen, obwohl vielleicht ansonsten keine Notwendigkeit dafür bestünde, bezüglich der im Inland belegenen Vermögensgegenstände ein Sekundärverfahren zu beantragen, um die Vermögensgegenstände damit einem insolvenzrechtlichen Regime zu unterwerfen. Das wird deutlich am Beispiel einer internationalen Konzerninsolvenz, wenn die insolvente Konzernmutter im Rahmen der Finanzierung des Konzerns jeweils die Geschäftsanteile ihrer ausländischen Tochtergesellschaften verpfändet hat. Auch wenn sonst keine Kontakte der Konzernmutter in die jeweiligen Länder bestehen, kann der Insolvenzverwalter eine Einbeziehung der Geschäftsanteile (als Vermögenswerte der Insolvenzmasse) nur mittels weiterer Sekundärverfahren erreichen, was jedoch zu einem erheblichen Mehraufwand in der Verwaltung und zu weiteren Folgeproblemen in der Koordinierung der Verfahren führt. Die Regelung führt in den praktischen Auswirkungen also gerade nicht zu der Vereinfachung der Insolvenzabwicklung. Die Folgeprobleme sind vielmehr größer als die immer wieder heraufbeschworenen Anpassungsprobleme bei der Anwendung eines vom Recht des Verfahrensstaates abweichenden Rechts.

Neben Art. 5 EuInsVO findet sich eine vergleichbare Regelung ebenfalls in den beiden 4
Richtlinien über die Sanierung und Liquidation von Versicherungsunternehmen und Kreditinstituten,[9] die durch die Neuregelung des internationalen Insolvenzrechts umgesetzt wurden. Allerdings sehen die Richtlinien – ebenso wie Art. 5 EuInsVO – vor, dass die Wirkungsbeschränkung allseitig gilt, d. h. nicht nur für ausländische Insolvenzverfahren wie in § 351 angeordnet. Die beiden Normen der Richtlinien sehen daher vor, dass die Wirkungsbeschränkung immer gelten soll, wenn dingliche Rechte Dritter in einem anderen Mitgliedstaat der EU als dem Verfahrensstaat belegen sind. § 351 bleibt hinter dieser Vorgabe zurück. Dieser Umsetzungsfehler lässt sich jedoch nicht durch eine Auslegung gegen den ausdrücklichen Wortlaut des Gesetzes vornehmen, indem man § 351 zu einer allseitigen Wirkungsbeschränkung ausbaut.[10]

§ 351 **Abs. 2** betrifft dagegen die Wirkungen der Verfahrenseröffnung auf dingliche 5
Rechte des Schuldner an inländischem Immobiliarvermögen. Die Vorschrift findet ihre Entsprechung in Art. 11 EuInsVO.

II. Anwendungsbereich

§ 351 Abs. 1 und Abs. 2 finden in Abgrenzung zu den fast gleich lautenden Regelungen 6
der Art. 5 und 11 EuInsVO Anwendung, wenn es sich um ein ausländisches Insolvenz-

---

[5] Vgl. Art. 3 des Vorentwurfes, abgedruckt in: *Stoll*, Stellungnahmen und Gutachten, S. 3; § 390 des RegE, BT-Drucks. 12/2443, S. 69, 243 f.; kritisch *Drobnig*, in: *Stoll*, Stellungnahmen und Gutachten, S. 178 ff.; *Trunk*, Internationales Insolvenzrecht, S. 140 f.; *Favoccia*, Vertragliche Mobiliarsicherheiten, S. 49 f.; *Prütting* ZIP 1996, 1277; *Oberhammer* ZInsO 2004, 761; vgl. auch MünchKommInsO-*Reinhart*, 1. Aufl. Art. 102 RdNr. 148 ff. EGInsO mwN.
[6] Vgl. Art 5 EuInsVO unten; vgl. auch Art. 14 II a) des Istanbuler Übereinkommens.
[7] Vgl. dazu unten RdNr. 15.
[8] Vgl. zum gleichen Problem Art. 5 RdNr. 13 f. EuInsVO.
[9] Vgl. Art. 20 Richtlinie 2001/17/EG und Art. 21 Richtlinie 2001/24/EG.
[10] So aber FK-*Wimmer* § 351 RdNr. 7.

verfahren aus einem Drittstaat handelt oder wenn es sich um ein Verfahren aus einem der Mitgliedsstaaten der EuInsVO handelt, das Verfahren jedoch gemäß Art. 1 Abs. 2 EuInsVO vom Anwendungsbereich der Verordnung ausgenommen wurde.

III. Dingliche Rechte Dritter (Abs. 1)

7 **1. Voraussetzungen. a) Gegenstand der Insolvenzmasse.** Voraussetzung ist zunächst, dass es sich bei dem betreffenden Gegenstand um einen Gegenstand der ausländischen Insolvenzmasse handelt. Das klingt für Aussonderungsrechte zunächst widersprüchlich, da diese meist nicht zur Insolvenzmasse gerechnet werden.[11] Der Gesetzgeber meint jedoch mit der Formulierung die sog. Istmasse des ausländischen Verfahrens, die durch haftungsrechtliche Zuweisungen erst zur sog. Sollmasse eingeschränkt wird.[12]

8 Der Begriff des Gegenstandes ist weit zu fassen und umfasst neben körperlichen Gegenständen auch Forderungen und Rechte.[13]

9 **b) Inlandsbelegenheit.** Der streitgegenständliche Vermögensgegenstand muss im Inland belegen sein. Dies ist nach inländischem, also deutschem Recht zu beurteilen.[14] Insoweit kann auf die ausführlichen Ausführungen zur Belegenheit im Rahmen des § 354 verwiesen werden.[15]

10 Die Inlandsbelegenheit muss zum Zeitpunkt der Verfahreneröffnung bestanden haben.[16] Wird der Vermögensgegenstand erst nach Verfahrenseröffnung ins Inland verbracht, so gilt mangels abweichender Regelung alleine das Recht des Verfahrensstaates.[17]

11 **c) Aus- oder Absonderungsrecht.** Das Recht des Dritten an dem Vermögensgegenstand muss nach inländischem, also deutschem, Recht einen Anspruch auf Aussonderung oder abgesonderte Befriedigung gewähren. Zu prüfen ist daher, ob das Recht des Dritten diesem bei einem inländischen Insolvenzverfahren einen Anspruch auf Aussonderung nach § 47 oder auf abgesonderte Befriedigung nach §§ 49 ff. gewähren würde. Insoweit kann auf die Ausführungen zu den §§ 47 bzw. 49 ff. verwiesen werden.

12 Der Dritte muss nicht notwendigerweise Gläubiger des Schuldners sein. Auch ein Sicherungsnehmer, der gegen den Schuldner keine schuldrechtlichen Ansprüche hat, dem aber der Schuldner eine Sicherheit zur Sicherung von Ansprüchen gegen einen weiteren Dritten übertragen hat, fällt unter den Begriff des Dritten.[18] Entscheidend ist lediglich, ob dieser Dritte im Falle einer Inlandsinsolvenz Ansprüche auf Aussonderung oder abgesonderte Befriedigung geltend machen könnte.

13 Als **Vorfrage** ist in diesem Zusammenhang zu prüfen, ob und welches dingliche Recht dem Dritten an dem Gegenstand zusteht. Hierzu ist kollisionsrechtlich gesondert anzuknüpfen. Dies richtet sich bei **Immobiliar- und Mobiliarsicherheiten** nach der *lex rei sitae*. Bei Sicherheiten, die an **Forderungen** bestehen, richtet sich der dingliche Rechtserwerb des Gläubigers gemäß Art. 33 Abs. 2 EGBGB nach der *lex* causae der abgetretenen Forderung, das schuldrechtliche Rechtsverhältnis zwischen dem Schuldner und dem Gläubiger dagegen nach dem auf die Sicherungsabrede anwendbaren Recht.[19] Gleiches gilt auch für **Wertpapiere und sonstige verbriefte Forderungen.** Der Lageort (Wertpapiersachstatut) be-

---

[11] Unklar insoweit *Kübler/Prütting/Kemper* § 351 RdNr. 6; *Andres/Leithaus/Dahl* § 351 RdNr. 7.
[12] Vgl. zur gleichen Fragen im Rahmen des § 47 auch MünchKommInsO-*Ganter*, 2. Aufl. § 47 RdNr. 3 f. sowie MünchKommInsO-*Lwowski/Peters*, 2. Aufl. § 35 RdNr. 19 f.
[13] Vgl. *Andres/Leithaus/Dahl* § 351 RdNr. 7; *Kübler/Prütting/Kemper* § 351 RdNr. 5.
[14] Vgl. *Kübler/Prütting/Kemper* § 351 RdNr. 7; *Andres/Leithaus/Dahl* § 351 RdNr. 8.
[15] Vgl. § 354 RdNr. 9 ff.
[16] Vgl. *Braun/Liersch* § 351 RdNr. 9; MünchKommBGB-*Kindler*, Bd. 11, IntInsR RdNr. 1138; *Andres/Leithaus/Dahl* § 351 RdNr. 8; FK-*Wimmer* § 351 RdNr. 6.
[17] Vgl. HK-*Stephan* § 351 RdNr. 8; MünchKommBGB-*Kindler*, Bd. 11, IntInsR RdNr. 1138; FK-*Wimmer* § 351 RdNr. 6.
[18] Anders wohl *Kübler/Prütting/Kemper* § 351 RdNr. 4; *Andres/Leithaus/Dahl* § 351 RdNr. 5; wie hier dagegen FK-*Wimmer* § 351 RdNr. 3.
[19] Vgl. *Palandt/Heldrich*, Art. 33 EGBGB RdNr. 2.

stimmt, inwieweit die verbriefte Forderung von dem Schuldner wirksam an den Gläubiger sicherungsabgetreten bzw. -übertragen werden konnte.[20] Dagegen richten sich die Rechte des Schuldners gegen den Drittschuldner nach der *lex causae* der verbrieften Forderung, dem sog. Wertpapierrechtsstatut.[21] Bei Sicherheiten an Gesellschaftsanteilen ist daher für den dinglichen Rechtserwerb die *lex societas* als das für die Gesellschaft maßgebliche Sachstatut entscheidend.[22]

Bei **gewerblichen Schutzrechten** ist zu unterscheiden. Sind **Markenrechte** verpfändet oder sicherungsübereignet worden, so richtet sich die Frage der Wirksamkeit des Verfügungsgeschäftes nach dem Recht des Staates, für den das Markenrecht verfügt wird, während sich das Verpflichtungsgeschäft für die Bestellung der Sicherheit nach den für das Vertragskollisionsrechte geltenden Regeln (Art. 28 ff. EGBGB) richtet.[23] Die Verwaltung und Verwertung der Marke richtet sich dagegen nach dem sog. Schutzlandprinzip, dh. nach dem Recht des Staates, für den das Markenrecht gewährt wurde.[24] Dagegen ist das sog. Schutzlandprinzip nicht anzuwenden für eine Sicherheit an einer Gemeinschaftsmarke,[25] da der Schutz der Gemeinschaftsmarke für das gesamte Gebiet der Verordnung gewährt wird. In diesem Fall ist auf den Wohnsitz des Markeninhabers abzustellen. Hat dieser seinen Wohnsitz jedoch nicht innerhalb einer der Mitgliedsstaaten der Verordnung, ist das Recht des Registerortes, die *lex libri siti* anzuwenden, mithin spanisches Recht, weil dort die Register für die Gemeinschaftsmarken geführt werden. Gleiches gilt auch für Absonderungsrechte an **Patenten.** Auch hier gilt nach dem sog. Schutzlandprinzip das Recht des Staates, für den das Patentrecht gewährt wurde. Dagegen ist für das Gemeinschaftspatent[26] wiederum an den Sitz des Patentinhabers anzuknüpfen, und – sollte dieser seinen Sitz nicht im Gebiet der Mitgliedsstaaten der Verordnung haben – hilfsweise an den Sitz des Registers, mithin deutschem Recht. Ähnliches gilt auch für die Kreditsicherheiten an den übertragungsfähigen **Urheberrechten.** Zu trennen ist auch hier das anwendbare Recht der Sicherheitenvereinbarung sowie des urheberrechtlichen Verfügungsgeschäftes, von der Frage des Statuts für das Urheberrecht selbst. Für letzteres gilt nach allgemeiner Auffassung ebenfalls das sog. Schutzlandprinzip, so dass sich die Verwaltungs- und Verwertungsrechte jeweils nach dem Recht des Staates richten, für den die Urheberrechte bzw. die daraus entstehenden Rechte territorial gewährt wurden.[27]

2. Rechtsfolge. Liegen die vorgenannten Voraussetzungen vor, so werden die Rechte des aus- oder absonderungsberechtigten Gläubigers *„von der Eröffnung des ausländischen Insolvenzverfahrens nicht berührt"*. Darunter ist – ebenso wie bei Art. 5 EuInsVO – zu verstehen, dass diese Rechte keinerlei insolvenzrechtlichen Wirkungen unterliegen.[28] Der Sicherungsnehmer kann daher – im Falle von Absonderungsrechten – seine Sicherheit gemäß der mit dem Schuldner bestehenden Sicherheitenvereinbarung verwerten, als ob der Schuldner eben nicht insolvent wäre. Soweit gelegentlich vertreten wird, der Wortlaut sei dahingehend zu verstehen, dass die Sicherheit nur den Einschränkungen unterworfen werde, denen sie auch nach dem Insolvenzrecht des Lageortes unterliege,[29] so mag dies rechtspolitisch wünschenswert sein. Diese Auslegung entspricht jedoch weder dem Wortlaut

---

[20] MünchKommBGB-*Wendehorst*, Bd. 10, Art. 43 RdNr. 120.
[21] Vgl. MünchKommBGB-*Wendehorst*, Bd. 10, Art. 43 RdNr. 194; *Palandt/Heldrich*, Art. 43 EGBGB RdNr. 1; vgl. auch BGHZ 108, 356.
[22] Vgl. *Staudinger/Großfeld* (1998) IntGesR RdNr. 16 ff.; *Reithmann/Martiny/Hausmann*, IVR, RdNr. 2191 ff.; *Schmidt*, Gesellschaftsrecht § 1 II 8).
[23] *Fezer*, Markenrecht, Einl. RdNr. 202 ff. und 205 ff. mwN.
[24] *Fezer*, Markenrecht, Einl. RdNr. 168 ff. mwN.
[25] Verordnung EG Nr. 40/94 des Rates vom 20. 12. 1993; vgl. auch Art. 12 EuInsVO.
[26] Luxemburger Vereinbarung von 1989; vgl. auch Art. 12 EuInsVO.
[27] Vgl. *Schricker/Katzenberger*, Urheberrecht, Vor §§ 120 ff. RdNr. 147 ff., 124 ff. mwN.
[28] Vgl. Art. 5 RdNr. 13 EuInsVO; vgl. oben RdNr. 2; vgl. *Braun/Liersch* § 351 RdNr. 10; *Andres/Leithaus/Dahl* § 351 RdNr. 9; HK-*Stephan* § 351 RdNr. 6; MünchKommBGB-*Kindler*, Bd. 11, IntInsR RdNr. 1139.
[29] So z. B. FK-*Wimmer* § 351 RdNr. 12.

noch der Gesetzesbegründung. Der Verwalter des ausländischen Hauptverfahrens kann inländisches Insolvenzrecht als Belegenheitsrecht der Sicherungsgegenstände nur zur Anwendung bringen, indem er die Eröffnung eines inländischen Sekundärverfahrens beantragt, in dem die jeweiligen Gegenstände sodann zur inländischen Insolvenzmasse gehören und damit – gemäß § 335 – auch inländischem (d. h. deutschem) Insolvenzrecht unterfallen. Diesen Fall hat auch der Gesetzgeber in der Gesetzesbegründung als die bestehende Möglichkeit genannt, die Sicherungsgegenstände dem inländischen Insolvenzrecht zu unterstellen.[30] Diese gesetzliche Lösung in § 351 Abs. 1 ist rechtspolitisch fraglich, angesichts des klaren Gesetzeswortlautes jedoch keiner korrigierenden Auslegung zugänglich.

IV. Rechte des Schuldners an Immobilien (Abs. 2)

16   Die Bedeutung und Reichweite des Absatz 2 ist – ebenso wie sein Gegenstück in Art. 11 EuInsVO – fraglich und lässt sich nur auf Grund der Gesetzesmaterialien erschließen. Danach sollen durch die Maßgeblichkeit des deutschen Rechts alle Wirkungen des ausländischen Insolvenzverfahrens, die im deutschen Recht nicht vorgesehen sind, ausgeschlossen werden.[31] Als Beispiel nennt der Gesetzgeber fremde Generalhypotheken, Superprivilegien, fremde Rückübertragungsansprüche oder den Ausschluss des Rechts nach § 11 Abs. 2 WEG die Aufhebung der Gemeinschaft zu verlangen. Die meisten der vorgenannten Beispiele sind jedoch überflüssig. Ein sog. Superprivileg, das noch anderen dinglichen Rechten an einem Grundstück vorgeht, kann in Deutschland schon deswegen nicht zur Eintragung gelangen, weil zunächst nur die nach deutschem Recht bestehenden dinglichen Rechte im Grundbuch eingetragen werden können. Zwar ließe sich dann im Wege einer Anpassung das Superprivileg als ein im Rang vorgehendes Grundpfandrecht auslegen. Hier werden Interessen Dritter jedoch nur dann berührt, wenn diese ein eingetragenes dingliches Recht am Grundstück haben, das durch ein solches vorrangiges Grundpfandrecht beeinträchtigt werden würde. Das wiederum ließe sich durch Beantragung eines Sekundärverfahrens abwenden, wonach das inländische Grundstück sodann in die Insolvenzmasse des Sekundärverfahrens fallen würde, mit der Folge, dass sich die Wirkungen auf die Rechte des Schuldners ohnehin wieder nach deutschem Recht richten würden.

17   § 351 Abs. 2 beschränkt sich auf *„unbewegliche Gegenstände"*. Darunter sind in Anlehnung an die in § 49 verwendete Definition in Verbindung mit § 864 ZPO Grundstücke, die im Schiffsregister eingetragenen Schiffe, die im Schiffsbauregister eingetragenen Schiffsbauwerke sowie die in der Luftfahrzeugrolle eingetragenen Luftfahrzeuge (§ 99 LuftfzRG) zu verstehen.[32]

18   Die Gegenstände müssen *„im Inland belegen"* sein. Für Grundstücke ist hierfür unzweifelhaft auf den Lageort abzustellen. Gleiches gilt für die ebenfalls von § 351 Abs. 2 erfassten Schiffe und Luftfahrzeuge, selbst wenn das Register im Ausland geführt wird. Die Inlandsbelegenheit muss zum Zeitpunkt der ausländischen Verfahrenseröffnung bestanden haben.[33]

19   Liegen die Voraussetzungen vor, so richten sich die Wirkungen des ausländischen Insolvenzverfahrens auf die Rechte des Schuldners an diesen Gegenständen ausschließlich nach deutschem Recht.[34] Das gilt auch für die Frage, wie der ausländische Verwalter gegebenenfalls diese Gegenstände verwerten kann.[35]

---

[30] Siehe BT-Drucks. 15/16 S. 24; die Frage war auch zuvor umfassend diskutiert worden, vgl. oben RdNr. 1 f.
[31] BT-Drucks. 15/16 S. 24.
[32] *Kübler/Prütting/Kemper* § 351 RdNr. 13; *Andres/Leithaus/Dahl* § 351 RdNr. 11.
[33] Vgl. *Kübler/Prütting/Kemper* § 351 RdNr. 14; *Braun/Liersch* § 351 RdNr. 15.
[34] Vgl. *Andres/Leithaus/Dahl* § 351 RdNr. 12; *Braun/Liersch* § 351 RdNr. 16; HK-*Stephan* § 351 RdNr. 9; *Kübler/Prütting/Kemper* § 351 RdNr. 15.
[35] So ausdrücklich BT-Drucks. 15/16 S. 24.

§ 352 Unterbrechung und Aufnahme eines Rechtsstreits

(1) ¹Durch die Eröffnung des ausländischen Insolvenzverfahrens wird ein Rechtsstreit unterbrochen, der zur Zeit der Eröffnung anhängig ist und die Insolvenzmasse betrifft. ²Die Unterbrechung dauert an, bis der Rechtsstreit von einer Person aufgenommen wird, die nach dem Recht des Staats der Verfahrenseröffnung zur Fortführung des Rechtsstreits berechtigt ist, oder bis das Insolvenzverfahren beendet ist.

(2) Absatz 1 gilt entsprechend, wenn die Verwaltungs- und Verfügungsbefugnis über das Vermögen des Schuldners durch die Anordnung von Sicherungsmaßnahmen nach § 343 Abs. 2 auf einen vorläufigen Insolvenzverwalter übergeht.

Schrifttum: *Habscheid*, § 240 ZPO bei ausländischen Insolvenzen und die Universalität des Konkurses; *ders.*, Unterbrechung oder Aussetzung des Inlandsprozesses bei ausländischen Konkursverfahren, KTS 1990, 403; *Rugullis*, Litispendenz im Europäischen Insolvenzrecht (Diss. Freie Univ. Berlin, 2001), 2002 (zit.: *Rugullis*, Litispendenz).

Übersicht

	RdNr.		RdNr.
I. Normzweck	1	c) Insolvenzmasse	9
II. Anwendungsbereich	4	2. Rechtsfolgen	10
III. Unterbrechung	5	IV. Aufnahme	12
1. Voraussetzung	5	V. Sicherungsanordnungen im Eröffnungsverfahren (Abs. 2)	14
a) Eröffnung eines ausländischen Insolvenzverfahrens	5	VI. Schiedsverfahren	15
b) Anhängigkeit zum Zeitpunkt des Eröffnungsbeschlusses	7		

I. Normzweck

§ 352 ist als **Sachnorm** § 240 ZPO nachgebildet, und zwar für den Fall einer Insolvenzeröffnung im Ausland. Damit übernimmt der Gesetzgeber die von der Rechtsprechung vor Inkrafttreten der Neuregelung bereits entwickelte Unterbrechungswirkung ausländischer Insolvenzverfahren.[1] Der Gesetzgeber geht jedoch über die von der Rechtsprechung entwickelten Regeln hinaus, weil für die Unterbrechungswirkung alleine die Verfahrenseröffnung im Ausland entscheidend ist, nicht dagegen ob das ausländische Insolvenzrecht dem Verwalter die ausschließliche Prozessführungsbefugnis zuweist.[2] Den Prozessbeteiligten wird daher durch die Unterbrechungswirkung die Möglichkeit gegeben, sich auf die durch die Insolvenzeröffnung geänderte wirtschaftliche und rechtliche Lage einzustellen.[3] Ähnlich wie § 240 ZPO enthält § 352 auch eine Regelung über die Wiederaufnahme des Rechtsstreits (Abs. 1 Satz 2). Darüber hinaus wird die zu § 240 ZPO entwickelte Rechtsprechung der Unterbrechungswirkung von Sicherungsanordnungen im Eröffnungsverfahren übernommen (Abs. 2).[4]

§ 352 findet grundsätzlich Anwendung auf ausländische Haupt- als auch Partikularverfahren.[5] In der Wirkungsweise ist jedoch zu differenzieren. Handelt es sich um einen Aktiv-

---

[1] Vgl. OLG Karlsruhe ZIP 1990, 665; OLG München ZIP 1996, 385; OLG Düsseldorf OLG Report Düsseldorf 1994, 395; LG Aachen MDR 1993, 1235; LG Düsseldorf ZIP 1994, 1616; LG München NJW-RR 1994, 1150 1151; BGH NJW1997, 2525; BGH NJW 1998, 928 = WM 1998, 43; zum Ausgang des Verfahrens vgl. auch die Pressemitteilung Nr. 27/1998 in NJW 1998, 1543.
[2] So aber noch BGH ZIP 1997, 1242, 1243.
[3] Vgl. auch *Kübler/Prütting/Kemper* § 352 RdNr. 1; *FK-Wimmer* § 352 RdNr. 2.
[4] Vgl. hierzu BGH BGHReport 2004, 1446 f.; BGH NJW 1999, 2822; BAG NJW 2002, 532 f.; OLG Jena NJW-RR 2000, MünchKommZPO-*Gehrlein* § 240 RdNr. 12.
[5] AA wohl *Kübler/Prütting/Kemper* § 352 RdNr. 2, die § 352 nur auf ausländische Hauptverfahren angewendet wissen will; *Andres/Leithaus/Dahl* § 352 RdNr. 2; *Braun/Liersch* § 352 RdNr. 3; *Smid*, Int. Insolvenzrecht, § 352 RdNr. 5; wie hier dagegen FK-*Wimmer* § 352 RdNr. 4.

prozess des Schuldners, so ist maßgebend, ob der eingeklagte Vermögensanspruch dem Haupt- oder dem Partikularverfahren zusteht.[6] In diesem Zusammenhang kann nicht argumentiert werden, dass das Partikularverfahren nur das im Staat der Verfahrenseröffnung belegene Vermögen erfasse. Denn grundsätzlich ist auch denkbar, dass in Deutschland über einen Vermögensgegenstand prozessiert wird, der im Partikularverfahrensstaat belegen ist: das ist ausschließlich eine Frage des Gerichtsstandes, die mit der Frage der Vermögensbelegenheit nicht notwendigerweise übereinstimmt. Schwieriger ist dagegen die Unterbrechungswirkung bei einem Passivprozess zu bestimmen, weil – soweit das Recht des Partikularverfahrensstaates nichts anderes vorsieht – der Gläubiger seinen Anspruch in beiden Verfahren geltend machen kann. Richtigerweise sollte die Unterbrechungswirkung mit der ersten Verfahrenseröffnung einsetzen, und zwar auch dann wenn zunächst ein Partikularverfahren eröffnet wurde.

3 § 352 ist Art. 15 EuInsVO nachgebildet.[7] Auch die beiden Richtlinien zur Sanierung und Liquidation von Kreditinstituten und Versicherungsunternehmen sehen entsprechende Regelungen vor.[8] § 352 ist eine Sachnorm, weil sie die Frage der Prozessunterbrechung für den internationalen Sachverhalt (ausländisches Insolvenzverfahren, inländischer Prozess) unmittelbar sachrechtlich regelt.

II. Anwendungsbereich

4 § 352 gilt in Abgrenzung zu der fast gleich lautenden Norm des Art. 15 EuInsVO für alle Insolvenzverfahren aus Drittstaaten (die keine Mitgliedsstaaten der EuInsVO sind) sowie für alle ausländischen Insolvenzverfahren aus den Mitgliedsstaaten der EuInsVO, soweit es sich um Verfahren handelt, die gemäß Art. 1 Abs. 2 EuInsVO vom persönlichen Anwendungsbereich der Verordnung ausgenommen wurden. § 352 findet darüber hinaus Anwendung bei Partikularverfahren aus einem der Mitgliedsstaaten der EuInsVO, die nicht auf Grundlage der EuInsVO durchgeführt werden, z. B. weil der Mittelpunkt der hauptsächlichen Interessen des Schuldners nicht in einem der Mitgliedsstaaten der EuInsVO belegen ist.

III. Unterbrechung

5 **1. Voraussetzung. a) Eröffnung eines ausländischen Insolvenzverfahrens.** Nach dem Wortlaut des § 352 wird ein Rechtsstreit durch die Eröffnung eines ausländischen Insolvenzverfahrens unterbrochen, wenn Rechtsstreit zum Zeitpunkt der Eröffnung anhängig ist und die Insolvenzmasse betrifft. Voraussetzung ist daher zunächst die Eröffnung eines ausländischen Insolvenzverfahrens. Hierfür ist auf den formellen Eröffnungsbeschluss abzustellen. Bei dem Verfahren muss es sich um ein Insolvenzverfahren handeln.[9] Der ausländische Eröffnungsbeschluss muss gemäß § 343 anerkennungsfähig sein.[10] Der Eröffnungsbeschluss muss sich auf das Vermögen einer Prozesspartei (Kläger oder Beklagter) beziehen. Wird über das Vermögen eines Streithelfers ein Insolvenzverfahren eröffnet, tritt dagegen keine Unterbrechung ein.[11]

6 Entgegen einer gelegentlich vertretenen Auffassung kommt es nicht darauf an, ob der Schuldner nach der *lex fori concursus* auch die Prozessführungsbefugnis für den Prozess verliert.[12] Die Prozessunterbrechung tritt daher auch dann ein, wenn die Prozessführungsbefugnis, wie z. B. im Rahmen einer Eigenverwaltung, beim Schuldner selbst ver-

---

[6] Siehe zu den entsprechenden Grundsätzen auch § 354 RdNr. 7, 31 f.
[7] Vgl. unten Art. 15 EuInsVO.
[8] Vgl. Art. 32 Richtlinie 2001/24/EG sowie Art. 26 Richtlinie 2001/17/EG.
[9] So auch BAG ZIP 2007, 2047; OLG Frankfurt ZIP 2007, 932, 933 bezüglich eines US Chapter 11 BC Verfahrens.
[10] Vgl. *Kübler/Prütting/Kemper* § 352 RdNr. 3; FK-*Wimmer* § 352 RdNr. 2.
[11] Ebenso *Kübler/Prütting/Kemper* § 352 RdNr. 3. HK-*Stephan* § 352 RdNr. 6.
[12] So aber *Geimer*, IZPR, RdNr. 3529; *Mohrbutter/Ringstmeier/Wenner* § 20 RdNr. 238; *Kübler/Prütting/Kemper* § 352 RdNr. 1; MünchKommBGB-*Kindler*, Bd. 11, IntInsR RdNr. 1156.

bleibt.¹³ Denn die Prozessunterbrechung dient auch dazu, einen störungsfreien Ablauf des Insolvenzverfahrens zu ermöglichen und den Verfahrensbeteiligten eine Prüfungs- und Überlegungsfrist einzuräumen. Daher wird auch § 240 ZPO auf die Eigenverwaltung angewandt.¹⁴

b) Anhängigkeit zum Zeitpunkt des Eröffnungsbeschlusses. Der Rechtsstreit muss 7 zum Zeitpunkt des Erlasses des Eröffnungsbeschlusses „*anhängig*" gewesen sein. Dabei spielt es keine Rolle, ob es sich hierbei um einen Aktiv- oder Passivprozess des Schuldners handelt.¹⁵ Wird der Prozess nach der Eröffnung des Insolvenzverfahrens aber gegebenenfalls in Unkenntnis der bereits erfolgten Eröffnung im Ausland bei Gericht anhängig gemacht, so ist zu differenzieren: Im Falle eines Aktivprozesses des Schuldners fehlt es bereits, soweit der Insolvenzverwalter die Klageerhebung nicht genehmigt, an einer zulässigen Klage des Schuldners, da in der Regel die Prozessvollmacht des beauftragten Rechtsanwalts mit der Verfahrenseröffnung automatisch erlischt.¹⁶ Handelt es sich dagegen um einen Passivprozess nach Verfahrenseröffnung, so kann zur Vermeidung einer Klageabweisung wegen einer unzulässigen Leistungsklage allenfalls ein Ruhen des Verfahrens beantragt werden, soweit der ausländische Insolvenzverwalter dem zustimmt.

Der weite Begriff des „*Rechtsstreits*" indiziert, dass die Verfahrensunterbrechung sich auf 8 alle kontradiktorische Rechtsstreitigkeiten bezieht, unabhängig davon, ob eine mündliche Verhandlung stattfindet oder ob es sich um ein Urteilsverfahren handelt. Unter den Begriff des Rechtsstreites fallen daher auch Kostenfestsetzungsverfahren, Arrest- und einstweilige Verfügungsverfahren, aber auch kontradiktorische Vollstreckungsverfahren.¹⁷ Welcher Gerichtsbarkeit der Rechtsstreit unterliegt (Ordentlicher Gerichtsbarkeit, Arbeitsgerichtsbarkeit, Finanzgerichtsbarkeit, Verwaltungsgerichtsbarkeit oder Sozialgerichtsbarkeit) spielt keine Rolle.¹⁸

c) Insolvenzmasse. Die Verfahrensunterbrechung setzt zudem voraus, dass der Rechts- 9 streit die Insolvenzmasse der betroffenen Partei betrifft. Ob von dem Rechtsstreit die Insolvenzmasse betroffen ist, ist nach dem gemäß § 335 anwendbaren Insolvenzstatut zu ermitteln, wobei eine auch nur mittelbare Beziehung zur Insolvenzmasse ausreichen lassen sollte.¹⁹

2. Rechtsfolgen. Liegen die Voraussetzungen des § 352 vor, so wird der anhängige 10 Rechtsstreit automatisch unterbrochen. Ist die Unterbrechung streitig, so kann diese durch Zwischenurteil gemäß § 303 ZPO ausgesprochen werden.²⁰ Die verfahrensrechtlichen Wirkungen der automatisch eintretenden Verfahrensunterbrechung ergeben sich aus der *lex fori* des anhängigen Rechtsstreites, mithin aus § 249 ZPO.

Davon zu unterscheiden ist die Frage, welche Auswirkungen die Eröffnung auf die 11 **Prozessvollmacht** des Prozessbevollmächtigten hat. Da sich das Auftragsverhältnis des Prozessbevollmächtigten zum Gemeinschuldner nach dem Insolvenzstatut richtet (vgl. oben § 335 RdNr. 83), entscheidet dieses auch über das Bestehen des Auftragsverhältnisses. Sieht das anwendbare Insolvenzstatut vor, dass der Auftrag – vergleichbar zu § 115 – mit der Eröffnung erlischt, so wird man in Anlehnung an die Rechtsprechung des BGH auch von

---

¹³ So auch BAG ZIP 2007, 2047; OLG Frankfurt, ZIP 2007, 932, 934 bezüglich der Eigenverwaltung eines Chapter 11 BC Verfahrens; *Ludwig*, Neuregelungen des dt. Internat. Insolvenzverfahrensrechts, S. 102 f.; HK-*Stephan* § 352 RdNr. 5; FK-*Wimmer* § 352 RdNr. 4.
¹⁴ Vgl. OLG München MDR 2003, 412, 413.
¹⁵ So bereits schon BGH ZIP 1998, 659, 661; vgl. auch MünchKommBGB-*Kindler*, Bd. 11, IntInsR RdNr. 1149; Kübler/Prütting/Kemper § 352 RdNr. 4.
¹⁶ Vgl. hierzu noch unten RdNr. 11.
¹⁷ Vgl. OLG Zweibrücken ZIP 2001, 301 betreffend die Vollstreckbarkeitserklärung eines ausländischen Titels; siehe auch OLG Köln ZIP 2007, 2287; FK-*Wimmer* § 352 RdNr. 3; MünchKommBGB-*Kindler*, Bd. 11, IntInsR RdNr. 1148; HK-*Stephan* § 352 RdNr. 6.
¹⁸ Vgl. FK-*Wimmer* § 352 RdNr. 3; HK-*Stephan* § 352 RdNr. 6; Andres/Leithaus/Dahl § 352 RdNr. 3.
¹⁹ Vgl. zu den entsprechenden Fragen im Rahmen des § 240 ZPO Baumbach/Lauterbach § 240 RdNr. 10 f.; BAG ZIP 2007, 2050.
²⁰ So auch OLG Frankfurt ZIP 2007, 932, 933.

einem Erlöschen der Prozessvollmacht ausgehen müssen, da die Rechtsprechung in der Eröffnung eines Insolvenzverfahrens kein Fall des § 86 ZPO sieht.[21]

IV. Aufnahme

12 § 352 Abs. 1 Satz 2 regelt die Aufnahme des unterbrochenen Verfahrens nur unvollständig. Denn § 352 regelt nur, dass der Rechtsstreit bis zur Aufnahme oder bis zur Beendigung des Insolvenzverfahrens unterbrochen bleibt. Die Aufnahme muss durch die nach dem Recht des Verfahrensstaates berechtigte Person erfolgen. Das ist nach dem Insolvenzrecht des Verfahrensstaates zu ermitteln bzw. durch die die Aufnahme aussprechende Person nachzuweisen.

13 Unklar bleibt allerdings, wie die andere Prozesspartei die Aufnahme des Rechtsstreits herbeiführen kann, wenn der Insolvenzverwalter oder Schuldner die Aufnahme des Rechtsstreits verzögert. § 240 ZPO verweist insoweit auf die nach der Insolvenzordnung geltenden Vorschriften über die Aufnahme der Prozesse. Ein entsprechender Verweis fehlt in § 352. Denkbar wäre, auch hierüber das ausländische Insolvenzstatut entscheiden zu lassen. Das wäre jedoch weder systematisch zutreffend noch würde es den Interessen der anderen Prozesspartei gerecht. Denn systematisch handelt es sich bei der Frage der Wiederaufnahme nicht um eine insolvenzrechtliche Frage, auf die § 335 Anwendung findet, sondern um eine verfahrensrechtliche Frage. Insoweit hat auch hierüber zwingend das deutsche Verfahrensrecht zu entscheiden. In entsprechender Anwendung des § 85 Abs. 1 Satz 2 sollte daher die andere Vertragspartei den Rechtsstreit gemäß § 239 Abs. 2–4 ZPO aufnehmen können.[22]

V. Sicherungsanordnungen im Eröffnungsverfahren (Abs. 2)

14 In Anlehnung an § 240 Satz 2 ZPO tritt die Unterbrechungswirkung bereits im Eröffnungsverfahren ein, wenn auf Grund von Sicherungsmaßnahmen im Eröffnungsverfahren bereits dann die Verwaltungs- und Verfügungsbefugnis auf den vorläufigen Insolvenzverwalter übergegangen ist. Über den Wortlaut hinaus gilt die Unterbrechungswirkung jedoch auch, wenn der Übergang der Verwaltungs- und Verfügungsbefugnis nicht ausdrücklich angeordnet wurde, sondern sich *ipso iure* aus anderen Maßnahmen des zuständige Insolvenzgerichts ergibt. Folgt der Übergang aus der Bestellung des vorläufigen Insolvenzverwalters, gilt § 347 für den Nachweis entsprechend. Voraussetzung ist jedoch auch hier, dass die angeordnete Sicherungsmaßnahme grundsätzlich anerkennungsfähig sein muss.

VI. Schiedsverfahren

15 Während über die Auswirkungen eines inländischen Insolvenzverfahrens auf inländische Schiedsverfahren bereits vereinzelt Judikatur und Schrifttum vorliegt, findet sich über die möglichen internationalrechtlichen Fragen bisher kaum Material.[23] Ebenso wie bei inländischen Insolvenzverfahren ist jedoch auch bei einem ausländischen Insolvenzverfahren zu überlegen, welche Auswirkungen dies auf ein inländisches Schiedsverfahren haben kann. Da Schiedsgerichte keine fest vorgegebene Verfahrensordnung haben, sondern neben den zwingenden schiedsrechtlichen Normen der *lex fori* auch der gewählten Schiedsordnung und deren Verfahrensregeln unterliegen, sind die Verfahrensregeln beider Rechtsquellen zu beachten. Die meisten einschlägigen Schiedsordnungen enthalten jedoch keine besonderen Vorschriften für den Fall der Insolvenz eine der beiden Schiedsparteien.[24] Auch die

---

[21] Vgl. BGH NJW-RR 1989, 183; BGH WM 1963, 1232; RGZ 118, 158, 160; RG JW 1930, 1058; aA KG JW 1922, 1335; *Zöller/Vollkommer*, ZPO, § 86 RdNr. 5; MünchKommZPO-*Mettenheim* § 86 RdNr. 3; *Stein/Jonas/Bork*, ZPO, § 86 RdNr. 8.

[22] So bereits BGH ZIP 1998, 659, 661; BGH ZIP 1997, 1242, 1244.

[23] Vgl. *Smid* DZWir 1993, 485 ff. allerdings vornehmlich zu inländischen Sachverhalten; *Trunk* IPRax 1995, 133 f.; *Trunk*, Internationales Insolvenzrecht, insb. S. 125 ff., 148 ff., 290 f.; *Gruber* KTS 1992, 191 ff.

[24] Vgl. z. B. die Schiedsgerichtsordnung der Deutschen Institution für Schiedsgerichtsbarkeit e. V., oder die Schiedsgerichtsordnung der Internationalen Handelskammer.

§§ 1025 ff. ZPO, die bei einem Sitz des Schiedsgerichts im Inland anzuwenden sind, enthalten keine spezielle Vorschrift über die Auswirkungen einer Verfahrenseröffnung auf die Schiedsverfahren. Aus Gründen einer fairen Verfahrensleitung empfiehlt es sich jedoch, das Schiedsverfahren ebenfalls zu unterbrechen oder zumindest der Partei, über deren Vermögen ein Insolvenzverfahren eröffnet wurde, Gelegenheit zur Stellungnahme einzuräumen.[25] Führt das Schiedsgericht das Schiedsverfahren unverändert fort, so liegt darin jedoch kein die Vollstreckbarkeit des Schiedsurteil hindernder ordre public Verstoß.[26] Dagegen ist die Frage, ob der Insolvenzverwalter an die Schiedsvereinbarung gebunden ist und ob der Rechtsstreit objektiv schiedsfähig ist, nach der ausländischen *lex fori concursus* zu beurteilen.

Erfüllt der Eröffnungsbeschluss die Anerkennungsvoraussetzungen, so bestimmt sich die **16** Prozessführungsbefugnis des Gemeinschuldners bzw. des Verwalters nach der *lex fori concursus*, so dass in der Regel der Verwalter an die Stelle des Gemeinschuldners tritt. Die Frage einer Verfahrensunterbrechung – ähnlich dem § 240 ZPO – bestimmt sich nach der *lex fori processus*, also nach der anwendbaren Schiedsordnung und den §§ 1025 ff. ZPO. Danach ist eine Unterbrechung zwar nicht zwingend geboten, jedoch auch aus Gründen des rechtlichen Gehörs sachgerecht. Zu überprüfen ist allerdings, ob der Insolvenzverwalter an die Schiedsvereinbarung gebunden ist und ob der Rechtsstreit objektiv schiedsfähig ist, nach der ausländischen *lex fori concursus* zu beurteilen.

§ 353 Vollstreckbarkeit ausländischer Entscheidungen

(1) ¹Aus einer Entscheidung, die in dem ausländischen Insolvenzverfahren ergeht, findet die Zwangsvollstreckung nur statt, wenn ihre Zulässigkeit durch ein Vollstreckungsurteil ausgesprochen ist. ²§ 722 Abs. 2 und § 723 Abs. 1 der Zivilprozessordnung gelten entsprechend.

(2) Für die in § 343 Abs. 2 genannten Sicherungsmaßnahmen gilt Absatz 1 entsprechend.

Schrifttum: Vgl. die allgemeinen Literaturangaben vor §§ 335 ff. InsO.

Übersicht

	RdNr.		RdNr.
I. Normzweck	1	1. Voraussetzungen	4
II. Anwendungsbereich	3	2. Verfahren der Vollstreckbarerklärung	11
III. Vollstreckbarerklärung ausländischer Entscheidungen (Abs. 1)	4	IV. Sicherungsmaßnahmen (Abs. 2)	13

I. Normzweck

Der Grundsatz, dass sich die prozessualen Wirkungen der Eröffnungsentscheidung gemäß **1** § 343 automatisch auf das Inland erstrecken, gilt nicht für die Wirkung der Vollstreckbarkeit einer Entscheidung. Die der ZPO zugrunde liegende Unterscheidung zwischen einer automatischen Anerkennung der Entscheidung und Vollstreckbarerklärung einer Entscheidung in einem besonderen Exequaturverfahren nach §§ 722 f. ZPO gilt auch für Entscheidungen im internationalen Insolvenzrecht. § 353 regelt daher, dass die Zwangsvollstreckung aus Entscheidungen, die in einem ausländischen Insolvenzverfahren ergehen, nur statthaft ist, wenn die Zulässigkeit der Vollstreckung durch ein Vollstreckungsurteil ausgesprochen worden ist. Hierzu verweist § 353 Abs. 1 Satz 2 auf die entsprechenden Regeln, die für die

---

[25] So auch *Trunk*, Internationales Insolvenzrecht, 148 ff. mwN; MünchKommBGB-*Kindler*, Bd. 11, IntInsR RdNr. 1148; *Andres/Leithaus/Dahl* § 352 RdNr. 3; HK-*Stephan* § 352 RdNr. 7.
[26] Die Rechtsprechung sieht in der fehlenden Unterbrechung keinen grundlegenden Verstoß gegen den *ordre public*, vgl. OLG Hamm KTS 1985, 376. Zu rein inländischen Sachverhalten vgl. auch BGH KTS 1966, 246; RGZ 62, 24, 25.

§ 353 2–4   11. Teil. 2. Abschnitt. Ausländisches Insolvenzverfahren

Vollstreckbarkeit ausländischer Urteile gelten (§§ 722, 723 ZPO). Die Verweisung ist im Hinblick auf Besonderheiten des internationalen Insolvenzrechts jedoch nicht umfassend. So ist § 723 Abs. 2 ZPO, der die Rechtskraft des ausländischen Vollstreckungstitels verlangt, von der Verweisung ausgeschlossen.[1] Daher bedarf es zunächst eines Vollstreckungsurteils durch ein inländisches Gericht, bevor aus der ausländischen Entscheidung im Inland vollstreckt werden kann.[2] Gleiches gilt nach Absatz 2 für Sicherungsmaßnahmen im Sinne des § 343 Abs. 2, die ebenfalls eines Vollstreckungsurteils bedürfen.

2 Die Regelung entspricht Art. 25 Abs. 1 Satz 2 EuInsVO, der für Vollstreckung von Entscheidungen im Rahmen der EuInsVO auf die Vollstreckungsvorschriften der EuGVVO verweist.[3] Anders als die EuInsVO kann jedoch für das autonome Recht – also im Verhältnis zu Drittstaaten – nicht das vereinfachte Beschlussverfahren der EuGVVO gelten, mit dem jeweils Entscheidungen aus den anderen Mitgliedsstaaten für vollstreckbar erklärt werden.

II. Anwendungsbereich

3 § 353 ist hinsichtlich seines Anwendungsbereichs von Art. 25 EuInsVO und dem dort durch Verweis auf die EuGVVO vereinfachten Exequaturverfahren abzugrenzen. Denn beide Exequaturverfahren unterliegen unterschiedlichen Regeln und Zuständigkeiten.[4] Der Anwendungsbereich des § 353 entspricht dem Anwendungsbereich der Vorschrift über die Anerkennung ausländischer insolvenzrechtlicher Entscheidungen nach § 343. Danach findet § 353 Anwendung auf die Vollstreckbarerklärung ausländischer Entscheidungen, die in einem Drittstaat erlassen wurden.[5] Darüber hinaus findet § 353 Anwendung, wenn die Entscheidung zwar von einem Gericht eines der Mitgliedsstaaten der EuInsVO erlassen wurde, das Insolvenzverfahren gemäß Art. 1 Abs. 2 EuInsVO vom Anwendungsbereich der Verordnung ausgenommen wurde.

III. Vollstreckbarerklärung ausländischer Entscheidungen (Abs. 1)

4 **1. Voraussetzungen.** Einem Vollstreckungsurteil nach § 722 ZPO sind zunächst nur **Entscheidungen** zugänglich, die in dem ausländischen Insolvenzverfahren ergangen sind. Der Begriff der Entscheidung ist weit auszulegen und erfasst nicht nur gerichtliche, sondern auch behördliche Entscheidungen, soweit das Insolvenzverfahren von einer Behörde geleitet wird.[6] Die Begründung des Regierungsentwurfes nennt als Entscheidungen beispielhaft die Eröffnungsentscheidung, Entscheidungen des ausländischen Insolvenzgerichts über die Auskunftsleistung, Verfahrensmitwirkung, Vorführung oder Verhaftung von Verfahrensbeteiligten, die Postsperre, die Feststellung bestrittener Forderungen im Insolvenzverfahren sowie die gerichtliche Bestätigung eines Vergleichs oder eines Insolvenzplans.[7] Die Aufzählung im Regierungsentwurf ist nicht abschließend *("insbesondere")*. Richtigerweise sollte die Abgrenzung von *„Entscheidungen, die in dem ausländischen Insolvenzverfahren ergehen"* mit der Abgrenzung von § 343 übereinstimmen, der die Anerkennung ausländischer insolvenzrechtlicher Entscheidungen regelt. Nach § 343 Abs. 2 Satz 2 werden neben der Eröffnungsentscheidung auch die Entscheidungen anerkannt, die *„zur Durchführung oder Beendigung des anerkannten Insolvenzverfahrens ergehen"*. Bei den von dem Gesetzgeber genannten Beispielsfällen handelt es sich um solche Entscheidungen, so

---

[1] Der fehlende Verweis auf § 722 Abs. 1 ZPO ergibt sich daraus, dass sich diese Regelung in § 353 Abs. 1 Satz 1 selbst findet.
[2] HK-*Stephan* § 353 RdNr. 5; *Kübler/Prütting/Kemper* § 353RdNr. 1; *Braun/Liersch* § 353 RdNr. 1, 3; *Andres/Leithaus/Dahl* § 353 RdNr. 1.
[3] Vgl. hierzu Art. 25 RdNr. 18 EuInsVO.
[4] Zu den sich hieraus ergebenden praktischen Problemen vgl. OLG Frankfurt OLGR 2005, 804 = ZInsO 2005, 715.
[5] Vgl. nochmals OLG Frankfurt, ebd.
[6] Ebenso wohl *Kübler/Prütting/Kemper* § 353 RdNr. 5; *Andres/Leithaus/Dahl* § 353 RdNr. 4; aA wohl *Leipold* in *Stoll*, Stellungnahmen und Gutachten, S. 185, 196.
[7] Vgl. BT-Drucks. 15/16 S. 24.

dass trotz unterschiedlicher Formulierungen im Ergebnis dieselben Entscheidungen in beiden Vorschriften gemeint sind.

Diese sind wiederum abzugrenzen von den sog. **Annexentscheidungen,** die im Zusammenhang mit der Insolvenz ergehen, jedoch nicht unmittelbar das eigentliche Insolvenzverfahren betreffen (Anfechtungsprozesse, Feststellungsprozesse etc.). Diese werden als kontradiktorische Zivilrechtsstreitigkeiten gemäß § 328, §§ 722 ff. ZPO anerkannt und vollstreckt.[8] Das gilt selbst dann, wenn das Recht des Verfahrensstaates für die Annexverfahren eine *vis attractiva concursus* vorsieht und die Entscheidungen daher ebenfalls vom Insolvenzgericht erlassen werden.[9] In diesem Fall ist zu beachten, ob und inwieweit nicht ein Vollstreckbarerklärung nach den Vorschriften der EuGVVO in Betracht kommen kann.[10]

Daraus wird auch deutlich, dass es sich um Entscheidungen aus einem eröffneten Insolvenzverfahren handeln muss. Entscheidungen vor der Eröffnung des Verfahrens werden von Absatz 2 erfasst. Die Differenzierung ist deswegen von Bedeutung, weil nach Absatz 2 nicht alle Entscheidungen, sondern nur „*Sicherungsmaßnahmen*" von der Vollstreckbarerklärung erfasst werden (vgl. unten RdNr. 13).

Die Entscheidung muss einen **vollstreckungsfähigen Inhalt** haben. Die Anerkennung des materiellrechtlichen Inhalts der Entscheidung nach § 343 darf demnach nicht ausreichen. Notwendig ist jedoch, dass die Entscheidung selbst **anerkennungsfähig** ist.[11] Zwar verweist § 353 Abs. 1 nicht auf die entsprechende Regelung in § 723 Abs. 2 Satz 2 ZPO. Dabei handelt es sich jedoch um ein Redaktionsversehen des Gesetzgebers.[12] Denn es wäre kaum nachvollziehbar, würde der Gesetzgeber die Anerkennung verwehren, dagegen den weitergehenden Eingriff durch hoheitliche Vollstreckungsmaßnahmen im Inland zulassen.

Gemäß § 723 Abs. 1 ZPO, auf den § 353 Abs. 1 Satz 2 verweist, findet keine *révision au fond* statt, d. h. die ausländische Entscheidung ist nicht auf ihre inhaltliche Richtigkeit zu überprüfen.[13] Dies gilt jedoch nur soweit, als kein ordre public Verstoß gegeben ist, der wiederum die Anerkennung nach § 343 und folglich auch die Vollstreckung aus der Entscheidung ausschließt.[14]

Der **Rechtskraft** der ausländischen Entscheidung bedarf es dagegen nicht.[15] Zwar könnte man in Anlehnung an das Redaktionsversehen bezüglich der fehlenden Verweisung auf § 723 Abs. 2 Satz 2 (vgl. oben RdNr. 6) argumentieren, dass das Redaktionsversehen auch die Verweisung auf Satz 1 umfasse. Dem steht jedoch der ausdrückliche Wille des Gesetzgebers entgegen, der ausdrücklich erklärt hat, dass im Interesse einer zügigen Durchführung des Insolvenzverfahrens § 723 Abs. 2 nicht für anwendbar erklärt worden sei und daher die ausländische Entscheidung somit nicht rechtskräftig sein brauche.[16] Dagegen muss die Entscheidung im Entscheidungsstaat selbst vollstreckbar sein.

---

[8] Vgl. zur Abgrenzung bereits § 343 RdNr. 48 ff.; sowie Art. 3 RdNr. 81 ff. EuInsVO.
[9] Ebenso *Kübler/Prütting/Kemper* § 353 RdNr. 9; den Begriff des Gerichts weit auslegend auch BT-Drucks. 15/16 S. 21 in Bezug auf § 343; *Ludwig*, Neuregelungen des dt. Internat. Insolvenzverfahrensrechts, S. 131; aA FK-*Wimmer* § 353 RdNr. 3.
[10] Der Anwendungsbereich der EuGVVO bei sog. Annexverfahren ist streitig und derzeit Gegenstand eines Vorlagebeschlusses des BGH an den EuGH vgl. im einzelnen Art. 3 RdNr. 81 EuInsVO mwN.
[11] Allg. Auffassung, vgl. *Kübler/Prütting/Kemper* § 353 RdNr. 8; FK-*Wimmer* § 353 RdNr. 5; MünchKommBGB-*Kindler*, Bd. 11, IntInsR RdNr. 1163; *Liersch* NZI 2003, 302, 308; ebenso für die Rechtslage vor der Neuregelung des IIR BGH IPrax 1993, 402, 405 f.
[12] *Ludwig*, Neuregelungen des dt. Internat. Insolvenzverfahrensrechts, S. 130 f.
[13] Vgl. *Kübler/Prütting/Kemper* § 353 RdNr. 10; HK-*Stephan* § 353 RdNr. 6 a; MünchKommBGB-*Kindler*, Bd. 11, IntInsR RdNr. 1165; *Andres/Leithaus/Dahl* § 353 RdNr. 6; *Braun/Liersch* § 353 RdNr. 3; zur *revision au fond* vgl. *Geimer*, IZPR, RdNr. 2910.
[14] Vgl. BT-Drucks. 15/16 S. 24.
[15] Ebenso MünchKommBGB-*Kindler*, Bd. 11, IntInsR RdNr. 1165; *Kübler/Prütting/Kemper* § 353 RdNr. 7; ausführlich *Ludwig*, Neuregelungen des dt. Internat. Insolvenzverfahrensrechts, S. 133 ff.
[16] So ausdrücklich BT-Drucks. 15/16 S. 24. Kritisch dagegen bereits vor der Neuregelung *Leipold*, in: Stoll, Vorschläge und Gutachten S. 185, 196; *Kolmann*, Kooperationsmodelle, S. 167.

10 Auch die **Gegenseitigkeit** ist keine Voraussetzung für die Vollstreckbarerklärung, da sie – anders als nach § 328 ZPO – schon keine Voraussetzung für die Anerkennung der Entscheidung bildet.[17]

11 **2. Verfahren der Vollstreckbarerklärung.** Die Vollstreckbarerklärung der ausländischen Entscheidung ist durch Einreichung einer Klage beim örtlich zuständigen Amts- oder Landgericht zu verfolgen. Die sachliche Zuständigkeit ergibt sich aus den §§ 23, 71 GVG. Die örtliche Zuständigkeit ergibt sich aus § 722 Abs. 2, auf den § 353 Abs. 1 Satz 2 verweist. Danach ist örtlich das Gericht am Wohnsitz des Schuldners oder, wenn ein solcher nicht besteht, das Gericht des Vermögensgerichtsstands nach § 23 ZPO zuständig.

12 Liegen die Voraussetzungen für die Vollstreckbarerklärung vor, so erlässt das deutsche Gericht ein Vollstreckungsurteil, in dem die Vollstreckung aus der Entscheidung im Inland für zulässig erklärt wird. Der Berechtigte kann dann aus dem Vollstreckungsurteil die Zwangsvollstreckung betreiben.

IV. Sicherungsmaßnahmen (Abs. 2)

13 Absatz 2 erweitert den Anwendungsbereich auf Sicherungsmaßnahmen, die vor Eröffnung des Insolvenzverfahrens erlassen werden. Die Klarstellung ist deswegen notwendig, weil sich die in Absatz 1 genannten Entscheidungen (unter die sich auch Sicherungsmaßnahmen subsumieren ließen) nur auf Entscheidungen nach Eröffnung des Verfahrens beziehen.[18] Vor der Verfahrenseröffnung können im Inland jedoch nicht alle Entscheidungen, sondern nur Sicherungsmaßnahmen für vollstreckbar erklärt werden. Der Begriff der Sicherungsmaßnahme ist deckungsgleich mit dem in § 21 verwendeten Begriff. Der Entscheidung muss daher Werterhaltungs- oder Bestandserhaltungsfunktion zukommen.[19] Der ausländische Verwalter kann seinen Antrag auf Vollstreckbarerklärung der Sicherungsmaßnahmen aus dem ausländischen Verfahren verbinden mit einem Antrag auf eigenständige Anordnung von Sicherungsmaßnahmen nach § 344, die dann keiner Vollstreckbarerklärung bedürfen. Das setzt jedoch voraus, dass das angerufene Gericht für beide Anträge zuständig ist.

---

[17] So auch MünchKommBGB-*Kindler*, Bd. 11, IntInsR RdNr. 1165; *Ludwig*, Neuregelungen des dt. Internat. Insolvenzverfahrensrechts, S. 135.
[18] Vgl. HK-*Stephan* § 353 RdNr. 2; *Andres/Leithaus/Dahl* § 353 RdNr. 3; *Kübler/Prütting/Kemper* § 353 RdNr. 5 (dazu, dass Abs. 1 ein eröffnetes Verf. voraussetzt).
[19] Vgl. hierzu MünchKommInsO-*Haarmeyer* § 21 RdNr. 11 ff., 13.

Dritter Abschnitt.
Partikularverfahren über das Inlandsvermögen

§ 354 Vorraussetzungen des Partikularverfahren

(1) Die Zuständigkeit eines deutschen Gerichts zur Eröffnung eines Insolvenzverfahrens über das gesamte Vermögen des Schuldners nicht gegeben, hat der Schuldner jedoch im Inland eines Niederlassung oder sonstiges Vermögen, so ist auf Antrag eines Gläubigers ein besonderes Insolvenzverfahren über das inländische Vermögen des Schuldners (Partikularverfahren) zulässig.

(2) [1]Hat der Schuldner im Inland keiner Niederlassung, so ist der Antrag eines Gläubigers auf Eröffnung eines Partikularverfahrens nur zulässig, wenn dieser ein besonderes Interesse an der Eröffnung des Verfahrens hat, insbesondere, wenn er in einem ausländischen Verfahren voraussichtlich erheblich schlechter stehen wird als in einem inländischen Verfahren. [2]Das besondere Interesse ist vom Antragsteller glaubhaft zu machen.

(3) [1]Für das Verfahren ist ausschließlich das Insolvenzgericht zuständig, in dessen Bezirk die Niederlassung oder wenn eine Niederlassung fehlt, Vermögen des Schuldners belegen ist. [2]§ 3 Abs. 2 gilt entsprechend.

Schrifttum: *Flessner,* Internationales Insolvenzrecht in Deutschland nach der Reform, IPRax 1997, 1; *Habscheid,* Konkurs in den USA und seine Wirkungen in Deutschland (und umgekehrt), NZI 2003, 238; *Hanisch,* Stellungnahme zu der Frage, ob und gegebenfalls in welcher Weise ein in seiner Wirkung territorial beschränktes Sonderinsolvenzverfahren über das Inlandsvermögen eines Schuldners vorzusehen ist, wenn dieser den Mittelpunkt seiner hauptsächlichen Interessen im Ausland hat, in: *Stoll,* Vorschläge und Gutachten zur Umsetzung des EU-Übereinkommens über Insolvenzverfahren im deutschen Recht, 1997, S. 202; *Leipold,* Miniatur oder Bagatelle: das internationale Insolvenzrecht im deutschen Reformwerk 1994, Festschrift für Henckel, Berlin, New York, 1995; *ders.,* Zur internationalen Zuständigkeit in Insolvenzverfahren, Festschrift für Baumgärtel, Köln, Berlin, Bonn, München, 1990; *Liersch,* Deutsches Internationales Insolvenzrecht, NZI 2003, 302; *Mankowski,* Anmerkung zu BGH, Urt. v. 17. 5. 2003 – IX ZR 203/02, Zuständigkeitsregelung in § 19a ZPO auch international nur für Passivprozesse des Insolvenzverwalters, NZI 2003, 545; *ders.,* Konkursgründe beim inländischen Partikularkonkurs, ZIP 1995, 1650; *Schollmeyer,* Partikularinsolvenzverfahren am Ort der Belegenheit von Massebestandteilen?, IPRax 1995, 150; *Thieme,* Partikularkonkurs, in: *Stoll,* Stellungnahmen und Gutachten zur Reform des deutschen internationalen Insolvenzrechts, 1992, S. 212; *Wimmer,* Die Besonderheiten von Sekundärinsolvenzverfahren unter besonderer Berücksichtigung des Europäischen Insolvenzübereinkommens, ZIP 1998, 982.

Übersicht

	RdNr.		RdNr.
I. Normzweck	1	aa) Insolvenzgründe	24
		bb) Insolvenzfähigkeit	28
II. Anwendungsbereich	5	cc) Kostendeckung	29
III. Besonderes Insolvenzverfahren (Abs. 1)	6	2. Rechtsfolgen	30
		a) Besonderes Insolvenzverfahren	30
1. Voraussetzungen	6	b) Insolvenzmasse	31
a) Keine Zuständigkeit für ein Hauptverfahren	6	c) Passivmasse	32
b) Inländische Niederlassung oder Vermögen	7	d) Geltung des ersten Abschnitts	33
aa) Niederlassung	7	IV. Antragsbefugnis (Abs. 2)	34
bb) Sonstiges Vermögen	9	1. Antragsbefugnis des Gläubigers	34
cc) Zum Zeitpunkt der Verfahrenseröffnung	21	a) Bei Vorliegen einer Niederlassung	34
c) Antrag	22	b) Bei Vorliegen sonstigen Vermögens	35
d) Sonstige Eröffnungsvoraussetzungen	24	2. Antragsbefugnis des Schuldners	40
		V. Zuständigkeit (Abs. 3)	43

I. Normzweck

1 § 354 ist neben § 335 (Regelanknüpfung an das Recht des Verfahrensstaates) und § 343 (Anerkennung ausländischer Verfahren) eine der zentralen Normen des deutschen internationalen Insolvenzrechts. Denn damit entscheidet sich der Gesetzgeber zum Schutz lokaler Gläubigerinteressen und des inländischen Rechtsverkehrs gegen das sog. Einheitsverfahren (vielfach auch als Universalitätprinzip bezeichnet), bei dem nur ein einziges Insolvenzverfahren über das Vermögen eines Schuldners an dessen – wie auch immer definiertem – Vermögensmittelpunkt zulässig sein soll.[1] Der Gesetzgeber war der Auffassung, dass die in §§ 336 ff. kodifizierten Sonderanknüpfungen zum Schutz lokaler Gläubiger sowie des inländischen Rechtsverkehrs alleine nicht ausreichend wären.[2] Vielmehr sollen daneben oder unabhängig davon in einem anderen Land auch weitere eigenständige Verfahren erlaubt sein, die sich sodann auf das Inlandsvermögen beschränken. In Anlehnung an die auch in der EuInsVO verwendeten Terminologie werden diese auf das Inlandsvermögen beschränkten Verfahren „Partikularverfahren" genannt (§ 354; Art. 3 Abs. 4 EuInsVO). Für den Fall, dass ein solches Verfahren parallel zu einem Hauptverfahren des Schuldner durchgeführt wird, spricht man von einem „Sekundärverfahren" (§ 356; Art. 3 Abs. 3 EuInsVO).

2 § 354 ist eine **Sachnorm**, die im Regelungsbereich der §§ 11 ff. anzusiedeln ist und die Eröffnung eines Insolvenzverfahrens bei internationalen Sachverhalten betrifft, und zwar wenn eine internationale Zuständigkeit für ein sog. Hauptverfahren nicht gegeben ist. § 354 regelt für diese Fälle, unter welchen Voraussetzungen ein solches Verfahren in Deutschland eröffnet werden darf (Abs. 1), welche Gläubiger ein solches Verfahren beantragen dürfen (Abs. 2) sowie die örtliche Zuständigkeit für ein solches Verfahren (Abs. 3). Darüber hinaus enthält § 354 Abs. 1 die Aussage, dass sich das Verfahren nur auf das inländische Vermögen bezieht. Für Partikularverfahren gelten ansonsten die im Ersten Abschnitt (§§ 335–342) enthaltenen Vorschriften.

3 § 354 Abs. 1 entspricht Art. 3 Abs. 2 Satz 1 EuInsVO, erleichtert jedoch die Eröffnung eines Partikularverfahrens, weil das deutsche autonome Recht ein Partikularverfahren auch bei der Belegenheit „sonstigen Vermögens" zulässt. Demgegenüber lässt die Verordnung Partikularverfahren nur bei Vorliegen einer Niederlassung zu.

4 Die beiden Richtlinien über die Sanierung und Liquidation von Kreditinstituten und Versicherungsunternehmen schließen die Eröffnung eines Partikularverfahrens aus. Nach beiden Richtlinien soll es für die Insolvenz der unter beide Richtlinien fallenden Institute bei einem einzigen Verfahren bleiben. Diese Vorgaben sind vom deutschen Gesetzgeber in § 46 e Abs. 2 KWG, der Partikularverfahren bezüglich der Einlagenkreditinstitute oder E-Geld-Institute für unzulässig erklärt,[3] und in § 88 Abs. 1b VAG, der Partikularverfahren hinsichtlich der Versicherungsunternehmen ausschließt, umgesetzt worden.

II. Anwendungsbereich

5 § 354 ist in seinem Anwendungsbereich von den Regelungen eines Partikularverfahrens nach der EuInsVO abzugrenzen. Dies hängt im Ergebnis davon ab, ob einer der Mitgliedsstaaten der EuInsVO für ein Hauptverfahren über das Vermögen des Schuldners zuständig wäre (Art. 3 Abs. 1 EuInsVO). Liegt der Mittelpunkt der hauptsächlichen Interessen in einem der Mitgliedsstaaten der EuInsVO, kann ein Partikularverfahren (oder auch Sekundärverfahren) nur auf Grundlage der EuInsVO durchgeführt werden (Art. 3 Abs. 2–4; Art. 27 ff. EuInsVO). Liegt dagegen der Mittelpunkt der hauptsächlichen Interessen nicht in einem der Mitgliedsstaaten der EuInsVO, sondern in einem Drittstaat, so kommt das deutsche autonome Insolvenzrecht für die Abwicklung von Partikularverfahren in Betracht (§§ 354 ff.). Die §§ 354 ff. finden darüber hinaus Anwendung, wenn zwar der Mittelpunkt

---
[1] Vgl. zu den Modellen ausführlich Vor §§ 335 RdNr. 56 ff.
[2] Vgl. BT-Drucks. 15/16 S. 25.
[3] Vgl. dazu *Kokemoor* WM 2005, 1881, 1883.

der hauptsächlichen Interessen in einem der Mitgliedsstaaten der EuInsVO liegt, der Schuldner jedoch gemäß Art. 1 Abs. 2 EuInsVO vom persönlichen Anwendungsbereich der Verordnung ausgenommen wurde. Das gilt für alle Institute, die nicht von § 46 e Abs. 2 KWG oder § 88 Abs. 1 b VAG erfasst werden, aber unter dem Ausnahmetatbestand des Art. 1 Abs. 2 EuInsVO fallen (vgl. vorige RdNr.).

III. Besonderes Insolvenzverfahren (Abs. 1)

1. Voraussetzungen. a) Keine Zuständigkeit für ein Hauptverfahren. § 354 Abs. 1 setzt zunächst voraus, dass die deutschen Gerichte für die Eröffnung eines Hauptverfahrens international nicht zuständig sind.[4] Hierfür ist auf die Zuständigkeitsregelung in Art. 3 Abs. 1 EuInsVO zurückzugreifen, und zwar auch dann, wenn als Zuständigkeit ein Drittstaat in Frage kommt.[5] Denn im Inland darf ein Hauptverfahren nur eröffnet werden, wenn nach Art. 3 Abs. 1 EuInsVO die internationale Zuständigkeit gegeben ist.[6] Bis auf diejenigen Schuldner, die gemäß Art. 1 Abs. 2 EuInsVO vom Anwendungsbereich der Verordnung ausgenommen wurden, können deutsche Gerichte die internationale Zuständigkeit nur noch auf Grundlage des Art. 3 Abs. 1 bestimmen. Daher ist ein Rückgriff auf § 3 zur Bestimmung der fehlenden internationalen Zuständigkeit mit der EuInsVO nicht vereinbar.[7]

b) Niederlassung oder Vermögen. aa) Niederlassung. Der Begriff der *„Niederlassung"* ist § 21 ZPO zu entnehmen. Ein Rückgriff auf den Begriff der Niederlassung, wie er in Art. 3 Abs. 2 EuInsVO genannt ist, ist weder zulässig, noch geboten.[8] Denn der Begriff der Niederlassung in der Verordnung ist als Begriff des Europarechts vertragsautonom auszulegen.[9] Es besteht keine Notwendigkeit, den europäischen Rechtsbegriff der Niederlassung auch in das deutsche autonome Recht zu übernehmen, zumal das autonome Recht sowie die EuInsVO genau voneinander abgegrenzt sind und der Begriff der Niederlassung zudem im deutschen Recht definiert ist, und zwar sogar im Bereich der Gerichtszuständigkeit nach § 21 ZPO.

Insoweit kann auf die einschlägigen Kommentierung zu § 21 ZPO verwiesen werden. Die Anwendung des Niederlassungsbegriffs in § 21 ZPO dürfte in den meisten Fällen zu gleichen Ergebnissen führen wie die Anwendung des Niederlassungsbegriffs in Art. 3 Abs. 2 EuInsVO. Möglicherweise bestehende Unterschiede können jedoch nicht deswegen dahingestellt bleiben, weil zusätzlich der subsidiäre Vermögensgerichtsstand existiert, der dann jedenfalls die Zulässigkeit eines Partikularverfahrens begründet. Denn für diesen Fall gelten wiederum andere Antragsbefugnisse.[10]

bb) Sonstiges Vermögen. § 354 Abs. 1 lässt darüber hinaus ein inländisches Partikularverfahren zu, wenn sich sonstiges Vermögen des Schuldners im Inland befindet. Vermögen ist jedes Rechtsobjekt (ob köperlich oder unkörperlich), das einen gewissen selbständigen eigenen Vermögenswert hat.[11] Auf den Wert des Vermögensgegenstandes kommt es hierfür nicht an.

Diese Erweiterung der internationalen Zuständigkeit auf den Vermögensgerichtsstand ist bereits im Vorfeld der Reform rechtspolitisch vielfach kritisiert worden.[12] Der Gesetzgeber

---
[4] Vgl. FK-*Wimmer* § 354 RdNr. 2; *Kübler/Prütting/Kemper* § 354 RdNr. 4; MünchKommBGB-*Kindler*, Bd. 11, IntInsR RdNr. 1173; *Braun/Liersch/Delzant* § 354 RdNr. 3.
[5] Vgl. Art. 1 RdNr. 16 EuInsVO.
[6] Vgl. oben § 335 RdNr. 20 ff.
[7] So aber MünchKommBGB-*Kindler*, Bd. 11, IntInsR RdNr. 1173; *Kübler/Prütting/Kemper* § 354 RdNr. 4, die § 3 anwenden wollen.
[8] So aber *Kübler/Prütting/Kemper* § 354 RdNr. 5 f.; FK-*Wimmer* § 354 RdNr. 4; *Andres/Leithaus/Dahl* § 354 RdNr. 6; wie hier *Braun/Liersch/Delzant* § 354 RdNr. 5; ebenso, die EuInsVO aber als Auslegungshilfe heranziehend MünchKommBGB-*Kindler*, Bd. 11, IntInsR RdNr. 1174 f.
[9] Vgl. Art. 3 RdNr. 72, Art. 2 RdNr. 25 ff. EuInsVO.
[10] Vgl. dazu unten, RdNr. 34 f.
[11] Vgl. BGH NJW 1997, 326; vgl. auch die Kommentierungen zu § 23 ZPO.
[12] Kritisch hinsichtlich eines solchen Vermögensgerichtsstandes z.B. *Mankowski* ZIP 1995, 1650, 1659; *Schollmeyer* IPRax 1995, 150, 151; *Hanisch* ZIP 1994, 1, 4; *Ebenroth* ZZP 101 (1988) 121, 130; *Leipold*, Festschrift für Baumgärtel, S. 291, 308; *Leipold*, in: Stoll, Stellungnahmen und Gutachten, S. 72, 82; *Lüer*, ebd.

hat jedoch den in der Literatur erhobenen Bedenken durch eine weitere Zulässigkeitsvoraussetzung, nämlich der notwendigen Antragsbefugnis des antragstellenden Gläubigers Rechnung getragen.[13] Der Lösung des Gesetzgebers ist auch zuzustimmen. Denn richtigerweise taugt aber das Kriterium der internationalen Zuständigkeit nicht als Korrektiv für die generelle Frage der Zulässigkeit eines inländischen Partikularverfahrens. Denn die Belegenheit bestimmter Vermögensgegenstände kann nicht alleine ausschlaggebend dafür sein, die Zulässigkeit eines Partikularverfahrens zu bejahen oder zu verneinen. Vielmehr treten in der Diskussion immer wieder Argumente über das Rechtsschutzbedürfnis des antragstellenden Gläubigers hinzu. Das Rechtsschutzbedürfnis ist jedoch kein Kriterium der internationalen Zuständigkeit, sondern der Antragsbefugnis des antragstellenden Gläubigers, weshalb die Diskussion über ein einschränkendes Korrektiv zum Vermögensgerichtsstand auch dort zu führen ist (vgl. dazu unten RdNr. 35 ff.). Daher ist die internationale Zuständigkeit richtigerweise zu bejahen, wenn sich im Inland Vermögen des Schuldners befindet.[14]

11 Problematisch kann gelegentlich die rechtliche Prüfung sein, ob sich ein Vermögensgegenstand **im Inland** befindet, da § 354 Abs. 1 insoweit keine Regelung trifft. Für die internationalrechtliche Bestimmung des Belegenheitsortes ist der Belegenheitsbegriff des Internationalen Einzelzwangsvollstreckungsrechts heranzuziehen.[15] Gemäß § 828 Abs. 2 ZPO ist § 23 Satz 2 ZPO heranzuziehen.[16] Auf dieser Grundlage ergeben sich folgende Anknüpfungspunkte für folgende Vermögensgegenstände:

12 Für **unbewegliche und bewegliche Sachen** im Sinne des § 90 BGB gilt der Lageort,[17] so dass diese Vermögensgegenstände in die Masse des Partikularverfahrens fallen, wenn sie zum Zeitpunkt der Verfahrenseröffnung in Deutschland belegen waren.

13 Anderes gilt allerdings für bewegliche Gegenstände **auf dem Transportweg** *(res in transitu)*, die sich lediglich zufällig auf der Reise in das Bestimmungsland im Inland befinden. Zwar würden diese nach der Grundregel auch einem Zwangsvollstreckungszugriff in Deutschland unterliegen. Der mit der Durchführung des Partikularverfahrens bezweckte (eingeschränkte) Schutz bestimmter Gläubiger erfordert jedoch nicht, derartige Vermögensgegenstände, in deren Massezugehörigkeit ohnehin kein Vertrauen bestand (und bestehen konnte) zur inländischen Masse des Partikularverfahrens zu ziehen. Gleiches gilt, wenn Transportmittel wie **Schiffe** oder **Flugzeuge** sich zufällig im Zeitpunkt der Verfahrenseröffnung im Inland befinden. Zwar müssten diese nach der anzuwendenden *lex rei sitae* in die Insolvenzmasse des inländischen Partikularverfahrens fallen. Aber auch hier erfordert der mit der Durchführung eines Partikularverfahrens bezweckte Schutz nicht die Einbeziehung in das inländische Verfahren. Etwas anderes würde allerdings dann gelten, wenn an dem Schiff oder Luftfahrzeug zuvor im Inland im Wege der Zwangsvollstreckung ein Pfändungspfandrecht erwirkt worden wäre, weil sich dann wiederum die Einbeziehung in die inländische Insolvenzmasse rechtfertigt.

14 **Forderungen** gelten am Wohnsitz des Drittschuldners belegen.[18] Insoweit wird von der ganz hM die in § 23 Satz 2, 1. Alt. ZPO enthaltene Regelung auch zur Bestimmung des Belegenheitsortes bei Partikularverfahren entsprechend angewandt. Entscheidend ist daher

---

S. 96, 129 f.; *Flessner* ZIP 1989, 749, 754; *Mohrbutter/Wenner*, 7. Aufl., Kap. XXIII RdNr. 243; vgl. auch FK-*Wimmer* § 354 RdNr. 3; *Braun/Liersch/Delzant* § 354 RdNr. 6.

[13] Vgl. nunmehr die besondere Voraussetzungen für Antragsbefugnis in Abs. 2; zur Entstehungsgeschichte vgl. Art. 26 des Vorentwurfes, abgedruckt in *Stoll*, Stellungnahmen und Gutachten, S. 11; vgl. auch bereits § 393 RegE, BT-Drucks. 12/2443 vom 15. 4. 1992 S. 69.

[14] I. E. ebenso *Geimer*, IZPR, RdNr. 3457; MünchKommBGB-*Kindler*, Bd. 11, IntInsR RdNr. 1176LG Stuttgart ZIP 2000, 1122.

[15] *Trunk*, Internationales Insolvenzrecht, S. 241.

[16] BGH NJW 1960, 774; LG Hamburg IPRspr. 1976 Nr. 210; *Kuhn/Uhlenbruck* §§ 237/238 RdNr. 102, 75; *Kübler/Prütting/Kemper* § 351 RdNr. 7; MünchKommBGB-*Kindler*, Bd. 11, IntInsR RdNr. 1176.

[17] Vgl. MünchKommBGB-*Kindler*, Bd. 11, IntInsR RdNr. 1176; HK-*Stephan* § 354 RdNr. 13.

[18] Ebenso die Rspr. zu §§ 237, 238 vgl. BGH NJW 1960, 774; LG Hamburg IPRspr. 1976 Nr. 210; *Jaeger/Jahr* §§ 237/238 RdNr. 57 ff.; *Kuhn/Uhlenbruck/Lüer* §§ 237/238 RdNr. 102, 75; *Trunk*, Internationales Insolvenzrecht, S. 241 f.; MünchKommBGB-*Kindler*, Bd. 11, IntInsR RdNr. 1176; *Kübler/Prütting/Kemper* § 351 RdNr. 7.

der Wohnsitz oder Sitz des Drittschuldners. Bei juristischen Personen entscheidet der Sitz im Sinne des § 17 ZPO. Eine inländische Niederlassung des Drittschuldners vermag dagegen keine Belegenheit im Inland zu begründen, selbst wenn die Forderung aus dem Betrieb der Niederlassung heraus entstanden sein sollte.[19] Besitzt der Schuldner ein Kontoguthaben bei der deutschen Niederlassung einer ausländischen Bank, so gilt die Forderung nicht als im Inland belegen.[20]

Für **dinglich gesicherte Forderungen** gegen Drittschuldner sieht § 23 Satz 2, 2. Alt. ZPO eine alternativ Aknüpfung an den Lageort der Sache vor. Insoweit kann demnach fraglich sein, ob eine im Inland belegene Sicherheit zur Insolvenzmasse des inländischen Partikularverfahrens gezogen werden kann, wenn der Drittschuldner seinen Wohnsitz im Ausland hat und daher an sich die gesicherte Forderung im Ausland belegen ist. Diese gesetzliche Alternative für die Bestimmung des Belegenheitsortes passt für das internationale Insolvenzrecht jedoch nur eingeschränkt. Denn § 23 Satz 2, 2. Alt. ZPO gewährt dem Gläubiger einen alternativen Gerichtsstand, um eine Titel gegen den Schuldner zu erwirken. Zweck der Vorschrift ist daher, dem Gläubiger einen Gerichtsstand dort zu eröffnen, wo er auch die ihm zustehende Sicherheit vollstrecken muss, so dass die Anerkennung und Vollstreckbarerklärung des ausländischen Titels für das Inland entfällt. Das Alternativverhältnis passt jedoch nur eingeschränkt für den konkurrierenden Massezugriff paralleler Insolvenzverfahren. Denn ansonsten würde die Sicherheit des Drittschuldners im deutschen Partikularverfahren und die Forderung im ausländischen Insolvenzverfahren geltend gemacht. Richtigerweise kommt es alleine auf die Belegenheit der gesicherten Forderung an.[21] Zahlt aber der Drittschuldner an den ausländischen Insolvenzverwalter, so kann die inländische Sicherheit für die Forderung schon auf Grund der Sicherungsabrede vom inländischen Insolvenzverwalter nicht mehr geltend gemacht werden. Zahlt der Drittschuldner nicht und muss für die Realisierung der Forderung auf die im Inland belegene Sicherheit zurückgegriffen werden, so steht die Sicherheit dem ausländischen Insolvenzverwalter zu.

Anteile an Kapital- oder Personengesellschaften gelten nach § 23 ZPO sowohl am Sitz der Gesellschaft als auch am Sitz des Gesellschafters belegen.[22] Eine solche Alternativität des Belegenheitsortes ist jedoch für die Bestimmung der Aktivmasse nicht tauglich, weil dasselbe Recht nicht für mehrere Insolvenzmassen geltend gemacht werden kann. Daher ist auf den Sitz der Gesellschaft abzustellen, da der Gesellschafter dort nach allgemeiner Auffassung auch die gesellschaftsrechtlichen Pflichten zu erfüllen hat.[23] An den Sitz des Gesellschafters kann jedoch – hilfsweise – dann angeknüpft werden, wenn die gesellschaftsrechtliche Beteiligung ansonsten von keiner anderen Insolvenzmasse erfasst würde.

Ist der Gesellschaftsanteil verbrieft, wie beispielsweise bei Aktien, so kommt es nach allgemeiner Auffassung auf den Ort an, an dem sich das Wertpapier befindet.[24] *Trunk* hat vorgeschlagen, für diesen Fall eine Mehrfachbelegenheit sowohl am Sitz der Gesellschaft, als auch am Lageort des Papiers anzunehmen, da der Lageort manipulative Veränderungen des Umfanges der Insolvenzmasse zu sehr erleichtern würde.[25] Dem ist jedoch nicht zu folgen.

---

[19] Vgl. OLG Hamburg IPRspr. 1976 Nr. 147, S. 426 f.; OLG Nürnberg, OLGE 23, 79.
[20] OLG Düsseldorf NJW-RR 1989, 432; EWiR 1989, 513.
[21] AA wohl *Jaeger/Jahr* §§ 237/238 RdNr. 64; *Trunk*, Internationales Insolvenzrecht, S. 243, der bei einem Konflikt wohl auf den Zeitpunkt der ersten Inanspruchnahme zurückgreifen möchte, und sodann davon ausgeht, dass der Drittschuldner im Ausland vor einer erneuten Inanspruchnahme geschützt sei. Dies würde jedoch praktisch zu einem Wettlauf der Insolvenzverwalter führen, was jedoch von der Regelung des § 23 Satz 2, 2. Alt. ZPO nicht gedeckt wäre.
[22] So die ganz hM, vgl. *Stein/Jonas/Roth* § 23 RdNr. 29; MünchKommZPO-*Patzina* § 23 RdNr. 19; *Wieczorek/Schütze/Hausmann* § 23 RdNr. 29; vgl. auch OLG Frankfurt MDR 1958, 108; BGH IPRspr. 1966/67 Nr. 5; BGH DB 1977, 719.
[23] Ebenso *Trunk*, Internationales Insolvenzrecht, S. 244; ebenso wohl *Jaeger/Jahr* §§ 237/238 RdNr. 57 ff., in dessen Aufzählung der Fall von Mitgliedschaftsrechten von Drittschuldner mit Sitz im Inland nicht aufgeführt ist.
[24] RGZ 58, 8; KG IPRspr. 1968/69 Nr. 179; OLG Hamburg IPRspr. 1976, Nr. 147; *Wieczorek/Schütze/Hausmann* § 23 RdNr. 29; *Jaeger/Jahr* §§ 237/238 RdNr. 62.
[25] *Trunk*, Internationales Insolvenzrecht, S. 245.

Zunächst könnte dieses Argument auch für andere bewegliche Sachen gelten, deren Lageort ebenfalls verändert werden kann. Zum anderen ist die Gläubigergemeinschaft gegen manipulative Veränderungen durch Anfechtungsregeln hinreichend geschützt. Durch die Verbringung von Vermögenswerten mag zwar der Umfang der inländischen Insolvenzmasse geschmälert werden. Dies ist jedoch irrelevant, solange der Vermögensgegenstand sodann in eine andere Insolvenzmasse fällt, da diese den Gläubigern ebenfalls zur Befriedigung zur Verfügung steht.

18 Bei **verbrieften Forderungen,** deren Übereignung sich nach sachenrechtlichen Grundsätzen richtet (Inhaberpapiere, Wechsel, indossable Papiere) ist der Ort, wo sich das Papier befindet, ausschlaggebend.[26]

19 Für **gewerbliche Schutzrechte** (Urheberrechte, Markenrechte, Patente) gilt, dass diese im Schutzland als belegen anzusehen sind.[27] Die Anknüpfung beispielsweise im Patentrecht an den Geschäftssitz des Patentinhabers, hilfsweise an den Wohnsitz des inländischen Patentvertreters, hilfsweise an den Sitz des zuständigen Patentamtes (§ 25 PatentG), die im Rahmen der Belegenheitsbestimmung gemäß § 23 ZPO oft erwähnt wird,[28] ist zwar für die Belegenheitsbestimmung im internationalen Insolvenzrecht unbeachtlich, gelangt aber zum gleichen Ergebnis. Handelt es sich dagegen um eine Gemeinschaftsmarke, so gilt diese am Sitz des Markeninhabers belegen, wenn dieser seinen Sitz im Gemeinschaftsgebiet hat. Liegt dessen Sitz außerhalb, so ist als Belegenheitsort der Sitz des zuständigen Markenamtes, also Spanien, heran zu ziehen. Eine Teilung des Belegenheitsortes innerhalb des Gemeinschaftsgebietes ist dagegen nicht möglich, da die Gemeinschaftsmarke Schutz innerhalb der gesamten Gemeinschaft genießt.[29]

20 Bei **Anfechtungsansprüchen** kommt es nicht auf den Wohnsitz des Anfechtungsgegners an, sondern darauf, ob die nach § 129 geforderte Gläubigerbenachteiligung sich auf die inländische Insolvenzmasse ausgewirkt hat. Anfechtungsansprüche gehören daher dann zur inländischen Insolvenzmasse, wenn durch die anfechtbare Rechtshandlung die inländische Insolvenzmasse geschmälert wurde.[30] Eine Schmälerung der inländischen Aktivmasse ist gegeben, wenn der Vermögensgegenstand ohne die anfechtbare Rechtshandlung in die inländische Aktivmasse gefallen wäre. Diese Zuordnung zu einer bestimmten Insolvenzmasse darf jedoch nicht verwechselt werden mit der Prüfung des Tatbestandsmerkmals der Gläubigerbenachteiligung, bei der es nach *Trunk* wohl ebenfalls nur auf die Verringerung der Inlandsmasse ankommen soll.[31] *Trunk* nimmt daher einen anfechtungsrelevanten Sachverhalt bereits dann an, wenn ein Vermögensgegenstand, der zur Masse des inländischen Sekundärverfahrens gehört hätte, in den Staat des Hauptverfahrens verbracht wurde. Dies ist abzulehnen. Denn Rechtsgeschäfte, die zwar zu einer Verringerung der inländischen Insolvenzmasse, aber zu einer entsprechenden – nicht anfechtungsrelevanten – Erhöhung der ausländischen Insolvenzmasse geführt haben, stellen grundsätzlich keine Gläubigerbenachteiligung dar. Die Anfechtungsvorschriften dienen nicht dazu, Verschiebungen zwischen den Haftungsmassen zu verhindern. Da die Gläubiger ihre Forderung auch im ausländischen Verfahren anmelden können, kommt ihnen die Masseanreicherung dort wieder zugute.

21 cc) **Zum Zeitpunkt der Verfahrenseröffnung.** Die zuständigkeitsbegründenden Tatsachen zur Eröffnung eines Partikularverfahren müssen grundsätzlich zum Zeitpunkt der Antragstellung, spätestens jedoch bei Verfahrenseröffnung vorliegen.[32] Der Vermögens-

---

[26] Vgl. *Stein/Jonas/Roth* § 23 RdNr. 29; *Wieczorek/Schütze/Hausmann* § 23 RdNr. 28; *Trunk,* Internationales Insolvenzrecht, S. 244; *Jaeger/Jahr* §§ 237/238 RdNr. 62.
[27] Ebenso *Trunk,* Internationales Insolvenzrecht, S. 245.
[28] Vgl. nur *Wieczorek/Schütze/Hausmann* § 23 RdNr. 25; *Stein/Jonas/Roth* § 23 RdNr. 29; *Baumbach/Lauterbach* § 23 RdNr. 14 („gewerblicher Rechtsschutz").
[29] Vgl. *Fezer,* MarkenR, Einl. RdNr. 80 ff.
[30] *Trunk,* Internationales Insolvenzrecht, S. 252 f.
[31] Vgl. *Trunk,* ebd. S. 252, insb. Fn. 626. So hält auch *Trunk* grenzüberschreitende Akte, wie z.B. Lieferungen ins Ausland, selbst für anfechtbar, vgl. ebd. S. 253 oben.
[32] Ebenso *Trunk,* Internationales Insolvenzrecht, S. 246; vgl. zur internationalen Zuständigkeit nach § 238 KO LG Freiburg IPRspr. 1964/65 Nr. 300; zur örtlichen Zuständigkeit vgl. OLG München NJW-RR 1987, 382, 383; vgl. auch BGH ZIP 1996, 847.

gegenstand muss zum Zeitpunkt der Verfahrenseröffnung im Inland belegen sein.[33] Nicht zulässig ist jedoch, die Anknüpfungspunkte für die Zulässigkeit eines inländischen Partikularverfahrens rechtsmissbräuchlich zu begründen, um die Durchführung eines eigenständigen inländischen Partikularverfahrens erst noch zu ermöglichen.[34] Ein solcher Rechtsmissbrauch ist anzunehmen, wenn die Anknüpfungspunkte nach § 354 Abs. 1 erst nach Antragstellung begründet werden. Wurde die Niederlassung dagegen bereits vor der Antragsstellung eröffnet bzw. befand sich bereits vor Antragstellung Vermögen im Inland, ist einzelfallbezogen der Zeitpunkt, Motivation etc. der Handlungsweise zu würdigen. Bestanden zunächst die zuständigkeitsbegründenden Merkmale, wurden diese jedoch vollständige beseitigt (Schließen der Niederlassung und Verschaffen von Vermögensgegenständen in den Staat des Hauptverfahrens), so kann kein Partikularverfahren mehr durchgeführt werden. Sind im Zeitpunkt der Antragstellung noch Vermögensgegenstände vorhanden, so kann das inländische Insolvenzgericht durch entsprechende Sicherungsmaßnahmen das Verbleiben derselben im Inland sicher stellen. Wurden dagegen vor Antragstellung Vermögensgegenstände in andere Länder verbracht und werden diese dort von einem Insolvenzverfahren erfasst, bestehen auch keine Anfechtungsansprüche der inländischen Insolvenzmasse gegen die ausländische Insolvenzmasse, weil es schon an einer Gläubigerbenachteiligung gemäß § 129 fehlt.

c) Antrag. Auch für die Durchführung eines Partikularverfahrens bedarf es grundsätzlich eines Eröffnungsantrags im Sinne des § 13. Der Antrag richtet sich nicht auf die Eröffnung eines Partikularverfahrens, sondern auf die Eröffnung eines Insolvenzverfahrens. Es gibt dementsprechend keine unterschiedlichen Anträge auf Eröffnung eines Haupt- oder Sekundärverfahrens, denn es handelt sich nicht um unterschiedliche Verfahrensarten.[35] Der Antragsteller kann vielmehr nur die Eröffnung eines Insolvenzverfahrens beantragen, wohl aber darauf hinweisen, dass es sich um ein Partikularverfahren handeln dürfte. 22

Für die Antragsbefugnis gilt grundsätzlich § 13 Abs. 1 Satz 2. Daher sind sowohl Gläubiger als auch Schuldner grundsätzlich berechtigt, auch bei fehlender Zuständigkeit für ein Hauptinsolvenzverfahren einen Antrag auf Eröffnung eines Insolvenzverfahrens zu stellen. Bezüglich eines Gläubigerantrags gelten jedoch besondere Voraussetzungen, wenn sich im Inland keine Niederlassung sondern nur sonstiges Vermögen befindet (vgl. unten, ebenso zur Antragsbefugnis des Schuldners RdNr. 40). 23

d) Sonstige Eröffnungsgründe. aa) Insolvenzgründe. Findet im Ausland kein Hauptverfahren statt oder ist ein Eröffnungsbeschluss noch nicht ergangen, so müssen die Eröffnungsgründe vom dem inländischen Insolvenzgericht selbstständig festgestellt werden. Von dieser Voraussetzung wird nach § 356 Abs. 3 nur abgesehen, wenn im Ausland bereits ein anerkennungsfähiges Hauptverfahren eröffnet worden ist.[36] Die Eröffnungsgründe bestimmen sich im Partikularverfahren nach der *lex fori concursus separati*, somit nach den §§ 16 ff.[37] Sowohl die Anwendung des Merkmals der Zahlungsunfähigkeit, als auch der Überschuldung sind im Hinblick auf die Beschänkung des Verfahrens auf das Inlandsvermögen anpassungsbedürftig. 24

Für den Begriff der **Zahlungsunfähigkeit** ist nicht auf das inländische Zahlungsverhalten, sondern grundsätzlich auf das weltweite Zahlungsverhalten des Schuldners abzustellen. Da dieser Nachweis für den Gläubiger schwer zu führen ist, erleichtern sowohl Rechtsprechung als auch Literatur den Nachweis durch eine Beweiserleichterung. Der Gläubiger soll nicht darauf verwiesen werden, Vollstreckungsversuche in meist unbekannte Ver- 25

---

[33] Ebenso zum alten Recht *Kuhn/Uhlenbruck/Lüer* §§ 237/238 RdNr. 102; *Trunk*, Internationales Insolvenzrecht, S. 246 f.
[34] Zur Zuständigkeitserschleichung nach der EuInsVO vgl. auch Art. 3 RdNr. 45 ff.
[35] AA ohne die Frage jedoch weiter zu problematisieren AG Mönchengladbach ZIP 2004, 1064 f.; AG Köln NZI 2006, 57 zu Verfahren nach der EuInsVO; ausführlicher vgl. Art. 102 § 3 RdNr. 9 ff. EGInsO.
[36] Vgl. dazu unten § 356 RdNr. 12.
[37] Unstreitig, vgl. nur *Hanisch*, in: *Kegel/Thieme*, Vorschläge und Gutachten, S. 319, 322 ff.; *Jaeger/Jahr* §§ 237/239 RdNr. 256; *Kübler/Prütting/Kemper* § 354 RdNr. 18; FK-*Wimmer* § 354 RdNr. 9 f.; *Braun/Liersch/Delzant* § 354 RdNr. 16.

mögenswerte in anderen Kontinenten unter den dort geltenden rechtlichen Voraussetzungen durchzuführen. Der Nachweis der Zahlungseinstellung im Inland, der Hauptniederlassung und allenfalls der Zweigniederlassungen in anderen europäischen Ländern soll als Anscheinsbeweis ausreichen.[38] Aber auch hierbei handelt es sich lediglich um Anhaltspunkte, die für jeden Einzelfall zu prüfen sind. Gegebenenfalls kann es beispielsweise auch ausreichen, wenn der Gläubiger nachweist, dass der Schuldner die Zahlungen in seinen europäischen Niederlassungen eingestellt hat und trotz Aufforderung der außereuropäischen Hauptniederlassung eine Zahlung seiner Forderung ebenfalls nicht erfolgt ist. Im Zweifelsfall können mehrere dieser Anhaltspunkte Anlass genug sein, die Zahlungsunfähigkeit zu bejahen.

26 Wie der Eröffnungsgrund der **Überschuldung** für das inländische Partikularverfahren festzustellen ist, ist streitig. Zum Teil wird vertreten, dass die weltweiten Verbindlichkeiten den inländischen Vermögenswerten gegenüber zu stellen seien.[39] Das wird damit begründet, dass an dem inländischen Partikularverfahren grundsätzlich alle Gläubiger teilnahmeberechtigt seien (vgl. dazu noch unten RdNr. 32) und daher auch alle weltweiten Verbindlichkeiten zu berücksichtigen seien. Dagegen spricht jedoch, dass die Gläubiger andererseits auch berechtigt sind, an mehreren parallelen Verfahren teilzunehmen. Zudem führt ein Vergleich des inländischen Vermögens mit den weltweiten Verbindlichkeiten zwangsläufig zu einer Überschuldung, wenn der Schuldner das Zentrum seiner wirtschaftlichen Tätigkeit nicht im Inland hat. Ähnliche Bedenken lassen sich gegen die weitere Berechnungsmöglichkeit vorbringen, wonach die inländischen Vermögenswerte den „inländischen" Verbindlichkeiten gegenüberzustellen sind. Da nach deutschem Recht grundsätzlich alle Gläubiger im Partikularverfahren teilnahmeberechtigt sind[40] (vgl. RdNr. 32), kann sinnvoller Weise auch die Berechnung der Passivmasse für die Überschuldung nicht auf bestimmte Gläubiger beschränkt werden. Unklar ist auch, wie denn die sog. „inländischen" Verbindlichkeiten bestimmt werden könnten. Denn selbst eine Niederlassung ist nicht rechtsfähig, weshalb es schon Forderungen gegen dieselbe begrifflich nicht geben kann.[41] Zudem stieße eine solche Vorgehensweise praktisch auf erhebliche Schwierigkeiten, da sich aus bilanziellen Kennziffern ebenfalls nicht schließen ließe, welche Verbindlichkeiten denn als inländische qualifizieren, so dass im Eröffnungsverfahren die „inländischen" Verbindlichkeiten nur schwerlich ermittelt werden könnten.

27 Richtigerweise sind mit der hM für die Überschuldung – ebenso wie in einem inländischen Verfahren – sämtliche Aktiva und sämtliche Passiva gegenüber zu stellen.[42] Denn der Begriff der Überschuldung bezieht sich auf den Rechtsträger. Rechtsträger bleibt jedoch – auch bei Eröffnung eines inländischen Partikularverfahrens – das ausländische Schuldnerunternehmen. Zudem können die Gläubiger in der Regel ihre Forderungen in allen Verfahren anmelden, weshalb im Ergebnis allen Gläubigern auch die gesamte weltweite Passivmasse zur Verfügung steht.

28 **bb) Insolvenzfähigkeit.** Die Insolvenzfähigkeit bestimmt sich nach der *lex fori concursus*, also nach §§ 11 f.

---

[38] So ausdrücklich BGH ZIP 1991, 1014, 1015 = BGH NJW 1992, 624; auf das weltweite Zahlungsverhalten abstellend RGZ 21, 23; RG WarnR 1915 Nr. 63; *Mankowski* ZIP 1995, 1650, 1659; FK-*Wimmer* § 354 RdNr. 9; HK-*Stephan* § 354 RdNr. 19; im Ergebnis etwas unklar *Kübler/Prütting/Kemper* § 354 RdNr. 19 ff.

[39] Vgl. *Kuhn/Uhlenbruck/Lüer* §§ 237/238 RdNr. 101; *Bley/Mohrbutter* § 2 RdNr. 62.

[40] Andere Rechtsordnungen beschränken dagegen das Teilnahmerecht auf die Niederlassungsgläubiger oder auch die inländischen Gläubiger, vgl. z. B. Art. 172 des schweizerischen IPRG; aA *Dawe*, Der Sonderkonkurs, S. 111 ff., 189 f. der in Anlehnung an *Thieme*, RabelsZ 45 (1981) S. 459 ff. eine Beschränkung des Passivmasse verlangt.

[41] Vgl. LAG Frankfurt ZIP 1994, 1626, 1627; *Mankowski* ZIP 1995, 1650, 1656.

[42] So *Lüer*, in: Kölner Schrift, RdNr. 41; *Mankowski* ZIP 1995, 1650, 1658; *Bloching*, Pluralität und Partikularinsolvenz, S. 111 ff.; HK-*Stephan* § 354 RdNr. 19; *Braun/Liersch/Delzant* § 354 RdNr. 17; FK-*Wimmer* § 354 RdNr. 10; *Gottwald*, Insolvenzrechts-Handbuch, § 130 RdNr. 114; kritisch *Kübler/Prütting/Kemper* § 354 RdNr. 22.

cc) **Kostendeckung.** Eröffnungsvoraussetzung ist gemäß § 26 desweiteren, dass das Vermögen des Schuldners ausreicht, um die Kosten des Verfahrens zu decken. Zur Bestimmung des Vermögens, das zur Verfügung stehen muss, um die Kosten des Verfahrens zu decken, ist allein auf das inländische Vermögen abzustellen, da auch dieses nur die Aktivmasse des Verfahrens bildet.[43] Die Gerichtskosten und die Vergütung des Insolvenzverwalters (§ 54) sind keine Kosten, die der inländische Insolvenzverwalter vom Verwalter des ausländischen Hauptverfahrens ersetzt verlangen könnte.

2. Rechtsfolgen. a) Besonderes Insolvenzverfahren. Liegen die Voraussetzungen vor, so ist auf den Antrag hin ein *„besonderes Insolvenzverfahren"* zulässig. Mit dem Begriff des besonderen Insolvenzverfahrens ist nur gemeint, dass ein vollständiges eigenes inländisches Verfahren durchgeführt wird, die deutschen Insolvenzgerichte demnach nicht auf die nach §§ 345 bis 346 geregelten Unterstützungsmaßnahmen beschränkt sind.

b) Insolvenzmasse. § 354 Abs. 1 ordnet als Rechtsfolge ausdrücklich an, dass ein besonderes Verfahren *„über das inländische Vermögen des Schuldners (Partikularverfahren)"* zulässig ist.[44] Die Vorschrift modifiziert insoweit § 35, der in einem Hauptverfahren nach allgemeiner Auffassung das gesamte weltweite Vermögen des Schuldners umfasst.[45] Die Beschränkung auf das inländische Vermögen entspricht dem früheren § 238 Abs. 1 KO sowie der staatsvertraglichen Praxis.[46] Das im Ausland belegene Vermögen des Schuldners wird daher von der Eröffnung eines Partikularverfahrens im Inland nicht tangiert.

c) Passivmasse. Nach allgemeiner Auffassung sind alle Gläubiger berechtigt, ihre Forderungen im inländischen Partikularverfahren anzumelden, und zwar unabhängig davon, ob es sich um in- oder ausländische Gläubiger handelt und unabhängig davon, ob die Forderung in irgendeinem Zusammenhang mit den inländischen Geschäftsaktivitäten des Schuldners steht.[47] Das entspricht der bisherigen Rechtslage nach Art. 102 Abs. 3 EGInsO aF sowie der KO.[48] Gegenteiliges lässt sich weder aus der Gesetzgebungsgeschichte, noch aus dem Wortlaut des § 354 herleiten.[49] Der Gesetzgeber hat sich damit bewusst gegen eine Konzeption des Partikularverfahrens entschieden, die nur bestimmte Gläubigergruppen, die einen besonderen Bezug zum Inlandsvermögen des Schuldners aufweisen, im Partikularverfahren berücksichtigt wissen will.[50]

d) Geltung des Ersten Abschnitts. Anders als die EuInsVO, die in Art. 28 eine Kollisionsnorm für Sekundärverfahren enthält, finden sich in § 354 oder in anderen Vorschriften des Dritten Abschnitts keine Kollisionsnormen zum anwendbaren Recht. Es gelten

---

[43] Ebenso MünchKommBGB-*Kindler*, Bd. 11, IntInsR RdNr. 1183; *Trunk*, Internationales Insolvenzrecht, S. 238; *Braun/Liersch/Delzant* § 354 RdNr. 19; *Kübler/Prütting/Kemper* § 354 RdNr. 23; HK-*Stephan* § 354 RdNr. 18.
[44] BT-Drucks. 15/16 S. 25; die Beschränkung auf das Inlandsvermögen ist unstreitig vgl. *Braun/Liersch/Delzant* § 354 RdNr. 13; *Andres/Leithaus/Dahl* § 354 RdNr. 15; FK-*Wimmer* § 354 RdNr. 11.
[45] BGHZ 88, 147 ff.; MünchKommInsO-*Lwowski/Peters*, 2. Aufl. § 35 RdNr. 36.
[46] Vgl. Art. 3 Abs. 2 Satz 2 EuInsVO; der deutsch-österreichische Konkursvertrag lässt die Durchführung eines Partikularverfahrens überhaupt nicht zu; zum früheren § 238 Abs. 1 KO vgl. auch RGZ 21, 21, 23; RG WarnRspr. 1915 Nr. 63.
[47] *Flessner* IPRax 1997, 1, 4; *Braun/Liersch/Delzant* § 354 RdNr. 15; *Mohrbutter/Ringstmeier/Wenner* § 20 RdNr. 131; *Andres/Leithaus/Dahl* § 354 RdNr. 16; *Kübler/Prütting/Kemper* § 354 RdNr. 23; HK-*Stephan* § 354 RdNr. 21.
[48] Ständige Rspr. zur KO vgl. zuletzt BGH NJW 1992, 624; RGZ 21, 21, 23; *Kuhn/Uhlenbruck* §§ 237/238 RdNr. 104; *Mankowski* ZIP 1995, 1650, 1655; *Trunk* ZIP 1994, 1586, 1588; *Trunk*, Internationales Insolvenzrecht, S. 254 f.; zu Art. 102 EGInsO aF vgl. MünchKomInsO-*Reinhart*, 1. Aufl. Art. 102 RdNr. 241 EGInsO mwN.
[49] Weder der Vorentwurf (abgedruckt in: *Stoll*, Stellungnahmen und Gutachten, S. 2 ff.), noch der Referentenentwurf (vgl. ebd. S. 278 ff.) noch der Regierungsentwurf (BT-Drucks. 12/2443, S. 69 f.) enthielten derartige Beschränkungen. Die Entwürfe sind vielmehr von *Thieme* deswegen kritisiert worden, der in den Beratungen zu den Vorentwürfen für eine entsprechende Beschränkung plädiert hat, vgl. *ders.* in *Stoll*, Stellungnahmen und Gutachten, S. 210, 250 f.; für eine solche Beschränkung auch *Habscheid* ZaöRV 50 (1990), 303.
[50] Eine derartige Beschränkung enthält z. B. des schweizerische Recht, vgl. Art. 172 Abs. 1 IPRG; sowie das Istanbuler Abkommen, siehe Vor §§ 335 RdNr. 61 ff.

jedoch die Vorschriften des ersten Abschnitts (§§ 335–342) auch für Partikular- oder Sekundärverfahren, soweit die §§ 354 ff. keine Sonderregelungen vorsehen. Insbesondere gilt daher die Regelanknüpfung gemäß § 335, wonach sich sämtliche verfahrensrechtlichen als auch materiellrechtlichen Fragen nach dem Recht des Verfahrensstaates, mithin nach deutschem Recht richten, soweit in den §§ 335 ff. keine abweichende Sonderanknüpfung vorgesehen ist.

IV. Antragsbefugnis (Abs. 2)

34   **1. Antragsbefugnis des Gläubigers. a) Bei Vorliegen einer Niederlassung.** Befindet sich im Inland eine Niederlassung, so ist gemäß § 354 Abs. 1 jeder Gläubiger antragsbefugt.[51] Das gilt unabhängig davon, ob es sich um einen inländischen oder ausländischen Gläubiger handelt. Ebenso unerheblich ist, ob die Forderung im Zusammenhang mit dem Geschäftsbetrieb der Niederlassung begründet wurde.[52] Für den Antrag eines Gläubigers gelten nur die in § 14 genannten Antragsvoraussetzungen, wonach der Gläubiger ein rechtlicher Interesse an der Eröffnung eines Insolvenzverfahrens haben muss. Das rechtliche Interesse ist ebenso wie bei § 14 der Regelfall.

35   **b) Bei Vorliegen sonstigen Vermögens.** Dagegen verlangt § 354 Abs. 2 für den Fall, dass im Inland keine Niederlassung besteht sondern nur sonstiges Vermögen ein *„besonderes Interesse an der Eröffnung des Verfahrens"*. Das besondere Interesse geht demnach über das in § 14 genannte „rechtliche Interesse" des Gläubigers an der Eröffnung eines Insolvenzverfahren hinaus. § 354 Abs. 2 nennt als Beispiel (*„insbesondere"*) für das besondere Interesse des Gläubigers, wenn dieser in einem ausländischen Verfahren voraussichtlich erheblich schlechter stehen würde, als in einem inländischen Verfahren.

36   Die Formulierung des Gesetzgebers ist jedoch missglückt. Der Gesetzgeber übernimmt damit vom Konzept her die aus dem Insolvenzplanverfahren bekannte Liquidationsgarantie.[53] Deren Überprüfung bereitet schon im Insolvenzplanverfahren große Schwierigkeiten. Die darin liegende vergleichsweise Betrachtung zweier eigenständiger Verfahren ist jedoch noch weniger für die Praxis geeignet. So ist für die vergleichsweise Betrachtung bereits unklar, auf was sich das Kriterium der Schlechterstellung beziehen soll, nämlich auf eine wirtschaftliche oder rechtliche Schlechterstellung. Die Gesetzesbegründung spricht davon, dass die Befriedigungschancen des Gläubigers in einem ausländischen Verfahren deutlich schlechter seien als in einem inländischen Partikularverfahren.[54] Ein wirtschaftlicher Vergleich der Befriedigungschancen in beiden Verfahren wird sich jedoch in einem Insolvenzeröffnungsverfahren nicht annähernd verlässlich ziehen lassen. Der antragstellende Gläubiger müsste zur Glaubhaftmachung Tatsachen vortragen, die selbst dem vorläufigen Verwalter des inländischen Verfahrens nicht bekannt sein dürften. Seriöserweise kaum zumutbar ist dem Gläubiger über die wirtschaftliche Befriedigungschancen in einem ausländischen Verfahren vorzutragen. Die Anknüpfung an eine wirtschaftliche Schlechterstellung muss schon von daher ausscheiden.

37   Auch die Anknüpfung an eine rechtliche Schlechterstellung ist problematisch. Eine rechtliche andere Behandlung im ausländischen Verfahren ist eventuell schon nach deutschem Kollisionsrecht gedeckt.[55] So kann beispielsweise ein Gläubiger, der im Hauptverfahren als nachrangig eingestuft wird, ein inländisches Partikularverfahren nicht deshalb beantragen, weil er in einem inländischen Partikularverfahren als nicht-nachrangiger Gläubiger einzustu-

---

[51] Vgl. *Andres/Leithaus/Dahl* § 354 RdNr. 8; *Kübler/Prütting/Kemper* § 354 RdNr. 11; *Kübler/Prütting/Kemper* § 354 RdNr. 11.
[52] Die Auffassung von *Thieme,* in: *Stoll,* Stellungnahmen und Gutachten, S. 212, 250 f. hat daher keinen Eingang in das Gesetz gefunden.
[53] Vgl. § 245 Abs. 1 Nr. 1 und § 251 Abs. 1 Nr. 1.
[54] Ebenso MünchKommBGB-*Kindler*, Bd. 11, IntInsR RdNr. 1178.
[55] Kritisch gegenüber dem Kriterium der Schlechterstellung auch *Mohrbutter/Ringstmeier/Wenner* § 20 RdNr. 130; *Andres/Leithaus/Dahl* § 354 RdNr. 9; *Braun/Liersch/Delzant* § 354 RdNr. 8; *Leipold*, Festschrift für Henckel, S. 533, 541.

fen wäre. Gleiches gilt für die unterschiedliche Ausgestaltung von Vorrechten oder auch ausufernder masseschmälernder Vorrechte.[56] § 335 enthält die Wertung, dass diese Einordnung Beurteilung dem Recht des Verfahrensstaats vorbehalten ist. Derartige rechtliche Unterschiede sind daher nur beachtlich, wenn sie diskriminierenden Charakter haben (d. h. der antragstellende Gläubiger alleine wegen seiner Staatsangehörigkeit im ausländischen Verfahren benachteiligt würde). Soweit in der Literatur auf die unterschiedliche Behandlung von Aus- oder Absonderungsrechten abgestellt wird, ist dies auch nur relevant, wenn davon die Vermögensgegenstände betroffen wären, die im Inland belegen sind und daher gemäß § 351 ohnehin schon bes. geschützt sind (vgl. noch nachfolgende RdNr.). Die Tatsache, dass der antragstellende Gläubiger andernfalls seine Rechte im ausländischen Verfahren geltend machen müsste, begründet ebenfalls keine rechtliche Schlechterstellung. Vielfach werden Gläubiger – schon um ihre Befriedigungschance zu erhöhen – ihre Forderung auch im ausländischen Verfahren zusätzlich geltend machen. Auch rechtliche Unterschiede alleine vermögen die Schlechterstellung im Sinne des § 354 nicht zu begründen.

Das Kriterium der Schlechterstellung verlangt daher zusätzlich neben der rechtlichen **38** Schlechterstellung noch ein (einschränkendes) Element der Schutzbedürftigkeit bezüglich des antragstellenden Gläubigers, die Grundlage für die Zulässigkeit von Partikularverfahren generell ist. Der antragstellende Gläubiger muss berechtigterweise auf die bei Eröffnung eines inländischen Verfahrens bestehende Rechtsposition vertrauen dürfen. Neben den (seltenen) Fällen der Diskriminierung im ausländischen Verfahren oder sogar eines Ausschlusses vom Verfahren[57] ist eine Schlechterstellung zu bejahen, wenn die Forderung des Schuldners beispielsweise aus dem Betrieb einer früher geführten inländischen Niederlassung herrührt (damit lassen sich dann auch die Fälle der rechtsmissbräuchlichen Zuständigkeitsverlagerung abdecken), weil der Gläubiger dann darauf vertrauen durfte, seine Rechte in einem inländischen Verfahren geltend machen zu können und nicht notwendigerweise in einem ausländischen Verfahren, in dem er nun rechtlich schlechter gestellt ist (als erwartet). Gleiches gilt, wenn der antragstellende Gläubiger an dem inländischen Vermögen dingliche Rechte verfügt, die in einem inländischen Insolvenzverfahren zur Absonderung berechtigten, das Recht des ausländischen Verfahrensstaates das Ergebnis des deutschen Rechts nicht anerkennt und der Gläubiger Gefahr läuft, das auf Grund einer ungestörten Verwertung der Sicherheit im Inland Erlangte an den Verwalter des ausländischen Verfahrens herausgeben zu müssen. Insoweit mag beispielsweise das ausländische Verfahren nur eine Verteilung in einem anderen Insolvenzverfahren anerkennen (vgl. § 341 Abs. 1 und Abs. 2).

Die Tatsache alleine, dass am Sitz des Schuldners mangels Parteifähigkeit kein Verfahren **39** eröffnet werden kann, ist jedoch kein Fall der rechtlichen Schlechterstellung.[58] Es ist nicht ersichtlich, dass in diesen Fällen das deutsche Recht bezogen auf einzelne Vermögenswerte ein geordnetes Verfahren zur Verteilung des inländischen Vermögens zur Verfügung stellen sollte. Anderes könnte nur dann gelten, wenn der Schuldner zuvor im Inland eine Niederlassung hatte, aus der die Forderung des Gläubigers noch herrührt.

2. Antragsbefugnis des Schuldners. § 354 Abs. 2 stellt nur besondere Voraussetzun- **40** gen für die Antragstellung eines Gläubigers auf, wenn im Inland nur Vermögenswerte belegen sind. Nach der Gesetzesbegründung werde damit auch klar gestellt, dass der Schuldner nicht berechtigt sei, ein unabhängiges Partikularverfahren zu beantragen.[59] Daraus wird gelegentlich gefolgert, dass § 13 keine Anwendung finde.[60] Das ist unzutref-

---

[56] AA wohl *Kübler/Prütting/Kemper* § 354 RdNr. 13; *Andres/Leithaus/Dahl* § 354 RdNr. 9; die gerade diese Beeinträchtigungen als Fälle einer Schlechterstellung erwähnen.
[57] Diese Fälle nennen auch FK-*Wimmer* § 354 RdNr. 13; MünchKommBGB-*Kindler,* Bd. 11, IntInsR RdNr. 1178.
[58] AA FK-*Wimmer* § 354 RdNr. 12.
[59] Vgl. BT-Drucks. 15/16 S. 25.
[60] So *Kübler/Prütting/Kemper* § 354 RdNr. 15; *Liersch* NZI 2003, 302, 308; HK-*Stephan* § 354 RdNr. 16; *Hanisch,* in: *Stoll,* Vorschläge und Gutachten, S. 202, 214.

fend.⁶¹ Denn aus der Gesetzesbegründung ergibt sich, dass der Schuldner vielmehr am Mittelpunkt seiner hauptsächlichen Interessen ein Antrag stellen solle; er solle nicht versuchen, sein Unternehmen von ihren Rändern her zu liquidieren.⁶² Dies beschreibt jedoch den Fall eines rechtsmissbräuchlichen Antrags. Zudem ist nicht ersichtlich, dass der Schuldner bei Bestehen einer Niederlassung im Inland nicht auch wirksam neben dem Antrag auf Eröffnung eines Hauptverfahren in einem anderen Staat auch einen Antrag auf Eröffnung eines Partikularverfahrens in Deutschland stellen könne. Nach § 13 ist grundsätzlich auch der Schuldner befugt, den Antrag auf Eröffnung eines Insolvenzverfahrens zu stellen.

41 Ob ein zunächst zulässigerweise gestellter Antrag zum Zeitpunkt des Eröffnungsbeschlusses noch zulässig ist oder eventuell seine Zulässigkeit verliert, weil zwischenzeitlich in einem anderen Staat ein anerkennungsfähiges Hauptverfahren eröffnet wurde, und das inländische Verfahren daher von Beginn an ein Sekundärverfahren wird, ist von der Regelung des § 356 Abs. 2 erfasst, auf deren Kommentierung verwiesen werden kann (vgl. unten § 356 RdNr. 8 ff.).

42 Ist dagegen zum Zeitpunkt des Eröffnungsbeschlusses für das inländische Verfahren ein anerkennungsfähiges Hauptverfahren in einem anderen Staat noch nicht eröffnet, so ist der Antrag des Schuldners nur dann unzulässig, wenn es an dem notwendigen rechtlichen Interesse fehlt. Das ist der Fall, wenn er trotz der rechtlichen Möglichkeit an seinem Wohnsitz oder an dem Mittelpunkt seiner wirtschaftlichen Tätigkeit kein Hauptverfahren beantragt hat.⁶³ Dieses Verhalten indiziert, dass das rechtliche Interesse im Sinne des § 14 an der Durchführung eines Partikularverfahrens fehlt, weil der Schuldner schon nach seinem eigenen Verhalten keine Gesamtbereinigung seiner Insolvenz anstrebt. Das rechtliche Interesse wäre daher allerdings dann zu bejahen, wenn der Schuldner aus rechtlichen Gründen gehindert ist, im Staat des Hauptverfahrens ein Insolvenzverfahren zu beantragen (beispielsweise weil natürliche Personen, die nicht Kaufleute sind, dort nicht als insolvenzfähig angesehen werden).

V. Zuständigkeit (Abs. 3)

43 Sachlich zuständig ist gemäß Absatz 3 das Insolvenzgericht. Die **örtliche Zuständigkeit** für die Durchführung inländischer Partikularverfahren ergibt sich aus Absatz 3. Danach ist zunächst das Insolvenzgericht des Gerichtsbezirks zuständig, in dem sich eine Niederlassung des Schuldners befindet.⁶⁴ Bestehen mehrere Niederlassungen, so gilt nach dem Verweis in § 354 Abs. 3 Satz 2 das Prioritätsprinzip in § 3 Abs. 2.

44 Fehlt es an einer inländischen Niederlassung, so ist jedes Amtsgericht örtlich zuständig, in dessen Bezirk sich Vermögen des Schuldners befindet.⁶⁵ Für die Frage, wo Vermögensgegenstände jeweils belegen sind, kann auf die nach § 23 ZPO entwickelten Grundsätze zurückgegriffen werden (vgl. auch oben RdNr. 9 ff.). Findet sich Vermögen in mehreren Bezirken, so ist jedes Gericht zuständig, in dem sich Vermögen befindet, und zwar unabhängig von dem eventuell unterschiedlichen Wert, den die in den Gerichtsbezirken belegenen Vermögensgegenstände jeweils besitzen. Ein Kompetenzkonflikt ist gemäß § 354 Abs. 3 Satz 2 i. V. m. § 3 Abs. 2 zu entscheiden, so dass dasjenige Gericht örtlich zuständig ist, bei dem die Eröffnung zuerst beantragt worden ist.⁶⁶ Ein nicht zeitlicher, sondern qualitativer Vorrang unter mehreren zuständigen Gerichtsbezirken ist nur bei Bestehen einer inländischen Nie-

---

⁶¹ Auch MünchKommBGB-*Kindler*, Bd. 11, IntInsR RdNr. 1197 geht – jedoch ohne weitere Stellungnahme zur Problematik – von einer Antragsbefugnis des Schuldners nach § 13 aus.
⁶² BT-Drucks. 15/16 S. 25.
⁶³ Offen lassend OLG Köln NZI 2001, 380, 382; ablehnend: FK-*Wimmer* § 354 RdNr. 6; HK-*Stephan* § 354 RdNr. 16.
⁶⁴ Zum Niederlassungsbegriff vgl. oben RdNr. 7 f.
⁶⁵ Vgl. noch zu Art. 102 EGInsO LG Stuttgart ZIP 2000, 1123; vgl. zu § 354 Abs. 3 *Braun/Liersch/Delzant* § 354 RdNr. 22; *Kübler/Prütting/Kemper* § 354 RdNr. 16; HK-*Stephan* § 354 RdNr. 23.
⁶⁶ So schon § 393 Abs. 2 Satz 2 des RegE, BT-Drucks. 12/2443 vom 15. 4. 1992 S. 70; Art. 26 Abs. 2 des Referentenentwurfes, abgedruckt bei *Stoll*, Stellungnahmen und Gutachten, S. 11; HK-*Stephan* § 354 RdNr. 24; MünchKommBGB-*Kindler*, Bd. 11, IntInsR RdNr. 1181.

derlassung im Sinne des § 21 ZPO anzunehmen. Denn wie sich schon aus dem Regelungszweck des § 3 entnehmen lässt, soll ein Insolvenzverfahren grundsätzlich an dem Ort durchgeführt werden, zu dem der Schuldner die engsten Beziehungen hat. Insoweit geht der Gerichtsstand der Niederlassung dem reinen Vermögensgerichtsstand bei Kompetenzkonflikten vor.[67]

§ 355 Restschuldbefreiung. Insolvenzplan

(1) Im Partikularverfahren sind die Vorschriften über die Restschuldbefreiung nicht anzuwenden.

(2) Ein Insolvenzplan, in dem eine Stundung, ein Erlass oder sonstige Einschränkungen der Rechte der Gläubiger vorgesehen sind, kann in diesem Verfahren nur bestätigt werden, wenn alle betroffenen Gläubiger dem Plan zugestimmt haben.

Schrifttum: Vgl. die allgemeinen Literaturangaben vor §§ 335 ff. InsO; *Ehricke*, Die Wirkungen einer ausländischen Restschuldbefreiung im Inland nach deutschem Recht, RabelsZ. 1998, 712; *Liersch*, Deutsches Internationales Insolvenzrecht, NZI 2003, 302; *Reinhart*, Sanierungsverfahren im internationalen Insolvenzrecht (Frankfurt (Main), Univ., Diss., 1994), 1995; *Thieme*, Partikularkonkurs, in: *Stoll* (Hrsg.), Stellungnahmen und Gutachten zur Reform des deutschen internationalen Insolvenzrechts, 1992, S. 212; *Trunk*, Zur bevorstehenden Neuregelung des deutschen Internationalen Insolvenzrechts, KTS 1994, 33.

Übersicht

	RdNr.		RdNr.
I. Normzweck	1	IV. Insolvenzplanverfahren (Abs. 2)	7
II. Anwendungsbereich	3	1. Partikularverfahren	8
III. Restschuldbefreiung (Abs. 1)	4	2. Sekundärverfahren	10

I. Normzweck

§ 355 enthält für alle Partikularverfahren (mithin auch für Sekundärverfahren) eine weitere Modifikation für das nach der Insolvenzordnung durchzuführende Insolvenzverfahren, und zwar sowohl was die **Restschuldbefreiung** anbetrifft (Absatz 1), als auch was die Forderungsmodifikation im Rahmen eines **Insolvenzplanverfahrens** anbetrifft (Absatz 2). Hintergrund der Regelung ist die Tatsache, dass Forderungsmodifikationen (einschließlich eines vollständigen Erlasses) grundsätzlich räumlich unbeschränkt wirksam werden, dem inländischen Partikularverfahren jedoch nur ein Teil des Schuldnervermögens zugrunde liegt. Bilanziell betrachtet erfasst das Partikularverfahren die im Inland belegene Aktivseite der Bilanz des Schuldners, greift mit einer Forderungsmodifikation jedoch auf die (weltweite) Passivseite der Bilanz des Schuldners ein. Dies kann sinnvoller Weise jedoch nur im Rahmen einer Gesamtregelung gelingen. 1

§ 355 findet seine Entsprechung in Art. 34 Abs. 2 EuInsVO. Allerdings differenziert diese Verordnung nicht zwischen der Restschuldbefreiung und Insolvenzplänen. Auch die Restschuldbefreiung ist nach Art. 34 Abs. 2 EuInsVO zulässig, soweit – ebenso wie im Rahmen von § 355 Abs. 2 – sämtliche Gläubiger zugestimmt haben. § 355 Abs. 1 schließt dies dagegen grundsätzlich aus. 2

II. Anwendungsbereich

Der sachlich-räumliche Anwendungsbereich der Vorschrift in Abgrenzung zur EuInsVO ist identisch mit dem des § 354. Auf die Ausführungen dort kann verwiesen werden (§ 354 RdNr. 5). 3

---

[67] Vgl. auch den im Anwendungsbereich eingeschränkten § 23 ZPO gegenüber dem § 21 ZPO.

III. Restschuldbefreiung (Abs. 1)

4   Eine Restschuldbefreiung in einem inländischen Partikularverfahren nach § 355 Abs. 1 ist nicht möglich.[1] Sowohl der Regierungsentwurf als auch die entsprechenden Vorentwürfe sahen bereits entsprechende Regelungen vor.[2] Die Untersagung einer Restschuldbefreiung ergibt sich jedoch aus allgemeinen insolvenzrechtlichen Grundsätzen. So heißt es in der Gesetzesbegründung, die gesetzliche Restschuldbefreiung sei den Gläubigern nur zuzumuten, wenn das gesamte in- und ausländische Vermögen umfasst werde.[3] Zudem ist zu berücksichtigen, dass bei einem Partikularverfahren über das Vermögen einer natürlichen Person ohnehin kaum mit weiteren Einnahmen während der siebenjährigen Wohlverhaltensperiode zu rechnen ist, da der Schuldner in der Regel sein Arbeitseinkommen am Sitz des Hauptverfahrens erzielen wird.

5   Mit dieser Entscheidung des Gesetzgebers ist auch die zuvor in der Literatur vertretene Ansicht, die Restschuldbefreiung sei auch im Partikularverfahren zulässig, jedoch seien die Wirkungen der Restschuldbefreiung auf das Inlandsvermögen zu beschränken,[4] nicht mehr haltbar. Zwar schreibt auch Art. 17 Abs. 2 Satz 2 EuInsVO vor, dass eine in einem Partikularverfahren erfolgte Schuldbefreiung hinsichtlich des im Gebiet eines anderen Vertragsstaates belegenen Vermögens nur dann wirkt, wenn diese hierzu ihre Zustimmung erteilt haben.[5] Dabei wird jedoch übersehen, dass die territoriale Beschränkung des Partikularverfahrens sich auf das Vermögen des Schuldners und eben nicht auf dessen Verbindlichkeiten bezieht.[6] Des Weiteren haben Forderungen keine „physisch, territorial beschränkbare Existenz".[7] Das Insolvenzgericht müsste ansonsten mit der Bestätigung selbst das „Hinken" des Rechtsverhältnisses anordnen, was jedoch nicht zulässig und von der Regelung des § 301 nicht gedeckt wäre.[8] Denkbar wäre allenfalls, dass durch das inländische Gericht nicht etwa die Forderung materiellrechtlich modifiziert wird, sondern dass eine territorial beschränkte Vollstreckungssperre über die dem Gläubiger zugekommene Zuteilung hinaus verhängt wird, demnach die prozessuale Durchsetzbarkeit der Forderung im Inland beschränkt wird.[9] Eine solche prozessuale Beschränkung enthalten die Vorschriften zur Restschuldbefreiung jedoch gerade nicht (vgl. § 286), weshalb für eine entsprechende Anordnung des inländischen Insolvenzgerichts auch keine Rechtsgrundlage besteht.

6   Das Verbot der Restschuldbefreiung gilt jedoch nicht für **Schuldenbereinigungspläne,** weil hier die Anordnung der Schuldbefreiung nicht auf einer gesetzlich vorgegebenen Anordnung, sondern auf der (wenn auch fingierten, vgl. § 308 Abs. 1) Zustimmung der

---

[1] Ebenso FK-*Wimmer* § 355 RdNr. 2; *Kübler/Prütting/Kemper* § 355 RdNr. 3; HK-*Stephan* § 354 RdNr. 3; MünchKommBGB-*Kindler*, Bd. 11, IntInsR RdNr. 1187; zweifelnd *Flessner* IPRax 1997, 1, 9, der jedoch eine Pflicht der verschiedenen Insolvenzverwalter bejaht, Beschlüsse zur Schuldenentlastung zu koordinieren.
[2] Vgl. § 394 RegE, BT-Drucks. 12/2443 vom 15. 4. 1992 S. 70, 245; Art. 27 des Vorentwurfes, abgedruckt in: *Stoll*, Stellungnahmen und Gutachten, S. 11, 47.
[3] Vgl. BT-Drucks. 15/16 S. 25; ebenso schon BT-Durcks. 12/2443 S. 245.
[4] So *Thieme*, in: *Stoll*, Stellungnahmen und Gutachten, S. 212, 226 f.; *Gottwald/Arnold*, Insolvenzrechts-Handbuch, 1. Aufl., § 123 RdNr. 9.
[5] Vgl. dazu unten Art. 34 RdNr. 8 ff. EuInsVO.
[6] So auch *Flessner* IPRax 1997, 1, 9; HK-*Stephan* § 355 RdNr. 3; MünchKommBGB-*Kindler*, Bd. 11, IntInsR RdNr. 1187.
[7] *Flessner*, in: *Stoll*, Stellungnahmen und Gutachten, S. 205; *Reinhart*, Sanierungsverfahren, S. 301 f.; *Trunk*, Internationales Insolvenzrecht, S. 259 f.
[8] Von einem hinkenden Rechtsverhältnis spricht man, wenn ein Rechtsverhältnis von einem Staat als gültig, von einem anderen Staat als ungültig angesehen wird. Dies ergibt sich jedoch aus der Anerkennungspraxis der Länder, nicht jedoch daraus, dass das Rechtsverhältnis in seiner Wirkung vom Erstentscheidungsstaat beschränkt worden wäre, vgl. auch *Kropholler*, IPR, S. 240 ff.; *Kegel/Schurig*, IPR, S. 140; *v. Bar/Mankowski*, IPR, Bd. I, § 3 RdNr. 49.
[9] Eine prozessuale Beschränkung der Forderung hat beispielsweise Konkursverlustschein des schweizerischen Rechts, vgl. hierzu *Ackmann/Wenner* IPRax 1990, 209 ff.; OLG Stuttgart IPRax 1990, 233; diese Unterscheidung wird auch im englischen Recht für die Anerkennung von Restschuldbefreiungen getroffen, vgl. *Smart*, Cross Border Insolvency, S. 163; *Fletcher*, Insolvency, S. 582.

IV. Insolvenzplanverfahren (Abs. 2)

§ 355 Abs. 2 ist für die Praxis der Unternehmenssanierung ebenso wenig hilfreich wie die Regelung des Art. 34 Abs. 2 EuInsVO. Danach kann die Bestätigung eines Insolvenzplanes, der eine Stundung, einen Erlass oder sonstige Einschränkung der Rechte der Gläubiger enthält, nur erfolgen, wenn alle betroffenen Gläubiger dem Plan zugestimmt haben.[11] Hinsichtlich der praktischen Anwendung empfiehlt sich eine differenzierte Betrachtung, abhängig davon, ob es sich um ein Partikular- oder Sekundärverfahren handelt. 7

1. Partikularverfahren. Soweit neben dem inländischen Partikularverfahren kein ausländisches Hauptverfahren durchgeführt wird, müssen im Rahmen der Abstimmung über den Insolvenzlan alle betroffenen Gläubiger zustimmen. Damit werden die in § 244 vorgesehenen Mehrheiten abbedungen. Auch die Zustimmungsersetzungen (§§ 245 f.) finden keine Anwendung.[12] 8

Das Erfordernis, dass alle betroffenen Gläubiger dem Insolvenzplan zugestimmt haben müssen, führt in der Praxis jedoch zu einer Unanwendbarkeit der Regelung bei Partikularverfahren. Denn „*betroffen*" sind grundsätzlich alle zur Anmeldung berechtigten Gläubiger.[13] Ob alle zur Anmeldung berechtigten Gläubiger jedoch zugestimmt haben, kann durch das Gericht des Partikularverfahrens nicht annähernd überprüft werden, denn anmeldeberechtigt sind schließlich alle (weltweiten) Gläubiger des Schuldners. 9

2. Sekundärverfahren. § 355 Abs. 2 gilt – nach dem Wortlaut der Vorschrift – gleichermaßen für Sekundärverfahren. Dennoch bedarf die Norm einer korrigierenden Betrachtung, da das Insolvenzplanverfahren hier eventuell zu einer Unternehmenssanierung zusammen mit dem Verwalter des Hauptverfahrens genutzt werden soll. 10

Ohne eine solche Abstimmung mit dem Verwalter des Hauptverfahrens scheidet jedenfalls ein Insolvenzplanverfahren aus den vorgenannten, im Zusammenhang mit dem Partikularverfahren genannten Gründen aus.[14] 11

Auch die Ausarbeitung **mehrerer paralleler Insolvenzpläne** für das Haupt- und das inländische Sekundärverfahren scheidet aus weiteren praktischen Gründen aus. Denn die Berechnung einer Quote, Forderungskürzung oder -stundung wäre gesondert für das Sekundärverfahren ebenfalls nicht möglich. Bei Liquidationsverfahren ergibt sich die zur Verteilung zur Verfügung stehende Masse unabhängig vom Hauptverfahren. Ein solcher, vom Hauptverfahren unabhängiger Wert lässt sich jedoch in Sanierungsfällen selbst für inländische Zweigniederlassungen nicht berechnen. Zwar ist es bilanzrechtlich möglich, Unternehmensteile separat zu bewerten. In Sanierungsfällen ergeben sich die notwendigen Forderungsmodifikationen jedoch aus dem zukünftigen Ertragswert des sanierten Gesamtunternehmens, d. h. unter Berücksichtigung aller angestrebten Sanierungsmaßnahmen, die insbesondere auch im Hauptverfahren durchgeführt werden. Die „Quote" im Sekundärverfahren hängt demnach davon ab, welche Sanierungsmaßnahmen in anderen parallelen Verfahren, insbesondere im Hauptverfahren, durchgeführt werden. Gleichfalls ändert der Wert, der im Sekundärverfahren im Insolvenzplan den Gläubigern zur Verfügung gestellt wird, den Wert, der im Hauptverfahren berücksichtigt werden kann. 12

Nicht möglich ist auch, das Problem der Mehrfachteilnahme von Gläubigern in verschiedenen Verfahren zu lösen.[15] Wie oben ausgeführt, ist dieses Problem bei einer Liquidation 13

---

[10] Vgl. auch *Braun/Liersch/Delzant* § 355 RdNr. 6; *Andres/Leithaus/Dahl* § 355 RdNr. 20.
[11] *Kübler/Prütting/Kemper* § 355 RdNr. 4, 6; *Braun/Liersch/Delzant* § 355 RdNr. 7.
[12] Vgl. auch unten Art. 102 § 9 RdNr. 10 f. EGInsO.
[13] Vgl. bereits unten Art. 102 § 9 RdNr. 11 EGInsO mwN.
[14] Dazu ausführlich *Reinhart*, Sanierungsverfahren, S. 255–325.
[15] Vgl. *Reinhart*, Sanierungsverfahren, S. 305 ff.

§ 355 14–16

durch die Anrechnung des im ausländischen Verfahren Erlangten auf die Quote zu lösen (§ 342 Abs. 2). In der Literatur wird ohne weitere Begründung davon ausgegangen, dass dies auch für Insolvenzplanverfahren möglich sei.[16] Das ist jedoch nicht der Fall. Bei Liquidationsverfahren ergibt sich die Anrechnung aus der zeitlichen Abfolge der Verteilung. Eine solche ist aber in Insolvenzplänen, in denen es regelmäßig um Forderungsmodifikationen der Gläubiger geht, nicht gegeben. Hinzu kommt, dass eine Anrechnung nur bei gleichartigen Forderungen möglich ist, aber scheitert, wenn die Forderungen unterschiedlich modifiziert werden (Stundung, Umwandlung in Anteile an Schuldnerunternehmen).

14   Letztlich wäre auch das Verhältnis paralleler Insolvenzpläne zueinander unklar. Zwar wurde in den Beratungen der Sonderkommission geäußert, dass in diesen Fällen dem inländischen Insolvenzplan der Vorrang einzuräumen sei.[17] Das entspricht jedoch nicht den Grundsätzen von Insolvenzplanverfahren. Denn hat beispielsweise ein Gläubiger im inländischen Partikularverfahren ein Quote von 10 Prozent, im ausländischen Hauptverfahren dagegen ein Quote von 25 Prozent, so wird man diesem Gläubiger nach Abschluss des Verfahrens den Zugriff auf die über 10 Prozent hinausgehende Quote im Inland nicht verweigern dürfen, da ansonsten die durch die parallelen Verfahren eingetretene Trennung der Haftungsmasse über die Insolvenzverfahren hinaus perpetuiert werden würde, obwohl dem Gläubiger nun wieder das gesamte Schuldnervermögen haftet.

15   Eine Unternehmenssanierung bei parallelen Insolvenzverfahren wäre daher nur durch **einen einzigen, für alle Verfahren einheitlichen Insolvenzplan** möglich. Einen solchen Weg ist die anglo-amerikanische Praxis im Rahmen der Sanierung der Maxwell Communication Corporation (MCC) gegangen.[18] Dort wurde ein einheitlicher Insolvenzplan erarbeitet, der von den US-amerikanischen und den englischen Gerichten entsprechend dem jeweils geltenden Insolvenzrecht geprüft und verabschiedet wurde.[19] Diese Vorgehensweise funktionierte im Verhältnis zwischen England und den USA nur deshalb, weil sich zwischen den beiden Insolvenzplanverfahren keine Inkompatibilitäten ergaben.

16   Diese Möglichkeit scheidet in der Praxis jedoch ebenfalls aus, wenn beide betroffenen Verfahrensstaaten zwingende Regelungen enthalten, die einen einheitlichen Insolvenzplan ausschließen. Sachgerechter erschiene es, parallelen Insolvenzpläne im inländischen Sekundärverfahren nur einer **eingeschränkten Plankontrolle** zu unterwerfen. Denn die Planprüfung sollte sich im Ergebnis auf die dem Partikularverfahren zugrundeliegende Schutzfunktion beschränken. Dies bedeutet, dass die Gläubiger auf Grund des ausländischen Insolvenzplanes mindestens den Wert erhalten, den sie bei Durchführung des inländischen Sekundärverfahrens erhalten hätten. Dabei sind die Werte zugrunde zu legen, die die Gläubiger bei einer Liquidation der inländischen Vermögenswerte erhalten hätten. Ob die darüber hinausgehende Verteilung nach dem einheitlichen Insolvenzplan dem deutschen Recht entspricht, muss dagegen für die Prüfung des Insolvenzplanes irrelevant bleiben. Dies entspräche zum einen dem Konzept der Mindestbefriedigungsgarantie (Liquidationsgarantie), zum anderen der internationalrechtlichen Regelung, dass der Gläubiger ohnehin dasjenige behalten darf, das er in einem anderen Verfahren (hier dem Hauptverfahren) erhalten hat. Darüber hinaus ist die Überprüfung der Liquidationsgarantie nur für diejenigen Gläubiger statthaft, die auch für die Eröffnung eines inländischen Sekundärverfahrens antragsberechtigt gewesen sind. Denn das inländische Sekundärverfahren dient deren Schutz

---

[16] So für Vergleiche nach der VerglO noch *Gottwald/Arnold*, Insolvenzrechts-Handbuch, 1. Aufl., § 122 RdNr. 13; *Bley/Mohrbutter* § 2 RdNr. 61; *Hanisch* ZIP 1989, 273 ff.

[17] *Flessner*, in: *Stoll*, Stellungnahmen und Gutachten, S. 206; ebenso wohl *Gottwald/Arnold*, Insolvenzrechts-Handbuch, 1. Aufl., § 123 RdNr. 18; *Kübler/Prütting/Kemper*, Art. 102 EGInsO RdNr. 283; aA *Reinhart*, Sanierungsverfahren, S. 307.

[18] Vgl. die Darstellung des Falles bei *Reinhart*, Sanierungsverfahren, 270 ff.; *Göpfert*, ZZPInt 1 (1999) 269 ff. der sich allerdings mehr auf die parallele Verwaltung, als auf die Sanierung bezieht.

[19] *Thieme*, in: *Stoll*, Stellungnahmen und Gutachten, S. 235, hält dies rechtlich nicht für zulässig, weil dem die Sonderung der Insolvenzmassen entgegenstünden. Dies ist nicht nachvollziehbar, da die Sonderung bei Bestätigung des Planes gerade wieder aufgehoben wird.

und nicht dem Schutz aller Gläubiger des Schuldners. Eine solche Lösung ist jedoch auf Grundlage des § 355 de lege lata nicht möglich.

Die Praxis der grenzüberschreitenden Unternehmenssanierung wird sich daher anderer **17** Möglichkeiten bedienen müssen. Hierzu gehört, dass der Verwalter des Hauptverfahrens gegebenenfalls die Insolvenzmasse des Sekundärverfahrens an den Verwalter des Hauptverfahrens veräußert, was zu einer vollständigen Liquidation der inländischen Insolvenzmasse führt. Denn diese Maßnahme bedarf nicht der Zustimmung aller Gläubiger (§ 160). Der Insolvenzplan des Hauptverfahrens müsste dann dafür Rechnung tragen, dass die im Sekundärverfahren durch die teilnehmenden Gläubiger erlangte dort auf die Quote angerechnet wird, die der Insolvenzplan für die Gläubiger vorsieht.[20] Denkbar, jedoch mit weiteren Problemen behaftet ist letztlich auch die Möglichkeit einer übertragenden Sanierung der inländischen Insolvenzmasse an den Verwalter des Hauptverfahrens im Rahmen eines Insolvenzplans.[21]

§ 356 Sekundärinsolvenzverfahren

(1) ¹Die Anerkennung eines ausländischen Hauptinsolvenzverfahrens schließt ein Sekundärinsolvenzverfahren über das inländische Vermögen nicht aus. ²Für das Sekundärinsolvenzverfahren gelten ergänzend die §§ 357 und 358.

(2) Zum Antrag auf Eröffnung des Sekundärinsolvenzverfahrens ist auch der ausländische Insolvenzverwalter berechtigt.

(3) Das Verfahren wird eröffnet, ohne dass ein Eröffnungsgrund festgestellt werden muss.

Schrifttum: Vgl. die allgemeinen Literaturangaben Vor §§ 335 ff. InsO; *Bloching*, Pluralität und Partikularinsolvenz: eine Untersuchung zum deutschen internationalen Insolvenzrecht (Heidelberg, Univ., Diss., 1998), 2000; *Dawe*, Der Sonderkonkurs des deutschen Internationalen Insolvenzrechts (Konstanz, Univ., Diss., 2004), 2005; *Hanisch*, Stellungnahme zu der Frage, ob und gegebenenfalls in welcher Weise ein in seiner Wirkung territorial beschränktes Sonderinsolvenzverfahren über das Inlandsvermögen eines Schuldners vorzusehen ist, wenn dieser den Mittelpunkt seiner hauptsächlichen Interessen im Ausland hat, in: *Stoll* (Hrsg.), Vorschläge und Gutachten zur Umsetzung des EU-Übereinkommens über Insolvenzverfahren im deutschen Recht, 1997, S. 202; *Liersch*, Deutsches Internationales Insolvenzrecht, NZI 2003, 302; *Thieme*, Partikularkonkurs, in: *Stoll* (Hrsg.), Stellungnahmen und Gutachten zur Reform des deutschen internationalen Insolvenzrechts, Tübingen, 1992, S. 212; *Trunk*, Internationales Insolvenzrecht, S. 234 ff., 398 ff.

Übersicht

	RdNr.		RdNr.
I. Normzweck	1	IV. Antragsbefugnis (Abs. 2)	8
II. Anwendungsbereich	5	V. Eröffnungsgrund (Abs. 3)	12
III. Sekundärverfahren (Abs. 1)	6	VI. Verfahrensfragen	13

I. Normzweck

§ 356 Abs. 1 definiert zunächst eine Untergruppe von Partikularverfahren. Gemäß § 354 **1** Abs. 1 sind **Partikularverfahren** Insolvenzverfahren, bei denen die internationale Zuständigkeit deutscher Gerichte nicht gegeben ist und daher nur ein auf das Inlandsvermögen beschränktes Insolvenzverfahren durchgeführt wird. **Sekundärverfahren** sind diejenigen Partikularverfahren, bei denen parallel zu dem inländischen Insolvenzverfahren im Ausland ein Hauptinsolvenzverfahren durchgeführt wird. Das inländisch beschränkte Verfahren ist dann ein „sekundäres" Verfahren, und wird daher in der gesetzlichen Terminologie „Sekundärinsolvenzverfahren" genannt.

---

[20] Vgl. auch Art. 34 RdNr. 13 EuInsVO.
[21] Vgl. hierzu auch Art. 34 RdNr. 15.

2 Aus der Tatsache eines parallelen Hauptverfahrens ergeben sich Folgewirkungen: so sind einzelne Wirkungen des Hauptverfahrens anzuerkennen. Hierzu gehört insbesondere auch, dass die Bestellung des Verwalters des Hauptverfahrens anerkannt und diesem daher auch ein Antragsrecht auf Eröffnung eines Sekundärinsolvenzverfahrens eingeräumt wird (Abs. 2). Darüber hinaus wird das Vorliegen eines Insolvenzgrundes auf Grund der Eröffnung des Hauptverfahrens ebenfalls angenommen und anerkannt (Abs. 3). Darüber hinaus entsteht ein Abstimmungsbedarf mit dem Verwalter des Hauptverfahrens, da nunmehr zwei Verfahren über das Vermögen eines Schuldners durchgeführt werden (§§ 357 ff.).

3 Sekundärverfahren dienen – worauf die Gesetzesbegründung zutreffend hinweist – nicht nur dem Schutz lokaler Gläubiger. In komplexen Insolvenzfällen kann die Durchführung eines Sekundärverfahren auch zur Strukturierung völlig unübersichtlicher Vermögensverhältnisse eingesetzt werden.[1] Das dürfte insbesondere auch der Fall sein, wenn der Schuldner im Inland eine Niederlassung hatte und von dort aus aktiv am inländischen Rechtsverkehr teilgenommen hat (Begründung von Arbeitsverhältnissen oder sonstigen Vertragsverhältnissen am Ort der Niederlassung). Die Eröffnung eines Sekundärinsolvenzverfahrens ist nur dann störend, wenn es den beiden Verwaltern – aus welchen Gründen auch immer – nicht gelingt, die ihnen auch im Rahmen des § 357 zur Verfügung stehenden Möglichkeiten zur Zusammenarbeit zugunsten der gesamten Insolvenzmasse zu nutzen.

4 § 356 übernimmt – zumindest in Teilen – Regelungen, die sich auch in der EuInsVO finden. § 356 Abs. 1 entspricht vom Regelungsinhalt Art. 3 Abs. 3 Satz 1 und Art. 27 Satz 1 EuInsVO. § 356 Abs. 2 entspricht Art. 29 lit. a) EuInsVO. Der Verzicht auf die Feststellung von Eröffnungsgründen aus § 356 Abs. 3 findet sich in Art. 27 Satz 1 EuInsVO. Die beiden Richtlinien über die Sanierung und Liquidation von Kreditinstituten und Versicherungsunternehmen enthalten keine entsprechende Regelung, da nach beiden Richtlinien die Durchführung eines Partikularverfahrens grundsätzlich ausgeschlossen ist.[2]

II. Anwendungsbereich

5 Der sachlich-räumliche Anwendungsbereich der Vorschrift in Abgrenzung zur EuInsVO ist identisch mit dem des § 354. Auf die Ausführungen dort kann verwiesen werden (vgl. § 354 RdNr. 5).

III. Sekundärverfahren (Abs. 1)

6 § 356 Abs. 1 enthält zunächst die an sich selbstverständliche Feststellung, dass die Anerkennung des ausländischen Hauptverfahrens die Eröffnung eines inländischen Sekundärverfahrens nicht ausschließt. Gleichzeitig enthält Absatz 1 die Aussage, dass der Eröffnungsbeschluss für das Hauptverfahren auch anerkennungsfähig sein muss.[3] Denn kann der Eröffnungsbeschluss für das ausländische Hauptverfahren gemäß § 343 nicht anerkannt werden, so könnten weder die in Abs. 2 und Abs. 3 genannten Teilwirkungen des ausländischen Hauptverfahrens anerkannt werden, noch bestünde die Notwendigkeit einer Koordination der Verfahren gemäß § 357. Dies sind vielmehr erst die Rechtsfolgen, die sich aus der Parallelität und der Anerkennungsfähigkeit der Verfahrenseröffnung ergeben. Ist der Eröffnungsbeschluss für das Hauptverfahren nicht anerkennungsfähig, wird das inländische Verfahren als Partikularverfahren gemäß den §§ 354, 355 abgewickelt.

7 § 356 Abs. 1 Satz 2 stellt klar, dass die §§ 357 und 358 für Sekundärinsolvenzverfahrens „*ergänzend*" gelten. Damit ist klargestellt, dass sowohl § 354 als auch § 355 auf Sekundärverfahren – als Untergruppe der Partikularverfahren – ebenfalls Anwendung finden.[4] Daher

---

[1] So ausdrücklich BT-Drucks. 15/16, S. 25; ebenso FK-*Wimmer* § 356 RdNr. 2.
[2] Vgl. bereits oben § 354 RdNr. 4.
[3] *Andres/Leithaus/Dahl* § 356 RdNr. 3; *Kübler/Prütting/Kemper* § 356 RdNr. 5; MünchKommBGB-*Kindler*, Bd. 11, IntInsR RdNr. 1193; HK-*Stephan* § 356 RdNr. 7; FK-*Wimmer* § 356 RdNr. 4.
[4] *Braun/Liersch/Delzant* § 356 RdNr. 1; *Andres/Leithaus/Dahl* § 356 RdNr. 4; *Kübler/Prütting/Kemper* § 356 RdNr. 3.

kann auch auf die dortigen Ausführungen zur Antragsbefugnis, zur Aktiv- und Passivmasse und zu den sonstigen kollisionsrechtlichen Fragen verwiesen werden.

IV. Antragsbefugnis (Abs. 2)

§ 356 Abs. 2 modifiziert die Antragsbefugnis des Schuldners. Wie oben ausgeführt (vgl. **8** § 354 RdNr. 34 ff.) ist zur Stellung eines Antrags auf Eröffnung eines Partikularverfahrens sowohl der Gläubiger als auch der Schuldner gemäß dem auch im Rahmen von Partikularverfahren anwendbaren § 13 befugt. Bei parallelen Hauptverfahren ergibt sich jedoch das Problem, dass mit der Eröffnung des Hauptverfahrens der Schuldner sein Verwaltungs- und Verfügungsrecht verliert und wegen der universalen Beschlagswirkung des ausländischen Verfahrens der Insolvenzverwalter nunmehr an sich auch für das im Inland belegene Vermögen verwaltungs- und verfügungsbefugt ist. Von daher ist es konsequent, das Antragsrecht gemäß Absatz 2 auf den ausländischen Verwalter auszudehnen.[5]

Darüber hinaus schließt Absatz 2 jedoch nach Eröffnung des ausländischen Hauptver- **9** fahrens das Antragsrecht des Schuldners selbst aus.[6] Etwas anderes würde nur gelten, wenn nach dem Recht des Hauptverfahrensstaates der Eröffnungsbeschluss keine weltweite Beschlagswirkung hätte, d. h. das Hauptverfahren nicht Auslandswirkungen für sich selbst beanspruchen würde. Denn dann fiele das Auslandsvermögen (hier inländische Vermögen) auch nicht mehr in die von dem ausländischen Verwalter zu verwaltende und verwertende Insolvenzmasse. In diesem Falle dürfte der Schuldner selbst den Antrag noch stellen. Wird dagegen das inländische Vermögen von der Beschlagswirkung erfasst, so ist es nunmehr Sache des ausländischen Verwalters zu entscheiden, ob er das in Deutschland belegene Vermögen einem eigenständigen Sekundärinsolvenzverfahren unterstellen möchte oder ob er auf Grund der Anerkennung des Hauptverfahrens selbst die inländischen Vermögenswerte verwalten und verwerten möchte.

Über den Wortlaut des Absatz 2 hinaus ist auch der vorläufige Insolvenzverwalter des **10** Hauptverfahrens berechtigt, einen Antrag auf Eröffnung des Sekundärinsolvenzverfahrens zu stellen, wenn ihm ein solches Recht nach dem Recht des Hauptverfahrensstaates oder durch eine entsprechende Anordnung des Insolvenzgerichts zusteht. Andernfalls würden sich bei der Abwicklung des Insolvenzen erhebliche zeitliche Abstimmungsprobleme ergeben, wenn beide Verfahren erst mit einer eventuell mehrmonatigen Differenz eröffnet werden könnten. Es muss daher möglich sein, bereits im Insolvenzeröffnungsverfahren auch die Eröffnung beider Verfahren gezielt aufeinander abzustimmen. Voraussetzung ist hierbei allerdings auch – wie auch bei der Anerkennung anderer Wirkungen aus dem Eröffnungsverfahren –, dass ein späterer Eröffnungsbeschluss grundsätzlich anerkennungsfähig ist.[7]

Allerdings hat das deutsche Insolvenzgericht bei der Abstimmung der Eröffnungsbeschlüs- **11** se darauf zu achten, ob zum Zeitpunkt des Eröffnungsbeschlusses noch die Antragsbefugnis vorliegt. Hatte nämlich der ausländische vorläufige Insolvenzverwalter nach dem Recht des Hauptverfahrensstaates keine Antragsbefugnis und hat deswegen der Schuldner den Eröffnungsantrag gestellt, so müsste in der Koordination der Eröffnung beider Verfahren sichergestellt werden, dass zunächst das Sekundärinsolvenzverfahren eröffnet wird. Andernfalls müsste der dann ernannte Verwalter des eröffneten Hauptverfahrens dem Eröffnungsantrag des Schuldners im Sekundärverfahren beitreten, weil nach Eröffnung des Hauptverfahrens der Antrag des Schuldners unzulässig würde.[8]

---

[5] Vgl. *Braun/Liersch/Delzant* § 356 RdNr. 7; *Kübler/Prütting/Kemper* § 356 RdNr. 8; MünchKommBGB-*Kindler*, Bd. 11, IntInsR RdNr. 1197; HK-*Stephan* § 356 RdNr. 6.

[6] HK-*Stephan* § 356 RdNr. 4; *Kübler/Prütting/Kemper* § 356 RdNr. 12; *Andres/Leithaus/Dahl* § 356 RdNr. 7; FK-*Wimmer* § 356 RdNr. 14.

[7] Vgl. zu ähnlichen Fragen der Anerkennung einzelner Wirkungen des Eröffnungsverfahrens oben § 343 RdNr. 47.

[8] Die Antragsbefugnis muss generell zum Zeitpunkt der Verfahrenseröffnung vorliegen, vgl. MünchKomm-InsO-*Schmahl*, 2. Aufl. § 13 RdNr. 149.

V. Eröffnungsgrund (Abs. 3)

12 Gemäß der Regelung in Absatz 3 wird das Verfahren eröffnet, ohne dass ein Eröffnungsgrund festgestellt werden muss. Der Verzicht auf die Feststellung eines Eröffnungsgrundes ist die Folgewirkung davon, dass der Eröffnungsbeschluss für das ausländische Hauptverfahren anerkennungsfähig ist.[9] Damit wird implizit auch der Insolvenzstatus des Schuldners anerkannt, so dass eine nochmalige Überprüfung der Insolvenzgründe nach §§ 17 ff. nicht notwendig ist. Dies gilt auch dann, wenn die Insolvenzeröffnungsgründe von denen des deutschen Rechts abweichen.[10] Denn im Rahmen der Anerkennungsfähigkeit des Eröffnungsbeschlusses wird bereits berücksichtigt, dass es sich um ein „Insolvenzverfahren" im Sinne des deutschen Rechts handeln muss, d. h. um ein Verfahren, dass die Vermögensinsuffizienz eines Schuldners regelt.[11]

VI. Verfahrensfragen

13 Für die Abwicklung des inländischen Sekundärverfahrens gilt darüber hinaus das zu § 354 und § 355 ausgeführte, soweit die §§ 356–358 keine Sonderregelung treffen. Das gilt insbesondere für die Abgrenzung der Aktivmasse[12] und der Bestimmung der Passivmasse des Verfahrens.[13] Sonderprobleme ergeben sich in der Abgrenzung der Masseverbindlichkeiten beider Verfahren (vgl. hierzu § 357 RdNr. 18 f.).

§ 357 Zusammenarbeit der Insolvenzverwalter

(1) ¹Der Insolvenzverwalter hat dem ausländischen Verwalter unverzüglich alle Umstände mitzuteilen, die für die Durchführung des ausländischen Verfahrens Bedeutung haben können. ²Er hat dem ausländischen Verwalter Gelegenheit zu geben, Vorschläge für die Verwertung oder sonstige Verwendung des inländischen Vermögens zu unterbreiten.

(2) Der ausländische Verwalter ist berechtigt, an den Gläubigerversammlungen teilzunehmen.

(3) ¹Ein Insolvenzplan ist dem ausländischen Verwalter zur Stellungnahme zuzuleiten. ²Der ausländische Verwalter ist berechtigt, selbst einen Plan vorzulegen. § 218 Abs. 1 Satz 2 und Satz 3 gilt entsprechend.

Schrifttum: *Ehricke,* Verfahrenskoordination bei grenzüberschreitenden Unternehmensinsolvenzen, in: Festschrift 75 Jahre Max-Planck-Institut, 2001, S. 337; *Eidenmüller,* Der nationale und der internationale Insolvenzverwaltungsvertrag, ZZP 114 (2001), 3; *Paulus,* „Protokolle" – ein anderer Zugang zur Abwicklung grenzüberschreitender Insolvenzen, ZIP 1998, 977; *Smid,* Judikatur zum internationalen Insolvenzrecht, DZWIR 2004, 397; *Sommer,* Zu den Einflussmöglichkeiten des Hauptverwalters auf das Sekundärinsolvenzverfahren, ZInsO 2005, 1137; *Wittinghofer,* Der nationale und internationale Insolvenzverwaltungsvertrag: Koordination paralleler Insolvenzverfahren durch Ad-hoc-Vereinbarungen (Münster (Westfalen), Univ., Diss., 2003), 2004 (zit.: *Wittinghofer,* Der nationale und internationale Insolvenzverwaltungsvertrag).

Übersicht

	RdNr.		RdNr.
I. Normzweck	1	IV. Teilnahmerechte des ausländischen Verwalters	10
II. Anwendungsbereich	4	1. Vorschläge für die Verwertung	11
III. Mitteilungspflichten	5		

---

[9] Vgl. *Andres/Leithaus/Dahl* § 356 RdNr. 8; *Braun/Liersch/Delzant* § 356 RdNr. 10; MünchKommBGB-*Kindler,* Bd. 11, IntInsR RdNr. 1200; FK-*Wimmer* § 356 RdNr. 15.
[10] BT-Drucks. 15/16 S. 25; ebenso *Kübler/Prütting/Kemper* § 356 RdNr. 13; *Liersch* NZI 2003, 302, 309.
[11] Vgl. oben § 343 RdNr. 11.
[12] Vgl. oben § 354 RdNr. 31.
[13] Vgl. oben § 354 RdNr. 32.

	RdNr.		RdNr.
2. Teilnahme an Gläubigerversammlungen	14	VI. Austauschverträge zwischen den Verfahren	18
3. Teilnahme am Insolvenzplanverfahren	16	VII. Durchsetzung der Ansprüche	20
V. Insolvenzverwalterverträge	17		

I. Normzweck

§ 357 enthält eine ausdrückliche Pflicht für die Insolvenzverwalter zur Zusammenarbeit. **1** Danach ist der inländische Verwalter verpflichtet, dem ausländischen Verwalter unverzüglich alle Umstände mitzuteilen, die für die Durchführung des Verfahrens Bedeutung haben könnten. Zudem hat er dem ausländischen Verwalter Gelegenheit zu geben, Vorschläge für die Verwertung oder sonstige Verwendung des inländischen Vermögens zu unterbreiten. Schließlich ist dem ausländischen Insolvenzverwalter auch ein Insolvenzplan vorab zur Stellungnahme zuzuleiten und dieser ebenso berechtigt, einen Insolvenzplan vorzulegen. Diese **Kooperationspflichten** galten nach ganz hM auch ohne ausdrückliche gesetzliche Anordnung bereits nach Art. 102 EGInsO aF, da sie sich aus allgemeinen Pflichten des Insolvenzverwalters und allgemeinen Grundsätzen ableiten lassen.[1] Denn eine ordnungsgemäße Verwaltung des inländischen Vermögens ist regelmäßig nur unter Beachtung auch der anderen ausländischen Verfahren möglich. Sie schließt weiterhin die Möglichkeit des Abschlusses von Kooperationsverträgen mit dem ausländischen Insolvenzverwalter ein.[2] Die Grenze solcher Kooperationsformen bilden lediglich die in der Gesetzesbegründung genannten Interessen einer möglichst optimalen Verwertung des schuldnerischen Vermögens sowie zwingende Vorschriften, die zu einer Haftung des Insolvenzverwalters nach § 60 führen würden.

Zweck der Kooperation ist die bestmögliche Befriedigung der Gläubiger (§ 1).[3] Dieses **2** Ziel ist jedoch nicht unbedingt gleichbedeutend mit einer bestmöglichen Verwertung des inländischen Vermögens. Zwar hat der Verwalter des Sekundärverfahrens bei der Abwicklung zunächst die Interessen der Gläubiger zu beachten, die ihre Forderungen im Sekundärverfahren angemeldet haben. Dennoch kann eine isoliert betrachtete ungünstige Verwertung des inländischen Vermögens gegebenenfalls für das Hauptverfahren vorteilhaft sein.[4] Soweit dann sichergestellt ist, dass diese Gläubiger eventuell durch eine mit dem Verwalter des Hauptverfahrens abgestimmte Teilnahme am Hauptverfahren an einem dort entstehenden Vorteil entsprechend partizipieren, steht auch solchen Maßnahmen nichts im Wege. Von daher ist es unzutreffend, jeweils nur auf die Belange des Haupt- oder Sekundärverfahrens abzustellen oder von einer Unterordnung des Sekundärverfahrens zu sprechen.[5]

Die Regelung entspricht Art. 31 EuInsVO, übernimmt jedoch nicht die weiteren in **3** Art. 32 und 33 EuInsVO vorgesehenen Kooperationspflichten und -rechte.

II. Anwendungsbereich

Der sachlich-räumliche Anwendungsbereich der Vorschrift in Abgrenzung zur EuInsVO **4** ist identisch mit dem des § 354. Auf die Ausführungen dort kann verwiesen werden (vgl. § 354 RdNr. 5).

---

[1] Ebenso *Flessner* IPRax 1997, 1, 4; vgl. die Nachweise in MünchKommInsO-*Reinhart*, 1. Aufl., Art. 102 RdNr. 270 ff. EGInsO. Ebenso wohl auch BT-Drucks. 15/16 S. 26 („Interesse einer möglichst optimalen Verwertung").
[2] Dazu *Paulus* ZIP 1998, 977; siehe auch das Beispiel einer solchen Vereinbarung, sog. „Nakash Protocol" in ZIP 1998, 1013; zu solchen Kooperationsverträgen im englischen Recht siehe *Reinhart*, Sanierungsverfahren, S. 105 ff.; vgl. auch die in *Re P. Macfadyen & Co.* [1908] 1 K. B. 675 abgedruckte Vereinbarung.
[3] Vgl. MünchKommInsO-*Ganter*, 2. Aufl., § 1 RdNr. 20 mwN.
[4] ZB die Veräußerung eines Betriebsgrundstücks aus dem Sekundärverfahren an den Verwalter des Hauptverfahrens zur Ermöglichung eines günstigen Gesamt-Asset-Deals.
[5] So aber *Smid*, Int. Insolvenzrecht, § 357 RdNr. 2; *Kübler/Prütting/Kemper* § 357 RdNr. 1; *Andres/Leithaus/Dahl* § 357 RdNr. 2; wie hier dagegen MünchKommBGB-*Kindler*, Bd. 11, IntInsR RdNr. 1202.

III. Mitteilungspflichten

5 § 354 Abs. 1 Satz 1 legt dem Verwalter des inländischen Sekundärverfahrens die Pflicht auf, dem Verwalter des ausländischen Hauptverfahrens unverzüglich alle Umstände mitzuteilen, die für die Durchführung des ausländischen Verfahrens von Bedeutung sein können. Welche Umstände dies sind, ist vom Einzelfall abhängig. Regelmäßig gehört hierzu zunächst die Information, welche Form der Verfahrensabwicklung der Verwalter des inländischen Sekundärverfahrens im Berichtstermin den Gläubigern vorzuschlagen beabsichtigt, damit der ausländische Verwalter das ihm zustehende Teilnahmerecht auch gestaltend wahrnehmen kann (dazu unten RdNr. 10 ff.). Zu den Mindestinformationen gehört darüber hinaus die Mitteilung über angemeldete aber aus Sicht des Verwalters des Sekundärverfahrens strittige Forderungen, weil die Feststellung strittiger Forderungen zwischen den Verfahren aus prozessökonomischen Gründen abgestimmt werden sollte.[6] Darüber hinaus besteht die Mitteilungspflicht bezüglich aller beabsichtigten Verwertungsmaßnahmen sowie die Behandlung schwebender Verträge.[7]

6 Um den Verwalter des Sekundärverfahrens vor ausufernden Mitteilungspflichten zu schützen, enthält § 357 Abs. 1 Satz 1 die Beschränkung, dass der Umstand für die Durchführung des ausländischen Verfahrens von Bedeutung sein muss. Hierzu bedarf es freilich grundlegender Kenntnisse über das ausländische Hauptverfahren. Zwar enthält § 357 keine Mitteilungspflicht für den ausländischen Verwalter (diese Pflicht kann freilich nur das Recht des Hauptverfahrens anordnen). Verweigert jedoch der Verwalter des Hauptverfahrens seinerseits grundlegende Auskünfte über das dortige Verfahren, die für eine Einschätzung des Informationsbedürfnisses für den Verwalter des inländischen Sekundärverfahrens von Bedeutung sind, scheidet auch eine schuldhafte Pflichtverletzung desselben aus. Verweigern darf der Verwalter des inländischen Sekundärverfahrens die von ihm für bedeutsam gehaltenen Umstände allerdings nicht.[8]

7 Die Mitteilung durch den Verwalter des inländischen Sekundärverfahrens muss unverzüglich erfolgen. Damit ist jedoch nicht gemeint, dass der Verwalter des Sekundärverfahrens jeden einzelnen Umstand immer unverzüglich mitzuteilen hat. Mitteilungen in regelmäßigen Abständen genügen daher, solange der Verwalter des ausländischen Hauptverfahrens dadurch nicht in seinen Teilnahmerechten behindert wird.

8 Die mit der Mitteilung verbundenen Kosten gehen zu Lasten der inländischen Insolvenzmasse.

9 Die Mitteilungspflicht gilt über den Wortlaut hinaus auch bereits für das Insolvenzeröffnungsverfahren, soweit dort bereits Umstände erkennbar sind, die für die Durchführung des ausländischen Hauptverfahrens oder auch bereits des ausländischen Eröffnungsverfahrens von Bedeutung sein können. Dazu gehört eventuell auch die koordinierte Abstimmung über die Eröffnungsbeschlüsse, Informationen über die vorhandenen Vermögenswerte, soweit sie beispielsweise für die Feststellung einer Überschuldung für den Verwalter des Hauptverfahrens von Bedeutung sein können.

IV. Teilnahmerechte des ausländischen Verwalters

10 § 357 enthält insgesamt drei verschiedene Aspekte von Teilnahmerechten für den Verwalter des ausländischen Hauptverfahrens, nämlich die Einräumung eines Vorschlagsrechtes für die Verwertung (Abs. 1 Satz 2), die Einräumung eines Teilnahmerechts an Gläubigerversammlungen (Abs. 2) sowie das Teilnahmerecht am Insolvenzplanverfahren (Abs. 3).

11 **1. Vorschläge für die Verwertung.** Gemäß Abs. 1 Satz 2 ist der Verwalter des inländischen Sekundärverfahrens verpflichtet, dem Verwalter des Hauptverfahrens Gelegenheit zu

---
[6] Vgl. hierzu auch Art. 31 RdNr. 20 EuInsVO.
[7] Zur Ausübung des Wahlrechts vgl. auch Art. 31 RdNr. 23 EuInsVO.
[8] MünchKommBGB-*Kindler*, Bd. 11, IntInsR RdNr. 1208.

geben, Vorschläge für die Verwertung oder sonstige Verwendung des inländischen Vermögens zu geben. Dies geschieht in der Regel durch rechtzeitige Unterrichtung über eine angedachte Verwertung bestimmter Vermögensgegenstände. Die Vorschrift bewirkt, dass eine Verwertung durch den Verwalter des inländischen Sekundärverfahrens unzulässig ist, solange der Verwalter des Hauptverfahrens keine Möglichkeit zur Unterbreitung von Vorschlägen hatte.[9] Die Möglichkeit, Vorschläge unterbreiten zu können, schließt auch das Insolvenzplanverfahren ein, denn auch hier handelt es sich um eine besondere Art der Verwertung (vgl. dazu noch unten RdNr. 16).

Die Vorschrift gewährt dem Verwalter des Hauptverfahrens jedoch nur ein Vorschlagsrecht. Die Entscheidung über den Vorschlag des Verwalters des Hauptverfahrens verbleibt jedoch beim Verwalter des inländischen Sekundärverfahrens.[10] Dieser muss unter Berücksichtigung der Interessen der Gläubiger des Sekundärverfahrens über die bestmögliche Verwertung entscheiden.

Diskutiert wird gelegentlich, ob die in einem ausländischen Verfahren ausgesprochene **Liquidationssperre** zur Sicherung von Sanierungsmöglichkeiten auch im inländischen Partikularverfahren zu beachten ist. Der Vorentwurf des BMJ enthielt eine Regelung, dass die Abstimmung über einen Insolvenzplan oder die Verwertung und Verteilung der Insolvenzmasse auf Antrag des ausländischen Verwalters auszusetzen sei, wenn eine andere Verwertung des inländischen Vermögens wirtschaftliche Vorteile bietet, und die an dem inländischen Verfahren teilnehmenden Gläubiger nicht schlechter stellt. Die Voraussetzungen der Aussetzung waren glaubhaft zu machen. Die Aussetzung war abzulehnen, wenn die Befriedigung der Gläubiger wesentlich gefährdet würde.[11] Diese Vorschrift ist in den Beratungen der Sonderkommission auf Zustimmung gestoßen.[12] Sie wurde jedoch schon im Regierungsentwurf von 1992 nicht mehr übernommen. Gegen eine Liquidationssperre spricht zudem, dass sich eine entsprechende Regelung auch in Art. 32 EuInsVO findet, der Gesetzgeber jedoch in Kenntnis dieser Regelung von einer entsprechenden Regelung abgesehen hat. Ohne gesetzliche Anordnung wird man aber die im Vorentwurf enthaltene Regelung nicht übernehmen können, da es sich um eine sachrechtliche Vorschrift handelt, die in der Insolvenzordnung keine gesetzliche Grundlage findet. Der Liquidationssperre des ausländischen Rechts über eine Anerkennung derselben zur Wirkung zu verhelfen, ist ebenfalls nicht möglich, da insoweit die Regelungsbefugnis des inländischen Sekundärverfahrens auch die Frage umfasst, wann und wie die inländische Insolvenzmasse verwertet und verteilt werden soll.

2. Teilnahme an Gläubigerversammlungen. Gemäß Absatz 2 ist der Verwalter des ausländischen Hauptverfahrens berechtigt, an den Gläubigerversammlungen teilzunehmen. Die Vorschrift gewährt dem Verwalter des ausländischen Hauptverfahrens jedoch nur ein Teilnahmerecht. Dies umfasst auch das Recht, sich in der Gläubigerversammlung zu äußern und Vorschläge zu unterbreiten.[13] Dagegen gewährt die Vorschrift dem Verwalter des ausländischen Hauptverfahrens weder ein Stimmrecht, noch die Möglichkeit, Rechtsmittel gegen Beschlüsse der Gläubigerversammlung einzulegen.[14]

---

[9] BT-Drucks. 12/2443 S. 246; MünchKommBGB-*Kindler*, Bd. 11, IntInsR RdNr. 1209; HK-*Stephan* § 357 RdNr. 9; *Kübler/Prütting/Kemper* § 357 RdNr. 6; *Andres/Leithaus/Dahl* § 357 RdNr. 7.

[10] Vgl. MünchKommBGB-*Kindler*, Bd. 11, IntInsR RdNr. 1209; HK-*Stephan* § 357 RdNr. 9; *Andres/Leithaus/Dahl* § 357 RdNr. 7; *Kübler/Prütting/Kemper* § 357 RdNr. 7.

[11] Vgl. Art. 32 des Vorentwurfs, abgedruckt in: *Stoll*, Stellungnahmen und Gutachten, S. 12 f.; hierbei handelte es sich jedoch nicht um eine internationalrechtliche Vorschrift, die zur Anerkennung der ausländischen Liquidationssperre führte, sondern um eine Sachnorm des inländischen Rechts, die einen besonderen Aussetzungsgrund zum Gegenstand hat.

[12] Vgl. *Thieme*, in: *Stoll*, Stellungnahmen und Gutachten, S. 212, 237 f.

[13] Vgl. *Braun/Liersch/Delzant* § 357 RdNr. 7; *Andres/Leithaus/Dahl* § 357 RdNr. 9; *Kübler/Prütting/Kemper* § 357 RdNr. 10; HK-*Stephan* § 357 RdNr. 12 f.; MünchKommBGB-*Kindler*, Bd. 11, IntInsR RdNr. 1211.

[14] MünchKommBGB-*Kindler*, Bd. 11, IntInsR RdNr. 1211; *Braun/Liersch/Delzant* § 357 RdNr. 7; HK-*Stephan* § 357 RdNr. 13.

15 Die Ausübung dieser weitergehenden Rechte ist nur möglich, wenn der Verwalter des Hauptverfahrens nach dem Recht des Verfahrensstaates bevollmächtigt ist, die Forderungen der Gläubiger des Hauptverfahrens auch in anderen Verfahren auszuüben und deren Stimmrechte wahrzunehmen. § 341 verleiht dem Verwalter eines ausländischen Verfahrens diese Befugnis jedoch nicht, weil die Vorschrift nur auf den Verwalter eines inländischen Verfahrens Anwendung finden kann.[15] Fehlt eine gesetzliche Bevollmächtigung nach dem Recht des Verfahrensstaates, so kann der Verwalter diese weitergehenden Teilnahmerechte daher nur ausüben, wenn er durch den oder die Gläubiger des Hauptverfahrens hierzu ausdrücklich bevollmächtigt wurde.[16]

16 **3. Teilnahme am Insolvenzplanverfahren.** Absatz 3 gewährt dem Verwalter des ausländischen Hauptverfahrens ähnliche Teilnahmerechte im Hinblick auf ein Insolvenzplanverfahren. So ist der Verwalter des ausländischen Hauptverfahrens berechtigt, einen Insolvenzplan vorzulegen. Die Vorschrift erweitert daher den Kreis der vorlageberechtigten Personen in § 218, auf den in Absatz 3 Satz 2 auch Bezug genommen wird.[17] Beabsichtigt auch der Verwalter des inländischen Sekundärverfahrens, einen Insolvenzplan vorzulegen, so setzt die Wahrnehmung dieses Vorschlagsrechts durch den Verwalter des ausländischen Hauptverfahrens freilich voraus, dass der Verwalter des inländischen Sekundärverfahrens den Verwalter des ausländischen Hauptverfahrens vorab darüber informiert hat, dass eine Abwicklung der Insolvenz im Rahmen eines Insolvenzplanverfahrens beabsichtigt ist. In Anlehnung an § 357 Abs. 1 Satz 2 hat der Verwalter des inländischen Sekundärverfahrens dem Verwalter des ausländischen Hauptverfahrens zuvor den Insolvenzplan zuzuleiten, um ihm Gelegenheit zur Stellungnahme zu geben. Der Verwalter des ausländischen Hauptverfahrens kann dann entweder dem Verwalter des inländischen Sekundärverfahrens Änderungsvorschläge unterbreiten, oder auch einen eigenen Insolvenzplan vorlegen, der seine Änderungsvorschläge enthält.

V. Insolvenzverwalterverträge

17 § 357 erwähnt nicht die in der Praxis mittlerweile vielfach genutzten Insolvenzverwalterverträge (protocols).[18] Dennoch sind auch diese im Rahmen der Kooperation mit dem Verwalter des Hauptverfahrens zulässig.[19] Abhängig vom Inhalt derselben, bedürfen diese jedoch gegebenenfalls der Zustimmung des Gläubigerausschusses gemäß § 160.[20]

VI. Austauschverträge zwischen den Verfahren

18 Befindet sich im Verfahrensstaat des Sekundärverfahrens eine Betriebsstätte oder Zweigniederlassung, so wird es zwischen den beiden Insolvenzmassen regelmäßig zu einem Austausch von Lieferungen und Leistungen kommen. Das gilt insbesondere, wenn bei Unternehmensinsolvenzen das Unternehmen zunächst fortgeführt, eventuell sogar saniert werden soll. Die damit verbundenen Rechtsfragen sind jedoch nicht weiter erörtert worden. Ein solcher Leistungsaustausch sowie Verträge über den Leistungsaustausch sind jedoch als zulässig anzusehen.[21]

---

[15] Vgl. § 341 RdNr. 11.
[16] Diejenigen, die § 341 auch auf den ausländischen Insolvenzverwalter anwenden, leiten die Befugnis, das Stimmrecht auszuüben, aus § 341 Abs. 3 ab, vgl. MünchKommBGB-*Kindler*, Bd. 11, IntInsR RdNr. 1211; HK-*Stephan* § 357 RdNr. 13, *Braun/Liersch/Delzant* § 357 RdNr. 7; *Andres/Leithaus/Dahl* § 357 RdNr. 7, zusätzlich eine rechtsgeschäftliche Bevollmächtigung in Betracht ziehend *Braun/Liersch/Delzant* § 357 RdNr. 7; *Andres/Leithaus/Dahl* § 357 RdNr. 7.
[17] *Braun/Liersch/Delzant* § 357 RdNr. 8; MünchKommBGB-*Kindler*, Bd. 11, IntInsR RdNr. 1213; HK-*Stephan* § 357 RdNr. 15; *Kübler/Prütting/Kemper* § 357 RdNr. 12.
[18] Hierzu ausführlich *Wittinghofer*, Der nationale und internationale Insolvenzverwaltungsvertrag, S. 339 ff.
[19] *Braun/Liersch/Delzant* § 357 RdNr. 2.
[20] Vgl. ausführlich Art. 31 RdNr. 38 ff. mwN.
[21] Vgl. *Reinhart*, Sanierungsverfahren, S. 296 ff.; HK-*Stephan* § 357 RdNr. 10.

Zwar ist aus Sicht des deutschen Insolvenzrechts die Insolvenzmasse keine juristische 19 Person.[22] Vielmehr bleibt die Schuldnerin weiterhin Rechtsträger des Vermögens auch während des Insolvenzverfahrens. Soweit diese Rechtsposition auch von dem Recht des ausländischen Verfahrensstaates eingenommen wird,[23] erfolgt der Leistungsaustausch – formal gesehen – nicht zwischen zwei verschiedenen Rechtssubjekten, so dass an sich auch vertragliche Beziehungen ausscheiden müssten. Eine solche, rein formale Betrachtung wäre jedoch abzulehnen. Zunächst ist zu berücksichtigen, dass das Vermögen jedes einzelnen Verfahrens getrennt und hinsichtlich seiner Verwendung für das Verfahren zweckgebunden ist. Daher darf beispielsweise der Verwalter des inländischen Sekundärverfahrens die an der dortigen Betriebsstätte hergestellten Waren nicht ohne angemessene Gegenleistung dem Verwalter des ausländischen Hauptverfahrens überlassen. Die vermögensrechtlichen Transaktionen zwischen beiden Verfahren müssen daher so behandelt werden, als stünden sich zwei Rechtssubjekte gegenüber. Über ähnliche Schwierigkeiten hat sich die Rechtsprechung auch schon in dem Fall hinweggesetzt, dass ein Erbe mit dem Nachlassverwalter des Nachlasses, dessen Träger ja wiederum der Erbe selbst ist, einen Vertrag schließen möchte. Der BGH hat die Möglichkeit bejaht, dass der Erbe mit dem Nachlassverwalter einen Vertrag abschließen kann, wenn das neu geschaffene Recht lediglich an die Stelle eines der Verwaltung unterliegenden Nachlassgegenstandes treten soll.[24] Dem ist in internationaler Hinsicht auch für Austauschverträge zwischen den Insolvenzverwaltern zu folgen. Aus Sicht des inländischen Sekundärverfahrens handelt es sich um Masseverbindlichkeiten, für die auch nur die inländische Vermögensmasse haftet.

VII. Durchsetzung der Ansprüche

§ 357 Abs. 1 gewährt dem Verwalter des ausländischen Hauptverfahrens einen eigen- 20 ständigen materiellrechtlichen Auskunftsanspruch, den dieser vor deutschen Gerichten einklagen kann.[25] In der Regel dürfte eine solche gerichtliche Durchsetzung von Auskunftsansprüchen wenig zielführend sein, da dieser Weg zu zeitaufwändig und damit die Bedeutung der Auskünfte überholt sein dürfte. Die Anregung einer Aufsichtsmaßnahme nach § 58 erscheint als das praktisch wirkungsvoller Rechtsmittel. Die Auskunftspflicht nach § 357 Abs. 1 ist jedenfalls als verfahrensbezogene Pflicht im Sinne des § 58 Abs. 2 anzusehen, deren Verletzung entsprechende Zwangsmaßnahmen durch das Insolvenzgericht zur Folge haben kann.[26] Zwar werden Gläubiger für ihre Auskünftsansprüche gegen den Verwalter auf den ordentlichen Rechtsweg verwiesen.[27] Die Rechtsstellung des Verwalters des ausländischen Verfahrens ist jedoch mit der eines Gläubigers nicht vergleichbar, weil der Verwalter in seiner Funktion ebenfalls der Insolvenzmasse des Schuldners – wenn auch für die ausländische Masse – verantwortlich ist.

Da es sich bei der Auskunftspflicht um eine insolvenzspezifische Pflicht handelt, kommen 21 grundsätzlich auch Schadensersatzansprüche in Betracht. Gleiches gilt für die Pflicht, dem Verwalter des ausländischen Hauptverfahrens die Möglichkeit zu geben, Vorschläge für die Verwertung des inländischen Vermögens zu unterbreiten. Hierdurch muss jedoch der Insolvenzmasse des inländischen Sekundärverfahrens ein Schaden entstanden sein, was nur dann der Fall sein dürfte, wenn der Verwalter des ausländischen Verfahrens bei entsprechender

---

[22] Vgl. oben § 35 RdNr. 22; *Nerlich/Römermann/Andres* § 35 RdNr. 7; siehe auch mit rechtsvergleichenden Hinweisen *Hanisch,* Rechtszuständigkeit der Konkursmasse, S. 266 ff.
[23] Bei manchen Rechtsordnungen hängt dies auch von der Rechtspersönlichkeit des Schuldners ab. Im englischen Recht geht bei der Insolvenz einer natürlichen Person das Vermögen auf den „trustee" über, während bei Kapitalgesellschaften ein Vermögensübergang nicht für notwendig erachtet wird, da das Vermögen der Kapitalgesellschaft schon gesondertes Zweckvermögen darstellt, vgl. *Fletcher,* Insolvency S. 174 ff., 391.
[24] So BGH NJW-RR 1991, 683, 684; ebenso MünchKommBGB-*Siegmann* § 1976 RdNr. 6; *Staudinger/ Marotzke* § 1976 BGB RdNr. 7; *Jaeger/Weber* § 225 RdNr. 1.
[25] MünchKommBGB-*Kindler,* Bd. 11, IntInsR RdNr. 1214; *Smid,* Int. Insolvenzrecht, § 357 RdNr. 4.
[26] Vgl. MünchKommInsO-*Graeber,* 2. Aufl., § 58 RdNr. 29 ff.
[27] Vgl. BGH KTS 1966, 17; BGH BB 1967, 455; OLG Celle MDR 1965, 1001.

Information eine günstigere Verwertung hätte vorschlagen und im Ergebnis erzielen können. Geschädigter kann freilich auch die Insolvenzmasse des ausländischen Hauptverfahrens sein, da diese durch § 357 Abs. 1 zum Kreis der nach § 60 geschützten Beteiligten zu zählen ist. Jedoch dürfte in diesen Fällen der Nachweis der Kausalität der Pflichtverletzung für einen Schaden schwierig zu führen sein.

22 Auch die anderen oben aufgeführten Teilnahmerechte kann der Verwalter des ausländischen Hauptverfahrens durch die Anregung von Aufsichtsmaßnahmen durch das Insolvenzgericht geltend machen. Darüber hinaus stehen dem Verwalter des ausländischen Hauptverfahrens die Rechtsmittel in Bezug auf die Missachtung seines Teilnahmerechts zu.

§ 358 Überschuss bei der Schlussverteilung

Können bei der Schlussverteilung im Sekundärinsolvenzverfahren alle Forderungen in voller Höhe berichtigt werden, so hat der Insolvenzverwalter einen verbleibenden Überschuss dem ausländischen Verwalter des Hauptinsolvenzverfahrens herauszugeben.

Schrifttum: *Flessner,* Internationales Insolvenzrecht in Deutschland nach der Reform, IPRax 1997, 1; *Thieme,* Partikularkonkurs, in: *Stoll* (Hrsg.), Stellungnahmen und Gutachten zur Reform des deutschen internationalen Insolvenzrechts, 1992, S. 212.

Übersicht

	RdNr.		RdNr.
I. Normzweck	1	III. Überschuss	4
II. Anwendungsbereich	3		

I. Normzweck

1 § 358 regelt in Abweichung zu § 199, dass ein Überschuss nach der Schlussverteilung nicht an den Schuldner, sondern an den Verwalter des Hauptverfahrens herauszugeben ist. Ist über dessen Vermögen im Ausland jedoch ebenfalls ein Insolvenzverfahren eröffnet und handelt es sich hierbei aus deutscher Sicht um das Hauptinsolvenzverfahren, so kann an den Schuldner in der Regel ohnehin nicht mehr schuldbefreiend geleistet werden.[1] Insoweit setzt sich nach Beendigung des inländischen Sekundärverfahrens die Beschlagswirkung aus dem (anerkennungsfähigen) Eröffnungsbeschluss des Hauptverfahrens wieder durch.[2] Die Zahlung hat daher an den Insolvenzverwalter zu erfolgen. § 358 ist lediglich eine die Rechtslage klarstellende **Sachnorm.**[3] Eine entsprechende Regelung findet sich in Art. 35 EuInsVO.

2 Die Vorschrift gilt nur für Sekundärverfahren. War der Eröffnungsbeschluss des ausländischen Verfahrens nicht anerkennungsfähig, weshalb das inländische Verfahren als Partikularverfahren geführt wurde, bleibt es dagegen bei der Regelung des § 199.

II. Anwendungsbereich

3 Der sachlich-räumliche Anwendungsbereich der Vorschrift in Abgrenzung zur EuInsVO ist identisch mit dem des § 354. Auf die Ausführungen dort kann verwiesen werden (vgl. § 354 RdNr. 5).

III. Überschuss

4 Ein in einem inländischen Sekundärverfahren etwa verbleibender Überschuss ist an den Verwalter des ausländischen Hauptverfahrens auszuzahlen. Voraussetzung ist jedoch, dass das

---

[1] Ähnlich auch *Flessner* IPRax 1997, 1, 4; *Thieme,* in: *Stoll,* Stellungnahmen und Gutachten, S. 212, 241.
[2] So auch BT-Drucks. 15/16 S. 26; HK-*Stephan* § 358 RdNr. 2; *Kübler/Prütting/Kemper* § 358 RdNr. 2; *Braun/Liersch/Delzant* § 358 RdNr. 4; FK-*Wimmer* § 358 RdNr. 2.
[3] MünchKommBGB-*Kindler,* Bd. 11, IntInsR RdNr. 1215; *Andres/Leithaus/Dahl* § 358 RdNr. 2.

Überschuss bei der Schlussverteilung   5, 6 § 358

ausländische Hauptverfahren selbst noch nicht beendet ist. Ist es beendet, so kann eine Auszahlung nur dann erfolgen, wenn das Recht des Hauptverfahrensstaates eine Nachtragsverteilung zulässt.

Zu einem Überschuss im Sinne des § 358 zählen nicht nur liquide Mittel, sondern auch 5 nicht verwertete Vermögensgegenstände (soweit der Verwalter des ausländischen Hauptverfahrens bezüglich letzterer nicht die Freigabe erklärt).

In der Praxis dürfte die Regelung jedoch bedeutungslos bleiben. Denn ergibt sich im 6 inländischen Sekundärverfahren eine Vollbefriedigung aller Gläubiger, so werden schon einzelne Gläubiger aus dem Hauptverfahren bei Kenntnis dieses Umstandes ihre Forderungen auch im Sekundärverfahren anmelden. Gegebenenfalls wird dies auch vom Verwalter des Hauptverfahrens veranlasst, um eine internationale Gläubigergleichbehandlung herzustellen.[4]

---

[4] Ebenso MünchKommBGB-*Kindler,* Bd. 11, IntInsR RdNr. 1216; FK-*Wimmer* § 358 RdNr. 2.

Zwölfter Teil. Inkrafttreten

§ 359 Verweisung auf das Einführungsgesetz
Dieses Gesetz tritt an dem Tage in Kraft, der durch das Einführungsgesetz zur Insolvenzordnung bestimmt wird.

Art. 103 EGInsO. Anwendung des bisherigen Rechts[1]
[1] Auf Konkurs-, Vergleichs- und Gesamtvollstreckungsverfahren, die vor dem 1. Januar 1999 beantragt worden sind, und deren Wirkungen sind weiter die bisherigen gesetzlichen Vorschriften anzuwenden. [2] Gleiches gilt für Anschlußkonkursverfahren, bei denen der dem Verfahren vorausgehende Vergleichsantrag vor dem 1. Januar 1999 gestellt worden ist. [3] Öffentliche Bekanntmachungen nach der Gesamtvollstreckungsordnung, die bisher im Bundesanzeiger veröffentlicht worden sind, erfolgen im elektronischen Bundesanzeiger.

Art. 103 a EGInsO. Überleitungsvorschrift[2]
Auf Insolvenzverfahren, die vor dem 1. Dezember 2001 eröffnet worden sind, sind die bis dahin geltenden gesetzlichen Vorschriften weiter anzuwenden.

Art. 103 b EGInsO. Überleitungsvorschrift zum Gesetz zur Umsetzung der Richtlinie 2002/47/EG vom 6. Juni 2002 über Finanzsicherheiten und zur Änderung des Hypothekenbankgesetzes und anderer Gesetze[3]
Auf Insolvenzverfahren, die vor dem 9. April 2004 eröffnet worden sind, sind die bis dahin geltenden gesetzlichen Vorschriften weiter anzuwenden.

Artikel 103 c EGInsO. Überleitungsvorschrift zum Gesetz zur Vereinfachung des Insolvenzverfahrens[4]
(1) [1] Auf Insolvenzverfahren, die vor dem Inkrafttreten des Gesetzes zur Vereinfachung des Insolvenzverfahrens vom 13. April 2007 (BGBl. I S. 509) am 1. Juli 2007 eröffnet worden sind, sind mit Ausnahme der §§ 8 und 9 der Insolvenzordnung und der Verordnung zu öffentlichen Bekanntmachungen in Insolvenzverfahren im Internet die bis dahin geltenden gesetzlichen Vorschriften weiter anzuwenden. [2] In solchen Insolvenzverfahren erfolgen alle durch das Gericht vorzunehmenden öffentlichen Bekanntmachungen unbeschadet von Absatz 2 nur nach Maßgabe des § 9 der Insolvenzordnung. [3] § 188 Satz 3 der Insolvenzordnung ist auch auf Insolvenzverfahren anzuwenden, die vor dem Inkrafttreten des Geset-

---

[1] Satz 3 angefügt durch Art. 9 a Nr. 1 des Gesetzes zur Neuregelung des Rechtsberatungsrechts (RBerNG) vom 12. 12. 2007 (BGBl. I S. 2840). – Die im folgenden nur mit Datum und Aktenzeichen zitierten BGH-Entscheidungen sind im Internet unter www.bundesgerichtshof.de sowie bei Beck-online (BeckRS) oder juris veröffentlicht.
[2] Eingefügt durch Art. 9 des Gesetzes zur Änderung der InsO und anderer Gesetze vom 26. 10. 2001 (BGBl. I S. 2710).
[3] Eingefügt durch Art. 2 dieses Gesetzes vom 5. 4. 2004 (BGBl. I S. 502).
[4] Eingefügt durch Art. 3 Nr. 2 dieses Gesetzes vom 13. 4. 2007 (BGBl. I S. 509). Abs. 1 Satz 2, 3 eingefügt durch Art. 9 a Nr. 2 RBerNG vom 12. 12. 2007 (BGBl. I S. 2840).

§ 359

zes zur Neuregelung des Rechtsberatungsrechts vom 12. Dezember 2007 (BGBl. I S. 2840) am 18. Dezember 2007 eröffnet worden sind.

(2) ¹Die öffentliche Bekanntmachung kann bis zum 31. Dezember 2008 zusätzlich zu der elektronischen Bekanntmachung nach § 9 Absatz 1 Satz 1 der Insolvenzordnung in einem am Wohnort oder Sitz des Schuldners periodisch erscheinenden Blatt erfolgen; die Veröffentlichung kann auszugsweise geschehen. ²Für den Eintritt der Wirkungen der Bekanntmachung ist ausschließlich die Bekanntmachung im Internet nach § 9 Absatz 1 Satz 1 der Insolvenzordnung maßgebend.

Art. 104 EGInsO. Anwendung des neuen Rechts

In einem Insolvenzverfahren, das nach dem 31. Dezember 1998 beantragt wird, gelten die Insolvenzordnung und dieses Gesetz auch für die Rechtsverhältnisse und Rechte, die vor dem 1. Januar 1999 begründet worden sind.

Art. 105 EGInsO. Finanztermingeschäfte

(1) ¹War für Finanzleistungen, die einen Markt- oder Börsenpreis haben, eine bestimmte Zeit oder eine bestimmte Frist vereinbart und tritt die Zeit oder der Ablauf der Frist erst nach der Eröffnung eines Konkursverfahrens ein, so kann nicht die Erfüllung verlangt, sondern nur eine Forderung wegen der Nichterfüllung geltend gemacht werden. ²Als Finanzleistungen gelten insbesondere

1. die Lieferung von Edelmetallen,
2. die Lieferung von Wertpapieren oder vergleichbaren Rechten, soweit nicht der Erwerb einer Beteiligung an einem Unternehmen zur Herstellung einer dauernden Verbindung zu diesem Unternehmen beabsichtigt ist,
3. Geldleistungen, die in ausländischer Währung oder in einer Rechnungseinheit zu erbringen sind,
4. Geldleistungen, deren Höhe unmittelbar oder mittelbar durch den Kurs einer ausländischen Währung oder einer Rechnungseinheit, durch den Zinssatz von Forderungen oder durch den Preis anderer Güter oder Leistungen bestimmt wird,
5. Optionen und andere Rechte auf Lieferungen oder Geldleistungen im Sinne der Nummern 1 bis 4.

³Sind Geschäfte über Finanzleistungen in einem Rahmenvertrag zusammengefaßt, für den vereinbart ist, daß er bei Vertragsverletzung nur einheitlich beendet werden kann, so gilt die Gesamtheit dieser Geschäfte als ein gegenseitiger Vertrag.

(2) ¹Die Forderung wegen der Nichterfüllung richtet sich auf den Unterschied zwischen dem vereinbarten Preis und dem Markt- oder Börsenpreis, der am zweiten Werktag nach der Eröffnung des Verfahrens am Erfüllungsort für einen Vertrag mit der vereinbarten Erfüllungszeit maßgeblich ist. ²Der andere Teil kann eine solche Forderung nur als Konkursgläubiger geltend machen.

(3) Die in den Absätzen 1 und 2 für den Fall der Eröffnung eines Konkursverfahrens getroffenen Regelungen geltend entsprechend für den Fall der Eröffnung eines Vergleichs- oder Gesamtvollstreckungsverfahrens.

Art. 106 EGInsO. Insolvenzanfechtung

Die Vorschriften der Insolvenzordnung über die Anfechtung von Rechtshandlungen sind auf die vor dem 1. Januar 1999 vorgenommenen Rechtshandlungen nur anzuwenden, soweit diese nicht nach dem bisherigen Recht der Anfechtung entzogen oder in geringerem Umfang unterworfen sind.

Verweisung auf das Einführungsgesetz   § 359

Art. 107 EGInsO. Restschuldbefreiung[5]
War der Schuldner bereits vor dem 1. Januar 1997 zahlungsunfähig, so verkürzt sich die Laufzeit der Abtretung nach § 287 Abs. 2 Satz 1 der Insolvenzordnung von sieben auf fünf Jahre, die Dauer der Wirksamkeit von Verfügungen nach § 114 Abs. 1 der Insolvenzordnung von drei auf zwei Jahre.

Art. 108 EGInsO. Fortbestand der Vollstreckungsbeschränkung

(1) Bei der Zwangsvollstreckung gegen einen Schuldner, über dessen Vermögen ein Gesamtvollstreckungsverfahren durchgeführt worden ist, ist auch nach dem 31. Dezember 1998 die Vollstreckungsbeschränkung des § 18 Abs. 2 Satz 3 der Gesamtvollstreckungsordnung zu beachten.

(2) Wird über das Vermögen eines solchen Schuldners nach den Vorschriften der Insolvenzordnung ein Insolvenzverfahren eröffnet, so sind die Forderungen, die der Vollstreckungsbeschränkung unterliegen, im Rang nach den in § 39 Abs. 1 der Insolvenzordnung bezeichneten Forderungen zu berichtigen.

Art. 109 EGInsO. Schuldverschreibungen

Soweit den Inhabern von Schuldverschreibungen, die vor dem 1. Januar 1963 von anderen Kreditinstituten als Hypothekenbanken ausgegeben worden sind, nach Vorschriften des Landesrechts in Verbindung mit § 17 Abs. 1 des Einführungsgesetzes zur Konkursordnung ein Vorrecht bei der Befriedigung aus Hypotheken, Reallasten oder Darlehen des Kreditinstituts zusteht, ist dieses Vorrecht auch in künftigen Insolvenzverfahren zu beachten.

Art. 110 EGInsO. Inkrafttreten

(1) Die Insolvenzordnung und dieses Gesetz treten, soweit nichts anderes bestimmt ist, am 1. Januar 1999 in Kraft.

(2) [1] § 2 Abs. 2 und § 7 Abs. 3 der Insolvenzordnung sowie die Ermächtigung der Länder in § 305 Abs. 1 Nr. 1 der Insolvenzordnung treten am Tage nach der Verkündung in Kraft. [2] Gleiches gilt für § 65 der Insolvenzordnung und für § 21 Abs. 2 Nr. 1, § 73 Abs. 2, § 274 Abs. 1, § 293 Abs. 2 und § 313 der Insolvenzordnung, soweit sie § 65 der Insolvenzordnung für entsprechend anwendbar erklären.

(3) Artikel 2 Nr. 9 dieses Gesetzes, soweit darin die Aufhebung von § 2 Abs. 1 Satz 2 des Gesetzes über die Auflösung und Löschung von Gesellschaften und Genossenschaften angeordnet wird, Artikel 22, Artikel 24 Nr. 2, Artikel 32 Nr. 3, Artikel 48 Nr. 4, Artikel 54 Nr. 4 und Artikel 85 Nr. 1 und 2 Buchstabe e, Artikel 87 Nr. 8 Buchstabe d und Artikel 105 dieses Gesetzes treten am Tage nach der Verkündung[6] in Kraft.

Übersicht

	RdNr.		RdNr.
I. Inkrafttreten des neuen Insolvenzrechts (§ 359, Art. 110 EGInsO)	1	III. Grundsätze des intertemporalen Verfahrensrechts	7
II. Entstehungsgeschichte	3		

---

[5] Aufgehoben durch Art. 3 Nr. 3 InsVfVereinfG vom 13. 4. 2007 (BGBl. I S. 509).
[6] Das EGInsO wurde am 18. 10. 1994 verkündet.

§ 359 1, 2   12. Teil. Inkrafttreten

	RdNr.		RdNr.
IV. Zeitpunkt der Anknüpfung in Übergangsvorschriften	10	VIII. Zusammentreffen von Verfahren nach altem und neuem Recht	35
1. Tag der Antragstellung	11	1. Zusammentreffen von Eröffnungsverfahren	35
2. Tag der Verfahrenseröffnung	12	2. InsO-Eröffnungsantrag nach Konkurseröffnung	36
V. Übergangsvorschriften von 1994/99 im Überblick	13	IX. Übergangsregelung zum InsO-ÄndG 2001 (Artikel 103 a EGInsO)	38
VI. Weitere Anwendung des alten Rechts in Altverfahren (Art. 103 EGInsO)	20	1. Normzweck	38
1. Grundsatz und Normzweck	20	2. Zeitpunkt der Verfahrenseröffnung	39
2. Dynamische Verweisungen und Gesetze mit allgemeinem Geltungsanspruch	22	3. Einzelfragen	40
		a) Schuldenbereinigungsverfahren (§§ 304, 305 bis 310)	41
3. Altverfahren	23	b) Kostenstundung (§§ 4 a bis 4 d)	42
4. Anwendbares bisheriges Recht	24	c) Zuordnung zu einer Verfahrensart (§ 304)	44
5. Keine Vermischung alter und neuer Regelungen	29	d) Restschuldbefreiung	45
VII. Alte Rechtsverhältnisse in Neuverfahren (Art. 104 EGInsO)	30	X. Übergangsregelung zum InsVf-VereinfG 2007 (Artikel 103 c EGInsO)	47
1. Grundsatz und Normzweck	30	1. Neuregelung der Zustellungen und Bekanntmachungen in Insolvenzverfahren	47
2. Beispiele	31		
3. Zusammenhang mit dem Insolvenzverfahren	32	2. Keine Geltung in Konkurs-, Vergleichs- oder Gesamtvollstreckungsverfahren	51
4. Keine Anwendung außerhalb des Insolvenzrechts	33		

Schrifttum: *Ch. Becker,* Ausführung der Reform des Insolvenzrechts durch die Länder, KTS 2000, 157; *Beule,* Die Umsetzung der Insolvenzrechtsreform in die Justizpraxis, in Kölner Schrift zur Insolvenzordnung, 2. Aufl. 2000, S. 23; *Bremen,* Erst Konkursverfahren – dann Insolvenzverfahren, ZInsO 2002, 1; *Hermann,* Vorrang des Konkursrechts oder des Insolvenzrechts bei gleichzeitig anhängigen Eröffnungsanträgen, DZWiR 1999, 277; *Liwinska,* Die Wahl der Verfahrensordnung bei gleichzeitigem Vorliegen eines Konkurs- und eines Insolvenzantrags, DZWiR 1999, 186; *J. Münch,* Die Überleitung des Anfechtungsrechts, in Festschrift für Walter Gerhardt, 2004, S. 621; *Pape,* Änderungen im Eröffnungsverfahren durch das Gesetz zur Vereinfachung des Insolvenzverfahrens, NZI 2007, 425; *Schmahl,* Das Zusammentreffen von Eröffnungsanträgen nach altem und neuem Insolvenzrecht, Rpfleger 1998, 493; *Sternal,* Das Gesetz zur Vereinfachung des Insolvenzverfahrens, NJW 2007, 1909; *Vallender/Rey,* Zur Anwendbarkeit alten und neuen Rechts nach Art. 103, 104 EGInsO, NZI 1999, 1; *Wimmer,* Jüngste Gesetzesänderungen vor Inkrafttreten der Insolvenzordnung, DZWiR 1999, 62.

I. Inkrafttreten des neuen Insolvenzrechts (§ 359, Art. 110 EGInsO)

1   Das Einführungsgesetz, auf das die Insolvenzordnung in § 359 – bis März 2003: § 335 aF (RdNr. 4) – verweist, regelt das Inkrafttreten des gesamten Gesetzgebungswerks in Art. 110. Weitere Übergangs- und Schlussvorschriften enthält es in den Art. 103 bis 109. Mit der Verweisung des § 359 auf das EGInsO wird dem Art. 82 Abs. 2 GG Rechnung getragen,[7] demzufolge ein Gesetz, das keine Regelung über das Inkrafttreten enthält, vierzehn Tage nach der Verkündung im Bundesgesetzblatt in Kraft tritt.

2   Insolvenzordnung und Einführungsgesetz wurden am 18. Oktober 1994 verkündet und traten am 1. Januar 1999 in Kraft (§ 359, Art. 110 Abs. 1 EGInsO). Gleichzeitig wurde die Aufhebung der Konkursordnung, der Vergleichsordnung und der Gesamtvollstreckungsordnung wirksam (Art. 2 Nr. 1, 4, 7, Art. 110 Abs. 1 EGInsO). Bereits am Tage nach der Verkündung waren die Vorschriften in Kraft getreten, mit denen die Länder zum Erlass von Ausführungsbestimmungen[8] (§ 2 Abs. 2, § 305 Abs. 1 Nr. 1) und das Bundesministerium der Justiz zum Erlass der Insolvenzrechtlichen Vergütungsverordnung ermächtigt worden waren (§ 65, Art. 110 Abs. 2 EGInsO).

---

[7] Bericht BTag zu § 378 c (= § 335 aF = § 359), BT-Dr. 12/7302, S. 195.
[8] Texte: NJW Beil. zu H. 7/2000; dazu *Becker* KTS 2000, 157.

II. Entstehungsgeschichte

1. Die **Vorlaufzeit zwischen der Verkündung** der Gesetze zur Insolvenzrechtsreform **und ihrem Inkrafttreten** (Oktober 1994 bis Januar 1999) umfasste eine vollständige Wahlperiode des Bundestags und übertraf damit noch die Vorlaufzeiten der KO (Februar 1877 bis Oktober 1879) und des BGB (August 1896 bis Januar 1900). Sie war bedingt durch erhebliche organisatorische und finanzpolitische Schwierigkeiten der Länder bei der Vorbereitung und Umsetzung des Reformwerks (zu Einzelheiten vgl. 1. Aufl. § 335 RdNr. 3 bis 5).

Seine jetzige Nummer hat § 359 (früher § 335) bei der Einfügung des neu geregelten Internationalen Insolvenzrechts im Jahr 2003 erhalten, als der Elfte Teil der InsO zum Zwölften wurde.[9]

2. Die ursprünglichen **Übergangsvorschriften des EGInsO,** insbesondere die Art. 103 und 104, waren im Gesetzgebungsverfahren nicht umstritten. Sie orientieren sich stillschweigend weitgehend an den Einführungsregelungen der Jahre 1877/79. Beim Übergang vom alten zum neuen Konkursrecht hatte die Reichsgesetzgebung seinerzeit zwar nur für bereits eröffnete Verfahren die Fortsetzung nach den bisherigen Gesetzen vorgesehen und es der Landesgesetzgebung vorbehalten, das neue Recht auch auf noch nicht eröffnete, aber bereits anhängige Konkurssachen für anwendbar zu erklären (§ 8 Abs. 1, 2 EGKO). Von diesem Vorbehalt war aber jedenfalls in Preußen trotz der dort geltenden vielfältigen Partikularrechte[10] kein Gebrauch gemacht worden; es war statt dessen ausdrücklich bestimmt, dass auch jene Verfahren nach den bisherigen Vorschriften fortzusetzen seien, deren Gegenstand die Eröffnung des Konkurses sei (§§ 48, 37 PrAGKO), also die beantragten, aber noch nicht eröffneten Verfahren. Kollisionsnormen für das Zusammentreffen von Eröffnungsanträgen nach altem und neuem Recht bestanden nicht.

Notwendige **Übergangsvorschriften aus Anlass späterer Gesetzesänderungen** werden üblicherweise hinter Art. 103 in das EGInsO eingefügt. Damit werden systemwidrig die historisch und sachlich eng zusammengehörigen Art. 103 bis 109 EGInsO auseinandergerissen. Der richtige Ort für solche Regelungen wäre hinter Art. 110 EGInsO.

III. Grundsätze des intertemporalen Verfahrensrechts

Gesetzesänderungen auf dem Gebiet des Verfahrensrechts gelten grundsätzlich auch in bereits **anhängigen gerichtlichen Verfahren,** sofern das Gesetz nichts anderes bestimmt. Ab Inkrafttreten des neuen Rechts sind die nach altem Recht begonnenen und noch nicht rechtskräftig abgeschlossenen Verfahren deshalb regelmäßig nach den neuen Bestimmungen fortzusetzen.[11] Insbesondere ist das neue Recht für die Beurteilung von Verfahrenshandlungen maßgeblich, die erst infolge einer Gesetzesänderung zulässig geworden sind und nach dem Inkrafttreten der Änderung vorgenommen werden.[12] Gleiches gilt für die Beurteilung bereits vorgenommener Verfahrenshandlungen, über die bei Inkrafttreten des neuen Rechts noch nicht abschließend entschieden ist.[13] Allerdings sind die Prinzipien der **Rechtssicherheit** und des **Vertrauensschutzes** zu beachten. Auch das Verfahrensrecht kann den Beteiligten Rechtspositionen gewähren, die wegen ihrer Bedeutung und ihres Gewichts in gleichem Maße wie eine materiellrechtliche Position schutzwürdig sind. Hat ein Beteiligter

---

[9] Art. 2 Nr. 3 des Gesetzes zur Neuregelung des Internationalen Insolvenzrechts vom 14. 3. 2003 (BGBl. I S. 345).
[10] Vgl. dazu *Hahn* S. 433 ff. (Anlage I zu den Motiven zur KO).
[11] Grundlegend: BVerfGE 87, 48, 61 ff. = NJW 1993, 1123 L = NVwZ 1992, 1182; vgl. auch BVerfGE 11, 139, 146 = NJW 1960, 1563; BVerfG NJW 2002, 3388; BGH NJW 1978, 889; BGH NZI 2002, 628; BGH NZI 2004, 279 = NJW-RR 2004, 575; BGH NJW 2005, 1432; BVerwGE 15, 48 = NJW 1962, 2218; BVerwGE 66, 312, 314 = NVwZ 1983, 283; BVerwG NJW 2005, 1449; BFHE 154, 241; BSGE 70, 133 = NJW 1992, 2444.
[12] BVerwG NJW 2005, 1449; BGH NJW 2005, 1432.
[13] BGH NZI 2002, 548 (zu Art. 103 a EGInsO); BGH ZVI 2002, 360; BGH ZVI 2003, 224.

§ 359 8, 9

während des Verfahrens nach altem Recht eine solche wesentliche, im neuen Recht nicht mehr uneingeschränkt vorgesehene verfahrensrechtliche Stellung erlangt, so bleibt sie ihm, gleichsam als bereits erworbenes Anrecht auf eine gerichtliche Sachentscheidung, regelmäßig erhalten.[14] Dies ist vor allem für die Zulässigkeit von verfahrenseinleitenden Anträgen[15] und von Rechtsmitteln anerkannt, die noch unter dem alten Recht zulässig gestellt oder eingelegt worden sind und die das neue Recht nicht mehr vorsieht oder nur unter strengeren Voraussetzungen zulässt (sog. Rechtsmittelsicherheit).[16] Erhalten bleiben ferner die Zuständigkeit des bereits zulässig angerufenen Gerichts, wenn nach neuem Recht ein anderes Gericht zuständig ist (*perpetuatio fori*, § 261 Abs. 3 ZPO),[17] sowie der weitere Instanzenzug in anhängigen Rechtsmittelverfahren, wenn die Anwendung des neuen Rechts zu einer Verkürzung des Instanzenzuges nur für Übergangsfälle führen würde.[18]

8 Falls **Abweichungen von diesen Grundsätzen** gelten sollen, bedürfen sie einer gesetzlichen Regelung. Sie können sich indessen nicht nur aus dem Wortlaut der Übergangsvorschriften selbst ergeben, sondern bei einer planwidrigen Regelungslücke auch aus Sinn und Zweck anderer Einzelbestimmungen, aus dem Gesamtzusammenhang des neuen Gesetzes oder aus dessen Entstehungsgeschichte.[19] Läßt sich ein abweichender, im Gesetz zum Ausdruck gekommener Wille des Gesetzgebers nicht hinreichend deutlich feststellen, so bleiben die dargestellten Grundsätze maßgebend.[20]

9 Die Gerichte können gesetzliche Übergangsvorschriften nicht auf Grund von **Billigkeitserwägungen** korrigieren. Sie haben unter diesem Gesichtspunkt insbesondere keine Wahl zwischen altem und neuem Recht. Bei der Anwendung von **Stichtagsregelungen** besteht notwendigerweise stets die Möglichkeit, dass innerhalb kurzer Zeit einander ähnliche Fälle wegen des Zeitablaufs unterschiedlichen Regelungen unterliegen und gewisse Härten auftreten. Dies stellt für sich genommen keine willkürliche Ungleichbehandlung dar. Stichtagsregelungen sind als gesetzestechnisches Instrument kaum zu entbehren und deshalb verfassungsrechtlich grundsätzlich nicht zu beanstanden, solange die Wahl des Stichtags sich an sachgerechten Gesichtspunkten orientiert und dabei die Interessenlage der Betroffenen angemessen erfasst wird.[21] Deshalb ist es in Fällen, die zeitlich nur zufällig dem alten oder neuen Recht zuzuordnen sind, mit dem Gebot der Rechtssicherheit unvereinbar und somit unzulässig, allein aus Billigkeitsgründen das jeweils günstigere Recht anzuwenden. Ebenso wenig kommt es für die Anwendung des alten oder neuen Rechts darauf an, ob ein Ereignis bei einem anderen Ablauf des Geschehens, etwa bei richtiger Sachbehandlung durch das Gericht oder einen Beteiligten, bis zu dem gesetzlichen Stichtag bereits eingetreten wäre.[22] Die Gerichte sind auch nicht befugt (Art. 20 Abs. 3 GG), im Vorgriff auf eine absehbare, aber noch nicht verkündete und in Kraft getretene konstitutive Gesetzesänderung, die eine Rückwirkung vorsieht, in bereits anhängigen Verfahren das künftige Recht anzuwenden.[23] Ein solches Gesetzgebungsvorhaben rechtfertigt nicht einmal eine Vertagung der Verhandlung oder eine Aussetzung des Verfahrens. Die Möglichkeit einer Rechtsänderung ist kein Rechtsverhältnis (§ 148 ZPO), dessen Bestehen oder Nichtbestehen für die Entscheidung des Rechtsstreits vorgreiflich sein kann.[24]

---

[14] BVerfGE 87, 48, 61 ff. = NJW 1993, 1123.
[15] BVerwGE 106, 237, 240 = NJW 1998, 2991 L = NVwZ 1998, 731; BVerwG NVwZ-RR 1999, 278 L.
[16] BVerfGE 87, 48, 63 ff. = NJW 1993, 1123; BVerfG NJW 2005, 1485, 1486; BGHZ 1, 29; BGH MDR 1978, 1007; BSGE 8, 135.
[17] BGH NJW 1978, 1260 f.; OLG Köln NZI 2002, 167.
[18] BGH NJW 1978, 1260 f.
[19] Vgl. dazu etwa die unterschiedliche Auslegung des Art. 103a EGInsO im Hinblick auf § 4a bei BGH NZI 2004, 635 und AG Duisburg ZInsO 2003, 386 = ZVI 2003, 420; ferner BGH NJW 2005, 1432; AG Duisburg NZI 2007, 531 f.
[20] BVerfGE 87, 48, 61 ff. = NJW 1993, 1123.
[21] BVerfGE 79, 212, 219 f. = NVwZ 1989, 645 f.; BGH (Fn. 1) 17. 2. 2005 – IX ZB 237/04; BGH 30. 3. 2006 – IX ZB 255/05; BGH NZI 2008, 49 f.
[22] Vgl. BGH NZI 2002, 548; BGH ZVI 2003, 224.
[23] Vgl. BVerfG NVwZ 2005, 1415 f. = NJW 2006, 211 L.
[24] BFH 17. 5. 1984 – IV R 75/80, juris; BFH NJW 2007, 623 f.

IV. Zeitpunkt der Anknüpfung in Übergangsvorschriften

Übergangsvorschriften können bei der Überleitung bereits anhängiger Verfahren vom 10
alten in den neuen Rechtszustand an unterschiedliche Verfahrensereignisse anknüpfen. Bei
der Einführung der InsO hat das Gesetz auf die Antragstellung abgestellt, bei späteren
Änderungen auf den Zeitpunkt der Verfahrenseröffnung.

1. Tag der Antragstellung. Knüpft die Übergangsvorschrift an die Antragstellung an 11
(Art. 103, 104 EGInsO), so ist für das anzuwendende Recht, soweit nicht § 129a Abs. 2
Satz 2 ZPO eingreift, der Tag maßgebend, an dem der Eröffnungsantrag **zum ersten Mal
mit Willen des Antragstellers in den Bereich der Justiz gelangt** ist. Dieser Rechtsgedanke, auf dem der anerkannte Grundsatz beruht, dass die Einreichung einer Klage bei
einem unzuständigen Gericht eine etwa einzuhaltende Klagefrist wahrt, wenn die Sache
anschließend an das zuständige Gericht verwiesen wird,[25] ist auch hier anzuwenden. Das
nach altem Recht zuständige Konkursgericht[26] hat daher das beantragte Verfahren auch dann
nach altem Recht durchzuführen, wenn ihm der vor dem 1. Januar 1999 gestellte Eröffnungsantrag infolge einer Abgabe oder Verweisung erst nach dem 31. Dezember 1998
zugeht.[27] Dies gilt auch für solche Amtsgerichte, die zwar nach altem Recht Konkursgerichte, nach neuem Recht aber nicht mehr Insolvenzgerichte sind (§ 2).

2. Tag der Verfahrenseröffnung. Wird in den Übergangsvorschriften an die Eröffnung 12
des Insolvenzverfahrens angeknüpft (vgl. Art. 103a, 103b, 103c EGInsO), so ist für das
anzuwendende Recht das Datum maßgebend, das im Eröffnungsbeschluss bei der **„Stunde
der Eröffnung"** (§ 27 Abs. 2 Nr. 3) angegeben ist. Es kommt weder auf die Bekanntgabe
noch auf den Eintritt der Rechtskraft an; der Eröffnungsbeschluss wird unmittelbar mit
Erlass wirksam (Einzelheiten bei §§ 27 bis 29). Der im Eröffnungsbeschluss genannte Zeitpunkt bleibt auch maßgebend, wenn der Beschluss im Beschwerdeverfahren nach § 570
Abs. 2, 3, § 575 Abs. 5 ZPO, § 4 außer Vollzug gesetzt wird, denn damit wird die
Verfahrenseröffnung als solche nicht widerrufen. Eine nach der Eröffnung in Kraft getretene
Änderung des Insolvenzrechts ist daher in diesen Fällen nicht zu berücksichtigen. Etwas
anderes gilt nur, wenn der Eröffnungsbeschluss rechtskräftig aufgehoben wird. Hierzu zählt
auch der Fall der vollständigen Aufhebung und Zurückverweisung nach § 572 Abs. 3, § 577
Abs. 4 ZPO, § 4.

V. Übergangsvorschriften von 1994/99 im Überblick

Die Insolvenzrechtsreform erfordert Übergangsregelungen, die einen angemessenen, zu- 13
gleich aber auch praktikablen Ausgleich zwischen den erworbenen **schutzwürdigen
Rechtspositionen der Beteiligten** und dem gesetzgeberischen Willen zur **Fortentwicklung des Rechts** schaffen. Diesem Zweck dienen die Art. 103, 104, 106, 108 und 109
EGInsO. Danach ist mit dem Inkrafttreten der Reform in einem insolvenzrechtlichen
Verfahren grundsätzlich allein das neue Recht anzuwenden, und zwar auch auf Rechtsverhältnisse und Rechte, die vor dem 1. Januar 1999 begründet worden sind **(Art. 104
EGInsO).**

Eine **Fortgeltung des aufgehobenen alten Rechts** ist, als Ausnahme von der generel- 14
len Aufhebung (Art. 2 EGInsO),[28] nur in wenigen Teilbereichen vorgesehen:

---

[25] BGHZ 35, 375 = NJW 1961, 2259; BGHZ 97, 155, 160f. = NJW 1986, 2250; BGHZ 139, 305 = NJW 1998, 3648; BGHZ 160, 259 = NJW 2004, 3774f. = NZI 2005, 34; BGHZ 166, 329 = NZG 2006, 426; BAGE 73, 30, 38; BayObLG NZI 2000, 427; BayObLG NZG 2001, 608; LG Bonn NZI 2006, 110.
[26] Zur sprachlichen Vereinfachung werden für das alte Recht nur die Begriffe der KO verwendet. Der Text gilt sinngemäß auch für Verfahren nach der GesO oder der VglO.
[27] Anders zu Unrecht OLG Düsseldorf NZI 1999, 414f.; unklar OLG Köln NZI 2000, 480, 482.
[28] *Vallender/Rey* NZI 1999, 1, 2; *HK-Landfermann* EGInsO Art. 103 RdNr. 6; *J. Münch*, Festschrift für Gerhardt, 2004, S. 621, 639.

15 – **Insolvenzrechtliche Verfahren nach altem Recht,** die vor dem 1. Januar 1999 beantragt worden sind, sind weiterhin nach den bisherigen Gesetzen durchzuführen **(Art. 103 EGInsO;** s. u. RdNr. 20 ff.).

16 – Die **Anfechtungsvorschriften** des neuen Rechts sind im Interesse des Vertrauensschutzes auf Rechtshandlungen, die vor dem 1. Januar 1999 vorgenommen worden sind, nur anzuwenden, soweit diese nicht nach dem bisherigen Recht der Anfechtung entzogen oder in geringerem Umfang unterworfen waren **(Art. 106 EGInsO).**[29] Mit dieser Ausnahme von Art. 104 EGInsO soll wie schon bei der Einführung der KO eine Rückwirkung der Verschärfungen des neuen Anfechtungsrechts ausgeschlossen werden.[30] Es ist also eine doppelte Prüfung der Rechts- und Beweislage nach altem und neuem Recht erforderlich.[31] Maßgeblich sind die jeweiligen materiellen Anfechtungsvoraussetzungen, d. h. die objektiven und subjektiven Merkmale der Anfechtungstatbestände, nicht jedoch die unterschiedlichen verfahrensrechtlichen oder sonstigen formellen Voraussetzungen. Deshalb gilt in Insolvenzverfahren, die nach dem 31. Dezember 1998 beantragt worden sind, auch dann die Verjährungsfrist des § 146 InsO (und nicht die kürzere Anfechtungsfrist des § 41 KO), wenn die rechtlichen Wirkungen der anfechtbaren Rechtshandlung vor dem 1. Januar 1999 eingetreten sind.[32] Die Beweislast für den Ausschluss oder die Einschränkung der Anfechtbarkeit nach altem Recht trägt der Anfechtungsgegner; dies folgt aus dem Ausnahmecharakter des Art. 106 gegenüber Art. 104 EGInsO.[33] Zugleich ergibt sich aus Art. 106 EGInsO, dass im Geltungsbereich der InsO solche Rechtshandlungen der Anfechtung entzogen sind, die zwar nach altem, nicht aber nach neuem Recht anfechtbar sind.[34] Für Konkursverfahren gilt stets ausschließlich altes Anfechtungsrecht, auch wenn die Rechtshandlung erst nach dem 31. Dezember 1998 vorgenommen worden ist (Art. 103 EGInsO).

17 – Im bisherigen Anwendungsbereich der GesO gilt die **Vollstreckungsbeschränkung des § 18 Abs. 2 Satz 3 GesO,** eine besondere Form der Restschuldbefreiung nach Abschluss des Gesamtvollstreckungsverfahrens, zugunsten solcher Schuldner fort, über deren Vermögen bereits vor dem 1. Januar 1999 ein solches Verfahren durchgeführt worden ist **(Art. 108 EGInsO).**[35] Damit wird das schutzwürdige Vertrauen des Schuldners in den Fortbestand seiner erworbenen Rechtsposition geschützt.[36]

18 – Bestimmten Inhabern von **Schuldverschreibungen** bleibt das nach altem Recht (§ 17 Abs. 1 EGKO) bestehende, landesrechtlich geregelte Vorrecht auch im Insolvenzverfahren als Vorrang erhalten **(Art. 109 EGInsO).** Dies gilt insbesondere für Inhaber von Pfandbriefen und Schuldverschreibungen der Bayerischen Landwirtschaftsbank aus der Zeit vor dem 1. Januar 1963.[37]

19 Eine auf Zumutbarkeitserwägungen besonderer Art gestützte Übergangsregelung enthielt **Art. 107 EGInsO** für den Bereich der **Restschuldbefreiung.** War ein Schuldner bereits am 1. Januar 1997, also zwei Jahre vor dem Inkrafttreten der InsO, zahlungsunfähig, so verkürzten sich die Laufzeit der Abtretung an den Treuhänder (die sog. Wohlverhaltenszeit, § 287 Abs. 2) von sieben auf fünf Jahre und die Dauer der Wirksamkeit von Abtretungen

---

[29] Einzelheiten vor §§ 129 bis 147 RdNr. 108; ferner HK-*Kreft* EGInsO Art. 106 RdNr. 3 ff.; *Uhlenbruck/Hirte* § 129 RdNr. 51 ff.; *J. Münch,* Festschrift für Gerhardt, 2004, S. 621, 645 ff.
[30] § 9 EGKO (RGBl. 1877, S. 390, 391); Begr. RegE EG zu Art. 110 (= Art. 106 EGInsO), BT-Dr. 12/3803, S. 118 f.
[31] BGH NZI 2004, 87 f. = ZIP 2003, 1900, 1902; BGHZ 157, 350, 355 = NJW 2004, 1444, 1446 = NZI 2004, 206; BGH NZI 2008, 231 f.
[32] BGH NJW 2007, 436 = NZI 2007, 96.
[33] HK-*Kreft* EGInsO Art. 106 RdNr. 1, 13; *Uhlenbruck/Hirte* § 129 RdNr. 61; *J. Münch,* Festschrift für Gerhardt, 2004, S. 621, 650 ff.
[34] HK-*Kreft* EGInsO Art. 106 RdNr. 7; *Uhlenbruck/Hirte* § 129 RdNr. 51 ff.; anders (nur altes Recht maßgebend) *J. Münch,* Festschrift für Gerhardt, 2004, S. 621, 646 ff.
[35] Vgl. dazu AG Halle-Saalkreis DZWIR 2002, 348 f.
[36] Begr. RegE EG zu Art. 111 (= Art. 108 EGInsO), BT-Dr. 12/3803, S. 119.
[37] Begr. RegE EG zu Art. 114 (= Art. 109 EGInsO), BT-Dr. 12/3803, S. 120.

oder Verpfändungen, die diese Abtretung beeinträchtigten (§ 114 Abs. 1), von drei auf zwei Jahre. Mit dieser Bestimmung sollte ein Ausgleich für das späte Inkrafttreten des Gesetzes geschaffen werden. Die Gesetzgebungsorgane wollten vermeiden, dass redliche Schuldner, die bereits vor dem 1. Januar 1997, dem ursprünglich geplanten Datum des Inkrafttretens, zahlungsunfähig gewesen waren, unzumutbar lange auf eine Restschuldbefreiung warten mussten.[38] Die Vorschrift ist durch Art. 3 Nr. 3 InsVfVereinfG 2007 aufgehoben worden. Sie war wegen ihres offenkundigen Übergangscharakters bereits vorher durch Zeitablauf obsolet geworden und wurde in Insolvenzverfahren, die seit dem 1. Dezember 2001 eröffnet worden waren, von der Rechtsprechung nicht mehr angewandt (vgl. a. RdNr. 46).[39] Ist der Eröffnungsbeschluss vor dem 1. Dezember 2001 ergangen, so gilt Art. 107 trotz seiner Aufhebung fort. Dies folgt zwar nicht aus Art. 103 c EGInsO,[40] ergibt sich aber aus der sinngemäßen Anwendung des Art. 103 a EGInsO auf die gerichtlich festgestellte Rechtsänderung durch Zeitablauf. Das vor dem 1. Dezember 2001 bereits erworbene Anrecht des Schuldners auf Verkürzung der Wohlverhaltenszeit (vgl. RdNr. 7) sollte durch Art. 3 Nr. 3 InsVfVereinfG 2007 nicht beeinträchtigt werden. Weiteres bei § 287.

VI. Weitere Anwendung des alten Rechts in Altverfahren (Art. 103 EGInsO)

1. Grundsatz und Normzweck. Mit dem Inkrafttreten der InsO haben die früheren insolvenzrechtlichen Verfahrensordnungen (KO, VglO und GesO) keineswegs jede rechtliche Bedeutung für die Zukunft verloren. Nach Art. 103 EGInsO sind auf **Konkurs-, Vergleichs- und Gesamtvollstreckungsverfahren, die vor dem 1. Januar 1999 beantragt** worden sind (RdNr. 11), und auf deren **Wirkungen** weiter die bisherigen gesetzlichen Vorschriften anzuwenden. Angesichts der vielen grundlegenden Unterschiede zwischen dem alten und dem neuen Insolvenzrecht erschien es den gesetzgebenden Organen nicht sinnvoll, das neue Recht auf bereits eröffnete Verfahren alter Art anzuwenden. Aus dem gleichen Grund hielt man es nicht für zweckmäßig, mit der InsO in solche Verfahren einzugreifen, die beim Inkrafttreten des neuen Rechts zwar noch nicht eröffnet, aber bereits beantragt waren (Eröffnungsverfahren).[41] Art. 103 EGInsO schließt daher aus, dass in einem bereits anhängigen Verfahren durch den bloßen Eintritt des 1. Januar 1999 nunmehr kraft Gesetzes ein anderes Recht maßgeblich ist, selbst wenn die Entscheidung über die Verfahrenseröffnung erst nach diesem Tag getroffen wird. Als noch anhängig ist dabei auch ein Verfahren zu behandeln, in dem sich nach rechtskräftiger Aufhebung oder Einstellung herausstellt, dass die Voraussetzungen des alten Rechts für eine **Nachtragsverteilung** vorliegen. **Anschlusskonkursverfahren** (Art. 103 Satz 2) sind die in § 102 VglO abschließend aufgeführten gescheiterten Vergleichsverfahren, die unmittelbar als Konkurs fortgesetzt werden.

Die Weitergeltung des am 31. Dezember 1998 maßgeblichen Rechts bedeutet nicht, dass es ausschließlich in der zu diesem Zeitpunkt vorherrschenden **Auslegung** anzuwenden ist. Die anerkannten Methoden der Gesetzesauslegung und Rechtsfortbildung gelten gleichermaßen für Vorschriften, die auf Grund von Übergangsregelungen gültig bleiben.[42] Eine Fortentwicklung oder Neuinterpretation ist deshalb grundsätzlich zulässig; dabei kann zur Schließung von Lücken auch das neue Recht herangezogen werden (vgl. aber auch RdNr. 29).

2. Dynamische Verweisungen und Gesetze mit allgemeinem Geltungsanspruch. Nicht anzuwenden ist Art. 103 EGInsO bei Verweisungen des alten Rechts auf die **Zivilprozessordnung** (§§ 72, 146 KO, § 115 VglO, § 1 GesO) oder andere **verfahrensrecht-**

---

[38] Bericht BTag EG zu Art. 110 a (= Art. 107 EGInsO), BT-Dr. 12/7303, S. 118.
[39] BGH NZI 2004, 452 mwN; BGH ZVI 2005, 47; BGH ZVI 2006, 466; BGH (Fn. 1) 21. 9. 2006 – IX ZB 31/04; BGH 8. 11. 2007 – IX ZB 203/03; *Ahrens* NZI 2004, 454.
[40] So aber Begr RegE InsVfVereinfG 2007, Art. 3 Nr. 3, BT-Dr. 16/3227, S. 22.
[41] Begr. RegE EG zu Art. 107 (= Art. 103 EGInsO), BT-Dr. 12/3803, S. 116 f.
[42] BGHZ 143, 332 = NJW 2000, 1117, 1119.

liche Normen außerhalb des Konkursrechts, etwa die stillschweigende Bezugnahme auf das **Gerichtsverfassungsgesetz.** Diese Verweisungen sind als dynamisch anzusehen, weil die Normen, auf die verwiesen wird (Bezugsnormen), keinen spezifisch konkursrechtlichen Inhalt haben und deshalb gegenüber den unterschiedlichen Konzeptionen des alten und neuen Insolvenzrechts neutral sind. Zweck solcher allgemein verfahrensrechtlichen Verweisungsnormen (Ausgangsnormen) ist die Einbindung des konkursgerichtlichen Verfahrens in das gesamte, möglichst einheitliche Verfahrensrechts. Deshalb ist bei diesen Verweisungen auch in Altverfahren die jeweils aktuelle Fassung der Bezugsnorm maßgebend. Gleiches gilt für Änderungen des Verfahrensrechts, die nach ihrem gesetzgeberischen Zweck allgemeine Geltung beanspruchen und damit unausgesprochen auch bisherige konkursrechtliche Verfahrensregelungen verdrängen. Hierzu gehören etwa die von § 73 Abs. 3 KO, § 121 VglO, § 20 GesO (§ 568 Abs. 2 ZPO aF) abweichenden Bestimmungen des ZPO-Reformgesetzes 2001 über die Beschwerde und Rechtsbeschwerde[43] sowie die Regelungen des Anhörungsrügengesetzes.[44]

23 **3. Altverfahren.** Art. 103 EGInsO gilt für alle insolvenzrechtlichen Verfahren, die vor dem 1. Januar 1999 beantragt worden sind (RdNr. 11), auch für Anschlusskonkursverfahren (§ 102 VglO), die auf einen vor dem Stichtag gestellten Vergleichsantrag zurückgehen. Ebenso erhält Art. 103 EGInsO dem Schuldner die Möglichkeit, nach dem Stichtag durch einen Vergleichsantrag die Eröffnung eines nach altem Recht beantragten Konkursverfahrens abzuwenden (§§ 1, 46 VglO).[45]

24 **4. Anwendbares bisheriges Recht.** Die in den Fällen des Art. 103 EGInsO anzuwendenden bisherigen gesetzlichen Vorschriften umfassen nicht nur die **KO, VglO**[46] und **GesO** sowie andere, unmittelbar das **insolvenzrechtliche Verfahren** (einschließlich der Nachtragsverteilung) betreffende Bestimmungen wie die Vergütungsverordnung des alten Rechts[47] oder das Gesamtvollstreckungs-Unterbrechungsgesetz.[48] Das bisherige Recht ist auch für die **Wirkungen** dieser Verfahren maßgeblich, also für ihre **Ausstrahlungen in andere Rechtsbereiche.**[49] Gesetz ist dabei jede Rechtsnorm einschließlich des Gewohnheitsrechts.[50] Hat ein Sachverhalt einen rechtlichen Bezug zu einem insolvenzrechtlichen Verfahren, das vor dem 1. Januar 1999 beantragt worden und über diesen Tag hinaus anhängig geblieben ist, so sind deshalb insoweit alle Rechtsnormen in der am 31. Dezember 1998 geltenden Fassung anzuwenden, die zu diesem Zeitpunkt entweder sich ausdrücklich auf einen Sachverhalt des alten Konkurs-, Vergleichs- oder Gesamtvollstreckungsverfahrens bezogen oder (möglicherweise unausgesprochen) hieran anknüpften.[51] Dies gilt auch, wenn die am 31. Dezember 1998 geltende Fassung auf einer Gesetzesänderung aus der Zeit nach Verkündung der InsO und des EGInsO beruht.

25 Welche **Rechtsnormen im Einzelnen** insoweit weiter anzuwenden sind, lässt sich schwerlich abschließend festlegen. Beispielhaft zu erwähnen sind die bisherigen Bestimmungen
– über die **Zuständigkeit** des Richters und des Rechtspflegers im Verfahren (§§ 18, 19 RPflG),

---

[43] BGH NZI 2002, 628 = NJW-RR 2002, 1621; BGH NZI 2004, 279 = NJW-RR 2004, 575; BGH 25. 10. 2007 – IX ZB 269/04.
[44] Gesetz vom 9. 12. 2004 (BGBl. I S. 3220).
[45] Mit deutlich erkennbarer Zustimmung offen gelassen von BGH NZI 2001, 140; wie hier auch *Ringstmeier* EWiR 2001, 957 f.
[46] Zu § 46 VglO: BGH NZI 2001, 140.
[47] BGH NZI 2004, 142. – § 19 InsVV hat nur deklaratorische Bedeutung.
[48] Vgl. Art. 2 Nr. 1 bis 8 EGInsO.
[49] Bericht BTag EG zu Art. 107 (= Art. 103 EGInsO), BT-Dr. 12/7303, S. 118.
[50] Vgl. § 12 EGZPO, § 2 EGKO, Art. 2 EGBGB.
[51] Vgl. etwa BGHZ 149, 1, 4 = NJW 2002, 213 f. = NZI 2002, 30; BGH NJW 2002, 2562 = NZI 2002, 429; BGH NJW 2003, 743 f. = NZI 2003, 280 L; BGH VIZ 2003, 452, 454; BGH NZI 2004, 144; BGH NJW 2005, 1192 f.

Verweisung auf das Einführungsgesetz   26–29 § 359

- über den **erweiterten Vollstreckungsschutz** des Schuldners nach § 18 Abs. 2 Satz 3 GesO,
- über die **Unterbrechung des Zivilprozesses** durch die Konkurseröffnung (§ 240 ZPO aF),[52] über die (im neuen Recht durch § 87 InsO ausgeschlossene) Möglichkeit des Konkursgläubigers, bei **Verzicht auf die Teilnahme am Konkursverfahren** den Schuldner persönlich im Wege der Klage in Anspruch zu nehmen[53] (§ 12 KO), oder über sonstige Auswirkungen des Konkurses auf gerichtliche Verfahren,[54]
- über die **Auflösung** (nur) der Kapitalgesellschaften im engeren Sinne (AG, GmbH, KGaA) durch die rechtskräftige Abweisung eines Konkursantrags mangels Masse (§ 1 LöschG),
- über die **Behandlung eigenkapitalersetzender Leistungen** im Konkurs (§§ 32 a, 32 b GmbHG, § 172 a HGB, § 32 a KO),[55]
- über die **einstweilige Einstellung der Zwangsversteigerung** im Hinblick auf ein Konkursverfahren (§ 30 c ZVG aF),
- über öffentlich-rechtliche Folgen des Konkurses auf die **persönliche Stellung des Gemeinschuldners**, etwa die Unfähigkeit zum Amt eines ehrenamtlichen Richters (z. B. § 32 Nr. 3 GVG),
- über die Amtsenthebung eines **Notars** oder den Widerruf der Zulassung eines **Rechtsanwalts, Wirtschaftsprüfers** oder **Steuerberaters** bei gerichtlicher Anordnung einer Verfügungsbeschränkung,
- über das **Konkursausfallgeld** anstelle des Insolvenzgeldes (§§ 141 a bis 141 n AFG, § 430 Abs. 5 SGB III) und über die **Sicherung von Betriebsrenten** im Insolvenzfall (vgl. § 31 BetrAVG, Art. 91 Nr. 7 EGInsO),
- über **Straftaten**, deren Ahndung ein konkursrechtliches Verfahrensereignis voraussetzt (vgl. § 283 Abs. 6 StGB) oder sonst an ein konkursrechtliches Tatbestandsmerkmal, etwa die Pflicht zur Stellung eines Eröffnungsantrags (§ 84 Abs. 1 Nr. 2 GmbHG, § 401 Abs. 1 Nr. 2 AktG), anknüpft (vgl. auch § 2 Abs. 1 StGB).[56]

Anzuwenden sind in Altverfahren auch die bisherigen **kostenrechtlichen Vorschriften,** 26 selbst wenn die Kostengesetze allgemein für spätere Rechtsänderungen eigene Übergangsregelungen enthalten (vgl. §§ 71, 72 GKG, §§ 60, 61 RVG).[57] Diese allgemeinen Übergangsregelungen werden durch den spezielleren Art. 103 EGInsO verdrängt.[58]

Für die **Wirkungen eines Verfahrens** nach altem Recht, das **vor dem 1. Januar 1999** 27 **bereits abgeschlossen** war, gelten diejenigen insolvenzrechtlichen Normen, die zur Zeit des Verfahrens in Kraft waren. Dies folgt zumindest mittelbar daraus, dass die Art. 103, 104 EGInsO hierzu keine abweichende Regelung treffen und abgeschlossene Rechtsverhältnisse nach allgemeinen Grundsätzen von einer späteren Gesetzesänderung unberührt bleiben, sofern sich aus dem neuen Gesetz nichts anderes ergibt.

Umgekehrt sind im Zusammenhang mit Altverfahren alle Rechtsnormen nicht anzuwen- 28 den, die **erstmals mit dem Inkrafttreten der InsO** an einen Sachverhalt des Insolvenzverfahrens anknüpfen. So tritt etwa keine Unterbrechung des Zivilprozesses nach § 240 Satz 2 ZPO, § 22 Abs. 1 Satz 1 ein, wenn in einem Altverfahren nach dem 31. Dezember 1998 ein Sequester bestellt und zugleich ein allgemeines Veräußerungsverbot nach § 106 KO erlassen wird. Ebenso wenig wird nunmehr durch die Abweisung eines Konkursantrages mangels Masse eine letztlich beschränkt haftende Personenhandelsgesellschaft im Fall des § 131 Abs. 2 Nr. 1 HGB aufgelöst.

5. Keine Vermischung alter und neuer Regelungen. Die Art. 103, 104 EGInsO 29 sehen die strikte Trennung der Verfahren nach altem und neuem Recht vor. Ein insolvenz-

---

[52] OLG Brandenburg NZI 1999, 454 f.
[53] BGH NJW 2002, 1123 f. = NZI 2002, 226.
[54] BGH NZI 2002, 549 (zu § 148 KO).
[55] BGH NJW 2001, 1490, 1491 = NZI 2001, 136.
[56] BGH wistra 2003, 301 = ZInsO 2003, 564.
[57] Früher: § 73 Abs. 3 GKG 1975, § 134 Abs. 1 BRAGO.
[58] Begr. RegE EG zu Art. 107 (= Art. 103 EGInsO), BT-Dr. 12/3803, S. 117.

rechtliches Verfahren hat seine rechtliche Grundlage entweder in der KO, VglO oder GesO einerseits (Art. 103 EGInsO) oder in der InsO andererseits (Art. 104 EGInsO). In engen Grenzen mag eine sinngemäße Anwendung einzelner Vorschriften des neuen Rechts bei der Auslegung des alten Rechts oder bei der Schließung von Lücken Bedeutung gewinnen.[59] Eine Vermischung des alten und neuen Insolvenzrechts, bei der ganze Normkomplexe aus einem Regelungszusammenhang in einen anderen unmittelbar oder im Wege der Analogie übertragen werden, ist jedoch mit dem Gesetz nicht vereinbar. Deshalb ist etwa im Rahmen eines Konkursverfahrens ein Antrag des Gemeinschuldners auf **Restschuldbefreiung** nach den §§ 286 ff. unzulässig.[60] Gleiches gilt für den Versuch des Schuldners, in einem Altverfahren anstelle eines Vergleichsvorschlags (§§ 3 ff. VglO, § 174 KO) einen **Insolvenzplan** vorzulegen, der nicht die Mindestanforderungen des alten Rechts erfüllt. Ebenso unstatthaft ist die Anwendung der **Rückschlagsperre** (§ 88) in Altfällen, in denen nicht die Voraussetzungen der §§ 28, 87, 104 VglO oder des § 7 Abs. 3 Satz 1 GesO vorliegen.[61]

VII. Alte Rechtsverhältnisse in Neuverfahren (Art. 104 EGInsO)

30   **1. Grundsatz und Normzweck.** In einem Insolvenzverfahren, das nach dem 31. Dezember 1998 beantragt wird (RdNr. 11), gelten die InsO und das EGInsO auch für **Rechtsverhältnisse** und **Rechte, die vor dem 1. Januar 1999 begründet worden** sind (Art. 104 EGInsO). Mit dieser Bestimmung soll klargestellt werden, dass im Insolvenzverfahren nicht nur die neuen **Verfahrensvorschriften** gelten, sondern im Grundsatz auch stets die **materiellrechtlichen Regeln** des neuen, durch das EGInsO in Kraft gesetzten Rechts zur Anwendung kommen.[62] Alle Beteiligten sollen den gleichen Regeln unterworfen sein, und keiner von ihnen soll eine besondere Stellung einnehmen, nur weil sein Recht bereits vor dem 1. Januar 1999 begründet worden ist. Nach Ansicht der Gesetzgebungsorgane war es allein durch eine solche entschiedene **Gleichbehandlung** möglich, von Anfang an die Funktionsfähigkeit des neuen Insolvenzrechts sicherzustellen und die Ziele der Reform zu erreichen. Einzelne Ausnahmen von der uneingeschränkten Geltung des neuen Rechts enthalten die Art. 106 bis 109 EGInsO (vgl. RdNr. 16 ff.).

31   **2. Beispiele.** Auf alte Rechtsverhältnisse anzuwenden sind demnach etwa die Vorschriften über das Recht des Insolvenzverwalters zur **vorzeitigen Kündigung** (§§ 109, 113, 119)[63] und über sein Recht zur **Verwertung von Sicherungsgut** (§§ 166 ff.). Ebenso folgt aus Art. 104 EGInsO, dass **Vorrechte eines Gläubigers** nach früherem Konkursrecht im Insolvenzverfahren auch dann keine rechtliche Bedeutung mehr haben, wenn die Forderung vor dem 1. Januar 1999 begründet worden ist; die Forderung unterliegt allein der Rangordnung des neuen Rechts.[64]

32   **3. Zusammenhang mit dem Insolvenzverfahren.** Die Anwendung des neuen Insolvenzrechts auf die von Art. 104 EGInsO erfassten Rechtsverhältnisse ist nicht nur, wie der Wortlaut der Vorschrift nahelegt, im Insolvenzverfahren selbst zu beachten. Aus dem Zweck der Norm folgt, dass das neue Recht auch in anderen **gerichtlichen** oder **behördlichen Verfahren** maßgebend ist, in denen **im Zusammenhang mit dem Insolvenzverfahren** über den Bestand oder die rechtliche Tragweite eines solchen Rechtsverhältnisses oder über die Auswirkungen des Art. 104 EGInsO gestritten wird. Zu denken ist dabei etwa an einen Rechtsstreit über die Berechtigung einer Kündigung des Verwalters (§§ 109, 113, 119) oder

---

[59] Zu dieser sog. Vorwirkung der InsO vgl. etwa BGHZ 131, 189 = NJW 1996, 461; BGHZ 134, 116 = NJW 1997, 657; LG Rostock ZIP 1999, 294; *G. Pape* NJW 1997, 2777; *G. Schulze* NJW 1998, 2100; *Kilger/K. Schmidt* Einl. KO II 3.
[60] LG Duisburg NZI 2000, 29; *Voss* EWiR 2000, 769; *Vallender/Rey* NZI 1999, 1, 3.
[61] OLG Frankfurt NZI 2005, 684.
[62] Begr. RegE EG zu Art. 108 (= Art. 104 EGInsO), BT-Dr. 12/3803, S. 117.
[63] Vgl. OLG Hamm NZI 2000, 475 = NJW-RR 2000, 1651.
[64] Begr. RegE EG zu Art. 108 (= Art. 104 EGInsO), BT-Dr. 12/3803, S. 117.

über die Unwirksamkeit einer Abtretung oder Pfändung laufender Bezüge des Schuldners (§ 114 Abs. 1, 3).

4. Keine Anwendung außerhalb des Insolvenzrechts. Der Verweis des Art. 104 33 EGInsO auf das Insolvenzverfahren bringt zum Ausdruck, dass die Rückwirkung des neuen Rechts und der im EGInsO enthaltenen Rechtsänderungen nur für solche Vorschriften gilt, die dem Insolvenzrecht angehören. Dies ist der Fall, wenn die Rechtsnorm im Tatbestand oder in der Rechtsfolge entweder sich ausdrücklich auf einen **Insolvenzfall (Eröffnungsgrund)** oder auf einen **Sachverhalt des Insolvenzverfahrens** bezieht oder wenn sie zumindest unausgesprochen hieran anknüpft. Fehlt dieser Bezug, so sind die allgemeinen Regeln über die Wirkung einer Gesetzesänderung auf bestehende Rechtsverhältnisse anzuwenden.[65] Für Schuldverhältnisse, die vor einer Rechtsänderung entstanden sind, bleibt in einem solchen Fall, sofern gesetzlich nichts anderes bestimmt wird, das bei ihrer Entstehung geltende Recht maßgebend (vgl. den allgemeinen Rechtsgedanken des Art. 170 EGBGB).[66]

Eine **Rechtsänderung ohne Bezug zum Insolvenzverfahren** ist etwa die Aufhebung 34 des § 419 BGB (Vermögensübernahme) durch Art. 33 Nr. 16 EGInsO. Auch ohne die Klarstellung in Art. 223a EGBGB[67] wäre deshalb § 419 BGB weiterhin auf Vorgänge anzuwenden, die vor dem 1. Januar 1999 wirksam geworden sind.[68]

VIII. Zusammentreffen von Verfahren nach altem und neuem Recht

1. Zusammentreffen von Eröffnungsverfahren. Bei Inkrafttreten der InsO stand die 35 Praxis vielfach vor der Situation, dass gegen einen Schuldner mehrere, teils vor, teils nach dem 1. Januar 1999 gestellte Eröffnungsanträge vorlagen und zu entscheiden war, ob bei Eröffnungsreife das Konkurs- oder das Insolvenzverfahren oder jedes von beiden zu eröffnen war (vgl. dazu 1. Auflage, § 335 RdNr. 28 ff.). Dieses Problem hat zurzeit nur noch historische Bedeutung. Es kann jedoch bei künftigen Übergangsvorschriften wieder erheblich werden, wenn diese an den Tag der Antragstellung anknüpfen (RdNr. 11) und die Möglichkeit besteht, dass Anträge nach altem und neuem Recht gleichzeitig zur positiven Entscheidung reif werden. Für solche Fälle ist dringend eine ausdrückliche gesetzliche Kollisionsregelung zu empfehlen. Ohne sie hat nicht der zeitlich frühere Antrag Vorrang, sondern der weitergehende, der auf die größere Einschränkung der gegnerischen Rechte abzielt.[69]

2. InsO-Eröffnungsantrag nach Konkurseröffnung. Wird während eines eröffneten 36 Konkursverfahrens ein Antrag auf Eröffnung des Insolvenzverfahrens über das Vermögen des selben Schuldners gestellt, so hat dieser Antrag, wie zweifelsfrei aus Art. 103 EGInsO folgt, **keinen rechtlichen Einfluss auf den Gang des bereits eröffneten Verfahrens.** Insbesondere kann auf diese Weise kein Verfahren zur **Restschuldbefreiung** im unmittelbaren Anschluss an das Konkursverfahren ausgelöst werden (vgl. RdNr. 29). Ein solcher Eröffnungsantrag ist jedoch grundsätzlich statthaft, weil er sich auf eine andere Vermögensmasse, nämlich das nach Eröffnung des Konkursverfahrens neu erworbene Vermögen des Schuldners bezieht (§ 35 InsO, Neuvermögen). Antragsberechtigt ist neben dem Schuldner und den Neugläubigern, deren Forderungen vom Schuldner erst nach der Eröffnung des Konkursverfahrens begründet worden sind, auch jeder Konkursgläubiger, denn er ist kraft Gesetzes zugleich Insolvenzgläubiger (§ 3 KO, § 38 InsO). Für die Glaubhaftmachung und das Vorliegen eines Eröffnungsgrundes sowie für die Existenz einer kostendeckenden Masse ist auf der Aktivseite nur das Neuvermögen maßgebend. Die Vermögensmasse des eröffneten Konkursverfahrens bleibt außer Betracht, denn sie steht dem Schuldner nicht zur Schuldentilgung zur Verfügung. Auf der Passivseite sind neben den Neuverbindlichkeiten auch die

---

[65] Begr. RegE EG zu Art. 108 (= Art. 104 EGInsO), BT-Dr. 12/3803, S. 118.
[66] Vgl. dazu die Kommentare zu Art. 170, Art. 232 § 1, Art. 229 § 5 EGBGB sowie *B. Heß*, Intertemporales Privatrecht, 1998, S. 143 ff.; *ders.* NJW 2002, 253; *J. Münch*, Festschrift für Gerhardt, 2004, S. 621, 632 f.
[67] Eingefügt durch Art. 1 Nr. 5 b EGInsOÄndG 1998.
[68] Dazu BGH NZI 2002, 175 = NJW-RR 2002, 478 f.
[69] Vgl. *Schmahl* Rpfleger 1998, 493, 495.

Konkursverbindlichkeiten (einschließlich der bei Konkurseröffnung bereits begründeten Masseschulden) zu berücksichtigen, soweit sie bei Eröffnung des Insolvenzverfahrens noch nicht getilgt sind. Dass mit ihrer nachträglichen vollständigen Tilgung im Konkursverfahren zu rechnen ist, bevor im Insolvenzverfahren die Verteilung beginnt, mag im Einzelfall das rechtliche Interesse des antragstellenden Gläubigers in Frage stellen (§ 14 Abs. 1 InsO). Grundsätzlich ist aber nicht zu bezweifeln, dass die Konkursverbindlichkeiten in die Prüfung der Eröffnungsvoraussetzungen des Insolvenzverfahrens einzubeziehen sind. Die Konkursgläubiger haben ein Anrecht darauf, im Rahmen eines Insolvenzverfahrens nach neuem Recht auch an der gemeinschaftlichen Befriedigung aus der Verwertung des schuldnerischen Neuvermögens teilzunehmen.[70]

37 Die Eröffnung des Insolvenzverfahrens berührt den Konkursbeschlag aus dem Konkursverfahren nicht.[71] Die Verwaltungs- und Verfügungsbefugnis des Insolvenzverwalters erstreckt sich nur auf das Neuvermögen und den künftigen Erwerb (§ 35 Abs. 1 InsO). Die Konkursmasse wird nicht Teil der Insolvenzmasse, der Konkursverwalter bleibt mit seinen bisherigen Befugnissen im Amt. Für die **Rechtsstellung der Konkursgläubiger im Insolvenzverfahren** gelten die Bestimmungen über absonderungsberechtigte Gläubiger entsprechend.[72] Ihre Befriedigung im Rahmen des Konkursverfahrens ist im Insolvenzverfahren wie eine abgesonderte Befriedigung aus einem Sondervermögen zu behandeln. Die Konkursgläubiger sind daher bei der Verteilung nur zu berücksichtigen, soweit sie im Konkursverfahren auf eine Befriedigung aus der Masse verzichten oder mit der Forderung ausgefallen sind und den entsprechenden Nachweis erbringen (§ 52 Satz 2, § 190 InsO).

IX. Übergangsregelung zum InsOÄndG 2001 (Artikel 103 a EGInsO)

38 **1. Normzweck.** Als Übergangsvorschrift zu dem am 1. Dezember 2001 in Kraft getretenen InsOÄndG 2001 ist der neue Art. 103 a EGInsO eingefügt worden. Danach sind auf Insolvenzverfahren, die vor dem 1. Dezember 2001 eröffnet worden sind, die bis dahin geltenden gesetzlichen Vorschriften weiter anzuwenden. Für alle Verfahren, die bis zum 30. November 2001 noch nicht eröffnet waren, gilt somit das novellierte Recht. Diese von den Art. 103, 104 EGInsO abweichende Einbeziehung der noch nicht eröffneten Verfahren in den Geltungsbereich des neuen Rechts ist im Grundsatz sinnvoll, weil durch die eingeführten Stundungsvorschriften (§§ 4a bis 4d) künftige Eröffnungen gerade erleichtert werden sollen.[73] Außerdem zielen die Vereinfachungen beim Schuldenbereinigungsverfahren (§§ 305 bis 309) auf eine sofortige Entlastung der Insolvenzgerichte ab.[74]

39 **2. Zum maßgebenden Zeitpunkt der Verfahrenseröffnung** siehe oben RdNr. 12.

40 **3. Einzelfragen.** Vor dem Hintergrund der allgemeinen Grundsätze des intertemporalen Verfahrensrechts (RdNr. 7 ff.) sind – auch als Anhaltspunkte für vergleichbare Fälle bei künftigen Gesetzesänderungen – folgende Themen besonders anzusprechen:

41 **a) Schuldenbereinigungsverfahren (§§ 304, 305 bis 310).** Die Rechtsänderungen in den **§§ 305 bis 309** gelten grundsätzlich auch für bereits eingeleitete, aber noch nicht rechtskräftig abgeschlossene Zwischenverfahren über den Schuldenbereinigungsplan. Ist ein solches Zwischenverfahren auf Grund des alten Rechts unabhängig von der Erfolgsaussicht in Gang gesetzt worden (§ 307), so kann das Insolvenzgericht es nach neuem Recht (§ 306 Abs. 1 Satz 3) bei absehbarer Aussichtslosigkeit des Plans sofort abbrechen und das allgemeine Eröffnungsverfahren fortsetzen.[75] Wenn ein ehemals selbständiger Schuldner infolge der Neuregelung des § 304 nicht mehr in den Anwendungsbereich des Verbraucherinsolvenzverfahrens fällt, darf das bei Inkrafttreten der Änderung bereits eingeleitete Verfahren über

---

[70] *Vallender/Rey* NZI 1999, 1, 4 f.; LG Duisburg NZI 2000, 29.
[71] *Bremen* ZInsO 2002, 1, 6.
[72] *Bremen* ZInsO 2002, 1, 7.
[73] Vgl. Begr. RegE InsOÄndG 2001 zu Art. 11, BT-Dr. 14/5680, S. 35 f.
[74] Vgl. dazu Begr. RegE InsOÄndG 2001, BT-Dr. 14/5680, S. 11 ff., 30 ff.
[75] *Vallender* NZI 2001, 561, 568.

den Schuldenbereinigungsplan grundsätzlich nicht fortgesetzt werden. Allerdings wird das Gericht das Ergebnis einer laufenden Anhörung der Gläubiger abwarten dürfen. Ergibt sich, dass alle Gläubiger dem Plan zugestimmt haben oder ihr Einverständnis mangels einer Einwendung als erteilt gilt (§ 307 Abs. 2), so muss die anschließende deklaratorische Feststellung der Annahme des Plans auch weiterhin zulässig sein. Nur eine solches Verständnis wird dem Entlastungszweck der Änderungen in den §§ 304 bis 309[76] gerecht. Eine gerichtliche Zustimmungsersetzung (§ 309) ist jedoch nicht mehr statthaft. Ist die Ersetzung noch nicht rechtskräftig, so ist sie auf die sofortige Beschwerde eines Beteiligten aufzuheben. Ein Rechtsmittel gegen die Ablehnung der Ersetzung wird jedenfalls unbegründet. Das Verfahren ist abzubrechen und von Amts wegen in das Regelverfahren überzuleiten.[77]

b) Kostenstundung (§§ 4a bis 4d). Die Vorschriften über die Kostenstundung sind in einem bereits anhängigen Eröffnungsverfahren von Amts wegen zu beachten. Dies gilt auch in der Beschwerdeinstanz. Hat der Schuldner gegen die Abweisung seines Eröffnungsantrags mangels Masse sofortige Beschwerde eingelegt, so ist ihm deshalb, wenn die Stundung in Betracht kommt, Gelegenheit zur Stellung eines entsprechenden Antrags zu geben.[78] **42**

Im Übrigen ist die Übergangsvorschrift des Art. 103a EGInsO hinsichtlich der Kostenstundung nicht konsequent durchdacht. Ihrem Wortlaut nach lässt sie eine Anwendung der Stundungsregelung allein in Verfahren zu, die bis zum 1. Dezember 2001 noch nicht eröffnet sind, nicht aber in bereits **eröffneten Verfahren,** in denen sich die unzureichende Kostendeckung erst nachträglich herausstellt (vgl. § 207 Abs. 1 Satz 2, § 298 Abs. 1 Satz 2). Dieses Verständnis, dem sich auch der BGH angeschlossen hat,[79] ist nur vordergründig einleuchtend und überzeugt nicht.[80] Es wird nicht hinreichend dem verfassungsrechtlichen Hintergrund der Stundungsvorschriften gerecht,[81] der auch in bereits eröffneten Verfahren Geltung beanspruchen kann, und lässt zudem die unübersehbar durchscheinenden legitimen fiskalischen Erwägungen des Gesetzgebers außer Betracht. Muß das vor dem 1. Dezember 2001 eröffnete Verfahren nämlich mangels hinreichender Kostendeckung abgebrochen werden, so wird die Staatskasse durch die vollständige Vorfinanzierung eines vom Schuldner später neu beantragten Verfahrens deutlich stärker belastet als durch die Vorfinanzierung der restlichen Kosten des fortgeführten alten Verfahrens. Entgegen dem scheinbar eindeutigen Wortlaut des Art. 103a EGInsO ist deshalb in Verfahren, die vor dem 1. Dezember 2001 eröffnet worden sind, eine nachträgliche Kostenstundung nach § 207 Abs. 1 Satz 2, § 298 Abs. 1 Satz 2, § 4a rechtlich möglich. **43**

c) Zuordnung zu einer Verfahrensart (§ 304). Ergibt sich durch die Änderung des § 304 ein Wechsel in der Zuordnung des Schuldners zu einer gesetzlichen Verfahrensart (Verbraucher- oder Regelinsolvenzverfahren), so hat dies im bereits eröffneten Verfahren keine Auswirkungen mehr. Insbesondere berührt es nicht die Befugnisse des Verwalters oder Treuhänders (§ 313). Abzustellen ist auf den im Eröffnungsbeschluss genannten Zeitpunkt der Verfahrenseröffnung, nicht auf das Datum der Rechtskraft (vgl. RdNr. 12); eine Änderung der gesetzlichen Zuordnungskriterien während des Beschwerdeverfahrens ist deshalb nicht mehr zu berücksichtigen. **44**

d) Restschuldbefreiung. Der Antrag auf Restschuldbefreiung bleibt bei Verfahrenseröffnung vor dem 1. Dezember 2001 bis zum Berichtstermin zulässig, in Regelverfahren auch ohne eigenen Eröffnungsantrag des Schuldners (§ 30 Abs. 3, § 287 Abs. 1 aF). Ist das Verfahren kurz nach dem 30. November 2001 auf Grund eines vor dem 1. Dezember 2001 gestellten Gläubigerantrags eröffnet worden, so kann der Schuldner nach Erteilung des **45**

---

[76] Dazu Begr. RegE InsOÄndG 2001, BT-Dr. 14/5680, S. 11 ff., 30 ff.
[77] BGH NZI 2002, 548; BGH ZVI 2002, 360; BGH ZVI 2003, 224; OLG Celle NZI 2002, 268 f.; LG Hannover ZVI 2002, 66; *Grote* NJW 2001, 3665, 3668.
[78] OLG Köln NZI 2002, 167.
[79] BGH NZI 2004, 635.
[80] Zum Folgenden ausführlich AG Duisburg NZI 2003, 508 und ZVI 2003, 420.
[81] Dazu LG Bonn ZIP 2000, 367; AG Duisburg NZI 1999, 373.

gerichtlichen Hinweises (§ 20 Abs. 2) ausnahmsweise auch einen isolierten Antrag auf Restschuldbefreiung stellen.[82]

46 Die Bestimmungen über Berechnung und Dauer der Laufzeit der Abtretung nach neuem Recht (§ 287 Abs. 2; sog. Wohlverhaltenszeit) können vom Insolvenzgericht nicht aus Billigkeitsgründen auf Altverfahren übertragen werden (vgl. RdNr. 9, 19). Dies gilt auch, wenn das Insolvenzverfahren überdurchschnittlich lange gedauert hat.[83] Die Nachteile der alten gegenüber der neuen Regelung bedeuten keine willkürliche Ungleichbehandlung. Art. 103 a EGInsO ist insoweit verfassungsrechtlich nicht zu beanstanden.[84] Wer die Restschuldbefreiung zu bestimmten, bei Verfahrenseröffnung unverändert geltenden Bedingungen beantragt hat, kann nicht in seinem Recht auf Gleichheit vor dem Gesetz verletzt sein, wenn infolge einer Gesetzesänderung für später gestellte Anträge günstigere Bedingungen gelten. Die allgemeine rechtliche Möglichkeit eines zahlungsunfähigen Schuldners, unter bestimmten Maßgaben Restschuldbefreiung zu erlangen, stellt zudem vor der verbindlichen insolvenzgerichtlichen Ankündigung (§§ 289, 291) keine gesicherte Rechtsposition dar, die dem Eigentum oder einem anderen grundrechtlich geschützten Freiheitsrecht gleichwertig wäre.

X. Übergangsregelung zum InsVfVereinfG 2007 (Artikel 103 c EGInsO)

47 **1. Neuregelung der Zustellungen und Bekanntmachungen in Insolvenzverfahren.** Die am 1. 7. 2007 in Kraft getretene Bestimmung des **Art. 103 c EGInsO** sieht ähnlich wie die vorangegangenen Überleitungsvorschriften (Art. 103 bis 103 b EGInsO) vor, dass auf Insolvenzverfahren, die vor dem Inkrafttreten der Gesetzesänderung eröffnet worden sind (siehe RdNr. 12), grundsätzlich die bis dahin geltenden Rechtsvorschriften weiter anzuwenden sind. Allerdings macht Abs. 1 eine Ausnahme für die geänderten Regeln über Zustellungen und öffentliche Bekanntmachungen (§§ 8, 9 InsO; InsBekV). Diese Bestimmungen sowie Art. 103 c Abs. 2 EGInsO (siehe RdNr. 50) sind in allen anhängigen insolvenzgerichtlichen Verfahren anzuwenden, auch wenn der Eröffnungsbeschluss bereits vor dem 1. 7. 2007 ergangen ist (vgl. RdNr. 7 ff.). Nach dem Willen der Gesetzgebungsorgane[85] soll dadurch vermieden werden, dass bei Zustellungen und öffentlichen Bekanntmachungen noch über Jahre hinweg je nach Eröffnungsdatum unterschiedliches Recht beachtet werden muss. Insbesondere soll bei der Art und Weise der öffentlichen Bekanntmachung (§ 9 InsO) und bei der Berechnung von Fristen (§ 8 Abs. 1 InsO, § 3 InsBekV) eine einheitliche Handhabung sichergestellt werden.

48 Infolge der zeitlich uneingeschränkten Geltung der geänderten §§ 8, 9 InsO, der InsBekV und des Art. 103 c Abs. 2 EGInsO (RdNr. 50) ist die öffentliche Bekanntmachung in **landesrechtlich bestimmten Druckmedien** (§ 9 Abs. 1 InsO aF) in allen anhängigen insolvenzgerichtlichen Verfahren entfallen. Zugleich ist auch die Veröffentlichung im **Bundesanzeiger** allgemein und ausnahmslos abgeschafft. Dies war zunächst nur im Wege der Auslegung anhand der Gesetzesmaterialien zu erschließen,[86] ist jedoch im Dezember 2007 mit der Ergänzung des Art. 103 c Abs. 1 durch die Sätze 2 und 3[87] klargestellt worden.

---

[82] Vgl. BGHZ 162, 181, 186 = NJW 2005, 1433 f. = NZI 2005, 271 ff.
[83] BGH (Fn. 1) 18. 5. 2004 – IX ZB 57/04; BGH 17. 2. 2005 – IX ZB 237/04; BGH 16. 6. 2005 – IX ZB 96/05; BGH 30. 3. 2006 – IX ZB 255/05; BGH 14. 12. 2006 – IX ZB 304/05; LG Duisburg NZI 2005, 640; LG Göttingen ZVI 2007, 96.
[84] BGH NZI 2004, 452, 453; BGH NZI 2004, 635; BGH (Fn. 1) 17. 2. 2005 – IX ZB 237/04; BGH 30. 3. 2006 – IX ZB 255/05; BGH NZI 2008, 49 f.; LG Duisburg NZI 2005, 640.
[85] Vgl. Begr. RegE InsVfVereinfG 2007, BT-Dr. 16/3227, zu Art. 3 Nr. 2, S. 21 f.; Stellungnahme des Bundesrats, 22. 9. 2006, BT-Dr. 16/3227, S. 25; Bericht des Rechtsausschusses, 31. 1. 2007, BT-Dr. 16/4194, zu Art. 3, S. 14 f.
[86] AG Duisburg NZI 2007, 531 f. mit Hinweis auf BT-Dr. 16/3227, S. 16, 17, 21; ebenso *Pape* NZI 2007, 425, 428; anders zu Unrecht *Sternal* NJW 2007, 1909, 1911.
[87] Eingefügt mWv 18. 12. 2007 durch Art. 9 a Nr. 2 RBerNG vom 12. 12. 2007 (BGBl. I S. 2840); dazu Bericht des Rechtsausschusses, 10. 10. 2007, BT-Dr. 16/6634, S. 34, 69.

Die Neuregelung (siehe RdNr. 48) gilt auch für alle Verfahren, in denen aufgrund der 49
Art. 103 a, 103 b EGInsO **ältere Fassungen der InsO** anzuwenden sind, die eine Veröffentlichung im Bundesanzeiger vorsehen (etwa § 300 Abs. 3 Satz 2 InsO in der vor dem 1. 12. 2001 geltenden Fassung). Der Bundesanzeiger als Bekanntmachungsorgan entfällt dort ebenfalls.[88]

In Ergänzung des **Art. 103 c Abs. 1 EGInsO** modifiziert dessen **Abs. 2**[89] als zeitlich 50
begrenzte und sachlich abschließende Ausnahme die sofortige Anwendbarkeit des neuen § 9 InsO und die Abschaffung der Veröffentlichung im Bundesanzeiger, indem er bis zum 31. 12. 2008 die zusätzliche öffentliche Bekanntmachung in einem periodisch erscheinenden örtlichen Blatt, d. h. einem in Papierform herausgegebenen **Druckmedium,** gestattet. Die zusätzliche Bekanntmachung und die Wahl des Blattes stehen im Ermessen des Insolvenzgerichts; eine Bindung an landesrechtliche Vorgaben sieht das Gesetz nicht vor.

2. Auswirkungen auf Konkurs-, Vergleichs- oder Gesamtvollstreckungsverfahren. Keine Auswirkungen hat das InsVfVereinfG 2007 auf noch anhängige **Konkurs- oder** 51
Vergleichsverfahren. Diese sind keine Insolvenzverfahren im Sinne des Art. 103 c EGInsO (vgl. Art. 103, 104 EGInsO und RdNr. 29). In ihnen gelten die Zustellungs- und Bekanntmachungsvorschriften des alten Rechts unverändert fort, sofern sie nicht durch die dynamische Verweisung auf die ZPO (siehe RdNr. 22) an der Weiterentwicklung des Zustellungsrechts teilhaben. Die Veröffentlichungen erfolgen in den gesetzlich bestimmten Fällen[90] nach wie vor im Bundesanzeiger, und zwar in der gedruckten Ausgabe. Die Umstellung auf Veröffentlichungen im elektronischen Bundesanzeiger erfordert eine ausdrückliche gesetzliche Regelung.[91] Eine solche fehlt für den Anwendungsbereich der KO und der VglO.

Grundsätzlich gilt dies auch für **Gesamtvollstreckungsverfahren.** Allerdings bestimmt 52
Art. 103 Satz 3 EGInsO in der Fassung vom Dezember 2007,[92] dass öffentliche Bekanntmachungen nach der GesO, die bisher im (gedruckten) Bundesanzeiger veröffentlicht worden sind, künftig im elektronischen Bundesanzeiger erfolgen. Diese Form der Bekanntmachung ist nicht identisch mit der Veröffentlichung über die zentrale Internetplattform für Insolvenzbekanntmachungen (§ 9 Abs. 2 Satz 2 InsO); sie darf mit ihr nicht verwechselt werden.

---

[88] AG Duisburg NZI 2007, 531, 532; anders auch hier zu Unrecht *Sternal* NJW 2007, 1909, 1911.
[89] In das InsVfVereinfG 2007 eingefügt durch den Rechtsausschuss; vgl. BT-Dr. 16/4194, zu Art. 3, S. 14 f.
[90] Vgl. § 111 Abs. 2, §§ 116, 163 Abs. 3, § 190 Abs. 3, § 198 Abs. 2, § 205 Abs. 2 KO; § 119 Abs. 3 VglO. Dies übersieht *Holzer* ZIP 2008, 391, 393.
[91] AllgM; vgl. Begr. RegE zu § 25 AktG 2003, BT-Dr. 14/8769, S. 11; Begr. RegE JKomG 2004, BT-Dr. 15/4067, S. 36 ff.; Begr. RegE EHUG 2006, BT-Dr. 16/960, S. 36 ff.; *Noack* BB 2002, 2025, 2027; *Spindler/Kramski* NZG 2005, 746, 749.
[92] Eingefügt mWv 18. 12. 2007 durch Art. 9 a Nr. 1 RBerNG vom 12. 12. 2007 (BGBl. I S. 2840); dazu Bericht des Rechtsausschusses, 10. 10. 2007, BT-Dr. 16/6634, S. 34, 69.

Anhang

Übersicht

- Art. 102, §§ 1–11 EGInsO .... Dr. Stefan Reinhart

- Konzerninsolvenzrecht .... Dr. Ulrich Ehricke

- Art. 1–8 EuInsVO .... Dr. Stefan Reinhart
  Art. 9 EuInsVO .... Dr. Uwe Jahn
  Art. 10–47 EuInsVO .... Dr. Stefan Reinhart

- Länderberichte .... (Koordination Dr. Stefan Reinhart)
  – Belgien .... Carmen Verdonck
  – England & Wales .... Ursula Schlegel
  – Frankreich .... Dr. Friedrich Niggemann
  – Italien .... Dr. Alessandra Santonocito/Rosa Maria Mare-Ehlers
  – Japan .... Dr. Thomas Krohe
  – Kroatien .... Dr. Jasnica Garašić
  – Luxemburg .... Me Guy Loesch/Dr. Pierre Hurt
  – Niederlande .... Hester Huisman
  – Norwegen .... Stein Hegdal
  – Österreich .... Norbert Abel
  – Polen .... Marc Liebscher, LL.M.
  – Russische Föderation .... Michael Schwartz/Till Freyling
  – Schweiz .... Georg Zondler
  – Slowakische Republik .... Dr. Ernst Giese/Michael Krüger
  – Spanien .... Gerhard W. Volz/Carlos Oliver Lopez
  – Südafrika .... Silvio Kupsch, LL.M.
  – Tschechische Republik .... Dr. Ernst Giese/Michael Krüger
  – Ukraine .... Michal Bobrzński/Marc Liebscher
  – Vereinigte Staaten von Amerika .... Britta Grauke/Sharon Youdelman
  – Volksrepublik China .... Axel Neelmeier

- Insolvenzsteuerrecht .... Stephan Kling/Dr. Matthias Schüppen/Winfried Ruh

Einführungsgesetz zur Insolvenzordnung (EGInsO)

Vom 5. Oktober 1994 (BGBl. I S. 2911)

Zuletzt geändert durch Art. 9 a G zur Neuregelung des Rechtsberatungsrechts
vom 12. 12. 2007
(BGBl. I S. 2840)

BGBl. III/FNA 311-14-1

Übersicht

Einzelne Artikel des EGInsO sind in diesem Kommentar in Auszügen abgedruckt und kommentiert:

Art. 102, §§ 1–11 EGInsO... folgen auf den nächsten Seiten
Art. 103–Art. 110 .... siehe bei § 359 InsO

Vor Art. 102[1] Durchführung der Verordnung (EG) Nr. 1346/2000 über Insolvenzverfahren

Literatur: *Oberhammer,* Europäisches Insolvenzrecht in praxi – „Was bisher geschah", ZInsO 2004, 761; *Pannen/Riedemann,* Die deutschen Ausführungsbestimmungen zur EuInsVO – Ein Überblick zu den Regelungen des Art. 102 EGInsO nF, NZI 2004, 301; *Trunk,* Regelungsschwerpunkte eines Ausführungsgesetzes zu Europäischen Insolvenzübereinkommen, abgedruckt in: *Stoll* (Hrsg.), Vorschläge und Gutachten zur Umsetzung des EU-Übereinkommens über Insolvenzverfahren im deutschen Recht, 1997, S. 232 (zit.: *Trunk,* in: *Stoll,* Vorschläge und Gutachten); *Wehdeking,* Reform des Internationalen Insolvenzrechts in Deutschland und Österreich, DZWIR 2003, 133; *Wimmer,* Einpassung der EU-Insolvenzverordnung in das deutsche Recht durch das Gesetz zur Neuregelung des Internationalen Insolvenzrechts, in: *Gerhardt/Haarmeyer/Kreft* (Hrsg.), Insolvenzrecht im Wandel der Zeit, Festschrift für Hans-Peter Kirchhof anlässlich der Vollendung seines 65. Lebensjahres, 2003, S. 521 ff.

Übersicht

	RdNr.		RdNr.
I. Durchführung der EuInsVO	1	III. Grenzen der Regelungsbefugnis	5
II. Behandelte Umsetzungsfragen	3		

I. Durchführung der EuInsVO

Bei Inkrafttreten der Insolvenzordnung am 1. 1. 1999 war das autonome Internationale **1** Insolvenzrecht Deutschlands in Artikel 102 EGInsO aF fragmentarisch geregelt. Am 31. 5. 2002 trat die Verordnung (EG) Nr. 1346/2000 des Rates vom 28. 5. 2000 über Insolvenzverfahren (EuInsVO) in Kraft. Als Sekundärrechtsakt der Gemeinschaft gilt die EuInsVO zwar gem. Art. 249 Abs. 2 EGV in allen Mitgliedstaaten[2] unmittelbar und bedarf daher keiner expliziten Umsetzung. Dennoch erachtete der deutsche Gesetzgeber eigene Regelungen zur Umsetzung der EuInsVO im deutschen Recht für notwendig.[3] Bundesrat und Bundestag legten kurz nach Inkrafttreten der Verordnung daher einen Entwurf zur Neuregelung des Internationalen Insolvenzrechts[4] vor, der sowohl neue ausführliche Vorschriften zum autonomen Internationalen Insolvenzrecht enthielt, als auch Umsetzungsvorschriften zur EuInsVO. Während das autonome Internationale Insolvenzrecht durch das Gesetz zur Neuregelung des Internationalen Insolvenzrechts vom 14. 3. 2003[5] in §§ 335 ff. InsO eingefügt wurde, entschied sich der Gesetzgeber, die Umsetzungsvorschriften zur EuInsVO in den damit freigewordenen Art. 102 EGInsO aufzunehmen.

Art. 102 enthält nunmehr in den §§ 1–11 Vorschriften, die die Umsetzungen einzelner **2** Artikel der EuInsVO im deutschen Recht regeln oder den durch die EuInsVO bewusst offen gelassenen Regelungsspielraum ausnutzen.[6] Art. 102 ist demnach gegenüber der Verordnung nur subsidiär, dh. im Zweifel ist bei einer Auslegung der Wertung der EuInsVO Vorrang

---

[1] Zuletzt geändert durch Art. 3 des Gesetzes zur Vereinfachung des Insolvenzverfahrens vom 13. April 2007, BGBl. I 509.

[2] Mit Ausnahme Dänemarks. Im Vereinigten Königreich und Irland erst nach deren Option zur Beteiligung und Annahme der EuInsVO, vgl. unten Art. 1 EuInsVO RdNr. 11.

[3] Ähnlich ist der deutsche Gesetzgeber auch bei der Umsetzung der EuGVVO vorgegangen. Die Umsetzung der EuGVVO ist im „Gesetz zur Ausführung zwischenstaatlicher Verträge und zur Durchführung von Verordnungen der Europäischen Gemeinschaft auf dem Gebiet der Anerkennung und Vollstreckung in Zivil- und Handelssachen" (AVAG) als Durchführungsbestimmungen zur EuGVVO geregelt, vgl. *Baumbach/Lauterbach,* ZPO, Übersicht AVAG RdNr. 1.

[4] BR-Drucks. 715/02 vom 6. 9. 2002 und BT-Drucks. 15/16 vom 25. 10. 2002.

[5] BGBl. I 345 vom 19. 3. 2003.

[6] So ermächtigt die EuInsVO beispielsweise den nationalen Gesetzgeber ausdrücklich in Art. 21 Abs. 2 und Art. 22 Abs. 2 EuInsVO, obligatorische Bekanntmachung bzw. Eintragungen vorzusehen; vgl. auch *Kübler/Prütting/Kemper,* Vorbemerkung Art. 102 EGInsO RdNr. 2; *Eidenmüller,* IPrax, 2001, 2, 8; *Pannen/Riedemann,* NZI 2004, 301.

einzuräumen. Art. 102 §§ 1–11 sind daher verordnungskonform auszulegen.[7] Die Vorschriften des autonomen Rechts haben nur eine Hilfsfunktion gegenüber der vorrangigen EuInsVO.

II. Behandelte Umsetzungsfragen

3   Im einzelnen regelt Art. 102 folgende Umsetzungsfragen: die örtliche Zuständigkeit bei nach der EuInsVO gegebener internationaler Zuständigkeit deutscher Gerichte (§ 1), den Kompetenzkonflikt bei Zuständigkeitsfragen (§§ 2–4), die Bekanntmachung des ausländischen Insolvenzverfahrens und dessen Eintragung in öffentliche Register (§§ 5–7), die Vollstreckung aus der gemäß Art. 16 EuInsVO im Inland anzuerkennenden Eröffnungsentscheidung (§ 8), in Ergänzung zu Art. 34 Abs. 2 EuInsVO die Möglichkeit eines Insolvenzplans im Sekundärverfahren (§ 9), den Schutz der absonderungsberechtigten Gläubiger bei einer Verzögerung der Verwertung gemäß Art. 33 EuInsVO (§ 10), sowie letztlich die nach Art. 40 EuInsVO geforderte Unterrichtung der Gläubiger aus anderen Mitgliedsstaaten (§ 11).

4   Als Ausführungsbestimmung zur EuInsVO gilt Art. 102 lediglich für Insolvenzverfahren im Anwendungsbereich der EuInsVO. Das sind jeweils Insolvenzverfahren, deren internationale Zuständigkeit sich aus Art. 3 EuInsVO herleitet. Art. 102 findet daher weder Anwendung bei Insolvenzverfahren aus Drittstaaten, noch bei Insolvenzverfahren in den Mitgliedsstaaten der EuInsVO über die nach Art. 1 Abs. 2 vom persönlichen Anwendungsbereich der EuInsVO ausgenommenen Schuldner (Kreditinstitute, Versicherungsunternehmen u. a.).[8]

III. Grenzen der Regelungsbefugnis

5   Im Rahmen der Anwendung und Auslegung der Art. 102 §§ 1 bis 1 EGInsO ist jeweils die Norm der EuInsVO hinzu zu ziehen, deren Umsetzung die deutsche Vorschrift dient. Die Berücksichtigung der Ausgangsnorm aus der EuInsVO ist auch deshalb notwendig, weil sich der deutsche Gesetzgeber im Rahmen der Durchführungsvorschriften nicht immer vollständig an den ihm zustehenden Gesetzgebungspielraum gehalten hat. Denn aus Sicht des Europarechts ist es dem deutschen Gesetzgeber zum Beispiel untersagt, den Inhalt von EG-Verordnungen zu wiederholen, weil dies deren unmittelbare Geltung verschleiern könnte.[9] Soche Wiederholungen finden sich vereinzelt in Vorschriften der §§ 1 bis 11.[10] Darüber hinaus enthalten die §§ 1 bis 11 Vorschriften, die zwar nicht den Wortlaut einzelner Artikel der EuInsVO wiederholen, im Ergebnis aber Regelungen enthalten, die sich zumindest aus einer Auslegung der entsprechenden Artikel EuInsVO ergeben. Hier ist schon fraglich, ob eine entsprechende Gesetzgebungskompetenz besteht, was nur dann dahingestellt bleiben kann, solange die deutschen Vorschriften nicht im Widerspruch mit den Vorschriften der EuInsVO stehen.[11] Es bedarf daher jeweils einer kritischen Überprüfung der Durchführungsvorschriften nach Art. 102 §§ 1 bis 11 EGInsO.

---

[7] Vgl. MünchKommBGB-*Kindler,* Bd. 11, IntInsR RdNr. 867.

[8] *Andres/Leithaus/Dahl,* Vorb. Art 102 EGInsO.

[9] Vgl. EuGH vom 28. 3. 1985, C-272/83 Kommission/Italien, Slg. 1985, 1057; ebenso *Geimer* in *Geimer/Schütze,* Europ. ZivilverfahrensR, D. § 1 RdNr. 2.

[10] Vgl. z. B. § 8 Abs. 1, der im wesentlichen den Inhalt von Art. 25 EuInsVO bezüglich der Vollstreckung aus bestimmten Titeln wiederholt; oder § 9, der sich inhaltlich mit Art. 34 Abs. 2 EuInsVO überschneidet.

[11] Problematisch beispielsweise § 4 Abs. 2, der das Bestehenbleiben von Wirkungen anordnet, obwohl ein Insolvenzverfahren in Deutschland unzulässiger Weise eröffnet wurde; ob der deutsche Gesetzgeber hier eine Regelungsbefugnis hatte, sondern ob nicht das Ergebnis aus der EuInsVO herzuleiten ist, ist fraglich; nicht unproblematisch auch § 10, der für den Fall einer Verwertungsaussetzung nach Art. 33 EuInsVO konkret die Rechtsfolge regelt, obwohl die EuInsVO dem Insolvenzgericht ein Ermessen für „angemessene Maßnahmen" zum Schutz der Interessen der Gläubiger einräumt.

Art. 102 § 1 Örtliche Zuständigkeit

(1) Kommt in einem Insolvenzverfahren den deutschen Gerichten nach Artikel 3 Abs. 1 der Verordnung (EG) Nr. 1346/2000 des Rates vom 29. Mai 2000 über Insolvenzverfahren (ABl. EG Nr. L 160 S. 1) die internationale Zuständigkeit zu, ohne dass nach § 3 der Insolvenzordnung ein inländischer Gerichtsstand begründet wäre, so ist das Insolvenzgericht ausschließlich zuständig, in dessen Bezirk der Schuldner den Mittelpunkt seiner hauptsächlichen Interessen hat.

(2) Besteht eine Zuständigkeit der deutschen Gerichte nach Artikel 3 Abs. 2 der Verordnung (EG) Nr. 1346/2000, so ist ausschließlich das Insolvenzgericht zuständig, in dessen Bezirk die Niederlassung des Schuldners liegt. § 3 Abs. 2 der Insolvenzordnung gilt entsprechend.

(3) Unbeschadet der Zuständigkeit nach den Absätzen 1 und 2 ist für Entscheidungen oder sonstige Maßnahmen nach der Verordnung (EG) Nr. 1346/2000 jedes inländische Insolvenzgericht zuständig, in dessen Bezirk Vermögen des Schuldners belegen ist. Die Landesregierungen werden ermächtigt, zur sachdienlichen Förderung oder schnelleren Erledigung der Verfahren durch Rechtsverordnung die Entscheidungen oder Maßnahmen nach der Verordnung (EG) Nr. 1346/2000 für die Bezirke mehrerer Insolvenzgerichte einem von diesen zuzuweisen. Die Landesregierungen können die Ermächtigung auf die Landesjustizverwaltungen übertragen.

Übersicht

	RdNr.		RdNr.
I. Normzweck	1	V. Zuständigkeit für Entscheidungen und sonstige Maßnahmen nach der Verordnung (Abs. 3)	14
III. Zuständigkeit für Hauptinsolvenzverfahren (Abs. 1)	3	1. Erfasste Entscheidungen	14
1. Internationale Zuständigkeit nach Art. 3 Abs. 1 EuInsVO	3	2. Belegenheit	16
2. Zuständigkeitslücke	6	3. Zuständigkeitskonzentration (Satz 2)	17
IV. Zuständigkeit für Sekundärinsolvenzverfahren (Abs. 2)	10	VI. Ausschließlichkeit	18

I. Normzweck

§ 1 regelt Fragen der örtlichen Zuständigkeit, wenn die EuInsVO die internationale Zuständigkeit den deutschen Gerichten zuweist, die Anwendung des § 3 InsO aber zu keiner örtlichen Zuständigkeit im Inland führen würde. Normalerweise ist hierfür im internationalen Zivil- und Verfahrensrecht eine gesonderte Regelung nicht notwendig, da die internationale Zuständigkeit meist aus den Vorschriften über die örtliche Zuständigkeit ableitet wird.[1] Die Anknüpfungspunkte sind daher jeweils für die internationale und örtliche Zuständigkeit identisch. Dies gilt jedoch nicht für Fragen der internationalen und örtlichen Zuständigkeit im Anwendungsbereich der EuInsVO. So unterscheidet sich die Anknüpfung für die örtliche Zuständigkeit in § 3 Abs. 1 InsO schon seinem Wortlaut nach von der entsprechenden Regelung der internationalen Zuständigkeit in Art. 3 Abs. 1 EuInsVO.[2] Zwar sind die Unterschiede gering, so dass es in der Vielzahl der Fälle nicht zu unterschiedlichen Ergebnissen kommen kann.[3] In Einzelfällen kann jedoch nicht ausgeschlossen werden, dass die EuInsVO den deutschen Gerichten die internationale Zuständigkeit zuweist, § 3 InsO jedoch keine örtliche Zuständigkeit

---

[1] *Nagel/Gottwald* § 3 RdNr. 316; *Schütze*, RdNr. 107; *Thomas/Putzo*, Vorbem. § 1 RdNr. 6.
[2] Vgl. im einzelnen die Kommentierung in MünchKommInsO-*Ganter*, Bd. 1, § 3 RdNr. 4f; sowie unten, insb. Art. 3 RdNr. 5ff. und 40ff. EuInsVO.
[3] So auch *Nerlich/Römermann/Mincke*, Art. 102 § 1 RdNr. 2.

begründet.[4] Diese möglichen Lücken versucht § 1 zu vermeiden, indem zur Bestimmung der örtlichen Zuständigkeit auf die Anknüpfungspunkte nach der EuInsVO verwiesen wird.

2 § 1 Abs. 1 regelt den Fall, dass den deutschen Gerichten aufgrund des Art. 3 Abs. 1 EuInsVO die internationale Zuständigkeit für die Eröffnung eines Hauptinsolvenzverfahrens zukommt. § 1 Abs. 2 trifft eine entsprechende Regelung für Sekundär- und Partikularinsolvenzverfahren nach Art. 3 Abs. 2 EuInsVO und regelt zudem, wie die örtliche Zuständigkeit bei Bestehen mehrerer Niederlassung zu bestimmen ist. § 1 Abs. 3 regelt die örtliche Zuständigkeit für Entscheidungen oder sonstige Maßnahmen nach der EuInsVO, für die nach der EuInsVO deutsche Gerichte international zuständig sind.

II. Zuständigkeit für Hauptinsolvenzverfahren (Abs. 1)

3 **1. Internationale Zuständigkeit nach Art. 3 Abs. 1 EuInsVO.** Voraussetzung für die Anwendung von § 1 ist zunächst, dass ein deutsches Insolvenzgericht seine internationale Zuständigkeit nach Art. 3 Abs. 1 EuInsVO bejaht. Die Vorschrift findet daher nur Anwendung, wenn das Insolvenzgericht zunächst festgestellt hat, dass sich der Mittelpunkt des hauptsächlichen Interesses des Schuldners im Inland befindet.

4 Bejaht ein Insolvenzgericht seine internationale Zuständigkeit nach Art. 3 Abs. 1 EuInsVO, so gilt für das Insolvenzverfahren gem. Art. 4 EuInsVO die *lex fori concursus*, also das nationale Recht des Mitgliedsstaates, in dem das Verfahren eröffnet wurde. Diese Verweisung erstreckt sich auch auf die Frage der örtlichen Zuständigkeit.[5] Bei einer Verfahrenseröffnung in Deutschland sind für die Festlegung der örtlichen Zuständigkeit dementsprechend § 3 InsO bzw. gem. § 4 InsO die §§ 12 ff. ZPO heranzuziehen.

5 Die Zuständigkeitsvorschriften des Art. 3 EuInsVO und des § 3 InsO knüpfen jedoch jeweils an unterschiedliche Bestimmungsmerkmale an. Nach Art. 3 Abs. 1 EuInsVO sind Gerichte des Mitgliedsstaates international zuständig, in dessen Gebiet der Schuldner den *„Mittelpunkt seiner hauptsächlichen Interessen"* hat. Erwägungsgrund (13) zur Verordnung konkretisiert diesen als den Ort, an dem der Schuldner gewöhnlich der Verwaltung seiner Interessen nachgeht und damit für Dritte feststellbar ist.[6] Die örtliche Zuständigkeit nach § 3 InsO hingegen wird bei einer unternehmerischen Tätigkeit des Schuldners dem Insolvenzgericht zugewiesen, in dessen Bezirk der *„Mittelpunkt der selbständigen wirtschaftlichen Tätigkeit"* des Schuldners liegt. Besteht eine solche selbstständige wirtschaftliche Betätigung nicht, gilt der allgemeine Gerichtsstand, somit der Wohnsitz des Schuldners gem. § 13 ZPO.[7] Diese beiden Anknüpfungskriterien sind jedoch nicht deckungsgleich, da der in der EuInsVO verwendete Begriff der Interessen weiter zu fassen ist. Er umfasst auch alle handelsrechtlich relevanten, gewerblichen sowie andere beruflich-wirtschaftliche Aktivitäten des Schuldners.[8]

6 **2. Zuständigkeitslücke.** Aufgrund der unterschiedlichen Anknüpfungskriterien, auf die Art. 3 Abs. 1 EuInsVO und § 3 InsO zur Bestimmung der gerichtlichen Zuständigkeit abstellen, können in Ausnahmefällen Konstellationen[9] entstehen, in denen Art. 3 EuInsVO die internationale Zuständigkeit deutschen Gerichten zuweist, dagegen nach § 3 InsO eine

---

[4] Vgl. BT-Drucks. 15/16 S. 14; *Nerlich/Römermann/Mincke,* Art. 102 § 1 RdNr. 2; *Kübler/Prütting/Kemper,* Art. 102 § 1 RdNr. 5; *Pannen/Riedemann,* NZI 2004, 301 f.; *Ludwig,* Neuregelungen des dt. Internat. Insolvenzverfahrensrechts, S. 24 ff.; MünchKommBGB-*Kindler,* Bd. 11, IntInsR RdNr. 871; FK-*Wimmer,* Anh II, Art. 102 § 1 RdNr. 2; der Gesetzgeber hat sich damit nicht der Forderung in der Literatur angeschlossen, die Regelung zur örtlichen Zuständigkeit nach § 3 InsO entsprechend auf die EuInsVO anzupassen, so *Trunk* in *Stoll,* Vorschläge und Gutachten, S. 232, 235; ebenso *Eidenmüller,* IPrax 2001, 2, 9.

[5] Vgl. FK-*Wimmer,* Anh II, Art. 102 § 1 RdNr. 4; *Smid,* Int. Insolvenzrecht, Art. 102 § 1 RdNr. 3; *Kübler/Prütting/Kemper,* Art. 102 § 1 RdNr. 3; vgl. auch unten Art. 4 RdNr. 15 EuInsVO.

[6] Vgl. zu dem Begriff des Interessenmittelpunktes Art. 3 RdNr. 7 ff., 40 ff. EuInsVO.

[7] Vgl. HambKomm-*Undritz* in *Schmidt,* Art. 102 § 1 RdNr. 3.

[8] So auch *Smid,* Int. Insolvenzrecht, Art. 102 § 1 RdNr. 3, *Wehdeking* DZWIR 2003, 133, 135.

[9] Beispiele nennt FK-*Wimmer,* Anh II, Art. 102 § 1 RdNr. 4.

innerstaatliche, örtliche Zuständigkeit nicht besteht.[10] Ist eine örtliche Zuständigkeit nach § 3 InsO nicht gegeben, so ist nach dem Wortlaut der Vorschrift die örtliche Zuständigkeit nach § 1 zu ermitteln, der dann hilfsweise das von der EuInsVO verwendete Anknüpfungskriterium übernimmt. § 1 ist daher ein – nur selten anzuwendender – Auffangtatbestand, wenn Art. 3 EuInsVO die internationale Zuständigkeit begründet, sich dagegen nach § 3 InsO keine örtliche Zuständigkeit im Inland feststellen lässt.[11]

Solche Fallkonstellationen können nach allgemeiner Auffassung in der Literatur an sich nur für die internationale Zuständigkeit von natürlichen Personen auftreten, die zudem Arbeitnehmer (und nicht selbstständig Tätige) sind. Denn für Gewerbetreibende und Selbstständige ist die Anknüpfung an die hauptsächlichen Interessen des Schuldners nach Art. 3 EuInsVO im allgemeinen deckungsgleich mit dem Anknüpfung an den Mittelpunkt der selbständigen wirtschaftlichen Tätigkeit nach § 3 InsO. Dagegen knüpft § 3 InsO für natürliche Personen, die abhängig beschäftigt sind, an den Wohnsitz an, während Art. 3 EuInsVO in die Abwägung auch die abhängige Beschäftigung einfließen lässt.[12] Für diese besonderen Sachverhalte bestimmt § 1, dass die Ermittlung der örtlichen Zuständigkeit derjenigen nach Art. 3 EuInsVO folgt, indem an den Mittelpunkt der hauptsächlichen Interessen des Schuldners angeknüpft wird. **7**

Unter Absatz 1 fällt unbeachtlich des Art. 25 EuInsVO lediglich die Zuständigkeit der Insolvenzgerichte für die Durchführung des Insolvenzverfahrens. Die Vorschrift gilt daher nicht für die örtliche Zuständigkeit anderer Gerichte[13] oder auch die örtliche Zuständigkeit eines Insolvenzgerichts für andere Entscheidungen als die Eröffnung eines Verfahrens. **8**

Eine weitergehende Funktion kommt § 1 Abs. 1 nicht zu. So entbindet § 1 Abs. 1 das Insolvenzgericht nicht, die Anknüpfungspunkte für die örtliche Zuständigkeit nach § 5 InsO zu ermitteln. Entgegen der Auffassung von *Mincke* spielt die Vermutungsregelung das Art. 3 Abs. 1 Satz 2 EuInsVO für die Anwendung von § 1 keine Rolle.[14] Denn Art. 3 EuInsVO regelt ausschließlich die zunächst zu beantwortende Frage der internationalen Zuständigkeit, während § 3 InsO (und hilfsweise Art. 102 § 1 Abs. 1 EGInsO) die örtliche Zuständigkeit bestimmt. Kommt das deutsche Insolvenzgericht zu der Auffassung, dass die deutsche internationale Zuständigkeit gegeben ist, örtlich jedoch nach § 1 Abs. 1 ein anderes Insolvenzgericht zuständig ist, so kann das Insolvenzgericht auf Antrag des Antragsstellers das Verfahren an das örtlich zuständige Insolvenzgericht verweisen.[15] **9**

III. Zuständigkeit für Sekundärinsolvenzverfahren (Abs. 2)

Art. 3 Abs. 2 EuInsVO erlaubt die Durchführung eines Sekundärverfahrens, wenn sich in einem anderen Mitgliedstaat als dem des Hauptverfahrens eine Niederlassung befindet.[16] Ist ein deutsches Gericht für ein solches Sekundärverfahren nach Art. 3 Abs. 2 EuInsVO zuständig, so bestimmt sich die örtliche Zuständigkeit für das Sekundär- oder Partikularverfahren nach § 1 Abs. 2. **10**

Anders als bei der Bestimmung der örtlichen Zuständigkeit für das Hauptverfahren enthält das deutsche Recht logischerweise keine Regelung für die örtliche Zuständigkeit eines „Sekundärverfahrens", da solche parallelen Verfahren bei reinen Inlandsinsolvenzen nicht zulässig sind. Daher findet sich – anders als bei § 3 InsO – auch keine entsprechende **11**

---

[10] So schon zum EuIÜ *Trunk* in *Stoll*, Vorschläge und Gutachten, S. 235.
[11] Vgl. *Pannen/Frind*, Europ. Insolvenzverordnung, Art. 102 § 1 RdNr. 3; HK-*Stephan*, Art. 102 § 1 RdNr. 4.
[12] Ausführlich *Ludwig*, Neuregelungen des dt. Internat. Insolvenzverfahrensrechts, S. 24 ff.; vgl. auch die Beispiele bei MünchKommBGB-*Kindler*, Bd. 11, IntInsR RdNr. 871; FK-*Wimmer*, Anh II, Art. 102 § 1 RdNr. 4; *Pannen/Riedemann*, NZI 2004, 301; *Pannen/Frind*, Europ. Insolvenzverordnung, Art. 1–2 § 1 RdNr. 10.
[13] BGH Urteil v. 27. 5. 2003 NZI 2003, 545. So auch *Andres/Leithaus/Dahl*, Art. 102 § 1 RdNr. 3.
[14] So aber *Nerlich/Römermann/Mincke*, Art. 102 § 1 RdNr. 4.
[15] Vgl. hierzu MünchKommInsO-*Ganter* § 3 RdNr. 28 ff.
[16] Vgl. unten zum Niederlassungsbegriff Art. 2 RdNr. 25 ff. EuInsVO.

Regelung in der InsO für die örtliche Zuständigkeit eines auf eine Niederlassung bezogenen Verfahrens. Anders als bei der örtlichen Zuständigkeit für das Hauptverfahren, bei der zunächst die örtliche Zuständigkeit nach § 3 InsO zu prüfen ist, findet § 1 Abs. 2 daher unmittelbar Anwendung, falls das Insolvenzgericht seine internationale Zuständigkeit nach Art. 3 Abs. 2 EuInsVO bejaht hat. Auch eine entsprechende, vorrangige Anwendung von § 354 Abs. 3 Satz 1 InsO kommt nicht in Betracht, da die Vorschrift lediglich die örtliche Zuständigkeit eines Partikularverfahrens regelt, welches gerade nicht aufgrund einer Zuständigkeit nach der EuInsVO, sondern auf Grundlage des autonomen Rechts durchgeführt wird.[17]

12 Anknüpfungspunkt für die Bestimmung der örtlichen Zuständigkeit ist demnach das Vorliegen einer Niederlassung. Das entspricht dem in Art. 3 Abs. 2 verwendeten Rechtsbegriff. Davon ausgehend, dass der deutsche Gesetzgeber das Kriterium des Niederlassungsbegriffs auch für die Ausführungsbestimmungen als maßgebend erachtet hat, ist für die Auslegung des Begriffes der Niederlassung die Niederlassungsdefinition aus Art. 2 lit. h) EuInsVO heranzuziehen.[18] Unter dem Begriff ist folglich jeder Tätigkeitsort zu verstehen, an dem der Schuldner einer wirtschaftlichen Aktivität von nicht vorübergehender Art nachgeht, die den Einsatz von Personal und Vermögenswerten voraussetzt.[19]

13 Unterhält der Schuldner in dem betreffenden Mitgliedstaat mehrere Niederlassungen, so kann dennoch nur ein Sekundärverfahren eröffnet werden. Die Eröffnung mehrerer Sekundärverfahren in einem Mitgliedstaat ist nach Art. 3 Abs. 2 EuInsVO nicht zulässig. Bestehen mehrere Niederlassungen, so ist die Hauptniederlassung für die Bestimmung der gerichtlichen Zuständigkeit maßgeblich.[20] Ist nicht erkennbar, dass es sich bei einer der Niederlassungen um eine Hauptniederlassung handelt, so ist gemäß § 1 Abs. 2 Satz 2 in Verbindung mit § Abs. 2 InsO das Gericht zuständig, bei dem zuerst der Eröffnungsantrag eingegangen ist. Abgestellt wird hier, anders als nach der EuInsVO, auf den Zeitpunkt der Antragstellung.[21] Sind Vermögensgegenstände, wie beispielsweise Grundstücke, an einem anderen Ort im Inland als dem Niederlassungsort belegen, so kann dort kein weiteres Sekundärverfahren eröffnet werden.[22]

IV. Zuständigkeit für Entscheidungen und sonstige Maßnahmen nach der Verordnung (Abs. 3)

14 **1. Erfasste Entscheidungen.** § 1 Absatz 3 Satz 1 regelt, dass für Entscheidungen und sonstige Maßahmen nach der Verordnung jedes inländische Gericht zuständig ist, in dessen Bezirk Vermögen des Schuldners belegen ist. Die Reichweite dieser Zuständigkeitsbestimmung ist unklar. Der Wortlaut spricht von Entscheidungen oder Maßnahmen *„nach der Verordnung"*. Damit könnten einerseits alle Entscheidungen erfasst sein, für die die Verordnung eine Regelung trifft, sei es auf kollisionsrechtlicher, sei es auf sachrechtlicher Ebene. Andererseits könnten auch nur diejenigen Entscheidungen erfasst sein, die aufgrund einer in der Verordnung selbst enthaltenen Sachnorm ergehen. Dann wären Entscheidungen, bei denen die Verordnung lediglich kollisionsrechtlich das anwendbare Recht bestimmt, von § 1 Abs. 3 ausgenommen, weil die Entscheidung nicht *„nach der Verordnung"* ergeht, sondern „nur" das anwendbare Recht nach der Verordnung bestimmt wird.[23] Die Gesetzesmateria-

---

[17] Vgl. oben § 354 RdNr. 5 InsO.
[18] Vgl. HK-*Stephan*, Art. 102 § 1 RdNr. 6.
[19] Zum Niederlassungsbegriff im einzelnen Art. 2 EuInsVO RdNr. 25 ff.
[20] BT-Drucks. 12/2443 S. 110; MünchKommBGB-*Kindler*, Bd. 11, IntInsR RdNr. 874; FK-*Wimmer*, Anh II, Art. 102 § 1 RdNr. 5; *Pannen/Riedemann*, NZI 2004, 301, 302.
[21] Pannen in *Breutigam/Blersch/Goetsch*, Art. 102 § 1 EGInsO RdNr. 11; MünchKommBGB-*Kindler*, Bd. 11, IntInsR RdNr. 874; *Kübler/Prütting/Kemper*, Art. 102 § 1 RdNr. 9.
[22] Vgl. RegE, BT-Drucks. 15/16 S. 14. Ebenso *Smid*, Int. Insolvenzrecht, Art. 102 § 1 RdNr. 4.
[23] Die Verordnung enthält in Art. 4 ff. sowohl Kollisionsnormen, als auch Sachnormen, die unmittelbar die entsprechende sachrechtliche Regelung treffen, vgl. Vor Art. 1 RdNr. 21 EuInsVO.

lien verdeutlichen jedoch, dass es im Rahmen von § 1 Abs. 3 nicht um Rechtsstreitigkeiten zwischen dem Schuldner und einem Gläubiger geht, sondern um Entscheidungen und Maßnahmen, die ein inländisches Gericht anstelle des Insolvenzgericht des ausländischen Hauptverfahrens treffen soll. Die Gesetzesmaterialien benennen als Beispiele ausdrücklich die öffentliche Bekanntmachung sowie die Eintragung in ein öffentliches Register nach Art. 21, 22 EuInsVO.[24] Das deckt sich damit, dass § 5 Abs. 1 Satz 1 sowie § 6 Abs. 1 Satz 1 für die öffentliche Bekanntmachung sowie die Eintragung in öffentliche Bücher und Register für die Zuständigkeit jeweils auf § 1 verweisen. Als weitere Maßnahmen kommt die Anordnung von Sicherungsmaßnahmen auf Antrag des ausländischen vorläufigen Verwalters und Art. 38 EuInsVO in Betracht. § 1 Abs. 3 ist daher als Zuständigkeitsregelung für derartige Maßnahmen deutscher Gerichte zu sehen.

15 Gelegentlich wird ausgeführt, dass auch weitere Mitwirkungshandlungen inländischer Insolvenzgerichte erforderlich sein könnten, die dann von § 1 Abs. 3 erfasst würden. Als Beispiel wird die Verwertung von Massegegenständen nach Art. 18 Abs. 3 EuInsVO genannt.[25] Das ist nach den Ausführungen des Gesetzgebers fraglich. Art. 18 Abs. 3 schreibt lediglich vor, dass der Verwalter bei der Verwertung das lokale Recht des Mitgliedsstaates zu beachten hat. Würde man auch die Mitwirkung von Gerichten bei Verwertungshandlungen nach Art. 18 Abs. 3 EuInsVO von § 1 Abs. 3 erfassen, so müssten Zwangsversteigerungen nach einer Zuständigkeitskonzentration gemäß Satz 2 nicht mehr in dem Gerichtsbezirk durchgeführt werden, in dem die Immobilie belegen ist, sondern eventuell durch das Zwangsversteigerungsgericht eines ganz anderen Gerichtsbezirks. Ein solcher Zuständigkeitswechsel ist jedoch durch § 1 Abs. 3 nicht beabsichtigt. § 1 Abs. 3 beschränkt sich daher in seinem Anwendungsbereich auf die in Art. 21, 22 EuInsVO genannten, und in §§ 5 und 6 geregelten Maßnahmen.

16 **2. Belegenheit.** Örtlich zuständig für diese Maßnahmen ist das inländische Insolvenzgericht, in dessen Bezirk Vermögen des Schuldners belegen ist. Unter Vermögen ist jeder Vermögensgegenstand oder vermögenswerte Anspruch zu verstehen. Für die Frage der Belegenheit sollte auf die Lokalisierungsregelung in Art. 2 lit. g) EuInsVO zurück gegriffen werden und nicht auf den Belegenheitsbegriff des autonomen deutschen Rechts (§ 828 Abs. 2 ZPO, § 23 Satz 2 ZPO).[26]

17 **3. Zuständigkeitskonzentration (Satz 2).** § 1 Abs. 3 Satz 2 enthält für die Länder eine Konzentrationsermächtigung bezüglich der Zuständigkeit für Entscheidungen und Maßnahmen. Ziel dieser Zuständigkeitskonzentration ist die Bildung von Fachkompetenz bezüglich der internationalrechtlichen Fragen an einzelnen Gerichten.[27] Eine vergleichbare Regelung enthält § 2 Abs. 2 InsO, der eine Konzentrationsermächtigung für die Länderregierungen vorsieht.[28] Da die Länder in Bezug auf grenzüberschreitende Insolvenzfälle von ihrer Ermächtigung bisher keinen Gebrauch gemacht haben,[29] bleibt es insofern bei den Regelungen, die die einzelnen Länder nach § 2 Abs. 2 InsO mit Wirkung zum 1. 1. 1999 für die Konzentration der Insolvenzgerichte im allgemeinen getroffen haben.[30]

---

[24] BT-Drucks. 15/16 S. 14; beide Vorschriften werden daher in der Literatur als Anwendungsfälle genannt, vgl. *Kübler/Prütting/Kemper*, Art. 102 § 1 RdNr. 10; FK-*Wimmer*, Anh II, Art. 102 § 1 RdNr. 7; *Nerlich/Römermann/Mincke*, Art. 102 § 1 RdNr. 8; MünchKommBGB-*Kindler*, Bd. 11, IntInsR RdNr. 875; *Smid*, Int. Insolvenzrecht, Art. 102 § 1 RdNr. 5; HK-*Stephan*, Art. 102 § 1 RdNr. 8.
[25] So HK-*Stephan*, Art. 102 § 1 RdNr. 8; *Kübler/Prütting/Kemper*, Art. 102 § 1 RdNr. 10; FK-*Wimmer*, Anh II, Art. 102 § 1 RdNr. 7.
[26] Vgl. hierzu auch noch § 354 RdNr. 9 sowie Art. 2 RdNr. 16 EuInsVO.
[27] BT-Drucks. 15/16 S. 14; MünchKommBGB-*Kindler*, Bd. 11, IntInsR RdNr. 876; FK-*Wimmer*, Anh II, Art. 102 § 1 RdNr. 8; *Kübler/Prütting/Kemper*, Art. 102 § 1 RdNr. 11.
[28] Vgl. dazu MünchKommInsO-*Ganter*, Bd. 1, § 2 RdNr. 14 ff., insb. die Darstellung der einzelnen Bundesländer unter RdNr. 18.
[29] Vgl. HK-*Stephan*, Art. 102 § 1 RdNr. 10.
[30] Vgl. dazu MünchKommInsO-*Ganter*, Bd. 1, § 2 RdNr. 18 ff.

V. Ausschließlichkeit

18 Die nach § 1 zugewiesene gerichtliche Zuständigkeit ist ausschließlich; eine Gerichtsstandsstandsvereinbarung ist damit nicht zulässig.[31] Das erstreckt sich nicht nur auf die Eröffnungszuständigkeit nach Abs. 1 und Abs. 2, sondern gilt auch für Abs. 3, soweit man die Vorschrift im vorgenannten Sinne restriktiv auslegt.

Art. 102 § 2 Begründung des Eröffnungsbeschlusses

Ist anzunehmen, dass sich Vermögen des Schuldners in einem anderen Mitgliedstaat der Europäischen Union befindet, sollen im Eröffnungsbeschluss die tatsächlichen Feststellungen und rechtlichen Erwägungen kurz dargestellt werden, aus denen sich eine Zuständigkeit nach Artikel 3 der Verordnung (EG) Nr. 1346/2000 für die deutschen Gerichte ergibt.

Übersicht

	RdNr.		RdNr.
I. Normzweck	1	2. Annahme von Vermögen in einem anderen Mitgliedstaat	5
II. Voraussetzungen	4	III. Rechtsfolge – Begründungspflicht	7
1. Eröffnungsbeschluss nach Art. 3 EuInsVO	4	IV. Verstoß	10

I. Normzweck

1 Nach der EuInsVO wird gemäß Art. 3 Abs. 1 nur ein Hauptinsolvenzverfahren über das Vermögen ein und desselben Schuldners eröffnet. Ein eventuell auftretender positiver Kompetenzkonflikt ist nach dem Grundsatz der Priorität zu lösen.[1] Zudem sind nach Art. 16, 17 EuInsVO die Gerichte verpflichtet, die Eröffnungsentscheidung der Gerichte anderer Mitgliedstaaten anzuerkennen, ohne diese nachzuprüfen.[2] Das wiederum setzt voraus, dass das eröffnende Insolvenzgericht seine internationale Zuständigkeit hinreichend prüft. Diesem Zusammenspiel liegt nach Erwägungsgrund (22) der Verordnung der Grundsatz des gemeinschaftlichen Vertrauens zugrunde. Das stellte auch der EuGH in seiner Eurofood-Entscheidung eindeutig klar.[3] Damit ist das zuerst eröffnete Verfahren das Hauptverfahren, alle anderen eröffneten Verfahren sind als Sekundärinsolvenzverfahren nach Art. 3 Abs. 2 EuInsVO zu qualifizieren.[4]

2 Die EuInsVO enthält keine Pflicht für das Gericht des Verfahrensstaates, den Eröffnungsbeschluss zu begründen. § 2 verlangt jedoch, dass ein deutsches Gericht, das ein Insolvenzverfahren auf Grundlage einer Zuständigkeit nach der EuInsVO eröffnet, die Annahme seiner internationalen Zuständigkeit im Eröffnungsbeschuss kurz darstellt. § 2 ist als Ergänzung zu § 27 InsO,[5] der den Inhalt für den Eröffnungsbeschluss bei einem rein innerdeutschen Insolvenzverfahren vorgibt, sowie der Art. 21, 22 EuInsVO[6] anzusehen. Eine ähnliche Begründungpflicht enthält bereits § 2 des Deutsch-österreichischen Konkursvertrags.[7]

---

[31] Vgl. FK-*Wimmer*, Anh II, Art. 102 EGInsO § 1 RdNr. 6; HK-*Stephan*, Art. 102 § 1 RdNr. 6.
[1] Vgl. auch Art. 3 RdNr. 58 EuInsVO.
[2] Art. 16 RdNr. 5 ff., 11 ff.
[3] EuGH vom 2. 5. 2006 Eurofood NZI 2006, 360, 361 RdNr. 41 ff.
[4] Dazu auch auch Art. 3 RdNr. 58.
[5] Vgl. FK-*Wimmer*, Anh II, Art. 102 § 2 RdNr. 2; ähnlich *Smid*, Int. Insolvenzrecht, Art. 102 § 2 RdNr. 1; *Vallender* KTS 2005, 283, 312.
[6] Vgl. *Andres/Leithaus/Dahl*, Art. 102 § 2 RdNr. 2.
[7] Vgl. hierzu Vor §§ 335 RdNr. 71 InsO.

Die Vorschrift verfolgt daher insgesamt drei Ziele: Zunächst dient die Begründung dazu, **3** den Gerichten anderer Mitgliedstaaten deutlich zu machen, welche Kompetenz das deutsche Insolvenzgericht für sich in Anspruch nimmt, sowie welche Tatsachen und welche rechtlichen Maßstabe das deutsche Insolvenzgericht der angenommenen Kompetenz zugrunde gelegt hat.[8] Da die Wirkungen der Verfahrenseröffnung in den anderen Mitgliedstaaten automatisch eintreten und ohne Förmlichkeiten anerkannt werden, dient dieser klarstellende Hinweis im Beschluss selbst der **Rechtssicherheit** im Rahmen der Anerkennung des Eröffnungsbeschlusses in den anderen Mitgliedstaaten.[9] Die Klarstellung dient darüber hinaus auch der **Vermeidung positiver Kompetenzkonflikte,** weil das zweitentscheidende Insolvenzgericht nunmehr eindeutig erkennen kann, dass das eröffnende Insolvenzgericht für sich gegebenenfalls die Zuständigkeit nach Art. 3 Abs. 1 in Anspruch genommen hat.[10] Und schließlich bietet die Begründung dem Schuldner, dem Antrag stellenden Gläubiger oder auch einem bereits bestellten ausländischen Insolvenzverwalter die Möglichkeit, gegen den Eröffnungsbeschluss im Hinblick auf die Zuständigkeit **Rechtsmittel** einzulegen.[11]

II. Voraussetzung

1. Eröffnungsbeschluss nach Art. 3 EuInsVO. § 2 findet nur Anwendung auf den **4 Eröffnungsbeschluss** eines deutschen Insolvenzgerichts, nicht dagegen auf andere Beschlüsse des Insolvenzgerichts oder gar auf Beschlüsse anderer Gerichte im Zusammenhang mit insolvenzrechtlichen Streitigkeiten. § 2 gilt unabhängig davon, ob das deutsche Gericht seine Zuständigkeit aus Art. 3 Abs. 1 EuInsVO herleitet, oder aus Art. 3 Abs. 2 EuInsVO (Partikular- oder Sekundärverfahren). Denn § 2 differenziert nicht zwischen den verschiedenen Zuständigkeiten nach Art. 3, sondern verweist auf die gesamte Vorschrift des Art. 3, so dass die Begründungspflicht auch für die Eröffnung von Sekundär- und Partikularverfahren nach Art. 3 Abs. 2 und Abs. 4 EuInsVO besteht.[12]

2. Annahme von Vermögen in einem anderen Mitgliedstaat. Voraussetzung für **5** die Anwendung von § 2 ist darüber hinaus, dass „*anzunehmen ist, dass sich Vermögen des Schuldners in einem anderen Mitgliedstaat der Europäischen Union befindet.*" Es ist daher nicht notwendig, dass Zweifel an der internationalen Zuständigkeit bestehen und das Insolvenzgericht daher bei möglicherweise konkurrierenden Zuständigkeiten seine eigene Zuständigkeit „bekräftigen" möchte.[13] Ausreichend ist bereits, dass die Annahme besteht, dass sich Vermögen des Schuldners in einem anderen Mitgliedstaat der EU befindet. Die Belegenheit des Vermögens ist nicht nach den Vorschriften des deutschen autonomen Rechts zu ermitteln,[14] sondern nach den Vorschriften der EuInsVO.[15] Es reicht die **begründete Vermutung**; eine Gewissheit darüber, dass sich Vermögen in einem anderen Mitgliedstaat befindet ist nicht notwendig.[16] Daher reicht bereits eine Forderung des Schuldners gegen einen Drittschuldner, die seinen Sitz in einem anderen Mitgliedstaat der EU hat, da in diesem Fall die Forderung nach der EuInsVO am COMI des Drittschuldner belegen gilt.[17]

---

[8] So auch der Gesetzgeber, RegE, BT-Drucks. 15/16 S. 15.
[9] Vgl. FK-*Wimmer,* Anh II, Art. 102 § 2 RdNr. 2; *Kübler/Prütting/Kemper,* Art. 102 § 2 RdNr. 1.
[10] So MünchKommBGB-*Kindler,* Bd. 11, IntInsR RdNr. 879; HK-*Stephan,* Art. 102 § 2 RdNr. 3.
[11] Vgl. zum Beschwerderecht des ausländischen Insolvenzverwalters auch unten § 3 Abs. 1 Satz 3; vgl. auch MünchKommInsO-*Schmahl,* 2. Aufl., Bd. 1, § 34 RdNr. 64 ff.; den Aspekt des Rechtsmittel erwähnt zudem MünchKommBGB-*Kindler,* Bd. 11, IntInsR RdNr. 879.
[12] Die meisten Kommentarstellen erläutern die Begründungspflicht meist nur im Zusammenhang mit Hauptverfahren; die Begründungspflicht gilt jedoch für Sekundär- und Partikularverfahren ebenso, vgl. auch *Kübler/Prütting/Kemper,* Art. 102 § 2 RdNr. 3.
[13] Solche Zweifel implizieren die Stellungnahmen, die den Zweck von § 2 primär als Vermeidung positiver Kompetenzkonflikte ansehen, vgl. oben RdNr. 3.
[14] Vgl. hierzu § 354 RdNr. 9 ff.
[15] Vgl. hierzu die Definition in Art 2 lit. g) EuInsVO, sowie unten Art. 2 RdNr. 16 ff. EuInsVO.
[16] Vgl. *Kübler/Prütting/Kemper,* Art. 102 § 2 RdNr. 4; FK-*Wimmer,* Anh II, Art. 102 § 2 RdNr. 3; *Smid,* Int. Insolvenzrecht, Art. 102 § 2 RdNr. 1; *Pannen/Frind,* Art. 102 § 1 RdNr. 2.
[17] Vgl. Art. 2 lit. g), dritter Spiegelstrich EuInsVO, sowie die Kommentierung unten, Art. 2 RdNr. 21 EuInsVO.

6 Unklar ist, ob bereits ein Vermögensgegenstand in Dänemark die Voraussetzung erfüllt. Dänemark ist als einziger Mitgliedsstaat der EU nicht Mitgliedsstaat der EuInsVO.[18] Der räumliche Anwendungsbereich der EuInsVO ist daher nicht deckungsgleich mit den EU Mitgliedsstaaten. Dennoch verweist § 2 nicht auf diejenigen Mitgliedsstaaten der EU, in denen die EuInsVO gilt, sondern auf alle Mitgliedsstaaten (also einschließlich Dänemark). Es ist zu vermuten, dass es sich hier um ein Redaktionsversehen des Gesetzgebers handelt.[19] Die Vorschrift gilt daher nicht, wenn lediglich ein Verhältnis zu dänischem Auslandsvermögen gegeben ist. Es ist jedoch unschädlich, sich an den Wortlaut der Vorschrift zu halten und den Eröffnungsbeschluss auch im Falle einer erkennbaren Auslandsbeziehung nur zu Dänemark zu begründen, zumal aus einer überflüssigerweise gegebenen Begründung keine nachteiligen Rechtsfolgen erwachsen können.

III. Rechtsfolge – Begründungspflicht

7 § 2 verlangt, dass das Insolvenzgericht im Eröffnungsbeschluss die *„tatsächlichen Feststellungen und rechtlichen Erwägungen kurz darstellt, aus denen sich eine Zuständigkeit nach Art. 3 EuInsVO für die deutschen Gerichte ergibt"*. Die Begründungspflicht bezieht sich daher sowohl auf die **festgestellten Tatsachen,** als auch auf die **rechtlichen Erwägungen,** die das Insolvenzgericht der Annahme der internationalen Zuständigkeit nach Art. 3 EuInsVO zugrunde gelegt hat. Das Insolvenzgericht hat sein Verständnis und die konkrete Anwendung der jeweiligen zentralen Begriffe von Art. 3 EuInsVO, nämlich den des Interessenmittelpunktes und der Niederlassung, darlegen.[20] Bezüglich des COMI ist dabei aufgrund der bisher sehr unterschiedlichen Auslegung der nationalen Gerichte von besonderem Interesse, auf welche Kriterien für seine Bestimmung abgestellt wurde,[21] vor allem in den Fällen der Insolvenz von Unternehmensgruppen.[22]

8 Zum anderen hat das Insolvenzgericht ausdrücklich – gegebenenfalls im Rahmen eines Ergänzungsbeschlusses – zu benennen, ob es sich um ein Hauptinsolvenzverfahren i. S. d. Art. 3 Abs. 1 EuInsVO oder um ein Sekundärinsolvenzverfahren gem. Art. 3 Abs. 2 EuInsVO handelt.[23] Das dient der Rechtssicherheit aus Sicht des Anerkennungsgerichts.

9 Nach allgemeiner Auffassung begründet die Formulierung in § 2 (*„sollen dargestellt werden"*) für das Insolvenzgericht keinen Ermessensspielraum. Vielmehr handelt es sich um eine verbindliche Anforderung an den Inhalt des Eröffnungsbeschlusses, soweit die vorgenannten Voraussetzungen vorliegen.[24] Die Pflicht zur Begründung ist daher obligatorisch.

IV. Verstoß

10 Bei § 2 handelt es sich um eine **Ordnungsvorschrift.** Ein etwaiger Verstoß führt daher nicht zur Nichtigkeit des Eröffnungsbeschlusses.[25] Das Insolvenzgericht kann die notwendige Feststellung, welche internationale Zuständigkeit das Insolvenzgericht in Anspruch genommen hat – ebenso wie andere vom Gesetz vorgeschriebene Anordnungen – auch noch nach Rechtskraft der Eröffnungsbeschlusses von Amts wegen ergänzen.[26]

---

[18] Vgl. hierzu unten Art. 1 RdNr. 11 EuInsVO.
[19] Die Begründung stellt in seinen Ausführungen inhaltlich ebenfalls nur auf die Mitgliedsstaaten ab, in denen die EuInsVO gilt, vgl. BT-Drucks. 15/16 S. 15.
[20] Vgl. auch RegE, BT-Drucks. 15/16 S. 15.
[21] Zur Rechtsprechung sowie den Kriterien vgl. auch Art. 3 RdNr. 5 ff., 40 ff., 72 ff.
[22] Vgl. FK-*Wimmer*, Anh II, Art. 102 § 2 RdNr. 4.
[23] Vgl. BGH BeckRS 2008, 04207; FK-*Wimmer*, Anh II, Art. 102 § 2 RdNr. 4; *Kübler/Prütting/Kemper*, Art. 102 § 2 RdNr. 5; *Smid*, DZWiR 2003, 397, 398.
[24] *Smid*, Int. Insolvenzrecht, Art. 102 § 2 RdNr. 3; MünchKommBGB-*Kindler*, Bd. 11, IntInsR RdNr. 881; *Wehdeking*, DZWiR 2003, 133, 136.
[25] *Kübler/Prütting/Kemper*, Art. 102 § 2 RdNr. 5; FK-*Wimmer*, Anh II, Art. 102 § 2 RdNr. 4; MünchKommBGB-*Kindler*, Bd. 11, IntInsR RdNr. 882; *Vallender*, KTS 2005, 283, 312; ebenso zur gleichlautenden Vorschrift des § 2 DöKVAG *Arnold*, der deutsch-österreichische Konkursvertrag, S. 50.
[26] Vgl. zur Ergänzungsmöglichkeit grundsätzlich MünchKommInsO-*Schmahl*, Bd. 1, 2. Aufl., § 27 RdNr. 130.

Amtshaftungsansprüche bei einer Verletzung der Begründungspflicht bestehen trotz eini- 11
ger dies bejahender Stimmen in der Literatur nicht.[27] Es ist schon zweifelhaft, ob § 2
Amtspflichten des Insolvenzgerichts „einem Dritten" gegenüber begründet.[28] Ungeachtet
dessen dürften Amtshaftungsansprüche gegen ein deutsches Insolvenzgericht schon an der
subsidiären Haftung des Insolvenzgerichts scheitern, da Schäden allenfalls dadurch entstehen
können, dass wegen der mangelnden Begründung des Eröffnungsbeschlusses dieser im
Ausland zunächst nicht anerkannt wird. Da der Insolvenzbeschluss aber jederzeit ergänzt
werden kann, obliegt es auch dem (insoweit vorrangig haftenden) Insolvenzverwalter, der
seine Rechte in anderen Mitgliedstaaten geltend machen will, den Beschluss zu überprüfen
und um eine entsprechende Ergänzung nachzusuchen.

Art. 102 § 3 Vermeidung von Kompetenzkonflikten

(1) Hat das Gericht eines anderen Mitgliedstaats der Europäischen Union ein Hauptinsolvenzverfahren eröffnet, so ist, solange dieses Insolvenzverfahren anhängig ist, ein bei einem inländischen Insolvenzgericht gestellter Antrag auf Eröffnung eines solchen Verfahrens über das zur Insolvenzmasse gehörende Vermögen unzulässig. Ein entgegen Satz 1 eröffnetes Verfahren darf nicht fortgesetzt werden. Gegen die Eröffnung des inländischen Verfahrens ist auch der Verwalter des ausländischen Hauptinsolvenzverfahrens beschwerdebefugt.

(2) Hat das Gericht eines Mitgliedstaats der Europäischen Union die Eröffnung des Insolvenzverfahrens abgelehnt, weil nach Artikel 3 Abs. 1 der Verordnung (EG) Nr. 1346/2000 die deutschen Gerichte zuständig seien, so darf ein deutsches Insolvenzgericht die Eröffnung des Insolvenzverfahrens nicht ablehnen, weil die Gerichte des anderen Mitgliedstaats zuständig seien.

Übersicht

	RdNr.		RdNr.
I. Normzweck	1	a) Unzulässigkeit des Antrags	8
II. Positiver Kompetenzkonflikt		b) Keine Fortsetzung	14
(Abs. 1)	4	c) Beschwerdebefugnis	15
1. Allgemeines	4	III. Negativer Kompetenzkonflikt	
2. Voraussetzungen	5	(Abs. 2)	16
3. Rechtsfolgen	8		

I. Normzweck

§ 3 regelt, wie das deutsche Insolvenzgericht im Falle von Kompetenzkonflikten bezüg- 1
lich der Zuständigkeit für die Eröffnung grenzüberschreitender Hauptinsolvenzverfahren
nach Art. 3 Abs. 1 EuInsVO zu verfahren hat.[1] § 3 Abs. 1 widmet sich den Folgen eines
positiven Kompetenzkonflikts, § 3 Abs. 2 den Folgen eines **negativen Kompetenzkonflikts.**

Die EuInsVO hat zwar die Behandlung solcher Kompetenzkonflikte nicht ausdrücklich 2
geregelt. Die maßgeblichen, auch vom deutschen Gesetzgeber zu beachtenden Grundsätze
ergeben sich jedoch schon mittelbar aus der EuInsVO. So sieht die EuInsVO für den
positiven Kompetenzkonflikt das **Prioritätsprinzip** vor, wonach nur das zuerst eröffnete
Verfahren das Hauptverfahren sein kann, dessen Wirkung nach Art. 16, 17 EuInsVO in den

---

[27] Solche werden beispielsweise erwähnt bei MünchKommBGB-*Kindler*, Bd. 11, IntInsR RdNr. 882; vgl. dazu auch die Falldarstellung bei HambKomm-*Undritz*, Art. 102 § 2 RdNr. 2; *Pannen/Riedemann*, NZI 2004, 301, 302; zur Haftung des Insolvenzgerichts auch *Vallender*, KTS 2005, 283, 297 f.
[28] Vgl. *Palandt/Sprau*, BGB, § 839 RdNr. 47; BGHZ 106, 323, 331; BGHZ 109, 361.
[1] Vgl. MünchKommBGB-*Kindler*, Bd. 11, IntInsR RdNr. 883; *Smid*, Int. Insolvenzrecht, Art. 102 § 3 RdNr. 1.

anderen Mitgliedsländern anzuerkennen ist, während jedes nachfolgend eröffnete Verfahren zwingend ein Sekundärverfahren nach Art. 3 Abs. 2 EuInsVO sein muss.[2] § 3 Abs. 1 bestimmt die Rechtsfolgen, die sich aus dem Prioritätsprinzip für das in Deutschland anhängige Verfahren ergeben, nämlich (a) die Unzulässigkeit eines entsprechenden Antrags in Deutschland, (b) die Einstellung eines fehlerhaft eröffneten Verfahrens sowie (c) die Beschwerdebefugnis des ausländischen Insolvenzverwalters.

3   Auch zum negativen Kompetenzkonflikt enthält die EuInsVO keine ausdrückliche Regelung. Wohl aber lassen sich auch hier Grundzüge aus der Verordnung herleiten. Hierzu gehört, dass sich bereits aus Art. 25 Abs. 1 EuInsVO entnehmen lässt, dass das deutsche Insolvenzgericht die negative Entscheidung über die internationale Zuständigkeit eines Gerichts eines anderen Mitgliedsstaates anzuerkennen hat.[3] Insoweit wiederholt das autonome Recht einen Grundsatz, der sich bereits aus der EuInsVO ergibt.

II. Positiver Kompetenzkonflikt (Abs. 1)

4   **1. Allgemeines.** Ebenso wie in § 2 kommt auch in § 3 der Grundsatz des gemeinschaftlichen Vertrauens zum Ausdruck. Ein bereits in einem anderen Mitgliedsstaat eröffnetes Hauptinsolvenzverfahren i. S. d. Art. 3 Abs. 1 EuInsVO ist danach in Deutschland ohne eine Überprüfung der gerichtlichen Zuständigkeit anzuerkennen. An dieser Stelle wird in Form einer ausdrücklichen Regelung das schon in Art. 16 EuInsVO verankerte Anerkennungsprinzip konkretisiert.[4] Nach der EuInsVO kann über das Vermögen ein und desselben Schuldners nur ein Hauptinsolvenzverfahren eröffnet werden, da der Schuldner nur einen Mittelpunkt seiner hauptsächlichen Interessen haben kann.[5]

5   **2. Voraussetzungen.** Ein positiver Kompetenzkonflikt liegt nach § 3 Abs. 1 vor, wenn das Gericht eines anderen Mitgliedsstaates der EU ein Hauptinsolvenzverfahren eröffnet hat. Wann die „Eröffnung" eines Verfahrens zur Bestimmung des Prioritätsprinzips vorliegt, hat der EuGH im Rahmen der Eurofood Entscheidung für die EuInsVO klar gestellt: Danach liegt eine Verfahrenseröffnung vor, wenn das Insolvenzgericht einen vorläufigen Verwalter bestellt hat und die Entscheidung den Vermögensbeschlag gegen den Schuldner zur Folge hat.[6] Als weitere, vom EuGH nicht ausdrücklich genannte Voraussetzung ist jedoch zu verlangen, dass das Insolvenzgericht mit dem Vermögensbeschlag zugleich eine Zuständigkeit nach Art. 3 Abs. 1 EuInsVO in Anspruch nimmt.[7] § 3 Abs. 1 wiederholt diese Voraussetzung jedoch ausdrücklich, da die Eröffnung eines „Hauptinsolvenzverfahrens" verlangt wird. Dieser, von der EuInsVO vorgegebene Eröffnungsbegriff ist auch für die Auslegung des Begriffs „eröffnet" im Sinne des § 3 maßgebend. Es kommt daher nicht auf den

---

[2] Vgl. unten Art. 3 RdNr. 58 ff. EuInsVO; vgl. zudem Ziffer 22 der Erwägungsgründe. Das Prioritätsprinzip hat auch der EuGH in der sog. Eurofood Entscheidung bestätigt, vgl. EuGH vom 2. 5. 2006, Rs. C-341/04 Eurofood, NZI 2006, 360; ebenfalls das Prioritätsprinzip bejahend: AG Nürnberg vom 16. 8. 2006 ZIP 2007, 81; Stadtgericht Prag vom 26. 4. 2005 ZIP 2005, 1431 mit Besprechung *Herchen* ZIP 2005, 1401; auch OGH vom 17. 3. 2005 NZI 2005, 465; OLG Wien vom 9. 11. 2004 NZI 2005, 57 mit Anmerkung *Paulus* NZI 2005, 62. AG Duisburg vom 10. 12. 2002 DZWIR 2003, 435 mit Besprechung *Smid* DZWIR 2003, 397; LG Innsbruck vom 11. 4. 2004 ZIP 2004, 1721 mit Anmerkungen *Bähr/Riedemann* EWiR 2004, 1085, *Schopper* KTS 2005, 224; AG Düsseldorf vom 7. 4. 2004 (ISA) ZIP 2004, 866 mit Anmerkungen *Westphal/Wilkens* EWiR 2004, 909; ebenso die überwiegende Auffassung in der in der Literatur, vgl. *Duursma-Kepplinger*, Europäische Insolvenzverordnung, DZWIR 2003, 447, 449; *Eidenmüller* IPRax 2001, 2, 7; *Herchen* ZInsO 2004, 61, 64; *Leible/Staudinger* KTS 2000, 533, 545; *Lüke* ZZP 111 (1998) 275, 289; *Moss/Smith* in *Moss/Fletcher/Isaacs*, EC Regulation, RdNr. 8.47; MünchKommBGB-*Kindler*, Bd. 11, Art. 3 RdNr. 158; *Pannen* in *Breutigam/Blersch/Goetsch*, Art. 3 EuInsVO RdNr. 13; *Pannen/Riedemann* NZI 2004, 646; *Paulus* ZIP 2003, 1725, 1726; *Smid*, Int. Insolvenzrecht, Art. 3 RdNr. 19.

[3] Vgl. unten Art. 3 RdNr. 66 EuInsVO.

[4] Dazu auch Art. 16 EuInsVO RdNr. 17.

[5] FK-*Wimmer*, Anh II, Art. 102 § 3 RdNr. 2.

[6] Klarstellend zur EuInsVO der EuGH in RdNr. 42 der Eurofood-Entscheidung vom 2. 5. 2006 NZI 2006, 360, 361; vgl. auch *Kübler/Prütting/Kemper*, Art. 102 § 3 RdNr. 4; *Smid*, Int. Insolvenzrecht, Art. 102 § 3 RdNr. 3; überholt daher: LG Hamburg ZIP 2005, 1697, dass noch auf den Eröffnungsbeschluss abstellte.

[7] Vgl. unten, Art. 2 RdNr. 9ff., 13 EuInsVO.

formalen Eröffnungsbeschluss des ausländischen Insolvenzgerichts an. Vielmehr kann gegebenenfalls der vorgenannte Bestellungsbeschluss zusammen mit dem angeordneten Vermögensbeschlag ausreichen, um eine Eröffnung im Sinne des § 3 anzunehmen.

Ungeschriebene Voraussetzung für den Vorrang des ausländischen Verfahrens ist nach § 3 Abs. 1 auch, dass der ausländische Eröffnungsbeschluss anzuerkennen ist. Die Anerkennung ist jedoch der Regelfall, da das Zweitgericht im Rahmen der Anerkennung nicht überprüfen darf, ob das eröffnende Gericht die internationale Zuständigkeit zu Recht in Anspruch genommen hat. Die Verweigerung der Anerkennung nach der EuInsVO kann im Ergebnis nur auf einen *ordre public* Verstoß nach Art. 26 EuInsVO gestützt werden.[8] Liegt ein solcher vor, so ist das deutsche Insolvenzgericht durch § 3 Abs. 1 nicht gehindert, ein Hauptverfahren zu eröffnen, wenn die internationale Zuständigkeit hierfür gegeben ist.[9] 6

Die Vorschrift verlangt nach ihrem Wortlaut zudem, dass die Eröffnung durch ein „Gericht eines anderen Mitgliedsstaates der Europäischen Union" erfolgt ist. Fraglich ist demnach, ob die Vorschrift auch für diejenigen Fälle gilt, in denen Gerichte Dänemarks ein Hauptinsolvenzverfahren eröffnet haben.[10] Dänemark als Mitgliedsstaat der Europäischen Union fällt nicht in den räumlichen Anwendungsbereich der EuInsVO, da es dazu optiert hat, sich nicht an der Annahme der Verordnung zu beteiligen.[11] In diesem Falle handelt es sich folglich um eine Beziehung zu einem Drittstaat, in dem das autonome Internationale Insolvenzrecht zur Anwendung kommt. Ähnlich wie bei der Verweisung auf die Mitgliedsstaaten der EU in § 2 handelt es sich auch hier um einen redaktionellen Fehler. Die Vorschrift gilt entgegen ihrem Wortlaut nicht für den Eröffnungsbeschluss eines dänischen Insolvenzgerichts. Hier sind vielmehr – anders als im Rahmen der EuInsVO – die Voraussetzungen des § 343 InsO zu prüfen, bevor dem ausländischen Verfahren Priorität eingeräumt wird.[12] 7

3. Rechtsfolgen. a) Unzulässigkeit des Antrags. Liegen die vorgenannten Voraussetzungen vor, so ist der bei dem deutschen Gericht eingegangene Antrag auf Eröffnung eines solchen Verfahrens (gemeint ist ein Antrag auf Eröffnung eines Hauptinsolvenzverfahrens) als unzulässig abzuweisen.[13] Dem ausländischen Verfahren kommt somit eine Sperrwirkung mit der Folge zu, dass kein weiteres Hauptverfahren eröffnet werden darf.[14] 8

Die Rechtsfolgenregelung ist jedoch wenig geglückt und bedarf der Korrektur. Die angeordnete Rechtsfolge, den Antrag als unzulässig abzuweisen, ist nämlich auf die Fälle zu beschränken, in denen auch keine sonstige internationale Zuständigkeit besteht, mithin auch keine Zuständigkeit für ein Sekundärverfahren. Die Regelung in Art. 102 § 3 EGInsO ist nach der Begründung des Regierungsentwurfes § 3 Abs. 1 des deutsch-österreichischen Konkursvertrags (DöKV) nachgebildet,[15] der für Kompetenzkonflikte ebenfalls vorsah, dass das Verfahren weder eingeleitet noch ein nach Verfahrenseröffnung im Ausland eingeleitetes Verfahren fortgesetzt werden dürfe. Der Gesetzgeber hat hierbei jedoch übersehen, dass § 3 DöKV auf die nach der EuInsVO entstehenden Kompetenzkonflikte nur bedingt passt. Denn der DöKV sah lediglich ein Einheitsverfahren vor und verzichtete auf die Möglichkeit eines Sekundärverfahrens.[16] War daher die Zuständigkeit in einem Mitgliedsstaat des Vertrages begründet, so musste ein Antrag in dem jeweils anderen Mitgliedsstaat konsequenter Weise als unzulässig zurückgewiesen werden. Unter der EuInsVO bleibt jedoch die Möglichkeit für das jeweils andere Gericht, ein Sekundärverfahren auf Grundlage 9

---

[8] Vgl. unten Art. 16 EuInsVO RdNr. 14.
[9] AA wohl *Nerlich/Römermann/Mincke*, Art. 102 § 3 RdNr. 4, wobei unklar bleibt, ob dort nur der Fall angesprochen ist, dass ohnehin keine Zuständigkeit für ein Hauptverfahren bestünde.
[10] Vgl. dazu auch FK-*Wimmer*, Anh II, Art. 102 § 3 RdNr. 3; *Oberhammer* ZInsO 2004, 761, 762 Fn. 12.
[11] Vgl. dazu schon Art. 1 EuInsVO RdNr. 11.
[12] Das übersieht FK-*Wimmer*, Anh II, Art. 102 § 3 RdNr. 3.
[13] Vgl. AG Köln (nicht rechtskräftig) v. 10. 8. 2005 ZIP 2005, 858.
[14] *Wimmer* in FS Kirchhof, S. 525.
[15] Vgl. BT-Drucks. 15/16 S. 15; vgl. zum DöKV auch oben, Vor §§ 335 RdNr. 71.
[16] Vgl. Arnold, Der deutsch-österreichische Konkursvertrag, S. 25 f.

von Art. 3 Abs. 2 EuInsVO, nämlich bei Vorliegen einer inländischen Niederlassung, zu eröffnen. Daher besteht – anders als nach dem DöKV – die Möglichkeit, den Antrag nicht abzulehnen, sondern das Verfahren mit einer anderen Rechtsfolge zu eröffnen, nämlich das Verfahren auf das im Inland belegene Vermögen zu beschränken.[17]

10 Die überwiegende Auffassung in der Literatur löst das Problem der verbleibenden Möglichkeit der Eröffnung eines Sekundärverfahrens dadurch, dass differenziert wird zwischen einem Antrag auf Eröffnung eines Hauptverfahrens und dem Antrag auf Eröffnung eines Sekundärverfahrens. Der Antrag auf Eröffnung eines Hauptverfahrens sei dann gemäß § 3 zurückzuweisen. Dagegen könne ein Sekundärverfahren eröffnet werden, wenn der Antrag auf Eröffnung eines Hauptverfahrens in einen Antrag auf Eröffnung eines Sekundärverfahrens umgedeutet werden könne.[18] Für diese Auffassung spricht zwar der Wortlaut der Vorschrift, der vorschreibt, dass der Antrag auf Eröffnung „eines solchen Verfahrens" (gemeint ist ein Hauptverfahren im Sinne der EuInsVO) unzulässig sei. Diese Auffassung ist jedoch abzulehnen. Das setzt nämlich voraus, dass es sich bei einem Hauptverfahren und einem Sekundärverfahren um unterschiedliche Verfahren handeln würde, bei denen der Antragsteller auch nur ein bestimmtes Verfahren beantragen kann. Richtigerweise handelt es sich jedoch nur um ein Verfahren, dessen Eröffnungswirkungen im Hinblick auf die nach § 35 InsO erfasste Insolvenzmasse unterschiedlich sind: bei einem Hauptverfahren wird das gesamte Vermögen des Schuldners erfasst, bei einem Sekundärverfahren nur das im Verfahrensstaat belegene Vermögen. Gleiches gilt für die anderen sich aus der EuInsVO ergebenden Besonderheiten (insbesondere Art. 27 ff. EuInsVO). Insoweit kann der Antragsteller schon nicht die Eröffnung eines „Haupt-" oder „Sekundärverfahrens" beantragen. Der Antrag kann sich lediglich auf die Eröffnung eines Insolvenzverfahrens sowie gegebenenfalls auf weitere gesonderte Verfahren wie z. B. das Verbraucherinsolvenzverfahren oder das Restschuldbefreiungsverfahren beziehen.[19] Die sich aus dem Eröffnungsbeschluss ergebenden Rechtswirkungen (z. B. auch, welches Vermögen erfasst wird) sind dagegen gesetzlich geregelt und einer Disposition der Parteien entzogen.

11 Die Annahme, dass es sich um unterschiedliche Eröffnungsanträge handele, ist auch aus anderen Gründen nicht interessengerecht. So könnte das Insolvenzgericht bei einem entgegenstehenden Willen des Antragstellers das Verfahren nicht eröffnen, sondern müsste trotz Vorliegens einer Insolvenzsituation die Eröffnung abweisen. Umgekehrt könnte das Insolvenzgericht auch ein Hauptverfahren nicht eröffnen, wenn nur ein Antrag auf ein Sekundärverfahren gestellt worden ist. Wenn es sich um unterschiedliche Verfahren handeln würde, so stellte sich zudem noch die Frage, wie die Fristen zu berechnen wären, die an die Antragstellung anknüpfen. So wird für die Insolvenzanfechtung im deutschen Recht auf den frühesten zulässigen Antrag abgestellt.[20] Ein versehentlich auf das falsche Verfahren (Sekundär- oder Hauptverfahren) bezogener Antrag könnte daher die entsprechenden Fristen noch nicht in Gang setzen.

12 Die Rechtsfolge der Abweisung des Antrags als unzulässig ist daher richtigerweise auf die Fälle zu beschränken, in denen eine internationale Zuständigkeit für ein Sekundärverfahren nicht besteht. Dann kann nämlich in der Tat kein Insolvenzverfahren im Inland eröffnet werden, weshalb die Zurückweisung des Antrags – ebenso wie bei dem Regelungsvorbild

---

[17] Zur Beschränkung auf das inländische Vermögen vgl. Art. 3 Abs. 2 Satz 2 und Art. 27 Satz 3 EuInsVO.
[18] So für den umgekehrten Fall AG Mönchengladbach ZIP 2004, 1064 f. mit Anmerkung *Bähr/Riedemann* ZIP 2004, 1066, 1067; *Kebekus* EWiR 2004, 705; ähnlich auch AG Köln NZI 2006, 57, mit einem Antrag des Leiters der Niederlassung auf Eröffnung des Insolvenzverfahrens über das Vermögen der Niederlassung; AG München ZIP 2007, 495, 496; vgl. dazu auch *Kübler/Prütting/Kemper*, Art. 102 § 3 RdNr. 5; HK-*Stephan*, Art. 102 § 3 RdNr. 3; FK-*Wimmer*, Anh II, Art. 102 § 3 RdNr. 4; *Pannen/Frind*, Europ. Insolvenzverordnung, Art. 102 § 3 RdNr. 8.
[19] MünchKommInsO-*Schmahl*, Bd. 1, 2. Aufl., § 13 RdNr. 100 f.; als unterschiedliche Verfahrensarten gelten beispielsweise das Regelinsolvenzverfahren sowie das Verbraucherinsolvenzverfahren, vgl. OLG Schleswig, NZI 200, 164 f.; OLG Celle NZI 2000, 229, 230; OLG Köln, NZI 2000, 542.
[20] Vgl. MünchKommInsO-*Kirchhof*, Bd. 2., 2. Aufl., § 130 RdNr. 25; *Nerlich/Römermann/Nerlich*, InsO § 130 RdNr. 27.

des § 3 DöKV – gerechtfertigt ist. Damit offenbart sich jedoch auch, dass die Norm damit fast keine praktische Anwendungsmöglichkeit mehr besitzt. Denn ein positiver Kompetenzkonflikt, in dem das deutsche Insolvenzgericht die internationale Zuständigkeit für ein Hauptverfahren in Erwägung zieht, setzt voraus, dass für die Annahme einer solchen Zuständigkeit gewisse Anhaltspunkte vorliegen. Da ein Sekundärverfahren jedoch nur bei Vorliegen einer Niederlassung eröffnet werden kann und diese Niederlassung eine wirtschaftliche Aktivität des Schuldners verlangt, die den Einsatz von Personal und Vermögenswerte voraussetzt, ist kaum denkbar, dass ein deutsches Gericht eine internationale Zuständigkeit für ein Hauptverfahren in Erwägung zieht, ohne dass überhaupt die geringeren Voraussetzungen für das Vorliegen einer Niederlassung und damit der Eröffnung eines Sekundärverfahrens gegeben sind.[21]

Dagegen ist der Antrag nicht als unzulässig zu behandeln, soweit die Zuständigkeit für die Eröffnung eines Sekundärverfahrens nach Art. 3 Abs. 2 EuInsVO gegeben ist. In diesem Fall besteht nämlich ungeachtet der Zuständigkeit des ausländischen Insolvenzgerichts für die Durchführung des Hauptverfahrens die Option und Möglichkeit der Durchführung des Sekundärverfahrens im Inland. Diese nach der EuInsVO bestehende Verfahrenszuständigkeit kann und wollte der Gesetzgeber mit der Vorschrift in § 3 Abs. 1 nicht einschränken. **13**

b) Keine Fortsetzung. Satz 2 des Absatzes bestimmt, dass, wenn ein deutsches Gericht, z. B. infolge von Unkenntnis der ausländischen Eröffnungsentscheidung, ungeachtet von Satz 1 ein Hauptinsolvenzverfahren eröffnet, dieses nicht fortgesetzt werden darf.[22] Das führt entgegen dem Wortlaut von § 4 jedoch nicht dazu, dass das Verfahren einzustellen ist.[23] Vielmehr bedarf auch diese Rechtsfolge aus den oben ausgeführten Gründen (vgl. RdNr. 8 ff.), einer Korrektur. Die vollständige Untersagung der Verfahrenfortsetzung gilt nur für den Fall, dass für das inländische Insolvenzgericht auch keine Zuständigkeit für die Durchführung eines Sekundärverfahrens nach Art. 3 Abs. 2 EuInsVO besteht. Besteht dagegen im Inland eine Niederlassung des Schuldners im Sinne von Art. 2 lit. h) EuInsVO, darf das inländische Verfahren allenfalls als Hauptverfahren nicht mehr fortgesetzt werden. Dagegen ist das Verfahren als Sekundärverfahren fortzuführen, ohne dass es einer Einstellung des Verfahrens und einer anschließenden Neueröffnung (nach entsprechendem Neuantrag) oder einer Umdeutung des Antrags bedurfte. Wegen der Unrichtigkeit der im Eröffnungsbeschluss zugrunde gelegten Zuständigkeit, ist der Eröffnungsbeschluss im Sinne von § 2 von Amts wegen zu berichtigen. Der Vermögensbeschlag ist auf das im Inland belegene Vermögen zu beschränken. Soweit der inländische Insolvenzverwalter Auslandsvermögen zur Masse gezogen hat, ist er verpflichtet, dieses an den Verwalter des Hauptverfahrens heraus zu geben.[24] **14**

c) Beschwerdebefugnis. Im Falle der Eröffnung eines Verfahrens durch ein deutsches Gericht gewährt Satz 3 dem ausländischen Insolvenzverwalter eine Beschwerdebefugnis zur Durchsetzung der Interessen ausländischer Gläubiger.[25] Damit werden der Vorrang des Hauptverfahrens und die Befugnisse des Verwalters sichergestellt.[26] Es handelt sich um eine Erweiterung des § 34 InsO.[27] Die Einstellung des Verfahrens bzw. die Beschränkung der Verfahrenswirkungen auf ein Sekundärverfahren kann daher verfahrensrechtlich auch vom Verwalter des Hauptverfahrens im Inland entsprechend geltend gemacht werden. **15**

---

[21] Vgl. Art 2 RdNr. 25 EuInsVO.
[22] *Andres/Leithaus/Dahl*, Art. 102 § 3 EGInsO RdNr. 1; *Smid*, Int. Insolvenzrecht, Art. 102 § 3 RdNr. 3. Vgl. auch LG Hamburg v. 18. 8. 2005, ZIP 2005, 1697.
[23] So aber HK-*Stephan*, Art. 102 § 3 RdNr. 4; *Undritz* in *Schmidt*, Hamburger Kommentar, Art. 102 § 3 EGInsO RdNr. 1.
[24] Der in Art. 20 Abs. 1 EuInsVO nieder gelegte Grundgedanke findet daher auch für die Abgrenzung der Massen statt, vgl. zum Leistungsverkehr zwischen den Insolvenzmassen auch unten Art. 31 RdNr. 24 ff. EuInsVO.
[25] Vgl. dazu AG Düsseldorf v. 12. 3. 2004 DZWIR 2004, 432; LG Hamburg v. 18. 8. 2005, ZIP 2005, 1697.
[26] Vgl. *Pannen/Riedemann* NZI 2006, 301, 302; *Andres/Leithaus/Dahl*, Art. 102 § 3 RdNr. 2.
[27] *Smid*, Int. Insolvenzrecht, Art. 102 § 3 RdNr. 4.

III. Negativer Kompetenzkonflikt (Abs. 2)

16   Absatz 2 will verhindern, dass sich mehrere Gerichte verschiedener Mitgliedstaaten für die Eröffnung eines Hauptinsolvenzverfahrens unter Verweisung auf ein jeweils anderes Gericht für unzuständig erklären und damit ein Zuständigkeitsvakuum entsteht. Die Regelung bezieht sich jedoch nur auf den Fall, in dem ein zweites mitgliedstaatliches Gericht seine Zuständigkeit mit Verweis auf die gegebene Zuständigkeit eines deutschen Gerichts abgelehnt hat.[28] Einer solchen Regelung hätte es im autonomen Recht an sich nicht bedurft, weil sich die daraus ergebende Bindungswirkung schon aus der nach Art. 26 EuInsVO möglichen Anerkennung der Entscheidung aus der EuInsVO selbst herleiten lässt.[29]

17   Verweist die ablehnende Eröffnungsentscheidung des ausländischen Insolvenzgerichts dagegen auf die Zuständigkeit eines anderen Mitgliedstaates oder lässt es die Frage der anderweitigen Zuständigkeit offen, so steht es dem deutschen Insolvenzgericht frei, eigenständig – ohne Bindungswirkung – über die eigene internationale Zuständigkeit zu entscheiden.[30] Insoweit haben auch die Ausführungen des ausländischen Gerichts zur Zuständigkeit eines Drittstaates keine bindende Wirkung, weil das ausländische Gericht keine Zuständigkeit besitzt, über die Zuständigkeit eines anderen Mitgliedstaates zu entscheiden. Eine solche Bindungswirkung gilt jeweils nur im Verhältnis zueinander.

Art. 102 § 4 Einstellung des Insolvenzverfahrens zugunsten der Gerichte eines anderen Mitgliedstaats

(1) Darf das Insolvenzgericht ein bereits eröffnetes Insolvenzverfahren nach § 3 Abs. 1 nicht fortsetzen, so stellt es von Amts wegen das Verfahren zugunsten der Gerichte des anderen Mitgliedstaats der Europäischen Union ein. Das Insolvenzgericht soll vor der Einstellung den Insolvenzverwalter, den Gläubigerausschuss, wenn ein solcher bestellt ist, und den Schuldner hören. Wird das Insolvenzverfahren eingestellt, so ist jeder Insolvenzgläubiger beschwerdebefugt.

(2) Wirkungen des Insolvenzverfahrens, die vor dessen Einstellung bereits eingetreten und nicht auf die Dauer dieses Verfahrens beschränkt sind, bleiben auch dann bestehen, wenn sie Wirkungen eines in einem anderen Mitgliedstaat der Europäischen Union eröffneten Insolvenzverfahrens widersprechen, die sich nach der Verordnung (EG) Nr. 1346/2000 auf das Inland erstrecken. Dies gilt auch für Rechtshandlungen, die während des eingestellten Verfahrens vom Insolvenzverwalter oder ihm gegenüber in Ausübung seines Amtes vorgenommen worden sind.

(3) Vor der Einstellung nach Absatz 1 hat das Insolvenzgericht das Gericht des anderen Mitgliedstaats der Europäischen Union, bei dem das Verfahren anhängig ist, über die bevorstehende Einstellung zu unterrichten; dabei soll angegeben werden, wie die Eröffnung des einzustellenden Verfahrens bekannt gemacht wurde, in welchen öffentlichen Büchern und Registern die Eröffnung eingetragen und wer Insolvenzverwalter ist. In dem Einstellungsbeschluss ist das Gericht des anderen Mitgliedstaats zu bezeichnen, zu dessen Gunsten das Verfahren eingestellt wird. Diesem Gericht ist eine Ausfertigung des Einstellungsbeschlusses zu übersenden. § 215 Abs. 2 der Insolvenzordnung ist nicht anzuwenden.

---

[28] MünchKommBGB-*Kindler*, Bd. 11, IntInsR RdNr. 889; *Kübler/Prütting/Kemper*, Art 102 § 3 RdNr. 9; FK-*Wimmer*, Anh II, Art. 102 § 3 RdNr. 6.
[29] So bereits unten Art. 3 RdNr. 66 EuInsVO.
[30] Vgl. dazu das Beispiel bei *Pannen/Riedemann* NZI 2006, 301, 302 f.

Übersicht

	RdNr.		RdNr.
I. Normzweck	1	4. Sonstige Verfahrensfragen	9
II. Einstellung von Amts wegen (Abs. 1)	4	III. Wirkungen der Verfahrenseinstellung (Abs. 2)	10
1. Einstellungsbeschluss	4	IV. Kooperation zwischen den Insolvenzgerichten (Abs. 3)	13
2. Anhörung	6		
3. Beschwerdebefugnis	8		

I. Normzweck

Hat ein deutsches Gericht entgegen der Vorschrift des § 3 ein Hauptinsolvenzverfahren gem. Art. 3 Abs. 1 EuInsVO eröffnet,[1] obwohl bereits in einem anderen Mitgliedstaat zuvor ein ebensolches Verfahren über das Vermögen desselben Schuldners wirksam eröffnet wurde, ordnet § 3 Abs. 1 an, dass das in Deutschland eröffnete Verfahren einzustellen ist und was im Rahmen des Einstellungsbeschlusses verfahrensrechtlich zu beachten ist. Die EuInsVO sieht keine Regelungen für die Behandlung eines zweiten i. S. d. Art. 3 Abs. 1 EuInsVO eröffneten und daher zu beendenden Hauptinsolvenzverfahrens vor.[2] § 4 legt aus diesem Grunde die entsprechende Vorgehensweise dazu fest und erläutert die sich ergebenden Folgen bzw. Wirkungen. 1

Die Regelung ist jedoch missglückt.[3] Die Regelung über die Einstellung des Verfahrens ist Art. 3 des deutsch-österreichischen Konkursvertrags (DöKV) nachgebildet. Der Deutsch-österreichische Konkursvertrag sah nur die Möglichkeit eines (einzigen) Einheitsverfahrens vor.[4] Die Eröffnung von Sekundärverfahren war ausgeschlossen. Daher musste denklogisch jedes später eröffnende Insolvenzgericht die Verfahrenseröffnung ablehnen oder ein bereits (fälschlicherweise) eröffnetes Verfahren wieder einstellen. Dies gilt jedoch nicht für eine Verfahrensabwicklung nach der EuInsVO, die die Möglichkeit eines Sekundärverfahrens parallel zum Hauptverfahren vorsieht. Die Tatsache, dass das Gericht eines anderen Mitgliedsstaates bereits die internationale Zuständigkeit für die Durchführung eines Hauptverfahrens für sich in Anspruch genommen hat, führt nicht notwendig zur Einstellung des zweit-eröffneten Verfahrens. Denkbar ist nämlich, dass wenigstens noch die Berechtigung zur Durchführung eines Sekundärverfahrens besteht, weil sich im Inland jedenfalls eine Niederlassung des Schuldners befindet. 2

Die in § 4 angeordnete Verfahrenseinstellung ist daher auf die (praktisch kaum denkbaren)[5] Fälle zu beschränken, in denen das deutsche Insolvenzgericht ein Insolvenzverfahren als Hauptverfahren eröffnet hat, jedoch nicht einmal eine Niederlassung im Sinne von Art. 2 lit. h) EuInsVO im Inland gegeben ist. Ist dagegen im Inland eine Niederlassung vorhanden, so führt dies nicht zur Einstellung des Verfahrens, sondern zu einer von Amts wegen vorzunehmenden Berichtigung des Eröffnungsbeschlusses, mit der Folge der Beschränkung des Vermögensbeschlags nach Art. 3 Abs. 2 Satz 2 EuInsVO, Art. 27 Satz 3 EuInsVO. Das Verfahren wird dann als Sekundärverfahren im Sinne der EuInsVO weiter geführt. 3

II. Einstellung von Amts wegen (Abs. 1)

1. Einstellungsbeschluss. In § 4 Abs. 1 S. 1 ist normiert, dass das Verfahren von Amts wegen zugunsten des mitgliedstaatlichen Gerichtes, das zuerst ein Hauptinsolvenzverfahren eröffnet hat, einzustellen ist. Dabei hat der Gesetzgeber es vorgezogen, neue Regelungen zu schaffen und nicht auf die für die vorzeitige Beendigung von inländischen Insolvenzverfahren geltenden §§ 207 ff. InsO verwiesen.[6] Wie bereits ausgeführt, gilt diese Regelung 4

---

[1] Mögliche Beispielsfälle nennt FK-*Wimmer*, Anh II, Art. 102 § 4 RdNr. 2.
[2] Vgl. auch FK-*Wimmer*, Anh II, Art. 102 § 4 RdNr. 2.
[3] Vgl. bereits oben zu § 3 RdNr. 9ff.
[4] Vgl. auch Vor §§ 335 RdNr. 71.
[5] Vgl. bereits oben § 3 RdNr. 12.
[6] *Kübler/Prütting/Kemper*, Art. 102 § 4 RdNr. 2.

jedoch nur für die Fälle, in denen im Inland keine internationale Zuständigkeit für die Durchführung eines Sekundärverfahrens gegeben ist (vgl. vorige RdNr).

5 Besteht eine Niederlassung im Inland, mithin also die Zuständigkeit für die Durchführung eines Sekundärverfahrens nach Art. 3 Abs. 2 EuInsVO, so bezieht sich die „Einstellung" lediglich auf die Einstellung des Insolvenzverfahrens als Hauptverfahren im Sinne des Art. 3 Abs. 1 EuInsVO, während das Insolvenzverfahren freilich als Sekundärverfahren im Sinne des Art. 3 Abs. 2 EuInsVO fortgeführt werden kann (vgl. bereits oben § 3 RdNr. 8 ff.). In diesem Fall ist lediglich der Eröffnungsbeschluss von Amts wegen zu berichtigen und das Verfahren ausdrücklich als Sekundärverfahren gemäß Art. 3 Abs. 2, Art. 27 EuInsVO fortzusetzen[7] mit der Rechtsfolge, dass sich die Wirkungen des Insolvenzverfahrens auf das im Inland belegene Vermögen beschränken.[8]

6 **2. Anhörung.** Vor der Einstellung des Verfahrens soll das deutsche Gericht den inländischen Insolvenzverwalter, den Schuldner und einen gegebenfalls bestehenden Gläubigerausschuss anhören, Abs. 1 S. 2. Damit wird der Grundsatz des rechtlichen Gehörs zugunsten der am Verfahren Beteiligten gewahrt.[9]

7 Die Regelung gilt gleichfalls für die Änderung des vermeintlichen Hauptverfahrens in ein Sekundärverfahren im Sinne der EuInsVO. Denn auch hier muss den Beteiligten rechtliches Gehör gewährt werden.

8 **3. Beschwerdebefugnis.** Bei der Einstellung des Verfahrens können die Rechte der Gläubiger betroffen sein.[10] Ihnen wird daher in Satz 3 des Absatzes 1 die Beschwerdebefugnis gegen die Verfahrenseinstellung eingeräumt. Welche Rechtsmittel den Gläubigern konkret zustehen, definiert die Vorschrift nicht.[11] Unter dem verwendeten Begriff des *Insolvenzgläubigers* sind nur die einfachen Insolvenzgläubiger gem. § 38 InsO zu verstehen, nicht dagegen nachrangige oder absonderungsberechtigte Gläubiger, da der in § 4 verwendete Begriff des „Insolvenzgläubigers" in der InsO gesetzlich definiert ist.[12] Die Beschwerdebefugnis gilt entsprechend, wenn inländische Insolvenzverfahren gemäß den obigen Ausführungen nicht eingestellt, sondern lediglich in ein Sekundärverfahren umgewandelt wird. Auch insoweit sind Interessen der Insolvenzgläubiger betroffen, so dass die Beschwerdebefugnis auch für diese Fälle entsprechend gilt.

9 **4. Sonstige Verfahrensfragen.** § 4 ordnet für die Verfahrenseinstellung die öffentliche Bekanntmachung nicht ausdrücklich an. § 215 Abs. 1 InsO findet daher, wie die meisten Vorschriften des dritten Abschnitts des fünften Teils der Insolvenzordnung, entsprechende Anwendung.[13] Das ist allein schon aus Gründen des Gläubigerschutzes geboten.[14] Im Einstellungsbeschluss ist das zuständige ausländische Gericht explizit zu benennen. Nach Satz 2 der Vorschrift sind die jeweiligen Register über die Einstellung des Verfahrens zu informieren, damit Insolvenzvermerke gelöscht werden können. Im Inland begründete Masseverbindlichkeiten sind durch den deutschen Insolvenzverwalter zu berichtigen (vgl. § 209 InsO).[15]

---

[7] AA wohl AG Düsseldorf ZIP 2004, 866 = DZWiR 2004, 432 (mit ausführlicher Sachverhaltsdarstellung); dort wurde des Hauptverfahren eingestellt und am gleichen Tage ein Sekundärverfahren eröffnet.
[8] Vgl. Art. 3 Abs. 2 S. 2 und Art. 27 S. 3 EuInsVO sowie die Kommentierung hierzu im Rahmen der EuInsVO.
[9] *Kübler/Prütting/Kemper*, Art. 102 § 4 RdNr. 4; *FK-Wimmer*, Art. 102 § 4 RdNr. 3.
[10] Vgl. RegE, BT-Drucks. 15/16 S. 15.
[11] Vgl. dazu *Kübler/Prütting/Kemper*, Art. 102 § 3 RdNr. 7.
[12] *Andres/Leithaus/Dahl*, Art. 102 § 4 RdNr. 4; *Smid*, Int. Insolvenzrecht, Art. 102 § 4 RdNr. 2; vgl. zur Abgrenzung des Begriffes Insolvenzgläubiger von anderen Gläubigergruppen auch MünchKommInsO-*Ehrike*, 2. Aufl. § 38 RdNr. 6.
[13] *Andres/Leithaus/Dahl*, Art. 102 § 4 RdNr. 2; vgl. auch *FK-Wimmer*, Anh II, Art. 102 § 4 RdNr. 2; *Kübler/Prütting/Kemper*, Art. 102 § 4 RdNr. 5; *Pannen/Riedemann* NZI 2004, 301, 303.
[14] *Kübler/Prütting/Kemper*, Art. 102 § 4 RdNr. 5.
[15] *Andres/Leithaus/Dahl*, Art. 102 § 4 RdNr. 2.

III. Wirkungen der Verfahrenseinstellung (Abs. 2)

§ 4 ist nicht dahingehend zu verstehen, dass das Verfahren rückwirkend beendet wird.[16] Vielmehr entfaltet die Einstellung ihre Wirkung *ex nunc*.[17] Daher bestimmt Abs. 2 S. 1 unter Berücksichtigung der Rechtssicherheit, dass ebenso die Wirkungen des einzustellenden Insolvenzverfahrens, sofern diese nicht auf die Dauer des Verfahrens beschränkt sind, bestehen bleiben.[18] Das gilt selbst dann, wenn jene Wirkungen denjenigen aus einem anderen mitgliedstaatlichen Hauptinsolvenzverfahren widersprechen. Gemeint sind damit u. a. die §§ 115, 116 und 117 InsO. Zu den Wirkungen, die auf die Dauer des Verfahrens beschränkt sind und demzufolge mit der Einstellung automatisch beendet werden, gehören z. B. materiellrechtliche Wirkungen wie Vollstreckungsverbote nach §§ 89, 90 InsO, die Verjährungshemmung gem. § 204 Abs. 1 Nr. 10 BGB, die Prozessunterbrechung nach § 204 ZPO sowie verfahrensrechtliche Anordnungen des Insolvenzgerichts wie eine Postsperre nach § 99 InsO.[19] Satz 2 erweitert diesen Grundsatz auf die Wirkung aller vor der Verfahrenseinstellung von dem inländischen Insolvenzverwalter selbst vorgenommenen oder ihm gegenüber vorgenommenen Handlungen. Verfügungen wie die Veräußerung von Massegegenständen, die Belastung solcher Gegenstände, die Ausübung des Wahlrechts nach § 103 InsO oder die Kündigung von Mietverträgen gemäß § 109 InsO bleiben somit wirksam.[20]

Die universale Beschlagswirkung des (eigentlichen) Hauptinsolvenzverfahrens wird durch diese Regelung im Ergebnis eingeschränkt.[21] Schon von daher lässt sich die Frage stellen, ob diese Anordnung des deutschen Rechts mit der EuInsVO vereinbar ist bzw. ob überhaupt dem deutschen Gesetzgeber eine Regelungskompetenz für die Rechtswirkungen des zweiten parallelen Verfahrens zusteht. Richtigerweise wird man die in § 4 Abs. 2 getroffene Anordnung daher auf die „inländischen" Wirkungen (dh. das inländische Vermögen betreffende Wirkungen) einschränken müssen, was sich auch aus der Formulierung am Ende des Abs. 2 Satz 1 herleiten lässt. Denn dort ist nur die Rede von widersprüchlichen Wirkungen des Hauptverfahrens, die sich „*auf das Inland erstrecken*". Freilich bleiben auch diesbezüglich Zweifel, ob der Gesetzgeber eines Mitgliedsstaates die Wirkungen des Hauptverfahrens durch ein nationales Gesetz wieder einschränken darf, auch wenn diese Einschränkung auf der fehlerhaften Eröffnung des Hauptverfahrens durch ein Gericht beruht.

§ 4 Abs. 2 gilt entsprechend, wenn gemäß den obigen Ausführungen das Insolvenzverfahren nicht eingestellt, sondern in ein Sekundärverfahren umgewandelt wird. Hier bleiben die auf das inländische Vermögen bezogenen Wirkungen und Rechtshandlungen ohnehin unverändert bestehen, weil bezüglich des inländischen Vermögens das Verfahren unverändert fortgesetzt wird. Für die auf das ausländische Vermögen bezogenen Rechtshandlungen gilt dagegen die in Abs. 2 getroffene Anordnung des Bestehenbleibens dieser Wirkungen nicht, da diese Anordnung ohnehin nur für das inländische Vermögen gilt (vgl. vorige RdNr.).

IV. Kooperation zwischen den Insolvenzgerichten (Abs. 3)

Abs. 3 legt fest, wie das deutsche Gericht nach der Einstellung des inländischen Hauptverfahrens mit dem ausländischen Gericht zusammen zu arbeiten hat. Nach Satz 1 soll das Gericht des anderen Mitgliedstaates über die vorzunehmende Einstellung des Verfahrens informiert werden. Diese Unterrichtung hat die Angabe zu enthalten, wie die Verfahrens-

---

[16] Vgl. RegE, BT-Drucks. 15/16 S. 15. So auch HK-*Stephan*, Art. 102 § 4 RdNr. 5; *Smid*, Int. Insolvenzrecht, Art. 102 § 4 RdNr. 3.
[17] *Kübler/Prütting/Kemper*, Art. 102 § 4 RdNr. 8; vgl. auch MünchKommInsO-*Hefermehl*, Bd. 2 § 215 RdNr. 10.
[18] Vgl. *Wimmer* in FS Kirchhof, S. 526.
[19] Vgl. zu allen genannten Beispielen FK-*Wimmer*, Anh II, Art. 102 § 4 RdNr. 6; HK-*Stephan*, Art. 102 § 4 RdNr. 5; *Kübler/Prütting/Kemper*, Art. 102 § 3 RdNr. 9, 10.
[20] FK-*Wimmer*, Anh II, Art. 102 § 4 RdNr. 5; HK-*Stephan*, Art. 102 § 4 RdNr. 6; *Smid*, Int. Insolvenzrecht, Art. 102 § 4 RdNr. 3.
[21] FK-*Wimmer*, Anh II, Art. 102 § 4 RdNr. 5.

einstellung bekannt gegeben wurde und in welche öffentlichen Bücher und Register das betreffende Verfahren eingetragen ist. Des Weiteren ist der Insolvenzverwalter des einzustellenden Verfahrens zu benennen. Die Unterrichtungspflicht ist zeitlich gesehen der Verfahrenseinstellung vorgelagert.[22] Durch diese Maßnahme soll sichergestellt werden, dass der im ausländischen Hauptverfahren eingesetzte Verwalter rechtzeitig alle nötigen Sicherungsmaßnahmen bezüglich der Insolvenzmasse ergreifen kann.[23] Denn eröffnet das deutsche Gericht kein Sekundärinsolvenzverfahren nach der Aufhebung des in Deutschland eröffneten Hauptinsolvenzverfahrens, entfällt die Sperrwirkung und das inländische Vermögen des Schuldners unterfällt automatisch der universalen Beschlagswirkung des im Ausland zuerst eröffneten Hauptverfahrens.[24] Aus vorgenanntem Grund erhält der Schuldner trotz der Einstellung des inländischen Insolvenzverfahrens nicht die Verwaltungs- und Verfügungsbefugnis über sein in Deutschland belegenes Vermögen zurück. Das stellt Abs. 3 S. 4 klar, der die Anwendung von § 215 Abs. 2 InsO ausschließt.

14 § 4 Abs. 3 gilt entsprechend, wenn das deutsch Insolvenzgericht gemäß den obigen Ausführungen das Insolvenzverfahren nicht einstellt, sondern in ein Sekundärverfahren umwandelt. Auch insoweit besteht das Bedürfnis für eine entsprechende Unterrichtung des Gerichts des anderen Mitgliedsstaates.

Art. 102 § 5 Öffentliche Bekanntmachung[1]

(1) Der Antrag auf öffentliche Bekanntmachung des wesentlichen Inhalts der Entscheidungen nach Artikel 21 Abs. 1 der Verordnung (EG) Nr. 1346/2000 ist an das nach § 1 zuständige Gericht zu richten. Das Gericht kann eine Übersetzung verlangen, die von einer hierzu in einem der Mitgliedstaaten der Europäischen Union befugten Person zu beglaubigen ist. § 9 Abs. 1 und 2 und § 30 Abs. 1 S. 1 der Insolvenzordnung gelten entsprechend.

(2) Besitzt der Schuldner im Inland eine Niederlassung, so erfolgt die öffentliche Bekanntmachung nach Absatz 1 von Amts wegen. Ist die Eröffnung des Insolvenzverfahrens bekannt gemacht worden, so ist die Beendigung in gleicher Weise bekannt zu machen.

Übersicht

	RdNr.		RdNr.
I. Normzweck	1	2. Eröffnung eines Insolvenzverfahrens in einem anderem Mitgliedstaat	9
II. Veröffentlichung aufgrund eines Antrags (Abs. 1)	3	3. Zuständigkeit und Anerkennungsfähigkeit	10
1. Zuständigkeit	3	IV. Inhalt und Form der Veröffentlichung	11
2. Antragsberechtigung	6	1. Inhalt	11
3. Anerkennungsfähigkeit	7	2. Form	14
III. Veröffentlichung von Amts wegen (Abs. 2)	8	V. Kosten	15
1. Inländische Niederlassung	8		

I. Normzweck

1 § 5 dient der Umsetzung von Art. 21 Abs. 1 EuInsVO, wonach auf Antrag des Insolvenzverwalters der wesentliche Inhalt der Entscheidung über die Verfahrenseröffnung und gege-

---

[22] Kübler/Prütting/Kemper, Art. 102 § 4 RdNr. 13.
[23] Smid, Int. Insolvenzrecht, Art. 102 § 4 RdNr. 4.
[24] Vgl. RegE, BT-Drucks. 15/16 S. 15; so auch FK-Wimmer, Anh II, Art. 102 § 4 RdNr. 8; Wehdeking DZWIR 2003, 133, 137.

[1] Zuletzt geändert durch Art. 3 des Gesetzes zur Vereinfachung des Insolvenzverfahrens vom 13. April 2007, BGBl. I 509.

benenfalls der Entscheidung über eine Bestellung *"entsprechend den Bestimmungen des jeweiligen Staates für öffentliche Bekanntmachungen"*, also nach dem Recht des Veröffentlichungsstaates, zu veröffentlichen ist. § 5 spezifiziert die örtliche und sachliche **Zuständigkeit** zur Antragsstellung **sowie** das **Verfahren der Veröffentlichung** für den Fall eines entsprechenden Antrags durch einen ausländischen Insolvenzverwalter. § 5 Abs. 2 greift die in Art. 21 Abs. 2 EuInsVO bereits enthaltene Ermächtigung zugunsten jedes Mitgliedstaates auf und bestimmt für den Fall einer Inlandsniederlassung, dass es nicht eines Antrags durch den ausländischen Verwalter bedarf, sondern dass die Veröffentlichung obligatorisch zu erfolgen hat.

Da die Anerkennung eines ausländischen Insolvenzverfahrens von der Veröffentlichung **2** unabhängig ist, sondern automatisch und ohne weitere Förmlichkeiten erfolgt, dient die Veröffentlichung nach Art. 21 EuInsVO der Rechtssicherheit des internationalen Rechtsverkehrs. Insbesondere dient die Bekanntmachung einerseits dem Schutz des Drittschuldners des Insolvenzschuldners, der durch die Veröffentlichung vor einer nicht schuldbefreienden Leistung an den Schuldner geschützt werden sollen, andererseits dem Schutz der Insolvenzmasse vor einer schuldbefreienden Leistung des Drittschuldners, die jedoch nicht zur Insolvenzmasse gelangt.[2] § 5 dient daher ebenso wie Art. 21 EuInsVO vornehmlich dem Zweck, den Wirtschaftsverkehr zu schützen.

II. Veröffentlichung aufgrund eines Antrags (Abs. 1)

1. Zuständigkeit. § 5 Abs. 1 Satz 1 regelt die örtliche und sachliche Zuständigkeit des **3** Gerichts, das für Anträge nach Art. 21 EuInsVO zuständig sein soll. Satz 1 ordnet an, dass der ausländische Insolvenzverwalter diesen Antrag an das *"nach § 1 zuständige Gericht"* zu richten hat.[3] Daher sind für die Veröffentlichung **sachlich** die Insolvenzgerichte zuständig.[4] Der Gesetzgeber ging davon aus, dass bei dem zuständigen Insolvenzgericht mit der Zeit ein entsprechender Sachverstand in Bezug auf die Abwicklung grenzüberschreitender Insolvenzen entsteht.[5] Davon ist insbesondere auszugehen, wenn die Länder von der Möglichkeit der Konzentrationsermächtigung gem. § 1 Abs. 3 Satz 2 Gebrauch machen.[6]

Die **örtliche** Zuständigkeit hängt davon ab, ob der Antrag auf Veröffentlichung von dem **4** Verwalter des Hauptverfahrens oder von dem Verwalter des Sekundärverfahrens gestellt wird.[7] Bei einem Antrag des Verwalters des Hauptverfahrens ist entweder der Gerichtsbezirk der Niederlassung des Schuldners gemäß § 1 Abs. 2 zuständig, oder – falls keine Niederlassung besteht – gemäß § 1 Abs. 3 jeder Gerichtsbezirk, in dem sich Vermögen des Schuldners befindet. Bei einem Antrag des Verwalters des Sekundärverfahrens sind sämtliche Zuständigkeiten nach § 1 denkbar, nämlich die örtliche Zuständigkeit des Insolvenzgerichts, bei dem das Hauptverfahren anhängig ist (§ 1 Abs. 1), die örtliche Zuständigkeit des Insolvenzgerichts, bei dem das deutsche Sekundärinsolvenzverfahren anhängig ist (§ 1 Abs. 2) oder die des Insolvenzgerichts, in dessen Gerichtsbezirk Vermögen des Schuldners belegen ist (§ 1 Abs. 3).

Geht der Antrag dennoch bei einem unzuständigen Gericht ein, ist § 6 Abs. 3 zu **5** entnehmen, dass dieses Gericht den Antrag unverzüglich an das zuständige Gericht weiter zu leiten und den Antragsteller darüber zu informieren hat.[8]

---

[2] Vgl. Art. 24 Abs. 2 EuInsVO sowie *Nerlich/Römermann/Mincke*, Art. 102 § 6 RdNr. 3; HK-*Stephan*, Art. 102 § 5 RdNr. 2; *Andres/Leithaus/Dahl*, Art. 102 § 5 RdNr. 1; MünchKommBGB-*Kindler*, Bd. 11, IntInsR RdNr. 902.
[3] Vgl. auch die entsprechende Vorschrift im autonomen Internationalen Insolvenzrecht, § 345 InsO.
[4] *Pannen/Eickmann*, Europ. Insolvenzverordnung, Art. 102 RdNr. 42.
[5] Vgl. RegE, BT-Drucks. 15/16 S. 15 f.
[6] Vgl. auch FK-*Wimmer*, Anh II, Art. 102 § 5 RdNr. 6.
[7] Die Möglichkeit der öffentlichen Bekanntmachung gilt sowohl für den Verwalter des Hauptverfahrens, als auch für den Verwalter des Sekundärverfahrens, vgl. Art 21 Abs. 1 Satz 2 EuInsVO.
[8] Vgl. *Smid*, Int. Insolvenzrecht, Art. 102 § 5 RdNr. 4.

Reinhart

6 **2. Antragsberechtigung.** Die Berechtigung zur Antragstellung ergibt sich nicht aus § 5, sondern aus Art. 21 EuInsVO. Der Antrag kann daher nur von einem ausländischen Verwalter gestellt werden, wobei für der Auslegung des Begriffs „Verwalter" auf die in Art. 2 lit b) EuInsVO vorhandene Definition sowie die konkrete Auflistung in Anhang C zurück zu greifen ist.[9]

7 **3. Anerkennungsfähigkeit.** Der Antrag auf Veröffentlichung ist nur dann begründet, wenn das ausländische Insolvenzverfahren im Inland anerkannt werden kann. Zwar entscheidet das zuständige Insolvenzgericht nicht mit Rechtskraft über die Anerkennung der ausländischen Verfahrenseröffnung. Das deutsche Insolvenzgericht ist jedoch nach der Verordnung nicht verpflichtet, ausländische Insolvenzeröffnungsbeschlüsse im Inland öffentlich bekannt zu machen, obwohl eine Anerkennung im Inland versagt werden muss. Das zuständige Gericht hat daher vor der Veröffentlichung der Verfahrenseröffnung zu prüfen, ob es sich bei dem ausländischen Insolvenzverfahren um ein anerkennungsfähiges Verfahren im Sinne der EuInsVO handelt.[10] Eine solche Versagung ist jedoch allenfalls bei einem Verstoß gegen den *ordre public* nach Art. 26 EuInsVO denkbar.

III. Veröffentlichung von Amts wegen (Abs. 2)

8 **1. Inländische Niederlassung.** In § 5 Abs. 2 hat der deutsche Gesetzgeber von der Ermächtigung Gebrauch gemacht,[11] die ihm der europäische Gesetzgeber in Art. 21 Abs. 2 S. 1 EuInsVO überlassen hat, nämlich für den Fall des Bestehens einer Niederlassung eine obligatorische Bekanntmachung vorzusehen. Voraussetzung der Veröffentlichungspflicht von Amts wegen ist daher nach § 5 Abs. 2 Satz 1, dass der Schuldner eine Niederlassung im Sinne des Art. 2 lit h) EuInsVO in Deutschland hat.

9 **2. Eröffnung eines Insolvenzverfahrens in einem anderen Mitgliedstaat.** Anders als Absatz 1 verlangt die Eintragung von Amts wegen, dass es sich bei dem bekannt zu machenden Insolvenzverfahren um ein Hauptverfahren im Sinne des Art. 3 Abs. 1 EuInsVO handelt.[12] Diese Einschränkung ergibt sich nicht aus § 5 Abs. 2, sondern aus der in Art. 21 Abs. 2 Satz 2 EuInsVO erkennbaren Einschränkung.[13] Das Tätigwerden des zuständigen Insolvenzgerichts verlangt jedoch, dass das deutsche Gericht von dem ausländischen Gericht, das dieses Hauptinsolvenzverfahren eröffnet hat, oder von dem jeweiligen bestellten Insolvenzverwalter gem. Art. 21 Abs. 2 S. 2 unterrichtet wird oder anderweitig von der Eröffnung des Hauptverfahrens in einem anderen Mitgliedstaat erfährt. Weitergehende Ermittlungspflichten des Insolvenzgerichts bestehen nicht.[14] Allerdings gehört es zu den Aufgaben des vorläufigen Insolvenzverwalters eines inländischen Eröffnungsverfahrens, zu ermitteln, welches weitere Auslandsvermögen besteht, ob sich eventuell im Ausland der *center of main interest* des Schuldners befindet und ob dort eventuell bereits das Insolvenzverfahren eröffnet wurde.

10 **3. Zuständigkeit und Anerkennungsfähigkeit.** Für die Fragen der örtlichen Zuständigkeit sowie der Anerkennungsfähigkeit des ausländischen Verfahrens im Rahmen von § 5 Abs. 2 gilt das zu Absatz 1 ausgeführte.[15]

IV. Inhalt und Form der Veröffentlichung

11 **1. Inhalt.** Nach § 5 Abs. 1 ist der wesentliche Inhalt der Entscheidungen nach Art. 21 Abs. 1 EuInsVO bekannt zu machen. Gemeint sind die in Art. 21 Abs. 1 genannten

---
[9] Vgl. hierzu unter Art. 2 RdNr. 3 EuInsVO.
[10] FK-*Wimmer*, Anh II, Art. 102 § 5 RdNr. 7; *Kübler/Prütting/Kemper*, Art. 102 § 5 RdNr. 3.
[11] *Paulus*, Europäische Insolvenzverordnung, Art. 21 RdNr. 4; kritisch *Haubold* in *Gebauer/Wiedmann*, Zivilrecht, Art. 22 RdNr. 186.
[12] Ebenso FK-*Wimmer*, Anh II, Art. 102 § 5 RdNr. 13; *Kübler/Prütting/Kemper*, Art. 102 § 5 RdNr. 9.
[13] Vgl. unten, Art. 21 RdNr. 9 EuInsVO.
[14] So wohl auch *Nerlich/Römermann/Mincke*, Art. 102 § 5 RdNr. 9; *Andres/Leithaus/Dahl*, Art. 102 § 5 RdNr. 5.
[15] Vgl. oben RdNr. 3 f., 7.

Entscheidungen über die Verfahrenseröffnung und die Bestellung eines Verwalters. Soweit für das deutsche Insolvenzgericht nicht erkennbar ist, dass ein bestimmter Inhalt dieser Entscheidungen Relevanz nur für den Verfahrensstaat hat, sollte grundsätzlich der gesamte Inhalt der Entscheidungen veröffentlicht werden.[16]

12 Nach Absatz 2 Satz 2 soll nicht nur die Eröffnung des Verfahrens öffentlich bekannt gemacht werden, sondern – soweit die Eröffnung bekannt gemacht wurde – auch stets seine Beendigung.[17] Die Bekanntmachung der Verfahrensbeendigung ist für die Bekanntmachungen auf Antrag nach § 5 Absatz 1 nicht geregelt. Ein Teil der Literatur will die Vorschrift jedoch als analog anwendbar verstanden wissen,[18] ein anderer Teil leitet die Veröffentlichung der Beendigung aus Absatz 2 Satz 2 ab.[19] Richtigerweise ist auch die Beendigung bekannt zu machen, in den Fällen des Absatzes 1 jedoch nur auf Antrag des ausländischen Verwalters.

13 Zur Arbeitserleichterung kann das Insolvenzgericht einer beantragten Bekanntmachung nach Abs. 1 S. 2 entsprechend Art. 19 S. 2 EuInsVO eine Übersetzung der Eröffnungsentscheidung verlangen,[20] die wiederum von einer dazu in einem Mitgliedstaat befugten Person beglaubigt werden kann. Hierin ist eine Parallele zu Art. 55 Abs. 2 EuGVVO zu erkennen.[21] Bei einer Bekanntmachung von Amts wegen nach Absatz 2 muss sich das inländische Insolvenzgericht selbst um eine beglaubigte Übersetzung bemühen.

14 **2. Form.** Die Art und Weise der Veröffentlichung selbst bestimmt sich nach Art. 21 EuInsVO nach dem Recht des Staates, in dem die Entscheidung veröffentlicht werden soll.[22] § 5 verweist für Bekanntmachungen in Deutschland insoweit auf § 30 Abs. 1 Satz 1 InsO sowie auf § 9 Abs. 1 und Abs. 2 InsO. Die Verweisung auf § 30 Abs. 1 Satz 1 InsO ist so zu verstehen, dass die Veröffentlichung sofort zu veranlassen ist, ohne dass der Beschluss über die Veröffentlichung rechtskräftig geworden ist. Ein nach § 7 eingelegtes Rechtsmittel gegen den Beschluss hindert daher die Bekanntmachung der ausländischen Entscheidung nicht. Das deckt sich mit der Auslegung des Begriffes „sofort" nach § 3 Abs. 1 Satz 1 InsO.[23] Mit der Verweisung auf § 9 Abs. 1 und 2 InsO wird nochmals sicher gestellt, dass die Verfahrenseröffnung eines ausländischen Verfahrens wie ein inländisches Verfahren öffentlich bekannt gemacht wird.[24]

V. Kosten

15 Nach den geltenden Kostenbestimmungen fallen für die Entscheidung des inländischen Insolvenzgerichts über die Bekanntmachung der ausländischen Entscheidung keine Gerichtsgebühren an. Dies ist vom Gesetzgeber im Rahmen der Einführung des § 5 gesehen und ausdrücklich gebilligt worden.[25] Allerdings entstehen Bekanntmachungskosten (vgl. Nummer 9004 des Kostenverzeichnisses zum GKG). Durch die Vorschrift des § 24 GKG[26] wurde geregelt, dass in dem Antragsverfahren nach § 5 Abs. 1 der Antragsteller der Kostenschuldner ist. Diese Zuweisung der Kostenschuldnerschaft steht im Einklang mit der EuInsVO, die aufgrund der Regelung in Art. 23 EuInsVO implizit davon ausgeht, dass die mit der

---

[16] FK-*Wimmer*, Anh II, Art. 102 § 5 RdNr. 3.
[17] *Smid*, Int. Insolvenzrecht, Art. 102 § 5 RdNr. 5.
[18] *Kübler/Prütting/Kemper*, Art. 102 § 5 RdNr. 7.
[19] FK-*Wimmer*, Anh II, Art. 102 § 5 RdNr. 11; *Andres/Leithaus/Dahl*, Art. 102 § 5 RdNr. 7; *Nerlich/Römermann/Mincke*, Art. 102 § 5 RdNr. 11; letztere argumentieren mit Blick auf § 345 I 3 InsO dass eine Bekanntmachung der Beendigung stets zu erfolgen hat.
[20] Vgl. RegE, BT-Drucks. 15/16 S. 16.
[21] Ebenso FK-*Wimmer*, Anh II, Art. 102 § 5 RdNr. 9; *Smid*, Int. Insolvenzrecht, Art. 102 § 5 RdNr. 3.
[22] FK-*Wimmer*, Anh II, Art. 102 § 5 RdNr. 1.
[23] Vgl. auch MünchKommInsO-*Schmahl*, Bd. 1, 2. Aufl. § 30 RdNr. 4.
[24] *Andres/Leithaus/Dahl*, Art. 102 § 5 RdNr. 3; HK-*Stephan*, Art. 102 § 5 EGInsO RdNr. 5 a; *Pannen/Riedemann* NZI 2004, 301, 303; *Smid*, Int. Insolvenzrecht, Art. 102 § 5 RdNr. 3.
[25] Vgl. BT-Drucks. 15/16 S. 26; ebenso FK-*Wimmer*, Anh II, Art. 102 § 5 RdNr. 8.
[26] Die Vorschrift wurde durch das Gesetz zur Neuregelung des internationalen Insolvenzrechts (vgl. BT-Drucks. 15/16, S. 9) zunächst als § 51 in das GKG eingefügt und durch das Kostenrechtsmodernisierungsgesetz (BGBl. I 718) in § 24 GKG überführt.

Bekanntmachung nach Art. 21 EuInsVO entstehenden Kosten von dem Antragsteller zu tragen sind.[27]

16 Gleiches gilt für die Veröffentlichung von Amts wegen nach § 5 Abs. 2. Auch diese Kosten fallen der ausländischen Insolvenzmasse zur Last und nicht etwa der Insolvenzmasse des inländischen Sekundärverfahrens. Denn auch insoweit enthält Art. 23 EuInsVO bereits die Aussage, dass die Kosten dem Verfahren zuzuordnen sind, das Gegenstand der Bekanntmachung ist. Da Art. 21 Abs. 2 Satz 1 EuInsVO auch die obligatorische Bekanntmachung jedem Mitgliedsstaat anheim stellt,[28] darf konsequenter Weise der Mitgliedsstaat, der von dieser Ermächtigung in der EuInsVO Gebrauch gemacht hat, die Kosten hierfür auch dem betreffenden Verfahren auferlegen. Die Kostenschuldnerschaft ergibt sich bei Veröffentlichung von Amts wegen aus § 23 Abs. 3 GKG.[29]

Art. 102 § 6 Eintragung in öffentliche Bücher und Register

(1) Der Antrag auf Eintragung nach Artikel 22 der Verordnung (EG) Nr. 1346/2000 ist an das nach § 1 zuständige Gericht zu richten. Dieses ersucht die Register führende Stelle um Eintragung, wenn nach dem Recht des Staats, in dem das Hauptinsolvenzverfahren eröffnet wurde, die Verfahrenseröffnung ebenfalls eingetragen wird. § 32 Abs. 2 Satz 2 der Insolvenzordnung findet keine Anwendung.

(2) Die Form und der Inhalt der Eintragung richten sich nach deutschem Recht. Kennt das Recht des Staats der Verfahrenseröffnung Eintragungen, die dem deutschen Recht unbekannt sind, so hat das Insolvenzgericht eine Eintragung zu wählen, die der des Staats der Verfahrenseröffnung am nächsten kommt.

(3) Geht der Antrag nach Absatz 1 oder nach § 5 Abs. 1 bei einem unzuständigen Gericht ein, so leitet dieses den Antrag unverzüglich an das zuständige Gericht weiter und unterrichtet hierüber den Antragsteller.

Übersicht

	RdNr.		RdNr.
I. Normzweck	1	4. Öffentliche Register	10
II. Antrag (Abs. 1)	2	III. Inhalt und Form der Eintragung (Abs. 2)	11
1. Antragsberechtigung	2		
2. Zuständigkeit	5	IV. Antrag bei einem unzuständigen Gericht (Abs. 3)	12
3. Eintragungsvoraussetzungen	8		

I. Normzweck

1 Die Eintragung der Verfahrenseröffnung in öffentliche Register erfolgt nach Art. 22 Abs. 1 EuInsVO, ebenso wie die öffentliche Bekanntmachung, auf Antrag des ausländischen Insolvenzverwalters. § 6 enthält in Absatz 1 eine auf europäischer Ebene fehlende Regelung zur sachlichen und örtlichen Zuständigkeit des Gerichts, an das der Eintragungsantrag zu richten ist. Absatz 2 enthält nähere Vorgaben über den Inhalt und die Form sowie die Frage nach der Verfahrensweise für in Deutschland unbekannte Eintragungen. Absatz 3 regelt – auch für § 5 – die Verfahrensweise, wenn der Antrag beim unzuständigen Gericht eingereicht wurde. Die Eintragung in öffentliche Register ist wie die öffentliche Bekanntmachung nach § 5 keine Anerkennungsvoraussetzung für ausländische Verfahren; auch diese Vorschrift dient damit dem Gutglaubensschutz sowie der Sicherheit des inländischen Rechtsverkehrs.[1]

---
[27] Vgl. unter Art. 23 RdNr. 2 EuInsVO.
[28] Vgl. Art. 21 RdNr. 10 EuInsVO.
[29] *Pannen/Eickmann*, EuInsVO, Art. 102 § 5 RdNr. 20.
[1] *Andres/Leithaus/Dahl*, Art. 102 § 6 EGInsO RdNr. 1; FK-*Wimmer*, Anh II, Art. 102 § 6 RdNr. 2; *Pannen/Riedemann* NZI 2004, 301, 304; *Virgos/Schmit*, Erläuternder Bericht, RdNr. 182.

II. Antrag (Abs. 1)

1. Antragsberechtigung. Antragsberechtigt ist nur der **Verwalter** des ausländischen Hauptverfahrens.[2] Das ergibt sich aus der Verweisung auf Art. 22 EuInsVO, denn danach ist nur ein Verwalter und – wie sich zudem ergibt – auch nur der Verwalter eines Hauptverfahrens nach Art. 3 Abs. 1 EuInsVO antragsberechtigt. Der Verwalter eines ausländischen Sekundärverfahrens kann daher einen entsprechenden Antrag nicht stellen. Hierfür besteht im Ergebnis aber auch kein sachliches Bedürfnis, da das ausländische Sekundärverfahren ohnehin nicht die in einem anderen Mitgliedstaat belegenen Vermögenswerte erfasst. Bei Eigenverwaltung durch den Schuldner ist dieser selbst antragsberechtigt.

Die **Form des Antrags** bestimmt sich nach deutschem Recht.[3] Soweit öffentliche Register daher für die Antragsberechtigung öffentliche Urkunden verlangen,[4] steht es dem Verwalter offen, seine Verwalterstellung gemäß Art. 19 EuInsVO nachzuweisen. Anders als bei ausländischen öffentlichen Urkunden üblich, bedarf es jedoch gemäß Art. 19 EuInsVO keiner Legalisation oder einer Apostille. Es reicht die beglaubigte Abschrift des Originals des Bestellungsbeschlusses sowie eine beglaubigte Übersetzung.[5] Über Art. 19 EuInsVO hinausgehende Voraussetzungen dürfen jedoch nicht aufgestellt werden.

Nach Artikel 22 Abs. 2 EuInsVO ist es den einzelnen Mitgliedstaaten überlassen, die obligatorische Eintragung der Verfahrenseröffnung in öffentliche Register vorzusehen. Davon hat Deutschland allerdings keinen Gebrauch gemacht.[6] Für deutsche Insolvenzgerichte besteht daher – anders als bei der Bekanntmachung nach § 5 – keine Veranlassung, von Amts wegen die Eintragung in öffentliche Register zu veranlassen. In der Regel ist aber davon auszugehen, dass der jeweilige Insolvenzverwalter aufgrund der Bedeutung der Eintragung des Insolvenzvermerks zügig eine entsprechende Antragstellung vornimmt.[7]

2. Zuständigkeit. § 6 erfordert ebenso wie § 5, dass der ausländische Verwalter den Antrag auf Eintragung der Verfahrenseröffnung in einem anderen Mitgliedstaat als dem Eröffnungsstaat bei dem nach § 1 zuständigen Gericht stellen muss. Damit ist klar gestellt, dass für die Bearbeitung des Antrags **sachlich** ein Insolvenzgericht zuständig ist. Den registerführenden Stellen wurde es somit abgenommen, die vorgeschaltete Prüfung auf Bestehen der Anerkennungsvoraussetzungen der ausländischen Insolvenzverfahren durchführen zu müssen.[8] Bei den Insolvenzgerichten wird die größte Sachkenntnis bezüglich grenzüberschreitender Insolvenzen vermutet. Aus diesen Gründen schließt auch Satz 3 des Absatzes die Anwendung des § 32 Abs. 2 S. 2 InsO aus, welcher dem inländischen Insolvenzverwalter eine Antragsbefugnis auf Eintragung der Verfahrenseröffnung unmittelbar beim Grundbuchamt gewährt.[9]

Besteht im Inland eine Niederlassung, so ist für den Antrag nach § 1 Abs. 2 das Insolvenzgericht **örtlich** zuständig, in dessen Bezirk die Niederlassung des Schuldners liegt. Bestehen mehrere Niederlassungen so gilt gem. § 1 Abs. 2 S. 2 i. V. m. § 3 Abs. 2 InsO das Prioritätsprinzip.[10]

Besteht im Inland keine Niederlassung sondern allenfalls einzelne Vermögenswerte, so ist gemäß § 1 Abs. 3 jedes Insolvenzgericht zuständig, in dessen Bezirk ein Register mit einem

---

[2] Vgl. *Nerlich/Römermann/Mincke*, Art. 102 § 6 RdNr. 6; *Kübler/Prütting/Kemper*, Art. 102 § 6 RdNr. 3.
[3] Vgl. unten Art. 22 RdNr. 9 f. EuInsVO zu Form und Inhalt der Eintragung; nichts anderes kann für die Form des Antrags gelten.
[4] Vgl. § 29 Abs. 1 Satz 2 GBO, §§ 32, 34 Abs. 5 HGB; § 102 GenG; § 75 GBG; § 45, 37 Abs. 3 SchRegO; §§ 18, 86 Abs. 1 LuftfzRG.
[5] Vgl. unten Art. 19 RdNr. 5ff. EuInsVO.
[6] Vgl. *Paulus*, Europäische Insolvenzverordnung, Art. 22 RdNr. 2.
[7] Vgl. FK-*Wimmer*, Anh II, Art. 102 § 6 RdNr. 2; zum EuIÜ schon *Trunk* in *Stoll*, Vorschläge und Gutachten, S. 242.
[8] Vgl. RegE, BT-Drucks. 15/16 S. 16; so auch FK-*Wimmer*, Anh II, Art. 102 § 6 RdNr. 3; *Smid*, Int. Insolvenzrecht, Art. 102 § 6 RdNr. 3.
[9] FK-*Wimmer*, Anh II, Art. 102 § 6 RdNr. 3; HK-*Stephan*, Art. 102 § 6 RdNr. 3.
[10] Vgl. oben § 1 RdNr. 13.

Vermögensgegenstand des Schuldners geführt wird. Aufgrund der Verweisung auf § 1 gilt auch im Rahmen des § 6 das sogenannte Prioritätsprinzip, wonach das zuerst befasste Insolvenzgericht die Zuständigkeit behält. Dies ergibt sich daraus, dass der Gesetzgeber ausdrücklich die Antragsbearbeitung auf ein Gericht konzentrieren wollte, um einerseits dem ausländischen Verwalter die Beantragung zu erleichtern und um andererseits sich widersprechende Entscheidungen inländischer Gerichte zu vermeiden.[11]

8   **3. Eintragungsvoraussetzungen.** Bevor das Insolvenzgericht die registerführenden Stellen ersucht, die Eintragung in deren Register vorzunehmen, hat das Insolvenzgericht die Anerkennungsvoraussetzungen zu prüfen.[12] Zwar ist die Eintragung in den jeweiligen Registern nicht Voraussetzung für die Anerkennung bestimmter Wirkungen des ausländischen Insolvenzverfahrens.[13] Der Zweck der Sicherheit des Rechtsverkehrs würde jedoch ins Gegenteil verkehrt, würde das inländische Insolvenzgericht die Eintragung der ausländischen Verfahrenseröffnung in einem Register anordnen, obwohl die Verfahrenseröffnung im Inland nicht anzuerkennen ist. Hat der ausländische Insolvenzverwalter die Verfahrenseröffnung sowie seine Bestellung nachgewiesen (vgl. oben RdNr. 3), so kann – da das anerkennende Gericht nach der EuInsVO weder den Eröffnungsbeschluss noch die internationale Zuständigkeit des eröffnenden Gerichts überprüft – die Anerkennung lediglich bei Vorliegen eines *ordre public* Verstoßes im Sinne des Art. 26 EuInsVO versagt werden. Das inländische Insolvenzgericht muss jedoch keine Ermittlungen dahingehend anstellen, dass kein *ordre public* Verstoß vorliegt. Lediglich bei Vorliegen konkreter Anhaltspunkte hat das Insolvenzgericht dieser Frage nachzugehen.[14]

9   § 6 Abs. 1 Satz 2 schreibt vor, dass das Insolvenzgericht die Registerstelle nur dann um Eintragung ersucht, wenn nach dem Recht des Staates, in dem das Hauptinsolvenzverfahren eröffnet wurde, die Verfahrenseröffnung ebenfalls eingetragen wird. Diese Regelung wird von der Literatur dahin gehend verstanden, dass die Eintragung nur in solche Register möglich ist, in die auch nach dem Insolvenzstatut die Eintragung erfolgt.[15] Diese Einschränkung der Eintragungsfähigkeit verstößt jedoch gegen Art. 22 EuInsVO. Die Frage muss daher, möchte ein Gericht aus diesem Grunde eine Eintragung in einem Register ablehnen, dem EuGH vorgelegt werden. Denn Art. 22 EuInsVO dient dem Schutz des Rechtsverkehrs in dem jeweils betroffenen Mitgliedsland. Dabei kann es keine Rolle spielen, wie im Hauptverfahrensstaat der Schutz des Rechtsverkehrs ausgestaltet ist. Art. 22 EuInsVO beabsichtigt den Rechtsverkehr lokal gerade in der Form zu unterrichten, die dort jeweils vorgesehen ist. Dieser Schutz entfällt jedoch nicht dadurch, dass eventuell das Recht des Hauptverfahrensstaates keine Registereintragung vorsieht (eventuell für bestimmte Vermögensgegenstände auch gar kein Register hat).

10   **4. Öffentliche Register.** Beantragt werden kann nach Art. 22 EuInsVO die Eintragung in das Grundbuch, das Handelsregister und alle sonstigen öffentlichen Register. Darunter sind nicht nur die Registergerichte gemeint, sondern alle Register, die öffentlich zugänglich sind.[16] Neben dem in Art. 22 ausdrücklich genannten Grundbuch und Handelsregister fallen daher unter den Begriff des öffentlichen Registers auch das Genossenschaftsregister, das Vereinsregister, das Schiffs- und Luftfahrzeugsregister, sowie die sonstigen Register des gewerblichen Rechtsschutzes wie das beim Deutschen Marken- und Patentamt geführte Marken-, Geschmacks- sowie Patent- und Gebrauchsmusterregister.[17]

---

[11] Vgl. FK-*Wimmer*, Anh II, Art. 102 § 6 RdNr. 4; *ders.* in FS Kirchhof, S. 529; *Andres/Leithaus/Dahl*, Art. 102 § 6 RdNr. 3.
[12] Vgl. *Kübler/Prütting/Kemper*, Art. 102 § 6 RdNr. 3; *Pannen/Eickmann*, Europ. Insolvenzverordnung, Art. 102 § 6 RdNr. 7.
[13] Vgl. unten Art. 22 RdNr. 12 EuInsVO.
[14] Vgl. Art. 26 RdNr. 13.
[15] Vgl. *Kübler/Prütting/Kemper*, Art. 102 § 6 RdNr. 4; *Smid*, Int. Insolvenzrecht, Art. 102 § 6 RdNr. 3; *Nerlich/Römermann/Mincke*, Art. 102 § 6 RdNr. 5; *Andres/Leithaus/Dahl*, Art. 102 § 6 RdNr. 1; *Pannen/Eickmann*, Europ. Insolvenzverordnung, Art. 102 § 6 RdNr. 8.
[16] Vgl. Art. 2 RdNr. 18 EuInsVO.
[17] Vgl. Art. 22 RdNr. 4 f. EuInsVO.

III. Inhalt und Form der Eintragung (Abs. 2)

Inhalt und Form der Eintragung richten sich nach dem Recht des Registerstaates, also 11
nach deutschem Recht.[18] Wird von dem ausländischen Insolvenzverwalter eine Eintragung beantragt, die das deutsche Recht nicht vorsieht, ist stattdessen eine Eintragung vorzunehmen, die der beantragten am nächsten kommt. Das zuständige Insolvenzgericht kann lediglich in dem Falle, in dem feststeht, dass die unbekannte ausländische Eintragung nicht durch eine ähnliche inländische ersetzt werden kann, davon absehen, die Registerstelle um eine Eintragung der Verfahrenseröffnung zu ersuchen.[19]

IV. Antrag bei einem unzuständigen Gericht (Abs. 3)

Stellt der Insolvenzverwalter den Antrag auf Eintragung der Verfahrenseröffnung bei 12
einem nach § 1 unzuständigen Gericht, bestimmt § 6 Abs. 3, ebenso wie für den Antrag auf öffentliche Bekanntmachung,[20] dass das angerufene Gericht den Antrag nicht ablehnen darf, sondern unverzüglich an das zuständige Gericht weiter zu leiten hat.[21] Der ausländische Insolvenzverwalter ist über diese Tatsache zu informieren.

Art. 102 § 7 Rechtsmittel

Gegen die Entscheidung des Insolvenzgerichts nach § 5 oder § 6 findet die sofortige Beschwerde statt. § 7 der Insolvenzordnung gilt entsprechend.

Übersicht

	RdNr.		RdNr.
I. Normzweck	1	4. Notfrist	6
II. Sofortige Beschwerde (Satz 1)	2	**III. Rechtsbeschwerde**	7
1. Sofortige Beschwerde	2	**IV. Rechtsmittel gegen die registerführende Stelle**	8
2. Beschwerdebefugnis	3		
3. Beschwer	5		

I. Normzweck

Die Entscheidungen des Insolvenzgerichts über die Bekanntmachung gemäß § 5 oder die 1
Registereintragung gemäß § 6 haben sowohl für den ausländischen Insolvenzverwalter als auch für den betroffenen Schuldner erhebliche Bedeutung. § 7 ordnet daher an, dass gegen die Entscheidung das Rechtsmittel der sofortigen Beschwerde statthaft ist. Damit finden die Rechtsmittelvorschriften für das Insolvenzverfahren (§§ 6 und 7 InsO) auch für Bekanntmachungen und Registereintragungen ausländischer Insolvenzverfahren Anwendung. Für die Art. 102 §§ 1–4 ist eine solche Vorschrift schon deswegen nicht notwendig, weil Entscheidungen aufgrund dieser Vorschriften im Rahmen eines inländischen Insolvenzverfahrens oder Insolvenzeröffnungsverfahrens ergehen und daher §§ 6 und 7 InsO bereits unmittelbar Anwendung finden.

II. Sofortige Beschwerde (Satz 1)

1. Sofortige Beschwerde. Satz 1 regelt, dass gegen Entscheidungen des Insolvenz- 2
gerichts nach §§ 5 oder 6 die sofortige Beschwerde statthaft ist. Die Regelung entspricht

---

[18] Vgl. RegE, BT-Drucks. 15/16 S. 16; so auch *Smid,* Int. Insolvenzrecht, Art. 102 § 6 RdNr. 4; HK-*Stephan,* Art. 102 § 6 RdNr. 6.
[19] Vgl. RegE, BT-Drucks. 15/16 S. 16; so auch *Pannen/Riedemann* NZI 2004, 301, 304; *Smid,* Int. Insolvenzrecht, Art. 102 § 6 RdNr. 3; MünchKommBGB-*Kindler,* Bd. 11, IntInsR RdNr. 914.
[20] Vgl. schon § 5 RdNr. 5.
[21] Vgl. RegE, BT-Drucks. 15/16 S. 16.

EGInsO Art. 102 § 7 3–6   Anhang

daher § 6 InsO für Rechtsmittel im Rahmen eines Insolvenzverfahrens. Für das Beschwerdeverfahren gelten daher die §§ 567 ff. ZPO. Insoweit kann – soweit nicht nachfolgend Besonderheiten gelten – auf die Ausführungen zu § 6 InsO sowie die Vorschriften zu §§ 567 ff. ZPO verwiesen werden. Mit der Möglichkeit des Rechtsmittels wird insbesondere der Bedeutung der schnellen Sicherung der inländischen Insolvenzmasse Rechnung getragen.[1]

3   **2. Beschwerdebefugnis.** Wer beschwerdeberechtigt ist, wird durch § 7 nicht ausdrücklich bestimmt. Unstrittig steht zunächst dem **ausländischen Verwalter** die Beschwerdebefugnis zu, soweit er durch die Entscheidung des Insolvenzgerichts beschwert ist (vgl. zu Beschwer unten RdNr. 5).[2] Das gilt unabhängig davon, ob er den Antrag gestellt hat oder ob der Beschluss über die Eintragung gemäß § 5 Abs. 2 von Amts wegen erfolgt ist.

4   Beschwerdebefugt ist daneben aber auch der **Schuldner.** Zwar wird dessen Beschwerdebefugnis in der Literatur überwiegend mit dem Argument abgelehnt, das der Schuldner kein Rechtsschutzinteresse habe, da der Eingriff in seine Rechtssphäre durch die Eröffnung des ausländischen Insolvenzverfahrens erfolge und er daher lediglich die Rechtsbehelfe gegen die Eröffnungsentscheidung im Verfahrensstaat einlegen könne.[3] Richtig daran ist, dass der ausländische Schuldner die Beschwer nicht damit begründen kann, dass die ausländische Eröffnungsentscheidung falsch sei, weil im Rahmen der EuInsVO der Anerkennungsstaat die Entscheidung des Erstgerichts grundsätzlich nicht mehr auf seine Richtigkeit nachprüft.[4] Der Schuldner kann nach den Anerkennungsregeln der EuInsVO daher mit diesen Argumenten nicht gehört werden. Wohl aber steht dem Schuldner gegenüber einer Anerkennung des Eröffnungsbeschlusses auch nach der EuInsVO grundsätzlich der *ordre public* Einwand zu. Der Schuldner wird daher durch die Bekanntmachung des Eröffnungsbeschlusses oder dessen Registereintragung zusätzlich beschwert. Dem Schuldner kann daher nicht grundsätzlich das Recht abgesprochen werden, gegen den Beschluss des Insolvenzgerichts Rechtsmittel einlegen zu dürfen.

5   **3. Beschwer.** Voraussetzung ist zudem, dass der Beschwerdeführer beschwert ist. Dies ist seitens des beschwerdeführenden ausländischen Insolvenzverwalters stets der Fall, wenn sein Antrag auf Bekanntmachung oder Registereintragung entweder abgelehnt oder die Bekanntmachung oder Registereintragung aufgrund von Anpassungsfragen (vgl. oben § 6 RdNr. 10) nicht in der beantragten Form erfolgen soll (sog. formelle Beschwer[5]).[6] Seitens des Schuldners liegt eine Beschwer vor, wenn die Bekanntmachung oder die Registereintragung erfolgen soll, ohne dass die Anerkennungsvoraussetzungen vorliegen (vgl. oben RdNr. 4).

6   **4. Notfrist.** Für die sofortige Beschwerde nach § 7 sind ebenso wie für § 6 InsO die Bestimmungen der §§ 567 ff. ZPO anzuwenden. Als Besonderheit ist hierbei zu beachten, dass eine begründete Beschwerdeschrift innerhalb einer Notfrist von zwei Wochen ab Verkündung der Entscheidung bzw. bei deren Fehlen ab Zustellung bei dem Insolvenzgericht oder dem zuständigen Beschwerdegericht einzureichen ist. Der Beschluss des Insolvenzgerichts ist sowohl dem Insolvenzverwalter als auch dem Schuldner zuzustellen. Für die Zustellung im Insolvenzverfahren gelten die Vorschriften der europäischen Zustellungsverordnung (EuZVO).[7]

---

[1] Vgl. *Andres/Leithaus/Dahl*, Art. 102 § 7 RdNr. 1; *Wimmer* in FS Kirchhof, S. 530.
[2] Einhellige Auffassung, vgl. FK-*Wimmer*, Anh II, Art. 102 § 7 RdNr. 3; *Kübler/Prütting/Kemper*, Art. 102 § 7 RdNr. 3; MünchKommBGB-*Kindler*, Bd. 11, IntInsR RdNr. 916.
[3] So ausdrücklich FK-*Wimmer*, Anh II, Art. 102 § 7 RdNr. 3; ebenso *Kübler/Prütting/Kemper*, Art. 102 § 7 RdNr. 3.
[4] Vgl. unten Art. 16 und 17 EuInsVO.
[5] Vgl. MünchKommInsO-*Ganter*, 2. Aufl., § 6 RdNr. 31.
[6] *Kübler/Prütting/Kemper*, Art. 102 § 7 RdNr. 2.
[7] Verordnung (EG) Nr. 1348/2000 des Rates vom 29. Mai 2000 über die Zustellung gerichtlicher und außergerichtlicher Schriftstücke in Zivil- oder Handelssachen in den Mitgliedstaaten, ABl. EG Nr. L 160/37

III. Rechtsbeschwerde

§ 7 Satz 2 verweist auf § 7 InsO, womit gegen die Entscheidung über die sofortige Beschwerde die Rechtsbeschwerde zulässig ist. Damit wird nicht nur das Rechtsmittel, sondern auch der Rechtsmittelweg dem des Insolvenzverfahrens grundsätzlich gleich gestellt. Über § 4 InsO finden die Vorschriften der §§ 574 ff. ZPO Anwendung. Für die Rechtsbeschwerde gilt eine Notfrist von einem Monat ab Zustellung; sie ist beim zuständigen Beschwerdegericht einzureichen. Die Rechtsbeschwerde ist nur zulässig, wenn die besonderen Zulässigkeitsvoraussetzungen des § 574 Abs. 2 ZPO vorliegen, d. h. die Rechtssache grundsätzliche Bedeutung hat, sie der Fortbildung des Rechts oder der Sicherung einer einheitlichen Rechtsprechung dient.

IV. Rechtsmittel gegen die registerführende Stelle

Die Begründung des Gesetzesentwurfes nennt als weitere rechtsmittelfähige Entscheidung die Entscheidung des Grundbuchamtes über das Ersuchens des Insolvenzgerichts. Auf diese Entscheidung fänden zusätzlich die im Grundbuchverfahren geltenden Beschwerdevorschriften Anwendung.[8] In der Literatur wird hieraus hergeleitet, dass der Insolvenzverwalter auch die Rechtsmittel einlegen könne, die für das jeweilige Eintragungsverfahren in einem Register vorgesehen seien (so z. B. §§ 71 ff. GBO für Grundbucheintragungen).[9] Dies bedarf jedoch der Einschränkung. Soweit das jeweils vom Insolvenzgericht ersuchte Register lediglich das Eintragungsersuchen des Insolvenzgerichts vollzieht, ist grundsätzlich kein Rechtsmittel gegen die Registerstelle zulässig. Der Beschwerdeführer hat das Rechtsmittel vielmehr in Form der sofortigen Beschwerde gegen das Insolvenzgericht zu richten, auf Grund dessen Entscheidung die Registerstelle lediglich die Eintragung vollzieht. Das zusätzliche Rechtsmittel unmittelbar gegen die Registerstelle ist daher nur denkbar, wenn die Registerstelle von dem Eintragungsersuchen des Insolvenzgerichts abweicht.[10] Diese Möglichkeit erscheint jedoch theoretisch, denn die Registerstelle hat keine eigene Prüfungsbefugnis hinsichtlich der Eintragung. Zudem ist kaum vorstellbar, dass sich die Registerstellen weigern, Eintragungsersuchen des Insolvenzgerichts nachzukommen. Derartige Fälle sind bisher auch im Rahmen des § 31 InsO nicht bekannt geworden. Die Frage des zusätzlichen Rechtsmittels erscheint daher eher theoretischer Natur.

Art. 102 § 8 Vollstreckung aus der Eröffnungsentscheidung

(1) Ist der Verwalter eines Hauptinsolvenzverfahrens nach dem Recht des Staats der Verfahrenseröffnung befugt, auf Grund der Entscheidung über die Verfahrenseröffnung die Herausgabe der Sachen, die sich im Gewahrsam des Schuldners befinden, im Wege der Zwangsvollstreckung durchzusetzen, so gilt für die Vollstreckbarerklärung im Inland Artikel 25 Abs. 1 Unterabsatz 1 der Verordnung (EG) Nr. 1346/2000. Für die Verwertung von Gegenständen der Insolvenzmasse im Wege der Zwangsvollstreckung gilt Satz 1 entsprechend.

(2) § 6 Abs. 3 findet entsprechend Anwendung.

---

vom 30. 6. 2000. Vgl. auch *Kübler/Prütting/Kemper*, Art. 102 § 7 RdNr. 3; *Schlosser*, EU-Zivilprozessrecht, Art. 1 EuZVO RdNr. 2, Art. 1 HZÜ RdNr. 1.
[8] Vgl. BT-Drucks. 15/16 S. 16.
[9] So FK-*Wimmer*, Anh II, Art. 102 § 7 RdNr. 6; ebenso wohl *Kübler/Prütting/Kemper*, Art. 102 § 7 RdNr. 6; *Andres/Leithaus/Dahl*, Art. 102 § 7 RdNr. 2; HK-*Stephan*, Art. 102 § 7 RdNr. 3; *Smid*, Int. Insolvenzrecht, Art. 102 § 6 RdNr. 2.
[10] So wohl auch MünchKommBGB-*Kindler*, Bd. 11, IntInsR RdNr. 917, als Beispiel für ein Rechtsmittel gegen die Registerstelle den Fall nennt, dass die Registerstelle dem Ersuchen des Insolvenzgerichts nicht nachkommt; ebenso wohl *Pannen/Eickmann*, Europ. Insolvenzverordnung, Art. 102 § 7 RdNr. 13.

Übersicht

	RdNr.		RdNr.
I. Normzweck	1	III. Exequaturverfahren	9
II. Erfasste Vollstreckungsmaßnahmen	4	1. Anwendung der EuGVVO	9
		2. Ausführungsbestimmungen	11
1. Herausgabe von Sachen (Abs. 1 Satz 1)	4	IV. Unzuständiges Gericht (Abs. 2)	12
2. Verwertung der Insolvenzmasse (Abs. 1 Satz 2)	6		

I. Normzweck

1 § 8 regelt die Vollstreckbarerklärung bestimmter Zwangsvollstreckungstitel. Die Vorschrift knüpft jedoch nicht an bestimmte Titel an, sondern an bestimmte **Vollstreckungsmaßnahmen** aufgrund eines möglichen ausländischen Vollstreckungstitels, nämlich die Vollstreckung zur Herausgabe von Sachen aus dem Eröffnungsbeschluss sowie die Verwertung von Massegegenständen im Wege der Zwangsvollstreckung. Für beide Vollstreckungsmaßnahmen fordert § 8 die Vollstreckbarerklärung des Titels nach Art. 25 Abs. 1 Unterabs. 1 EuInsVO. Danach gilt für die Vollstreckbarerklärung der entsprechenden Vollstreckungstitel für diese Maßnahmen die EuGVVO, sowie das Anerkennungs- und Vollstreckungsausführungsgesetz (AVAG).

2 § 8 Abs. 1 hat keine eigenständige Bedeutung, sondern lediglich wiederholenden Charakter.[1] Die Vorschrift verdeutlicht, dass der ausländische Insolvenzverwalter für die Herausgabe von Sachen vom Schuldner oder für die Verwertung von Teilen der Insolvenzmasse im Wege der Zwangsvollstreckung eine Vollstreckbarerklärung benötigt. Das ist ohnehin schon von Art. 25 EuInsVO angeordnet.[2] Auch ansonsten dürfte die Bedeutung der Vorschrift gering bleiben, da das Recht der anderen Mitgliedsstaaten in der Regel keinen gesonderten Titel kennt, der die Verwertung von Massegegenständen im Wege der Zwangsvollstreckung anordnet, und der dementsprechend im Inland für vollstreckbar erklärt werden könnte (vgl. unten RdNr. 7).

3 Die einzige über die EuInsVO hinausgehende Aussage enthält dagegen Absatz 2, der die Verweisungsvorschrift des Art. 102 § 6 Abs. 3 für entsprechend anwendbar erklärt. Das AVAG enthält keine entsprechende Vorschrift, so dass es sich im Ergebnis um eine Ergänzung des AVAG handelt.

II. Erfasste Vollstreckungsmaßnahmen

4 **1. Herausgabe von Sachen (Abs. 1 Satz 1).** Art. 18 Abs. 1 S. 1 EuInsVO sieht für den in einem Hauptinsolvenzverfahren i. S. v. Art. 3 Abs. 1 EuInsVO bestellten Insolvenzverwalter vor, dass dieser in den anderen Mitgliedsstaaten alle diejenigen Befugnisse ausüben darf, die ihm das Insolvenzrecht des Eröffnungsstaates verleiht. In Deutschland, wie auch in anderen Mitgliedsstaaten üblich,[3] bestimmt § 148 Abs. 1 InsO, dass der Insolvenzverwalter nach der Eröffnung des Insolvenzverfahrens das gesamte zur Insolvenzmasse gehörige Vermögen in Besitz und Verwaltung zu nehmen hat. Nach § 148 Abs. 2 InsO kann der Insolvenzverwalter eine vollstreckbare Ausfertigung des Eröffnungsbeschlusses anfordern, um vom Schuldner Gegenstände zur Insolvenzmasse herauszuverlangen. Der Eröffnungsbeschluss ist dann als Herausgabetitel im Sinne von § 794 Abs. 1 Nr. 3 ZPO anzusehen. Sieht auch das Recht des Verfahrensstaates entsprechende Befugnisse zugunsten des Insol-

---

[1] Vgl. *Kübler/Prütting/Kemper*, Art. 102 § 8 RdNr. 1; HK-*Stephan*, Art. 102 § 8 RdNr. 1; *Nerlich/Römermann/Mincke*, Art. 102 § 8 RdNr. 4; FK-*Wimmer*, Anh II, Art. 102 § 8 RdNr. 1; zum EuIÜ *Trunk* in *Stoll*, Vorschläge und Gutachten, S. 246 f.
[2] Vgl. unten Art. 25 RdNr. 5 ff., 18 EuInsVO.
[3] *Nerlich/Römermann/Mincke*, Art. 102 § 8 RdNr. 1; MünchKommBGB-*Kindler*, Bd. 11, IntInsR RdNr. 919.

venzverwalters vor, so ist eine Zwangsvollstreckung aus dem ausländischen Titel nicht ohne weiteres möglich.[4] Der Insolvenzverwalter muss daher den Eröffnungsbeschluss im Inland gemäß § 8 für vollstreckbar erklären lassen (zum Verfahren vgl. unten RdNr. 9).

§ 8 Abs. 1 betrifft seinem Wortlaut nach jedoch nur die Herausgabe von Sachen, die sich „*im Gewahrsam des Schuldners*" befinden. Befinden sich massezugehörige Sachen im Besitz eines Dritten, so soll § 8 keine Anwendung finden.[5] Der Grund für diese Einschränkung ist jedoch nicht ersichtlich. Da sich der Herausgabetitel aus der Entscheidung über die Verfahrenseröffnung ergeben muss, ist ohnehin kaum denkbar, dass der Eröffnungsbeschluss eine solche weitreichende Regelung auch gegenüber (in der Regel im Eröffnungsverfahren nicht beteiligte) Dritte enthält. Soweit der ausländische Eröffnungsbeschluss dies dagegen ausdrücklich anordnen würde, müsste der Beschluss schon nach Art. 25 Abs. 1 Unterabs. 1 EuInsVO anerkannt und vollstreckt werden können soweit darin kein *ordre public* Verstoß nach Art. 26 EuInsVO liegt. Mangels Regelungskompetenz kann § 8 diese – zumindest theoretisch – bestehende Möglichkeit der EuInsVO nicht ausschließen.

2. Verwertung der Insolvenzmasse (Abs. 1 Satz 2). Satz 2 erweitert den Anwendungsbereich von § 8 auch auf „*die Verwertung von Gegenständen der Insolvenzmasse im Wege der Zwangsvollstreckung*". Nach der Begründung des Gesetzesentwurfes ist hiermit der Fall der Verwertung unbeweglicher Gegenstände im Wege der Zwangsversteigerung nach § 165 InsO gemeint.[6] Der Verweis auf § 165 InsO ist jedoch unglücklich, da § 165 InsO für die Verwertungsbefugnis des ausländischen Verwalters gerade keine Anwendung findet. Die Befugnis zur Verwertung richtet sich nämlich ausschließlich nach der *lex fori concursus,* also nach dem Recht des ausländischen Verfahrensstaates. Denn Art. 18 Abs. 3 EuInsVO schreibt für die Verwertung keine Sonderanknüpfung an das Recht des Belegenheitsortes vor. Lediglich der Ablauf des Verfahrens (nicht dagegen die Wahl der Verfahrensarten) soll sich nach dem Recht des Belegenheitsortes richten.[7]

Zu einer Verwertung von Massegegenständen im Wege der Zwangsvollstreckung kann es daher überhaupt nur dann kommen, wenn das Recht des Verfahrensstaates die Zwangsvollstreckung als Verwertungsart vorsieht. Eine solche Anordnung dürfte jedoch selten in einem Vollstreckungstitel enthalten sein, der dann im Inland für vollstreckbar erklärt werden müsste. Die Wahl für eine solche Verwertungsart dürfte sich vielmehr aus dem Insolvenzrecht des Verfahrensstaates selbst ergeben, also eine gesetzlich zugewiesene Befugnis des Insolvenzverwalters darstellen.[8] Insoweit ist fraglich, welcher Vollstreckungstitel im Rahmen von Abs. 1 Satz 2 für vollstreckbar erklärt werden soll, wenn der ausländische Verwalter inländische Insolvenzmasse im Wege der Zwangsvollstreckung verwerten möchte. Richtigerweise bedarf es in diesen Fällen keiner Vollstreckbarerklärung gemäß § 8, da die Befugnisse des ausländischen Verwalters im Inland ohne weiteres anzuerkennen sind.[9] Etwas anderes gilt nur, wenn es sich um Vollstreckungsmaßnahmen gegen Dritte oder um nicht vermögensbezogene Vollstreckungsmaßnahme gegen den Schuldner selbst (Herausgabevollstreckung) handelt. Soll für § 8 Abs. 1 Satz 1 verordnungskonform ein Anwendungsbereich verbleiben, kommt allenfalls die Vollstreckbarerklärung des ausländischen Titels in Betracht, soweit das Recht des Verfahrensstaates dem Verwalter die Befugnis ausdrücklich im Rahmen eines Vollstreckungstitels verleiht.

---

[4] Vgl. *Nerlich/Römermann/Mincke,* Art. 102 § 8 RdNr. 2.
[5] *Nerlich/Römermann/Mincke,* Art. 102 § 8 RdNr. 4; *Kübler/Prütting/Kemper,* Art. 102 § 8 RdNr. 3; *Andres/Leithaus/Dahl,* Art. 102 § 8 RdNr. 1.
[6] Vgl. BT-Drucks. 15/16 S. 17; so wohl auch die überwiegende Literatur, vgl. FK-*Wimmer,* Art. 102 § 8 RdNr. 4; *Smid,* Int. Insolvenzrecht, Art. 102 § 8 RdNr. 3; *Andres/Leithaus/Dahl,* Art. 102 § 8 RdNr. 2.
[7] Einhellige Auffassung der Literatur, vgl. unten Art. 18 RdNr. 15 EuInsVO; aA wohl *Pannen/Eickmann,* EuInsVO, Art. 102 § 8 RdNr. 28–35.
[8] So auch das deutsche Recht, das für die Immobiliarvollstreckung nach § 165 InsO gerade keinen Vollstreckungstitel verlangt, vgl. *Uhlenbruck,* InsO, § 165 RdNr. 8; *Kübler/Prütting/Kemper* § 165 RdNr. 10.
[9] Vgl. Art. 18 RdNr. 5.

8 Im Hinblick auf die Verwertung inländischen Immobilienvermögens bedeutet dies, dass § 165 InsO nur dann Anwendung findet, wenn bereits das Recht des Verfahrensstaates die Verwertung des Grundstücks im Rahmen einer gerichtlich oder behördlich durchgeführten Versteigerung erlaubt. Ist dies nicht der Fall, scheidet auch eine Zwangsversteigerung des inländischen Grundstücks per se aus, da dem ausländischen Verwalter diese Befugnis nach dem anwendbaren Recht des Verfahrensstaates nicht zusteht. Sieht dagegen das Recht des Verfahrensstaates eine behördlich oder gerichtlich durchgeführte Versteigerung vor, so darf der ausländische Verwalter auch im Inland die Zwangsversteigerung gemäß § 165 InsO betreiben. Einer Vollstreckbarerklärung gemäß § 8 bedarf es jedoch nur, wenn sich diese Befugnis aus einem Vollstreckungstitel des Verfahrensstaates ergibt. Ergibt sich diese Befugnis aus dem Gesetz und aus seiner Stellung als Insolvenzverwalter, so bedarf es keiner Vollstreckbarerklärung, zumal auch nicht ersichtlich ist, welche Entscheidung überhaupt für vollstreckbar erklärt werden sollte. Andernfalls läge eine nicht mehr verordnungskonforme Einschränkung der EuInsVO vor, da diese von der automatischen Anerkennung der Befugnisse des Verwalters ausgeht.

III. Exequaturverfahren

9 **1. Anwendung der EuGVVO.** Das Verfahren der Vollstreckbarerklärung für alle zur Durchführung und Beendigung eines Insolvenzverfahrens ergangenen Entscheidungen bestimmt sich nach Art. 25 Abs. 1 Unterabs. 1 EuInsVO. Die Vorschrift verweist ihrerseits auf die Artikel 31 bis 51 (ausgenommen Art. 34 Abs. 2) des EGVÜ.[10] Dieses wurde zum 1. 3. 2002 durch die EuGVVO[11] ersetzt. Somit stellt der Verweis gemäß Art. 68 Abs. 2 EuGVVO einen solchen auf die Art. 38 bis 52 (ausgenommen Art. 45 Abs. 1) EuGVVO dar.[12]

10 Das vereinfachte Exequaturverfahren ist in Art. 38 EuGVVO geregelt. Dieser ordnet an, dass auf Antrag des Berechtigten die in einem Mitgliedstaat ergangene Entscheidung in einem anderen Mitgliedstaat vollstreckt werden kann, wenn sie dort auf Antrag eines Berechtigten für vollstreckbar erklärt wurden. Es bedarf daher zunächst eines Antrags des Insolvenzverwalters auf Vollstreckbarerklärung des Titels. Voraussetzung ist zudem, dass die Entscheidung im Urteilsstaat selbst bereits vollstreckbar ist.[13] Darüber hinaus ist zu beachten, dass die zu vollstreckende Entscheidung zumindest einen bestimmbaren Inhalt haben muss.[14] Die örtliche Zuständigkeit wird nach Art. 39 durch den Ort bestimmt, an dem die Zwangsvollstreckung durchgeführt werden soll.[15]

11 **2. Ausführungsbestimmungen.** Vergleichbar mit Art. 102 EGInsO als Ausführungsgesetz zu den Bestimmungen der EuInsVO fungiert das AVAG[16] hinsichtlich der EuGVVO. Das Verfahren der Vollstreckbarerklärung richtet sich daher nach der AVAG. Dieses enthält z. B. in § 3 AVAG die Bestimmung der örtlichen Zuständigkeit, in § 4 AVAG Konkretisierungen zu Artt. 40, 53, 54 EuGVVO bezüglich der Antragstellung sowie in § 5 AVAG

---

[10] Übereinkommen über die gerichtliche Zuständigkeit und die Vollstreckung gerichtlicher Entscheidungen in Zivil- und Handelssachen vom 27. 9. 1968.
[11] Verordnung Nr. 44/2001 des Rates über die gerichtliche Zuständigkeit und die Anerkennung und Vollstreckung von Entscheidungen in Zivil- und Handelssachen vom 22. 12. 2000, ABl. EG Nr. L 12/1 vom 16. 1. 2001.
[12] Vgl. *Kübler/Prütting/Kemper*, Art. 102 § 8 RdNr. 4; *Nerlich/Römermann/Mincke*, Art. 102 § 8 RdNr. 3 Fn. 1; *Andres/Leithaus/Dahl*, Art. 102 § 8 RdNr. 3: FK-*Wimmer*, Anh II, Art. 102 § 8 RdNr. 3.
[13] Vgl. *Kübler/Prütting/Kemper*, Art. 102 § 8 RdNr. 5; *Kropholler*, Europ. Zivilprozeßrecht, Art. 38 EuGVO RdNr. 7.
[14] Vgl. *Mankowski* in *Rauscher*, Europäisches Zivilprozessrecht, Bd. 1, Art. 38 Brüssel I-VO RdNr. 21.
[15] Der in Art. 39 Abs. 2, 1. Alt. EuGVVO erwähnte Wohnsitz des Schuldners dürfte selten gegeben sein, weil in diesen Fällen das Hauptverfahren gemäß Art. 3 Abs. 1 EuInsVO meist im Inland stattfindet, und nicht – wie § 8 voraussetzt – in einem anderen Mitgliedstaat; vgl. zur Abgrenzung von Wohnsitz und COMI nach Art. 3 auch unten Art. 3 RdNr. 41 ff. EuInsVO.
[16] Gesetz zur Ausführung zwischenstaatlicher Verträge und zur Durchführung von Verordnungen der Europäischen Gemeinschaften auf Gebiet der Anerkennung und Vollstreckung in Zivil- und Handelssachen (Anerkennungs- und Vollstreckungsausführungsgesetz) vom 19. 02. 2001, BGBl. I 288, 436.

Regelungen zum Erfordernis eines Zustellungsbevollmächtigten. Zu dem Verfahren werden in § 6 AVAG sowie in §§ 9, 10 AVAG Ausführungen gemacht. Schließlich ist nach § 11 AVAG die Beschwerde gegen die Entscheidung und nach § 15 AVAG wiederum die Rechtsbeschwerde gegen den Beschluss des Beschwerdegerichts zulässig.[17]

IV. Unzuständiges Gericht (Abs. 2)

Ebenso wie bei § 5 findet auch bei § 8 durch die Verweisung in Abs. 2 die Vorschrift des § 6 Abs. 3 Anwendung. Geht also der Antrag auf Vollstreckbarerklärung bei einem unzuständigen Gericht ein, ist der Antrag unverzüglich an das zuständige Gericht weiterzuleiten und der Antragsteller darüber zu informieren. Eine entsprechende Regelung ist im AVAG nicht enthalten. 12

Art. 102 § 9 Insolvenzplan

Sieht ein Insolvenzplan eine Stundung, einen Erlass oder sonstige Einschränkungen der Rechte der Gläubiger vor, so darf er vom Insolvenzgericht nur bestätigt werden, wenn alle betroffenen Gläubiger dem Plan zugestimmt haben.

Übersicht

	RdNr.		RdNr.
I. Normzweck	1	3. Insolvenzplan	9
II. Voraussetzungen	6	**III. Rechtsfolgen**	10
1. Sekundärverfahren	6	1. Bestätigung	10
2. Einschränkungen	8	2. Betroffene Gläubiger	11

I. Normzweck

§ 9 ist eine Fortschreibung der schon unglücklichen Regelung über Sanierungspläne in Sekundärverfahren nach der EuInsVO. § 9 soll verhindern, dass ausländische Gläubiger, die an einem in Deutschland durchgeführten Sekundärinsolvenzverfahren teilnehmen, durch die Durchführung eines Insolvenzplanes in ihren Rechten beschränkt werden und dadurch Nachteile erleiden.[1] Damit werden die Mängel, die Art. 34 EuInsVO aufweist, zwangsläufig in die Umsetzungsvorschrift transportiert. 1

So sieht Art. 34 Abs. 2 EuInsVO vor, dass *jede Beschränkung der Rechte der Gläubiger, wie zum Beispiel eine Stundung oder eine Schuldbefreiung, die sich aus einer in einem Sekundärinsolvenzverfahren vorgeschlagenen Maßnahme im Sinne von Absatz 1 ergibt, nur dann Auswirkungen auf das nicht von diesem Verfahren betroffene Vermögen des Schuldners haben kann, wenn alle betroffenen Gläubiger der Maßnahme zustimmen.* Die Regelung setzt demnach voraus, dass es möglich sei, eine Forderungsmodifikation auf das Vermögen des Verfahrensstaates zu beschränken. Dies ist jedoch gerade nicht möglich, da Forderungen keine *„physisch territorial beschränkbare Existenz"* haben.[2] Insoweit wurde im Zusammenhang mit Art. 34 EuInsVO schon ausgeführt, dass ein Insolvenzplanverfahren in einem Sekundärverfahren aufgrund der Regelung des Art. 34 EuInsVO sowohl aus tatsächlichen als auch rechtlichen Gründen nicht erfolgreich durchgeführt werden kann.[3] 2

Die Rechtslage wird durch § 9 leider nicht klarer, sondern noch widersprüchlicher. Nach dem Wortlaut der Vorschrift findet § 9 Anwendung auf alle Verfahren, da keinerlei Beschrän- 3

---

[17] Weitere Ausführungen zum AVAG siehe bei *Kübler/Prütting/Kemper*, Art. 102 § 8 RdNr. 5ff.; ausführlich *Baumbach/Lauterbach*, ZPO, Schlussanhang V E; *Geimer* in *Geimer/Schütze*, Europ. ZivilverfahrensR, D.
[1] Vgl. RegE, BT-Drucks. 15/16 S. 17; *Kübler/Prütting/Kemper*, Art. 102 § 9 RdNr. 1.
[2] So *Flessner* in *Stoll*, Stellungnahmen und Gutachten, S. 205; vgl. unten Art. 34 RdNr. 10 EuInsVO; ausführlich *Reinhart*, Sanierungsverfahren, S. 300 ff.
[3] Vgl. unten Art. 34 RdNr. 12 ff. EuInsVO.

kung auf ein bestimmtes Verfahren (Haupt- oder Sekundärverfahren) vorgesehen ist. Jedoch besteht Übereinstimmung, dass § 9 nur auf Sekundärverfahren Anwendung finden soll.[4]

4 Während die über den Wortlaut hinausgehende Einschränkung des § 9 noch reparabel ist, verlangt § 9 – abweichend von Art. 34 EuInsVO – nicht, dass die Zustimmung durch alle Gläubiger nur notwendig ist, wenn der Insolvenzplan auch Auswirkungen haben soll für Vermögenswerte, die außerhalb des Sekundärverfahrensstaates belegen sind. Das lässt sich wiederum nur damit erklären, dass der deutsche Gesetzgeber davon ausgeht – wie oben erwähnt –, dass eine räumliche Beschränkung der Forderungsmodifikation ohnehin nicht möglich ist, daher jeder Insolvenzplan auch Auswirkungen auf das in anderen Mitgliedsstaaten belegene Vermögen hat. Der deutsche Gesetzgeber ging daher (eventuell) ebenfalls davon aus, dass die in Art. 34 EuInsVO enthaltene Einschränkung für das deutsche Insolvenzplanverfahren ohnehin obsolet ist.

5 Wegen der schon in Art. 34 EuInsVO angelegten Probleme, die eine Anwendung des Art. 34 EuInsVO in der Praxis unmöglich machen, wird auch § 9, der lediglich der Umsetzung dieser Vorschrift dient, im Ergebnis eine Regelung ohne praktische Anwendungsmöglichkeit bleiben.

II. Voraussetzungen

6 **1. Sekundärverfahren.** § 9 gilt nur für inländische Sekundärverfahren.[5] Nach dem Wortlaut von § 9 findet die Vorschrift zwar Anwendung auf Insolvenzplanverfahren unabhängig davon, ob es sich bei dem inländischen Verfahren um ein Haupt-, Sekundär- oder Partikularverfahren nach der EuInsVO handelt. Hierbei handelt es sich jedoch um ein Redaktionsversehen des Gesetzgebers.

7 So gilt Art. 34 EuInsVO, der die Zustimmung aller betroffenen Gläubiger für einen Insolvenzplan fordert, auch nur für Sekundärverfahren, was sich schon aus der systematischen Stellung von Art. 34 EuInsVO in Kapitel III der Verordnung („Sekundärverfahren") ergibt. Aus der Begründung des Regierungsentwurfes wird ersichtlich, dass der Gesetzgeber ebenfalls davon ausging, dass § 9 nur für Sekundärverfahren Anwendung finden sollte.[6] Dass diese Einschränkung im Gesetzestext fehlt, ergibt sich wohl aus der Streichung des noch im Referentenentwurf vorgesehenen ersten Absatzes zu § 9, der in Anlehnung an Art. 34 Abs. 1 EuInsVO noch vorsah, dass der Verwalter des Hauptverfahrens – in Erweiterung zu § 218 InsO – berechtigt ist, einen Insolvenzplan im Sekundärverfahren vorzulegen. Dieser, auf das Sekundärverfahren ausdrücklich Bezug nehmende Absatz wurde jedoch für den Regierungsentwurf wieder gestrichen, ohne in dem verbleibenden Satz des § 9 eine entsprechende – jetzt fehlende – Ergänzung mit aufzunehmen.

8 **2. Einschränkungen.** § 9 verlangt zudem, dass der Insolvenzplan eine Stundung, einen Erlass oder sonstige Einschränkungen der Rechte der Gläubiger vorsehen muss. Die Regelung weicht damit zwar vom Wortlaut des Art. 34 Abs. 2 EuInsVO ab (*„Beschränkung der Rechte der Gläubiger, wie zum Beispiel eine Stundung oder eine Schuldbefreiung"*), meint aber inhaltlich das Gleiche. Im Zweifelsfall ist bei der Auslegung, ob eine Einschränkung der Rechte der Gläubiger vorliegt, Art. 34 Abs. 2 EuInsVO entsprechend heran zu ziehen. In der Regel wird hierunter jegliche Modifikation der schuld- oder sachenrechtlichen Stellung der Gläubiger gegenüber dem Schuldner fallen. Hierbei spielt keine Rolle, welches wirtschaftliche Gewicht die Einschränkung der Rechte des Gläubigers hat.

---

[4] Vgl. schon in der Gesetzesbegründung BT-Drucks. 15/16 S. 17; *Kübler/Prütting/Kemper*, Art. 102 § 9 RdNr. 1; *Nerlich/Römermann/Mincke*, Art. 102 § 9 RdNr. 2; *Pannen/Frind*, EuInsVO, Art. 102 § 9 RdNr. 1; *Andres/Leithaus/Dahl*, Art. 102 § 9 RdNr. 1; aA FK-*Wimmer*, Anh II, Art. 102 § 9 RdNr. 2, der § 9 nur auf unabhängige Partikularverfahren anwenden will.

[5] Ganz hM vgl. *Kübler/Prütting/Kemper*, Art. 102 § 9 RdNr. 1; *Nerlich/Römermann/Mincke*, Art. 102 § 9 RdNr. 2; *Pannen/Frind*, EuInsVO, Art. 102 § 9 RdNr. 1; *Andres/Leithaus/Dahl*, Art. 102 § 9 RdNr. 1; aA FK-*Wimmer*, Anh II, Art. 102 § 9 RdNr. 2, der § 9 nur auf unabhängige Partikularverfahren anwenden will.

[6] Vgl. BT-Drucks. 15/16 S. 17.

3. Insolvenzplan. § 9 gilt – ebenfalls den Wortlaut weiter einschränkend – nur für **9** Insolvenzpläne, die „nur" für das Sekundärverfahren aufgestellt werden, sei es auch in Form sog. paralleler Insolvenzpläne.[7] § 9 gilt daher nicht für einen sog. einheitlichen Insolvenzplan, der für alle eröffneten Verfahren zur Abstimmung oder Bestätigung gestellt wird und der daher auch das gesamte Vermögen des Schuldners berücksichtigt.[8] Da aber das gesamte Vermögen des Schuldners für die Einschränkung der Gläubigerrechte berücksichtigt wird, bedarf es keiner territorialen Wirkungsbeschränkung mehr. Ein solcher einheitlicher Insolvenzplan untersteht jedoch den in der InsO vorgesehenen Abstimmungs- und Bestätigungsregeln, die jedoch für den Fall eines einheitlichen Insolvenzplans zu modifizieren sind.[9]

III. Rechtsfolgen

1. Bestätigung. Art. 34 Abs. 2 EuInsVO untersagt an sich nur die Wirkungserstreckung **10** des Insolvenzplans in andere Mitgliedsländer, wenn nicht alle betroffenen Gläubiger zugestimmt haben. Die Vorschrift lässt die Zustimmungserfordernisse aus dem nationalen Recht unberührt, so dass Art. 34 Abs. 2 EuInsVO an sich die Bestätigung eines deutschen Insolvenzplan gemäß den Vorschriften der §§ 244 ff. InsO nicht untersagt (sondern lediglich die Wirkung eines bestätigten Insolvenzplans in anderen Mitgliedsstaaten einschränkt). Der deutsche Gesetzgeber geht in verordnungskonformer Weise über die Regelung in Art. 34 Abs. 2 EuInsVO hinaus, indem er schon die Bestätigung des Insolvenzplanes untersagt, wenn nicht alle betroffenen Gläubiger zustimmt haben.[10] Die damit einhergehende Modifikation der Voraussetzungen der Planbestätigung bedeutet, dass die in § 244 InsO vorgesehenen Mehrheiten abgedungen wurden. Darüber hinaus modifiziert § 9 auch die weiteren Regelungen in §§ 245 f. InsO, die die Zustimmung einzelner Gläubigergruppen unter bestimmten Voraussetzungen ersetzen. Denn da dem Sekundärverfahren nur das Inlandsvermögen zugrunde liegt, sind auch die Mechanismen zur Ersetzung der Zustimmung (z. B. der Liquidationsgarantie) nicht anwendbar.

2. Betroffene Gläubiger. § 9 fordert die Zustimmung aller *„betroffenen Gläubiger"*. § 9 **11** übernimmt damit die Formulierung aus Art. 34 Abs. 2 EuInsVO. „Betroffen" sind grundsätzlich alle zur Anmeldung berechtigten Gläubiger, da nach § 254 Abs. 1 Satz 1 InsO der Insolvenzplan für und gegen alle Beteiligten wirkt. Hierunter werden auch diejenigen Gläubiger verstanden, die zwar am Insolvenzverfahren nicht teilgenommen haben, aber hätten teilnehmen können.[11] In der Literatur wird daher vereinzelt ausgeführt, dass betroffene Gläubiger im Sinne des § 9 alle Gläubiger seien, die ihre Forderungen im inländischen Sekundärverfahren hätten anmelden können.[12] Damit würde jedoch auch die Zustimmung derjenigen Gläubiger verlangt, die nur im Hauptverfahren, nicht aber im Sekundärverfahren teilnehmen. Damit wird jedoch die Regelung völlig *ad absurdum* geführt, weil die nicht am Sekundärverfahren teilnehmenden Gläubiger freilich auch dem Plan nicht zugestimmt haben (und mangels Teilnahme auch nicht zustimmen konnten). Denkt man diesen Ansatzpunkt zu Ende, würde § 9 die Teilnahme und Zustimmung aller Personen fordern, die grundsätzlich teilnahmeberechtigt wären. Das aber wäre nicht nur praktisch kaum vorstellbar, sondern auch durch ein Insolvenzgericht nicht verifizierbar. Die Regelung bedarf daher

---

[7] Zur Möglichkeit paralleler Insolvenzpläne vgl. Art. 34 RdNr. 16 ff. EuInsVO.
[8] Vgl. hierzu Art. 34 RdNr. 18 EuInsVO; vgl. hierzu bereits ausführlich Reinhart, Sanierungsverfahren, S. 309 ff.; ebenso FK-*Wimmer*, Anh II, Art. 102 § 9 RdNr. 3; aA *Pannen/Frind*, EuInsVO, Art. 102 RdNr. 4 f.
[9] Vgl. im einzelnen Reinhart, Sanierungsverfahren, S. 309 sowie S. 324 f. mit konkreten Vorschlägen zur Gesetzesänderung.
[10] Die Abweichung von der EuInsVO wird allgemein als zulässig erachtet, vgl. *Nerlich/Römermann/Mincke*, Art. 102 § 9 RdNr. 7; *Kübler/Prütting/Kemper*, Art. 102 § 9 RdNr. 4; HK-*Stephan*, Art. 102 § 9 RdNr. 5; *Smid*, Int. Insolvenzrecht, Art. 102 § 9 RdNr. 2.
[11] Vgl. MünchKommInsO-*Huber*, 2. Aufl., § 254 RdNr. 14; *Braun/Frank* § 254 RdNr. 1; HK-*Flessner* § 254 RdNr. 3; FK-*Jaffé* § 254 RdNr. 1; *Nerlich/Römermann/Braun* § 254 RdNr. 5.
[12] Vgl. *Pannen/Frind*, EuInsVO, Art. 102 RdNr. 3.

auch hier wiederum eines Korrektivs dahingehend, dass § 254 Abs. 1 Satz 1 InsO einzuschränken ist mit der Folge, dass die Wirkungen des Insolvenzplans nur für und gegen die teilnehmenden Gläubiger eintreten, und dass unter allen betroffenen Gläubigern im Sinne des § 9 wiederum nur die teilnehmenden Gläubiger des Sekundärverfahrens zu verstehen sind.

Art. 102 § 10 Aussetzung der Verwertung

Wird auf Antrag des Verwalters des Hauptinsolvenzverfahrens nach Artikel 33 der Verordnung (EG) Nr. 1346/2000 in einem inländischen Sekundärinsolvenzverfahren die Verwertung eines Gegenstandes ausgesetzt, an dem ein Absonderungsrecht besteht, so sind dem Gläubiger laufend die geschuldeten Zinsen aus der Insolvenzmasse zu zahlen.

Literatur: *Beck,* Verwertungsfragen im Verhältnis zwischen Haupt- und Sekundärinsolvenzverfahren nach der EuInsVO, NZI 2006, 609; *Ehricke,* Zur Einflussnahme des Hauptinsolvenzverwalters auf die Verwertungshandlungen des Sekundärinsolvenzverwalters nach der EuInsVO, ZInsO 2004, 633; *Sommer,* Zu den Einflussmöglichkeiten des Hauptverwalters auf das Sekundärinsolvenzverfahren, ZInsO 2005, 1137; *Vallender,* Die Aussetzung der Verwertung nach Art. 33 EuInsVO in einem deutschen Sekundärinsolvenzverfahren in: *Haarmeyer/Hirte/Kirchhof/Graf von Westphalen,* Verschuldung, Haftung, Vollstreckung, Insolvenz: Festschrift für Gerhard Kreft zum 65. Geburtstag, 1. Aufl. 2004.

Übersicht

	RdNr.		RdNr.
I. Normzweck	1	III. Rechtsfolge	6
II. Voraussetzungen	4	1. Zinszahlung	6
1. Aussetzung der Verwertung	4	2. Schuldner der Zahlungspflicht	7
2. Gegenstand eines Absonderungsrechts	5		

I. Normzweck

1 Art. 33 EuInsVO ermächtigt das Gericht des Sekundärverfahrens, auf Antrag des Verwalters des Hauptverfahrens *„die Verwertung ganz oder teilweise auszusetzen"*. Dem Gericht steht allerdings das Recht zu, vom Verwalter des Hauptverfahrens alle *„angemessenen Maßnahmen zum Schutz der Interessen der Gläubiger des Sekundärverfahrens sowie einzelner Gruppen von Gläubigern"* zu verlangen. § 10 spezifiziert in Anlehnung an die Regelungen in § 169 InsO und § 30 e ZVG, welche Maßnahmen für absonderungsberechtigte Gläubiger angemessen sind: diesen sind als Ausgleich für die verzögerte Verwertung laufend die geschuldeten Zinsen aus der Insolvenzmasse zu zahlen.

2 § 10 ist jedoch keine abschließende Regelung für die vom deutschen Insolvenzgericht zu treffenden angemessenen Maßnahmen. § 10 bietet allenfalls einen Mindestschutz und schließt weitergehende Schutzmaßnahmen zugunsten der absonderungsberechtigten Gläubiger nicht aus.[1] Gleichsam bleiben auch Schutzmaßnahmen zugunsten der anderen Gläubiger, beispielsweise der einfachen Insolvenzgläubiger, zulässig.[2]

3 Ob dem deutschen Gesetzgeber eine Kompetenz zur Regelung der *„angemessenen Sicherungsmaßnahme"* zugestanden hat, mag bezweifelt werden. Art. 33 EuInsVO weist die Entscheidung über die angemessene Sicherheitsleistung den jeweils betroffenen Gerichten der Mitgliedstaaten zu. Insofern ist zweifelhaft, ob der deutsche Gesetzgeber Ermessensspielräume, die den nationalen Gerichten zugedacht sind, durch gesetzliche Maßnahmen ausfüllen

---

[1] BT-Drucks. 15/16 S. 17; *Kübler/Prütting/Kemper,* Art. 102 § 10 RdNr. 5; *Pannen/Riedemann,* NZI 2004, 301, 305; FK-*Wimmer,* Anh II, Art. 102 § 10 RdNr. 3; MünchKommBGB-*Kindler,* Bd. 11, IntInsR RdNr. 925.

[2] BT-Drucks. 15/16 S. 17; *Kübler/Prütting/Kemper,* Art. 102 § 10 RdNr. 5; HK-*Stephan,* Art. 102 § 10 RdNr. 10; *Andres/Leithaus/Dahl,* Art. 102 § 10 RdNr. 4; *Pannen/Eickmann,* EuInsVO, Art. 102 § 10 RdNr. 11.

darf. Die Frage ist jedoch von nur theoretischer Bedeutung, da die Gerichte auch nach Art. 33 EuInsVO für die Angemessenheit ohnehin auf die Sicherungsmaßnahmen des Rechts des Verfahrensstaates zurückgreifen können.³ Da § 10 insoweit ohnehin nur die Rechtsfolgen der Verwertungsaussetzung gemäß dem deutschen Recht wiederholt, ist jedenfalls ein inhaltlicher Widerspruch zur EuInsVO nicht erkennbar. Insoweit hat § 10 ohnehin nur eine eingeschränkte Bedeutung: absonderungsberechtigte Gläubiger, die unter den Anwendungsbereich des § 169 InsO fallen (also nach § 166 InsO nicht selbst zur Verwertung berechtigt sind), erhalten auch ohne einen Aussetzungsbeschluss des Insolvenzgerichts nach Art. 33 EuInsVO die geschuldeten Zinsen, weil § 169 InsO gemäß Art. 4 EuInsVO unmittelbar anwendbar ist. § 10 hat daher nur Bedeutung für die absonderungsberechtigten Gläubiger, die nach § 166 InsO die Verwertung selbst durchführen können (und daher § 169 InsO nicht anwendbar ist), denen dann aber aufgrund Art. 33 EuInsVO die Verwertung untersagt wird.

II. Voraussetzungen

1. Aussetzung der Verwertung. Voraussetzung ist zunächst eine Aussetzung der Verwertung nach Art. 33 EuInsVO. Auf Antrag des im Hauptinsolvenzverfahren bestellten Verwalters kann die Verwertung der Insolvenzmasse gem. Art. 33 Abs. 1 EuInsVO im Sekundärinsolvenzverfahren ausgesetzt werden. Darin wird der Vorrang des Hauptverfahrens deutlich.⁴ Unter Umständen kann es für das Hauptverfahren vorteilhafter sein, im Rahmen eines Gesamtverkaufs oder einer übertragenden Sanierung das gesamte schuldnerische Vermögen zusammenhängend zu verwerten.⁵ Ob eine solche Aussetzung vorliegt, ist ausschließlich nach Art. 33 EuInsVO zu beurteilen. Der Begriff der Verwertungsaussetzung ist weit zu verstehen. Neben der Aussetzung der Verwertung kommt hierfür ebenso die Aussetzung der Stilllegung eines Geschäftsbetriebs in Betracht.⁶ Ebenso erfüllt auch die teilweise Aussetzung der Verwertung die Voraussetzungen des § 10.⁷

2. Gegenstand eines Absonderungsrechts. Die Verwertungsaussetzung muss sich zudem auf einen mit einem Absonderungsrecht belasteten Gegenstand beziehen (kann jedoch gemäß Art. 33 EuInsVO auch darüber hinaus gehen). Ob Gegenstände betroffen sind, die mit Absonderungsrechte belastet sind, ist ausschließlich nach Maßgabe der §§ 49 ff. InsO zu beurteilen. Praktische Bedeutung hat dies jedoch nur für die Vermögensgegenstände, an denen dem absonderungsberechtigten Gläubiger nach § 166 InsO die Verwertungsrechte zustehen (z. B. Pfandrechtsgläubiger). Denn für die anderen Sicherungsrechte liegt die Verwertung nach dem über Art. 4 EuInsVO anwendbaren §§ 166, 169 InsO ohnehin in der Hand des Verwalters, ohne dass es eines entsprechenden Aussetzungsbeschlusses bedürfte.⁸

III. Rechtsfolge

1. Zinszahlung. Die Vorschrift sieht vor, dass dem Gläubiger laufend die geschuldeten Zinsen aus der Insolvenzmasse zu zahlen sind. Unter „laufend" sind regelmäßige Zahlungen zu verstehen. Auszugehen ist unter Heranziehung der Auslegung des § 169 InsO von den vereinbarten zeitlichen Abständen; bei Fehlen einer entsprechenden Abrede von angemessenen Abständen. Solche sind monatliche, höchstens quartalsmäßige, nicht hingegen jährliche Zeitintervalle.⁹ Geschuldet sind entweder die zwischen Schuldner und Gläubiger vertraglich

---

³ Vgl. unten Art. 33 RdNr. 12 EuInsVO.
⁴ *Andres/Leithaus/Dahl*, Art. 102 § 10 RdNr. 1; FK-*Wimmer*, Anh II, Art. 102 § 10 RdNr. 2; HK-*Stephan*, Art. 102 § 10 RdNr. 2.
⁵ Vgl. RegE, BT-Drucks. 15/16 S. 17; vgl. auch FK-*Wimmer*, Anh II, Art. 102 § 10 RdNr. 2.
⁶ Vgl. unten Art. 33 RdNr. 10 EuInsVO.
⁷ Vgl. unten Art. 33 RdNr. 9 EuInsVO.
⁸ Vgl. bereits oben, RdNr. 3.
⁹ Ebenso FK-*Wimmer*, Anh II, Art. 102 § 10 RdNr. 5; HK-*Stephan*, Art. 102 § 10 RdNr. 7; *Kübler/Prütting/Kemper*, Art. 102 § 10 RdNr. 4. Zu § 165 InsO vgl. HK-*Landfermann* § 169 RdNr. 13; MünchKomm-InsO-*Lwowski/Tetzlaff*, Bd. 2, 2. Aufl., § 169 RdNr. 35.

vereinbarten Zinsen oder die gesetzlichen Verzugszinsen.[10] Die Zinszahlungspflicht beginnt mit Erlass des Beschlusses und endet mit der Aufhebung der Aussetzung oder dem Abschluss der Verwertung.[11] Zu berücksichtigen ist jedoch, dass Zinszahlungen auch ohne eine Anwendung des § 10 in Betracht kommen, soweit die Absonderungsrechte unter § 169 InsO fallen. So kann z. B. der aufgrund Sicherungseigentum absonderungsberechtigte Gläubiger seine Rechte aus § 169 InsO ungeachtet eines Aussetzungsbeschlusses geltend machen.[12]

7 **2. Schuldner der Zinszahlungspflicht.** Der Wortlaut des § 10 schweigt darüber, welche „Insolvenzmasse" Schuldner der Zinszahlungspflicht ist, nämlich die Insolvenzmasse des Hauptverfahrens, in dessen Interesse die Aussetzung erfolgt, oder die Insolvenzmasse des Sekundärverfahrens. In Anlehnung an Art. 33 EuInsVO kann jedoch nur die Insolvenzmasse des Hauptverfahrens gemeint sein, da auch Art. 33 EuInsVO vorsieht, dass die angemessenen Maßnahmen zum Schutz der Gläubiger vom Verwalter des Hauptverfahrens verlangt werden können.[13] Müsste die Insolvenzmasse des Sekundärverfahrens die Zinsen zahlen, ginge die Zinszahlungspflicht zu Lasten der einfachen Insolvenzgläubiger des Sekundärverfahrens, die aber gerade über Art. 33 EuInsVO vor Nachteilen geschützt werden sollen.[14]

III. Weitere Maßnahmen zum Schutz der Gläubiger

8 § 10 normiert einen zwingenden Mindestschutz für absonderungsberechtigte Gläubiger. Die Vorschrift schließt daher nicht aus, dass das Insolvenzgericht zum Schutz der absonderungsberechtigten Gläubiger weitergehende Schutzmaßnahmen anordnet. Gleichermaßen kann das Insolvenzgericht aber auch Maßnahmen zum Schutz der einfachen Insolvenzgläubiger anordnen. Dies wird durch § 10 nicht eingeschränkt.[15]

Art. 102 § 11 Unterrichtung der Gläubiger

Neben dem Eröffnungsbeschluss ist den Gläubigern, die in einem anderen Mitgliedstaat der Europäischen Union ihren gewöhnlichen Aufenthalt, Wohnsitz oder Sitz haben, ein Hinweis zuzustellen, mit dem sie über die Folgen einer nachträglichen Forderungsanmeldung nach § 177 der Insolvenzordnung unterrichtet werden. § 8 der Insolvenzordnung gilt entsprechend.

Übersicht

	RdNr.		RdNr.
I. Normzweck	1	2. Inhalt	5
II. Unterrichtungspflicht	2	3. Zustellung	6
1. Gläubiger	3		

I. Normzweck

1 Die Vorschrift des § 11 stellt eine Konkretisierung der in Art. 40 EuInsVO enthaltenen Unterrichtungspflicht dar und regelt deren Umsetzung für ein in Deutschland eröffnetes Verfahrens. Damit soll dem speziellen Informationsbedürfnis ausländischer Gläubiger bezüglich der Eröffnung eines Insolvenzverfahrens Rechnung getragen werden. Die Vorschrift gilt sowohl für inländische Haupt-, Sekundär- oder Partikularverfahren.

---

[10] Vgl. RegE, BT-Drucks. 15/16 S. 17; vgl. auch *Andres/Leithaus/Dahl*, Art. 102 § 10 RdNr. 2; FK-*Wimmer*, Anh II, Art. 102 § 10 RdNr. 5; *Kübler/Prütting/Kemper*, Art. 102 § 10 RdNr. 4.
[11] Ebenso FK-*Wimmer*, Anh II, Art. 102 § 10 RdNr. 5.
[12] Vgl. bereits oben RdNr. 3 und 5.
[13] Vgl. unten Art. 33 RdNr. 12 EuInsVO.
[14] FK-*Wimmer*, Anh II, Art. 102 § 10 RdNr. 6.
[15] Vgl. bereits oben RdNr. 2; FK-*Wimmer*, Anh II, Art. 102 § 10 RdNr. 3.

II. Unterrichtungspflicht

Die erhöhten Anforderungen zur Information der Gläubiger im Ausland ergeben sich insbesondere durch die fremde Sprache und das fremde Insolvenzrecht sowie durch die räumliche Distanz des Gläubigers zum zuständigen Insolvenzgericht.[1]

1. Gläubiger. Die Vorschrift umfasst die Unterrichtung von Gläubigern, die ihren gewöhnlichen Aufenthalt, Wohnsitz oder Sitz[2] in einem anderen Mitgliedstaat als dem Eröffnungsstaat haben. Es kommt dabei nicht auf die Staatsangehörigkeit an;[3] Gläubiger aus Drittstaaten werden von der Regelung nicht erfasst.[4] Maßgeblicher Zeitpunkt für das Vorliegen der Voraussetzung ist die Eröffnung des Insolvenzverfahrens.[5]

Der Wortlaut des § 11 bedarf jedoch einer Einschränkung. Art. 40 EuInsVO verlangt nur die Unterrichtung der „bekannten" Gläubiger, worunter nur diejenigen Gläubiger zu verstehen sind, die der Verwalter aus den ihm zugänglichen Geschäftsbüchern entnehmen kann.[6] Diese Einschränkung hat insbesondere Bedeutung für die Verwalter von Sekundärverfahren, die ansonsten alle Gläubiger – insbesondere auch die Gläubiger des Hauptverfahrens – unterrichten müssten, ohne dass die Niederlassung des Schuldners jeweils in Kontakt zu diesen gestanden hätte. Zwar hätte der deutsche Gesetzgeber die Gesetzgebungskompetenz, über den in Art. 40 EuInsVO festgelegten Mindeststandard hinaus Unterrichtungspflichten vorzuschreiben. Das war jedoch erkennbar nicht die Intention des deutschen Gesetzgebers, dem es um eine auf die Regelungen der InsO angepasste Umsetzung des Art. 40 EuInsVO ging.[7]

2. Inhalt. Der notwendige Inhalt des Eröffnungsbeschlusses gem. § 27 Abs. 2 InsO in Verbindung mit § 28 InsO erfüllt nahezu die in Artt. 40, 42 Abs. 1 EuInsVO vorgeschriebenen Anforderungen.[8] Dazu gehören die bei der Forderungsanmeldung einzuhaltenden Fristen, die für die Entgegennahme zuständige Stelle sowie die weiteren zu ergreifenden Maßnahmen. Ebenso ist zu vermerken, wie bevorrechtigte Gläubiger und solche mit Sicherungsrechten behandelt werden. Lediglich hinsichtlich des Hinweises auf die Folgen der Versäumnis der Forderungsanmeldung bedarf es einer Ergänzung über § 11. Dieser ordnet an, dass die Gläubiger zusätzlich über die Folgen einer nachträglichen Forderungsanmeldung gemäß § 177 InsO informiert werden müssen. Neben dem Eröffnungsbeschluss ist den Gläubigern ein in alle Amtssprachen der EU übersetztes Formblatt über die Aufforderung zur Forderungsanmeldung nach Art. 42 EuInsVO zuzustellen.[9]

3. Zustellung. Grundsätzlich trifft die Unterrichtungspflicht nach der Konzeption der InsO das Insolvenzgericht. Der in Satz 2 enthaltene Verweis auf § 8 InsO stellt klar, dass das Gericht den Insolvenzverwalter auch mit der Zustellung des Eröffnungsbeschlusses und des Formblattes an die ausländischen Gläubiger gemäß Art. 40 EuInsVO beauftragen kann. Die Zustellung ist eine solche von Amts wegen und kann durch die Post erfolgen. Darüber hinaus wird angeordnet, dass an Personen mit unbekannten Aufenthaltsort nicht zugestellt

---

[1] Vgl. RegE, BT-Drucks. 15/16 S. 17; so auch *Andres/Leithaus/Dahl*, Art. 102 § 11 EGInsO RdNr. 1; FK-*Wimmer*, Anh II, Art. 102 § 11 RdNr. 2; HK-*Stephan*, Art. 102 § 11 EGInsO RdNr. 3.
[2] Vgl. dazu auch Art. 39 EuInsVO; *Kübler/Prütting/Kemper*, Art. 39 RdNr. 3.
[3] HK-*Stephan*, Art. 102 § 11 EGInsO RdNr. 2; *Andres/Leithaus/Dahl*, Art. 102 § 11 EGInsO RdNr. 1.
[4] *Andres/Leithaus/Dahl*, Art. 102 § 11 EGInsO RdNr. 1; *Kübler/Prütting/Kemper*, Art. 102 § 11 RdNr. 4; FK-*Wimmer*, Anh II, Art. 102 § 11 RdNr. 2.
[5] FK-*Wimmer*, Anh II, Art. 102 § 11 RdNr. 3.
[6] Vgl. Art. 40 RdNr. 5 EuInsVO.
[7] Vgl. BT-Drucks. 15/16 S. 17, der auf den Umstand verweist, dass Art. 40 EuInsVO auch eine Information über die Versäumnisfolgen verlange, weshalb eine Verweisung auf § 177 InsO in § 11 aufgenommen wurde.
[8] BT-Drucks. 15/16 S. 17; FK-*Wimmer*, Anh II, Art. 102 § 11 RdNr. 2; *Kübler/Prütting/Kemper*, Art. 102 § 11 RdNr. 3.
[9] Vgl. zu dem vom BMJ erstellten Formblatt auch Art. 42 EuInsVO; vgl. auch HK-*Stephan*, Art. 102 § 11 EGInsO RdNr. 5; *Smid*, Int. Insolvenzrecht, Art. 102 § 11 EGInsO RdNr. 5.

wird. Die Zustellung im grenzüberschreitenden Insolvenzverfahren richtet sich nach der EG-Zustellungsverordnung (EuZVO).[10]

---

[10] Verordnung (EG) Nr. 1348/2000 des Rates vom 29. Mai 2000 über die Zustellung gerichtlicher und außergerichtlicher Schriftstücke in Zivil- oder Handelssachen in den Mitgliedstaaten, ABl. EG Nr. L 160/37 vom 30. 6. 2000. Vgl. FK-*Wimmer,* Anh II, Art. 102 § 11 RdNr. 4; *Kübler/Prütting/Kemper,* Art. 102 § 11 RdNr. 4.

Internationales Konzerninsolvenzrecht

Übersicht

	RdNr.		RdNr.
I. Vorüberlegung	1	1. Vertragskonzern	30
II. Insolvenzrechtliche Aspekte der Insolvenz in einem internationalen Konzern	3	2. Faktischer Konzern	64
		3. Qualifizierter faktischer Konzern	71
1. Konzerninsolvenz	4	4. Internationale Eingliederung	83
2. Zuständigkeitsfragen	8	5. Internationaler Gleichordnungskonzern	84
3. Partikularinsolvenzverfahren	26	6. Insolvenz des herrschenden Unternehmens in einem internationalen Konzern	85
4. Sanierung	28		
III. Konzernrechtliche Aspekte der Insolvenz in einem internationalen Konzern	30		

I. Vorüberlegung

Bei den kollisionsrechtlichen Problemen, die entstehen, wenn ein, mehrere oder alle **1** Unternehmen eines Verbundes rechtlich selbstständiger Unternehmen, die ihren Sitz in unterschiedlichen Staaten haben,[1] insolvent werden, handelt es sich auf Grund des Auslandsbezugs um eine **weitgespannte Gemengelage** unterschiedlicher Regelungsgebiete. Angesprochen sind einerseits Fragen, die aus kollisionsrechtlicher Sicht mit einem Konzern einhergehen, bei dem zumindest ein Unternehmen ein deutsches ist.[2] Andererseits geht es um die rechtlichen Besonderheiten, die möglicherweise deshalb entstehen, weil ein Unternehmen insolvent wird, das vor der Insolvenz nicht selbstständig auf dem Markt agiert hat, sondern in einen Konzern eingebunden war.[3] Durch die Kombination beider, für sich genommen schon kontrovers diskutierter Bereiche, entsteht ein ganzes Bündel an unterschiedlichen Fallkonstellationen im internationalen Insolvenz- und Gesellschaftsrecht, die wiederum auf unterschiedliche inhaltliche Aspekte hin zu untersuchen wären. Eine erschöpfende Bearbeitung aller Fragen ist an dieser Stelle indes nicht möglich. Es sind vielmehr Schwerpunkte zu setzen, die sich an den **spezifischen konzernbezogenen Besonderheiten der Insolvenz** einer oder mehrerer Konzerngesellschaften orientieren. Die Kommentierung geht daher nur am Rande auf insolvenz*verfahrensrechtliche* Fragen[4] ein und beschränkt sich im Wesentlichen auf die in der Praxis der Insolvenzverwaltung bedeutsamen Haftungsfragen, genauer: um die Fragen des Zugriffs des Insolvenzverwalters auf das Vermögen anderer Konzernteile in der Insolvenz eines Konzernunternehmens. Es geht insoweit sowohl darum, nach welchem Recht sich ein solcher Zugriff im Einzelnen richtet, als auch um die

---

[1] S. *Hofstetter*, Multinationale Konzerne, 3 ff.; *Fikentscher*, Wirtschaftsrecht, 145; *Emmerich/Habersack* § 291 RdNr. 30; *Eidenmüller/Rehm*, ZGR 1997, 89.

[2] Dazu *Staudinger/Großfeld*, IntGesR, RdNr. 501 ff.; MünchKommBGB-*Kindler*, IntGesR RdNr. 731 ff.; GroßKommAktG-*Assmann*, Einl. RdNr. 624 ff.; *Behrens*, SZIER 2000, 79; *Einsele* ZGR 1996, 40; Kölner Kommentar zum AktG-*Koppensteiner*, vor § 291 RdNr. 78 ff.; *Immenga/Klocke*, ZSR 92 (1973), 27; *Luchterhand*, Deutsches Konzernrecht bei grenzüberschreitenden Konzernverbindungen, 1971; *Wiedemann*, GesR I, 799 ff.; *Mann*, Festschrift für Barz, 219; *Neumayer*, ZVglRWiss 83 (1984), 130.

[3] Ausführlich dazu *Ehricke*, Das abhängige Konzernunternehmen in der Insolvenz, 1998; *Rotstegge*, Konzerninsolvenz – die verfahrensrechtliche Behandlung von verbundenen Unternehmen nach der Insolvenzordnung, 2007; vgl. ferner *Flessner*, 285 ff.; *Graeber*, NZI 2007, 265 ff.; *Lutter*, ZfB 1984, 791 ff.; *Kort*, ZIP 1988, 683 ff.; *Paulus*, ZIP 2005, 1948 ff.; *K. Schmidt*, Wege zum Insolvenzrecht, 221 ff.; *Scheel*, Konzerninsolvenzrecht, 327 ff.; *Sester*, ZIP 2005, 2099 ff.

[4] Dazu insbesondere für das deutschem Recht *Rotstegge*, Konzerninsolvenz – die verfahrensrechtliche Behandlung von verbundenen Unternehmen nach der Insolvenzordnung, 2007; *Nicht*, Konzernorganisation und Insolvenz, Diss. Dresden 2008, § 18 ff.

Anhang 2, 3

Zuständigkeit für die entsprechenden Klagen. Betrachtet werden hier auch nur die Fälle, in denen ein insolventes Konzernunternehmen seinen **Sitz in Deutschland** hat.

2 Die kollisionsrechtlichen Fragen hinsichtlich der Insolvenz von Unternehmen in einem internationalen Konzern hängen entscheidend von der Vorfrage ab, ob man überhaupt bereit ist, den Konzern als *rechtliches Phänomen* und damit als Gegenstand *spezifischer* rechtlicher Regelungen und Wertungen anzuerkennen.[5] Von der weit überwiegenden Meinung in Deutschland wird dies getan[6] mit der Folge, dass *konzernspezifische* Regelungen entwickelt worden sind, die dem Insolvenzverwalter die Möglichkeit geben, neben den allgemeinen gesellschafts- und bürgerlich-rechtlichen Ansprüchen weitere an den Konzerntatbestand anknüpfende Ansprüche gegen das herrschende Unternehmen in der Insolvenz des abhängigen Unternehmens geltend zu machen. Geht man hingegen davon aus, wie mittlerweile vermehrt auch im deutschen Recht befürwortet wird, dass es sich bei einem Konzern um ein mehr oder weniger **singulär ökonomisches, vornehmlich betriebswirtschaftliches Problem** handelt, das keiner rechtlichen Sonderregelung in Form eines eigenen Konzernrechts bedarf,[7] so stellen sich die Fragen der speziellen kollisionsrechtlichen Behandlung bei der Insolvenz eines Konzernunternehmens in einem internationalen Konzern von vornherein nicht; es gelten insoweit die allgemeinen kollisionsrechtlichen Regelungen, vornehmlich die des internationalen Gesellschaftsrechts.[8] Ausländische Rechtssysteme lehnen – mit wenigen Ausnahmen[9] – den deutschen, konzernspezifischen Regelungsansatz zum Teil vehement ab; besonders deutlich ist das bei dem mehrfach gescheiterten Versuch geworden, EG-weit ein einheitliches Konzernrecht zu schaffen.[10] Die andere Herangehensweise fremder Rechte an die juristische Behandlung von Konzernen kann deshalb durchaus dazu führen, dass ein zuständiges ausländisches Gericht Probleme haben könnte, möglicherweise anwendbares, deutsches Konzernrecht tatsächlich anzuwenden. Andersherum ist auch denkbar, dass ein deutsches Gericht bei der etwaigen Anwendung entsprechenden ausländischen Rechts oder bei der Anerkennung und Vollstreckung von ausländischen Entscheidungen Bedenken haben könnte.[11] Dieser gesamte Problemkreis kann an dieser Stelle freilich nicht vertieft werden. Aufgrund der entscheidenden Bedeutung der Sichtweisen der (gerichtlichen) Praxis wird den folgenden Ausführungen daher die konzernrechtliche Konzeption zugrunde gelegt, wie sie von der wohl hM in Deutschland vertreten wird, und der Konzern als Gegenstand spezifischer rechtlicher Regelungen angesehen.

3 Die folgende Kommentierung orientiert sich an dem Umstand, dass es sich bei den Fragen der Insolvenz von Unternehmen eines internationalen Konzerns um eine **Querschnittsproblematik** handelt, die sich dem Schema einer herkömmlichen Kommentierung entzieht. Sie unterteilt sich in zwei Abschnitte, wobei die Grenzziehung im Einzelnen nicht

---

[5] Für eine Einheitsbetrachtung auch aus rechtlicher Sicht *Paulus*, ZIP 2005, 1948 ff.; auch *Grau*, Konsolidierung von Rechtsträgern einer Unternehmensgruppe in der Sanierung, 2007; dagegen zu Recht *Jaeger/ Ehricke* § 11 InsO RdNr. 32; *Ehricke*, Das abhängige Konzernunternehmen in der Insolvenz, § 6, S. 470 f.; *Rotstegge*, Konzerninsolvenz, § 1, S. 28 f., § 3, S. 58 f., § 4 RdNr. 148 f.; *Eidenmüller*, ZHR 169 (2005), 528, 529; ders., ZZP 114 (2001), 3, 7; *Sester*, ZIP 2005, 2099 ff.

[6] Vgl. *Emmerich/Habersack*, Konzernrecht, 1 f.; *Lutter/Hommelhoff*, GmbHG, Anh. zu § 13 GmbHG RdNr. 5 ff.; *Goette*, Die GmbH, 2. Aufl. 2002, § 9 RdNr. 2 ff.; *Rowedder/Schmidt-Leithoff/Koppensteiner*, Anh. nach § 52 GmbHG RdNr. 1 ff.

[7] *Ehricke*, Das abhängige Konzernunternehmen in der Insolvenz, § 5; *Altmeppen*, 59 ff.; 71 ff.; *Schanze*, in Mestmäcker/Behrens, 473 ff.; *Lehmann*, Festschrift für Beusch, 485 ff.; *Gäbelein*, AG 1990, 185 ff.; ders., GmbHR 1987, 222 ff.; *Kirchner*, Managementforschung 7 (1997), Abschnitt 1. und 5.; *Hoffmann-Becking*, DJT 1992, R 8 27 f.

[8] Dazu umfassend MünchKommBGB-*Kindler*, IntGesR, RdNr. 731 ff.; *Staudinger/Großfeld*, IntGesR, RdNr. 501.

[9] Wie z. B. Brasilien und Portugal (zur Rechtslage dort s. *Lutter/Overrath*, ZGR 1991, 394 ff.).

[10] S. etwa *Gleichmann*, in Mestmäcker/Behrens, 581 ff.; *Immenga*, RabelsZ 48 (1984), 48 ff.; *Hommelhoff*, ZGR 1992, 127 ff.; ders., ZGR 1992, 422; *Hopt*, ZGR 1992, 265 ff.; vgl. aber auch zu den neueren Tendenzen in der EG *Neye*, ZGR 1995, 191 f.; *Habersack*, Europäisches Gesellschaftsrecht, RdNr. 292 ff.; *Grundmann*, Europäisches Gesellschaftsrecht, 2004, S. 462 ff.; Forum Europaeum Konzernrecht, ZGR 1998, 672 ff.

[11] Zu Fragen der Vollstreckung s. *Maul*, AG 1998, 411 ff.

immer genau durchzuhalten ist: Zunächst werden vornehmlich insolvenzrechtliche Aspekte und im zweiten Teil hauptsächlich konzernrechtliche Aspekte der Insolvenz in einem internationalen Konzern angesprochen. Der erste Bereich betrifft im Wesentlichen Aspekte, die typischerweise insolvenzrechtliche Anknüpfungspunkte haben, wie die allgemeine Frage nach einer „Konzerninsolvenz", Verfahrensfragen, Partikularinsolvenzen und Sanierung, während im zweiten Abschnitt konzernspezifische Anspruchsgrundlagen angesprochen werden, die der Insolvenzverwalter in der Insolvenz eines abhängigen Unternehmens in einem internationalen Konzern (nach deutschem Recht) geltend machen kann.

II. Insolvenzrechtliche Aspekte der Insolvenz in einem internationalen Konzern

1. „Konzerninsolvenz". a) Zusammenfassung von Insolvenzverfahren mehrerer Unternehmen desselben Konzerns. Im deutschen Recht werden Insolvenzen als Insolvenz eines bestimmten Rechtssubjektes bzw. Unternehmensträgers abgewickelt. Es gilt dabei der Grundsatz **„eine Person, ein Vermögen, ein Verfahren",**[12] der sich in der für jedes Konzernunternehmen getrennt durchzuführenden Prüfung der Insolvenzeröffnungsgründe und in der rechtsformspezifisch individuell durchzuführenden Insolvenzverfahrensabwicklung widerspiegelt. Wird *ein* Konzernunternehmen insolvent, so ergeben sich daher in Bezug auf die verfahrensrechtlichen Aspekte grundsätzlich keine Unterschiede im Vergleich zur Insolvenz eines Unternehmens, das nicht in einem Konzern integriert ist und zwar unabhängig davon, ob das Ziel des konkreten Insolvenzverfahrens die Liquidation oder die Sanierung des Unternehmens ist. Dasselbe gilt auch, wenn zwei oder mehr Unternehmen desselben Konzerns gleichzeitig oder in einer bestimmten Zeit nacheinander insolvent werden. Insolvenzverfahren mehrerer Unternehmen desselben Konzerns werden in Deutschland – im Gegensatz etwa zu Frankreich und den USA[13] – also getrennt durchgeführt.[14] Eine **Insolvenz- bzw. Konkurserstreckung** gibt es ebenso wenig, wie ein **Gesamtinsolvenzverfahren** für den ganzen Konzern als wirtschaftliche Einheit.[15] Auch die besondere Struktur eines Konzerns bildet in Deutschland keinen Grund, mehrere Verfahren zusammenzuziehen. Die herkömmliche deutsche Betrachtungsweise zersplittert den Unternehmensverbund in dem Fall, wo innerhalb des Konzerns mehrere Insolvenzen eintreten; betont wird damit der Aspekt der „rechtlichen Vielfalt" eines Konzerns. Eine **Ausnahme** gibt es de lege lata allerdings in einem ganz engen Rahmen dort, wo es um die Sanierung in einem Konzern geht und wo entweder nur im Verfahren des herrschenden

---

[12] S. *Gottwald/Haas*, Insolvenzrechts-Handbuch, § 95 RdNr. 2; *Kuhn/Uhlenbruck*, Vorb K zu § 207 RdNr. 1; *Uhlenbruck*, KTS 1986, 425; *K. Schmidt*, Wege zum Insolvenzrecht, 221.

[13] In den USA ist dies die „joint administration", rule 1015 (b) (4), Bancruptcy Code (1983): *„If a joint petition or two or more petitions are pending in the same court by or against (...) a debtor and a affiliate, the court may order a joint administration of the estates. Prior to entering an order the court shall give consideration to protecting creditors of different estates against potential conflicts of interest. (...)"*; dazu s. *Blumberg*, 403; in deutscher Sprache wird eine gute Zusammenfassung des amerikanischen Rechts gegeben von *Scheel*, Konzerninsolvenzrecht, 5 ff.; von der „joint administration" prinzipiell zu trennen ist die *„substantive consolidation"*, die zwar auch eine Verfahrenszusammenlegung beinhaltet, aber insgesamt mehr auf eine Sanierung hinausläuft – vgl. dazu *Tschernig*, Haftungsrechtliche Probleme der Konzerninsolvenz, 1995, 73 ff.; *Scheel*, Konzerninsolvenzrecht, 129 ff.; zum US-amerikanischen Recht s. ferner *Flessner*, 33 ff., 285 ff. und 292 ff. Das französische Recht kennt eine Zusammenfassung von verschiedenen Verfahren in unterschiedlicher Abstufung. Sie reichen von der Eröffnung des Insolvenzverfahrens über das Vermögen eines herrschenden Unternehmens in einem Konzern, wenn ihn ein bestimmter Vorwurf bei der (faktischen) Geschäftsleitung trifft, bis hin zu einer Verschmelzung zweier Verfahren; dazu ausführlich *Ehricke*, Das abhängige Konzernunternehmen in der Insolvenz, 501 ff. Vgl. auch die Entwicklung in der italienischen Rechtsprechung, wo eine Konkursverfahrenseinheit in enger Korrelation zur ökonomischen Konzerneinheit hergestellt wird, s. *Thieme*, ZVglRWiss 97 (1998), 106 f.; *Nitsche*, Konzernfolgeverantwortung nach der lex fori concursus, 2007, S. 93 ff., 205 ff. zum argentinischen internationalen Insolvenzrecht.

[14] Vgl. *K. Schmidt*, JZ 1985, 305, der darauf hinweist, dass das Konzernrecht das Testfeld für einen Konzern sei.

[15] *Ehricke*, Das abhängige Konzernunternehmen in der Insolvenz, S. 470 f.; *Rotstegge*, Konzerninsolvenz, § 3, S. 58 f., § 4, S. 148 f., jeweils mwN; *Eidenmüller*, ZHR 169 (2005), 528, 531; *Sester*, ZIP 2005, 2099 ff.; aA *Paulus*, ZIP 2005, 1948, 1953; ähnlich *Grau*, Konsolidierung von Rechtsträgern, S. 5 ff.

Unternehmens die **Eigenverwaltung gem. §§ 270 ff.** angeordnet worden ist und gemeinsam damit ein Insolvenzplan besteht, dessen Inhalt die Sanierung des Schuldners und bestimmter oder aller abhängigen Konzernunternehmen bezieht oder dort, wo innerhalb eines Konzerns mehrere Gesellschaften insolvent sind und für jedes Verfahren unter Einschluss desjenigen der Konzernmutter Eigenverwaltung angeordnet und Insolvenzpläne erstellt sind.[16] De lege ferenda wäre darüber hinaus aber möglicherweise zu überlegen, ob wegen der „wirtschaftlichen Einheit" eines solchen Verbundes im Insolvenzfalle von mehreren Unternehmen desselben Konzerns die Trennung im Wege einer wie auch immer gearteten Zusammenfassung von Partikularverfahren zwischen den jeweiligen Rechtssubjekten nicht ganz oder teilweise aufgehoben oder zumindest relativiert werden könnte, so dass sich die „wirtschaftliche Einheit" eines Konzerns auch in insolvenzverfahrensrechtlicher Hinsicht widerspiegelt. Eindeutig ist, dass mit einer **Zusammenfassung mehrerer Verfahren** in der Hand eines Insolvenzrichters und/oder eines Insolvenzverwalters positive Auswirkungen einhergingen, die sich aus der Verfahrenskonzentration, der Verfahrenskoordinierung und einer Verfahrensvereinfachung ergeben.[17] Es kann erwartet werden, dass mit einer Zusammenfassung von Verfahren mehrerer insolventer Unternehmen desselben Konzerns die Einzelverwaltungen kostengünstiger und effizienter geführt werden können, dass es für die Beteiligten zu Transaktionskostensenkungen kommen wird und dass sich die Zusammenfassung mehrerer Verfahren prozessökonomisch vorteilhaft auswirken wird. Die Möglichkeiten derartiger Koordinationen oder Kooperationen in einem Insolvenzverfahren knüpfen dabei stets an diejenigen Regelungsmechanismen an, welche die InsO selbst zur Verfügung stellt.[18] Auch wenn in jüngster Zeit teilweise vertreten wird, dass eine rechtsträgerübergreifende Zusammenfassung unter Auflösung und Zusammenfassung der jeweiligen Vermögensmassen stattfinden kann (sog. **substantive consolidation**),[19] so ist die strikte Vermögenstrennung bei der Insolvenz einzelner oder mehrerer verbundener Unternehmen stets aufrecht zu erhalten, denn nur hierdurch können die Interessen der jeweiligen Gläubiger der Einzelnen verbundenen Unternehmen hinreichend berücksichtigt werden. Damit bleibt, unabhängig von der Vorteilhaftigkeit einer Koordination in Bezug auf die Verfahrenszielbestimmung, (Sanierung oder Liquidaiton) in den einzelnen Insolvenzverfahren zunächst den jeweiligen Gläubigern vorbehalten, ihre Interessen in den Insolvenzverfahren durchzusetzen und die entsprechende Ausrichtung des Verfahrens zu bestimmen.[20] Letztlich scheinen die Erfahrungen aus dem US-amerikanischen Recht Hinweise darauf zu liefern, dass auch eine zusammengefasste Sanierung bei insolventen Unternehmen desselben Konzerns positive Ergebnisse zeigt[21] und man damit auf den Umstand reagieren kann, dass oftmals die Ursachen für den Zusammenbruch eines abhängigen Konzernunternehmens nicht (ausschließlich) dort, sondern an ganz anderen Stellen im Konzern begründet liegen.[22] Deshalb ist es gerade auf der Ebene der Insolvenzverwaltung und der Gestaltung der jeweiligen Verfahren vorteilhaft, wenn sowohl die Krisen- und Ursachenanalyse für das insolvente Unternehmen als auch die verfahrensbezogene Ausrichtung des (konzern-) verbundenen insolventen Unternehmens in Abstimmung mit den anderen Gesellschaften oder zumindestens den den Konzern tragenden Gesellschaften vollzogen wird.[23] Eine solche Koordination kann im Übrigen nicht nur bei

---

[16] Dazu eingehend *Rotstegge*, Konzerninsolvenz, § 4, S. 147 ff.; *Nicht*, Konzernorganisation und Insolvenz, Diss Dresden 2008, S. 346 ff.; *Ehricke* ZInsO 2002, 393, 395 ff.; Zum deutschen Recht auch AG Duisburg ZIP 2002, 1636.
[17] *Ehricke*, Das abhängige Konzernunternehmen in der Insolvenz, S. 461 ff. mit Nachweisen; sowie *Rotstegge*, Konzerninsolvenz, § 4, S. 147 ff.
[18] *Rotstegge*, Konzerninsolvenz, § 4, S. 147 ff.
[19] *Paulus*, ZIP 2005, 1948, 1953; ähnlich *Grau*, Konsolidierung von Rechtsträgern, S. 5 ff.
[20] Umfassend *Rotstegge*, Konzerninsolvenz, § 3, S. 58 ff.
[21] Ausführlich *Flessner*, S. 89 ff., 206 ff.; *Scheel*, Konzerninsolvenzrecht, S. 241 ff., insbes. 306 ff.; *Riesenfeld*, KTS 1983, 85 ff. Vgl. ferner *Peter/Birchler*, SZW 1995, 122; *Göpfert*, ZZP Int. 1 (1996), 269.
[22] *Gottwald/Hass*, Insolvenzrechts-Handbuch, § 95 RdNr. 4.
[23] Ausführlich *Rotstegge*, Konzerninsolvenz, § 3, S. 90 ff.

einer beabsichtigten Sanierung, sondern ggf. auch bei einer angestrebten Liquidation zur Vermögensmehrung vorteilhaft sein, wenn nämlich hierdurch eine Wertemaximierung gewährleistet wird.[24]

Wenngleich deshalb die Zusammenfassung von mehreren Verfahren mittlerweile auch im deutschen Recht befürwortet wird,[25] muss mit aller Deutlichkeit darauf hingewiesen werden, dass es dafür im deutschen Recht derzeit praktisch keine normativen Grundlagen gibt,[26] sofern nicht eine entsprechende Gestaltung im jeweiligen Insolvenzverfahren von den (Insolvenz-) Gläubigern des jeweiligen Verfahrens oder des zuständigen Insolvenzgericht mitgetragen wird.[27] Auch aus der **Verordnung (EG) Nr. 1346/2000** über Insolvenzverfahren[28] (EuInsVO) ist kein materiell-rechtlicher Ansatzpunkt für eine – wie immer auch geartete – Zusammenfassung mehrerer Unternehmen zu entnehmen; vielmehr hat die EuInsVO die Behandlung der konzernrechtlichen Fragen ausgeblendet.[29] Etwas anderes ergibt sich auch nicht aus den Regelungen zur Pflicht gegenseitiger Kooperation und Unterrichtung der Insolvenzverwalter in Haupt- und Sekundärverfahren gem. Art. 31 EuInsVO.[30] Diese Vorschriften beziehen sich nämlich nur auf das Vermögen einer Person, das in verschiedenen Mitgliedstaaten der EU belegen ist,[31] wenn bezüglich eines Unternehmens in einem EU-Mitgliedstaat das Hauptverfahren und in einem anderen EU-Mitgliedstaat ein Sekundärinsolvenzverfahren eröffnet worden ist. Auf die Zusammenfassung mehrerer (Haupt-)Verfahren von verschiedenen Unternehmen desselben Konzerns findet diese Vorschrift daher keine Anwendung.[32] Zu einer Zusammenfassung von Verfahren in Konzernen kommt man auch nicht über die Konstruktion, Tochtergesellschaften als (faktische) Niederlassungen des herrschenden Unternehmens zu qualifizieren (näher hierzu unten RdNr. 17 f.).

b) Behandlung ausländischer Verfahrenszusammenfassungen. Ob, und wenn ja inwieweit die Fälle, in denen ausländisches Recht als lex fori concursus Anwendung findet und dieses eine Insolvenzerstreckung (also die Zusammenfassung von Massen mehrerer Unternehmen desselben Konzerns) oder die Zusammenfassung von Verfahren verschiedener insolventer Unternehmen eines Konzerns kennt, und dabei ein deutsches Verfahren betroffen ist, in Deutschland anerkannt werden, ist bislang offen. Man wird wohl davon auszugehen haben, dass dort, wo ein anderer Staat ausnahmsweise eine solche Gesamtlösung vorsieht und diese Anwendung findet,[33] eine **„Erstreckung" auf Konzernunternehmen mit Sitz in Deutschland nicht anerkannt** wird und sie an dem ordre public (im Anwendungsbereich der EuInsVO: Art. 26 EuInsVO, bzw. darüber hinaus – je nachdem, in welchem Zusammenhang diese relevant wird – Art. 6 EGBGB, Art. 27 Nr. 1 EuGVÜ, §§ 328 Abs. 1 Nr. 4, 723 Abs. 2 Satz 2 ZPO) scheitert. Denn in dem Fall, wo es um die Zusammenfassung

---

[24] Umfassend *Rotstegge*, Konzerninsolvenz, § 3, S. 90 ff. (zur Sanierung), S. 129 ff. (zur Liquidation).
[25] Für die Sanierung etwa *Uhlenbruck*, BB 1983, 1487 f.; ders., KTS 1986, 419, 428; ferner s. *Albach*, ZfB 1984, 773 ff.; vgl. auch *Flessner*, S. 292 ff.; im Ganzen *Rotstegge*, Konzerninsolvenz, § 3, S. 58 ff., zusammenfassend S. 142; *Nicht*, Konzernorganisation und Insolvenz, Diss Dresden 2008, S. 291.
[26] Ausführlich *Ehricke*, Das abhängige Konzernunternehmen in der Insolvenz, S. 477 ff.
[27] *Rotstegge*, Konzerninsolvenz, § 3, S. 142 ff.
[28] ABl. EG 2000, Nr. L 160, S. 1.
[29] Vgl. dazu *Deipenbrock*, EWS 2001, 113, 116; *Ehricke*, EWS 2002, 101, 101 f.; *Gottwald/Gottwald*, Insolvenzrechts-Handbuch, § 131 RdNr. 9.
[30] Dazu vgl. oben die Kommentierung zu Art. 31 EuInsVO RdNr. 6 ff. und 18 ff.; *Pannen/Pannen/Riedemann* Art. 31 EuInsVO RdNr. 17 ff.; s. ferner *Eidenmüller*, ZZP 114 (2001), 2 ff.; *Ehricke*, Festschrift 75 Jahre MPI für ausländisches und internationales Privatrecht, 2001, S. 345 ff.; ders., ZIP 2004, 633 ff.; auch *Rotstegge*, Konzerninsolvenz, § 4, S. 225 ff.
[31] Vgl. dazu auch *Paulus*, NZI 2001, 505, 509, der durch eine weite Auslegung des Niederlassungsbegriffes in Art. 2 lit. h EuInsVO auch Konzerntöchter in den Anwendungsbereich der Kooperationspflicht einbeziehen möchte. Dagegen aber *Ehricke*, EWS 2002, 101, 105 f.
[32] S. dazu *Hanisch*, in: Stoll (Hrsg.), Vorschläge und Gutachten zur Umsetzung des EU-Übereinkommens über Insolvenzverfahren im deutschen Recht, 1997, 215 f.; *Vogler*, Die internationale Zuständigkeit für Insolvenzverfahren, 2004, S. 165 f.; auch *Rotstegge*, Konzerninsolvenz, § 4, S. 226 f.
[33] S. z. B. in Argentinien, *Nitsche*, Konzernfolgenverantwortung nach lex fori concusus, 2007, S. 205 ff.

der Massen verschiedener eigenständiger Personen geht, verstößt eine derartige Erstreckung gegen wesentliche Grundsätze des deutschen Insolvenzrechts,[34] und es könnten damit die Schutzvorschriften des deutschen Konzernrechts unterlaufen werden. Dies gilt zumal auch, weil das materielle Recht während und außerhalb einer Insolvenz die rechtliche Selbstständigkeit der Einzelnen konzerngebundenen Rechtsträger voraussetzt und sich hieran maßgebliche Fragen der Haftung und des Gläubigerschutzes anschließen,[35] weshalb eine fremde Rechtsordnung diesen Zuweisungsgehalt nicht aufzuheben vermag.

7 Dort, wo es um die nach ausländischem Recht möglicherweise durchzuführende Verfahrenszusammenlegung in der Hand eines Insolvenzgerichts oder -verwalters geht, dürfte dies aus deutscher Sicht am hoheitlichen Charakter der Durchführung des Insolvenzverfahrens scheitern, der es jedenfalls nicht zulässt, dass ein ausländisches Gericht über die Abwicklung eines Insolvenzverfahrens eines Schuldners mit Sitz in Deutschland bestimmt. Entsprechendes gilt auch für ausländische Insolvenzverwalter. Ob es diesbezüglich im Bereich der EU eine Ausnahme geben könnte – etwa insoweit, dass ein französischer Insolvenzverwalter sowohl die Verwaltung des Verfahrens eines französischen Schuldners als auch die eines deutschen Schuldners, die beide Unternehmen desselben Konzerns sind, übernimmt –, scheint auf den ersten Blick auf Grund der **Niederlassungs- bzw. Dienstleistungsfreiheit** durchaus möglich zu sein.[36] Diese Frage ist jedoch ebenfalls noch nicht abschließend diskutiert. Allerdings dürften auf Grund von Art. 55 EG die entsprechenden Verkehrsfreiheiten nicht für Insolvenzverwalter gelten, jedenfalls soweit man bereit ist, ihre Tätigkeit als eine solche zu verstehen, die mit der Ausübung öffentlicher Gewalt verbunden ist. Dagegen wird man freilich kritisch prüfen müssen, ob die Tätigkeit von Insolvenzverwaltern im Hinblick auf die Ausübung öffentlicher Gewalt z. B. mit Notaren vergleichbar ist. Es dürfte EG-rechtlich näher liegen, die Anwendung der Verkehrsfreiheiten auf Insolvenzverwalter grundsätzlich zu bejahen.[37]

8 **2. Zuständigkeitsfragen. a) Grundregel.** Die Zuständigkeit für das Verfahren über ein insolventes Unternehmen eines internationalen Konzerns bestimmt sich für jedes Konzernunternehmen individuell nach den Regeln des Staates, in welchem die Eröffnung eines Insolvenzverfahrens angemeldet wird **(lex fori concursus)**. Dabei kommt es auf den Gerichtsstand des betreffenden Unternehmens an. Grundsätzlich ermittelt das angerufene Gericht diesen aus den Regeln seines eigenen Kollisionsrechts. International gilt insoweit verbreitet, wie etwa auch im deutschen Recht, dass grundsätzlich das Gericht des Ortes zuständig ist, an dem das betreffende Unternehmen seinen (Hauptverwaltungs-)Sitz hat[38] (s. unten RdNr. 21 ff.). Im Geltungsbereich der EuInsVO sind für die Eröffnung des Insolvenzverfahrens die Gerichte des Mitgliedstaats zuständig, in dessen Gebiet der Schuldner den **Mittelpunkt seiner hauptsächlichen Interessen** hat, wobei für Gesellschaften vermutet wird, dass dies der Ort des satzungsmäßigen Sitzes sei (Art. 3 Abs. 1 EuInsVO) (s. unten RdNr. 21).

9 **b) Zuständigkeit nach autonomem deutschem Recht (§ 3 InsO). aa) Anknüpfungsregel.** Nach autonomem deutschem Recht stellt die Zuständigkeitsregelung des § 3 InsO die **allseitige Kollisionsnorm für die Zuständigkeit** eines Insolvenzgerichts für insolvente Unternehmen dar. Danach gilt, dass grundsätzlich das Insolvenzgericht zuständig ist, in dessen Bezirk der Schuldner seinen allgemeinen Gerichtsstand hat (§ 3 Abs. 1 Satz 1

---

[34] Vgl. *Ehricke*, DZWIR 1999, 353, 355 ff.; *ders.*, ZInsO, 2002, 393.
[35] Vgl. *Rotstegge*, Konzerninsolvenz, § 1, S. 28 f. mit umfassenden Nachweisen in Fn. 20.
[36] Zur Niederlassungsfreiheit für Anwälte, Steuerberater und Wirtschaftsprüfer, die in Deutschland den Hauptanteil der Insolvenzverwalter ausmachen, s. *Stumpf*, Handbuch des EU-Wirtschaftsrechts, E II RdNr. 30 ff., mwN.
[37] S. dazu *Ehricke* ZIP 2008 (im Erscheinen).
[38] S. hier MünchKommBGB-*Ebenroth*, nach Art. 10 EGBGB RdNr. 177 ff.; *ders.*, Konzernkollisionsrecht, 9 ff.; *Emmerich/Sonnenschein/Habersack* § 8 Abs. 3 2 a. Allgemein zur Sitztheorie und zur Gründungstheorie, s. u. a. *Staudinger/Großfeld*, IntGesR, RdNr. 141 ff.; *Zimmer*, 28 f., 233 ff.; *Neumayer*, ZVglRWiss. 83 (1984), 133 ff.; *Kegel*, IPR § 17 II 1. MünchKommBGB-*Kindler*, IntGesR RdNr. 331 ff.

InsO). Etwas anderes gilt aber dann, wenn der Mittelpunkt der selbstständigen wirtschaftlichen Tätigkeit des Gemeinschuldners an einem anderen Ort liegt. Dann ist das Gericht des entsprechenden Bezirks zuständig (§ 3 Abs. 1 Satz 2 InsO).[39] Wenngleich der Wortlaut des § 3 Abs. 1 InsO im Vergleich zum alten § 71 KO auf den ersten Blick damit eine andere Deutung der Zuständigkeitsregeln zuzulassen scheint, so macht die Regierungsbegründung zur InsO deutlich, dass dies nicht zutrifft.[40] Die Regelung der örtlichen Zuständigkeit entspricht danach im Wesentlichen dem Recht, wie es schon in der KO seinen Ausdruck gefunden hat.[41] Der Begriff der „gewerblichen Niederlassung" in § 71 Abs. 1 KO wird nur durch die präzisere Formulierung **„Mittelpunkt einer selbstständigen wirtschaftlichen Tätigkeit"** ersetzt. Damit soll insbesondere hervorgehoben werden, dass nicht nur ein Gewerbe im Rechtssinne erfasst werden soll. Des Weiteren sind aber keine Erweiterungen damit verbunden.[42] Für die Zuordnung dieses Mittelpunktes ist einerseits auf die Gesamtheit der wirtschaftlichen Tätigkeit und nicht auf die Vornahme einzelner Geschäfte abzustellen,[43] andererseits ist bei Gesellschaften nicht auf die innergesellschaftliche Entscheidungsfindung, oder Beschlussfassung sondern auf die Umsetzung der wirtschaftlichen Tätigkeit, d. h. auf die Umsetzung der Geschäftsführungsmaßnahmen und/oder das Auftreten im Rechtsverkehr, abzustellen.[44]

bb) Mittelpunkt des wirtschaftlichen Interesses/des hauptsächlichen Interesses eines Konzernunternehmens. (1) Grundsatz. Für die internationale Zuständigkeit bei Konzernunternehmen kommt es deshalb darauf an, wie der Ort zu bestimmen ist, an welchem das betreffende Unternehmen den Mittelpunkt seiner selbstständigen wirtschaftlichen Tätigkeit bzw. seines wirtschaftlichen Interesses hat. Der *Mittelpunkt des wirtschaftlichen Interesses (center of main interest, auch centre d'affaires)* bzw. der *hauptsächlichen Interessen* wird allgemein durch den Ort markiert, von wo aus die Geschäfte geleitet werden.[45] Es kommt also auf das wirtschaftliche Zentrum an, nicht aber z. B. auf das formale Kriterium der Eintragung in das Handelsregister.[46] Damit soll gewährleistet bleiben, dass das Verfahren über das Vermögen des Schuldners auch dann an dem **Ort seines wirtschaftlichen Schwerpunktes** eröffnet werden kann, wenn er seinen satzungsmäßigen Sitz und sein tatsächliches Geschäft nicht an ein- und demselben Ort hat. Ausschlaggebend ist dann der Ort, an dem die Geschäfte getätigt werden, wobei dies in Anlehnung an das EuGVÜ der Ort des Sitzes der Hauptniederlassung ist,[47] weil dort die **entscheidenden Geschäftsführungsmaßnahmen** getroffen werden.

In Konzernen ist die Anknüpfung von verfahrensrechtlichen Zuständigkeiten in der Insolvenz eines Tochterunternehmens in der Regel deshalb etwas komplizierter, weil in diesem Fall das **formale Zentrum** der wirtschaftlichen Aktivitäten und das **tatsächliche Zentrum auseinander** fallen können. Hinsichtlich der Zuständigkeitsbestimmung des Insolvenzgerichts bei insolventen Konzernunternehmen kann dies zu verschiedenen Foren führen, weil auf Grund der rechtlichen Eigenständigkeit einer jeden Konzerngesellschaft

---

[39] Zu Einzelheiten s. oben *Reinhart*, Art. 3 EuInsVO RdNr. 5 ff., und oben *Ganter* § 3 RdNr. 4; ferner *Nerlich/Römermann/Becker* § 3 RdNr. 6; *Rotstegge,* Konzerninsolvenz, § 6, S. 398 ff.; *ders.,* ZIP 2008, 955, 956 ff.

[40] Begr. RegE § 3 EInsO, BT-Drucks. 12/2243 (s. 110) „Zu § 3"; dazu *Braun/Uhlenbruck,* S. 178; *Ehricke,* Das abhängige Konzernunternehmen in der Insolvenz, S. 477 ff.

[41] Zur alten Regelung des § 71 KO s. *Kuhn/Uhlenbruck* § 71 RdNr. 3; *Jaeger/Weber* § 71 RdNr. 2 f.; *Kilger/K. Schmidt* § 71 RdNr. 3.

[42] Vgl. im Einzelnen oben *Ganter* § 3 RdNr. 7 ff.

[43] Dazu oben *Ganter* § 3 RdNr. 11. Vgl. nun aber AG Köln ZIP 2008, 423 und ZIP 2008, 982: Zuständigkeit am Ort des „Lenkungsausschusses" eines Konzerns. Dazu *Frind* ZInsO 2008, 261; *Knof/Mock* ZInsO 2008, 253; *Rotstegge* ZIP 2008, 955, 956 f.

[44] BayObLG, Rpfleger 1980, 486, 486; BayObLG, NJW 1999, 367, 367; *Jaeger/Gerhardt* § 3 RdNr. 14 ff., 22; *Rotstegge,* Konzerninsolvenz, § 6, S. 398.

[45] Vgl. oben *Reinhart* Art. 3 EuInsVO RdNr. 8 ff; HambKommInsO-*Undritz* Art. 3 EuInsVO RdNr. 2 ff. und 38 c; *Pannen/Pannen* Art. 3 EuInsVO RdNr. 15 ff. *Nicht,* Konzernorganisation und Insolvenz, Diss. Dresden 2008, S. 250 ff.

[46] S. *Ehricke,* EWS 2002, 101, 103 f.; oben *Reinhart,* Art. 2 EuInsVO RdNr. 5.

[47] S. *Virgos/Schmit,* in: *Stoll* (Hrsg.), Vorschläge und Gutachten, 1997, 75 f.

Anhang 12, 13   Internat. Konzerninsolvenzrecht

zunächst auch bei jeder einzelnen Gesellschaft geprüft werden muss, an welchem Orte deren wirtschaftlicher Mittelpunkt liegt;[48] dieser Ort bestimmt dann die Zuständigkeit.

12   Der „*center of main interest*" eines jeden abhängigen Unternehmens liegt dabei grundsätzlich aber *nicht* an dem Ort, wo die Muttergesellschaft ihren Hauptverwaltungssitz oder ihre Hauptniederlassung hat, so dass die Eröffnung eines jeden Verfahrens hinsichtlich eines Konzernunternehmens dann an dem Ort beantragt werden müsste, wo die Muttergesellschaft ihren Gerichtsstand nach § 3 InsO hat. Denn der **„Lebensmittelpunkt" des abhängigen Unternehmens** liegt dort, von wo aus der wesentliche Teil der Geschäfte getätigt wird. Entscheidend ist dabei grundsätzlich nicht der **innere Geschäftsgang,** also von wem die Vorgaben für ein bestimmtes Handeln kommen, sondern der Verkehr und die Umsetzung der Geschäfte nach außen.[49] Da es sich bei der Bestimmung des *center of main interest,* ebenso wie bei der des Sitzes der Hauptniederlassung, um die verobjektivierte Wahrnehmung geschäftlicher Aktivitäten des betreffenden Unternehmen handelt,[50] kommt es für die Bestimmbarkeit ausschlaggebend auf die Erkennbarkeit des werbenden Handelns von außenstehenden Dritten an. Denn damit kann jedenfalls ansatzweise gewährleistet werden, dass die Zuständigkeit an einen Ort angeknüpft wird, den die Gläubiger kennen, so dass die Risiken für die Gläubiger kalkulierbarer gemacht werden.[51] **Keine Rolle spielt** insoweit der innere Geschäftsgang, also insbesondere, von wem die Vorgaben für ein bestimmtes Handeln kommen bzw. woher die Determinanten des Handlungswillens der abhängigen juristischen Person stammen.[52] Das bedeutet, dass derjenige Ort für die Zuständigkeit eines (abhängigen) Konzernunternehmens entscheidend ist, hinsichtlich dessen der äußere Anschein es nahe legt, dass es sich um den tatsächlichen Mittelpunkt der wirtschaftlichen Tätigkeit des Schuldners handelt.[53] Dies ist gerade nicht der Ort, an dem die Konzernzentrale die Fäden der Geschäftstätigkeit der Konzerntöchter in den Händen hält, denn dieser Umstand ist für den Geschäftsverkehr regelmäßig gerade nicht ersichtlich.[54]

13   Gestützt wird diese Lösung unter anderem auch dadurch, dass das entsprechende Problem im allgemeinen Internationalen Privatrecht parallel gelöst wird. Nach deutschen kollisionsrechtlichen Regeln ist der Sitz einer Gesellschaft dort, wo sich das wirtschaftliche Leben abspielt, oder anders gesagt: dort, wo das „Haupt" handelt, das die Tätigkeit der „Glieder" bestimmt.[55] Handelt es sich aber um einen Konzern, so wird für die abhängige Tochtergesellschaft an ihren eigenen Hauptverwaltungssitz angeknüpft. Denn dort, wo die Hauptverwaltung der Tochter sitzt, wird, solange die Tochter eine juristische Person bleibt, ihr eigener Wille – wenn auch unter Weisung der Mutter – gebildet.[56] Der Ansatz, der auf Grund der wirtschaftlichen Einheit, die ein Konzern darstellt, versucht **eine generelle Fiktion eines zentralen** *center of main interest* aller abhängigen Konzernunternehmen an dem Ort, der für die Zuständigkeit gem. § 3 Abs. 1 InsO für das herrschende Unternehmen relevant ist, zu begründen, weil von dort aus die unternehmerischen Prozesse bei den

---

[48] Vgl. *Adam,* Zuständigkeitsfragen bei der Insolvenz internationaler Unternehmensverbindungen, 2006, B. II., S. 30 ff.; auch *Rotstegge,* Konzerninsolvenz, § 6, S. 396 ff.

[49] Vgl. oben *Ganter* § 3 RdNr. 10; *Jaeger/Gerhardt* § 3 RdNr. 14 ff.; *Hess/Wienberg* § 3 RdNr. 24; *Ehricke,* Das abhängige Konzernunternehmen in der Insolvenz, S. 478 ff.; *ders.* EWS 2002, 101, 102 f.; *Rotstegge,* Konzerninsolvenz, § 6, S. 398; *ders.* ZIP 2008, 955, 956 f.

[50] Vgl. dazu *Virgos/Schmit,* in: *Stoll* (Hrsg.), Vorschläge und Gutachten, S. 75.

[51] S. *Virgos/Schmit,* in: *Stoll* (Hrsg.), Vorschläge und Gutachten, S. 60; *Deipenbrock,* EWS 2001, 113, 116.

[52] Vgl. *Jaeger/Gerhardt* § 3 RdNr, 14 ff.; *Staudinger/Großfeld,* Internationales Gesellschaftsrecht, RdNr. 230 mwN; *Behrens,* Die Gesellschaft mit beschränkter Haftung im internationalen und europäischen Recht, 2. Aufl., 1997, RdNr. IPR 8.

[53] So auch für das deutsche Recht *Staudinger/Großfeld,* Internationales Gesellschaftsrecht, RdNr. 228; *Sandrock,* Festschrift für Beitzke, 1979, 683; vgl auch BGHZ 97, 269, 272.

[54] Anders wohl LG Dessau, ZIP 1998, 1006, 1006 f.; tendenziell anders wohl auch AG Köln ZIP 2008, 423 und 982; ähnlich FK-*Schmerbach* § 3 RdNr. 6; *Kübler/Prütting/Prütting* § 3 RdNr. 7; differenziert *Rotstegge,* Konzerninsolvenz, § 6, S. 400 ff. mit Nachweisen zum Meinungsstand.

[55] S. BayObLG IPRax 1986, 161; *Großfeld,* IPRax 1986, 145; *Kropholler,* IPR, 472; umfassend dazu *Adam,* Insolvenz internationaler Unternehmensverbindungen, S. 30 ff.

[56] S. statt vieler *Kropholler,* IPR § 55 I 3 b.

abhängigen Unternehmen gesteuert werden,[57] vermag auf Grund folgender Erwägungen nicht zu überzeugen: Voraussetzung für einen derartigen Ansatz einer zentralen Zuständigkeit für einen Konzern ist notwendigerweise die Fiktion, dass die unternehmerischen Entscheidungen für die abhängigen Unternehmen in einem Konzern stets bei der Konzernobergesellschaft getroffen werden. Eine Verortung wäre nach dieser Auffassung nämlich bereits nicht mehr gegeben, wenn den einzelnen konzernierten Tochtergesellschaften ein Entscheidungskorridor verbleiben würde, da dann die Orte der unternehmerischen Entscheidung bei den abhängigen Gesellschaften je nach Ausübung der Leitungsmacht variieren würden. Damit muss zur Verlagerung der unternehmerischen Entscheidung in einem Konzern von einer dauerhaften und aggressiven Führung seitens des herrschenden Unternehmens ausgegangen werden, die zumindest eine eindeutig überwiegende Steuerung vom Orte der herrschenden Gesellschaft aus begründen lässt, um eine für § 3 InsO erhebliche Beeinflussung überhaupt annehmen zu können.[58] Die Annahme der wirtschaftlichen Einheit in einem Konzern durch eine zentralistische Führung des herrschenden Unternehmens, die die abhängigen Unternehmen praktisch nur zu Marionetten, ohne einen nennenswerten unternehmerischen Willensbildungsprozess, degradiert, kann nicht mit einem allgemeinen Geltungsanspruch begründet werden. Denn es ist keine Gesetzlichkeit, dass abhängige Unternehmen in einem Konzern von dem herrschenden Unternehmen an so kurzer Leine geführt werden, dass man sie gleichsam als „Betriebsabteilung" des herrschenden Unternehmens betrachten kann. Vielmehr zeigt die Praxis, dass es eine große Anzahl von Konzernen gibt, die – insbesondere bei grenzüberschreitenden Unternehmensverbünden – dezentral geführt werden oder wo die Leistungsdichte je nach wirtschaftlichen Rahmenbedingungen schwankt. Hier wäre die (automatische) Annahme verfehlt, den wirtschaftlichen Mittelpunkt faktisch bei der Muttergesellschaft zu verorten.

(2) Ausnahmen. Eine als eng begrenzt zu verstehende Ausnahme von der soeben **14** dargelegten Regel besteht dort, wo das abhängige Konzernunternehmen tatsächlich durch die Hauptverwaltung der Muttergesellschaft wirtschaftlich geleitet wird und die **Geschäftstätigkeit der Tochtergesellschaft als solche** damit *nach außen* gleichsam als eigene Geschäftstätigkeit der Muttergesellschaft in Erscheinung tritt.[59] In diesen Fällen geht die wirtschaftliche Tätigkeit des abhängigen Unternehmens in der wirtschaftlichen Tätigkeit des herrschenden Unternehmens auf und zwar so, dass es sich **aus einer Außenperspektive** – also aus der verobjektivierten Sicht der anderen Marktteilnehmer – erkennbar ausschließlich um ein wirtschaftliches Handeln der Muttergesellschaft handelt. Hier handelt es sich im Ergebnis um eine Zuständigkeitsbegründung kraft Rechtsscheins.[59a]

Da die hierfür erforderlichen Voraussetzungen in der Praxis nur schwer darstellbar sein **15** dürften und ferner ohnehin rechtssichere Kriterien zur Bestimmung, wann eine solche Lage tatsächlich gegeben ist, fehlen, wird es sich insoweit nur um ganz besonders gelagerte Ausnahmefälle handeln, bei denen es nach außen hin so erscheint, als läge der Mittelpunkt der wirtschaftlichen Tätigkeit des abhängigen Unternehmens am Ort des Mutterunternehmens, selbst wenn sich die Geschäftstätigkeit und/oder der Sitz des Tochterunternehmens tatsächlich an einem anderen Ort befinden.[60] Zu denken wäre beispielsweise an den extrem gelagerten Fall, wo seitens des herrschenden Unternehmens nach außen stets die gesamten Vertragsverhandlungen, der gesamte Einkauf und Verkauf, das gesamte Rechnungswesen sowie alle Zahlungen für die Tochter vorgenommen wurden und auf Grund dessen der

---

[57] Vgl. *Kübler/Prütting/Noack*, Gesellschaftsrecht, RdNr. 715; *Kübler*, ZGR 1984, 587 f.
[58] S. *Rotstegge*, Konzerninsolvenz, § 6, S. 402 ff. (zum Gleichordnungskonzern), S. 405 ff. (zum Unterordnungskonzern); vgl. auch *Nicht*, Konzernorganisation und Insolvenz, Diss. Dresden 2008, § 20 c.; Zum Problem der rechtsmißbräuchlichen Zuständigkeitserschleichung s. *Rotstegge*, ZIP 2008, 955, 957 f und 961.
[59] Vgl. oben *Ganter* § 3 RdNr. 14; HK-*Kirchhof* § 3 RdNr. 11; *Hess/Wienberg* § 3 RdNr. 24; Kübler/Prütting/*Prütting* § 3 RdNr. 7; FK-*Schmerbach* § 3 RdNr. 6; auch LG Dessau ZIP 1998, 1006 = EWiR 1998, 557 *(Schmahl)*.
[59a] S. insoweit auch AG Köln ZIP 2008, 423 und 982.
[60] Vgl. *Ehricke*, EWS 2002, 101, 104 ff.

Eindruck entstanden ist, dass der *center of main interest* des abhängigen Unternehmens in dem *center of main interest* des herrschenden Unternehmens aufgegangen ist. Daneben kann sich für das Insolvenzgericht bei der von Amts wegen zu prüfenden Zuständigkeit ergeben, dass im jeweiligen Fall die Voraussetzungen einer zentralen Zuständigkeit im Konzernverbund gegeben sind, mit der Folge, dass eine für das im Beschluss benannte Gericht bindende Verweisung erfolgt.[61] Die örtliche Zuständigkeit des Insolvenzgerichts ist daher von diesem zu prüfen und festzulegen. Sofern es auf Grund der Sachlage von einer Verortung an den *center of main interest* des herrschenden Unternehmens ausgeht, kann es dort eine Zuständigkeitsbündelung durch Verweisung begründen. Diesbezügliche Erkenntnisse kann das Insolvenzgericht insbesondere aus den beigereichten Unterlagen sowie der Anhörung des Schuldners[62] gewinnen. Die teilweise vorgetragenen Bedenken gegen eine Verortung greifen nicht durch, da die Gläubiger und die Verfahrensgestaltung hierdurch nicht nachhaltig negativ beeinträchtigt werden, dem Gemeinschuldner keine Gerichtsstandswahl eröffnet wird und insbesondere kein Verstoß gegen das Gebot des gesetzlichen Richters vorliegt.[63]

16 Ausnahmsweise wird man die Zuständigkeit für ein abhängiges Konzernunternehmen am Ort, der für die Zuständigkeit der Muttergesellschaft ausschlaggebend ist, auch dann bejahen können, wenn dies auf Grund eines **zwingenden Sachzusammenhangs** geboten ist.[64] Da es sich bei der Bestimmung des *center of main interest* um die Anknüpfung der – verobjektivierten – Wahrnehmung geschäftlicher Aktivitäten des betreffenden Unternehmens von außen handelt, kann diese nur dann durch einen Sachzusammenhang durchbrochen werden, wenn jener auf einer *rechtlichen* Grundlage basiert, denn nur eine solche ist auf Grund des abstrakt-generellen Geltungsanspruchs in der Lage, eine auf anderen Aspekten beruhende verobjektivierte Wertungsgrundlage zu überlagern. Ein solcher rechtlich begründeter zwingender Sachzusammenhang liegt beispielsweise dann vor, wenn es um die **Sanierung eines Konzerns mittels Eigenverwaltung und Insolvenzplan** geht.[65] Hat das Insolvenzgericht, das für das herrschende Unternehmen zuständig ist, ein solches Konzept gebilligt und die Eigenverwaltung angeordnet, so ist zugleich auch die Zuständigkeit dieses Insolvenzgerichts deshalb gegeben, damit divergierende Entscheidungen hinsichtlich der Eigenverwaltung unterbleiben, wenn auch ein abhängiges Konzernunternehmen insolvent wird, und so die Sanierung des gesamten Konzerns ermöglicht wird. Für die internationale Zuständigkeitskonzentration am Ort des (deutschen) Mutterunternehmens dürfte dieser Fall allerdings praktisch nahezu irrelevant sein, denn er setzte voraus, dass die unterstellte Anordnung der Eigenverwaltung (nach deutschem Recht) für ein ausländisches Tochterunternehmen, dessen Zuständigkeit in Deutschland nur kraft des erwähnten Sachzusammenhangs bejaht worden ist, auch im Ausland anerkannt wird. Dies wird jedenfalls in den Staaten regelmäßig ausgeschlossen sein, die das Instrument der Eigenverwaltung nicht kennen.[66]

17 **cc) Das abhängige Konzernunternehmen als Niederlassung.** Die Zuständigkeit des Insolvenzgerichts, das für das Insolvenzverfahren über das Vermögen der Muttergesellschaft im Konzern zuständig wäre, könnte für die abhängigen Konzernunternehmen – läge deren Sitz im In- oder im Ausland – dann begründet werden, wenn das Konzernunternehmen – zumindest in der Insolvenz – als **Niederlassung des herrschenden Unternehmens im Konzern** angesehen werden könnte.[67] Dies käme dann praktisch einem „prozessualen"

---

[61] S. *Rotstegge,* Konzerninsolvenz, § 6, S. 395 f.
[62] OLG Frankfurt, ZIP 2002, 1956, 1957; KG, NJW-RR 2000, 500, 501.
[63] Instruktiv *Rotstegge,* Konzerninsolvenz, § 6, S. 416 ff. mit Nachweisen zum Meinungsstand.
[64] Kritisch *Jaeger/Gerhardt* § 3 RdNr. 39; *Smid/Smid* § 3 RdNr. 17.
[65] Ausführlich dazu *Ehricke,* ZInsO 2002, 393, 394 ff.; *Nicht,* Konzernorganisation und Insolvenz, Diss. Dresden 2008, S. 292 ff.
[66] Vorbildcharakter hat insoweit freilich das US-amerikanische „chapter 11-Verfahren", vgl. dazu oben *Wittig,* vor §§ 270–285 RdNr. 9 ff.
[67] So offenbar *Paulus,* NZI 2001, 505, 514; dagegen *Ehricke,* EWS 2002, 101, 106 f.; umfassend *Adam,* Insolvenz internationaler Unternehmensverbindungen, 2006, B. III., S. 39 ff.

Durchgriff bei einem Konzern gleich.[68] Der Begriff der Niederlassung in § 21 ZPO, in Art. 5 Nr. 5 EuGVO und in Art. 2 lit. h EuInsVO setzt – bei allen unterschieden im Detail[69] – jedenfalls voraus, dass die Niederlassung *rechtlich unselbständig* ist.[70] Gerade dies ist bei den abhängigen Konzernunternehmen nicht der Fall.

Soweit eine **rechtliche Eigenständigkeit** des abhängigen Unternehmens gegeben ist, kann die Beurteilung als Niederlassung des herrschenden Unternehmens, wenn überhaupt, nur dann in Frage kommen, wenn von jenem der **Rechtsschein** gesetzt worden ist, es handele sich bei dem abhängigen Unternehmen um nichts anderes als eine von ihm unterhaltene Geschäftseinrichtung.[71] Das könnte etwa dort der Fall sein, wo eine Tochtergesellschaft formal betrachtet zwar juristisch eigenständig ist und ihr ein eigenständiges Vermögen zugewiesen ist, diese aber weder im Hinblick auf ihr werbendes Handeln auf dem Markt noch hinsichtlich ihres Vermögens eigenständig ist, sondern sich vielmehr faktisch als Niederlassung der Muttergesellschaft darstellt **(faktische Niederlassung).** Zu denken ist in diesem Zusammenhang etwa an abhängige Unternehmen, die lediglich als der verlängerte Arm des herrschenden Unternehmens tätig werden und einem cash-pool-management unterworfen werden.[72] Es fragt sich in diesem Zusammenhang, ob ein rechtlich selbstständiges Tochterunternehmen, selbst wenn es die formalen Voraussetzungen der Niederlassungseigenschaft nicht erfüllt, nicht auch dann als Niederlassung angesehen werden kann, wenn es auf Grund der allgemeinen Umstände bzw. des Erscheinungsbildes auf dem Markt funktional oder faktisch wie eine Niederlassung der Konzernmutter anzusehen ist.[73] Dahinter steht letztlich der Gedanke, dass dann, wenn abhängige Konzerngesellschaften von der Konzernmutter praktisch wie eine **unselbständige Geschäftseinrichtung** geführt wurden, und für die außenstehenden Akteure dadurch der **Rechtsschein einer Niederlassung** entstanden ist, die objektiven Merkmale des Begriffes der Niederlassung zurücktreten und das abhängige Konzernunternehmen rechtlich so behandelt werden könnte wie eine unselbstständige Niederlassung. Damit dürften dann die für den außenstehenden Dritten schwer zu durchschauende interne Struktur zwischen inländischem und ausländischem Unternehmensteil in einem Konzern in der Insolvenz nicht als rechtlicher Anknüpfungspunkt für die Eigenständigkeit einer Konzerntochter herangezogen werden, wenn die Art und Weise, wie sich die Konzernmutter und die Konzerntochter im Geschäftsleben verhalten haben, den Eindruck erweckt hat, es handele sich bei der Tochtergesellschaft in Wirklichkeit bloß um eine Niederlassung der Konzernmutter. Gerade dieser **Rechtsschein wird im Rechtsverkehr durch die Gesellschaftsbezeichnung des abhängigen Unternehmens aber zerstört,** so dass ein abhängiges Unternehmen in einem Konzern insofern nicht als Niederlassung qualifiziert werden kann. Wollte man gleichwohl einen derartigen Rechtsscheintatbestand bejahen, so würde dies dem grundlegenden Prinzip des Vertrauensschutzes widersprechen, dass derjenige nicht in seinem Vertrauen auf bestimmte Umstände geschützt ist, der Kenntnis von der wahren Lage der Dinge hat.[74] Letztlich wäre es auch nicht hinnehmbar, in Fragen der Zuständigkeit eine rechtlich bestehende Selbstständigkeit

---

[68] *Zöller/Geimer,* Art. 5 EuGVO RdNr. 23; *Geimer,* RIW 1988, 221 ff.; *Schlosser,* Art. 5 EuGVO RdNr. 23; vgl. auch *Zimmer,* IPRax 1998, 191.
[69] Vgl. ausführlich *Kropholler,* Europäisches Zivilprozessrecht, Art. 5 EuGVO RdNR. 88 ff.; *Geimer/Schütze,* Art. 5 EuGVO RdNr. 222 ff.; MünchKommZPO-*Patzina* § 21 ZPO RdNr. 2 ff. und 16; oben *Reinhart,* Art. 3 EuInsVO RdNr. 5.
[70] Zu § 21 ZPO vgl. nur MünchKommZPO-*Patzina* § 21 ZPO RdNr. 8 f., *Zöller/Vollkommer* § 21 ZPO RdNr. 8. Zu Art. 5 Nr. 5 EuGVO statt aller *Kropholler,* Europäisches Zivilprozessrecht, Art. 5 EuGVO RdNr. 92 f.; *Geimer/Schütze,* Art. 5 EuGVO RdNr. 232 ff. Zur EuInsVO s. oben *Reinhart,* Art. 3 EuInsVO RdNr. 5; *Virgos/Schmitt,* in Stoll (Hrsg.), Vorschläge und Gutachten RdNr. 70.
[71] BGH NJW 1987, 3081 f.; OLG Düsseldorf WM 1989, 50, 52; EuGHE 1987, 4905 (Schotte); vgl. auch EuGHE 1976, 1497, 1509 (De Bloos/Boyer); EuGHE 1978, 2183, 2193 (Somafar/Saar-Fernglas).
[72] Zu den Problemen des cash managements in Konzernen vgl. *Makowski,* Cash-Management in Unternehmensgruppen, 2000; *Rittscher,* Cash-Management-Systeme in der Insolvenz, 2007.
[73] Vgl. oben *Reinhart,* Art. 3 EuInsVO RdNr. 31 ff.; zudem *Pannen/Pannen* Art. 3 EuInsVO RdNr. 46 ff. insbes. 49 ff., 51.
[74] Grundlegend und ausführlich dazu *Canaris,* Vertrauenshaftung im deutschen Privatrecht.

der Tochtergesellschaft durch die Annahme einer Niederlassung aufzuheben, während in materiellrechtlichen Fragen die Eigenständigkeit und damit auch die Vermögenstrennung wiederum zwingend ist und bleibt (dazu unter RdNr. 4).

19   **dd) Umfang der Verweisung.** Ist ein deutsches Gericht nach § 3 InsO international zuständig, so richten sich die **verfahrensrechtlichen Einzelheiten nach der lex fori.** Dazu gehören insbesondere Fragen der Sanierung, der Insolvenzverwalterbestellung, der Beteiligung der Gläubiger am Verfahren und des technischen Verfahrensablaufes. Da es für die Behandlung von Konzernunternehmen keine besonderen Regelungen im deutschen Recht gibt, gelten auch für den Fall, dass es sich bei dem Insolvenzschuldner um ein Unternehmen eines internationalen Konzerns handelt, keine Besonderheiten. Insoweit gelten die allgemeinen Regeln.

20   **c) Zuständigkeit nach EuInsVO.** Der Anwendungsbereich des EuInsVO erfasst nach Art. 1 Abs. 1 all diejenigen Gesamtverfahren, die die Insolvenz des Schuldners voraussetzen und den vollständigen oder teilweisen Vermögensbeschlag gegen den Schuldner sowie die Bestellung eines Verwalters zur Folge haben. In territorialer Hinsicht werden diejenigen grenzüberschreitenden Insolvenzverfahren erfasst, bei denen der Mittelpunkt der hauptsächlichen Interessen des Schuldners in der Gemeinschaft liegt.[75] Zum exakten Anwendungsbereich s. die Kommentierung von *Reinhart* zu Art. 1 EuInsVO RdNr. 2 ff.

21   Gem. Art. 3 Abs. 1 Satz 1 EuInsVO sind die Gerichte in den Mitgliedstaaten zuständig, in denen der Schuldner den Mittelpunkt seiner hauptsächlichen Interessen hat. Mit dieser Anknüpfung entspricht die EuInsVO der allgemeinen Regelung der **Anknüpfung an die engste Verbindung,**[76] wie sie etwa auch in Art. 4 Abs. 1 Satz 1 EuGVO zu finden ist. Bei juristischen Personen wird bis zum Beweis des Gegenteils vermutet, dass der Mittelpunkt ihrer hauptsächlichen Interessen der Ort ihres satzungsmäßigen Sitzes ist (Art. 3 Abs. 1 Satz 2 EuInsVO). Die Bedeutung dieser Verweisung ist noch nicht letztlich geklärt.[77] Der Wortlaut legt jedenfalls nahe, dass es, unter dem Vorbehalt einer engeren Verbindung, bei der Zuständigkeit für Insolvenzverfahren von Konzernunternehmen rein formal auf den Ort der satzungsmäßigen Gründung des Unternehmens ankommt. Die Konzentration am Ort des herrschenden Unternehmens wäre damit ausgeschlossen, wenn nicht jedes abhängige Unternehmen ebenfalls am selben Ort gegründet worden ist. In jedem Fall aber kennt die EuInsVO *keine* Vorschriften für die Konzerninsolvenz.[78] Der Grund lag im Wesentlichen in den zum Teil unüberbrückbaren unterschiedlichen Ansätzen über die rechtliche Einordnung und Behandlung von Konzernen innerhalb der Mitgliedstaaten. Daher können Insolvenzverfahren gegen einem grenzüberschreitenden Konzern angehörenden Gesellschaften als Hauptschuldner oder in einer Form als Gesamtschuldner nur dann eröffnet oder verbunden werden, wenn für jeden der betreffenden Schuldner mit einer eigenen Rechtspersönlichkeit die hierfür nach dem Übereinkommen erforderlichen Voraussetzungen gegeben sind.[79]

22   In der Literatur ist der Vorschlag unterbreitet worden, dass die EuInsVO jedenfalls insoweit Konzernsachverhalte erfasse, als die ausländischen Tochterunternehmen zumindest faktisch als Niederlassungen im Sinne der EuInsVO angesehen werden können.[80] Das hätte gemäß Art. 27 EuInsVO zur Folge, dass dann, wenn über das Vermögen der Muttergesellschaft ein Hauptinsolvenzverfahren nach Art. 3 Abs. 1 EuInsVO eröffnet worden ist, das für

---

[75] Erwägungsgrund 14 der VO.
[76] Vgl. *Leible/Staudinger*, KTS 2000, 543; *Rotstegge* ZIP 2008, 955, 960.
[77] Vgl. *Leible/Staudinger*, KTS 2000, 544; *Lüke*, ZZP 111 (1998), 275, 288; s. insbesondere auch die Kommentierung von *Reinhart*, zu Art. 3 EuInsVO RdNr. 2.
[78] Vgl. *Ehricke*, EWS 2002, 101 f.; zur Zuständigkeit bei internationalen Konzerninsolvenzen s. *Kübler*, Festschrift für Gerhardt, S. 527, 550 ff.; *Lüer*, Festschrift für Greiner, S. 201 ff.; *Paulus*, Festschrift für Kreft, S. 469, 470 ff.; *Eidenmüller*, NJW 2004, 3455, 3456 f.; *Pannen*, NZI 2004, 646, 647 ff.; *Sabel*, NZI 2004, 126, 126 f.; zudem *Adam*, Insolvenz internationaler Unternehmensverbindungen, 2006, S. 20 ff. *Pannen/Pannen* Art. 3 EuInsVO RdNR. 46 ff.
[79] So auch *Leible/Staudinger*, KTS 2000, 542, Fn. 65.
[80] *Paulus*, NZI 2001, 505, 510; ders., ZIP 2002, 729, 730; ders., Festschrift für Kreft, S. 469, 472; dagegen schon *Ehricke*, EWS 2002, 101 ff.

die Tochter gem. Art. 3 Abs. 2 EuInsVO zuständige Insolvenzgericht ein Sekundärinsolvenzverfahren eröffnen kann, ohne dass in diesem Mitgliedstaat die Insolvenz des Schuldners geprüft wird. Auf diese Verfahren fänden die Regelungen der Art. 28 ff. EuInsVO Anwendung, mittels derer die wirtschaftliche Einheit des Konzerns in einem gewissen Maße Rechnung getragen werden kann. Zur Anwendung kommen insbesondere die Regeln über die Kooperations- und Unterrichtungspflicht der Verwalter der Haupt- und Sekundärverfahren (Art. 31 Abs. 1 und 2 EuInsVO) und betreffend die verfahrensüberschreitenden Gläubigerrechte, mit Hilfe derer eine unternehmensübergreifende Behandlung von Insolvenzen in einem Konzern ermöglich werden könnte.[81]

Voraussetzung für einen derartigen Ansatz wäre allerdings, dass der **Begriff der Niederlassung** gem. Art. 3 Abs. 2 EuInsVO tatsächlich auch **Tochterunternehmen** eines herrschenden Unternehmens in einem Konzern erfasst. Der Begriff der Niederlassung wird in Art. 2 lit. h EuInsVO konkretisiert. Demnach fällt jeder Tätigkeitsort darunter, an dem der Schuldner einer wirtschaftlichen Aktivität nachgeht, die den Einsatz von Personal und Vermögenswerten voraussetzt. Damit ist dieser Begriff weiter als der des Art. 5 Abs. 5 EuGVO.[82] Vorausgesetzt wird zum einen ein gewisser Organisationsgrad und ein zeitliches Moment; nicht erforderlich ist dagegen die Weisungsgebundenheit der Außen- von der Hauptstelle. Verständlich wird diese Begriffsbestimmung vor dem Hintergrund, dass damit ein Kompromiss geschaffen werden musste zwischen denjenigen Staaten, die schon bei bloßer Belegenheit von Vermögen eine Sekundärinsolvenz befürworteten und denjenigen, die auf den engen Niederlassungsbegriff des Art. 5 Abs. 5 EuGVO abstellen wollten.[83] Nicht zur Diskussion stand aber, dass die **Niederlassung stets *unselbstständig*** zur Hauptstelle sein sollte. Dies wurde als selbstverständlich vorausgesetzt. Deutlich wird das insbesondere daran, dass eine ganze Reihe von Normen materiell davon ausgehen, dass es sich bei Haupt- und Sekundärverfahren um Verfahren über das Vermögen *einer* Person handelt. Ein Beispiel dafür ist etwa Art. 27 Satz 1, 2. Halbsatz EuInsVO, wonach bei der Eröffnung des Sekundärverfahrens das Vorliegen eines bereits bei Eröffnung des Hauptinsolvenzverfahrens geprüften Eröffnungsgrundes nicht noch einmal zu prüfen ist.[84] Eine solche Regelung macht nur dann Sinn, wenn man bei Hauptschuldner und Niederlassung von der Masse eines Vermögensträgers ausgeht. Ebenso wird deutlich, dass die EuInsVO bei Sekundärverfahren nur *eine* Masse voraussetzt und entsprechend auch nur eine *unselbstständige* Niederlassung meinen kann, über dessen Vermögen ein Sekundärverfahren eröffnet werden kann, wenn Art. 32 Abs. 1 EuInsVO erlaubt, dass jeder Gläubiger seine Forderung im Haupt- oder Sekundärinsolvenzverfahren anmelden kann. Eine solche Regelung wäre nämlich widersinnig, wenn es sich bei der Niederlassung um eine eigenständige Person mit einer eigenen Masse handeln würde, weil dann dadurch das unhaltbare Ergebnis zustande käme, dass ein Gläubiger seine Forderungen bei einem Schuldner anmelden könnte, zu dem er keine schuldvertragliche Beziehung hat.[85] Demzufolge fallen Tochterunternehmen in einem Konzern nicht unter den Niederlassungsbegriff des Art. 2 lit. h EuInsVO, weil sie immer rechtlich selbstständig sind und es daher keine gemeinsame Vermögensmasse mit der Muttergesellschaft oder mit anderen Konzernunternehmen gibt.

Dem wird man auch nicht entgegen halten können, es käme gar nicht darauf an, dass ein rechtlich selbstständiges Tochterunternehmen formal die Begrifflichkeit des Art. 2 lit. h EuInsVO erfülle, sondern es sei nur entscheidend, ob es – trotz der rechtlichen Selbstständigkeit – **funktional wie eine Niederlassung** anzusehen ist.[86] Zwar sind die Tatbestands-

---

[81] Ausführlicher *Ehricke,* Festschrift 75 Jahre MPI, 337, 340 ff., 345 ff.
[82] S. oben *Reinhart,* Art. 2 EuInsVO RdNr. 5; *Kropholler,* Europäisches Zivilprozessrecht, Art. 5 EuGVO RdNr. 99 ff.; *Wimmer,* ZIP 1998, 982, 985.
[83] *Virgos/Schmit,* in: *Stoll,* Vorschläge und Gutachten zur Umsetzung des EU-Übereinkommens in das deutsche Recht, 1997, RdNr. 70 f.
[84] HambKommInsO-*Undritz,* Art. 27 RdNr. 5; *Kübler/Prütting/Kemper,* Art. 27 RdNr. 7; vgl. auch *Mankowski,* ZIP 1995, 1650.
[85] Vgl. *Ehricke,* EWS 2002, 101, 105 ff.
[86] Vgl. *Paulus,* NZI 2001, 505, 509.

merkmale der EuInsVO autonom auszulegen, um nationale Anwendungsunterschiede zu vermeiden, doch spricht neben den soeben angedeuteten normativen Bedenken gegen eine faktische Betrachtungsweise auch, dass diese zu einer im Hinblick auf die Rechtsharmonisierung im Binnenmarkt nicht hinzunehmenden Rechtsunsicherheit führen würde. Es wäre regelmäßig nicht ex ante klar, welche Merkmale im Einzelnen vorliegen müssten, um bei einem grenzüberschreitenden Konzern von einer Situation zu sprechen, die faktisch der einer grenzüberschreitenden Haupt- und Zweigniederlassung entspricht. Selbst wenn man diese Bedenken für weniger schwer wiegend halten sollte, vermag ein Konzerninsolvenzrecht nicht zu überzeugen, das auf einer weiten Auslegung des Begriffes der Niederlassung beruht, weil als Sekundärverfahren nur Liquidierungsverfahren möglich sind (Art. 3 Abs. 3, Satz 3, Art. 27 Satz 2 EuInsVO in Verbindung mit Anhang B). Eine Sanierung eines gesamten internationalen Konzerns wäre mit diesem Ansatz (praktisch) nicht möglich; die Sanierung könnte sich lediglich auf Mutterunternehmen beziehen.[87] Gerade dies kann im Falle einer angestrebten Sanierung aber schadhaft sein, weil insofern den Tochter- und Enkelgesellschaften tragende Bedeutung für die wirtschaftliche Ausrichtung des Konzerns zukommen kann und somit deren Sanierung gleichermaßen wie die der Muttergesellschaft betrieben werden muss.[88] Ferner gäbe es aber auch bei einer Liquidation des Tochterunternehmens unüberwindliche Schwierigkeiten, weil mit der Verschmelzung der Massen aus dem Haupt- und Sekundärverfahren der Gläubigergleichbehandlungsgrundsatz erheblich verletzt würde.[89]

25 Letztlich steht in Frage, ob ähnlich den Ausführungen zur Begründung einer Konzernzuständigkeit auf nationaler Ebene (s. RdNr. 9 ff.), auch aus Art. 3 EuInsVO eine Konzernzuständigkeit gefolgert werden kann, indem man eine Verortung an den Sitz des herrschenden Unternehmens befürwortet.[90] Selbst soweit die Kriterien für die Begründung der Zuständigkeit nach Art. 3 EuInsVO weiter gefasst sind, als dies bei § 3 InsO der Fall ist,[91] muss zunächst die Vermutung des Art. 3 Abs. 1 Satz 2 EuInsVO widerlegt werden.[92] Dies setzt voraus, dass die Konzernführung zumindest derart straff erfolgt (ist), dass der tatsächliche Verwaltungssitz, welcher ggf. Mittelpunkt der hauptsächlichen Interessen ist,[93] auf den Sitz des herrschenden Unternehmens bezogen werden kann; ob dies im Einzelfall angenommen werden kann, ist zwischen den jeweilig zuständigen Gerichten, die dies zu entscheiden hatten, ebenso umstritten wie diejenigen Kriterien, anhand welcher eine Verortung ermittelt werden kann.[94] Grundsätzlich wird eine solche Zuständigkeitsbündelung am Orte des herrschenden Unternehmens nur dann angenommen werden können, wenn eine straffe Leitung vorliegt, welche gleichermaßen eine Eingliederung des abhängigen Unternehmens in der Art und Weise zur Folge hat, dass diesem die unternehmerischen Entscheidungen faktisch entzogen sind und die herrschende Gesellschaft das abhängige Unternehmen als „verlängerten Arm" eigener unternehmerischer Betätigung nutzt.[95] Selbst soweit eine Zuständigkeits-

---

[87] Anders hingegen *Paulus,* NZI 2001, 505, 514, indem er den Begriff des „Müssens" als „Können" oder „Sollen" interpretiert; vgl zudem *Reinhart* Art. 3 EuInsVO RdNr. 72.
[88] Allg. zur Sanierung im Konzern *Eidenmüller,* Unternehmenssanierung zwischen Markt und Gesetz, 1999, S. 797 ff.; *Rotstegge,* Konzerninsolvenz, § 3 C., S. 90 ff., jeweils mwN.
[89] *Ehricke,* DZWIR 1999, 353, 358 f.; *ders.,* EWS 2002, 101, 107.
[90] Vgl. dazu u. a. *Kübler,* Festschrift für Gerhardt, S. 527, 550 ff.; *Lüer,* Festschrift für Greiner, S. 201 ff.; *Paulus,* Festschrift für Kreft, S. 469, 470 ff.; *Eidenmüller,* NJW 2004, 3455, 3456 f.; *Pannen,* NZI 2004, 646, 647 ff.; *Sabel,* NZI 2004, 126, 126 f.; zudem *Adam,* Insolvenz internationaler Unternehmensverbindungen, 2006, S. 20 ff.
[91] *Rotstegge,* Konzerninsolvenz, § 6, S. 422.
[92] Vgl. AG Mönchengladbach, ZIP 2004, 1064, 1065 f. = NZI 2004, 383 = EWiR 2004, 705 f. *(Kebekus)* und 1985 f. *(Bähr/Riedemann).*
[93] *Uhlenbruck/Lüer,* Art. 3 EuInsVO RdNr. 1.
[94] Aus der Rspr. s. AG Düsseldorf, ZIP 2003, 1363, 1363 (ISA II) = EWiR 2003, 767 f. und 1239 f. *(Mankowski);* AG Köln, ZIP 2004, 471 ff. = NZI 2004, 151 ff. = ZInsO 2004, 216 ff. = EWiR 2004, 601 f. *(Blenske);* AG Düsseldorf, NZI 2004, 269 ff. = EWiR 2004, 495 *(Herweg/Tschauner);* AG München, ZIP 2004, 962 f. = NZI 2004, 450 = ZInsO 2004, 691 ff. = EWiR 2004, 493 f. *(Paulus);* AG Mönchengladbach, ZIP 2004, 1064, 1065 f. = NZI 2004, 383 = EWiR 2004, 705 f. *(Kebekus)* und 1985 f. *(Bähr/Riedemann);* ferner High Court Leeds, ZIP 2003, 1362 ff; Tribunale di Parma, ZIP 2004, 1220 ff.
[95] S. AG München, ZIP 2004, 962 f. = NZI 2004, 450 = ZInsO 2004, 691 ff. = EWiR 2004, 493 f. *(Paulus);* vgl. auch *Rotstegge* ZIP 2008, 955, 960 f.

konzentration am Orte des herrschenden Unternehmens angenommen werden kann, führt dies in der materiellrechtlichen Folge aber nicht dazu, dass eine Vermögensvermischung stattfindet, denn auch in diesem Fall ist auf Grund der rechtlichen Eigenständigkeit der jeweiligen Gesellschaft ein eigenes Verfahren zu eröffnen, wenn das Insolvenzrecht des jeweiligen Staates (lex fori concursus) nicht ein anderes vorsieht. Soweit im Ausland unter Annahme einer Zuständigkeitsverortung über das Vermögen einer in Deutschland eingetragenen Gesellschaft ein Hauptverfahren eröffnet worden ist, kann in Deutschland nur noch ein Sekundärverfahren über deren Vermögen, nicht hingegen ein Hauptverfahren eröffnet werden, da die Entscheidung des ausländischen Gerichts insoweit bindend ist (Art. 4 Abs. 1 Satz 1 EuInsVO).[96]

3. Partikularinsolvenzverfahren. § 354 Abs. 1 InsO sieht ein Partikularinsolvenzverfahren über das inländische Vermögen des Schuldners vor. Damit erlaubt die Insolvenzordnung die **Bildung gesonderter Haftungsmassen** einer Person, soweit das Teilvermögen auch rechtlich verselbstständigt ist.[97] Dies kann für die Insolvenz eines deutschen Unternehmens in einem internationalen Konzern von Interesse sein, weil das internationale Insolvenzrecht das im Inland belegene Vermögen des Schuldners mit dem Eröffnungsbeschluss eines inländischen Partikularverfahrens von dem restlichen (ausländischen) Vermögen des Schuldners trennt. Diese gesonderte inländische Haftungsmasse wird dann separat verwaltet und verteilt.[98] Ein solches Partikularverfahren wird vor allem in solchen Fällen vorkommen, wo der wesentliche Teil des Vermögens des abhängigen Unternehmens im Inland belegen oder zu realisieren ist. Voraussetzung ist jedoch stets die Anwendbarkeit deutschen Rechts auf die materiell-rechtliche Verfahrensgestaltung. Die Einzelheiten bestimmen sich auch bei einem deutschen Konzernunternehmen eines internationalen Konzerns nach den **allgemeinen Regeln der lex fori concursus (separati)**.[99] Möglich ist ferner auch die Durchführung eines Partikularinsolvenzverfahrens in Deutschland über dasjenige Vermögen eines ausländischen Unternehmens eines internationalen Konzerns, welches in Deutschland belegen ist und das wie ein selbstständiges Vermögen anzusehen ist.

Im **Geltungsbereich der EuInsVO** sind Partikularinsolvenzverfahren über abtrennbares Vermögen einer Person zwar ebenfalls vorgesehen (vgl. Art. 3 Abs. 4 EuInsVO), doch werden sie als unerwünscht angesehen, weil vorrangig der Staat des Interessenmittelpunktes über das Ob und Wie von Insolvenzverfahren über das Schuldnervermögen entscheiden soll.[100] Art. 3 Abs. 4 EuInsVO sieht zwei eng begrenzte Anwendungsfälle für Partikularverfahren vor. Gem. Art. 3 Abs. 4 lit. a EuInsVO darf ein Partikularverfahren eröffnet werden, falls im Staat des Interessenmittelpunktes auf Grund des dortigen Insolvenzrechts ein Verfahren nicht durchgeführt werden kann. Art. 3 Abs. 4 lit. b EuInsVO sieht zudem die Zulässigkeit eines Partikularverfahrens vor, falls die Eröffnung von einem Gläubiger beantragt wird, der seinen Wohnsitz, gewöhnlichen Aufenthalt oder Sitz in dem Mitgliedstaat hat, in dem sich die Niederlassung seines Schuldners befindet, oder dessen Forderung auf einer sich aus dem Betrieb dieser Niederlassung ergebenden Verbindlichkeit beruht. Kommt es später zu einer Eröffnung des Hauptverfahrens, so werden die Partikularverfahren nach den Regeln der Art. 36 und 37 EuInsVO Sekundärverfahren. Für grenzüberschreitende Konzerne bieten die Regeln über die Partikularinsolvenz keine konzernspezifischen Besonderheiten. Insbesondere setzen die insolvenzrechtlichen Vorschriften stets *ein Vermögen*, das in unterschiedlichen Mitgliedstaaten belegen ist, voraus, so dass nicht etwa über das Vermögen einer Tochtergesellschaft als Teil des Vermögens der Muttergesellschaft ein Partikularverfahren eröffnet werden kann.

---

[96] AG Köln, ZIP 2004, 471 ff. = NZI 2004, 151 ff. = ZInsO 2004, 216 ff. = EWiR 2004, 601 f. *(Blenske)*; AG Düsseldorf, NZI 2004, 269 ff. = EWiR 2004, 495 *(Herweg/Tschauner)*.
[97] Ausführlich dazu *Kübler/Prütting/Kemper* § 354 RdNr. 3 ff..
[98] S. *Kübler/Prütting/Kemper* § 354 RdNr. 3 ff.
[99] Vgl. *Kübler/Prütting/Kemper* § 354 RdNr. 5 ff..
[100] Vgl. *Leible/Staudinger*, KTS 2000, 548; vgl. auch Erwägungsgrund Nr. 17 Satz 2 der EuInsVO.

28 **4. Sanierung.** Die Sanierung eines internationalen Konzerns bei Insolvenz mehrerer Konzernunternehmen ist weder im autonomen deutschen internationalen Insolvenzrecht noch in der EuInsVO ausdrücklich geregelt, wenngleich die Erfahrungen aus den USA zu belegen scheinen, dass mit einer zusammengefassten Sanierung mehrerer insolventer Unternehmen eines Konzerns erhebliche positive Effekte zu gewinnen sind.[101] Die **Sanierung eines insolventen deutschen Unternehmens in einem internationalen Konzern** ist nur insoweit möglich, wie es die deutsche lex fori concusus vorsieht. Überlegungen, das betreffende insolvente Unternehmen in eine Gesamtsanierungslösung für einen grenzüberschreitenden Konzern einzubinden, finden keine normativen Stützen im deutschen oder europäischen Recht. Dem steht der deutsche Grundsatz „eine Person, ein Vermögen, ein Verfahren" entgegen, der sich auch auf die Sanierung eines Konzernunternehmens bezieht.[102] Wegen des Schutzes der Gläubiger eines deutschen Unternehmens in einem internationalen Konzern gibt es nach deutschem (internationalen) Insolvenzrecht auch nicht die Möglichkeit, dass das betreffende deutsche Unternehmen in eine **konsolidierte Konzernsanierung** einbezogen wird, wenn dies in einem anderen Staat, in welchem über ein anderes Unternehmen desselben Konzerns ein Insolvenzverfahren eröffnet worden ist, möglich ist. Die rechtliche Selbstständigkeit eines jeden Unternehmens in einem (internationalen) Konzern kann nach deutscher Rechtsauffassung auch nicht durch eine etwaige Möglichkeit in fremdem Recht, im Hinblick auf die wirtschaftliche Einheit mit einer Gesamtsanierungskonzept zu reagieren, durchbrochen werden.[103] Unberührt davon bleiben lockere Varianten der konsolidierten Sanierung in einem Konzern, etwa dergestalt, dass sich die einzelnen Verwalter der jeweiligen insolventen Unternehmen des internationalen Konzerns hinsichtlich ihrer Sanierungsbemühungen absprechen oder koordinieren.[104] Instrumentalisiert werden könnte dies möglicherweise durch **internationale Insolvenzverwalterverträge**[105] oder durch unverbindlichere „**protocols**".[106]

29 Soweit nach deutschem Recht durch die Anordnung von **Eigenverwaltung in Verbindung mit Insolvenzplänen** (ausnahmsweise) bei den insolventen Konzernunternehmen eine Konzernsanierung möglich ist,[107] setzt dies die Zuständigkeit eines deutschen Insolvenzgerichts und die Anwendbarkeit des deutschen Rechts für alle betroffenen Insolvenzverfahren voraus, womit ein solcher Ansatz für die Sanierung eines internationalen Konzerns nicht in Betracht kommt, es sei denn, die im Ausland gelegenen Gesellschaften werden in das Sanierungskonzept nicht mit einbegriffen. Etwas anderes gilt nur, wenn allein das herrschende Unternehmen, dessen Sitz in Deutschland ist, in das Insolvenzverfahren kommt, die Eigenverwaltung angeordnet und ein Insolvenzplan erstellt wird, nach dem das herrschende Unternehmen auf Grund der originären Leitungsmacht auch die Sanierung von Tochterunternehmen vornehmen soll. Dies setzt wiederum voraus, dass die Leitungsmacht der herrschenden Gesellschaft fortbesteht, sei es dadurch, dass die untergliederten abhängigen Gesellschaften nicht insolvent sind, oder dass trotz deren Insolvenz nach dem jeweils maßgeblichen Recht die originäre Leitungsmacht der herrschenden Gesellschaft nicht aufgehoben ist.

---

[101] Dazu s. *Ehricke,* Das abhängige Konzernunternehmen in der Insolvenz, S. 457 ff.; ferner *Rotstegge,* Konzerninsolvenz, § 3, S. 72 ff.
[102] *Ehricke,* DZWIR 1999, 353 ff.; *Uhlenbruck,* KTS 1986, 419, 425.
[103] *Ehricke,* EWS 2002, 101, 106 f.; zum deutschen Insolvenzrecht *Rotstegge,* Konzerninsolvenz, § 3, S. 58 ff.
[104] Allg. zur Zusammenarbeit der Insolvenzverwalter bei grenzüberschreitenden Verfahren *Ehricke,* WM 2005, 397 ff.; *ders.,* in: *Gottwald* (Hrsg.), Europäisches Insolvenzrecht, 2008, S. 127, 144 ff.
[105] Dazu *Eidenmüller,* ZZP 114 (2001) 2, 11 ff.; *ders.,* ZHR 169 (2005), 528, 542 ff.; umfassend *Wittinghofer,* Der nationale und internationale Insolvenzverwaltungsvertrag, 2004; kritisch dazu *Ehricke,* Festschrift 75 Jahre MPI für ausländisches und internationales Privatrecht, 337, 356 ff.; *ders.,* in *Gottwald* (Hrsg.); Europäisches Insolvenzrecht, 2008, S. 127, 145 ff.
[106] Dazu *Paulus,* ZIP 1998, 977, 979 ff.; *ders.,* ZIP 2000, 2189, 2193 f.; *ders.,* NZI 2001, 505 ff.; *Ehricke,* Festschrift 75 Jahre MPI, 352 und 360 f.; *Wittinghofer,* Insolvenzverwaltungsvertrag, S. 55 ff., 83 f. und S. 411 ff.; *Hortig,* Kooperation von Insolvenzverwaltern, 2008, Kap. 3.
[107] *Ehricke,* ZInsO 2002, 393, 395; ferner *Rotstegge,* Konzerninsolvenz, § 4 F., S. 327 ff.

III. Konzernrechtliche Aspekte der Insolvenz in einem internationalen Konzern

1. Vertragskonzern. a) Allgemeines. Der gesetzlich geregelte Grundfall eines Konzerns im deutschen Recht ist der AG-Vertragskonzern (§§ 291 ff. AktG). In der Insolvenz eines abhängigen Unternehmens eines solchen Konzerns spielt die Besonderheit dieser Form der Unternehmensverbindung eine entscheidende Rolle, die darin liegt, dass durch einen Beherrschungsvertrag, durch einen Gewinnabführungsvertrag oder durch die Kombination beider (§ 291 AktG) oder durch andere Unternehmensverträge (§ 292 AktG) die Leitung des abhängigen Unternehmens durch das herrschende Unternehmen bestimmt und/oder der Gewinn an jenes abgeführt werden kann.[108] Zum einen stellt sich insoweit allgemein die Frage nach dem Verhältnis von **fortbestehender Leitungsmacht,** insbesondere den Befugnissen des herrschenden Unternehmens nach § 308 AktG, zu den Befugnissen des Insolvenzverwalters nach Verfahrenseröffnung. Zum anderen geht es um etwaige Ansprüche des abhängigen Unternehmens gegen das herrschende Unternehmen auf Grund des Unternehmensvertrages. Handelt es sich bei dem Unternehmensvertrag zudem um einen grenzüberschreitenden Vertrag, geht es auch um die kollisionsrechtliche Anknüpfung des die Wirkungen eines solchen Vertrages bestimmenden Rechts und – soweit deutsches Recht auf die Beurteilung der vertraglichen Beziehungen Anwendung findet – um die Zulässigkeit grenzüberschreitender Unternehmensverträge.

b) Kollisionsrechtliche Anknüpfung eines Unternehmensvertrages. Für die Behandlung des Unternehmensvertrages und dessen Schicksal in einem grenzüberschreitenden Vertragskonzern sind kollisionsrechtlich **grundsätzlich zwei Anknüpfungspunkte** denkbar, die freilich beide zum gleichen Ergebnis, nämlich zur Anwendung des Rechts am Ort des Sitzes des abhängigen Unternehmens, führen. Daher hat die Entscheidung für den einen oder anderen Ansatz ihre praktische Bedeutung in der Frage, wie man den Unternehmensvertrag als solchen qualifizieren will. Zum einen könnte man für die Frage, welches der berührten Rechte Anwendung findet, auf den *formalen Charakter* des Unternehmensvertrages als Vertrag abstellen.[109] Danach wären Unternehmensverträge **schuldrechtlich zu qualifizieren.**[110] Nach den allgemeinen kollisionsrechtlichen Vorschriften wäre zwar zunächst zu prüfen, ob die Parteien eine Rechtswahl getroffen haben, so dass dann das gewählte Recht anwendbar wäre (Art. 27 Abs. 1 EGBGB), doch ist auf Grund des besonderen Charakters der Unternehmensverträge die grundsätzlich zulässige Rechtswahlfreiheit ausgeschlossen.[111] Ließe man nämlich insoweit eine solche Autonomie doch zu, so würde das Ausgleichssystem des deutschen Rechts für die durch die mit dem Unternehmensvertrag einhergehenden Eingriffe im Rahmen der Geschäftsleitung und Kapitalerhaltung ausgehöhlt werden können.[112] In Ermangelung einer (wirksamen) Rechtswahl greift eine objektive Anknüpfung ein, die sich am Prinzip der engsten Verbindung ausrichtet (Art. 28 EGBGB). Nach Art. 28 Abs. 2 EGBGB wird auf die Maßgeblichkeit der charakteristischen Leistung abgestellt.[113]

---

[108] S. *Häsemeyer,* RdNr. 32.07.
[109] S. *Neumayer,* ZVglRWiss 83 (1984), S. 129 ff.; *Goldman,* Colloque, S. 36 f. vgl. *Bayer,* S. 127.
[110] Die hM sieht die Unternehmensverträge auf Grund ihrer strukturellen Folgewirkung als Organisationsverträge an, die in ihrer Wirkung über schuldrechtliche Austauschverträge hinausgehen, s. aus der Rspr. BGHZ 103, 1, 4 f. = NJW 1988, 1326; BGHZ 105, 324, 331 = NJW 1989, 295; BGH, NJW 1992, 1452, 1454; OLG Stuttgart, AG 1998, 585, 586; aus der Lit. *Hüffer* § 291 RdNr. 17; Kölner Kommentar zum AktG-*Koppensteiner,* Vorb § 291 RdNr. 157 f.; MünchKommAktG/*Altmeppen* § 291 RdNr. 25 ff., jeweils mwN. vgl. auch *Nicht,* Konzernorganisation und Insolvenz, Diss. Dresden 2008, S. 148 ff.
[111] Allg. Meinung s. etwa *Staudinger/Großfeld,* IntGesR RdNr. 522; MünchKommBGB-*Kindler,* IntGesR RdNr. 749 ff.; GroßKommAktG-*Assmann,* Einl. RdNr. 642; *Scholz/Emmerich,* Anh. § 44 RdNr. 215 ff.; *Brauer,* 95 f.; s. auch *Neumayer,* ZVglRWiss 83 (1984), 161 ff.
[112] Vgl. insoweit auch *Neumayer,* ZVglRWiss 83 (1984), 162 und 164 f., der §§ 300 ff., 304 ff. und 309 ff. als Schutzvorschriften im Zuge einer Sonderanknüpfung beachten will.
[113] Die Formulierung als Vermutung hat nicht zur Folge, dass es sich hier um eine Beweislastregel handeln würde; der Richter hat das anwendbare Recht von Amts wegen zu ermitteln (s. *Kropholler,* IPR § 52 III 1; MünchKommBGB-*Martiny,* Art. 28 EGBGB RdNr. 18); MünchKommBGB-*Martiny,* Art. 28 EGBGB RdNr. 27 ff.

Nach der allgemeinen Formel gilt als charakteristisch diejenige Leistung, die dem Vertrag sein rechtliches Gepräge gibt.[114] Das ist bei einem Unternehmensvertrag die des abhängigen Unternehmens. Denn während das herrschende Unternehmen auf Grund des Vertrages Leitungsmacht gewinnt und ggf. Kompensationszahlungen erbringen muss, wird der Vertrag gekennzeichnet durch die Verpflichtung des abhängigen Unternehmens, den Weisungen zu entsprechen oder/und die erwirtschafteten Gewinne abzuführen, etc. Das entspricht zudem auch der Regel, dass bei gegenseitigen Verträgen die Sach- oder Dienstleistung und nicht die Geldleistung die charakteristische Leistung darstellt.[115] Nach Art. 28 Abs. 2 EGBGB ist dann das Recht des Ortes der Hauptverwaltung des abhängigen Unternehmens anwendbar. Das ergibt sich unabhängig davon, ob man an den Ort des gewöhnlichen Aufenthaltes nach Art. 28 Abs. 2 Satz 1 EGBGB anknüpft oder den Ort, an dem sich die Hauptniederlassung befindet, nach Art. 28 Abs. 2 Satz 2 EGBGB für maßgeblich hält, weil in beiden Fällen die Lokalisierung durch den Sitz der Hauptverwaltung erfolgt.

32 Man kann auch auf den *materiellen Charakter* des Vertrages abstellen und ihm **satzungsähnliche Gestalt** zusprechen.[116] So könnten Beherrschungsverträge etwa als gesellschaftsrechtliche Organisationsverträge verstanden werden, durch die das Geschäftsleitungsorgan des abhängigen Unternehmens seine selbstständige Leitungsbefugnis verliert (Beherrschungsvertrag als Organisationsvertrag), und Gewinnabführungsverträge wären insoweit nichts anderes als Abreden, durch die die gesetzlichen Gewinnverteilungsregeln ausgeschaltet würden.[117] In diesem Fall wird man den Unternehmensvertrag gesellschaftsrechtlich qualifizieren, womit die Rechtsbeziehungen dem Statut der abhängigen Gesellschaft unterliegen.[118] Kollisionsrechtlich bestimmt damit das inländische Sachrecht die Zulässigkeit und Wirkungen (Rechtsfolgen) von grenzüberschreitenden Unternehmensverträgen, wenn das abhängige Unternehmen ein inländisches Unternehmen ist. Die Zulässigkeit und Wirkungen eines über die Grenze hinweg geschlossenen Unternehmensvertrages würden sich demnach ebenfalls nach dem Recht des Staates richten, in dem das abhängige Unternehmen seinen (Hauptverwaltungs-) Sitz hat.

33 **c) Zulässigkeit eines grenzüberschreitenden Unternehmensvertrages nach deutschem Recht.** Wenn auf Grund der kollisionsrechtlichen Verweisung deutsches Recht anwendbar ist, so geht es zunächst um die Vorfrage, **ob internationale Unternehmensverträge**[119] **überhaupt zulässig sind,** denn andernfalls käme es auf das Schicksal solcher Verträge respektive den daraus entstehenden Ansprüchen aus ihnen in der Insolvenz eines der beiden Vertragspartner im Konzern gar nicht mehr an.

34 **aa) Gewinnabführungsvertrag.** Soweit ein grenzüberschreitender Gewinnabführungsvertrag in Frage steht, ist die Rechtslage eindeutig. Er ist grundsätzlich verboten, weil gem. § 14 KStG ein körperschaftssteuerrechtliches Organschaftsverhältnis nur zwischen einer inländischen Organgesellschaft und einem inländischen Organträger begründet werden kann und damit eine uneingeschränkte grenzüberschreitende steuerrechtliche Organschaft ausgeschlossen ist.[120]

---

[114] Statt aller MünchKommBGB-*Martiny*, Art. 28 EGBGB RdNr. 30; *Soergel/v. Hoffmann*, Art. 28 EGBGB RdNr. 23; *Palandt/Heldrich*, Art. 28 EGBGB RdNr. 3.
[115] *Kropholler*, IPR § 52 III 2; *Kegel/Schurig*, IPR § 18 I 1 d; MünchKommBGB-*Martiny*, Art. 28 EGBGB RdNr. 30; *Soergel/v. Hoffmann*, Art. 28 EGBGB RdNr. 23.
[116] So etwa MünchKommBGB-*Kindler*, IntGesR RdNr. 749; *Mann*, Festschrift für Barz, S. 219, 224 ff.
[117] Vgl. etwa *Bache*, Der internationale Unternehmensvertrag nach deutschem Kollisionsrecht, 1969, 26 f.; *Brauer*, Kollisionsrechtliche Probleme der Konzerne und Unternehmensverträge, 1969, 37 und 41; *Ebenroth*, 382 f.; s. dazu ferner *Zimmer*, S. 366 ff., mwN.
[118] Zu den einzelnen Begründungsansätzen für eine gesellschaftsrechtliche Qualifikation s. ausführlich *Zimmer*, S. 366 ff.; GroßKommAktG-*Assmann*, Einl. RdNr. 642; MünchKommBGB-*Kindler*, IntGesR RdNr. 751 ff.; aA wohl *Hahn*, IPRax 2002, 107 ff.
[119] Vgl. zu den einzelnen Formen von Unternehmensverträgen ausführlich *Scholz/Emmerich*, Anh. § 44 GmbHG RdNr. 137 ff., 203 ff. und 212 ff.
[120] Vgl. *Streck*, KStG, § 14, Anm. 11; dazu und zu einer möglichen Europarechtswidrigkeit des § 15 KStG s. *Heidinger*, NZG 2005, 502 ff.

bb) Eingeschränkte grenzüberschreitende Organschaft. Differenzierter betrachtet 35
werden muss dagegen der Fall einer so genannten eingeschränkten grenzüberschreitenden
Organschaft. Eine solche liegt dann vor, wenn der **ausländische Organträger im Inland
eine gewerbliche Zweigniederlassung unterhält,** die im Handelsregister eingetragen ist.
Hier soll unter der Firma der Zweigniederlassung ein Gewinnabführungsvertrag abgeschlossen werden können, sofern, wie § 18 KStG verlangt, die für die finanzielle Eingliederung
erforderliche Beteiligung zum Betriebsvermögen der Zweigniederlassung gehört und die
wirtschaftliche und organisatorische Eingliederung im Verhältnis zur Zweigniederlassung
selbst gegeben ist.[121] Darüber hinaus gelten nach § 18 Abs. 2 KStG die §§ 14 bis 17 KStG
sinngemäß. Die organisatorische Eingliederung der Organgesellschaft in den Organträger ist
gem. § 14 Nr. 2, Satz 2 KStG immer dann gegeben, wenn ein Beherrschungsvertrag abgeschlossen ist. Die Begründung eines internationalen Organschaftsverhältnisses erfordert
daher den kombinierten Abschluss eines Beherrschungs- und Gewinnabführungsvertrages.[122] Daraus folgt zugleich, dass die steuerrechtlichen Bedenken an der Legitimation eines
internationalen Beherrschungs- und Gewinnabführungsvertrages[123] nicht durchschlagen
können.[124]

cc) Bedenken hinsichtlich eines grenzüberschreitenden Beherrschungsvertrages. 36
Wenngleich die §§ 14, 18 KStG damit also grundsätzlich von der Zulässigkeit eines grenzüberschreitenden Beherrschungsvertrages ausgehen,[125] wird dennoch aus einer Vielzahl von
Einzelgründen die Zulässigkeit eines grenzüberschreitenden Beherrschungsvertrages verneint. Neben vereinzelt angeführten **verfassungsrechtlichen Bedenken**[126] wird vor allem
darauf hingewiesen, dass der Abschluss eines grenzüberschreitenden Beherrschungsvertrages
zu einer **Aushöhlung der Mitbestimmungsrechte der Arbeitnehmer** der inländischen
Untergesellschaft führen könne,[127] es sei denn, dass nach dem Recht des anderen Staates die
Mitbestimmungsrechte der Arbeitnehmer „in ähnlicher Weise" wie bei inländischen Vertragskonzernen gewährleistet seien.[128] Die Gefahr wird insbesondere darin gesehen, dass bei
der deutschen Tochtergesellschaft zwar das Mitbestimmungsrecht gelte, gleichzeitig aber das
Zustimmungsrecht des Aufsichtsrates der Tochtergesellschaft nach § 308 Abs. 3 Satz 2 AktG
überwunden werden könne. Zudem seien die Organe der Obergesellschaft regelmäßig nach
deren Gesellschaftsstatut besetzt, so dass die Arbeitnehmer der deutschen Untergesellschaft
grundsätzlich keine Vertreter in die Organe der (ausländischen) Obergesellschaft entsenden
können, denn soweit ausländische Rechte eine Mitbestimmung kennen, gelte diese nur für
die Arbeitnehmer im eigenen Land.[129] Ferner wird gegen die Zulässigkeit grenzüberschreitender Unternehmensverträge eingewendet, dass **inländische konzernrechtliche Schutznormen** gegenüber dem ausländischen herrschenden Unternehmen praktisch nicht durchsetzbar seien, so dass ein grenzüberschreitender Beherrschungsvertrag nur dann wirksam sein
könne, wenn für die Geltung des Beherrschungsvertrages deutsches Sachrecht vereinbart
werde, mit dem dann die Durchsetzbarkeit der inländischen Konzernrechtsnormen auch am
ausländischen Sitz der Obergesellschaft gesichert werde.[130]

---

[121] *Streck,* KStG, § 18, Anm. 4 und 9; *Herrmann/Heuer/Raupach,* EStG und KStG § 18 RdNr. 41.
[122] *Beyer,* S. 76f.; *Herrmann/Heuer/Raupach/Winter* § 18 RdNr. 1ff.; *Sonnenschein,* Organschaft, S. 99f.; *Geßler/Hefermehl/Geßler,* Vorb. § 291 AktG RdNr. 8.
[123] MünchKommBGB-*Kindler,* IntGesR RdNr. 756.
[124] Im Ergebnis ebenso Kölner Kommentar zum AktG-*Koppensteiner,* vor § 291 AktG RdNr. 94; *Staudinger/Großfeld,* IntGesR, RdNr. 518; *Epe,* Festschrift für Rothoeft, S. 54f.
[125] Hinweis auf die steuerrechtlichen Bedenken von MünchKommBGB-*Kindler,* IntGesR RdNr. 756; und die Entgegnungen: *Staudinger/Großfeld,* IntGesR, RdNr. 491; *Bayer,* S. 141f.
[126] *Däubler,* RabelsZ 39 (1975), 446, 470f.
[127] *Bernstein/Koch,* ZHR 143 (1979), 522, 533; *Däubler,* RabelsZ 39 (1975), 444, 466ff.; *Hanau/Ulmer* § 5 MitbestG RdNr. 56.
[128] Vgl. *Bernstein/Koch,* ZHR 143 (1979), 522, 535.
[129] *Staudinger/Großfeld,* IntGesR, RdNr. 516.
[130] MünchKommBGB-*Kindler,* IntGesR RdNr. 758f.; *Ebenroth,* Vermögenszuwendungen, 418ff.; *Meilicke,* Festschrift für Hirsch, S. 99, 118, 119ff.; vgl. auch *Wiedemann,* GesR I, 805.

37 **dd) Stellungnahme.** Die Argumente, die gegen die Zulässigkeit eines grenzüberschreitenden Beherrschungsvertrages vorgebracht werden, vermögen im Ergebnis nicht zu überzeugen.[131] Zwar wiegen die Einwände aus arbeitsrechtlicher Sicht durchaus schwer, doch kann dies nicht die gesetzliche Entscheidung korrigieren, grenzüberschreitende Beherrschungsverträge zuzulassen. Einbußen des arbeitsrechtlichen Schutzes, welcher durch das deutsche Recht gewährt wird, müssen damit grundsätzlich hingenommen werden. Eine Korrektur kann dann einzelfallbezogen möglicherweise dadurch erreicht werden, dass in Ausnahmefällen arbeitsrechtliche Bestimmungen als Eingriffsnormen eingreifen (vgl. Art. 30, 34 EGBGB),[132] oder dass der ordre public (Art. 6 EGBGB) zur Anwendung kommt. Dabei ist aber zu beachten, dass nach hM weder das deutsche Mitbestimmungsrecht,[133] der arbeitsrechtliche Gleichbehandlungsgrundsatz[134] noch das Kündigungsschutzgesetz[135] unter Art. 34 EGBGB fällt. Jedenfalls würde dies an der Zulässigkeit grenzüberschreitender Beherrschungsverträge als solcher nichts ändern. Ferner ist nicht wegzudiskutieren, dass der Gesetzgeber den Abschluss eines internationalen Beherrschungs- bzw. Gewinnabführungsvertrages für zulässig hält. Das ergibt sich insbesondere aus dem Aktiengesetz (§§ 305 Abs. 2, Nr. 1 und 2, 319 AktG),[136] aber auch aus den Regelungen der Mitbestimmungsfrage. Denn wie § 5 Abs. 3 MitbestG zeigt, wird eine Schwächung der Mitbestimmung über eine mitbestimmungsfreie Konzernspitze grundsätzlich hingenommen.[137] Wer internationale Beherrschungsverträge als nichtig behandeln will, soweit nicht ausdrücklich die Geltung ausländischen Rechts vereinbart ist, übersieht zudem, dass im Zusammenhang mit dem Beherrschungsvertrag eine Rechtswahl gerade nicht möglich ist.[138] Gegen ein Verbot von grenzüberschreitenden Unternehmensverträgen dürften schließlich auch gemeinschaftsrechtliche Bedenken zum Tragen kommen, weil es zu einer Beeinträchtigung der Verkehrsfreiheiten (Niederlassungsfreiheit) führen würde. Ausländische Unternehmen könnten nämlich ihre unternehmerischen Verbindungen in einem anderen Mitgliedstaat (also Deutschland) nicht so organisieren, wie sie es für opportun halten und in ihrem Heimatstaat tun könnten.[139]

38 **d) Schicksal des Unternehmensvertrages.** Die Eröffnung des Insolvenzverfahrens hat im internationalen Konzern **Auswirkungen auf den Unternehmensvertrag,** denn die durch ihn vermittelte Leitungsmacht prallt dann auf die grundsätzlich alleinige Verfügungsbefugnis des Insolvenzverwalters. Daran ändert sich auch nichts, wenn man betont, dass der Insolvenzverwalter nicht der Leitungsmacht des herrschenden Unternehmens unterworfen ist,[140] weil allein schon die Gefahr divergierender Entscheidungen bezüglich der Angelegenheiten des Gemeinschuldners ausreicht, **keine Doppelbefugnisse** hinsichtlich der Führung der Gemeinschuldnerin zuzulassen. Wie soeben ausgeführt (s. RdNr. 8 ff.), gilt deutsches Recht, wenn das abhängige Unternehmen als Vertragspartner des herrschenden Unternehmens im Konzern seinen Sitz in Deutschland hat.

---

[131] So auch *Emmerich/Sonnenschein/Habersack* § 8 III 2 d bb; GroßKommAktG-*Assmann,* Einl. RdNr. 641; *Geßler/Hefermehl/Geßler* § 291 AktG RdNr. 58; Kölner Kommentar zum AktG-*Koppensteiner,* vor § 291 AktG RdNr. 94; *Neumayer,* ZVglRWiss 83 (1984), 129, 151 f.; *Wiedemann,* GesR I, 805; vgl. auch *Hahn,* IPRax 2002, 107 ff.; *Heidinger,* NZG 2005, 502 ff.

[132] Ganz ausführlich, *Junker,* Internationales Arbeitsrecht im Konzern, 1992.

[133] Dagegen *Großfeld/Erlinghagen,* JZ 1993, 222.

[134] AA *Bitttner,* NZA 1993, 165.

[135] BAG, Betr. 1990, 1668, s. dazu *Magnus,* IPRax 1991, 385.

[136] Kölner Kommentar zum AktG-*Koppensteiner,* vor § 291 AktG RdNr. 94; Staudinger/*Großfeld,* IntGesR., RdNr. 401.

[137] *Wiedemann,* IntGesR, 207; ders., GesR I, 806; *Martens* ZHR 138 (1974), 179, 194 f.; Staudinger/*Großfeld,* IntGesR RdNr. 520.

[138] Kölner Kommentar zum AktG-*Koppensteiner,* vor § 291 AktG RdNr. 95; vgl. auch *Neumayer,* ZVglRWiss 83 (1984), 129, 153 f.

[139] S. *Emmerich/Habersack* § 291 RdNr. 33, der auf einen möglichen Verstoß gegen Art. 6 EGV hinweist; vgl. auch *Einsele,* ZGR 1996, 40, 47 ff.; *Bayer,* ZGR 1993, 599, 612 f. Zu bedenken ist dabei jedoch, dass das allgemeinere Verbot der Diskriminierung aus Gründen der Staatsangehörigkeit grundsätzlich hinter die spezielleren Regeln der Art. 52 ff. EGV zurücktritt.

[140] *Häsemeyer,* RdNr. 32.09.

aa) Automatische Beendigung oder Suspendierung der Vertragswirkung. Die 39
Rechtsfolgen der Eröffnung des Insolvenzverfahrens für den Beherrschungsvertrag werden
unterschiedlich betrachtet. Die wohl hM geht davon aus, dass die Eröffnung des Insolvenzverfahrens, ebenso wie ein Auflösungsbeschluss der Gesellschafterversammlung, den **Unternehmensvertrag automatisch beendet.**[141] Das ergibt sich aus § 262 Abs. 1 Nr. 2 AktG.
Ob der Grund dafür darin zu sehen ist, dass der Unternehmensvertrag in diesem Sinne
auszulegen sei, mag ohne nähere Hinweise im Vertrag selbst bezweifelt werden. Auch stellt
es einen erheblichen Eingriff in die Privatautonomie der Parteien dar, den Vertrag mit
Eröffnung des Verfahrens per Gesetz unwirksam werden zu lassen. Es kann indes aber nicht
übersehen werden, dass ein etwaiger Fortbestand des Unternehmensvertrages nicht mit dem
Abwicklungsstatus einer aufgelösten Gesellschaft zu vereinbaren ist.[142] Ferner ermächtigt
§ 308 AktG nur zur Ausübung der Leitungsmacht gegenüber dem Vorstand der Gesellschaft.
Damit ist aber nicht der Abwickler der Gesellschaft, also etwa der Insolvenzverwalter,
gemeint.[143] Unabhängig davon lässt sich die Abwicklung schon gar nicht unter die Vorstellung der Leitung der Gesellschaft fassen; es fehlt insoweit schon das Bezugsobjekt.[144]
Daran anknüpfend wird auch erwogen, die Unternehmensverträge dem Regelungsbereich
der §§ 115, 116 InsO in entsprechender Anwendung zu unterstellen, was im Ergebnis
gleichsam eine Beendigung der Unternehmensverträge zur Folge hat.[145]

Demgegenüber gewinnt zunehmend diejenige Auffassung an Bedeutung, nach welcher 40
die Unternehmensverträge nicht mit der Eröffnung des Insolvenzverfahrens automatisch
enden, sondern diese nur für die Dauer des Insolvenzverfahrens suspendiert werden.[146] Die
Vertreter dieser Auffassung führen an, dass nicht mehr wie zur KO durch das Insolvenzverfahren der jeweilige Schuldner zwangsläufig liquidiert werde, sondern gleichermaßen
eine Sanierung möglich ist; infolgedessen sei es – wie auch bei der VglO zuvor anerkannt –
notwendig, die Unternehmensverträge dem Grunde nach fortbestehen zu lassen, damit sie
ohne Neuabschluss nach Verfahrensbeendigung ggf. wieder aufleben und nur deren Wirkung für die Verfahrensdauer aufheben.[147] Stets ist anerkannt, dass der Insolvenzverwalter
nicht der Wirkung eines Unternehmensvertrages unterstellt sein kann, da dies sowohl dessen
Rechtsstellung als auch dem Zweck des Insolvenzverfahrens zuwiderläuft.[148] Hierzu sei das
Konzernorganisationsrecht insoweit von der insolvenzrechtlichen Zweckverfolgung überlagert, als dass es zu einer Zuständigkeits- oder Abwicklungskollision käme, d. h. insoweit als
dass dies aus Gründen der insolvenzrechtlichen Zweckerreichung erforderlich ist.[149] Allerdings steht bereits in Frage, ob nicht der insolvenzrechtliche Regelungsbereich grundsätzlich

---

[141] Ausführlich *Berthold*, Unternehmensverträge in der Insolvenz, 2004, RdNr. 213 ff.; *Nicht*, Konzernorganisation und Insolvenz, Diss. Dresden 2008, § 19, BGHZ 103, 1, 6 f.; AG Duisburg, ZIP 2002, 1636, 1640; *Baumbach/Hueck/Zöllner*, SchlAnhKonzernR RdNr. 68; *Hüffer* § 297 RdNr. 22; *Baur/Stürner*, RdNr. 35.7; *Gottwald/Timm/Körber*, Insolvenzrechts-Handbuch, 1. Aufl., § 83 RdNr. 58; *Kort*, ZIP 1988, 682; *Krieger*, Festschrift für Metzeler, S. 139, 141 ff.; eher skeptisch *Paulus*, ZIP 1996, 2141, 2142 ff.; differenziert *Uhlenbruck/Hirte* § 11 RdNr. 398; *Bous*, Die Konzernleitungsmacht im Insolvenzverfahren, 2002, insbes. S. 149 ff. und 268 ff.; *Kübler/Prütting/Noack*, Gesellschaftsrecht, RdNr. 719 ff.; *Rotstegge*, Konzerninsolvenz, § 4, S. 251 ff.; *Trendelenburg*, NJW 2002, 647, 648 f.; *Zeidler*, NZG 1999, 692, 696 ff.
[142] S. bereits *Geßler/Hefermehl/Geßler* § 297 AktG RdNr. 46.
[143] So schon *Hengeler/Hoffmann-Becking*, Freundesgabe Hefermehl, S. 285 f.
[144] GroßKommAktG-*Würdiger* § 297 AktG Anm. 7; *Wilhelm*, Beendigung, S. 32 f.
[145] Dazu *Berthold*, Unternehmensverträge in der Insolvenz, 2004, RdNr. 213 ff.
[146] Vgl. ausführlich *Bous*, Die Konzernleitungsmacht im Insolvenzverfahren, 2002, insbes. S. 149 ff. und 268 ff.; ferner *Emmerich/Habersack*, Konzernrecht, § 19 IX., S. 264 f.; *Kübler/Prütting/Noack*, Gesellschaftsrecht, RdNr. 719 ff.; *Rotstegge*, Konzerninsolvenz, § 4, S. 251 ff.; *Trendelenburg*, NJW 2002, 647, 648 f.; *Zeidler*, NZG 1999, 692, 696 ff.
[147] S. *Bous*, Die Konzernleitungsmacht im Insolvenzverfahren, 2002, S. 139; *Kübler/Prütting/Noack*, Gesellschaftsrecht, RdNr. 723 ff., 726; *Rotstegge*, Konzerninsolvenz, § 4, S. 252 ff.; *Zeidler*, NZG 1999, 692, 696 ff.
[148] Unter unterschiedlicher Begründung *Uhlenbruck/Hirte* § 11 RdNr. 398; *Häsemeyer*, RdNr. 32.09; *Kübler/Prütting/Noack*, Gesellschaftsrecht, RdNr. 725; *Rotstegge*, Konzerninsolvenz, § 4, S. 253.
[149] Vgl. *Uhlenbruck/Hirte* § 11 InsO RdNr. 398; *K.Schmidt*, Wege zum Insolvenzrecht, S. 288; *Kübler/Prütting/Noack*, Gesellschaftsrecht, RdNr. 726; *Piepenburg*, NZI 2004, 231, 235 f.; *Zeidler*, NZG 1999, 692, 696.

von den gesellschafts- und konzernrechtlichen Regelungsbereichen unberührt bleibt, da der Insolvenzverwalter durch die Bestellung nicht in das gesellschaftsrechtliche Organisationskonstrukt einbezogen wird, weshalb weder gesellschaftsrechtliche noch konzernrechtliche Regelungen und Vorschriften dem Grunde nach geeignet sind, in dessen Verantwortungs- und Zuständigkeitsbereich einzugreifen und folglich die rechtliche Gestaltung des Insolvenzverfahrens und die insolvenzrechtliche Zweckerreichung nicht negativ beeinträchtigt werden können.[150]

41 bb) **Kündigungsmöglichkeit.** Die Gegenauffassung geht davon aus, dass die Auflösung der Untergesellschaft gem. § 262 AktG den Bestand des Vertrages nicht ohne weiteres beeinträchtige. Vielmehr stehe der abhängigen Gesellschaft – und während ihres Insolvenzverfahrens dem Insolvenzverwalter – die Möglichkeit zu, aus wichtigem Grund, nämlich der Eröffnung des Insolvenzverfahrens, fristlos mit sofortiger Wirkung zu kündigen (vgl. § 297 AktG).[151] Durch diese Möglichkeit bekäme der Insolvenzverwalter dann **ein Wahlrecht** an die Hand (vgl. § 103 InsO), das ihm die Möglichkeit eröffnet, den Betrieb als eigenständiges Unternehmen oder aber (weiterhin) als abhängiges Unternehmen im Konzernverbund fortzuführen. Eine solche Möglichkeit verbessere die Sanierungschancen durch einen Insolvenzplan, ohne dass gleichzeitig die betroffenen Interessen schutzlos wären.[152] In eine ähnliche Richtung geht die Meinung, dass die Insolvenz des abhängigen Unternehmens die Herrschaftsmacht der Obergesellschaft automatisch beende, während der Vertrag nur durch Kündigung aufgehoben werden könne.[153] Letztere Auffassung geht aber eher von einer Suspendierung der Vertragswirkung (s. RdNr. 40) aus und koppelt hieran ein zusätzliches Kündigungsrecht.[154]

42 cc) **Stellungnahme.** Zutreffend wird darauf hingewiesen, dass der Meinungsstreit nur in drei Konstellationen in der Praxis an Bedeutung gewinnt,[155] nämlich dann, wenn die Eigenverwaltung angeordnet wird, wenn der Insolvenzverwalter verbundene Unternehmen fortführen möchte[156] oder wenn eine Sanierung unter Aufrechterhaltung des Konzerngefüges bestrebt wird. Wenngleich das Argument der Möglichkeit einer effektiveren Sanierung innerhalb eines Konzernverbundes nicht ohne weiteres von der Hand gewiesen werden kann, so bleibt dabei doch die entscheidende Frage der Einschränkung der Leitungsmacht des herrschenden Unternehmens ungeklärt. Eine Antwort, die darauf beruht, dass die Leitungsmacht des herrschenden Unternehmens so beschnitten werden müsste, dass sie nur insoweit zulässig ist, als sie dazu dient, das Unternehmen einstweilen und unter Zustimmung der Gesamtgläubigerschaft fortzuführen,[157] entbehrt der gesetzlichen Grundlage. Es ist nicht ersichtlich, wie § 308 AktG insoweit eingeschränkt werden könnte. Für eine teleologische Reduktion[158] der Vorschrift ist kein Raum. Jedoch ist der Auffassung, die den Insolvenzverwalter nicht als Adressaten konzernrechtlicher oder gesellschaftsrechtlicher Weisung ansieht,[159] zuzugeben, dass ein Bedürfnis für eine zwingende Beendigung der Unternehmensverträge nicht besteht. Insoweit kann dann nämlich eine Befugnis hieraus nicht zum Schaden

---

[150] Weiterführend *Uhlenbruck*, Festschrift Hans-Peter Kirchhof, 2003, S. 479, 486 ff; *Rotstegge*, Konzerninsolvenz, § 4, S. 254 ff.; auch *Bous*, Die Konzernleitungsmacht im Insolvenzverfahren, 2002, S. 149 ff.
[151] Vgl. *Acher*, mit ausführlicher Begründung: S. 157 ff.; Überblick auch bei *Bous*, Die Konzernleitungsmacht im Insolvenzverfahren, S. 268 ff. s. ferner auch *Wilken/Ziems*, Festschrift für Metzeler, S. 139, 156 ff.; *Meister*, WM 1976, 1182, 1886; *Zeidler*, NZG 1999, 692, 697.
[152] S. *Häsemeyer*, RdNr. 32.09.
[153] *K. Schmidt*, Wege zum Insolvenzrecht, S. 224; vgl. auch *Mertens*, ZGR 1984, 552.
[154] Vgl. *Gottwald/Haas*, Insolvenzrechts-Handbuch, § 95 RdNr. 7; *Piepenburg*, NZI 2004, 231, 235 f.
[155] *Gottwald/Haas*, Insolvenzrechts-Handbuch, § 95 RdNr. 7.
[156] Steht dies nicht in seinem Interesse, so wird er in Ansehung der umstrittenen Rechtslage stets die Kündigung ausüben, um eine Beendigung des Vertrages (nach allen Auffassungen) rechtssicher zu erwirken.
[157] *Häsemeyer*, RdNr. 32.09.
[158] Vgl. *Hanau/Ulmer* § 5 MitbestG RdNr. 56, die im Hinblick auf eine etwaige Aushöhlung der deutschen Mitbestimmungsregeln de lege lata eine teleologische Reduktion des § 308 Abs. 3 AktG vorschlagen; dagegen aber KölnKommAktG-*Koppensteiner*, vor § 291 AktG RdNr. 94; früher: *Geßler/Hefermehl/Geßler* § 308 AktG RdNr. 81.
[159] *Uhlenbruck*, Festschrift Hans-Peter Kirchhof, 2003, S. 479, 486 ff; ferner *Bous*, Die Konzernleitungsmacht im Insolvenzverfahren, 2002, S. 149 ff., *Rotstegge*, Konzerninsolvenz, § 4, S. 254 ff.

des jeweiligen Insolvenzverfahrens ausgeübt werden, weil insofern die Beteiligten jeweils den Verfahrenszweck zu gewährleisten haben.[160] In der Eigenverwaltung ist überdies bei der Anordnung zu berücksichtigen, ob unternehmensvertragliche Bindungen einen derartigen Nachteil für die Gläubiger begründen, der die Anordnungsvoraussetzungen des § 270 Abs. InsO entfallen lässt.[161] Daher wäre es stringent, wenn in Ansehung der Amtswalterstellung des Insolvenzverwalters angenommen werden würde, dass eine Bindung aus Unternehmensverträgen nur auf der kooperationsrechtlichen Organisationsebene besteht, welche wiederum der insolvenzverfahrensrechtlichen Zweckbindung unterliegt. Damit wäre ein Konfliktbereich zwischen gesellschafts- und konzernrechtlichen Berechtigungen einerseits und insolvenzrechtlicher Zweckerreichung andererseits weitestgehend abbedungen. Voraussetzung hierfür ist es jedoch, dass man in der Insolvenz einer Gesellschaft diese selbst als Rechtssubjekt und Insolvenzschuldner anerkennt und die Frage der gesellschaftsrechtlichen Binnenstruktur sekundär zur Ausfüllung der insolvenzrechtlichen Berechtigung heranzieht.[162] Bei der Insolvenz der abhängigen Gesellschaft wäre der Insolvenzverwalter durch die Konzernleitungsmacht nicht gebunden, soweit sie aber in anderen Bereichen fortbesteht, wäre deren Ausübung an die insolvenzrechtliche Zwecksetzung gebunden.

43 Bei der derzeitigen rechtlichen Lage bleibt dem Insolvenzverwalter, will er die Sanierung des insolventen Unternehmens im Gefüge des Konzerns vorantreiben, aber nichts anderes übrig, als einen neuen Unternehmensvertrag abzuschließen.[163] Die Interessen der Gläubiger können dann insoweit gewahrt werden, als der neue Vertrag so ausgestaltet wird, dass sich die Vorstellungen des Insolvenzverwalters über die Fortführung des Unternehmens darin wieder finden. Ob ein solcher Vertrag dann allerdings von dem herrschenden Unternehmen akzeptiert wird, liegt in der Verhandlungsmacht des Insolvenzverwalters. Es gilt daher nach derzeit wohl immer noch herrschender Ansicht, dass in der Insolvenz einer abhängigen deutschen AG in einem internationalen Vertragskonzern die Leitungsmacht des ausländischen Unternehmens mit Eröffnung des Insolvenzverfahrens in Deutschland endet. Zu diesem Zeitpunkt geht das Schicksal des Unternehmens in die Hände des Insolvenzverwalters über.

44 **e) Ansprüche aus dem Vertragskonzernverhältnis in der Insolvenz eines Vertragspartners.** Bei der Liquidation der abhängigen konzerngebundenen AG im Rahmen eines Insolvenzverfahrens ist es praktisch von erheblicher Relevanz, ob auf Grund des Umstandes der Konzernzugehörigkeit des Gemeinschuldners als abhängiges Unternehmen eventuell **Ansprüche gegen andere und möglicherweise ausländische Unternehmen desselben Konzerns,** insbesondere gegen das herrschende Unternehmen, bestehen, die spezifisch an der Konzernzugehörigkeit anknüpfen.

45 **aa) Anwendbares Recht.** Etwaige Ansprüche des abhängigen deutschen Unternehmens in der Insolvenz gegen das ausländische herrschende Unternehmen, die aus dem Konzernverhältnis resultieren, werden kollisionsrechtlich an das Gesellschaftsstatut des abhängigen Unternehmens angeknüpft. Insoweit besteht in der deutschen Rechtsprechung und Literatur weitgehende Einigkeit. Die Begründungen dafür weichen indes erheblich voneinander ab:[164] Zum einen wird an das **Gesellschaftsstatut der abhängigen Gesellschaft** angeknüpft mit der Begründung, es gäbe kein einheitliches Konzernstatut. Kerngedanke dessen ist, dass die Normen des Konzernrechts – soweit man der Konzeption der herrschenden Meinung folgt – die korporationsrechtlichen Beziehungen zwischen Gesellschaft (abhängiges Unternehmen) und Gesellschafter (herrschendes Unternehmen) regeln. Interessanterweise spiegelt sich in der kollisionsrechtlichen Anknüpfung damit wider, dass

---

[160] *Rotstegge,* Konzerninsolvenz, § 4 D. I. 2., S. 239 ff.
[161] *Rotstegge,* Konzerninsolvenz, § 4 E. II., S. 277 ff. mit weiteren Nachweisen.
[162] So zutreffend *Uhlenbruck,* Festschrift Hans-Peter Kirchhof, 2003, S. 479, 486 ff; s. auch *Rotstegge,* Konzerninsolvenz, § 4, S. 254 ff.
[163] Kritisch dazu *Häsemeyer,* RdNr. 32.09; vgl. auch Erster Bericht, Leitsatz 2.4. 9. 13, Abs. 2 (290 ff.).
[164] S. statt aller die ausführlichen Darstellungen bei *Zimmer,* 366 ff.; MünchKommBGB-*Kindler,* IntGesR RdNr. 738 ff., jeweils mit umfangreicher Literatur und Rechtsprechung.

es beim Konzern nicht nur um *einen* spezifischen Regelungsgegenstand geht, sondern dass es sich letztlich (nur) um allgemeines, auf die mitgliedschaftliche Beziehung vom herrschenden Unternehmen zur beherrschten Gesellschaft bezogenes Gesellschaftsrecht handelt. Zum anderen wird kollisionsrechtlich vom Schutzzweck der Konzernrechtsnormen her argumentiert und auf die Gefahren für Gesellschafter und Gläubiger, die sich aus der Konzernierung ergeben, abgestellt. Demnach müsse an das Gesellschaftsstatut des abhängigen Unternehmens angeknüpft werden, weil bei ihm der **„Gefahrenschwerpunkt"** liege.[165]

46   Die kollisionsrechtliche Anknüpfung an das Gesellschaftsstatut des abhängigen Konzernunternehmens ändert sich auch nicht in dem – praktisch seltenen – Fall, dass der Einfluss des herrschenden Unternehmens auf das abhängige Unternehmen nicht (auch) durch eine Beteiligung, sondern ausschließlich durch einen Vertrag begründet wird, weil es insoweit nur auf den Umstand der Abhängigkeit ankommt, nicht darauf, wie diese vermittelt wird. Für das Kollisionsrecht in einem Unterordnungskonzern gilt daher die Formel: „Deutsches Recht gilt bei einem deutschen abhängigen Unternehmen, ausländisches Recht gilt bei einem ausländischen abhängigen Unternehmen, das Statut der Obergesellschaft spielt keine Rolle".[166]

47   Diese Regel über die Konzernbeziehung ist eine **allseitige Kollisionsnorm.**[167] Sie lässt sich auch dann nicht auflockern, wenn das Recht der herrschenden Gesellschaft für den durch das inländische Recht geschützten Personenkreis günstiger ist.[168] Ein derartiger *better-law-approach* kann schon deshalb nicht zulässig sein, weil die Ausgewogenheit der Interessenentscheidung des an sich anwendbaren Gesellschaftsstatuts der abhängigen Gesellschaft durch die teilweise Anwendung fremden Rechts gestört würde.[169]

48   Der **Umfang**, in dem durch diese Konzernkollisionsnorm auf das entsprechende materielle Recht verwiesen wird, hängt von dem Bereich ab, der vom anwendbaren Gesellschaftsstatut abgedeckt wird. Im deutschen Recht gehören dazu u. a. die Fragen des Schicksals des Beherrschungsvertrages, der Haftung des herrschenden Unternehmens[170] und von Geschäftsleitungsorganen (§ 310 AktG)[171] und der Ausgleich der Schulden des abhängigen Unternehmens. Nach dem deutschen Recht bestimmt sich dann auch der horizontale Zugriff auf das Vermögen von Schwesterunternehmen.[172]

49   **bb) Zuständigkeit für Klagen. (1) Grundlegung.** Von der Frage des anwendbaren Rechts ist bei grenzüberschreitenden AG-Vertragskonzernen die der (internationalen) Zuständigkeit des Gerichts für die entsprechenden Klagen zu trennen. Unterschieden werden muss zusätzlich der Fall, in dem das Unternehmen oder die Person, gegen welche Ansprüche geltend gemacht werden sollen, seinen bzw. ihren Sitz in einem EU-Mitgliedstaat hat, von dem, wo der Sitz des herrschenden Unternehmens in einem anderen Staat belegen ist (Art. 2 EuGVO). Die nachfolgenden Ausführungen beschränken sich dabei auf Grund der großen Relevanz im Wesentlichen auf Zahlungsansprüche, die der Insolvenzverwalter für die Masse geltend machen kann.

---

[165] OLG Frankfurt/M. AG 1988, 267.
[166] *Staudinger/Großfeld*, IntGesR RdNr. 502.
[167] OLG Frankfurt/M. AG 1988, 267; MünchKommBGB-*Kindler*, IntGesR RdNr. 736; *Wiedemann*, GesR I, 800; *Staudinger/Großfeld*, IntGesR RdNr. 507.
[168] Etwa *Goldman*, Rev. du Marché Commun 1968, 297, 315.
[169] *Staudinger/Großfeld*, IntGesR RdNr. 526.
[170] Speziell zum Ausgleich der im Rumpfgeschäftsjahres entstandenen Verluste s. BGHZ 103, 1, 9; zur Frage, ob sich die Verlustübernahmepflicht des herrschenden Unternehmens auf die Abwicklungsverluste im eröffneten Insolvenzverfahren erstrecken s. *Timm/Körber*, Insolvenzrechts-Handbuch, 1. Aufl., § 83 RdNr. 58; *K. Schmidt*, Wege zum Insolvenzrecht, 231; verneinend etwa *Jaeger/Weber* §§ 207, 208 RdNr. 11; *v. Godin/Wilhelmi* § 302 RdNr. 6.
[171] Vgl. *Häsemeyer*, RdNr. 32.12.
[172] Dieser erfolgt in der Regel durch die Zurechnung bestimmter Verhaltensweisen der Muttergesellschaft auf die Tochtergesellschaft.

Internat. Konzerninsolvenzrecht   50–52 **Anhang**

Soweit der Insolvenzverwalter oder die Gläubiger des insolventen deutschen Unterneh- 50
mens gegen ein anderes Unternehmen desselben Konzerns, in der Regel also gegen das
herrschende Unternehmen, klagt bzw. klagen, welches seinen Sitz in einem EU-Mitgliedstaat
hat, ist der Anwendungsbereich des Übereinkommens eröffnet (Art. 1 Abs. 1 Satz 1 EuG-
VO), wenn man mit der herrschenden Meinung das deutsche Konzernrecht als Ausprägung
bzw. Bestandteil des deutschen Gesellschaftsrechts ansieht. An der Zuordnung gesellschaftsrechtlicher Streitigkeiten zu den vom EuGVO erfassten Zivil- und Handelssachen besteht
kein Zweifel (vgl. insbesondere Art. 16 Nr. 2 EuGVO). Das gilt auch dann, wenn die
kollisionsrechtlichen Fragen des Konzernrechts in der Insolvenz des abhängigen Unternehmens auftreten, denn hier handelt es sich um die Eintreibung von Forderungen des (späteren)
Gemeinschuldners, die auf Geschäften oder Handlungen *vor* der Insolvenzeröffnung beruhen.
Der Ursprung solcher Klagen liegt deshalb nicht im Insolvenzrecht, und sie sind keine
unmittelbare Folge der Insolvenz, so dass diesbezügliche Klagen nicht in den Bereich der
ausdrücklich vom EuGVO ausgeschlossenen Rechtsgebiete gehören (Art. 1 Abs. 2 Nr. 2
EuGVO).[173] Die Anwendbarkeit des EuGVO hat der EuGH nur für solche Fälle ausgeschlossen, in denen die Ausgestaltung des Anspruchs ihren rechtlichen Grund allein im Insolvenzrecht im Sinne der Verordnung hat[174] (z. B. die Ausfallhaftung des faktischen Geschäftsführers
im französischen Recht[175] oder deutsche Anfechtungsklagen des Insolvenzverwalters).[176]
Insoweit sind dann die entsprechenden Vorschriften der EuInsVO anwendbar. Dagegen
unterliegt dem EuGVO die Eintreibung von Forderungen des späteren Gemeinschuldners,
die auf Handlungen vor der Eröffnung des Insolvenzverfahrens beruhen.[177]

Ist der **Anwendungsbereich der EuGVO nicht eröffnet,** richtet sich die internationale 51
Zuständigkeit für Klagen nach den allgemeinen Regeln der lex fori.

Grundsätzlich ist bei Klagen auf Grund der Konzernhaftungsvorschriften des Aktienge- 52
setzes in einem Vertragskonzern der allgemeine Gerichtsstand nach Art. 2 Abs. 1 i. V. m.
Art. 53 EuGVO/§§ 12, 17 ZPO am Sitz der Muttergesellschaft eröffnet. Das gilt freilich
nur insoweit, als keine besonderen Zuständigkeiten nach Art. 5 ff. EuGVO/§§ 12 ff. ZPO
bestehen, wobei sich nach § 38 ZPO in zulässiger Weise ein besonderer Gerichtsstand unter
Kaufleuten auch aus der Prorogation ergeben kann.[178] Ob für derartige Klagen ein solcher
besonderer Gerichtsstand eröffnet ist, ist bislang allerdings noch nicht vollständig geklärt.
Weder die EuGVO noch das autonome deutsche Recht sehen eine ausdrückliche Zuständigkeitsregelung für derartige Streitigkeiten vor. Zwar findet sich im EuGVO eine Regelung
für gesellschaftsrechtliche Streitigkeiten (Art. 16 Nr. 2 EuGVO). Doch ist diese nur kryp-
tisch ausgestaltet und betrifft unstreitig nicht den herkömmlicherweise vom Konzernhaftungsrecht erfassten Bereich.[179] Auch § 22 ZPO greift hier nicht ein.[180] Es kam schließlich
ebenfalls die allseitige Zuständigkeitsvorschrift des § 306 AktG aF nicht in Betracht, weil sie
nur das Verfahren für Streitigkeiten bezüglich des Ausgleichs und der Abfindung regelte.[181]
Dies setzt sich auch nach dem nunmehr geltenden Spruchverfahrensgesetz (SpruchG) fort,
da auch insofern der Anwendungsbereich dieses Gesetzes nach § 1 SpruchG einzig eröffnet

---

[173] S. *Kropholler,* Europäisches Zivilprozessrecht Art. 1 EuGVO RdNr. 34; LG Mainz WM 1989, 1053.
[174] EuGHE 1979, 733 (Gourdain/Nadler); zum EuGVÜ vgl. auch *Junker,* RIW 1986, 345, 347; OLG Hamm EuZW 1993, 519.
[175] Dazu ausführlich *Ehricke,* § 528 ff. mit Nachweisen über aktuelle Rechtsprechung und Literatur in Frankreich.
[176] BGH NJW 1990, 990; *Kropholler,* Europäisches Zivilprozessrecht Art. 1 EuGVO RdNr. 33.
[177] *Kropholler,* Europäisches Zivilprozessrecht Art. 1 EuGVO RdNr. 34; LG Mainz WM 1989, 1053.
[178] S. etwa *Thomas/Putzo/Hüßtege* § 38 ZPO RdNr. 1, 7 ff.; *Zöller/Vollkommer* § 38 ZPO RdNr. 3, 9 a ff.
[179] S. statt aller *Kropholler,* Europäisches Zivilprozessrecht Art. 16 EuGVO RdNr. 33 ff., insbes. RdNr. 38; *Geimer/Schütze,* Europäisches Zivilverfahrensrecht Art. 16 EuGVO RdNr. 138 f. und 154 ff.
[180] *Zöller/Vollkommer* § 22 ZPO RdNr. 1 ff., insbes. RdNr. 6; *Stein/Jonas/Schumann* § 22 ZPO RdNr. 7; *Bayer,* 128, jeweils mwN; s. auch BGHZ 76, 231, 235.
[181] Diese Norm wurde durch Art. 2 Nr. 4 des Gesetzes zur Neuordnung des gesellschaftsrechtlichen Spruchverfahrens vom 12. 6. 2003 (BGBl I S. 838) ersetzt, zur alten Rechtslage s. nur *Hüffer,* AktG § 306 AktG RdNr. 1; KölnKommAktG-*Koppensteiner* § 306 AktG RdNr. 1 f.; *Beyerle,* ZGR 1977, 650.

ist, sofern über Abfindungen, Ausgleiche oder Zuzahlungen bzw. dem zugrunde liegenden Informationsstreitigkeiten zu bestimmen ist.[182]

53 **(2) Gerichtsstand des Erfüllungsortes.** Bei **Bestehen eines Unternehmensvertrages** liegt es nahe, bei Ansprüchen, die der Insolvenzverwalter aus dem Vertrag für die Masse geltend macht, den Gerichtsstand des Erfüllungsortes (Art. 5 Nr. 1 EuGVO, § 29 ZPO) heranzuziehen. Denn die **relevanten konzernrechtlichen Ansprüche** lassen sich ohne Schwierigkeiten als **Ansprüche aus dem Vertrag** zwischen herrschendem und abhängigem Unternehmen begreifen. Das ergibt sich bereits daraus, dass die Ansprüche der abhängigen Gesellschaft gegen das herrschende Unternehmen, die der Insolvenzverwalter geltend machen kann, Kompensationsinstrumente dafür sind, dass durch den Vertrag bestimmte Schutzvorschriften des AktG für die AG, welche nicht in einen Konzern eingebunden ist, verdrängt werden. Das gilt jedenfalls für Ansprüche aus §§ 302, 303 AktG. Nach Art. 5 Nr. 1 EuGVO ist dann für Klagen des Insolvenzverwalters das Gericht des Ortes, an dem die betreffende Verpflichtung erfüllt worden ist oder zu erfüllen wäre, zuständig. Der Erfüllungsort bestimmt sich nach lex causa.[183] **Solange noch nicht erfüllt worden ist,** ist dort zu klagen, wo die Verpflichtung hätte erfüllt werden müssen. Bei deutscher lex causa ist dies regelmäßig am (Wohn-)Sitz des Schuldners zurzeit der Entstehung des Schuldverhältnisses (§ 269 Abs. 1, 2 BGB). Etwas anderes gilt, wenn dies aus der Natur des Schuldverhältnisses folgt oder wenn es sich bei der Schuld um Geldschulden handelt (§ 270 BGB). Zwar handelt es sich bei dem Anspruch aus § 303 AktG, der in der Insolvenz eines abhängigen Unternehmens stets einschlägig sein wird, um einen Anspruch der Gläubiger auf Sicherheitenbestellung, doch ist vom BGH geklärt worden, dass sich dieser Anspruch in einen Zahlungsanspruch umwandelt, wenn die abhängige Gesellschaft vermögenslos ist und deshalb ihre Forderung gegenüber dem Gläubiger nicht mehr erfüllen kann, weil §§ 302 und 303 AktG eine einheitliche Anspruchsgrundlage bilden, die im Ergebnis auf Zahlung der betreffenden Summe gerichtet ist, für die ansonsten als Sicherheit geleistet werden müsste.[184] Dieser Anspruch ist – soweit ein Insolvenzverfahren eröffnet wurde – für die Gläubiger vom Insolvenzverwalter zur Masse geltend zu machen (vgl. § 92 S. 1).[185] Auch ist diese Rechtsprechung in Ansehung der Entwicklung zur Durchgriffshaftung keinesfalls überholt.[186] Nach § 270 BGB kommt es daher auf das Gericht des Hauptverwaltungssitzes der Tochtergesellschaft an. Entsprechende Erwägungen gelten auch für den Fall, dass das herrschende Unternehmen seinen Sitz nicht in einem EU-Mitgliedstaat hat.

54 **(3) Gerichtsstand der unerlaubten Handlung.** Geht man davon aus, dass trotz des Vertrages der Rechtsgrund der Haftung nicht in dem obligatorischen Verhältnis liegt, sondern in dem **Eingriff des herrschenden Unternehmens in das Eigeninteresse** der Tochtergesellschaft, so dass deshalb die Anwendung der deutschen Schutzvorschriften bejaht werden muss,[187] kommt man hier zu demselben Ergebnis, indem der Gerichtsstand der unerlaubten Handlung (Art. 5 Nr. 3 EuGVO, § 32 ZPO) angewendet wird. Der Ort des schädigenden Ereignisses liegt nach der Rechtsprechung des EuGH sowohl an dem Ort des dem Schaden zugrundeliegenden ursächlichen Geschehens als auch am Ort des Schadenseintritts;[188] ebenso entscheidet der BGH für die parallele Fragestellung im deutschen

---

[182] Vgl. *Hüffer,* Anh § 305 AktG RdNr. 1 f., 5 ff., wobei § 1 SpruchG keine abschließende Regelung ist, sondern auch ergänzende Verfahren erfasst werden. RdNr. 6 f. mit Nachweisen aus Rspr. und Lit.).
[183] EuGHE 1976, 1473 (Dunlop); *Schlosser,* Gedächtnisschrift Bruns, 52 ff.; *Kropholler,* Europäisches Zivilprozessrecht Art. 5 EuGVO RdNr. 16; *Geimer/Schütze,* Europäisches Zivilverfahrensrecht Art. 5 EuGVO RdNr. 85 ff.
[184] BGHZ 95, 330, 347 = NJW 1986, 188 = ZIP 1985, 1263; BGHZ 115, 187, 200 = NJW 1991, 3142 = ZIP 1991, 1354; BGHZ 116, 37, 42 = NJW 1992, 505 = ZIP 1992, 29; OLG Dresden AG 1997, 330, 333.
[185] Vgl. oben *Brandes* § 92 RdNr. 14 f.; *Bork,* Kölner Schrift, 1333, 1335 f. (RdNr. 8); *Oepen,* Massefremde Masse, 1999, RdNr. 24 ff.
[186] AA *Hüffer* § 303 AktG RdNr. 7. Zur Durchgriffshaftung unter RdNr. 78 ff.
[187] Vgl. nochmals Kölner Kommentar zum AktG-*Koppensteiner,* Vorb. § 291 AktG RdNr. 84 und 89; *Staudinger/Großfeld,* Int. Gesellschaftsrecht 508; *Epe,* Festschrift für Rothoeft, 55 f.
[188] EuGHE 1976, 1735 (Bier/Mines de Potasse d'Alsace), *Kropholler,* Europäisches Zivilprozessrecht Art. 5 EuGVO RdNr. 72 ff.; *Rust* RIW 1977, 669.

Recht.[189] Meint man, die Einflussnahme des herrschenden Unternehmens auf das abhängige Unternehmen als unerlaubte Handlung qualifizieren zu können, wird man konsequenterweise dann davon ausgehen, dass der Schaden stets bei der abhängigen Gesellschaft eintritt, so dass das Gericht am Ort des Sitzes des abhängigen Unternehmens zuständig ist.

(4) Gerichtsstand der Zweigniederlassung. Der Gerichtsstand der Niederlassung nach Art. 5 Nr. 5 EuGVO/§ 21 ZPO kommt zutreffender Auffassung nach bei Klagen aus dem Konzernverhältnis nicht in Betracht,[190] weil es sich bei einem abhängigen Unternehmen nicht um eine Zweigstelle, eine Agentur oder eine Niederlassung des herrschenden Unternehmens handelt. Solche zeichnen sich nämlich regelmäßig durch ihre rechtliche Unselbstständigkeit aus.[191] Zwar steht einer Qualifikation als Zweigstelle die rechtliche Selbstständigkeit der handelnden Einheit nicht notwendigerweise entgegen,[192] doch müsste dann zumindest nach außen hin der Rechtsschein gesetzt worden sein, die selbstständige Tochtergesellschaft sei eine bloße (rechtlich unselbstständige) Zweigniederlassung.[193] Ein solcher Rechtsschein kann sich im Geschäftsverkehr jedoch bei einer durch Beherrschungsvertrag gebundenen AG nicht einstellen, wenn sie in eigenem Namen auftritt (§ 4 Abs. 1 Satz 2 AktG). **55**

(5) Zuständigkeit für Ansprüche aus § 309 Abs. 2 AktG. Für Ansprüche aus § 309 Abs. 2 AktG richtet sich die Zuständigkeit für die Klagen des Insolvenzverwalters ebenfalls nach Art. 5 Nr. 3 EuGVO/§ 32 ZPO. § 309 Abs. 2 AktG sanktioniert nämlich eine **Pflichtverletzung** (§ 309 Abs. 1 AktG). Diese Pflichtverletzung entspricht einer Organpflichtverletzung des Geschäftsleitungsorgans, dessen Position das herrschende Unternehmen durch den Unternehmensvertrag zwar nicht formal, wohl aber materiell übernommen hat. Das bedeutet, dass die handelnden Organe des herrschenden Unternehmens ihrerseits für Organpflichtverletzungen bei dem abhängigen Unternehmen einstehen müssen; diese Einstandspflicht wird aber dann dem betreffenden herrschenden Unternehmen nach § 31 BGB analog zugerechnet.[194] Diese Organpflichtverletzung stellt eine unerlaubte Handlung dar, die die Zuständigkeit des Gerichts am Ort des Schadenseintritts begründet.[195] **56**

(6) Zuständigkeit für Ansprüche aus § 310 ZPO. Soweit der Insolvenzverwalter gegen die Mitglieder des Vorstandes und des Aufsichtsrats des Insolvenzschuldners vorgehen will (§ 310 AktG), ist ebenfalls der **Gerichtsstand der unerlaubten Handlung** eröffnet (Art. 5 Nr. 3 EuGVO, § 32 ZPO). Hier liegt eine Pflichtverletzung der betreffenden Organe vor, die als unerlaubte Handlung zu beurteilen ist. Demnach ist insoweit auch das Gericht am Ort des Schadenseintritts zuständig. **57**

(7) Allgemeine Zuständigkeit aus § 23 ZPO. Ist der Anwendungsbereich des EuGVÜ nicht eröffnet (vgl. Art. 3 Abs. 2 EuGVO),[196] so könnte § 23 ZPO eine Möglichkeit bieten, den Gerichtsstand für Klagen des Insolvenzverwalters oder der Gläubiger gegen ausländische Unternehmen, die demselben Konzern angehören wie das insolvente deutsche Unternehmen, zu begründen. Voraussetzung dafür ist nur die **Belegenheit von Vermögen** **58**

---

[189] BGH NJW 1990, 1553; BGH NJW 1980, 1224, 1225; OLG Hamm, NJW-RR 1986, 1047; s. zudem *Stein/Jonas/Schumann* § 32 ZPO RdNr. 29. BGH NJW 1956, 911; BGH NJW 1974, 411.
[190] So *Zimmer*, IPRax 1998, 190 f.; *Maul*, AG 1998, 408 f.
[191] S. oben *Reinhard* Art. 3 EuInsVo RdNr. 72; ferner *Ehricke*, EWS 2002, 101 ff.; *Rotstegge*, Konzerninsolvenz, § 6 B. V., S. 421 (Fn. 1507); aA aber wohl *Paulus*, Festschrift für Gerhart Kreft, 2004, S. 469, 472 ff.; *ders.*, NZI 2001, 505, 510; *ders.*, ZIP 2002, 729, 730; *ders.*, EWiR 2004, 493, 494.
[192] *Zimmer*, IPRax 1998, 190 mwN.
[193] EuGHE 1987, 4905, 4920 (Schotte/Parfums Rothschild); dazu u. a. *Kronke*, IPRax 1989, 81, *Geimer*, RIW 1988, 220.
[194] Ausführlich dazu *Kleindiek*, Deliktshaftung und juristische Person; *Haas*, Geschäftsführerhaftung und Gläubigerschutz.
[195] *Ehricke*, ZGR 2000, 351, 368 ff.; *G. Roth/Altmeppen/Altmeppen*, § 64 GmbHG RdNr. 33 für die Eigenschaft der §§ 64 Abs. 1 GmbHG in Verbindung mit 823 Abs. 2 BGB als unerlaubte Handlung (h. M.). Wer davon ausgeht, dass § 309 Abs. 2 AktG ein Schutzgesetz im Sinne des § 823 II BGB ist (*Staudinger/Großfeld*, IntGesR, RdNr. 519; vgl. dagegen *Bayer*, 129), kommt hier zum gleichen Ergebnis.
[196] S. nur BGHZ 115, 90, 95.

des betreffenden ausländischen Unternehmens in Deutschland. Zu diesem Vermögen könnten jedenfalls die Anteile gehören, die jenes am Insolvenzschuldner hält. § 23 ZPO ist als internationaler, exorbitanter Gerichtsstand unerwünscht und wird daher im Anschluss an BGHZ 115, 90 zu Recht restriktiv ausgelegt.[197] Er ist grundsätzlich subsidiär anzuwenden.[198] Voraussetzung ist entgegen dem (zu weit gefassten) Wortlaut nicht die Belegenheit *irgendeines* Vermögens, sondern es muss sich um Gegenstände handeln, die dem Vollstreckungszugriff unterliegen und welche nicht unverhältnismäßig geringer sind als der Wert des Streitgegenstandes.[199] Die bloße Beteiligung eines ausländischen Mutterunternehmens an der inländischen insolventen Tochtergesellschaft dürfte nicht ausreichen, selbst wenn man annimmt, dass die Gesellschaftsanteile an einem deutschen abhängigen Unternehmen in Deutschland belegen sind.[200] Ist darüber hinaus (hinreichendes) vollstreckbares Vermögen des (herrschenden) ausländischen Unternehmens vorhanden, so kann, wenn ein ausreichender Inlandsbezug vorliegt[201] und kein anderer Gerichtsstand gegeben ist, in Deutschland der Vermögensgerichtsstand nach § 23 ZPO eröffnet sein. Bezüglich der typischen Klagen des Verwalters eines insolventen deutschen Unternehmens oder etwaiger Individualklagen von Gläubigern gegen ausländische Unternehmen desselben Konzerns ist indes aber nicht ersichtlich, dass kein anderer (inländischer) Gerichtsstand gegeben wäre, so dass auf Grund der Subsidiarität die Anwendbarkeit des § 23 ZPO allein eine akademische Fragestellung ist.

59 **f) Besonderheiten bei der GmbH.** Die **Bildung eines GmbH-Vertragskonzerns** ist zulässig.[202] Das gilt nach hier vertretener Ansicht auch dann, wenn die Vertragsparteien ihren jeweiligen Sitz in unterschiedlichen Staaten haben. In der Praxis wird diese Form des Konzerns allerdings vor allem aus steuerrechtlichen Gründen gewählt. Bezogen auf die Fragen des Schicksals des Unternehmensvertrags gilt hier entsprechendes wie beim AG-Vertragskonzern.[203]

60 **aa) Konzernspezifische Haftungsansprüche im GmbH-Vertragskonzern.** Geht es um die Frage, welche konzernspezifischen Ansprüche in der Insolvenz vom Insolvenzverwalter für die Masse gegen den anderen Vertragspartner geltend gemacht werden können, so ist deutsches Recht anwendbar, wenn das abhängige Unternehmen seinen Sitz in Deutschland hat (vgl. oben RdNr. 9 ff.). In diesem Fall geht die wohl h. M. davon aus, dass in einem GmbH-Vertragskonzern die §§ 302, 303 AktG analog angewendet werden,[204] so dass dementsprechend die für die AG aufgestellten Regeln auch hier gelten.[205] Dieser Meinung ist indes nicht zu folgen. Vielmehr greifen hier die **allgemeinen Vorschriften für nicht konzernierte Gesellschaften** mbH ein,[206] die sich dann nach den herkömmlichen kollisi-

---

[197] Einzelheiten bei *Zöller/Vollkommer*, § 23 ZPO RdNr. 1 ff.; *Stein/Jonas/Schumann*, § 23 ZPO RdNr. 31 d f.; MünchKommZPO/*Patzina*, § 23 ZPO RdNr. 7 ff.; *Schack*, ZZP 97, 48 ff.; *Vollkommer*, IPRax 1992, 211 f.

[198] *Stein/Jonas/Schumann*, § 23 ZPO RdNr. 8 ff.; *Thomas/Putzo/Hüßtege*, § 23 ZPO RdNr. 3; *Zöller/Vollkommer*, § 23 ZPO RdNr. 5; a. A. *Schack*, ZZP 97 (1984), 46 ff.

[199] *Stein/Jonas/Schumann* § 23 ZPO RdNr. 16 f., 31 d.

[200] Vgl. BGH NJW 1993, 2684. Anders aber *Staudinger/Großfeld*, IntGesR RdNr. 519; *Luchterhand*, 115 ff., 147 ff.; *Bayer*, 126 ff. Wie hier z. B. MünchKommBGB-*Kindler*, IntGesR RdNr. 825.

[201] Dazu s. BGHZ 115, 91, 99; OLG München WM 1992, 2118; *Schack*, JZ 1992, 51; *Schlosser*, IPRax 1992, 142; *E. Habscheid*, Grenzüberschreitendes (internationales) Insolvenzrecht, 440; *Zöller/Vollkommer* § 23 ZPO RdNr. 13.

[202] Statt aller *Emmerich/Sonnenschein/Habersack*, Konzernrecht, S. 479 ff.

[203] S. oben RdNr. 31 ff.

[204] Dabei wird stets betont, dass dieser Verlustausgleich nicht im Unternehmensvertrag vereinbart werden müsse, sondern sich aus einer „zwingenden" Analogie (*Hachenburg/Ulmer*, Anh. § 77 GmbHG RdNr. 208) ergäbe. S. *Scholz/Emmerich*, Anh. § 44 GmbHG RdNr. 334; *Hachenburg/Ulmer*, Anh. § 77 GmbHG RdNr. 208 ff.; *Baumbach/Hueck/Zöllner*, GmbH-KonzernR RdNr. 77 (mit geringfügigen Einschränkungen); *Kleindieck*, 129 ff.; *Kort*, 146 ff.; *Wirth*, DB 1990, 2107 ff.; *Emmerich*, in: Entwicklungen im GmbH-Konzernrecht, 81 ff.; *Lutter/Hommelhoff*, Anh. § 13 GmbHG RdNr. 33 (offensichtlich nur für Gewinnabführungsverträge); *Rowedder/Koppensteiner*, Anh. § 52 GmbHG RdNr. 65 oder 67; *Schmidt*, ZGR 1983, 513 ff.; *Hommelhoff*, WM 1984, 1110; *Eschenbruch*, RdNr. 3170 ff. vgl. auch BGHZ 105, 324; BGH NJW 1992, 1452.

[205] S. oben RdNr. 44 f.

[206] Ausführliche Begründung bei *Ehricke*, S. 430 ff.

onsrechtlichen Regeln (grundsätzlich Anknüpfung an das Statut der Gesellschaft) richten. Der Insolvenzverwalter kann sich demnach in der Insolvenz eines abhängigen Unternehmens in einem internationalen GmbH-Vertragskonzern nur auf Grund der allgemeinen zivil- oder gesellschaftsrechtlichen Anspruchsgrundlagen an die anderen Konzernunternehmen halten. Ein Anspruch auf einen konzernrechtlichen Verlustausgleich gegen das herrschende Unternehmen besteht daher nicht. Ein von der **h. M. vertretener konzernspezifischer Haftungsansatz** wäre nämlich nur dann haltbar, wenn im GmbH-Vertragskonzern bestimmte Tatbestände nicht hinreichend mit den allgemeinen Instrumenten, wie sie für jede insolvente GmbH Anwendung finden, erfasst werden können; mithin also eine Regelungslücke im Haftungssystem als Voraussetzung einer Analogiebildung vorläge. Das ist jedoch nicht der Fall, denn die Geltung der allgemeinen Gläubigerschutzregeln im GmbH-Recht wird durch einen Beherrschungsvertrag nicht verdrängt.[207] Vielmehr darf ein Beherrschungsvertrag nur in dem Rahmen geschlossen werden, den die allgemeinen Regeln des GmbH-Rechts zulassen.[208] Das bedeutet, dass die Befugnisse des herrschenden Gesellschafters gegenüber der Gesellschaft durch einen Beherrschungsvertrag grundsätzlich nicht erweitert werden.[209] Eine **Analogie zu § 291 Abs. 3 AktG** ist wegen der strukturellen Unterschiede zwischen der AG und der GmbH ausgeschlossen.[210] Auch geht das Argument, dass ein Verlustausgleich nach § 302 AktG in analoger Anwendung aus Gründen des Gläubigerschutzes notwendig wäre, weil die abhängige Gesellschaft mbH auf Grund einer Beherrschung und ggf. ergänzenden Ergebnis- oder Gewinnabführungspflicht nicht in der Lage wäre, eigenes Vermögen zu erwirtschaften, fehl. Denn insofern ist über die Grenzen des Eigenkapitalersatzrechts und der Pflicht zur Aufrechterhaltung der Vermögenstrennung zwischen Gesellschaft und Gesellschaftern hinaus keine allgemeine Rechtspflicht für Gesellschafter vorhanden, der Gesellschaft erzielte Werte zu belassen oder ihr zur Verfügung zu stellen. Wenn aber eine solche Pflicht nicht besteht, geht eine dahingehende Argumentation unter Bezugnahme auf das Konzernrecht fehl. Der BGH hat diesbezüglich auch mehrfach betont, dass bei Rechtsfragen des GmbH-Unternehmensvertragsrechts primär nicht auf die Regeln des Dritten Buches des AktG, sondern auf das GmbH-Recht einschließlich seiner allgemeinen Rechtsgrundsätze abgestellt werden soll.[211] Wenn jedoch die Befugnisse des herrschenden Unternehmens durch den Beherrschungsvertrag aus Sicht der Gläubiger nicht zu ihren Lasten erweitert werden können, gibt es auch keinen Sachverhalt, wo es zu den herkömmlichen Schutzvorschriften in der Insolvenz der abhängigen GmbH noch der zusätzlichen „konzernspezifischen" Haftungssanktion der §§ 302, 303 AktG analog bedarf. Es wäre auch nicht einzusehen, warum im Falle des Abschlusses eines Beherrschungsvertrags, der dem Gesellschafter grundsätzlich nicht mehr Möglichkeiten im Umgang mit der Gesellschaft gibt, als er auch ohne den Vertrag hätte, die anderen Akteure auf einmal besser geschützt werden sollen. Denn die gesetzlichen Schutzvorschriften, die im Hinblick auf die Gläubiger vorgesehen sind, werden gerade nicht verletzt, sondern sind verbindlich und unabhängig von einer Konzernierung der Gesellschaft durch die Gesellschafter stets zu wahren.

Unabhängig von diesen Erwägungen *können* in einem Unternehmensvertrag selbstverständlich jährliche Verlustausgleichspflichten vereinbart werden. In der Insolvenz stützt sich dieser Anspruch dann aber auf den Vertrag und bedarf nicht des Rückgriffs auf die analoge Anwendung von AG-Konzernvorschriften, denn alle Pflichten des herrschenden Unter-

---

[207] *Ehricke*, S. 432 ff.; *ders.*, FS Immenga, 537 ff. *Scholz/Emmerich*, Anh. § 44 GmbHG RdNr. 277; *Brandes*, Festschrift für Kellermann, 26; *Kort*, BB 1988, 83; dagegen aber – allerdings ohne überzeugende Begründung – *Hachenburg/Ulmer*, Anh. § 77 GmbHG RdNr. 219; vgl. auch *Fleck*, Festschrift 100 Jahre GmbHG, 395 f.; s. a. *Verhoeven*, 137 f. Siehe ferner die Nachweise in Fn. 827.
[208] Vgl. *Brandes*, Festschrift für Kellermann, 32 f.; *Baumbach/Hueck/Zöllner*, GmbH-KonzernR RdNr. 77.
[209] Im Ergebnis so wohl auch *Raiser*, § 54 RdNr. 8; vgl. auch *Lutter/Hommelhoff*, Anh. § 13 GmbHG RdNr. 7.
[210] So auch *Scholz/Emmerich*, Anh. § 44 GmbHG RdNr. 277; *Rosenbach*, Beck'sches Handbuch der GmbH § 17 RdNr. 32; dagegen aber *Hachenburg/Ulmer*, Anh. § 77 GmbHG RdNr. 219.
[211] BGHZ, 103, 1; BGHZ 116, 37; vgl. dazu auch *Hachenburg/Ulmer*, Anh. § 77 GmbHG RdNr. 185.

nehmens, die in dem Vertrag vereinbart wurden und gegenüber der abhängigen Gesellschaft nicht eingehalten worden sind, führen zu **Ansprüchen des Insolvenzverwalters aus einer Nebenpflichtverletzung (pVV) des Unternehmensvertrages**.[212]

62 bb) **Auswirkungen des Beherrschungsvertrages mit einer abhängigen GmbH auf den Anspruch aus Treuepflichtverletzung.** Auswirkungen hat der Beherrschungsvertrag im Hinblick auf die Minderheitsgesellschafter im In- und Ausland und insoweit allerdings auch reflexiv auf die Gläubiger. Der Beherrschungsvertrag führt zur Beseitigung der Geschäftsführungszuständigkeit der gesamten Gesellschafterversammlung in der abhängigen Gesellschaft, mit der Folge, dass die Weisungskompetenz auf das herrschende Unternehmen übergeht.[213] Ein **Beherrschungsvertrag bewirkt also einen vertraglichen Ausschluss der Mitwirkungsrechte der Minderheit** in der beherrschten Gesellschaft.[214] Das bedeutet, dass das herrschende Unternehmen nach Abschluss des Beherrschungsvertrages bei Weisungen an den Geschäftsführer nicht mehr an seine Treuepflicht gegenüber den Minderheitsgesellschaftern gebunden ist.[215] Die Eingriffe können sich ausschließlich an seinem Interesse orientieren. Damit werden durch einen Beherrschungsvertrag all die Beschränkungen der Herrschaftsmacht des Mutterunternehmens als herrschender Gesellschafter aufgehoben, die durch die Rücksichtnahme auf die Minderheitsgesellschafter im Rahmen der Treuepflicht entstanden sind.[216] Der Insolvenzverwalter kann in der Insolvenz einer abhängigen GmbH in einem internationalen GmbH-Vertragskonzern damit keine Ansprüche der außenstehenden Gesellschafter gegen das herrschende Unternehmen geltend machen. Vor diesem Hintergrund könnte man daran denken, die Verpflichtung der Mutter aus §§ 302, 303 AktG analog als Substitut für den Wegfall der Minderheitsschutzrechte, insbesondere des Korrektivs der Treuepflicht der Konzernmutter, zu sehen. Doch bedarf es eines solchen gesetzlichen Schutzes gar nicht. Denn bei Abschluss des Vertrages liegt es an den Minderheitsgesellschaftern, sich selbst zu schützen.[217] So können sie nach deutschem Recht ihre Zustimmung zu dem Vertrag etwa davon abhängig machen, dass ihnen ein angemessener Ausgleich für die Aufgabe ihrer Rechte gewährt wird oder dass ihnen das Ausscheiden aus der Gesellschaft gegen Abfindung ermöglicht wird.[218] Ein weiterer Schutz der Minderheiten ist nicht erforderlich, weil es für die Wirksamkeit des Beherrschungsvertrages der Zustimmung aller Gesellschafter bedarf, jeder also die Möglichkeit hat, seine Rechte zu sichern.[219]

63 cc) **Gewinnabführungsverträge.** Aus diesem Grund gilt anderes auch nicht für den speziellen Fall, in dem zwischen Mutter- und Tochterunternehmen ein Gewinnabführungsvertrag geschlossen worden ist, wobei dieser nach der hier vertretenen Auffassung in einem grenzüberschreitenden Konzern ohnehin nicht erlaubt ist.[220]

---

[212] So *Lutter/Hommelhoff*, Anh. § 13 GmbHG RdNr. 48; *Rowedder/Koppensteiner*, Anh. § 52 GmbHG RdNr. 64; vgl. zudem *Scholz/Emmerich*, Anh. § 44 GmbHG RdNr. 286; gegen eine Vertragshaftung allerdings *Kort*, 142.
[213] *Zöllner*, ZGR 1992, 182; *Baumbach/Hueck/Zöllner*, GmbH-KonzernR RdNr. 48; *Eschenbruch*, RdNr. 3171; vgl. auch BGHZ 105, 311, 324.
[214] Vgl. dazu *Kleindiek*, S. 23 ff.; *Zöllner*, ZGR 1992, 175.
[215] Vgl. in diesem Zusammenhang *Priester*, in: Entwicklungen des GmbH-Konzernrechts, 56 ff.; *Lutter/Hommelhoff*, Anh. § 13 GmbHG RdNr. 34.
[216] Vgl. dazu *Ehricke*, 430 ff.; *Roth/Altmeppen*, Anh. § 13 GmbHG RdNr. 22; *Baumbach/Hueck/Zöllner*, Anh. Konzernrecht RdNr. 50.
[217] Interessant ist in diesem Zusammenhang, dass eine Wurzel der heutigen Konzernrechtsdiskussion gerade in der umstrittenen Frage gelegen hat, wie die einem Beherrschungsvertrag nicht zustimmende Minderheit der Kapitaleigner eines abhängigen Unternehmens geschützt werden könne; vgl. dazu *Kirchner*, Managementforschung 7 (1997), 284 f. mit Nachweisen.
[218] *Zöllner*, ZGR 1992, 193 ff.
[219] S. *Hachenburg/Ulmer*, Anh. § 77 GmbHG RdNr. 198 ff.; *Scholz/Emmerich*, Anh. § 44 GmbHG RdNr. 252; *Baumbach/Hueck/Zöllner*, GmbH-KonzernR RdNr. 39; *Scholz/Priester* § 53 GmbHG RdNr. 171; *Eschenbruch*, RdNr. 3182; *K. Schmidt*, GesR, 1213 f.; *Schilling*, ZHR 140 (1976), 535; *Emmerich*, in: Entwicklungen des GmbH-Konzernrechts, 19.
[220] S. oben RdNr. 409.

2. Faktischer Konzern. a) Allgemeines. Wenngleich der AG-Vertragskonzern das **64** Grundmodell konzernrechtlicher Regelungen im deutschen Recht darstellt, sind jedoch diejenigen Konzernformationen in der internationalen Praxis wesentlich häufiger anzutreffen, in denen die **Leitungsmacht nicht durch einen Vertrag, sondern faktisch vermittelt** wird. Wird über das Vermögen eines Unternehmens im faktischen AG-Konzern das Insolvenzverfahren eröffnet, so ergeben sich konzernspezifische Ansprüche, die der Insolvenzverwalter geltend machen kann, aus den kryptischen Regelungen in den §§ 311 ff. AktG.

b) Kollisionsrechtliche Anknüpfung im faktischen AG-Konzern. Das zur Beur- **65** teilung etwaiger Ansprüche des Schuldners gegen das herrschende Unternehmen oder anderer Personen aus dem Konzernrechtsverhältnis anwendbare Recht ergibt sich hier nach dem **Recht des Ortes, an dem das abhängige Unternehmen seinen Sitz hat.**[221] Die Begründung dessen beruht hier in Ermangelung eines Vertrages zwischen dem herrschenden und dem abhängigen Unternehmen auf den oben bereits dargestellten **Schutzerwägungen.**[222] Hat das abhängige Unternehmen also seinen Sitz in Deutschland, so finden die Regelungen über den faktischen Konzern Anwendung, wobei in der Insolvenz insbesondere die Haftungsansprüche (§§ 317, 311 AktG) und Ansprüche gegen die Vorstandsmitglieder (§ 318 AktG) von Bedeutung sind. Keine Anwendung findet das deutsche Recht dagegen im Verhältnis ausländischer Töchter zur inländischen Mutter.[223]

c) Zuständigkeit. aa) Klagen aus § 318 AktG. Bei Klagen des Insolvenzverwalters aus **66** § 318 AktG gegen die Verantwortlichkeit der Verwaltungsmitglieder der AG richtet sich die Zuständigkeit nach dem **Gerichtsstand der unerlaubten Handlung** (Art. 5 Nr. 3 EuGVÜ, § 32 ZPO), da es sich bei dem in § 318 AktG sanktionierten Verhalten um Organpflichtverletzungen handelt, welche als unerlaubte Handlungen zu qualifizieren sind.[224]

bb) Klagen aus §§ 317, 311 AktG. Auch für Ansprüche, die der Insolvenzverwalter aus **67** §§ 317, 311 AktG gegen das herrschende Unternehmen geltend macht, ist das Gericht am Ort des Sitzes des abhängigen Unternehmens zuständig. Das ergibt sich ebenfalls aus Art. 5 Nr. 3 EuGVÜ/§ 32 ZPO. Der EuGH legt den Begriff der Klagen aus unerlaubter Handlung weit aus und versteht darunter alle Klagen, mit denen eine Schadensersatzhaftung des Beklagten geltend gemacht wird, die nicht an einen Vertrag im Sinne des Art. 5 Nr. 1 EuGVÜ (jetzt EuGVO) anknüpft.[225] Entsprechendes gilt auch für die internationale Zuständigkeit nach § 32 ZPO.[226] **§ 317 AktG beinhaltet eine Sanktionsnorm** für Verstöße gegen die Vorschrift des § 311 AktG und greift ein, wenn nachteilige Einflussnahmen des herrschenden Unternehmens nicht innerhalb Jahresfrist ausgeglichen worden sind.[227] Der Nachteilsausgleich i. S. d. § 311 AktG kann dabei entweder tatsächlich oder durch Begründung eines Rechtsanspruches, dh Vereinbarung einer vertraglich statuierten Leistungspflicht der herrschenden Gesellschaft, erfolgen.[228] § 317 AktG knüpft daher an ein bestimmtes, für die Aktionäre und Gläubiger der abhängigen Gesellschaft gefährliches Verhalten an und findet seine Grundlage definitionsgemäß nicht in einem Vertrag.[229]

cc) Zuständigkeit für die Verpflichtung zum Bericht. Soweit in der Insolvenz einer **68** abhängigen AG in einem internationalen Konzern ausnahmsweise die Berichtspflichten nach

---

[221] Allgemeine Auffassung, s. statt aller *Wiedemann*, Int. GesR, 208; MünchKommBGB-*Kindler*, IntGesR, RdNr. 763; *Staudinger/Großfeld*, IntGesR RdNr. 526.
[222] Vgl. oben RdNr. 31 f.
[223] *Immenga/Klocke*, ZSR 92 (1973), 27, 44 f.; *Staudinger/Großfeld*, IntGesR RdNr. 526; MünchKommBGB-*Kindler*, IntGesR, RdNr. 763.
[224] Vgl. nochmals *Ehricke*, ZGR 2000, 351, 368 ff.
[225] EuGHE 1988, 5565 (Kalfelis); *Gottwald*, IPRax, 1989, 272; *Kropholler*, Europäisches Zivilprozessrecht Art. 5 RdNr. 5 ff.
[226] MünchKommZPO-*Patzina* § 32 ZPO RdNr. 2; *Zöller/Vollkommer* § 32 ZPO RdNr. 4.
[227] *Emmerich/Sonnenschein/Habersack*, S. 433 f.; MünchKommAktG-*Kropff* § 317 AktG RdNr. 32 ff.
[228] *Hüffer* § 311 AktG RdNr. 37 ff., 46 f., § 317 AktG RdNr. 4.
[229] *Maul*, AG 1998, 406.

Anhang 69–71 Internat. Konzerninsolvenzrecht

§§ 312 ff. AktG betroffen sind, gilt auch im internationalen faktischen AG-Konzern, dass insoweit das Recht des abhängigen Unternehmens anwendbar ist. Auch hier geht es um Schutzvorschriften, die erfordern, dass an das Gesellschaftsstatut des abhängigen Unternehmens angeknüpft wird. Mangels spezieller Zuständigkeitsvorschriften richtet sich die Zuständigkeit für diesbezügliche Rechtsstreitigkeiten allerdings nach den **allgemeinen Regeln.** Geklagt werden muss daher am Ort der Hauptverwaltung des Berichtspflichtigen, also des herrschenden Unternehmens.

69 **dd) Zuständigkeit nach § 23 ZPO.** Zur Zuständigkeit deutscher Gerichte für Klagen des Insolvenzverwalters gegen das ausländische herrschende Unternehmen auf Grund von Vermögensbelegenheit nach § 23 ZPO s. oben RdNr. 432.

70 **d) Besonderheiten bei der GmbH.** Ist über das Vermögen einer GmbH mit Sitz in Deutschland das Insolvenzverfahren eröffnet worden, so werden die materiell-rechtlichen Ansprüche, die der Insolvenzverwalter für die Masse geltend machen kann, nach den Regeln des Staates angeknüpft, in dem das betreffende Unternehmen seinen Sitz hat. Das gilt auch, wenn die GmbH ein abhängiges Unternehmen in einem faktischen Konzern ist.[230] Nach deutschem Recht wird der **faktische GmbH-Konzern nicht dem Regime des Konzernrechts unterworfen,** soweit das abhängige Unternehmen nicht eine Einmann-GmbH ist. Haftungsrechtlich geht es nach hM insoweit vielmehr um die Frage der **Verletzung der Treuepflicht.**[231] Insoweit richtet sich die Zuständigkeit der Gerichte in der Insolvenz einer abhängigen GmbH in einem internationalen faktischen GmbH-Konzern nach dem Gerichtsstand, der im internationalen Gesellschaftsrecht für Klagen wegen Verletzung der Treuepflicht eines Gesellschafters Anwendung findet. Handelt es sich um eine abhängige Einmann-GmbH, so kommt eine Haftung des einzigen Gesellschafters (herrschendes Konzernunternehmen) nur nach den allgemeinen gesellschaftsrechtlichen Regelungen in Betracht.[232]

71 **3. Qualifizierter faktischer Konzern. a) Allgemeines.** Im Unterschied zum einfachen faktischen Konzern soll ein qualifizierter faktischer Konzern dort vorliegen, wo die Eingriffe des herrschenden Unternehmens in die Geschäftsführung der abhängigen Gesellschaft in solchem Umfang bzw. in solcher Intensität vorgenommen worden sind, dass der sich in der Insolvenz offenbarende Schaden nicht mehr konkreten bzw. isolierbaren Handlungen der Mutter kausal zugeordnet werden kann und deshalb die allgemeinen bürgerlich-rechtlichen und gesellschaftsrechtlichen Instrumente versagen, so dass ein Einzelausgleich der Schäden ausgeschlossen ist und insbesondere die Gefahr besteht, dass die Kapitalerhaltungsregeln leer laufen.[233] Der qualifizierte faktische Konzern ist keine rechtlich gebilligte Erscheinungsform im Sinne einer Typenvariante der Konzernstruktur, sondern es handelt sich um einen Begriff, mit welchem im Konzernrecht besondere Haftungsfolgen verbunden

---
[230] *Staudinger/Großfeld,* IntGesR RdNr. 526; *Wiedemann,* Internationales Gesellschaftsrecht, 208; MünchKommBGB-*Kindler,* IntGesR, RdNr. 765; *Maul,* AG 1998, 405 f. mwN.
[231] BGHZ 65, 15, 18 ff.; *Emmerich/Sonnenschein/Habersack* § 24; *Scholz/Emmerich,* Anh. § 44 GmbHG RdNr. 133 ff., 181 ff.; *Baumbach/Hueck/Hueck* § 13 GmbHG RdNr. 26; *Baumbach/Hueck/Zöllner,* Anh. GmbH-Konzernrecht RdNr. 53; *Lutter/Hommelhoff,* Anh. § 13 GmbHG RdNr. 17; *Rowedder/Koppensteiner,* Anh. § 52 GmbHG RdNr. 49 ff.; *Ehricke,* S. 392 ff.
[232] Aufgrund der fehlenden Treuepflicht des Gesellschafters gegenüber der Gesellschaft kommt eine Einstandspflicht aus einer Treuepflichtverletzung nicht in Betracht, s. dazu *Ehricke,* S. 401 ff. Anders wird dies nur von den Stimmen gesehen, die eine Treuepflicht auch in einer Einmann-GmbH anerkennen, wie etwa *Hachenburg/Ulmer,* Anh. § 77 GmbHG RdNr. 75 und 83 ff.; *Nissing,* S. 43 ff.; *Ziemons,* S. 97 ff.
[233] Diese Auffassung beruht maßgeblich auf dem Vorschlag des Arbeitskreises GmbH-Reform von 1972, 50, 53, 59 f.; vgl. weiter *Hachenburg/Ulmer,* Anh. § 77 GmbHG RdNr. 140; *Sonnenschein/Holdorf,* JZ 1992, 717; *Hommelhoff,* DB 1992, 309; *ders.* DJT 1992, G 13 f.; *Deilmann,* S. 87 f.; *Scheel,* S. 347 f.; *Strohn,* S. 98 ff.; zusammenfassend *Weigl,* S. 114 ff. Zum Teil wird auch vertreten, es reiche auch aus, wenn die Isolierbarkeit von einzelnen schädigenden Maßnahmen wesentlich erschwert sei: *Drygala,* GmbHR 1993, 320; *Hachenburg/Ulmer,* Anh. § 77 GmbHG RdNr. 89; vgl. auch OLG Saarbrücken, ZIP 1992, 1623, wo das Gericht eine Haftung nach den Maßstäben des qualifizierten faktischen Konzerns angenommen hat, obwohl die abhängige GmbH durch eine Maßnahme geschädigt wurde, bei der ein Einzelausgleich ohne weiteres möglich gewesen wäre.

Internat. Konzerninsolvenzrecht   72, 73 **Anhang**

werden.[234] In diesen Fällen soll nach früher vorwiegender Auffassung eine **konzernspezifische Haftung** eingreifen, um die bei der Tochter eingetretenen Schäden dennoch kompensieren zu können. Einzelheiten hierzu waren zum Teil stark umstritten.[235] Die Diskussion hatte sich vor allem im Hinblick auf den qualifizierten faktischen GmbH-Konzern entzündet.[236] Der BGH hat zur Durchgriffshaftung nunmehr aber jüngst entschieden, dass diese sich nicht auf eine rechtsmissbräuchliche Ausnutzung der Rechtsform der juristischen Person (§ 13 GmbHG, § 128 HGB) stützt, sondern die Durchgriffshaftung ein Unterfall der vorsätzlichen sittenwidrigen Schädigung (§ 826 BGB) ist.[237] Damit ist endgültig und zu Recht die Haftung im qualifizierten faktischen Konzern und jede Art der Durchgriffshaftung aufgegeben worden.[238]

b) Qualifizierter faktischer AG-Konzern. Ein qualifizierter faktischer AG-Konzern soll nach vereinzelt vertretener Auffassung dann vorliegen, wenn die Eingriffe des herrschenden Unternehmens in die Geschäftsleitung der abhängigen AG so umfassend sind, dass es nicht mehr möglich ist, einzelne nachteilige Eingriffe zu isolieren.[239] Insoweit wird – in Anlehnung an die vormalige Rechtsauffassung zum qualifizierten faktischen GmbH-Konzern (RdNr. 71) – eine für die Insolvenzverwaltung relevante konzernspezifische Binnenhaftung befürwortet, die ihre Grundlage in der analogen Anwendung der §§ 302, 303 AktG haben soll.[240] Konsequenterweise müsste dies auch dort gelten, wo die abhängige AG ein Tochterunternehmen eines internationalen Konzerns ist. 72

Die überwiegende Auffassung geht jedoch davon aus, dass diese Form des Konzerns sowohl auf nationaler als auch auf internationaler Ebene **unzulässig** ist, es sich mithin einzig um eine besondere Haftungszuordnung handelt. Die für die „Qualifizierung" eines faktischen AG-Konzerns notwendige Unmöglichkeit der Isolierung einzelner nachteiliger Maßnahmen der Obergesellschaft ist – unabhängig davon, ob man dieses Kriterium überhaupt für tragfähig hält[241] – nicht mit der eigenverantwortlichen Stellung des Vorstandes der abhängigen AG (§ 76 AktG) zu vereinbaren.[242] Der Gesetzgeber hat ferner für den faktischen AG-Konzern bewusst nur eine Lenkung eines abhängigen Unternehmens in einem dezentral geführten Konzern vorgesehen und entsprechend auch nur die (gelegentliche) Einflussnahme des herrschenden Unternehmens auf die Tochter legalisiert. In dem Fall, dass das herrschende Unternehmen einen darüber hinaus gehenden Einfluss auf die Untergesellschaft haben möchte, ist es auf den Abschluss eines Unternehmensvertrages 73

---

[234] *Rotstegge*, Konzerninsolvenz, § 2 C. I., S. 46 ff.
[235] S. statt vieler *Emmerich/Sonnenschein/Habersack*, S. 466 ff.; *Rowedder/Koppensteiner*, Anh. nach § 52 GmbHG RdNr. 66 ff.
[236] BGHZ 122, 123; BGHZ 149, 10 ff. = NJW 2001, 3622, = ZIP 2001, 1874. Vgl. nun auch BGH ZIP 2002, 1578.
[237] BGH, NJW 2007, 2689, 2694 ff. (RdNr. 23 ff) = DStR 2007, 1586 m. Anm. *Goette* (TRIHOTEL-Urteil).
[238] Vgl. zu dem weiteren Diskussionsbedarf nach der TRIHOTEL-Entscheidung *Schwab* ZIP 2008, 341.
[239] Ausführlich dazu *Zöllner*, Gedächtnisschrift Knobbe-Keuk, 369 ff.; vgl. zudem etwa *Decher*, DB 1990, 2006; *Weigl*, 182 ff.; *Krieger*, in: Münchener Handbuch § 69 RdNr. 17; *Hommelhoff*, DJT, G. 14; vgl. auch OLG Hamm NJW 1987, 1030; LG Mannheim AG 1991, 29; S. dazu den kritischen Überblick der Möglichkeiten, einen qualifizierten faktischen AG-Konzern zu gestalten *Altmeppen*, 5 ff. und 42.
[240] S. *Zöllner*, Gedächtnisschrift Knobbe-Keuk, 377 ff. (insbes. 378 f.); *Decher*, DB 1990, 2006 f; *Krieger*, in: Münchener Hdb. der Gesellschaftsrecht, IV, Aktiengesellschaft § 69 RdNr. 17 ff.; *Weigl*, 179 ff., insbes. 181; *Kropff*, AG 1993, 487 f. (s. aber *Geßler/Hefermehl/Kropff* § 291 AktG RdNr. 25 ff.); *Hüffer* § 302 AktG RdNr. 30; *Eschenbruch*, RdNr. 3405; unentschieden *Goette*, DStR 1993, 568 („offene Frage"); anders nunmehr zur Durchgriffshaftung BGH, NJW 2007, 2689, 2694 ff. (RdNr. 23 ff.) = DStR 2007, 1586 m. Anm. *Goette* (TRIHOTEL-Urteil).
[241] Vgl. an dieser Stelle nochmals die Kritik u. a. von *Emmerich/Sonnenschein/Habersack*, S. 471 f.
[242] S. u. a. *Rowedder/Koppensteiner*, Anh. nach § 52 GmbHG RdNr. 52 ff.; *Koppensteiner*, in: Probleme des Konzernrechts, 91 f.; Kölner Kommentar zum AktG-*Koppensteiner*, Vorb. § 311 AktG RdNr. 24; *Emmerich/Sonnenschein/Habersack*, S. 437 ff.; *Wilken*, S. 154; *Flume*, Jur. Person, S. 122 ff.; vgl. darüber hinaus auch *Bälz*, Festschrift für Raiser, 310 ff.; *Mestmäcker*, Festgabe Kronstein, 139 ff.; *Streyl*, 99 ff.; *Sura*, S. 48 ff.; *U. H. Schneider*, BB 1986, 1998 ff. Dagegen – jedoch mit wenig überzeugender Argumentation (vgl. dazu im Einzelnen *Ehricke*, S. 436 f.) – *Weigl*, S. 182; *Geuting*, BB 1994, 371.

angewiesen.²⁴³ Dies gebietet sowohl der Schutz der Minderheitsanteilseigner in der abhängigen Gesellschaft wie auch der der Gläubiger der jeweiligen konzerngebundenen Gesellschaft. Das Schweigen des Gesetzes hinsichtlich einer wie auch immer gearteten Qualifizierung des faktischen AG-Konzerns ist daher eine bewusste Nicht-Regelung.²⁴⁴ Aus diesem Grund gibt es für den Insolvenzverwalter im Verfahren über das Vermögen einer konzernierten AG, die aber nicht durch einen Vertrag an das herrschende Unternehmen gebunden ist, keine eigenen konzernspezifischen Ansprüche. Entsprechend wird zunehmend unter Heranziehung der Rspr. zur Haftung des herrschenden Unternehmens im qualifizierten faktischen GmbH-Konzern für einen solchen AG-Konzern auch einzig eine Durchgriffslösung befürwortet.²⁴⁵

74 c) **Qualifizierter faktischer GmbH-Konzern.** Der qualifizierte faktische GmbH-Konzern ist im deutschen Konzernrecht von **zentralem Interesse.** Liegen die Tatbestandsmerkmale eines solchen Konzerns vor, so wurde – trotz Differenzen im Einzelnen – allgemein ein Anspruch gegen das herrschende Unternehmen auf eine sog. Ausfallhaftung analog zu §§ 302, 303 AktG bejaht.²⁴⁶ Diese Auffassung ist nach der **Bremer Vulkan-Entscheidung** und der **TRIHOTEL-Entscheidung** des BGH nicht mehr aufrecht zu erhalten.²⁴⁷ Folgerichtig setzt sich zunehmend die Auffassung²⁴⁸ durch, dass es keine spezielle Haftung im qualifizierten faktischen GmbH-Konzern gibt,²⁴⁹ sondern dass der Insolvenzverwalter in der Insolvenz des abhängigen Unternehmens Ansprüche gegen das herrschende Unternehmen nur auf Grund der allgemeinen zivil- und gesellschaftsrechtlichen Anspruchsgrundlagen geltend machen kann. Diese werden in grenzüberschreitenden Konzernen dann je nach dem geltend gemachten Anspruch an die allgemeinen Regeln geknüpft. Der Umstand, dass es sich um einen qualifizierten faktischen GmbH-Konzern handelt, hat allenfalls noch eine **Bedeutung für die Beweislastumkehr** hinsichtlich der Kausalität von einer Handlung bei einem festgestellten Schaden.²⁵⁰ Da aber gleichwohl die Herleitung der Haftung im Einzelnen noch umstritten ist,²⁵¹ sollen im Folgenden die kollisionsrechtlichen Aspekte der Geltendmachung des Anspruchs aus der Haftung im qualifizierten faktischen GmbH-Konzern durch den Insolvenzverwalter umrissen werden:

75 aa) **Anwendbares Recht.** Für die Frage, welche Haftungsvoraussetzungen dafür im Einzelnen erfüllt sein müssen und welche Rechtsfolgen eintreten, gilt auch dann, wenn das herrschende Unternehmen seinen Sitz außerhalb Deutschlands hat, deutsches Recht. Es gilt insoweit nämlich die allgemeine Regel, dass an das Recht in dem Staat angeknüpft wird, in welchem das insolvente Unternehmen seinen Sitz hat.²⁵²

---

²⁴³ Vgl. *Ehricke*, S. 436 f.; *Decher*, DB 1990, 2006; *Koppensteiner*, in: Probleme des Konzernrechts, 91 f.; vgl. auch den Diskussionsbericht von *Bälz*, 59. DJT, R 123; s. aber *Ebenroth*, AG 1990, 193 (widersprüchlich zu 189); *Zöllner*, 59. DJT, R 39 f.; vgl. auch *ders.*, Gedächtnisschrift Knobbe-Keuk, 377.
²⁴⁴ S. *Decher*, DB 1990, 2006.
²⁴⁵ Vgl. *Hüffer* § 1 AktG RdNr. 25, § 302 AktG RdNr. 7 mit weiteren Nachweisen.
²⁴⁶ Vgl. BGHZ 122, 123, 127; *Hommelhoff*, ZGR 1994, 406 ff.; *Baumbach/Hueck/Zöllner*, GmbH-KonzernR RdNr. 81 ff.; *Emmerich*, AG 1975, 285, 289; *H. P. Westermann*, in: Der GmbH-Konzern, 25, 47 f.; *K. Schmidt*, GmbHR 1979, 130; *Lutter*, ZGR 1982, 263; *Baumbach/Hueck/Zöller*, GmbH-KonzernR RdNr. 29 ff.; vgl. auch Arbeitskreis GmbH-Reform, 59; Unternehmensrechtskommission, RdNr. 1690.
²⁴⁷ So *Hüffer* § 1 AktG RdNr. 23; *Goette*, DStR 2007, 1593, 1594; vgl. zur Vulkan-Entscheidung auch OLG Jena, ZIP 2002, 631, 633 f.; *Altmeppen*, ZIP 2001, 1837; *Bitter*, WM 2001, 2133; *Emmerich*, AG 2004, 423; *K. Schmidt*, NJW 2001, 3577. Ausdrücklich auch BGH, NJW 2007, 2689 ff (RdNr. 17 ff., 21 ff.) = DStR 2007, 1586 m. Anm. *Goette*.
²⁴⁸ Zur Position des Verf. s. *Ehricke*, S. 452 ff. (Zusammenfassung).
²⁴⁹ Vgl. *Hüffer* § 1 AktG RdNr. 23, 25; *Altmeppen*, ZIP 2001, 1837 ff.; *K. Schmidt*, NJW 2001, 3577 ff.; aA *Baumbach/Hueck/Zöllner*, SchlAnh KonzernR RdNr. 132 ff.
²⁵⁰ *Goette*, ZGR 1995; 648; *Heermann*, ZIP 1998, 761.
²⁵¹ S. nun aber die „Ergänzung" zu dem Bremer Vulkan-Entscheid des II. Senats: BGH ZIP 2002, 1578, sowie TRIHOTEL-Entscheidung des II. Senates: BGH, NJW 2007, 2689, 2694 ff. (RdNr. 23 ff.) = ZIP 2007, 1552 = DStR 2007, 1586 m. Anm. *Goette*.
²⁵² Lex fori concursus – dazu oben *Reinhart* Art. 4 EuInsVO RdNr. 2; MünchKommBGB/*Kindler* Art. 4 EuInsVO RdNr. 2.

bb) Zuständigkeit. Dem tatbestandlichen Inhalt nach, wie er sich der früher hA zufolge **76** nach dem TBB-Urteil darstellte, lag der wesentliche, haftungsbegründende Vorwurf in der Beeinträchtigung der Belange der abhängigen Gesellschaft bei der Unternehmensführung.[253] Daraus wurde und wird teilweise konsequenterweise gefolgert, dass es sich dabei um eine **unerlaubte Handlung** oder eine Handlung, die einer solchen Handlung im Sinne des Art. 5 Nr. 3 EuGVÜ gleichsteht, handelt.[254] Entsprechend bestimmt § 32 ZPO die Zuständigkeit dort, wo das EuGVÜ keine Anwendung findet. Für Klagen aus Ansprüchen gegen das herrschende Unternehmen in einem qualifizierten faktischen GmbH-Konzern kann demnach das Gericht angerufen werden, in dessen Bezirk das insolvente Konzernunternehmen seinen Sitz hat.

Diese Zuständigkeitsregel ist indes vom OLG Düsseldorf in Zweifel gezogen worden.[255] Es **77** hat sich gegen eine Qualifikation dieses Anspruchs als unerlaubte Handlung gewandt und im konkreten Fall die Zuständigkeit des deutschen Gerichts nach Art. 5 Nr. 3 EuGVO verneint. Dabei hat es allerdings eine zu enge Sicht des Begriffes der unerlaubten Handlung zugrunde gelegt. Sowohl nach deutschem[256] als auch nach europäischem Recht[257] umfasst die unerlaubte Handlung einen größeren Bereich als den, der durch §§ 823 ff. BGB umschrieben ist. Jener betrifft nur einen (freilich den wichtigsten) Ausschnitt aus dem Gesamtbereich unerlaubter Handlungen. Der EuGH hat entschieden, dass sich der **Begriff der Klage aus unerlaubter Handlung** auf alle Klagen beziehe, mit denen eine Schadenshaftung des Beklagten geltend gemacht werde und die nicht an einen Vertrag im Sinne des Art. 5 Nr. 1 EuGVO anknüpfe.[258] Ähnliches gilt auch im deutschen Recht.[259] Folgt man aber der Konzeption der vormals hM, so kommt das Verhalten, das dem herrschenden Unternehmen im Rahmen der Haftung im qualifizierten faktischen GmbH-Konzern vorgeworfen wird, dem nahe, was als Organpflichtverletzung eines GmbH-Geschäftsführers (Verletzung der Pflicht zur ordnungsgemäßen Geschäftsführung des Unternehmens) verstanden wird.[260] Freilich muss aber betont werden, dass das herrschende Unternehmen dabei – nimmt man den Fall des faktischen Geschäftsführers aus – weder ein Organ des abhängigen Unternehmens ist, noch dass der Grund für derartige Pflichten letztlich geklärt ist. Gleichwohl wird dies als unerlaubte Handlung zu qualifizieren sein. Dagegen ist auch nicht einzuwenden, dass die formale Betrachtung der Anspruchsgrundlage zu einer Zuständigkeitsregelung nach Art. 5 Nr. 1 EuGVO bzw. § 29 ZPO führe.[261] Denn wenngleich die doppelt analoge Anwendung der Vorschriften des AG-Vertragskonzerns[262] zunächst einen Vertrag als Anknüpfungspunkt für die Zuständigkeit nahe legt, so scheidet ein derartiger Ansatz von vornherein aus, weil definitionsgemäß ein Vertrag zwischen herrschendem und abhängigem Unternehmen im qualifizierten faktischen GmbH-Konzern gerade nicht vorliegt. In Ansehung der nunmehr hA, dass eine Haftung ohnehin auf die Durchgriffslösung zu stützen ist, und die Durchgriffshaftung wiederum ihrerseits durch die TRIHOTEL-Entscheidung des BGH[263] dem Recht der unerlaubten Handlung zugewiesen wurde, wird dieser Meinungsstreit jedoch obsolet sein.

---

[253] *Eschenbruch*, Konzernhaftungsrecht, RdNr. 3433 ff.; *Emmerich/Sonnenschein/Habersack* § 24 Abs. 3, 4.
[254] *Zimmer*, IPRax 1998, 190 f.
[255] OLG Düsseldorf IPRax 1998, 210. Die Revision wurde nicht angenommen, s. BGH, DStR 1997, 503 m. Anm. *Goette*.
[256] *Stein/Jonas/Schumann* § 32 ZPO RdNr. 18 f.; MünchKommZPO-*Patzina* § 32 ZPO RdNr. 2; ausführlich zu diesem gesamten Problemkreis vgl. *Ehricke*, ZGR 2000, 351, 368 ff.
[257] S. *Kropholler*, Europäisches Zivilprozessrecht Art. 5 EuGVO RdNr. 72 f.; *Geimer/Schütze*, Europäisches Zivilverfahrensrecht Art. 5 EuGVO RdNr. 204 f.; MünchKommZPO-*Gottwald*, Art. 5 EuGVO RdNr. 28; *Zimmer*, IPRax 1998, 190.
[258] EuGHE 1988, 5545, 5565 (Kalfelis), dazu *Geimer*, NJW 1988, 3089; *Gottwald*, IPRax 1989, 272.
[259] BGH NJW 1973, 410, 411; vgl. aber auch AK-ZPO-*Röhl* § 32 RdNr. 4, der offensichtlich einen engeren Begriff favorisiert.
[260] S. BGHZ 122, 123, 132; *Hommelhoff*, ZGR 1994, 395, 410 ff.; vgl. kritisch *Ehricke*, S. 417 ff.
[261] Zu Art. 5 Nr. 1 EuGVO vgl. *Kropholler*, Europäisches Zivilprozessrecht, Art. 5 EuGVO RdNr. 1 ff.
[262] Vgl. dazu ausführlich *v. Becker*, Methodologische Probleme des qualifizierten faktischen Konzerns, 1994, 45 ff.
[263] BGH, NJW 2007, 2689 ff. (RdNr. 17 ff., 23 ff.) = DStR 2007, 1586 m. Anm. *Goette*.

78 cc) **Exkurs: Durchgriffshaftung.** Im Zusammenhang mit der Insolvenz eines abhängigen Unternehmens in einem internationalen Konzern soll nach hM unter bestimmten Voraussetzungen vom Insolvenzverwalter auf das Vermögen des Gesellschafters durchgegriffen werden können.[264] Eine solche Durchgriffshaftung ist prinzipiell bei allen abhängigen Unternehmen mit beschränkter Haftung möglich. Ist das betreffende abhängige Unternehmen eine AG mit Sitz in Deutschland, so tritt in der Praxis die Frage nach einer Durchgriffshaftung seltener auf.[265] Insoweit kann dieser Fall hinter die Ausführungen im Hinblick auf eine GmbH zurücktreten.

79 Eine Durchgriffshaftung soll dann möglich sein, wenn eine **(qualifizierte) Unterkapitalisierung,** eine Vermögens- oder Sphärenvermischung, ein sog. Institutsmissbrauch oder eine existenzvernichtende Gefährdung vorliegt.[266] Die kollisionsrechtlichen Fragen einer solchen Durchgriffshaftung sind Gegenstand einer breiten Diskussion, wobei im Ergebnis allerdings nahezu vollständig auf das **Gesellschaftsstatut des abhängigen Unternehmens** abgestellt wird.[267] Einer näheren Erörterung bedarf es an dieser Stelle indes nicht, denn nach vormalig vertretener Meinung sollen in einem Konzern die Tatbestände, die zu einer Durchgriffshaftung führen, in dem allgemeinen Ausgleichsanspruch aus der Konzernhaftung aufgehen.[268] Wie bereits angeführt, ist dies im Zuge der Entwicklung der Rspr. seit dem Bremer Vulkan-Urteil und dem TRIHOTEL-Urteil nicht mehr aufrecht zu erhalten. Möglicherweise schlägt das Haftungspendel von einer Konzernhaftung um zu einer **allgemeinen Schädigungshaftung.** Jedenfalls wird im Falle der Existenzvernichtungshaftung als Teil der Durchgriffslehre nunmehr eine systematische Zuordnung zum Deliktsrecht (§ 826 BGB) vertreten.[269]

80 Soweit ausnahmsweise gleichwohl ein Anspruch auf Grund einer Durchgriffshaftung in einem Konzern angenommen wird, ist das Recht des Sitzes des abhängigen Unternehmens maßgeblich.[270]

81 Die **Klagebefugnis** lag nach herkömmlicher Auffassung bei einem Anspruch auf Durchgriffshaftung im Sinne einer Konzernhaftung bei dem in der Insolvenz des abhängigen Unternehmens nicht befriedigten Gläubiger. Es handelt sich insoweit um einen **Individualanspruch,** den der Insolvenzverwalter nach teilweise vertretener Rechtsauffassung nicht zur Masse geltend machen konnte.[271] In Ansehung des Direktzugriffs auf den herrschenden Gesellschafter und des dadurch für ihn ggf. begründeten Insolvenzrisikos sind in entsprechender Anwendung des § 93 InsO die Ansprüche aus der Durchgriffshaftung aber stets durch den Insolvenzverwalter geltend zu machen.[272] Da der BGH mit dem TRIHOTEL-Urteil zudem entschieden hat, dass die Durchgriffsaußenhaftung des Gesellschafters gegenüber den Gesellschaftsgläubigern zugunsten einer deliktischen Innenhaftung aufgegeben wird,[273] steht zumindest im Fall der Existenzvernichtung nunmehr fest, dass dieser Anspruch in der Insolvenz des abhängigen Unternehmens einzig durch den Insolvenzverwalter geltend zu machen ist.[274] Dies wird auch für die übrigen Durchgriffstatbestände gelten, da insofern eine Gleichartigkeit zu dem diesbezüglichen Unterfall der Existenzvernichtungshaftung besteht.

---

[264] Im Einzelnen s. *K. Schmidt,* GesR, S. 224 ff.; MünchKommBGB-*Reuter,* vor § 21 BGB RdNr. 20 ff.; *Wiedemann,* GesR I, 198 f.; aA *Ehricke,* AcP 199 (1999) 257 ff.
[265] S. etwa Kölner Kommentar zum AktG-*Kraft* § 1 AktG RdNr. 38 ff.; GroßKommAktG-*Brändel* § 1 AktG RdNr. 92 ff.; *Hüffer,* § 1 AktG RdNr. 15 ff.
[266] Überblick bei *Hüffer* § 1 AktG RdNr. 19 ff.
[267] S. ausführlich *Zimmer,* S. 332 ff.; vgl. kritisch *Ehricke,* RabelsZ 62 (1998), 148 ff.
[268] Vgl. BGHZ 95, 330, 332 ff.; OLG Dresden, GmbHR 1997, 215 ff.; MünchKommBGB-*Reuter,* vor § 21 RdNr. 43 ff.; *Drax,* Durchgriffs- und Konzernhaftung, 1992, S. 174 ff.; S. *Koch,* Rechtliche und ökonomische Aspekte des Schutzes von Gläubigern konzernverbundener GmbH, 1997, S. 99 ff.
[269] BGH, NJW 2007, 2689 ff. (RdNr. 23 ff.) = DStR 2007, 1586 m. Anm. *Goette;* vgl. auch *Schwab* ZIP 2008, 341 ff.
[270] S. ganz ausführlich *Zimmer,* S. 344 ff. mwN.
[271] Vgl. *Bork,* Kölner Schrift, 1333, 1335 (RdNr. 8).
[272] S. BGHZ 164, 50 ff. dazu Anm. *Diekmann,* NZG 2006, 255 ff. und Anm. *Haas,* NZI 2006, 61 f.; *Gehrlein,* DB 2005, 2395 ff.; *Poertzgen,* ZInsO 2007, 285 ff.
[273] So BGH, NJW 2007, 2689 ff. (RdNr. 33 ff.) = ZIP 2007, 1552 = DStR 2007, 1586 m. Anm. *Goette;* s. dazu *Schwab* ZIP 2008, 341, 342.
[274] BGH, NJW 2007, 2689 ff. (RdNr. 34) = DStR 2007, 1586 m. Anm. *Goette.*

Klagegegner ist das herrschende Unternehmen des Konzerns. Für die Bestimmung der internationalen Zuständigkeit für Klagen auf Durchgriffshaftung ist der Tatbestand stets und unabhängig von der Rechtsauffassung im Einzelnen deliktisch zu qualifizieren. Zuständig ist demgemäß das Gericht des Ortes, in dem der Schaden eingetreten ist. Da ein Anspruch aus Durchgriffshaftung subsidiär zu dem Erfüllungsanspruch des abhängigen und nunmehr insolventen Unternehmens ist, tritt der Schaden des Gläubigers in dem Ort ein, an dem eigentlich hätte erfüllt werden sollen. Für den typischen Regelfall, dass es sich um Geldschulden des abhängigen Unternehmens handelt, ist dies grundsätzlich der Wohnort/Sitz des Gläubigers, weil dort die Schuld hätte erfüllt werden müssen (§§ 269, 270 BGB).

4. Internationale Eingliederung. Nach deutschem Recht **ausgeschlossen ist eine internationale Eingliederung,** wenn also eine deutsche AG in eine ausländische Hauptgesellschaft im Sinne der §§ 319 ff. AktG eingegliedert wird.[275] Das ergibt sich unmissverständlich aus dem Wortlaut der §§ 319, 320 AktG. Daher ergeben sich insoweit auch keine kollisionsrechtlichen Fragestellungen im Falle der Insolvenz der eingegliederten deutschen Gesellschaft.

5. Internationaler Gleichordnungskonzern. Nahezu vollständig ungeklärt ist die Behandlung der kollisionsrechtlichen Fragen, wenn ein Unternehmen eines internationalen Gleichordnungskonzerns (§ 18 Abs. 2 AktG) insolvent wird.[276] Aufgrund der definitionsgemäß vorausgesetzten Unabhängigkeit der einzelnen Unternehmen voneinander darf es grundsätzlich keine Unternehmensverträge geben,[277] die zu einer Abhängigkeit führen, so dass die derartige Verträge voraussetzenden Vorschriften der §§ 302 ff. AktG nicht eingreifen. Anwendung finden in grenzüberschreitender Hinsicht etwa § 292 Abs. 1 Nr. 1 AktG und die §§ 293 ff. AktG,[278] die jedoch in der Insolvenz keine Rolle spielen. Da es sich bei Gleichordnungskonzernen auch nicht um faktische Konzerne im herkömmlichen Sinne handelt[279] – denn diese setzen ebenfalls die Einflussnahme auf ein abhängiges Unternehmen voraus (vgl. § 311 Abs. 1 AktG) –, kommen nur die allgemeinen, d. h. vom Konzernrecht losgelösten Ansprüche und die entsprechenden kollisionsrechtlichen Anknüpfungsregeln des internationalen Insolvenz- und Sachrechts in Betracht. Die kollisionsrechtliche Behandlung der Gleichordnungskonzerne richtet sich nach der jeweiligen Organisationsstruktur aus.[280]

6. Insolvenz des herrschenden Unternehmens in einem internationalen Konzern. Hat das herrschende Unternehmen eines internationalen Konzerns seinen Sitz in Deutschland und wird dieses insolvent, ergeben sich **prinzipiell keine Besonderheiten** im Vergleich zur Insolvenz eines abhängigen deutschen Unternehmens in einem internationalen Konzern.[281] *Spezielle* konzernrechtliche Haftungsansprüche des herrschenden gegenüber dem abhängigen Unternehmen kennt das deutsche Recht nicht, weil Konzernrecht im Wesentlichen als Schutzrecht zugunsten der abhängigen Gesellschaft konzipiert ist, der Schutz ausländischer Gesellschaften aber nicht zu den Aufgaben des deutschen Konzernrechts gehört.[282] Für etwaige Ansprüche, die das herrschende Unternehmen gegen seine Tochterunternehmen hat, und die der Insolvenzverwalter geltend machen will, gelten die

---

[275] *Koppensteiner,* 219; *Staudinger/Großfeld,* RdNr. 513; zur insolvenzrechtlichen Behandlung inländischer Eingliederungen s. *Häsemeyer,* RdNr. 32.14 ff.
[276] Allgemein zu den Problemen mit dem Gleichordnungskonzern *K. Schmidt,* ZHR 155 (1991), 417; s. ferner *Emmerich/Sonnenschein/Habersack* § 8 IV 2 f.; *Rowedder/Koppensteiner,* Anh. nach § 52 GmbHG RdNr. 24; MünchKommBGB-*Kindler,* IntGesR, RdNr. 766 ff.; *Hüffer,* AktG § 18 AktG RdNr. 20 f.; *Eschenbruch,* RdNr. 2059.
[277] Vgl. aber MünchKommBGB-*Kindler,* IntGesR, RdNr. 767; *Hüffer,* AktG § 18 AktG RdNr. 20, aA *K. Schmidt,* ZHR 155 (1991), 417, 426 ff.
[278] *Emmerich/Sonnenschein/Habersack* § 8 IV 2 f.; *Gromann,* Die Gleichordnungskonzerne im Konzern- und Wettbewerbsrecht, 1979, 47 ff.
[279] Vgl. dazu etwa *Bayer,* Festschrift für Zweigert, 363; *Krieger,* in *Hoffmann-Becking,* 727; MünchKommBGB-*Kindler,* IntGesR, RdNr. 766.
[280] MünchKommBGB-*Kindler,* IntGesR, RdNr. 769 ff.
[281] Vgl. MünchKommBGB-*Kindler,* IntGesR, RdNr. 806 ff.
[282] *Emmerich/Sonnenschein/Habersack* § 8 Abs. 3 2 b.

allgemeinen Regeln. Die Rechtsverhältnisse der ausländischen Töchter richten sich dabei nach deren jeweiligem Heimatrecht.[283]

86 Handelt es sich um ein deutsches herrschendes Unternehmen, das in einen Vertragskonzern eingebunden ist, endet nach überwiegender Ansicht die vertragliche Leitungsmacht gegenüber den abhängigen Unternehmen mit der Eröffnung des Insolvenzverfahrens.[284] Der Insolvenzverwalter hat nach dieser Ansicht aus den oben dargelegten Gründen[285] nicht mehr die Möglichkeit, die Verwaltung des insolventen herrschenden Unternehmens mit Hilfe des auf dem Vertrag basierenden Einflusses auf den gesamten Konzern zu führen. Gleichwohl kann er mit Hilfe des Stimmrechts aus den Beteiligungsrechten die Konzernstruktur so lange erhalten, bis sich eine angemessene Lösung für den Gesamtkonzern oder die Verwertung seiner Teile ergibt.[286] Soweit jedoch der Rechtsansicht gefolgt wird, dass die Verträge in ihrer Wirkung suspendiert sind, ergeben sich im Ergebnis keine Unterschiede.

87 Auch wenn das herrschende Unternehmen insolvent wird und ihm dann regelmäßig abhängige Unternehmen in die Insolvenz folgen, sieht das deutsche Recht keine Möglichkeit vor, im Rahmen einer Sanierung oder Verwaltung die Verfahren zusammenzulegen.[287] Auch hier bleibt es bei dem Grundsatz „eine Person, ein Vermögen, ein Verfahren".[288] Allerdings besteht auch insoweit prinzipiell die Möglichkeit einer Konzernsanierung durch Bündelung der Verantwortlichkeit für die Verfahrensgestaltung in einer Hand, etwa mittels Anordnung der Eigenverwaltung oder personenidentischer Insolvenzverwaltung und auf der Grundlage von Insolvenzplänen, die sich an den Konzerninteressen orientieren (s. oben RdNr. 4).

---

[283] OLG Hamburg MDR 1976, 402 Nr. 54; *Emmerich/Habersack* § 291 RdNr. 31.
[284] Kritisch *K. Schmidt,* Wege zum Insolvenzrecht, 224 ff.
[285] S. oben RdNr. 413 ff.
[286] *Gottwald/Timm/Körber,* Insolvenzrechts-Handbuch, 1. Aufl., § 83 RdNr. 59.
[287] Ausführlich zu den Gestaltungsmöglichkeiten *Rotstegge,* Konzerninsolvenz, § 4, S. 147 ff.
[288] Eingehend dazu *Ehricke,* DZWIR 1999, 353 ff.

Verordnung (EG) Nr. 1346/2000 des Rates vom 29. 5. 2000 über Insolvenzverfahren

(ABl. Nr. L 160 S. 1)

EU-Dok.-Nr. 3 2000 R 1346

Zuletzt geändert durch Art. 1 ÄndVO (EG) 1791/2006 v. 20. 11. 2006 (ABl. Nr. L 363 S. 1)

EuInsVO

Verordnung (EG) Nr. 1346/2000 des Rates vom 29. 5. 2000 über Insolvenzverfahren

ABl. EG Nr. L 160/1 vom 30. 6. 2000[1]

Schrifttum allgemein: *Gebauer/Wiedmann* (Hrsg.), Zivilrecht unter europäischem Einfluss, 1. Aufl., 2005 (zit.: *Bearbeiter*, in *Gebauer/Wiedmann*, Zivilrecht); *Geimer*, Internationales Zivilprozeßrecht, 5. Aufl. 2005 (zit.: *Geimer*, IZPR); *Geimer/Schütze/Bülow/Böckstiegel* (Hrsg.), Der Internationale Rechtsverkehr in Zivil- und Handelssachen: Quellensammlung mit Erläuterungen, Bd. 1–5, 2001–2006 (zit.: *Bearbeiter*, in *Geimer/Schütze*, Int. Rechtsverkehr); *Geimer/Schütze*, Europäisches Zivilverfahrensrecht: Kommentar, 2. Aufl. 2004 (zit.: *Bearbeiter*, in *Geimer/Schütze*, Europ. ZivilverfahrensR); *Gottwald*, Insolvenzrechts-Handbuch, 3. Aufl., 2006 (zit.: *Gottwald/Bearbeiter*, Insolvenzrechts-Handbuch); *Kegel/Schurig*, Internationales Privatrecht: Ein Studienbuch, 9. Aufl., 2004 (zit.: *Kegel/Schurig*, IPR); *Kropholler*, Europäisches Zivilprozeßrecht, Kommentar zu EuGVO, Lugano-Übereinkommen und Europäischem Vollstreckungstitel, 8. Auflage, 2005 (zit.: *Kropholler*, Europ. Zivilprozeßrecht); *Habersack*, Europäisches Gesellschaftsrecht: Einführung für Studium und Praxis, 2. Aufl., 2003 (zit.: *Habersack*, Europ. Gesellschaftsrecht); *Lehr*, Eigentumsvorbehalt als Sicherungsmittel im Exportgeschäft, RIW 2000, 747; *Mohrbutter/Ringstmeier*, Handbuch der Insolvenzverwaltung; 8. Aufl., 2007 (zit.: *Mohrbutter/Ringstmeier/Bearbeiter*); Münchner Kommentar zur Insolvenzordnung, Bd. 1–3, 1. Aufl., 2001–2003 (zit.: MünchKommInsO-*Bearbeiter*); *Nerlich/Römermann* (Hrsg.), Insolvenzordnung: Kommentar, 12. EL 2006; *Rauscher* (Hrsg.), Europäisches Zivilprozeßrecht, Kommentar, Bd. 1 und 2, 2. Auflage, 2006 (zit.: *Bearbeiter*, in *Rauscher*, Bd. 1 bzw. Bd. 2, Europ. Zivilprozeßrecht); *Schack*, Internationales Zivilverfahrensrecht, 4. Auflage 2006 (zit.: *Schack*, IZVR); *Schlosser*, EU-Zivilprozessrecht, Kommentar, 2. Aufl., 2003; *Schlüter*, Der Eigentumsvorbehalt im europäischen und internationalen Recht, IHR 201, 141 ff.; *Schmidt* (Hrsg.), Hamburger Kommentar zum Insolvenzrecht, 1. Auflage, 2006 (zit.: *Bearbeiter*, in *Schmidt*, Hamburger Kommentar); *von Bar/Mankowski*, Internationales Privatrecht, Band I: Allgemeine Lehren, 2. Aufl., 2003 (zit.: *v. Bar/Mankowski*, IPR); *Zöller/Geimer*, Zivilprozessordnung: Kommentar, 25. Aufl., 2005 (zit.: *Zöller*, ZPO).

Schrifttum zu Staatsverträgen allgemein: *Arnold*, Der deutsch-österreichische Konkurs- und Vergleichs-(Ausgleichs-)Vertrag vom 25. Mai 1979, KTS 1985, 385 ff.; *ders.*, Der Deutsch-Österreichische Konkursvertrag, Bundesanzeiger, Köln 1987; *ders.*, Der Europarats-Entwurf eines europäischen Konkursabkommens, ZIP 1984, 1144 ff.; *ders.*, Straßburger Entwurf eines europäischen Konkursübereinkommens, IPRax 1986, 133 ff.; *Balz*, Das Europäische Insolvenzübereinkommen, ZIP 1996, 948 ff.; *Benning/Wehling*, Das „Model Law on Cross-Border Insolvency" der Vereinten Nationen, EuZW 1997, 618; *Blaschczok*, Die schweizerisch-deutschen Staatsverträge auf dem Gebiet des Insolvenzrechtes, ZIP 1983, 141 ff.; *Bloch*, Der Entwurf einer nordischen Konvention über die Vereinheitlichung des Konkursrechts, RabelsZ (Bd. 7) 1933, 458 ff.; *Bürgi*, Konkursrechtliche Staatsverträge der Schweiz mit den ehemaligen Königreichen Württemberg und Bayern sowie mit Frankreich, Festschrift 100 Jahre SchKG, Centenaire de la LP, Herausgeber: Dallèves, Louis, Kleiner, Beat, Krauskopf, Lutz, Raschei, Rolf, Schüpbach, Henri, und die Konferenz der Beitreibungs- und Konkursbeamten der Schweiz, Zürich, 1989; *Dallèves*, Les accords bilatéraux en matière de faillite, notament la convention franco-suisse de 1869, in Schweizerische Vereinigung für internationales Recht (Hrsgbr.), Band 46, Le droit de faillite international, Zürich 1986; *Deutscher Anwaltverein*, Stellungnahme des Insolvenzrechtsausschusses des Deutschen Anwaltsvereins zum Vorentwurf eines Übereinkommens der Mitgliedstaaten der EG über den Konkurs, Vergleich und ähnliche Verfahren, KTS 1975, 59 ff.; *Dobson*, Treaty

---

[1] Verordnung des Rates (EG) Nr. 1346/2000 vom 29. 5. 2000 über Insolvenzverfahren, ABl. EG Nr. L 160 v. 30. 6. 2000, auch abgedruckt in NZI 2000, 407 ff.; geändert durch Anhang II der Akte über die Bedingungen des Beitritts der Tschechischen Republik, der Republik Estland, der Republik Zypern, der Republik Lettland, der Republik Litauen, der Republik Ungarn, der Republik Malta, der Republik Polen, der Republik Slowenien und der Slowakischen Republik und die Anpassungen der die Europäische Union begründenden Verträge, veröffentlicht im ABl. EG Nr. L 236 v. 23. 9. 2003, S. 711 ff.; Verordnung (EG) Nr. 603/2005 des Rates vom 12. April 2005 zur Änderung der Liste von Insolvenzverfahren, Liquidationsverfahren und Verwaltern in den Anhängen A, B und C der Verordnung (EG) Nr. 1346/2000 über Insolvenzverfahren, veröffentlicht im ABl. EG Nr. L 100 v. 20. 4. 2005, S. 1 ff.; Verordnung (EG) Nr. 694/2006 des Rates vom 27. April 2006 zur Änderung der Liste von Insolvenzverfahren, Liquidationsverfahren und Verwaltern in den Anhängen A, B und C der Verordnung (EG) Nr. 1346/2000 über Insolvenzverfahren, veröffentlicht im ABl. EG Nr. L 121 v. 6. 5. 2006, S. 1–13; Verordnung (EG) Nr. 1791/2006 des Rates vom 20. November 2006, veröffentlicht im ABl. EG NR. L 363 v. 20. 12. 2006, S. 1–80.

Developments in Latin America, in Cross border insolvency, comparative dimensions, The Aberyst with insolvency papers, hrsgb. von Fletcher, Ian F., London 1990; *Explanatory Report,* Explanatory Report of the Istanbul Convention (5th June 1990), International Aspects of Bankruptcy, Council of Europe Press 1991; *Farrar,* The EEC Draft Convention on Bankruptcy and Winding up, J. Bus. L. 1977, S. 320 ff.; *Felsenfeld,* Felsenfeld on International Insolvency, Loseblattsammlung, New York 1999, *Funke,* Das Übereinkommen über Insolvenzverfahren, InVo 1996, 170 ff.; *Ganshof,* Deuxieme partie. L'avant-projet de convention CEE, Cahiers de droit européen (Bd. 7) 1971, S. 154 ff.; *Garrido,* Some reflections on the EU Bankruptcy Convention, International Insolvency Review 1998, S. 79 ff.; *Kayser,* A study of the European Convention on Insolvency Proceedings, International Insolvency Review 1998, S. 95 ff.; *Kegel/Thieme* (Bearb.), Vorschläge und Gutachten zum Entwurf eines EG-Konkursrechtsübereinkommens, im Auftrage der Sonderkommission des Deutschen Rates für internationales Privatrecht, Tübingen 1988 (zit.: *Kegel,* Vorschläge und Gutachten); *Liersch/Walther,* Geltung und grenzen der deutsch-schweizerischen Staatsverträge auf dem gebiet des Insolvenzrechts, ZInsO 2007, 582; *Lüer,* Einheitliches Insolvenzrecht innerhalb der Europäischen Gemeinschaft – Die Quadratur des Kreises? KTS 1981, 147 ff.; *Martini,* Inländische Insolvenzverfahren mit schuldnerischem Vermögen in der Schweiz, DZWIR 2007, 227; *Metzger,* Die Umsetzung des Istanbuler Konkursübereinkommens in das neue deutsche Internationale Insolvenzrecht (Freiburg (Breisgau), Univ., Diss., 1994), 1994; *Schmidt,* Französisches Recht für Europa – Der Konkursdurchgriff im Vorentwurf eines EG-Konkursabkommens, KTS 1976, 11 ff.; *Schollmeyer,* Die vis attractiva concursus im deutsch-österreichischen Konkursvertrag, IPRax 1998, 29; *Schumacher,* Die Entwicklung öster.-dt. Insolvenzrechtsbeziehungen, ZZP 103 (1990) 418 ff.; *Staehelin,* Die Anerkennung ausländischer Konkurse und Nachlassverträge in der Schweiz (Art. 166 ff. IPRG), (Basel, Univ., Diss., 1989), 1989 (zit.: *Staehelin,* Die Anerkennung); *Strub,* Das Europäische Konkursübereinkommen, EuZW 1996, 71 ff.; *ders.,* Insolvenzverfahren im Binnenmarkt, EuZW 1994, 424 ff.; *Stummel,* Konkurs und Integration: Konventionsrechtliche Wege zur Bewältigung grenzüberschreitender Insolvenzverfahren, Frankfurt, Bern, New York, Paris, 1991 (Heidelberg, Univ., Diss., 1990); *Thieme,* Vermögensgerichtsstände, Inlandsbezug und Partikularkonkurs – Auf den Spuren eines allgemeinen Rechtsgrundsatzes im deutschen und im europäischen Internationalen Konkursrecht (§ 238 KO, § 22 GesO, Art. 102 EGInsO, Artt. 3, 29, 32 EuKÜ), IJVO 5 (1995/96) 44; *ders.,* Partikularkonkurs, in *Stoll* (Hrsg.), Stellungnahmen und Gutachten zur Reform des deutschen Internationalen Insolvenzrechts – Stellungnahme zu den Artikeln 1 II, 2, 9, 10, 11 I, 15 I, 16 I, 20, 21 Satz 2, 26–4, des Vorentwurfs zur Neuordnung des Internationalen Insolvenzrechts von 1989, 1992, S. 212 (zit.: *Thieme,* Partikularkonkurs); *ders.,* Entwurf eines EG Konkursübereinkommens, RabelsZ 45 (1981) 458 ff.; *Totty,* Proposal for a model international bilateral insolvency treaty, with capacity for adoption by the EEC, in Cross border insolvency: Comparative dimensions, The Aberystwyth insolvency papers, hrsgb. von Fletcher, Ian F., London 1990.; *Volken,* Europäische Harmonisierung des Konkursrechts: frühe Staatsverträge, Festschrift für Oscar Vogel, herausgegeben von Ivo Schwander und Walter A. Stoffel, Freiburg, Schweiz; *Weinhörner,* Das neue Insolvenzrecht mit EU-Übereinkommen, Freiburg, 1997; *Wiesbauer,* der österreichisch-deutsche Konkursvertrag aus österreichischer Sicht, ZIP 1982, 1285 ff.; Die UNCITRAL-Modellbestimmungen über grenzüberschreitende Insolvenzverfahren, ZIP 1997, 2220 ff.

Schrifttum zum Deutsch-österreichischen Konkursvertrag: *Arnold,* Der deutsch-österreichische Konkursvertrag, 1987; *ders.,* Der deutsch-österreichische Konkurs- und Vergleichs- (Ausgleichs-)vertrag vom 25. Mai 1979", KTS 1985, 385; *Kruis,* Österreichischer Masseverwalter als Kläger vor deutschen Gerichten; NZI 2001, 520; *Schumacher,* Die Entwicklung dt.-österreichischer Insolvenzrechtsbeziehungen, ZZP 103 (1990) 418 ff.; *Wiesbauer,* Der deutsch-österreichische Konkursvertrag aus österreichischer Sicht, ZIP 1982, 1285.

Schrifttum zu EG-Verordnung und Vorentwürfe der Europäischen Union: *Adam,* Zuständigkeitsfragen bei der Insolvenz internationaler Unternehmensverbindungen (Köln, Univ., Diss., 2006), 2006; *Aderhold,* Auslandskonkurs im Inland: Entwicklung und System des deutschen Rechts mit praktischen Beispielen unter besonderer Berücksichtigung des Konkursrechts der Vereinigten Staaten von Amerika, Englands, Frankreichs sowie der Schweiz (Bonn, Univ., Diss., 1991), 1992; *Adolphsen,* Alternative Dispute Resolution – Conciliation – Mediation, Internationales Eheverfahrensrecht in der EU, Internationales Insolvenzrecht im Wettbewerb der Modelle der EU und UNCITRAL, IPRax 2002, 337; *Ahrens,* Rechte und Pflichten ausländischer Insolvenzverwalter im internationalen Insolvenzrecht, (Freiburg (Breisgau), Univ., Diss., 1999), 2002, (zit.: *Ahrens,* Rechte und Pflichten ausländischer Insolvenzverwalter); *Albrecht,* Der ERA-Kongress zum Europäischen Insolvenzrecht, ZInsO 2004, 436; *Altmeppen,* Änderungen der Kapitalersatz- und Insolvenzverschleppungshaftung aus „deutsch-europäischer" Sicht, NJW 2005, 1911; *Badelt,* Aufrechnung und internationale Zuständigkeit unter besonderer Berücksichtigung des deutsch-spanischen Rechtsverkehrs (Heidelberg, Univ., Diss., 2004), 2005; *Bähr/Riedeman,* Kurzkommentar zu: LG Innsbruck, Beschl. v. 11. 5. 2004 – 9 S 15/04 m, EWiR 2004, 1085; *dies.,* Anmerkung zu AG Mönchengladbach, Beschl. v. 27. 4. 2004 – 19 IN 54/04, ZIP 2004, 1064; *Balz,* Das neue Europäische Insolvenzübereinkommen, ZIP 1996, 958; *Baudenbacher/Buschle,* Niederlassungsfreiheit für EWR-Gesellschaften nach Überseering, IPRax 2004, 26; *Bauer,* Gläubigerprivilegien in grenzüberschreitenden Insolvenzverfahren, KKZ 2006, 181; *Bauer/Schlegel,* Kurzkommentar zu: Tribunale di Parma, Urt. v. 15. 6. 2004 – 93/04, EWiR 2004, 1181; *Beck,* Verteilungsfragen im Verhältnis zwischen Haupt- und Sekundärinsolvenzverfahren nach der EuInsVO, NZI 2007, 1; *ders.,* Verwertungsfragen im Verhältnis zwischen Haupt- und Sekundärinsolvenzverfahren nach der EuInsVO, NZI

Schrifttum **EuInsVO**

2006, 609; *Becker,* Insolvenz in der Europäischen Union, Zur Verordnung des Rates über Insolvenzverfahren, ZEuP 2002, 287; *Behrens,* Gemeinschaftliche Grenzen der Anwendung inländischen Gesellschaftsrechts auf Auslandsgesellschaften nach Inspire Art, IPRax 2004, 20; *Berner/Klöhn,* Insolvenzantragspflicht, Qualifikation und Niederlassungsfreiheit, ZIP 2007, 106; *Beutler/Debus,* Kurzkommentar zu: LG Klagenfurt, Beschl. v. 2. 7. 2004 – 41 S 75/04 h, EWiR 2005, 217; *Blenske,* Kurzkommentar zu: AG Köln, Beschl. v. 23. 1. 2004 – 71 IN 1/04, EWiR 2004, 601; *Blitz,* Sonderinsolvenzverfahren im Internationalen Insolvenzrecht unter besonderer Berücksichtigung der europäischen Verordnung über Insolvenzverfahren, vom 29. Mai 2000, 2002 (zit.: *Blitz,* Sonderinsolvenzverfahren); *Boone/Duedall,* The super-model law, The European Lawyer, 57/2006, 31; *Borges,* Gläubigerschutz bei ausländischen Gesellschaften mit inländischem Sitz, ZIP 2004, 733; *Bork* (Hrsg.), Handbuch des Insolvenzanfechtungsrechts, 2006, (zit.: *Bearbeiter, in Bork,* Handbuch); *ders.,* Die Aufrechnung im internationalen Insolvenzverfahren, ZIP 2002, 690; *Braun,* Der neue Sport in Europa: Forumshopping in Insolvenzverfahren oder: die moderne Form von „Britannia rules the waves", NZI 2004, V; *Braun/Heinrich,* Finanzdienstleister in der „grenzüberschreitenden" Insolvenz – Lücken im System?, NZI 2005, 578; *Braun/Wierzioch,* Neue Entwicklungen beim Insolvenzgeld, ZIP 2003, 2001; *Brenner,* Kurzkommentar zu: AG Hamburg, Beschl. v. 14. 5. 2003 – 67 g IN 358/02, ZIP 2003, 1008, EWiR 2003, 925; *dies.,* Anmerkung zu: EuGH GA (Generalanwalt Colomer), Schlussanträge v. 6. 9. 2005 – Rs. C-1/04, ZIP 2005, 1646; *Brinkmann,* Zu Voraussetzungen und Wirkungen der Art. 15, 25 EuInsVO – Die Wirkungen der Anordnung von Sicherungsmaßnahmen im Insolvenzeröffnungsverfahren auf im Ausland anhängige Prozesse – OGH v. 23. 2. 2005, 9 Ob 135/04 z, IPRax 2007, 235; *Breuer,* Insolvenzrechts-Formularbuch, 3. Auflage, 2007; *Buchberger/Buchberger,* Das System der „kontrollierten" Universalität des Konkursverfahrens nach der Europäischen Insolvenzverordnung, ZIK 2000, 187; *Buchmann,* Die Insolvenz der englischen Limited in Deutschland: de lege lata sowie im Gefüge der Modernisierung des europäischen Gesellschaftsrechts (Trier, Univ., Diss., 2006), 2007; *Burg,* Existenzvernichtungsschutz in der Private Limited Company?, GmbHR 2004, 1379; *Carrara,* The Parmalat Case, RabelsZ 2006, 538; *dies.,* Recent reforms of insolvency law in Italy, The European Lawyer, 57/2006, 33; *Carstens,* Die internationale Zuständigkeit im europäischen Insolvenzrecht (Kiel, Univ., Diss., 2004), 2005 (zit.: *Carstens,* Die internationale Zuständigkeit); *Cranshaw,* Die Rückforderung der rechtswidrigen staatlichen Beihilfen als Schnittstelle zwischen Insolvenz- und Gemeinschaftsrecht, DZWIR 2006, 185; *ders.,* Einflüsse des europäischen Rechts auf das Insolvenzverfahren: das europäische Recht, insbesondere das Beihilferecht, und seine Wirkungen auf das (mitgliedstaatliche) Insolvenzrecht in der Bundesrepublik Deutschland (Halle, Wittenberg, Univ., Diss., 2004), 2006; *Csia/Martinez Ferber,* Anmerkung zu Municipality Court von Fejer/Székesfehérvár (Ungarn) v. 14. 6. 2004, ZInsO 2004, 861; *Csoke,* Scandalous Notes – to Bob Wessels' Article „Twenty Suggestions for a Makeover of the EU Insolvency Regulation", International Caselaw Alert 13 – I/2007, 53; *Dabrowski,* Das Insolvenzrecht für Staaten: philosophische Begründungen – ökonomische Beurteilung – sozialethische Bewertung, 2003; *ders.* (Hrsg.), Die Diskussion um ein Insolvenzrecht für Staaten: Bewertungen eines Lösungsvorschlages zur Überwindung der internationalen Schuldenkrise, 2003; *Dammann/Undritz,* Die Reform des französischen Insolvenzrechts im Rechtsvergleich zur InsO, NZI 2005, 198; *Dawe,* Der Sonderkonkurs des deutschen Internationalen Insolvenzrechts: zugleich ein Beitrag zu deutschen Sonderinsolvenzverfahren im Anwendungsbereich der Europäischen Insolvenzverordnung (Konstanz, Univ., Diss., 2004), 2005 (zit.: *Dawe,* Der Sonderkonkurs); *Deipenbrock;* Das neue europäische Insolvenzrecht – von der ‚quantité négligeable' zu einer ‚quantité indispensable', EWS 2001, 113; *Dresel,* Europäisches Insolvenzrecht – Zum Stand der Harmonisierung europäischer Insolvenzordnungen, DSWR 2000, 278; *Drouven/Mödl,* US-Gesellschaften mit Hauptverwaltungssitz in Deutschland im deutschen Recht, NZG 2007, 7; *Duursma-Kepplinger,* Aktuelle Entwicklungen zur internationalen Zuständigkeit für Hauptinsolvenzverfahren – Erkenntnisse aus Staubitz-Schreiber und Eurofood, ZIP 2007, 896; *dies.,* Einfluss der Eröffnung eines Sekundärinsolvenzverfahrens auf die Befriedigung der zuvor begründeten Masseverbindlichkeiten, ZIP 2007, 752; *dies.,* Aktuelle Entwicklungen in Bezug auf die Auslegung der Vorschriften über die internationale Eröffnungszuständigkeit nach der EuInsVO, DZWIR 2006, 177; *dies.,* Anmerkung zu: OGH v. 23. 2. 2005, 9 Ob 135/04 z, Österr. Anwaltsblatt 2005, 348; *dies.,* Checkliste zur Eröffnung eines Insolvenzverfahrens nach der Europäischen Insolvenzordnung und zum anwendbaren Recht, NZI 2003, 87; *Duursma/Duursma-Kepplinger,* Gegensteuerungsmaßnahme bei ungerechtfertigter Inanspruchnahme der internationalen Zuständigkeit gem. Art. 3 Abs. 1 EuInsVO, DZWIR 2003, 447; *dies.,* Der Anwendungsbereich der Insolvenzverordnung – unter Berücksichtigung der Bereichsausnahmen, von Konzernsachverhalten und der von den Mitgliedstaaten abgeschlossenen Konkursverträge, IPRax 2003, 505; *dies.,* British Courts are satisfied, Continental Europe is not amused, ZIK 2003, 2872; *Duursma-Kepplinger,/Duursma/Chalupsky;* Europäische Insolvenzverordnung: Kommentar, 2002 (zit.: *Duursma-Kepplinger,* Europäische Insolvenzverordnung); *Ehricke,* Zum anwendbaren Recht auf ein in einem Clearing-System vereinbartes Glattstellungsverfahren im Fall der Insolvenz ausländischer Clearing-Teilnehmer, WM 2006, 2109; *ders.,* Das Verhältnis des Hauptinsolvenzverwalters zum Sekundärinsolvenzverwalter bei grenzüberschreitenden Insolvenzen nach der EuInsVO, ZIP 2005, 1104; *ders.,* Die Zusammenarbeit der Insolvenzverwalter bei grenzüberschreitenden Insolvenzen nach EuInsVO, WM 2005, 397; *ders.,* Zur Einflussnahme des Hauptinsolvenzverwalters auf die Verwertungshandlungen des Sekundärinsolvenzverwalters nach der EuInsVO, ZInsO 2004, 633; *ders.,* Die Umsetzung der Finanzierungsrichtlinie (Richtlinie 2002/47/EG) im Rahmen des Diskussionsentwurfs zur Änderung der Insolvenzordnung, ZIP 2003, 1065; *ders.,* Nochmals: Zur Umsetzung der Finanzsicherheiten-Richtlinie in das deutsche Recht, ZIP 2003, 2141; *ders.,* Zur Anerkennung einer im Ausland einem Deutschen erteilten Restschuldbefreiung, IPRax 2002, 505; *Ehricke/Ries,* Die neue Europäische Insolvenzverordnung, JuS 2003, 313; *Ehricke/Köster/Müller-Seils,* Neuerungen im englischen Unternehmensinsolvenzrecht durch den Enterprise Act 2002, NZI 2003, 409; *Eidenmüller,* Gesellschaftsstatut und Insolvenzstatut, RabelsZ 2006, 474; ders., Geschäftsleiter- und Gesellschafterhaftung bei europäischen Auslandsgesellschaften mit tatsächlichem Inlandssitz, NJW 2005, 1618; ders., Wettbewerb der Insolvenzrechte?, ZGR 2006, 467; ders., Der Markt für internationale Konzerninsolvenzen: Zuständigkeitskonflikte unter der EuInsVO, NJW 2004, 3455, 3459; ders., Der nationale und der internationale Insolvenzverwaltungsvertrag, ZZP 114 (2001) 3; ders., Europäische Verordnung über Insolvenzverfahren und zukünftiges deutsches internationales Insolvenzrecht, IPRax, 2001, 2; *Eisner,* Kapitalersatz- und Insolvenzverschleppungshaftung im Fall der Scheinauslandsgesellschaft, ZInsO 2005, 20; *Fach Gómez/Tirado Martí,* Die jüngste konkursrechtliche Rechtsprechung des EuGH: Schritte zu mehr Rechtssicherheit, GPR 2007/1; *Fischer,* Die Verlagerung des Gläubigerschutzes vom Gesellschafts- in das Insolvenzrecht nach „Inspire Art", ZIP 2004, 1477; *Flessner,* Europäisches und internationales Insolvenzrecht: Eine Einführung, RabelsZ 2006, 453; ders., Grundsätze des europäischen Insolvenzrechts, ZEuP 2004, 887; ders., Das künftige Internationale Insolvenzrecht im Verhältnis zum Europäischen Insolvenzübereinkommen, abgedruckt in Stoll (Hrsg.), Vorschläge und Gutachten zur Umsetzung des EU-Übereinkommens über Insolvenzverfahren im deutschen Recht, 1997, S. 219; *Fletcher,* Insolvency in private international law: national and international approaches, 2005; ders., Insolvency in Private International Law (zit.: Fletcher, Insolvency), Oxford, 1999, S. 246 ff.; *Flitsch/Hinkel,* Anmerkung zu BGH, Beschl. v. 2. 3. 2006 – IX ZB 192/04, DZWIR 2006, 254; *Freitag/Leible,* Justizkonflikte im Europäischen Internationalen Insolvenzrecht und (k)ein Ende?, RIW 2006, 641; *Frisch Philipp,* Internationales Insolvenzrecht: mexikanisch-europäische rechtsvergleichende Überlegungen, in *Schütze* (Hrsg.), Einheit und Vielfalt des Rechts – Festschrift für Reinhold Geimer zum 65. Geburtstag, 2002, S. 159–181; *Fritz/Bähr,* Die Europäische Verordnung über Insolvenzverfahren – Herausforderung an Gerichte und Insolvenzverwalter, DZWIR 2001, 221; *Funke,* Das Übereinkommen über Insolvenzverfahren, InVo 1996, 170; *Garasic,* Anerkennung ausländischer Insolvenzverfahren: ein Vergleich des kroatischen, des deutschen und des schweizerischen Rechts sowie der Europäischen Verordnung über Insolvenzverfahren, des Istanbuler Übereinkommens und des UNCITRAL-Modellgesetzes (Hamburg, Univ., Diss., 2004), 2005 (zit.: Garasic, Anerkennung ausländischer Insolvenzverfahren); *Gianni/Auricchio,* Picking up Parmalat's pieces, The European Lawyer, 57/2006, 29; *Girsberger,* Die Stellung der gesicherten Gläubiger in der internationalen Insolvenz, RabelsZ 2006, 505; *Goeth,* Verordnung (EG) Nr. 1346/2000 über Insolvenzverfahren, ZIK 2000, 148; *Gottwald,* Bankinsolvenzen im europäischen Wirtschaftsraum, in *Stathopoulos* (Hrsg.), Festschrift für Apostolos Georgiades zum 70. Geburtstag, 2006, 823–838; *Gräfe,* Director's fiduciary duties als Gläubigerschutzinstrument bei britischen Limiteds mit Verwaltungssitz in Deutschland, DZWIR 2005, 410; *Graf C.,* EU-Insolvenzverordnung und Arbeitsverhältnis, ZAS 2002, 173; *Graf U.,* Die Anerkennung ausländischer Insolvenzentscheidungen (Mannheim, Univ., Diss., 2002/2003), 2003; *Graf-Schlicker/Remmert/Eumann,* Der „International Exchange of Experience on Insolvency Law", ZInsO 2004, 26; *Graf-Schlicker/Remmert,* Einführung in das finnische Insolvenzrecht, NZI 2003, 78; *Greulich/Bunnemann,* Geschäftsführerhaftung für zur Zahlungsunfähigkeit führende Zahlungen an die Gesellschafter nach § 64 I 3 GmbHG-RefE-Solvenztest im deutschen Recht?, NZG 2006, 681; *Grub/Smid,* Aufrechnung mit Forderungen aus Schuldverschreibung in der Insolvenz des Schuldverschreibungsschuldners, DZWIR 2003, 265; *Haas,* Die Verwertung der im Ausland belegenen Insolvenzmasse im Anwendungsbereich der EuInsVO, in *Schilken/Kreft/Wagner/Eckardt* (Hrsg.), Festschrift für Walter Gerhardt zum 70. Geburtstag am 18. Oktober 2004, 2004, S. 319–340; *Habscheid,* Konkurs in den USA und seine Wirkungen in Deutschland (und umgekehrt), NZI 2003, 238; ders., Konkursstatut und Wirkungsstatut bei der internationalen und der künftigen innereuropäischen Insolvenzanfechtung, ZZP 114 (2001) 167; ders., Antrags- und Beteiligungsrecht im gesonderten (Art. 102 III EGInsO) und im sekundären Insolvenzverfahren (Art. 27 ff. EuInsÜ), NZI 1999, 299; *Hanisch,* Bemerkungen zur Insolvenzanfechtung im grenzüberschreitenden Insolvenzfall (Art. 102 Abs. 2 EGInsO und die angestrebte EU-Regelung), in Festschrift Stoll, 2001, S. 503; ders., Stellungnahme zu territorial beschränkten Sonderverfahren, abgedruckt in *Stoll* (Hrsg.), Vorschläge und Gutachten zur Umsetzung des EU-Übereinkommens über Insolvenzverfahren im deutschen Recht, 1997, S. 202 (zit.: Hanisch, in Stoll, Vorschläge und Gutachten); *Haubold,* Europäisches Zivilverfahrensrecht und Ansprüche im Zusammenhang mit Insolvenzverfahren, IPRax 2002, 157; ders., Mitgliedstaatenbezug, Zuständigkeitsschleichung und Vermögensgerichtsstand im Internationalen Insolvenzrecht, IPRax 2003, 34; *Hausmann,* Zur Anerkennung der Befugnisse eines englischen administrator in Verfahren vor deutschen Gerichten in Festschrift für Andreas Heldrich zum 70. Geburtstag, 2005, S. 649; *Heidbrink/von der Groeben,* Insolvenz und Schiedsverfahren, ZIP 2006, 265; *Heiss/Gölz,* Zur deutschen Umsetzung der Richtlinie 2001/17/EG des Europäischen Parlaments und des Rates vom 19. 3. 2001 über die Sanierung und Liquidation von Versicherungsunternehmen, NZI 2006, 1; *Henrichs,* Das Übereinkommen über internationale Sicherungsrechte an beweglicher Ausrüstung, IPRax 2003, 210; *Herchen.,* Wer zuerst kommt, mahlt zuerst! Die Bestellung eines „schwachen" vorläufigen Insolvenzverwalters als Insolvenzverfahrenseröffnung im Sinne der EuInsVO, NZI 2006, 435; ders., Das Prioritätsprinzip im internationalen Insolvenzrecht – Zugleich Besprechung Stadtgericht Prag, Beschl. v. 26. 4. 2005 – 78 K 6/05–127, ZIP 2005, 1401; ders., Aktuelle Entwicklungen im Recht der internationalen Zuständigkeit zur Eröffnung von Insolvenzverfahren: Der Mittelpunkt der (hauptsächlichen) Interessen im Mittelpunkt der Interessen, ZInsO 2004, 825; ders., International-insolvenzrechtliche Kompetenzkonflikte in der Europäischen Gemeinschaft – Zugleich Besprechung der Entscheidung des High Court of Justice Leeds v. 16. 5. 2003 und des AG Düsseldorf v. 19. 5./6. 6. 2003, ZInsO 2004, 61; ders., Scheinauslandsgesellschaften im Anwendungsbereich der Europäischen Insolvenzverordnung – Anmerkung zur Entscheidung des High Court of Justice, Chancery Division (Company Court) v. 7. 2. 2003, ZInsO 2003, 742; ders., Die Befugnisse des deutschen Insolvenzverwalters hinsichtlich der „Auslandsmasse" nach In-Kraft-Treten der EG-Insolvenzverordnung (Verordnung des Rates Nr. 1346/2000), ZInsO 2002, 345; *ders.,* Das Übereinkommen über Insolvenzverfahren der Mitgliedsstaaten der Europäischen Union vom 23. 11. 1995, Berlin 2000; (zit.: *Herchen,* Übereinkommen); *Hergenröder,* Internationales Verbraucherinsolvenzrecht, ZVI 2005, 233 ff.; *Herweg/Tschauner,* Kurzkommentar zu: AG Hamburg, Beschl. v. 1. 12. 2005 – 67 a IN 450/05, EWiR 2006, 169; *dies.,* Kurzkommentar zu: Supreme Court Ireland (Justice Fennelly), Beschl. v. 27. 7. 2004 – 147/04, EWiR 2004, 973; *dies.,* Kurzkommentar zu: High Court Dublin (Justice Kelly), Beschl. v. 23. 3. 2004 – 33/04, EWiR 2004, 599; *dies.,* Kurzkommentar zu: AG Düsseldorf, Beschl. v. 12. 3. 2004 – 502 IN 126/03, EWiR 2004, 495; *Hess,* Insolvenzrecht, Großkommentar, 2007; *Hess/Laukemann/Seagon,* Europäisches Insolvenzrecht nach Eurofood: Methodische Standortbestimmung und praktische Schlussfolgerungen, IPRax 2007, 89; *Hess/Laukemann,* Über die internationale Eröffnungszuständigkeit im Insolvenzverfahren, JZ 2006, 671; *Hinkel/Flitsch,* Kurzkommentar zu: OLG Frankfurt/M., Urt. v. 26. 1. 2006 – 15 U 200/05, EWiR 2006, 237; *Hirte,* Die Entwicklung des Insolvenz-Gesellschaftsrechts in Deutschland in den Jahren 2003 bis 2004, ZInsO 2005, 403; *Hirte/Mock,* Wohin mit der Insolvenzantragspflicht?, ZIP 2005, 474; *Ho,* Anti-Suit Injunctions in Cross-Border Insolvency: A Restatement, I. C. L. Q. 2003, 697; *Holzer,* Rechte und Pflichten des Geschäftsführers einer nch englischem Recht gegründeten limited im Hinblick auf das deutsche Insolvenzverfahren, ZVI 2005, 457; *Homann,* System der Anerkennung eines ausländischen Insolvenzverfahrens und die Zulässigkeit der Einzelrechtsverfolgung (Münster (Westfalen), Univ., Diss., 2000), 2000 (zit.: *Homann,* System der Anerkennung); *ders.,* System der Anerkennung eines ausländischen Insolvenzverfahrens, KTS 2000, 343; *Huber, P.,* Der deutsch-englische Justizkonflikt – Kompetenzkonflikte im Internationalen Insolvenzrecht: Festschrift für Andreas Heldrich zum 70. Geburtstag, 2005, S. 695; *ders.,* Europäisches Insolvenzrecht, IPRax 2004, 562; *ders.,* Internationales Insolvenzrecht in Europa, ZZP 114 (2001) 133; *Huber, U.,* Inländische Insolvenzverfahren über Auslandsgesellschaften nach der Europäischen Insolvenzverordnung, in *Schilken/Kreft/Wagner/Eckardt* (Hrsg.), Festschrift für Walter Gerhardt zum 70. Geburtstag am 18. Oktober 2004, 2004, S. 397–431; *Huber, Peter,* Probleme der int. Zuständigkeit und des forum Shopping aus dt. Sicht, in: Gottwald (Hrsg.), Europäisches Insolvenzrecht – kollektiver Rechtsschutz, 2007; *Jeremias,* Internationale Insolvenzaufrechnung (Berlin, Freie Univ., Diss., 2005), 2005; *Jona*; European cross-border insolvency regulation: A study of regulation 1346/2000 on insolvency proceedings in the light of a paradigm of co-operation and a Comitas Europaea, 2005 (zit.: *Jona,* Insolvency Regulation); *Jud,* Die Aufrechnung im internationalen Privatrecht, IPRax 2005, 104; *Kammel,* Die Bestimmung der zuständigen Gerichte bei grenzüberschreitenden Konzerninsolvenzen „Eurofood", NZI 2006, 334; *Kampf,* Handelsvertreter und Insolvenz: sach- und international insolvenzrechtliche Aspekte in Deutschland und Belgien (Mainz, Univ., Diss., 2004,), 2004; *Kebekus,* Anmerkung zu AG Nürnberg, Beschl. v. 1. 10. 2006 – 8034 IN 1326/06, ZIP 2007, 84; *ders.,* Kurzkommentar zu: AG Mönchengladbach, Beschl. v. 27. 4. 2004 – 19 IN 54/04, EWiR 2004, 705; *Keggenhoff,* Internationale Zuständigkeit bei grenzüberschreitenden Insolvenzverfahren: der Mittelpunkt der hauptsächlichen Interessen gemäß Art. 3 Abs. 1 EuInsVO bei Gesellschaften und juristischen Personen (Berlin, Humboldt-Univ., Diss., 2006), 2006 (zit.: *Keggenhoff,* Internationale Zuständigkeit); *Kemper,* Die Verordnung (EG) NR. 1346/2000 über Insolvenzverfahren, ZIP 2001, 1609; *Kellermeyer,* Rechtspflegergeschäfte und Richtervorbehalte im Internationalen Insolvenzrecht, Rpfleger 2003, 391; *Kienle,* Zur Strafbarkeit des Geschäftsleiters einer in Deutschland ansässigen Limited englischen Rechts, GmbHR 2007, 696; *ders.,* Schnittstellen des internationalen Gesellschafts- und Insolvenzrechts in *Süß/Wachter* (Hrsg.), Handbuch des internationalen GmbH-Rechts, 2006, S. 127 ff. (zit.: *Kienle,* in *Süß/Wachter,* Handbuch,); *Kieper,* Abwicklungssysteme in der Insolvenz: dargestellt am Beispiel der Eurex Deutschland (Bremen, Univ., Diss., 2003), 2004; *Kindler,* Sitzverlegung und internationales Insolvenzrecht, IPRax 2006, 114; *ders.,* EG-Klauselrichtlinie – Mobiliarsicherheiten im internationalen Insolvenzrecht – institutionalisierte Bekämpfung des organisierten Verbrechens in der Europäischen Union, IPRax 2005, 287; *ders.,* XIX. Deutsch-italienischer Kongress in Bari – Nationale Insolvenzverfahren im Lichte der Europäischen Insolvenzverordnung – Neues Kaufrecht – Strafrechtliche Verantwortlichkeit juristischer Personen – Umwelthaftung, IPRax 2003, 394; *ders.,* „Anerkennung" der Scheinauslandsgesellschaft und Niederlassungsfreiheit, IPRax 2003, 41; *Klöhn,* Anmerkung zu AG Hamburg v. 16. 8. 2006 67 a IE 1/06, NZI 2006, 652; *ders.,* Statische oder formale Lebenssachverhalte als „Interessen" i. S. des Art. 3 I 1 EuInsVO? Zum Mittelpunkt der hauptsächlichen Interessen einer im Ausland gegründeten Gesellschaft bei Einstellung der werbenden Tätigkeit, NZI 2006, 383; *ders.,* Verlegung des Mittelpunktes der hauptsächlichen Interessen i. S. d. Art. 3 Abs. 1 S. 1 EuInsVO vor Stellung des Insolvenzantrags, KTS 2006, 259; *Klumb,* Kollisionsrecht der Insolvenzanfechtung (Konstanz, Univ., Diss., 2004), 2005; *Knof,* Perpetuatio fori und Attraktivkraft des Erstantrags im Europäischen Insolvenzrecht?, ZInsO 2006, 754; *ders.,* Europäisches Insolvenzrecht und Schuldbefreiungs-Tourismus, ZInsO 2005, 1017; *Knof/Mock,* Anmerkung zu EuGH „Eurofood" v. 2. 5. 2006 Rs C-341/04, ZIP 2006, 907; *dies.,* Anmerkung zu EuGH „Staubitz-Schreiber" v. 17. 1. 2006, ZIP 2006, 188; *Köke,* Die englische Limited in der Insolvenz, ZInsO 2005, 354; *Kodek,* Die Geltendmachung von Anfechtungsansprüchen nach der EuInsVO, in *Konecny* (Hrsg.), Insolvenzforum 2004, 2005, S. 119; *Kokemoor,* Das internationale Sonderinsolvenz- und -sanierungsrecht der Einlagenkreditinstitute und E-Geld-Institute gem. den §§ 46 d, 46 e und 46 f KWG, WM 2005, 1881; *Kolmann,* Kooperationsmodelle im Internationalen Insolvenzrecht, (Regensburg, Univ., Diss., 2000), 2001, (zit.: *Kolmann,* Kooperationsmodelle); *Kompat,* Die neue Europäische Insolvenzverordnung: ihre Auswirkungen auf das Internationale Insolvenzrecht ausgewählter Mitgliedstaaten (Berlin, Humboldt-Univ., Diss., 2006), 2006; *Konecny,* Thesen zum Mittelpunkt der hauptsächlichen Schuldnerinteressen, zik 2005/2, 2; *Korczak,* Überschuldungslösungen europäischer Staaten und Lehren für Deutschland, ZVI 2005, 471 ff.; *Kranemann,* Insolvenzanfechtung im deutschen Internationalen Insolvenzrecht und nach der Europäischen Insolvenzrechtsverordnung:

EuInsVO Anhang

dargestellt am Beispiel England – Deutschland (Diss. Humboldt-Univ. Berlin, 1999), 2000 (zit.: *Kranemann*, Insolvenzanfechtung); *Krebber*, Europäische Insolvenzordnung, Drittstaatengesellschaften, Drittstaatensachverhalte und innergemeinschaftliche Konflikte, IPRax 2004, 540; *Kreuzer*, Zu Stand und Perspektiven des Europäischen Internationalen Privatrechts – Wie europäisch soll das Europäische Internationale Privatrecht sein?, RabelsZ Bd. 70 (2006) 1; *Kübler*, Der Mittelpunkt der hauptsächlichen Interessen nach Art. 3 Abs. 1 EuInsVO, in *Schilken/Kreft/Wagner/Eckardt* (Hrsg.), Festschrift für Walter Gerhardt zum 70. Geburtstag am 18. Oktober 2004, 2004, S. 527–562 (zit.: *Kübler* in Festschrift Gerhardt); *Kuntz*, Die Insolvenz der Limited mit deutschem Verwaltungssitz – EU-Kapitalgesellschaft in Deutschland nach „Inspire Art", NZI 2005, 424; *Lach*, Die europäische Insolvenzverordnung: Instrument des inländischen Gläubigerschutzes im Wettbewerb der Gesellschaftsrechte (Göttingen, Univ., Diss., 2006), 2007; *Laukemann*, Rechtshängigkeit im europäischen Insolvenzrecht, RIW 2005, 104; *Lautenbach*, Anmerkung zu AG Mönchengladbach, Beschl. v. 27. 4. 2004 – 19 IN 54/04, NZI 2004, 383; *Lawlor*, Die Anwendbarkeit englischen Gesellschaftsrechts bei Insolvenz einer englischen Limited in Deutschland, NZI 2005, 432; *Lehr*, Die neue EU-Verordnung über Insolvenzverfahren und deren Auswirkungen für die Unternehmenspraxis, KTS 2000, 577; *Leible/Staudinger*, Die europäische Verordnung über Insolvenzverfahren, KTS 2000, 533; *Leipold*, Starker Auftritt – der Europäische Gerichtshof zum Europäischen Insolvenzrecht in *Hau* (Hrsg.), Facetten des Verfahrensrechts: liber amicorum Walter F. Lindacher; zum 70. Geburtstag am 20. Februar 2007, 2007; *ders.*, Zum künftigen Weg des deutschen internationalen Insolvenzrechts, abgedruckt in *Stoll* (Hrsg.), Vorschläge und Gutachten zur Umsetzung des EU-Übereinkommens über Insolvenzverfahren im deutschen Recht, 1997, S. 185 (zit.: *Leipold*, in *Stoll*, Vorschläge und Gutachten); *Leithaus*, Veranstaltung zu grenzüberschreitenden Insolvenzen in der Insolvenzpraxis in Köln, NZI 2004, 194; *Leutner/Langner*, Durchgriffshaftung bei Scheinauslandsgesellschaften, ZInsO 2005, 575; *Liebmann*, Der Schutz des Arbeitnehmers bei grenzüberschreitenden Insolvenzen (Trier, Univ., Diss., 2004), 2005 (zit.: *Liebmann*, Der Schutz des Arbeitnehmers); *Lieder, J.*, Die Haftung der Geschäftsführer und Gesellschafter von EU-Auslandsgesellschaften mit tatsächlichem Verwaltungssitz in Deutschland, DZWIR 2005, 399; *Lieder, S.*, Grenzüberschreitende Unternehmenssanierung im Lichte der EuInsVO, 2007; *Liersch*, Comments on the decision of the District Court of Cologne 1 December 2005, International Caselaw Alert 10 – III/2006, 20; *ders.*, Nach der Eurofood-Entscheidung des EuGH: Genugtuung, aber auch viel Nachdenklichkeit, NZI 2006, aktuell, V; *ders.*, Grenzüberschreitendes Insolvenzrecht: in Bad Ragaz/Vaduz vom 25. bis 27. September 2003/DACH, Europäische Anwaltsvereinigung e. V., 2004; *ders.*, Anmerkung zu AG Düsseldorf, Beschl. v. 12. 3. 2004 – 502 IN 126/03, NZI 2004, 269; *ders.*, Anmerkung zu BGH, Beschl. v. 27. 11. 2003 – IX ZB 418/02 (LG Wuppertal), NZI 2004, 139; *ders.*, Deutsches Internationales Insolvenzrecht, NZI 2003, 302; *ders.*, Sicherungsrechte im internationalen Insolvenzrecht, NZI 2002, 515; *ders.*, Sicherungsrechte im internationalen Insolvenzrecht, Frankfurt a. M., 2001; *Lorenz*, Annexverfahren bei internationalen Insolvenzen: Internationale Zuständigkeitsregelung der Europäischen Insolvenzverordnung (Innsbruck, Univ., Diss., 2004), 2005 (zit.: *Lorenz*, Annexverfahren); *Lüer*, Art. 3 Abs. 1 EuInsVO – Grundlage für Konzerninsolvenzrecht oder Instrumentarium eines „Insolvenz-Imperialismus"?, in Festschrift für Günter Greiner zum 70. Geburtstag, 2005; *Lüke*, Europäisches Zivilverfahrensrecht – das Problem der Abstimmung zwischen EuInsÜ und EuGVÜ in *Geimer* (Hrsg.), Festschrift für Rolf A. Schütze zum 65. Geburtstag, 1999, S. 467–483; *ders.*, Das europäische internationale Insolvenzrecht, ZZP 111 (1998) 275; *Ludwig*, Neuregelungen des deutschen Internationalen Insolvenzverfahrensrechts: eine Untersuchung unter vergleichender Heranziehung der Europäischen Insolvenzverordnung (Köln, Univ., Diss., 2004), 2004; *Lutter* (Hrsg.), Europäische Auslandsgesellschaften in Deutschland: mit Rechts- und Steuerfragen des Wegzugs deutscher Gesellschaften, 2005 (zit.: *Bearbeiter*, in *Lutter*, Auslandsgesellschaften); *Luttermann/Vahlenkamp*, Wahrscheinlichkeitsurteile im Insolvenzrecht und internationale Bewertungsstandards (Ratingagenturen), ZIP 2003, 1629; *Mankowski*, Anmerkung zu AG Hamburg, Beschl. v. 9. 5. 2006 – 67 c IN 122/06, NZI 2006, 486; *ders.*, Anmerkung zu High Court of Justice Birmingham, Beschl. v. 30. 3. 2006 – No. 2377/2006, NZI 2006, 416; *ders.*, Anmerkung zu EuGH „Staubitz-Schreiber" v. 17. 1. 2006, NZI 2006, 153; *ders.*, Kurzkommentar zu: BGH Beschl. v. 2. 3. 2006 – IX ZB 192/04, EWIR 2006, 397; *ders.*, Kurzkommentar zu: AG Köln Beschl. v. 1. 12. 2005 – 71 IN 564/05, EuZW 2006, 63, EWIR 2006, 109; *ders.*, Klärung von Grundsatzfragen des europäischen Internationalen Insolvenzrechts durch die Eurofood-Entscheidung?, BB 2006, 1753; *ders.*, Internationale Zuständigkeit und anwendbares Recht – Parallelen und Divergenzen, in Festschrift für Andreas Heldrich zum 70. Geburtstag, 2005, S. 867; *ders.*, Anmerkung zu: Court of Appeal (Civil Division), Urt. vom 27. 7. 2005, NZI 2005, 575; *ders.*, Entwicklungen im Internationalen Privat- und Prozessrecht 2004/2005 (Teil 2), RIW 2005, 561; *ders.*, Kurzkommentar zu: High Court of Justice, Chancery Division, Birmingham, Urt. v. 18. 4. 2005 – 2375–2382/05, EWIR 2005, 637; *ders.*, Grenzüberschreitender Umzug und das center of main interests im europäischen Internationalen Insolvenzrecht, NZI 2005, 368; *ders.*, Kurzkommentar zu: AG Siegen, Beschl. v. 1. 7. 2004 – 25 IN 154/04, EWIR 2005, 175; *ders.*, Entwicklungen im Internationalen Privat- und Prozessrecht 2003/2004 (Teil 2), RIW 2004, 587; *ders.*, Anmerkung zu AG München, Beschl. v. 4. 5. 2004 – 1501 IE 1276/04, NZI 2004, 450; *ders.*, Kurzkommentar zu: BGH, Beschl. v. 27. 11. 2003 – IX ZB 418/02, EWIR 2004, 229; *ders.*, Anmerkung zu BGH, Urt. v. 17. 5. 2003 – IX ZR 203/02, Zuständigkeitsregelung in § 19 a ZPO auch international nur für Passivprozesse des Insolvenzverwalters, NZI 2003, 545; *ders.*, Kurzkommentar zu: CA (Cour d'appel) Versailles, Urt. v. 4. 9. 2003 – 05038/03, EWiR 2003, 1239; *ders.*, Kurzkommentar zu: AG Düsseldorf, Beschl. v. 6. 6. 2003 – 502 IN 126/03, EWiR 2003, 767; *Mankowski/Willemer*, Anmerkung zu OLG Frankfurt a. M., Urt. v. 26. 1. 2006 – 15 U 200/05, NZI 2006, 648; *Martinez Ferber*, European Insolvency Regulation: Substantive Consolidation, the Threat of Forum Shopping and a German Point of View, 1. Auflage, 2004;

Schrifttum   EuInsVO

Mayer, Wie nähert man sich einem internationalen Insolvenzverfahren für Staaten?, ZInsO 2005, 454; *McBryde* (ed.), Principles of European insolvency law, 2003; *Meyer-Löwy/Plank,* Entbehrlichkeit des Sekundärinsolvenzverfahrens bei flexibler Verteilung der Insolvenzmasse im Hauptinsolvenzverfahren, NZI 2006, 622; *Meyer-Löwy/Poertzgen,* Eigenverwaltung (§§ 270 ff. InsO) löst Kompetenzkonflikt nach der EuInsVO – Zugleich Anmerkung zu AG Köln, Beschluss v. 23. 1. 2004 – 71 IN 01/04 (ZInsO 2004, 216 ff), ZInsO 2004, 195; *Meyer-Löwy/Poertzgen/de Vries,* Einführung in das englische Insolvenzrecht, ZInsO 2005, 293; *Meyer-Löwy/Poertzgen/Eckhoff,* Einführung in das US-amerikanische Insolvenzrecht, ZInsO 2005, 735; *Mock,* Anmerkung zu LG Kiel, Urt. v. 20. 4. 2006 – 10 S 44/05, Insolvenzverschleppungshaftung des directors bei inländischem Verwaltungssitz der Limited, NZI 2006, 482; *Mock/Schildt,* Anmerkung zu AG Hamburg, Beschl. v. 14. 5. 2003 – 67 g IN 358/02, Insolvenzfähigkeit einer englischen Limited in Deutschland, NZI 2003, 442; *dies.,* Insolvenz ausländischer Kapitalgesellschaften mit Sitz in Deutschland, ZInsO 2003, 396; *Mock/Westhoff,* Verwendung ausländischer Kapitalgesellschaften bei Unternehmensakquisitionen, DZWIR 2004, 23; *Mörsdorf-Schulte,* Internationaler Gerichtsstand für Insolvenzanfechtungsklagen im Spannungsfeld von EuInsVO, EuGVÜ/O und autonomen Recht und seine Überprüfbarkeit durch den BGH, IPRax 2004, 31; *Mohrbutter/Ringstmeier,* Handbuch der Insolvenzverwaltung, 8. Aufl. 2007 (zit.: Mohrbutter/Ringstmeier/ Bearbeiter); *Morscher,* Die europäische Insolvenzverordnung (EuInsVO), 2002; *Moss/Fletcher/Isaacs* (ed.), The EC Regulation on Insolvency Proceedings: A commentary and annotated guide, 2002 (zit.: *Bearbeiter* in Moss/Fletcher/Isaacs, EC Regulation); *Naumann,* Die Behandlung dinglicher Kreditsicherheiten und Eigentumsvorbehalte nach den Artikeln 5 und 7 EuInsVO sowie nach autonomem deutschen Insolvenzkollisionsrecht: zugleich ein Beitrag zur Auslegungstechnik des EuGH (Greifswald, Univ., Diss., 2004), 2004; *Niggemann/Blenske,* Die Auswirkungen der Verordnung (EG) Nr. 1346/2000 auf den deutsch-französischen Rechtsverkehr, NZI 2003, 471; *Oberhammer,* Europäisches Insolvenzrecht in praxi – „Was bisher geschah", ZInsO 2004, 761; *Olano,* Der Sitz der Gesellschaft im internationalen Zivilverfahrens- und Insolvenzrecht der EU und der Schweiz (Basel, Univ., Diss., 2003), 2004; *Pannen* (Hrsg.), Europäische Insolvenzverordnung, 2007 (zitiert: *Pannen/Bearb.,* EuInsVO); *Pannen/Kühnle/Riedemann,* Die Stellung des deutschen Insolvenzverwalters in einem Insolvenzverfahren mit europäischem Auslandsbezug, NZI 2003, 72; *Pannen/Riedemann,* Kurzkommentar zu: EuGH GA (Generalanwalt Francis Geoffrey Jacobs), Schlussanträge v. 27. 9. 2005 „Eurofood-Parmalat", EWiR 2005, 725; *dies.,* Kurzkommentar zu: EuGH GA (Generalanwalt Francis Geoffrey Jacobs), Schlussanträge v. 27. 9. 2005 „Eurofood-Parmalat", EWiR 2005, 725; *dies.,* Kurzkommentar zu: OLG Düsseldorf, Beschl. v. 9. 7. 2004 – I-3 W 53/04, EWiR 2005, 177; *dies.,* Kurzkommentar zu: AG Offenburg, Beschl. v. 2. 8. 2004 – 2 IN 133/04, EWiR 2005, 73; *dies.,* Der Begriff des „centre of main interest" i. S. des Art. 3 I 1 EuInsVO im Spiegel aktueller Fälle aus der Rechtsprechung, NZI 2004, 646; *dies.,* Die deutschen Ausführungsbestimmungen zur EuInsVO – ein Überblick zu den Regelungen des Art. 102 EGInsO nF, NZI 2004, 301; *Paulus,* Europäische Insolvenzverordnung, 2. Aufl., 2008 (zit.: *Paulus,* Europäische Insolvenzverordnung); *ders.,* Kurzkommentar zu: Arrondissementsgericht Amsterdam, Beschl. v. 31. 1. 2007 – FT RK 07–93 u. 07–122 (ZIP 2007, 492), EWiR 2007, 143; *ders.,* Die ersten Jahre mit der Europäischen Insolvenzverordnung: Erfahrungen und Erwartungen, RabelsZ 2006, 458; *ders.,* Der EuGH und das moderne Insolvenzrecht, NZG 2006, 609; *ders.,* Konzerninsolvenz auf der Agenda, NZI 2006, VII; *ders.,* Anfechtungsklagen im grenzüberschreitenden Insolvenzverfahren, ZInsO 2006, 295; *ders.,* Which law decides on a court's competence to decide in insolvency related matters? Higher Regional Court of Frankfurt a. M., International Caselaw Alert 10 – III/2006, 10; *ders.,* Kann Forum Shopping sittenwidrig sein?, in *Stathopoulos* (Hrsg.), Festschrift für Apostolos Georgiades zum 70. Geburtstag, 2006, 511–526; *ders.,* Überlegungen zu einem modernen Konzerninsolvenzrecht, ZIP 2005, 1948; *ders.,* Grundlagen des neuen Insolvenzrechts, Internationales Insolvenzrecht, DStR 2005, 334; *ders.,* Das neue internationale Insolvenzrecht der USA, NZI 2005, 439; *ders.,* Section 304 Bankruptcy Code – Die US-amerikanische Variante der Zusammenarbeit bei grenzüberschreitenden Insolvenzfällen, NZI 2005, 95; *ders.,* Anmerkung zu OLG Wien, Beschl. v. 9. 11. 2004 – 28 R 225/04w (nicht rechtskräftig), ZIP 2005, 62; *ders.,* Kurzkommentar zu: AG München, Beschl. v. 4. 5. 2004 – 1501 IE 1276/04, EWiR 2004, 493; *ders.,* Kurzkommentar zu: High Court of Justice Leeds (Companies Court), Beschl. v. 16. 5. 2003 – No 861 867/03, EWiR 2003, 709; *ders.,* Zuständigkeitsfragen nach der Europäischen Insolvenzordnung, ZIP 2003, 1725; *ders.,* Rechtsvergleichung im nationalen wie internationalen Insolvenzrecht: Eine Erfolgsgeschichte, in *Schütze* (Hrsg.), Einheit und Vielfalt des Rechts – Festschrift für Reinhold Geimer zum 65. Geburtstag, 2002, S. 795–809; *ders.,* Änderungen des deutschen Insolvenzrechts durch die europäische Insolvenzverordnung, ZIP 2002, 729; *ders.,* Die europäische Insolvenzverordnung und der deutsche Insolvenzverwalter, NZI 2001, 505; *Penzlin,* Kurzkommentar zu: Tribunal de Commerce de Nanterre, Urt. v. 15. 2. 2006 – PCL 2006J00174, EWiR 2006, 207; *Penzlin/Riedemann,* Anmerkung zu High Court of Justice Birmingham v. 18. 4. 2005 („MG Rover"), NZI 2005, 467; *Pöhlmann,* Praxisfragen des internationalen Insolvenzrechts, DSWR 2000, 276; *Poertzgen/Adam,* Die Bestimmung des „centre of main interests" gem. Art. 3 Abs. 1 EuInsVO, ZInsO 2006, 505; *Prütting,* Die Bestellung des Insolvenzverwalters und die geplante Änderung des § 56 InsO, ZIP 2005, 1097; *Rein,* „Fünf Jahre Insolvenzordnung": Veranstaltung der insolvenzrechtlichen Arbeitskreise vom 13./14. 2. 2004, NZI 2004, 310; *Reinhart,* Zur Anerkennung ausländischer Insolvenzverfahren, ZIP 1997, 1743; *ders.,* Sanierungsverfahren im internationalen Insolvenzrecht (Frankfurt (Main), Univ., Diss., 1994), 1995 (zit.: *Reinhart,* Sanierungsverfahren); *Reisch/Kodek,* Ausgewählte Probleme der Anfechtung nach der EuInsVO, ZIK 2006, 182; *Riedemann,* Das Auseinanderfallen von Gesellschafts- und Insolvenzrecht, GmbHR 2004, 345; *Riera/Wagner,* Kurzkommentar zu: Tribunale di Parma, Urt. v. 19. 2. 2004 – 53/04, EWiR 2004, 597; *Ringe,* Insolvenzanfechtungsklage im System des europäischen Zivilverfahrensrechts, ZInsO 2006, 700; *Ringe/Willemer,* Die „deutsche"

Limited in der Insolvenz, EuZW 2006, 621; *Ringstmeier/Homann,* Masseverbindlichkeiten als Prüfstein des internationalen Insolvenzrechts, NZI 2004, 354; *Rinne/Sejas,* Inlandskonkurs und das Anerkennungs- und Vollstreckungsausführungsgesetz, IPRax 2002, 28; *Röhricht,* Insolvenzrechtliche Aspekte im Gesellschaftsrecht, ZIP 2005, 505; *Rossbach,* Europäische Insolvenzverwalter in Deutschland. Am Beispiel englischer und französischer Insolvenzverwalter (Konstanz, Univ., Diss., 2004), 2006; *Roßmeier,* Besitzlose Mobiliarsicherheiten in grenzüberschreitenden Insolvenzverfahren: eine rechtsvergleichende Untersuchung des deutschen und U. S.-amerikanischen internationalen Insolvenzrechts sowie der Europäischen Verordnung über Insolvenzverfahren (Münster (Westfalen), Univ., Diss., 2002), 2003 (zit.: *Roßmeier,* Besitzlose Mobiliarsicherheiten); *Roth,* From Centros to Ueberseering: Free Movement of Companies, Private International Law, and Community Law, I. C. L. Q. 2003, 177; *Rüfner,* Neues internationales Insolvenzrecht in den USA, ZIP 2005, 1859; *Rugullis,* Litispendenz im Europäischen Insolvenzrecht (Berlin, Freie Univ., Diss., 2001), 2002 (zit.: *Rugullis,* Litispendenz); *Sabel,* Hauptsitz als Niederlassung im Sinne der EuInsVO?, NZI 2004, 126; *Sabel/Schlegel,* Kurzkommentar zu: High Court of Justice Chancery Division Companies Court (England), Urt. v. 7. 2. 2003 – 0042/2003, EWiR 2003, 367; *Saenger/Klockenbrink,* Internationale Zuständigkeit von Insolvenzanfechtungsklagen – Zugleich Anmerkung zu den Beschlüssen des OLG München vom 27. 7. 2006 und 6. 6. 2006, IHR 2007, 60; *dies.,* Anerkennungsfragen im internationalen Insolvenzrecht gelöst?, EuZW 2006, 363; *dies.,* Neue Grenzen für ein forum shopping des Insolvenzschuldners?, DZWIR 2006, 183; *Schall,* Englischer Gläubigerschutz bei der Limited in Deutschland, ZIP 2005, 965; *Schelo,* Flucht aus Deutschland oder der Wettbewerb der Insolvenzordnungen, NZI 2006, VII; *Scherber,* Europäische Grundpfandrechte in der nationalen und internationalen Insolvenz im Rechtsvergleich (Berlin, Humboldt-Univ., Diss., 2003), 2004; *dies.,* Neues autonomes internationales Insolvenzrecht in Spanien im Vergleich zur EuInsVO und zu den neuen §§ 335–358 InsO, IPRax 2005, 160; *Schilling, M.,* Die ausschließliche internationale Zuständigkeit für gesellschaftsrechtliche Streitigkeiten vor dem Hintergrund der Niederlassungsfreiheit, IPRax 2005, 208; *Schilling, S.,* Das englische Insolvenzeröffnungsverfahren im Anwendungsbereich der EuInsVO und im Vergleich mit dem deutschen Insolvenzeröffnungsverfahren, DZWIR 2006, 143; *ders.,* Insolvenz einer englischen Limited mit Verwaltungssitz in Deutschland (Jena, Univ., Diss., 2005), 2006; *Schilling, S./Schmidt, J.,* COMI und vorläufiger Insolvenzverwalter – Problem gelöst?, ZInsO 2006, 113; *dies.,* Kurzkommentar zu: LG Hamburg Beschl. v. 18. 8. 2005 – 326 T 34/05, EWiR 2006, 15; *dies.,* Anm. zu AG Köln, Beschl. v. 10. 8. 2005, DZWIR 2006, 218; *Schmidt, J.,* Insolvenzantragspflicht und Insolvenzverschleppungshaftung bei der „deutschen" Limited – Das LG Kiel auf dem richtigen Weg?, ZInsO 2006, 737; *dies.,* Eurofood – Eine Leitentscheidung und ihre Rezeption in Europa und den USA; *Schmidt, K.,* Verlust der Mitte durch „Inspire Art"? – Verwerfungen im Unternehmensrecht durch Schreckreaktionen der Literatur –, ZHR 168 (2004) 493; *Schmiedeknecht,* Der Anwendungsbereich der Europäischen Insolvenzverordnung und die Auswirkungen auf das deutsche Insolvenzrecht: Unter besonderer Berücksichtigung des Konzerninsolvenzrechts (Münster (Westfalen), Univ., Diss., 2004), 2004 (zit.: *Schmiedeknecht,* Der Anwendungsbereich); *Schmittmann,* Einführung in die Europäische Insolvenzverordnung, InsBüro 2004, 331; *Schollmeyer,* Vollstreckungsschutz kraft ausländischer Insolvenzrechts und Inlandsklausel, IPRax 2003, 227; *Schopper,* Anmerkung zu: LG Innsbruck v. 11. 5. 2004 – 9 S 15/04 m – „Hettlage", KTS 2005, 223; *Schwarz,* Insolvenzverwalterklagen bei eigenkapitalersetzenden Gesellschafterleistungen nach der Verordnung (EG) Nr. 44/2001 (EuGVVO); NZI 2002, 290; *Schwerdtfeger/Schilling, S.,* Innerstaatlicher Rechtsschutz gegen die Eröffnung eines Hauptinsolvenzverfahrens nach Art. 3 Abs. 1 EuInsVO in Deutschland, DZWIR 2005, 370; *Smart,* Rights in Rem, Article 5 and the EC Insolvency Regulation: An English Perspective, INSOL International Insolvency Review, Vol. 15, 2006, S. 17–55; *Smid,* Praxishandbuch Insolvenzrecht, 5. Auflage, 2007; *ders.,* EuGH zu „Eurofood", BGH zur internationalen Zuständigkeit: Neueste Judikatur zur EuInsVO, DZWIR 2006, 325; *ders.,* Internationales Insolvenzrecht im Spiegel ausgewählter Verfahren und Entscheidungen, DZWIR 2006, 45; *ders.* (Hrsg.), Neue Fragen des deutschen und internationalen Insolvenzrechts/Insolvenzrechtliches Symposion der Hanns-Martin Schleyer-Stiftung in Kiel 10./11. Juni 2005, 2006; *ders.,* Anmerkung zu Supreme Court of Ireland, Mittelpunkt der hauptsächlichen Interessen bei internationaler Insolvenz, DZWIR 2005, 60; *ders.,* Auswirkungen des europäischen Insolvenzrechts auf die Praxis der deutschen Insolvenzgerichte, InVo 2005, 437 ff.; *ders.,* Deutsches und Europäisches Internationales Insolvenzrecht: Kommentar, 2004 (zit.: *Smid,* Int. Insolvenzrecht); *ders.,* Grenzüberschreitende Insolvenzverwaltung in Europa, in *Schütze* (Hrsg.), Einheit und Vielfalt des Rechts – Festschrift für Reinhold Geimer zum 65. Geburtstag, 2002, S. 1215–1240; *ders.,* Judikatur zum internationalen Insolvenzrecht, DZWIR 2004, 397; *ders.,* Vier Entscheidungen englischer und deutscher Gerichte zur europäischen internationalen Zuständigkeit zur Eröffnung des Hauptinsolvenzverfahrens, DZWIR 2003, 397; *Smid* (Hrsg.), Fragen des deutschen und internationalen Insolvenzrechts, 2007; *ders.,* Neue Fragen des deutschen und internationalen Insolvenzrechts, 2006; *Sommer,* Zu den Einflussmöglichkeiten des Hauptverwalters auf das Sekundärinsolvenzverfahren, ZInsO 2005, 1137; *Spahlinger,* Sekundäre Insolvenzverfahren bei grenzüberschreitenden Insolvenzen: eine vergleichende Untersuchung zum deutschen, US-amerikanischen, schweizerischen und europäischen Recht (Tübingen, Univ., Diss., 1996/97), 1998; *Spellenberg,* Der ordre public im Internationalen Insolvenzrecht, in *Stoll:* Stellungnahmen und Gutachten, S. 183 (zit.: *Spellenberg,* in *Stoll*: Stellungnahmen und Gutachten); *Spühler* (Hrsg.), Aktuelle Probleme des internationalen Insolvenzrechtes, 2003; *Staak,* Mögliche Probleme der Koordination von Haupt- und Sekundärinsolvenzverfahren nach der Europäischen Insolvenzverordnung (EuInsVO), NZI 2004, 480; *ders.,* Tagung der Europäischen Rechtsakademie „Europäisches Insolvenzrecht", NZI 2004, 134; *Stehle,* Die Stellung des Vollstreckungsgläubigers bei grenzüberschreitenden Insolvenzen in der EU: dargestellt am Beispiel England – Deutschland (Konstanz, Univ., Diss., 2006), 2006; *Stoll* (Hrsg.), Vorschläge und Gutachten zur Umsetzung des

Schrifttum

EU-Übereinkommens über Insolvenzverfahren im deutschen Recht, 1997; *ders.* (Hrsg.), Stellungnahmen und Gutachten zur Reform des deutschen Internationalen Insolvenzrechts, 1992; *Strasser,* Anmerkung zu: AG Siegen v. 1. 7. 2004 „Zenith" (NZI 2004, 673–674), KTS 2005, 219; *Strobel,* Die Abgrenzung zwischen EuGVVO und EuInsVO im Bereich insolvenzbezogener Einzelentscheidungen (Köln, Univ., Diss., 2006), 2006 (zit.: *Strobel,* Die Abgrenzung zwischen EuGVVO und EuInsVO); *Strub,* Das Europäische Konkursübereinkommen, EuZW 1996, 71; *Stürner, M.,* Internationalprivat- und verfahrensrechtliche Fragen bei Klage auf Herausgabe einer Bürgschaftsurkunde aus der Insolvenzmasse, IPRax 2006; *ders.,* Gerichtsstandsvereinbarungen und Europäisches Insolvenzrecht, IPRax 2005, 416; *Stürner, R.,* Die Europäische Liquidationsrichtlinie für Banken und ihre Bedeutung für das Europageschäft deutscher Pfandbriefbanken am Beispiel Polens, KTS 2005, 269; *Taupitz,* Das (zukünftige) europäische Internationale Insolvenzrecht – insbesondere aus internationalprivatrechtlicher Sicht, ZZP 111 (1998) 315; *Taylor,* Further into the fog – some thoughts on the European Court of Justice decision in the Eurofood case, International Caselaw Alert 10 – III/2006, 25; *Tetley,* Recent Developments: The On-Going Saga of Canada's Conflict of Law Revolution – Theorie and Practice – Part II, IPRax 2004, 551; *Tett,* Beyond COMI: Credoitors and cooperation, International Caselaw Alert 10 – III/2006, 22; *Thole,* Die internationale Zuständigkeit für insolvenzrechtliche Anfechtungsklagen, ZIP 2006, 1383; *Tirado,* Die Anwendung der Europäischen Insolvenzverordnung durch die Gerichte der Mitgliedstaaten, GPR 2005, 39; *Torz,* Gerichtsstände im internationalen Insolvenzrecht zur Eröffnung von Partikularinsolvenzverfahren: eine Untersuchung über die internationale Zuständigkeit zur Eröffnung von Partikularinsolvenzverfahren sowie deren Beschränkungen und Auswirkungen auf die Anerkennungszuständigkeit (Bochum, Univ., Diss., 2005), 2005; *Tromans,* Solving the multi-jurisdictional puzzle, The European Lawyer, 57/2006, 27; *Trunk,* Entwicklungslinien des Insolvenzrechts in den Transformationsländern, RabelsZ 2006, 563; *ders.,* Internationales Insolvenzrecht, 1998; *ders.,* Regelungsschwerpunkte eines Ausführungsgesetzes zu Europäischen Insolvenzübereinkommen, abgedruckt in *Stoll* (Hrsg.), Vorschläge und Gutachten zur Umsetzung des EU-Übereinkommens über Insolvenzverfahren im deutschen Recht, 1997, S. 232 (zit.: *Trunk,* in *Stoll,* Vorschläge und Gutachten); *Ulmer,* Insolvenzrechtlicher Gläubigerschutz gegenüber Scheinauslandsgesellschaften ohne hinreichende Kapitalausstattung?, KTS 2004, 291; *Ungan,* Gläubigerschutz nach dem EuGH-Urteil in „Inspire Art" – Möglichkeiten einer Sonderanknüpfung für die Durchgriffshaftung in der Insolvenz?, ZVR 2005, 355; *Utsch,* Das internationale Insolvenzrecht der USA, ZInsO 2005, 1305; *ders.,* Das amerikanische Hilfsverfahren nach § 304 Bankruptcy Code, ZIP 2004, 1182; *van Galen,* The European Insolvency Regulation and Groups of Companies, INSOL Europe Annual Congress Paper, 2003, 3; *von Bismarck/Schümann-Kleber,* Insolvenz eines ausländischen Sicherungsgebers – Anwendung deutscher Vorschriften auf die Verwertung in Deutschland belegener Kreditsicherheiten, NZI 2005, 147; *dies.,* Insolvenz eines deutschen Sicherungsgebers – Auswirkungen auf die Verwertung im Ausland belegener Kreditsicherheiten, NZI 2005, 89; *von der Fecht,* Die Insolvenzverfahren nach der neuen EG-Verordnung, in *van Bettery/Delhacs* (Hrsg.), Festschrift für Friedrich Wilhelm Metzeler zum 70. Geburtstag, 2003, S. 121–135; *Vallender,* Die Insolvenz von Scheinauslandsgesellschaften, ZGR 2006, 425; *ders.,* Aufgaben und Befugnisse des deutschen Insolvenzrichters in Verfahren nach der EuInsVO, KTS 2005, 283; *ders.,* Wohnungseigentum in der Insolvenz, NZI 2004, 401; *ders.,* Die Aussetzung der Verwertung nach Art. 33 EuInsVO in einem deutschen Sekundärinsolvenzverfahren in *Haarmeyer/Hirte/Kirchhof/Graf von Westphalen,* Verschuldung, Haftung, Vollstreckung, Insolvenz: Festschrift für Gerhard Kreft zum 65. Geburtstag, 1. Aufl. 2004, 2004; *Vallender/Fuchs,* Die Antragspflicht organschaftlicher Vertreter einer GmbH vor dem Hintergrund der Europäischen Insolvenzverordnung, ZIP 2004, 829; *Vallens/Dammann,* Die Problematik der Behandlung von Konzerninsolvenzen nach der EuInsVO – Bericht über ein internationales Richterseminar, NZI 2006, 29; *Veder,* Cross-border insolvency proceedings and security rights: a comparison of Dutch and German law, the EC insolvency regulation and the UNCITRAL model law on cross-border insolvency (Nijmegen, Univ., Diss., 2004), 2004; *Virgós/Garcimartin,* The European Insolvency Regulation: Law and Practice: A Practical Analysis, 2004 (zit.: *Virgós/Garcimartin,* European Insolvency Regulation); *Virgós/Schmit,* Erläuternder Bericht zu dem EU-Übereinkommen über Insolvenzverfahren, Der Rat der Europäischen Union, Doc. 6500/1/96REV1, abgedruckt in *Stoll* (Hrsg.), Vorschläge und Gutachten zur Umsetzung des EU-Übereinkommens über Insolvenzverfahren in deutschen Recht, 1997, S. 32 (zit.: *Virgós/Schmit,* Erläuternder Bericht); *Vogl,* Kurzkommentar zu: EuGH Urt. v. 17. 1. 2006 – Rs C-1/04, EWiR 2006, 141; *Vogler,* Die internationale Zuständigkeit für Insolvenzverfahren (Wien, Univ., Diss., 2003), 2004; *Vormstein,* Zuständigkeit bei Konzerninsolvenzen: Verfahrensablauf bei grenzüberschreitenden Konzerninsolvenzen unter besonderer Berücksichtigung der Europäischen Insolvenzverordnung (EuInsVO), 2005; *Vorpeil,* Neuere Entwicklungen im englischen Handels- und Wirtschaftsrecht, RIW 2006, 221; *ders.,* Neuere Entwicklungen im englischen Handels- und Wirtschaftsrecht, RIW 2005, 63, 70; *ders.,* Neuere Entwicklungen im englischen Handels- und Wirtschaftsrecht, RIW 2005, 850; *ders.,* Neuere Entwicklungen im englischen Handels- und Wirtschaftsrecht, RIW 2005, 370; *ders.,* Neuere Entwicklungen im englischen Handels- und Wirtschaftsrecht, RIW 2004, 371; *Wagner,* Insolvenzantragstellung nur im EU-Ausland? Zivil- und strafrechtliche Risiken für den GmbH-Geschäftsführer, ZIP 2006, 1934; *ders,* Kurzkommentar zu: AG Hamburg, Beschl. v. 9. 5. 2006 – 67c IN 122/06 (nicht rechtskräftig), ZIP 2006, 1105 = ZInsO 2006, 559, EWiR 2006, 433; *Walterscheid,* Die englische Limited im Insolvenzverfahren, DZWIR 2006, 95; *Wehdeking,* Internationale Zuständigkeit der Zivilgerichte bei grenzüberschreitenden Immissionen, DZWIR 2004, 323; *dies.,* Reform des Internationalen Insolvenzrechts in Deutschland und Österreich, DZWIR 2003, 133; *Weinbörner,* Das neue Insolvenzrecht mit EU-Übereinkommen, 1997; *Weller,* Inländische Gläubigerinteressen bei internationalen Konzerninsolvenzen, ZHR 2005, 570; *ders.,* Forum Shopping im Internationalen Insolvenzrecht?, IPRax 2004, 412; *ders.,* Einschränkung der

EuInsVO Anhang

Gründungstheorie bei missbräuchlicher Auslandsgründung?, IPRax 2003, 520; *ders.,* Scheinauslandsgesellschaften nach Centros, Überseering und Inspire Art: Ein neues Anwendungsfeld für die Existenzvernichtungshaftung, IPRax 2003, 207; *Wessels,* Twenty Suggestions for a Makeover of the EU Insolvency Regulation, International Caselaw Alert 12 – V/2006, 68; *ders.,* Current topics of international insolvency law, 2004 (zit.: *Wessels,* Int. insolvency law); *ders.,* The Place of the Registered Office of a Company: a Cornerstone in the Application of the EC Insolvency Regulation, European Company Law, Volume 3, 2006, 183; *ders.,* EU Insolvency and its impact on European business, CESifo DICE Report 1/2006, 16; *Westermann,* Auf dem Weg zum Wettbewerb der Gesellschaftsordnungen: die Kapitalbindung im Recht der GmbH, ZIP 2005, 1849; *Westphal/Wilkens,* Kurzkommentar zu: AG Düsseldorf, Beschl. v. 7. 4. 2004 – 502 IN 124/03 (nicht rechtskräftig), EWiR 2004, 909; *dies.,* Kurzkommentar zu: High Court of Justice Leeds, Chancery Division Companies Court, Urt. v. 20. 5. 2004 – No 556, 557/04, EWiR 2004, 847; *Wieczorek-Zeul,* New sovereign debt restructuring mechanisms: challenges and opportunities; International policy dialogue 21–22 February 2003, Berlin, 2003; *dies.,* Bemühungen um ein neues internationales Insolvenzverfahren: Perspektiven und Möglichkeiten; Internationaler Politik Dialog 21.–22. 2. 2003, Berlin, 2003; *Wienberg/Sommer,* Anwendbarkeit von deutschem Eigenkapitalersatzrecht auf EU-Kapitalgesellschaften am Beispiel eines Partikularinsolvenzverfahrens im engeren Sinn nach Art. 3 II, IV EuInsVO, NZI 2005, 353; *Willemer,* Vis attractiva concursus und die Europäische Insolvenzverordnung (Hamburg, Univ., Diss., 2005/2006), 2006 (zit.: *Willemer,* Vis attractiva concursus); *von Wilmowsky,* Aufrechnung in internationalen Insolvenzfällen, KTS 1998, 343; *ders.,* Sicherungsrechte im Europäischen Insolvenzrechtsübereinkommen, EWS 1997, 295; *Wilms,* Die englische Ltd. in deutscher Insolvenz: nach Centros, Überseering und Inspire Art (Düsseldorf, Univ., Diss., 2006), 2006; *Wimmer,* Anmerkung zum Vorlagebeschluss des irischen Supreme Court in Sachen Parmalat, ZInsO 2005, 119; *ders.,* Einpassung der EU-Insolvenzverordnung in das deutsche Recht durch das Gesetz zur Neuregelung des Internationalen Insolvenzrechts in *Gerhardt/Haarmeyer/Kreft* (Hrsg.), Insolvenzrecht im Wandel der Zeit, Festschrift für Hans-Peter Kirchhof anlässlich der Vollendung seines 65. Lebensjahrs, 2003, S. 521 ff., *ders.,* Entwurf eines Gesetzes zur Umsetzung der Finanzsicherheiten-Richtlinie, ZIP 2003, 1563; *ders.,* Die EU-Verordnung zur Regelung grenzüberschreitender Insolvenzverfahren, NJW 2002, 2427; *ders.,* Die Verordnung (EG) Nr. 1346/2000 über Insolvenzverfahren, ZInsO, 2001, 97; *ders.,* Die Besonderheiten von Sekundärinsolvenzverfahren unter besonderer Berücksichtigung des Europäischen Insolvenzübereinkommens, ZIP 1998, 82; *ders.,* Vorüberlegungen zur Umsetzung des Europäischen Insolvenzübereinkommens und zum deutschen Internationalen Insolvenzrecht, abgedruckt in *Stoll* (Hrsg.), Vorschläge und Gutachten zur Umsetzung des EU-Übereinkommens über Insolvenzverfahren im deutschen Recht, 1997, S. 179; *Wiórek,* Das Prinzip der Gläubigergleichbehandlung im Europäischen Insolvenzrecht (Heidelberg, Univ., Diss., 2005), 2005; *Wittinghofer,* Der nationale und internationale Insolvenzverwaltungsvertrag: Koordination paralleler Insolvenzverfahren durch Ad-hoc-Vereinbarungen (Münster (Westfalen), Univ., Diss., 2003), 2004 (zit.: *Wittinghofer,* Der nationale und internationale Insolvenzverwaltungsvertrag); *Wunderer,* Auswirkungen des Europäischen Übereinkommens über Insolvenzverfahren auf Bankgeschäfte, WM 1998, 793; *Zeeck,* Die Anknüpfung der Insolvenzanfechtung, ZInsO 2005, 281; *ders.,* Das internationale Anfechtungsrecht in der Insolvenz: die Anknüpfung der Insolvenzanfechtung (Hamburg, Univ. Diss., 2001), 2003; *Zerres,* Deutsche Insolvenzantragspflicht für die englische Limited mit Inlandssitz, DZWIR 2006, 356; *Zimmer,* Nach „Inspire Art": Grenzenlose Gestaltungsfreiheit für deutsche Unternehmen?, NJW 2003, 3585.

Gesamtübersicht zur EuInsVO

Präambel

Vor Art. 1

Kapitel I – Allgemeine Vorschriften

Art. 1 – Anwendungsbereich
Art. 2 – Definitionen
Art. 3 – Internationale Zuständigkeit
Art. 4 – Anwendbares Recht
Art. 5 – Dingliche Rechte Dritter
Art. 6 – Aufrechnung
Art. 7 – Eigentumsvorbehalt
Art. 8 – Vertrag über einen unbeweglichen Gegenstand
Art. 9 – Zahlungssysteme und Finanzmärkte
Art. 10 – Arbeitsvertrag
Art. 11 – Wirkung auf eintragungspflichtige Rechte
Art. 12 – Gemeinschaftspatente und -marken
Art. 13 – Benachteiligende Rechtshandlungen
Art. 14 – Schutz des Dritterwerbers
Art. 15 – Wirkungen des Insolvenzverfahrens auf anhängige Rechtsstreitigkeiten

Kapitel II – Anerkennung der Insolvenzverfahren

Art. 16 – Grundsatz
Art. 17 – Wirkungen der Anerkennung
Art. 18 – Befugnisse des Verwalters
Art. 19 – Nachweis der Verwalterstellung
Art. 20 – Herausgabepflicht und Anrechnung
Art. 21 – Öffentliche Bekanntmachung
Art. 22 – Eintragung in öffentliche Register
Art. 23 – Kosten
Art. 24 – Leistung an den Schuldner
Art. 25 – Anerkennung und Vollstreckbarkeit sonstiger Entscheidungen
Art. 26 – Ordre Public

Kapitel III – Sekundärinsolvenzverfahren

Art. 27 – Verfahrenseröffnung
Art. 28 – Anwendbares Recht
Art. 29 – Antragsrecht
Art. 30 – Kostenvorschuss
Art. 31 – Kooperations- und Unterrichtungspflicht
Art. 32 – Ausübung von Gläubigerrechten

Art. 33 – Aussetzung der Verwertung
Art. 34 – Verfahrensbeendende Maßnahmen
Art. 35 – Überschuss im Sekundärinsolvenzverfahren
Art. 36 – Nachträgliche Eröffnung des Hauptinsolvenzverfahrens
Art. 37 – Umwandlung des vorhergehenden Verfahrens
Art. 38 – Sicherungsmaßnahmen

Kapitel IV – Unterrichtung der Gläubiger und Anmeldung ihrer Forderung
Art. 39 – Recht auf Anmeldung von Forderungen
Art. 40 – Pflicht zur Unterrichtung der Gläubiger
Art. 41 – Inhalt einer Forderungsanmeldung
Art. 42 – Sprachen

Kapitel V – Übergangs- und Schlussbestimmungen
Art. 43 – Zeitlicher Geltungsbereich
Art. 44 – Verhältnis zu Übereinkünften
Art. 45 – Änderung der Anhänge
Art. 46 – Bericht
Art. 47 – Inkrafttreten
Art. 46 – Hinterlegung des Übereinkommens

Anhang A: Insolvenzverfahren gemäß Art. 1 Buchst. a
Anhang B: Insolvenzverfahren gemäß Art. 2 Buchst. c
Anhang C: Verwalter gemäß Art. 2 Buchst. b

Präambel

DER RAT DER EUROPÄISCHEN UNION – gestützt auf den Vertrag zur Gründung der Europäischen Gemeinschaft, insbesondere auf Art. 61 Buchstabe c und Art. 67. Absatz 1, auf Initiative der Bundesrepublik Deutschland und der Republik Finnland, nach Stellungnahme des Europäischen Parlaments,[2] nach Stellungnahme des Wirtschafts- und Sozialausschusses,[3] in Erwägung nachstehender Gründe:

(1) Die Europäische Union hat sich die Schaffung eines Raums der Freiheit, der Sicherheit und des Rechts zum Ziel gesetzt.

(2) Für ein reibungsloses Funktionieren des Binnenmarktes sind effiziente und wirksame grenzüberschreitende Insolvenzverfahren erforderlich; die Annahme dieser Verordnung ist zur Verwirklichung dieses Ziels erforderlich, das in den Bereich der justiziellen Zusammenarbeit in Zivilsachen im Sinne des Art. 65 des Vertrags fällt.

(3) Die Geschäftstätigkeit von Unternehmen greift mehr und mehr über die einzelstaatlichen Grenzen hinaus und unterliegt damit in zunehmendem Maß den Vorschriften des Gemeinschaftsrechts. Da die Insolvenz solcher Unternehmen auch nachteilige Auswirkungen auf das ordnungsgemäße Funktionieren des Binnenmarktes hat, bedarf es eines gemeinschaftlichen Rechtsakts, der eine Koordinierung der Maßnahmen in Bezug auf das Vermögen eines zahlungsunfähigen Schuldners vorschreibt.

(4) Im Interesse eines ordnungsgemäßen Funktionierens des Binnenmarktes muss verhindert werden, dass es für die Parteien vorteilhafter ist, Vermögensgegenstände oder Rechtsstreitigkeiten von einem Mitgliedstaat in einen anderen zu verlagern, um auf diese Weise eine verbesserte Rechtsstellung anzustreben (so genanntes „forum shopping").

(5) Diese Ziele können auf einzelstaatlicher Ebene nicht in hinreichendem Maß verwirklicht werden, so dass eine Maßnahme auf Gemeinschaftsebene gerechtfertigt ist.

(6) Gemäß dem Verhältnismäßigkeitsgrundsatz sollte sich diese Verordnung auf Vorschriften beschränken, die die Zuständigkeit für die Eröffnung von Insolvenzverfahren und für Entscheidungen regeln, die unmittelbar auf Grund des Insolvenzverfahrens ergehen und in engem Zusammenhang damit stehen. Darüber hinaus sollte diese Verordnung Vorschriften hinsichtlich der Anerkennung solcher Entscheidungen und hinsichtlich des anwendbaren Rechts, die ebenfalls diesem Grundsatz genügen, enthalten.

(7) Konkurse, Vergleiche und ähnliche Verfahren sind vom Anwendungsbereich des Brüsseler Übereinkommens von 1968 über die gerichtliche Zuständigkeit und die Vollstreckung gerichtlicher Entscheidungen in Zivil- und Handelssachen[4] in der durch die Beitrittsübereinkommen zu diesem Übereinkommen[5] geänderten Fassung ausgenommen.

---

[2] Stellungnahme v. 2. 3. 2000.
[3] Stellungnahme v. 26. 1. 2000.
[4] ABl. L 299 v. 31. 12. 1972, 32.
[5] ABl. L 204 v. 2. 8. 1975, 28.

(8) Zur Verwirklichung des Ziels einer Verbesserung der Effizienz und Wirksamkeit der Insolvenzverfahren mit grenzüberschreitender Wirkung ist es notwendig und angemessen, die Bestimmungen über den Gerichtsstand, die Anerkennung und das anwendbare Recht in diesem Bereich in einem gemeinschaftlichen Rechtsakt zu bündeln, der in den Mitgliedstaaten verbindlich ist und unmittelbar gilt.

(9) Diese Verordnung sollte für alle Insolvenzverfahren gelten, unabhängig davon, ob es sich beim Schuldner um eine natürliche oder juristische Person, einen Kaufmann oder eine Privatperson handelt. Die Insolvenzverfahren, auf die diese Verordnung Anwendung findet, sind in den Anhängen aufgeführt. Insolvenzverfahren über das Vermögen von Versicherungsunternehmen, Kreditinstituten und Wertpapierfirmen, die Gelder oder Wertpapiere Dritter halten, sowie von Organismen für gemeinsame Anlagen sollten vom Geltungsbereich dieser Verordnung ausgenommen sein. Diese Unternehmen sollten von dieser Verordnung nicht erfasst werden, da für sie besondere Vorschriften gelten und die nationalen Aufsichtsbehörden teilweise sehr weitgehende Eingriffsbefugnisse haben.

(10) Insolvenzverfahren sind nicht zwingend mit dem Eingreifen eines Gerichts verbunden. Der Ausdruck „Gericht" in dieser Verordnung sollte daher weit ausgelegt werden und jede Person oder Stelle bezeichnen, die nach einzelstaatlichem Recht befugt ist, ein Insolvenzverfahren zu eröffnen. Damit diese Verordnung Anwendung findet, muss es sich aber um ein Verfahren (mit den entsprechenden Rechtshandlungen und Formalitäten) handeln, das nicht nur im Einklang mit dieser Verordnung steht, sondern auch in dem Mitgliedstaat der Eröffnung des Insolvenzverfahrens offiziell anerkannt und rechtsgültig ist, wobei es sich ferner um ein Gesamtverfahren handeln muss, das den vollständigen oder teilweisen Vermögensbeschlag gegen den Schuldner sowie die Bestellung eines Verwalters zur Folge hat.

(11) Diese Verordnung geht von der Tatsache aus, dass auf Grund der großen Unterschiede im materiellen Recht ein einziges Insolvenzverfahren mit universaler Geltung für die gesamte Gemeinschaft nicht realisierbar ist. Die ausnahmslose Anwendung des Rechts des Staates der Verfahrenseröffnung würde vor diesem Hintergrund häufig zu Schwierigkeiten führen. Dies gilt etwa für die in der Gemeinschaft sehr unterschiedlich ausgeprägten Sicherungsrechte. Aber auch die Vorrechte einzelner Gläubiger im Insolvenzverfahren sind teilweise völlig verschieden ausgestaltet. Diese Verordnung sollte dem auf zweierlei Weise Rechnung tragen: Zum einen sollten Sonderanknüpfungen für besonders bedeutsame Rechte und Rechtsverhältnisse vorgesehen werden (zB dingliche Rechte und Arbeitsverträge). Zum anderen sollten neben einem Hauptinsolvenzverfahren mit universaler Geltung auch innerstaatliche Verfahren zugelassen werden, die lediglich das im Eröffnungsstaat belegene Vermögen erfassen.

(12) Diese Verordnung gestattet die Eröffnung des Hauptinsolvenzverfahrens in dem Mitgliedstaat, in dem der Schuldner den Mittelpunkt seiner hauptsächlichen Interessen hat. Dieses Verfahren hat universale Geltung mit dem Ziel, das gesamte Vermögen des Schuldners zu erfassen. Zum Schutz der unterschiedlichen Interessen gestattet diese Verordnung die Eröffnung von Sekundärinsolvenzverfahren parallel zum Hauptinsolvenzverfahren. Ein Sekundärinsolvenzverfahren kann in dem Mitgliedstaat eröffnet werden, indem der Schuldner eine Niederlassung hat. Seine Wirkungen sind auf das in dem betreffenden Mitgliedstaat belegene Vermögen des Schuldners beschränkt. Zwingende Vorschriften für die Koordinierung mit dem Hauptinsolvenzverfahren tragen dem Gebot der Einheitlichkeit des Verfahrens in der Gemeinschaft Rechnung.

(13) Als Mittelpunkt der hauptsächlichen Interessen sollte der Ort gelten, an dem der Schuldner gewöhnlich der Verwaltung seiner Interessen nachgeht und damit für Dritte feststellbar ist.

(14) Diese Verordnung gilt nur für Verfahren, bei denen der Mittelpunkt der hauptsächlichen Interessen des Schuldners in der Gemeinschaft liegt.

(15) Die Zuständigkeitsvorschriften dieser Verordnung legen nur die internationale Zuständigkeit fest, das heißt, sie geben den Mitgliedstaat an, dessen Gerichte Insolvenzver-

fahren eröffnen dürfen. Die innerstaatliche Zuständigkeit des betreffenden Mitgliedstaats muss nach dem Recht des betreffenden Staates bestimmt werden.

(16) Das für die Eröffnung des Hauptinsolvenzverfahrens zuständige Gericht sollte zur Anordnung einstweiliger Sicherungsmaßnahmen ab dem Zeitpunkt des Antrags auf Verfahrenseröffnung befugt sein. Sicherungsmaßnahmen sowohl vor als auch nach Beginn des Insolvenzverfahrens sind zur Gewährleistung der Wirksamkeit des Insolvenzverfahrens von großer Bedeutung. Diese Verordnung sollte hierfür verschiedene Möglichkeiten vorsehen. Zum einen sollte das für das Hauptinsolvenzverfahren zuständige Gericht vorläufige Sicherungsmaßnahmen auch über Vermögensgegenstände anordnen können, die im Hoheitsgebiet anderer Mitgliedstaaten belegen sind. Zum anderen sollte ein vor Eröffnung des Hauptinsolvenzverfahrens bestellter vorläufiger Insolvenzverwalter in den Mitgliedstaaten, in denen sich eine Niederlassung des Schuldners befindet, die nach dem Recht dieser Mitgliedstaaten möglichen Sicherungsmaßnahmen beantragen können.

(17) Das Recht, vor der Eröffnung des Hauptinsolvenzverfahrens die Eröffnung eines Insolvenzverfahrens in dem Mitgliedstaat, in dem der Schuldner eine Niederlassung hat, zu beantragen, sollte nur einheimischen Gläubigern oder Gläubigern der einheimischen Niederlassung zustehen beziehungsweise auf Fälle beschränkt sein, in denen das Recht des Mitgliedstaats, in dem der Schuldner den Mittelpunkt seiner hauptsächlichen Interessen hat, die Eröffnung eines Hauptinsolvenzverfahrens nicht zulässt. Der Grund für diese Beschränkung ist, dass die Fälle, in denen die Eröffnung eines Partikularverfahrens vor dem Hauptinsolvenzverfahren beantragt wird, auf das unumgängliche Maß beschränkt werden sollen. Nach der Eröffnung des Hauptinsolvenzverfahrens wird das Partikularverfahren zum Sekundärverfahren.

(18) Das Recht, nach der Eröffnung des Hauptinsolvenzverfahrens die Eröffnung eines Insolvenzverfahrens in dem Mitgliedstaat, in dem der Schuldner eine Niederlassung hat, zu beantragen, wird durch diese Verordnung nicht beschränkt. Der Verwalter des Hauptverfahrens oder jede andere, nach dem Recht des betreffenden Mitgliedstaats dazu befugte Person sollte die Eröffnung eines Sekundärverfahrens beantragen können.

(19) Ein Sekundärinsolvenzverfahren kann neben dem Schutz der inländischen Interessen auch anderen Zwecken dienen. Dies kann der Fall sein, wenn das Vermögen des Schuldners zu verschachtelt ist, um als Ganzes verwaltet zu werden, oder weil die Unterschiede in den betroffenen Rechtssystemen so groß sind, dass sich Schwierigkeiten ergeben können, wenn das Recht des Staates der Verfahrenseröffnung seine Wirkung in den anderen Staaten, in denen Vermögensgegenstände belegen sind, entfaltet. Aus diesem Grund kann der Verwalter des Hauptverfahrens die Eröffnung eines Sekundärverfahrens beantragen, wenn dies für die effiziente Verwaltung der Masse erforderlich ist.

(20) Hauptinsolvenzverfahren und Sekundärinsolvenzverfahren können jedoch nur dann zu einer effizienten Verwertung der Insolvenzmasse beitragen, wenn die parallel anhängigen Verfahren koordiniert werden. Wesentliche Voraussetzung ist hierzu eine enge Zusammenarbeit der verschiedenen Verwalter, die insbesondere einen hinreichenden Informationsaustausch beinhalten muss. Um die dominierende Rolle des Hauptinsolvenzverfahrens sicherzustellen, sollten dem Verwalter dieses Verfahrens mehrere Einwirkungsmöglichkeiten auf gleichzeitig anhängige Sekundärinsolvenzverfahren gegeben werden. Er sollte etwa einen Sanierungsplan oder Vergleich vorschlagen oder die Aussetzung der Verwertung der Masse im Sekundärinsolvenzverfahren beantragen können.

(21) Jeder Gläubiger, der seinen Wohnsitz, gewöhnlichen Aufenthalt oder Sitz in der Gemeinschaft hat, sollte das Recht haben, seine Forderungen in jedem in der Gemeinschaft anhängigen Insolvenzverfahren über das Vermögen des Schuldners anzumelden. Dies sollte auch für Steuerbehörden und Sozialversicherungsträger gelten. Im Interesse der Gläubigergleichbehandlung muss jedoch die Verteilung des Erlöses koordiniert werden. Jeder Gläubiger sollte zwar behalten dürfen, was er im Rahmen eines Insolvenzverfahrens erhalten hat, sollte aber an der Verteilung der Masse in einem anderen Verfahren erst dann teilnehmen können, wenn die Gläubiger gleichen Rangs die gleiche Quote auf ihre Forderung erlangt haben.

(22) In dieser Verordnung sollte die unmittelbare Anerkennung von Entscheidungen über die Eröffnung, die Abwicklung und die Beendigung der in ihren Geltungsbereich fallenden Insolvenzverfahren sowie von Entscheidungen, die in unmittelbarem Zusammenhang mit diesen Insolvenzverfahren ergehen, vorgesehen werden. Die automatische Anerkennung sollte somit zur Folge haben, dass die Wirkungen, die das Recht des Staates der Verfahrenseröffnung dem Verfahren beilegt, auf alle übrigen Mitgliedstaaten ausgedehnt werden. Die Anerkennung der Entscheidungen der Gerichte der Mitgliedstaaten sollte sich auf den Grundsatz des gegenseitigen Vertrauens stützen. Die zulässigen Gründe für eine Nichtanerkennung sollten daher auf das unbedingt notwendige Maß beschränkt sein. Nach diesem Grundsatz sollte auch der Konflikt gelöst werden, wenn sich die Gerichte zweier Mitgliedstaaten für zuständig halten, ein Hauptinsolvenzverfahren zu eröffnen. Die Entscheidung des zuerst eröffnenden Gerichts sollte in den anderen Mitgliedstaaten anerkannt werden; diese sollten die Entscheidung dieses Gerichts keiner Überprüfung unterziehen dürfen.

(23) Diese Verordnung sollte für den Insolvenzbereich einheitliche Kollisionsnormen formulieren, die die Vorschriften des internationalen Privatrechts der einzelnen Staaten ersetzen. Soweit nicht anderes bestimmt ist, sollte das Recht des Staates der Verfahrenseröffnung *(lex concursus)* Anwendung finden. Diese Kollisionsnorm sollte für Hauptinsolvenzverfahren und Partikularverfahren gleichermaßen gelten. Die *lex concursus* regelt alle verfahrensrechtlichen wie materiellen Wirkungen des Insolvenzverfahrens auf die davon betroffenen Personen und Rechtsverhältnisse; nach ihr bestimmen sich alle Voraussetzungen für die Eröffnung, Abwicklung und Beendigung des Insolvenzverfahrens.

(24) Die automatische Anerkennung eines Insolvenzverfahrens, auf das regelmäßig das Recht des Eröffnungsstaats Anwendung findet, kann mit den Vorschriften anderer Mitgliedstaaten für die Vornahme von Rechtshandlungen kollidieren. Um in den anderen Mitgliedstaaten als dem Staat der Verfahrenseröffnung Vertrauensschutz und Rechtssicherheit zu gewährleisten, sollten eine Reihe von Ausnahmen von der allgemeinen Vorschrift vorgesehen werden.

(25) Ein besonderes Bedürfnis für reine vom Recht des Eröffnungsstaats abweichende Sonderanknüpfung besteht bei dinglichen Rechten, da diese für die Gewährung von Krediten von erheblicher Bedeutung sind. Die Begründung, Gültigkeit und Tragweite eines solchen dinglichen Rechts sollten sich deshalb regelmäßig nach dem Recht des Belegenheitsorts bestimmen und von der Eröffnung des Insolvenzverfahrens nicht berührt werden. Der Inhaber des dinglichen Rechts sollte somit sein Recht zur Aus- bzw. Absonderung an dem Sicherungsgegenstand weiter geltend machen können. Falls an Vermögensgegenständen in einem Mitgliedstaat dingliche Rechte nach dem Recht des Belegenheitsstaats bestehen, das Hauptinsolvenzverfahren aber in einem anderen Mitgliedstaat stattfindet, sollte der Verwalter des Hauptinsolvenzverfahrens die Eröffnung eines Sekundärinsolvenzverfahrens in dem Zuständigkeitsgebiet, in dem die dinglichen Rechte bestehen, beantragen können, sofern der Schuldner dort eine Niederlassung hat. Wird kein Sekundärinsolvenzverfahren eröffnet, so ist der überschießende Erlös aus der Veräußerung der Vermögensgegenstände, an denen dingliche Rechte bestanden, an den Verwalter des Hauptverfahrens abzuführen.

(26) Ist nach dem Recht des Eröffnungsstaats eine Aufrechnung nicht zulässig, so sollte ein Gläubiger gleichwohl zur Aufrechnung berechtigt sein, wenn diese nach dem für die Forderung des insolventen Schuldners maßgeblichen Recht möglich ist. Auf diese Weise würde die Aufrechnung eine Art Garantiefunktion auf Grund von Rechtsvorschriften enthalten, auf die sich der betreffende Gläubiger zum Zeitpunkt der Entstehung der Forderung verlassen kann.

(27) Ein besonderes Schutzbedürfnis besteht auch bei Zahlungssystemen und Finanzmärkten. Dies gilt etwa für die in diesen Systemen anzutreffenden Glattstellungsverträge und Nettingvereinbarungen sowie für die Veräußerung von Wertpapieren und die zur Absicherung dieser Transaktionen gestellten Sicherheiten, wie dies insbesondere in der Richtlinie 98/26/EG des Europäischen Parlaments und des Rates vom 19. 5. 1998 über die Wirk-

samkeit von Abrechnungen in Zahlungs- sowie Wertpapierliefer- und abrechnungssystemen[6] geregelt ist. Für diese Transaktionen soll deshalb allein das Recht maßgebend sein, das auf das betreffende System bzw. den betreffenden Markt anwendbar ist. Mit dieser Vorschrift soll verhindert werden, dass im Fall der Insolvenz eines Geschäftspartners die in Zahlungs- oder Aufrechnungssystemen oder auf den geregelten Finanzmärkten der Mitgliedsstaaten vorgesehenen Mechanismen zur Zahlung und Abwicklung von Transaktionen geändert werden können. Die Richtlinie 98/26/EG enthält Sondervorschriften, die den allgemeinen Regelungen dieser Verordnung vorgehen sollten.

(28) Zum Schutz der Arbeitnehmer und der Arbeitsverhältnisse müssen die Wirkungen der Insolvenzverfahren auf die Fortsetzung oder Beendigung von Arbeitsverhältnissen sowie auf die Rechte und Pflichten aller an einem solchen Arbeitsverhältnis beteiligten Parteien durch das gemäß den allgemeinen Kollisionsnormen für den Vertrag maßgebliche Recht bestimmt werden. Sonstige insolvenzrechtliche Fragen, wie etwa, ob die Forderungen der Arbeitnehmer durch ein Vorrecht geschützt sind und welchen Rang dieses Vorrecht gegebenenfalls erhalten soll, sollten sich nach dem Recht des Eröffnungsstaats bestimmen.

(29) Im Interesse des Geschäftsverkehrs sollte auf Antrag des Verwalters der wesentliche Inhalt der Entscheidung über die Verfahrenseröffnung in den anderen Mitgliedsstaaten bekannt gemacht werden. Befindet sich in dem betreffenden Mitgliedsstaat eine Niederlassung, so kann eine obligatorische Bekanntmachung vorgeschrieben werden. In beiden Fällen sollte die Bekanntmachung jedoch nicht Voraussetzung für die Anerkennung des ausländischen Verfahrens sein.

(30) Es kann der Fall eintreten, dass einige der betroffenen Personen tatsächlich keine Kenntnis von der Verfahrenseröffnung haben und gutgläubig im Widerspruch zu der neuen Sachlage handeln. Zum Schutz solcher Personen, die in Unkenntnis der ausländischen Verfahrenseröffnung eine Zahlung an den Schuldner leisten, obwohl diese an sich an den ausländischen Verwalter hätte geleistet werden müssen, sollte eine schuldbefreiende Wirkung der Leistung bzw. Zahlung vorgesehen werden.

(31) Diese Verordnung sollte Anhänge enthalten, die sich auf die Organisation der Insolvenzverfahren beziehen. Da diese Anhänge sich ausschließlich auf das Recht der Mitgliedsstaaten beziehen, sprechen spezifische und begründete Umstände dafür, dass der Rat sich das Recht vorbehält, diese Anhänge zu ändern, um etwaige Änderungen des innerstaatlichen Rechts der Mitgliedsstaaten Rechnung tragen zu können.

(32) Entsprechend Art. 3 des Protokolls über die Position des Vereinigten Königreichs und Irlands, das dem Vertrag über die Europäische Union und dem Vertrag zur Gründung der Europäischen Gemeinschaft beigefügt ist, haben das Vereinigte Königreich und Irland mitgeteilt, dass sie sich an der Annahme und Anwendung dieser Verordnung beteiligen möchten.

(33) Gemäß den Art. 1 und 2 des Protokolls über die Position Dänemarks, das dem Vertrag über die Europäische Union und dem Vertrag zur Gründung der Europäischen Gemeinschaft beigefügt ist, beteiligt sich Dänemark nicht an der Annahme dieser Verordnung, die diesen Mitgliedsstaaten somit nicht bindet und auf ihn keine Anwendung findet.

HAT FOLGENDE VERORDNUNG ERLASSEN:

Vorbemerkungen vor Artikel 1

Übersicht:

	RdNr.		RdNr.
I. Einleitung	1	2. Der EG-Entwurf von 1980	4
II. Entstehungsgeschichte	3	3. Das Istanbuler Abkommen des Europarates	5
1. Der EG-Entwurf von 1970	3		

---

[6] ABl. L 166 v. 11. 6. 1998, 45.

	RdNr.		RdNr.
4. Der Entwurf des Europäischen Übereinkommens über Insolvenzverfahren von 1995 (EuIÜ)	6	2. Begrenzte Ausnahmen von der Verfahrenseinheit	19
5. Die EG-Verordnung über Insolvenzverfahren (EuInsVO)	8	3. Systematik	20
III. Aufbau der Verordnung	10	V. Auslegung der Verordnung	23
IV. Prinzipien und Systematik der Verordnung	17	VI. In-Kraft-Treten	26
1. Ein einheitliches Verfahren	18	VII. Anwendungsbereich	27
		VIII. Deutsche Ausführungsbestimmungen (Art. 102 EGInsO)	31

I. Einleitung

1   Am 29. 5. 2000 erließ der Rat der Europäischen Union gestützt auf Art. 61 lit. c, Art. 65 EGV die Verordnung (EG) Nr. 1346/2000 über Insolvenzverfahren.[7] Damit haben die mehr als drei Jahrzehnte dauernden Bemühungen der Europäischen Union, grenzüberschreitende Insolvenzen für den Binnenmarkt zu regeln, einen Abschluss gefunden (vgl. hierzu unten RdNr. 3). Inhaltlich ist die EuInsVO nahezu deckungsgleich mit dem Europäischen Übereinkommen über Insolvenzverfahren (EuIÜ), dessen Inkrafttreten 1996 am Streit zweier Mitgliedsstaaten scheiterte.[8] Kompetenzgrundlage für den Erlass der Verordnung ist Art. 61 lit. c, 67 EG, wonach durch Maßnahmen des Rates die reibungslose Abwicklung von Zivilverfahren gefördert werden soll. Ziffer 1 der Erwägungsgründe betont daher, dass Zweck der Verordnung die Verwirklichung effizienter und wirksamer grenzüberschreitender Insolvenzverfahren sei. Zu diesem Zweck vereinheitlicht die Verordnung die Regelungen des internationalen Insolvenzrechts in den Mitgliedsstaaten. Als Verordnung beansprucht auch die „Verordnung über Insolvenzverfahren" unmittelbare Geltung in allen Mitgliedsstaaten.[9]

2   Die Verordnung ist für den Binnenmarkt nachdrücklich zu begrüßen, auch wenn die Regelungstechnik wenig systematisch und einzelne Regelungen durchaus kritisch zu betrachten sind. Denn es war seit geraumer Zeit nur noch wenig einsichtig, dass beispielsweise der Markteintritt von Kapitalgesellschaften, insbesondere Frage der Kapitalaufbringung und -erhaltung, für den Binnenmarkt mit größter Detailfreude geregelt wurden, der Marktaustritt, bei dem diese Fragen jedoch erst relevant werden, für den Binnenmarkt ungeregelt blieb. Dass es dabei – wie auch in dieser Kommentierung – zu kritischen Anmerkungen kommt, liegt schon allein darin begründet, dass die Fragen des internationalen Insolvenzrechts nicht nur bes. komplex, sondern seit langem heftig diskutiert werden, ohne dass ein Lösungskonzept ersichtlich wäre, das alle betroffenen Interessen hinreichend befriedigt.[10] Insgesamt bedeutet die Verordnung nicht nur größere Rechtssicherheit bei der Abwicklung von Insolvenzen, die grenzüberschreitende Bedeutung im Binnenmarkt haben. Die Verord-

---

[7] Verordnung des Rates (EG) Nr. 1346/2000 vom 29. 5. 2000 über Insolvenzverfahren, ABl. EG Nr. L 160 vom 30. 6. 2000, auch abgedruckt in NZI 2000, 407 ff.; geändert durch Anhang II der Akte über die Bedingungen des Beitritts der Tschechischen Republik, der Republik Estland, der Republik Zypern, der Republik Lettland, der Republik Litauen, der Republik Ungarn, der Republik Malta, der Republik Polen, der Republik Slowenien und der Slowakischen Republik und die Anpassungen der die Europäische Union begründenden Verträge, veröffentlicht im ABl. EG Nr. L 236 v. 23. 9. 2003, S. 711 ff.; Verordnung (EG) Nr. 603/2005 des Rates vom 12. April 2005 zur Änderung der Liste von Insolvenzverfahren, Liquidationsverfahren und Verwaltern in den Anhängen A, B und C der Verordnung (EG) Nr. 1346/2000 über Insolvenzverfahren, veröffentlicht im ABl. EG Nr. L 100 v. 20. 4. 2005, S. 1 ff.; Verordnung (EG) Nr. 694/2006 des Rates vom 27. April 2006 zur Änderung der Liste von Insolvenzverfahren, Liquidationsverfahren und Verwaltern in den Anhängen A, B und C der Verordnung (EG) Nr. 1346/2000 über Insolvenzverfahren, veröffentlicht im ABl. EG Nr. L 121 v. 6. 5. 2006, S. 1–13; Verordnung (EG) Nr. 1791/2006 des Rates vom 20. November 2006, veröffentlicht im ABl. EG NR. L 363 v. 20. 12. 2006, S. 1–80.

[8] Vgl. unten RdNr. 6.

[9] Ausnahmen gelten insoweit nur für England, Irland und Dänemark, die zu Art. 65 des Amsterdamer Vertrages Vorbehalte erklärt hatten. Gemäß Ziffer 32 und 33 der Erwägungsgründe haben jedoch England und Irland bezüglich der Verordnung über Insolvenzverfahren erklärt, dass diese auch dort gelten solle, während sich Dänemark nicht beteiligt hat, vgl. Art. 1 RdNr. 11.

[10] Vgl. hierzu auch den historischen Abriss der EG Entwürfe, unten RdNr. 3 ff.

nung bringt auch größere Gerechtigkeit, da durch die Anerkennung eines Verfahrens im gesamten Binnenmarkt dem Prinzip der *par conditio creditorum* auch in internationaler Hinsicht besser Rechnung getragen werden kann und – soweit es zu einem parallelen Partikularverfahren kommt – eine Abstimmung zwischen beiden Verfahren erfolgt, auch was die Verteilung an die Gläubiger anbetrifft.

II. Entstehungsgeschichte

1. Der EG-Entwurf von 1970. Die Überlegungen der Europäischen Gemeinschaft zur **3** Schaffung eines Insolvenzrechts-Übereinkommens reichen historisch zurück bis zum Anfang der 60iger Jahre. Die Gründe für die Schaffung eines solchen Übereinkommens gehen auf Art. 220 des Vertrages zur Gründung der EWG (EWGV) zurück. Darin hatten sich die Mitgliedsstaaten verpflichtet, „untereinander, soweit erforderlich, Verhandlungen einzuleiten, um zugunsten ihrer Staatsangehörigen die Vereinfachung der Förmlichkeiten für die gegenseitige Anerkennung und Vollstreckung richterlicher Entscheidungen und Schiedssprüche sicherzustellen". 1970 wurde ein erster Vorentwurf vorgelegt.[11] Der Vorentwurf fand in der Literatur sowohl wohlwollende, als auch kritische Stimmen.[12] Er sah vor, dass in den Mitgliedsstaaten nur ein einziges Insolvenzverfahren eröffnet werden solle, bei dem die ausschließliche Zuständigkeit für Insolvenzverfahren lag. Das Verfahren sollte in den übrigen Mitgliedsstaaten anerkannt werden, ohne dass diese wegen des in ihrem Staatsgebiet belegenen Vermögens oder der dort befindlichen Zweigniederlassung ein Partikularverfahren durchführen durften. Verwertung und Verteilung des Schuldnervermögens sollten zentral für alle Mitgliedsstaaten ausschließlich durch das zuständige Insolvenzgericht des Verfahrensstaates erfolgen. Das Problem der in den Mitgliedsstaaten unterschiedlichen Absonderungsrechte und anderen Privilegien oder Vorrechte wurde dadurch gelöst, dass statt der Durchführung eines Partikularverfahrens für die Vermögenswerte in anderen Mitgliedsstaaten durch das zentrale Insolvenzgericht sogenannte Untermassen gebildet werden sollten, für deren Verteilung jeweils wieder das Recht des Belegenheitsstaates herangezogen werden sollte. Die Umsetzung und weitere Ausarbeitung des Übereinkommens wurde jedoch nicht weiter verfolgt, was teilweise auf die daran geäußerte Kritik, teilweise aber auch auf die mit dem Beitritt Dänemarks, Großbritanniens und Irlands verbundenen zusätzlichen Probleme zurückzuführen ist.[13]

2. Der EG-Entwurf von 1980. 1980 veröffentlichte die Kommission einen weiteren **4** neuen Entwurf, den sogenannten „Entwurf eines Übereinkommens über den Konkurs, Vergleiche und ähnliche Verfahren".[14] Der Entwurf von 1980 übernahm weitgehend unverändert die meisten Prinzipien des Vorentwurfes von 1970, nämlich insbesondere das oben dargestellte Einheitsprinzip mit der Bildung von Untermassen für bevorrechtigte Insolvenzforderungen und Absonderungsrechten.[15] Der umfangreiche und komplexe Entwurf bemühte sich ebenso wie der Vorentwurf von 1970, den Interessen aller Mitgliedsstaaten und

---

[11] Vorentwurf einer Verordnung über den Konkurs, Vergleich und ähnliche Verfahren", EG-Dok.-3327/XIV/1/70 – D Orig.: F – vom 16. 2. 1970; ebenfalls abgedruckt in *Kegel,* Vorschläge und Gutachten, S. 45 ff.

[12] *Houin* KTS 1961, 177; *Böhle-Stamschräder* KTS 1964, S. 65 ff.; *Berges* KTS 1965, 73 ff.; *Charousset* KTS 1965, 80 ff.; *Schneider* KTS 1965, S. 88 ff.; *Bleutg* AWD 1971, S. 451 ff.; *Haunter,* INT. Comp. LQ. 21 (1972), S. 682; *Farrar,* J. für Bus. L. 1072, S. 256 ff.; *Habscheid,* Festschrift für Paulick, S. 227 ff.; Hauschild, ÖJZ 1973, S. 10 ff.; *Jahr* RabelsZ 36 (1972), S. 620 ff.; *Jellinke,* in Probleme des Europäischen Gemeinschaftsrechts, 1967, S. 381 ff.; vgl. auch die Stellungnahme des Insolvenzrechtsausschusses des DAV KTS 1975, S. 59 ff.

[13] Insbesondere in England ist der Vorentwurf auf Kritik gestoßen, vgl. den vom Department of Trade and Industrie eingesetzten Cork Comittee Report, Command 6602.

[14] Entwurf einer Verordnung über den Konkurs, Vergleiche und ähnliche Verfahren", EG-Dok.-III/D/72/80-DE (von 1980), ebenfalls abgedruckt in ZIP 1980, 582 ff., 811 ff. und in *Kegel,* Vorschläge und Gutachten, S. 45 ff.

[15] Vgl. den Bericht von Lemontey, EG-Dok. – III/D/222/80-DE, abgedruckt in *Kegel,* Stellungnahmen und Gutachten, S. 93 ff. und die Besprechungen des Entwurfes bei *Großfeld* ZIP 1981, 925 ff.; *Lüer* KTS 1981, 147 ff.; *Thieme,* RabelsZ 1981, 459 ff.; *Nadelmann* A. B. L. J. 1982, 65 ff.; vgl. auch die kritischen Stellung-

der Vertragsbeteiligten penibel gerecht zu werden. Dies führte zu teilweisen komplexen Regelungen und Sonderanknüpfungen, die zu vielfachen Vorbehalten vieler Mitgliedsstaaten führten.[16]

5 **3. Das Istanbuler Abkommen des Europarates.** Nicht zuletzt wegen der Komplexität der beiden Entwürfe der Europäischen Gemeinschaft entwarf der Europarat in den 80iger Jahren einen eigenen Entwurf, dem eine einfach zu handhabende und weniger komplexe Regelung zugrunde lag. Im Jahre 1984 wurde ein erster Entwurf veröffentlicht, der – anders als die beiden Entwürfe der EG – nur zwei Problemkreise des internationalen Insolvenzrechts regelte, nämlich zum einen die Befugnisse des Insolvenzverwalters in anderen Mitgliedsstaaten, und zum anderen die Forderungsanmeldung ausländischer Gläubiger.[17] Nach einer weiteren Überarbeitung wurde dem Entwurf noch ein weiteres Kapitel über die Durchführung und Koordination von sogenannten Sekundärverfahren in den Mitgliedsstaaten hinzugefügt.[18] Das Abkommen wurde sodann im Juni 1991 von den Mitgliedsstaaten des Europarates als „European Convention on certain international aspects on Bankruptcy" unterzeichnet.[19] Das Istanbuler Übereinkommen wurde aber letztlich von den Mitgliedsstaaten der Gemeinschaft nicht ratifiziert. Die Gründe hierfür lagen wohl darin, dass das Übereinkommen gewisse Vorbehalte zugelassen hatte, was eine ernsthafte Gefahr von Verzerrungen zwischen den Mitgliedsstaaten mit sich gebracht hätte.[20] Des Weiteren ließ das Istanbuler Abkommen wesentliche Fragen des internationalen Insolvenzrechts ungeregelt, so die gesamten kollisionsrechtlichen Fragen sowie die Frage der Anerkennung eines Insolvenzverfahrens aus einem anderen Vertragsstaat. Der Entwurf war daher ebenfalls zum Scheitern verurteilt.

6 **4. Der Entwurf des Europäischen Übereinkommens über Insolvenzverfahren von 1995 (EuIÜ).** Im Gegensatz zu dem Entwurf von 1980, der sich als „zu kompliziert und ambitiös" erwiesen hatte[21] und im Gegensatz zu dem „dürftigen" und vielen Fragen offen lassenden Istanbuler Übereinkommen, ging das Europäische Übereinkommen über Insolvenzverfahren von 1995 einen vermittelnden Weg. Die Idee zur Schaffung eines Insolvenzrechts-Übereinkommens in der Europäischen Union geht zurück auf eine Tagung der Justizminister der Gemeinschaft im Mai 1989 in San Sebastián. Die Justizminister setzten eine „Ad-hoc-Gruppe Konkursübereinkommen" ein, die eine nochmalige Überarbeitung vornehmen sollte. Zum Vorsitzenden dieser Ad-hoc-Kommission wurde Dr. Manfred Balz ernannt, der im Bundesjustizministerium die Insolvenzrechtsreform in den 80iger Jahren maßgeblich vorbereitet hatte, und unter dessen Federführung auch der Entwurf der Bundesregierung zum internationalen Insolvenzrecht, die §§ 379 ff. des Regierungsentwurfes,[22] zustande gekommen waren. 1992 wurde ein erster Entwurf veröffentlicht.[23] Am 23. 11. 1995 wurde der neue Entwurf von 12 Mitgliedsstaaten gezeichnet. Gemäß Art. 49 Abs. 2 des

---

nahmen des Deutschen Rates für IPR von *Thieme, Schröder, Jahr, Hanisch, Flessner, Lüer, Drobnig, Spellenberger,* abgedruckt in *Kegel,* Stellungnahmen und Gutachten.

[16] Zur Kritik vgl. *Thieme,* RabelsZ 45 (1981), S. 459, 490 ff.; *Lüer* KTS 1981, 147 ff.; *Großfeld* ZIP 1981, 925 ff.; *Jayme/Kohler* IPRax 1989, 337, 346.

[17] Der Entwurf ist veröffentlicht in ZIP 1984, 1152 ff. und erläutert von *Arnold* in ZIP 1984, 1144 ff. sowie IPRax 1986, 133 ff.

[18] Vgl. ZIP 1988, S. 946 ff.

[19] Abgedruckt in der englischen und französischen Fassung in European Treaty Series No. 136; das Abkommen ist in deutscher Sprache noch nicht erschienen, zu dem Abkommen ist noch ein „Explanatory Report" erschienen, der einige Erläuterungen zu dem Abkommen enthält. Zu dem Vorentwurf von 1984 siehe *Arnold* ZIP 1984, 1144 ff.; *Arnold* IPRax 1986, 133 ff.; zu den nachfolgenden Entwürfen vgl. auch die Stellungnahme des Insolvenzrechtsausschuss des DAV, in AnwBl. 1988, 575, (durch *Kespohl-Willemer*) und AnwBl. 1990, 444 (durch *Lüer*); vgl. zu den möglichen Auswirkungen des Istanbuler Abkommens – wenn es in Kraft getreten wäre – auf die deutsche Insolvenzrechtsreform auch *Metzger,* Die Umsetzung des Istanbuler Konkurs-Abkommens in das neue deutsche internationale Insolvenzrechts.

[20] Vgl. Art. 40 der Verordnung und die diesbezügliche Kritik von *Virgos/Schmit,* Erläuternder Bericht, RdNr. 4.

[21] Vgl. *Virgos/Schmit,* Erläuternder Bericht RdNr. 5.

[22] Vgl. dazu oben, RdNr. 16.

[23] Abgedruckt in ZIP 1992, 1197.

Vorbemerkungen 7–9 **Vor Art. 1 EuInsVO**

Übereinkommens lag dieses bis zum 23. 5. 1996 einschließlich für die anderen Mitgliedsstaaten der Europäischen Union zur Unterzeichnung aus.[24] Wegen des Streits innerhalb der Europäischen Union im Mai 1996 über die Bekämpfung der Rinderseuche BSE ließ jedoch das Vereinigte Königreich die Zeichnungsfrist ablaufen. Darüber hinaus wurden im Vereinigten Königreich Bedenken geltend gemacht, weil das Übereinkommen keine dem Art. 60 EuGVÜ vergleichbare Vorschrift enthalte, wonach das Vereinigte Königreich beispielsweise die Anwendung des Übereinkommens auf Gibraltar einseitig bestimmen könne.[25]

Das EuIÜ eröffnet anders als die früheren Entwürfe der EU die Möglichkeit zur Durchführung paralleler Verfahren, wenn sich in einem Vertragsstaat eine Niederlassung des Schuldners befindet (Art. 3 (2) EuIÜ). Es legt aber für alle Mitgliedstaaten fest, in welchem Vertragsstaat das Hauptverfahren durchzuführen ist, so dass es zwischen den Vertragsstaaten zu keinen Kompetenzkonflikten kommen kann (Art. 3 (1) EuIÜ). Sodann enthält das Übereinkommen – anders als das Istanbuler Abkommen des Europarates – umfangreiche kollisionsrechtliche Vorschriften, durch die im Einzelfall das vom Gericht anzuwendende Recht zu bestimmen ist (Art. 4 ff.). Geregelt ist darüber hinaus – in Anlehnung an die EuGVVO – wie und unter welchen Voraussetzungen insolvenzrechtliche Entscheidungen in anderen Mitgliedstaaten anerkannt und vollstreckt werden können (Kapitel II, Art. 16 ff.). Als Ausgleich für die Zulassung paralleler Verfahren enthält das Übereinkommen verschiedene Vorschriften über die Kooperation und Zusammenarbeit der Verwalter des Partikularverfahrens und des Hauptverfahrens (Kapitel III, Art. 27 ff.), die in wesentlichen Punkten aus dem Istanbuler Abkommen des Europarates übernommen wurden. Gleiches gilt für Kapitel IV (Art. 39 ff.), das für Gläubiger vereinfachte Regeln für die Anmeldung ihrer Forderung in anderen Mitgliedstaaten vorsieht. 7

5. Die EG Verordnung über Insolvenzverfahren (EuInsVO). Auf Grund des Scheiterns des EU-Übereinkommens legte die EU Kommission im Mai 1999 eine nahezu wortgleiche Fassung des Übereinkommens als Verordnungsentwurf vor und leitete diesen zur weiteren Beratung an das Europäische Parlament weiter.[26] Nach der Stellungnahme des Europäischen Parlaments[27] und der Stellungnahme des Wirtschafts- und Sozialausschusses[28] wurde die EG-Verordnung am 29. 5. 2000 verabschiedet.[29] Die Verordnung tritt am 31. 5. 2002 in Kraft (vgl. Art. 47 EuInsVO). Als Verordnung gilt sie in den Mitgliedstaaten der EU unmittelbar, ohne dass es eines weiteren Gesetzgebungsaktes des deutschen Gesetzgebers bedarf.[30] Sie ist daher in der Bundesrepublik gemäß Art. 43 EuInsVO auf alle Insolvenzverfahren anzuwenden, die nach dem 31. 5. 2002 eröffnet wurden (vgl. hierzu auch unten Anh. I, Art. 43 EuInsVO). 8

Die EG-Verordnung ist weitgehend wortgleich mit dem Entwurf des Europäischen Übereinkommens über Insolvenzverfahren (EuIÜ). Gestrichen wurden lediglich die Vorschriften in Teil V des Übereinkommens, die die Auslegung des Übereinkommens durch den Europäischen Gerichtshof – vergleichbar mit den früheren Regelungen im EuGVÜ – regelten, da sich die Zuständigkeit des Europäischen Gerichtshofes zu deren verbindlichen Auslegung unmittelbar aus dem EGV ergibt.[31] Ansonsten sind nur geringfügige redaktionelle Änderungen in einzelnen Vorschriften vorgenommen worden.[32] Daher kann für die Kommentierung 9

---

[24] Das EuIÜ ist abgedruckt bei *Virgos/Schmit*, Erläuternder Bericht, S. 3 ff. und ZIP 1996, 976 ff.
[25] Vgl. *Fletcher*, Insolvency in International Private Law. S. 298 f. mit Hinweis darauf, dass dem Vereinigten Königreich nach dem Vertrag von Utrecht von 1713 Souveränität zugestanden wurde, die durch eine automatische Erstreckung der Verordnung auf Gibraltar verletzt werde.
[26] Vgl. Initiative über einer Ratsverordnung über Insolvenzverfahren vom 26. 5. 1999, Amtsbl. EG 1999/C 221/11 ff. = NZI 1999, 399 ff.
[27] Stellungnahme vom 2. 3. 2000.
[28] Stellungnahme vom 26. 1. 2001.
[29] Verordnung des Rates (EG) Nr. 1346/2000 vom 29. 5. 2000, ABl. L 160 v. 30. 6. 2000, ebenfalls abgedruckt in NZI 2000, 407 ff.
[30] Vgl. die Kommentierungen zu Art. 189 EWGV; *Groeben*, EWGV, Art. 189 RdNr. 27 ff.; *Grabitz/Hilf*, EWGV Art. 189 RdNr. 48 ff.; zur Rechtmäßigkeit als Verordnung vgl. auch *Eidenmüller* IPRax 2001, 2, 3 f.
[31] *Eidenmüller* IPRax 2001, 2, 7 ff.; *Deipenbrock* EWS 2001, 113, 114 ff.
[32] Vgl. *Wimmer* ZInsO 2001, 97, 98 f.; *Eidenmüller* IPRax 2001, 2, 7 f.

der EG-Verordnung auch auf den umfangreichen „Erläuternden Bericht zum EuIÜ" von Virgos/Schmit zurückgegriffen werden.

III. Aufbau der Verordnung

10 Die Verordnung unterteilt sich in vier Kapitel.
11 Das **erste Kapitel** (Art. 1–15) enthält allgemeine Vorschriften, und zwar zunächst Vorschriften über den Anwendungsbereich der Verordnung (Art. 1), eine Liste von Legaldefinitionen für einige der in der Verordnung genannten Begriffe (Art. 2) sowie eine Norm, die die internationale Zuständigkeit und Zulässigkeit für das Haupt- sowie möglicher Partikularverfahren regelt (Art. 3). Darüber hinaus enthält das erste Kapitel die sich im Rahmen internationaler Insolvenzen ergebenden kollisionsrechtlichen Fragen (Art. 4 bis 15). Danach ist die *lex fori concursus*, also die Anknüpfung an das Recht des Verfahrensstaates, die kollisionsrechtliche Grundnorm (vgl. Art. 4), von der es jedoch aus Gründen des Verkehrsschutzes etliche Ausnahmen gibt (vgl. Art. 5 bis 15).
12 Das **zweite Kapitel** (Art. 16 – 26) widmet sich der Anerkennung von Insolvenzverfahren in den anderen Mitgliedsstaaten und sieht eine automatische Wirkungserstreckung der Wirkungen der Verfahrenseröffnung vor (Art. 15, 16). Aber nicht nur die Verfahrenseröffnung selbst, sondern auch alle anderen Entscheidungen, die zur Durchführung und Beendigung des Insolvenzverfahrens ergehen werden anerkannt (Art. 25), wofür auf die EuGVVO verwiesen wird. Zudem werden einzelne Wirkungen der ausländischen Verfahrenseröffnung im Einzelnen geregelt (Art. 17–24). Von dem Grundsatz der Anerkennung ausländischer Eröffnungsbeschlüsse und Entscheidungen kann – ähnlich wie bei der EuGVVO – nur bei einem Verstoß gegen den *ordre public* abgewichen werden.
13 Das **dritte Kapitel** (Art. 27–38) enthält Vorschriften zur Durchführung eines Sekundärverfahrens (parallel zum Hauptverfahren in einem anderen Mitgliedstaat). Die Vorschriften regeln zum Zwecke der Effizienz der Abwicklung der beiden parallelen Verfahren die Pflicht zur Kooperation und Koordination der beiden Verfahren (insb. Art. 31). Hierzu werden dem Verwalter des Hauptverfahrens bestimmte Mitwirkungsrechte im Sekundärverfahren eingeräumt (Art. 32–34). Für das Sekundärverfahren gelten grundsätzlich die gleichen Kollisionsnormen wie im Hauptverfahren, nämlich die im Allgemeinen Teil enthaltenen Kollisionsnormen (Art. 28 und Art. 4–15).
14 Das **vierte Kapitel** (Art. 39–42) enthält für das Haupt- und für Sekundärverfahren gleichermaßen geltende Vorschriften über die Unterrichtung der Gläubiger und die Anmeldung ihrer Forderungen. Hier sollen insbesondere die praktischen Probleme der Forderungsanmeldung in anderen Mitgliedsstaaten (Kenntnis über die Verfahrenseröffnung, Sprache, Inhalt der Forderungsanmeldung) vereinfacht werden.
15 Das **fünfte Kapitel** (Art. 43–47) enthält Übergangs- und Schlussbestimmung zur Verordnung, wie den Zeitlichen Geltungsbereich und das Inkrafttreten der Verordnung (Art. 43, 47), sowie das Verhältnis zu anderen internationalen Übereinkünften, die die Mitgliedsstaaten untereinander abgeschlossen hatten.[33]
16 Im Anschluss an die Verordnung finden sich drei **Anhänge** (Anhang A–C). Welche Verfahrenstypen in den einzelnen Mitgliedsstaaten von der EuInsVO erfasst werden, ist in den Anhängen A und B im Einzelnen aufgelistet (vgl. unten). Dabei enthält Anhang A eine Liste aller Verfahren der Mitgliedsländer, die als Insolvenzverfahren der Verordnung zu verstehen sind. Anhang B wiederum enthält eine Liste aller Insolvenzverfahren, die als Liquidationsverfahren im Sinne der Verordnung zu verstehen sind.[34] Anhang C listet die

---

[33] So ersetzt die Verordnung dort ausdrücklich das zwischen Deutschland und Österreich abgeschlossene Vertrag auf dem Gebiet des Konkurs- und Vergleichsrechts, vgl. hierzu Vor §§ 335 RdNr. 71, Art. 44 Abs. 1 d) EuInsVO.
[34] In Sekundärinsolvenzverfahren dürfen nur Liquidationsverfahren durchgeführt werden, vgl. Art. 3 Abs. 3 Satz 2.

IV. Prinzipien und Systematik der Verordnung

Zielsetzung der am 31. 5. 2002 in Kraft getretenen Verordnung ist, das reibungslose 17 Funktionieren des Binnenmarktes auch im Falle der Insolvenz sicherzustellen (Ziffer 2 der Erwägungsgründe). Insbesondere soll verhindert werden, dass die an der Insolvenz beteiligten Parteien Vermögensgegenstände innerhalb des Binnenmarktes verlagern, um auf diese Weise eine verbesserte Rechtsstellung zu erlangen (Ziffer 4 der Erwägungsgründe). Hierzu bedient sich die EuInsVO der im internationalen Insolvenzrecht bekannten Prinzipien.

1. Ein einheitliches Verfahren. Danach soll über das Vermögen eines Schuldner grund- 18 sätzlich nur ein Insolvenzverfahren eröffnet werden, das das gesamte weltweite Vermögen des Schuldner erfasst und an dem alle Schuldner gleichermaßen teilnehmen können (sog. **Hauptverfahren** nach Art. 3 Abs. 1).[35] Hierzu gehört, dass die Verfahrenseröffnung grundsätzlich auch in allen anderen Mitgliedsländern **anerkannt** wird, in denen sich Vermögenswerte des Schuldner befinden (vgl. Art. 16, 17). Für die Wirkungen der Verfahrenseröffnung sind entsprechende **Kollisionsnormen** vorgesehen, die den Gerichten des Hauptverfahrensstaates, aber auch den Gerichten anderer Mitgliedsstaaten vorgeben, welches Insolvenzrecht auf einzelne Fragen gegebenenfalls anzuwenden ist (Art. 4–15).

2. Begrenzte Ausnahmen von der Verfahrenseinheit. Die binnenmarktweite Wir- 19 kung eines Insolvenzverfahrens wird lediglich eingeschränkt durch die Möglichkeit der Durchführung eines **Partikularverfahrens** (Art. 3 Abs. 3 und Abs. 4). Dieses bleibt jedoch auf die in dem betroffenen Mitgliedstaat belegenen Vermögensgegenstände beschränkt.[36] Da Partikularverfahren an sich die einheitliche Abwicklung der Insolvenzsituation zuwider laufen,[37] ist die Eröffnung eines solchen Partikularverfahrens jedoch nur dann zulässig, wenn sich in dem betreffenden Mitgliedstaat eine **Niederlassung** des Schuldners befindet (Art. 3 Abs. 2 EuInsVO). Die Belegenheit von Vermögen alleine rechtfertigt dagegen nicht die Eröffnung eines Partikularverfahrens. Der Verordnungsgeber hat damit die Möglichkeit der Eröffnung sog. Partikularverfahren weitgehend eingeschränkt und der Verfahrenseinheit den Vorrang eingeräumt. Nur der sich auf Grund einer Niederlassung regelmäßig ergebende enge Geschäftsverkehr rechtfertigt demnach die Durchbrechung der einheitlichen Abwicklung einer Insolvenz. Findet ein solches Partikularverfahren parallel zu einem Hauptverfahrens statt, handelt es sich um ein sog. Sekundärverfahren (Art. 3 Abs. 3 Satz 1). Das Sekundärverfahren ist jedoch dem Hauptverfahren untergeordnet (Ziffer 20 der Erwägungsgründe). Wegen der Parallelität der Verfahren wird eine Koordination der Verfahren angestrebt (vgl. Art. 31 ff).

3. Systematik. Auch wenn die Verordnung in den Mitgliedsstaaten eine deutliche Ver- 20 besserung der Abwicklung internationaler Insolvenzen mit sich bringt, lässt die Verordnung an systematischer Klarheit zu wünschen übrig. Das vom internationalen Privat- und Verfahrensrecht zur Verfügung stehende dogmatischen Instrumentarien werden unterschiedlich eingesetzt, ohne dass entsprechende Differenzierungen nachvollziehbar wären.

So enthalten die Art. 4–15, die das anwendbare Recht für bestimmte Wirkungen der 21 Verfahrenseröffnung regeln sollen, nicht nur Kollisionsnormen. Einzelne Normen sind als Sachnormen ausgestaltet, die nicht auf das jeweils anwendbare Recht verweisen, sondern den Sachverhalt (als Sachnorm) unmittelbar selbst regeln (so z. B. Art. 7 Abs. 2).[38] Das ist misslich, weil freilich die Anwendung einer isoliert in der Verordnung vorgegebenen

---

[35] Vielfach als sog. Universalitätsprinzip bezeichnet; zum Begriff vgl. auch Vor § 335 RdNr. 19 ff.
[36] Vielfach kontrollierte Universalität genannt, vgl. nochmals Vor § 335 RdNr. 21.
[37] Vgl. hierzu Vor § 335 RdNr. 56 ff.
[38] Zu sog. Sach- und Kollisionsnormen vgl. *Kegel/Schurig* IPR, 9. Aufl. S. 52 ff.; *v. Bar/Mankowski* IPR, Bd. 1, 2. Aufl. § 4 RdNr. 1 ff.

Sachnorm zusammen mit den nationalen Insolvenzvorschriften der Mitgliedsstaaten zu entsprechenden Anpassungsschwierigkeiten führen kann. Gelegentlich wird auch nicht das anwendbare Recht geregelt, sondern vielmehr angeordnet, dass die in Art. 17 angeordnete automatische Wirkungserstreckung für bestimmte Sachverhalte nicht gilt (so z. B. in Art. 5 sowie Art. 7 Abs. 1): denn die dinglichen Rechte sollen weiterhin so ausgeübt werden, als sei kein Insolvenzverfahren eröffnet worden.[39] Soweit Art. 4ff. Kollisionsnormen enthält, sind diese teils als allseitige, teils als einseitige Kollisionsnormen ausgestaltet.[40] So verweisen Art. 6 auf das nach dem Forderungssatut maßgebliche Recht, und Art. 14 auf das Recht des Belegenheitsstaates, während andere Kollisionsnormen (einseitig) nur auf das „Recht des Mitgliedsstaates" verweisen.[41] Es entstehen hierdurch immer wieder Fragen, ob die Norm oder auch die Verordnung Anwendung finden kann, wenn das relevante Statut nicht das eines der Mitgliedsstaaten ist. Gründe für eine Differenzierung sind nicht ersichtlich.

22   Dadurch bleiben viele Fragen, die als „Allgemeiner Teil" an sich einheitlich beantwortet werden sollten, offen und sich verständlicher Weise Gegenstand der Erörterungen in der Literatur. Hierzu gehört beispielsweise die Frage der sachlich-räumlichen Anwendbarkeit der Kollisionsnormen der Verordnung.

V. Auslegung der Verordnung

23   Als EU-Verordnung ist die EuInsVO grundsätzlich autonomen auszulegen, dh. die einzelnen Mitgliedsstaaten dürfen für die Auslegung nicht etwa die Rechtsbegriffe ihres jeweiligen nationalen Rechts zugrunde legen.[42] Vielmehr ist anhand der gleichwertigen sprachlichen Versionen, rechtsvergleichend und teleologisch das Verständnis der einzelnen Rechtsbegriffe zu ermitteln. Auslegungshilfe bieten hierbei die in Art. 2 enthaltenen Legaldefinitionen, die Erwägungsgründe, andere Verordnungen oder Richtlinien der EU (insbesondere soweit dort gleich Begriffe verwendet werden) sowie die Gesetzgebungsmaterialien.[43] Besondere Beachtung findet auch die Stellungnahme von *Virgos/Schmit* zu dem wortgleichen EuIÜ.[44] Die Stellungnahme war zwischen den Verhandlungsführern der damaligen Vertragsstaaten zum Übereinkommen abgestimmt. Die Stellungnahme war jedoch nicht abgestimmt mit den Gesetzgebungsorganen bei der Verabschiedung der EuInsVO, weshalb auch *Virgos* selbst einräumt, dass die Stellungnahme lediglich „*persuasive authority*" einräumt, nicht aber die Stellung von Gesetzgebungsmaterialien.[45]

24   Die einheitliche Auslegung der EuInsVO ist über Art. 68 Abs. 1 EGV sichergestellt. Zwar sahen die Vorentwürfe zum EuInsVO, insbesondere das nahezu wortgleiche EuIÜ, dessen Unterzeichnung 1996 scheiterte, in Art. 43ff. EuIÜ detaillierte Vorschriften über ein Vorabentscheidungsverfahren vor. Einer solchen Regelung bedurfte es jedoch nicht mehr, nachdem das Insolvenzübereinkommen in der Rechtsform einer Verordnung verabschiedet wurde. Insoweit ergibt sich die Vorlagebefugnis nun direkt aus Art. 68 Abs. 1 EGV, allerdings mit der Einschränkung gegenüber dem Vorabentscheidungsverfahren, wie es auch nach dem EuGVÜ bekannt war, dass sich die Vorlagebefugnis auf den letztinstanzlichen

---

[39] Vgl. Art. 5 RdNr. 13; Art. 7 RdNr. 8.
[40] Vgl. hierzu bereits oben Vor § 335 RdNr. 53ff.; vgl. auch *Kegel/Schurig* IPR, S. 301f.; *v. Bar/Mankowski*, IPR, § 1 RdNr. 17; MünchKommBGB-*Sonnenberger*, Bd. 10, Einl. IPR RdNr. 487.
[41] So die Rechtsnormverweisungen in Art. 8, 9, 10, 11, 13 und 15.
[42] Vgl. *Moss/Fletcher/Isaacks*, EC Regulation, RdNr. 2.24; *Mäsch*, in *Rauscher*, Eur. Zivilprozessrecht, Bd. 2 Einl EG-InsVO RdNr. 10; ebenso auch die Auslegung zur EuGVVO, vgl. *Staudinger*, in *Rauscher*, Eur. Zivilprozessrecht, Bd. 1, Einl. Brüssel I–VO RdNr. 10ff.
[43] Vgl. die Stellungnahme des Europäischen Parlaments in ABl EG 2000 Nr C 346/80 sowie die Stellungnahme des Wirtschafts- oder Sozialausschusses, ABl. EG 2000 Nr. C 75/1.
[44] *Virgós/Schmit*, Erläuternder Bericht zu dem EU-Übereinkommen über Insolvenzverfahren, Der Rat der Europäischen Union, Doc. 6500/1/96REV1, abgedruckt in *Stoll* (Hrsg.), Vorschläge und Gutachten zur Umsetzung des EU-Übereinkommens über Insolvenzverfahren im deutschen Recht, 1997, S. 32ff. (zit.: *Virgós/Schmit*, Erläuternder Bericht).
[45] Vgl. *Virgos/Garcimartin*, EC Regulation, RdNr. 4.

Spruchkörper beschränkt.⁴⁶ Diese Beschränkung auf den letztinstanzlichen Spruchkörper ist gerade für laufende Insolvenzverfahren misslich, da sich die hieraus ergebende zeitliche Verzögerung nachteilig auf das Insolvenzverfahren auswirken kann.⁴⁷ Die bisherigen Vorlagen betrafen vornehmlich Fragen der Zuständigkeit für das Hauptverfahren sowie Zuständigkeitsfragen im Zusammenhang mit Annexverfahren.⁴⁸

Unabhängig davon steht gemäß Art. 68 Abs. 3 EGV der Kommission, dem Rat sowie jedem Mitgliedstaat das Recht zu, dem EuGH ohne konkretes Verfahren eine Auslegungsfrage zur Entscheidung vorzulegen.⁴⁹ Davon ist bisher jedoch kein Gebrauch gemacht worden.

VI. In-Kraft-Treten

Wie Art. 47 vorschreibt, trat die Verordnung am 31. Mai 2002 in Kraft (vgl. nähere Einzelheiten bei Art. 47).

VII. Anwendungsbereich

Der Anwendungsbereich der Verordnung ist abzugrenzen von dem autonomen internationalen Insolvenzrecht der Mitgliedstaaten, von weiteren internationalen Übereinkommen der Mitgliedstaaten zum internationalen Insolvenzrecht sowie von anderen Verordnungen der Europäischen Union, insbesondere der EuGVVO.

Für das **autonome internationale Insolvenzrecht** der Mitgliedstaaten bleibt als Anwendungsbereich nur noch
– die Anerkennung von Insolvenzverfahren außerhalb der Mitgliedstaaten,
– die Durchführung von Sekundärverfahren zu Hauptverfahren, die außerhalb der Mitgliedstaaten durchgeführt werden,⁵⁰
– sowie die Durchführung von Insolvenzverfahren über Versicherungen und Kreditinstitute, die vom persönlichen Anwendungsbereich der Verordnung ausdrücklich ausgenommen wurden.

Zur Regelung von Insolvenzverfahren über Kreditinstitute und Versicherungen hat der Rat nämlich eigenständige Richtlinien erlassen, die von den Mitgliedstaaten jeweils in das nationale Recht umzusetzen waren. Insoweit werden Insolvenzen über Versicherungsunternehmen und Kreditinistitute nach dem autonomen, aber an die entsprechenden Richtlinien angepasste Recht durchgeführt (in Deutschland § 335 ff, InsO).⁵¹

Übereinkommen, die zwei oder mehrere Mitgliedstaaten untereinander geschlossen haben, werden durch die Verordnung ersetzt. Art. 44 listet die davon betroffenen Übereinkommen ausdrücklich auf.

Die Abgrenzung zur **EuGVVO** ist dagegen weder ausdrücklich geregelt, noch aus den Regelungen der Verordnung sinnvoll vorzunehmen. Dabei enthält die EuGVVO in Art. 1 Abs. 2 lit. b EuGVVO eine ausdrückliche Ausnahme für den Anwendungsbereich der EuGVVO, wonach diese nicht anwendbar ist auf Konkurse, Vergleiche und ähnliche Ver-

---

⁴⁶ *Mäsch,* in *Rauscher,* Eur. Zivilprozessrecht, Bd. 2 Vor Art. 1 EG-InsVO RdNr. 10; *Heß* NJW 2000, 23, 28 f.; *ders.* IPRax 2000, 370, 372; *Besse* ZEuP 1999, 107, 133 f.; *Leible/Staudinger* KTS 2000, 533 ff., 571.
⁴⁷ Kritisch auch *Leible/Staudinger* KTS 2000, 531, 572; ebenso *Virgos/Garcimartin,* EC Regulation, RdNr. 3.
⁴⁸ Vgl. die Urteile des EuGH zu Vorlagen: EuGH Urteil vom 17. 1. 2006, Rs. C-1/04 *Staubitz-Schreiber,* abgedruckt in IPRax 2006, 149 (vgl. hierzu Art. 3 RdNr. 47 ff.); EuGH Urteil vom 2. 5. 2006, Rs. 341/04 Eurofood, NZI 2006, 360 (vgl. Art. 3 RdNr. 24 ff.); es liegt nunmehr eine dritte Vorlage an den EuGH durch den BGH vor, der die internationale Zuständigkeit für sog. Annexverfahren betrifft, vgl. den Vorlagebeschluss des BGH ZIP 2007, 1415 (vgl. zur Vorlagefrage selbst Art. 3 RdNr. 81 ff.).
⁴⁹ Vgl. ausführlich zum Vorlageverfahren *Duursma-Kepplinger,* Europäische Insolvenzverordnung, Teil 3 RdNr. 33 ff.
⁵⁰ Vgl. zu den beiden ersten Spiegelstrichen auch Vor §§ 335 RdNr. 92 f.; zum räumlichen und sachlich-räumlichen Anwendungsbereich vgl. auch Art. 1 RdNr. 11 ff.
⁵¹ Vgl. zum persönlichen Anwendungsbereich im einzelnen Art. 1 RdNr. 8 ff.

fahren. Nach der Rechtsprechung des EuGH wurde diese Klausel wegen der früheren EG-Entwürfe zu einem Konkursübereinkommen weit ausgelegt, da diese Entwürfe nicht nur Regelungen über die Zuständigkeit für die Durchführung von Insolvenzverfahren selbst, sondern auch Regelung über die Zuständigkeiten für Rechtsstreitigkeiten im Zusammenhang mit der Insolvenz vorsahen.[52] Die EuInsVO enthält dagegen keine Regelungen über die Zuständigkeit für insolvenzbezogene Rechtsstreitigkeiten mehr, da sich die Mitgliedstaaten nicht über das dahinter stehende, in manchen Mitgliedsländern bestehende Konzept der *vis attractiva concursus* einigen konnten.[53] Andererseits übernimmt die EuInsVO die von der EuGH Rechtsprechung verwendete Definition im Rahmen der Anerkennung von insolvenzbezogenen Streitigkeiten (vgl. Art. 25 Abs. 1 Unterabsatz 2). Es ist daher derzeitig unklar, ob die internationale Zuständigkeit für sog. Annexverfahren (und zwar auch für welche Verfahren im Einzelnen)[54] aus der EuInsVO (über eine analoge Anwendung von Art. 3) oder über die EuGVVO (mit einer geänderten Definition des Anwendungsbereiches) herzuleiten ist. Glücklicherweise ist diese, in der Praxis durchaus wichtige Frage nunmehr Gegenstand einer Vorlage an den EuGH geworden,[55] so dass mit einer Klärung der Rechtsfrage gerechnet werden kann.

VIII. Ausführung durch deutsche Gerichte

31 Mit dem **Gesetz zur Neuregelung des Internationalen Insolvenzrechts**[56] hat der deutsche Gesetzgeber Vorschriften zur Anpassung des nationalen Rechts an die sich aus der Anwendung und Umsetzung der EuInsVO ergebenden Fragen verabschiedet (vgl. Art. 102 §§ 1–11 EGInsO).

32 Zwar gilt die EuInsVO im Inland unmittelbar. Das Gesetz sieht einzelne Regelung zur Bestimmung der örtlichen Zuständigkeit vor, wenn sich die internationale Zuständigkeit auf Grund der Verordnung ergibt und passt insoweit das nationale Recht an die sich auf Grund Art. 3 ergebenden Zuständigkeitsregelungen an.[57] Zudem enthält das Gesetz Regelungen bei möglichen Kompetenzkonflikten.[58] Darüber hinaus enthält das Gesetz Umsetzungsvorschriften für die sich nach Art. 21 und 22 ergebenden Bekanntmachungs- und Eintragungspflichten,[59] sowie ergänzende und klarstellende Regelungen zur Vollstreckung aus einer Eröffnungsentscheidung,[60] zum Insolvenzplan in einem Sekundärverfahren,[61] zum Schutz absonderungsberechtigter Gläubiger bei Aussetzung der Verwertung[62] sowie zur Unterrichtung ausländischer Gläubiger aus anderen Mitgliedsstaaten.[63] Diese Vorschriften sind bei der Umsetzung der EuInsVO durch deutsche Gerichte jeweils zu beachten (vgl. im Einzelnen die Kommentierung zu Art. 102 EGInsO, §§ 1–11 unten).

33 Die Umsetzungsvorschriften betreffen daher nicht nur die deutschen Insolvenzgerichte (z. B. im Eröffnungsverfahren eines anhängigen Insolvenzverfahrens), sondern auch Registergerichte im Rahmen der Eintragung ausländischer Eröffnungsbeschlüsse, sowie die Zivilgerichte, soweit die Anerkennung und Vollstreckung aus Urteilen oder Beschlüssen nach der Verordnung betroffen ist.

---

[52] Vgl. hierzu Art. 3 RdNr. 87 ff.; zum Meinungsstand auch den Vorlagebeschluss des BGH ZIP 2007, 1415.
[53] Zu den früheren Entwürfen, vgl. oben RdNr. 3 ff. sowie Art. 3 RdNr. 87.
[54] Vgl. zu den einzelnen betroffenen Verfahren auch Art. 3 RdNr. 92 ff.
[55] Vgl. nochmals BGH ZIP 2007, 1415.
[56] BGBl. I. 2003, S. 345; hierzu auch BR-Drucks. 715/02 vom 6. 9. 2002 sowie BT-Drucks. 15/16 vom 25. 10. 2002.
[57] Art. 102 §§ 1 und 2 EGInsO, vgl. die Kommentierung zu Art. 102 EGInsO unten.
[58] Art. 102 §§ 3 und 4 EGInsO, vgl. die Kommentierung zu Art. 102 EGInsO unten sowie zu den Kompetenzkonflikten oben Art. 3 RdNr. 24 ff. und 57 ff.
[59] Art. 102 §§ 5 und 6 EGInsO.
[60] Art. 102 § 8 EGInsO; vgl. hierzu auch Art. 25 RdNr. 5 ff.
[61] Art. 102 § 9 EGInsO; vgl. auch Art. 34 RdNr. 8.
[62] Art. 102 § 10 EGInsO; vgl. auch Art. 33 RdNr. 3 ff.
[63] Art. 102 § 11 EGInsO; vgl. auch Art. 40 RdNr. 4 ff.

Kapitel I. Allgemeine Vorschriften

Art. 1. Anwendungsbereich

(1) Diese Verordnung gilt für Gesamtverfahren, welche die Insolvenz des Schuldners voraussetzen und den vollständigen oder teilweisen Vermögensbeschlag gegen den Schuldner sowie die Bestellung eines Verwalters zur Folge haben.

(2) Diese Verordnung gilt nicht für Insolvenzverfahren über das Vermögen von Versicherungsunternehmen oder Kreditinstituten, von Wertpapierfirmen, die Dienstleistungen erbringen, welche die Haltung von Geldern oder Wertpapieren Dritter umfassen, sowie von Organismen für gemeinsame Anlagen.

Literatur: *Braun/Heinrich*, Finanzdienstleister in der „grenzüberschreitenden" Insolvenz – Lücken im System?, NZI 2005, 578; *ders.*, RIW 2006, 16, Das neue französische Insolvenzrecht; *Dammann/Undritz*, Die Reform des französischen Insolvenzrechts im Rechtsvergleich zur InsO, NZI 2005, 198; *Duursma-Kepplinger*, Checkliste zur Eröffnung eines Insolvenzverfahrens nach der Europäischen Insolvenzordnung und zum anwendbaren Recht, NZI 2003, 87; *Duursma-Kepplinger/Duursma*, Der Anwendungsbereich der Insolvenzverordnung unter Berücksichtigung der Bereichsausnahmen, von Konzernsachverhalten und der von den Mitgliedstaaten abgeschlossenen Konkursverträge, IPRax 2003, 505; *Haubold*, Mitgliedstaatenbezug, Zuständigkeitserschleichung und Vermögensgerichtsstand im Internationalen Insolvenzrecht, IPRax 2003, 34; *Heiss/Gölz*, Zur deutschen Umsetzung der Richtlinie 2001/17/EG des Europäischen Parlaments und des Rates vom 19. 3. 2001 über die Sanierung und Liquidation von Versicherungsunternehmen, NZI 2006, 1; *Kokemoor*, Das internationale Sonderinsolvenz- und -sanierungsrecht der Einlagenkreditinstitute und E-Geld-Institute gem. den §§ 46d, 46e und 46f KWG, WM 2005, 1881; *Klein*, Frankreichs Insolvenzrechtsreform setzt auf Vorbeugung, RIW 2006, 13; *Ulrich/Poertzgen/Pröhm*, Einführung in das französische Insolvenzrecht, ZInsO 2006, 64; *Krebber*, Europäische Insolvenzordnung, Drittstaatengesellschaften, Drittstaatensachverhalte und innergemeinschaftliche Konflikte, IPRax 2004, 540; *Mock/Schildt*, Insolvenz ausländischer Kapitalgesellschaften mit Sitz in Deutschland, ZInsO 2003, 396; *Liebmann*, Der Schutz des Arbeitnehmers bei grenzüberschreitenden Insolvenzen (Trier, Univ., Diss., 2004), 2005 (zit.: *Liebmann*, Der Schutz des Arbeitnehmers); *Lorenz*, Annexverfahren bei internationalen Insolvenzen: Internationale Zuständigkeitsregelung der Europäischen Insolvenzverordnung (Innsbruck, Univ., Diss., 2004), 2005; (zit.: *Lorenz*, Annexverfahren); *Paulus*, Die ersten Jahre mit der Europäischen Insolvenzverordnung: Erfahrungen und Erwartungen, RabelsZ 2006, 458, 469f.; *Sabel/Schlegel*, Kurzkommentar zu: High Court of Justice Chancery Division Companies Court (England), Urt. v. 7. 2. 2003 – 0042/2003, EWiR 2003, 367; *Schilling, M.*, Die ausschließliche internationale Zuständigkeit für gesellschaftsrechtliche Streitigkeiten vor dem Hintergrund der Niederlassungsfreiheit, IPRax 2005, 208; *Schilling, S.*, Das englische Insolvenzeröffnungsverfahren im Anwendungsbereich der EuInsVO und im Vergleich mit dem deutschen Insolvenzeröffnungsverfahren, DZWIR 2006, 143; *Schmiedeknecht*, Der Anwendungsbereich der Europäischen Insolvenzordnung und die Auswirkungen auf das deutsche Insolvenzrecht: Unter besonderer Berücksichtigung des Konzerninsolvenzrechts (Diss. Uni Frankfurt, 2004), 2004 (zit.: *Schmiedeknecht*, Der Anwendungsbereich); *Ulrich/Poertzgen/Pröhm*, Einführung in das französische Insolvenzrecht, ZInsO 2006, 64; *Vallander/Heukamp*, Alte Ziele und neue Verfahren: Die Reform des französischen Unternehmensinsolvenzrechts, EuZW 2006, 193; *Vorpeil*, Neuere Entwicklungen im englischen Handels- und Wirtschaftsrecht, RIW 2005, 63, 70; *ders.*, Neuere Entwicklungen im englischen Handels- und Wirtschaftsrecht, RIW 2004, 371, 378.

Übersicht

	RdNr.		RdNr.
I. Normzweck	1	III. Persönlicher Anwendungsbereich	8
II. Sachlicher Anwendungsbereich	2	IV. Räumlicher Anwendungsbereich	11
1. Verhältnis der Definition zu Anhang A)	2	V. Sachlich-räumlicher Anwendungsbereich	12
2. Einzelfragen der Definition	4	1. Binnensachverhalte	13
a) Gesamtverfahren	4	2. Gemeinschaftsbezug	14
b) Insolvenz des Schuldners	5	3. Drittstaatenbezug	15
c) Vermögensbeschlag	6		
d) Verwalterbestellung	7		

	RdNr.		RdNr.
a) Art. 3 – Internationale Zuständigkeit....................................	16	d) Sekundärinsolvenzverfahren (Kapitel III EuInsVO)	29
b) Kollisionsnormen (Art. 4–15).......	17	e) Kooperation der Verfahren (Kapitel IV EuInsVO).........................	30
c) Anerkennung von ausländischen Insolvenzverfahren (Kapitel II EuInsVO)	28		

I. Normzweck

1   Art. 1 regelt den **sachlichen und persönlichen Anwendungsbereich** der Verordnung, und zwar zunächst, welche Verfahren von der Verordnung erfasst werden (Abs. 1) sowie für welche Schuldner die Verordnung gilt (**persönlicher Anwendungsbereich,** Abs. 2). Nicht ausdrücklich geregelt wurde dagegen der **sachlich-räumliche Anwendungsbereich** der Verordnung, nämlich wann ein Gericht eines Mitgliedsstaates zur Klärung internationalrechtlicher Fragen auf die Verordnung oder auf autonomes Recht zurückgreifen muss. Die Antwort auf diese Fragen hierauf ist für die Bestimmung des Anwendungsbereiches des deutschen autonomen internationalen Insolvenzrechts von Bedeutung, da dieses nur dann zur Anwendung gelangen kann, soweit die Verordnung keine Anwendung findet (vgl. Vor § 335). Die Bestimmung des sachlich-räumlichen Anwendungsbereiches bereitet hierbei die bisher größten Probleme, da eine einheitliche ausdrückliche Regelung in der Verordnung fehlt. Auch wenn sich der sachlich-räumliche Anwendungsbereich für einzelne Normen (oder Kapitel der Verordnung) ausdrücklich aus dem Verordnungstext ergibt, empfiehlt sich, diese Fragen zusammenfassend vorab zu behandeln, um ein einheitliches und verordnungskonformes System für die Bestimmung des sachlich-räumlichen Anwendungsbereiches zu entwickeln (vgl. unten RdNr. 12 ff.).

II. Sachlicher Anwendungsbereich

2   **1. Verhältnis der Definition zu Anhang A).** Nach der in Abs. 1 enthaltenen Definition liegt ein Insolvenzverfahren im Sinne der EuInsVO vor, wenn vier Kriterien erfüllt sind: (a) es muss sich zunächst um ein **Gesamtverfahren** handeln; (b) dieses muss die **Insolvenz** des Schuldners voraussetzen; (c) das Verfahren muss den vollständigen oder zumindest teilweisen **Vermögensbeschlag** zur Folge haben; und (d) es muss zudem die **Bestellung eines Verwalters** zur Folge haben. Ob diese Voraussetzungen jedoch jeweils gegeben sind, ist durch den Rechtsanwender nicht zu überprüfen. Denn Art. 2 lit. a) i. V.m. Anhang A) benennt für jeden Mitgliedstaat aus Gründen der Rechtssicherheit die Verfahren, die als Insolvenzverfahren im Sinne der Verordnung anzusehen sind. Es handelt sich nicht um eine Vermutungsregelung, sondern um eine abschließende Bestimmung:[1] die dort aufgeführten Verfahren sind Insolvenzverfahren im Sinne der EuInsVO; gleichsam gelten Verfahren, die in Anlage A nicht aufgeführt sind, nicht als Insolvenzverfahren, selbst wenn man die entsprechenden Voraussetzungen der in Absatz (1) enthaltenen Definition für erfüllt ansehen würde.

3   Trotz der in Anhang A) enthaltenen abschließenden Aufzählung der Insolvenzverfahren kommt der in Art. 1 Abs. 1 enthaltenen Definition aber noch eigenständige Bedeutung zu, und zwar in zweierlei Hinsicht: Zunächst ist die Definition für die Mitgliedsstaaten von Bedeutung, und zwar wenn Mitgliedsstaaten ihr eigenes Insolvenzrecht ändern, so z.B. neue Verfahren einführen.[2] Für diese Fälle (aber auch für den Fall des Beitritts neuer Mitglieds-

---

[1] Allgemeine Auffassung: *Duursma-Kepplinger,* Europäische Insolvenzverordnung, Art. 1 RdNr. 11; *Paulus,* Europäische Insolvenzverordnung, Art. 1 RdNr. 6; *Smid,* Int. Insolvenzrecht, Art. 1 RdNr. 9; *Virgos/Schmit,* Erläuternder Bericht, RdNr. 48; *Moss/Smith,* in *Moss/Fletcher/Isaacs,* EC Regulation, RdNr. 8.07.
[2] Vgl. *Virgos/Schmit,* Erläuternder Bericht, RdNr. 48; *Duursma-Kepplinger,* Europäische Insolvenzverordnung, Art. 1 RdNr. 13, 15; *Huber,* in *Geimer/Schütze,* Int. Rechtsverkehr, B Vor I 20b, Art. 1 RdNr. 4; MünchKommBGB-*Kindler,* Bd. 11, Art. 1 RdNr. 57. Zum Anwendungsbereich auch *Leipold,* in Stoll, Vorschläge und Gutachten, S. 186 f.; *Moss/Smith,* in *Moss/Fletcher/Isaacs,* EC Regulation, RdNr. 8.07.

Anwendungsbereich 4 **Art. 1 EuInsVO**

staaten) kann nämlich der Rat gemäß Art. 45 die Anhänge mit qualifizierter Mehrheit ändern. Bei einem entsprechenden Mehrheitsbeschluss des Rates hat dieser die in Art. 1 Abs. 1 aufgeführten Kriterien für seine Entscheidung zu beachten. Darüber hinaus kann die Definition jedoch auch für den Rechtsanwender Bedeutung haben, nämlich wenn ein Mitgliedsstaat ein Verfahren aufgenommen hat, das sowohl in der Insolvenz als auch außerhalb der Insolvenz Anwendung findet, wie das sog. *compulsory winding-up* des englischen und irischen Rechts.[3] Diese Verfahren fallen nur dann unter die Verordnung, wenn sie nach der Definition in Art. 1 Abs. 1 auch auf der Insolvenz des Schuldners beruhen.[4] Daher bedarf es bei diesen Verfahrensarten einer Feststellung durch das Gericht. Innerhalb der EuInsVO wurde dieser Tatsache Rechnung getragen, indem der Benennung der „*winding-up*"-Verfahren im Anhang A zu der Verordnung der Zusatz „*with confirmation by the court*" hinzugefügt wurde.[5]

2. Einzelfragen der Definition. a) Gesamtverfahren. Der wenig aussagekräftige Begriff des Gesamtverfahrens dient zum einen zur Abgrenzung von Maßnahmen der Einzelzwangsvollstreckung, bei denen der einzelne Gläubiger Herr des Verfahrens ist. Diese fallen – bei internationalem Bezug – unter den Anwendungsbereich der EuGVVO.[6] Dagegen können in einem Gesamtverfahren alle betroffenen Gläubiger ihre Forderungen nur über das Insolvenzverfahren anstreben.[7] Zum anderen dient der Begriff zur Abgrenzung von kollektiven Verfahren, soweit diese nur im Interesse einzelner Gläubiger betrieben werden.[8] Hinsichtlich der rechtspolitischen Zielsetzung solcher Gesamtverfahren verhält sich die Verordnung jedoch neutral. Die Verordnung erfasst nicht nur Liquidationsverfahren (die wegen Art. 3 Abs. 3 Satz 2 in Anhang B) gesondert definiert sind), sondern auch Verfahren, die der Sanierung des Schuldnerunternehmens dienen. Daher sind auch die industriepolitisch motivierten Sanierungsverfahren Frankreichs und Italiens in den Anhang A aufgenommen worden.[9] Verfahren zur Verhütung der Insolvenz, wie beispielsweise das französische *conciliation*, werden hingegen nicht erfasst.[10] 4

---

[3] Vgl. dazu *Schilling, M.* IPRax 2005, 208, 214; *Schilling, S.* DZWIR 2006, 143, 145.

[4] Vgl. *Virgos/Schmit*, Erläuternder Bericht, RdNr. 49; *Schlosser*, Report Nr. 55 ff.; *Balz* ZIP 1996, 948 f.; FK-*Wimmer*, Anh I RdNr. 14. So enthält sec. 122 I. A. verschiedene Gründe, auf Grund dessen das Gericht eine „*compulsory winding up order*" erlassen kann. Die Zahlungsunfähigkeit ist nur einer von mehreren Gründen, vgl. *Boyle/Birds*, Company Law, 3. Aufl., RdNr. 17.32. Daher sollen in diesen Fällen die Gründe für die Eröffnung im Beschluss genannt sein. *Moss/Smith*, in *Moss/Fletcher/Isaacs*, EC Regulation, RdNr. 8.07 verlangen zudem einen Gerichtsbeschluss, der im Rahmen des *voluntary winding-up* nicht unbedingt notwendig ist.

[5] Geändert durch Verordnung (EG) Nr. 603/2005 des Rates vom 12. April 2005 zur Änderung der Liste von Insolvenzverfahren, Liquidationsverfahren und Verwaltern in den Anhängen A, B und C der Verordnung (EG) Nr. 1346/2000 über Insolvenzverfahren, veröffentlicht in ABl. EG Nr. L 100 vom 20. 4. 2005; vgl. MünchKommBGB-*Kindler*, Bd. 11, Art. 1 RdNr. 59, 65.

[6] Verordnung Nr. 44/2001 des Rates vom 22. Dezember 2000 über die gerichtliche Zuständigkeit und die Anerkennung und Vollstreckung von Entscheidungen in Zivil- und Handelssachen, ABl. EG Nr. L 12/1 vom 16. 1. 2001, berichtigt ABl. EG Nr. L 307/28 vom 24. 11. 2001.

[7] Vgl. *Virgos/Schmit*, Erläuternder Bericht, RdNr. 49; *Smid*, Int. Insolvenzrecht, Art. 1 RdNr. 9.

[8] Das war nach früherem englischen Insolvenzrecht zumindest zweifelhaft für die englische *administrative receivership*. Das Verfahren wurde deswegen bei Verabschiedung der Verordnung nicht in den Anhang mit aufgenommen, vgl. zu diesem Verfahren auch *Reinhart*, Sanierungsverfahren, S. 40 f.; *Wenckstern* RabelsZ 1992, S. 627 ff.; *Lange* WM 1990, 701 ff.; Palmer's Company Law, ch. 45–03; gegen eine Qualifikation als Insolvenzverfahren daher: *Reinhart*, ebd. S. 174 f.; *Aderhold*, Auslandskonkurs im Inland, S. 182; *Fletcher*, Insolvency in Private International Law, S. 257 f.; aA *Flessner*, in *Kegel*: Gutachten und Stellungnahmen, S. 405; *Wenckstern* ebd. S. 674, 676.

[9] Gemeint sind die *Amministrazione straordinaria* und das *redressement judiciare*. Vgl. zu den Fragen der Einbeziehung dieser Verfahren im autonomen Recht auch Vor § 335 RdNr. 95 ff. Die EuInsVO folgt damit dem Anwendungsbereich des EG Entwurfes von 1980, vgl. auch *Flessner*, in *Kegel*, Vorschläge und Gutachten, S. 404 f.; zur Einbeziehung dieser Verfahren in andere Staatsverträge vgl. *Reinhart*, Sanierungsverfahren, S. 332 ff.

[10] Vgl. zu diesem Verfahren den Länderbericht Frankreich, unten; *Dammann* RIW 2006, 16; *Dammann/Undritz* NZI 2005, 198; *Klein* RIW 2006, 13; *Ulrich/Poertzgen/Pröhm* ZInsO 2006, 64; *Vallander/Heukamp* EuZW 2006, 193.

5   **b) Insolvenz des Schuldners.** Die EuInsVO enthält keine Bestimmung des Begriffs der Insolvenz und beabsichtigt auch nicht, den Begriff der Insolvenz anstelle der in den Rechten der Mitgliedsstaaten jeweils herausgearbeiteten Insolvenzgründe der Zahlungsunfähigkeit oder Überschuldung zu setzen. Der Begriff der Insolvenz in der Verordnung verdeutlicht vielmehr, dass Grund des Verfahrens eine Finanzkrise[11] sein muss und grenzt damit Insolvenzverfahren negativ von Verfahren einer Vermögensabwicklung ab, die anderen, beispielsweise öffentlich-rechtlichen Interessen dienen.[12]

6   **c) Vermögensbeschlag.** Das Gesamtverfahren muss entweder zu einem Übergang der Verwaltungs- und Verfügungsbefugnis des Schuldners in Bezug auf sein Vermögen oder zur Einschränkung dieser Befugnis durch Überwachung einer anderen Person (z. B. im Rahmen einer Eigenverwaltung) führen.[13] Dabei reicht aus, wenn sich die Einschränkung nur auf einen Teil des Vermögens des Schuldners bezieht. Wie der Vermögensbeschlag im Einzelnen ausgestaltet ist, hat keine Bedeutung.

7   **d) Verwalterbestellung.** Nach dem Wortlaut von Art. 1 Abs. 1 werden nur die Verfahren erfasst, welche die Bestellung eines Verwalters zur Folge haben. Unstreitig erfasst werden jedoch auch Sanierungsverfahren, die nicht zur Bestellung eines Insolvenzverwalters führen, sondern dem Schuldner die Verwaltungs- und Verfügungsbefugnis belassen, wie dies beispielsweise nach der Eigenverwaltung gemäß §§ 270 ff. InsO ebenfalls vorgesehen ist. Wie sich nämlich aus der in Art. 2 lit. b) enthaltenen Definition des Begriffs des Verwalters ergibt, werden hierunter auch Personen verstanden, die die Geschäftstätigkeit des Schuldners nur überwachen, wie beispielsweise der Sachwalter im Rahmen der Eigenverwaltung. Ein solcher Verwalter mit Überwachungsaufgaben ist jedoch Mindestvoraussetzung, um als Insolvenzverfahren im Sinne der Verordnung zu qualifizieren.[14]

III. Persönlicher Anwendungsbereich

8   Obgleich vornehmlich Insolvenzverfahren über **Kreditinstitute, Versicherungsunternehmen, Wertpapierinstitute** oder **Organismen für gemeinsame Anlagen** internationale Bezüge aufweisen und daher internationalrechtliche Fragen aufwerfen, werden diese in Art. 1 Abs. 2 aus dem Anwendungsbereich der Verordnung ausgeklammert. Zwar hatte sich die Bundesrepublik bereits im Rahmen der Verhandlungen der EuIÜ[15] für die Einbeziehung dieser Institutionen ausgesprochen, konnte sich jedoch in dieser umstrittenen Frage nicht durchsetzen. Als Grund wurde hierfür genannt, dass diese Institutionen in den Mitgliedsstaaten der Aufsicht durch nationale Aufsichtsbehörden unterstehen, die besondere Kontrollbefugnisse haben.[16] Die Ausklammerung der Insolvenz von Kreditinstituten und Versicherungsunternehmen, Wertpapierfirmen und Organismen für gemeinsame Anlagen aus dem Anwendungsbereich der EuInsVO hat jedoch dazu geführt, dass der Rat und das Europäische Parlament im Zusammenhang mit der Verabschiedung der Verordnung die Arbeit an den Richtlinienentwürfe[17] wieder

---

[11] Diesen Oberbegriff verwenden *Virgos/Schmit*, Erläuternder Bericht, RdNr. 49.
[12] Zu denken ist hier an Abwicklungsverfahren nach Entzug zwingend notwendiger öffentlich-rechtlicher Erlaubnisse zum Geschäftsbetrieb. Vgl. dazu die praktisch kaum bedeutenden Fälle der Auflösung der GmbH durch gerichtliches Urteil bei Unmöglichkeit der Erreichung des Geschäftszweckes oder Auflösung der GmbH bei Gefährdung des Gemeinwohls durch gesetzeswidrige Beschlüsse der Gesellschafter oder wissentliches Geschehenlassen gesetzeswidriger Handlungen der Geschäftsführer gem. §§ 61, 62 GmbHG bzw. bei Gefährdung des Allgemeinwohls durch gesetzeswidriges Verhalten der Verwaltungsträger einer AG oder KGaA gem. § 396 AktG.
[13] Vgl. *Virgos/Schmit*, Erläuternder Bericht, RdNr. 49 (c); *Duursma-Kepplinger*, Europäische Insolvenzverordnung, Art. 1 RdNr. 24; HK-*Stephan*, Art. 1 RdNr. 5; *Nerlich/Römermann/Mincke*, Art. 1 RdNr. 6; MünchKommBGB-*Kindler*, Bd. 11, Art. 1 EuInsVO Rn. 60.
[14] Vgl. *Virgos/Schmit*, Erläuternder Bericht, RdNr. 49 (c); *Fletcher*, Insolvency in International Private Law, S. 258; *Paulus*, Europäische Insolvenzverordnung, Art. 1 RdNr. 11.
[15] Übereinkommen über Insolvenzverfahren der Europäischen Union vom 23. November 1995.
[16] So *Virgos/Schmit*, Erläuternder Bericht, RdNr. 54; siehe auch *Taupitz* ZZP 111 (1998) 315, 321 f.
[17] Vgl. den Vorschlag für eine Richtlinie des Rates zur Koordinierung der Rechts- und Verwaltungsvorschriften über die Sanierung und Liquidation der Kreditinstitute, BR-Drucks. 23/86, sowie ABl. EG Nr.

aufnahm und abschloss. So wurde am 4. 4. 2001 die Richtlinie 2001/24/EG über die Sanierung und die Liquidation von Kreditinstituten[18] sowie am 19. 3. 2001 die Richtlinie 2001/17/EG über die Sanierung und Liquidation von Versicherungsunternehmen[19] erlassen, die jeweils auch international-insolvenzrechtliche Vorschriften für den Fall der Insolvenz eines dieser Institute enthalten.

Der deutsche Gesetzgeber hat diese Richtlinien durch die Neuregelung des autonomen 9 Internationalen Insolvenzrechts in den §§ 335 ff. InsO umgesetzt.[20] Beide Richtlinien lehnen sich hinsichtlich kollisionsrechtlicher Fragen eng an die Vorschriften der EuInsVO an, schließen jedoch die Möglichkeit von Sekundärverfahren grundsätzlich aus.[21] Aus diesem Grund wurden Änderungen im KWG sowie im VAG vorgenommen.[22] Darüber hinaus enthalten die Richtlinien freilich kollisionsrechtliche Regelungen über die aufsichtsrechtlichen Maßnahmen, die sowohl im Vorfeld der Insolvenz als auch im Rahmen des Insolvenzverfahrens selbst möglich sind (vgl. hierzu ausführlich auch Vor § 335 RdNr. 86 f.). Demgemäß ist für die international-insolvenzrechtlichen Fragen bei Kreditinstituten und Versicherungsunternehmen auf das jeweils autonome internationale Insolvenzrecht zurück zu greifen.[23]

Die in Art. 1 Abs. 2 aus dem Anwendungsbereich ausgeschlossenen Schuldnerunternehmen sind daher gemäß den hierfür einschlägigen EU-Richtlinien zu bestimmen. So ergibt sich die Definition für Kreditinstitute aus den entsprechenden Richtlinien über die Aufnahme und Ausübung der Tätigkeit der Kreditinstitute.[24] Die Definition für Versicherungsunternehmen ergibt sich aus den Richtlinien über die Ausübung der Tätigkeit der Direktversicherung, und zwar einmal mit Ausnahme und einmal unter Einbeziehung der Lebensversicherung.[25] Wertpapierfirmen, die Dienstleistungen erbringen, welche die Haltung von Geldern oder Wertpapieren Dritter umfassen, sind gemäß der Richtlinie für Wertpapierdienstleistungen[26] und Organismen für gemeinsame Anlagen in Wertpapieren gemäß der

---

C 356 vom 31. 12. 1985 und ABl. EG Nr. C 36 vom 8. 2. 1988. Für die Liquidation eines Kreditinstitutes ist dort lediglich geregelt, dass das Kreditinstitut nach den Vorschriften des Sitzlandes liquidiert wird, soweit die Richtlinie oder die Europäische Insolvenzverordnung nichts anderes bestimmen. Vgl. auch *Strub* EuZW 1994, 424 ff.; *Wunderer* WM 1998, 793, 801; zu den aufsichtsrechtlichen Maßnahmen bei diesen Instituten und deren Abgrenzung zum internationalen Insolvenzrecht vgl. auch oben Vor § 335 RdNr. 86 f.

[18] Richtlinie 2001/24/EG des Europäischen Parlaments und des Rates vom 4. April 2001 über die Sanierung und Liquidation von Kreditinstituten, ABl. EG Nr. L 125/15 vom 5. 5. 2001.

[19] Richtlinie 2001/17/EG des Europäischen Parlaments und des Rates vom 19. März 2001 über die Sanierung und Liquidation von Versicherungsunternehmen, ABl. EG Nr. L 110/28 vom 20. 4. 2001.

[20] BT-Drucks. 15/16 vom 25. 10. 2002; weitere Umsetzung durch das Gesetz zur Umsetzung aufsichtsrechtlicher Bestimmungen zur Sanierung und Liquidation von Versicherungsunternehmen und Kreditinstituten, BT Drucks. 15/1653, BGBl. I 2003, 2478, 2488; vgl. oben Vor § 335 RdNr. 86 f.

[21] Kritisch FK-*Wimmer*, Anh I RdNr. 227 ff., 234.

[22] Vgl. *Mohrbutter/Ringstmeier/Werner* § 20 Einführung RdNr. 6, 26.

[23] Beispielhaft die Anwendung des englischen autonomen Insolvenzrechts im Fall des High Court of Justice London vom 23. 7. 2004 in *AA Mutual International Insurance Company Ltd.*, veröffentlicht unter http://www.eir-database.com/resources.php.

[24] Erste Richtlinie 77/780/EWG des Rates zur Koordinierung der Rechts- und Verwaltungsvorschriften über die Aufnahme und Ausübung der Tätigkeit der Kreditinstitute vom 12. 12. 1977, ABl. EG Nr. L 322/30 vom 17. 12. 1977 in der zuletzt geänderten Fassung der Richtlinie 95/26/EG des Europäischen Parlaments und des Rates vom 29. Juni 1995 zur Änderung der Richtlinien 77/780/EWG und 89/646/EWG betreffend Kreditinstitute, der Richtlinien 73/239/EWG und 92/49/EWG betreffend Schadenversicherungen, der Richtlinien 79/267/EWG und 92/96/EWG betreffend Lebensversicherungen, der Richtlinie 93/22/EWG betreffend Wertpapierfirmen sowie der Richtlinie 85/611/EWG betreffend bestimmte Organismen für gemeinsame Anlagen in Wertpapieren (OGAW) zwecks verstärkter Beaufsichtigung dieser Finanzunternehmen, ABl. EG Nr. L 168/7 vom 18. 7. 1995.

[25] Richtlinie 73/239/EWG des Rates vom 24. 7. 1973 zur Koordinierung der Rechts- und Verwaltungsvorschriften betreffend die Aufnahme und Ausübung der Tätigkeit der Direktversicherung (mit Ausnahme der Lebensversicherung), ABl. EG Nr. L 228/3 vom 16. 8. 1973 zuletzt geändert durch die Richtlinie 95/26/EG für Direktversicherungen (mit Ausnahme der Lebensversicherung) sowie die Erste Richtlinie 79/267/EWG des Rates vom 5. 3. 1979 zur Koordinierung der Rechts- und Verwaltungsvorschriften über die Aufnahme und Ausübung der Direktversicherung (Lebensversicherung), ABl. EG Nr. L 63/1 vom 13. 3. 1979 zuletzt geändert durch die Richtlinie 95/26/EG für Lebensversicherungen.

[26] Richtlinie 93/22/EWG des Rates vom 10. 5. 1993 über Wertpapierdienstleistungen, ABl. EG Nr. L 141/27 vom 11. 6. 1993 zuletzt geändert durch die Richtlinie 95/26/EG.

Richtlinie zur Koordinierung der Rechts- und Verwaltungsvorschriften dieser Institute zu bestimmen.[27]

IV. Räumlicher Anwendungsbereich

11   Der räumliche Anwendungsbereich der Verordnung ist nicht identisch mit den EU-Mitgliedsstaaten. England, Irland und Dänemark hatten gegenüber Art. 65 des Amsterdamer Vertrages, der zu Maßnahmen im Bereich der Zusammenarbeit in Zivilsachen und im IPR der Mitgliedstaaten ermächtigt, Vorbehalte erklärt, so dass darauf basierenden Verordnungen ihnen gegenüber keine unmittelbare Wirkung zukommt. Wie sich aus Abs. 32 ergibt, haben das Vereinigte Königreich und Irland mitgeteilt, dass sie sich an der Annahme und Anwendung dieser Verordnung beteiligen möchten, so dass die Verordnung auch in diesen beiden Mitgliedsstaaten gilt. Gemäß Ziffer 33 der Ergänzungsgründe hat sich Dänemark jedoch nicht an der Annahme der Verordnung beteiligt, so dass im Ergebnis die Verordnung in allen Mitgliedsstaaten außer Dänemark gilt.[28] Soweit die Verordnung auch für die Mitgliedstaaten Anwendung findet, entspricht der räumliche Anwendungsbereich dem räumlichen Anwendungsbereich des EWG-Vertrages selbst.[29] Zum 1. 1. 2004 sind mit Estland, Lettland, Litauen, Malta, Polen, der Slowakei, Slowenien, der Tschechischen Republik, Ungarn und Zypern zehn neue Mitgliedsstaaten in die Europäische Union aufgenommen worden.[30] Die beiden neuen Mitgliedsstaaten Bulgarien und Rumänien sind zum 1. 1. 2007 der Europäischen Union beigetreten.[31] Gemäß Artikel 2 des Aktes bzw. des Protokolls über die Bedingungen und Einzelheiten der Aufnahme dieser Staaten in die Europäische Union ist die EuInsVO als ein vor dem Beitrittsdatum erlassener Rechtsakt für die beigetretenen Mitgliedsstaaten verbindlich. Sie gilt dort nach Maßgabe des Aktes sowie des Protokolls ab dem Tag des Beitritts.[32]

V. Sachlich-räumlicher Anwendungsbereich

12   Der sachlich-räumliche Anwendungsbereich der EuInsVO ist zunehmend Gegenstand der Diskussion. Hier geht es um die Frage, ob und mit welchen Staaten ein grenzüberschreitender Bezug vorliegen muss, damit die Verordnung anwendbar ist.

13   **1. Binnensachverhalte.** Diskutiert wird dies zunächst im Zusammenhang mit reinen Binnensachverhalten, wenn nämlich keinerlei Auslandsberührung vorliegt.[33] Vielfach wird ausgeführt, die Verordnung finde keine Anwendung auf reine Binnensachverhalte, d. h. Sachverhalte nur eines Mitgliedsstaates ohne Bezug zu einem anderen Mitgliedsstaat.[34] Diese Frage ist jedoch rein theoretischer Natur. Fehlt es an einem entsprechenden Auslandsbezug,

---

[27] Richtlinie 85/611/EWG des Rates vom 20. 12. 1985 zur Koordinierung der Rechts- und Verwaltungsvorschriften betreffend bestimmte Organismen für gemeinsame Anlagen in Wertpapieren (OGAW), ABl. EG Nr. L 375/3 vom 31. 12. 1985, zuletzt geändert durch die Richtlinie 95/26/EG.

[28] Vgl. auch OLG Frankfurt vom 24. 1. 2005 ZInsO 2005, 715; *Re Arena Corporation Ltd.* [2003] AK.E.R (D) 277.

[29] Vgl. Art. 189 EWG; *Groeben,* EWG-Vertrag, Art. 189 RdNr. 33; EuGH vom 16. 2. 1978, Rs. C-61/77 Kommission/Irland, Slg. 1978, 447.

[30] Veröffentlicht in ABl. EG Nr. L 236 vom 23. September 2003.

[31] Veröffentlicht in ABl. EG Nr. L 157 vom 21. Juni 2005.

[32] Veröffentlicht in ABl. EG Nr. L 236/33 vom 23. September 2003 sowie ABl. Nr. L 157/29 vom 21. Juni 2005.

[33] Vgl. *Duursma-Kepplinger,* Europäische Insolvenzverordnung, Art. 1 RdNr. 2 ff.; HK-*Stephan,* Art. 1 RdNr. 10; *Huber,* in *Geimer/Schütze,* Int. Rechtsverkehr, B Vor I 20 b, Art. 1 RdNr. 15 f.; *Herchen* ZInsO 2003, 742, 743 f.; *Smid,* Int. Insolvenzrecht, Art. 1 RdNr. 7.

[34] So z. B. *Gottwald/Gottwald,* Insolvenzrechts-Handbuch, § 129 RdNr. 5; HK-*Stephan,* Art. 1 RdNr. 10; *Huber,* in *Geimer/Schütze,* Int. Rechtsverkehr, B Vor I 20 b, Art. 1 RdNr. 15; *ders.* EuZW 2002, 490; *Kübler/Prütting/Kemper,* Art. 1 EuInsVO RdNr. 13; *Leible/Staudinger* KTS 2000, 533, 538; *Mäsch,* in *Rauscher,* Europ. Zivilprozessrecht, Bd. 2, Art. 1 EG-InsVO RdNr. 14; *Mock/Schildt* ZInsO 2003, 396, 398; Münch-KommBGB-*Kindler,* Bd. 11, Art. 1 EuInsVO RdNr. 77; *Pannen,* in *Breutigam/Blersch/Goetsch,* Art. 1 RdNr. 4; *Smid,* Int. Insolvenzrecht, Art. 1 RdNr. 7.

so stellen sich für den Rechtsanwender weder international-verfahrensrechtliche noch kollisionsrechtliche Fragen, deren Beantwortung sich erst aus der EuInsVO ergeben. In den Kommentierungen finden sich hierzu dementsprechend auch keine Fallbeispiele, wo diese Frage relevant oder gar zu Unklarheiten bei der Rechtsanwendung führen könnte.

2. Gemeinschaftsbezug. Die Verordnung ist anzuwenden bei Bezugspunkten zu einem **14** oder mehreren Mitgliedsstaaten.[35] So selbstverständlich, wie diese Feststellung zunächst erscheint, scheint sie in der Literatur mit der Lehre des qualifizierten Gemeinschaftsbezugs jedoch vereinzelt in Frage gestellt zu werden.[36] Bei genauerer Betrachtung erweist sich jedoch, dass es sich hierbei vielmehr um eine Abgrenzungsfrage bei gleichzeitig auftauchenden Drittstaatenbezügen im Zusammenhang mit der Bestimmung der internationalen Zuständigkeit handelt (vgl. zu dieser Frage unten RdNr. 16).[37] Es wird weder in der Rechtsprechung noch in der Literatur grundsätzlich in Frage gestellt, dass – ungeachtet der Frage von weiteren Drittstaatenbezügen (hierzu die folgende RdNr.) – ein Berührungspunkt zu einem anderen Mitgliedsstaat ausreicht.[38]

3. Drittstaatenbezug. Praktisch relevant ist dagegen die im Zusammenhang mit dem **15** sachlich-räumlichen Anwendungsbereich diskutierte Frage, nämlich ob die Verordnung nur anwendbar sei bei grenzüberschreitenden Bezügen zu anderen Mitgliedsstaaten oder auch bei grenzüberschreitenden Bezügen zu sog. Drittstaaten. Ziffer 14 der Präambel stellt lediglich fest, dass die Verordnung nur für Verfahren gelte, bei denen der Mittelpunkt der hauptsächlichen Interessen des Schuldners in der Gemeinschaft liegt. Im Text der Verordnung ist dagegen bei Auslandsbezügen immer nur von einem „anderen Mitgliedsstaat" die Rede. Der Begriff des Drittstaates taucht lediglich in Art. 44 Abs. 3 a) auf. Nach dieser Vorschrift findet die Verordnung in einem Mitgliedsstaat keine Anwendung, soweit dieser vor Inkrafttreten der Verordnung mit einem Drittstaat ein Übereinkommen geschlossen hat, dass mit der Verordnung unvereinbar ist. Daraus, sowie aus dem Ziel der Verordnung, das reibungslose Funktionieren des Binnenmarktes auch in der Insolvenz zu sichern (vgl. Ziffer 1 der Erwägungsgründe) wird verschiedentlich hergeleitet, dass die EuInsVO im Verhältnis zu Drittstaaten generell nicht anwendbar sei.[39] Die andere Auffassung verweist dagegen auf den Anwendungsbereich der EuGVVO, bei dem ein Bezug zu einem anderen Mitgliedsstaat ebenfalls nicht erforderlich sei, sondern auch ein Drittstaatenbezug ausreichend sei. Dies gelte – *mutatis mutandis* – auch für die EuInsVO.[40] Diese undifferenzierte Auffassung zum sachlich-räumlichen Anwendungsbereich findet sich auch in den Gesetzgebungsmaterialien zur Neuregelung des deutschen internationalen Insolvenzrechts.[41] Zutrefferenderweise lässt sich die Frage der Anwendbarkeit der EuInsVO bei einem Drittstaatenbezug nicht pauschal für die Verordnung insgesamt beantworten. Vielmehr ist zu differenzieren:

a) Art. 3 – Internationale Zuständigkeit. Die Frage der internationalen Zuständigkeit **16** ist von den Gerichten der Mitgliedsstaaten, in denen die EuInsVO Anwendung findet,

---

[35] *Carstens*, Die internationale Zuständigkeit, S. 35; *Duursma-Kepplinger*, Europäische Insolvenzverordnung, Art. 1 RdNr. 3; HambKomm-*Undritz* Art. 1 RdNr. 6.
[36] Vgl. die Darstellung bei *Huber*, in *Geimer/Schütze*, Int. Rechtsverkehr, B Vor I 20 b, Art. 1 RdNr. 17 ff.
[37] Vgl. auch die Ausführungen bei *Duursma-Kepplinger*, Europäische Insolvenzverordnung, Art. 1 RdNr. 3 ff., auf den *Huber*, vorige Fn., verweist.
[38] So auch AG Hamburg vom 16. 8. 2006, ZIP 2006, 1642; *Duursma-Kepplinger*, Europäische Insolvenzverordnung, Art. 1 RdNr. 2 ff.; *Haubold*, in *Gebauer/Wiedmann*, Zivilrecht, Art. 1 RdNr. 30; *Herchen* ZInsO 2003, 742, 743 f.; *Huber*, in *Geimer/Schütze*, Rechtsverkehr, B Vor I 20 b, Art. 1 RdNr. 16.
[39] So schon die Stellungnahme von *Virgos/Schmit*, Erläuternder Bericht, RdNr. 11, 44, 82; ebenso *Carstens*, Die internationale Zuständigkeit; S. 28 ff., 35; *Deipenbrock* EWS 2001, 113, 115; *Duursma-Kepplinger*, Europäische Insolvenzverordnung, Art. 1 RdNr. 3, 8; *Eidenmüller* IPRax, 2001, 1, 5; *Leible/Staudinger* KTS 2000, 533, 539; HK-*Stephan*, Art. 1 RdNr. 11; *Huber* ZZP 114 (2001) 133, 138; *Mock/Schildt* ZInsO, 2003, 396, 397; *Moss/Smith*, in *Moss/Fletcher/Isaacs*, EC Regulation, RdNr. 8.07; *Paulus* ZIP 2003; 1725, 1726 f.; *Schmiedeknecht*, Der Anwendungsbereich, S. 108 ff.; *Smid*, Int. Insolvenzrecht, Art. 1 EurInsVO RdNr. 8.
[40] Vgl. *Mäsch*, in *Rauscher*, Europ. Zivilprozessrecht, Bd. 2, Art. 1 EG-InsVO RdNr. 15; mit Verweis auf die Entscheidung des EuGH vom 1. 3. 2005 zur EuGVVO, Rs. C-281/02 *Owusu*, EuZW 2005, 345; *Haubold*, in *Gebauer/Wiedmann*, Zivilrecht, Art. 1 RdNr. 30.
[41] Vgl. BR-Drucks. 715/02, S. 24.

EuInsVO Art. 1 17

grundsätzlich und ausschließlich nach Art. 3 zu beantworten. Ein Rückgriff auf die Zuständigkeitsnormen des autonomen Rechts ist im Anwendungsbereich der EuInsVO kein Raum. Deutsche Gerichte können daher bei der Eröffnung von Insolvenzverfahren grundsätzlich nicht mehr auf eine analoge Anwendung des § 3 InsO gemäß der Lehre der Doppelfunktionalität der örtlichen Zuständigkeitsvorschriften zurückgreifen. § 3 InsO findet daher allenfalls noch Anwendung für die Bestimmung der internationalen Zuständigkeit über die nach Art. 1 Abs. 2 ausgeschlossenen Institutionen. Das gilt selbst dann, wenn sich im Rahmen des Eröffnungsverfahren lediglich Berührungspunkte zu Drittstaaten ergeben.[42] Die Frage der internationalen Zuständigkeit ist keine Frage, die das Verhältnis des Schuldners zu einem einzelnen Gläubiger anbetrifft, sondern sie betrifft alle Verfahrensbeteiligten gleichermaßen. Zum Zeitpunkt der Eröffnung stehen aber die grenzüberschreitenden Bezüge weder abschließend fest, noch lassen sie sich im Eröffnungsverfahren abschließend ermitteln. Darüber hinaus können grenzüberschreitende Bezüge auch erst im Laufe des Verfahrens entstehen (z. B. Masseverbindlichkeiten). Auch ließe sich kaum differenzieren, in welchem Umfang grenzüberschreitende Bezüge zu Mitgliedsstaaten die grenzüberschreitenden Bezüge zu Drittstaaten übertreffen müssen, um die Anwendung der EuInsVO für die Bestimmung der internationalen Zuständigkeit zu begründen. Zu Recht haben daher englische Gerichte in einzelnen Entscheidungen, bei denen sich grenzüberschreitende Bezugspunkte ausschließlich zu den USA ergaben, die internationale Zuständigkeit über Art. 3 und nicht etwa über das englische autonome Recht ermittelt.[43] Die Gerichte der Mitgliedsstaaten sollten daher im Eröffnungsbeschluss schon bei Vorliegen von Anhaltspunkten für grenzüberschreitende Bezüge grundsätzlich die Zuständigkeit aus Art. 3 ausdrücklich feststellen.[44] Zu welchen Staaten diese Bezüge bestehen, ist für den sachlich-räumlichen Anwendungsbereich des Art. 3 ohne weitere Bedeutung.

17 **b) Kollisionsnormen (Art. 4–15).** Wird in einem der Mitgliedsstaaten ein Hauptverfahren nach Art. 3 Abs. 1 eröffnet, so stellt sich darüber hinaus noch die Frage, ob in diesen Fällen grundsätzlich die Kollisionsnormen nach Art. 4 ff. Anwendung finden, oder ob auf Grund eines (ausschließlichen oder überwiegenden) Drittstaatenbezugs für das spezielle in Frage stehende Rechtsverhältnis auf das autonome internationale Recht zurückgegriffen werden soll. So kann der Anwendungsbereich der Kollisionsnormen der Verordnung fraglich werden, wenn der grenzüberschreitende Sachverhalt nicht nur Bezüge zu anderen Mitgliedsstaaten, sondern auch oder insbesondere Bezüge zu Drittstaaten aufweist. Anders als bei der Bestimmung der internationalen Zuständigkeit, die für alle Verfahrensbeteiligten nur „einheitlich" denkbar ist, sind für die hier meist relevanten einzelnen Rechtsverhältnisse zwischen Gläubiger und Schuldner Differenzierungen denkbar. Die hier möglichen Konstellationen sind mannigfaltig und bisher kaum erörtert worden. Steht beispielsweise die Anfechtung eines Rechtsgeschäftes in Frage, so sind verschiedene Bezugspunkte zu anderen Rechtsordnungen denkbar, z. B. a) die Belegenheit des Vermögensgegenstandes, der zurückgewährt werden soll, b) das anwendbare Recht der Rechtsordnung, dem das anzufechtende Rechtsgeschäfts untersteht, c) Sitz des Anfechtungsgegners, d) Ort der Vornahme der Anfechtungshandlung etc. Ähnliche mannigfaltige Bezugspunkte, die auch noch jeweils teilweise in anderen Mitgliedsstaaten, teilweise in Drittstaaten belegen sein können, können sich in der Praxis auch für die Wirkungen laufender Verträge (§§ 103 ff. InsO) ergeben. Derart verschiedene Bezugspunkte sind im Ergebnis für alle Kollisionsnormen denkbar.

---

[42] So wohl die hM, vgl. *Huber*, in *Geimer/Schütze*, Int. Rechtsverkehr, B Vor I 20 b, Art. 1 RdNr. 21 f.; *Krebber* IPRax 2004, 540; *Virgos/Garcimartin*, European Insolvency Regulation, RdNr. 27 (a), (b); *Herchen*, Insolvenzverfahren, S. 35 f.; *Mäsch*, in *Rauscher*, Europ. Zivilprozessrecht, Bd. 2, Art. 1 EG-InsVO RdNr. 15 f.; *Sabel/Schlegel* EWiR 2003, 367, 368; wohl auch *Israel*, Insolvency Regulation, S. 253; aA wohl *Duursma-Kepplinger*, Europäische Insolvenzverordnung, Art. 1 RdNr. 56; *dies.* NZI 2003, 87; *Mock/Schildt* ZInsO, 2003, 396, 397; *Paulus* ZIP 2003, 1725, 1726 f.

[43] So High Court of Leeds ZIP 2004, 1769 (Ci4net); und High Court of Leeds ZIP 2003, 813 (BRAC); zustimmend *Krebber* IPRax 2004, 540.

[44] Vgl. hierzu auch Art. 102 § 2 unten.

Anwendungsbereich **18, 19 Art. 1 EuInsVO**

Die Antwort auf diese Frage ergibt sich aus den in Art. 4 ff. enthaltenen Kollisions- **18** normen. Viele der in Art. 5 ff. enthaltenen Sonderanknüpfungen stellen nämlich keine allseitigen Kollisionsnormen dar, sondern sog. **einseitige Kollisionsnormen,** die lediglich auf eine bestimmte Rechtsordnung verweisen (vgl. hierzu oben, Vor § 335 RdNr. 53 ff.). So verweisen Art. 5, 7, 8, 9, 10, 11, 12, 13 und 15 ausdrücklich jeweils nur auf *„das Recht eines Mitgliedstaates"*. Aber nicht nur auf der Rechtsverweisungsseite enthalten diese Normen Einschränkungen. Die Verweisung auf das Recht eines Mitgliedstaates setzt bei verschiedenen Normen auf der Tatbestandsseite schon einen bestimmten Bezugspunkt zu einem Mitgliedstaat voraus, nämlich entweder die Belegenheit des jeweils betroffenen Vermögensgegenstandes in einem Mitgliedstaat (so z. B. Art. 5, 7 und 8), oder andere, für die Kollisionsnorm relevante Bezugspunkte (z. B. Art. 10, der als Arbeitsort einen der Mitgliedstaaten voraus setzt). Die einseitige Kollisionsnorm enthält daher auch eine Einschränkung der auf sie anzuwendenden Fälle (sog. unvollkommene einseitige Kollisionsnorm).[45] Bei sog. einseitigen Kollisionsnormen stellt sich nämlich jeweils immer die Frage, ob diese nicht als sog. allseitige Kollisionsnorm zu erweitern sind. Sind diese in ihrem Anwendungsbereich beschränkt (z. B. nur auf Vermögensgegenstände in einem der Mitgliedstaaten anwendbar), so stellt sich die Frage, ob die in der Norm enthaltene Beschränkung nicht über den Wortlaut hinaus auch auf alle weiteren Fälle auszudehnen ist. Eine solche erweiternde Auslegung der Kollisionsnormen der Verordnung verstieße jedoch gegen den Willen des Verordnungsgebers. Die mit einseitigen Kollisionsnormen verbundenen Fragen sind aus der Geschichte des IPR hinlänglich bekannt.[46] Es ist nicht ersichtlich, dass sich der Verordnungsgeber in der Beschränkung der Normen lediglich redaktionell „vertan" hat. Daher wird in der Literatur bisher auch nicht vorgeschlagen, den Anwendungsbereich der Sonderanknüpfungen dergestalt auszudehnen, dass die darin enthaltene Regelung auch für Drittstaaten gelten solle.

Soweit allerdings mit der herrschenden Meinung der Anwendungsbereich der Art. 5 ff. **19** strikt am Wortlaut ausgerichtet wird, stellt sich dann die weitere Frage, ob es dann bei der allgemeinen Kollisionsnorm von Art. 4 bleiben soll, oder ob der Mitgliedsstaatenbezug aus der Sonderanknüpfung indiziert, dass auch Art. 4 auf Grund des Drittstaatenbezuges keine Anwendung finden soll. So ist im Rahmen des Art. 5 strittig, ob die Generalnorm des Art. 4 der Verordnung oder das jeweils autonome Kollisionsrecht eines Mitgliedsstaates Anwendung finden soll, wenn das dingliche Recht in einem Drittstaat belegen ist.[47] Gleiches gilt für Art. 7 und Art. 10. Fehlt es an einem Bezug zu einem Mitgliedstaat, wie er in einzelnen der Art. 5 ff. enthaltenen Sonderanknüpfungen verlangt wird, so führt dies nicht zu einer Anwendung der Generalverweisung auf die *lex fori concursus* nach Art. 4.[48] Die Frage wird auch im Erläuternden Bericht von *Virgos/Schmit* dahingehend beantwortet, dass soweit der Anwendungsbereich der Kollisionsnorm der Verordnung nicht gegeben sei, das angerufene Gericht vielmehr das (autonome) Kollisionsrecht seines eigenen Landes anwenden müsse.[49] Das entspricht der überwiegenden Auffassung in der Literatur.[50] Andernfalls würden Sach-

---

[45] Die damit verbundenen Fragen sind aus dem IPR bekannt; vgl. *Kegel/Schurig,* IPR, S. 301 f.; v. *Bar/Mankowski,* IPR, § 1 RdNr. 17; MünchKommBGB-*Sonnenberger,* Bd. 10, Einl. IPR RdNr. 487.
[46] Einseitige Kollisionsnormen fanden sich vor allem im IPR des EGBGB aF und beruhten auf rechtspolitisch verfehlten Verwertungen, vgl. hierzu MünchKommBGB-*Sonnenberger,* Bd. 7, 1. Aufl., Einl. IPR RdNr. 281 ff.; *Kegel/Schurig,* ebd. S. 302.
[47] Vgl. die Fundstellen unten RdNr. 20.
[48] Vgl. *Israel,* Insolvency Regulation, S. 273 f.; *Duursma-Kepplinger,* Europäische Insolvenzverordnung, Art. 1 RdNr. 54.
[49] So auch *Virgos/Schmit,* Erläuternder Bericht, RdNr. 44, 93; *Paulus* NZI 2001, 505, 507; *Duursma-Kepplinger,* Europäische Insolvenzverordnung, Art. 1 RdNr. 54; aA wohl *Huber,* in *Geimer/Schütze,* Int. Rechtsverkehr, B Vor I 20 b, Art. 5 RdNr. 11.
[50] *Israel,* Insolvency Regulation, S. 273 f.; *Duursma-Kepplinger,* Europäische Insolvenzverordnung, Art. 1 RdNr. 54; *Eidenmüller* IPRax 2001, 2, 5; *Haubold,* in *Gebauer/Wiedmann,* Zivilrecht, Art. 4 RdNr. 108; *Kemper* ZIP 2001, 1612; *Leible/Staudinger* KTS 2000, 538; MünchKommBGB-*Kindler,* Bd. 11, Art. 5 RdNr. 264; *Paulus,* Europäische Insolvenzverordnung, Art. 5 RdNr. 4, Art. 7 RdNr. 4; *Schmiedeknecht,* Der Anwendungsbereich, S. 108; so auch der deutsche Gesetzgeber bei der Reform des internationalen Insolvenz-

EuInsVO Art. 1 20–24   Anhang

verhalte mit Drittstaatenbezügen von der Verordnung selbst diskriminiert, weil die in den Sonderanknüpfungen enthaltenen Vertrauenstatbestände für Drittstaatenbezügen nicht gelten würden. Für eine solche Benachteiligung der Drittstaatenrechte ist jedoch weder sachgerecht, noch bietet dafür das Recht der Europäischen Union eine Rechtsgrundlage.

20 Mit dieser grundsätzlichen Feststellung ist jedoch noch nicht viel gewonnen. Drittstaatenbezüge können, wie oben bereits erwähnt, mannigfaltig sein. Während einige der Kollisionsnormen ausdrückliche Beschränkungen auf der Tatbestandsseite vorsehen, fehlen solche Beschränkungen in anderen Kollisionsnormen, so dass die von dem Verordnungsgeber implizit vorausgesetzte Beschränkung der Norm auf Gemeinschaftssachverhalte für jede Kollisionsnorm separat zu ermitteln ist. Die damit verbundenen Probleme sind bisher noch nicht weiter diskutiert. Als wesentlicher (übergeordneter) Anknüpfungspunkt kommt hierbei in Betracht, ob der für die Abwicklung der Insolvenz in Streit stehende Vermögensgegenstand in einem der Mitgliedsstaaten belegen ist.[51] Nicht immer ist jedoch der Vermögensbezug eindeutig oder entscheidend (vgl. Art. 10 für Arbeitsverhältnisse). Für einzelne Gruppen von Kollisionsnormen ergibt sich daher folgendes:

21 Art. 5, 7 und 8, die sich auf **dingliche Rechte** an Vermögensgegenständen (Sicherungsrechte, Eigentumsvorbehalt, Immobilien) oder nach Art. 14 auf die sachenrechtliche Verfügungsbefugnis über bestimmte Vermögensgegenstände beziehen, sind sachlich-räumlich nur anwendbar, wenn sich der jeweilige Vermögensgegenstand in einem Mitgliedsstaat befindet. Ob dies der Fall ist, ist gemäß Art. 2 lit. g) zu ermitteln.[52] Ergibt sich danach, dass der Vermögensgegenstand nicht in einem der Mitgliedsstaaten belegen ist, so findet auch nicht die allgemeine Kollisionsnorm des Art. 4 Anwendung.[53] Vielmehr hat das angerufene Gericht das anwendbare Recht auf Grund der Kollisionsnorm des eigenen autonomen Rechts zu ermitteln (z. B. § 336 InsO).[54]

22 Für die Wirkungen des Insolvenzverfahrens auf Rechte, die in **Register** eingetragen sind (Art. 11 und 12), findet die Verordnung nur Anwendung, soweit es sich um Register handelt, die in einem der Mitgliedsstaaten geführt werden.[55] Geht es um Rechte, die in einem Register eines Drittstaates geführt werden, so ist auch Art. 4 nicht anwendbar.[56] Die Wirkungen des Insolvenzverfahrens sind dann vielmehr nach dem autonomen Recht zu ermitteln.

23 Die Wirkungen von Insolvenzverfahren auf **anhängige Rechtsstreitigkeiten** (Art. 15) bestimmen sich wiederum nur dann nach der Verordnung, wenn der Rechtsstreit in einem der Mitgliedsstaaten anhängig ist.[57] Ist dies nicht der Fall, bedarf es keines Rückgriffs auf das autonome Recht, weil sich dann die Frage für ein Gericht eines Mitgliedsstaates auch nicht stellen kann.

24 Bei **Arbeitsverhältnissen** (Art. 10) ist der Arbeitsort der relevante Bezugspunkt für die Bestimmung des sachlich-räumlichen Anwendungsbereiches der Verordnung.[58] Liegt dieser nicht in einem der Mitgliedsstaaten, so ist nicht die Verordnung, sondern das jeweilige

---

rechts, vgl. BR-Drucks. 715/02 S. 24; auch *Lorenz*, Annexverfahren, S. 21 ff.; aA wohl *Mäsch*, in *Rauscher*, Europ. Zivilprozessrecht, Bd. 2, Art. 4 EG-InsVO RdNr. 5; *Mohrbutter/Ringstmeier/Werner* § 20 RdNr. 256, 304.

[51] So wohl auch *Paulus* NZI 2001, 505, 507; ähnlich wohl *Virgos/Schmit*, Erläuternder Bericht, RdNr. 44 aE; *Leible/Staudinger* KTS 2000, 533, 551.

[52] Vgl. dazu *Duursma-Kepplinger*, Europäische Insolvenzverordnung, Art. 2 RdNr. 18; *Huber*, in *Geimer/Schütze*, Int. Rechtsverkehr, 3. Lfg. Vor I 20 b, Art. 5 RdNr. 9; MünchKommBGB-*Kindler*, Bd. 11, Art. 7 RdNr. 298; *Paulus*, Europäische Insolvenzverordnung, Art. 5 RdNr. 3.

[53] Vgl. dazu schon oben RdNr. 19 Fn. 47.

[54] Vgl. dazu schon oben RdNr. 19 Fn. 48, 49.

[55] Vgl. *Duursma-Kepplinger*, Europäische Insolvenzverordnung, Art. 11 RdNr. 1; *Mohrbutter/Ringstmeier/Werner* § 20 RdNr. 256; *Paulus*, Europäische Insolvenzverordnung, Einleitung RdNr. 84.

[56] AA und für eine Anwendung von Art. 4 wohl *Mäsch*, in *Rauscher*, Europ. Zivilprozessrecht, Bd. 2, Art. 11 EG-InsVO RdNr. 55.

[57] *Haubold*, in *Gebauer/Wiedmann*, Zivilrecht, Art. 15 RdNr. 156; *Mäsch*, in *Rauscher*, Europ. Zivilprozessrecht, Bd. 2, Bd. 2, Art. 15 EG-InsVO RdNr. 8; *Mohrbutter/Ringstmeier/Werner* § 20 RdNr. 256.

[58] So wohl auch *Liebmann*, Der Schutz des Arbeitnehmers, S. 172 f.; vgl. dazu auch Art. 10 RdNr. 18 ff.

Anwendungsbereich   25–28 **Art. 1 EuInsVO**

autonome Recht zur Bestimmung des anwendbaren Rechts heranzuziehen.[59] Mögliche andere Bezugspunkte zu Mitgliedsstaaten wie z. B. die Staatsangehörigkeit des Arbeitnehmers, sind für die Fragen der Anwendbarkeit der Verordnung nicht entscheidend.

Für **benachteiligenden Rechtshandlungen** sieht Art. 13 eine ausdrückliche Beschrän- 25 kung dahingehend vor, dass die Norm voraussetzt, dass für die anzufechtende Rechtshandlung das Recht eines anderen Mitgliedsstaates maßgeblich ist. Daraus lässt sich jedoch nicht herleiten, dass der Anwendungsbereich der Kollisionsnorm sich nur auf Sachverhalte erstreckt, bei denen die anfechtbare Rechtshandlung dem Recht eines Mitgliedsstaates unterliegt. Voraussetzung für die sachlich-räumliche Anwendung von Art. 13 ist zunächst, dass der Vermögensgegenstand, der Gegenstand der anfechtbaren Rechtshandlung ist, im Zeitpunkt der Vornahme der anfechtbaren Rechtshandlung in einem der Mitgliedsstaaten belegen war.[60] Der Belegenheitsort ist gemäß Art. 2 lit. g) zu ermitteln. Schenkt beispielsweise ein Schuldner vor Insolvenzeröffnung seiner Ehefrau das „Geld" auf seinem schweizer Bankkonto, so findet schon wegen der Belegenheit des anfechtbar weggegebenen Vermögens in einem Drittstaat weder Art. 13, noch die Generalnorm des Art. 4 Anwendung.[61]

Nicht geklärt ist damit jedoch, ob und wie Art. 13 anzuwenden ist, wenn sich der 26 Drittstaatenbezug aus dem auf die anwendbare Rechtshandlung anwendbaren Recht herleitet, d. h. ob der kollisionsrechtliche Anwendungsbereich der Verordnung auch dann eröffnet ist, wenn sich in vorgenanntem Fall das Bankkonto zwar in einem der Mitgliedsstaaten geführt würde, die Schenkung selbst jedoch dem schweizer Recht unterstände. Das ist jedoch zu bejahen. Nach Art. 13 werden nämlich bestimmte Rechtshandlungen „anfechtungsfest", die nach der nach Art. 4 anwendbare *lex fori concursus* anfechtbar sind. Art. 13 privilegiert, dass das Recht eines Mitgliedsstaates die Anfechtbarkeit einer Rechtshandlung ausschließt. Der damit verbundene Schutz des Rechtsverkehrs soll jedoch nur für die Rechtsordnungen der Mitgliedsstaaten gelten. Besteht daher der Drittstaatenbezug bei benachteiligenden Rechtshandlungen darin, dass die anfechtbare Rechtshandlung dem Recht eines Drittstaates unterfällt, bleibt es zunächst bei der Anwendung von Art. 4 (soweit der Vermögensgegenstand in einem Mitgliedsstaat belegen war), jedoch findet die den Rechtsverkehr schützende Norm des Art. 13 keine Anwendung.[62]

Für die Frage der **Aufrechnung** (Art. 6) sowie **Zahlungs- oder Abwicklungssysteme** 27 (Art. 9) ist für den sachlich-räumlichen Anwendungsbereich entscheidend, ob die Forderung des Insolvenzschuldners, gegen die der Gläubiger mit eigenen Ansprüchen aufrechnen möchte, in einem der Mitgliedsstaaten belegen ist. Die Belegenheit wiederum bestimmt sich nach Art. 2 lit. g), die wiederum an den Mittelpunkt der hauptsächlichen Interessen des Schuldners der Forderung anknüpft. Da die Kollisionsnormen grundsätzlich ein nach Art. 3 Abs. 1 am Mittelpunkt der hauptsächlichen Interessen des Insolvenzschuldners eröffnetes Insolvenzverfahren in einem der Mitgliedsstaaten voraussetzen, bedeutet dies, dass Art. 6 und Art. 9 nur anwendbar sein können, wenn auch der die Aufrechnung erklärende Gläubiger den Mittelpunkt seiner hauptsächlichen Interessen ein einem der Mitgliedsstaaten hat.

c) **Anerkennung von ausländischen Insolvenzverfahren (Kapitel II EuInsVO).** 28 Der sachlich-räumliche Anwendungsbereich der Vorschriften über die **Anerkennung ausländischer Verfahren** (Kapitel II EuInsVO) ist vergleichsweise einfach abzugrenzen. Die Verordnung regelt ausdrücklich nur die Anerkennung von Insolvenzverfahren, die in einem der anderen Mitgliedsstaaten der Verordnung durchgeführt werden. Die Verordnung findet daher keine Anwendung auf die Anerkennung von ausländischen Verfahren, die in Dritt-

---

[59] Vgl. MünchKommBGB-*Kindler*, Bd. 11, Art. 10 RdNr. 345, dazu auch ausführlich unter Art. 10 RdNr. 18 ff.
[60] Vgl. hierzu Art. 13 RdNr. 19.
[61] Diese Fallgestaltung entspricht der Entscheidung des österr. OGH 2 Ob 316/99 f., ZIK 2000/21 (20 ff.); die Fallgestaltung wurde jedoch ohne die damals noch nicht anwendbare EuInsVO gelöst.
[62] Vgl. ausführlich hierzu Art. 13 RdNr. 20.

staaten durchgeführt werden.⁶³ Insoweit gilt in jedem Mitgliedstaat wiederum dessen autonomes Recht (in Deutschland § 343 InsO). Gleiches gilt im Hinblick auf Art. 25 EuInsVO auch für andere insolvenzrechtliche Entscheidungen: Art. 25 ist nur anwendbar, soweit die Entscheidung von einem Gericht eines Mitgliedsstaates erlassen wurde. Soweit das eigentliche Insolvenzverfahren in einem Drittstaat durchgeführt wird, sind auch Entscheidungen, die im Zusammenhang mit dem Insolvenzverfahren ergehen und von einem Gericht eines Mitgliedsstaates getroffen werden, nicht vom Anwendungsbereich der Verordnung erfasst.

29   **d) Sekundärinsolvenzverfahren (Kapitel III EuInsVO).** Das vorgenannte (vgl. vorige RdNr.) gilt auch für Kapitel III der Verordnung, das die sog. **Sekundärinsolvenzverfahren** regelt. Schon nach dem Wortlaut des Art. 27 sind Sekundärverfahren nicht von der Verordnung erfasst, soweit das Hauptverfahren in einem Drittstaat durchgeführt wird. Diese Beschränkung ist nach der Intention des Verordnungsgebers jedoch nicht nachvollziehbar, da zum Funktionieren des Binnenmarktes auch gehört, dass Unternehmen, die den Mittelpunkt ihrer hauptsächlichen Interessen in einem Drittstaat haben, innerhalb des Binnenmarktes grenzüberschreitend handeln. An solchen Sekundärverfahren können daher durchaus auch Gläubiger aus anderen Mitgliedsländern beteiligt sein, die im Vertrauen auf die Vermögensbelegenheit innerhalb der Mitgliedsstaaten Kredite gewährt haben. Angesichts des eindeutigen Wortlautes wird man es jedoch bei der Anwendung des autonomen Rechts belassen müssen.⁶⁴

30   **e) Kooperation der Verfahren (Kapitel IV EuInsVO).** Auch der sachlich-räumliche Anwendungsbereich von Kapitel IV der Verordnung ergibt sich ausdrücklich aus dem Wortlaut der jeweiligen Vorschriften. Kapitel IV der Verordnung, das Regelungen über die Unterrichtung der Gläubiger und Anmeldung ihrer Forderungen enthält, ist anzuwenden, wenn in einem der Mitgliedstaaten ein Hauptverfahren, ein Sekundärinsolvenzverfahren (parallel zum Hauptverfahren) oder ein (unabhängiges) Partikularinsolvenzverfahren auf Grund einer der in Art. 3 geregelten Zuständigkeiten durchgeführt wird.⁶⁵ Die Vorschriften sind dagegen nicht anwendbar in Sekundär- oder Partikularverfahren, wenn das Hauptverfahren außerhalb der Mitgliedsstaaten durchgeführt wird, weil die Verordnung insoweit nicht gilt (vgl. vorige RdNr.).

Art. 2. Definitionen

Für die Zwecke dieser Verordnung bedeutet

a) „Insolvenzverfahren" die in Art. 1 Abs. 1 genannten Gesamtverfahren. Diese Verfahren sind in Anhang A aufgeführt;

b) „Verwalter" jede Person oder Stelle, deren Aufgabe es ist, die Masse zu verwalten oder zu verwerten oder die Geschäftstätigkeit des Schuldners zu überwachen. Diese Personen oder Stellen sind in Anhang C aufgeführt;

c) „Liquidationsverfahren" ein Insolvenzverfahren im Sinne von Buchstabe a, das zur Liquidation des Schuldnervermögens führt, und zwar auch dann, wenn dieses Verfahren durch einen Vergleich oder eine andere die Insolvenz des Schuldners beendende Maßnahme oder wegen unzureichender Masse beendet wird. Diese Verfahren sind in Anhang B aufgeführt;

---

⁶³ Vgl. unten Art. 16 RdNr. 10. *Gruber*, in *Geimer/Schütze*, Int. Rechtsverkehr, B Vor I 20 b, Art. 16 RdNr. 5; *Haubold*, in *Gebauer/Wiedmann*, Zivilrecht, Art. 16 RdNr. 158; *Mäsch*, in *Rauscher*, Europ. Zivilprozessrecht, Bd. 2, Bd. 2, Art. 16 EG-InsVO RdNr. 9, Art. 1 RdNr. 17.

⁶⁴ *Duursma-Kepplinger*, Europäische Insolvenzverordnung, Art. 27 RdNr. 18; *Haubold*, in *Gebauer/Wiedmann*, Zivilrecht, Art. 3 RdNr. 58, Art. 27 RdNr. 212; *Kübler/Prütting/Kemper*, Art. 3 EuInsVO RdNr. 25; *Mäsch*, in *Rauscher*, Europ. Zivilprozessrecht, Bd. 2, Art. 27 EG-InsVO RdNr. 8.

⁶⁵ *Mäsch*, in *Rauscher*, Europ. Zivilprozessrecht, Bd. 2, Art. 39 EG-InsVO RdNr. 2 f.; Art. 40 RdNr. 2 f.; Art. 41 RdNr. 5; Art. 42 RdNr. 2.

Definitionen   1 **Art. 2 EuInsVO**

d) „Gericht" das Justizorgan oder jede sonstige zuständige Stelle eines Mitgliedsstaats, die befugt ist, ein Insolvenzverfahren zu eröffnen oder im Laufe des Verfahrens Entscheidungen zu treffen;

e) „Entscheidung", falls es sich um die Eröffnung eines Insolvenzverfahrens oder die Bestellung eines Verwalters handelt, die Entscheidung jedes Gerichts, das zur Eröffnung eines derartigen Verfahrens oder zur Bestellung eines Verwalters befugt ist;

f) „Zeitpunkt der Verfahrenseröffnung" den Zeitpunkt, in dem die Eröffnungsentscheidung wirksam wird, unabhängig davon, ob die Entscheidung endgültig ist;

g) „Mitgliedsstaat, in dem sich ein Vermögensgegenstand befindet" im Falle von
  – körperlichen Gegenständen den Mitgliedstaat, in dessen Gebiet der Gegenstand belegen ist,
  – Gegenständen oder Rechten, bei denen das Eigentum oder die Rechtsinhaberschaft in ein öffentliches Register einzutragen ist, den Mitgliedstaat, unter dessen Aufsicht das Register geführt wird,
  – Forderungen den Mitgliedstaat, in dessen Gebiet der zur Leistung verpflichtete Dritte den Mittelpunkt seiner hauptsächlichen Interessen im Sinne von Art. 3 Absatz 1 hat;

h) „Niederlassung" jeden Tätigkeitsort, an dem der Schuldner einer wirtschaftlichen Aktivität von nicht vorübergehender Art nachgeht, die den Einsatz von Personal und Vermögenswerten voraussetzt.

Literatur: *Blenske,* Kurzkommentar zu: AG Köln, Beschl. v. 23. 1. 2004 – 71 IN 1/04, EWiR 2004, 601; *Carstens,* Die internationale Zuständigkeit im europäischen Insolvenzrecht (Kiel, Univ., Diss., 2004), 2005 (zit.: *Carstens,* Die internationale Zuständigkeit); *Dawe,* Der Sonderkonkurs des deutschen Internationalen Insolvenzrechts: zugleich ein Beitrag zu deutschen Sonderinsolvenzverfahren im Anwendungsbereich der Europäischen Insolvenzverordnung (Konstanz, Univ., Diss., 2004), 2005 (zit.: *Dawe,* Der Sonderkonkurs); *Fritz/Bähr,* Die Europäische Verordnung über Insolvenzverfahren – Herausforderung an Gerichte und Insolvenzverwalter, DZWIR 2001, 221; *Funke,* Das Übereinkommen über Insolvenzverfahren, InVo 1996, 170; *Paulus,* Kurzkommentar zu: High Court of Justice Leeds (Companies Court), Beschl. v. 16. 5. 2003 – No 861 867/03, EWiR 2003, 709; *Sabel,* Hauptsitz als Niederlassung im Sinne der EuInsVO?, NZI 2004, 126; *Schilling, M.,* Die ausschließliche internationale Zuständigkeit für gesellschaftsrechtliche Streitigkeiten vor dem Hintergrund der Niederlassungsfreiheit, IPRax 2005, 208; *Schilling, S.,* Das englische Insolvenzeröffnungsverfahren im Anwendungsbereich der EuInsVO und im Vergleich mit dem deutschen Insolvenzeröffnungsverfahren, DZWIR 2006, 143.

Übersicht

	RdNr.		RdNr.
I. Normzweck	1	6. Zeitpunkt der Verfahrenseröffnung	7
II. Der Definitionskatalog	2	a) Formelle Eröffnungsentscheidung	8
1. Insolvenzverfahren	2	b) Verwalterbestellung und Sicherungsmaßnahmen	9
2. Verwalter	3	c) Stellungnahme	14
3. Liquidationsverfahren	4	7. „Mitgliedsstaat, in dem sich ein Vermögensgegenstand befindet"	16
4. Gericht	5		
5. Entscheidung	6	8. Niederlassung	25

I. Normzweck

Die Vorschrift enthält **Legaldefinitionen** für wichtige Rechtsbegriffe der Verordnung, 1 die durchgängig in der Verordnung verwendet werden. Dem Definitionskatalog kommt hierbei die Aufgabe zu, eine möglichst einheitliche Interpretation dieser Begriffe in den Mitgliedsstaaten zu gewährleisten.[1] Die definierten Begriffe werden in den nationalen

---

[1] Zum Problem der Sprachenvielfalt und der einheitlichen Auslegung auch *Isaacs/Brent,* in *Moss/Fletcher/Isaacs,* EC Regulation, RdNr. 2.23; *Paulus,* Europäische Insolvenzverordnung, Art. 2 RdNr. 1.

Reinhart   1135

Rechtsordnungen der Mitgliedsstaaten vielfältig verwendet oder – vor dem Hintergrund des nationalen Insolvenzrechts – unterschiedlich verstanden. Hinzu kommt, dass die Verordnung in den Mitgliedsstaaten von den Gerichten unmittelbar anzuwenden ist, hierfür jedoch in mittlerweile mehr als 20 Landessprachen übersetzt wurde, die dort jeweils auch verbindliche Fassungen der Verordnung darstellen.[2] Insoweit ist die nähere Definition von Begriffen, die in den Mitgliedsstaaten durchaus unterschiedlich verstanden werden können, für die Rechtsanwendung hilfreich. Die abschließende Interpretation obliegt freilich dem EuGH.[3]

II. Der Definitionskatalog

2   1. Insolvenzverfahren. Die Definitionen des Begriffes „Insolvenzverfahren" in Art. 2 lit. a) verweist auf die in Art. 1 Abs. 1 bereits enthaltene Beschreibung der von der Verordnung erfassten Verfahren. Unter den Begriff des Insolvenzverfahrens sind daher alle Verfahren zu verstehen, die als (a) Gesamtverfahren ausgestaltet sind, (b) die Insolvenz des Schuldners voraussetzen, (c) den vollständigen oder teilweisen Vermögensbeschlag sowie (d) die Bestellung eines Verwalters zur Folge haben (vgl. dazu bereits oben Art. 1 RdNr. 2 ff.). Da die von der Verordnung erfassten Verfahren in Anlage A jedoch abschließend und verbindlich aufgeführt sind, ergeben sich in der Rechtsanwendung kaum Schwierigkeiten bei der Bestimmung des Begriffes. Die Definition ist vielmehr für die Mitgliedsstaaten im Rahmen der möglichen Änderung des Anhanges A von Bedeutung. Für die Rechtsanwendung ergeben sich allenfalls dann Schwierigkeiten, wenn in Anhang A – überschießend – Verfahren aufgenommen werden, die zwar die Kriterien des Definitionskataloges erfüllen können, keinesfalls aber müssen (vgl. dazu oben Art. 1 RdNr. 3).[4]

3   2. Verwalter. Für die Definition des Begriffes des „Verwalters" verwendet die Verordnung denselben Definitionsmechanismus, der auch im Rahmen der Bestimmung des Begriffes des „Insolvenzverfahrens" verwendet wird. Einerseits enthält Art. 2 lit. b) eine abstrakte Definition des Begriffes des Verwalters, anderseits wird abschließend und verbindlich auf die in Anhang C enthaltene konkrete Auflistung für jeden Mitgliedsstaat verwiesen (zur Bedeutung dieser Regelungstechnik vgl. bereits oben RdNr. 2 sowie Art. 1 RdNr. 3).[5] Aufgrund der Konkretisierung in **Anhang C** ergeben sich für den Rechtsanwender keine Interpretationsprobleme. Im Falle einer möglichen Änderung des Anhangs C durch den Rat nach Art. 45 stellt die abstrakte Definition in Art. 2 lit. b) jedoch klar, dass eine der drei möglichen Aufgaben (Verwaltung, Verwertung oder Überwachung) ausreicht, um unter den Begriff des Verwalters zu fallen. Es kann daher auch nicht zweifelhaft sein, dass Personen, denen im Rahmen einer Eigenverwaltung durch den Schuldner nur überwachende Tätigkeit zukommt, ebenfalls unter die Definition fallen. Dies entspricht auch der Auslegung des Rates, der den Sachwalter im Sinne des § 274 InsO in Anhang C aufgenommen hat. Aufgrund des weiten Definitionskataloges ist daher auch denkbar, dass in einem Verfahren mehrere Personen den Begriff des Verwalters erfüllen. Daher wären in der Insolvenz einer deutschen Kapitalgesellschaft, für die die Eigenverwaltung angeordnet wurde, auch mehrere „Verwalter" im Sinne der Definition denkbar, weil den gesetzlichen Vertretungsorganen freilich im Rahmen der Eigenverwaltung auch Verwaltungs- und Verwertungsbefugnisse zustehen. Die im Rahmen der Eigenverwaltung tätigen gesetzlichen Vertretungsorgane wird

---

[2] Vgl. hierzu auch EuGH vom 6. 10. 1982, Rs. C-283/81 Cilfit, veröffentlicht in NJW 1983, 1257, 1258.
[3] Art. 68 Abs. 1 EGV; vgl. auch Vor Art. 1 RdNr. 24 f.
[4] Die vorgenommene Änderung von Anhang A durch Verordnung (EG) Nr. 694/2006 des Rates vom 27. April 2006, ABl. EG Nr. L 121/1 vom 6. 5. 2006, trägt dem Rechnung durch weitere deskriptive Beschreibungen einzelner, in der Anlage aufgenommener Verfahren, vgl. hierzu auch oben Art. 1 RdNr. 3; Anhang A wurde zuletzt geändert durch Verordnung (EG) Nr. 1791/2006 des Rates vom 20. November 2006 anlässlich des Beitritts von Bulgarien und Rumänien, veröffentlicht im ABl. EG Nr. L 363/1 vom 20. 12. 2006.
[5] Anhang C wurde zuletzt geändert durch Verordnung (EG) Nr. 1791/2006 des Rates vom 20. November 2006 anlässlich des Beitritts von Bulgarien und Rumänien, veröffentlicht im ABl. EG Nr. L 363/1 vom 20. 12. 2006.

Definitionen   4–6 **Art. 2 EuInsVO**

man jedoch für deren Befugnisse beispielsweise nach Art. 18 als Verwalter ansehen müssen. Aufgrund ihrer Verwaltungs- und Überwachungsbefugnis wird man auch die vor Insolvenzeröffnung bestellten vorläufigen Verwalter – im Rahmen der ihnen zugewiesenen Aufgaben – als „Verwalter" im Sinne der Verordnung verstehen müssen. Auch insoweit entspricht die Aufnahme des vorläufigen Insolvenzverwalters nach der InsO in den Anhang C dem weiten Verständnis der in Art. 2 lit. b) enthaltenen Definition.

3. Liquidationsverfahren. Der Begriff des „Liquidationsverfahrens" ist insbesondere 4 zur Bestimmung der in einem Sekundärverfahren nach Art. 3, 27 zulässigen Verfahren notwendig. Gemäß Art. 3 Abs. 2 Satz 2 sind in den sog. Sekundärverfahren nur „Liquidationsverfahren" zulässig. Zur näheren Bestimmung des Begriffes eines Liquidationsverfahrens verwendet die Verordnung den gleichen Mechanismus, der bereits im Zusammenhang mit der Definition der Begriffe „Insolvenzverfahren" und „Verwalter" beschrieben wurde (vgl. oben RdNr. 2 f. sowie Art. 1 RdNr. 3). Der Begriff wird in Art. 2 lit. c) zwar abstrakt definiert, in **Anhang B**[6] werden jedoch die von dem Begriff erfassten Verfahren aus den Mitgliedsländern verbindlich konkretisiert. Erfasst werden danach auch einheitliche Verfahrenstypen, die zwar die Liquidation des Schuldnervermögens vorsehen, jedoch auch die Möglichkeit eines Vergleiches mit den Gläubigern eröffnen.[7] Das wirft jedoch die Frage auf, ob ein in Anhang B aufgeführtes Liquidationsverfahren noch als Liquidationsverfahren im Sinne der Verordnung zu erfassen ist, sobald in dem Insolvenzverfahren die Zweckrichtung des Verfahrens geändert wird, d. h. beispielsweise in einem in Deutschland anhängigen Insolvenzverfahren ein Insolvenzplanverfahren mit dem Ziel der Erhaltung der Aktiva unter entsprechender Kürzung oder Änderung der Passiva vorgelegt wird.[8] Eine solche teleologische Beschränkung ist jedoch weder erforderlich noch sachgerecht. Zunächst wäre in der Praxis kaum der Zeitpunkt zu bestimmen, zu dem ein Wechsel in dem Verfahrensziel zu einer Änderung des zulässigen Verfahrens führen würde (bei einem Insolvenzplanverfahren kämen als Zeitpunkte hier die Vorlage des Planes, die Zulassung des Planes zur Abstimmung, die Abstimmung oder auch die Bestätigung des Planes in Betracht). Zudem schließt der Wortlaut des Art. 2 lit. c) ausdrücklich mit ein, dass auch ein tatsächlich abgeschlossener Vergleich dem Verfahren nicht den Charakter des Liquidationsverfahrens nimmt. Dies ergibt sich aus dem Wortlaut, wonach eine Beendigung durch einen Vergleich dem Verfahren nicht dem Charakter eines Liquidatiosnverfahrens nimmt. Der Verordnungsgeber wollte daher auch die Verfahren noch unter den Begriff des Liquidationsverfahrens fassen, bei denen es tatsächlich noch zu einem Vergleich kommt.[9]

4. Gericht. Der in Buchstabe d) enthaltene Begriff des Gerichts ist weit und funktional 5 auszulegen. Er umfasst neben den staatlichen Gerichten auch Behörden und andere Personen, die die Kompetenz haben, das Verfahren zu eröffnen oder im Laufe des Verfahrens Entscheidungen zu treffen.[10] Maßgebend ist demnach jeweils die Entscheidungskompetenz.

5. Entscheidung. Die Definition des Begriffs der „Entscheidung" ist dem Verordnungs- 6 geber missglückt. Nach dem Wortlaut der Definition bezieht sich diese nur auf Entscheidungen, die die Eröffnung eines Insolvenzverfahrens oder die Bestellung eines Verwalters zum Gegenstand haben. Die Verordnung enthält den Begriff der Entscheidung jedoch nicht

---

[6] Anhang B wurde zuletzt geändert durch Verordnung (EG) Nr. 1791/2006 des Rates vom 20. November 2006 anlässlich des Beitritts von Bulgarien und Rumänien, veröffentlicht im ABl. EG Nr. L 363/1 vom 20. 12. 2006.
[7] So ausdrücklich *Virgos/Schmit*, Erläuternder Bericht, RdNr. 64; *Paulus*, Europäische Insolvenzverordnung, Art. 2 RdNr. 11.
[8] Für eine entsprechende Beschränkung *Smid*, Int. Insolvenzrecht, Art. 2 RdNr. 11.
[9] Das ergibt sich auch aus der englischsprachigen Formulierung „*where the proceedings have been closed*".
[10] *Duursma-Kepplinger*, Europäische Insolvenzverordnung, Art. 2 RdNr. 11; *Huber*, in *Geimer/Schütze*, Int. Rechtsverkehr, B Vor I 20 b, Art. 2 RdNr. 2; MünchKommBGB-*Kindler*, Bd. 11, Art. 2 RdNr. 94 f.; *Paulus*, Europäische Insolvenzverordnung, Art. 2 RdNr. 12; *Smid*, Int. Insolvenzrecht, Art. 2 RdNr. 12; *Virgos/Schmit*, Erläuternder Bericht, RdNr. 52, 66.

nur im Zusammenhang mit der Verfahrenseröffnung oder Verwalterbestellung, sondern verwendet ihn auch in anderen Zusammenhängen. Insbesondere enthält Art. 25 für die Anerkennung und Vollstreckung einen weiten Entscheidungsbegriff, der auch Entscheidungen über Sicherungsmaßnahmen (Art. 25 Abs. 1, 3. Unterabsatz), als auch sonstige Entscheidungen erfasst, die zur Durchführung oder Beendigung (Art. 25 Abs. 1, Unterabsatz 1) oder die auf Grund des Insolvenzverfahrens ergehen und in engem Zusammenhang damit stehen (Art. 25 Abs. 1, Unterabsatz 2). Vor einer Definition dieses weiten, in der Verordnung verwendeten Entscheidungsbegriffs hat der Verordnungsgeber jedoch Abstand genommen, wohl im Hinblick auf die vielfältigen damit erfassten Verfahren (vgl. hierzu auch Art. 25 RdNr. 6). Der so eingeschränkte Begriff der „Entscheidung" (Verfahrenseröffnung/Verwalterbestellung) ist weit und funktional auszulegen,[11] wirft aber aus deutscher Sicht keine erkennbaren Probleme auf. Die Bedeutung der Definition erschließt sich jedoch eher aus dem englischsprachigen Verordnungstext, der von „judgement" spricht und damit von einem deutlich engeren Begriff ausgeht. In der englischen Kommentarliteratur wird daher darauf hingewiesen, dass die Bedeutung der Definition darin liege, dass damit nicht nur Gerichtsurteile, sondern auch „Verfügungen" oder „Verwaltungsakte" von Behörden fallen, die beispielsweise nach dem (englisch-)sprachlichen Verständnis nicht unter den Begriff der „Entscheidung" („judgement") fallen.[12]

7 **6. Zeitpunkt der Verfahrenseröffnung.** Buchstabe f) definiert den Begriff des „Zeitpunktes der Verfahrenseröffnung", der auch im Rahmen der Verordnung von besonderer Bedeutung ist, weil auf Grund des Prioritätsprinzips das zuerst eröffnete Verfahren das Hauptverfahren ist, während alle nachfolgenden Verfahrenseröffnungen zwangsläufig als Sekundärverfahren zu eröffnen sind (Art. 3 Abs. 3).[13] Auf den Zeitpunkt der Verfahrenseröffnung knüpfen darüber hinaus auch weitere Vorschriften der Verordnung an (vgl. nur Art. 3 Abs. 3, 5, 7, 14, 16, 18 Abs. 2 Satz 1 und 20). Aufgrund der Eurofood Entscheidung des EuGH existieren nunmehr zwei verschiedene Anknüpfungspunkte für die Bestimmung des Zeitpunktes der Verfahrenseröffnung, die – abhängig davon in welchem Zusammenhang der Zeitpunkt zu bestimmen ist – jeweils anzuwenden sind.

8 **a) Formelle Eröffnungsentscheidung.** Aus dem Wortlaut ergibt sich, dass es für den Zeitpunkt der Verfahrenseröffnung zunächst auf den formellen Eröffnungsbeschluss ankommt, da Art. 2 lit. f) von „der Eröffnungsentscheidung" spricht. Insoweit stellt die Definition zunächst ausdrücklich klar, dass es zur Bestimmung des Zeitpunktes nicht darauf ankommt, wann die Eröffnungsentscheidung rechtskräftig wird, sondern alleine darauf, wann die Eröffnungsentscheidung wirksam ist.[14] Mögliche gegen die Eröffnungsentscheidung eingelegte Rechtsmittel führen daher nicht zu einer „Verzögerung" des Zeitpunktes der Verfahrenseröffnung.

9 **b) Verwalterbestellung und Sicherungsmaßnahmen.** Die Eurofood Entscheidung des EuGH hat nun jedoch zu einer weiteren Definition des Begriffes der Verfahrenseröffnung geführt, nachdem im Rahmen des Prioritätsprinzips für die Eröffnung des Hauptverfahrens der maßgebliche Zeitpunkt strittig geworden war: so stellte sich die Frage, ob unter „Eröffnungsentscheidung" nicht nur die Entscheidung über die formelle Eröffnung des Verfahrens fällt (vgl. § 27 InsO), sondern bereits schon Entscheidungen, die vor dem formellen Eröffnungsbeschluss getroffen werden, wie die Bestellung eines vorläufigen Verwalters, auf den die Verfügungsbefugnis übertragen wird (z. B. nach §§ 21,

---

[11] *Virgos/Schmit,* Erläuternder Bericht, RdNr. 67; *Duursma-Kepplinger,* Europäische Insolvenzverordnung, Art. 2 RdNr. 11; *Smid,* Int. Insolvenzrecht, Art. 2 RdNr. 15; *Paulus,* Europäische Insolvenzverordnung, Art. 2 RdNr. 14; MünchKommBGB-*Kindler,* Bd. 11, Art. 2 RdNr. 96.
[12] *Moss/Smith,* in *Moss/Fletcher/Isaacs,* EC Regulation, RdNr. 8.20.
[13] Etwas anderes gilt freilich, wenn sich das zuerst eröffnende Gericht nicht auf eine Zuständigkeit nach Art. 3 Abs. 1, sondern auf die Niederlassungszuständigkeit stützt und gemäß Art. 3 Abs. 4 ein Verfahren eröffnet.
[14] Zutreffend noch, aber durch die nachfolgende EuGH Entscheidung überholt, LG Hamburg vom 18. 8. 2005 ZIP 2005, 1697.

22 InsO).¹⁵ Der EuGH hat sich in der **Eurofood Entscheidung** nun letztgenannter Auffassung angeschlossen. Unter „Eröffnung eines Insolvenzverfahrens" sei nicht nur eine Entscheidung zu verstehen, die nach dem Recht des Verfahrensstaates förmlich als Eröffnungsentscheidung angesehen werde, sondern auch die Entscheidung, die infolge eines auf die Insolvenz eines Schuldners gestützten Antrags auf Eröffnung eines in Anhang A der Verordnung genannten Verfahren ergeht, wenn diese Entscheidung den Vermögensbeschlag gegen den Schuldner zur Folge hat und durch sie ein in Anhang C der Verordnung genannter Verwalter bestellt wird. Ein solcher Vermögensbeschlag bedeute, dass der Schuldner die Befugnisse zur Verwaltung seines Vermögens verliere.¹⁶ Aus Sicht eines in Deutschland anhängigen Eröffnungsverfahrens ist daher zukünftig davon auszugehen, dass bereits die Bestellung eines vorläufigen Insolvenzverwalters und Entziehung der Verfügungsbefugnis des Schuldners nach § 21 Abs. 2 Nr. 2 die Prioritätswirkung des Art. 3 Abs. 3 auslöst. Ob auch die Bestellung eines vorläufigen „schwachen" Insolvenzverwalters, der keine Verfügungsbefugnis sondern nur den Zustimmungsvorbehalt ausübt, zu einer Verfahrenseröffnung im Sinne der Verordnung führt, ist auf Grund der Entscheidung des EuGH nicht eindeutig, wird von der überwiegenden Auffassung in der Literatur jedoch zurecht bejaht.¹⁷ Denn die Definition des Insolvenzverfahrens in Art. 1 Abs. 1 lässt auch den „teilweisen" Vermögensbeschlag genügen. Zudem kommt es nicht auf einen Übergang der Verfügungsbefugnis an, sondern auf die Einschränkung dieser Befugnis aus Sicht des Schuldners.¹⁸ Diese Einschränkung ist aber auch bei Anordnung eines Zustimmungsvorbehaltes gegeben.

Die Entscheidung des EuGH ist jedoch **missglückt.**¹⁹ Der EuGH begründet die damit **10** verbundene Vorverlagerung der „Eröffnungsentscheidung" damit, dass der Mechanismus, wonach nur ein einziges Hauptverfahren eröffnet werden könne, das in allen Mitgliedsstaates automatisch Wirkungen entfalte, ernstlich gestört würde, wenn Gerichte der Mitgliedsstaaten, bei denen zeitgleich auf die Insolvenz eines Schuldners gestützte Anträge anhängig gemacht würden, während längerer Zeit konkurrierende Zuständigkeiten für sich in Anspruch nehmen könnten.²⁰ Das Problem, das sich in der Praxis mehrfach gestellt hatte, nämlich dass während des Zeitraumes unklar bleiben kann, welches der beantragten Verfahren das Hauptverfahren darstellt, und es daher auch zu geradezu konkurrierenden Situationen zwischen den vorläufigen Insolvenzverwaltern kommen kann, lässt sich jedoch nicht über das Rechtsinstitut der vorläufigen Sicherungsmaßnahmen lösen.

Vor der eigentlichen Verfahrenseröffnung dient die Bestellung eines vorläufigen Insolvenz- **11** verwalters sowie des vorläufigen Vermögensbeschlags der Sicherung der Insolvenzmasse. Ob das Insolvenzgericht den vorläufigen Insolvenzverwalter mit diesen weiten Sicherungsbefugnissen ausstattet, hängt daher von Fragen ab, die mit der internationalen Koordination der Verfahren nicht das Geringste zu tun haben. Gelegentlich werden diese Maßnahmen von Insolvenzgerichten innerhalb kürzester Zeit angeordnet, nämlich wenn sich für das Insolvenzgericht Anhaltspunkte für Gläubiger schädigende Rechtshandlungen des Schuldners ergeben.²¹ Mit Fragen der internationalen Zuständigkeit hat sich das Insolvenzgericht oder der vorläufige Insolvenzverwalter bis zu diesem Zeitpunkt überhaupt noch nicht beschäftigt. Daher kann auch ein entsprechender Beschluss des Insolvenzgerichts im vorläufigen Insol-

---

¹⁵ Vgl. exemplarisch Stadtgericht Prag vom 26. 4. 2005 ZIP 2005, 1431; mit Anmerkung *Herchen* ZIP 2005, 1401; High Court of Dublin vom 23. 3. 2004 ZIP 2004, 1223 ff. (Eurofood), der allerdings sogar an die Antragstellung anknüpfen wollte; die Entscheidung führte zu dem Vorlagebeschluss des Supreme Court of Irland, der dann zur Eurofood Entscheidung des EuGH führte; vgl. hierzu auch Art. 3 RdNr. 24 ff.
¹⁶ EuGH vom 2. 5. 2006, Rs. C-341/04 Eurofood, NZI 2006, 360, 362 RdNr. 54; vgl. hierzu auch Art. 3 RdNr. 59 ff.
¹⁷ Vgl. *Duursma-Kepplinger* ZIP 2007, 896, 902; *Freitag/Leible* RIW 2006, 641, 646; *Herchen* NZI 2006, 435, 437; *Knof/Mock* ZIP 2006, 907, 912; *Mankowski* BB 2006, 1753, 1757 f.; *Saenger/Klockenbrink* EuZW 2006, 363, 366; *Gottwald/Huber*, Europ. Insolvenzrecht, S. 15 f.
¹⁸ Vgl. oben, Art. 1 RdNr. 6; oben RdNr. 3.
¹⁹ Vgl. auch die kritischen Anmerkungen in Art. 3 RdNr. 59 ff.
²⁰ Vgl. Ziffer 52 der Entscheidungsgründe.
²¹ Vgl. zum deutschen Recht § 21 InsO; zum österreichischen Recht § 73 KO.

venzverfahren die vom EuGH gewünschte Rechtssicherheit nicht erzielen. Diese Sicherungsmaßnahmen ergehen in der Regel, bevor durch den vorläufigen Insolvenzverwalter hinreichend aufgeklärt wurde, wo sich der Mittelpunkt der hauptsächlichen Interessen des Schuldners befindet.

12 Denkbar ist auch, dass bei parallel anhängigen Anträgen die Insolvenzgerichte durch entsprechende Sicherungsmaßnahmen keine internationale Zuständigkeit in Anspruch nehmen wollen, sondern lediglich Massesicherung zumindest für das inländische Vermögen bezwecken, welches in Folge eines möglichen Sekundärverfahrens in jedem Falle zur Insolvenzmasse gehören wird.[22] Zudem zwingt die Entscheidung des EuGH bei konkurrierenden Anträgen eines der nationalen Gerichte dazu, die möglicherweise notwendig werdende Wirkung des vorläufigen Insolvenzverfahrens in allen Mitgliedsstaaten durch die Anordnung eines Vermögensbeschlags zusammen mit der Bestellung eines vorläufigen Insolvenzverwalters zu erzielen, obwohl das nationale Recht gerade mit dieser Anordnung Rechtsfolgen verknüpft, die aus völlig anderen Gründen unerwünscht sind.[23]

13 Dass die vom EuGH gewollte frühzeitige Klärung nicht hierdurch erreicht werden kann, zeigt auch der dem EuGH vorliegende Fall. Denn dort stellte das irische Gericht erst nach der in Italien ergangenen Entscheidung, dass das Hauptverfahren in Italien sei, klar, dass die zuvor ergangene Sicherungsmaßnahme (bei der sich das Gericht noch keine weiteren Gedanken um Fragen der internationalen Zuständigkeit gemacht hatte) als Verfahrenseröffnung im Sinne der Verordnung zu werten seien, weshalb das Hauptverfahren in Irland durchgeführt werde. Man wird daher die Entscheidung des EuGH erweiternd auslegen müssen. Die Bestellung eines vorläufigen Insolvenzverwalters sowie die Anordnung eines Vermögensbeschlages gelten nur dann als prioritätsauslösende Verfahrenseröffnung, wenn das Gericht in dem Beschluss zugleich eine Zuständigkeit für den Vermögensbeschlag nach Art. 3 Abs. 1 annimmt. Ohne eine solche ausdrückliche Feststellung, die zugleich eine vorhergehende Prüfung des zuständigkeitsrelevanten Sachverhalts voraussetzt, kann in entsprechenden Maßnahmen keine Verfahrenseröffnung im Sinne des Art. 3 Abs. 3 gesehen werden.

14 **c) Stellungnahme.** Die Entscheidung des EuGH ist bezüglich der Bestimmung des Zeiptunktes missglückt, weil nunmehr zwei unterschiedliche Zeitpunkte für die Verfahrenseröffnung existieren. Richtigerweise wird man den vom EuGH gewählten Zeitpunkt (Verwalterbestellung und Anordnung von Sicherungsmaßnahmen) jedoch nur im Zusammenhang mit dem Prioritätsprinzip sowie im Rahmen von Art. 15 anwenden können. Alle anderen Vorschriften der Verordnung beziehen sich – soweit sie auf den Zeitpunkt der Verfahrenseröffnung abstellen – auf den formellen Eröffnungsbeschluss. Denn der EuGH erwähnt in seinen Ausführungen zur Bestimmung des Zeitpunktes, dass als „Eröffnung des Verfahrens" im Sinne der Verordnung **nicht nur** eine Entscheidung zu verstehen ist, die förmlich als Eröffnungsentscheidung bezeichnet wird, **sondern auch** die Entscheidung, die den Vermögensbeschlag und die Bestellung eines vorläufigen Verwalter anordnet.[24] Der EuGH wollte daher nicht generell auf die Bestellung eines vorläufigen Insolvenzverwalters und der Anordnung von Sicherungsmaßnahmen abstellen, sondern nur in den Fällen, in denen dies im Sinne des Zweckes der Verordnung geboten ist.

15 Generell auf diese vorläufigen Sicherungsanordnungen abzustellen wäre auch kaum möglich. Denn viele Normen der Verordnung sind – wie vielfach auch das materielle Recht – hinsichtlich des Regelungsmechanismus auf den formellen Eröffnungsbeschluss abgestellt. Das gilt beispielsweise für Verfügungen des Schuldners nach Art. 14, bei dem auch das materielle Insolvenzrecht auf die formelle Eröffnungsentscheidung abstellt.[25] Soweit daher

---

[22] Selbst wenn das Insolvenzverfahren später nur Sekundärverfahren wird, so wird jeweils zumindest das inländische Vermögen erfasst, vgl. Art. 3 Abs. 2 Satz 2.
[23] Im deutschen Recht führt beispielsweise der Übergang der Verfügungsbefugnis zu erweiterten Masseverbindlichkeiten, weshalb oftmals von dieser Sicherungsmaßnahme Abstand genommen wird, vgl. § 55 Abs. 2.
[24] EuGH vom 2. 5. 2006, Rs. C-341/04 Eurofood, NZI 2006, 360, 362 RdNr. 54.
[25] Vgl. z. B. § 81 InsO; § 3 KO (Österreich); zweifelnd auch *Pannen*, EuInsVO, Art. 3 RdNr. 93.

nicht besondere Gründe dafür sprechen, den Zeitpunkt der Verfahrenseröffnung im Sinne der Eurofood Entscheidung vor zu verlagern, bleibt es dem von der Verordnung selbst definierten Zeitpunkt, nämlich dem formellen Eröffnungsbeschluss.

7. „Mitgliedsstaat, in dem sich ein Vermögensgegenstand befindet". Von praktisch großer Bedeutung ist die Definition des Begriffs „Mitgliedsstaat, in dem sich ein Vermögensgegenstand befindet" (lit. g). Diese Definition dient der einheitlichen Lokalisierung der Vermögensmassen und damit der Klärung, ob zum Zwecke eines Partikularverfahrens Vermögenswerte im Inland belegen sind (und damit zur Insolvenzmasse des Verfahrens gehört) und gleichsam welchem Verfahren (dem Haupt- oder dem Partikularverfahren) der Vermögenswert zuzuordnen ist. Die Lokalisierung des Vermögensgegenstandes ist zudem für die Rechte der dinglich gesicherten Gläubiger von erheblicher Bedeutung, weil Sicherungsrechte, die in einem anderen Mitgliedsstaat als dem Verfahrensstaat belegen sind, besonderen Vertrauensschutz nach Art. 5 genießen (vgl. Art. 5 RdNr. 8). Trotz der erheblichen Bedeutung der Vorschrift lässt die Regelung jedoch leider viele Fragen offen. Die Regeln zur Bestimmung der Vermögensbelegenheit stimmen zwar weitgehend mit den entsprechenden Regeln des deutschen internationalen Privatrechts überein (vgl. oben § 354 RdNr. 9 ff.); es ergeben sich jedoch vielfach praxisrelevante Abweichungen.

Danach gilt gemäß Art. 2 lit. g) erster Spiegelstrich für **körperliche Gegenstände** der Belegenheitsort,[26] der durch die faktische physische Präsenz des Gegenstandes bestimmt wird. Nicht ausdrücklich geklärt ist die Anwendung der Vorschrift für Sachen, die sich auf dem Transportweg befinden (sog. *res in transitu*). Mangels ausdrücklicher Regelung wird man jedoch – anders als im autonomen deutschen Kollisionsrecht – keinen von der physischen Präsenz abweichenden Belegenheitsort im Rechtssinne annehmen können. Die sich hieraus für Vermögensgegenstände auf dem Transportwege ergebenden Zufälligkeiten sind demnach hinzunehmen.[27] Art. 2 lit. g) erster Spiegelstrich findet auch Anwendung zur Abgrenzung, ob sich der Gegenstand in einem Mitgliedsstaat oder in einem Drittstaat befindet. Die in der Literatur verschiedentlich vorzufindende Einschränkung, dass die Definition nicht gelte für Gegenstände, die in Drittstaaten belegen sind, ist in dieser Allgemeinheit unzutreffend. Kommt es zum Zwecke der Verordnung darauf an zu bestimmen, ob der Gegenstand in einem Mitgliedsstaat oder einem Drittstaat belegen ist, richtet sich die dann eventuell zu treffende Negativ-Entscheidung, dass der Gegenstand nicht in einem Mitgliedsstaat belegen ist, nach Art. 2 lit. g) erster Spiegelstrich.[28] Keine Anwendung findet hingegen Art. 2 lit. g) erster Spiegelstrich für Transportmittel (wie z. B. Schiffe oder Luftfahrzeuge), die in öffentlichen Registern geführt werden. Hierfür sieht Art. 2 lit. g) zweiter Spiegelstrich eine gesonderte Regelung vor.

Für Gegenstände oder Rechte, bei denen das Eigentum in ein **öffentliches Register** einzutragen ist, ist gemäß Art. 2 lit. g) zweiter Spiegelstrich der Mitgliedsstaat maßgebend, unter dessen Aufsicht das Register geführt wird. Für die Qualifikation eines öffentlichen Registers ist nicht die Führung durch die öffentliche Hand (Behörden, Gerichte) entscheidend, sondern die Zugangsmöglichkeit für die Öffentlichkeit sowie das Eintreten von Rechtswirkungen auf Grund der Eintragung gegenüber Dritten.[29] Die Vorschrift gilt daher

---

[26] Vgl. zum gleichen Anknüpfungspunkt nach dt. IPR: Art. 43 EGBGB; schon Reichsgericht vom 1. 5. 1902 RGZ 51, 256, 258; OLG Frankfurt vom 19. 12. 1980 MDR 1981, 323; *Zöller/Vollkommer* § 23 ZPO RdNr. 9.

[27] So im Ergebnis auch MünchKommBGB-*Kindler*, Art. 2 RdNr. 103; aA *Virgos/Garcimartin*, European Insolvency Regulation, RdNr. 310, die ebenfalls eine Regelungslücke bejahen, aber für eine Anwendung des autonomen Rechts des Staates des Hauptverfahrens plädieren.

[28] Insoweit unklar *Smid*, Int. Insolvenzrecht, Art. 2 RdNr. 19, der dann wiederum auf die Anwendung der §§ 335 ff. InsO verweist. Bei Art. 2 lit. g) geht es jedoch zunächst um die Lokalisierung eines Vermögensgegenstandes. Welche Kollisionsnormen sodann Anwendung finden, ist wiederum eine weitere, davon gesondert zu betrachtende Frage.

[29] Vgl. *Virgos/Schmit*, Erläuternder Bericht, RdNr. 69; dem folgend: *Smid*, Int. Insolvenzrecht, Art. 2 RdNr. 20; *Huber*, in *Geimer/Schütze*, Int. Rechtsverkehr, B Vor I 20 b, Art. 2 RdNr. 4; *Mäsch*, in *Rauscher*, Europ. Zivilprozessrecht, Bd. 2, Art. 2 EG-InsVO RdNr. 8.

auch für privat geführte, aber öffentliche Register. Das macht allerdings die Lokalisierung des Registers wiederum komplizierter. Entscheidend ist nämlich nicht die physische Präsenz des Registers, sondern unter welcher Aufsicht ein Register geführt wird (*"under authority of which the register is kept"*).[30] Aufsichtsführendes Land ist dann jeweils das Land, nach dessen Recht sich die Führung des Registers richtet, so dass als Vorfrage wiederum auf das anwendbare Recht für das Register zurück zu greifen ist.

19 Für die meist durch öffentliche Stellen geführten nationalen Register bezüglich eingetragener Schiffe und Luftfahrzeuge sowie für Register bezüglich eingetragene gewerbliche Schutzrechte (Marken, Patente, etc.) ist die Lokalisierung weniger problematisch. Für Gemeinschaftspatente und Gemeinschaftsmarken[31] legt Art. 12 abweichend von der Definition in Art. 2 lit. g) zweiter Spiegelstrich fest, dass diese zum Hauptverfahren gehören, also dort belegen sind, wo der Schuldner nach Art. 3 Abs. 1 den Mittelpunkt seiner hauptsächlichen Interessen hat. Die Lokalisierung von Register eingetragenen Rechten bereitet jedoch bei Registern, die auf Grund internationaler Übereinkommen geführt werden, Schwierigkeiten.[32] Diese Register werden in der Regel nicht unter Aufsicht eines Staates geführt, sondern unter Aufsicht der dem Übereinkommen beigetretenen Staaten. Demnach ist für die Lokalisierung dieser Rechte darauf abzustellen, für welche Länder jeweils Rechtsschutz nach dem Register in Anspruch genommen wird.[33] Das kann freilich zu einer Aufteilung in verschiedene Rechtsinhaber führen, wenn neben dem Hauptverfahren ein oder mehrere Sekundärverfahren stattfinden und für alle Verfahrensstaaten Rechte aus dem Register in Anspruch genommen werden sollen. Die damit verbundenen materiellen Fragen sind dann jeweils auf Grundlage der internationalen Übereinkommen zu lösen.

20 Aber auch die von der öffentlichen Hand geführten Register werfen in der Praxis verschiedene Zweifelsfragen auf. Die Definition stellt zunächst ab auf Rechte, die einzutragen sind (nicht: die eingetragen sind).[34] Nun ist bei gewerblichen Schutzrechten die Eintragung in die jeweiligen Register nicht zwingend vorgesehen. Bisweilen entstehen diese unabhängig von ihrer Registrierung. Der Wortlaut der Vorschrift ist jedoch nicht dahingehend zu verstehen, dass nur einem Registrierungs**zwang** unterworfene Rechte erfasst werden sollen. Entscheidend dürfte vielmehr die Registrierungs**fähigkeit** selbst sein. Wird ein gewerbliches Schutzrecht, das nicht in nationale Register eingetragen wurde, für mehrere Mitgliedsstaaten geltend gemacht, so handelt es sich nach dem für gewerbliche Schutzrechte geltende Territorialitätsprinzip[35] um mehrere Rechte, die jeweils in dem Land belegen sind, in dem ihre Registrierung möglich wäre.

21 Für **Forderungen** ist nach Art. 2 lit. g) dritter Spiegelstrich der „Mittelpunkt der hauptsächlichen Interessen des Schuldners" maßgebend.[36] Die Anknüpfung an den Ort, der auch die internationale Zuständigkeit für das Insolvenzverfahren bestimmt, ist konsequent und führt in der Regel zu einem Gleichlauf von Hauptverfahren und Belegenheit der Forderungen der Gläubiger gegen den Schuldner. Bei Forderungen des Schuldners kommt es ent-

---

[30] *Virgos/Garcimartin*, European Insolvency Regulation, RdNr. 311.
[31] Vgl. hierzu unten Art. 12 RdNr. 3.
[32] So z. B. das Übereinkommen über die Erteilung europäischer Patente (EPÜ), vgl. hierzu *Ullmann*, in Benkard, PatentG, 10. Aufl. IT RDNr. 101 ff.; der Budapester Vertrag über die internationale Anerkennung und Hinterlegung von Mikroorganismen für die Zwecke von Patentverfahren (BV) vom 28. 4. 1977, vgl. hierzu *Ullmann*, in *Benkard*, ebd. RdNr. 158; Haager Übereinkommen für Industriedesign, Lissabonner Übereinkommen von 1958; das Madrider Übereinkommen von 1891, Washingtoner Patent Übereinkommen von 1970.
[33] So *Virgos/Garcimartin*, European Insolvency Regulation RdNr. 311.
[34] Das entspricht auch der englisch sprachigen Fassung der Verordnung: *"ownership of or entitlement to which must be entered in a public register"*.
[35] Vgl. hierzu *Benkard*, PatentG, 10. Aufl. § 9 RdNr. 8 ff; *Eichmann/von Falckenstein*, GeschmacksmusterG, 3. Aufl., A RdNr. 13; *Hasselblatt*, MAH Gewerblicher Rechtsschutz, § 1 RdNr. 30.
[36] Die Anknüpfung weicht vom deutschen autonomen Recht insoweit ab, als nicht an den Wohnsitz (Sitz) i. S. d. §§ 12 ff. ZPO, sondern an den Mittelpunkt der hauptsächlichen Interessen gemäß Art. 3 Abs. 1 EuInsVO anzuknüpfen ist; vgl. auch BGH NJW-RR 1988, 172, 173; OLG Frankfurt RIW 1988, 133, 134; vgl. auch die Kommentierungen zu § 23 ZPO.

sprechend auf den Mittelpunkt der hauptsächlichen Interessen des Drittschuldners an. Die Definition gilt zum Zwecke der Lokalisierung der Forderung auch für Drittschuldner, die ihren Mittelpunkt der hauptsächlichen Interessen nicht in einem der Mitgliedsstaaten, sondern in einem Drittstaat haben.[37]

Nicht ausdrücklich geklärt ist jedoch, in welchem Mitgliedstaat sich Forderungsrechte aus Inhaberpapieren, Wechseln und anderen indossablen Papieren befinden. Da Art. 2 lit. g) dritter Spiegelstrich keine Differenzierung zwischen unverbrieften und verbrieften Forderungen vorsieht, wird man abweichend von der Auffassung des deutschen autonomen Rechts davon ausgehen müssen, dass auch verbriefte Forderungen dort belegen sind, wo der Drittschuldner den Mittelpunkt seiner hauptsächlichen Interessen hat.[38] Die Gegenauffassung, die auf das sog. Wertpapierstatut, die *lex cartae sitae,* abstellt,[39] verkennt, dass es sich vorliegend nicht um Fragen des Kollisionsrechts handelt, also nicht um auf das Recht am Papier oder Recht aus dem Papier anwendbare Rechte, sondern um eine Lokalisierung dieser Rechte zu Zwecke der Zuordnung zu verschiedenen parallelen Verfahren. Welches Recht auf die verbriefte Forderung jeweils anwendbar ist, ist eine im Rahmen der maßgebenden Kollisionsnorm zu ermittelnde Vorfrage. 22

Ungeregelt ist leider auch, wo die Belegenheit von Anteilen oder Rechten an Kapital- oder Personengesellschaften angenommen werden soll. Bisweilen wird hier danach differenziert, ob die sich daraus ergebenden Recht verbrieft sind oder die Rechte in ein Register einzutragen sind.[40] Sind die Rechte nicht verbrieft, sondern werden die Rechte in einem Register im Sinne des Art. 2 lit. g) zweiter Spiegelstrich geführt, so wären die Mitglieds- und Beteiligungsrechte in dem Land belegen, unter dessen Aufsicht das Register geführt wird (vgl. hierzu oben). Man wird jedoch davon ausgehen müssen, dass diese sich zum Zwecke der Bestimmung ihrer Belegenheit für die Verordnung in Anlehnung an Art. 3 Abs. 1 am satzungsmäßigen Sitz der Gesellschaft befinden, und zwar unabhängig davon, ob der Anteil verbrieft ist oder registriert.[41] 23

Bei der Anwendung ist jedoch jeweils darauf zu achten, auf welchen **Zeitpunkt** für die Lokalisierung eines Vermögensgegenstandes abzustellen ist. In der Regel ist der Zeitpunkt der Eröffnung des Verfahrens (vgl. oben RdNr. 7) für die Lokalisierung des Vermögensgegenstandes maßgebend (so ausdrücklich Art. 5 und 7). Gleiches gilt für die Frage, ob ein Vermögensgegenstand zur Insolvenzmasse des Haupt- oder des Sekundärverfahrens gehört.[42] Der jeweils maßgebende Zeitpunkt ist auf Grundlage der jeweils anzuwendenden Norm zu bestimmen. 24

8. Niederlassung. Der Begriff der „**Niederlassung**" (lit. h) ist von erheblicher Bedeutung, weil nur eine bestehende Niederlassung die Eröffnung eines Partikularverfahrens 25

---

[37] Vgl. bereits oben für bewegliche Gegenstände RdNr. 10.
[38] Im deutschen Recht leitet sich die Anknüpfung an den Belegenheitsort des Papiers insbesondere aus §§ 821, 831 ZPO ab, auf die freilich eine Anknüpfung für die EuInsVO nicht gestützt werden kann. Wie hier auch: *Huber,* in *Geimer/Schütze,* Int. Rechtsverkehr, B Vor I 20 b, Art. 2 RdNr. 6; HK-*Stephan,* Art. 2 RdNr. 8.
[39] So *Virgos/Garcimartin,* European Insolvency Regulation, RdNr. 313; *Mäsch,* in *Rauscher,* Europ. Zivilprozessrecht, Bd. 2, Bd. 2, Art. 2 EG-InsVO RdNr. 10; siehe dazu auch MünchKommBGB-*Wendehorst,* Bd. 10, Art. 43 BGB RdNr. 194.
[40] Vgl. nur *Mäsch,* in *Rauscher,* Europ. Zivilprozessrecht, Bd. 2, Art. 2 EG-InsVO RdNr. 11; *Paulus,* Europäische Insolvenzverordnung, Art. 2 RdNr. 26.
[41] Alleine diese Anknüpfung ist für die Mitgliedsstaaten und den Rechtsverkehr klar und einfach zu handhaben. Differenzierungen, die dann wiederum auf das nationale Recht zur Bestimmung der Belegenheit zurückgreifen müssen, würden der einfachen Belegenheitszuordnung in Art. 2 lit. g) entgegenlaufen; vgl. auch schon *Drobnig,* in *Kegel,* Vorschläge und Gutachten, S. 372, zum Entwurf von 1980; ebenso *Virgos/Garcimartin,* European Insolvency Regulation, RdNr. 313; *Haubold,* in *Gebauer/Wiedmann,* Zivilrecht, Art. 2 RdNr. 39; HK-*Stephan,* Art. 2 RdNr. 8; *Huber,* in *Geimer/Schütze,* Int. Rechtsverkehr, B Vor I 20 b, Art. 2 RdNr. 6; *Paulus,* Europäische Insolvenzverordnung, Art. 2 RdNr. 26; ebenso *Mäsch,* in *Rauscher,* Europ. Zivilprozessrecht, Bd. 2, Art. 2 EG-InsVO RdNr. 11 (jedoch nur für nicht verbriefte Mitgliedschaftsrechte).
[42] So *Virgos/Schmit,* Erläuternder Bericht, RdNr. 224; *Virgos/Garcimartin,* European Insolvency Regulation, RdNr. 307; vgl. auch unten, Art. 27 RdNr. 22.

ermöglicht (vgl. Art. 3 Abs. 2). Ohne eine Niederlassung verbleibt es bei dem Grundsatz der Universalität des Hauptverfahrens. Es können dann keine auf das Inlandsvermögen beschränkte Parallelverfahren durchgeführt werden. Der Begriff gibt darüber hinaus auch Anhaltspunkte dafür, welche Kriterien für die Auslegung des Begriffs des Mittelpunktes der hauptsächlichen Interessen nach Art. 3 Abs. 1 heranzuziehen sind. Denn da es sich bei einem Partikularverfahren jedenfalls um ein untergeordnetes Nebenverfahren handelt, dessen Wirkungen sich grundsätzlich nur auf die Vermögensgegenstände im Verfahrensstaat beschränken, stellt der Begriff der Niederlassung grundsätzlich ein „Minus" dar gegenüber dem sog. Mittelpunkt des hauptsächlichen Interesses nach Art. 3 Abs. 1.

26 Der Begriff der Niederlassung ist zunächst von dem wortgleichen Begriff der „Niederlassung" nach Art. 5 Nr. 5 EuGVVO zu unterscheiden. Zwar handelt es sich jeweils um den gleichen Begriff. Der Begriff der Niederlassung im Sinne der EuInsVO ist nach dem Willen des Verordnungsgebers jedoch nicht deckungsgleich mit dem Niederlassungsbegriff des Art. 5 Nr. 5 EuGVVO.[43] Nach der Rechtsprechung des EuGH zur EuGVVO ist mit dem Begriff der Zweigniederlassung oder sonstigen Niederlassung im Sinne des Art. 5 Nr. 5 EuGVVO ein Mittelpunkt geschäftlicher Tätigkeit gemeint, der auf Dauer als Außenstelle eines Stammhauses hervortritt, eine Geschäftsführung hat und sachlich so ausgestattet ist, dass er in der Weise Geschäfte mit Dritten betreiben kann, dass diese, obgleich sie wissen, dass möglicherweise ein Rechtsverhältnis mit dem im Ausland ansässigen Stammhaus begründet wird, sich nicht unmittelbar an diese zu wenden brauchen, sondern Geschäfte an dem Mittelpunkt geschäftlicher Tätigkeit abschließen können, der dessen Außenstelle ist.[44]

27 Der Verordnungsgeber entschied sich jedoch dafür, dieses vom EuGH bereits konkretisierte Konzept der „Niederlassung" für die EuInsVO nicht zu übernehmen, obwohl bereits im Rahmen der Verhandlung des EuIÜ über eine Übernahme des Niederlassungsbegriffs aus der EuGVVO diskutiert worden war. Dies hatte seinen Grund darin, dass der Niederlassungsbegriff der EuGVVO nach der Rechtsprechung des EuGH eng auszulegen war, da es sich um eine Ausnahme von dem Allgemeinen Gerichtsstand des Schuldners handelte. Einige Mitgliedsstaaten bestanden jedoch während der Verhandlungen der EuIÜ auf die Möglichkeit, schon bei Vorliegen von Inlandsvermögen[45] ein Parallelverfahren durchführen zu können. Der Kompromiss lag sodann darin, einerseits auf den Vermögensgerichtsstand für Parallelverfahren zu verzichten, andererseits den eng auszulegenden Begriff der Niederlassung der EuGVVO nicht zu übernehmen.[46] Der Begriff der Niederlassung in der EuInsVO ist daher – anders als der Begriff der Niederlassung der EuGVVO – weit auszulegen.[47] Nach dem Wortlaut des Art. 2 lit. h) enthält der Niederlassungsbegriff vier Kriterien: (a) eine wirtschaftliche Aktivität, (b) von nicht vorübergehender Art, die (c) den Einsatz von Personal und (d) den Einsatz Vermögenswerten voraussetzt.

28 Der Begriff der **wirtschaftlichen Aktivität** ist weit gefasst und soll sämtliche Formen wirtschaftlichen Handelns abdecken. Die Tätigkeit kann daher sowohl kommerzieller, indus-

---

[43] *Virgos/Schmit*, Erläuternder Bericht, RdNr. 70; *Leible/Staudinger* KTS 2000, 533, 546; *Fritz/Bähr*, DZWIR 2001, 221, 231.
[44] So EuGH RIW/AWD 1979, 56; vgl. zum Niederlassungsbegriff der EuGVVO auch *Kropholler*, Europ. Zivilprozessrecht, Art. 5 EuGVO RdNr. 103 ff.
[45] Vgl. hierzu § 354 RdNr. 9 ff. sowie Vor § 335 RdNr. 56 ff.
[46] *Virgos/Schmit*, Erläuternder Bericht, RdNr. 70; *Huber* ZZP 114 (2001) 133, 142; *Funke* InVO 1996, 170, 174; *Wimmer* ZIP 1998, 982, 985; *Balz* ZEuP 1996, 325, 328; *Virgos/Garcimartin*, European Insolvency Regulation, RdNr. 296.
[47] Allg. Auffassung, vgl. *Duursma-Kepplinger*, Europäische Insolvenzverordnung, Art. 2 RdNr. 24; *Huber*, in Geimer/Schütze, Int. Rechtsverkehr, B Vor I 20b, Art. 2 RdNr. 11; *Nerlich/Römermann/Mincke*, Art. 2 RdNr. 22; *Mohrbutter/Ringstmeier/Werner* § 20 RdNr. 67; MünchKommBGB-*Kindler*, Bd. 11, Art. 2 RdNr. 106; *Paulus*, Europäische Insolvenzverordnung, Art. 2 RdNr. 28; die weite Auslegung wird auch von den bisher ergangenen Gerichtsentscheidungen betont, vgl. District Court Tallin, Urteil vom 14. 6. 2006, Az. 2–05–530, abgedruckt unter http://www.eir-database.com, case no. 145; eine weite Auslegung (ohne dies als Obersatz ausdrücklich zu betonen) liegt auch AG München vom 5. 2. 2007 ZIP 2007, 495, 496, BenQ Mobile Holding B. V., zugrunde; vgl. zudem OLG Wien vom 9. 11. 2004 NZI 2005, 56, 60 mit Anmerkung *Paulus* NZI 2005, 62.

trieller oder freiberuflicher Natur sein.[48] Eine Gewinnerzielungsabsicht wird hierbei nicht vorausgesetzt.[49] Dabei ist die objektive Außensicht eines potentiellen Gläubigers der Niederlassung ausschlaggebend.[50] Dass die Tätigkeit damit nach außen erkennbar sein muss, bedeutet jedoch nicht, dass von der Niederlassung heraus – von den Arbeitsverhältnissen abgesehen – Rechtsgeschäfte getätigt werden müssen. Eine reine ausländische Produktionsstätte, aus der heraus lediglich Arbeitsverhältnisse abgeschlossen werden, während der Warenein- und -verkauf über die Unternehmenszentrale abgewickelt wird, erfüllt daher ebenfalls die Voraussetzung einer nach außen erkennbaren wirtschaftlichen Tätigkeit. Auch die Verwaltung von Vermögen kann eine wirtschaftliche Aktivität darstellen,[51] jedenfalls dann wenn sie einer eigenständigen Betreuung und Organisation, z. B. durch Einsatz eigenen Personals und Vermögenswerte, bedarf. Alleine das Führen von Bankkonten oder Effektendepots, aber auch die reine Vermietungstätigkeit für ein Ferienhaus begründen noch keine wirtschaftliche Aktivität im Sinne des Niederlassungsbegriffs.[52] Eine solche Art der Vermögensverwaltung erreicht jedoch dann das Ausmaß einer „wirtschaftlichen Aktivität", wenn sie eine bestimmte Betreuungsintensität und Organisation erfordert.[53]

Die wirtschaftliche Aktivität darf **nicht nur vorübergehend** ausgeübt werden, sondern bedarf einer bestimmten Dauerhaftigkeit. Eine zeitliche Mindestanforderung ist hierbei nicht zu stellen.[54] Die zeitlichen Voraussetzungen sind vielmehr anhand des Einzelfalles zu bestimmen und können je nach Art der wirtschaftlichen Aktivität unterschiedlich sein. War die wirtschaftliche Tätigkeit nicht nur vorübergehend, so entfällt das Bestehen einer Niederlassung nicht notwendig mit der Einstellung der werbenden Tätigkeit aus der Niederlassung heraus, solange noch die Vermögenswerte vorhanden sind, die für den Geschäftsbetrieb der Niederlassung eingesetzt worden waren.[55] Die Frage ist allerdings umstritten.[56] Das Schließen der Niederlassung alleine sollte jedoch nicht ausreichen, zugleich auch die Zuständigkeit

29

---

[48] *Virgos/Schmit*, Erläuternder Bericht, RdNr. 71; *Carstens*, Die internationale Zuständigkeit, S. 74; *Dawe*, Der Sonderkonkurs, S. 145; *Duursma-Kepplinger*, Europäische Insolvenzverordnung, Art. 2 RdNr. 25; MünchKommBGB-*Kindler*, Bd. 11, Art. 2 RdNr. 107; *Paulus*, Europäische Insolvenzverordnung, Art. 2 RdNr. 30; ähnlich *Smid*, Int. Insolvenzrecht, Art. 2 RdNr. 22; vgl. auch Nachweise bei *Huber* ZZP 114 (2001) 133 Fn. 13.

[49] *Carstens*, Die internationale Zuständigkeit, S. 74; *Duursma-Kepplinger*, Europäische Insolvenzverordnung, Art. 2 RdNr. 25; *Huber*, in *Geimer/Schütze*, Int. Rechtsverkehr, B Vor I 20 b, Art. 2 RdNr. 8; *ders.* ZZP 114 (2001) 133, 142; *Lüke* ZZP 111 (1998) 275, 299; *Nerlich/Römermann/Mincke*, Art. 2 RdNr. 23; MünchKommBGB-*Kindler*, Bd. 11, Art. 2 RdNr. 108; *Paulus*, Europäische Insolvenzverordnung, Art. 2 RdNr. 31; aA wohl *Dawe*, Der Sonderkonkurs, S. 146 Fn. 104.

[50] So auch AG München vom 5. 2. 2007 ZIP 2007, 495, 496; OLG Wien vom 9. 11. 2004 NZI 2005, 56, 60; ebenso District Court Tallin vom 14. 6. 2006, Az. 2–05–530, veröffentlicht unter http://www.eir-database.com, case no. 146. Dass es auf objektiv, für Dritte feststellbare Kriterien ankommen muss, wird auch durch die Eurofood Entscheidung des EuGH bestätigt, vgl. NZI 2006, 360, 361 (unter RdNr. 33); Dies Ausführungen, die sich auf den COMI beziehen, gelten für die Feststellung einer Niederlassung entsprechend; zudem: *Dawe*, Der Sonderkonkurs, S. 145; *Virgos/Schmit*, Erläuternder Bericht, RdNr. 71 aE; *Duursma-Kepplinger*, Europäische Insolvenzverordnung, Art. 2 RdNr. 26 f.; *Huber*, in *Geimer/Schütze*, Int. Rechtsverkehr, B Vor I 20 b, Art. 2 RdNr. 7; *Mohrbutter/Ringstmeier/Werner* § 20 RdNr. 67; *Paulus*, Art. 2 RdNr. 27.

[51] AA *Dawe*, Der Sonderkonkurs, S. 146.

[52] Im Ergebnis wohl unstreitig, vgl. *Balz* Am.Bankr. L. J. 70 (1996) 485, 522 f.; *Funke* InVO 1996, 170, 174; zum Bankkonto *Pannen*, in *Breutigam/Blersch/Goetsch*, Art. 2 RdNr. 20; *Duursma-Kepplinger*, Europäische Insolvenzverordnung, Art. 2 RdNr. 26; Vgl. *Haubold*, in *Gebauer/Wiedmann*, Zivilrecht, Art. 2 RdNr. 43; MünchKommBGB-*Kindler*, Bd. 11, Art. 2 RdNr. 109; *Paulus*, Europäische Insolvenzverordnung, Art. 2 RdNr. 28 Fn. 37; *Smid*, Int. Insolvenzrecht, Art. 2 RdNr. 22; zum Ferienhaus *Mohrbutter/Ringstmeier/Werner* § 20 RdNr. 67. Weitere Beispiele in Bezug auf die Niederlassung nennt *Pannen*, in *Breutigam/Blersch/Goetsch*, Art. 3 RdNr. 20.

[53] In der BenQ-Entscheidung des AG München vom 5. 2. 2007 ZIP 2007, 495, 496 hat das AG zurecht das Bestehen von Bankkonten und die Abwicklung des Zahlungsverkehrs als ein – von mehreren weiteren – Indizien gewertet.

[54] Vgl. *Carstens*, Die internationale Zuständigkeit, S. 74 f.; *Virgos/Schmit*, Erläuternder Bericht RdNr. 71; *Virgos/Garcimartin*, European Insolvency Regulation, RdNr. 300; *Duursma-Kepplinger*, Europäische Insolvenzverordnung, Art. 2 RdNr. 26; MünchKommBGB-*Kindler*, Bd. 11, Art. 2 RdNr. 108.

[55] So ausdrücklich District Court Tallin vom 14. 6. 2006 (Az. 2–05–530), veröffentlicht unter http://www.eir-database.com, case no. 146.

[56] AA wohl *Virgos/Garcimartin*, European Insolvency Regulation, RdNr. 300.

EuInsVO Art. 2 30–32 Anhang

entfallen zu lassen. Das von der Verordnung grundsätzlich abgelehnte *forum shopping*[57] ist auch in negativer Hinsicht denkbar, nämlich eine einmal begründete Zuständigkeit für ein Parallelverfahren vor Einleitung des Insolvenzverfahrens gezielt aufzugeben. Daher besteht eine Niederlassung im Sinne des Art. 2 lit. h) weiter, solange noch Vermögenswerte der Niederlassung, auch in Form eines Bankkontos, bestehen, es sei denn sämtliche aus der Niederlassung heraus begründeten Verbindlichkeiten sind bereits beglichen worden.

30 Mit dem zusätzlichen Erfordernis des **Einsatzes von Personal** und Vermögenswerten soll sicher gestellt werden, dass die wirtschaftliche Aktivität zusätzlich zum dem Erfordernis der Dauerhaftigkeit eine Intensität erreicht, die auch ein Mindestmaß an betrieblicher Organisation erfordert.[58] Hierzu gehören demnach Arbeitnehmer, die ihre Arbeit gewöhnlich an dem Ort der Niederlassung verrichten.[59] Eine nur gelegentliche Tätigkeit von Arbeitnehmern am Ort der Niederlassung reicht hingegen nicht aus. Zur Bestimmung des Arbeitsortes kann auf die Rechtsprechung zu Art. 6 des Römischen Übereinkommens über das auf vertragliche Schuldverhältnisse anzuwendende Recht von 1980 (EVÜ) (= Art. 30 EGBGB) zurückgegriffen werden, welcher auch der Kollisionsnorm des Art. 10 zugrunde liegt.[60] Hierunter wird unter Anlehnung an die engste Bindung bzw. des Schwerpunktes des Arbeitsverhältnisses der Ort verstanden, an dem der Arbeitnehmer zur Erfüllung des Arbeitsvertrages gewöhnlich seine Arbeit verrichtet.[61] Es kommt nicht darauf an, ob es sich um eigene Arbeitnehmer des Schuldners handelt oder lediglich um solche, die im Rahmen von Geschäftsbesorgungsverträgen oder Aufträgen eingesetzt werden, solange das eingesetzte Personal aus der Sicht außen stehender Dritter für den Schuldner auftreten und für diesen tätig werden.[62] Vom Schuldner unabhängige, selbständige Personen wie z. B. Alleinvertriebshändler, Handelsvertreter, selbstständige Handelsmakler oder Agenturen sind nicht als Personal im Sinne des Art. 2 lit. h) anzusehen.[63]

31 Der Begriff der **Vermögenswerte** im Sinne des Art. 2 lit. h) ist einschränkend auszulegen. Wie sich aus dem Wortlaut der Definition ergibt, müssen diese vielmehr für die wirtschaftliche Aktivität „eingesetzt" werden.[64] Vermögenswerte, die im Rahmen der Ausübung der wirtschaftlichen Aktivität keinen Zweck erfüllen, sind daher nicht zu berücksichtigen. Nicht notwendig ist, dass der Schuldner Eigentümer dieser Vermögenswerte ist. Der Einsatz von geleasten oder gemieteten Vermögensgegenständen ist ausreichend. Bezüglich des Wertes der Vermögenswerte können – ebenso wie bei der Dauerhaftigkeit der wirtschaftlichen Aktivität – keine absoluten Mindestgrenzen verlangt werden. Auch hier ist eine Einzelfallbetrachtung notwendig, bezogen auf die Art der ausgeübten wirtschaftlichen Aktivität.

32 Der Annahme einer Niederlassung steht auch nicht entgegen, dass – soweit es sich bei dem Schuldner um eine Gesellschaft oder eine juristische Person handelt – der Schuldner seinen satzungsmäßigen Sitz am Ort der Niederlassung hat.[65] Denn da der satzungsmäßige

---

[57] Vgl. hierzu auch unten Art. 3 RdNr. 45 ff.
[58] *Virgos/Schmit,* Erläuternder Bericht, RdNr. 71.
[59] ZB die Feststellung der Zahl der Arbeitnehmer in AG Köln vom 23. 1. 2004 NZI 2004, 151, 152 mit Anmerkungen *Blenske* EWiR 2004, 601 sowie *Meyer-Löwy/Poertzgen* ZInsO 2004, 195.
[60] Vgl. Art. 10 RdNr. 1; vgl. auch Art. 30 EGBGB; zum Arbeitsort auch MünchKommBGB-*Martiny,* Bd. 10, Art. 30 RdNr. 46 ff.
[61] MünchKommBGB-*Martiny,* Bd. 10, Art. 30 RdNr. 46.
[62] So auch AG München vom 5. 2. 2007, BenQ Mobile Holding B. V., ZIP 2007, 495, 496, das auch das von anderen Konzernunternehmen eingesetzte Personal zurechnet.
[63] Vgl. *Haubold,* in *Gebauer/Wiedmann,* Zivilrecht, Art. 2 RdNr. 43; *Huber,* in *Geimer/Schütze,* Int. Rechtsverkehr, B Vor I 20 b, Art. 2 RdNr. 8; *Mohrbutter/Ringstmeier/Werner* § 20 RdNr. 68; *Carstens,* Die internationale Zuständigkeit, S. 75; aA wohl *Dawe,* Der Sonderkonkurs, S. 147. Vgl. zur Problematik im Rahmen des Art. 5 Nr. 5 EuGVVO EuGH vom 18. 3. 1981, Rs. C-139/80 Blanckaert & Willems/Trost, Slg. 1981, 819 = RIW 1981, 341 mit Anmerkungen *Linke* IPRax 1982, 46; *Kropholler,* Zivilprozessrecht, Art. 5 EuGVO RdNr. 104 ff.
[64] *Duursma-Kepplinger,* Europäische Insolvenzverordnung, Art. 2 RdNr. 22.
[65] Vgl. LG Klagenfurth vom 2. 7. 2004 NZI 2004, 677 mit Kurzkommentar *Beutler/Debus* EWiR 2005, 217.

Sitz lediglich eine Vermutung zugunsten des Mittelpunktes der hauptsächlichen Interessen darstellt, der Mittelpunkt daher auch woanders liegen kann, ist es nur konsequent, am satzungsmäßigen Sitz ein auf das Inlandsvermögen beschränktes Insolvenzverfahren nach Art. 3 Abs. 2 durchführen zu können.

Nicht weiter erörtert ist dagegen die Frage, ob dagegen alleine das Vorhandensein des satzungsmäßigen Sitzes eine Niederlassung im Sinne von Art. 2 lit. h) begründen kann. Das ist jedoch zu bejahen, und zwar selbst dann, wenn es sich lediglich um eine Briefkastenadresse handelt, ohne dass die sonstigen Kriterien – Einsatz von Personal und Vermögenswerten – gegeben wären. Wenn die Verordnung dem satzungsmäßigen Sitz ein solches Gewicht einräumt, dass dort der Mittelpunkt der hauptsächlichen Interessen liege, muss dieser Vermutung zumindest beim Vertrauen der Gläubiger in die Möglichkeit der Durchführung eines – wenn auch territorial beschränkten – Insolvenzverfahrens Rechnung getragen werden. Auch wenn die Vermutungsregelung zugunsten des Mittelpunktes nach Art. 3 Abs. 1 daher widerlegt werden konnte, begründet aus systematischen Gründen – über den Wortlaut des Art. 2 lit. h) hinaus – der satzungsmäßige Sitz jedenfalls das Vorhandensein einer Niederlassung im Sinne des Art. 2 lit. h). 33

Art. 3. Internationale Zuständigkeit

(1) **Für die Eröffnung des Insolvenzverfahrens sind die Gerichte des Mitgliedsstaats zuständig, in dessen Gebiet der Schuldner den Mittelpunkt seiner hauptsächlichen Interessen hat. Bei Gesellschaften und juristischen Personen wird bis zum Beweis des Gegenteils vermutet, dass der Mittelpunkt ihrer hauptsächlichen Interessen der Ort des satzungsmäßigen Sitzes ist.**

(2) **Hat der Schuldner den Mittelpunkt seiner hauptsächlich Interessen im Gebiet eines Mitgliedsstaats, so sind die Gerichte eines anderen Mitgliedsstaats nur dann zur Eröffnung eines Insolvenzverfahrens befugt, wenn der Schuldner eine Niederlassung im Gebiet dieses anderen Mitgliedsstaats hat. Die Wirkungen dieses Verfahrens sind auf das im Gebiet dieses letzteren Mitgliedsstaats belegene Vermögen des Schuldners beschränkt.**

(3) **Wird ein Insolvenzverfahren nach Abs. 1 eröffnet, so ist jedes zu einem späteren Zeitpunkt nach Abs. 2 eröffnete Insolvenzverfahren ein Sekundärinsolvenzverfahren. Bei diesem Verfahren muss es sich um ein Liquidationsverfahren handeln.**

(4) **Vor der Eröffnung eines Insolvenzverfahrens nach Abs. 1 kann ein Partikularverfahren nach Abs. 2 nur in den nachstehenden Fällen eröffnet werden:**
a) **falls die Eröffnung eines Insolvenzverfahrens nach Abs. 1 angesichts der Bedingungen, die in den Rechtsvorschriften des Mitgliedsstaats vorgesehen sind, in dem der Schuldner den Mittelpunkt seiner hauptsächlichen Interessen hat, nicht möglich ist;**
b) **falls die Eröffnung des Partikularverfahrens von einem Gläubiger beantragt wird, der seinen Wohnsitz, gewöhnlichen Aufenthalt oder Sitz in dem Mitgliedstaat hat, in dem sich die betreffende Niederlassung befindet, oder dessen Forderung auf einer sich aus dem Betrieb dieser Niederlassung ergebenden Verbindlichkeit beruht.**

Literatur: *Adam,* Zuständigkeitsfragen bei der Insolvenz internationaler Unternehmensverbindungen (Diss. Univ. Köln 2006), 2006; *Bähr/Riedemann,* Kurzkommentar zu: LG Innsbruck, Beschl. v. 11. 5. 2004 – 9 S 15/04 m, EWiR 2004, 1085; *dies.,* Anmerkung zu AG Mönchengladbach, Beschl. v. 27. 4. 2004 – 19 IN 54/04, ZIP 2004, 1064; *Bauer/Schlegel,* Kurzkommentar zu: Tribunale di Parma, Urt. v. 15. 6. 2004 – 93/04, EWiR 2004, 1181; *Beutler/Debus,* Kurzkommentar zu: LG Klagenfurt, Beschl. v. 2. 7. 2004 – 41 S 75/04 h, EWiR 2005, 217; *Blenske,* Kurzkommentar zu: AG Köln, Beschl. v. 23. 1. 2004 – 71 IN 1/04, EWiR 2004, 601; *Braun,* Der neue Sport in Europa: Forumshopping in Insolvenzverfahren oder: die moderne Form von „Britannia rules the waves", NZI 2004, V; *Brenner,* Anmerkung zu: EuGH GA (Generalanwalt Colomer),

EuInsVO Art. 3
Anhang

Schlussanträge v. 6. 9. 2005 – Rs. C-1/04, ZIP 2005, 1646; *dies.,* Kurzkommentar zu: AG Hamburg, Beschl. v. 14. 5. 2003 – 67 g IN 358/02, EWiR 2003, 2003, 925; *Carrara,* The Parmalat Case, RabelsZ 2006, 538; *Carstens,* Die internationale Zuständigkeit im europäischen Insolvenzrecht (Univ. Kiel, Diss., 2004), 2005 (zit.: *Carstens,* Die internationale Zuständigkeit); *Csia/Martinez Ferber,* Anmerkung zu Municipality Court von Fejer/Székesfehérvár (Ungarn) v. 14. 6. 2004, ZInsO 2004, 861; *Csoke,* Scandalous Notes – to Bob Wessels' Article „Twenty Suggestions for a Makeover of the EU Insolvency Regulation", International Caselaw Alert 13 – I/2007, 53; *Duursma-Kepplinger,* Aktuelle Entwicklungen zur internationalen Zuständigkeit für Hauptinsolvenzverfahren – Erkenntnisse aus Staubitz-Schreiber und Eurofood, ZIP 2007, 896; *dies.,* Aktuelle Entwicklungen im Bezug auf die Auslegung der Vorschriften über die internationale Eröffnungszuständigkeit nach der EuInsVO, DZWIR 2006, 177; *dies.,* Anmerkung zu: OGH v. 23. 2. 2005, 9 Ob 135/04 z, Österr. Anwaltsblatt 2005, 348; *dies.,* Checkliste zur Eröffnung eines Insolvenzverfahrens nach der Europäischen Insolvenzordnung und zum anwendbaren Recht, NZI 2003, 87; *Duursma/Duursma-Kepplinger,* Gegensteuerungsmaßnahme bei ungerechtfertigter Inanspruchnahme der internationalen Zuständigkeit gem. Art. 3 Abs. 1 EuInsVO, DZWIR 2003, 447; *Ehricke,* Zum anwendbaren Recht auf ein in einem Clearing-System vereinbartes Glattstellungsverfahren im Fall der Insolvenz ausländischer Clearing-Teilnehmer, WM 2006, 2109; *Eidenmüller,* Der Markt für internationale Konzerninsolvenzen: Zuständigkeitskonflikte unter der EuInsVO, NJW 2004, 3455; *Flitsch/Hinkel,* Anmerkung zu BGH, Beschl. v. 2. 3. 2006 – IX ZB 192/04, DZWIR 2006, 254; *Freitag/Leible,* Justizkonflikte im Europäischen Internationalen Insolvenzrecht und (k)ein Ende?, RIW 2006, 641; *Grönda/Bünning/Liersch,* in Festschrift Braun, 2007, S. 403 ff.; *Haubold,* Mitgliedstaatenbezug, Zuständigkeitserschleichung und Vermögensgerichtsstand im Internationalen Insolvenzrecht, IPRax 2003, 34; *Herchen,* Aktuelle Entwicklungen im Recht der internationalen Zuständigkeit zur Eröffnung von Insolvenzverfahren: Der Mittelpunkt der (hauptsächlichen) Interessen im Mittelpunkt der Interessen, ZInsO 2004, 825; *ders.,* Das Prioritätsprinzip im internationalen Insolvenzrecht – Zugleich Besprechung Stadtgericht Prag, Beschl. v. 26. 4. 2005 – 78 K 6/05–127, ZIP 2005, 1401; *ders.,* International-insolvenzrechtliche Kompetenzkonflikte in der Europäischen Gemeinschaft – Zugleich Besprechung der Entscheidung des High Court of Justice Leeds v. 16. 5. 2003 und des AG Düsseldorf v. 19. 5./6. 6. 2003, ZInsO 2004, 61; *ders.,* Scheinauslandsgesellschaften im Anwendungsbereich der Europäischen Insolvenzordnung – Anmerkung zur Entscheidung des High Court of Justice, Chancery Division (Company Court) v. 7. 2. 2003, ZInsO 2003, 742; *Herweg/Tschauner,* Kurzkommentar zu: AG Hamburg, Beschl. v. 1. 12. 2005 – 67 a IN 450/05 (rechtskräftig), EWiR 2006, 169; *dies.,* Kurzkommentar zu: High Court Dublin (Justice Kelly), Beschl. v. 23. 3. 2004 – 33/04, EWiR 2004, 599; *dies.,* Kurzkommentar zu: AG Düsseldorf, Beschl. v. 12. 3. 2004 – 502 IN 126/03, EWiR 2004, 495; *Hess/Laukemann/Seagon,* Europäisches Insolvenzrecht nach Eurofood: Methodische Standortbestimmung und praktische Schlussfolgerungen, IPRax 2007, 89; *Hinkel/Flitsch,* Kurzkommentar zu: OLG Frankfurt/M., Urt. v. 26. 1. 2006 – 15 U 200/05 (nicht rechtskräftig; LG Marburg), EWiR 2006, 237; *Kammel,* Die Bestimmung der zuständigen Gerichte bei grenzüberschreitenden Konzerninsolvenzen, NZI 2006, 334; *Kebekus,* Anmerkung zu AG Nürnberg, Beschl. V. 1. 10. 2006 – 8034 IN 1326/06, ZIP 2007, 83; *ders.,* Kurzkommentar zu: AG Mönchengladbach, Beschl. v. 27. 4. 2004 – 19 IN 54/04, EWiR 2004, 705; *Keggenhoff,* Internationale Zuständigkeit bei grenzüberschreitenden Insolvenzverfahren: der Mittelpunkt der hauptsächlichen Interessen gemäß Art. 3 Abs. 1 EuInsVO bei Gesellschaften und juristischen Personen (Diss. Humboldt-Univ. Berlin, 2006), 2006; *Kindler,* Sitzverlegung und internationales Insolvenzrecht, IPRax 2006, 114; *Klöhn,* Anmerkung zu AG Hamburg v. 16. 8. 2006 67 a IE 1/06, NZI 2006, 652; *ders.,* Statische oder formale Lebenssachverhalte als „Interessen" i. S. des Art. 3 I 1 EuInsVO? Zum Mittelpunkt der hauptsächlichen Interessen einer im Ausland gegründeten Gesellschaft bei Einstellung der werbenden Tätigkeit, NZI 2006, 383; *ders.,* Verlegung des Mittelpunktes der hauptsächlichen Interessen i. S. d. Art. 3 Abs. 1 S. 1 EuInsVO vor Stellung des Insolvenzantrags, KTS 2006, 259; *Knof,* Perpetuatio fori und Attraktivkraft des Erstantrags im Europäischen Insolvenzrecht?, ZInsO 2006, 754; *ders.,* Europäisches Insolvenzrecht und Schuldbefreiungs-Tourismus, ZInsO 2005, 1017; *ders.,* Anmerkung zu EuGH „Eurofood" v. 2. 5. 2006 Rs C-341/04, ZIP 2006, 907; *ders.,* Anmerkung zu EuGH „Staubitz-Schreiber" v. 17. 1. 2006, ZIP 2006, 188; *Krebber,* Europäische Insolvenzordnung, Drittstaatengesellschaften, Drittstaatensachverhalte und innergemeinschaftliche Konflikte, IPRax 2004, 540; *Kübler,* Der Mittelpunkt der hauptsächlichen Interessen nach Art. 3 Abs. 1 EuInsVO, in *Schilken/Kreft/Wagner/Eckardt* (Hrsg.), Festschrift für Walter Gerhardt zum 70. Geburtstag am 18. Oktober 2004, 2004, S. 527–562; *Laukemann,* Rechtshängigkeit im europäischen Insolvenzrecht, RIW 2005, 104; *Lautenbach,* Anmerkung zu AG Mönchengladbach, Beschl. v. 27. 4. 2004 – 19 IN 54/04, NZI 2004, 383; *Leithaus,* Verlagerung zu grenzüberschreitenden Insolvenzen in der Insolvenzpraxis in Köln, NZI 2004, 194; *Liersch,* Nach der Eurofood-Entscheidung des EuGH: Genugtuung, aber auch viel Nachdenklichkeit, NZI 2006, aktuell V; *ders.,* Anmerkung zu BGH, Beschl. v. 27. 11. 2003 – IX ZB 418/02 (LG Wuppertal), NZI 2004, 139; *Lorenz,* Annexverfahren bei internationalen Insolvenzen: internationale Zuständigkeitsregelung der Europäischen Insolvenzverordnung (Diss. Uni Innsbruck, 2004), 2005 (zit.: *Lorenz,* Annexverfahren); *Lüer,* Art. 3 Abs. 1 EuInsVO – Grundlage für Konzerninsolvenzrecht oder Instrumentarium eines „Insolvenz-Imperialismus"?, in Festschrift für Günter Greiner zum 70. Geburtstag, 2005; *Mankowski,* Anmerkung zu AG Hamburg, Beschl. v. 9. 5. 2006 – 67 c IN 122/06, NZI 2006, 486; *ders.,* Anmerkung zu High Court of Justice Birmingham, Beschl. v. 30. 3. 2006 – No. 2377/2006, NZI 2006, 416; *ders.,* Anmerkung zu EuGH Urt. v. 17. 1. 2006 – C-1/04 (Susanne Staubitz-Schreiber), NZI 2006, 153; *ders.,* Kurzkommentar zu: BGH Beschl. v. 2. 3. 2006 – IX ZB 192/04 (LG München I), EWiR 2006, 397; *ders.,* Kurzkommentar zu: AG Köln Beschl. v. 1. 12. 2005 – 71 IN 564/05 (rechtskräftig), EWiR 2006, 109; *ders.,* Klärung von Grundsatzfragen des europäischen Internationalen Insolvenzrechts durch die Eurofood-Entschei-

Internationale Zuständigkeit **Art. 3 EuInsVO**

dung?, BB 2006, 1753; *ders.,* Entwicklungen im Internationalen Privat- und Prozessrecht 2004/2005 (Teil 2), RIW 2005, 561 (573 ff.); *ders.,* Kurzkommentar zu: High Court of Justice, Chancery Division, Birmingham, Urt. v. 18. 4. 2005 – 2375–2382/05, EWiR 2005, 637; *ders.,* Anmerkung zu: Court of Appeal (Civil Division), Urt. vom 27. 7. 2005, NZI 2005, 575; *ders.,* Grenzüberschreitender Umzug und das center of main interests im europäischen Internationalen Insolvenzrecht, NZI 2005, 368; *ders.,* Kurzkommentar zu: AG Siegen, Beschl. v. 1. 7. 2004 – 25 IN 154/04, EWiR 2005, 175; *ders.,* Entwicklungen im Internationalen Privat- und Prozessrecht 2003/2004 (Teil 2), RIW 2004, 587 (596 ff.); *ders.,* Anmerkung zu AG München, Beschl. v. 4. 5. 2004 – 1501 IE 1276/04, NZI 2004, 450; *ders.,* Kurzkommentar zu: BGH, Beschl. v. 27. 11. 2003 – IX ZB 418/02, EWiR 2004, 229; *ders.,* Kurzkommentar zu: CA (Cour d'appel) Versailles, Urt. v. 4. 9. 2003 – 05038/03 (rechtskräftig), EWiR 2003, 1239; *ders.,* Kurzkommentar zu: AG Düsseldorf, Beschl. v. 6. 6. 2003 – 502 IN 126/03, EWiR 2003, 767; *Mankowski/Willemer,* Anmerkung zu OLG Frankfurt a. M., Urt. v. 26. 1. 2006 – 15 U 200/05, NZI 2006, 648; *Oberhammer,* Europäisches Insolvenzrecht in praxi – „Was bisher geschah", ZInsO 2004, 761; *Pannen/Riedemann,* Kurzkommentar zu: OLG Düsseldorf, Beschl. v. 9. 7. 2004 – I-3 W 53/04, EWiR 2005, 177; *dies.,* Kurzkommentar zu: AG Offenburg, Beschl. v. 2. 8. 2004 – 2 IN 133/04, EWiR 2005, 73; *dies.,* Der Begriff des „centre of main interest" i. S. des Art. 3 I 1 EuInsVO im Spiegel aktueller Fälle aus der Rechtsprechung, NZI 2004, 646; *Paulus,* Kurzkommentar zu: Arrondissementsgericht Amsterdam, Beschl. v. 31. 1. 2007 – FT RK 07–93 u. 07–122 (ZIP 2007, 492), EWiR 2007, 143; *ders.,* Der EuGH und das moderne Insolvenzrecht, NZG 2006, 609; *ders.,* Konzerninsolvenz auf der Agenda, NZI 2006, VII; *ders.,* Überlegungen zu einem modernen Konzerninsolvenzrecht, ZIP 2005, 1948; *ders.,* Anmerkung zu OLG Wien, Beschl. v. 9. 11. 2004 – 28 R 225/04 w (nicht rechtskräftig), ZIP 2005, 62; *ders.,* Kurzkommentar zu: AG München, Beschl. v. 4. 5. 2004 – 1501 IE 1276/04, EWiR 2004, 493; *ders.,* Kurzkommentar zu: High Court of Justice Leeds (Companies Court), Beschl. v. 16. 5. 2003 – No 861 867/03, EWiR 2003, 709; *ders.,* Zuständigkeitsfragen nach der Europäischen Insolvenzverordnung, ZIP 2003, 1725; *Penzlin,* Kurzkommentar zu: Tribunal de Commerce de Nanterre, Urt. v. 15. 2. 2006 – PCL 2006J00174, EWiR 2006, 207; *Penzlin/Riedemann,* Anmerkung zu High Court of Justice Birmingham v. 18. 4. 2005 („MG Rover"), NZI 2005, 467; *Poertzgen/Adam,* Die Bestimmung des „centre of main interests" gem. Art. 3 Abs. 1 EuInsVO, ZInsO 2006, 505; *Riera/Wagner,* Kurzkommentar zu: Tribunale di Parma, Urt. v. 19. 2. 2004 – 53/04, EWiR 2004, 597; *Ringe,* Insolvenzanfechtungsklage im System des europäischen Zivilverfahrensrechts, ZInso 2006, 700; *Sabel,* Hauptsitz als Niederlassung im Sinne der EuInsVO?, NZI 2004, 126; *Sabel/Schlegel,* Kurzkommentar zu: High Court of Justice Chancery Division Companies Court (England), Urt. v. 7. 2. 2003 – 0042/2003, EWiR 2003, 367; *Saenger/Klockenbrink,* Anerkennungsfragen im internationalen Insolvenzrecht gelöst?, EuZW 2006, 363; *dies.,* Neue Grenzen für ein forum shopping des Insolvenzschuldners?, DZWIR 2006, 183; *Schelo,* Flucht aus Deutschland oder der Wettbewerb der Insolvenzordnungen, NZI 2006, VII; *Schilling, S./Schmidt, J.,* COMI und vorläufiger Insolvenzverwalter – Problem gelöst?, ZInsO 2006, 113; *Schmidt, J.,* Eurofood – Eine Leitentscheidung und ihre Rezeption in Europa und den USA; *Schmiedeknecht,* Der Anwendungsbereich der Europäischen Insolvenzverordnung und die Auswirkungen auf das deutsche Insolvenzrecht: Unter besonderer Berücksichtigung des Konzerninsolvenzrechts (Diss. Uni Frankfurt, 2004), 2004; *Schopper,* Anmerkung zu: LG Innsbruck v. 11. 5. 2004 – 9 S 15/04 m, KTS 2005, 223; *Smid,* EuGH zu „Eurofood", BGH zur internationalen Zuständigkeit: Neueste Judikatur zur EuInsVO, DZWIR 2006, 325; *ders.,* Internationales Insolvenzrecht im Spiegel ausgewählter Verfahren und Entscheidungen, DZWIR 2006, 45; *ders.,* Anmerkung zu Supreme Court of Ireland, Mittelpunkt der hauptsächlichen Interessen bei internationaler Insolvenz, DZWIR 2005, 60 (64); *ders.,* Judikatur zum internationalen Insolvenzrecht, DZWIR 2004, 397; *ders.,* Vier Entscheidungen englischer und deutscher Gerichte zur europäischen internationalen Zuständigkeit zur Eröffnung des Hauptinsolvenzverfahrens, DZWIR 2003, 397; *Strasser,* Anmerkung zu: AG Siegen v. 1. 7. 2004 – 25 IN 154/04, KTS 2005, 219; *Strobel,* Die Abgrenzung zwischen EuGVVO und EuInsVO im Bereich insolvenzbezogener Einzelentscheidungen (Diss. Univ. Köln 2006), 2006 (zit.: *Strobel,* Die Abgrenzung zwischen EuGVVO und EuInsVO); *Stürner, M.,* Internationalprivat- und verfahrensrechtliche Fragen bei Klage auf Herausgabe einer Bürgschaftsurkunde aus der Insolvenzmasse, IPRax 2006; *Taylor,* Further into the fog – some thoughts on the European Court of Justice decision in the Eurofood case, International Caselaw Alert 10 – III/2006, 25; *Thole,* Die internationale Zuständigkeit für insolvenzrechtliche Anfechtungsklagen, ZIP 2006, 1383; *Torz,* Gerichtsstände im internationalen Insolvenzrecht zur Eröffnung von Partikularinsolvenzverfahren: eine Untersuchung über die internationale Zuständigkeit zur Eröffnung von Partikularinsolvenzverfahren sowie deren Beschränkungen und Auswirkungen auf die Anerkennungszuständigkeit (Diss. Uni Bochum, 2005), 2005; *van Galen,* The European Insolvency Regulation and Groups of Companies, INSOL Europe Annual Congress Paper, 2003, 3; *von der Fecht,* Die Insolvenzverfahren nach der neuen EG-Verordnung, in *van Bettery/Delhacs* (Hrsg.), Festschrift für Friedrich Wilhelm Metzeler zum 70. Geburtstag, 2003, S. 121–135; *Vallender,* Verfahren für den Insolvenzstandort Deutschland, NZI 2007, 129; *Vallender/Fuchs,* Die Antragspflicht organschaftlicher Vertreter einer GmbH vor dem Hintergrund der Europäischen Insolvenzverordnung, ZIP 2004, 829; *Vallens/Dammann,* Die Problematik der Behandlung von Konzerninsolvenzen nach der EuInsVO – Bericht über ein internationales Richterseminar, NZI 2006, 29; *Vogl,* Kurzkommentar zu: EuGH Urt. v. 17. 1. 2006 – Rs C-1/04, EWiR 2006, 141; *Vogler,* Die internationale Zuständigkeit für Insolvenzverfahren (Diss. Uni Wien, 2003), 2004; *Vormstein,* Zuständigkeit bei Konzerninsolvenzen: Verfahrensablauf bei grenzüberschreitenden Konzerninsolvenzen unter besonderer Berücksichtigung der Europäischen Insolvenzverordnung (EuInsVO), 2005; *Vorpeil,* Neuere Entwicklungen im englischen Handels- und Wirtschaftsrecht, RIW 2006, 221 (227); *ders.,* Neuere Entwicklungen im englischen Handels- und Wirtschaftsrecht, RIW 2005, 850 (858); *ders.,* Neuere Entwick-

EuInsVO Art. 3 1   Anhang

lungen im englischen Handels- und Wirtschaftsrecht, RIW 2005, 370 (377); *ders.,* Neuere Entwicklungen im englischen Handels- und Wirtschaftsrecht, RIW 2005, 63 (70); *ders.,* Neuere Entwicklungen im englischen Handels- und Wirtschaftsrecht, RIW 2004, 371 (378); *Wagner,* Kurzkommentar zu: AG Hamburg, Beschl. v. 9. 5. 2006 – 67 c IN 122/06 EWiR 2006, 433; *Walterscheid,* Die englische Limited im Insolvenzverfahren, DZWIR 2006, 95; *Weller,* Inländische Gläubigerinteressen bei internationalen Konzerninteressen, ZHR 2005, 570; *ders.,* Forum Shopping im Internationalen Insolvenzrecht?, IPRax 2004, 412; *Wessels,* The Place of the Registered Office of a Company: a Cornerstone in the Application of the EC Insolvency Regulation, European Company Law, Volume 3, 2006, 183; *Westphal/Wilkens,* Kurzkommentar zu: AG Düsseldorf, Beschl. v. 7. 4. 2004 – 502 IN 124/03, EWiR 2004, 909; *dies.,* Kurzkommentar zu: High Court of Justice Leeds, Chancery Division Companies Court, Urt. v. 20. 5. 2004 – No 556, 557/04, EWiR 2004, 847; *Wienberg/Sommer,* Anwendbarkeit von deutschem Eigenkapitalersatzrecht auf EU-Kapitalgesellschaften am Beispiel eines Partikularinsolvenzverfahrens im engeren Sinn nach Art. 3 II, IV EuInsVO, NZI 2005, 353; *Willemer,* Vis attractiva concursus und die Europäische Insolvenzverordnung (Diss. Univ. Hamburg, 2005/2006), 2006 (zit.: *Willemer,* Vis attractiva concursus); *Wimmer,* Anmerkung zum Vorlagebeschluss des irischen Supreme Court in Sachen Parmalat, ZInsO 2005, 119.

Übersicht

	RdNr.		RdNr.
I. Normzweck	1	**VII. Partikularverfahren (Abs. 2 – Abs. 4)**	71
II. Hauptinsolvenzverfahren – Gesellschaften und juristische Personen (Abs. 1)	5	1. Allgemeines	71
1. Sitzvermutung	5	2. Niederlassungsbegriff	72
2. Mittelpunkt der hauptsächlichen Interessen bei Gesellschaften und juristischen Personen.	7	3. Sekundärinsolvenzverfahren (Abs. 3)	73
		a) Vorherige Eröffnung eines Hauptverfahrens	73
a) Rechtsprechungsentwicklung zur Mind-of-Management-Theorie	8	b) Zulässige Verfahrensart	75
b) Rechtsprechungsentwicklung zur Business-Activity-Theorie	21	4. Unabhängige Partikularverfahren (Abs. 4)	76
c) Eurofood Entscheidung des EuGH	24	a) Fehlendes Hauptverfahren	76
d) Stellungnahme	30	b) Antragsberechtigung	77
e) Relevante Indizien nach der Business-Activity-Theorie	31	c) Insolvenzgrund	78
f) Abwicklungsgesellschaften	36	d) Zulässige Verfahrensart	79
3. In einem Mitgliedstaat	38	**VIII. Annexzuständigkeiten nach Art. 3**	81
III. Hauptinsolvenzverfahren – natürliche Personen (Abs. 1)	40	1. Allgemeines	81
1. Allgemeines	40	2. Meinungsstand	83
2. Unselbständige Arbeitnehmer	41	3. Stellungnahme	87
3. Gewerblich oder freiberuflich Tätige	44	a) Allgemeines	87
IV. Zeitpunkt	45	b) Insolvenzanfechtungsklagen	92
1. Sitzverlegung nach Antragstellung	47	c) Feststellungsklagen gegen den Insolvenzverwalter	93
2. Sitzverlegung vor Antragstellung	52	d) Rangstreitigkeiten	94
V. Prioritätsgrundsatz für Hauptinsolvenzverfahren	57	e) Aussonderungsklagen	95
1. Positiver Kompetenzkonflikt	58	f) Absonderungsklagen	96
a) Prioritätsprinzip	58	g) Masseverbindlichkeiten	97
b) Offene Fragen	59	h) Aktivprozesse des Insolvenzverwalters	98
2. Negativer Kompetenzkonflikt	66	aa) Forderungsbetreibung	98
a) Anerkennung ablehnender Entscheidungen	66	bb) Klagen gegen Gesellschafter aus dem Gesellschaftsverhältnis	99
b) Verweisung	68	cc) Klagen gegen die Vertretungsorgane	100
VI. Örtliche Zuständigkeit für Hauptinsolvenzverfahren	69	dd) Haftungsansprüche im Konzern	101
		i) Haftungsklagen gegen den Insolvenzverwalter	102

I. Normzweck

1   Artikel 3 ist eine der **zentralen Normen** der Verordnung. Die Bedeutung der Vorschrift geht weit über reine Zuständigkeitsfragen hinaus. Die Vorschrift regelt in Absatz 1 zunächst

die internationale Zuständigkeit für das in allen anderen Mitgliedsstaaten anzuerkennende Hauptverfahren. Darüber hinaus wird über die internationale Zuständigkeit für das Hauptverfahren mittelbar auch bestimmt, nach welchem Recht verfahrensrechtlich die Insolvenz abgewickelt wird sowie nach welchem Recht die einzelnen Rechtsbeziehungen des Schuldners zu den Gläubigern abgewickelt werden. Denn soweit nicht die Art. 5 ff. Sonderanknüpfungen vorsehen, sieht Art. 4 vor, dass für die insolvenzrechtlichen Fragestellungen grundsätzlich das Recht des Verfahrensstaates (die sog. *lex fori concursus*) Anwendung findet. Die Bestimmung der internationalen Zuständigkeit für das Hauptverfahren hat daher sowohl für die Abwicklung der Insolvenz als auch für die Rechte der Gläubiger erhebliche Bedeutung.

Für die Bestimmung der internationalen Zuständigkeit hat die Verordnung einen eigenen Rechtsbegriff als Anknüpfungspunkt entwickelt, nämlich den **Mittelpunkt der hauptsächlichen Interessen** (*center of main interest* – COMI), der sich in keiner der anderen EU-Verordnungen oder Richtlinien findet.[1] Der Begriff ist autonom auszulegen. Angesichts der Bedeutung der Bestimmung der internationalen Zuständigkeit und angesichts der Tatsache, dass es sich um einen völlig neuen Rechtsbegriff handelt, mag es nicht verwundern, dass die Auslegung und Anwendung dieses Rechtsbegriffes zu erheblichen Diskussionen und sogar Streitigkeiten geführt hat.[2] Es bleibt zu hoffen, dass die mittlerweile klarstellende Entscheidung des EuGH in Sachen Eurofood der Diskussion ein Ende gesetzt hat.[3]

Absatz 2 regelt, wann der in der Verordnung verankerte Grundsatz der Universalität[4] durchbrochen werden kann, nämlich wann überhaupt in einem anderen Mitgliedsstaat – parallel zu dem Hauptverfahren – noch ein weiteres Insolvenzverfahren (nach Art. 3 Abs. 3 **Sekundärverfahren** genannt) eröffnet werden kann. Dessen Wirkungen beschränken sich auf das in diesem Mitgliedsstaat belegene Vermögen. Damit werden die in allen Mitgliedsstaaten eintretenden Wirkungen des Hauptverfahrens bezüglich des in dem Sekundärverfahren belegenen Vermögens eingeschränkt. Die Abwicklung des dort belegenen Vermögens richtet sich dann wiederum nach dem Recht des Sekundärverfahrensstaates (Art. 28). Die Zuständigkeitsnorm in Art. 3 Abs. 2 regelt somit nicht nur die Zulässigkeit eines weiteren parallelen Verfahrens, sondern auch das auf die dort belegenen Vermögensgegenstände anwendbare Recht. Von daher ist Art. 3 Abs. 2 – ebenso wie Art. 3 Abs. 1 – von weit reichender praktischer Bedeutung für die Gläubiger. Die Verordnung hat die Zulässigkeit solcher paralleler Verfahren in Art. 3 Abs. 2 auf die Fälle beschränkt, in denen der Schuldner eine Niederlassung in einem anderen Mitgliedsstaat hat und sich damit dagegen entschieden, die einfache Belegenheit von Vermögen ausreichen zu lassen.[5]

Art. 3 Absatz 3 und 4 regeln das Verhältnis zwischen Haupt- und Sekundärverfahren sowie weitere Eröffnungsvoraussetzungen für das **Partikularverfahren.** Begrifflich stellt Art. 3 Abs. 4 klar, dass der Begriff des Partikularverfahrens als Oberbegriff zu sehen ist. Darunter fallen grundsätzlich alle Verfahren, die auf Grund der in Art. 3 Abs. 2 definierten Niederlassungszuständigkeit eröffnet werden (weil der Mittelpunkt der hauptsächlichen Interessen sich in einem anderen Mitgliedsstaat befindet). Findet parallel zu dem Partikularverfahren noch ein Hauptverfahren statt, so handelt es sich um ein Sekundärverfahren. Der Begriff impliziert bereits die Unterordnung des Sekundärverfahrens unter das parallel durchzuführende Hauptverfahren.[6] Wird oder kann – beispielsweise mangels Insolvenzfähigkeit – ein Insolvenzverfahren im Hauptverfahrensstaat nicht durchgeführt, so spricht die Verord-

---

[1] *Virgos/Garcimartin,* European Insolvency Regulation, RdNr. 45.
[2] Vgl. nachfolgend noch unten RdNr. 8 ff. zu den unterschiedlichen Auffassung in Literatur und Rechtsprechung bis zur Eurofood Entscheidung des EuGH.
[3] Vgl. zur Eurofood Entscheidung unten RdNr. 24 ff.; der größte Teil der in den letzten Jahren erschienen Aufsätze befasst sich vornehmlich mit der Frage der internationalen Zuständigkeit, vgl. das Literaturverzeichnis oben.
[4] Vgl. Erwägungsgründe 11 und 12.
[5] Vgl. hierzu auch *Virgos/Schmit,* Erläuternder Bericht, RdNr. 80; *Virgos/Garcimartin,* European Insolvency Regulation, RdNr. 287, 288.
[6] Vgl. hierzu Art. 31 RdNr. 2.

nung von einem Partikularverfahren. Die in Art. 3 Abs. 3 und 4 behandelten Fragen stehen daher in engem systematischen Zusammenhang mit den in Kapital III (Art. 27 ff.) behandelten Fragen der Verordnung.

II. Hauptinsolvenzverfahren – Gesellschaften und juristische Personen (Abs. 1)

5 **1. Sitzvermutung.** Art. 3 Abs. 1 Satz 2 regelt die **internationale Zuständigkeit für das Hauptverfahren** und knüpft hierfür an den mittlerweile äußerst umstrittenen und vielfach erörterten Begriff des *„Mittelpunkts der hauptsächlichen Interessen des Schuldners"* an. Satz 2 stellt für Gesellschaften und juristische Personen klar, dass dieser Mittelpunkt bis zum Beweis des Gegenteils am satzungsmäßigen Sitz vermutet wird, und versucht damit die Schwierigkeiten zu vermeiden, die sich im Rahmen des EuGVÜ (nun EuGVVO) bei der Sitzbestimmung ergeben haben.[7] Die Vermutung ist damit widerlegbar.[8] Es muss aber – wie auch der EuGH in der Eurofood Entscheidung (vgl. unten RdNr. 24 ff) klar gestellt hat – durch hinreichende Anhaltspunkte entkräftet werden, dass sich der Mittelpunkt des hauptsächlichen Interesses nicht im Mitgliedsstaat des satzungsmäßigen Sitzes befindet.[9] Kann der Interessenmittelpunkt nicht in einem bestimmten Mitgliedsstaat hinreichend sicher festgestellt werden, so gibt der satzungsmäßige Sitz den Ausschlag. Der EuGH hat damit Tendenzen in der Rechtsprechung, wonach der satzungsmäßige Sitz nur eines von mehreren zu berücksichtigenden Indizien sei, eine Absage erteilt.[10]

6 Die Voraussetzungen für die internationale Zuständigkeit der Gericht der Mitgliedsstaaten sind von Amts wegen zu ermitteln.[11] Ergeben sich daher aus Sicht des mit einem Insolvenzantrag befassten Gerichts Anhaltspunkte oder sogar begründete Zweifel, dass sich der Mittelpunkt der hauptsächlichen Interessen des Schuldners in einem anderen Mitgliedsstaat befinden könnte, so sind die näheren Umstände und Verhältnisse zu ermitteln.[12] Da das Insolvenzgericht bei der weiteren Durchführung des Verfahrens Gewissheit darüber haben muss, ob es sich um ein Partikular- oder Hauptverfahren handelt,[13] empfiehlt es sich, den vorläufigen

---

[7] Vgl. Art. 60 EuGVVO und *Kropholler*, Europ. Zivilprozessrecht, Art. 60 EuGVO RdNr. 2; *Lüke* ZZP 111 (1998) 288; als Beispiel für die damit einhergehenden Schwierigkeiten sei der Fall der Bank of Credit and Commerce International S. A. genannt, die in Luxemburg gegründet aber ihre Verwaltungstätigkeit vornehmlich in England ausübte, vgl. auch *Fletcher*, (1997) 23 Brook. J. Int'lL. 25, 37.

[8] *Duursma-Kepplinger*, Europäische Insolvenzverordnung, Art. 3 RdNr. 23; *Haubold*, in *Gebauer/Wiedmann*, Zivilrecht, Art. 3 RdNr. 48; HK-*Stephan*, Art. 3 RdNr. 3; *Nerlich/Römermann/Mincke*, Art. 3 RdNr. 6; *Pannen*, in *Breutigam/Blersch/Goetsch*, Art. 3 RdNr. 11; *Smid*, Int. Insolvenzrecht, Art. 3 RdNr. 11 ff.; HambKomm-*Undritz* Art. 3 RdNr. 6. Vgl. auch EuGH vom 2. 5. 2006, Rs. C-341/04 Eurofood, NZI 2006, 360, RdNr. 34.

[9] Vgl. EuGH vom 2. 5. 2006, Rs. 341/04 Eurofood, NZI 2006, 360, 361 RdNr. 34; vgl. dazu auch Arrondissementsgericht Amsterdam, Beschl. v. 31. 1. 2007 (BenQ) ZIP 2007, 492, 494 mit kritischen Anmerkungen *Paulus* EWiR 2007, 143.

[10] Darauf stellte der High Court of Justice Leeds (Ci4net.com), abgedruckt in ZIP 2004, 1769, ab; ablehnend bereits *Westpfahl/Wilkens*, EWiR 2004, 847 f.

[11] Vgl. *Duursma-Kepplinger*, Europäische Insolvenzordnung, Art. 3 RdNr. 24; BGH NZI 2008, 121, 122; AG Köln NZI 2006, 57 FK-*Wimmer* Anh I RdNr. 26; *Haß/Herweg*, in *Geimer/Schütze*, Int. Rechtsverkehr, B Vor I 20b, Art. 3 RdNr. 11; *Haubold*, in *Gebauer/Wiedmann*, Zivilrecht, Art. 3 RdNr. 47; *Herchen*, ZInsO 2004, S. 825, 826; HK-*Stephan*, Art. 3 RdNr. 6; *Kübler/Prütting/Kemper*, Art. 3 EuInsVO RdNr. 7; *Mäsch*, in *Rauscher*, Europ. Zivilprozessrecht, Bd. 2, Art. 3 EG-InsVO Art. 3 RdNr. 15 f.; MünchKommBGB-*Kindler*, Bd. 11, Art. 3 RdNr. 149; *Paulus*, Europäische Insolvenzverordnung, Art. 3 RdNr. 17; *Smid*, Int. Insolvenzrecht, Art. 3 RdNr. 13; ders. DZWIR 2003, 397, 399 f.; *Uhlenbruck/Lüer*, Art. 3 RdNr. 1; HambKomm-*Undritz* Art. 3 RdNr. 52; *Vallender* KTS 2005, 283, 293 ff.

[12] Ebenso *Haubold*, in *Gebauer/Wiedmann*, Zivilrecht, Art. 3 RdNr. 47; *Mäsch*, in *Rauscher*, Europ. Zivilprozessrecht, Bd. 2, Art. 3 EG-InsVO RdNr. 15 f.; *Vallender* KTS 2005, 283, 294. Die herrschende Meinung in der Literatur sieht eine Prüfungspflicht unabhängig von auftretenden Zweifeln grundsätzlich als gegeben an; vgl. HK-*Stephan*, Art. 3 RdNr. 6; *Smid*, Int. Insolvenzrecht, Art. 3 RdNr. 13. *Duursma-Kepplinger*, Europäische Insolvenzverordnung, Art. 3 RdNr. 25 spricht von „leisesten Zweifeln". Zum Meinungsstand vgl. auch *Vallender* KTS 2005, 283, 294.

[13] Art. 102 § 2 EGInsO schreibt für die deutschen Insolvenzgerichte nunmehr ausdrücklich vor, dass diese im Eröffnungsbeschluss ausdrücklich darauf hinzuweisen haben, ob sich die Zuständigkeit aus Art. 3 Abs. 1 oder aus Art. 3 Abs. 2 ergibt, vgl. die Kommentierung der Vorschrift unten.

Insolvenzverwalter grundsätzlich damit zu beauftragen, im Rahmen der Prüfung der Insolvenzgründe auch zu ermitteln, ob und inwieweit der Schuldner zugleich eine wirtschaftliche Tätigkeit in anderen Mitgliedsstaaten entwickelt hat, insbesondere ob sich auch in anderen Mitgliedsstaaten Betriebsstätten oder sogar Niederlassungen befinden. Nur wenn die Ermittlungen des Insolvenzgerichts oder des vorläufigen Insolvenzverwalters zum Beweis des Gegenteils führen, ist der in einem anderen als dem Sitzstaat liegende Mittelpunkt der hauptsächlichen Interessen für die Bestimmung der internationalen Zuständigkeit maßgebend.

2. Mittelpunkt der hauptsächlichen Interessen bei Gesellschaften und juristischen Personen. Dieser Begriff, auch als „centre of main interests" – abgekürzt COMI – bezeichnet, wird in der Verordnung nicht legal definiert.[14] Dem Erwägungsgrund 13 ist zu entnehmen, dass es sich dabei um den Ort handelt, *„an dem der Schuldner üblicherweise, in für Dritte erkennbarer Weise der Verwaltung seiner Interessen nachgeht"*. Der Begriff des Mittelpunktes der hauptsächlichen Interessen ist als eigenständiger Begriff der Verordnung autonom und unabhängig von den nationalen Rechtsordnungen auszulegen.[15] Aufgrund des daraus resultierenden weiten Auslegungsspielraumes hatte sich in den letzten Jahren eine sehr unterschiedliche Rechtsprechung der nationalen Gerichte in den Mitgliedsstaaten entwickelt. Dabei haben sich mit der Mind-of-management-Theorie sowie der Business-Activity-Theorie grundsätzlich zwei divergierende Ansätze herausgebildet, die der EuGH nun einer Klärung zugeführt hat.

a) Rechtsprechungsentwicklung zur Mind-of-Management-Theorie. Nach der Mind-of-Management-Theorie haben zunächst vorwiegend englische Gerichte, später auch zunehmend kontinentaleuropäische Gerichte, den Mittelpunkt der hauptsächlichen Interessen dort verortet, wo die strategischen, unternehmensleitenden Entscheidungen einer Gesellschaft getroffen werden.[16]

Als eine der frühen Entscheidungen ist jene im Fall der in Spanien eingetragenen Gesellschaft **Enron Directo Sociedad Limitada** zu nennen. In dieser Rechtssache verortete der High Court of Justice Chancery Division Companies Court London in seinem Beschluss vom 4. 6. 2002[17] den Interessenmittelpunkt der Gesellschaft in England. Begründet wurde die Auffassung durch die Tatsache, dass die in London ansässige Gesellschaft Enron Europe Ltd. ohne unmittelbare gesellschaftsrechtliche Verknüpfungen verschiedene Aufgaben für die europäischen Gesellschaften des US-Energiekonzerns übernommen habe.[18] Der High Court führt diesbezüglich aus, dass „alle ausführenden, strategischen und verwaltenden Entscheidungen in Bezug auf Finanzen und Betrieb" der Enron Directo S. L. in England getroffen würden. Darunter fielen Entscheidungen über das Jahresbudget, die Mittelfristplanung, Personaleinstellungen sowie über die Verwendung der Finanzmittel. Weiterhin ist einbezogen worden, dass der gesamte Zahlungsverkehr über die Citibank Madrid, einer unselbständigen Niederlassung der Citibank International plc. London, abgewickelt wurde. Außerdem habe die Enron Europe Ltd. die Einhaltung der energierechtlichen Vorgaben für die Enron Directo S. L. überwacht. Nicht ausschlaggebend war hingegen, dass die spanische Gesellschaft ihr operatives Geschäft an ihrem Satzungssitz selbst führte, sich demzufolge ihre Vermögenswerte sowie sämtliche Kundenbeziehungen und Angestellte in Spanien befanden. Ebenso wenig floss in die Entscheidung mit ein, dass die Arbeitsverträge der Angestellten in spanischer Sprache abgefasst waren und auch spanischem Recht unterstanden.

---

[14] *Fletcher,* in *Moss/Fletcher/Isaacs,* EC Regulation, RdNr. 3.10. Vgl. auch *Mäsch,* in *Rauscher,* Europ. Zivilprozessrecht, Bd. 2, Art. 3 EG-InsVO RdNr. 6.
[15] Vgl. EuGH vom 2. 5. 2006, Rs. C-341/04 Eurofood, NZI 2006, 360, 361 RdNr. 31.
[16] Einen Überblick über die dargestellte Rechtsprechung vermitteln auch *Keggenhoff,* Der Anwendungsbereich, S. 53 ff.; *Kübler* in Festschrift Gerhardt, S. 541 ff.; *Pannen/Riedemann* NZI 2004, 646; *Schilling,* Insolvenz einer englischen Limited, S. 60 f., 74 ff.; *Smid* DZWIR 2004, 397; *ders.* DZWIR 2003, 397; HambKomm-*Undritz* Art. 3 RdNr. 15 ff.
[17] Die Entscheidung ist nicht veröffentlicht, lediglich das „Sceleton Argument on behalf of the petitioner" ist abrufbar unter http://www.iiiglobal.org/country/european_union.html.
[18] Vgl. dazu *Keggenhoff,* Internationale Zuständigkeit, S. 54 f.

EuInsVO Art. 3 10–12 Anhang

10 Ähnlich urteilte der High Court of Justice Leeds in seinem Beschluss vom 16. 5. 2003[19] in der Sache **ISA/Daisytek**. Dieser Fall hat den wesentlichen Anstoß gegeben für die Entwicklung der Mind-of-Management-Theorie in den darauf folgenden Gerichtsentscheidungen. Das Gericht sah den hauptsächlichen Interessenmittelpunkt von drei deutschen Gesellschaften sowie einer französischen Gesellschaft der im Bereich des Computerzubehörs tätigen Daisytek-Unternehmensgruppe als in England belegen und die Sitzvermutungsregel somit als widerlegt an. Hauptsächlich basierte die Entscheidung des Gerichts für die Bestimmung des Interessenmittelpunktes darauf, dass die Gesellschaften von der Konzernzentrale in Bradford verwaltet wurden, welche wiederum von der ISA International plc., der Einzigen unmittelbaren Beteiligung der Holdinggesellschaft Daisytek-ISA Ltd., betrieben wurde. Für die Belegenheit des COMI der drei deutschen Gesellschaften in England sprachen nach Meinung des High Court zahlreiche Aspekte. Dazu gehörte als ein Punkt die Finanzabwicklung der deutschen Gesellschaften über lokale Filialen und eine englische Filiale einer schottischen Bank. Weitere Faktoren stellten die Abstimmung mit der Konzernzentrale bezüglich der Einstellung leitender Angestellter sowie der Zustimmungsvorbehalt ab einem gewissen Einkaufsvolumen dar. Darüber hinaus wurden sämtliche EDV-Systeme von der Zentrale in England betrieben sowie alle europäischen Kunden von dort aus betreut. Die dementsprechenden Verträge wurden von der Konzernzentrale verhandelt und entworfen. Schließlich unterlagen die Corporate Identity und das Branding der Bestimmung der englischen ISA International plc. Ebenso hatten die deutschen Gesellschaften die zentral in England entworfene Managementstrategie bei der Führung ihrer operativen Geschäfte zu berücksichtigen.[20]

11 Auch das AG Düsseldorf beanspruchte mit seinen Klarstellungsbeschlüssen vom 6. 6. 2003[21] und den Eröffnungsbeschlüssen vom 10. 7. 2003[22] denselben Sachverhalt betreffend die internationale Zuständigkeit für sich. Allerdings konnten diese Verfahren auf Grund des Prioritätsgrundsatzes und der daraus folgenden Anerkennung des in England zuerst eröffneten Verfahrens nicht als Hauptverfahren fortgeführt werden.[23] Eröffnet werden konnten lediglich Sekundärinsolvenzverfahren. Ebenso hatte bereits zuvor das französische Gericht auf das Verfahren der französischen Tochtergesellschaft entschieden.[24]

12 Der High Court of Justice Chancery Division Companies Court London nahm in seinem Beschluss vom 20. 5. 2003[25] erneut seine internationale Zuständigkeit für die Eröffnung der Hauptinsolvenzverfahren über sämtliche europäischen und schweizer Konzerngesellschaften der **Crisscross Telecommunications Group** an. Dabei hatte im Gegensatz zu den bisherigen Fällen nicht die Muttergesellschaft ihren eingetragenen Sitz in England, sondern nur eine der Tochtergesellschaften. Es wurde, vergleichbar zum Fall der Enron Directo S. L., hinsichtlich des in England verorteten Mittelpunkts der hauptsächlichen Interessen aller Gesellschaften vorgetragen, dass die wesentlichen „headquarter"-Aktivitäten in England stattfänden, d. h. die Geschäftsführungsentscheidungen würden vorwiegend dort getroffen sowie das Rechnungswesen und die Verwaltung dort abgewickelt. Weiterhin kam es darauf an, dass die meisten Geschäfte über bei englischen Banken geführte Konten abgewickelt

---

[19] Abgedruckt in ZIP 2003, 1362 und als übersetzte Fassung in NZI 2004, 219 sowie die später nachgereichte Begründung in ZIP 2004, 963; Besprechungen von *Duursma-Kepplinger/Duursma* DZWIR 2003, 447; *Herchen* ZInsO 2004, 61 (zum Kompetenzkonflikt); *Paulus* EWiR 2003, 709 sowie ZIP 2003, 1725; *Smid* DZWIR 2003, 397.
[20] Zu den Gründen vgl. ausführlich NZI 2004, 219, 221 RdNr. 13.
[21] Abgedruckt in ZIP 2003, 1363. Vgl. auch Kurzkommentar von *Mankowski* EWiR 2003, 767.
[22] Vgl. dazu *Paulus* ZIP 2003, 1725 ff.
[23] AG Düsseldorf vom 12. 3. 2004 ZIP 2004, 623 dazu *Herweg/Tschauner* EWiR 2004, 495 und *Liersch* NZI 2004, 269 sowie AG Düsseldorf vom 7. 4. 2004 ZIP 2004, 866; dazu *Westphal/Wilkens* EWiR 2004, 909.
[24] Cour d'appel Versailles vom 4. 9. 2003 ZIP 2004, 377 mit Anmerkungen *Mankowski* EWiR 2003, 1239.
[25] Der Beschluss wurde nicht veröffentlicht. Eine Darstellung gibt *Braun* NZI 2004 Aktuell, V. Zur Eröffnung eines Sekundärinsolvenzverfahrens in Italien Tribunale di Milano vom 18. 3. 2004, abrufbar unter http://www.eir-database.com, case no. 7.

würden. Der Großteil der Kunden hätten ihre Verträge mit einer englischen Gesellschaft abgeschlossen, die zusätzlich englischem Recht unterlagen.

Bei der **Automold GmbH** handelte es sich um eine in Deutschland eingetragene Gesellschaft, die etwa 100 Angestellte in der Produktion von Kunststoff-Automobilteilen beschäftigte. Ihre Muttergesellschaft war eine Limited mit satzungsmäßigem Sitz in England, die wiederum Anteile an einer weiteren Limited besaß. Der High Court Justice of Birmingham eröffnete das Hauptinsolvenzverfahren über das Vermögen der deutschen GmbH mit Beschluss vom 19. 12. 2003[26] mit der Begründung, dass das englische Management der Unternehmensgruppe die operativen Entscheidungen bezüglich Finanzen und Personal der GmbH getroffen hat. In der Folge der Entscheidung eröffnete das AG Köln am 23. 1. 2004[27] auf Grund des Prinzips der automatischen Anerkennung ein Sekundärinsolvenzverfahren über das in Deutschland belegene Vermögen der Gesellschaft, in dem es gleichzeitig die Eigenwaltung anordnete und somit eine weitreichende Koordination des englischen Hauptverfahrens mit dem deutschen Sekundärverfahren ermöglichte.[28] 13

In der Rechtssache **Hettlage** legte erstmals ein deutsches Gericht die Mind-of-management-Theorie zur Ermittlung des hauptsächlichen Interessenmittelpunktes zugrunde. Mit Beschluss vom 4. 5. 2004[29] eröffnete das AG München das Insolvenzverfahren über das Vermögen einer im Textilhandel tätigen österreichischen Tochtergesellschaft der deutschen Hettlage KGaA. Die Gesellschaft war zwar operativ in Österreich tätig, dennoch wurde der Mittelpunkt ihrer hauptsächlichen Interessen von dem Gericht zur Ermittlung seiner Zuständigkeit in Deutschland verortet. Als Begründung führte das AG München an, dass die Geschäfts-, Vertriebs- und Einkaufsleitung von Deutschland aus erfolgten. Weiterhin seien Leistungen aus den Bereichen Rechnungswesen, Controlling, Organisation, EDV, Planung, Personalabrechnung, Vertragswesen, Versicherung etc. von der deutschen Muttergesellschaft für die Tochtergesellschaft erbracht worden. Das Gericht bezog sich dabei, ebenso wie das Gericht im Fall *ISA/Daisytek,* auf die äußere Erkennbarkeit wesentlicher Betriebsteile, wobei es im Unterschied dazu nicht auf die konkrete Erkennbarkeit für Dritte abstellte. 14

Im Rahmen der **Parmalat/Eurofood**-Insolvenz sind auf Grund der Vielzahl an Konzerngesellschaften neben dem Verfahren der Eurofood IFSC Ltd. (vgl. dazu RdNr. 24)) noch in weiteren europäischen Mitgliedstaaten Insolvenzverfahren eröffnet worden. Unter anderem eröffnete das ungarische Gericht Municipality Court of Fejer/Székesfehérvár am 14. 6. 2004[30] das Insolvenzverfahren über das Vermögen einer in der Slowakei ansässigen Gesellschaft. Für die Belegenheit des COMI in Ungarn sprach nach Auffassung des Gerichts, dass die wichtigsten unternehmerischen Entscheidungen in Ungarn getroffen und die Unternehmensfinanzierung ebenfalls von dort aus gesteuert wurde. Eine Erkennbarkeit für Dritte wurde bezüglich dieser Kriterien bejaht. 15

Über das Vermögen der Parmalat GmbH eröffnete das Tribunale di Parma am 15. 6. 2004[31] ein Insolvenzverfahren in Italien. Die Gesellschaft mit Satzungssitz in Deutschland war eine 100%ige Tochtergesellschaft der italienischen Parmalat S. p. A. In diesem Falle kam es dem Gericht für die Bestimmung des hauptsächlichen Interessenmittelpunktes darauf an, dass die Geschäftsführer der deutschen Tochtergesellschaft weisungsgebunden gegenüber 16

---

[26] Zum Sachverhalt vgl. *Meyer-Löwy/Poertzgen* ZInsO 2004, 195, da die Entscheidung unveröffentlicht geblieben ist.
[27] AG Köln vom 23. 1. 2004 NZI 2004, 151 mit Kurzkommentar von *Blenske* EWiR 2004, 601; *Meyer-Löwy/Poertzgen* ZInsO 2004, 195 und *Sabel* NZI 2004, 126.
[28] Vgl. hierzu noch Art. 31 RdNr. 18 ff.
[29] AG München vom 4. 5. 2004 ZIP 2004, 962 mit Anmerkungen *Mankowski* NZI 2004, 450; *Paulus* EWiR 2004, 493; *Smid* DZWIR 2004, 397; *Weller* IPRax 2004, 412. Zur Anerkennung des Hauptinsolvenzverfahrens und zur Eröffnung eines Sekundärinsolvenzverfahrens in Österreich vgl. Landesgericht Innsbruck vom 11. 5. 2004 mit Anmerkungen *Bähr/Riedemann* EWiR 2004, 1085; *Schopper* KTS 2005, 223.
[30] Municipality Court of Fejer/Székesfehérvár vom 14. 6. 2004 ZInsO 2004, 861 mit Anmerkungen von *Csia/Martinez Ferber.*
[31] Tribunale die Parma vom 15. 6. 2004 ZIP 2004, 2295. Vgl. den Kurzkommentar von *Bauer/Schlegel* EWiR 2004, 1181.

dem Management der italienischen Muttergesellschaft waren, d. h. auch hier erfolgte eine Leitung durch die Muttergesellschaft. So bedurften alle Entscheidungen der gewöhnlichen Verwaltung der vorherigen Zustimmung der Muttergesellschaft; alle Entscheidungen außerhalb diesen Bereichs wurden direkt durch die Muttergesellschaft selbst getroffen. Letztere Regelung war als Bestimmung in den Gesellschaftsvertrag aufgenommen worden. Darüber hinaus führte das Gericht an, dass die Tochtergesellschaft lediglich zu dem Zweck bestehe, die wirtschaftlichen Interessen anderer Konzerngesellschaften, insbesondere der Muttergesellschaft zu unterstütze und zu fördern. Eine Erkennbarkeit für Dritte sei insofern tatsächlich gegeben gewesen, als sich die hauptsächlichen Gläubiger der deutschen Gesellschaft direkt an die Vertreter der italienischen Muttergesellschaft gewendet und diese damit als ihren Vertragspartner angesehen haben.

17 Auf ähnlichen Argumenten basierte die Entscheidung **Zenith** des AG Siegen vom 1. 7. 2004,[32] in der das Gericht das Hauptinsolvenzverfahren einer in Österreich ansässigen Gesellschaft in Deutschland eröffnete. Vorliegend existierte kein Verwaltungssitz der Tochtergesellschaft in Österreich; vielmehr hat der Geschäftsführer der Muttergesellschaft auch die Leitung der Tochtergesellschaft von Deutschland aus geführt. Demnach sei anzunehmen, dass potentielle Gläubiger davon ausgegangen seien, es handele sich um ein deutsches Management. Die wirtschaftliche Abhängigkeit zeigte sich ferner darin, dass die österreichische Gesellschaft ihre Produkte nahezu ausschließlich an ihre Muttergesellschaft lieferte. In Übereinstimmung mit dieser Entscheidung eröffnete das LG Klagenfurt am 2. 7. 2004[33] ein Sekundärinsolvenzverfahren über das Vermögen der Tochtergesellschaft in Österreich. Damit wurde ihr satzungsmäßiger Sitz als Niederlassung i. S. d. Art. 3 Abs. 2 S. 1 EuInsVO qualifiziert.[34]

18 Im Falle der **Hukla-Werke** wurde ebenfalls ein Hauptinsolvenzverfahren über das Vermögen einer österreichischen Tochtergesellschaft am Sitz ihrer deutschen Konzernmutter eröffnet. In seinem Beschluss vom 2. 8. 2004[35] nahm das AG Offenburg seine internationale Zuständigkeit mit der Begründung an, dass es sich bei der Tochtergesellschaft um eine reine Vertriebsgesellschaft und damit praktisch um eine wirtschaftlich unselbständige Betriebsstätte der Muttergesellschaft gehandelt habe. Die Geschäftsleitung der Muttergesellschaft habe neben der Geschäfts- und Vertriebsleitung der Tochtergesellschaft ebenso deren Organisation und Vertriebssteuerung der Außendienstmitarbeiter übernommen. Ferner unterlag das Budget der Tochtergesellschaft der Genehmigung durch die Muttergesellschaft. Schließlich haben alle wesentlichen Geschäftsunterlagen der Tochtergesellschaft in der deutschen Zentrale vorgelegen.

19 Auch in der Entscheidung **MG Rover** vom 18. 4. 2005[36] sah der High Court of Justice Birmingham die Vermutungsregel des Art. 3 Abs. 1 S. 2 als widerlegt an. Bei diesem Sachverhalt ging es um die englische Muttergesellschaft MG Rover Group Ltd., die an zwei englischen Gesellschaften beteiligt war. Eine dieser Tochtergesellschaften war in der Funktion einer Zwischenholding wiederum an mehreren Gesellschaften in der EU zum Vertrieb von Automobilteilen beteiligt. Der High Court eröffnete in dieser Rechtssache nicht nur Hauptinsolvenzverfahren über die drei in England ansässigen Gesellschaften, sondern auch über acht weitere Tochtergesellschaften im Ausland. Der High Court stützte seine Argumentation darauf, dass die head office functions der Konzerngesellschaften von der englischen Holding-Gesellschaft gesteuert worden seien.[37] Seiner Auffassung nach gehörte dazu die Tatsache, dass

---

[32] AG Siegen vom 1. 7. 2004 NZI 2004, 673; vgl. auch die Entscheidungsbesprechung von *Mankowski* EWiR 2005, 175; *Strasser* KTS 2005, 219.
[33] LG Klagenfurt vom 2. 7. 2004 NZI 2004, 677 mit Kurzkommentar *Beutler/Debus* EWiR 2005, 217.
[34] Vgl. *Strasser* KTS 2005, 219, 222.
[35] AG Offenburg vom 2. 8. 2004 NZI 2004, 673. Vgl. die Anmerkungen von *Pannen/Riedemann* EWiR 2005, 73.
[36] High Court of Justice Birmingham vom 18. 4. 2005 NZI 2005, 467. Vgl. auch Kurzkommentar *Mankowski* EWiR 2005, 637; *Penzlin/Riedemann*, NZI 2005, 469.
[37] Einen zusammenfassenden Überblick über die Kriterien geben *Penzlin/Riedemann*, NZI 2005, 469.

alle wesentlichen Management-Entscheidungen der Tochtergesellschaften von den Holdinggesellschaften in England getroffen wurden. Das galt unter anderem für Entscheidungen hinsichtlich der Personalplanung. Ferner wurde die Finanzierung und Budgetierung von dort aus gesteuert, genauso wie das Marketing. Die Tochtergesellschaften seien zum einen in dieser Hinsicht von den Holdinggesellschaften abhängig gewesen, zum anderen auch, weil sie in der Hauptsache deren Produkte vertrieben. Unterstützt wurde das darüber hinaus durch die internationale Konzernstruktur. Im Hinblick auf die äußere Erkennbarkeit führte der High Court an, dass sich die Vertragspartner bezüglich der Leistung von Verpflichtungen im Falle einer Krise an das zentrale Management in England wenden würden.

In einer Gesamtschau der zuvor dargestellten Rechtsprechung[38] ist hervorzuheben, dass die Mind-of-Management Theorie vornehmlich bei Konzerngesellschaften angewendet wurde. Unter Zuhilfenahme der Mind-of-Management-Theorie haben nationale Gerichte den Interessenmittelpunkt von Tochtergesellschaften auf Grund tatsächlich ausgeübter Leitung durch die Muttergesellschaft am Sitz der Muttergesellschaft angesiedelt. Die Sitzvermutung des Art. 3 Abs. 1 wurde dabei grundsätzlich sehr schnell zugunsten des Ortes der strategischen Lenkungsentscheidungen widerlegt.[39] Verfolgt wird damit in den meisten Fällen die Schaffung eines einheitlichen Gerichtsstandes für alle Konzerngesellschaften am Sitz der Konzernmutter. Die rechtliche Selbständigkeit der Tochtergesellschaft wurde dabei weitestgehend außer Acht gelassen.[40] **20**

b) **Rechtsprechungsentwicklung zur Business-Activity-Theorie.** Nach der Business-activity-Theorie, der zumeist die kontinentaleuropäischen Gerichte gefolgt sind, ist der Mittelpunkt der hauptsächlichen Interessen nach dem Ort der werbenden Tätigkeit einer Gesellschaft zu bestimmen. Zugrunde gelegt wird damit die für Dritte erkennbare **Umsetzung** der internen Managemententscheidungen. Diese – auch von der herschen Auffassung in der Literatur vertretenen – Sichtweise lehnt sich an Erwägungsgrund 13 der Verordnung an, nach dem der *centre of main interest* an dem Ort belegen ist, an dem der Schuldner gewöhnlich der Verwaltung seiner Interessen nachgeht und der damit für Dritte erkennbar ist.[41] **21**

Im Fall **EMBIC** handelte es sich um die in Deutschland ansässige EMBIC Garantie Versicherungs-Vertrieb GmbH, einer 100%igen Tochtergesellschaft der Warranty Holdings International Ltd. Ihr Geschäftszweck bestand in der Vermittlung von Versicherungen für gebrauchte Kraftfahrzeuge. Über das Vermögen der Muttergesellschaft war in England zuvor bereits ebenfalls ein Insolvenzverfahren in England eröffnet worden. Im Eröffnungsbeschluss vom 27. 4. 2004[42] legte das AG Mönchengladbach im Gegensatz zu den bisher ergangenen gerichtlichen Entscheidungen nicht den Ort der strategischen Geschäftsentscheidungen, sondern vielmehr den Ort der werbenden Tätigkeit der Gesellschaft für die Bestimmung ihres Mittelpunktes der hauptsächlichen Interessen zugrunde. Es argumentierte dahingehend, dass bloße interne Entscheidungsprozesse, die im vorliegenden Fall in England getroffen wurden, sowie die Beziehung zwischen Mutter- und Tochtergesellschaft für Außenstehende in der Regel nicht erkennbar seien. Relevant für die Lokalisierung des COMI sei hingegen eine Gesamtbetrachtung aller vorliegenden Faktoren. Dazu zog es für seine Argumentation den in Deutschland belegenen Geschäftszweck der Gesellschaft, die **22**

---

[38] Weitere Entscheidungen finden sich vom High Court of Sheffield *Re Parksice flexible SA* vom 9. 2. 200, veröffentlicht unter http://www.eir-database.com, case no. 75; sowie vom Tribunale de Nanterre (EMTEC) vom 15 202006, mit Anmerkungen *Dammann* Dalloz 2006, 379 und Kurzkommentar *Penzlin* EWiR 2006, 207.
[39] Vgl. dazu auch *Pannen/Riedemann* NZI 2004, 646.
[40] MünchKommBGB-*Kindler*, Bd. 11, Art. 3 RdNr. 152.
[41] *Bähr/Riedemann* ZIP 2004, 1065 f.; *Haß/Herweg*, in *Geimer/Schütze,* Int. Rechtsverkehr, B Vor I 20 b, Art. 3 RdNr. 15; *Herchen* ZInsO 2004, 825, 827; *Kübler* in Festschrift Gerhardt, S. 527, 555; *Mankowski* RIW 2005, 575 f.; *Pannen/Riedemann* NZI 2004, 646, 651; *Vallender* KTS 2005, 283, 292 f. Für eine Kombinationslösung beider Theorien MünchKommBGB-*Kindler*, Bd. 11, Art. 3 RdNr. 144.
[42] AG Mönchengladbach vom 27. 4. 2004 NZI 2006, 336; Kurzkommentar *Bähr/Riedemann* ZIP 2004, 1064, *Kebekus* EWiR 2004, 705, *Lautenbach* NZI 2004, 383, 384.

ausschließlich dort bestehenden Kundenbeziehungen sowie den gesamten Personaleinsatz heran. Ausschlaggebend war darüber hinaus, dass die Personalbuchhaltung am Satzungssitz der Gesellschaft erfolgte und auch die geschäftliche Bankverbindung in Deutschland geführt wurde. Das Gericht war der Auffassung, dass insgesamt betrachtet die Sitzvermutung des Art. 3 Abs. 1 S. 2 damit nicht widerlegt werden könne. Hervorzuheben ist, dass der Geschäftsführer der Gesellschaft einen Antrag auf Eröffnung eines Sekundärinsolvenzverfahrens gestellt hatte, das Gericht jedoch ein Hauptinsolvenzverfahren eröffnet hatte. Der Insolvenzantrag wurde umgedeutet, „da er so auszulegen sei, dass für den Fall, dass das Gericht die Voraussetzungen für die Eröffnung eines Hauptinsolvenzverfahrens bejahen sollte, auch die Eröffnung in dieser Form beantragt wurde".[43]

23   Nach diesen Grundsätzen bestimmte auch das AG Weilheim i.OB den Mittelpunkt der hauptsächlichen Interessen:[44] in dem Insolvenzverfahren über das Vermögen der **AvCraft International Ltd.**, einer nach irischem Recht gegründeten Gesellschaft in Form einer Limited mit Satzungssitz in Dublin sah das AG Weilheim die Vermutungsregelung des Art. 3 Abs. 1 Satz 2 als widerlegt an, weil die Fabrikationsräume in der Betriebsstätte in Deutschland gelegen waren, dorthin die Rohmaterialien geliefert und von dort auch die Rechtsbeziehungen mit Dritten, insbesondere mit Lieferanten gepflegt würden. Auch würden von dort sämtliche notwendigen Leistungen wie Einkauf, Personal, Rechnungswesen und das gesamte operative Geschäft erbracht. Auch der alleinige Geschäftsführer sei ausschließlich dort tätig. Ähnliche Anknüpfungen an die operative, nach außen erkennbare Tätigkeit eines Unternehmens finden sich auch in anderen Entscheidungen.[45]

24   c) **Eurofood Entscheidung des EuGH.** Die widerstreitenden Anknüpfungspunkte für die Bestimmung des Mittelpunktes der hauptsächlichen Interessen (Center of main interest, COMI) führte im Jahre 2006 zu einer klarstellenden Entscheidung des EuGH zugunsten der Business Activity Theorie, nachdem in der Insolvenz das italienischen Parmalat Konzern sowohl die italienischen als auch die irischen Gerichte die internationale Zuständigkeit für das Hauptverfahren einer Gesellschaft des Parmalat Konzern für sich in Anspruch nehmen wollten. Die Entscheidung des EuGH behandelt den Sachverhalt[46] der Eurofood IFSC Ltd. (im Folgenden Eurofood), einer im Jahre 1997 in Irland gegründeten *„company limited by shares"* mit Satzungssitz in Dublin. Der hauptsächliche Geschäftszweck der 100%igen Tochtergesellschaft der italienischen Parmalat S. p. A. war die Beschaffung von Finanzmitteln für die Konzerngesellschaften innerhalb des Parmalat-Konzerns. Aufgrund der Zahlungsunfähigkeit der Eurofood stellte die Bank of America NA am 27. 1. 2004 in Irland einen Antrag auf Eröffnung eines Zwangsliquidationsverfahrens sowie auf Bestellung eines vorläufigen Verwalters. Der High Court of Dublin entsprach diesem Antrag noch am selben Tag.

25   Im Gegenzug ließ das zuständige italienische Ministerium am 9. 2. 2004 das Verfahren der außerordentlichen Verwaltung in Italien zu und bestellte einen entsprechenden Verwalter.[47] Mit Urteil vom 19. 2. 2004 erklärte sich das Tribunale civile e penale di Parma mit Urteil vom 19. 2. 2004[48] für die Feststellung der Insolvenz auf Grund der Belegenheit des COMI in Italien als international zuständig. Das Gericht begründete seine Auffassung damit, dass die Gesellschaft an ihrem satzungsmäßigen Sitz in Dublin weder Geschäftsräume unterhalte noch Angestellte beschäftigt habe, sondern nur ein pro-forma-Sitz in einer Anwaltssozietät eingerichtet gewesen sei. Des Weiteren seien die zwei „executive directors"

---

[43] Vgl. dazu auch MünchKommBGB-*Kindler*, Bd. 11, Art. 3 RdNr. 119 ff.
[44] AG Weilheim i.OB vom 22. 6. 2005, ZIP 2005, 1611.
[45] AG Hamburg vom 1. 12. 2005, abgedruckt in NZI 2006, 120; dazu Kurzkommentar *Herweg/Tschauner* EWiR 2006, 169; vgl. dazu auch *Mäsch*, in *Rauscher*, Europ. Zivilprozessrecht, Bd. 2, Art. 3 EG-InsVO RdNr. 12; ähnlich auch der High Court of Leeds, Ci4net, ZIP 2004, 1769; vgl. auch den Kurzkommentar von *Westphal/Wilkens* EWiR 2004, 847. Beide Entscheidungen betrafen jedoch Gesellschaften im Abwicklungsstadium, vgl dazu noch unten RdNr. 36 f.
[46] Zum Sachverhalt NZI 2006, 360; auch *Carrara* RabelsZ 2006, 538.
[47] Vgl. zu dem Verfahren den Länderbericht Italien, unten.
[48] Abgedruckt in ZIP 2004, 1220; Kurzkommentar von *Riera/Wagner* EWiR 2004, 597.

der insgesamt vier Geschäftsführer der Eurofood Angestellte der Parmalat-Gruppe in Italien gewesen. Durch sie sei die tatsächliche Unternehmensführung erfolgt. Für alle Finanzierungen, die von der Eurofood für Gesellschaften des Parmalat-Konzerns getätigt wurden, sei eine Garantie von der Muttergesellschaft Parmalat S. p. A. übernommen worden. Dieser Aspekt sei auch im Rahmen von Verhandlungen für Dritte erkennbar gewesen, so dass das Vertrauen der Investoren für ihre Entscheidungen letztlich darauf basierte. Sie hätten dadurch den „wahren juristischen und wirtschaftlichen Unternehmensträger erkennen können". Insgesamt könne die Eurofood auf Grund ihres einzigen, den Interessen der anderen Gesellschaften dienenden Unternehmensgegenstandes als „Arm" ihrer Muttergesellschaft angesehen werden.[49]

Die internationale Zuständigkeit für das Hauptverfahren wollte jedoch auch der High Court of Dublin in Anspruch nehmen. In seinem Urteil vom 23. 3. 2004,[50] das nach der Entscheidung des Tribunale di Parma erging wurde ein Hauptinsolvenzverfahren über das Vermögen der Eurofood rückwirkend zum Zeitpunkt der Antragstellung durch die Bank of America NA am 27. 1. 2004 in Irland eröffnet. Das irische Gericht beschloss die Liquidation der Eurofood und bestellte einen Liquidator. Es sah den Mittelpunkt der hauptsächlichen Interessen der Gesellschaft als in Irland belegen an. Gestützt wurde diese Meinung auf die Tatsache, dass die Eurofood ihren Satzungssitz in Irland hatte. Damit habe die Gesellschaft den behördlichen und steuerlichen Regelungen Irlands unterlegen. Abzustellen sei weiterhin auf die äußere Feststellbarkeit für Dritte, insbesondere für die Gläubiger. Diese seien im Falle der Eurofood davon ausgegangen, es mit einer irischen Gesellschaft zu tun zu haben. 26

Nachdem der in Italien bestellte außerordentliche Verwalter gegen dieses Urteil Berufung eingelegt hatte, legte der Supreme Court of Dublin daraufhin mit Urteil vom 27. 7. 2004[51] dem EuGH fünf Fragen zur Vorabentscheidung vor. Neben der Frage nach der internationalen Zuständigkeit für die Eröffnung eines Hauptinsolvenzverfahrens wurden auch die Anerkennung von Hauptinsolvenzverfahren gem. Art. 16 Art. 1, der zur Bestimmung des Prioritätsprinzips maßgebliche Begriff der Insolvenzeröffnung (vgl. hierzu noch unten, RdNr. 58) sowie der Verstoß gegen den ordre public gem. Art. 26 behandelt. In Bezug auf die internationale Zuständigkeit bat der Supreme Court um Klärung, wonach sich die Feststellung des Mittelpunktes der hauptsächlichen Interessen einer Tochtergesellschaft richte, wenn sich ihr Satzungssitz in einem anderen Mitgliedsstaat befindet als derjenige ihrer Muttergesellschaft. In Betracht käme dafür entweder die Tatsache, dass „die Tochtergesellschaft der Verwaltung ihrer Interessen gewöhnlich und für Dritte feststellbar am Ort ihres Registersitzes nachgeht" oder jene, dass „die Muttergesellschaft in der Lage ist, die Geschicke ihrer Tochtergesellschaft zu lenken und dies faktisch auch tut". Insbesondere diese vierte zu entscheidende Frage wurde mit Spannung erwartet, wurde darin doch indirekt zu einer Abwicklung von Konzerninsolvenzen in Europa Stellung genommen.[52] 27

In seinen Schlussanträgen vom 27. 9. 2005[53] führte Generalanwalt Jacobs zur vierten Vorlagefrage aus, dass, wenn eine Tochtergesellschaft der Verwaltung ihrer hauptsächlichen Interessen an ihrem Satzungssitz unter Wahrung ihrer eigenen Corporate Identity nach 28

---

[49] Ähnlich argumentierte das Tribunale di Parma in seinem Urteil vom 15. 6. 2004 bezüglich der Insolvenzeröffnung über das Vermögen einer weiteren Tochtergesellschaft der Parmalat S. p. A., der Deutschen Parmat GmbH. Abgestellt wurde hier insbesondere auf die im Gesellschaftsvertrag geregelten Befugnisse der Gesellschafter. Festgelegt wurden dort Geschäfte, die nur einer Zustimmungsvorbehalt getätigt werden durften. Darüber hinaus solle anhand des Geschäftszweckes der Tochtergesellschaft erkennbar gewesen sein, dass ihre Hauptaufgabe die Unterstützung der Muttergesellschaft gewesen sei. Als deutsche Übersetzung abgedruckt in ZIP 2004, 2295; Kurzkommentar von *Bauer/Schlegel* EWiR 2004, 1181.
[50] Abgedruckt im Original in ZIP 2004, 1223, dazu Anmerkungen *Herweg/Tschauner* EWiR 2004, 599.
[51] Abgedruckt im Original in NZI 2004, 505 sowie nichtamtliche Übersetzung in ZInsO 2005, 159. Vgl. dazu Anmerkungen *Herweg/Tschauner* EWiR 2004, 973; *Smid* DZWIR 2005, 60, 65; *Wimmer* ZInsO 2005, 119.
[52] Vgl. auch *Pannen/Riedemann* EWiR 2005, 725.
[53] Abgedruckt im Original in ZIP 2005, 1878. Vgl. dazu Kurzkommentar von *Pannen/Riedemann* EWiR 2005, 725 sowie *Duursma-Kepplinger* DZWIR 2006, 177, 178 f.; *Schilling, S./Schmidt, J.* ZInsO 2006, 113; *Smid*, DZWIR 2006, 45.

außen nachgeht, die Sitzvermutung nicht anhand einer tatsächlichen Kontrolle durch die Muttergesellschaft widerlegt werden könne. Die Argumentation wurde überwiegend auf das Kriterium der Erkennbarkeit für Dritte gestützt wie es aus Erwägungsgrund (13) sowie Nr. 75 des Erläuternden Berichts nach *Virgos/Schmit* bereits hervorgeht. Das Urteil des EuGH in dieser Rechtssache ist am 2. 5. 2006 ergangen.[54] Zur Frage der internationalen Zuständigkeit wurde weitestgehend den Schlussanträgen des Generalanwalts gefolgt. Der EuGH stellte fest, dass der Mittelpunkt der hauptsächlichen Interessen einer Tochtergesellschaft in der Regel in dem Mitgliedsstaat ihres satzungsmäßigen Sitzes belegen sei. Die Vermutung des Art. 3 Abs. 1 S. 2 könne nur mittels objektiver und für Dritte feststellbarer Kriterien widerlegt werden.[55] Insbesondere wurde dafür die Konstellation einer Briefkastenfirma als Beispiel angeführt. Übe die Tochtergesellschaft hingegen an ihrem Satzungssitz eine Tätigkeit aus, sei eine Kontrolle durch ihre Muttergesellschaft nicht geeignet, die Vermutungsregel zu entkräften.[56] Hinsichtlich des für das Prioritätsprinzip entscheidenden Begriffs der Insolvenzeröffnung führte der EuGH zugunsten des High Court aus, dass unter dem Begriff der „Eröffnung eines Insolvenzverfahrens" nicht der formelle Eröffnungsbeschluss, sondern bereits die Entscheidung zu verstehen sei, die infolge eines auf die Insolvenz des Schuldners gestützten Antrags auf Eröffnung eines in Anhang A der Verordnung genannten Verfahrens ergehe, wenn diese Entscheidung den Vermögensbeschlag gegen den Schuldner zur Folge habe und durch sie ein in Anhang C der Verordnung genannter Verwalter bestellt werde.[57]

29   Der Supreme Court of Ireland hat demgemäß in seiner Entscheidung vom 3. 7. 2006 das Rechtsmittel des italienischen Verwalters abgewiesen und die Entscheidung des High Court vom 23. 3. 2004 bestätigt, wonach die irischen Gerichte auf Grund der angeordneten Sicherungsmaßnahmen und der Bestellung des vorläufigen Insolvenzverwalters zuerst die internationale Zuständigkeit für sich in Anspruch genommen hätten. Der Supreme Court führte zudem aus, dass die Vermutung gegen einen vom Satzungssitz der Gesellschaft abweichenden COMI nicht widerlegt worden sei.[58]

30   **d) Stellungnahme.** Es ist zu hoffen, dass die Entscheidung des EuGH ein Ende der Diskussion über die richtigen Anknüpfungspunkte zur Bestimmung des COMI mit sich bringt. In seinem Urteil benennt der EuGH zwar keine konkreten Kriterien, anhand derer die Ermittlung des COMI erfolgen soll. Der EuGH erteilt jedoch der Mind-of-Management-Theorie zutreffenderweise eine deutliche Absage: der COMI ist demnach nach objektiven und für Dritte feststellbare Kriterien zu bestimmen.[59] Für die Widerlegung der Vermutung, dass der COMI nicht am satzungsmäßigen Sitz der Gesellschaft liege, reiche es nicht aus, dass die wirtschaftlichen Entscheidungen von einer Muttergesellschaft mit Sitz in einem anderen Mitgliedsstaat kontrolliert werden oder kontrolliert werden können.[60] Mit dieser Feststellung wurde zudem der Einführung eines besonderen Konzerngerichtsstands bei grenzüberschreitenden Konzerninsolvenzen[61] widersprochen. Die Entscheidung ist im Ergebnis zutreffend.

31   **e) Relevante Indizien nach der Business-Activity-Theorie.** Welche Indizien für die Bestimmung des COMI im jeweiligen Einzelfall ausschlaggebend sind, lässt sich nicht allgemeingültig beantworten. Es lassen sich jedoch auf Grund der Eurofood Entscheidung

---

[54] Abgedruckt in NZI 2006, 360; Urteilsbesprechungen *Freitag/Leible* RIW 2006, 641; *Hess/Laukemann/Seagon* IPRax 2007, 89; *Kammel* NZI 2006, 334; *Knof/Mock* ZIP 2006, 907, 911; *Liersch* NZI 6/2006 aktuell, V; *Mankowski* BB 2006, 1753; *Paulus*, NZG 2006, 609; *Poertzgen/Adam* ZInsO 2006, 505; *Saenger/Klockenbrink* EuZW 2006, 363; *Smid*, DZWIR 2006, 325.
[55] So später auch BGH vom 22. 3. 2007 ZIP 2007, 878.
[56] EuGH Urteil vom 2. 5. 2006, Rs. 341/04 Eurofood, NZI 2006, 360, 361, RdNr. 33 bis 36.
[57] Ebd. RdNr. 54.
[58] Supreme Court of Ireland, *Eurofood IFSC Ltd. Re Companies Act 1963–2001,* [2006] IESC 41, im Internet veröffentlich unter http://www.bailii.org/ie/cases/IESC/2006/S41.html.
[59] Vgl. EuGH ebd. RdNr. 33.
[60] Ebd. EuGH Eurofood, RdNr. 37.
[61] Vgl. hierzu auch die Ausführungen von *Ehrike* Internationales Konzerninsolvenzrecht RdNr. 23 ff.

des EuGH sowie der Verordnung zunächst einige allgemein anwendbare Grundsätze herausarbeiten. Danach befindet sich der COMI grundsätzlich dort, wo das Unternehmen seine Tätigkeit für Dritte erkennbar ausübt.[62] Für die Tätigkeit des Unternehmens ist vornehmlich auf die wirtschaftliche Aktivität unter Einsatz von Personal und Vermögenswerten abzustellen. Dieser Schwerpunkt für die Bestimmung der maßgeblichen Tätigkeit eines Unternehmens zur Bestimmung des COMI ergibt sich aus einem *argumentum a maiore ad minus* gegenüber dem Niederlassungsbegriff aus Art. 2 lit. h). Danach ist als Niederlassung jeder Tätigkeitsort definiert, an dem der Schuldner einer wirtschaftlichen Aktivität von nicht vorübergehender Art nachgeht, die den Einsatz von Personal und Vermögenswerten voraussetzt.[63] Bei einer Niederlassung handelt es sich jedoch um ein „Minus" gegenüber dem COMI eines Unternehmens, so dass am Mittelpunkt der hauptsächlichen Interessen erst recht wirtschaftliche Aktivitäten unter Einsatz von Personal und Vermögenswerten entfaltet werden müssen.

Ausgangspunkt für die Feststellung des COMI ist zunächst der Einsatz von Personal.[64] Der **Einsatz von Personal** bedeutet den Einsatz von eigenen Arbeitnehmern, oder auch von Arbeitnehmern Dritter, die auf Grund von Geschäftsbesorgungsverträgen tätig werden und aus der Sicht außen stehender Dritter für den Schuldner auftreten.[65] Vom Schuldner unabhängige selbständige Personen wie z. B. Vertriebshändler, Handelsvertreter etc. sind dagegen nicht als eingesetztes Personal des Schuldners zur Bestimmung des COMI anzusehen. Im Umkehrschluss kann auch die Tatsache, dass kein Personal eingesetzt wird, gegen die Annahme des Interessenmittelpunktes sprechen.[66]

Daneben ist der **Einsatz von Vermögenswerten** das vorrangige Kriterium, das bei der Bestimmung des COMI zugrunde gelegt werden kann.[67] Dazu kann die Belegenheit von Sachanlagevermögen zählen, unabhängig ob es sich im Eigentum befindet oder lediglich gemietet bzw. geleast ist. Bei produzierenden Unternehmen sind vor allem die Produktionsstätte und Warenlager die relevanten Anknüpfungspunkte, bei Handelsunternehmen die Geschäftsräume.[68] Auch das Umlaufvermögen des Schuldners ist zu seinen Vermögenswerten zu zählen.

Weniger ausschlaggebend sind dagegen andere, in der Literatur gelegentlich genannte Anknüpfungspunkte wie der Ort der die Geschäftskonten führenden Bank, die Rechtswahl der Verträge, Aufenthaltsorte der Geschäftsführer oder ähnliches.[69] Diese sind eher zufällig, frei wählbar und charakterisieren auch aus Sicht der Geschäftspartner des Schuldners nicht notwendigerweise dessen Mittelpunkt.

Es verbieten sich jedoch pauschalisierende Betrachtungsweisen. Ausgangspunkt der Überlegungen ist zunächst immer, die Art des Geschäftsbetriebes des Schuldnerunternehmens zu untersuchen. Bei produzierenden Unternehmen sind die Anknüpfungspunkte eventuell anders zu gewichten als bei Unternehmen, die Dienstleistungen erbringen, oder als bei Unternehmen, deren Tätigkeitsschwerpunkt im Vertrieb liegt. Unterhält das Unternehmen Betriebsstätten in mehreren Mitgliedstaaten, so ist zu prüfen, welche Betriebsstätte den

---

[62] So EuGH Eurofood, ebd. RdNr. 33–37.
[63] Vgl. oben Art. 2 RdNr. 17 ff.
[64] Dazu auch AG Mönchengladbach vom 27. 4. 2004 mit Anmerkungen *Bähr/Riedemann* ZIP 2004, 1064, 1067. Vgl. auch *Adam,* Zuständigkeitsfragen, S. 128; *Herchen* ZInsO 2004, 825, 828; MünchKommInsO-*Kindler,* Bd. 11, Art. 3 RdNr. 129, 141; *Schilling,* Diss., S. 88 ff; HambKomm-*Undritz* Art. 3 RdNr. 36.
[65] Vgl. hierzu im Rahmen der Niederlassung die AG Köln, NZI 2004, 151, 152; AG München (BenQ Mobile Holding B. V.) ZIP 2007, 495, 496.
[66] MünchKommInsO-*Kindler,* Bd. 11, Art. 3 RdNr. 129, auch Tribunale di Parma v. 19. 2. 2004 ZIP 2004, 1220, 1221.
[67] High Court of Justice Chancery Division Companies Court vom 7. 2. 2003 ZIP 2003, 813, 814; vgl. auch *Adam,* Zuständigkeitsfragen, S. 126 f.; *Kübler* in Festschrift Gerhardt, S. 556; *Herchen* ZInsO 2004, 825, 827; MünchKommInsO-*Kindler,* Bd. 11, Art. 3 RdNr. 129; *Schilling,* Diss., S. 88 ff.
[68] *Mankowski* BB 2006, 1753, 1755; MünchKommInsO-*Kindler,* Bd. 11, Art. 3 RdNr. 129; HambKomm-*Undritz* Art. 3 RdNr. 36; vgl. auch AG Köln, NZI 2008, 257 ff. (PiN II) zu Dienstleistungsunternehmen.
[69] Diese Kriterien nennen MünchKommInsO-*Kindler,* Bd. 11, Art. 3 RdNr. 129; HambKomm-*Undritz* Art. 3 RdNr. 31 ff.

Mittelpunkt der betrieblichen Aktivitäten des Unternehmens bildet. Unterhält ein Unternehmen beispielsweise mehrere gleichwertige Produktionsstätten und befindet sich der satzungsmäßige Sitz des Unternehmens an einer der Produktionsstätten, so gilt wiederum die Vermutung des Art. 3 Abs. 1 Satz 2. Sind die Produktionsstätten nicht gleichwertig, sondern hat das Unternehmen an einer der Produktionsstätten beispielsweise eine zentrale Verwaltung, so befindet sich der COMI an dieser Betriebsstätte, und zwar auch dann, wenn der satzungsmäßige Sitz an einer anderen Betriebsstätte liegt.

36 f) **Abwicklungsgesellschaften.** Für Gesellschaften, die sich in der Abwicklung befinden, sei es auf Grund eines ordnungsgemäßen Liquidationsverfahrens, sei es auf Grund einer Abwicklung ohne entsprechenden Liquidationsbeschluss, gelten keine anderen als die vorgenannten Kriterien (vgl. oben RdNr. 31). Für die Auffassung, wonach nach „Einstellung" der werbenden Tätigkeit einer Gesellschaft nur noch der Satzungssitz maßgeblich sei[70] – wie dies für die örtliche Zuständigkeit nach deutschem Insolvenzrecht vertreten wird,[71] finden sich in der Verordnung keine Anhaltspunkte. Eine solche Interpretation würde im Ergebnis dazu führen, dass eine Gesellschaft alleine durch einen entsprechenden Liquidationsbeschluss und der damit einhergehenden Beendigung der werbenden Tätigkeit die internationale Zuständigkeit an ihren satzungsmäßigen Sitz „ziehen" könnte, auch wenn sämtliche, im Rahmen der werbenden Tätigkeit begründeten und noch nicht abgewickelten Rechtsverhältnisse am Mittelpunkt der hauptsächlichen Interessen in einem anderen Mitgliedsstaat begründet wurden. Damit würde das Vertrauen der Gläubiger in die einmal begründete internationale Zuständigkeit unterlaufen.[72]

37 Zwar ist für die Feststellung des Mittelpunktes auf die Situation zum Zeitpunkt der Antragstellung abzustellen, so dass der Zeitpunkt, zu dem die Verbindlichkeiten des Schuldners begründet wurden, nicht maßgeblich ist (vgl. unten RdNr. 45 ff.). Für die Bewertung des Mittelpunktes der hauptsächlichen Interessen ist jedoch nicht nur auf die werbende Tätigkeit abzustellen. Die abwickelnde Tätigkeit ist vielmehr gleichfalls zu berücksichtigen. Insoweit ändert sich durch die geänderte Zielsetzung der Abwicklung nichts an dem Tätigkeitsort, an dem sich Vermögenswerte befinden und Personal eingesetzt wurde. Daher ist denkbar, dass sich im Rahmen der Liquidation der Mittelpunkt der hauptsächlichen Interessen an den satzungsmäßigen Sitz oder auch einen Drittstaat verlagert. Hierfür reicht es jedoch nicht aus, wenn der bestellte Liquidator seinen Wohnsitz am satzungsmäßigen Sitz der Gesellschaft hat oder vornehmlich von dort seine Tätigkeit ausführt. Ist die Liquidation bereits weitgehend fortgeschritten, d. h. die Arbeitsverhältnisse beendet und die vorhandene Vermögensgegenstände am (früheren) Mittelpunkt des hauptsächlichen Interesses veräußert, so mag sich der Mittelpunkt des hauptsächlichen Interesses an den Ort verlagern, an dem der Liquidator die verbleibende Abwicklungstätigkeit noch vornimmt.[73]

38 **3. In einem Mitgliedsstaat.** Liegt der für die Bestimmung der internationalen Zuständigkeit nach Art. 3 Abs. 1 maßgebliche Anknüpfungspunkt – der Sitz oder der davon abweichende COMI – nicht in einem der Mitgliedsstaaten, sondern in einem Drittstaat,

---

[70] So *Huber*, in *Geimer/Schütze*, Int. Rechtsverkehr, B Vor I 20 b, Art. 3 RdNr. 11; *Haubold*, in *Gebauer/Wiedmann*, Zivilrecht, Rdnr. 47 zu Art. 3.

[71] Vgl. MünchKommInsO-*Ganter* § 3 RdNr. 8; *Braun/Kießner* § 3 RdNr. 6; FK-*Schmerbach* § 3 RdNr. 9 b; HK-*Kirchhof* § 3 RdNr. 8; *Jaeger/Gerhard* § 3 RdNr. 11; *Smid*, Int. Insolvenzrecht, § 3 RdNr. 9; *Uhlenbruck/Uhlenbruck* § 3 RdNr. 11.

[72] So zu Recht AG Hamburg vom 16. 8. 2006 ZIP 2006, 1642, 1644 mit Anmerkungen *Klöhn* NZI 2006, 652; ebenso AG Hamburg vom 1. 12. 2005 NZI 2006, 120, 121 mit Anmerkungen *Herweg/Tschauner* EWiR 2006, 169; AG Hamburg vom 9. 5. 2006, Az. 67 c IN 122/06, veröffentlicht unter http://www.eir-database.com, case no. 146 und NZI 2006, 486 mit Anmerkungen *Mankowski* NZI 2006, 486 sowie *Wagner* EWiR 2006, 433; High Court of Leeds vom 20. 5. 2004, Ci4net, ZIP 2004, 1769 mit Anmerkungen *Westphal/Wilkens* EWiR 2004, 847. Erwägungsgrund 13; *Klöhn* NZI 2006, 383; *ders.* KTS 2006, 259; *Fletcher*, in *Moss/Fletcher/Isaacs*, EC Regulation, RdNr. 3.10; *Pannen/Riedemann* NZI 2004, 646.

[73] So wohl auch AG Hamburg vom 9. 5. 2006, Az. 67 c IN 122/06, veröffentlicht unter http://www.eir-database.com, case no. 146 und NZI 2006, 486.

findet die Verordnung grundsätzlich keine Anwendung,[74] und zwar auch nicht für die Bestimmung der Zuständigkeit für Sekundärverfahren nach Art. 3 Abs. 2. Denn die Niederlassungszuständigkeit nach Art. 3 Abs. 2 setzt schon seinem Wortlaut nach voraus, dass der Schuldner den Mittelpunkt seiner hauptsächlichen Interessen im Gebiet eines Mitgliedstaates hat. Das Insolvenzgericht hat dann auf Grund des eigenen autonomen internationalen Insolvenzrechts zu ermitteln, unter welchen Voraussetzungen und in welcher Form ein auf das Gebiet des Verfahrensstaates beschränktes Insolvenzverfahren gemäß den Vorschriften des autonomen Rechts durchzuführen ist. Das Ergebnis ist jedoch fraglich. Denn das Funktionieren des Binnenmarktes und das Verhindern von *Forum shopping* innerhalb des Binnenmarktes, die in den Erwägungsgründen ausdrücklich als Ziel herausgestellt werden,[75] sind auch betroffen, wenn sich in den Mitgliedstaaten zwar nicht der Mittelpunkt der hauptsächlichen Interessen befindet, jedoch eine Niederlassung im Sinne des Art. 3 Abs. 2. Es ist de lege ferenda kein Grund ersichtlich, warum in diesen Fällen nicht auch die Vorschriften der Verordnung, insbesondere die kollisionsrechtlichen Vorschriften der Verordnung, soweit diese wiederum sachlich-räumlich anwendbar sind, angewendet werden sollen. Aufgrund des eindeutigen Wortlautes der Verordnung verbiete sich jedoch eine Anwendung auf Schuldner, die lediglich eine Niederlassung in den Mitgliedstaaten haben, nicht jedoch ihren Sitz bzw. ihren COMI.

Nicht diskutiert ist bisher, wie ein Insolvenzgericht zu verfahren hat, wenn es auf Grund **39** der Prüfung des autonomen Rechts zu dem Ergebnis kommt, dass es ein Hauptverfahren durchführen müsse, beispielsweise weil die internationale Zuständigkeit zwingend an den Sitz anknüpft, oder die Alternativanknüpfung an die geschäftliche Tätigkeit des Schuldners anders ausgestaltet ist, und abweichend von der Prüfung der hauptsächlichen Interessen die internationale Zuständigkeit nach dem autonomen Recht nur für den eigenen Verfahrensstaat bejaht werden kann. Richtigerweise wird man hier jedoch davon ausgehen müssen, dass Art. 3 Abs. 1 eine Sondervorschrift enthält, die in ihrem Anwendungsbereich die entsprechende Vorschrift des autonomen Rechts abschließend verdrängt. Soweit daher die Zuständigkeitsvoraussetzung nach Art. 3 Abs. 1 nicht gegeben sind, kann daher ein Insolvenzgericht auch nicht auf Grundlage des autonomen Rechts ein Hauptverfahren durchführen. Die Vorschriften des autonomen Rechts zur Bestimmung der internationalen Zuständigkeit eines Hauptverfahrens haben daher nur noch Geltung für die vom Anwendungsbereich der Verordnung gemäß Art. 1 Abs. 2 ausgenommenen Schuldner.[76]

III. Hauptinsolvenzverfahren – natürliche Personen (Abs. 1)

1. Allgemeines. Die Verordnung verwendet zur Bestimmung der internationalen Zu- **40** ständigkeit eine einheitliche Definition, die für Gesellschaften wie für natürliche Personen gleichsam Anwendung findet. Lediglich auf eine Vermutungsregelung, wie sie in Abs. 1 Satz 2 für Gesellschaften zu finden ist (satzungsmäßiger Sitz), wurde für natürliche Personen verzichtet. Daher ist die Zuständigkeit auch bei natürlichen Personen über den „Mittelpunkt der hauptsächlichen Interessen" (COMI) zu bestimmen. Nach dem Erläuternden Bericht von *Virgos/Schmit* sollen durch die Verwendung des Begriffs „Interesse" nicht nur Handels-, gewerbliche oder berufliche Tätigkeiten, sondern auch allgemein wirtschaftliche Tätigkeiten erfasst werden, so dass auch die Betätigung von Privatpersonen erfasst wird. Nach inzwischen allgemeiner Auffassung sind die *hauptsächlichen Interessen* jedoch für Gewerbetreibende oder Freiberufler anders zu bestimmen als die *hauptsächlichen Interessen* eines unselbständigen Arbeitnehmers.

2. Unselbständige Arbeitnehmer. Der Mittelpunkt der hauptsächlichen Interessen **41** unselbständig Erwerbstätiger ist autonom zu bestimmen. Die vielfach in Literatur und

---

[74] Vgl. zum sachlich-räumlichen Anwendungsbereich oben, Art. 1 RdNr. 12 ff.
[75] Vgl. Nr. 2 bis 5 der Erwägungsgründe.
[76] Vgl. hierzu Art. 1 RdNr. 8 ff.

Rechtsprechung verwendeten Begriffe des *Wohnsitzes* oder des *gewöhnlichen Aufenthaltes*[77] kommen zwar vielfach zu gleichen Ergebnissen, entsprechen jedoch nicht der Verordnung. Der Begriff des Wohnsitzes, wie er in § 13 ZPO verwendet wird, ist zunächst nicht zur Bestimmung des Mittelpunktes der hauptsächlichen Interessen einer natürlichen Person geeignet. Der Begriff des Wohnsitzes ist normativ und wird in den Mitgliedsstaaten unterschiedlich verwendet.[78] Harmonisierungsbestreben des Europarates zur Vereinheitlichung des Wohnsitzbegriffes war kein Erfolg beschieden.[79] Aus diesen Gründen verwendet auch die EuGVVO keinen autonom auszulegenden Begriff des Wohnsitzes. Vielmehr verweist Art. 59 EuGVVO zur Bestimmung des Wohnsitzbegriffes auf die jeweilige *lex fori*, also auf das materielle Recht des Verfahrensgerichts. Die Verordnung hat bewusst den schon im Rahmen des EuGVÜ und der EuGVVO umstrittenen Begriff vermieden und vielmehr auf einen in den Rechtsordnungen der Mitgliedsländer nicht verwendeten Begriff des „Mittelpunktes der hauptsächlichen Interessen" abgestellt. Dieser erfordert eine autonome Auslegung, die über den Begriff des Wohnsitzes nicht gewährleistet wäre.

42 Auch der Begriff des „gewöhnlichen Aufenthaltes", auf den alternativ gelegentlich abgestellt wird,[80] wird dem autonomen Begriff des „Mittelpunktes der hauptsächlichen Interessen" nicht gerecht. Zwar wird dieser Begriff zunehmend auch im internationalen Recht verwandt.[81] Es handelt sich jedoch um einen Rechtsbegriff, der im deutschen Recht zur Lokalisierung anderer Rechtsverhältnisse dient,[82] und dort bereits eine entsprechende Auslegung erfahren hat. Das wird der Herausarbeitung eines autonom und unabhängig von den Rechtsordnungen zu verwendenden Begriffes nicht gerecht, auch wenn im Ergebnis eine weitgehende Übereinstimmung mit dem im deutschen Recht verwendeten Begriff des gewöhnlichen Aufenthaltes möglich ist.

43 Richtiger erscheint es daher, den Begriff des Mittelpunktes der hauptsächlichen Interessen auch autonom zu bestimmen, möglichst unter Vermeidung von Rückgriffe auf jeweils nationale Rechtsordnungen. Für Privatpersonen bietet sich als „Mittelpunkt des hauptsächlichen Interesses" jedoch der – juristisch bisher nicht besetzte – Begriff des „Lebensmittelpunktes" an. Auch dieser setzt faktisch zunächst einen Aufenthalt voraus, der zumindest auf eine bestimmte Dauer angelegt sein muss. Hinzu kommen müssen aber noch andere Umstände persönlicher oder beruflicher Art, die die dauerhafte Beziehung zu dem Aufenthaltsort zu dem Lebensmittelpunkt einer natürlichen Person machen. Hierfür bieten der gemeldete Wohnort, der tatsächliche Aufenthalt, Aufenthaltsgrund und Aufenthaltsdauer, der Arbeitsort, der Ort, an dem sich die familiären und persönlichen Kontakte stattfinden, der Ort selbst genutzten Immobilienvermögens etc. jeweils Indizien, für deren Gewichtung keine einheitlichen Maßstäbe vorgegeben werden können. Sie sind sämtlich zu berücksichtigen und anhand der persönlichen Umstände des Schuldners zu werten.[83] Keine Rolle

---

[77] Die beiden Begriffe verwendet z. B. AG Celle vom 18. 4. 2005 NZI 2005, 410; inzidenter auch BGH vom 2. 3. 2006 NZI 2006, 364; inzidenter den Wohnort bestätigend: EuGH Urteil vom 17. 1. 2006, Rs. C-1/04 Staubitz-Schreiber, abgedruckt in IPRax 2006, 149; AG Celle NZI 2005, 410; vgl. hierzu auch High Court of Justice London, Urteil vom 26. 11. 2004 (*Shierson as trustee of Martin Vlieland-Boddy*), veröffentlicht unter http://www.eir-database.com, case no. 60; zum gewöhnlichen Aufenthaltsort: *Duursma-Kepplinger*, Europäische Insolvenzverordnung, Art. 3 RdNr. 20 f; *Mankowski* NZI 2005, 368, 369; *Moss/Smith*, in *Moss/Fletcher/Isaacs*, EC Regulation, RdNr. 8.41; MünchKommBGB-*Kindler*, Bd. 11, Art. 3 RdNr. 133 ff.; *Paulus*, Europäische Insolvenzverordnung, Art. 3 RdNr. 24; zum Wohnsitz: FK-*Wimmer*; Anh I RdNr. 28; *Leipold*, in *Stoll*, Vorschläge und Gutachten, S. 190; *Smid*, Int. Insolvenzrecht, Art. 3 RdNr. 15; vom „gewöhnlichen Wohnsitz" sprechen *Virgos/Schmit*, Erläuternder Bericht, RdNr. 75.
[78] Vgl. hierzu *v. Bar/Mankowski*, IPR, § 7 RdNr. 24; insbesondere die Rechtsordnungen des Common Law, das Vereinigte Königreich und Irland, verwenden einen anderen Wohnsitzbegriff, das Konzept des sog. *domicile*; vgl. auch *Kropholler*, Europ. Zivilprozessrecht, Art. 59 EuGVO RdNr. 1 ff.
[79] Vgl. MünchKommBGB-*Sonnenberger*, Bd. 10, Einl. IPR RdNr. 727.
[80] Vgl. z. B. MünchKommBGB-*Kindler*, Bd. 11, Art. 3 RdNr. 134; LG Göttingen NZI 2008, 191.
[81] Vgl. MünchKommBGB-*Sonnenberger*, Bd. 10, Einl. IPR RdNr. 730; *v. Bar/Mankowski*, IPR, § 7 RdNr. 22 f.
[82] Vgl. § 9 Satz 1 AO; § 30 Abs. 3 Satz 2 SGB I; Art. 5 Abs. 2 EGBGB.
[83] Vgl. z. B. die Abwägungen dieser Punkte eines schwedischen Gerichts, Cass. Com. vom 28. 9. 2004, unter http://www.eir-database.com, case no. 69.

spielt die Staatsangehörigkeit.[84] Nicht ausschlaggebend ist daher auch der Ort, an dem eine natürliche Person ihrer unselbständigen Tätigkeit nachgeht (Arbeitsort), solange andere persönliche Umstände auf einen anderen Lebensmittelpunkt hindeuten. Deutlich wird dies, wenn man sich das Beispiel des fünf Tage in den Niederlanden arbeitenden und wohnenden Familienvaters vergegenwärtigt, der am Wochenende jeweils zu seiner in Deutschland ansässigen Familie zurück kehrt. Der (zeitlich überwiegende) Aufenthaltsort wäre hier gewiss die Niederlande, allerdings nur bedingt durch das Erwerbsleben; der Lebensmittelpunkt eines solchen Grenzgänger-Arbeitnehmers wird jedoch vielmehr in Deutschland anzunehmen sein.[85] Richtigerweise haben die mit diesen Fragen bisher befassten Gerichtsentscheidungen daher anhand der Umstände des Einzelfalles die persönlichen und beruflichen räumlichen Anknüpfungspunkte analysiert und jeweils gewichtet.[86]

3. Gewerblich oder freiberuflich Tätige. Bei Selbständigen dagegen wird der Ort, an dem diese ihrer beruflichen Tätigkeit nachgehen, als der Mittelpunkt der hauptsächlichen Interessen angesehen.[87] Soweit der Tätigkeitsort eines Selbständigen sich über mehrere Mitgliedsstaaten erstreckt, sind die gleichen Kriterien anzuwenden, die auch für die Bestimmung des Mittelpunktes der hauptsächlichen Interessen bei Gesellschaften ausschlaggebend sind (vgl. oben RdNr. 31). Für den im Elsass wohnenden, aber in Freiburg arbeitenden freiberuflichen Architekten sind demnach – anders als bei einem unselbständigen Arbeitnehmer (vgl. vorige RdNr.) – die deutschen Gerichte zur Durchführung des Hauptverfahrens international zuständig.[88] Die Anknüpfung an die selbständige Tätigkeit einer natürlichen Person setzt jedoch voraus, dass diese Tätigkeit auch „Mittelpunkt" der wirtschaftlichen Betätigung der natürlichen Person ist. Ein Arbeitnehmer, der gelegentlich einer selbständigen Tätigkeit nachgeht, oder ein Rentner, der sich über selbständige Tätigkeit Nebeneinnahmen verschafft, ist weiterhin nach den Kriterien für unselbständig Beschäftigte zu beurteilen. Insoweit setzt die Einordnung einer natürlichen Person als „Selbständiger" eine Dauerhaftigkeit und Nachhaltigkeit der gewerblichen oder freiberuflichen Betätigung voraus.

IV. Zeitpunkt

Die Verordnung regelt nicht, zu welchem Zeitpunkt die nach Art. 3 maßgeblichen Zuständigkeitskriterien gegeben sein müssen. Auch Ziffer 4 der Erwägungsgründe spricht das Thema lediglich indirekt an: die Verordnung solle verhindern, dass es für Parteien vorteilhafter ist, Vermögensgegenstände oder Rechtsstreitigkeiten von einem Mitgliedsstaat in einen anderen zu verlagern, um auf diese Weise eine verbesserte Rechtsstellung anzustreben (so genanntes „*Forum shopping*"). Die Gefahr eines *Forum shopping* ist im Internationalen Insolvenzrecht nicht zuletzt deshalb bes. hoch, weil sich das anwendbare Insolvenzrecht gemäß Art. 4 mittelbar aus dem Recht des Verfahrensstaates herleitet: Sowohl für die (insbesondere bei natürlichen Personen unterschiedlich ausgestaltete) Insolvenzfähigkeit eines Schuldners aber auch für sonstige insolvenzrechtliche Fragen (beispielsweise die Möglichkeit und die Bedingungen einer Restschuldbefreiung) bestimmt sich das anwendbare

---

[84] Ebenso AG Celle vom 18. 4. 2005 NZI 2005, 410; *Mankowski* NZI 2005, 370.
[85] So auch *Mankowski* NZI 2005, 369, 370.
[86] Vgl. auch BGH DZWiR 2006, 211 *(Staubitz-Schreiber);* sowie den Vorlagebeschluss bezüglich der Verlegung des COMI nach Antragstellung BGH DZWiR 2004, 83 ff; vgl. auch BGH NZI 2007, 344, 345; BGH NZI 2008, 121; AG Celle, NZI 2005, 410 f.; OLG Köln PRRax 2003, 59 ff.; Court of Appeal (Civil Division) vom 27. 7. 2005 [*Vlieland-Boddy II*] NZI 2005, 571 ff. sowie die Vorinstanz, High Court of Justice, Chancery Division vom 26. 11. 2004, veröffentlicht unter www.eir-database.com, Case no. 60; High Court of Justice, Urteil vom 15. 7. 2005, [*Collins & Aikman*] www.eir-database.com, Case no. 102.
[87] BGH NZI 2007, 344, 345; *Virgos/Schmit,* Erläuternder Bericht, RdNr. 75;So auch *Taupitz* ZZP 111 (1998) 315, 326 f.; ebenso wohl *Huber* ZZP 114 (2001) 133, 140. *Duursma-Kepplinger,* Europäische Insolvenzverordnung, Art. 3 RdNr. 22; *Mankowski* NZI 2005, 368, 370; MünchKommBGB-*Kindler,* Bd. 11, Art. 3 RdNr. 137; *Paulus,* Europäische Insolvenzverordnung, Art. 3 RdNr. 25; *Virgos/Schmit,* Erläuternder Bericht, RdNr. 75; aA wohl *Smid,* Int. Insolvenzrecht, Art. 3 RdNr. 15.
[88] Vgl. hierzu den Länderbericht zu Frankreich.

Recht nach dem Recht des Hauptverfahrensstaates.[89] Das anwendbare Recht folgt – bis auf die Sonderanknüpfungen nach Art. 5 ff. – der internationalen Zuständigkeit (vgl. hierzu Art. 4).

46 Hinzu kommt, dass durch eine Verlagerung der internationalen Zuständigkeit es vielen Gläubigern freilich erheblich schwerer gemacht wird, ihre Ansprüche gegen den Schuldner noch zu verfolgen. Auch dies würde dem Ziel der Verordnung, Effizienz und Wirksamkeit von Insolvenzverfahren mit grenzüberschreitender Wirkung zu verbessern (Ziffer 8 der Erwägungsgründe), entgegenstehen. Aufgrund der praktischen Bedeutung der Frage ist es nicht verwunderlich, dass die Frage des Zeitpunktes des Vorliegens der Zuständigkeitsmerkmale bereits mehrfach Gegenstand gerichtlicher Entscheidungen war. Während eine Sitzverlegung nach Stellung eines Insolvenzantrages durch eine klarstellende EuGH-Entscheidung mittlerweile geklärt ist (vgl. nachfolgende RdNr.), ist die Behandlung einer Sitzverlegung vor Insolvenzantragstellung dagegen noch weiterhin offen (vgl. unten RdNr. 52 ff.).

47 **1. Sitzverlegung nach Antragstellung.** Wie der EuGH in seiner Entscheidung *Staubitz-Schreiber*[90] klargestellt hat, bleibt das Gericht des Mitgliedsstaates, in dessen Gebiet der Schuldner bei Stellung seines Antrags auf Eröffnung des Insolvenzverfahrens den Mittelpunkt seiner hauptsächlichen Interessen hat, für die Entscheidung über die Eröffnung dieses Verfahrens zuständig, wenn der Schuldner nach Antragstellung, aber vor der Eröffnungsentscheidung den Mittelpunkt seiner hauptsächlichen Interessen in das Gebiet eines anderen Mitgliedsstaates verlegt.[91] Die Entscheidung beruht auf einem Vorabentscheidungsersuchen des BGH.[92] In dem dem BGH vorliegenden Fall hatte die Schuldnerin ein Einzelunternehmen betrieben, das sie bereits vor Antrag auf Eröffnung des Insolvenzverfahrens geschlossen und eingestellt hatte. Nachdem die Schuldnerin den Eigenantrag gestellt hatte, aber noch vor der Entscheidung des Insolvenzgerichts über die Eröffnung, verlegte die Schuldnerin ihren Wohnsitz nach Spanien mit der Absicht, dort zu leben und zu arbeiten. Das Amtsgericht hatte sich wegen der Wohnsitzverlegung im Laufe des Insolvenzeröffnungsverfahrens für unzuständig erklärt,[93] was die Schuldnerin selbst mit einem Rechtsmittel angriff, welches letztinstanzlich dem BGH vorlag, der die Frage wiederum als Vorabentscheidung dem EuGH vorlegte.[94] Der EuGH hat für die Bestimmung der Zuständigkeit im Ergebnis auf den Zeitpunkt der Insolvenzantragstellung angeknüpft und sich im Ergebnis damit für eine *perpetuatio fori* im Internationalen Insolvenzrecht ausgesprochen. Dies ist in der deutschen Literatur zu Recht allgemein begrüßt worden.[95]

---

[89] Siehe *Vallender*, NZI 2007, 129, 130 ff.; Klöhn, KTS 2006, 259; *Huber*, in: *Gottwald*, Europ. Insolvenzrecht, S. 32 ff.

[90] EuGH vom 17. 1. 2006 Rs. C-1/04 *Staubitz-Schreiber* DZWIR 2006, 196 mit Anmerkungen *Duursma-Kepplinger* DZWIR 2006, 177; *Hess/Laukemann* JZ 2006, 671; *Kindler* IPRax 2006, 114; *Knof/Mock* ZIP 2006, 188; *Mankowski* NZI 2006, 153; *Saenger/Klockenbrink* DZWIR 2006, 183; *Vogl* EWiR 2006, 141. Vgl. dazu auch die Schlussanträge des EuGH GA Colomer vom 6. 9. 2005 ZIP 2005, 1641 mit Anmerkungen *Brenner* ZIP 2005, 1646. Zur Umsetzung des EuGH Urteils vgl. BGH vom 9. 2. 2006 IX ZB 418/02 DZWIR 2006, 211 = NZI 2006, 297; vgl. auch BGH BeckRS 2007, 11740.

[91] EuGH vom 17. 1. 2006 Rs. C-1/04 *Staubitz-Schreiber* DZWIR 2006, 196, insbesondere RdNr. 24 ff. der Urteilsgründe. Anders hingegen noch, auf den Zeitpunkt der Verfahrenseröffnung abstellend, *Kübler/Prütting/Kemper*, Art. 3 EuInsVORdNr. 18; *Leible/Staudinger* KTS 2000, 533, 545; wohl auch *Prütting*, RWS-Forum 24, S. 59, 82 sowie Court of Appeal vom 27. 7. 2005 NZI 2005, 571 mit kritischer Anmerkung *Mankowski* NZI 2005, 575 f.

[92] BGH vom 27. 11. 2003, IX ZB 418/02, DZWIR 2004, 83 mit Anmerkungen *Liersch* NZI 2004, 141; *Mankowski* EWiR 2004, 229; *Weller* IPRax 2004, 412.

[93] AG Wuppertal vom 14. 8. 2002 ZInsO 2002, 1099.

[94] Zur Möglichkeit der Vorabentscheidung im Rahmen der Verordnung, vgl. vor Art. 1 RdNr. 24 f.

[95] *Carstens*, Die internationale Zuständigkeit, S. 38; *Duursma-Kepplinger* DZWIR 2006, 177, 178; *Duursma-Kepplinger*, Europäische Insolvenzverordnung, Art. 3 RdNr. 46; *Haß/Herweg*, in *Geimer/Schütze*, Int. Rechtsverkehr, B Vor I 20 b, Art. 3 RdNr. 16; *Haubold*, in *Gebauer/Wiedmann*, Zivilrecht, Art. 3 RdNr. 51; *Herchen* ZInsO 2004, 825, 829 f.; HK-Stephan, Art. 3 RdNr. 11 a; *Kindler* IPRax 2006, 114; *Knof* ZInsO 2004, 754, 755; *Knof/Mock* ZIP 2006, 188, 189; *Liersch* NZI 2004, 141, 142; *Mäsch*, in *Rauscher*, Europ. Zivilprozessrecht, Bd. 2, Art. 3 EG-InsVO RdNr. 31 f.; *Mankowski* EWiR 2004, 229, 230; MünchKommBGB-*Kindler*, Bd. 11,

Internationale Zuständigkeit 48–50 **Art. 3 EuInsVO**

Grundsätzlich zutreffend ist zunächst der Ansatzpunkt des EuGH, auf den Zeitpunkt der 48 Antragstellung abzustellen. Die Dauer des Insolvenzeröffnungsverfahrens und zwischenzeitliche Geschehnisse können schon grundsätzlich nicht rechtfertigen, den Gläubigern des Schuldners den Gerichtsstand (und im Ergebnis auch das anwendbare Recht) zu entziehen.[96] Das würde den Schuldnern mit „leichtem Gepäck" vereinfachen, sich unliebsamen Sicherungsmaßnahmen zu entziehen.[97] Zudem findet sich der Grundsatz der *perpetuatio fori* nicht nur im Internationalen Insolvenzrecht, sondern auch in der EuGVVO.[98] Auch europäische Vorschriften zum Gesellschaftsrecht schränken beispielsweise die Möglichkeit einer Sitzverlegung für die Fälle ein, in denen bereits ein Insolvenzantrag gegen die Gesellschaft gestellt wurde.[99] Für das Vorliegen der Zuständigkeitskriterien nach Art. 3 Abs. 1 ist daher auf den Zeitpunkt der Antragstellung abzustellen.

Die Ausführungen des EuGH gelten jedoch nicht nur für die Bestimmung der internationalen Zuständigkeit nach Art. 3 Abs. 1, sondern auch für die Frage des Vorliegens einer 49 so genannten „Niederlassung" im Gebiet eines anderen Mitgliedsstaates (Art. 3 Abs. 2), also auch für die internationale Zuständigkeit eines Sekundärverfahrens. Die Schließung einer solchen Niederlassung während des Insolvenzantragsverfahrens kann – soweit dies im Rahmen des vorläufigen Insolvenzantragsverfahrens und etwaiger Sicherungsmaßnahmen überhaupt noch möglich ist – die zum Zeitpunkt der Antragstellung vorliegende Niederlassungszuständigkeit nicht mehr entfallen lassen. Richtigerweise wird hierfür im Sinne des EuGH nicht nur auf den Antrag im Niederlassungsstaat abzustellen sein, sondern auf den gegebenenfalls bereits früher gestellten Antrag im Hauptverfahrensstaat. Denn da das Hauptinsolvenzverfahren grundsätzlich universelle Wirkung in den Mitgliedsstaaten entfaltet, und sogar bereits Wirkungen des Insolvenzeröffnungsverfahrens automatisch in den anderen Mitgliedsstaaten eintreten,[100] ist im Falle eines bereits zuvor gestellten Antrags im Mitgliedsstaat des Hauptverfahrens für das Vorliegen der Zuständigkeitsvoraussetzungen zeitlich auch auf diesen Antrag abzustellen.

Für die Sekundärverfahren gilt der Grundsatz, dass auf den Zeitpunkt der Antragstellung 50 abzustellen ist, jedoch nicht nur für den Wegfall der zuständigkeitsbegründenden Merkmale, sondern auch für das erstmalige Vorliegen derselben. Nimmt der Schuldner nach Antragstellung noch Rechtshandlungen vor, die erst das Vorliegen einer entsprechenden Niederlassung begründen würden, so bleiben diese, nach Antragstellung vorgenommenen zuständigkeitsbegründenden Rechtshandlungen außer Betracht. Auch in diesem Zusammenhang ist nicht auf die Antragstellung im Sekundärverfahrensstaat abzustellen, sondern auf den eventuell zeitlich davor liegenden Insolvenzantrag im Hauptverfahren. Ansonsten bestünde für den Verwalter des Hauptverfahrens wiederum die Möglichkeit, im Rahmen des Eröffnungsverfahrens oder auch im Rahmen des eröffneten Insolvenzverfahrens in einem anderen Mitgliedstaat die zuständigkeitsbegründenden Umstände einer Niederlassung zu etablieren und so beispielsweise die dinglich gesicherten Gläubiger mit in das Verfahren einzubeziehen. Denn diese sind ansonsten nach Art. 5 keinerlei insolvenzrechtlichen Einschränkungen unterworfen.[101]

Art. 3 RdNr. 154; *Paulus*, Europäische Insolvenzverordnung, Art. 3 RdNr. 15; *Saenger/Klockenbrink* DZWIR 2006, 183, 185; *Vallender* KTS 2005, 283, 300.
[96] So auch die Erwägung des EuGH, ebenda, RdNr. 27.
[97] So zutreffend *Oberhammer* ZInsO 2004, 761, 764; MünchKommBGB-*Kindler*, Bd. 11, Art. 3 RdNr. 153.
[98] EuGH vom 5. 2. 2004 Rs. C-18/02 Danmarks Rederiforening RIW 2004, 543, 546 RdNr. 37 mit Anmerkungen *Franzen*; vgl. auch *Geimer*, in *Geimer/Schütze*, Europ. ZivilverfahrensR, Art. 2 EuGVVO RdNr. 137; *Kropholler*, Europ. Zivilprozessrecht, vor Art. 2 EuGVO RdNr. 14; *Mankowski*, in *Rauscher*, Europ. Zivilprozessrecht, Bd. 1, Art. 2 Brüssel I-VO RdNr. 4.
[99] Vgl. Art. 8.15 der Verordnung (EG) Nr. 2157/2001 des Rates vom 8. 10. 2001 über das Statut der Europäischen Gesellschaft (SE), ABl. EG Nr. L 294/1 vom 10. 11. 2001; Art. 13 des Richtlinienvorentwurfs zur Verlegung des Gesellschaftssitzes innerhalb der EU ZIP 1997, 1721, 1724; vgl. auch *Weller* DStR 2004, 1218.
[100] Vgl. Art. 17 RdNr. 9; Art. 25 Abs. 1, Unterabsatz 3; Art. 25 RdNr. 13.
[101] Vgl. Art. 5; die in einem anderen Mitgliedstaat belegenen Vermögensgegenstände dinglichen Rechten Dritter unterliegen danach grundsätzlich keinen insolvenzrechtlichen Einschränkungen.

51 Der BGH hat die Rechtsprechung des EuGH aus *Staubitz-Schreiber* zwischenzeitlich auf die Fälle ausgedehnt, in denen mehrere Anträge gestellt werden, die zeitlich früheren Anträge jedoch zurückgenommen oder für erledigt erklärt werden. Der BGH entschied, dass in diesen Fällen das zuständige Gericht auch nach Erledigung des Erstantrags für zwischenzeitlich eingegangene, aber noch nicht erledigte Anträge zuständig bleiben müsse.[102] In dem dem BGH vorliegenden Fall lagen die zuständigkeitsbegründenden Merkmale bei Stellung des Erstantrags noch vor. Nach Stellung des Antrags verlegte jedoch die Schuldnerin ihren Wohnsitz in einen anderen Mitgliedsstaat. Sodann folgte ein weiterer Insolvenzantrag sowie eine Befriedigung des Gläubigers des Erstantrages, der daraufhin den Erstantrag für erledigt erklärte. Das Ergebnis, auch in diesem Fall an den zeitlich zuerst gestellten Antrag anzuknüpfen, ist in der Literatur auf Zustimmung gestoßen.[103] Die Begründung ist jedoch fraglich.[104] Nach deutschem Prozessrecht handelt es sich nicht um einen Fall der *perpetuatio fori*. Diese bezieht sich immer nur auf das einzelne Eröffnungsverfahren. Nach der Insolvenzordnung leitet jedoch jeder einzelne Antrag auf Eröffnung eines Insolvenzverfahrens ein eigenes Eröffnungsverfahren ein.[105] Durch die Ausdehnung des Konzeptes der *perpetuatio fori* in der Urteilsbegründung konnte der BGH so zwar einer neuen Vorlage an den EuGH entgehen. Im Rahmen eines Vorlageverfahrens hätte sich dem EuGH jedoch die Möglichkeit geboten, zu der Fallgestaltung einer Sitzverlegung vor Antragstellung (vgl. nachfolgende RdNr.) Stellung zu nehmen.

52 **2. Sitzverlegung vor Antragstellung.** Noch nicht geklärt ist, ob eine Änderung der zuständigkeitsbegründenden Merkmale zeitlich vor Stellung eines Insolvenzantrages zu berücksichtigen ist oder durch eine Vorverlegung des maßgeblichen Zeitpunktes entsprechend zu korrigieren ist. Letzteren Weg war noch der Entwurf eines EG-Konkursübereinkommens gegangen, nach dem eine Verlegung des Sitzes bzw. Wohnsitzes oder des Mittelpunktes der hauptsächlichen Interessen bis zu sechs Monaten vor Antragstellung außer Betracht zu bleiben hatte, mithin für die Zuständigkeit auf die Situation sechs Monate vor Antragstellung abzustellen war.[106] Eine solche starre zeitliche Grenze ist jedoch schon im Hinblick auf die Niederlassungsfreiheit fraglich. Zu Recht hat die Verordnung diese Regelung aus dem Entwurf von 1980 daher nicht übernommen. Gleiches gilt für Überlegungen, für die Zuständigkeit nach Art. 3 auf die zuständigkeitsbegründenden Merkmale zurzeit der Insolvenzreife abzustellen.[107] Zwar hat eine solche Regelung gegenüber Art. 6 Abs. 1 des Entwurfes zu einem EG-Konkursübereinkommen den Vorteil, dass der relevante Zeitraum flexibel bleibt. Eine solche Vorverlagerung des Zeitpunktes ist jedoch problematisch, da die Insolvenzreife bei natürlichen Personen und juristischen Personen durchaus unterschiedlich gesehen wird, und auch insbesondere die Zeiträume, über die ein Schuldner nach Eintritt der Insolvenzreife noch am Rechtsverkehr teilnimmt, bei natürlichen Personen und juristischen Personen durchaus unterschiedlich lang sind, zumal auch für natürliche Personen – zumindest im deutschen Recht – keine Insolvenzantragspflicht besteht. Das Problem des zutreffenden Zeitpunktes für die Bestimmung der Zuständigkeit lässt sich daher nicht mit einer absoluten oder relativen Vorverlagerung des relevanten Zeitpunktes in Griff bekommen.

53 Richtigerweise werden sich keine allgemeingültigen Antworten finden lassen. Ändert der Schuldner die zuständigkeitsbegründenden Merkmale noch vor Stellung eines Insolvenzan-

---

[102] So BGH vom 2. 3. 2006 IX ZB 192/04 DZWIR 2006, 254 mit Anmerkungen *Flitsch/Hinkel* DZWIR 2006, 256; *Knof* ZInsO 2004, 754; *Mankowski* EWiR 2006, 397; *Smid* DZWIR 2006, 325.
[103] *Flitsch/Hinkel* DZWIR 2006, 256; *Mankowski* EWiR 2006, 397, 398; *Smid* DZWIR 2006, 325, 328.
[104] Zu Recht skeptisch: *Mankowski* EWiR 2006, 397, 398.
[105] HKInsO-*Kirchhof* § 13 RdNr. 11, § 14 RdNr. 37; MünchKommInsO-*Schmahl*, Bd. 1, 2. Aufl. § 13 RdNr. 8; *Uhlenbruck* § 13 RdNr. 77; OLG Köln ZIP 2001, 1018, 1020.
[106] So Art. 6 des Entwurfes über ein EG-Konkursübereinkommen; kritisch hierzu auch *Thieme*, in *Kegel/Thieme*, Vorschläge und Gutachten zum Entwurf eines EG-Konkursübereinkommens, 1988, S. 268; sich dem anschließend *Schröder*, ebenda, S. 301.
[107] So *Weller*, IPRax 2004, 412, 416.

trags, dies mit der Absicht, eine anderweitige internationale Zuständigkeit für die Durchführung des Insolvenzverfahrens zu erreichen, so handelt es sich nämlich um einen Fall der rechtsmissbräuchlichen Zuständigkeitserschleichung (und nicht etwa um einen Fall des zulässigen *Forum shoppings*).[108] Es handelt sich um Fälle des Rechtsmissbrauchs, die sich ohnehin einer standardisierten Betrachtung entziehen.[109] Notwendig ist hier immer eine Einzelfallbetrachtung, bei der sämtliche Umstände der Veränderungen für die zuständigkeitsbegründenden Merkmale zu berücksichtigen sind.[110]

Zunächst ist freilich in jedem Einzelfall genau zu prüfen, ob eine Änderung der zuständigkeitsbegründenden Merkmale tatsächlich vorliegt und nicht etwa nur simuliert wird.[111] So reicht es beispielsweise auch für die Begründung einer Niederlassung nach Art. 2 lit. h) nicht aus, nur „*vorübergehend*" einer Tätigkeit in einem anderen Mitgliedstaat nachzugehen. Dementsprechend ist eine nur vorübergehende Verlegung des Mittelpunktes der hauptsächlichen Interessen schon von daher nicht zu berücksichtigen.

Liegen die zuständigkeitsbegründenden Merkmale zum Zeitpunkt der Antragstellung nicht mehr vor, lagen sie aber zeitlich vor der Antragstellung vor und sind durch entsprechende Maßnahmen des Schuldners entfallen, so sind die Gesamtumstände dieser Sitzverlegung zu untersuchen. Richtigerweise ist hierbei auf die Motivation des Schuldners zur Änderung der zuständigkeitsbegründenden Merkmale abzustellen. Hierbei hat der zuvor bereits erörterte Eintritt der Insolvenzreife eine erhebliche Indizfunktion. Denn die Verlegung des Wohnsitzes bzw. des Sitzes oder des Mittelpunktes der hauptsächlichen Interessen nach Insolvenzreife ist zumindest suspekt, jedoch ebenfalls nicht alleine entscheidend. Umgekehrt lässt sich aus diesem Ansatzpunkt jedoch herleiten, dass eine Sitzverlegung noch vor Eintritt der (zumindest drohenden und absehbaren) Insolvenzreife niemals zu einer rechtsmissbräuchlichen Zuständigkeitserschleichung führen kann. Lag dagegen Insolvenzreife oder zumindest drohenden Insolvenzreife vor, so bedarf es zur Entkräftung dieses Indizes nachvollziehbarer sachlicher Gründe, weshalb der Schuldner seinen Sitz oder Mittelpunkt verlegt hat. Hierfür sind dann weitere Indizien zu berücksichtigen. Ein weiteres Indiz für einen Rechtsmissbrauch ergibt sich auch aus der Wahl des Schuldners für den neuen Sitz bzw. Mittelpunkt. Hatte der Schuldner beispielsweise vor Verlegung seines Wohnsitzes keinerlei Kontakt zu seinem neuen Wohnsitzstaat (sei es geschäftlich oder privat) spricht auch dies eher dafür, dass es sich um eine rechtsmissbräuchliche Sitzverlegung handelt. Indizielle Wirkung kommt auch zu, ob sich der Schuldner nach dem materiellen Insolvenzrecht des neuen Staates gegebenenfalls besser stellt, beispielsweise weil das Insolvenzrecht des neuen Wohnsitzes eine Restschuldbefreiung unter geringeren Voraussetzungen ermöglicht oder dem Schuldner während des Verfahrens mehr Vermögen belässt.

Da es sich um einen Unterfall des Rechtsmissbrauchs des Schuldners handelt, ist wiederum nicht entscheidend, zu welchem Zeitpunkt die Verbindlichkeit des antragstellenden Gläubigers entstanden ist.[112] Auf die Forderung eines einzelnen Schuldners abzustellen, ist ohnehin kein tauglicher Anknüpfungspunkt, weil die Zuständigkeit sonst von Zufälligkeit abhinge und nicht allgemeingültig festgestellt werden könnte. Ebenso wenig entscheidend ist jedoch auch, ob die Mehrheit der Verbindlichkeiten noch vor Sitzverlegung begründet wurden. Findet jedoch die Sitzverlegung nach Auflösung einer Gesellschaft statt, so finden sich für eine Sitzverlegung der Abwicklungsgesellschaft an sich keine sachlichen Anhaltspunkte, selbst wenn der Unternehmenssitz an den Wohnsitz des Liquidators verlegt werden sollte. Denn Art. 3 Abs. 1 stellt für den Mittelpunkt der hauptsächlichen Interessen auf die

---

[108] Zum *Forum shopping* vgl. *Schack*, IZVR, RdNr. 220 ff.; *Geimer*, IZPR, RdNr. 1095 ff.
[109] Zum Rechtsmissbrauch im internationalen Verfahrensrecht, vgl. *Schack*, IZVR, RdNr. 489 ff.
[110] So auch *Virgos/Garcimartin*, European Insolvency Regulation, RdNr. 69.
[111] Ähnlich auch *Virgos/Garcimartin*, European Insolvency Regulation, RdNr. 69, die dies als „*reality test*" bezeichnen; richtigerweise handelt es sich hierbei um eine sorgfältige Überprüfung der Tatsachengrundlagen.
[112] So schon BGH NJW-RR 2004, 848 = NZI 2004, 139 mit Anmerkung *Liersch*; AG Celle vom 18. 4. 2005 NZI 2005, 410, 411 mit Anmerkungen *Knof* ZInsO 2005, 1017; *Mankowski* NZI 2005, 368.

werbende Tätigkeit des Schuldners ab,[113] die jedoch mit dem Liquidationsbeschluss endet. Dieser Mittelpunkt wirkt jedoch nach einem Liquidationsbeschluss fort, so dass eine spätere Sitzverlegung für die internationale Zuständigkeit unbeachtlich bleibt.[114]

V. Prioritätsgrundsatz für Hauptinsolvenzverfahren

57 Kompetenzkonflikte sind in der Verordnung nicht ausdrücklich geregelt. Sie können entstehen, wenn zwei Insolvenzgerichte konkurrierend die Zuständigkeit für sich in Anspruch nehmen, wie dies beispielsweise vor der Eurofood Entscheidung des EuGH vornehmlich durch englische Gerichte bei Konzerninsolvenzen geschah[115] (sog. positiver Kompetenzkonflikt). Denkbar ist jedoch auch, dass mehrere angerufene Insolvenzgerichte jeweils ein anderes Insolvenzgericht für zuständig halten (sog. negativer Kompetenzkonflikt). Die Rechtsprechung hat nunmehr erste Regeln herausgebildet, wie hier zu verfahren ist. Allerdings sind viele Fragen noch offen.

58 **1. Positiver Kompetenzkonflikt. a) Prioritätsprinzip.** Positive Kompetenzkonflikte sind – ebenso wie nach der EuGVVO – nach dem Prioritätsprinzip zu lösen.[116] Dies ergibt sich mittelbar schon aus der Verordnung. Denn Art. 3 Abs. 3 ordnet an, dass jedes Insolvenzverfahren, das zeitlich nach dem Hauptverfahren gemäß Art. 3 Abs. 1 eröffnet wird, zwingend ein Sekundärverfahren sein muss.[117] Zudem enthält auch Ziffer 22 der Erwägungsgründe die Aussage, dass bei Kompetenzkonflikten das zuerst eröffnende Gericht in den anderen Mitgliedsstaaten anerkannt werden solle. Diesen Prioritätsgrundsatz hat nunmehr auch der EuGH in der Eurofood-Entscheidung bekräftigt.[118] Der Prioritätsgrundsatz liegt auch der (wenig glücklichen) Umsetzungsvorschrift des deutschen Rechts in Art. 102 § 3 EGInsO zugrunde.[119]

59 **b) Offene Fragen.** Trotz der Eurofood Entscheidung des EuGH ist jedoch nicht abschließend geklärt, aus welchen Umständen die Priorität abzuleiten ist. In der Eurofood Entscheidung hatte das Tribunale di Parma – sich beeilend, um die internationale Zuständigkeit für das Hauptverfahren in Italien zu begründen – das Insolvenzverfahren zuerst eröffnet und in der Eröffnungsentscheidung die internationale Zuständigkeit nach Art. 3 Abs. 1 für sich in Anspruch genommen. Der High Court Dublin, von der schnellen Entscheidung des italienischen Gerichts wohl überrascht, negierte den Vorrang des italienischen Verfahrens mit der Begründung, für die Priorität nach Art. 3 Abs. 1 sei nicht auf die Insolvenzeröffnung, sondern auf die Antragstellung abzustellen.[120] Der EuGH entschied nach Vorlage des Falles durch den Supreme Court of Dublin, dass bereits die

---

[113] Vgl. oben RdNr. 31 ff.
[114] Vgl. bereits oben zu sog. Abwicklungsgesellschaften RdNr. 36 f.
[115] Vgl. die Darstellung der Fälle und das „Kompetenzgerangel" oben, RdNr. 8 ff.
[116] Vgl. *Balz* ZIP 1996, 948, 949; *Duursma-Kepplinger*, Europäische Insolvenzverordnung, DZWIR 2003, 447, 449; *Eidenmüller* IPRax 2001, 2, 7; *Herchen* ZInsO 2003, 61, 64; *Leible/Staudinger* KTS 2000, 533, 545; *Lüke* ZZP 111 (1998) 275, 289; *Moss/Smith*, in *Moss/Fletcher/Isaacs*, EC Regulation, RdNr. 8.47; Münch-KommBGB-*Kindler*, Bd. 11, Art. 3 RdNr. 158; *Pannen*, in *Breutigam/Blersch/Goetsch*, Art. 3 EuInsVO RdNr. 13; *Pannen/Riedemann* NZI 2004, 646; *Paulus* ZIP 2003, 1725, 1726; *Smid*, Int. Insolvenzrecht, Art. 3 RdNr. 19; vgl. auch kritisch *Huber*, in: *Gottwald*, Europ. Insolvenzrecht, S. 11 ff.; siehe auch *Keggenhoff*, Der Anwendungsbereich, S. 72; kritisch allerdings zum Entwurf von 1980 bereits *Thieme*, in *Kegel*, Vorschläge und Gutachten, S. 272 ff. AA insbesichtlich *Mankowski* EWiR 2003, 767, 768. Vgl. Insbesondere die Darstellung des Meinungsstandes bei *Herchen* ZIP 2005, 1401.
[117] Das Prioritätsprinzip wurde daher auch von der Rechtsprechung nicht in Frage gestellt: vgl. AG Nürnberg vom 16. 8. 2006 ZIP 2007, 81; Stadtgericht Prag vom 26. 4. 2005 ZIP 2005, 1431 mit Besprechung *Herchen* ZIP 2005, 1401; auch OGH vom 17. 3. 2005 NZI 2005, 465; OLG Wien vom 9. 11. 2004 NZI 2005, 57 mit Anmerkung *Paulus* NZI 2005, 62. AG Duisburg vom 10. 12. 2002 DZWIR 2003, 435 mit Besprechung *Smid* DZWIR 2003, 397; LG Innsbruck vom 11. 4. 2004 ZIP 2004, 1721 mit Anmerkungen *Bähr/Riedemann* EWiR 2004, 1085, *Schopper* KTS 2005, 224; AG Düsseldorf vom 7. 4. 2004 (ISA) ZIP 2004, 866 mit Anmerkungen *Westphal/Wilkens* EWiR 2004, 909.
[118] EuGH vom 2. 5. 2006, Rs. C-341/04 Eurofood, NZI 2006, 360.
[119] Vgl. hierzu unten, Art. 102 § 3 EGInsO, RdNr. 1.
[120] Vgl. die Darstellung der konkurrierenden Gerichtsentscheidungen bereits oben, RdNr. 24 ff.

Bestellung eines vorläufigen Insolvenzverwalters sowie die gleichzeitige Anordnung von Sicherungsmaßnahmen als Eröffnung des Verfahrens im Sinne des Art. 3 anzusehen sei.[121] Damit wurde im Ergebnis die internationale Zuständigkeit des High Court of Dublin bestätigt.

Es mag sein, dass der EuGH damit die wenig glückliche Entscheidung des Tribunale di Parma korrigiert hat. Für die zukünftige Behandlung des Prioritätsprinzips hat der EuGH jedoch einen sowohl praktisch als auch rechtlich ungünstigen Anknüpfungspunkt gewählt. Aus den Entscheidungsgründen lässt sich herauslesen,[122] dass der EuGH wohl insbesondere dem Kompetenzgerangel verschiedener nationaler Gerichte ein Ende setzen wollte, zumal sich im Zuge dieses Kompetenzgerangels Entscheidungen ergaben, die mit dem Wortlaut und dem Zweck der Verordnung kaum mehr vereinbar erschienen.[123] Zudem wollte der EuGH Rechtssicherheit bezüglich der Zuständigkeitsverteilung schon im Rahmen des Insolvenzeröffnungsverfahrens schaffen, zumal auch bereits die Sicherungsmaßnahmen in einem Hauptverfahren in allen anderen Mitgliedsstaaten automatisch wirksam werden.[124] Beides ist jedoch missglückt (zur Kritik an der Entscheidung vgl. auch Art. 2 RdNr. 10). 60

Zunächst geschieht die Ernennung eines vorläufigen Insolvenzverwalters sowie die Anordnung von Sicherungsmaßnahmen mit dem Zweck, bereits vor Verfahrenseröffnung die Insolvenzmasse vor ungerechtfertigten Übergriffen der Gläubiger oder Verfügungen des Schuldners zu sichern. Fragen der internationalen Zuständigkeit spielen von daher bei der Anordnung dieser Maßnahmen in der Regel keine Rolle. Vielmehr weiß das die Sicherungsmaßnahmen anordnende Gericht zu diesem Zeitpunkt in der Regel nicht einmal, ob es für sich die internationale Zuständigkeit nach Art. 3 Abs. 1 überhaupt in Anspruch nehmen kann. Dies zu ermitteln ist – zumindest nach der deutschen Insolvenzordnung – unter anderem die Aufgabe des vorläufigen Insolvenzverwalters.[125] Soweit nicht das nationale Insolvenzrecht ein Zwischenurteil über die internationale Zuständigkeit des Insolvenzgerichts vorsieht, wird daher die Frage der internationalen Zuständigkeit durch das Insolvenzgericht erst im Rahmen des Eröffnungsbeschlusses schriftlich entschieden werden können. Eine Rechtssicherheit darüber, welches der sich im Eröffnungsverfahren befindlichen Insolvenzverfahren als Hauptverfahren anzusehen ist, wird hierdurch nicht erzielt. 61

Zudem schafft der EuGH einen von den sonstigen Vorschriften der Verordnung abweichenden Begriff der Verfahrenseröffnung. Auf die Eröffnung des Insolvenzverfahrens wird nämlich auch in anderen Vorschriften der Verordnung abgestellt (vgl. nur Art. 4 lit. b), f), g), Art. 5 Abs. 1, Art. 6 Abs. 1, Art. 7 Abs. 1, Art. 14 Abs. 1, Art. 20 Abs. 1 etc.). Zudem enthält Art. 2 lit. f) eine für die gesamte Verordnung geltende Definition, die ebenfalls ein einheitliches Verständnis dieses Begriffs für die Verordnung voraussetzt. In den vorgenannten Vorschriften ist mit dem Zeitpunkt der Verfahrenseröffnung jedoch unstreitig der Zeitpunkt des formellen Eröffnungsbeschlusses durch das Insolvenzgerichts gemeint, zumal auch die nationalen Insolvenzgesetze für das materielle Recht der vorgenannten Vorschriften auf den formellen Eröffnungsbeschluss abstellen.[126] Die Rechtsprechung des EuGH führt daher zu einem gespaltenen Begriff des Zeitpunktes der Verfahrenseröffnung, je nachdem ob der Begriff im Zusammenhang mit dem Prioritätsprinzip gebracht wird (hier: Bestellung eines vorläufigen Insolvenzverwalters und Anordnung von Sicherungsmaßnah- 62

---

[121] Vgl. EuGH vom 2. 5. 2006, Rs. C-341/04 Eurofood, NZI 2006, 360, 362 RdNr. 54.
[122] Vgl. EuGH vom 2. 5. 2006, Rs. C-341/04 Eurofood, NZI 2006, 360, 362 RdNr. 49.
[123] Vgl. im Fall ISA/Daisytek (oben, RdNr. 10) die kollidierenden Entscheidungen der Gerichte High Court Justice of Leeds vom 16. 5. 2003 und AG Düsseldorf vom 6. 6. 2003 sowie Tribunal de Commerce de Pontoise vom 26. 5. 2003; im Fall Eurofood (oben, RdNr. 24 ff.) der Gerichte Tribunale Civile di Parma vom 19. 2. 2004 und High Court Dublin vom 23. 3. 2004.
[124] Vgl. Art. 25 RdNr. 7.
[125] Vgl. hierzu MünchKommInsO-*Haarmeyer*, 2. Aufl., § 21 RdNr. 49.
[126] Vgl. nur unten, Art. 24 RdNr. 9; vgl. zudem § 129 InsO sowie andere Vorschriften, die jeweils auf den formellen Eröffnungsbeschluss nach § 27 InsO abstellen.

me) oder ob der Begriff im Zusammenhang mit anderen Vorschriften der Verordnung gebraucht wird.[127]

63 Ebenfalls noch unklar ist das Zusammenspiel konkurrierender Insolvenzgerichte im Hinblick auf die Rechtskraft der Entscheidung, mit der die internationale Zuständigkeit in Anspruch genommen wird. Denkbar ist, dass gegen die als Eröffnungsentscheidung im Sinne von Art. 3 vom EuGH gekennzeichnete Entscheidung des Erstgerichts Rechtsmittel eingelegt wird. Würde hier das jeweils andere Gericht seine internationale Zuständigkeit mit Verweis auf die internationale Zuständigkeit des anderen verneinen und würde diese Entscheidung dann rechtskräftig werden, so müsste das Erstgericht bzw. das Rechtsmittelgericht die internationale Zuständigkeit schon auf Grund der Anerkennung der ablehnenden Entscheidung des Zweitgerichts nochmals bestätigen, selbst wenn das Rechtsmittelgericht zu dem Ergebnis käme, dass das Zweitgericht international zuständig wäre. Dieses Ergebnis ließe sich nur vermeiden, wenn das Zweitgericht entgegen Art. 16 und Art. 25 die Anerkennung der ausländischen Entscheidung von der Rechtskraft abhängig machen würde, d. h. dass das Zweitgericht dann aber auch berechtigt wäre, die internationale Zuständigkeit des Erstgerichts in Frage zu stellen, solange die Entscheidung nicht rechtskräftig ist (vgl. auch noch unten RdNr. 66 f. zur Anerkennung bei negativen Kompetenzkonflikten).

64 Die Rechtsunsicherheit bezüglich der Frage, welches Insolvenzverfahren während der Dauer des Eröffnungsverfahrens als Hauptverfahren anzusehen ist, hätte richtiger Weise durch eine entsprechende Anwendung der Vermutungsregelung in Art. 3 Abs. 1 Rechnung getragen werden können: danach gilt bis zum Beweis des Gegenteils der satzungsmäßige Sitz einer Gesellschaft als Mittelpunkt der hauptsächlichen Interessen des Schuldners. Nur eine solche Anknüpfung führt zu der vom EuGH angestrebten Rechtssicherheit im Insolvenzeröffnungsverfahren und vermeidet ein ungewünschtes „Ping-Pong" Spiel konkurrierender Gerichte oder eine auch von der Verordnung nicht gewünschte frühzeitige Unterordnung des Zweitgerichts unter eine noch nicht rechtskräftige Eröffnungsentscheidung des Erstgerichts.

65 Was das möglicherweise auch nach der Eurofood Entscheidung des EuGH fortbestehende Kompetenzgerangel einiger Mitgliedsstaaten anbetrifft, so sind richtiger Weise die Gerichte verpflichtet, die vorläufigen Insolvenzverwalter auch im Rahmen des Eröffnungsverfahrens zur Kooperation anzuhalten. Hierzu gehört, die Verwalter des Verfahrens dazu zu verpflichten, soweit dies nach dem jeweiligen nationalen Insolvenzrecht möglich ist, den jeweils anderen Verwalter über die jeweils recherchierten zuständigkeitsbegründenden Merkmale zu unterrichten, sowie möglichst den vorläufigen Insolvenzverwalter des jeweils anderen Insolvenzeröffnungsverfahrens nicht nur rechtliches Gehör zu gewähren, sondern ausdrücklich um eine entsprechende Stellungnahme zu bitten.

66 **2. Negativer Kompetenzkonflikt. a) Anerkennung ablehnender Entscheidungen.** Auch die Lösung negativer Kompetenzkonflikte lässt sich aus den allgemeinen Grundsätzen der Verordnung herleiten. Hat sich ein Insolvenzgericht für international unzuständig erklärt, so ist auch diese ablehnende Entscheidung nach Art. 25 Abs. 1 anzuerkennen, d. h. das jeweils andere Insolvenzgericht kann seine eigenen internationale Zuständigkeit nicht mit der internationalen Zuständigkeit des anderen, seine Zuständigkeit ablehnenden Gerichts begründen.[128] Eine entsprechende Anerkennungswirkung enthält auch Art. 102 § 3 Abs. 2 EGInsO, der ausdrücklich vorsieht, dass deutsche Gerichte in diesen Fällen der Eröffnung nicht deswegen ablehnen dürften, weil die Gerichte des anderen Mitgliedsstaates zuständig wären. Hält dagegen das Insolvenzgericht die internationale Zuständigkeit eines dritten Mitgliedsstaates für begründet, so ist das Insolvenzgericht weiterhin berechtigt, seine

---

[127] Vgl. hierzu auch Art. 2 RdNr. 7 ff.; zweifelnd, ob der vom EuGH verwendete Begriff der Eröffnung auch für die anderen Normen der EuInsVO gelten soll auch *Mankowski*, BB 2006, 1753, 1758; *Pannen*, EuInsVO, Art. 3 RdNr. 93.

[128] *Duursma-Kepplinger*, Europäische Insolvenzverordnung, Art. 3 RdNr. 36; *Haubold*, in *Gebauer/Wiedmann*, Zivilrecht, Art. 3 RdNr. 77; MünchKommBGB-*Kindler*, Bd. 11, Art. 3 RdNr. 165; *Vallender* KTS 2000, 283, 299.

eigene internationale Zuständigkeit zu verneinen,[129] und zwar selbst dann, wenn das erstentscheidende Insolvenzgericht das Zweitgericht für international zuständig gehalten hat. Anerkennungsfähig ist insoweit nur die Negativentscheidung des Erstgerichts, nicht zuständig zu sein, nicht dagegen obiter dictum ausgesprochene Ausführungen, wer nach Auffassung des Erstgerichts ansonsten zuständig sein könnte.

In der Praxis stellt sich allerdings das Problem, dass Gerichtsentscheidungen mit ihrer Wirksamkeit anzuerkennen sind, d. h. dass es für die Anerkennung einer insolvenzrechtlichen Entscheidung keiner Rechtskraft der Entscheidung bedarf. Das kann jedoch nicht für die Fragen der konkurrierenden Zuständigkeit gelten. Denn dies hätte zur Konsequenz, dass das zweitentscheidende Gericht die internationale Zuständigkeit auf Grund einer nicht rechtskräftigen Entscheidung des erstentscheidenden Gerichts für sich in Anspruch nehmen müsste. Konsequenterweise wäre sodann wiederum das Rechtsmittelgericht des erstentscheidenden Gerichts an die positive Inanspruchnahme der internationalen Zuständigkeit gebunden. Damit würde sich im Ergebnis die fehlerhafte Erstentscheidung perpetuieren und durchsetzen (vgl. bereits oben zum positiven Kompetenzkonflikt, RdNr. 63). Bei sich widersprechenden Entscheidungen ist daher in der Praxis die Anerkennung nicht auf Grund einer rechtswirksamen Entscheidung des jeweils anderen Gerichts vorzunehmen, sondern erst bei dessen Rechtskraft. Das bedeutet freilich auch, dass die Parteien mit den jeweils unterschiedlichen Rechtsauffassungen beide Verfahren durch Rechtsmittel offen halten müssen, bis die Entscheidung eines Gerichtes dann rechtskräftig geworden ist. Im Ergebnis wird sich dann das rechtskräftige Urteil durchsetzen. **67**

b) Verweisung. Hält sich ein angerufenes Insolvenzgericht für international unzuständig, so ist mangels ausdrücklicher Regelung in der Verordnung eine Verweisung des Antrags an das Gericht eines anderen Mitgliedsstaates nach überwiegender Auffassung nicht möglich.[130] Auch wenn dies wünschenswert erscheint, hätte es hierzu einer ausdrücklichen Regelung in der Verordnung bedurft. Die Möglichkeit einer Verweisung ist vielmehr sogar auch der EuGVVO unbekannt.[131] Eine Verweisung ist auch nicht mit dem Argument zu rechtfertigen, dass ansonsten der gesetzliche Vertreter der Schuldnerin bei Stellung eines neuen Antrages die gesetzliche Antragspflicht nach § 64 GmbHG nicht erfüllt hätte.[132] Richtiger Weise sind solche Probleme jedoch im Rahmen der Straf- und Haftungstatbestände für die Insolvenzantragspflichten zu lösen.[133] Auch die Insolvenzmasse ist in der Zwischenzeit nicht schutzlos gestellt. Denn bis zur Entscheidung kann das (sich später für unzuständig erklärende) Erstgericht entsprechende Sicherungsmaßnahmen anordnen. Im Laufe des Eröffnungsverfahrens und vor einer zurückweisenden Entscheidung kann das Insolvenzgericht auch den für den Antragsteller zweckdienlichen Hinweis erteilen, dass das angerufene Gericht ev. unzuständig sein könnte, und daher auch ein paralleler Antrag bei einem Insolvenzgericht eines anderen Mitgliedsstaates in Betracht kommen kann. Es liegt sodann an dem Antragsteller und dem Insolvenzgericht des anderen Mitgliedsstaates durch Anordnung entspre- **68**

---

[129] *Carstens,* Die internationale Zuständigkeit, S. 101; *Duursma-Kepplinger,* Europäische Insolvenzverordnung, Art. 3 RdNr. 36; *Mäsch,* in *Rauscher,* Europ. Zivilprozessrecht, Bd. 2, Art. 3 EG-InsVO RdNr. 46; *Mankowski* NZI 2006, 488; *MünchKommBGB-Kindler,* Bd. 11, Art. 3 RdNr. 165; *Vallender* KTS 2000, 283, 299.
[130] Für die Zulässigkeit einer Verweisung AG Hamburg vom 9. 5. 2006 NZI 2006, 486 mit Anmerkung *Mankowski* NZI 2006, 487 sowie *Wagner* EWiR 2006, 433, wohl auch *Brenner* EWiR 2003, 925, 926; gegen eine Verweisung dagegen OLG Linz vom 7. 9. 2004, 2R160/04 v, ZIK 2004, 178; *Carstens,* Die internationale Zuständigkeit, S. 100; *Kübler/Prütting/Kemper,* Art. 3 EuInsVO RdNr. 15; *Mäsch,* in *Rauscher,* Europ. Zivilprozessrecht, Bd. 2, Art. 3 EG-InsVO RdNr. 45; *Vallender* KTS 2000, 283, 298.
[131] Vgl. OLG Düsseldorf vom 16. 3. 2000 WM 2000, 2192; OLG Koblenz vom 8. 9. 2000 NJW-RR 2001, 490 mit Anmerkungen *Mankowski*; OLG Köln vom 16. 3. 1988 NJW 1988, 2182, 2183; *Geimer,* in *Geimer/Schütze,* Europ. ZivilverfahrensR, Art. 25 EuGVVO RdNr. 11; *Kindler/Haneke* IPRax 1999, 435, 437; *Kropholler,* Europ. Zivilprozessrecht, Art. 25 EuGVO RdNr. 2; *Mankowski* in *Rauscher,* Europ. Zivilprozessrecht, Bd. 1, Art. 25 Brüssel I–VO RdNr. 6; *Mankowski* NZI 2006, 487, 488; *Rüßmann* IPRax 1996, 402; *Schack,* IZVR, RdNr. 395; *Weller* IPRax 2000, 202, 203.
[132] So AG Hamburg vom 9. 5. 2006 NZI 2006, 486, 487.
[133] Ebenso *Mankowski* NZI 2006, 487.

chender Sicherungsmaßnahmen die Insolvenzmasse vor Zugriffen der Gläubiger oder Verfügungen des Schuldners zu schützen.[134]

VI. Örtliche Zuständigkeit für Hauptinsolvenzverfahren

69 Artikel 3 weist lediglich den Gerichten eines Mitgliedsstaates die internationale Zuständigkeit zu. Die innerstaatliche örtliche Zuständigkeit für Hauptinsolvenzverfahren ergibt sich aus dem jeweiligen nationalen Recht.[135] Für deutsche Gerichte ergibt sich diese aus § 3 Abs. 1 InsO. Nach Satz 1 der Vorschrift ist das Insolvenzgericht zuständig, in dessen Bezirk der Schuldner seinen allgemeinen Gerichtsstand hat. Diese Regelung greift jedoch nur insofern ein als kein Mittelpunkt einer selbständigen wirtschaftlichen Tätigkeit des Schuldners vorliegt. Denn vorrangig wird gemäß S. 2 der Vorschrift die örtliche Zuständigkeit nach diesem Mittelpunkt bestimmt. Der verwendete Begriff des Mittelpunktes einer selbständigen wirtschaftlichen Tätigkeit des Schuldners ist damit enger gefasst als der Begriff des Mittelpunktes der hauptsächlichen Interessen gemäß Art. 3 EuInsVO, denn er umfasst lediglich selbständig Tätige.[136]

70 Sollte in Ausnahmefällen[137] trotz Zuweisung der internationalen Zuständigkeit über Art. 3 EuInsVO kein inländischer Gerichtsstand nach § 3 Abs. 1 InsO begründet werden können, treten die Ausführungsbestimmungen des Art. 102 EGInsO ein.[138] Für diesen Fall wird die örtliche Zuständigkeit nach Art. 102 § 1 Abs. 1 EGInsO anhand des Mittelpunktes der hauptsächlichen Interessen des Schuldners bestimmt. Der deutsche Gesetzgeber hat an dieser Stelle auf den in Art. 3 EuInsVO gewählten Terminus zurückgegriffen. § 3 Abs. 1 InsO wird insofern verdrängt.[139]

VII. Partikularverfahren (Abs. 2 – Abs. 4)

71 **1. Allgemeines.** Art. 3 Abs. 2 EuInsVO regelt die internationale Zuständigkeit für Partikularverfahren. Danach sind nur die Mitgliedsstaaten zur Eröffnung eines Partikularverfahrens befugt, in deren Hoheitsbereich der Schuldner eine Niederlassung hat. Die Belegenheit von Vermögen reicht demnach zur Eröffnung eines Partikularverfahrens nicht aus. Art. 3 Abs. 2 Satz 2 ordnet darüber hinaus an, dass sich die Wirkungen des Partikularverfahrens auf die in diesem Mitgliedstaat belegenen Vermögensgegenstände beschränken. Art. 27 Satz 3 wiederholt diese Anordnung für Sekundärverfahren (vgl. Art. 27 RdNr. 22 ff.). Zur Bestimmung der Belegenheit des Vermögens ist die Legaldefinition in Art. 2 lit. g) heranzuziehen (ausführlich vgl. Art. 2 RdNr. 16 ff.). Die Massebeschränkung modifiziert daher als Sachnorm die in den nationalen Insolvenzgesetzen der Mitgliedsstaaten enthaltene Definition der zum Verfahren gehörenden Insolvenzmasse (vgl. § 35 InsO).

72 **2. Niederlassungsbegriff.** Der Begriff der Niederlassung ist in Art. 2 lit. h) EuInsVO definiert und bewusst weit gefasst worden und stimmt insoweit nicht mit dem Begriff der Niederlassung nach Art. 5 Nr. 5 EuGVVO überein.[140] Dabei kommt es auf das äußere Erscheinungsbild aus Sicht der Gläubiger an, und nicht auf die Ziel- und Zweckrichtung des Schuldners.[141] Die Voraussetzungen für das Vorliegen einer Niederlassung sind vom Antragsteller zumindest plausibel vorzutragen.[142] Wegen der einzelnen Kriterien des Niederlas-

---

[134] Vgl. *Virgos/Schmit,* Erläuternder Bericht, RdNr. 79, 202, 215, 220.
[135] Erwägungsgrund 15; *Virgos/Schmit,* Erläuternder Bericht, RdNr. 72.
[136] *Smid,* Int. Insolvenzrecht, Art. 102 § 1 InsO RdNr. 3.
[137] Vgl. dazu *Wimmer* in Festschrift Kirchhof, S. 521, 523.
[138] *Smid,* Int. Insolvenzrecht, § 3 InsO RdNr. 21.
[139] *Smid,* Int. Insolvenzrecht, Art. 102 § 1 InsO RdNr. 3, vgl. dazu auch *Adam,* Zuständigkeitsfragen, S. 55.
[140] Vgl. *Virgos/Schmit,* Erläuternder Bericht, RdNr. 80 f.; *Hanisch,* in Stoll, Vorschläge und Gutachten, S. 207 f.; kritisch *Lüke* ZZP 111 (1998) 298 ff.
[141] *Virgos/Schmit,* Erläuternder Bericht, RdNr. 71; MünchKommBGB-*Kindler,* Bd. 11, Art. 3 RdNr. 171; *Fletcher,* in *Moss/Fletcher/Isaacs,* EC Regulation, RdNr. 3.21; *ders.,* Insolvency, S. 264 f. mit Verweis auf die ähnliche Rechtsprechung nach englischem autonomen Recht, die an den „place of business" anknüpft.
[142] Vgl. AG Köln vom 1. 12. 2005 NZI 2006, 57 mit Kurzkommentar *Mankowski* EWiR 2006, 109.

sungsbegriffes kann auf die näheren Ausführungen zur Legaldefinition nach Art. 2 lit. h) unter Art. 2 RdNr. 25 ff. verwiesen werden.

3. Sekundärinsolvenzverfahren (Abs. 3). a) Vorherige Eröffnung eines Haupt- 73
verfahrens. Aus Art. 3 Abs. 3 ergibt sich, dass es zwei Arten von Partikularverfahren nach der Verordnung gibt. Zum einen gibt es sog. **Sekundärverfahren,** und zwar dann, wenn zuvor (oder auch später[143]) ein Hauptverfahren nach Art. 3 Abs. 1 eröffnet wurde. Für diese Sekundärverfahren sehen Art. 27 ff. besondere Vorschriften, insbesondere für die Zusammenarbeit und Koordination beider Verfahren vor (vgl. zu Einzelheiten der Sekundärverfahren daher die Kommentierung dort). Zum anderen gibt es sog. (**unabhängige) Partikularverfahren,** wenn es trotz des Insolvenzverfahrens über die Niederlassung am Hauptsitz des Schuldners nach Art. 3 Abs. 1 EuInsVO zu keinem Insolvenzverfahren kommt. Der Begriff des Partikularverfahrens wird nach dem Wortlaut der Verordnung als Oberbegriff verwendet.

Gemäß Art. 3 Abs. 3 EuInsVO sind danach für Sekundärverfahren immer die Regeln der 74 Art. 27 bis 38 EuInsVO heranzuziehen. Für unabhängige Partikularverfahren fehlt es dagegen an einer Regelung. Das bedeutet aber nicht, dass für die Durchführung des unabhängigen Partikularverfahrens das autonome Recht des jeweiligen Vertragsstaats heranzuziehen ist. Soweit es sich nicht um Fragen der Kooperation von Haupt- und Sekundärverfahren handelt, sind vielmehr die Art. 27 ff. EuInsVO, und zwar insbesondere Art. 28 EuInsVO, entsprechend heranzuziehen. Das Fehlen einer Regelung über das anwendbare Recht in solchen unabhängigen Partikularverfahren stellt lediglich ein Redaktionsversehen dar. Denn Art. 27 bis 38 EuInsVO regeln nicht nur Fragen der Kooperation und gegenseitigen Anerkennung beider Verfahren, wie sich auch aus dem Verweis in Art. 36 EuInsVO ergibt, der sich nur auf die Vorschriften Art. 31 bis 35 EuInsVO bezieht. Diese Vorschriften können freilich keine Anwendung finden, wenn ein entsprechendes Hauptverfahren nicht existiert. Die Frage, nach welchem Recht ein unabhängiges Partikularverfahren durchgeführt werden soll, stellt sich jedoch unabhängig davon, ob in den Mitgliedsstaaten zusätzlich noch ein Hauptverfahren durchgeführt wird. Der nach dem Wortlaut der Verordnung für unabhängige Partikularverfahren nicht anwendbare Art. 28 EuInsVO ist demnach für unabhängige Partikularverfahren ebenfalls anzuwenden (vgl. unten Art. 28 RdNr. 2).

b) Zulässige Verfahrensart. Nach Art. 3 Abs. 3 EuInsVO muss es sich bei dem Sekun- 75
därverfahren um ein **Liquidationsverfahren** handeln. Art. 27 Satz 2 wiederholt diese Beschränkung auf bestimmte Verfahrenstypen und verweist zur Konkretisierung, um welche Verfahren es sich handeln soll, trotz der in Art. 2 lit. c) EuInsVO bereits enthaltenen Definition, nochmals ausdrücklich auf die in der Anlage B aufgeführten Liquidationsverfahren. Als Grund für die Beschränkung auf Liquidationsverfahren wird angegeben, dass einerseits die abhängige Niederlassung einzeln und getrennt nicht saniert werden könne, andererseits die Abstimmung zwischen Haupt- und Sekundärverfahren kompliziert und technisch nur schwer zu verwirklichen wäre.[144] Das ist schon deswegen inkonsequent, weil Art. 37 EuInsVO eine Sanierung im Sekundärverfahren ermöglicht. Wird nämlich zunächst das Partikularverfahren nach Art. 3 Abs. 4 EuInsVO eröffnet, kann dort auch ein Sanierungsverfahren durchgeführt werden. Ob dieses wiederum in ein Liquidationsverfahren umgewandelt wird, hängt davon ab, ob diese Umwandlung nach Auffassung des Insolvenzverwalters des Hauptverfahrens im Interesse der Gläubiger des Hauptverfahrens liegt (vgl. ausführlich zu Sekundärverfahren unter Art. 27 RdNr. 18 sowie Art. 37 RdNr. 1).

4. Unabhängige Partikularverfahren (Abs. 4). a) Fehlendes Hauptverfahren. 76
Art. 3 Abs. 4 schränkt die Möglichkeiten zur Durchführung eines Partikularverfahrens ein, wenn in dem Mitgliedstaat, in dem der Schuldner den Mittelpunkt seiner hauptsächlichen

---

[143] Art. 3 Abs. 3 behandelt zwar nur den Fall des zu einem späteren Zeitpunkt eröffneten Partikularverfahrens. Für den Fall, dass zunächst ein Partikularverfahren und dann das Hauptverfahren eröffnet wird, regeln die Art. 36 f. die Umwandlung des Partikularverfahrens in ein Sekundärverfahren, vgl. dort.
[144] So *Virgos/Schmit*, Erläuternder Bericht, RdNr. 221.

Interessen hat, noch kein Insolvenzverfahren eröffnet wurde oder auch kein Insolvenzverfahren eröffnet werden kann. Es handelt sich hierbei um eine **besondere Zulässigkeitsvoraussetzung,** die das Rechtsschutzbedürfnis der Gläubiger zur Durchführung eines solchen unabhängigen Partikularverfahrens konkretisiert. Art. 3 Abs. 4 (a) betrifft die Fälle, in denen der Schuldner nach dem Recht des für das Hauptverfahren zuständigen Mitgliedstaats nicht insolvenzfähig ist, wie dies beispielsweise bei Nichtkaufleuten in Frankreich oder bei juristischen Personen des öffentlichen Rechts bisweilen der Fall ist. In diesem Fall ist jeder Gläubiger, auch ein Gläubiger aus dem für das Hauptverfahren an sich zuständigen Mitgliedstaat, antragsberechtigt.

77 b) **Antragsberechtigung.** Ist dagegen ein Insolvenzverfahren nach dem Recht des für das Hauptverfahren zuständigen Mitgliedstaats möglich, so sind nach Art. 3 Abs. 4 (b) nur Gläubiger antragsberechtigt, die im Mitgliedstaat der Niederlassung ihren Wohnsitz, gewöhnlichen Aufenthalt oder Sitz haben, oder deren Forderung sich aus dem Betrieb der Niederlassung ergibt. Wann sich eine Forderung „aus dem Betrieb" der Niederlassung ergibt, lässt die Verordnung offen. Man wird jedoch insoweit auf die Rechtsprechung des EuGH zu dem wortgleichen Art. 5 Nr. 5 EuGVVO zurückgreifen können. Wurde daher der Vertrag mit Vertretungsorganen der Niederlassung geschlossen[145] oder der zum Vertragsschluss führende Schriftverkehr mit der Niederlassung geführt, so ergibt sich die Forderung aus dem Betrieb der Niederlassung. Gleiches gilt, wenn es um vertragliche oder außervertragliche Rechte und Pflichten in Bezug auf die eigentliche Führung der Niederlassung geht oder auch um außervertragliche Verpflichtungen aus der Tätigkeit der Niederlassung.[146] Entgegen *Virgos/Schmit* ist nicht darauf abzustellen, ob die streitige Forderung zugleich auch im Staat des Partikularverfahrens erfüllt werden muss.[147] Der Erfüllungsort der Forderung kann schon deswegen keine Rolle spielen, weil der Erfüllungsort dem Gläubiger regelmäßig – und auch nach dem EuGVVO – nur einen zusätzlichen Gerichtsstand gewährt, während der Gläubiger weiterhin am Gerichtsstand der Niederlassung Rechtsschutz suchen kann. Davon geht auch Art. 5 Nr. 3 EuGVVO aus. Da Art. 3 Abs. 4 lokale Gläubigerinteressen schützen soll[148] und damit auch deren Vertrauen in die einmal begründeten Zuständigkeiten bestätigen muss, kommt es nur darauf an, ob sich der Anspruch „aus dem Betrieb" der Niederlassung ergibt, nicht aber wo sich der Erfüllungsort dieses Anspruchs ergibt. Wurde der Vertrag allerdings vom Hauptsitz aus geschlossen, aber liegt der Erfüllungsort im Mitgliedstaat der Niederlassung, so ergibt sich die Forderung nur dann aus dem Betrieb der Niederlassung, wenn die Forderung auch örtlich am Betrieb der Niederlassung zu erbringen ist, wie beispielsweise bei Arbeitsverhältnissen, die vertraglich am Hauptsitz begründet wurden.

78 c) **Insolvenzgrund.** Für das unabhängige Partikularverfahren gelten ebenfalls die Kollisionsnormen des Art. 4 EuInsVO, so dass für den Insolvenzgrund ebenfalls die *lex fori* des Partikularverfahrensstaates heranzuziehen ist. Die Anwendung der Eröffnungsgründe der InsO bereitet jedoch – anders als bei Sekundärverfahren, bei denen der Insolvenzgrund nicht mehr zu prüfen ist – Schwierigkeiten. Bei der Überschuldung ist das gesamte weltweite Vermögen und Verbindlichkeiten des Schuldners zu berücksichtigen,[149] weshalb für einen Gläubiger dieser Insolvenzgrund praktisch kaum nachweisbar sein dürfte. Hinsichtlich des Eröffnungsgrundes der Zahlungsunfähigkeit ist allerdings nicht nur das Zahlungsverhalten in

---

[145] Beispielsweise bei eingetragenen Zweigniederlassungen, wenn im Handelsregister eingetragene Vertreter der Zweigniederlassung den Vertrag geschlossen haben, vgl. §§ 13 d ff. HGB.
[146] Vgl. EuGH vom 22. 2 1979, Rs. 33/78 *Somafer/Saar-Ferngas*, Slg. 1978, 2183 = RIW 1979, 273; *Kropholler*, Europ. Zivilprozessrecht, Art. 5 EuGVO RdNr. 110 f.; *Leible*, in *Rauscher*, Europ. Zivilprozessrecht, Bd. 1, Art. 5 RdNr. 108.
[147] AA *Virgos/Schmit*, Erläuternder Bericht, RdNr. 85; wie hier: EuGH vom 6. 4. 1995, Rs. C-439/93 Lloyd's Register of Shipping/Campenon Bernard, Slg. 1995 I 961 = RIW 1995, 585 im Hinblick auf die Bedeutung des Erfüllungsortes bei Art. 5 Nr. 3 EuGVÜ = Art. 5 Nr. 1 EuGVVO.
[148] So ausdrücklich *Virgos/Schmit*, Erläuternder Bericht, RdNr. 84.
[149] Ebenso *Wimmer* ZIP 1998, 982, 986.

Internationale Zuständigkeit 79–82 **Art. 3 EuInsVO**

Staat des Partikularverfahrens, sondern auch in allen anderen Mitgliedsstaaten zu berücksichtigen, nicht aber das Zahlungsverhalten außerhalb der Vertragsstaaten.[150] Der mit der Zulassung eines Partikularverfahrens verbundene Schutz der Inlandsgläubiger würde unterlaufen, wenn dieser eine weltweite Zahlungsunfähigkeit nachweisen müsste.

d) Zulässige Verfahrensart. Bei einem unabhängigen Partikularverfahren muss es sich 79 nicht um ein Liquidationsverfahren handeln. Zwar kann nach *Virgos/Schmit* auch eine Sanierung im Partikularverfahren versucht werden.[151] Rechtlich und praktisch ist dies jedoch nicht möglich (vgl. dazu noch unten Art. 34 RdNr. 8 ff.).

Wird nach Eröffnung des Partikularverfahrens auch in dem Mitgliedsstaat, der nach Art. 3 80 Abs. 1 für das Hauptverfahren zuständig ist, ein Insolvenzverfahren eröffnet, so richtet sich die Fortführung des Partikularverfahrens nach Art. 36 und 37, wonach unter Berücksichtigung der zeitlich späteren Eröffnung des Hauptverfahrens das unabhängige Partikularverfahren sodann wie ein Sekundärverfahren nach Art. 3 Abs. 2 weitergeführt wird (vgl. die Kommentierung in Art. 36 und 37).

VIII. Annexzuständigkeiten nach Art. 3

1. Allgemeines. Höchst umstritten ist, ob Art. 3 Abs. 1 auch für die internationale 81 Zuständigkeit für sog. Annexverfahren gelten soll.[152] Neben der bereits vom EuGH getroffenen Entscheidung zum COMI[153] handelt es sich um eine der wesentlichen Zuständigkeitsfragen von erheblicher praktischer Bedeutung, deren Klärung derzeit durch die Rechtsprechung ansteht. Der BGH hat nunmehr durch Beschluss vom 21. 6. 2007 die Frage im Zusammenhang mit der internationalen Zuständigkeit für Insolvenzanfechtungsklagen dem EuGH vorgelegt,[154] so dass eine Klärung durch den EuGH zu erwarten ist.

Im Ergebnis geht es hierbei um die Frage, ob die internationale Zuständigkeit (und 82 folglich auch Anerkennung) nach der EuInsVO, der EuGVVO oder sogar durch das autonome Recht zu bestimmen ist. Rechtsvergleichend betrachtet besteht zwischen den Mitgliedsstaaten kein Konsens, über die richtige Zuständigkeitsregelung im Rahmen insolvenzbezogener Rechtsstreitigkeiten.[155] Insbesondere die romanischen Rechtsordnungen (Frankreich, Italien, Belgien, Spanien) sehen für sämtliche Streitigkeiten im Zusammenhang mit dem Insolvenzverfahren, auch wenn sie üblicherweise von den Prozessgerichten entschieden werden, eine umfassende *vis attractiva concursus* vor: dort sind regelmäßig die Gerichte am Sitz des Insolvenzgerichts für alle im Zusammenhang mit der Insolvenz stehenden Streitigkeiten örtlich ausschließlich (gelegentlich auch sachlich) zuständig.[156] Andere Rechtsordnungen, so auch das deutsche Recht, belassen es dagegen bei den allgemeinen Zuständigkeitsregelungen.[157] Andere Rechtsordnungen wiederum, sehen nur für bestimmte ausgewählte Verfahren aus dem Bereich des Insolvenzrechts eine ausschließliche örtliche Zuständigkeit am Sitz des Insolvenzgerichts vor. Als Gründe für diese Zuständigkeitskonzentration werden in der Regel die Sachnähe des Insolvenzgerichts und die Erleichterung einer einheitlichen Insolvenzverwaltung angeführt.[158] Im Hinblick auf die jahrzehntelangen Bemühungen für ein

---

[150] Vgl. zum autonomen dt. Insolvenzrecht auch BGH ZIP 1991, 1914, 1915; *Wimmer* ZIP 1998, 982, 986.
[151] Vgl. *Virgos/Schmit*, Erläuternder Bericht, RdNr. 86.
[152] Zum Meinungsstand schon *Trunk*, Internationales Insolvenzrecht, S. 381.
[153] Vgl. oben RdNr. 24 ff.
[154] Vgl. BGH ZIP 2007, 1415 mit Anm. *Klöhn/Berner* ZIP 2007, 1418; die Frage war Gegenstand der Entscheidung des OLG Frankfurt vom 26. 1. 2006 ZInsO 2006, 715; hierzu auch *Mankowski/Willemer*, NZI 2006, 648, 650.
[155] Vgl. auch *Trunk*, Insolvenzrecht, S. 381; *Haubold* IPRax 2002, 157, 159; vgl. auch schon die Ausführungen von *Jahr*, in *Kegel/Thieme*, S. 316 zu den Vorentwürfen der EuInsVO (vgl. hierzu auch oben Vor Art. 1 RdNr. 3 ff.).
[156] Vgl. die Länderübersicht bei *Willemer*, Vis attractiva concursus, S. 28 ff.
[157] So weitestgehend Deutschland, Niederlande, Schweden, Norwegen, Dänemark, Finnland; vgl. *Willemer*, Vis attractiva concursus, S. 32 f.; vgl. auch die jeweiligen Länderberichte.
[158] Vgl. *Lorenz*, Annexverfahren, S. 106; *Willemer*, Vis attractiva concursus, S. 9 ff.

gemeineuropäisches Insolvenzrecht waren diese Zuständigkeitsfragen zunächst aus dem Brüsseler Übereinkommen, heute der EuGVVO, ausgeklammert worden. Vielmehr enthielten die Entwürfe für ein europäisches Konkursübereinkommen von 1970 und 1980 ausdrückliche Regelungen für die internationale Zuständigkeit von Einzelverfahren, die einen Zusammenhang zum Insolvenzrecht haben. Auf eine solche ausdrückliche Regelung hat jedoch nun der Verordnungsgeber der EuInsVO verzichtet. Art. 3 Abs. 1 enthält seinem Wortlaut nach nur die Regelung für die internationale Zuständigkeit zur Eröffnung des Verfahrens, nicht jedoch für weitergehende Entscheidungen. Weitere Regelungen zur direkten Zuständigkeit fehlen. Lediglich im Rahmen der Anerkennungszuständigkeit finden sich weitere Hinweise. So sieht Art. 25 Abs. 1, 1. Unterabsatz vor, dass *Entscheidungen, die zur Durchführung und Beendigung eines Insolvenzverfahren ergehen,* ohne weitere Förmlichkeit anerkannt werden und verweist für die Vollstreckung auf die Vorschriften der EuGVVO. Gleiches gilt für *Entscheidungen, die unmittelbar auf Grund des Insolvenzverfahrens ergehen und in engem Zusammenhang damit stehen.* Dagegen soll sich die Anerkennung der anderen als der in Absatz 1 genannten Entscheidungen wiederum vollständig nach der EuGVVO richten. Art. 25 regelt jedoch nur die Ankerennungszuständigkeit, nicht dagegen die internationale Zuständigkeit des Erstgerichts. Wie diese hierdurch entstandene Regelungslücke zu schließen ist, ist hoch streitig.[159]

83   **2. Meinungsstand.** Es werden grundsätzlich fast alle dogmatisch denkbaren Lösungswege vertreten. Ein Teil der Literatur vertritt die Auffassung, zur Bestimmung der internationalen Zuständigkeit für insolvenzbezogene Einzelverfahren sei das **autonome Recht des angerufenen Gerichts** zuständig, unabhängig davon, ob dies ein Gericht des Insolvenzverfahrensstaates ist oder nicht.[160] Hierzu wird häufig auch die Entscheidung des BGH vom 27. 5. 2003[161] genannt, in der sich der BGH dieser Auffassung angeschlossen habe. Das lässt sich der Entscheidung jedoch nicht entnehmen. Vielmehr scheint es, dass der BGH die Frage einer internationalen Zuständigkeit auf Grund der EuInsVO gar nicht weiter erörtert hat, weil es sich um ein Insolvenzverfahren handelte, das vor Inkrafttreten der EuInsVO (nämlich 1999) eröffnet worden war.

84   Ein anderer Teil der Literatur sieht in Art. 4 eine prozessuale Kollisionsnorm:[162] die jeweilige *lex fori concursus* hätte darüber zu bestimmen, ob für bestimmte Einzelverfahren im Zusammenhang mit einer Insolvenz ausschließliche örtliche Gerichtsstände bestünden.[163] Da Art. 17 Abs. 1 eine automatische Erstreckung der Insolvenzwirkungen auf die anderen Mitgliedstaaten vorsehe, entfalte über Art. 4 auch die *vis attractiva concursus* des Hauptverfahrens unmittelbare Wirkung in den anderen Mitgliedstaaten. Dieser Auffassung hat sich scheinbar auch das OLG Wien angeschlossen.[164] Begründet wird dies damit, dass sich die internationale Zuständigkeit im Ergebnis aus der EuInsVO ergeben müssen, da Art. 25 Abs. 1 auch die Anerkennung insolvenzbezogener Entscheidungen nach der Verordnung vorsehe. Art. 4 Abs. 2 Ziffer f und h) enthielten bezüglich der Feststellung der Forderungen sowie der Rechtsverfolgungsmaßnahmen der Gläubiger Hinweise auf eine *vis attractiva concursus.*

85   Ein weiterer Teil der Literatur wendet die in **Art. 3 Abs. 1** enthaltene Zuständigkeitsnorm über Ihren Wortlaut hinaus nicht nur auf die Eröffnungsentscheidung des Insolvenzgerichts an, sondern darüber hinaus – in analoger Anwendung – auch für alle anderen

---

[159] Vgl. die Darstellung des Meinungsstandes bei BGH ZIP 2007, 1415 ff.
[160] So *Leipold,* in *Stoll,* Vorschläge und Gutachten, S. 198 f.; *Oberhammer,* ZInsO 2004, 761, 765; FK-*Wimmer,* Anh I RdNr. 52; differenzierend *Mörsdorf-Schulte* IPRax 2004, 31, 36.
[161] Vgl. BGH NJW 2003, 2916 = DZWIR 2003, 469; vgl. die Urteilsanmerkungen *Haubold* EuZW 2003, 703; *Leible* LM 2004, 14; *Mankowski* NZI 2003, 546; *Mörsdorf-Schulte* IPRax 2004, 31.
[162] Zum Begriff der prozessualen Kollisionsnorm vgl. *Stöcklin* JZ 1979, 219 f.; *v. Bar/Mankowski,* IPR § 5 RdNr. 71 ff.
[163] Vgl. *Lüke,* Festschrift Schütze, S. 482; *Kolmann,* Kooperationsmodelle, S. 279; *Wagner,* in *Lutter,* Europäische Auslandsgesellschaften in Deutschland (2005), S. 289.
[164] OLG Wien vom 17. 10. 2003 – 3 R 151/03 b (unveröffentlicht), abrufbar unter http://www.ris.bka.at/; vgl. hierzu die Urteilsanmerkung von *Oberhammer* ZInsO 2004, 761, 765.

insolvenzbezogenen Entscheidungen.¹⁶⁵ Ausgangspunkt hierfür ist der in der EuInsVO sowie der EuGVVO enthaltene Grundsatz des reibungslosen Ineinanderreihens beider Verordnungen, der sich aus Art. 25 Abs. 2 ergeben.¹⁶⁶ Die EuInsVO enthalte in Art. 25 jedoch nur Regelungen über die Anerkennungszuständigkeit, nicht dagegen über die direkte Zuständigkeit. Art. 3 Abs. 1 enthalte daher eine planwidrige Regelungslücke.¹⁶⁷ Art. 3 Abs. 1 sei seinem Wortlaut nach ohnehin zu eng gefasst, da der Wortlaut der Vorschrift streng genommen nicht einmal die unstreitig zu Art. 3 Abs. 1 zählenden Entscheidungen über die Abwicklung und Beendigung des Insolvenzverfahrens erfasse.¹⁶⁸

Als letztlich weiter verbleibende Auslegungsmöglichkeit vertritt ein weiterer Teil der **86** Literatur die Auffassung, dass für sog. Annexverfahren grundsätzlich die Zuständigkeitsnormen der **EuGVVO** heran zu ziehen seien.¹⁶⁹ Zwar habe der EuGH in der Entscheidung *Gourdain/Nadler*¹⁷⁰ den Ausschlusstatbestand in Art. 1 Abs. 2 lit. b) des Brüsseler Übereinkommens weit ausgelegt und alle Einzelverfahren, die in engem und unmittelbaren Zusammenhang zum Insolvenzverfahren stehen, vom Anwendungsbereich des Brüsseler Übereinkommens (jetzt EuGVVO) ausgenommen. Dies sei jedoch vor dem Hintergrund zu sehen, dass zum Zeitpunkt der Entscheidung des EuGH der europäische Gesetzgeber gerade entsprechende Insolvenzübereinkommen ausarbeitete, die jeweils konkrete Vorschriften zur internationalen Zuständigkeit sog. Annexstreitigkeiten vorsah. Dies habe der europäische Gesetzgeber aber in der EuInsVO nicht entsprechend übernommen. Vielmehr enthalte die EuInsVO an keiner Stelle außer in Art. 3 Abs. 1 eine Regelung zur direkten internationalen Zuständigkeit. Das lückenlose Ineinandergreifen der EuGVVO sowie der EuInsVO erfordere daher eine restriktivere Auslegung der Bereichsausnahme in Art. 1 Abs. 2 lit b) EuGVVO. Dem folgt auch die neuere Rechtsprechung.¹⁷¹

3. Eigene Stellungnahme. a) Allgemeines. Ein **Rückfall in das autonome Recht 87** zur Bestimmung internationaler Zuständigkeiten zwischen den Mitgliedsstaaten, sei es direkt, sei es über dem Weg einer Verweisung gemäß Art. 4, ist abzulehnen. Sie begegnet nicht nur systematischen Bedenken, sondern würde auch den Intentionen der Verordnungsgeber der EuInsVO und der EuGVVO zuwider laufen. Eine solche Regelungslücke war vom Verordnungsgeber der EuInsVO nicht intendiert. Seit Inkrafttreten des Brüsseler Übereinkommens sind Fragen der internationalen Zuständigkeit im Bereich der Zivil- und Handelssachen zwischen den Mitgliedsstaaten einheitlich geregelt. Die Bereichsausnahmen im Brüsseler Übereinkommen¹⁷² waren eng gehalten: das Übereinkommen war – neben anderen Einzelfragen – nicht anzuwenden *„auf Konkurse, Vergleiche und ähnliche Verfah-*

---

¹⁶⁵ *Carstens,* Die internationale Zuständigkeit, S. 109 f.; *Duursma-Kepplinger,* Europäische Insolvenzverordnung, Art. 25 RdNr. 42; *Eidenmüller* IPRax 2001, 2, 7; *Haß/Herweg,* in *Geimer/Schütze,* Int. Rechtsverkehr, B Vor I 20 b, Art. 3 RdNr. 23 ff.; *Haubold* IPRax 2002, 157, 160; *ders.* EuZW 2003, 703, 704; *Kranemann,* Insolvenzanfechtung, S. 190 f.; *Leipold,* Festschrift Ishikawa, S. 236; *Lorenz,* Annexverfahren, S. 114 ff.; *Mäsch,* in *Rauscher,* Europ. Zivilprozessrecht, Bd. 2, Art. 1 EG-InsVO RdNr. 7; MünchKommBGB-*Kindler,* Bd. 11, Art. 13 RdNr. 385, Art. 25 RdNr. 583; *Paulus,* Europäische Insolvenzverordnung, Art. 25 RdNr. 21; *Stürner* IPRax 2005, 416, 419; *Willemer,* Vis attractiva concursus, S. 90 ff.

¹⁶⁶ Vgl. zum lückenlosen Zusammenspiel beider Verordnungen auch *Virgos/Schmit,* Erläuternder Bericht, RdNr. 197.

¹⁶⁷ So *Willemer,* Vis attractiva concursus, S. 91.

¹⁶⁸ Vgl. *Willemer,* Vis attractiva concursus, S. 119.

¹⁶⁹ So bereits der Bearbeiter in der Vorauflage, Art. 25 RdNr. 7; *Geimer,* in *Geimer/Schütze,* Europ. ZivilverfahrensR, Art. 1 EuGVVO RdNr. 128; *Baumbach/Lauterbach/Hartmann,* RdNr. 8 zu Art. 1 EuGVVO; *Mohrbutter/Ringstmeier/Werner* § 20 Einführung RdNr. 17; *Schlosser,* EU-Zivilprozessrecht, Art. 1 RdNr 21 e, *Schwarz* NZI 2002, 290, 294; *Thole* ZIP 2006, 1383, 1386.

¹⁷⁰ EuGH vom 22. 2. 1979, Rs. C-133/78 Gourdain/Nadler, Slg. 1979, 733, 744 = RIW 1979, 273 sowie dazu die Schlussanträge des GA Reischl vom 7. 2. 1979 Slg. 1979, 746.

¹⁷¹ OLG Frankfurt/M., vom 26. 1. 2006 ZIP 2006, 769 *(nicht rechtskräftig).* Vgl. dazu auch Anmerkungen von *Flitsch/Hinkel* EWiR 2006, 237; *Mankowski/Willemer* NZI 2006, 648, 650; *Ringe* ZInsO 2006, 700.

¹⁷² Brüsseler Übereinkommen (EWG) vom 27. 9. 1968 über die gerichtliche Zuständigkeit und die Vollstreckung gerichtlicher Entscheidungen in Zivil- und Handelssachen, ABl. EG Nr. L 299/32 vom 31. 12. 1972.

ren".[173] Der Grund für diese Bereichsausnahme waren die damals parallel laufenden Arbeiten an einem europaweiten Konkursübereinkommen.[174] Die damaligen Entwürfe sahen neben Vorschriften zur internationalen Zuständigkeit einer Verfahrenseröffnung auch umfangreiche Vorschriften über die internationale Zuständigkeit weiterer im Zusammenhang mit einem Insolvenzverfahren stehenden Rechtsstreitigkeiten vor.[175] Aus Sicht der damaligen Überlegungen des Verordnungsgebers war es daher konsequent, die in Art. 1 enthaltene Bereichsausnahme nicht nur gemäß dem Wortlaut strikt auf Verfahren, sondern auch auf die Zuständigkeit sonstiger im Zusammenhang mit der Insolvenz stehenden Rechtsstreitigkeiten auszudehnen.[176] Mit dem Inkrafttreten der EuInsVO hat der europäische Verordnungsgeber nun die in Art. 1 EuGVVO enthaltenen Bereiche für „Konkurse und Vergleiche" kodifiziert. Aus der Verordnung selbst ergibt sich, dass der Gesetzgeber bewusst keine Regelungslücke lassen wollte: aus Art. 25 ergibt sich vielmehr ein Ineinandergreifen beider Verordnungen. Art. 25 Abs. 1, 1. Unterabsatz schreibt zunächst vor, dass auch weitere Entscheidungen des nach Art. 3 zuständigen Insolvenzgerichts bezüglich der Durchführung und Beendigung eines Insolvenzverfahrens ebenfalls gemäß Art. 16 anerkannt werden (sog. Wirkungserstreckung, vgl. hierzu auch Art. 17 RdNr. 3 ff.; Art. 25 RdNr. 13) und verweist für die Vollstreckung dieser Entscheidungen auf die EuGVVO. Der zweite Unterabsatz stellt klar, dass dies auch für Entscheidungen anderer Gerichte gilt, die unmittelbar auf Grund des Insolvenzverfahrens ergehen und in engem Zusammenhang damit stehen (Anerkennung über Art. 16 EuInsVO, Vollstreckung über die EuGVVO). Art. 25 Abs. 2 wiederum schreibt vor, dass die Anerkennung und Vollstreckung anderer Entscheidungen sich nach der EuGVVO richtet. Somit hat der Verordnungsgeber zumindest für die Anerkennungszuständigkeit ausdrücklich ein abgestuftes System der Verweisungen und der Anwendungsbereiche fest gelegt. Die Regelungslücke besteht insoweit nur auf der Ebene der direkten internationalen Zuständigkeit. Insoweit bestätigt jedoch auch der Erläuternde Bericht von *Virgos/Schmit,* dass beide Verordnungen in ihrem sachlichen Anwendungsbereich ein geschlossenes System darstellen sollten.[177]

88 Ein solches geschlossenes System lässt sich nicht dadurch herstellen, indem über die Generalkollisionsnorm in Art. 4 für die Frage der Zuständigkeit für sog. Annexverfahren auf das Zuständigkeitsrecht des Verfahrensstaates verwiesen wird. Abgesehen davon, dass eine solch weite Auslegung von Art. 4 weder vom Wortlaut noch vom Zweck der Vorschrift gedeckt wäre, würde eine solche Öffnungsklausel zudem dazu führen, dass der Verordnungsgeber die Fragen der Zuständigkeit wieder dem nationalen Gesetzgeber übertragen würde. Dieser hätte es damit in der Hand, durch entsprechende gesetzliche Ausgestaltung europaweit Zuständigkeiten zu regeln. Im Hinblick auf die schon zu beobachtenden Entwicklungen im Zusammenhang mit der Bestimmung des COMI hätte dies ein beiden Verordnungen gerade zuwiderlaufenden Heimwärtsstreben zur Folge.

89 Es verbleibt daher nur die Möglichkeit, die Fragen der internationalen Zuständigkeit für sog. Annexverfahren durch eine erweiterte Auslegung der **EuInsVO** oder durch einen erweiterten Anwendungsbereich der **EuGVVO** abzudecken. Die überwiegende Mehrheit der Literatur neigt daher einer der beiden Ansichten zu, wobei – wie noch zu zeigen sein wird – in der Anwendung die praktischen Unterschiede nicht erheblich sein müssen, weil

---

[173] *Adolphsen,* in *Bork,* Handbuch, S. 650 RdNr. 21; *Lorenz,* Annexverfahren, S. 3; *Paulus,* Europäische Insolvenzverordnung, Art. 25 RdNr. 19; *Willemer,* Vis attractiva concursus, S. 4.

[174] Vgl. *Adolphsen,* in *Bork,* Handbuch, S. 650 RdNr. 22; *Schlosser,* EU-Zivilprozessrecht, Art. 1 RdNr. 19; vgl. auch schon Bericht des Sachverständigenausschusses zum EWG-Übereinkommen von 1968, „Schlosser-Bericht", ebd., 601, 121 RdNr. 53.

[175] Vgl. den Vorentwurf eines Übereinkommens über den Konkurs, Vergleiche und ähnliche Verfahren 1970, vgl. dort Abschnitt IV, Art. 17 f.; abgedruckt in KTS 1971, 167; vgl. hierzu auch *Jahr* RabelsZ 1972, 620, 625 sowie den Entwurf eines Übereinkommens über den Konkurs, Vergleiche und ähnliche Verfahren 1980, abgedruckt in ZIP 1980, 852; vgl. dort Abschnitt IV, Art. 15 f.; vgl. hierzu auch *Thieme,* in *Kegel,* Vorschläge und Gutachten, S. 275; *Lemontey* ZIP 1981, 547, 560 ff.

[176] So EuGH vom 22. 2. 1979, Rs. 133/78 *Gourdain/Nadler,* Slg. 1979, 733, RIW 1979, 273.

[177] Vgl. nochmals *Virgos/Schmit,* Erläuternder Bericht, RdNr. 197.

die Ergebnisse im Einzelfall davon abhängen, welche Rechtsstreitigkeiten man als sog. Annexverfahren ansieht, für die eine Zuständigkeitskonzentration gemäß Art. 3 Abs. 1 analog anzunehmen ist und welche Verfahren nicht als Annexzuständigkeit angesehen werden, für die dann wiederum der Anwendungsbereich der EuGVVO eröffnet ist. So finden sich einige Stimmen in der Literatur, die zwar einerseits für eine analoge Anwendung von Art. 3 Abs. 1 eintreten, den Kreis der Annexverfahren jedoch abweichend von den früheren Entwürfen zu einem EG-Konkursübereinkommen so eng ziehen, dass im Ergebnis sich die Zuständigkeit für die meisten Verfahren, die einen Zusammenhang mit der Insolvenz ausweisen, dann doch wieder über die EuGVVO bestimmt.[178]

Die Bestimmung der direkten Zuständigkeit über eine analoge Anwendung des Art. 3 Abs. 1 ist jedoch ebenfalls abzulehnen. Schon die Historie der Verordnung deutet darauf hin, dass die EuInsVO nicht von einer – wie auch immer gearteten – *vis attractiva concursus* ausgeht. Die früheren Entwürfe zu einem EG Konkursübereinkommen enthielten ausdrückliche Vorschriften über eine solche Zuständigkeitskonzentration, die bereits damals Gegenstand heftiger Kritik gewesen ist.[179] Es ist auch nicht davon auszugehen, dass der Gesetzgeber durch die Auslassung einer entsprechenden ausdrücklichen Regelung die Weiterentwicklung einer solchen zentralen Frager der Rechtsprechung überlassen wollte, ohne sich zumindest auf Abgrenzungskriterien zu einigen.

Zudem gibt es kein sinnvolles Kriterium, um diejenigen Verfahren abzugrenzen, für die eine Verfahrenskonzentration am Sitz des Insolvenzgerichts angenommen werden soll. Rechtsvergleichend ist unter den Mitgliedsstaaten die *vis attractiva concursus* unterschiedlich ausgeprägt. Die in Art. 25 Abs. 1, 2. Unterabsatz enthaltene Definition von Verfahren, die *unmittelbar auf Grund eines Insolvenzverfahrens ergehen und in engem Zusammenhang damit stehen*, wäre zwar ein autonom auszulegendes Abgrenzungskriterium. Es ist jedoch als Abgrenzungskriterium nicht tauglich. Denn auf Grund eines Insolvenzverfahrens ergehen praktisch alle Entscheidungen, die ein Insolvenzverfahren über das Vermögen des Schuldners voraussetzen, ohne dass jedoch die Befürworter einer analogen Anwendung des Art. 3 Abs. 1 sämtliche Rechtsstreitigkeiten, bei denen die Insolvenz einer Prozesspartei Voraussetzung für die streitigen Rechtsfragen sind, unter die Annexzuständigkeit nach Art. 3 Abs. 1 ziehen möchten. Die „Enge" des Zusammenhanges ist dagegen kein wirklich sachliches Kriterium, weshalb die entsprechenden Begründungen, welche Verfahren der Verfahrenskonzentration unterfallen, bisweilen willkürlich anmuten. Dass beispielsweise eine Feststellungsklage zur Insolvenztabelle, bei der es um den zivilrechtlichen Bestand der Forderung geht, „enger" mit dem Insolvenzverfahren verbunden sein soll, als eine Klage auf Aus- oder Absonderung bleibt daher nicht nachvollziehbar.[180] Mangels eines tauglichen Abgrenzungskriteriums für die sog. Annexverfahren ist daher auch eine analoge Anwendung von Art. 3 Abs. 1 nicht sinnvoll.

b) Insolvenzanfechtungsklagen. Die internationale Zuständigkeit für Insolvenzanfechtungsklagen richtet sich nunmehr nach der EuGVVO. Zwar fallen nach der früheren

---

[178] So z. B. in der Dissertation von *Willemer*, Vis attractiva concursus, S. 398 ff., die nur für Insolvenzanfechtungsklagen, Feststellungsklagen zur Insolvenztabelle, Streitigkeiten über die Eigenschaft einer Forderung als Masse- oder Insolvenzforderung, Haftungsklagen gegen den Insolvenzverwalter sowie bei Streitigkeiten zwischen dem Insolvenzverwalter und dem Schuldner eine entsprechende Anwendung von Art. 3 Abs. 1 vorsieht, für sämtliche andere Verfahren wie Klagen gegen Gesellschafter aus dem Gesellschaftsverhältnis und Klagen gegen Vertretungsorgane, Klagen aus Konzernhaftungsansprüchen, Aktivprozesse des Insolvenzverwalters, Aus- und Absonderungsklagen und Masseklagen jedoch eine Anwendung der EuGVVO bejaht.

[179] Vgl. Jahr, in *Kegel/Thieme*, Vorschläge und Gutachten zum Entwurf eines EG-Konkursübereinkommens, 1988, S. 305 ff.; vgl. auch die Abschließende Stellungnahme der Sonderkommission des Deutschen Rates für IPR vom 23. 5. 1981, abgedruckt in *Kegel/Thieme*, ebd. S. 411; kritisch auch *Thieme*, RabelsZ 45 (1981), 459, 466; sowie *Thieme*, in *Kegel/Thieme*, ebd. S. 476 f.

[180] So kommt z. B. *Willemer*, Vis attractiva concursus, zu dem Ergebnis, dass Feststellungsklagen zur Insolvenztabelle – auch wenn es nur um den zivilrechtlichen Bestand der Forderung geht – insolvenzrechtlich zu qualifizieren seien (vgl. ebd. S. 347), während beispielsweise eine Absonderungsklage oder die Geltendmachung einer Masseforderung nicht insolvenzrechtlich zu qualifizieren seien, weshalb hier die EuGVVO greife (vgl. S. 367, 374).

Rechtsprechung Insolvenzanfechtungsklagen nicht unter den Anwendungsbereich der EuGVVO.[181] Dem folgt jedoch die neuere Rechtsprechung nach Inkrafttreten der EuInsVO nicht mehr.[182] Dieses Ergebnis wird selbst von einigen Befürwortern einer analogen Anwendung des Art. 3 Abs. 1 geteilt. Denn eine Attraktivzuständigkeit sei nicht gerechtfertigt; Art. 18 Abs. 2 S. 2 sei ein Indiz dafür, dass Anfechtungsklagen nicht der *vis attractiva concursus* unterfallen. Die EuGVVO treffe gerechtere Zuständigkeitsregelungen.[183] Das ist zutreffend. So kommt neben dem allgemeinen Gerichtsstand nach Art. 2 EuGVVO insbesondere auch der besondere Gerichtsstand nach Art. 5 Nr. 1 EuGVVO in Betracht. Insoweit sind Insolvenzanfechtungsansprüche nunmehr ähnlich wie bereicherungsrechtliche Ansprüche zu behandeln.[184] Danach ist der Erfüllungsort an dem Ort, an dem der Vermögensgegenstand, der im Rahmen der benachteiligenden Rechtshandlung vom Anfechtungsgegner erlangt wurde, wieder zurück zu gewähren ist.[185] Das ist der Ort, an dem sich der Vermögensgegenstand zum Zeitpunkt der benachteiligenden Rechtshandlung befand. Zudem fordert die Neubewertung der Anwendungsbereiche der EuInsVO sowie der EuGVVO auch eine Änderung der Rechtssprechung zu Art. 5 Nr. 3 EuGVVO, und zwar zumindest für Anfechtungsklagen, die aufseiten des Anfechtungsgegners Vorsatz erfordern.[186] Aber auch darüber hinaus wäre eine Anwendung des Art. 5 Nr. 3 EuGVVO interessengerecht, zumal eine anfechtbare Handlung einer unerlaubten Handlung gleichgestellt werden kann, weil auch hier im Ergebnis ein Ausgleich des Schadens erfolgt, der der Gläubigergemeinschaft zugefügt wird.[187]

93   c) **Feststellungsklagen gegen den Insolvenzverwalter.** Feststellungsklagen zur Insolvenztabelle folgen ebenfalls der EuGVVO. Entgegen einer vielfach vertretenen Auffassung handelt es sich hierbei schon nicht um ein Annexverfahren zum Insolvenzverfahren.[188] Diese Klagen haben weder insolvenzrechtliche Fragen zum Gegenstand, noch setzt die eigentliche Klage die Insolvenz des Schuldners voraus. Insolvenzrechtlich bedingt ist lediglich der auf Grund der Insolvenzsituation und der damit einhergehenden Vollstreckungssperre geänderte Klageantrag. Es besteht daher auch kein Grund, das Vertrauen des Gläubigers in die vor der

---

[181] So BGH vom 11. 1. 1990 NJW 1990, 990, 991; OLG Hamm vom 26. 2. 1993 RIW 1994, 62; vgl. auch EuGH vom 26. 3. 1992, Rs. C-261/90 Reichert, unter Nr. 19, EuZW 1992, 447; *Flessner/Schulz* IPRax 1991, 162, 164 f.; *Haubold* IPRax 2002, 157, 162.

[182] Vgl. OLG Frankfurt vom 26. 1. 2006 ZIP 2006, 769; nicht rechtskräftig; die Rechtssache wurde im Revisionsverfahren dem EuGH vorgelegt, vgl. BGH ZIP 2007, 1415 ff.

[183] So auch *Geimer*, in *Geimer/Schütze*, Europ. ZivilverfahrensR, Art. 1 EuGVVO RdNr. 130; *Schlosser*, Eu-Zivilprozessrecht, Art. 1 RdNr. 21 a und e; *Schwarz* NZI 2002, 209, 294; *Mohrbutter/Ringstmeier/Werner* § 20 Einführung Nr. 17; aA wohl *Ahrens*, Rechte und Pflichten ausländischer Insolvenzverwalter, S. 136; *Carstens*, Die internationale Zuständigkeit, S. 103; *Duursma-Kepplinger*, Europäische Insolvenzverordnung, Art. 25 RdNr. 54; *Haubold* IPRax 2002, 157, 158 mwN in Fn. 18; *Haß/Herweg*, in *Geimer/Schütze*, Int. Rechtsverkehr, B Vor I 20 b, Art. 3 RdNr. 27; *Kranemann*, Insolvenzanfechtung, S. 190 f.; *Kropholler*, Europ. Zivilprozessrecht, Art. 1 EuGVO RdNr. 35; *Lorenz*, Annexverfahren, S. 64 f.; *Nerlich/Römermann/Mincke*, Art. 25 RdNr. 5; MünchKommBGB-*Kindler*, Bd. 11, Art. 13 RdNr. 385; *Rugullis*, Litispendenz, S. 33; *Schack*, IZVR, RdNr. 1084; *Smid*, Int. Insolvenzrecht, Art. 25 RdNr. 13; *Stürner* IPRax 2005, 416, 421; *Willemer*, Vis attractiva concursus, S. 194 ff, insbesondere S. 212; differenzierend *Strobel*, Die Abgrenzung zwischen EuGVVO und EuInsVO, S. 221 f.

[184] Ablehnend noch EuGH, vorige Fn.

[185] Das OLG Frankfurt, ZIP 2006, 769, hätte demnach die deutsche internationale Zuständigkeit bejahen können, da die benachteiligende Rechtshandlung in einer Überweisung des deutschen Schuldners von einem in Deutschland geführten Bankkonto ins Ausland erfolgte. Der Geldbetrag war daher wieder auf das Konto des Schuldners zurück zu überweisen. Erfüllungsort nach Art. 5 Nr. 1 EuGVVO war daher Deutschland.

[186] Anders noch die bisherige Rechtsprechung zu Art. 5 Nr. 3 EuGVVO, vgl. *Leible*, in *Rauscher*: Europ. Zivilprozessrecht, Bd. 1 Art. 5 RdNr. 83; EuGH Rs 261/90 Reichert und Kockler/Dresdner Bank EuGHE 1992 I 2175 gem. 19.

[187] Insoweit unterscheiden sich Insolvenzanfechtungsklagen durchaus von bereicherungsrechtlichen Ansprüchen, die nach der Rechtsprechung des EuGH vom Anwendungsbereich des Art. 5 Nr. 3 ausgenommen sind, vgl. zuletzt EuGH RS 189/87 Kalfelis/Schröder, EuGHE 1988, 5565 RdNr. 21.

[188] So aber: *Kemper* ZIP 2001, 1609, 1614; *Nerlich/Römermann/Mincke*, Art. 25 RdNr. 5; *Schack*, IVZR, RdNr. 1084; *Smid*, Int. Insolvenzrecht, Art. 25 RdNr. 13; wohl auch *Oberhammer* ZInsO 2004, 761, 766; *Willemer*, Vis attractive concursus, S. 319 ff, 350.

Insolvenz bestehenden Gerichtsstände lediglich auf Grund eines zu ändernden Klageantrages zu enttäuschen. Daher gelten die bereits vor der Insolvenz anwendbaren Zuständigkeitsvorschriften für die Geltendmachung von Forderungen gegen den Schuldner auch nach Eröffnung weiter.[189]

d) Rangstreitigkeiten. Streitigkeiten können auch bezüglich des Rangs einer Forderung 94 bestehen, und zwar auf mehreren Ebenen: ob es sich bei der Forderung um eine bevorrechtigte und einfache Insolvenzforderung handelt, ob es sich um eine Masseforderung oder einfache Insolvenzforderung, oder um eine einfache gegenüber einer nachrangigen Insolvenzforderung handelt. In all diesen Fällen geht es um die Einordnung der Forderung für die Verteilung der Vermögensmasse. Zwar handelt es sich hierbei um eine rein insolvenzrechtliche Fragestellung, so dass auch der enge Zusammenhang mit dem Insolvenzverfahren nicht abzustreiten ist.[190] Auch hier richtet sich die Zuständigkeit jedoch nach der EuGVVO,[191] so dass zunächst der allgemeine Gerichtsstand am Sitz des Insolvenzgerichts liegt. Neben dem allgemeinen Gerichtsstand dürften jedoch keine weiteren Gerichtsstände der EuGVVO begründet sein. Gerichtsstandsvereinbarung scheiden aus, da der Gerichtsstand über eine Rangstreitigkeit der Disposition der Parteien entzogen ist. Das Vorliegen besonderer Gerichtsstände ist ebenfalls fraglich: als Erfüllungsort käme nicht mehr der Erfüllungsort aus dem Vertrag in Betracht, soweit sich die Forderung in eine Geldforderung gewandelt hat, die der Insolvenzverwalter als Quotezahlung zu erfüllen hat. Zu einem anderen Ergebnis kann man dagegen für Forderungen eines Massegläubigers gelangen: hier bewirkt der Eintritt der Insolvenz keine Änderung des Erfüllungsortes (beispielsweise wenn der Verwalter die Erfüllung des Vertrages gewählt hat).

e) Aussonderungsklagen. Auch der Gerichtsstand von Aussonderungsklagen gegen den 95 Insolvenzverwalter richtet sich nach den allgemeinen internationalen Zuständigkeitsvorschriften.[192] Dafür spricht – bei beweglichen und unbeweglichen Sachen – insbesondere der Gleichlauf zwischen anwendbarem Recht und internationaler Zuständigkeit, die sich sowohl aus der EuInsVO als auch der EuGVVO in Sonderanknüpfungen und besonderen Gerichtsständen ergeben.

f) Absonderungsklagen. Für alle im Zusammenhang mit der Absonderung stehenden 96 Rechtsfragen ergibt sich die internationale Zuständigkeit aus der EuGVVO.[193] Soweit der zur Absonderung berechtigende Vermögensgegenstand in einem anderen Mitgliedsstaat als dem Verfahrensstaat belegen ist, bleibt das dingliche Recht von der Eröffnung ohnehin unberührt (vgl. Art. 5). Befindet sich der Vermögensgegenstand in dem Verfahrensstaat, so verweist auch die EuGVVO zutreffender Weise auf den Verfahrensstaat, entweder als allgemeinen Gerichtsstand des Insolvenzverwalters oder als dinglichen Gerichtsstand.[194]

---

[189] So auch *Ahrens*, Rechte und Pflichten ausländischer Insolvenzverwalter, S. 136; *Haubold* IPRax 2002, 157, 162 f.; *Homann*, System der Anerkennung, S. 145; *Kropholler*, Europ. Zivilprozessrecht, Art. 1 EuGVO RdNr. 37; *Schlosser*, EU-Zivilprozessrecht, Art. 1 RdNr. 21; differenzierend *Strobel*, Die Abgrenzung zwischen EuGVVO und EuInsVO, S. 256 f. Vgl. dazu auch OLG Wien vom 30. 10. 2006, Az. 10Ra47/06i, abrufbar unter http://www.ris.bka.at.

[190] Für eine Zuständigkeitsbestimmung nach Art. 3 daher *Haß/Herweg*, in *Geimer/Schütze*, Int. Rechtsverkehr, B Vor I 20 b, Art. 3 RdNr. 27; *Stürner* IPRax 2005, 416, 421; *Willemer*, Vis attractiva concursus, S. 330 ff.

[191] Ebenso *Geimer*, in *Geimer/Schütze*, Europ. ZivilverfahrensR, Art. 1 RdNr. 132; aA *Mankowski*, in *Rauscher*, Europ. Zivilprozessrecht, Bd. 1, Art. 1 Brüssel I–VO RdNr. 22; *Willemer*, Vis attractiva concursus, S. 351 f.

[192] Vgl. *Virgos/Schmit*, Erläuternder Bericht, RdNr. 196; *Ahrens*, Rechte und Pflichten ausländischer Insolvenzverwalter, S. 136; *Duursma-Kepplinger*, Europäische Insolvenzverordnung, Art. 25 RdNr. 55; *Geimer*, in *Geimer/Schütze*, Europ. ZivilverfahrensR, Art. 5 EuGVVO RdNr. 35; *Haubold*, in *Gebauer/Wiedmann*, Zivilrecht, Art. 25 RdNr. 87; *Kropholler*, Europ. Zivilprozessrecht, Art. 1 EuGVO RdNr. 37; *Mankowski* in *Rauscher*, Europ. Zivilprozessrecht, Bd. 1, Art. 1 Brüssel I–VO RdNr. 21; *Nerlich/Römermann/Mincke*, Art. 25 EuInsVO RdNr. 7; *Smid*, Int. Insolvenzrecht, Art. 25 RdNr. 14; *Strobel*, Die Abgrenzung zwischen EuGVVO und EuInsVO, S. 261 f.; *Trunk*, Internationales Insolvenzrecht, S. 117; *Willemer*, Vis attractiva concursus, S. 367; wohl auch *Lorenz*, Annexverfahren S. 64.

[193] So auch *Haubold* IPRax 2002, 157, 163; *Lorenz*, Annexverfahren S. 64; *Strobel*, Die Abgrenzung zwischen EuGVVO und EuInsVO, S. 261 f.; *Willemer*, Vis attractiva concursus, S. 367.

[194] Vgl. Art. 2 Abs. 1 EuGVVO und Art. 5 Nr. 1, 3 EuGVVO.

EuInsVO Art. 3 97–100

97 **g) Masseverbindlichkeiten.** Die internationale Zuständigkeit für die Klage eines Gläubigers gegen den Insolvenzverwalter auf Zahlung einer Masseverbindlichkeit richtet sich ebenfalls nach der EuGVVO.[195] Schon vor dem Inkrafttreten der EuInsVO wurde dies für die EuGVVO bejaht.[196]

98 **h) Aktivprozesse des Insolvenzverwalters. aa) Forderungsbetreibung.** Gleiches gilt auch für Aktivklagen des Insolvenzverwalters gegen Drittschuldner des Schuldners aus Geschäften vor Eröffnung des Insolvenzverfahrens. Diese werden durch die Insolvenzeröffnung ohnehin nicht tangiert (allenfalls im Hinblick auf die Verfügungsbefugnis). Auch für diese Klagen gilt – soweit der persönliche Anwendungsbereich eröffnet ist – die EuGVVO.[197]

99 **bb) Klagen gegen Gesellschafter aus dem Gesellschaftsverhältnis.** Die internationale Zuständigkeit für Klagen des Insolvenzverwalters gegen die Gesellschafter auf Grund verschiedener Tatbestände, die ihre Grundlage im Gesellschaftsrecht und in der Gesellschafterstellung habe, richtet sich grundsätzlich nach der EuGVVO. Dies gilt sowohl für Klage auf Erstattung zurückgezahlten Eigenkapitals, als auch für die Geltendmachung Eigenkapital ersetzender Darlehen.[198]

100 **cc) Klagen gegen die Vertretungsorgane.** Die internationale Zuständigkeit für Klagen des Insolvenzverwalters (oder auch einzelner Gläubiger) gegen die gesetzlichen Vertretungsorgane einer Kapitalgesellschaft auf Grund einer Insolvenzverschleppung oder anderer im Zusammenhang mit deren Verhalten vor Eröffnung des Insolvenzverfahrens stehenden Ansprüche richtet sich ebenfalls ausschließlich nach der EuGVVO.[199] Das gilt auch für die *action en comblement du passif* nach französischem Recht,[200] oder dem sogenannten *wrongful trading* nach englischem Recht. Der Anlass entsprechender Klage ist zwar meist die Insol-

---

[195] Vgl. *Geimer*, in *Geimer/Schütze*, Europ. ZivilverfahrensR, Art. 1 EuGVVO RdNr. 132; *Haubold* IPRax 2002, 157, 162; *Kropholler*, Europ. Zivilprozessrecht, Art. 1 EuGVO RdNr. 37; *Mankowski*, in *Rauscher*, Europ. Zivilprozessrecht, Bd. 1, Art. 1 Brüssel I–VO RdNr. 20; *Schack*, IVZR, RdNr. 1083; *Schlosser*, EU-Zivilprozessrecht, Art. 1 RdNr. 21 a und e; *Strobel*, Die Abgrenzung zwischen EuGVVO und EuInsVO, S. 206; *Stürner, M.* IPRax 2005, 422; im Ergebnis ebenso *Willemer*, Vis attractiva concursus, S. 367 ff., 374.

[196] Vgl. Cass. Civ. vom 13. 4. 1992, Rev. crit. dr. int. priv. 1993, 67, note *Remery*; *Kropholler*, Europ. Zivilprozessrecht, Art. 1 EuGVO RdNr. 37; *Schack*, IVZR, RdNr. 1083; *Trunk*, Internationales Insolvenzrecht, S. 116; aA OLG Zweibrücken vom 30. 6. 1992 EuZW 1993, 165.

[197] LG Mainz vom 30. 9. 1998 WM 1989, 1053, 1057; OLG Koblenz vom 1. 6. 1989 ZIP 1989, 1327, 1329; ebenso BGE 125 III 108 (zum gleichlautenden Luganer Übereinkommen); UBS AG v. Omni Holding AG [2000] I. L.Pr. 51, 57 f. (Chancery Division); *Ahrens*, Rechte und Pflichten ausländischer Insolvenzverwalter, S. 135; *Haubold* IPRax 2002, 157, 162; *Kropholler*, Europäisches Zivilprozessrecht, Art. 1 EuGVO RdNr. 37; *Schack*, IVZR, RdNr. 1083; *Strobel*, Die Abgrenzung zwischen EuGVVO und EuInsVO, S. 205 ff., 212.

[198] Wohl auch hM bei den Vertretern der analogen Anwendung von Art. 3 EuInsVO. Vgl. *Baumbach/Lauterbach/Hartmann*, Art. 1 EuGVVO RdNr. 8; *Geimer*, in *Geimer/Schütze*, Europ. ZivilverfahrensR, Art. 5 EuGVVO RdNr. 31; *Zöller/Geimer*, Anh I Art. 5 EuGVVO RdNr. 13; *Haubold* IPRax 2002, 157, 163; *Kropholler*, Europ. Zivilprozessrecht, Art. 1 EuGVO RdNr. 35, Art. 5 EuGVO RdNr. 13; *Leible*, in *Rauscher*, Europ. Zivilprozessrecht, Bd. 1, Art. 5 Brüssel I–VO RdNr. 25; *Nagel/Gottwald*, Internat. ZPR, S. 96; *Schlosser*, EU-Zivilprozessrecht, Art. 1 RdNr. 21; *Schwarz* NZI 2002, 290, 294 f.; *Wagner*, in *Lutter*, Europäische Auslandsgesellschaften in Deutschland, S. 247 ff.; *Willemer*, Vis attractiva concursus, S. 237; differenzierend *Nerlich/Römermann/Mincke*, Art. 25 EuInsVO RdNr. 6; *Strobel*, Die Abgrenzung zwischen EuGVVO und EuInsVO, S. 228; vgl. auch OLG Köln NZG 2004, 1009 zu Fragen der Haftung der Gesellschafter wg. einer Unterkapitalisierung mit Anmerkung *Rauscher*, WuB VII B Art. 5 EuGVVO 2.05.

[199] Vgl. zum EuGVÜ bzw. LGVÜ OLG München vom 25. 6. 1999 ZIP 1999, 1558; *Haubold* IPRax 2000, 375 f.; aA *Ahrens*, Rechte und Pflichten ausländischer Insolvenzverwalter, S. 136; *Bauer*, Die internationale Zuständigkeit bei gesellschaftsrechtlichen Klagen unter besonderer Berücksichtigung des EuGVÜ, S. 140 f.; zur Anwendung der EuGVVO *Leible*, in *Rauscher*, Europ. Zivilprozessrecht, Bd. 1, Art. 5 Brüssel I–VO RdNr. 25; *Zöller/Geimer*, Anh I Art. 5 EuGVVO RdNr. 13; *Kropholler*, Europ. Zivilprozessrecht, Art. 1 EuGVO RdNr. 35, Art. 5 EuGVO RdNr. 13; *Strobel*, Die Abgrenzung zwischen EuGVVO und EuInsVO, S. 237; *Willemer*, Vis attractiva concursus, S. 365, 272; differenzierend *Duursma-Kepplinger*, Europäische Insolvenzverordnung, Art. 25 RdNr. 54; ähnlich *Mock* NZI 2006, 24, 26; aA *Eidenmüller*, Ausländische Kapitalgesellschaften im deutschen Recht, S. 318 f.

[200] Vgl. zur Rechtslage vor Inkrafttreten der EuInsVO *Wiedemann*, Gesellschaftsrecht S. 830; *Gruber* EWS 1994, 190, 192; *Lüke*, Festschrift Schütze, S. 467, 475; *Baierlipp*, Die Haftung der Muttergesellschaft eines

venzsituation. Es handelt sich jedoch auch hier um Ansprüche aus dem gesellschaftsrechtlichen Haftungssystem. Die internationale Zuständigkeit richtet sich in diesen Fällen entweder nach dem Wohnsitz der gesetzlichen Vertretungsorgane als allgemeinem Gerichtsstand oder nach einem eventuell vorliegenden speziellen Gerichtsstand, beispielsweise dem Erfüllungsort gemäß Art. 5 Nr. 1 EuGVVO oder dem Ort der unerlaubten Handlung nach Art 5 Nr. 3 EuGVVO. Die Insolvenzverschleppung kann durchaus einer unerlaubten Handlung gleichgestellt werden.

dd) Haftungsansprüche im Konzern. Auch die Zuständigkeit für konzernrechtliche **101** Ausgleichs- und Haftungsansprüche richtet sich nach den allgemeinen Vorschriften der EuGVVO.[201] Das gilt für sämtliche konzernrechtliche Ansprüche, einschließlich der Ansprüche aus einem sog. existenzvernichtenden Eingriff.[202]

i) Haftungsklagen gegen den Insolvenzverwalter. Auch für Haftungsklagen gegen **102** den Insolvenzverwalter richtet sich die internationale Zuständigkeit nach der EuGVVO.[203] Auch hier ist nicht erkennbar, dass eine Zuständigkeitskonzentration am Sitz des Insolvenzgerichts interessengerechter wäre. Verletzt beispielsweise ein Insolvenzverwalter ein Absonderungsrecht eines Gläubigers in einem anderen Mitgliedsstaat, so muss dem geschädigten Gläubiger auch die Möglichkeit verbleiben, den Insolvenzverwalter am Ort der deliktischen Handlung verklagen zu können (Art. 5 Nr. 3 EuGVVO). Allerdings wird man für den allgemeinen Gerichtsstand des Insolvenzverwalters nicht auf dessen privaten oder sonstigen beruflichen Wohnsitz abstellen dürfen, sondern – bei Gesellschaften – auf den Sitz des Schuldnerunternehmens.

---

multinationalen Konzerns, S. 270; *Kuckertz*, Der Haftungsdurchgriff auf ausländische Unternehmen und Geschäftsleiter nach französischem Recht, S. 125, 154; *Ebenroth/Kieser* KTS 1988, 19, 41, 43; wohl auch *Rinne*, Zweigniederlassungen ausländischer Unternehmen im deutschen Kollisions- und Sachrecht, 297 f.; aA Cass. Com. vom 5. 5. 2004, Rev. crit. dr. int. pr. 2005, 104; *Junker* RIW 1986, 337, 345; *Sonnenberger*, Französisches Handels- und Wirtschaftsrecht, S. 433; *Vallens* ALD 1995, 217, 220; *Staudinger/Großfeld*, IntGesR RdNr. 352; *Haas* NZG 1999, 1148, 1152 mit Bezug auf die bereits überholte Regelung des Art. 99 L. 13 juillet 1967; *Wackerbarth*, Grenzen der Leitungsmacht in der internationalen Unternehmensgruppe; S. 107 ff. Gegen eine insolvenzrechtliche Qualifikation für die aktuelle Rechtslage *Duursma-Kepplinger*, Europäische Insolvenzverordnung, Art. 25 RdNr. 54; *Geimer*, in *Geimer/Schütze*, Europ. Zivilverfahrens-R, Art. 1 EuGVVO RdNr. 131; zweifelnd *Bureau*, Rev. crit. dr. int. pr. 2005, 106, 109; unklar für die *action en comblement du passif* nach neuem Recht *Haubold* IPRax 2002, 157, 463 Fn. 99; aA MünchKommInsO-*Ehricke*, Art. 102 EGInsO RdNr. 424; *Nerlich/Römermann/Mincke*, Art. 25 EuInsVO RdNr. 5; *Borges* ZIP 2004, 733, 739 f.; *Habersack/Verse* ZHR 2004, 174, 207; *Henry* Dalloz 2004, 2145, 2146; *Vallens* Dalloz, 2005, 1553, 1554; MünchKommInsO-*Kindler*, IntGesR RdNr. 653; *Willemer*, Vis attractiva concursus, S. 392.

[201] So zum EuGVÜ BGH vom 13. 1. 1997 DStR 1997, 203 mit Anmerkungen *Goette*; OLG München vom 25. 6. 1999 IPRax 2000, 416. Vgl. dazu auch *Haubold* IPRax 2000, 375, 379 ff.; *Auer*, in *Geimer/Schütze*, Art. 5 RdNr. 27; zur Anwendbarkeit der EuGVVO *Haß/Herweg*, in *Geimer/Schütze*, Int. Rechtsverkehr, B Vor I 20 b, Art. 3 RdNr. 27 Fn. 64; *Haubold* IPRax 2002, 157, 163; *Martiny*, Festschrift Geimer, 641, 664; MünchKommInsO-*Ehricke*, Bd. 2. Aufl. Anhang Internat. Konzerninsolvenzrecht RdNr. 49 ff.; *Kindler*, Festschrift Ulmer, S. 305, 307 ff.; *Leible*, in *Rauscher*, Europ. Zivilprozessrecht, Bd. 1, Art. 5 Brüssel I-VO RdNr. 25; *Mankowski*, in *Rauscher*, Europ. Zivilprozessrecht, Bd. 1, Art. 1 Brüssel I-VO RdNr. 20 c; *Geimer*, in *Geimer/Schütze*, Europ. ZivilverfahrensR, Art. 5 EuGVVO RdNr. 32 (Fn. 55); *Willemer*, Vis attractiva concursus, S. 257.

[202] Vgl. *Haß/Herweg*, in *Geimer/Schütze*, Int. Rechtsverkehr, B Vor I 20 b, Art. 3 RdNr. 27 Fn. 64; *Mankowski*, in *Rauscher*, Europ. Zivilprozessrecht, Bd. 1, Art. 1 Brüssel I-VO RdNr. 20 c; *Kindler*, Festschrift Ulmer, S. 305, 307 ff.; *Willemer*, Vis attractiva concursus, S. 257; wohl auch *Haubold* IPRax 2002, 157, 163.

[203] So zum EuGVÜ *Schlosser*, Festschrift Weber, S. 395, 408; *Jahr*, in *Kegel/Thieme*, Vorschläge und Gutachten, S. 305, 311; *Lüke* ZZP 111 (1998) 275, 295; aA *Ahrens*, Rechte und Pflichten ausländischer Insolvenzverwalter, S. 137; zur aktuellen Rechtslage ebenso *Geimer*, in *Geimer/Schütze*, Europ. ZivilverfahrensR, Art. 1 EuGVVO RdNr. 130; *Schack*, IVZR, RdNr. 1084; *Schlosser*, EU-Zivilprozessrecht, Art. 1 RdNr. 21 e; *Strobel*, Die Abgrenzung zwischen EuGVVO und EuInsVO, S. 242 f.; aA und für eine Anwendung der EuInsVO *Duursma-Kepplinger*, Europäische Insolvenzverordnung, Art. 25 RdNr. 54; *Haß/Herweg*, in *Geimer/Schütze*, Int. Rechtsverkehr, B Vor I 20 b, Art. 3 RdNr. 27; *Lorenz*, Annexverfahren S. 65; *Nerlich/Römermann/Mincke*, Art. 25 EuInsVO RdNr. 5; *Smid*, Int. Insolvenzrecht, Art. 25 RdNr. 13; *Willemer*, Vis attractiva concursus, S. 363.

Art. 4. Anwendbares Recht

(1) Soweit diese Verordnung nichts anderes bestimmt, gilt für das Insolvenzverfahren und seine Wirkungen das Insolvenzrecht des Mitgliedsstaats, in dem das Verfahren eröffnet wird, nachstehend „Staat der Verfahrenseröffnung" genannt.

(2) Das Recht des Staates der Verfahrenseröffnung regelt, unter welchen Voraussetzungen das Insolvenzverfahren eröffnet wird und wie es durchzuführen und zu beenden ist. Es regelt insbesondere:

a) bei welcher Art von Schuldnern ein Insolvenzverfahren zulässig ist;
b) welche Vermögenswerte zur Masse gehören und wie die nach der Verfahrenseröffnung vom Schuldner erworbenen Vermögenswerte zu behandeln sind;
c) die jeweiligen Befugnisse des Schuldners und des Verwalters;
d) die Voraussetzungen für die Wirksamkeit einer Aufrechnung;
e) wie sich das Insolvenzverfahren auf laufende Verträge des Schuldners auswirkt;
f) wie sich die Eröffnung eines Insolvenzverfahrens auf Rechtsverfolgungsmaßnahmen einzelner Gläubiger auswirkt; ausgenommen sind die Wirkungen auf anhängige Rechtsstreitigkeiten;
g) welche Forderungen als Insolvenzforderungen anzumelden sind und wie Forderungen zu behandeln sind, die nach der Eröffnung des Insolvenzverfahrens entstehen;
h) die Anmeldung, die Prüfung und die Feststellung der Forderungen;
i) die Verteilung des Erlöses aus der Verwertung des Vermögens, den Rang der Forderungen und die Rechte der Gläubiger, die nach der Eröffnung des Insolvenzverfahrens aufgrund eines dinglichen Rechts oder infolge einer Aufrechnung teilweise befriedigt wurden;
j) die Voraussetzungen und die Wirkungen der Beendigung des Insolvenzverfahrens, insbesondere durch Vergleich;
k) die Rechte der Gläubiger nach der Beendigung des Insolvenzverfahrens;
l) wer die Kosten des Insolvenzverfahrens einschließlich der Auslagen zu tragen hat;
m) welche Rechtshandlungen nichtig, anfechtbar oder relativ unwirksam sind, weil sie die Gesamtheit der Gläubiger benachteiligen.

Literatur: *Altmeppen,* Änderungen der Kapital- und Insolvenzverschleppungshaftung aus „deutsch-europäischer" Sicht, NJW 2005, 1911; *Beck,* Verteilungsfragen im Verhältnis zwischen Haupt- und Sekundärinsolvenzverfahren nach der EuInsVO, NZI 2007, 1; *Berner/Klöhn,* Insolvenzantragspflicht, Qualifikation und Niederlassungsfreiheit, ZIP 2007, 106; *Borges,* Gläubigerschutz bei ausländischen Gesellschaften mit inländischem Sitz, ZIP 2004, 733; *Bork* (Hrsg.), Handbuch des Insolvenzanfechtungsrechts, 2006, (zit.: *Adolphsen,* in *Bork,* Handbuch); *Brenner,* Kurzkommentar zu: AG Hamburg, Beschl. v. 14. 5. 2003 – 67 g IN 358/02, EWiR 2003, 925; *Burg,* Existenzvernichtungsschutz in der Private Limited Company?, GmbHR 2004, 1379; *Carrara,* The Parmalat Case, RabelsZ 2006, 538, (556); *Drouven/Mödl,* US-Gesellschaften mit Hauptverwaltungssitz in Deutschland im deutschen Recht, NZG 2007, 7; *Duursma-Kepplinger,* Anmerkung zu: OGH v. 23. 2. 2005, 9 Ob 135/04 z, Österr. Anwaltsblatt 2005, 348; *Eidenmüller,* Gesellschaftsstatut und Insolvenzstatut, RabelsZ 2006, 474, (482); *ders.,* Geschäftsleiter- und Gesellschafterhaftung bei europäischen Auslandsgesellschaften mit tatsächlichem Inlandssitz, NJW 2005, 1618; *Eisner,* Kapitalersatz- und Insolvenzverschleppungshaftung im Fall der Scheinauslandsgesellschaft, ZInsO 2005, 20; *Fischer,* Die Verlagerung des Gläubigerschutzes vom Gesellschafts- in das Insolvenzrecht nach „Inspire Art", ZIP 2004, 1477; *Gräfe,* Director's fiduciary duties als Gläubigerschutzinstrument bei britischen Limiteds mit Verwaltungssitz in Deutschland, DZWIR 2005, 410; *Greulich/Bunnemann,* Geschäftsführerhaftung für zur Zahlungsunfähigkeit führende Zahlungen an die Gesellschafter nach § 64 I 3 GmbHG-RefE-Solvenztest im deutschen Recht?, NZG 2006, 681; *Hau,* Massenanreicherung und Gläubigerschutz im Europäischen Insolvenzrecht in: *Gottwald,* Europäisches Insolvenzrecht-kollektiver Rechtsschutz, S. 79 ff.; *Hirte/Mock,* Wohin mit der Insolvenzantragspflicht?, ZIP 2005, 474; *Hanisch,* Bemerkungen zur Insolvenzanfechtung im grenzüberschreitenden Insolvenzfall (Art. 102 Abs. 2 EGInsO und die angestrebte EU-Regelung), in Festschrift Stoll, 2001, S. 503; *Jud,* Die Aufrechnung im internationalen Privatrecht, IPRax 2005, 104; *Kienle,* Schnittstellen des internationalen Gesellschafts- und Insolvenzrechts in *Süß/Wachter* (Hrsg), Handbuch des internationalen GmbH-Rechts, 2006, S. 127 ff. (zit.: *Kienle,* in *Süß/Wachter,* Handbuch); *Köke,* Die englische Limited in der Insolvenz, ZInsO 2005, 354; *Kodek,* Die Geltendmachung von Anfechtungsansprüchen nach der EuInsVO, in *Konecny* (Hrsg.), Insolvenzforum

Anwendbares Recht **Art. 4 EuInsVO**

2004, 2005, S. 119; *Kuntz,* Die Insolvenz der Limited mit deutschem Verwaltungssitz – EU-Kapitalgesellschaft in Deutschland nach "Inspire Art", NZI 2005, 424; *Leutner/Langner,* Durchgriffshaftung bei Scheinauslandsgesellschaften, ZInsO 2005, 575; *Lieder,* Die Haftung der Geschäftsführer und Gesellschafter von EU-Auslandsgesellschaften mit tatsächlichem Verwaltungssitz in Deutschland, DZWIR 2005, 399; *Lutter* (Hrsg.), Europäische Auslandsgesellschaften in Deutschland: mit Rechts- und Steuerfragen des Wegzugs deutscher Gesellschaften, 2005 (zit.: *Bearbeiter* in *Lutter,* Auslandsgesellschaften); *Mock,* Anmerkung zu LG Kiel, Urt. v. 20. 4. 2006 – 10 S 44/05, Insolvenzverschleppungshaftung des directors bei inländischem Verwaltungssitz der Limited, NZI 2006, 482; *Mock/Schildt,* Anmerkung zu AG Hamburg, Beschl. v. 14. 5. 2003 – 67 g IN 358/02, Insolvenzfähigkeit einer englischen Limited in Deutschland, NZI 2003, 442; *dies.,* Insolvenz ausländischer Kapitalgesellschaften mit Sitz in Deutschland, ZInsO 2003, 396; *Mock/Westhoff,* Verwendung ausländischer Kapitalgesellschaften bei Unternehmensakquisitionen, DZWIR 2004, 23; *Paulus,* Die ersten Jahre mit der Europäischen Insolvenzverordnung: Erfahrungen und Erwartungen, RabelsZ 2006, 458, (466); *ders.,* Anfechtungsklagen im grenzüberschreitenden Insolvenzverfahren, ZInsO 2006, 295; *ders.,* Which law decides on a court's competence to decide in insolvency related matters? Higher Regional Court of Frankfurt a. M., International Caselaw Alert 10 – III/2006, 10; *Reisch/Kodek,* Ausgewählte Probleme der Anfechtung nach der EuInsVO, International Caselaw Alert 13 – I/2007, 57; *Riedemann,* Das Auseinanderfallen von Gesellschafts- und Insolvenzrecht, GmbHR 2004, 345; *Ringe/Willemer,* Die „deutsche" Limited in der Insolvenz, EuZW 2006, 621; *Röhricht,* Insolvenzrechtliche Aspekte im Gesellschaftsrecht, ZIP 2005, 505; *Schall,* Englischer Gläubigerschutz bei der Limited in Deutschland, ZIP 2005, 965; *Schilling, M.,* Die ausschließliche internationale Zuständigkeit für gesellschaftsrechtliche Streitigkeiten vor dem Hintergrund der Niederlassungsfreiheit, IPRax 2005, 208; *Schilling, S./Schmidt, J.,* Anm. zu AG Köln, Beschl. v. 10. 8. 2005, Insolvenzantragstellung in einem anderen EU-Mitgliedstaat, DZWIR 2006, 218; *Schmidt, J.,* Insolvenzantragspflicht und Insolvenzverschleppungshaftung bei der „deutschen" Limited – Das LG Kiel auf dem richtigen Weg?, ZInsO 2006, 737; *Schmidt, K.,* Verlust der Mitte durch „Inspire Art"? – Verwerfungen im Unternehmensrecht durch Schreckreaktionen der Literatur –, ZHR 168 (2004) 493; *Schollmeyer,* Vollstreckungsschutz kraft ausländischen Insolvenzrechts und Inlandsklausel – zu OLG Frankfurt a. M., 30. 10. 2001, 20 W 587/99, IPRax 2003, 227; *Schwerdtfeger/Schilling, S.,* Innerstaatlicher Rechtsschutz gegen die Eröffnung eines Hauptinsolvenzverfahrens nach Art. 3 Abs. 1 EuInsVO in Deutschland, DZWIR 2005, 370; *Ulmer,* Insolvenzrechtlicher Gläubigerschutz gegenüber Scheinauslandsgesellschaften ohne hinreichende Kapitalausstattung?, KTS 2004, 291; *Ungan,* Gläubigerschutz nach dem EuGH-Urteil in „Inspire Art" – Möglichkeiten einer Sonderanknüpfung für die Durchgriffshaftung in der Insolvenz?, ZVR 2005, 355; *Vallender,* Wohnungseigentum in der Insolvenz, NZI 2004, 401, (403); *Vallender/Fuchs,* Die Antragspflicht organschaftlicher Vertreter einer GmbH vor dem Hintergrund der Europäischen Insolvenzverordnung, ZIP 2004, 829; *Vorpeil,* Neuere Entwicklungen im englischen Handels- und Wirtschaftsrecht, RIW 2005, 370 (378); *Wagner,* Insolvenzantragstellung nur im EU-Ausland? Zivil- und strafrechtliche Risiken für den GmbH-Geschäftsführer, ZIP 2006, 1934; *Walterscheid,* Die englische Limited im Insolvenzverfahren, DZWIR 2006, 95; *Weller,* Forum Shopping im Internationalen Insolvenzrecht?, IPRax 2004, 412, (414); *ders.,* Einschränkung der Gründungstheorie bei missbräuchlicher Auslandsgründung?, IPRax 2003, 520; *ders.,* Scheinauslandsgesellschaften nach Centros, Überseering und Inspire Art: Ein neues Anwendungsfeld für die Existenzvernichtungshaftung, IPRax 2003, 207; *Westermann,* Auf dem Weg zum Wettbewerb der Gesellschaftsordnungen: die Kapitalbindung im Recht der GmbH, ZIP 2005, 1849; *Wienberg,* Anwendbarkeit von deutschem Eigenkapitalersatzrecht auf EU-Kapitalgesellschaften am Beispiel eines Partikularinsolvenzverfahrens im engeren Sinn nach Art. 3 II, IV EuInsVO, NZI 2005, 353; *Wilms,* Die englische Ltd. in deutscher Insolvenz (Diss. Uni Düsseldorf, 2006), 2006 (Zit.: *Wilms,* Die engl. Ltd.); *Zeeck,* Die Anknüpfung der Insolvenzanfechtung, ZInsO 2005, 281; *Zerres,* Deutsche Insolvenzantragspflicht für die englische Limited mit Inlandssitz, DZWIR 2006, 356; *Zimmer,* Nach „Inspire Art": Grenzenlose Gestaltungsfreiheit für deutsche Unternehmen?, NJW 2003, 3585.

Übersicht:

	RdNr.		RdNr.
I. Normzweck	1	4. Lit. b): Insolvenzmasse	18
II. Reichweite des Insolvenzstatuts	2	5. Lit. c): Befugnisse des Schuldners und des Verwalters	19
1. Allgemeines	2	6. Lit. d): Insolvenzaufrechnung	20
2. Abgrenzung zum Gesellschaftsstatut	4	7. Lit. e): Auswirkung der Verfahrenseröffnung auf laufende Verträge	25
3. Abgrenzung zum Vertragsstatut	9	8. Lit. f) Rechtsverfolgungsmaßnahmen	26
4. Abgrenzung zum Deliktsstatut	10	9. Lit. g): Insolvenzforderungen und Masseverbindlichkeiten	30
5. Abgrenzung zum Sachenrechtsstatut	12	10. Lit. h): Anmeldung, Prüfung und Feststellung der Insolvenzforderungen	33
III. Beispielkatalog des Abs. 2	13	11. Lit. i): Erlösverteilung, Rang	35
1. Voraussetzungen der Verfahrenseröffnung (Abs. 2 Satz 1)	14		
2. Durchführung und Beendigung (Abs. 2 Satz 1)	15		
3. Lit. a): Insolvenzfähigkeit	16		

	RdNr.		RdNr.
12. Lit. j): Beendigung des Insolvenzverfahrens	37	14. Lit. l): Kosten des Insolvenzverfahrens	39
13. Lit. k): Gläubigerrechte nach Verfahrensbeendigung	38	15. Lit. m): Unwirksame Benachteiligung der Gesamtheit der Gläubiger	40

I. Allgemeines

1 Art. 4 bis Art. 15 enthalten einheitliche Kollisions- oder auch Sachnormen für das internationale Insolvenzrecht in den Mitgliedstaaten,[1] wobei Art. 4 die **grundlegende Kollisionsnorm** statuiert, die immer zur Anwendung kommt, soweit keine davon abweichende Sonderregelung in der Verordnung enthalten ist („*Soweit diese Verordnung nichts anderes bestimmt*"). Danach findet auf alle Fragen des Insolvenzverfahrens (zur Reichweite des Statuts vgl. unten RdNr. 2) grundsätzlich das Recht des Staates der Verfahrenseröffnung (sog. **lex fori concursus oder Insolvenzstatut**) Anwendung. Dies gilt für das Hauptverfahren, für Sekundärverfahren (vgl. Art. 28) sowie für unabhängige Partikularverfahren (vgl. Art. 28 RdNr. 4 und 11). Auch wenn dies im Text der Verordnung nicht ausdrücklich erwähnt ist, handelt es sich um eine Sachnormverweisung.[2] Ein Renvoi ist daher ausgeschlossen.[3]

II. Reichweite des Insolvenzstatuts

2 **1. Allgemeines.** Die Verweisung auf die *lex fori concursus* gilt gemäß dem Wortlaut des Absatzes 1 für das Insolvenzverfahren und seine Wirkungen. Damit ist die im Kollisionsrecht grundsätzlich geltende Qualifikationsfrage angesprochen.[4] Bezogen auf das Insolvenzrecht bedeutet dies, dass zunächst jeweils zu prüfen ist, ob ein bestimmter Anspruch dem Insolvenzrecht zuzuordnen ist (dann Anwendung der Art. 4 bis 15 der Verordnung), oder ob ein Anspruch systematisch einem anderen Rechtsgebiet zuzuordnen ist, so dass entsprechend eine andere Kollisionsnorm (z. B. die Kollisionsnorm für gesellschaftsrechtliche oder deliktische Ansprüche) heranzuziehen ist. Diese Qualifikationsfragen stellen sich auch im Zusammenhang mit der Anwendung der kollisionsrechtlichen Vorschriften der Verordnung, insbesondere im Zusammenhang mit der Anwendung der Generalklausel des Art. 4. Was dementsprechend unter „*Insolvenzverfahren und seine Wirkungen*" zu verstehen ist, ist verordnungsautonom auszulegen.[5] In welchem nationalen Gesetz der Anspruch oder die Rechtsfrage geregelt ist, gibt allenfalls einen Anhaltspunkt, spielt aber für die Frage der Qualifikation eines Anspruchs keine ausschlaggebende Rolle.[6]

3 Orientierungshilfe zur Bestimmung der Reichweite des Insolvenzstatuts bieten *de lege lata* hierbei der Beispielskatalog in Art. 4 Abs. 2 sowie die in Art. 5 ff. enthaltenen Sonderanknüpfungen. Die dort genannten Fälle sind aus Sicht der Verordnung in jedem Fall als insolvenzrechtlich zu qualifizieren. Aus dem in Art. 4 Abs. 2 enthaltenen Katalog wird auch ersichtlich, dass die Reichweite des Insolvenzstatuts entgegen einer in der Literatur vertretenen Auffassung nicht „weit" zu fassen ist.[7] Ein solcher Ansatz ist schon deswegen verfehlt,

---

[1] Zum sachlich-räumlichen Anwendungsbereich der Verordnung, insbesondere der Kollisionsnormen vgl. Art. 1 RdNr. 17 ff.
[2] Vgl. *Virgos/Schmit*, Erläuternder Bericht, RdNr. 87; *Fletcher*, Insolvency, S. 266.
[3] Vgl. *Duursma-Kepplinger*, Europäische Insolvenzverordnung, Art. 4 RdNr. 2; *Haubold*, in *Gebauer/Wiedmann*, Zivilrecht, Art. 4 RdNr. 89; *Haß/Herweg*, in *Geimer/Schütze*, Int. Rechtsverkehr, B Vor I 20 b, Art. 4 RdNr. 2; *Mäsch*, in *Rauscher*, Europ. Zivilprozessrecht, Bd. 2, Art. 4 EG-InsVO RdNr. 2; MünchKommBGB-*Kindler*, Bd. 11, Art. 4 RdNr. 199.
[4] Vgl. zum Rechtsinstitut des Renvoi im internationalen Insolvenzrecht vor § 335 RdNr. 38 f.
[5] Vgl. *Duursma-Kepplinger*, Europäische Insolvenzverordnung, Vorbemerkung RdNr. 20; *Haubold*, in *Gebauer/Wiedmann*, Zivilrecht, Art. 4 RdNr. 90; *Mankowski* RIW 2004, 481, 486; *Mäsch*, in *Rauscher*, Europ. Zivilprozessrecht, Bd. 2, Art. 4 EG-InsVO RdNr. 8; MünchKommBGB-*Kindler*, Bd. 11, Art. 4 RdNr. 202; *Paulus*, Europäische Insolvenzverordnung, Art. 4 RdNr. 4.
[6] Vgl. *Kegel/Schurig*; IPR, S. 343 ff.
[7] So aber MünchKommBGB-*Kindler*, Bd. 11, Art. 4 RdNr. 205; *Duursma-Kepplinger*, Europäische Insolvenzverordnung, Art. 4 RdNr. 7; hiergegen zurecht: *Huber*, in *Geimer/Schütze*, Int. Rechtsverkehr, B Vor I 20 b, Art. 4 RdNr. 11.

Anwendbares Recht   4–6 **Art. 4 EuInsVO**

weil eine „weite" Auslegung des Insolvenzstatuts spiegelbildlich entweder zu einer Verengung der Reichweite anderer Statuts führen muss (wofür eine sachliche Berechtigung fehlt) oder zu einer (kollisionsrechtlich ebenfalls ungewollten) Mehrfachanknüpfung. Aus dem in Art. 4 Abs. 2 enthaltenen Beispielkatalog ergibt sich vielmehr eine funktionale, auf die Haftungsverwirklichung für den Fall der Insolvenz begrenzte Betrachtungsweise. Der funktionale Zusammenhang des Anspruchs mit der Insolvenzsituation und der Befriedigung der Gesamtheit der Gläubiger ergibt sich auch deutlich aus Art. 4 Abs. 2 lit. m), der eine Benachteiligung der Gesamtheit der Gläubiger voraussetzt. Die Haftungsverwirklichung in einer Insolvenzsituation zugunsten der Gesamtheit der Gläubiger beschreibt daher die Reichweite des Insolvenzstatuts zutreffender als Definitionen, die auf die „Enge" des Sachverhaltes zum Insolvenzrecht oder das „unmittelbare Zusammenhängen" des Anspruchs mit dem Insolvenzrecht abstellen.[8]

2. Abgrenzung zum Gesellschaftsstatut. Viele Schnittstellen finden sich in der Praxis 4 zwischen dem Insolvenzstatut und dem Gesellschaftsstatut bei Kapitalgesellschaften. Im Gesellschaftsrecht der Kapitalgesellschaften finden sich vielfach Vorschriften zum Schutze der Gläubiger der Gesellschaft. Diese betreffen die Finanzausstattung der Gesellschaft, die Erhaltung des nominalen Eigenkapitals der Gesellschaft oder auch die Pflicht zur Stellung eines Insolvenzantrages zum Schutze der Gläubiger. Die Tatsache, dass sich diese Vorschriften vielfach in den gesellschaftsrechtlichen Gesetzen befinden, ist für die Qualifikation des Anspruchs ebenso wenig maßgebend wie die Tatsache, dass diese Ansprüche in der Praxis meist im Zusammenhang mit oder auf Grund eines Insolvenzverfahrens gegen die Gesellschafter oder gesetzlichen Vertreter geltend gemacht werden.

Nach der oben dargestellten Definition unterstehen diese Fragen in der Regel dem 5 Gesellschaftsstatut, nicht aber dem Insolvenzstatut (mit einer, unten noch darzustellenden Ausnahme). So sind beispielsweise die Ansprüche der Gesellschaft gegen die Gesellschafter wegen Verletzung der **Kapitalaufbringungs- oder -erhaltungsvorschriften** stets als gesellschaftsrechtlich zu qualifizieren.[9] Gleiches gilt für Ansprüche der Gesellschaft gegen einen Gesellschafter wegen eines Existenz vernichtenden Eingriffs.[10] Diese Vorschriften beanspruchen auch außerhalb der Insolvenz Geltung.[11] Sie regeln vielmehr das organisationsrechtliche Leistungsverhältnis zwischen der Gesellschaft und ihren Gesellschaftern. Sie dienen funktional auch dem Schutz der anderen Gesellschafter.

Darunter fallen auch die Vorschriften, die sich nicht streng auf das jeweils gesetzliche 6 Stamm- oder Grundkapital einer Kapitalgesellschaft beziehen, sondern auch Fragen der Finanzausstattung im Wege des Fremdkapitals wie beispielsweise den **Eigenkapital ersetzenden Gesellschafterdarlehen**.[12] Auch hier geht es um die gesetzlichen Regeln für die Finanzierung einer Kapitalgesellschaft, die im Kern gesellschaftsrechtlicher Natur sind. Das

---

[8] So z. B. *Huber*, in *Geimer/Schütze*, Int. Rechtsverkehr, B Vor I 20 b, Art. 4 RdNr. 11.
[9] Vgl *Behrens*, in *Ulmer/Habersack/Winter*, GmbHG, Einleitung B 91; *Eidenmüller* RabelsZ 70 (2006) 474, 488; MünchKommBGB-*Kindler*, Bd. 11, IntGesR, RdNr. 605 ff.; *Schmidt, K.* ZHR 168 (2002) 493, 498; *Fleischer*, in *Lutter*, Auslandsgesellschaften, S. 49 ff., S. 80 ff.; vgl. zur int. Zuständigkeit in diesem Fall auch OLG Köln ZIP 2005, 322, welches auf einen Anspruch gegen die Gesellschafter wegen Unterkapitalisierung die EuGVVO anwendet, was zwar keine Qualifikationsfrage darstellt, von der Problematik her (Art. 1 Abs. 2 lit. b) EuGVVO) jedoch ähnlich gelagert ist. Ebenso OLG München ZIP 2006, 2402 zu Ansprüchen nach §§ 30, 31 GmbHG und zur Anwendung des LugÜ hierauf.
[10] Vgl. *Behrens*, in *Ulmer/Habersack/Winter*, GmbHG, Einleitung B 91; *Eidenmüller* RabelsZ 70 (2006) 474, 488; MünchKommBGB-*Kindler*, Bd. 11, IntGesR, RdNr. 605 ff.; *Schmidt, K.* ZHR 168 (2002) 493, 498; *Fleischer*, in *Lutter*, Auslandsgesellschaften, S. 49 ff., S. 80 ff. Entscheidungen zum deutschen Recht dazu BGH vom 11. 7. 1957 WM 1957, 1047, 1049; BGHZ 78, 318, 334 = NJW 1992, 2026, 2030; OLG Bamberg vom 22. 9. 1988 IPRax 1990, 105, 108; OLG Oldenburg vom 4. 4. 1989 NJW 1990, 1422; LG Stuttgart vom 31. 7. 1989 IPRax 1991, 118, 119; LG Marburg vom 17. 9. 1992 RIW 1994, 63, 64.
[11] Zu den §§ 30, 31 GmbHG vgl. BGH NJW 1992, 1166 f.; dazu Hunecke in EWiR 1992, 277.
[12] Vgl. *Behrens* in *Ulmer/Habersack/Winter*, GmbHG, Einleitung B 86; *Eidenmüller* RabelsZ 70 (2006), 474, 491 f.; *K. Schmidt* ZHR 168 (2002) 493, 497; *Zimmer* NJW 2003, 3585, 3589. AA *Haas* NZI 2001, 1, 5 ff.; MünchKommBGB-*Kindler*, Bd. 11, IntGesR, RdNr. 708 ff., *Paulus* ZIP 2002, 729, 734., *Smid*, Int. Insolvenzrecht, Art. 4 RdNr. 6; vgl. auch OLG München, ZiP 2006, 769.

bedeutet aber keineswegs, dass Ansprüche, die im Zusammenhang mit einem Eigenkapital ersetzenden Darlehen geltend gemacht werden, grundsätzlich als gesellschaftsrechtlich zu qualifizieren wären. Geht es beispielsweise um den Rang der Darlehensforderung eines Gesellschafters (vgl. § 39 Nr. 5 InsO) oder um die Anfechtbarkeit der Besicherung oder Befriedigung eines Eigenkapital ersetzenden Darlehens (§ 135 InsO), so bildet die Frage der Eigenkapitalersatzes in der Regel eine selbstständig anzuknüpfende Vorfrage.[13] Ist die Eigenkapitalersatzfunktion nach dem anwendbaren Gesellschaftsrecht festgestellt, so gilt für die Frage des Ranges der Forderung gemäß Art. 4 Abs. 2 lit. i) das Insolvenzstatut; für die Voraussetzungen der Anfechtung der Sicherung oder Befriedung des Eigenkapitalersatzes gilt wiederum gemäß Art. 4 Abs. 2 lit. m) i. V. m. Art. 13 das Insolvenzstatut bzw. die *lex causae* (vgl. hierzu noch Art. 13 unten).

7   Als insolvenzrechtlich sind dagegen die **Insolvenzantragspflicht**[14] und Insolvenzverschleppungshaftung der gesetzlichen Vertreter zu qualifizieren.[15] Gleiches gilt für gesetzliche Vorschriften, die dem gesetzlichen Vertreter untersagen, im Zustand der Insolvenz noch Zahlungen an Gläubiger vorzunehmen.[16] Anders als die vorgenannten Vorschriften zur Kapitalerhaltung dienen diese Vorschriften funktional nicht den Gesellschaftern des Unternehmens und betreffen nicht ausschließlich das organisationsrechtliche Verhältnis der Gesellschaft mit der Gesellschaftern, sondern dienen ausschließlich dem Schutz der Gläubiger der Gesellschaft in der Insolvenzsituation. Sie zielen auf eine möglichst weitgehende Erhaltung der den Gläubigern zur Verfügung stehenden Insolvenzmasse. Vom Schutzzweck unterscheiden sich diese Vorschriften insoweit nicht von den Sicherungsmaßnahmen, die seitens der Insolvenzgerichte im Rahmen des Insolvenzeröffnungsverfahrens angeordnet werden können. Zustimmungsvorbehalte oder Verfügungsbeschränkungen haben im Ergebnis die gleiche Intention, sie gelten im Hinblick auf die bereits beantragte Insolvenz jedoch für alle Schuldner und nicht nur für Kapitalgesellschaften. Dass diese Sicherungsmechanismen bei Kapitalgesellschaften durch entsprechende Insolvenzantragspflichten sogar noch vor die Antragstellung vorverlagert werden, ergibt sich aus der Beschränkung der Haftungsmasse. Insoweit unterscheiden sich die Insolvenzantragspflicht und Insolvenzverschleppungshaftung funktional auch von den Vorschriften über Verlustanzeigeverpflichtungen, die der Warn- und Hinweispflicht gegenüber den Gesellschaftern der Gesellschaft dienen.[17]

8   Gegen eine insolvenzrechtliche Qualifikation spricht auch nicht die Rechtsprechung des EuGH zur Niederlassungsfreiheit gemäß Art. 43, 48 EG.[18] Hierbei handelt es sich nicht um

---

[13] So auch *Eidenmüller* RabelsZ 70 (2006) 474, 491; wohl auch für das autonome Internationale Insolvenzrecht BGHZ 148, 167, 168; *Kienle*, in *Süß/Wachter*, Handbuch, S. 187 RdNr. 178.

[14] LG Kiel vom 20. 4. 2006 EuZW 2006, 478 mit Anmerkungen *Mock* NZI 2006, 484; *Ringe/Willemer* EuZW 2006, 621 (vgl. als Vorinstanz AG Bad Segeberg vom 24. 3. 2005 ZIP 2005, 812; dazu *Pannen/Riedemann* NZI 2005, 413). So auch *Borges* ZIP 2004, 733, 739; *Eidenmüller* NJW 2005, 1619, 1621; *Goette* DStR 2005, 197, 200; *Kuntz* NZI 2005, 424, 427; *Leutner/Langner* ZInsO 2005, 575, 576; *Lieder* DZWIR 2005, 399, 406; *Müller* NZG 2003, 414, 416; *Pannen/Riedemann* NZI 2005, 413, 414; *Riedemann* GmbHR 2004, 345, 348; *Weller* IPRax 2003, 520, 522; *Zimmer* NJW 2003, 3585, 3589; a.A und für eine gesellschaftsrechtliche Qualifikation vgl. *Groß/Schork* NZI 2006, 10, 14; *Jachmann/Klein* StB 2005, 374, 376; *Kiethe* RIW 2005, 649, 655; *Mock/Schildt* ZInsO 2003, 396 399 f.; *Müller* DB 2006, 824, 827; *Paefgen* ZIP 2004, 2253, 2260; *Schumann* DB 2004, 743, 746; *Spindler/Berner* RIW 2004, 7, 12; *Schmidt, J.* ZInsO 2006, 737, 740, 742; *Ulmer* NJW 2004, 1201, 1207; *Vallender/Fuchs* ZIP 2004, 829, 830; *Wilms*, Die engl. Ltd., S. 189 f.

[15] LG Kiel vom 20. 4. 2006 EuZW 2006, 478 mit Anmerkungen *Mock* NZI 2006, 484; *Ringe/Willemer* EuZW 2006, 621 (vgl. als Vorinstanz AG Bad Segeberg vom 24. 3. 2005 ZIP 2005, 812; dazu *Pannen/Riedemann* NZI 2005, 413). So auch *Eidenmüller* NJW 2005, 1619, 1621; *Kuntz* NZI 2005, 424, 428; *Leutner/Lagner* ZInsO 2005, 575, 576; *Lieder* DZWIR 2005, 399, 404; *Römermann* GmbHR 2006, R 181, R 182. AA und für eine gesellschaftsrechtliche Qualifikation AG Bad Segeberg vom 24. 3. 2005 NZG 2005, 762. So auch *Jachmann/Klein* StB 2005, 374, 376; *Kiethe* RIW 2005, 649, 655; *Spindler/Berner* RIW 2004, 7, 12; *Ulmer* NJW 2004, 1201, 1207. Für eine deliktsrechtliche Qualifikation vgl. *Pannen/Riedemann* NZI 2005, 413, 414; *Riedemann* GmbHR 2004, 345, 348; *Schanze/Jüttner* AG 2003, 661, 670; *Zöllner* GmbHR 2006, 1, 7.

[16] Vgl. *Eidenmüller* RabelsZ 70 (2006) 474, 498.

[17] Vgl. z. B. § 92 Abs. 1 AktG; § 49 Abs. 3 GmbHG.; vgl. hierzu auch *Borges* ZIP 2004, 733, 739.

[18] Vgl. EuGH Urteile vom 9. 3. 1999, Rs. C-212/97 Centros, mit Anmerkungen *Altmeppen* DStR 2000, 1061; *Behrens* IPRax 2000, 384; *Ebke* JZ 1999, 656; *Ulmer* JZ 1999, 662; vom 5. 11. 2002, Rs. C-208/00 Überseering, sowie vom 30. 9. 2003, Rs. C 167/01 Inspire Art, mit Anmerkungen *Altmeppen* NJW 2004, 97;

eine Marktzugangsschranke, sondern allenfalls um eine Tätigkeitsausübungsregelung, die nach der Rechtsprechung des EuGH keine rechtfertigungsbedürftige Beschränkung der Niederlassungsfreiheit darstellt; eine solche Regelung ist allenfalls am Diskriminierungsverbot zu messen.[19] Selbst nach dem sog. Vier-Kriterien-Test des EuGH zur Prüfung der Beschränkung der Niederlassungsfreiheit (keine Anwendung in diskriminierender Weise, Rechtfertigung aus zwingenden Gründen des Allgemeininteresses, Geeignetheit zur Erreichung des verfolgten Ziels und Erforderlichkeit zur Erreichung dieses Ziels) ist nicht erkennbar, dass eine insolvenzrechtliche Qualifikation dieser Fragen die Niederlassungsfreiheit europarechtswidrig einschränken könnte. Ebenso wie bei der Bestimmung der internationalen Zuständigkeit auch der satzungsmäßige Sitz einer Gesellschaft nicht ausschlaggebend sein kann, kann auch das Gesellschaftsstatut nicht alleine ausschlaggebend sein, soweit der Schutz der Gläubiger betroffen ist. Schon die Anknüpfung an den für die Gläubigerinteressen maßgeblichen Mittelpunkt der wirtschaftlichen Interesse nach Art. 3 Abs. 1 zeigt daher deutlich, dass die Niederlassungsfreiheit durch eine im Ergebnis dem Recht des Verfahrensstaates folgende Qualifikation dieser Ansprüche nicht verletzt sein kann.

3. Abgrenzung zum Vertragsstatut. Die Abgrenzung des Insolvenzstatuts vom Vertragsstatuts wirft in der Praxis bisher keine Schwierigkeiten auf. Die Leistungsbeziehungen des Schuldners mit einem Gläubiger unterliegen grundsätzlich dem Recht, das auf die vertraglichen Ansprüche anzuwenden ist.[20] Lediglich soweit es auf Grund der Insolvenzsituation zu Modifikationen der vertraglichen Ansprüche kommt, unterliegen diese Modifikationen wiederum dem Insolvenzstatut und damit den Kollisionsnormen (oder auch Sachnormen) der Verordnung. Hierzu gehört auf Grund der ausdrücklichen Nennung in der Verordnung, wie sich das Insolvenzverfahren auf laufende Verträge des Schuldners auswirkt (Art. 2 Abs. 2 lit. e), wie Forderungen zu behandeln sind, die nach Eröffnung des Verfahrens entstehen (Art. 2 Abs. 2 lit. g), die Wirkungen der Verfahrenseröffnung auf eine Kauf unter Eigentumsvorbehalt (Art. 7) oder auch die Wirkungen des Insolvenzverfahrens auf einen Vertrag, der zum Erwerb oder zur Nutzung eines unbeweglichen Gegenstands berechtigt (Art. 8). Dem grundsätzlich anwendbaren Vertragsstatut sind daher alle Fragen entzogen, die sich aus der Insolvenzsituation ergeben und die Vertragsbeziehungen der Vertragsparteien modifizieren.

4. Abgrenzung zum Deliktsstatut. Die Abgrenzung zum sog. Deliktsstatut wird in der Literatur bisher nur wenig diskutiert. Sie ist in der Rechtsanwendung aber auch weitgehend unproblematisch. Soweit die deliktischen Vorschriften das Eigentum oder sonstige absolute Rechte schützen, erscheint die Qualifikation unter dem Deliktsstatut unproblematisch. Soweit dagegen diese absoluten Rechte sowie deren Durchsetzung auf Grund der Insolvenz Beschränkungen oder Modifikationen unterliegen, findet dagegen das Insolvenzstatut Anwendung.

Abgrenzungsschwierigkeiten bestehen insoweit allenfalls bei deliktischen Ansprüchen, die grundsätzlich das Vermögen des Schuldners schützen sollen, wie beispielsweise die Insolvenzverschleppungshaftung. Diese wird gelegentlich als deliktisch qualifiziert.[21] Das ist

---

Bayer BB 2003, 2357; *Eidenmüller* JZ 2004, 24; *Hirsch/Britain* NZG 2003, 110; *Kindler* NZG 2003, 1086; *Kleinert/Probst* DB 2003, 2217; *Leible/Hofmann* EuZW 2003, 677; *Spindler/Berner* RIW 2003, 949; dies. RIW 2004, 7; *Ziemons* ZIP 2003, 1913; *Zimmer* NJW 2003, 3585. Vgl. zu den Urteilen auch *Behrens* IPRax 2004, 20; *Goette* DStR 2005, 197; *Kieninger* ZGR 1999, 724; *Kuntz* NZI 2005, 424; *Meilicke* DB 1999, 625; *Neye* EWiR 1999,259; *Sandrock* BB 1999, 1337; *Schmidt, K.* ZHR 168 (2004) 493; *Sedemund/Hausmann* BB 1999, 810; *Steindorff* JuZ 1999, 1140; *Weller* IPRax 2003, 207; *Werlauff* ZIP 1999, 867.
[19] Vgl. EuGH vom 24. 11. 1993, Rs. C-267/91 und C-268/91 Keck und Mithouard, Slg. 1993 I 6097 NJW 1994, 121 sowie *Eidenmüller* NJW 2005, 1619, 1621; *Habersack,* Europ. Gesellschaftsrecht, RdNr. 28; MünchKommBGB-*Kindler*, Bd. 11, IntGesR RdNr. 371, 418, 659; *Kuntz* NZI 2005, 424, 428.
[20] Vgl. für das deutsche autonome Kollisionsrecht Art. 28 ff. EGBGB.
[21] So *Groß/Schork* NZI 2006, 10, 14; *Jachmann/Klein* StB 2005, 374, 376; *Kiethe* RIW 2005, 649, 655; *Mock/Schildt* ZInsO 2003, 396 399 f.; *Müller* DB 2006, 824, 827; *Paefgen* ZIP 2004, 2253, 2260; *Schumann* DB 2004, 743, 746; *Spindler/Berner* RIW 2004, 7, 12; *Schmidt, J.* ZInsO 2006, 737, 740, 742; *Ulmer* NJW 2004, 1201, 1207; *Vallender/Fuchs* ZIP 2004, 829, 830.

jedoch unzutreffend. Ist dieser Vermögensschutz genereller Natur, so greift das Deliktsstatut. Dient der Vermögensschutz dem Schutz der Insolvenzmasse, so handelt es sich im Kern um eine insolvenzrechtliche Vorschrift (vgl. oben RdNr. 7). Im Ergebnis kommen jedoch beide Auffassung meist zu gleichen Ergebnissen. Selbst wenn man diese Haftung dem Deliktsstatut zuordnen würde, so gelangt man über die die Anknpüfung an den Handlungs- oder Erfolgsort regelmäßig ebenfalls zu dem Recht des Verfahrensstaates, da hier sowohl der Handlungsort (unterlassene Insolvenzantrag) als auch der Schaden (Schmälerung der Insolvenzmasse; Eingehung neuer Verbindlichkeiten) zu lokalisieren ist.[22]

12   **5. Abgrenzung zum Sachenrechtsstatut.** Auch die Abgrenzung zum Sachenrechtsstatut bereit in der Praxis keine Schwierigkeiten. Das Recht an einer Sache unterliegt grundsätzlich der *lex rei sitae*. Soweit diese Rechte jedoch durch die Eröffnung eines Insolvenzverfahrens modifiziert werden (beispielsweise die Verwertung von Kreditsicherheiten), so richten sich diese insolvenzbedingten Modifikationen nach dem Insolvenzstatut bzw. eventuellen insolvenzrechtlichen Sonderregelungen nach der Verordnung (z. B. Art. 5). Dadurch bedingt, kann es in einem Lebenssachverhalt zu unterschiedlichen Anknüpfungen kommen, je nachdem welche Rechtsfrage zu beurteilen ist. Die Frage, ob der Gläubiger, an den Vermögensgegenstände des Schuldners zur Sicherheit übereignet wurden, tatsächlich Eigentum an den Gegenständen besitzt, ist als Vorfrage selbständig an die *lex rei sitae* anzuknüpfen. Die Frage, ob dieser auch in der Insolvenz noch den Gegenstand herausverlangen und selbst verwerten darf (soweit ihm das auch außerhalb der Insolvenz auf Grund des Sicherungsvertrag möglich wäre), richtet sich nach den insolvenzrechtlichen Vorschriften (Art. 4 und 5). Verwertet der Insolvenzverwalter den Sicherungsgegenstand, so regelt ebenfalls das Insolvenzstatut die Verteilung des Erlöses an den Sicherungsgeber und die Gläubiger. Die Übereignung des Sicherungsgegenstandes durch den verwertenden Verwalter unterliegt dagegen als nicht-insolvenzspezifischer Vorgang wiederum der *lex rei sitae*.[23]

III. Beispielkatalog des Abs. 2

13   Artikel 4 Abs. 2 enthält zur „Erleichterung der Auslegung"[24] in Satz 1 zunächst eine generalklauselartige Beschreibung des Umfanges des Insolvenzstatuts bezogen auf das Stammverfahren sowie in Satz 2 eine – nicht abschließende – **Beispielliste** der Fragen, die nach der *lex fori concursus* zu entscheiden sind. Die Liste ist an sich überflüssig, da nach Art. 4 ohnehin immer das Recht des Verfahrensstaats anzuwenden ist, soweit in der Verordnung ausdrücklich keine Sonderanknüpfung vorgesehen ist, und hat daher lediglich klarstellenden, nicht abschließenden Charakter.[25] Die Vorschrift ist wenig systematisch, da die Beispielsfälle nicht systematisch geordnet sind und Rechtsfragen verschiedentlich doppelt erfasst werden.

14   **1. Voraussetzungen der Verfahrenseröffnung (Abs. 1 Satz 1).** Dem Insolvenzstatut unterliegt gemäß Art. 4 Abs. 2 Satz 1, erster Beispielsfall, zunächst die Frage, *„unter welchen Voraussetzungen das Insolvenzverfahren eröffnet wird"*. Hierunter fallen alle verfahrens- und materiellrechtlichen Voraussetzungen für den Eröffnungsbeschluss. Hierzu gehören sowohl die Zulässigkeit eines Insolvenzantrags, die Insolvenzfähigkeit eines Schuldners (obwohl in lit. a) nochmals genannt), die Antragsberechtigung etc., sowie die materiellrechtlichen Eröffnungsgründe wie die Insolvenzgründe aber auch sonstige weitergehende materiellrechtliche Eröffnungsvoraussetzungen (wie beispielsweise das Vorliegen einer hinreichenden Kostendeckung).[26] Zu beachten ist freilich, dass für sogenannte Partikularverfahren, sei es als

---

[22] Vgl. zum deutschen autonomen Kollisionsrecht Art. 40 EGBGB; die Kollisionsnormen der Mitgliedstaaten werden demnächst durch die sog. Rom II Verordnung vereinheitlicht, vgl. hierzu Vorschlag der Kommission ABl. C 96 vom 21. 4. 2004, sowie den geänderten Vorschlag ABl. C 67 vom 18. 3. 2006.

[23] So wohl auch *Duursma-Kepplinger,* Europäische Insolvenzverordnung, Art. 4 RdNr. 8; *Haß/Herweg,* in Geimer/Schütze, Int. Rechtsverekrh, B Vor I 20 b, Art. 4 RdNr. 16 f.

[24] Vgl. *Virgos/Schmit,* Erläuternder Bericht, RdNr. 91.

[25] *Virgos/Schmit,* Erläuternder Bericht RdNr. 91; MünchKommBGB-*Kindler,* Bd. 11 Art. 4 RdNr. 212; *Moss/Fletcher/Isaacs,* EC Regulation, RdNr. 8.78. *Nehrlich/Römermann/Mincke,* Art. 4 RdNr. 4.

unabhängige Partikularverfahren im Sinne von Art. 3 Abs. 4, sei es als Sekundärverfahren, die Verordnung zusätzliche Sachnormen mit weiteren Eröffnungsvoraussetzungen enthält, die jeweils zu beachten sind (vgl. zur Voraussetzung einer Niederlassung im Partikularverfahren oben, Art. 3 RdNr. 71 ff.; zu den zusätzlichen Eröffnungsvoraussetzungen für ein unabhängiges Partikularverfahren vgl. oben, Art. 3 RdNr. 77 ff.).

2. Durchführung und Beendigung (Abs. 1 Satz 1). Nach Art. 4 Abs. 2 Satz 1, 2. **15** Beispielsfall, regelt das Insolvenzstatut auch, wie das Insolvenzverfahren *„durchzuführen und zu beenden ist"*. Diese Formulierung ist identisch mit der in Art. 25 Abs. 1 Satz 1 gewählten Formulierung für weitere Entscheidungen, die nach Art. 25 anerkannt werden sollen. Hiermit sind sämtliche Verfahrensabschnitte des eigentlichen Stammverfahrens gemeint, das sich an die Eröffnung des Verfahrens anschließt (vgl. hierzu auch die Ausführungen unter Art. 25 RdNr. 3). Mit dieser breit gefassten Verweisung sind nicht nur Verfahrensfragen gemeint, die international privatrechtlich ohnehin der *lex fori* unterstehen, sondern auch materiellrechtliche Entscheidungen (wie beispielsweise eine mit der Verfahrensbeendigung eventuell einhergehende Restschuldbefreiung). Die Frage der Voraussetzungen und Wirkungen der Beendigung ist in Art. 4 Abs. 2 Satz 2 lit. i) und k) nochmals geregelt.

3. Lit. a): Insolvenzfähigkeit. Art. 4 Abs. 2 lit. a) EuInsVO schreibt die Anwendung **16** der *lex fori concursus* für die Frage der Insolvenzfähigkeit vor. In einigen Mitgliedsstaaten sind beispielsweise natürliche Personen, die keine Kaufmannseigenschaft besitzen, oder öffentlich-rechtliche Körperschaften von Insolvenzverfahren ausgenommen.[27] Bejaht beispielsweise ein deutsches Insolvenzgericht seine internationale Zuständigkeit für ein Insolvenzverfahren über einen französischen Staatsbürger, da der Mittelpunkt seiner Interessen in Deutschland liegt, dann kann das deutsche Insolvenzgericht ein Insolvenzverfahren durchführen, auch wenn das französische Insolvenzrecht natürliche Personen ohne Kaufmannseigenschaft für nicht insolvenzfähig hält.[28] Die Kollisionsnorm gilt auch für Partikularverfahren, so dass ein deutsches Gericht über die in Deutschland belegenen Vermögensgegenstände einer in Frankreich lebenden natürlichen Person, über deren Vermögen dort ein Insolvenzverfahren nicht möglich ist, ein unabhängiges Partikularverfahren durchführen kann, wie auch Art. 3 Abs. 4 lit. a) ausdrücklich bestätigt.[29] Folgerichtig darf das Gericht eines Mitgliedsstaats die Anerkennung eines ausländischen Verfahrens auch nicht deswegen ablehnen, weil im Anerkennungsstaat der Insolvenzschuldner nicht insolvenzfähig ist (vgl. auch Art. 16 Abs. 1 Satz 2).[30]

Praktisch relevant wird die Frage der Insolvenzfähigkeit aber auch im Zusammenhang mit **17** juristischen Personen. Die hiermit im Zusammenhang stehenden Fragen der Bedeutung der Parteifähigkeit für die Insolvenzfähigkeit sind unter allgemeinen kollisionsrechtlichen Gesichtspunkten noch nicht weiter erörtert worden. Zwar ist durch die Rechtsprechung des EuGH zur Anerkennung von juristischen Personen in anderen Mitgliedsstaaten mittlerweile klargestellt, dass sich die Parteifähigkeit nach dem Recht des Gründungsstatuts richtet.[31] Daher ist denkbar, dass Insolvenzgerichte nach Art. 3 Abs. 1 für juristische Personen international zuständig sind, die nach dem Recht eines anderen Mitgliedsstaates organisiert

---

[26] Ebenso *Paulus,* Europäische Insolvenzverordnung, Art. 4 RdNr. 9.
[27] Vgl. beispielsweise die Länderberichte zu Frankreich und Italien, jeweils Ziffer 3.2.
[28] Vgl. *Duursma-Kepplinger,* Europäische Insolvenzverordnung, Art. 4 RdNr. 13; *Haß/Herweg,* in *Geimer/Schütze,* Int. Rechtsverkehr, B Vor I 20 b, Art. 4 RdNr. 22; MünchKommBGB-*Kindler,* Bd. 11, Art. 4 RdNr. 213 f.; am Beispiel Belgien *Paulus,* Europäische Insolvenzverordnung, Art. 4 RdNr. 16.
[29] Vgl. *Duursma-Kepplinger,* Europäische Insolvenzverordnung, Art. 4 RdNr. 13; *Haß/Herweg,* in *Geimer/Schütze,* Int. Rechtsverkehr, B Vor I 20 b, Art. 4 RdNr. 23; MünchKommBGB-*Kindler,* Bd. 11, Art. 4 RdNr. 213 f.; *Smid,* Int. Insolvenzrecht, Art. 3 Abs. 22; am Beispiel Polen *Paulus,* Europäische Insolvenzverordnung, Art. 4 RdNr. 59.
[30] Vgl. *Virgos/Schmit,* Erläuternder Bericht, RdNr. 91, 148; *Gruber,* in *Geimer/Schütze,* Int. Rechtsverker, B Vor I 20 b, Art. 16 RdNr. 19; *Paulus,* Europäische Insolvenzverordnung, Art. 16 RdNr. 10.
[31] Vgl. EuGH Urteil vom 9. 3. 1999, Rs. C-212/97 Centros, EuGH Urteil vom 5. 11. 2002, Rs. C-208/00 Überseering, sowie EuGH Urteil vom 30. 9. 2003, Rs. C 167/01 Inspire Art; vgl. dazu bereits RdNr. 6 Fn. 18.

sind. Die deutsche Rechtsprechung hatte sich schon verschiedentlich mit Insolvenzverfahren über eine englische *Limited* zu beschäftigen, bei der die Frage der Insolvenzfähigkeit zu entscheiden war.[32] Ob die Parteifähigkeit des Schuldners dabei als Vorfrage für die Insolvenzfähigkeit zu prüfen ist oder ob es sich kollisionsrechtlich um eine Frage der Substitution handelt, ist noch nicht weiter erörtert worden.[33] Denn wie sich aus dem deutschen materiellen Insolvenzrecht ergibt, ist die Parteifähigkeit selbst nicht notwendig Voraussetzung für die Insolvenzfähigkeit (vgl. § 11 Abs. 2 InsO). Richtigerweise ist daher zunächst gemäß dem anwendbaren Gesellschaftsstatut (als Vorfrage) zu prüfen, ob es sich um eine Gesellschaft mit Rechtspersönlichkeit handelt.[34] Ist dies der Fall, steht die Insolvenzfähigkeit außer Frage, soweit nicht nach deutschen Recht bestimmte juristische Personen von der Insolvenzfähigkeit ausgenommen sind (vgl. § 12 InsO). Handelt es sich nach dem anwendbaren Gesellschaftsstatut um eine Gesellschaft ohne Rechtspersönlichkeit, so ist im Wege der Substitution zu klären, ob diese mit den in § 11 Abs. 2 InsO genannten Gesellschaften gleichgestellt werden kann.

18   **4. Lit. b): Insolvenzmasse.** Nach Art. 4 Abs. 2 lit. b) richtet sich auch die Frage, welche Vermögensgegenstände zur **Insolvenzmasse** gehören, nach der *lex fori concursus*. Die *lex fori concursus* gilt auch für die Behandlung von Vermögensgegenständen, die vom Schuldner nach Verfahrenseröffnung erworben wurden.[35] Für die nach Verfahrenseröffnung erworbenen Gegenstände sind allerdings die möglichen Sonderanknüpfungen zu beachten. Ob beispielsweise die Forderung gegenüber einem Gläubiger, der nach Verfahrenseröffnung an den Schuldner geleistet hat, noch besteht, ist über Art. 24 zu bestimmen.

19   **5. Lit. c): Befugnisse des Schuldners und des Verwalters.** Art. 4 Abs. 2 lit. c) stellt klar, dass sich die **Befugnisse des Schuldners und des Verwalters** ebenfalls nach dem Recht des Verfahrensstaates richten. Allerdings enthält Art. 18 Abs. 3 noch eine kollisionsrechtliche Sondervorschrift für die Verwertungsbefugnisse des Verwalters. Diese richten sich nämlich ausschließlich nach der *lex rei sitae* (vgl. unten Art. 18 RdNr. 15).[36]

20   **6. Lit. d): Insolvenzaufrechnung.** Nach Art. 4 Abs. 2 lit. d) richtet sich auch die Wirksamkeit der **Insolvenzaufrechnung** nach dem Recht des Verfahrensstaates. Hierbei ist zu beachten, dass Art. 6 für Fragen der Aufrechnung eine Sonderanknüpfung zugunsten des Rechts vorsieht, das auf die Forderung des insolventen Schuldners anwendbar ist (vgl. hierzu Art. 6, unten). Ist nach dem Art. 4 anzuwendenden Recht eine Aufrechnung in der Insolvenz nicht zulässig, so ist eine Aufrechnung dennoch zulässig, soweit die Aufrechnung nach dem für die Forderung des insolventen Schuldners maßgeblichen Recht zulässig ist (Art. 6).

21   Die Reichweite der in Art. 4 Abs. 2 lit. d) festgestellten Kollisionsnorm ist umstritten. Es geht hierbei um die Frage, ob das Insolvenzstatut nach Art. 4 Abs. 2 lit. d) sowohl die allgemein zivilrechtliche als auch insolvenzrechtliche Zulässigkeit der Aufrechnung umfasst, oder ob Art. 4 Abs. 2 lit. d) sich nur auf die insolvenzrechtliche Zulässigkeit der Aufrechnung beschränkt, die allgemeinen zivilrechtlichen Aufrechnungsvoraussetzungen aber weiterhin nach der *lex causae* der Gegenforderung zu prüfen sind. Ein erheblicher Teil der Literatur spricht sich dafür aus, dass das nach Art. 4 Abs. 2 lit. d) anwendbare Insolvenzstatut nicht die allgemeinen Aufrechnungsvoraussetzungen wie beispielsweise Gegenseitigkeit, Gleichartigkeit oder Fälligkeit umfasst. Dem Insolvenzstatut sollen vielmehr nur diejenigen

---

[32] Vgl. AG Saarbrücken vom 25. 2. 2005 ZInsO 2005, 727 = ZIP 2005, 2027; AG Duisburg vom 14. 10. 2003 NZI 2003, 658 (betreffend die Insolvenzfähigkeit einer aufgelösten Ltd.); AG Hamburg vom 14. 5. 2003 ZIP 2003, 1008; LG Duisburg ZIP 2007, 926.

[33] Zur Vorfrage und Substitution vgl. *v. Bar/Mankowski*, IPR, § 7 RdNr. 182 ff., 239 ff.

[34] So auch die Entscheidungen der Amts- und Landgerichte, oben.

[35] *Duursma-Kepplinger,* Europäische Insolvenzverordnung, Art. 4 RdNr. 14; *Huber,* in *Geimer/Schütze,* Int. Rechtsverkehr, B Vor I 20 b, Art. 4 RdNr. 27; *Paulus,* Europäische Insolvenzverordnung, Art. 4 RdNr. 18; *Smid,* Int. Insolvenzrecht, Art. 4 RdNr. 10; AG Deggendorf ZinsO 2007, 558 zur Pfändbarkeit des Arbeitseinkommens.

[36] Zu beachten ist weiterhin, dass Art. 29 a und 31 ff. EuInsVO weitere Befugnisse des Verwalters – unabhängig vom jeweils anzuwendenden nationalen Recht – vorsehen.

insolvenzrechtlichen Normen unterfallen, die für den Fall der Insolvenz eine Einschränkung oder sogar gegebenenfalls eine Erleichterung der Aufrechnung vorsehen.[37] Nach der Gegenmeinung soll sowohl die Frage der insolvenzrechtlichen Zulässigkeit als auch der materiellrechtlichen Wirksamkeit der Aufrechnung einheitlich der *lex fori concursus* unterfallen.[38] Hierzu wird angeführt, dass eine rechtlich getrennte Behandlung von materieller Wirksamkeit und insolvenzrechtlicher Zulässigkeit dazu führen könne, dass diese in einer Rechtsordnung aufeinander abgestimmten Regelungsbereiche widersinnig aufgespalten würden. Nur eine einheitliche Behandlung der materiellen und insolvenzrechtlichen Aufrechnungsvoraussetzungen nach einem Recht garantiere eine in sich stimmige Regelung.[39]

Nach der hier vertretenen Auffassung erfasst die Kollisionsnorm in Art. 4 Abs. 2 lit. d) **22** jedoch nur die Frage der insolvenzrechtlichen Zulässigkeit der Aufrechnung, nicht aber auch die allgemeinen materiellrechtlichen Aufrechnungsvoraussetzungen. Die Tatsache, dass eine differenzierte Anknüpfung für die Zulässigkeit der Aufrechnung in zwei Rechtsordnungen zu Anpassungsschwierigkeiten kommen kann, ist ein allgemeines Problem des Kollisionsrechts und rechtfertigt nicht, für die allgemeinen materiellrechtlichen Voraussetzungen der Aufrechnung einen Statutenwechsel im Falle der Insolvenz zu vollziehen. Auch der BGH hat in seiner bisherigen Rechtsprechung zum deutschen autonomen internationalen Insolvenzrecht eine Aufspaltung der mit der Aufrechnung verbundenen Fragen in die *lex causae* der Gegenforderung und die *lex fori concursus* für möglich erachtet.[40] Entscheidend dürfte aber sein, dass sich auch aus der Systematik der Verordnung keine Notwendigkeit ergibt, Art. 4. Abs. 2 lit. d) so weit auszulegen, dass auch die allgemeinen zivilrechtlichen Voraussetzungen für die Wirksamkeit der Aufrechnung nun dem Insolvenzstatut unterfallen sollen. Schon Art. 4 Abs. 1 beschränkt sich seinem Wortlaut nach darauf, dass die *lex fori concursus* nur das *„Insolvenzverfahren und seine Wirkungen"* erfasst. Hinzu kommt, dass Art. 6 Abs. 1 im Rahmen der Doppelanknüpfung an die *lex causae* der Gegenforderung anknüpft. Diese Regelung ist nur dann sinnvoll, wenn auch die allgemeinen zivilrechtlichen Aufrechnungsvoraussetzungen im Rahmen des Art. 4 Abs. 2 S. 2 lit. d) der *lex causae* der Gegenforderung und nicht dem Insolvenzstatut unterfallen.[41]

Die damit verbundene Aufspaltung ist im Regelungsgefüge der Art. 4 und Art. 5 ff. auch **23** keine Besonderheit. Auch von den Befürwortern eines weit gefassten Insolvenzstatuts für die Aufrechnung wird anerkannt, dass auch andere Sonderanknüpfungen wie Art. 5 für dingliche Sicherheiten es für die Bestimmung, ob eine dingliche Sicherheit vorliegt, zunächst einmal bei der Kollisionsnorm belassen, die auch vor der Insolvenzeröffnung für die Entstehung des Rechtes des Gläubigers maßgeblich war.[42] Gleiches gilt auch für die Sonderanknüpfungen nach Art. 8 (Vertrag über einen unbeweglichen Gegenstand) und Art. 10 (Arbeitsvertrag), bei dem das Insolvenzrecht jeweils Modifikationen des außerhalb der Insolvenz anwendbaren Vertragsrechts vorsehen. Auch in diesem Zusammenhang wird soweit ersichtlich kein Statutenwechsel für die zugrunde liegende *lex causae* vorgeschlagen.

---

[37] So bereits die Vorauflage RdNr. 6; *Bork* ZIP 2002, 690, 692 ff.; *Herchen*, Insolvenzverfahren, S. 134 ff.; *Kolmann*, Kooperationsmodelle, S. 310 ff.; *Nerlich/Römermann/Mincke*, Art. 4 RdNr. 12; *Trunk*, Internationales Insolvenzrecht, S. 179; *von Wilmowsky* KTS 1998, 343, 358 ff.; ebenso *Huber*, in *Geimer/Schütze*, Int. Rechtsverkehr, B Vor I 20 b, Art. 4 RdNr. 32; *Mäsch*, in *Rauscher*, Europ. Zivilprozessrecht, Bd. 2, Art. 6 EG-InsVO RdNr. 10.
[38] *Duursma-Kepplinger*, Europäische Insolvenzverordnung, Art. 4 RdNr. 16 und Art. 6 RdNr. 3; *Eidenmüller* IPRax 2001, 2, 6, Fn. 33; *Gottwald*, Grenzüberschreitende Insolvenzen, S. 36; *Huber* ZZP 114 (2001) 133, 161; *Jeremias*, Internationale Insolvenzaufrechnung, S. 255; *Leible/Staudinger* KTS 2000, 533, 555; Münch-KommBGB-*Kindler*, Bd. 11, Art. 4 RdNr. 221; *Taupitz* ZZP 111 (1998) 315, 343; *Pannen*, in Breutigam/Blersch/Goetsch, Art. 6 RdNr. 2; *Virgos/Garcimartin*, European Insolvency Regulation, RdNr. 181.
[39] So schon *Euen*, Die Aufrechnung im Internationalen Insolvenzrechtsverkehr, S. 109; ebenso *Jeremias*, Internationale Insolvenzaufrechnung, S. 247 f.
[40] Vgl. BGH vom 11. 7. 1985 NJW 1985, 2897 f.
[41] Vgl. *Bork* ZIP 2002, 690, 693; *von Wilmowsky* KTS 1998, 343, 359; vgl. auch *Kolmann*, S. 311; ebenso *Huber*, in *Geimer/Schütze*, Int. Rechtsverkehr, B Vor I 20 b, Art. 4 RdNr. 32.
[42] So in Bezug auf die Sicherungsrechte nach Art. 5 auch *Huber* ZZP 114 (2001) 133, 153 ff.; *Taupitz* ZZP 111 (1998) 315, 329 ff.; aA *Leible/Staudinger* KTS 2000, 533, 555.

Auch aus dem erläuternden Bericht von *Virgos/Schmit* ergibt sich nicht, dass das Insolvenzstatut für die Aufrechnung nach Art. 4 Abs. 2 lit. d) abweichend von der sonstigen Systematik auch die allgemeinen zivilrechtlichen Voraussetzungen der Aufrechnung erfassen soll. Dort ist ausdrücklich erwähnt, dass sich das Recht auf Aufrechnung gemäß den üblicherweise geltenden Rechtskollisionsnormen von einem anderen einzelstaatlichen Recht als der *lex fori concursus* ableitet, weshalb Art. 6 die nach den üblicherweise geltenden Rechtskollisionsnormen entstandene Aufrechnungslage schütze.[43] Daher beschränkt sich die Verweisung in Art. 4 Abs. 2 lit. d) auf die insolvenzrechtlichen Wirkungen, die die Verfahrenseröffnung auf die nach der allgemeinen Kollisionsnorm ermittelten Aufrechnungsvoraussetzungen hat.

24 Das ist zwar verwirrend, da Art. 6 für die Aufrechnung nochmals eine Sonderanknüpfung vorsieht. Es handelt sich aber um eine Doppelanknüpfung. Grundsätzlich ist für die Wirkungen der Verfahrenseröffnung auf die Aufrechnungslage zwar an das Recht des Verfahrensstaates anzuknüpfen. Sieht das Recht des Verfahrensstaates jedoch Einschränkungen der Aufrechnungsbefugnis vor, die über das Insolvenzrecht des Aufrechnungsstatuts hinausgehen, so finden diese Einschränkungen keine Anwendung (vgl. unten Art. 6 RdNr. 1). Eine Art. 4 Abs. 2 lit. d) gänzlich verdrängende Sonderanknüpfung besteht dagegen für die Aufrechnungsmöglichkeiten in Zahlungs- oder Abwicklungssystemen nach Art. 9 (vgl. unten Art. 9 RdNr. 1 ff.).

25 **7. Lit. e): Auswirkungen auf laufende Verträge.** Auch für die **Auswirkung der Verfahrenseröffnung auf laufende Verträge** sieht Art. 4 Abs. 2 lit. e) die Anknüpfung an die *lex fori concursus* vor. Gemeint sind damit die Themenbereiche, die sich insbesondere aus den in §§ 103 InsO geregelten Fragen ergeben. Dabei ist jedoch zu beachten, dass es für diese Fragen in Art. 7 Abs. 2, 8 und 10 Sonderanknüpfungen gibt, die das Recht des Verfahrensstaates verdrängen (vgl. zum autonomen Recht §§ 336, 337). Eine spezielle Regelung für Verbraucherverträge ist nicht vorgesehen und im Hinblick auf den in den Mitgliedstaaten weitgehend vereinheitlichten Verbraucherschutz auch nicht notwendig.

26 **8. Lit. f): Rechtsverfolgungsmaßnahmen.** Art. 4 Abs. 2 lit. f) erklärt das Insolvenzstatut auch für anwendbar auf Rechtsverfolgungsmaßnahmen einzelner Gläubiger mit Ausnahme der Wirkungen auf anhängige Rechtsstreitigkeiten. Die letztgenannte Ausnahme ist lediglich klarstellender Natur, da sich die Wirkung der Verfahrenseröffnung auf anhängige Verfahren bereits aus der Sonderanknüpfung in Art. 15 ergibt.

27 Im Ergebnis beschränkt sich die Bedeutung des in lit. f) beschriebenen Insolvenzstatuts auf Vollstreckungsmaßnahmen der Gläubiger und zwar sowohl auf bereits begonnene als auch auf bereits beendete Vollstreckungsmaßnahmen. Über die Endgültigkeit dieser Vermögenszuordnung soll ebenfalls das Recht des Verfahrensstaates entscheiden.[44] Die Frage wird relevant, wenn bereits vor Verfahrenseröffnung in einem anderen Vertragsstaat eine Sicherung erlangt worden ist oder die Vollstreckung beendet wurde und das Recht des Verfahrensstaates eine zeitlich andere Rückschlagsperre als der Vollstreckungsstaat vorsieht. Ist die Rückschlagsperre im Vollstreckungsstaat länger als nach dem Recht des Verfahrensstaates, so darf der vollstreckende Gläubiger den Vermögensgegenstand gemäß dem Recht des Verfahrensstaates dennoch behalten.[45] Denn für die Anwendung der *lex fori concursus* auf die Rückschlagsperre spricht zudem Art. 4 Abs. 2 lit. m). Ebenso setzt sich das Recht des Verfahrensstaates durch, wenn nach diesem Recht die Rückschlagsperre länger ist, als nach dem Recht des Vollstreckungsstaates. Der vollstreckende Gläubiger wird in seinem Vertrauen auf die Rechtsbeständigkeit der Vollstreckungsmaßnahme nach dem Recht des Vollstreckungsstaates durch die Sonderanknüpfung des Art. 5 nicht geschützt, und zwar auch soweit er im Vollstreckungsverfahren bereits eine dingliche Rechtsposition erlangt hat. Denn Art. 5 Abs. 4 verweist als Rückausnahme wiederum auf Art. 4 Abs. 2 lit. m), unter den auch die Rückschlagsperre fällt (vgl. unten RdNr. 40 ff.).

---

[43] Vgl. *Virgos/Schmit*, Erläuternder Bericht, RdNr. 107.
[44] MünchKommBGB-*Kindler*, Bd. 11 Art. 4 RdNr. 230.
[45] Ebenso MünchKommBGB-*Kindler*, Bd. 11, Art. 4 RdNr. 230.

Anwendbares Recht   28–33 **Art. 4 EuInsVO**

Mit umfasst werden von Art. 4 Abs. 2 lit. f) darüber hinaus die Untersagung von Rechts- 28
verfolgungsmaßnahmen im Rahmen von Sicherungsanordnungen im vorläufigen Insolvenzverfahren.[46]

Der an sich weit gefasste Begriff der Rechtsverfolgungsmaßnahmen ist im Rahmen von 29
lit. f) aber enger zu verstehen, als es der weite Begriff der „Rechtsverfolgungsmaßnahmen"
vermuten lässt. Neben den anhängigen Rechtsstreitigkeiten, die in Art. 15 im Wege einer
Sonderanknüpfung geregelt werden, fallen hierunter nicht die Rechtsverfolgung durch
Anmeldung zur Insolvenztabelle, die in lit. h) gesondert erfasst wird, sowie die Rechtsverfolgung bei Masseverbindlichkeiten, die in lit. g) geregelt sind. Nicht erfasst werden von
dem Begriff der Rechtsverfolgungsmaßnahmen auch Rechtsverfolgungsmaßnahmen, die
sich beispielsweise auf die Beantragung eines Partikularverfahrens beziehen. Die Zulässigkeit,
seine Rechte durch Beantragung eines Insolvenzverfahrens geltend zu machen, richtet sich
ausschließlich nach den Vorschriften der Verordnung.

9. Lit. g): Insolvenzforderungen und Masseverbindlichkeiten. Art. 4 Abs. 2 lit. g) 30
behandelt gleich mehrere insolvenzrechtliche Fragen und ist wegen Überschneidungen mit
anderen Kollisionsnormen unglücklich. Die Überschneidungen sind jedoch im Ergebnis
unproblematisch, da sich diese nur mit anderen Regelbeispielen aus Art. 4 Abs. 2 ergeben.
Dem Wortlaut nach behandelt Art 4 Abs. 2 lit. g) zwei Fragen:

Zunächst regelt Art. 4 Abs. 2 lit. g) *„welche Forderungen als Insolvenzforderung anzumelden* 31
sind". Da Art. 4 Abs. 2 lit. h) schon die im Zusammenhang mit der Anmeldung auftauchenden Fragen regelt, liegt die Bedeutung des Beispielsfalles weniger in der Frage des
Verfahrens der Anmeldung, als vielmehr in der Frage, welche Forderungen denn als
„Insolvenzforderungen" zu qualifizieren sind. Der Rang derselben wird dann wiederum durch
den Beispielsfall in Art. 4 Abs. 2 lit. i) erfasst. Es geht also primär um die Abgrenzung zu
Masseverbindlichkeiten. Diese Abgrenzung untersteht dem Insolvenzstatut. Soweit bei
öffentlich-rechtlichen Forderungen in der bisherigen Diskussion im internationalen Insolvenzrecht Zweifel geäußert wurde, ob diese berechtigt sind, an dem Insolvenzverfahren in
einem anderen Staat teilzunehmen, enthält Art. 39 diesbezüglich einen klarstellenden Hinweis.[47]

Als zweiten Beispielsfall nennt Art. 4 Abs. 2 lit. g), *„wie Forderungen zu behandeln sind,* 32
die nach der Eröffnung des Insolvenzverfahrens entstehen". Die Vorschrift umfasst daher die Frage der
zu befriedigenden Masseverbindlichkeiten.[48] Das Recht des Verfahrensstaates entscheidet
über die Behandlung dieser Masseverbindlichkeiten auch dann, wenn für die Wirkungen der
Verfahrenseröffnung die Verordnung eine Sonderanknüpfung vorsieht, wie dies z.B. in
Art. 9 oder 10 der Fall ist.[49]

10. Lit. h): Anmeldung, Prüfung und Feststellung von Forderungen. Art. 4 Abs. 2 33
lit. h) regelt Fragen im Zusammenhang mit der **Anmeldung, Prüfung und Feststellung
der Insolvenzforderungen.** Die Verordnung enthält in Kapitel III und IV verschiedene
Sondervorschriften für die Forderungsanmeldung, die jeweils zu beachten sind. So sieht
beispielsweise Art. 32 Abs. 1 vor, dass jeder Gläubiger seine Forderung im Hauptinsolvenzverfahren und in jedem Sekundärinsolvenzverfahren anmelden kann. Des Weiteren sieht
Art. 32 Abs. 2 ein Anmelderecht der Verwalter in dem jeweiligen anderen Haupt- bzw.
Sekundärinsolvenzverfahren vor. Insoweit modifiziert Art. 32 das jeweils nationale Insolvenzrecht bezüglich der Fragen der Anmeldeberechtigung (vgl. auch unten, Art. 32
RdNr. 8 ff.). Darüber hinaus modifiziert auch Art. 39 das nationale Insolvenzrecht eines
jeweiligen Landes, wonach jeder Gläubiger einschließlich der Steuerbehörden und der

---

[46] *Duursma-Kepplinger,* Europäische Insolvenzverordnung, Art. 4 RdNr. 19; *Haß/Herweg,* in *Geimer/Schütze,* Int. Rechtsverkehr, B Vor I 20 b, Art. 4 RdNr. 36.
[47] Vgl. auch MünchKommBGB-*Kindler,* Bd. 11 Art. 4 RdNr. 235; ähnlich *Nehrlich/Römermann/Mincke,* Art. 4 RdNr. 17, die diese Frage jedoch als Fall des Art. 4 Abs. 2 lit. g) ansehen.
[48] *Duursma-Kepplinger,* Europäische Insolvenzverordnung, Art. 4 RdNr. 20; MünchKommBGB-*Kindler,* Bd. 11, Art. 4 RdNr. 234; *Paulus,* Europäische Insolvenzverordnung, Art. 4 RdNr. 30.
[49] Vgl. *Virgos/Schmit,* Erläuternder Bericht, RdNr. 128.

Reinhart

EuInsVO Art. 4 34–38

Sozialversicherungsträger seine Ansprüche in einem Insolvenzverfahren eines anderen Mitgliedsstaates schriftlich anmelden kann (vgl. unten, Art. 39 RdNr. 6 ff.).

34 Das Insolvenzstatut nach Art. 4 Abs. 2 lit. h) umfasst aber nicht nur die verfahrensrechtlichen Fragen der Anmeldung sondern auch die möglichen Rechtsfolgen, beispielsweise aus einer unterbliebenen Anmeldung.[50] Einzelne Rechtsordnungen haben die Anmeldefrist als Ausschlussfrist ausgestaltet mit der Rechtsfolge, dass eine nachträgliche Anmeldung der Forderung nicht mehr möglich ist und die Forderung daher bei der Verteilung des Vermögens unberücksichtigt bleibt.[51] Gleiches gilt für die Rechtsfolgen der Feststellung einer Forderung zur Insolvenztabelle. Auch diese richten sich nach dem Insolvenzstatut und sind sodann gegebenenfalls gemäß Art. 16 in seinen Rechtswirkungen auch in den anderen Mitgliedsstaaten automatisch anzuerkennen.

35 **11. Lit. i): Erlösverteilung, Rang.** Art. 4 Abs. 2 i) stellt klar, dass **Verteilungsfragen** ebenfalls grundsätzlich nach dem Recht des Verfahrensstaates zu beantworten sind. Hierzu nennt Art. 4 Abs. 2 lit. i) drei Beispielsfälle: Zunächst „*Die Verteilung des Erlöses aus der Verwertung des Vermögens*": hiervon werden sämtliche Verteilungsfragen (beispielsweise auch Zeitpunkt der Verteilung) erfasst. Darüber hinaus wird als Unterfall der Verteilungsfragen der „*Rang der Forderung*" verstanden, der sich ebenfalls nach dem Insolvenzstatut richtet. Der dritte Beispielsfall stellt klar, dass das Insolvenzstatut auch für Ansprüche der Gläubiger gilt, die auf Grund eines dinglichen Rechts oder infolge einer Aufrechnung gemäß einem anderen Recht als dem Recht des Verfahrensstaates teilweise befriedigt wurden. Diese Regelung ist im Hinblick auf die Sonderanknüpfungen in Art. 5 und 6 von besonderer Bedeutung, da sich beispielsweise die Verwertung und Verteilung für Sicherungsrechte nicht nach dem Insolvenzstatut richtet (vgl. Art. 5 RdNr. 13 ff. und Art. 6 RdNr. 12). Soweit jedoch der dinglich gesicherte Gläubiger im Rahmen seines Absonderungsrechtes nicht vollständig befriedigt wird und daher eine Restforderung übrig bleibt (vgl. § 52 InsO), richtet sich die Frage, ob und wie er mit dieser verbleibenden Restforderung am Insolvenzverfahren teilnehmen kann, nach dem ausdrücklichen Wortlaut von Art. 4 Abs. 2 lit. i) wiederum nach dem Insolvenzstatut.

36 Die Verweisung auf das Insolvenzstatut in Art. 4 Abs. 2 lit. i) hat zur Folge, dass es hinsichtlich der Verteilung in Haupt- und Sekundärinsolvenzverfahren zu erheblichen Unterschieden kommen kann, weil die jeweiligen beiden Insolvenzordnungen jeweils unterschiedliche Ränge für die Forderungen vorsehen. Diese Unterschiede sind jedoch hinzunehmen und allenfalls im Rahmen der Kooperation der Verfahren zu beachten (vgl. auch unten, Art. 20 RdNr. 17 sowie Art. 31 RdNr. 20).

37 **12. Lit. j): Beendigung des Insolvenzverfahrens.** Art. 4 Abs. 2 lit. j) befasst sich mit den **Voraussetzungen der Verfahrensbeendigung,** die ebenfalls dem Recht des Verfahrensstaates unterstehen. Dies gilt nach dem Wortlaut der Vorschrift ausdrücklich für den Vergleich. Die Vorschrift gilt jedoch auch für alle anderen Formen der Verfahrensbeendigung.[52]

38 **13. Lit. k): Gläubigerrechte nach Verfahrensbeendigung.** Art. 4 Abs. 2 lit. k) ist an sich überflüssig, da die Wirkungen der Beendigung des Insolvenzverfahrens bereits in lit. j) erfasst sind, und die Rechte der Gläubiger nur einen Unterfall der möglichen Beendigungswirkungen darstellen. Die Vorschrift macht daher ausdrücklich die Reichweite des Insolvenzstatuts auch für Fragen der Restschuldbefreiung oder von sonstigen gerichtlichen Vergleichen und Insolvenzplänen deutlich. Endet das Verfahren mit einem Insolvenzplan, so findet für die Rechtsfolgen des Insolvenzplanes ebenfalls nur das Recht des Verfahrensstaates Anwendung. Gleiches gilt für eine nach dem Recht des Verfahrensstaates gewährte Rest-

---

[50] Ebenso MünchKommBGB-*Kindler*, Bd. 11, Art. 4 RdNr. 237 sowie *Nehrlich/Römermann/Mincke*, Art. 4 RdNr. 16, die diese Frage jedoch Art. 4 Abs. 2 lit. g) zuordnen.
[51] Zum autonomen Recht OLG Saarbrücken vom 31. 1. 1989 ZIP 1989, 1145.
[52] So auch *Nehrlich/Römermann/Mincke*, Art. 4 RdNr. 22; MünchKommBGB-*Kindler*, Bd. 11, Art. 4 RdNr. 241; *Haß/Herweg*, in *Geimer/Schütze*, Int. Rechtsverkehr, B Vor I 20 b, Art. 4 RdNr. 42.

schuldbefreiung. Die Kollisionsnormen sind jedoch nur anzuwenden, wenn die Folgen kollisionsrechtlich zu ermitteln sind, d. h. keine nach Art. 25 verfahrensrechtlich anzuerkennende Entscheidung eines Gerichtes oder sonstiger zuständiger Stelle vorliegt. Liegt dagegen eine gerichtliche Entscheidung über einen Vergleich oder Insolvenzplan vor, so ist diese verfahrensrechtlich anzuerkennen.[53]

14. Lit. l): Kosten des Insolvenzverfahrens. Art. 4 Abs. 2 lit. l) stellt fest, dass sich die **39** Frage, wer für die **Kosten des Verfahrens** aufzukommen hat, ebenfalls nach dem Recht des Verfahrensstaates zu richten hat. Die Regelung kann allerdings im deutschen Recht im Zusammenhang mit den Kostenbeiträgen der gesicherten Gläubiger (§§ 170 f. InsO) Zweifelsfragen aufwerfen. Die Kostenbeiträge für die gesicherten Gläubiger sind nach den Erläuterungen des deutschen Gesetzgebers als Beiträge zu den allgemeinen Verfahrenskosten eingeführt worden.[54] Selbst wenn man auch diese Beiträge zu den Feststellungs- und Verwertungskosten von Art. 4 Abs. 2 lit. l) erfasst sieht, wird das Recht des Verfahrensstaates zumindest für die nicht im Verfahrensstaat belegenen Kreditsicherheiten keine Anwendung finden, weil Art. 5 insoweit eine spezielle Sonderregelung zum Schutz der dinglich gesicherten Gläubiger und der Werthaltigkeit des Sicherungsgutes vorsieht. Das gilt auch für Kostenbeiträge aus dem Erlös des Sicherungsgutes.[55]

15. Lit. m): Unwirksame Benachteiligung der Gesamtheit der Gläubiger. Nach **40** Art. 4 Abs. 2 lit. m) richtet sich auch die Nichtigkeit, Anfechtbarkeit oder relative Unwirksamkeit einer Rechtshandlung, die die Gesamtheit der Gläubiger benachteiligt, nach der *lex fori concursus*. Die Vorschrift ist von den Rechtsfolgen her (nämlich Nichtigkeit, Anfechtbarkeit und relative Unwirksamkeit) bewusst „breit" formuliert, weil die Mechanismen, Gläubiger benachteiligende Rechtshandlungen zu „neutralisieren" in den Mitgliedsstaaten durchaus unterschiedlich ausgestaltet sein können.[56] Denkbar sind schuldrechtliche oder dingliche Ansprüche, die automatische Unwirksamkeit der Rechtshandlung oder auch nur die Möglichkeit, die Rechtshandlung durch Anfechtung anzugreifen. Die Formulierung macht deutlich, dass sämtliche dieser Fälle von Art. 4 Abs. 2 lit. m) erfasst sein sollen.

Damit jedoch nicht alle Unwirksamkeitsgründe erfasst werden, die eine Rechtsordnung **41** für Rechtshandlungen vorsieht (beispielsweise auch Sittenwidrigkeit nach § 138 BGB), enthält Art. 4 Abs. 2 lit. m) ein einschränkendes Korrektiv: die (breit formulierte Rechtsfolge) muss als Tatbestandsvoraussetzung oder als Zweck der Norm zum Gegenstand haben, die „*Gesamtheit der Gläubiger*" vor der Benachteiligung zu schützen.[57] Andere Unwirksamkeitsgründe werden daher von der Vorschrift nicht erfasst. Die Formulierung hat allerdings im englischen Sprachraum zu Diskussionen Anlass gegeben,[58] weil die Formulierung des englischen Textes lediglich auf „*all creditors*" verweist, was eine Prüfung der Auswirkungen für jeden einzelnen Gläubiger voraussetzen würde. Eine solche Auslegung wird jedoch auch im englischen Sprachkreis abgelehnt. Auch dort wird vielmehr die Verordnung so interpretiert, dass die „*creditors as a whole*" benachteiligt sein müssten.[59]

Entgegen der weit verbreiteten Auffassung in der Kommentarliteratur geht die Bedeutung **42** der Vorschrift jedoch über Fragen der Insolvenzanfechtung, für die jeweils auf die Sonderanknüpfung in Art. 13 verwiesen wird, hinaus.[60] Abweichend von den anderen Beispielsfällen

---

[53] Vgl. zu dieser Differenzierung bereits *Reinhart*, Sanierungsverfahren, S. 212 ff.; so auch MünchKommBGB-*Kindler*, Bd. 11, Art. 4 RdNr. 243.
[54] Vgl. BT-Drucks. 12/2443 S. 89 f.
[55] Jetzt ebenso *Huber*, in *Geimer/Schütze,*Int. Rechtsverkehr, B Vor I 20 b, Art. 4 RdNr. 45; MünchKommBGB-*Kindler*, Bd. 11, Art. 4 RdNr. 248.
[56] Vgl. auch *Virgos/Schmit*, Erläuternder Bericht RdNr. 91; *Paulus*, Europäische Insolvenzverordnung, Art. 4 RdNr. 37; *Balz*, Am. Bankruptcy L. J. 70, 1996, 485, 511 f.
[57] So auch *Paulus*, Europäische Insolvenzverordnung, Art. 4 RdNr. 36.
[58] Auf diesen Umstand macht zurecht *Smid*, Int. Insolvenzrecht, Art. 4 RdNr. 23 aufmerksam.
[59] Vgl. *Moss/Smith*, in *Moss/Fletcher/Isaacs*, EC Regulation, RdNr. 8.80.
[60] I. d. R. wird nur auf Art. 13 Bezug genommen, vgl. *Huber*, in *Geimer/Schütze*, B Vor I 20 b Art. 4 RdNr. 46; *Smid*, Int. Insolvenzrecht, Art. 4 RdNr. 23; MünchKommBGB-*Kindler*, Bd. 11, RdNr. 249; so auch noch der Verfasser in der Vorauflage, Art. 4 RdNr. 16.

in Art. 4 Abs. 2 ist die Reichweite dieses Beispielsfalles des Anwendungsbereichs der *lex fori concursus* nämlich von besonderer Bedeutung, weil die Sonderanknüpfungen in Art. 5 Abs. 4, Art. 6 Abs. 2 und Art. 7 Abs. 3 für die Fälle des Art. 4 Abs. 2 lit. m) Rückausnahmen von der Sonderanknüpfung zulassen. Je nachdem, wie weit man den Anwendungsbereich von Art. 4 Abs. 2 lit. m) definiert, sind daher auch die Rückausnahmen zu vorgenannten Sonderanknüpfungen zu verstehen. Richterweise bezieht sich Art. 4 Abs. 2 lit. m) jedoch nicht nur auf die Insolvenzanfechtung, die im Zusammenhang mit der Vorschrift immer wieder genannt wird. Im Hinblick auf den weiten Anwendungsbereich von Rechtsfolgen sind von der Vorschrift auch die Unwirksamkeit von Rechtshandlungen auf Grund von Verfügungsbeschränkungen erfasst, soweit diese wiederum zum Schutz der Gesamtheit der Gläubiger bestehen (vgl. §§ 81, 88, 89 InsO, § 24 i. V. m. § 81 InsO). Denn zur Vermeidung einer Benachteiligung der Gläubigergesamtheit werden hier ebenso Rechtshandlungen mit der Rechtsfolge der Unwirksamkeit belegt. Dagegen fallen Verfügungsbeschränkungen, die ihren Grund nicht in der Insolvenzsituation des Schuldners haben, nicht in den Anwendungsbereich von Art. 4 Abs. 2 lit. m).

Art. 5. Dingliche Rechte Dritter

(1) Das dingliche Recht eines Gläubigers oder eines Dritten an körperlichen oder unkörperlichen, beweglichen oder unbeweglichen Gegenständen des Schuldners – sowohl an bestimmten Gegenständen als auch an einer Mehrheit von nicht bestimmten Gegenständen mit wechselnder Zusammensetzung –, die sich zum Zeitpunkt der Eröffnung des Insolvenzverfahrens im Gebiet eines anderen Vertragsstaats befinden, wird von der Eröffnung des Verfahrens nicht berührt.

(2) Rechte im Sinne von Abs. 1 sind insbesondere

(a) das Recht, den Gegenstand zu verwerten oder verwerten zu lassen und aus dem Erlös oder den Nutzungen dieses Gegenstands befriedigt zu werden, insbesondere auf Grund eines Pfandrechts oder einer Hypothek;
(b) das ausschließliche Recht, eine Forderung einzuziehen, insbesondere auf Grund eines Pfandrechts an einer Forderung oder auf Grund einer Sicherungsabtretung dieser Forderung;
(c) das Recht, die Herausgabe des Gegenstands von jedermann zu verlangen, der diesen gegen den Willen des Berechtigten besitzt oder nutzt;
(d) das dingliche Recht, die Früchte eines Gegenstands zu ziehen.

(3) Das in einem öffentlichen Register eingetragene und gegen jedermann wirksame Recht, ein dingliches Recht im Sinne von Abs. 1 zu erlangen, wird einem dinglichen Recht gleichgestellt.

(4) Abs. 1 steht der Nichtigkeit, Anfechtbarkeit oder relativen Unwirksamkeit einer Rechtshandlung nach Art. 4 Abs. 2 Buchstabe m nicht entgegen.

Literatur: *Beck*, Verteilungsfragen im Verhältnis zwischen Haupt- und Sekundärinsolvenzverfahren nach der EuInsVO, NZI 2007, 1; *Haas*, Die Verwertung der im Ausland belegenen Insolvenzmasse im Anwendungsbereich der EuInsVO, in *Schilken/Kreft/Wagner/Eckardt* (Hrsg.), Festschrift für Walter Gerhardt zum 70. Geburtstag am 18. Oktober 2004, 2004, S. 319–340; *Herchen*, Die Befugnisse des deutschen Insolvenzverwalters hinsichtlich der „Auslandsmasse" nach In-Kraft-Treten der EG-Insolvenzverordnung (Verordnung des Rates Nr. 1346/2000), ZInsO 2002, 345; *Liersch*, Sicherungsrechte im Internationalen Insolvenzrecht, NZI 2002, 15; *Naumann*, Die Behandlung dinglicher Kreditsicherheiten und Eigentumsvorbehalte nach den Artikeln 5 und 7 EuInsVO sowie nach autonomem deutschen Insolvenzkollisionsrecht: zugleich ein Beitrag zur Auslegungstechnik des EuGH; *Smart*, Rights in Rem, Article 5 and the EC Insolvency Regulation: An English Perspective, INSOL International Insolvency Review, Vol. 15, 2006, 17–55; *von Bismarck/Schümann-Kleber*, Insolvenz eines ausländischen Sicherungsgebers – Anwendung deutscher Vorschriften auf die Verwertung in Deutschland belegener Kreditsicherheiten, NZI 2005, 147; *dies.*, Insolvenz eines deutschen Sicherungsgebers – Auswirkungen auf die Verwertung im Ausland belegener Kreditsicherheiten, NZI 2005, 89.

Übersicht

	RdNr.		RdNr.
I. Normzweck	1	5. Gläubiger oder Dritter	10
II. Insolvenzfeste dingliche Rechte	2	6. Maßgeblicher Zeitpunkt	11
1. Dingliche Rechte (Abs. 2)	2	**III. Rechtsfolgen**	13
2. In Register eingetragene Anwartschaftsrechte (Abs. 3)	7	1. „Nicht berührt" (Abs. 1)	13
3. Belegenheit in einem anderen Mitgliedstaat	8	2. Überschüsse	15
4. Sekundärverfahren im Belegenheitsstaat	9	**IV. Verhältnis zu anderen Unwirksamkeitsgründen (Abs. 4)**	16

I. Normzweck

Die Behandlung der Kreditsicherheiten in der Insolvenz des Schuldners ist eine der zentralen Fragen in jeder Insolvenzordnung, und zwar nicht nur im Hinblick auf die kreditgebenden Gläubiger, sondern auch im Hinblick auf die Möglichkeiten eines Insolvenzverwalters zur Abwicklung des Verfahrens. Zum Schutz des Vertrauens der dinglich gesicherten Gläubiger im internationalen Rechtsverkehr enthält Art. 5 eine Beschränkung des nach Art. 4 ansonsten generell anwendbaren Insolvenzstatuts. Diese Beschränkung gilt für dingliche Rechte eines Gläubigers oder eines Dritten, die sich im Gebiet eines anderen Mitgliedsstaates befinden. Art. 5 ordnet an, dass diese dinglichen Rechte von der Eröffnung des Verfahrens nicht berührt werden. Die Bedeutung dieser Ausnahme ist im Einzelnen umstritten (vgl. hierzu auch unten, RdNr. 2 f.). Die von Art. 5 betroffenen dinglichen Rechte sind in Abs. 2 in Form von Beispielsfällen definiert und in Abs. 3 auch auf sogenannte Anwartschaftsrechte erstreckt. Abs. 4 enthält wiederum eine Rückausnahme für die von Art. 4 Abs. 2 lit. m) erfassten Unwirksamkeitstatbestände. Für den Eigentumsvorbehalt, der ebenfalls als dingliches Recht im Sinne von Art. 5 qualifizieren würde, enthält Art. 7 eine Sonderregelung.

II. Insolvenzfeste dingliche Rechte

1. Dingliche Rechte (Abs. 2). Von der Sonderanknüpfung in Art. 5 Abs. 1 werden dingliche Rechte erfasst, die sich zum Zeitpunkt der Eröffnung des Insolvenzverfahrens im Gebiet eines anderen Mitgliedsstaates befinden. Bei der Prüfung, ob ein Recht diese Voraussetzungen erfüllt, ist zwischen zwei Rechtsfragen zu unterscheiden, nämlich erstens, ob das in Frage stehende Recht ein dingliches Recht im Sinne des Art. 5 ist, und zweitens, ob das gegebenenfalls als dingliches Recht im Sinne des Art. 5 qualifizierte Recht nach der jeweils anwendbaren Rechtsordnung tatsächlich besteht.

Die erste Frage, nämlich ob es sich um ein Recht im Sinne von Art. 5 handelt, ist verordnungsautonom auszulegen.[1] Hierzu dient die in Art. 5 Abs. 2 enthaltene Beispielliste, die in Absatz 3 noch durch Anwartschaftsrechte ergänzt wird (vgl. unten RdNr. 7). Nach diesem Beispielkatalog findet der Begriff des dinglichen Rechts sowohl auf Sachen als auch auf Rechte Anwendung, wie sich aus dem Beispiel in Art. 5 Abs. 2 lit. b) ergibt. Gegenüber dem EuIÜ wurde in Abs. 1 Satz 2 auf Verlangen von Irland und dem Vereinigten Königreich die – an sich zu Abs. 2 gehörende – Klarstellung aufgenommen, dass diese dinglichen Rechte sowohl an bestimmten Gegenständen, als auch an einer Mehrheit von nicht bestimmten Gegenständen mit wechselnder Zusammensetzung bestehen können. Damit ist klargestellt, dass auch die in diesem Rechtskreis bekannten Sicherungsrechte, wie beispielsweise die *floating charge,* unter Art. 5 fallen.[2] In Bezug auf diese beiden Vermögensgegen-

---

[1] *Haas* in Festschrift Gerhardt, S. 332; *Huber,* in *Geimer/Schütze,* Int. Rechtsverkehr, B Vor I 20 b, Art. 5 RdNr. 3 f.; *Mäsch,* in *Rauscher,* Europ. Zivilprozessrecht, Bd. 2, Art. 5 EG-InsVO RdNr. 7; *Mohrbutter/Ringstmeier/Werner* § 20 RdNr. 296; MünchKommBGB-*Kindler,* Bd. 11, Art. 5 RdNr. 256.

[2] Das ist allerdings schon vorher von *Virgos/Schmit,* Erläuternder Bericht, RdNr. 104 bejaht worden.

stände ergibt sich aus dem Beispielkatalog zudem, welche Rechte mit dem Vermögensgegenstand bei einer dinglichen Rechtsposition in der Regel verknüpft sind: das Recht auf Verwertung (bei einem Gegenstand) bzw. Einziehung (bei einer Forderung), das Recht auf Herausgabe, sowie das Recht auf Fruchtziehung.

4   Abgesehen von diesen beispielhaften Klarstellungen ist der Begriff des „dinglichen Rechts" jedoch eng auszulegen.[3] Ausgehend von dieser Liste sowie von dem Verständnis eines dinglichen Rechts nach der EuGVVO[4] muss ein Recht zwei Voraussetzungen erfüllen, um als „dingliches Recht" im Sinne der Verordnung angesehen zu werden. Erstens, das Recht muss an die Sache direkt und unmittelbar gebunden sein, und zwar unabhängig von der Frage, zu wessen Vermögen die betreffende Sache gehört. Zweitens, das Recht muss absolut und gegenüber jedermann durchsetzbar sein.[5]

5   Liegt nach dieser autonom vorzunehmenden Auslegung ein dingliches Recht im Sinne von Art. 5 vor, ist zudem noch zu prüfen, ob das dingliche Recht nach der jeweils anwendbaren Rechtsordnung im Einzelfall besteht. Kollisionsrechtlich handelt es sich hierbei um eine Vorfrage.[6] Welchem Kollisionsrecht diese Vorfrage unterstehen soll, wird strittig erörtert. Zum Teil wird vertreten, dass hierzu konkludent auf das Kollisionsrecht des Belegenheitsortes verwiesen würde.[7] Die hM wiederum vertritt, dass das Kollisionsrecht des Hauptverfahrensstaates anwendbar sei.[8] Eine Diskussion hierüber ist entgegen *Virgos/Garcimartin* nicht akademischer Natur.[9] Zwar ist die Kollisionsnorm für Immobilien und bewegliche Gegenstände in den Mitgliedstaaten weitgehend identisch (Anwendung der *lex rei sitae*). Das gilt jedoch nicht, soweit andere Sicherungsgegenstände (Forderungen, Rechte etc.) betroffen sind.

6   Die beiden vorgenannten Auffassungen sind jedoch beide unzutreffend. Richtigerweise sind jedoch die Kollisionsnormen der *lex fori,* also des angerufenen Gerichts, heranzuziehen. Unstreitig ist, dass es sich bei der Klärung, ob das dingliche Recht besteht, um eine Vorfrage handelt. Als Vorfrage ist diese kollisionsrechtlich selbständig anzuknüpfen. Grundregel bei Anknüpfung ist, dass jedes angerufene und zuständige Gericht grundsätzlich die Kollisionsnormen des eigenen Rechts anwendet (wozu freilich in den Mitgliedsstaaten auch die Kollisionsnormen der EuInsVO gehören). Bei der hier zu klärenden Vorfrage handelt es sich jedoch nicht um eine Frage des Insolvenzrechts. Schon von daher sind die Kollisionsnormen der Verordnung nicht anwendbar, die sich nur auf insolvenzrechtliche Tatbestände beziehen. Der Verordnung ist auch nicht zu entnehmen, dass mögliche, in den Kollisionsnormen von Art. 4 ff. auftauchende Vorfragen grundsätzlich ebenfalls einheitlich anzuknüpfen seien. Es handelt sich um eine rein sachenrechtliche Frage, für die das angerufene Gericht grund-

---

[3] Ebenso *Duursma-Kepplinger,* Europäische Insolvenzverordnung, Art. 5 RdNr. 51; MünchKommBGB-*Kindler,* Bd. 11, Art. 5 RdNr. 255; *Huber* ZZP 114 (2001) 113, 115; *Huber,* in *Geimer/Schütze,* Int. Rechtsverkehr, B Vor I 20 b, Art. 5 RdNr. 4; *Virgos/Schmit,* Erläuternder Bericht Nr. 102.

[4] Vgl. *Virgos/Schmit,* Erläuternder Bericht, RdNr. 103; *Taupitz* ZZP 111 (1998) 315, 341; *Schlosser,* Bericht zur Brüsseler Verordnung RdNr. 166 ff.; *Kropholler,* Europ. Zivilprozessrecht, Art. 22, RdNr. 12 ff.; vgl. auch die vertragsautonome Auslegung des EuGH vom 10. 1. 1990, Rs. C-115/88 Reichert/Dresdner Bank, Slg. 1990 I 27 = RIW 1991, 331.

[5] *Duursma-Kepplinger*; Europäische Insolvenzverordnung, Art. 5 RdNr. 52; *Haas* in Festschrift Gerhardt, S. 332; HK-*Stephan,* Art. 5 RdNr. 4; *Mohrbutter/Ringstmeier/Werner* § 20 RdNr. 296; *Mäsch,* in *Rauscher,* Europ. Zivilprozessrecht, Bd. 2, Art. 5 EG-InsVO RdNr. 7; MünchKommBGB-*Kindler,* Bd. 11, Art. 5 RdNr. 257 f.; *Virgos/Schmit,* Erläuternder Bericht, RdNr. 103.

[6] Vgl. hierzu Vor § 335 RdNr. 36; *v. Bar/Mankowski,* IPR, Bd. 1, § 7 RdNr. 208 f.; *Kegel/Schurig,* IPR, § 9, S. 371 ff.

[7] So *Gottwald,* Grenzüberschreitende Insolvenzen, S. 33; *Herchen,* Insolvenzverfahren, S. 117.

[8] *Virgos/Schmit,* Erläuternder Bericht, RdNr. 100; ebenso *Duursma-Kepplinger,* Europäische Insolvenzverordnung, Art. 5 RdNr. 21 f.; *Eidenmüller* IPRax 2001, 2, 6 Fn. 29; *Haubold/Wiedmann,* Zivilrecht, Art. 5 RdNr. 111; *Huber,* in *Geimer/Schütze,* Int. Rechtsverkehr, B Vor I 20 b, Art. 5 RdNr. 8; *Leible/Staudinger* KTS 2000, 533, 551; *Mäsch,* in *Rauscher,* Europ. Zivilprozessrecht, Bd. 2, Art. 5 EG-InsVO RdNr. 4; MünchKommBGB-*Kindler,* Bd. 11, Art. 5 RdNr. 260; *Paulus,* Europäische Insolvenzverordnung, Art. 5 RdNr. 7; *Taupitz* ZZP 111 (1998) 315, 335.

[9] Das indiziert die Stellungnahme bei *Virgos/Garcimartin,* European Insolvency Regulation, RdNr. 140 Fn. 146.

Dingliche Rechte Dritter　　　　　　　　　　　　　　　　　　7–9 **Art. 5 EuInsVO**

sätzlich seine eigenen Kollisionsnormen danach befragen muss, welches Recht über die Begründung, Tragweite und Gültigkeit des dinglichen Rechts entscheidet. Diese Lösung hat zwar den Nachteil, dass je nach angerufenem Gericht ein dingliches Recht bejaht oder verneint werden könnte, die Beurteilung daher in den Mitgliedsstaaten nicht einheitlich ist. Das widerspricht jedoch nicht der Verordnung, die „lediglich" die Beantwortung insolvenzrechtlicher Fragen in den Mitgliedsstaaten vereinheitlicht, nicht jedoch sämtliche, dem Insolvenzrecht vorgelagerte materiellrechtliche Fragen des Rechtsverhältnisses zwischen einem Gläubiger und einem Schuldner. Daher wendet im Rahmen von Art. 5 das angerufene Gericht sein autonomes eigenes Kollisionsrecht an, um festzustellen, ob das dingliche Recht wirksam begründet wurde und welche Tragweite es hat.

2. In Register eingetragene Anwartschaftsrechte (Abs. 3). Der Begriff des dinglichen Rechts wird in Abs. 3 auf bestimmte, dinglich abgesicherte Erwerbsrechte übertragen. Das Erwerbsrecht muss daher zwangsläufig an einem dinglichen Recht im Sinne von Abs. 1 bestehen. Weitere Voraussetzung ist, dass das Erwerbsrecht in einem öffentlichen Register eingetragen sein muss und Wirkung gegen „jedermann" haben muss. Nicht eintragungsfähige Anwartschaftsrechte fallen demnach nicht unter die in Abs. 3 beschriebene Gleichstellung.[10] Erfasst wird daher beispielsweise die im Grundbuch einzutragende Vormerkung (§ 883 BGB).[11]   7

3. Belegenheit in einem anderen Mitgliedsstaat. Art. 5 Abs. 1 setzt zudem voraus, dass sich der Vermögensgegenstand in einem „anderen Mitgliedsstaat befindet". Damit ist gemeint, dass sich der Vermögensgegenstand in einem anderen Mitgliedsstaat als dem Verfahrensstaat befinden muss.[12] Der Belegenheitsort ist gemäß der Legaldefinition in Art. 2 lit. g) zu bestimmen, so dass es bei körperlichen Gegenständen auf die tatsächliche Belegenheit ankommt, bei Registerrechten auf den Sitz der Registerführung sowie bei Forderungen auf den COMI[13] des zur Leistung verpflichteten Dritten.[14] Wird in dem anderen Mitgliedsstaat, in dem der Vermögensgegenstand belegen ist, in dem aber kein Hauptverfahren durchgeführt wird, stattdessen ein Sekundärverfahren durchgeführt, so findet Art. 5 keine Anwendung (vgl. hierzu unten, RdNr. 9).   8

4. Sekundärverfahren im Belegenheitsstaat. Wird in dem anderen Mitgliedsstaat, in dem der Vermögensgegenstand belegen ist, ein Sekundärverfahren im Sinne des Art. 3 Abs. 3 Satz 1 eröffnet, so findet Art. 5 keine Anwendung. Der Vermögensgegenstand fällt nach Art. 27 in die Insolvenzmasse des Sekundärverfahrens und untersteht dann gemäß Art. 28 dem Recht des Sekundärinsolvenzverfahrens.[15] Da die Eröffnungszeitpunkte für das Haupt- und Sekundärverfahren jedoch regelmäßig auseinander fallen, kann es zu Abgrenzungsschwierigkeiten führen, auf welchen Zeitpunkt der Verfahrenseröffnung für Art. 5 abzustellen ist. In der praktischen Anwendung können sich hieraus jedoch keine Probleme ergeben. Wird zunächst ein Partikularverfahren eröffnet (ohne vorhergehendes Hauptverfahren), so ist die Möglichkeit eines in einem anderen Mitgliedsstaat belegenen Vermögensgegenstandes denklogisch nicht möglich, da sich die Vermögensgegenstände des Partikular-   9

---

[10] *Haas* in Festschrift Gerhardt, S. 332 f.; *Huber*, in *Geimer/Schütze*, Int. Rechtsverkehr, B Vor I 20 b, B Vor I 20 b, Art. 5 RdNr. 6 Fn. 13; *MünchKommBGB-Kindler*, Bd. 11, Art. 5 RdNr. 280.

[11] *Leible/Staudinger* KTS 2000, 533, 552; *Huber*, in *Geimer/Schütze*, Int. Rechtsverkehr, B Vor I 20 b, Art. 5 RdNr. 6; *MünchKommBGB-Kindler*, Bd. 11, Art. 5 RdNr. 388.

[12] *Duursma-Kepplinger*, Europäische Insolvenzverordnung, Art. 5 RdNr. 8; *Haas* in Festschrift Gerhardt, S. 336; *HK-Stephan*, Art. 5 RdNr. 3; *Huber*, in *Geimer/Schütze*, Int. Rechtsverkehr, B Vor I 20 b, Art. 5 RdNr. 9; *Mäsch*, in *Rauscher*, Europ. Zivilprozessrecht, Bd. 2, Art. 5 EG-InsVO RdNr. 14; *MünchKommBGB-Kindler*, BD. 11, Art. 5 RdNr. 263; *Smid*, Int. Insolvenzrecht, Art. 5 RdNr. 2.

[13] Vgl. zum Begriff „COMI" bei juristischen Personen Art. 3 RdNr. 7 ff.

[14] Ebenso: *Smart*, INSOL Int. Insolv. Rev. 2006, S. 17, 27 ff.; *Gottwald/Gottwald*, Insolvenzrechts-Handbuch, § 131 RdNr. 25, *Haas* in Festschrift Gerhardt, S. 336; *Mäsch*, in *Rauscher*, Europ. Zivilprozessrecht, Bd. 2, Art. 5 EG-InsVO RdNr. 14, Art. 2 RdNr. 9; auf den Sitz abstellend *Smid*, Int. Insolvenzrecht, Art. 5 RdNr. 9.

[15] Ganz herrschende Meinung, vgl. *Huber*, in *Geimer/Schütze*, Int. Rechtsverkehr, B Vor I 20 b, Art. 5 RdNr. 14; *Virgos/Schmit*, Erläuternder Bericht, RdNr. 98.

verfahrens auf die im Partikularverfahrensstaat befindlichen Vermögensgegenstände beschränken. Wird dagegen zunächst das Hauptverfahren eröffnet, und sodann das Sekundärverfahren, in dem sich der Vermögensgegenstand befindet, so wurde der Vermögensgegenstand zwar zunächst von dem Hauptverfahren erfasst. Das dingliche Recht wurde jedoch von der Eröffnung des Verfahrens zunächst nicht berührt. Erst mit der Eröffnung des Sekundärverfahrens treten daher die insolvenzrechtlichen Wirkungen des Sekundärverfahrens ein.

10 **5. Gläubiger oder Dritter.** Aus dem Wortlaut in Art. 5 Abs. 1, der von einem dinglichen Recht „eines Gläubigers oder eines Dritten" spricht, wird auch ersichtlich, dass die dinglichen Rechte nicht notwendigerweise von einem Gläubiger des Schuldners geltend gemacht werden müssen. Sichern die von einem Schuldner gegebenen Kreditsicherheiten daher auch Ansprüche eines Dritten ab, dessen schuldrechtliche Forderung sich gegen einen anderen Schuldner richtet, so kommt auch dieser rein dingliche Gläubiger in den Genuss der Vorschrift von Art 5.[16]

11 **6. Maßgeblicher Zeitpunkt.** Gemäß dem Wortlaut von Art. 5 Abs. 1 muss sich das dingliche Recht *„zum Zeitpunkt der Eröffnung des Insolvenzverfahrens"* im Gebiet eines anderen Mitgliedstaates befinden. Mit der „Eröffnung des Insolvenzverfahrens" kann denklogisch nur die Eröffnung des Hauptverfahrens gemäß Art. 3 Abs. 1 gemeint sein. Da Art. 5 im Verfahrensstaat eines Sekundärverfahrens nicht anwendbar ist, und sich Sekundärverfahren grundsätzlich nur auf die in dem Verfahrensstaat des Sekundärverfahrens befindlichen Vermögensgegenstände beschränken (Art. 3 Abs. 2 Satz 2), ist ein Auseinanderfallen zwischen Belegenheitsort und Verfahrensstaat nur bezogen auf das Hauptverfahren möglich.

12 Fraglich ist, ob zur Bestimmung des Zeitpunktes der Eröffnung auch im Rahmen von Art. 5 auf die vom EuGH in der Eurofood-Entscheidung im Zusammenhang mit Art. 3 gegebene Definition abzustellen ist.[17] Der EuGH hatte in diesem Verfahren zu entscheiden, wie im Hinblick auf Art. 16 Abs. 1, Unterabsatz 1 und dem Prioritätsprinzip der Begriff der „Eröffnung eines Insolvenzverfahrens" auszulegen ist. Der EuGH entschied, dass als „Eröffnung eines Insolvenzverfahrens" nicht nur eine Entscheidung zu verstehen sei, die in dem für das Gericht, das die Entscheidung erlassen hat, geltenden Recht des Mitgliedstaates förmlich als Eröffnungsentscheidung bezeichnet wird, sondern auch die Entscheidung, die in Folge eines auf die Insolvenz des Schuldners gestützten Antrags auf Eröffnung eines in Anh. A der Verordnung genannten Verfahrens ergeht, wenn diese Entscheidung einen Vermögensbeschlag gegen den Schuldner zur Folge hat und durch sie ein in Anhang C der Verordnung genannter Verwalter bestellt wird. Ein solcher Vermögensbeschlag bedeute, dass der Schuldner die Befugnisse zur Verwaltung seines Vermögens verliert. Diese Auslegung gilt jedoch nur für die Anwendung des Prioritätsprinzipes und Art. 16 Abs. 1 Unterabsatz 1, die auch Gegenstand des Vorlageverfahrens waren. Der EuGH wollte mit seiner Definition keinesfalls eine für alle Vorschriften der Verordnung neue Definition der „Eröffnung eines Insolvenzverfahrens" einführen. Für den Zeitpunkt, zu dem sich das dingliche Recht in einem anderen Mitgliedstaat befindet, ist daher im Rahmen von Art. 5 auf den formellen Eröffnungsbeschluss abzustellen (vgl. hierzu auch die Legaldefinition in Art. 2 RdNr. 7 ff.).

III. Rechtsfolge

13 **1. „Nicht berührt" (Abs. 1).** Die durch Art. 5 ungeordneten Rechtsfolgen sind umstritten. Ein Teil der Literatur sieht in Art. 5 eine Kollisionsnorm, die auf das Recht des Belegenheitsstaates einschließlich der nach dem dortigen Insolvenzrecht geltenden Einschränkungen verweist.[18] Insbesondere von *Flessner* wird argumentiert, dass der Wortlaut der

---

[16] Vgl. auch *Paulus* NZI 2001, 505, 513; MünchKommBGB-*Kindler*, Bd. 11, Art. 5 RdNr. 261.
[17] Vgl. EuGH vom 2. 5. 2006, Rs. C-341/04 Eurofood, NZI 2006, 360, 361 Ziffer 54.
[18] Vgl. *Buchberger/Buchberger* ZIK 2000, 149, 187; *Flessner* IPRax 1997, 1, 7 f.; *Fritz/Bähr* DZWIR 2001, 221, 227; *Kemper* ZIP 2001, 1609, 1615; *Lehr* KTS 2000, 577, 580; *Oberhammer* ZInsO 2004, 761, 772; *Paulus* EWS 2002, 497, 499 f.; *Prütting* ZIP 1996, 1277, 1284. Auch schon *Potthast* zur Entwurfsfassung des EuInsÜ

Vorschrift so gelesen werden müsse, dass das dingliche Recht nicht „von der *Eröffnung* unberührt" werde, sondern „von der *Verordnung* unberührt" werde. Damit werde lediglich die Anwendung der *lex fori concursus* eingeschränkt, nicht aber das Insolvenzrecht des Belegenheitsstaates. Aus dem Erläuternden Bericht von *Virgos/Schmit* ergebe sich vielmehr, dass die Begründung, Gültigkeit und Tragweite dinglicher Rechte nach der *lex rei sitae* zu beurteilen seien.[19]

Dem gegenüber vertritt die hM die Auffassung, dass es sich bei Art. 5 nicht um eine Kollisionsnorm, sondern um eine Sachnorm handele. Dingliche Rechte in einem anderen Mitgliedstaat unterlägen weder den insolvenzrechtlichen Beschränkungen der *lex fori concursus*, noch denen der *lex rei sitae*.[20] Der hM ist zuzustimmen. Art. 5 ist entgegen seiner systematischen Stellung zwischen der generellen Kollisionsnorm in Art. 4 (Anknüpfung an das Recht des Verfahrensstaates) und den Sonderanknüpfungen in Art. 6 ff. **keine Kollisionsnorm,**[21] sondern an sich eine Einschränkung der in Art. 17 enthaltenen Wirkungserstreckung. Denn Art. 5 regelt nicht, welches Recht auf die Behandlung dinglicher Rechte in der Insolvenz anwendbar ist, sondern stellt fest, dass diese Rechte durch die Eröffnung des Insolvenzverfahrens überhaupt nicht berührt werden. Die in den anderen Mitgliedsstaaten liegenden dinglichen Sicherheiten unterstehen daher auch nicht den dort geltenden insolvenzrechtlichen Beschränkungen;[22] sie unterliegen im Ergebnis **keinerlei insolvenzrechtlichen Beschränkungen,** als ob das Insolvenzverfahren nicht eröffnet worden wäre. Die Alternativlösung, nämlich die dinglichen Rechte Dritter zumindest den insolvenzrechtlichen Beschränkungen der *lex rei sitae* zu unterstellen, ist zwar rechtspolitisch wünschenswert (vgl. dazu nachfolgende RdNr.), entspricht jedoch weder dem Wortlaut der Verordnung, noch den Motiven des Verordnungsgebers. Eine Verweisung auf die *lex rei sitae* bereits im Rahmen der EuIÜ diskutiert worden; die Beratungskommission gab jedoch – wie nun auch der Rat – der nun in Art. 5 festgelegten – und angeblich einfacheren – Alternative den Vorzug.[23]

Rechtspolitisch gesehen ist jedoch der Ausschluss jeglicher Wirkungen des Insolvenzverfahrens auf dingliche Rechte Dritter in anderen Mitgliedstaaten ein konzeptioneller Fehler des Verordnung.[24] Das Vermögen insolventer Schuldner ist in den meisten Fällen mit dinglichen Sicherungsrechten Dritter behaftet. Verteilt sich dieses Vermögen über mehrere

---

in ZIP 1992, 1192. Ebenso unter Aufgabe seiner früheren Auffassung *Huber,* in *Geimer/Schütze,* Int. Rechtsverkehr, B Vor I 20 b, Art. 5 RdNr. 25; anders noch *Huber* ZZP 114 (2001) 133, 158 sowie EuZW 2002 490, 493.

[19] Virgos/Schmit, Erläuternder Bericht, RdNr. 95; unklar Antwerp Court of Appeal, 23. 8. 2004, RGDC/TBBR 2006, 558 (Stella Europe S. A. v. Apex International N. V.), wonach dem gesicherten Gläubiger die Ansprüche auf Absonderung nach der *Ux rei situe* gewährt werden..

[20] *Balz* ZIP 1996, 948, 950; *Deipenbrock* EWS 2001, 113, 116 (Fn. 80); *Duursma-Kepplinger,* Europäische Insolvenzverordnung, Art. 5 RdNr. 18 ff.; *Haas* in Festschrift Gerhardt, S. 328; *Herchen* ZInsO 2002, 345, 347; früher noch *Huber* ZZP 114 (2001) 133, 154; *Leible/Staudinger* KTS 2000, 533, 551; *Liersch* NZI 2002, 15, 16; *Moss/Smith,* in *Moss/Fletcher/Isaacs,* EC Regulation, Art. 5 RdNr. 8.86; MünchKommBGB-*Kindler,* Bd. 11, Art 5 RdNr. 15; *Rossmeier,* Besitzlose Mobiliarsicherheiten, S. 141; *Smid,* Int. Insolvenzrecht, Art. 5 RdNr. 15; *Taupitz* ZZP 111 (1998) 315, 334; *Trunk,* Internationales Insolvenzrecht, S. 429; *von Wilmowsky* EWS 1997, 295 ff.; ebenso übrigens auch der Verfasser des Erläuternden Berichts: *Virgos/Garcimartin,* European Insolvency Regulation, S. 104. Dies wird auch in der englischen Kommentarliteratur so gesehen: Vgl. *Israel,* Insolvency Regulation, S. 277; *Smart,* INSOL Int. Insolv. Rev. 2006, S. 17, 23, 25.

[21] So auch schon *von Wilmowsky* EWS 1997, 297; *Taupitz* ZZP 111 (1998) 315, 334; *Huber* ZZP 114 (2001) 133, 154; das wird vielfach verkannt, vgl. auch *Leible/Staudinger* KTS 2000, 533, 550 und *Fletcher,* Insolvency in Private International Law. S. 269, die von einer Sonderanknüpfung sprechen.

[22] *Virgos/Schmit,* Erläuternder Bericht, RdNr. 95; *Wunderer* WM 1998, 793, 798; *Liersch,* S. 43; *Taupitz* ZZP 111 (1998) 315, 335; *von Wilmowsky* EWS 1997, 195, 297; FK-*Wimmer,* Anh I RdNr. 85; *Huber* ZZP 114 (2001) 133, 157; *Fletcher,* Insolvency, S. 273; *Liersch,* Sicherungsrechte, S. 42 ff. mwN; aA *Flessner,* Festschrift Drobnig, S. 277, 282; für eine Anknüpfung an die *lex rei sitae* wohl auch *Wimmer* NJW 2002, 2427, 2430.

[23] Vgl. auch *Balz* ZIP 1996, 948, 950; *Virgos/Schmit,* Erläuternder Bericht, RdNr. 94 ff.; dies räumt auch *Flessner,* in *Stoll,* Vorschläge und Gutachten, S. 222 ein.

[24] Die Regelung war allerdings auch in § 390 I RegEInsO enthalten, vgl. BT-Drucks. 12/2443 S. 69, 243 f.; kritisch hierzu bereits *Drobnig,* in *Stoll,* Stellungnahmen und Gutachten, S. 180; kritisch auch *Liersch,*

Mitgliedstaaten, besteht für den Insolvenzverwalter in vielen Fällen keine Möglichkeit einer geordneten Abwicklung. Problematisch sind beispielsweise Situationen, in denen das Unternehmen als Ganzes veräußert werden soll, oder wenn eine Sanierung des Unternehmens geplant ist. Praktische Relevanz erlangen beide Fälle naturgemäß vor allem bei großen internationalen Insolvenzen. Dieser Nachteil wird auch nicht durch den Hinweis von *Virgos/Schmit* aufgewogen, der Verwalter des Hauptverfahrens könne ein Sekundärinsolvenzverfahren beantragen und dadurch die dinglichen Rechte Dritter den lokalen insolvenzrechtlichen Beschränkungen unterstellen.[25] Die Eröffnung eines Partikularverfahrens ist nämlich nur möglich, sofern der Schuldner im Belegenheitsstaat eine Niederlassung hat. Handelt es sich dagegen beispielsweise um einen internationalen Konzern, der nicht Niederlassungen sondern Tochtergesellschaften in den anderen Mitgliedstaaten hat, so scheidet die Eröffnung eines Sekundärverfahrens aus. Der Gläubiger, dem die Geschäftsanteile an den Tochtergesellschaften zur Sicherheit übertragen oder verpfändet worden sind, kann daher ungeachtet des Insolvenzverfahrens in einem anderen Mitgliedstaat die Geschäftsanteile verwerten, selbst wenn am Lageort der Geschäftsanteile weitgehende insolvenzrechtliche Beschränkungen bestehen. Damit werden aus Sicht des Sicherungsnehmers im Ergebnis die Kreditsicherheiten ausländischer Schuldner gegenüber denen inländischer Schuldner in einer eventuell diskriminierenden Weise bevorzugt.[26]

15 2. Überschüsse. Art. 5 hindert die Wirkungserstreckung jedoch nur hinsichtlich der dinglichen Rechte eines Gläubigers oder eines Dritten. Der belastete Vermögensgegenstand wird dagegen Massebestandteil des ausländischen Hauptverfahrens[27] mit der Folge, dass überschüssige Verkaufserlöse durch den Gläubiger der Masse des ausländischen Hauptverfahrens zuzuführen sind und der Verwalter berechtigt ist, diesen auch geltend zu machen. Gleichsam kann der ausländische Verwalter den Vermögensgegenstand mit Mitteln der Masse freikaufen, beispielsweise wenn dieser im Rahmen einer Sanierung für den Fortbestand des Unternehmens von Bedeutung ist.

IV. Verhältnis zu anderen Unwirksamkeitsgründen (Abs. 4)

16 Abs. 4 enthält eine Einschränkung des in Art. 5 statuierten Vertrauensschutzes. Entsprechende Einschränkungen finden sich auch in Art. 6 Abs. 2, Art. 7 Abs. 3, sowie Art. 9 Abs. 2. Danach kann die Insolvenzfestigkeit der dinglichen Rechtsposition dennoch durch anderweitige Unwirksamkeitsgründe angegriffen werden. Art. 5 Abs. 4 schränkt damit den Vertrauensschutz für die Fälle wieder ein, in denen die dingliche Rechtsposition evtl. zum Nachteil der anderen Gläubiger – rechtswidrig – erlangt wurde. Die Vorschrift verweist auf Art. 4 Abs. 2 lit. m) und erfasst damit nicht nur die Insolvenzanfechtung,[28] sondern auch andere Unwirksamkeitsgründe, wie beispielsweise Verfügungsbeschränkungen, soweit sie die Gesamtheit der Gläubiger benachteiligen. Hat nämlich der Gläubiger oder der Dritte das dingliche Recht durch eine Rechtshandlung erlangt, die die Gesamtheit der Gläubiger benachteiligt, so kann ihm der durch Art. 5 gewährte Vertrauensschutz nicht zugute kommen. Hat daher der gesicherte Gläubiger das dingliche Recht in anfechtbarer Weise erlangt oder ist der Erwerb des dinglichen Rechts aus anderen Gründen unwirksam (z. B. im deutschen Recht nach § 88 InsO), so setzt sich diese Unwirksamkeit gegenüber dem in Art. 5 ausgesprochenen Vertrauensschutz durch.

Sicherungsrechte, S. 42 ff.; *Deipenbrock* EWS 2001, 113, 117; *von Wilmowsky* EWS, 1997, 295, 298 f.; *Leible/Staudinger* KTS 2000, 531, 552.

[25] *Virgos/Schmit*, Erläuternder Bericht, RdNr. 98; *Fletcher,* Insolvency in International Private Law. S. 273; kritisch zur Konzeption (wenn auch mit anderer Begründung) *Taupitz* ZPP 111 (1998) 315, 337 ff.

[26] Kritisch daher auch *von Wilmowsky* EWS 1997, 297; *Huber* ZPP 114 (2001) 133, 156 f.

[27] *Virgo/Schmit,* Erläuternder Bericht, RdNr. 99; *Taupitz* ZPP 111 (1998) 315, 339; *Huber* ZPP 114 (2001) 133, 158; *Leible/Staudinger* KTS 2000, 533, 552.

[28] Teilweise wird in der Lit. nur die Insolvenzanfechtung genannt; vgl. nur *Mäsch,* in *Rauscher,* Europ. Zivilprozessrecht, Bd. 2, Art. 5 EG-InsVO RdNr. 26. Der Anwendungsbereich des Art. 4 Abs. 2 lit. m) geht jedoch über die Insolvenzanfechtung hinaus, vgl. Art. 4 RdNr. 40.

Art. 6. Aufrechnung

(1) Die Befugnis eines Gläubigers, mit seiner Forderung gegen eine Forderung des Schuldners aufzurechnen, wird von der Eröffnung des Insolvenzverfahrens nicht berührt, wenn diese Aufrechnung nach dem auf die Forderung des insolventen Schuldners maßgeblichen Recht zulässig ist.

(2) Abs. 1 steht der Nichtigkeit, Anfechtbarkeit oder relativen Unwirksamkeit einer Rechtshandlung nach Art. 4 Abs. 2 Buchstabe m nicht entgegen.

Literatur: *Bork,* Die Aufrechnung im internationalen Insolvenzverfahren, ZIP 2002, 6920; *Ehricke,* Zum anwendbaren Recht auf ein in einem Clearing-System vereinbartes Glattstellungsverfahren im Fall der Insolvenz ausländischer Clearing-Teilnehmer, WM 2006, 2109; *Jeremias,* Internationale Insolvenzaufrechnung (Diss. Freie Uni Berlin, 2005), 2005; *Jud,* Die Aufrechnung im internationalen Privatrecht, IPRax 2005, 104; *von Wilmowsky,* Aufrechnung in internationalen Insolvenzfällen, KTS 1998, 343.

Übersicht

	RdNr.		RdNr.
I. Normzweck	1	4. Bestehen der Forderungen zum Zeitpunkt der Verfahrenseröffnung	11
II. Tatbestandsvoraussetzung	3	III. Rechtsfolge	12
1. Aufrechnungsbefugnis	3	IV. Rechtsunwirksamkeit der Aufrechnungsbefugnis aus anderen Gründen	13
2. Fehlende Aufrechnungsbefugnis gemäß Art. 4 Abs. 2 lit. d)	7		
3. Bestehende Aufrechnungsbefugnis nach der *lex causae*	8		

I. Normzweck

In den Mitgliedsstaaten der Verordnung wird die Möglichkeit der Aufrechnung überwiegend als Sicherungsfunktion verstanden, die wie eine Absonderungsbefugnis an der eigenen Schuld wirkt.[1] Art. 6 sieht daher eine Einschränkung der Kollisionsnorm in Art. 4 Abs. 2 lit. d) vor, wonach das Recht des Verfahrensstaates die Wirkungen der Verfahrenseröffnung auf eine nach dem anwendbaren Aufrechnungsstatut bestehende Aufrechnungslage bestimmt.[2] Soweit das Recht des Verfahrensstaates die Aufrechnung auch in der Insolvenz erlaubt, erübrigt sich eine Prüfung nach Art. 6.[3] Schränkt dagegen das Recht des Verfahrensstaates die Aufrechnung in der Insolvenz ein, so soll sich diese Einschränkung nach Art. 6 nur dann durchsetzen, wenn auch das Recht, das auf die Forderung des insolventen Schuldners anwendbar ist, eine Aufrechnung in der Insolvenz untersagt.[4] Damit soll das **Vertrauen des Gläubigers in die Aufrechenbarkeit** einer Forderung des Schuldners geschützt werden.[5] Die Begründung ist jedoch wenig überzeugend, da sich im Ergebnis das

---

[1] *Virgos/Garcimartin,* European Insolvency Regulation, RdNr. 185; vgl. auch MünchKommInsO-*Brandes,* Bd. 1, § 94 RdNr. 3.
[2] Vgl. oben Art. 4 RdNr. 20.
[3] *Virgos/Schmit,* Erläuternder Bericht, RdNr. 109; *Bork,* ZIP 2002, 690, 694; *Duursma-Kepplinger,* Europäische Insolvenzverordnung, Art. 6 RdNr. 13; *Fletcher,* in *Moss/Fletcher/Isaacs,* EC Regulation, RdNr. 4.24; *Haubold,* in *Gebauer/Wiedmann,* Zivilrecht, Art. 6 RdNr. 126; *Mäsch,* in *Rauscher,* Europ. Zivilprozessrecht, Bd. 2, Art. 6 EG-InsVO RdNr. 2; MünchKommBGB-*Kindler,* Bd. 11; Art. 6 RdNr. 284; *Pannen,* in *Breutigam/Blersch/Goetsch,* Art. 6 RdNr. 3; *Paulus,* Europäische Insolvenzverordnung, Art. 6 RdNr. 1; *Smid,* Int. Insolvenzrecht, Art. 6 RdNr. 5.
[4] *Huber,* ZZP 114 (2001) 133, 161; anders wohl *Leible/Staudinger* KTS 2000, 533, 555; vgl. auch die Entscheidung des Court of Rotterdam vom 12. 12. 2002 *[Stober & Morlock Wärmekraft GmbH],* veröffentlicht unter www.eir-database.com (case no. 16).
[5] So *Virgos/Schmit,* Erläuternder Bericht, RdNr. 109; vgl. auch *von Wilmowsky,* KTS 1998, 343, 360 f.; *Wunderer,* WM 1998, 793, 797; *Fletcher,* Insolvency, S. 274; vgl. auch *Flessner,* in *Stoll,* Vorschläge und Gutachten, S. 223, der jedoch darauf abstellt, ob das Zivilrecht (und nicht das Insolvenzrecht) des Forderungsstatuts der aufzurechnenden Forderung die Aufrechnung zulässt.

Recht mit den weitesten Aufrechnungsmöglichkeiten durchsetzt.[6] Hintergrund dieser Regelung ist, dass eine Aufrechnung nach den Insolvenzrechten verschiedener Mitgliedsstaaten nach Insolvenzeröffnung untersagt ist.

2 Zu beachten ist, dass Art. 9 für die Aufrechnung im Rahmen von Zahlungs- oder Finanzierungssystemen eine Art. 6 verdrängende Spezialvorschrift enthält.

II. Tatbestandsvoraussetzung

3 **1. Aufrechnungsbefugnis.** Der Begriff der Aufrechnungsbefugnis ist wie alle von der Verordnung verwendeten Rechtsbegriffe vertragsautonom auszulegen. Die Rechtsordnungen der Mitgliedsstaaten unterschiedliche Konzepte für die Aufrechnung vorsehen.[7] So gibt es erhebliche Unterschiede im Vollzug die Aufrechnung, die teils eine entsprechende Erklärung des Aufrechnenden voraussetzt, teils jedoch auch ipso iure automatisch erfolgt. Teilweise ist die Aufrechnung als materiellrechtliches Rechtsinstitut, teilweise als prozessrechtliches Verteidigungsmittel ausgestaltet. Zudem kann sich die Aufrechnungsbefugnis – so z. B. das deutsche Recht – aus Gesetz, aber auch aus einer vertraglichen Vereinbarung ergeben. Schon wegen dieser bestehenden Unterschiede ist der Begriff der Aufrechnung weit auszulegen. Er umfasst alle Rechtsinstitute, die durch Saldierung oder Verrechnung zu einem Erlöschen in Höhe der sich gegenüberstehenden Forderungen führen.[8] Denn in dem Erlöschen der Schuld des Gläubigers liegt die Garantiefunktion, die nach Ziffer 26 der Erwägungsgründe ausschlaggebend für die Sonderanknüpfung nach Art. 6 gewesen ist.[9]

4 Strittig ist bisher lediglich die Anwendung von Art. 6 auf sog. Close-out netting Vereinbarungen, wie sie im Rahmen von Finanztermingeschäften zwischen den Parteien regelmäßig vereinbart werden.[10] Beim sog. Close-out netting werden alle schwebenden Geschäfte zu einem bestimmten Zeitpunkt beendet, der Marktwert der einzelnen Transaktionen bestimmt und die sich daraus ergebenden Forderungen miteinander verrechnet. Als Beendigungszeitpunkte werden regelmäßig insolvenzbedingte Ereignisse in den Verträgen vereinbart (z. B. die Zahlungsunfähigkeit oder die Insolvenzeröffnung).[11] Zum Teil wird vertreten, dass die darin enthaltenen Verrechnungsabreden nicht von Art. 6 erfasst würden.[12] Dafür spricht, dass die Richtlinie über die Sanierung und Liquidation von Kreditinstituten, die weitestgehend identische Vorschriften zur Verordnung enthält, zwar ebenfalls eine zu Art. 6 wortgleiche Regelung zur Aufrechnung enthält, Aufrechnungsvereinbarungen („netting agreements") aber in einer weiteren Vorschrift nochmals regelt.[13]

5 Richtigerweise wird man in der Anwendung von Art. 6 beim Close-out netting jedoch differenzieren müssen: die (vereinbarte) automatische Fälligstellung der unvollständig erfüllten Verträge für Fälle der Insolvenz ist zunächst eine Frage der Auswirkungen der Insolvenzeröffnung auf laufende Verträge des Schuldners, die gemäß Art. 4 Abs. 2 lit. e) der *lex fori*

---

[6] Kritisch auch *von Wilmowsky* KTS 1998, 343, 361; *Gottwald,* Grenzüberschreitende Insolvenzen, S. 36; *Fritz/Bähr* DZWIR 2001, 221, 228; *Trunk,* Internationales Insolvenzrecht, S. 392; *Kemper* ZIP 2001, 1609, 1617; *Gruber,* in *Geimer/Schütze,* Int. Rechtsverkehr, B Vor I 20 b, Art. 5 RdNr. 2.

[7] Vgl. rechtsvergleichend *Jeremias,* Internationale Insolvenzaufrechnung, S. 34 ff. mwN; *Bucher,* in Festschrift Geimer, 2002, S. 97 ff, 99.

[8] In ähnlicher Form weit definierend: *Virgos/Garcimartin,* European Insolvency Regulation, RdNr. 192.

[9] Vgl. auch *Virgos/Schmit,* Erläuternder Bericht, RdNr. 109.

[10] Vgl. hierzu *Bosch,* WM 1995, 365 ff.; *Jahn:* in Bankrechtshandbuch, § 114 RdNr. 131 ff.; *Ebenroth/Belzer* ZVerglRWiss 96 (1996), S. 335 ff., 350.

[11] So *Ebenroth/Belzer* ZVerglRWiss 96 (1996), S. 335 ff., 352; *Jahn,* in Bankrechtshandbuch, § 1144 RdNr. 134.

[12] So *Schneider,* in *Bosch*-Gedächtnisschrift, 2006, S. 197, 206.

[13] Vgl. Richtlinie 2001/24/EG über die Sanierung und Liquidation von Kreditinstituten, ABl. vom 5. 5. 2001, L 125/15, dort Art. 23 zur Aufrechnung und Art. 25 zu Aufrechnungsvereinbarungen; rechtliche Unsicherheiten in der Auslegung führt auch ein Arbeitspapier der European Financial Markets Lawyers Group in einem Report von Oktober 2004 an, veröffentlicht unter www.efmlg.org, die sich im Ergebnis jedoch für eine Anwendung von Art. 6 auf close-out netting Vereinbarungen aussprechen.

Aufrechnung 6–8 **Art. 6 EuInsVO**

concursus untersteht.[14] Ist eine solche „Lösungsklausel für den Insolvenzfall" nach dem anwendbaren Insolvenzstatut unwirksam, besteht ohnehin keine Aufrechnungslage. Ist dagegen die Beendigung des Vertrages wirksam, so fällt die Folgefrage, ob die sich dann gegenüberstehenden Forderungen verrechnet werden dürfen, in den Anwendungsbereich des Art. 6.[15] Denn bei der sich der Beendigung des Vertrages anschließenden Verrechnung handelt es sich lediglich um eine vertraglich vereinbarte automatische Saldierung, die sich von sonstigen Aufrechnungsvereinbarung nicht unterscheidet. Die Tatsache, dass diese Aufrechnung für einen bestimmen Fall vereinbart wurde, ist selbständig anzuknüpfen und zu prüfen. Insoweit sind die entsprechenden Vereinbarungen in ihre rechtliche Mechanismen (Beendigung, Verrechnung) zu zerlegen.

Ungeachtet dessen ist bei Beurteilung einer Close-out netting Vereinbarung jedoch abzugrenzen, ob es sich hierbei um ein Zahlungs- oder Abwicklungssystem im Sinne von Art. 9 handelt. Ist dies der Fall, geht Art. 9 als Spezialvorschrift Art. 6 vor.[16] 6

2. Fehlende Aufrechnungsbefugnis gemäß Art. 4 Abs. 2 lit. d). Art. 6 ist eine einseitige Alternativanknüpfung. Sie kommt nach dem insoweit nicht eindeutigen Wortlaut, aber klaren Normzweck, nur dann zur Anwendung, wenn die Aufrechnungsbefugnis des Gläubigers durch das nach Art. 4 Abs. 2 lit. d) anwendbare Recht des Verfahrensstaates „berührt", d. h. eingeschränkt wird.[17] Daher ist zunächst festzustellen, dass eine Aufrechnungsbeschränkung nach der *lex fori concursus* vorliegt. Es reicht jede für den aufrechnungsbefugten Gläubiger erdenkliche Art der Beschränkung der Aufrechnungsbefugnis. Führt die Anwendung des Rechts des Verfahrensstaates dagegen nicht zu einer Beschränkung der Aufrechnungsbefugnis, so ist Art. 6 nicht anwendbar, und zwar selbst dann nicht, wenn das auf die Forderung anwendbare Aufrechnungsstatut eine Beschränkung der Aufrechnungsmöglichkeit vorsehen würde. 7

3. Bestehende Aufrechnungsbefugnis nach der *lex causae*. Weitere Voraussetzung für die Aufrechnung in der Insolvenz ist, dass die Aufrechnung nach dem für die Forderung des insolventen Schuldners maßgeblichen Recht (sog. Aufrechnungsstatut) zulässig ist. Auch hierbei handelt es sich um eine selbständig anzuknüpfende Vorfrage. Die zur Ermittlung des Aufrechnungsstatuts anzuwendende Kollisionsnorm ist durch die Verordnung nicht vorgegeben. Vielmehr hat das jeweils angerufene Gericht auf Grund seines eigenen autonomen Kollisionsrechts das auf die Aufrechnung anwendbare Recht zu ermitteln. Deutsche Gerichte ermitteln daher das Aufrechnungsstatut gemäß Art. 28, 32 EGBGB.[18] Praktisch dürfte die Frage, über welches Kollisionsrecht das Aufrechnungsstatut ermittelt wird, jedoch nicht relevant werden. Die meisten Mitgliedsstaaten haben das römische Schuldrechtsübereinkommen, das entsprechende Vorgaben enthält, in nationales Recht umgesetzt, so dass die Kollisionsnormen entsprechend vereinheitlicht sind.[19] Diese Vereinheitlichung gilt jedoch nicht für die im Rahmen der EU-Osterweiterung beigetretenen Mitgliedsstaaten, deren eigene anzuwendenden Kollisionsnormen eventuell abweichen können. Insoweit wird erst 8

---

[14] AA wohl *Virgos/Garcimartin*, European Insolvency Regulation, RdNr. 193, die darin rechtlich ebenfalls zwei unterschiedliche Mechanismen sehen, die aber nicht unterschiedlich angeknüpft werden dürften, weil sie ein einheitliches Ziel der Risikominimierung zum Gegenstand hätten. Das kann jedoch nicht die Qualifikation von Rechtsfragen bestimmen.
[15] Bezogen auf die entsprechende Norm des autonomen deutschen Insolvenzrechts wohl auch *von Wilmosky* WM 2002, 2264, 2277; *Liersch* NZI, 2003, 302, 305; *Keller* BKR 2002, 347, 349.
[16] Vgl. unten Art. 9 RdNr. 1; nach *Ebenroth/Belzer* ZVerglRWiss 96 (1996), S. 335 ff., 366, 372 ist eine Close-out netting Vereinbarung jedenfalls ein Abrechnungssystem nach Art. 9, so dass sich der Anwendungsbereich von Art. 6 sich nur auf die Aufrechnung der Saldoforderung selbst beziehen könne.
[17] *Bork* ZIP 2002, 690, 694; *Duursma-Kepplinger*, Europäische Insolvenzverordnung, Art. 6 RdNr. 14; *Mäsch*, in *Rauscher*, Europ. Zivilprozessrecht, Bd. 2, Art. 6 EG-InsVO RdNr. 2; *Mohrbutter/Ringstmeier/Werner* § 20 RdNr. 336; MünchKommBGB-*Kindler*, Bd. 11, Art. 6 RdNr. 284; *Pannen*, in *Breutigam/Blersch/Goetsch*, Art. 6 RdNr. 3.
[18] Vgl. *Palandt/Heldrich*, Art. 32 EGBGB RdNr. 6; MünchKommBGB-*Spellenberg*, Bd. 10, Art. 32 RdNr. 64 ff.; BGH NJW 1994, 1416.
[19] Vgl. *Palandt/Heldrich*, Vorb v Art. 27 EGBGB RdNr. 1; MünchKommBGB-*Martiny*, Bd. 10, Vor Art. 27, RdNr. 4 ff.

Reinhart

die Umsetzung der EVÜ in eine Verordnung (sog. Rom I VO) für eine Vereinheitlichung des auf die Vorfrage anzuwendenden Rechts sorgen.

9   Die Verweisung auf die *lex causae* umfasst nach allgemeiner Auffassung nicht nur die materiellrechtlichen Aufrechnungsregelungen, sondern auch die insolvenzrechtlichen Beschränkungen der Aufrechnung.[20] Das ergibt sich aus der Garantiefunktion von Art. 6. Denn der Vertrauensschutz des Gläubigers geht nicht soweit, dass er für die Aufrechnung überhaupt nicht mit insolvenzrechtlichen Einschränkungen zu rechnen braucht. Dem Gläubiger werden daher die insolvenzrechtlichen Einschränkungen des Forderungsstatutes „zugemutet". Ob freilich das Vertrauen eines Gläubigers tatsächlich dahin geht, dass er auf die insolvenzrechtlichen Einschränkungen des anwendbaren Forderungsrechts setzt, sei dahin gestellt, zeigt aber die Fragwürdigkeit des in Art. 6 statuierten Vertrauensschutzes (vgl. bereits oben RdNr. 1).

10 Die Forderung des insolventen Schuldners, mit der aufgerechnet werden soll, muss entgegen einiger Stimmen in der Literatur,[21] nicht dem Recht eines Mitgliedsstaates unterstehen. Die Forderung des Schuldners kann auch dem Recht eines Drittstaates unterstehen.[22] Eine Einschränkung dahingehend, dass Art. 6 nur für die *lex causae* der Mitgliedsstaaten gelte, lässt sich schon dem Wortlaut von Art. 6 Abs. 1 nicht entnehmen. Hierbei kann es sich auch nicht um ein Redaktionsversehen handeln, da andere Sonderanknüpfungen das Problem des Mitgliedsstaatenbezuges ausdrücklich aufgreifen und ausdrücklich festschreiben (vgl. nur Art. 5, 7, 8, 9, 10 und 11).[23] Eine Diskriminierung von Drittstaatenrechten ist zudem nicht begründet, denn entscheidend für das in Ziffer (2) der Präambel genannte reibungslose Funktionieren des Binnenmarktes ist nicht die Rechtswahl der Parteien, sondern dass – was Art. 6 Abs. 1 voraussetzt – zumindest eine Vertragspartei ihren Sitz im Bereich eines Mitgliedsstaates hat. Bei der Aufrechnung durch den Gläubiger geht es um die Forderung des Schuldners, der gemäß Art. 3 den Mittelpunkt seiner Interessen in einem der Vertragsstaaten hat. Der Gemeinschaftsbezug ist daher gegeben. Würde man in der Rechtswahl den maßgeblichen Bezugspunkt sehen, so müsste man konsequenter Weise die Verordnung als sachlich-räumlich nicht anwendbar ansehen.[24] Das wird jedoch ebenfalls nicht gefordert. Die Rechtswahl eines Drittstaates jedoch dergestalt zu diskriminieren, dass die dem Art. 6 zugrunde liegenden Vertrauensgesichtspunkte dann nicht mehr gelten sollen, ist nicht nachvollziehbar.

11 **4. Bestehen der Forderungen zum Zeitpunkt der Verfahrenseröffnung.** Ob beide Forderungen zum Zeitpunkt der Verfahrenseröffnung bereits entstanden sein müssen, wird vom Wortlaut des Art. 6 ausdrücklich nicht beantwortet. Nach einhelliger Auffassung gilt Art. 6 jedoch nur für Forderungen des Gläubigers und gegenüber Forderungen des Schuld-

---

[20] Vgl. *Bork* ZIP 2002, 690, 694; *Duursma-Kepplinger,* Europäische Insolvenzverordnung, Art. 6 RdNr. 7 u. 18; *Eidenmüller* IPRax 2001, 2, 7 Fn. 35; *Fritz/Bähr* DZWIR 2001, 221, 228; *Huber* EuZW 2002, 490, 494; *Jeremias,* Internationale Insolvenzaufrechnung, S. 259; *Leible/Staudinger* KTS 2000, 533, 555 f.; *Pannen/Riedemann/Kühnle* NZI 2002, 303, 305; *v. Wilmowsky* KTS 1998, 343, 360 f.; *Virgos/Garcimartin,* European Insolvency Regulation, RdNr. 187; *Virgos/Schmit,* Erläuternder Bericht, RdNr. 109; so auch Rechtbank Maastricht vom 14. 7. 2004, Case No HA ZA 99–91, veröffentlicht unter www.eir-database.com case no. 56, das den Veweis in Art. 6 ausdrücklich als einen Verweis auf das Insolvenzrecht der *lex causae* sieht.
[21] So *Virgos/Schmit,* Erläuternder Bericht, RdNr. 93; *Virgos/Garcimartin,* European Insolvency Regulation, RdNr. 189; *Balz* ZIP 1996, 948, 950; *Bork* ZIP 2002, 690, 694; *Duursma-Kepplinger,* Europäische Insolvenzverordnung, Art. 6 RdNr. 22; *Huber* ZZP 114 (2001) 133, 162; *Leible/Staudinger* KTS 2000, 533, 554; MünchKommBGB-*Kindler,* Bd. 11, Art. 6 RdNr. 286; *Smid,* Int. Insolvenzrecht, Art. 6 RdNr. 4; *Taupitz* ZZP 111 (1998) 315, 343.
[22] Ebenso *Haubold,* in *Gebauer/Wiedmann,* Zivilrecht, Art. 6 RdNr. 127; *Mäsch,* in *Rauscher,* Europ. Zivilprozessrecht, Bd. 2, Art. 6 EG-InsVO RdNr. 6. Das wird auch im Ausland so gesehen: vgl. *Fletcher,* Insolvency RdNr. 7.100; kritisch aber die Anmerkung von *Bogdan,* in *Moss/Fletcher/Isaacs,* EC Regulation, RdNr. 8.98.
[23] Die Einschränkung auf die Rechtsordnungen der Mitgliedsstaaten kann daher nicht „implied" sein, wie *Virgos/Schmit* und *Virgos/Garcimartin* ausführen, vgl. Nachweise ebd.
[24] Vgl. zum Problem des sachlich-räumlichen Anwendungsbereiches der Sonderanknüpfung und der allg. Kollisionsnorm von Art. 4 oben bei Art. 2 RdNr. 12 ff.

ners, die vor der Eröffnung des Insolvenzverfahrens entstanden sind.[25] Das ergibt sich einerseits aus der Garantiefunktion von Art. 6, andererseits implizit aus dem Wortlaut, wonach die Aufrechnungsbefugnis durch die Eröffnung nicht berührt wird: Art. 6 setzt daher zum Zeitpunkt der Eröffnung bereits zwei möglicherweise aufrechenbare Forderungen voraus. Für die Bestimmung des Zeitpunktes der Eröffnung des Verfahrens gilt wiederum seit der Eurofood Entscheidung des EuGH nicht erst der Zeitpunkt der formellen Eröffnung des Verfahrens, sondern bereits über den Zeitpunkt des Entstehens entscheidet als selbstständig anzuknüpfende Vorfrage wiederum das Vertragsstatut der jeweiligen Forderung,[26] das auf Grund des jeweiligen Kollisionsrecht des angerufenen Gerichts zu ermitteln ist.[27] Die Aufrechenbarkeit von Forderungen, die erst nach Eröffnung des Insolvenzverfahrens entstanden sind, richtet sich dagegen ausschließlich nach Art. 4 Abs. 2 lit. d), also nach dem Recht des Verfahrensstaates. Insoweit besteht auch kein Bedürfnis für einen Vertrauensschutz des Gläubigers, selbst wenn dem Gläubiger die Verfahrenseröffnung nicht bekannt war. Ein dem Art. 24 entsprechender Vertrauensschutz besteht für das Eingehen von Schuldverhältnissen nicht.[28]

III. Rechtsfolge

Nach dem Wortlaut von Art. 6 Abs. 1 bleibt die nach der *lex causae* bestehende Aufrechnungsbefugnis „unberührt". Kann daher der Gläubiger sowohl nach den materiellrechtlichen als auch den insolvenzrechtlichen Regelungen der *lex causae* aufrechnen, so ist eine entsprechende Aufrechnungserklärung des Gläubigers ungeachtet der Einschränkungen durch die *lex fori concursus* wirksam. Die *lex causae* bestimmt insgesamt die Reichweite des „unberührt Bleibens". Scheitert nämlich die Aufrechnung nach der *lex fori concursus* aus einem Grund (beispielsweise wegen fehlender Fälligkeit), so hilft die Anwendung der *lex causae* auch dann nicht, wenn diese zwar die Fälligkeit für die Insolvenzeröffnung statuiert, die Aufrechnung dann aber wiederum aus anderen Gründen scheitern lässt. Es ist daher nicht auf das Aufrechnungshindernis der *lex fori concursus* selbst abzustellen, sondern auf eine Gesamtbetrachtung der Aufrechnungsbefugnis.

IV. Rechtsunwirksamkeit der Aufrechnungsbefugnis aus anderen Gründen

Ebenso wie Art. 5 Abs. 4, Art. 7 Abs. 3 und Art. 9 Abs. 2 stellt auch Art. 6 Abs. 2 klar, dass eine Aufrechnung dann nicht möglich ist, wenn die Rechtshandlung nach Art. 2 Abs. 2 lit. m) unwirksam oder anfechtbar ist. Die Verweisung bezieht sich nicht nur auf die Insolvenzanfechtung, sondern auch auf alle weiteren von Art. 2 Abs. 2 lit. m) erfassten Unwirksamkeitsgründe. Im Falle von Art. 6 kann sich die Anfechtbarkeit oder sonstige Unwirksamkeit sowohl auf eine der beiden Forderungen beziehen, als auch auf die Begründung der Aufrechnungslage. Denkbar ist zudem auch, dass die von den Parteien getroffene Rechtswahl für die Forderung des Schuldners anfechtbar ist, soweit diese dazu diente, dem Gläubiger weiterreichende Aufrechnungsbefugnisse zu zugestehen. Die in der Literatur verschiedentlich geäußerte Kritik, dass Art. 6 den Parteien die Wahl eines aufrechnungsfreund-

---

[25] *Virgos/Schmit*, Erläuternder Bericht, RdNr. 110; *Virgos/Garcimartin*, European Insolvency Regulation, RdNr. 188; *Bork* ZIP 2002, 690, 694; *Duursma-Kepplinger*, Europäische Insolvenzverordnung, Art. 6 RdNr. 9; *Fritz/Bähr* DZWIR 2001, 221, 228; *Gruber*, in *Geimer/Schütze*, Int. Rechtsverkehr, B Vor I 20 b, Art. 6 RdNr. 11; *Haubold*, in *Gebauer/Wiedmann*, Zivilrecht, Art. 6 RdNr. 126; *Huber* ZZP 114 (2001) 133, 161; *Jeremias*, Internationale Insolvenzaufrechnung, S. 257; *Mäsch*, in *Rauscher*, Europ. Zivilprozessrecht, Bd. 2, Art. 6 EG-InsVO RdNr. 5; *Nerlich/Römermann/Mincke*, Art. 6 RdNr. 2; *Moss/Smith*, in *Moss/Fletcher/Isaacs*, EC Regulation RdNr. 8.102, MünchKommBGB-*Kindler*, Bd. 11, Art. 6 RdNr. 285; *Pannen*, in *Breutigam/Blersch/Goetsch*, Art. 6 RdNr. 4; *Smid*, Int. Insolvenzrecht, Art. 6 RdNr. 3; *Wunderer* WM 1998, 793, 797.
[26] So auch *Jeremias*, Internationale Insolvenzaufrechnung, S. 257 f.; *Gruber*, in *Geimer/Schütze*, Int. Rechtsverkehr, B Vor I 20 b, Art. 6 RdNr. 11; HK-*Stephan*, Art. 6 RdNr. 5; *Niggemann/Blenske* NZI 2003, 471, 476.
[27] Vgl. hierzu schon oben, RdNr. 8.
[28] Anders wohl die Anmerkung von *Justice Lightman*, in *Moss/Fletcher/Isaacs*, EC Regulation, RdNr. 8.103.

lichen Rechts ermögliche,[29] ist daher lediglich im Rahmen von Art. 6 Abs. 2, Art. 13 zu korrigieren soweit die Voraussetzungen für eine Insolvenzanfechtung vorliegen. Bei der Prüfung einer eventuell anfechtbaren Aufrechnungslage sowie der Rechtswahl ist wiederum Art. 13 heranzuziehen.

Art. 7. Eigentumsvorbehalt

(1) Die Eröffnung eines Insolvenzverfahrens gegen den Käufer einer Sache lässt die Rechte des Verkäufers aus einem Eigentumsvorbehalt unberührt, wenn sich diese Sache zum Zeitpunkt der Eröffnung des Verfahrens im Gebiet eines anderen Mitgliedsstaats als dem der Verfahrenseröffnung befindet.

(2) Die Eröffnung eines Insolvenzverfahrens gegen den Verkäufer einer Sache nach deren Lieferung rechtfertigt nicht die Auflösung oder Beendigung des Kaufvertrags und steht dem Eigentumserwerb des Käufers nicht entgegen, wenn sich diese Sache zum Zeitpunkt der Verfahrenseröffnung im Gebiet eines anderen Mitgliedsstaats als dem der Verfahrenseröffnung befindet.

(3) Die Absätze 1 und 2 stehen der Nichtigkeit, Anfechtbarkeit oder relativen Unwirksamkeit einer Rechtshandlung nach Art. 4 Abs. 2 Buchstabe m nicht entgegen.

Literatur: *Liersch,* Sicherungsrechte im Internationalen Insolvenzrecht, NZI 2002, 15; *Naumann,* Die Behandlung dinglicher Kreditsicherheiten und Eigentumsvorbehalte nach den Artikeln 5 und 7 EuInsVO sowie nach autonomem deutschen Insolvenzkollisionsrecht: zugleich ein Beitrag zur Auslegungstechnik des EuGH.

Überblick

	RdNr.		RdNr.
I. Normzweck	1	III. Rechtsfolgen in der Käuferinsolvenz (Abs. 1)	8
II. Gemeinsame Tatbestandsvoraussetzungen	2	IV. Rechtsfolgen in der Verkäuferinsolvenz (Abs. 2)	9
1. Der Begriff des Eigentumsvorbehaltes	2	V. Rechtsunwirksamkeit des Eigentumsvorbehaltes aus anderen Gründen (Abs. 3)	11
2. Im Gebiet eines anderen Mitgliedsstaates	4		
3. Zum Zeitpunkt der Eröffnung des Verfahrens	7		

I. Normzweck

1 Art. 7 enthält eine weitere Ausnahme von der Anwendung der *lex fori concursus* gemäß Art. 4, und zwar für den Eigentumsvorbehalt. Die Vorschrift verfolgt ebenso wie die Sonderregelung für dingliche Rechte gemäß Art. 5 den Schutz des Vertrauens beider Parteien darauf, dass sie auch in der Insolvenz der jeweils anderen Vertragspartei noch ihre Rechte aus dem Eigentumsvorbehalt bzw. (aus Sicht des Käufers) aus dem Anwartschaftsrecht auf das Eigentum geltend machen können.[1] Anders als Art. 5, nach dem die dingliche Rechte des Berechtigten von der Verfahrenseröffnung in einem anderen Mitgliedsstaat unberührt bleiben, sieht Art. 7 jedoch eine differenzierte Regelung vor, und zwar je nachdem, welche Vertragspartei in die Insolvenz gefallen ist. So regelt Abs. 1 die Käuferinsolvenz in der gleichen Weise wie Art. 5, und zwar indem die Rechte durch die Verfahrenseröffnung „unberührt" bleiben. Dagegen regelt Abs. 2 die Verkäuferinsolvenz, und zwar

---

[29] So z. B. *Gruber,* in Geimer/Schütze, Int. Rechtsverkehr, B Vor I 20 b, Art. 6 RdNr. 14. Zur Rechtswahl vgl. auch *Jeremias,* Internationale Insolvenzaufrechnung, S. 221 ff.
[1] Vgl. Erwägungsgründe (24) und (25); *Virgos/Schmit,* Erläuternder Bericht, RdNr. 21 ff., 112; FK-*Wimmer,* Anh I, RdNr. 39; MünchKommBGB-*Kindler,* Bd. 11, Art. 7 RdNr. 294; *Mohrbutter/Ringstmeier/Werner* § 20 RdNr. 294.

ebenfalls unmittelbar durch eine der Kollisionsnorm in Art. 4 vorgehende Sachnorm. Absatz 3 enthält wiederum die schon aus anderen Vorschriften (vgl. Art. 5, 6 und 9) bekannte Vorschrift, wonach die Vorschrift der Unwirksamkeit des Eigentumsvorbehaltes aus anderen Gründen nicht entgegen steht.

II. Gemeinsame Tatbestandsvoraussetzungen

1. Der Begriff des Eigentumsvorbehaltes. Ähnlich wie bei Art. 5 ist bei der Rechts- 2
anwendung zunächst zu klären, ob ein Eigentumsvorbehalt im Sinne des Art. 7 vorliegt. Art. 7 enthält jedoch keine Definition, wie der Begriff des Eigentumsvorbehaltes zu verstehen ist. Das ist schon deswegen misslich, weil in den Mitgliedstaaten unterschiedliche Formen von zulässigen Eigentumsvorbehaltsklauseln existieren.[2] Anders als bei Art. 5 fehlt auch ein Beispiel, so dass der Verordnungstext für eine verordnungsautonome Auslegung des Begriffes keine Anhaltspunkte bietet. Nach ganz verbreiteter Auffassung fällt unter den Eigentumsvorbehalt nach Art. 7 jedoch nur der sog. einfache Eigentumsvorbehalt, bei dem der Verkäufer die Übertragung des Eigentums bis zur vollständigen Kaufpreiszahlung vorbehält, der Erwerber jedoch für den Eigentumserwerb bereits ein Anwartschaftsrecht erhält. Weitergehende Formen des Eigentumsvorbehaltes, die für den Fall des Weiterverkaufs eine Abtretung der Kaufpreisforderung oder Miteigentum an einer neu entstandenen Sache vorsehen, sollen dagegen von dem Eigentumsvorbehalt im Sinne des Art. 7 nicht erfasst werden.[3] Eine solch weitgehende Einschränkung bedarf jedoch der Klarstellung. Ist bei einem verlängerten Eigentumsvorbehalt die Vorbehaltsware noch nicht weiter veräußert, d. h. wurde die Sicherheit des Eigentumsvorbehaltes noch nicht durch die Sicherungsabtretung der Kaufpreisforderung ersetzt, besteht kein Anlass, Art. 7 Abs. 1 auf die Ansprüche des Verkäufers nicht anzuwenden. Die Rechte, die aus dem Eigentumsvorbehalt geltend gemacht werden, sind die Recht aus dem einfachen Eigentumsvorbehalt. Gleichfalls wäre nicht verständlich, warum der Käufer in der Verkäuferinsolvenz nicht auch bei einem verlängerten Eigentumsvorbehalt sein Anwartschaftsrecht auf Eigentumserwerb durchsetzen sollte. Art. 7 findet daher auch bei anderen Formen des Eigentumsvorbehaltes Anwendung, soweit – wie auch der Wortlaut von Abs. 1 und Abs. 2 indiziert – die Sicherheit am Vorbehaltsgut bzw. das Anwartschaftsrecht am Vorbehaltsgut in Frage steht, d. h. die Umstände für eine Erweiterung oder Verlängerung des Eigentumsvorbehaltes noch nicht eingetreten sind. Sind diese eingetreten, so bleibt der Verkäufer mit seinen anderweitigen Ansprüchen (die sich nun nicht mehr auf das Vorbehaltsgut beziehen) über Art. 5 geschützt.[4]

Liegt ein Eigentumsvorbehalt im Sinne des Art. 7 vor, so ist – ebenso wie bei Art. 5 als 3
selbständige Vorfrage zu prüfen, ob der Eigentumsvorbehalt wirksam vereinbart ist.[5] Diese Vorfrage hat das angerufene Gericht nach seinem autonomen Kollisionsrecht[6] zu entscheiden (bei beweglichen Sachen idR die *lex rei sitae*, d. h. das Recht des Belegenheitsortes).[7]

---

[2] Vgl. zum Eigentumsvorbehalt in weiteren Rechtsordnungen *Lehr* RIW 2000, 747; *Schlüter* IHR 2001, 141; für Österreich *Duursma-Kepplinger*, Europäische Insolvenzverordnung, Art. 7 RdNr. 33 ff. Zum deutschem Recht vgl. BGH NJW 70, 1733; BGHZ 70, 96; BGH NJW 68, 392; BGH NJW 82, 1749 u. 1751; BGH NJW-RR 86, 1378 mwN; BGH NJW 65, 687; BGH NJW 75, 1269; BGHZ 64, 395; BGH NJW 70, 699; BGH NJW 69, 1171; BGH NJW 91, 2286; BGH NJW 91, 1038; BGHZ 27, 306; BGH NJW 87, 487 mwN; BGH NJW 78, 538; BGH NJW 68, 1516; BGHZ 26, 178; BGHZ 32, 361; BGH NJW 79, 213 und 2199; BGHZ 96, 182; BGHZ 97, 197 mwN; BGHZ 42, 58; BGH NJW 80, 175.

[3] Vgl. nur *Duursma-Kepplinger*, Europäische Insolvenzverordnung, Art. 7 RdNr. 32 ff.; *Gottwald/Gottwald*, Insolvenzrechts-Handbuch, § 131 RdNr. 38; *Haubold*, in *Gebauer/Wiedmann*, Zivilrecht, Art. 7 RdNr. 128; HK-*Stephan*, Art. 7 RdNr. 2; *Mäsch*, in *Rauscher*, Europ. Zivilprozessrecht, Bd. 2, Art. 7 EG-InsVO RdNr. 3; MünchKommBGB-*Kindler*, Bd. 11, Art. 7 RdNr. 295; *Smid*, Int. Insolvenzrecht, Art. 7 RdNr. 2; wohl auch *Virgos/Garcimartin*, European Insolvency Regulation, RdNr. 172.

[4] Auf dieses Zusammenspiel mit Art. 5 weisen auch *Virgos/Garcimartin*, European Insolvency Regulation, RdNr. 172 hin.

[5] Vgl. zu Vorfragen bei dinglichen Rechten im Sinne von Art. 5 vgl. dort RdNr. 5.

[6] Vgl. hierzu bereits die Darstellung der strittigen Diskussion im Rahmen des Art. 5 RdNr. 5 f.

[7] Vgl. dazu MünchKommBGB-*Kindler*, Bd. 11, Art. 7 RdNr. 296. Auch MünchKommBGB-*Wendehorst*, Bd. 4, Art. 43 EGBGB RdNr. 85.

4   **2. Im Gebiet eines anderen Mitgliedsstaates.** Die Vorbehaltsware muss sich nach dem Wortlaut von Art. 7 Abs. 1 und Abs. 2 *„im Gebiet eines anderen Mitgliedsstaates als dem der Verfahrenseröffnung"* befinden. Die Formulierung weicht damit von der in Art. 5 Abs. 1 verwendeten Formulierung ab, die nur auf das *„Gebiet eines anderen Mitgliedsstaates"* abstellt (ohne den Zusatz *„als dem der Verfahrenseröffnung"*). Hierbei handelt es sich jedoch lediglich um einen redaktionellen Fehler. Inhaltliche Unterschiede ergeben sich daher zu der fast gleich lautenden Voraussetzung in Art. 5 nicht.

5   Demgemäß ist Art. 7 nur anzuwenden, wenn sich die Vorbehaltsware in einem anderen Mitgliedsstaat befindet, als dem Staat des Hauptverfahrens nach Art. 3 Abs. 1.[8] Wo sich die Vorbehaltsware befindet, richtet sich nach Art. 2 lit. g), d. h. dem Belegenheitsort.[9] Findet in dem Mitgliedsstaat, in dem die Vorbehaltsware belegen ist, ein Sekundärverfahren statt, so ist die Sondervorschrift des Art. 7 grundsätzlich nicht anwendbar. Es gilt gemäß Art. 28 – ohne Sonderanknüpfung – die *lex fori concursus separatii*, d. h. das Insolvenzrecht des Sekundärverfahrensstaates. Ebenfalls findet Art. 7 dann keine Anwendung, wenn kein Hauptverfahren eröffnet wurde, sondern nur ein Partikularverfahren und sich die Vorbehaltsware in einem anderen Staat als dem des Partikularverfahrens befindet. Denn die Wirkungen eines Partikularverfahrens sind nach Art. 3 Abs. 2 ebenfalls auf die in dem Gebiet des Partikularverfahrensstaates belegenen Vermögenswerte beschränkt und erfassen daher schon nicht Vermögensgegenstände, die in einem anderen Mitgliedsstaat belegen sind.

6   Ist die Vorbehaltsware nicht in einem anderen Mitgliedsstaat belegen, sondern in einem Drittstaat (zu dem auch Dänemark gehört),[10] so ist Art. 7 nicht anwendbar. Die Vorschrift ist auch nicht zu einer allseitigen Kollisionsnorm auszubauen mit der Wirkung, dass die Vorschrift analog auch für Drittstaaten gelte.[11] Auch Art. 4 ist von seinem sachlich-räumlichen Anwendungsbereich nicht anwendbar.[12] Vielmehr richten sich die Wirkungen der Verfahrenseröffnung für Vorbehaltsware in Drittstaaten nach dem jeweiligen nationalen autonomen Kollisionsrecht des angerufenen Gerichts.[13] Mangels Sonderanknüpfung im deutschen autonomen Insolvenzkollisionsrecht unterliegen die Wirkungen der Verfahrenseröffnung bei einer Verkäuferinsolvenz daher dem Recht des Verfahrensstaates, während § 351 für den Fall der Käuferinsolvenz das Aus- oder Absonderungsrecht im Falle eines ausländischen Verfahrens unberührt lässt.[14]

7   **3. Zum Zeitpunkt der Eröffnung des Verfahrens.** Ebenfalls identisch mit den Tatbestandsvoraussetzungen nach Art. 5 ist das Erfordernis, dass sich die Vorbehaltsware jedenfalls *„zum Zeitpunkt der Eröffnung des Verfahrens"* in einem anderen Mitgliedsstaat befinden muss. Art. 2 lit. f) enthält für den Zeitpunkt der Verfahrenseröffnung eines Legaldefinition, die auch für die Bestimmung des Zeitpunktes nach Art. 7 Abs. 1 und Abs. 2 heranzuziehen ist. Soweit der EuGH im Rahmen der Eurofood Entscheidung den Zeitpunkt der Eröffnung eines Insolvenzverfahrens anderweitig definiert hat, so gilt diese Definition lediglich für das Prioritätsprinzip und Art. 16 Abs. 1, 1. Unterabsatz (vgl. ausführlich oben Art. 2 RdNr. 14 ff.).

---

[8] *Virgos/Schmit*, Erläuternder Bericht, RdNr. 113; *Fletcher*, Insolvency in International Private Law, S. 275 f; *Huber* ZZP 114 (2001) 133, 159 f.; *Leible/Staudinger* KTS 2000, 533, 553.
[9] Vgl. oben Art. 2 RdNr. 17.
[10] Vgl. oben Art. 1 RdNr. 21.
[11] Vgl. hierzu bereits oben, Art. 1 RdNr. 17 ff.
[12] Vgl. nochmals oben, Art. 1 RdNr. 19, 21.
[13] Vgl. *Virgos/Schmit*, Erläuternder Bericht, RdNr. 94; *Virgos/Garcimartin*, European Insolvency Regulation, RdNr. 158; *Duursma-Kepplinger*, Europäische Insolvenzverordnung, Art. 1 RdNr. 54; *Haubold*, in Gebauer/Wiedmann, Zivilrecht, Art. 4 RdNr. 108; *Paulus*, Europäische Insolvenzverordnung, Art. 7 RdNr. 4. AA und für eine Anwendung von Art. 4 *Huber*, in Geimer/Schütze, Int. Rechtsverkehr, B Vor I 20 b, Art. 7 RdNr. 6; *Mäsch*, in *Rauscher*, Europ. Zivilprozessrecht, Bd. 2, Art. 7 EG-InsVO RdNr. 11, Art. 4 EG-InsVO RdNr. 5, Art. 5 EG-InsVO RdNr. 15.
[14] Vgl. oben § 335 RdNr. 57, 80 sowie § 351 RdNr. 15.

III. Rechtsfolgen in der Käuferinsolvenz (Abs. 1).

Art. 7 Abs. 1 schränkt die Wirkungen des Rechtes des Verfahrensstaates im Falle einer **8** **Käuferinsolvenz** in derselben Weise ein, wie dies in Art. 5 für dingliche Rechte geregelt wurde: die Eröffnung lässt die Rechte des Verkäufers aus seinem Eigentumsvorbehalt unberührt. Die Rechtsfolge ist daher identisch mit der Rechtsfolge für dingliche Rechte nach Art. 5.[15] Der Verkäufer kann daher die sich aus der *lex rei sitae* ergebenden Rechte aus dem Eigentumsvorbehalt ungeachtet der Insolvenz des Vorbehaltskäufers ausüben, soweit die oben genannten Tatbestandsvoraussetzungen vorliegen.

IV. Rechtsfolgen in der Verkäuferinsolvenz (Abs. 2).

Bei Art. 7 Abs. 2, der den Fall der **Verkäuferinsolvenz** regelt, handelt es sich dagegen **9** nicht um eine Kollisions- oder Anerkennungsnorm, sondern (systemwidrig) um eine Norm des materiellen Insolvenzrechts.[16] Die Norm legt nämlich nicht das anwendbare Recht fest, sondern regelt, dass die Eröffnung des Insolvenzverfahrens nicht die Auflösung oder Beendigung des Kaufvertrages rechtfertigt. Die Norm ist daher mit § 107 Abs. 1 InsO vergleichbar und schützt das nach dem anwendbaren Sachenrecht eventuell bestehende Anwartschaftsrecht des Käufers,[17] und zwar unabhängig von dem Insolvenzrecht der beteiligten Rechtsordnungen. Rechtspolitisch ist eine solche Sachnorm jedoch zweifelhaft. Sie verdrängt damit sowohl das materielle Insolvenzrecht des Verfahrensstaates als auch dasjenige des Staates der Belegenheit der Vorbehaltsware. Art. 7 Abs. 2 hindert nämlich selbst dann die Auflösung oder Beendigung des Kaufvertrages, wenn dies sowohl nach dem Insolvenzrecht des Lageorts, als auch nach dem Recht des Verfahrensstaates möglich gewesen wäre. Damit wird das Anwartschaftsrecht des Käufers möglicherweise umfassender geschützt, als dessen Vertrauen auf Grundlage der möglicherweise anwendbaren Rechtsordnungen.

Keineswegs klar, aber bisher nicht erörtert, ist die Reichweite der Sachnorm. Denn die **10** Sachnorm betrifft nach dem Wortlaut nur die „Auflösung" oder „Beendigung" des Kaufvertrages sowie den „Eigentumserwerb". Sie ist daher ihrem Zweck nach auf die Insolvenzfestigkeit des Eigentumserwerbes gerichtet. Unklar ist aber, ob anderweitige Modifikationen des Kaufvertragsverhältnisses im Zusammenhang mit der Insolvenz auch von Art. 7 Abs. 2 erfasst werden. Dass solche anderweitigen Modifikationen oder Fragen im Zusammenhang mit dem Kaufvertrag denkbar sind, ergibt sich schon aus § 107 Abs. 1 Satz 2 InsO. Diese Vorschrift erstreckt das (damit insolvenzfeste) Wahlrecht des Käufers auch auf weitere Verpflichtungen des Verkäufers, die über die Eigentumsverschaffung hinaus gehen. Danach kann der Käufer auch dann Erfüllung verlangen, wenn der Verkäufer gegenüber dem Käufer noch weitere Verpflichtungen übernommen hat. Man wird jedoch das in Art. 7 enthaltene Verbot der Auflösung oder Beendigung des Kaufvertrages auch dann gelten lassen müssen, wenn zu den Pflichten des Verkäufers noch weitere Pflichten neben der Eigentumsverschaffung hinzu treten. Ansonsten wäre der Anwendungsbereich von Art. 7 Abs. 2 auf den reinen Gattungskauf beschränkt. Werklieferungsverträge, bei denen der Hersteller nach Wünschen des Auftraggebers eine Maschine herstellt, wären ansonsten nicht erfasst. Hätte der Werklieferant die Maschine am Sitz des Besteller zusammen zu bauen und zu installieren, bestünden ansonsten zwar der insolvenzfeste Eigentumsverschaffungsanspruch. Dieser würde sich jedoch nicht mehr auf die hergestellte Maschine beziehen, sondern nur noch auf die vor Ort befindlichen Einzelteile. Durch eine weite Auslegung würde auch der Anwendungsbereich

---

[15] Vgl. hierzu oben Art. 5 RdNr. 13 f.
[16] Ebenso *Duursma-Kepplinger,* Europäische Insolvenzverordnung, Art. 7 RdNr. 22; *Haubold,* in *Gebauer/Wiedmann,* Zivilrecht, Art. 7 RdNr. 130; HK-*Stephan,* Art. 7 RdNr. 7; *Mäsch,* in *Rauscher,* Europ. Zivilprozessrecht, Bd. 2, Art. 7 EG-InsVO RdNr. 8; MünchKommBGB-*Kindler,* Bd. 11, Art. 7 RdNr. 303; *Taupitz* ZZP 111 (1998) 315, 342.
[17] *Virgos/Schmit,* Erläuternder Bericht, RdNr. 114; *Huber* ZZP 114 (2001) 133, 160; *Leible/Staudinger* KTS 2000, 533, 553.

des Art. 7 Abs. 2 nicht unangemessen erweitert. Da nämlich der Eigentumsvorbehalt voraussetzt, dass der Gegenstand an den Käufer oder Besteller bereits übergeben wurde,[18] fallen Werklieferungsverträge, bei denen der Gegenstand noch nicht übergeben worden war, nicht unter Art. 7 Abs. 2, so dass es sich in der Praxis regelmäßig „nur noch" um die Installation des Kaufgegenstandes handeln dürfte.

V. Rechtsunwirksamkeit des Eigentumsvorbehaltes aus anderen Gründen (Abs. 3)

11 Art. 7 Abs. 3 wiederum hat lediglich klarstellenden Charakter und enthält eine Einschränkung der Sonderregeln für die Insolvenz des Vorbehaltskäufers oder die Insolvenz des Vorbehaltsverkäufers. Die Rückausnahme von Art. 7 erfasst sämtliche Tatbestände, aus denen sich eine Nichtigkeit, relative Unwirksamkeit oder Anfechtbarkeit herleiten, weil die Gesamtheit der Gläubiger benachteiligt wird.[19] Hierzu gehört nicht nur die Insolvenzanfechtung, sondern vielmehr fallen darunter auch Regelungen über die Unwirksamkeit von Rechtshandlungen kurz vor der Insolvenz (z. B. § 88 InsO) oder im Rahmen des Insolvenzeröffnungsverfahrens (vgl. §§ 24, 81, 82 InsO). Insoweit kann auf die Kommentierung unter Art. 4 RdNr. 40 verwiesen werden.

Art. 8. Vertrag über einen unbeweglichen Gegenstand

Für die Wirkungen des Insolvenzverfahrens auf einen Vertrag, der zum Erwerb oder zur Nutzung eines unbeweglichen Gegenstands berechtigt, ist ausschließlich das Recht des Mitgliedsstaats maßgebend, in dessen Gebiet dieser Gegenstand belegen ist.

Literatur: Vergleiche die allgemeinen Literaturangaben vor Art. 1 EuInsVO.

Übersicht

	RdNr.		RdNr.
I. Normzweck	1	4. Belegenheit in einem anderen Mitgliedsstaat	13
II. Voraussetzungen	3	III. Rechtsfolgen	15
1. Unbewegliche Gegenstände	3	1. Lex rei sitae	15
2. Erfasste Vertragsformen	8	2. Reichweite im Hinblick auf andere Unwirksamkeitsgründe	17
3. Zeitpunkt des Vertragsschlusses	10		

I. Normzweck

1 Wie sich die Eröffnung des Insolvenzverfahrens auf laufende Verträge des Schuldners auswirkt, untersteht gem. Art. 4 Abs. 2 lit. e) der *lex fori concursus.* Art. 8 bestimmt in Abweichung hiervon, dass sich die Wirkungen des Insolvenzverfahrens auf Verträge über den Erwerb oder die Nutzung unbeweglicher Gegenstände ausschließlich nach der *lex rei sitae* richten. Damit wird der Tatsache Rechnung getragen, dass für Immobilien zum Schutz des lokalen Rechtsverkehrs regelmäßig auf das Recht des Lageortes abgestellt wird und vielfach auch nur die Gerichte des Lageortes für Auseinandersetzungen über unbewegliches

---

[18] *Virgos/Garcimartin,* European Insolvency Regulation, RdNr. 171; *Duursma-Kepplinger,* Europäische Insolvenzverordnung, Art. 7 RdNr. 22; *Huber,* in *Geimer/Schütze,* Int. Rechtsverkehr, B Vor I 20 b, Art. 7 RdNr. 16; *Paulus,* Europäische Insolvenzverordnung, Art. 7 RdNr. 9; *Smid,* Int. Insolvenzrecht, Art. 7 RdNr. 12.

[19] *Duursma-Kepplinger,* Europäische Insolvenzverordnung, Art. 7 RdNr. 52; *Gottwald/Gottwald,* Insolvenzrechts-Handbuch, § 131 RdNr. 42; *Huber,* in *Geimer/Schütze,* Int. Rechtsverkehr, B Vor I 20 b, Art. 7 RdNr. 18; MünchKommBGB-*Kindler,* Bd. 11, Art. 7 RdNr. 313; *Smid,* Int. Insolvenzrecht, Art. 7 RdNr. 14.

Vermögen zuständig sind.[1] Die ausschließliche Anwendung der *lex rei sitae* statt der *lex causae* (dem Vertragsstatut) ist für die Wirkung der Verfahrenseröffnung auf schwebende Verträge freilich fraglich, weil nach dem über das römische Schuldrechtsübereinkommen auch in den anderen Mitgliedstaaten geltende Internationale Privatrecht die Vertragsparteien das auf die in Art. 8 genannten Vertragstypen anwendbare Recht frei wählen können.[2] Die entgegen der freien Rechtswahl zwingende Anwendung der *lex rei sitae* kann daher an sich nur dem Rechtsverkehr dienen. Insoweit ist jedoch fraglich, welche Rechte Dritter, die durch die Anwendung des Rechts des Lageortes geschützt werden sollen, bei Nutzungs- oder Erwerbsverträgen überhaupt tangiert sind. Offensichtlich ist der direkte Verweis auf das Recht des Lageortes jedoch auf Druck einiger Mitgliedstaaten entstanden, die die Anwendung ihres Lageortrechtes für Immobilien in ihrem Hoheitsbereich sicherstellen wollten.[3] Soweit damit eventuell ein Schutz nicht gewerblicher Mieter beabsichtigt war, geht Art. 8 deutlich über das Ziel hinaus.

Art. 8 ist zudem im Zusammenhang mit Art. 11 zu lesen, der – breiter gefasst – auch die Wirkung des Insolvenzverfahrens „auf Rechte des Schuldners an einem unbeweglichen Gegenstand" dem Recht unterstellt, unter dessen Aufsicht des Register geführt wird (was ebenfalls auf das Recht des Lageortes hinausläuft). Die Abgrenzung zu Art. 11 zeigt jedoch den begrenzten Anwendungsbereich von Art. 8. Als Ausnahmevorschrift zur Regelanknüpfung in Art. 4 Abs. 2 lit. e) ist Art. 8 daher eng auszulegen.[4]

II. Voraussetzungen

1. Unbewegliche Gegenstände. Nach allgemeiner Auffassung der Literatur ist der Begriff des „unbeweglichen Gegenstandes" verordnungsautonom auszulegen.[5] Diese Schlussfolgerung ist jedoch nicht zwingend. So sehen die später erlassenen Richtlinien für Kreditinstitute und Versicherungsunternehmen[6] jeweils vor, dass das Recht des Lageortes darüber entscheiden soll, ob es sich um einen beweglichen oder unbeweglichen Gegenstand handelt.[7] Diesen in der Verordnung nicht enthaltenen Zusatz könnte man durchaus als spätere Klarstellung des Verordnungsgebers verstehen, dass er die Auslegung des Begriffes „unbeweglicher Gegenstand" dem Recht des Lageortes überlassen soll. Es würde sich demnach bei der Bestimmung des Begriffs „unbeweglicher Gegenstand" um eine selbständige Vorfrage handeln, die über das Recht des Lageortes zu bestimmen wäre. Da die Vorschrift der Sicherung der Interessen des Rechts des Lageortes dient, wäre eine entsprechende Anwendung des Rechts des Lageortes auch nachvollziehbar. Im Ergebnis ist jedoch

---

[1] Auf den Schutz lokaler Interessen stellen auch *Virgos/Schmit*, Erläuternder Bericht, RdNr. 118 ab; *Fletcher*, Insolvency in International Private Law, S. 277; vgl. auch Art. 22 Nr. 1 EuGVVO, der eine ausschließliche Zuständigkeit für die Gerichte am Lageort begründet; zu dessen Reichweite vgl. *Kropholler*, Europ. Zivilprozessrecht, Art. 22 EuGVO RdNr. 10 f.; *Mankowski*, in: *Rauscher*, Europ. Zivilprozessrecht, Bd. 1, Art. 22 Brüssel I–VO, RdNr. 4 ff.

[2] Vgl. Art. 3 EVÜ sowie Art. 27 EGBGB; *Staudinger/Magnus*, Art. 27 RdNr. 9 ff.; MünchKommBGB-*Martiny*, Bd. 10, Art. 27 RdNr. 8 ff.

[3] So zumindest *Virgos/Garcimartin*, European Insolvency Regulation, RdNr. 204; *Taupitz* ZZP 111 (1998) 315, 345.

[4] Allg. Auffassung vgl. *Duursma-Kepplinger*, Europäische Insolvenzverordnung, Art. 8 RdNr. 4; *Huber*, in: *Geimer/Schütze*, Int. Rechtsverkehr, B Vor I 20 b, Art. 8 RdNr. 1; *Mäsch*, in: *Rauscher*, Europ. Zivilprozessrecht, Bd. 2, Art. 8 EG-InsVO RdNr. 3; MünchKommBGB-*Kindler*, Bd. 11, Art. 8 RdNr. 314; *Smid*, Int. Insolvenzrecht, Art. 8 RdNr. 4.

[5] *Duursma-Kepplinger*, Europäische Insolvenzverordnung, Art. 8 RdNr. 4; *Gottwald/Gottwald*, Insolvenzrechts-Handbuch; § 131 RdNr. 45; HK-*Stephan*, Art. 8 RdNr. 4; *Huber*, in: *Geimer/Schütze*, Int. Rechtsverkehr, B Vor I 20 b, Art. 8 RdNr. 3; MünchKommBGB-*Kindler*, Bd. 11, Art. 8 RdNr. 315; *Smid*, Int. Insolvenzrecht, Art. 8 RdNr. 4.

[6] Richtlinie 2001/24/EG über die Sanierung und die Liquidation von Kreditinstituten vom 4. 4. 2001, abgedruckt in ABl. EG Nr. L 125/15 vom 5. 5. 2001 sowie Richtlinie 2001/17/EG über die Sanierung und Liquidation von Versicherungsunternehmen vom 19. 3. 2001, abgedruckt in ABl. EG Nr. L 110/28 vom 20. 4. 2001. Vgl. dazu auch Art. 1 RdNr. 8.

[7] Jeweils Art. 20 b und Art. 19 b der beiden vorgenannten Richtlinien.

aus systematischen Gründen einer verordnungsautonomen Auslegung der Vorzug zu geben. Alle Sonderanknüpfungen in Art. 5 ff. berücksichtigen bestimmte näher bezeichnete Interessen, ohne die Bestimmung des Anwendungsbereiches dem nationalen Sachrecht zu überlassen. Das sollte auch für den Begriff des unbeweglichen Gegenstandes in Art. 8 gelten. Bei einer verordnungsautonomen Bestimmung des Begriffs des unbeweglichen Gegenstandes sollte man daher strikt auf die physische Beweglichkeit des Gegenstandes abstellen und rechtliche Fiktionen weitgehend außer Acht lassen. Unter den Begriff des unbeweglichen Gegenstandes fallen daher nur Grundstücke und Gebäude.

4   Während die Abgrenzung, ob ein Gegenstand unbeweglich oder beweglich ist, in der Praxis jedoch selten Schwierigkeiten hervorrufen dürfte, können vielfältige Abgrenzungsprobleme bei sogenannten typengemischten Verträgen auftreten, oder wenn Gegenstand des Vertrages Sachgesamtheiten von unbeweglichen und beweglichen Gegenständen sind. Bei typengemischten Verträgen ist dies insbesondere denkbar, wenn mit der Veräußerung der Immobilie weitergehende Herstellungsverpflichtungen, wie beispielsweise die Errichtung eines Bauwerkes verbunden ist (so genannter Bauträgervertrag). Aber auch ein solcher typengemischter (Kauf- und Werk-)Vertrag unterfällt Art. 8, denn bei einer Gesamtbetrachtung ist der Vertrag auf den Erwerb eines unbeweglichen Gegenstandes gerichtet (Grundstück und Gebäude), auch wenn der unbewegliche Gegenstand noch in einen bestimmten „Zustand" zu setzen ist. Schwierigkeiten können insoweit erst dann bestehen, wenn sich die Herstellungspflicht der anderen Vertragspartei nicht auf Gebäude begrenzt, sondern auch zweifelsfrei bewegliche Sachen mit einschließt, die mit zu übereignen sind.

5   Praktisch bedeutender erscheint die Anwendung von Art. 8 auf Kaufverträge zum Erwerb von Sachgesamtheiten, die sich aus beweglichen und unbeweglichen Gegenständen zusammensetzen. Dies ist beispielsweise denkbar bei einem Unternehmenskaufvertrag in Form eines Asset Deals oder bei einem Kaufvertrag über ein Grundstück einschließlich der beweglichen Betriebsgegenstände. Gleiches gilt für Nutzungsverträge, soweit auch bewegliche Gegenstände erfasst werden (wie beispielsweise die Betriebspacht oder Pachtverträge samt der dazugehörigen Betriebsausstattung). Zum Teil wird darauf abgestellt, ob die jeweiligen Verträge teilbar sind.[8] Eine solche Teilbarkeit muss sich jedoch dem Willen der Vertragsparteien eindeutig entnehmen lassen. Ist dies nicht der Fall, hängt die Anwendung von Art. 8 davon ab, was den Schwerpunkt des Erwerbs- oder Nutzungsrechtes bildet. Bei einem Unternehmenskauf ist dies, auch wenn es sich um ein Betriebsgrundstück mit einem komplexen Maschinenpark handelt, in der Regel nicht der unbewegliche Gegenstand selbst, sondern die Sachgesamtheit, so dass Art. 8 nicht anwendbar wäre. Anderes gilt beispielsweise bei der Verpachtung eines Restaurants einschließlich des beweglichen Mobiliars, weil insoweit die Lage des unbeweglichen Gegenstandes entscheidender sein dürfte, als die bewegliche im Ergebnis ersetzbare Innenausstattung.

6   Von Art. 8 nicht erfasst werden dagegen Verträge über Anteile an Immobiliengesellschaften.[9] Grundsätzlich folgen auch die sonstigen Regeln beim Verkauf von Anteilen an Immobiliengesellschaften der Tatsache, dass Verkaufsgegenstand die Gesellschaftsanteile und nicht das Immobilienobjekt selbst ist.[10] Eine analoge Anwendung auch für Immobiliengesellschaften würde auch im Einzelfall schwer definierbare Abgrenzungsschwierigkeiten auslösen, je nach dem, welche Vermögensgegenstände ansonsten noch das Gesellschaftsvermögen bilden.

7   Gelegentlich wird die Frage aufgeworfen, ob auch Luftfahrzeuge und Schiffe unter den Begriff des beweglichen Gegenstandes nach Art. 8 fallen können. Eine solche weite Auslegung von Art. 8 ist jedoch offensichtlich zu verneinen. Zwar haben Luftfahrzeuge und Schiffe mit unbeweglichen Gegenständen gemein, dass die dinglichen Rechte hieran einer

---

[8] So z.B. in Bezug auf typengemischte Verträge: *Paulus,* Europäische Insolvenzverordnung, Art. 8 RdNr. 3.
[9] Ebenso *Mäsch,* in: *Rauscher,* Europ. Zivilprozessrecht, Bd. 2, Art. 8 EG-InsVO RdNr. 3.
[10] Zur Einordnung im deutschem Recht vgl. *Staudinger/Dörner,* Art. 25 EGBGB RdNr. 485.

Vertrag über einen unbeweglichen Gegenstand 8, 9 **Art. 8 EuInsVO**

Registerpflicht unterliegen. Für die Rechte an Schiffen, Luftfahrzeugen und unbeweglichen Gegenständen trifft jedoch Art. 11 eine Sonderregelung. Die Tatsache, dass in Art. 11 neben Luftfahrzeugen und Schiffen auch unbewegliche Gegenstände nochmals genannt sind (vgl. oben, RdNr. 1) lässt im Umkehrschluss darauf schließen, dass Schiffe und Luftfahrzeuge von Art. 8 gerade nicht erfasst werden sollen.

2. Erfasste Vertragsformen. Art. 8 nennt zwei Vertragsrechte oder -pflichten im Hinblick auf den unbeweglichen Gegenstand, nämlich (a) dessen Erwerb oder (b) dessen Nutzung. Ein Vertrag, der zum **Erwerb** des Gegenstandes berechtigt, ist wiederum jeder Vertrag, der einem Vertragspartner nach Abwicklung des Vertrages die Eigentümerposition am Immobilienvermögen einräumt. Zu den Erwerbsverträgen zählen daher Kauf-[11] aber auch Schenkungsverträge.[12] Ein Vertrag über den Erwerb anderer Rechte, die dem Erwerber nicht die Eigentümerposition, sondern andere eventuell auch dinglich gesicherte Rechte einräumen, fällt dagegen nicht unter die Vorschrift, da eine solche Auslegung vom Wortlaut des Art. 8 nicht gedeckt ist.[13] Grundpfandrechte, die ein eigentümerähnliches Verwertungsrecht begründen, fallen daher nicht unter Art. 8.[14] Nicht erforderlich ist, dass beispielsweise die nach deutschem Recht erforderlichen dinglichen Übertragungserklärungen (die Auflassung) bereits abgegeben worden sind. Der Abschluss des schuldrechtlichen Kaufvertrages ist ausreichend,[15] zumal andere Rechtsordnungen das in dieser Differenzierung zum Ausdruck kommende Abstraktionsprinzip nicht unbedingt kennen.[16] Die Regelung gilt unabhängig davon, ob der Verkäufer oder Käufer insolvent ist.[17] 8

Art. 8 gilt darüber hinaus für alle Vertragstypen, die **Nutzungsrechte** an unbeweglichen Gegenständen einräumen. Hierzu gehören Miet-,[18] Pacht- oder Leasingverträge etc.[19] Die Vorschrift gilt auch unabhängig davon, ob das Nutzungsrecht rein schuldrechtlich oder sogar dinglich ausgestaltet ist. Erfasst werden daher auch die dem deutschen Recht bekannten 9

---

[11] *Virgos/Schmit,* Erläuternder Bericht, RdNr. 119; *Balz* ZIP 1996, 950; *Duursma-Kepplinger,* Europäische Insolvenzverordnung, Art. 8 RdNr. 1; *Fritz/Bähr* DZWIR 2001, 221, 228; *Gottwald,* Grenzüberschreitende Insolvenzen, S. 37; HK-*Stephan,* Art. 8 RdNr. 2; *Leible/Staudinger* KTS 2000, 533, 557; MünchKommBGB-*Kindler,* Bd. 11, Art. 8 RdNr. 317; *Paulus,* Europäische Insolvenzverordnung, Art. 8 RdNr. 3; *Taupitz* ZZP 111 (1998) 315, 345.
[12] *Balz* ZIP 1996, 950; *Duursma-Kepplinger,* Europäische Insolvenzverordnung, Art. 8 RdNr. 1; *Fritz/Bähr* DZWIR 2001, 221, 228; *Gottwald,* Grenzüberschreitende Insolvenzen, S. 37; HK-*Stephan,* Art. 8 RdNr. 2; *Huber,* in: *Geimer/Schütze,* Int. Rechtsverkehr, B Vor I 20 b, Art. 8 RdNr. 4; *Leible/Staudinger* KTS 2000, 533, 557; MünchKommBGB-*Kindler,* Bd. 11, Art. 8 RdNr. 317; *Pannen,* in: *Breutigam/Blersch/Goetsch,* Art. 8 RdNr. 3; *Taupitz* ZZP 111 (1998) 315, 345.
[13] Auch *Virgos/Schmit* sprechen nur von einem Vertrag, der auf Übereignung des Gegenstandes abzielt, vgl. ebd. RdNr. 119.
[14] Vgl. *Haubold,* in: *Gebauer/Wiedmann,* Zivilrecht, Art. 8 RdNr. 131; *Mäsch,* in: *Rauscher,* Europ. Zivilprozessrecht, Bd. 2, Art. 8 EG-InsVO, RdNr. 4; *Paulus,* Europäische Insolvenzverordnung, Art. 8 RdNr. 4; aA MünchKommBGB-*Kindler,* Bd. 11, Art. 8 RdNr. 318.
[15] *Gottwald/Gottwald,* Insolvenzrechts-Handbuch, § 131 RdNr. 45; *Huber,* in: *Geimer/Schütze,* Int. Rechtsverkehr, B Vor I 20 b, Art. 8 RdNr. 4; MünchKommBGB-*Kindler,* Bd. 11, Art. 8 RdNr. 317; *Paulus,* Europäische Insolvenzverordnung, Art. 8 RdNr. 2; HambKomm-*Undritz,* Art. 8 RdNr. 2.
[16] Ebenso *Duursma-Kepplinger,* Europäische Insolvenzverordnung, Art. 8 RdNr. 22; *Huber,* in: *Geimer/Schütze,* Int. Rechtsverkehr, B Vor I 20 b, Art. 8 RdNr. 4; MünchKommBGB-*Kindler,* Bd. 11, Art. 8 RdNr. 318; *Mäsch,* in: *Rauscher,* Europ. Zivilprozessrecht, Bd. 2, Art. 8 EG-InsVO, RdNr. 4.
[17] *Duursma-Kepplinger,* Europäische Insolvenzverordnung, Art. 8 RdNr. 2; *Haubold,* in: *Gebauer/Wiedmann,* Zivilrecht, Art. 8 RdNr. 131; *Huber,* in: *Geimer/Schütze,* Int. Rechtsverkehr, B Vor I 20 b, Art. 8 RdNr. 4; *Mäsch,* in: *Rauscher,* Europ. Zivilprozessrecht, Bd. 2, Art. 8 EG-InsVO, RdNr. 5.
[18] Vgl. zum Begriff der Miete oder Pacht auch Art. 22 Nr. 1 EuGVVO; *Kropholler,* Europ. Zivilprozessrecht, Art. 22 RdNr. 23 ff.; *Mankowski,* in: *Rauscher,* Europ. Zivilprozessrecht, Bd. 1, Art. 22 Brüssel I–VO RdNr. 13 ff.; vgl. auch EuGH v. 9. 6. 1994, Rs. C-292/93 Lieber/Göbel, Slg. 1994 I 2913 = NJW 1995, 37.
[19] *Virgos/Schmit,* Erläuternder Bericht, RdNr. 118; *Duursma-Kepplinger,* Europäische Insolvenzverordnung, Art. 8 RdNr. 1; *Haubold,* in: *Gebauer/Wiedmann,* Zivilrecht, Art. 8 RdNr. 131; *Huber,* in: *Geimer/Schütze,* Int. Rechtsverkehr, B Vor I 20 b, Art. 8 RdNr. 4; *Mäsch,* In: *Rauscher,* Europ. Zivilprozessrecht, Bd. 2, Art. 8 EG-InsVO, RdNr. 4; *Nerlich/Römermann/Mincke,* Art. 8 RdNr. 2; *Mohrbutter/Ringstmeier/Werner* § 20 RdNr. 326; MünchKommBGB-*Kindler,* Bd. 11, Art. 8 RdNr. 316; *Paulus,* Europäische Insolvenzverordnung, Art. 8 RdNr. 3.

Erbbaurechtsverträge sowie Dienstbarkeiten, die eine Nutzung des Grundstücks zum Gegenstand haben.[20] Art. 8 gilt bei Nutzungsverträgen – ebenso wie bei Erwerbsverträgen – unabhängig davon, ob der Nutzungsberechtigte oder der zur Nutzungsüberlassung Verpflichtete insolvent geworden ist.[21]

10 **3. Zeitpunkt des Vertragsschlusses.** Aus dem Wortlaut von Art. 8 lässt sich implizit auch herleiten, dass der (Erwerbs- oder Nutzungs-)Vertrag zum Zeitpunkt der Eröffnung des Insolvenzverfahrens bereits abgeschlossen sein muss. Denn Art. 8 spricht von den Wirkungen des Insolvenzverfahrens auf „einen Vertrag", und kann folglich nur einen zur Verfahrenseröffnung bestehenden Vertrag meinen. Forderungen, die nach Eröffnung des Insolvenzverfahrens erst entstehen, werden von Art. 4 Abs. 2 lit. g) abgedeckt. Zur Bestimmung des Zeitpunktes, wann von einer Verfahrenseröffnung auszugehen ist, gelten die zu Art. 2 lit. f) gemachten Ausführungen. Danach ist der Zeitpunkt des formellen Eröffnungsbeschlusses maßgebend, und nicht die Bestellung eines vorläufigen Verwalters sowie die Einschränkung der Verfügungsbefugnis des Schuldners, die der EuGH im Zusammenhang mit dem Prioritätsprinzip nach Art. 3 als maßgeblichen Zeitpunkt der Eröffnung angesehen hat (vgl. oben Art. 2 RdNr. 7 ff.).

11 Ein Vertrag gilt zum Zeitpunkt der Verfahrenseröffnung auch dann als abgeschlossen, wenn die zum Vertrag führenden Willenserklärungen zwar abgegeben wurden, die Wirksamkeit und Durchführung des Vertrages jedoch noch von Bedingungen abhängt, die zum Zeitpunkt der Verfahrenseröffnung noch nicht eingetreten sind. Gleiches gilt für erst nach Verfahrenseröffnung eintretende Befristungen. In beiden Fällen haben sich nämlich die Vertragsparteien bereits für sie bindend verpflichtet.

12 Abgrenzungsschwierigkeiten können jedoch bei Optionsverträgen bestehen, wenn der Vertrag zwar schon abgeschlossen ist, die Durchführung aber davon abhängt, dass eine Vertragspartei das ihr eingeräumte Optionsrecht ausgeübt. Derartige Optionen finden sich vielfach in gewerblichen Mietverträgen zur Verlängerung des Mietverhältnisses zugunsten des Mieters. Optionsrechte, die jedoch vor der Verfahrenseröffnung noch nicht ausgeübt wurden, fallen nicht unter Art. 8. Da es sich nur um ein einseitiges Optionsrecht handelt, ist nämlich auch der Optionsberechtigte aus dem Vertrag noch nicht verpflichtet. Nach deutschen materiellen Recht liegt daher in dieser Situation auch noch kein bedingt abgeschlossener Vertrag vor, sondern lediglich ein Vertragsangebot mit verlängerter Bindungswirkung.[22] Insoweit ist auch die Notwendigkeit für einen Vertrauensschutz in das Recht des Lageortes zum Zeitpunkt der Ausübung der Option nicht mehr gegeben. Darüber hinaus würde eine Erweiterung von Art. 8 auf derartige Optionsrechte auch das Wahlrecht des Insolvenzverwalters für die Fortführung laufender Verträge, das auch in anderen Rechtsordnungen der Mitgliedsstaaten existiert, unterlaufen.

13 **4. Belegenheit in anderem Mitgliedsstaat.** Nach dem Wortlaut von Art. 8 ist nicht Voraussetzung, dass sich der unbewegliche Gegenstand in einem anderen Mitgliedsstaat befindet als dem der Verfahrenseröffnung. Entsprechende Klarstellungen sehen beispielsweise Art. 5 und Art. 7 vor. Die Belegenheit des Gegenstandes in einem anderen Vertragsstaat ist jedoch eine ungeschriebene Tatbestandsvoraussetzung für den Anwendungsbereich von Art. 8. Befindet sich nämlich der unbewegliche Gegenstand in dem Gebiet eines Verfahrensstaates selbst, so findet über den unbeweglichen Gegenstand über Art. 4 Abs. 2 lit. e) ohnehin das Recht des Mitgliedsstaates Anwendung, in dessen Gebiet der Gegenstand belegen ist (das Recht des Verfahrensstaates). Für eine von Art. 4 abweichende Sonderanknüpfung besteht daher kein Anlass. Gleiches gilt für unbewegliche Gegenstände, die im Mitgliedsstaat eines Sekundärverfahren belegen sind.

---

[20] *Huber*, in: *Geimer/Schütze*, Int. Rechtsverkehr, B Vor I 20 b, Art. 8 RdNr. 4; *Paulus*, Europäische Insolvenzverordnung, Art. 8 RdNr. 3, HambKomm-*Undritz* Art. 8 RdNr. 2.
[21] *Huber*, in: *Geimer/Schütze*, Int. Rechtsverkehr, B Vor I 20 b, Art. 8 RdNr. 4.
[22] Vgl. *Palandt/Heinrichs*, Einf v § 145 RdNr. 23.

Liegt der unbewegliche Gegenstand dagegen nicht in einem der Mitgliedsstaaten sondern in einem **Drittstaat,** so ist nach dem klaren Wortlaut Art. 8 nicht anwendbar.[23] Nach der hier vertretenen, aber streitigen Auffassung findet jedoch auch die allgemeine Kollisionsnorm nach Art. 4 keine Anwendung.[24] Vielmehr sind die Kollisionsnormen der Verordnung für die Auswirkungen der Insolvenzeröffnung auf Erwerbs- und Nutzungsverträgen an unbeweglichen Gegenständen sachlich-räumlich nicht anwendbar, wenn der unbewegliche Gegenstand in einem Drittstaat liegt. Die Rechtsfolgen bestimmen sich daher ausschließlich nach dem autonomen Kollisionsrecht des angerufenen Gerichts (vgl. oben Art. 1 RdNr. 21). 14

III. Rechtsfolgen

1. *Lex rei sitae.* Handelt es sich um einen Vertrag in vorgenanntem Sinne, ist nach dem Wortlaut von Art. 8 für die Wirkung des Insolvenzverfahrens auf den Vertrag ausschließlich das Recht des Mitgliedsstaates maßgebend, in dessen Gebiet dieser Gegenstand belegen ist. Nach ganz überwiegender Auffassung handelt es sich hierbei um eine Sachnormverweisung und nicht um einen Verweis auf die Kollisionsnormen des Lagestaates.[25] Dafür spricht schon die Entstehungsgeschichte der Norm, wonach es den Mitgliedsstaaten darauf ankam, durch die Sonderanknüpfung in Art. 8 ihr eigenes örtliches Recht zur Anwendung zu bringen.[26] Dieser Zielrichtung würde nicht gerecht, würde man die Verweisung in Art. 8 als eine kollisionsrechtliche Verweisung verstehen. Die Verweisung auf das Sachrecht des Lageortes versteht sich als Verweisung auch auf das Insolvenzrecht des Lageortes.[27] 15

Anders als bei Art. 5, Art. 6 oder Art. 7 handelt es sich bei Art. 8 jedoch nicht um eine Alternativanknüpfung, die das ansonsten anwendbare Recht beschränkt, sondern um eine die anderen Rechtsordnungen im Anwendungsbereich von Art. 8 verdrängende Sondervorschrift. Dies wurde durch den Begriff „ausschließlich" klargestellt. Die Rechtsfolgen für die Wirkungen des Insolvenzverfahrens auf einen Vertrag ergeben sich daher ausschließlich unter Anwendung des Rechts des Lageortes, ohne dass noch das Recht des Verfahrensstaates parallel dazu geprüft werden müsste.[28] 16

2. **Reichweite im Hinblick auf andere Unwirksamkeitsgründe.** Art. 8 enthält anders als Art. 5 Abs. 4, Art. 6 Abs. 2, Art. 7 Abs. 3 und Art. 9 Abs. 2 keine Rückausnahme dahingehend, dass die Regelung in Art. 8 der Nichtigkeit, Anfechtbarkeit oder relativen Unwirksamkeit einer Rechtshandlung nach Art. 4 Abs. 2 lit. m) nicht entgegenstünde. In der Tat ließe sich im Umkehrschluss hieraus folgern, dass die Reichweite der in Art. 8 statuierten Verweisung auch die in Art. 4 Abs. 2 lit. m) genannten Unwirksamkeitsgründe und folglich auch die Sonderanknüpfung in Art. 13 erfasse. Dies wird jedoch von der ganz überwiegenden Meinung zu Recht abgelehnt.[29] Zunächst hat der Verordnungsgeber Art. 8 als Ausnahmevorschrift zu Art. 4 Abs. 2 lit. e) aufgefasst, wonach sich die Wirkungen auf 17

---

[23] *Huber,* in: Geimer/Schütze, Int. Rechtsverkehr, B Vor I 20 b, Art. 8 RdNr. 6; *Mohrbutter/Ringstmeier/Werner* § 20 RdNr. 327; *Mäsch,* in: Rauscher, Europ. Zivilprozessrecht, Bd. 2, Art. 8 EG-InsVO RdNr. 7.
[24] Vgl. hierzu auch schon Art. 1 RdNr. 17 ff., insb. Fn. 44. AA *Mäsch,* in: Rauscher, Europ. Zivilprozessrecht, Bd. 2, Art. 4 EG-InsVO RdNr. 5; *Mohrbutter/Ringstmeier/Werner* § 20 RdNr. 327.
[25] Ganz allg. Meinung, vgl. *Huber,* in: Geimer/Schütze, Int. Rechtsverkehr, B Vor I 20 b, Art. 8 RdNr. 2, 7; *Mäsch,* in: Rauscher, Europ. Zivilprozessrecht, Bd. 2, Art. 8 EG-InsVO RdNr. 1; MünchKommBGB-*Kindler,* Bd. 11, Art. 8 RdNr. 314.
[26] Vgl. oben, RdNr. 1.
[27] Ebenfalls ganz hM: *Virgos/Schmit,* Erläuternder Bericht, RdNr. 118 aE; *Huber,* in: Geimer/Schütze, Int. Rechtsverkehr, B Vor I 20 b, Art. 8 RdNr. 2, 7; *Paulus,* Europäische Insolvenzverordnung, Art. 8 RdNr. 7.
[28] Allgemeine Auffassung, vgl. nur *Huber,* in: Geimer/Schütze, Int. Rechtsverkehr, B Vor I 20 b, Art. 8 RdNr. 7; MünchKommBGB-*Kindler,* Bd. 11, Art. 8 RdNr. 321; *Paulus,* Europäische Insolvenzverordnung, Art. 8 RdNr. 7.
[29] Vgl. *Duursma-Kepplinger,* Europäische Insolvenzverordnung, Art. 8 RdNr. 10; *Huber,* in: Geimer/Schütze, Int. Rechtsverkehr, B Vor I 20 b, Art. 8 RdNr. 7; *Mäsch,* in: Rauscher, Europ. Zivilprozessrecht, Bd. 2, Art. 8 EG-InsVO RdNr. 8; MünchKommBGB-*Kindler,* Bd. 11, Art. 8 RdNr. 322; *Smid,* Int. Insolvenzrecht, Art. 8 RdNr. 9; differenzierend *Paulus,* Europäische Insolvenzverordnung, Art. 8 RdNr. 10; ebenso *Virgos/Garcimartin,* European Insolvency Regulation, RdNr. 205.

laufende Verträge des Schuldners nach der *lex fori concursus* richten. Auch die Ausführungen von *Virgos/Schmit* im Erläuternden Bericht beziehen sich ausschließlich auf das Schicksal der Vertragsdurchführung und mögliche Lösungsrechte des Insolvenzverwalters für den Insolvenzfall.[30] Insoweit ist auch der Anwendungsbereich des Art. 8 wesentlicher enger, als der Anwendungsbereich der Art. 5 und 7, die weitergehend generell die „Rechte" des Gläubigers an einem Gegenstand regeln. Für diesen weiten Anwendungsbereich macht die Rückausnahme gegenüber Art. 4 Abs. 2 lit. m) wiederum Sinn. Soweit dagegen im Anwendungsbereich des Art. 8 die Unwirksamkeit oder Anfechtbarkeit des in Frage stehenden Vertrages zu überprüfen ist, bestimmt sich das hierfür maßgebende Recht ebenfalls nach Art. 4 Abs. 2 lit. m), unter Berücksichtigung der für eine Insolvenzanfechtung geltenden Sonderanknüpfung gemäß Art. 13, ohne dass es einer ausdrücklichen Klarstellung bedurft hätte.

Art. 9. Zahlungssysteme und Finanzmärkte

(1) Unbeschadet des Art. 5 ist für die Wirkungen des Insolvenzverfahrens auf die Rechte und Pflichten der Mitglieder eines Zahlungs- oder Abwicklungssystems oder eines Finanzmarktes ausschließlich das Recht des Mitgliedsstaats maßgebend, das für das betreffende System oder den betreffenden Markt gilt.

(2) Abs. 1 steht einer Nichtigkeit, Anfechtbarkeit oder relativen Unwirksamkeit der Zahlungen oder Transaktionen gemäß den für das betreffende Zahlungssystem oder den betreffenden Finanzmarkt geltenden Rechtsvorschriften nicht entgegen.

Literatur: *Ehricke,* Zum anwendbaren Recht auf ein in einem Clearing-System vereinbartes Glattstellungsverfahren im Fall der Insolvenz ausländischer Clearing-Teilnehmer, WM 2006, 2109.

1 Art. 9 enthält eine Sonderanknüpfung für Mitglieder eines **Zahlungs- oder Abwicklungssystems oder eines Finanzmarktes.** Für diese gilt nicht die Generalkollisionsnorm der *lex fori concursus,* sondern das für das System bzw. den Markt geltende Vertragsstatut eines Mitgliedsstaates. Der „Erläuternde Bericht" von *Virgos/Schmit* führt aus, dass mit der Sonderanknüpfung an das für das Zahlungssystem oder den Finanzmarkt geltende Recht das allgemeine Vertrauen in die Abrechnungs- und Zahlungsmechanismen geschützt werden solle.[1] Den Systembetreibern soll damit das aus der Anknüpfung an die *lex fori concursus* rechtliche Risiko erspart werden, im Falle einer Insolvenz eines ausländischen Teilnehmers mit der fremden Rechtsordnung konfrontiert zu werden.[2] Dadurch entstehende Domino-Effekte könnten zu einer erheblichen Störung und zu einer Gefahr für das reibungslose Funktionieren der internationalen Finanzmärkte führen. Das Verordnung übernimmt daher die in Art. 8 der sog. Finalitätsrichtlinie enthaltene Kollisionsnorm, die durch Einfügung eines Absatzes 4 in Art. 102 EGInsO bereits für das nationale Recht umgesetzt worden ist[3] (vgl. hierzu die Kommentierung zu Art. 102 RdNr. 127 ff.).

2 Die Begriffe „Zahlungs- oder Abwicklungssystem" oder „Finanzmarkt" sind in der Verordnung nicht näher definiert. Da Art. 9 den selben Regelungsinhalt und -zweck wie die Finalitätsrichtlinie wiedergibt, erscheint es sinnvoll, auf die Definition des Begriffs

---

[30] Vgl. *Virgos/Schmit,* Erläuternder Bericht RdNr. 116.
[1] *Virgos/Schmit,* Erläuternder Bericht, RdNr. 120; *Fletcher,* Insolvency in International Private Law, S. 275 f.
[2] So auch *Keller* WM 2000, 1269, 1272 zur entsprechenden Vorschrift der sog. Finalitätsrichtlinie, vgl. dazu noch im Folgenden.
[3] Richlinie 98/26/EG über die Wirksamkeit von Abrechnungen in Zahlungs- sowie Wertpapier- und Abrechnungssystemen, Abl EG Nr. L 166 S. 45; Die Richtlinie geht zurück auf den sog. Lamfalussy-Bericht, vgl. Die Bank for International Settlement, On Interbank-Netting schemes of the Central Banks of the Group of Ten Countries, 1990, S. 31 ff. 1995 wurde hier ein erster Entwurf vorgelegt, abgedruckt in ZBB 1995, 314; vgl. die Anmerkung von *Balz* ZIP 1995, 1639 f., der 1997 überarbeitet und 1998 verabschiedet wurde, vgl. zur Fassung von 1997 kritisch *Hasselbach* ZIP 1997, 1491 ff.; *Walsh/Wellinger* IFL 1998, S. 20 ff.

"Systems" in Art. 2a) Abs. 1 der Finalitätsrichtlinie zurückzugreifen. Anders als nach dem Wortlaut der Richtlinie und § 96 Abs. 2 InsO ist für das Vorliegen eines Zahlungs- oder Abwicklungssystems nach Art. 9 Abs. 1 jedoch nicht erforderlich, dass dieses System der Kommission gemeldet wurde.

Ob dem Begriff des „Finanzmarktes" gegenüber dem Begriff des „Zahlungs- und Abwicklungssystems" eigenständige Bedeutung zukommt, ist fraglich, jedoch zu bejahen. Die Finalitätsrichtlinie verwendet ausschließlich die Begriffe „Zahlungs-, sowie Wertpapierliefer- und -abrechnungssysteme", nicht aber den Begriff des Finanzmarktes. Schon bei der Finalitätsrichtlinie war kritisiert worden, dass im Zuge der Verhandlungen in den Ratsarbeitsgruppen der Anwendungsbereich auf „förmliche" Systeme verengt wurde, so dass beispielsweise das Handling von Termintransaktionen über Clearing Systeme nicht erfasst wird.[4] Es erscheint insoweit sinnvoll, den Begriff des Finanzmarktes als übergeordneten Auffangbegriff zu verstehen, der auch weitere Finanzmarktsysteme erfasst, denen insolvenzrechtlich dasselbe Risiko zugrunde liegt. Dafür spricht auch die von *Virgos/Schmit* verwendete Definition des Begriffes Finanzmarkt. Danach ist unter dem Begriff des Finanzmarktes ein Markt in einem Vertragsstaat zu verstehen, auf dem Finanzinstrumente, sonstige Finanzwerte oder Warenterminkontrakte und -optionen gehandelt werden, der regelmäßig funktioniert, dessen Funktions- und Zugangsbedingungen durch Vorschriften geregelt sind und der dem Recht des jeweiligen Vertragsstaates unterliegt, einschließlich einer etwaigen entsprechenden Aufsicht von Seiten der zuständigen Behörde dieses Vertragsstaates.[5] 3

Die Sonderanknüpfung in Art. 9 ist nach seinem Wortlaut jedoch nur anwendbar, wenn 4 von den Teilnehmern des Systems oder Finanzmarktes das Recht eines Mitgliedsstaates vereinbart worden ist. Diese Beschränkung korrespondiert mit der sachrechtlichen Vereinheitlichung der Behandlung dieser Systeme im Insolvenzfall durch Art. 3 Abs. 1 der Finalitätsrichtlinie. Unterliegt das Vertragsstatut des Systems oder Finanzmarktes daher nicht dem Recht eines Mitgliedsstaates, so findet die Sonderanknüpfung keine Anwendung. Vielmehr verbleibt es – soweit keine sonstigen Sonderanknüpfungen wie beispielsweise für die Aufrechnung greifen – bei der Anknüpfung an die *lex fori concursus*.

Die Verweisung auf das Vertragsstatut lässt nach Abs. 1 („Unbeschadet des Art. 5") die 5 Regelung über dingliche Rechte nach Art. 5 unberührt.[6]

Abs. 2 verstärkt die in Abs. 1 gewählte Sonderanknüpfung, indem – abweichend von der 6 sonstigen Systematik der Verordnung – auch für sonstige Unwirksamkeitsgründe auf das Vertragsstatut, und nicht wie beispielsweise bei Art. 5 Abs. 4, 6 Abs. 2 und 7 Abs. 3 auf die *lex fori concursus* zurückgegriffen wird.[7] Damit wird für die Teilnehmer des Systems oder Finanzmarktes sichergestellt, dass sich die Rechtsfolgen der Insolvenzeröffnung ausschließlich nach dem Vertragsstatut richten.

Art. 10. Arbeitsvertrag
Für die Wirkungen des Insolvenzverfahrens auf einen Arbeitsvertrag und auf das Arbeitsverhältnis gilt ausschließlich das Recht des Mitgliedsstaats, das auf den Arbeitsvertrag anzuwenden ist.

Literatur: *Beck,* Verteilungsfragen im Verhältnis zwischen Haupt- und Sekundärinsolvenzverfahren nach der EuInsVO, NZI 2007, 1; *Braun/Wierzioch,* Neue Entwicklungen beim Insolvenzgeld, ZIP 2003, 2001; *Graf C.,* EU-Insolvenzverordnung und Arbeitsverhältnis, ZAS 2002, 173; *Liebmann,* Der Schutz des Arbeitnehmers bei grenzüberschreitenden Insolvenzen (Diss. Uni Trier, 2004), 2005 (zit.: *Liebmann,* Der Schutz des Arbeitnehmers).

---

[4] Vgl. hierzu auch *Keller* WM 2000, 1269, 1270 mwN.
[5] *Virgos/Schmit,* Erläuternder Bericht, RdNr. 120.
[6] *Virgos/Schmit,* Erläuternder Bericht, RdNr. 124.
[7] *Virgos/Schmit,* Erläuternder Bericht, RdNr. 122; *Fletcher,* Insolvency, S. 278.

Übersicht:

	RdNr.		RdNr.
I. Normzweck	1	4. Sachlich-räumlicher Anwendungsbereich	18
II. Tatbestandsvoraussetzungen	4	III. Rechtsfolgen	22
1. Arbeitsvertrag oder Arbeitsverhältnis	4	1. Kollisionsrechtliche Verweisung	22
2. Maßgeblicher Zeitpunkt	6	2. Ausschließlichkeit der Verweisung	23
3. Sachliche Reichweite: Wirkungen des Insolvenzverfahrens auf das Arbeitsverhältnis	7	3. Recht eines Mitgliedsstaates	25

I. Normzweck

1 Die Auswirkungen der Insolvenz auf das Arbeitsverhältnis unterliegen in starkem Umfange sozialpolitischen Erwägungen. Arbeitsrecht in der Insolvenz ist daher in der Regel auch eng verzahnt mit den damit zusammenhängenden sozialversicherungsrechtlichen Fragen (z. B. dem Insolvenzgeld, das in der Regel an die *lex loci laboris* anknüpft, vgl. hierzu noch unten, RdNr. 11). Die Wirkungen des Insolvenzverfahrens auf das Arbeitsverhältnis werden nach der Verordnung von der *lex causae* des Arbeitsverhältnisses bestimmt. Die *lex causae* des Arbeitsverhältnisses wird in den Mitgliedsstaaten, die das römische Schuldrechtsübereinkommen umgesetzt haben,[1] einheitlich angeknüpft. Danach besteht zwar grundsätzlich Rechtswahlfreiheit, jedoch darf diese Rechtswahl nicht dazu führen, dass dem Arbeitnehmer der Schutz der zwingenden Vorschriften des „lokalen" Arbeitsrechts, der *lex loci laboris*, entzogen wird.[2] Mit der Sonderanknüpfung an die *lex causae* des Arbeitsverhältnisses ist daher zweierlei sichergestellt: zum einen kommt es zu einem Gleichlauf des auf das Arbeitsverhältnis anwendbaren Vertragsstatuts sowie dem anwendbaren Insolvenzrecht; zum anderen kommt es in den meisten Fällen zudem zu einem Gleichlauf mit den hierauf abgestimmten sozialversicherungsrechtlichen und betriebsverfassungsrechtlichen Ansprüchen des Arbeitnehmers, die in der Regel ebenfalls an die *lex loci laboris* anknüpfen.[3] Ein solcher Gleichlauf ist sinnvoll, weil das Insolvenzrecht als auch das Sozialversicherungsrecht auf das bestehende Arbeitsrecht „aufsetzen" und dieses für den Fall der Insolvenz entsprechend modifizieren.[4] Dadurch werden Probleme der Angleichung durch Normwidersprüche oder Normmangel vermieden.[5]

2 Regelungstechnisch ist Art. 10 jedoch missglückt. Anstatt unmittelbar auf die anwendbaren Sachnormen zu verweisen, verweist Art. 10 auf die Kollisionsnorm, die auch ansonsten das anwendbare Recht auf das Arbeitsverhältnis bestimmt. Diese ist zwar in allen – bis auf die neu beigetretenen – Mitgliedsstaaten durch das römische Schuldrechtsübereinkommen und dessen Umsetzung weitgehend vereinheitlicht. Bei der Umsetzung hatten die Mitgliedsstaaten jedoch Handlungsspielräume, so dass die Kollisionsnormen der Mitgliedsstaaten eben nicht identisch sind.[6] Es wäre daher sinnvoller gewesen, in Anlehnung an Art. 6 EVÜ durch eine kollisionsrechtliche Sachnormverweisung das anwendbare Recht unmittelbar zu bestimmen. Zudem handelt es sich bei Art. 10 um eine sog. einseitige Kollisionsnorm, die nur auf die Rechte der Mitgliedsstaaten verweist. Dies wirft die systematisch nur schwer zu klärende Frage auf, wie zu verfahren ist, wenn auf das Arbeitsverhältnis das Recht eines Drittstaates Anwendung findet (vgl. dazu unten RdNr. 18 ff.).

---

[1] Vgl. Zur Geltung und Umsetzung in den Mitgliedsstaaten vgl. MünchKommBGB-*Martiny*, Bd. 10, Vor Art. 27 EGBGB RdNr. 17; *Staudinger/Magnus*, Vorbem zu Art. 27–37 EGBGB RdNr. 22 ff.
[2] Vgl. Art. 6 des EVÜ, umgesetzt in Art. 30 EGBGB.
[3] So ist z. B. das BetrVG nur für die im Inland belegenen Betriebe anwendbar; vgl. MünchHdbArbR, Bd. 3, § 290 RdNr. 30.
[4] Vgl. im deutschen Recht nur §§ 114 f., 120 ff. InsO.
[5] Vgl. hierzu *Kegel/Schurig*, IPR, S. 48, 357 ff.; *v. Bar/Mankowski*, IPR, § 7 RdNr. 252 ff.; *Staudinger/Sturm* Einl zum IPR RdNr. 216 ff.
[6] Das gilt nicht für die Umsetzung von Art. 7, vgl. *Liebmann*, Der Schutz des Arbeitnehmers, S. 189.

Arbeitsvertrag 3–5 **Art. 10 EuInsVO**

Die praktische Bedeutung von Art. 10 als eine von Art. 4 abweichende Sonderanknüpfung dürfte in der Praxis jedoch beschränkt bleiben. Für die im Staat des Hauptverfahrens tätigen Arbeitnehmer gilt über Art. 4 ohnehin das Recht des Arbeitsortes. Soweit dagegen Arbeitnehmer in einem anderen Mitgliedstaat gewöhnlich ihre Arbeit verrichten, so liegt in der Regel eine Niederlassung im Sinne des Art. 2 lit. h) vor, deren Existenz wiederum gemäß Art. 3 Abs. 2 die Möglichkeit der Eröffnung eines so genannten Sekundärverfahrens begründet. Wird ein solches eröffnet, so kommt es wiederum zu einem Gleichlauf zwischen dem Recht des Arbeitsortes und dem auf das Sekundärinsolvenzverfahren anwendbare Recht (Art. 28). Art. 10 bleibt daher in seiner praktischen Anwendung auf die seltenen Fälle beschränkt, in denen Arbeitnehmer gewöhnlich in einem anderen Mitgliedstaat als dem des Hauptverfahrens beschäftigt sind, ohne dass dort eine Niederlassung besteht und es daher dort zu einem Sekundärinsolvenzverfahren kommt oder kommen kann. 3

II. Tatbestandsvoraussetzungen

1. Arbeitsvertrag oder Arbeitsverhältnis. Voraussetzung für die Anwendung des Art. 10 ist zunächst das Vorliegen eines *„Arbeitsvertrages oder Arbeitsverhältnisses"*. Beide Begriffe sind nicht identisch. Der Begriff des Arbeitsverhältnisses ist der Oberbegriff. Von diesem werden auch betriebsverfassungsrechtliche und tarifvertragliche Regelungen umfasst.[7] Des Weiteren kann ein Arbeitsverhältnis auch vorliegen, ohne dass ein wirksamer Arbeitsvertrag vorliegt. Der Begriff des Arbeitsvertrages ist daher enger. Die Differenzierung zwischen beiden Begriffen ist jedoch ohne weitere Bedeutung. Die Nennung beider Begriffe ist vielmehr Art. 6 EVÜ entlehnt, der ebenfalls beide Rechtsbegriffe nennt. 4

Die Begriffe des Arbeitsverhältnisses und des Arbeitsvertrages sind nach übereinstimmender Auffassung autonom auszulegen.[8] Im Hinblick auf eine möglichst identische Auslegung von Rechtsbegriffen in den europäischen Rechtsnormen, kann hierbei auf Entscheidungen des EuGH zu arbeitsrechtlichen Richtlinien oder anderen Verordnungen, die die Begriffe des Arbeitsverhältnisses oder Arbeitsvertrages beinhalten, zurückgegriffen werden. Dies ist beispielsweise nicht nur bei Art. 6 EVÜ der Fall, sondern auch bei Art. 18 EuGVVO.[9] Darüber hinaus gibt es mehrere europäische Richtlinien, die sich mit arbeitsrechtlichen Fragen beschäftigen.[10] Nach der Rechtsprechung des EuGH besteht das wesentliche Merkmal des Arbeitsverhältnisses darin, dass jemand während einer bestimmten Zeit für einen anderen nach dessen Weisung Leistungen erbringt, für die er als Gegenleistung eine Vergütung erhält.[11] Das Arbeitsverhältnis ist gekennzeichnet durch die Fremdbestimmtheit (Weisungsgebundenheit) der Tätigkeit und der Abhängigkeit des Ver- 5

---

[7] So auch *Virgos/Garcimartin,* European Insolvency Regulation, RdNr. 207; *Pannen,* in *Breutigam/Blersch/Goetsch,* Art. 10 RdNr. 3; *Paulus,* Europäische Insolvenzverordnung, Art. 10 RdNr. 3.

[8] *Duursma-Kepplinger,* Europäische Insolvenzverordnung, Art. 10 RdNr. 4; *Haubold,* in *Gebauer/Wiedmann,* Zivilrecht, Art. 10 RdNr. 135; *Liebmann,* Der Schutz des Arbeitnehmers, S. 180; *Mäsch,* in *Rauscher,* Europ. Zivilprozessrecht, Bd. 2, Art. 10 EG-InsVO RdNr. 7; MünchKommBGB-*Kindler,* Bd. 11, Art. 10 RdNr. 337; *Virgos/Garcimartin,* European Insolvency Regulation, RdNr. 209 – vgl. auch die ECJ Cases 75/63, 66/85 und 266/85.

[9] Vgl. *Kropholler,* Europ. Zivilprozessrecht, Art. 18 EuGVO RdNr. 2; vgl. *Mankowski* in *Rauscher,* Europ. Zivilprozessrecht, Bd. 1, Art. 18 Brüssel I–VO RdNr. 3 ff.; MünchKommBGB-*Martiny* Bd. 10, Art. 30 EGBGB RdNr. 17 ff. Zum Begriff des Arbeitsverhältnisses in einzelnen Mitgliedstaaten der EU vgl. *Heilmann,* Neues Insolvenzrecht und Arbeitnehmerinteressen, S. 40 ff.

[10] So die Richtlinie 96/71/EG des Europäischen Parlaments und des Rates vom 16. Dezember 1996 über die Entsendung von Arbeitnehmern im Rahmen der Erbringung von Dienstleistungen, ABl. EG Nr. L 18/1 vom 21. 1. 1997, dort Art. 2 Abs. 2; Richtlinie 2001/23/EG des Rates vom 12. 3. 2001 zur Angleichung der Rechtsvorschriften der Mitgliedstaaten über die Wahrung von Ansprüchen der Arbeitnehmer beim Übergang von Unternehmen, Betrieben oder Unternehmens-, Betriebsteilen, ABl. EG Nr. L 82/16 vom 22. 3. 2001 dort Art. 2 d; Richtlinie 80/987/EWG des Rates vom 20. Oktober 1980 zur Angleichung der Rechtsvorschriften der Mitgliedstaaten über den Schutz der Arbeitnehmer bei Zahlungsunfähigkeit des Arbeitgebers, ABl. EG Nr. L 283/23 vom 28. 10. 1980, dort Art. 2 Abs. 2.

[11] Vgl. EuGH vom 3. 7. 1986, Rs. 66/85 Lawrie Blum, Slg. 1986, 2121 RdNr. 16 f. = NJW 1987, 1138 (LS); EuGH vom 12. 5. 1998, Rs. 85/96 Martinez Sala, Slg. 1998, I 2691 RdNr. 32 = EuZW 1998, 372; EuGH vom 8. 6. 1999, Rs. 337/97 Meeusen, Slg. 1999, I 3289 RdNr. 13 = EWS 2000, 26 (LS); EuGH vom

pflichteten.[12] Abgrenzungsschwierigkeiten werden hier – ebenso wie im nationalen Recht – in der Regel gegenüber selbstständigen Handelsvertretern oder sonstigen Selbstständigen auftauchen.[13] Entscheidend ist nicht, wie der Mitgliedstaat des Hauptverfahrens oder der Mitgliedstaat des Ortes, an dem der Arbeitnehmer oder Dienstverpflichtete gewöhnlich die Arbeit verrichtet, das Rechtsverhältnis qualifiziert. So werden beispielsweise im französischen Recht bestimmte Handelsvertreter per Gesetz als Arbeitnehmer angesehen.[14] Damit sind sie jedoch nicht zugleich Arbeitnehmer im Sinne der Verordnung; das widerspräche der hier vorzunehmenden autonomen Auslegung.

6   **2. Maßgeblicher Zeitpunkt.** Aus dem Wortlaut von Art. 10 ergibt sich kein konkreter Zeitpunkt, zu dem das Arbeitsverhältnis vorliegen muss. Da es dem Sinn und Zweck nach um die Wirkung des Insolvenzverfahrens auf das Arbeitsverhältnis geht, setzt demnach Art. 10 implizit voraus, dass das Arbeitsverhältnis jedenfalls zum Zeitpunkt der Verfahrenseröffnung bereits besteht.[15] Ein Arbeitsverhältnis liegt auch dann vor, wenn ein entsprechender Arbeitsvertrag abgeschlossen wurde, der Arbeitnehmer jedoch die Arbeit noch nicht angetreten hat. Da auch dieser Arbeitnehmer eine durch das nationale Arbeitsrecht geschützte Rechtsposition hat, fallen auch abgeschlossene, aber noch nicht vollzogene Arbeitsverträge in den Anwendungsbereich von Art. 10.

7   **3. Sachliche Reichweite: Wirkungen des Insolvenzverfahrens auf das Arbeitsverhältnis.** Art. 10 enthält keine Einschränkung dahingehend, dass sich die Sonderanknüpfung nur auf ein Insolvenzverfahren über das Vermögen des Arbeitgebers beziehe. Nach allgemeiner und zutreffender Ansicht ist Art. 10 demnach auch in der Insolvenz des Arbeitnehmers anzuwenden.[16] Auch im Falle der Arbeitnehmerinsolvenz sind Konstellationen denkbar, bei denen der gewöhnliche Arbeitsort nicht in dem Mitgliedstaat des Hauptverfahrens liegt, so insbesondere bei den sogenannten Grenzgängern, die ihren Wohnsitz in einem Mitgliedstaat und ihren Arbeitsort in einem anderen Mitgliedstaat haben.[17]

8   Der Anwendungsbereich des Art. 10 beschränkt sich dem Wortlaut nach auf die Wirkung des Insolvenzverfahrens auf den Arbeitsvertrag und das Arbeitsverhältnis. Damit unterstehen nicht sämtliche insolvenzrechtliche Rechtsfragen dem Vertragsstatut des Arbeitsverhältnisses. Der Anwendungsbereich von Art. 10 erfasst nur – ebenso wie der gleichlautende Art. 8 – die Wirkungen der Verfahrenseröffnung auf das Dauerschuldverhältnis. Das arbeitsrechtliche Vertragsstatut bestimmt daher nach Art. 10, ob, wie und mit welchen Fristen oder Rechtsfolgen auf Grund der Insolvenz das Arbeitsverhältnis gekündigt, aufgehoben oder im Rahmen einer Unternehmenssanierung geändert werden kann.[18] Sämtliche mit der Änderung des Arbeitsverhältnisses im Zusammenhang stehenden individualarbeitsrechtlichen und

---

23. 3. 2004, Rs. C-138/02 Collins/Secretary of State for Work and Pensions, Slg. 2004 I 2703 RdNr. 26 = EuZW 2004, 507.

[12] *Duursma-Kepplinger*, Europäische Insolvenzverordnung, Art. 10 RdNr. 6; *Kübler/Prütting/Kemper*, Art. 10 EuInsVO RdNr. 5; *Liebmann*, Der Schutz des Arbeitnehmers, S. 175; MünchKommBGB-*Kindler*, Bd. 11, Art. 10 RdNr. 338; *Mäsch*, in *Rauscher*, Europ. Zivilprozessrecht, Bd. 2, Art. 10 EG-InsVO RdNr. 7; *Smid*, Int. Insolvenzrecht, Art. 10 RdNr. 6.

[13] Vgl. hierzu auch *Mankowski* BB 1997, 469 ff.; *Hanau* NJW 1996, 1373.

[14] Art. 751–1 Abs. 1 Code travail; hierzu auch BAG ZIP 1992, 1158 ff.

[15] *Duursma-Kepplinger*, Europäische Insolvenzverordnung, Art. 10 RdNr. 3; *Huber*, in *Geimer/Schütze*, Int. Rechtsverkehr, B Vor I 20 b, Art. 10 RdNr. 1; *Kübler/Prütting/Kemper*, Art. 10 EuInsVO RdNr. 4; MünchKommBGB-*Kindler*, Bd. 11, Art. 10 RdNr. 339.

[16] *Duursma-Kepplinger*, Europäische Insolvenzverordnung, Art. 10 RdNr. 2; *Haubold*, in *Gebauer/Wiedmann*, Zivilrecht, Art. 10 RdNr. 135 Fn. 315; *Kübler/Prütting/Kemper*, Art. 10 EuInsVO RdNr. 3; *Mäsch*, in *Rauscher*, Europ. Zivilprozessrecht, Bd. 2, Art. 10 EG-InsVO RdNr. 6.

[17] Vgl. hierzu bzgl. der Anknüpfung an den Mittelpunkt der hauptsächlichen Interessen bereits oben, Art. 3 RdNr. 41 ff.

[18] Ganz überwiegende Auffassung, vgl. *Duursma-Kepplinger*, Europäische Insolvenzverordnung, Art. 10 RdNr. 10 f.; HK-*Stephan*, Art. 10 RdNr. 3; *Kübler/Prütting/Kemper*, Art. 10 EuInsVO RdNr. 6; *Mäsch*, in *Rauscher*, Europ. Zivilprozessrecht, Bd. 2, Art. 10 EG-InsVO RdNr. 4; MünchKommBGB-*Kindler*, Bd. 11, Art. 10 RdNr. 340; *Smid*, Int. Insolvenzrecht, Art. 10 RdNr. 4. AA wohl *Liebmann*, Schutz des Arbeitnehmers, S. 192 ff.

kollektivarbeitsrechtlichen Fragen unterstehen der *lex causae* des Arbeitsverhältnisses, auf Grund des Günstigkeitsvergleiches in Art. 6 EVÜ (in Deutschland Art. 30 Abs. 1 EGBGB) jedenfalls mit dem Mindeststandard der *lex loci laboris*. In den Günstigkeitsvergleich sind im Falle der Insolvenz auch die insolvenzrechtlichen Vorschriften mit ein zu beziehen, was im Einzelfall schwierige Wertungsfragen aufwerfen kann.[19]

Nicht erfasst von der Verweisung in Art. 10 wird dagegen die Frage, welchen Rang die Forderung des Arbeitnehmers in der Insolvenz einnimmt. Diese Verteilungsfrage bestimmt sich ausschließlich nach dem Recht des Verfahrensstaates gemäß Art. 4 Abs. 2 lit. i).[20] Gleiches gilt für die Frage, ob die nach Verfahrenseröffnung begründeten Forderungen aus der Beendigung des Arbeitsverhältnisses als Masseforderungen oder als einfache oder bevorrechtigte Insolvenzforderungen zu qualifizieren sind.[21] **9**

Ebenfalls zum Anwendungsbereich von Art. 10 zählen Fragen des Betriebsüberganges.[22] Aus deutscher Sicht ist dies zunächst nicht ganz nachvollziehbar, da im deutschen Recht die Regelungen zum Betriebsübergang nach § 613a BGB auch in der Insolvenz gelten und insoweit die Eröffnung des Insolvenzverfahrens keine unmittelbare Wirkung für die Anwendung des § 613a BGB hat.[23] Die Richtlinie über die Behauptung von Ansprüchen der Arbeitnehmer beim Betriebsübergang sieht jedoch vor, dass die Mitgliedsstaaten die Anwendbarkeit der Richtlinienregelungen für den Fall der Insolvenz modifizieren können.[24] Hiervon hat der deutsche Gesetzgeber keinen Gebrauch gemacht. Soweit jedoch der nationale Gesetzgeber in einem Mitgliedsstaat entschieden hat, die Regelungen über den Betriebsübergang für den Fall der Insolvenz auszuschließen, handelt es sich ebenfalls um eine Wirkung der Eröffnung des Insolvenzverfahrens auf das bestehende Arbeitsverhältnis, das nun ohne die Schutzvorschriften der europäischen Richtlinie bei einem Betriebsübergang nicht mehr automatisch auf den Erwerber übergeht. Die in Art. 10 vorgesehene Sonderanknüpfung wird man daher auch für die Frage heranziehen müssen, ob sich auf Grundlage der Verfahrenseröffnung Änderungen im Hinblick auf die Regeln zum Betriebsübergang ergeben. Auch diese richten sich demnach gemäß Art. 10 nach dem Recht des Arbeitsortes. **10**

Gesondert anzuknüpfen ist dagegen die Frage, ob den betroffenen Arbeitnehmern in der Insolvenz eines Unternehmens aus einem der Mitgliedsstaaten ein Anspruch auf **Insolvenzgeld** zusteht.[25] Dieser Anspruch gegen den zuständigen Sozialversicherer wird weder über Art. 4 noch über Art. 10 ermittelt; er fällt vielmehr grundsätzlich nicht in den Anwendungsbereich der Verordnung. Da es sich um einen sozialversicherungsrechtlichen Anspruch handelt, folgt dieser eigenen Regeln. **11**

---

[19] Vgl. *Liebmann*, Schutz des Arbeitnehmers, S. 182 ff., ebenso auch *Israel*, Insolvency Regulation, S. 285 f. mit Beispielen aus dem niederländischen Recht.
[20] Vgl. dazu auch Erwägungsgrund 28. Ebenso *Virgos/Schmit*, Erläuternder Bericht, RdNr. 128; *Duursma-Kepplinger*, Europäische Insolvenzverordnung, Art. 10 RdNr. 3; *Fritz/Bähr* DZWIR 2001, 221, 228; *Haubold*, in *Gebauer/Wiedmann*, Zivilrecht, Art. 10 RdNr. 136; *Kübler/Prütting/Kemper*, Art. 10 EuInsVO RdNr. 6; *Lehr* KTS 2000, 577, 582, *Mäsch*, in Rauscher, Europ. Zivilprozessrecht, Bd. 2, Art. 10 EG-InsVO RdNr. 9; MünchKommBGB-*Kindler*, Bd. 11, Art. 10 RdNr. 340; *Paulus*, Europäische Insolvenzverordnung, Art. 10 RdNr. 8.
[21] MünchKommBGB-*Kindler*, Bd. 11, Art. 10 RdNr. 340.
[22] So auch *Duursma-Kepplinger*, Europäische Insolvenzverordnung, Art. 10 RdNr. 11; HK-*Stephan*, Art. 10 RdNr. 3; *Mäsch*, in *Rauscher*, Europ. Zivilprozessrecht, Bd. 2, Art. 10 EG-InsVO RdNr. 8; MünchKommBGB-*Kindler*, Bd. 11, Art. 10 RdNr. 340; *Smid*, Int. Insolvenzrecht, Art. 10 RdNr. 4; HambKomm*Undritz* Art. 10 RdNr. 3.
[23] Vgl. auch *Palandt/Weidenkaff* § 613a RdNr. 8; MünchKommBGB-*Müller-Glöge*, Bd. 4, § 613a RdNr. 176 ff.
[24] Vgl. Art. 4 der Richtlinie 2001/23/EG des Rates vom 12. März 2001 zur Angleichung der Rechtsvorschriften der Mitgliedsstaaten über die Wahrung von Ansprüchen der Arbeitnehmer beim Übergang von Unternehmen, Betrieben oder Unternehmens- oder Betriebsteilen, Abl. EG Nr. L 82/16.
[25] Vgl. auch *Duursma-Kepplinger*, Europäische Insolvenzverordnung, Art. 10 RdNr. 14 ff.; HK-*Stephan*, Art. 10 RdNr. 4; *Huber*, in *Geimer/Schütze*, Int. Rechtsverkehr, B Vor I 20b, Art. 10 RdNr. 4; MünchKommBGB-*Kindler*, Bd. 11, Art. 10 RdNr. 341; *Smid*, Int. Insolvenzrecht, Art. 10 RdNr. 7. AA *Nerlich/Römermann/Mincke*, Art. 10 RdNr. 3; HambKomm-*Undritz*, Art. 10 RdNr. 5.

12 Basierend auf der Richtlinie des Rates vom 20. 10. 1980 zur Angleichung der Rechtsvorschriften der Mitgliedstaaten über den Schutz der Arbeitnehmer bei Zahlungsunfähigkeit des Arbeitgebers[26] gewähren die §§ 183 SGB III dem Arbeitnehmer Insolvenzgeld, wenn die Arbeitsentgeltansprüche auf Grund der Insolvenz des Arbeitgebers nicht erfüllt werden. Die kollisionsrechtlichen Fragen zu §§ 183 SGB III waren bisher umstritten, insbesondere ob und unter welchen Voraussetzung bei einem deutschen Insolvenzverfahren auch die im Ausland beschäftigten Arbeitnehmer eine Anspruch auf Insolvenzgeld geltend machen können. Die kollisionsrechtlichen Fragen sind mittlerweile auf Grund klarstellender Entscheidungen des EuGH und des BSG[27] sowie einer Gesetzesänderung[28] geklärt:

13 Ein Anspruch auf Insolvenzgeld besteht gemäß § 183 Abs. 1 SGB III grundsätzlich, wenn der Arbeitnehmer im Inland beschäftigt war. Gleiches gilt, wenn zwar der Arbeitsort im Ausland liegt, der Arbeitnehmer jedoch für eine im Voraus begrenzte Zeit in das Ausland im Sinne des § 4 Abs. 1 SGB IV entsandt worden war.[29] Das Bundessozialgericht hat in einer folgenden Entscheidung diese Rechtsprechung ausgedehnt und auf die Voraussetzungen einer Entsendung im Sinne des § 4 Abs. 1 SGB IV verzichtet, wenn erhebliche Berührungspunkte zur deutschen Rechtsordnung bestehen oder bestehen geblieben sind, aus denen zu folgern ist, dass der Schwerpunkt der rechtlichen und tatsächlichen Verhältnisse des Arbeitnehmers im Inland lag.[30] Diese Rechtsprechung gilt sowohl, wenn der Arbeitsort in einem der Mitgliedstaaten liegt, als auch wenn der Arbeitnehmer in einen Drittstaat entsandt wurde.

14 Ein Anspruch auf Insolvenzgeld in Deutschland besteht nach der neueren Rechtsprechung des BSG auch dann, wenn keine Entsendung vorliegt, sondern der Arbeitnehmer ständig in einem der Mitgliedstaaten der EU beschäftigt ist. Weitere Voraussetzung ist dann allerdings, dass der deutsche Arbeitgeber dort jedoch nicht in einer Zweigniederlassung im Sinne der 11. Richtlinie des Rates vom 21. 12. 1989 über die Offenlegung von Zweigniederlassungen[31] beschäftigt war.[32] War dagegen der Arbeitnehmer in einer Zweigniederlassung in der EU beschäftigt, so ist nach Art. 3 der Zahlungsunfähigkeitsrichtlinie die Garantieeinrichtung des Staates zuständig, in dem der Arbeitnehmer beschäftigt war, weil dies in den meisten Fällen der den Arbeitnehmern vertrauten sozialen und sprachlichen Umgebung entspricht.[33]

15 Der EuGH hat jedoch in zwei Entscheidungen klargestellt, dass als Schuldner des Insolvenzgeldausfallanspruches die Garantieeinrichtung des Staates zuständig ist, in dem die Eröffnung des Verfahrens zur gemeinschaftlichen Befriedigung beschlossen oder die Stilllegung des Unternehmens bzw. Betriebes des Arbeitgebers festgestellt worden ist.[34] Unterhält dagegen der Arbeitgeber im Ausland eine oder mehrere Zweigniederlassungen, ist die Garantieeinrichtung des Staates zuständig, in dem Arbeitnehmer seine Tätigkeit ausgeübt hat.[35]

---

[26] Richtlinie 80/987/EWG des Rates vom 20. Oktober 1980 über den Schutz der Arbeitnehmer bei Zahlungsunfähigkeit des Arbeitgebers, geändert durch die Richtlinie 2002/274/EG des Europäischen Parlaments und des Rates vom 23. 9. 2002, ABl. EG Nr. L 270 vom 8. 10. 2002; vgl. auch *Voelzke* in *Hauck/Noftz*, SGB III § 183 RdNr. 150 ff.; *Liebmann*, Der Schutz des Arbeitnehmers, S. 70 ff.
[27] Zu den Entscheidungen siehe unten in den folgenden RdNr.
[28] Job-AQTIV-Gesetz vom 10. 12. 2001, BGBl. I 2001 S. 3443 durch Einfügung der Wörter „im Inland beschäftigt" sowie durch Einfügung des neuen Satz 2 in Absatz 1 betreffend die Behandlung ausländischer Insolvenzereignisse.
[29] BSG SozR 4100 § 141 b Nr. 24; *Voelzke* in *Hauck/Noftz*, SGB III § 183 RdNr. 141.
[30] BSG SozR 4100 § 141 b Nr. 28; BSGE 56, 201, 202.
[31] Elfte Richtlinie 89/666/EWG des Rates vom 21. Dezember 1989 über die Offenlegung von Zweigniederlassungen, die in einem Mitgliedstaat von Gesellschaften bestimmter Rechtsformen errichtet wurden, die dem Recht eines anderen Staates unterliegen, ABl. EG Nr. 395/36 vom 30. 12. 1989.
[32] BSG vom 29. 6. 2000 NZI 2001, 277.
[33] So EuGH vom 16. 12. 1999, Rs. C-198/98 Industrial Tribunal Bristol, Slg. 1999 I, 8903 = ZIP 2000, 89 = NZA 2000, 995; vgl. auch *Voelzke*, in *Hauck/Noftz*, SGB III § 183 RdNr. 139 b.
[34] EuGH vom 17. 9. 1997, Rs. C-117/96 *Mosbæk*, NZA 1997, 1155 RdNr. 27 ff.
[35] EuGH vom 16. 12. 1999, Rs. C-198/98 Industrial Tribunal Bristol, Slg. 1999 I, 8903, NZA 2000, 995 RdNr. 20 ff.; vgl. hierzu auch *Gagel*, Anm. zu EuGH 16. 12. 1999 EWiR 2000, 139, 140; derselbe zur Folgeentscheidung des BSG vom 8. 2. 2001 EWiR 2001, 1073. Ausführlich hierzu auch *Liebmann*, Der Schutz des Arbeitnehmers, S. 201 ff.

Durch Gesetzesänderung eingeführt wurde nunmehr auch die Anerkennung eines ausländischen Insolvenzereignisses. § 183 Abs. 1 Satz 2 SGB III schreibt nunmehr vor, dass auch ein ausländisches Insolvenzereignis einen Anspruch auf Insolvenzgeld auf im Inland beschäftigte Arbeitnehmer begründet.[36] Nicht geregelt in § 183 SGB ist jedoch, unter welchen Voraussetzungen ein ausländisches Insolvenzereignis als leistungsauslösend anzuerkennen ist. In Anlehnung an Art. 16 ist die Eröffnung eines Insolvenzverfahrens in einem der Mitgliedsstaaten jedoch ohne Prüfung weiterer Voraussetzungen als leistungsauslösend anzuerkennen.[37]

Pfändungsschutz. Nicht in den Anwendungsbereich von Art. 10 fallen die jeweiligen Vorschriften zum Pfändungsschutz für das Gehalt des Arbeitnehmers. Diese Fragen werden erst relevant in der Insolvenz des Arbeitnehmers. Es handelt sich hierbei nicht um eine Wirkung der Verfahrenseröffnung „auf" das Arbeitsverhältnis, sondern um die Frage, inwieweit das Gehalt des Arbeitnehmers/Schuldners zur Insolvenzmasse gehört. Diese Frage unterliegt nach Art. 4 Abs. 2 lit. b) jedoch *der lex fori concursus*.[38]

4. Sachlich-räumlicher Anwendungsbereich. Der sachlich-räumliche Anwendungsbereich von Art. 10 ist umstritten. Die Frage hat sich aus der Formulierung entwickelt, dass für die Wirkungen der Verfahrenseröffnung auf das Recht des Mitgliedsstaates anzuwenden ist, dem der Arbeitsvertrag unterliegt. Die Rechtsfolgenseite der Norm (vgl. dazu auch noch unten RdNr. 27) erfasst daher grundsätzlich nur diejenigen Fälle, bei denen das Arbeitsverhältnis auch dem Recht eines Mitgliedsstaates untersteht.[39] Untersteht das Arbeitsverhältnis auf Grund einer Rechtswahl dem Recht eines Drittstaates, so ist wiederum streitig, zu welchen Rechtsfolgen dies führt. Einerseits wird vertreten, dass das autonome Kollisionsrecht des Eröffnungsstaates auf eine mögliche kollisionsrechtliche Sonderanknüpfung zu überprüfen ist.[40] Ansonsten bleibe es bei Art. 4 der Verordnung. Andere dagegen halten die Verordnung grundsätzlich nicht mehr für anwendbar, da diese nicht das Verhältnis zu Drittstaaten regele. Demzufolge sei bei der Verweisung auf das Recht eines Drittstaates grundsätzlich nicht mehr die Verordnung, sondern das jeweilige autonome Recht eines Mitgliedsstaates anzuwenden.[41] Demgegenüber hat der Bearbeiter in der Vorauflage für den sachlich-räumlichen Anwendungsbereich von Art. 10 darauf abgestellt, ob der gewöhnliche Arbeitsort des Arbeitsverhältnisses in einem Mitgliedsstaat oder einem Drittstaat liegt.

An dieser Auffassung hält der Bearbeiter fest. Zunächst ist die von *Huber* vertretene Auffassung,[42] dass neben Art. 4 das autonome Kollisionsrecht eines Mitgliedsstaates bezüglich einer möglichen Sonderanknüpfung für Arbeitsverhältnisse zu überprüfen ist, mit der Systematik von Art. 4 und Art. 5 ff. nicht vereinbar. Schon nach dem eindeutigen Wortlaut von Art. 4 sind Ausnahmen von der Generalkollisionsnorm in Art. 4 nur möglich, soweit „*diese Verordnung*" nichts anderes bestimmt. Es kann daher nicht dem nationalen Gesetzgeber eines Mitgliedsstaates überlassen bleiben, ob und in welchem Umfang dieser im Anwendungsbereich der Verordnung von Art. 4 Abweichungen zulässt.

Systematisch konsequenter ist dagegen schon die Auffassung von *Kindler*,[43] der für den Fall, dass das Arbeitsverhältnis dem Recht eines Drittstaates untersteht, schon grundsätzlich nicht mehr Art. 4 anwenden will, sondern die Arbeitnehmerfragen grundsätzlich dem auto-

---

[36] Vgl. auch *Voelzke*, in *Hauck/Noftz*, SGB III § 183 RdNr. 144; anders noch die frühere Rechtsprechung, vgl. BSG vom 8. 2. 2001 ZIP 2001, 1336; zur Gesetzesänderung auch *Braun/Wierzioch* ZIP 2003, 2001, 2002.
[37] Zum autonomen Recht gegenüber Drittstaaten, vgl. oben § 337 RdNr. 6 f.
[38] Ebenso *Virgos/Schmit*, Erläuternder Bericht, RdNr. 128; aA *Paulus*, Europäische Insolvenzverordnung, Art. 10 RdNr. 9.
[39] Zur Bedeutung dieser einseitigen Kollisionsnormen vgl. bereits oben Art. 1 RdNr. 18.
[40] So *Huber*, in *Geimer/Schütze*, Int. Rechtsverkehr, B Vor I 20 b, Art. 10 RdNr. 2; *Ehricke/Ries* JuS 2003, 313, 317; *Fletcher*, Insolvency, S. 278; *Huber* EuZW 2002, 490, 494; ähnlich *Duursma-Kepplinger*, Europäische Insolvenzverordnung, Art. 10 RdNr. 12.
[41] So MünchKommBGB-*Kindler*, Bd. 11, Art. 10 RdNr. 345.
[42] *Huber*, in *Geimer/Schütze*, Int. Rechtsverkehr, B Vor I 20 b, Art. 10 RdNr. 2.
[43] MünchKommBGB-*Kindler*, Bd. 11, Art. 10 RdNr. 345.

nomen Kollisionsrecht des angerufenen Gerichts überantworten möchte. Da primärer Anknüpfungspunkt für das auf das Arbeitsverhältnis anzuwendende Recht jedoch die Rechtswahl der Parteien ist, würde dies ermöglichen, dass die Parteien durch eine entsprechende Rechtswahlklausel die Anwendbarkeit der Verordnung ausschließen können. Diese Konsequenz ist jedoch höchst problematisch. Denn grundsätzlich ist für den Anwendungsbereich der Verordnung nicht auf den Parteiwillen, sondern auf objektive Anknüpfungspunkte abzustellen. Im Übrigen erlaubt auch das römische Schuldrechtsübereinkommen eine Rechtswahl nur in eingeschränktem Umfange. Denn durch die Rechtswahl kann nicht von den zwingenden Bestimmungen des gewöhnlichen Arbeitsortes abgewichen werden.[44] Diese Einschränkung der Rechtswahlmöglichkeit ist zwingend und knüpft ebenso an den objektiven Umstand des gewöhnlichen Arbeitsortes an.

21 Demnach gilt: Befindet sich der gewöhnliche Arbeitsort eines Arbeitnehmers nicht im Hoheitsgebiet eines Mitgliedsstaates, so ist für die Wirkungen der Eröffnung eines Insolvenzverfahrens kollisionsrechtlich nicht auf die Verordnung, sondern auf das autonome Kollisionsrecht eines Mitgliedsstaates abzustellen. Diese entscheidet, nach welcher Rechtsordnung die Eröffnungswirkungen zu beurteilen sind. Befindet sich dagegen der gewöhnliche Arbeitsort eines Arbeitnehmers in den Mitgliedsstaaten, so findet die Verordnung grundsätzlich Anwendung (zur Frage, wie in diesen Fällen das anwendbare Recht zu bestimmen ist, wenn das Arbeitsverhältnis dem Recht eines Drittstaates untersteht, vgl unten RdNr. 26 f.).

III. Rechtsfolgen

22 **1. Kollisionsrechtliche Verweisung.** Anders als die anderen Kollisionsnormen der Verordnung verweist Art. 10 nicht direkt auf das anzuwendende Sachrecht, sondern verweist auf das autonome Kollisionsrecht, das das Vertragsstatut bestimmen soll.[45] Damit ist jedoch nicht geklärt, welches Kollisionsrecht zur Entscheidung berufen ist. Einzelne Autoren verlangen eine Anknüpfung an das Kollisionsrecht des Eröffnungsstaates.[46] Eine solche Verweisung enthält jedoch weder Art. 10 noch Art. 4. Es verbleibt daher bei der Grundregel, dass das angerufene Gericht die Kollisionsnormen des eigenen Forums anwendet.[47] Da Art. 6 EVÜ allerdings ohnehin in fast allen Mitgliedsstaaten Anwendung findet, ergeben sich im Ergebnis hier jedoch keine Unterschiede. Soweit das Arbeitsverhältnis dem Recht eines Mitgliedsstaates untersteht und der gewöhnliche Arbeitsort sich in einem der Mitgliedsstaaten befindet, gilt das gewählte Recht begrenzt durch den Mindestschutz des Rechts des gewöhnlichen Arbeitsortes. Befindet sich der gewöhnliche Arbeitsort in einem der Mitgliedsstaaten, wurde jedoch das Recht eines Drittstaates gewählt, so gilt über eine modifizierte Anwendung von Art. 10 (vgl. oben, vorige Randnummer) im Ergebnis ausschließlich das Recht des Arbeitsortes.

23 **2. Ausschließlichkeit der Verweisung.** Die in Art. 10 enthaltene kollisionsrechtliche Verweisung ist ausschließlich. Es findet daher keine Kumulation oder alternative Anknüpfung mit dem Recht der *lex fori concursus* statt.[48]

---

[44] Vgl. Art. 30 Abs. 1 EGBGB; dazu MünchKommBGB-*Martiny*, Bd. 10, Art. 30 RdNr. 32 ff.; *Staudinger/ Magnus*, Art. 30 EGBGB RdNr. 68.
[45] Dass es sich um eine kollisionsrechtliche Verweisung handelt, ist unstreitig; vgl. *Duursma-Kepplinger*, Europäische Insolvenzverordnung, Art. 10 RdNr. 1; *Haubold*, in *Gebauer/Wiedmann*, Zivilrecht, Art. 10 RdNr. 135; *Huber*, in *Geimer/Schütze*, Int. Rechtsverkehr, B Vor I 20 b, Art. 10 RdNr. 1; *Mäsch*, in *Rauscher*, Europ. Zivilprozessrecht, Bd. 2, Art. 10 EG-InsVO RdNr. 2; MünchKommBGB-*Kindler*, Bd. 11, Art. 10 RdNr. 342; *Smid*, Int. Insolvenzrecht, Art. 10 RdNr. 3.
[46] So *Huber*, in *Geimer/Schütze*, Int. Rechtsverkehr, B Vor I 20 b, Art. 10 RdNr. 1 mit Verweis auf *Virgos/Schmit*, Erläuternder Bericht RdNr. 125. Der Erläuternde Bericht stützt diese Aussage jedoch nicht.
[47] Ebenso wohl MünchKommBGB-*Kindler*, Bd. 11, Art. 10 RdNr. 342; allerdings anders in RdNr. 335; nicht eindeutig, aber wohl auch in dem hier vertretenen Sinne: *Mäsch*, in *Rauscher*, Europ. Zivilprozessrecht, Bd. 2, Art. 10 EG-InsVO RdNr. 2.
[48] MünchKommBGB-*Kindler*, Bd. 11, Art. 10 RdNr. 343.

Art. 10 verweist nicht direkt auf das anzuwendende Sachrecht, sondern vielmehr auf die 24
Kollisionsnorm der Mitgliedsstaaten für Arbeitsverträge. Diese Kollisionsnorm wiederum
ergibt sich aus dem Römischen Schuldrechtsübereinkommen, das in allen Mitgliedsstaaten
gilt.[49] Daher bestimmt Art. 6 des Römischen Schuldrechtsübereinkommens, d. h. für das
deutsche IPR Art. 30 EGBGB, das anwendbare Recht. Das **Recht des Arbeitsortes**
entscheidet demnach über die Wirkungen des Insolvenzverfahrens auf einen Arbeitsvertrag.
Art. 10 beschränkt sich aber darauf, lediglich für die insolvenzrechtlichen Wirkungen des
Insolvenzverfahrens auf das bestehende Arbeitsverhältnis an das anzuwendende Arbeitsrecht
anzuknüpfen. Die Frage, ob, wie und mit welchen Fristen und Rechtsfolgen auf Grund der
Insolvenz der Arbeitsvertrag gekündigt werden kann, bestimmt sich daher nach dem Recht
des Arbeitsortes.[50] Die Frage, welchen Rang die Forderungen des Arbeitnehmens in der
Insolvenz einnehmen, wird dagegen von der Verweisung in Art. 10 nicht erfasst, sondern
bestimmt sich ausschließlich nach dem Recht des Verfahrensstaates (Art. 4 Abs. 2 lit. i)).
Gleiches gilt für die Frage, ob die nach Verfahrenseröffnung begründeten Forderungen, aus
der Beendigung des Arbeitsverhältnisses, als Masseforderungen oder als einfache oder bevorrechtigte Insolvenzforderungen zu qualifizieren sind.

3. Recht eines Mitgliedsstaates. Unklar ist, wenn ob Art. 10 auch Anwendung findet, 25
wenn die *lex causae* des Arbeitsvertrages nicht auf das Recht eines Mitgliedsstaates sondern
eines Drittstaates verweist. Nach *Huber* soll es dann bei der generellen Anknüpfung an die
lex fori concursus gemäß Art. 4 bleiben.[51] Das ist systematisch konsequent. Im Ergebnis wird
sich jedoch über den Günstigkeitsvergleich, den das Kollisionsrecht vorsieht, auf das Art. 10
verweist, immer das Recht das Arbeitsortes oder auch die *lex fori concursus* durchsetzen.

Haben die Parteien nämlich vereinbart, dass auf das Arbeitsverhältnis das Recht eines 26
Drittstaates anzuwenden ist, so ist die Art. 10 zugrunde liegende Verweisung nur einge-
schränkt anwendbar. Soweit nämlich das gewählte Recht des Drittstaates die Rechte der
Arbeitnehmers in der Insolvenz ausweitet und (damit korrespondierend) die Rechte der
Gläubiger einschränkt, so findet Art. 10 wiederum keine Anwendung, da das Recht eines
Drittstaates solche, die Rechte der Gläubiger einschränkenden Anordnungen, die von Art. 4
abweichen, wiederum nicht anordnen darf. Diese Gläubigerrechte einschränkende Anordnungen sind auf Grund der Verweisung in Art. 10 auf die Rechte der Mitgliedsstaaten nur
den Mitgliedsstaaten selbst vorbehalten. Für die insolvenzrechtlichen Wirkungen der Verfahrenseröffnung gilt daher gemäß Art. 4 die *lex fori concursus*, es sei denn, ein Günstigkeitsvergleich ergibt, dass wiederum das Recht des Arbeitsortes für den Arbeitnehmer günstiger
wäre. Ist dies der Fall, würde dem Arbeitnehmer über die Wahl des Rechtes des Drittstaates
ja der günstigere Schutz des Rechtes des Arbeitsortes entzogen werden. Damit verweist die
Kollisionsnorm der Mitgliedsstaaten (Art. 6 EVÜ) wiederum auf das Recht des Arbeitsortes
und damit im Ergebnis auf ein Recht des Mitgliedsstaates, so dass Art. 10 mit der vorgenannten Modifikation Anwendung findet.

Sieht dagegen das gewählte Recht des Drittstaates vor, die Rechte der Arbeitnehmer in 27
der Insolvenz gegenüber dem Insolvenzrecht des gewöhnlichen Arbeitsortes einzuschränken,
so setzt sich über die Kollisionsnorm, auf die Art. 10 verweist, das für den Arbeitnehmer
gegenüber dem Recht des Drittstaates günstigere Recht des gewöhnlichen Arbeitsortes
durch, so dass im Ergebnis wiederum das Recht eines Mitgliedsstaates anzuwenden ist (da
für die Anwendung der Verordnung der Arbeitsort in einem der Mitgliedsstaaten liegen
muss). Das ergibt sich aus der Rechtswahlkorrektur und dem Günstigkeitsvergleich, der
Art. 6 EVÜ zugrunde liegt, der durch die Verweisung in Art. 10 grundsätzlich nicht
geändert werden sollte. Denn da Art. 6 EVÜ (der in fast allen Mitgliedsstaaten gilt) vorsieht,
dass dem Arbeitnehmer durch die Rechtswahl nicht der Schutz der zwingenden Vorschriften

---

[49] Vgl. die Nachweise bei MünchKommBGB-*Martiny,* Bd. 10, vor Art. 27 EGBGB RdNr. 7 ff.
[50] *Virgos/Schmit,* Erläuternder Bericht, RdNr. 125. Die Vorschrift entspricht inhaltlich § 381 des RegE, BT-Drucks. 12/2443, S. 68.
[51] *Huber* ZZP 114 (2001) 133, 163.

des Rechts des Arbeitsortes entzogen werden darf, ist wiederum nicht mehr das Recht des Drittstaates, sondern wiederum das Recht des Mitgliedsstaates, in dem der Arbeitnehmer gewöhnlich seine Arbeit verrichtet, anwendbar, so dass wiederum auch der Anwendungsbereich des Art. 10 eröffnet ist.

Art. 11. Wirkung auf eintragungspflichtige Rechte

Für die Wirkungen des Insolvenzverfahrens auf Rechte des Schuldners an einem unbeweglichen Gegenstand, einem Schiff oder einem Luftfahrzeug, die der Eintragung in ein öffentliches Register unterliegen, ist das Recht des Mitgliedsstaats maßgebend, unter dessen Aufsicht das Register geführt wird.

Literatur: *Balz,* Das neue Europäische Insolvenzübereinkommen, ZIP 1996, 948; *Leible/Staudinger,* Die europäische Verordnung über Insolvenzverfahren, KTS 2000, 533; *Flessner,* in *Stoll,* Vorschläge und Gutachten, S. 219, 225 f.; *Taupitz,* Das (zukünftige) europäische Internationale Insolvenzrecht – insbesondere aus internationalprivatrechtlicher Sicht, ZZP 111 (1998) 315, 346 f.; *von Bismarck/Schümann-Kleber,* Insolvenz eines ausländischen Sicherungsgebers – Anwendung deutscher Vorschriften auf die Verwertung in Deutschland belegener Kreditsicherheiten, NZI 2005, 147; *dies.,* Insolvenz eines deutschen Sicherungsgebers – Auswirkungen auf die Verwertung im Ausland belegener Kreditsicherheiten, NZI 2005, 89.

Übersicht

	RdNr.		RdNr.
I. Normzweck	1	5. Belegenheit in einem Mitgliedsstaat ...	9
II. Voraussetzungen	4	III. Rechtsfolgen	11
1. Erfasste Vermögensgegenstände	4	1. Lex libri siti	11
2. Rechte des Schuldners	5	2. Verhältnis zu anderen Unwirksamkeitsgründen	15
3. Eintragungsfähige Rechte	6		
4. Zeitpunkt der Eintragung	8		

I. Normzweck

1   Art. 11 ist hinsichtlich seines Anwendungsbereiches und seiner Rechtsfolgen eine der unklarsten Vorschriften der EuInsVO. Dementsprechend erschließt sich auch aus den gängigen Kommentierung, der Sinn und Zweck sowie die praktische Anwendung der Vorschrift nicht eindeutig.

2   Die Vorschrift geht auf einen deutschen Vorschlag zurück und soll für den Rechtsverkehr die **Verlässlichkeit des Registerrechts** bestätigen. Nach *Balz,* dem damaligen ständigen Vorsitzenden der Arbeitsgruppe Konkursübereinkommen des Rates der Europäischen Union, sollte die gleichlautende Vorschrift der EuIÜ[1] Vorschrift vor allem den **numerus clausus der Rechte an Immobilien und Grundbucheintragungen** sichern; der Bericht[2] – so Balz damals – werde klarstellen, dass es „lediglich" darum geht, die Wirkungen des ausländischen Insolvenzverfahrens so anzupassen, dass das Register nicht durch fremdartige Eintragungen gestört wird.[3] Nach *Virgos/Garcimartin* soll Art. 11 zwei Zwecke verfolgen: einerseits sollen Konflikte zwischen der *lex fori concursus* und dem Recht des Registerstaates vermieden werden, zum anderen soll der Handel und das Vertrauen des Rechtsverkehrs in die Registereintragungen geschützt werden.[4]

---

[1] Vgl. zur geschichtlichen Entwicklung, vor Art. 1 RdNr. 6 f.
[2] Gemeint ist der später erschienene Erläuternde Bericht von *Virgos/Schmit.*
[3] *Balz* ZIP 1996, 948, 950.
[4] *Virgos/Garcimartin,* European Insolvency Regulation, RdNr. 222; vgl. auch schon *Virgos/Schmit,* Erläuternder Bericht, RdNr. 129 f.; ähnlich auch die Kommentarliteratur, vgl. MünchKommBGB-*Kindler,* Bd. 11, Art. 11 RdNr. 347; *Duursma-Kepplinger,* Europäische Insolvenzverordnung, Art. 11 RdNr. 5; FK-*Wimmer,* Anh I RdNr. 47; *Taupitz* ZZP 111 (1998) 315, 346; HK-*Stephan,* Art. 11 RdNr. 1; *Nerlich/Römermann/Mincke,* Art. 11 RdNr. 1; HambKomm-*Undritz* Art. 11 RdNr. 1.

Wirkung auf eintragungspflichtige Rechte　　　　　　　3–5　**Art. 11 EuInsVO**

Für das Verständnis von Art. 11 ist zu beachten, dass die Vorschrift Schnittstellen zu **3** mehreren anderen Sonderanknüpfungen der Verordnung aufweist, nämlich zu Art. 5 (dingliche Rechte Dritter und Gläubiger), zu Art. 8 (Wirkungen der Verfahrenseröffnung auf unbewegliche Gegenstände), zu Art. 14 (Schutz des Dritterwerbers bei Verfügungen über unbewegliche Gegenstände, Schiffe, Luftfahrzeuge) und zu Art. 22 (Eintragung in öffentliche Register). Während bei den Anwendungsvoraussetzungen des Art. 11 weitgehend Einigkeit herrscht, ist die Rechtsfolgenseite von Art. 11 jedoch strittig und bisher gerichtlich nicht weiter geklärt.

II. Voraussetzungen

1. Erfasste Vermögensgegenstände. Art. 11 erfasst nur bestimmte Vermögensgegen- **4** stände, nämlich Rechte an Grundstücken, Schiffen oder Flugzeugen, die der Eintragung in ein öffentliches Register unterliegen.[5] Weitere Vermögensgegenstände werden nicht erfasst, selbst wenn diese in öffentlichen Registern geführt werden.[6] Art. 11 lässt offen, wie die Begriffe „unbeweglicher Gegenstand, Schiffe oder Luftfahrzeuge" zu bestimmen sind. Entgegen der bei vielen Vorschriften bevorzugten verordnungsautonomen Auslegung dieser Rechtsbegriffe empfiehlt sich bei Art. 11 eine Anknüpfung an das Recht des Registerstaates zur Bestimmung der in der Verordnung genannten Rechtsbegriffe.[7] Soweit Art. 11 nämlich die Verlässlichkeit des Registers und das Vertrauen in den numerus clausus der Eintragungen schützt, ist auch ein Gleichlauf zwischen den der Registrierung nach dem Registerrecht unterliegenden Vermögensgegenständen mit dem Anwendungsbereich von Art. 11 erforderlich. Andernfalls wäre theoretisch denkbar, dass bei einer vertragsautonomen Auslegung Vermögensgegenstände nicht erfasst werden, die aber von dem Recht des Registergerichtes der Registereintragung unterfallen. Die Rechtsprobleme, die sich üblicherweise aus der Bestimmung von Rechtsbegriffen der Verordnung durch das nationale Recht ergeben, nämlich starke Abweichungen des nationalen Rechts von den Rechtsbegriffen der Verordnung, sind bei den registerbezogenen Rechtbegriffen der „unbeweglichen Gegenstände, Schiffe oder Luftfahrzeuge" als gering anzusehen, so dass auch von daher die üblichen Bedenken gegen eine Begriffsbestimmung durch das nationale Recht nicht ins Gewicht fallen.

2. Rechte des Schuldners. Art. 11 erfasst seinem ausdrücklichen Anwendungsbereich **5** nach nur die Rechte **des Schuldners** an den Vermögensgegenständen (unbewegliche Gegenstände, Schiffe, Luftfahrzeuge).[8] Rechte der Gläubiger an den Vermögensgegenständen oder auch mögliche Rechte Dritter werden dagegen von Art. 11 nicht erfasst. Die auf den ersten Blick überraschende Beschränkung auf Rechte des Schuldners erklärt sich jedoch aus der Funktion der Vorschrift, insbesondere auch aus deutscher Sicht (zumal die Vorschrift auf einen deutschen Vorschlag zurück geht): denn eingetragen werden in diese Register für Grundstücke, Schiffe und Luftfahrzeuge in der Regel die Verfahrenseröffnung über das Vermögen des Schuldners oder Verfügungsbeschränkungen zu Lasten des Schuldners, soweit der Schuldner Eigentümer ist oder über in besondere Register eingetragene Rechte verfügt.

---

[5] *Duursma-Kepplinger,* Europäische Insolvenzverordnung, Art. 11 RdNr. 3; *Huber,* in *Geimer/Schütze,* Int. Rechtsverkehr, B Vor I 20 b, Art. 11, RdNr. 1; *Mäsch,* in *Rauscher,* Europ. Zivilprozessrecht, Bd. 2, Art. 11 EGInsVO RdNr. 3; *Haubold,* in *Gebauer/Wiedmann,* Zivilrecht, Art. 11 RdNr. 138; *Smid,* Int. Insolvenzrecht, Art. 11 RdNr. 1.

[6] Missverständlich insoweit MünchKommBGB-*Kindler,* Bd. 11, Art. 11 RdNr. 352, der bei der Beschreibung des öffentlichen Registers auch Patent- oder Wertpapierregister mit aufzählt, die im Rahmen des Art. 11 jedoch nicht einschlägig sind.

[7] Ebenso *Paulus,* Europäische Insolvenzverordnung, Art. 11 RdNr. 4.

[8] *Virgos/Schmit,* Erläuternder Bericht, RdNr. 131; *Virgos/Garcimartin,* European Insolvency Regulation, RdNr. 226; *Duursma-Kepplinger,* Europäische Insolvenzverordnung, Art. 11 RdNr. 14; *Flessner,* in *Stoll,* Vorschläge und Gutachten, S. 225; *Haubold,* in *Gebauer/Wiedmann,* Zivilrecht, Art. 11 RdNr. 138; *Kemper* ZIP 2001, 1609, 1616; *Mäsch,* in *Rauscher,* Europ. Zivilprozessrecht, Bd. 2, Art. 11 EG-InsVO, RdNr. 2; *Nerlich/Römermann/Mincke,* Art. 11 RdNr. 2; MünchKommBGB-*Kindler,* Bd. 11, Art. 11 RdNr. 349; *Paulus,* Europäische Insolvenzverordnung, Art. 11 RdNr. 2; *von Bismarck/Schümann-Kleber* NZI 2005, 147, 149.

Für die Rechte Dritter oder Gläubiger kommen als Sondervorschriften Art. 5 für dingliche Rechte, Art. 8 für Wirkungen der Verfahrenseröffnung auf einen Erwerbs- oder Nutzungsvertrag oder auch Art. 14 in Frage, der den Schutz des Dritterwerbers bezweckt.[9]

6 **3. Eintragungsfähige Rechte.** Art. 11 beschränkt seinen Anwendungsbereich auf die Rechte, die der Eintragung in ein **öffentliches Register** unterliegen. Der Begriff des öffentlichen Registers ist hierbei ähnlich wie in der Definition gemäß Art. 2 lit. g), 2. Spiegelstrich, weit zu verstehen:[10] Entscheidend ist hierbei nicht, dass das Register von einer öffentlichen Stelle, Behörde oder Amt geführt wird, sondern dass das Register für den Rechtsverkehr zugänglich ist, worauf sich gerade die mit Art. 11 bezweckte Stärkung des Vertrauens des Rechtsverkehrs begründet.[11]

7 Entgegen der hM sowie entgegen der in der Vorauflage noch vertretenen Auffassung schließt sich der Bearbeiter der von *Flessner* vertretenen Auffassung an, dass Art. 11 auf die **Eintragungsfähigkeit** der Wirkungen eines Insolvenzverfahrens zu reduzieren ist.[12] Die *lex fori concursus* bestimmt daher, welche tatsächlichen Wirkungen mit der Verfahrenseröffnung eintreten; das Registerrecht bestimmt dagegen, welche dieser Wirkungen grundsätzlich eingetragen werden können und mit dem Registerrecht konform sind. Nur hinsichtlich der nach dem Registerrecht eintragungsfähigen Wirkungen findet gemäß dem Registerrecht eine entsprechende Eintragung statt. Nach deutschem Registerrecht wäre daher gemäß §§ 32, 33 InsO die Verfahrenseröffnung selbst einzutragen. Verfügungsbeschränkungen im vorläufigen Insolvenzeröffnungsverfahren, die das ausländische Insolvenzrecht vorsieht, sind nach § 23 Abs. 3 InsO eintragungsfähig. Die von der hM vertretene Auffassung, dass das Recht des Registerstaates zugleich auch materiellrechtlich Wirkungen des Insolvenzverfahrens auf die Rechte des Schuldners „mitbestimme", ist dagegen abzulehnen (zur Begründung vgl. unten RdNr. 11 ff.)

8 **4. Zeitpunkt der Eintragung.** Nach dem Wortlaut von Art. 11 werden Rechte erfasst, die „der Eintragung unterliegen". Nach dem Wortlaut ist daher nicht Voraussetzung, dass das eintragungsfähige Recht zum Zeitpunkt der Verfahrenseröffnung bereits im Register eingetragen wurde.[13] Das stimmt auch mit der hier vertretenen Auffassung überein, dass Art. 11 auf die Eintragungsfähigkeit zu beschränken ist. Daher ist der Zeitpunkt der Eintragung auch kein Tatbestandsmerkmal von Art. 11.

9 **5. Belegenheit in einem Mitgliedsstaat.** Soweit die von Art. 11 erfassten Vermögensgegenstände unter Aufsicht eines Registers geführt werden, das im Staat des Hauptverfahrens liegt oder in dem Mitgliedstaat eines Sekundärverfahrens, so besteht für die Sonderanknüpfung nach Art. 11 an sich kein Anwendungsbedürfnis. Sowohl Art. 8 als auch Art. 4 gelangen jeweils zum gleichen anwendbaren Recht. Praktisch relevant ist die Sonderanknüpfung nach Art. 11 daher nur dann, wenn das Register unter Aufsicht eines Mitgliedsstaates geführt wird, in dem weder ein Haupt- noch ein Sekundärverfahren (oder Partikularverfahren) durchgeführt wird.

10 Strittig ist die Rechtsfolge wiederum, wenn die betroffenen Vermögensgegenstände in Registern geführt werden, die der Aufsicht von Drittstaaten unterstehen. Während einige Autoren es sodann bei der alleinigen Maßgeblichkeit der *lex fori concursus* nach Art. 4 Abs. 1

---

[9] Dass die Rechte Gläubiger oder Dritter von Art. 11 nicht erfasst werden, entspricht der ganz allgemeinen Auffassung, vgl. Nachweise in voriger Fußnote.
[10] Vgl. oben, Art. 2 RdNr. 18.
[11] Vgl. *Duursma-Kepplinger*, Europäische Insolvenzverordnung, Art. 11 RdNr. 2; *Huber*, in *Geimer/Schütze*, Int. Rechtsverkehr, B Vor I 20b, Art. 11 RdNr. 1, Art. 2 RdNr. 4; MünchKommBGB-*Kindler*, Bd. 11, Art. 11 RdNr. 352; *Mäsch*, in *Rauscher*, Europ. Zivilprozessrecht, Bd. 2, Art. 11 RdNr. 4; *Pannen*, in Breutigam/Blersch/Goetsch, Art. 11 RdNr. 3; *Smid*, Int. Insolvenzrecht, Art. 11 RdNr. 3; *Virgos/Schmit,* Erläuternder Bericht, RdNr. 132, 69; *Virgos/Garcimartin,* European Insolvency Regulation, RdNr. 225.
[12] So *Flessner* in Stoll, Vorschläge und Gutachten, S. 225 f.; *Balz* ZIP 1996, 948, 950; wohl auch *Taupitz* ZZP 111 (1998) 315, 347.
[13] So z. B. *Mohrbutter/Ringstmeier/Werner* § 20 RdNr. 256; *Mäsch*, in *Rauscher*, Europ. Zivilprozessrecht, Bd. 2, Art. 11 RdNr. 5.

belassen,¹⁴ ergibt sich aus der hier vertretenen Auffassung zum sachlich-räumlichen Anwendungsbereich der Verordnung, dass sich die Rechte des Schuldners an den von Art. 11 erfassten Vermögensgegenständen nicht nach der Verordnung richten, sondern ausschließlich nach dem autonomen Kollisionsrecht eines jeden Mitgliedsstaates.¹⁵

III. Rechtsfolgen

1. Lex libri siti. Während Art. 8 bis 10 ihrem Wortlaut nach eine ausschließliche Sonderanknüpfung vorsehen, ist die Anknüpfung in Art. 11 nach seinem Wortlaut nicht als ausschließliche Anknüpfung an das Recht des Registerstaates ausgestaltet. An die Bedeutung dieser Unterscheidung knüpft die Diskussion im Rahmen der Bedeutung und der Rechtsfolgen des Art. 11 an. Die hM, die entgegen der oben vertretenen Auffassung die Reichweite von Art. 11 nicht auf die Eintragungsfähigkeit beschränkt, sondern auf alle eintragungsfähigen Rechte erstreckt, sieht in dem Fehlen des Begriffes „ausschließlich" einen Hinweis, dass die *lex fori concursus* und die *lex libri siti* kumulativ angewendet werden müssten. Allerdings bilde die *lex libri siti* die „Obergrenze" für die von der *lex fori concursus* vorgesehenen Wirkungen.¹⁶ Diese Auffassung ist jedoch abzulehnen. 11

Zunächst kann die kumulative Anknüpfung nicht alleine aus dem Umkehrschluss des Fehlens des Wortes „ausschließlich" hergeleitet werden. Der Begriff „ausschließlich" fehlt auch in Art. 14, wird jedoch von den Autoren der hM dort ebenfalls nicht als Hinweis für eine kumulative Anknüpfung gesehen.¹⁷ Kumulative Anknüpfungen machen nur Sinn, wenn beabsichtigt ist, dass aus beiden Rechtsordnungen die Schnittmenge gewählt werden muss. Prüft man die Wirkungen eines Insolvenzverfahrens auf die **Rechte des Schuldners** – wie der Wortlaut der Vorschrift es vorsieht – kumulativ nach zwei Rechtsordnungen, so führt dies dazu, dass nur die (kleinere) Schnittmenge der Wirkungen aus beiden Rechtsordnungen überhaupt eintritt.¹⁸ Die Wirkungen der *lex fori concursus* werden demnach „zurückgedrängt". Verständlich wird die Ungeeignetheit einer kumulativen Anknüpfung an die Rechte des Schuldners auch, wenn man die in der Literatur vertretenen Auffassungen an einem Beispiel näher betrachtet. Primärer Anwendungsfall in der Praxis werden die in einem Insolvenzverfahren regelmäßig angeordneten Verfügungsbeschränkungen sein, die für die Verfügungsbefugnis des Schuldners ausgesprochen werden.¹⁹ Mit „Wirkungen auf Rechte des Schuldners" sind also in der Regel die Verfügungsbeschränkungen gemeint. 12

Unterstellt in einem Hauptverfahren treten bei Bestellung eines vorläufigen Insolvenzverwalters zugleich – gesetzlich angeordnet – Verfügungsbeschränkungen ein, wogegen das Insolvenzrecht des Registergerichts für den Fall der Bestellung eines vorläufigen Insolvenzverwalters keine automatische Beschränkung der Verfügungsbefugnis vorsieht (wenn auch ansonsten gerichtlich angeordnete Verfügungsbeschränkungen möglich und eintragungsfähig 13

---

¹⁴ So z. B. *Mohrbutter/Ringstmeier/Werner* § 20 RdNr. 256; *Mäsch,* in *Rauscher,* Europ. Zivilprozessrecht, Bd. 2, Art. 11 RdNr. 5.

¹⁵ Vgl. bereits oben, zum sachlich-räumlichen Anwendungsbereich, Art. 1 RdNr. 12; ebenso auch *Virgos/Garcimartin,* European insolvency regulation, RdNr. 225; unklar *Haubold,* in *Gebauer/Wiedmann,* Zivilrecht, Art. 11 RdNr. 141.

¹⁶ *Virgos/Schmit,* Erläuternder Bericht, RdNr. 130; *Virgos/Garcimartin,* European insolvency regulation, RdNr. 223; *Duursma-Kepplinger,* Europäische Insolvenzverordnung, Art. 11 RdNr. 7, 10; *Haubold,* in *Gebauer/Wiedmann,* Zivilrecht, Art. 11 RdNr. 140; *Huber,* in *Geimer/Schütze,* Int. Rechtsverkehr, B Vor I 20 b, Art. 11 RdNr. 4; *Leible/Staudinger* KTS 2000, 533, 557; *MünchKommBGB-Kindler,* Bd. 11, Art. 11 RdNr. 354; *Taupitz,* ZZP 111 (1998) 315, 346.

¹⁷ So z. B. *Duursma-Kepplinger,* Europäische Insolvenzverordnung, Art. 14 RdNr. 15 ff.; *Mäsch,* in *Rauscher,* Europ. Zivilprozessrecht, Bd. 2, Art. 14 EG-InsVO RdNr. 7 f.; *MünchKommBGB-Kindler,* Bd. 11, Art. 14 RdNr. 395 f.

¹⁸ Wegen der sich aus der kumulativen Anknüpfung ergebenden Minimierung subjektiver Rechte wird die kumulative Anknüpfung im IPR auch kritisch gesehen, vgl. hierzu auch *Kegel/Schurig,* IPR, S. 319 ff.; *v. Bar/Mankowski,* IPR, Bd. 1, § 7 RdNr. 101.

¹⁹ So auch *Virgos/Garcimartin,* European Insolvency Regulation, RdNr. 245 (in Bezug auf Art. 14).

sind). Die kumulative Anknüpfung führt dazu, dass im Register nun keine Eintragung erfolgen kann, weil hierfür keine Übereinstimmung zwischen beiden Rechtsordnungen besteht. Da Art. 11 vom Wortlaut her an die Wirkungen des Insolvenzverfahrens anknüpft, müssen die Wirkungen nach beiden Rechtsordnungen eintreten. Es wird also nicht einmal die Verfügungsbeschränkung aus dem Hauptverfahren mehr kollisionsrechtlich anerkannt. Damit würde die Sonderanknüpfung in Art. 11 jedoch einen möglichen Dritterwerber privilegieren. Denn der vorläufige Insolvenzverwalter könnte keinen Registereintrag bewirken, der einen gutgläubigen Erwerb durch einen Dritten verhindern könnte.[20] Auch das macht deutlich, dass durch die kumulative Geltung der *lex fori concursus* und die *lex libri siti* die nach Art. 4 Abs. 2 lit. b) angeordnete Geltung der *lex fori concursus* eingeschränkt wird. Das jedoch ist systemwidrig. Eine Einschränkung der *lex fori concursus* wird in allen anderen Sonderanknüpfungen vorgenommen, um Rechte der Gläubiger entsprechend zu berücksichtigen. Um diese geht es jedoch in Art. 11 nicht.

14   Aus diesen Gründen hält der Bearbeiter auch die in der Vorauflage vertretene Auffassung, dass es sich trotz des Fehlens des Begriffes „ausschließlich" um eine ausschließliche Anknüpfung handelt, nicht mehr aufrecht. In diesem Fall würde nämlich die *lex fori concursus* durch die *lex libri siti* verdrängt, wozu grundsätzlich – jedenfalls für die Rechte des Schuldners – ebenfalls keine Veranlassung besteht. Hinzu kommt, dass die von dem Bearbeiter in der Vorauflage (aber auch von der hM) vertretene Auffassung nicht im Einklang mit Art. 14 zu bringen ist. Art. 14 wäre nämlich mit der Anordnung des Belegenheits- bzw. Registerrechts obsolet, wenn schon Art. 11 bezüglich der Wirkungen des Insolvenzverfahrens die Anordnung der *lex libri siti* für die Rechte des Schuldners vorschreiben würde. Zu derartigen Überschneidungen kommt es jedoch nicht, wenn man Art. 11 hinsichtlich seiner Reichweite auf die Funktionen beschränkt, die im Rahmen der Ausarbeitung der EuIÜ geäußert wurden: nämlich dass das Registerrecht nicht durch fremdartige Eintragungen gestört werden soll, die die *lex fori concursus* vorsieht und dass das Vertrauen in die Eintragungen der Register geschützt werden müsse.[21] Dieses Vertrauen besteht – wie für Register typisch – sowohl in dem Umstand, dass bestimmte Rechte eingetragen werden bzw. dass bei Fehlen entsprechender Eintragungen von anderweitigen Rechten nicht ausgegangen werden muss.[22] Art. 11 will daher für die Wirkungen des Insolvenzverfahrens keine von der *lex fori concursus* abweichende Anknüpfung herbeiführen, sondern alleine für die Frage der Eintragungsfähigkeit der Wirkungen eine Anpassung an die *lex libri siti* vornehmen.[23] Der Anwendungsbereich von Art. 11 ist daher auf die Eintragungsfähigkeit zu beschränken; die Wirkungen des Insolvenzverfahrens auf die Rechte des Schuldners bestimmen sich daher weiterhin nach der *lex fori concursus*; lediglich die Eintragungsfähigkeit dieser so ermittelten Wirkungen richtet sich nach der *lex libri siti*.

15   **2. Verhältnis zu anderen Unwirksamkeitsgründe.** Da sich Art. 11 nur auf die Rechte des Schuldners, und nicht etwa die Rechte des Gläubigers bezieht, enthält Art. 11 abweichend von Art. 5, 6, 7 oder 9 auch keine die Reichweite einschränkende Klarstellung dahingehend, dass andere Unwirksamkeitsgründe gemäß Art. 4 Abs. 2 lit. m) unberührt blieben. Diese Einschränkung ist grundsätzlich nur bezüglich der Rechte der Gläubiger oder Dritter notwendig, da nur insoweit eine die Gesamtheit der Gläubiger benachteiligende Wirkung denkbar ist.

---

[20] Vgl. hierzu Art. 14 RdNr. 12.
[21] Vgl. *Duursma-Kepplinger,* Europäische Insolvenzverordnung, Art. 11 RdNr. 7 f; *Balz* ZIP 1996, 948, 950; FK-*Wimmer* Anh I RdNr. 49.
[22] Vgl. im deutschen Recht § 15 HGB: *Baumbach/Hopt* § 15 RdNr. 1; *Ensthaler,* HGB, § 15 RdNr. 3; MünchKommHGB-*Lieb,* Bd. 1, § 15 RdNr. 33; §§ 891, 892 BGB: MünchKommBGB-*Wacke,* Bd. 6, § 891 RdNr. 1, § 892 RdNr. 1; *Staudinger/Gursky* § 891 RdNr. 1 f., § 892 RdNr. 3 f.; *Palandt/Bassenge* § 891 RdNr. 1, § 892 RdNr. 1.
[23] Wie hier: *Duursma-Kepplinger,* Europäische Insolvenzverordnung, Art. 11 RdNr. 8; *Flessner,* in *Stoll,* Vorschläge und Gutachten, S. 219, 225 f.; *Taupitz* ZZP 111 (1998) 315, 346.

Art. 12. Gemeinschaftspatente und -marken

Für die Zwecke dieser Verordnung kann ein Gemeinschaftspatent, eine Gemeinschaftsmarke oder jedes andere durch Gemeinschaftsvorschriften begründete ähnliche Recht nur in ein Verfahren nach Art. 3 Abs. 1 miteinbezogen werden.

Literatur: *Benkard*, Patentgesetz Gebrauchsmustergesetz, Kommentar, Bd. 4, 10. Auflage, 2004 (zit.: *Bearbeiter*, in *Benkard*, PatG); *Bulling/Langöhrig/Hellwig*, Gemeinschaftsgeschmacksmuster, 2003; *Ruhl*, Gemeinschaftsgeschmacksmuster, Kommentar, 1. Auflage, 2007 (zit.: *Ruhl*, GGV); *Eisenführ/Schennen*, Gemeinschaftsmarkenverordnung, Kommentar, 1. Auflage, 2003 (zit.: *Eisenführ/Schennen*, GMV).

Übersicht

	RdNr.		RdNr.
I. Normzweck	1	III. Rechtsfolgen	7
II. Erfasste Schutzrechte	3	1. Einbeziehung in die Masse des Hauptverfahrens	8
1. Gemeinschaftspatent	3		
2. Gemeinschaftsmarke	5	2. Belegenheit zum Zwecke von Art. 5	10
3. Ähnliche Rechte	6		

I. Normzweck

Bei Art. 12 handelt es sich systematisch nicht um eine Kollisionsnorm, sondern um eine Norm, die in Abweichung zu Art. 2 lit. g), zweiter Spiegelstrich, den **Lageort** bestimmter Vermögensgegenstände definiert.[1] Das ist bei den gewerblichen Schutzrechten, die auf dem Gemeinschaftsrecht basieren, schon deswegen notwendig, weil diese – anders als die nationalen gewerblichen Schutzrechte – unmittelbare Wirkung im gesamten Gemeinschaftsgebiet haben. Diese müssen im Fall paralleler Insolvenzverfahren daher zum Zwecke der Feststellung der Belegenheit lokalisiert und damit einem der Verfahren zugeordnet werden.[2] Die bisherigen Verordnungen zu gemeinschaftsweiten gewerblichen Schutzrechten sahen vor, dass diese gewerblichen Schutzrechte in die Masse des Insolvenzverfahrens fallen, das zuerst eröffnet wurde.[3] Dieser Prioritätsgrundsatz entspricht jedoch nicht dem System der Verteilung der Vermögensgegenstände auf das Haupt- und Sekundärverfahren nach der EuInsVO.[4] Art. 12 ordnet daher an, dass gewerbliche Schutzrechte, die in einem Gemeinschaftsregister geführt werden, in das Hauptverfahren einbezogen werden. Eine Zuordnung zu einem Insolvenzverfahren ist zudem notwendig, weil es sich bei den in Art. 12 genannten gewerblichen Schutzrecht um sog. einheitliche Rechte handelt, die unteilbar sind.[5] Eine territoriale Aufteilung wäre daher nicht möglich.

Die Regelung hat in der Praxis zwei Konsequenzen: Findet in dem Mitgliedsstaat, in dem das Gemeinschaftsregister geführt wird, ein Sekundärverfahren statt, so gehört das Recht aus dem Gemeinschaftsregister in die Vermögensmasse des Hauptverfahrens und nicht in die Masse des Sekundärverfahrens. Art. 3 Abs. 2 Satz 2, i. V. m. Art. 2 lit. g) wird daher von der Sonderregelung des Art. 12 überlagert.[6] Darüber hinaus gilt für die dinglichen Rechte an diesen Rechten Art. 5 Abs. 1 nicht.[7] Daher unterliegen die dinglichen Rechte eines Gläubigers an diesen Rechten ebenfalls den insolvenzrechtlichen Beschränkungen des Rechts des Hauptverfahrensstaates (Art. 4).

---

[1] *Haubold*, in *Gebauer/Wiedmann*, Zivilrecht, Art. 12 RdNr. 142; MünchKommBGB-*Kindler*, Bd. 11, Art. 12 RdNr. 356; aA *Huber*, in *Geimer/Schütze*, Int. Rechtsverkehr, B Vor I 20 b, Art. 12 RdNr. 5; *Kübler/Prütting/Kemper*, Art. 12 EuInsVO RdNr. 4.

[2] So wohl *Virgos/Garcimartin*, European Insolvency Regulation, RdNr. 229.

[3] So die nachfolgend darstellten Verordnungen zur Gemeinschaftsmarke (dort Art. 21) und zum Sortenschutz (dort Art. 25).

[4] So ausdrücklich *Moss/Smith*, in *Moss/Fletcher/Isaacs*, EC Regulation, RdNr. 8.123.

[5] Vgl. zur Gemeinschaftsmarke Art. 1 Abs. 2; zum Gemeinschaftsgeschmacksmuster Art. 1 Abs. 3.

[6] MünchKommBGB-*Kindler*, Bd. 11, Art. 12 RdNr. 356; *Paulus*, Europäische Insolvenzverordnung, Art. 12 RdNr. 3; *Virgos/Garcimartin*, European Insolvency Regulation, RdNr. 228.

[7] Diese Konsequenz ist allerdings strittig, vgl. unten RdNr. 10.

II. Erfasste Schutzrechte

3 **1. Gemeinschaftspatent.** Art. 12 gilt nach dem Wortlaut ausdrücklich für das Gemeinschaftspatent, obwohl ein solches zum Zeitpunkt der Verabschiedung der Verordnung nicht bestand. Zwar hatte die EU sowohl 1975 mit dem Übereinkommen für das Patent für den Gemeinsamen Markt als auch 1989 mit der Luxemburger Vereinbarung über das Gemeinschaftspatent[8] einen Anlauf zur Kodifizierung genommen. Beide Übereinkommen sind jedoch nicht in Kraft getreten.[9] Seit Jahren liegt nunmehr ein Vorschlag der Kommission für eine Verordnung des Rates über ein Gemeinschaftspatent „auf dem Tisch".[10] Es bleibt jedoch abzuwarten, ob diesmal die Umsetzung gelingen wird. Sollte es zu einer entsprechenden Verordnung über ein gemeinschaftsweites Patent kommen, so wird dieses unzweifelhaft unter Art. 12 fallen.

4 Das in Art. 12 genannte Gemeinschaftspatent ist nicht zu verwechseln mit dem europäischen Patent, das gemäß dem Europäischen Patentübereinkommen (EPÜ)[11] vom dem Europäischen Patentamt mit Sitz in München erteilt wird. Im Gegensatz zu dem geplanten Gemeinschaftspatent handelt es sich bei dem europäischen Patent nicht um ein Patent, das in der gesamten europäischen Gemeinschaft Gültigkeit entfaltet. Lediglich die Patentanmeldung und das Verfahren zur Patenterteilung erfolgen zentral beim Europäischen Patentamt. Mit der Erteilung zerfällt das europäische Patent in ein „Bündel" einzelner nationaler Patente in den Staaten, die in der Anmeldung benannt worden sind.

5 **2. Gemeinschaftsmarke.** Art. 12 gilt zudem ausdrücklich auch für die Gemeinschaftsmarke.[12] Diese ist nach Art. 1 Abs. 2 GMV einheitlich und hat einheitliche Wirkungen für die gesamte Gemeinschaft. Sie kann dementsprechend auch nur für das gesamte Gemeinschaftsgebiet eingetragen oder übertragen werden.[13] Registerführende Stelle ist das Harmonisierungsamt für den Binnenmarkt (HABM)[14] mit Sitz in Alicante.[15]

6 **3. Ähnliche Rechte.** Die Vorschrift gilt darüber hinaus für jedes andere durch Gemeinschaftsvorschriften begründete Recht. Hierzu zählt zunächst die Verordnung des Rates über das **Gemeinschaftsgeschmacksmuster** (GGV),[16] das ebenfalls einheitliche Wirkung in der gesamten Gemeinschaft hat. Registerführendes Amt ist auch hier – ebenso wie bei der Gemeinschaftsmarke – das Harmonisierungsamt für den Binnenmarkt in Alicante.[17] Als weiteres durch Gemeinschaftsvorschriften begründetes ähnliche Recht zählt auch die EG Verordnung über den gemeinschaftlichen **Sortenschutz**.[18] Dagegen fallen die Verordnung über die Schaffung eines ergänzenden Schutzzertifikates für Arznei-

---

[8] Vgl. 89/695/EWG: Vereinbarung über Gemeinschaftspatente – Geschlossen in Luxemburg am 15. Dezember 1989, ABl. EG Nr. L 401/1 vom 30. 12. 1989.
[9] Vgl. *Ullmann*, in *Benkard*, PatG, Internationaler Teil RdNr. 154 f. mit weiteren Nachweisen.
[10] Vorschlag für eine Verordnung des Rates über das Gemeinschaftspatent vom 1. 8. 2000, ABl. EG Nr. C 337 E/278 vom 28. 11. 2000; in geänderten Fassungen auch abrufbar unter http://ec.europa.eu/internal_market/indprop/patent/index_de.htm (Stand: 21. 6. 2007). Dort findet sich zugleich eine Pressemitteilung sowie eine Mitteilung der Kommission an das Europäische Parlament und den Rat zur Vertiefung des Patentsystems in Europa vom 3. 4. 2007. Vgl. hierzu *Ullmann*, in *Benkard*, PatentG, Internationaler Teil RdNr. 155 mit weiteren Nachweisen.
[11] Vgl. hierzu *Ullmann*, in *Benkard*, PatG, Internationaler Teil, RdNr. 101 ff.
[12] Verordnung (EG) Nr. 40/94 des Rates vom 20. 12. 1993 über die Gemeinschaftsmarke (abgekürzt: GMV), ABl. EG Nr. L 11/1 vom 14. 1. 1994.
[13] Zum Grundsatz der Einheitlichkeit nach Art. 1 GMV vgl. *Eisenführ/Schennen*, GMV, Art. 1 RdNr. 21 ff.
[14] Http://oami.europa.eu/de/default.htm (Stand: 21. 6. 2007).
[15] Vgl. Art. 2 GMV.
[16] Vgl. Verordnung (EG) Nr. 6/2002 des Rates vom 12. 12. 2001 über das Gemeinschaftsgeschmacksmuster (abgekürzt: GGV), ABl. EG Nr. L 3/1 vom 5. 1. 2002; Berichtigung der Verordnung (EG) Nr. 6/2002 des Rates vom 12. 12. 2001 über das Gemeinschaftsgeschmacksmuster (ABl. EG Nr. L 3/1 vom 5. 1. 2002), ABl. EG Nr. L 179/31 vom 9. 7. 2002.
[17] Vgl. Art. 2 GGV.
[18] Verordnung (EG) Nr. 2100/94 des Rates vom 27. 7. 1994 über den gemeinschaftlichen Sortenschutz, ABl. EG Nr. L 227/1 vom 1. 9. 1994.

mittel[19] oder die Verordnung über die Schaffung eines ergänzenden Schutzzertifikates für Pflanzenschutzmittel[20] nicht unter den Begriff der ähnlichen Rechte, da diese Verordnungen nicht die Schaffung eines einheitlich im gesamten Gemeinschaftsgebiet wirkenden, gewerblichen Schutzrechtes vorsehen.[21]

III. Rechtsfolgen

Als Rechtsfolge sieht Art. 12 vor, dass das betreffende gewerbliche Schutzrecht *„für Zwecke der Verordnung in ein Verfahren nach Art. 3 Abs. 1 miteinbezogen werden kann"*. Diese Einbeziehung hat zwei Konsequenzen: **7**

1. Einbeziehung in die Masse des Hauptverfahrens. Nach unbestrittener Auffassung soll das betreffende gewerbliche Schutzrecht zum Vermögen des Hauptverfahrens gehören.[22] Die betreffenden gewerblichen Schutzrechte werden daher weder von einem Sekundärverfahren erfasst, noch in die Insolvenzmasse eines unabhängigen Partikularverfahrens einbezogen (wenn kein Hauptverfahren statt findet).[23] Soweit Verordnungen zu gewerblichen Schutzrechten noch anderweitige Vorschriften vorsehen, nämlich eine Zuordnung zu dem Insolvenzverfahren vornehmen, das zuerst eröffnet wurde, so werden diese Regelungen bei Anwendung der EuInsVO verdrängt.[24] Spätere Verordnungen, wie die Gemeinschaftsmarkenverordnung, sind dagegen bereits hinsichtlich der insolvenzrechtlichen Bezüge auf die EuInsVO abgestimmt.[25] **8**

Die Regelung gilt hinsichtlich ihres sachlich-räumlichen Anwendungsbereiches allerdings nur, wenn eines der Mitgliedsstaaten nach Art. 3 Abs. 1 zuständig ist. Hat der Schuldner dagegen seinen Sitz bzw. den Mittelpunkt seiner hauptsächlichen Interessen nicht in einem der Mitgliedsstaaten der Verordnung, so bestimmt sich die Frage Lokalisierung der gemeinschaftsrechtlichen Schutzrechte nach den einschlägigen allgemeinen Vorschriften der gemeinschaftsrechtlichen Verordnungen.[26] Hier richtet sich die Zuordnung von Schutzrechten **9**

---

[19] Verordnung (EWG) Nr. 1768/92 des Rates über die Schaffung eines ergänzenden Schutzzertifikates für Arzneimittel vom 18. 6. 1992, ABl. EG Nr. L 182/1 vom 2. 7. 1992.

[20] Verordnung (EG) Nr. 1610/96 des Europäischen Parlamentes und des Rates vom 23. 7. 1996 über die Schaffung eines ergänzenden Schutzzertifikates für Pflanzenschutzmittel, ABl. EG Nr. L 198/30 vom 8. 8. 1996.

[21] Vgl. zu den Verordnungen auch *Grabinski*, in Benkard, PatG, § 16 a RdNr. 8 ff.

[22] *Duursma-Kepplinger*, Europäische Insolvenzverordnung, Art. 12 RdNr. 10; *Fritz/Bähr* DZWIR 2001, 221, 229; *Haubold*, in *Gebauer/Wiedmann*, Zivilrecht, Art. 12 RdNr. 143; HK-*Stephan*, Art. 12 RdNr. 2; *Huber*, in *Geimer/Schütze*, Int. Rechtsverkehr, B Vor I 20 b, Art. 12 RdNr. 3; *Kemper* ZIP 2001, 1609, 1616; *Leible/Staudinger* KTS 2000, 533, 560; *Nerlich/Römermann/Mincke*, Art. 12 RdNr. 3; *Moss/Smith*, in *Moss/Fletcher/Isaacs*, EC Regulation, RdNr. 8.123; MünchKommBGB-*Kindler*, Bd. 11, Art. 12 RdNr. 361; *Pannen*, in *Breutigam/Blersch/Goetsch*, Art. 12 RdNr. 1; *Paulus*, Europäische Insolvenzverordnung, Art. 12 RdNr. 1; *Schack*, IZVR, RdNr. 1073; *Smid*, Int. Insolvenzrecht, Art. 12 RdNr. 1; HambKomm-*Undritz* Art. 12 RdNr. 1; *Virgos/Garcimartin*, European Insolvency Regulation, RdNr. 228 f.; strittig ist insoweit lediglich, ob es sich um eine Sonderregelung bezüglich des Lageortes handelt; verneinend: *Huber*, in *Geimer/Schütze*, Int. Rechtsverkehr, B Vor I 20 b, Art. 12 RdNr. 5.

[23] *Duursma-Kepplinger*, Europäische Insolvenzverordnung, Art. 12 RdNr. 11, Art. 28 RdNr. 17, 19; HK-*Stephan*, Art. 12 RdNr. 2; *Huber*, in *Geimer/Schütze*, Int. Rechtsverkehr, B Vor I 20 b, Art. 12 RdNr. 3; *Kübler/Prütting/Kemper*, Art. 12 EuInsVO RdNr. 6; dies. ZIP 2001, 1609, 1617; MünchKommBGB-*Kindler*, Bd. 11, Art. 12 RdNr. 361; *Pannen*, in *Breutigam/Blersch/Goetsch*, Art. 12 RdNr. 4.

[24] Die Vorschriften in der GMV (vgl. dort Art. 21 Abs. 1) sowie in der Sortenschutzverordnung (vgl. dort Art. 25) sehen ohnehin ausdrücklich vor, dass diese Prioritätsregel nur *„bis zum Inkrafttreten gemeinsamer Vorschriften der Mitgliedsstaaten auf diesem Gebiet"* gelten soll; ebenso: *Haubold*, in *Gebauer/Wiedmann*, Zivilrecht, Art. 12 RdNr. 143; *Kübler/Prütting/Kemper*, Art. 12 EuInsVO RdNr. 5; *Mäsch*, in Rauscher, Europ. Zivilprozessrecht, Bd. 2, Art. 12 EG-InsVO RdNr. 3; *Nerlich/Römermann/Mincke*, Art. 12 RdNr. 4; *Moss/Smith*, in *Moss/Fletcher/Isaacs*, EC Regulation, RdNr. 8.123; MünchKommBGB-*Kindler*, Bd. 11, Art. 12 RdNr. 363 f.; *Schack*, IZVR, RdNr. 1073; *Virgos/Garcimartin*, European Insolvency Regulation, RdNr. 229.

[25] Vgl. Art. 31 GMV; gleiches gilt für den Entwurf eines Gemeinschaftspatentes, vgl. dort Art. 18 Abs. 1.

[26] *Duursma-Kepplinger*, Europäische Insolvenzverordnung, Art. 12 RdNr. 12, *Eisenführ/Schennen*, GMV, Art. 20 RdNr. 20; HK-*Stephan*, Art. 12 RdNr 2; *Huber*, in *Geimer/Schütze*, Int. Rechtsverkehr, B Vor I 20 b, Art. 12 RdNr. 4; *Kübler/Prütting/Kemper*, Art. 12 EuInsVO RdNr. 7; *Nerlich/Römermann/Mincke*, Art. 12 RdNr. 4; aA *Schack*, IZVR, RdNr. 1073.

zur Insolvenzmasse dann nach dem zeitlich zuerst eröffneten Verfahren, unabhängig davon, ob es sich um ein Hauptinsolvenzverfahren oder ein Sekundär- bzw. Partikularverfahren handelt. Das autonome Internationale Insolvenzrecht der einzelnen Mitgliedsstaaten kommt nur in den Fällen zur Anwendung, in denen die entsprechende Verordnung keine Regelungen enthält oder auf das autonome Kollisionsrecht verweist. Gelegentlich enthalten die Verordnungen aber auch darüber hinausgehend entsprechende Regelungen, in welche Insolvenzverfahren das gemeinschaftsrechtliche Schutzrecht einzubeziehen ist (vgl. Art. 31 GGV).

10 **2. Belegenheit zum Zwecke von Art. 5.** Art. 12 trifft zudem für die Belegenheit der gewerblichen Schutzrechte nach Art. 5 eine von Art. 2 lit. g) abweichende Regelung. Das bedeutet, dass dingliche Rechte an gemeinschaftsrechtlichen Schutzrechten nicht von der Sondervorschrift des Art. 5 erfasst werden.[27] Vielmehr gelten diese als im Hauptverfahrensstaat belegen mit der Konsequenz, dass der Inhaber der dinglichen Rechte an dem gewerblichen Schutzrecht die insolvenzrechtlichen Beschränkungen – anders als nach Art. 5 – gegen sich gelten lassen muss, weil sich dessen dingliche Rechte nach der *lex fori concursus* richten.[28] Diese Auffassung ist allerdings nicht unbestritten.[29] *Huber* argumentiert, Art. 12 besage nichts über die Belegenheit des Schutzrechts; dieses ergebe sich vielmehr aus den entsprechenden Verordnungen (z. B. Art. 16 GMV).[30] Diese Auffassung findet jedoch keine Stütze in den einschlägigen Verordnungen über gewerbliche Schutzrechte. So regeln auch diese nicht die Belegenheit des gewerblichen Schutzrechts. Vielmehr regelt beispielsweise Art. 16 GMV lediglich das für die vermögensrechtlichen Wirkungen anwendbare Recht (Realstatut).[31] Art. 2 lit. g) führt dagegen ebenfalls nicht zu einer Belegenheitszuordnung, da die Vorschrift für die Belegenheit auf den Staat abstellt, unter dessen Aufsicht das Register geführt wird. Das von dem Harmonisierungsamt für den Binnenmarkt in Alicante geführte Register wird jedoch ohnehin nicht unter Aufsicht eines Mitgliedsstaates geführt.

11 Schließlich führt eine Belegenheitszuordnung nach Art. 12 auch zu sachgerechten Ergebnissen. Würde man an die Kollisionsnormen der Verordnungen anknüpfen (wie beispielsweise Art. 16 GMV), so gelangt man zur Belegenheit am Sitz (bzw. Wohnsitz) des Schuldners. Dies führt zwar in den Fällen, in denen der Sitz des Schuldners mit dem Mittelpunkt des hauptsächlichen Interesses überein stimmt, zu gleichen Ergebnissen. Knüpft man jedoch – wie *Huber* – an Art. 16 GMV den Belegenheitsort, so würden dingliche Gläubiger derjenigen Unternehmen bevorzugt, die den Mittelpunkt ihrer hauptsächlichen Interessen nicht am Firmensitz haben, sondern in einem anderen Mitgliedstaat: in diesen Fällen wären nämlich dann die gewerblichen Schutzrechte in einem anderen Mitgliedstaat belegen, als dem des Hauptverfahrens und somit dingliche Rechte über Art. 5 privilegiert. Die hier vertretene Auffassung führt zwar zu dem Ergebnis, dass bei einer Abweichung der Mittelpunktes der hauptsächlichen Interessen vom Sitz des Schuldners Art. 5 nicht mehr für die dinglichen Gläubiger gilt, die nach dem anderen Recht als dem des Hauptverfahrensstaates (nämlich dem Recht des Sitzstaates – Art. 16 GMV) ein dingliches Recht erhalten haben. Da es sich bei Art. 5 ohnehin um eine eng auszulegende Sonderanknüpfung handelt, ist eine solche Einschränkung auch sachgerecht. Art. 5 ist im Ergebnis daher auf die gewerblichen Schutzrechte des Gemeinschaftsrechts nach Art. 12 nicht anwendbar.

---

[27] *Haubold*, in *Gebauer/Wiedmann*, Zivilrecht, Art. 12 RdNr. 142; *Mäsch*, in *Rauscher*, Europ. Zivilprozessrecht, Bd. 2, Art. 12 EG-InsVO RdNr. 7; MünchKommBGB-*Kindler*, Bd. 11, Art. 12 RdNr. 365; *Paulus*, Europäische Insolvenzverordnung, Art. 12 RdNr. 4.
[28] *Mäsch*, in *Rauscher*, Europ. Zivilprozessrecht, Bd. 2, Art. 12 EG-InsVO RdNr. 7; MünchKommBGB-*Kindler*, Bd. 11, Art. 12 RdNr. 365.
[29] Anders *Huber*, in *Geimer/Schütze*, Int. Rechtsverkehr, B Vor I 20 b, Art. 12 RdNr. 5.
[30] So *Huber*, in *Geimer/Schütze*, Int. Rechtsverkehr, B Vor I 20 b, ebd. mit Verweis auf Art. 16 GMV.
[31] Vgl. *Eisenführ/Schennen*, GMV, Art. 16 RdNr. 2 f., 14.

Art. 13. Benachteiligende Handlungen

Art. 4 Abs. 2 Buchstabe m findet keine Anwendung, wenn die Person, die durch eine die Gesamtheit der Gläubiger benachteiligende Handlung begünstigt wurde, nachweist,
- dass für diese Handlung das Recht eines anderen Mitgliedsstaats als des Staates der Verfahrenseröffnung maßgeblich ist und
- dass in diesem Falle diese Handlung in keiner Weise nach diesem Recht angreifbar ist.

Literatur: *Balz*, Das neue Europäische Insolvenzübereinkommen, ZIP 1996, 948; *Bork* (Hrsg.), Handbuch des Insolvenzanfechtungsrechts, 2006, (zit.: *Bearbeiter*, in *Bork*, Handbuch); *Eidenmüller*, Gesellschaftsstatut und Insolvenzstatut, RabelsZ 2006, 474; *Habscheid*, Konkursstatut und Wirkungsstatut bei der internationalen und der künftigen innereuropäischen Insolvenzanfechtung, ZZP 114 (2001) 167; *Hanisch*, Bemerkungen zur Insolvenzanfechtung im grenzüberschreitenden Insolvenzfall (Art. 102 Abs. 2 EGInsO und die angestrebte EU-Regelung), in Festschrift Stoll, 2001, S. 503; *Henckel*, Insolvenzanfechtung – Art. 4 und 5 des Vorentwurfs (VE) – und Gläubigeranfechtung außerhalb des Insolvenzverfahrens in *Stoll*, Stellungnahmen und Gutachte, 1992, S. 156; *ders.*, Die internationalprivatrechtliche Anknüpfung der Insolvenzanfechtung, in Festschrift Nagel, 1987, S. 93; *Huber*, Internationales Insolvenzrecht in Europa, ZZP 114 (2001) 133; *Huber, U.,* Inländische Insolvenzanfechtung über Auslandsgesellschaften nach der Europäischen Insolvenzverordnung, in *Schilken/Kreft/Wagner/Eckardt* (Hrsg.), Festschrift für Walter Gerhardt zum 70. Geburtstag am 18. Oktober 2004, 2004, S. 397–431; *Kindler*, EG-Klauselrichtlinie – Mobiliarsicherheiten im internationalen Insolvenzrecht – institutionalisierte Bekämpfung des organisierten Verbrechens in der Europäischen Union, IPRax 2005, 287; *Klumb*, Kollisionsrecht der Insolvenzanfechtung (Diss. Univ. Konstanz, 2004), 2005; *Kodek*, Die Geltendmachung von Anfechtungsansprüchen nach der EuInsVO, in *Konecny* (Hrsg.), Insolvenzforum 2004, 2005, S. 119; *Kranemann*, Insolvenzanfechtung im deutschen Internationalen Insolvenzrecht und nach der Europäischen Insolvenzrechtsverordnung: dargestellt am Beispiel England – Deutschland (Diss. Humboldt-Univ. Berlin, 1999), 2000; *Paulus*, Anfechtungsklagen im grenzüberschreitenden Insolvenzverfahren, ZInsO 2006, 295; *Reisch/Kodek*, Ausgewählte Probleme der Anfechtung nach der EuInsVO, ZIK 2006, 182; *Paulus*, Which law decides on a court's competence to decide in insolvency related matters? Higher Regional Court of Frankfurt a. M., International Caselaw Alert 10 – III/2006, 10; *von Bismarck/Schümann-Kleber*, Insolvenz eines deutschen Sicherungsgebers – Auswirkungen auf die Verwertung im Ausland belegener Kreditsicherheiten, NZI 2005, 89; *Zeeck*, Die Anknüpfung der Insolvenzanfechtung, ZInsO 2005, 281; *ders.*, Das internationale Anfechtungsrecht in der Insolvenz: die Anknüpfung der Insolvenzanfechtung (Diss. Uni Hamburg, 2001), 2003.

Übersicht

	RdNr.		RdNr.
I. Normzweck	1	IV. Aktivlegitimation bei Parallelverfahren	17
II. Voraussetzungen	2	V. Sachlich-räumlicher Anwendungsbereich	19
1. Gläubigerbenachteiligung	2	1. Belegenheit des Vermögensgegenstandes in einem Mitgliedsstaat	19
2. Handlung	4	2. Wahl eines anderen Rechts als des eines Mitgliedsstaates	20
3. Maßgeblichkeit des Rechts eines anderen Mitgliedsstaates	6	VI. Internationale Zuständigkeit	22
4. Keine Angreifbarkeit nach der lex causae	7		
5. Beweislast	9		
III. Rechtsfolgen: Sperrwirkung der lex fori concursus	15		

I. Normzweck

Art. 13 enthält für Gläubiger benachteiligende Rechtshandlungen eine Abweichung von 1 der in Art. 4 Abs. 2 lit. m) enthaltenen Regelanknüpfung an die *lex fori concursus*. Grundsätzlich sehen alle Rechtsordnungen vor, im Falle der Insolvenz bestimmte Gläubiger benachteiligende Rechtshandlungen, die in einer näher bestimmten Zeit vor Eröffnung des Verfahrens vorgenommen wurden, für unwirksam zu erklären oder rückabzuwickeln.[1]

---

[1] Vgl. auch die Länderberichte, unten. Zur Insolvenzanfechtung im ausländischen Recht vgl. auch *Bruski*, Die Voraussetzungen der Konkursanfechtung: normprägende Prinzipien und Regelungsmöglichkeiten in rechtsvergleichender Betrachtung (Diss. Univ. Bonn, 1990), 1990; *Gerhardt*, Gedanken zu Gemeinsamkeiten

Hierbei ist jeweils abzuwägen zwischen den Interessen der Gläubiger an der die Insolvenzmasse mehrenden Rückabwicklung und den Interessen des Rechtsverkehrs an dem Bestand der Rechtshandlung. Diese Abwägung liegt auch Art. 13 zugrunde. Die Vorschrift soll das Vertrauen des Rechtsverkehrs in die Gültigkeit einer Handlung schützen. Dabei wird unterstellt, dass sich dieses Vertrauen aus dem der Handlung zugrunde liegenden Recht, der *lex causae*, herleitet. Diese Annahme ist jedoch empirisch nicht begründbar.[2] Es wird ausgeführt, der Geschäftspartner habe nur so die Möglichkeit, im Zeitpunkt des Vertragsabschlusses abzuschätzen, auf was er sich einlässt.[3] Die Anknüpfung an die *lex causae* setzt jedoch voraus, dass der Geschäftspartner zum Zeitpunkt der Rechtshandlung auf die Anwendung des Insolvenzrechts der *lex causae* vertraut. Genauso gut könnte sich der Rechtsverkehr jedoch auch auf die Anwendung einer (zukünftigen) *lex fori concursus* einstellen, da in der Vielzahl der Fälle für den Geschäftspartner erkennbar ist, in welchem Mitgliedstaat ein Insolvenzverfahren durchgeführt werden könnte. Allenfalls für Fälle, in denen sich nach Vornahme der Rechtshandlung eintretende Zuständigkeitsänderungen ergeben, könnte man eine Sonderanknüpfung vorsehen. Diesen Weg ist jedoch der Verordnungsgeber nicht gegangen, sondern fingiert das Vertrauen der anderen Vertragspartei auf Grundlage der *lex causae*. Problematisch ist bei dieser Anknüpfung zudem, dass bei einer Anknüpfung an die *lex causae* es grundsätzlich die Parteien in der Hand haben, das Recht zu wählen, nach dem die Anfechtungstatbestände später geprüft werden müssen. Die Anknüpfung des Vertrauensschutzes an die *lex causae* ist daher nicht als gelungen zu bezeichnen.

II. Voraussetzungen

2   **1. Gläubigerbenachteiligung.** Art. 13 setzt seinem Wortlaut nach zunächst „*eine die Gesamtheit der Gläubiger benachteiligende Handlung*" voraus. Die Benachteiligung der Gläubigergemeinschaft wird auch durch den englischen Verordnungstext („*an act detrimental to all the creditors*") gestützt. Dieses Tatbestandsmerkmal ist vergleichbar mit dem Tatbestandsmerkmal der Gläubigerbenachteiligung in § 129 InsO. Nach deutschem Recht muss eine nach wirtschaftlichen Gesichtspunkten objektive Benachteiligung der Gesamtheit der Gläubiger vorliegen. Das setzt voraus, dass sich die Befriedigung der Gläubiger im Falle des Unterbleibens der angefochtenen Handlung günstiger gestaltet hätte. Der wirtschaftlich zu betrachtende Gesichtspunkt „günstiger" bezieht sich hierbei nicht nur auf die mögliche Quote der Gläubiger, sondern schließt auch andere für das Verfahren nachteilige Rechtsfolgen ein wie z. B. auch die Vereitlung, Erschwerung und Verzögerung des Verfahrens.[4] Das Tatbestandsmerkmal der „Gläubigerbenachteiligung" in der Verordnung ist jedoch autonom auszulegen, so dass bei den durchaus zulässigen Rückgriffen auf das nationale Recht aber immer zu überprüfen ist, ob sich diese im Einklang mit dem Begriff der Gläubigerbenachteiligung nach der Verordnung befindet.

---

und Abweichungen zwischen dem deutschen und dem österreichischen Anfechtungsrecht, ZZP 99 (1986) 407 ff.; *Göpfert,* Anfechtbare Aufrechnungslagen im deutsch-amerikanischen Insolvenzrechtsverkehr: vergleichende Darstellung der Aufrechnungs-Anfechtung und ihrer Rechtsverfolgung in parallelen grenzüberschreitenden Insolvenzverfahren (Diss. Univ. München, 1995), 1996; *Kamlah,* Die Anfechtung in der Insolvenz von Unternehmen: dargestellt am deutschen und englischen Recht (Diss. Univ. Göttingen, 1994), 1995; *Möhlenbrock,* Die Gläubigeranfechtung im deutschen und spanischen Recht: eine rechtsvergleichende Betrachtung der Gläubigeranfechtung innerhalb und ausserhalb des Konkurses (Diss. Univ. Göttingen, 1996), 1996; *Niehus,* Die Insolvenzanfechtung in der Bundesrepublik Deutschland und den Vereinigten Staaten von Amerika (Diss. Univ. Köln, 1999), 1999; *von Campe,* Insolvenzanfechtung in Deutschland und Frankreich: das neue Sach- und Kollisionsrecht (InsO und Loi n_347 85–98) (Diss. Univ. Freiburg, 1994), 1996; zum schweizer Recht *Zobl,* Fragen zur paulianischen Anfechtung, SJZ 96 (2000), S. 25 ff.

[2] So auch *Hanisch* IPRax 1993, 69, 73; *Sonnentag* IPRax 1998, 330, 335; *Wenner* WiB1997, 138; *Zeek* ZInsO 2005, 281, 287.

[3] So z. B. *Mäsch,* in *Rauscher,* Europ. Zivilprozessrecht, Bd. 2, Art. 13 EG-InsVO RdNr. 1.

[4] Vgl. zum deutschen Recht oben, MünchKommInsO-*Kirchhof,* Bd. 2, 2. Aufl., § 129 InsO RdNr. 101; *Uhlenbruck/Hirte,* InsO § 129 RdNr. 91 ff.

Entgegen dem Wortlaut der Vorschrift setzt diese jedoch nicht voraus, dass der Anfech- 3
tungsgegner durch die Handlung „begünstigt" wurde. Hiermit ist keine mit der Gläubigerbenachteiligung korrespondierende Bereicherung des Anfechtungsgegners gemeint.[5] Eine Bereicherung oder ein Vorteil für den Anfechtungsgegner sind daher nicht notwendig.

2. Handlung. Der Begriff der Handlung ist autonom zu verstehen und weit auszulegen. 4
Solange die Handlung rechtliche Wirkungen auslöst, dürfte die Qualifizierung nicht in Frage stehen.

Unter Handlung ist auch die Rechtswahl der Parteien zu verstehen. Auch die Rechtswahl 5
eines anfechtungsfeindlichen Rechts kann daher vom Insolvenzverwalter angefochten werden, soweit das auf die Anfechtung anwendbare Recht eine solche Anfechtung der Rechtswahl zulässt.[6] Fraglich ist allerdings, nach welcher Rechtsordnung die Überprüfung der Rechtswahl vorgenommen werden muss. In Betracht käme zunächst – in Anlehnung an Art. 13 – eine Überprüfung nach den Anfechtungsvorschriften des gewählten Rechts selbst. Denkbar wäre aber auch, die Zulässigkeit der Rechtswahl nach der *lex fori concursus* zu überprüfen. Richtigerweise wird man hierfür jedoch auf das ohne eine Rechtswahl anwendbare Recht abstellen müssen, dessen Anwendung die Parteien durch ihre Rechtswahl gerade ausgeschlossen haben. Derartige Einschränkungen der Rechtswahlmöglichkeiten finden sich beispielsweise auch im Römischen Schuldrechtsübereinkommen[7] und können daher als Regelungstechnik auch für den vorliegenden Falle einer möglicherweise anfechtbaren Rechtswahl herangezogen werden.

3. Maßgeblichkeit des Rechts eines anderen Mitgliedsstaates. Die anfechtbare 6
Rechtshandlung, die unter Art. 13 „Vertrauensschutz" genießen soll, muss nach dem Wortlaut der Vorschrift dem Recht eines anderen Mitgliedsstaates unterstehen (Art. 13, erster Spiegelstrich).[8] Wie die *lex causae* für die Rechtshandlung zu ermitteln ist, lässt Art. 13 allerdings offen. Vertreten wird einerseits, dass das Kollisionsrecht des Hauptverfahrensstaates (bzw. bei einer Anfechtung durch den Verwalter des Sekundärverfahrens das Kollisionsrecht des Sekundärverfahrensstaates) anwendbar sei, um die *lex causae* zu bestimmen.[9] Nach anderer Ansicht beurteilt sich dies nach dem Kollisionsrecht des jeweils angerufenen Gerichts.[10] Richtigerweise ist jedoch das Kollisionsrecht des jeweils angerufenen Gerichts zur Bestimmung der *lex causae* berufen. Art. 4 ist keine Kollisionsnorm, die grundsätzlich für sämtliche anderen kollisionsrechtlichen Fragen oder Vorfragen der Verordnung auf das Kollisionsrecht des Verfahrensstaates verweist. Eine solche Bedeutung kommt Art. 4 nicht zu.[11]

4. Keine Angreifbarkeit nach der *lex causae*. Art. 13, 2. Spiegelstrich setzt zudem 7
voraus, dass nach der anwendbaren *lex causae* die streitgegenständliche Handlung „*in keiner Weise angreifbar*" ist. Der Begriff „in keiner Weise" erfüllt hierbei zwei Funktionen: Erstens wird hierdurch klargestellt, dass die maßgebliche Handlung nicht nur nach den Insolvenzan-

---

[5] Das sieht beispielsweise auch das nationale Recht in der Regel nicht vor, vgl. beispielsweise oben, MünchKommInsO-*Kirchhof*, Bd. 2, 2. Aufl., § 129 InsO RdNr. 76.
[6] So auch FK-*Dauernheim* § 129 InsO, RdNr. 19 ff.; *Klumb*, Kollisionsrecht der Insolvenzanfechtung, S. 109; MünchKommInsO-*Kirchhof*, Bd. 2, 2. Aufl., § 129 InsO RdNr. 6 ff.
[7] Vgl. Art. 29 Abs. 1 und Art. 30 EGBGB entsprechend Art. 5 und 6 des röm. Schuldrechtsübereinkommens (EVÜ); dazu auch MünchKommBGB-*Martiny*, Bd. 10, Art. 29 EGBGB RdNr. 1 ff. und Art. 30 EGBGB RdNr. 1 ff.
[8] *Adolphsen*, in *Bork*, Handbuch, S. 668 RdNr. 87; *Gruber*, in *Geimer/Schütze*, Int. Rechtsverkehr, B Vor I 20 b, Art. 13 RdNr. 9; *Kübler/Prütting/Kemper*, Art. 13 EuInsVO RdNr. 6; MünchKommBGB-*Kindler*, Bd. 11, Art. 13 RdNr. 370, 375; *Paulus*, Europäische Insolvenzverordnung, Art. 13 RdNr. 7.
[9] So beispielsweise *Virgos/Schmit*, Erläuternder Bericht, RdNr. 137; ebenso *Klump*, Kollisionsrecht der Insolvenzanfechtung, S. 43; *Duursma-Kepplinger*, Europäische Insolvenzverordnung, Art. 13 RdNr. 16; *Mäsch*, in *Rauscher*, Europ. Zivilprozessrecht, Bd. 2, Art. 13 EG-InsVO RdNr. 5; *Smid*, Int. Insolvenzrecht, Art. 136 RdNr. 13.
[10] So *Adolphsen*, in *Bork*, Handbuch, S. 668 RdNr. 90; MünchKommBGB-*Kindler*, Bd. 11, Art. 13 RdNr. 375; *Gruber*, in *Geimer/Schütze*, Int. Rechtsverkehr, B Vor I 20 b, Art. 13 RdNr. 3.
[11] Vgl. oben, Art. 10 RdNr. 22 zur gleich gelagerten Frage der kollisionsrechtlichen Verweisung in Art. 10.

fechtungsvorschriften der *lex causae* Bestand haben muss, sondern auch andere im Zusammenhang mit dem Insolvenzverfahren stehenden Unwirksamkeitsregelungen zu prüfen sind.[12] Soweit in der Literatur diesbezüglich jedoch auch auf allgemein-zivilrechtliche Unwirksamkeitsgründe verwiesen wird, so geht dies zu weit: ist die Handlung schon nach den allgemein-zivilrechtlichen Regeln der *lex causae* unwirksam, so bedarf es keiner Insolvenzanfechtung durch den Insolvenzverwalter.[13]

8   Die Unangreifbarkeit „*in keiner Weise*" stellt zweitens sicher, dass die insolvenzrechtliche Angreifbarkeit der streitgegenständlichen Rechtshandlung nicht auf den selben Rechtsgründen oder Anfechtungsvoraussetzungen beruhen muss, aufgrund derer die Rechtshandlung in ihrem Bestand durch die *lex fori concursus* in Frage gestellt wird. Die Unwirksamkeitsgründe, die sich nach der *lex causae* ergeben, müssen daher nicht deckungsgleich sein mit den Unwirksamkeitsgründen, die sich nach der *lex fori concursus* ergeben haben. Nur diejenigen Rechtshandlungen, die nach der *lex causae* grundsätzlich Bestand haben, werden über Art. 13 entsprechend geschützt. Die Nichtangreifbarkeit der Rechtshandlungen nach der *lex causae* setzt daher ebenso wenig voraus, dass die Rechtsfolge nach der *lex causae* identisch oder ebenso weitreichend sein müsste, wie die Rechtsfolge nach der *lex fori concursus*. Das Tatbestandsmerkmal der Nicht-Angreifbarkeit in keiner Weise ist daher auch dann nicht erfüllt, wenn die *lex causae* hinsichtlich ihrer Rechtsfolgen hinter der *lex fori concursus* deutlich zurückbleibt, solange der mit der Rechtshandlung von den Parteien beabsichtigte Erfolg durch die *lex causae* in Frage gestellt wird.

9   **5. Beweislast.** Nach allgemeiner Auffassung, die insoweit auch von dem eindeutigen Wortlaut von Art. 14 gestützt wird, obliegt begünstigten Personen die Darlegungs- und Beweislast dafür, dass die streitgegenständliche Handlung nach der *lex causae* in keiner Weise angreifbar ist.[14] Art. 13 wird daher allgemein als Einredetatbestand qualifiziert.[15] Eine solche Qualifikation von Art. 13 ist jedoch fraglich. Der Begriff der „Einrede" ist dem deutschen Zivilprozessrecht entlehnt.[16] Man sollte daher mit der Verwendung des Begriffes „Einrede" vorsichtig sein, da zu einfach Konzepte des deutschen Zivilprozessrechts auf die Anwendung von Art. 13 übertragen werden. Im Ergebnis dürfte jedoch Art. 13 ebenso wie eine Einrede im deutschen Zivilprozessrecht funktionieren, da auf Grund der Darlegungs- und Beweislast nach Art. 13 die begünstigte Person zum anwendbaren Recht und zur Nicht-Angreifbarkeit vortragen muss. Darin liegt konkludent immer die im deutschen Recht nur auf Vortrag zu beachtende Prozesseinrede, so dass sich aus prozessualer deutscher Sicht insoweit keine Probleme ergeben.

10 Die Zuweisung der Darlegungs- und Beweislast zu Lasten der begünstigten Person ist in der konkreten Rechtsanwendung jedoch nicht frei von Zweifeln und nicht frei davon,

---

[12] Ganz herrschende Auffassung, vgl. *Klump*, Kollisionsrecht der Insolvenzanfechtung, S. 47; *Virgos/Garcimartin*, European Insolvency Regulation, RdNr. 240; *Virgos/Schmit*, Erläuternder Bericht, RdNr. 137; *Balz* ZIP 1996, 948, 951; *Leible/Staudinger* KTS 2000, 533, 557; *Gruber*, in *Geimer/Schütze*, Int. Rechtsverkehr, B Vor I 20 b, Art. 13 RdNr. 3; *Duursma/Kepplinger*, Europäische Insolvenzverordnung, Art. 13 RdNr. 18; *Fritz/Bähr* DZWIR 2001, 221, 229; aA *Herchen*, Übereinkommen, S. 172.

[13] Die Stellungnahmen von *Adolphsen*, in *Bork*, Handbuch, S. 672 RdNr. 101; *Duursma-Kepplinger*, Europäische Insolvenzverordnung, Art. 13 RdNr. 18; *Gruber*, in *Geimer/Schütze*, Int. Rechtsverkehr, B Vor I 20 b, Art. 13 RdNr. 3; *Kübler/Prütting/Kemper*, Art. 13 EuInsVO RdNr. 7; MünchKommBGB-*Kindler*, Bd. 11, Art. 13 RdNr. 377; *Paulus*, Europäische Insolvenzverordnung, Art. 13 RdNr. 8 f.; *Smid*, Int. Insolvenzrecht, Art. 13 RdNr. 8 gehen daher zu weit. Richtig dagegen *Klumb*, Kollisionsrecht der Insolvenzanfechtung, S. 47.

[14] Allg. Auffassung, vgl. *Virgos/Schmit*, Erläuternder Bericht, RdNr. 93; MünchKommBGB-*Kindler*, Bd. 11, Art. 13 RdNr. 381; *Gruber*, in *Geimer/Schütze*, Int. Rechtsverkehr, B Vor I 20 b, Art. 13 RdNr. 10.

[15] *Virgos/Schmit*, Erläuternder Bericht, RdNr. 136; *Adolphsen*, in *Bork*, Handbuch, S. 669 RdNr. 92; *Duursma/Kepplinger*, Europäische Insolvenzverordnung, Art. 13 RdNr. 14; *Gruber*, in *Geimer/Schütze*, Int. Rechtsverkehr, B Vor I 20 b, Art. 13 RdNr. 10; *Haubold*, in *Gebauer/Wiedmann*, Zivilrecht, Art. 13 RdNr. 145; HK-*Stephan*, Art. 13 RdNr. 4; *Huber* ZZP 114 (2001) 133, 166; MünchKommBGB-*Kindler*, Bd. 11, Art. 13 RdNr. 381; *Pannen*, in *Breutigam/Blersch/Goetsch*, Art. 13 RdNr. 3; *Paulus*, Europäische Insolvenzverordnung, Art. 13 RdNr. 4; *Smid*, Int. Insolvenzrecht, Art. 13 RdNr. 7.

[16] Vgl. zur Einrede *Baumbach/Lauterbach/Hartmann*, Übers § 253 RdNr. 7; MünchKommZPO-*Lüke*, Bd. 1, Einl. RdNr. 187.

Konzepte des nationalen Rechts bezüglich der Verteilung der Darlegungs- und Beweislast auch jeweils auf Art. 13 zu übertragen. Unproblematisch ist die Anwendung der Darlegungs- und Beweislastregelung von Art. 13 zunächst auf die Tatsachen, die der Nicht-Angreifbarkeit nach der *lex causae* zugrunde liegen. In der praktischen Anwendung wirft die Verteilung der Darlegungs- und Beweislast jedoch Schwierigkeiten auf, weil es sich im Ergebnis um einen Negativbeweis handelt, der von der begünstigten Person zu führen ist. Die begünstigte Person müsste demnach für sämtliche, nach der *lex causae* erdenkbaren insolvenzrechtlichen Anfechtungs- oder Unwirksamkeitsgründe Tatsachenvortrag leisten. Dies ist in der Praxis jedoch nicht möglich, weshalb beispielsweise im deutschen Recht mit einer abgestuften Beweislastverteilung bei sogenannten Negativbeweisen gearbeitet wird. Die Ausgestaltung einer solchen Beweislastverteilung im Einzelnen gibt die Verordnung nicht vor und ist auch einer allgemeinen Beschreibung kaum zugänglich, da dies durch die Rechtsprechung einzelfallbezogen erfolgt. Solange die durch Art. 13 angeordnete Nachweispflicht durch die begünstigte Person nicht unterlaufen wird, können die nationalen Gerichte jedenfalls auf die in der jeweiligen nationalen Rechtsprechung entwickelten Grundregeln für eine abgestufte Beweislastverteilung zurückgreifen.

In der Praxis wird ohnehin zunächst der Insolvenzverwalter die Tatsachen vorgetragen **11** haben, aus der sich nach der *lex fori concursus* die Angreifbarkeit der streitgegenständlichen Handlung ergibt. Bevor daher die Sonderanknüpfung nach Art. 13 relevant wird, sind die dem Anfechtungs- oder Unwirksamkeitstatbestand zugrunde liegenden Tatsachen zunächst von dem Insolvenzverwalter zu beweisen. Hängt die von der begünstigten Person sodann nachzuweisende Unangreifbarkeit von weiteren Tatsachen ab, die im Zusammenhang mit der Angreifbarkeit nach der *lex fori concursus* bisher keine Rolle gespielt haben, sind diese Tatsachen zunächst von der begünstigten Person substantiiert vorzutragen und gegebenenfalls zu beweisen.

Inwieweit Art. 13 auch eine Beweislastregelung für die von dem Recht des angerufenen **12** Gerichts abweichende *lex causae* vorsieht, ist streitig. Ein Teil der Literatur vertritt die Auffassung, dass sich die prozessualen Regeln für die Ermittlung und Anwendung des gegebenenfalls ausländischen Sachrechts nach den Grundsätzen der *lex fori* richten müssen.[17] Ist eine Insolvenzanfechtungsklage daher bei einem deutschen Gericht anhängig, so müsse sich die Ermittlung des ausländischen Sachrechts nach § 293 ZPO richten. Danach wird ausländisches Sachrecht zwar wie eine Tatsache behandelt, weil es eines Beweises bedarf. Gleichzeitig ist das fremde Sachrecht jedoch nicht wie eine beweisbedürftige Tatsache anzusehen, für die jedenfalls die Beweislastregeln nicht gelten.[18] Art. 13 sei kein Einfallstor für die in verschiedenen Staaten vertretene Lehre, nach der fremdes Recht nur als Tatsache zu behandeln und daher von den Parteien in den Prozess einzubringen sei.[19] Die gegenteilige Auffassung will dagegen die Nachweispflicht auch auf das ausländische Sachrecht erstrecken.[20]

Richtigerweise wird man Art. 13 nicht so verstehen können, dass sich die Ermittlung des **13** ausländischen Rechts ausschließlich nach dem Zivilprozessrecht des angerufenen Gerichts richtet. Zwar ist hier zunächst zuzustimmen, dass das angerufene Gericht bei der Ermittlung des ausländischen Rechts zunächst von seinem eigenen autonomen Zivilprozessrecht ausgeht, wie das ausländische Recht nachzuweisen ist. Das jeweils anzuwendende autonome Recht kann jedoch dort auf seine Grenzen stoßen, wo es sich in Widerspruch zu der in Art. 13 festgehaltenen Nachweispflicht setzt. Hinsichtlich des deutschen Rechts wird man daher im Hinblick auf Art. 13 die Rechtsprechung zu § 293 ZPO zumindest teilweise

---

[17] So beispielsweise *Gruber*, in *Geimer/Schütze*, Int. Rechtsverkehr, B Vor I 20 b, Art. 13 RdNr. 12.
[18] Vgl. zuletzt auch BGH vom 25. 1. 2005 NJW-RR 2005, 1071; *Baumbach/Lauterbach/Hartmann* § 293 RdNr. 6.
[19] So ausdrücklich *Gruber*, in *Geimer/Schütze*, Int. Rechtsverkehr, B Vor I 20 b, Art. 13 RdNr. 12.
[20] So wohl *Nehrlich/Römermann/Mincke*, Art. 13 RdNr. 6; widersprüchlich insoweit allerdings, dass *Mincke* zugleich auf § 293 ZPO verweist und darauf, dass danach der Richter das ausländische Recht von Amts wegen zu ermitteln habe, so RdNr. 6 aE.

korrigieren müssen. Denn Art. 13 beruht seinem Zweck nach ja gerade darauf, dass die begünstigte Person auf die Nichtangreifbarkeit nach der *lex causae* vertraut hat oder vertrauen durfte. Insoweit wird man – weitergehend als nach § 293 ZPO – der begünstigten Person auch auferlegen dürfen, die Rechtssätze des ausländischen Rechts vorzutragen, auf Grund derer sich die Unangreifbarkeit der Forderung nachvollziehbar und plausibel ergibt. Hierbei sind freilich nicht sämtliche erdenklichen Rechtsnormen vorzutragen, sondern insbesondere diejenigen, die von der Funktion und Wirkungsweise der Norm ähnlich sind, die nach der *lex fori concursus* zu einer Angreifbarkeit der Handlung geführt haben. Ein pauschaler Hinweis, dass die Handlung nach der *lex causae* jedenfalls nicht angreifbar wäre, ist daher nicht ausreichend.

14 Darüber hinaus ist im Anwendungsbereich von Art. 13 ebenfalls die zu § 293 ZPO ergangene Rechtsprechung abzulehnen, wonach deutsches Ersatzrecht entscheiden muss, wenn sich das fremde Recht weder von Amts wegen noch mit Hilfe der Parteien ermitteln lässt.[21] Verbleiben Zweifel, wie der Sachverhalt nach der *lex causae* rechtlich zu beurteilen ist, so gehen diese Zweifel hinsichtlich der Rechtslage zu Lasten der begünstigten Person. Denn insoweit kann diese auch dann nicht mehr den mit Art. 13 bezweckten Vertrauensschutz beanspruchen. Art. 13 führt daher – weiter gehend als § 293 ZPO – eine Beweislastregelung auch für das ausländische Recht ein.

III. Rechtsfolgen: Sperrwirkung der *lex fori concursus*

15 Ist die Handlung nach der *lex causae* eines anderen Mitgliedsstaates in keiner Weise angreifbar, so soll nach dem Wortlaut der Vorschrift Art. 4 Abs. 2 lit. m) keine Anwendung finden. Die Nichtanwendbarkeit der *lex fori concursus* bedeutet, dass die benachteiligende Handlung durch den Insolvenzverwalter im Ergebnis nicht angegriffen werden kann. Dass die in Art. 4 Abs. 2 lit. m) enthaltene Kollisionsnorm auf die *lex fori concursus* keine Anwendung findet, bedeutet nämlich im Ergebnis, dass sich die Angreifbarkeit nach der *lex causae* richtet, die – so schon die Voraussetzung der kollisionsrechtlichen Verweisung – die Handlung jedoch als unangreifbar ansieht.

16 Auch eine inhaltliche Einschränkung der durch die *lex fori concursus* vorgesehenen Rechtsfolgen findet nicht statt. Das Zusammenspiel der beiden Kollisionsnormen (Art. 4 Abs. 2 lit. m) und Art. 13) ist dergestalt zu regeln, dass eine Angreifbarkeit der Handlung nach der *lex fori concursus* jedenfalls noch zulässig bleibt, **soweit** auch die *lex causae* eine Angreifbarkeit der Rechtshandlung zulässt. Das wird jedoch dem Wortlaut von Art. 13 nicht gerecht. Wie oben bereits ausgeführt, ist die Tatbestandsvoraussetzung, dass die Handlung „in keiner Weise" angreifbar sein darf, dahingehend zu verstehen, dass nicht die Rechtsfolgen der Angreifbarkeit mit der der *lex fori concursus* verglichen werden sollen, sondern die Anfechtbarkeit grundsätzlich in Frage steht. Geschützt wird demnach nicht das Vertrauen der begünstigten Person in die Reichweite des Eingriffs, sondern nur in die grundsätzliche Frage der Nichtangreifbarkeit. Lässt daher die *lex causae* die Angreifbarkeit zu, jedoch mit nur mit weniger weit reichenden Rechtsfolgen, so setzen sich in diesem Fall die weiter reichenden Rechtsfolgen der *lex foric concursus* durch.

IV. Aktivlegitimation bei Parallelverfahren

17 Die Sonderanknüpfung in Art. 13 gilt sowohl für Haupt- als auch für Sekundärverfahren, da Art. 4 Abs. 2 lit. m) über Art. 28 auch für das Sekundärverfahren gilt.[22] Art. 13 greift daher auch gegenüber dem Recht des Staates des Sekundärverfahrens ein. In der Literatur

---

[21] So zu § 293 ZPO: BGH FamRZ 82, 265; *Graf von Westphalen* NJW 1994, 2116; MünchKommZPO-*Prütting*, Bd. 1, § 293 RdNr. 60; *Stein/Jonas/Leipold* § 293 ZPO RdNr. 36; *Zöller/Geimer* § 293 ZPO RdNr. 27.
[22] *Virgos/Schmit*, Erläuternder Bericht, RdNr. 139; *Adolphsen*, in *Bork*, Handbuch, S. 668 RdNr. 89; *Gruber*, in *Geimer/Schütze*, Int. Rechtsverkehr, B Vor I 20b, Art. 13 RdNr. 15; MünchKommBGB-*Kindler*, Bd. 11, Art. 13 RdNr. 371.

wird diesbezüglich oftmals das Problem konkurrierender Anfechtungsklagen behandelt. Entgegen einer vereinzelt vertretenen Auffassung ist für die Zulässigkeit konkurrierender Anfechtungsklagen jedoch nicht auf das Prioritätsprinzip zurückzugreifen.[23] Die Frage, welcher Insolvenzverwalter die Anfechtungsklage erheben kann, ist vielmehr eine Frage der Aktivlegitimation desselben. Diese hängt davon ab, zu welcher Insolvenzmasse der Anfechtungsanspruch gehört, was sich wiederum danach richtet, ob durch die streitgegenständliche Handlung die Insolvenzmasse des Hauptverfahrens oder die Insolvenzmasse des Sekundärverfahrens geschmälert wurde. Dies ist danach zu bestimmen, in welche Insolvenzmasse der Vermögensgegenstand ohne die benachteiligende Handlung gefallen wäre.

Erhebt ein Insolvenzverwalter eines Verfahrens Insolvenzanfechtungsklage, ohne dass er hierzu nach dem zuvor Ausgeführten aktivlegitimiert ist, so ist seine Insolvenzanfechtungsklage als unbegründet abzuweisen. Ist die Zuordnung des Anspruchs zwischen mehreren Verfahren streitig oder zumindest unklar, empfiehlt sich daher, dass die Verwalter vorsorglich den Anspruch an einen Insolvenzverwalter abtreten, der sie sodann hilfsweise auch zugunsten der anderen Insolvenzmassen geltend machen kann. Hierzu sind die Insolvenzverwalter schon auf Grund ihrer Kooperationspflichten verpflichtet (zu diesen Pflichten sowie möglichen Kooperationsvereinbarungen vgl. insbesondere Art. 31 RdNr. 21 f.).

V. Sachlich-räumlicher Anwendungsbereich

1. Belegenheit des Vermögensgegenstandes in einem Mitgliedsstaat. Art. 13 sowie die in Art. 4 enthaltene Generalverweisung auf die *lex fori concursus* sind in Bezug auf Anfechtungsklagen nur dann anwendbar, wenn sich der Vermögensgegenstand, der zu einer Benachteiligung der Gläubiger geführt hat, gemäß Art. 2 lit. g) in einem Mitgliedsstaat befand. Hierbei handelt es sich um die für die Insolvenzanfechtung maßgeblichen Gesichtspunkte, die erst die Anwendung der Verordnung begründen (vgl. hierzu Art. 1 RdNr. 25 f.).

2. Wahl eines anderen Rechts als des eines Mitgliedsstaates. Nach dem ausdrücklichen Wortlaut von Art. 13 wird die Anwendung der *lex fori concursus*, die eine Insolvenzanfechtung ermöglicht, nur dann gesperrt, wenn für diese Handlung das Recht eines anderen Mitgliedsstaates maßgeblich ist. Nach ganz herrschender Auffassung findet Art. 13 daher keine Anwendung, wenn beide Parteien, auch wenn diese den Mittelpunkt ihres hauptsächlichen Interesses in den Mitgliedsstaaten haben, das Recht eines Drittstaates gewählt haben[24] oder auch wenn das Recht eines Drittstaates bei fehlender Rechtswahl auf Grund der einschlägigen Kollisionsnormen anwendbar ist.[25] Darin liegt eine Diskriminierung der Rechte von Drittstaaten, die sachlich an sich nicht gerechtfertigt ist. Es ist nämlich nicht ersichtlich, dass für die Beschränkung auf die Rechte der Mitgliedsstaaten eine Prüfung über Reichweite und Mechanismen der Insolvenzanfechtungsregeln der Mitgliedsstaaten vorausgegangen wäre oder dass bestimmte Mindeststandards erwartet wurden. Die Diskriminierung der Drittstaatenrechte ist daher rechtspolitisch fraglich. Nicht zuletzt wohl wegen dieser Zweifel wird in der Literatur vorgeschlagen, bezüglich einer vertrauensschützenden Sonderanknüpfung auf die Vorschriften des autonomen Rechts zurückzugreifen (beispielsweise § 339 InsO).[26] Trotz des rechtspolitisch sinnvollen Ausgleichs, der damit bezweckt ist, ist dieser Auffassung de lege lata jedoch nicht zu folgen. Eine Anwendung des insoweit identischen § 339 InsO parallel zu der Generalkollisionsnorm in Art. 4 der Verordnung ist schon deswegen ausgeschlossen, weil eine Abweichung von Art. 4 nur zulässig ist, „soweit *diese Verordnung* nichts anderes bestimmt". Einschränkungen von der in Art. 4 enthaltenen Regelung der *lex fori concursus* sind daher nur auf Grund der Verordnung selbst möglich,

---

[23] So aber *Gruber*, in *Geimer/Schütze*, Int. Rechtsverkehr, B Vor I 20 b, Art. 13 RdNr. 16; ebenso wohl *Herchen* ZInsO 2004, 61, 64.

[24] Zur Anfechtbarkeit dieser Rechtswahl vgl. allerdings oben RdNr. 5.

[25] Vgl. nochmals die Nachweise bei RdNr. 6.

[26] So beispielsweise *Gruber*, in *Geimer/Schütze*, Int. Rechtsverkehr, B Vor I 20 b, Art. 13 RdNr. 9.

EuInsVO Art. 14 Anhang

nicht dagegen auf Grund nationaler autonomer Rechtsvorschriften. Der Verordnungsgeber hat diese Einschränkung in Art. 13 nur für diejenigen Rechtshandlungen zugelassen, die dem Recht der Mitgliedstaaten unterstehen.

21   Eine Korrektur des unbefriedigenden Ergebnisses wäre nur möglich, wenn man sowohl Art. 4 Abs. 2 lit. m) als auch Art. 13 für die Fälle, in denen die Handlung dem Recht eines Drittstaates untersteht, gänzlich aus dem sachlich-räumlichen Anwendungsbereich der Verordnung ausnehmen würde. Das erscheint jedoch im Hinblick auf die Kriterien, nach denen der sachlich-räumliche Anwendungsbereich der Verordnung zu bestimmen ist, nicht angebracht (vgl. oben, Art. 1 RdNr. 12 ff.). Eine solche Regelung würde darüber hinaus den Parteien ermöglichen, durch Rechtswahl grundsätzlich die Anwendung der Verordnung auszuschließen. Die maßgeblichen Anknüpfungspunkte für den sachlich-räumlichen Anwendungsbereich der Verordnung sind jedoch nicht der Parteiwille, sondern objektive Anknüpfungspunkte bezogen auf die Sachnähe der Rechtsfrage zu den Mitgliedstaaten.

VI. Internationale Zuständigkeit

22   Die **internationale Zuständigkeit für Anfechtungsklagen** ist hoch strittig. Die Frage ist in der Verordnung nicht geregelt. Auf Grund Art. 25 Abs. 1 Satz 3 scheint lediglich sicher gestellt, dass das auf Grund einer Anfechtungsklage ergehende Urteil auch in den anderen Mitgliedstaaten anerkannt und vollstreckt werden kann.[27] Obwohl Anfechtungsklagen nach bisheriger Rechtsprechung des EuGH nicht in den Anwendungsbereich des EuGVVO fallen,[28] wird man nach der hier vertretenen Auffassung wegen der Lückenlosigkeit beider Verordnungen zukünftig – auf Grund einer geänderten Interpretation des Ausschlusses in Art. 1 Abs. 2 EuGVVO – die internationale Zuständigkeit dieser Klagen aus dem EuGVVO herleiten müssen (vgl. ausführlich oben, Art. 3 RdNr. 81 ff., 92).[29] Bezogen auf Insolvenzanfechtungsklagen kommen hierbei sowohl der allgemeine Gerichtsstand der begünstigten Person in Betracht, aber auch die besondere Zuständigkeit nach Art. 5 EuGVVO. Zwar fallen Insolvenzanfechtungsklagen nach der bisherigen Rechtsprechung des EuGH nicht unter den Gerichtsstand der unerlaubten Handlung oder einer der unerlaubten Handlung gleichgestellten Handlung nach Art. 5 Nr. 3 EuGVVO.[30] Die Entscheidung ist jedoch auf Grundlage des frühere Verständnisses des Anwendungsbereiches der EuGVVO zu verstehen, die nach der hier vertretenen Auffassung im Hinblick auf das Inkrafttreten der EuInsVO zu ändern ist.[31] Die streitigen Auffassungen in der Literatur über die internationale Zuständigkeit und die Anwendung der Verordnung oder der EuGVVO hat nunmehr auch zu einem Vorlagebeschluss des BGH an den EuGH geführt.[32] Es steht daher zu hoffen, dass diese hoch umstrittene Frage daher nunmehr verbindlich durch den EuGH geklärt wird.

Art. 14. Schutz des Dritterwerbers

Verfügt der Schuldner durch eine nach Eröffnung des Insolvenzverfahrens vorgenommene Rechtshandlung gegen Entgelt

---

[27] Zur damit zusammen hängenden Problematik, vgl. unten Art. 25 RdNr. 21 ff.
[28] Vgl. EuGH, Slg. 1979, 733 (Gourdain/Nadler); vgl. auch unten Art. 25 RdNr. 6 ff.
[29] AA wohl *Virgos/Schmit,* Erläuternder Bericht, RdNr. 77, der von einer *vis attractiva concursus* ausgeht, vgl. oben Art. 3 RdNr. 4.
[30] EuGH Rs C-261/90, Reichert und Kockler/Dresdner Bank EuGHE 1992, I 2175 RdNr. 19 = EuGH EuZW 1992, 447. Entscheidungsbesprechung *Schlosser* IPRax 1993, 17.
[31] Ebenso mit ausführlicher Begründung für die Insolvenzanfechtungsklagen auch *Klumb,* Kollisionsrecht der Insolvenzanfechtung, S. 178 ff.
[32] Vgl. BGH vom 21. 6. 2007, ZIP 2007, 1415 mit Anm. *Klöhn/Berner* ZIP 2007, 1418; die Frage war Gegenstand der Entscheidung des OLG Frankfurt vom 26. 1. 2006 ZInsO 2006, 715; hieru auch *Mankowski/Willemer,* NZI 2006, 648, 650.

- über einen unbeweglichen Gegenstand,
- über ein Schiff oder ein Luftfahrzeug, das der Eintragung in ein öffentliches Register unterliegt, oder
- über Wertpapiere, deren Eintragung in ein gesetzlich vorgeschriebenes Register Voraussetzung für ihre Existenz ist,

so richtet sich die Wirksamkeit dieser Rechtshandlung nach dem Recht des Staates, in dessen Gebiet dieser unbewegliche Gegenstand belegen ist oder unter dessen Aufsicht das Register geführt wird.

Literatur: *von Bismarck/Schümann-Kleber,* Insolvenz eines ausländischen Sicherungsgebers – Anwendung deutscher Vorschriften auf die Verwertung in Deutschland belegener Kreditsicherheiten, NZI 2005, 147; *dies.,* Insolvenz eines deutschen Sicherungsgebers – Auswirkungen auf die Verwertung im Ausland belegener Kreditsicherheiten, NZI 2005, 89.

Übersicht

	RdNr.		RdNr.
I. Normzweck	1	4. Belegenheit in einem Mitgliedstaat	11
II. Voraussetzungen	2	III. Rechtsfolgen	12
1. Erfasste Vermögensgegenstände	2	1. Reichweite der Verweisung	12
2. Entgeltliche Verfügungen	9	2. Ausschließliche Geltung der lex rei sitae bzw. lex libri siti	13
3. Nach Verfahrenseröffnung	10		

I. Normzweck

Art. 14 enthält eine von Art. 4 Abs. 2 lit. c) abweichende Sonderanknüpfung für entgeltliche Verfügungen des Schuldners nach Verfahrenseröffnung. Die Vorschrift soll das **Vertrauen des Geschäftsverkehrs in die Systeme öffentlicher Register** schützen, in die regelmäßig die durch die *lex fori concursus* angeordneten Verfügungsbeschränkungen des Schuldners nach Verfahrenseröffnung vermerkt werden.[1] Die Eintragung der durch die *lex fori concursus* angeordneten Verfügungsbeschränkungen stellt wiederum Art. 11 sicher, soweit diese nach dem Recht des Registerstaats eintragungsfähig sind.[2] Beide Normen hängen hinsichtlich ihrer Wirkungen eng zusammen. Ist die Verfügungsbeschränkung noch nicht in das Register eingetragen worden, so soll der gutgläubige Erwerber für die von der Norm erfassten Vermögensgegenstände durch eine Verfahrenseröffnung im Ausland nicht schlechter gestellt werden, als wenn im Inland ein Verfahren eröffnet worden wäre. Daher richtet sich die Frage der Wirksamkeit der (trotz Verfügungsbeschränkungen erfolgten) Verfügung abweichend von der Generalnorm des Art. 4 nicht nach dem Recht des Verfahrensstaats, sondern nach dem Recht des Lageortes des unbeweglichen Vermögens bzw. nach dem Recht des Vertragsstaats, unter dessen Aufsicht das Register geführt wird.

1

II. Voraussetzungen

1. Erfasste Vermögensgegenstände. Die Vorschrift gilt nach dem Wortlaut (a) für unbewegliches Vermögen, (b) für registergeführte Schiffe und Luftfahrzeuge und (c) für Wertpapiere soweit die Eintragung in das Register Voraussetzung für die Existenz des Wertpapiers ist.

2

Nach dem klaren Wortlaut der Vorschrift gilt Art. 14 für unbewegliche Gegenstände unabhängig davon, ob die Rechte an dem unbeweglichen Gegenstand in ein Register eingetragen sind oder nicht.[3] Diese Auslegung wird auch durch die Rechtsfolgenverweisung der Norm bestätigt, die für unbewegliche Gegenstände nicht etwa auf das Recht des

3

---

[1] *Virgos/Schmit,* Erläuternder Bericht, RdNr. 141; *Fletcher,* Insolvency in International Private Law, s. 280 f.; vgl. auch den § 388 des RegE, BT-Drucks. 12/2443, S. 69, 243.
[2] Vgl. hierzu Art. 11, insb. RdNr. 6 ff.
[3] *Duursma-Kepplinger,* Europäische Insolvenzverordnung, Art. 14 RdNr. 12; *Gruber,* in *Geimer/Schütze,* Int. Rechtsverkehr, B Vor I 20 b, Art. 14, RdNr. 4; *Haubold,* in *Gebauer/Wiedmann,* Zivilrecht, Art. 14 RdNr. 148; *Mäsch,* in *Rauscher,* Europ. Zivilprozessrecht, Bd. 2, Art. 14 EG-InsVO, RdNr. 2; *Nerlich/Römer-*

Registerstaates verweist, sondern auf den Belegenheitsort (vgl. unten, Rd-Nr. 12). Die fehlende Anknüpfung an eine Registrierung ergibt sich daraus, dass nicht in allen Mitgliedsstaaten Grundbuchregister existieren oder jedenfalls noch nicht alle Immobilien in eingeführte Registersysteme eingetragen worden sind.[4]

4 Dagegen gilt Art. 14 bei Schiffen und Luftfahrzeugen wiederum nur soweit, als diese auch der Eintragung in ein öffentliches Register *„unterliegen"*. Ob damit nur die registrierungspflichtigen Schiffe oder Luftfahrzeuge gemeint sind oder auch diejenigen, für die eine Registrierungsmöglichkeit (nicht dagegen -pflicht) besteht, ist dem deutschen Wortlaut der Vorschrift nicht zu entnehmen. Auch die englische Textfassung (*„subject to registration"*) lässt dies offen. Die Unterscheidung ist jedoch praktisch relevant. So müssen beispielsweise nach deutschem Recht Seeschiffe, die nach dem Flaggenrechtsgesetz die deutsche Flagge führen müssen oder dürfen, in das Seeschiffsregister eingetragen werden. Für Binnenschiffe besteht grundsätzlich keine Registrierungspflicht. Sie können jedoch ab einer Mindesttragfähigkeit oder Mindestverdrängung in das Binnenschiffsregister eingetragen werden.[5] Für Luftfahrzeuge besteht dagegen grundsätzlich keine Registrierungspflicht, sondern nur dann, wenn sie in der Luftfahrzeugrolle eingetragen sind und an ihnen ein Pfandrecht bestellt werden soll.[6] Auf die Registrierungspflicht wird es jedoch nicht ankommen, wie sich einem Umkehrschluss mit den ebenfalls in der Vorschrift erwähnten Wertpapieren (Art. 14 dritter Spiegelstrich) entnehmen lässt. Zudem besteht auch keine Veranlassung bei Schiffen oder Luftfahrzeugen, die registriert wurden, den Dritterwerber nicht ebenfalls den Vertrauensschutz des Registerrechts zukommen zu lassen. Neben den registrierungspflichtigen Schiffen und Luftfahrzeugen werden daher von Art. 14 auch die tatsächliche eingetragenen Schiffe und Luftfahrzeuge erfasst.

5 Dagegen reicht bei Wertpapieren eine Eintragung in ein Register nicht aus. Der Anwendungsbereich für Wertpapiere ist wesentlich enger, da nur Wertpapiere erfasst werden, bei denen die Eintragung in das Register Voraussetzung für ihre Existenz ist. Zudem muss es sich um ein gesetzlich vorgegebenes Register handeln, die Registrierung also gesetzlich vorgegeben sein. Eine entsprechende satzungsrechtliche Bestimmung in den Statuten einer Gesellschaft reicht daher nicht aus. Aus deutscher Sicht werfen die in Art. 14 definierten „Wertpapiere" jedoch keine Anwendungsfragen auf, da das deutsche Recht keine Wertpapiere kennt, deren Eintragung in ein gesetzlich vorgeschriebenes Register Voraussetzung für deren Existenz ist.[7]

6 Für andere Rechte, für die ebenfalls öffentliche Register geführt werden, gilt die Vorschrift dagegen nicht. Art. 14 gilt daher grundsätzlich nicht für bewegliche Gegenstände.[8] Gleiches gilt für registereingetragene gewerbliche Schutzrechte. Für diese von Art. 14 nicht erfassten Vermögensgegenstände verbleibt es daher für die Frage der insolvenzrechtlichen Wirksamkeit von Verfügungen grundsätzlich bei der Anwendung der *lex fori concursus*.[9]

7 Nach den Erläuterungen von *Virgos/Schmit* betrifft Art. 14 aber nicht nur Verfügungen über die eigentlichen Gegenstände, sondern auch Verfügungen über Rechte an diesen

---

mann/Mincke, Art. 14 RdNr. 1; MünchKommBGB-*Kindler*, Bd. 14, Art. 11 RdNr. 391; *Smid*, Int. Insolvenzrecht, Art. 14 RdNr. 4.

[4] So gibt es in England und Wales weiterhin registrierte und nicht registrierte Immobilien, vgl. *Birks*, English Private Law, Band 1, RdNr. 5.14 ff.

[5] *Staudinger/Nöll* (2002), Einl zum SchiffsRG RdNr. 9 f.

[6] Vgl. *Erman/Michalski*, BGB, 11. Aufl., Einl § 1204 RdNr. 11; *Staudinger/Wiegand*, Anh. zu 1257 RdNr. 25.

[7] So auch *Gruber*, in *Geimer/Schütze*, Int. Rechtsverkehr, B Vor I 20 b, Art. 14, RdNr. 4; *Haubold*, in *Gebauer/Wiedmann*, Zivilrecht, Art. 14 RdNr. 149 Fn. 343; *Keller* BKR 2002, 347, 349.

[8] *Duursma-Kepplinger*, Europäische Insolvenzverordnung, Art. 14 RdNr. 13; *Haubold*, in *Gebauer/Wiedmann*, Zivilrecht, Art. 14 RdNr. 149; HK-*Stephan*, Art. 14 RdNr. 3; *Mäsch*, in *Rauscher*, Europ. Zivilprozessrecht, Bd. 2, Art. 14 EG-InsVO, RdNr. 3; *Mohrbutter/Ringstmeier/Werner* § 20 RdNr. 290; MünchKommBGB-*Kindler*, Bd. 14, Art. 11 RdNr. 392.

[9] Zu unterscheiden ist hierbei freilich noch die allgemeine zivilrechtliche Wirksamkeit der Verfügung, die eine Vorfrage darstellt, vgl. unten RdNr. 11.

Gegenständen.¹⁰ Aus dem Begriff „verfügt" wird auch ersichtlich, dass es sich nur um dingliche Rechte handelt. Das gilt jedoch bei den Vermögensgegenständen, bei denen die Registereintragung möglich ist (Schiffe, Luftfahrzeuge, Wertpapiere) nur soweit es sich auch um eintragungsfähige dingliche Rechte handelt.¹¹ Schuldrechtliche Verpflichtungen fallen demgegenüber nicht unter Art. 14.

Geradezu selbstverständlich ist, dass der jeweils betroffene Vermögensgegenstand nach Art. 4 Abs. 2 Satz 2 lit. b) auch zur Insolvenzmasse des Verfahrens gehören muss. Praktisch relevant dürfte diese Unterscheidung allenfalls dann werden, soweit es Gegenstände im Eigentum des Schuldners betrifft, die jedoch nicht zur Insolvenzmasse gehören, weil sie gegebenenfalls als pfandfreie Gegenstände nicht zur Insolvenzmasse gezählt werden. **8**

2. Entgeltliche Verfügungen. Unter Verfügung im Sinne von Art. 14 ist jede Rechtshandlung zu verstehen, durch die ein dingliches Recht an einem der aufgeführten Gegenstände übertragen wird.¹² Nach dem Wortlaut der Vorschrift muss die Verfügung „gegen Entgelt" vorgenommen werden. Damit ist jede Gegenleistung beschrieben, die im Austausch mit der Verfügung erbracht wird. Die Gegenleistung muss daher nicht notwendigerweise in einer Geldzahlung bestehen. Für eine ausschließlich unentgeltliche Verfügung kann der Verfügungsempfänger sich daher nicht auf die Gutglaubensvorschriften des Lageortes bzw. des Registerrechts berufen.¹³ Diese Unterscheidung folgt der in den Rechtsordnungen allgemein anerkannten Grundsätzen, wonach der Empfänger einer unentgeltlichen Verfügung grundsätzlich weniger schutzbedürftig ist als der Empfänger einer entgeltlichen Verfügung.¹⁴ Die Wirksamkeit der unentgeltlichen Verfügung ist demnach ausschließlich über die *lex fori concursus* zu prüfen.¹⁵ Dagegen fällt auch eine sogenannte gemischte Schenkung unter den Begriff einer „Verfügung gegen Entgelt".¹⁶ Eine Einschränkung des Anwendungsbereiches von Art. 14 dahingehend, dass die Norm nur Anwendung findet, wenn die Verfügung keinerlei Schenkungsbestandteile enthält, bedarf es im Ergebnis auch deswegen nicht, weil im Rahmen einer gemischten Schenkung die Gläubiger hinsichtlich des unentgeltlichen Teils der Verfügung durch die Insolvenzanfechtungsvorschriften gem. Art. 13 geschützt sind. **9**

3. Nach Verfahrenseröffnung. Art. 14 ist nach seinem ausdrücklichen Wortlaut nur insoweit anwendbar, als die Verfügung nach Eröffnung des Insolvenzverfahrens vorgenom- **10**

---

[10] *Virgos/Schmit*, Erläuternder Bericht, RdNr. 141 aE; *Virgos/Garcimartin*, European Insolvency Regulation, RdNr. 250; *Duursma-Kepplinger*, Europäische Insolvenzverordnung, Art. 14 RdNr. 7; *Haubold*, in *Gebauer/Wiedmann*, Zivilrecht, Art. 14 RdNr. 150; *Mäsch*, in *Rauscher*, Europ. Zivilprozessrecht, Bd. 2, Art. 14 EG-InsVO, RdNr. 4; *MünchKommBGB-Kindler*, Bd. 11, Art. 14 RdNr. 388; *Paulus*, Europäische Insolvenzverordnung, Art. 14 RdNr. 7; *Smid*, Int. Insolvenzrecht, Art. 14 RdNr. 4.
[11] *Mäsch*, in *Rauscher*, Europ. Zivilprozessrecht, Bd. 2, Art. 14 EG-InsVO, RdNr. 4; *MünchKommBGB-Kindler*, Bd. 11, Art. 14 RdNr. 388.
[12] *Virgos/Schmit*, Erläuternder Bericht, RdNr. 141 aE; *Duursma-Kepplinger*, Europäische Insolvenzverordnung, Art. 14 RdNr. 7; *Haubold*, in *Gebauer/Wiedmann*, Zivilrecht, Art. 14 RdNr. 150; *Mäsch*, in *Rauscher*, Europ. Zivilprozessrecht, Bd. 2, Art. 14 EG-InsVO, RdNr. 4; *MünchKommBGB-Kindler*, Bd. 11, Art. 14 RdNr. 388; *Pannen*, in *Breutigam/Blersch/Goetsch*, Art. 14 RdNr. 4; *Smid*, Int. Insolvenzrecht, Art. 14 RdNr. 4.
[13] *Virgos/Schmit*, Erläuternder Bericht, RdNr. 140 aE; *Gruber*, in *Geimer/Schütze*, Int. Rechtsverkehr, B Vor I 20 b, Art. 14, RdNr. 8; im Ergebnis auch *Duursma-Kepplinger*, Europäische Insolvenzverordnung, Art. 14 RdNr. 8; HK-*Stephan*, Art. 14 RdNr. 3; *Nerlich/Römermann/Mincke*, Art. 14 RdNr. 3 f.; *Pannen*, in *Breutigam/Blersch/Goetsch*, Art. 14 RdNr. 4; *Paulus*, Europäische Insolvenzverordnung, Art. 14 RdNr. 4; *Smid*, Int. Insolvenzrecht, Art. 14 RdNr. 3.
[14] Vgl. beispielsweise im deutschen Bereicherungsrecht §§ 816 Abs. 1 Satz 2, 822 BGB; so auch *Smid*, Int. Insolvenzrecht, Art. 14 RdNr. 3 .
[15] *Balz* ZIP 1996, 948, 950; *Duursma-Kepplinger*, Europäische Insolvenzverordnung, Art. 14 RdNr. 8; *Fritz/Bähr* DZWIR 2000, 221, 229; *Gruber*, in *Geimer/Schütze*, Int. Rechtsverkehr, B Vor I 20 b, Art. 14, RdNr. 8; HK-*Stephan*, Art. 14 RdNr. 3; *Nerlich/Römermann/Mincke*, Art. 14 RdNr. 3; *MünchKommBGB-Kindler*, Bd. 11, Art. 14 RdNr. 390; *Paulus*, Europäische Insolvenzverordnung, Art. 14 RdNr. 4; *Smid*, Int. Insolvenzrecht, Art. 14 RdNr. 3; HambKomm-*Undritz* Art. 14 RdNr. 4.
[16] Vgl. dazu auch *Duursma-Kepplinger*, Europäische Insolvenzverordnung, Art. 14 RdNr. 9; *MünchKommBGB-Kindler*, Bd. 11, Art. 14 RdNr. 390. Differenzierend *Gruber*, in *Geimer/Schütze*, Int. Rechtsverkehr, B Vor I 20 b, Art. 14, RdNr. 10.

men wurde.[17] Entscheidend ist hierbei der Zeitpunkt des Verfügungserfolges, nicht dagegen derjenige der Verfügungshandlung. Hat der Schuldner beispielsweise eine entsprechende Verfügungserklärung noch vor der Verfahrenseröffnung vorgenommen, kommt es jedoch in dinglicher Hinsicht erst nach Eröffnung des Insolvenzverfahrens zu dem entsprechenden Verfügungserfolg, so findet Art. 14 hierauf ebenso Anwendung, allerdings nur bezogen auf die Wirksamkeit des nach Verfahrenseröffnung eingetretenen Verfügungserfolges. Die Wirkung der Verfahrenseröffnung auf den nicht vollständig abgewickelten Vertrag richtet sich – zumindest für unbewegliche Gegenstände – nach Art. 8.

11 **4. Belegenheit in einem Mitgliedsstaat.** Nach umstrittener Ansicht gilt Art. 14 jedoch nur, soweit die von Art. 14 erfassten Vermögensgegenstände (vgl. oben RdNr. 2 ff.) auch in einem der Mitgliedsstaaten belegen sind.[18] Zwar enthält der Wortlaut von Art. 14 abweichend von der gleich gelagerten Problematik beispielsweise in Art. 11 keinen Verweis auf das Recht des Mitgliedsstaates, sondern – neutral formuliert – auf das Recht eines Staates (der nach dem Wortlaut somit nicht zwingend ein Mitgliedsstaat sein muss. Hierbei handelt es sich jedoch um einen redaktionellen Fehler, da die Verordnung auch ansonsten nicht die Wirkungen der Verfahrenseröffnung auf Gegenstände regelt, die nicht in einem der Mitgliedsstaaten, sondern in einem Drittstaat belegen sind (vgl. oben Art. 1 RdNr. 17).

III. Rechtsfolgen

12 **1. Reichweite der Verweisung.** Kollisionsrechtlich beinhaltet Art. 14 eine sogenannte Sachnormverweisung.[19] Nach zutreffender Auffassung erfasst diese Sachnormverweisung jedoch nur den Verweis auf Verfügungsbeschränkungen bzw. Schutz von Dritterwerbern, die insolvenzrechtlich bedingt sind. Die übrigen aus dem allgemeinen Zivilrecht stammenden Gutglaubensvorschriften finden über Art. 14 keine Anwendung. Hierbei handelt es sich um eine kollisionsrechtliche Vorfrage: zunächst muss der Verfügungsvorgang nach dem anwendbaren Recht (*lex rei sitae, lex libri siti*) wirksam sein. Ist das der Fall, bestimmt das nach Art. 14 anwendbare Insolvenzrecht des Belegenheitsstaates bzw. des Registerstaates die insolvenzrechtliche Wirksamkeit der Verfügung. Im Ergebnis dürfte die Unterscheidung jedoch nicht von Bedeutung sein, da auch Art. 14 für unbewegliche Gegenstände auf die *lex rei sitae*, sowie für die anderen, registereingetragenen Vermögensgegenstände auf die *lex libri siti* verweist. Die kollisionsrechtlichen Verweisung von Art. 14 dürfte insoweit weitgehend identisch sein mit den anwendbaren sachenrechtlichen Kollisionsnormen des autonomen Rechts des jeweils betroffenen Mitgliedsstaates. Abweichungen sind dagegen allenfalls bei den Wertpapieren denkbar, soweit die sachenrechtliche Kollisionsnorm auf die Belegenheit des Wertpapiers abstellt und nicht auf den Ort des Registers.

13 **2. Ausschließliche Geltung der *lex rei sitae* bzw. *lex libri siti*.** Die (insolvenzrechtliche) Wirksamkeit der Verfügung des Schuldners richtet sich „*ausschließlich*" nach dem

---

[17] *Virgos/Schmit*, Erläuternder Bericht, RdNr. 141; *Duursma-Kepplinger*, Europäische Insolvenzverordnung, Art. 14 RdNr. 7; *Gruber*, in *Geimer/Schütze*, Int. Rechtsverkehr, B Vor I 20 b, Art. 14, RdNr. 12; *Haubold*, in *Gebauer/Wiedmann*, Zivilrecht, Art. 14 RdNr. 150; HK-*Stephan*, Art. 14 RdNr. 2; *Leible/Staudinger* KTS 2000, 533, 557; MünchKommBGB-*Kindler*, Bd. 11, Art. 14 RdNr. 389; *Paulus*, Europäische Insolvenzverordnung, Art. 14 RdNr. 2; *Smid*, Int. Insolvenzrecht, Art. 14 RdNr. 5; *Taupitz* ZZP 111 (1998) 315, 341.

[18] So *Gruber*, in *Geimer/Schütze*, Int. Rechtsverkehr, B Vor I 20 b, Art. 14, RdNr. 13; *Duursma-Kepplinger*, Europäische Insolvenzverordnung, Art. 14 RdNr. 5; *Smid*, Int. Insolvenzrecht, Art. 14 RdNr. 2; *Paulus*, Europäische Insolvenzverordnung, Art. 14 RdNr. 8; Moss/Fletcher/Isaacs, EC Regulation, RdNr. 4.38 ff; aA: aber *Haubold*, in *Gebauer/Wiedmann*, Zivilrecht, Art. 14 RdNr. 153; MünchKommBGB-*Kindler*, Bd. 11, Art. 14 RdNr. 401.

[19] *Duursma-Kepplinger*, Europäische Insolvenzverordnung, Art. 14 RdNr. 4; *Gruber*, in *Geimer/Schütze*, Int. Rechtsverkehr, B Vor I 20 b, Art. 14, RdNr. 15; HK-*Stephan*, Art. 14 RdNr. 1; *Mäsch*, in *Rauscher*, Europ. Zivilprozessrecht, Bd. 2, Art. 14 EG-InsVO, RdNr. 7; MünchKommBGB-*Kindler*, Bd. 11, Art. 14 RdNr. 395; *Smid*, Int. Insolvenzrecht, Art. 14 RdNr. 2.

Belegenheitsort bzw. Registerrecht.[20] Zwar fehlt in Art. 14 im Vergleich zu anderen Kollisionsnormen der Verordnung das Wort „ausdrücklich" im Wortlaut der Vorschrift. Insoweit ließe sich daran denken, Art. 14 auch dahingehend zu verstehen, dass unwirksame Verfügungen nach der *lex fori concursus* über das Recht des Belegenheitsortes bzw. Registerstaates noch zu retten. Entsprechende Beispiele für Alternativanknüpfungen finden sich in Art. 6 und Art. 13 der Verordnung. Eine Begrenzung auf die Fälle, in denen die *lex fori concursus* die Unwirksamkeit der Verfügung anordnet, würde an sich dem Umstand gerecht, dass über Art. 14 lediglich der Schutz des Dritterwerbers bezweckt ist, insoweit also ein Schutz gegenüber dem Recht der ansonsten anwendbaren *lex fori concursus* bezweckt ist. Dennoch wird man Art. 14 nicht als Alternativanknüpfung verstehen können. Die Regelungstechnik bei Art. 14 weicht eindeutig von der Regelungstechnik in Art. 6 und Art. 13 ab. Die Wirksamkeit der entgeltlichen Verfügung richtet sich daher ausschließlich nach dem Recht des Belegenheitsstaates bzw. Registerrechts. Insoweit wird man hinzunehmen haben, dass damit freilich sogar Einschränkungen zum Nachteil des Dritterwerbers möglich sind, nämlich dann, wenn die *lex fori concursus* eine Verfügung zwar noch als wirksam erachtet, sie jedoch nach dem Recht des Belegenheitsortes bzw. Registerrechts unwirksam ist. Die ausschließliche Anwendung des Rechts des Belegenheitsortes bzw. des Registerstaates geht daher über den in der Überschrift der Vorschrift intendierten „Schutz" des Dritterwerbers hinaus.

Art. 15. Wirkungen des Insolvenzverfahrens auf anhängige Rechtsstreitigkeiten

Für die Wirkungen des Insolvenzverfahrens auf einen anhängigen Rechtsstreit über einen Gegenstand oder ein Recht der Masse gilt ausschließlich das Recht des Mitgliedsstaats, in dem der Rechtsstreit anhängig ist.

Literatur: *Brinkmann,* Zu Voraussetzungen und Wirkungen der Art. 15, 25 EuInsVO – Die Wirkungen der Anordnung von Sicherungsmaßnahmen im Insolvenzeröffnungsverfahren auf im Ausland anhängige Prozesse – OGH v. 23. 2. 2005, 9 Ob 135/04 z, IPRax 2007, 235; *Duursma-Kepplinger,* Anmerkung zu: OGH v. 23. 2. 2005, 9 Ob 135/04 z, Österreichisches Anwaltsblatt 2005, 348; *Habscheid,* § 240 ZPO bei ausländischen Insolvenzen und die Universalität des Konkurses; *ders.,* Unterbrechung oder Aussetzung des Inlandsprozesses bei ausländischen Konkursverfahren, KTS 1990, 403; *Rugullis,* Litispendenz im Europäischen Insolvenzrecht (Diss. Freie Univ. Berlin, 2001), 2002 (zit.: *Rugullis,* Litispendenz).

Übersicht

	RdNr.		RdNr.
I. Normzweck	1	3. Rechtsstreit in einem Mitgliedsstaat	7
II. Voraussetzungen	3	4. Massebezogener Rechtsstreit	8
1. Rechtsstreit	3	III. Rechtsfolgen	10
2. Anhängigkeit	5		

I. Normzweck

Art. 15 regelt die Wirkung des Insolvenzverfahrens auf anhängige **Rechtsstreitigkeiten.** 1 Er richtet sich an die Gerichte der Mitgliedsstaaten, in denen ein massebezogener Rechtsstreit anhängig ist. In den meisten Mitgliedsstaaten existieren Regelungen, wonach massebezogene Rechtsstreitigkeiten im Falle einer Insolvenzeröffnung entweder automatisch,[1] auf Antrag einer Partei oder nach Ermessen des Gerichts[2] unterbrochen werden. Unterschiede

---

[20] Ebenso *Gruber,* in *Geimer/Schütze,* Int. Rechtsverkehr, B Vor I 20 b, Art. 14 RdNr. 18; MünchKommBGB-*Kindler,* Bd. 11, Art. 14 RdNr. 396; *Duursma-Kepplinger,* Europäische Insolvenzverordnung, Art. 14 RdNr. 7; *Haubold,* in *Gebauer/Wiedmann,* Zivilrecht, Art. 14 RdNr. 152.

[1] So z. B. in Deutschland nach § 240 ZPO; in Österreich § 7 für das Konkursverfahren; Art. 47, 148–2 Loi n. 85–98 für Frankreich; vgl. *Rugullis,* Litispendenz, S. 43.

[2] So im englischen Recht, section 285 (1) Insolvency Act für Bankruptcy Verfahren, section 252 (2) (b) Insolvency Act für Company voluntary arrangements; section 11(3) (d) Insolvency Act für Administration Order; vgl. umfassende Nachweise bei *Rugullis,* Litispendenz, S. 135 ff.

bestehen in den Mitgliedsstaaten sowohl was die Unterbrechungswirkungen als auch Unterbrechungsdauer und die Wiederaufnahme des Verfahrens anbetrifft.[3] Die entsprechenden Vorschriften im deutschen Zivilprozessrecht finden sich in § 240 ZPO, der eine automatische Unterbrechung des Verfahrens vorsieht, sowie in §§ 85, 86, 180 Abs. 2 InsO, die die Aufnahme von Aktiv- und Passivprozessen regeln.

2 Art. 15 ist abzugrenzen von den in Art. 4 Abs. lit. f) genannten **Rechtsverfolgungsmaßnahmen.** Der Begriff der Rechtsverfolgungsmaßnahmen ist der Oberbegriff. Wie sich die Verfahrenseröffnung auf Rechtsverfolgungsmaßnahmen auswirkt, untersteht gemäß Art. 4 Abs. 2 lit. f) der *lex fori concursus*.[4] Ausdrücklich ausgenommen von der Verweisung sind jedoch anhängige Rechtsstreitigkeiten. Für diese ergeben sich die Wirkungen der Verfahrenseröffnung nach Art. 15 aus dem Recht des Mitgliedsstaates, in dem der Rechtsstreit anhängig ist, und damit in den meisten Fällen der *lex fori processus*. Die Tatsache, dass einerseits Rechtsverfolgungsmaßnahmen ausdrücklich der *lex fori concursus* unterstehen, Rechtsstreitigkeiten dagegen einer Sonderanknüpfung unter die *lex fori processus* unterstehen, erklärt sich letztlich daraus, dass Art. 15 sich nur auf das Erkenntnisverfahren, nicht aber auf sonstige vollstreckungsrechtliche Maßnahmen bezieht, die unmittelbar Masse schmälernde Wirkung haben.[5] Die Sonderanknüpfung führt daher – anders als Rechtsverfolgungsmaßnahmen der Einzelzwangsvollstreckung – zu einer Verletzung der Gläubigergleichbehandlung, so dass eine von der *lex fori concursus* abweichende Sonderanknüpfung gerechtfertigt ist.

II. Voraussetzungen

3 **1. Rechtsstreit.** Art. 15 setzt zunächst einen „anhängigen Rechtsstreit" voraus. Voraussetzung ist daher zunächst, dass es sich bei dem Verfahren um einen „Rechtsstreit" handelt. Während durch die Tatbestandsvoraussetzung, dass der Rechtsstreit über einen Gegenstand oder ein Recht der Masse geführt werden muss (vgl. dazu unten, RdNr. 8), der inhaltliche Gegenstand des Rechtsstreits abgegrenzt wird, wird durch den Begriff des Rechtsstreits im Sinne von Art. 15 das Verfahren selbst von anderen möglichen Verfahrensarten abgegrenzt. Nach allgemeiner Auffassung werden hierunter nur **Erkenntnisverfahren** verstanden.[6] Keine Rechtsstreitigkeiten sind dagegen Verfahren der Einzelzwangsvollstreckung, deren Zulässigkeit und Rechtsfolgen sich gemäß Art. 4 Abs. 2 lit. f) grundsätzlich nach der *lex fori concursus* richten.[7] Abgesehen von der Ausgrenzung von Vollstreckungsverfahren und -maßnahmen spielt es für den Anwendungsbereich von Art. 15 keine Rolle, welcher Gerichtsbarkeit der Rechtsstreit zugeordnet ist. Unter Art. 15 fallen daher auch Verfahren der Arbeitsgerichtsbarkeit, der Sozialgerichtsbarkeit, der Verwaltungsgerichtsbarkeit und auch Finanzgerichtsbarkeit.[8] Auch Verfahren der freiwilligen Gerichtsbarkeit gehören dazu.[9] Soweit diese Verfahren in öffentlich-rechtlichen Streitigkeiten noch vor der Einleitung eines Gerichtsverfahrens außergerichtliche formelle Rechtsbehelfsverfahren vorsehen, so sind

---

[3] *Virgos/Garcimartin*, European Insolvency Regulation, RdNr. 252; *Moss/Smith*, in *Moss/Fletcher/Isaacs*, EC Regulation, RdNr. 8.130; *Haubold*, in *Gebauer/Wiedmann*, Zivilrecht, Art. 15 RdNr. 154; MünchKommBGB-*Kindler*, Bd. 11, Art. 15 RdNr. 403; *Smid*, Int. Insolvenzrecht, Art. 15 RdNr. 3.
[4] Vgl. hierzu Art. 4 RdNr. 26.
[5] *Virgos/Garcimartin*, European Insolvency Regulation, RdNr. 254.
[6] Vgl. OLG Köln, ZIP 2007, 2287; MünchKommBGB-*Kindler*, Bd. 11, Art. 15 RdNr. 404; *Duursma/Kepplinger*, Europäische Insolvenzverordnung, Art. 15 RdNr. 24; *Gruber*, in *Geimer/Schütze*, Int. Rechtsverkehr, B Vor I 20 b, Art. 15 RdNr. 5; *Smid*, Int. Insolvenzrecht, Art. 15 RdNr. 14.
[7] Allg. Auffassung, vgl. *Gruber*, in *Geimer/Schütze*, Int. Rechtsverkehr, B Vor I 20 b, Art. 15 RdNr. 6; *Duursma/Kepplinger*, Europäische Insolvenzverordnung, Art. 15 RdNr. 27; *Virgos/Schmit*, Erläuternder Bericht, RdNr. 142; MünchKommBGB-*Kindler*, Bd. 11, Art. 15 RdNr. 405; *Smid*, Int. Insolvenzrecht, Art. 15 RdNr. 13; *Fritz/Bähr*, DZWIR 2001, 221, 229.
[8] Zumindest für die Verwaltungsgerichtsbarkeit MünchKommBGB-*Kindler*, Bd. 11, Art. 15 RdNr. 407.
[9] Vgl. *Gruber*, in *Geimer/Schütze*, Int. Rechtsverkehr, B Vor I 20 b, Art. 15 RdNr. 5; *Smid*, Int. Insolvenzrecht, Art. 15 RdNr. 14. Differenzierend *Paulus*, Europäische Insolvenzverordnung, Art. 15 RdNr. 3; aA hingegen MünchKommBGB-*Kindler*, Bd. 11, Art. 15 RdNr. 406.

Wirkungen des Insolvenzverfahrens   4, 5 **Art. 15 EuInsVO**

auch diese bereits als Rechtsstreit im Sinne von Art. 15 anzusehen, weil auch in diesen Verfahren der Rechtskraft fähige und vollstreckbare Entscheidungen ergehen können.[10] Dagegen sind die Verfahren, die der Entscheidung einer Behörde vorgelagert sind (z. B. Verwaltungsverfahren im Sinne des § 9 VwVfG) noch keine Rechtsstreitigkeiten im Sinne des Art. 15.[11] Jedoch werden nicht sämtliche der vorgenannten Verfahren unter Art. 15 fallen. Weitere Einschränkungen ergeben sich nämlich aus dem jeweiligen Gegenstand des dort geführten Verfahrens, der jeweils massebezogen sein muss (vgl. hierzu noch unten, RdNr. 8).

Art. 15 gilt auch für Schiedsverfahren.[12] Der weit gefasste Begriff des Rechtsstreits setzt **4** keine ordentliche Gerichtsbarkeit voraus. Soweit daher das Schiedsverfahren vom sachlich-räumlichen Anwendungsbereich von Art. 15 erfasst wird,[13] bestimmt demnach die von den Parteien gewählte anwendbare Schiedsordnung die Wirkungen der Eröffnung des Insolvenzverfahrens auf das anhängige Schiedsverfahren.[14] Art. 15 regelt diesbezüglich jedoch nicht die Frage, ob der Insolvenzverwalter an die Schiedsvereinbarung gebunden ist und ob der Rechtsstreit objektiv schiedsfähig ist. Diese Fragen sind wiederum nach der *lex fori concursus* zu beurteilen.

2. Anhängigkeit. Der Rechtsbegriff der „Anhängigkeit" ist autonom auszulegen. Inso- **5** weit ist zu empfehlen, auf die nun in der EuGVVO enthaltene Klarstellung zurückzugreifen. Denn in den Mitgliedsstaaten finden sich zwei Grundkonzeptionen für den Beginn – zumindest zivilrechtlicher – Rechtsstreitigkeiten: der Verfahrens einleitende Schritt geschieht entweder durch Einreichung eines Schriftstücks bei Gericht (das dann das Schriftstück an den Beklagten zustellt) oder durch Zustellung eines Schriftstücks zunächst unmittelbar an den Beklagten (das dann ebenfalls vom dem Kläger an das Gericht übermittelt werden muss).[15] Die bisherige EuGH Rechtsprechung hatte für die Frage, wann ein Verfahren anhängig war, auf das jeweils nationale Recht zurückgegriffen.[16] Zwar dient der neu eingeführte Art. 30 EuGVVO der Klärung des in Art. 27 f. EuGVVO enthaltenen Prioritätsprinzips. Im Sinne einer einheitlichen Auslegung der europarechtlichen Rechtsbegriffe sollte jedoch auch für die Auslegung von Art. 15 auf die Definition in Art. 30 EuGVVO zurückgegriffen werden.[17] Danach ist nun darauf abzustellen, wann das verfahrenseinleitende Schriftstück bei Gericht eingereicht wurde oder – falls die Zustellung zunächst an den Beklagten zu bewirken ist – wann das für die Zustellung an den Beklagten zuständige Stelle das Schriftstück erhalten hat.[18] Im Hinblick auf in Deutschland anhängige Rechtsstreitigkeiten verlangt Art. 15 daher auch nicht Rechtshängigkeit im Sinne des

---

[10] Hierzu gehören z. B. das Vorverfahren im Verwaltungsrecht nach §§ 68 ff. VwGO oder das Einspruchsverfahren im Steuerrecht nach §§ 347 AO.
[11] Vgl. MünchKommBGB-*Kindler*, Bd. 11, Art. 15 RdNr. 407; aA *Gruber*, in *Geimer/Schütze*, Int. Rechtsverkehr, B Vor I 20 b, Art. 15 RdNr. 5; offen lassend *Duursma/Kepplinger*, Europäische Insolvenzverordnung, Art. 15 RdNr. 30 ff.
[12] So auch *Virgos/Garcimartin*, European Insolvency Regulation, RdNr. 261; differenzierend *Paulus*, Europäische Insolvenzverordnung, Art. 15 RdNr. 3.
[13] Vgl. hierzu unten RdNr. 7.
[14] Die meisten Schiedsverfahrensordnungen sehen jedoch weder eine unmittelbare Unterbrechung noch eine Aussetzung des Schiedsverfahrens vor. Vgl. z. B. OLG Dresden SchiedsVZ 2005, 159; *Eberl* InVO 2002, 393; *Flöther* DZWIR 2001, 89; *Heidbrink/von der Groeben* ZIP 2006, 265; *Lenzen* NZBau 2003, 428.
[15] Vgl. *Kropholler*, Europ. Zivilprozessrecht, Art. 30 EuGVO RdNr. 1; *Geimer*, in *Geimer/Schütze*, Europ. ZivilverfahrensR, Art. 30 EuGVVO RdNr. 2 f.; *Leible*, in *Rauscher*, Europ. Zivilprozessrecht, Bd. 1, Art. 30 Brüssel I–VO RdNr. 1.
[16] Vgl. EuGH vom 7. 6. 1984 Rs. 129/93; *Zelger/Salinitri* NJW 1984, 2759; kritisch wg. der Ungleichbehandlung OLG Frankfurt IPRax 2002, 515.
[17] Ebenso *Rugullis*, Litispendenz, S. 54 f.; *Gruber*, in *Geimer/Schütze*, Int. Rechtsverkehr, B Vor I 20 b, Art. 15 RdNr. 7; *Haubold*, in *Gebauer/Wiedmann*, Zivilrecht, Art. 15 RdNr. 154; *Kübler/Prütting/Kemper*, Art. 15 EuInsVO RdNr. 4; *Leible/Staudinger* KTS 2000, 533, 558 Fn. 188; *Paulus*, Europäische Insolvenzordnung, Art. 15 RdNr. 5; ähnlich *Duursma/Kepplinger*, Europäische Insolvenzverordnung, Art. 15 RdNr. 17.
[18] Vgl. *Kropholler*, Europ. Zivilprozessrecht, Art. 30 EuGVO RdNr. 2; *Leible*, in *Rauscher*, Europ. Zivilprozessrecht, Bd. 1, Art. 30 Brüssel I–VO RdNr. 2; *Schlosser*, EU-Zivilprozessrecht, Art. 30 EuGVVO.

Reinhart

deutschen Zivilprozessrechts. Eine Zustellung an den Beklagten ist nicht Voraussetzung für Art. 15.

6 Der Rechtsstreit muss im Zeitpunkt der Verfahrenseröffnung anhängig sein. Hierbei ist zu berücksichtigen, dass ein Insolvenzverfahrens nach der Konzeption der Verordnung nicht erst durch den Erlass des Eröffnungsbeschlusses eröffnet wird, sondern eine Verfahrenseröffnung nach der Rechtsprechung des EuGH bereits dann vorliegt, wenn der Schuldner in seiner Verfügungsbefugnis eingeschränkt wird und sogleich ein Verwalter bestellt wird.[19] Diese Konzeption gilt auch für Art. 15. Die Vorschrift greift daher nicht nur bei einer formellen Eröffnung des Insolvenzverfahrens, sondern bereits früher.[20]

7 **3. Rechtsstreit in einem Mitgliedsstaat.** Aufgrund der Verweisung auf das Recht des Mitgliedsstaates, in dem der Rechtsstreit anhängig ist, ergibt sich, dass Art. 15 von seinem Anwendungsbereich her nur dann Anwendung finden kann, wenn der Rechtsstreit in einem Mitgliedsstaat anhängig ist. Für Schiedsverfahren ist hierbei auf den von den Parteien vereinbarten Sitz des Schiedsgerichts abzustellen. Gerichte der Drittstaaten haben daher anhand des autonomen Rechts zu beurteilen, nach welcher Rechtsordnung sich die Verfahrenseröffnung auf anhängige Rechtsstreitigkeiten auswirkt.

8 **4. Massebezogener Rechtsstreit.** Neben der Voraussetzung eines „Rechtsstreits", der die erfassten Verfahrens von Zwangsvollstreckungsmaßnahmen abgrenzt, setzt Art. 15 voraus, dass der Rechtsstreit „über einen Gegenstand oder ein Recht der Masse" geführt wird. Ob dies der Fall ist, richtet sich nach der *lex fori concursus*.[21] Bezieht sich der Rechtsstreit gerade auf die Frage, ob ein Gegenstand oder ein Recht der Masse gilt, so beispielsweise bei Aussonderungsklagen, so unterfallen auch diese Verfahren Art. 15.[22] Da sich Art. 15 seinem Wortlaut nach nur darauf bezieht, ob über einen Gegenstand oder ein Recht der Masse gestritten wird, bezieht sich Art. 15 sowohl auf Aktiv- als auch auf Passivprozesse.[23] Nicht nach Art. 15 zu beurteilen ist hingegen die den Prozessbevollmächtigten erteilte Prozessvollmacht des Schuldners. Zwar wird gelegentlich vertreten, in Anlehnung an Art. 15 auch diese der *lex fori processus* zu unterstellen.[24] Damit würde jedoch die Sonderanknüpfung in Art. 15 über den Wortlaut hinaus ausgedehnt. Hierfür gibt es auch kein praktisches Bedürfnis. Vielmehr richten sich die Wirkungen der Verfahrenseröffnung auf die Prozessvollmacht des bevollmächtigten Prozessvertreters nach Art. 4 Abs. 2 lit. e).

9 Aus der Massebezogenheit des Rechtsstreites ergibt sich auch, dass Art. 15 sowohl auf Rechtsstreitigkeiten Anwendung findet, die Gegenstände oder Rechte der Insolvenzmasse des Hauptverfahrens, als auch des Partikularverfahrens oder Sekundärverfahrens, betreffen. Der Begriff des Insolvenzverfahrens schließt daher sowohl das Hauptverfahren, als auch Partikularverfahren mit ein.

---

[19] Vgl. EuGH vom 2. 5. 2006 NZI 2006, 360, 362; vgl. auch oben Art. 2 RdNr. 7f. sowie Art. 3 RdNr. 28.

[20] So auch OGH vom 23. 2. 2005, Österreichisches Anwaltsblatt 2005, 348 mit Anm. von *Duursma/Kepplinger*, ebenda, S. 349.

[21] *Duursma/Kepplinger*, Europäische Insolvenzverordnung, Art. 15 RdNr. 9; *Fletcher*, in *Moss/Fletcher/Isaacs*, EC Regulation, RdNr. 4.42; *Gruber*, in *Geimer/Schütze*, Int. Rechtsverkehr, B Vor I 20b, Art. 15 RdNr. 3; *Haubold*, in *Gebauer/Wiedmann*, Zivilrecht, Art. 15 RdNr. 154; *HK-Stephan*, Art. 15 RdNr. 3; *Mäsch*, in *Rauscher*, Europ. Zivilprozessrecht, Bd. 2, Art. 15 EG-InsVO RdNr. 7; *MünchKommBGB-Kindler*, Bd. 11, Art. 15 RdNr. 409; *Pannen*, in *Breutigam/Blersch/Goetsch*, Art. 15 RdNr. 6; *Virgos/Garcimartin*, European Insolvency Regulation, RdNr. 258; *Rugullis*, Litispendenz. S. 51 f.

[22] Ebenso *Duursma/Kepplinger*, Europäische Insolvenzverordnung, Art. 15 RdNr. 9f.; *Gruber*, in *Geimer/Schütze*, Int. Rechtsverkehr, B Vor I 20b, Art. 15 RdNr. 3; *Smid*, Int. Insolvenzrecht, Art. 15 RdNr. 13.

[23] *Balz* ZIP 1996, 948, 951; *Duursma/Kepplinger*, Europäische Insolvenzverordnung, Art. 15 RdNr. 20; *Herchen*, S. 189f.; *Lüke*, ZZP 111 (1998) 275, 311; *HK-Stephan*, Art. 15 RdNr. 1; *Kübler/Prütting/Kemper*, Art. 15 EuInsVO RdNr. 4; *Leible/Staudinger* KTS 2000, 531, 558; *MünchKommBGB-Kindler*, Bd. 11, Art. 15 RdNr. 404; *Smid*, Int. Insolvenzrecht, Art. 15 RdNr. 13; *Virgos/Garcimartin*, European Insolvency Regulation, RdNr. 258.

[24] Vgl. *Duursma/Kepplinger*, Europäische Insolvenzverordnung, Art. 15 RdNr. 36ff.; *Smid*, Int. Insolvenzrecht, Art. 15 RdNr. 8; *Gruber*, in *Geimer/Schütze*, Int. Rechtsverkehr, B Vor I 20b, Art. 15 RdNr. 8.

III. Rechtsfolgen

Die Rechtsfolgen der Verfahrenseröffnung auf einen wie oben definierten Rechtsstreit 10 richten sich ausschließlich nach dem Recht des Mitgliedsstaates, in dem der Rechtsstreit anhängig ist. Hierbei handelt es sich um eine **Sachnormverweisung** auf das Recht der **lex fori processus**.[25] Ob die entsprechenden Normen hierbei in den jeweiligen Zivilprozessgesetzen oder den Insolvenzgesetzen enthalten sind, spielt für die Verweisung keine Rolle.[26] So sind Unterbrechungswirkungen in manchen Mitgliedsstaaten in der Zivilprozessordnung geregelt,[27] in anderen dagegen in den Insolvenzgesetzen enthalten.[28] Entscheidend ist die prozessrechtliche Qualifikation der Vorschrift. Die Verweisung bezieht sich nicht nur auf die Frage der Unterbrechung des Rechtsstreites, sondern auch auf die verfahrensrechtlichen Fragen der Wiederaufnahme eines nach der *lex fori processus* unterbrochenen Rechtsstreites.[29] Dies entspricht auch der bisherigen deutschen Rechtsprechung zum autonomen Internationalen Insolvenzrecht, die die Unterbrechung und Fortführung als eine verfahrensrechtliche Frage des jeweiligen Rechtsstreites angesehen hat, für die die *lex fori processus* heranzuziehen sei.[30]

Der Begriff *„ausschließlich"* stellt klar, dass sich die Rechtsfolgen „ausschließlich" nach der 11 *lex fori processus* richten. Anders als andere Sonderanknüpfungen nach Art. 5 ff. handelt es sich demnach weder um eine kumulative noch alternative Anknüpfung.[31]

Die Reichweite der kollisionsrechtlichen Verweisung bezieht sich jedoch lediglich auf die 12 Wirkungen des Insolvenzverfahrens auf einen anhängigen Rechtsstreit. Nicht von Art. 15 werden dagegen sonstige prozessuale Fragen erfasst, nämlich die Stellung des Insolvenzverwalters, oder auch Kosten des Verfahrens. Gleiches gilt auch für die Frage, wer zur Wiederaufnahme des Prozesses berechtigt ist.[32] Letztere richten sich ausschließlich nach der *lex fori concursus*.[33]

Gemäß Art. 15 ist daher die Wirkung ausländischer Insolvenzverfahren auf anhängige 13 Rechtsstreitigkeiten nach § 240 ZPO zu bestimmen.[34] Eine Verfahrensunterbrechung tritt

---

[25] Vgl. *Virgos/Schmit*, Erläuternder Bericht, RdNr. 87; *Duursma/Kepplinger*, Europäische Insolvenzverordnung, Art. 15 RdNr. 6 ff.; *Gruber*, in *Geimer/Schütze*, Int. Rechtsverkehr, B Vor I 20 b, Art. 15 RdNr. 10; *Haubold*, in *Gebauer/Wiedmann*, Zivilrecht, Art. 15 RdNr. 155; *Herchen*, Übereinkommen, S. 196, 198; *Leible/Staudinger* KTS 2000, 531, 558; *Mäsch*, in *Rauscher*, Europ. Zivilprozessrecht, Bd. 2, Art. 15 EG-InsVO RdNr. 2; *MünchKommBGB-Kindler*, Bd. 11, Art. 15 RdNr. 415; *Smid*, Int. Insolvenzrecht, Art. 15 RdNr 1

[26] Ebenso *Duursma/Kepplinger*, Europäische Insolvenzverordnung, Art. 15 RdNr. 8; *Gruber*, in *Geimer/Schütze*, Int. Rechtsverkehr, B Vor I 20 b, Art. 15 RdNr. 10; *Smid*, Int. Insolvenzrecht, Art. 15 RdNr. 4; die Zuordnung wirft in der Praxis jedoch Probleme auf, wenn die Regelung in den Insolvenzgesetzen enthalten ist und diese nur für inländische Verfahren gelten, vgl. zu sect. 131, 221 Insolvency Act: *Mazur Media Ltd. v. Mazur Media GmbH*, [2005] 1 B. C. L. C. 305.

[27] So z. B. in Deutschland, § 240 ZPO, oder in Italien (Art. 299, 300 CPC; vgl. hierzu auch *Rugullis*, Litispendenz, S. 43, 127 ff.

[28] So z. B. in Frankreich, Art. 47, 148–2 Loi n. 85–98 oder Österreich, § 7 KO, vgl. nochmals *Rugullis*, Litispendenz, S. 43, 109 ff., 117 ff.

[29] *Duursma/Kepplinger*, Europäische Insolvenzverordnung, Art. 15 RdNr. 4; HK-*Stephan*, Art. 15 RdNr. 1; *Nerlich/Römermann/Mincke*, Art. 15 RdNr. 2; *MünchKommBGB-Kindler*, Bd. 11, Art. 15 RdNr. 412; *Paulus*, Europäische Insolvenzverordnung, Art. 15 RdNr. 2; *Rugullis*, Litispendenz, S. 47; *Virgos/Schmit*, Erläuternder Bericht, RdNr. 142.

[30] Die Rechtsprechung geht implizit von der Anwendung des § 240 ZPO aus, vgl. BGH ZIP 97, 1242 mwN.

[31] Ebenso *Duursma/Kepplinger*, Europäische Insolvenzverordnung, Art. 15 RdNr. 21.

[32] Für diese Sonderanknüpfung im Rahmen von § 240 ZPO auch *Rugullis*, Litispendenz, S. 97; MünchKommZPO-*Feiber*, Bd. 1, § 240 RdNr. 28.

[33] So auch *Virgos/Garcimartin*, European Insolvency Regulation, RdNr. 256; ebenso *Virgos/Schmit*, Erläuternder Bericht, RdNr. 142; *Herchen*, S. 196, 207 f. Zur prozessualen Stellung des Verwalters vgl. *Duursma/Kepplinger*, Europäische Insolvenzverordnung, Art. 15 RdNr. 32 ff. AA und für eine Anwendung der *lex fori processus Nerlich/Römermann/Mincke*, Art. 15 RdNr. 2; *MünchKommBGB-Kindler*, Bd. 11, Art. 15 RdNr. 412.

[34] Art. 240 ZPO findet meist auch auf Grund einer Verweisung in den Gerichtsordnungen anderer Gerichtszweige Anwendung, vgl. § 173 VwGO oder § 155 FGO.

danach aber nur dann ein, wenn das Insolvenzverfahren durch einen formellen Eröffnungsbeschluss eröffnet wurde oder (im Insolvenzeröffnungsverfahren) bereits die Verwaltungs- und Verfügungsbefugnis auf den vorläufigen Insolvenzverwalter übergegangen ist. Der Begriff der Verfahrenseröffnung nach der ZPO bezieht sich auf den formellen Eröffnungsbeschluss, wie sich auch aus der Klarstellung in § 240 Satz 2 ZPO ergibt. Der Begriff der Verfahrenseröffnung der Verordnung ist daher weiter. Sieht das ausländische Insolvenzrecht daher lediglich einen Zustimmungsvorbehalt zugunsten des vorläufigen Verwalters vor, so liegt zwar eine Verfahrenseröffnung nach der EuInsVO vor.[35] Das in Deutschland anhängige Verfahren wird jedoch gemäß dem anwendbaren § 240 ZPO erst unterbrochen, wenn auch die Verfügungsbefugnis auf den vorläufigen Insolvenzverwalter übergegangen ist oder das Insolvenzverfahren auch durch formellen Eröffnungsbeschluss eröffnet wurde.

14 Ob das Verfahren die Insolvenzmasse betrifft, was § 240 ZPO ebenso wie Art. 15 voraussetzt, ist als Vorfrage selbstständig anzuknüpfen und durch das Gericht nach der *lex fori concursus* zu überprüfen.[36] Wie das unterbrochene Verfahren wieder aufzunehmen ist, regeln die §§ 85, 86, 179, 180 InsO.[37] Auch wenn es sich hierbei um Vorschriften aus der Insolvenzordnung handelt, sind diese als verfahrensrechtlich zu qualifizieren und unterstehen daher ebenfalls der *lex fori processus*. Dagegen unterliegt die Frage, wer zur Wiederaufnahme des unterbrochenen Rechtsstreites berechtigt ist, der *lex fori concursus*.[38]

Kapitel II. Anerkennung der Insolvenzverfahren

Art. 16. Grundsatz

(1) Die Eröffnung eines Insolvenzverfahrens durch ein nach Art. 3 zuständiges Gericht eines Mitgliedsstaats wird in allen übrigen Mitgliedsstaaten anerkannt, sobald die Entscheidung im Staat der Verfahrenseröffnung wirksam ist. Dies gilt auch, wenn in den übrigen Mitgliedsstaaten über das Vermögen des Schuldners wegen seiner Eigenschaft ein Insolvenzverfahren nicht eröffnet werden könnte.

(2) Die Anerkennung eines Verfahrens nach Art. 3 Abs. 1 steht der Eröffnung eines Verfahrens nach Art. 3 Abs. 2 durch ein Gericht eines anderen Mitgliedsstaats nicht entgegen. In diesem Fall ist das Verfahren nach Art. 3 Abs. 2 ein Sekundärinsolvenzverfahren im Sinne von Kapitel III.

Literatur: *Beutler/Debus*, Kurzkommentar zu: LG Klagenfurt, Beschl. v. 2. 7. 2004 – 41 S 75/04 h, EWiR 2005, 217; *Duursma-Kepplinger*, Anmerkung zu: OGH v. 23. 2. 2005, 9 Ob 135/04 z, Österreichisches Anwaltsblatt 2005, 348; *Freitag/Leible*, Justizkonflikte im Europäischen Internationalen Insolvenzrecht und (k)ein Ende?, RIW 2006, 641; *Garasic*, Anerkennung ausländischer Insolvenzverfahren: ein Vergleich des kroatischen, des deutschen und des schweizerischen Rechts sowie der Europäischen Verordnung über Insolvenzverfahren, des Istanbuler Übereinkommens und des UNCITRAL-Modellgesetzes (Diss. Uni Hamburg, 2004), 2005 (zit.: *Garasic*, Anerkennung ausländischer Insolvenzverfahren); *Herchen*, Wer zuerst kommt, mahlt zuerst! Die Bestellung eines „schwachen" vorläufigen Insolvenzverwalters als Insolvenzverfahrenseröffnung im Sinne der EuInsVO, NZI 2006, 435; *ders.*, Das Prioritätsprinzip im internationalen Insolvenzrecht – Zugleich Besprechung Stadtgericht Prag, Beschl. v. 26. 4. 2005 – 78 K 6/05-127, ZIP 2005, 1401; *ders.*, International-insolvenzrechtliche Kompetenzkonflikte in der Europäischen Gemeinschaft – Zugleich Besprechung der Entscheidung des High Court of Justice Leeds v. 16. 5. 2003 und des AG Düsseldorf v. 19.5./6. 6. 2003, ZInsO 2004, 61; *Homann*, System der Anerkennung eines ausländischen Insolvenzverfahrens und die Zulässigkeit der Einzelrechtsverfolgung (Diss. Univ. Münster 2000), 2000 (zit.: *Homann*, System der Anerkennung); *ders.*, System der Anerkennung eines ausländischen Insolvenzverfahrens, KTS 2000, 343; *Kammel*, Die

---

[35] Vgl. nochmals oben, Art. 2 RdNr. 7.
[36] Vgl. oben RdNr. 8; ebenso in Bezug auf § 240 ZPO *Rugullis*, Litispendenz, S. 94 f.; *Trunk*, Internationales Insolvenzrecht, S. 291 f.
[37] Ebenso *Gruber*, in *Geimer/Schütze*, Int. Rechtsverkehr, B Vor I 20 b, Art. 15 RdNr. 2; *Rugullis*, Litispendenz, S. 96 ff.
[38] Vgl. bereits oben, RdNr. 12.

Grundsatz 1, 2 **Art. 16 EuInsVO**

Bestimmung der zuständigen Gerichte bei grenzüberschreitenden Konzerninsolvenzen „Eurofood", NZI 2006, 334; *Kebekus,* Kurzkommentar zu: AG Mönchengladbach, Beschl. v. 27. 4. 2004 – 19 IN 54/04, EWiR 2004, 705; *Kindler,* EG-Klauselrichtlinie – Mobiliarsicherheiten im internationalen Insolvenzrecht – institutionalisierte Bekämpfung des organisierten Verbrechens in der Europäischen Union, IPRax 2005, 287; *Knof,* Perpetuatio fori und Attraktivkraft des Erstantrags im Europäischen Insolvenzrecht?, ZInsO 2006, 754; *Knof/Mock,* Anmerkung zu EuGH „Eurofood" v. 2. 5. 2006 Rs C-341/04, ZIP 2006, 907; *Liersch,* Nach der Eurofood-Entscheidung des EuGH: Genugtuung, aber auch viel Nachdenklichkeit, NZI 2006, aktuell V; *ders.,* Anmerkung zu AG Düsseldorf, Beschl. v. 12. 3. 2004 – 502 IN 126/03, NZI 2004, 269; *Mankowski,* Klärung von Grundsatzfragen des europäischen Internationalen Insolvenzrechts durch die Eurofood-Entscheidung?, BB 2006, 1753; *ders.,* Entwicklungen im Internationalen Privat- und Prozessrecht 2003/2004 (Teil 2), RIW 2004, 587; *ders.,* Kurzkommentar zu: AG Düsseldorf, Beschl. v. 6. 6. 2003 – 502 IN 126/03, EWiR 2003, 767; *ders.,* Anmerkung zu OLG Frankfurt a. M., Urt. v. 26. 1. 2006 – 15 U 200/05, NZI 2006, 648; *Oberhammer,* Europäisches Insolvenzrecht in praxi – „Was bisher geschah", ZInsO 2004, 761; *Pannen/Riedemann,* Kurzkommentar zu: EuGH GA (Generalanwalt Francis Geofffrey Jacobs), Schlussanträge v. 27. 9. 2005 „Eurofood-Parmalat", EWiR 2005, 725; *dies.,* Kurzkommentar zu: OLG Düsseldorf, Beschl. v. 9. 7. 2004 – I-3 W 53/04, EWiR 2005, 177; *Paulus,* Der EuGH und das moderne Insolvenzrecht, NZG 2006, 609; *Reinhart,* Zur Anerkennung ausländischer Insolvenzverfahren, ZIP 1997, 1743; *ders.,* Sanierungsverfahren im internationalen Insolvenzrecht (Diss. Univ. Frankfurt 1994), 1995 (zit.: *Reinhart,* Sanierungsverfahren); *Saenger/Klockenbrink,* Anerkennungsfragen im internationalen Insolvenzrecht gelöst?, EuZW 2006, 363; *Schilling/Schmidt,* COMI und vorläufiger Insolvenzverwalter – Problem gelöst?, ZInsO 2006, 113; *dies.,* Kurzkommentar zu: LG Hamburg Beschl. v. 18. 8. 2005 – 326 T 34/05, EWiR 2006, 15; *Smid,* Anmerkung zu Supreme Court of Ireland, ZIP 2004, 505–510, Mittelpunkt der hauptsächlichen Interessen bei internationaler Insolvenz, DZWIR 2005, 60; *ders.,* Vier Entscheidungen englischer und deutscher Gerichte zur europäischen internationalen Zuständigkeit zur Eröffnung des Hauptinsolvenzverfahrens, DZWIR 2003, 397; *Taylor,* Further into the fog – some thoughts on the European Court of Justice decision in the Eurofood case, International Caselaw Alert 10 – III/2006, 25; *Westphal/Wilkens,* Kurzkommentar zu: AG Düsseldorf, Beschl. v. 7. 4. 2004 – 502 IN 124/03, EWiR 2004, 909; *Wimmer,* Anmerkung zum Vorlagebeschluss des irischen Supreme Court in Sachen Parmalat, ZInsO 2005, 119;

Übersicht

	RdNr.		RdNr.
I. Normzweck	1	6. Ordre public	14
II. Voraussetzung der Anerkennung	5	7. Unbeachtlichkeit fehlender Insolvenzfähigkeit	15
1. Insolvenzverfahren	5	**III. Rechtsfolge**	17
2. Eröffnung	8	**IV. Anerkennung und Sekundärverfahren**	18
3. Wirksamkeit des Beschlusses	9		
4. Gericht	10		
5. Anerkennungszuständigkeit des Gerichts	11		

I. Normzweck

Art. 16 ist eine der zentralen Vorschriften der Verordnung.[1] Die Vorschrift normiert die automatische Anerkennung eines in einem Mitgliedstaat stattfindenden Insolvenzverfahrens auch in allen anderen Mitgliedsstaaten. Art. 16 dient daher der Umsetzung des Universalitätsprinzips, soweit nicht nach Art. 3 sogenannte Sekundärverfahren parallel zum Hauptverfahren zugelassen sind. 1

Die Verordnung differenziert für die Anerkennung ganz bewusst[2] zwischen verschiedenen Entscheidungen, die im Laufe eines Insolvenzverfahrens ergehen, nämlich der Entscheidung über die **Eröffnung des Verfahrens** (Art. 16), sonstiger zur **Durchführung und Beendigung** eines Insolvenzverfahrens ergangenen Entscheidungen (Art. 25 Abs. 1 Satz 1), Entscheidungen, die **unmittelbar auf Grund des Insolvenzverfahrens** ergehen und in 2

---

[1] Ebenso *Duursma-Kepplinger,* Europäische Insolvenzverordnung, Art. 16 RdNr. 1; *Haubold,* in *Gebauer/Wiedmann,* Zivilrecht, Art. 16, 17 RdNr. 157; HK-*Stephan,* Art. 16 RdNr. 1; *Mäsch,* in *Rauscher,* Europ. Zivilprozessrecht, Bd. 2, Art. 16 EG-InsVO RdNr. 1; *Nerlich/Römermann/Mincke,* Art. 16 RdNr. 1; MünchKommBGB-*Kindler,* Bd. 11, Art. 16 RdNr. 416, 343; *Moss/Smith,* in *Moss/Fletcher/Isaacs,* EC Regulation, RdNr. 8.132; *Paulus,* Europäische Insolvenzverordnung, Art. 16 RdNr. 1; *Smid,* Int. Insolvenzrecht, Art. 16 RdNr. 1; HambKomm-*Undritz* Art. 16 RdNr. 1.

[2] So *Virgos/Garcimartin,* European Insolvency Regulation RdNr. 341.

engem Zusammenhang damit stehen (Art. 25 Abs. 1 Satz 3) und schließlich Entscheidungen über **Sicherungsmaßnahmen** nach Antragstellung (Art. 25 Abs. 1 Satz 4). Art. 16 bezieht sich jedoch allein auf die Verfahrenseröffnung, d. h. auf die dem Eröffnungsbeschluss innewohnende Gestaltungswirkung.[3] Weitere, im Rahmen des Eröffnungsbeschlusses enthaltene konkrete Verfügungen oder Anordnungen des Gerichts sind daher nach Art. 25 anzuerkennen, wobei die Verordnung für die Anerkennung der Bestellung des Verwalters nochmals besondere, die Anerkennung vereinfachende Vorschriften enthält (Art. 19).

3 Art. 16 regelt jedoch nicht die Wirkungen der Anerkennung, sondern lediglich deren Voraussetzungen. Die Rechtsfolgen der Anerkennung der Verfahrenseröffnung sind in Art. 17 geregelt.

4 Art. 16 Abs. 2 enthält darüber hinaus eine klarstellende Abgrenzung zwischen der Anerkennung des Hauptverfahrens einerseits sowie der nach Art. 3 vorgesehenen und die Anerkennung einschränkende Möglichkeit der Eröffnung eines parallelen Sekundärverfahrens andererseits. Art. 16 Abs. 2 Satz 1 stellt insoweit klar, dass die Anerkennung des Hauptverfahrens die Eröffnung eines Sekundärverfahrens nicht hindert.

II. Voraussetzung der Anerkennung

5 **1. Insolvenzverfahren.** Bei der anzuerkennenden Eröffnungsentscheidung muss es sich um die Entscheidung zur Eröffnung eines „Insolvenzverfahrens" handeln. Zur Bestimmung ist auf die in Art. 2 lit. a) i. V. m. Anhang A im Einzelnen aufgelisteten Verfahren zu verweisen.[4] Es muss sich daher um den Eröffnungsbeschluss eines der in Anh. A aufgeführten Verfahren handeln. Die Liste ist abschließend und verbindlich.

6 Eröffnungsbeschlüsse über das Vermögen der in Art. 1 Abs. 2 genannten Versicherungsunternehmen, Kreditinstitute oder Wertpapierfirmen fallen nicht unter Art. 16. Diese Schuldner sind schon vom persönlichen Anwendungsbereich der Verordnung ausgenommen.[5]

7 Für die Anwendung von Art. 16 spielt es keine Rolle, ob es sich bei dem anzuerkennenden Eröffnungsbeschluss um den eines sogenannten Hauptverfahrens gemäß Art. 3 Abs. 1 oder um den Beschluss eines sogenannten Partikularverfahrens handelt, welches nur die im Vertragsstaat belegenen Vermögenswerte erfasst.[6] Das ergibt sich aus folgendem Umkehrschluss: Art. 16 Abs. 1 Satz 1 verweist auf „ein nach Art. 3 zuständiges Gericht" und damit auf alle Gerichtsstände von Art. 3. Hätte Art. 16 Bedeutung nur für die Anerkennung des Eröffnungsbeschlusses aus einem Hauptverfahren, so hätte der Verweis auf Art. 3 Abs. 1 beschränkt werden müssen. Die Bedeutung von Art. 16 für sog. Partikularverfahren ist jedoch beschränkt. Da sich ein Partikularverfahren auf das im Verfahrensstaat belegene Vermögen beschränkt, werden die Wirkungen des Verfahrens in anderen Mitgliedstaaten nur dann zu überprüfen sein, wenn sich der Gerichtsstand für ein das Partikularverfahren betreffenden Vermögensgegenstand in einem anderen Vertragsstaat befindet.[7]

---

[3] *Gottwald/Gottwald,* Insolvenzrechts-Handbuch, § 132 RdNr. 4; *Gruber,* in *Geimer/Schütze,* Int. Rechtsverkehr, B Vor I 20b, Art. 16 RdNr. 1; grundsätzlich zur Zweistufigkeit der Anerkennung, nämlich der verfahrensrechtlichen Anerkennung des Eröffnungsbeschlusses und der sich sodann anschließenden kollisionsrechtlichen Ermittlung des anwendbaren Sachrechts, vgl. BGH NJW 1997, 524, 526; *Reinhart,* ZIP 1997, 1743; *Reinhart,* Sanierungsverfahren, S. 127 ff.; *Homann,* System der Anerkennung, S. 19 ff.; kritisch *Graf,* Die Anerkennung ausländischer Insolvenzentscheidungen, S. 325 ff.; vgl. auch oben § 343 InsO RdNr. 10.

[4] Vgl. hierzu auch oben, Art. 2 RdNr. 2.

[5] Vgl. oben, Art. 1 RdNr. 8 ff.

[6] *Virgos/Schmit,* Erläuternder Bericht, RdNr. 146; *Balz* ZIP 1996, 948, 951; *Duursma-Kepplinger,* Europäische Insolvenzverordnung, Art. 16 RdNr. 9; *Haubold,* in *Gebauer/Wiedmann,* Zivilrecht, Art. 16, 17 RdNr. 158; *Gruber,* in *Geimer/Schütze,* Int. Rechtsverkehr, B Vor I 20b, Art. 16 RdNr. 5; HK-*Stephan,* Art. 16 RdNr. 5; *Leible/Staudinger* KTS 2000, 531, 561 f.; *Mäsch,* in *Rauscher,* Europ. Zivilprozessrecht, Bd. 2, Art. 16 EG-InsVO RdNr. 4; MünchKommBGB-*Kindler,* Bd. 11, Art. 16 RdNr. 418; *Paulus,* Europäische Insolvenzverordnung, Art. 16 RdNr. 1; *Smid,* Int. Insolvenzrecht, Art. 16 RdNr. 7.

[7] Dies wäre z. B. möglich, wenn ein Gläubiger nach Verfahrenseröffnung einen zur Masse des Partikularverfahrens gehörenden Gegenstand ins Ausland verbringt, oder bei einem sonstigen Rechtsstreit mit einem Gläubiger im Staat des Partikularverfahrens kein Gerichtsstand gegeben ist.

Grundsatz   8, 9 **Art. 16 EuInsVO**

2. Eröffnung. Bei dem nach Art. 16 anzuerkennenden Beschluss muss es sich um den 8
Beschluss zur „Eröffnung" eines Insolvenzverfahrens handeln. Nach der bisher unstreitigen
Auffassung in der Literatur ist hiermit der formelle Eröffnungsbeschluss des Insolvenzgerichts gemeint.[8] Daran ist auch nach der Entscheidung des EuGH in Sachen Eurofood fest
zu halten. Dort hatte der EuGH im Zusammenhang mit dem Prioritätsgrundsatz nach
Art. 3 Abs. 3 ausgeführt, dass eine Verfahrenseröffnung bereits dann vorliege, wenn ein
vorläufiger Insolvenzverwalter bestellt und dem Schuldner zugleich Verfügungsbeschränkungen auferlegt werden.[9] Auch wenn es sich nach der Entscheidung des EuGH demnach schon
bei der Bestellung des vorläufigen Insolvenzverwalters und der Anordnung eines Zustimmungsvorbehaltes um die Entscheidung zur Eröffnung eines Insolvenzverfahrens handelt,
sind diese nicht gemäß Art. 16 anzuerkennen, sondern vielmehr gemäß Art. 25 Abs. 1,
dritter Unterabsatz. Denn Art. 16 und Art. 25 differenzieren formal nach Inhalt und Gegenstand der Entscheidung. Die Ausführungen des EuGH dienen jedoch einer funktionalen
Betrachtung zur Bestimmung des Prioritätsprinzips. Vom Ergebnis bleibt aber eine Einordnung unter Art. 16 oder Art. 25 ohnehin ohne Bedeutung, da beide Vorschriften die selben
Anerkennungsvoraussetzungen beinhalten.

3. Wirksamkeit des Beschlusses. Die in Art. 17 näher ausgeführten Anerkennungs- 9
wirkungen können nach Art. 16 Abs. 1 Satz 1 eintreten, „*sobald* die Entscheidung im Staate
der Verfahrenseröffnung *wirksam* ist". Der Begriff „wirksam" (*„from the time it becomes
effective"* in der englischen Sprachfassung) verdeutlicht, dass es hierbei nicht auf die formelle
oder materielle Rechtskraft der Entscheidung ankommt.[10] Dies ergibt sich nicht nur aus der
Wortwahl „wirksam", die schon keine Rechtskraft impliziert, sondern auch aus dem Sinn
und Zweck der in der Verordnung, insbesondere in Art. 17, zum Ausdruck kommenden
„automatischen" Wirkungserstreckung.[11] Denn Ziel der Verordnung ist es, dass die Entscheidungen der Insolvenzgerichte zeitgleich zum Entscheidungsstaat Wirkungen auch in
den anderen Mitgliedstaaten entfalten. Es kommt im Ergebnis daher darauf an, ob auch der
Entscheidungsstaat selbst an die Eröffnungsentscheidung bereits entsprechende Wirkungen
knüpft. Da in den meisten Mitgliedstaaten die Entscheidung zur Eröffnung des Verfahrens
ungeachtet möglicher Rechtsmittel sofort wirksam ist, ist dies auch im Rahmen der
Anerkennung der Eröffnungsentscheidung nach Art. 16 entsprechend zu beachten. Andernfalls könnten die Verfahrensziele gefährdet werden, weil die Beschlagnahme des schuldnerischen Vermögens und die Beschränkung seiner Verfügungsbefugnis erst mit einer zeitlich
entsprechenden Verzögerung eintreten würde.[12] Die Möglichkeit, gegen die Eröffnungsentscheidung noch Rechtsmittel einlegen zu können, steht daher der „Wirksamkeit" im
Sinne des Art. 16 nicht entgegen.[13]

---

[8] Die Frage wurde vor der Eurofood-Entscheidung nicht weiter erörtert. Vielmehr wurde allgemein davon ausgegangen, dass der formelle Eröffnungsbeschluss gemeint ist, vgl. *Gruber*, in *Geimer/Schütze*, Int. Rechtsverkehr, B Vor I 20 b, Art. 16 RdNr. 1; MünchKommBGB-*Kindler*, Bd. 11, Art. 16 RdNr. 421; *Smid*, Int. Insolvenzrecht, Art. 16 RdNr. 1; *Paulus*, Europäische Insolvenzordnung, Art. 16 RdNr. 6. Vgl. dazu auch LG Hamburg vom 18. 8. 2005 ZIP 2005, 1697.

[9] Vgl. zum Inhalt und Bedeutung der Entscheidung oben, Art. 3 RdNr. 24 ff.

[10] *Virgos/Schmit*, Erläuternder Bericht, RdNr. 68, 147; *Ahrens,* Rechte und Pflichten ausländischer Insolvenzverwalter, S. 289; *Duursma/Kepplinger,* Europäische Insolvenzverordnung, Art. 16 RdNr. 10; *Kemper* ZIP 2001, 1609, 1613; *Mincke* in *Nehrlich/Römermann*, InsO, Art. 16 RdNr. 4; *Smid*, Int. Insolvenzrecht, Art. 16 RdNr. 4; *Fritz/Bähr*, DZWIR 2001, 221, 225; *Gruber*, in *Geimer/Schütze*, Int. Rechtsverkehr, B Vor I 20 b, Art. 16 RdNr. 7; MünchKommBGB-*Kindler*, Bd. 11, Art. 16 RdNr. 423; *Wunderer* WM 1998, 793, 795. Vgl. dazu auch EuGH GA Jacobs, Schlussanträge v. 27. 9. 2005 – Rs. C-341/04 (Eurofood) ZIP 2005, 1878, 1879 RdNr. 53.

[11] Vgl. hierzu Art. 17 RdNr. 7.

[12] Vgl. auch *Geimer*, IZPR, RdNr. 3512; *Gottwald/Gottwald*, Insolvenzrechts-Handbuch, § 132 RdNr. 15; MünchKommBGB-*Kindler*, Bd. 11, Art. 16 RdNr. 423; *Schack*, IZVR, RdNr. 1115; *Trunk*, Internationales Insolvenzrecht, S. 273.

[13] *Virgos/Schmit*, Erläuternder Bericht, RdNr. 68, 147; *Ahrens,* Rechte und Pflichten ausländischer Insolvenzverwalter, S. 289; *Balz* ZIP 1996, 948, 951, 953; *Duursma/Kepplinger,* Europäische Insolvenzverordnung, Art. 16 RdNr. 10; *Fritz/Bähr*, DZWIR 2001, 221, 225; *Garasic*, Anerkennung ausländischer Insolvenzverfahren, S. 205; *Haubold*, in *Gebauer/Wiedmann*, Zivilrecht, Art. 16, 17 RdNr. 159; *HK-Stephan*, Art. 16

10 **4. Gericht.** Art. 16 Abs. 1 Satz 1 verlangt darüber hinaus, dass die Eröffnung durch ein „*Gericht*" erfolgt. Was unter dem Begriff des „*Gerichts*" im Sinne der Verordnung zu verstehen ist, ist in Art. 2 lit. d) definiert. Danach ist ein Gericht das Justizorgan oder jede sonstige zuständige Stelle eines Mitgliedstaates, die befugt ist, ein Insolvenzverfahren zu eröffnen. Der Begriff des „*Gerichts*" im Sinne der Verordnung ist daher weit gefasst und folgt einer funktionalen Definition des Gerichtsbegriffs:[14] denn soweit das Recht des Entscheidungsstaates einem Gericht oder einer Stelle die Berechtigung zur Eröffnung des Verfahrens verleiht, handelt es sich um ein Gericht im Sinne des Art. 16.

11 **5. Anerkennungszuständigkeit.** Weitere Voraussetzung nach dem Wortlaut von Art. 16 Abs. 1 Satz 1 ist, dass der Eröffnungsbeschluss „*durch ein nach Art. 3 zuständiges Gericht eines Mitgliedstaates*" getroffen wurde. Aus der Formulierung lässt sich die Beschränkung des sachlich-räumlichen Anwendungsbereichs der Verordnung erkennen: Ausschließlich Eröffnungsbeschlüsse der Gerichte der Mitgliedstaaten werden von der Anerkennung nach Art. 16 erfasst. Stammt der Eröffnungsbeschluss von einem Insolvenzgericht eines Drittstaates, so findet Art. 16 keine Anwendung.[15]

12 Das Gericht des Mitgliedstaates muss nach Art. 3 der Verordnung zuständig sein. Hieraus wird zu recht jedoch nicht hergeleitet, dass Voraussetzung für die Anwendung von Art. 16 ist, dass das Gericht des Erststaates zutreffender Weise seine Zuständigkeit nach Art. 3 bejaht hat. Vielmehr ist die Entscheidungszuständigkeit des Erstgerichts im Rahmen des Art. 16 nicht mehr zu überprüfen.[16] Auch der Erwägungsgrund Nr. 22 schreibt ausdrücklich vor, dass die Eröffnungszuständigkeit des zuerst eröffnenden Gerichts durch das zeitlich nachfolgende Gericht ohne Überprüfung auf die Richtigkeit der zuerst getroffenen Entscheidung zu berücksichtigen ist. Dies entspricht auch dem *favor recognitionis,* der sich auch in der EuGVVO[17] aber auch in Art. 25 der Verordnung selbst wieder findet und eine Überprüfung sowohl der Zuständigkeit als auch des Inhalts der Entscheidung des Erstgerichts ausschließt.

13 Allerdings ist Voraussetzung, dass das Gericht seine Zuständigkeit auf Grundlage der Verordnung angenommen hat und nicht etwa auf Grundlage autonomer Vorschriften. Nicht zuletzt deshalb hat es seine Berechtigung, dass das Insolvenzgericht im Eröffnungsbeschluss ausdrücklich die Zuständigkeitsgrundlage für den Beschluss angeben sollte.[18]

14 **6. Ordre public.** Sämtliche, in Kapitel II der Verordnung genannten Entscheidungen oder Beschlüsse unterstehen nach Art. 26 dem *ordre public*-Vorbehalt. Das gilt auch für die Eröffnungsentscheidung nach Art. 16, die in Art. 26 ausdrücklich genannt ist. Der *orde*

RdNr. 6; *Homann,* System der Anerkennung, S. 104; *Huber,* ZZP 114 (2001) 133, 145; *ders.* EuZW 2002, 490, 494; *Kübler/Prütting/Kemper,* Art. 16 EuInsVO RdNr. 4; *dies.* ZIP 2001, 1609, 1613; *Mäsch,* in *Rauscher,* Europ. Zivilprozessrecht, Bd. 2, Art. 16 EG-InsVO RdNr. 7; *Paulus,* Europäische Insolvenzverordnung, Art. 16 RdNr. 6; *Wunderer* WM 1998, 793, 795.

[14] Vgl. im Einzelnen oben, Art. 2 RdNr. 5.

[15] Vgl. zum sachlich-räumlichen Anwendungsbereich auch bereits die Ausführungen unter Art. 1 RdNr. 12, 28.

[16] Ganz herrschende Auffassung, auch in der Rechtsprechung, EuGH EuZW 2006, 337, 338; OLG Wien NZI 2005, 56 mit Anm. *Paulus*; AG Köln NZI 2004, 151, 152; AG Düsseldorf ZIP 2004, 623; *Virgos/Schmit,* Erläuternder Bericht, RdNr. 202; *Balz* ZIP 1996, 948, 949; *Duursma/Kepplinger,* Europäische Insolvenzverordnung, Art. 16 RdNr. 14; *Gottwald/Gottwald,* Insolvenzrechts-Handbuch, § 132 RdNr. 23; *Haubold,* in *Gebauer/Wiedmann,* Zivilrecht, Art. 16, 17 RdNr. 161 u. Fn. 366; *Herchen* ZInsO 2004, 61, 65; *Huber,* ZZP 114 (2001) 133, 145 f.; *ders.* EuZW 2002, 490, 494 f.; *Kübler/Prütting/Kemper,* Art. 16 EuInsVO RdNr. 7; *Kolmann,* Kooperationsmodelle, S. 282 f.; *Leipold,* in *Stoll,* Vorschläge und Gutachten, S. 185, 191; *Mäsch,* in *Rauscher,* Europ. Zivilprozessrecht, Bd. 2, Art. 16 EG-InsVO RdNr. 12; MünchKommBGB-*Kindler,* Bd. 11, Art. 16 Nr. 424; *Paulus* ZIP 2003, 1725, 1727; *Sabel* NZI 2004, 126, 127; *Smid,* Int. Insolvenzrecht, Art. 16 RdNr. 3, 5, 10; HambKomm-*Undritz* Art. 16 RdNr. 4. AA *Mankowski* EwiR 2003, 767.

[17] Vgl. dort zur Überprüfung der Zuständigkeit des Erstgerichts Art. 35 EuGVVO sowie *Geimer,* in *Geimer/Schütze,* Europ. ZivilverfahrensR, Art. 35 EuGVVO RdNr. 1 ff.; *Kropholler,* Europ. Zivilprozessrecht, Art. 35 EuGVO RdNr. 1 ff.; *Leible,* in *Rauscher,* Europ. Zivilprozessrecht, Bd. 1, Art. 35 Brüssel I-VO RdNr. 1 ff.

[18] Vgl. Art. 102 § 2 EGInsO, der eine entsprechende Begründung des Eröffnungsbeschlusses durch deutsche Gerichte ausdrücklich vorschreibt.

public-Einwand ist jedoch auf die Fälle begrenzt, bei denen die Anerkennung zu einem Ergebnis führt, das nach dem Recht des Anerkennungsstaates offensichtlich mit seiner öffentlichen Ordnung, insbesondere mit den Grundprinzipien oder den verfassungsmäßig garantierten Rechten und Freiheiten des Einzelnen unvereinbar ist. Insoweit kann auf die Ausführungen zu Art. 26, dort insbesondere RdNr. 4 ff., verwiesen werden.

7. Unbeachtlichkeit fehlender Insolvenzfähigkeit. Nach Art. 16 Abs. 1 Satz 2 steht 15 einer Anerkennung nicht entgegen, dass im Anerkennungsstaat ein Insolvenzverfahren über das Vermögen des Schuldners „*wegen seiner Eigenschaft*" nicht eröffnet werden könnte. Hiermit ist die Insolvenzfähigkeit des Schuldners gemeint.[19] Es handelt sich um eine an sich unnötige Klarstellung des Verordnungsgebers.[20] Denn schon nach Art. 4 Abs. 2 lit. a) richtet sich die Insolvenzfähigkeit ausschließlich nach der *lex fori concursus,* was infolge der einheitlich geltenden Kollisionsnormen in den Mitgliedsstaaten freilich auch für den Anerkennungsstaat bindend ist.

Die Klarstellung hat praktische Bedeutung nicht nur für die Frage der Insolvenzfähigkeit 16 natürlicher Personen, die in den Mitgliedsstaaten abhängig von der Kaufmannseigenschaft der natürlichen Person unterschiedlich geregelt ist, sondern auch bei so genannten Nachlassinsolvenzverfahren. Letztere sind in einigen Mitgliedsstaaten unbekannt.[21] Daher sind beispielsweise in Frankreich der Eröffnungsbeschluss über das Vermögen eines Verbrauchers anzuerkennen, auch wenn in Frankreich Insolvenzverfahren nur über das Vermögen von Kaufleuten zulässig sind.[22] Gleichermaßen müssen englische Gerichte Eröffnungsbeschlüsse deutscher Gerichte über einen Nachlass anerkennen, auch wenn das englische Recht eine entsprechende Nachlassinsolvenz nicht kennt.[23]

III. Rechtsfolge

Liegen die in Art. 16 und vorgenannt beschriebenen Voraussetzungen vor, so wird die 17 Eröffnungsentscheidung in allen übrigen Mitgliedsstaaten anerkannt. Wie sich diese Anerkennung vollzieht und welche Wirkungen die Anerkennung im Einzelnen hat, ergibt sich aus Art. 17, weshalb auf die dortigen Ausführungen verwiesen werden kann.

IV. Anerkennung und Sekundärverfahren

Art. 16 Abs. 2 spricht eine Selbstverständlichkeit aus, die sich auch ansonsten bereits aus 18 der Verordnung ergibt. Danach steht der Anerkennung des Hauptverfahrens der Eröffnung eines weiteren parallelen Verfahrens, bei dem es sich auf Grund des bereits laufenden Hauptverfahrens zwingend um ein Sekundärverfahren handelt (vgl. Art. 3 Abs. 3 Satz 1), der Anerkennung nicht entgegen. Die Zulässigkeit eines solchen zweiten Parallelverfahrens – unter der Voraussetzung des Vorliegens einer Niederlassung – ist bereits durch Art. 3 Abs. 2 festgestellt. Daher führt die Eröffnung eines Sekundärverfahrens nicht dazu, dass die Wir-

---

[19] *Virgos/Schmit,* Erläuternder Bericht, RdNr. 148; *Duursma/Kepplinger,* Europäische Insolvenzverordnung, Art. 16 RdNr. 25; *Gruber,* in *Geimer/Schütze,* Int. Rechtsverkehr, B Vor I 20 b, Art. 16 RdNr. 19; *Haubold,* in *Gebauer/Wiedmann,* Zivilrecht, Art. 16, 17 RdNr. 162; *Huber,* ZZP 114 (2001) 133, 146; *Kübler/Prütting/Kemper,* Art. 16 EuInsVO RdNr. 6; *Kolmann,* Kooperationsmodelle, S. 289; *Leible/Staudinger* KTS 2000, 533, 568; *Mäsch,* in *Rauscher,* Europ. Zivilprozessrecht, Bd. 2, Art. 16 EG-InsVO RdNr. 14; *Moss/Smith,* in *Moss/Fletcher/Isaacs,* EC Regulation, RdNr. 8.134; *MünchKommBGB-Kindler,* Bd. 11, Art. 16 RdNr. 427; *Pannen,* in *Breutigam/Blersch/Goetsch,* Art. 16 RdNr. 5; *Paulus,* Europäische Insolvenzverordnung, Art. 16 RdNr. 10; *Smid,* Int. Insolvenzrecht, Art. 16 RdNr. 6.

[20] Vgl. auch *Virgos/Schmit,* Erläuternder Bericht, RdNr. 148; *Kemper* ZIP 2001, 1609, 1613; *Kolmann,* Kooperationsmodelle, S. 289; *Paulus,* Europäische Insolvenzverordnung, Art. 16 RdNr. 10.

[21] So z. B. in England, vgl. auch *Uhlenbruck/Lüer,* Art. 16 RdNr. 2; *Gruber,* in *Geimer/Schütze,* Int. Rechtsverkehr, B Vor I 20 b, Art. 16 RdNr. 20.

[22] *Duursma/Kepplinger,* Europäische Insolvenzverordnung, Art. 26 RdNr. 13; *Gruber,* in *Geimer/Schütze,* Int. Rechtsverkehr, B Vor I 20 b, Art. 16 RdNr. 19; *Nerlich/Römermann/Mincke,* Art. 16 RdNr. 5; *Smid,* Int. Insolvenzrecht, Art. 16 RdNr. 6; HambKomm-*Undritz* Art. 16 RdNr. 6.

[23] *Gruber,* in *Geimer/Schütze,* Int. Rechtsverkehr, B Vor I 20 b, Art. 16 RdNr. 20; *Paulus,* Europäische Insolvenzverordnung, Art. 16 RdNr. 10; *Uhlenbruck/Lüer,* Art. 16 RdNr. 2.

kungen des Hauptverfahrens im Staat des Sekundärverfahrens nicht anerkannt werden könnten. Denn das Sekundärverfahren verursacht lediglich massebezogene Anerkennungsschranken, nicht aber eine räumliche Beschränkung der Anerkennung.[24] Die Verfahrenseröffnung im Staat des Hauptverfahrens ist daher auch in dem Staat des Sekundärverfahrens anzuerkennen. Jedoch sind die Anerkennungswirkungen eingeschränkt, soweit es sich um Vermögensgegenstände handelt, die zur Insolvenzmasse des Sekundärverfahrens gehören oder es sich um Rechtsfragen handelt, die aus der Separierung der Insolvenzmassen folgt.

Art. 17. Wirkungen der Anerkennung

(1) Die Eröffnung eines Verfahrens nach Art. 3 Abs. 1 entfaltet in jedem anderen Mitgliedsstaat, ohne dass es hierfür irgendwelcher Förmlichkeiten bedürfte, die Wirkungen, die das Recht des Staates der Verfahrenseröffnung dem Verfahren beilegt, sofern diese Verordnung nichts anderes bestimmt und solange in diesem anderen Mitgliedsstaat kein Verfahren nach Art. 3 Abs. 2 eröffnet ist.

(2) Die Wirkungen eines Verfahrens nach Art. 3 Abs. 2 dürfen in den anderen Mitgliedsstaaten nicht in Frage gestellt werden. Jegliche Beschränkung der Rechte der Gläubiger, insbesondere eine Stundung oder eine Schuldbefreiung infolge des Verfahrens, wirkt hinsichtlich des im Gebiet eines anderen Mitgliedsstaats belegenen Vermögens nur gegenüber den Gläubigern, die ihre Zustimmung hierzu erteilt haben.

Literatur: *Beutler/Debus,* Kurzkommentar zu: LG Klagenfurt, Beschl. v. 2. 7. 2004 – 41 S 75/04 h, EWiR 2005, 217; *Duursma-Kepplinger,* Anmerkung zu: OGH v. 23. 2. 2005, 9 Ob 135/04 z, Österreichisches Anwaltsblatt 2005, 348; *Freitag/Leible,* Justizkonflikte im Europäischen Internationalen Insolvenzrecht und (k)ein Ende?, RIW 2006, 641; *Garasic,* Anerkennung ausländischer Insolvenzverfahren: ein Vergleich des kroatischen, des deutschen und des schweizerischen Rechts sowie der Europäischen Verordnung über Insolvenzverfahren, des Istanbuler Übereinkommens und des UNCITRAL-Modellgesetzes (Diss. Uni Hamburg, 2004), 2005 (zit.: *Garasic,* Anerkennung ausländischer Insolvenzverfahren); *Homann,* System der Anerkennung eines ausländischen Insolvenzverfahrens und die Zulässigkeit der Einzelrechtsverfolgung (Diss. Univ. Münster 2000), 2000 (zit.: *Homann,* System der Anerkennung); *ders.,* System der Anerkennung eines ausländischen Insolvenzverfahrens, KTS 2000, 343; *Graf U.,* Die Anerkennung ausländischer Insolvenzentscheidungen (Diss. Uni Mannheim, 2002/2003), 2003; *Reinhart,* Zur Anerkennung ausländischer Insolvenzverfahren im internationalen Insolvenzrecht, ZIP 1997, 1743; *ders.,* Sanierungsverfahren im internationalen Insolvenzrecht (Diss. Univ. Frankfurt 1994), 1995 (zit.: *Reinhart,* Sanierungsverfahren); *Schollmeyer,* Vollstreckungsschutz kraft ausländischen Insolvenzrechts und Inlandsklausel, IPRax 2003, 227; *Smid,* Anmerkung zu Supreme Court of Ireland, ZIP 2004, 505–510, Mittelpunkt der hauptsächlichen Interessen bei internationaler Insolvenz, DZWIR 2005, 60.

Übersicht

	RdNr.		RdNr.
I. Normzweck	1	1. Anderweitige Regelung durch die Verordnung	10
II. Wirkungserstreckung	3	2. Begrenzung durch Sekundärverfahren	11
1. Begriff der Wirkungserstreckung	3	**IV. Wirkungserstreckung bei Sekundärverfahren (Abs. 2)**	12
2. Automatische Anerkennung	9		
III. Grenzen der Wirkungserstreckung	10		

I. Normzweck

1   Während Art. 16 die Voraussetzungen für die Anerkennung der Eröffnung eines Insolvenzverfahrens in einem Mitgliedsstaat regelt, legt Art. 17 die Wirkungen der Anerkennung einer Verfahrenseröffnung in den anderen Mitgliedsstaaten, also die Rechtsfolgen der An-

---

[24] Ganz hM, vgl. *Ahrens,* Rechte und Pflichten ausländischer Insolvenzverwalter, S. 295; HK-*Stephan,* Art. 16 RdNr. 5; *Kübler/Prütting/Kemper,* Art. 17 EuInsVO RdNr. 7; *Paulus,* Europäische Insolvenzverordnung, Art. 17 RdNr. 7.

erkennung, fest. Hierbei differenziert Art. 17 zwischen den Wirkungen der Anerkennung eines Hauptverfahrens (Abs. 1) und den Wirkungen der Anerkennung eines Sekundärverfahrens (Abs. 2).[1] Diese Differenzierung ist unnötig, da sich die unterschiedlichen Rechtsfolgen einer Anerkennung schon aus der Tatsache ergeben, dass sich die Wirkungen eines Sekundärverfahrens – anders als die des Hauptverfahrens – nach Art. 3 Satz 2 auf das im Verfahrensstaat belegene Vermögen beschränken. Zudem wiederholt die in Art. 17 Abs. 2 Satz 2 angeordnete Wirkungsbeschränkung für Schuldbefreiungen oder Forderungserlasse nur die bereits in Art. 34 Abs. 2 enthaltene Anordnung.

Art. 17 enthält jedoch zwei wichtige grundlegende Aussagen zu den Anerkennungswirkungen. Erstens erfolgt die Anerkennung – wie nach deutschem autonomen Recht[2] – *„ohne irgendwelcher Förmlichkeiten"*, also **automatisch**.[3] Zweitens gilt nach der Verordnung die – auch im deutschen autonomen Recht geltende – Theorie der **Wirkungserstreckung**,[4] d. h. das Urteil entfaltet im Anerkennungsstaat diejenigen Wirkungen, die ihm auch im Erststaat zukommen. Die dogmatische Konstruktion dieser Wirkungserstreckung ist im Einzelnen umstritten, in der Rechtsanwendung jedoch weitgehend unproblematisch. 2

II. Wirkungserstreckung

1. Begriff der Wirkungserstreckung. Der in Art. 17 aber auch in Art. 25 verwendete Begriffe der *„Anerkennung"* ist nach unbestrittener Auffassung verfahrensrechtlich gemeint. Der Begriff ist insoweit identisch mit dem in Art. 33 EuGVVO verwandten Begriff der Anerkennung. Ähnlich wie die EuGVVO enthält jedoch auch die EuInsVO keine Definition des Begriffes der Anerkennung. 3

Internationalrechtlich wird der Begriff in dreierlei Hinsicht verwandt: Anerkennung bedeutet entweder, dass dem fraglichen Akt im Inland die gleiche rechtliche Wirkung zugeschrieben wird wie im Entscheidungsstaat (Theorie der so genannten Wirkungserstreckung), oder dass die Entscheidung einer entsprechenden inländischen Entscheidung gleichgestellt wird (sogenannte Theorie der Wirkungsgleichstellung). Vertreten wird darüber hinaus zudem noch die sogenannte Kumulationstheorie, die im ersten Schritt eine Wirkungserstreckung vorsieht, jedoch im zweiten Schritt prüft, ob diese Urteilswirkungen mit denen eines vergleichbaren inländischen Urteils identisch sind und in den Urteilswirkungen einer inländischen Entscheidung die Obergrenze der Wirkungserstreckung sieht.[5] Im Rahmen des EuGVÜ bzw. der heute geltenden EuGVVO folgte der EuGH sowie die überwiegende Auffassung der Literatur der so genannten Theorie der Wirkungserstreckung.[6] Danach muss eine anerkannte ausländische Entscheidung grundsätzlich im Anerkennungsstaat die selben Wirkungen entfalten wie im Urteilsstaat.[7] Der Theorie der Wirkungserstreckung hat sich auch die ganz überwiegende Auffassung der Literatur zu Art. 16 angeschlossen.[8] 4

---

[1] *Virgos/Garcimartin*, European Insolvency Regulation, RdNr. 352.
[2] Vgl. § 343 RdNr. 37 f.
[3] *Virgos/Schmit*, Erläuternder Bericht, RdNr. 152; *Fletcher*, Insolvency in International Private Law, S. 285 f.; *Lüke* ZZP 111 (1998) 285 f.; *Leible/Staudinger* KTS 2000, 531, 560; MünchKommBGB-*Kindler*, Bd. 11 Art. 17 RdNr. 447.
[4] Vgl. oben Vor § 335 RdNr. 71.
[5] Zum Meinungsstand vgl. *Kropholler*, Europ. Zivilprozessrecht, Vor Art. 33 EuGVO RdNr. 9; *Leible*, in *Rauscher*, Europ. Zivilprozessrecht, Bd. 1, Art. 33 Brüssel I–VO RdNr. 3; *Geimer*, IZPR, RdNr. 2776 ff.; *Stein/Jonas/Schumann* § 328 ZPO RdNr. 3; *Martiny*, in Handbuch des internationalen Zivil- und Verfahrensrechts, Band III/1, RdNr. 362 ff.; *Schack*, IZVR, RdNr. 791 ff.
[6] Vgl. EuGH vom 4. 2. 1988 – Rs. 145/86 (Hofmann) NJW 1989, 663; *Geimer*, in *Geimer/Schütze*, Europ. ZivilverfahrensR, Art. 33 EuGVVO RdNr. 1 f.; *Kropholler*, Europ. Zivilprozessrecht, Vor Art. 33 EuGVO RdNr. 9; *Leible*, in *Rauscher*, Europ. Zivilprozessrecht, Bd. 1, Art. 33 Brüssel I–VO RdNr. 3; *Schlosser*, EU-Zivilprozessrecht, Art. 33 EuGVVO RdNr. 1.
[7] So ausdrücklich EuGH, ebenda, RdNr. 11.
[8] Vgl. *Adolphsen*, in *Bork*, Handbuch, S. 673 RdNr. 107; *Duursma-Kepplinger*, Europäische Insolvenzverordnung, Art. 17 RdNr. 6; *Gruber*, in *Geimer/Schütze*, Int. Rechtsverkehr, B Vor I 20 b, Art. 17 RdNr. 2; *Gottwald/Gottwald*, Insolvenzrechts-Handbuch, § 132 RdNr. 6, 9; *Haubold*, in *Gebauer/Wiedmann*, Zivilrecht,

5 Auf den Eröffnungsbeschluss übertragen, dessen Anerkennung Art. 17 behandelt, bedeutet dies, dass die Eröffnungsentscheidung grundsätzlich in allen Mitgliedstaaten gleichermaßen wirksam ist. Nach den Ausführungen von *Virgos/Schmit* im Erläuternden Bericht wird das in einem anderen Vertragsstaat eröffnete Verfahren in seinen Wirkungen nicht einem inländischen Verfahren gleichgestellt, sondern wird in den anderen Vertragsstaaten mit genau den selben Wirkungen anerkannt, die ihm das Recht des Staates der Verfahrenseröffnung beilegt.[9]

6 Die Wirkungserstreckung bezieht sich nach dem Wortlaut von Art. 17 Abs. 1 Satz 1 auf die Wirkungen, die das Recht des Staates der Verfahrenseröffnung dem Verfahren „beilegt". Hierunter wird vielfach verstanden, dass sich die Wirkungserstreckung nicht nur auf die Wirkungen bezieht, die sich unmittelbar aus der Eröffnungsentscheidung ergeben, sondern gleichermaßen auf alle prozessualen und materiellrechtlichen Wirkungen der Verfahrenseröffnung. Die Wirkungserstreckung erfasse daher auch den von dem Staat der Verfahrenseröffnung (gesetzlich) angeordneten Vermögensbeschlag, die Ernennung des Verwalters, das Verbot der individuellen Rechtsverfolgung etc.[10] Hierfür wird vielfach auf den Erläuternden Bericht von *Virgos/Schmit* verwiesen, der ausführt, dass die Wirkungserstreckung für sämtliche Wirkungen, und zwar für die prozessualen als auch materiellrechtlichen Wirkungen, gelte.[11]

7 Die weiteren prozessualen und materiellrechtlichen Folgen sind jedoch nicht Gegenstand einer verfahrensrechtlichen Wirkungserstreckung. Gegenstand der verfahrensrechtlichen Wirkungserstreckung sind lediglich die Rechtskraft, die Präklusionswirkung, Gestaltungswirkung und die Interventionswirkung.[12] Dogmatisch inkonsistent sind daher auch Ausführungen, dass sich die Wirkungserstreckung auch auf alle materiellen Rechtsfolgen des Verfahrens beziehe, soweit die Art. 5 ff. keine Sonderregelung treffen. Bei den Art. 5 ff. handelt es sich – überwiegend – um Kollisionsnormen. Würden die Folgewirkungen der Insolvenzeröffnung auch der Wirkungserstreckung unterliegen, so bedeutet die Anwendung eines anderen Sachrechts gemäß Art. 5 ff. die Nichtanerkennung einzelner Wirkungen der ausländischen Verfahrenseröffnung. Die Anerkennung nach Art. 17 wäre demnach grundsätzlich nur eine Teilanerkennung. Hinsichtlich der prozessualen und materiellrechtlichen Wirkungen, für die die Verordnung Sonderanknüpfungen vorsieht, wäre daher eine Wirkungserstreckung ausgeschlossen. Wie man in diesem Falle überhaupt zur Anwendung der Kollisionsnormen gelangt, ist unklar. Für diese Fälle beschränkt die Literaturmeinung die Anerkennung lediglich auf den eigentlichen Eröffnungsbeschluss, und leitet sodann die Wirkungen aus den Kollisionsnormen her.

8 Richtigerweise bezieht sich jedoch die Wirkungserstreckung nach Art. 17 nur auf den eigentlichen Eröffnungsbeschluss, nicht aber auf die daran anknüpfenden prozessualen und materiellrechtlichen Rechtsfolgen. Etwas anderes lässt sich auch nicht aus dem Erläuternden Bericht von *Virgos/Schmit* herleiten, der zugegebenermaßen in dieser Frage nicht deutlich differenziert. Denn dort ist auch ausgeführt, dass die materiellen Wirkungen auf Grund der allgemeinen Anwendbarkeit einbezogen blieben, die das Übereinkommen für das Recht des

---

Art. 16, 17 RdNr. 164; HK-*Stephan*, Art. 17 RdNr. 2 ff.; *Huber*, ZZP 114 (2001) 133, 147; *Mäsch*, in Rauscher, Europ. Zivilprozessrecht, Bd. 2, Art. 16 EG-InsVO RdNr. 1; MünchKommBGB-*Kindler*, Bd. 11, Art. 17 RdNr. 449; *Pannen*, in Breutigam/Blersch/Goetsch, Art. 17 RdNr. 1; *Paulus*, Europäische Insolvenzverordnung, Art. 17 RdNr. 2; *Smid*, Int. Insolvenzrecht, Art. 17 RdNr. 5; HambKomm-*Undritz* Art. 17 RdNr. 1.
[9] *Virgos/Schmit*, Erläuternder Bericht, RdNr. 153.
[10] So beispielsweise *Duursma-Kepplinger*, Europäische Insolvenzverordnung, Art. 17 RdNr. 8; HK-*Stephan*, Art. 17 RdNr. 4; *Kübler/Prütting/Kemper*, Art. 17 EuInsVO RdNr. 3; *Mäsch*, in Rauscher, Europ. Zivilprozessrecht, Bd. 2, Art. 17 EG-InsVO RdNr. 5; *Nerlich/Römermann/Mincke*, Art. 17 RdNr. 4; MünchKommBGB-*Kindler*, Bd. 11, Art. 17 RdNr. 449; HambKomm-*Undritz* Art. 17 RdNr. 3.
[11] *Virgos/Schmit*, Erläuternder Bericht, RdNr. 153.
[12] Vgl. hierzu *Adolphsen*, in Bork, Handbuch, S. 674 RdNr. 110; *Geimer*, IZPR, RdNr. 2776 ff.; *Geimer*, in Geimer/Schütze, Europ. ZivilverfahrensR, Art. 33 EuGVVO RdNr. 18 ff.; *Homann*, System der Anerkennung eines ausländischen Insolvenzverfahrens, S. 32; *Martiny*, in Handbuch des internationalen Zivil- und Verfahrensrechts, Band III/1, RdNr. 373, 374–438; *Reinhart*, Sanierungsverfahren, S. 124; *Schack*, IZVR, RdNr. 776 ff.; Stein/Jonas/Schumann § 328 ZPO RdNr. 7 ff.; in Bezug auf die Gestaltungswirkung *Gottwald/Gottwald*, Insolvenzrechts-Handbuch, § 132 RdNr. 4.

Staates der Verfahrenseröffnung vorsehe (Art. 4). Auch *Virgos/Schmit* leiten daher die materiellen Wirkungen einer Eröffnungsentscheidung über die Kollisionsnormen in Art. 4 ff. ab.[13] Ebenso wie der BGH zum autonomen Recht entschieden hat,[14] bezieht sich die Wirkungserstreckung in Art. 17 der Verordnung lediglich auf die in dem Eröffnungsbeschluss innewohnende Gestaltungswirkung, nämlich dass ein Insolvenzverfahren eröffnet wurde.[15] Die nach dem nationalen Recht des Eröffnungsstaates *ipso iure* eintretenden Rechtsfolgen der Verfahrenseröffnung unterliegen daher nicht der verfahrensrechtlichen Anerkennung und Wirkungserstreckung nach Art. 17, weil sie auch im Eröffnungsbeschluss nicht explizit angeordnet sind. Diese ergeben sich vielmehr auf Grund der Kollisionsnormen nach Art. 4 ff. Lediglich soweit im Eröffnungsbeschluss konkrete weitergehende prozessuale oder materielle Rechtsfolgen ausdrücklich angeordnet sind, unterliegen diese der verfahrensrechtlichen Anerkennung.

2. Automatische Anerkennung. Nach dem Wortlaut von Art. 17 tritt die Wirkungserstreckung ein, *„ohne dass es hierfür irgendwelcher Förmlichkeit bedürfte"*. Damit ist ausgesprochen, dass es keines vorgeschalteten Exequaturverfahrens bedarf, damit das ausländische Insolvenzverfahren Wirkungen entfalten kann, wie dies in einigen romanischen Rechtsordnungen vorgesehen ist.[16] Aus der Formulierung wird zugleich hergeleitet, dass auch keine sonstigen Formerfordernisse einzuhalten sind, wie beispielsweise die Bekanntmachung des Eröffnungsbeschlusses in öffentlichen Verkündungsorganen oder Verkündungsblättern.[17] Die automatische Anerkennung hat allerdings den Nachteil, dass die Voraussetzungen der Anerkennung von dem mit den Rechtsfolgen des ausländischen Insolvenzverfahrens befassten Gericht inzident zu überprüfen sind. Aufgrund der inzidenten Prüfung wird daher die Entscheidung über die Anerkennung nicht rechtskräftig, so dass grundsätzlich zur Frage der Anerkennung durch verschiedene Gerichte eines Mitgliedsstaates auch widersprüchliche Entscheidungen denkbar sind. Dies ist jedoch im Hinblick auf die in der Verordnung ausgesprochene grundsätzliche Anerkennung, die nur in eng begrenzten Ausnahmefällen zu versagen ist, hingenommen worden.[18]

III. Grenzen der Wirkungserstreckung

1. Anderweitige Regelung durch die Verordnung. Nach Art. 17 entfaltet die Verfahrenseröffnung in den anderen Mitgliedsstaaten die Wirkungen, die das Recht des Staates der Verfahrenseröffnung dem Verfahren beilegt, *„sofern diese Verordnung nichts anderes bestimmt"*. Damit ist klargestellt, dass Vorschriften der Verordnung, die einer solchen Wirkungserstreckung entgegenstehen, als *lex specialis* Vorrang haben und die Wirkungserstreckung begrenzen. Als Beispiele anderweitiger Bestimmungen durch die Verordnung wird in

---

[13] *Virgos/Schmit*, Erläuternder Bericht, RdNr. 153; widersprüchlich aber *Virgos/Garcimartin*, European Insolvency Regulation, RdNr. 356, die von einer Doppelfunktion der Kollisionsnormen sprechen.
[14] Vgl. BGH NJW 1997, 524 ff. (Norsk-Data); vgl. hierzu die Urteilsbesprechung von *Reinhart* ZIP 1997, 1734.
[15] Ebenso *Homann*, System der Anerkennung, S. 34 ff., der dem Eröffnungsbeschluss jedoch nicht Gestaltungswirkungen, sondern Tatbestandswirkungen zuweist; diese werden jedoch nicht verfahrensrechtlich anerkannt, vgl. *Geimer*, in *Geimer/Schütze*, Europ. ZivilverfahrensR, Art. 33 EuGVVO RdNr. 59 ff.; *Reinhart*, Sanierungsverfahren, S. 124 ff.; *Trunk* KTS 1987, 415 ff.; *Kübler/Prütting/Kemper*, Art. 17 EuInsVO RdNr. 2; aA *Graf*, Die Anerkennung ausländischer Insolvenzentscheidungen, S. 325 ff.; die insolvenzspezifischen Hauptfolgen der Wirkungserstreckung unterwerfen möchte, und daher vor dem Problem steht, zu differenzieren, welche weiteren materiellrechtlichen Rechtsfolgen zu den spezifischen Hauptwirkungen der Insolvenzeröffnung gehören.
[16] Vgl. nur die Länderbericht für Frankreich, Italien. siehe hierzu unten.
[17] Ebenso *Virgos/Schmit*, Erläuternder Bericht, RdNr. 177; *Ahrens*, Rechte und Pflichten ausländischer Insolvenzverwalter, S. 290 f.; *Duursma-Kepplinger*, Europäische Insolvenzverordnung, Art. 16 RdNr. 16; *Garasic*, Anerkennung ausländischer Insolvenzverfahren, Bd. 2 S. 64; *Haubold*, in *Gebauer/Wiedmann*, Zivilrecht, Art. 16, 17 RdNr. 163; *Leible/Staudinger* KTS 2000, 533, 565; MünchKommBGB-*Kindler*, Bd. 11, Art. 17 RdNr. 447.
[18] Diese Nachteile werden auch von *Virgos/Garcimartin*, European Insolvency Regulation, RdNr. 344 betont.

der Literatur immer wieder die Sonderanknüpfungen nach Artt. 5 ff. erwähnt.[19] Hierbei handelt es sich jedoch um kollisionsrechtliche Vorschriften, die Abweichungen von der Regelanknüpfung an die *lex fori concursus* nach Art. 4 vorsehen. Da sich Art. 17 nach der hier vertretenen Auffassung ausschließlich auf die (verfahrensrechtlich anzuerkennende) Gestaltungswirkung der Eröffnungsentscheidung bezieht, kann eine *„andere Bestimmung"* aus der Verordnung nur eine Bestimmung sein, die die verfahrensrechtliche Anerkennung der Eröffnungsentscheidung ganz oder zumindest teilweise beschränkt. Eine Beschränkung im vollen Umfange ist beispielsweise denkbar durch den *ordre public* Vorbehalt in Art. 26. Entweder als Teilanerkennung oder auch als eigene materiellrechtliche Regelung enthält beispielsweise Art. 5 eine abweichende Regelung. Art. 5 beschränkt nämlich die Anerkennung der ausländischen Eröffnungsentscheidung bezüglich der dinglichen Rechte Dritter: denn die Verfahrenseröffnung hat keinerlei Wirkungen auf die dinglichen Rechte Dritter, und zwar weder nach der *lex fori concursus,* noch nach dem Insolvenzrecht der *lex rei sitae*.[20]

11   **2. Begrenzung durch Sekundärverfahren.** Missverständlich ist die Einschränkung, dass das Hauptverfahren nur Wirkungen entfalten soll, wenn in dem Anerkennungsstaat kein Sekundärverfahren nach Art. 3 Abs. 2 eröffnet worden ist. Denn die Begrenzung der Wirkungserstreckung des Hauptverfahrens ist nicht räumlich zu sehen, sondern massebezogen. Grundsätzlich wird daher auch das Hauptverfahren im Staat des Sekundärverfahrens anerkannt, soweit nicht die Insolvenzmasse des Sekundärverfahrens betroffen ist.[21] Soweit die Vermögensmasse des Sekundärverfahrens betroffen ist, haben freilich die Vorschriften des Sekundärverfahrens Vorrang.[22] Denkbar ist jedoch, dass der Insolvenzverwalter des Hauptverfahrens bezüglich eines zur Insolvenzmasse des Hauptverfahrens gehörenden Vermögensgegenstands auch im Staat des Sekundärverfahrens tätig werden muss. In diesem Fall steht einer Wirkungserstreckung des Hauptverfahrens nichts im Wege. Davon geht letztlich auch die Verordnung aus. Denn nach Art. 35 hat der Verwalter des Hauptverfahrens beispielsweise das Recht, den Überschuss des Sekundärverfahrens zur Masse des Hauptverfahrens zu ziehen, was implizit eine Anerkennung seines Verwalterstatus auch im Staat des Sekundärverfahrens bedeutet.

IV. Wirkungserstreckung bei Sekundärverfahren (Abs. 2)

12   Art. 17 Abs. 2 Satz 1 regelt, dass die anderen Mitgliedstaaten die Gültigkeit der Wirkungen des Sekundärverfahrens nicht in Frage stellen dürfen. Die Formulierung ist auf den ersten Blick eigentümlich, denn sie bringt nicht positiv zum Ausdruck, dass die Eröffnung auch in den anderen Mitgliedstaaten Wirkungen entfaltet. Von einer solchen, Art. 17 Abs. 1 entsprechenden Formulierung hat der Verordnungsgeber wohl abgesehen, weil das Sekundärverfahren sich ohnehin auf die im Verfahrensstaat belegenen Vermögensgegenstände beschränkt (Art. 3 Abs. 2). Das bedeutet zunächst aber nicht, dass sich damit auch die Wirkungen des Sekundärverfahrens nur auf den Verfahrensstaat beschränken. Denn Art. 3 Abs. 2 spricht eine massebezogene Beschränkung der Wirkungen aus, und nicht eine räumliche

---

[19] Vgl. z. B. *Virgos/Garcimartin,* European Insolvency Regulation, RdNr. 356; *Duursma-Kepplinger,* Europäische Insolvenzverordnung, Art. 17 RdNr. 2; *Haubold,* in *Gebauer/Wiedmann,* Zivilrecht, Art. 16, 17 RdNr. 166; *Huber,* ZZP 114 (2001) 133, 148; *Mäsch,* in *Rauscher,* Europ. Zivilprozessrecht, Bd. 2, Art. 17 EG-InsVO RdNr. 7; MünchKommBGB-*Kindler,* Bd. 11, Art. 17 RdNr. 443; ebenso *Moss/Smith,* in *Moss/ Fletcher/Isaacs,* EC Regulation, RdNr. 8.147; *Pannen,* in *Breutigam/Blersch/Goetsch,* Art. 17 RdNr. 4; *Paulus,* Europäische Insolvenzverordnung, Art. 17 RdNr. 3; HambKomm-*Undritz* Art. 17 RdNr. 5. AA HK-*Stephan,* Art. 17 RdNr. 5.
[20] Vgl. oben, Art. 5 RdNr. 13 ff.
[21] So auch OLG Düsseldorf, NZI 2004, 628.
[22] Es ist jedoch nicht unproblematisch, von Vorrang zu reden, oder davon, dass das Sekundärverfahren die Wirkungen des Hauptverfahrens verdränge; so z. B. *Balz* ZIP 1996, 948, 952; *Duursma-Kepplinger,* Europäische Insolvenzverordnung, Art. 17 RdNr. 15 f.; *Homann* KTS 2000, 343, 369; *Kemper* ZIP 2001, 1609, 1611; *Kolmann,* Kooperationsmodelle, S. 326; *Leible/Staudinger* KTS 2000, 533, 562; MünchKommBGB-*Kindler,* Bd. 11, Art. 17 RdNr. 452. Vielmehr gehören die Vermögensgegenstände nicht mehr zur Insolvenzmasse des Hauptverfahrens, sondern zur Insolvenzmasse des Sekundärverfahrens.

Beschränkung der Wirkungen des Sekundärverfahrens. Soweit Massegegenstände des Sekundärverfahrens betroffen sind, erstrecken sich die auf diesen Massegegenstand bezogenen Wirkungen freilich auch automatisch auf einen anderen, betroffenen Mitgliedstaat.[23]

Der Verordnungsgeber hatte mit seiner eher negativ umschreibenden Formulierung, dass die Wirkungen nicht in Frage gestellt werden dürften, diese praktisch eher seltenen Fälle im Blick. So erwähnt der Erläuternde Bericht von *Virgos/Schmit* den Fall, dass der Verwalter eines Sekundärverfahrens in einem anderen Mitgliedstaat auf einen Vermögensgegenstand zugreifen möchte, der zur Insolvenzmasse des Sekundärverfahrens gehört, aber nach Verfahrenseröffnung in einen anderen Mitgliedstaat verbracht wurde.[24] Für ein Tätigwerden des Verwalters des Sekundärverfahrens bedarf es aber nicht einmal einer Verschiebung von Vermögensgegenständen Hat beispielsweise der Schuldner eine Forderung gegen ein anderes Unternehmen, das den Mittelpunkt seiner hauptsächlichen Interessen im Staat des Sekundärverfahrens hat, so gehört die Forderung zur Insolvenzmasse des Sekundärverfahrens (vgl. Art. 2 lit. g)), dritter Spiegelstrich). Besteht jedoch eine Gerichtsstandsvereinbarung für die Gerichte des Hauptverfahrensstaates, so muss der Verwalter des Sekundärverfahrens zwingend den Anspruch – soweit erforderlich – sogar im Staat des Hauptverfahrens einklagen.[25] Die Anerkennung des Sekundärverfahrens wird aber auch relevant, wenn einzelne Gläubiger nach dem Recht des Sekundärverfahrens einen Vermögensvorteil erhalten, den sie nach dem Recht des Hauptverfahrens nicht erhalten hätten. Solche Vorteile können von dem betreffenden Gläubiger, selbst wenn dieser im Mitgliedstaat des Hauptverfahrens ansässig ist, nicht wieder herausverlangt werden.[26] Gleichsam kann dem Gläubiger nicht untersagt werden, seine Rechte im Partikularverfahren geltend zu machen.[27]

Art. 17 Abs. 2 Satz 2 entspricht spiegelbildlich Art. 34 Abs. 2, wonach untersagt ist, in einem Sekundärverfahren ohne die Zustimmung des betroffenen Gläubigers eine Stundung oder Schuldbefreiung anzuordnen, die auch auf andere Mitgliedstaaten Wirkungen haben soll.[28] Während sich Art. 34 Abs. 2 mit seinem Verbotstatbestand an das Insolvenzgericht des Sekundärverfahrensstaates richtet, wendet sich Art. 17 Abs. 2 Satz 2 – spiegelbildlich – an den Anerkennungsstaat. Die Vorschrift ist deswegen aber nicht obsolet, sondern hat durchaus eigenständige Bedeutung: Da sich Art. 34 nur auf Sekundärverfahren bezieht, besitzt die Vorschrift eine eigenständige Bedeutung in den Fällen eines unabhängigen Partikularverfahrens, d. h. wenn kein Hauptverfahren in einem anderen Vertragsstaat stattfindet. Zudem darf der Anerkennungsstaat bei einem Verstoß gegen Art. 34 – obwohl grundsätzlich keine *revision au fond* der ausländischen Entscheidung stattfindet – aus diesem Grunde die Anerkennung versagen. Ein Verstoß gegen Art. 34 Abs. 2 wird insoweit einem Verstoß gegen den *ordre public* gleich gestellt.

Wann eine entsprechende Zustimmung des Gläubigers zu Beschränkungen seiner Rechte vorliegt, ist anhand der Voraussetzungen des Art. 34 Abs. 2 zu prüfen. Art. 17 Abs. 2 stellt – auf Grund der spiegelbildlichen Wirkungsweise – keine anderen oder weiteren Voraussetzungen auf als Art. 34 Abs. 2. Hinsichtlich der Tatbestandsvoraussetzunge kann daher auf die Ausführungen zu Art. 34 RdNr. 8, 10 f. verwiesen werden.

---

[23] Ganz hM, vgl. *Ahrens,* Rechte und Pflichten ausländischer Insolvenzverwalter, S. 295; HK-*Stephan,* Art. 16 RdNr. 5; *Kübler/Prütting/Kemper,* Art. 17 EuInsVO RdNr. 7; *Paulus,* Europäische Insolvenzverordnung, Art. 17 RdNr. 7.
[24] *Virgos/Schmit,* Erläuternder Bericht, RdNr. 156; *Fletcher,* Insolvency, S. 284; *Geimer,* IZPR, RdNr. 3503; *Huber,* ZZP 114 (2001) 133, 148; *Homann,* System der Anerkennung, S. 368 f.; *Leible/Staudinger* KTS 2000, 533, 562 f.; *Virgos/Garcimartin,* European Insolvency Regulation, RdNr. 359.
[25] Das ist freilich ein klassischer Fall für eine Kooperation zwischen beiden Verwaltern, weil die Geltendmachung der Forderung durch den Verwalter des Hauptverfahrens hier praktisch einfacher zu bewältigen ist (zu den entsprechenden Kooperationsmöglichkeiten vgl. Art. 31 unten). Der Anspruch bleibt freilich ein Anspruch des Verwalters des Sekundärverfahrens.
[26] Der Insolvenzverwalter kann daher von einem Gläubiger auch keine Herausgabe des in dem Partikularverfahren Erlangten verlangen, allerdings findet eine Anrechnung der Quote statt, vgl. dazu auch unten Art. 20; als Fall aus dem Anwendungsbereich des autonomen Rechts vgl. auch OLG Köln ZIP 1989, 321.
[27] Vgl. Art. 31 Abs. 1, der die Anmeldung in mehreren Verfahren ausdrücklich zulässt.
[28] Vgl. hierzu unten, Art. 34 RdNr. 8 ff.

Art. 18. Befugnisse des Verwalters

(1) Der Verwalter, der durch ein nach Art. 3 Abs. 1 zuständige Gericht bestellt worden ist, darf im Gebiet eines anderen Mitgliedsstaats alle Befugnisse ausüben, die ihm nach dem Recht des Staates der Verfahrenseröffnung zustehen, solange in dem anderen Staat nicht ein weiteres Insolvenzverfahren eröffnet ist oder eine gegenteilige Sicherungsmaßnahme auf einen Antrag auf Eröffnung eines Insolvenzverfahrens hin ergriffen worden ist. Er kann insbesondere vorbehaltlich der Art. 5 und 7 die zur Masse gehörenden Gegenstände aus dem Gebiet des Mitgliedsstaats entfernen, in dem sich die Gegenstände befinden.

(2) Der Verwalter, der durch ein nach Art. 3 Abs. 2 zuständiges Gericht bestellt worden ist, darf in jedem anderen Mitgliedsstaat gerichtlich und außergerichtlich geltend machen, dass ein beweglicher Gegenstand nach der Eröffnung des Insolvenzverfahrens aus dem Gebiet des Staates der Verfahrenseröffnung in das Gebiet dieses anderen Mitgliedsstaats verbracht worden ist. Des Weiteren kann er eine den Interessen der Gläubiger dienende Anfechtungsklage erheben.

(3) Bei der Ausübung seiner Befugnisse hat der Verwalter das Recht des Mitgliedsstaats, in dessen Gebiet er handeln will, zu beachten, insbesondere hinsichtlich der Art und Weise der Verwertung eines Gegenstands der Masse. Diese Befugnisse dürfen nicht die Anwendung von Zwangsmitteln oder das Recht umfassen, Rechtsstreitigkeiten oder andere Auseinandersetzungen zu entscheiden.

Literatur: *Ahrens,* Rechte und Pflichten ausländischer Insolvenzverwalter im internationalen Insolvenzrecht, (Diss. Uni Freiburg, 1999), 2002, (zit.: *Ahrens,* Rechte und Pflichten ausländischer Insolvenzverwalter); *Haas,* Die Verwertung der im Ausland belegenen Insolvenzmasse im Anwendungsbereich der EuInsVO, in Schilken/Kreft/Wagner/Eckardt (Hrsg.), Festschrift für Walter Gerhardt zum 70. Geburtstag am 18. Oktober 2004, 2004, S. 319–340; *Herchen,* Die Befugnisse des deutschen Insolvenzverwalters hinsichtlich der „Auslandsmasse" nach In-Kraft-Treten der EG-Insolvenzverordnung (Verordnung des Rates Nr. 1346/2000), ZInsO 2002, 345; *Pannen/Kühnle/Riedemann,* Die Stellung des deutschen Insolvenzverwalters in einem Insolvenzverfahren mit europäischem Auslandsbezug, NZI 2003, 72; *Paulus,* Die europäische Insolvenzverordnung und der deutsche Insolvenzverwalter, NZI 2001, 505; *Ringstmeier/Homann,* Masseverbindlichkeiten als Prüfstein des internationalen Insolvenzrechts, NZI 2004, 354.

Übersicht

	RdNr.		RdNr.
I. Normzweck	1	4. Anfechtungsklagen	9
II. Allgemeine Voraussetzungen	3	IV. Grenzen der Befugnisse	11
1. Bestellung als Verwalter	3	1. Nicht ein weitere Verfahren eröffnet	11
2. Zuständiges Gericht	4	2. Keine gegenteiligen Sicherungsmaßnahmen	12
III. Einzelne Befugnisse	5	3. Beachtung von Art. 5 und 7	13
1. Befugnisse, die ihm nach dem Recht der Verfahrenseröffnung zustehen	5	4. Beachtung der lokalen Verwertungsverfahren (Abs. 3)	14
2. Entfernung von Massegegenstände	6		
3. Geltendmachung entfernter Massegegenstände	7		

I. Normzweck

1 Art. 18 ist dem Verordnungsgeber nicht geglückt. Zweck der Vorschrift war anscheinend, die Anerkennung der Bestellung des Verwalters nochmals ausdrücklich festzustellen.[1] Zwar ist für die Abwicklung einer internationalen Insolvenz die Anerkennung des ausländischen Verwalters von zentraler Bedeutung. Die Anerkennung des Bestellungsaktes ist jedoch schon nach Art. 25 Abs. 1 geregelt, da es sich bei der Verwalterbestellung um eine Entscheidung zur Durchführung des Insolvenzverfahrens handelt. Welche Befugnisse wiederum ein Insol-

---

[1] Vgl. *Virgos/Schmit,* Erläuternder Bericht, RdNr. 161.

venzverwalter hat, richtet sich gemäß Art. 4 Abs. 2 lit. c) nach der *lex fori concursus*.² Insoweit sind die Fragen im Zusammenhang mit der Bestellung des Verwalters und dessen Befugnisse an sich bereits durch die Verordnung abgedeckt.

Insoweit ist systematisch wenig glücklich, dass Art. 18 nur einzelne Fragen des Verwalter- 2 handelns aufgreift, die dann entweder – im Sinne anderer Vorschriften der Verordnung – klarstellend wiederholt werden oder auch gelegentlich modifiziert werden. Zudem enthält Art. 18 Aussagen, die in ihrer Bedeutung weit über das hinausgehen, was mit Art. 18 an sich zu regeln beabsichtigt war (z.B. die Aussage in Art. 18 Abs. 2 Satz 2 über die Möglichkeit der Anfechtungsklage in einem anderen Mitgliedsstaat als dem Verfahrensstaat, vgl. hierzu Art. 3 RdNr. 92). Systematisch enthalten Abs. 1 und Abs. 2 allgemeine Tatbestandsvoraussetzungen: erfasst werden „Verwalter", die – so Abs. 1 – von dem Gericht des Hauptverfahrens bestellt wurden und – so Abs. 2 – die von dem Gericht des Sekundärverfahrens bestellt wurden. Für diese regelt Art. 18 Abs. 1 und Abs. 2 verschiedene Befugnisse: einerseits (positiv) bestimmte dem Verwalter zustehende Befugnisse (vgl. unten RdNr. 5 ff.), andererseits (negativ) bestimmte Grenzen seiner Befugnisse (vgl. unten RdNr. 11 ff.). Die Einzelnen systematisch an sich nicht zusammenfassbaren Regelungskomplexe sind jeweils vor dem Hintergrund der anderen Vorschriften der Verordnung zu analysieren.

II. Allgemeine Voraussetzungen

1. Bestellung als Verwalter. Sowohl Art. 18 Abs. 1 als auch Abs. 2 setzen die Bestel- 3 lung eines Verwalters voraus. Der Begriff des Verwalters ist in Art. 2 lit. b) allgemein definiert. Danach ist Verwalter jede Person oder Stelle, deren Aufgabe es ist, die Masse zu verwalten oder zu verwerten oder die Geschäftigkeit des Schuldners zu überwachen. Die Personen oder Stellen sind in Anhang C verbindlich und abschließend konkret aufgelistet. Art. 18 gilt auch für den vorläufigen Insolvenzverwalter.³

2. Zuständiges Gericht. Der Verwalter muss durch ein nach Art. 3 Abs. 1 oder Abs. 2 4 zuständiges Gericht bestellt worden sein. Der Verweis auf die Zuständigkeit des bestimmenden Insolvenzgerichts ist nicht dahingehend gemeint, dass die Zuständigkeit des bestellenden Insolvenzgerichts im Anerkennungsstaat zu überprüfen ist. Vielmehr wird mit der Formulierung differenziert, nämlich ob es sich um die Bestellung des Verwalters des Hauptverfahrens handelt (so Absatz 1), oder um die Bestellung des Verwalters des Sekundärverfahrens (so Absatz 2). Ebenso wie im Rahmen der Anerkennung des Eröffnungsbeschlusses nach Art. 16 ist die Zuständigkeit des bestellenden Gerichts nicht nachzuprüfen, sondern nur ob das den Verwalter bestellende Gericht die Zuständigkeit nach der Verordnung (entweder Art. 3 Abs. 1 oder Art. 3 Abs. 2) in Anspruch genommen hat.⁴ Auch aus diesen Gründen empfiehlt sich – wie für die Eröffnungsbeschlüsse deutscher Gerichte nun ausdrücklich vorgesehen⁵ – im Eröffnungsbeschluss anzugeben, woraus sich die Zuständigkeit des Eröffnungsbeschlusses ergibt.

III. Einzelne Befugnisse

1. Befugnisse, die ihm nach dem Recht des Verfahrensstaates zustehen. Nach 5 dem Wortlaut von Art. 18 Abs. 1 Satz 1 darf der Verwalter des Hauptverfahrens im Gebiet eines anderen Mitgliedsstaates alle Befugnisse ausüben, *die ihm nach dem Recht des Hauptverfahrensstaates zustehen*. Eingeschränkt wird die Befugnis nur durch die Eröffnung eines weiteren Insolvenzverfahrens in einem anderen Mitgliedsstaat oder durch dort bereits getroffene gegenteilige Sicherungsmaßnahmen. Der Wortlaut der Vorschrift deutet an sich darauf

---

² Missverständlich daher die Äußerungen, die Norm diene der Durchsetzung des Insolvenzstatuts, so aber MünchKommBGB-*Kindler*, Bd. 11, Art. 18 RdNr. 458; *Uhlenbruck/Lüer*, Art. 18 RdNr. 1.
³ Vgl. AG Hamburg ZIP 2007, 1767; sowie oben Art. 2 RdNr. 3.
⁴ Vgl. oben Art. 16 RdNr. 11.
⁵ Vgl. Art. 102 § 2 unten.

hin, dass es sich um eine Kollisionsregel handelt, wonach sich in der Tat die Befugnisse des Verwalters nach der *lex fori concursus* richten. Mit Art. 18 ist jedoch keine neue kollisionsrechtliche Regelung gemeint. Schon der Begriff der „*Befugnisse des Verwalters*" ist widersprüchlich, da die Insolvenzgesetze in der Regel vermögensbezogene Anordnungen treffen, die der Verwalter umzusetzen hat. Insolvenzgesetze beschreiben daher weniger „*Befugnisse*" eines Verwalters sondern geben abstrakt vor, wie die Insolvenzmasse zu verwalten und im Ergebnis zu verwerten ist. Die Möglichkeit, eine Anfechtungsklage zu erheben, ist daher keine besondere Befugnis des Verwalters, sondern Ausdruck seiner Pflicht, auf Grund der gesetzlichen Vorgaben, die Insolvenzmasse bestmöglich zu verwalten und zu verwerten. Wie jedoch bereits in Art. 5 ff. ausgeführt, gibt es hierzu verschiedene, von der *lex fori concursus* abweichende Sonderanknüpfungen. Diese sollen aber durch die Formulierung, dass der Verwalter alle Befugnisse ausüben könne, die ihm nach dem Recht des Hauptverfahrensstaates zustehen, nicht geändert werden. Von daher wird in der Literatur allgemein darauf hingewiesen, dass freilich die in Art. 5 ff. enthaltenen Sonderanknüpfungen zu beachten seien.[6] Art. 18 Abs. 1 Satz 1 enthält daher nur die ohnehin selbstverständliche Feststellung, dass der Verwalter die nach den insolvenzrechtlichen Vorschriften getroffenen materiellrechtlichen Regelungen auch in den anderen Mitgliedsstaaten durchsetzen können muss. Ein weiterer Regelungsgehalt ist mit der Vorschrift nicht verbunden.

6   **2. Entfernung der Massegegenstände.** Eine der wesentlichen Aufgaben des Insolvenzverwalters ist jeweils, die Insolvenzmasse zugunsten der Gläubiger zu verwerten, soweit keine Sanierung des Schuldners beabsichtigt ist. Die Verwertung eines Vermögensgegenstandes aus der Insolvenzmasse kann freilich auch bedeuten, dass der Vermögensgegenstand in den Staat des Hauptverfahrens verbracht werden muss. Art. 18 Abs. 1 Satz 2 stellt deklaratorisch klar, dass der Verwalter hierzu berechtigt ist. Dieses Recht kann allenfalls dadurch eingeschränkt werden, dass in dem Mitgliedstaat, in dem der Vermögensgegenstand belegen ist, ein Sekundärverfahren eröffnet wird, oder im Vorfeld entsprechende Sicherungsmaßnahmen für die im Sekundärverfahrensstaat belegenen Vermögensgegenstände getroffen werden. Soweit an den Vermögensgegenständen Sicherungsrechte bestehen, so sind freilich Art. 5 und Art. 7 zu beachten.[7]

7   **3. Geltendmachung entfernter Massegegenstände.** Art. 18 Abs. 2 Satz 1 stellt zudem klar, dass der Verwalter des Hauptverfahrens die nach der Eröffnung des Insolvenzverfahrens in das Gebiet eines anderen Mitgliedstaates verbrachten beweglichen Gegenstände „zurückholen" kann. Auch diese Regelung hat an sich keine eigenständige Bedeutung. Soweit ein beweglicher Gegenstand in einen anderen Mitgliedstaat verbracht wurde, in dem kein Sekundärverfahren eröffnet wurde oder ein entsprechender Antrag anhängig ist, so gehört der Vermögensgegenstand ohnehin zur Masse des in allen Mitgliedstaaten Wirkung entfaltenden Hauptverfahrens. Der Verwalter kann den Vermögensgegenstand daher ohnehin für die Insolvenzmasse des Hauptverfahrens verwerten und, wie auch Art. 18 Abs. 1 Satz 2 klarstellt, wieder entfernen. Anderes gilt nur, wenn ein Gegenstand in einen anderen Mitgliedstaat verbracht wurde, in dem ein Sekundärverfahren eröffnet wurde oder ein entsprechender Antrag anhängig ist. In diesen Fällen ist eine Abgrenzung zwischen der Insolvenzmasse des Hauptverfahrens und des Sekundärverfahrens vorzunehmen. Diese Abgrenzung ergibt sich aus der Beschränkung des Vermögensbeschlages des Sekundärverfahrens auf das in dem Sekundärverfahrensstaat belegene Vermögen des Schuldners.[8]

8   Art. 18 Abs. 2 Satz 1 hat auch keine eigenständige Bedeutung für die Vermögensgegenstände, an denen dingliche Rechte Dritter gemäß Art. 5 oder ein Eigentumsvorbehalt gemäß Art. 7 besteht. Denn beide Vorschriften stellen schon ihrem Wortlaut nach darauf ab,

---

[6] *Garasic*, Anerkennung ausländischer Insolvenzverfahren, S. 68; *Mäsch*, in *Rauscher*, Europ. Zivilprozessrecht, Bd. 2, Art. 18 EG-InsVO RdNr. 9; MünchKommBGB-*Kindler*, Bd. 11, Art. 18 RdNr. 464; *Paulus*, Europäische Insolvenzverordnung, Art. 18 RdNr. 2; *Smid*, Int. Insolvenzrecht, Art. 18 EG-InsVO RdNr. 12.
[7] Vgl. noch unten, RdNr. 13.
[8] Vgl. hierzu Art. 27 RdNr. 22 ff.; Art. 3 RdNr. 71.

dass sich der Vermögensgegenstand zum Zeitpunkt der Verfahrenseröffnung in einem bestimmten Mitgliedstaat befinden muss. Der in Art. 18 Abs. 2 Satz 1 vorausgesetzte Transport des Gegenstandes nach Verfahrenseröffnung kann die zum Zeitpunkt der Verfahrenseröffnung in der Verordnung bereits beschriebene Rechteposition freilich nicht ändern.

4. Anfechtungsklagen. Art. 18 Abs. 2 Satz 2 stellt ebenfalls deklaratorisch fest, dass der Verwalter eine den Interessen der Gläubiger dienende Anfechtungsklage erheben kann. Auch wenn dies im Wortlaut nicht ausdrücklich vorgegeben ist, ist die Erhebung einer Anfechtungsklage in einem anderen Staat als dem des Sekundärverfahrens gemeint. Diese Befugnis ergibt sich wiederum ohnehin aus den allgemeinen Regeln. Danach ist Voraussetzung zunächst, dass die der Anfechtungsklage zugrunde liegende Forderung zur Insolvenzmasse des Sekundärverfahrens gehört.[9] Dass der Verwalter dieses Recht nicht nur im Staat des Sekundärverfahrens ausüben kann, sondern auch in den anderen Mitgliedstaaten, ergibt sich bereits daraus, dass die Beschränkung des Sekundärverfahrens nicht räumlich sondern massebezogen gemeint ist und daher der Verwalter des Sekundärverfahrens seine Rechte auch in allen anderen Mitgliedsstaaten ausüben kann, soweit Vermögensgegenstände betroffen sind, die zur Insolvenzmasse des Sekundärverfahrens gehören.[10]

Die deklaratorische Feststellung, dass der Insolvenzverwalter des Sekundärverfahrens auch in einem anderen Mitgliedstaat eine Anfechtungsklage erheben kann, wird darüber hinaus im Zusammenhang mit der internationalen Zuständigkeit für Entscheidungen, die unmittelbar auf Grund des Insolvenzverfahrens ergehen oder in engem Zusammenhang damit stehen, genannt, weil sich hieraus ergebe, dass die Verordnung keine *vis attractiva concursus* vorsehe. Hierzu kann auf die entsprechenden Ausführungen bei Art. 3 und Art. 25 verwiesen werden.[11]

IV. Grenzen der Befugnisse

1. Nicht ein weiteres Verfahren eröffnet. Die Befugnisse des Verwalters des Hauptverfahrens werden nach Art. 18 Abs. 1 Satz 1 grundsätzlich dadurch eingeschränkt, dass in einem anderen Staat ein weiteres Insolvenzverfahren eröffnet wird, bei dem es sich gemäß Art. 3 Abs. 3 automatisch um ein sogenanntes Sekundärverfahren handelt. Diese Aussage bedarf der Klarstellung. Gemeint ist nicht, dass der Verwalter in dem Staat des Sekundärverfahrens seine Befugnisse nicht ausüben dürfe. Die Beschränkung ist vielmehr massebezogen zu sehen. Soweit es um die Insolvenzmasse des Hauptverfahrens geht, stehen dem Verwalter des Hauptverfahrens auch im Sekundärverfahrensstaat sämtliche Rechte zu. Insoweit ist die Eröffnung und die Verwalterbestellung auch im Sekundärverfahrensstaat gemäß Art. 17 anzuerkennen.[12] Geht es dagegen um Vermögensgegenstände der Insolvenzmasse des Sekundärverfahrens, so fehlt dem Verwalter des Hauptverfahrens schon die Verwaltungs- und Verfügungsbefugnis über diese Gegenstände.

2. Keine gegenteiligen Sicherungsmaßnahmen. Die vorgenannte (vorige RdNr.) beschriebene Einschränkung der Befugnisse gilt freilich nicht nur für die formelle Eröffnung eines Sekundärverfahrens, sondern bereits für entsprechende Sicherungsmaßnahmen des Insolvenzgerichts. Da die Verordnung ausdrücklich parallele Sekundärverfahren zulässt und diesen eine eigenständige Insolvenzmasse zuweist, die nach dem Recht des Sekundärverfahrens zu verwalten und zu verwerten ist (vgl. Art. 28), ist auch nur konsequent, dass die Insolvenzmasse des Sekundärverfahrens bereits vor dem formellen Eröffnungsbeschluss gegen Vermögensverschiebungen zwischen den Mitgliedstaaten abgeschirmt werden darf. Der Verwalter des Hauptverfahrens hat daher auch die durch das Insolvenzgericht des Sekundärverfahrens angeordneten Sicherungsmaßnahmen, die eventuell auch ganz bewusst zum

---

[9] Vgl. hierzu Art. 13 RdNr. 17.
[10] Vgl. hierzu Art. 17 RdNr. 10.
[11] Vgl. oben, Art. 3 RdNr. 81 ff., 96 sowie unten, Art. 25 RdNr. 21 ff.
[12] Vgl. Art. 17 RdNr. 11.

Schutze gegen eine Mehrung der Insolvenzmasse des Hauptverfahrens getroffen werden, zu beachten.

13 **3. Beachtung von Art. 5 und 7.** Ebenfalls deklaratorisch ist die in Art. 18 Abs. 1 Satz 2 enthaltene Einschränkung, dass bei der Entfernung von Vermögensgegenständen aus dem Gebiet anderer Mitgliedstaaten Art. 5 und 7 zu beachten sind. Sowohl der dinglich besicherte Dritte als auch der Vorbehaltsverkäufer bzw. Vorbehaltskäufer können daher die Entfernung des Gegenstandes gemäß der Sicherungsabrede mit dem Schuldner und gemäß den Vorschriften des Belegenheitsstaates verhindern. Verbringt ein ausländischer Insolvenzverwalter dagegen die Gegenstände eigenmächtig in einen anderen Mitgliedstaat, nach dem die Sicherungsrechte des betroffenen Gläubigers oder Dritten nach der nun anzuwendenden *lex rei sitae* nicht mehr entsprechend bestehen oder einem dort stattfindenden Verfahren unterworfen werden, so kann der betroffene Gläubiger oder Dritte Schadensersatzansprüche gegen den Insolvenzverwalter geltend machen. Diese unterstehen nicht der *lex fori concursus*, sondern dem nach den deliktischen Kollisionsregeln anwendbaren Recht. Hinsichtlich der in Deutschland belegenen Kreditsicherheiten kann daher der betroffene Gläubiger, soweit ein deutsches Gericht gegen die Klage des Insolvenzverwalters zuständig ist, geltend machen, dass gemäß Art. 40 EGBGB deutsches Deliktsrecht Anwendung findet. Die Frage allerdings, ob ein möglicher Anspruch des Gläubigers als Insolvenzforderung oder als Masseverbindlichkeit zu bewerten ist, richtet sich jedoch nach der *lex fori concursus*.

14 **4. Beachtung der lokalen Verwertungsverfahren.** Nach Art. 18 Abs. 3 hat der Verwalter bei Ausübung seiner Befugnisse das Recht des Mitgliedstaates, in dessen Gebiet er handeln will, zu beachten. Auch diese Regelung hat nur deklaratorische Bedeutung. Mit dem „*Recht des Mitgliedstaates*" sind zunächst sämtliche nichtinsolvenzrechtliche Regelungen gemeint, die bei der Verwaltung und Verwertung der Insolvenzmasse von Bedeutung sein können. Das gilt sowohl für öffentlich-rechtliche Vorschriften, als auch für Ausfuhrverbote,[13] zwingende Vorschriften des Arbeitsschutzrechts,[14] etc.

15 Mögliche insolvenzrechtliche Befugnisschranken hat der Verwalter auch zu beachten, soweit es um die „*Art und Weise der Verwertung eines Gegenstandes*" der Masse geht. Als Regelfall wird hierfür die Verwertung eines Grundstücks genannt. So sehen die Insolvenzordnungen unterschiedliche Regelungen vor, wie Grundstücke durch den Insolvenzverwalter verwertet werden können, nämlich ob sie zwingend versteigert werden müssen, oder ob der Insolvenzverwalter das Grundstück auch freihändig veräußern darf. Die Frage, ob eine freihändige Veräußerung zulässig ist, oder eine Verwertung in einem speziell dafür vorgesehenen Verfahren erfolgen muss, richtet sich zunächst nach der *lex fori concursus*.[15] Sieht die *lex fori concursus* dagegen zwingend die Verwertung in einem formellen Verwertungsverfahren vor (Zwangsversteigerung, Versteigerung im Rahmen einer Auktion etc.), so soll sich der Ablauf des Verfahrens nach dem Recht des Belegenheitsstaates richten.[16] Die Beachtung des Rechtes des Belegenheitsstaates gilt nicht nur für gerichtliche oder unter behördlicher

---

[13] *Duursma-Kepplinger*, Europäische Insolvenzverordnung; Art. 18 RdNr. 21; *Garasic*, Anerkennung ausländischer Insolvenzverfahren, S. 69; *Gruber*, in *Geimer/Schütze*, Int. Rechtsverkehr, B Vor I 20 b, Art. 18 RdNr. 7; *Kübler/Prütting/Kemper*, Art. 18 EuInsVO RdNr. 8; HambKomm-*Undritz* Art. 18 RdNr. 8; *Virgos/Schmit*, Erläuternder Bericht, RdNr. 164 b.

[14] *Gruber*, in *Geimer/Schütze*, Int. Rechtsverkehr, B Vor I 20 b, Art. 18 RdNr. 7; *Mincke*, in *Nerlich/Römermann*, Art. 18 RdNr. 4; MünchKommBGB-*Kindler*, Bd. 11, Art. 18 RdNr. 469.

[15] Ebenso *Ahrens*, Rechte und Pflichten ausländischer Insolvenzverwalter, S. 308; *Garasic*, Anerkennung ausländischer Insolvenzverfahren, S. 68; *Gruber*, in *Geimer/Schütze*, Int. Rechtsverkehr, B Vor I 20 b, Art. 18 RdNr. 8; *Kübler/Prütting/Kemper*, Art. 18 EuInsVO RdNr. 9; *Mäsch*, in *Rauscher*, Europ. Zivilprozessrecht, Bd. 2, Art. 18 EG-InsVO RdNr. 9; MünchKommBGB-*Kindler*, Bd. 11, Art. 18 RdNr. 469; *Pannen*, in *Breutigam/Blersch/Goetsch*, Art. 18 RdNr. 5; HambKomm-*Undritz* Art. 18 RdNr. 9.

[16] Ebenso *Ahrens*, Rechte und Pflichten ausländischer Insolvenzverwalter, S. 308; *Garasic*, Anerkennung ausländischer Insolvenzverfahren, S. 69; *Gruber*, in *Geimer/Schütze*, Int. Rechtsverkehr, B Vor I 20 b, Art. 18 RdNr. 8; *Virgos/Schmit*, Erläuternder Bericht, RdNr. 164 c; *Duursma-Kepplinger*, Europäische Insolvenzverordnung, Art. 18 RdNr. 19; *Kübler/Prütting/Kemper*, Art. 18 EuInsVO RdNr. 9; *Leible/Staudinger* KTS 2000, 531, 562; *Mäsch*, in *Rauscher*, Europ. Zivilprozessrecht, Bd. 2, Art. 18 EG-InsVO RdNr. 9; *Mincke*, in *Nerlich/Römermann*, Art. 18 RdNr. 6; MünchKommBGB-*Kindler*, Bd. 11, Art. 18 RdNr. 469; *Pannen*, in

Aufsicht durchzuführende Versteigerungen, sondern auch soweit die Versteigerung nicht unter Aufsicht eines Gerichts oder einer Behörde stattfindet. Zur Vermeidung damit verbundener Rechtsunsicherheiten, kann der Verwalter bewegliche Gegenstände auch in andere Mitgliedsstaaten oder in den Staat des Hauptverfahrens verbringen, soweit dadurch nicht dingliche Rechte eines Gläubigers oder Dritter beeinträchtigt werden.[17] Bei unbeweglichen Gegenständen ist er jedoch – soweit die freihändige Veräußerung ausgeschlossen ist – auf die nach dem lokalen Recht vorgesehenen Verwertungsverfahren beschränkt.

Nicht erfasst von Art. 18 Abs. 3 Satz 1 werden dagegen die Pfändungsschutzvorschriften **16** am Lageort des Vermögensgegenstandes.[18] Pfändungsschutzvorschriften sichern den Schuldner vor Zugriffen des Insolvenzverwalters auf Gegenstände, die dem Schuldner als *„unpfändbar"* verbleiben sollen. Die Frage des Pfändungsschutzes ist daher eine Frage des Umfanges der Insolvenzmasse. Die Bestimmung der Insolvenzmasse richtet sich jedoch ausschließlich nach der *lex fori concursus*. Die Regelung über die *„Art und Weise"* der Verwertung in Art. 18 Abs. 3 beinhaltet daher keine Einschränkung der Anknüpfung an die *lex fori concursus*. Ob der Gegenstand daher in die Insolvenzmasse fällt, ist zunächst eigenständig über die *lex fori concursus* zu ermitteln. Erst wenn der Gegenstand in die Insolvenzmasse fällt, ist bei dessen Verwertung gemäß dem in der vorgenannten RdNr. gemachten Ausführung das lokale Recht bei der Art und Weise der Verwertung zu beachten.

Art. 19. Nachweis der Verwalterstellung

Die Bestellung zum Verwalter wird durch eine beglaubigte Abschrift der Entscheidung, durch die er bestellt worden ist, oder durch eine andere von dem zuständigen Gericht ausgestellte Bescheinigung nachgewiesen. Es kann eine Übersetzung in die Amtssprache oder eine der Amtssprachen des Mitgliedstaats, in dessen Gebiet er handeln will, verlangt werden. Eine Legalisation oder eine entsprechende andere Förmlichkeit wird nicht verlangt.

Literatur: *Ahrens*, Rechte und Pflichten ausländischer Insolvenzverwalter im internationalen Insolvenzrecht, (Diss. Uni Freiburg, 1999), (zit.: *Ahrens*, Rechte und Pflichten ausländischer Insolvenzverwalter); 2002; *Herchen*, Die Befugnisse des deutschen Insolvenzverwalters hinsichtlich der „Auslandsmasse" nach In-Kraft-Treten der EG-Insolvenzverordnung (Verordnung des Rates Nr. 1346/2000), ZInsO 2002, 345; *Pannen/Kühnle/Riedemann*, Die Stellung des deutschen Insolvenzverwalters in einem Insolvenzverfahren mit europäischem Auslandsbezug, NZI 2003, 72.

Übersicht

	RdNr.		RdNr.
I. Normzweck	1	III. Rechtsfolge	8
II. Voraussetzungen	2	1. Nachweiserleichterung	8
1. Verwalterbestellung	2	2. Umfang	9
2. Beglaubigte Abschrift oder Bescheinigung	4	3. Kosten	10
3. Übersetzung	7		

I. Normzweck

Art. 19 vereinfacht es dem Verwalter, seine Bestellung und damit seine Handlungsbefug- **1** nisse auch in einem anderen Mitgliedsstaat nachweisen zu können. Einen entsprechenden Nachweis wird der Verwalter insbesondere vorlegen müssen, wenn er eine öffentliche

---

Breutigam/Blersch/Goetsch, Art. 18 RdNr. 5; *Pannen/Kühnle/Riedemann* NZI 2003, 72, 75; HambKomm-*Undritz* Art. 18 RdNr. 9.

[17] Vgl. oben RdNr. 13.
[18] Ebenso *Gruber*, in Geimer/Schütze, Int. Rechtsverkehr, B Vor I 20 b, Art. 18 RdNr. 11; *Mäsch*, in Rauscher, Europ. Zivilprozessrecht, Bd. 2, Art. 18 EG-InsVO RdNr. 11.

Bekanntmachung der Insolvenzeröffnung bei den entsprechenden ausländischen zuständigen Behörden gemäß Art. 21 anstrebt, oder wenn er in einem anderen Staat als dem des Hauptverfahrens eine Eintragung in öffentliche Register gemäß Art. 22 anstrebt. Auch im Rahmen eines Sekundärverfahrens gewährt die Verordnung dem Verwalter des Hauptverfahrens verschiedene Antragsrechte (vgl. Art. 29 lit. a), Art. 32 Abs. 2 und Art. 33 Abs. 1), bei deren Ausübung das Gericht oder die Behörde einen entsprechenden Nachweis bezüglich der Bestellung des Insolvenzverwalters verlangen muss. Art. 19 verzichtet hierbei auf die im internationalen Rechtsverkehr üblichen Förmlichkeiten zum Nachweis der Echtheit einer Urkunde.

II. Voraussetzungen

2 **1. Verwalterbestellung.** Art. 19 bezieht sich ausdrücklich nur auf die Bestellung des Verwalters. Wer als Verwalter anzusehen ist, ergibt sich aus Art. 2 lit. b) in Verbindung mit Anhang C der Verordnung, in dem für jedes Land in der Landessprache diejenigen Funktionsträger bezeichnet werden, die als Verwalter im Sinne der Verordnung zu verstehen sind.

3 Nach ganz herrschender Auffassung bezieht sich Art. 19 nicht nur auf die Bestellung des Verwalters, sondern auch auf die Nachweis für die Bestellung eines vorläufigen Insolvenzverwalters.[1] Dies ergibt sich zum einen daraus, dass Anhang C als Verwalter ausdrücklich auch den vorläufigen Insolvenzverwalter ansieht, zum anderen aus dem Zweck der Norm. Insbesondere für den unter Zeitdruck handelnden vorläufigen Insolvenzverwalter kann es von Bedeutung sein, ohne zeitaufwändige Förmlichkeiten, seine Stellung nachweisen zu können.

4 Der Anwendungsbereich von Art. 19 bezieht sich darüber hinaus nur auf den Bestellungsakt als Verwalter. Anderweitige Entscheidungen des Insolvenzgerichts oder der zuständigen Behörde, beispielsweise die Anordnung besonderer Befugnisse anbetrifft, werden von der Nachweiserleichterung durch Art. 19 nicht erfasst. Für diese gilt vielmehr über Art. 25 die für die Beweiskraft erforderlichen Echtheitsnachweise der EuGVVO (insb. Art. 53 ff. EuGVVO).

5 **2. Beglaubigte Abschrift oder Bescheinigung.** Art. 19 enthält zum Nachweis des ausländischen Bestellungsaktes eine wesentliche Erleichterung gegenüber den sonst im internationalen Zivil- und Verfahrensrecht geltenden Vorschriften, insbesondere einen Verzicht auf die Notwendigkeit einer Legalisation der ausländischen Urkunde. Zum Nachweis der Echtheit hat das internationale Verfahrensrecht verschiedene Methoden entwickelt. Hierzu gehört zunächst die Legalisation, die in Art. 19 Satz 3 ausdrücklich genannt ist. Bei der Legalisation bestätigt ein Konsularbeamter des Empfängerstaates für die in seinem Amtsbezirk im Ausland ausgestellte öffentliche Urkunde gemäß § 13 Abs. 1 KonsG die Echtheit.[2] Zwischen den Staaten, die dem Haager Übereinkommen vom 5. 10. 1961 zur Befreiung ausländischer öffentlicher Urkunden von der Legalisation beigetreten sind, tritt an die Stelle der Legalisation die sogenannte Apostille. Hierbei handelt es sich um eine entsprechende Beglaubigung durch die zuständige Behörde des Errichtungsstaates.[3] Darüber hinaus gibt es wesentliche Erleichterungen für den Echtheitsnachweis in weiteren anderen multi- und bilateralen Staatsverträgen.[4]

---

[1] Vgl. *Gruber*, in: *Geimer/Schütze*, Int. Rechtsverkehr, B Vor I 20 b, Art. 19 RdNr. 1; *Haubold*, in: *Gebauer/Wiedmann*, Zivilrecht, Art. 18, 19 RdNr. 170; *Mäsch*, in: *Rauscher*, Europ. Zivilprozessrecht, Bd. 2, Art. 19 EG-InsVO RdNr. 2; *Paulus*, Europäische Insolvenzverordnung, Art. 19 RdNr. 2.

[2] Vgl. *Mäsch*, in: *Rauscher*, Europ. Zivilprozessrecht, Bd. 2, Art. 19 EG-InsVO RdNr. 4; MünchKommBGB-*Spellenberg*, Bd. 10, Art. 11 RdNr. 138 ff.; *Schack*, IZVR, RdNr. 703; *v. Bar/Mankowski*, IPR, § 5 RdNr. 28.

[3] Vgl. hierzu *Mäsch*, in: *Rauscher*, Europ. Zivilprozessrecht, Bd. 2, Art. 19 EG-InsVO RdNr. 4; MünchKommBGB-*Spellenberg*, Bd. 10, Art. 11 RdNr. 146 ff.; *Schack*, IZVR, RdNr. 704; *v. Bar/Mankowski*, IPR, § 5 RdNr. 28.

[4] Vgl. *Jayme/Hausmann*, Int. Privat- u. Verfahrensrecht, S. 691; *Mäsch*, in: *Rauscher*, Europ. Zivilprozessrecht, Bd. 2, Bd. 2, Art. 19 EG-InsVO RdNr. 4; MünchKommBGB-*Spellenberg*, Bd. 10, Art. 11 RdNr. 150 ff.

Davon abweichend verlangt Art. 19 für den Nachweis des Bestellungsaktes lediglich eine **6** beglaubigte Abschrift des Originals des Bestellungsbeschlusses oder Eröffnungsentscheidung, falls die Bestellung selbst darin enthalten ist (vgl. § 56 Abs. 2 Satz 1 sowie § 27 Abs. 2 Nr. 2 InsO). Die Beglaubigung soll nach ganz herrschender Auffassung in der Literatur von einer hierfür nach dem Recht des Herkunftsstaates ermächtigten Person erstellt werden.[5] Das ist in der Praxis nicht unproblematisch, wenn die Beglaubigung von einer anderen Person oder von einem anderen Gericht vorgenommen wurde als demjenigen, welches die eigentliche Entscheidung getroffen hat. Stammt der Beglaubigungsvermerk daher nicht von dem Insolvenzgericht, welches den Bestellungsbeschluss erlassen hat, sondern von einer anderen Stelle oder Person, so muss im Ergebnis wiederum geprüft werden, ob diese andere Stelle oder andere Person zu einer Beglaubigung nach dem Recht des Herkunftsstaates überhaupt ermächtigt ist. Das führt freilich, wenn die Berechtigung zur Beglaubigung bestritten wird, zu keiner Erleichterung im Rechtsverkehr. Es ist daher grundsätzlich zu raten, dass sich ein Insolvenzverwalter, der beglaubigte Abschriften seiner Bestellungsurkunde in anderen Mitgliedsstaaten verwenden möchte, die Beglaubigung von dem den Beschluss fassenden Gericht oder Amt einholt, soweit dieses hierfür nach dem Recht des Herkunftsstaates ebenfalls ermächtigt ist.

3. Übersetzung. In Anlehnung an Art. 55 Abs. 2 Satz 2 EuGVVO kann von dem **7** Empfänger nach Art. 19 Satz 2 eine Übersetzung in die Amtssprache oder eine der Amtssprachen des Mitgliedstaates verlangt werden. Über den Wortlaut von Art. 19 Satz 2 hinaus entspricht es allgemeiner Auffassung, dass auch die Übersetzung beglaubigt werden muss, und zwar entweder von einer hierzu ermächtigen Person aus dem Herkunftsstaat oder von einer hierzu ermächtigten Person in dem Empfängerstaat.[6] Idealerweise sollte hier der Insolvenzverwalter eine für beglaubigte Übersetzungen ermächtigte Person im Empfängerstaat bitten, um den Nachweis der Ordnungsgemäßheit der Übersetzung für den Nachweisempfänger entsprechend zu erleichtern.

III. Rechtsfolge

1. Nachweiserleichterung. Die von einer Person vorgelegte übersetzte beglaubigte **8** Abschrift einer Entscheidung eines Gerichts oder Behörde eines anderen Mitgliedsstaates, die die Bestellung dieser Person als Verwalter beinhaltet, ist wie die Bestellung durch ein inländisches Insolvenzgericht zu behandeln. Liegen die Voraussetzungen des Art. 19 vor, so hat ein deutsches Gericht kein Ermessen nach § 438 ZPO bezüglich der Echtheit der Urkunde.

2. Umfang. Die in Art. 19 enthaltenen Nachweiserleichterungen beziehen sich jedoch **9** nur auf den eigentlichen Bestellungsakt, nicht dagegen auf den Umfang der Befugnisse des Insolvenzverwalters in anderen Mitgliedsstaaten. Bisweilen wird allerdings die Auffassung vertreten, das Gericht oder die Behörde des Hauptverfahrensstaates könne auch über den Umfang der Befugnisse des Verwalters eine Bescheinigung ausstellen, die ebenfalls entsprechend Art. 19 als Nachweis über das tatsächliche Entstehen entsprechender Befugnisse anzusehen sei.[7] Diese Auffassung geht jedoch über die Reichweite von Art. 19 hinaus.

---

[5] Vgl. *Virgos/Schmit*, Erläuternder Bericht, RdNr. 168; *Duursma-Kepplinger*, Europäische Insolvenzverordnung, Art. 19 RdNr. 3; *Gruber*, in: *Geimer/Schütze*, Int. Rechtsverkehr, B Vor I 20 b, Art. 19 RdNr. 3; MünchKommBGB-*Kindler*, Bd. 11, Art. 19 RdNr. 481; *Smid*, Int. Insolvenzrecht, Art. 19 RdNr. 4.

[6] Allg. Auffassung: *Virgos/Schmit*, Erläuternder Bericht, RdNr. 169 aE; *Duursma-Kepplinger*, Europäische Insolvenzverordnung, Art. 19 RdNr. 6; FK-*Wimmer*, Anh I RdNr. 37; *Fletcher*, in: *Moss/Fletcher/Isaacs*, EC Regulation, RdNr. 5.4.1; *Gruber*, in: *Geimer/Schütze*, Int. Rechtsverkehr, B Vor I 20 b, Art. 19 RdNr. 3; HK-*Stephan*, Art. 19 RdNr. 4; *Kübler/Prütting/Kemper*, Art. 19 EuInsVO RdNr. 3; *Nerlich/Römermann/Mincke*, Art. 19 RdNr. 3, 4; MünchKommBGB-*Kindler*, Bd. 11, Art. 19 RdNr. 485; *Pannen*, in: *Breutigam/Blersch/Goetsch*, Art. 19 RdNr. 2; *Smid*, Int. Insolvenzrecht, Art. 19 RdNr. 4; HambKomm-*Undritz* Art. 19 RdNr. 1.

[7] So wohl *Virgos/Schmit*, Erläuternder Bericht, RdNr. 170; *Virgos/Garcimartin*, European Insolvency Regulation, RdNr. 372 (b); *Fletcher*, Insolvency In Private International Law, S. 286.

Die Befugnisse des Verwalters sind vielmehr gemäß den anwendbaren Beweisregeln zu klären.[8] Da im Zweifel der Verwalter die Darlegungs- und Beweislast für seine Befugnisse nach dem Recht des Hauptverfahrens trägt, kann ihm jedoch eine entsprechende Bescheinigung des dortigen Insolvenzgerichts als Beweiserleichterung dienen.[9]

10   **3. Kosten.** Anders als für die öffentlichen Bekanntmachungen nach Art. 21 und die Eintragungen in öffentliche Register nach Art. 22 sieht Art. 19 keine Regelung darüber vor, wie die Kosten für den Nachweis im Insolvenzverfahren zu behandeln sind. Mit Stellungnahmen dahingehend, dass es sich hierbei um Kosten des Verwalters oder um Massekosten des Hauptverfahrens handelt, sollte man zurückhaltend sein.[10] Wie diese Kosten, die im Ergebnis durch die Verwaltungstätigkeit des Verwalters begründet werden, im Hauptverfahren zu berücksichtigen sind, entscheidet alleine die *lex fori concursus* des Hauptverfahrens (Art. 4 Abs. 2 lit. g).

Art. 20. Herausgabepflicht und Anrechnung

(1) Ein Gläubiger, der nach der Eröffnung eines Insolvenzverfahrens nach Art. 3 Abs. 1 auf irgendeine Weise, insbesondere durch Zwangsvollstreckung, vollständig oder teilweise aus einem Gegenstand der Masse befriedigt wird, der in einem anderen Mitgliedsstaat belegen ist, hat vorbehaltlich der Art. 5 und 7 das Erlangte an den Verwalter herauszugeben.

(2) Zur Wahrung der Gleichbehandlung der Gläubiger nimmt ein Gläubiger, der in einem Insolvenzverfahren eine Quote auf seine Forderung erlangt hat, an der Verteilung im Rahmen eines anderen Verfahrens erst dann teil, wenn die Gläubiger gleichen Ranges oder gleicher Gruppenzugehörigkeit in diesem anderen Verfahren die gleiche Quote erlangt haben.

Literatur: *Beck,* Verteilungsfragen im Verhältnis zwischen Haupt- und Sekundärinsolvenzverfahren nach der EuInsVO, NZI 2007, 1.

Übersicht

	RdNr.		RdNr.
I. Normzweck	1	III. Quotenanrechnung (Abs. 2)	14
II. Herausgabeanspruch (Abs. 1)	3	1. Voraussetzungen	14
1. Voraussetzungen	3	a) Erlangung einer Quote	14
a) Gläubigerbefriedigung auf irgendeine Weise	3	b) Anderes Insolvenzverfahren	15
b) Gegenstand der Masse	4	2. Rechtsfolge	16
c) Belegenheit in einem Mitgliedsstaat	5	a) Behalten Dürfen	17
d) Nach Eröffnung eines Insolvenzverfahrens	6	b) Begrenzung auf 100%	18
e) Rechtswidrigkeit	9	c) Anmeldung in voller Höhe	19
2. Rechtsfolge	12	d) Berücksichtigung erst bei gleicher Quote	20
		IV. Auskunftsansprüche	21

---

[8] So auch *Gruber,* in: *Geimer/Schütze,* Int. Rechtsverkehr, B Vor I 20 b, Art. 19 RdNr. 4 (der jedoch von einer Klärung von Amts wegen spricht; das ist jedoch nicht notwendigerweise der Fall); *Nerlich/Römermann/Mincke,* Art. 19 RdNr. 7; *Duursma-Kepplinger,* Europäische Insolvenzverordnung, Art. 19 RdNr. 7.
[9] So bereits zur EuInsÜ *Balz* ZIP 1996, 948, 952; *Wunderer* WM 1998, 793, 796; *Duursma-Kepplinger,* Europäische Insolvenzverordnung, Art. 19 RdNr. 7; *Pannen/Kühnle/Riedemann* NZI 2003, 72, 73.
[10] Ähnlich *Kübler/Prütting/Kemper,* Art. 19 EuInsVO RdNr. 3. Sachliche Feststellungen hierzu treffen aber *Duursma-Kepplinger,* Europäische Insolvenzverordnung, Art. 19 RdNr. 4; *Gruber,* in: *Geimer/Schütze,* Int. Rechtsverkehr, B Vor I 20 b, Art. 19 RdNr. 3; *Nerlich/Römermann/Mincke,* Art. 19 RdNr. 5, MünchKommBGB-*Kindler,* Bd. 11, Art. 19 RdNr. 483, 484; *Smid,* Int. Insolvenzrecht, Art. 19 RdNr. 8.

I. Normzweck

Art. 20 stellt die Gläubigergleichbehandlung für zwei Fallkonstellationen sicher, nämlich (a), dass trotz der sofortigen und automatischen Wirkungserstreckung einzelne Gläubiger nach Verfahrenseröffnung aus der Masse noch etwas erlangen, sei es durch Zwangsvollstreckung oder durch andere Weise (Abs. 1) oder (b) ein Gläubiger seine Forderung in mehreren Verfahren anmeldet und bei der Verteilung berücksichtigt wird (Abs. 2).[1] Im erstgenannten Fall stellt die Verordnung die Gläubigergleichbehandlung durch einen Herausgabeanspruch des Verwalters sicher.[2] Im zweitgenannten Fall sichert die Verordnung die Gläubigergleichbehandlung durch eine konsolidierte Berechnung der Quote. 1

Bei Art. 20 handelt es sich jedoch weder um eine Kollisions-, noch um eine international-verfahrensrechtliche Norm. Vielmehr handelt es sich um eine **Norm des materiellen Insolvenzrechts,** die in ihrem Anwendungsbereich die nationalen Normen der Mitgliedsstaaten – so sie denn bestehen – überlagert.[3] Ob es notwendig ist, Fragen der Gläubigergleichbehandlung in der Verordnung selbst zu regeln, statt dies dem nationalen Gesetzgeber der Mitgliedsstaaten zu überlassen, mag bezweifelt werden. Zumindest in den in Art. 20 aufgeführten Fällen erschien jedoch eine materiell-rechtliche Regelung geboten. Die meisten nationalen Insolvenzgesetze sehen einen solchen Herausgabeanspruch nicht vor und die Konstruktion eines solchen Herausgabeanspruchs aus allgemein bereicherungsrechtlichen Grundsätzen stößt regelmäßig auf Schwierigkeiten.[4] Auch für die Frage der Quotenberechnung erscheint eine Regelung in der Verordnung angebracht, weil es sich um die Regelung eines rein internationalen Sachverhaltes im Verhältnis zwischen den Verfahren der Mitgliedsstaaten handelt, die nicht dem nationalen Gesetzgeber überlassen werden kann. 2

II. Herausgabeanspruch (Abs. 1)

1. Voraussetzungen. a) Gläubigerbefriedigung auf irgendeine Weise. Ein Gläubiger wird befriedigt, wenn sein Anspruch entweder vollständig oder zumindest teilweise erfüllt wird.[5] Es muss demnach seitens des Gläubigers eine Erfüllungswirkung eingetreten sein. Auf welche Art die Erfüllung herbeigeführt wird, lässt Art. 20 Abs. 1 ausdrücklich offen. Als Beispielsfall genannt wird lediglich der Fall der Zwangsvollstreckung. Die Formulierung „auf irgendeine Weise" verdeutlicht jedoch, dass die Art und Weise, wie es zu der vollständigen oder teilweisen Befriedigung kommt, ohne Bedeutung ist. Maßgeblich ist allein der Befriedigungserfolg. 3

b) Gegenstand der Masse. Der Befriedigungserfolg muss aus einem Gegenstand der Masse herrühren. Ob es sich hierbei um einen Massegegenstand handelt, ist gemäß Art. 4 Abs. 2 Satz 2 lit. b) nach der *lex fori concursus* zu beurteilen, die definiert, welche Gegen- 4

---

[1] *Virgós/Schmit,* Erläuternder Bericht, RdNr. 172, 174.
[2] Vgl. zur Entwicklung des Herausgabeanspruchs sowie der konsolidierten Quotenberechnung die Kommentierung zu § 342 InsO.
[3] *Duursma-Kepplinger,* Europäische Insolvenzverordnung, Art. 20 RdNr. 20; *Gruber,* in: *Geimer/Schütze,* Int. Rechtsverkehr, B Vor I 20 b, Art. 20 RdNr. 1, 6; *Haubold,* in: *Gebauer/Wiedmann,* Zivilrecht, Art. 20 RdNr. 177; *Kübler/Prütting/Kemper,* Art. 20 EuInsVO RdNr. 1; *Mäsch,* in: *Rauscher,* Europ. Zivilprozessrecht, Bd. 2, Art. 20 EG-InsVO RdNr. 2; MünchKommBGB-*Kindler,* Bd. 11, Art. 20 RdNr. 489, 493; *Mohrbutter/Ringstmeier/Werner* § 20 RdNr. 110; *Uhlenbruck/Lüer,* InsO, Art. 20 RdNr. 1.
[4] Vgl. BGHZ 88, 147; ebenso auch im englischen Recht, vgl. *Fletcher,* Insolvency in International Private Law, S. 289, 86 ff. mwN.; *Duursma-Kepplinger,* Europäische Insolvenzverordnung, Art. 20 RdNr. 22; *Gruber,* in: *Geimer/Schütze,* Int. Rechtsverkehr, B Vor I 20 b, Art. 20 RdNr. 2; MünchKommBGB-*Kindler,* Bd. 11, Art. 20 RdNr. 493.
[5] *Duursma-Kepplinger,* Europäische Insolvenzverordnung, Art. 20 RdNr. 4; *Gruber,* in: *Geimer/Schütze,* Int. Rechtsverkehr, B Vor I 20 b, Art. 20 RdNr. 2; HK-*Stephan,* Art. 20 RdNr. 2 f.; *Kübler/Prütting/Kemper,* Art. 20 EuInsVO RdNr. 2; MünchKommBGB-*Kindler,* Bd. 11, Art. 20 RdNr. 492, 496; *Smid,* Int. Insolvenzrecht, Art. 20 RdNr. 2; *Virgós/Garcimartín,* European Insolvency Regulation, RdNr. 462.

EuInsVO Art. 20 5, 6   Anhang

stände zur Insolvenzmasse gehören.[6] Erfolgt die Befriedigung des Gläubigers aus dem insolvenzfreien Vermögen des Insolvenzschuldners, so greift Art. 20 demnach nicht.

5   **c) Belegenheit in einem anderen Mitgliedsstaat.** Der Herausgabeanspruch nach Art. 20 bezieht sich jedoch nur auf die Befriedigung aus Gegenständen der Masse, die in einem anderen Mitgliedstaat belegen sind. Zur Bestimmung des Belegenheitsortes des Massegegenstandes ist auf die Definition in Art. 2 lit. g) zurückzugreifen.[7] Befindet sich der Massegegenstand in einem Drittstaat, so ist zur Ermittlung eines Herausgabeanspruches zunächst auf das autonome internationale Insolvenzrecht der Mitgliedsstaaten zurückzugreifen, das entweder – wie nun auch das deutsche Recht in § 342 InsO – eine ausdrückliche Herausgabevorschrift vorsieht, oder jedoch zumindest auf das für einen entsprechenden Herausgabeanspruch anwendbare Sachrecht verweist.[8] Nicht ausdrücklich genannt ist in Art. 20, ob für die Bestimmung des Belegenheitsortes auf den Ort der Leistungshandlung oder auf den Ort des Befriedigungserfolges abzustellen ist. So ist z. B. denkbar, dass der Gläubiger durch eine Leistung des Schuldners einen zunächst im Hauptverfahrensstaat belegenen Vermögensgegenstand erhält, aber die Übergabe desselben an den Gläubiger in einem anderen Mitgliedstaat erfolgt. Praktisch häufiger dürfte diese Konstellation sogar bei Auslandsüberweisungen auftreten.[9] Richtigerweise wird man Art. 20 insoweit jedoch weit auslegen müssen, um die damit intendierte Gläubigergleichbehandlung zu erzielen. Das bedeutet, dass Art. 20 sowohl Anwendung findet, wenn der zur Befriedigung führende Massegegenstand zum Zeitpunkt der Leistungshandlung auch im Staat des Hauptverfahrens belegen war, der Befriedigungserfolg jedoch im Ausland eintrat, oder wenn die Leistungshandlung in einem anderen Mitgliedstaat erfolgte, der Befriedigungserfolg jedoch im Staat des Hauptverfahrens eintritt. Es reicht demnach, wenn der Massegegenstand entweder zum Zeitpunkt der Leistungshandlung oder zum Zeitpunkt des Befriedigungserfolges in einem anderen Mitgliedstaat belegen war.

6   **d) Nach Eröffnung des Insolvenzverfahrens.** Der Herausgabeanspruch setzt zunächst die Eröffnung eines Hauptverfahrens nach Art. 3 Abs. 1 der Verordnung voraus, da nur ein solches Hauptverfahren die in anderen Mitgliedstaaten belegenen Massegegenstände erfassen kann.[10] Partikularverfahren erfassen nach Art. 3 Abs. 2 immer nur die im Staat des Partikularverfahrens belegenen Vermögensgegenstände, so dass die Tatsache, dass ein Gläubiger aus einem Massegegenstand befriedigt wurde, der in einem anderen Mitgliedstaat belegen ist, das Partikularverfahren unberührt lässt.

---

[6] *Duursma-Kepplinger*, Europäische Insolvenzverordnung, Art. 20 RdNr. 9; *Gruber*, in: *Geimer/Schütze*, Int. Rechtsverkehr, B Vor I 20 b, Art. 20 RdNr. 4; HK-*Stephan*, Art. 20 RdNr. 2; *Kübler/Prütting/Kemper*, Art. 20 EuInsVO RdNr. 2; MünchKommBGB-*Kindler*, Bd. 11, Art. 20 RdNr. 496; *Paulus*, Europäische Insolvenzverordnung, Art. 20 RdNr. 4; *Smid*, Int. Insolvenzrecht, Art. 20 RdNr. 6; HambKomm-*Undritz* Art. 20 RdNr. 4.

[7] *Duursma-Kepplinger*, Europäische Insolvenzverordnung, Art. 20 RdNr. 17; *Gruber*, in: *Geimer/Schütze*, Int. Rechtsverkehr, B Vor I 20 b, Art. 20 RdNr. 5; *Haubold*, in: *Gebauer/Wiedmann*, Zivilrecht, Art. 20 RdNr. 178; MünchKommBGB-*Kindler*, Bd. 11, Art. 20 RdNr. 499; *Paulus*, Europäische Insolvenzverordnung, Art. 20 RdNr. 7.

[8] *Duursma-Kepplinger*, Europäische Insolvenzverordnung, Art. 20 RdNr. 16; *Garasic*, Anerkennung ausländischer Insolvenzverfahren, S. 438; *Gruber*, in: *Geimer/Schütze*, Int. Rechtsverkehr, B Vor I 20 b, Art. 20 RdNr. 5; *Haubold*, in: *Gebauer/Wiedmann*, Zivilrecht, Art. 20 RdNr. 181; MünchKommBGB-*Kindler*, Bd. 11, Art. 20 RdNr. 499; *Paulus*, Europäische Insolvenzverordnung, Art. 20 RdNr. 7; *Smid*, Int. Insolvenzrecht, Art. 20 RdNr. 8; *Virgos/Garcimartin*, European Insolvency Regulation, RdNr. 464. AA und für eine analoge Anwendung des Art. 20 Abs. 1 *Kolmann*, Kooperationsmodelle, S. 315; *Mäsch*, in: Rauscher, Europ. Zivilprozessrecht, Bd. 2, Art. 20 EG-InsVO RdNr. 9.

[9] Vgl. beispielsweise die aus dem Insolvenzanfechtungsrecht stammende Entscheidung des OLG Frankfurt, ZIP 2006, 769, bei der es ebenfalls um Überweisungen des Insolvenzschuldners an eine im Ausland ansässige Person ging. Das Geldkonto nennt auch *Paulus*, Europäische Insolvenzverordnung, Art. 20 RdNr. 7.

[10] *Duursma-Kepplinger*, Europäische Insolvenzverordnung, Art. 20 RdNr. 11 f.; *Gruber*, in: *Geimer/Schütze*, Int. Rechtsverkehr, B Vor I 20 b, Art. 20 RdNr. 3; *Kübler/Prütting/Kemper*, Art. 20 EuInsVO RdNr. 2; *Mäsch*, in: *Rauscher*, Europ. Zivilprozessrecht, Bd. 2, Art. 20 EG-InsVO RdNr. 3; MünchKommBGB-*Kindler*, Bd. 11, Art. 20 RdNr. 494; *Paulus*, Europäische Insolvenzverordnung, Art. 20 RdNr. 3; *Smid*, Int. Insolvenzrecht, Art. 20 RdNr. 3.

Die Befriedigung muss nach der Eröffnung des Insolvenzverfahrens erfolgt sein.[11] Die vor **7** Eröffnung des Verfahrens erfolgte Befriedigung eines Gläubigers ist gemäß Art. 4 Abs. 2 nach dem Recht des Staates der Verfahrenseröffnung zu bestimmen (vorbehaltlich der in Art. 5 ff. vorgesehenen Sonderanknüpfungen), in der Regel über eine Insolvenzanfechtung. Zur Bestimmung des Zeitpunktes der Befriedigung ist wiederum auf den Zeitpunkt der Erfüllung der Forderung abzustellen.[12] Dies wiederum ist anhand der *lex causae,* also des auf die Forderung des Gläubigers anwendbaren Sachrechts, zu ermitteln.[13]

Zur Bestimmung des Zeitpunktes der Verfahrenseröffnung ist auf den formellen Eröff- **8** nungsbeschluss des Insolvenzgerichts abzustellen.[14] Zwar hat der EuGH im Rahmen von Art. 3 zur Bestimmung des Prioritätsprinzips in der Eurofood Entscheidung eine Eröffnung bereits dann angenommen, wenn das Insolvenzgericht einen vorläufigen Verwalter bestellt und verfügungsbeschränkende Sicherungsmaßnahmen erlässt.[15] Die Entscheidung des EuGH zum Begriff der Verfahrenseröffnung ist jedoch auf die Fälle des Prioritätsprinzips bei konkurrierenden Zuständigkeiten zu beschränken.[16] Eine zeitliche Vorverlagerung ist jedoch weder bei Fragen masseschmälernder Rechtshandlungen vor der Eröffnung,[17] noch bei Fragen der Wirksamkeit von masseschmälernden Handlungen nach Verfahrenseröffnung angezeigt. Denn die jeweils nationalen Vorschriften stellen hierfür alleine auf den Zeitpunkt der formellen Verfahrenseröffnung ab.[18] Würde die Verordnung hiervon abweichen, so entstünden erhebliche Anpassungsprobleme.

e) **Rechtswidrigkeit.** Art. 20 enthält den ausdrücklichen Vorbehalt, dass die Befrie- **9** digung nicht durch Art. 5 oder Art. 7 gerechtfertigt sein darf.[19] Soweit der befriedigte Gläubiger ein dingliches Recht nach Art. 5 der Verordnung hat und daher auch einen entsprechenden Anspruch auf Befriedigung hatte (was gemäß Art. 5 zu prüfen ist), ist ein entsprechender Herausgabeanspruch nach Art. 20 ausgeschlossen. Gleiches gilt nach dem Wortlaut von Art. 20 auch für den Eigentumsvorbehalt gemäß Art. 7. Die Einschränkung gilt jedoch sowohl dem Grund als auch der Höhe nach. Erhält der absonderungsberechtigte Gläubiger mehr, als ihm über Art. 5 zustehen würde, so ist der überschießende Betrag wiederum ungerechtfertigt erlangt und Gegenstand des Herausgabeanspruchs nach Art. 20.

Die Ausnahmen sind jedoch nicht auf Art. 5 und Art. 7 beschränkt, die nur als Beispiels- **10** fälle zu betrachten sind. Vielmehr ist der Verweis auf Art. 5 und Art. 7 Ausdruck eines allgemeinen Rechtsgedankens, nämlich dass der Herausgabeanspruch nicht durch andere

---

[11] *Duursma-Kepplinger,* Europäische Insolvenzverordnung, Art. 20 RdNr. 163; *Gruber,* in: *Geimer/Schütze,* Int. Rechtsverkehr, B Vor I 20 b, Art. 20 RdNr. 3; *Haubold,* in: *Gebauer/Wiedmann,* Zivilrecht, Art. 20 RdNr. 178; HK-*Stephan,* Art. 20 RdNr. 2; *Kübler/Prütting/Kemper,* Art. 20 EuInsVO RdNr. 2; *Mäsch,* in: *Rauscher,* Europ. Zivilprozessrecht, Bd. 2, Art. 20 EG-InsVO RdNr. 5; MünchKommBGB-*Kindler,* Bd. 11, Art. 20 RdNr. 495; *Paulus,* Europäische Insolvenzverordnung, Art. 20 RdNr. 5; *Smid,* Int. Insolvenzrecht, Art. 20 RdNr. 2; HambKomm-*Undritz* Art. 20 RdNr. 2.
[12] MünchKommBGB-*Kindler,* Bd. 11, Art. 20 RdNr. 495.
[13] *Gruber,* in: *Geimer/Schütze,* Int. Rechtsverkehr, B Vor I 20 b, Art. 20 RdNr. 3; HK-*Stephan,* Art. 20 RdNr. 3.
[14] *Kübler/Prütting/Kemper,* Art. 20 EuInsVO RdNr. 2; *Mäsch,* in: *Rauscher,* Europ. Zivilprozessrecht, Bd. 2, Art. 20 EG-InsVO RdNr. 5, Art. 2 EG-InsVO RdNr. 5; MünchKommBGB-*Kindler,* Bd. 11, Art. 20 RdNr. 495.
[15] Vgl. EuGH vom 2. 5. 2006, Rs. C-341/04 Eurofood, NZI 2006, 360, 362 Ziffer 54; vgl. hierzu auch oben, Art. 3 RdNr. 24 ff., 57 ff.
[16] Vgl. oben Art. 3 RdNr. 57 ff.
[17] Diese werden regelmäßig durch das Recht der Insolvenzanfechtung abgedeckt, vgl. hierzu oben Art. 13.
[18] Zum deutschen Recht vgl. z. B. § 129 InsO.
[19] *Duursma-Kepplinger,* Europäische Insolvenzverordnung, Art. 20 RdNr. 8; *Grube,r* in: *Geimer/Schütze,* Int. Rechtsverkehr, B Vor I 20 b, Art. 20 RdNr. 3; HK-*Stephan,* Art. 20 RdNr. 10; *Leible/Staudinger* KTS 2000, 533, 563; *Mäsch,* in: *Rauscher,* Europ. Zivilprozessrecht, Bd. 2, Art. 20 EG-InsVO RdNr. 7, *Nerlich/Römermann/Mincke,* Art. 20 RdNr. 3; *Moss/Smith,* in: *Moss/Fletcher/Isaacs,* EC Regulation, RdNr. 8.173; MünchKommBGB-*Kindler,* Bd. 11, Art. 20 RdNr. 500; *Pannen,* in: *Breutigam/Blersch/Goetsch,* Art. 20 RdNr. 4; *Paulus,* Europäische Insolvenzverordnung, Art. 20 RdNr. 8; *Smid,* Int. Insolvenzrecht, Art. 20 RdNr. 14; HambKomm-*Undritz* Art. 20 RdNr. 2; *Virgos/Garcimartin,* European Insolvency Regulation, RdNr. 463; *Virgos/Schmit,* Erläuternder Bericht, RdNr. 173.

spezielle Vorschriften der Verordnung gerechtfertigt sein darf. Art. 20 enthält daher das weitere Tatbestandsmerkmal der Rechtswidrigkeit. Diese ist jedoch ausschließlich auf Grundlage der Verordnung zu bestimmen. Daher besteht der Herausgabeanspruch auch dann nicht, wenn der betreffende Gläubiger die Befriedigung durch ordnungsgemäße Teilnahme an einem anderen Insolvenzverfahren erlangt hat.[20] Auch hier handelt es sich um eine Befriedigung „auf irgendeine Weise". Diese unterliegt jedoch deshalb nicht dem Herausgabeanspruch, da die Forderungsanmeldung in anderen Verfahren durch Art. 32 Abs. 1 gebilligt wird. Denn hierbei handelt es sich nicht um Rechtshandlungen, die die ordnungsgemäße Abwicklung und Verteilung stören. Ein Gläubiger nimmt hierbei nur die Rechte wahr, die ihm nach dem jeweiligen Insolvenzrecht zustehen. Das Behaltendürfen des so Erlangten ist daher durch die Verordnung gebilligt.

11 Umstritten ist dagegen, ob auch eine nach Art. 6 wirksame Aufrechnung den Herausgabeanspruch ausschließt.[21] Auch das ist jedoch zu bejahen. Denn Art. 5 und 7 enthalten zum Schutz der Insolvenzmasse entgegen der Auffassung von *Kindler* keinen ausreichenden Schutz.[22] Denn Art. 20 richtet sich seinem Normzweck nach gegen ungerechtfertigte Vermögensverschiebungen und Belastungen der Masse, die einer Gläubigergleichbehandlung zuwider laufen. Für die Wirksamkeit der Aufrechung und damit das Behaltendürfen durch den Gläubiger enthält Art. 6 jedoch eine Spezialvorschrift, die das Behaltendürfen seitens des Gläubigers regelt. Würde man von dem aufrechnenden Gläubiger über Art. 20 das Erlangte (die Befreiung von der Verbindlichkeit gegenüber der Insolvenzmasse) wieder herausverlangen, so wäre das durch Art. 6 getroffene Ergebnis konterkariert. Auch Art. 6 steht daher einer Anwendung von Art. 20 entgegen.

12 **2. Rechtsfolge.** Herauszugeben ist das Erlangte. Da es sich um eine eigenständige sachrechtliche Vorschrift handelt, wird man zur Bestimmung des Erlangten nicht unmittelbar auf die von der deutschen Rechtsprechung zu § 818 BGB entwickelten Grundsätze zurückgreifen können.[23] Wie daher zu verfahren ist, wenn das Erlangte nicht mehr herausgegeben werden kann, oder wenn der Gläubiger aus dem erlangten Nutzungen gezogen hat, ist daher erst noch im Rahmen einer gemeinschaftsrechtlichen Rechtsprechung zu Art. 20 von den Gerichten zu entwickeln.[24]

13 Das Erlangte muss jedoch nicht notwendigerweise an den Verwalter des Hauptverfahrens herausgegeben werden. Vorstellbar ist beispielsweise, dass ein Gläubiger in einem anderen Mitgliedstaat Befriedigung erlangt, und dieser andere Mitgliedstaat zu einem darauf folgenden Zeitpunkt ein Partikularverfahren eröffnet. Dann ist nach den allgemeinen Regeln (Art. 3 Abs. 2) zu bestimmen, ob der Herausgabeanspruch auf das Erlangte in die Insolvenzmasse des Hauptverfahrens oder in die Insolvenzmasse des Partikularverfahrens

---

[20] *Ahrens*, Rechte und Pflichten ausländischer Insolvenzverwalter, S. 308; *Balz* ZIP 1996, 948, 952; *Bogdan*, in: *Moss/Fletcher/Isaacs*, EC Regulation, RdNr. 8.175; *Duursma-Kepplinger*, Europäische Insolvenzverordnung, Art. 20 RdNr. 30; *Garasic*, Anerkennung ausländischer Insolvenzverfahren, S. 440; *Gruber*, in: *Geimer/Schütze*, Int. Rechtsverkehr, B Vor I 20b, Art. 20 RdNr. 12; HK-*Stephan*, Art. 20 RdNr. 5; *Kübler/Prütting/Kemper*, Art. 20 EuInsVO RdNr. 9; *Mäsch*, in: *Rauscher*, Europ. Zivilprozessrecht, Bd. 2, Art. 20 EG-InsVO RdNr. 17; *Nerlich/Römermann/Mincke*, Art. 20 RdNr. 4; MünchKommBGB-*Kindler*, Bd. 11, Art. 20 RdNr. 514; *Pannen*, in: *Breutigam/Blersch/Goetsch*, Art. 20 RdNr. 5; *Virogs/Garcimartin*, European insolvency regulation, RdNr. 465.
[21] Herausgabeansprüche bejahend *Kübler/Prütting/Kemper*, Art. 20 EuInsVO RdNr. 5 Fn. 7; MünchKommBGB-*Kindler*, Bd. 11, Art. 20 RdNr. 501; Herausgabeansprüche verneinend *Ahrens*, Rechte und Pflichten ausländischer Insolvenzverwalter, S. 307; *Balz* ZIP 1996, 948, 952; *Duursma-Kepplinger*, Europäische Insolvenzverordnung, Art. 20 RdNr. 8, 26; *Gruber*, in: *Geimer/Schütze*, Int. Rechtsverkehr, B Vor I 20b, Art. 20 RdNr. 10; *Leible/Staudinger* KTS 2000, 533, 546; *Smid*, Int. Insolvenzrecht, Art. 20 RdNr. 14.
[22] MünchKommBGB-*Kindler*, Bd. 11, Art. 20 RdNr. 501.
[23] *Duursma-Kepplinger*, Europäische Insolvenzverordnung, Art. 20 RdNr. 20 ff.; *Huber*, in: *Geimer/Schütze*, Int. Rechtsverkehr, B Vor I 20b, Art. 20 RdNr. 6; *Haubold*, in: *Gebauer/Wiedmann*, Zivilrecht, Art. 20 RdNr. 178; *Mäsch*, in: *Rauscher*, Europ. Zivilprozessrecht, Bd. 2, Art. 20 EG-InsVO RdNr. 10; *Mohrbutter/Ringstmeier/Werner* § 20 RdNr. 110; MünchKommBGB-*Kindler*, Bd. 11, Art. 20 RdNr. 505; *Smid*, Int. Insolvenzrecht, Art. 20 RdNr. 12; aA *Paulus*, Europäische Insolvenzverordnung, Art. 20 RdNr. 9.
[24] Vgl. *Duursma-Kepplinger*, Europäische Insolvenzverordnung, Art. 20 RdNr. 23.

fällt. Da für die Massezugehörigkeit auf den Zeitpunkt der Eröffnung des Partikularverfahrens abzustellen ist, ist nicht entscheidend, in welches Verfahren der Massegegenstand vor Befriedigung des Gläubigers gefallen wäre, sondern in welchen Verfahrensstaat der (zum Zeitpunkt der Verfahrenseröffnung nur noch existierende) Herausgabeanspruch fällt (vgl. Art. 2 lit. g), dritter Spiegelstrich). Gehört dieser Anspruch in die Masse des Partikularverfahrens, so geht der Anspruch auf Herausgabe des Erlangten im Wege der Rechtsnachfolge vom Verwalter des Hauptverfahrens auf den Verwalter des Partikularverfahrens über. Dieser muss nicht die inländischen Insolvenzvorschriften des Partikularverfahrensstaates darum bemühen, inwieweit die vor Eröffnung des Partikularverfahrens erlangte Befriedigung zurückgefordert werden kann. Da die Eröffnung des Hauptverfahrens in allen Mitgliedsstaaten Wirkung entfaltet, wird aus der Befriedigung „nach Verfahrenseröffnung" nicht eine Befriedigung „vor Verfahrenseröffnung", nämlich bezogen auf das Partikularverfahren.

III. Quotenanrechnung

1. Voraussetzungen. a) Erlangung einer Quote. Art. 20 Abs. 2 beantwortet die Frage, wie bei der Verteilung diejenigen Gläubiger zu berücksichtigen sind, die bereits in einem anderen Verfahren eine Quote erhalten haben. Anders als Abs. 1 der Vorschrift ist für die konsolidierte Quotenberechnung also nicht die Befriedigung des Gläubigers auf irgendeine Weise maßgebend, sondern zu berücksichtigen ist nur dasjenige, das der Gläubiger im Wege der ordnungsgemäßen Verteilung im Verfahren ausgezahlt bekommen hat.[25] Aus dem Begriff der Quote ist ersichtlich, dass Zahlung auf Grund von Absonderungsrechten ebenfalls nicht der konsolidierten Quotenberechnung nach Art. 20 unterliegen.[26] Denn diese Gläubiger erhalten nicht eine Quote, sondern den Erlös des der Absonderung unterliegenden Vermögensgegenstandes (sei es in voller Höhe, sei es nach Abzug von Kostenbeiträgen). Wie diese absonderungsberechtigten Gläubiger mit ihrem Forderungsausfall im Rahmen der Verteilung zu berücksichtigen sind, richtet sich nach Art. 4 Abs. 2 lit. i) nach der *lex fori concursus*.[27] Dagegen fallen vorrangige aber ungesicherte Gläubiger, die entsprechend dem dann wiederum für alle Gläubiger dieser Gruppe geltenden Vorrang einen Teil oder auch ihre gesamte Forderung erhalten haben, auch unter Art. 20 Abs. 2.

b) Anderes Insolvenzverfahren. Die Quote muss zudem in einem anderen Insolvenzverfahren erlangt worden sein. Dabei kommt es nach dem Wortlaut der Vorschrift nicht darauf an, ob es sich um eine Verteilung aus einem Insolvenzverfahren handelt, das in einem Mitgliedsstaat durchgeführt wird. Der Wortlaut von Art. 20 enthält keine Einschränkung dahingehend, dass unter Art. 20 nur Beteiligungsquote aus Verfahren in anderen Mitgliedsstaaten gemeint wären. Auch erlangte Quoten aus Drittstaaten sind daher zu berücksichtigen.[28]

---

[25] *Gruber*, in: *Geimer/Schütze*, Int. Rechtsverkehr, B Vor I 20b, Art. 20 RdNr. 11; *Mäsch*, in: *Rauscher*, Europ. Zivilprozessrecht, Bd. 2, Art. 20 EG-InsVO RdNr. 14.
[26] Vgl. § 52 InsO im deutschen Recht. Im Ergebnis wohl auch *Virgos/Schmit*, Erläuternder Bericht, RdNr. 175; *Duursma-Kepplinger*, Europäische Insolvenzverordnung, Art. 20 RdNr. 34; *Gruber*, in: *Geimer/Schütze*, Int. Rechtsverkehr, B Vor I 20b, Art. 20 RdNr. 12 Fn. 16; HK-*Stephan*, Art. 20 RdNr. 6; *Kübler/Prütting/Kemper*, Art. 20 EuInsVO RdNr. 7; *Nerlich/Römermann/Mincke*, Art. 20 RdNr. 4; MünchKommBGB-*Kindler*, Bd. 11, Art. 20 RdNr. 510; *Pannen*, in: *Breutigam/Blersch/Goetsch*, Art. 20 RdNr. 7 Fn. 14; *Smid*, Int. Insolvenzrecht, Art. 20 RdNr. 19.
[27] Vgl. hierzu oben, Art. 4 RdNr. 35.
[28] *Garasic*, Anerkennung ausländischer Insolvenzverfahren, S. 439; *Gruber*, in: *Geimer/Schütze*, Int. Rechtsverkehr, B Vor I 20b, Art. 20 RdNr. 12; *Haubold*, in: *Gebauer/Wiedmann*, Zivilrecht, Art. 20 RdNr. 181; *Mäsch*, in: *Rauscher*, Europ. Zivilprozessrecht, Bd. 2, Art. 20 EG-InsVO RdNr. 18; *Virgos/Garcimartin*, European Insolvency Regulation, RdNr. 469; aA *Duursma-Kepplinger*, Europäische Insolvenzverordnung, Art. 20 RdNr. 31.

EuInsVO Art. 20 16–20   Anhang

16   **2. Rechtsfolge.** Aus Art. 20 Abs. 2 lassen sich für die Verteilungsregeln bei Vorliegen mehrerer Insolvenzverfahren mehrere Grundsätze herleiten:

17   **a) Behaltendürfen.** Da jeder Gläubiger grundsätzlich seine Forderung in jedem Verfahren gemäß Art. 32 Abs. 1 anmelden darf, kann das dort Erlangte von dem Gläubiger grundsätzlich nicht zurückgefordert werden, und zwar auch nicht nach Art. 20 Abs. 1.[29] Das gilt selbst dann, wenn der Gläubiger in dem anderen Verfahren bereits mehr erlangt hat, als er in dem in der Verteilung nachfolgenden Verfahren erhalten hätte.[30]

18   **b) Begrenzung auf 100%.** Die Anrechnungsregelung verdeutlicht ebenfalls, dass ein Gläubiger im Wege der Verteilung allenfalls 100% seiner Forderung erhalten darf.[31] Das ist jedoch keine Konsequenz der Anrechnungsregelung, sondern der *lex causae* der zugrunde liegenden Forderung. Denn nach Ausgleich von 100% der Forderung ist diese erfüllt und schon deswegen eine darüber hinausgehende Zahlung eines Insolvenzverwalters rechtlich nicht gerechtfertigt. Praktisch bedeutsam ist diese Regel jedoch, wenn der Gläubiger als weitere Forderung noch Zinsansprüche oder einen Anspruch auf Erstattung der Kosten im Zusammenhang mit der Forderungsanmeldung hatte. Hinsichtlich dieser Ansprüche ist im Rahmen der nachfolgenden Verteilung zunächst gemäß der *lex fori concursus* zu klären, mit welchem Rang diese im Insolvenzverfahren geltend gemacht werden können. Soweit diese nach der *lex fori concursus* nur als nachrangige Forderung geltend gemacht werden können, gebietet schon der Grundsatz der Quotengleichbehandlung (vgl. unten, RdNr. 20), dass diese Ansprüche nur berücksichtigt werden können, wenn auch die anderen Gläubiger eine entsprechende Quote auf diese nachrangigen Forderungen erhalten.

19   **c) Anmeldung in voller Höhe.** Ebenso ist allgemein anerkannt, dass die Forderung ungeachtet einer Verteilung in einem anderen ausländischen Verfahren in voller Höhe anzumelden ist.[32] Anzumelden ist demnach nicht nur der verbleibende Forderungsbetrag, sondern die Gesamtforderung.

20   **d) Berücksichtigung erst bei gleicher Quote.** Art. 20 Abs. 2 sieht vor, dass dieser Gläubiger an der Verteilung erst dann teilnimmt, wenn die Forderungen der gleichrangigen Gläubiger in gleichem Maße befriedigt worden sind. Die Befriedigung im ausländischen Verfahren wird daher nicht auf die Forderung des Gläubigers angerechnet, so dass diese sich entsprechend reduziert. Vielmehr wird der ursprüngliche Betrag der Forderung des Gläubigers zugrunde gelegt.[33] Der Gläubiger wird bei der Verteilung jedoch erst dann berücksichtigt, wenn die anderen Gläubiger eine gleich hohe Quote erhalten haben,[34] so dass im Ergebnis nach der Verteilung die Gläubiger einer Klasse genau dieselbe Quote erhalten.

---

[29] Vgl. bereits oben RdNr. 10 Fn. 20.
[30] *Duursma-Kepplinger*, Europäische Insolvenzverordnung, Art. 20 RdNr. 30; *Gruber*, in: *Geimer/Schütze*, Int. Rechtsverkehr, B Vor I 20b, Art. 20 RdNr. 12; *Mäsch*, in: *Rauscher*, Europ. Zivilprozessrecht, Bd. 2, Art. 20 EG-InsVO RdNr. 17; *Nerlich/Römermann/Mincke*, Art. 20 RdNr. 4; *Paulus*, Europäische Insolvenzverordnung, Art. 20 RdNr. 14.
[31] *Virgos/Schmit*, Erläuternder Bericht, RdNr. 175; *Duursma-Kepplinger*, Europäische Insolvenzverordnung, Art. 20 RdNr. 34; *Garasic*, Anerkennung ausländischer Insolvenzverfahren, S. 440; *Kübler/Prütting/Kemper*, Art. 20 EuInsVO RdNr. 8; *Moss/Smith*, in: *Moss/Fletcher/Isaacs*, EC Regulation, RdNr. 8.176; Münch-KommBGB-*Kindler*, Bd. 11, Art. 20 RdNr. 509; *Paulus*, Europäische Insolvenzverordnung, Art. 20 RdNr. 10; *Smid*, Int. Insolvenzrecht, Art. 20 RdNr. 18; *Virgos/Garcimartin*, European Insolvency Regulation, RdNr. 468.
[32] *Virgos/Schmit*, Erläuternder Bericht, RdNr. 175; *Duursma-Kepplinger*, Europäische Insolvenzverordnung, Art. 20 RdNr. 34; *Balz* ZIP 1996, 948, 952; *Garasic*, Anerkennung ausländischer Insolvenzverfahren, S. 440; *Haubold*, in: *Gebauer/Wiedmann*, Zivilrecht, Art. 20 RdNr. 179; *Kübler/Prütting/Kemper*, Art. 20 EuInsVO RNr. 8; *Nerlich/Römermann/Mincke*, Art. 20 RdNr. 6; *Mäsch*, in: *Rauscher*, Europ. Zivilprozessrecht, Bd. 2, Art. 20 EG-InsVO RdNr. 16; *Moss/Smith*, in: *Moss/Fletcher/Isaacs*, EC Regulation, RdNr. 8.176; Münch-KommBGB-*Kindler*, Bd. 11, Art. 20 RdNr. 510; *Pannen*, in: *Breutigam/Blersch/Goetsch*, Art. 20 RdNr. 7; *Smid*, Int. Insolvenzrecht, Art. 20 RdNr. 18; HambKomm-*Undritz* Art. 20 RdNr. 8; *Virgos/Garcimartin*, European Insolvency Regulation, RdNr. 468.
[33] Vgl. vorige RdNr.
[34] Anschaulich zur Berechnung *Virgos/Schmit*, Erläuternder Bericht, RdNr. 175.

Welcher Gruppe von Gläubigern der betreffende Gläubiger zuzurechnen ist, bestimmt sich gemäß Art. 4 Abs. 2 lit. i) nach dem Recht des Verfahrensstaates, in dem die Verteilung ansteht (vgl. oben Art. 4 RdNr. 35). Der Verwalter muss demnach bei der Verteilung der Insolvenzmasse rechnerische Untermassen bilden und dann jeweils den Kreis der zuteilungsberechtigten Gläubiger ändern.

IV. Auskunftsansprüche

21 Die Berücksichtigung im Ausland bereits erzielter Quoten bei der Verteilung in einem Verfahren setzt freilich seitens des Verwalters voraus, dass dieser Kenntnis über die Verteilung in dem ausländischen Verfahren erlangt hat. Auch die Geltendmachung eines Herausgabeanspruchs nach Absatz 1 erfordert die Kenntnis des Verwalters über die Befriedigung des Gläubigers. Aus diesem Grunde sieht die entsprechende Vorschrift des deutschen autonomen internationalen Insolvenzrechts vor, dass ein Insolvenzgläubiger auf Verlangen des Insolvenzverwalters Auskunft über das Erlangte zu geben hat (§ 342 Abs. 3 InsO). Mangels einer ausdrücklichen Regelung in Art. 20 wird allgemein vorgeschlagen, entsprechende Auskunftsansprüche des Verwalters aus dem autonomen deutschen internationalen Insolvenzrecht herzuleiten, da Art. 20 eine Lücke enthalte.[35] Das entspricht jedoch weder einer verordnungsautonomen Lösung, noch den Regeln über den Anwendungsbereich der Verordnung. Man wird für die Verordnung differenzieren müssen:

22 Für den Herausgabeanspruch nach Abs. 1 ergeben sich aus der Verordnung unmittelbar keine Auskunftsansprüche. Ob solche auf Grund einer insolvenzrechtlichen Grundlage existieren, ist jeweils auf Grundlage der *lex fori concursus* zu ermitteln. Die Befriedigung eines Gläubigers am Verfahren vorbei betrifft mehrere der in Art. 4 Abs. 2 angesprochenen Rechtsfragen, nämlich sowohl die Befugnisse des Schuldners und Verwalters (lit. c), als auch die nach Eröffnung vom Schuldner erworbenen Vermögenswerte (lit. b), als auch die Auswirkungen der Verfahrenseröffnung auf Rechtsverfolgungsmaßnahmen einzelner Gläubiger (lit. f). Daher entscheidet das Recht des Verfahrensstaates, dessen Insolvenzmasse durch die Befriedigung des Gläubigers ungerechtfertigt geschmälert wurde, ob ein entsprechender Auskunftsanspruch besteht. In der Regel wird ein entsprechender Auskunftsanspruch nicht notwendig sein, da der Verwalter auf Grund der ihm zustehenden Befugnisse ermitteln kann, ob ein Eingriff in die Insolvenzmasse, beispielsweise durch Zwangsvollstreckungsmaßnahmen, vorlag. Allenfalls bei einem Zusammenwirken des Gläubigers mit dem Schuldner ist denkbar, dass beispielsweise Verfügungen des Schuldners nach Verfahrenseröffnung nicht ohne weiteres durch den Verwalter ermittelt werden können. In diesen Fällen dürfe das Recht des Verfahrensstaates jedoch vorrangig Ansprüche des Insolvenzverwalters gegen den Schuldner persönlich (oder dessen Vertretungsorgane) vorsehen.[36] Ist die Insolvenzmasse eines deutschen Insolvenzverfahrens betroffen, so ist über die Verweisung auf die *lex fori concursus* nach § 342 Abs. 3 InsO ein entsprechender Auskunftsanspruch gegeben.[37]

23 Bezüglich einer vorzunehmenden konsolidierten Quotenberechnung ist das Informationsdefizit des Verwalters an sich größer, als bei den ungerechtfertigten Eingriffen in die Insolvenzmasse nach Abs. 1. Dem Informationsbedürfnis des Verwalters wird jedoch schon unmittelbar durch die Verordnung, nämlich durch Art. 31 Rechnung getragen.[38] Danach besteht für die Verwalter des Haupt- und Sekundärverfahrens die Verpflichtung zur gegenseitigen Unter-

---

[35] *Gruber*, in: *Geimer/Schütze*, Int. Rechtsverkehr, B Vor I 20 b, Art. 20 RdNr. 15; MünchKommBGB-*Kindler*, Bd. 11, Art. 20 RdNr. 515; *Mäsch*, in: *Rauscher*, Europ. Zivilprozessrecht, Bd. 2, Art. 20 EG-InsVO RdNr. 19.
[36] Vgl. § 97 InsO im deutschen Recht; ähnlich § 99 der österreichischen Konkursordnung. Zu den Rechten des Insolvenzverwalters auf Auskunft und Unterstützung vgl. auch *Ahrens*, Rechte und Pflichten ausländischer Insolvenzverwalter, S. 187 f.
[37] So auch *Mohrbutter/Ringstmeier/Werner* § 20 RdNr. 112.
[38] Vgl. auch *Beck* NZI 2007, 1, 6; *Kübler/Prütting/Kemper*, Art. 20 EuInsVO RdNr. 12; *Nerlich/Römermann/Mincke*, Art. 20 RdNr. 8.

richtung. Diese Unterrichtungspflicht betrifft nach Art. 31 Abs. 1 Satz 2 nicht nur den Stand der Anmeldung und Prüfung, sondern über den Wortlaut der eher beispielhaften Aufzählung hinaus auch die Verteilungsquoten der an dem Verfahren teilnehmenden Gläubiger.[39] Diese Vorschrift betrifft jedoch nur Auskunftsansprüche zwischen Verfahren aus den Mitgliedstaaten. Geht es um die Quotenanrechnung aus Insolvenzverfahren, die in Drittstaaten durchgeführt werden, so wird der Verwalter zunächst zu prüfen haben, ob nach dem Recht des ausländischen Verfahrens entsprechende Auskunftsansprüche gegen den Verwalter der anderen Verfahrens nach dessen *lex fori concursus* bestehen. Ist dies nicht der Fall, so ist anhand der *lex fori concursus* des um Auskunft ersuchenden Verwalters zu prüfen, ob entsprechende Auskunftsansprüche auch gegen den betroffenen Gläubiger geltend gemacht werden können.

Art. 21. Öffentliche Bekanntmachung

(1) Auf Antrag des Verwalters ist in jedem anderen Mitgliedstaat der wesentliche Inhalt der Entscheidung über die Verfahrenseröffnung und gegebenenfalls der Entscheidung über seine Bestellung entsprechend den Bestimmungen des jeweiligen Staates für öffentliche Bekanntmachungen zu veröffentlichen. In der Bekanntmachung ist ferner anzugeben, welcher Verwalter bestellt wurde und ob sich die Zuständigkeit aus Art. 3 Abs. 1 oder aus Art. 3 Abs. 2 ergibt.

(2) Jeder Mitgliedstaat, in dessen Gebiet der Schuldner eine Niederlassung besitzt, kann jedoch die obligatorische Bekanntmachung vorsehen. In diesem Fall hat der Verwalter oder jede andere hierzu befugte Stelle des Mitgliedstaats, in dem das Verfahren nach Art. 3 Abs. 1 eröffnet wurde, die für diese Bekanntmachung erforderlichen Maßnahmen zu treffen.

Literatur: Vergleiche die allgemeinen Literaturangaben vor Art. 1 EuInsVO.

Übersicht

	RdNr.		RdNr.
I. Normzweck	1	3. Bekanntmachungspflicht	11
II. Absatz 1	3	IV. Kosten der öffentlichen Bekanntmachung	12
1. Antrag des Verwalters	3		
2. Veröffentlichungspflicht der Bekanntmachungsstellen	7	V. Öffentliche Bekanntmachung in Deutschland	13
3. Veröffentlichungsinhalt	8	VI. Haftung des Verwalters	14
III. Absatz 2	9	VI. Zentrales Insolvenzregister	16
1. Niederlassung	9		
2. Ermächtigung der Mitgliedstaaten	10		

I. Normzweck

Der Beschluss über die Eröffnung eines Insolvenzverfahrens wird nach den einzelnen Rechtsordnungen der Mitgliedstaaten regelmäßig in bestimmten Amtsblättern und/oder Zeitungen des Eröffnungsstaates veröffentlicht. Diese **Veröffentlichung** hat im Hinblick auf die Möglichkeit eines gutgläubigen Erwerbes vom Schuldner oder einer Leistung an den Schuldner nach Eröffnung des Verfahrens erhebliche Bedeutung.[1] Art. 21 regelt insoweit, dass und wie ein Verwalter in den anderen Mitgliedstaaten die Veröffentlichung der Verfahrens-

---

[39] Vgl. unten, Art. 31 RdNr. 20.
[1] Vgl. Art. 24 Abs. 2 sowie Art. 14 i. V. m. § 81 InsO; § 82 Satz 2 InsO; vgl. z. B. zum englischen Recht die schon ältere aber noch als geltendes Recht zitierte Entscheidung *Re Oriental Bank Corporation, ex p Guillemain* (1885) 28 Ch D 634. Vgl. auch *Gruber*, in: *Geimer/Schütze*, Int. Rechtsverkehr, B Vor I 20 b, Art. 21 RdNr. 2; *Haubold*, in: *Gebauer/Wiedmann*, Zivilrecht, Art. 21 RdNr. 182; HK-*Stephan*, Art. 21 RdNr. 1; *Mäsch*, in: *Rauscher*, Europ. Zivilprozeßrecht, Bd. 2, Art. 21 EG-InsVO RdNr. 2; Münch-

eröffnung bewirken kann. Ziel ist es, mögliche Informationsdefizite der Gläubiger oder Vertragspartner aus anderen Mitgliedsstaaten über die Eröffnung des Verfahrens zu vermeiden. Die Vorschrift dient daher der Rechtssicherheit des internationalen Rechts- und Wirtschaftsverkehrs in den Mitgliedsstaaten.[2] Für die Frage der Anerkennung spielt dagegen die öffentliche Bekanntmachung keine Rolle.[3]

Es handelt sich auch hierbei nicht um eine Kollisionsnorm oder eine international-verfahrensrechtliche Norm, sondern um eine **Norm des Sachrechts,** die entsprechende Sachnormen des jeweiligen Mitgliedsstaats ersetzt.[4] Die Vorschrift differenziert zwischen dem (freiwilligen) Antrag des Insolvenzverwalters auf öffentliche Bekanntmachung (Abs. 1) sowie der Verpflichtung, die öffentliche Bekanntmachung zu beantragen (Abs. 2). Die Verpflichtung besteht nur bei Vorliegen einer Niederlassung des Schuldners in einem anderen Mitgliedsstaat und wenn der entsprechende Mitgliedsstaat eine obligatorische Veröffentlichung gesetzlich vorgeschrieben hat, wozu Art. 21 Abs. 2 die Mitgliedsstaaten ausdrücklich ermächtigt. 2

II. Absatz

1. Antrag des Verwalters. Die öffentliche Bekanntmachung in einem anderen Mitgliedsstaat setzt einen Antrag des Verwalters voraus. Gegenüber öffentlichen Bekanntmachungsstellen kann der Verwalter seine Verwalterposition gemäß Art. 19 nachweisen. Seine Antragsbefugnis zur öffentlichen Bekanntmachung folgt unmittelbar aus Art. 21.[5] 3

Art. 21 gilt auch für die Bestellung eines vorläufigen Insolvenzverwalters und dessen Befugnisse, aber auch für vorläufige Sicherungsmaßnahmen.[6] Auch insoweit besteht ein Informationsbedürfnis der Gläubiger, zumal der Begriff des Verwalters nach Art. 2 lit. b) in Verbindung mit Anhang C den vorläufigen Insolvenzverwalter mit umfasst.[7] 4

KommBGB-*Kindler,* Bd. 11, Art. 21 RdNr. 516; *Pannen,* in: *Breutigam/Blersch/Goetsch,* Art. 21 RdNr. 1; *Paulus,* Europäische Insolvenzverordnung, Art. 21 RdNr. 1; *Smid,* Int. Insolvenzrecht, Art. 21 RdNr. 1.

[2] Erwägungsgrund Nr. 29; *Duursma-Kepplinger,* Europäische Insolvenzverordnung, Art. 21 RdNr. 2; FK-*Wimmer,* Anh I RdNr. 62; *Graf,* Die Anerkennung ausländischer Insolvenzentscheidungen, S. 323 Fn. 249; *Kübler/Prütting/Kemper,* Art. 21 EuInsVO RdNr. 1; *Leible/Staudinger* KTS 2000, 533, 564; *Moss/Smith,* in: *Moss/Fletcher/Isaacs,* EC Regulation, RdNr. 8.178; MünchKommBGB-*Kindler,* Bd. 11, Art. 21 RdNr. 516; *Paulus,* Europäische Insolvenzverordnung, Art. 21 RdNr. 1; *Nerlich/Römermann/Mincke,* Art. 21 RdNr. 1; *Pannen,* in: *Breutigam/Blersch/Goetsch,* Art. 21 RdNr. 1; *Smid,* Int. Insolvenzrecht, Art. 21 RdNr. 1; HambKomm-*Undritz* Art. 21 RdNr. 1; *Virgos/Garcimartin,* European Insolvency Regulation, RdNr. 379; *Virgos/Schmit,* Erläuternder Bericht, RdNr. 177.

[3] Vgl. *Ahrens,* Rechte und Pflichten ausländischer Insolvenzverwalter, S. 290; *Balz* ZIP 1996, 948, 952; *Duursma-Kepplinger,* Europäische Insolvenzverordnung, Art. 21 RdNr. 1; *Garasic,* Anerkennung ausländischer Insolvenzverfahren, Bd. 2, S. 64; *Graf,* Die Anerkennung ausländischer Insolvenzentscheidungen, S. 323; *Gruber,* in: *Geimer/Schütze,* Int. Rechtsverkehr, B Vor I 20 b, Art. 21 RdNr. 1; *Gottwald/Gottwald,* Insolvenzrechts-Handbuch, § 132 RdNr. 17, 33; *Haubold,* in: *Gebauer/Wiedmann,* Zivilrecht, Art. 21 RdNr. 182; HK-*Stephan,* Art. 21 RdNr. 1; *Kübler/Prütting/Kemper,* Art. 21 EuInsVO RdNr. 1; *Leible/Staudinger* KTS 2000, 533, 564; *Mäsch,* in: *Rauscher,* Europ. Zivilprozessrecht, Bd. 2, Art. 21 EG-InsVO RdNr. 1; *Moss/Smith,* in: *Moss/Fletcher/Isaacs,* EC Regulation, RdNr. 8.178; MünchKommBGB-*Kindler,* Bd. 11, Art. 21 RdNr. 518; *Pannen,* in: *Breutigam/Blersch/Goetsch,* Art. 21 RdNr. 1; *Smid,* Int. Insolvenzrecht, Art. 21 RdNr. 2; HambKomm-*Undritz* Art. 21 RdNr. 1; *Virgos/Garcimartin,* European Insolvency Regulation, RdNr. 379; *Virgos/Schmit,* Erläuternder Bericht, RdNr. 177. Zum deutschen autonomen internationalen Insolvenzrecht wohl aA LG München vom 2. 12. 1986, WM 1987, 222 = WuB 1987, 637 mit Anmerkung *Johlke.*

[4] *Gruber,* in: *Geimer/Schütze,* Int. Rechtsverkehr, B Vor I 20 b, Art. 21 RdNr. 3 f.; HK-*Stephan,* Art. 21 RdNr. 1; *Kübler/Prütting/Kemper,* Art. 21 EuInsVO RdNr. 1; *Mäsch,* in: *Rauscher,* Europ. Zivilprozessrecht, Bd. 2, Art. 21 EG-InsVO RdNr. 3; MünchKommBGB-*Kindler,* Bd. 11, Art. 21 RdNr. 517; *Paulus,* Europäische Insolvenzverordnung.

[5] *Duursma-Kepplinger,* Europäische Insolvenzverordnung, Art. 21 RdNr. 9; *Kemper* ZIP 2001, 1609, 1615; *Leible/Staudinger* KTS 2000, 533, 565; MünchKommBGB-*Kindler,* Bd. 11, Art. 21 RdNr. 520; *Smid,* Int. Insolvenzrecht, Art. 21 RdNr. 5; iE auch *Gruber,* in: *Geimer/Schütze,* Int. Rechtsverkehr, B Vor I 20 b, Art. 21 RdNr. 4.

[6] Ebenso wohl *Kübler/Prütting/Kemper,* Art. 21 EuInsVO RdNr. 2; MünchKommBGB-*Kindler,* Bd. 11, Art. 21 RdNr. 517.

[7] Vgl. zum deutschen Recht § 23 InsO; so auch bereits Art. 2 RdNr. 3; ebenso *Kübler/Prütting/Kemper,* Art. 21 EuInsVO RdNr. 2.

EuInsVO Art. 21 5–8

5   Art. 21 Abs. 1 räumt das Antragsrecht zudem nicht nur dem Verwalter des Hauptverfahrens, sondern auch dem Verwalter eines Sekundär- oder Partikularverfahrens die Möglichkeit ein, in anderen Mitgliedstaaten die Verfahrenseröffnung öffentlich bekannt zu machen. Das ergibt sich implizit aus dem nach Art. 21 Abs. 1 Satz 2 vorgesehenen Veröffentlichungsinhalt. Danach ist anzugeben, ob sich die Zuständigkeit aus Art. 3 Abs. 1 herleitet (Hauptverfahren) oder aus Art. 3 Abs. 2 (dann Partikular- oder Sekundärverfahren). Dies ist auch konsequent, da sich die Wirkungen eines Sekundär- oder Partikularverfahrens nicht notwendigerweise auf den Verfahrensstaat beschränken. Räumlich beschränkt ist die Beschlagswirkung, die sich auf das im Sekundär- oder Partikularverfahrensstaat befindliche Vermögen bezieht (vgl. hierzu bereits oben Art. 27 RdNr. 19). Insoweit kann auch für den Verwalter eines Sekundär- oder Partikularverfahrens in Ausnahmefällen das Bedürfnis bestehen, die Verfahrenseröffnung in einem anderen Mitgliedstaat öffentlich bekannt zu machen.

6   Ob und in welchen anderen Mitgliedstaaten der Verwalter einen entsprechenden Antrag stellt, steht in seinem eigenen pflichtgemäßen Ermessen.[8] Lediglich bei Vorliegen einer Niederlassung in einem anderen Mitgliedstaat sieht Absatz 2 eine Pflicht zur Veröffentlichung vor (vgl. unten RdNr. 11). Bei der Ermessensentscheidung hat der Verwalter die Kosten der öffentlichen Bekanntmachung und die Notwendigkeit der masseschützenden Veröffentlichung gegeneinander abzuwägen.[9] Diese Abwägung ist im Ergebnis für jeden einzelnen Mitgliedstaat zu treffen. Entscheidend hierbei dürfte sein, ob und in welchem Umfang der Schuldner schon bisher Geschäftsbeziehungen zu Dritten in dem jeweiligen Mitgliedstaat unterhalten hat. Eine Bekanntmachung empfiehlt sich jedenfalls immer, wenn der Insolvenzschuldner in einem anderen Mitgliedstaat eine Niederlassung unterhalten hat, unabhängig davon, ob nach dem Recht des jeweils betroffenen Mitgliedstaates möglicherweise sogar eine Pflicht zur Bekanntmachung besteht. In diesen Fällen besteht in der Regel ein entsprechendes Schutzbedürfnis für die Masse als auch ein entsprechendes Schutzbedürfnis des lokalen Rechtsverkehrs in dem jeweiligen Mitgliedstaat.

7   **2. Veröffentlichungspflicht der Bekanntmachungsstellen.** Die zuständigen Bekanntmachungsstellen der Mitgliedstaaten haben keinen Ermessensspielraum, ob sie dem Antrag entsprechend wollen. Die Bekanntmachungsstelle ist lediglich befugt, die Anerkennungsvoraussetzungen zu überprüfen.[10] Soweit der Verwalter die Eröffnung und seine Bestellung gemäß Art. 19 nachgewiesen hat, darf eine Veröffentlichung daher nur dann unterbleiben, wenn ein *ordre public* Verstoß nach Art. 26 die Anerkennung des ausländischen Eröffnungsbeschlusses ausschließen würde. Hierfür müssen konkrete Anhaltspunkte vorliegen. Der Verwalter ist nicht verpflichtet, dieses Anerkennungshindernis zu widerlegen.

8   **3. Veröffentlichungsinhalt.** Unabhängig von den jeweils nationalen Vorschriften verlangt Art. 21 jedoch bestimmte Mindestangaben bezüglich des Veröffentlichungsinhaltes, nämlich
– den wesentlichen Inhalt der Entscheidung über die Verfahrenseröffnung,
– den Namen des bestellten Verwalters,
– sowie die Angabe, ob es sich um ein Hauptverfahren nach Art. 3 Abs. 1 oder um ein Partikularverfahren nach Art. 3 Abs. 2 handelt.
Soweit des Recht des Bekanntmachungsstaates weitergehende Inhalte vorsieht, so steht Art. 21 einem darüber hinausgehenden Inhalt der öffentlichen Bekanntmachung nicht

---

[8] Vgl. *Duursma-Kepplinger*, Europäische Insolvenzverordnung, Art. 21 RdNr. 6 f.; HK-*Stephan*, Art. 21 RdNr. 5; *Moss/Smith*, in: *Moss/Fletcher/Isaacs*, EC Regulation, RdNr. 8.181; MünchKommBGB-*Kindler*, Bd. 11, Art. 21 RdNr. 521; *Pannen*, in: *Breutigam/Blersch/Goetsch*, Art. 22 RdNr. 1; HambKomm-*Undritz* Art. 21 RdNr. 2.
[9] *Virgos/Schmit*, Erläuternder Bericht, RdNr. 179; *Duursma-Kepplinger*, Europäische Insolvenzverordnung, Art. 21 RdNr. 7; FK-*Wimmer*, Anh I RdNr. 62; MünchKommBGB-*Kindler*, Bd. 11, Art. 21 RdNr. 521; *Pannen*, in: *Breutigam/Blersch/Goetsch*, Art. 21 RdNr. 3.
[10] So auch MünchKommBGB-*Kindler*, Bd. 11, Art. 21 RdNr. 522.

entgegen.[11] Nur soweit der nach dem Recht des Bekanntmachungsstaat maßgebende Veröffentlichungsinhalt hinter den Vorgaben von Art. 21 Abs. 1 zurück bleibt, verdrängen die nach Art. 21 vorgeschriebenen Mindestangaben[12] als vorrangige Sachnorm das nationalen Recht des Bekanntmachungsstaates. Die Art und Weise der Bekanntmachung richtet sich nach den Vorschriften des Veröffentlichungsstats.[13]

III. Absatz 2

1. Niederlassung. Für den Fall des Bestehens einer Niederlassung trifft Art. 21 Abs. 2 eine Sonderregelung. Ob eine Niederlassung vorliegt, ist anhand der Kriterien der Legaldefinition in Art. 2 lit. h) zu prüfen. 9

2. Ermächtigung der Mitgliedsstaaten. Art. 21 Abs. 2 ermächtigt den nationalen Gesetzgeber, eine obligatorische Bekanntmachung vorzusehen, wenn sich im Gebiet des Mitgliedsstaats eine Niederlassung des Schuldners im Sinne des Art. 2 lit. h) befindet. Von dieser Ermächtigung hat Deutschland[14] Gebrauch gemacht. 10

3. Bekanntmachungspflicht. Hat ein Mitgliedsstaat von der Ermächtigung Gebrauch gemacht, ist der Verwalter sowie jede andere hierzu befugte Stelle des Mitgliedsstaates bei Bestehen einer Niederlassung zur Veröffentlichung verpflichtet. Diese müssen möglichst frühzeitig die erforderlichen Schritte in dem jeweiligen Mitgliedsstaaten veranlassen, um eine Veröffentlichung durch die jeweiligen Bekanntmachungsorgane zu erreichen. Diese gesteigerte Veröffentlichungspflicht ergibt sich daraus, dass bei Vorliegen einer Niederlassung die Vermutung besteht, dass der Insolvenzschuldner intensive Geschäftsverbindungen und Vertragspartner in dem jeweiligen Mitgliedsstaat hat und den örtlichen Gläubigern durch Information die Möglichkeit gegeben werden soll, nach Art. 3 Abs. 2 ein Sekundärverfahren zu beantragen. Dass die Verordnung nicht den Weg gegangen ist, dem Verwalter des Hauptverfahrens diese Pflicht unmittelbar aufzuerlegen, sondern dies einer einzelstaatlichen Regelung überlassen hat, ist ebenso bedauerlich, wie das Fehlen einer Rechtsfolge im Falle der Verletzung der Norm.[15] Das hat zur Konsequenz, dass ein Mitgliedsstaat dem Verwalter, der von den Gerichten eines anderen Mitgliedsstats bestellt wurde, unmittelbar eine bestimmte Pflicht auferlegen kann (zu den Rechtsfolgen einer Verletzung vgl. unten RdNr. 14). 11

IV. Kosten der öffentlichen Bekanntmachung

Bezüglich der Kosten der öffentlichen Bekanntmachung enthält Art. 23 eine ausdrückliche materiellrechtliche Regelung, wonach diese als Kosten und Aufwendungen des Verfahrens gelten (vgl. Art. 23 RdNr. 5). 12

V. Öffentliche Bekanntmachungen in Deutschland

Für öffentliche Bekanntmachungen in Deutschland auf Antrag eines ausländischen Verwalters enthält Art. 102 § 5 EGInsO eine Umsetzungsvorschrift, die eine entsprechende 13

---

[11] *Virgos/Schmit,* Erläuternder Bericht, RdNr. 181; *Duursma-Kepplinger,* Europäische Insolvenzverordnung, Art. 21 RdNr. 17; *Kübler/Prütting/Kemper,* Art. 21 EuInsVO RdNr. 4; MünchKommBGB-*Kindler,* Bd. 11, Art. 21 RdNr. 524; *Pannen,* in: *Breutigam/Blersch/Goetsch,* Art. 21 RdNr. 5; HambKomm-*Undritz* Art. 21 RdNr. 2.
[12] AA zu den Mindestangaben wohl *Nerlich/Römermann/Mincke,* Art. 21 RdNr. 5.
[13] *Virgos/Schmit,* Erläuternder Bericht, RdNr. 181; *Duursma-Kepplinger,* Europäische Insolvenzverordnung, Art. 21 RdNr. 16; *Gruber,* in: *Geimer/Schütze,* Int. Rechtsverkehr, B Vor I 20 b, Art. 21 RdNr. 6; FK-*Wimmer,* Anh I RdNr. 64; HK-*Stephan,* Art. 21 RdNr. 2; *Kübler/Prütting/Kemper,* Art. 21 EuInsVO RdNr. 2; *Leible/Staudinger* KTS 2000, 533, 565; *Mäsch,* in: *Rauscher,* Europ. Zivilprozessrecht, Bd. 2, Art. 21 EG-InsVO RdNr. 5; MünchKommBGB-*Kindler,* Bd. 11, Art. 21 RdNr. 524; *Paulus,* Europäische Insolvenzverordnung, Art. 21 RdNr. 2; *Smid,* Int. Insolvenzrecht, Art. 21 RdNr. 13; HambKomm-*Undritz* Art. 21 RdNr. 2; vgl. auch Art. 102 § 5 RdNr. 11 ff.
[14] Vgl. Art. 102 § 5: die Eintragung hat von Amts wegen zu erfolgen.
[15] Ebenso MünchKommBGB-*Kindler,* Bd. 11, Art. 21 RdNr. 529.

Geltung der §§ 9 und 30 InsO vorsieht (vgl. nähere Einzelheiten in der Kommentierung zu Art. 102 § 5).

VI. Haftung des Verwalters

14 Entscheidet sich der Verwalter nach Abs. 1 pflichtwidrig gegen eine öffentliche Bekanntmachung, obwohl diese geboten war, so kann der Verwalter sich schadensersatzpflichtig machen.[16] Der Schaden besteht in der Regel aus den Masseschmälerungen auf Grund der unterbliebenen Bekanntmachung, die sich regelmäßig aus dem gutgläubigen Erwerb eines Massegegenstandes durch einen Dritten oder einer schuldbefreienden Leistung eines Drittschuldners an den Insolvenzschuldner ergibt. Mögliche Schadensersatzansprüche der Insolvenzmasse gegen den Insolvenzverwalter richten sich nach der *lex fori concursus*.[17] Lediglich die verletzte Pflicht leitet sich aus der Sachnorm des Art. 21 Abs. 1 her. Die *lex fori concursus* bestimmt die Schadensersatzpflicht auch dann, wenn Drittschuldner Ansprüche gegen den Insolvenzverwalter geltend machen, beispielsweise weil sie durch die unterbliebene Bekanntmachung nicht schuldbefreiend an den Insolvenzschuldner leisten konnten, und dadurch einen Schaden erlitten haben. Art. 21 hat insoweit auch drittschützenden Charakter.

15 Gleiches gilt bei einer Verletzung der Tätigkeitspflicht nach Abs. 2.[18] Zwar wird insoweit auch erwogen, eine möglicherweise bestehende Schadensersatzpflicht dem Recht des Bekanntmachungsstaates zu unterwerfen, der die Pflicht zur Bekanntmachung vorgeschrieben hat.[19] Es geht jedoch vorliegend nicht um einen deliktischen Schadensersatzanspruch, sondern um originäre Pflichten des Verwalter, die auf Grund der in Art. 21 Abs. 2 enthaltenen Ermächtigung von dem jeweiligen nationalen Gesetzgeber konkretisiert werden dürfen. Schadensersatzansprüche gegen den Insolvenzverwalter persönlich richten sich jedoch auch in diesen Fällen ausschließlich nach der *lex fori concursus*.[20] Ob ein staatshaftungsrechtlicher Schadensersatzanspruch besteht, wenn die „*hierzu befugte Stelle*" des Verfahrensstaates die Veröffentlichungspflicht verletzt, richtet sich ebenfalls nach der *lex fori concursus*, also nach dem Staatshaftungsrecht des Hauptverfahrensstaates, dessen „Stelle" oder Behörde die erforderlichen Schritte zur Sicherstellung der Veröffentlichung oblagen.

VII. Zentrales Insolvenzregister

16 Sinnvoll wäre es, hinsichtlich der öffentlichen Bekanntmachung die bereits begonnenen Ansätze fortzusetzen und ein zentrales Insolvenzregister auf europäischer Ebene einzuführen.[21] Im Hinblick auf die fortschreitende Entwicklung, Veröffentlichungen grundsätzlich über Internet zugänglich zu machen, darf jedoch gehofft werden, dass auch dies auf europäischer Ebene koordiniert werden kann.

---

[16] MünchKommBGB-*Kindler*, Bd. 11, Art. 21 RdNr. 521; *Kübler/Prütting/Kemper*, Art. 21 EuInsVO RdNr. 1.

[17] MünchKommBGB-*Kindler*, Bd. 11, Art. 21 RdNr. 521; *Gruber*, in: *Geimer/Schütze*, Int. Rechtsverkehr, B Vor I 20 b, Art. 21 RdNr. 16 f.; die scheinbar anders lautende Stellungnahme von *Virgos/Schmit*, Erläuternder Bericht, RdNr. 180, bezieht sich auf Schadensersatzansprüche bei obligatorischer Bekanntmachung nach Art. 21 Abs. 2.

[18] *Duursma-Kepplinger*, Europäische Insolvenzverordnung, Art. 21 RdNr. 19; *Leible/Staudinger* KTS 2000, 533, 565; *Mäsch*, in: *Rauscher*, Europ. Zivilprozessrecht, Bd. 2, Art. 21 EG-InsVO RdNr. 9; *Pannen*, in: *Breutigam/Blersch/Goetsch*, Art. 21 RdNr. 7; *Paulus*, Europäische Insolvenzverordnung, Art. 21 RdNr. 5; *Smid*, Int. Insolvenzrecht, Art. 21 RdNr. 12; *Kübler/Prütting/Kemper*, Art. 21 EuInsVO RdNr. 1.

[19] So wohl *Virgos/Schmit*, Erläuternder Bericht, RdNr. 180; zweifelnd *Gruber*, in: *Geimer/Schütze*, Int. Rechtsverkehr, B Vor I 20 b, Art. 21 RdNr. 16.

[20] So auch *Mäsch*, in: *Rauscher*, Europ. Zivilprozessrecht, Bd. 2, Art. 21 EG-InsVO RdNr. 9; MünchKommBGB-*Kindler*, Bd. 11, Art. 21 RdNr. 521, 529; *Smid*, Int. Insolvenzrecht, Art. 21 RdNr. 12; *Kübler/Prütting/Kemper*, Art. 21 EuInsVO RdNr. 1.

[21] *Fritz/Bähr* DZWIR 2001, 221; HK-*Stephan*, Art. 21 RdNr. 6; MünchKommBGB-*Kindler*, Bd. 11, Art. 21 RdNr. 519; *Moss/Smith*, in: *Moss/Fletcher/Isaacs*, EC Regulation, RdNr. 8.179; *Paulus*, Europäische Insolvenzverordnung, Art. 21 RdNr. 2 Fn. 3; *Vallender* KTS 2005, 289, 298; *Westphal*, Vortrag im Rahmen einer Veranstaltung der Europäischen Rechtsakademie (ERA) Trier zur EuInsVO am 2. 11. 2000; vgl. auch AG Köln vom 1. 12. 2005 NZI 2006, 57.

Art. 22. Eintragung in öffentliche Register

(1) Auf Antrag des Verwalters ist die Eröffnung eines Verfahrens nach Art. 3 Abs. 1 in das Grundbuch, das Handelsregister und alle sonstigen öffentlichen Register in den übrigen Mitgliedsstaaten einzutragen.

(2) Jeder Mitgliedstaat kann jedoch die obligatorische Eintragung vorsehen. In diesem Fall hat der Verwalter oder andere hierzu befugte Stellen des Mitgliedsstaats, in dem das Verfahren nach Art. 3 Abs. 1 eröffnet wurde, die für diese Eintragung erforderlichen Maßnahmen zu treffen.

Literatur: Vergleiche die allgemeinen Literaturangaben vor Art. 1 EuInsVO.

Übersicht

	RdNr.		RdNr.
I. Normzweck	1	**III. Ermächtigung (Abs. 2)**	13
II. Registereintragung (Abs. 1)	2	1. Ermächtigung der Mitgliedsstaaten	13
1. Antrag des Verwalters des Hauptverfahrens	2	2. Tätigkeitspflicht des Verwalters des Hauptverfahrens	16
2. Eintragungspflichtige Tatsachen	3	**IV. Kosten**	17
3. Öffentliche Register	4	**V. Öffentliche Register in Deutschland**	18
4. Überprüfungsbefugnis	6		
5. Form und Inhalt der Eintragung	9	**VI. Haftung des Verwalters**	19
6. Rechtsfolgen der Eintragung	11		

I. Normzweck

Neben der Veröffentlichung der Eröffnungsentscheidung schreiben viele Insolvenzgesetze vor, dass die **Verfahrenseröffnung** auch in den im jeweiligen Mitgliedstaat geführten **öffentlichen Registern** vermerkt wird.[1] Die Eintragung der Verfahrenseröffnung (oder auch bereits die Eintragung entsprechender Verfügungsbeschränkungen, vgl. hierzu unten RdNr. 3) ist dabei von erheblicher praktischer Bedeutung, weil damit sowohl einhergehende Einschränkungen der Verfügungsbefugnis registerrechtlich gewahrt sind, als auch ein gutgläubiger Erwerb durch Dritte ausgeschlossen wird. Art. 22 dient daher dem Schutz des Rechtsverkehrs und dem Vertrauens Dritter in die Richtigkeit der Register und die Verfügungsbefugnis einer Person bei Vermögensgegenständen oder Rechte, die in ein öffentliches Register eingetragen werden.[2] Die Bedeutung dieser Registereintragungen wird auch aus Art. 14 ersichtlich, der kollisionsrechtlich eine Sonderanknüpfung für Verfügungen des Schuldners nach Eröffnung des Insolvenzverfahrens vorsieht: diese unterstehen im Hinblick auf die Bedeutung der Registereintragungen auch dem Recht des Registerstaates.[3] In Anlehnung an Art. 21 regelt Art. 22 Abs. 1 daher die Möglichkeit des Verwalters, die Eröffnungsentscheidung in den öffentlichen Registern der anderen Mitgliedsstaaten eintragen zu lassen (Abs. 1). Art. 22 Abs. 2 gewährt den Mitgliedsstaaten sogar die Möglichkeit, die Eintragung im Register für ihr Land obligatorisch vorzusehen.

---

[1] Vgl. zum deutschen Recht z. B. §§ 31, 32, 33, 23 III InsO.
[2] *Virgos/Schmit*, Erläuternder Bericht, RdNr. 182; *Duursma-Kepplinger*, Europäische Insolvenzverordnung, Art. 22 RdNr. 1; *Haubold*, in: *Gebauer/Wiedmann*, Zivilrecht, Art. 22 RdNr. 188; *HK-Stephan*, Art. 22 RdNr. 1; *Kübler/Prütting/Kemper*, Art. 22 EuInsVO RdNr. 1; *Leible/Staudinger* KTS 2000, 533, 564 f.; *Mäsch*, in: *Rauscher*, Europ. Zivilprozessrecht, Bd. 2, Art. 22 EG-InsVO RdNr. 1; *Moss/Smith*, in: *Moss/Fletcher/Isaacs*, EC Regulation, RdNr. 8.187; MünchKommBGB-*Kindler*, Bd. 11, Art. 22 RdNr. 530 f., 541; HambKomm-*Undritz* Art. 22 RdNr. 1.
[3] Vgl. oben Art. 14 RdNr. 13.

II. Registereintragung (Abs. 1)

1. Antrag des Verwalters des Hauptverfahrens. Antragsberechtigt ist nur der Verwalter eines Hauptverfahrens nach Art. 3 Abs. 1.[4] Antragsberechtigt ist damit jede Person, die als „Verwalter" nach Art. 2 lit. b) i. V. m. Anh. C anzusehen ist.[5] Seine Verwalterposition hat er gemäß Art. 19 nachzuweisen.[6] Der Grund, die Antragsbefugnis auf den Verwalter des Hauptverfahrens zu beschränken, ergibt sich daraus, dass der Verwalter eines Sekundärverfahrens grundsätzlich kein Bedürfnis hat, die Eröffnung des Sekundär- oder Partikularverfahrens in ausländische Register eintragen zu lassen, weil sich die vermögensrechtlichen Wirkungen des Verfahrens nur auf die im Sekundär- bzw. Partikularverfahrensstaat belegenen Vermögensgegenstände beziehen.

2. Eintragungspflichtige Tatsachen. Als eintragungspflichtige Tatsache nennt Art. 22 ausdrücklich nur die „Eröffnung des Insolvenzverfahrens" im Hauptverfahrensstaat. Art. 22 ist hinsichtlich seines Anwendungsbereiches jedoch auch auf Entscheidungen im vorläufigen Insolvenzverfahren anwendbar, insbesondere auf vorläufige Sicherungsmaßnahmen, soweit diese nach dem Recht des Registerstaates eintragungsfähig sind (vgl. zu Form und Inhalt der Eintragung unten, RdNr. 9). So kann dem Insolvenzschuldner bereits vor der formellen Verfahrenseröffnung die Verfügungsbefugnis über sein Vermögen entzogen werden.[7] Da insbesondere Sicherungsmaßnahmen nach Art. 25 Abs. 1, Unterabs. 3, in anderen Mitgliedstaaten ebenfalls anerkannt und vollstreckt werden können, besteht kein Grund, entsprechende Eintragungen in öffentliche Register zu unterbinden, mit der die Wirkung dieser anzuerkennenden Sicherungsmaßnahmen gerade sichergestellt werden soll. Der mit Art. 22 beabsichtigte Schutz des Rechtsverkehrs besteht daher bereits vor der formellen Verfahrenseröffnung.

3. Öffentliche Register. Die Eintragung ist auf Antrag des Verwalters in allen „öffentlichen Registern" vorzunehmen. Beispielhaft nennt hierfür die Verordnung das Grundbuch sowie das Handelsregister. Der Begriff des öffentlichen Registers wird in der Verordnung mehrfach verwandt (so z. B. auch in Art. 2 lit. g), zweiter Spiegelstrich, Art. 5 Abs. 3 sowie Art. 11). Für die Qualifikation eines öffentlichen Registers ist nicht dessen Führung durch die öffentliche Hand (Behörden, Gerichte) entscheidend, sondern die Zugangsmöglichkeit für die Öffentlichkeit.[8] Abweichend von dem in Art. 2 lit. g) verwendeten Begriff des öffentlichen Registers[9] ist jedoch nicht maßgebend, ob mit der Eintragung in das Register auch Rechtswirkungen gegenüber Dritten eintreten. Diese Einschränkung ergibt sich aus der Eintragungspflicht nach Art. 2 lit. h) selbst. Denn Art. 22 hat ungeachtet möglicher Rechtswirkungen auch Informationsfunktion für den Rechtsverkehr. Für Art. 22 ist daher ein öffentlicher Glaube im Sinne des § 15 HGB nicht erforderlich. Art. 21 gilt für jedes öffentliche Register, unabhängig davon, ob den dort gemachten Eintragungen im Rechtsverkehr bestimmte Wirkungen zugedacht werden.

---

[4] *Virgos/Schmit*, Erläuternder Bericht, RdNr. 184; *Duursma-Kepplinger*, Europäische Insolvenzverordnung, Art. 22 RdNr. 4, 6; *Gruber*, in: *Geimer/Schütze*, Int. Rechtsverkehr, B Vor I 20 B, Art. 22 RdNr. 2; *Haubold*, in: *Gebauer/Wiedmann*, Zivilrecht, Art. 22 RdNr. 188; HK-*Stephan*, Art. 22 RdNr. 2; *Kübler/Prütting/Kemper*, Art. 22 EuInsVO RdNr. 3; *Mäsch*, in: *Rauscher*, Europ. Zivilprozessrecht, Bd. 2, Art. 22 EG-InsVO RdNr. 2; *Nerlich/Römermann/Mincke*, Art. 22 RdNr. 1; *Moss/Smith*, in: *Moss/Fletcher/Isaacs*, EC Regulation, RdNr. 8.186, 8190; MünchKommBGB-*Kindler*, Bd. 11, Art. 22 RdNr. 535; *Paulus*, Europäische Insolvenzverordnung, Art. 22 RdNr. 1; *Smid*, Int. Insolvenzrecht, Art. 22 RdNr. 1 f.

[5] *Kübler/Prütting/Kemper*, Art. 22 EuInsVO RdNr. 3.

[6] *Gruber*, in: *Geimer/Schütze*, Int. Rechtsverkehr, B Vor I 20 B, Art. 22 RdNr. 3; HK-*Stephan*, Art. 22 RdNr. 2; *Kübler/Prütting/Kemper*, Art. 22 EuInsVO RdNr. 3; MünchKommBGB-*Kindler*, Bd. 11, Art. 22 RdNr. 535.

[7] Vgl. im deutschen Recht nur § 23 Abs. 3 InsO.

[8] Vgl. oben Art. 2 RdNr. 18.

[9] Vgl. *Virgos/Schmit*, Erläuternder Bericht, RdNr. 69; dem folgend: *Smid*, Int. Insolvenzrecht, Art. 2 RdNr. 19; *Gruber*, in: *Geimer/Schütze*, Int. Rechtsverkehr, B Vor I 20 B, Art. 2 RdNr. 4; *Mäsch*, in: *Rauscher*, Europ. Zivilprozessrecht, Bd. 2, Art. 2 EG-InsVO RdNr. 8.

Art. 22 gilt insoweit nicht nur für die dort nicht erwähnten Genossenschafts-, Partner- **5** schafts-, Vereins-, Schiffs- und Luftfahrzeugregister,[10] sondern gleichermaßen für sonstige Register des gewerblichen Rechtsschutzes, wie die beim Deutschen Marken- und Patentamt geführten Marken-, Geschmacks- sowie Patent- und Gebrauchsmusterregister.

4. Überprüfungsbefugnis. Ob die Registerstelle, die nach dem jeweiligen Recht des **6** Mitgliedsstaates für die Eintragung zuständig ist, eine Überprüfungsbefugnis oder sogar Überprüfungspflicht bezüglich des Anerkennungsvoraussetzungen obliegt, ist strittig. *Virgos/ Schmit* führen aus, dass für die Eintragung keine Exequatur erforderlich sei (was ohnehin dem Grundgedanken einer automatischen Wirkungserstreckung widerspräche), es könne aber jeder Staat entscheiden, ob das jeweilige Registergericht prüfen muss, ob die Entscheidung nach der Verordnung anerkannt werden kann.[11] Die von *Virgos/Schmit* vertretene Auffassung, dass es den Mitgliedsstaaten überlassen bleibe zu entscheiden, ob der Registerstelle eine Prüfungspflicht obliegt, steht schon Sinn und Zweck von Art. 14 entgegen. Diese Kollisionsnorm knüpft ausdrücklich an das Recht des Registerstaates für die Frage der Wirksamkeit von Verfügungen an, die nach Eröffnung des Insolvenzverfahrens vorgenommen werden.[12] Es kann daher nicht jedem Mitgliedsstaat überlassen bleiben, unter welchen Voraussetzungen Registrierungen vorgenommen werden.

Richtigerweise ist zu differenzieren: Überprüft die Registerstelle grundsätzlich bei allen **7** Eintragungen die materiellrechtliche Richtigkeit der Eintragung, so hat sie im Falle eines Eintragungsantrages eines ausländischen Verwalters auch die Voraussetzungen für die Anerkennung des ausländischen Insolvenzverfahrens zu prüfen. Diese Überprüfung ist auf wenige Rechtsfragen beschränkt. Überprüft werden muss zunächst die Antragsbefugnis des Verwalters, die dieser durch eine beglaubigte Abschrift seiner Bestellung gemäß Art. 19 nachweisen kann. Ergibt sich aus dieser Urkunde nicht, dass der antragstellende Verwalter der Verwalter des Hauptverfahrens ist, hat die Registerstelle zugleich noch den Eröffnungsbeschluss anzufordern, aus dem sich ergibt, dass der antragstellende Verwalter im Hauptverfahren und nicht etwa in einem Partikular- oder Sekundärverfahren bestellt wurde. Ob das ausländische Insolvenzgericht die internationale Zuständigkeit zu Recht angenommen hat, ist in Anlehnung an Art. 16 auch im Rahmen der Registereintragung nach Art. 22 von der Registerstelle nicht zu überprüfen.[13] Auch eine Ermittlung von Amts wegen, ob der Anerkennung des ausländischen Verfahrens der *ordre public*-Einwand nach Art. 26 entgegensteht, ist von der Registerstelle nicht von Amts wegen zu ermitteln. Diese Rechtsfrage ist allenfalls dann zu überprüfen, wenn schon auf Grund des Antrags auf Registereintragung konkrete Anhaltspunkte für einen *ordre public* Verstoß nach Art. 26 erkennbar sind oder der Schuldner oder Dritte einen darauf gestützten Widerspruch gegen die Eintragung geltend machen.

Ist für die Registerstelle, bei der eine entsprechende Eintragung erfolgen soll, dagegen **8** nicht vorgesehen, dass die materiellrechtliche Richtigkeit des Antrages überprüft wird, so hat auch die Registerstelle die Voraussetzungen für die Anerkennung des ausländischen Insolvenzeröffnungsbeschlusses nicht zu überprüfen. Da die Eintragung sich auf den Insolvenzschuldner bezieht, ist somit allenfalls die Stellung des Verwalters als Insolvenzverwalter des im Register eingetragenen Insolvenzschuldners nach Art. 19 zu überprüfen, soweit die Registerstelle nach dem Recht des Registerstaates hierzu befugt ist.

---

[10] *Mäsch*, in: *Rauscher*, Europ. Zivilprozessrecht, Bd. 2, Art. 22 EG-InsVO RdNr. 3; MünchKommBGB-*Kindler*, Bd. 11, Art. 22 RdNr. 530.
[11] *Virgos/Schmit*, Erläuternder Bericht, RdNr. 183; so auch *Duursma-Kepplinger*, Europäische Insolvenzverordnung, Art. 22 RdNr. 10; *Gruber*, in: *Geimer/Schütze*, Int. Rechtsverkehr, B Vor I 20 b, RdNr. 3; *Kübler/Prütting/Kemper*, Art. 22 EuInsVO RdNr. 3. Für eine generelle Prüfung *Mäsch*, in: *Rauscher*, Europ. Zivilprozessrecht, Bd. 2, Art. 22 EG-InsVO RdNr. 7; MünchKommBGB-*Kindler*, Bd. 11, Art. 22 RdNr. 537.
[12] Ebenso *Haubold*, in: *Gebauer/Wiedmann*, Zivilrecht, Art. 22 RdNr. 190; *Gruber*, in: *Geimer/Schütze*, Int. Rechtsverkehr, B Vor I 20 b, Art. 22 RdNr. 8.
[13] *Ahrens*, Rechte und Pflichten ausländischer Insolvenzverwalter, S. 302; *Duursma-Kepplinger*, Europäische Insolvenzverordnung, Art. 22 RdNr. 9; wohl auch *Smid*, Int. Insolvenzrecht, Art. 22 RdNr. 8.

9 **5. Form und Inhalt der Eintragung.** Form und Inhalt der Eintragung richten sich nach dem Recht des Registerstaates und nicht nach der *lex fori concursus*.[14] Als Eintragungsinhalt gibt Art. 22 zwingend lediglich die Eintragung der Verfahrenseröffnung vor. Soweit das Recht des Hauptverfahrens die Eintragung auch weiterer Tatsachen oder Rechtswirkungen vorsieht, so können diese zwar auf Grundlage des jeweiligen Registerrechts eingetragen werden, nicht jedoch auf Grundlage von Art. 22. Insoweit geht die in Deutschland geführte Diskussion darüber, was mit dem deutschen Recht unbekannte ausländische Eintragungen geschehen soll, an dem durch Art. 22 ohnehin schon beschränkten Eintragungsinhalt vorbei.[15] Weitergehende inhaltliche Eintragungen sind auf Grundlage des jeweils nationalen Rechts zulässig. Sie sind jedoch von der Verordnung nicht gefordert. Daher ist auch die Eintragung eines „Rangvorzugs" eines bestimmten Gläubigers durch Art. 22 nicht gedeckt.[16]

10 Art. 22 verlangt nicht, dass das Recht des Hauptverfahrens dort ebenfalls eine Eintragung in die entsprechenden Register zwingend vorschreibt.[17] Eine solche Einschränkung ergibt sich weder aus dem Wortlaut, noch aus dem Schutzzweck von Art. 22, der den Schutz der lokalen Gläubiger in einem anderen Mitgliedstaat gemäß dem dort geltenden Registerrecht im Auge hat. Die Anknüpfung an das lokale Recht des Registers wird auch durch die kollisionsrechtliche Vorschrift in Art. 14 bestätigt. Die von dem deutschen Gesetzgeber in Art. 102 § 6 Abs. 1 Satz 2 EGInsO umgesetzte Regelung, wonach die registerführende Stelle vom zuständigen Gericht dann um Eintragung ersucht wird, wenn nach dem Recht des Staates, in dem das Hauptinsolvenzverfahren eröffnet wurde, die Verfahrenseröffnung ebenfalls eingetragen wird, verstößt daher gegen Art. 22.[18] Schließlich ist darüber hinaus denkbar, dass das Recht des Hauptverfahrens eine zwingende Eintragung in Register nicht vorschreibt, weil hieran materiellrechtliche Rechtsfolgen nicht geknüpft werden, bzw. die dort geführten Register keinerlei Gutglaubensschutz genießen und daher auf die zwingende Eintragung verzichtet wird.

11 **6. Rechtsfolgen der Eintragung.** Welche Rechtsfolgen sich auf Grund der Eintragung in einem Register ergeben, richtet sich nach anderen Vorschriften der Verordnung bzw. nach dem jeweils anwendbaren Recht. Art. 22 schreibt insoweit lediglich die Registrierungsmöglichkeit vor, um dem Verwalter damit die Möglichkeit zu geben, bestimmte, nach dem jeweils anwendbaren Recht vorgeschriebene Schutzmechanismen auszulösen. Hierzu gehört – auf Ebene der Verordnung – der Schutz der Insolvenzmasse vor schuldbefreienden Leistungen an den Schuldnern nach Art. 24, aber auch der Schutz der Insolvenzmasse vor Verfügungen des Schuldners nach Verfahrenseröffnung gemäß Art. 14. Die Rechtsfolgen

---

[14] *Virgos/Schmit*, Erläuternder Bericht, RdNr. 182; *Duursma/Kepplinger*, Europäische Insolvenzverordnung, Art. 22 RdNr. 8; FK-*Wimmer*, Anh I RdNr. 65; *Gruber*, in: *Geimer/Schütze*, Int. Rechtsverkehr, B Vor I 20b, Art. 22 RdNr. 7; *Haubold*, in: *Gebauer/Wiedmann*, Zivilrecht, Art. 22 RdNr. 191; HK-*Stephan*, Art. 22 RdNr. 2; *Kübler/Prütting/Kemper*, Art. 22 EuInsVO RdNr. 3; *Mäsch*, in: *Rauscher*, Europ. Zivilprozessrecht, Bd. 2, Art. 22 EG-InsVO RdNr. 8; *Nerlich/Römermann/Mincke*, Art. 22 RdNr. 2; MünchKommBGB-*Kindler*, Bd. 11, Art. 22 RdNr. 539; *Pannen*, in: *Breutigam/Blersch/Goetsch*, Art. 22 RdNr. 2; *Paulus*, Europäische Insolvenzverordnung, Art. 22 RdNr. 2; *Smid*, Int. Insolvenzrecht, Art. 22 RdNr. 6; HambKomm-*Undritz* Art. 22 RdNr. 3.
[15] Die vielfach diskutierte Problematik der Substitution ausländischer unbekannter Eintragungen in entsprechende inländische Eintragungen wird in der Praxis ohnehin nicht vorkommen; zu dieser Diskussion, in: *Geimer/Schütze*, Int. Rechtsverkehr, B Vor I 20b, Art. 22, RdNr. 7; auch der Gesetzgeber hat im Rahmen der Gesetzgebung zu Art. 102 § 6 die Substitutionsproblematik diskutiert (vgl. Regierungsentwurf, BT Drucks. 15/16, S. 16).
[16] Diesen Beispielsfall nennt *Duursma/Kepplinger*, Europäische Insolvenzverordnung, Art. 11 RdNr. 11; *Gruber*, in: *Geimer/Schütze*, Int. Rechtsverkehr, B Vor I 20b, Art. 22, RdNr. 7.
[17] *Gruber*, in: *Geimer/Schütze*, Int. Rechtsverkehr, B Vor I 20b, Art. 22 RdNr. 8; *Haubold*, in: *Gebauer/Wiedmann*, Zivilrecht, Art. 22 RdNr. 190; *Mäsch*, in: *Rauscher*, Europ. Zivilprozessrecht, Bd. 2, Art. 22 EG-InsVO RdNr. 4.
[18] Vgl. oben die Kommentierung zu Art. 102 § 6 Abs. 1 EGInsO, RdNr. 9 und RegE, BR-Drucks. 715/02, S. 18; ebenso *Haubold*, in: *Gebauer/Wiedmann*, Zivilrecht, Art. 22 RdNr. 190; *Gruber*, in: *Geimer/Schütze*, Int. Rechtsverkehr, B Vor I 20b, Art. 22 RdNr. 8; *Mäsch*, in: *Rauscher*, Europ. Zivilprozessrecht, Bd. 2, Art. 22 EG-InsVO RdNr. 4.

der jeweiligen Registereintragung ergeben sich daher nicht aus Art. 22, sondern aus dem nach der Verordnung auf das betreffende Rechtsgeschäft jeweils anwendbaren Recht.

Für die Frage der Anerkennung hat die Eintragung in einem Register keine präjudizielle **12** Wirkung. Entsprechende Eintragungen sind auch keine Anerkennungsvoraussetzungen des ausländischen Verfahrens nach Art. 16 und 17,[19] noch hat die Weigerung der Eintragung präjudizielle Wirkung auf die Anerkennungsfähigkeit anderer Wirkungen des Insolvenzverfahrens, auch dann nicht, wenn es sich nach einzelstaatlichem Recht um eine obligatorische Eintragung i. S. d. Abs. 2 handelt (vgl. unten RdNr. 13).[20]

III. Ermächtigung (Abs. 2)

1. Ermächtigung der Mitgliedsstaaten. Für die Eintragungsverpflichtung nach **13** Art. 22 Abs. 2 gilt das zu der gleich lautenden Vorschrift in Art. 21 Abs. 2 gesagte entsprechend (vgl. oben Art. 21 RdNr. 9 ff.). Art. 22 Abs. 2 Satz 1 enthält ebenso wie Art. 21 Abs. 2 Satz 1 eine Ermächtigungsgrundlage für die Mitgliedsstaaten, die Eintragung obligatorisch vorzusehen. Anders als nach Art. 21 Abs. 2 Satz 1 bedarf es jedoch für die Eintragung in Register keiner Niederlassung.[21] Dies erklärt sich daraus, dass bei einer Eintragung im Handelsregister ohnehin eine Zweigniederlassung des Insolvenzschuldners vorliegt. Soweit es um die Registereintragung einzelner Vermögensgegenstände geht, ergibt sich der Verzicht auf das Niederlassungserfordernis schon daraus, dass sich diese Eintragungen auf einen einzelnen Vermögensgegenstand beziehen, die nach der Belegenheitsdefinition in Art. 2 lit. g), zweiter Spiegelstrich, auch in den dortigen Mitgliedsstaaten als belegen gelten, weil dort auch das Register geführt wird.

Von dieser Ermächtigung haben die Mitgliedsstaaten bisher nur eingeschränkt Gebrauch **14** gemacht: So hat beispielsweise Deutschland in der Umsetzungsvorschrift in Art. 102 § 6 EGInsO von einer Verpflichtung zur Antragstellung abgesehen.[22] Soweit der Insolvenzschuldner in Deutschland eine Niederlassung hat, ist nach Art. 102 § 5 Abs. 2 EGInsO die öffentliche Bekanntmachung ohnehin verbindlich vorgeschrieben. Die Eintragung in das Handelsregister ist bei Zweigniederlassungen von Kapitalgesellschaften über § 13 e Abs. 4 HGB ebenfalls sichergestellt, da die Eröffnung eines Insolvenzverfahrens zu den anmeldepflichtigen Tatsachen zählt.[23]

Dagegen hat Österreich von der in Art. 22 enthaltenen Ermächtigungsgrundlage Gebrauch **15** gemacht. Danach ist bei Vorliegen einer Niederlassung in Österreich die Eröffnung des Hauptinsolvenzverfahrens im Inland (dh. Österreich) öffentlich bekannt zu machen. Bei Vorliegen einer Niederlassung oder unbeweglichen Vermögens ist die ausländische Verfahrenseröffnung zudem dem Grund- oder Firmenbuch bekannt zu machen.[24]

---

[19] *Virgos/Schmit,* Erläuternder Bericht, RdNr. 182; *Duursma/Kepplinger,* Europäische Insolvenzverordnung, Art. 22 RdNr. 1, 9; HK-*Stephan,* Art. 22 RdNr. 1; *Kübler/Prütting/Kemper,* Art. 22 EuInsVO RdNr. 1; MünchKommBGB-*Kindler,* Bd. 11, Art. 22 RdNr. 532, 541; HambKomm-*Undritz* Art. 22 RdNr. 1.

[20] *Virgos/Schmit,* Erläuternder Bericht, RdNr. 185; *Duursma/Kepplinger,* Europäische Insolvenzverordnung, Art. 22 RdNr. 14; *Garasic,* Anerkennung ausländischer Insolvenzverfahren, S. 65; MünchKommBGB-*Kindler,* Bd. 11, Art. 22 RdNr. 543; *Pannen,* in: Breutigam/Blersch/Goetsch, Art. 22 RdNr. 7.

[21] MünchKommBGB-*Kindler,* Bd. 11, Art. 22 RdNr. 542; *Smid,* Int. Insolvenzrecht, Art. 22 RdNr. 9. AA wohl *Gruber,* in: Geimer/Schütze, Int. Rechtsverkehr, B Vor I 20 B, Art. 22 RdNr. 9; *Haubold,* in: Gebauer/Wiedmann, Zivilrecht, Art. 22 RdNr. 193.

[22] Ebenso MünchKommBGB-*Kindler,* Bd. 11, Art. 22 RdNr. 542; HK-*Stephan,* Art. 22 RdNr. 5, Art. 102 § 6 RdNr. 8; *Duursma/Kepplinger,* Europäische Insolvenzverordnung, Art. 22 RdNr. 2; vgl. auch die Kommentierung unten, Art. 102 § 6 RdNr. 4.

[23] Vgl. GK-HGB-*Achilles* § 13 e RdNr. 10; *Baumbach/Hopt* § 13 e RdNr. 2; MünchKommHGB-*Krafka,* Bd. 1, § 13 e RdNr. 11; *Pentz* in: Ebenroth/Boujong/Joost, HGB, Bd. 1, § 13 e RdNr. 80. Ebenso FK-*Wimmer,* Anh I RdNr. 69; *Haubold,* in: Gebauer/Wiedmann, Zivilrecht, Art. 22 RdNr. 193; *Mäsch,* in: Rauscher, Europ. Zivilprozessrecht, Bd. 2, Art. 22 EG-InsVO RdNr. 10; MünchKommBGB-*Kindler,* Bd. 11, Art. 22 RdNr. 542; *Nerlich/Römermann/Mincke,* Art. 22 RdNr. 5.

[24] Vgl. § 8 Insolvenzrechtseinführungsgesetz, BGBl 75/2002; hierzu auch *Duursma/Kepplinger,* Europäische Insolvenzverordnung, Art. 22 RdNr. 16 ff.

16 **2. Tätigkeitspflicht des Verwalters des Hauptverfahrens.** Eine gesetzliche Pflicht zur Beantragung entsprechender Registereintragungen besteht daher für den Verwalter des Hauptverfahrens nur in den Staaten, die in ihrem jeweiligen nationalen Recht gemäß Art. 22 Abs. 2 eine entsprechende Verpflichtung zur Eintragung vorgesehen haben.[25] Darüber hinaus obliegt es dem pflichtgemäßen Ermessen des Verwalters, zu entscheiden, ob eine entsprechende Eintragung zum Schutz der Insolvenzmasse, aber auch zum Schutz möglicherweise gefährdeter Dritter im Rechtsverkehr notwendig ist.

IV. Kosten

17 Bezüglich der Kosten für die Registereintragung enthält Art. 23 eine Sonderregelung, wonach die Kosten der Eintragung als Kosten und Aufwendungen des Verfahrens gelten (vgl. die Kommentierung zu Art. 23, unten).

V. Öffentliche Register in Deutschland

18 Für die in Deutschland geführten Register hat der deutsche Gesetzgeber die in Art. 22 enthaltene Regelung in Art. 102 § 6 EGInsO näher spezifiziert. Danach ist der Antrag auf Eintragung an das nach Art. 102 § 1 EGInsO zuständige örtliche Insolvenzgericht zu richten. Dieses ersucht dann zentral alle anderen Registerstellen um Eintragung. Diese Konzentration der Antragstellung und damit verbunden der Prüfung der Eintragungsvoraussetzungen erleichtert nicht nur die Handhabung für den ausländischen Verwalter,[26] sondern stellt auch sicher, dass mit der Eintragung verbundene Fragen, wie beispielsweise die Anerkennung des ausländischen Verfahrens von den Registerstellen innerhalb eines Landes nicht unterschiedlich beurteilt werden. Insoweit kann auf die Kommentierung zu Art. 102 § 6 EGInsO verwiesen werden.[27]

VI. Haftung des Verwalters

19 Ebenso wie bei Art. 21 kann sich der Verwalter auch bezüglich seiner Antragspflichten nach Art. 22 schadensersatzpflichtig machen, wenn hierdurch der Insolvenzmasse oder auch geschädigten Dritten ein Nachteil entsteht.[28] Die Voraussetzungen eines entsprechenden Schadensersatzanspruches ergeben sich aus der *lex fori concursus*.[29] Lediglich die Frage der Pflichtwidrigkeit wird nach der materiellrechtlichen Norm des Art. 22 der Verordnung bestimmt. Danach ist eine Haftung grundsätzlich nur denkbar, wenn der Verwalter sein Ermessen pflichtwidrig ausgeübt hat. Schadensersatzansprüche sind insoweit nicht nur seitens der Insolvenzmasse denkbar, sondern auch durch geschädigte Dritte, da Art. 22 drittschützendem Charakter zukommt.

20 Die Mitgliedstaaten haben dagegen nach Art. 22 Abs. 2 keine Ermächtigung, die Schadensersatzpflicht des ausländischen Verwalters zu regeln. Die in § 8 Abs. 3 des österreichischen Insolvenzeinführungsgesetzes enthaltene Schadensersatzregelung, die eine Schadensersatzpflicht des Verwalters vorsieht, wenn dieser gegen die durch das österreichische

---

[25] *Kübler/Prütting/Kemper,* Art. 22 EuInsVO RdNr. 6; *Nerlich/Römermann/Mincke,* Art. 22 RdNr. 3; HambKomm-*Undritz* Art. 22 RdNr. 4.
[26] *Gruber,* in: *Geimer/Schütze,* Int. Rechtsverkehr, B Vor I 20 B, Art. 23 RdNr. 5; *Haubold,* in: *Gebauer/Wiedmann,* Zivilrecht, Art. 22 RdNr. 189; HK-*Stephan,* Art. 22 RdNr. 4; *Mäsch,* in: *Rauscher,* Europ. Zivilprozessrecht, Bd. 2, Art. 22 RdNr. 5.
[27] Vgl. auch RegE, BT-Drucks. 15/16 S. 16.
[28] *Kübler/Prütting/Kemper,* Art. 22 EuInsVO RdNr. 1; *Haubold,* in: *Gebauer/Wiedmann,* Zivilrecht, Art. 22 RdNr. 193; *Leible/Staudinger* KTS 2000, 533, 565; *Pannen,* in: *Breutigam/Blersch/Goetsch,* Art. 22 RdNr. 7; *Smid,* Int. Insolvenzrecht, Art. 22 RdNr. 11.
[29] *Kübler/Prütting/Kemper,* Art. 22 EuInsVO RdNr. 1; *Smid,* Int. Insolvenzrecht, Art. 22 RdNr. 11.

Recht gemäß Art. 22 Abs. angeordnete Veröffentlichungspflicht verstößt,[30] ist daher nicht verordnungskonform.[31]

Art. 23. Kosten

Die Kosten der öffentlichen Bekanntmachung nach Art. 21 und der Eintragung nach Art. 22 gelten als Kosten und Aufwendungen des Verfahrens.

Literatur: Vergleiche die allgemeinen Literaturangaben vor Art. 1 EuInsVO.

Übersicht

	RdNr.		RdNr.
I. Normzweck	1	III. Rechtsfolge	5
II. Kosten der Bekanntmachung und Eintragung	3		

I. Normzweck

Art. 23 ist eine Sachnorm[1] und bestimmt materiellrechtlich den Rang der Kosten der 1 öffentlichen Bekanntmachung nach Art. 21 sowie der Registereintragung nach Art. 22: diese Kosten sind im Hauptverfahren als „Kosten und Aufwendung des Verfahrens" zu behandeln. Diese Rangbestimmung für alle Mitgliedstaaten ist freilich nicht unproblematisch, wenn das nationale Recht für Kosten und Aufwendungen des Verfahrens unterschiedliche oder differenzierte Regelungen vorsieht (vgl. zu den Anpassungsproblemen unten, RdNr. 4).

Die Regelung ist zudem überflüssig. Die öffentlichen Bekanntmachung sowie die Regis- 2 tereintragung dient vornehmlich dem Schutz der Insolvenzmasse vor einem gutgläubigen Erwerb Dritter sowie vor einer schuldbefreienden Leistung eines Dritten an den Insolvenzschuldner. Dass Handlungen des Verwalters zum Schutz der Insolvenzmasse zu den **Masseverbindlichkeiten** gehören, dürfte in allen Mitgliedstaaten gleichermaßen geregelt sein. Hintergrund der Vorschrift scheint aber zu sein, dass schon während der Verhandlungen zum EuIÜ die Ansicht vertreten wurde, die Insolvenzmasse des Hauptverfahrens nicht mit den Kosten für die obligatorische Veröffentlichung oder Eintragung nach Art. 21 Abs. 2 oder 22 Abs. 2 zu belasten.[2] Dem wollte man wohl klarstellend entgegen treten. Ein anderer Schuldner für diese Kosten als die Masse des Hauptverfahrens käme ohnehin nur dann in Betracht, wenn in dem Mitgliedstaat der öffentlichen Bekanntmachung sodann auch ein Sekundärverfahren eröffnet würde. Der Schutz der Masse eines späteren Sekundärverfahrens kommt mittelbar jedoch auch dem Hauptverfahren zugute (vgl. Art. 35), so dass hier, angesichts ohnehin geringer Kosten, zu Recht auf komplizierte Kostenregelungen verzichtet worden ist.

II. Kosten der Bekanntmachung und Eintragung

Was als „Kosten" der öffentlichen Bekanntmachung anzusehen ist, wird in Art. 23 3 nicht definiert. Unstreitig gehören hierzu zunächst die anfallenden Gebühren oder Kosten, die von der Bekanntmachungsstelle oder der Registerstelle erhoben werden.[3] So fallen in Deutschland für die öffentliche Bekanntmachung im Rahmen von Art. 102 § 5

---

[30] Vgl. dazu oben, RdNr. 15.
[31] Keine Bedenken gegen die Vorschrift äußern dagegen *Duursma/Kepplinger*, Europäische Insolvenzrechtsverordnung, Art. 22 RDNr. 19 ff.
[1] *Gruber*, in: Geimer/Schütze, Int. Rechtsverkehr, B Vor I 20 B, Art. 23 RdNr. 1; HK-*Stephan*, Art. 23 RdNr. 1; *Kübler/Prütting/Kemper*, Art. 23 EuInsVO RdNr. 1.
[2] Vgl. *Virgos/Schmit*, Erläuternder Bericht, RdNr. 186.
[3] *Kübler/Prütting/Kemper*, Art. 23 EuInsVO RdNr. 2.

EGInsO nach § 24 GKG Kosten an, die von dem ausländischen Insolvenzverwalter zu tragen sind.[4] Allerdings entstehen in Deutschland für den ausländischen Verwalter mangels ausdrücklicher Kostenanordnung keine Gerichtsgebühren für die Maßnahmen des Insolvenzgerichts nach Art. 102 § 6 EGInsO. Dessen Tätigkeit sowie die Registereintragung eines Insolvenzvermerks ist kostenfrei (vgl. § 69 Abs. 2, 87 Nr. 1 KostO).[5] Das ist freilich „großzügig", da die §§ 69, 87 KostO auf gesonderte Gebühren nur deswegen verzichten, weil die Tätigkeit mit den Gebühren des Insolvenzverfahrens nach § 58 GKG als abgegolten gelten. Diese fallen jedoch bei einem ausländischen Insolvenzverfahren nicht an, noch sehen § 58 GKG oder Nr. 2310 ff. KV einen Gebührentatbestand für die Prüfung des Antrags durch das nach Art. 102 § 6 Abs. 1 EGInsO zuständige Insolvenzgericht vor.

4   Zu den Kosten einer öffentlichen Bekanntmachung zählen darüber hinaus auch die hierfür notwendigen Übersetzungskosten sowie die Anwaltskosten für die Beauftragung eines örtlichen Rechtsanwaltes, um die Bekanntmachung oder die Registereintragungen zu beantragen.[6] Diese Kosten sind jedoch von Art. 23 nur dann erfasst, wenn sie im Hinblick auf sprachliche oder rechtliche Schwierigkeiten notwendig und angemessen waren.

III. Rechtsfolge

5   Art. 23 schreibt vor, dass die vorgenannten Kosten als „Kosten und Aufwendungen des Verfahrens" gelten. Diese Beschreibung ist nicht unproblematisch, da in den einzelnen Mitgliedsstaaten kein übereinstimmendes Verständnis darüber bestehen dürfte, was unter „Kosten und Aufwendungen des Verfahrens" zu verstehen ist. Es gibt in den Insolvenzgesetzen der Mitgliedsstaaten keine einheitlich festgelegte Gruppe Verbindlichkeiten, die als „Kosten und Aufwendungen des Verfahrens" definiert sind.

6   So ist beispielsweise im deutschen Recht schon fraglich, ob die Kosten für die öffentliche Bekanntmachung und Registrierung wegen des ähnlichen Wortlautes des Art. 23 als „Kosten des Insolvenzverfahrens" nach § 54 InsO anzusehen sind (was angesichts der Beschränkung auf die Kosten des Insolvenzgerichts und der Vergütung des Insolvenzverwalters nach dem Wortlaut der Vorschrift schon nicht der Fall sein dürfte) oder als sonstige Masseverbindlichkeit nach § 55 Abs. 1 Nr. 1 InsO. Diese Differenzierung dürfte bei massearmen Verfahren durchaus relevant werden. § 209 Abs. 1 InsO differenziert nämlich in der Rangordnung zwischen den Kosten des Insolvenzverfahrens im Sinne von § 54 InsO (§ 209 Abs. 1 Nr. 1 InsO) und den demgegenüber als nachrangig zu befriedigenden übrigen Masseverbindlichkeiten (gemeint sind diejenigen nach § 55 InsO) nach § 209 Abs. 1 Nr. 3 InsO. Soweit der nationale Gesetzgeber für massearme Verfahren zwischen verschiedenen Gruppen von Massegläubigern differenziert, wird man im Wege einer verordnungsautonomen Auslegung ermitteln müssen, in welche der Gruppen die Kosten nach Art. 23 einzuordnen sind. Kosten und Aufwendungen eines deutschen Insolvenzverwalters in einem anderen Mitgliedsstaates sind nach demnach nicht als „Kosten" im Sinne des § 54 InsO, sondern als sonstige Masseverbindlichkeiten nach § 55 InsO anzusehen.

---

[4] FK-*Wimmer*, Art. 102 EGInsO Anh. I RdNr. 114; *Gruber*, in: *Geimer/Schütze*, Int. Rechtsverkehr, B Vor I 20 B, Art. 23 RdNr. 2; *Haubold*, in: *Gebauer/Wiedmann*, Zivilrecht, Art. 23 RdNr. 194; *Mäsch*, in: *Rauscher*, Europ. Zivilprozessrecht, Bd. 2, Art. 23 RdNr. 4; MünchKommBGB-*Kindler*, Bd. 11, Art. 23 RdNr. 547; *Pannen*, in: *Breutigam/Blersch/Goetsch*, Art. 23 RdNr. 2; HambKomm-*Undritz*, Art. 23 RdNr. 1.

[5] Ebenso FK-*Wimmer*, Anh. I RdNr. 70 f.; *Gruber*, in: *Geimer/Schütze*, Int. Rechtsverkehr, B Vor I 20 B, Art. 23 RdNr. 3; *Haubold*, in: *Gebauer/Wiedmann*, Zivilrecht, Art. 23 RdNr. 194; *Mäsch*, in: *Rauscher*, Europ. Zivilprozessrecht, Bd. 2, Art. 23 RdNr. 3; MünchKommBGB-*Kindler*, Bd. 11, Art. 23 RdNr. 547; *Pannen*, in: *Breutigam/Blersch/Goetsch*, Art. 23 RdNr. 2; *Paulus*, Europäische Insolvenzverordnung, Art. 23 RdNr. 1; HambKomm-*Undritz*, Art. 23 RdNr. 1.

[6] Zu den Übersetzungskosten vgl. *Kübler/Prütting/Kemper*, Art. 23 EuInsVO RdNr. 2 f.

Art. 24. Leistung an den Schuldner

(1) Wer in einem Mitgliedsstaat an einen Schuldner leistet, über dessen Vermögen in einem anderen Mitgliedsstaat ein Insolvenzverfahren eröffnet worden ist, obwohl er an den Verwalter des Insolvenzverfahrens hätte leisten müssen, wird befreit, wenn ihm die Eröffnung des Verfahrens nicht bekannt war.

(2) Erfolgt die Leistung vor der öffentlichen Bekanntmachung nach Art. 21, so wird bis zum Beweis des Gegenteils vermutet, dass dem Leistenden die Eröffnung nicht bekannt war. Erfolgt die Leistung nach der Bekanntmachung gemäß Art. 21 so wird bis zum Beweis des Gegenteils vermutet, dass dem Leistenden die Eröffnung bekannt war.

Literatur: Vergleiche die allgemeinen Literaturangaben vor Art. 1 EuInsVO.

Übersicht

	RdNr.		RdNr.
I. Normzweck	1	4. Verfahrenseröffnung	9
II. Voraussetzungen	2	5. Kenntnis der Verfahrenseröffnung	10
1. Leistung an den Schuldner	2	a) Kenntnis	10
2. Anstelle einer Leistung an den Verwalter	3	b) Beweislastregelung	11
3. Mitgliedsstaatenbezug	6	**III. Rechtsfolge**	14

I. Normzweck

Auch bei Art. 24 handelt es sich nicht um eine Kollisionsnorm oder Norm des internationalen Verfahrensrechts, sondern um eine sachrechtliche Norm. Diese überlagert in ihrem Anwendungsbereich die jeweiligen Regelungen der Mitgliedsstaaten über Leistungen eines Drittschuldners an den Schuldner nach Verfahrenseröffnung.[1] Die Vorschrift verdrängt in ihrem Anwendungsbereich insoweit § 82 InsO. Zweck der Norm ist es, die Verkehrsinteressen der am Rechtsverkehr Teilnehmenden bei Leistungen zwischen den Mitgliedsstaaten zu sichern. Denn hat der Leistende keine Kenntnis über die Verfahrenseröffnung, so soll auch eine Leistung an den Schuldner noch Erfüllungswirkung haben. Der gute Glauben des Drittschuldners, der in einem anderen Mitgliedsstaat als dem der Verfahrenseröffnung an den Insolvenzschuldner leistet, soll damit geschützt werden. Die Norm steht in engem Zusammenhang mit der öffentlichen Bekanntmachung der Verfahrenseröffnung gemäß Art. 21. Soweit nämlich die Verfahrenseröffnung auch in dem Mitgliedsstaat der Leistung veröffentlicht wurde, wird der Leistende nicht mehr geschützt. Nach entsprechender Veröffentlichung, die letztlich der Verwalter in der Hand hat, wird wiederum die Empfangszuständigkeit des Verwalters geschützt, der mangels Erfüllungswirkung die Leistung nochmals zur Masse fordern kann.

II. Voraussetzungen

1. Leistungen an den Schuldner. Voraussetzung ist zunächst eine Leistung an den Schuldner. Darunter fallen zunächst alle Leistungen, die der Drittschuldner zur Erfüllung

---

[1] Vgl. auch *Duursma-Kepplinger*, Europäische Insolvenzverordnung, Art. 24 RdNr. 2; *Gruber*, in: Geimer/Schütze, Int. Rechtsverkehr, B Vor I 20b, Art. 24 RdNr. 1; *Haubold*, in: Gebauer/Wiedmann, Zivilrecht, Art. 24 RdNr. 195; HK-*Stephan*, Art. 24 RdNr. 1; Kübler/Prütting/*Kemper*, Art. 24 EuInsVO RdNr. 1; Uhlenbruck/*Lüer*, Art. 24 RdNr. 1; *Mäsch*, in: Rauscher, Europ. Zivilprozessrecht, Bd. 2, Art. 24 EG-InsO RdNr. 1; Nerlich/Römermann/*Mincke*, Art. 24 RdNr. 1; MünchKommBGB-*Kindler*, Bd. 11, Art. 25 RdNr. 550; *Paulus*, Europäische Insolvenzverordnung, Art. 24 RdNr. 1; *Smid*, Int. Insolvenzrecht, Art. 24 RdNr. 3; *Virogs/Garcimartin*, European Insolvency Regulation RdNr. 263, 272.

einer Verbindlichkeit gegenüber dem Schuldner erbracht hat. Der Drittschuldner muss demnach die Leistung mit dem Willen erbringen, auf eine bestehende Verbindlichkeit gegenüber dem Schuldner zu leisten.

3 **2. Anstelle einer Leistung an den Verwalter.** Weitere Tatbestandsvoraussetzung des Art. 24 ist, dass der Drittschuldner *„an den Verwalter des Verfahrens hätte leisten müssen"*. Die Leistung muss sich daher auf eine Verbindlichkeit beziehen, die zur Insolvenzmasse des Verfahrens gehört.² Ob dies der Fall ist, ist grundsätzlich nach der *lex fori concursus* gemäß Art. 4 Abs. 2 lit. b) zu bestimmen. Leistungen auf Forderungen höchstpersönlicher Art, wie beispielsweise Unterhaltsansprüche, auf Dienstleistungen persönlicher Art oder Forderungen, die die Persönlichkeitsrechte des Insolvenzschuldners betreffen, fallen regelmäßig – was jedoch auf Grundlage der *lex fori concursus* zu überprüfen ist – nicht in die Insolvenzmasse und sind daher auch nicht Gegenstand von Art. 24.

4 Gehört die von dem Drittschuldner erbrachte Leistung in die Insolvenzmasse des Insolvenzverfahrens, so ist auch bei Leistungen an den Insolvenzschuldner zu überprüfen, ob die Leistung auf andere Art und Weise in die Insolvenzmasse gelangt ist. Gibt der Insolvenzschuldner die empfangene Leistung an den Verwalter heraus oder genehmigt der Verwalter die Leistung des Drittschuldners an den Insolvenzschuldner, so wird der leistende Drittschuldner dennoch befreit. Denn Art. 24 bezweckt keine Bereicherung der Masse, sondern schützt die Empfangszuständigkeit des Verwalters vor masseschmälernden Leistungen an den Schuldner.

5 Ungeschriebene Tatbestandsvoraussetzung ist dabei freilich, dass die Leistung des Drittschuldner – ungeachtet der Empfangszuständigkeit – grundsätzlich Erfüllungswirkung gehabt hätte. Dies ist nach der *lex causae* der Verbindlichkeit zu überprüfen, auf die der Drittschuldner geleistet hat. Hatte die Leistung des Drittschuldners schon nach der *lex causae* keine Erfüllungswirkung, so kann auch nach Art. 24 zugunsten des leistenden Drittschuldners keine Erfüllungswirkung eintreten. In diesem Falle kann der Verwalter den (dann noch bestehenden) Anspruch ohne Rückgriff auf Art. 24 gegen den (noch verpflichteten) Drittschuldner geltend machen.

6 **3. Mitgliedsstaatenbezug.** Der Anwendungsbereich des Art. 24 beschränkt sich auf Leistungen, die in einem anderen Mitgliedsstaat als dem der Verfahrenseröffnung erbracht werden. Hierbei ist nach allerdings nicht unbestrittener Auffassung der Ort der tatsächlichen Leistungserbringung entscheidend.³ Zwar wird gelegentlich vertreten, dass die Vorschrift in ihrem Anwendungsbereich teleologisch dahin zu reduzieren sei, dass der Ort, an dem die Leistung erbracht werde, mit dem Ort übereinstimmen müsse, an dem die Leistung rechtlich hätte erbracht werden müssen; der Drittschuldner solle nicht auch noch bei einer Leistung an einem falschen Ort geschützt werden.⁴ Dieser Einschränkung ist jedoch nicht zu folgen. Schon der Wortlaut des Art. 24 stellt nicht auf den rechtlich geschuldeten Leistungsort ab, sondern darauf, wo der Drittschuldner faktisch *„leistet"*. Art. 24 will die Unkenntnis des Leistenden bei seiner Leistung schützen.

7 Zudem scheint die Einschränkung des relevanten Ortes der Leistungshandlung darauf abzuzielen, dem leistenden Drittschuldner nicht eine dolose (aber nicht nachweisbare) Verlagerung des Leistungsortes in Mitgliedsstaaten zu ermöglichen, in denen noch keine

---

² *Kübler/Prütting/Kemper*, Art. 24 EuInsVO RdNr. 4; *Mäsch*, in: *Rauscher*, Europ. Zivilprozessrecht, Bd. 2, Art. 24 EG-InsVO RdNr. 3; MünchKommBGB-*Kindler*, Bd. 11, Art. 24 RdNr. 554; *Paulus*, Europäische Insolvenzverordnung, Art. 24 RdNr. 3.
³ *Gruber*, in: *Geimer/Schütze*, Int. Rechtsverkehr, B Vor I 20 b, Art. 24 RdNr. 2; *Haubold*, in: *Gebauer/Wiedmann*, Zivilrecht, Art. 24 RdNr. 196; *Kübler/Prütting/Kemper*, Art. 24 EuInsVO RdNr. 5; *Nerlich/Römermann/Mincke*, Art. 24 RdNr. 4; *Paulus*, Europäische Insolvenzverordnung, Art. 24 RdNr. 2; *Smid*, Int. Insolvenzrecht, Art. 24 RdNr. 5; *Virgos/Schmit*, Erläuternder Bericht, RdNr. 188; aA FK-*Wimmer*, Anh I RdNr. 72; HK-*Stephan*, Art. 24 RdNr. 4. Unklar *Duursma-Kepplinger*, Europäische Insolvenzverordnung, Art. 24 RdNr. 7.
⁴ So *Mäsch*, in: *Rauscher*, Europ. Zivilprozessrecht, Bd. 2, Art. 24 EG-InsVO RdNr. 4; MünchKommBGB-*Kindler*, Bd. 11, Art. 24 RdNr. 556.

öffentliche Bekanntmachung erfolgt ist. Die damit intendierte Einschränkung des Schutzes des Drittschuldners lässt sich jedoch anderweitig und sachgerechter erzielen. Denn zunächst findet Art. 24 keine Anwendung, wenn der Drittschuldner seinen Sitz oder (im Falle natürlicher Personen) seinen Wohnsitz im Staat der Verfahrenseröffnung hat, aber in einem anderen Mitgliedstaat die Leistung erbringt. In diesen Fällen regelt alleine die *lex fori concursus* (und damit wohl die Bekanntmachung der Eröffnung im Verfahrensstaat), ob und inwieweit der leistende Drittschuldner geschützt wird. Als internationaler Bezugspunkt für den sachlich-räumlichen Anwendungsbereich des Art. 24[5] reicht daher nicht, dass die Leistung in einem anderen Mitgliedstaat erbracht wird. Hinzukommen muss, dass der leistende Drittschuldner seinen Wohnsitz oder Sitz auch in einem anderen Mitgliedstaat hat als dem des Verfahrensstaates.

Ist dies der Fall, so ist einschränkend darüber hinaus zu berücksichtigen, ob der leistende **8** Drittschuldner im Mitgliedstaat der Leistungshandlung seinen Sitz bzw. Wohnsitz hat. Erfolgt die Leistungshandlung in einem anderen (dritten) Mitgliedstaat, so reicht eine öffentliche Bekanntmachung im Sitz- bzw. Wohnsitzstaat des leistenden Drittschuldners aus.[6]

4. Verfahrenseröffnung. Art. 24 setzt voraus, dass im Zeitpunkt der Leistungshand- **9** lung durch den Drittschuldner ein Insolvenzverfahrens über das Vermögen des Insolvenzschuldners eröffnet worden ist.[7] Zur Bestimmung des Begriffs des Insolvenzverfahrens ist auf die nach Art. 2 lit. a) i. V. m. Anh. A genannten Verfahren zurückzugreifen.[8] Der Zeitpunkt der Verfahrenseröffnung richtet sich nach der formellen Eröffnungsbeschluss.[9] Zwar hat der EuGH in der Eurofood-Entscheidung im Zusammenhang mit dem Prioritätsprinzip nach Art. 3 entschieden, dass eine Verfahrenseröffnung bereits schon dann gegeben ist, wenn ein vorläufiger Insolvenzverwalter bestellt und verfügungsbeschränkende Sicherungsmaßnahmen angeordnet wurden.[10] Die Bedeutung dieser Entscheidung ist jedoch auf Art. 3 und die Bestimmung des Prioritätsprinzips beschränkt.[11] Ebenso wie auch andere Vorschriften, die auf die Verfahrenseröffnung abstellen, bleibt es nach Art. 24 bei der formellen Verfahrenseröffnung zur Feststellung, ob ein Insolvenzverfahren eröffnet wurde.[12]

5. Kenntnis der Verfahrenseröffnung. a) Kenntnis. Die schuldbefreiende Wirkung **10** der Leistung des Drittschuldners tritt nur dann ein, wenn dem Drittschuldner die Eröffnung des Verfahrens „nicht bekannt war". Art. 24 stellt hierbei auf die positive Kenntnis ab, und nicht etwa auf eine fahrlässige Unkenntnis.[13]

b) Beweislastregelung. Art. 24 Abs. 2 trifft für die Frage, ob dem Drittschuldner die **11** Eröffnung des Verfahrens bekannt war, eine widerlegliche Beweislastregelung. So wird vermutet, dass dem leistenden Drittschuldner die Eröffnung nicht bekannt war, wenn die

---

[5] Zum sachlich-räumlichen Anwendungsbereich der Vorschriften der Verordnung vgl. oben Art. 1 RdNr. 12 ff.
[6] Vgl. dazu noch unten RdNr. 11.
[7] *Kübler/Prütting/Kemper*, Art. 24 EuInsVO RdNr. 3; *Mäsch*, in: *Rauscher*, Europ. Zivilprozessrecht, Bd. 2, Art. 24 EG-InsVO RdNr. 2; MünchKommBGB-*Kindler*, Bd. 11, Art. 24 RdNr. 553; *Paulus,* Europäische Insolvenzverordnung, Art. 24 RdNr. 1.
[8] *Kübler/Prütting/Kemper,* Art. 24 EuInsVO RdNr. 3.
[9] *Mäsch,* in: *Rauscher,* Europ. Zivilprozessrecht, Bd. 2, Art. 24 EG-InsVO RdNr. 2, Art. 2 EG-InsVO RdNr. 5; MünchKommBGB-*Kindler,* Bd. 11, Art. 24 RdNr. 553, Art. 2 RdNr. 97 ff.
[10] Vgl. EuGH NZI 2006, 360, 362 Ziffer 54; *Hess/Laukemann/Seagon* IPRax 2007, 89; 92 ff.; *Kammel* NZI 2006, 334, 337; *Knof/Mock* ZIP 2006, 911, 912; *Mankowski* BB 2006, 1753, 1757.
[11] Vgl. Art. 2 RdNr. 7 ff.
[12] Vgl. dazu *Brinkmann* IPRax 2007, 235, 236.
[13] *Duursma-Kepplinger,* Europäische Insolvenzverordnung, Art. 24 RdNr. 5, 12; *Gruber,* in: *Geimer/Schütze,* Int. Rechtsverkehr, B Vor I 20 b, Art. 20 RdNr. 3; *Haubold,* in: *Gebauer/Wiedmann,* Zivilrecht, Art. 24 RdNr. 197; HK-*Stephan,* Art. 24 RdNr. 6; *Kübler/Prütting/Kemper,* Art. 24 EuInsVO RdNr. 6; *Mäsch,* in: *Rauscher,* Europ. Zivilprozessrecht, Bd. 2, Art. 24 EG-InsVO RdNr. 5; MünchKommBGB-*Kindler,* Bd. 11, Art. 24 RdNr. 557; *Smid,* Int. Insolvenzrecht, Art. 24 RdNr. 4. Kritisch *Paulus,* Europäische Insolvenzverordnung, Art. 24 RdNr. 4.

Leistung vor der öffentlichen Bekanntmachung nach Art. 21 erfolgt. Aus dem Verweis auf Art. 21 ergibt sich, dass nicht etwa die öffentliche Bekanntmachung im Hauptverfahrensstaat gemeint ist, sondern die öffentliche Bekanntmachung in einem anderen Mitgliedsstaat. Art. 24 schreibt jedoch nicht ausdrücklich vor, dass die öffentliche Bekanntmachung in dem Mitgliedsstaat erfolgt sein muss, in dem die Leistungshandlung erbracht wird. Befindet sich der Wohnsitz bzw. Sitz des Drittschuldners nicht in dem Staat der Leistungshandlung, sondern sogar noch in einem anderen (dritten) Mitgliedsstaat, so reicht für eine entsprechende Beweislastumkehr auch aus, dass die öffentliche Bekanntmachung in dem Staat erfolgt ist, in dem zwar nicht die Leistungshandlung ausgeführt wurde, in der sich jedoch der Wohnsitz bzw. Sitz des Drittschuldners befindet.[14] Denn dieser ist auf Grund der öffentlichen Bekanntmachung in dem Mitgliedsstaat seines Sitzes bzw. Wohnsitzes nicht schutzbedürftig im Sinne des Art. 24.

12 Es handelt sich jedoch nur um eine widerlegbare Vermutung.[15] Kann der Verwalter demnach nachweisen, dass der leistende Drittschuldner trotz Fehlens einer öffentlichen Bekanntmachung Kenntnis von der Insolvenzverfahrenseröffnung hatte, so scheidet eine schuldbefreiende Wirkung der Leistungshandlung aus.[16]

13 Erfolgt dagegen die Leistung nach dem Zeitpunkt der öffentlichen Bekanntmachung, so wird vermutet, dass der Drittschuldner Kenntnis von der Verfahrenseröffnung hatte. Auch diese Vermutung ist widerlegbar.[17] Es handelt sich hierbei jedoch um den Beweis einer Negativ-Tatsache, die in der Regel schwierig darzulegen und zu beweisen sein wird.

III. Rechtsfolge

14 Hat der Drittschuldner ohne Kenntnis der Verfahrenseröffnung an den Falschen, d. h. an den Schuldner anstelle des Drittschuldners geleistet, so wird er „*befreit*". Befreiung bedeutet, dass der Drittschuldner, obwohl seine Leistung an sich keine Erfüllungswirkung hatte, weil an den Falschen geleistet wurde, er nicht nochmals – nun an den Verwalter – leisten muss.[18] Die Befreiung tritt jedoch nur hinsichtlich der fehlenden Empfangszuständigkeit ein. Konnte die Leistung aus anderen Gründen keine Erfüllungswirkung haben, oder ergeben sich auf Grund einer mangelhaften Leistung Sekundär- oder Schadensersatzansprüche, so hilft die Befreiungswirkung des Art. 24 hierüber freilich nicht hinweg.

---

[14] *Duursma-Kepplinger*, Europäische Insolvenzverordnung, Art. 24 RdNr. 11; *Gruber*, in: *Geimer/Schütze*, Int. Rechtsverkehr, B Vor I 20 b, Art. 24 RdNr. 6; *Mäsch*, in: *Rauscher*, Europ. Zivilprozessrecht, Bd. 2, Art. 24 EG-InsVO RdNr. 9; *Nerlich/Römermann/Mincke*, Art. 24 RdNr. 5; MünchKommBGB-*Kindler*, Bd. 11, Art. 24 RdNr. 556; *Virgos/Schmit*, Erläuternder Bericht, RdNr. 187. AA *Ahrens*, Rechte und Pflichten ausländischer Insolvenzverwalter, S. 301 Fn. 96; HK-*Stephan*, Art. 24 RdNr. 5; *Kübler/Prütting/Kemper*, Art. 24 RdNr. 7.

[15] Vgl. *Duursma-Kepplinger*, Europäische Insolvenzverordnung, Art. 24 RdNr. 12; *Haubold*, in: *Gebauer/Wiedmann*, Zivilrecht, Art. 24 RdNr. 197; HK-*Stephan*, Art. 24 RdNr. 6; *Mäsch*, in: *Rauscher*, Europ. Zivilprozessrecht, Bd. 2, Art. 24 EG-InsVO RdNr. 7; *Nerlich/Römermann/Mincke*, Art. 24 RdNr. 3; MünchKommBGB-*Kindler*, Bd. 11, Art. 24 RdNr. 560; *Pannen*, in: *Breutigam/Blersch/Goetsch*, Art. 24 RdNr. 4; *Paulus*, Europäische Insolvenzverordnung, Art. 24 RdNr. 7; *Smid*, Int. Insolvenzrecht, Art. 24 RdNr. 8; *Virgos/Schmit*, Erläuternder Bericht, RdNr. 187 aE.

[16] *Duursma-Kepplinger*, Europäische Insolvenzverordnung, Art. 24 RdNr. 14; HK-*Stephan*, Art. 24 RdNr. 6; MünchKommBGB-*Kindler*, Bd. 11, Art. 24 RdNr. 560.

[17] Vgl. *Duursma-Kepplinger*, Europäische Insolvenzverordnung, Art. 24 RdNr. 12; *Gruber*, in: *Geimer/Schütze*, Int. Rechtsverkehr, B Vor I 20 b, Art. 20 RdNr. 4; *Haubold*, in: *Gebauer/Wiedmann*, Zivilrecht, Art. 24 RdNr. 197; HK-*Stephan*, Art. 24 RdNr. 6; *Mäsch*, in: *Rauscher*, Europ. Zivilprozessrecht, Bd. 2, Art. 24 EG-InsVO RdNr. 7; *Nerlich/Römermann/Mincke*, Art. 24 RdNr. 3; MünchKommBGB-*Kindler*, Bd. 11, Art. 24 RdNr. 561; *Pannen*, in: *Breutigam/Blersch/Goetsch*, Art. 24 RdNr. 4; *Paulus*, Europäische Insolvenzverordnung, Art. 24 RdNr. 8; *Smid*, Int. Insolvenzrecht, Art. 24 RdNr. 9; *Virgos/Schmit*, Erläuternder Bericht, RdNr. 187 aE.

[18] *Duursma-Kepplinger*, Europäische Insolvenzverordnung, Art. 24 RdNr. 4; *Kübler/Prütting/Kemper*, Art. 24 EuInsVO RdNr. 10; *Mäsch*, in: *Rauscher*, Europ. Zivilprozessrecht, Bd. 2, Art. 24 EG-InsVO RdNr. 6; *Paulus*, Europäische Insolvenzverordnung, Art. 24 RdNr. 5.

Art. 25. Anerkennung und Vollstreckbarkeit sonstiger Entscheidungen

(1) Die zur Durchführung und Beendigung eines Insolvenzverfahrens ergangenen Entscheidungen eines Gerichts, dessen Eröffnungsentscheidung nach Art. 16 anerkannt wird, sowie ein von einem solchen Gericht bestätigter Vergleich werden ebenfalls ohne weitere Förmlichkeiten anerkannt. Diese Entscheidungen werden nach den Art. 31 bis 51 (mit Ausnahme von Art. 34 Abs. 2) des Brüsseler Übereinkommens über die gerichtliche Zuständigkeit und die Vollstreckung gerichtlicher Entscheidungen in Zivil- und Handelssachen in der durch die Beitrittsübereinkommen zu diesem Übereinkommen geänderten Fassung vollstreckt. Unterabsatz 1 gilt auch für Entscheidungen, die unmittelbar auf Grund des Insolvenzverfahrens ergehen und in engem Zusammenhang damit stehen, auch wenn diese Entscheidungen von einem anderen Gericht getroffen werden. Unterabsatz 1 gilt auch für Entscheidungen über Sicherungsmaßnahmen, die nach dem Antrag auf Eröffnung eines Insolvenzverfahrens getroffen werden.

(2) Die Anerkennung und Vollstreckung der anderen als der in Abs. 1 genannten Entscheidungen unterliegen dem Verordnung nach Abs. 1, soweit jenes Verordnung anwendbar ist.

(3) Die Mitgliedsstaaten sind nicht verpflichtet, eine Entscheidung gemäß Abs. 1 anzuerkennen und zu vollstrecken, die eine Einschränkung der persönlichen Freiheit oder des Postgeheimnisses zur Folge hätte.

Literatur: *Brinkmann,* Zu Voraussetzungen und Wirkungen der Art. 15, 25 EuInsVO – Die Wirkungen der Anordnung von Sicherungsmaßnahmen im Insolvenzeröffnungsverfahren auf im Ausland anhängige Prozesse – OGH v. 23. 2. 2005, 9 Ob 135/04 z, IPRax 2007, 235; *Duursma-Kepplinger,* Anmerkung zu: OGH v. 23. 2. 2005, 9 Ob 135/04 z, Österr. Anwaltsblatt 2005, 348; *Ehricke,* Zur Anerkennung einer im Ausland einem Deutschen erteilten Restschuldbefreiung – zu BGH v. 18. 9. 2001, IX ZB 51/00, IPRax 2002, 505; *Haubold,* Europäisches Zivilverfahrensrecht und Ansprüche im Zusammenhang mit Insolvenzverfahren, IPRax 2002, 157; *Mankowski,* Anmerkung zu BGH, Urt. v. 17. 5. 2003 – IX ZR 203/02, Zuständigkeit für Klagen des Insolvenzverwalters, NZI 2003, 545; *Mörsdorf-Schulte,* Internationaler Gerichtsstand für Insolvenzanfechtungsklagen im Spannungsfeld von EuInsVO, EuGVÜ/O und autonomen Recht und seine Überprüfbarkeit durch den BGH, IPRax 2004, 31; *Pannen/Riedemann.,* Kurzkommentar zu: OLG Düsseldorf, Beschl. v. 9. 7. 2004 – I-3 W 53/04, EWiR 2005, 177; *Schollmeyer,* Vollstreckungsschutz kraft ausländischen Insolvenzrechts und Inlandsklausel, IPRax 2003, 227; *Stürner,* Gerichtsstandsvereinbarungen und Europäisches Insolvenzrecht, IPRax 2005, 416; *Thole,* Die internationale Zuständigkeit für insolvenzrechtliche Anfechtungsklagen, ZIP 2006, 1383; *von Bismarck/Schümann-Kleber,* Insolvenz eines deutschen Sicherungsgebers – Auswirkungen auf die Verwertung im Ausland belegener Kreditsicherheiten, NZI 2005, 89.

Übersicht

	RdNr.		RdNr.
I. Normzweck	1	hen und in engem Zusammenhang damit stehen	10
II. Entscheidungen	5	5. Andere Entscheidungen (Abs. 2)	12
1. Entscheidungen, die zur Durchführung und Beendigung des Verfahrens ergangen sind	5	**III. Anerkennung und Vollstreckung**	13
2. Gerichtlich bestätigter Vergleich	8	1. Anerkennung	13
3. Entscheidungen über Sicherungsmaßnahmen	9	2. Vollstreckung	18
4. Entscheidungen, die unmittelbar auf Grund des Insolvenzverfahrens erge-		3. Ausnahmen (Abs. 3)	19
		IV. Direkte Internationale Zuständigkeit	21

I. Normzweck

Während Art. 16 und 17 die Anerkennung des eigentlichen Eröffnungsbeschlusses erfassen (der auf Grund seiner Gestaltungswirkung nur einer Anerkennung, aber keiner Vollstreckung zugänglich ist) und die Art. 18 ff. – kollisions- und anerkennungsrechtlich – die Wirkung der Verfahrenseröffnung bezüglich einzelner Fragen regeln, wird die Anerkennung 1 und Vollstreckung anderer insolvenzrechtlicher Entscheidungen nochmals grundsätzlich von Art. 25 zusammengefasst. In Abs. 1 werden hierbei zunächst diejenigen Entscheidungen zusammengefasst, die auf Grundlage der Verordnung anerkannt werden. Abs. 2 regelt sodann, dass alle anderen Entscheidungen, die nicht unter die in Art. 16 oder Art. 25 Abs. 1 genannten Entscheidungen fallen, gem. der EuGVVO anzuerkennen und zu vollstrecken sind. Abs. 3 enthält wiederum eine Ausnahme von der Anerkennungs- und Vollstreckungspflicht, die grundrechtsrelevante Eingriffe, nämlich Einschränkungen der persönlichen Freiheit oder des Postgeheimnisses, zum Gegenstand haben, ohne dass diesbezüglich zwingend ein *ordre public*-Verstoß vorliegen müsste.

2 Schon der Versuch in Abs. 1, die Entscheidungen, die nach der Verordnung anerkannt und vollstreckt werden sollen, zu definieren, zeigt die grundsätzliche Schwierigkeit, vor der die Verordnung im Verhältnis zur EuGVVO steht und die Gegenstand intensiver wissenschaftlicher Diskussion geworden ist: nämlich das Verhältnis und die Abgrenzung der EuInsVO von der EuGVVO. Die Abgrenzungsthematik hat der Verordnungsgeber durchaus gesehen. So ist in Ziffer 6 der Erwägungsgründe zunächst ausführt, dass sich die Verordnung auf Vorschriften beschränke, die die Zuständigkeit für die Eröffnung von Insolvenzverfahren und für Entscheidungen regele, die unmittelbar auf Grund des Insolvenzverfahrens ergehen und in engem Zusammenhang damit stünden. Darüber hinaus solle die Verordnung Vorschriften hinsichtlich der Anerkennung solcher Entscheidungen enthalten. Ziffer 7 der Erwägungsgründe führt sodann aus, dass Konkurse, Vergleiche und ähnliche Verfahren dagegen vom Anwendungsbereich des Brüsseler Übereinkommens von 1968,[1] welches mittlerweile durch die EuGVVO[2] ersetzt worden ist,[3] ausgenommen seien. Auch *Virgos/Schmit* haben in dem Erläuternden Bericht ausgeführt, dass Art. 25 Abs. 2 sicherstellen soll, dass die EuInsVO und die EuGVVO lückenlos ineinander greifen. Der Ausschlusstatbestand in Art. 1 Abs. 2 der EuGVVO solle daher so ausgelegt werden, dass er im Einklang mit der Definition der Insolvenzverfahren nach der Verordnung und den in Art. 25 aufgeführten Kriterien stehe.[4]

3 Die Lückenlosigkeit beider Verordnungen bezüglich der Fragen der Anerkennung und Vollstreckung von Entscheidungen ist deswegen unproblematisch, weil Art. 25 Abs. 1 und Abs. 2 für die Anerkennung und Vollstreckung der dort genannten Entscheidungen grundsätzlich als Rechtsfolgenverweis auf die EuGVVO verweist. Eine genau Abgrenzung ist daher obsolet, weil im Ergebnis für die Anerkennung und Vollstreckung ohnehin die diesselben Rechtsnormen (der EuGVVO) angewendet werden.

4 Eine Regelungslücke, die sich im Ergebnis nicht ohne Widerspruch gegen eine der Vorschriften der Verordnungen lösen lässt, besteht jedoch was die direkte internationale Zuständigkeit betrifft. Denn zumindest für die in Art. 25 Abs. 1 Unterabsatz 2 genannten Entscheidungen, für deren Anerkennung und Vollstreckung die EuInsVO auf die EuGVVO verweist, ist in der EuInsVO keine ausdrückliche Regelung über die internationale Zuständigkeit vorgesehen. An sich können diese auch nicht von der EuGVVO erfasst sein, weil sonst der Rechtsfolgenverweis auf die EuGVVO ohne Bedeutung wäre. Aus welcher Verordnung die internationale Zuständigkeit daher hergeleitet werden soll, ist strittig und

---

[1] Brüsseler EWG-Übereinkommen über die gerichtliche Zuständigkeit und die Vollstreckung gerichtlicher Entscheidungen in Zivil- und Handelssachen vom 27. September 1968, BGBl. 1972 II 774 ff.
[2] Verordnung (EG) Nr. 44/2001 des Rates vom 22. Dezember 2000 über die gerichtliche Zuständigkeit und die Anerkennung und die Vollstreckung von Entscheidungen in Zivil- und Handelssachen, ABl. EG Nr. L 12/1 vom 16. 1. 2001.
[3] Vgl. Art. 68 EuGVVO; *Geimer*, in: *Geimer/Schütze*, Europ. ZivilverfahrensR, Einl. A.1 RdNr. 23, Art. 68 RdNr. 1; *Gruber*, in: *Geimer/Schütze*, Int. Rechtsverkehr, B Vor I 20 b, Art. 25 RdNr. 3; *Kropholler*, Europ. Zivilprozessrecht, Einl RdNr. 1, Art. 68 EuGVO RdNr. 1 f.; *Mäsch*, in: *Rauscher*, Europ. Zivilprozessrecht, Bd. 2, Art. 25 EG-InsVO RdNr. 5; *Mankowski* in *Rauscher*, Europ. Zivilprozessrecht, Bd. 1, Art. 68 Brüssel I-VO RdNr. 1; *MünchKommBGB-Kindler*, Bd. 11, Art. 25 RdNr. 562; *Paulus*, Europäische Insolvenzverordnung, Art. 25 RdNr. 13; *Schlosser*, EU-Zivilprozessrecht, Einl. RdNr. 18, Art. 68 RdNr. 1 f.; *Staudinger* in *Rauscher*, Europ. Zivilprozessrecht, Bd. 1, Einl Brüssel I–VO RdNr. 2.
[4] So *Virgos/Schmit*, Erläuternder Bericht, RdNr. 197.

nunmehr auch Gegenstand eines Vorlageverfahrens des BGH an den EuGH.[5] Die Frage wird eines der zentralen und praktisch bedeutsamsten Entscheidungen sein, die der EuGH in naher Zukunft zu klären hat.

II. Entscheidungen

1. Entscheidungen, die zur Durchführung und Beendigung des Verfahrens er‑ 5 gangen sind. Hierunter fallen zunächst alle Entscheidungen, die das Gläubigerkollektiv unmittelbar betreffen und die Abwicklung des Verfahrens bezwecken.[6] Das sind in der Regel die verfahrensleitenden Verfügungen. Ausgenommen ist einzig die Eröffnungsentscheidung, die speziell in Art. 16, 17 geregelt ist.[7] Dagegen werden hiervon insbesondere die verfahrensleitenden Beschlüsse über die Bestellung des Insolvenzverwalters, über Anmeldefristen, über die Einstellung oder Beendigung des Verfahrens, über die Bestellung eines Gläubigerausschusses, über die Zulässigkeit der Stilllegung des Betriebs des Schuldners oder etc. sowie freilich die Entscheidungen eines Gerichts, die auf Grund von Beschwerden der Gläubiger gegen die Durchführung oder Beendigung des Insolvenzverfahrens selbst ergehen, erfasst. Darunter fällt schließlich auch eine durch ein Gericht angeordnete Restschuldbefreiung.[8]

Der Begriff der **Entscheidung** ist autonom auszulegen. Der Begriff der Entscheidung 6 wird auch in der EuGVVO verwandt, auf die – zumindest für die Fragen der Vollstreckung[9] – Art. 25 Abs. 1 Satz 2 verweist. Zwar erfasst dieser Verweis nicht die in Art. 32 EuGVVO enthaltene Definition. Es ist jedoch legitim, zur näheren Bestimmung auf die in Art. 32 EuGVVO enthaltene Definition zurück zu greifen, soweit diese insolvenzrechtlichen Besonderheiten nicht entgegen steht. Danach ist es zunächst nicht maßgeblich, wie die Entscheidung bezeichnet wird. Auch nach Art. 32 EuGVVO ist wird unter Entscheidung jede Entscheidung verstanden, ohne Rücksicht auf ihre Bezeichnung wie Urteil, Beschluss, Zahlungsbefehl oder Vollstreckungsbescheid. Der Begriff umfasst daher alle Entscheidungen mit einer Außenwirkung, unabhängig von ihrer Form.[10] Erfasst werden auch vollstreckbare Anordnungen aus dem Eröffnungsbeschluss, um dem Verwalter gemäß Art. 18 die Durchsetzung seiner Verwalterbefugnisse im Inland zu ermöglichen.[11]

Ähnliches gilt für die Auslegung des Begriffes „**Gericht**" in Art. 25 Abs. 1. Auch dieser 7 Begriff ist autonom auszulegen und funktional zu verstehen.[12] Nach dem Gerichtsbegriff der EuGVVO ist unter einem Gericht ein Rechtsprechungsorgan zu verstehen, das kraft seines Auftrages selbst über zwischen den Parteien bestehende Streitpunkte entscheidet.[13]

---

[5] Vgl. BGH ZIP 2007, 1415 mit Anm. *Klöhn/Berner* ZIP 2007, 1418; die Frage war Gegenstand der Entscheidung des OLG Frankfurt vom 26. 1. 2006 ZInsO 2006, 715; hierzu auch *Mankowski/Willemer*, NZI 2006, 648, 650.

[6] MünchKommBGB-*Kindler*, Bd. 11, Art. 25 RdNr. 570.

[7] *Kübler/Prütting/Kemper*, Art. 25 EuInsVO RdNr. 3; MünchKommBGB-*Kindler*, Bd. 11, Art. 25 RdNr. 571.

[8] Vgl. BGH vom 18. 9. 2001, IX ZB 51/00, IPRax 2002, 525 mit Anmerkungen *Ehricke* IPRax 2002, 505; *Duursma-Kepplinger*, Europäische Insolvenzverordnung, Art. 25 RdNr. 15; *Ehricke* IPRax 2002, 505, 506; *Gottwald*, Insolvenzrechts-Handbuch, § 132 RdNr. 84 ff.; *Gruber*, in: *Geimer/Schütze*, Int. Rechtsverkehr, B Vor I 20 b, Art. 25 RdNr. 8; *Haubold*, in: *Gebauer/Wiedmann*, Zivilrecht, Art. 25 RdNr. 200; *Mäsch*, in: *Rauscher*, Europ. Zivilprozessrecht, Bd. 2, Art. 25 EG-InsVO RdNr. 3; *Wimmer* NJW 2002, 2427, 2429 *Wunderer* WM 1998, 793, 796.

[9] Vgl. hierzu noch unten, RdNr. 18.

[10] Vgl. zu Art. 32 EuGVVO *Geimer*, in: *Geimer/Schütze*, Europ. ZivilverfahrensR, Art. 32 EuGVVO RdNr. 27; *Kropholler*, Europ. Zivilprozessrecht, Art. 32 EuGVO RdNr. 8 ff., 13; *Leible*, in: *Rauscher*, Europ. Zivilprozessrecht, Bd. 1, Art. 32 Brüssel I–VO RdNr. 5 f.; *Schlosser*, EU-Zivilprozessrecht, Art. 32 EuGVVO RdNr. 1 ff.

[11] So auch *Virgos/Schmit*, Erläuternder Bericht, RdNr. 189; davon geht auch Art. 1 § 8 EGInsO aus, vgl. oben.

[12] *Duursma-Kepplinger*, Europäische Insolvenzverordnung, Art. 25 RdNr. 7; *Huber*, in: *Geimer/Schütze*, Int. Rechtsverkehr, B Vor I 20 b Art. 2 RdNr. 2; *Mäsch*, in: *Rauscher*, Europ. Zivilprozessrecht, Bd. 2, Art. 2 EG-InsVO RdNr. 3; MünchKommBGB-*Kindler*, Bd. 11, Art. 25 RdNr. 562.

[13] EuGH vom 2. 6. 1994, Rs. C-414/92 Solo Kleinmotoren/Boch, EuGHE 1994 I 2237 = NJW 1995, 38; RdNr. 17; EuGH vom 14. 10. 2004, Rs. C-39/02 Mærsk Olie & Gas/de Haan en de Boer, EuGHE

Dementsprechend definiert Art. 2 lit. d) den Begriff des Gerichts als das Justizorgan oder jede sonstige zuständige Stelle eines Mitgliedsstaates, die befugt ist, ein Insolvenzverfahren zu eröffnen oder im Laufe des Verfahrens Entscheidungen zu treffen.[14] Die zur Durchführung und Beendigung des Verfahrens ergangenen Entscheidungen im Sinne des Art. 25 Abs. 1 Unterabsatz 1 müssen jedoch von einem Gericht erlassen worden sein, das auch den Eröffnungsbeschluss erlassen hat. Diese Verknüpfung stellt nicht nur Art. 2 lit. d) her. Auch aus dem Umkehrschluss zu Art. 15 Abs. 1 Unterabsatz 2 lässt sich entsprechendes herleiten. Denn diese Vorschrift, die auch Entscheidungen, die *„unmittelbar auf Grund des Insolvenzverfahrens ergehen und in engem Zusammenhang damit stehen"*, mit einbezieht, sieht ausdrücklich vor, dass diese Entscheidungen *„auch von einem anderen Gericht"* getroffen worden sein können. Eine solche gegenüber Art. 2 lit. d) erweiterte Auslegung des Gerichtsbegriffs enthält dagegen Art. 25 Abs. 1 Unterabsatz 1 nicht, so dass sich diese Entscheidungen auf die Entscheidungen des das Insolvenzverfahren eröffnende Gericht beschränkt.

8 **2. Gerichtlich bestätigte Vergleiche.** Hierunter fallen alle Rechtsinstitute, durch die die Rechtsbeziehungen des Schuldners zu den Gläubigern modifiziert werden.[15] Dabei spielt es keine Rolle, ob der Vergleich von der Gläubigergemeinschaft beschlossen worden ist, oder ob dieser ohne Beteiligung der Gläubiger vom Gericht angeordnet worden ist, wie dies beispielsweise nach dem französischen Insolvenzverfahren der Fall ist.[16] Allerdings muss der Vergleich gerichtlich[17] bestätigt worden sein, so dass ein sog. *„company voluntary arrangement"* nach dem englischen Recht, das ohne Gerichtsbeschluss wirksam wird, nicht hierunter fällt.[18] Die Wirkungen eines solchen Vergleiches sind vielmehr kollisionsrechtlich zu ermitteln, so dass Art. 4 Abs. 2 lit. j) und k) heranzuziehen sind.[19] Da es sich um eine kollisionsrechtliche Anerkennung handelt, können die Wirkungen zwar anerkannt werden; eine Vollstreckung aus einem solchen Vergleich scheidet mangels hoheitlicher Entscheidung dagegen aus.

9 **3. Entscheidungen über Sicherungsmaßnahmen.** Unter die nach Art. 25 Abs. 1 anerkennungs- und vollstreckungsfähigen Entscheidungen fallen auch Sicherungsmaßnahmen, die nach dem Antrag auf Eröffnung des Insolvenzverfahrens getroffen werden. Darunter sind alle Entscheidungen des Gerichts im Sinne des Art. 2 lit. d) zu verstehen, die vor der Entscheidung über die formelle Verfahrenseröffnung ergehen und im Hinblick auf eine mögliche Verfahrenseröffnung getroffen werden.[20] Diese fallen nämlich nach der Rechtsprechung des EuGH nicht in den Anwendungsbereich der EuGVVO, da es für die Bestimmung des Anwendungsbereiches auf die Rechtsnatur der durch die einstweilige Anordnung gesicherten Ansprüche ankommt.[21]

2004 I 9657 RdNr. 45 mit Anmerkungen *Pataut* IPRax 2006, 262. Vgl. auch *Geimer*, in: *Geimer/Schütze*, Europ. ZivilverfahrensR, Art. 32 EuGVVO RdNr. 46 ff.; *Kropholler*, Europ. Zivilprozessrecht, Art. 32 EuGVO RdNr. 8 ff.; *Leible*, in: *Rauscher*, Europ. Zivilprozessrecht, Bd. 1, Art. 32 Brüssel I–VO RdNr. 17.

[14] *Duursma-Kepplinger*, Europäische Insolvenzverordnung, Art. 2 RdNr. 11; *Haubold*, in: *Gebauer/Wiedmann*, Zivilrecht, Art. 25 RdNr. 200; *Huber*, in: *Geimer/Schütze*, Int. Rechtsverkehr, B Vor I 20 b Art. 2 RdNr. 2; *Mäsch*, in: *Rauscher*, Europ. Zivilprozessrecht, Bd. 2, Art. 25 EG-InsVO RdNr. 3; *Mohrbutter/Ringstmeier/Werner* § 20 RdNr. 177; MünchKommBGB-*Kindler*, Bd. 11, Art. 2 RdNr. 94 f.; *Paulus*, Europäische Insolvenzverordnung, Art. 2, RdNr. 12; *Smid*, Int. Insolvenzrecht, Art. 2 RdNr. 12.
[15] HK-*Stephan*, Art. 25 RdNr. 3; MünchKommBGB-*Kindler*, Bd. 11, Art. 25 RdNr. 573.
[16] Vgl. unten Länderbericht Frankreich Ziffer 4.c.1.
[17] Zum Begriff des Gerichts, vgl. vorige Randnummer.
[18] Vgl. unten Länderbericht England.
[19] Zur Differenzierung von verfahrensrechtlicher und kollisionsrechtlicher Anerkennung solcher Vergleiche vgl. *Reinhart*, Sanierungsverfahren, S. 219 ff.; *Homann*, System der Anerkennung, S. 42 ff.; vgl. auch oben, Art. 17 RdNr. 1.
[20] *Mäsch*, in: *Rauscher*, Europ. Zivilprozessrecht, Bd. 2, Art. 25 EG-InsVO RdNr. 12; MünchKommBGB-*Kindler*, Bd. 11, Art. 25 RdNr. 585.
[21] Vgl. EuGH vom 27. 3. 1979, Rs. 143/78 DeCavel/DeCavel, Slg. 1979, 1055 = NJW 1979, 1100 (L); *Kropholler*, Europ. Zivilprozessrecht, Art. 24 EuGVVO RdNr. 3 f.; vgl. auch *Virgos/Schmit*, Erläuternder Bericht, RdNr. 199; zur entsprechenden Auffassung nach deutschem autonomen Recht vgl. BGH ZIP 1992, 781; *Gruber*, in: *Geimer/Schütze*, Int. Rechtsverkehr, B Vor I 20 b, Art. 25 RdNr. 11; *Hanisch* IPRax 1993, 69 ff.

4. Entscheidungen, die unmittelbar auf Grund des Insolvenzverfahrens ergehen 10
und in engem Zusammenhang damit stehen. Die in Art. 25 Abs. 1 Unterabsatz 2
gewählte Formulierung, wonach auch *„Entscheidungen, die unmittelbar auf Grund des Insolvenzverfahrens ergeben und in engem Zusammenhang damit stehen"* lehnt sich fast wörtlich an die
Definition an, die der EuGH in seiner Entscheidung von 1979 *(Gourdain/Nadler)*[22] für die
Abgrenzung des Brüsseler Übereinkommens gegenüber den insolvenzrechtlichen, vom
Übereinkommen nicht erfassten Fragen verwendet hatte. Nach der diesbezüglich ergangenen Rechtsprechung zum Brüsseler Übereinkommen bzw. (heute) zur EuGVVO fallen
unter diese Definitionen demnach insbesondere Rechtsstreitigkeiten zwischen dem Verwalter und einzelnen Gläubigern, die deren Rechtsposition im Verfahren betreffen. Als Beispiele sind hier insbesondere anzuführen die Feststellung eines bestimmten Vorrechts, der
Streit um das Bestehen von Absonderungsrechten, Anfechtungsklagen, aber auch die auf
Insolvenzrecht gestützte Klagen auf persönliche Haftung der Geschäftsführer etc. Diese fallen
nach der Rechtsprechung des EuGH außerhalb des Anwendungsbereiches der EuGVVO.[23]

Die Einbeziehung dieser bisher vom Anwendungsbereich der EuGVVO ausgeschlossenen 11
Rechtsstreitigkeiten in die anerkennungsrechtliche Vorschrift des Art. 25 ist jedoch wenig
glücklich. Denn die Verordnung enthält keine Regelungen über die internationale Zuständigkeit dieser Verfahren (vgl. hierzu noch unten RdNr. 20 sowie Art. 3 RdNr. 81). Die hierbei
auch im Verhältnis zu Art. 25 Abs. 2 auftretenden Abgrenzungen sind jedoch im Rahmen der
Anerkennung der Entscheidungen im Ergebnis ohne Belang, da letztlich sämtliche denkbaren
Entscheidungen über die Rechtsfolgenverweisung in Art. 25 Abs. 1 Unterabsatz 1 gem. der
EuGVVO anerkannt und vollstreckt werden. Für die Frage der Anerkennung besteht daher
keine Regelungslücke, sondern allenfalls eine systemwidrige aber folgenlose Doppelregelung
für die Anerkennung und Vollstreckung bestimmter Entscheidungen.

5. Andere Entscheidungen (Abs. 2). In Art. 25 Abs. 2 soll dagegen die Anerkennung 12
und Vollstreckung der anderen als der in Abs. 1 genannten Entscheidungen der EuGVVO
unterliegen, soweit die Verordnung anwendbar ist. Die Regelung dient der abschließenden
Abgrenzung der Entscheidungen, die über den Rechtsfolgenverweis der Verordnung auf die
EuGVVO anerkannt und vollstreckt werden. Da die Vorschrift ohnehin die Anwendbarkeit
der EuGVVO voraussetzt, hat die Vorschrift keinen eigenständigen Regelungsgehalt außer
der vorgenannten Abgrenzung.

III. Anerkennung und Vollstreckung

1. Anerkennung. Die in Art. 25 Abs. 1 genannten Entscheidungen (vgl. oben 13
RdNr. 3 ff.) werden nach Art. 25 Abs. 1 Satz 1 *„ebenfalls ohne weitere Förmlichkeiten anerkannt"*. Mit der Formulierung „ohne weitere Förmlichkeiten" knüpft Art. 25 Abs. 1 Satz 1
damit an Art. 17 Abs. 1 an, der schon für die Anerkennung der Eröffnungsentscheidung
vorgibt, dass der Eröffnungsbeschluss in jedem anderen Mitgliedstaat Wirkungen entfaltet,
ohne dass es hierfür irgendwelcher Förmlichkeiten bedürfe (vgl. oben Art. 17 RdNr. 7).
Die Voraussetzungen und Rechtsfolgen der Anerkennung sind im Einzelnen jedoch zweifelhaft. Anders als Art. 25 Abs. 1 Satz 2, der im Anschluss daran die Vollstreckung von
Entscheidungen regelt, enthält Satz 1 keinen Verweis auf die EuGVVO. Daraus lässt sich im
Umkehrschluss entnehmen, dass – anders als im Falle der Vollstreckung einer Entscheidung
– die Art. 32 bis 37 EuGVVO keine Anwendung finden. Zudem verweist Art. 25 Abs. 1
Satz 2 ausdrücklich auf Art. 31 bis 51 des Brüsseler Übereinkommens. Hierbei handelt es
sich ausschließlich um die Vorschriften, die im Brüsseler Übereinkommen die Vollstreckung
geregelt haben.[24] Für die Frage der Anerkennung der in Art. 25 Abs. 1 genannten, nach der

---

[22] EuGH vom 22. 2. 1979, Rs. 133/78 *Gourdain/Nadler,* Slg. 1979, 733, 744 = RIW 1979, 273.
[23] Siehe EuGH vom 22. 2. 1979 *Gourdain/Nadler* Slg. 1979, 733 = RIW 1979, 273; Kropholler, Europ. Zivilprozessrecht, Art. 1 EuGVO RdNr. 31 ff.; *Virgos/Schmit,* Erläuternder Bericht, RdNr. 195.
[24] Titel 3 des Brüsseler Übereinkommens regelt unter Art. 25, was unter Entscheidung zu verstehen ist. Art. 3, 1. Abschnitt, Art. 26 bis Art. 30 des Brüsseler Übereinkommens regelten die Anerkennung einer

EuInsVO Art. 25 14–18

Verordnung anerkennungsfähigen Entscheidungen ist daher ein Rückgriff auf die EuGVVO nicht möglich. Die Anerkennung ist daher abschließend in der Verordnung geregelt.

14 Allerdings finden sich einige der Regelungsinhalte der Art. 32 ff. EuGVVO auch in der EuInsVO wieder oder können ohne weiteres auch auf die Verordnung übertragen werden. Dass es nämlich für die Anerkennung keines besonderen Verfahrens bedarf (Art. 33 EuGVVO), wird in Art. 25 Abs. 1 Unterabsatz 1 sowie in Art. 17 bereits ausdrücklich ausgesprochen. Demnach gilt auch im Rahmen der Verordnung, dass Entscheidungen *ipso iure* anerkannt werden. Ist die Frage der Anerkennung streitig, so wird diese Frage in Anlehnung an Art. 33 Abs. 2 EuGVVO im Rahmen einer Feststellungsklage geklärt werden müssen.[25]

15 Die nach der Ordnung bestehenden Anerkennungshindernisse (Art. 34, 35 EuGVVO) sind durch die Verordnung abschließend geregelt. Hierzu zählt zunächst der *ordre public* Einwand nach Art. 26 sowie die Einschränkung in Art. 25 Abs. 3, die Entscheidungen betrifft, die eine Einschränkung der persönlichen Freiheit oder des Postgeheimnisses zur Folge haben (vgl. hierzu noch unten, RdNr. 19). Ein Rückgriff auf die weitergehenden Anerkennungshindernisse nach Art. 34 und 35 EuGVVO ist daher nicht zulässig.

16 Das in Art. 36 EuGVVO statuierte Prinzip des Verbotes der so genannten *révision au fond*[26] gilt auch im Rahmen der EuInsVO, ohne dass dies ausdrücklich angesprochen ist. Ziffer 22 der Erwägungsgründe enthält insoweit lediglich den Hinweis, dass sich die Anerkennung der Entscheidungen der Gerichte der Mitgliedstaaten auf den Grundsatz des gegenseitigen Vertrauens stützen sollten. Die zulässigen Gründe für eine Nichtanerkennung sollten daher auf das unbedingt notwendige Maß beschränkt sein. Hieraus wird zu Recht von der ganz überwiegenden Auffassung der Grundsatz hergeleitet, dass eine *révision au fond* weder im Rahmen des Art. 25, noch im Rahmen des Art. 17 möglich ist.[27]

17 Dagegen sollte ein Rückgriff auf den in Art. 37 enthaltenen Grundgedanken, wonach das Recht eines Mitgliedstaates, von dem die Anerkennung einer in einem anderen Mitgliedstaat ergangenen Entscheidung geltend gemacht wird, das Verfahren aussetzen kann, wenn gegen die Entscheidung ein ordentlicher Rechtsbehelf eingelegt worden ist, zulässig sein. Der darin enthaltene Regelungszweck, widersprüchliche Entscheidungen zu vermeiden,[28] gilt auch im Rahmen der Verordnung. Allerdings wird das jeweils angerufene Gericht hierbei zu berücksichtigen haben, inwieweit die Aussetzung des Verfahrens, bei dem die Anerkennung einer Vorfrage relevant ist, mit dem Zweck der vorläufigen Regelung im Insolvenzverfahren vereinbar ist. So widerspräche es dem Grundgedanken der Verordnung, beispielsweise durch eine Aussetzung im Anerkennungsstaat, die fortige Wirksamkeit von Sicherungsmaßnahmen zu unterlaufen. Weitergehend nach der EuGVVO sind daher im Rahmen einer möglichen Aussetzung des Anerkennungsverfahrens die insolvenzrechtlichen Besonderheiten der anzuerkennenden Entscheidung zu beachten.

18 **2. Vollstreckung.** Während Art. 25 Abs. 1 Satz 1 für die Anerkennung nicht auf die EuGVVO verweist, enthält Art. 25 Abs. 1 Satz 2 einen ausdrücklichen Verweis auf die

---

Entscheidung. Sodann wurde in Titel 3, 1. Abschnitt, Art. 31 bis 45 die Vollstreckung von Entscheidungen geregelt.

[25] *Geimer,* in: *Geimer/Schütze,* Europ. ZivilverfahrensR, Art. 33 EuGVVO RdNr. 73 ff.; *Kropholler,* Europ. Zivilprozessrecht, Art. 33 EuGVO RdNr. 2 ff.; *Leible,* in: *Rauscher,* Europ. Zivilprozessrecht, Bd. 1, Art. 33 Brüssel I–VO RdNr. 12 ff.; *Schlosser,* EU-Zivilprozessrecht, Art. 33 EuGVVO RdNr. 4.

[26] *Ehricke* IPRax 2002, 505; *Geimer,* in: *Geimer/Schütze,* Europ. ZivilverfahrensR, Art. 36 EuGVVO RdNr. 1; *Kropholler,* Europ. Zivilprozessrecht, Art. 36 EuGVO RdNr. 1; *Leible,* in: *Rauscher,* Europ. Zivilprozessrecht, Bd. 1, Art. 36 Brüssel I–VO RdNr. 1.

[27] Vgl. *Virgos/Schmit,* Erläuternder Bericht, RdNr. 202; Duursma/Kepplinger, Europäische Insolvenzverordnung, Art. 26 RdNr. 1; MünchKommBGB-*Kindler*Bd. 11 RdNr. 593; *Gruber,* in: *Geimer/Schütze,* Int. Rechtsverkehr, B Vor I 20 b, Art. 26 RdNr. 4; zur „revision au fond" vgl. *Schack* IZVR, RdNr. 786, 867; *Geimer* IZPR, RdNr. 2910.

[28] *Geimer,* in: *Geimer/Schütze,* Europ. ZivilverfahrensR, Art. 36 EuGVVO RdNr. 2; *Kropholler,* Europ. Zivilprozessrecht, Art. 37 EuGVO RdNr. 1; *Leible,* in: *Rauscher,* Europ. Zivilprozessrecht, Bd. 1, Art. 36 Brüssel I–VO RdNr. 1.

Vollstreckungsvorschriften des Brüsseler Übereinkommens in Art. 31 bis 51. Gemäß Art. 68 Abs. 2 EuGVVO gelten diese Verweise nunmehr als Verweise auf die EuGVVO, mithin als Verweis auf Art. 38 bis Art. 58 EuGVVO. Anders als bei der Frage der Anerkennung sind die die Vollstreckung regelnden Vorschriften der EuGVVO daher unmittelbar anwendbar. Für die Vollstreckung der Entscheidungen gilt daher auch das Anerkennungs- und Vollstreckungsausführungsgesetz (AVAG),[29] das gem. § 1 Abs. 1 Nr. 2 AVAG die Vollstreckung von Entscheidungen nach der EuGVVO innerstaatlich regelt.[30] Für all diese Entscheidungen gilt, dass sich die Vollstreckung nach Art. 38 bis 58 EuGVVO richtet. Die Ausnahme von Art. 34 Abs. 2 des Brüsseler Übereinkommens ist nunmehr als Ausnahme von Art. 45 Abs. 1 Satz 1 EuGVVO zu lesen, welches an die Stelle der vorgenannten Vorschrift getreten ist.[31] Die in der EuGVVO vorgesehene vereinfachte Regelung für die Vollstreckbarerklärung ausländischer Entscheidungen soll demnach auch auf den Bereich des Insolvenzrechts übertragen werden.

3. Ausnahmen (Abs. 3). Art. 25 Abs. 3 nennt einen Spezialfall des Anerkennungshindernisses, der die Einschränkung von Grundrechten betrifft, wie sie in Insolvenzverfahren häufig vorkommen, die aber nicht notwendig einen *ordre public* Verstoß begründen würden. Danach sind die Mitgliedsstaaten nicht verpflichtet, Einschränkungen der persönlichen Freiheit oder des Postgeheimnisses anzuerkennen oder zu vollstrecken. Dieses Anerkennungshindernis besteht unabhängig davon, ob das Insolvenzrecht des jeweiligen Mitgliedsstaats selbst solche Einschränkungen vorsieht, denn andernfalls wäre eine entsprechende Einschränkung in der Verordnung gemacht worden.

Die Vorschrift entbindet die Gerichte jedoch nur von der Verpflichtung der Anerkennung und Vollstreckung. Es obliegt daher den Gerichten des Zweitstaates die Einschränkungen im Hinblick auf die Schwere des Eingriffs zu überprüfen. Soweit das Recht des Zweitstaates ähnliche Einschränkungen ebenfalls vorsieht, sollte dem *favor recognitionis* der Verordnung Vorrang eingeräumt werden. Gehen die Grundrechtseinschränkungen daher nicht über die in den §§ 98, 99, 102 InsO geregelten Einschränkungen hinausgehen, besteht kein Anlass, entsprechende Entscheidungen nicht auch in Deutschland anzuerkennen und zu vollstrecken.[32]

IV. Direkte internationale Zuständigkeit

Diese Verweisung in Art. 25 auf die EuGVVO ist jedoch systematisch missglückt. Die Rechtsfolgenverweisung auf die Anerkennungsvorschriften der EuGVVO ist dort systematisch konsequent und zu begrüßen, wo die EuInsVO auch die internationale Zuständigkeit für die anzuerkennende Entscheidung selbst regelt. Eine solche Regelung trifft die Verordnung ausdrücklich nur für den Eröffnungsbeschluss nach Art. 3. Darüber hinaus lässt sich eine internationale Zuständigkeit aus Art. 3 auch für weitere Entscheidungen des Insolvenzgerichts herleiten, die zur Durchführung und Beendigung des Verfahrens vom Insolvenzgericht selbst getroffen werden.

Nach Art. 25 Abs. 1 Unterabsatz 3 soll die Rechtsfolgenverweisung dagegen jedoch auch gelten für Entscheidungen, die *unmittelbar auf Grund des Insolvenzverfahrens ergehen und in engem Zusammenhang damit stehen.* Für diese Entscheidungen ist dagegen die internationale Zuständigkeit in der EuInsVO nicht geregelt. Gleichzeitig fallen diese Entscheidungen auf

---

[29] Gesetz zur Ausführung zwischenstaatlicher Verträge und zur Durchführung von Verordnungen der Europäischen Gemeinschaft auf dem Gebiet der Anerkennung und Vollstreckung in Zivil- und Handelssachen vom 19. 2. 2001, BGBl. I/288 vom 22. 2. 2001; früher Gesetz zur Ausführung zwischenstaatlicher Anerkennungs- und Vollstreckungsverträge in Zivil- und Handelssachen vom 30. 5. 1988, BGBl. I/662.
[30] *Geimer*, in: *Geimer/Schütze*, Europ. ZivilverfahrensR, Einl. A.1 RdNr. 53; *Gruber*, in: *Geimer/Schütze*, Int. Rechtsverkehr, B Vor I 20b, Art. 25 RdNr. 17; *Haubold*, in: *Gebauer/Wiedmann*, Zivilrecht, Art. 25 RdNr. 204; *Kropholler*, Europ. Zivilprozessrecht, Einl RdNr. 18; *Schlosser*, EU-Zivilprozessrecht, Einl. RdNr. 8; *Staudinger* in *Rauscher*, Europ. Zivilprozessrecht, Bd. 1, Einl Brüssel I–VO RdNr. 30 ff.
[31] Vgl. *Mankowski*, in: *Rauscher*, Europ. Zivilprozessrecht, Bd. 1 Art. 45 Brüssel I–VO RdNr. 1.
[32] AA *Leipold*, in: *Stoll*, Vorschläge und Gutachten, S. 195.

EuInsVO Art. 26 Anhang

Grund der Rechtsprechung des EuGH bisher nicht in den Anwendungsbereich der EuGVVO. Denn der EuGH hatte in seiner grundlegenden Entscheidung *Gourdain/Nadler*[33] Entscheidungen, die *unmittelbar aus dem Insolvenzverfahren hervorgehen und sich eng innerhalb des Rahmens dieses Verfahrens halten,* vom Anwendungsbereich der EuGVVO ausgenommen. Die Verordnung schafft daher die an sich völlig systemwidrige Konstellation, dass für bestimmte Entscheidungen die Anerkennung und Vollstreckung im Sinne eines *favor recognitionis* geregelt wird, ohne dass es gemeinsame Vorschriften zur internationalen Zuständigkeit gibt.

23   Das Problem lässt sich nur dadurch lösen, dass der Ausschluss des Art. 1 Abs. 2 Nr. 2 EuGVVO im Einklang mit den Regeln des EuInsVO interpretiert wird.[34] Das würde bedeuten, dass der Ausschluss des Art. 1 Abs. 2 Nr. 2 EuGVVO zukünftig einschränkend dahin interpretiert werden müsste, dass nur diejenigen insolvenzrechtlichen oder insolvenzbezogenen Entscheidungen von der EuGVVO ausgeschlossen sind, für die die EuInsVO eine direkte internationale Zuständigkeit ausdrücklich vorsieht. Zwar ist dann die Rechtsfolgenverweisung auf die EuGVVO für diese Entscheidungen in Art. 25 Abs. 1 Unterabsatz 3 EuInsVO überflüssig. Eine andere sinnvolle Lösung für die Frage, wie für diese Entscheidungen ansonsten die internationale Zuständigkeit bestimmt werden könnte, ist jedoch nicht erkennbar. Ein Rückgriff auf die Vorschriften des autonomen Rechts erscheint schon wegen dem Anwendungsvorrang der EuGVVO und der EuInsVO ausgeschlossen.[35] Zudem stellt Art. 25 Abs. 2 EuInsVO klar, dass die Anwendungsbereiche der EuGVVO und der EuInsVO insoweit lückenlos sein sollen.[36] Da es hinsichtlich des Anwendungsbereiches der EuGVVO keiner Änderung der Verordnung bedarf, sondern lediglich einer anderen Auslegung zur Abgrenzung gegenüber der EuInsVO, erscheint dies der einzige Weg, die Lücke für die internationale Zuständigkeit sonstiger insolvenzbezogener Entscheidungen zu schließen.[37]

Art. 26. Ordre Public

Jeder Mitgliedsstaat kann sich weigern, ein in einem anderen Mitgliedsstaat eröffnetes Insolvenzverfahren anzuerkennen oder eine in einem solchen Verfahren ergangene Entscheidung zu vollstrecken, soweit diese Anerkennung oder diese Vollstreckung zu einem Ergebnis führt, das offensichtlich mit seiner öffentlichen Ordnung, insbesondere mit den Grundprinzipien oder den verfassungsmäßig garantierten Rechten und Freiheiten des Einzelnen, unvereinbar ist.

Literatur: Freitag/Leible, Justizkonflikte im Europäischen Internationalen Insolvenzrecht und (k)ein Ende?, RIW 2006, 641; *Herchen,* International-insolvenzrechtliche Kompetenzkonflikte in der Europäischen Gemeinschaft – Zugleich Besprechung der Entscheidung des High Court of Justice Leeds v. 16. 5. 2003 und des AG Düsseldorf v. 19. 5./6. 6. 2003, ZInsO 2004, 61; *Herweg/Tschauner,* Kurzkommentar zu: Supreme Court Ireland (Justice Fennelly), Beschl. v. 27. 7. 2004 – 147/04, EWiR 2004, 973; *dies.,* Kurzkommentar zu: High Court Dublin (Justice Kelly), Beschl. v. 23. 3. 2004 – 33/04, EWiR 2004, 599; *dies.,* Kurzkommentar zu: AG Düsseldorf, Beschl. v. 12. 3. 2004 – 502 IN 126/03, EWiR 2004, 495; *Kammel,* Die Bestimmung der zuständigen Gerichte bei grenzüberschreitenden Konzerninsolvenzen „Eurofood", NZI 2006, 334; *Knof,* Der ordre public Vorbehalt nach Art. 26 EuInsVO – eine Allzweckwaffe gegen *forum shopping* in europäischen Insolvenzrecht? ZInsO 2007, 629; *Laukemann,* Rechtshängigkeit im europäischen Insolvenzrecht, RIW 2005, 104; *Liersch,* Anmerkung zu AG Düsseldorf, Beschl. v. 12. 3. 2004 – 502 IN 126/03, NZI 2004, 269; *Mankowski,* Klärung von Grundsatzfragen des europäischen Internationalen Insolvenzrechts durch die Eurofood-Entscheidung?, BB 2006, 1753; *ders.,* Kurzkommentar zu: AG Düsseldorf, Beschl. v. 6. 6. 2003 – 502 IN 126/03, EWiR 2003, 767; *Oberhammer,* Europäisches Insolvenzrecht in praxi – „Was bisher geschah", ZInsO 2004, 761; *Paulus,* Der EuGH und das moderne Insolvenzrecht, NZG 2006, 609; *ders.,* Kurzkom-

---

[33] EuGH vom 22. 2. 1979, Rs. 133/78 Gourdain/Nadler, Slg. 1979, 733 = RIW 1979, 273.
[34] So *Virgos/Schmit,* Erläuternder Bericht, RdNr. 197; *Leible/Staudinger* KTS 2000, 531, 566.
[35] So auch *Paulus* NZI 2001, 505, 512.
[36] So ausdrücklich auch *Virgos/Schmit,* Erläuternder Bericht, RdNr. 197.
[37] Vgl. den nunmehr hierzu vorliegenden Vorlagebeschluss des BGH vom 21. 6. 07, ZiP 2007, 1415; ausführlich, Art. 3 RdNr. 81 ff.

mentar zu: High Court of Justice Leeds (Companies Court), Beschl. v. 16. 5. 2003 – No 861 867/03, EWiR 2003, 709; *ders.*, Zuständigkeitsfragen nach der Europäischen Insolvenzverordnung, ZIP 2003, 1725; *Saenger/ Klockenbrink,* Anerkennungsfragen im internationalen Insolvenzrecht gelöst?, EuZW 2006, 363; *Renfert,* Über die Europäisierung der ordre public Klausel, 2003; *Spellenberg,* in *Stoll*: Stellungnahmen und Gutachten, Der ordre public im Internationalen Insolvenzrecht, S. 183 (zit.: *Spellenberg,* in *Stoll*: Stellungnahmen und Gutachten); *Taylor,* Further into the fog – some thoughts on the European Court of Justice decision in the Eurofood case, International Caselaw Alert 10 – III/2006, 25; *Westphal/Wilkens,* Kurzkommentar zu: AG Düsseldorf, Beschl. v. 7. 4. 2004 – 502 IN 124/03, EWiR 2004, 909.

Übersicht

	RdNr.		RdNr.
I. Normzweck	1	5. Prüfung durch den Richter des Anerkennungsstaates	13
II. Anerkennungsrechtlicher ordre public (Art. 26)	4	6. Rechtsfolge	14
1. Entscheidung	4	**III. Materiellrechtlicher ordre public**	15
2. Öffentliche Ordnung	5	1. Geltung in der EuInsVO	15
3. Offensichtliche Unvereinbarkeit	7	2. Grundsätze	16
a) Verfahrensrechtlicher ordre public	8	**IV. Vorbehalt Portugals**	17
b) Materiellrechtlicher ordre public	11		
4. Inlandsbezug	12		

Normzweck

1

Der *ordre public* gehört – auch rechtsvergleichend gesehen – zu den **klassischen Anerkennungsgrundlagen,** der sich sowohl in anderen europäischen Übereinkommen und Verordnungen,[1] als auch im autonomen Recht findet.[2] Nach der Verordnung stellt der *ordre public*-Einwand – neben Art. 25 Abs. 3[3] – das einzige Anerkennungshindernis dar, wenn das Gericht des Hauptverfahrens seine internationale Zuständigkeit bejaht hat und die Eröffnungsentscheidung wirksam ist. Denn die internationale Zuständigkeit des Gerichts des Hauptverfahrens darf von dem Gericht des Anerkennungsstaats nicht nochmals überprüft werden.[4] Die Anerkennung oder Vollstreckung einer wirksamen Entscheidung aus einem ausländischen Insolvenzverfahren darf daher nur dann verweigert werden, wenn die Anerkennung oder Vollstreckung zu einem Ergebnis führen würde, das mit der öffentlichen Ordnung des Anerkennungsstaates offensichtlich unvereinbar ist. Es handelt sich damit um einen „Notausstieg in Extremfällen".[5] Die Vorschrift stellt damit gleichzeitig klar, dass eine inhaltliche Nachprüfung der ausländischen insolvenzrechtlichen Entscheidung (sog. *revision au fond*) nicht gestattet ist.[6] Für die Interpretation der Vorschrift kann auch nach der vom EuGH zwischenzeitlich bestätigten Auffassung auf die Ausführungen des EuGH zu Art. 27 EuGVÜ (heute Art. 34 EuGVVO) zurück gegriffen werden.[7]

Dem Wortlaut und der Systematik nach bezieht sich Art. 26 ausschließlich auf den anerkennungsrechtlichen *ordre public*: Gegenstand der *ordre public*-Kontrolle ist daher – ebenso wie bei Art. 34 EuGVVO – die Entscheidung eines Gerichts (oder Behörde) eines anderen

2

---

[1] Vgl. Art. 34 EuGVVO; siehe auch Art. 16 des römischen Übereinkommens über das auf vertraglichen Schuldverhältnisse anzuwendenden Rechts.
[2] Vgl. zum deutschen Recht der verfahrensrechtlichen Anerkennung: § 343 Abs. 1 N.r 2 InsO; § 328 I Nr. 4 ZPO; § 1059 II Nr. 2 b, § 1061 I ZPO i. V. m. Art. V Abs. 2 Ziffer b) des New Yorker UN Übereinkommens über die Anerkennung und Vollstreckung ausländischer Schiedssprüche (BGBl. 1961 II S. 121); § 16 a FGG; zum kollisionsrechtlichen ordre public vgl. Art. 6 EGBGB.
[3] Vgl. hierzu Art. 25 RdNr. 19.
[4] *Virgos/Schmit,* Erläuternder Bericht, RdNr. 202; vgl. auch EuGH vom 2. 5. 2006, Rs. C-341/04 Eurofood, NZI 2006, 360, 361 RdNr. 64; AG Nürnberg ZIP 2007, 81; OGH NZI 2005, 465; OLG Wien, NZI 2005, 56; grundsätzlich ist keine revision au fond der Entscheidungsgründe des Erstgerichts zulässig, vgl. Duursma/Kepplinger, Europäische Insolvenzverordnung, Art. 26 RdNr. 1; MünchKommBGB-*Kindler* Bd. 11 RdNr. 593; *Gruber,* in *Geimer/Schütze,* Int. Rechtsverkehr, B Vor I 20 b, Art. 26 RdNr. 4.
[5] So *Kropholler,* Europ. Zivilprozessrecht, Art. 34 EuGVO RdNr. 3 zur Vorschrift der EuGVVO.
[6] Zur „revision au fond" vgl. *Schack* IZVR, RdNr. 786, 867; *Geimer* IZPR, RdNr. 2910.
[7] EuGH vom 2. 5. 2006, Rs. C-341/04 Eurofood, NZI 2006, 360, 361 RdNr. 64.

Mitgliedsstaates, die im Wege des Art. 16 oder 25 Wirkung im Anerkennungsstaat entfalten soll. Im internationalen Privatrecht – auch in Übereinkommen oder Verordnungen der EU – gibt es eine *ordre public*-Kontrolle aber nicht nur im Rahmen der Anerkennung ausländischer Entscheidungen, sondern sogar bereits auf der Ebene des entscheidenden Erstgerichts. So kennt sowohl das europäische Recht[8] als auch das autonome deutsche Kollisionsrecht einen *ordre public*-Einwand.[9] Danach ist ein nach den Kollisionsnormen anwendbares Recht dann nicht anzuwenden, wenn diese Rechtsanwendung zu einem Ergebnis führen würde, das mit der öffentlichen Ordnung, insbesondere mit den Grundprinzipien oder den verfassungsmäßig garantierten Rechten und Freiheiten des Einzelnen, unvereinbar ist (sog. kollisionsrechtlicher *ordre public*). Ein solcher fehlt jedoch in der Verordnung, obwohl diese – anders als die EuGVVO – nicht nur die internationale Zuständigkeit und die Anerkennung ausländischer Entscheidungen regelt, sondern darüber hinaus Kollisionsnormen für das entscheidende Erstgericht enthält. Aus Art. 26 lässt sich jedoch der Grundsatz des Verordnungsgebers entnehmen, dass die *ordre public*-Kontrolle Bestandteil der Rechtsgrundsätze der Verordnung ist. Der *ordre public*-Vorbehalt gilt daher in der Verordnung nicht nur für die Anerkennung ausländischer Entscheidungen, sondern auch für die Rechtsanwendung durch das Erstgericht.[10]

3   Kein Fall des *ordre public* sondern ein besonderer Fall des Anerkennungshindernisses ist Art. 25 Abs. 3, der den Mitgliedstaaten anheim stellt, eine Entscheidung gemäß Art. 25 Abs. 1 anzuerkennen oder zu vollstrecken, die eine Einschränkung der persönlichen Freiheit oder des Postgeheimnisses zur Folge hat. Derartige Einschränkungen sind grundsätzlich auch in den Insolvenzgesetzen der Mitgliedstaaten bekannt, und können schon von daher nicht ohne weiteres einen Verstoßes gegen die öffentliche Ordnung begründen. Ein *ordre public*-Verstoß nach Art. 26 kommt nur in den Fällen in Betracht, in denen die Eingriffe in die persönliche Freiheit oder das Postgeheimnis offensichtlich unverhältnismäßig sind.

II. Anerkennungsrechtlicher *ordre public* (Art. 26)

4   **1. Entscheidung.** Gegenstand der anerkennungsrechtlichen *ordre public*-Kontrolle ist nach dem Wortlaut des Art. 26 das in einem anderen Mitgliedstaat *„eröffnete Insolvenzverfahren"* oder eine *„in einem solchen Verfahren ergangene Entscheidung"*. Gemeint ist demnach der Eröffnungsbeschluss oder eine sonstige Entscheidung, die nach Art. 25 anzuerkennen wäre.[11] Aus der Definition des Begriffes „Entscheidung" in Art. 2 lit. e) wird ersichtlich, dass es sich bezüglich des Eröffnungsbeschlusses nicht notwendigerweise um die Entscheidung eines Gerichtskörpers handeln muss. Denn nach Art. 2 lit. d) wird unter Gericht auch ein Justizorgan oder eine sonstige zuständige Stelle (eventuell auch eine Behörde) gezählt, die befugt ist, ein Insolvenzverfahren zu eröffnen oder im Laufe des Verfahrens Entscheidungen zu treffen.[12]

5   **2. Öffentliche Ordnung.** Die anzuerkennende oder zu vollstreckende Entscheidung ist an der öffentlichen Ordnung des Anerkennungsstaates zu messen.[13] Maßgebend sind die

---

[8] Vgl. nochmals Art. 16 des römischen Schuldrechtsübereinkommens.
[9] Zum deutschen Recht vgl. nochmals Art. 6 EGBGB; zu den unterschiedlichen Arten des *ordre public* vgl. MünchKommBGB-*Sonnenberger*, Bd. 10, Art. 6 RdNr. 17.
[10] Vgl. *Virgos/Schmit*, Erläuternder Bericht, RdNr. 206; *Adolphsen*, in *Bork*, Handbuch, S. 678 RdNr. 125; *Duursma-Kepplinger*, Europäische Insolvenzverordnung, Art. 26 RdNr. 6; *Heß* IPRax 2001, 301, 305; *Kübler/Prütting/Kemper*, Art. 26 EuInsVO RdNr. 5; *Mäsch*, in *Rauscher*, Europ. Zivilprozessrecht, Bd. 2, Art. 26 EG-InsVO RdNr. 10; *Nerlich/Römermann/Mincke*, Art. 26 RdNr. 5; MünchKommBGB-*Kindler*, Bd. 11, Art. 26 RdNr. 601; HambKomm-*Undritz*, Art. 26 RdNr. 5; iE auch *Gruber*, in *Geimer/Schütze*, Int. Rechtsverkehr, B Vor I 20 b, Art. 26 RdNr. 11 f. AA wohl *Blitz*, Sonderinsolvenzverfahren, S. 175.
[11] *Duursma-Kepplinger*, Europäische Insolvenzverordnung, Art. 26 RdNr. 15; *Gruber*, in *Geimer/Schütze*, Int. Rechtsverkehr, B Vor I 20 b, Art. 26 RdNr. 1; *Kübler/Prütting/Kemper*, Art. 26 EuInsVO RdNr. 2; MünchKommBGB-*Kindler*, Bd. 11, Art. 26 RdNr. 596; *Paulus*, Europäische Insolvenzverordnung, Art. 26 RdNr. 4; HambKomm-*Undritz*, Art. 26 RdNr. 2.
[12] Vgl. die Ausführungen zum Begriff Entscheidung bei Art. 2 RdNr. 6 sowie Art. 25 RdNr. 4; zum Begriff des Gerichts bei Art. 2 RdNr. 5.
[13] *Virgos/Schmit*, Erläuternder Bericht, RdNr. 203; *Adolphsen*, in *Bork*, Handbuch, S. 677 RdNr. 124; *Duursma-Kepplinger*, Europäische Insolvenzverordnung, Art. 26 RdNr. 2; *Gruber*, in *Geimer/Schütze*, Int.

innerstaatlichen Anschauungen des Anerkennungsstaates. Zur Ausfüllung des Begriffs der öffentlichen Ordnung steht dem Anerkennungsstaat jedoch kein uneingeschränkter Spielraum zur Verfügung.[14] Es obliegt dem EuGH bei der Auslegung der Verordnung zu überwachen, dass das Gericht des Anerkennungsstaates den Begriff der öffentlichen Ordnung im Hinblick auf die eigenen innerstaatlichen Anschauungen zutreffend ausgelegt hat.[15]

Der Wortlaut von Art. 26 schränkt ein, welche Rechtsgrundsätze unter den Begriff der öffentlichen Ordnung fallen. Darunter sind „insbesondere" die Grundprinzipien oder die verfassungsrechtlich garantierten Rechte und Freiheiten des Einzelnen zu verstehen. Hierzu gehören auch die Grundprinzipien und verfassungsrechtlich garantierten Rechte und Freiheiten nach dem Gemeinschaftsrecht der EU.[16] Im Rahmen der Eurofood-Entscheidung hat der EuGH bereits entschieden, dass sich die im Zusammenhang mit der EuGVVO ergangene Rechtsprechung auf die Auslegung von Art. 26 der Verordnung übertragen lasse.[17] Danach kommt ein Verstoß gegen die öffentliche Ordnung nur dann in Betracht, wenn die Anerkennung oder die Vollstreckung der in einem anderen Vertragsstaat erlassenen Entscheidung gegen einen wesentlichen Rechtsgrundsatz verstieße und deshalb in einem nicht hinnehmbaren Gegensatz zur Rechtsordnung des Vollstreckungsstaates stünde. Bei dem Verstoß müsse es sich um eine offensichtliche Verletzung einer in der Rechtsordnung des Vollstreckungsstaates als wesentlich geltende Rechtsnorm oder eines dort als grundlegend anerkannten Rechts handeln.[18] **6**

3. Offensichtliche Unvereinbarkeit. Art. 26 verlangt – ebenso wie Art. 34 EuGVVO – einen *offensichtlichen* Widerspruch zum *ordre public*. Damit ist klargestellt, dass nicht jeder mögliche Verstoß gegen Rechtsgrundsätze des Anerkennungsstaates ausreichen, sondern dass auch Art. 26 nur in Ausnahmefällen anzuwenden und die Vorschrift daher eng auszulegen ist.[19] Die offensichtliche Unvereinbarkeit muss sich daher nicht aus der Entscheidung selbst ergeben, sondern muss das Ergebnis der Anerkennung oder Vollstreckung der Entscheidung sein.[20] **7**

Rechtsverkehr, B Vor I 20 b, Art. 26 RdNr. 2; HK-*Stephan*, Art. 26 RdNr. 1; *Mäsch*, in *Rauscher*, Europ. Zivilprozessrecht, Bd. 2, Art. 26 EG-InsVO RdNr. 2; *Paulus*, Europäische Insolvenzverordnung, Art. 26 RdNr. 6. Zur EuGVVO vgl. *Kropholler*, Europ. Zivilprozessrecht, Art. 34 EuGVO RdNr. 5; *Leible*, in *Rauscher*, Europ. Zivilprozessrecht, Bd. 1, Art. 34 Brüssel I-VO RdNr. 5.

[14] Vgl. zu dem gleichgelagerten Problem im Rahmen des Art. 34 EuGVVO; *Kropholler*, Europ. Zivilprozessrecht, Art. 34 EuGVO RdNr. 5; *Leible*, in *Rauscher*, Europ. Zivilprozessrecht, Bd. 1, Art. 34 Brüssel I-VO RdNr. 5 f.

[15] Dies entspricht der Herangehensweise des EuGH bei der Auslegung des Begriffes der öffentlichen Ordnung im Rahmen der EuGVÜ/EuGVVO, vgl. EuGH vom 28. 3. 2000, Rs. C-7/98 Krombach, NJW 2000, 1853, 1854 RdNr. 22 f. mit Anmerkung *Hau* EWiR 2000, 441; EuGH vom 11. 5. 2000, Rs. C-38/98 Renault, NJW 2000, 2185 RdNr. 27. So auch *Kropholler*, Europ. Zivilprozessrecht, Art. 34 EuGVO RdNr. 6; *Leible*, in *Rauscher*, Europ. Zivilprozessrecht, Bd. 1, Art. 34 Brüssel I-VO RdNr. 8; *Mäsch*, in *Rauscher*, Europ. Zivilprozessrecht, Bd. 2, Art. 26 EG-InsVO RdNr. 2.

[16] *Virgos/Schmit*, Erläuternder Bericht, RdNr. 205; *Adolphsen*, in *Bork*, Handbuch, S. 677 f. RdNr. 124; *Duursma-Kepplinger*, Europäische Insolvenzverordnung, Art. 26 RdNr. 5; *Gruber*, in *Geimer/Schütze*, Int. Rechtsverkehr, B Vor I 20 b, Art. 26 RdNr. 2; *Kübler/Prütting/Kemper*, Art. 26 EuInsVO RdNr. 3; *Heß* IPRax 2001, 301, 305; MünchKommBGB-*Kindler*, Bd. 11, Art. 26 RdNr. 598. Zur EuGVVO vgl. Kropholler, Europ. Zivilprozessrecht, Art. 34 EuGVO RdNr. 8; *Leible*, in *Rauscher*, Europ. Zivilprozessrecht, Bd. 1, Art. 34 Brüssel I-VO RdNr. 5, 12.

[17] Vgl. EuGH vom 2. 5. 2006, Rs. C-341/04 Eurofood, NZI 2006, 360, 361 RdNr. 64.

[18] EuGH vom 2. 5. 2006, Rs. C-341/04 Eurofood, NZI 2006, 360, 361 RdNr. 63, mit Verweis auf die Entscheidung des EuGH vom 28. 3. 2000, Rs. C-7/98 Krombach, NJW 2000, 1853.

[19] *Duursma-Kepplinger*, Europäische Insolvenzverordnung, Art. 26 RdNr. 11; *Gruber*, in *Geimer/Schütze*, Int. Rechtsverkehr, B Vor I 20 b, Art. 26 RdNr. 2; *Leible/Staudinger* KTS 2000, 533, 567; *Mäsch*, in *Rauscher*, Europ. Zivilprozessrecht, Bd. 2, Art. 26 EG-InsVO, RdNr. 2; *Moss/Smith*, in *Moss/Fletcher/Isaacs*, EC Regulation, RdNr. 8.206; MünchKommBGB-*Kindler*, Bd. 11, Art. 26 RdNr. 589; *Paulus*, Europäische Insolvenzverordnung, Art. 26 RdNr. 2. Zur Rechtsprechung zum EuGVÜ bzw. zur EuGVVO vgl. EuGH vom 2. 6. 1994, Rs. C-414/92 Solo Kleinmotoren, NJW 1995, 38, 39 RdNr. 20; EuGH vom 28. 3. 2000, Rs. C-7/98 Krombach, NJW 2000, 1853, 1854 RdNr. 21 mit Anmerkung *Hau* EWiR 2000, 441; EuGH vom 11. 5. 2000, Rs. C-38/98 Renault, NJW 2000, 2185 RdNr. 26; EuGH vom 2. 5. 2006, Rs. C-341/04 Eurofood, NZI 2006, 360, 361 RdNr. 62. Vgl. auch *Leible*, in *Rauscher*, Europ. Zivilprozessrecht, Bd. 1, Art. 34 Brüssel I-VO RdNr. 2, 9.

[20] Vgl. MünchKommBGB-*Kindler*, Bd. 11, RdNr. 6.

Demnach ist die Anerkennung einer Entscheidung nach Art. 26 nicht alleine deshalb zu verweigern, weil diese inhaltlich unrichtig oder im Rahmen der Entscheidung das anzuwendende Recht falsch angewandt worden ist. Rechtlich unzutreffend haben sich daher Gerichte gelegentlich auf Art. 26 berufen, wenn es um die Nichtanerkennung einer ausländischen Eröffnungsentscheidung ging, bei der das Anerkennungsgericht dem Erstgericht die internationale Zuständigkeit nach Art. 3 Abs. 1 abgesprochen hat.[21] Gleiches gilt für die fehlende Begründung der Annahme der internationalen Zuständigkeit durch das Gericht.[22] Selbst eine offensichtlich unrichtige Entscheidung des Erstgerichts über die internationale Zuständigkeit ist hinzunehmen.[23] Eine andere Frage (die nicht die zutreffende Rechtsanwendung betrifft) ist dagegen, ob im Rahmen des zum Eröffnungsbeschluss führenden Verfahrens der Rechtsgrundsatz des rechtlichen Gehörs oder des fairen Verfahrens verletzt wurde (vgl. nachfolgende Randnummer).[24]

8   a) **Verfahrensrechtlicher** *ordre public.* Bei der Überprüfung des verfahrensrechtlichen *ordre public* geht es um die Beinhaltung elementarer verfahrensrechtlicher Garantien. Nach der ständigen, auch im Rahmen des EuGVÜ bestätigten Rechtsprechung des BGH ist ein Versagungsgrund auf Grund des verfahrensrechtlichen *ordre public* nur dann gegeben, wenn das Urteil des ausländischen Gerichts auf Grund eines Verfahrens ergangen ist, das von den Grundprinzipien des deutschen Verfahrensrechts in einem solchen Maße abweicht, dass nach der deutschen Rechtsordnung das Urteil nicht als in einem geordneten, rechtsstaatlichen Verfahren ergangen angesehen werden kann. Nur dies, und nicht die Frage, ob bei gleicher Verfahrensweise der deutsche Richter gegen tragende Grundsätze des deutschen Verfahrensrechts verstoßen hätte, gibt den Maßstab dafür vor, ob das Urteil des ausländischen Gerichts gegen den deutschen verfahrensrechtlichen *ordre public* international verstößt.[25] Wie der EuGH in der Eurofood-Entscheidung klargestellt hat, sind insbesondere die Prinzipen des Verfahrens und des rechtlichen Gehörs bereits integraler Bestandteil der allgemeinen Grundsätze des Gemeinschaftsrechts, welche die Versagung der Anerkennung begründen können.[26] In dem Vorlagebeschluss war gerügt worden, dass dem *Provisional Liquidator* nicht die Möglichkeit eingeräumt worden war, in dem Insolvenzeröffnungsverfahren in einem anderen Mitgliedsstaat bezüglich der internationalen Zuständigkeit des Gerichts gehört zu werden. Der EuGH hat sich bei dem zugrunde liegenden Sachverhalt zu Recht skeptisch geäußert, ob das Gebot eines fairen Verfahrens eingehalten worden sei.[27]

9   Bei der Anwendung des verfahrensrechtlichen *ordre public* nach Art. 26 dürfen jedoch die Grundsätze des EuGH zu Art. 27 EuGVÜ bzw. Art. 34 EuGVVO nicht bedenkenlos übertragen werden. Denn bei dem Insolvenzverfahren handelt es sich um kein kontradiktorisches Zwei-Parteien-Verfahren, sondern um ein Mehrparteienverfahren mit einer größeren aber unbestimmten Anzahl von Parteien und Interessen. So ist beispielsweise vor der Verfahrenseröffnung zwar dem Schuldner rechtliches Gehör zu gewähren,[28] nicht aber notwendiger

---

[21] AG Düsseldorf v. 6. 6. 2003, ZIP 2003, 1363 jedoch ohne direkten Bezug auf den ordre public; zustimmend *Mankowski* EWiR 2003, 767, 768; kritisch *Herchen* ZInsO 2004, 61, 64 f.; *Paulus* EWiR 2003, 767 sowie ZIP 2003, 1725, 1728 f.
[22] AG Nürnberg vom 15. 8. 2006 ZIP 2007, 82; hierzu auch *Knof*, ZInsO 2007, 629, 632 ff.
[23] So richtigerweise die Gerichtsentscheidungen Cour d' appel Versailles vom 4. 9. 2003 ZIP 2004, 377; AG Köln NZI 2004, 151, 152; AG Düsseldorf vom 12. 3. 2004 DZWIR 2004, 432, 433; OLG Wien vom 9. 11. 2004 NZI 2005, 56, 58 mit Anm. *Paulus* NZI 2005, 62; OGH vom 17. 3. 2005 NZI 2005, 465.
[24] Vgl. AG Düsseldorf v. 7. 4. 2004 ZIP 2004, 866; vgl. dazu *Westphal/Wilkens* EWiR 2004, 909.
[25] So bereits BGHZ 48, 327 = BGH NJW 1968, 354; vgl. weitere Rechtsprechungsnachweise bei *Kropholler*, Europ. Zivilprozessrecht, Art. 34 EuGVO RdNr. 13; *Leible*, in Rauscher, Europ. Zivilprozessrecht, Bd. 1, Art. 34 Brüssel I–VO RdNr. 13 ff.
[26] EuGH vom 2. 5. 2006, Rs. C-341/04 Eurofood, NZI 2006, 360, 361 RdNr. 65 ff.
[27] Zum Sachverhalt vgl. oben, Art. 3 RdNr. 24; der EuGH hat nach Überprüfung der Rechtsgrundsätze den Verstoß gegen die öffentliche Ordnung nicht festgestellt, sondern die Ausfüllung dem nationalen Gericht überlassen.
[28] *Gruber*, in *Geimer/Schütze*, Int. Rechtsverkehr, B Vor I 20 b, Art. 26 RdNr. 7 f.; HK-*Stephan*, Art. 26 RdNr. 5; *Kübler/Prütting/Kemper*, Art. 26 EuInsVO RdNr. 5; *Leible/Staudinger* KTS 2000, 533, 567; *Mäsch*, in *Rauscher*, Europ. Zivilprozessrecht, Bd. 2, Art. 26 EG-InsVO RdNr. 2, 10; MünchKommBGB-*Kindler*,

Weise den Gläubigern des Schuldners.[29] Ein *ordre public*-Verstoß ist auch nicht deswegen gegeben, weil das ausländische Verfahren die Selbstverwaltung der Gläubiger einschränkt und die Abwicklung und die maßgeblichen Verwertungsentscheidungen auf ein Gericht oder eine Behörde überträgt.[30] Auch der Ausschluss einzelner Gläubiger vom Insolvenzverfahren bei einer verspäteten Forderungsanmeldung verstößt nicht notwendig gegen den verfahrensrechtlichen *ordre public*.[31] Anderes kann allenfalls gelten, falls der Gläubiger mangels Bekanntmachung der Verfahrenseröffnung im Mitgliedstaat seines Sitzes bzw. Wohnsitzes und mangels Unterrichtung durch den Insolvenzverwalter oder das Insolvenzgericht gem. Art. 40 keine Kenntniss von dem Verfahren hatte. Diesen Umständen ist insbesondere bei kurzen Anmeldefristen für die Gläubiger Rechnung zu tragen.

Ebenso wenig stellt das Fehlen einer Rechtsmittelinstanz bei insolvenzrechtlichen Entscheidungen eine Verletzung des verfahrensrechtlichen *ordre public* dar.[32] Auch die Insolvenzordnung sieht nicht für jede Entscheidung des Insolvenzgerichts ein Rechtsmittel vor. **10**

b) Materiellrechtlicher *ordre public*. Der ausländischen Entscheidung ist die Anerkennung oder Vollstreckung auch dann zu versagen, wenn zwar das zur Entscheidung führende Verfahren nicht zu beanstanden ist, jedoch das Ergebnis der Entscheidung materiellrechtlich dem *ordre public* des Anerkennungsstaates widerspricht. Der Maßstab des materiellrechtlichen *ordre publics* bei der Überprüfung der ausländischen Entscheidung ist identisch mit dem materiellrechtlichen *ordre public,* der im Rahmen der Rechtsanwendung durch das Erstgericht zu beachten ist. Insoweit kann auf die Ausführungen zum materiellrechtlichen *ordre public* im Rahmen der kollisionsrechtlichen Rechtsanwendung verwiesen werden (vgl. unten RdNr. 15 ff.) **11**

4. Inlandsbezug. Im Rahmen der *ordre public*-Kontrolle wird regelmäßig ein hinreichender Inlandsbezug gefordert.[33] Ein solcher hinreichender Inlandsbezug wird regelmäßig auch für den anerkennungsrechtlichen *ordre public* gefordert.[34] Der erforderliche Inlandsbezug ist jedoch nicht schon allein deswegen gegeben, weil es um die Anerkennung einer ausländischen Entscheidung im Inland geht. Nach *Spellenberg* kann eine solche Inlandsbeziehung im internationalen Insolvenzrecht durch die Staatsangehörigkeit, den gewöhnlichen inländischen Aufenthalt eines Beteiligten oder durch die Belegenheit betroffenen Vermögens im Inland vermittelt werden.[35] Richtigerweise ist jedoch zu differenzieren: Insolvenzrechtlichen Entscheidungen, die auf Grund elementarer verfahrensrechtlicher Verstöße zustande gekommen sind, sollte im Inland grundsätzlich die Anerkennung und Vollstreckung verweigert werden. Dagegen besteht bei der Anerkennung und Vollstreckung von Entscheidungen, die den deutschen materiellrechtlichen *ordre public* verletzen, die Notwendigkeit eines hinreichenden Inlandsbezugs. Dieser wird jedoch nicht durch den Aufenthaltsort oder die Staats- **12**

Bd. 11, Art. 26 RdNr. 302; *Paulus,* Europäische Insolvenzverordnung, Art. 26 RdNr. 13; *Summ,* Anerkennung ausländischer Konkurse S. 38. Vgl. auch AG Düsseldorf vom 7. 4. 2004 ZIP 2004, 866, 867.

[29] So aber High Court Dublin ZIP 2004, 1223; vgl. dazu auch *Herweg/Tschauner* EWiR 2004, 599, 600. Offen lassend *Paulus,* Europäische Insolvenzverordnung, Art. 26 RdNr. 13.

[30] Vgl. auch *Reinhart,* Sanierungsverfahren, S. 181; HK-*Stephan,* Art. 26 RdNr. 5.

[31] Zum Fall einer verspäteten Forderungsanmeldung, vgl. OLG Saarbrücken ZIP 1989, 1145; einschränkender für den Fall einer im Inland besicherten Forderung zurecht OLG Stuttgart, ZInsO 2007, 611, 614 f.

[32] So zur EuGVVO *Kropholler,* Europ. Zivilprozessrecht, Art. 34 EuGVO RdNr. 15; *Leible,* in *Rauscher,* Europ. Zivilprozessrecht, Bd. 1, Art. 34 Brüssel I–VO RdNr. 17. So auch OLG Düsseldorf vom 7. 12. 1994 RIW 1995, 324; OLG Stuttgart vom 15. 5. 1997 RIW 1997, 684; OLG Düsseldorf vom 21. 2. 2001 RIW 2001, 620.

[33] Zum Inlandsbezug beim materiellrechtlichen *ordre public* vgl. MünchKommBGB-*Sonnenberger,* Bd. 10, Art. 6 RdNr. 83 ff.

[34] Vgl. zum EuGVÜ/EuGVVO *Geimer,* in *Geimer/Schütze,* Europ. ZivilverfahrensR, Art. 34 EuGVVO RdNr. 40; zur EuInsVO: MünchKommBGB-*Kindler,* Bd. 11, Art. 26 RdNr. 597; *Duursma-Kepplinger,* Europäische Insolvenzverordnung, Art. 26 RdNr. 3; *Kemper* ZIP 2001, 1609, 1614; *Smid,* Int. Insolvenzrecht, Art. 26 RdNr. 6; *Spellenberg,* in *Stoll*: Stellungnahmen und Gutachten, S. 192.

[35] *Spellenberg,* in *Stoll*: Stellungnahmen und Gutachten, S. 191; sich dem anschließend MünchKommBGB-*Kindler,* Bd. 11 RdNr. 597 sowohl *Gruber,* in *Geimer/Schütze,* Int. Rechtsverkehr, B Vor I 20 b, Art. 26 RdNr. 3.

angehörigkeit vermittelt, sondern in Anlehnung an die zu Art. 6 EGBGB entwickelte Rechtsprechung ausschließlich durch die Belegenheit des von der Entscheidung betroffenen Vermögens im Inland.³⁶

13 **5. Prüfung durch den Richter des Anerkennungsstaates.** Nach ganz überwiegender Auffassung ist Art. 26 als Vorbehalt konzipiert und daher nicht von Amts wegen, sondern nur auf Rüge einer Partei zu beachten.³⁷ Das entspricht der in Deutschland herrschenden Meinung zur Prüfungspflicht des *ordre public* im Rahmen der EuGVVO,³⁸ wohingegen nach dem EuGVÜ noch eine Prüfung von Amts wegen galt.³⁹ Bisweilen wird jedoch auch nach heutiger Rechtslage vertreten, dass eine Prüfung von Amts wegen oder sogar eine Tatsachenermittlung von Amts wegen in Betracht komme, wenn unmittelbare Staatsinteressen auf dem Spiel stünden.⁴⁰ Auch hier ist zu differenzieren: Eine Tatsachenermittlung von Amts ist für den „Notausstieg in Extremfällen" weder rechtlich geboten noch praktikabel. Ansonsten müsste das anerkennende oder vollstreckende Zweitgericht in seiner Entscheidung jeweils positiv bestätigen, dass auf Grund der vorgenommenen Amtsermittlung gerade kein *ordre public*-Verstoß vorliegt. Das widerspricht jedoch dem der Verordnung zugrunde liegenden Grundsatz des gegenseitigen Vertrauens.⁴¹ Im Hinblick darauf, dass Entscheidungen im Rahmen eines Insolvenzverfahrens mittelbar auch andere Verfahrensbeteiligte des Insolvenzverfahrens berührt, ist es jedoch nicht erforderlich, dass eine Partei ausdrücklich eine entsprechende Rüge erhebt. Auch der Wortlaut von Art. 26 gebietet dies nicht, sondern gibt jedem Mitgliedstaat die Möglichkeit, sich zu weigern, eine Entscheidung anzuerkennen oder zu vollstrecken. Es muss daher ausreichen, wenn sich aus dem Tatsachenvortrag einer Partei ergibt, dass die Anerkennung oder Vollstreckung mit der öffentlichen Ordnung offensichtlich unvereinbar wäre. In der Praxis dürfte diese Frage jedoch regelmäßig keine Rolle spielen, da sich die am Verfahren Beteiligten in der Regel ausdrücklich auf einen *ordre public*-Verstoß berufen.⁴² Ungeachtet dessen sind aber jedenfalls die Tatsachen von der Partei darzulegen und zu beweisen, die sich – wenn auch nicht ausdrücklich – auf den *ordre public*-Verstoß und damit auf die Nichtanerkennung oder Nichtvollstreckung der Entscheidung beruft.⁴³

14 **6. Rechtsfolge.** Liegt eine offensichtliche Unvereinbarkeit mit der öffentlichen Ordnung des Anerkennungsstaates vor, so ist die Entscheidung weder anzuerkennen noch in dem Hoheitsgebiet des Anerkennungsstaates zu vollstrecken. In Betracht kommt auch eine teilweise Nichtanerkennung oder teilweise Nichtvollstreckung der ausländischen Entscheidung.⁴⁴ Die Teilanerkennung oder Teilvollstreckung setzt jedoch voraus, dass die Entscheidung selbst in einen anerkennungsfähigen und einen nichtanerkennungsfähigen Teil trennbar

---

³⁶ Vgl. zu Art. 6 EGBGB MünchKommBGB-*Sonnenberger*, Bd. 10, Art. 6 EGBGB RdNr. 83 ff.; *Palandt/Heldrich*, Art. 6 EGBGB RdNr. 6; *Staudinger/Blumenwitz*, Art. 6 EGBGB RdNr. 153 ff.

³⁷ Vgl. MünchKommBGB-*Kindler*, Bd. 11 RdNr. 613; *Duursma-Kepplinger*, Europäische Insolvenzverordnung, Art. 26 RdNr. 2, 11.

³⁸ *Kropholler*, Europ. Zivilprozessrecht, Art. 34 EuGVO RdNr. 45; *Leible*, in *Rauscher*, Europ. Zivilprozessrecht, Bd. 1, Art. 34 Brüssel I–VO RdNr. 41.

³⁹ *Kropholler*, Europ. Zivilprozessrecht, vor Art. 33 EuGVO RdNr. 6 mwN in Fn. 6.

⁴⁰ So zur EuGVVO, *Geimer*, in *Geimer/Schütze*, Europ. ZivilverfahrensR, Art. 34 EuGVVO RdNr. 55.

⁴¹ Vgl. Erwägungsgrund Nr. 22.

⁴² In der bisherigen Rechtsprechung hat diese Frage daher auch keine Rolle gespielt, vgl. auch *Kropholler*, Europ. Zivilprozessrecht, Art. 34 EuGVO RdNr. 45.

⁴³ Gegen eine Amtsermittlung entscheidungserheblicher Tatsachen auch bei der EuGVO *Kropholler*, Europ. Zivilprozessrecht, vor Art. 33 EuGVO RdNr. 8; *Leible*, in *Rauscher*, Europ. Zivilprozessrecht, Bd. 1, Art. 34 Brüssel I–VO RdNr. 42.

⁴⁴ *Virgos/Schmit*, Erläuternder Bericht, RdNr. 209; *Duursma-Kepplinger*, Europäische Insolvenzverordnung, Art. 26 RdNr. 10; FK-*Wimmer*, Anh I RdNr. 83; *Gruber*, in *Geimer/Schütze*, Int. Rechtsverkehr, B Vor I 20 b, Art. 26 RdNr. 6; *Haubold*, in *Gebauer/Wiedmann*, Zivilrecht, Art. 26 RdNr. 210; HK-*Stephan*, Art. 26 RdNr. 3; *Kübler/Prütting/Kemper*, Art. 26 EuInsVO RdNr. 9; *Mäsch*, in *Rauscher*, Europ. Zivilprozessrecht, Bd. 2, Art. 26 EG-InsVO RdNr. 17; MünchKommBGB-*Kindler*, Bd. 11, Art. 26 RdNr. 615; *Pannen*, in *Breutigam/Blersch/Goetsch*, Art. 26 RdNr. 7; *Paulus*, Europäische Insolvenzverordnung, Art. 26 RdNr. 19; *Spellenberg*, in *Stoll*: Stellungnahmen und Gutachten, S. 193 f.; *Virgos/Garcimartin*, European Insolvency Regulation, RdNr. 412.

ist. Insoweit ist daher genau zu differenzieren, welcher Entscheidungswirkungen bei einer Anerkennung denn gegen die öffentliche Ordnung verstoßen würde. So ist beispielsweise nicht dem Eröffnungsbeschluss per se die Anerkennung zu versagen, wenn einzelne Rechtsfolgen des Eröffnungsbeschlusses zu einem *ordre public*-Verstoß führen. Die Wirkungserstreckung nach Art. 16 gilt dann vielmehr nur für diejenigen Rechtsfolgen, die gegen die öffentliche Ordnung des Anerkennungsstaates verstoßen. Dagegen bleibt es hinsichtlich aller anderen Wirkungen ausländischer Entscheidungen bei der Wirkungserstreckung nach Art. 16.

III. Materiellrechtlicher *ordre public*

1. Geltung in der EuInsVO. Die kollisionsrechtlichen Normen der Verordnung enthalten keine Vorschrift, dass die Rechtsnorm eines anderen Mitgliedsstaates nicht anzuwenden wäre, wenn ihre Anwendung zu einem Ergebnis führen würde, das gegen die öffentliche Ordnung des entscheidenden Gerichts verstößt. Wie bereits ausgeführt (vgl. oben RdNr. 2), ist jedoch auch für die Verordnung ein materiellrechtlicher *ordre public* anzuwenden.[45] Es wäre widersinnig, eine *ordre public*-Verstoß nur im Rahmen der Anerkennung, nicht aber schon bei der Anwendung ausländischen Rechts berücksichtigen zu dürfen. Das Fehlen eines ausdrücklichen *ordre public*-Vorbehaltes im kollisionsrechtlichen Teil der Verordnung ist daher wohl eher ein Redaktionsversehen, als ein bewusster Verzicht auf eine entsprechende inhaltliche Kontrolle bereits bei der Entscheidungsfindung.

2. Grundsätze. Bei der Anwendung des materiellrechtlichen *ordre public* ist auch im Rahmen des Insolvenzrechts Zurückhaltung geboten. Abweichungen von zwingendem Recht begründen nicht automatisch einen Verstoß gegen den *ordre public*.[46] Auch abweichende Verteilungsregeln für ungesicherte Gläubiger oder dem deutschen Recht unbekannter Eingriff in die Vermögensrechte der Gläubiger[47] begründen grundsätzlich keinen Verstoß gegen den materiellrechtlichen *ordre public*.[48] Daher begründet eine Restschuldbefreiung unter einfacheren Voraussetzungen, als das deutsche Recht dies vorsieht, ebenfalls keinen Verstoß gegen den *ordre public*.[49] Dagegen ist eine Diskriminierung von Gläubiger auf Grund der Staatsangehörigkeit zu einem anderen Mitgliedsstaat oder auch auf Grund des Wohnsitzes in einem anderen Mitgliedsstaat nicht zulässig und begründet regelmäßig einen Verstoß gegen den (schon europarechtlich begründeten) *ordre public*.

IV. Vorbehalt Portugals

Portugal hat gegenüber der Anwendung des Art. 37 erklärt, dass die Umwandlung eines Sanierungsverfahrens im Rahmen eines Partikularverfahrens in ein Liquidationsverfahren unter dem Vorbehalt des Art. 26 stehe.[50] Die Erklärung, die nur die portugiesischen Gerichte betrifft, ist jedoch nicht verordnungskonform. Anordnungen, die die Verordnung selbst trifft, können keinen Verstoß gegen den *ordre public* begründen. Portugal kann daher die Anwendung des Art. 37 unter Berufung von Art. 26 nicht grundsätzlich einschränken.[51]

---

[45] Ganz hM in der deutschen Literatur, vgl. bereits oben RdNr. 2.
[46] Vgl. aus der Rechtsprechung zum autonomen Recht BGH NJW-RR 1991, 1213; BGH NJW 1997, 524, 527 (Norsk Data).
[47] Vgl. BGH NZI 2001, 646, 648.
[48] Vgl. ausführlich oben, § 343 RdNr. 25 ff.
[49] Vgl. zu einer kürzeren Wohlverhaltensperiode auch BGH NJW 2002, 960, 961.
[50] Vgl. die Erklärung Portugals zur Anwendung der Artikels 37 und 26 der Verordnung (EG) Nr. 1346/2000 vom 29. 5. 2000 über Insolvenzverfahren, ABl. EG Nr. C 183/1 vom 30. 6. 2000.
[51] Dagegen auch *Virgos/Garcimartin*, European Insolvency Regulation, RdNr. 408.

Kapitel III. Sekundärinsolvenzverfahren

Art. 27. Verfahrenseröffnung
Ist durch ein Gericht eines Mitgliedsstaats ein Verfahren nach Art. 3 Abs. 1 eröffnet worden, das in einem anderen Mitgliedsstaat anerkannt ist (Hauptinsolvenzverfahren), so kann ein nach Art. 3 Abs. 2 zuständiges Gericht dieses anderen Mitgliedsstaats ein Sekundärinsolvenzverfahren eröffnen, ohne dass in diesem anderen Mitgliedsstaat die Insolvenz des Schuldners geprüft wird. Bei diesem Verfahren muss es sich um eines der in Anhang B aufgeführten Verfahren handeln. Seine Wirkungen beschränken sich auf das im Gebiet dieses anderen Mitgliedsstaats belegene Vermögen des Schuldners.

Literatur: *Aderhold,* Auslandskonkurs im Inland: Entwicklung und System des deutschen Rechts mit praktischen Beispielen unter besonderer Berücksichtigung des Konkursrechts der Vereinigten Staaten von Amerika, Englands, Frankreichs sowie der Schweiz (Bonn, Univ., Diss., (1991); *Bähr/Riedemann,* Kurzkommentar zu: LG Innsbruck, Beschl. v. 11. 5. 2004 – 9 S 15/04, EWiR 2004, 1085; *Beutler/Debus,* Kurzkommentar zu: LG Klagenfurt, Beschl. v. 2. 7. 2004 – 41 S 75/04 h, EWiR 2005, 217; *Blitz,* Sonderinsolvenzverfahren im Internationalen Insolvenzrecht unter besonderer Berücksichtigung der europäischen Verordnung über Insolvenzverfahren, vom 29. Mai 2000, 2002 (zit.: *Blitz,* Sonderinsolvenzverfahren); *Dawe,* Der Sonderkonkurs des deutschen internationalen Insolvenzrechts (Diss. 2005, Univ. Konstanz); *Duursma-Kepplinger,* Einfluss der Eröffnung eines Sekundärinsolvenzverfahrens auf die Befriedigung der zuvor begründeten Masseverbindlichkeiten, ZIP 2007, 752; *Grönda/Bünning/Liersch,* Hase oder Igel, oder: Die nachträgliche Eröffnung von Sekundärinsolvenzverfahren im Anwendungsbereich der Europäischen Insolvenzverordnung (EuInsVO), in FS Braun, S. 403 ff.; *Habscheid,* Antrags- und Beteiligungsrecht im gesonderten (Art. 102 III EGInsO) und im sekundären Insolvenzverfahren (Art. 27 ff. EuInsÜ), NZI 1999, 299; *Paulus,* Kurzkommentar zu: High Court of Justice Leeds (Companies Court), Beschl. v. 16. 5. 2003 – No 861 867/03, EWiR 2003, 709; *Spahlinger,* Sekundäre Insolvenzverfahren bei grenzüberschreitenden Insolvenzen: eine vergleichende Untersuchung zum deutschen, US-amerikanischen, schweizerischen und europäischen Recht (Tübingen, Univ., Diss., 1996/97); *Wimmer,* Die Besonderheiten von Sekundärinsolvenzverfahren unter besonderer Berücksichtigung des Europäischen Insolvenzübereinkommens, ZIP 1998, 82.

Übersicht

	RdNr.		RdNr.
I. Normzweck	1	a) Insolvenzgrund	16
II. Voraussetzungen des Sekundärverfahrens	7	b) Antragsrecht, Kostenvorschuss	17
1. Eröffnung eines Hauptverfahrens	7	c) Sonstige Eröffnungsvoraussetzungen	18
2. Anerkennung des Hauptverfahrens	12	3. Liquidationsverfahren	20
3. Eröffnungsständigkeit nach Art. 3 Abs. 2	13	4. Beschränkung der Aktivmasse	22
III. Rechtsfolgen	14	5. Passivmasse	26
1. Sekundärverfahren	14	a) Insolvenzforderungen	26
2. Eröffnungsvoraussetzungen	16	b) Masseverbindlichkeiten des Sekundärverfahrens	27
		6. Verwalter des Sekundärverfahrens	30

I. Normzweck

1 Kapitel III der Verordnung enthält Regelungen über Sekundärinsolvenzverfahren. Wann ein Sekundärinsolvenzverfahren vorliegt, ist in Art. 3 Abs. 3 definiert: es handelt sich um ein Insolvenzverfahren, das nach der Eröffnung des Hauptinsolvenzverfahrens gemäß Art. 3 Abs. 1 eröffnet wird und dessen Zuständigkeit sich aus Art. 3 Abs. 2 herleitet. Wie der Begriff *„sekundär"* bereits andeutet, handelt es sich hierbei um ein weiteres, eigenständiges Verfahren, das parallel zum Hauptinsolvenzverfahren durchgeführt wird. Die Zulassung eines zweiten Verfahrens neben dem Hauptinsolvenzverfahren ist eine Durch-

Verfahrenseröffnung 2–4 **Art. 27 EuInsVO**

brechung des ansonsten in der Verordnung angestrebten **Universalitätsprinzips,** weil die Reduzierung auf ein einziges Verfahren ohne Einschränkungen nicht realisierbar war.[1] Da weitere Verfahren aber die einheitliche Abwicklung der Insolvenz beeinträchtigen, hat der Verwalter eines Sekundärverfahrens bei seiner Verwaltungs- und Verwertungstätigkeit Belange des Hauptverfahrens zu berücksichtigen.[2]

Das so genannte **Sekundärinsolvenzverfahren** (nachfolgend nur „Sekundärverfahren" genannt) ist bezüglich der Begrifflichkeit abzugrenzen von einem unabhängigen **Partikularinsolvenzverfahren** (nachfolgend nur „Partikularverfahren" genannt) im Sinne des Art. 3 Abs. 4. Bei einem Partikularverfahren handelt es sich um ein auf die Niederlassungszuständigkeit nach Art. 3 Abs. 2 gestütztes Verfahren, das jedoch ohne paralleles Hauptinsolvenzverfahren am Sitz oder Mittelpunkt der wirtschaftlichen Interessen des Schuldners durchgeführt wird. Ein solches unabhängiges Partikularinsolvenzverfahren ist denkbar, weil in dem Mitgliedstaat, der gemäß Art. 3 Abs. 1 international zuständig ist, der Insolvenzschuldner beispielsweise nicht insolvenzfähig ist und daher kein Hauptverfahren durchgeführt werden kann (Art. 3 Abs. 4 lit. a)).[3] Ein solches Partikularverfahren ist zudem denkbar in den Fällen, in denen das Insolvenzgericht des nach Art. 3 Abs. 2 zuständigen Mitgliedstaates das Verfahren früher eröffnet, als das Insolvenzgericht des Hauptinsolvenzverfahrensstaates nach Art. 3 Abs. 1. Aufgrund der zusätzlichen Einschränkungen in Art. 3 Abs. 4 lit. b) ist dies jedoch nur möglich, wenn der Antrag auf Eröffnung des Insolvenzverfahrens von einem Gläubiger gestellt wurde, dessen Forderung aus dem Betrieb der Niederlassung herrührt (Art. 3 Abs. 4 lit. b)).[4] Bei späterer Eröffnung des Hauptinsolvenzverfahrens nach Art. 3 Abs. 1 wandelt sich das Partikularverfahren jedoch automatisch in ein Sekundärverfahren um (vgl. Art. 36). 2

Art. 27 ff. enthalten für das Sekundärinsolvenzverfahren unmittelbar geltende **materiellrechtliche Vorschriften,** die bei der Durchführung des Sekundärinsolvenzverfahrens zu beachten sind. Dazu gehört nach Art. 27 zunächst, dass es keiner Prüfung der Insolvenzgründe bedarf (vgl. dazu unten, RdNr. 15) sowie dass lediglich die in Anhang B aufgeführten Liquidationsverfahren eröffnet werden dürfen, nicht jedoch Sanierungsverfahren. Zudem schränkt Art. 27 den ansonsten in den Insolvenzordnungen territorial unbeschränkten Vermögensbeschlag ein, und zwar auf das in dem jeweiligen Mitgliedstaat des Sekundärinsolvenzverfahrens belegene Vermögen. 3

Aus Sicht der Verfahrensbeteiligten erfüllt die Durchführung eines Sekundärinsolvenzverfahrens insbesondere **zwei Zwecke:** Aus Sicht der **lokalen Gläubiger,** insbesondere der 4

---

[1] Vgl. Erwägungsgrund (11); frühere EG-Entwürfe, die den Versuch unternahmen, das Universalitätsprinzip uneingeschränkt umzusetzen, scheiterten, vgl. Vor Art. 1 EuInsVO RdNr. 3 ff.; *Blitz*, Sonderinsolvenzverfahren, S. 45 ff.; *Garasic*, Anerkennung ausländischer Insolvenzverfahren, S. 71 f.; MünchKommBGB-*Kindler*, Bd. 11, Einleitung RdNr. 9 ff.; Zum Universalitätsprinzip vgl. auch vor §§ 335 ff. InsO RdNr. xx sowie *Garasic*, Anerkennung ausländischer Insolvenzverfahren, S. 26 ff.; HK-*Stephan*, Art. 27 RdNr. 1; Kübler/Prütting/Kemper, Einleitung EuInsVO RdNr. 20 ff.; MünchKommBGB-*Kindler*, Bd. 11, Einleitung RdNr. 4 ff.; *Paulus* DStR 2005, 334 f.; *Smid*, Int. Insolvenzrecht, Einleitung RdNr. 1 ff.; Uhlenbruck/Lüer, Art. 27 RdNr. 1.
[2] Ziffer 20 der Erwägungsgründe spricht von der dominierenden Rolle des Hauptverfahrens; vgl. zur Berücksichtigung der Interessen des Hauptverfahrens auch Art. 31 RdNr. 2.
[3] Vgl. oben, Art. 3 RdNr. 76 ff., sowie *Duursma-Kepplinger*, Europäische Insolvenzverordnung, Art. 3 RdNr. 88 ff.; *Haß/Herwegr*, in Geimer/Schütze, Int. Rechtsverkehr, B Vor I 20 b, Art. 3 RdNr. 51; *Haubold*, in Gebauer/Wiedmann, Zivilrecht, Art. 3 RdNr. 62; HK-*Stephan*, Art. 3 RdNr. 19; Kübler/Prütting/Kemper, Art. 3 EuInsVO RdNr. 31; *Mäsch*, in *Rauscher*, Europ. Zivilprozessrecht, Bd. 2, Art. 3 EG-InsVO RdNr. 29; Nerlich/Römermann/Mincke, Art. 3 RdNr. 34; MünchKommBGB-*Kindler*, Bd. 11, Art. 3 RdNr. 18; *Pannen*, in Breutigam/Blersch/Goetsch, Art. 3 RdNr. 27; *Paulus*, Europäische Insolvenzverordnung, Art. 3 EuInsVO RdNr. 59 f.; *Smid*, Int. Insolvenzrecht, Art. 3 RdNr. 22; HambKomm-*Undritz* Art. 3 RdNr. 47.
[4] Vgl. oben, Art. 3 RdNr. 77, sowie *Duursma-Kepplinger*, Europäische Insolvenzverordnung, Art. 3 RdNr. 91 ff.; *Haß/Herwegr*, in Geimer/Schütze, Int. Rechtsverkehr, B Vor I 20 b, Art. 3 RdNr. 51; *Haubold*, in Gebauer/Wiedmann, Zivilrecht, Art. 3 RdNr. 63; HK-*Stephan*, Art. 3 RdNr. 19; Kübler/Prütting/Kemper, Art. 3 EuInsVO RdNr. 32; *Mäsch*, in *Rauscher*, Europ. Zivilprozessrecht, Bd. 2, Art. 3 EG-InsVO RdNr. 29; Nerlich/Römermann/Mincke, Art. 3 RdNr. 35; MünchKommBGB-*Kindler*, Bd. 11, Art. 3 RdNr. 19; *Pannen*, in Breutigam/Blersch/Goetsch, Art. 3 RdNr. 26; *Paulus*, Europäische Insolvenzverordnung, Art. 3 RdNr. 61; *Smid*, Int. Insolvenzrecht, Art. 3 RdNr. 22; HambKomm-*Undritz* Art. 3 RdNr. 46.

Gläubiger und Geschäftspartner, die unmittelbar mit der Niederlassung im Rechtsverkehr standen,[5] ermöglicht das Sekundärverfahren den Betroffenen die Durchführung eines ortsnahen Insolvenzverfahrens, das auch nach den Vorschriften des lokalen Insolvenzrechts[6] abgewickelt wird. Die lokalen Gläubiger, deren Ansprüche sich insbesondere aus der Geschäftstätigkeit der Niederlassung im Sekundärverfahrensstaat ergeben, sind somit nicht darauf angewiesen, ihre Ansprüche in dem Hauptinsolvenzverfahren eines anderen Mitgliedsstaates verfolgen zu müssen. Sie können ihre Ansprüche vielmehr in dem Sekundärverfahren anmelden und die Anmeldung im Hauptverfahren über den Verwalter des Sekundärverfahrens vornehmen (vgl. hierzu noch Art. 32 Abs. 2). Das erleichtert den lokalen Gläubigern im Ergebnis die Teilnahme am Verfahren und die Geltendmachung ihrer Rechte. Es ermöglicht ihnen zudem eine bessere Einschätzung ihrer Rechtsposition als Beteiligte in dem Sekundärverfahren, da dieses auf Grund des lokalen Rechts durchgeführt wird (Art. 28).

5 Aus Sicht des **Verwalters des Hauptverfahrens** ist die Eröffnung eines Sekundärinsolvenzverfahrens in einem anderen Mitgliedsstaat nicht notwendigerweise von Übel. Zwar entsteht hierdurch zusätzlicher Kooperations- und Unterrichtungsaufwand (vgl. Art. 31). Je nach Komplexität der Rechtsbeziehung in dem Sekundärverfahrensstaat kann es jedoch einfacher sein, die Abwicklung dortiger Rechtsbeziehungen über einen mit dem lokalen Rechtssystem vertrauten Insolvenzverwalter vornehmen zu lassen. Zu Unrecht wird hierbei zu oft darauf abgestellt, dass die Insolvenzverwalter gegeneinander arbeiten könnten.[7] Die Praxis guter, auf bestmögliche Gläubigerbefriedigung bedachte Insolvenzverwaltung hat sich hierüber schon lange hinweggesetzt und beispielsweise in Form so genannter ‚protocols' sogar Vereinbarungen zur Koordination beider Verfahren entwickelt.[8] Da beide Verwalter ihre Verfahren nicht davor abschirmen können, dass die Gläubiger, die ihre Forderung über den jeweiligen Verwalter auch in dem anderen Verfahren anmelden, sind im Ergebnis ohnehin sämtliche Forderungen in beiden Verfahren zu berücksichtigen. Konflikte können insoweit allenfalls dann auftreten, wenn unterschiedliche Zielsetzungen mit den Verfahren verbunden sind. Dies ist insbesondere dann der Fall, wenn in dem Hauptverfahren eine Sanierung oder Reorganisation betrieben werden soll, die gegebenenfalls den Interessen der Gläubiger auf bestmögliche Befriedigung zuwider läuft, wie dies gelegentlich bei industriepolitisch motivierten Sanierungsverfahren der Fall sein kann.

6 Häufig hat der Verwalter des Hauptverfahrens sogar ein eigenes Interesse an der Durchführung eines Sekundärinsolvenzverfahrens, nämlich wenn in dem Sekundärverfahrensstaat dingliche Rechte Dritter belegen sind, die gemäß Art. 5 ohne die Eröffnung eines Sekundärverfahrens keinerlei insolvenzrechtlichen Einschränkungen unterliegen.[9] Durch die Eröffnung des Sekundärverfahrens werden die in dem Mitgliedsstaat des Sekundärverfahrens belegenen Vermögensgegenstände, an denen Rechte Dritter bestehen, dem dort geltenden lokalen Insolvenzrecht unterworfen. Der Insolvenzverwalter des Hauptverfahrens kann daher durch die Eröffnung eines Sekundärverfahrens gesicherte Gläubiger mit in die Verfahren einbeziehen.

---

[5] Neben den in Art. 5 ff. enthaltenen Sonderanknüpfungen gilt die Möglichkeit der Durchführung eines Sekundärverfahrens als zweite große Ausnahme des Universalitätsprinzips und der Geltung der *lex fori concursus*, vgl. Ziffer 11 der Erwägungsgründe.

[6] Zur Geltung der *lex fori concursus secundariae* vgl. noch Art. 28.

[7] Die aus den Entscheidungen der Gerichte High Court Justice of Leeds vom 16. 5. 2003, AG Düsseldorf vom 6. 6. 2003 sowie Tribunal de Commerce de Pontoise vom 26. 5. 2003 im Fall ISA/Daisytek (Art. 3 RdNr. 10) und der Gerichte Tribunale Civile di Parma vom 19. 2. 2004 und High Court Dublin vom 23. 3. 2004 im Fall Eurofood (Art. 3 RdNr. 24 ff.) zu entnehmenden Zuständigkeitskämpfe sind daher kein Vorbild für die Praxis. Anders: Landesgericht Innsbruck vom 11. 5. 2004 ZIP 2004, 1721; Landesgericht Klagenfurt vom 2. 7. 2004 NZI 2004, 677; AG Köln vom 24. 1. 2004 NZI 2004, 151.Hinter diesen „Kämpfen" stehen in der Regel handfeste wirtschaftliche Interessen wegen der mit der Durchführung großer internationaler Insolvenzen verbundenen Honorare und Einnahmen, vgl. auch *Grönda/Bünning/Liersch*, FS Braun, S. 403 ff.

[8] Vgl. hierzu noch unten, Art. 31 RdNr. 38 ff.

[9] Vgl. oben, Art. 5, RdNr. 13 ff.

II. Voraussetzungen des Sekundärinsolvenzverfahrens

1. Eröffnung des Hauptinsolvenzverfahrens. Art. 27 setzt aus Sicht des Sekundär- 7
verfahrensstaates voraus, dass zuvor durch ein Gericht eines anderen Mitgliedsstaates ein Verfahren nach Art. 3 Abs. 1 eröffnet worden ist. Daher muss das andere Insolvenzgericht seine internationale **Eröffnungszuständigkeit** auf Art. 3 Abs. 1 gestützt haben, was bisweilen aus dem Beschluss nicht notwendigerweise erkennbar ist. Der deutsche Gesetzgeber hat daher in Art. 102 § 2 EGInsO ausdrücklich vorgesehen, dass im Eröffnungsbeschluss Ausführungen zu den tatsächlichen Feststellungen und rechtlichen Erwägungen über die internationale Zuständigkeit mit aufzunehmen sind. Unerheblich ist hierbei, ob das Gericht des anderen Mitgliedsstaates die Zuständigkeit nach Art. 3 Abs. 1 zu Recht in Anspruch genommen hat.[10] Diese Rechtsfrage darf durch das Insolvenzgericht des Sekundärverfahrensstaates nicht mehr überprüft werden.[11]

Grundsätzlich ist für die Eröffnung des Hauptverfahrens im Sinne des Art. 27 auf den 8
formellen Eröffnungsbeschluss abzustellen. Nach der Entscheidung des EuGH in der Sache Eurofood[12] ist nunmehr jedoch fraglich, ob auch in der Bestellung eines vorläufigen Insolvenzverwalters sowie der Anordnung von vorläufigen Sicherungsmaßnahmen bereits eine Verfahrenseröffnung im Sinne des Art. 27 zu sehen ist. In der Entscheidung hatte der EuGH darauf abgestellt, dass eine für das Prioritätsprinzip maßgebliche Verfahrenseröffnung bereits mit Vorliegen der beiden vorgenannten Anordnungen gegeben ist. Richtigerweise ist jedoch erst der formelle Eröffnungsbeschluss des Insolvenzgerichts des Hauptverfahrens für Art. 27 maßgebend. Denn Art. 27 knüpft an den formellen Eröffnungsbeschluss des Hauptverfahrens bestimmte Rechtsfolgen, wie beispielsweise den Dispens von der Nachprüfung der Insolvenzgründe.

Die Verfahrenseröffnung im Sinne der Eurofood Entscheidung zeitigt jedoch bereits andere 9
Wirkungen. Nimmt ein Insolvenzgericht bei der Anordnung von Sicherungsmaßnahmen und der Bestellung eines vorläufigen Insolvenzverwalters bereits die Zuständigkeit nach Art. 3 Abs. 1 in Anspruch, so können die Insolvenzgerichte anderer Mitgliedsstaaten für Maßnahmen im Eröffnungsverfahren allenfalls die Zuständigkeit nach Art. 3 Abs. 2 in Anspruch nehmen. Die Sicherungsmaßnahmen können sich daher nur noch auf das inländischen Vermögen beziehen. Gleichzeitig ist das Insolvenzgericht des Sekundärverfahrensstaates gehindert, ein auf Art. 3 Abs. 1 gestütztes Hauptverfahren zu eröffnen. Diese Möglichkeit ist durch die Inanspruchnahme der Zuständigkeit des anderen Insolvenzgerichts bereits gesperrt. Ist das Insolvenzgericht des vermeintlichen Sekundärverfahrensstaates der Auffassung, es sei nach Art. 3 Abs. 1 zuständig, so empfiehlt sich, dass der vorläufige Insolvenzverwalter dies dem Insolvenzgericht des Hauptverfahrens kommuniziert. Denn die Kooperations- und Unterrichtungspflichten nach Art. 31 gelten bereits vor der formellen Verfahrenseröffnung.[13] Bei konkurrierenden Zuständigkeiten sollte das Gericht des vermeintlichen Sekundärverfahrens daher zunächst den formellen Eröffnungsbeschluss des Gerichts des vermeintlichen Hauptverfahrens abwarten (vgl. zum Prioritätsprinzip ausführlich auch Art. 3 RdNr. 57 ff.).

Ergeht der formelle Eröffnungsbeschluss, so ist für Art. 27 allein dessen Wirksamkeit, 10
nicht jedoch dessen Rechtskraft entscheidend.[14] Damit sind die Prioritätsprobleme jedoch

---

[10] Vgl. AG Düsseldorf vom 12. 3. 2004 NZI 2004, 269, 270; AG Köln vom 23. 1. 2004 NZI 2004, 151; so auch *Virgos/Schmit*, Erläuternder Bericht, RdNr. 215 aE; *Duursma-Kepplinger*, Europäische Insolvenzverordnung, Art. 27 RdNr. 17; *Haubold*, in *Gebauer/Wiedmann*, Zivilrecht, Art. 27 RdNr. 212; *Kübler/Prütting/Kemper*, Art. 3 EuInsVO RdNr. 2; *Leible/Staudinger* KTS 2000, 533, 545; *Mäsch*, in *Rauscher*, Europ. Zivilprozessrecht, Bd. 2, Art. 27 EG-InsVO RdNr. 5; MünchKommBGB-*Kindler*, Bd. 11, Art. 27 RdNr. 629; *Smid*, Int. Insolvenzrecht, Art. 27 RdNr. 9; *Vallender* KTS 2005, 283, 301.
[11] Vgl. hierzu auch die nachfolgende RdNr. sowie die Ausführungen zu Art. 16 RdNr. 12.
[12] EuGH vom 2. 5. 2006, Rs. C-341/04 Eurofood, NZI 2006, 360, 361 RdNr. 54; vgl. dazu bereits Art. 3 RdNr. 24.
[13] Vgl. Art. 31 RdNr. 5.
[14] *Balz* ZIP 1996, 948, 953; *Kübler/Prütting/Kemper*, Art. 27 EuInsVO RdNr. 2, Art. 2 RdNr. 11; MünchKommBGB-*Kindler*, Bd. 11, Art. 27 RdNr. 628.

noch nicht gelöst, denn denkbar bleibt, dass die Hauptverfahrenszuständigkeit durch das Rechtsmittelgericht abgelehnt wird. Ist der Eröffnungsbeschluss des vermeintlichen Sekundärinsolvenzverfahrens noch nicht rechtskräftig, so kann dieses freilich nunmehr auch die Zuständigkeit nach Art. 3 Abs. 1 für sich in Anspruch nehmen (vgl. ausführlich hierzu Art. 3 RdNr. 59 ff.). Das zunächst vermeintliche Hauptinsolvenzverfahren, dessen fehlende Zuständigkeit nach Art. 3 Abs. 1 durch das Rechtsmittelgericht rechtskräftig festgestellt wurde, wandelt sich dann ipso iure in ein Sekundärinsolvenzverfahren um, sobald das Insolvenzgericht des anderen Mitgliedsstaates seinen früheren Beschluss abgeändert und die Zuständigkeit nunmehr auf Art. 3 Abs. 1 gestützt hat.

11 Bei dem eröffneten Verfahren muss es sich um ein **Insolvenzverfahren** im Sinne der Verordnung handeln. Die Verfahrenseröffnung muss sich daher auf eines der in Art. 2 lit. a) in Verbindung mit Anhang A genannten Verfahren beziehen.[15]

12 **2. Anerkennung des Hauptverfahrens.** Art. 27 verlangt zudem, dass das Hauptinsolvenzverfahren im Mitgliedstaat des Sekundärinsolvenzverfahrens anerkannt wird. Diese Anerkennung ist im Sinne einer Anerkennung von Art. 16 zu verstehen. Es darf daher keine Überprüfung der von dem Insolvenzgericht des Hauptinsolvenzverfahrensstaates in Anspruch genommenen internationalen Zuständigkeit nach Art. 3 Abs. 1 durch das Insolvenzgericht des Sekundärverfahrensstaates erfolgen.[16] Von dem Insolvenzgericht des Sekundärverfahrensstaates ist lediglich zu überprüfen, ob das Insolvenzgericht des anderen Mitgliedsstaates seine Zuständigkeit auf Art. 3 Abs. 1 gestützt hat und ob die Entscheidung wirksam ist. Ist dies der Fall, so kann die Anerkennung des Hauptinsolvenzverfahrens allenfalls an einem *ordre public*-Verstoß nach Art. 26 scheitern. Dann muss aber der Eröffnungsbeschluss selbst gegen den *ordre public* verstoßen. Das ist allenfalls der Fall, wenn das zu dem Eröffnungsbeschluss führende Verfahren an schwerwiegenden Verfahrensmängeln leidet.[17] Dass einzelne Wirkungen des Verfahrens gegen den *ordre public* verstoßen ist im Rahmen der Anerkennung dieser konkreten Wirkungen zu berücksichtigen, nicht aber im Rahmen der Anerkennung des Eröffnungsbeschlusses selbst.

13 **3. Zuständigkeit nach Art. 3 Abs. 2.** Die Eröffnung des Sekundärinsolvenzverfahrens setzt zudem voraus, dass das Insolvenzgericht nach Art. 3 Abs. 2 international zuständig ist, das heißt, dass sich im Mitgliedstaat eine Niederlassung des Schuldners befindet. Hierzu ist auf den in Art. 2 lit. h) definierten Begriff der Niederlassung zurück zu greifen. Voraussetzung ist daher, dass der Schuldner im Gebiet dieses Mitgliedstaates eine nicht nur vorübergehende wirtschaftliche Aktivität entfaltet und hierbei Personal- und Vermögenswerte eingesetzt hat.[18] Die Zuständigkeit nach Art. 3 Abs. 2 ist auch dann gegeben, wenn das Insolvenzgericht des vermeintlichen Sekundärverfahrensstaates in dieser „Niederlassung" sogar den Mittelpunkt der wirtschaftlichen Interessen des Schuldners sieht. Zwar ist das Insolvenzgericht daran gehindert, seine Zuständigkeit auf Art. 3 Abs. 1 zu stützen, wenn bereits ein Insolvenzgericht eines anderen Mitgliedsstaates eine entsprechende Zuständigkeit für sich in Anspruch genommen hat.[19] Bei dem Begriff der Niederlassung handelt es sich jedoch um ein Minus und nicht um ein Aliud gegenüber dem Mittelpunkt der hauptsächlichen Interessen, weshalb auch in diesen Fällen die Eröffnung eines auf Art. 3 Abs. 2 gestütztes Sekundärinsolvenzverfahrens möglich ist.[20]

---

[15] *Virgos/Schmit,* Erläuternder Bericht, RdNr. 214; HK-*Stephan,* Art. 27 RdNr. 3; *Duursma-Kepplinger,* Europäische Insolvenzverordnung, Art. 27 RdNr. 16; *Kübler/Prütting/Kemper,* Art. 27 EuInsVO RdNr. 2; MünchKommBGB-*Kindler,* Bd. 11, Art. 27 RdNr. 628; *Paulus,* Europäische Insolvenzverordnung, Art. 27 RdNr. 4; *Smid,* Int. Insolvenzrecht, Art. 27 RdNr. 9.
[16] Vgl. dazu bereits oben RdNr. 7.
[17] ZB an einer Verletzung des Rechts des Schuldners auf rechtliches Gehör, vgl. oben Art. 26 RdNr. 8 f.
[18] Vgl. zu den Kriterien des Niederlassungsbegriffs, oben Art. 2 RdNr. 25.
[19] Vgl. die anders lautende Entscheidung des AG Düsseldorf vom 6. 6. 2003 ZIP 2003, 1363.
[20] So das AG Köln vom 23. 1. 2004 NZI 2004, 151, dem zustimmend *Sabel* NZI 2004, 126, 127 und das AG Düsseldorf vom 12. 3. 2004 NZI 2004, 269, 270 mit Anmerkung *Herweg/Tschauner* EWiR 2004, 495. Vgl. auch *Duursma/Duursma-Kepplinger* DZWIR 2003, 447, 451; *Haubold,* in Gebauer/Wiedmann, Zivilrecht, Art. 2 RdNr. 44, Art. 3 RdNr. 73; *Heiderhoff,* in *Geimer/Schütze,* Int. Rechtsverkehr, B V or I 20 b, Art. 27

III. Rechtsfolgen

1. Sekundärverfahren. Bereits Art. 3 Abs. 3 Satz 1 regelt, dass es sich bei jedem Insolvenzverfahren, das nach einem auf Grundlage von Art. 3 Abs. 1 eingeleiteten Insolvenzverfahren eröffnet wird (Hauptinsolvenzverfahren), automatisch um ein Sekundärinsolvenzverfahren handelt. Diese Rechtsfolge wiederholt Art. 27, indem es den Gerichten des Sekundärverfahrensstaates erlaubt, ein so genanntes Sekundärinsolvenzverfahren zu eröffnen. Der Wortlaut „kann eröffnen" deutet nicht etwa auf ein entsprechendes Ermessen für das Insolvenzgericht des Sekundärverfahrensstaates hin, sondern verdeutlicht, dass es sich um eine Ausnahme von dem Universalitätsprinzip handelt, wonach grundsätzlich nur ein Insolvenzverfahren über das Vermögen des Schuldners durchgeführt werden darf. Liegen die Voraussetzungen von Art. 27 vor, so handelt es sich um ein Sekundärinsolvenzverfahren, in dem die Vorschriften von Art. 27 ff. zwingend auch durch das Insolvenzgericht des Sekundärverfahrensstaates zu beachten sind. 14

Zulässig ist auch die Eröffnung mehrerer Sekundärinsolvenzverfahren. Da die Zulässigkeit im Ergebnis nur vom Vorliegen einer Niederlassung im Sinne von Art. 2 lit. h) abhängt, können in allen Mitgliedstaaten Sekundärinsolvenzverfahren durchgeführt werden, in denen sich Niederlassungen des Schuldners befinden. Dies kommt implizit auch in Art. 31 Abs. 1 zum Ausdruck, der davon spricht, dass ein Gläubiger seine Forderung in „jedem Insolvenzverfahren" anmelden könne. 15

2. Eröffnungsvoraussetzungen. a) Insolvenzgrund. Gemäß Art. 4 Abs. 2 und 28 bestimmt sich nach dem Recht des Verfahrensstaats, unter welchen Voraussetzungen ein Insolvenzverfahren zu eröffnen ist, soweit die Verordnung nichts anders bestimmt.[21] Eine solche anderweitige Bestimmung ist in der Verordnung jedoch in Art. 27 für die Prüfung der **Insolvenzgründe im Sekundärverfahren** enthalten. Hat das Gericht des Hauptverfahrens seine Zuständigkeit auf Art. 3 Abs. 1 gestützt und ist die Eröffnungsentscheidung wirksam (Art. 16), so wird das Vorliegen eines Eröffnungsgrundes für das Sekundärverfahren unwiderleglich vermutet.[22] Für die Eröffnung eines Sekundärverfahrens in Deutschland ist daher nicht mehr zu prüfen, ob der Schuldner zahlungsunfähig oder überschuldet ist (§§ 17–19 InsO). Das gilt selbst dann, wenn der Eröffnungsgrund, auf den das Gericht des Hauptverfahrens die Eröffnung gestützt hat (wie beispielsweise die drohende Zahlungsunfähigkeit), in dem Staat des Sekundärverfahrens unbekannt ist.[23] 16

b) Antragsrecht, Kostenvorschuss. Auch Art. 29 und 30 enthalten Bestimmungen für das Eröffnungsverfahren, die der lex fori concursus secundariae vorgehen. So steht das Antragsrecht für die Eröffnung eines Insolvenzverfahrens nur dem in Art. 29 benannten Personen zu (vgl. unten, Art. 29 RdNr. 2 ff.).[24] Ebenso werden nationale Vorschriften 17

RdNr. 9; *Mäsch,* in *Rauscher,* Europ. Zivilprozessrecht, Bd. 2, Art. 27 EG-InsVO RdNr. 9; MünchKommBGB-*Kindler,* Bd. 11, Art. 27 RdNr. 634; *Smid,* Int. Insolvenzrecht, Art. 27 RdNr. 13; *Vallender/Fuchs* ZIP 2004, 829, 834; aA hingegen *Kübler/Prütting/Kemper,* Art. 27 EuInsVO RdNr. 5.

[21] Vgl. unten Art. 28 RdNr. 4.

[22] *Blitz,* Sonderinsolvenzverfahren, S. 186; HK-*Stephan,* Art. 27 RdNr. 7; *Kolmann,* Kooperationsmodelle, S. 336 f.; *Wimmer* ZIP 1998, 982, 986. Im Ergebnis auch, jedoch nicht auf eine unwiderlegliche Vermutung, sondern auf eine Ersetzung des Eröffnungsgrundes bzw. dessen Prüfung abstellend: *Duursma-Kepplinger,* Europäische Insolvenzverordnung, Art. 27 RdNr. 33; *Kübler/Prütting/Kemper,* Art. 27 EuInsVO RdNr. 7 Fn. 18; *Mäsch,* in *Rauscher,* Europ. Zivilprozessrecht, Bd. 2, Art. 27 EG-InsVO RdNr. 13; MünchKommBGB-*Kindler,* Bd. 11, Art. 27 RdNr. 638; *Smid,* Int. Insolvenzrecht, Art. 27 RdNr. 16 ff.; *Uhlenbruck/ Lüer,* Art. 27 RdNr. 3; HambKomm-*Undritz* Art. 27 RdNr. 5.

[23] *Duursma-Kepplinger,* Europäische Insolvenzverordnung, Art. 27 RdNr. 34; *Haubold,* in *Gebauer/Wiedmann,* Zivilrecht, Art. 27 RdNr. 214; HK-*Stephan,* Art. 27 RdNr. 7; *Kübler/Prütting/Kemper,* Art. 27 EuInsVO RdNr. 7; *Kolmann,* Kooperationsmodelle, S. 337; *Lehr* KTS 2000, 584; *Mäsch,* in *Rauscher,* Europ. Zivilprozessrecht, Bd. 2, Art. 27 EG-InsVO RdNr. 13; *Nerlich/Römermann/Mincke,* Art. 27 RdNr. 3; MünchKommBGB-*Kindler,* Bd. 11, Art. 27 RdNr. 638; *Paulus,* Europäische Insolvenzverordnung, Art. 27 RdNr. 5; *Uhlenbruck/Lüer,* Art. 27 RdNr. 3; HambKomm-*Undritz* Art. 27 RdNr. 5; *Wimmer* ZIP 1998, 982, 986.

[24] MünchKommBGB-*Kindler,* Bd. 11, IntIns Art. 27 RdNr. 639.

EuInsVO Art. 27 18–20

bezüglich eines Kostenvorschusses durch Art. 30 verdrängt. Hiernach kann das Insolvenzgericht vom Antragsteller einen Kostenvorschuss oder eine angemessene Sicherheit verlangen, soweit auch das Recht des Mitgliedsstaates dies vorsieht (vgl. unten, Art. 30 RdNr. 3 f.).[25]

18   c) **Sonstige Eröffnungsvoraussetzungen.** Die sonstigen Voraussetzungen der Verfahrenseröffnung richten sich dagegen mangels anderweitiger Bestimmung in der Verordnung unverändert nach der *lex fori concursus secundariae*, also nach dem Recht des Sekundärverfahrensstaates. Dies ergibt sich aus dem Zusammenspiel von Art. 27 und Art. 28. Denn nach Art. 28 finden, soweit die Verordnung nichts anderes bestimmt, die Rechtsvorschriften des Mitgliedsstaates Anwendung, in dessen Gebiet das Sekundärinsolvenzverfahren eröffnet worden ist. Eine anderweitige Bestimmung für die Eröffnungsvoraussetzungen enthalten jedoch lediglich die Artt. 27, 29 und 30 (vgl. die vorigen RdNr.). Dementsprechend richtet sich die Frage der **Insolvenzfähigkeit** des Schuldners nach der *lex fori concursus secundariae*, also nach dem Recht des Sekundärverfahrensstaates.[26] Gleiches gilt für die **örtliche Zuständigkeit** innerhalb des Mitgliedsstaates.[27] Für in Deutschland durchgeführte Sekundärinsolvenzverfahren sieht Art. 102 § 1 Abs. 2 EGInsO eine entsprechende Sondervorschrift zur Bestimmung der örtlichen Zuständigkeit vor (vgl. die nachfolgende Kommentierung der Vorschrift bei Art. 102 § 1 EGInsO).

19   Ein über die allgemeinen Antragsvoraussetzungen hinausgehendes **besonderes Rechtsschutzinteresse** des Antragstellers (hierzu Art. 29) ist nicht erforderlich.[28] Zwar wird in der Literatur vereinzelt gefordert, dass eine entsprechende Einschränkung *de lege ferenda* sinnvoll sei.[29] Diese Einschränkung beruht jedoch auf einem von *Thieme* entwickelten Konzept des Sekundärverfahrens, wonach sich das Sekundärverfahren sowohl bezüglich der Insolvenzmasse als auch bezüglich der Passivmasse auf niederlassungsbezogene Aktiva und Passiva beschränken soll.[30] Dieses Konzept ist von dem Verordnungsgeber jedoch nicht übernommen worden. Zudem ergibt sich aus dem Umkehrschluss von Art. 3 Abs. 4, dass nur im Falle der Durchführung eines Partikularverfahrens (d. h. bei Fehlen eines entsprechenden Hauptverfahrens) eine besondere Beziehung zum Betrieb der Niederlassung bestehen muss. Entsprechende Einschränkungen können auch nicht durch die Hintertür des jeweiligen nationalen Rechts eingeführt werden. Demnach dürfen deutsche Insolvenzgerichte den Antrag eines Gläubiger nicht nach § 14 InsO mit der Begründung ablehnen, dem Gläubiger fehle das rechtliche Interesse, weil er am Hauptverfahren teilnehmen könne (oder evtl. sogar dort bereits teilnimmt). Eine derartige Auslegung des § 14 InsO wäre mit der Verordnung nicht vereinbar.

20   **3. Liquidationsverfahren.** Allerdings schränkt Art. 27 den im Sekundärverfahren **zulässigen Verfahrenstyp** ein und verdrängt auch insoweit das einzelstaatliche Recht. Als Sekundärverfahren sind nämlich nur die in Anhang B aufgeführten Liquidationsverfahren zulässig, weil man bei den Beratungen der Auffassung war, dass eine Niederlassung einzeln nicht saniert werden könne und die Abstimmung zwischen Haupt- und Sanierungsverfahren

---

[25] *Mäsch*, in *Rauscher*, Europ. Zivilprozessrecht, Bd. 2, Art. 27 EG-InsVO RdNr. 15; MünchKommBGB-*Kindler*, Bd. 11, Art. 27 RdNr. 627; HambKomm-*Undritz* Art. 27 RdNr. 8.

[26] Ebenso MünchKommBGB-*Kindler*, Bd. 11, Art. 27 RdNr. 637; *Smid*, Int. Insolvenzrecht, Art. 27 RdNr. 15; *Virgos/Schmit*, Erläuternder Bericht, RdNr. 211.

[27] Vgl. Ziffer 15 der Erwägungsgründe; MünchKommBGB-*Kindler*, Bd. 11, Art. 27 RdNr. 635; *Mäsch*, in *Rauscher*, Europ. Zivilprozessrecht, Bd. 2, Art. 27 EG-InsVO RdNr. 11; *Smid*, Int. Insolvenzrecht, Art. 27 RdNr. 20; *Virgos/Schmit*, Erläuternder Bericht, RdNr. 213, 222.

[28] *Duursma-Kepplinger*, Europäische Insolvenzverordnung, Art. 29 RdNr. 7; *Gottwald*, Insolvenzrechts-Handbuch, § 129 RdNr. 41; *Haubold*, in *Gebauer/Wiedmann*, Zivilrecht, Art. 29 RdNr. 225; *Heiderhoff*, in *Geimer/Schütze*, Int. Rechtsverkehr, B Vor I 20 b, Art. 29 RdNr. 5; *Kübler/Prütting/Kemper*, Art. 29 EuInsVO RdNr. 4; *Mäsch*, in *Rauscher*, Europ. Zivilprozessrecht, Bd. 2, Art. 27 EG-InsVO RdNr. 4; MünchKommBGB-*Kindler*, Bd. 11, Art. 29 RdNr. 680; *Paulus*, Europäische Insolvenzverordnung, Art. 29 RdNr. 8; *Smid*, Int. Insolvenzrecht, Art. 29 RdNr. 8; *Virgos/Schmit*, Erläuternder Bericht, RdNr. 227; vgl. dazu auch *Balz* ZIP 1996, 948, 953, insbes. Fn. 35; *Kolmann*, Kooperationsmodelle, S. 336.

[29] So die Dissertation von *Dawe*, Der Sonderkonkurs des deutschen Internationalen Insolvenzrechts 2005, S. 155 ff.

[30] Vgl. *Thieme*, IJVO 5 (1995/96) 44, 86; *ders.*, Partikularkonkurs, S. 212.

zu kompliziert sei.³¹ Das ist aus zweierlei Gründen bedauerlich. Zum einen sind parallele Sanierungsverfahren zwar nur schwer möglich, jedoch keinesfalls aus Rechtsgründen unmöglich.³² Zum anderen bestehen Sanierungsverfahren regelmäßig aus zwei Phasen, nämlich der Atempause, die dem Unternehmen die Möglichkeit gibt, trotz der Insolvenzsituation den Geschäftsbetrieb aufrecht zu erhalten, und der anschließenden Reorganisationsphase, in der die Rechtsbeziehungen des Schuldners neu geregelt werden. Nur die letztere Phase ist beschränkt auf den Staat des Sekundärverfahrens nicht möglich. Mit dem Ausschluss von Sanierungsverfahren als Sekundärverfahren werden damit aber vielfach die Möglichkeiten abgeschnitten werden, überhaupt Sanierungskonzepte für die Niederlassung zu entwickeln, da in vielen Liquidationsverfahren der Insolvenzverwalter verpflichtet ist, das Vermögen schnellstmöglich zu veräußern und damit eine auch nur temporäre Fortführung des Unternehmens ausscheidet.³³ Zudem finden sich die Mechanismen zum Schutz der Insolvenzmasse gegen eine Zerschlagung beispielsweise durch die gesicherten Gläubiger vielfach nur in Sanierungsverfahren, nicht dagegen in Liquidationsverfahren. Ob die Aussetzung der Verwertung nach Art. 33 wiederum mögliche Sanierungschancen retten kann, ist angesichts der Unklarheiten zur Reichweite dieser Norm ungewiss (vgl. dort, Art. 33 RdNr. 9 f.).

Wird in Deutschland ein Sekundärverfahren durchgeführt, so stellt sich die Frage, ob in dem Sekundärverfahren ein Insolvenzplanverfahren zulässig ist. Da Anhang B bezüglich des deutschen Rechts nur von „Insolvenzverfahren" spricht und insoweit nicht von dem in Anhang A gewählten Wortlaut abweicht, umfasst der Verweis auf die in Anhang B genannten Verfahren vom Wortlaut her auch das Insolvenzplanverfahren. Ein Vergleich der Anhänge A und B ergibt jedoch, dass in Anhang B grundsätzlich keine Verfahren mehr aufgenommen wurden, die mit einem Vergleich, Insolvenzplan oder Arrangement, also einer Umgestaltung der Rechtsbeziehungen des Schuldners mit seinen Gläubigern, enden. Dem ist allerdings entgegenzuhalten, dass Art. 34 II Forderungsmodifikationen grundsätzlich erlaubt. Folglich muss ein Insolvenzplanverfahren auch in einem Sekundärverfahren zulässig sein. Dieser Auffassung hat sich nunmehr auch der deutsche Gesetzgeber angeschlossen (Art. 102 § 9, vgl. dazu unten). Die Vorschrift regelt, dass in Abweichung zu § 244 InsO zur Bestätigung eines solchen Insolvenzplans die Zustimmung aller Gläubiger erforderlich ist. 21

4. Beschränkung der Aktivmasse. Art. 27 Satz 3 wiederholt noch einmal, was bereits in Art. 3 Abs. 2 Satz 2 festgehalten ist, nämlich dass sich die Wirkungen des Sekundärverfahrens auf die im Sekundärverfahrensstaat belegenen Vermögensgegenstände beschränken. Wo sich ein Vermögensgegenstand befindet, ist nach der Legaldefinition in Art. 2 lit. g) zu ermitteln.³⁴ Für körperliche Gegenstände ist daher der Belegenheitsort maßgebend, für Forderungen dagegen der Mittelpunkt der hauptsächlichen Interessen des (Dritt-)Schuldners. Entscheidend ist demgegenüber nicht, ob eine Forderung durch Geschäftstätigkeit der Niederlassung entstanden oder auch der Vertrag von der Niederlassung geschlossen wurde. Daher können beispielsweise auch Kaufpreisforderungen aus Warenlieferungen der Niederlassung an Dritte in die Insolvenzmasse des Hauptverfahrens fallen, wenn der belieferte Dritte den Mittelpunkt seiner hauptsächlichen Interessen nicht im Sekundärverfahrensstaat hat. Bei Zweifel darüber, welchem Verfahren ein Vermögensgegenstand zuzuordnen ist, empfehlen sich entsprechende Vereinbarungen zwischen den Verwaltern der Verfahren, und 22

---

³¹ So *Virgos/Schmit,* Erläuternder Bericht, RdNr. 221. Die Unzulässigkeit von Partikularsanierungsverfahren findet sich auch in einigen Rechtsordnungen, so z. B. in England, vgl. *Re International Bulk Commodities Ltd.* 1992 BCC 463, 468 f.; *Re Dallhold Estates (UK) Pty. Ltd.* 1992 BCC 394; zur Rechtslage in der Schweiz vgl. BGE 62 III 74, 75 f.; *Staehelin,* Die Anerkennung, S. 117. Zum deutschen Recht nach der KO und VerglO vgl. LG Freiburg KTS 1964, 189.
³² Vgl. *Reinhart,* Sanierungsverfahren, S. 276–324. Wohl auch MünchKommBGB-*Kindler,* Bd. 11, Art. 27 RdNr. 641.
³³ So ist beispielsweise eine Fortführung des Unternehmens im Hinblick auf eine Sanierung des Schuldners in englischen Liquidationsverfahren nicht zulässig, vgl. *Re Wreck Recovery and Salvage Company Ltd.* 1880 15 Ch. D. 353, 360.
³⁴ Vgl. oben Art. 2 RdNr. 16 ff.

zwar bezüglich der Frage, wer den Vermögensgegenstand zunächst verwerten soll, und gegebenenfalls welchem Verfahren er zustehen soll.[35]

23   Entscheidender Zeitpunkt für die Ermittlung der Belegenheit ist gemäß Art. 2 lit. f) der Zeitpunkt der formellen Eröffnung des Insolvenzverfahrens.[36] Zwar hat der EuGH in der sog. Eurofood Entscheidung[37] eine Verfahrenseröffnung bereits dann angenommen, wenn das Insolvenzgericht einen vorläufigen Insolvenzverwalter bestellt und Verfügungsbeschränkungen anordnet. Diese Vorverlagerung des Eröffnungszeitpunktes gilt jedoch nur für die Feststellung der Priorität, d. h. welches Gericht auf Grund der zeitlich ersten Eröffnung als Insolvenzgericht des Hauptverfahrens anzusehen ist.[38]

24   Die Zuordnung schwebender Rechtsgeschäfte richtet sich nach den allgemeinen Regeln der Vermögensbelegenheit. Da bei einem schwebenden Geschäft auch die Insolvenzmasse noch Forderungen aus dem nicht vollständig abgewickelten Vertrag hat, kommt es gemäß Art. 2 lit. g) dritter Spiegelstrich auf den Mittelpunkt der Interessen der anderen Vertragspartei an. Nicht entscheidend ist demgegenüber, von wo aus der Vertrag geschlossen wurde oder wo die andere Vertragspartei die Forderung erfüllen sollte. Selbst bei einem Vertrag über Warenlieferungen an die Niederlassung fällt daher der Vertrag in die Insolvenzmasse des Hauptverfahrens, wenn der (Dritt-)Schuldner den Mittelpunkt seiner hauptsächlichen Interessen nicht im Sekundärverfahrensstaat hat. Dementsprechend ist auch nur der Verwalter des Hauptverfahrens berechtigt, mögliche Wahlrechte auf Erfüllung oder Ablehnung auszuüben.

25   Die Beschränkung auf das Inlandsvermögen schließt nicht aus, dass der Verwalter des Sekundärinsolvenzverfahrens auch in anderen Mitgliedsstaaten tätig werden kann oder muss, oder dass das Verfahren in anderen Mitgliedsstaaten keine Wirkungen entfaltet.[39] Andere Mitgliedsstaaten sind jedoch regelmäßig nur dann betroffen, wenn sich die Tätigkeit des Insolvenzverwalters zwar auf die Insolvenzmasse des Sekundärinsolvenzverfahrens bezieht, insoweit aber ein Auslandsbezug gegeben ist. Das kann beispielsweise der Fall sein, wenn der Verwalter einen Vermögensgegenstand wiederzuerlangen versucht, der nach Verfahrenseröffnung in einen anderen Mitgliedsstaat verbracht wurde oder wenn der Insolvenzverwalter des Sekundärverfahrens gegen einen Beteiligten mangels internationaler Zuständigkeit im Inland nur in einem anderen Mitgliedsstaat vorgehen kann.

26   **5. Passivmasse. a) Insolvenzforderungen.** Die Passivmasse des Sekundärverfahrens ist nicht auf die Gläubiger der Niederlassung oder etwa auf die lokalen Gläubiger beschränkt. Art. 32 erlaubt jedem Gläubiger des Schuldners, seine Forderung im Sekundärverfahren anzumelden (vgl. ausführlich Art. 32 RdNr. 2 ff.). Das Sekundärverfahren haftet daher – abhängig von der tatsächlichen Anmeldung der Forderungen durch die Gläubiger oder den Verwalter – für alle Insolvenzforderungen, hinsichtlich der Masseverbindlichkeiten jedoch nur für die durch das Sekundärverfahren ausgelösten Masseverbindlichkeiten (vgl. nachfolgende RdNr.).

27   **b) Masseverbindlichkeiten des Sekundärverfahrens.** Anders als bei den vor Verfahrenseröffnung entstandenen Insolvenzforderungen haftet die Insolvenzmasse des Sekundärverfahrens für die durch das Sekundärverfahren ausgelösten Masseverbindlichkeiten, nicht dagegen für die durch das Hauptverfahren ausgelösten Masseverbindlichkeiten.[40] Es würde dem Konzept des Sekundärverfahrens und dem damit beabsichtigten Schutz der lokalen Gläubiger widerprechen, müsste die Insolvenzmasse des Sekundärverfahrens auch für Masse-

---

[35] Vgl. hierzu Art. 31 RdNr. 27, 38 ff.
[36] Vgl. *Duursma-Kepplinger,* Europäische Insolvenzverordnung, Art. 27 RdNr. 28.; MünchKommBGB-*Kindler,* Bd. 11, Art. 27 RdNr. 644; *Virgos/Schmit,* Erläuternder Bericht, RdNr. 224; *Mäsch,* in *Rauscher,* Europ. Zivilprozessrecht, Bd. 2, Art. 27 EG-InsVO RdNr. 19.
[37] Vgl. Art. 3 RdNr. 24 ff.
[38] Vgl. hierzu ausführlich Art. 2 RdNr. 7 ff.
[39] Vgl. hierzu bereits oben, Art. 16 RdNr. 12.
[40] *Duursma-Kepplinger,* Europäische Insolvenzverordnung, Art. 37 RdNr. 57 f.; *Lüke,* ZZP 111 (1998), 306; wohl auch *Smid,* Int. Insolvenzrecht, Art. 27 RdNr. 33.

verbindlichkeiten des Hauptverfahrens haften, deren Entstehen und Höhe der Verwalter des Sekundärverfahrens nicht beeinflussen kann.

Beide Verfahren können auch untereinander Masseverbindlichkeiten eingehen, beispiels- **28** weise im Rahmen üblicher Umsatzgeschäfte (z. B. einer Warenlieferung der Niederlassung, an der sich Produktionsstätten befinden, an das Hauptverfahren, das über die Vertriebskontakte verfügt). Dem steht auch nicht entgegen, dass hinter beiden Insolvenzmassen derselbe Rechtsträger steht.[41] Zumindest aus Sicht des deutschen Rechts, das bei einem Insolvenzverfahren in Deutschland für die entsprechenden Befugnisse des Verwalters maßgeblich wäre, spricht nichts gegen entsprechende Verträge zwischen den Verwaltern der Verfahren (vgl. oben Art. 31 RdNr. 24 ff.).

Die Haftung für Verbindlichkeiten, die zwischen dem Antrag auf Eröffnung und dem **29** Eröffnungsbeschluss begründet werden, richtet sich danach, ob es sich um Insolvenzforderungen handelt (für die grundsätzlich alle Verfahren unbeschränkt haften, vgl. oben RdNr. 26) oder um Masseverbindlichkeiten. Für Letztere haftet grundsätzlich nur das Verfahren, das die Masseverbindlichkeiten begründet hat. Über die Einordnung entscheidet jedoch grundsätzlich die jeweilige *lex fori concursus*.[42] Führen demnach Handlungen oder Zustimmungserklärungen des vorläufigen Insolvenzverwalters im Hauptverfahren zum Entstehen von Masseverbindlichkeiten im Hauptverfahren, so richtet sich die Frage, wie diese Forderungen im Sekundärverfahren zu behandeln sind, nach dem Recht des Sekundärverfahrensstaates. Dieses wird jedoch regelmäßig eine Haftung der inländischen Insolvenzmasse für Masseverbindlichkeiten, die durch den Verwalter eines anderen Verfahren begründet wurden, nicht vorsehen.[43] Solche Forderungen sind daher aus Sicht des Sekundärverfahrens regelmäßig nur einfache Insolvenzforderungen.

6. Verwalter des Sekundärverfahrens. Mangels abweichender Bestimmung in der **30** Verordnung (vgl. Art. 28 RdNr. 4) richtet sich auch die Bestellung des Verwalters für das Sekundärinsolvenzverfahren nach der *lex fori concursus secundariae*. Für die Auswahl des Insolvenzverwalters enthält die Verordnung keine Regelung, die die autonomen Insolvenzrechte der Mitgliedstaaten modifizieren würde. Daher ist die gelegentlich in der Literatur vorzufindende Auffassung, dass für die Verwalterbestellung im Haupt- und Sekundärinsolvenzverfahren das Verbot der Personalunion gelte[44] nicht zutreffend. Ähnliche Interessekonflikte finden sich beispielsweise auch bei Konzerninsolvenzen, insbesondere wenn zwischen den Konzerninsolvenzen Leistungsverkehr bestand. Im deutschen Recht wird die Bestellung eines Insolvenzverwalters für mehrere Konzerngesellschaften trotz des bestehenden Interessenkonflikts für zulässig erachtet.[45] Aus Sicht des autonomen deutschen Insolvenzrechts dürfte die Ernennung eines Insolvenzverwalters für mehrere Mitgliedsstaaten gleichwohl scheitern, weil ein lediglich in einem anderen Mitgliedstaat erfahrener Insolvenzverwalter keine „geeignete" Person im Sinne des § 56 InsO darstellt. Zudem dürften – bis auf einzelne Ausnahmefälle – auch hinreichende Sprachkenntnisse einer Eignung im Sinne des § 56 InsO entgegenstehen. Von daher wird schon das jeweilige Recht der Mitgliedstaaten entspre-

---

[41] So aber: *Mäsch*, in *Rauscher*, Europ. Zivilprozessrecht, Bd. 2, Art. 27 EG-InsVO RdNr. 20; MünchKommBGB-*Kindler*, Bd. 11, Art. 27 RdNr. 648; *Lüke* ZZP 111 (1998) S. 255, 306; aA; vgl. *Duursma-Kepplinger*, Europäische Insolvenzverordnung, Art. 27 RdNr. 64 f.; ausführlich *Reinhart*, Sanierungsverfahren, S. 296 ff.; ebenso wohl *Wittinghofer*, Der nationale und internationale Insolvenzverwaltervertrag, S. 386; *Eidenmüller*, ZZP 114 (2001) S. 3, 32 f.; vgl. auch unten Art. 31 RdNr. 24 f.
[42] Art. 4 lit. g) und Art. 28; vgl. auch Art. 28 RdNr. 4.
[43] Der in § 55 InsO genannte „Insolvenzverwalter" ist nur der Verwalter des eigenen Verfahrens (dh. der inländischen Masse), nicht dagegen der Verwalter des ausländischen Verfahrens.
[44] So *Duursma-Kepplinger*, Europäische Insolvenzverordnung, Art. 37 RdNr. 83 f.; *Haubold*, in *Gebauer/Wiedmann*, Zivilrecht, Art. 27 RdNr. 218; MünchKommBGB-*Kindler*, Bd. 11, Art. 27 RdNr. 656; *Kolmann*, Kooperationsmodelle, S. 351; *Kübler/Prütting/Kemper*, Art. 27 EuInsVO RdNr. 8; *Lüke* ZZP 111 (1998) 275, 304; *Smid*, Int. Insolvenzrecht, Art. 27 RdNr 29; *Vallender* KTS 2005, 283, 311. Auch ablehnend: *Mäsch*, in *Rauscher*, Europ. Zivilprozessrecht, Bd. 2, Art. 27 EG-InsVO RdNr. 25. Siehe allg. *Eidenmüller* NJW 2004, 3455, 3458; *Schack*, IVZR, RdNr. 1143.
[45] Vgl. MünchKommInsO-*Graeber*, Bd. 1, 2. Aufl., § 56 RdNr. 44 ff.

chende Einschränkungen vorsehen, die eine Personalunion des Verwalters für das Haupt- und Sekundärinsolvenzverfahren untersagt.

31 Zur Vereinfachung der Verfahrenskoordination bei einem Sekundärverfahren in Deutschland ist jedoch zulässig (wenn nicht sogar gegebenenfalls wünschenwert), beispielsweise die Eigenverwaltung anzuordnen, sodass die Abwicklung des inländischen Sekundärverfahrens primär vom ausländischen Hauptinsolvenzverwalter vorgenommen wird.[46] Allerdings ist in diesen Fällen als Sachwalter im Sinne des § 270 InsO dann jeweils ein geeigneter Sachwalter zu bestellen, was im Ergebnis auf die Bestellung eines erfahrenen deutschen Insolvenzverwalters hinaus läuft. Die Interessen der lokalen Gläubiger sind auch in diesem Fall hinreichend geschützt, zumal das Insolvenzgericht auf Antrag auch einzelner Gläubiger anordnen kann, dass bestimmte Rechtsgeschäfte nur mit Zustimmung des Sachwalters abgeschlossen werden dürfen.[47]

Art. 28. Anwendbares Recht

Soweit diese Verordnung nichts anderes bestimmt, finden auf das Sekundärinsolvenzverfahren die Rechtsvorschriften des Mitgliedsstaats Anwendung, in dessen Gebiet das Sekundärinsolvenzverfahren eröffnet worden ist.

Literatur: Vergleiche die allgemeinen Literaturangaben vor Art. 1 EuInsVO.

Übersicht

	RdNr.		RdNr.
I. Normzweck	1	2. Kapitel II	8
II. Regelanknüpfung	4	3. Kapitel III	9
III. Ausnahmen	5	4. Kapitel IV	10
1. Kapitel I	5	**IV. Partikularinsolvenzverfahren**	11

I. Normzweck

1 Art. 28 regelt das auf Sekundärverfahren anwendbare Recht. Die Norm setzt die Durchbrechung der Universalitätsprinzips auf kollisions- und sachrechtlicher Ebene fort. Denn es wird nicht nur ein weiteres paralleles Insolvenzverfahren zugelassen. Vielmehr richtet sich dieses weitere Verfahren auch nach anderen Vorschriften, nämlich nach denen des Sekundärverfahrensstaates. Art. 28 wiederholt insoweit die **Grundregel des Art. 4 auch für Sekundärverfahren.** Auf die in Art. 4 aufgezählten Sachverhalte findet daher das Recht des Sekundärverfahrensstaats Anwendung *(lex fori concursus secundariae)*.[1] Diese Klarstellung ist an sich unnötig. Die systematische Stellung von Art. 4 in Kapitel I (Allgemeine Vorschriften) verdeutlicht, dass die Vorschrift für alle Verfahrenstypen (Haupt-, Sekundär- und Partikularverfahren) Geltung beansprucht.

2 Die *lex fori concursus secundariae* gilt jedoch nur, soweit die Verordnung „**nichts anderes bestimmt**". Derartige anderweitige Bestimmungen können grundsätzlich in zweifacher Hinsicht bestehen: zum einen auf kollisionsrechtlicher Ebene, wenn nämlich Kollisionsnormen der Verordnung eine andere Anknüpfung als die an das Recht des Verfahrensstaates

---

[46] So zutreffend AG Köln vom 23. 1. 2004 NZI 2004, 151, 153 ff., mit kritischen Anmerkungen: *Sabel* NZI 2004, 126, 182. Vgl. auch *Haubold*, in *Gebauer/Wiedmann*, Zivilrecht, Art. 27 RdNr. 218; *Mäsch*, in *Rauscher*, Europ. Zivilprozessrecht, Bd. 2, Art. 27 EG-InsVO RdNr. 26; MünchKommBGB-*Kindler*, Bd. 11, Art. 27 RdNr. 640; HambKomm-*Undritz* Art. 27 RdNr. 13 f.; der Eigenverwaltung im Sekundärverfahren zustimmend, jedoch den ausländischen Insolvenzverwalter als Sachwalter ablehnend HK-*Stephan*, Art. 27 RdNr. 9; *Kübler/Prütting/Kemper*, Art. 27 EuInsVO RdNr. 8. AA *Kübler*, FS Gerhardt, S. 540; *Meyer-Löwy/Poertzgen* ZinsO 2004, 195, 197.
[47] Vgl. § 277 InsO.
[1] *Virgos/Schmit*, Erläuternder Bericht, RdNr. 225; *Virgos/Garcimartin*, European Insolvency Regulation, RdNr. 314.

vorsehen (z. B. Art. 6, 10 und 13). Zum anderen, wenn Sachnormen der Verordnung das auf Grund der Kollisionsnormen in Art. 28 und Art. 4 anwendbare Recht modifizieren (vgl. z. B. Art. 20 Abs. 2 oder 29 lit. a). Zwar handelt es sich im letztgenannten Fall nicht mehr um eine Ausnahme von Art. 28 im engeren Sinne, da die Kollisionsnorm selbst unberührt bleibt. Im weiteren Sinne handelt es sich freilich schon um eine Modifikation, jedoch dann auf der Ebene des materiellen Rechts. Auch diese Einschränkungen sind als anderweitige Bestimmungen der Verordnung zu beachten und gelten daher auch im Rahmen eines Sekundärverfahrens.

Die vorgenannten Sonderregelungen finden sich praktisch in allen Kapiteln der Verordnung: zum einen in Kapitel I, das in Art. 5 ff. die von der Grundregeln in Art. 4 abweichenden Vorschriften enthält. Auch Kapitel II, das an sich die Anerkennung von Verfahren regelt, enthält abweichende oder jedenfalls klarstellende Bestimmungen zu den Befugnissen des Verwalters der Sekundärverfahrens (vgl. Art. 18 Abs. 2). Kapitel III schließlich enthält mehrere speziell für Sekundärverfahren geltende Sondervorschriften. Darüber hinaus enthält aber auch Kapitel IV (Unterrichtung der Gläubiger und Anmeldung ihrer Forderungen) einzelne Vorschriften, die als Sondernormen der *lex fori concursus secundariae* vorgehen. **3**

II. Regelanknüpfung

Art. 28 schreibt auch für Sekundärverfahren die grundsätzliche Anwendbarkeit der *lex fori* **4** (hier dann der **lex fori concursus secundariae**) vor. Es gilt daher das Recht des (Sekundär-)Eröffnungsstaates, soweit in der Verordnung nichts anderes bestimmt ist.[2] Die Reichweite des Insolvenzstatus ist identisch mit der von Art. 4, d. h. die lex fori concursus secundariae gilt für alle Fragen, die als insolvenzrechtlich zu qualifizieren sind.[3]

III. Ausnahmen

1. Kapitel I. Die in Kapitel I, Art. 5 bis Art. 15 enthaltenen Ausnahmen zu Art. 4 gelten **5** auch in Bezug auf die *lex fori concursus secundariae*.[4] Zwar wird gelegentlich erörtert, ob Art. 5 ff. nur Sonderausnahmen zu Art. 4 darstellen, während die *lex fori concursus secundariae* im Sekundärverfahren uneingeschränkt gelten müsse.[5] Soweit ersichtlich, wird dies zwar erörtert, jedoch von keiner Literaturmeinung im Ergebnis vertreten. Es gibt auch keinen Grund, grenzüberschreitende Sachverhalte aus einem Sekundärverfahren anders zu behandeln, als in einem Hauptverfahren. Denn die Interessen der Gläubiger und des Rechtsverkehrs im Allgemeinen sind im Rahmen des Sekundärverfahrens in gleicher Weise zu schützen.

Zutreffend ist allerdings, dass einige der Vorschriften in Artt. 5 ff. schon tatbestandlich **6** ungeeignet sind, Ausnahmevorschriften zu Art. 28 darzustellen. Hierbei handelt es sich um alle Vorschriften, die die Belegenheit eines Rechts oder eines Gegenstandes in einem anderen Mitgliedstaat als dem Verfahrensstaat voraussetzen. Aufgrund der Beschränkung der Aktivmasse des Sekundärverfahrens auf das im Inland belegene Vermögen können die von diesen Vorschriften erfassten Sachverhaltskonstellationen im Sekundärverfahren ohne-

---

[2] *Virgós/Schmit*, Erläuternder Bericht, RdNr. 225; *Duursma-Kepplinger*, Europäische Insolvenzverordnung, Art. 28 RdNr. 1; *Fritz/Bähr* DZWIR 2001, 221, 226; *Haubold*, in *Gebauer/Wiedmann*, Zivilrecht, Art. 28 RdNr. 223; *Kolmann*, Kooperationsmodelle, S. 330; *Kübler/Prütting/Kemper*, Art. 28 EuInsVO RdNr. 1 f.; *Mäsch*, in *Rauscher*, Europ. Zivilprozessrecht, Bd. 2, Art. 28 EG-InsVO RdNr. 1 f.; MünchKommBGB-*Kindler*, Bd. 11, Art. 28 RdNr. 661; *Nerlich/Römermann/Mincke*, Art. 28 RdNr. 1; *Pannen*, in *Breutigam/Blersch/Goetsch*, Art. 28; *Smid*, Int. Insolvenzrecht, Art. 28 RdNr. 1; *Wimmer* ZIP 1998, 982, 987.

[3] Vgl. zu Qualifikationsproblem und zur Abgrenzung von anderen Rechtsgebieten, Art. 4 RdNr. 2 ff.

[4] *Balz* ZIP 1996, 948, 950; *Haubold*, in *Gebauer/Wiedmann*, Zivilrecht, Art. 28 RdNr. 223; *Kolmann*, Kooperationsmodelle, S. 330 f.; *Kübler/Prütting/Kemper*, Art. 28 EuInsVO RdNr. 2; MünchKommBGB-*Kindler*, Bd. 11, Art. 28 RdNr. 671.

[5] Vgl. die diesbezüglichen Erörterungen bei *Duursma-Kepplinger*, Europäische Insolvenzverordnung, Art. 28 RdNr. 10 ff.; MünchKommBGB-*Kindler*, Bd. 11, Art. 28 RdNr. 669.

hin nicht auftreten.[6] Dies gilt jedoch lediglich für Art. 5 und Art. 7.[7] Zwar wird gelegentlich in der Literatur die Anwendbarkeit von Art. 7 Abs. 2 bei einem Sekundärverfahren erörtert.[8] Richtigerweise findet jedoch die Vorschrift keine Anwendung. Denn auch diese Norm setzt voraus, dass der unter Eigentumsvorbehalt gelieferte Gegenstand sich in einem anderen Mitgliedstaat befindet als dem der Verfahrenseröffnung. Der Begriff „Eröffnung eines Insolvenzverfahrens" bezieht sich jedoch schon seinem Wortlaut nach nicht nur auf das Hauptverfahren, sondern auch auf ein Sekundärverfahren. Ähnlich wie bei Art. 5 wird durch die Eröffnung eines Sekundärverfahrens daher der Vorbehaltsgegenstand in das Sekundärverfahren einbezogen, so dass der Anwendungsbereich der Vorschrift nicht eröffnet ist.

7 Alle anderen Sondervorschriften des Art. 5 ff. können grundsätzlich auch in einem Sekundärverfahren Anwendung finden. Art. 12 modifiziert insoweit nochmals, welche Vermögensgegenstände vom Sekundärverfahren erfasst sind[9] und stellt klar, dass unabhängig davon, in welchem Mitgliedstaat das Haupt- und Sekundärverfahren eröffnet wird, die dort genannten gemeinschaftsrechtlichen Schutzrechte immer zur Insolvenzmasse des Hauptverfahrens zählen. Dementsprechend sind sowohl Art. 6, als auch Art. 8 bis 15 auch im Sekundärverfahren anwendbar, solange der betroffene Vermögensgegenstand zur Insolvenzmasse des Sekundärverfahrens gehört oder – beispielsweise in Fällen der Insolvenzanfechtung nach Art. 13 – gehört hätte.

8 **2. Kapitel II.** Das Kapitel über die Anerkennung von Insolvenzverfahren (Kapitel II) enthält ebenso Sondervorschriften, die dem über die *lex fori concursus secundariae* anwendbaren Recht vorgehen. Denn Kapitel II enthält nicht nur Vorschriften über die Anerkennung der Eröffnungsentscheidung oder sonstiger im Rahmen des Insolvenzverfahren ergangener Entscheidungen, sondern auch materiellrechtliche Regelungen. So modifiziert Art. 18 Abs. 2 die nach der *lex fori concursus secundariae* bestehenden Befugnisse des Verwalters des Sekundärverfahrens.[10] Gleiches gilt für die Quotenanrechnung nach Art. 20 Abs. 2, die ebenfalls für den (wohl seltenen) Fall anwendbar ist, dass zuerst im Hauptverfahren eine Verteilung erfolgt.

9 **3. Kapitel III.** Anderweitige, von der *lex fori concursus secundariae* abweichende Bestimmungen enthalten auch die Art . 27 ff. Dies gilt zum einen für die Prüfung des Insolvenzgrundes nach Art. 27.[11] Darüber hinaus schränkt Art. 27 Satz 3 den in den Insolvenzordnungen enthaltenen, länderübergreifenden Vermögensbeschlag auf das Inlandsvermögen ein.[12] Weitere Sondervorschriften, die zudem das materielle Recht der *lex fori concursus secundariae* modifizieren können, sind Art. 29 bezüglich des Antragsrechts, Art. 30 bezüglich des für die Massekosten notwendigen Kostenvorschusses, Art. 31 und Art. 32 Abs. 2 bezüglich der zusätzlichen Pflichten des Insolvenzverwalters des Sekundärverfahrens, Art. 33 bezüglich der Verwertung der Insolvenzmasse des Sekundärverfahrens sowie Art. 34 bezüglich verfahrensbeendender Maßnahmen. Darüber hinaus enthalten auch Art. 35 bis 38

---

[6] *Duursma-Kepplinger*, Europäische Insolvenzverordnung, Art. 28 RdNr. 14 ff.; *Haubold*, in *Gebauer/Wiedmann*, Zivilrecht, Art. 28 RdNr. 223; *Heiderhoff*, in *Geimer/Schütze*, Int. Rechtsverkehr, B Vor I 20 b, Art. 28 RdNr. 4; HK-*Stephan*, Art. 28 RdNr. 3; *Mäsch*, in *Rauscher*, Europ. Zivilprozessrecht, Bd. 2, Art. 28 EG-InsVO RdNr. 2; MünchKommBGB-*Kindler*, Bd. 11, Art. 28 RdNr. 671; *Smid*, Int. Insolvenzrecht, Art. 28 RdNr. 4; wohl auch *Kübler/Prütting/Kemper*, Art. 28 EuInsVO RdNr. 2.

[7] *Duursma-Kepplinger*, Europäische Insolvenzverordnung, Art. 28 RdNr. 14 ff.; *Heiderhoff*, in *Geimer/Schütze*, Int. Rechtsverkehr, B Vor I 20 b, Art. 28 RdNr. 4; HK-*Stephan*, Art. 28 RdNr. 3; MünchKommBGB-*Kindler*, Bd. 11, Art. 28 RdNr. 671; *Smid*, Int. Insolvenzrecht, Art. 28 RdNr. 4.

[8] *Duursma-Kepplinger*, Europäische Insolvenzverordnung, Art. 28 RdNr. 18; MünchKommBGB-*Kindler*, Bd. 11, Art. 28 RdNr. 666, 670; HK-*Stephan*, Art. 28 RdNr. 3; *Smid*, Int. Insolvenzrecht, Art. 28 RdNr. 3 aE.

[9] *Duursma-Kepplinger*, Europäische Insolvenzverordnung, Art. 28 RdNr. 17.

[10] So wohl auch *Haubold*, in *Gebauer/Wiedmann*, Zivilrecht, Art. 18, 19 RdNr. 176; *Kübler/Prütting/Kemper*, Art. 18 EuInsVO RdNr. 14 f.; *Paulus*, Europäische Insolvenzverordnung, Art. 18 RdNr. 9 f.

[11] Vgl. oben, Art. 27 RdNr. 16.

[12] Vgl. § 35 InsO, der auch das Auslandsvermögen erfasst; siehe auch, Art. 27 RdNr. 22.

weitere Sondervorschriften, die jeweils das anwendbare materielle Insolvenzrecht des Sekundärverfahrensstaates modifizieren.

4. Kapitel IV. Die in Kapitel 4 enthaltenen Vorschriften über die Unterrichtung der Gläubiger und die Anmeldung ihrer Forderung gelten auch für das Sekundärverfahren und sind insoweit auch als Sondervorschrift zu beachten. Hierzu zählen Art. 39 und Art. 41, die das Recht auf Forderungsanmeldung sowie dessen Form und Inhalt näher spezifizieren. Art. 40 enthält eine zusätzliche Pflicht für den Verwalter des Sekundärverfahrens, sämtliche ihm bekannte Gläubiger des Schuldners aus anderen Mitgliedsstaaten von der Insolvenzeröffnung zu unterrichten. 10

IV. Partikularinsolvenzverfahren

Entgegen der in der ersten Auflage noch vertretenen Auffassung gilt Art. 28 jedoch nicht für das unabhängige Partikularinsolvenzverfahren. Zutreffend weist *Kindler* darauf hin, dass für eine analoge Anwendung von Art. 28 auf Partikularinsolvenzverfahren insoweit die entsprechende Regelungslücke fehle.[13] Folglich kann für Partikularverfahren Art. 4 unmittelbar angewendet werden. Die Frage ist letztlich aber ohne praktische Relevanz, da sowohl Art. 28 als auch Art. 4 an das Recht des Verfahrensstaates anknüpfen. 11

Art. 29. Antragsrecht

Die Eröffnung eines Sekundärinsolvenzverfahrens können beantragen:

a) der Verwalter des Hauptinsolvenzverfahrens,
b) jede andere Person oder Stelle, der das Antragsrecht nach dem Recht des Mitgliedsstaats zusteht, in dessen Gebiet das Sekundärinsolvenzverfahren eröffnet werden soll.

Literatur: Beutler/Debus, Kurzkommentar zu: LG Klagenfurt, Beschl. v. 2. 7. 2004 – 41 S 75/04 h, EWiR 2005, 217; *Blenske,* Kurzkommentar zu: AG Köln, Beschl. v. 23. 1. 2004 – 71 IN 1/04, EWiR 2004, 601; *Liersch,* Anmerkung zu AG Düsseldorf, Beschl. v. 12. 3. 2004 – 502 IN 126/03, NZI 2004, 269; *Mankowski,* Kurzkommentar zu: AG Köln Beschl. v. 1. 12. 2005 – 71 IN 564/05, EWiR 2006, 109; *Sabel,* Hauptsitz als Niederlassung im Sinne der EuInsVO?, NZI 2004, 126; *Smid,* Judikatur zum internationalen Insolvenzrecht, DZWIR 2004, 397; *Staak,* Mögliche Probleme der Koordination von Haupt- und Sekundärinsolvenzverfahren nach der Europäischen Insolvenzverordnung (EuInsVO), NZI 2004, 480.

Übersicht

	RdNr.		RdNr.
I. Normzweck	1	2. Antragsberechtigte nach dem Recht des Verfahrensstaates (lit. b)	6
II. Antragsrecht	2	**III. Partikularverfahren**	9
1. Verwalter des Hauptverfahrens (lit. a)	2		

I. Normzweck

Art. 29 enthält zwei Regelungen für die **Befugnis zur Antragstellung** auf Eröffnung eines Sekundärverfahrens: Zunächst schreibt Art. 2 lit. a) vor, dass auch der Verwalter des Hauptverfahrens antragsberechtigt ist. Zudem enthält lit. b) die Klarstellung, dass sich das Antragsrecht anderer Personen nach der *lexi fori concursus secundariae* richtet. Bei Art. 2 lit. b) handelt es sich daher um eine mit Art. 28 übereinstimmende Kollisionsnorm.[1] Art. 29 lit. a) 1

---

[13] Vgl. MünchKommBGB-*Kindler,* Bd. 11, Art. 28 RdNr. 673; *Smid,* Int. Insolvenzrecht, Art. 28 RdNr. 1; *Duursma-Kepplinger,* Europäische Insolvenzverordnung, Art. 28 RdNr. 20.
[1] *Heiderhoff,* in *Geimer/Schütze,* Int. Rechtsverkehr, B Vor I 20 b, Art. 29 RdNr. 1; HK-*Stephan,* Art. 29 RdNr. 1; *Mäsch,* in *Rauscher,* Europ. Zivilprozessrecht, Bd. 2, Art. 29 EG-InsVO RdNr. 1; MünchKommBGB-*Kindler,* Bd. 11, Art. 29 RdNr. 679.

ist dagegen eine Sachnorm,² die gegebenenfalls das materielle Insolvenzrecht des Sekundärverfahrensstaates modifiziert.

II. Antragsrecht

2 **1. Verwalter des Hauptverfahrens (lit. a).** Art. 29 lit. a) erweitert die Antragsbefugnis des Insolvenzsachrechts des betroffenen Mitgliedstaates, da in der Regel nur der Schuldner selbst, dessen Gläubiger, sowie in manchen Rechtsordnungen auch Aufsichtsbehörden oder öffentliche Stellen zu Antragstellung befugt sind.³ Zwar könnte man überlegen, die Antragsbefugnis des Verwalters auf der ebenen des anwendbaren materiellen Rechts daraus herzuleiten, dass mit Übergang der Vermögens- und Verwaltungsbefugnis auch das Antragsrecht des Schuldners auf den Verwalter übergeht. Derartiger Auslegungskünste bedarf es jedoch auf Grund der durch Art. 29 lit. a) ausdrücklich verliehenen Antragsbefugnis nicht mehr.

3 Entgegen der noch in der ersten Auflage vertretenen Auffassung ist auch der **vorläufige Insolvenzverwalter** zur Antragstellung berechtigt.⁴ Voraussetzung hierfür ist jedoch, dass neben der Bestellung eines vorläufigen Insolvenzverwalters das Insolvenzgericht des Hauptverfahrens vorläufige Sicherungsmaßnahmen angeordnet hat, die einem Vermögensbeschlag gleichstehen. So hat bereits der EuGH in der Eurofood-Entscheidung den Erlass der beiden vorgenannten Maßnahmen als Insolvenzeröffnung angesehen, um daran anknüpfend gemäß dem Prioritätsprinzip das Hauptverfahren nach Art. 3 Abs. 1 zu bestimmen.⁵ Die Entscheidung hat freilich über die Frage des Prioritätsprinzips im Sinne des Art. 3 hinaus Bedeutung.⁶ Für eine entsprechende Vorverlagerung der Antragsberechtigung bestehen auch sachliche Gründe. Denn es kann durchaus im Interesse der Gesamtheit der Gläubiger liegen, dass parallel zu einem Hauptverfahren frühzeitig ein weiteres paralleles Sekundärinsolvenzverfahren eröffnet wird (vgl. hierzu noch nachfolgende RdNr.). Dies ergibt sich auch aus Ziff. 19 der Erwägungsgründe, die ausdrücklich erwähnt, dass der Verwalter die Eröffnung eines Sekundärverfahrens beantragen kann, wenn dies für die effiziente Verwaltung der Masse erforderlich ist. Zur Vermeidung von Unklarheiten mag es sich empfehlen, dass der vorläufige Insolvenzverwalter des Hauptverfahrens in seinem Bestellungsbeschluss ausdrücklich ermächtigt wird, Sekundärinsolvenzverfahren zur Massesicherung zu beantragen. Zwar kann das Insolvenzrecht des Hauptverfahrensstaates nicht die Antragsberechtigung im Sekundärinsolvenzverfahren regeln. Andererseits sind jedoch die Befugnisse des vorläufigen Insolvenzverwalters nach Art. 18 im Sekundärverfahrensstaat anzuerkennen.⁷

---

² *Heiderhoff*, in *Geimer/Schütze*, Int. Rechtsverkehr, B Vor I 20b, Art. 29 RdNr. 1; HK-*Stephan*, Art. 29 RdNr. 1; *Kübler/Prütting/Kemper*, Art. 29 EuInsVO RdNr. 1; *Mäsch*, in *Rauscher*, Europ. Zivilprozessrecht, Bd. 2, Art. 29 EG-InsVO RdNr. 1; MünchKommBGB-*Kindler*, Bd. 11, Art. 29 RdNr. 675.

³ MünchKommBGB-*Kindler*, Bd. 11, Art. 29 RdNr. 675; HambKomm-*Undritz* Art. 29 RdNr. 1.

⁴ Anders noch die hM, allerdings ohne Berücksichtigung der zwischenzeitlich ergangenen Eurofood Entscheidung des EuGH: *Virgos/Schmit*, Erläuternder Bericht, RdNr. 226, 262; *Duursma-Kepplinger*, Europäische Insolvenzverordnung, Art. 29 RdNr. 9; *Haubold*, in *Gebauer/Wiedmann*, Zivilrecht, Art. 29 RdNr. 224; *Heiderhoff*, in *Geimer/Schütze*, Int. Rechtsverkehr, B Vor I 20b, Art. 29 RdNr. 2; HK-*Stephan*, Art. 29 RdNr. 2; *Kübler/Prütting/Kemper*, Art. 29 EuInsVO RdNr. 3; *Kolmann*, Kooperationsmodelle, S. 336; *Leible/Staudinger* KTS 2000, 533 ff., 570; *Mäsch*, in *Rauscher*, Europ. Zivilprozessrecht, Bd. 2, Art. 29 EG-InsVO RdNr. 3; *Nerlich/Römermann/Mincke*, Art. 29 RdNr. 2; MünchKommBGB-*Kindler*, Bd. 11, Art. 29 RdNr. 677; *Pannen*, in *Breutigam/Blersch/Goetsch*, Art. 29 RdNr. 2; *Paulus*, Europäische Insolvenzverordnung, Art. 29 RdNr. 3; HambKomm-*Undritz* Art. 29 RdNr. 2. Differenzierend *Smid*, Int. Insolvenzrecht, Art. 29 RdNr. 5.

⁵ EuGH Eurofood; abgedruckt in NZI 2006, 360; Urteilsbesprechungen *Freitag/Leible* RIW 2006, 641; *Hess/Laukemann/Seagon* IPRax 2007, 89; *Kammel* NZI 2006, 334; *Knof/Mock* ZIP 2006, 907, 911; *Liersch* NZI 6/2006 aktuell, V; *Mankowski* BB 2006, 1753; *Paulus*, NZG 2006, 609; *Poertzgen/Adam* ZInsO 2006, 505; *Saenger/Klockenbrink* EuZW 2006, 363; *Smid*, DZWIR 2006, 325; vgl. oben, Art. 3 RdNr. 57.

⁶ Die Entscheidung modifiziert den an sich legaldefinierten Begriff der Verfahrenseröffnung, der in der gesamten Verordnung verwendet wird, nun aber je nach Einzelfall unterschiedlich anzusehen ist, vgl. Art 2 RdNr. 7 ff.

⁷ Zur Anerkennung der Befugnisse des vorläufigen Insolvenzverwalters vgl. oben, Art. 2 RdNr. 3.

Diese Möglichkeit des Verwalters des Hauptverfahrens ist insbesondere im Hinblick auf **4** die Erhaltung des mit Kreditsicherungsrechten belasteten Vermögens des Schuldners von Bedeutung, da nach Art. 5 die Eröffnung des Hauptverfahrens auf diese Rechte keine Wirkung entfaltet.[8] Um solche Rechte daher überhaupt insolvenzrechtlichen Beschränkungen zu unterwerfen, wird der Verwalter des Hauptverfahrens schon von sich aus einen entsprechenden Antrag stellen wollen.[9] Aber auch bei komplexen Verfahren, größeren Niederlassungen usw. kann die Eröffnung eines Sekundärverfahrens zur Vereinfachung der Gesamtabwicklung beitragen. Art. 31 bietet insoweit nicht nur eine hinreichende Möglichkeit für die Verwalter der beiden Verfahren, miteinander zu kooperieren, sondern verpflichtet beide vielmehr hierzu. Zu Unrecht wird daher die Eröffnung eines parallelen Sekundärverfahrens oft als störend bezeichnet.[10]

Ob der Verwalter des Hauptverfahrens gegebenenfalls sogar zu einer Antragstellung in **5** weiteren Staaten verpflichtet ist, richtet sich nach dem Recht des Hauptverfahrensstaates. Insoweit können die Besonderheiten der Insolvenz dafür sprechen, dass es geboten ist, einen entsprechenden Antrag auf Eröffnung eines Sekundärverfahrens zu stellen. Da dem Verwalter in der Regel nach dem jeweiligen nationalen Recht die Pflicht zur möglichst günstigen Verwertung der Insolvenzmasse obliegt, ist denkbar, dass bei absehbaren Nachteilen, die sich bei Fehlen eines Sekundärverfahrens ergeben, eine Antragspflicht besteht.[11] In diesen Fällen kommt gegebenenfalls eine Haftung des Verwalters des Hauptverfahrens nach dem Recht des dortigen Verfahrensstaates in Betracht. Hierbei dürfte es sich jedoch allenfalls um unternehmerische Fehlentscheidungen des Verwalters handeln, für die nur unter strengen Voraussetzungen eine Haftung besteht.[12]

2. Antragsrecht nach dem Recht des Verfahrensstaates (lit. b). Art. 29 lit. b) **6** dagegen ist lediglich ein Verweis darauf, dass sich die Antragsbefugnis im Übrigen nach dem Recht des Verfahrensstaats richtet. Art. 29 lit. b) wiederholt insoweit nur die in Art. 28 enthaltene Kollisionsnorm und wäre daher an sich unnötig. Da Art. 3 Abs. 4 lit. b) für unabhängige Partikularverfahren jedoch verlangt, dass ein antragstellender Gläubiger seinen Sitz oder Wohnsitz in dem Staat des Partikularverfahrens hat, besitzt Art. 29 lit. b) klarstellende Bedeutung.

Für die Antragsbefugnis des **Gläubigers** sind bei einem Sekundärverfahren keine wei- **7** teren qualifizierenden Voraussetzungen nach der Verordnung zu beachten.[13] Zwar wird in der Literatur verschiedentlich argumentiert, dass das Antragsrecht der Gläubiger weiter einzuschränken sei, weil durch den Antrag die Verwertungsstrategie des Hauptverfahrens unterlaufen werden könne.[14] So wird gelegentlich vorgeschlagen, das Antragsrecht auf diejenigen Gläubiger zu beschränken, die ein besonderes Rechtsschutzinteresse an der Eröffnung eines Sekundärverfahrens haben, sei es, weil sie ihren Sitz oder Wohnsitz im Sekundärverfahrensstaat haben (so Art. 3 Abs. 4 lit. b)) oder, weil der Anspruch des antragstellenden Gläubigers aus dem Betrieb der Niederlassung herrührt. Das Konzept eines solchen funktional beschränkten Niederlassungsverfahrens wurde vor allem von *Thieme*

---

[8] Vgl. oben, Art. 5 RdNr. 13 f.
[9] Vgl. Erwägungsgrund (25) sowie auch *Ahrens*, Rechte und Pflichten ausländischer Insolvenzverwalter, S. 310; *Duursma-Kepplinger*, Europäische Insolvenzverordnung, Art. 29 RdNr. 2 aE; *Haubold*, in Gebauer/Wiedmann, Zivilrecht, Art. 29 RdNr. 224; HK-*Stephan*, Art. 29 RdNr. 1a; MünchKommBGB-*Kindler*, Bd. 11, Art. 29 RdNr. 675 f., Art. 5 RdNr. 276; *Pannen*, in Breutigam/Blersch/Goetsch, Art. 29 RdNr. 1; HambKomm-*Undritz* Art. 29 RdNr. 4.
[10] HambKomm-*Undritz*, Art. 29 RdNr. 5.
[11] Entsprechende Pflichten erörtern MünchKommBGB-*Kindler*, Bd. 11, Art. 29 RdNr. 678; anders *Duursma-Kepplinger*, Europäische Insolvenzverordnung, Art. 29 RdNr. 3; *Mäsch*, in *Rauscher*, Europ. Zivilprozessrecht, Bd. 2, Art. 29 EG-InsVO RdNr. 2; *Smid*, Int. Insolvenzrecht, Art. 29 RdNr. 6, wobei unklar bleibt, ob die Pflicht aus Art. 29 oder aus dem anwendbaren materiellen Recht abgeleitet wird.
[12] Vgl. zum deutschen Recht § 60 InsO; vgl. auch *Uhlenbruck* § 60 RdNr. 12 ff.
[13] *Lüke* ZZP 111 (1998) 275, 303; *Habscheid* NZI 1999, 299, 303 f.; *Virgos/Schmit*, Erläuternder Bericht, RdNr. 227.
[14] Vgl. insbesondere *Dawe*, Der Sonderkurs des deutschen und internationalen Insolvenzrechts, S. 153 ff.

vertreten.¹⁵ Der Verordnungsgeber ist jedoch diesem Konzept nicht gefolgt. Gem. Art. 29 lit. b) ist im Ergebnis jeder Gläubiger des Schuldners antragsberechtigt, und zwar unabhängig davon, ob er seinen Sitz oder Wohnsitz im Sekundärverfahrensstaat hat, oder ob seine Forderung aus dem Betrieb der Niederlassung herrührt.¹⁶

8   Strittig ist allerdings, inwieweit der **Schuldner** selbst sein regelmäßig nach dem Insolvenzrecht des Sekundärverfahrensstaates bestehendes Antragsrecht auf Grund der Eröffnung des Hauptverfahrens verliert.¹⁷ Richtigerweise handelt es sich hierbei jedoch nicht um eine Frage von Art. 29 lit. b). Denn die Vorschrift verweist lediglich auf das Recht des Sekundärverfahrensstaates. Folglich ist dessen Auslegung entscheidend dafür, ob dem Schuldner die Antragsbefugnis verbleibt. Nach dem autonomen deutschen Insolvenzrecht behalten die gesetzlichen Vertretungsorgane nach Eröffnung eines Insolvenzverfahrens ihre Organstellung.¹⁸ § 80 InsO schreibt insoweit „nur" vor, dass durch die Eröffnung des Insolvenzverfahrens das Recht des Schuldners, das zur Insolvenzmasse gehörende Vermögen zu verwalten und über es zu verfügen, auf den Insolvenzverwalter übergeht. Bei der Stellung eines Insolvenzantrages in einem anderen Staat, der im Ergebnis ein gesondertes Verfahren auslöst und das ansonsten universell geltende Hauptverfahren einschränkt, handelt es sich gleichwohl um eine auf den Insolvenzzweck bezogene Rechtshandlung, zu der der gesetzliche Vertreter einer juristischen Person nach Eröffnung eines Insolvenzverfahrens in Deutschland nicht mehr berechtigt wäre. Sollen entsprechende Maßnahmen durch den Schuldner unterbunden werden, so empfiehlt sich, sie durch Anordnung des Insolvenzgerichts zu untersagen. Ungeachtet der Frage, wie die Antragsbefugnis nach dem Recht des Sekundärverfahrensstaates auszulegen ist, müsste das Insolvenzgericht eines Sekundärverfahrensstaates einen entsprechenden Antrag eines gesetzlichen Vertreters, dem entsprechende Rechtshandlungen zuvor untersagt worden waren, nämlich abweisen, weil insoweit die Anordnung durch das Gericht des anderen Mitgliedstaat anzuerkennen ist. Die Wirkungen solcher Anordnungen wären auch in den anderen Verfahrensstaaten gemäß Art. 25 anzuerkennen, soweit kein die Anerkennung hindernder *ordre public*-Verstoß vorliegt.

III. Partikularinsolvenzverfahren

9   Art. 29 findet keine Anwendung auf die Antragsbefugnis in einem Partikularverfahren, wenn also entweder im Staat, in dem der Schuldner den Mittelpunkt seiner hauptsächlichen Interessen hat, mangels Insolvenzfähigkeit des Schuldners kein Insolvenzverfahren eröffnet werden kann oder noch kein Insolvenzverfahren beantragt wurde. Insoweit enthält Art. 3 Abs. 4 lit. a) eine Sonderregelung, die den Kreis der antragsberechtigten Gläubiger nochmals einschränkt. Allerdings kann danach ein zunächst unzulässiger Antrag zulässig werden, wenn nach Antragstellung auch im Staat des Hauptverfahrens ein Insolvenzantrag gestellt,

---

¹⁵ Vgl. hierzu bereits oben, Art. 27 RdNr. 26; *Thieme,* IJVO 5 (1995/96) 44, 86; *ders,* Partikularkonkurs, S. 212.

¹⁶ *Kübler/Prütting/Kemper,* Art. 29 EuInsVO RdNr. 4; MünchKommBGB-*Kindler,* Bd. 11, Art. 29 RdNr. 680; *Nerlich/Römermann/Mincke,* Art. 29 RdNr. 3; im Umkehrschluss auch *Duursma-Kepplinger,* Europäische Insolvenzverordnung, Art. 29 RdNr. 13.

¹⁷ Gegen ein entsprechendes Antragsrecht: *Duursma-Kepplinger,* Europäische Insolvenzverordnung, Art. 29 RdNr. 5, 8; *Haubold,* in *Gebauer/Wiedmann,* Zivilrecht, Art. 29 RdNr. 225; HK-*Stephan,* Art. 29 RdNr. 5; *Kolmann,* Kooperationsmodelle, S. 336; *Kübler/Prütting/Kemper,* Art. 29 EuInsVO RdNr. 5; *Mäsch,* in *Rauscher,* Europ. Zivilprozessrecht, Bd. 2, Art. 29 EG-InsVO RdNr. 5; MünchKommBGB-*Kindler,* Bd. 11, Art. 29 RdNr. 682 ff.; *Paulus,* Europäische Insolvenzverordnung, Art. 29 RdNr. 6 f.; *Smid,* Int. Insolvenzrecht, Art. 29 RdNr. 9; *Thieme,* IJVO 5 (1995/96) 44, 87; FK-*Wimmer,* Anh I RdNr. 99; für den Fortbestand des Antragsrechts: AG Köln vom 24. 1. 2004 NZI 2004, 151; *Heiderhoff,* in *Geimer/Schütze,* Int. Rechtsverkehr, B Vor I 20 b, Art. 29 RdNr. 4; *Liersch* NZI 2004, 271, 272.

¹⁸ Die gesetzlichen Vertretungsorgane behalten grundsätzlich ihre Organstellung bei; allerdings sind sie nur noch berechtigt, Aufgaben wahrzunehmen, die nicht als insolvenzspezifisch zu klassifizieren sind. Vgl. dazu auch FK-*Wimmer,* Anh I RdNr. 99; HK-*Stephan,* Art. 29 RdNr. 5; MünchKommInsO-*Ott/Vuia,* Bd. 1, 2. Aufl., § 80 RdNr. 112; *Uhlenbruck* § 11 RdNr. 118 ff.

und daraufhin ein vorläufiger Insolvenzverwalter bestellt wird, sowie die Anordnung des Vermögensbeschlags erfolgt.[19]

Art. 30. Kostenvorschuss

Verlangt das Recht des Mitgliedsstaats, in dem ein Sekundärinsolvenzverfahren beantragt wird, dass die Kosten des Verfahrens einschließlich der Auslagen ganz oder teilweise durch die Masse gedeckt sind, so kann das Gericht, bei dem ein solcher Antrag gestellt wird, vom Antragsteller einen Kostenvorschuss oder eine angemessene Sicherheitsleistung verlangen.

Literatur: *Beutler/Debus,* Kurzkommentar zu: LG Klagenfurt, Beschl. v. 2. 7. 2004 – 41 S 75/04 h, EWiR 2005, 217; *Blenske,* Kurzkommentar zu: AG Köln, Beschl. v. 23. 1. 2004 – 71 IN 1/04, EWiR 2004, 601.

Übersicht

	RdNr.		RdNr.
I. Normzweck	1	III. Keine Regelung im nationalen Recht	5
II. Eigenständige Regelung im nationalen Recht	3		

I. Normzweck

Art. 30 ist auf Grund der Generalverweisung auf das Recht des Verfahrensstaates an sich überflüssig und wirft wegen seines Hinweises auf einen Kostenvorschuss oder angemessener Sicherheitsleistung eher Fragen auf.[1] Ob ein Insolvenzgericht die Eröffnung eines Verfahrens mangels Masse abweisen darf, richtet sich gemäß Art. 28 nach dem Recht des Sekundärverfahrensstaates. Für das Insolvenzeröffnungsverfahren enthalten die Artt. 27 ff. nur einzelne von dem Recht des Sekundärverfahrensstaates abweichende Sonderbestimmungen (so beispielsweise den Verzicht auf den Nachweis des Insolvenzgrundes in Art. 27 Satz 1 oder das zusätzliche Antragsrecht für den Verwalter des Hauptinsolvenzverfahrens in Art. 29). Für die Frage, ob für das Insolvenzverfahren hinreichende Masse vorhanden sein muss, um die Kosten des Verfahrens zu decken, enthalten die Artt. 27 ff. jedoch keine abweichende Sonderbestimmung, so dass sich diese Frage nach Art. 28 ohnehin ausschließlich nach dem Recht des Verfahrensstaates richtet. Der Hinweis auf einen Kostenvorschuss oder Sicherheitsleistung im Falle der Masselosigkeit oder Massearmut führt daher lediglich zu einer – eventuell nicht kongruenten – Doppelregelung, denn vielfach wird bereits das Recht des Sekundärverfahrensstaates hierzu detailliertere Vorschriften vorsehen. Art. 30 beschränkt sich in seiner Funktion daher darauf, zu bestätigen, dass entsprechende Sachnormen des Rechts des Sekundärverfahrens auch für das Sekundärverfahren gelten, ohne in die Regelung ansonsten inhaltlich einzugreifen.[2] 1

Die eigentliche Besonderheit der Regelung liegt daher allenfalls darin, dass auch der nach Art. 29 zur Antragstellung berechtigte Verwalter des Hauptverfahrens zu einer solchen Sicherheitsleistung berechtigt ist.[3] Denn meist wird das anwendbare nationale Recht des Sekundärinsolvenzverfahrens nur von dem antragstellenden Insolvenzgläubiger verlangen, entsprechende Kostenvorschüsse oder Sicherheitsleistungen zu erbringen.[4] Da dem Verwal- 2

---

[19] Vgl. hierzu oben, RdNr. 3.
[1] Kritisch auch HK-*Stephan,* Art. 30 RdNr. 1.
[2] *Duursma-Kepplinger,* Europäische Insolvenzverordnung, Art. 30 RdNr. 2; *Heiderhoff,* in: *Geimer/Schütze,* Int. Rechtsverkehr, B Vor I 20 b, Art. 30 RdNr. 1; *Mäsch,* in: *Rauscher,* Europ. Zivilprozessrecht, Bd. 2, Art. 30 EG-InsVO RdNr. 1; MünchKommBGB-*Kindler,* Bd. 11, Art. 30 EG-InsVO RdNr. 688.
[3] *Duursma-Kepplinger,* Europäische Insolvenzverordnung, Art. 30 RdNr. 3; FK-*Wimmer,* Anh I RdNr. 100; *Mäsch,* in: *Rauscher,* Europ. Zivilprozessrecht, Bd. 2, Art. 30 EG-InsVO RdNr. 1; MünchKommBGB-*Kindler,* Bd. 11, Art. 30 EG-InsVO RdNr. 690; *Pannen,* in: *Breutigam/Blersch/Goetsch,* Art. 30 RdNr. 3; *Paulus,* Europäische Insolvenzverordnung, Art. 30 RdNr. 1.
[4] Vgl. § 26 InsO; FK-*Wimmer,* Anh I RdNr. 100; *Uhlenbruck* § 26 RdNr. 19.

ter des Hauptinsolvenzverfahrens nach Art. 29 jedoch ein eigenständiges Antragsrecht eingeräumt wird, sind die entsprechenden nationalen Bestimmungen zum Kostenvorschuss und Sicherheitsleistung hinsichtlich der Frage, von wem diese erbracht werden dürfen, im Anwendungsbereich der Artt. 27 ff. erweiternd auszulegen.

II. Eigenständige Regelung im nationalen Recht

3   Art. 30 setzt voraus, dass das anwendbare Recht des Sekundärverfahrensstaates eine eigenständige Regelung zur Kostendeckung des Verfahrens enthält.[5] In diesem Fall bestätigt Art. 30, dass diese Regelungen auch für das Sekundärinsolvenzverfahren gelten und uneingeschränkt angewendet werden dürfen.[6] Art. 30 enthält keine eigenständige inhaltliche Regelung zur Bestimmung der Massedeckung, sondern verweist vollständig auf das Recht des Sekundärverfahrensstaates, so dass die Frage, zu welchem Zeitpunkt die Massedeckung gegeben ist, welche Gegenstände hierfür berücksichtigt werden können und welche Kosten und Auslagen im Einzelnen gedeckt sein müssen, ausschließlich auf Grundlage des anwendbaren Rechts des Sekundärverfahrensstaates zu beurteilen sind.[7] Da Art. 30 keinen eigenständigen Regelungsinhalt enthält, sind die Rechtsfolgen ebenfalls ausschließlich dem anwendbaren Recht des Verfahrensstaates zu entnehmen. Die Formulierung „kann ... verlangen" eröffnet dem Gericht des Sekundärverfahrensstaates daher auch keinen, über das eigene anwendbare Recht hinausgehenden Ermessensspielraum.[8]

4   § 26 InsO findet daher auch im Rahmen eines in Deutschland beantragten Sekundärinsolvenzverfahrens Anwendung.[9] Daher sind durch das deutsche Insolvenzgericht zunächst die voraussichtlichen Verfahrenskosten für das Sekundärinsolvenzverfahren zu ermitteln. Bei der Prognose der voraussichtlichen Auslagen des Verwalters sowie der Vergütung sind entsprechende Erhöhungen oder Zuschläge auf Grund der zusätzlichen Aufgaben des Verwalters im Rahmen der grenzüberschreitenden Koordination mit dem Hauptverfahren zulässig. Bei der Prüfung, ob das Schuldnervermögen ausreicht, um diese so ermittelten Verfahrenskosten zu decken, ist nur auf die Insolvenzmasse des Sekundärinsolvenzverfahrens abzustellen. Da nach deutschem Recht der Vorschussleistende nicht identisch sein muss mit dem Antragsteller,[10] ist vor einer Ablehnung der Verfahrenseröffnung mangels Masse immer auch der Verwalter des Hauptverfahrens zu hören und ihm Gelegenheit zu geben, den Massekostenvorschuss zu leisten. Nicht anwendbar ist dagegen § 26 Abs. 3 InsO, da die Beweislastregelung nicht gelten kann für ein Partikularverfahren über einen Teil des Schuldnervermögens.

III. Keine Regelung im nationalen Recht

5   Enthält das anwendbare Recht des Sekundärverfahrensstaates keine Regelung zur Kostendeckung, sondern ist das Insolvenzverfahren auch zu eröffnen, falls eine entsprechende Kostendeckung nicht gegeben ist, so gewährt Art. 30 keine Rechtsgrundlage, einen Massekostenvorschuss zu verlangen. Gleiches gilt, wenn das nationale Recht zwar eine Kostendeckung verlangt, nicht aber die Möglichkeit bietet, die Verfahrenseröffnung durch einen

---

[5] *Duursma-Kepplinger*, Europäische Insolvenzverordnung, Art. 30 RdNr. 2; HK-*Stephan*, Art. 30 RdNr. 2; *Kübler/Prütting/Kemper*, Art. 30 EuInsVO RdNr. 2; MünchKommBGB-*Kindler*, Bd. 11, Art. 30 RdNr. 688; *Nerlich/Römermann/Mincke*, Art. 30 RdNr. 1; *Pannen*, in: Breutigam/Blersch/Goetsch, Art. 30 RdNr. 1; *Smid*, Int. Insolvenzrecht, Art. 30 RdNr. 2.

[6] *Duursma-Kepplinger*, Europäische Insolvenzverordnung, Art. 30 RdNr. 2.

[7] HK-*Stephan*, Art. 30 RdNr. 4.

[8] *Duursma-Kepplinger*, Europäische Insolvenzverordnung, Art. 30 RdNr. 2; HK-*Stephan*, Art. 30 RdNr. 2; *Kübler/Prütting/Kemper*, Art. 30 EuInsVO RdNr. 2; *Kolmann*, Kooperationsmodelle, S. 338; *Mäsch*, in: *Rauscher*, Europ. Zivilprozessrecht, Bd. 2, Art. 30 EG-InsVO RdNr. 3; MünchKommBGB-*Kindler*, Bd. 11, Art. 30 RdNr. 689.

[9] *Haubold*, in: Gebauer/Wiedmann, Zivilrecht, Art. 30 RdNr. 227; *Heiderhoff*, in: Geimer/Schütze, Int. Rechtsverkehr, B Vor I 20 b, Art. 30 RdNr. 2; *Mäsch*, in: *Rauscher*, Europ. Zivilprozessrecht, Bd. 2, Art. 30 EG-InsVO RdNr. 1; *Paulus*, Europäische Insolvenzverordnung, Art. 30 RdNr. 2.

[10] *Uhlenbruck* § 26 RdNr. 19; MünchKommInsO-*Haarmeyer*, Bd. 1, § 26 InsO RdNr. 27.

Massekostenvorschuss oder durch eine Sicherheitsleistung herbei zu führen. Auch in diesen Fällen hat dann – gemäß dem anwendbaren nationalen Recht des Sekundärverfahrensstaates – die Verfahrenseröffnung zu unterbleiben.

Art. 31. Kooperations- und Unterrichtungspflicht

(1) Vorbehaltlich der Vorschriften über die Einschränkung der Weitergabe von Informationen besteht für den Verwalter des Hauptinsolvenzverfahrens und für die Verwalter der Sekundärinsolvenzverfahren die Pflicht zur gegenseitigen Unterrichtung. Sie haben einander unverzüglich alle Informationen mitzuteilen, die für das jeweilige andere Verfahren von Bedeutung sein können, insbesondere den Stand der Anmeldung und der Prüfung der Forderungen sowie alle Maßnahmen zur Beendigung eines Insolvenzverfahrens.

(2) Vorbehaltlich der für die einzelnen Verfahren geltenden Vorschriften sind der Verwalter des Hauptinsolvenzverfahrens und die Verwalter der Sekundärinsolvenzverfahren zur Zusammenarbeit verpflichtet.

(3) Der Verwalter eines Sekundärinsolvenzverfahrens hat dem Verwalter des Hauptinsolvenzverfahrens zu gegebener Zeit Gelegenheit zu geben, Vorschläge für die Verwertung oder jede Art der Verwendung der Masse des Sekundärinsolvenzverfahrens zu unterbreiten.

Literatur: Beck, Verwertungsfragen im Verhältnis von Haupt- und Sekundärinsolvenzverfahren nach der EuInsVO, NZI 2006, 609; *Ehricke,* Das Verhältnis des Hauptinsolvenzverwalters zum Sekundärinsolvenzverwalter bei grenzüberschreitenden Insolvenzen nach der EuInsVO, ZIP 2005, 1104; *ders.,* Die Zusammenarbeit der Insolvenzverwalter bei grenzüberschreitenden Insolvenzen nach der EuInsVO, WM 2005, 397; *ders.,* Verfahrenskoordination bei grenzüberschreitenden Unternehmensinsolvenzen, in Festschrift 75 Jahre Max-Planck-Institut, 2001, S. 337; *Eidenmüller,* Der nationale und der internationale Insolvenzverwaltungsvertrag, ZZP 114 (2001), 3; *Paulus,* Die ersten Jahre mit der Europäischen Insolvenzverordnung: Erfahrungen und Erwartungen, RabelsZ 2006, 458; *ders.,* „Protokolle" – ein anderer Zugang zur Abwicklung grenzüberschreitender Insolvenzen, ZIP 1998, 977; *Smid,* Judikatur zum internationalen Insolvenzrecht, DZWIR 2004, 397; *Sommer,* Zu den Einflussmöglichkeiten des Hauptverwalters auf das Sekundärinsolvenzverfahren, ZInsO 2005, 1137; *Staak,* Mögliche Probleme im Rahmen der Koordination von Haupt- und Sekundärinsolvenzverfahren nach der Europäischen Insolvenzverordnung (EuInsVO), NZI 2004, 480; *Vallender,* Aufgaben und Befugnisse des deutschen Insolvenzrichters in Verfahren nach der EuInsVO, KTS 2005, 283; *Wittinghofer,* Der nationale und internationale Insolvenzverwaltungsvertrag: Koordination paralleler Insolvenzverfahren durch Ad-hoc-Vereinbarungen (Münster (Westfalen), Univ., Diss., 2003), 2004 (zit.: *Wittinghofer,* Der nationale und internationale Insolvenzverwaltungsvertrag).

Übersicht

	RdNr.		RdNr.
I. Normzweck	1	4. Ausübung von Wahlrechten	23
II. Informations- und Unterrichtungspflichten	6	5. Austauschverträgen zwischen den Verfahren	24
1. Allgemeines	6	6. Verwertung	27
2. Gegenseitigkeit	7	a) Vorschlagsrecht	27
3. Umfang der Informationspflichten	8	b) Gemeinsame Verwertung	29
4. Art und Weise der Information	13	c) Verkauf der Masse des Sekundärverfahrens	30
5. Kosten	15	7. Insolvenzpläne	32
6. Durchsetzung der Informationsansprüche	16	**IV. Sanktionen**	34
7. Schranken der Informationspflicht	17	**V. Insolvenzverwaltungsverträge (‚protocols')**	38
III. Pflicht zur Zusammenarbeit	18	1. Allgemeines	38
1. Allgemeines	18	2. Zulässigkeit	40
2. Feststellung der Passivmasse	20	3. Inhalt	42
3. Geltendmachung von Forderungen	21		

I. Normzweck

1 Die **Koordination mehrerer Insolvenzverfahren** wird als das Hauptproblem der Zulässigkeit von parallelen Verfahren gesehen. Die Verordnung versucht das Problem zu lösen, indem den Verwaltern, und zwar sowohl dem Verwalter des Hauptverfahrens, als auch dem Verwalter des Sekundärverfahrens, in Art. 31 (aber auch in den Art. 32 ff.) Koordinationspflichten auferlegt werden.[1] Dadurch sollen die durch die Dezentralisierung des Verfahrens eintretenden möglichen Effizienzverluste vermieden werden.[2] Art. 31 kommt insoweit zentrale Bedeutung zu, da dies die Generalnorm für die Zusammenarbeit und die Abstimmung der beiden (oder mehreren) Verfahren darstellt, soweit nicht Art. 32 ff. speziellere Regeln enthalten, die dann Art. 31 vorgehen.

2 Im Verhältnis zu dem oder den Sekundärverfahren kommt dem **Hauptverfahren** nach der Verordnung der **Vorrang** zu. Diesen Vorrang dokumentiert Art. 31 Abs. 3, indem lediglich dem Verwalter des Sekundärverfahrens die Pflicht auferlegt wird, dem Verwalter des Hauptverfahrens Gelegenheit zu geben, Vorschläge für die Verwertung der Masse zu unterbreiten.[3] Die Kooperationspflichten der Insolvenzverwalter sind daher nicht jeweils gegenseitig, sondern nach der Verordnung und auch nach Art. 31 durchaus differenziert. Die Kooperationspflichten des Verwalters des Sekundärverfahrens dienen aber nicht „der Stärkung der Belange des Hauptverfahrens".[4] Denn das Sekundärverfahren dient nicht dazu, die Interessen des Hauptverfahrens zu wahren oder durchzusetzen, sondern primär den Interessen der lokalen Gläubiger, die sich auf Grund der Niederlassung auf die Anwendung des lokalen Insolvenzrechts einstellen durften. Zutreffender ist daher, von einer Pflicht zur Rücksichtnahme auf Belange des Hauptverfahrens zu sprechen, soweit die Interessen der Gläubiger des Sekundärverfahrens über die in der Verordnung enthaltenen Einschränkungen hinaus berücksichtigt werden können.

3 Die Praxis ist derzeit bemüht, die Kooperationspflichten weiter zu konkretisieren. So hat INSOL Europe unter Führung von *Virgos* und *Wessels* eine entsprechende ‚Guideline' entworfen (**European Communication und Cooperation Guidelines** for Cross-Border Insolvency, kurz CoCo-Guidelines genannt).[5] Die CoCo Guidelines regeln weitestgehend verfahrensrechtliche Fragen der Information und Kooperation und Grundsätze der ‚best practice' in internationalen Verfahren. Die inhaltliche Ausgestaltung der Kooperation muss freilich abhängig von den Besonderheiten des einzelnen Insolvenzfalls erfolgen.

4 Art. 31 wendet sich nach seinem Wortlaut nur an die Verwalter, nicht jedoch an die **Insolvenzgerichte**,[6] soweit diese durch die jeweiligen Mitgliedsstaaten nicht in die Liste der „Verwalter" in Anhang C aufgenommen wurden.[7] Die Tatsache, dass die Insolvenzgerichte im Rahmen der Generalklausel von Art. 31 nicht erwähnt sind, lässt jedoch keinen

---

[1] Vgl. die ähnliche Vorschrift, § 398 des RegE, BT-Drucks. 12/2443 vom 15. 4. 1992 S. 70, 246.

[2] *Ehricke,* WM 2005, 397; *Paulus,* Europäische Insolvenzverordnung, Art 31 RdNr. 1; *Virgos/Garcimartin,* European Insolvency Regulation, RdNr. 434; *Virgos/Schmit,* Erläuternder Bericht, RdNr. 229; *Leible/Staudinger,* Die europäische Verordnung über Insolvenzverfahren, KTS 2000, 533, 569; *Ehricke,* Festschrift MPI, S. 337, 344; MünchKommBGB-*Kindler,* Bd. 11, IntInsR RdNr. 697.

[3] So auch *Heiderhoff,* in Geimer/Schütze, Int. Rechtsverkehr, B Vor I 20 b, Art. 31 RdNr. 2; *Duursma-Kepplinger,* Europäische Insolvenzverordnung, Art. 31 RdNr. 14; *Nerlich/Römermann/Mincke,* Art. 31 RdNr. 7; *Virgos/Garcimartin,* European Insolvency Regulation, Art. 31 RdNr. 442; *Ehricke* WM 2005, 397, 400; HambKomm-*Undritz* Art. 31 RdNr. 8.

[4] So aber *Smid,* Int. Insolvenzrecht, Art. 31 RdNr. 8; ähnlich auch *Duursma-Kepplinger,* Europäische Insolvenzverordnung, Art. 31 RdNr. 3.

[5] Der Entwurf der Guidelines ist veröffentlicht unter http://www.iiiglobal.org.

[6] Allg. Auffassung, vgl. *Paulus,* Europäische Insolvenzverordnung, Art. 31 RdNr. 2, RdNr. 5 f.; *Eidenmüller,* ZZP 114 (2001), 3, 26; *Smid,* Int. Insolvenzrecht, Art. 31 RdNr. 10, *Heiderhoff,* in Geimer/Schütze, Int. Rechtsverkehr, B Vor I 20 b, Art. 31 RdNr. 8; MünchKommBGB-*Kindler,* Bd. 11, IntInsR RdNr. 699; *Vallender* KTS 2005, 283, 321.

[7] So hat Österreich in Anhang C als Verwalter das Konkursgericht mitaufnehmen lassen, vgl. auch *Duursma-Kepplinger,* Europäische Insolvenzverordnung, Art. 31 RdNr. 6; *Paulus,* Europäische Insolvenzverordnung, Art. 31 RdNr. 6.

Rückkehrschluss darauf zu, dass diese im Wege eines Umkehrschlusses nicht zur Kooperation verpflichtet seien.[8] Insoweit besteht Einigkeit in der Literatur, dass auch eine zumindest informelle Zusammenarbeit zwischen den Insolvenzgerichten erlaubt und auch sinnvoll sein dürfte.[9] Die insbesondere aus dem angloamerikanischen Rechtsraum bekannten Fälle einer Kooperation von Insolvenzgerichten sind auf die Verordnung und die in Art. 31 enthaltenen Kooperationspflichten schon deswegen nicht übertragbar, weil den Insolvenzgerichten im angloamerikanischen Raum nicht nur eine Rechtsaufsicht, sondern eine mit weitergehenden Einflussmöglichkeiten ausgestattete Fachaufsicht obliegt.[10] Die Kooperationspflicht trifft schon deswegen die für die Durchführung des Verfahrens verantwortlichen Verwalter. Dies soll jedoch die Insolvenzgerichte der Mitgliedsstaaten nicht hindern, im Rahmen der ihnen zustehenden Befugnisse die Verwalter zur Erfüllung ihrer Pflichten nach Art. 31 anzuhalten, gegebenenfalls sogar – soweit die sprachlichen Möglichkeiten bestehen – mit dem Insolvenzgericht des anderen Mitgliedsstaates unmittelbar Kontakt aufzunehmen.

Art. 31 gilt auch für die **vorläufigen Insolvenzverwalter** zweier paralleler Verfahren, 5 und zwar unabhängig davon, ob aufgrund einer entsprechenden Verfügungsbeschränkung und Inanspruchnahme der Zuständigkeit für das Hauptverfahren feststeht, welches Verfahren als Haupt- oder Sekundärverfahren zu betrachten ist.[11] Denn zum einen fällt auch der vorläufige Insolvenzverwalter unter die Legaldefinition des Verwalters in Anhang C. Zum anderen bedarf es gerade im Rahmen der Betriebsfortführung eines Unternehmens im Insolvenzeröffnungsverfahren der abgestimmten Vorgehensweise der vorläufigen Verwalter.

II. Informations- und Unterrichtungspflichten

1. Allgemeines. Wesentlich für die Koordination paralleler Verfahren ist, dass die Verwalter beider Verfahren über den **Stand und die Entwicklungsmöglichkeiten des anderen Verfahrens** informiert sind. Art. 31 Abs. 1 nennt daher zunächst die Unterrichtungspflicht, die sich nach dem Wortlaut insbesondere auf die Unterrichtung über den Stand der Anmeldungen, die Prüfung der Forderungen sowie alle Maßnahmen zur Beendigung des Insolvenzverfahrens beziehen. Die Unterrichtungspflicht ist jedoch kein Selbstzweck. Daher kann auch kein Katalog derjenigen Informationen erstellt werden, die ein Verwalter dem Verwalter des anderen Verfahrens auf jeden Fall mitteilen muss. Die Unterrichtungspflicht ist anhand des konkreten Einzelfalles zu konkretisieren.[12] Orientierungshilfe hierbei leistet die Frage, welchen Koordinierungspflichten die Auskunft dienen soll. Denn der Auskunftsanspruch nach Art. 31 Abs. 1 ist nur ein Hilfanspruch, um den Hauptanspruch der Verfahrenskoordination zu ermöglichen und durchzusetzen. Auskünfte über Umstände, die jedenfalls nicht zu einem Abstimmungsbedarf oder einer Kooperation der Verwalter oder zur Berücksichtigung im jeweils eigenen Verfahren führen können, sind daher grundsätzlich nicht geschuldet. In der Praxis wird es sich empfehlen, zunächst den Verwalter des anderen Verfahrens über den möglichen weiteren Verfahrensablauf zu informieren und ihn darum zu bitten, mitzuteilen, welche weiteren Informationen er benötigt.

---

[8] So auch *Eidenmüller* ZZP 114 (2001), 3, 26.
[9] Vgl. *Vallender* KTS 2005, 283, 320 f.; MünchKommBGB-*Kindler*, Bd. 11, IntInsR RdNr. 699; *Ehricke* WM 2005, 397, 401; *Ehricke*, in: *Gottwald*, Europ. Insolvenzrecht, S. 129, 158 ff.; *Leible/Staudinger*, Die europäische Verordnung über Insolvenzverfahren, KTS 2000, 533, 569; *Mäsch*, in *Rauscher*, Europ. Zivilprozessrecht, Bd. 2, Art. 31 EG-InsVO RdNr. 15; *Duursma-Kepplinger*, Europäische Insolvenzverordnung, Art. 31 RdNr. 6; die Guideline 16.2 der CoCo-Guidelines (vgl. RdNr. 3) sieht eine Kooperation der Gerichte ausdrücklich vor; so wohl auch OLG Wien, NZI 2005, 56.
[10] Vgl. beispielsweise die „Guidelines applicable to court-to-court communications in cross border cases", abgedruckt in KTS 2005, 121; vgl. den Text der Guidelines in diversen Sprachen auch unter http://www.iiiglobal.org/international/guidelines.html.
[11] Vgl. oben Art. 2 RdNr. 9 ff.
[12] Die von *Virgos/Schmit*, Erläuternder Bericht, RdNr. 230, diesbezüglich aufgestellte Liste dürfte daher etwas über das Ziel hinausgehen und nicht in jedem Fall von einem Verwalter zu erfüllen sein.

7 **2. Gegenseitigkeit.** Die in Art. 31 Abs. 1 enthaltene Informationspflicht ist gegenseitig. Sie trifft daher sowohl den Verwalter eines Hauptverfahrens als auch die Verwalter der Sekundärverfahren. Anders als beispielsweise Art. 31 Abs. 3 werden daher die Informationspflichten nicht nur dem Verwalter des Sekundärverfahrens auferlegt, sondern zugleich auch dem Verwalter des Hauptverfahrens. Die Informationspflichten gelten jedoch nicht nur im Verhältnis zwischen dem Verwalter des Hauptverfahrens und dem Verwalter des Sekundärverfahrens, sondern ebenso im Verhältnis zwischen den Verwaltern der Sekundärverfahren.[13] Allerdings ist der Umfang der zu erteilenden Informationen bei einem Informationsaustausch zwischen Verwaltern von Sekundärverfahren anders zu bewerten, als bei einem Informationsaustausch zwischen einem Verwalter des Hauptverfahrens und einem Verwalter eines Sekundärverfahrens.

8 **3. Umfang der Informationspflichten.** Der Umfang der Informationspflichten lässt sich nicht generell beschreiben, sondern hängt vom Einzelfall ab. Denn die Information erfüllt keinen Selbstzweck, sondern dient der Umsetzung der in Art. 31 Abs. 2 enthaltenen allgemeinen Kooperationspflicht, die ohne entsprechende Kenntnis der jeweiligen Verwalter über das jeweils andere Verfahrens ins Leere laufen würde. Der Verordnungstext enthält daher auch eine weite Formulierung, indem er die Verpflichtung zur Mitteilung aller Informationen auferlegt, die für das jeweils andere Verfahren *von Bedeutung sein können* (in der englischen Fassung: *„which may be relevant"*). Es obliegt daher den Verwaltern der Verfahren, die Informationspflichten, insbesondere den Gegenstand der Auskunft, aber auch Art und Schwerpunkte der Auskunft, gemeinsam zu präzisieren.

9 Über den Umfang der Informationspflichten gibt Art. 31 Abs. 1 jedoch insoweit einen Anhaltspunkt als mehrere Umstände genannt sind, die jeweils mitzuteilen sind. Hierzu gehört zunächst der **„Stand über die Anmeldung der Forderungen"**. Dies dient dazu, einen Überblick über die gesamte Passivmasse eines Verfahrens zu erhalten, aber auch zur Umsetzung der in Art. 20 Abs. 2 enthaltenen Anrechnungsregelung, die gerade voraussetzt, dass dem Verwalter jeweils bekannt ist, ob der Gläubiger seine Forderung auch jeweils in einem anderen Verfahren angemeldet hat. Insoweit sind jedenfalls mindestens die Insolvenztabellen, in denen die jeweils angemeldeten Forderungen aufgelistet sind, auszutauschen.

10 Art. 31 Abs. 1 nennt zudem als Inhalt der Informationspflicht auch die **„Prüfung der Forderungen"**. Insbesondere im Bereich der Prüfung angemeldeter Forderungen dürfte eine enge Zusammenarbeit der Verwalter zu Effizienzsteigerungen führen, weil sich hier die Verwalter nicht nur im Austausch notwendiger Informationen über die Begründetheit einer Forderung unterstützen können, sondern gegebenenfalls auch Vereinbarungen treffen können, welcher Verwalter sinnvollerweise die Begründetheit einer Forderung prüft und gegebenenfalls gerichtlich klärt. Dies führt auch dazu, dass Gläubiger nicht notwendigerweise zwei Feststellungsklagen bezüglich der Begründetheit ihrer Forderung erheben müssen.

11 Art. 31 Abs. 1 nennt zudem als bedeutende Information noch **„alle Maßnahmen zur Beendigung eines Insolvenzverfahrens"**. Damit sind im Ergebnis alle Maßnahmen zur Verwertung der Insolvenzmasse oder zur Beendigung des Verfahrens im Wege eines Vergleichs- oder Insolvenzplanes gemeint. Diese Maßnahmen betreffen eine der grundlegenden Entscheidungen eines jeden Insolvenzverfahrens, wie sie beispielsweise im deutschen Insolvenzrecht im Rahmen des Berichtstermins erörtert und von der Gläubigerversammlung beschlossen werden.

12 Die vorgenannte Liste ist jedoch nicht abschließend sondern grundsätzlich um alle weiteren Umstände zu erweitern, bei denen die Verwalter auch zur Zusammenarbeit verpflichtet sind. Die Informationspflicht erstreckt sich daher auch auf den Umfang der Aktivmasse des Verfahrens, der Geltendmachung von Anfechtungsansprüchen, soweit das jeweils andere Verfahrens hiervon betroffen ist, aber auch die Ausübung von Wahlrechten bei schwebenden Verträgen.

---

[13] MünchKommBGB-*Kindler*, Bd. 11, IntInsR RdNr. 701; *Duursma-Kepplinger,* Europäische Insolvenzverordnung, Art. 31 RdNr. 8.

4. Art und Weise der Information. Über die Art und Weise der Informationsmitteilung macht Art. 31 weiter keine Vorgaben. Art. 31 Abs. 1 enthält lediglich die Vorgabe, dass die Mitteilung „*unverzüglich*" zu erfolgen habe. Der englische Verordnungstext spricht sogar von „*immediately*". Das dürfte jedoch überzogen sein. Ebenso wie bei der Frage des Umfangs der Information hängen auch die zeitlichen Vorgaben von dem Einzelfall ab. Denn Art. 31 Abs. 1 verlangt beispielsweise von dem Insolvenzverwalter nicht, den anderen Insolvenzverwalter jeweils über jede neu angemeldete Forderung zu informieren. Derartig weit gezogene Informationspflichten würden die Effizienz der Abwicklung gefährden. Entscheidend für die zeitliche Vorgabe ist vielmehr alleine, dass die Informationsübermittlung so rechtzeitig erfolgt, dass der Verwalter des jeweils anderen Verfahrens im Hinblick auf die Bedeutung der übermittelten Information entsprechende Maßnahmen noch rechtzeitig ergreifen bzw. seine Einflussnahme auf das jeweils andere Verfahren geltend machen kann. Im Hinblick auf das deutsche Insolvenzverfahren bedeutet dies, dass der Verwalter eines deutschen Verfahrens den ausländischen Verwalter über den Stand des Verfahrens und die Verwertungsoptionen grundsätzlich vor dem Berichtstermin informieren muss.[14] Im Rahmen eines Insolvenzplanverfahrens nach deutschem Recht hat daher entsprechend der deutsche Insolvenzverwalter dem ausländischen Verwalter auch unverzüglich einen Insolvenzplan vorzulegen, falls er diesen erstmals vom Insolvenzgericht nach § 232 InsO vorgelegt erhält, soweit nicht bereits das Insolvenzgericht von seiner Möglichkeit Gebrauch macht, den Insolvenzplan nach § 232 Abs. 2 unmittelbar dem ausländischen Verwalter vorzulegen.

Auf welche Art und Weise die Kommunikationspflicht erfüllt wird, überlässt die Verordnung zutreffender Weise den Verwaltern. Auch hier hängt die Art und Weise der Informationsübermittlung vom Einzelfall und der übermittelten Information ab. Es empfiehlt sich jedoch, dass die Verwalter sich zu Beginn der Verfahren über die Kommunikationswege und Kommunikationsmöglichkeiten einigen.

5. Kosten. Die mit der Informationserteilung verbundenen Kosten gehen zu Lasten der Auskunft erteilenden Insolvenzmasse, und zwar auch dann, wenn die Auskunftserteilung auf Bitten des ausländischen Verwalters geschieht.[15] Denn es handelt sich um Kosten, die der Verwalter auf Grund der ihm obliegenden Pflichten erfüllt. Hierzu gehören auch notwendige Übersetzungskosten, denn Art. 21 Abs. 1 ist weitergehender als ein einfaches Einsichtsrecht, sondern erlegt dem Verwalter der Auskunft erteilenden Insolvenzmasse die Pflicht auf, aktiv die Information zu erteilen. Hierzu gehört auch, die Information in der Sprache mitzuteilen, die dem ausländischen Verwalter verständlich ist.

6. Durchsetzung der Informationsansprüche. Korrespondierend zu den Informationspflichten stehen freilich dem Verwalter des jeweils anderen Verfahrens entsprechende Informationsrechte zu. Dementsprechend ist der Auskunft ersuchende Verwalter auch befugt, gegen den auskunftsverpflichteten Verwalter gerichtliche Schritte zu ergreifen. Insoweit gewährt Art. 31 Abs. 1 dem Verwalter einen eigenen materiellrechtlichen durchsetzbaren Informationsanspruch. Wie der Informationsanspruch verfolgt werden kann, richtet sich jedoch nach dem Recht des Mitgliedsstaates, in dem das Verfahren durchgeführt wird, dessen Verwalter um Auskunft ersucht wurde. Abgesehen von einer wohl grundsätzlich überall möglichen, wegen des Zeitverzugs jedoch kaum realistischen Auskunftsklage vor den entsprechenden Zivilgerichten kommen hierbei aber auch Durchsetzungsmöglichkeiten in Betracht, die das jeweils nationale Insolvenzrecht bezüglich möglicher Auskunftsansprüche eines Insolvenzverwalters vorsehen mag. Soweit beispielsweise das zuständige Insolvenzgericht den Insolvenzverwalter im Rahmen seiner Fachaufsicht hierzu anhalten und anweisen kann, dürfte dieser Weg effizienter sein, als eine Klage vor der allgemeinen Zivilgerichtsbarkeit. Unabhängig davon empfiehlt sich ohnehin im Falle eines Konfliktes

---

[14] So auch *Paulus*, Europäische Insolvenzverordnung, Art. 31 RdNr. 20 in Bezug auf Abs. 3.
[15] MünchKommBGB-*Kindler*, Bd. 11, IntIns, RdNr. 707; *Mäsch*, in *Rauscher*, Europ. Zivilprozessrecht, Bd. 2, Art. 31 EG-InsO RdNr. 6.

bezüglich der Informationspflichten gegebenenfalls den informellen Weg über die Insolvenzgerichte zunächst zu versuchen.

17 **7. Schranken der Informationspflicht.** Hinsichtlich des Umfanges der zu übermittelnden Informationen enthält Art. 31 Abs. 1 eine Einschränkung, dass die Pflicht nämlich nur „*vorbehaltlich der Vorschriften über die Einschränkung der Weitergabe von Informationen*" bestehe. Nach allgemeiner Auffassung sind darunter insbesondere die einzelstaatlichen Datenschutzbestimmungen gemeint.[16] Allerdings dürften die personenbezogenen Daten, um die es im Datenschutz vorrangig geht, ohnehin nicht zum Umfang der zu übermittelnden Informationen gehören.

III. Pflicht zur Zusammenarbeit

18 **1. Allgemeines.** Auch die in Art. 31 Abs. 2 statuierte Pflicht zur **gegenseitigen Zusammenarbeit** wird sich allenfalls auf Grund des Einzelfalles konkretisieren lassen. Die Pflicht zur Zusammenarbeit ist jedenfalls Grundlage für den in Art. 31 Abs. 1 statuierten Hilfsanspruch auf Auskunft, der dazu dient, die Möglichkeit der Zusammenarbeit zu klären und vorzubereiten. Der Begriff der Zusammenarbeit verdeutlicht, dass es sich auch hier – ebenso wie bei der Informationspflicht – um eine gegenseitige Verpflichtung handelt („*to cooperate with each other*" in der englischen Sprachfassung).

19 Die Pflicht zur Zusammenarbeit besteht jedoch nach dem Wortlaut der Vorschrift nur „*vorbehaltlich der für die einzelnen Verfahren geltenden Vorschriften*". Es handelt sich demnach um einen Vorbehalt zugunsten der jeweiligen *lex fori concursus* des Haupt- bzw. des Sekundärverfahrens.[17] Der Verwalter ist zu einer Zusammenarbeit daher nur soweit verpflichtet, als ihm das einzelstaatliche Insolvenzrecht Handlungsspielräume lässt. Soweit beispielsweise der Verwalter jedoch auf Grund Entscheidungen der Gläubigerversammlung zu bestimmten Handlungen verpflichtet ist, muss eine dem entgegenstehende Pflicht zur Zusammenarbeit dahinter zurücktreten. Zulässig ist jedoch, dass die Verwalter die Form aber auch Inhalt der Zusammenarbeit in sog. Insolvenzverwaltungsverträgen oder sog. ‚protocols' regeln (vgl. hierzu unten RdNr. 38).

20 **2. Feststellung der Passivmasse.** Schon aus Art. 31 Abs. 1, der für die Feststellung der Passivmasse eine Informationspflicht statuiert, ergibt sich, dass der Verordnungsgeber jedenfalls Kooperationsnotwendigkeiten und -möglichkeiten im Rahmen der Feststellung der Passivmasse gesehen hat. Die Notwendigkeit der Kooperation ergibt sich hierbei schon daraus, dass die Passivmasse in beiden Verfahren – vorbehaltlich der Anmeldung der Gläubiger – an sich gleich ist, weil grundsätzlich alle Gläubiger ihre Forderung in allen Verfahren anmelden können (Art. 32 Abs. 1 sowie unten Art. 32 RdNr. 8 ff.). Um einerseits zu vermeiden, dass Forderungen doppelt geprüft und Feststellungsstreitigkeiten doppelt geführt werden, andererseits aber sicher zu stellen, dass die in Art. 20 Abs. 2 vorgesehen Quotenanrechnung auch durchgeführt wird, empfiehlt sich, dass sich die Verwalter über die angemeldeten Forderungen und deren Berechtigung austauschen und gegebenenfalls eine notwendige Klärung über die Berechtigung der Forderungen nach sachgerechten Kriterien untereinander aufteilen.

21 **3. Geltendmachung von Forderungen.** Kooperationsmöglichkeiten sind auch denkbar bezüglich der Geltendmachung von Forderungen zugunsten der Insolvenzmasse. Zwar steht die Forderungen nur der einen oder der anderen Insolvenzmasse zu. Muss die Forderungen jedoch gerichtlich geltend gemacht werden, beispielsweise auf Grund der gerichtlichen Zuständigkeit in dem jeweils anderen Verfahrensstaat, oder benötigt der Verwalter

---

[16] MünchKommBGB-*Kindler*, Bd. 11, IntInsR RdNr. 706; *Moss/Smith*, in *Moss/Fletcher/Isaacs*, EC Regulation, RdNr. 8.229; *Paulus*, Europäische Insolvenzverordnung, Art. 31 RdNr. 11; *Kübler/Prütting/Kemper*, Art. 31 EuInsVO RdNr. 4; *Nerlich/Römermann/Mincke*, Art. 31 RdNr. 4; *Mäsch*, in *Rauscher*, Europ. Zivilprozessrecht, Bd. 2, Art. 31 EG-InsVO RdNr. 5.

[17] *Eidenmüller*, ZZP 114 (2001), 3, 26; *Wittinghofer*, Der nationale und internationale Insolvenzverwaltungsvertrag, S. 357; *Virgos/Garcimartin*, European Insolvency Regulation, RdNr. 440.

hierzu Unterstützung durch die Insolvenzmasse aus dem jeweils anderen Verfahrensstaat (beispielsweise in Form von Unterlagen oder Informationen), so ist auch hier eine Effizienz steigernde Kooperation denkbar. Besteht beispielsweise ein Gerichtsstand gegen den Drittschuldner nur in dem jeweils anderen Verfahrensstaat, so kann der jeweils andere Verwalter ermächtigt werden, den Anspruch zugunsten der anderen Insolvenzmasse geltend zu machen.

Gleiches gilt für die Kooperation bei der Geltendmachung von Anfechtungsansprüchen, die zwar jeweils auch nur einer Insolvenzmasse zuzurechnen sind (vgl. Art. 13 RdNr. 17 f.). Auch hier sind jedoch entsprechende Kooperationen der Verwalter denkbar.

4. Ausübung von Wahlrechten. Eine Kooperation ist notwendig, was die Ausübung der Wahlrechte bezüglich schwebender Verträge anbetrifft. Zwar sind auch schwebende Geschäfte entweder nur dem Haupt- oder nur dem Sekundärverfahren zuzuordnen (vgl. oben Art. 27 RdNr. 24), so dass ein möglicherweise bestehendes Wahlrecht auch nur von einem der Verwalter ausgeübt werden kann. Es ist jedoch denkbar, dass dem Verwalter des Hauptverfahrens das Wahlrecht für eine Warenlieferung an die Betriebsstätte im Sekundärverfahren zusteht. Soweit daher ein schwebender Vertrag auch für das andere Verfahren von Bedeutung sein kann, sollte der Verwalter, dem das Wahlrecht zusteht, sich zuvor rückversichern, ob der Vertrag für den Verwalter des jeweils anderen Verfahren wirtschaftliche Bedeutung hat. Vertragstechnisch müsste dann allerdings der Verwalter, in dessen Masse der „Vertrag" fällt, Erfüllung wählen und sodann den Vertrag an den Verwalter des Sekundärverfahrens weiter veräußern (vgl. hierz nachfolgende RdNr.).

5. Austauschverträge zwischen den Verfahren. Befindet sich im Sekundärverfahrensstaat eine Betriebsstätte, was auf Grund des Erfordernisses einer Niederlassung in der Regel der Fall sein dürfte, so wird es zwischen den beiden Insolvenzmassen regelmäßig zu einem Austausch von Lieferungen und Leistungen kommen. Das gilt insbesondere, wenn bei Unternehmensinsolvenzen das Unternehmen zunächst fortgeführt, eventuell sogar saniert werden soll. Die damit verbundenen Rechtsfragen sind noch nicht weiter erörtert worden. Ein solcher Leistungsaustausch sowie Verträge über den Leistungsaustausch sind jedoch von der Kooperationspflicht in Art. 31 Abs. 2 gedeckt. Denn da das Schuldnervermögen in verschiedene Insolvenzmassen getrennt wurde und diese Trennung von beiden Verwaltern zu beachten ist, setzt ein Leistungsaustausch zwingend voraus, dass die leistende Insolvenzmasse von der anderen Insolvenzmasse wiederum eine entsprechende Gegenleistung erhält, so dass hierfür zwingend ein gegenseitiger Vertrag erforderlich ist. Die Zulässigkeit dieser Austauschverträge richtet sich auf Grund des Vorbehaltes zugunsten der jeweiligen *lex fori concursus* nach dem Recht des jeweiligen Verfahrensstaates.

Nach deutschem Insolvenzrecht sind jedoch derartige Verträge zulässig.[18] Zwar ist aus Sicht des deutschen Insolvenzrechts die Insolvenzmasse keine juristische Person.[19] Vielmehr bleibt die Schuldnerin weiterhin Rechtsträger des Vermögens auch während des Insolvenzverfahrens. Soweit diese Rechtsposition auch von dem Recht des ausländischen Verfahrensstaates eingenommen wird,[20] erfolgt der Leistungsaustausch – formal gesehen – nicht zwischen zwei verschiedenen Rechtssubjekten, so dass an sich auch vertragliche Beziehun-

---

[18] Für eine Zulässigkeit nach deutschen Insolvenzrecht und zu den damit verbundenen Fragen vgl. *Reinhart*, Sanierungsverfahren, S. 296 ff.; ebenso wohl *Wittinghofer*, Der nationale und internationale Insolvenzverwaltervertrag, S. 386; *Eidenmüller*, ZZP 114 (2001), 3, 32 f.; aA wohl *Lüke* ZZP 111 (1998), S. 275, 306 f.; *Mäsch*, in *Rauscher*, Europ. Zivilprozessrecht, Bd. 2, Art. 27 EG-InsO RdNr. 20; MünchKommBGB-*Kindler*, Bd. 11, Art. 27 RdNr. 648; vgl. hierzu auch oben Art. 27 RdNr. 27 f.

[19] Vgl. oben MünchKommInsO-*Lwowski/Peters*, § 35 RdNr. 22; *Nerlich/Römermann/Andres* § 35 RdNr. 7; siehe auch mit rechtsvergleichenden Hinweisen *Hanisch*, Rechtszuständigkeit der Konkursmasse, S. 266 ff.

[20] Bei manchen Rechtsordnungen hängt dies auch von der Rechtspersönlichkeit des Schuldners ab. Im englischen Recht geht bei der Insolvenz einer natürlichen Person das Vermögen auf den „trustee" über, während bei Kapitalgesellschaften ein Vermögensübergang nicht für notwendig erachtet wird, da das Vermögen der Kapitalgesellschaft schon gesondertes Zweckvermögen darstellt, vgl. *Fletcher*, Insolvency S. 174 ff., 391.

gen ausscheiden müssten. Eine solche, rein formale Betrachtung wäre jedoch abzulehnen. Zunächst ist zu berücksichtigen, dass das Vermögen jedes einzelnen Verfahrens getrennt und hinsichtlich seiner Verwendung für das Verfahren zweckgebunden ist. Daher darf beispielsweise der Verwalter des ausländischen Partikularverfahrens die an der dortigen Betriebstätte hergestellten Waren nicht ohne angemessene Gegenleistung dem Verwalter des inländischen Hauptverfahrens überlassen. Die vermögensrechtlichen Transaktionen zwischen beiden Verfahren müssen daher so behandelt werden, als stünden sich zwei Rechtssubjekte gegenüber. Über ähnliche Schwierigkeiten hat sich die Rechtsprechung auch schon in dem Fall hinweggesetzt, dass ein Erbe mit den Nachlassverwalter des Nachlasses, dessen Träger wiederum der Erbe selbst ist, einen Vertrag schließen möchte. Der BGH hat die Möglichkeit bejaht, dass der Erbe mit dem Nachlassverwalter einen Vertrag abschließen kann, wenn das neugeschaffene Recht lediglich an die Stelle eines der Verwaltung unterliegenden Nachlassgegenstandes treten soll.[21] Dem ist in internationaler Hinsicht auch für Austauschverträge zwischen den Insolvenzverwaltern zu folgen.

26   Die Rechtsfolgen eines solchen Vertrages, insbesondere wie die nach Eröffnung des Verfahrens enstandenen Forderungen zu behandeln sind, richten sich gemäß Art. 4 Abs. 2 lit. g) ebenfalls nach der *lex fori concursus*. In der Regel dürfte es sich hier um Masseverbindlichkeiten des Verfahrens handeln. Davon zu trennen ist die Frage, welchem Recht beispielsweise der Kaufvertrag selbst untersteht. Dies richtet sich nach den allgemeinen kollisionsrechtlichen Vorschriften, so dass primär an die Rechtswahl und – falls eine solche nicht vorliegt – an die jeweils charakteristische Vertragsleistung anzukünpfen ist.

27   **6. Verwertung. a) Vorschlagsrecht** Hinsichtlich der Fragen der Verwertung der Insolvenzmasse enthält Art. 31 Abs. 3 eine ausdrückliche Regelung über die Kooperation. Danach ist dem Verwalter des Hauptverfahrens zu gegebener Zeit Gelegenheit zu geben, Vorschläge für die Verwertung oder jede Art der Verwendung der Masse des Sekundärverfahrens zu unterbreiten. Die Vorschrift ergänzt die Kooperationsregelungen bezüglich der Verwertung, die in Art. 33 enthalten ist. Die Pflicht trifft alleine den Verwalter des Sekundärverfahrens.[22] Zweck des Vorschlagsrechtes ist es, dem Verwalter des Hauptverfahrens die Möglichkeit zu geben, eine zwischen beiden Verfahren koordinierte Verwertung der Insolvemasse erreichen zu können. Während Art. 33 – defensiv – dem Verwalter des Hauptverfahrens „nur" ermöglicht, eine Zerschlagung zu verhindern, ermöglicht Art. 31 Abs. 3 dem Verwalter – aktiv – konstruktive Vorschläge zur Vorgehensweise zu unterbreiten. An diese Vorschläge des Verwalters des Hauptverfahrens ist jedoch der Verwalter (oder auch die Gläubigerversammlung) des Sekundärverfahrens nicht gebunden.[23] Das ergibt sich schon aus dem Wortlaut, der lediglich von einem Vorschlagsrecht („*proposal*" in der englischen Sprachfassung) spricht. Den Vorschlag des Verwalters des Hauptverfahrens hat der Verwalter des Sekundärverfahrens grundsätzlich dem Organ im Insolvenzverfahren weiter zu leiten, dass über die weitere Verwertung der Insolvenzmasse entscheidet. Das kann die Gläubigerversammlung sein; bisweilen obliegen die Verwertungsentscheidungen aber auch dem Insolvenzgericht. Dem Verwalter des Hauptverfahrens ist im Sinne einer teleologischen Auslegung des Vorschlagsrechts jedoch auf dessen Verlangen hin auch die Möglichkeit zu geben, seine Vorschläge direkt dem entscheidenden Organ vorzustellen. Auch Art. 31 Abs. 3 gibt daher dem Verwalter des Hauptverfahrens – neben dessen Teilnahmerecht nach Art. 32 Abs. 3 – in einem deutschen Insolvenzverfahren das Recht, im Berichtstermin teilzunehmen, und seine Vorschläge der Gläubigerversammlung direkt zu unterbreiten.

---

[21] So BGH NJW-RR 1991, 683, 684; ebenso MünchKommBGB-*Siegmann*, Bd. 9, § 1976 RdNr. 6; *Staudinger/Marotzke* § 1976 BGB RdNr. 7; *Jaeger/Weber* § 225 RdNr. 1.
[22] MünchKommBGB-*Kindler*, Bd. 11, IntInsR RdNr. 713; *Duursma-Kepplinger*, Europäische Insolvenzverordnung, Art 31 RdNr. 14; *Ehricke* WM 2005, 397, 400; *Ehricke* ZIP 2005, 1104, 1109.
[23] Ebenso *Mäsch*, in *Rauscher*, Europ. Zivilprozessrecht, Bd. 2, Art. 31 EG-InsVO RdNr. 9; MünchKommBGB-*Kindler*, Bd. 11, IntInsR RdNr. 720; *Smid*, Int. Insolvenzrecht, Art. 31 RdNr. 20; aA *Ehricke*, WM 2005, 397, 400; unklar *Heiderhoff*, in *Geimer/Schütze*, Int. Rechtsverkehr, B Vor I 20b, Art. 31 RdNr. 5, der von einer Pflicht zur Berücksichtigung spricht, ohne jedoch einen Entscheidungsmaßstab zu nennen.

Dass dem Verwalter des Hauptverfahrens diese Möglichkeit *„zu gegebener Zeit"* gegeben **28** werden muss, bedeutet, ihn in die Lage zu versetzen, seine Vorschläge rechtzeitig unterbreiten zu können.[24] Der Verwalter des Hauptverfahrens muss daher seine Vorschläge nicht nur unterbreiten können, bevor das im Sekundärverfahren zuständige Organ seine Entscheidung über die Verwertung getroffen hat. Die Möglichkeit zur Unterbreitung von Vorschlägen ist so rechtzeitig einzuräumen, dass der Verwalter des Hauptverfahrens wie andere Verfahrensbeteiligte nach dem anwendbaren Insolvenzrecht sich auch schon frühzeitig in den Diskussionsprozess einbringen kann. Die Einzelheiten hängen von der verfahrensrechtlichen Ausgestaltung der Entscheidungsfindung ab. In einem deutschen Sekundärverfahren ist dem Verwalter des Hauptverfahrens daher das Vorschlagsrecht spätestens im Berichtstermin zu geben.[25]

b) Gemeinsame Verwertung. Zu den denkbaren Kooperationsmöglichkeiten paralleler **29** Verfahren gehört auch die beispielsweise im Rahmen einer übertragenden Sanierung denkbare Veräußerung nahezu aller Vermögensgegenstände des Schuldners. Kommt eine solche Verwertung des Geschäftsbetriebs eines Schuldners in Betracht, sind beide Verwalter zwingend auf eine gegenseitige Kooperation angewiesen. Diese kann beginnen bei der gemeinsamen Beauftragung einer Investmentbank oder eines M&A Beraters für den Verkauf aller Wirtschaftsgüter, der Erstellung eines einheitlichen Kaufvertrages, bis zu Regelungen darüber, wie im Hinblick auf den Wert der beiden Insolvenzmassen ein erzielbarer Veräußerungserlös aufzuteilen ist.

c) Verkauf der Masse des Sekundärverfahrens. Denkbar ist schließlich auch, dass der **30** Verwalter des Hauptverfahrens zur Vermeidung ständiger Abstimmungsschwierigkeiten bei einer Unternehmensfortführung dem Verwalter des Sekundärverfahrens die Insolvenzmasse abkauft. Aus Sicht des Sekundärverfahrens handelt es sich um einen Fall der übertragenden Sanierung, weil die gesamte Insolvenzmasse im Wege eines Asset Deals an einen Dritten – hier den Verwalter des Hauptverfahrens – veräußert wird. Besondere rechtliche Schwierigkeiten stellen sich hier allenfalls bei der Frage der Fortführung schwebender Verträge. Insbesondere sind die hiermit verbundenen arbeitsrechtlichen Probleme nicht einmal ansatzweise erörtert worden. Hinsichtlich der Arbeitsverhältnisse ist jedoch davon auszugehen, dass diese – ebenso wie bei einem Verkauf an einen Dritten – auf den Verwalter des Hauptverfahrens übergehen, soweit nicht das jeweils auf die Arbeitsverhältnisse anwendbare Recht, das wegen der Anknüpfung an den gewöhnlichen Arbeitsort mit dem Recht des Verfahrensstaates übereinstimmt,[26] die Regelungen über den Betriebsübergang (§ 613 a BGB) für die Fälle der Insolvenz ausgeschlossen hat. Sieht das anwendbare Arbeitsrecht auch in der Insolvenz einen Betriebsübergang vor, so gehen die Arbeitsverhältnisse auf den Verwalter des Hauptverfahrens über. Nach Übergang unterliegen jedoch die Arbeitsverhältnisse nicht mehr den insolvenzrechtlichen Beschränkungen, die für die Arbeitsverhältnisse vor Betriebsübergang bestanden Der übernehmende Verwalter des Hauptverfahrens könnte daher für arbeitsrechtliche Reorganisationsmaßnahmen nicht mehr die insolvenzrechtlichen Vorschriften der §§ 120 ff. InsO in Anspruch nehmen. In Anlehnung an Art. 4 Abs. 2 lit. g) würde es sich vielmehr um Masseverbindlichkeiten handeln, auf die das Insolvenzarbeitsrecht dann keine Anwendung mehr findet.

Ein entsprechender Asset Deal Vertrag wäre rechtlich ebenso zu behandeln, wie auch **31** Austauschverträge über einzelne Wirtschaftsgüter (vgl. oben RdNr. 24 f.). Der Asset Deal Vertrag unterscheidet sich insoweit nur durch die Komplexität und Menge der verkauften Wirtschaftsgüter sowie der Tatsache, dass im Hinblick auf laufende Verträge eventuell auch Rechte oder laufende Vertragsbeziehungen verkauft werden.

---

[24] Vgl. MünchKommBGB-*Kindler*, Bd. 11, IntInsR RdNr. 719.
[25] Auch der inländische Verwalter muss nicht zwingend vor dem Berichtstermin bereits berichten. Leitet er seinen Bericht schon vorher an die Gläubiger zu, so sollte er dem Verwalter des Hauptverfahrens die gleiche Möglichkeit einräumen.
[26] Vgl. hierzu auch Art. 10 RdNr. 22.

32 **7. Insolvenzpläne.** Eine Kooperation der Verwalter ist auch im Rahmen von sanierenden oder die Liquidation abweichend vom Gesetz regelnden Insolvenzplänen möglich. Allerdings dürfte hierbei die Aufstellung mehrerer Insolvenzpläne zur grenzüberschreitenden Abwicklung der Insolvenz schon aus Rechtsgründen scheitern.[27] Da jedem Plan nur ein Teil des Schuldnervermögens zugrunde liegt, hat kein Insolvenzplan für sich gesehen die Berechtigung, die Forderung der Gläubiger zu kürzen. Diese Bedenken gelten sowohl für Sekundärverfahren, aber gleichermaßen auch für einen Insolvenzplan des Hauptverfahrens. Denn Forderungen haben „keine physisch, territorial beschränkte Existenz".[28] Anders als bei einer Liquidation, bei der sich die Vermögenswerte daher dem Haupt- und Sekundärverfahren zuordnen lassen, ist dies bei Forderungen, für die Art. 32 ausdrücklich eine Mehrfachanmeldung zulässt, nicht möglich. Mehrere Insolvenzpläne können daher nicht unterschiedliche Forderungsmodifikationen beinhalten, die gegebenenfalls aber auf Grund der unterschiedlichen Quoten in beiden Verfahren notwendig wären. Zudem entstünden erhebliche Probleme bei der Quotenberechnung für die an mehreren Verfahren teilnehmenden Gläubiger, da insoweit Art. 20 Abs. 2 jeweils eine Quotenanrechnung vorsieht.[29]

33 Denkbar ist daher nur ein einheitlicher Insolvenzplan für alle Verfahren, der die Rechtsbeziehungen aller Gläubiger einheitlich umgestaltet, dabei jedoch gleichzeitig sämtliche Vorgaben der betroffenen Insolvenzrechtsordnungen berücksichtigt. Diesen Weg sind beispielsweise die Verwalter in dem Insolvenzverfahren Maxwell Communication Corporation gegangen.[30] Das Problem eines solchen einheitlichen Insolvenzplans liegt freilich darin, dass die Rechte der Gläubiger in beiden Verfahren voneinander abweichen oder sogar inkompatibel sein können. Wenn also das Insolvenzrecht der beteiligten Verfahrensstaaten für bestimmte Gläubiger zwingend eine jeweils andere Behandlung vorschreibt, so ist fraglich, ob überhaupt ein mit den jeweils anwendbaren Insolvenzvorschriften übereinstimmender Insolvenzplan aufgestellt werden kann. Das hängt im Ergebnis insbesondere von den Voraussetzungen ab, die das Insolvenzrecht des Sekundärverfahrensstaates für die Bestätigung eines Insolvenzplanes vorsieht. Das deutsche Insolvenzrecht erweist sich hier als bes. flexibel, da es eine flexible Gruppenbildung zulässt und den Schutz der Gläubiger auf die sogenannte Mindestbefriedigungsgarantie reduziert, nämlich dass einzelnen Gläubigern im Insolvenzplan nicht der Wert entzogen werden darf, der bei einer Liquidation des Schuldnervermögens auf ihn entfallen wäre.[31] Erhält der Gläubiger eines Sekundärverfahrens nach dem gemeinsamen Insolvenzplan jedoch mehr als diesen Wert, so sind die Gläubiger in der Verteilung des Schuldnervermögens weitgehend frei. Denn der potentielle Liquidationserlös lässt sich beispielsweise in einem Insolvenzfall, bei dem die Insolvenzmasse des Sekundärverfahrens einen deutlich geringeren Wert hat als die Insolvenzmasse des Hauptverfahrens, schon durch eine entsprechende Anmeldung sämtlicher Forderungen aus dem Hauptverfahren im Sekundärverfahren reduzieren (vgl. Art. 32 Abs. 2), so dass der garantierte Liquidationswert im Sekundärverfahren ohnehin nur noch äußerst gering wird. Hinsichtlich der darüber hinausgehenden Beträge, die der Gläubiger jedoch nur durch eine Teilnahme im Hauptverfahren erlangen könnte, kann der Gläubiger im Rahmen eines deutschen Insolvenzplanverfahrens nicht die Überprüfung des Insolvenzplans auf eine angemessene Beteiligung und Gruppenbildung nach deutschem Recht geltend machen. Denn die Angemessenheit der Beteiligung der Gläubiger richtet sich freilich nach den rechtlichen Gegebenhei-

---

[27] Ausführlich hierzu *Reinhart*, Sanierungsverfahren, S. 300 ff.
[28] So *Flessner*, in *Stoll*, Stellungnahmen und Gutachten, S. 205.
[29] Vgl. oben, Art. 20 RdNr. 16 ff; *Reinhart*, Sanierungsverfahren, S. 307 f.
[30] Vgl. dazu noch unten RdNr. 38; zu dem Verfahren und dem unterbreiteten Insolvenzplan *Reinhart*, Sanierungsverfahren, S. 270 ff.; vgl. auch *Flaschen/Silverman*, in *Ziegel*, Current Developments, 1994, S. 621 ff.; *Göpfert*, In re Maxwell Communications – ein Beispiel einer „koordinierten" Insolvenzverwaltung in parallelen Verfahren, ZZPInt 1 (1996), S. 269 ff.; *Westbrook,* The Lessons of Maxwell Communication, Fordham L. Rev. 64 (1996), 2531; *Westbrook,* International Juicical Negotiation, Texas Int. L. J. 38 (2003), 567, 572; *Homan* (der Joint Administrator dieses Falles), Managing Default by a Multi-National Corporation, Texas Int. L. J., 1997; vgl. auch *Paulus* ZIP 1998, 977, 979ff**.** sowie *Paulus* RabelsZ 2006, 458, 460 f.**).**
[31] Vgl. § 245 Abs. 1 Nr. 1 sowie § 251 Abs. 1 Nr. 2, Abs. 2 InsO.

ten, so dass zu berücksichtigen ist, dass das Insolvenzrecht des Hauptverfahrens durchaus eine andere Beteiligung und Gruppenbildung erfordert. Solange daher ein Gläubiger nicht schlechter gestellt wird, als er ohne einen Plan stünde (Abwicklung des Sekundärverfahrens im Rahmen einer Liquidation), kann der Gläubiger des Sekundärverfahrens die Angemessenheit der Gruppenbildung, die sich eventuell am Recht des Hauptverfahren orientiert, nicht erfolgreich rügen.

IV. Sanktionen

Art. 31 enthält keine Regelung darüber, welche Sanktionen die Verletzung der Kooperationspflichten auslösen kann. Da es sich um Pflichten des Insolvenzverwalters handelt, können diese zwar grundsätzlich Gegenstand von Leistungsklagen sein. Eine entsprechende Leistungsklage dürfte jedoch praktisch schon deswegen ausscheiden, weil sich die allgemeine Kooperationspflicht selten auf ganz konkrete, und im Ergebnis auch vollstreckbare Handlungen des Insolvenzverwalters reduzieren lässt.[32] Zudem wäre eine unbedingte Leistungsklage nur dann möglich, wenn der Insolvenzverwalter hinsichtlich der von ihm geforderten konkreten Handlung frei ist und nicht etwa noch die Zustimmung oder Genehmigung anderer Organe des Insolvenzverfahrens (beispielsweise das Insolvenzgericht, die Gläubigerversammlung oder den Gläubigerausschuss) benötigt.

Dem die Kooperation einfordernden Insolvenzverwalter steht es jedoch freilich offen, sich an die entsprechenden Aufsichtsorgane des Verwalters des anderen Verfahrens zu wenden, um dort auf informellem Weg zu erreichen, dass diese im Rahmen der ihnen zustehenden Möglichkeiten den Verwalter zur Kooperation anhalten. Deren Befugnisse richten sich jedoch wiederum nach dem eigenen Verfahrensrecht. Richtigerweise findet auf den Verwalter eines deutschen Insolvenzverfahrens die Aufsichtsbefugnisse des Insolvenzgerichts nach § 58 InsO Anwendung.[33] Da die aufsichtsführenden Verfahrensorgane jedoch auf die Befugnisse beschränkt sind, die ihnen nach dem nationalen Recht zustehen, dürfte die Aufsichtspflicht eines deutschen Insolvenzgerichts kaum zu entsprechenden Anweisungen des Insolvenzgerichts an den deutschen Insolvenzverwalter führen, da sich die gerichtliche Aufsicht primär auf eine Rechtsaufsicht beschränkt, und die Zweckmäßigkeit des Insolvenzverwalterhandelns in der Regel nicht nachzuprüfen ist.[34] Entsprechende Maßnahmen wird ein deutsches Insolvenzgericht daher nur bei Fällen evidenter und eklatanter Kooperationsverweigerung durch den deutschen Insolvenzverwalter treffen können. Dagegen wird das deutsche Insolvenzgericht grundsätzlich nicht befugt sein, den Verwalter zu ganz konkreten Kooperationshandlungen anzuweisen.

Bei einem Verstoß gegen die in Art. 31 festgelegten Informations- und Kooperationspflichten kommt jedoch freilich eine Schadensersatzpflicht des Insolvenzverwalters in Betracht. Einigkeit besteht hier insoweit, als sich die Voraussetzungen und Rechtsfolgen nach der *lex fori concursus* des pflichtverletzenden Verwalters richten.[35] Ob dagegen entsprechende Schadensersatzansprüche nur von der Insolvenzmasse des pflichtverletzenden Verwalters oder auch von der Insolvenzmasse des anderen Verwalters geltend gemacht werden können, hängt

---

[32] In diesem Sinne sind wohl die Stellungnahmen in der Literatur zu verstehen, die Kooperationspflicht könne nicht Gegenstand von Leistungsklagen sein, so *Smid*, Int. Insolvenzrecht, Art. 31 RdNr. 13; MünchKommBGB-*Kindler*, Bd. 11, IntInsR RdNr. 712.

[33] Ebenso *Vallender* KTS 2005, 283, 326 (und zwar auch für den vorläufigen Insolvenzverwalter bejahend); *Duursma/Kepplinger*, Art. 31 RdNr. 32 f.; *Ehricke*, Festschrift MPI, S. 337, 351; ebenso wohl auch *Smid*, Int. Insolvenzrecht, Art. 31 RdNr. 13 aE, RdNr. 16; MünchKommBGB-*Kindler*, Bd. 11, IntInsR RdNr. 725; einschränkend dagegen *Lüke*, ZZP 111 (1998), S. 275 ff., 305; ablehnend auch: *Kübler/Prütting/Kemper*, Art. 31 RdNr. 12, offen lassend: *Heiderhoff*, in *Geimer/Schütze*, Int. Rechtsverkehr, B Vor I 20b, Art. 31 RdNr. 4.

[34] So auch *Vallender* KTS 2005, 283, 327; *Smid*, Int. Insolvenzrecht, Art. 31 RdNr. 16; MünchKomm-InsO-*Graeber*, § 58 RdNr. 20 f.; *Uhlenbruck* § 58 RdNr. 6.

[35] So *Smid*, Int. Insolvenzrecht, Art. 31 RdNr. 14; MünchKommBGB-*Kindler*, Bd. 11, IntInsR RdNr. 722; *Duursma-Kepplinger*, Europäische Insolvenzverordnung, Art. 31 RdNr. 30; HK-*Stephan*, Art. 31 RdNr. 5.

demnach von der *lex fori concursus* des pflichtverletzenden Verwalters ab. Freilich ist hierbei auch zu berücksichtigen, ob der auf Grund der Verletzung der Informations- oder Kooperationspflicht eingetretene Schaden die Insolvenzmasse des pflichtverletzenden Verwalters oder die Insolvenzmasse des anderen Verwalters betrifft.

37   Für den Verwalter eines deutschen Insolvenzverfahrens ist jedoch die Schadensersatzpflicht bei Verletzung der Pflichten nach Art. 31 nicht deswegen ausgeschlossen, weil § 60 InsO nur eine Schadensersatzpflicht vorsieht, wenn der Verwalter die Pflichten verletzt, die ihm „*nach diesem Gesetz*", also nach der InsO, obliegen. Die fehlende Nennung der Verordnung ist darauf zurückzuführen, dass bei Verabschiedung der Insolvenzordnung die EuInsVO noch nicht verabschiedet war. Der Verweis in § 60 auf die Pflichten „*nach diesem Gesetz*" will vielmehr die insolvenzverwaltertypischen Pflichten, die sich aus der InsO ergeben, abgrenzen von den allgemeinen Verkehrspflichten, die sich aus sonstigen Gesetzen ergeben, und deren Haftung sich wiederum nach den allgemeinen Gesetzen richtet. Insolvenzspezifische Pflichten sieht jedoch zweifellos auch die EuInsVO vor. Nach § 60 haftet der Verwalter eines deutschen Verfahrens jedoch bei Verstößen gegen Art. 31 nicht nur gegenüber dem ausländischen Verwalter,[36] sondern auch gegenüber der inländischen Insolvenzmasse. Entscheidend ist allein, wo der Schaden durch Verletzung der Informations- und Kooperationspflichten entstanden ist, d. h. welche Insolvenzmasse geschädigt wurde, bzw. bei welcher Insolvenzmasse die Masseanreicherung mangels Kooperation unterblieben ist.

V. Insolvenzverwaltungsverträge („*protocols*")

38   **1. Allgemeines.** Seit den neunziger Jahren sind die Verwalter großer internationaler Insolvenzfälle zunehmend bemüht, die sich im Rahmen mehrere paralleler Verfahren ergebende Koordinationsprobleme in einem Rahmenvertrag zu regeln. Der Erste bekannte Fall betraf die Insolvenz der Maxwell Communication Corporation p. l. c., bezüglich deren Vermögen sowohl in den USA als auch in England in Insolvenzverfahren eröffnet wurde, das jeweils den Anspruch erhob, das eigentlich Hauptverfahren zu sein. Die eingesetzten Verwalter regelten zu Beginn des Verfahrens nicht nur einvernehmlich ihre Zusammenarbeit, sondern legten den Gläubigern sogar in beiden Verfahren einen einheitlichen Insolvenzplan vor.[37] Diese Vorgehensweise hat Maßstäbe gesetzt. Mittlerweile sind derartige Vereinbarung über die Kooperation im Rahmen der Insolvenzverwaltung in einer Vielzahl von größeren internationalen Insolvenzen abgeschlossen worden.[38] Derartige Vereinbarung werden im anglo-amerikanischen Rechtsraum meist als ‚*protocols*' bezeichnet. Der Begriff ist jedoch

---

[36] So einschränkend aber MünchKommBGB-*Kindler*, Bd. 11, IntInsR RdNr. 724; *Mäsch,* in *Rauscher,* Europ. Zivilprozessrecht, Bd. 2, Art. 31 EG-InsVO RdNr. 11.
[37] Vgl. hierzu die Darstellung bei *Reinhart,* Sanierungsverfahren, S. 270 ff.; *Flaschen/Silverman,* in *Ziegel,* Current Developments, 1994, S. 621 ff.; *Göpfert,* ZZPInt. 1 (1996), 269 ff.; die von beiden Insolvenzgerichten bestätigte Vereinbarung, sog. protocol, ist abgedruckt bei *Wittinghofer,* Der nationale und internationale Insolvenzverwaltungsvertrag, S. 411 ff.
[38] Vgl. die Darstellung bei *Wittinghofer,* S. 54 ff.; hierzu gehören die Fälle **Maxwell Communication Corporation p. l. c.** (zu diesem Fall siehe *Flaschen/Silverman,* in *Ziegel,* Current Developments, 1994, S. 621 ff.; *Göpfert,* In re Maxwell Communications – ein Beispiel einer „koordinierten" Insolvenzverwaltung in parallelen Verfahren, ZZPInt 1 (1996), S. 269 ff.; *Westbrook,* The Lessons of Maxwell Communication, Fordham L. Rev. 64 (1996), 2531; *Westbrook,* International Jucicial Negotiation, Texas Int. L. J. 38 (2003), 567, 572; *Homan* (der Joint Administrator dieses Falles), Managing Default by a Multi-National Corporation, Texas Int. L. J., 1997; vgl. auch *Paulus* ZIP 1998, 977, 979**f.** sowie *Paulus* RabelsZ 2006, 458, 460 f.); **Everfresh Beverages Inc.** (zu diesem Fall siehe *Nielsen/Sigal/Wagner,* The Crossborder Insolvency Concordat, 70 Am. Bankr. L. J 533, 557 ff. (1996); **Joseph Nakash** (zu diesem Fall siehe Flaschen/Silverman Texas Int. L. J., 1997; vgl. auch Paulus ZIP 1998, 977, 980 f.; das ‚Nakash-Protocol' ist abgedruckt in ZIP 1998, 1013 ff.); **Manhatten Investment Fund Ltd.; Commodore Electronics Ltd.; AIOC Corporation** (vgl. zu diesem Fall siehe *Paulus,* Verbindungslinien des modernen Insolvenzrechts, ZIP 2000, 2189, 2195); **Philip Services**; **Loewen Group, Re. P. Macfadyen & Co.-Agreement** – die ‚protocols' der Ersten sechs Fälle sind unter http://www.rws-verlag.de/volltext/protokol.htm zu finden; die drei letzt genannten unter http://www.iiiglobal.org/international/protocols.html; die ‚protocols' sind außerdem abgedruckt bei *Wittinghofer,* Der nationale und internationale Insolvenzverwaltungsvertrag, S. 411 ff.

irreführend, da es sich dem Inhalt nach um vertragliche Absprachen handelt. Im deutschen Sprachraum wird daher oft von Insolvenzverwaltungsverträgen gesprochen,[39] was den Charakter des Vertrages besser betont, andererseits zu Abgrenzungsschwierigkeiten gegenüber einfachen Austauschverträgen zwischen den Verwalter zweier Verfahren führt. Zutreffender erscheint es daher, von Kooperationsübereinkommen zu sprechen.

Die Bedeutung dieser Kooperationsübereinkommen für die Lösung der Kooperationsprobleme sollte jedoch auch im Anwendungsbereich der Verordnung nicht überschätzt werden. Eine Vielzahl dieser Kooperationsübereinkommen basieren auf der Tatsache, dass entweder die Verwalter beider Verfahren die Zuständigkeit des weltweit zu beachtenden Hauptverfahrens für sich in Anspruch nehmen,[40] oder daraus, dass das jeweils anwendbare internationale Insolvenzrecht keine oder kaum Vorgaben dazu macht, wie die Verfahren voneinander abzugrenzen sind und wie die Verwalter kooperieren dürfen und können.[41] Sowohl Art. 31 ff., als auch Art. 16 ff. geben jedoch im Verhältnis zwischen beiden Verfahren einen Rechtsrahmen für das Tätigwerden und die Koordination. Das schließt freilich weitergehende Absprachen, insbesondere solche zu einer fallbezogenen weitergehenden Konkretisierung der Kooperationspflichten nach Art. 31 nicht aus. Sie haben daher bei großen komplexen Insolvenzfällen weiterhin ihre Berechtigung. 39

2. Zulässigkeit. Die EuInsVO enthält keine Regelung über die Zulässigkeit solcher Kooperationsübereinkommen. Auch Art. 31 erwähnt diese nicht als mögliche Form der Kooperation. Dennoch sind solche Kooperationsübereinkommen nach dem Recht der Verordnung grundsätzlich zulässig, da sie die in Art. 31 Abs. 2 geforderte Kooperation der Verwalter umsetzt.[42] Aufgrund des in Art. 31 Abs. 2 enthaltenen Vorbehaltes zugunsten der *lex fori concursus* richtet sich jedoch die Zulässigkeit und die formelle Voraussetzungen zum Abschluss eines solchen Kooperationsübereinkommens nach der jeweiligen Recht des Verfahrensstaates.[43] 40

Der Verwalter eines deutschen Insolvenzverfahrens, der ein entsprechendes Kooperationsübereinkommen abschließen möchte, hat daher die Vorschriften der InsO zu beachten. Das bedeutet allerdings nicht zwingend, dass das Kooperationsübereinkommen als bes. bedeutsame Rechtshandlung im Sinne des § 160 InsO der Gläubigerversammlung vorzulegen wäre.[44] Dies hängt vielmehr vom Inhalt des Kooperationsübereinkommens ab. Sobald das Übereinkommen über eine Absprache zu verfahrenstechnischen Abwicklungsfragen hinaus geht (Art und Weise der Kommunikation und Information, Einrichtung einer gemeinsamen Internet-Plattform zum Informationsaustausch, etc.) sondern bereits Verwertungsfragen betrifft, wird man in Anlehnung an die beispielhafte Aufzählung in § 160 Abs. 2 InsO von einer Zustimmungspflicht des Gläubigerausschusses ausgehen müssen.[45] 41

3. Inhalt. Welche inhaltlichen Regelungen zulässig sind, richtet sich ebenso nach dem Recht des Verfahrensstaates des jeweiligen Verwalters.[46] Der jeweilige Insolvenzverwalter 42

---

[39] So *Eidenmüller*, ZZP 114 (2001), 3, 5; ihm folgend: *Wittinghofer*, Der nationale und internationale Insolvenzverwaltungsvertrag, S. 1 f.; *Ehricke* WM 2005, 397, 403; *Ehricke* ZIP 2005, 1104, 1111.
[40] So z. B. die Fälle der Maxwell Communication Corp., der Everfresh Beverages Inc.
[41] So z. B. in den Verfahren Commodore Electronics Ltd., Everfresh Beverages Inc.
[42] Die Zulässigkeit nach der Verordnung wird daher überwiegend nicht in Frage gestellt, vgl. *Virgos/Garcimartin*, European Insolvency Regulation, Art 31 RdNr. 441; *Paulus*, Europäische Insolvenzverordnung, Art. 31 RdNr. 4, RdNr. 17; *Ehricke* ZIP 2005, 1104, 1111; *Nerlich/Römermann/Mincke*, Art. 31 RdNr. 5; HambKomm-*Undritz* Art. 31 RdNr. 18 ff.; HK-*Stephan*, Art. 31 RdNr. 13; aA MünchKommBGB-*Kindler*, Bd. 11, IntInsR RdNr. 711, der die Regelung der Zusammenarbeit in einen Insolvenzverwaltungsvertrag ablehnt; Guideline 12.4 der CoCo-Guidelines (vgl. RdNr. 3) sieht die ‚protocols' ausdrücklich als Möglichkeit der Kooperation vor.
[43] Ebenso *Eidenmüller*, ZZP 114 (2001), 3, 26; *Wittinghofer*, Der nationale und internationale Insolvenzverwaltungsvertrag, S. 355 ff.; *Virgos/Garcimartin*, European Insolvency Regulation, Art. 31 RdNr. 441; so wohl auch in Bezug auf das Insolvenzgericht *Vallender* KTS 2005, 283, 323; *Ehricke*, in: *Gottwald*, Europ. Insolvenzrecht, S. 129, 145 f.
[44] So aber wohl *Eidenmüller*, ZZP 114, (2001), S. 3, 18.
[45] Zur Anwendung des § 160 InsO vgl. MünchKommInsO-*Görg*, § 160 InsO RdNr. 5 ff.
[46] Ebenso *Eidenmüller*, ZZP 114, (2001), S. 3, 18; *Wittinghofer*, Der nationale und internationale Insolvenzverwaltungsvertrag, S. 368 f.; so wohl auch in Bezug auf das Insolvenzgericht *Vallender* KTS 2005, 283, 323.

darf daher zu Lasten der Insolvenzmasse keine vertraglichen Verpflichtungen eingehen, die seine Befugnisse nach der *lex fori concursus* überschreiten, oder seine Pflichten nach der *lex fori concursus* verletzen. Ebenso darf der Inhalt des Kooperationsübereinkommens nicht soweit gehen, andere Verfahrensorgane von der gesetzlich vorgeschriebenen Mitwirkungen (z. B. eine erforderliche Zustimmung des Gläubigerausschusses) abzuschneiden.

43 Von der Abschlusskompetenz zu trennen ist die Frage, nach welchem Recht sich der materiellrechtliche Inhalt des Kooperationsübereinkommens richtet. Der Inhalt und die sich daraus ergebenden Pflichten der Vertragsparteien wiederum unterstehen dem Vertragsstatut des Kooperationsübereinkommens. Entgegen der von *Eidenmüller* vertretenen Auffassung handelt es sich bei einem Insolvenzverwalterübereinkommen grundsätzlich nicht um einen öffentlich-rechtlichen Vertrag.[47] Zumindest das deutsche Recht ordnet im Rahmen des Qualifikationsvorganges Verträge des Insolvenzverwalters – auch wenn dieser nach dem ausländischen Recht hoheitliche Befugnisse haben mag – dem Privatrecht zu.[48] Gemäß den für die Mitgliedstaaten einheitlichen Kollisionsnormen im internationalen Vertragsrecht entscheidet daher eine Rechtswahl der Insolvenzverwalter über das auf das Kooperationsübereinkommen anwendbare Recht.[49] Mangels einer Rechtswahl ist dann auf die engste Verbindung des Vertrages abzustellen, wobei Art. 28 Abs. 1 EGBGB sogar ausdrücklich eine Spaltung des Vertragsstatuts erlaubt, soweit es sich um einen trennbaren Teil des Vertrages handelt.

Art. 32. Ausübung von Gläubigerrechten

(1) Jeder Gläubiger kann seine Forderung im Hauptinsolvenzverfahren und in jedem Sekundärinsolvenzverfahren anmelden.

(2) Die Verwalter des Hauptinsolvenzverfahrens und der Sekundärinsolvenzverfahren melden in den anderen Verfahren die Forderungen an, die in dem Verfahren, für das sie bestellt sind, bereits angemeldet worden sind, soweit dies für die Gläubiger des letztgenannten Verfahrens zweckmäßig ist und vorbehaltlich des Rechts dieser Gläubiger, dies abzulehnen oder die Anmeldung zurückzunehmen, sofern ein solches Recht gesetzlich vorgesehen ist.

(3) Der Verwalter eines Haupt- oder eines Sekundärinsolvenzverfahrens ist berechtigt, wie ein Gläubiger an einem anderen Insolvenzverfahren mitzuwirken, insbesondere indem er an einer Gläubigerversammlung teilnimmt.

Literatur: *Beck*, Verteilungsfragen im Verhältnis zwischen Haupt- und Sekundärinsolvenzverfahren nach der EuInsVO, NZI 2007, 1; *Paulus,* Die ersten Jahre mit der Europäischen Insolvenzverordnung: Erfahrungen und Erwartungen, RabelsZ 2006, 458.

Übersicht

	RdNr.		RdNr.
I. Normzweck	1	1. Anmelderecht	8
II. Gläubiger	2	2. Mitwirkungsrechte	15
III. Verwalter	8		

I. Normzweck

1 Art. 32 regelt verschiedene Aspekte der Gläubigerrechte im Falle eines parallelen Haupt- und Sekundärverfahrens. Hierzu gehört zunächst das Recht der Gläubiger, ihre Forderungen anzumelden. Abs. 1 stellt hier klar, dass jeder Gläubiger seine Forderung in beiden Verfahren

---

[47] So *Eidenmüller,* ZZP 114 (2001), S. 3, 12 ff.
[48] So zutreffend *Wittinghofer,* Der nationale und internationale Insolvenzverwaltungsvertrag, S. 344 ff.
[49] Vgl. im deutschen Recht Art. 28 EGBGB.

anmelden kann und nicht etwa auf die Anmeldung in einem Verfahren beschränkt ist. Art. 32 Abs. 2 bezweckt eine Erleichterung der Anmeldung in einem anderen Mitgliedstaat: der Verwalter wird danach ermächtigt, die in seinem Verfahren bereits angemeldeten Forderungen auch in dem anderen Verfahren anzumelden. Art. 32 Abs. 3 wiederum betrifft die über das Recht zur Anmeldung hinausgehenden Mitwirkungsrechte zugunsten des Verwalters, insbesondere die Teilnahme an Gläubigerversammlungen. Die Vorschrift erweitert das in Art. 32 Abs. 2 dem Verwalter bereits gewährte Anmelderecht auf ein Mitwirkungsrecht im Verfahren.

II. Gläubiger

Art. 32 Abs. 1 stellt klar, dass jeder Gläubiger seine Forderung grundsätzlich in allen Verfahren in den Mitgliedstaaten der Verordnung **anmelden** kann.[1] Es handelt sich um eine Sachnorm, die zwei gelegentlich auftauchende Zweifelsfragen klar stellt:

Das Anmelderecht ist nicht auf bestimmte Gläubiger beschränkt. Bisweilen wird nämlich diskutiert, das Anmelderecht auf bestimmte Gläubiger, die ihre Forderungen aus dem Betrieb der Niederlassung erworben haben, oder auch auf Gläubiger mit Sitz oder Wohnsitz im Sekundärverfahrensstaat zu beschränken.[2] Dem erteilt Art. 32 Abs. 1 eine Absage. Dass einerseits ausländische Gläubiger anmeldebefugt sind, wird schon durch Art. 39 bestätigt. Dass andererseits das Sekundärverfahren nicht auf die Gläubiger der Niederlassung beschränkt ist, ergibt sich aus einem Umkehrschluss von Art. 3 Abs. 4 in Verbindung mit Art. 27. In Art. 39 wird zudem bezüglich der Anmeldebefugnis klar gestellt, dass auch die aus dem autonomen Recht bekannte Beschränkung, dass nämlich öffentlich-rechtliche Forderungen in ausländischen Verfahren nicht angemeldet werden könnten,[3] in der Verordnung keine Grundlage haben. Grundsätzlich sind daher auch die Finanzbehörden, Sozialversicherungsträger und andere Körperschaften oder Institution mit hoheitlichen, öffentlich-rechtlichen Ansprüchen zur Anmeldung ihrer Forderung berechtigt.

Zweitens stellt Art. 32 Abs. 1 darüber hinaus ausdrücklich klar, dass auch Mehrfachanmeldungen in mehreren Verfahren erlaubt sind. Die Gläubiger sind nicht auf die Anmeldung im Hauptverfahren beschränkt, sondern können ihre Forderung auch in dem parallelen Sekundärverfahren anmelden (mit der Folge, dass dann die Verwalter der beiden Verfahren die Verteilung international koordinieren).[4] Zudem ist dem Wortlaut des Art. 32 Abs. 1 zu entnehmen, dass die Gläubiger ihre Forderung auch in „jedem" Sekundärverfahren anmelden können, d.h. dass bei der Eröffnung mehrerer Sekundärverfahren die Mehrfachanmeldung auch für jedes weitere Sekundärverfahren gilt.[5]

---
[1] Ganz hM, vgl. *Duursma-Kepplinger*, Europäische Insolvenzverordnung, Art. 32 RdNr. 5; *Haubold*, in *Gebauer/Wiedmann*, Zivilrecht, Art. 32 RdNr. 233; *Heiderhoff*, in *Geimer/Schütze*, Int. Rechtsverkehr, B Vor I 20 b, Art. 30 RdNr. 1; HK-*Stephan*, Art. 32 RdNr. 2; *Lüke* ZZP 111 (1998) 275, 301 f.; *Mäsch*, in *Rauscher*, Europ. Zivilprozessrecht, Bd. 2, Art. 32 EG-InsVO RdNr. 1, 4; MünchKommBGB-*Kindler*, Bd. 11, Art. 32 RdNr. 728; *Nerlich/Römermann/Mincke*, Art. 32 RdNr. 1; *Paulus*, Europäische Insolvenzverordnung, Art. 32 RdNr. 3; *Smid*, Int. Insolvenzrecht, Art. 32 RdNr. 2; HambKomm-*Undritz*, Art. 32 RdNr. 2; aA wohl *Thieme* IJVO 5 (1995/96), S. 44, 89; *Dawe*, Der Sonderkonkurs des deutschen Internationalen Insolvenzrechts, S. 153 ff., die jedoch von einem grundsätzlich anderen Konzept des Sekundärverfahrens ausgehen, vgl. dazu bereits oben Art. 27 RdNr. 26 f.
[2] Vgl. hierzu die Konzeption des funktional beschränkten Sekundärverfahrens bei *Thieme*, IJVO 5 (1995/96) 44, 86; *ders.*, Partikularkonkurs, S. 212; *ders.*, RabelsZ 45 (1981) 459 und *Dawe*, Der Sonderkonkurs des deutschen Internationalen Insolvenzrechts, S. 153 ff.; bereits oben Art. 27 RdNr. 26 f.
[3] Vgl. hierzu in der Vorauflage zu Art. 102 EGInsO RdNr. 69 ff.
[4] Das wäre konzeptionell ebenfalls denkbar, führt jedoch zu schwierigen Fragen bei der Verteilung, insbesondere zur Bildung verschiedener Untermassen, wie aus dem Entwurf eines EG Konkursübereinkommens von 1980 mit der komplizierten Untermassenbildung ersichtlich wurde, vgl. hierzu in der Vorauflage vor Art. 102 EGInsO RdNr. 57 ff.
[5] *Duursma-Kepplinger*, Europäische Insolvenzverordnung, Art. 32 RdNr. 1; *Haubold*, in *Gebauer/Wiedmann*, Zivilrecht, Art. 32 RdNr. 233; *Heiderhoff*, in *Geimer/Schütze*, Int. Rechtsverkehr, B Vor I 20 b, Art. 32 RdNr. 1; *Kübler/Prütting/Kemper*, Art. 32 EuInsVO RdNr. 3; *Mäsch*, in *Rauscher*, Europ. Zivilprozessrecht, Bd. 2, Art. 32 EG-InsVO RdNr. 1; *Nerlich/Römermann/Mincke*, Art. 32 RdNr. 1.

5 Art. 32 modifiziert jedoch lediglich die Frage der Befugnis zur Anmeldung. Dagegen richten sich sämtliche anderen Fragen im Zusammenhang mit einer Forderungsanmeldung nach der *lex fori concursus secundariae*: das gilt für die Form der Anmeldung (vgl. hierzu noch Art. 39, Art. 4 Abs. 2 lit. h), die Frist, innerhalb derer die Forderungen anzumelden sind,[6] die Prüfung- und Feststellung der Forderungen (Art. 4 Abs. 2 lit. h) sowie die Kosten der Anmeldung. Diese Fragen sind weiterhin ausschließlich nach dem Recht des Verfahrensstaates zu beurteilen.[7]

6 Zu Unrecht wird von Teilen der Literatur gefordert, dass sich Art. 32 dagegen nur auf das Anmelderecht beschränke, sonstige Teilnahmerechte der Gläubiger am Verfahren sich jedoch nach der *lex fori concursus secundariae* richten. Dies geht zurück auf die von *Thieme* vertretene Auffassung zur funktionalen Beschränkung des Sekundärverfahrens, und zwar sowohl was die Aktivmasse, als auch die Passivmasse des Sekundärverfahrens anbetrifft.[8] Danach soll auch für die Verordnung differenziert werden zwischen der Anmeldebefugnis und der sonstigen Teilnahmeberechtigung. Die Teilnahmeberechtigung sei dagegen anders als das Antragsrecht nur auf bestimmte Gläubiger beschränkt.[9] Eine solche Konzeption des Sekundärverfahrens findet in der Verordnung jedoch keine Grundlage. Schon aus Art. 20 Abs. 2 ergibt sich, dass ein Gläubiger nicht nur seine Forderungen mehrfach anmelden kann, sondern auch mehrfach an der Erlösverteilung teilnehmen kann. Andernfalls würde die in Art. 20 Abs. 2 geregelte Anrechnung des Erlangten ins Leere laufen.[10] Darüber hinaus ergibt sich an keiner Stelle der Verordnung, nach welchen Kriterien denn ein so verstandenes Teilnahmerecht in einem Sekundärinsolvenzverfahren beschränkt werden soll. Vielmehr ergibt sich gerade aus dem in Art. 3 Abs. 4 geregelten Sonderfall, der nämlich die Antragsbefugnis zur Eröffnung eines Insolvenzverfahrens bei Partikularverfahren auf bestimmte Gläubiger beschränkt, dass ansonsten entsprechende Beschränkungen für Gläubiger in Sekundärverfahren nicht gelten. Das Recht des Sekundärverfahrensstaates darf daher gemäß Art. 32 Abs. 1 weder die Forderungsanmeldung beschränken, noch die weiteren, daraus folgenden Rechte.[11]

7 Das Recht, seine Forderungen sowohl im Haupt- als auch im Sekundärinsolvenzverfahren anmelden zu dürfen, gilt darüber hinaus nicht nur für die Gläubiger der Mitgliedstaaten.[12] Anders als Art. 39 enthält Art. 32 Abs. 1 keine entsprechende Einschränkung. Art. 39 hat vielmehr einen anderen Regelungsinhalt (nämlich insbesondere die Form der Anmeldung). Zudem gilt die in Art. 20 enthaltene Anrechnungsregelung nach allgemeiner Auffassung auch für Erlöse aus Drittstaaten, so dass auch für die Frage der Anmeldungsberechtigung eine einschränkende, diskriminierende Auslegung des Art. 32 nicht geboten ist.[13]

---

[6] Das kann im Hinblick auf mögliche Ausschlussfristen besondere Bedeutung haben, vgl. aus dem autonomen Recht OLG Saarbrücken vom 31. 1. 1989 ZIP 1989, 1145.

[7] Allg. Auffassung; vgl. *Duursma-Kepplinger*, Europäische Insolvenzverordnung, Art. 32 RdNr. 1, 3; FK-*Wimmer*, Anh I RdNr. 107; *Haubold*, in *Gebauer/Wiedmann*, Zivilrecht, Art. 32 RdNr. 233; HK-*Stephan*, Art. 32 RdNr. 1f.; *Kübler/Prütting/Kemper*, Art. 32 EuInsVO RdNr. 3; *Mäsch*, in *Rauscher*, Europ. Zivilprozessrecht, Bd. 2, Art. 32 EG-InsVO RdNr. 3; MünchKommBGB–*Kindler*, Bd. 11, Art. 32 RdNr. 732; *Paulus*, Europäische Insolvenzverordnung, Art. 32 RdNr. 1.

[8] *Dawe*, Der Sonderkonkurs des deutschen Internationalen Insolvenzrechts, S. 162ff., 189f.; *Thieme*, IJVO 5 (1995/96) 44, 86; *ders.*, Partikularkonkurs, S. 212; *ders.*, RabelsZ 45 (1981) 459; wohl auch *Kolmann*, Kooperationsmodelle, S. 342ff., 346f.

[9] *Dawe*, Der Sonderkonkurs des deutschen Internationalen Insolvenzrechts, S. 162ff.; *Thieme*, IJVO 5 (1995/96) 44, 86; *ders.*, Partikularkonkurs, S. 212; *ders.*, RabelsZ 45 (1981) 459; ebenso nun auch MünchKommBGB–*Kindler*, Bd. 11, Art. 32 RdNr. 650.

[10] So auch *Mäsch*, in *Rauscher*, Europ. Zivilprozessrecht, Bd. 2, Art. 32 EG-InsVO RdNr. 2; aA MünchKommBGB–*Kindler*, Bd. 11, Art. 32 RdNr. 650.

[11] So i. E. auch *Heiderhoff*, in *Geimer/Schütze*, Int. Rechtsverkehr, B Vor I 20b, Art. 32 RdNr. 1; HK-*Stephan*, Art. 32 RdNr 1; *Lüke* ZZP 111 (1998) 275, 301 f.; *Nerlich/Römermann/Mincke*, Art. 32 RdNr. 2; *Paulus*, Europäische Insolvenzverordnung, Art. 32 RdNr 1; *Smid*, Int. Insolvenzrecht, Art. 32 RdNr. 3.

[12] Anderer Auffassung: MünchKommBGB–*Kindler*, Bd. 11, Art. 32 RdNr. 730; *Nerlich/Römermann/Mincke*, Art. 32 RdNr. 2; wohl auch HK-*Stephan*, Art. 32 RdNr 2; *Kübler/Prütting/Kemper*, Art. 32 EuInsVO RdNr. 2; *Paulus*, Europäische Insolvenzverordnung, Art. 32 RdNr 3.

[13] Vgl. bereits schon oben Art. 20 RdNr. 15.

III. Verwalter

1. Anmelderecht. Art. 32 Abs. 2 ermächtigt den Verwalter zudem, Forderungen, die in 8 dem eigenen Verfahren angemeldet wurden, auch in dem anderen Verfahren anzumelden, sofern dies zweckmäßig ist und die Gläubiger dies nicht ablehnen. Auch hier handelt es sich um eine Sachnorm, die auf der Ebene des materiellen Rechts das autonome Recht der Mitgliedsstaaten entsprechend modifiziert.

An die Voraussetzung der Zweckmäßigkeit sind entgegen der Auffassung von *Virgos/* 9 *Schmit*[14] keine hohen Anforderungen zu stellen.[15] Grundsätzlich wird die Zweckmäßigkeit gegeben sein, weil dies den Gläubigern ermöglicht, durch eine ordnungsgemäße Anmeldung ihrer Forderung in ihrem Heimatstaat auch für eine Anmeldung ihrer Forderung in anderen Mitgliedsstaaten Sorge zu tragen, was ansonsten mit zusätzlichen Kosten verbunden wäre. Diese Aufgabe lässt sich einfacher durch den Verwalter erledigen. Auffassungen in der Literatur, die an die „Zweckmäßigkeit" strengere, insbesondere wirtschaftliche Maßstäbe anlegen wollen, sind abzulehnen.[16] Die Zweckmäßigkeit kann beispielsweise nämlich schon dann gegeben sein, wenn die Anmeldung dem Verwalter des Hauptverfahrens ermöglicht, über die daraus folgenden Teilnahmerechte Einfluss auf das Sekundärverfahren zu nehmen, um zu einer insgesamt für alle Gläubiger günstigeren Abwicklung der Insolvenz zu gelangen. Der Begriff „zweckmäßig" stellt daher weder auf eine höhere Quote noch darauf ab, dass bei Unterbleiben der Anmeldung die Insolvenzgläubiger des Sekundärverfahrens eventuell Quoten erhalten, die über die Quoten des Hauptverfahrens hinausgehen, so dass eine Quotenanrechnung nach Art. 20 Abs. 2 ins Leere liefe. Es kommt daher für die Frage der Zweckmäßigkeit weder auf eine (dann quotebezogene) Gruppenbetrachtung an,[17] noch auf eine Betrachtung aller Einzelforderungen.[18]

Dementsprechend darf die Frage der Zweckmäßigkeit bei der Anmeldung der Forderun- 10 gen durch den Verwalter des jeweils anderen Verfahrens weder durch das Insolvenzgericht noch durch den eventuell die Insolvenztabelle führenden Verwalter überprüft werden. Ob der Insolvenzverwalter das Anmelderecht pflichtgemäß ausübt, ist eine Frage der Verwalterpflichten aus seinem Heimatverfahren, also eine Frage des Innenverhältnisses. Beschränkungen aus dem Innenverhältnis sind allenfalls beachtlich, wenn es sich um offenkundigen oder rechtsmissbräuchliche Ausnutzung des Anmelderechts handelt. Das wäre beispielsweise der Fall, wenn der Insolvenzverwalter Forderungen eines Gläubigers anmeldet, obwohl dieser dies ausdrücklich abgelehnt hat oder der Gläubiger die Anmeldung zurücknimmt.

Verletzt der Verwalter diese Pflicht, so haftet er allenfalls den Gläubigern seines Verfahrens 11 gemäß dem Recht seines Verfahrensstaates. Praktisch wird dies jedoch nicht zu einer Haftung des Verwalters führen. Als Schaden sind allenfalls die Kosten für die Anmeldung denkbar.

Mögliche Kosten fallen als Masseschulden der Insolvenzmasse des anmeldenden Verwalters 12 zur Last.[19] Eine Umlage der Kosten auf einzelne Gläubiger ist nur denkbar, wenn der Verwalter ausdrücklich die Forderung nur für einzelne Gläubiger vor nimmt. Meldet

---

[14] Zweckmäßigkeit soll danach nur gegeben sein, wenn die Anmeldung für eine ganze Kategorie von Gläubigern eindeutig zweckmäßiger ist, beispielsweise weil diese in dem ausländischen Verfahren eine höhere Quote erhalten können, vgl. *Virgos/Schmit*, Erläuternder Bericht, RdNr. 239.
[15] Ebenso HK-*Stephan*, Art. 32 RdNr 4.
[16] So aber MünchKommBGB-*Kindler*, Bd. 11, Art. 32 RdNr. 737.
[17] So *Ahrens*, Rechte und Pflichten ausländischer Insolvenzverwalter, S. 312; *Duursma-Kepplinger*, Europäische Insolvenzverordnung, Art. 32 RdNr. 9 ff.; FK-*Wimmer*, Anh I RdNr. 109; *Haubold*, in *Gebauer/Wiedmann*, Zivilrecht, Art. 32 RdNr. 235; *Heiderhoff*, in *Geimer/Schütze*, Int. Rechtsverkehr, B Vor I 20 b, Art. 32 RdNr. 2; *Kemper* ZIP 2001, 1609, 1620; *Kübler/Prütting/Kemper*, Art. 32 EuInsVO RdNr. 6; *Mäsch*, in *Rauscher*, Europ. Zivilprozessrecht, Bd. 2, Art. 32 EG-InsVO RdNr. 9; *Nerlich/Römermann/Mincke*, Art. 32 RdNr. 4; *Pannen*, in *Breutigam/Blersch/Goetsch*, Art. 32 RdNr. 4; *Paulus*, Europäische Insolvenzverordnung, Art. 32 RdNr. 8; HambKomm-*Undritz* Art. 32 RdNr 3.
[18] So MünchKommBGB-*Kindler*, Bd. 11, Art. 32 RdNr. 737.
[19] AA (Kosten des vertretenen Gläubigers): *Duursma-Kepplinger*, Europäische Insolvenzverordnung, Art. 32 RdNr. 15; *Haubold*, in *Gebauer/Wiedmann*, Zivilrecht, Art. 32 RdNr. 235 Fn. 540; *Kübler*, FS Gerhardt,

dagegen der Verwalter dagegen sämtliche Forderungen aus seinem eigenen Verfahren auch in dem anderen Verfahren an, so liegt in der Anmeldung eher eine abwicklungsbezogene Handlung des Insolvenzverwalters.

13 Die in der Vorschrift nicht bedachten praktischen Schwierigkeiten werden die gegenseitigen Anmeldungsmöglichkeiten jedoch leer laufen lassen. Die Mitgliedsstaaten sehen unterschiedliche Anmeldefristen vor, die zudem bisweilen als Ausschlussfristen ausgestaltet sind mit der Folge, dass die Forderung nicht mehr geltend gemacht werden kann, wenn die Frist versäumt wurde. Diese bleiben von der Vorschrift unberührt.[20] Ein Gläubiger darf und kann sich daher nicht darauf verlassen, dass durch die fristgemäße Anmeldung seiner Forderung im inländischen Verfahren auch die Frist für das ausländische Verfahren gewahrt werden wird, so dass er praktisch gezwungen sein wird, doch wieder seine Forderung auch in den anderen Verfahren anzumelden, was den Zweck von Art. 32 Abs. 2 konterkariert. Darauf, wie dieses Zeitproblem zu lösen ist, gibt Art. 32 leider keine Antwort. Sinnvoll wäre gewesen, die maximale Anmeldefrist in allen Mitgliedsstaaten zu vereinheitlichen und sodann vorzuschreiben, dass eine fristgemäße Anmeldung in einem Verfahren ausreicht, um auch die eventuelle später erfolgende Anmeldung durch den Verwalter noch als fristgemäß gelten zu lassen. Zweckmäßigerweise sollte der Verwalter eines deutschen Verfahrens auf Ausschlussfristen in einem ausländischen Parallelverfahren hinweisen und, soweit die Anmeldefrist im ausländischen Verfahren erst nach dem Berichtstermin nach § 156 InsO abläuft, die Frage im Berichtstermin mit den Gläubigern erörtern. Aus diesem Grunde wird es weiterhin bei der Eigeninitiative der Gläubiger verbleiben.

14 Meldet der Verwalter nach Art. 32 Abs. 2 die Forderungen der Gläubiger aus seinem Verfahren in dem anderen Insolvenzverfahren an, so darf er auch die aus der Anmeldung folgenden Gläubigerrechte wahrnehmen. Hierzu gehören insbesondere die Teilnahme an Gläubigerversammlungen sowie die Ausübung des Stimmrechts. In einem deutschen Insolvenzverfahren sind die durch den ausländischen Verwalter angemeldeten Forderungen dergestalt aufzunehmen, dass der ausländische Verwalter als bevollmächtigter Vertreter aufgeführt wird.[21]

15 **2. Mitwirkungsrechte.** Art. 32 Abs. 3 räumt dem Verwalter zudem das Recht ein, an dem anderen Verfahren *„wie ein Gläubiger"* mitzuwirken. Was damit gemeint sein soll, bleibt leider offen. Ausdrücklich erwähnt ist lediglich die Teilnahme an der Gläubigerversammlung. Unbestritten ist, dass der Verwalter sich in dem anderen Verfahren äußern darf.[22] Stimmrechte stehen ihm jedoch in der Gläubigerversammlung nicht zu. Die Regelung gilt jedoch nur für den Verwalter, der keine Forderungen nach Art. 32 Abs. 2 angemeldet hat. Hat der Verwalter dagegen nach Art. 32 Abs. 2 die Forderungen der Gläubiger aus seinem Verfahren angemeldet, so kann er auch die weiteren, daraus folgenden Gläubigerrechte in dem anderen Verfahren wahrnehmen (vgl. vorige RdNr.). Um Diskussionen über das Ausmaß der Mitwirkungsrechte zu verhindern, sollte der Verwalter eines deutschen Verfahrens sich von den Gläubigern, für die er Forderungen anmeldet, gleichfalls eine Vollmacht erteilen lassen, deren Rechte als Gläubiger in dem anderen Verfahren ausüben zu dürfen.[23] Er ist dann allerdings an die Weisungen des bevollmächtigenden Gläubigers gebunden.

S. 527, 534; *Mäsch*, in *Rauscher*, Europ. Zivilprozessrecht, Bd. 2, Art. 32 EG-InsVO RdNr. 10; *Paulus*, Europäische Insolvenzverordnung, Art. 32 RdNr. 10; *Smid*, Int. Insolvenzrecht, Art. 32 RdNr 10.

[20] So *Virgos/Schmit*, Erläuternder Bericht, RdNr. 238.

[21] Vgl. § 175 InsO, allgemein zur Führung der Insolvenztabelle *Breuer*, Insolvenzrechts-Formularbuch, S. 246; *Gottwald/Eickmann*, Insolvenzrechts-Handbuch, § 63 RdNr. 18 ff.; *Uhlenbruck* § 175 RdNr. 9.

[22] So auch *Virgos/Schmit*, Erläuternder Bericht, RdNr. 240; die vergleichbare Vorschrift des Regierungsentwurfes, § 397, BT-Drucks. 12/2443 vom 15. 4. 1992 S. 70, 246, war insoweit genauer, als sie dem Verwalter ausdrücklich Stimmrechtsvollmacht verlieh.

[23] *Heiderhoff*, in *Geimer/Schütze*, Int. Rechtsverkehr, B Vor I 20 b, Art. 32 RdNr. 3; HK-*Stephan*, Art. 32 RdNr. 7; *Kemper* ZIP 2001, 1609, 1620; *Kübler/Prütting/Kemper*, Art. 32 EuInsVO RdNr. 10; *Mäsch*, in *Rauscher*, Europ. Zivilprozessrecht, Bd. 2, Art. 32 EG-InsVO RdNr. 13; MünchKommBGB-*Kindler*, Bd. 11, Art. 32 RdNr. 744; HambKomm-*Undritz* Art. 32 RdNr. 8.

Aussetzung der Verwertung **1 Art. 33 EuInsVO**

Ungeachtet der in Art. 32 Abs. 3 geregelten Teilnahmerechte, können dem Insolvenz- **16** verwalter des jeweils anderen Verfahrens jedoch auf Grund der Verordnung auch weitere Mitwirkungsrechte zustehen. So verfügte der Verwalter des Hauptinsolvenzverfahrens gemäß Art. 34 beispielsweise über das Recht, einen Insolvenzplan vorzuschlagen (vgl. Art. 34). Darüber hinaus kann der Verwalter des Hauptverfahrens die Aussetzung der Verwertung im Sekundärinsolvenzverfahren beantragen (vgl. Art. 33).

Art. 33. Aussetzung der Verwertung

(1) Das Gericht, welches das Sekundärinsolvenzverfahren eröffnet hat, setzt auf Antrag des Verwalters des Hauptinsolvenzverfahrens die Verwertung ganz oder teilweise aus; dem zuständigen Gericht steht jedoch das Recht zu, in diesem Fall vom Verwalter des Hauptinsolvenzverfahrens alle angemessenen Maßnahmen zum Schutz der Interessen der Gläubiger des Sekundärinsolvenzverfahrens sowie einzelner Gruppen von Gläubigern zu verlangen. Der Antrag des Verwalters des Hauptinsolvenzverfahrens kann nur abgelehnt werden, wenn die Aussetzung offensichtlich für die Gläubiger des Hauptinsolvenzverfahrens nicht von Interesse ist. Die Aussetzung der Verwertung kann für höchstens drei Monate angeordnet werden. Sie kann für jeweils denselben Zeitraum verlängert oder erneuert werden.

(2) Das Gericht nach Abs. 1 hebt die Aussetzung der Verwertung in folgenden Fällen auf:
– auf Antrag des Verwalters des Hauptinsolvenzverfahrens,
– von Amts wegen, auf Antrag eines Gläubigers oder auf Antrag des Verwalters des Sekundärinsolvenzverfahrens, wenn sich herausstellt, dass diese Maßnahme insbesondere nicht mehr mit dem Interesse der Gläubiger des Haupt- oder des Sekundärinsolvenzverfahrens zu rechtfertigen ist.

Literatur: *Beck,* Verwertungsfragen im Verhältnis zwischen Haupt- und Sekundärinsolvenzverfahren nach der EuInsVO, NZI 2006, 609; *Ehricke,* Das Verhältnis des Hauptinsolvenzverwalters zum Sekundärinsolvenzverwalter bei grenzüberschreitenden Insolvenzen nach der EuInsVO, ZIP 2005, 1104; *ders.,* Zur Einflussnahme des Hauptinsolvenzverwalters auf die Verwertungshandlungen des Sekundärinsolvenzverwalters nach der EuInsVO, ZInsO 2004, 633; *Sommer,* Zu den Einflussmöglichkeiten des Hauptverwalters auf das Sekundärinsolvenzverfahren, ZInsO 2005, 1137; *Staak,* Mögliche Probleme der Koordination von Haupt- und Sekundärinsolvenzverfahren nach der Europäischen Insolvenzverordnung (EuInsVO), NZI 2004, 480; *Vallender,* Die Aussetzung der Verwertung nach Art. 33 EuInsVO in einem deutschen Sekundärinsolvenzverfahren in *Haarmeyer/Hirte/Kirchhof/Graf von Westphalen,* Verschuldung, Haftung, Vollstreckung, Insolvenz: Festschrift für Gerhard Kreft zum 65. Geburtstag, 1. Aufl. 2004.

Übersicht

	RdNr.		RdNr.
I. Normzweck	1	2. Rechtsfolgen	9
II. Aussetzung (Abs. 1)	3	III. Aufhebung (Abs. 3)	14
1. Voraussetzungen	3		

I. Normzweck

Neben Art. 31 und Art. 34 ist Art. 33 eine der Normen, die die Koordination des Haupt- **1** und Sekundärverfahrens betreffen.[1] Art. 33 ist als Ausgleich dafür zu sehen, dass es sich bei

---

[1] *Ahrens,* Rechte und Pflichten ausländischer Insolvenzverwalter, S. 312; *Duursma-Kepplinger,* Europäische Insolvenzverordnung, Art. 33 RdNr. 2; *Ehricke* ZInsO 2004, 633; FK-*Wimmer,* Anh I RdNr. 113; *Heiderhoff,* in *Geimer/Schütze,* Int. Rechtsverkehr, B Vor I 20b, Art. 33 RdNr. 1; HK-*Stephan,* Art. 33 RdNr. 1; *Kübler/Prütting/Kemper,* Art. 33 EuInsVO RdNr. 1; *Leible/Staudinger,* KTS 2000, 533, 569; *Mäsch,* in *Rauscher,* Europ. Zivilprozessrecht, Bd. 2, Art. 33 EG-InsVO Art. 33 RdNr. 2; MünchKommBGB-*Kindler,* Bd. 11, Art. 33 RdNr. 747; *Pannen,* in *Breutigam/Blersch/Goetsch,* Art. 33 RdNr. 1; *Smid,* Int. Insolvenzrecht, Art. 33 RdNr 1; *Vallender* KTS 2005, 283, 303.

dem Sekundärverfahren nach Art. 3 Abs. 3 um ein Liquidationsverfahren handeln muss.[2] Da wegen des Zerschlagungsmechanismus, der dem Liquidationsverfahren zueigen ist, internationale Sanierungen kaum möglich wären, soll der Verwalter des Hauptverfahrens, von dem alleine Sanierungsüberlegungen ausgehen können, den Zerschlagungsmechanismus stoppen können.[3] Dieses ist beispielsweise geboten, wenn die Vermögensmasse des Sekundärverfahrens für eine Sanierung benötigt wird, oder wenn ein Verkauf des Gesamtunternehmens geplant ist.[4] Art. 33 soll daher dem Verwalter des Hauptverfahrens die ihm nach dem Recht des Hauptverfahrensstaates möglichen Gestaltungsvarianten zur Abwicklung der Insolvenz erhalten. Daher verhindert eine Aussetzung der Verwertung nicht nur die Liquidation, sondern auch andere, diese Handlungsoption einschränkende Verfahrensmaßnahmen, wie den Abschluss eines Insolvenzplans im Sekundärverfahren. Im Falle einer Aussetzung der Verwertung steht nämlich nur noch dem Verwalter des Hauptverfahrens ein entsprechendes Planinitiativrecht zu (vgl. Art. 34 Abs. 3, sowie unten Art. 34 RdNr. 7).

2   Art. 33 ist eine **Sachnorm**, die abweichende Vorschriften des Insolvenzrechts des Sekundärverfahrensstaates verdrängt.[5] Unabhängig davon, ob und unter welchen Voraussetzungen das Recht des Sekundärverfahrensstaates eine Aussetzung der Verwertung in einem Liquidationsverfahren vorsieht, kann der Verwalter die Aussetzung nach Art. 33 beantragen.

II. Aussetzung (Abs. 1)

3   **1. Voraussetzungen.** Voraussetzung der Aussetzung der Verwertung im Sekundärverfahren ist zunächst ein entsprechender **Antrag des Verwalters des Hauptverfahrens.** Art. 33 Abs. 1 Satz 1 setzt hierbei voraus, dass der Antrag bei dem Gericht gestellt werden muss, welches das Sekundärverfahren eröffnet hat, da es sich insoweit um eine verfahrensleitende Verfügung des Insolvenzgerichts handelt.

4   Dem Antrag des Verwalters des Hauptverfahrens ist grundsätzlich stattzugeben. Das ergibt sich aus der Formulierung in Art. 33 Abs. 1 Satz 2, wonach der Antrag nur abgelehnt werden kann, wenn die Aussetzung offensichtlich nicht im **Interesse der Gläubiger des Hauptverfahrens** liegt. Maßstab für das Interesse der Gläubiger ist nicht alleine die bestmögliche Befriedigung der Gläubiger.[6] Die bestmögliche Befriedigung der Gläubiger ist das vorrangige Ziel eines deutschen Insolvenzverfahrens. Die Konzeption des deutschen Gesetzgebers kann jedoch für Zwecke der vertragsautonom auszulegenden Verordnung nicht verallgemeinert werden. Andere Mitgliedstaaten stellen die bestmögliche Befriedigung der Gläubiger hinter anderen Interessen, beispielsweise der Arbeitnehmer am Erhalt des Unternehmens, zurück. Auch derartige, von dem nationalen Gesetzgeber der Mitgliedstaaten anerkannte Interessen sind zu berücksichtigen, zumal es sich auch um Interessen der Gläubiger, nämlich der Arbeitnehmer eines Unternehmens, handelt. Im Hinblick auf die der Verordnung immanenten Anerkennung der Verfahren der anderen Mitgliedstaaten, sind freilich auch die dort formulierten Verfahrenszwecke im Rahmen des Art. 33 zu berücksichtigen. Das ergibt auch ein Vergleich mit der Formulierung der Gläubigerinteressen in Art. 34 Abs. 1, Unterabsatz 2. Diese Vorschrift verlangt nämlich – anders als der Wortlaut

---

[2] Ebenso MünchKommBGB-*Kindler,* Bd. 11, Art. 33 RdNr. 747.
[3] So auch HK-*Stephan,* Art. 33 RdNr. 2.
[4] *Duursma-Kepplinger,* Europäische Insolvenzverordnung, Art. 33 RdNr. 4; FK-*Wimmer,* Anh I RdNr. 113; *Haubold,* in *Gebauer/Wiedmann,* Zivilrecht, Art. 33 RdNr. 237; *Heiderhoff,* in *Geimer/Schütze,* Int. Rechtsverkehr, B Vor I 20 b, Art. 33 RdNr. 1; *Herchen* ZInsO 2004, 345, 351; HK-*Stephan,* Art. 33 RdNr. 2; *Israel,* Insolvency Regulation, S. 304; *Kübler/Prütting/Kemper,* Art. 33 EuInsVO RdNr. 1; *Mäsch,* in *Rauscher,* Europ. Zivilprozessrecht, Bd. 2, Art. 33 EG-InsVO RdNr. 2; MünchKommBGB-*Kindler,* Bd. 11, Art. 33 RdNr. 748; *Nerlich/Römermann/Mincke,* Art. 33 RdNr. 1; *Smid,* Int. Insolvenzrecht, Art. 33 RdNr. 5; *Staak* NZI 2004, 480, 485; *Vallender* KTS 2005, 283, 303.
[5] HK-*Stephan,* Art. 33 RdNr. 3; *Kübler/Prütting/Kemper,* Art. 33 EuInsVO RdNr. 1; *Mäsch,* in *Rauscher,* Europ. Zivilprozessrecht, Bd. 2, Art. 33 EG-InsVO RdNr. 1; MünchKommBGB-*Kindler,* Bd. 11, Art. 33 RdNr. 745.
[6] So aber MünchKommBGB-*Kindler,* Bd. 11, Art. 33 RdNr. 752.

von Art. 33 – die Berücksichtigung der *„finanziellen"* Interessen der Gläubiger.[7] Entscheidend für die Beurteilung der Interessen der Gläubiger des Hauptverfahrens ist daher nicht das Argument, dass die Verwertung die bestmöglich Befriedigung der Gläubiger behindere. Vielmehr sind auch andere denkbare, durch das Recht des Hauptverfahrensstaates anerkannte Interessen zu berücksichtigen.

Der Wortlaut **„offensichtlich"** unterstreicht, dass eine Ablehnung des Antrags des Verwalters nur in Ausnahmefällen, nämlich bei einem offensichtlichen Handeln gegen die Interessen der Gläubiger, gerechtfertigt ist. Es wird unterstellt, dass der Verwalter des Hauptverfahrens im Interesse der Gläubiger des Hauptverfahrens handelt.[8] Man wird daher von dem Verwalter des Hauptverfahrens allenfalls verlangen dürfen, dass er die Interessen der Gläubiger des Hauptverfahrens lediglich plausibilisiert, nicht jedoch im Einzelnen substantiiert vorträgt.[9] Ansonsten würde die in Art. 33 Abs. 1 Satz 2 enthaltene Vermutung zugunsten der Interessen auf Aussetzung konterkariert. Im Ergebnis wird der (erste) Aussetzungsantrag daher nur in Fällen des Rechtsmissbrauchs abgelehnt werden können.[10]

Diese Vermutungsregelung zugunsten der Interessen der Gläubiger des Hauptverfahrens ist jedoch auf Grund der geänderten Maßstäbe für die Aufhebung der Anordnung nach Art. 33 Abs. 2 nur für die zeitlich erste Anordnung anzuwenden.[11] Andernfalls stünde die Vermutungsregelung in einem nicht lösbaren Widerspruch zu der Tatsache, dass für die spätere Aufhebung der Anordnung andere Voraussetzungen gelten, insbesondere die Interessen der Gläubiger des Sekundärverfahrens gleichberechtigt neben den Interessen der Gläubiger des Hauptverfahrens genannt werden (vgl. unten RdNr. 14). Bei einer Verlängerung oder Erneuerung des Antrags sind daher über den Wortlaut des Art. 33 Abs. 1 hinaus aber entsprechend dem Wortlaut des Art. 33 Abs. 2 auch die Interessen der Gläubiger des Sekundärverfahrens zu berücksichtigen. Allerdings ist bei der Abwägung zu beachten, dass die Interessen der Gläubiger des Sekundärverfahrens gegebenenfalls durch die Anordnung entsprechender Maßnahmen geschützt werden können.

Einige der in der Literatur genannten Beispielsfälle stellen zu hohe Hürden für den ersten Aussetzungsantrag (vgl. für spätere Aussetzungsanträge die vorige RdNr.). So kann das Interesse der Gläubiger des Hauptverfahrens nicht mit dem Argument abgelehnt werden, dass auch das Hauptverfahren auf Liquidation gerichtet sei.[12] Auch im Rahmen einer Liquidation (beispielsweise durch eine übertragende Sanierung des gesamten Geschäftsbetriebs) kann erforderlich sein, die Verwertung einzelner Betriebsteile zu verhindern.[13] Auch die Verhinderung der Verwertung dinglicher Rechte im Sekundärverfahren stellt ein berechtigtes Interesse der Gläubiger des Hauptverfahrens dar.[14] In einem deutschen Sekundärverfahren könnte ein entsprechender Antrag schon deswegen schwerlich zurückgewiesen

---

[7] Vgl. hierzu unten Art. 34 RdNr. 8.
[8] *Beck* NZI 2006, 609, 611; *Ehrike* ZInsO 2004, 633; 636; HK-*Stephan*, Art. 33 RdNr. 7; *Kübler/Prütting/Kemper*, Art. 33 EuInsVO RdNr. 5; *Moss/Smith*, in *Moss/Fletcher/Isaacs*, EC Regulation, RdNr. 8.246; HambKomm-*Undritz* Art. 33 RdNr. 8.
[9] HK-*Stephan*, Art. 33 RdNr. 7; *Kübler/Prütting/Kemper*, Art. 33 EuInsVO RdNr. 5; aA wohl *Mäsch*, in *Rauscher*, Europ. Zivilprozessrecht, Bd. 2, Art. 33 EG-InsVO RdNr. 4; MünchKommBGB-*Kindler*, Bd. 11, Art. 33 RdNr. 748; *Paulus*, Europäische Insolvenzverordnung, Art. 33 RdNr. 4; *Smid*, Int. Insolvenzrecht, Art. 33 RdNr. 5.
[10] Allg. Auffassung, allerdings nicht beschränkt auf den Erstantrag, vgl. *Ehricke* ZInsO 2004, 633, 636; HK-*Stephan*, Art. 33 RdNr. 7; *Kübler/Prütting/Kemper*, Art. 33 EuInsVO RdNr. 5; *Mäsch*, in *Rauscher*, Europ. Zivilprozessrecht, Bd. 2, Art. 33 EG-InsVO RdNr. 4; MünchKommBGB-*Kindler*, Bd. 11, Art. 33 RdNr. 753 f.; *Nerlich/Römermann/Mincke*, Art. 33 RdNr. 3; *Vallender* KTS 2005, 283, 304.
[11] So wohl auch *Haubold*, in *Gebauer/Wiedmann*, Zivilrecht, Art. 33 RdNr. 238.
[12] So aber *Uhlenbruck/Lüer*, Art. 33 RdNr. 1; aA auch MünchKommBGB-*Kindler*, Bd. 11, Art. 33 RdNr. 753.
[13] Ebenso *Duursma-Kepplinger*, Europäische Insolvenzverordnung, Art. 33 RdNr. 4; *Mäsch*, in *Rauscher*, Europ. Zivilprozessrecht, Bd. 2, Art. 33 EG-InsVO RdNr. 5; MünchKommBGB-*Kindler*, Bd. 11, Art. 33 RdNr. 748.
[14] AA *Duursma-Kepplinger*, Europäische Insolvenzverordnung, Art. 33 RdNr. 4; *Mäsch*, in *Rauscher*, Europ. Zivilprozessrecht, Bd. 2, Art. 33 EG-InsVO RdNr. 7; MünchKommBGB-*Kindler*, Bd. 11, Art. 33 RdNr. 749.

werden, weil das deutsche Insolvenzrecht bereits die Möglichkeit vorsieht, bestimmte dinglich gesicherte Gläubiger an der Verwertung der Sicherheiten zu hindern[15] und daher das berechtigte Interesse schon vom deutschen Gesetzgeber anerkannt ist.[16] Die dinglichen Gläubiger sind hinreichend geschützt, weil eine Aussetzung der Verwertung grundsätzlich von angemessenen Schutzmaßnahmen abhängig gemacht werden kann.

8   Art. 33 Abs. 1 setzt seinem Wortlaut nach zwar die Eröffnung des Sekundärverfahrens voraus. Die Vorschrift gilt in analoger Anwendung jedoch bereits im Insolvenzeröffnungsverfahren, wenn der dortige Verwalter bereits zu diesem Zeitpunkt Verwertungshandlungen vornimmt, die den Interessen des Hauptverfahrens zuwider laufen.[17]

9   **2. Rechtsfolgen.** Rechtsfolge ist die Anordnung der **Aussetzung der Verwertung** durch das Insolvenzgericht. Der Begriff ist autonom auszulegen.[18] Allerdings fehlen bisher konkretere Bestimmungen, was unter Aussetzung der Verwertung zu verstehen ist. Unstreitig sind darunter zunächst die Handlungen des Insolvenzverwalters zu verstehen, durch die Massegegenstände veräußert werden.[19] Aus dem Wortlaut ergibt sich zudem, dass die Verwertung „ganz oder teilweise" ausgesetzt werden kann. Die ganze Aussetzung der Verwertung bedeutet jedoch nicht, dass das Sekundärverfahren insgesamt ausgesetzt werden kann, sondern nur, dass die Verwertungshandlungen selbst ausgesetzt werden können.[20] Dementsprechend kann sich die „teilweise" Aussetzung der Verwertung nur auf bestimmte Vermögensgegenstände beziehen.[21]

10   Der durch Art. 33 an sich geschützte status quo des Sekundärverfahrens kann jedoch auch durch andere Handlungen des Verwalters beeinträchtigt werden, und zwar indem der Geschäftsbetrieb in der Niederlassung selbst stillgelegt wird. Eine Verwertung der Vermögensgegenstände in Form einer sogenannten übertragenden Sanierung ist danach nämlich nicht mehr möglich.[22] Zutreffender Weise können nach Art. 33 Abs. 1 daher auch **Stilllegungsmaßnahmen** des Geschäftsbetriebs ausgesetzt werden, weil andernfalls der mit Art. 33 bezweckte Erhalt der Abwicklungsmöglichkeiten für den Verwalter des Hauptverfahrens nicht erreicht werden könnte. Dagegen spricht zwar der deutsche Wortlaut der Verordnung, der sich an die Formulierung in § 159 InsO anlehnt. Dagegen ist die englische Fassung weiter, die davon spricht, dass „the process of liquidation" ausgesetzt werden dürfe. Zu diesem Prozess gehört auch die einer Veräußerung vorgelagerte Stilllegungsentscheidung. Der Tatsache, dass damit dem Verwalter des Sekundärverfahrens eventuell zusätzliche Masseverbindlichkeiten aufgebürdet werden, kann dadurch Rechnung getragen werden, dass vom dem Verwalter des Hauptverfahrens angemessene Maßnahmen verlangt werden (vgl. dazu unten RdNr. 12).

11   Die Interessen der Gläubiger des Sekundärverfahrens, die für die Anordnung der Aussetzung der Verwertung keine Rolle spielen (abgestellt wird nur auf die Interessen der Gläubiger der Hauptverfahrens, vgl. oben RdNr. 4), sind jedoch für etwaige Schutzmaßnahmen zu beachten. Dabei kann schon nach dem Wortlaut auf die Gesamtheit der Gläubiger, aber auch auf einzelne betroffene Gläubiger abgestellt werden. Für den Begriff des Schutzes der Gläubiger geht es um die aus der konkreten Anordnung des Insolvenzgerichts folgenden Nachteile oder Gefahren zu Lasten der Gläubiger. Diese müssen auch hinreichend konkret

---

[15] Vgl. § 30 e ZVG, § 169 InsO für die Fälle, in denen dem Verwalter das Verwertungsrecht zusteht; das gilt lediglich nicht, wenn der Gläubiger das Verwertungsrecht zusteht, vgl. § 166 InsO.
[16] Ungeachtet des kommt es freilich bei der Prüfung immer auf die Interessen des Hauptverfahrens an.
[17] AA *Mäsch*, in *Rauscher*, Europ. Zivilprozessrecht, Bd. 2, Art. 33 EG-InsVO RdNr. 3; HambKomm-*Undritz* Art. 33 RdNr. 5; *Vallender* KTS 2005, 283, 305.
[18] *Ehrike* ZInsO 2004, 633; 634, HK-*Stephan*, Art. 33 RdNr. 8.
[19] Vgl. § 159 InsO.
[20] Vgl. hierzu die Entscheidungen OLG Graz vom 20. 10. 2005 ZIP 2006, 1544 sowie LG Leoben vom 31. 8. 2005 NZI 2005, 646; hierzu *Beck* NZI 2006, 609, 612; vgl. auch MünchKommBGB-*Kindler*, Bd. 11, Art. 33 RdNr. 756; *Sommer* ZInsO 2005, 1137 ff.
[21] HK-*Stephan*, Art. 33 RdNr. 5.
[22] Zu den Zusammenhängen beider Handlungen vgl. Uhlenbruck § 157 RdNr. 5; MünchKommInsO-*Görg*, Bd. 2, § 157 RdNr. 13.

sein. Das allgemeine Risiko, bei einer späteren Verwertung nicht mehr den Verwertungserlös erzielen zu können, der derzeit erreichbar ist, rechtfertigt nicht, eine entsprechende Sicherheitsleistung vom Verwalter des Hauptverfahrens zu verlangen.

Im Hinblick auf die so identifizierten Interessen der Betroffenen steht dem Insolvenzgericht des Sekundärverfahrens das Recht zu, von dem Verwalter des Hauptverfahrens alle **„angemessenen Maßnahmen"** zum Schutz der Gläubiger zu verlangen. Es handelt sich hierbei um eine Ermessensentscheidung des Insolvenzgerichts.[23] Als angemessen sind hierbei in jedem Fall die Maßnahmen zu sehen, die das anwendbare Recht des Sekundärverfahrensstaates generell schon für den Fall einer Aussetzung der Verwertung vorsieht. Daher sind dem absonderungsberechtigten Gläubiger die geschuldeten Zinsen aus der Insolvenzmasse zu zahlen, wie der Gesetzgeber nunmehr in Anlehnung an § 169 InsO auch in Art. 102 § 10 EGInsO für das deutsche Recht ausdrücklich geregelt hat.[24] Soweit bei einem deutschen Sekundärverfahren nicht sichergestellt ist, dass die Entschädigungszahlungen an die gesicherten Gläubiger als Masseschuld ausgeglichen werden können, muss der Verwalter des Hauptverfahrens für die Zahlung dieser Entschädigungsleistungen Sicherheit stellen. Die Form der Sicherheitsleistung liegt im Ermessen des Gerichts. Soweit das Recht des Sekundärverfahrens eine Aussetzung der Verwertung nur gegen Entschädigungsleistung der dinglich gesicherten Gläubiger vorsieht, wie dies nach der Insolvenzordnung der Fall ist,[25] so müssen diese Entschädigungsleistungen sichergestellt sein. Werden durch die Anordnung Stilllegungsmaßnahmen des Verwalters des Sekundärverfahrens unterbunden, so muss der Verwalter des Hauptverfahrens für die zusätzlich entstehenden Masseverbindlichkeiten gegebenenfalls Sicherheit leisten, oder die Insolvenzmasse des Hauptverfahrens mit verpflichten. Zulässig ist auch, dass die Sicherungsmaßnahmen in einem Vertrag zwischen den Verwaltern der Verfahren enthalten sind. Soweit ein solcher Vertrag einen entsprechenden Nachteilsausgleich vorsieht, bedarf es keiner Anordnung von weiteren Schutzmaßnahmen.

Die Aussetzung ist zeitlich unbeschränkt möglich, jedoch jeweils immer nur für eine Periode von maximal drei Monaten.[26] Der Antrag ist daher vor Ablauf der zeitlich beschränkten Anordnung zu wiederholen, wenn die Aussetzung der Verwertung fortdauern soll. Gleichfalls sind vom Gericht bei jedem Antrag die Voraussetzungen sowie die angemessenen Maßnahmen zum Schutz der Interessen der Gläubiger aufs neue zu prüfen.[27]

III. Aufhebung (Abs. 3)

Die Aussetzung der Verwertung kann vor Ablauf der ohnehin zeitlichen Befristung der Anordnungsmaßnahme vom Insolvenzgericht wieder aufgehoben werden. Stellt der Insolvenzverwalter des Hauptverfahrens einen entsprechenden Antrag, so ist dem ohne weitere Prüfung stattzugeben, da Art. 33 Abs. 2, erster Spiegelstrich insoweit nur den Antrag des Verwalters als Aufhebungsvoraussetzung nennt. Daneben kann die Aufhebung aber auch von Amts wegen, auf Antrag eines Gläubigers oder auch auf Antrag des Verwalters des Sekundärverfahrens angeordnet werden. Bei einem Antrag dieser Personen sind jedoch weitere

---

[23] *Beck* NZI 2006, 609, 611; *Duursma-Kepplinger*, Europäische Insolvenzverordnung, Art. 33 RdNr. 9; HK-*Stephan*, Art. 33 RdNr. 10; *Huber*, in *Geimer/Schütze*, Int. Rechtsverkehr, B Vor I 20 b, Art. 33 RdNr. 3; *Kübler/Prütting/Kemper*, Art. 33 EuInsVO RdNr. 7; *Mäsch*, in *Rauscher*, Europ. Zivilprozessrecht, Bd. 2, Art. 33 EG-InsVO RdNr. 8; *Paulus*, Europäische Insolvenzverordnung, Art. 33 RdNr. 15; HambKomm-*Undritz* Art. 33 RdNr. 6; *Vallender* KTS 2005, 283, 304.

[24] Ebenso FK-*Wimmer*, Anh I RdNr. 115; *Haubold*, in *Gebauer/Wiedmann*, Zivilrecht, Art. 33 RdNr. 238; *Heiderhoff*, in *Geimer/Schütze*, Int. Rechtsverkehr, B Vor I 20 b, Art. 33 RdNr. 3; HK-*Stephan*, Art. 33 RdNr. 11; *Liersch* NZI 2003, 302, 310; *Kübler/Prütting/Kemper*, Art. 33 EuInsVO RdNr. 8 f.; *Mäsch*, in *Rauscher*, Europ. Zivilprozessrecht, Bd. 2, Art. 33 EG-InsVO RdNr. 9; *Pannen*, in *Breutigam/Blersch/Goetsch*, Art. 33 RdNr. 4; *Paulus*, Europäische Insolvenzverordnung, Art. 33 RdNr. 16; *Smid*, Int. Insolvenzrecht, Art. 33 RdNr. 8; *Vallender*, Festschrift Kreft, S. 473; die Gesetzgebungskompetenz für diese Regelung ist allerdings fraglich, vgl. Art. 102 § 10 EGInsO RdNr. 6.

[25] Vgl. § 169 InsO; § 30 e ZVG.

[26] *Virgos/Schmit*, Erläuternder Bericht, RdNr. 245.

[27] HK-*Stephan*, Art. 33 RdNr. 12; *Kübler/Prütting/Kemper*, Art. 33 EuInsVO RdNr. 10.

Voraussetzungen für die vorzeitig Aufhebung der Anordnung zu prüfen, nämlich dass die Maßnahmen nicht mehr mit den Interessen der Gläubiger im Haupt- oder Sekundärverfahrens zu rechtfertigen sei. Der danach geänderte Prüfungsmaßstab für die Aufhebung der Anordnung erscheint zunächst merkwürdig.[28] Während bei der Anordnung der Aussetzung nur die Interessen der Gläubiger des Hauptverfahrens zu berücksichtigen sind, sollen für die Aufhebung der Anordnung auch die Interessen der Gläubiger des Sekundärverfahrens berücksichtigt werden. Zudem soll keine Vermutung mehr dahingehend bestehen, dass die Anordnung der Aussetzung im Interesse der Gläubiger des Hauptverfahrens erfolgt (vgl. oben RdNr. 6 f.). Die Lösung dieses vermeintlichen Widerspruchs liegt in den Worten „nicht mehr". Dies setzt eine durch Zeitablauf oder durch Eintreten sonstiger Umstände nunmehr geänderte Einschätzung voraus. Die Änderung dieser Umstände ist durch den Antragsteller darzulegen.

15 Während der ersten Aussetzungsperiode, d. h. in den ersten drei Monaten, werden solche geänderten Umstände nur bei Vorliegen eines konkret geänderten Schutzbedürfnisses der Gläubiger des Sekundärverfahrens gegeben sein. Dazu gehören beispielsweise das Scheitern der Sanierungsbemühungen im Hauptverfahren. Anlass zur Aufhebung von Amts wegen kann bestehen, wenn der Verwalter des Hauptverfahrens die vom Insolvenzgericht angeordneten Schutzmaßnahmen, beispielsweise eine Sicherheitsleistung, nicht fristgerecht erbringt. Gleiches gilt für einen entsprechenden Antrag während späterer Aussetzungsperioden. Auch hier ist von dem Antragsteller jeweils eine Änderung der Umstände gegenüber dem Zeitpunkt der Anordnung der Aussetzung darzulegen.

16 Dagegen können die durch Art. 33 Abs. 2 anerkannten gegenläufigen Interessen der Gläubiger des Sekundärverfahrens ab der zweiten Anordnung der Aussetzung bereits im Rahmen der Entscheidung des Gerichts bei der Anordnung nach Art. 33 Abs. 1 berücksichtigt werden, weil andernfalls das Insolvenzgericht gezwungen wäre, auf Grund der Vermutung nach Art. 33 Abs. 1 die Aussetzung anzuordnen, gleichzeitig aber wieder auf Grund der nach Art. 33 Abs. 2 zu berücksichtigenden Interessen wieder aufzuheben. Dieser Widerspruch lässt sich nur durch eine restriktive Auslegung der Vermutungsregelung in Art. 33 Abs. 1 korrigieren (vgl. bereits oben, RdNr. 6 f.). Insoweit muss bei der jeweils späteren Verlängerung der Anordnung die bereits anhaltende Dauer der Verwertungssperre durch das Insolvenzgericht entsprechend berücksichtigt werden.

Art. 34. Verfahrensbeendende Maßnahmen

(1) Kann das Sekundärinsolvenzverfahren nach dem auf dieses Verfahren maßgeblichen Recht ohne Liquidation durch einen Sanierungsplan, einen Vergleich oder eine andere vergleichbare Maßnahme beendet werden, so kann eine solche Maßnahme vom Verwalter des Hauptinsolvenzverfahrens vorgeschlagen werden.

Eine Beendigung des Sekundärinsolvenzverfahrens durch eine Maßnahme nach Unterabsatz 1 kann nur bestätigt werden, wenn der Verwalter des Hauptinsolvenzverfahrens zustimmt oder, falls dieser nicht zustimmt, wenn die finanziellen Interessen der Gläubiger des Hauptinsolvenzverfahrens durch die vorgeschlagene Maßnahme nicht beeinträchtigt werden.

(2) Jede Beschränkung der Rechte der Gläubiger, wie zum Beispiel eine Stundung oder eine Schuldbefreiung, die sich aus einer in einem Sekundärinsolvenzverfahren vorgeschlagenen Maßnahme im Sinne von Abs. 1 ergibt, kann nur dann Auswirkungen auf das nicht von diesem Verfahren betroffene Vermögen des Schuldners haben, wenn alle betroffenen Gläubiger der Maßnahme zustimmen.

(3) Während einer nach Art. 33 angeordneten Aussetzung der Verwertung kann nur der Verwalter des Hauptinsolvenzverfahrens oder der Schuldner mit dessen

---

[28] Zu recht kritisch *Heiderhoff*, in *Geimer/Schütze*, Int. Rechtsverkehr, B Vor I 20 b, Art. 33 RdNr. 6.

Verfahrensbeendende Maßnahmen **1, 2 Art. 34 EuInsVO**

Zustimmung im Sekundärinsolvenzverfahren Maßnahmen im Sinne von Abs. 1 des vorliegenden Artikels vorschlagen; andere Vorschläge für eine solche Maßnahme dürfen weder zur Abstimmung gestellt noch bestätigt werden.

Literatur: *Ehricke,* Das Verhältnis des Hauptinsolvenzverwalters zum Sekundärinsolvenzverwalter bei grenzüberschreitenden Insolvenzen nach der EuInsVO, ZIP 2005, 1104; *Staak,* Mögliche Probleme der Koordination von Haupt- und Sekundärinsolvenzverfahren nach der Europäischen Insolvenzverordnung (EuInsVO), NZI 2004, 480.

Übersicht

	RdNr.		RdNr.
I. Normzweck	1	2. Besondere Bestätigungsvoraussetzungen (Abs. 2)	10
II. Zustandekommen von Insolvenzplänen	5	IV. Unternehmenssanierung bei parallelen Verfahren	12
1. Vorschlagsrecht (Abs. 1, Unterabsatz 1)	5	1. Allgemeines	12
2. Ausschließliches Vorschlagsrecht (Abs. 3)	7	2. Asset Deal mit dem Verwalter des Hauptverfahrens	13
III. Insolvenzpläne	8	3. Insolvenzplan für eine übertragende Sanierung	15
1. Voraussetzung der Bestätigung (Abs. 1, Unterabsatz 2)	8	4. Parallele Insolvenzpläne	16
		5. Einheitlicher Insolvenzplan	18

I. Normzweck

Art. 34 behandelt Fragen der Verfahrenskoordination, für den Fall, dass das Schuldnerunternehmen nicht liquidiert, sondern erhalten werden soll, und daher die Rechtsbeziehungen des Schuldners mit den Gläubigern im Wege eines Insolvenzplanes umgestaltet werden müssen.[1] Wenn die Niederlassung, über deren Vermögen das Sekundärverfahren eröffnet wurde, ebenfalls erhalten werden soll, scheidet eine Liquidation derselben aus. Es fragt sich dann, wie das Sekundärverfahren zu Ende geführt werden soll. Art. 34 enthält insoweit verschiedene **sachrechtliche Regelungen,**[2] die wiederum das Sachrecht des jeweiligen Sekundärverfahrensstaates verdrängen. Dazu gehört zunächst, dass dem Verwalter des Hauptverfahrens ebenfalls ein Vorschlagsrecht für den Insolvenzplan eingeräumt wird (Abs. 1, Unterabsatz 1) und dieses sogar exklusiv auf ihn beschränkt ist, wenn gleichzeitig eine Verwertungssperre nach Art. 33 angeordnet wurde (Abs. 3). Die Bestätigung des Insolvenzplanes bedarf im Sekundärverfahren entweder der Zustimmung des Verwalters oder einer Prüfung durch des Insolvenzgericht, dass die finanziellen Interessen der Gläubiger des Hauptverfahrens durch den Insolvenzplan nicht beeinträchtigt werden (Abs. 1, Unterabsatz 2). Sollen beschränkende Maßnahmen grenzüberschreitende Wirkung haben, so bedarf es zudem der Zustimmung aller Gläubiger (Abs. 2). 1

Die Vorschrift verdeutlich jedoch, dass Fragen der **Unternehmenssanierung** im Rahmen von Art. 27 ff. wenig Bedeutung beigemessen wurde. Denn wesentliche Fragen sind entweder nicht geregelt, oder an der Praxis vorbei geregelt. Das fängt zunächst damit an, dass Art. 34 Abs. 1, Unterabsatz 1 voraussetzt, dass das Verfahren überhaupt durch einen Vergleich oder Insolvenzplan beendet werden kann. Da es sich bei dem Sekundärverfahren aber zwingend um eines der in Anhang B aufgeführten Liquidationsverfahren handeln muss, scheiden gerade diejenigen Verfahren aus dem Anwendungsbereich des Art. 34 aus, die gerade auf eine Sanierung des Schuldnerunternehmens abzielen. Praktisch findet Art. 34 daher nur auf sog. einheitliche Insolvenzverfahren Anwendung. Somit ist in einem deut- 2

---

[1] *Duursma-Kepplinger,* Europäische Insolvenzverordnung, Art. 34 RdNr. 1f.; *HK-Stephan,* Art. 34 RdNr. 1; *Nerlich/Römermann/Mincke,* Art. 34 RdNr. 1; *Mäsch,* in *Rauscher,* Europ. Zivilprozessrecht, Bd. 2, Art. 34 EG-InsVO RdNr. 1; MünchKommBGB-*Kindler,* Bd. 11, Art. 34 RdNr. 763; *Paulus,* Europäische Insolvenzverordnung, Art. 34 RdNr. 1; *Smid,* Int. Insolvenzrecht, Art. 34 RdNr. 1.

[2] *HK-Stephan,* Art. 34 RdNr. 1; *Kübler/Prütting/Kemper,* Art. 34 EuInsVO RdNr. 1.

schen Sekundärverfahren die Durchführung eines Insolvenzplanverfahrens zulässig.[3] Diejenigen Mitgliedstaaten, die das Instrument des Insolvenzplanes oder Vergleichs dagegen in einem eigenständigen separaten Verfahren geregelt haben, können das Instrument des Insolvenzplanes dagegen im Sekundärverfahren nicht nutzen.[4] Es hängt folglich von der gesetzestechnischen Ausgestaltung des Insolvenzverfahrens ab, ob ein Insolvenzplan in einem Sekundärverfahren grundsätzlich möglich ist. Ein sachlicher Grund für diese Differenzierung ist jedoch nicht ersichtlich.

3 Ungeachtet dessen arbeitet Art. 34 noch immer mit der Konzeption, dass sich Einschränkungen der Gläubigerrechte im Insolvenzplan territorial beschränken ließen. Ist eine solche territoriale Beschränkung nicht gegeben, sondern soll die Forderungsmodifikation auch in Bezug auf Vermögen des Schuldners wirken, das nicht im Sekundärverfahrensstaat belegen ist, so müssen alle betroffenen Gläubiger dem Insolvenzplan zustimmen (Art. 34 Abs. 2). Forderungsmodifikationen, die ein Vergleich oder Insolvenzplan jedoch meist enthalten wird, können schon aus grundsätzlichen Erwägungen keine territoriale Beschränkung vorsehen. Die Regelung läuft daher in der Praxis ins Leere, weil die Zustimmung aller Gläubiger – ohne Ersetzungsbefugnis – in der Regel nicht zu erreichen sein wird (vgl. hierzu unten RdNr. 10).

4 Die Vorgehensweise einer Unternehmenssanierung bei parallelen Verfahren wird daher erst durch die Praxis ausgestaltet werden müssen. Dies wird jedoch – mangels entsprechender Instrumentarien in der Verordnung – jeweils nur auf der Grundlage der allgemeinen Kooperationsregeln der Verordnung (Art. 31) sowie auf Grundlage des jeweiligen nationalen Rechts möglich sein. Findet das Sekundärverfahren in Deutschland statt, bietet die Insolvenzordnung verschiedene Möglichkeiten, eine Koordination der Sanierungsmaßnahmen im Sekundärverfahren für eine Gesamtsanierung zu ermöglichen (vgl. hierzu unten RdNr. 12 ff.).

II. Zustandekommen von Insolvenzplänen

5 **1. Vorschlagsrecht (Abs. 1, Unterabsatz 1).** Art. 34 Abs. 1 stellt klar, dass das Liquidationsverfahren keinesfalls mit der Liquidation der Vermögenswerte enden muss, sondern auch eine Umgestaltung der Rechtsbeziehungen des Schuldners möglich ist. Art. 34 Abs. 1 Unterabsatz 1 setzt jedoch voraus, dass das Sekundärverfahren nach dem für dieses Verfahren maßgeblichen Recht ohne Liquidation durch einen Sanierungsplan, einen Vergleich oder eine andere vergleichbare Maßnahme beendet werden kann. Da es sich bei dem Sekundärverfahren aber um ein in Anhang B aufgeführtes Liquidationsverfahren handeln muss (vgl. Art. 27 Satz 2 i. V. m. Art. 2 lit. c), Anhang B), ist diese Möglichkeit denjenigen Mitgliedsstaaten verwehrt, die die Verfahrenstypen strikt getrennt haben. Nur sog. einheitliche Insolvenzverfahren, wie das deutsche Insolvenzverfahren, das keine grundsätzlich unterschiedlichen Verfahren für die Liquidation und Sanierung vorsehen, fallen daher in den Anwendungsbereich des Art. 34 Abs. 1, Unterabsatz 1.[5]

6 Art. 34 Abs. 1 Unterabsatz 1 erweitert das Planinitiativrecht auf den Verwalter des Hauptverfahrens.[6] Wie ein Umkehrschluss mit der Regelung in Art. 34 Abs. 3 bestätigt, soll das Planinitiativrecht dem Verwalter des Hauptverfahrens nicht ausschließlich zustehen, sondern soll zu dem Planinitiativrecht hinzutreten, das nach dem nationalen Recht anderen Beteiligten zusteht. Im Falle eines deutschen Sekundärverfahrens steht daher das Planinitiavrecht abweichend von § 218 Abs. 1 Satz 1 InsO nicht nur dem Schuldner und dem Verwalter (des Sekundärverfahrens), sondern auch dem Verwalter das Hauptverfahrens zu.

---

[3] *Haubold*, in *Gebauer/Wiedmann*, Zivilrecht, Art. 34 RdNr. 240; *Mäsch*, in *Rauscher*, Europ. Zivilprozessrecht, Bd. 2, Art. 34 EG-InsVO RdNr. 3; MünchKommBGB-*Kindler*, Bd. 11, Art. 34 RdNr. 767; *Nerlich/Römermann/Mincke*, Art. 34 RdNr. 1.

[4] *Haubold*, in *Gebauer/Wiedmann*, Zivilrecht, Art. 34 RdNr. 240; *Mäsch*, in *Rauscher*, Europ. Zivilprozessrecht, Bd. 2, Art. 34 EG-InsVO RdNr. 3.

[5] Vgl. bereits oben, RdNr. 2.

[6] So auch *Virgos/Schmit*, Erläuternder Bericht, RdNr. 248; die Vorschrift ist nicht als Exklusivrecht zu verstehen.

2. Ausschließliches Vorschlagsrecht (Abs. 3). Art. 34 Abs. 3 wiederum schränkt das **7** Planinitiativrecht für die Vorlage eines solchen Insolvenzplans ein. Während einer angeordneten Aussetzung der Verwertung nach Art. 33 kann ein solcher Vergleich grundsätzlich nur vom Verwalter des Hauptverfahrens oder vom Schuldner mit dessen Zustimmung beantragt werden. Die Aussetzung der Verwertung hindert demnach nicht nur die Liquidation, sondern auch andere Maßnahmen, wie die eines Insolvenzplans, die die Handlungsoptionen des Verwalters des Hauptverfahrens einschränken.[7] Hat in einem deutschen Sekundärverfahren daher das Insolvenzgericht die Aussetzung der Verwertung angeordnet, so sind während der Dauer der Aussetzung abweichend von § 218 InsO weder der Verwalter des Sekundärverfahrens noch der Schuldner (außer mit Zustimmung des Verwalters des Hauptverfahrens) berechtigt, einen Insolvenzplan vorzulegen.[8]

III. Insolvenzpläne

1. Allgemeine Bestätigungsvoraussetzung (Abs. 1, Unterabsatz 2). Darüber hi- **8** naus enthält Art. 34 Abs. 1 Unterabsatz 2 eine weitere Voraussetzung für die gerichtliche Bestätigung eines Insolvenzplanes. Zusätzlich zu den Voraussetzungen in den §§ 248 bis 250 InsO darf ein entsprechender Insolvenzplan in einem Sekundärverfahren nur bestätigt werden, wenn entweder der Verwalter des Hauptverfahrens dem Insolvenzplan zugestimmt hat, oder die finanziellen Interessen der Gläubiger des Hauptverfahrens nicht beeinträchtigt werden. Die finanziellen Interessen der Gläubiger des Hauptverfahrens sind nach *Virgos/ Schmit* nach den Auswirkungen des Planes auf die an die Gläubiger des Hauptverfahrens zu verteilende Quote zu beurteilen: würden diese bei einer Liquidation des Vermögens des Sekundärverfahrens mehr erhalten, so wären deren finanzielle Interessen beeinträchtigt.[9]

Dieser, den Vorschriften der §§ 245 Abs. 1 Nr. 1, 251 Abs. 1 Nr. 2 InsO nachempfunde- **9** ne Vergleich ist jedoch bei zwei parallelen Verfahren nicht möglich. Richtiger wäre es gewesen, die Quoten der beiden Verfahren für vergleichbare Gläubiger zu vergleichen. Denn für die Ansprüche der Gläubiger haftet das gesamte Vermögen des Schuldners, weshalb Gläubiger ihre Ansprüche grundsätzlich auch in allen Verfahren anmelden können. Das Verhältnis der Aktiv- und Passivmasse der beiden Verfahren unterliegt daher Zufälligkeiten, beispielsweise in welchem Verfahren mehr Gläubiger ihre Ansprüche angemeldet haben. Zudem funktioniert ein entsprechender Vergleich nicht, weil sich die Forderungsmodifikationen, die ein Insolvenzplan notwendigerweise enthält, nicht territorial beschränken lassen, was im Ergebnis ohnehin auf eine Zustimmung aller betroffenen Gläubiger des Sekundärverfahrens hinaus läuft (vgl. hierzu noch unten RdNr. 10).

2. Besondere Bestätigungsvoraussetzungen (Abs. 2). Art. 34 Abs. 2 enthält eine **10** Sonderregelung für die notwendigen **Mehrheiten bei einem Insolvenzplan** in einem Sekundärverfahren. Danach müssen – abweichend von § 244 InsO – alle Gläubiger zustimmen, wenn sich der Eingriff der Gläubigerrechte nicht nur auf das Gebiet des Sekundärverfahrensstaates beschränken soll. Art. 102 § 9 EGInsO versucht diese Vorschrift – in missglückter Weise – für das deutsche Recht umzusetzen.[10] Die ratio dieser Sonderregelung soll sich daraus ergeben, dass dem Sekundärverfahren für die Quotenberechnung auch nur die inländischen Vermögenswerte zur Verfügung stehen.[11] Aus grundsätzlichen Erwägungen wird es aber praktisch nicht möglich sein, beide Verfahren mit jeweils gesonderten Ver-

---

[7] Vgl. dazu oben Art. 33 RdNr. 1.
[8] So auch allgemein zu Abs. 3 *Duursma-Kepplinger*, Europäische Insolvenzverordnung, Art. 34 RdNr. 15; HK-*Stephan*, Art. 34 RdNr. 14; *Kübler/Prütting/Kemper*, Art. 34 EuInsVO RdNr. 9; *Mäsch*, in *Rauscher*, Europ. Zivilprozessrecht, Bd. 2, Art. 34 EG-InsVO RdNr. 5; MünchKommBGB-*Kindler*, Bd. 11, Art. 34 RdNr 778.
[9] *Virgos/Schmit*, Erläuternder Bericht, RdNr. 249.
[10] Vgl. unten Art. 102 § 9 RdNr. 1 ff.
[11] Vgl. die ähnliche Vorschrift in § 394 des Regierungsentwurfes und deren Begründung, BT-Drucks. 12/2443 vom 15. 4. 1992 S. 70, 245.

gleichen abzuschließen.¹² Art. 34 Abs. 2 geht davon aus, dass jede Beschränkung der Rechte der Gläubiger nur Auswirkungen auf das Vermögen des Sekundärverfahrens habe. Die Insolvenzplänen zugrunde liegenden Forderungsmodifikationen lassen sich jedoch nicht auf eine bestimmte, räumlich definierte Vermögensmasse des Schuldners begrenzen. Forderungen haben keine „physisch, territorial beschränkbare Existenz".¹³ Eine Forderungsmodifikation wäre ansonsten für das Schuldnerunternehmen auch nutzlos, weil der Gläubiger in anderen Mitgliedstaaten als dem Sekundärverfahrensstaat dann seine ursprüngliche Forderung wieder geltend machen könnte (und sei es wiederum nur als Gläubiger in dem Hauptverfahren). Da die in dem Insolvenzplan des Sekundärverfahrens enthaltenen Beschränkungen daher in der Praxis zwingend auch in den anderen Mitgliedstaaten Wirkungen entfalten müssen, führt Art. 34 Abs. 2 zu einem generellen Einstimmigkeitsprinzip.¹⁴ Damit schränkt Art. 34 Abs. 2 die Möglichkeiten länderübergreifender Sanierungsmöglichkeiten unnötigerweise ein (vgl. hierzu auch noch unten, RdNr. 12).

11   Des Weiteren lässt sich für einen Insolvenzplan des Sekundärverfahrens regelmäßig keine Quote ermitteln. Denn diese ergibt sich aus einer betriebswirtschaftlichen Prognose über die Fortführung des Unternehmens. Diese Prognose kann jedoch nur für das Gesamtunternehmen getroffen werden und nicht isoliert für die Vermögensgegenstände des Sekundärverfahrens.¹⁵ Nicht lösbare Probleme entstehen auch durch die Mehrfachteilnahme von Gläubigern in Verfahren und aus dem Verhältnis mehrerer Insolvenzpläne zueinander.¹⁶ Die Umgestaltung der Rechtsbeziehungen des Schuldners zu seinen Gläubigern ist daher nur in einem länderübergreifenden, einheitlichen Insolvenzplan möglich.¹⁷ Art. 34 Abs. 2, d. h. das Erfordernis der Zustimmung jedes einzelnen Gläubigers, sollte daher bei einer teleologischen Auslegung keine Anwendung finden, wenn für die Berechnung der Quote des Insolvenzplans eine Betrachtung des Gesamtunternehmens zugrunde lag, bei dem auch die Vermögenswerte des Hauptverfahrens eingeschlossen waren (vgl. dazu auch noch unten, RdNr. 10).

IV. Unternehmenssanierung bei parallelen Verfahren

12   **1. Allgemeines.** Wie bereits ausgeführt (vgl. oben, RdNr. 10), sind territorial beschränkte Forderungsmodifikationen grundsätzlich nicht möglich. Anders als bei einer Liquidation ist daher ein unabhängiger, neben dem Insolvenzplan im Hauptverfahren bestehender Insolvenzplan eines Sekundärverfahrens nicht möglich. Art. 34 Abs. 2 erkennt dies, verlangt aber dann die Zustimmung aller betroffenen Gläubiger, was in der Praxis kaum zu erzielen sein wird. Vielmehr sehen Sanierungsverfahren regelmäßig vor, dass Gläubiger kein Erpressungspotenzial durch eine Ablehnung erhalten, entweder indem nur einfache Mehr-

---

¹² Das wird vielfach übersehen, vgl. auch *Wimmer* ZIP 1998, 982, 988.
¹³ Vgl. *Flessner*, in *Stoll*, Stellungnahmen und Gutachten, S. 205; *Reinhart*, Sanierungsverfahren, S. 300 ff.; aA wohl *Taupitz* ZZP 111 (1998) 315, 348 ff.; *Lüke* ZZP 111 (1998) 275, 307 ff.
¹⁴ *Duursma-Kepplinger*, Europäische Insolvenzverordnung, Art. 34 RdNr. 13; FK-*Wimmer*, Anh I RdNr. 119; *Haubold*, in *Gebauer/Wiedmann*, Zivilrecht, Art. 34 RdNr. 241; *Heiderhoff*, in *Geimer/Schütze*, Int. Rechtsverkehr, B Vor I 20 b, Art. 34 RdNr. 6; HK-*Stephan*, Art. 34 RdNr. 11; *Kübler/Prütting/Kemper*, Art. 34 EuInsVO RdNr. 7; *Mäsch*, in *Rauscher*, Europ. Zivilprozessrecht, Bd. 2, Art. 34 EG-InsVO RdNr. 11; MünchKommBGB-*Kindler*, Bd. 11, Art. 34 RdNr. 775; *Nerlich/Römermann/Mincke*, Art. 34 RdNr. 3; *Pannen*, in *Breutigam/Blersch/Goetsch*, Art. 34 RdNr. 7; aA wohl *Paulus*, Europäische Insolvenzverordnung, Art. 34 RdNr. 21 ff.
¹⁵ Zwar ist es möglich, für die Niederlassung im Sekundärverfahrensstaat eine betriebswirtschaftliche Auswertung zu erhalten, wie dies beispielsweise für Betriebsstättenbilanzen und -besteuerung geschieht. Das Ergebnis der Betriebsstätte hängt jedoch vom Gesamtunternehmen ab, so dass sich – losgelöst von dem Schicksal des Unternehmen im Hauptverfahren – niemals ein betriebswirtschaftliches Ergebnis ermitteln ließe, vgl. *Reinhart*, Sanierungsverfahren, S. 303.
¹⁶ Siehe hierzu auch *Reinhart*, Sanierungsverfahren, S. 305 ff.
¹⁷ *Flessner*, in *Stoll*, Vorschläge und Gutachten, S. 231; *Hanisch*, ebd. S. 214 f.; zu den rechtlichen Rahmenbedingungen eines international einheitlichen Planes vgl. *Reinhart*, Sanierungsverfahren S. 309 ff.; einen international einheitlichen Insolvenzplan hat es beispielsweise bei der Sanierung der Maxwell Communication Corporation gegeben, vgl. *Reinhart*, ebd. S. 270–275; *Göpfert* ZZPInt1 (1996) 269 ff.

heiten vorgesehen werden, oder indem beispielsweise auch die Zustimmung zu einem Insolvenzplan ersetzt werden kann. Da die Verordnung insoweit keine Verfahrensmechanismen oder Sachnormen zur Verfügung stellt, um das Problem einer globalen Unternehmenssanierung bei parallelen Verfahren zu ermöglichen, bedarf es eines Rückgriffs auf die Möglichkeiten, die sich zur Lösung dieser Situation bereits nach dem nationalen Recht anbieten. Für die in Deutschland durchzuführenden Sekundärverfahren bieten sich nach der InsO hierfür folgende Gestaltungsmöglichkeiten an:

2. Asset Deal mit dem Verwalter des Hauptverfahrens. Um eine Reorganisation des gesamten Unternehmens zu ermöglichen, bietet sich zunächst an, die Pluralität der Verfahren unter Berücksichtigung der Interessen der Gläubiger des Sekundärverfahrens wieder aufzuheben. Dies ist grundsätzlich dadurch möglich, dass der Verwalter des Sekundärverfahrens die gesamte Insolvenzmasse einschließlich der Vertragsbeziehungen auf den Verwalter des Hauptverfahrens gegen einen entsprechenden Kaufpreis überträgt. Damit wäre eine vollständige Liquidation der Vermögenswerte des Sekundärverfahrens erreicht und das Sekundärverfahren könnte nach Verteilung des Verkaufserlöses beendet werden. Hierdurch werden die Interessen der Gläubiger des Sekundärverfahrens auch nicht sachwidrig beeinträchtigt. Wirtschaftlich hängt die Quote der einfachen Insolvenzgläubiger ohnehin davon ab, ob und in welchem Umfang Gläubiger aus anderen Mitgliedstaaten, insbesondere die Gläubiger aus dem Mitgliedstaat des Hauptverfahrens, ihre Forderungen (eventuell auch über den dortigen Verwalter, vgl. Art. 32 Abs. 2) in dem Sekundärverfahren anmelden. Im Ergebnis kann daher der Verwalter des Hauptverfahrens die mögliche Quote für die einfachen Insolvenzgläubiger im Sekundärverfahren steuern und beeinflussen. Was die laufenden Vertragsverhältnisse anbetrifft, so lassen sich im Rahmen des Asset Deals entsprechende Regelungen für die Fortführung durch den Verwalter des Hauptverfahrens treffen. Anderenfalls könnten die betroffenen Vertragspartner einem Vertragsübergang widersprechen, sodass der Verwalter des Sekundärverfahrens gezwungen wäre, die Erfüllung der Verträge nach den §§ 103 ff. InsO abzulehnen.

Auch aus Sicht des Hauptverfahrens bietet eine solche Vorgehensweise verschiedene Vorteile. Der Insolvenzverwalter des Hauptverfahrens könnte nämlich eine Reorganisation oder Sanierung auf Grundlage eines einzigen Insolvenzplanverfahrens durchführen. Hierbei müssten freilich in Anlehnung an Art. 20 Abs. 2 die Zahlungen an die Gläubiger des Sekundärverfahrens bei der Planverteilung bereits entsprechend berücksichtigt werden. Die Parallelität von zwei nebeneinander bestehenden Insolvenzplänen würde hierdurch jedoch vermieden.

3. Insolvenzplan für eine übertragende Sanierung. Grundsätzlich denkbar wäre auch, Sekundärverfahren durch einen Insolvenzplan zu beenden, mit dem wiederum im Rahmen einer übertragenden Sanierung dem Verwalter des Hauptverfahrens die Insolvenzmasse und Vertragsziehungen aus dem Sekundärverfahren übertragen wird, und im Rahmen dessen Gläubiger des Sekundärverfahrens wiederum Beteiligungsrechte und Mindestgarantien aus dem Hauptverfahren erhalten. Gegenstand des gestaltenden Teils eines solchen Insolvenzplanes wären daher nicht nur die Übertragung der Insolvenzmasse und der Vertragsbeziehungen auf den Verwalter des Hauptverfahrens, sondern eine entsprechende Vereinbarung mit dem Insolvenzverwalter des Hauptverfahrens über die Beteiligung und Berücksichtigung der Ansprüche und Interessen der Gläubiger des Sekundärverfahrens. Ob dies nach dem Recht des Hauptverfahrens überhaupt möglich ist, wäre seitens des Verwalters des Hauptverfahrens zu prüfen. Bei einem Sekundärverfahren in Deutschland stünde jedenfalls das deutsche Insolvenzrecht dem nicht entgegen, da das Insolvenzplanverfahren als flexibles Mittel der Masseverwertung für jede Regelung offen steht. Allerdings zeigt sich hier, dass Art. 34 Abs. 2 einer solchen Vorgehensweise entgegenstehen dürfte, soweit man darin eine Beschränkung der Rechte der Gläubiger sehen würde, weil in diesem Falle ansonsten entgegen den Regelungen in § 244 InsO alle betroffenen Gläubiger dem Insolvenzplan zustimmen müssten. Richtigerweise wird man jedoch in einem Insolvenzplan eines deutschen Sekundärverfahrens keine Beschränkung der Rechte der Gläubiger sehen können, soweit die Vereinbarung mit dem Insolvenzverwalter des Hauptverfahrens allen Gläubigern eine Rechtsstellung gewährt, die jedenfalls mindestens der des Gläubigers im deutschen Sekundärverfahren entspricht. Auch dies dürfte durch entsprechende Vereinbarungen zwischen dem Verwalter des Hauptverfahrens sowie dem Verwalter des Sekundärverfahrens sichergestellt werden können. Denn was die Quote der Sekundärverfahrensgläubiger anbetrifft, so lässt sich diese schon durch eine entsprechende Forderungsanmeldung des Verwalter des Hauptverfahrens – je nach Verteilung der Vermögenswerte auf die beiden Verfahren – so erniedrigen, dass im Sekundärverfahren ohnehin nur eine äußerst geringe Quote erzielt werden könnte. Wichtig erscheint daher die Behandlung der Massegläubiger in dem Verfahren sowie die Fortführung noch laufender Verträge. Solange der Verwalter des Sekundärverfahrens aber sein Wahlrecht noch nicht ausgeübt hat, wäre die Mindestgarantie, die der Verwalter des Hauptverfahrens geben müsste, dass er mögliche Vertragsbeziehungen allenfalls unter Berücksichtigung der §§ 103 InsO beendet. Hinsichtlich der absonderungsberechtigten Gläubiger müsste vereinbart werden, dass deren Rechte nach § 166 InsO bei der Verwertung zu beachten sind. Zudem müsste als Gerichtsstand für Auseinandersetzungen mit dem Verwalter des Hauptverfahrens die deutsche internationale Zuständigkeit vereinbart werden, um den Gläubigern des Sekundärverfahrens die Rechtsschutzmöglichkeit im Inland, die das Sekundärverfahren gewährt, nicht zu nehmen.

16 **4. Parallele Insolvenzpläne.** Die Reorganisation eines internationalen Unternehmens durch mehrere parallele Insolvenzpläne ist praktisch nicht durchführbar.[18] Da jedem Plan nur ein Teil des Schuldnervermögens zugrunde liegt, hat kein Insolvenzplan für sich gesehen die Berechtigung, die Forderungen der Gläubiger zu kürzen. Diese Bedenken gelten nicht nur für den Insolvenzplan des Partikularverfahrens, sondern gleichermaßen für den Insolvenzplan des Hauptverfahrens. Unklar ist weiter, welche Quote das jeweilige Verfahren zur Kürzung der Forderungen der Gläubiger zugrunde legen darf. Denn für Teile des Unternehmens lässt sich kein selbständiger unabhängiger Fortführungswert ermitteln. Für das Partikularverfahren stellt sich zudem die Frage, ob es überhaupt berechtigt ist, dort einen Fortführungswert zugrunde zu legen, der eigentlich nur durch die Sanierungsmaßnahmen im Hauptverfahren zustande kommt. Auch eine Mehrfachteilnahme eines Gläubigers ist bei Insolvenzplänen nur schwer zu berücksichtigen. Dies wäre nur durch weitere Gruppenbildungen möglich, sodass die Kürzung der Forderungen aufeinander abgestimmt ist.

17 Hinzu kommt, dass bei parallelen Insolvenzverfahren der Insolvenzplan für das Sekundärverfahren notwendigerweise auch Beschränkungen enthält, die auch Auswirkungen auf das im Sekundärverfahrensstaat belegene Vermögen enthält. Dies führt wiederum dazu, dass gemäß § 34 Abs. 2 alle betroffenen Gläubiger dem Insolvenzplan zustimmen müssten, was in der Praxis jedoch nicht erreicht werden kann. Eine Unternehmenssanierung auf Grund paralleler Insolvenzpläne scheitert daher an grundsätzlichen Erwägungen sowie an der in Art. 34 Abs. 2 enthaltenen Voraussetzung, dass alle betroffenen Gläubiger der Maßnahme zustimmen müssten.

18 **5. Einheitlicher Insolvenzplan.** Als letzte Gestaltungsmöglichkeit aus Sicht der deutschen Insolvenzordnung wäre allenfalls noch die Aufstellung eines einzigen Insolvenzplanes, der den Anforderungen des Rechts des Hauptverfahrensstaates sowie dem deutschen Recht als Recht des Sekundärverfahrensstaates genügt. Soweit Verteilungsregelungen jedoch nicht kompatibel sind, dürfte dies schwer zu erreichen sein.[19] Praktisch wäre dies nur möglich, wenn Ansatzpunkt für eine Überprüfung des Planes im Sekundärverfahren ist, ob die Gläubiger des Sekundärverfahrens durch den Plan zumindest so gestellt werden, wie sie bei Durchführung einer Liquidation im Rahmen des Sekundärverfahrens stünden. Es käme daher auf die voraussichtliche Quote an. Ob die im Insolvenzplan enthaltenen Gruppen oder die Verteilung dem Recht des deutschen Sekundärverfahrens entspricht, müsste dagegen bei

---

[18] Ausführlich *Reinhart*, Sanierungsverfahren, S. 300 ff.
[19] Vgl. hierzu *Reinhart*, Sanierungsverfahren, S. 309 ff.

der Planbestätigung außer Betracht bleiben. Eine solche eingeschränkte Überprüfungsbefugnis ist jedoch im deutschen Insolvenzrecht nicht vorgesehen.[20] Vielmehr ergibt sich aus einem Umkehrschluss nach Art. 102 § 9 EGInsO, dass es auch bei Insolvenzplänen in Sekundärverfahren ansonsten bei den üblichen Prüfungsstandards für die Bestätigung derselben bleibt. Damit stößt die Unternehmenssanierung auf Grund eines einheitlichen Insolvenzplanes sowohl auf praktische, als auch auf rechtliche, kaum überwindbare Hindernisse.

Art. 35. Überschuss im Sekundärinsolvenzverfahren

Können bei der Verwertung der Masse des Sekundärinsolvenzverfahrens alle in diesem Verfahren festgestellten Forderungen befriedigt werden, so übergibt der in diesem Verfahren bestellte Verwalter den verbleibenden Überschuss unverzüglich dem Verwalter des Hauptinsolvenzverfahrens.

Literatur: *Beck,* Verteilungsfragen im Verhältnis zwischen Haupt- und Sekundärinsolvenzverfahren nach der EuInsVO, NZI 2007, 1.

Übersicht

	RdNr.		RdNr.
I. Normzweck	1	III. Rechtsfolgen	7
II. Voraussetzungen	4	1. Übergabe des verbleibenden Überschusses	7
1. Befriedigung aller festgestellten Forderungen	4	2. „Unverzüglich"	9
2. Befriedigung aller sonstigen Forderungen	5		

I. Normzweck

Art. 35 enthält eine Selbstverständlichkeit, die sich auch bereits im autonomen Recht mancher Rechtsordnungen wieder findet, nämlich dass ein **Überschuss** aus einem Sekundärverfahren der Insolvenzmasse dem Hauptverfahren zugute kommt.[1] Das ist deswegen selbstverständlich, weil die Möglichkeit der Durchführung eines Sekundärverfahrens primär dem Schutz der lokalen Gläubiger dient. Ist deren Interessen durch Abwicklung des Verfahrens gedient, so fällt die weitere Abwicklung der Insolvenz des Schuldners in den Aufgabenbereich des Hauptverfahrens, dem durch die Eröffnung des Sekundärverfahrens die dort belegene Masse „entzogen" wurde.[2] 1

Da nach der Verordnung aber alle Gläubiger ihre Forderungen in allen Verfahren anmelden können, wird es praktisch niemals zu einer solchen Ausschüttung kommen. Durch den Informationsaustausch der Insolvenzverwalter wird die finanzielle Attraktivität der Teilnahme an dem Sekundärverfahren – volle Befriedigung der Forderung! – dazu führen, dass auch viele Gläubiger des Hauptverfahrens ihre Forderungen im Sekundärverfahren anmelden werden, so dass es auch hier nur zu einer Quotenausschüttung kommen wird.[3] 2

Soweit entgegen der vorgenannten Bewertung Art. 35 in der Praxis zur Anwendung kommen sollte, ist jedoch zu beachten, dass Art. 35 als Sachnorm zu bewerten ist[4] und daher entgegenstehende oder anderweitige Regelungen des Rechts der Mitgliedstaaten ver- 3

---

[20] Zu einem konkreten Gesetzesvorschlag vgl. auch *Reinhart,* Sanierungsverfahren, S. 324 f.
[1] So auch § 358 InsO; so auch *Beck* NZI 2007, 1, 6; MünchKommBGB-*Kindler,* Bd. 11, IntInsR RdNr. 779; HK-*Stephan,* Art. 35 RdNr. 1.
[2] *Mäsch* in *Rauscher,* Europ. Zivilprozessrecht, Bd. 2, Art. 35 EG-InsVO RdNr. 1; *Paulus,* Europäische Insolvenzverordnung, Art. 35 RdNr. 4.
[3] Von einer geringen praktischen Bedeutung gehen auch aus: *Beck* NZI 2007, 1, 6; *Heiderhoff* in Geimer/Schütze, Int. Rechtsverkehr, B Vor I 20b, Art. 35 RdNr. 1; MünchKommBGB-*Kindler,* Bd. 11, IntInsR RdNr. 781; *Mäsch* in *Rauscher,* Europ. Zivilprozessrecht, Bd. 2, Art. 35 EG-InsVO RdNr. 1; *Pannen,* in Breutigam/Blersch/Goetsch, Art. 35 RdNr. 2 ff.; FK-*Wimmer,* Anh. I nach § 358 RdNr. 123.
[4] MünchKommBGB-*Kindler,* Bd. 11, IntInsR RdNr. 779.

drängt.⁵ Art. 35 gewährt daher dem Verwalter des Hauptverfahrens einen direkten Anspruch gegen den Verwalter des Sekundärverfahrens auf Übergabe des Überschusses.⁶

II. Voraussetzungen

4   **1. Befriedigung aller „festgestellten" Forderungen.** Art. 35 verlangt zunächst, die Befriedigung aller *„in diesem Verfahren festgestellten Forderungen"*. Hierunter sind nach allgemeiner Auffassung zunächst alle zur Insolvenztabelle festgestellten Insolvenzforderungen zu verstehen, was auch dem deutschen Sprachverständnis der Vorschrift entspricht. Forderungen, die zur Insolvenztabelle des Sekundärverfahrens nicht angemeldet oder nicht zugelassen wurden, bleiben daher unberücksichtigt.⁷

5   **2. Befriedigung aller sonstigen Forderungen.** Daraus ist jedoch nicht zu schließen, dass nur Forderungen, die auch zur Insolvenztabelle angemeldet werden können, zunächst befriedigt werden mussten. Für die Auslegung von Art. 35 darf nicht auf den Begriff der „Feststellung" im deutschen Insolvenzrecht (§ 177 InsO) zurückgegriffen werden. Der Kreis der zu befriedigenden Forderungen ist weiter, als das deutsche Sprachverständnis von Art. 35 bei einer rein wörtlichen Auslegung zunächst vermuten lässt. Die englische Sprachversion (*„all claims allowed under those proceedings"*) bringt zum Ausdruck, dass hierunter nicht nur die zu einer Tabelle formal festgestellten Forderungen zu zählen sind. Freilich hat der Verwalter zunächst – gemäß der von der *lex fori concursus secundariae* vorgegebenen Verteilungsreihenfolge – eventuell vorrangige Forderungen zu begleichen (z. B. im deutschen Sekundärverfahren die Massekosten und Masseverbindlichkeiten, auch wenn diese nicht zur Insolvenztabelle anzumelden sind).

6   Darüber hinaus stellt sich die Frage, ob und gegebenenfalls bis zu welchem Rang in einem deutschen Sekundärverfahren auch die sog. nachrangigen Insolvenzforderungen (§ 39 InsO) zu berücksichtigen wären.⁸ Richtigerweise wird man die im letzten Rang genannten nachrangigen Forderungen der Gesellschafter auf Rückgewähr kapitalersetzender Darlehen jedoch ebenfalls hierzu zählen müssen.⁹ Auch diese sind Ansprüche sind nach dem bei einem in Deutschland durchgeführten Sekundärverfahren *„allowed claims"*. Zwar ließe sich hier argumentieren, dass es sich wirtschaftlich um eine Verteilung an die Gesellschafter handele. Eine solche teleologische Einschränkung lässt sich jedoch der Konzeption des Sekundärverfahrens nicht entnehmen. Sollte daher praktisch der Fall auftreten, dass in einem Sekundärverfahren Gesellschafterforderungen auf kapitalersetzende Darlehen zur Befriedigung anstehen, ohne das die Gläubiger des Hauptverfahrens vollständig befriedigt würden, so wäre es schon nach Art. 32 zweckmäßig, dass der Verwalter des Hauptverfahrens die in seinem Verfahren angemeldeten Forderungen auch im Sekundärverfahren anmeldet, um über die Erhöhung der Passivmasse im Sekundärverfahren auch international die gewollte Verteilungsgerechtigkeit herzustellen.

III. Rechtsfolgen

7   **1. Übergabe des Überschusses.** Was als Überschuss anzusehen ist, richtet sich nach der *lex fori concursus secundariae*.¹⁰ Die Verordnung geht dabei davon aus, dass sich der Überschuss in allen Mitgliedsländern gleichermaßen aus dem Betrag ermittelt, der sich nach Befriedigung aller in dem Verfahren zugelassenen Forderungen ergibt.

---

⁵ ZB im deutschen Recht § 199 InsO; MünchKommBGB-*Kindler*, Bd. 11, IntInsR RdNr. 779; *Nerlich/Römermann/Mincke*, Art. 35 RdNr. 1.
⁶ MünchKommBGB-*Kindler*, Bd. 11, IntInsR RdNr. 784; *Mäsch* in *Rauscher*, Europ. Zivilprozessrecht, Bd. 2, Art. 35 EG-InsVO RdNr. 1; *Smid*, Int. Insolvenzrecht, Art. 35 RdNr. 6.
⁷ MünchKommBGB-*Kindler*, Bd. 11, IntInsR RdNr. 782.
⁸ Bejahend *Paulus*, Europäische Insolvenzverordnung, Art. 35 RdNr. 4.
⁹ Insoweit auch keine Differenzierung treffend *Paulus*, Europäische Insolvenzverordnung, Art. 35 RdNr. 4; die Frage, ob einem Gesellschafterdarlehen kapitalersetzendem Charakter zukommt, richtet sich nicht nach dem Insolvenzstatut (also hier dem Recht des Sekundärverfahrensstaates), sondern nach dem Gesellschaftsstatut, vgl. bereits oben Art. 4 RdNr. 6.
¹⁰ *Smid*, Int. Insolvenzrecht, Art. 35 RdNr. 5.

Soweit Vermögensgegenstände nicht verwertet werden konnten, sind diese ebenfalls an **8** den Verwalter des Hauptverfahrens herauszugeben,[11] es sei denn, dieser erklärt nach dem für ihn geltenden Insolvenzrecht des Hauptverfahrens die Freigabe dieser Vermögensgegenstände. Zu einer Freigabe der Vermögensgegenstände ist der Verwalter des Sekundärverfahrens jedenfalls auf Grund der Wertung in Art. 35 nur nach Zustimmung des Verwalters des Hauptverfahrens befugt.

2. „Unverzüglich". Der Begriff unverzüglich ist verordnungsautonom auszulegen. Die **9** englische Formulierung *(„immediately")* lässt ebenfalls erkennen, dass dies ohne schuldhaftes Verzögern geschehen muss. Wann allerdings der Verwalter des Sekundärverfahrens grundsätzlich einen Überschuss auskehren kann, richtet sich nach dem Recht des Sekundärverfahrensstaates (der *lex fori concursus secundariae*). In einem deutschen Sekundärverfahren hat der Verwalter daher den Überschuss nach der Schlussverteilung und dem Schlusstermin, aber vor der Aufhebung des Insolvenzverfahrens an den Verwalter des Hauptverfahrens zu übergeben.[12]

Art. 36. Nachträgliche Eröffnung des Hauptinsolvenzverfahrens

Wird ein Verfahren nach Art. 3 Abs. 1 eröffnet, nachdem in einem anderen Mitgliedstaat ein Verfahren nach Art. 3 Abs. 2 eröffnet worden ist, so gelten die Art. 31 bis 35 für das zuerst eröffnete Insolvenzverfahren, soweit dies nach dem Stand dieses Verfahrens möglich ist.

Literatur: Vergleiche die allgemeinen Literaturangaben vor Art. 1 EuInsVO.

Übersicht

	RdNr.		RdNr.
I. Normzweck	1	III. Rechtsfolge	3
II. Voraussetzung	2		

I. Normzweck

Art. 36 modifiziert die Anwendung der Art. 31 bis 35 für den Fall, dass das Partikular- **1** verfahren **vor** dem Hauptverfahren nach Art. 3 Abs. 1 eröffnet wurde. Solange nur ein Partikularverfahren läuft, gehen die Kooperationsvorschriften in Art. 31 ff. ohnehin ins Leere. Aber auch nach Eröffnung des Hauptverfahrens finden die Art. 31 ff. freilich nur noch Anwendung, soweit dies entsprechend dem Stand des Verfahrens, das nunmher in ein Sekundärverfahren umqualifiziert wurde, möglich ist. Soweit diese durch den fortgeschrittenen Verfahrensstand nicht überholt sind, gelten nunmehr auch die Kooperationspflichten nach Art. 31 ff.[1]

II. Voraussetzung

Art. 36 setzt voraus, dass das Hauptverfahren nach Art. 3 Abs. 1 eröffnet wird, nachdem **2** bereits in einem anderen Mitgliedstaat ein Verfahren nach Art. 3 Abs. 2 eröffnet wurde. Wann jeweils eine Verfahrenseröffnung vorliegt, ist nicht nur nach dem formellen Eröffnungsbeschluss zu beurteilen, sondern kann gemäß den Kriterien der Eurofood-Entscheidung des EuGH bereits dann vorliegen, wenn das Insolvenzgericht einen vorläufigen Insolvenzverwalter bestellt und gleichzeitig Sicherungsmaßnahmen anordnet, die den Vermögensbeschlag zur Folge haben.[2] Zu berücksichtigen ist ebenfalls, ob das jeweilige Gericht

---

[11] MünchKommBGB-*Kindler*, Bd. 11, IntInsR RdNr. 783; *Smid*, Int. Insolvenzrecht, Art. 35 RdNr. 5.
[12] Vgl. §§ 197, 199, 200 InsO.
[1] *Virgos/Schmit*, Erläuternder Bericht, RdNr. 255; *Nerlich/Römermann/Mincke*, Art 36 RdNr. 4; *Mäsch*, in *Rauscher*, Europ. Zivilprozessrecht, Bd. 2, Art. 36 EG-InsVO RdNr. 2; HK-*Stephan*, Art. 36 RdNr 2.
[2] Vgl. hierzu ausführlich bereits oben, Art. 2 RdNr. 7 ff.; Art. 3 RdNr. 58 ff.

bei Anordnung dieser Maßnahmen zugleich entsprechende Zuständigkeiten für sich in Anspruch genommen hat.[3] Ist das der Fall, so liegt eine Eröffnung des Hauptverfahrens auch im Sinne des Art. 36 vor.

III. Rechtsfolge

3   Im Falle der oben geschilderten nachträglichen Eröffnung des Hauptverfahrens hat der Verwalter des Sekundärverfahrens zusätzlich die in Art. 31 ff. enthaltenen Kooperationspflichten zu beachten, *„soweit dies nach dem Stand des Verfahrens möglich ist"* (in der englischen Fassung: „in so far as the progress of those proceedings so permits"). Die Einschränkung ist restriktiv auszulegen[4] und befreit den Verwalter des Sekundärverfahrens von den Kooperationspflichten nach Art. 31 ff. nur aus Gründen des zeitlichen Ablaufs und fortgeschrittenem Stadiums des Sekundärverfahrens, nicht dagegen aus anderen Gründen.[5]

4   Da die Kooperationspflichten nach Art. 31 ff. bereits im vorläufigen Insolvenzverfahren gelten[6] und eine Verfahrenseröffnung nach der Eurofood Entscheidung des EuGH (vgl. oben RdNr. 2) bereits mit der Bestellung des vorläufigen Insolvenzverwalters und der Anordnung eines Vermögensbeschlags eintritt, gilt Art. 36 freilich auch bereits im vorläufigen Insolvenzverfahren, wobei hierbei die in Art. 36 enthaltene Einschränkung der Kooperationspflichten für den Verwalter des Sekundärverfahrens geringer werden, je früher im laufenden Partikularverfahren die Eröffnung des Hauptverfahrens hinzu tritt.

5   Auf die Informationspflichten nach Art. 31 Abs. 1 wirkt sich dies allenfalls im Hinblick auf den Inhalt der zu übermittelnden Information aus. Die Informationspflicht selbst gilt uneingeschränkt. Der Umfang der Berichtspflicht wiederum richtet sich nach den in Art. 31 Abs. 2 enthaltenen Kriterien. Auch die in Art. 31 enthaltene Kooperationspflicht gilt, jedoch freilich nur noch hinsichtlich der zukünftigen Verwaltungs- und Verwertungstätigkeit des Verwalters des Sekundärverfahrens. Gleiches gilt für die Rechte auf Anmeldung von Gläubigerforderungen im jeweils anderen Verfahren nach Art. 32. Die Aussetzung der Verwertung ist denklogisch nur noch möglich hinsichtlich der Vermögensgegenstände, die noch nicht verwertet wurden. Bei noch bevorstehenden oder noch nicht abgeschlossenen Verwertungshandlungen des Verwalters des Sekundärverfahrens ist dem Verwalter des Hauptverfahrens jedoch die Möglichkeit zu gewähren, seine Rechte nach Art. 33 auszuüben. Deutet sich die Eröffnung eines Hauptverfahrens an, so entspricht es dem Geist der Kooperation nach Art. 33, Verwertungshandlungen, die nicht zeitkritisch sind und ohne weitere Nachteile zu Lasten der Masse des Sekundärverfahrens aufgeschoben werden können, auszusetzen, um den Verwalter des Hauptverfahrens nicht vor vollendete Tatsachen zu stellen.

Art. 37. Umwandlung des vorhergehenden Verfahrens

Der Verwalter des Hauptinsolvenzverfahrens kann beantragen, dass ein in Anhang A genanntes Verfahren, das zuvor in einem anderen Mitgliedstaat eröffnet wurde, in ein Liquidationsverfahren umgewandelt wird, wenn es sich erweist, dass diese Umwandlung im Interesse der Gläubiger des Hauptverfahrens liegt.

Das nach Art. 3 Abs. 2 zuständige Gericht ordnet die Umwandlung in eines der in Anhang B aufgeführten Verfahren an.

Literatur: Vergleiche die allgemeinen Literaturangaben vor Art. 1 EuInsVO.

---

[3] Vgl. Art. 2 RdNr. 13.
[4] So auch MünchKommBGB-*Kindler*, Bd. 11, IntInsR RdNr. 788; *Mäsch*, in *Rauscher*, Europ. Zivilprozessrecht, Bd. 2, Art. 36 EG-InsVO RdNr. 2, denen zufolge der Begriff „möglich" weit auszulegen ist.
[5] MünchKommBGB-*Kindler*, Bd. 11, IntInsR RdNr. 788; FK-*Wimmer*, Anh. I nach § 358 RdNr. 125.
[6] Vgl. oben Art. 31 RdNr. 5.

Umwandlung des vorhergehenden Verfahrens   1–4 **Art. 37 EuInsVO**

Übersicht

	RdNr.		RdNr.
I. Normzweck	1	3. Interesse der Gläubiger des Hauptverfahrens	6
II. Voraussetzungen	3	**III. Rechtsfolgen**	9
1. Verfahren gemäß Anhang A	3	**IV. Vorbehalt Portugals**	12
2. Antrag	5		

I. Normzweck

Gemäß Art. 3 Abs. 3 und Art. 27 Satz 2 muss es sich bei einem zeitlich nach dem Hauptverfahren eröffneten Sekundärverfahren um ein in Anlage B aufgeführtes Liquidationsverfahren handeln. Wird dagegen das Partikularverfahren zuerst eröffnet (Art. 3 Abs. 4), so gilt diese Beschränkung nicht, so dass wiederum jedes der in Anlage A aufgeführten Verfahren zulässig ist. Art. 37 gibt dem Verwalter des nachfolgend eröffneten Hauptverfahrens die Möglichkeit zu beantragen, dass ein in Anlage A, aber nicht in Anlage B aufgeführtes Verfahren in ein in Anlage B aufgeführtes Liquidationsverfahren umgewandelt wird. Es handelt sich insoweit um eine Sachnorm, die das nationale Insolvenzsachrecht überlagert, soweit dort die Möglichkeit zur Umwandlung von Verfahren bereits geregelt ist. Art. 37 gibt den Gerichten der Mitgliedsstaaten insoweit eine über das nationale Recht hinausgehende Rechtsgrundlage, die Umwandlung des Verfahrens anzuordnen. Die Rechtsfolgen der Umwandlung wiederum richten sich nach dem Recht des Verfahrensstaates. 1

Für deutsche Sekundärverfahren ist die Vorschrift bedeutungslos, da das einheitliche Insolvenzverfahren der Insolvenzordnung sowohl in Anlage A als auch Anlage B zur Verordnung aufgeführt ist und daher eine Umwandlung des „Verfahrens" selbst nicht in Betracht kommt.[1] Ob für das deutsche Recht die Interventionsbefugnis des Verwalters des Hauptverfahrens nach Art. 37 dahingehend auszulegen ist, dass dieser ein Insolvenzplanverfahren stoppen kann, ist fraglich, da ein Insolvenzplanverfahren auch zur Liquidation des Schuldnervermögens verwendet werden kann. Diese Frage fällt vielmehr in den Anwendungsbereich von Art. 34. Ein Insolvenzplanverfahren zur Sanierung des Schuldners dagegen wird sich isoliert für das Vermögen des Sekundärverfahrens ohnehin nicht durchführen lassen,[2] so dass dieser Frage in der deutschen Insolvenzpraxis keine Bedeutung zukommen wird. 2

II. Voraussetzungen

1. Verfahren gemäß Anhang A. Art. 37 setzt voraus, dass es sich bei dem in dem Partikularverfahren gemäß Art. 3 Abs. 4 eröffneten Verfahren nicht um ein Liquidationsverfahren handelt, welche in Anhang B aufgeführt sind. Bei dem in dem Sekundärverfahren eröffneten Verfahren muss es sich daher um ein Verfahren handeln, das ausschließlich in Anlage A aufgeführt ist. Da einheitliche Verfahren, wie das deutsche Insolvenzverfahren, sowohl in Anhang A und Anhang B aufgeführt sind, sind von dieser Vorschrift diejenigen Mitgliedsländer betroffen, die schon verfahrensrechtlich zwischen Sanierungs- und Liquidationsverfahren trennen.[3] Handelt es sich nicht um ein ausschließlich in Anlage A aufgeführtes Sanierungsverfahren, so ist schon der sachliche Anwendungsbereich der Norm nicht eröffnet. 3

Art. 37 bezieht sich – ganz formal – aber nur auf den Verfahrenstyp, nicht dagegen auch materiellrechtlich auf die Ausgestaltung der Verfahrensdurchführung und -beendigung. Ob bei einem der einheitlichen Verfahrenstypen daher die Durchführung eines Insolvenzplanverfahrens oder sonstigen Vergleichsverfahrens im Sekundärverfahren zulässig ist, ist dagegen 4

---

[1] FK-*Wimmer*, Anh. I nach § 358 RdNr. 131; *Mäsch*, in *Rauscher*, Europ. Zivilprozessrecht, Bd. 2, Art. 37 EG-InsVO RdNr. 3; *Heiderhoff*, in *Geimer/Schütze*, Int. Rechtsverkehr, B Vor I 20b, Art. 37 RdNr. 1; *Pannen*, in *Breutigam/Blersch/Goetsch*, Art. 37 RdNr. 4.

[2] Vgl. oben Art. 34 RdNr. 12.

[3] Dies sind derzeit alle Mitgliedsländer der Verordnung außer Bulgarien, Deutschland, Estland und Spanien; vgl. zu einigen der Verfahren beispielsweise die Länderberichte zu Frankreich, Italien oder England.

nicht Regelungsgegenstand des Art. 37. Die Zulässigkeit üblicher Sanierungsmaßnahmen – auch soweit diese in Verfahren nach Anlage B möglich sind – wird dagegen durch Art. 34 geregelt (vgl. dort).

5 **2. Antrag.** Obwohl Art. 3 Abs. 2 und Art. 27 Satz 2 anordnen, dass bei einem nach Eröffnung des Hauptverfahrens eröffneten Sekundärverfahren zwingend nur der Verfahrenstypus des Liquidationsverfahrens in Betracht kommt, sieht Art. 37 keine zwingende Umwandlung des Sanierungs- in ein Liquidationsverfahren vor. Die Anordnung oder der Beschluss einer entsprechenden Umwandlung des Verfahrens in ein Liquidationsverfahren setzt vielmehr den Antrag des Verwalters des Hauptverfahrens voraus.[4] Ob dieser den Antrag stellt, steht in seinem Ermessen,[5] soweit ihm das Recht des Hauptverfahrensstaates nicht eine entsprechende Pflicht auferlegt (beispielsweise auf Grund eines zu beachtenden Beschlusses der Gläubigerversammlung oder des Insolvenzgerichts). Eine fehlerhafte Ausübung des Ermessens oder eine Verletzung der konkreten Pflicht zur Stellung des Antrags kann daher allenfalls Schadensersatzansprüche der Insolvenzmasse des Hauptverfahrens gemäß der *lex fori concursus* auslösen.[6] Sie begründet jedoch kein Umwandlungsrecht für das Insolvenzgericht von Amts wegen.[7] Die Antragsbefugnis des Verwalters des Hauptverfahrens ist jedoch nur zusätzlich zu den weiterhin bestehenden Antragsrechten der Gläubiger oder des Verwalters des Sekundärverfahrens zu verstehen, die Umwandlung schon nach dem geltenden Recht des Sekundärverfahrensstaates zu betreiben. Diese, nach dem Recht des Sekundärverfahrensstaates bereits bestehenden Möglichkeiten werden durch Art. 37 nicht verdrängt.[8]

6 **3. Interesse der Gläubiger des Hauptverfahrens.** Art. 37 setzt jedoch voraus, dass „*diese Umwandlung im Interesse der Gläubiger des Hauptverfahrens liegt*". Die Interessen der Gläubiger des Sekundärverfahrens sind demgegenüber nicht zu berücksichtigen.[9] Vielfach wird hierzu ausgeführt, dass der Verwalter den Nachweis zu erbringen habe, dass die Umwandlung im Interesse der Gläubiger des Hauptverfahrens sei[10] und das Insolvenzgericht dies zu überprüfen habe.[11] Dem ist jedoch nur eingeschränkt zu folgen.

7 Weder an den Nachweis der Interessen, noch an deren gerichtliche Überprüfung durch das Gericht des Sekundärverfahrens sind allzu hohe Anforderungen zu stellen. Für den Nachweis reichen entsprechend substantiierte Darlegungen des Verwalters des Hauptverfahrens aus.[12] Die Interessen der Gläubiger des Hauptverfahrens können im Ergebnis durchaus unterschiedlich sein. Richtigerweise sind bei der Beurteilung der „Interessen" der Gläubiger diejenigen Interessen vorrangig zu berücksichtigen, die nach dem Recht des Hauptverfahrensstaates als legitime Interessen der Gläubiger gesetzlich festgestellt sind. Der Verwalter eines deutschen Hauptverfahrens hat sich daher bei der Darstellung der Interessen der Gläubiger des deutschen Hauptverfahrens an den in § 1 InsO definierten Interessen zu orientieren. Das bedeutet jedoch nicht, dass zur Beurteilung der Interessen der Gläubiger eines deutschen Hauptver-

---

[4] *Heiderhoff*, in *Geimer/Schütze*, Int. Rechtsverkehr, B Vor I 20b, Art. 37 RdNr. 2; *Duursma-Kepplinger*, Europäische Insolvenzverordnung, Art. 37 RdNr. 5.
[5] Wohl auch *Virgos/Garcimartin* 457 („verify"). *Duursma-Kepplinger*, Europäische Insolvenzverordnung, Art. 37 RdNr. 5; MünchKommBGB-*Kindler*, Bd. 11, IntInsR RdNr. 797; *Mäsch*, in *Rauscher*, Europ. Zivilprozessrecht, Bd. 2, Art. 37 EG-InsVO RdNr. 1; FK-*Wimmer*, Anh. I nach § 358 RdNr. 127.
[6] *Duursma-Kepplinger*, Europäische Insolvenzverordnung, Art. 37 RdNr. 6; MünchKommBGB-*Kindler*, Bd. 11, IntInsR RdNr. 799; FK-*Wimmer*, Anh. I nach § 358 RdNr. 130.
[7] HK-*Stephan*, Art. 37 RdNr. 3; MünchKommBGB-*Kindler*, Bd. 11, IntInsR RdNr. 798; *Pannen*, in Breutigam/Blersch/Goetsch, Art. 37 RdNr. 3; *Smid*, Int. Insolvenzrecht, Art. 37 RdNr. 3; *Duursma-Kepplinger*, Europäische Insolvenzverordnung, Art. 37 RdNr. 6; FK-*Wimmer*, Anh. I nach § 358 RdNr. 130.
[8] So wohl auch *Virgos/Garcimartin*, European Insolvency Regulation, RdNr. 457.
[9] *Heiderhoff*, in *Geimer/Schütze*, Int. Rechtsverkehr, B Vor I 20b, Art. 37 RdNr. 5; *Mäsch*, in *Rauscher*, Europ. Zivilprozessrecht, Bd. 2, Art. 37 EG-InsVO RdNr. 2.
[10] MünchKommBGB-*Kindler*, Bd. 11, IntInsR RdNr. 797; *Duursma-Kepplinger*, Europäische Insolvenzverordnung, Art. 37 RdNr. 5; *Nerlich/Römermann/Mincke*, Art. 37 RdNr. 2; HK-*Stephan*, Art. 37 RdNr. 3; *Fritz/Bär* DZWiR 2001, 221, 232; *Leible/Staudinger* KTS 2000, 533, 548.
[11] MünchKommBGB-*Kindler*, Bd. 11, IntInsR RdNr. 797; *Nerlich/Römermann/Mincke*, Art. 37 RdNr. 2; *Heiderhoff*, in *Geimer/Schütze*, Int. Rechtsverkehr, B Vor I 20b, Art. 37 RdNr. 4.
[12] So auch *Smid*, Int. Insolvenzrecht, Art. 37 RdNr. 5.

fahrens die für die Abwicklung der Insolvenz vielfach maßgebliche Garantie des Liquidationswertes als Maßstab herangezogen werden kann. Vielfach – insbesondere zu Beginn des Verfahrens – lassen sich diesbezüglich keine genauen Quotenberechnungen für die Gläubiger des Hauptverfahrens anstellen. Im Interesse der Gläubiger eines deutschen Hauptverfahrens liegt es beispielsweise auch, dass vor dem Berichtstermin über die Abwicklung der Insolvenz möglichst keine Vorentscheidung getroffen wird. Bei der Nachprüfung der „Interessen der Gläubiger des Hauptverfahrens" wird sich daher das Gericht von den in dem jeweiligen Mitgliedstaat des Hauptverfahrens anerkannten Interessen leiten lassen müssen.

Die schlüssige Darlegung der Interessen der Gläubiger des Hauptverfahren ist jedoch nur glaubhaft zu machen.[13] Keinesfalls obliegt dem Verwalter der Vollbeweis für die Interessen der Gläubiger des Hauptverfahrens. Hält der Verwalter des Sekundärverfahrens oder Gläubiger des Verfahrens die Umwandlung für nicht im Interesse der Gläubiger des Hauptverfahrens, so obliegt es diesen, dem Insolvenzgericht das Gegenteil nachzuweisen. **8**

III. Rechtsfolgen

Liegen die vorgenannten Voraussetzungen vor, so hat das Insolvenzgericht des Sekundärverfahrens die Umwandlung des Sanierungs- in ein Liquidationsverfahren anzuordnen. Entgegen einer gelegentlich vertretenen Auffassung[14] kommt dem Insolvenzgericht des Sekundärverfahrensstaates eine weitergehende Prüfungsbefugnis oder eigenes Ermessen nicht zu.[15] Der Nachweis der Interessen der Gläubiger des Hauptverfahrens begründet nicht die Antragsbefugnis des Verwalters des Hauptverfahrens, wie die deutsche Übersetzung impliziert, sondern legt die Voraussetzung fest, bei deren Vorliegen die Umwandlung durch das Gericht des Sekundärverfahrensstaates anzuordnen ist. Soweit das nationale Recht weitere Voraussetzungen vorsieht, werden diese durch die Regelung in Art. 37 verdrängt. **9**

Der Beschlussinhalt und dessen Rechtsfolgen richten sich nach dem Recht des Sekundärverfahrensstaates,[16] zumal dieser schon für die möglichen Fälle einer Umwandlung aus anderen Rechtsgründen entsprechende Vorschriften vorsehen dürfte. **10**

Das Antragsrecht des Verwalters des Hauptverfahrens geht jedoch nicht so weit, auch zwischen mehreren in Anlage B enthaltenen Verfahren „auswählen" zu dürfen. Kommen nach Anlage B für den Sekundärverfahrensstaat mehrere Verfahrenstypen in Betracht, so ist über eine entsprechende Anwendung der Regelungen über die Umwandlung der Verfahrenstypen bei rein inländischen Verfahren zu klären, wer und wie über den danach zulässigen Verfahrenstyp entscheidet. Der Verwalter des Hauptverfahrens ist zwar befugt, die Umwandlung in ein bestimmtes Verfahren zu beantragen. An den konkreten Verfahrenstyp ist das Insolvenzgericht des Sekundärverfahrensstaates nicht gebunden. **11**

IV. Vorbehalt Portugals

Portugal hat zur Anwendung von Art. 37 im Falle eines Sekundärverfahrens in Portugal einen Vorbehalt erklärt.[17] Danach hat sich Portugal vorbehalten, zur Wahrung örtlicher Interessen, insbesondere der lokalen Gläubiger, Arbeitnehmer und Geschäftspartner der Niederlassung, eine Umwandlung aus Gründen des *ordre public* ablehnen zu dürfen. Dieser Vorbehalt stellt jedoch einen Verstoß gegen die Verordnung dar. Denn der *ordre public* gilt nicht in Bezug auf Rechtsfolgen, die von der Verordnung selbst angeordnet werden.[18] **12**

---

[13] So auch *Smid,* Int. Insolvenzrecht, Art. 37 RdNr. 7.
[14] *Smid,* Int. Insolvenzrecht, Art. 37 RdNr. 7; *Moss/Smith,* in *Moss/Fletcher/Isaacs,* EC Regulation, RdNr. 8.267 halten die englische Übersetzung „shall order" für eine Fehlübersetzung ins englische; allerdings räumen auch die Insolvency Rules 1.33, 2.61, and 5.33 dem Insolvenzgericht in England ein Ermessen ein.
[15] So auch *Virgos/Garcimartin,* European Insolvency Regulation, RdNr. 457.
[16] MünchKommBGB-*Kindler,* Bd. 11, IntInsR RdNr. 800.
[17] Vgl. die Erklärung Portugals zur Anwendung der Artikels 37 und 26 der Verordnung (EG) Nr. 1346/2000 vom 29. 5. 2000 über Insolvenzverfahren, ABl. EG Nr. C 183/1 vom 36. 6. 2000.
[18] Vgl. bereits oben, Art. 26 RdNr. 17.

Praktisch läuft aber der Vorbehalt ohnehin ins Leere, da eine isolierte Sanierung des Unternehmensträgers in einem Partikular- oder auch Sekundärverfahren ohnehin schon aus Rechtsgründen nicht möglich ist.[19]

Art. 38. Sicherungsmaßnahmen

Bestellt das nach Art. 3 Abs. 1 zuständige Gericht eines Mitgliedsstaats zur Sicherung des Schuldnervermögens einen vorläufigen Verwalter, so ist dieser berechtigt, zur Sicherung und Erhaltung des Schuldnervermögens, das sich in einem anderen Mitgliedstaat befindet, jede Maßnahme zu beantragen, die nach dem Recht dieses Staates für die Zeit zwischen dem Antrag auf Eröffnung eines Liquidationsverfahrens und dessen Eröffnung vorgesehen ist.

Literatur: *Vallender*, Aufgaben und Befugnisse des deutschen Insolvenzrichters in Verfahren nach der EuInsVO, KTS 2005, 283.

Übersicht

	RdNr.		RdNr.
I. Normzweck	1	1. Anordnung von Sicherungsmaßnahmen	14
II. Voraussetzung	4	2. Vorrang vor Sicherungsmaßnahmen des Hauptverfahrens	17
1. Vorläufiger Verwalter	4	3. Aufhebung der Sicherungsmaßnahmen	18
2. Des Hauptverfahrens	5	4. Anpassungsprobleme	19
3. Anderer Mitgliedstaat	7		
4. Antrag	12		
III. Rechtsfolgen	14		

I. Normzweck

1   Art. 38 bezweckt den **Schutz der** in einem anderen Mitgliedstaat belegenen **Insolvenzmasse** nach Antragstellung, aber noch vor Eröffnung des Hauptverfahrens im Sinne des Art. 3 Abs. 1.[1] In dieser Feststellung sind sich alle Literaturmeinungen einig. Die Vorschrift ergänzt Art. 25 Abs. 1 Unterabsatz 3, der bereits die formlose Anerkennung von im Hauptverfahren angeordneten Sicherungsmaßnahmen in anderen Mitgliedstaaten vorsieht und daher ebenfalls auf Sicherung der Insolvenzmasse angelegt ist. Die Vorschrift steht zudem im Zusammenhang mit Art. 29, wonach auch der Verwalter des Hauptverfahrens die Eröffnung eines Sekundärverfahrens beantragen darf. Hinsichtlich Art. 29 ist allerdings mittlerweile streitig, ob nur der Verwalter eines eröffneten Hauptverfahrens, oder auch schon der vorläufige Verwalter des Eröffnungsverfahrens in anderen Mitgliedsländern die Eröffnung eines Sekundärverfahrens beantragen darf, was sich auf den Normzweck und die praktische Anwendung von Art. 38 auswirkt (vgl. dazu unten, RdNr. 7 ff.). Art. 38 ergänzt diese Handlungsoptionen des Verwalters des Hauptverfahrens um die weitere Handlungsoption zum Schutz der Insolvenzmasse, nämlich die Möglichkeit, Sicherungsmaßnahmen in einem anderen Mitgliedstaat nach dessen Sachrecht beantragen zu dürfen, ohne jedoch zugleich einen Insolvenzantrag gestellt zu haben.

2   Es handelt sich um eine **Sachnorm,**[2] die das jeweilige nationale Recht des Mitgliedsstaates überlagert: sie verleiht einerseits dem vorläufigen Verwalter ein besonderes Antragsrecht für Sicherungsmaßnahmen und ermächtigt andererseits das zuständige Insolvenzgericht

---

[19] Vgl. oben, Art. 34 RdNr. 12; ausführlich *Reinhart*, Sanierungsverfahren, S. 299 ff.
[1] In dieser Kernaussage sind sich alle Kommentatoren einig: vgl. nur HK-*Stephan*, Art. 38 RdNr. 1; *Mäsch*, in *Rauscher*, Europ. Zivilprozessrecht, Bd. 2, Art. 38 EG-InsVO RdNr. 1; FK-*Wimmer*, Anh. I nach § 358 RdNr. 132; *Vallender* KTS 2005, 283, 307.
[2] *Mäsch*, in *Rauscher*, Europ. Zivilprozessrecht, Bd. 2, Art. 38 EG-InsVO RdNr. 2; HK-*Stephan*, Art. 38 RdNr. 1.

zur Anordnung entsprechender Sicherungsmaßnahmen, obwohl noch kein Insolvenzantrag gestellt wurde.

Die Vorschrift ist jedoch sowohl im Zusammenspiel mit Art. 25 und Art. 29 als auch im Zusammenspiel mit dem nationalen Insolvenzrecht der Mitgliedsstaaten missglückt. Dementsprechend sind die nähere Bedeutung und der Inhalt der Norm mittlerweile streitig. Denn die Auslegung der Vorschrift hängt davon ab, wie man die anderen Normen, mit denen Art. 38 „korrespondiert" auslegt und anwendet (vgl. unten RdNr. 8 ff.). Zudem führt die Möglichkeit der Anordnung von Sicherungsmaßnahmen ohne Vorliegen eines Insolvenzantrags zu erheblichen, bisher aber nicht weiter erörterten Anpassungsschwierigkeiten im nationalen Sachrecht. Denn vielfach knüpfen Vorschriften des Insolvenzrechts an die Stellung eines Insolvenzantrags an (so z. B. zur Berechnung der Fristen für die Insolvenzanfechtung, aber auch für die Differenzierung zwischen Insolvenzforderungen und Masseverbindlichkeiten).[3] Die damit zusammenhängenden Fragen wurden jedoch bisher weder von der Literatur – und folglich – auch vom deutschen Gesetzgeber in den Umsetzungsvorschriften zur Verordnung (Art. 102 EGInsO) nicht aufgegriffen. Die dortigen Vorschriften (Art. 102 §§ 1–11 EGInsO) enthalten keine Regelungen zur Umsetzung von Art. 38 in das deutsche Insolvenzrecht. Würde man dem vorläufigen Insolvenzverwalter des Hauptverfahrens – wie zu Art. 29 nunmehr vom Verfasser vertreten[4] – das Recht gewähren, das Sekundärinsolvenzverfahren zu beantragen, wäre Art. 38 als weitere Sicherungsmaßnahme zugunsten der Insolvenzmasse an sich überflüssig. 3

II. Voraussetzungen

1. Vorläufiger Verwalter. Das in Art. 38 eingeräumte Antragsrecht steht nur einem vorläufigen Verwalter zu.[5] Der Begriff des vorläufigen Verwalters ist in der Verordnung nicht definiert. Lediglich der Begriff des „Verwalters" ist über die Legaldefinition in Art. 2 lit. b) und die Verweisung auf die Auflistung in Anhang C bestimmt.[6] Die Liste in Anhang C enthält jedoch für manche Mitgliedsstaaten ausdrücklich auch den Verwalter, der vom Insolvenzgericht „vorläufig", dh. noch vor Verfahrenseröffnung bestellt wird,[7] für andere Mitgliedsländer hingegen nicht. Man wird sich jedoch darauf verständigen können, dass mit dem Begriff des vorläufigen Insolvenzverwalters in Anlehnung an Art. 2 lit. b) jede Person oder Stelle gemeint ist, die nach Stellung eines Insolvenzantrags, aber noch vor Eröffnung des Insolvenzverfahrens vom Insolvenzgericht eingesetzt wird und verwaltertypische Pflichten bereits im Eröffnungsverfahren erfüllt.[8] Seine Bestellung kann der vorläufige Verwalter gemäß Art. 19 durch eine beglaubigte Abschrift der Bestellungsentscheidung nachweisen.[9] 4

2. Des Hauptverfahrens. Der vorläufige Verwalter muss zwingend der Verwalter des Hauptverfahrens nach Art. 3 Abs. 1 sein. Die Frage, was hier das Gericht des Gericht des anderen Mitgliedsstaates zu überprüfen hat, wird in der Literatur nicht weiter erörtert. Bisweilen wird formuliert, dass in dem Mitgliedsstaat, in dem der vorläufige Verwalter 5

---

[3] Vgl. z. B. § 38, § 129 InsO.
[4] Vgl. Art. 29 RdNr. 3.
[5] *Mäsch*, in *Rauscher*, Europ. Zivilprozessrecht, Bd. 2, Art. 38 EG-InsVO RdNr. 3; *Heiderhoff* in *Geimer/Schütze*, Int. Rechtsverkehr, B Vor I 20 b, Art. 38 RdNr. 1; *Duursma-Kepplinger*, Europäische Insolvenzverordnung, Art. 38 RdNr. 8; HambKomm-*Undritz* Art. 38 RdNr. 3.
[6] Vgl. oben Art. 2 RdNr. 3.
[7] Vgl. die Liste der Verwalter in Anhang C für Österreich oder Deutschland, in denen ausdrücklich der vorläufige Insolvenzverwalter erwähnt wird. Für andere Mitgliedsstaaten ist dies nicht der Fall. AA *Smid*, Int. Insolvenzrecht, Art. 38 RdNr. 9, der davon ausgeht, dass alle vorläufigen Insolvenzverwalter in Anhang C genannt sind; wie hier dagegen HK-*Stephan*, Art. 38 RdNr. 2; *Kübler/Prütting/Kemper*, Art. 38 EuInsVO RdNr. 3.
[8] *Virgos/Garcimartin*, European Insolvency Regulation, RdNr. 373; *Virgos/Schmit*, Erläuternder Bericht, RdNr. 262; HK-*Stephan*, Art. 38 RdNr. 2,*Kübler/Prütting/Kemper*, Art. 38 EuInsVO RdNr. 3. die allerdings betonen, dass die Voraussetzungen des Art. 2 lit. gerade nicht erfüllt sein müssen.
[9] Vgl. oben Art. 19 RdNr. 3; *Mäsch*, in *Rauscher*, Europ. Zivilprozessrecht, Bd. 2, Art. 38 EG-InsVO RdNr. 5; *Haubold*, in *Gebauer/Wiedmann*, Zivilrecht, RdNr. 248; HK-*Stephan*, Art. 38 RdNr. 4.

bestellt wurde, ein Antrag auf Eröffnung eines Hauptverfahrens gestellt worden sein muss.[10] Das ist aber nicht entscheidend, denn der Wortlaut von Art. 38 verlangt, dass es sich um das nach Art. 3 Abs. 1 zuständige Gericht handeln muss und daher die Zuständigkeit objektiv vorliegen muss (und nicht lediglich durch einen Antrag in Anspruch genommen wird). Zudem kann der Insolvenzantrag nicht mit dem Inhalt gestellt werden, ein Haupt- oder Sekundärverfahren zu eröffnen.[11] Eine umfassende Prüfung, ob das den vorläufigen Verwalter bestellende Insolvenzgericht nach Art. 3 Abs. 1 zuständig ist, wird aber im Hinblick auf eine geforderte schnelle Entscheidung des Gerichts des anderen Mitgliedsstaates kaum verlangt werden können. Es kann sich daher allenfalls um eine Plausibilitätsprüfung handeln. Befindet sich – bei einer Insolvenz einer juristischen Person – der Sitz in dem Mitgliedstaat, dessen Insolvenzgericht den vorläufigen Verwalter bestellt hat, so wird man die Vermutungsregelung des Art. 3 Abs. 1 Satz 2 auch im Rahmen dieser Plausibilitätsprüfung heranziehen dürfen.

6   Hat das Insolvenzgericht neben der Bestellung des vorläufigen Verwalters auch Verfügungsbeschränkungen angeordnet und hierbei seine Zuständigkeit nach Art. 3 Abs. 1 in Anspruch genommen,[12] so liegt nach der Eurofood Entscheidung des EuGH[13] ohnehin bereits eine Verfahrenseröffnung vor. Nach den Ausführungen des EuGH ist in diesen Fällen die von dem Insolvenzgericht in Anspruch genommene internationale Zuständigkeit nach Art. 3 Abs. 1 für die Gerichte anderer Mitgliedsstaaten bindend und anzuerkennen.[14] In diesen Fällen hat das Insolvenzgericht des anderen Mitgliedsstaates keinerlei Prüfungskompetenz mehr, ob es sich um ein nach Art. 3 Abs. 1 zuständiges Gericht handelt. Die Inanspruchnahme der internationalen Zuständigkeit durch das den vorläufigen Insolvenzverwalter bestellenden Insolvenzgericht ist dann vielmehr entsprechend Art. 16, 17, 25 anzuerkennen.

7   **3. Anderer Mitgliedsstaat.** Der Antrag nach Art. 38 kann nur in einem „anderen Mitgliedsstaat" gestellt werden. Die räumliche Beschränkung der Vorschrift auf die **Mitgliedstaaten** der Verordnung ist ebenso selbstverständlich wie die Feststellung, dass der Antrag in einem **anderen** Mitgliedstaat gestellt werden muss, als in dem Mitgliedstaat, in dem das Hauptverfahren anhängig ist. Denn für den Verfahrensstaat bedürfte es für die Anordnung von Sichermaßnahmen im Verfahrensstaat selbst keinerlei internationaler Ermächtigung durch die Verordnung.

8   Umstritten ist allerdings, ob der Antrag in jedem anderen Mitgliedsstaat gestellt werden darf, in dem sich Vermögen des Schuldners befindet,[15] oder nur in den Mitgliedsstaaten, die eine Zuständigkeit zur Eröffnung eines Sekundärverfahrens haben, mithin in denen sich also eine Niederlassung des Schuldners befindet.[16] Entgegen der in der Vorauflage vertretenen Auffassung, schließt sich der Verfasser der hM an, die eine Beschränkung der Antragsbefugnis auf die Mitgliedsstaaten vorsieht, in denen ein Sekundärverfahren eröffnet werden kann.

9   Aus der Formulierung, dass jede Maßnahme beantragt werden kann, die nach dem Recht dieses Staates für die Zeit zwischen dem Antrag auf Eröffnung eines Liquidationsverfahrens

---

[10] So MünchKommBGB-*Kindler,* Bd. 11, IntInsR RdNr. 806; *Mäsch,* in *Rauscher,* Europ. Zivilprozessrecht, Bd. 2, Art. 38 EG-InsVO RdNr. 3; *Duursma-Kepplinger,* Europäische Insolvenzverordnung, Art. 38 RdNr. 5; HK-*Stephan,* Art. 38 RdNr. 2; *Smid,* Int. Insolvenzrecht, Art. 38 RdNr. 8.
[11] Vgl. oben, Art. 102 § 3 RdNr. 10 EGInsO.
[12] Vgl. zur Notwendigkeit, hierbei auch die Zuständigkeit nach Art. 3 Abs. 1 in Anspruch zu nehmen oben, Art. 2 RdNr. 13.
[13] Vgl. EuGH vom 2. 5. 2006, Rs. C-341/04 Eurofood, NZI 2006, 360, hierzu ausführlich Art. 3 RdNr. 24 ff.; Art. 2 RdNr. 9 ff.
[14] Vgl. EuGH vom 2. 5. 2006, Rs. C-341/04 Eurofood, NZI 2006, 360.
[15] So *Mäsch,* in *Rauscher,* Europ. Zivilprozessrecht, Bd. 2, Art. 38 EG-InsVO RdNr. 8; *Smid,* Int. Insolvenzrecht, Art. 38 RdNr. 10; HambKomm-*Undritz* Art. 38 RdNr. 3.
[16] So *Duursma-Kepplinger,* Europäische Insolvenzverordnung, Art. 38 RdNr. 9; *Heiderhoff* in *Geimer/Schütze,* Int. Rechtsverkehr, B Vor I 20 b, Art. 38 RdNr. 2; MünchKommBGB-*Kindler,* Bd. 11, IntInsR RdNr. 809; *Nerlich/Römermann/Mincke, Paulus,* Europäische Insolvenzverordnung, Art. 38 RdNr. 3; Art. 38 RdNr. 2; HK-*Stephan,* Art. 38 RdNr. 3; FK-*Wimmer,* Anh. I nach § 358 RdNr. 134; *Vallender* KTS 2005, 283, 308.

und der Verfahrenseröffnung vorgesehen ist, leiten *Virgos/Schmit* her, dass sich das Recht auf Beantragung von Sicherungsmaßnahmen nur auf die Mitgliedstaaten beschränkt, die nach Art. 3 Abs. 2 zur Eröffnung eines Sekundärverfahrens berechtigt sind.[17] Die Beschränkung auf die in einem „Liquidationsverfahren" vorgesehenen Sicherungsmaßnahmen alleine überzeugt als Argument jedoch nicht. Die Beschränkung ergibt sich schon daraus, dass bereits die Zuständigkeit für das Hauptverfahren bestimmt ist, und für andere Mitgliedstaaten – die Sekundärverfahrenszuständigkeit unterstellt – ohnehin nur noch Liquidationsverfahren in Betracht kämen.[18] *Virgos/Garcimartin* begründen die Beschränkung auf einen potentiellen Sekundärverfahrensstaat mit dem Argument, Art. 38 schließe die Lücke, die durch die fehlende Antragsberechtigung des vorläufigen Verwalters aus dem Hauptverfahren nach Art. 29 entstehe.[19] Dieses Argument ist jedoch ebenfalls alleine nicht tragfähig, hängt es doch von der ebenfalls strittigen Frage ab, wem Art. 29 das Antragsrecht zur Eröffnung eines Sekundärverfahrens verleiht. Entscheidender dürfte das systematische Argument sein, dass sich Art. 38 in Kapitel III der Verordnung (mit dem Titel „Sekundärinsolvenzverfahren") befindet, und sich demnach auch ausschließlich auf die Durchführung von Sekundärinsolvenzverfahren bezieht. Hätte man die Antragsbefugnis auf jeden Mitgliedstaat erstrecken wollen, in dem sich Vermögensgegenstände des Schuldners befinden, so hätte die Regelung des Art. 38 systematisch besser in Kapitel II („Anerkennung der Insolvenzverfahren") aufgenommen werden müssen, in dem bestimmte Befugnisse des Verwalters in anderen Mitgliedstaaten geregelt sind (vgl. z. B. Art. 21, 22, die ebenfalls bestimmte Befugnisse des Verwalters in allen anderen Mitgliedstaaten mit masseschützendem Charakter vorsehen).

Vor dem Hintergrund, dass der Verfasser zu Art. 29 jedoch nunmehr auch eine Antragsbefugnis des vorläufigen Insolvenzverwalters befürwortet,[20] bleibt allerdings für den praktischen Anwendungsbereich des Art. 38 nur noch wenig Spielraum, da der vorläufige Insolvenzverwalter des Hauptverfahrens – zumindest wenn auch Verfügungsbeschränkungen im Hauptverfahren angeordnet wurden – ja auch die Eröffnung eines Sekundärverfahrens beantragen könnte, in dessen Eröffnungsverfahren gleichermaßen entsprechende Sicherungsmaßnahmen angeordnet werden könnten. Es bleiben für Art. 38 daher allenfalls die Fallgestaltungen, in denen der vorläufige Verwalter des Hauptverfahrens sich noch offen halten will, ein Sekundärverfahren zu beantragen. Art. 38 gibt dem Verwalter des Hauptverfahren daher die Möglichkeit, einerseits den Antrag auf Eröffnung eines Sekundärverfahrens noch nicht zu stellen, andererseits bereits die Sicherungsmaßnahmen eines Eröffnungsverfahrens in Anspruch nehmen zu können. Damit werden dem vorläufigen Verwalter des Hauptverfahrens weiter Handlungsoptionen offen gehalten.

Um funktionsfähig zu bleiben, dürfen jedoch keine hohen Anforderungen an den Nachweis gestellt werden, dass sich in dem Mitgliedstaat, in dem der vorläufige Verwalter eines anderen Mitgliedstaat einen Antrag nach Art. 38 stellt, eine Niederlassung befindet, mithin also bei einer entsprechenden Beantragung eine internationale Zuständigkeit nach Art. 3 Abs. 2 begründet wäre. Denn die Anordnung von Sicherungsmaßnahmen präjudiziert nicht die Niederlassungszuständigkeit. Eine schlüssige Darlegung der Fakten, weshalb das angerufene Insolvenzgericht nach Art. 3 Abs. 2 zuständig wäre und eine Glaubhaftmachung der Fakten sind daher ausreichend, um dem Antrag zu entsprechen.[21]

4. Antrag. Art. 38 setzt zudem einen Antrag des vorläufigen Verwalters voraus. Damit ist klargestellt, dass entsprechende Sicherungsmaßnahmen durch das Insolvenzgericht nicht von

---

[17] So *Virgos/Schmit,* Erläuternder Bericht, RdNr. 262; ebenso wohl *Lüke* ZZP 111 (1998) 275, 295; *Duursma-Kepplinger,* Europäische Insolvenzverordnung, Art. 38 RdNr. 10; *Paulus,* Europäische Insolvenzverordnung, Art. 38 RdNr. 2.
[18] In der Verordnung ist diese Beschränkung freilich immer gekoppelt an die Zulässigkeit von Sekundärinsolvenzverfahren, weil es eine internationale Zuständigkeit für Sekundärverfahren nur bei Vorliegen einfacher Vermögenswerte nicht gibt, vgl. Art. 3 Abs. 3 sowie Art. 27.
[19] *Virgos/Garcimartin,* European Insolvency Regulation RdNr. 375.
[20] Vgl. nochmals oben, Art. 29 RdNr. 3.
[21] Vallender, KTS 2005, 283, 309.

Amts wegen angeordnet werden dürfen. Ein Anordnung entsprechender Maßnahmen durch das Insolvenzgericht eines anderen Mitgliedsstaaten von Amts wegen scheidet schon deshalb aus, weil in dem potentiellen Sekundärverfahrensstaat noch kein entsprechender Antrag auf Eröffnung eines Sekundärverfahrens gestellt worden ist und daher die Zuständigkeit der Insolvenzgerichte zur Anordnung von Sicherungsmaßnahmen nach der dies vorrangig regelnden Verordnung nicht gegeben ist.[22] Abgesehen von Art. 38 und der Möglichkeit eines Sekundärverfahrens bleibt alleine das Insolvenzgericht des Hauptverfahrens zur Anordnung von Sicherungsmaßnahme zuständig, die dann wiederum gemäß Art. 25 von den Gerichten der anderen Mitgliedsstaaten anzuerkennen sind.

13   Welches Gericht örtlich und sachlich für die Antragstellung zuständig ist, richtet sich nach dem Recht des Mitgliedsstaates, in dem die Sicherungsmaßnahmen beantragt werden. Entsprechende Maßnahmen können sinnvoller Weise nur vom dem auch für einen späteren Antrag auf Eröffnung eines Sekundärverfahrens zuständigen Insolvenzgericht getroffen werden. Im deutschen Recht kommt daher eine entsprechende Anwendung von Art. 102 § 1 Abs. 2 EGInsO in Betracht, auch wenn die Norm sich seinem Wortlaut nach nur auf den Antrag auf Eröffnung eines Sekundärverfahrens bezieht.[23]

III. Rechtsfolgen

14   **1. Anordnung von Sicherungsmaßnahmen.** Liegen die vorgenannten Voraussetzungen vor, so ist das zuständige Gericht nach Art. 38 entsprechend ermächtigt, auch ohne Vorliegen eines Insolvenzantrags entsprechende Sicherungsmaßnahmen anzuordnen. Welche Sicherungsmaßnahme zulässig sind, richtet sich nach dem Recht dieses Mitgliedsstaates.[24] Art. 38 schränkt die nach dem Recht des Mitgliedsstaates zulässigen Sicherungsmaßnahmen allerdings auf diejenigen ein, die für die Zeit zwischen dem Antrag auf Eröffnung und Eröffnung eines Liquidationsverfahrens vorgesehen sind. Die Sicherungsmaßnahmen dürfen jedoch nur das in dem jeweiligen Mitgliedstaat belegene Vermögen erfassen.[25]

15   Das zuständige Gericht ist jedoch an den Antrag bestimmter Maßnahmen durch den vorläufigen Insolvenzverwalter nicht gebunden. Ob und welche Sicherungsmaßnahmen angeordnet werden, entscheidet daher das Gericht unter Berücksichtigung der Zwecke der Verordnung nach eigenem Ermessen.[26] Es ist daher auch berechtigt, andere als die von dem vorläufigen Verwalter angeordneten Sicherungsmaßnahmen anzuordnen. Es darf jedoch – mangels vorliegendem Insolvenzantrag – nicht über die von dem vorläufigen Verwalter beantragten Einschränkungen hinaus Sicherungsmaßnahmen anordnen.

16   Befindet sich daher Vermögen in Deutschland, so kann der ausländische vorläufige Verwalter die nach § 21 InsO möglichen Sicherungsmaßnahmen beantragen, ohne dass bereits der Antrag eines Gläubigers auf Eröffnung eines Insolvenzverfahrens vorliegt. Die Sicherungsmaßnahmen, die der ausländische vorläufige Verwalter beantragen kann, umfassen daher auch die Möglichkeit, einen vorläufigen Insolvenzverwalter nach § 21 II Nr. 1 InsO bestellen zu lassen.[27] Als vorläufiger Insolvenzverwalter nach der Insolvenzordnung kann jedoch nicht der vorläufige Verwalter des Hauptverfahrens bestellt werden, da diesem meist

---

[22] Diesen Vorrang der Verordnung übersehen MünchKommBGB-*Kindler*, Bd. 11, IntInsR RdNr. 813 u. *Mäsch*, in *Rauscher*, Europ. Zivilprozessrecht, Bd. 2, Art. 38 EG-InsVO RdNr. 4.
[23] Vgl. Art. 102 § 1 EGInsO RdNr. 14.
[24] HK-*Stephan*, Art. 38 RdNr. 5; *Heiderhoff* in *Geimer/Schütze*, Int. Rechtsverkehr, B Vor I 20b, Art. 38 RdNr. 2; *Duursma-Kepplinger*, Europäische Insolvenzverordnung, Art. 38 RdNr. 15; *Vallender* KTS 2005, 283, 308.
[25] FS SK *Duursma-Kepplinger*, Europäische Insolvenzverordnung, Art. 38 RdNr 13.
[26] FS SK*Mäsch*, in *Rauscher*, Europ. Zivilprozessrecht, Bd. 2, Art. 38 EG-InsVO RdNr. 13 (auf das „0 b" und „Wie" reduzierter Ermessenspielraum); FK-*Wimmer*, Anh. I nach § 358 RdNr. 136 (zweckmäßig); aA *Vallender* KTS 2005, 283, 308.
[27] HambKomm-*Undritz* Art. 38 RdNr. 2; *Mäsch*, in *Rauscher*, Europ. Zivilprozessrecht, Bd. 2, Art. 38 EG-InsVO RdNr. 12.

die notwendige Geschäftskunde nach § 56 InsO für die Abwicklung inländischer Verfahren fehlen dürfte.

2. Vorrang vor Sicherungsmaßnahmen des Hauptverfahrens. Art. 17 Abs. 1 ordnet an, dass die Verfahrenseröffnung in allen Mitgliedstaaten anzuerkennen ist, solange in einem Mitgliedstaat nicht ein Sekundärverfahren eröffnet wurde. Dies drückt den Vorrang des Sekundärverfahrens gegenüber dem ansonsten in allen Mitgliedstaaten unmittelbar Wirkung entfaltenden Hauptverfahren aus.[28] Über Art. 25 Abs. 1 Unterabsatz 3 gilt gleiches für Sicherungsmaßnahmen.[29] Demnach sind Sicherungsmaßnahmen des Hauptverfahrens in jedem Mitgliedstaat anzuerkennen. Hat jedoch das Gericht eines Mitgliedstaates auf Grund Art. 38 ebenfalls Sicherungsmaßnahmen hinsichtlich des im Inland belegenen Vermögens angeordnet, so „verdrängen" diese Sicherungsmaßnahmen anderweitige oder entgegenstehende Anordnungen des Insolvenzgerichts des Hauptverfahrens. Soweit unterschiedliche Vermögensgegenstände oder Befugnisse des Schuldners betroffen sind, gelten jedoch die Anordnungen des Hauptverfahrens auch in dem anderen Mitgliedstaat fort.

3. Aufhebung der Sicherungsmaßnahmen. Die von dem Insolvenzgericht angeordneten Sicherungsmaßnahmen sind erneut zu überprüfen, wenn der Verwalter des Hauptverfahrens (oder aber auch ein Gläubiger) nachfolgend einen Antrag auf Eröffnung eines Sekundärverfahrens stellt, mithin ein formelles Eröffnungsverfahren eingeleitet wird. Sieht der Verwalter auch nach Eröffnung des Hauptverfahrens davon ab, einen Antrag auf Eröffnung des Sekundärverfahrens zu stellen, so sind die Sicherungsmaßnahmen wieder aufzuheben, weil dann – ohne Sekundärverfahren – grundsätzlich das Recht des Hauptverfahrens in allen Mitgliedsländern Wirkungen entfaltet.[30]

4. Anpassungsprobleme. Als Sachnorm verursacht Art. 38 jedoch erhebliche Anpassungsschwierigkeiten bei der Integration in das jeweils nationale Insolvenzrecht. Denn die Rechtsfolgen von Sicherungsmaßnahmen ohne ein laufendes Insolvenzeröffnungsverfahren sind im Insolvenzrecht (naturgemäß) nicht geregelt, da das Insolvenzrecht Sicherungsmaßnahmen vor Stellung eines Insolvenzantrags nicht kennt. Die Anpassungsprobleme bestehen sowohl, wenn der vorläufige Insolvenzverwalter nach Eröffnung des Hauptverfahrens beschließt, kein Sekundärverfahren zu beantragen, als auch bei nachträglichen Insolvenzeröffnungsantrag selbst. Nimmt der Insolvenzverwalter später von der Durchführung eines Sekundärverfahrens Abstand, so würde für die Rechtsfolgen der Sicherungsmaßnahmen (nach dem Recht des Sekundärverfahrens) das Recht des Hauptverfahrens gelten. Beantragt der Verwalter später die Eröffnung eines Sekundärverfahrens, so stellt sich die Frage, wie beispielsweise diejenigen Normen auszulegen sind, die hinsichtlich der Sicherung der Insolvenzmasse grundsätzlich erst an die Stellung des Insolvenzantrags anknüpfen. Dies ist beispielsweise im deutschen Recht der Fall bei der Insolvenzanfechtung[31] oder bei Zwangsvollstreckungen vor Verfahrenseröffnung.[32] Auch aus diesen Gründen bietet Art. 38 dem vorläufigen Verwalter des Hauptverfahrens keine wirkliche Hilfe beim Schutz der Insolvenzmasse in den potentiellen Sekundärverfahrensstaaten. Insoweit empfiehlt es sich eher, nach der hier vertretenen Auffassung, die Sicherungsmaßnahmen des Insolvenzgerichts des Hauptverfahrens nach Art. 25 im Sekundärverfahrensstaat vollstrecken zu lassen (die Anerkennung geschieht ohnehin automatisch), sowie gegebenenfalls schon vor Eröffnung des Hauptverfahrens auch als nur vorläufiger Insolvenzverwalter die Eröffnung des Sekundärverfahrens zu beantragen. Darüber hinaus empfiehlt es sich, wegen der unklaren Rechtslage nach Art. 29 bezüglich der Antragsbefugnis für die Eröffnung eines Insolvenzverfahrens, dass das Gericht des Hauptverfahrensstaates den vorläufigen Verwalter im Rahmen der zulässigen

---

[28] Vgl. oben Art. 17 RdNr. 11.
[29] Vgl. Art. 25 RdNr. 9.
[30] Ebenso auch Vallender, KTS 2005, 283, 309 f.
[31] So knüpfen die Fristen in der Regel an die Stellung des Insolvenzantrages an, vgl. nur §§ 130 bis 136 InsO.
[32] Vgl. z. B. § 88 InsO.

Sicherungsmaßnahmen hierzu ausdrücklich ermächtigt. Diese durch das Insolvenzgericht erteilte Ermächtigung dürfte selbst von denjenigen anerkannt werden, die nach Art. 29 grundsätzlich nur dem Verwalter eines eröffneten Hauptverfahrens eine entsprechende Antragsbefugnis einräumen wollen.

Kapitel IV. Unterrichtung der Gläubiger und Anmeldung ihrer Forderungen

Art. 39. Recht auf Anmeldung von Forderungen

Jeder Gläubiger, der seinen gewöhnlichen Aufenthalt, Wohnsitz oder Sitz in einem anderen Mitgliedstaat als dem Staat der Verfahrenseröffnung hat, einschließlich der Steuerbehörden und der Sozialversicherungsträger der Mitgliedstaaten, kann seine Forderungen in dem Insolvenzverfahren schriftlich anmelden.

Literatur: *Martius*, Verteilungsregeln in der grenzüberschreitenden Insolvenz, Univ. Bayreuth, Diss., 2004.

Übersicht

	RdNr.		RdNr.
I. Normzweck	1	2. Öffentlich-rechtliche Forderungen	6
II. Anmeldeberechtigung	4	3. Gläubiger aus Drittstaaten	8
1. Gläubiger aus Mitgliedstaaten	4	III. Form der Anmeldung	9

I. Normzweck

1 Nach Art. 4 Abs. 2 lit. h) richtet sich die Anmeldung nach der *lex fori concursus,* dh. sowohl im Haupt- als auch im Sekundärverfahren nach dem Recht des Verfahrensstaates. Art. 39 enthält mehrere, teils überflüssige Klarstellungen bezüglich der Antragsberechtigung der Gläubiger. Zunächst schließt Art. 39 eine Diskriminierung von Gläubiger mit Sitz, Wohnsitz oder Aufenthalt in den Mitgliedstaaten bei der Forderungsanmeldung aus. Während Art. 32 klarstellt, dass jeder Gläubiger seine Forderungen in allen Verfahren, also mehrfach anmelden kann, regelt Art. 39 – unabhängig von der Frage von Mehrfachanmeldungen – die eigentliche Befugnis zur Anmeldung der Forderung (nicht die Berechtigung zur Mehrfachteilnahme). Art. 39 schreibt zudem vor, dass öffentlich-rechtliche Forderungen aus anderen Mitgliedstaaten nicht diskriminiert werden dürfen und ebenfalls angemeldet werden können. Und schließlich regelt Art. 39 die Form der Forderungsanmeldung in anderen Mitgliedstaaten.

2 Art. 39 ist eine **Sachnorm,** die die Berechtigung zur Forderungsanmeldung selbst im Einzelnen nicht regelt, sondern für die vorgenannten Fragen einen Mindeststandard setzt, gegen den das ansonsten anwendbare Recht des Verfahrensstaates nicht verstoßen darf. Vorschriften des autonomen Rechts der Mitgliedstaaten, die hinter dem in Art. 39 definierten Mindeststandard zurück bleiben, werden daher durch Art. 39 verdrängt.[1] Das Verfahren der Anmeldung, Prüfung und Feststellung der Forderung richtet sich gemäß Art. 4 Abs. 2 lit. h) weiterhin nach dem Recht des Verfahrensstaates, vorbehaltlich der Sonderregelungen in Art. 40 ff.

3 Art. 39 gilt sowohl in Haupt-, Sekundär-, als auch Partikularverfahren.[2]

---

[1] So ausdrücklich Urteil des High Court of Dublin *In the matter of Cedarlease Ltd.* vom 8. 3. 2005, veröffentlicht unter www.eir-database.com, case No. 78 bezüglich der Anmeldeberechtigung der Forderungen ausländischer Steuerbehörden; *Virgos/Schmit,* Erläuternder Bericht, RdNr. 235; *Virgos/Garcimartin,* European Insolvency Regulation, RdNr. 328; MünchKommBGB-*Kindler,* Bd. 11, IntInsR RdNr. 818, 821; *Duursma-Kepplinger,* Europäische Insolvenzverordnung, Art. 39 RdNr. 1; *Kemper* ZIP 2001, 1609, 1619.

[2] *Virgos/Schmit,* Erläuternder Bericht, RdNr. 243; *Mäsch,* in *Rauscher,* Europ. Zivilprozessrecht, Bd. 2, Art. 39 EG-InsVO RdNr. 2; *Heiderhoff* in *Geimer/Schütze,* Int. Rechtsverkehr, B Vor I 20 b, Art. 39 RdNr. 3; *Duursma-Kepplinger,* Europäische Insolvenzverordnung, Art. 39 RdNr. 3; *Kemper,* ZIP 2001, 1609, 1619.

II. Anmeldeberechtigung

1. Gläubiger aus Mitgliedsstaaten. Die Regelung, dass jeder Gläubiger, der seinen 4 gewöhnlichen Aufenthalt, Wohnsitz oder Sitz in einem anderen Mitgliedsstaat als dem der Verfahrenseröffnung hat, seine Forderung anmelden darf, ist an sich nur klarstellender Natur. Eine Diskriminierung innerhalb der Mitgliedsstaaten auf Grund des Aufenthaltes, Wohnsitzes oder Sitzes in einem anderen Mitgliedsstaat der EU verstößt in der Regel schon gegen das im EU Vertrag festgelegte Diskriminierungsverbot.[3] Seinem Wortlaut nach gilt der Diskriminierungsschutz zwar nur für die anderen Mitgliedsstaaten der Verordnung. Hieraus kann jedoch im Umkehrschluss nicht geschlossen werden, dass der Diskriminierungsschutz nicht auch für andere Länder der EU gelte, die zwar Mitgliedsstaaten der EU, nicht aber Mitgliedsstaaten der Verordnung sind (wie Dänemark). Für Gläubiger mit Sitz in Dänemark leitet sich das Diskriminierungsverbot demgemäß aus dem EU Vertrag selbst her.[4]

Die Rechtsbegriffe des „gewöhnlichen Aufenthaltes", „Sitzes" oder „Wohnsitzes" sind 5 in der Verordnung nicht ausdrücklich definiert und daher verordnungsautonom auszulegen.[5] Während der Begriff des gewöhnlichen Aufenthaltes als faktischen Daseinsmittelpunktes weniger umstritten ist und allenfalls in der Bewertung der Anknüpfungspunkte im Einzelfall Probleme aufwirft,[6] ist der Begriff des Wohnsitzes stärker rechtlich geprägt. Im Sinne einer einheitlichen Auslegung und Anwendung europarechtlicher Rechtsbegriffe ist hier Anwendung und Auslegung desselben Begriffes in Art. 59 EuGVVO heranzuziehen. Fraglich ist, ob für die Bestimmung des Begriffes „Sitz" auf Art. 3 zurückgegriffen werden kann, welcher ausdrücklich den „satzungsmäßigen" Sitz meint, oder den Sitzbegriff, den Art. 60 EuGVVO verwendet. Letzterer ist nicht notwendig deckungsgleich mit dem satzungsmäßigen Sitz. Wegen der fehlenden Präzisierung, dass der satzungsmäßige Sitz gemeint sei, wird man richtigerweise die zu Art. 60 EuGVVO entwickelten Kriterien heranziehen müssen.[7]

2. Öffentlich-rechtliche Forderungen. Die wesentliche und gegebenenfalls das sons- 6 tige Recht modifizierende Aussage von Art. 39 liegt darin, dass das Recht auf Forderungsanmeldung ausdrücklich auch auf die **Steuerbehörden und Sozialversicherungsträger** der Mitgliedsstaaten ausgedehnt wird. Denn vielfach wird Staaten bzw. öffentlich-rechtlichen Körperschaften das Recht aberkannt, ihre öffentlich-rechtlichen Forderungen in Insolvenzverfahren anzumelden, die in einem anderen Staat durchgeführt werden.[8] Entsprechende Bedenken sind auch im deutschen autonomen Recht geltend gemacht worden,[9] und zwar auch für die Forderungen ausländischer Sozialversicherungsträger.[10] Auch das englische

---

[3] Vgl. Art. 12 EGV bezogen auf die Staatsangehörigkeit; Calliess/Ruffert/*Epiney*, EG-Vertrag Art. 12 RdNr. 1 ff.; Doerfert, Europarecht, S. 116.
[4] Die Festellung von *Mäsch*, in *Rauscher*, Europ. Zivilprozessrecht, Bd. 2, Art. 39 EG-InsVO RdNr. 7, dänische Gläubiger seien daher Gläubigern aus Drittstaaten gleich gestellt, ist daher bezogen auf die Verordnung zutreffend, nicht aber bezogen auf deren Behandlung.
[5] *Mäsch*, in *Rauscher*, Europ. Zivilprozessrecht, Bd. 2, Art. 39 EG-InsVO RdNr. 6; *Kübler/Prütting/Kemper*, Art. 39 EuInsVO RdNr. 3.
[6] Vgl. MünchKommBGB-*Sonnenberger*, Bd. 10, Einl. IPR RdNr. 730 ff.; *Kegel/Schurig*, IPR, S. 471 f.; *v. Bar/Mankowski*, IPR, Bd. I, § 7 RdNr. 22 ff.
[7] So im Ergebnis auch *Mäsch*, in *Rauscher*, Europ. Zivilprozessrecht, Bd. 2, Art. 39 EG-InsVO RdNr. 6; anders *Kübler/Prütting/Kemper*, Art. 39 EuInsVO RdNr. 3 (effektiver Verwaltungssitz).
[8] Ausführlich und rechtsvergleichend *Martius*, Verteilungsregeln, S. 116 ff.
[9] So ging z. B. auch die Bundesregierung in einer Gegenäußerung zu einer Stellungnahme des Bundesrates betreffend die Neuregelung des deutschen internationalen Insolvenzrechts davon aus, dass ausländische öffentlich-rechtliche Forderungen in einem inländischen Insolvenzverfahren nicht geltend gemacht werden können, vgl. BT-Drucks. 12/2443, Anlage 3, S. 269; sowie die Stellungnahme des Bundesrates, BT-Drucks. 12/2443, Anlage 2 S. 260; entsprechende Bedenken werden auch heute noch geäußert, vgl. oben § 342 RdNr. xx.; vgl. auch ebenso *Trunk*, Internationales Insolvenzrecht, S. 199; *Hanisch*, in Cross Border Insolvency, S. 112 f., 118.
[10] Nach der deutschen Rechtsprechung können diese ihre Ansprüche im Inland nicht einklagen, vgl. BSG 54, 250, 256 f.; vgl. aber auch AG Mannheim, DAR 1994, 405 betreffend die Klage einer niederländischen Gemeinde auf das Entgelt für die Benutzung von Parkraum.

Common Law steht dem ablehnend gegenüber.[11] Insoweit wird argumentiert, dass Voraussetzung für die Berücksichtigung einer Forderung im Insolvenzverfahren sei, dass der Anspruch klagbar und mittels Zwangsvollstreckung in das Vermögen des Schuldners verfolgbar sei.

7   Die Anmeldeberechtigung gilt über den Wortlaut von Art. 39 hinaus nicht nur für Steuerbehörden und Sozialversicherungsträger, sondern für sämtliche juristische Personen, die öffentlich-rechtliche Forderungen geltend machen.[12] Denn der Verweis auf die Steuerbehörden und Sozialversicherungsträger ist nur als beispielhafte Aufzählung zu verstehen. Denn eingeleitet wird Art. 39 durch die Feststellung, dass „jeder Gläubiger" anmeldeberechtigt sei. Auch andere Behörden, die Gebührenforderungen haben, Ordnungsgelder verhängt haben, sind daher zur Anmeldung berechtigt.

8   **3. Gläubiger aus Drittstaaten.** Die Anmeldeberechtigung von Gläubigern mit einem gewöhnlichen Aufenthalt, Sitz oder Wohnsitz außerhalb der Mitgliedsstaaten richtet sich nach dem Insolvenzrecht des jeweiligen Verfahrensstaates.[13] Das ergibt sich aus der Kollisionsnorm des Art. 4 Abs. 2 lit. h). Denn diese gilt vorbehaltlich einiger Sonderregelungen in Art. 5 ff. auch für Gläubiger, die ihren Sitz außerhalb der Mitgliedsstaaten der Verordnung haben.[14] Es ist daher nach der Verordnung zulässig (wenn auch rechtspolitisch bedenklich), wenn nach dem nationalen Recht des Verfahrensstaates Gläubigern aus Drittstaaten das Recht zur Anmeldung ihrer Forderungen versagt wird.

III. Form der Anmeldung

9   Die Anmeldung muss nach Art. 39 „schriftlich" erfolgen. Die Vorschrift ist im Zusammenhang mit Art. 41 zu lesen, der den Inhalt der Forderungsanmeldung näher spezifiziert. Auch bei dem Begriff „schriftlich" handelt es sich um einen Rechtsbegriff, der verordnungsautonom auszulegen ist. Auch hier empfiehlt sich ein Rückgriff auf den gleichen Rechtsbegriff in Art. 23 EuGVVO.[15] Unstreitig reicht hierzu ein von dem Gläubiger oder dessen Vertreter unterzeichnetes Schriftstück, wobei dieses nicht im Original vorliegen muss: Eine per Telefax übermittelte Fassung des Schriftstücks genügt.[16] Umstritten ist allerdings, ob eine Anmeldung per E-Mail ausreicht.[17]

10 Sieht das nach Art. 4 Abs. 2 lit. h) anwendbare Insolvenzrecht des Verfahrensstaates geringere Anforderungen vor und lässt beispielsweise auch eine Anmeldung per E-Mail genügen, so stehen diese vereinfachten Anmeldeformen grundsätzlich auch den Gläubigern aus anderen Mitgliedsstaaten zu.[18] Weitergehende Anforderungen als die einfache Schriftform dürfen für eine wirksame Forderungsanmeldung durch das nationale Insolvenzrecht jedoch nicht gefordert werden.[19]

---

[11] Vgl. auch das Urteil des High Court of Dublin *In the matter of Cedarlease Ltd.* vom 8. 3. 2005, veröffentlicht unter www.eir-database.com, case No. 78; mit Verweis auf die Rechtsprechung des Common Law in *Byrne v. Conroy* [1998] 3 IR 13.
[12] *Martius*, Verteilungsregeln, S. 149 f.; ebenso wohl auch *Virgos/Schmit*, Erläuternder Bericht, RdNr. 244; *Kübler/Prütting/Kemper*, Art. 39 EuInsVO RdNr. 4.
[13] Vgl. *Mäsch*, in *Rauscher*, Europ. Zivilprozessrecht, Bd. 2, Art. 39 EG-InsVO RdNr. 8; *Duursma-Kepplinger*, Europäische Insolvenzverordnung, Art. 39 RdNr. 7.
[14] Vgl. zum sachlich-räumlichen Anwendungsbereich der Verordnung auch Art. 1 RdNr. 12 ff.
[15] *Mäsch*, in *Rauscher*, Europ. Zivilprozessrecht, Bd. 2, Art. 39 EG-InsVO RdNr. 12; MünchKommBGB-*Kindler*, Bd. 11, IntInsR RdNr. 821.
[16] *Mäsch*, in *Rauscher*, Europ. Zivilprozessrecht, Bd. 2, Art. 39 EG-InsVO RdNr. 12.
[17] Vgl. zu Art. 23 EuGVVO *Mankowski*, in *Rauscher*, Europ. Zivilprozessrecht, Bd. 1, Art. 23 Brüssel I-VO RdNr. 38; *Kropholler*, Europäisches Zivilprozessrecht, Art. 23 RdNr. 40 f.
[18] *Virgos/Schmit*, Erläuternder Bericht, RdNr. 270; *Mäsch*, in *Rauscher*, Europ. Zivilprozessrecht, Bd. 2, Art. 39 EG-InsVO RdNr. 11; MünchKommBGB-*Kindler*, Bd. 11, IntInsR RdNr. 821; *Heiderhoff* in Geimer/Schütze, Int. Rechtsverkehr, B Vor I 20 b, Art. 39 RdNr. 2; *Paulus*, Europäische Insolvenzverordnung, Art. 39 RdNr. 6; ebenso *Moss*, in *Moss/Fletcher/Isaacs*, EC Regulation, RdNr. 8.277.
[19] *Paulus*, Europäische Insolvenzverordnung, Art. 39 RdNr. 6; MünchKommBGB-*Kindler*, Bd. 11, IntInsR RdNr. 821.

Art. 40. Pflicht zur Unterrichtung der Gläubiger

(1) Sobald in einem Mitgliedstaat ein Insolvenzverfahren eröffnet wird, unterrichtet das zuständige Gericht dieses Staates oder der von diesem Gericht bestellte Verwalter unverzüglich die bekannten Gläubiger, die in den anderen Mitgliedstaaten ihren gewöhnlichen Aufenthalt, Wohnsitz oder Sitz haben.

(2) Die Unterrichtung erfolgt durch individuelle Übersendung eines Vermerks und gibt insbesondere an, welche Fristen einzuhalten sind, welches die Versäumnisfolgen sind, welche Stelle für die Entgegennahme der Anmeldungen zuständig ist und welche weiteren Maßnahmen vorgeschrieben sind. In dem Vermerk ist auch anzugeben, ob die bevorrechtigten oder dinglich gesicherten Gläubiger ihre Forderungen anmelden müssen.

Literatur: Vergleiche die allgemeinen Literaturangaben vor Art. 1 EuInsVO.

Übersicht

	RdNr.		RdNr.
I. Normzweck	1	4. Unterrichtungsverpflichteter	7
II. Unterrichtungsberechtigte Gläubiger (Abs. 1)	4	III. Form und Inhalt der Unterrichtung	9
1. Gläubiger aus Mitgliedstaaten	4	IV. Sanktionen bei Verletzung der Unterrichtungspflicht	14
2. Bekannte Gläubiger	5		
3. Unverzügliche Unterrichtung	6		

I. Normzweck

Art. 40 soll die Informationsdefizite ausländischer Gläubiger aus anderen Mitgliedstaaten **1** ausgleichen, die in der Regel über die Insolvenzeröffnung schlechter informiert sind als inländische Gläubiger. Diese Informationsdefizite ergeben sich nicht nur aus Sprachbarrieren, sondern auch daraus, dass die Eröffnung ausländischer Insolvenzverfahren nur selten Gegenstand der Presseberichterstattung sind und auch in den dortigen Registern meist nicht veröffentlicht und bekannt gemacht werden. Solche Informationsdefizite sind weniger eine Frage der Gläubigergleichbehandlung, als eine Frage faktisch gleicher Chancen auf eine Verfahrensteilnahme. Diese Chancengleichheit versucht Art. 40 Abs. 1 herzustellen, indem dem Insolvenzgericht oder dem Verwalter die Pflicht auferlegt wird, die ihm bekannten Gläubiger aus anderen Mitgliedstaaten zu informieren. Absatz 2 konkretisiert – neben Art. 42 – Form und Inhalt der Unterrichtung. In beiden Fällen handelt es sich um eine **Sachnorm,** die jedoch den Sachverhalt (Unterrichtungspflicht) nicht abschließend regelt, sondern einen Mindeststandard setzt, hinter dem das nationale Recht nicht zurückbleiben darf. Dagegen kann das nationale Recht durchaus weitergehende Unterrichtungspflichten vorsehen, ohne in Widerspruch zu Art. 40 zu geraten.

Art. 40 ist im Zusammenhang mit Art. 42 zu lesen, der regelt, wie die Sprachprobleme **2** bei der Unterrichtung zu behandeln sind. Die Möglichkeit zur Unterrichtung von Gläubigern aus anderen Mitgliedstaaten bietet zudem Art. 21, der eine öffentliche Bekanntmachung in jedem anderen Mitgliedstaat erlaubt und daher auch eine Unterrichtung der Gläubiger ermöglicht. Art. 22 ermöglicht zudem die Eintragung der Insolvenzeröffnung in öffentliche Register anderer Mitgliedstaaten.

Art. 40 ist für Insolvenzverfahren, die in Deutschland auf Grund der Verordnung durch- **3** geführt werden, in Art. 102 § 11 EGInsO umgesetzt worden. Die Insolvenzgericht und Verwalter haben daher diese Vorschrift ergänzend heranzuziehen.[1]

---

[1] Vgl. die Kommentierung zu Art. 102 § 11 EGInsO, oben.

II. Unterrichtungsberechtigte Gläubiger (Abs. 1)

4 1. Gläubiger aus Mitgliedsstaaten. Unterrichtsberechtigt sind nach dem Wortlaut der Vorschrift Gläubiger, die in den anderen Mitgliedsstaaten ihren gewöhnlichen Aufenthalt, Wohnsitz oder Sitz haben. Hinsichtlich der Begriffe des gewöhnlichen Aufenthaltes, des Wohnsitzes und des Sitzes kann auf die Ausführungen zu Art. 39 verwiesen werden.[2] Der Verwalter ist daher zumindest nach der Verordnung nicht verpflichtet, Gläubiger aus Drittstaaten zu unterrichten.[3] Das schließt jedoch nicht aus, dass das nationale Insolvenzrecht dem Insolvenzgericht oder dem Verwalter eine Unterrichtungspflicht für alle ausländischen Gläubiger auferlegt. Strittig ist dagegen, ob Art. 40 über den Wortlaut hinaus auch eine Unterrichtungspflicht der inländischen Gläubiger verlangt, was gelegentlich als Selbstverständlichkeit verstanden wird.[4] Art. 40 begründet jedoch keine Pflicht, auch die inländischen Gläubiger zu unterrichten.[5] Ob (und gegebenenfalls wie) diese zu informieren sind richtet sich alleine nach der *lex fori concursus* des Verfahrensstaates.

5 2. Bekannte Gläubiger. Die Unterrichtungspflicht erfährt in Art. 40 zugleich eine wesentliche Einschränkung: sie gilt nur für die „*bekannten Gläubiger*". Hierbei kommt es nicht auf tatsächliches Kennen, sondern auf ein Kennen Können an. Demnach hat das Insolvenzgericht bzw. der Verwalter alle Gläubiger aus anderen Mitgliedsstaaten zu unterrichten, die sich aus den Geschäftsunterlagen des Schuldners ergeben.[6] Zu einer darüber hinausgehenden Nachforschung ist das Gericht bzw. der Verwalter aber nicht verpflichtet.[7] Findet neben dem Hauptverfahren auch ein oder mehrere Sekundärverfahren statt, so bezieht sich die Unterrichtungspflicht daher nur auf die Gläubiger, die sich aus den für den jeweiligen Verwalter zugänglichen Geschäftsunterlagen ergeben.

6 3. Unverzügliche Unterrichtung. Die Unterrichtungspflicht hat nach dem Wortlaut „unverzüglich" zu erfolgen („*immediately*" in der englischen Sprachfassung). Die Formulierung indiziert, dass die Zeitvorgabe zur Unterrichtung der Gläubiger nicht dadurch relativiert werden darf, dass in den Mitgliedsstaaten unterschiedliche Anmeldefristen existieren. Unabhängig davon muss unverzüglich unterrichtet werden, was vielfach als „ohne schuldhaftes Verzögern" präzisiert wird.[8]

7 4. Unterrichtungsverpflichteter. Nach Art. 40 ist das Gericht oder der von diesem Gericht bestellte Verwalter zur Unterrichtung verpflichtet. Die Vorschrift überlässt es daher dem nationalen Recht zu bestimmen, welche der beiden Verfahrensorgane die Pflicht trifft.[9] Die Pflicht nach Art. 40 trifft dann das Organ, das auch nach dem nationalen Recht des jeweiligen Verfahrensstaates die Gläubiger von der Verfahrenseröffnung zu unterrichten hat. Fehlt eine solche Unterrichtungspflicht vollständig im nationalen Recht, trifft die Pflicht beide Verfahrensorgane gesamtschuldnerisch. Es empfiehlt sich dann eine interne Absprache,

---

[2] Vgl. Art. 39 RdNr. 5.

[3] *Smid*, Int. Insolvenzrecht, Art. 40 RdNr. 2; MünchKommBGB-*Kindler*, Bd. 11, IntInsR RdNr. 823; *Virgos/Garcimartin*, European Insolvency Regulation, RdNr. 277.

[4] Vgl. *Huber*, in *Geimer/Schütze*, Int. Rechtsverkehr, B Vor I 20b, Art. 40 RdNr. 1; *Paulus*, EWS 2002, S. 497, 504; *Paulus*, Europäische Insolvenzverordnung, Art. 40 RdNr. 3.

[5] Ebenso MünchKommBGB-*Kindler*, Bd. 11, IntInsR RdNr. 823; *Mäsch*, in *Rauscher*, Europ. Zivilprozessrecht, Bd. 2, Art. 40 EG-InsVO RdNr. 40; *Nerlich/Römermann/Mincke*, Art. 40 VO (EG 1326/2000) RdNr. 3; *Virgos/Garcimartin*, European Insolvency Regulation, RdNr. 277.

[6] Ebenso *Virgos/Garcimartin*, European Insolvency Regulation, RdNr. 277.

[7] *Mäsch*, in *Rauscher*, Europ. Zivilprozessrecht, Bd. 2, Art. 40 EG-InsVO RdNr. 6; *Haubold*, in *Gebauer/Wiedmann*, Zivilrecht, RdNr. 250.

[8] So *Mäsch*, in *Rauscher*, Europ. Zivilprozessrecht, Bd. 2, Art. 40 EG-InsVO RdNr. 9; MünchKommBGB-*Kindler*, Bd. 11, IntInsR RdNr. 824; *Duursma-Kepplinger*, Europäische Insolvenzverordnung, Art. 40 RdNr. 2; der Verweis auf § 121 Abs. 2 BGB ist jedoch problematisch, da der Begriff „unverzüglich" verordnungsautonom auszulegen ist und ein Rückgriff auf das nationale Recht daher unzulässig ist. Im Ergebnis dürften jedoch keine Unterschiede auszumachen sein, vgl. bereit oben Art. 35 RdNr. 9.

[9] MünchKommBGB-*Kindler*, Bd. 11, IntInsR RdNr. 825; *Mäsch*, in *Rauscher*, Europ. Zivilprozessrecht, Bd. 2, Art. 40 EG-InsVO RdNr. 8; *Duursma-Kepplinger*, Europäische Insolvenzverordnung, Art. 40 RdNr. 2.

eventuell eine entsprechende Verfügung des Gerichts gegenüber dem Verwalter, soweit das Gericht hierzu befugt ist.

Für die deutschen Gerichte bzw. Insolvenzverwalter ist zu beachten, dass Art. 40 durch Art. 102 § 11 EGInsO für die in Deutschland eröffneten Verfahren umgesetzt wurde. Neben weiteren, über Art. 40 hinausgehenden Angaben zum Inhalt der Unterrichtung ist danach zunächst das Insolvenzgericht gemäß § 30 Abs. 2 InsO zur Unterrichtung der Gläubiger verpflichtet. Aus dem Verweis in Art. 102 § 11 Satz 2 EGInsO auf § 8 InsO wird jedoch hergeleitet, dass das Insolvenzgericht hiermit auch den Insolvenzverwalter beauftragen kann.[10] **8**

III. Form und Inhalt der Unterrichtung

Die Mindestanforderungen für die **Form** der Unterrichtung ist im Einzelnen in Art. 40 Abs. 2 geregelt. Danach ist eine *„individuelle Versendung eines Vermerks"* gefordert. Das erfordert die Schriftform der Unterrichtung.[11] Nicht gefordert ist demgegenüber eine förmliche Zustellung des Schriftstücks an die Gläubiger. Eine Zustellung nach der EuZVO ist danach nicht erforderlich.[12] Sieht allerdings das nationale Recht grundsätzlich eine förmliche Zustellung vor, so ist diese auch im Rahmen von Art. 40 zu beachten.[13] Die Zustellung ist dann gemäß dem EuZVO vorzunehmen, da auch Insolvenzverfahren in den Anwendungsbereich der EuZVO fallen.[14] **9**

Inhaltlich muss der Vermerk die in Art 40 Abs. 2 genannten Mindestangaben enthalten, hinter denen auch das nationale Recht nicht zurückbleiben darf.[15] Hierzu nennt Art. 40 Abs. 2 drei konkrete Inhaltsangaben, nämlich (1) die Anmeldefristen sowie die möglichen Versäumnisfolgen,[16] (2) den Adressat für die Entgegennahme der Anmeldungen sowie (3) die Angabe, ob die bevorrechtigten oder dinglich gesicherten Gläubiger ihre Forderung anmelden müssen. Der Vermerk muss darüber hinaus angeben, *„welche weiteren Maßnahmen vorgeschrieben sind"*. Darunter sind alle Maßnahmen der Gläubiger aufzuführen, die über die oben genannten Punkte nach dem anwendbaren Insolvenzrecht für eine ordnungsgemäße Forderungsanmeldung erforderlich sind. Setzt eine ordnungsgemäße Anmeldung beispielsweise einen über Art. 41 hinausgehenden Inhalt voraus, so sind in dem Vermerk die Gläubiger darauf hinzuweisen. Der Verwalter eines in Deutschland durchgeführten Insolvenzverfahrens hat daher in der Insolvenz einer natürlichen Person die Gläubiger zu unterrichten, dass bei der Forderungsanmeldung anzugeben ist, dass der Forderung eine vorsätzlich begangene unerlaubte Handlung zugrunde liegt, weil andernfalls die Gläubiger Gefahr laufen, dass ihre Forderung im Falle einer erteilten Restschuldbefreiung erlischt.[17] **10**

Sieht das nationale Recht inhaltlich geringere Anforderungen an die Unterrichtung der Gläubiger vor, so geht Art. 40 als Sonderregelung vor.[18] Geht das nationale Recht in **11**

---

[10] Vgl. zu den näheren Einzelheiten die Kommentierung zu Art. 102 § 11 EGInsO.
[11] Allg. Auffassung, vgl. nur *Mäsch*, in *Rauscher*, Europ. Zivilprozessrecht, Bd. 2, Art. 40 EG-InsO RdNr. 11; *Kübler/Prütting/Kemper*, Art. 40 EuInsVO RdNr. 4.
[12] So auch *Virgos/Garcimartin*, European Insolvency Regulation, RdNr. 278; *Kübler/Prütting/Kemper*, Art. 40 EuInsVO RdNr. 4.
[13] *Kübler/Prütting/Kemper*, Art. 40 EuInsVO RdNr. 4; wohl auch *Duursma-Kepplinger*, Europäische Insolvenzverordnung, Art. 40 RdNr. 9 f.
[14] Der Anwendungsbereich der EuZVO geht insoweit über den Anwendungsbereich der EuGVVO hinaus, da Art. 1 Abs. 1 keinen entsprechenden Ausschluss für Insolvenzverfahren vorsieht wie Art. 1 Abs. 2 lit. b) EuGVVO, vgl. *Heiderhoff*, in *Rauscher*, Europ. Zivilprozessrecht, Bd. 2, Art. 1 EG-ZustellVO RdNr. 4.
[15] *Kübler/Prütting/Kemper*, Art. 40 EuInsVO RdNr. 5; *Virgos/Garcimartin*, European Insolvency Regulation, RdNr. 279; *Virgos/Schmit*, Erläuternder Bericht, RdNr. 272; *Moss/Smith*, in *Moss/Fletcher/Isaacs*, EC Regulation, RdNr. 8.280; MünchKommBGB-*Kindler*, Bd. 11, IntInsR RdNr. 826.
[16] Art. 102 § 11 EGInsO greift dies auf und verlangt ausdrücklich, dass auf die Folgen einer verspäteten Forderungsanmeldung nach § 177 InsO hinzuweisen sei, vgl. unten Art. 102 § 11 EGInsO RdNr. 4.
[17] Vgl. Art. 41 RdNr. 4.
[18] *Smid*, Int. Insolvenzrecht, Art. 40 RdNr. 6.

EuInsVO Art. 41

der Unterrichtung der Gläubiger dagegen über die Anforderungen des Art. 40 hinaus, so sind die weitergehenden Unterrichtspflichten auch im Rahmen von Art. 40 zu beachten.[19]

12   In welcher Sprache die Unterrichtung der Gläubiger zu erfolgen hat, regelt Art. 42 Abs. 1. Danach erfolgt die Unterrichtung in der Amtssprache oder einer der Amtssprachen des Staates der Verfahrenseröffnung. Hierzu ist ein Formblatt zu verwenden, dass einen Hinweis in sämtlichen Amtssprachen zu enthalten hat mit den Worten „Aufforderung zur Anmeldung einer Forderung. Etwaige Fristen beachten" (vgl. zum Formblatt noch nachfolgende RdNr.).

13   Ein solches Formblatt wurde vom Bundesjustizministerium entworfen, um der Verpflichtung des Art. 40 Abs. 2 in Verbindung mit Art. 42 nachzukommen.[20] Dieses Formblatt enthält derzeit (Stand Sept. 2007) allerdings lediglich 20 der aktuell 23 Amtssprachen[21] der EU. Die irische,[22] bulgarische und rumänische Verfassung sind nicht enthalten.

IV. Sanktionen bei Verletzung der Unterrichtungspflicht

14   Gericht und/oder Verwalter können sich bei einer schuldhaften Verletzung der Unterrichtspflicht schadensersatzpflichtig machen, wenn der ausländische Gläubiger auf Grund der unterbliebenen Unterrichtung, seine Forderung gar nicht oder erst so spät geltend macht, dass er bei einer Verteilung nicht mehr berücksichtigt werden konnte.[23] Ein entsprechender Schadensersatzanspruch richtet sich nach dem Recht des Verfahrensstaates, dessen Verwalter bzw. Gericht die Unterrichtungspflicht oblag.[24] Praktisch dürfte jedoch für den Gläubiger ein entsprechender Nachweis schwer zu führen sein, da der Gläubiger – so zumindest nach deutschem Recht – das schuldhafte Handeln des Insolvenzgerichts bzw. des Insolvenzverwalters darlegen müsste. Die Frage konzentriert sich daher darauf, ob dem Insolvenzverwalter der Gläubiger hätte bekannt sein müssen, was ohne Kenntnis der Geschäftsbücher von einem Gläubiger in der Regel nicht substantiiert dargelegt werden kann. War die Verfahrenseröffnung gemäß Art. 21 in dem Mitgliedstaat des Gläubiger bekannt gemacht worden, dürfte (wiederum nach dem auf den Schadensersatzanspruch anwendbaren Insolvenzrecht) ein Mitverschulden des Gläubigers in Betracht kommen.

Art. 41. Inhalt einer Forderungsanmeldung

Der Gläubiger übersendet eine Kopie der gegebenenfalls vorhandenen Belege, teilt die Art, den Entstehungszeitpunkt und den Betrag der Forderung mit und gibt an, ob er für die Forderung ein Vorrecht, eine dingliche Sicherheit oder einen Eigentumsvorbehalt beansprucht und welche Vermögenswerte Gegenstand seiner Sicherheit sind.

Literatur: Vergleiche die allgemeinen Literaturangaben vor Art. 1 EuInsVO.

---

[19] MünchKommBGB-*Kindler*, Bd. 11, IntInsR RdNr. 826; *Moss/Smith*, in *Moss/Fletcher/Isaacs*, EC Regulation, RdNr. 8.280.
[20] Das Formblatt ist unter http://www.bmj.bund.de/enid/Insolvenzrecht/Formblatt_Europaeische_Insolvenzverordnung_ty.html abrufbar. In der Kommentarliteratur werden auch Internetseiten der EU mit entsprechenden Formblättern zitiert. Diese sind jedoch (Stand Sept. 2007) nicht mehr aktuell.
[21] Ein Überblick über die Amtssprachen findet sich auf http://ec.europa.eu/education/policies/lang/languages/index_de.html.
[22] Irisch ist seit dem 1. 1. 2007 Amtssprache, vgl. VO (EG) Nr. 920/2005, ABl. EG 2005 L 156/3.
[23] *Virgos/Schmit*, Erläuternder Bericht, RdNr. 234; *Smid*, Int. Insolvenzrecht, Art. 40 RdNr. 5; MünchKommBGB-*Kindler*, Bd. 11, IntInsR RdNr. 828 f.
[24] *Smid*, Int. Insolvenzrecht, Art. 40 RdNr. 5; *Duursma-Kepplinger*, Europäische Insolvenzverordnung, Art. 40 RdNr. 5 (Haftungsregelungen des einzelstaatl. Rechts); *Mäsch*, in *Rauscher*, Europ. Zivilprozessrecht, Bd. 2, Art. 40 EG-InsVO RdNr. 13 (autonomes Recht).

Inhalt einer Forderungsanmeldung 1–4 **Art. 41 EuInsVO**

Übersicht

	RdNr.		RdNr.
I. Normzweck	1	**III. Inhalt der Anmeldung**	3
II. Gläubiger	2		

I. Normzweck

Auch Art. 41 dient dazu, die Forderungsanmeldung für Verfahren in anderen Mitglieds- 1
staaten zu erleichtern. Während Art. 39 und 40 regeln, wie Gläubiger aus anderen Mitgliedsstaaten informiert werden müssen und welche Vorgaben ihnen bei der Forderungsanmeldung gemacht werden dürfen, formuliert Art. 41 aus Sicht des Gläubigers, welche Angaben für eine ordnungsgemäße Forderungsanmeldung ungeachtet des anwendbaren materiellen Rechts genügen. Art. 41 beschreibt daher den Grad der für eine Forderungsanmeldung notwendigen Substantiierung. Es handelt sich daher auch um eine Sachnorm.[1] Soweit das jeweilige Recht des Verfahrensstaates, das über Art. 4 Abs. 2 lit. h) an sich über das Verfahren der Anmeldung bestimmt, weitere formale oder inhaltliche Voraussetzungen verlangt, so gelten diese nicht für die Gläubiger anderer Mitgliedsstaaten.[2]

II. Gläubiger

Gläubiger im Sinne des Art. 41 ist nur ein Gläubiger, der – ebenso wie in Art. 39 und 40 2
– seinen gewöhnlichen Aufenthalt, seinen Wohnsitz oder Sitz in einem anderen Mitgliedsstaat hat als dem Verfahrensstaat.[3] Zwar enthält der Wortlaut keine entsprechende Einschränkung. Dies entspricht jedoch dem systematischen Zusammenhang der Vorschrift in Kapitel IV der Verordnung und der Tatsache, dass sämtliche mit der Forderungsanmeldung im Zusammenhang stehenden Normen entsprechende Voraussetzungen vorsehen. Zur Auslegung der Begriffe gewöhnlicher Aufenthalt, Sitz oder Wohnsitz, vgl. oben Art. 39 RdNr. 5.

III. Inhalt der Anmeldung

Art. 41 regelt, wie detailliert die Forderung des Gläubigers zu substantiieren ist. Verlangt 3
werden hierzu zunächst Angaben über die Art, den Entstehungszeitpunkt und den Betrag der Forderung. Diese Angaben sollen dem Verwalter helfen, die streitgegenständliche Forderung zu identifizieren.[4] Diese Angaben sind durch eine Kopie der „gegebenenfalls vorhandenen Belege" zu substantiieren. Eine Vorlage der Original Urkunden wird daher nicht verlangt. Die Formulierung offenbart darüber hinaus, dass Kopien nur dann vorgelegt werden müssen, soweit entsprechende Belege überhaupt vorhanden sind. Vorzulegen sind nicht etwa alle vorhandenen Belege zur Forderung, sondern nur solche, mittels derer der Verwalter die Art, den Entstehungszeitpunkt sowie den Betrag der Forderung nachvollziehbar ermitteln kann.

Für die in Deutschland durchgeführten Insolvenzverfahren wirft Art. 41 keine besonderen 4
Schwierigkeiten auf, da die Vorgaben aus Art. 41 mit den Anforderungen nach § 174 InsO im Wesentlichen übereinstimmen. Allerdings stellt sich bei Insolvenzverfahren über natürliche Personen die Frage, ob die Forderung ausländischer Gläubiger, die zwar entsprechend

---

[1] MünchKommBGB-*Kindler*, Bd. 11, IntInsR RdNr. 830; *Mäsch*, in *Rauscher*, Europ. Zivilprozessrecht, Bd. 2, Art. 41 EG-InsVO RdNr. 1.
[2] *Virgos/Schmit*, Erläuternder Bericht, RdNr. 273; *Mäsch*, in *Rauscher*, Europ. Zivilprozessrecht, Bd. 2, Art. 41 EG-InsVO RdNr. 1; *Haubold*, in *Gebauer/Wiedmann*, Zivilrecht, RdNr. 253; HK-*Stephan*, Art. 41 RdNr. 5.
[3] *Mäsch*, in *Rauscher*, Europ. Zivilprozessrecht, Bd. 2, Art. 41 EG-InsVO RdNr. 3; MünchKommBGB-*Kindler*, Bd. 11, IntInsR RdNr. 832; *Duursma-Kepplinger*, Europäische Insolvenzverordnung, Art. 41 RdNr. 1; HK-*Stephan*, Art. 41 RdNr. 2.
[4] *Duursma-Kepplinger*, Europäische Insolvenzverordnung, Art. 41 RdNr. 3; *Smid*, Int. Insolvenzrecht, Art. 41 RdNr. 2.

Art. 41 ihre Forderung angemeldet haben, entgegen § 174 Abs. 2 InsO jedoch nicht angegeben haben, dass der Forderung eine vorsätzlich begangene unerlaubte Handlung zugrunde liegt, gemäß § 302 Nr. 1 InsO erlischt. Denn die Anmeldung als unerlaubte Handlung (sowie die Anerkennung derselben durch den Schuldner) führt dazu, dass die Forderung durch die Restschuldbefreiung nicht berührt wird, dh. nicht erlischt. Das gilt jedoch nur für diejenigen Forderungen, die ausdrückliche als Forderungen aus unerlaubten Handlungen angemeldet wurden. Alle anderen Forderungen erlöschen dagegen. Da Gegenstand von § 174 Abs. 2 InsO nicht die weitere Rechtsverfolgung durch den Gläubiger regelt, sondern schon dessen ordnungsgemäße Anmeldung, dürfen dem ausländischen Gläubiger bei Fehlen einer entsprechenden Angabe nach Art. 41 keine Nachteile erwachsen. Es empfiehlt sich daher für deutsche Insolvenzverwalter, über die Vorgaben in Art. 102 § 11 EGInsO den ausländischen Gläubiger darauf hinzuweisen, dass er Forderungen, denen eine vorsätzlich begangene unerlaubte Handlung zugrunde liegt, als solche anmelden müsse. Er ist zudem über die Rechtsfolge zu belehren.

5   In welcher Sprache der Gläubiger die Forderung anmelden darf, wird durch Art. 42 Abs. 2 geregelt (vgl. Art. 42 RdNr. 4).

Art. 42. Sprachen

(1) Die Unterrichtung nach Art. 40 erfolgt in der Amtssprache oder einer der Amtssprachen des Staates der Verfahrenseröffnung. Hierfür ist ein Formblatt zu verwenden, das in sämtlichen Amtssprachen der Organe der Europäischen Union mit den Worten „Aufforderung zur Anmeldung einer Forderung. Etwaige Fristen beachten!" überschrieben ist.

(2) Jeder Gläubiger, der seinen gewöhnlichen Aufenthalt, Wohnsitz oder Sitz in einem anderen Mitgliedstaat als dem Staat der Verfahrenseröffnung hat, kann seine Forderungen auch in der Amtssprache oder einer der Amtssprachen dieses anderen Staates anmelden. In diesem Fall muss die Anmeldung jedoch mindestens die Überschrift „Anmeldung einer Forderung" in der Amtssprache oder einer der Amtssprachen des Staats der Verfahrenseröffnung tragen. Vom Gläubiger kann eine Übersetzung der Anmeldung in die Amtssprache oder eine der Amtssprachen des Staats der Verfahrenseröffnung verlangt werden.

Literatur: Vergleiche die allgemeinen Literaturangaben vor Art. 1 EuInsVO.

Übersicht

	RdNr.		RdNr.
I. Normzweck	1	III. Sprache der Forderungsanmeldung (Abs. 2)	4
II. Sprache der Unterrichtung (Abs. 1)	2		

I. Normzweck

1   Art. 40 regelt die sich aus den verschiedenen Amtssprachen der Mitgliedsstaaten ergebenden Probleme. Art. 42 ergänzt daher Art. 40 und Art. 41 hinsichtlich der Frage, in welcher Frage die Unterrichtung (Art. 40) bzw. die Forderungsanmeldung (Art. 41) zu erfolgen hat. Es handelt sich um eine Sachnorm, die Regelungen des nationalen Rechts verdrängt, die hinsichtlich der Sprache anderweitige, Art. 42 widersprechende Vorgaben machen.[1] Die Vorschrift ist daher mit dem Anwendungsbereich der Art. 40 und 41 identisch: sie gilt sowohl für Haupt- als auch für Sekundär- und Partikularverfahren.[2] Die Vorgaben des

---

[1] *Mäsch*, in *Rauscher*, Europ. Zivilprozessrecht, Bd. 2, Art. 42 EG-InsVO RdNr. 1; HK-*Stephan*, Art. 42 RdNr. 1.
[2] HK-*Stephan*, Art. 42 RdNr. 1.

Art. 42 hinsichtlich der Sprache der Unterrichtung bzw. Forderungsanmeldung gelten jedoch nur, soweit der betroffener Gläubiger seinen gewöhnlichen Aufenthalt, Sitz oder Wohnsitz in einem anderen Mitgliedstaat hat als dem der Verfahrenseröffnung.[3]

II. Sprache der Unterrichtung (Abs. 1)

Da von dem Verwalter bei der Unterrichtung ausländischer Gläubiger nicht verlangt werden kann, dass dieser die Gläubiger in deren Heimatsprache unterrichtet, schreibt Art. 40 Abs. 1 vor, dass er sich der Amtssprache des Verfahrensstaates bedienen darf. Damit der eine solche Unterrichtung empfangende Gläubiger anderseits weiß, um was für ein fremdsprachliches Dokument es sich handelt, muss die Überschrift „*Aufforderung zur Anmeldung einer Forderung. Etwaige Fristen beachten*" in alle Amtssprachen übersetzt sein. Es war vorgesehen, dass ein vom Generalsekretariat ausgearbeitetes Deckblatt veröffentlicht werden soll, in dem die Überschrift in allen Amtssprachen der Mitgliedstaaten wiedergegeben ist.[4] Ein solches Formblatt hatte die Kommission im Internet veröffentlicht, jedoch im Hinblick auf die neu hinzugetretenen Amtssprachen nicht aktualisiert.[5] Auch auf der Internet-Seite des BMJ findet sich inzwischen ein für ein inländisches Insolvenzverfahren zu verwendendes Formblatt.[6] Aufgrund des Beitritts von insg. 12 neuen Mitgliedstaaten zum 1. 1. 2004 sowie zum 1. 1. 2007 sind weitere anerkannte Amtssprachen hinzu gekommen.[7] 2

Über den vorgenannten Warnhinweis hinaus kann der Inhalt der Unterrichtung dagegen in der Amtssprache des Verfahrensstaates verfasst sein.[8] Es ist Sache des Gläubigers, sich auf Grund des Warnhinweises um die Sicherung seiner Rechte zu bemühen. Entsprechende Kosten für die Übersetzung kann der Gläubiger – soweit dies das anwendbare Insolvenzrecht des Verfahrensstaates vorsieht – allenfalls als Kosten für die Verfahrensteilnahme anmelden. Der Rang solcher Kosten richtet sich sodann ebenfalls nach dem Recht des Verfahrensstaates.[9] 3

III. Sprache der Forderungsanmeldung (Abs. 2)

Art. 40 Abs. 2 regelt, welcher Sprache sich der Gläubiger bei der Forderungsanmeldung bedienen darf. Ebenso wie dem Verwalter ist ihm die Verwendung seiner Heimatsprache gestattet, solange die Anmeldung die Überschrift „*Anmeldung einer Forderung*" in der Amtssprache des Verfahrensstaates trägt. Als Heimatsprache ist die Sprache seines gewöhnlichen Aufenthaltes, des Sitzes oder Wohnsitzes anzusehen.[10] Die Übersetzung der Überschrift ist allerdings von dem Gläubiger vorzunehmen. Das von der Europäischen Kommission veröffentlichte Formblatt sieht unverständlicherweise (Stand September 2007) noch keine Übersetzung dieser Überschrift in alle Amtssprachen der Mitgliedstaaten vor.[11] Da hilft auch wenig, dass ausländische Gläubiger eine entsprechende Übersetzung der Internetseite des Bundesjustizministeriums entnehmen können, das in den entsprechenden Unterrichtungsformblättern eine Übersetzung der Redewendung enthält. Denn diese Internetseite ist von einem ausländischen Gläubiger ohne deutsche Sprachkenntnisse kaum auffindbar. 4

---

[3] Vgl. zu diesem Kriterium bereits Art. 40 RdNr. 4; Art. 41 RdNr. 2.
[4] *Virgos/Schmit*, Erläuternder Bericht, RdNr. 275.
[5] Siehe http://ec.europa.eu/justice_home/fsj/civil/insolvency/doc/form_inv_creance_de.doc; die Seite enthält jedoch nur die Überschrift in 11 Amtssprachen (Stand Sept. 2007).
[6] Vgl. http://www.bmj.bund.de/enid/Insolvenzrecht/Formblatt_Europaeische_Insolvenzverordnung_ty.html.
[7] Ein Überblick über die Amtssprachen findet sich auf http://ec.europa.eu/education/policies/lang/languages/index_de.html.
[8] MünchKommBGB-*Kindler*, Bd. 11, IntInsR RdNr. 839; *Mäsch*, in *Rauscher*, Europ. Zivilprozessrecht, Bd. 2, Art. 42 EG-InsVO RdNr. 8; HK-*Stephan*, Art. 42. RdNr. 2.
[9] Vgl. im deutschen Insolvenzrecht § 39 Abs. 1 Nr. 2 InsO.
[10] Vgl. zu diesen Rechtsbegriffen bereits Art. 39 RdNr. 5.
[11] Vgl. http://ec.europa.eu/justice_home/fsj/civil/insolvency/doc/form_inv_creance_de.doc.

5 Da der Verwalter in der Regel die Forderungsanmeldung ebenfalls nicht versteht, kann er sodann von dem ausländischen Gläubiger eine Übersetzung der Forderungsanmeldung in die Amtssprache des Verfahrensstaates verlangen.[12] Dieses Verlangen kann der Verwalter wiederum in der Amtssprache des Verfahrensstaates äußern. Es ist sodann Sache des von dem Verfahren informierten Gläubigers, sich das Schreiben des Insolvenzverwalters übersetzen zu lassen. Die von dem ausländischen Gläubiger nachgereichte Übersetzung lässt jedoch die fristgemäße Forderungsanmeldung durch den ausländischen Gläubiger unberührt.[13] Eine in der Amtssprache des Gläubigers verfasste, mit der vorgenannten Überschrift versehene Anmeldung ist sowohl form- als auch fristgemäß, selbst wenn eine Übersetzung des Gläubigers, die der Verwalter angefordert hat, erst nach Fristablauf eingeht. Allerdings kann der Verwalter dem ausländischen Gläubiger eine angemessene Nachfrist setzen, um die in die Amtssprache des Verfahrensstaates übersetzte Forderungsanmeldung nachzureichen.

6 Die von dem Gläubiger übersetzte Forderungsanmeldung bedarf keiner Beglaubigung. Die Voraussetzung einer Beglaubigung kann insbesondere als weitere Erschwernis über Art. 42 hinaus nicht aus dem autonomen Recht hergeleitet werden.[14]

7 Die Kosten für die Übersetzung hat der anmeldende Gläubiger zu tragen. Ob und inwieweit er diese Kosten im Insolvenzverfahren geltend machen kann, richtet sich nach dem Recht des Verfahrensstaates.[15]

Kapitel V. Übergangs- und Schlussbestimmungen

Art. 43. Zeitlicher Geltungsbereich

Diese Verordnung ist nur auf solche Insolvenzverfahren anzuwenden, die nach ihrem In-Kraft-Treten eröffnet worden sind. Für Rechtshandlungen des Schuldners vor Inkrafttreten dieser Verordnung gilt weiterhin das Recht, das auf diese Rechtshandlungen anwendbar war, als sie vorgenommen wurden.

Literatur: *Liersch.*, Anmerkung zu BGH, Beschl. v. 27. 11. 2003 – IX ZB 418/02 (LG Wuppertal), NZI 2004, 139; *Mankowski*, Kurzkommentar zu: BGH, Beschl. v. 27. 11. 2003 – IX ZB 418/02, EWiR 2004, 229.

Übersicht

	RdNr.		RdNr.
I. Normzweck	1	III. Rechtshandlungen des Schuldners (Satz 2)	7
II. Insolvenzverfahren (Satz 1)	3		

I. Normzweck

1 Art. 43 regelt den zeitlichen Anwendungsbereich der Verordnung (zum persönlichen, räumlichen und sachlich-räumlichen Anwendungsbereich vgl. Art. 1 RdNr. 8 ff.), und zwar zum einen generell für Insolvenzverfahren (Satz 1) und zum anderen für Rechtshandlungen des Schuldners vor Eröffnung des Insolvenzverfahrens (Satz 2).

2 Die Vorschrift ist im Zusammenhang mit Art. 47 zu lesen, der bestimmt, dass die Verordnung am 31. Mai 2002 in Kraft getreten ist. Für die später beigetretenen Mitgliedsstaaten gilt wiederum der Tag des Beitritts als der Tag des In-Kraft-Tretens. Für die zum

---

[12] MünchKommBGB-*Kindler*, Bd. 11, IntInsR RdNr. 843; *Mäsch*, in *Rauscher*, Europ. Zivilprozessrecht, Bd. 2, Art. 42 EG-InsVO RdNr. 11; HK-*Stephan*, Art. 42 RdNr. 3.

[13] *Mäsch*, in *Rauscher*, Europ. Zivilprozessrecht, Bd. 2, Art. 42 EG-InsVO RdNr. 11; *Heiderhoff*, in Geimer/Schütze, Int. Rechtsverkehr, B Vor I 20 b, Art. 42 RdNr. 4.

[14] So aber wohl FKInsO-*Wimmer*, Anh I RdNr. 148 mit Verweis auf § 4 Abs. 3 AVAG; dagegen *Mäsch*, in *Rauscher*, Europ. Zivilprozessrecht, Bd. 2, Art. 40 EG-InsVO RdNr. 11.

[15] Vgl. oben RdNr. 3.

Zeitlicher Geltungsbereich 3–7 **Art. 43 EuInsVO**

1. Januar 2004 der Europäischen Union beigetretenen zehn Mitgliedsländer Estland, Lettland, Litauen, Malta, Polen, Slowakei, Slowenien, Tschechische Republik, Ungarn und Zypern trat daher die Verordnung ebenfalls am 1. 1. 2004 in Kraft.[1] Für die zum 1. Januar 2007 beigetretenen Mitgliedsstaaten Bulgarien und Rumänien trat die Verordnung zum 1. 1. 2007 in Kraft.[2]

II. Insolvenzverfahren (Satz 1)

Die Verordnung ist auf ein Insolvenzverfahren nur anzuwenden, wenn es nach ihrem In-Kraft-Treten eröffnet wird. Zum In-Kraft-Treten vgl. Art. 47 bzw. die in RdNr. 2 genannten Daten für die neu beigetretenen Mitgliedsländer. 3

Zur Bestimmung des Zeitpunktes, wann ein Insolvenzverfahren eröffnet wird, ist auf die Legaldefinition des Art. 2 lit. f) zurück zu greifen. Danach ist entscheidend, wann der formelle Eröffnungsbeschluss gemäß Art. 16 Abs. 1 wirksam ist.[3] Nach der auch vom EuGH bestätigten Rechtsprechung fällt ein Insolvenzverfahren zeitlich auch dann in den Anwendungsbereich der Verordnung, wenn vor dem In-Kraft-Treten die Eröffnung abgelehnt wurde, aber nach dem In-Kraft-Treten das Rechtsmittelgericht den Eröffnungsbeschluss erlässt.[4] 4

Unerheblich ist ebenfalls der vom EuGH zur Bestimmung des Prioritätsprinzips zugrunde zu legende Eröffnungszeitpunkt. Nach der Eurofood Entscheidung des EuGH liegt eine Verfahrenseröffnung auch dann vor, wenn ein vorläufiger Insolvenzverwalter bestellt wird und Sicherungsmaßnahmen angeordnet werden, die den Beschlag des Vermögens des Schuldner zur Folge haben.[5] Die vom EuGH hierzu entwickelten Kriterien gelten jedoch nur für die Frage, welches Insolvenzgericht gemäß Art. 3 Abs. 3 das Insolvenzverfahren „später" eröffnet (sog. Prioritätsprinzip). Im Rahmen des Art. 43 ist jedoch auf den formellen Eröffnungsbeschluss abzustellen. 5

Die Anwendbarkeit ist bei parallelen Insolvenzverfahren für jedes Verfahren gesondert zu beurteilen. Kommt es daher vor dem In-Kraft-Treten der Verordnung zur Eröffnung eines räumlich beschränkten Partikularverfahrens, und erst nach dem In-Kraft-Treten zu einem Hauptverfahren nach Art. 3 Abs. 1, so wandelt sich das Partikularverfahren nicht in ein Sekundärverfahren um, sondern muss weiterhin nach dem autonomen Recht des Verfahrensstaates abgewickelt werden.[6] Kommt es dagegen vor dem In-Kraft-Treten zur Eröffnung eines Hauptverfahrens und nach dem In-Kraft-Treten zu einem Sekundärverfahren, so findet für beide Verfahren die Verordnung keine Anwendung, weil ein Sekundärverfahren nach der Verordnung ein Hauptverfahren nach Art. 3 Abs. 1 voraussetzt, ein solches jedoch nicht vorliegt. 6

III. Rechtshandlungen des Schuldners (Satz 2)

Satz 2 trifft eine Sonderregelung für Rechtshandlungen des Schuldners vor Eröffnung des Insolvenzverfahrens. Denn das Insolvenzrecht trifft in der Regel auch Anordnungen zu 7

---

[1] Vgl. Art. 2 der Akte über die Bedingungen des Beitritts, ABl. EG Nr. L 236/33 vom 23. September 2003.
[2] Vgl. Art. 2 der Akte über die Bedingungen des Beitritts, ABl. DG Nr. L 157/203 vom 21. Juni 2005.
[3] Vgl. den Vorlagebeschluss des BGH in der Rechtssache Staubitz-Schreiber, BGH ZIP 2004, 94; vgl. hierzu *Mankowski*, EWiR 2004, 229 f.; *Liersch*, NZI 2004, 141; *Weller*, IPrax 2004, 412; *Mäsch*, in *Rauscher*, Europ. Zivilprozessrecht, Bd. 2, Art. 43 EG-InsVO RdNr. 4; *Virgos/Schmit*, Erläuternder Bericht, RdNr. 304; *Duursma-Kepplinger*, Europäische Insolvenzverordnung, Art. 43 RdNr. 2; MünchKommBGB-*Kindler*, Bd. 11, IntIns, Art. 43 RdNr. 848.
[4] So ausdrücklich BGH ZIP 2004, 94, bestätigt durch das nach der Vorlage ergangene Urteil des EuGH vom 17. 1. 2006 (Staubitz-Schreiber), DZWiR 2006, 196 ff. Ziffer 21; vgl. zu den Urteilen auch Art. 3 RdNr. 47 mit weiteren Nachweisen.
[5] Vgl. hierzu ausführlich Art. 2 RdNr. 9 ff.
[6] *Duursma-Kepplinger*, Europäische Insolvenzverordnung, Art. 43 RdNr. 10; *Virgos/Schmit*, Erläuternder Bericht, RdNr. 304; *Smid*, Int. Insolvenzrecht, Art. 43 RdNr. 4.

Rechtshandlungen des Schuldners, die dieser vor der Verfahrenseröffnung vorgenommen hat. Das betrifft insbesondere Fragen der Insolvenzanfechtung. Diese Rechtshandlungen können freilich nicht rückwirkend – durch In-Kraft-Treten der Verordnung – einem anderen Recht unterstellt werden als zum Zeitpunkt der Vornahme der Rechtshandlung für die Rechtshandlung galt.[7] Die Regelung verhindert daher, dass zunächst unanfechtbare Rechtshandlungen nachträglich durch das In-Kraft-Treten der Verordnung anfechtbar werden.

8   Die Vorschrift gilt über ihren Wortlaut hinaus jedoch auch für Rechtshandlungen des Gläubigers, die vor Eröffnung des Insolvenzverfahrens vorgenommen wurden, und nach Eröffnung einer insolvenzrechtlichen Beurteilung unterliegen. Denn auch Rechtshandlungen des Gläubigers unterliegen in der Insolvenz einer „neuen" – nun insolvenzrechtlichen – Begutachtung. So kommt auch für die Gläubiger eine Anfechtung der von ihnen vorgenommenen Rechtshandlungen in Betracht.[8] Gleichfalls können andere Maßnahmen, z. B. Zwangsvollstreckungsmaßnahmen und dadurch erlangte Sicherheiten, mit der Eröffnung automatisch unwirksam werden.[9] Der in Satz 2 zum Ausdruck kommende Vertrauensschutz in die Rechtsbeständigkeit vorgenommener Rechtshandlung gemäß dem zum Zeitpunkt der Vornahme der Rechtshandlung geltenden Recht muss jedoch gleichermaßen – oder sogar noch mehr – für den Gläubiger oder außen stehende Dritte gelten.

Art. 44. Verhältnis zu Übereinkünften

(1) Nach ihrem In-Kraft-Treten ersetzt diese Verordnung in ihrem sachlichen Anwendungsbereich hinsichtlich der Beziehungen der Mitgliedsstaaten untereinander die zwischen zwei oder mehreren Mitgliedsstaaten geschlossenen Übereinkünfte, insbesondere

a) das am 8. Juli 1899 in Paris unterzeichnete belgisch-französische Abkommen über die gerichtliche Zuständigkeit, die Anerkennung und die Vollstreckung von gerichtlichen Entscheidungen, Schiedssprüchen und öffentlichen Urkunden;
b) das am 16. Juli 1969 in Brüssel unterzeichnete belgisch-österreichische Abkommen über Konkurs, Ausgleich und Zahlungsaufschub (mit Zusatzprotokoll vom 13. Juni 1973);
c) das am 28. März 1925 in Brüssel unterzeichnete belgisch-niederländische Abkommen über die Zuständigkeit der Gerichte, den Konkurs sowie die Anerkennung und die Vollstreckung von gerichtlichen Entscheidungen, Schiedssprüchen und öffentlichen Urkunden;
d) den am 25. Mai 1979 in Wien unterzeichneten deutsch-österreichischen Vertrag auf dem Gebiet des Konkurs- und Vergleichs- (Ausgleichs-)rechts;
e) das am 27. Februar in Wien unterzeichnete französisch-österreichische Abkommen über die gerichtliche Zuständigkeit, die Anerkennung und die Vollstreckung von Entscheidungen auf dem Gebiet des Insolvenzrechts;
f) das am 3. Juni 1930 in Rom unterzeichnete französisch-italienische Abkommen über die Vollstreckung gerichtlicher Urteile in Zivil- und Handelssachen;
g) das am 12. Juli 1977 in Rom unterzeichnete italienisch-österreichische Abkommen über Konkurs und Ausgleich;
h) den am 30. August 1962 in Den Haag unterzeichneten deutsch-niederländischen Vertrag über die gegenseitige Anerkennung und Vollstreckung gerichtlicher Entscheidungen und anderer Schuldtitel in Zivil- und Handelssachen;

---

[7] *MünchKommBGB-Kindler*, Bd. 11, IntInsR RdNr. 850; *Mäsch*, in *Rauscher*, Europ. Zivilprozessrecht, Bd. 2, Art. 43 EG-InsVO RdNr. 6; *Nerlich/Römermann/Mincke*, Art. 43 VO (EG 1326/2000) RdNr. 2.
[8] Auch im deutschen Recht ist die Insolvenzanfechtung nicht auf Rechtshandlungen des Schuldners beschränkt, vgl. BGH NJW 2000, 161; BGH WM 1965, 14; vgl. auch *Uhlenbruck/Hirte*, InsO, § 129 RdNr. 82 mwN.; vgl. nur § 96 Abs. 1 Nr. 3 InsO.
[9] Vgl. aus dem deutschen Recht nur § 88 InsO.

i) das am 2. Mai 1934 in Brüssel unterzeichnete britisch-belgische Abkommen über die gegenseitige Vollstreckung gerichtlicher Entscheidungen in Zivil- und Handelssachen mit Protokoll;
j) das am 11. November 1933 in Kopenhagen zwischen Dänemark, Finnland, Norwegen, Schweden und Irland geschlossenen Konkursübereinkommen;
k) das am 5. Juni 1990 in Istanbul unterzeichnete Europäische Verordnung über bestimmte internationale Aspekte des Konkurses.
l) das am 18. Juni 1959 in Athen unterzeichnete Abkommen zwischen der Föderativen Volksrepublik Jugoslawien und dem Königreich Griechenland über die gegenseitige Anerkennung und Vollstreckung gerichtlicher Entscheidungen;
m) das am 18. März 1960 in Belgrad unterzeichnete Abkommen zwischen der Föderativen Volksrepublik Jugoslawien und der Republik Österreich über die gegenseitige Anerkennung und die Vollstreckung von Schiedssprüchen und schiedsgerichtlichen Vergleichen in Handelssachen;
n) das am 3. Dezember 1960 in Rom unterzeichnete Abkommen zwischen der Föderativen Volksrepublik Jugoslawien und der Republik Italien über die gegenseitige justizielle Zusammenarbeit in Zivil- und Handelssachen;
o) das am 24. September 1971 in Belgrad unterzeichnete Abkommen zwischen der Sozialistischen Föderativen Republik Jugoslawien und dem Königreich Belgien über die justizielle Zusammenarbeit in Zivil- und Handelssachen;
p) das am 18. Mai 1971 in Paris unterzeichnete Abkommen zwischen den Regierungen Jugoslawiens und Frankreichs über die Anerkennung und Vollstreckung gerichtlicher Entscheidungen in Zivil- und Handelssachen;
q) das am 22. Oktober 1980 in Athen unterzeichnete Abkommen zwischen der Tschechoslowakischen Sozialistischen Republik und der Hellenischen Republik über die Rechtshilfe in Zivil- und Strafsachen, der zwischen der Tschechischen Republik und Griechenland noch in Kraft ist;
r) das am 23. April 1982 in Nikosia unterzeichnete Abkommen zwischen der Tschechoslowakischen Sozialistischen Republik und der Republik Zypern über die Rechtshilfe in Zivil- und Strafsachen, der zwischen der Tschechischen Republik und Zypern noch in Kraft ist;
s) den am 10. Mai 1984 in Paris unterzeichneten Vertrag zwischen der Regierung der Tschechoslowakischen Sozialistischen Republik und der Regierung der Französischen Republik über die Rechtshilfe und die Anerkennung und Vollstreckung gerichtlicher Entscheidungen in Zivil-, Familien- und Handelssachen, der zwischen der Tschechischen Republik und Frankreich noch in Kraft ist;
t) den am 6. Dezember 1985 in Prag unterzeichneten Vertrag zwischen der Tschechoslowakischen Sozialistischen Republik und der Republik Italien über die Rechtshilfe in Zivil- und Strafsachen, der zwischen der Tschechischen Republik und Italien noch in Kraft ist;
u) das am 11. November 1992 in Tallinn unterzeichnete Abkommen zwischen der Republik Lettland, der Republik Estland und der Republik Litauen über Rechtshilfe und Rechtsbeziehungen;
v) das am 27. November 1998 in Tallinn unterzeichnete Abkommen zwischen Estland und Polen über Rechtshilfe und Rechtsbeziehungen in Zivil-, Arbeits- und Strafsachen;
w) das am 26. Januar 1993 in Warschau unterzeichnete Abkommen zwischen der Republik Litauen und der Republik Polen über Rechtshilfe und Rechtsbeziehungen in Zivil-, Familien-, Arbeits- und Strafsachen;
x) das am 19. Oktober 1972 in Bukarest unterzeichnete Abkommen zwischen der Sozialistischen Republik Rumänien und der Hellenischen Republik über die Rechtshilfe in Zivil- und Strafsachen mit Protokoll;

y) das am 5. November 1974 in Paris unterzeichnete Abkommen zwischen der Sozialistischen Republik Rumänien und der Französischen Republik über die Rechtshilfe in Zivil- und Handelssachen;
z) das am 10. April 1976 in Athen unterzeichnete Abkommen zwischen der Volksrepublik Bulgarien und der Hellenischen Republik über die Rechtshilfe in Zivil- und Strafsachen;
aa) das am 29. April 1983 in Nikosia unterzeichnete Abkommen zwischen der Volksrepublik Bulgarien und der Republik Zypern über die Rechtshilfe in Zivil- und Strafsachen;
ab) das am 18. Januar 1989 in Sofia unterzeichnete Abkommen zwischen der Volksrepublik Bulgarien und der Regierung der Französischen Republik über die gegenseitige Rechtshilfe in Zivilsachen;
ac) den am 11. Juli 1994 in Bukarest unterzeichneten Vertrag zwischen Rumänien und der Tschechischen Republik über die Rechtshilfe in Zivilsachen;
ad) den am 15. Mai 1999 in Bukarest unterzeichneten Vertrag zwischen Rumänien und Polen über die Rechtshilfe und die Rechtsbeziehungen in Zivilsachen.

(2) Die in Abs. 1 aufgeführten Übereinkünfte behalten ihre Wirksamkeit hinsichtlich der Verfahren, die vor In-Kraft-Treten dieser Verordnung eröffnet worden sind.

(3) Diese Verordnung gilt nicht:
a) in einem Mitgliedsstaat, soweit es in Konkurssachen mit den Verpflichtungen aus einer anderen Übereinkunft unvereinbar ist, die dieser Staat mit einem oder mehreren Drittstaaten vor Inkrafttreten dieser Verordnung geschlossen hat;
b) im Vereinigten Königreich Großbritannien und Nordirland, soweit es mit den Verpflichtungen in Konkurssachen aus Vereinbarungen, die im Rahmen des Commonwealth geschlossen wurden und die zum Zeitpunkt des Inkrafttretens dieser Verordnung wirksam sind, unvereinbar ist.

Literatur: Vergleiche die allgemeinen Literaturangaben vor Art. 1 EuInsVO.

Übersicht

	RdNr.		RdNr.
I. Normzweck	1	2. Im zeitlichen Anwendungsbereich (Abs. 2)	4
II. Ersetzung der Übereinkünfte der Mitgliedsstaaten untereinander	2	III. Übereinkünfte mit Drittstaaten	5
1. Im sachlichen Anwendungsbereich (Abs. 1)	2		

I. Normzweck

1   Art. 44 regelt das Verhältnis der Verordnung zu anderen internationalen Übereinkommen der Mitgliedsstaaten, und zwar entweder untereinander (Abs. 1 und Abs. 2) oder auch im Verhältnis zu Drittstaaten (Abs. 3). Art. 44 regelt, nach welchen Grundsätzen die Verordnung oder die bereits bestehende internationale Übereinkunft eines Mitgliedsstaates Vorrang hat. Dabei gilt grundsätzlich, dass die Verordnung im Verhältnis der Mitgliedsstaaten untereinander Vorrang hat, während im Verhältnis zu Drittstaaten das Übereinkommen mit dem Drittstaat vorgeht.

II. Ersetzung der Übereinkünfte der Mitgliedsstaaten untereinander

2   **1. Im sachlichen Anwendungsbereich (Abs. 1).** Art. 44 Abs. 1 regelt das Verhältnis der Verordnung zu den bilateralen und multilateralen Übereinkommen, die die Mitgliedsstaaten untereinander abgeschlossen haben und die in den sachlichen Anwendungsbereich

der Verordnung fallen. Soweit Übereinkommen in den sachlichen Anwendungsbereich der Verordnung fallen, werden diese durch die Verordnung als *lex specialis* vollständig ersetzt.[1] Das gilt selbst dann, wenn die Verordnung an einer Stelle eine Regelungslücke aufweist, das von den Mitgliedstaaten abgeschlossene Übereinkommen dagegen eine Regelung trifft.[2] Das gilt aus deutscher Sicht insbesondere auch für den detaillierten Deutsch-österreichischen Konkursvertrag (vgl. lit. d).[3] Die Übereinkommen haben daher allenfalls noch dort Bedeutung, wo der (an sich gegebene) Anwendungsbereich der Verordnung eingeschränkt wird. Bei Insolvenzverfahren über das Vermögen der in Art. 1 Abs. 2 genannten Versicherungsunternehmen, Kreditinstituten usw. bleiben daher die Übereinkommen der Mitgliedstaaten weiterhin anwendbar.[4]

Die in Absatz 1 enthaltene Aufzählung ist nicht abschließend, wie sich aus dem Wortlaut „insbesondere" ergibt. Es handelt sich lediglich um eine beispielhafte, aber nicht abschließende Aufzählung. Die Aufzählung ist durch den Beitritt der zehn weiteren Mitgliedstaaten zum 1. 1. 2004 sowie durch den Beitritt Bulgariens und Rumäniens jeweils entsprechend ergänzt worden.[5]

2. Im zeitlichen Anwendungsbereich (Abs. 2). Art. 44 Abs. 2 wiederholt den Grundsatz aus Art. 43 in zeitlicher Hinsicht für das Verhältnis der Verordnung zu Übereinkommen unter den Mitgliedstaaten. Danach gelten die in Absatz 1 genannten Übereinkommen zwischen den Mitgliedstaaten für die Insolvenzverfahren weiter, die vor dem In-Kraft-Treten der Verordnung eröffnet worden sind. Die zeitliche Abgrenzung entspricht derjenigen in Art. 43. Hinsichtlich der Tatbestandsmerkmale des In-Kraft-Tretens der Verordnung und dem Zeitpunkt der Eröffnung kann daher auf die Ausführung zu Art. 43 verwiesen werden.[6]

III. Übereinkünfte mit Drittstaaten

Die Verordnung gilt dagegen gemäß Art. 44 Abs. 3 lit. a) nicht in einem Mitgliedstaat, der vor Inkrafttreten der Verordnung mit einem Drittstaat ein Übereinkommen abgeschlossen hat, soweit die Verordnung mit der Verpflichtung aus dem Übereinkommen unvereinbar ist. Die Unvereinbarkeit ist für jeden Einzelfall zu prüfen und liegt vor, wenn sie die jeweiligen Rechtsfolgen jeweils ausschließt.[7] Sind die Rechtsfolgen dagegen vereinbar, bleibt – soweit überhaupt der sachlich-räumliche Anwendungsbereich der Verordnung eröffnet ist – die Verordnung anwendbar.[8]

Aus Sicht der deutschen Praxis ist Art. 44 Abs. 3 lit. a) ohne Bedeutung, weil keine weiteren Abkommen mit Drittstaaten existieren. Zwar werden in der Literatur noch die Abkommen zwischen der Schweiz und der Krone Württembergs, sowie zwischen einzelnen Kantonen und dem Königreich Bayern und dem Königreich Sachsen als mögliche Drittstaatenregelungen diskutiert.[9] Diese Abkommen sind jedoch im Verhältnis zu Deutschland nach In-Kraft-Treten der InsO nicht mehr anwendbar.[10]

---

[1] MünchKommBGB-*Kindler*, Bd. 11, IntInsR RdNr. 852.
[2] *Duursma-Kepplinger*, Europäische Insolvenzverordnung, Art. 44 RdNr. 4 f.; MünchKommBGB-*Kindler*, Bd. 11, IntInsR RdNr. 854.
[3] *Mäsch*, in *Rauscher,* Europ. Zivilprozessrecht, Bd. 2, Art. 44 EG-InsVO RdNr. 5.
[4] HK-*Stephan*, Art. 44 RdNr. 5; *Smid,* Int. Insolvenzrecht, Art. 44 RdNr. 2; *Duursma-Kepplinger,* Europäische Insolvenzverordnung, Art. 44 RdNr. 7.
[5] Vgl. den Beitritt von zehn weiteren Mitgliedsländern zum 1. 1. 2004, ABl. EG Nr. L 236 vom 23. September 2003; sowie den Beitritt von Bulgarien und Rumänien zum 1. 1. 2007, ABl. EG Nr. L 157 vom 21. Juni 2005.
[6] Vgl. Art. 43 RdNr. 3 und RdNr. 4 f.
[7] *Mäsch,* in *Rauscher,* Europ. Zivilprozessrecht, Bd. 2, Art. 44 EG-InsVO RdNr. 8; MünchKommBGB-*Kindler,* Bd. 11, IntInsR RdNr. 856; *Duursma-Kepplinger,* Europäische Insolvenzverordnung, Art. 44 RdNr. 21.
[8] Zum sachlich-räumlichen Anwendungsbereich vgl. Art 1 RdNr. 12 ff.
[9] Vgl. *Mäsch,* in *Rauscher,* Europ. Zivilprozessrecht, Bd. 2, Art. 44 EG-InsVO RdNr. 9.
[10] Vgl. oben Vor § 335 RdNr. 73.

7 Der Vorrang von Drittstaatenabkommen gilt jedoch nur gegenüber Abkommen, die der Mitgliedstaat zum Zeitpunkt des In-Kraft-Tretens der Verordnung schon abgeschlossen hatte. Damit wird – zumindest indirekt – auch die Frage geregelt, inwieweit die Mitgliedstaaten auch zukünftig noch Verträge mit Drittstaaten abschließen dürfen. Hierzu hat der Rat in einer Erklärung ausdrücklich bekannt gegeben, dass die Verordnung einen Mitgliedstaat nicht hindere mit Nicht-Mitgliedsstaaten Bekommen, die sich auf denselben Bereich wie diese Verordnung beziehen, zu schließen, sofern das betreffende Abkommen diese Verordnung nicht berührt.[11] Eine entsprechende Abschlusskompetenz steht den Mitgliedsstaaten daher weiterhin zu, solange die Rechtsnormen der Verordnung nicht beeinträchtigt werden.

8 Nach Art. 44 Abs. 3 lit. b) gilt ähnliches für Vereinbarungen, die Großbritannien oder Irland im Rahmen des Commonwealth geschlossen haben. Die Formulierung ist anders als der Verweis in Litera a), weil zum Zeitpunkt des Inkrafttretens das englische autonome Insolvenzrecht eine Vorschrift enthielt, die auf Vereinbarungen mit anderen Commonwealth Länder zurück ging.[12]

Art. 45. Änderung der Anhänge

Der Rat kann auf Initiative eines seiner Mitglieder oder auf Vorschlag der Kommission mit qualifizierter Mehrheit die Anhänge ändern.

Literatur: Vergleiche die allgemeinen Literaturangaben vor Art. 1 EuInsVO.

Übersicht

	RdNr.		RdNr.
I. Normzweck	1	II. Änderungen	2

I. Normzweck

1 Die Verordnung enthält drei Anhänge, die für die Mitgliedsstaaten jeweils die unter die Verordnung fallenden Insolvenz-, Liquidationsverfahren und Verwalter in der jeweiligen Amtssprache des Mitgliedsstaates aufführen und gemäß Art. 2 lit. a), b) und c) für die Auslegung der Verordnung verbindlich sind. Die in den Anhängen aufgeführten Verfahren bzw. Personen, die als Verwalter im Sinne der Verordnung anzusehen sind, ergeben sich jeweils aus dem nationalen Recht. Änderungen im nationalen Recht haben daher gegebenenfalls Änderungen der Anhänge zur Folge. Zu diesem Zweck regelt Art. 45 ein „vereinfachtes" Verfahren zur Änderung dieser Anhänge.

II. Änderungen

2 Der Rat kann allerdings nur Verfahren in die Anhänge A und B aufnehmen, die den Qualifikationskriterien in Art. 1 Abs. 1 entsprechen.[1] Gleiches gilt für die Aufnahme der Verwalter in Anhang C, deren Qualifikationsmerkmale sich aus Art. 2 lit. b) Satz 1 ergeben.

3 Die Änderungen erfolgen auf Initiative eines Mitgliedsstaates oder der Kommission. Der Rat entscheidet sodann mit qualifizierter Mehrheit gemäß Art. 205 Abs. 2 EGV. Die Anhänge wurden bisher jeweils im Zusammenhang mit dem Beitritt neuer Mitgliedsstaaten zum 1. 1. 2004 und zum 1. 1. 2007 geändert.[2]

---

[11] Vgl. auch die Erklärung des Rates ABl. EG Nr. C 183/02 vom 30. 6. 2000; vgl. auch *Mäsch,* in *Rauscher,* Europ. Zivilprozessrecht, Bd. 2, Art. 44 EG-InsVO RdNr. 10; MünchKommBGB-*Kindler,* Bd. 11, IntInsR RdNr. 858.

[12] Vgl. section 426 des Insolvency Act 1986; *Moss/Fletcher,* EC Regulation RdNr. 8.294.

[1] *Mäsch,* in *Rauscher,* Europ. Zivilprozessrecht, Bd. 2, Art. 45 EG-InsVO RdNr. 1.

[2] Die Anhänge A, B und C wurden zuletzt geändert durch Verordnung (EG) Nr. 1791/2006 des Rates vom 20. November 2006 anlässlich des Beitritts von Bulgarien und Rumänien, veröffentlicht im ABl. EG Nr. L 363/1 vom 20. 12. 2006.

Art. 46. Bericht

Die Kommission legt dem Europäischen Parlament, dem Rat und dem Wirtschafts- und Sozialausschuss bis zum 1. 6. 2012 und danach alle fünf Jahre einen Bericht über die Anwendung dieser Verordnung vor. Der Bericht enthält gegebenenfalls einen Vorschlag zur Anpassung dieser Verordnung.

Literatur: Vergleiche die allgemeinen Literaturangaben vor Art. 1 EuInsVO.

Übersicht

	RdNr.		RdNr.
I. Normzweck	1		

I. Normzweck

Art. 46 erlegt der Kommission die Verpflichtung auf, dem Europäischen Parlament, dem Rat und dem Wirtschafts- und Sozialausschuss bis zum 1. Juli 2012 einen Bericht über die Anwendung der Verordnung vorzulegen. Im Hinblick auf die langjährigen Arbeiten an einem europäischen Insolvenzübereinkommen sowie die vielen streitigen Rechtsfragen empfiehlt es sich, eine Bewertung der Verordnung vorzunehmen. 1

Art. 47. In-Kraft-Treten

Diese Verordnung tritt am 31. 5. 2002 in Kraft.

Diese Verordnung ist in allen ihren Teilen verbindlich und gilt gemäß dem Vertrag zur Gründung der Europäischen Gemeinschaft unmittelbar in den Mitgliedsstaaten.

Geschehen zu Brüssel am 29. 5. 2000.

Literatur: Vergleiche die allgemeinen Literaturangaben vor Art. 1 EuInsVO.

Übersicht

	RdNr.		RdNr.
I. Normzweck	1		

I. Normzweck

Art. 47 bestimmt zum einen den für Art. 43 bedeutsamen Zeitpunkt des In-Kraft-Tretens der Verordnung, nämlich den 31. Mai 2002. Für die später beigetretenen Mitgliedsstaaten gilt wiederum der Tag des Beitritts als der Tag des In-Kraft-Tretens. Für die zum 1. Januar 2004 der Europäischen Union beigetretenen zehn Mitgliedsländer Estland, Lettland, Litauen, Malta, Polen, Slowakei, Slowenien, Tschechische Republik, Ungarn und Zypern trat daher die Verordnung ebenfalls am 1. 1. 2004 in Kraft.[1] Für die zum 1. Januar 2007 beigetretenen Mitgliedsstaaten Bulgarien und Rumänien trat die Verordnung zum 1. 1. 2007 in Kraft.[2] 1

Die Anordnung, dass die Verordnung in allen ihren Teilen verbindlich ist und unmittelbar in den Mitgliedsstaaten gilt, ist an sich überflüssig. Verordnung haben als abstrakt-generelle Rechtssätze des sekundären Gemeinschaftsrechts schon nach Art. 249 Abs. 2 EGV unmittelbare Geltung.[3] Die Verordnung ist daher von den nationalen Gerichten unmittelbar anzuwenden und zu beachten. 2

---

[1] Vgl. Art. 2 der Akte über die Bedingungen des Beitritts, ABl. EG Nr. L 236/33 vom 23. September 2003.
[2] Vgl. Art. 2 der Akte über die Bedingungen des Beitritts, ABl. EG Nr. L 157/203 vom 21. Juni 2005.
[3] Vgl. *Schulze/Zuleeg*, Europarecht, S. 93 f.; *Calliess/Ruffert*, EUV/EGV, 2. Aufl. Art. 249 EGV RdNr. 38 ff.

Anhang A[1]

Belgique – Belgie: La faillite/Het faillissement – Le concordat judiciaire/Het gerechtelijk akkoord – Le règlement collectif de dettes/De collectieve schuldenregeling – La liquidation volontaire/De vrijwillige vereffening – La liquidation judiciaire/De gerechtelijke vereffening – Le dessaisissement provisoire, visé à l'article 8 de la loi sur les faillites/De voorlopige ontneming van beheer, bepaald in artikel 8 van de faillissementswet

БЪЛГАРИЯ: Лроизводство по несъстоятелност

Česká Republika: Konkurs – Nucené vyrovnání – Vyrovnání

Deutschland: Das Konkursverfahren – Das gerichtliche Vergleichsverfahren – Das Gesamtvollstreckungsverfahren – Das Insolvenzverfahren

Eesti: Pankrotimenetlus

ΕΛΛΑΔΑ: Η πτώχευση – Η ειδική εκκαθάριση – Η προσωρινή διαχείριση εταιρίας. Η διοίκηση και διαχείριση των πιστωτών – Η υπαγωγή επιχείρησης υπό επίτροπο με σκοπό τη σναψη συμβιβασμού με τους πιστωτές

España: Concurso

France: Liquidation judiciaire – Redressement judiciaire – Sauvegarde

Ireland: Compulsory winding-up by the court – Bankruptcy – The administration in bankruptcy of the estate of persons dying insolvent – Winding-up in bankruptcy of partnerships – Creditors' voluntary winding-up (with confirmation of a court) – Arrangements under the control of the court which involve the vesting of all or part of the property of the debtor in the Official Assignee for realisation and distribution – Company examinership

Italia: Fallimento – Concordato preventivo – Liquidazione coatta amministrativa – Amministrazione straordinaria

ΚΥΠΡΟΣ: Υποχρεωτική εκκαθάριση από το Δικαστήριο – Εκούσια εκκαθάριση από πιστωτές κατόπιν Δικαστικού Διατάγματος – Εκούσια εκκαθάριση από μέλη – Εκκαθάριση με την εποπτεία του Δικαστηρίου – Πτώχευση κατόπιν Δικαστικού Διατάάγματος – Διαχείριση τῆζ περιουσίαζ προσώπων που απεβίωσαν αφερέγγυα

Latvija: Bankrots – Izlīgums – Sanācija

Lietuva: įmonės restruktūrizavimo byla – įmonės bankroto byla – įmonės bankroto procesas ne teismo tvarka

Luxembourg: Faillite – Gestion contrôlée – Concordat préventif de faillite (par abandon d'actif) – Régime spécial de liquidation du notariat

Magyarország: Csődeljárás – Felszámolási eljárás

Malta: Xoljiment – Amministrazzjoni – Stralċ volontarju mill-membri jew mill-kredituri – Stralc mill-Qorti – Falliment f'każ ta' negozjant

Nederland: Het faillissement – De surseance van betaling – De schuldsaneringsregeling natuurlijke personen

Österreich: Das Konkursverfahren – Das Ausgleichsverfahren

Polska: Postępowanie upadłościowe – Postępowanie układowe – Upadłość obejmująca likwidację – Upadłość z możliwością zawarcia układu

---

[1] Geändert durch Anhang II der Akte über die Bedingungen des Beitritts der Tschechischen Republik, der Republik Estland, der Republik Zypern, der Republik Lettland, der Republik Litauen, der Republik Ungarn, der Republik Malta, der Republik Polen, der Republik Slowenien und der Slowakischen Republik und die Anpassungen der die Europäische Union begründenden Verträge, veröffentlicht im ABl. EG NR. L 236 v. 23. 9. 2003, S. 711 ff.; Verordnung (EG) Nr. 603/2005 des Rates vom 12. April 2005 zur Änderung der Liste von Insolvenzverfahren, Liquidationsverfahren und Verwaltern in den Anhängen A, B und C der Verordnung (EG) Nr. 1346/2000 über Insolvenzverfahren, veröffentlicht im ABl. EG Nr. L 100 v. 20. 4. 2005, S. 1 ff.; Verordnung (EG) Nr. 694/2006 des Rates vom 27. April 2006 zur Änderung der Liste von Insolvenzverfahren, Liquidationsverfahren und Verwaltern in den Anhängen A, B und C der Verordnung (EG) Nr. 1346/2000 über Insolvenzverfahren, veröffentlicht im ABl. EG Nr. L 121 v. 6. 5. 2006, S. 1–13; Verordnung (EG) Nr. 1791/2006 des Rates vom 20. November 2006, veröffentlicht im ABl. EG Nr. L 363 v. 20. 12. 2006, S. 1–80.

Portugal: O processo de insolvência – O processo de falência – Os processos especiais de recuperaçao de empresa, ou seja: A concordata, A reconstituição empresarial, A reestruturação financeira, A gestão controlada

ROMÂNIA: Procedura reorganizării judiciare şi a falimentului

Slovenija: Stečajni postopek – Skrajšani stečajni postopek – Postopek prisilne poravnave – Prisilna poravnava v stečaju

Slovensko: Konkurzné konanie – Reštrukturalizačné konanie

Suomi – Finnland: Konkurssi/konkurs – Yrityssaneerasu/företagssanering

Servige: Konkurs – Företagsrekonstruktion

United Kingdom: Winding-up by or subject to the supervision of the court – Bankruptcy or sequestration – Creditors' voluntary winding-up (with confirmation by the court) – Administration, including appointments made by filing prescribed documents with the court – Voluntary arrangements under insolvency legislation.

Anhang B[1]

Belgique – Belgie: La faillite/Het faillissement – La liquidation volontaire/De vrijwillige vereffening – La liquidation judiciaire/De gerechtelijke vereffening

БЪЛГАРИЯ: Лроизводство по несъстоятелност

Česká Republika: Konkurs – Nucené vyrovnání

Deutschland: Das Konkursverfahren – Das Gesamtvollstreckungsverfahren – Das Insolvenzverfahren

Eesti: Pankrotimenetlus

ΕΛΛΑΔΑ: Η πτώχευση – Η ειδική εκκαθάριση

España: Concurso

France: Liquidation judiciaire

Ireland: Compulsory winding-up – Bankruptcy – The administration in bankruptcy of the estate of persons dying insolvent – Winding-up in bankruptcy of partnerships – Creditors' voluntary winding-up (with confirmation of a court) – Arrangements under the control of the court which involve the vesting of all or part of the property of the debtor in the Official Assignee for realisation and distribution

Italia: Fallimento – Liquidazione coatta amministrativa – Concordato preventivo con cessione dei beni

ΚΥΠΡΟΣ: Υποχρεωτική εκκαθάριση από το Δικαστήριο – Εκκαθάριση με την εποπτεία του Δικαστηρίου – Εκούσια εκκαθάριση από πιστωτές (με την επικύρωση του Δικαστηρίου) – Πτώχευση – Διαχείριση τῆς περιουσίαζ προσώπων που απεβίωσαν αφερέγγυα

Latvija: Bankrots

Lietuva: įmonės bankroto byla – įmonės bankroto procesas ne teismo tvarka

Luxembourg: Faillite – Régime spécial de liquidation du notariat

Magyarország: Felszámolási eljárás

Malta: Stralċ volontarju – Stralċ mill-Qorti – Falliment inkluż il-hrug ta' mandat ta' qbid mill-Kuratur f'każ ta' negozjant fallut

Nederland: Het faillissement – De schuldsaneringsregeling natuurlijke personen

Österreich: das Konkursverfahren

Polska: Postępowanie upadłościowe – Upadłość obejmująca likwidację

Portugal: O processo de insolvência – O processo de falência

ROMÂNIA: Faliment

Slovenija: Stečajni postopek – Skrajšani stečajni postopek

Slovensko: Konkurzné konanie

Suomi – Finnland: Konkurssi/konkurs

Svergi: Konkurs

United Kingdom: Winding-up by or subject to the supervision of the court – Bankruptcy or sequestration – Winding-up through administration, including appointments made by

EuInsVO Art. 47

filing prescribed documents with the court – Creditors' voluntary winding-up (with confirmation by the court)

Anhang C[1]

Belgique – Belgie: Le curateur/De curator – Le commissaire au sursis/De commissaris inzake opschorting – Le médiateur de dettes/De schuldbemiddelaar – Le liquidateur/De vereffenaar – L'administrateur provisoire/De voorlopige bewindvoerder

БЪЛГАРИЯ: Íэзнà÷ен предвàрително вреíенен синдик – Ареíенен синдик – (Лостоя-нен) синдик – Ñлóæеáен синдик

Česká Republika: Správce podstaty – Předběčný správce – Vyrovnací správce – Zvláštní správce – Zástupce správce

Deutschland: Konkursverwalter – Vergleichsverwalter – Sachwalter (nach der Vergleichsordnung) – Verwalter – Insolvenzverwalter – Sachwalter (nach der Insolvenzordnung) – Treuhänder – Vorläufiger Insolvenzverwalter

Eesti: Pankrotihaldur – Ajutine pankrotihaldur – Usaldusisik

ΕΛΛΑΔΑ: Ο σύνδικος – Ο προσωρινός διαχειριστής. Η διοικούσα επιτροπή των πιστωτών – Ο ειδικός εκκαθάριστής – Ο επίτροπος

España: Administradores concursales

France: Mandataire judiciaire – Liquidateur – Administrateur judiciaire – Commissaire à l'exécution du plan

Ireland: Liquidator – Official Assignee – Trustee in bankruptcy – Provisional liquidator – Examiner

Italia: Curatore – Commissario – Liquidatore giudiziale

ΚΥΠΡΟΣ: Εκκαθάριστής και προσωρινός εκκαθάριστής – Επίσημος παραλήπτης – Διαχειριστής της πτώχευσης – Εξεταστής

Latvija: Maksātnespējas procesa administrators

Lietuva: Bankrutuojančių įmonių administratorius – Restruktūrizuojamų įmonių administratorius

Luxembourg: Le curateur – Le commissaire – Le liquidateur – Le conseil de gérance de la section d'assainissement du notariat

Magyarország: Vagyonfelügyelő – Felszámoló

Malta: Amministratur Proviżorju – Ricevitur Uffiċjali – Stralċjarju – Manager Speċjali – Kuraturi f'każ ta' proceduri ta' falliment

Nederland: De curator in het faillissement – De bewindvoerder in de surséance van betaling – De bewindvoerder in de schuldsaneringsregeling natuurlijke personen

Österreich: Masseverwalter – Ausgleichsverwalter – Sachwalter – Treuhänder – Besondere Verwalter – Konkursgericht

Polska: Syndyk – Nadzorca sądowy – Zarządca

Portugal: Administrador da insolvência – Gestor judicial – Liquidatário judicial – Comissão de credores

ROMÂNIA: Administrator (judiciar) – Lichidator (judiciar)

Slovenija: Upravitelj prisilne poravnave – Stečajni upravitelj – Sodišče, pristojno za postopek prisilne poravnave – Sodišče, pristojno za stečajni postopek

Slovensko: Predbečný správca – Správca

Suomi – Finland: Pesänhoitaja/boförvaltare – Selvittäjä/utredare

Sverige: Förvaltare – God man – Rekonstruktör

United Kingdom: Liquidator – Official receiver – Administrator – Judicial factor – Supervisor of a voluntary arrangement – Trustee – Provisional liquidator

I. Länderberichte

Belgien

bearbeitet von *Carmen Verdonck* (Altius CVBA, Brüssel)

Übersicht

	RdNr.		RdNr.
1. Schrifttum		4. Das Konkursverfahren	26
2. Einführung	1	4.1 Eröffnung des Verfahrens	26
3. Das Vergleichsverfahren	6	4.2 Verlauf des Verfahrens	27
3.1 Eröffnung des Verfahrens	7	4.2.1 Die Position der Gläubiger	35
3.2 Verlauf des Verfahrens	10	4.2.2 Gesicherte Gläubiger	37
3.2.1 Vorläufiger Aufschub	10	4.2.3 Abwicklung teilweise erfüllter Verträge	38
3.2.2 Endgültiger Aufschub	15	4.2.4 Anfechtung	40
3.3 Die Position der Gläubiger	20	5. Internationales Insolvenzrecht	41
3.4 Abwicklung teilweise erfüllter Verträge	24		
3.5 Übergang zum Konkursverfahren	25		

1. Schrifttum: *Ballon, E./De Leenheer, J./Denef, N.*, „De nieuwe wet op het gerechtelijk akkoord", ced. samson, 1997; *Bourseaux, A.*, in: Jahn, Insolvenzen in Europa, 3. Aufl., 1998, S. 11; *Braeckmans, H/Dirix, E*/Wymeersch (ed.), „Faillissement en gerechtelijk akkoord: Het nieuwe recht", *Kluwer*, Antwerpen, 1998; *Brüls-Dehin*; Die Neuregelung der belgischen Vergleichsordnung, RIW 1999, 338; *Byttebier/Colle/Cornelis/ Feltkamp, Rr*, (ed.), „Faillissement en gerechtelijk akkoord", Maklu, Antwerpen, 1998; *Cavenaile/Ramquet, P.*, „Le nouveau régime légal des faillites et concordats. Premiers commentaires", ASBL Editions du Jeune Barreau de Liège, 1997; *Hoffmann*, Konkursrecht in Belgien, RIW 1984 S. 850–854; *Renauld*, „Le nouveau droit du concordat judiciaire et de la faillite: les lois des 17 juillet et 8 août 1997", Academia Bruylant, Bruxelles, 1997; *T'Kint, F./Derijcke, W.*, „La Faillite", Larcier, Bruxelles, 2006 ; *Verhougstraete, I.*, „Manuel de la faillite et du concordat", Kluwer, Diegem, 1998; *Zenner, A.*, „Faillites et concordats. Chronique de doctrine et de jurisprudence 1998–1999", Larcier, Brüssel, 2000 ; *Zenner, A.* „Faillites et concordats 2002. La réforme de la réforme et sa pratique", Larcier, Bruxelles, 2003

Um herauszufinden gegen welche Schuldner ein Insolvenzverfahren eröffnet wurde, ist insbesondere die Internetseite des Belgischen Staatsanzeigers nützlich: http://www.ejustice.just.fgov.be/cgi_tsv/tsv.pl.

2. Einführung

Für einen insolventen oder einen sich in Vermögensschwierigkeiten befindlichen Schuldner stehen zwei Verfahren zur Verfügung: Das Vergleichsverfahren und das Konkursverfahren. 1

Das belgische Insolvenzrecht ist 1997 grundlegend reformiert worden. Das frühere Vergleichsverfahren *(„Concordat Judiciaire/Gerechtelijk akkoord")* war bis 1997 durch den Regentbeschluss vom 25. September 1946 und das Konkursrecht durch das Gesetz vom 18. April 1851 „über den Konkurs, den strafbaren Bankrott und die Zahlungsunfähigkeit" geregelt.[1] Das Vergleichsverfahren wurde durch das Gesetz vom 17. Juli 1997 *("Wet van 17 juli betreffende het gerechtelijk akkoord/Loi du 17 juillet relative au concordat judiciaire")* völlig geändert. Das Konkursrecht erfuhr durch das Gesetz vom 8. August 1997 *(„Faillissementswet/Loi sur les faillites)* wesentliche Änderungen. Beide Gesetze finden nur auf Kaufleute, das heißt sowohl auf Unternehmen als auch auf natürliche Personen, Anwendung.[2] 2

Mit dieser grundsätzlichen Erneuerung des belgischen Insolvenzrechts wollte der Gesetzgeber vor allem die Anzahl der Konkurse verringern. Dem Vergleichsverfahren, das zu einer Seltenheit geworden war, wurde wieder eine wichtigere Rolle eingeräumt. Gemäß der 3

---

[1] Artikel 437 ff. des Handelsgesetzbuches.
[2] Artikel 2 Konkursgesetz und Artikel 2 Vergleichsgesetz; Artikel 1 des Handelsgesetzbuches *(Wetboek van Koophandel/Code de Commerce)* bestimmt wer „Kaufmann„ ist und zwar bei juristischen und natürlichen Personen.

Philosophie des neuen Gesetzes soll das Vergleichsverfahren dem sich in Vermögensschwierigkeiten befindlichen Schuldner die Möglichkeit zur Sanierung geben. Der Konkurs, der nur die Liquidation beabsichtigt, soll dagegen die Ausnahme für die nicht sanierungsfähigen Fälle sein. Das Konkursverfahren soll demzufolge nur eröffnet werden, wenn das Vergleichsverfahren keine Aussicht auf Erfolg mehr bieten kann. Wenn ein Vergleichsverfahren und ein Konkursverfahren gleichzeitig beantragt sind, kann ein Konkursverfahren über das Vermögen des Schuldners nicht eröffnet werden, solange das Gericht nicht über den Vergleichsantrag entschieden hat.[3]

4   Zu beachten ist jedoch, dass ein Konkursverfahren auch eröffnet werden kann, wenn ein Vergleichsverfahren nicht beantragt wurde oder wenn das Vergleichsverfahren bereits läuft.

5   Vollständigkeitshalber soll auch erwähnt werden, dass ein in Schwierigkeiten geratener Schuldner immer die Möglichkeit hat, sich mit seinen Gläubigern außergerichtlich vergleichsweise zu einigen.

Im Folgenden wird zunächst das Vergleichsverfahren und danach das Konkursverfahren erläutert.

3. Das Vergleichsverfahren

6   Unter einem gerichtlichen Vergleich ist ein Übereinkommen zwischen dem redlichen Schuldner und seinen Gläubigern zu verstehen, das unter der Aufsicht des Gerichts steht und die Abwendung des Konkursverfahrens zur Folge hat. Es handelt sich um eine Vereinbarung des Schuldners mit seinen Gläubigern, durch die diese auf einen Teil ihrer Forderungen verzichten, um dem Schuldner die Fortführung seiner Geschäfte zu ermöglichen.

3.1 Eröffnung des Verfahrens

7   Zuständiges Insolvenzgericht ist das Handelsgericht des Ortes in dem der Schuldner am Tag der Einleitung des Verfahrens seinen Wohnsitz oder Gesellschaftssitz hat. Das Insolvenzgericht, vor dem das Verfahren eröffnet wird, bleibt auch nach einer Sitzverlegung während des Vergleichs- oder Konkursverfahrens zuständig.[4]

8   Der Vergleichsantrag kann vom Schuldner oder vom Staatsanwalt gestellt werden. Voraussetzung für die Durchführung eines Vergleichsverfahrens ist, dass der Schuldner zeitweilig zahlungsunfähig ist oder dass die Kontinuität seines Unternehmens durch Schwierigkeiten, die in Kürze zur Einstellung der Zahlungen[5] führen könnten, gefährdet ist. Erforderlich ist weiter, dass die finanzielle Lage des Unternehmens saniert werden kann und auf Grund der erwarteten Rentabilität der wirtschaftliche Wiederaufbau möglich scheint.[6] Die Möglichkeit einer völligen Rückzahlung der Schulden ist nicht erforderlich.

9   Die Einreichung des Vergleichsantrags hat zur Folge, dass die Konkurseröffnung, die Auflösung der Gesellschaft,[7] wie auch die Verwertung des beweglichen und Immobiliarvermögens,[8] bis zur Entscheidung über den Antrag nicht möglich sind. Eine Sicherungsbeschlagnahme bleibt möglich.

3.2 Verlauf des Verfahrens

3.2.1 Vorläufiger Aufschub

10 Am festgesetzten Gerichtstag werden der Schuldner, der Staatsanwalt, gegebenenfalls der Rechnungsprüfer und, auf ihren Antrag, die Gläubiger gehört. Das Gericht muss, im Prinzip, innerhalb einer Frist von 15 Tagen nach der Einreichung des Antrags oder der Zustellung der Vorladung über den Antrag entscheiden.[9]

---

[3] Artikel 12 Vergleichsgesetz.
[4] Artikel 631, § 1 Zivilprozessordnung (*„Code Judiciaire/Gerechtelijk wetboek„*).
[5] Artikel 9(1) Vergleichsgesetz.
[6] Artikel 9(2) Vergleichsgesetz.
[7] Artikel 12 Vergleichsgesetz.
[8] Artikel 13(2) Vergleichsgesetz.
[9] Artikel 14 Vergleichsgesetz.

Der vorläufige Aufschub der Zahlungen wird gewährt, wenn der Schuldner nicht offenbar unredlich ist.[10] Um zu vermeiden, dass der Aufschub der Zahlungen einem Unternehmen wegen der Bösgläubigkeit eines der Verantwortlichen im Unternehmen verweigert wird, kann der Richter den Aufschub unter der Bedingung gewähren, dass der unredliche Verantwortliche aus dem Vorstand entfernt wird.[11] Weiter ist erforderlich, dass die Kontinuität des Unternehmens ganz oder teilweise gewährt werden kann.

Wenn alle vorgenannten Bedingungen erfüllt sind, entscheidet der Richter über den vorläufigen Aufschub der Zahlungen, sowie über die Dauer der sog. Observationsfrist und ernennt einen oder mehrere Vergleichsverwalter *(„commissaire au sursis / commissaris inzake opschorting")*, die den Schuldner unter Aufsicht des Gerichts bei der Verwaltung seines Unternehmens unterstützen und dem Gericht berichten. Ein Auszug dieser Entscheidung wird im Belgischen Staatsanzeiger *(„Moniteur Belge / Belgisch Staatsblad")* und in zwei regionalen Zeitungen veröffentlicht. Dieser Auszug enthält das Datum der endgültigen Entscheidung über den endgültigen Aufschub und die Verfügungshandlungen, die der Schuldner mit Zustimmung des Vergleichsverwalters allein vornehmen kann. Die Berufungsfristen laufen ab dieser Bekanntmachung. Die Gläubiger werden persönlich durch Einschreiben über diese Entscheidung unterrichtet.[12] An der Geschäftsstelle des Insolvenzgerichts wird auch ein Dossier, das zur Einsicht der Gläubiger ausliegt, zusammengestellt.[13]

Während der Observationsfrist genießt der Schuldner den vorläufigen Aufschub der Zahlungen. Die Lage des Unternehmens wird weiter untersucht und mit Hilfe des Vergleichsverwalters wird ein Sanierungs- oder Zahlungsplan abgefasst. Die Observationsfrist dauert maximal sechs Monate und kann einmal um drei Monate verlängert werden.[14]

Der Sanierungs- oder Zahlungsplan muss alle Daten, die die Gläubiger in die Lage versetzen, die Chancen einer Sanierung des Unternehmens korrekt zu beurteilen, enthalten. In dem Plan – soll dargelegt werden, wie das Unternehmen saniert wird und inwieweit an die Gläubiger gezahlt werden kann. Der Plan kann eine differenzierte Regelung für bestimmte Kategorien von Forderungen, z. B. auf Grund ihrer Art oder ihres Umfangs, enthalten.[15]

3.2.2 Endgültiger Aufschub

Am Ende der Observationsfrist findet eine Anhörung des Schuldners, der Gläubiger und des Vergleichsverwalters durch das Gericht statt. Die Gläubiger, die ihre Forderungen angemeldet haben, werden per Einschreiben über den Sitzungstag benachrichtigt.

Innerhalb einer Frist von 15 Tagen nach dem Sitzungstag, muss das Gericht entscheiden, ob es den Plan genehmigt oder abweist.[16] Das Gericht kann den Sanierungs- oder Zahlungsplan nur genehmigen und den definitiven Aufschub nur gewähren, wenn die Mehrheit der Gläubiger, die ihre Forderungen angemeldet haben, an der Abstimmung teilgenommen hat und deren Forderungen überdies im Wert mehr als die Hälfte der Schuldforderungen repräsentieren, zustimmt.[17] Nur Gläubiger, für die der Plan einen Aufschub vorsieht, können an der Abstimmung teilnehmen. Außerdem müssen Hypothekengläubiger, Pfandgläubiger, bes. bevorrechtigte Gläubiger, die Staatskasse und der Eigentumsvorbehaltsverkäufer in bestimmten Fällen individuell dem endgültigen Aufschub zustimmen. Diese individuelle Zustimmung wird verlangt, wenn (1) die Zahlungen oder Tilgungen an diesen Gläubiger für mehr als 18 Monate aufgeschoben werden; (2) seine Rechte aufgeschoben werden, ohne dass der Plan den Schuldner zur Zahlung von Zinsen verpflichtet; oder (3) wenn seine

---

[10] Artikel 15(1) Vergleichsgesetz.
[11] Artikel 15(3) Vergleichsgesetz.
[12] Artikel 17 Vergleichsgesetz.
[13] Artikel 18 Vergleichsgesetz.
[14] Artikel 23 Vergleichsgesetz.
[15] Artikel 29 § 3 Vergleichsgesetz.
[16] Artikel 33 Vergleichsgesetz.
[17] Artikel 34 Vergleichsgesetz.

aktuelle oder zukünftige Lage geändert wird, auch wenn seine Rechte weniger als 18 Monate aufgeschoben werden und die Zinsen bezahlt werden.[18] Der endgültige Aufschub der Zahlungen kann prinzipiell nicht länger als 24 Monate dauern. Diese Frist kann nochmals um weitere 12 Monate verlängert werden.[19]

17 Auch wenn alle vorgenannten Voraussetzungen erfüllt sind, kann der Richter trotzdem die Genehmigung des endgültigen Aufschubs verweigern. Gegebenenfalls kann das Gericht seine Genehmigung verweigern und zu gleicher Zeit, sofern dies noch möglich ist, die Dauer des vorläufigen Aufschubs verlängern, um den Parteien die Möglichkeit zu geben, nochmals zu beraten. Falls das Gericht den definitiven Aufschub verweigert, kann es auch von Amts wegen den Konkurs eröffnen, nachdem es den Schuldner angehört hat.[20] Gegen diese Entscheidung des Gerichts können Rechtsmittel eingelegt werden. Die Fristen für die Einlegung von Rechtsmitteln laufen ab dem Tag der Publikation der Entscheidung im Belgischen Staatsanzeiger.

18 Die Genehmigung des Plans hat zur Folge, dass der Schuldner, der den Plan erfüllt, von den noch ausstehenden Verbindlichkeiten befreit wird, es sei denn, dass in dem Plan ausdrücklich das Gegenteil bestimmt wurde.[21]

19 Die Ausführung des Plans wird unter Aufsicht und Kontrolle des Vergleichverwalters vorgenommen, der alle sechs Monate dem Gericht hierüber berichtet.[22] Das Gericht kann den endgültigen Aufschub widerrufen, wenn der Plan ganz oder teilweise nicht ausgeführt wird.[23]

3.3 Die Position der Gläubiger

20 Die Gläubiger müssen innerhalb der Frist, die in der Entscheidung über den vorläufigen Aufschub angegebenen ist, ihre Forderungen beim Handelsgericht anmelden.[24] Die Prüfung der Forderungen wird vom Vergleichsverwalter mit Hilfe des Schuldners vorgenommen und bestrittene Forderungen werden dem Handelsgericht überwiesen.[25] Bis zur Entscheidung des Handelsgerichts werden diese Forderungen in dem Vergleichsverfahren in Höhe eines provisorischen Betrags, der vom Gericht bestimmt und bei der Aufstellung des Sanierungsplans in Betracht gezogen wird, zugelassen.[26]

21 Während der Observationsfrist dürfen keine Vollstreckungsmaßnahmen eingeleitet oder weitergeführt werden. Es sind auch keine Sicherungsbeschlagnahmen möglich.[27] Der Aufschub gilt für alle Gläubiger, ungeachtet der Sicherheit, über die sie verfügen. Sicherungseigentümer, Hypothekengläubiger, Pfandgläubiger und bes. bevorrechtigte Gläubiger haben jedoch die Möglichkeit, „nebensächliche Sicherheiten" zu fordern, wenn sie beweisen, dass ihre Sicherheit oder ihr Eigentum während der Observationsfrist eine erhebliche Wertminderung erleiden könnte.[28] Der Aufschub gilt nicht für neue Forderungen, die nach der Gewährung des vorläufigen Aufschubs entstanden sind. Die Gläubiger erlangen außerdem ihre Rechte gegen den Schuldner wieder, wenn die Zinsen und Lasten der Schuldforderungen, die seit der Eröffnung des Vergleichsverfahrens laufen, nicht bezahlt werden.[29] Der vorläufige Aufschub verhindert nicht, dass die Gläubiger Forderungen gerichtlich geltend machen, um einen Titel gegen den Schuldner zu bekommen. Aus dem Titel kann dann jedoch nur nach Beendigung des Aufschubs vollstreckt werden.

---

[18] Artikel 30 Vergleichsgesetz.
[19] Artikel 34 Vergleichsgesetz.
[20] Artikel 33, (1) Vergleichsgesetz.
[21] Artikel 35 (3) Vergleichsgesetz.
[22] Artikel 36 Vergleichsgesetz.
[23] Artikel 37 (2) Vergleichsgesetz.
[24] Artikel 25 (1) Vergleichsgesetz.
[25] Artikel 26 Vergleichsgesetz.
[26] Artikel 27 Vergleichsgesetz.
[27] Artikel 21 § 1 Vergleichsgesetz.
[28] Artikel 21 § 1 Vergleichsgesetz.
[29] Artikel 21 § 2 Vergleichsgesetz.

Die Genehmigung des Sanierungsplans hat für die ungesicherten Gläubiger und die allgemein bevorrechtigten Gläubiger zur Folge, dass der Plan ihnen gegenüber verbindlich wird, ungeachtet, ob sie für oder gegen den Plan gestimmt haben.[30] Hypothekengläubiger, Pfandgläubiger, bes. bevorrechtigte Gläubiger, der Eigentumsvorbehaltsverkäufer und die Staatskasse sind im Prinzip nur gebunden, wenn sie dem Plan zugestimmt haben.[31]

Der endgültige Aufschub sowie der vorläufige Aufschub gelten nicht für Mitschuldner und Bürgen des Schuldners. Die Gläubiger können ungehindert gegen den Bürgen und Mitschuldner vorgehen. Für ihr eigenes Regressrecht gegen den Schuldner sind die Mitschuldner und die Bürgen jedoch an die Bestimmungen des Plans gebunden.

3.4 Abwicklung teilweise erfüllter Verträge

Verträge, die vor der Entscheidung des Gerichts über den vorläufigen Aufschub abgeschlossen wurden, werden nicht automatisch beendet.[32] Auch eine auflösende Bedingung, auf Grund der ein Vertrag nur wegen eines Antrags auf ein Vergleichsverfahren oder der Gewährung des Vergleichs aufgehoben wird, ist unwirksam. Die Gläubiger können jedoch immer noch den Vertrag auf Grund der Nichterfüllung kündigen. Eine Vertragsstrafe während der Observationsfrist ist ebenfalls unwirksam.[33]

3.5 Übergang zum Konkursverfahren

Während des Vergleichsverfahrens kann der Richter von Amts wegen den Konkurs eröffnen, falls der Vergleichsantrag abgelehnt wird, die Beendung des vorläufigen Aufschubs empfohlen wird, der definitive Aufschub verweigert oder widerrufen wird.

4. Das Konkursverfahren

4.1 Eröffnung des Verfahrens

Voraussetzung für die Eröffnung des Konkurses sind die dauerhafte Zahlungsunfähigkeit und die Kreditunfähigkeit des Schuldners.[34] Die Konkurseröffnung von Amts wegen außerhalb eines Vergleichsverfahrens wurde durch das neue Konkursgesetz aufgehoben. Der Konkurs wird demnach auf Grund des Eingeständnisses des Schuldners oder auf Antrag eines oder mehrerer Gläubiger eröffnet. Auch der Staatsanwalt oder der Konkursverwalter des Hauptverfahrens im Falle eines grenzüberschreitenden Konkurses können seit Inkrafttreten des neuen Gesetzes die Konkurseröffnung beantragen.[35]

4.2 Verlauf des Verfahrens

Der Konkurs wird bei Vorliegen der Voraussetzungen und einer ordnungsgemäßen Verfahrenseinleitung durch ein Urteil des zuständigen Handelsgerichts festgestellt. Das Gericht ernennt einen Konkursrichter (*„rechter commissaris/juge commissaire"*) und einen oder mehrere Konkursverwalter (*„curator/curateur"*). Das Gericht legt Tag und Ort für die Prüfung der Forderungen fest. Es fordert auch die Gläubiger auf, ihre Forderungen innerhalb einer bestimmten Frist, die 30 Tage nicht überschreiten darf, anzumelden und ordnet die Veröffentlichung eines Auszugs des Urteils im Belgischen Staatsanzeiger und in mindestens zwei Zeitungen an.[36] Auf der Geschäftsstelle wird für jeden Konkurs ein Dossier zur Einsicht für die Gläubiger ausgelegt.

Gegen ein Konkursurteil in Form eines Versäumnisurteils kann innerhalb einer Frist von 15 Tagen seit der Zustellung des Urteils an den Schuldner oder seit der Bekanntgabe des

---

[30] Artikel 35 (1) Vergleichsgesetz.
[31] Artikel 30 Vergleichsgesetz.
[32] Artikel 28 (1) Vergleichsgesetz.
[33] Artikel 28 (2) Vergleichsgesetz.
[34] Artikel 2 Konkursgesetz.
[35] Artikel 6 Konkursgesetz.
[36] Artikel 11 Konkursgesetz.

Urteils an Dritte Einspruch eingelegt werden. Innerhalb einer Frist von 15 Tagen ab Bekanntgabe des Urteils kann auch Berufung eingelegt werden. Die eingelegten Rechtsmittel haben jedoch keinen Suspensiveffekt.[37]

29 Ab dem Tag des Konkursurteils wird der Schuldner automatisch von der Verwaltung seines Vermögens ausgeschlossen. Der Konkursverwalter tritt unter Aufsicht des Konkursrichters an die Stelle des Schuldners. Alle Zahlungen nach diesem Urteil sind an die Konkursmasse zu leisten. Grundsätzlich werden individuelle Vollstreckungsmaßnahmen der Gläubiger ausgesetzt. Besondere Regeln gelten jedoch für gesicherte Gläubiger.

30 Gegebenenfalls kann das Gericht auch bereits vor dem Konkursurteil, wenn dies notwendig erscheint und es Anzeichen gibt, die auf das Vorliegen der Konkursvoraussetzungen hinweisen, den Schuldner von der Verwaltung seines Vermögens ausschließen und hierzu einen sog. vorläufigen Verwalter (*"voorlopig bewindvoerder/administrateur provisoir"*) ernennen.[38]

31 Der Konkursverwalter handelt zugleich als Vertreter der in Konkurs gefallenen Partei und als Vertreter der Gesamtheit der Gläubiger. Der Konkursverwalter muss das Vermögen verwerten und die Schulden entsprechend den Vorschriften berichtigen. Bei der Erfüllung seiner Aufgaben ist er mit allen dazu erforderlichen Befugnissen ausgestattet. Einige Handlungen von besonderer Bedeutung, wie z. B. die Fortführung der Geschäfte, müssen allerdings von dem Konkursrichter und/oder von dem Gericht genehmigt werden.

32 Der Konkursrichter, der mit der Abwicklung des Konkurses beauftragt wurde, ist ein Berufsrichter. Er ist insbesondere mit der Beschleunigung des Konkursverfahrens und der Überwachung der Konkursabwicklung betraut. Darüber hinaus räumt ihm das Gesetz besondere Befugnisse, wie beispielsweise die Anordnung oder Genehmigung nicht aufschiebbarer Maßnahmen, ein.

33 Nach der Prüfung der Forderungen wird vom Konkursverwalter ein Protokoll über die erfolgte Prüfung der Forderungen abgefasst.[39] Bestrittene Forderungen werden zum Handelsgericht verwiesen und das Datum der Sitzung bestimmt. Die Gläubiger werden durch Einschreiben zur Sitzung eingeladen.

34 Wenn bereits feststeht, dass die Aktiva nicht zur Deckung der Kosten, der Verwaltung und der Liquidation genügen, kann das Gericht das Konkursverfahren einstellen. Einen Monat nach der Bekanntmachung dieser Entscheidung im Belgischen Staatsanzeiger können die Gläubiger wieder individuell ihre Forderungen vollstrecken. Wird das Konkursverfahren dagegen nicht eingestellt fängt der Konkursverwalter, nachdem alle Forderungen definitiv aufgenommen oder abgelehnt worden sind, mit der Liquidation der Konkursmasse an. Nach dem Konkursurteil kann eine Gläubigerversammlung einberufen werden, in der die Gläubiger über den Fortgang der Liquidation unterrichtet werden und den Konkursverwalter befragen können.[40] Gegebenenfalls findet auch bereits eine Zahlung an die Gläubiger statt.[41] Nach Beendung der Liquidation findet eine weitere Gläubigerversammlung statt, in der der Konkursverwalter über die Liquidation Rechnung legt[42] und in der über die Restschuldbefreiung des Schuldners beraten wird. Nur natürliche Personen können eine Restschuldbefreiung erlangen, Unternehmen nicht. Über die Restschuldbefreiung des Schuldners entscheidet dann das Gericht entschieden. Erhält der Schuldner die Restschuldbefreiung, so kann er nicht mehr von seinen Gläubigern in Anspruch genommen werden. Wenn der Schuldner keine Restschuldbefreiung erhält, können die Gläubiger nach Abschluss dieses Konkursverfahrens weiter ihre Forderungen vollstrecken.

---

[37] Artikel 14 Konkursgesetz.
[38] Artikel 8 Konkursgesetz.
[39] Artikel 67 Konkursgesetz.
[40] Artikel 76 Konkursgesetz.
[41] Artikel 77 Konkursgesetz.
[42] Artikel 79 Konkursgesetz.

4.2.1 Die Position der Gläubiger

Alle Gläubiger, gesicherte und ungesicherte, müssen ihre Forderungen vor dem in dem Konkursurteil festgelegten Tag anmelden.[43] Gläubiger mit Sitz außerhalb der Europäischen Union müssen im Bezirk des Gerichts, das den Konkurs eröffnet hat, eine Zustellungsadresse haben. Wenn ein Gläubiger seine Forderung nicht rechtzeitig angemeldet hat, kann er keinen Prioritätsanspruch mehr geltend machen und bekommt auch keine Zahlung. Bis zum Tag der Abrechnungen und bis spätestens ein Jahr nach dem Konkursurteil kann die Aufnahme der Forderung jedoch noch gefordert werden, außer für Schuldforderungen, die im Rahmen einer während der Liquidation fortgesetzten oder erhobenen Interventions- oder Gewährleistungsklage festgestellt werden. Das Recht, auf Aufnahme einer Forderung zu klagen das von einem anderen Gericht als dem Konkursgericht festgestellt wird, verjährt in sechs Monaten ab dem Tag, an dem das Endurteil rechtskräftig wird. Mittlerweile erfolgte Verteilungen werden hierdurch jedoch nicht aufgehoben.

Die individuellen Vollstreckungsrechte der *Chirographärgläubiger* und der allgemein bevorrechtigten Gläubiger werden ab dem Konkursurteil beendet.[44]

4.2.2 Gesicherte Gläubiger

Im Prinzip werden die Vollstreckungsrechte der gesicherten Gläubiger (Pfandgläubiger, bes. bevorrechtigter Gläubiger) bis zum Protokoll der Prüfung der Forderungen aufgeschoben. Der Aufschub kann auf Antrag des Konkursverwalters bis zu einem Jahr nach dem Konkursurteil verlängert werden.[45] Nur der erstrangige Hypothekengläubiger kann nach dieser Aufschubsfrist das belastete Gut selbst verkaufen. Sonst ist der Verkauf eines Immobiliärvermögens nur dem Konkursverwalter erlaubt.

4.2.3 Abwicklung teilweise erfüllter Verträge

Die von dem Schuldner vor dem Datum des Konkursurteils abgeschlossenen Verträge werden nicht automatisch beendet, es sei denn, dass der Vertrag eine Vertragsauflösungsklausel enthält oder *intuitu personae* abgeschlossen wurde. Nach seinem Amtsantritt muss der Konkursverwalter unverzüglich entscheiden, ob die Verträge, die vor dem Konkursurteil mit dem Schuldner abgeschlossen und nicht durch das Konkursurteil beendet wurden, weitergeführt werden oder nicht. Wenn der Konkursverwalter nicht innerhalb einer Frist von 15 Tagen (oder mehr, wenn eine Verlängerung gestattet wurde) über die Fortführung eines Vertrags entscheidet, wird angenommen, dass der Vertrag vom Konkursverwalter beendet worden ist. Eine Schadensersatzpflicht wegen Nichterfüllung der Verträge wird gegebenenfalls als Masseforderung aufgenommen. Wenn der Konkursverwalter auf Fortsetzung des Vertrags entscheidet, hat der Vertragsgegner ein Recht auf Erfüllung zu Lasten der Masse.[46]

Nach Bericht des Konkursrichters und nach Anhörung des Konkursverwalters und eines Arbeitnehmervertreters, kann das Gericht den Konkursverwalter ermächtigen, die Geschäfte des Schuldners (teilweise) fortzuführen. Das Gericht kann auch den Schuldner oder einen Dritten, unter Aufsicht des Konkursverwalters, mit der Fortführung der Geschäfte beauftragen. Auf Antrag des Konkursverwalters oder Dritter kann diese Ermächtigung vom Gericht widerrufen werden.[47]

4.2.4 Anfechtung

Das Handelsgericht bestimmt in seinem Konkursurteil den Zeitpunkt der Zahlungseinstellung, der nicht mehr als sechs Monate vor dem Konkursurteil liegen kann.[48] Einige außergewöhnliche Geschäfte können gemäß Artikel 17 des Konkursgesetzes der Konkurs-

---

[43] Artikel 62 Konkursgesetz.
[44] Artikel 25 (1) Konkursgesetz.
[45] Artikel 26 Konkursgesetz.
[46] Artikel 46 des Konkursgesetz.
[47] Artikel 47 des Konkursgesetz.
[48] Artikel 12 des Konkursgesetz.

masse nicht geltend gemacht werden, wenn sie vom Gemeinschuldner seit dem festgestellten Zeitpunkt der Zahlungseinstellung gemacht wurden. Außergewöhnlichen Geschäfte sind beispielsweise unentgeltliche Geschäfte, Geschäfte, bei denen der Wert der Leistung des Schuldners den Wert der Gegenleistung wesentlich übersteigt, Begleichung nicht fälliger Schulden, Begleichung fälliger Schulden, soweit diese nicht bar oder per Wechsel erfolgt sind und Bestellung von Sicherheiten für früher eingegangene Verbindlichkeiten. Gemäß Artikel 18 des Konkursgesetzes können Rechtshandlungen, die von dem Gemeinschuldner zur Begleichung fälliger Schulden in der Zeit zwischen Zahlungseinstellung und Konkursurteil vorgenommen wurden, der Konkursmasse nicht geltend gemacht werden, wenn der Dritte, demgegenüber die Handlung vorgenommen wurde, wusste, dass der Schuldner seine Zahlungen eingestellt hatte, als er das Geschäft abschloss. Außerdem sind alle Handlungen und Zahlungen, die in der Absicht ausgeführt worden sind, die Gläubiger zu benachteiligen, für die Masse nicht bindend, auch wenn sie durchgeführt wurden.[49] Wenn Wechsel nach dem festgestellten Datum der Zahlungseinstellung, aber vor Erlass des Konkursurteils ausgestellt wurden, kann der Konkursverwalter gemäß Artikel 21 nur gegen den ersten Wechselnehmer vorgehen. Bei Eigenwechsel muss die Klage gegen den ersten Indossanten gerichtet sein. In beiden Fällen besteht ein Zurückzahlungsanspruch nur, wenn der Begünstigte, also der Remittent oder der Indossant, bei Ausstellung des Wechsels von der Zahlungseinstellung Kenntnis hatte.

5. Internationales Insolvenzrecht

41 Im Regelfall wird für Insolvenzfragen die *lex fori concursus* angewandt.

42 Aufgrund des Prinzips der Universalität und der Einheit des Konkurses bezieht sich ein in Belgien eröffnetes Verfahren auf alle Vermögensgegenstände des Schuldners, auch wenn diese sich im Ausland befinden. Ausländische Insolvenzverfahren werden im Prinzip auch in Belgien anerkannt und haben die Folgen, die sie gemäß dem Recht dieses Landes haben.

43 Seit dem 31. Mai 2002 gilt die Verordnung (EG) Nr. 1346/2000 des Rates vom 29. Mai 2000 über Insolvenzverfahren (EuInsVO, vgl. die Kommentierung oben). In Übereinstimmung mit dieser Verordnung ist in Artikel 3 des Konkursgesetzes die Möglichkeit eines Sekundärverfahrens vorgesehen, wenn der Schuldner eine Niederlassung in Belgien hat. Die Wirkungen dieses Verfahrens sind auf das in Belgien belegene Vermögen des Schuldners beschränkt. Das Sekundärverfahren wird keine Anwendung finden, wenn das Zentrum der Interessen des Schuldners sich außerhalb der Europäischen Union befindet. In diesem Fall gilt das Prinzip der Universalität weiterhin. Im Prinzip werden Insolvenzverfahren aus Drittstaaten anerkannt, sofern sie nicht gegen die öffentliche Ordnung oder zwingendes Recht verstoßen.

---

[49] Artikel 20 des Konkursgesetz.

England und Wales

bearbeitet von *Ursula Schlegel,* Rechtsanwältin & Solicitor (England und Wales)
(Wellensiek Rechtsanwälte, Partnerschaftsgesellschaft, Frankfurt aM)

Übersicht

	RdNr.		RdNr.
1. Schrifttum, Gesetzessammlungen, Informationsquellen	1	3.2.2 Das Sicherungsmittel *floating charge*	19
2. Einführung	2	3.3 *Administration*: das Verfahren zur Unternehmenssanierung	20
2.1 Gesetzliche Grundlagen	2	3.3.1 Verfahrensgrundzüge, jüngste Reformen	20
2.2 Anwendungsbereich; Schottland und Nordirland	3	3.3.2 Gerichtliche Anordnung der *administration*	25
2.3 Verfahrensarten, jüngste Reformen	4	3.3.3 Außergerichtliche Einleitung der *administration* durch das Unternehmen oder seine Geschäftsführung	26
2.3.1 *Corporate insolvency,* Unternehmensabwicklung und Unternehmenssanierung	5	3.3.4 Außergerichtliche Einleitung der *administration* durch den Sicherungsnehmer unter einer *qualifying floating charge*	27
2.3.2 *Bankruptcy,* die Insolvenz natürlicher Personen	6	3.4 *Company Voluntary Arrangement (CVA):* Vergleich zwischen Unternehmen und Gläubigern und Gesellschaften	28
2.4 Die Rolle der Gerichte und der *insolvency practitioner,* „Verwalter", bei Unternehmensabwicklung und Unternehmenssanierung	7	3.4.1 Grundzüge des Verfahrens	28
		3.4.2 Wirksamwerden und Überwachung des Vergleichs	29
3. Corporate insolvency, Unternehmensabwicklung und Unternehmenssanierung, die einzelnen Verfahrensarten	8	**4. Set-off, netting: Aufrechnung**	30
3.1 *Winding up,* Unternehmensabwicklung	8	**5. Adjustment of prior transactions, „Anfechtungsrecht"**	31
3.1.1 Ausgestaltungen der *winding up* Verfahrensgrundzüge	8	5.1 Einführung	31
3.1.2 *Members' voluntary winding up,* Abwicklung des solventen Unternehmens auf Initiative der Gesellschafter	10	5.2 Die verschiedenen „Anfechtungstatbestände"	32
		5.2.1 *Preference*, Gläubigerbevorzugung	32
3.1.3 *Creditors' voluntary winding up,* Abwicklung des insolventen Unternehmens auf Initiative der Gesellschafter	11	5.2.2 *Transactions at an undervalue*	33
		5.2.3 Anfechtbarkeit von *floating charges*	34
3.1.4 *Compulsory winding up,* gerichtliche Abwicklung des insolventen Unternehmens	12	5.2.4 *Extortionate credit transactions,* „Wucherkredite"	35
3.1.5 Die Stellung der Gläubiger im Verfahren *winding up*	15	5.2.5 *Transactions defrauding creditors,* „vorsätzliche Gläubigerbenachteiligung"	36
3.1.6 Nicht vollständig erfüllte Verträge, Arbeitsverhältnisse im Verfahren *winding up*	17	**6. Insolvenzrechtliche Haftung und Disqualifikation von Geschäftsführern insolventer Unternehmen**	37
3.2 *Administrative receivership:* Bestellung eines „Verwalters" im Interesse nur eines Sicherungsnehmers	18	6.1 *Fraudulent trading*	37
		6.2 *Wrongful trading*	38
3.2.1 Verfahrensgrundzüge, jüngste Reformen	18	6.3 *Company Directors Disqualification Act 1986*	39
		7. Internationales Insolvenzrecht	40

1. Schrifttum, Gesetzessammlungen, Informationsquellen

1.1. Schrifttum: *Dennis, Vernon,* Insolvency Law Handbook,[1] 2005, London; *Finch, Vanessa,* Corporate Insolvency Law, Perspectives and Principles, 2002, Cambridge; *Goode, Roy,* Corporate Insolvency, in: Commercial Law, 2004, London; *derselbe*, Principles of Corporate Insolvency Law, 2005, London; *Totty, Peter/Moss, Gabriel,* Insolvency, Kommentar, Loseblattsammlung; *Köster, Malte,* die Bestellung des Insolvenzverwalters. **1**

---

[1] Ein von der *Law Society*, der zentralen Anwaltskammer von England und Wales, herausgegebenes Handbuch, das insbesondere **bankrupcty**, die Insolvenz natürlicher Personen, ausführlich behandelt.

England und Wales 2, 3   Anhang

Eine vergleichende Untersuchung des deutschen und englischen Rechts, 2005, Baden-Baden, (Diss.); *Müller-Seils, Carsten Oliver,* Rescue Culture und Unternehmenssanierung in England und Wales nach dem Enterprise Act 2002, 2006, Baden-Baden (Diss.).

1.2. Gesetzessammlungen: *Sealy, Len/Milman, David,* Annotated Guide to the Insolvency Legislation, 2006/2007, London;[2] *Crystal, Michael; Phillips, Mark; Davis, Glen; Butterworths,* Insolvency Law Handbook, 2006, London.[3]

1.3. Informationsquellen: Bei *Companies House*[4] werden im Handelsregister Insolvenzvermerke eingetragen, gezielte Unternehmensinformationen sowie allgemeine Informationen zum Insolvenzrecht sind abrufbar unter www.companieshouse.gov.uk; der *Insolvency Service*[5] veröffentlicht neben Gesetzestexten vielfältige Informationen zum englischen Insolvenzrecht sowie die offiziellen Insolvenzstatistiken (Website-Adresse siehe soeben 1.2.); Die Website von R3, einer Vereinigung englischer Restrukturierungsexperten, www.r3.org.uk, bietet ebenfalls vielfältige Informationen zum englischen Insolvenzrecht; INSOL EUROPE veröffentlicht unter www.insol-europe.org/publications/eir.cfm Gerichtsurteile zu grenzüberschreitenden Insolvenzverfahren.

1.4. Rechtsrat: Die *Law Society,* die zentrale Rechtsanwaltskammer von England und Wales, stellt auf ihrer Website unter www.lawsociety.co.uk/choosingandusing/findasolicitor.law einen Suchservice bereit, mit dessen Hilfe auf *insolvency* oder *bankruptcy* spezialisierte (auch deutsch sprechende) englische Anwälte, *solicitors,* gefunden werden können.

2. Einführung[6]

2.1 Gesetzliche Grundlagen

2   Das Insolvenzrecht von England und Wales[7] ist im Wesentlichen im *Insolvency Act 1986*[8] *(IA)*[9] und in den *Insolvency Rules 1986 (IR)*[10] geregelt. Der *Insolvency Act 1986* enthält vorwiegend materielle, die *Insolvency Rules 1986* enthalten vorwiegend verfahrensrechtliche Bestimmungen.[11] Auch zahlreiche andere englische Gesetze enthalten Vorschriften, die für Insolvenzsachverhalte (indirekt) relevant sind, so beispielsweise der *Companies Act* 1985, das Gesetz über Gesellschaften mit beschränkter Haftung. Ein für Unternehmensinsolvenzen bes. wichtiges Gesetz ist der *Companies Directors Disqualification Act 1986.* Geschäftsführern insolventer Unternehmen kann hiernach für bestimmte Zeit die Ausübung von Geschäftsführungstätigkeit verboten werden.[12] Die Abwicklung insolventer Personengesellschaften ermöglicht die *Insolvent Partnerships Order 1994.*

2.2 Anwendungsbereich; Schottland und Nordirland

3   Innerhalb des Vereinigten Königreichs von Großbritannien und Nordirland bilden England und Wales gemeinsam einen eigenständigen Rechtskreis. In diesem Beitrag wird ausschließlich das Recht von England und Wales dargestellt. Nur angemerkt sei, dass der

---

[2] Eine zweibändige, **kommentierte** Sammlung von Gesetzestexten.
[3] Der *Insolvency Service* ist die für Insolvenzsachen verantwortliche *executive agency* („Regierungsbehörde") des auch für Insolvenzrecht zuständigen Ministeriums *Department for Business Enterprise and Regulatory Reform* (BERR., bis 2007 noch DTI).
[4] Das in Cardiff für England und Wales zentral geführte Handelsregister.
[5] Zu diesem siehe Fn. 3.
[6] Bei der Knappheit der folgenden Darstellung können nur **Grundzüge** des Insolvenzrechtes von England und Wales aufgezeigt werden. Ziel der Autorin ist es, deutsche Leser hinsichtlich grundlegender Unterschiede zwischen deutschem und englischem Insolvenzrechts zu „sensibilisieren", juristischen Rat im Einzelfall können die Darstellungen nicht ersetzen. Zum Anwaltsuchservice der *Law Society* siehe unter Ziff. 1.4.
[7] „Englisches Recht" meint in diesem Beitrag das für England und Wales geltende Recht.
[8] Eine Besonderheit englischer Gesetzgebungstechnik ist es, Gesetze mit dem Jahr ihres Inkrafttretens zu benennen, ohne Rückschluss auf den letzten Gesetzgebungsstand erlaubt: so wurde beispielsweise der *Insolvency Act 1986* wiederholt, zuletzt durch den *Enterprise Act 2002,* geändert.
[9] Der *Insolvency Act* wird im Folgenden mit „IA", einzelne Vorschriften mit *„sections"* zitiert.
[10] Die *Insolvency Rules* werden im Folgenden mit „IR", einzelne Vorschriften mit *rules"* zitiert.
[11] Diese grundsätzliche Aufteilung wird häufig durchbrochen, zu Beispielen siehe *Goode,* Principles of Corporate Insolvency Law, RdNr. 1–18.
[12] Siehe hierzu im Folgenden unter Ziff. 6.3.

Insolvency Act 1986 weitgehend auch auf Unternehmensinsolvenzen in **Schottland** Anwendung findet, Ausnahmen hiervon sind in *section* 440 IA aufgeführt. Schottische Sonderregelungen gelten insbesondere für Anfechtungsfragen und für *receivership*.[13] Insolvenzen von Privatpersonen regelt in Schottland ein eigenes Gesetz, der *Bankruptcy (Scotland) Act 1985*. Für **Nordirland** listet *section* 441 IA die Vorschriften des *Insolvency Act 1986* auf, die dort unmittelbare Anwendung finden. Eine Angleichung von englischem und nordirischem Insolvenzrecht erfolgte durch die *Insolvency (North Ireland) Order 1989*.

2.3 Verfahrensarten, jüngste Reformen

Zwischen deutschen und englischen Insolvenzverfahren bestehen **grundlegende** Unterschiede. Dies sowohl bei den Verfahrenszielen als auch hinsichtlich der handelnden Personen und der Einbindung der Gerichte, die in England vergleichsweise gering ist, siehe hierzu unter 2.4. Je nach Schuldner (natürliche Person[14] oder juristische Personen) und Verfahrensziel (Sanierung oder Abwicklung bei Unternehmen) hält das englische Insolvenzrecht unterschiedliche Verfahrensarten bereit, anders als in Deutschland auch schon während der Krise. Das englische Insolvenzrecht wurde 1985 von Grund auf reformiert. Die Fokussierung auf Sanierung, Stichwort: *rescue culture*, erfolgte jedoch erst mit den einschneidenden **Reformen des *Enterprise Act 2002*.**[15] Diese Reformen stärkten vor allem das Sanierungsverfahren ***administration*,**[16] das nunmehr ohne wesentliche gerichtliche Beteiligung eingeleitet und durchgeführt werden kann. Die als sanierungsfeindlich geltende ***administrative receivership*,**[17] welche eher Einzel- denn Gesamtvollstreckung ist, wurde weitgehend abgeschafft, es war auch ein Ziel der jüngsten Reformen, Insolvenzverfahren verstärkt zu *collective proceedings*, Gesamtverfahren zu machen. Völlig abgeschafft wurde die *crown preference*, die bevorrechtigte Gläubigerstellung des Fiskus[18] in Bezug auf Steueransprüche und Sozialversicherungsbeiträge. Arbeitnehmer bleiben in England weiterhin *preferential creditors*, bevorrechtigte Gläubiger.[19]

2.3.1 *Corporate insolvency*, Unternehmensabwicklung und Unternehmenssanierung

Hier hält das englische Insolvenzrecht die folgenden eigenständigen Verfahrenstypen für unterschiedliche Verfahrensziele bereit: Das Verfahren der ***winding up*,**[20] auch *liquidation* genannt (mit den Unterarten *members' voluntary winding up, creditors' voluntary winding up* und *compulsory winding up*), hat die **Abwicklung** und **Löschung** eines Unternehmens zum Ziel. An die Stelle der bisherigen Geschäftsführung treten ein oder mehrere (dann: „*joint*") *liquidator(s)*. Ausdrückliche Ziele der ***administration***[21] hingegen sind **Erhalt** und **Sanierung** eines Unternehmens in Krise oder Insolvenz. Hier werden ein oder mehrere (dann: „*joint*") *administrator(s)* bestellt, flankierende Maßnahmen, insbesondere ein Moratorium, sind gesetzlich geregelt.[22] *Liquidator* oder *administrator* werden regelmäßig von Gläubigern, Gesellschaft oder Geschäftsführung bestimmt. Die Sanierung eines Unternehmens hat auch das **Company Voluntary Arrangement (CVA),**[23] zum Ziel. Bei diesem Vergleich zwischen

---

[13] Was auch daran liegt, dass das *property law*, Sachenrecht, von Schottland grundlegend vom englischen Recht abweicht, insbesondere im Grundstücksrecht. Zur **englischen** *administrative receivership* siehe unter Ziff. 3.2.

[14] Dieser Beitrag legt den Schwerpunkt auf die Darstellung des Rechts der Abwicklung und Sanierung von Unternehmen, zu den Grundzügen der *bancruptcy*, Insolvenz natürlicher Personen siehe unter Ziff. 2.3.2. und die Literaturhinweise in Ziff. 1.1.

[15] Siehe hierzu ausführlich *Ehricke/Köster/Müller-Seils*, Neuerungen im englischen Unternehmensinsolvenzrecht durch den *Enterprise Act 2002*, NZI 2003, S. 409 ff.

[16] Zur *administration* siehe im Folgenden unter Ziff. 3.3.

[17] Zur *administrative receivership* siehe im Folgenden unter Ziff. 3.2.

[18] „*Crown*": HMRC, Her Majesty's Revenue and Customs.

[19] Allerdings kennt das englische Recht der Höhe nach keine dem deutschen Insolvenzgeld vergleichbaren Zahlungen.

[20] Zu den verschiedenen Ausgestaltungen der ***winding up*** siehe im Folgenden unter Ziff. 3.1.

[21] Zur *administration* siehe im Folgenden unter Ziff. 3.3.

[22] Schedule B1 Para. 42 ff. IA.

[23] Zum *CVA* siehe im Folgenden unter Ziff. 3.4.

England und Wales 6, 7

Unternehmen und Gläubigern wird der Weg bis zum Abschluss des Vergleiches von einem *nominee* begleitet, ein *supervisor* beaufsichtigt die ordnungsgemäße Durchführung des *CVA* nach seinem Wirksamwerden. Das Verfahren der *administrative receivership*[24] wurde, wie unter 2.3. bereits erwähnt, mit dem *Enterprise Act 2002* weitgehend abgeschafft, da es als sanierungsfeindlich gilt. Es kommt nur noch in Ausnahmefällen[25] und „Altfällen", d. h. bei vor dem 15. September 2003 bestellten *floating charges*, zur Anwendung. Die unterschiedlichen Verfahrensarten für Unternehmensabwicklung und -sanierung kommen auch „kombiniert" zur Anwendung. So kann eine *administration* ein *CVA* ergänzen, um für den Vergleich ein Moratoriums zu erreichen oder relativ rasch in eine *liquidation*[26] münden, wenn beispielsweise eine Sanierung im Wege des Verkaufs von Unternehmensvermögen aus der *administration* heraus erfolgte. Der deutschen übertragenden Sanierung entspricht hierbei der *business-asset-sale*.[27]

2.3.2 *Bankruptcy*, die Insolvenz natürlicher Personen

6   Der vorliegende Länderbeitrag legt den Schwerpunkt auf das Recht der Unternehmensinsolvenzen. Einige Vorschriften für Unternehmensinsolvenzen finden auch auf *bankruptcy*, die Insolvenz natürlicher Personen,[28] Anwendung, wie beispielsweise das unter Ziff. 5. dargestellte „Anfechtungsrecht", das bei *bankruptcy* durch den *trustee* (den „Verwalter" in der Insolvenz natürlicher Personen) ausgeübt wird. Wie für Unternehmen ist auch für natürliche Personen die Möglichkeit eines Gläubigervergleichs vorgesehen, hier *Individual Voluntary Arrangement (IVA)*[29] genannt. Natürliche Personen können **Restschuldbefreiung** erlangen, dies grundsätzlich[30] bereits nach einem Jahr gerechnet ab Beginn des *bankruptcy* Verfahrens. Wurde die *bancruptcy* allerdings „verschuldet"[31] herbeigeführt, kann eine gerichtliche *Bankruptcy Restrictions Order (BRO)*[32] ergehen. Mit diesem Gerichtsbeschluss wird die Verfahrensdauer um mindestens 2 Jahre, maximal 15 Jahre erhöht, wobei dem Gericht ein weiter Ermessensspielraum eingeräumt wird.

2.4 Die Rolle der Gerichte und der *insolvency practitioner*, „Verwalter", bei Unternehmensabwicklung und Unternehmenssanierung

7   Wie unter Ziff. 2.3.1. schon angesprochen, werden bei Unternehmenssanierung oder Unternehmensinsolvenz je nach Verfahrenstyp ein *administrator*, ein *administrative receiver* oder ein *(provisional*[33]*) liquidator* eingesetzt, beim *CVA* ein *nominee* oder *supervisor* eingebunden. Wer solche Ämter bekleidet, agiert automatisch als *insolvency practitioner*,[34] der gesetzliche Oberbegriff für diese (aus deutscher Sicht) „Verwalterstellungen" ist **office-holder**. Seit dem 29. Dezember 1986 darf die Ämter *liquidator, administrator, nominee* oder *supervisor*

---

[24] Zur *adminsitrative receivership* siehe im Folgenden unter Ziff. 3.2.
[25] Sections 72B ff. IA.
[26] Der *Enterprise Act 2002* führte *creditors' voluntary winding up* (Schedule B1, para. 83 IA) und *compulsary winding up* (Schedule B1, § 79 (4) (d) IA) als Verfahrensbeendigungen des Sanierungsverfahrens *administration* ein.
[27] Angemerkt sei hierzu, dass das Konstrukt des *hive down* (aus deutscher Sicht gelegentlich mit übertragender Sanierung gleichgesetzt) in England kaum noch verwendet wird. Hierbei werden *assets* in eine dem schuldnerischen Unternehmen gehörende Gesellschaft übertragen, erst diese Gesellschaft wird verkauft, die Gläubiger aus den Erlösen der Gesellschaftsveräußerung befriedigt. Hintergrund der *hive downs* waren zwischenzeitlich obsolet gewordene steuerliche Motive (Nutzung von Verlustvorträgen).
[28] Zur *bankruptcy*, Insolvenz natürlicher Personen, wird weiterführend auf die eingangs zitierten Literaturhinweise (hier vor allem auf das Handbuch von *Vernon*) und Informationsquellen verwiesen.
[29] Section 252 ff. IA.
[30] Section 279 IA, Redlichkeit, insbesondere bei Offenlegung der Vermögensverhältnisse, vorausgesetzt.
[31] Im Gesetzgebungsverfahren ging der *Insolvency Service* (zu diesem siehe Fn 3) davon aus, dass zwischen 7 Prozent und 12 Prozent insolventer natürlicher Personen ihre Insolvenz verschuldet herbeiführen (siehe hierzu *Vernon*, Insolvency Law Handbook, 2005, Seite 325; mit Beispielen für Verhalten, dass zu einer *BRO* führen kann).
[32] Das *BRO*-Verfahren wurde mit dem *Enterprise Act 2002* eingeführt und ist seit 1. 4. 2004 in Kraft.
[33] Zum „vorläufigen" *liquidator* siehe Ziff. 3.1.4.
[34] Section 388 (1) IA.

administrative receive nur bekleiden, wer **authorised insolvency practitioner** ist; Zuwiderhandlung hat Haftungskonsequenzen.[35] Die erforderliche *authorisation*, Befähigung, wird vom *Secretary of State for Trade and Industry, DTI*[36] oder von berufsständischen Organisationen verliehen.[37] Voraussetzungen sind das Bestehen theoretischer Prüfungen und der Nachweis praktischer Erfahrung. *Insolvency Practitioner* stehen unter ständiger Aufsicht, sind zu steter Fortbildung verpflichtet und müssen sich regelmäßigen Kontrollen z. B. hinsichtlich Aktenführung und Büroorganisation unterziehen. In England und Wales gibt es etwa 1800 *authorised insolvency practitioners*, von denen rund 1250 aktiv als *office-holder* bestellt werden.[38] Englische *insolvency practitioner* sind meist Wirtschaftsprüfer. Die Auswahl und Bestellung[39] des *office-holder* im jeweiligen Verfahren obliegt in der Praxis insbesondere bei Sanierungen kaum den Gerichten[40] sondern regelmäßig Gläubigern, (insolventem) Unternehmen wobei Vorbefassung des gewählten *insolvency practitioner* typischerweise unschädlich ist. Die Gerichte wählen den *insolvency practitioner* grundsätzlich nur bei Anrufung in Streitfällen und selbst dann regelmäßig nur zwischen den von streitenden Parteien vorgeschlagenen Verwaltern aus, d. h. treffen keine originäre Auswahl. Diese zurückhaltende Rolle der Gerichte ist Teil der englischen (Insolvenz)rechtskultur und erklärt sich auch durch Qualifikation und Verantwortung des *insolvency pratitioner*, dessen Funktion die eines *officer of the court*, „Bevollmächtigter des Gerichts" ist.[41] Selbst bei Liquidation eines solventen Unternehmens oder Sanierung in der Krise mittels *CVA* oder *administration* ist **immer** ein *insolvency practitioner* zu bestellen, selbst dort (oder gerade weil dies möglich ist) wo die Einleitung eines Verfahrens ganz oder weitgehend durch Geschäftsführung, Gesellschaft oder Gläubiger erfolgt. Prüfungspflichten, die man aus deutscher Sicht beim Insolvenzgericht vermuten würde, liegen dann beim *insolvency practitioner*.[42] Im englischen Recht gibt es auch kein der deutschen Eigenverwaltung, §§ 270 ff. InsO, vergleichbares Verfahren, das seiner Natur nach eine signifikante gerichtliche Beteiligung voraussetzt.

3. *Corporate insolvency,* Unternehmensabwicklung und Unternehmenssanierung, die einzelnen Verfahrensarten

3.1 *Winding up,* Unternehmensabwicklung

3.1.1 Ausgestaltungen der *winding up,* Verfahrensgrundzüge

Winding up (liquidation) ist die am häufigsten gebräuchliche Verfahrensform in England und Wales, wobei das Sanierungsverfahren *administration* oft in eine *liquidation* mündet, wenn es nach abgeschlossener oder gescheiterter Sanierung die verbliebene Unternehmenshülle zu liquidieren gilt.[43] Die englischen Insolvenzstatistiken[44] sind unter diesem Gesichtspunkt, der Möglichkeit der Kombination verschiedener Verfahren, zu betrachten. *Winding up* von insolventen Unternehmen kommt unter den im englischen Insolvenzrecht vorgesehenen

---

[35] *Section* 389 IA, *section* 389A IA betr. Ausnahmen für *nominees supervisors.*
[36] Zur Rolle des *BERR* siehe oben Fn 3.
[37] Zu Einzelheiten siehe *Insolvency Practitioner Regulations 2005*, abgedruckt beispielsweise bei *Butterworths* (siehe oben Ziff. 1.1., Gesetzessammlungen).
[38] Siehe hierzu *Bewick, Schlegel* in NZI 2008, Heft 6, S. VI ff.
[39] Siehe ausführlich zur „Verwalterbestellung" *Köster,* Die Bestellung des Insolvenzverwalters. Eine vergleichende Untersuchung des deutschen und englischen Rechts, dort zusammenfassend S. 155.
[40] Für Insolvenzsachen zuständig ist der *High Court*, dort die *Chancery Division*. Überschreitet das Stammkapital der insolventen Gesellschaft nicht £ 120 000,00, sind auch die *county courts* zuständig, siehe *section* 117 IA für *winding up.*
[41] Siehe für das Amt des *administrator Schedule B 1 para 5 des Insolvency Act 1986.*
[42] Wird *administration* eines insolventen Unternehmens außergerichtlich eingeleitet, erklärt der *insolvency practitioner* (zum Gebrauch gesetzlich vorgeschriebener Formulare hierbei siehe unter Fn 60) die Sanierungsfähigkeit.
[43] Siehe hierzu auch Fn 26.
[44] Der *Insolvency Service* (Website Adresse siehe unter Ziff. 1.2.) veröffentlicht nach Verfahrensarten aufgeschlüsselte Insolvenzstatistiken.

England und Wales 9, 10

Verfahrenstypen dem deutschen Regelinsolvenzverfahren am nächsten, ist ein Gesamtverfahren mit dem Ziel, nach Verwertung des Unternehmensvermögens sämtliche Gläubiger in gesetzlich festgelegter Reihenfolge bestmöglich zu befriedigen und abschließend die Gesellschaft im Register zu löschen. Das Amt des *(provisional) liquidator*[45] ähnelt hierbei in Funktion, Aufgabenbereich und Verantwortung stark der des deutschen (vorläufigen) Insolvenzverwalters.[46] Wird *winding up* gerichtlich angeordnet, können die Gläubiger ein *liquidation committee,* einen „Gläubigerausschuss", bestellen.[47] Die Verfahrensdurchführung ist Aufgabe des *liquidator.* Forderungen sind bei diesem anzumelden, ihm obliegt deren Prüfung und, unter Einbindung der Gläubiger in hierfür nach seinem Ermessen einzuberufenden Gläubigerversammlungen, die Forderungsprüfung und -feststellung, die Verwertung und Verteilung[48] des Unternehmensvermögens. Im *Insolvency Act 1986* sind **unterschiedliche Ausgestaltungen der** *winding up* geregelt:[49]

- *Members' voluntary winding up,*[50] die „freiwillige" Abwicklung des **solventen** Unternehmens auf Initiative der Gesellschafter (vergleichbar mit der deutschen Liquidation gem. §§ 60 ff. GmbHG),
- *Creditors' voluntary winding up,*[51] die „freiwillige" Abwicklung des **insolventen** Unternehmens auf Initiative der Gesellschafter (ohne Mitwirkung des Gerichts),
- *Compulsory winding up,*[52] die gerichtliche Abwicklung des **insolventen** Unternehmens.

9   Eine Fortführung des Unternehmens in der *winding up* ist nur ausnahmsweise dann zulässig, wenn dies der optimalen Vermögensverwertung förderlich ist,[53] im Falle der *compulsory winding up*[54] ist hierfür die gerichtliche Zustimmung erforderlich.[55]

3.1.2 *Members' voluntary winding up,*[56] Abwicklung des solventen Unternehmens auf Initiative der Gesellschafter

10   *Members' voluntary winding up*[57] ist die (wenn auch im Insolvenzrecht geregelte) freiwillige *(voluntary)* Abwicklung einer solventen Gesellschaft auf Initiative der Gesellschafter *(members).* Gründe für eine solche Liquidation nennt das Gesetz,[58] beispielsweise die Erreichung des Gesellschaftszweckes. Auch hier müssen als *liquidator* durch Gesellschafterbeschluss ein oder mehrere *authorised insolvency practitioner*[59] eingesetzt werden. Die *directors,* Geschäftsführer, haben in gesetzlich vorgeschriebener Form[60] eine *statutory declaration of solvency,* Versicherung darüber, dass das Unternehmen solvent ist und für die kommenden 12 Monate (während derer es nicht mehr werbend tätig sein wird) über ausreichende Mittel zur Begleichung sämtlicher Verbindlichkeiten verfügen wird, zu erstellen und beim Handelsregister einzurei-

---

[45] Siehe auch unter Ziff. 3.1.4.
[46] Allerdings geht auf den *liquidator* die Verfügungsbefugnis über das Unternehmensvermögen nicht automatisch über. Der *liquidator* ist *agent,* „Vertreter" des Unternehmens, er kann bei *compulsory winding up* (Ziff. 3.1.4.) gerichtlich beantragen, dass die Verfügungsbefugnis auf ihn übertragen wird, diesem Antrag wird gewöhnlich stattgegeben.
[47] *Section* 141 IA.
[48] Zur Rangfolge der Gläubiger siehe unter Ziff. 3.1.5.
[49] *Section* 73 IA.
[50] *Section* 84 ff. IA.
[51] *Section* 97 ff. IA.
[52] *Section* 117 ff. IA.
[53] *Goode,* Principale of Corporate Insolvency Law, RdNr. 5–02.
[54] Im Folgenden unter Ziff. 3.1.4.
[55] *Section* 167 (1) (a) IA.
[56] *Section* 91 ff. IA.
[57] *Section* 91 ff. IA.
[58] *Section* 84 IA.
[59] Siehe unter Ziff. 2.4.
[60] Hierfür **muss ein gesetzlich vorgeschriebenes Formular** verwendet werden. **Anders als im deutschen Verfahren sind im englischen Insolvenzverfahren für vielzählige Verfahrenshandlungen gesetzlich vorgeschriebene Formulare,** *prescribed forms,* **zu verwenden,** siehe *rule* 12.7. IR. Sämtliche dieser Formulare sind bei *Totty and Moss* abgedruckt, eine Übersichtsliste zu den einzelnen Formularen findet sich bei *Sealy/Milman;* die wichtigsten Formulare finden sich auch auf www.insolvency.gov.uk, siehe dort unter *„forms".*

chen.⁶¹ Stellt der *liquidator* im Verlauf der *members' voluntary winding up* fest, dass das Unternehmen wider Erwarten nicht dazu in der Lage ist, seine Verbindlichkeiten zu erfüllen, hat er innerhalb von 28 Tagen nach Kenntnis der Sachlage eine Gläubigerversammlung einzuberufen⁶² und ein *statement as to the affairs*⁶³ (vergleichbar mit einem Überschuldungsstatus) zu erstellen. Stellt sich hierbei die Insolvenz des Unternehmens heraus, wird die *voluntary winding up* in eine *creditors' voluntary winding up* konvertiert.⁶⁴

3.1.3 *Creditors' voluntary winding up,*⁶⁵ Abwicklung des insolventen Unternehmens auf Initiative der Gesellschafter

Der Name *creditors' voluntary winding up* ist irreführend, da hier die Abwicklung nicht von **11** den Gläubigern, sondern den Gesellschaftern des insolventen Unternehmen durch entsprechenden Beschluss initiiert wird. Erst die Durchführung der *winding up* liegt weitgehend in der Kontrolle der Gläubiger. Wie bei der *members' voluntary winding up* haben die *directors,* Geschäftsführer, auch hier ein *statement of affairs*⁶⁶ über die Vermögensverhältnisse der Gesellschaft zu erstellen, das dann einer Gläubigerversammlung vorgelegt wird. Die Person des *liquidator* kann sowohl seitens der Gläubiger als auch des Unternehmens vorgeschlagen werden.⁶⁷ Anders als bei *compulsory winding up* (siehe 3.1.4.) ruhen Gerichtsverfahren gegen das Unternehmen bei der *creditors' voluntary winding up* **nicht** automatisch, dies muss vom *liquidator* ausdrücklich bei Gericht beantragt werden.⁶⁸

3.1.4 *Compulsory winding up,*⁶⁹ gerichtliche Abwicklung des insolventen Unternehmens

Die *compulsory winding up* wird durch Gerichtsbeschluss auf Antrag der Gesellschaft, ihrer **12** *directors* oder Gläubiger⁷⁰ angeordnet. Bei Vorliegen von öffentlichen Interesse kann *compulsory winding up* auch vom *Department for Business Enterprise and Regulatory Reform (BERR.,* bis 2007 noch *DTI)* beantragt werden.⁷¹ Das Gericht **kann** für den Zeitraum zwischen Antrag und *hearing*, dem Anhörungstermin über die Eröffnung, einen *provisional liquidator,* „vorläufigen Insolvenzverwalter", einsetzen, dessen Rechte und Pflichten gerichtlich festgelegt werden.⁷² Der Zeitraum zwischen Antrag und *hearing* ist wesentlich kürzer als das deutsche Eröffnungsverfahren, dauert typischerweise Tage oder nur wenige Wochen. Des Weiteren kann das Gericht für den Zeitraum bis zum *hearing* anordnen, dass gerichtliche Verfahren gegen das Unternehmen ruhen.⁷³ Die *petition,*⁷⁴ der Antrag auf „Eröffnung", wird dem Unternehmen zugestellt.⁷⁵ So vom Gericht nicht anderweitig angeordnet, wird bereits der Antrag in der *London Gazette*⁷⁶ veröffentlicht.

---

⁶¹ Section 89 IA. Geschäftsführer, die eine *statutory declaration of solvency* einreichen, ohne dass eine ausreichende Basis dafür vorhanden ist, dass die Gesellschaft dazu in der Lage sein wird, in den kommenden 12 Monaten Verbindlichkeiten zuzüglich Zinsen zu zahlen, können mit Geldstrafe belegt oder zu Gefängnisstrafe verurteilt werden, *section* 89 (4) IA.

⁶² Section 95 (2) (a) IA.

⁶³ Section 95 (4) IA.

⁶⁴ Section 96 IA, siehe im Folgenden Ziff. 3.1.3.

⁶⁵ Section 97 ff. IA.

⁶⁶ Zum Inhalt des *statement of affairs* siehe *section* 99 IA, zur Verwendung gesetzlich vorgeschriebener Formulare im englischen Insolvenzverfahren siehe Fn. 60.

⁶⁷ Der Gläubigervorschlag geht vor, bei divergierenden Vorschlägen kann das Gericht auf Antrag anordnen, dass die vorgeschlagenen *liquidators* gemeinsam als „joint liquidators" ernannt werden oder dass die vom Unternehmen vorgeschlagene Person *liquidator* wird, 100 IA. Dieses Procedere ist exemplarisch für die unterschiedlichen Rollen der Insolvenzgerichte in Deutschland und England, siehe hierzu auch Ziff. 2.4.

⁶⁸ Zum Prozedere siehe *Goode*, Principles of Corporate Insolvency Law, RdNr. 5–04.

⁶⁹ Section 117 ff. IA.

⁷⁰ Section 124 IA.

⁷¹ Section 124 A IA. Zur Rolle des *BERR* bei englischen Unternehmensinsolvenzen siehe oben Fn 3.

⁷² Section 135 IA.

⁷³ Section 126 IA.

⁷⁴ Zur Verwendung gesetzlich vorgeschriebener Formulare, **prescibed forms,** im englischen Insolvenzverfahren siehe Fn 60.

⁷⁵ IR, *rule* 4.8. – 4.10.

⁷⁶ IR, *rule* 4.11. *London Gazette:* www.gazettes-online.co.uk.

England und Wales 13–16   Anhang

13 „Eröffnungsgründe" für eine *winding up order*, den gerichtlichen „Eröffnungsbeschluss" für ein *compulsory winding up* Verfahren ergeben sich aus Gesetz,[77] beispielsweise geschäftliche Inaktivität von einem Jahr seit Gründung[78] oder *inability to pay debts*,[79] die Unfähigkeit, Verbindlichkeiten zu erfüllen. Für letztere gibt es einen gesetzlichen Katalog von Beispielen in *section* 123 IA, etwa:
- dem Unternehmen wurde auf Veranlassung eines Gläubigers eine *statutory demand*,[80] Zahlungsaufforderung, über mehr als £ 750 zugestellt, dennoch erfolgte innerhalb von 3 Wochen keine Zahlung, oder: Einzelvollstreckungsmaßnahmen bleiben erfolglos *(cash flow test)*,[81]
- die Passiva des Unternehmens (*contingent,* bedingte, und *prospective,* voraussichtliche, Verbindlichkeiten eingerechnet) übersteigen die Aktiva *(balance sheet test).*[82]

14 Damit gibt es, anders als im deutschen Recht, keinen eigenständigen Insolvenzgrund der Überschuldung, insbesondere gibt es beim *balance sheet test* keine unterschiedlichen Bewertungsszenarien für Aktiva. Die eben beschriebenen *insolvency tests* der *section* 123 IA werden bei verschiedenen Sachverhalten herangezogen, so beispielsweise im Anfechtungsrecht.[83]

3.1.5 Die Stellung der Gläubiger im Verfahren *winding up*

15 Im Verfahren können auch künftige oder bedingte Forderungen als Ansprüche angemeldet werden, ebenso Zinsforderungen.[84] Forderungen in Fremdwährung werden zum Wechselkurs des Zeitpunktes des Verfahrensbeginns in £ umgerechnet. Bei *creditors' voluntary winding up* und bei *compulsary winding up* gilt folgende Rangordnung[85] bei der Verteilung der Insolvenzmasse an die Gläubiger:
1. Kosten des *liquidator*
2. Ansprüche bevorrechtigter Gläubiger[86]
3. Ansprüche der durch eine *floating charge*[87] gesicherten Gläubiger
4. Ansprüche ungesicherter Gläubiger (gleichmäßige, d. h. quotale Verteilung „*pari passu*")
5. Ansprüche von Gesellschaftern.

16 Gesicherte Gläubiger werden aus dem Erlös des Sicherungsgutes voll befriedigt und nehmen an der Verteilung der Insolvenzmasse nur in der Höhe des Ausfalls als ungesicherte Insolvenzgläubiger teil. Massekostenbeiträge werden nicht erhoben, sieht man von dem hiermit vergleichbaren, bei „*qualifying floating charges*"[88] aus dem Nettovermögen ungesicherten Gläubigern zuzuführenden **prescribed part**[89] ab, der sowohl im (vorläufigen) *winding up* Verfahren, in der *administration* als auch bei *administrative receivership* abzuweigen ist.[90]

---

[77] *Section* 122 IA.
[78] *Section* 122 (1) (d) IA.
[79] *Section* 122 (1) (f) IA.
[80] Zur Verwendung gesetzlich vorgeschriebener Formulare, **prescibed forms**, im englischen Insolvenzverfahren siehe Fn 60.
[81] Zum *cash flow test* siehe vertieft *Goode*, Principles of Corporate Insolvency Law, RdNr. 4–15 ff.
[82] Zum *balance sheet test* siehe vertieft *Goode*, Principles of Corporate Insolvency Law, RdNr. 4–24 ff.
[83] Siehe hierzu unter Ziff. 5.
[84] *Section* 189 Abs. 4 IA.
[85] In der Praxis oft mit dem Terminus *waterfall* umschrieben.
[86] Seit dem *Enterprise Act 2002* sind nur noch Arbeitnehmer *preferential creditors*, bevorrechtigte Gläubiger, nicht mehr aber der Fiskus hinsichtlich Steueransprüchen und Sozialversicherungsbeiträgen, siehe hierzu auch unter Ziff. 2.3.
[87] Siehe zu dieser unter Ziff. 3.2.2.
[88] Siehe zu diesen unter Ziff. 3.3.4.
[89] *Section* 176A IA.
[90] *Section* 176A (1) IA. Zu den Ausnahmen, in denen ungesicherten Gläubigern kein *prescribed part* zukommt, siehe *section* 176A (3) IA. Der *prescribed part* berechnet sich wie folgt: 50 Prozent von bis zu £ 10 000,00 Nettovermögen, danach 20 Prozent des Nettovermögens. Der Höhe nach ist der prescribed part mit £ 600 000,00 begrenzt. Zu Einzelheiten der Berechnung siehe *Goode*, Principles of Corporate Insolvency Law, RdNr. 6–32 ff.

3.1.6 Nicht vollständig erfüllte Verträge, Arbeitsverhältnisse im Verfahren *winding up*

Die Insolvenz als solche stellt keinen Grund für Vertragsbeendigungen dar, es sei denn, ein **17** Vertrag enthält eine entsprechende Lösungsklausel. Allerdings hat der *liquidator*[91] das Recht, Nichterfüllung zu wählen. Diese Entscheidung kann der Gläubiger wie eine Vertragsverletzung behandeln und eine entsprechende Schadensersatzforderung als einfache Insolvenzforderung anmelden. **Arbeitsverhältnisse** bleiben in der *creditors' voluntary winding up* bestehen und werden erst beendet, wenn der Geschäftsbetrieb eingestellt wird. In der *compulsory winding up* werden bestehende Arbeitsverhältnisse automatisch mit der Verfahrenseröffnung beendet.

3.2 *Administrative receivership:* Bestellung eines „Verwalters" im Interesse nur eines Sicherungsnehmers

3.2.1 Verfahrensgrundzüge, jüngste Reformen

Wie schon unter 2.3. angesprochen, wurde die *administrative receivership* mit dem *Enterprise* **18** *Act 2002* weitgehend abgeschafft, da sie eher Einzelvollstreckungs- denn Gesamtvollstreckungsverfahren ist und als sanierungsfeindlich gilt. In diesem Verfahren hat der unter einer *floating charge*[92] am gesamten Unternehmensvermögen (oder wesentlichen Teilen hiervon) gesicherte Gläubiger im Sicherungsfall das Recht, einen *administrative receiver* seiner Wahl zu ernennen. Vereinfacht gesagt, übernimmt Letzterer die Geschäftsführung des Unternehmens (dem die Verfügungsbefugnis hinsichtlich des Unternehmensvermögens genommen ist) um die Sicherheit zu realisieren. Der *administrative receiver* ist primär den Interessen des Sicherungsnehmers verpflichtet. Wo eine (teilweise) Zerschlagung des Unternehmensvermögens zu keiner geringeren Befriedigung des Sicherungsnehmers führt als Sanierung,[93] liegt die Wahl der Zerschlagung für den *administrative receiver* nahe, hierher rührt unter anderem die Kritik wegen Sanierungsfeindlichkeit. Seit den Reformen des *Enterprise Act 2002* kann unter *floating charges*, die **am** oder **nach** dem **15. 9. 2003** bestellt wurden, kein *administrative receiver* mehr bestellt werden. Ausnahmen gelten für „Altfälle"; d. h. vor dem 15. 9. 2003 bestellte *floating charges* sowie für solche „*qualifying floating charges*", hinsichtlich derer gesetzliche Ausnahmen gelten.[94] Hier können weiterhin *administrative receiver* bestellt oder das Sanierungsverfahren *administration* blockiert werden. Die bisherige Rechtslage gilt für diese Fälle fort, insoweit wird auf die Ausführungen in der Vorauflage[95] verwiesen. In der Praxis zeichnete sich allerdings schon vor Inkrafttreten des *Enterpise Act 2002* eine Tendenz dahingehend ab, dass zur Bestellung eines *administrative receiver* berechtigte Sicherungsnehmer die *administration* bevorzugten und zuließen.

3.2.2 Das Sicherungsmittel *floating charge*

Das Sicherungsmittel *floating charge*[96] ist eine seit der 2. Hälfte des 19. Jahrhunderts richter- **19** rechtlich fortentwickelte[97] Besonderheit[98] des englischen Rechts. Die *floating charge* ermög-

---

[91] Gleiches gilt für einen *administrator*.
[92] Zu dieser Sicherheit siehe unter Ziff. 3.2.2.
[93] D. h. insbesondere bei „Übersicherung".
[94] Zu den Ausnahmen siehe *sections* 72B ff. IA, z. B. *floating charges*, die in Zusammenhang mit einem „*capital market arrangement*" bestellt wurden oder *floating charges*, wo die Sicherungsgeber von besonderer öffentlicher Bedeutung sind wie etwa *utilities*, Versorgungsunternehmen oder *railway companies*, Eisenbahngesellschaften. Zur *qualifying floating charge* siehe unter Ziff. 3.3.4.
[95] Hierzu und zur alten Rechtslage, Münchner Kommentar zum Insolvenzrecht Band 3, Auflage 2003, Seite 941, RdNr. 19 ff.; siehe auch: *Godfrey, Patricia/Loebel, Anke*, Englische Gesellschaften in der Insolvenz, München/Berlin, 1999.
[96] Ausführlich zur *floating charge* siehe *Goode*, Commercial Law, S. 676 ff.
[97] Die gängigste Definition der *floating charge* findet sich in einer Entscheidung aus dem Jahre 1903, Re Yorkshire Woolcombers Association Ltd. Eine *floating charge* wird hiernach „an verschiedenen *classes of assets* mit von Zeit zu Zeit wechselndem Bestand" bestellt.
[98] Wenngleich die *floating charge* oft mit der deutschen Globalzession verglichen wird, würde sie dem Spezialitätsprinzip des deutschen Sachenrechts nicht genügen. Sie fällt allerdings in den Anwendungsbereich

England und Wales 20–24   Anhang

licht es, Unternehmen mit beschränkter Haftung gegebene Kredite auch mit solchem Unternehmensvermögen zu besichern, das in seinem Bestand ständig wechselt (z. B. Vorräte), ohne dass hierfür eine Vielzahl individueller, ständig neu zu schließender Sicherheitenverträge erforderlich wird. Die Sicherheit wird zugunsten eines *debenture-holders*[99] am gesamten[100] (oder wesentlichen Teilen hiervon), derzeitigen, noch nicht anderweitig zur Sicherheit dienenden und künftigen Vermögen eines Unternehmens bestellt. Wesentliches Merkmal der *floating charge* ist, dass sie über dem zur Sicherheit dienenden Vermögen „schwebt" *(to float)* und dass das Unternehmen durch die *floating charge* in seiner Verfügungsbefugnis nicht beschränkt wird. Mit Eintritt des Sicherungsfalles senkt sich die *floating charge* wie ein Netz auf das Unternehmensvermögen in seinem aktuellen Bestand und „fängt" es ein, dieser Vorgang wird *crystallization* genannt. Erst jetzt kann über das Vermögen seitens des Unternehmens nicht mehr verfügt werden. *Floating charges* sind innerhalb von 21 Tagen, gerechnet ab ihrer Bestellung, im Handelsregister des Sicherheit gebenden Unternehmens zu registrieren.[101]

3.3 *Administration:* das Verfahren zur Unternehmenssanierung

3.3.1 Verfahrensgrundzüge, jüngste Reformen

20   Wie unter Ziff. 2.3. bereits erwähnt, war es ein Ziel der Reformen des *Enterprise Act 2002* die Unternehmenssanierung zu stärken. Zu diesem Zwecke wurde das Verfahren der *administration* grundlegend reformiert. *Administration*[102] ist nun primär auf Unternehmenssanierung, hinter der Gläubigerinteressen zurückgestellt werden, ausgerichtet. Ein wesentliches Merkmal der *administration* ist es demnach, dass sie anders als *winding up, administrative receivership* oder *CVA* ein Moratorium auslöst.[103] Auch kann *winding up* für die Dauer der *administration* nicht mehr angeordnet werden.[104] Sind bereits *(administrative) receiver* bestellt, endet deren Amt.[105] Um das *administration* Verfahren, das in der Vergangenheit langwierig und damit kostspielig[106] sein konnte zu beschleunigen, kann das Verfahren nunmehr auch ohne gerichtliche Beteiligung eingeleitet werden (siehe im Folgenden unter Ziff. 3.3.3. und Ziff. 3.3.4.).

21   Die gesetzlich formulierten Ziele (para.3(1)(a)–(c) Schedule B 1) des Verfahrens sind:
a) Erhalt des Unternehmens in einem Fortführungsszenario

22   b) Erreichung eines besseren Ergebnisses der Befriedigung für sämtliche Gläubiger des Unternehmens als es bei *winding up* (ohne vorangehendes *administration* Verfahren) erzielt würde

23   c) Verwertung von Unternehmensvermögens um einen oder mehrere gesicherte oder bevorrechtigte Gläubiger befriedigen zu können.

24   Die vorgenannten Sanierungsziele stehen in einem Stufenverhältnis, d. h. dass unter (a) genannte Ziel ist vorrangig anzustreben, nur bei Unmöglichkeit der Erreichung darf (b) oder als letzte Möglichkeit (c) angestrebt werden.[107] Unabhängig von der Art der Verfahrens-

---

der EuInsVO, deren Art. 5 Abs. 1 EuInsVO umfasst auch dingliche Rechte an „... einer Mehrheit von nicht bestimmten Gegenständen mit wechselnder Zusammensetzung".

[99] Inhaber einer Schuldverschreibung.

[100] Hierunter **können** auch Immobilien fallen, wenngleich diese in der Praxis fast ausschließlich mit Grundpfandrechten belastet werden, zumal sie regelmäßig längerfristiges Anlagevermögen sind (also keine *„classes of assets* mit von Zeit zu Zeit wechselndem Bestand", siehe Fn 96).

[101] Diskutiert wird, ob: bei Eintragung der *floating charge* positive Publizität herstellt, was dann von Bedeutung sein kann, wenn (wie regelmäßig der Fall) in der *debenture,* die der *floating charge* zu Grunde liegt, geregelt ist, dass an künftigem Vermögen keine *fixed charges,* bestimmte (in der Insolvenz vorgehende) Sicherheiten, bestellt werden dürfen; diese Klauseln Dritten gegenüber, die Kenntnis von der *floating charge* haben, Wirksamkeit entfalten. Siehe hierzu *Goode,* Commercial Law, S. 687 und S. 662 ff.

[102] Geregelt in *Schedule B 1* zum *Insolvency Act 1986.*

[103] *Paras 42* ff. *Schedule B 1.*

[104] *Para. 40 Schedule B 1.*

[105] *Para. 41 Schedule B 1.*

[106] Eine wesentliche Rolle spielten hierbei dem Gericht vorzulegende „Sanierungsgutachten".

[107] Zu Einzelheiten siehe *Ehricke/Köste/Müller-Seils,* Neuerungen im englischen Unternehmensinsolvenzrecht durch den *Enterprise Act 2002,* NZI 2003, S. 413, 414.

einleitung werden bei *administration* immer ein oder mehrere (dann: „*joint*") *administrators* eingesetzt. Die Verwaltungs- und Verfügungsbefugnis über das Unternehmensvermögen gehen hierbei nicht automatisch über: der *administrator* ist *agent*,[108] „Vertreter" des Unternehmens und gleichzeitig *officer of the court*,[109] „Bevollmächtigter des Gerichts". Ein *administrator* kann Verfügungen über Vermögen treffen, das von einer *floating charge* erfasst ist[110] und kann sich gerichtlich zur Verfügung über anderweitig besichertes Vermögen ermächtigen lassen.[111] Die Geschäftsführung des Unternehmens ist im *adminstration* Verfahren nicht befugt, *management power*, Geschäftsführungshandlungen, ohne Zustimmung des *administrator* vorzunehmen.[112] Wie *winding up* wird auch *administration* im Handelsregister eingetragen. Zur Erreichung des Sanierungszwecks erarbeitet der *administrator* ein *proposal*, einen Vorschlag, der in einem vom *administrator* einberufenen *creditors' meeting*,[113] einer Gläubigerversammlung, erörtert wird. Die Verteilung von Erlösen an Gläubiger ist in der *administration* wie folgt geregelt:[114] *preferential creditors*, bevorrechtigte Gläubiger, werden vorrangig befriedigt, Zahlungen an ungesicherte Gläubiger bedürfen gerichtlicher Zustimmung. Abweichend hiervon darf der *administrator* Zahlungen vornehmen, wenn er sie für die Erreichung des Verfahrenszweckes als dienlich erachtet.[115]

3.3.2 Gerichtliche Anordnung der *administration*[116]

Administration kann gerichtlich angeordnet werden, wenn das Gericht mit dem entsprechenden Antrag davon überzeugt wird, dass (a) das Unternehmen nicht mehr in der Lage ist, seine Verbindlichkeiten zu begleichen oder dass der Eintritt dieses Umstandes wahrscheinlich ist und (b) dass vernünftigerweise davon ausgegangen werden kann, dass die Anordnung der *administration* dazu dient, eines der oben unter Rn. 21, 22, 23 genannten Sanierungsziele zu erreichen.[117] Die gerichtliche Anordnung der *administration* kann vom Unternehmen selbst, seinen Geschäftsführern oder einem oder mehreren Gläubigern des Unternehmens[118] beantragt werden. Wie auch bei *winding up* muss das Gericht über den Antrag nicht unmittelbar entscheiden, es kann die Anhörung vertagen und in seinem Ermessen liegende Zwischenverfügungen treffen.[119] Eine wichtige Rolle des Gerichtes im *administration* Verfahren (auch dann, wenn *administration* nicht gerichtlich angeordnet wurde) ist, dass der *administrator* im Verlauf des Verfahrens *directions*, Weisungen hinsichtlich seiner Amtsführung bei Gericht beantragen kann, wenn diese der Erreichung des Sanierungsziels dienlich sind.[120] Nach dem gesetzlichen Leitbild endet die *administration* automatisch nach einem Jahr gerechnet ab ihrem Wirksamwerden. Der *administrator* kann Verlängerung der Verfahrensdauer beantragen.[121]

3.3.3 Außergerichtliche Einleitung der *administration* durch das Unternehmen oder seine Geschäftsführung[122]

Wird ein *administrator* außergerichtlich durch das Unternehmen oder seine Geschäftsführer bestellt, so muss 5 Werktage vor Bestellung solchen Gläubigern, die zur Bestellung

---

[108] *Para.* 69 *Schedule B 1.*
[109] *Para.* 5 *Schedule B 1.*, dies auch dann, wenn er nicht gerichtlich eingesetzt wird.
[110] *Para.* 70 *Schedule B 1.*
[111] *Para.* 71 *Schedule B 1.*
[112] *Para.* 64 *Schedule B 1.*
[113] Die Gläubigerversammlung kann ein *creditors' committee*, einen Gläubigerausschuss, einsetzen, *para.* 57 *Schedule* B 1.
[114] *Para.* 65 *Schedule B 1* i. V. m. sec. 175 IA.
[115] *Para.* 66 *Schedule B 1.*
[116] *Para.* 10 ff. *Schedule B1.*
[117] *Para.* 11 *Schedule B1.*
[118] *Para.* 12 *Schedule B1.*
[119] *Para.* 13 *Schedule B1.*
[120] *Para.* 63 *Schedule B1.*
[121] *Para.* 76 *Schedule B1.*
[122] *Para.* 22 ff. *Schedule B1.*

England und Wales 27, 28 — Anhang

eines *administrative receiver* berechtigt wären,[123] schriftlich von dem geplanten *administration* Verfahren Mitteilung gemacht werden. Hierbei muss, mit gesetzlich vorgeschriebenem Formular, auch die Person des für das Amt des *administrator* vorgeschlagenen *insolvency practitioner* mitgeteilt werden. So benachrichtigte Gläubiger können *administration* blockieren, was in der Praxis allerdings selten geworden ist.[124] Bei außergerichtlicher Beantragung von *administration* müssen in hierfür gesetzlich vorgeschriebenen Formularen[125] umfassende Angaben zu den Vermögensverhältnissen des Unternehmens und dem angestrebten Sanierungsziel gemacht werden, sowohl vom Antragsteller als auch dem als *administrator* vorgesehenen *insolvency practitioner*. Falschangaben werden als Vergehen geahndet.[126]

3.3.4 Außergerichtliche Einleitung der *administration* durch den Sicherungsnehmer unter einer *qualifying floating charge*[127]

27   Neu ist, dass seit den Reformen des *Enterprise Act 2002* der Inhaber einer **qualifying** *floating charge* einen *administrator* bestellen und damit ein Sanierungsverfahren einleiten kann. Eine *floating charge* ist dann eine „**qualifying** *floating charge*", wenn sie die ausdrückliche Berechtigung vorsieht, ohne Einbindung des Gerichtes einen *administrator* zu ernennen und sie muss (gegebenenfalls mit weiteren Sicherheiten) das gesamte Unternehmensvermögen oder wesentliche Teile hieran erfassen.[128]

3.4 *Company Voluntary Arrangement (CVA)*:[129] Vergleich zwischen Unternehmen und Gläubigern

3.4.1 Grundzüge des Verfahrens

28   Das *Company Voluntary Arrangements (CVA)*[130] ist ein Vergleich zwischen einem Unternehmen und seinen Gläubigern.[131] Die Initiierung und Durchführung eines *CVA* setzen **keine Insolvenz** des Unternehmens voraus. Ein *CVA* kann schon in der Krise durchgeführt werden und von den *directors,* Geschäftsführern oder einem *liquidator* oder *administrator* eingeleitet werden, nicht aber von den Gesellschaftern. Der *Insolvency Act*[132] beschreibt das *CVA* als „*composition in satisfaction of its debts* **or** *scheme of arrangement of its affairs*". Hinsichtlich des Inhaltes des *CVA* gestattet der Gesetzgeber mit nur geringen Mindestanforderungen[133] weitgehende Flexibilität. Das *proposal,* der Entwurf des *CVA,* wird von der Geschäftsführung (eines Unternehmens, hinsichtlich dessen bislang kein *winding up* oder *administration* Verfahren eingeleitet sein worden sein darf), einem *liquidator* oder *administrator* erstellt. Erstellt den Entwurf die Geschäftsführung, hat sie ihn zur Überprüfung auf Durchführbarkeit einem *nominee* (der *insolvency practitioner*[134] und damit sachkundig ist) vorzulegen. Auch das **englische Gesellschaftsrecht** sieht einen eigenständigen Gläubigervergleich, das ***scheme of arrangement,***[135] vor. Dieses Vergleichsmodell wird allerdings von der Praxis, gemessen am *CVA,* für zu zeitaufwändig und kompliziert erachtet, insbesondere deshalb, weil die Abstimmung über das gesellschaftsrechtliche *scheme of arrangement* unter gerichtlicher Aufsicht in separaten Versammlungen einzelner Gläubigergruppen zu erfolgen hat. Über das *CVA*

---

[123] Zu den „Altfällen", d. h. vor dem 15. September 2003 bestellten floating charges und weiteren Ausnahmefällen, für die das bislang geltende Recht fort gilt siehe Ziff. 3.2.1.
[124] Siehe unter Ziff. 2.3.1.
[125] Zur Verwendung gesetzlich vorgeschriebener Formulare im englischen Insolvenzverfahren siehe Fn. 60.
[126] *Para.* 29 (7) *Schedule B1.*
[127] *Para.* 22 *Schedule B1.*
[128] Schedule B1 Para. 14.
[129] Zum *CVA* siehe ausführlich >*Windsor, Jo/Müller-Seils, Carsten Oliver/Burg, Michael,* Unternehmenssanierungen nach englischem Recht – Das *Company Voluntary Arrangement,* NZI 2007, S. 7 ff.
[130] Geregelt in *section* 1 ff. IA und rule 1.1 ff. IR.
[131] In die Rechte gesicherter Gläubiger wird durch ein CVA nicht eingegriffen.
[132] *Section* 1 (1) IA.
[133] *Windsor/Müller-Seils, Burg,* Seite 9; Ermöglichung von „*Debt-to-Equity-Swaps*": Müller-Seils, S. 139.
[134] Zur Rolle der *insolvency practitioner* siehe unter Ziff. 2.4.
[135] *Section* 426 *Companies Act 1985.*

hingegen wird, begleitet vom *nominee,* nur in einer Gläubigerversammlung und in einer Gesellschafterversammlung abgestimmt. Die Zustimmung der Gläubigerversammlung reicht für das Zustandekommen des *CVA* aus, hierfür ist eine Mehrheit von über 75 Prozent der anwesenden und stimmberechtigten Gläubiger erforderlich, wobei ablehnende, mit der Gesellschaft nicht verbundene Gläubiger nur bis zu 50 Prozent der Forderungssummen repräsentieren dürfen, rule 1.19 IR. Das *CVA* bindet sämtliche Gläubiger, die von dem *proposal* Kenntnis hatten oder hätten haben können.[136] Widersprechenden Gesellschaftern verbleibt nach neuem Recht[137] nur der Weg, das *CVA* innerhalb von 28 Tagen gestützt auf *unfair prejudice,* Ungleichbehandlung, gerichtlich anzugreifen. Die Vorschriften über das *CVA* sehen grundsätzlich kein Moratorium vor. Um Beitreibungsmaßnahmen einzelner Gläubiger, insbesondere in der Vorbereitungsphase des *CVA,* zu verhindern, muss daher begleitend entweder *administration* (dann gilt ein Moratorium)[138] oder *liquidation* (in der *compulsory winding up* besteht die Möglichkeit, Verfahrenseinstellungen[139] zu erlangen) eingeleitet werden. Durch den *Enterprise Act 2002* wurden *small companies,*[140] Kleinunternehmen, insoweit privilegiert, als sie seit 1. Januar 2003 bei Durchführung eines *CVA* ein Moratorium beantragen können.[141]

3.4.2 Wirksamwerden und Überwachung des Vergleichs

Das wirksam gewordene *CVA* wird beim Insolvenzgericht eingereicht (ohne dass das Gericht hierbei eine Prüfung des *CVA* vornimmt oder dieses bestätigt). Ein *supervisor* (*insolvency practitioner* und regelmäßig identisch mit dem bisherigen *nominee*) überwacht die ordnungsgemäße Umsetzung des *CVA* und erstellt einen Abschlussbericht. Die reibungslose Umsetzung eines *CVA* setzt voraus, dass bereits im Planungsstadium sämtliche denkbaren sanierungsrelevanten Sachverhalte und Problemgestaltungen abgedeckt wurden oder dass im *CVA* Öffnungsklauseln für gegebenenfalls zu schließende Lücken vorgesehen sind.

4. *Set-off, netting:* **Aufrechnung**[142]

Bei *winding up* erfolgt die Aufrechnung von Gläubigerforderungen gegen Forderungen des Unternehmens grundsätzlich automatisch.[143] In den Grundzügen entsprechen die englischen Regelungen denen des deutschen Insolvenzrechts. Insbesondere genügt es für bedingte Forderungen/nicht fällige Forderungen, dass diese erst im Verfahren aufrechenbar werden.

5. *Adjustment of prior transactions,* „Anfechtungsrecht"

5.1 Einführung

„*Adjustment of prior transactions,*[144] der „Ausgleich zurückliegender Rechtsgeschäfte", kann grundsätzlich[145] **nur** vom *liquidator* oder *administrator* in den jeweiligen Verfahrensarten *winding*

---

[136] Da es im Insolvency Act keine dem § 9 InsO vergleichbare Vorschrift gibt, wonach durch Publikation Zustellung an Gläubiger bewirkt werden kann, werden das *proposal* und die Modalitäten des Abstimmungstermins umfangreich, erforderlichenfalls weltweit, veröffentlicht. Es obliegt dann dem einzelnen Gläubiger, nachzuweisen, dass er von dem *proposal* keine Kenntnis hätte erlangen können.
[137] Siehe hierzu *Windsor, Jo/Müller-Seils/Burg, Michael,* Unternehmenssanierungen nach englischem Recht – Das *Company Voluntary Arrangement,* NZI 2007, S. 11.
[138] *Schedule B1* 42, 43, 44 IA.
[139] *Section* 126 IA.
[140] Für die Definition der *small companies* bedient sich das Insolvenzrecht der Größenklassen, an denen das Gesellschaftsrecht Bilanzierungspflichten fest macht, 3 (2) (a) *schedule* A1 IA, *section* 247 (3) *Companies Act 1985.* Hiernach liegt eine *small company* dann vor, wenn die Gesellschaft mindestens 2 der folgenden Merkmale nicht überschreitet: Jahresumsatz, *annual turnover,* von £ 5,6 Millionen; Bilanzsumme, *balance sheet total,* von £ 2,8 Millionen; 50 Arbeitnehmer.
[141] *Section* 1 A IA, *Schedule* A1 zum IA. Kleinunternehmen sind somit zur Erreichung eines Moratoriums nicht auf das regelmäßig kostspielige *administration* Verfahren angewiesen.
[142] Siehe vertieft zur Aufrechnung *Goode,* Principles of Corporate Insolvency Law, RdNr. 8–01 ff.
[143] Für *administration* ist dies in *rule* 2.85 IR geregelt; für *liquidation* in *rule* 4.90 IR.
[144] *Section* 238 ff IA.
[145] Ausnahme: „Vorsätzliche Gläubigerbenachteiligung", siehe Ziff. 5.4.

up und *administration* gerichtlich geltend gemacht werden. Allerdings wählt erst das Gericht ein geeignetes Mittel des Ausgleichs, etwa Rückgängigmachung einer Rechtshandlung oder Zahlung einer im Ermessen des Gerichts liegenden Geldsumme in das Vermögen des insolventen Unternehmens.[146] Grundsätzlich[147] unterliegen nur Rechtsgeschäfte, die innerhalb bestimmter Zeiträume vor dem *onset of insolvency*, Insolvenzbeginn, vorgenommen wurden, den einschlägigen „Anfechtungstatbeständen". Da sowohl *winding up* als auch *administration* auf unterschiedliche Art und Weise eingeleitet werden können, ist differenzierend gesetzlich geregelt,[148] an welchem Zeitpunkt *onset of insolvency* jeweils festzumachen ist. In der Praxis kann es bei gleichen Sachverhalten zu Überschneidungen hinsichtlich *preference* und *undervalue transactions* (siehe im Folgenden) kommen, *liquidator* oder *administrator* werden dann wegen der günstigeren Frist versuchen, Rechtshandlungen als *undervalue transactions* anzugreifen.

5.2 Die verschiedenen „Anfechtungstatbestände"

5.2.1 *Preference*, Gläubigerbevorzugung

32   Bei *preference*,[149] Gläubigerbevorzugung, wird durch den Schuldner einzelnen Gläubigern oder Sicherungsgebern eine Position verschafft, die sie im Fall der Insolvenz besser stellt als die Position, in der sie sich ohne die Rechtshandlung befunden hätten. Der Schuldner muss im Zeitpunkt der Rechtshandlung insolvent[150] gewesen (oder als Folge der *preference* geworden) sein und von dem Wunsch geleitet gewesen sein, den Gläubiger oder Sicherungsgeber zu bevorzugen. Angreifbar sind Rechtshandlungen, die innerhalb von 6 Monaten vor Eintritt der Insolvenz[151] vorgenommen wurden, bei Bevorzugung von *connected persons*,[152] nahe stehenden Personen, verlängert sich dieser Zeitraum auf 2 Jahre und die Bevorzugung wird vermutet.[153]

5.2.2 *Transactions at an undervalue*

33   *Transactions at an undervalue*,[154] Verfügung unter Wert, liegen vor wenn der Schuldner innerhalb von 2 Jahren vor Insolvenzbeginn im Wege der Schenkung oder gegen nur geringfügige Gegenleistung über Vermögenswerte verfügt hat (diesbezüglich Verpflichtungen eingegangen ist) und hierbei entweder nicht in der Lage war, Verbindlichkeiten zu begleichen oder durch die Verfügung hierzu außer Stande gesetzt wurde. Letzteres wird vermutet, wo die Verfügung an eine nahe stehende Person[155] erfolgte. Keine Verfügung unter Wert liegt vor, wo sie in gutem Glauben daran vorgenommen wurde, dem Unternehmens zu dienen.

5.2.3 Anfechtbarkeit von *floating charges*

34   *Floating charges*,[156] die innerhalb von 12 Monaten vor Insolvenzbeginn[157] bestellt wurden, sind angreifbar,[158] wenn das Unternehmen bei ihrer Bestellung insolvent[159] war und wenn

---

[146] Eine solche Zahlung fällt in die Masse und kommt allen Gläubigern zu Gute. Rechtshandlungen können auch per se nichtig sein, betroffenes Vermögen wird dann als stets im Eigentum des Unternehmens verblieben behandelt und kann somit beispielsweise von einer vor Insolvenz bestellten *floating charge* (zu dieser siehe unter Ziff. 3.2.2.) erfasst werden; siehe hierzu Goode, Principles of Corporate Insolvency Law RdNr. 11–02.
[147] Für *transactions defrauding creditors'*, „vorsätzliche Gläubigerbenachteiligung", gibt es keine zeitliche Obergrenze.
[148] *Section* 240 IA.
[149] *Section* 239 IA.
[150] Definition: *Section* 123 IA. Zu den „Insolvenzgründen" nach englischem Recht siehe im Einzelnen unter Ziff. 3.1.4.
[151] Definition: *section* 240 IA.
[152] Zur Definition nahe stehender Personen eines Unternehmens siehe *section* 249 IA. Hierunter fallen insbesondere *directors* oder *shadow directors* („faktische Geschäftsführer") sowie *associates*, worunter in Anwendung von *section* 435 IA unter anderem Ehegatten oder Lebensgefährten von *(shadow) directors* fallen.
[153] *Section* 239 (6) IA, sec. 240(1)(a) IA.
[154] *Section* 238 IA.
[155] Siehe oben Fn. 152.
[156] Zu dieser siehe schon oben Ziff. 3.2.2.
[157] Zum Insolvenzbeginn siehe *section* 245 (5) IA.
[158] *Section* 245 IA.
[159] Definition: *section* 123 IA.

mit dem der Bestellung der *floating charge* zugrunde liegenden Rechtsgeschäfte dem Unternehmen keine adäquaten Geldmittel zugeführt wurden. Der relevante Zeitraum erhöht sich auf 2 Jahre, wenn *floating charges* für nahe stehende Personen[160] bestellt wurden.

5.2.4 *Extortionate credit transactions,* „Wucherkredite"

Extortionate credit transactions[161] sind während eines Zeitraumes von 3 Jahren vor Insolvenzbeginn gewährte „Wucherkredite",[162] hinsichtlich derer das Gericht beispielsweise anordnen kann, dass das dem Kredit zugrunde liegende Rechtsgeschäft ganz oder teilweise als unwirksam anzusehen ist oder inhaltlich geändert wird, dies auch hinsichtlich bestellter Sicherheiten. Weiterhin kann das Gericht zu Rückzahlung verurteilen. **35**

5.2.5 *Transactions defrauding creditors,* „vorsätzliche Gläubigerbenachteiligung"

Transactions defrauding creditors[163] liegen vor, wo Verfügungen unter Wert bewusst mit dem Ziel vorgenommen werden, die betroffenen Vermögensgegenstände dem Zugriff der Personen zu entziehen, denen diese (zur Befriedigung) zustehen. Die Anrufung der Gerichte wegen *transactions defrauding creditors* kann durch geschädigte Personen selbst und unabhängig von der Einleitung eines Insolvenzverfahrens **jederzeit** erfolgen. **36**

6. Insolvenzrechtliche Haftung und Disqualifikation von Geschäftsführern insolventer Unternehmen[164]

6.1 *Fraudulent trading*[165]

Stellt sich während eines *winding up* Verfahrens heraus, dass das Unternehmen mit der Absicht fortgeführt wurde, Gläubiger (des Unternehmens oder Dritter) zu schädigen, oder dass in anderer Schädigungsabsicht fortgeführt wurde, können Personen, die hieran wissentlich beteiligt waren, auf Antrag des *liquidator* gerichtlich zu Zahlungen in das Unternehmensvermögen verurteilt werden. Die Höhe der Zahlungen liegt im gerichtlichen Ermessen. Da an den Nachweis des Vorsatzes strenge[166] Maßstäbe anzulegen sind, kommt es in der Praxis sehr selten zur Verurteilung wegen *fraudulent trading*. **37**

6.2 *Wrongful trading*[167]

Diese Regelung lässt sich mit der deutschen Insolvenzverschleppungshaftung vergleichen, wobei der wesentliche Unterschied besteht, dass das englische Recht keine Insolvenzantragspflichten und damit keine diesbezüglichen **Fristen** kennt.[168] Allerdings haften Geschäftsführer (auch *shadow directors*[169]) eines Unternehmens, wenn sie das Unternehmen während einer Zeit fortführen, in der sie wissen müssten, dass eine Insolvenz unvermeidbar ist und wenn die Insolvenz in Folge eintritt. Wie bei *fraudulent trading* kann auf Antrag des *liquidators* auch hier gerichtlich angeordnet werden, dass die verantwortlichen Personen im gerichtlichen Ermessen liegende Zahlungen in das Unternehmensvermögen leisten müssen. Die Verantwortlichen können allerdings den Entlastungsnachweis führen, im Rahmen der Fortführung alles zur Vermeidung von Nachteilen für Gläubiger Erforderliche getan zu haben.[170] **38**

---

[160] Definition: *section* 249 IA.
[161] *Section* 244 IA.
[162] Zur näheren Umschreibung nach englischem Recht siehe *section* 244 (3) IA.
[163] *Section* 423 IA.
[164] Siehe hierzu ausführlich MünchKommBGB-*Kindler*, 2006, Band 11, RdNr. 647 ff.
[165] *Section* 213 IA.
[166] Vorsatz ist „*beyound reasonable doubt*" (strafrechtlicher Maßstab) nachzuweisen.
[167] *Section* 214 IA.
[168] D. h. es gibt im englischen Recht insbesondere keine den § 64 Abs. 1 GmbHG, § 92 Abs. 2 AktG, §§ 130 a, 177 a HGB, § 42 Abs. 2 BGB (§ 15 a InsO n. F. nach MoMiG) vergleichbare Vorschriften.
[169] Siehe *section* 214 (7) IA. Der *shadow director* ist mit einem „faktischen Geschäftsführer" vergleichbar.
[170] Hierfür **kann** die Einschaltung ausgewiesener Sanierungsexperten zur Abwendung der Insolvenz ausreichen.

England und Wales 39, 40 Anhang

Letzteres ist der Grund dafür, dass es wie bei *fraudulent trading,* siehe unter 7.1.1, in der Praxis auch bei *wrongful trading* selten zu Verurteilungen kommt.[171]

6.3 Company *Directors Disqualification Act 1986*

39   Neben anderem Fehlverhalten kann auch die unter Ziffer 7.1. dargestellte Haftung wegen *wrongful trading* dazu führen, dass dem verantwortlichen *director* (oder *shadow director*) nach den Regelungen des *Directors Disqualification Act 1986* für eine bestimmte Zeit (in ernsten Fällen bis zu 15 Jahren) untersagt wird, Geschäftsführungsämter auszuüben. Es gehört zu den Amtspflichten eines *liquidator, administrative receiver* oder *administrator*, dem *BERR*[172] Berichte über die Amtsausübung aller *directors* (auch *shadow directors*), die das insolvente Unternehmen in den letzten 3 Jahren vor Insolvenzbeginn geführt haben, abzugeben. Dies selbst dann, wenn es keine Auffälligkeiten zu berichten gibt.

7. Internationales Insolvenzrecht

40   In Großbritannien findet die EuInsVO Anwendung. Im Verhältnis zu Nicht-EU-Staaten wurde in Bezug auf grenzüberschreitende Insolvenzverfahren in Großbritannien – ausgenommen Nordirland – mit den *Cross Border Insolvency Regulations 2006*[173] das *Uncitral Model Law on Cross-Border Insolvency*[174] implementiert. Damit haben die Regelungen des *Uncitral Model Law on Cross-Border Insolvency* (inhaltlich modifiziert und an englisches Insolvenzrecht angepasst) Gesetzeskraft in Großbritannien. Geregelt wird mit der Implementierung insbesondere die Anerkennung von Verfahren aus Drittstaaten (Nicht-EU-Staaten) in Großbritannien. Wie auch für das nationale englische Insolvenzrecht[175] sehen die *Cross Border Insolvency Regulations 2006* eine Reihe gesetzlich vorgeschriebener Formulare, etwa für die Beantragung der Anerkennung eines ausländischen Insolvenzverfahrens, vor. Durch die Implementierung des *Uncitral Model Law on Cross-Border Insolvency* wurde weder aufgehoben noch eingeschränkt die Vorschrift des *section* 426 IA zur Regelung der Kooperation zwischen Gerichten in Insolvenzsachen. Die EuInsVO, die implementierten Regelungen des *Uncitral Model Law on Cross-Border Insolvency* und *section* 426 IA kommen bei grenzüberschreitenden Insolvenzverfahren nunmehr nebeneinander zur Anwendung.[176] Bei einer Konkurrenz von EuInsVO und *Uncitral Model Law on Cross-Border Insolvency* gehen die Regelungen der EuInsVO vor. Bemerkenswert ist, dass die mit dem *Enterprise Act 2002* weitgehend abgeschaffte *administrative receivership* nicht in Anhang A der EuInsVO aufgeführt wird, also nicht gem. Art. 2(a) EuInsVO als Insolvenzverfahren i. S. der EuInsVO gilt.

---

[171] In den Jahren 1989 bis 2007 kam es in 10 von *liquidators* angestrengten Verfahren zu nur 6 Verurteilungen, letztmalig in 2004, siehe hierzu *Redeker,* Die Haftung für *wrongful trading* im englischen Recht, Diss. Leipzig 2007, S. 100 ff.
[172] Zu diesem siehe oben Fn 3.
[173] In Kraft seit dem 4. April 2006.
[174] Abrufbar unter www.uncitral.org.
[175] Siehe unter Fn 60.
[176] Es wird in der Praxis erwartet, dass insbesondere Gerichte und Insolvenzverwalter aus Commonwealth-Staaten *section* 426 IA in Anspruch nehmen werden und dass die Implementierung des *Uncitral Model Law on Cross-Border Insolvency* insbesondere von US-Amerikanischen Gerichten und Verwaltern genutzt werden wird.

Frankreich

bearbeitet von Dr. *Friedrich Niggemann* (Simmons & Simmons, Paris)

Übersicht

	RdNr.		RdNr.
1. Schrifttum		4.4 Verteilung der Masse an die Gläubiger	27
2. Einführung	1	**5. Gläubiger**	28
3. Verfahrenseröffnung	4	5.1 Aussonderungsberechtigte Gläubiger	29
3.1 Eröffnungsgründe, Antragsberechtigte, Zuständigkeiten	4	5.2 Gesicherte Gläubiger	32
3.2 Schuldner eines Insolvenzverfahrens	8	5.3 Bevorrechtigte Gläubiger	36
3.3 Zulässige Sicherungsmaßnahmen vor Verfahrenseröffnung	10	5.4 Einfache Insolvenzgläubiger	37
3.4 Wirkungen der Verfahrenseröffnung	11	5.5 Massegläubiger	38
3.5 Die Verfahrensorgane und ihre Befugnisse	12	**6. Nicht-vollständig erfüllte Verträge**	39
4. Verlauf des Verfahrens	17	**7. Arbeitsverhältnisse**	40
4.1 Anmeldung der Forderungen der Gläubiger	17	**8. Aufrechnung**	41
4.2 Vertretung der Gläubigerinteressen	21	**9. Insolvenzanfechtung**	42
4.3 Verfahrensablauf		**10. Plan de Cession / Veräußerung des Unternehmens aus der Insolvenz**	45
4.3.1 Rettungs- und Sanierungsverfahren	23	**11. Restschuldbefreiung**	48
4.3.2 Liquidationsverfahren	26	**12. Übrige Verfahren**	49
		13. Internationales Insolvenzrecht	52

1. Schrifttum: Dictionnaire permanent des difficultés des entreprises (Loseblattsammlung); *Le Cannu*: Prévention, redressement et liquidation judiciaires, GLN Joly, 1995; *Martin et Vallens,* Lamy Droit commercial, 2007; *Ribert et Roblot,* Traité de droit commercial, Bd. II, 17. Aufl. 2007; *Saint-Alary-Houin,* Droit des entreprises en difficulté, 4. Aufl. 2001; *Soinne,* Traité des procédures collectives, 2. Aufl. 1995; *Pétel,* Procédures collectives, 4. Aufl. 2005; *Le Corre,* Droit et pratiques des procédures collectives, Dalloz Action 2006/2007

Literatur in der deutschen Sprache seit 1994: *Dammann,* Das neue französische Insolvenzrecht, RIW 2006, 16; *Dammann/Undritz,* Die Reform des französischen Insolvenzrechts im Rechtsvergleich zur InsO, NZI 2005, 198; *Klein,* Frankreichs Insolvenzreform setzt auf Vorbeugung, RIW 2006, 13; *Niggemann/Blenske,* Die Auswirkungen der Verordnung (EG) Nr. 1346/2000 auf den deutsch-französischen Rechtsverkehr, NZI 2003, 471; *Ulrich/Poertzgen/Pröm,* Einführung in das französische Insolvenzrecht, ZInsO 2006, 64; *Vallender/Heukamp,* Altes Ziel und neues Verfahren: Die Reform des französischen Unternehmensinsolvenzrechts, EuZW 2007, 193; *Weber/Hoffmann,* Das französische Insolvenzrecht, 3. Aufl. 1996.

Websites: www.infogreffe.fr: Infogreffe ist das elektronische Handelsregister der französischen Handelsgerichte. www.euridile.inpi.fr: Euridile erlaubt den Zugang zu rechtlichen und finanziellen Informationen über Handelsgesellschaften. www.societe.com: Societe.com ist eine private Webseite, die Informationen über Unternehmen anbietet und häufig von Rechtsanwälten benutzt wird.

2. Einführung

Das französische Insolvenzrecht ist im sechsten Buch des Code de Commerce[1] in den Art. 610-1 bis 670-8 geregelt. Die heutige Rechtslage ergibt sich aus einer Reform des Jahres 2005,[2] dessen wesentlicher Gegenstand die Einführung eines Rettungsverfahren (*„procédure de sauvegarde"*) ist. Dieses Gesetz hat, wie auch schon die frühere Gesetzesnovelle aus dem Jahre 1994,[3] die seit dem Jahre 1985[4] geltende Struktur des französischen Insolvenzrechts weiterentwickelt. Von dem einseitig auf die Interessen des Unternehmens und die

---

[1] Artikel ohne Gesetzesangabe beziehen sich auf den Code de Commerce.
[2] Loi Nr. 2005-845 de sauvegarde des entreprises vom 26. 7. 2005 und Anwendungsdekret Nr. 2005-1677 vom 28. 12. 2005 (im Folgenden „Dekret"). Dieses Gesetz findet auf alle Verfahren Anwendung, die ab dem 1. 1. 2006 eröffnet worden sind.
[3] Loi Nr. 94-475 relative à la prévention et au traitement des difficultés des entreprises vom 10. 6. 1994.
[4] Loi Nr 85-98 relative au redressement et à la liquidation judiciairedes entreprises vom 25. 1. 1985.

Erhaltung der Arbeitsplätze ausgerichteten Text des Jahres 1985 hat es sich zu einer immer größeren Berücksichtigung der Gläubigerinteressen und zu einer stärkeren Insolvenzprävention hin entwickelt.

2 Das sechste Buch des Code de Commerce enthält im Wesentlichen vier Verfahren: Die Insolvenzvorbeugung *("de la prévention des difficultés des entreprises")*,[5] das Rettungsverfahren *("de la sauvegarde")*,[6] sowie die eigentlichen Insolvenzverfahren, unterteilt in das Sanierungsverfahren *("redressement judiciaire")*,[7] und das Liquidations-(Konkurs-)verfahren („liquidation judiciaire").[8] Die weiteren Titel des sechsten Buches sind Verfahrensbestimmungen (Zuständigkeiten), Strafvorschriften und den Rechtsmitteln vorbehalten.

3 Der französische Gesetzgeber hat das Rettungsverfahren als das zentrale Verfahren ausgestaltet. Es beinhaltet, wenn sicherlich auch mit wichtigen Änderungen, die Vorschriften des früheren Sanierungsverfahrens *("redressement judiciaire")*, während der Abschnitt über das „redressement judiciaire" soweit wie möglich nur mit Gesetzverweisungen auf das Sanierungsverfahren arbeitet. Wir werden dieser Vorgabe folgen (auch wenn die praktischen Gegebenheiten das nicht rechtfertigen).[9]

3. Verfahrenseröffnung

3.1 Eröffnungsgründe, Antragsberechtigte, Zuständigkeiten

4 Bereits vor Eintritt der Zahlungsunfähigkeit kann der Schuldner ein Rettungsverfahren *("procédure de sauvegarde")* einleiten, wenn er Schwierigkeiten begegnet, die er alleine nicht überwinden kann und die derart sind, dass sie zu einer Zahlungseinstellung führen können.[10] Das dadurch eingeleitete Verfahren dient, verglichen mit einem nach bereits eingetretener Zahlungsunfähigkeit eingeleiteten Sanierungsverfahren, der Vereinfachung der Reorganisierung des Unternehmens, der Fortführung der Tätigkeit des Unternehmens, der Bewahrung der Arbeitsplätze und der Begleichung der Schulden.[11] Falls sich nach Einleitung des Rettungsverfahrens herausstellt, dass bereits Zahlungsunfähigkeit eingetreten war oder diese im Verlauf der Beobachtungsphase eintritt, wird das Verfahren vom Insolvenzgericht in ein Sanierungsverfahren[12] oder, falls eine Sanierung nicht möglich ist, in ein Liquidationsverfahren umgewandelt.

5 Ein Sanierungsverfahren wird eröffnet, wenn der Schuldner zahlungsunfähig ist *("cessation des paiements")*. Zahlungsunfähigkeit liegt vor, wenn der Schuldner nicht in der Lage ist, mit seinem verfügbaren Vermögen seine fälligen Verbindlichkeiten zu bezahlen.[13]

Ein Liquidationsverfahren wird nur eröffnet, wenn die Sanierung offensichtlich unmöglich ist *("... est manifestement impossible ...")*.[14] Es setzt also wie das Sanierungsverfahren Zahlungsunfähigkeit voraus.

Der Schuldner hat die Eröffnung spätestens 45 Tage nach Eintritt der Zahlungsunfähigkeit zu beantragen,[15] es sei denn, er habe vorher die Eröffnung eines Insolvenzvorbeugungsverfahrens (die sog. *„conciliation"*, s.u. RdNr. 51) beantragt.

Antragsberechtigt sind neben dem Schuldner die Gläubiger, sowie die Staatsanwaltschaft *("Ministère Public")* und das Gericht von Amts wegen.[16] Die Personalvertretung hat kein

---

[5] Art. 611-1 bis 612-5.
[6] Art. 620-1 bis 627-4.
[7] Art. 631-1 bis 632-4.
[8] Art. 640-1 bis 644-6.
[9] In der Folge werden an erster Stelle die Vorschriften über das Rettungsverfahren, sowie an zweiter Stelle die Verweise auf das Sanierungsverfahren zitiert.
[10] Art. 620-1 Abs. 1.
[11] Art. 620-1 Abs. 1 S. 2.
[12] Art. 621-12.
[13] Art. 631-1.
[14] Art. 640-1.
[15] Art. 631-4.
[16] Art. 631-5.

Antragsrecht, kann dem Insolvenzgericht aber Umstände mitteilen, aus denen sich eine Insolvenz ergeben kann.[17]

Das zuständige Gericht für alle Insolvenzverfahren ist das Handelsgericht, wenn der Schuldner Kaufmann ist, ansonsten das Landgericht (*„Tribunal de Grande Instance"*) am Sitz des Schuldners.[18]

Die Eröffnung aller Verfahren wird durch Urteil ausgesprochen.

Das Eröffnungsurteil wird in allen Fällen im Handelsregister bzw. in den entsprechenden Registern bei Nichtkaufleuten eingetragen und im BODACC (*„Bulletin Officiel d'Annonces Civiles et Commerciales"*) veröffentlicht.[19] Dadurch, dass die Handelsregister in Frankreich elektronisch einsehbar sind,[20] besteht eine sehr einfache und effektive Überprüfungsmöglichkeit für die Gläubiger.

3.2 Schuldner eines Insolvenzverfahrens

Ein Insolvenzverfahren kann gegenüber einem Kaufmann, einem Handwerker, einem Landwirt sowie, seit der Reform von 2005, gegenüber allen anderen Personen eröffnet werden, die eine unabhängige Berufstätigkeit ausüben. Dazu gehören auch alle Freiberufler wie Anwälte, Architekten und Ärzte. Schließlich kann ein Insolvenzverfahren auch über das Vermögen einer juristischen Person des Privatrechts (wie z. B. einer Immobiliengesellschaft SCI – *„Société Civile Immobilière"*) eröffnet werden.[21]

Für Privatpersonen gilt ein besonderes Verfahren der Überschuldung (*„surendettement"*), das in den Art. 331–1 ff. des Code de la Consommation geregelt ist. Nach Beendigung dieses Verfahrens tritt Restschuldbefreiung ein.[22]

3.3 Zulässige Sicherungsmassnahmen vor Verfahrenseröffnung

Im Gegensatz zum deutschen Recht gibt es im französischen Recht keine vorläufigen Sicherheitsmaßnahmen zwischen (noch viel weniger vor) der Stellung des Antrags auf Eröffnung des Insolvenzverfahrens und dem Eröffnungsurteil. Diese Feststellung traf bereits auf die Rechtslage vor der Reform von 2005 zu. Nachdem durch diese Reform die Bedeutung der Rettungs- und Vorbeugungsverfahren verstärkt worden ist, verlagert sich die Sicherung des Vermögens und der Masse in diese Verfahren.

3.4 Wirkungen der Verfahrenseröffnung

Die Wirkungen der Verfahrenseröffnung sind, soweit in diesem Abschnitt dargestellt, dieselben für das Rettungs- und das Sanierungsverfahren.

Der Betrieb des Unternehmens wird fortgeführt.[23] Es ergeht ein allgemeines Zahlungsverbot für Forderungen, die vor Verfahrenseröffnung entstanden sind[24] (mit Ausnahme der Zahlung durch Aufrechnung), ebenso wie ein allgemeines Vollstreckungsverbot.[25] Die Eintragung dinglicher Sicherheiten wird als Unterfall des Verbots der individuellen Zwangsvollstreckung ebenfalls gestoppt[26] ebenso wie die Vollstreckung von Gerichtsurteilen, in denen eine Eigentumsübertragung oder die Eintragung eines dinglichen Rechts angeordnet wird.

Gerichtsverfahren gegen den Schuldner, die auf Zahlung von Geld gerichtet sind oder die Kündigung eines Vertrages verfolgen, werden unterbrochen, bis der Gläubiger seine Forde-

---

[17] Art. 631-6.
[18] Art. 621-2.
[19] Art. 63 des Dekrets für das Rettungs-, Art. 176 für das Sanierungs-, Art. 220 für das Liquidationsverfahren.
[20] ZB auf www.infogreffe.fr.
[21] Art. 620-2 für das Rettungs-, Art. 631-2 für das Sanierungs- und Art. 640-2 für das Liquidationsverfahren.
[22] Lamy Droit économique 2006, Nr. 6204 ff.
[23] Rettungsverfahren: Art. 622-9, im Sanierungsverfahren über Art. 631-14 I anwendbar.
[24] Rettungsverfahren: Art. 622-7 Abs. 1, im Sanierungsverfahren über Art. 631-14 I anwendbar.
[25] Rettungsverfahren: Art. 622-21 II, im Sanierungsverfahren über Art. 631-14 I anwendbar.
[26] Rettungsverfahren: Art. 622-30 Abs. 1, im Sanierungsverfahren über Art. 631-14 I und im Liquidationsverfahren über Art. 641-3 Abs. 1 anwendbar.

rung angemeldet hat und diese geprüft wurde;[27] andere Verfahren werden vom Insolvenzverwalter fortgeführt.[28]

Fristen, die zu einem Rechtsverlust führen können, sind gehemmt.[29] Der Lauf von gesetzlichen und vertraglichen Zinsen wird unterbrochen, mit Ausnahme von Darlehenszinsen bei einer Vertragslaufzeit von mehr als einem Jahr.[30]

Weder die Eröffnung des Rettungs- noch des Sanierungsverfahrens stellt die Forderungen der Gläubiger fällig. Vertragsklauseln, die eine solche Fälligkeit vorsehen, gelten als nicht geschrieben.[31]

3.5 Die Verfahrensorgane und ihre Befugnisse

12   Sowohl bei Eröffnung eines Rettungs- wie eines Sanierungsverfahrens wird im Eröffnungsurteil der Insolvenzrichter („juge commissaire") ernannt,[32] ebenso wie die beiden wesentlichen Funktionsträger des Verfahrens, der Insolvenzverwalter („administrateur judiciaire") und der Gläubigervertreter („mandataire judiciaire", früher „représentant des créanciers").[33]

Die Ernennung eines Insolvenzverwalters ist fakultativ in Fällen, in denen das Unternehmen einen Jahresumsatz von weniger als 3 Millionen EUR und weniger als 20 Angestellte hat.[34]

13   Die Befugnisse des „administrateur judiciaire" werden im Eröffnungsurteil festgelegt.[35] Bei einem Rettungsverfahren behält der Schuldner die Verwaltung seines Unternehmens; der Insolvenzverwalter hat lediglich die Aufgabe der Unterstützung der Geschäftsführung.[36] Bei einem Sanierungsverfahren kann dem Insolvenzverwalter auch die ausschließliche Verwaltung des Unternehmens übertragen werden.[37]

Der Insolvenzverwalter ist das zentrale Organ des Verfahrens. Er handelt unter der Aufsicht des Insolvenzrichters.

Er kann die Erfüllung von laufenden Verträgen verlangen (s. unten RdNr. 39) und mit dinglichen Rechten belastete Sachen veräußern. Er bleibt dann aber verpflichtet, den der dinglichen Sicherheit entsprechenden Anteil am Verkaufserlös zu hinterlegen.[38] Macht ein Gläubiger ein Aussonderungsrecht geltend, kann er diesem stattgeben.[39]

Im Rahmen eines Sanierungsverfahrens hat er zusätzlich die Befugnis, betriebsbedingte Kündigungen („licenciement économique") vorzubereiten und auszusprechen.[40]

14   Der „mandataire judiciaire" kümmert sich vor allem um die Verbindlichkeiten. Der früher benutzte Begriff „représentant des créanciers" / Gläubigervertreter ist aufgegeben worden, da er missverständlich war.

Die Aufgaben des Gläubigervertreters beginnen mit der Erstellung einer Gläubigerliste[41] und der Benachrichtigung der bekannten Gläubiger.[42]

---

[27] Rettungsverfahren: Art. 622-21 I i.V.m. Art. 622-22, im Sanierungsverfahren über Art. 631-14 I anwendbar.
[28] Rettungsverfahren: Art. 622-23, im Sanierungsverfahren über Art. 631-14 I anwendbar.
[29] Rettungsverfahren: Art. 622-21 III, im Sanierungsverfahren über Art. 631-14 I anwendbar.
[30] Rettungsverfahren: Art. 622-28, im Sanierungsverfahren über Art. 631-14 I anwendbar.
[31] Rettungsverfahren: Art. 622-29, im Sanierungsverfahren über Art. 631-14 I anwendbar.
[32] Rettungsverfahren: Art. 621-4 Abs. 1, im Sanierungsverfahren über Art. 631-9 anwendbar.
[33] Rettungsverfahren: 621-4, Abs. 3, im Sanierungsverfahren über Art. 631-9 anwendbar.
[34] Rettungsverfahren: Art. 621-4 Abs. 4 i.V.m. Art. 53 des Dekrets, im Sanierungsverfahren über Art. 631-9 anwendbar.
[35] Rettungsverfahren: Art. 621-4 Abs. 3, im Sanierungsverfahren über Art. 631-9 anwendbar.
[36] Art. 622-1.
[37] Art. 631-12.
[38] Rettungsverfahren: Art. 622-8; zur Verteilung und Rangfolge s. unten Ziff. 34, im Sanierungsverfahren über Art. 631-14 I anwendbar.
[39] Rettungsverfahren: Art. 624-17; zur Verteilung und Rangfolge s. unten Ziff. 29, im Sanierungsverfahren über Art. 631-18 I anwendbar.
[40] Art. 631-17.
[41] Rettungsverfahren: Art. 622-6; zur Verteilung und Rangfolge s. unten Ziff. 32, im Sanierungsverfahren über 631-14 I anwendbar.
[42] Rettungsverfahren: Art. 70 des Dekrets, im Sanierungsverfahren über Art. 185 des Dekrets anwendbar.

Nach Anmeldung der Forderungen[43] muss er diese prüfen und die geprüfte Gläubigerliste dem Verwalter übermitteln, damit dieser den Sanierungsplan erstellt.

Vor Verabschiedung des Sanierungsplans hat er die Gläubiger über die im Rahmen des Plans beabsichtigten Zahlungsfristen zu konsultieren. Seit der Reform von 2005 ist er auch befugt, Anfechtungsklagen zu erheben und eine Änderung des Datums der Zahlungseinstellung zu beantragen.

15 Die Arbeitnehmer des Unternehmens werden im Verfahren durch einen *„représentant des salariés"* vertreten; dieser wird vom Betriebsrat (*„comité d'entreprise"*) auf Aufforderung des Insolvenzrichters ernannt.[44]

16 Nicht erst seit der Reform von 2005 spielt die Staatsanwaltschaft (*„Ministère Public"*)[45] eine wichtige Rolle in jedem Insolvenzverfahren. Sie wird über die Eröffnung eines jeden Verfahrens unterrichtet, ebenso wie über die wesentlichen Anhörungen und Verhandlungen und hat ein Anwesenheitsrecht, wie auch die Befugnis, Rechtsmittel einzulegen. Die Staatsanwaltschaft kann verlangen, dass der Insolvenzverwalter oder der Liquidator ersetzt wird, ebenso wie die Verlängerung der Beobachtungsphase. Sie kann schließlich Sanktionen gegenüber der Geschäftsleitung beantragen, die sowohl zivilrechtliche Haftung als auch Strafverfolgung zum Gegenstand haben können.[46]

4. Verlauf des Verfahrens

4.1 Anmeldung der Forderungen der Gläubiger

17 Der *„mandataire judiciaire"* hat die bekannten, d.h. die sich aus den Buchungsunterlagen des Schuldners ergebenden Gläubiger, innerhalb einer Frist von 15 Tagen nach Verfahrenseröffnung zu informieren und sie auf die Notwendigkeit der Forderungsanmeldung hinzuweisen.[47] Die Gläubiger, deren Sicherungsrechte sich aus einem öffentlichen Register ergeben, bzw. deren Verträge mit dem Schuldner öffentlich registriert sind, hat er anzuschreiben und sie über ihre Rechte zu informieren.[48] Falls er das nicht tut, haftet er unter gewissen einschränkenden Umständen dem jeweiligen Gläubiger für den Schaden, den dieser dadurch erleidet.[49]

Die Gläubiger haben ihre Forderungen, die vor Verfahrenseröffnung entstanden sind, innerhalb einer Frist von 2 Monaten ab Veröffentlichung des Eröffnungsurteils im BODACC gegenüber dem *mandataire judiciaire*, in einem Liquidationsverfahren beim *Liquidator* anzumelden.[50] In der Anmeldung sind auch bestehende Sicherungsrechte anzugeben.

Für Gläubiger, deren Sicherheiten sich aus einem öffentlichen Register ergeben, läuft die Frist ab der Information durch den *„mandataire judiciaire"*.[51] Für nicht in Frankreich ansässige Gläubiger verlängert sich diese Frist um 2 Monate.[52]

18 Wenn der Gläubiger seine Forderung nicht innerhalb der gesetzlichen Frist angemeldet hat, kann er innerhalb einer Frist von 6 Monaten ab Veröffentlichung des Urteils im BODACC Wiedereinsetzung in den vorherigen Stand verlangen, wenn die Versäumung der Frist nicht von ihm zu vertreten ist (*„... n'est pas due à leur fait ..."*) oder der Gemeinschuldner dem *„mandataire judiciaire"* die Existenz des Gläubigers absichtlich verschwiegen hat.[53]

---

[43] Rettungsverfahren: Art. 622-24, im Sanierungsverfahren über Art. 631-14 I anwendbar.
[44] Rettungsverfahren: Art. 621-4 Abs. 2, im Sanierungsverfahren über Art. 631-9 anwendbar.
[45] Das Gesetz benutzt diesen Ausdruck und nicht den des *„procureur"*, da neben dem *„procureur"* bei den Gerichten erster Instanz auch die Staatsanwaltschaft bei den Appelationsgerichten gemeint ist.
[46] Vgl. im Einzelnen Le Corre, 340 S. 365 ff.
[47] Rettungsverfahren: Art. 96 Dekret, im Sanierungsverfahren über Art. 195 Dekret anwendbar.
[48] Art. 622-24 Abs. 1, im Sanierungsverfahren über Art. 631-9 anwendbar.
[49] Cass. Com., 9. 5. 1995, Rev. Proc. Coll. 1996, 410, Nr. 25, Anm. *Soinne;* Le Corre, Nr. 361.40, S. 427 f.) und Nr. 625-42, S. 1361 f.).
[50] Rettungsverfahren: Art. 99 Abs. 1 Dekret, im Sanierungsverfahren über Art. 195 Dekret anwendbar.
[51] Art. 622-24 Abs. 1, S. 2, im Sanierungsverfahren über Art. 631-9 anwendbar.
[52] Rettungsverfahren: Art. 99 Abs. 2 Dekret, im Sanierungsverfahren über Art. 195 Dekret anwendbar.
[53] Rettungsverfahren: Art. 622-26, im Sanierungsverfahren über Art. 631-14 I anwendbar.

Frankreich 19–21

Wenn die Wiedereinsetzung erfolgt, nimmt der Gläubiger an der Verteilung teil soweit diese nicht bereits erfolgt ist.

Bei Fristversäumung und ohne Wiedereinsetzung in den vorherigen Stand enthielt das französische Recht im früheren Art. 621–46 Abs. 4 die harte Rechtsfolge, dass die Forderung erlischt. Dies hatte auch Auswirkungen auf akzessorische Sicherungsrechte, die ebenfalls erloschen.

Dieser Absatz ist in der Fassung des Gesetzes von 2005 gestrichen worden. Die Forderung wird nach wie vor im Verfahren nicht berücksichtigt. Andererseits können sich Bürgen und andere Sicherungsgeber nicht mehr auf das Erlöschen der Forderung berufen. Unklar sind hingegen eine ganze Reihe von anderen Fallkonstellationen.[54]

19   Die Forderungsanmeldung erfolgt gegenüber dem *„mandataire judiciaire"*, früher dem Gläubigervertreter,[55] bei einer Liquidation beim Liquidator. Sie unterliegt keiner speziellen Form; aus Beweisgründen empfiehlt sich natürlich, sie mittels eingeschriebenem Brief zu versenden.[56] Die Anmerkung sollte in der französischen Sprache erfolgen.[57] Auch hinsichtlich des Inhaltes gibt es keine zwingenden Vorschriften.

Es muss sich jedoch aus der Anmeldung ergeben, dass es sich um die Geltendmachung einer Forderung in dem Insolvenzverfahren handelt. Die Übersendung eines einfachen Kontoauszuges ist unzureichend.[58] Der Forderungsanmeldung sind die Unterlagen beizufügen, aus denen sich die Forderung ergibt (Bestellung, Lieferschein, Rechnungen, Mahnschreiben).[59] Das Fehlen dieser Unterlagen macht die Anmeldung nicht nichtig, aber die Forderung kann mangels Beweises bestritten werden.

Forderungen, soweit sie sich nicht aus einem Vollstreckungstitel ergeben, müssen auf Verlangen des Insolvenzrichters von einem Wirtschaftsprüfer des Gläubigers als beständig (*„sincère"*) bestätigt werden.[60] Das Fehlen dieser Bestätigung hat aber keine Auswirkungen auf die Wirksamkeit der Forderungsanmeldung.[61]

Die Forderungsanmeldung muss in Euro erfolgen. Forderungen in ausländischer Währung müssen umgerechnet werden.[62]

20   Auf der Grundlage der Vorschläge des *„mandataire Judiciaire"* entscheidet der Insolvenzrichter über die Zulassung oder Ablehnung der Forderung. Infolge dieser Entscheidung werden laufende Gerichtsverfahren fortgesetzt. Sofern die Parteien eine Zuständigkeitsvereinbarung oder z. B. eine Schiedsvereinbarung getroffen haben, stellt der Insolvenzrichter seine Unzuständigkeit fest und verweist die Parteien an die vereinbarte Gerichtsbarkeit.[63]

4.2 Vertretung der Gläubigerinteressen

21   Eine der wesentlichen Neuerungen der Reform von 2005 besteht darin, dass im Rahmen des Rettungsverfahrens die wesentlichen Gläubiger im Rahmen von zwei Komitees an der Ausarbeitung des Sanierungsplans beteiligt werden.[64]

Diese Komitees werden nur in Fällen eingerichtet, in denen das Unternehmen einen Jahresumsatz von mehr als 20 Millionen EUR hat und mehr als 150 Arbeitnehmer beschäftigt.[65]

---

[54] Le Corre, Ziff. 665-75 ff., S. 1374 ff.
[55] Art. 622-24 Abs. 1 für das Rettungsverfahren, Art. 631-14 I für das Sanierungsverfahren.
[56] Allerdings ist auch die Anmeldung per Fax formgültig. Vgl. Cass. Com., 17. 12. 2003, D. 2004. AJ S. 138 Anm. *Lienhart*.
[57] Eine spätere Übersetzung in die französische Sprache ist allerdings zulässig. Vgl. CA Lyon, 15. 12. 2001, RTD Com. 2002, S. 137 Nr. 17, Anm. *Vallens*.
[58] Cass. Com., 18. 1. 2000, RD Banc. et Fin. 2000/3, Nr. 121.
[59] Rettungsverfahren: Art. 98 Dekret, im Sanierungsverfahren über Art. 195 Dekret anwendbar.
[60] Rettungsverfahren: Art. 622-25 Abs. 3, im Sanierungsverfahren über Art. 631-14 I anwendbar.
[61] Cass. Com., 1. 12. 1992, Bull. Civ. IV Nr. 382.
[62] Rettungsverfahren: Art. 622-25 Abs. 2, im Sanierungsverfahren über Art. 631-14 I anwendbar.
[63] Rettungsverfahren: Art. 624-2, im Sanierungsverfahren über Art. 631-18 I anwendbar.
[64] Rettungsverfahren: Art. 626-29 bis 626-35, im Sanierungsverfahren über Art. 631-19 I anwendbar.
[65] Rettungsverfahren: Art. 626-29 i.V.m. Art. 162 Dekret, im Sanierungsverfahren über Art. 631-19 I anwendbar.

Die beiden getrennt tagenden Komitees umfassen auf der einen Seite die wesentlichen Lieferanten und auf der anderen Seite die Kreditinstitute. Wesentliche Lieferanten sind solche, die für sich gesehen mehr als 5 Prozent der Lieferantenverbindlichkeiten ausmachen. Andere Lieferanten, die eine Beteiligung beantragen, können ebenfalls zugelassen werden.[66]

Der Schuldner legt diesen beiden Komitees innerhalb einer Frist von zwei Monaten nach ihrer Konstituierung Vorschläge für die Ausarbeitung eines Sanierungsplanes vor.[67] Nach deren Erörterung mit dem Schuldner und dem Insolvenzverwalter verfassen beide innerhalb einer sehr kurzen Frist von 30 Tagen einen Vorschlag für den Sanierungsplan. Hierbei entscheidet jeweils die Mehrheit der Mitglieder, sofern sie mindestens zwei Drittel aller Forderungen der Mitglieder des Komitees ausmachen.[68] Diese Vorschläge werden dem Insolvenzgericht unterbreitet. Es entscheidet hierüber, wobei es jedoch darauf zu achten hat, dass die Interessen aller anderen Gläubiger hinreichend Berücksichtigung gefunden haben.[69]

Die Verabschiedung dieses Planes erstreckt die Wirksamkeit auf alle anderen Gläubiger, die in den beiden Komitees vertreten waren.[70]

Betreffend die anderen Gläubiger muss der Insolvenzverwalter einen Sanierungsplan vorbereiten und vom Gericht separat genehmigen lassen.[71]

Gelingt es nicht, auf diesem Wege zu Vorschlägen für die Sanierung zu gelangen, muss der Insolvenzverwalter von sich aus einen Sanierungsplan erstellen und dem Gericht unterbreiten.[72]

Im Sanierungsverfahren ernennt der Insolvenzrichter auf Antrag der Gläubiger bis zu 5 „contrôleurs".[73] Hierbei handelt es sich um Gläubigervertreter, von denen jeweils zumindest einer von den ungesicherten und den gesicherten Gläubigern benannt werden muss.

Ihre Aufgabe besteht darin, den Insolvenzverwalter bei seiner Arbeit zu unterstützen. Sie haben freien Zugang zu den Akten des Insolvenzverwalters. Ihre Tätigkeit wird nicht vergütet.[74] Sie haben jedoch keinerlei Mitbestimmungs- oder Entscheidungsbefugnis.

4.3 Verfahrensablauf

4.3.1 Rettungs- und Sanierungsverfahren

Sowohl das Rettungs- als auch das Sanierungsverfahren verlaufen in denselben Verfahrensabschnitten. An das Eröffnungsurteil schließt sich eine Beobachtungsphase („période d'observation") an, deren Dauer im Eröffnungsurteil festgelegt wird. Sie beträgt höchstens 6 Monate und kann einmal für den gleichen Zeitraum verlängert werden.[75]

Der Insolvenzverwalter hat zunächst eine wirtschaftliche und soziale Tatbestandsaufnahme und eine Umweltanalyse („bilan économique, social et environnemental") zu erarbeiten.[76]

Die Feststellung der Verbindlichkeiten obliegt dem Gläubigervertreter. Hierzu gehört insbesondere die Forderungsprüfung.[77] Er hat dem Insolvenzverwalter das Ergebnis seiner Prüfung mitzuteilen, das in die Ausarbeitung des Plans einfließt. Nach Erstellung eines Vorschlages für den Sanierungsplan hat der „mandataire judiciaire" die Gläubiger über den Sanierungsplan zu informieren. Der Gläubigervertreter kann den einzelnen Gläubigern kürzere Zahlungsfristen gegen Teilverzichte vorschlagen.[78]

---

[66] Rettungsverfahren: Art. 626-30 Abs. 1 S. 2, im Sanierungsverfahren über Art. 631-19 I anwendbar.
[67] Rettungsverfahren: Art. 626-30 Abs. 2, im Sanierungsverfahren über Art. 631-19 I anwendbar.
[68] Rettungsverfahren: Art. 626-30 Abs. 3, im Sanierungsverfahren über Art. 631-19 I anwendbar.
[69] Rettungsverfahren: Art. 626-31 Abs. 1, im Sanierungsverfahren über Art. 631-19 I anwendbar.
[70] Rettungsverfahren: Art. 626-31 Abs. 1, im Sanierungsverfahren über Art. 631-19 I anwendbar.
[71] Rettungsverfahren: Art. 626-33, im Sanierungsverfahren über Art. 631-19 I anwendbar.
[72] Rettungsverfahren: Art. 626-34, im Sanierungsverfahren über Art. 631-19 I anwendbar.
[73] Rettungsverfahren: Art. 621-10, im Sanierungsverfahren über Art. 631-9 anwendbar.
[74] Rettungsverfahren: Art. 621-11, im Sanierungsverfahren über Art. 631-9 anwendbar.
[75] Rettungsverfahren: Art. 621-3, im Sanierungsverfahren über Art 631-7 anwendbar.
[76] Art. 623-1 bis 623-3 für das Rettungsverfahren, im Sanierungsverfahren über Art. 631-18 I anwendbar.
[77] Rettungsverfahren: Art. 624-1, im Sanierungsverfahren über Art. 631-18 I anwendbar.
[78] Rettungsverfahren: Art. 626-5 Abs. 2, im Sanierungsverfahren über Art. 631-19 I anwendbar.

Die Sozialkassen können solche Vorschläge annehmen, was eine wichtige Neuerung darstellt.[79] Dies beseitigt eine große Hürde auf dem Weg zur Sanierung.

Der Insolvenzverwalter hat einen Vorschlag für einen Sanierungsplan (*„plan de sauvegarde"*) auszuarbeiten.[80] Dieser Plan verhält sich über die Aussichten einer Sanierung des Unternehmens und die verfügbaren finanziellen Mittel. Er enthält die Einzelheiten über die Zahlung der Schulden und Vorschläge über die sozialen Aspekte der Sanierung (Kündigungen, Sozialpläne, Betriebsstilllegungen).[81]

24 Die Zahlungsfrist der Verbindlichkeiten kann bis zu 10 Jahre betragen.[82] Die Forderungen werden nicht verzinst. Hiervon sind die Lohnforderungen und kleine Forderungen ausgenommen, allerdings begrenzt auf einen Prozentsatz von 5 Prozent der Gesamtverbindlichkeiten; sie sollen bei Fälligkeit bzw. so schnell wie möglich bezahlt werden. Daneben können interne Restrukturierungsmaßnahmen (Auswechslung der Geschäftsführung, Kapitalerhöhung, Verbot der Veräußerung der Gesellschaftsanteile) darin enthalten sein.

Wenn der Gesamtschuldner selbst nicht in der Lage ist, die Sanierung des Unternehmens vorzunehmen, kann der Insolvenzrichter die vollständige oder teilweise Veräußerung des Unternehmens anordnen.[83] Die Betriebsveräußerung ist in diesem Zusammenhang eine begleitende oder subsidiäre Maßnahme.

25 Der Insolvenzverwalter hat den Plan dem Insolvenzgericht vorzulegen. Das Gericht berät darüber unter Ladung des Gesamtschuldners, des Staatsanwalts und *des „mandataire judiciaire"* (Gläubigervertreter).[84]

Das Insolvenzgericht beschließt den Plan, wenn konkrete Aussichten auf eine Sanierung des Unternehmens bestehen.[85] Dieser heißt *„Plan de Sauvegarde"* (Rettungsplan) im Falle eines Rettungsverfahrens und *„Plan de Redressement"* bei einem Sanierungsverfahren.

Mit der Genehmigung des Plans durch das Insolvenzgericht beginnt die zweite Phase des Insolvenzverfahrens, d.h. die Durchführung des Plans. Der Insolvenzverwalter und der Gläubigervertreter bleiben im Amt, heißen nun aber *„commissaire à l'exécution du plan"*.[86] Daneben kann das Gericht weitere Personen ernennen, die die Durchführung des Plans zu überwachen haben.[87]

4.3.2 Liquidationsverfahren

26 Ein Liquidationsverfahren (*„liquidation judiciaire"*) wird bei einer offensichtlichen Unmöglichkeit einer Sanierung eröffnet.[88] Dies kann entweder sofort nach Insolvenzantrag erfolgen, als auch im Verlauf des Rettungs- oder Sanierungsverfahrens, wenn sich herausstellt, dass der Schuldner seine Verpflichtungen nicht erfüllen kann.

Die Eröffnung einer Liquidation beendet die Tätigkeit des Unternehmens. Der Schuldner verliert seine Geschäftsführungsbefugnis.[89] Es wird ein Liquidator ernannt,[90] der, wenn das Liquidationsverfahren im Verlaufe eines Rettungs- oder Sanierungsverfahrens eröffnet wurde, der frühere Insolvenzverwalter ist. Es gibt in diesem Verfahren keinen Gläubigervertreter.[91] Der Liquidator hat innerhalb eines Monats nach seiner Ernennung einen Bericht über die wirtschaftliche Situation des Schuldners zu verfassen.[92] Er hat die Forderungen zu

---

[79] Rettungsverfahren: Art. 626-6, im Sanierungsverfahren über Art. 631-19 I anwendbar.
[80] Rettungsverfahren: Art. 626-7, im Sanierungsverfahren über Art. 631-19 I anwendbar.
[81] Rettungsverfahren: Art. 626-2, im Sanierungsverfahren über Art. 631-19 I anwendbar.
[82] Rettungsverfahren: Art. 626-12, im Sanierungsverfahren über Art. 631-19 I anwendbar.
[83] Art. 631-22.
[84] Rettungsverfahren: Art. 626-9, im Sanierungsverfahren über Art. 631-19 I anwendbar.
[85] Rettungsverfahren: Art. 626-1, im Sanierungsverfahren über Art. 631-19 I auch anwendbar.
[86] Rettungsverfahren: Art. 626-25 Abs. 1 und 2, im Sanierungsverfahren über Art. 631-19 I auch anwendbar.
[87] Ibid.
[88] Art. 640-1.
[89] Art. 641-9.
[90] Art. 641-1 II.
[91] Art. 641-4 Abs. 3.
[92] Art. 641-2 Abs. 1.

prüfen und das Aktivvermögen zu realisieren.[93] Die Prüfung der nicht bevorrechtigten Forderungen kann unterbleiben, wenn die Masse offensichtlich nur zur Zahlung der Verfahrenskosten ausreicht.[94] Es gibt im französischen Recht keine Nichteröffnung des Verfahrens mangels Masse.

4.4 Verteilung der Masse an die Gläubiger

Neben den Fällen der Veräußerung von mit dinglichen Rechten belasteten Einzelgegenständen (vgl. RdNr. 34) findet weder im Rettungs- noch im Sanierungsverfahren eine Verteilung der Masse an die Gläubiger statt. Das französische Recht geht vielmehr davon aus, dass die Gläubiger (wenn auch mit den oben geschilderten Abstrichen) volle Befriedigung erhalten.

Deshalb kommt es nur im Falle der Liquidation zu der Verteilung einer Quote *("dividende")* an die Gläubiger.

5. Gläubiger

Die folgenden Ausführungen gelten, soweit nichts anderes gesagt ist, für das Rettungs-, Sanierungs- und Liquidationsverfahren.[95]

5.1 Aussonderungsberechtigte Gläubiger

Das französische Recht kennt nur das Eigentum als Grund der Aussonderung.

Aussonderung kann der Eigentümer, der Verkäufer unter Eigentumsvorbehalt gelieferter Waren, der Gläubiger eines vor Verfahrenseröffnung beendeten Vertrages und der Eigentümer von sich noch *in transitu* befindlichen Waren verlangen. Im letzteren Falle steht ihm auch ein Zurückbehaltungsrecht zu, wenn er dieses noch ausüben kann.[96]

Der aussonderungsberechtigte Gläubiger hat zunächst einen Antrag auf freiwillige Aussonderung *("demande d'acquiescement de revendication")* beim Insolvenzverwalter zu stellen.[97] Hierfür verfügt er über eine Frist von 3 Monaten ab Veröffentlichung des Urteils.[98] Der Insolvenzverwalter verfügt über eine Frist von einem Monat, um dem Antrag stattzugeben oder ihn zurückzuweisen.

Wenn er ihm nicht innerhalb dieser Frist stattgegeben hat, muss der Gläubiger nunmehr innerhalb einer weiteren Frist von einem Monat einen Aussonderungsantrag *("requête en revendication")* beim Insolvenzrichter stellen.[99] Es sind daher zwei Fristen zu beachten, deren Versäumung jeweils zum Rechtsverlust führt. Diese drakonische Art, die Masse zu mehren, ist sicher unter dem Gesichtspunkt der europäischen Menschenrechtskonvention bedenklich.[100]

Der Antrag auf Aussonderung *("revendication")* muss innerhalb einer Frist von 3 Monaten, gerechnet ab der Veröffentlichung des Urteils im BODACC, gegenüber dem Insolvenzverwalter gestellt werden. Bei laufenden Verträgen beginnt die 3-Monats-Frist ab Kündigung bzw. Rücktritt.[101]

Von dieser Frist sind nur die Eigentümer ausgenommen, deren Eigentumsrecht sich aus einem öffentlichen Register ergibt.[102] Dabei handelt es sich vor allem um Immobiliareigentümer, Leasinggeber und Eigentumsvorbehaltsverkäufer, wenn sie die Möglichkeit der Eintra-

---

[93] Art. 641-4 Abs. 1.
[94] Art. 641-4 Abs. 2.
[95] Die Art. 624-9 bis 624-18 gelten über Art. 631-18 I und 641-14 Abs. 1 in allen Verfahrensarten.
[96] Art. 624-15.
[97] Art. 624-17.
[98] Art. 624-9.
[99] Art. 114 Abs. 2 Dekret.
[100] Der französische Gesetzgeber hat hier insofern abgeholfen, als praktisch alle Sicherungsrechte, einschließlich des EV, seit der Reform vom 23. 3. 2006 auch zivilrechtliche Pfandrechte in ein Register eingetragen werden können. Ordonnance Nr. 2006-346 vom 23. 3. 2006, Art. 2338 Code Civil und Dekret Nr. 2006-1804 vom 23. 12. 2006.
[101] Art. 624-9.
[102] Art. 624-10.

gung des Eigentumsvorbehalts in das dafür geschaffene Register genutzt haben. Sie müssen einen Antrag auf „*restitution*" – Rückgabe – stellen, der jedoch nicht fristgebunden ist.

30   Versäumt ein Eigentümer, einen Antrag auf freiwillige Aussonderung innerhalb dieser Frist geltend zu machen, verliert er sein Eigentumsrecht. Das Gesetz sieht weder eine Wiedereinsetzung in den vorherigen Stand noch eine Verlängerung der Frist bei ausländischen Gläubigern vor.[103] Die Gefahr eines Rechtsverlustes ist durch die Beachtung der ersten Frist jedoch nicht gebannt.[104] Innerhalb dieser zusätzlichen Frist muss der Eigentümer einen Herausgabeantrag beim Insolvenzrichter stellen. Auch bei Versäumung dieser Frist droht Rechtsverlust.

31   Speziell zum Eigentumsvorbehalt (EV) ist folgendes auszuführen:

Ein EV ist nur dann wirksam, wenn er vor Lieferung schriftlich vereinbart wurde. Die Vereinbarung kann auch in einem Rahmenvertrag enthalten sein und zukünftige Lieferungen einschließen.[105] Hat der Verkäufer unter EV verkauft, der Käufer dem aber widersprochen, so ist dieser Widerspruch unerheblich, es sei denn, die Parteien hätten dies in einer schriftlichen Vereinbarung anders vereinbart.

Grundsätzlich können unter EV gelieferte Sachen nur herausverlangt werden, wenn sie sich noch in natura beim Käufer befinden Allerdings erstreckt sich der EV seit der Reform von 1994 auch auf vertretbare Sachen, wenn diese sich im Besitz des Schuldners befinden.[106]

Daneben können eingebaute Sachen herausverlangt werden, wenn die Trennung ohne Beschädigung der Sachen möglich ist.[107]

Wenn die unter EV gelieferte Sache weiterverkauft worden ist, tritt die aus der Veräußerung resultierende Forderung an die Stelle der Sache, soweit der Kaufpreis noch nicht bezahlt oder durch Verrechnung erloschen ist. Abtretungen der aus dem Weiterverkauf resultierenden Forderungen können dem Vorbehaltsverkäufer nicht entgegengehalten werden.[108] Seit der Reform von 1994 besteht die Möglichkeit, den Eigentumsvorbehalt in ein öffentliches Register eintragen zu lassen. Durch diese Eintragung sichert sich der Gläubiger nicht nur gegen den Rechtsverlust durch Versäumung der Aussonderungsfristen ab, sondern auch gegen das Risiko des gutgläubigen Erwerbs durch einen Dritten.[109]

5.2 Gesicherte Gläubiger

32   Die im deutschen Recht so tief verankerte abgesonderte Befriedigung dinglich gesicherter Gläubiger existiert im französischen Recht nur in eng begrenzten Sonderfällen. Dingliche Rechte, insbesondere Pfandrechte, auch wenn sie in einem Register eingetragen sind, gewähren im Normalfall kein Recht auf abgesonderte Befriedigung. Der Pfandgläubiger nimmt wie alle anderen am Sanierungsplan teil. Es gelten lediglich die folgenden Ausnahmen:

33   Pfandgläubiger, die im Besitz der Sache sind, genießen ein Zurückbehaltungsrecht.[110] Sie müssen den Pfandgegenstand nur gegen Zahlung der Forderung herausgeben. Für einige Pfandrechte ersetzt die Übergabe eines Dokuments die Besitzaufgabe. Das ist z. B. der Fall für das im Dekret vom 23. 3. 2006 geschaffene Pfandrecht an Kraftfahrzeugen,[111] wo eine Bestätigung der Behörde, die das Pfandrechtsregister führt, einer Besitzaufgabe gleichgestellt wird.[112]

---

[103] ZB Cass. Com., 28. 9. 2004, Dalloz 2005, pan. S. 298, Anm. P-M. Le Corre. Le Corre, Ziff. 813.54, S. 1636.
[104] Rettungsverfahren: Art. 114 des Dekrets, für das Sanierungsverfahren über Art. 199 Dekret anwendbar, über Art. 242 Dekret für die Liquidation.
[105] Art. 624-16 Abs. 2.
[106] Art. 624-16 Abs. 3.
[107] Art. 624-16 Abs. 3.
[108] Cass. Com., 20. 6. 1989, Bull. IV Nr. 197; dies gilt nach dieser Entscheidung auch für die Abtretung im Rahmen der „*Loi Dailly*".
[109] Früher insoweit noch bestehende Unsicherheiten sind durch die Neufassung des Art. 622-22 Abs. 1 beseitigt.
[110] Art. 622-7; im Sanierungsverfahren über Art. 631-14 I anwendbar.
[111] Art. 2351 bis 2353 Code Civil.
[112] Décret Nr. 2006-1804 vom 23. 12. 2006.

Wenn der Insolvenzverwalter während der Beobachtungsphase oder des Plans einen mit einem dinglichen Sicherungsrecht belasteten Gegenstand veräußert, hat er den Erlös zu hinterlegen. Die Pfandgläubiger werden aus dem Erlös befriedigt; ihnen gehen allerdings die Lohnforderungen im Range vor. Mit dem Ausfall nehmen sie an der Tilgung durch den Plan teil.[113] **34**

Dies gilt auch für Hypothekengläubiger.

Lediglich im Rahmen eines Liquidationsverfahrens kann der Pfandgläubiger eine abgesonderte Befriedigung verlangen. Dies wird erlaubt, wenn der Liquidator den Pfandgegenstand nicht innerhalb einer Frist von 3 Monaten nach Verfahrenseröffnung selbst veräußert hat.[114] Im Falle der Veräußerung, wie auch bei jeder Veräußerung von Immobiliarrechten, steht den Pfandgläubigern ihr Anteil am Verwertungserlös zu. Mit dem Ausfall nehmen sie an der allgemeinen Quote teil.[115]

Neben dem Eigentum bietet die Sicherungszession nach der *„Loi Dailly"* vom 2. 1. 1981[116] ein wirksames Sicherungsrecht. **35**

Nach der *„Loi Dailly"* ist es möglich, Forderungen aus Lieferungen und Leistungen an Kreditinstitute zur Sicherheit abzutreten. Eine vor Eröffnung des Insolvenzverfahrens vollzogene Abtretung[117] sondert die Forderung aus dem Vermögen des Schuldners aus. Das Kreditinstitut kann die Forderung unabhängig vom Insolvenzverfahren einziehen. Es muss sich daher auch nicht an die Vorschriften der Art. 624-9 ff. halten. Soweit die Abtretung zukünftige Forderungen umfasst, scheiden die Forderungen aus dem Vermögen des Schuldners aus, die zurzeit der Eröffnung entstanden sind. Dies interpretiert die neueste Rechtsprechung in dem Sinne, dass sie auf den Zeitpunkt des Vertragsabschlusses und nicht des Entstehens einer einzelnen Forderung abstellt.[118] Die Sicherungsabtretung von Forderungen außerhalb der *„Loi Dailly"* bietet nicht dieselben Sicherheiten.[119]

5.3 Bevorrechtigte Gläubiger

Allen anderen Gläubigern gehen die Arbeitnehmer vor *(„super-privilège")*. Ihre Forderungen sind nach Eröffnung des Verfahrens vorab zu zahlen.[120] Sie müssen für ihre rückständigen Lohnforderungen vom Verwalter innerhalb einer Frist von 10 Tagen nach Verfahrenseröffnung bezahlt werden und haben zudem einen Anspruch auf einen Monat Gehaltsvorschuss.[121] Daneben besteht auf Grund der Bestimmungen des *„Code du Travail"*[122] eine Garantie für die letzten beiden Gehaltsmonate, einschließlich aller Sonderzahlungen. Hierfür tritt der Sozialfond *(„ASSEDIC")* ein, auf den die Lohnforderungen übergehen. **36**

Die Gehaltsforderungen genießen auch gegenüber dinglich gesicherten Gläubigern Vorrang (s. oben RdNr. 34). Ihr Vorrecht setzt sich auch bei den Masseforderungen fort (s. unten RdNr. 38).

5.4 Einfache Insolvenzgläubiger

Einfache Insolvenzgläubiger *(„créanciers chirographaires")* sind auf die Zahlung ihrer Forderungen im Rahmen des Sanierungsplans bzw. auf ihre Quote bei der Liquidation angewiesen. Aufgrund der langen Dauer des Sanierungsplanes und der Tatsache, dass die gestundete **37**

---

[113] Art. 622-8 und 626-22.
[114] Art. 643-2.
[115] Art. 643-9.
[116] Loi n° 81-1, heute Art. L.313-23 bis L.313-38 des Code Monétaire et Financier.
[117] Dadurch, dass die Bank ihren Eingangsstempel auf das *„Bordereau"* setzt, d.h. die ihr vom Schuldner übersandte Forderungsaufstellung; Art. L.313-27 Code Monétaire et Financier.
[118] Cass. Com., 7. 12. 2004, D. 2005, 77, Anm. *Lienhart*.
[119] Vgl. hier zuletzt Cass. Com. 19. 12. 2006, D. 2007, Jur. 344, Anm. *Ch. Larrumet*.
[120] Rettungsverfahren: Art. 625-7 und 625-8, im Sanierungsverfahren über Art. 631-18 und im Liquidationsverfahren über Art. 641-14 anwendbar.
[121] Rettungsverfahren: Art. 625-8, im Sanierungsverfahren über Art. 631-18 und im Liquidationsverfahren über Art. 641-14 anwendbar.
[122] Art. 143-10 bis 143-11-9 und 143-13-1 des Code du Travail.

Frankreich 38–40

Forderung in aller Regel nicht verzinst wird, verlieren sie oft auch bei Durchführung des Plans einen erheblichen Teil ihrer Forderung. Dies gilt umso mehr, als die Insolvenzvorbeugungs- und -abwendungsverfahren zu einem Anstieg der Massekosten führen, was zu Lasten der ungesicherten Gläubiger geht. Man stellt darüber hinaus in Frankreich ebenso wie in Deutschland fest, dass der weitaus überwiegende Teil von Insolvenzverfahren in einer sofortigen Liquidation endet.[123]

5.5 Massegläubiger

38   Durch die Einführung des Sanierungsverfahrens im Jahre 1985 hat sich der Umfang der Masseforderungen erheblich ausgeweitet, da die Fortführung des Geschäftsbetriebes neue Mittel erfordert. Die Massegläubiger bedurften deshalb einer besonderen Absicherung. Diese Vorrechte sind in die folgenden Ränge eingeteilt:
– Lohnforderungen;
– Verfahrenskosten;
– Darlehen von Kreditinstituten und Forderungen aus fortgeführten Verträgen, wenn der Gläubiger einer Stundung (mit Genehmigung des Insolvenzrichters) zugestimmt hat;
– Weitere Lohnforderungen für Vorschüsse;
– Sonstige Forderungen, entsprechend ihrer Rangfolge.
Dieselbe Bestimmung gilt für das Rettungs-, Sanierungs- und Liquidationsverfahren.[124]

6. Nicht vollständig erfüllte Verträge

39   In allen drei Verfahren[125] gilt bei nicht vollständig erfüllten Verträgen, dass nur der Insolvenzverwalter Erfüllung verlangen kann. Der Gläubiger kann den Insolvenzverwalter auffordern, sich über seine Erfüllungsbereitschaft zu erklären. Bleibt diese Aufforderung länger als einen Monat ohne Antwort oder lehnt der Verwalter die Erfüllung ab, gilt der Vertrag als beendet.

Unter der Voraussetzung, dass der Insolvenzverwalter die Fortführung des Vertrages genehmigt hat, muss, soweit die Leistung des Schuldners in der Zahlung einer Geldsumme besteht, diese bei Fälligkeit geleistet werden. Der Verwalter hat sich insofern vor Genehmigung der Vertragsfortführung zu vergewissern, dass er über die erforderlichen Mittel verfügt. Falls die Zahlung nicht erfolgt, kann dies zur Beendigung der Beobachtungsphase führen.

Der Gläubiger hat seine Verpflichtungen zu erfüllen, auch wenn der Schuldner seinerseits den Vertrag vor Eröffnung nicht erfüllt hatte. Er kann seine eventuellen Schadensersatzansprüche nur als einfache Forderung anmelden. Gleiches gilt, wenn der Verwalter die Erfüllung ablehnt.

Das Gesetz verbietet schließlich vertragliche Kündigungsrechte für den Fall der Eröffnung eines Insolvenzverfahrens.[126] Solche Klauseln gelten als nicht geschrieben.

7. Arbeitsverhältnisse

40   Durch die Eröffnung eines Insolvenzverfahrens werden die Arbeitsverhältnisse nicht berührt. Die Vorschriften über nicht vollständig erfüllte gegenseitige Verträge gelten ausdrücklich nicht für Arbeitsverhältnisse.[127]

Die Bestimmungen über das Sanierungsverfahren schweigen sich im Übrigen über die Arbeitsverhältnisse aus. Daraus ist zu folgern, dass die Arbeitsverträge auch nur unter den Voraussetzungen des Code du Travail beendet werden können. Nur im Sanierungsverfahren hat der Insolvenzverwalter weitergehende Rechte.

---

[123] Juris Classeur Commercial 2007, Fasc. 2700: Liquidation judiciaire, Nr. 4.
[124] Jeweils in den Art. Art. 622-17, 631-14 und 641-13 enthalten.
[125] Art. 622-13, 631-14 I und 641-10 Abs. 2.
[126] Art. 622-13 Abs. 6, 631-14 I und 641-10 Abs. 2.
[127] Abs. 622-13 letzter Abs., 631-14 I und 641-10 Abs. 2.

Er kann, nach Genehmigung durch den Insolvenzrichter und Anhörung des Betriebsrates, betriebsbedingte Kündigungen *(„licenciements pour motif économique")* aussprechen, wenn diese während der Beobachtungsphase dringend und unvermeidlich sind.[128]

Der Sanierungsplan kann die Kündigung von Arbeitsverhältnissen vorsehen. Die Rechtmäßigkeit dieser Kündigung beurteilt sich allerdings alleine nach den Vorschriften des Arbeitsgesetzbuches;[129] besondere Bestimmungen gibt es nicht.

Dies gilt auch im Falle der Liquidation. Der Gesetzestext beschränkt sich darauf, die Vorschriften des Code du Travail über die betriebsbedingte Kündigung für anwendbar zu erklären.[130]

Zur Zahlung der Gehälter, s. oben RdNr. 34 und 38.

8. Aufrechnung

Die Eröffnung des Insolvenzverfahrens steht einer Aufrechnung mit konnexen Forderungen des Schuldners nicht entgegen.[131] Damit werden die zivilrechtlichen Voraussetzungen einer Aufrechnung (Beständigkeit der zur Aufrechnung gestellten Forderung, Bezifferbarkeit und Fälligkeit) durch die zusätzliche Bedingung der „Konnexität" eingeschränkt. Forderungen sind nach der Rechtsprechung konnex, wenn sie auf demselben Rechtsgrund beruhen, bzw. wenn sie im Rahmen desselben wirtschaftlichen Vorhabens entstanden sind.[132]

Diese Bestimmung gilt in allen drei Verfahrensarten.[133]

9. Insolvenzanfechtung

Die Insolvenzanfechtung fungiert im französischen Recht unter dem Begriff der nichtigen Rechtsverhältnisse während der Verdachtsperiode *(„nullité de certains actes pendant la période suspecte")*.[134] Diese Vorschriften finden nur im Umfeld eines Sanierungs – und Liquidationsverfahrens Anwendung.[135]

Die folgenden ab dem Zeitpunkt der Zahlungseinstellung vorgenommenen Rechtshandlungen sind nichtig:
- Alle unentgeltlichen Verfügungsgeschäfte;
- Rechtsgeschäfte, in denen die Verpflichtungen des Schuldners die des Gläubigers erheblich übersteigen;
- Alle Zahlungen fälliger Verbindlichkeiten, die anders als mit üblichen Zahlungsmitteln erfolgt sind;
- Hinterlegung nach Art. 2075-1 Code Civil;
- Die Gewährung von rechtsgeschäftlichen oder die Eintragung von gerichtlichen Hypotheken sowie die Gewährung von rechtsgeschäftlichen Pfandrechten für bestehende Verbindlichkeiten;
- Alle Sicherungsmaßnahmen;
- Verkauf oder Genehmigung von Aktienoptionen.
- Unentgeltliche Rechtsgeschäfte können auch noch für nichtig erklärt werden, wenn sie 6 Monate vor Eintritt der Zahlungsunfähigkeit vorgenommen wurden.

Die Zahlung von fälligen Verbindlichkeiten durch den Schuldner nach Zahlungsunfähigkeit und andere entgeltliche Rechtsgeschäfte können für nichtig erklärt werden, wenn der Vertragspartner des Schuldners wusste, dass dieser zahlungsunfähig war.

Die Nichtigkeitsklage kann vom Insolvenzverwalter, dem Gläubigervertreter, dem Kommissar zur Überwachung des Plans, dem Liquidator und auch von der Staatsanwaltschaft angestrengt werden.

---

[128] Art. 631-17 Abs. 1.
[129] Art. 631-19 II.
[130] Art. 641-4 Abs. 6.
[131] Art. 622-7 Abs. 1, Art. L. 631-14 I und Art. 641-3 Abs. 1.
[132] Unter Art. 621-24 alt, *Dalloz,* Anm. 11 bis.
[133] Art. 622-7, 631-14 Abs. 1 und 641-3 Abs. 1.
[134] Art. 632-1 bis 632-4.
[135] Art. 641-14.

44 Die Bedeutung dieser Vorschriften erschließt sich nur dann, wenn man berücksichtigt, dass das Insolvenzgericht den Zeitpunkt der Zahlungseinstellung bis zu 18 Monaten vor Erlass des Eröffnungsurteils vorverlegen kann.[136] Diese Befugnis, zusammen mit der, zumindest im Verhältnis zum deutschen Recht, sehr langen „Verdachtsfrist" zeigt die Bedeutung, die die Insolvenzanfechtung in Frankreich gewinnen kann.

10. Plan de Cession / Veräußerung des Unternehmens aus der Insolvenz

45 Die Veräußerung von Betriebsteilen oder des Unternehmens im ganzen waren in den Reformen von 1985 und 1994 als ein probates Mittel angesehen worden, die Fortführung der Unternehmenstätigkeit zu sichern. Während in der Fassung des Gesetzes von 1985 die Interessen der Gläubiger in diesem Falle fast vollständig geopfert wurden, hat die Reform von 1994 zumindest für einige der gesicherten Gläubiger eine Verbesserung gebracht. Dennoch bedeutete der Unternehmensverkauf aus der Insolvenz das größte Risiko für die Gläubiger. Zudem musste in einigen Fällen festgestellt werden, dass es zu einer Verschleuderung der Werte des Unternehmens gekommen ist.

Die Vorteile des Unternehmensverkaufs traten deshalb in den Hintergrund.

46 Die Reform von 2005 sieht nun den Unternehmensverkauf lediglich als einen Teil der Liquidation an; die entsprechenden Vorschriften finden sich deshalb im Kapitel über die Liquidation.[137] Außerhalb eines Liquidationsverfahrens wird die Möglichkeit der Betriebsveräußerung nur im Rahmen des Sanierungsverfahrens angesprochen: Angebote können dem Insolvenzverwalter gegenüber abgegeben werden. Eine Betriebsveräußerung soll aber nur dann angeordnet werden, wenn der Schuldner selbst nicht in der Lage ist, die Gesundung zu schaffen.[138]

Die am Kauf des Unternehmens oder von Betriebsteilen Interessierten müssen in einem genau reglementierten Verfahren Angebote abgeben, die ebenfalls einem vorgegebenen Schema entsprechen müssen. Die Annahme eines Angebots erfolgt auf Vorschlag des Insolvenzverwalters durch das Insolvenzgericht im Rahmen eines *„Plan de cession"*. Das Gericht bestimmt die Verträge, die von Amts wegen auf den Übernehmer übergehen (vornehmlich gewerbliche Mietverträge, wichtige Versorgungsverträge).[139]

47 Von Gesetzes wegen gehen nur die dinglichen Sicherheiten über, die zur Absicherung von Krediten dienen, die zur Anschaffung des betreffenden übernommenen Wirtschaftsgutes aufgenommen wurden.[140] Sonstige bevorrechtigte Gläubiger haben lediglich ein Recht auf eine quotale Befriedigung am Veräußerungspreis.[141] Ihre Sicherungsrechte erlöschen hingegen, vorausgesetzt der Veräusserungspreis wurde voll gezahlt.[142]

Der Gläubiger, dessen Rechte durch einen zu niedrigen Preis geschmälert wurden, hat selbst kein Anfechtungsrecht gegen die Verabschiedung des *„Plan de Cession"*.

11. Restschuldbefreiung

48 Die erfolgreiche Erfüllung des Rettungs- und des Sanierungsplans bewirkt für den Schuldner Restschuldbefreiung.[143]

Seit der Reform von 2005 tritt nun auch mit Beendigung *(„clôture")* der Liquidation Restschuldbefreiung ein.[144] Davon sind jedoch eine Reihe von Forderungen und Fällen ausgenommen, von denen hier nur die Rückgriffsansprüche von Bürgen, die Fälle einer

---

[136] Art. 631-8.
[137] Art. 642-1 bis 642-17.
[138] Art. 631-22.
[139] Art. 642-7.
[140] Art. 642-12 Abs. 4.
[141] Art. 642-12 Abs. 1.
[142] Art. 642-12 Abs. 3.
[143] Diese Rechtsfolge zieht das Gesetz nicht ausdrücklich; sie ergibt sich aber aus dem Grundgedanken, daß in beiden Verfahren alle Schulden (z. T. mit vereinbarten Nachlässen) getilgt werden. Der neue Art. 626-28, im Sanierungsverfahren über 631-19 I anwendbar, sieht lediglich eine Feststellung des Ende des Verfahrens vor.
[144] Art. 643-11 I.

strafrechtlichen Verurteilung und höchstpersönliche Verbindlichkeiten erwähnt werden sollen.[145]

12. Übrige Verfahren

Das französische Recht kennt eine Reihe von Verfahren, die dazu beitragen sollen, wirtschaftliche Schwierigkeiten eines Unternehmens zu überwinden und die damit einer Insolvenzvorbeugung dienen.[146] Es wurden Vereinigungen (*„groupements"*) geschaffen, denen Unternehmen angehören können und denen sie ihre finanziellen Daten übermitteln.[147] Wenn sich aus diesen Daten die Gefahr wirtschaftlicher Schwierigkeiten ergibt, schlägt die Vereinigung die Hilfe eines Sachverständigen vor. 49

Von praktisch größerer Bedeutung ist die *„procédure d'alerte"* (Alarmverfahren), die durch die gesetzlichen Buchprüfer oder den Betriebsrat ausgelöst werden kann.[148] Diese können den Präsidenten des Handelsgerichts informieren, wenn ihnen Schwierigkeiten zur Kenntnis kommen, aus denen sich eine Gefahr für die Dauerhaftigkeit der Tätigkeit des Geschäftsbetriebs ergibt. Dieser bestellt die Geschäftsleitung ein, um mit ihr die Maßnahmen zu erörtern, die zur Überwindung der Schwierigkeiten nötig erscheinen.[149] Das Gesetz beschränkt sich darauf, diese Erörterung vorzuschreiben; in der Praxis hat sich dieses Verfahren aber als wirksam herausgestellt. Ergreift die Geschäftsleitung bzw. ergreifen die Gesellschafter nicht die vorgeschlagenen Maßnahmen und gerät das Unternehmen später in eine Insolvenz, so besteht die Gefahr einer Haftung der Geschäftsleitung bzw. der Gesellschafter.[150] 50

Die *„conciliation"* (wörtlich: „Versöhnung")[151] ist ein Verfahren, in dem auf freiwilliger Basis eine Vereinbarung mit den Gläubigern gefunden werden soll, die dann für verbindlich erklärt werden kann. Daneben gibt es das ganz informelle Verfahren des ad hoc Beauftragten (*„mandataire ad hoc"*),[152] dessen Ziel auch auf eine Vergleichslösung gerichtet ist. Gerade letzteres Verfahren, das vom Handelsgericht Paris „erfunden" wurde, bevor es im Gesetz Erwähnung fand, hat etwa im Falle der Überschuldung von Eurotunnel gute Dienste geleistet. 51

13. Internationales Insolvenzrecht

In Frankreich, als Mitglied der Europäischen Union, gilt die europäische Insolvenzverordnung 1346/2000. 52

Das Rettungs-, Sanierungs- und Liquidationsverfahren sind in Anlage A der Verordnung in der aktualisierten Fassung enthalten,[153] nicht jedoch die oben unter Ziff. 12 erwähnten sonstigen Verfahren.

Außerhalb des Rahmens dieser Verordnung, d.h. also im Verhältnis zu Staaten, die nicht Mitglied der EU sind, sind die französischen Gerichte international für die Eröffnung eines Insolvenzverfahrens zuständig, wenn sich der Sitz der wesentlichen Interessen des Schuldners in Frankreich befindet.[154] Die französischen Gerichte erklären sich ebenfalls für international 53

---

[145] Art. 643-11 I, II.
[146] Diese waren vor der Reform von 2005 in verschiedenen Abschnitten des Code de Commerce verstreut und sind nun in den Art. 611-1 bis 612-5 zusammengefasst worden.
[147] Art. 611-1.
[148] Art. 612-3 und Art. 47 des Dekrets für nichtkaufmännische juristische Personen; Art. 234-1 für die Aktiengesellschaften, Art. 234-2 für die anderen Gesellschaften.
[149] Art. 611-2 II.
[150] Art. 651-1 bis 651-4, Haftung für unzureichendes Vermögen, sog. „responsabilité pour insuffisance d'actif". Jurisclasseur commercial, Fasc. 1055: „responsabilité civile des dirigeants sociaux", RdNr. 124.
[151] Art. 611-4 bis 611-15.
[152] Art. 611-3.
[153] EG Verordnung 649/2006 vom 27. 4. 2006 zur Änderung der Liste von Insolvenzverfahren, Liquidationsverfahren und Verwaltern in den Anhängen A, B und C der Verordnung 1346/2000 (Abl. EG 2006 Nr. L121, S. 1).
[154] Art. 1 des Dekrets.

Frankreich 54

zuständig, wenn der Schuldner in Frankreich Vermögensgegenstände besitzt,[155] und wenn der Gläubiger oder der Schuldner Franzose ist.[156]

Aus der internationalen Zuständigkeit der französischen Gerichte folgt die Anwendung des französischen Insolvenzrechts.[157]

Das französische Recht folgt im Prinzip dem Universalitätsprinzip, d.h. dass auch im Ausland befindliche Vermögensgegenstände zur französischen Insolvenzmasse gehören.[158]

54   Die Anerkennung eines ausländischen Insolvenzurteils und der damit verbundenen Befugnisse eines ausländischen Insolvenzverwalters erfordert eine Vollstreckbarkeitserklärung („*exequatur*") in Frankreich.

Das Exequatur wird erteilt, wenn der ausländische Richter (auch) nach den französischen Vorschriften international zuständig war, wenn das Verfahren ordnungsgemäß unter Gewährung des rechtlichen Gehörs abgelaufen ist, wenn keine Missbrauchsfälle vorliegen und unter der Voraussetzung, dass kein Verstoß gegen den „ordre public international" gegeben ist.[159] Mit Urteil vom 20. 2. 2007[160] ist das früher bestehende Erfordernis aufgehoben worden, wonach der ausländische Richter auch das Recht angewendet haben muss, das nach französischem IPR anzuwenden wäre.

Dem ausländischen Insolvenzverwalter werden jedoch gewisse Sicherungsbefugnisse zuerkannt, auch wenn die ausländische Entscheidung in Frankreich noch nicht anerkannt ist.[161]

Im Bereich des Insolvenzrechts sind allerdings starke Tendenzen festzustellen, den Rahmen des „*ordre public*" und der Eingriffsnormen weit zu stecken.[162]

---

[155] Cass. Com., 1. 10. 2002, Act. Proc. Coll. 2002/18 Nr. 243.
[156] Auf der Grundlage der Art. 14 und 15 Code Civil, z.B.: Cass. Com. 19.3. 1979, Revue des sociétés 1979, p. 567, note Y. Guyon.
[157] ZB Cass. Civ. 1ère, 5. 2. 1991, Bull. civ. I, Nr.44. Le Corre, Ziff. 93.13, S. 79.
[158] ZB Cass. Civ. 1ère, 19. 11. 2002, Nr 00-22.334, *Dalloz* 2002, AJ. S. 3341, Anm. *A. Lienhard.* Le Corre, Ziff. 93.14, S. 80.
[159] Cass. Civ. 1ère, 7. 1. 1964, *Munzer*, Revue critique de DIP 1964, 344, Anm. *Batiffol.* Zur Frage des „*ordre public international*", siehe z.B.: Cass. Com. 18. 1. 2000, *Dalloz* 2000, jur. S. 105, Anm. *J. Faddoul* und Cass. Com. 5.2. 2002, *Dalloz* 2002, AJ S. 957, Anm. *A. Lienhard.*
[160] Cass. Civ.1ère, 20. 2. 2007, Dalloz 2007, 1115 Anm. d'Avout und S. Bollée.
[161] ZB Cass. Civ., 24. 3. 1998, JCP E 1998 II, 10155, Anm. *E. Kerckhove.* Le Corre, Ziff. 93.21, S. 81.
[162] Cass. Civ. 1ère, 29. 9. 2004, Dalloz 2005, jur. S. 2159, Anm. L.C. Henry. In dieser Entscheidung wurde das Erlöschen einer nicht ordnungsgemäß angemeldeten Forderung und damit verbunden auch das Erlöschen einer Bürgschaft als Bestandteil des französischen „*ordre public international*" angesehen. Dies ist eine angesichts der kurz danach erfolgten Gesetzesänderung unverständliche Entscheidung.

Italien

bearbeitet von *Dr. Alessandra Santonocito* und *Rosa Maria Mare-Ehlers*
(PLUTA Rechtsanwalts GmbH, Mailand)

Übersicht

	RdNr.
1. Schrifttum	1
2. Einführung	2
2.1 Gesetzlicher Rahmen	2
2.2 Verfahrenstypen	4
3. Eröffnung des fallimento	8
3.1 Eröffnungsgründe	8
3.2 Schuldner	11
3.3 Organe	14
3.4 Antrag auf Eröffnung und Sicherungsmaßnahmen vor Verfahrenseröffnung	16
3.5 Wirkungen der Verfahrenseröffnung	20
4. Verlauf des fallimento	23
4.1 Forderungsanmeldung durch die Gläubiger	23
4.2 Verwaltung und Verwertung der Insolvenzmasse	29
4.2.1 Verwaltung	29
4.2.2 Verwertung	32
4.3 Verteilung an die Gläubiger	36
4.4 Beendigung	40
4.4.1 Aufhebung	41
4.4.2 Concordato fallimentare	42
4.5 Esdebitazione	46
4.6 Fallimento delle società	47
5. Gläubiger des fallimento	51
5.1 Massegläubiger	53
5.2 Aussonderungsberechtigte Gläubiger	54
5.3 Gesicherte und bevorzugte Gläubiger	55
5.4 Nicht bevorrechtigte Gläubiger	57
6. Abwicklung von beiderseitig nicht vollständig erfüllten Verträgen	58
7. Aufrechnung	70
8. Insolvenzanfechtung	74
9. Sanierungsverfahren und besondere Verfahren	83
9.1 Concordato preventivo	83
9.2 Accordi di ristrutturazione	94
9.3 Liquidazione coatta amministrativa	97
9.4 Amministrazione straordinaria	103
9.4.1 delle grandi imprese	103
9.4.2 delle imprese di rilevanti dimensioni	107
10. Internationales Insolvenzrecht	109

1. Schrifttum: *Lo Cascio,* Codice del fallimento e delle altre procedure concorsuali, Ipsoa, Milano 2007; *Ambrosini,* La riforma della legge fallimentare, Zanichelli, Bologna 2006; *Bonfatti/Censoni,* Manuale di diritto fallimentare, 2 ed., Cedam, Milano 2007; *Guglielmucci,* Diritto fallimentare, Giappichelli, Torino 2006; *Iniziari,* Effetti del fallimento per i creditori. Art. 51–63, Zanichelli, 1988; *Jorio/Fabiani,* Il nuovo diritto fallimentare vol. 1–2, Zanichelli, Bologna, 2007; *Nigro/Sandulli,* La riforma della legge fallimentare, vol. 1–2, Giappichelli, Torino 2006; *Schiano Di Pepe,* Il diritto fallimentare riformato, Cedam, Padova, 2007; *Tedeschi,* Manuale del nuovo diritto fallimentare, Cedam, Padova, 2006; *Chevubini/Di Terlizzi,* La nuova legge fallimentare, Dal D. Lgs. 5/2006 al Decreto correttivo 169/2007, Giuffrè, Milano, 2007. **1**

Bauer/König/Kreuzer, Das neue Italienische Gesetz über Konkurs und andere Insolvenzverfahren – Il nuovo Codice del Fallimento e delle altre procedure concorsuali (zweisprachige Ausgabe), 3. Aufl., Verlagsanstalt Athesia Bozen 2006;[1] *Braggion,* Italien: Neue Vorschriften für die außerordentliche Zwangsverwaltung großer Unternehmen, RIW 2000, 438 ff.; *Bünger,* Das neue italienische Insolvenzplanverfahren, DZWIR 2006, 455–460; *Carrara,* Recent reforms of insolvency law in Italy, The European Lawyer, 57/2006, 33 ff.; *Correnti/Schulte-Frohlinde,* Einführung in das italienische Insolvenzrecht und seine Reform, ZInsO 2006, 1020–1029; *Costa,* Die Reform des italienischen Insolvenzrechts, ZInsO 2006, 1071–1078; *Einhaus,* Die „außerordentliche Verwaltung" („amministrazione straordinaria") des reformierten italienischen Insolvenzrechts, Diss. Freiburg 2004; *Schaub/Jacobs,* Münchener Kommentar InsO, Bd. III, 1. Aufl. 2003, Art. 102 EGInsO Anhang II, Länderbericht Italien; *Smid,* Prozessführungsbefugnis des gemeinschuldnerischen Unternehmensträgers in den konkursgerichtlichen Reorganisationsverfahren in Italien der amministrazione controllata und des concordato preventivo, DZWIR 2003, 57–62. www.giustizia.it/uffici/info/indice.htm; www.fallimentitribunalemilano.net; www.ilcaso.it; www.cameradicommercio.it; www.ilfallimento.it; www.fallimentonline.it; www.iusimpresa.it.

2. Einführung

2.1 Gesetzlicher Rahmen

Das italienische Insolvenzrecht ist erstens durch das Gesetz R. D. 16 marzo 1942, n. 267, dem sog. *Legge Fallimentare* (L. F.) geregelt. Dieses Gesetz wurde in den Jahren 2005 und **2**

---

[1] Anmerkung: Der Länderbericht orientiert sich für die Übersetzung italienischer Rechtsbegriffe im Folgenden an dieser zweisprachigen Ausgabe des *Legge Fallimentare* von *Bauer/König/Kreuzer*.

2006 weit reichend reformiert. Im Mittelpunkt der Reform stand die Verfahrensbeschleunigung und die Verbesserung der Sanierungsmöglichkeiten für Unternehmen und für Vereinbarungen zwischen dem Schuldner und seinen Gläubigern. Die erste Änderung erfolgte durch D. L. 14. 3. 2005, n. 35 (sog. *Decreto competitività*), mit Änderungen umgesetzt durch das Gesetz L. 14. 5. 2005, n. 80. Dieses Gesetz hat die Insolvenzanfechtung *(revocatoria fallimentare)*[2] und den konkursabwendenden Vergleich *(concordato preventivo)*[3] reformiert. Das Gesetz hat Vereinbarungen über die Restrukturierung der Schulden *(gli accordi di ristrutturazione dei debiti)* gemäß dem neuen Art. 182 *bis* L. F. eingeführt. Eine umfassende Reform des Insolvenzrechts wurde dann durch das Reformgesetz D.lgs. 9. 1. 2006, n. 5, in Kraft getreten am 16. 7. 2006, vorgenommen. Weitere Änderungen sind durch das Dekret D.lgs. 12. 9. 2007, n. 169, vorgenommen worden, das am 1. 1. 2008 in Kraft getreten ist.[4]

3   Zweitens regelt das Gesetz über die *Amministrazione straordinaria delle grandi imprese insolventi* D. L. 30. 1. 1979, n. 26, umgesetzt durch das Gesetz L. n. 95/79 *(Legge Prodi)* die Insolvenz großer Unternehmen. Wesentliche Änderungen erfolgten durch das Dekret D.lgs. 8. 7. 1999, n. 270 *(Prodi bis)*. Das Dekret D. L. 23. 12. 2003, n. 347, umgesetzt durch das Gesetz L. 18. 2. 2004, n. 39 *(Legge Marzano)*, sieht die *amministrazione straordinaria* für Unternehmen von bedeutender Größe vor.

2.2 Verfahrenstypen

4   Das Konkursverfahren *(fallimento)* war bisher auf die Liquidation des Vermögens des Schuldners gerichtet. Nach der Reform steht die Sanierung des schuldnerischen Unternehmens im Vordergrund. Dabei ist sowohl die vorläufige Fortführung des Unternehmens, auch in Form einer Verpachtung des Betriebes, als auch der spätere Verkauf des gesamten Unternehmens möglich (siehe 4.3).

5   Das *concordato preventivo*, ein Vergleich zur Abwendung des *fallimento*,[5] sieht eine Vereinbarung zwischen dem Schuldner und den Gläubigern unter der Kontrolle des Gerichts vor. Alternativ ist auch ein außergerichtlicher Schuldenbereinigungsplan, *accordi di ristrutturazione dei debiti* möglich.[6] Dagegen hat der außergerichtliche Sanierungsplan, *piano di risanamento*, lediglich anfechtungsrechtliche Wirkungen in einem nachfolgenden *fallimento*[7] und stellt daher kein eigenes Verfahren dar.

6   Die durch die Reform von 2006 abgeschaffte *amministrazione controllata* sah eine Fortführung des Unternehmens für einen Zeitraum von zwei Jahren unter der Aufsicht und Kontrolle eines Gerichtskommissares *(commissario giudiziale)* und des beauftragten Richters *(giudice delegato)* vor.

7   Die *liquidazione coatta amministrativa* sieht für spezielle Unternehmen die Zwangsliquidation im Verwaltungswege nach Sondergesetzen vor. Schließlich können in die Krise geratene Großunternehmen durch die *amministrazione straordinaria* saniert werden.

3. Eröffnung des fallimento

3.1 Eröffnungsgründe

8   Das *fallimento* über das Vermögen eines Schuldners wird eröffnet, wenn erstens ein Zustand der Insolvenz *(stato di insolvenza)*[8] gem. Art. 5 L.F. vorliegt. Das ist der Fall, wenn der Schuldner nicht mehr in der Lage ist, seinen Verpflichtungen regelmäßig nachzukommen. Die Rechtsprechung hat den Begriff des *stato di insolvenza* konkretisiert. Demnach dürfen die Zahlungsschwierigkeiten nicht nur vorübergehender, sondern müssen von dauer-

---

[2] Art. 67 und 70 L.F.
[3] Art. 160, 161, 163, 177, 180 und 181 L.F.
[4] *Cherubini/Di Terlizzi*.
[5] Art. 160–186 L.F.
[6] Art. 182 bis L.F.
[7] Art. 67 IV d L.F.
[8] Art. 5 L.F. i. V. m. Art. 2221 Codice civile (c.c.).

hafter und struktureller Natur sein.[9] Die Überschuldung alleine ist kein Insolvenzgrund, sie kann aber trotzdem ein Indiz für den *stato di insolvenza* sein, wenn sie nicht nur vorübergehend ist und mit Zahlungsschwierigkeiten verbunden ist.[10]

Der *stato di insolvenza* ist erst dann rechtlich relevant, wenn dieser offen sichtbar wird. Art. 7 L.F. nennt dafür z. B. die Unauffindbarkeit des Schuldners oder die Schließung des Unternehmens. Zweitens muss die Höhe der fälligen und nicht bezahlten Schulden größer oder gleich 30 000 EUR betragen.[11]

Schließlich liegt kein Eröffnungsgrund vor, wenn entweder ein *pactum de non petendo*[12] oder ein außergerichtlicher Vergleich, jeweils durch die Mehrheit der Gläubiger, geschlossen wurde. Letztere können gerichtlich bestätigt werden (Art. 182 bis L.F.).

3.2 Schuldner

Schuldner eines *fallimento* können nur Unternehmer sein, die die Kriterien des Art. 1 L.F. erfüllen. Der Schuldner muss eine Handelstätigkeit *(attività commerciale)* ausüben, entweder in einem Einzelunternehmen oder in einer gesellschaftlichen Organisation.[13] Das Gesetz nennt drei Kriterien: Der Schuldner muss in den letzten drei Jahren des Betriebes mindestens 300 Tsd. EUR jährliches Aktivvermögen gehabt haben, mindestens 200 Tsd. EUR Bruttobeträge (Umsatz) jährlich verdient haben und mindestens 500 Tsd. EUR Verbindlichkeiten, auch noch nicht fällige, haben.[14]

Dahingegen sind Privatpersonen und öffentliche Körperschaften *(enti pubblici)* von dem *fallimento* ausgeschlossen. Für die Unternehmen, die diese Voraussetzungen nicht erfüllen und die Privatpersonen gilt das allgemeine Zwangsvollstreckungsrecht. Allerdings wird auch dort der Grundsatz der *par conditio creditorum* (Art. 2741 c.c.) in gewissem Umfang berücksichtigt.

Ausgeschlossen von dem *fallimento* sind die Unternehmen, für welche die *liquidazione coatta amministrativa* Anwendung findet (s. 9.3).

3.3 Organe

Das zuständige Landgericht *(tribunale)* bestimmt den *giudice delegato*. Letzterer beruft den Masseverwalter *(curatore)* und innerhalb von 30 Tagen nach der Eröffnung des *fallimento* den Gläubigerausschuss *(comitato dei creditori)* mit drei oder fünf Mitgliedern.[15] Dieser überwacht die Tätigkeit und genehmigt die Handlungen des *curatore* und besitzt dafür ein Einsichtsrecht in Rechnungsunterlagen und Urkunden des Verfahrens sowie ein Auskunftsrecht gegenüber dem *curatore*.[16]

Eine Gläubigerversammlung ist dahingegen kein Organ des *fallimento*, sie hat aber im Prüfungstermin die Möglichkeit, Mitglieder des Gläubigerausschusses und einen neuen *curatore* zu wählen.[17]

3.4 Antrag auf Eröffnung und Sicherungsmaßnahmen vor Verfahrenseröffnung

Den Antrag *(ricorso)* auf Eröffnung eines *fallimento* können der Schuldner sowie einer oder mehrere Gläubiger stellen.[18] Die Gläubiger benötigen für den *ricorso* keinen vollstreckbaren

---

[9] Cass., 4. 3. 2005 n. 4789.
[10] Cass., 9. 3. 2004 n. 4727, im gleichen Sinne auch Cass., 1. 12. 2005 n. 26217.
[11] Art. 15 L.F., die notwendige Forderungshöhe kann alle drei Jahre durch ein ministerielles Dekret *(decreto ministeriale)* angepasst werden.
[12] So die überwiegende Rspr., Cass., 20. 5. 1993 n. 5736.
[13] Vor der letzten Gesetzesänderung durfte der Schuldner zudem kein Kleinunternehmer sein. Umstritten war die Anwendbarkeit der allgemeinen Definition des Kleinunternehmers gem. Art. 2083 c. c. Für eine subsidiäre Anwendung *Bonfatti/Censoni*, 31 ff.; Tribunale Firenze 31. 1. 2007. Dagegen *Cavalli*, in *Ambrosini*, 9; Tribunale Milano 8. 3. 2007.
[14] Vgl. Art. 1 L.F.; die Mindestbeträge sind alle drei Jahre durch ministeriellen Dekret änderbar.
[15] Art. 40 L.F.
[16] Art. 41 L.F.
[17] Art. 37 bis L.F.
[18] Art. 6 L.F. Nach der Reform besteht keine Möglichkeit mehr für eine Eröffnung von Amts wegen durch das *tribunale*.

Titel und ihre Forderungen müssen noch nicht fällig sein. Wenn die Voraussetzungen des Art. 7 L.F. vorliegen, kann auch die Staatsanwaltschaft *(pubblico ministero)* einen Antrag *(richiesta)* einreichen.

17 Gemäß Art. 9 L.F. müssen die Anträge bei dem *tribunale* am Ort des faktischen Hauptsitzes[19] des Schuldners gestellt werden.[20]

18 Die Anträge leiten ein Eröffnungsverfahren *(istruttoria prefallimentare)*[21] ein. In diesem Verfahren wird durch das *tribunale* geprüft, ob die Voraussetzungen für ein *fallimento* vorliegen. Dafür lädt das *tribunale* die Parteien (Antragsteller und Schuldner) vor. Der Schuldner muss mindestens die Bilanzen der letzten drei Jahre hinterlegen. Möglich ist auch die Durchführung eines kontradiktorischen Verfahrens mit Beweismitteln und Sachverständigen.

19 Auf Parteiantrag können auch Sicherungsverfügungen *(provvedimenti cautelari)* und Beschlagnahmeverfügungen *(provvedimenti conservativi)* zum Schutz des Schuldnervermögens erlassen werden. Mit dem Urteil über die Eröffnung eines *fallimento* werden diese Maßnahmen entweder bestätigt oder aufgehoben. Gegen das Abweisungsdekret kann der Antragsteller mit einer Beschwerde *(reclamo)* gem. Art. 22 L.F. vorgehen.

3.5 Wirkungen der Verfahrenseröffnung

20 Mit dem Urteil über die Eröffnung des *fallimento (sentenza dichiarativa di fallimento)* wird das *fallimento* eröffnet.[22] In dem Urteil wird der *giudice delegato* und der *curatore* benannt. Der Prüfungstermin für die angemeldeten Forderungen (Ort, Tag und Uhrzeit) wird auf ein Datum innerhalb von 120 Tagen nach Hinterlegung des Urteils festgesetzt. Die Forderungsanmeldung muss innerhalb von 30 Tagen vor dem Prüfungstermin für die angemeldeten Forderungen erfolgen. Gegen dieses Urteil ist ein Berufungsverfahren *(reclamo)* gem. Art. 18 L.F. möglich.

21 Die Verwaltungs- und Verfügungsbefugnis wird dem Schuldner entzogen und geht auf den *curatore* über.[23] Durch die Eröffnung werden anhängige Prozesse unterbrochen, die Prozessführungsbefugnis geht auf den *curatore* über.[24] Alle von dem Schuldner nach der Eröffnung vorgenommenen Rechtshandlungen und Zahlungen sind den Gläubigern gegenüber unwirksam, ebenso Zahlungen an den Schuldner.[25]

22 Nach der Eröffnung hat der Schuldner seine Korrespondenz dem *curatore* heraus zu geben. Schuldner, die natürliche Personen sind, erhalten weiterhin ihre Korrespondenz, haben aber diejenige an den *curatore* herauszugeben, die Rechtsverhältnisse betrifft, welche mit dem *fallimento* im Zusammenhang stehen.[26] Außerdem hat der Schuldner dem *curatore* jede Änderung seines Wohnsitzes oder seiner Zustelladresse mitzuteilen.[27] Schließlich wurde das öffentliche Register der Konkursschuldner *(pubblico registro dei falliti)*[28] abgeschafft.

4. Verlauf des fallimento

4.1 Forderungsanmeldung durch die Gläubiger

23 Der *curatore* benachrichtigt die Gläubiger und andere von dem *fallimento* Betroffenen, z. B. die Inhaber dinglicher oder persönlicher Rechte an beweglichen und unbeweglichen Sachen, die im Eigentum oder im Besitz des Schuldners sind.[29] Der *curatore* fordert die Beteiligten zur Forderungsanmeldung auf und teilt die Frist dafür, den Tag für den Prüfungs-

---

[19] Cass., 19. 5. 2005 n. 8186.
[20] Neu geregelt wurde das Verfahren für Kompetenzkonflikte durch Art. 9 bis und 9 ter L.F.
[21] Art. 15 L.F.
[22] Art. 16 L.F.
[23] Art. 42 L.F. i. V. m. Art. 31 L.F., außer in den Fällen des Art. 46 L.F.
[24] Art. 43 L.F.
[25] Art. 44 L.F.
[26] Art. 48 L.F.
[27] Art. 49 L.F.
[28] Art. 50 L.F. alte Fassung.
[29] Art. 92 L.F.

termin sowie andere nützliche Auskünfte, um die Vorlage des Antrags zu erleichtern, mit. Gläubiger mit Sitz im Ausland können auch durch ihre evtl. vorhandenen Vertreter in Italien benachrichtigt werden.

Die Forderungsanmeldung erfolgt durch ein *ricorso,* der von der Partei in italienischer Sprache oder in italienischer Übersetzung 30 Tage vor dem Prüfungstermin in der Geschäftsstelle des Gerichts zu hinterlegen ist.[30] In dem *ricorso* muss Folgendes genannt werden: das Verfahren und die Daten des Gläubigers, die anzumeldende Forderungshöhe, bzw. die Beschreibung der herausverlangten Sache, eine kurze Darstellung der Tatsachen und Rechtsgründe, auf die sich die Anmeldung stützt, den Forderungsgrund *(titolo)* für eine vorzugsweise Befriedigung, ein Hinweis auf eine Faxnummer, E-Mail oder die Wahl der Zustellungsadresse, in dem Landgerichtsbezirk des zuständigen *tribunale*. Als Anlage müssen die Urkunden beigelegt werden, welche die Rechte belegen. Diese Urkunden können auch erst bis zum Prüfungstermin für die angemeldeten Forderungen hintergelegt werden.

Neben den Forderungen können auch folgende Ansprüche geltend gemacht werden:[31] Antrag auf Herausgabe beweglicher und unbeweglicher Sachen *(domanda di rivendica)*, Antrag auf Rückgabe *(domanda di restituzione)*.

Der *curatore* fertigt den Entwurf der Konkurstabelle *(progetto di stato passivo)* an.[32] Dafür prüft er die angemeldeten Forderungen und erstellt ein Gläubigerverzeichnis mit begründeten Stellungnahmen zu jeder Anmeldung, bestehenden Einwendungen oder Gründe der Unwirksamkeit des *titolo*. Anschließend teilt er den Gläubigern, den Inhabern von Rechten an Sachen und dem Schuldner mit, dass sie den bei der Geschäftsstelle hinterlegten Entwurf prüfen können und bis zum Prüfungstermin schriftliche Stellungnahmen abgeben können.

In dem Prüfungstermin prüft der *giudice delegato* die Konkurstabelle und entscheidet über jede der angemeldeten Forderungen.[33] Dieser Termin muss innerhalb von 120 Tagen nach der Eröffnung des *fallimento* stattfinden.[34] Nach der Prüfung erklärt der *giudice delegato* durch ein bei dem *tribunale* zu hinterlegendes *decreto* die Konkurstabelle – mit Wirkung lediglich für das *fallimento* – für vollstreckbar.

Gegen die (auch teilweise) Nichtanerkennung von Forderungen, können die betroffenen Gläubiger das Rechtsmittel gem. Art. 98 f. L.F. geltend machen.

4.2 Verwaltung und Verwertung der Insolvenzmasse
4.2.1 Verwaltung

Der *curatore* bringt an den Sachen der Insolvenzmasse Siegel an.[35] Geld, Wertpapiere und Rechnungsunterlagen und sonstige relevante Unterlagen sind dem *curatore* zu übergeben.[36] Anschließend entfernt der *curatore* die Siegel und erstellt unter Mitwirkung eines Urkundsbeamten ein Inventar.[37] Dadurch nimmt er die Sachen in Besitz.[38] Der Schuldner und der Gläubigerausschuss müssen mindestens verständigt worden sein. Eine vorherige Genehmigung durch den *giudice delegato* ist nicht mehr notwendig. Über den Vorgang ist ein Protokoll zu errichten. Für die Bewertung kann ein Bewertungsgutachter hinzugezogen werden.

Innerhalb von 60 Tagen nach der Eröffnung des *fallimento* muss der *curatore* ein Gutachten erstellen über Ursachen und Umstände des *fallimento,* die Sorgfalt der Geschäftsführung des Schuldners, der (auch strafrechtlichen) Verantwortlichkeit des Schuldners, für Gesellschaften auch die Verantwortlichkeit von den Geschäftsführern und Dritten. Im Folgenden muss der

---

[30] Art. 93 L.F.
[31] Art. 103 L.F.
[32] Art. 95 L.F.
[33] Art. 95 L.F.
[34] Art. 95, 96 L.F.
[35] Art. 84 L.F. i. V. m. 752 c. p. c. (ital. ZPO).
[36] Art. 86 L.F.
[37] Art. 87 L.F.
[38] Art. 88 L.F.; für unbewegliche oder andere in einem Register zu vermerkende Sachen sendet der *curatore* eine Ausfertigung des Urteils über die Eröffnung des *fallimento* an das Register, das dann einen Vermerk einträgt.

curatore alle sechs Monate einen zusammenfassenden Bericht über den Verlauf der Verwaltung erstellen.[39]

31 Der *curatore* hat ein Gläubigerverzeichnis mit allen Forderungen, Rechten der *creditori privilegati* auf vorzugsweise Befriedigung sowie über Gläubiger mit dinglichen und persönlichen Rechten an beweglichen oder unbeweglichen Sachen, die im Besitz des Schuldners sind, zu erstellen und bei der Geschäftsstelle des *tribunale* zu hinterlegen.[40] Außerdem muss er für das letzte Geschäftsjahr, soweit nicht vorhanden, den Jahresabschluss erstellen, bzw. Richtigstellungen und Ergänzungen an den von dem Schuldner vorgelegten Unterlagen vornehmen.

4.2.2 Verwertung

32 Innerhalb von 60 Tagen ab Errichtung des Inventars hat der *curatore* ein Verwertungsprogramm vorzulegen.[41] Dieses muss die Modalitäten, Möglichkeiten und Fristen der Verwertung des Unternehmens oder der Aktiva, mögliche Klagen auf Schadensersatz oder Anfechtung und bestehende Vorschläge für ein *concordato fallimentare* enthalten. Der Gläubigerausschuss muss diesem Verwertungsprogramm zustimmen, der *giudice delegato* wird die notwendigen Handlungen genehmigen.

33 Das Verwertungsprogramm kann zum einen auf die Liquidation der Aktiva[42] gerichtet sein, wenn vorhersehbar ist, dass eine Liquidation des Betriebes im Ganzen oder in Teilen nicht zu einer höheren Befriedigungsquote für die Gläubiger führen kann.[43]

34 Zum anderen kann – auch bereits mit der Eröffnung des *fallimento*[44] – die vorübergehende Fortführung des Unternehmens auf Antrag des *curatore* angeordnet werden, wenn die Unterbrechung des Betriebes einen schweren Schaden nach sich ziehen kann und keine Gläubigerschädigung zu erwarten ist.[45] Der *curatore* hat alle drei Monate den Gläubigerausschuss über die Zweckmäßigkeit der Fortführung zu unterrichten und alle sechs Monate oder nach Abschluss der Fortführung eine Abrechnung abzulegen.[46] Die in dem Zeitraum der Fortführung eingegangenen Verbindlichkeiten werden Masseverbindlichkeiten.[47] Der Betrieb kann auch vorübergehend verpachtet werden.[48] Dem Pächter kann ein Vorkaufsrecht eingeräumt werden.

35 Schließlich kann eine endgültige Veräußerung des Unternehmens im Ganzen oder in Teilen sowohl durch die Einbringung des Betriebes in eine neue Gesellschaft oder auch durch Übertragung des bestehenden Unternehmens erfolgen.[49] Im letzteren Fall haftet der Erwerber nicht für die Altverbindlichkeiten.[50]

4.3 Verteilung an die Gläubiger

36 Der *curatore* hat eine Aufstellung über verfügbare Beträge und einen Verteilungsentwurf entweder alle vier Monate ab dem Erlass des Dekrets über die Konkurstabelle oder entsprechend einer vom *giudice delegato* gesetzten Frist vorzuschlagen.[51] Die Gläubiger können innerhalb von 15 Tagen gegen diesen Entwurf ein *reclamo* erheben.[52] Liegen keine Einwände vor, erklärt der *giudice delegato* die Verteilung für vollstreckbar. Vor der endgültigen Verteilung sind bereits Abschlagsverteilungen bis maximal 80 Prozent möglich.[53]

---

[39] Art. 33 L.F.
[40] Art. 89 L.F.
[41] Art. 104 ter L.F.
[42] Art. 106–109 L.F.
[43] Art. 105 L.F.
[44] Art. 104 I L.F.
[45] Art. 104 II L.F.
[46] Art. 104 III, V L.F.
[47] Art. 104 VIII L.F. i. V. m. Art. 111 I Nr. 1 L.F. Siehe 5 a.
[48] Art. 104 bis L.F.
[49] Art. 105 L.F.
[50] Art. 105 IV L.F., aber dispositives Recht.
[51] Art. 110 L.F.
[52] Art. 36 L.F.
[53] Art. 113 L.F.

Nach der Rangordnung der Verteilung werden der Reihe nach zuerst die *crediti prededuci-* **37** *bili* (siehe 5.1), anschließend die *crediti privilegati* (siehe 5.3) sowie schließlich die *crediti chirografari* (siehe 5.4) befriedigt. Für die Berechnung der Verteilungserlöse müssen zwei Massen gebildet werden, eine für das Immobiliarvermögen und eine für das Mobiliar- und restliche Vermögen.[54] Für die Veräußerung von beweglichen und unbeweglichen Sachen, an denen Sonderrechte bestehen, hat der *curatore* Sonderkonten zu führen.[55]

Der *curatore* befriedigt die Gläubiger durch dem bestätigten Verteilungsplan entspre- **38** chende Zahlungen an die Gläubiger.[56] Nach dem Abschluss der Verwertung und vor der Schlussverteilung hat der *curatore* dem *giudice delegato* ausführlich seine Tätigkeit und eine detaillierte Abrechnung darzulegen und die Gläubiger sowie den Schuldner auf den von dem *giudice delegato* anberaumten Verhandlungstermin und ihr Einsichtsrecht hinzuweisen.[57]

Der *giudice delegato* genehmigt die Abrechnung, wenn diese nicht bestritten wird und **39** ordnet die Schlussverteilung an.[58] Die Gläubiger müssen hierfür nicht tätig werden.

4.4 Beendigung

Das *fallimento* kann auf zwei Arten beendet werden, entweder durch die Aufhebung **40** (4.4.1) oder durch ein *concordato fallimentare* (4.4.2).

4.4.1 Aufhebung

Zu einer Aufhebung des *fallimento* durch Dekret[59] kommt es in den folgenden Fällen des **41** Art. 118 L.F.: wenn im Eröffnungsverfahren keine Forderungen angemeldet wurden, wenn vor der Schlussverteilung alle anerkannten und alle vorab zu befriedigenden Forderungen sowie die Verfahrenskosten beglichen wurden, nach Abschluss der Schlussverteilung, oder wenn Masseunzulänglichkeit festgestellt wurde. Durch die Aufhebung des *fallimento* werden dessen Wirkungen aufgehoben und die Organe ihrer Ämter enthoben.[60]

4.4.2 Concordato fallimentare

Alternativ kann das *fallimento* auch durch ein Zwangsausgleich *(concordato fallimentare)* **42** beendet werden. Ein Vorschlag für ein *concordato fallimentare* kann von Gläubigern und Dritten sowie von dem Schuldner durch *ricorso* beim *giudice delegato* hinterlegt werden.[61] Der Vorschlag kann eine Gruppenbildung der Gläubiger mit jeweils begründeten unterschiedlichen Behandlungsweisen, sowie eine Restrukturierung der Verbindlichkeiten und die Befriedigung von Forderungen vorsehen. Die Position der vorzugsweise zu befriedigenden Gläubiger kann beschränkt werden, allerdings nicht weiter, als diese bei der Einzelveräußerung des Gegenstandes stehen würden. Insgesamt darf es nicht zu einer Umgehung der Rangstufe der vorzugsweisen Befriedigung kommen.

Die formellen Voraussetzungen des Vorschlages werden durch den *giudice delegato* geprüft **43** und den Gläubigern wird eine Frist zwischen 20 und 30 Tagen zur Stellungnahme gegeben.[62] Der *curatore* teilt den Gläubigern das Vorliegen des Vorschlags mit, bei einer großen Anzahl an Gläubigern auch durch Veröffentlichung in überregionalen Tageszeitungen.[63]

Die Gläubiger haben ein Stimmrecht und der Vorschlag für das *concordato fallimentare* ist **44** angenommen, wenn die Mehrheit der stimmberechtigten Gläubiger dafür stimmt.[64] Bei

---

[54] Art. 111 ter Abs. 1, 2 L.F.
[55] Art. 111 ter Abs. 3 L.F.
[56] Art. 115 L.F.
[57] Art. 116 L.F.
[58] Art. 117 L.F.
[59] Art. 119 L.F. Gegen das Dekret ist ein *reclamo* (Beschwerde) gem. Art. 26 L.F. zulässig.
[60] Art. 120 L.F.
[61] Art. 124, 125 I L.F.
[62] Art. 125 III L.F.
[63] Art. 125, 126 L.F.
[64] Art. 127, 128 L.F.

einer Gruppenbildung der Gläubiger muss in der Mehrheit der Gläubigergruppen jeweils die Mehrheit der stimmberechtigten Gläubiger für den Vorschlag stimmen.[65]

45 Nach Ablauf der im Rahmen des Bestätigungsverfahrens *(giudizio di omologazione)*[66] gesetzten Widerspruchsfrist (zwischen 15 und 30 Tagen) wird das *concordato fallimentare* wirksam[67] und verpflichtet alle Gläubiger, auch diejenigen, die ihre Forderung nicht angemeldet haben.[68] Das *fallimento* wird aufgehoben und der *curatore* hat Rechnung über seine Tätigkeit abzulegen.[69] Die Erfüllung des *concordato fallimentare* wird durch den *giudice delegato*, den *curatore* und das *comitato dei creditori* überwacht.[70] Werden die Bedingungen des *concordato fallimentare* nicht erfüllt[71] oder wird es gem. Art. 138 L.F. auf Antrag des *curatore* oder eines Gläubigers für nichtig erklärt, wird das *fallimento* wieder eröffnet.

4.5 Esdebitazione

46 Durch die Reform von 2006 wurde der Tatbestand der Entschuldung *(esdebitazione)* für Schuldner des *fallimento*, die natürliche Personen sind, eingeführt.[72] Diese können bei Erfüllen bestimmter Kriterien,[73] von ihnen nach der Aufhebung des Konkursverfahrens gegenüber den unbefriedigten Gläubigern bestehenden Schulden[74] befreit werden. Es wird jedoch keine *esdebitazione* vorgesehen, wenn die Insolvenzgläubiger im Rahmen des *fallimento* keine Quote bekommen. Die *esdebitazione* erfolgt durch Dekret des *giudice delegato*, das die Verbindlichkeiten für nicht eintreibbar erklärt.[75] Die Wirkung erstreckt sich auch auf Forderungen, die im *fallimento* nicht geltend gemacht wurden, allerdings nur auf den Anteil, der im *fallimento* im Fall der Anmeldung nicht befriedigt worden wäre.[76]

4.6 Fallimento delle società

47 Für das fallimento von Gesellschaften *(fallimento delle società)* gelten ergänzende Sonderbestimmungen.[77] Die Pflichten des Schuldners gem. Art. 49 L.F. und das Anhörungsrecht des Schuldners bestehen hier für die Geschäftsführer und Liquidatoren *(amministratori* und *liquidatori)* der Gesellschaft.[78] Den Antrag stellen die gesetzlichen Vertreter nach dem Beschluss der *amministratori*.

48 Der *curatore* hat mögliche Haftungsklagen *(azioni di responsabilità)* gegen Geschäftsführer, Mitglieder von Kontrollorganen, Generaldirektoren, Liquidatoren und gegen Gesellschafter einer Gesellschaft mit beschränkter Haftung *(società a responsabilità limitata)* zu führen.[79]

49 Das Urteil über die Eröffnung des *fallimento* der Gesellschaft bewirkt auch das *fallimento* über das Vermögen der unbeschränkt haftenden Gesellschafter *(soci a responsabilità illimitata)*.[80] Es wird ein gemeinsamer *giudice delegato* und *curatore* gewählt, aber es werden getrennte Verfahren durchgeführt.[81] Forderungen, die für die Gesellschaftern angemeldet werden,

---

[65] Art. 128 II L.F.
[66] Art. 129 L.F.
[67] Art. 130 L.F.
[68] Art. 135 L.F.
[69] Art. 130 II L.F.
[70] Art. 126 L.F.
[71] Art. 137 L.F.
[72] Art. 142 L.F.
[73] Art. 142 I Nr. 1–6 L.F, dazu zählen z. B. Zusammenarbeit mit Verfahrensorganen, keine Vermögensverschleierung, kein Verstoß gegen Herausgabepflicht der Korrespondenz, keine strafrechtlich für das *fallimento* relevanten Handlungen oder Verurteilungen sowie keine Entschuldung innerhalb der letzten zehn Jahre.
[74] Ausgenommen davon sind Verbindlichkeiten i. S. d. Art. 46 L.F.
[75] Art. 143 L.F.
[76] Art. 144 L.F.
[77] Art. 146–154 L.F.
[78] Art. 146 I L.F.
[79] Art. 146 I L.F.
[80] Art. 147 L.F., sowohl auf natürliche als auch auf juristische Personen. Aber umgekehrt hat die Eröffnung des *fallimento* über das Vermögen eines Gesellschafters nicht die Eröffnung eines *fallimento* über das Vermögen der Gesellschaft zur Folge.
[81] Art. 148 L.F.

gelten gleichzeitig auch für das Verfahren über das Vermögen des Gesellschafters als angemeldet.[82] Von den beschränkt haftenden Gesellschaftern *(soci a responsabilità limitata)* und von einem stillen Gesellschafter kann auch vor Ablauf der Frist die Zahlung der noch ausstehenden Einlagen verlangt werden.[83]

Es kann für eine Gesellschaft ein *concordato fallimentare* geschlossen werden.[84] Dieses wirkt **50** dann auch für die unbeschränkt haftenden Gesellschafter.[85] Alternativ können die einzelnen unbeschränkt haftenden Gesellschafter mit ihren jeweiligen Gläubigern ein *concordato fallimentare* abschließen.[86]

5. Gläubiger des fallimento

Es sind alle Gläubiger berechtigt an dem *fallimento* teilzunehmen. Das gilt sowohl hinsichtlich der Anmeldung ihrer Forderungen und deren Feststellung,[87] als auch für die Verteilung,[88] Grundsätzlich findet für die Verteilung der Grundsatz der par conditio creditorum[89] Anwendung, d. h. die Gläubiger sind gemeinschaftlich und gleichermaßen zu befriedigen. Ausgenommen davon sind die Gläubiger, die bevorzugt befriedigt werden (siehe 5.1 und 5.3). **51**

Zum Schutz der gleichmäßigen Befriedigung der Gläubiger sind Zwangsvollstreckungen **52** und Sicherungsmaßnahmen durch Einzelne von dem Tag der Eröffnung an verboten;[90] das gilt auch für Forderungen, die erst nach der Eröffnung fällig wurden. Die Forderungen gelten mit Wirkung für den Konkurs mit dem Tag der Konkurseröffnung als fällig.[91]

5.1 Massegläubiger

Die *crediti prededucibili* sind vorab zu befriedigende Forderungen.[92] Dazu zählen die durch **53** Gesetz bestimmten Forderungen[93] und diejenige, die im Zusammenhang mit dem *fallimento* nach dessen Eröffnung entstanden sind. Diese Forderungen müssen angemeldet werden. Sie werden hinsichtlich des Kapitals, der Kosten und Zinsen vorab aus der gesamten Masse befriedigt.[94]

5.2 Aussonderungsberechtigte Gläubiger

Inhaber von dinglichen Rechten an beweglichen oder unbeweglichen Gütern, die sich in **54** dem Besitz des Schuldners befinden, können mit der *domanda di rivendica* und der *domanda di restituzione* die Herausgabe und Rückgabe der Güter verlangen.[95] Damit können die Güter aus der Konkursmasse ausgesondert werden. Alternativ können sie auch den Antrag stellen, dass die Güter in die Insolvenzmasse aufgenommen werden.[96] In diesem Fall können sie den Gegenwert der Güter als Forderung zur Konkurstabelle anmelden. Der Inhaber von dinglichen Rechten kann aber dann Vorabbefriedigung verlangen, wenn der *curatore* den Besitz über das Gut verloren hat.

5.3 Gesicherte und bevorzugte Gläubiger

Die *creditori privilegati* unterteilen sich in zwei Gruppen. Zu der einen Gruppe zählen die **55** Gläubiger, die durch eine Hypothek, ein Pfandrecht oder ein *privilegio speciale* (besonders

---

[82] Art. 148 Abs. 3 L.F.
[83] Art. 150 L.F. und Art. 77 L.F.
[84] Art. 152 L.F.
[85] Art. 153 L.F.
[86] Art. 154 L.F.
[87] Art. 52 Abs. 2 L.F.
[88] Art. 52 Abs. 1 L.F.
[89] Art. 2741 c.c.
[90] Art. 51 L.F.
[91] Art. 55 Abs. 2 und Art. 59 L.F.
[92] Art. 111 bis L.F.
[93] Vgl. z. B. Art. 79 Abs. 2, 80 L.F.
[94] Art. 111 bis Abs. 3 L.F.
[95] Art. 93 L.F., zur Forderungsanmeldung s. o. 4.a.
[96] Vgl. im Folgenden Art. 103 L.F.

Italien 56–60

Vorrecht)⁹⁷ an einer Sache gesichert sind.⁹⁸ Diese Gläubiger werden aus dem Erlös der Verwertung des Sicherungsgutes in Höhe ihrer Forderung, der Zinsen und der Kosten befriedigt. Die durch ein Pfandrecht oder ein *privilegio speciale* gesicherten Gläubiger müssen sich allerdings eine quotale Beteiligung der Gläubiger mit *privilegio generale* von dem Verwertungserlös abziehen lassen. Für die Hypothekengläubiger gilt das nur in Ausnahmefällen (s. u.). Übersteigt die Forderung den zur Befriedigung zur Verfügung stehenden Betrag, kann der übersteigende Teil als ungesicherte Forderung zur Konkurstabelle angemeldet werden.

56 Die andere Gruppe besteht aus den Gläubigern mit einem *privilegio generale*,⁹⁹ d. h. einem allgemeinen Vorzugsrecht für ihre Forderung, die Zinsen und die Kosten. Dieses erstreckt sich in erster Linie auf den Erlös aus der Verwertung des Mobiliarvermögens,¹⁰⁰ und zwar zu gleichen Anteilen¹⁰¹ an dem ungesicherten und dem durch *privilegi speciale* gesicherten Vermögen. Manche *privilegi generali* haben darüber hinaus, wenn sie aus dem Erlös des beweglichen Vermögens nicht befriedigt werden können, auch noch ein Vorzugsrecht auf das unbewegliche Vermögen. Zu den *privilegi generali* zählen z. B. die Forderungen der Arbeitnehmer (Art. 2751 bis Nr. 4 c.c.).

5.4 Nicht bevorrechtigte Gläubiger

57 Die *creditori chirografari* sind die nicht bevorrechtigten Gläubiger. Diese beteiligen sich gem. Art. 111 Abs. 1 Nr. 3 L.F. in Höhe des zugelassenen Forderungsbetrages und werden aus der verbleibenden Masse quotal befriedigt. Ab dem Tag der Eröffnung wird der vertragliche und gesetzliche Zinslauf ausgesetzt.¹⁰²

6. Abwicklung von beiderseitig nicht vollständig erfüllten Verträgen

58 Beiderseitig nicht vollständig erfüllte Verträge werden seit der Reform durch die allgemeine Vorschrift des Art. 72 L.F. geregelt, soweit keine speziellen Regelungen eingreifen.¹⁰³ Demnach wird die Erfüllung des Vertrages ausgesetzt, bis der *curatore* sein Wahlrecht zwischen Eintritt in den Vertrag und der Lösung von dem Vertrag ausübt und das *comitato dei creditori* dieses genehmigt hat. Tritt der *curatore* in den Vertrag ein, übernimmt er die Verpflichtungen des Schuldners zulasten der Masse.¹⁰⁴ Klauseln, welche die Auflösung des Vertrages mit Eröffnung des *fallimento* vorsehen, sind nichtig.¹⁰⁵ Wählt der *curatore* die Lösung von dem Vertrag, kann der Gläubiger seine Forderung aus Nichterfüllung anmelden, ein Schadensersatz ist aber nicht vorgesehen. Der Vertrag gilt als aufgelöst, wenn der *curatore* nicht innerhalb einer von einem Gläubiger gesetzten Frist von 60 Tagen sein Wahlrecht ausübt.¹⁰⁶

59 Besondere Vorschriften können erstens eine automatische Auflösung des Vertrages vorsehen. Dies gilt für personenbezogene Verträge *(intuitu personae)*, wie das Kontokorrent, den Auftrag¹⁰⁷ und die Kommission,¹⁰⁸ die stille Gesellschaft *(associazione in partecipazione)*¹⁰⁹ und den Werkvertrag *(contratto di appalto)*.

60 Zweitens sehen andere Vorschriften die automatische Übernahme des Vertrages durch den *curatore* anstelle des Schuldners vor, so bei dem Versicherungsvertrag¹¹⁰ und bei Arbeits-

---

[97] Art. 2755–2769 c.c.
[98] Art. 53, 54 L.F.
[99] Art. 2751–2754 c.c.
[100] Art. 111 quater Abs. 1 L.F.
[101] Die Quote berechnet sich aus der Summe der bevorrechtigten Forderungen im Verhältnis zu der Summe aus dem gesicherten und ungesicherten beweglichen Vermögen.
[102] Art. 55 Abs. 1 L.F.
[103] Z.B. Art. 72 bis Art. 83 bis L.F.
[104] Art. 72 Abs. 1 L.F.
[105] Art. 72 Abs. 6 L.F.
[106] Art. 72 Abs. 2 L.F.
[107] Allerdings nur für das *fallimento* des Auftragnehmers.
[108] Art. 78 L.F.
[109] Art. 77 L.F.
[110] Art. 82 L.F.

verträgen. Für letztere gilt bei der Eröffnung zunächst die automatische Fortsetzung mit dem *curatore* zu Lasten der Masse.[111] Die Beendigung des Betriebes stellt keinen wichtigen Grund für eine Kündigung gem. Art. 2110 Abs. 2 c.c. dar. Der *curatore* kann dann zwar kündigen, muss aber dem Arbeitnehmer für eine fristlose Kündigung Schadensersatz leisten.

Differenzierter gestaltet sich die Lösung des Art. 104 L.F. für die vorläufige Unternehmensfortführung *(esercizio provvisorio dell'impresa)*: Alle Verträge bestehen weiter. Der *curatore* hat aber die Möglichkeit, sich von den Verträgen zu lösen.[112] **61**

Drittens ist das Wahlrecht für einige Vertragstypen speziell geregelt: Ob ein Kaufvertrag ein schwebender Vertrag ist, hängt davon ab, ob die Parteien beide ihre Hauptleistungspflichten noch nicht (ganz) erfüllt haben. Der Käufer darf den Kaufpreis noch nicht voll bezahlt haben. Der Verkäufer schuldet Eigentumsübertragung und Übergabe. Der Zeitpunkt des Eigentumsübergangs bestimmt sich in Italien im Allgemeinen einerseits für den Kaufvertrag[113] nach dem Konsensualprinzip, d.h. mit Abschluss des Kaufvertrages geht das Eigentum über. Andererseits kann aber in besonderen Fällen ein Kaufvertrag ohne unmittelbaren Eigentumsübergang geschlossen werden.[114] Dieser erfolgt dann erst mit Übergabe der Sache. **62**

In der Verkäuferinsolvenz ist das gem. Art. 72 L.F. bedeutsam. Denn unabhängig von der Übergabe ist der *curatore* dann an einen Kaufvertrag gebunden, wenn dieser vor der Eröffnung abgeschlossen wurde. In den Fällen des Kaufvertrages ohne unmittelbaren Eigentumsübergang hat der *curatore* das Wahlrecht aus Art. 72 L.F., wenn die Sache noch nicht übergeben wurde. **63**

In der Käuferinsolvenz, in der der Kaufvertrag vor der Eröffnung geschlossen wurde, hat der *curatore* dann das Wahlrecht aus Art. 72 L.F., wenn die Sache noch nicht übergeben wurde.[115] Nach der Reform hat der Verkäufer nicht mehr das Recht auf die Durchführung des Vertrages zu bestehen und seine Forderung anzumelden. Allerdings sieht Art. 75 L.F. vor, dass der Verkäufer die versendete Kaufsache noch vor der Inbesitznahme durch den insolventen Käufer wieder in den Besitz nehmen kann. **64**

Für Vorverträge gilt grundsätzlich Art. 72 L.F. Wenn der Vorvertrag aber in einem Register[116] eingetragen ist, und der *curatore* Auflösung wählt, kann der Käufer seine Forderung (aber kein Schadensersatz) als bevorrechtigt anmelden.[117] **65**

Der *curatore* kann im Käuferkonkurs mit Genehmigung des *comitato dei creditori* in einen Kaufvertrag mit Eigentumsvorbehalt *(rendita con riserva di proprietà)* eintreten, der Verkäufer kann eine Kaution verlangen.[118] Wenn der *curatore* den Vertrag auflöst, muss der Verkäufer die erhaltenen Raten zurückzahlen, kann aber eine Vergütung für den Gebrauch der Sache behalten.[119] Im Käuferkonkurs kann Art. 72 L.F. Anwendung finden.[120] Verlangt der *curatore* Vertragsauflösung, hat er die Sache herauszugeben. Der Verkäufer kann hierfür den Antrag auf Herausgabe stellen.[121] **66**

Für ein Finanzierungsleasing gilt in der Insolvenz des Leasingnehmers Art. 72 L.F. Bei Auflösung des Vertrages kann der Leasinggeber die Sache herausverlangen. Ergibt sich aus der Verwertung des Leasinggegenstandes gegenüber den offenen Forderungen gegen den Leasingnehmer ein Überschuss, hat der Leasinggeber diesen an den *curatore* herauszuge- **67**

---

[111] Art. 2119 c.c.
[112] Art. 104 Abs. 7. i.V.m. Art. 72ff. L.F.; in dem *fallimento* des Leasingnehmers Art. 72 quater Abs. 1 L.F.
[113] Vgl. Art. 1376 c.c.
[114] Vgl. z.B. *vendita di cosa futura* gem. Art. 1472 c.c.
[115] Vgl. *Bonfatti/Censoni*, 261.
[116] Gem. Art 2645 bis c.c.
[117] Art. 72 bis Abs. 2 L.F. i.V.m. Art. 2775 bis c.c.
[118] Art. 73 Abs. 1 L.F.
[119] Art. 73 Abs. 2 L.F.
[120] So *Bonfatti/Censoni*, 270.
[121] Art. 93, 103 L.F. Schadensersatz kann er nicht verlangen, vgl. *Bonfatti/Censoni*, 270.

ben.[122] Im Falle eines Defizits kann er die Restforderung anmelden.[123] In dem *fallimento* einer Leasinggesellschaft läuft der Vertrag weiter.[124]

68 Für Mietverträge über unbewegliche Sachen übernimmt im *fallimento* des Vermieters der *curatore* den Mietvertrag.[125] Im *fallimento* des Mieters kann der *curatore* gegen eine vorab zu befriedigende angemessene Entschädigung den Vertrag auflösen.[126] Liegt ein Pachtvertrag über das Unternehmen *(affitto d'azienda)* vor, besteht für beide Parteien ein Kündigungsrecht mit einer Frist von 60 Tagen.[127]

69 Schließlich hat die Wahl der Auflösung eines Vertrages gem. Art. 83 *bis* L.F. zur Folge, dass anhängige Schiedsverfahren nicht mehr fortgesetzt werden können.

7. Aufrechnung

70 Bereits vor der Insolvenz bestehende aufrechenbare Forderungen werden durch die *compensazione legale*[128] automatisch aufgerechnet. Einer Forderungsanmeldung bedarf es nicht. In einem Prozess über die erfolgte Aufrechnung nach Eröffnung des *fallimento* kann und muss sich der Aufrechnende aber darauf berufen.[129]

71 Ist eine der Forderungen nicht liquide, aber liegen die Voraussetzungen einer richterlichen Aufrechnung durch Urteil *(compensazione giudiziale)*[130] vor, ist die Aufrechnung auch noch in dem *fallimento* möglich, obwohl die *compensazione giudiziale* nur *ex nunc* wirkt.[131]

72 Schließlich können Gläubiger in dem *fallimento* auch mit noch nicht fälligen Forderungen gegen die Forderungen des Schuldners aufrechnen (Art. 56 Abs. 1 L.F.), außer wenn der Gläubiger seine nicht fällige Forderung innerhalb eines Jahres durch ein Rechtsgeschäft unter Lebenden erworben hat (Art. 56 Abs. 2 L.F.).

73 Es erfolgt keine Aufrechnung, wenn die Bedingung einer aufschiebend bedingten Forderung erst nach der Eröffnung eintritt, mit verjährten Forderungen und mit Schadensersatzforderungen wegen Nichterfüllung.

8. Insolvenzanfechtung

74 Die Anfechtung *(revocatoria)* beabsichtigt die Wiederherstellung des schuldnerischen Vermögens im Sinne der par conditio creditorum. Rechtshandlungen zwischen Schuldner und Gläubiger vor der Eröffnung des *fallimento,* welche die Gläubigergesamtheit schädigen, können für unwirksam erklärt werden. Durch die Reform wurde die *revocatoria* umfassend reformiert. Der Anwendungsbereich hat sich durch die Halbierung der Verdachtsperioden verringert. Dies soll der Rechtssicherheit für abgeschlossene Rechtsgeschäfte dienen. Das *tribunale* ist zuständig für die Anfechtungsklage *(azione revocatoria).*[132]

75 Erstens sieht die *azione revocatoria ordinaria*[133] eine allgemeine Anfechtungsklage vor. Rechtshandlungen des Schuldners müssen einen Schaden der Gläubigergesamtheit bewirkt haben. Für die Anfechtbarkeit von entgeltlichen Handlungen müssen der Schuldner und der an der Handlung beteiligte Gläubiger (bei unentgeltlichen Handlungen muss nur der Schuldner) mit Benachteiligungswillen gehandelt haben. Die Geltendmachung verjährt fünf Jahre nach Vornahme der schädigenden Handlung.

---

[122] Art. 72 quater Abs. 2 L.F.
[123] Art. 72 quater Abs. 3 L.F.
[124] Art. 72 quater Abs. 4 L.F.
[125] Art. 80 Abs. 1 L.F.
[126] Art. 80 Abs. 2 i. V. m. Art. 111 Abs. 1 Nr. 1 L.F.
[127] Art. 79 L.F.: bevorrechtigter Schadensersatz des Verpächters gem. Art. 111 Abs. 1 Nr. 1 L.F.
[128] Art. 1243 Abs. 1 c.c.
[129] Vgl. *Inzitari,* 195 f.
[130] Art. 1243 Abs. 2 c.c.
[131] Vgl. *Inzitari,* 189 ff.
[132] Art. 24 L.F.
[133] Art. 66 L.F. i. V. m. Art. 2901 ff. c.c.

76 Zweitens gewährt die *azione revocatoria fallimentare*[134] insolvenzrechtliche Anfechtungsklagen mit geringeren Voraussetzungen. Eine Gläubigerschädigung muss nicht bewiesen werden (Art. 67 L.F.). Für die Kenntnis des beteiligten Gläubigers von dem *stato di insolvenza* genügt die Kenntnis über die Umstände, aus denen sich der *stato di insolvenza* schließen lässt.[135]

77 Handlungen des Schuldners, die nicht von der gewöhnlichen Geschäftsführung umfasst sind *(atti anomali)*, können teils sechs Monate,[136] teils ein Jahr[137] angefochten werden. Unter diese Kategorie fallen z. B. entgeltliche Verträge, bei denen der Wert von Leistung und Gegenleistung in einem Missverhältnis von über 25 Prozent stehen, Tilgungen von Verbindlichkeiten mit nicht monetären Mitteln sowie Bestellung von (Nutzungs-) Pfandrechten und Hypotheken. Zugunsten der Masse besteht eine relative Vermutung der Kenntnis des *stato di insolvenza* mit Beweislastumkehr.[138]

78 Handlungen, die der gewöhnlichen Geschäftsführung unterliegen *(atti nomali)*, wie Zahlungen, das Eingehen entgeltlicher Verträge und das Gewähren von Sicherheiten, unterliegen einer sechsmonatigen Anfechtungsfrist. Der *curatore* muss die Kenntnis des beteiligten Gläubigers von dem *stato di insolvenza* beweisen.

79 Von der Anfechtung sind gem. Art. 67 Abs. 3 L.F.[139] z. B. bestimmte Zahlungen auf ein debitorisches Kontokorrentkonto[140] oder Zahlung von Löhnen für Angestellte des Schuldners[141] ausgeschlossen. Außerdem sind Verfügungen, Zahlungen und Sicherstellungen, die auf Grund eines *concordato preventivo* oder eines *accordo di ristrutturazione dei debiti*,[142] oder eines gem. Art. 2501 *bis* c. c. geprüften Schuldenbereinigungsplans[143] erfolgt sind, nicht anfechtbar.

80 Drittens können Rechtshandlungen auch automatisch gegenüber der Insolvenzmasse unwirksam sein *(inefficacia ex lege)*. Einer Anfechtungsklage bedarf es dann nicht. Dies gilt für unentgeltliche Verfügungen[144] innerhalb der letzten zwei Jahre vor Eröffnung des *fallimento* und für Zahlungen auf Forderungen, die mit oder nach der Eröffnung des *fallimento* fällig werden.[145]

81 Die Anfechtungsklagen haben nur die relative Unwirksamkeit der Handlungen gegenüber den beteiligten Gläubiger zur Folge. Letzterer kann dies nicht gegenüber der Masse einwenden. Der Gläubiger muss die erhaltene Leistung zurückgewähren und kann, falls eine Forderung gegenüber der Insolvenzmasse besteht, diese anmelden.[146]

82 Für die Fristen ist der Tag der Veröffentlichung des Urteils über die Eröffnung des *fallimento* maßgeblich. Das Anfechtungsrecht unterliegt der Verwirkung *(decadenza)* gemäß Art. 69 *bis* L.F. von drei Jahren nach der Eröffnung des *fallimento* und von fünf Jahren nach der Vornahme des Rechtshandlung.

9. Sanierungsverfahren und besondere Verfahren

9.1 Concordato preventivo

83 Das *concordato preventivo* ist ein von den Gläubigern vereinbarter Vergleich, der ein *fallimento* abwendet und der mit der gerichtlichen Bestätigung für alle Gläubiger bindend wird.

---

[134] Art. 67 L.F.
[135] So Cass. 18. 5. 2005, n. 10432.
[136] Art. 67 Abs. 1 Nr. 4 L.F.
[137] Art. 67 Abs. 1 Nr. 1–3 L.F.
[138] Art. 67 Abs. 1 L.F.; ähnlich Art. 69 L.F. für Rechtshandlungen zwischen Ehegatten innerhalb zwei Jahre vor Eröffnung des *fallimento*.
[139] Überwiegend ist für diese Tatbestände auch eine *revocatoria ordinaria* ausgeschlossen.
[140] Art. 67 Abs. 3 b) L.F.
[141] Art. 67 Abs. 3 f) L.F.
[142] Art. 67 Abs. 3 e) L.F., siehe 9.2.
[143] Art. 67 Abs. 3 d) L.F.
[144] Art. 64 L.F.
[145] Art. 65 L.F.
[146] Art. 70 Abs. 2 L.F.

84 Zu dem Verfahren sind Unternehmer *(imprenditori)*[147] in einer Krisenlage *(stato di crisi)*[148] zugelassen.[149] Der vorgelegte Vergleichsplan kann die Umschichtung und Befriedigung der Schulden, die Zuweisung der betroffenen unternehmerischen Tätigkeiten an einen Übernehmer, die Unterteilung der Gläubiger in Gruppen sowie die unterschiedliche Behandlungsweise dieser Gruppen vorsehen. Liegen diese Voraussetzungen nicht vor, eröffnet das *tribunale* ein *fallimento*.[150]

85 Der Schuldner kann den Antrag auf Zulassung des *concordato preventivo* bei dem *tribunale* am Hauptsitz des Unternehmens hinterlegen.[151] Es muss ein Bericht über die Vermögens-, Wirtschaft- und Finanzlage des Unternehmens, ein aufgegliedertes Vermögensverzeichnis mit Schätzwerten, ein Gläubigerverzeichnis, ein Verzeichnis der Inhaber von dinglichen oder persönlichen Rechten sowie eine Angabe über den Wert der Sachen und Privatgläubiger von unbeschränkt haftenden Gläubigern vorgelegt werden.[152] Ein Sachverständiger i. S. d. Art. 67 Abs. 3 d) L.F. muss die Richtigkeit der Betriebsdaten und die Durchführbarkeit des Planes bestätigen.[153]

86 Das *tribunale* entscheidet über den Antrag durch Dekret und beauftragt im Falle der Zulassung des Verfahrens einen Richter *(giudice delegato)*, einen *commissario giudiziale* und beruft die Gläubiger ein. Der Betrag für einen Teil der voraussichtlichen Verfahrenskosten muss hinterlegt werden.[154]

87 Nach der Zulassung des Vergleichsvorschlags wird das Unternehmen von dem Schuldner unter Aufsicht des *commissario giudiziale* weiter geführt.[155] Letzterer hat ein Inventar aufzustellen und einen Bericht über die Gründe für das Verfahren, dessen Verlauf und das Schuldnerverhalten zu erstellen.[156] Außerdem teilt er den Gläubigern den Vergleichsvorschlag und den Tag der Gläubigerversammlung mit.[157]

88 Für zahlreiche Vertragstypen ist die schriftliche Genehmigung des *giudice delegato* vorgesehen.[158] Es kann aber eine genehmigungsfreie Wertgrenze für Verträge festgesetzt werden.[159] Ab der Vorlage des Antrages bis zur Rechtskraft des Urteils über die Bestätigung des *concordato preventivo* sind Vollstreckungen der Gläubiger ausgesetzt.[160] Die Geltendmachung von Rechten auf vorzugsweise Befriedigung hängt von der Genehmigung des *giudice delegato* ab.[161] Außerdem vermerkt der *giudice delegato* die Zulassung des Verfahrens in den Rechnungsbüchern des Schuldners.[162]

89 Die Gläubiger erörtern in der Versammlung das vorgeschlagene *concordato preventivo* und stimmen über dessen Annahme ab.[163] Sowohl die Gläubiger als auch der Schuldner können zu dem Vorschlag Stellung nehmen und teilnehmende Forderungen bestreiten.[164] Der *giudice*

---

[147] Die Definition richtet sich nach Art. 1 L.F., s. o. und umfasst gem. Art. 4 bis D. L. 23. 12. 2003, n. 347 auch die Unternehmen, die einer *amministrazione straordinaria* (siehe 9.d) unterliegen.
[148] Tribunale Milano 27. 10. 2005, decreto n. 12; Tribunale Roma 2. 2. 2006. *Guglielmucci*, 318 orientiert sich an dem deutschen Recht der §§ 17–19 InsO und der Reduktion auf das Mindestmaß an gesetzlich vorgeschriebener Eigenkapitalausstattung. Gem. Art. 160 Abs. 3 L.F. gilt auch *stato di insolvenza* als Krisenlage.
[149] Vgl. im Folgenden Art. 160 L.F.
[150] Art. 162 L.F.
[151] Art. 161 Abs. 1 L.F.
[152] Art. 161 Abs. 2 L.F.
[153] Art. 161 Abs. 3 L.F.
[154] Art. 163 Abs. 2 Nr. 4 L.F., andernfalls wird das *fallimento* eröffnet, Art. 163 Abs. 3 L.F.
[155] Art. 167 Abs. 1 L.F.
[156] Art. 172 L.F.
[157] Art. 171 Abs. 2 L.F.
[158] Art. 167 Abs. 2 L.F.
[159] Art. 167 Abs. 3 L.F.
[160] Art. 168 Abs. 1 L.F.
[161] Art. 168 Abs. 3 L.F.
[162] Art. 170 L.F.
[163] Art. 174–178 L.F.
[164] Art. 175 L.F.

delegato kann über die bestrittenen Forderungen vorläufig entscheiden, um die Stimmrechte und Mehrheiten feststellen zu können.[165]

Für die Annahme des Vorschlags bedarf es der Mehrheit der zur Abstimmung 90 zugelassenen[166] Gläubigerforderungen, bei Gläubigergruppen in der Mehrheit der Gruppen.[167] Das *tribunale* kann den Vorschlag auch dann annehmen, wenn die Mehrheit der Gläubigergruppen zugestimmt haben, einzelne Gläubigergruppen ihn aber abgelehnt haben.[168]

Findet der Vorschlag keine Mehrheit, eröffnet der *giudice delegato* ein *fallimento*.[169] Liegt die 91 notwendige Gläubigermehrheit vor, können die nicht zustimmenden Gläubiger, der Schuldner, der *commissario giudiziale* und weitere Interessierte bei dem *tribunale* eine Verteidigungsschrift hinterlegen.[170] Das *tribunale* führt dann ein Verfahren gem. Art. 180 Abs. 3 L.F. durch.

Den Abschluss bildet das Bestätigungsdekret gem. Art. 181 L.F. Damit wird das *concordato* 92 *preventivo* für alle Gläubiger bindend (Art. 184 L.F.). Als Rechtsmittel kann den Gläubigern dagegen eine Beschwerde *(reclamo)* zur Verfügung stehen.[171]

Der *commissario giudiziale* überwacht die Einhaltung der im Bestätigungsdekret genannten 93 Bedingungen.[172] Das *concordato preventivo* kann aufgehoben werden, wenn die Bedingungen nicht eingehalten werden,[173] wenn sich herausstellt, dass die zugrunde liegenden Aktiva oder Passiva unrichtig dargestellt wurden.[174]

9.2 Accordo di ristrutturazione

Durch den neu eingefügten Art. 182 *bis* L.F. kann eine außergerichtliche Vereinbarung 94 über die Umschichtung der Schulden *(accordo di ristrutturazione)* geschlossen werden.[175] Ziel des *accordo* ist die Wiederherstellung der Solvenz des Unternehmens, das Prinzip der par conditio creditorum findet keine Anwendung.

In der außergerichtlichen Phase müssen dem *accordo* Gläubiger zustimmen, die mind. 95 60 Prozent der Forderungen vertreten. Ein Experte muss dieses *accordo* auf seine Durchführbarkeit hin prüfen und bestätigen, dass voraussichtlich nach dem Vergleich noch Zahlungsmittel für die regelmäßige Befriedigung der übrigen Gläubiger vorhanden sein werden.

In der gerichtlichen Phase entscheidet das *tribunale* über das *accordo* unter Berücksichti- 96 gung des Expertengutachtens sowie über die innerhalb von 30 Tagen erfolgten Widersprüche *(opposizioni)* von Gläubigern und anderen Betroffenen. Die gerichtliche Bestätigung ist ausschlaggebend für die Befreiung der während des Plans durchgeführten Rechtshandlungen von der Anfechtung in einem sich evtl. anschließenden *fallimento*.[176] Gegen die Bestätigung können die Gläubiger mit einem *reclamo* vorgehen. Mit der Eintragung und Veröffentlichung in dem Unternehmensregister wird das *accordo* gegenüber allen Gläubigern wirksam.[177]

---

[165] Art. 176 L.F.
[166] *Creditori chirografari* und die *creditori privilegiati* (soweit Letztere auf ihr Vorzugsrecht verzichtet haben).
[167] Art. 177 Abs. 1 L.F.
[168] Art. 177 Abs. 2 L.F., solange eine höhere Befriedigungsmöglichkeit der ablehnenden Gläubigergruppen voraussichtlich nicht besteht.
[169] Art. 179 i. V. m. 162 Abs. 2 L.F.
[170] Art. 180 L.F.
[171] Art. 183 L.F.
[172] Art. 185 Abs. 1 L.F.
[173] Art. 186 i. V. m. 137 L.F.
[174] Art. 186 i. V. m. 138 L.F.
[175] Die Abgrenzung zu dem *concordato preventivo* ist unklar: Tribunale Roma 7. 7. 2005: getrennte Verfahren, keine analoge Anwendung der Regeln des *concordato preventivo*. AA *Bonfatti/Censoni,* 467 ff.; *Guglielmucci,* 345 ff.: Alternative, Regeln des *concordato preventivo* subsidiär anwendbar.
[176] Art. 67 Abs. 3 e) L.F.
[177] Art. 182 bis Abs. 2 L.F.

Italien

9.3 Liquidazione coatta amministrativa

97 Bestimmte Unternehmen, wie z. B. Kreditinstitute, Versicherungen und Treuhand-/Wirtschaftsprüfungsgesellschaften, werden ausschließlich durch eine Zwangsliquidation im Verwaltungswege *(liquidazione coatta amministrativa)*[178] abgewickelt.[179]

98 Das Verfahren findet für Unternehmen Anwendung, an denen ein besonderes öffentliches Interesse besteht und die von einer Aufsichtsbehörde kontrolliert werden. Der Eröffnungsgrund ist erweitert und umfasst sowohl den *stato di insolvenza*[180] als auch eine Reihe von objektiven Voraussetzungen (Unregelmäßigkeiten im Geschäftsbetrieb und Gesetzesverletzungen).[181]

99 Den Antrag auf Eröffnung können die Gläubiger, die Aufsichtsbehörde oder das Unternehmen selbst stellen.[182] Vor der Eröffnung des Verfahrens entscheidet das *tribunale* über das Vorliegen eines *stato di insolvenza* (Art 195 L.F.).[183] In jedem Fall müssen die Aufsichtsbehörde und das Unternehmen vorher angehört werden.[184] Das Urteil über die Feststellung des *stato di insolvenza* kann vorläufige Sicherungsmaßnahmen beinhalten.[185]

100 Nach dem Urteil über die Feststellung des *stato di insolvenza* kann das Liquidationsverfahren durch eine Liquidationsverfügung des zuständigen Ministers eröffnet werden.[186] Ab diesem Zeitpunkt wird das Verfahren durch die zuständige Behörde geführt. Diese bestellt einen Liquidator *(commissario liquidatore)* und einen Überwachungsausschuss *(comitato di sorveglianza)*.[187]

101 Die Liquidationsverfügung hat gegenüber dem Unternehmen und gegenüber den Gläubigern ähnliche Wirkungen wie das *fallimento*, z. B. den Übergang der Verwaltungs- und Verfügungsbefugnis und die Anwendbarkeit der Regeln über die Anfechtung und die schwebenden Verträge.[188]

102 Die Gläubiger müssen keine Forderungen anmelden, sondern die Höhe der anerkannten Forderungen wird ihnen von dem *commissario liquidatore* mitgeteilt.[189] Dieser stellt anschließend den Schuldenstand in einem Verwaltungsverfahren fest. Gegen diesen Schuldenstand können die Gläubiger Rechtsmittel geltend machen.[190] Die Verteilung der Liquidationserlöse richtet sich nach den Art. 111 ff. L.F.

9.4 Amministrazione straordinaria

9.4.1 delle grandi imprese

103 Die außerordentliche Verwaltung von Großunternehmern *(amministrazione straordinaria delle grandi imprese)* ist ein Insolvenzverfahren für große Unternehmen[191] und hat deren Umstrukturierung und Sanierung zum Ziel. Das Verfahren findet auf Einzelunternehmen und Gesellschaften Anwendung, die erstens sich im Zustand des *stato di insolvenza* befinden, zweitens mehr als 200 Arbeitnehmer beschäftigen. Drittens müssen die gesamten Verbind-

---

[178] Art. 2 i. V. m. 194–215 L.F.; Sondergesetze (z. B. D.lgs. 385/93 Testo unico bancario) bestimmen, welche Unternehmen der *liquidazione coatta amministrativa* unterliegen. Außerdem enthalten sie Variationen des Verfahrens abhängig von dem Unternehmenstyp.

[179] Es gibt aber Unternehmen (z. B. Genossenschaften Art. 2540 c. c. und D.lgs. 6/03), über die unter besonderen Umständen auch ein *fallimento* eröffnet werden kann, vgl. *Bonfatti/Censoni*, 485 ff. Gemäß Art. 196 L.F. kommt das zuerst eröffnete Verfahren zur Anwendung.

[180] Art. 195 L.F.

[181] Sog. *crisi di legalità*, beschrieben in den jeweiligen Sondergesetzen.

[182] Art. 195 Abs. 1 L.F.

[183] Die gerichtliche Feststellung des *stato di insolvenza* kann auch nach der Eröffnung des Verfahrens erfolgen (Art. 202–205 L.F.).

[184] Art. 195 Abs. 3 L.F.

[185] Art. 195 Abs. 2 L.F.

[186] Art. 197 L.F.

[187] Art. 198 f. L.F.

[188] Art. 200, 201 L.F.

[189] Art. 207 ff. L.F.

[190] Art. 209 i. V. m. 98 L.F.

[191] Ausgeschlossen sind die Unternehmen, die einer *liquidazione coatta amministrativa* unterliegen.

lichkeiten größer sein als zwei Drittel der Summe aus dem gesamten Aktivvermögen und den Umsatzerlösen des letzten Geschäftsjahres.

Stellen entweder das Unternehmen, bzw. der Unternehmer, oder die Gläubiger, oder der Staatsanwalt einen Antrag auf Feststellung des *stato di insolvenza*, ernennt das *tribunale* einen *giudice delegato,* der die Voraussetzungen des Verfahrens prüft. Dafür hört er den Unternehmer, bzw. das Unternehmen und den Industrieminister *(ministro delle attività produttive)* an. Liegen alle Voraussetzungen vor, erklärt er durch Urteil den *stato di insolvenza* (Art. 8 D.lgs. n. 270/1999).

Mit dem Urteil beginnt die erste Phase des Verfahrens. Der Industrieminister ernennt einen (oder mehrere) *commissario giudiziale,* der die Aufsicht über das Unternehmen führt, es sei denn der *giudice delegato* beauftragt ihn mit der sofortigen Übernahme der Geschäftsführung. Der *giudice delegato* prüft auf Grundlage des Berichts des *commissario giudiziale* die konkrete Perspektive für die Wiederherstellung des wirtschaftlichen Gleichgewichts.

Besteht keine Aussicht auf eine Sanierung, wird ein *fallimento* eröffnet. Erscheint eine Sanierung möglich, eröffnet der *giudice delegato* die *amministrazione straordinaria* (zweite Phase). Das Unternehmen wird durch einen (bis drei) von dem Industrieministers benannte *commissario straordinario* und unter Aufsicht des *comitato di sorveglianza* fortgeführt und verwaltet. Die Sanierung kann entweder durch eine Veräußerung von Unternehmensteilen oder durch die wirtschaftliche und finanzielle Umstrukturierung erfolgen.

9.4.2 delle imprese di rilevanti dimensioni

Für Unternehmen von relevanter Dimension *(imprese di rilevanti dimensioni)* sieht das D.lgs. 23 dicembre 2003, n. 347 umgesetzt durch L. 18. 2. 2004, n. 39 *(Legge Marzano)* eine Variante der *amministrazione straordinaria* vor. Auslöser für das neue Gesetz war der Fall Parmalat.

Ein insolventes Unternehmen ist von relevanter Dimension, wenn es mehr als 500 Arbeitnehmer beschäftigt und mindestens 300 Millionen EUR Verbindlichkeiten hat. Das Ziel des Verfahrens liegt in einer Umstrukturierung und Sanierung, nicht in einer Liquidation. Durch ein schnelles Verfahren[192] soll die Erhaltung des Unternehmens und dessen Marktposition gesichert werden.

10. Internationales Insolvenzrecht

Für Schuldner, die den Mittelpunkt ihrer hauptsächlichen Interessen (COMI) in einem Mitgliedstaat der EU haben, gilt die EuInsVO[193] und damit die automatische Anerkennung der Insolvenzeröffnung in einem anderen Mitgliedstaat. Keine Anwendung findet die Verordnung aber auf die Insolvenzverfahren für Versicherungen und Kreditinstitute.

Das italienische IPR-Gesetz (L. 218/1995) hat das internationale Insolvenzverfahren nicht explizit geregelt. Trotzdem setzt es Rahmenbedingungen, die zwingend einzuhalten sind. Die Gerichtsbarkeit richtet sich nach den gleichen Kriterien wie die örtliche Zuständigkeit. Gemäß Art. 9 und 24 L.F. soll in Italien ein insolvenzrechtliches Verfahren eröffnet werden können, auch wenn schon in dem anderen (nicht EU-)Staat ein Verfahren eröffnet wurde. Dadurch solle verhindert werden, dass die italienischen Gläubiger gegenüber den ausländischen Gläubigern schutzlos gestellt werden. Dieses widerspricht jedoch dem Grundsatz der internationalen Rechtshängigkeit und der automatischen Anerkennung ausländischer Urteile gem. Art. 64 L. 218/1995.[194] Die herrschende Lehre beschränkt – entgegen dem Wortlaut – die Anwendbarkeit daher auf die Fälle, in denen das ausländische Unternehmen auch einen Unternehmenssitz in Italien hat[195] und im Ausland noch kein Verfahren eröffnet wurde. Sind sowohl im Aus- als auch im Inland Eröffnungsver-

---

[192] *Bonfatti/Censoni,* 555.
[193] EU-Verordnung Nr. 1346 vom 29. 5. 2000, in Kraft getreten zum 31. 5. 2002; Art. 9 Abs. 4 L.F.
[194] Die Rechtsfähigkeit des Schuldners wird gem. Art. 65 L. 218/95 anerkannt.
[195] *Tedeschi,* 700 ff.

fahren anhängig, kann der italienische Richter auf Antrag einer Partei das Verfahren aussetzen.[196]

111 Die Verlegung des Unternehmenssitzes innerhalb eines Jahres vor einem Antrag auf Eröffnung eines insolvenzrechtlichen Verfahrens ändert nicht die örtliche Zuständigkeit gem. Art. 9 Abs. 2 L.F. Auch wird die italienische Gerichtsbarkeit nicht ausgeschlossen, wenn vor der Verlegung bereits ein *ricorso* oder Antrag gem. Art. 6 oder 7 L.F. gestellt wurde. Verhindert werden soll dadurch das Forum-Shopping.

---

[196] Art. 7 L. 218/95.

Japan

bearbeitet von *Dr. Thomas Krohe* (Freshfields Bruckhaus Deringer)

Übersicht

		RdNr.				RdNr.
1.	Quellen und Schrifttum............	1		4.2.4.1	Forderungsanmeldung und -prüfung............	24
2.	Einführung	2		4.2.4.2	Gläubigerversammlung und Gläubigerausschuss ..	25
3.	Das Konkursverfahren...............	4				
3.1	Anwendungsbereich und Eröffnungsgründe........................	4		4.2.4.3	Verwaltung des Schuldnervermögens............	26
3.2	Antragstellung und Zuständigkeit......	5		4.2.4.4	Sanierungsplan und Verteilung........................	27
3.3	Zulässige Sicherungsmaßnahmen vor Verfahrenseröffnung	6		4.2.5	Auflösung und Fortführung von Verträgen nach Verfahrenseröffnung........................	30
3.4	Wirkungen der Verfahrenseröffnung	7				
3.5	Verlauf des Verfahrens	8				
	3.5.1 Forderungsanmeldung...........	8		4.2.6	Aufrechnung.....................	31
	3.5.2 Gläubigerversammlung und Gläubigerausschuss................	9		4.2.7	Anfechtung	32
				4.2.8	Die Behandlung der Sicherheiten.......................	35
	3.5.3 Verwaltung des Konkursvermögens..........................	10	4.3		Das Gesellschaftssanierungsverfahren....	37
	3.5.4 Verteilung.......................	11		4.3.1	Antragstellung und Verfahrenseröffnung	37
3.6	Gläubiger..............................	12				
3.7	Auflösung und Fortführung von Verträgen nach Konkurseröffnung.............	16		4.3.2	Sicherungsmaßnahmen	38
				4.3.3	Wirkungen der Verfahrenseröffnung.....................	39
3.8	Aufrechnung..........................	17				
3.9	Anfechtung	18		4.3.4	Aufgaben und Stellung der Verfahrensorgane	40
4.	Die Sanierungsverfahren	19				
4.1	Überblick	19		4.3.5	Die Behandlung der Sicherheiten.......................	42
4.2	Das Zivilrechtliche Sanierungsverfahren.................................	20		4.3.6	Der Sanierungsplan und seine Durchführung	43
	4.2.1 Antragstellung und Verfahrenseröffnung.....................	20	5.		Internationale Insolvenz	45
			5.1		Einführung	45
	4.2.2 Sicherungsmaßnahmen...........	21	5.2		Das Anerkennungsverfahren	46
	4.2.3 Wirkungen der Verfahrenseröffnung......................	22	5.3		Sicherungsmaßnahmen	49
	4.2.4 Verlauf des Verfahrens	24	5.4		Unterstützungsmaßnahmen.............	50

1. Quellen und Schrifttum. Gesetze: Hasan hô (Konkursgesetz), Gesetz Nr. 75/2004, im Folgenden „KonkG". Kaisha hô, (Gesellschaftsgesetz), Gesetz Nr. 816/2005, im Folgenden „GesellG". Minji saisei hô, (Zivilrechtliches Sanierungsgesetz), Gesetz Nr. 225/1999 i. d. F. des Gesetzes Nr. 50/2006, im Folgenden „ZSG". Kaisha kôsei hô (Gesellschaftssanierungsgesetz), Gesetz Nr. 154/2002 i. d. F. des Gesetzes Nr. 10/2006, im Folgenden „GSG". Gaikoku tôsan shori tetsuzuki no shôninenjo ni kansuru hô (Gesetz über die Anerkennung und Unterstützung ausländischer Insolvenzverfahren), Gesetz Nr. 129/2000 i. d. F. des Gesetzes Nr. 50/2006, im Folgenden „AuslInsG". 1

Literatur; *H. Kogawa*, Shin hasan hô no gaiyô [Die wichtigsten Punkte des neuen Konkursgesetzes], in: Jigyô saisei to saiken kanri (The Turn-around and Credit Management Journal), Nr. 105 (2004), S. 6 ff.; *T. Krohe*, Unternehmenssanierungsrecht in Japan, Schriftenreihe „Japanisches Recht", Bd. 36, Köln, 2002; *T. Miyama/T. Kanke/T. Takayama/H. Muramatsu*, Shin kaisha kôsei hô no yôten [Die wichtigsten Punkte des neuen Gesellschaftssanierungsgesetzes], in: NBL 753 (2003), 8 ff.; *T. Miyama*, Kokusai tôsan hôsei seijo no gaiyô [Überblick über die Neuordnung des internationalen Insolvenzrechtssystems], in: Kinyû shôji hanrei (Entscheidungen zu Finanz- und Handelssachen), 1112 (2001), S. 6 ff.; *T. Otake*, Hasan hô kaisei to hasan tetsuzuki [Die Reform des Konkursrechts und das Konkursverfahren], in: Jiyû to Seigi (Freiheit und Gerechtigkeit), Nr. 12 (2004), S. 23 ff.; *Fabian Pape*, Der Sanierungsplan nach japanischem Recht, Schriftenreihe „Japanisches Recht" Bd. 32, Köln, 1998; *K. Yamamoto*, Tôsan shori hô nyûmon [Einführung in das Insolvenzbewältigungsrecht], 2. Aufl., Tokyo 2006; *derselbe*, Tôsan tetsuzuki ni okeru tanpoken no toriatsukai [Die Behandlung der Sicherheitsrechte im Insolvenzverfahren], in: Jigyô saisei to saiken kanri (The Turn-around and Credit Management Journal), Nr. 111 (2006), S. 4 ff.

Elektronische Quellen: Auf der Internetseite www.e-gov.go.jp stellt das Innenministerium den aktuellen Volltext japanischer Gesetze in japanischer Sprache zur Verfügung.

Insolvenzen werden vom Kanpô (ein dem deutschen Bundesanzeiger vergleichbares Veröffentlichungsblatt) bekannt gemacht. Diese Informationen können auf der Internetseite www.npb.go.jp in japanischer Sprache abgerufen werden.

Informationen aus dem japanischen Handelsregister können über eine Internetseite des Justizministeriums (www.houmukyoku.moj.go.jp) in japanischer Sprache abgerufen werden.

2. Einführung

2 Das japanische Insolvenzrecht regelt Liquidations- und Sanierungsverfahren in separaten Gesetzen. Allgemeines Liquidationsverfahren ist das Konkursverfahren *(hasan tetsuzuki)* nach dem Konkursgesetz (KonkG). Daneben gibt es das Sonderliquidationsverfahren für Aktiengesellschaften *(tokubetsu seisan tetsuzuki)* nach dem GesellG. Zu den Sanierungsverfahren zählen das zivilrechtliche Sanierungsverfahren *(minji saisei tetsuzuki)* nach dem Zivilrechtlichen Sanierungsgesetz (ZSG) und das auf Aktiengesellschaften beschränkte Gesellschaftssanierungsverfahren *(kaisha kôsei tetsuzuki)* nach dem Gesellschaftssanierungsgesetz (GSG). Das internationale Insolvenzrecht wird durch Kollisionsnormen in den einzelnen Insolvenzgesetzen sowie durch das Gesetz zur Anerkennung und Unterstützung ausländischer Insolvenzverfahren (AuslInsG) geregelt.

3 In Japan werden traditionell zahlreiche Insolvenzen außerhalb der gesetzlich geregelten Verfahren unter Einschaltung privater Vermittler abgewickelt (sog. Private Neuordnung – *shiteki seiri*). Dies bietet dem Schuldner vor allem die Möglichkeit, die Insolvenz vor der Öffentlichkeit geheim zu halten.

3. Das Konkursverfahren

3.1 Anwendungsbereich und Eröffnungsgründe

4 Das Konkursverfahren findet auf natürliche und juristische Personen Anwendung. Das Vermögen des Schuldners wird liquidiert und gleichmäßig an die Gläubiger verteilt. Darüber hinaus bietet es die Möglichkeit der Restschuldbefreiung. Das Konkursverfahren geht auf deutsche Einflüsse zurück, die in seinen Strukturen und Begriffen noch heute stark nachwirken. Konkursgrund ist die Zahlungsunfähigkeit, und bei juristischen Personen zusätzlich die Überschuldung.[1] Zahlungsunfähigkeit wird als die Unfähigkeit des Schuldners definiert, seine Verbindlichkeiten bei Fälligkeit allgemein und nachhaltig zu erfüllen.[2]

3.2 Antragstellung und Zuständigkeit

5 Das Konkursverfahren kann grundsätzlich nur auf Antrag eröffnet werden. Antragsberechtigt sind der Schuldner und die Gläubiger. Die Organe einer juristischen Person sind bei Vorliegen eines Konkursgrunds zur Antragstellung verpflichtet.[3] Die Zuständigkeit für Konkursverfahren liegt grundsätzlich ausschließlich beim örtlichen Distriktgericht.[4]

3.3 Zulässige Sicherungsmaßnahmen vor Verfahrenseröffnung

6 Das Gericht kann nach Antragstellung Sicherungsmaßnahmen treffen.[5] Typischerweise erlässt es ein Erfüllungs- und Verfügungsverbot. Zulässig sind außerdem die Bestellung eines vorläufigen Konkursverwalters, auf den die Verwaltungs- und Verfügungsbefugnis hinsichtlich des Vermögens des Schuldners übergeht, sowie die Anordnung der einstweiligen Einstellung einzelner Vollstreckungsverfahren. In besonderen Fällen kann das Gericht ein umfassendes Verbot aller Vollstreckungsmaßnahmen anordnen.

---

[1] Art. 15 ff. KonkG.
[2] Art. 2 Nr. 11 KonkG.
[3] Art. 81 jap. Zivilgesetz; Art. 484 jap. Gesellschaftsgesetz.
[4] Art. 2 Abs. 3 KonkG.
[5] Art. 24 ff., 91 KonkG.

3.4 Wirkungen der Verfahrenseröffnung

Mit dem Eröffnungsbeschluss geht die Befugnis des Schuldners, das Konkursvermögen zu verwalten und darüber zu verfügen, auf den Konkursverwalter *(hasan kanzainin)* über.[6] Zum Konkursvermögen gehört das im Zeitpunkt des Eröffnungsbeschlusses dem Konkursschuldner gehörende Vermögen, und zwar einschließlich der im Ausland befindlichen Gegenstände. Dem Konkursvermögen stehen als Konkursforderungen diejenigen Forderungen gegenüber, die auf Tatsachen gründen, die vor dem Eröffnungsbeschluss eingetreten waren. Sie können nur im Rahmen des Konkursverfahrens erfüllt werden.[7]

3.5 Verlauf des Verfahrens

3.5.1 Forderungsanmeldung

Das Gericht bestimmt im Eröffnungsbeschluss die Frist, innerhalb derer die Gläubiger ihre Forderungen anmelden müssen.[8] Nach Ablauf der Frist kann eine Nachmeldung nur noch berücksichtigt werden, wenn der betroffene Gläubiger die Fristversäumnis nicht zu vertreten hat und die Anmeldung innerhalb eines Monats nach Wegfall des Hinderungsgrunds nachholt.[9] Gleichzeitig bestimmt das Gericht eine Frist, innerhalb derer der Konkursverwalter, die angemeldeten Konkursgläubiger und der Konkursschuldner schriftlich Einwände gegen die angemeldeten Forderungen vorbringen können.[10] Allerdings kann das Gericht alternativ einen Versammlungstermin zur Prüfung der Forderungen ansetzen.[11]

3.5.2 Gläubigerversammlung und Gläubigerausschuss

Die Einberufung einer Gläubigerversammlung ist fakultativ. Ihre Befugnisse sind im Wesentlichen auf die Beratung des Konkursverwalters beschränkt. Beschlüsse werden mit einer Mehrheit von zwei Dritteln des Gesamtbetrags der angemeldeten Forderungen gefasst.[12] Um die Einberufung einer Gläubigerversammlung zu vermeiden, lässt das KonkG die Bildung eines Gläubigerausschusses zu, dessen Tätigkeit der Zustimmung des Gerichts bedarf. Voraussetzung ist, dass er sich aus Konkursgläubigern zusammensetzt, die Mehrheit der Konkursgläubiger seiner Tätigkeit zugestimmt hat und er die Interessen der Gesamtheit der Konkursgläubiger vertritt. Die Kompetenzen des Ausschusses sind jedoch ebenfalls im Wesentlichen auf Meinungsäußerung gegenüber Gericht und Konkursverwalter beschränkt.[13]

3.5.3 Verwaltung des Konkursvermögens

Das KonkG sieht zwingend die Bestellung eines Konkursverwalters vor, auf den die Verwaltungs- und Verfügungsbefugnis hinsichtlich des Konkursvermögens übergeht.[14] Der Konkursverwalter liquidiert unter Aufsicht durch das Gericht und die Gläubiger das Konkursvermögen. Zu diesem Zweck führt er ggf. den Betrieb des Schuldners vorübergehend fort. Für eine Reihe wichtiger Maßnahmen bedarf er der vorherigen Zustimmung des Gerichts.[15] Hierzu zählen u. a. die Veräußerung von Grundstücken oder des Betriebs als Ganzes sowie die Aufnahme von Darlehen.

3.5.4 Verteilung

Nach der Liquidation des Konkursvermögens hat der Konkursverwalter die Abschlussverteilung vorzunehmen.[16] Hierzu hat er in einer Verteilungstabelle den zur Verteilung

---

[6] Art. 47, 48 KonkG.
[7] Art. 100 Abs. 1 KonkG.
[8] Art. 31 Abs. 1 KonkG.
[9] Art. 102 KonkG.
[10] Art. 117 f. KonkG.
[11] Art. 116 KonkG.
[12] Art. 138 KonkG.
[13] Art. 144 ff. KonkG.
[14] Art. 78 KonkG.
[15] Art. 78 KonkG.
[16] Art. 196 ff. KonkG.

3.6 Gläubiger

12   Bei Vermögensgegenständen, die nicht zum Konkursvermögen gehören, insbesondere bei Eigentum Dritter, erkennt das KonkG ein Aussonderungsrecht *(torimodoshiken)* an.[17]

13   Das KonkG erkennt ferner als Absonderungsrechte *(betsujoken)* ausdrücklich das Besondere Vorzugsrecht, das Pfandrecht und die Hypothek an.[18] Besondere Vorzugsrechte sind insbesondere das handelsrechtliche und das gesellschaftsrechtliche Zurückbehaltungsrecht. Auch die atypischen Sicherungsrechte wie insbesondere Sicherungsübereignung und Eigentumsvorbehalt sind als Absonderungsrechte anerkannt. Die Absonderungsrechte können grundsätzlich unabhängig vom Konkursverfahren ausgeübt werden.[19] Allerdings ist der Konkursverwalter mit gerichtlicher Zustimmung zur freihändigen Veräußerung des Sicherungsgegenstands berechtigt.

14   Innerhalb der Konkursforderungen wird zwischen vorrangigen und nachrangigen Forderungen unterschieden.[20] Zu den vorrangigen Forderungen gehören die allgemeinen Vorzugsrechte, insbesondere Gehaltsforderungen der Arbeitnehmer. Zu den nachrangigen Forderungen zählen insbesondere Schadenersatzansprüche wegen Nichterfüllung.

15   Von den Konkursforderungen sind die Masseforderungen *(zaidan saiken)* zu unterscheiden, die vorrangig zu erfüllen sind.[21] Zu den Masseforderungen gehören insbesondere Gerichtskosten, Forderungen aus Handlungen des Konkursverwalters sowie Forderungen auf die Gegenleistung bei Durchführung gegenseitiger Verträge nach Verfahrenseröffnung.[22]

3.7 Auflösung und Fortführung von Verträgen nach Konkurseröffnung

16   Bei gegenseitigen, noch nicht beidseitig vollständig erfüllten Verträgen kann der Konkursverwalter zwischen Erfüllung und Auflösung des Vertrags wählen. Wählt er Erfüllung, kann der Vertragspartner die Gegenleistung als Masseforderung geltend machen.[23] Wählt er Auflösung, kann der Vertragspartner als Konkursgläubiger Schadensersatz und als Massegläubiger Rückgewähr der von ihm erbrachten Leistung verlangen. Bei Dauerschuldverhältnissen kann der Lieferant die weitere Belieferung des Konkursschuldners nicht mit der Begründung verweigern, die vor der Verfahrenseröffnung erbrachten Leistungen seien noch nicht bezahlt. Forderungen, die sich auf Lieferungen nach der Stellung des Eröffnungsantrags beziehen, werden jedoch als Masseforderungen anerkannt.[24]

3.8 Aufrechnung

17   Eine bereits bei Konkurseröffnung zugunsten eines Konkursgläubigers bestehende Aufrechnungslage wird auch nach Verfahrenseröffnung grundsätzlich anerkannt.[25] Dies gilt auch für bedingte oder noch nicht fällige Forderungen eines Konkursgläubigers. Einschränkungen greifen ein, wenn der Gläubiger seine Forderung von einem anderen Konkursgläubiger nach Verfahrenseröffnung oder in Kenntnis der Situation nach Eintritt der Zahlungsunfähigkeit oder nach Stellung des Eröffnungsantrags erworben hat.

---

[17] Art. 62 KonkG.
[18] Art. 56 KonkG.
[19] Art. 65 KonkG.
[20] Art. 97 ff. KonkG.
[21] Art. 151 KonkG.
[22] Art. 148, 149 KonkG.
[23] Art. 148 KonkG.
[24] Art. 55 KonkG.
[25] Art. 67 ff. KonkG.

3.9 Anfechtung[26]

Anfechtbar sind zum einen Handlungen, die der Schuldner in der Absicht vorgenommen hat, die Gläubiger zu schädigen. Dies gilt allerdings nur, wenn der Empfänger der Leistung diese Absicht kannte. Anfechtbar sind außerdem Handlungen, die der Schuldner nach Zahlungseinstellung oder Stellung des Konkursantrags vorgenommen hat. Auch hier wird der gutgläubige Empfänger jedoch geschützt. Anfechtbar sind schließlich unentgeltliche Leistungen, die der Schuldner im Zeitraum von sechs Monaten vor Zahlungseinstellung bzw. vor Stellung des Konkursantrags erbracht hat. Ein Schutz des gutgläubigen Empfängers ist hier nicht vorgesehen. Das Anfechtungsrecht kann unter bestimmten Voraussetzungen auch gegenüber Dritten ausgeübt werden, an die die Leistung des Schuldners weitergegeben worden ist, insbesondere wenn diesen Personen der Anfechtungsgrund bekannt war.

4. Die Sanierungsverfahren

4.1 Überblick

Für die Sanierung eines Unternehmens stehen zwei Verfahren zur Verfügung. Das Zivilrechtliche Sanierungsverfahren ist das allgemeine Verfahren für natürliche wie juristische Personen. Es wurde speziell für mittelständische Unternehmen entwickelt. Neben den Vorschriften für gewerbliche Schuldner enthält das ZSG außerdem ein Verbrauchersanierungsverfahren. Das Gesellschaftssanierungsverfahren ist hingegen auf Aktiengesellschaften beschränkt. In der Praxis kommt es wegen seines erheblichen Aufwands nur bei großen Sanierungsfällen in Betracht. Die Strukturen beider Verfahren sind indes ähnlich. Nachfolgend wird in erster Linie das praktisch wichtigere Zivilrechtliche Sanierungsverfahren vorgestellt. Das Gesellschaftssanierungsverfahren soll anschließend nur in den wesentlich abweichenden Punkten dargestellt werden.

4.2 Das Zivilrechtliche Sanierungsverfahren

4.2.1 Antragstellung und Verfahrenseröffnung

Voraussetzung der Verfahrenseröffnung ist, dass der Eintritt eines Konkursgrundes[27] droht oder das Unternehmen nicht in der Lage ist, seine fälligen Verbindlichkeiten zu erfüllen, ohne die Betriebsfortführung ernsthaft zu gefährden. Die Verfahrenseröffnung muss vom Gericht allerdings u. a. abgelehnt werden, wenn offensichtlich keine Aussicht auf Sanierung besteht. Das zivilrechtliche Sanierungsverfahren kann nur auf Antrag des Schuldners oder der Gläubiger eröffnet werden, wobei die Gläubiger auf den Eröffnungsgrund des drohenden Konkursgrundes beschränkt sind.[28] Zuständig ist grundsätzlich ausschließlich das örtliche Distriktgericht.

4.2.2 Sicherungsmaßnahmen

Nach Antragstellung kann das Gericht Sicherungsmaßnahmen treffen,[29] insbesondere Zwangsvollstreckungsverfahren sowie Gerichtsverfahren unterbrechen oder aufheben. Darüber hinaus kann es allgemein Zwangsvollstreckungsmaßnahmen untersagen und unter besonderen Voraussetzungen auch Verfahren zur Ausübung von Sicherungsrechten unterbrechen oder aufheben. Schließlich ist ausnahmsweise die Bestellung eines Sicherungsverwalters möglich.

4.2.3 Wirkungen der Verfahrenseröffnung

Die Verfahrenseröffnung bewirkt zunächst ein Erfüllungsverbot für grundsätzlich alle Forderungen gegen den Schuldner.[30] Von diesen sog. Sanierungsforderungen werden jedoch

---

[26] Art. 160 ff. KonkG.
[27] Art. 21 ff. ZSG. Zu den Konkursgründen siehe 3.1.1.
[28] Art. 21 Abs. 2 ZSG.
[29] Art. 26–31, 79 ff. ZSG.
[30] Art. 85 ZSG.

die sog. gemeinnützigen und die vorrangigen Forderungen unterschieden. Sie müssen grundsätzlich unabhängig vom Verfahren erfüllt werden. Zu den gemeinnützigen Forderungen gehören insbesondere die Verfahrenskosten sowie Verbindlichkeiten aus der Fortführung des Unternehmens nach Verfahrenseröffnung. Zu den vorrangigen Forderungen zählt in erster Linie das Allgemeine Vorzugsrecht.[31]

23 Auch nach der Verfahrenseröffnung führt der Schuldner seinen Betrieb fort und bleibt zur Verwaltung seines Vermögens berechtigt. Die sog. Schuldnereigenverwaltung soll das Verfahren beschleunigen und dem Schuldner Anreiz zur frühzeitigen Antragstellung bieten. Die Bestellung eines Sanierungsverwalters ist auf Ausnahmefälle beschränkt.[32]

4.2.4 Verlauf des Verfahrens
4.2.4.1 Forderungsanmeldung und -prüfung

24 Die Gläubiger müssen ihre Forderungen innerhalb der vom Gericht festgesetzten Frist anmelden.[33] Dies gilt auch für die absonderungsberechtigten Gläubiger. Diese haben insbesondere den Betrag anzugeben, der durch die Ausübung ihres Sicherungsrechts voraussichtlich nicht gedeckt wird. Versäumt ein Gläubiger diese Frist aus Gründen, die er nicht zu vertreten hat, kann er die Anmeldung innerhalb eines Monats nach Wegfall des Hinderungsgrundes nachholen. Grundsätzlich ausgeschlossen ist die Anmeldung erst, wenn der Beschluss zur Abstimmung über den Sanierungsplanentwurf ergangen ist.[34] Innerhalb derselben Frist hat der Schuldner eine Aufstellung aller ihm bekannten Forderungen vorzulegen, gegen die er Einwendungen erhebt. Finden sich darin keine Einwendungen, so gilt die betroffene Forderung als anerkannt. Auf Grundlage der Ergebnisse wird ein Forderungsverzeichnis erstellt. Die Eintragung darin hat die gleiche Wirkung wie ein rechtskräftiges Urteil.[35] Forderungen, die weder angemeldet noch in der Einwendungsliste des Schuldners verzeichnet sind, erlöschen grundsätzlich mit Genehmigung des Sanierungsplans.

4.2.4.2 Gläubigerversammlung und Gläubigerausschuss

25 Aufgabe von Gläubigerversammlung und Gläubigerausschuss ist es, die Interessen der Gläubiger im Verfahren zu vertreten und den Schuldner bei der Unternehmensfortführung zu beaufsichtigen. Alle Gläubigerversammlungen sind fakultativ. Die zu treffenden Entscheidungen können stets auch im schriftlichen Verfahren herbeigeführt werden. Die Befugnisse der Gläubigerversammlung beschränken sich – neben der Meinungsäußerung gegenüber Gericht und Schuldner – auf die Abstimmung über den Sanierungsplan. Der Gläubigerausschuss soll diejenigen Aufgaben der Gläubigerversammlung übernehmen, die für das Plenum ungeeignet erscheinen. Er muss aus mindestens drei Gläubigern bestehen, die Mehrheit der Gläubiger muss seiner Tätigkeit zugestimmt haben und er muss die Interessen der Gesamtheit der Gläubiger vertreten.[36] Seine Befugnisse sind im Wesentlichen auf Meinungsäußerung gegenüber Schuldner und Gericht beschränkt.

4.2.4.3 Verwaltung des Schuldnervermögens

26 Das Sanierungsverfahren wird in der Regel vom Schuldner selbst durchgeführt. Die Bestellung eines Sanierungsverwalters kommt nur ausnahmsweise in Betracht, wenn die Betriebsführung und die Vermögensverwaltung durch den Schuldner als in besonderem Maße verfehlt erscheinen.[37] Daneben gestattet das ZSG die Bestellung eines Aufsichts- oder eines Untersuchungsbeauftragten, um den Schuldner zu beaufsichtigen bzw. bestimmte Sachverhalte zu prüfen. Als Korrelat zur Verfahrensleitung durch den Schuldner verfügt das Gericht über zahlreiche Befugnisse, von denen es meist auch von Amts wegen Gebrauch

---

[31] Art. 119 ff. ZSG.
[32] Siehe dazu unten 4.2.4.3.
[33] Art. 94 ff. ZSG.
[34] Art. 95 ZSG.
[35] Art. 104 ZSG.
[36] Art 117 ZSG.
[37] Art. 64 ZSG.

machen kann. Insbesondere kann es Handlungen bestimmen, für deren Vornahme der Schuldner der vorherigen Zustimmung bedarf. Regelmäßig gehören hierzu Vermögensverfügungen, Darlehensaufnahmen, Vertragsauflösungen und Klageerhebungen.

4.2.4.4 Sanierungsplan und Verteilung

Das Verfahren ist auf die Erstellung eines Sanierungsplans gerichtet, der von der Mehrheit **27** der beteiligten Gläubiger akzeptiert und vom Gericht genehmigt worden ist. Grundsätzlich hat der Schuldner einen Planentwurf vorzulegen. Aber auch jeder Gläubiger ist dazu berechtigt. Zur Annahme des Planentwurfs bedarf es der Mehrheit der Gläubiger, und zwar sowohl nach Köpfen als auch nach dem Betrag der insgesamt angemeldeten Sanierungsforderungen.[38] Haben alle Gläubiger im Vorfeld ihre Zustimmung zum Planentwurf erklärt, kann das Gericht auf die Abstimmung verzichten und unmittelbar über die Genehmigung entscheiden.[39]

Der Sanierungsplan regelt die Modifikation der Sanierungsforderungen sowie die Erfül- **28** lung der gemeinnützigen und vorrangigen Sanierungsforderungen. Typische Modifikationen sind Kürzung und Stundung, wobei eine Stundung um maximal zehn Jahre möglich ist.[40] Bei der Modifikation ihrer Forderungen müssen alle Gläubiger grundsätzlich gleich behandelt werden. Unterscheidungen sind zulässig, wenn die Betroffenen zustimmen oder geringfügige Sanierungsforderungen bevorzugt werden sollen. Schließlich ist eine Ungleichbehandlung zulässig, wenn sie der Billigkeit entspricht, beispielsweise bei Rückgriffsansprüchen des Bürgen sowie Forderungen der Gesellschafter.

Nach der Zustimmung der Gläubiger genehmigt das Gericht den Sanierungsplan, es sei **29** denn, er verstößt gegen wesentliche gesetzliche Bestimmungen, hat keine Aussicht auf Durchführung oder widerspricht dem allgemeinen Interesse der Gläubiger. Der Sanierungsplan wird vom Schuldner selbst durchgeführt. Bei Schwierigkeiten kann der Plan auf Antrag eines Verfahrensbeteiligten vom Gericht geändert oder aufgehoben werden.[41] Im Falle der Aufhebung werden die modifizierten Forderungen der Gläubiger in ihren ursprünglichen Zustand zurückversetzt.

4.2.5 Auflösung und Fortführung von Verträgen nach Verfahrenseröffnung

Für beidseitig noch nicht vollständig erfüllte gegenseitige Verträge sowie für Dauerschuld- **30** verhältnisse gilt im ZSG dieselbe Regelung wie im Konkursverfahren.[42]

4.2.6 Aufrechnung

Grundsätzlich ist eine Aufrechnung unabhängig vom Sanierungsplan bis zum Ende der **31** Anmeldefrist für Forderungen möglich, wenn sich die Forderungen von Schuldner und Gläubiger bis zum Ablauf dieser Frist aufrechenbar gegenübergestanden haben.[43] Eine Aufrechnung ist ausgeschlossen, wenn der Gläubiger seine eigene Verbindlichkeit gegenüber dem Schuldner nach der Verfahrenseröffnung oder nach Stellung des Eröffnungsantrags eingegangen ist. Im letzteren Fall muss der Gläubiger jedoch Kenntnis vom Eröffnungsantrag gehabt haben. Ebenso ist die Aufrechnung ausgeschlossen, wenn der Gläubiger seine Verbindlichkeit nach Zahlungseinstellung bzw. nach Eintritt der Zahlungsunfähigkeit eingegangen ist. Die drei zuletzt genannten Aufrechnungsverbote finden jedoch keine Anwendung, wenn die Forderung des Gläubigers auf Gesetz beruht, auf Gründen beruht, die eingetreten sind, bevor er von der Zahlungseinstellung bzw. dem Eröffnungsantrag Kenntnis erlangt hat, oder auf Gründen beruht, die mehr als ein Jahr vor dem Eröffnungsantrag liegen.

---

[38] Art. 172–3 ZSG.
[39] Art. 211 ff., 217 ff. ZSG.
[40] Art. 154 f. ZSG.
[41] Art. 187, 189 ZSG.
[42] Vgl. 3.5; Art. 49 f. TZSG.
[43] Art. 92 ff. ZSG.

4.2.7 Anfechtung

32 Anfechtbar sind Handlungen (ausgenommen die Bereitstellung von Sicherheiten und Handlungen, die zum Erlöschen von Verbindlichkeiten führen; siehe dazu sogleich), die der Schuldner in dem Wissen vorgenommen hat, den Gläubigern zu schaden, sowie Handlungen, die – ohne entsprechendes Wissen des Schuldners – den Gläubigern schaden und nach Zahlungseinstellung bzw. nach einem Antrag auf Eröffnung eines Insolvenzverfahrens vorgenommen wurden.[44] In beiden Fällen wird ein Dritter, der diese Umstände nicht kannte, jedoch geschützt. Vermögensverfügungen, die der Schuldner gegen Zahlung eines angemessenen Kaufpreises vorgenommen hat, sind nur anfechtbar, wenn das Risiko einer Unterschlagung oder einer anderen gläubigerschädigenden Handlung erhöht wurde, dies der Absicht des Schuldners entsprach und der Empfänger diese Absicht auch kannte.

33 Im Falle der Bereitstellung einer Sicherheit oder einer Handlung, die zum Erlöschen einer Verbindlichkeit führt, ist eine Anfechtung grundsätzlich nur möglich, wenn die Handlung nach Eintritt der Zahlungsunfähigkeit oder nach einem Antrag auf Eröffnung eines Insolvenzverfahrens erfolgt war.[45] War der Schuldner hingegen zur Erfüllung nicht oder nicht zu diesem Zeitpunkt verpflichtet, so ist die Handlung auch dann anfechtbar, wenn sie innerhalb von 30 Tagen vor der Zahlungsunfähigkeit vorgenommen wurde. In allen Fällen wird ein gutgläubiger Empfänger jedoch geschützt.

34 Unentgeltliche Leistungen, die nach Zahlungseinstellung oder im Zeitraum von sechs Monaten vor der Zahlungseinstellung erbracht worden sind, können stets angefochten werden.

4.2.8 Die Behandlung der Sicherheiten

35 Inhabern von Besonderen Vorzugsrechten, Pfandrechten, Hypotheken sowie Zurückbehaltungsrechten nach Gesellschafts- oder Handelsrecht steht ein Absonderungsrecht zu.[46] Sie können ihre Rechte unabhängig vom Verfahren ausüben. Um trotzdem eine Sanierung zu ermöglichen, sieht das ZSG jedoch Einschränkungsmöglichkeiten vor. Das Gericht kann die Unterbrechung von Zwangsversteigerungsverfahren anordnen, die zur Durchsetzung von Absonderungsrechten anhängig sind. Voraussetzung ist, dass dies dem allgemeinen Interesse der Gläubiger entspricht und dem betroffenen Absonderungsberechtigten kein unangemessener Schaden droht.[47]

36 Als Neuerung im japanischen Insolvenzrecht wurde zudem das sog. Erlöschensverlangen (*shômetsu seikyû*) einführt.[48] Es soll die Sanierung erleichtern, indem Vermögensgegenstände, die für die Fortführung des Betriebs unverzichtbar sind, durch Zahlung eines ihrem Zeitwert entsprechenden Betrags an den Ansonderungsberechtigten von diesen Belastungen befreit werden. In seinem Antrag hat der Schuldner die Unverzichtbarkeit des betroffenen Sicherungsgegenstands zu begründen und dessen Wert anzugeben. Gibt das Gericht dem Antrag statt, so erlischt das Sicherungsrecht gegen Zahlung des angegebenen Betrags. Der betroffene Sicherungsnehmer kann ein sog. Wertfestsetzungsverfahren verlangen, um eine höhere Ablösesumme zu erreichen. In diesem Fall setzt ein Sachverständiger den Ablösebetrag verbindlich fest.

4.3 Das Gesellschaftssanierungsverfahren

4.3.1 Antragsstellung und Verfahrenseröffnung

37 Die Eröffnungs- und Ablehnungsgründe sind mit denjenigen des ZSG identisch. Im Unterschied zum ZSG steht das Antragsrecht nicht nur dem Schuldner und dessen Gläubigern zu. Auch die Aktionäre sind antragsberechtigt. Gläubiger und Aktionäre sind jedoch auf den Fall eines drohenden Konkursgrundes beschränkt. Außerdem können Gläubiger

---
[44] Art. 127 ZSG.
[45] Art. 127–3 ZSG.
[46] Art. 53, 88 ZSG.
[47] Art. 31 ZSG.
[48] Art. 148 ff. ZSG.

ebenso wie Aktionäre einen Eröffnungsantrag nur stellen, wenn ihre Forderungen bzw. Stimmrechte zusammen mehr als ein Zehntel des Grundkapitals der Gesellschaft ausmachen.[49] Zuständig ist grundsätzlich das örtliche Distriktgericht.[50]

4.3.2 Sicherungsmaßnahmen

Dem Gericht stehen zunächst diejenigen Sicherungsmaßnahmen zur Verfügung, die auch im ZSG vorgesehen sind.[51] Allerdings erfasst die Verfahrensunterbrechungsverfügung sowie die allgemeine Verbotsverfügung nach dem GSG insbesondere auch die Ausübung der Sicherungsrechte. Dies entspricht der generellen Einbeziehung der Sicherungsrechte in das Verfahren nach dem GSG. Abweichend zum ZSG wird im Verfahren nach dem GSG im Allgemeinen ein vorläufiger Sanierungsverwalter bestellt. **38**

4.3.3 Wirkungen der Verfahrenseröffnung

Das Gericht eröffnet das Verfahren durch Beschluss. Darin bestellt das Gericht zunächst zwingend einen Sanierungsverwalter *(kanzainin)*. Außerdem setzt das Gericht die Fristen zur Anmeldung sowie zur Prüfung der Gläubigerforderungen fest.[52] Schließlich kann das Gericht Maßnahmen bestimmen, zu deren Vornahme der Sanierungsverwalter der vorherigen gerichtlichen Zustimmung bedarf.[53] **39**

4.3.4 Aufgaben und Stellung der Verfahrensorgane

Im Verfahren nach dem GSG wird zwingend ein Sanierungsverwalter bestellt, auf den die Verwaltungs- und Verfügungsbefugnisse übergehen. Er ist die zentrale Figur des Verfahrens. Seine Aufgaben und Befugnisse entsprechen weitgehend denjenigen eines Verwalters nach dem ZSG oder KonkG. **40**

Im Zuge der Reform ist auch im GSG die Einrichtung von Ausschüssen erlaubt worden. Entsprechend der Einbeziehung von Sicherungsgläubigern und Aktionären in das Verfahren können diese Gruppen jeweils selbständige Ausschüsse bilden, die mit denselben Befugnissen parallel arbeiten. Die Voraussetzungen für die Zulassung eines Beteiligtenausschusses sowie seine Aufgaben und Befugnisse sind mit denen nach dem ZSG im Wesentlichen identisch.[54] **41**

4.3.5 Die Behandlung der Sicherheiten

Die Sicherungsnehmer werden als sog. Sanierungssicherungsgläubiger *(kôsei tanpo kensha)* als eine eigenständige Interessengruppe in das Verfahren einbezogen. Ein Absonderungsrecht steht ihnen nicht zu.[55] Ob und in welcher Höhe sie Befriedigung ihrer Forderungen erlangen, bestimmt ausschließlich der künftige Sanierungsplan. Durch die Reform von 2003 wurde auch das sog. Erlöschensverlangen im GSG eingeführt.[56] Voraussetzungen und Ablauf sind mit denjenigen nach dem ZSG nahezu identisch. Ein wichtiger Unterschied liegt allerdings darin, dass der für das Erlöschen gezahlte Geldbetrag nicht sogleich an den betroffenen Sicherungsgläubiger ausgeschüttet wird. Welche Zahlungen er erhält, bestimmt sich nach dem Sanierungsplan. **42**

4.3.6 Der Sanierungsplan und seine Durchführung

Der Sanierungsplan nach dem GSG enthält weitergehende Regelungen als derjenige nach dem ZSG. Neben der Modifikation der Rechte müssen insbesondere die künftige Zusammensetzung der Gesellschaftsorgane sowie die Maßnahmen zur Aufbringung der erforderlichen Mittel geregelt werden.[57] Ferner können aktienrechtliche Umstrukturierungen vor- **43**

---

[49] Art. 17 GSG.
[50] Art. 5 Abs. 1 GSG.
[51] Art. 24 ff. GSG.
[52] Art. 42 GSG.
[53] Art. 72 GSG.
[54] Siehe oben 4.2.4.2.
[55] Art. 47 ff. GSG.
[56] Art. 104 ff. GSG.
[57] Art. 167 GSG.

gesehen werden. In der Praxis erfolgt meist eine Kapitalherabsetzung um 100 Prozent mit anschließender Kapitalerhöhung durch einen neuen Investor. Unterschiedliche Gruppen von Verfahrensbeteiligten müssen bei der Modifikation ihrer Rechte entsprechend ihrer Rangfolge unterschiedlich behandelt werden. Innerhalb derselben Gruppe müssen sie gleich behandelt werden.[58]

44 Der Sanierungsplan wird in der Regel vom Sanierungsverwalter erstellt, aber auch die Sanierungsgesellschaft selbst sowie Gläubiger und Aktionäre sind dazu berechtigt. Der Planentwurf muss innerhalb eines Jahres nach dem Eröffnungsbeschluss vorgelegt werden.[59] Die Verfahrensbeteiligten stimmen in separaten Gruppen ab, in denen Beteiligte mit vergleichbaren Rechten zusammengefasst sind. Die wichtigsten Gruppen sind die einfachen Sanierungsgläubiger, die Sanierungssicherungsgläubiger und die Aktionäre.[60] Bei den einfachen Sanierungsgläubigern muss eine Zustimmung von mehr als der Hälfte des Gesamtbetrags ihrer Forderungen erlangt werden. Bei den Sanierungssicherungsgläubigern ist je nach den geplanten Einschnitten eine Zustimmungsquote zwischen zwei Dritteln und neun Zehnteln des Gesamtbetrags ihrer Forderungen erforderlich. Bei den Aktionären ist Stimmenmehrheit ausreichend. Nach der Annahme des Planentwurfs entscheidet das Gericht über seine Genehmigung. Sie wird erteilt, wenn der Sanierungsplan u. a. den gesetzlichen Bestimmungen genügt, seine Durchführung möglich erscheint und sein Inhalt gerecht und billig ist. Das Sanierungsverfahren nach dem GSG endet, wenn die Durchführung des Sanierungsplans abgeschlossen oder zumindest sichergestellt ist.[61]

5. Internationale Insolvenz

5.1 Einführung

45 Durch das AuslInsG von 2001 wurde das strenge Territorialitätsprinzip aufgehoben. Alle Insolvenzverfahren erfassen nun auch im Ausland belegene Vermögensgegenstände. Im Gegenzug kann in Japan belegenes Vermögen in ausländische Verfahren einbezogen werden. Allerdings ist dies nur unter bestimmten Voraussetzungen möglich, die in einem gerichtlichen Anerkennungsverfahren festgestellt werden müssen. Über die Anerkennung ausländischer Verfahren hinaus regelt das AuslInsG, mit welchen Maßnahmen die Verfahrensdurchführung in Japan unterstützt werden kann.

5.2 Das Anerkennungsverfahren

46 Grundsätzlich kann nur der ausländische Insolvenzverwalter die Anerkennung eines ausländischen Insolvenzverfahrens beantragen.[62] Belässt indes das ausländische Verfahren dem Schuldner die Verwaltungs- und Verfügungsbefugnis hinsichtlich seines Vermögens, so steht ihm auch das Antragsrecht zu. Für alle Anerkennungsverfahren ist zentral das Distriktgericht in Tokio zuständig.

47 Bei dem ausländischen Verfahren muss es sich um ein „Insolvenzverfahren" handeln.[63] Das ist der Fall, wenn das Verfahren die Verbindlichkeiten des Schuldners insgesamt bereinigt, gerichtliche Kontrolle vorsieht und entweder die Liquidation oder die Sanierung bezweckt. Bei einem deutschen Insolvenzverfahren ist dies unzweifelhaft der Fall. Ferner muss nach japanischem Recht die internationale Zuständigkeit des ausländischen Gerichts gegeben sein, d. h. der Schuldner muss in diesem Land seinen Wohnsitz, seinen gewöhnlichen Aufenthalt oder eine Betriebsstätte haben.[64]

48 Der Anerkennungsantrag muss abgelehnt werden, wenn sich das ausländische Verfahren nach dessen Heimatrecht nicht auf in Japan belegenes Vermögen erstreckt oder gegen den

---

[58] Art. 168 GSG.
[59] Art. 184 GSG.
[60] Art. 196 GSG.
[61] Art. 239 GSG.
[62] Art. 17 AuslInsG.
[63] Art. 2 Abs. 1 AuslInsG.
[64] Art. 17 Abs. 2 AuslInsG.

Ordre Public bzw. die guten Sitten verstößt.⁶⁵ Weitere Ablehnungsgründe betreffen den Konflikt zwischen einem ausländischen Verfahren und einem bereits eröffneten japanischen Insolvenzverfahren. Hier geht im Grundsatz das japanische Verfahren vor. Das ausländische Verfahren kann nur anerkannt werden, wenn es in dem Land eröffnet wurde, in dem der Schuldner seine Hauptbetriebsstätte unterhält, die Anordnung von Unterstützungshandlungen dem allgemeinen Interesse der Gläubiger entspricht und nicht zu befürchten ist, dass die Anerkennung in Japan den Interessen der Gläubiger einen unangemessen Nachteil zufügt.⁶⁶

5.3 Sicherungsmaßnahmen

Das Gericht kann Sicherungsmaßnahmen treffen, insbesondere japanische Insolvenzverfahren unterbrechen und Vermögensgegenstände des Schuldners sichern. Das Gericht kann außerdem für die Zwecke des Anerkennungsverfahrens einen Rechtsanwalt zum Vertreter des ausländischen Insolvenzverwalters in Japan berufen.⁶⁷

5.4 Unterstützungsmaßnahmen

Der Anerkennungsbeschluss hat keine automatischen Wirkungen, sondern dient als Grundlage für einzelne Unterstützungsmaßnahmen, die das Gericht nach Ermessen anordnet.⁶⁸ Bedeutsam ist die Befugnis, Zwangsvollstreckungsverfahren und Rechtsstreitigkeiten aller Art, die Vermögensgegenstände des Schuldners in Japan betreffen, zu unterbrechen oder aufzuheben. Das Gericht kann außerdem gegenüber dem Schuldner ein Verfügungs- und Erfüllungsverbot erlassen, die Ausübung von Sicherungsrechten untersagen und Handlungen bestimmen, zu deren Vornahme der Schuldner seiner vorherigen Zustimmung bedarf. Schließlich kann das Gericht dem Schuldner die Verwaltungsbefugnis entziehen und sie dem ausländischen Insolvenzverwalter oder einem besonders bestellten japanischen Verwalter übertragen.

---

[65] Art. 21 AuslInsG.
[66] Art. 57 AuslInsG.
[67] Art. 17, 51 AuslInsG.
[68] Art. 25 ff. AuslInsG.

Kroatien

bearbeitet von *Doz. Dr. Jasnica Garašić* (Rechtswissenschaftliche Fakultät Zagreb)

Übersicht

	RdNr.		RdNr.
1. Schrifttum	1	**5. Gläubiger**	37
2. Einführung	2	5.1 Aussonderungsberechtigte Gläubiger	37
2.1 Gesetzlicher Rahmen	2	5.2 Gesicherte Gläubiger	39
2.2 Verfahrenstypen	4	5.3 Bevorzugte Konkursgläubiger	43
3. Eröffnung des Verfahrens	7	5.4 Einfache Konkursgläubiger	47
3.1 Eröffnungsgründe	7	5.5 Nachrangige Konkursgläubiger	48
3.2 Schuldner	9	5.6 Massegläubiger	51
3.3 Zulässige Sicherungsmaßnahmen vor Verfahrenseröffnung	11	**6. Abwicklung und vollständig erfüllte Verträge**	52
3.4 Wirkungen der Verfahrenseröffnung	16	**7. Aufrechnung**	56
4. Verlauf des Verfahrens	18	**8. Konkursanfechtung**	60
4.1 Anmeldung der Forderung durch die Gläubiger	18	**9. Reorganisationsverfahren**	63
4.2 Gläubigerversammlungen	26	**10. Internationales Konkursrecht**	67
4.3 Verwaltung und Verwertung Konkursmasse	30		
4.4 Verteilung an die Gläubiger	32		

1. Schrifttum: *J. Barbić/M. Dika/A. Eraković/J. Garašić/N. Šepić,* Novosti u stečajnom pravu, Zagreb, 2001; *V. Buljan/M. Dika/J. Garašić/Lj. Hrastinski Jurčec/N. Marković,* Četvrta novela Stečajnog zakona, Zagreb, 2006; *V. Buljan/A. Eraković/S. Garac/J. Garašić/LJ. Hrastinski Jurčec/N. Marković/N. Nekić Plevko/Đ. Sessa/M. Šimundić,* Ovrha i stečaj – Aktualnosti zakonodavsta i sudske prakse – 2007, Zagreb, 2007; *M. Dika/A. Eraković/J. Garašić, Lj. Hrastinski Jurčec/V. Lovrić/N. Marković/M. Vukelić,* Treća novela Stečajnog zakona, Zagreb, 2003; *Mihajlo Dika,* Pravne posljedice otvaranja stečajnog postupka, Zagreb, 2002; *Mihajlo Dika,* Insolvencijsko pravo, Zagreb, 1998; *Mihajlo Dika,* Das kroatische Insolvenzrecht, Recht in Ost und West (ROW) 1998, 339-356; *Andrija Eraković,* Stečajni zakon, s komentarom i primjerima, Zagreb, 1997; *A. Eraković/A. Galić/S. Garac/J. Garašić/Lj. Hrastinski Jurčec/N. Marković/N. Nekić Plevko/Đ. Sessa,* Ovrha i stečaj – Aktualnosti zakonodavstva i sudske prakse – 2006, Zagreb, 2006; *Jasnica Garašić,* Anerkennung ausländischer Insolvenzverfahren: Ein Vergleich des kroatischen, des deutschen und des schweizerischen Rechts sowie der Europäischen Verordnung über Insolvenzverfahren, des Istanbuler Übereinkommens und des UNCITRAL-Modellgesetzes, Frankfurt am Main, 2005; *Zdravko Junačko,* Stečajni zakon, komentari i sudska praksa Zagreb, 2004.

Internetseiten: Die Entscheidung, durch die dem Schuldner im Vorverfahren die Verfügung über sein Vermögen untersagt oder anordnet wird, dass er über sein Vermögen nur mit voheriger Zustimmung des Konkursrichters oder des vorläufigen Konkursverwalters verfügen kann sowie die Entscheidung über die Eröffnung eines Konkursverfahrens gegen den Schuldner wird auf der www.nn.hr veröffentlicht. Die Internetseite von Handelsregistern in der Republik Kroatien ist: https://sudreg.pravosudje.hr. Andere nützliche Internetseiten: www.usud.hr; www.vsrh.hr; www.vtsrh.hr; www.pravosudje.hr; www.mingorp.hr; www.mfin.hr; www.vlada.hr; www.sudacka-mreza.hr; www.sudskapraksa.vsrh.hr; www.legalis.hr; www.odvj.-komora.hr; www.ingbiro.hr.

2. Einführung

2.1 Gesetzlicher Rahmen

Das kroatische Konkursrecht ist in erster Linie im Konkursgesetz (*Stečajni zakon 1996,* im Folgenden: KG) geregelt.[1] Im Hinblick auf Banken und Kreditunionen gelten einige besondere Bestimmungen zusätzlich, die im Gesetz über die Banken (*Zakon o bankama 1998)* und

---

[1] Stečajni zakon, Narodne novine (Gesetzblatt der Republik Kroatien), 1996 Nr. 44, 1999 Nr. 29; 2000 Nr. 129; 2003 Nr. 123, 2003 Nr. 3, 2004 Nr. 187, 2006 Nr. 82. Die deutsche Übersetzung des Konkursgesetzes wurde in „Wirtschaftsrecht der osteuropäischen Staaten – WOS" (Nomos Verlagsgesellschaft) in der 51. Lieferung, Juli 1997, veröffentlicht. (Bearbeitet von *Tomislav Borić*). Näheres zur Geschichte des kroatischen Konkursrechts siehe *Dika,* ROW 1998, 339, 339.

im Gesetz über die Kreditunionen *(Zakon o kreditnim unijama 2006)* enthalten sind.[2] Konkursverfahren über Banken und Sparkassen, die bis zum Inkrafttreten des Gesetzes über Banken eingeleitet worden sind, werden gemäss Bestimmungen des Kapitel VI (Konkurs und Liquidation von Banken) des Gesetzes über den Zwangsvergleich, den Konkurs und die Liquidation *(Zakon o prisilnoj nagodbi, stečaju i likvidaciji 1994)* beendet werden.[3] Die Bestimmungen des Konkursgesetzes beziehen sich nicht auf juristische Personen, über die ein Sanierungsverfahren nach den Bestimmungen des Gesetzes über die Sanierung bestimmter Unternehmen *(Zakon o sanaciji određenih poduzeća 1995)* durchgeführt wird.[4] Einige sporadische konkursrechtliche Bestimmungen kann man auch in anderen Gesetzen finden, wie beispielsweise im Gesetz über den Zahlungsverkehr im Land *(Zakon o platnom prometu u zemlji 2001)*[5] oder im Gesetz über Vereine *(Zakon o udrugama 2001)*,[6] die als *lex specialis* gelten.

3   In diesem Beitrag werden die grundlegenden Lösungen des Konkursgesetzes dargestellt. Sie lehnen sich stark an die deutsche Insolvenzordnung (im Folgenden: InsO)[7] an. Es gibt jedoch viele kroatische Besonderheiten im Konkursgesetz, bei denen man die Eigenschaften des kroatischen Rechtssystems und konkrete Umstände der kroatischen Wirtschaft in Betracht gezogen hat.

2.2 Verfahrenstypen

4   Das kroatische Konkursgesetz sieht ein einheitliches Verfahren vor, welches dazu dient, die Gläubiger des Konkursschuldners gemeinschaftlich zu befriedigen, indem das Vermögen des Schuldners verwertet und die aufgebrachten Mittel an die Gläubiger verteilt werden oder die Rechtslage des Schuldners und sein Verhältnis gegenüber den Gläubigern im Rahmen eines Konkursplans in einer abweichenden Weise zu regeln, und zwar insbesondere zum Erhalt des Unternehmens.[8] Außerdem, sieht das Konkursgesetz die Möglichkeit der Anordnung einer Eigenverwaltung des Konkursschuldners vor.[9] Falls der Konkursschuldner ein Einzelschuldner, d. h. der Einzelkaufmann oder der Gewerbetreibende ist, kann auch seine Restschuldbefreiung gegenüber den Konkursgläubigern unter der Erfüllung der gesetzlichen Voraussetzungen ausgesprochen werden.[10]

5   Wird im Laufe des Vorverfahrens geschätzt, dass das Vermögen des Konkursschuldners den Betrag von 2 000 000,00 Kuna nicht übersteigt, hat der Konkursrichter zu beschließen, dass der Konkurs nach den Vorschriften über den Konkurs von geringem Wert durchzuführen ist. Für einen solchen Konkurs von geringem Wert ist charakteristisch, dass die gesetzlichen Bestimmungen über den Gläubigerausschuss nicht anzuwenden sind.[11]

---

[2] Zakon o bankama, Narodne novine, 2002 Nr. 84, 2006 Nr. 141: siehe Artt. 156–170 dieses Gesetzes; Zakon o kreditnim unijama, Narodne novine, 2006 Nr. 141: siehe Artt. 72–74 dieses Gesetzes. Eine vom Finanzministerium ernannte Arbeitsgruppe bereitet zurzeit neue gesetzliche Bestimmungen vor, die sich auf den Konkurs, die Sanierung und Liquidation von Kreditinstituten und Versicherungsunternehmen beziehen werden, und welche unter anderem für das Ziel haben, das diesbezügliche kroatische Recht mit den entsprechenden Richtlinien der Europäischen Union in Einklang zu bringen.

[3] Zakon o prisilnoj nagodbi, stečaju i likvidaciji, Narodne novine, 1991 Nr. 53, 1994 Nr. 9, bereinigter Text 1994 Nr. 54: siehe Art. 339 KG.

[4] Zakon sanaciji određenih poduzeća, Narodne novine, 1995 Nr. 56, 1995 Nr. 109, 1996 Nr. 1, 1998 Nr. 44, 1999 Nr. 26, 1999 Nr. 30, 1999 Nr. 33, 1999 Nr. 106, 2000 Nr. 97: siehe Art. 340 KG.

[5] Zakon o platnom prometu u zemlji, Narodne novine, 2001, Nr. 117: siehe Art. 41 Abs. 1 und 2. dieses Gesetzes.

[6] Zakon o udrugama, Narodne novine, 2001 Nr. 88, 2002 Nr. 11: siehe Art. 24 Abs. 2; Art. 28 Abs. 1 Nr. 4, Abs. 5; Art. 33 Abs. 1 und 2; Art. 37 Abs. 9 und 11 dieses Gesetzes.

[7] Insolvenzordnung, Bundesgesetzblatt 1994, I, S. 2866, zuletzt geändert durch Gesetz vom 26. 3. 2007, Bundesgesetzblatt 2007, I, S. 368.

[8] Art. 2 Abs. 1 und 2, Artt. 213–265 KG, welche den §§ 217–269 InsO im Wesentlichen entsprechen.

[9] Artt. 266–281 KG, welche den §§ 270–285 InsO im Wesentlichen entsprechen.

[10] Artt. 282–299 KG, welche den §§ 286–303 InsO im Wesentlichen entsprechen.

[11] Art. 300 Abs. 1, 3 KG. Falls sich das Vermögen des Schuldners in Mobilien größtenteils besteht, die leicht zu verwerten sind, kann der Konkursrichter entscheiden, dass der Konkurs nach den Vorschriften über den Konkurs von geringem Wert durchzuführen ist, auch in jenen Fällen, in denen das Schuldnervermögen den Betrag von 2 000 000,00 Kuna nicht übersteigt (Art. 300 Abs. 2 KG).

Vom Standpunt des dargestellten Inhalts und der Ziele des kroatischen Konkursgesetzes **6** gesehen, wäre die Bezeichnung „Insolvengesetz" viel angemessener. Aus traditionellen Gründen wollten die Politiker jedoch den Begriff „Konkurs" behalten.

3. Eröffnung des Verfahrens

3.1 Eröffnungsgründe

Das Konkursverfahren wird auf Antrag des Gläubigers oder Schuldners eingeleitet. Nur **7** ausnahmsweise darf das Konkursverfahren in den gesetzlichen vorgesehen Fällen auf Antrag eines anderen Rechtssubjekts eingeleitet werden.[12]

Das Konkursverfahren kann nur bei Feststellung des Vorliegens eines gesetzlich vorgese- **8** henen Konkursgrundes eröffnet werden. Die Konkursgründe sind: Zahlungsunfähigkeit,[13] drohende Zahlungsunfähigkeit,[14] und Überschuldung.[15]

3.2 Schuldner

Nach kroatischem Recht kann der Konkurs über eine *juristische Person* durchgeführt **9** werden, soweit durch Gesetz nicht anderes bestimmt wird. Bereits das Konkursgesetz selbst schließt die Möglichkeit eines Konkurses über das Vermögen folgender juristischer Personen aus: der Republik Kroatien, der aus dem Staatshaushalt der Republik Kroatien finanzierten Fonds, der Pensions- und Invaliditätsfonds der Arbeitnehmer, der selbständigen Wirtschaftstreibenden und der Einzellandwirte, weiter der Kroatischen Krankenversicherungsanstalt und der Einheiten der lokalen Selbstverwaltung und der Verwaltung.[16]

---

[12] Art. 39 Abs. 1 KG. Vgl. § 13 Abs. 1 InsO. So beispielsweise hat die Steuerverwaltung des Finanzministeriums under der Voraussetzungen, welche das Gesetz über den Zahlungsverkehr im Land bestimmt, die Eröffnung eines Konkursverfahrens gegen bestimmten Geschäftsubjekt zu beantragen (Art. 41 Abs. 1 und 2 i. V. m. Art. 20 Abs. 2 und Art. 29 Abs. 2 und 3). Die Kroatische Volksbank hat die Konkursantragspflicht unter den Voraussetzungen von Art. 158 des Gesetzes über Banken. Falls die Arbeit einem Verein verboten worden ist, und das Urteil darüber rechtskräftig ist, hat das Gericht das Konkursverfahren gemäß Art. 28 Abs. 2 des Gesetzes über Vereine *ex officio* zu eröffnen.

[13] Der Schuldner ist *zahlungsunfähig*, wenn er dauerhaft nicht in der Lage ist, seine fälligen Zahlungspflichten zu erfüllen. Der Umstand, dass der Schuldner Forderungen einzelner Gläubiger ganz oder teilweise befriedigt hat oder befriedigen kann, bedeutet für sich alleine nicht, dass er zahlungsfähig ist. Bei der Bank, die für den Schuldner die Geschäfte des Zahlungsverkehrs erledigt, darf der Schuldner aufgezeichnete unerfüllte Zahlungspflichte nicht länger als 60 Tage haben, weil sonst vermutet wird, dass er zahlungsunfähig ist, auch wenn er auf seinen anderen Konten in diesem Zeitraum genügend Geldmittel hat, seine fällige Zahlungspflichten zu erfüllen (Art. 4 Abs. 3 und 4 KG). Der Gesetzgeber ist, nämlich, davon ausgegangen, dass der Gläubiger nicht die Pflicht hat, alle Konten des Schuldners zu finden, um seine Forderung zu befriedigen, sondern dass der Schuldner die Pflicht hat, genügend Geld auf dem Konto bei der Bank, die für ihn die Geschäfte des Zahlungsverkehrs erledigt, immer zu haben, um seine fälligen Zahlungspflichten zu erfüllen. Dadurch ist die Position des Gläubigers im Wesentlichen erleichtert. Vgl. § 17 InsO.

[14] *Drohende Zahlunsunfähigkeit* als Eröffnungsgrund kommt nur in Betracht, wenn der Schuldner die Eröffnung des Konkursverfahrens beantragt. Dabei muss er glaubhaft machen, dass er nicht in der Lage sein wird, seine bestehenden Zahlungspflichten im Zeitpunkt der Fälligkeit zu erfüllen (Art. 4 Abs. 7 KG). Vgl. § 18 InsO.

[15] Ist der Schuldner eine juristische Person, dann kann der Konkurs auch im Falle ihrer *Überschuldung* eröffnet werden. Überschuldung wird vermutet, wenn das Vermögen des Schuldners die bestehenden Verbindlichkeiten nicht mehr deckt. Die Überschuldung des Schuldners wird jedoch nicht angenommen, wenn nach den gegebenen Umständen (dem Entwicklungsprgramm, den zur Verfügung stehenden Quellen der Mittel, den Vermögensarten, den eingeholten Sicherheiten u.ä.) begründet vorausgesetzt werden kann, dass dieser durch die Fortführung der Geschäftätigkeit seine Verbindlichkeiten bei Fälligkeit ordnungsgemäß erfüllen wird. Es ist auch nicht anzunehmen, dass eine Personengesellschaft (offene Handelsgesellschaft, Kommanditgesellschaft) überschuldet ist, wenn einer der für die Verbindlichkeiten der Gesellschaft solidarisch haftenden Gesellschafter eine natürliche Person ist (Art. 4 Abs. 8 und 9 KG). Vgl. § 19 InsO.

[16] Art. 3 Abs. 1 und 2 KG. Handelt es sich um eine juristische Person, deren Haupttätigkeit die Herstellung von Bewaffnungsgegenständen oder Militärausrüstung bzw. die Erbringung von Dienstleistungen an das kroatische Militär ist, dann kann ein Konkursverfahren über eine solche juristische Person ohne vorherige Zustimmung des Verteidigungsministeriums nicht eröffnet werden. Ist die Möglichkeit eines Konkurses über das Vermögen einer juristischen Person kraft Gesetzes ausgeschlossen, dann haften deren Gründer bzw. Mitglieder für die Verbindlichkeiten dieser juristischen Person. Diese Regel bezieht sich nicht auf Aktiengesellschaften (Art. 3 Abs. 3 und 4 KG). Vgl. §§ 11 und 12 InsO.

Kroatien

10 Ein Konkurs über das Vermögen einer *natürlichen Person* kann nur durchgeführt werden, wenn die natürliche Person die Eigenschaft eines Einzelkaufmanns im Sinne von Art. 3 des Gesetzes über Handelsgesellschaften *(Zakon o trgovačkim društvima 1994)*[17] oder eines Gewerbetreibenden im Sinne von Art. 1 Abs. 1 und 3 des Gesetzes über Gewerbe *(Zakon o obrtu 1993)*[18] hat.[19]

3.3 Zulässige Sicherungsmaßnahmen vor Verfahrenseröffnung

11 Das Bestehen eines Konkursgrundes wird in dem sogenannten Vorverfahren festgestellt. Um Mißbräuche zu verhindern und das Vermögen des Schuldners während dieses Vorverfahrens zu sichern, sieht das Konkursgesetz die Anordnung der erforderlichen Sicherungsmaßnahmen vor.

12 So kann der Konkursrichter auf Antrag des Antragstellers oder von Amts wegen durch Beschluss über die Einleitung des Vorverfahrens oder durch einen nachträglichen Beschluss *alle Maßnahmen* setzen, die ihm erforderlich erscheinen, um zu verhüten, dass bis zur Entscheidung über den Antrag auf Eröffnung des Konkursverfahrens solche Veränderungen in der Vermögenslage des Schuldners entstehen, die für die Gläubiger nachteilig sein könnten.[20]

13 Die erforderlichen Maßnahmen kann der Konkursrichter auch vor der Beschlussfassung über die Einleitung des Vorverfahrens treffen, wenn hierzu berechtigte Gründe vorliegen.[21]

14 Maßnahmen können mit einander kombiniert werden.

15 Wird dem Schuldner ein *vorläufiger Konkursverwalter* bestellt und ein Verfügungsverbot auferlegt, so geht die Verwaltungs- und Verfügungsbefugnis über das Vermögen des Schuldners auf den vorläufigen Konkursverwalter über. In diesem Fall hat der vorläufige Konkursverwalter: das Vermögen des Schuldners zu schützen und zu erhalten; das Unternehmen des Schuldners bis zur Entscheidung über die Eröffnung des Konkursverfahrens zum Zwecke der Vermeidung einer erheblichen Verminderung des Vermögens fortzuführen, sofern der Konkursrichter keine Stilllegung bestimmt; zu prüfen, ob das Vermögen des Schuldners die Kosten des Verfahrens decken kann. Außerdem kann der Konkursrichter von ihm verlangen, dass er als Fachmann prüft, ob ein Grund zur Eröffnung des Konkursverfahrens vorliegt und welche Aussichten für eine Fortführung des Geschäftsbetriebs des Schuldners bestehen. Wird ein vorläufiger Konkursverwalter bestellt, ohne dass ein Verfügungsverbot auferlegt wird, bestimmt das Gericht die Pflichten des vorläufigen Konkursverwalters, wobei sie über die eben erwähnten Pflichten nicht hinausgehen dürfen. In jedem Fall ist der vorläufiger Konkursverwalter berechtigt, die Geschäftsräume des Schuldners zu betreten und dort die

---

[17] Zakon o trgovačkim društvima, Narodne novine, 1993 Nr. 111, 1999 Nr. 34, 2000 Nr. 52, 2003 Nr. 118.

[18] Zakon o obrtu, Narodne novine, 1993 Nr. 77, 1996 Nr. 90, 1998 Nr. 102, 2001 Nr. 64, 2001 Nr. 71, bereinigter Text 2003 Nr. 39.

[19] Art. 3 Abs. 1 KG. Vgl. § 11 Abs. 1 S. 1 InsO.

[20] Art. 44 Abs. 1 KG. Der Konkursrichter kann insbesondere: einen vorläufigen Konkursverwalter bestellen, auf den die Bestimmungen des Konkursgesetzes über den Konkursverwalter entsprechend angewandt werden; dem Schuldner die Verfügung über sein Vermögen untersagen oder anordnen, dass er über sein Vermögen nur mit vorheriger Zustimmung des Konkursrichters oder des vorläufigen Konkursverwalters verfügen kann; die Anordnung bzw. die Durchführung der Zwangsvollstreckung oder Sicherung gegen den Schuldner untersagen oder einstweilen einstellen; Auszahlungen vom Konto des Schuldners untersagen (Art. 44 Abs. 2 KG). Den Schuldner, die Mitglieder des Geschäftsführungs- und Aufsichtsrates als entsprechenden Organe des Schuldners sowie die Arbeitnehmer des Schuldners, die eine Auskunftspflicht im Laufe des Vorverfahrens haben, kann der Konkursrichter, sogar zwangsweise vorführen, wenn andere Maßnahmen nicht ausreichen (Art. 44 Abs. 4 i. V. m. Art. 43 Abs. 1 KG). Über diese Personen kann der Konkursrichter auch eine Geldstrafe bis zur Höhe von 50 000,00 Kuna verhängen (Art. 44 Abs. 5 KG). Gegen einen Einzelschuldner, weiter gegen die Personen, die auch sonst für die Verbindlichkeiten des Schuldners haften und gegen die Schuldner des Konkursschuldners kann der Konkursrichter, wenn dies für den Schutz des Vermögens des Konkursschuldners erforderlich ist, ebenso die vorläufigen Maßnahmen anordnen, welche das Zwangsvollstreckungsgesetz (*Ovršni zakon* 1996, Narodne novine, 1996 Nr. 57, 1999 Nr. 29, 2000 Nr. 42, 2003 Nr. 172, 2003 Nr. 194, 2004 Nr. 151, 2005 Nr. 88, 2005 Nr. 121, 2005 Nr. 88) vorsieht (Art. 44 Abs. 6 KG). – Vgl. § 21 Abs. 1, 2 und 3 InsO.

[21] Art. 44 Abs. 3 KG.

erforderlichen Handlungen vorzunehmen. Er hat das Recht auf Einsicht in die Bücher und Geschäftspapiere des Schuldners. Gegen den Schuldner bzw. die Mitglieder seiner Organe können zum Zwecke der Einholung erforderlicher Angaben und Auskünfte Maßnahmen angeordnet werden, die aus diesem Grund gegen den Schuldner und die Mitglieder seiner Organe nach Eröffnung des Konkursverfahrens getroffen werden können.[22]

3.4 Wirkungen der Verfahrenseröffnung

Das kroatische Konkursrecht sieht eine Reihe von Rechtsfolgen der Eröffnung eines Konkursverfahrens vor, wobei es zwischen den sogenannten grundlegenden Rechtsfolgen,[23] den Rechtsfolgen, die sich auf die Erfüllung von Rechtsgeschäften beziehen,[24] und den auf die Konkursanfechtung beziehenden Rechtfolgen unterscheidet.[25]

Die Rechtsfolgen der Eröffnung des Konkursverfahrens treten mit dem Beginn des Tages ein, an dem die Bekanntmachung über die Eröffnung des Konkursverfahrens an der Gerichtsstafel angeschlagen worden ist.[26] Durch die Eröffnung des Konkursverfahrens enden die Rechte der Organe des Schuldners, der eine juristische Person ist, und gehen auf Konkursverwalter über, während im Falle eines Einzelschuldners, seine Rechte, das zur Konkursmasse gehörende Vermögen zu verwalten und über dieses zu verfügen, auf den Konkursverwalter übergehen.[27] Ein nach den allgemeinen Vorschriften ausgesprochenes Veräußerungs- und Belastungsverbot gegen den Schuldner, das nur den Schutz bestimmter Personen bezweckt, hat im Konkursverfahren keine Wirkung.[28] Verfügungen der Organe des Schuldners bzw. des Einzelschuldners nach der Konkurseröffnung sind ohne Rechtswirkung, falls es sich nicht um den Schutz des Vertrauens auf öffentliche Bücher handelt.[29] Leistungen an den Konkursschuldner nach der Konkurseröffnung haben keine befreiende Wirkung, es sei denn, der Leistende nachweist, zurzeit der Leistung nicht gewusst zu haben, dass das Konkursverfahren eröffnet worden ist.[30] Ist dem Einzelschuldner vor der Eröffnung des Konkursverfahrens eine Erbschaft oder ein Vermächtnis angefallen, oder geschieht dies während des Verfahrens, so steht die Annahme oder Ausschlagung der Erbschaft oder des Vermächtnisses nur dem Einzelschuldner zu.[31] Ist der Schuldner mit einem Dritten in einer Miteigentumsgemeinschaft oder einer anderen Rechtsgemeinschaft oder in einer Gesellschaft bürgerlichen Rechts, so erfolgt die Teilung des Vermögens außerhalb des Konkursverfahrens.[32] Rechtsstreitigkeiten, einschließlich der schiedsrichterlichen Verfahren, über das zur Konkursmasse gehörende Vermögen, die zurzeit der Eröffnung des Konkursverfahrens anhängig sind, werden im Namen und für die Rechnung des Schuldners vom Konkursverwalter aufgenommen.[33] Die Konkursgläubiger können ihre Forderungen gegenüber dem Konkursschuldner nur im Konkursverfahren geltend machen.[34] Hat ein Konkursgläubiger in den letzten 60 Tagen vor der Einreichung des Antrags auf Eröffnung des Konkursverahrens oder danach ein Absonderungs- oder ähnliches Recht an dem zur Konkursmasse gehörenden Vermögen des Konkursschuldners durch gerichtliche Zwangsvollstreckung oder zwingende gerichtliche Sicherung erlangt, so erlischt dieses Recht mit der Eröffnung des Konkursverfahrens bzw. das betrefende Zwangsvollstreckungs- oder Sicherungsverfahren wird eingestellt.[35] Nach der Konkurseröffnung gilt das Zwangsvollstre-

---

[22] Art. 45 Abs. 1, 2, 3 und 4. KG. Vgl. § 22 Abs. 1, 2 und 3 InsO.
[23] Artt. 88–109 KG.
[24] Artt. 110–126 KG. Näheres dazu siehe unter Nr. 6 dieses Beitrags.
[25] Artt. 127–144 KG. Naheres dazu siene unter Nr. 8 dieses Beitrags.
[26] Art. 88 Abs. 1 KG.
[27] Art. 89 KG. Vgl. § 80 Abs. 1 InsO.
[28] Art. 90 Abs. 1 KG. Vgl. § 80 Abs. 2 InsO.
[29] Art. 91 KG. Vgl. § 81 Abs. 1, 2 und 3 InsO.
[30] Art. 92 S. 1 KG. Vgl. § 82 S. 1 InsO.
[31] Art. 93 KG. Vgl. § 83 Abs. 1 und 2 InsO.
[32] Art. 94 Abs. 1 S. 1 KG. Vgl. § 84 Abs. 1 S. 1 InsO.
[33] Art. 95 Abs. 1 S. KG. Vgl. § 85 Abs. 1 S. 1 InsO.
[34] Art. 96 KG. Vgl. § 87 InsO.
[35] Art. 97 KG. Vgl. § 88 InsO.

ckungs- bzw. Sicherungsverbot im Hinblick auf das Schuldnervermögen.[36] Zwangsvollstreckungen wegen Verwirklichung von Forderungen gegenüber der Konkursmasse, die nicht durch eine Rechtshandlung des Konkursverwalters begründet worden sind, sind für sechs Monate ab Eröffnung des Konkursverfahrens grundsätzlich unzulässig.[37] Nach der Eröffnung des Konkursverfahrens können Rechte an Teilen des zur Konkursmasse gehörenden Vermögens nicht wirksam erworben werden, auch wenn diesem Erwerbe keine Verfügung des Konkursschuldners und keine Zwangsvollstreckung oder Sicherung zugunsten des Konkursgläubigers zugrunde liegt. Dies gilt nicht für Fälle, wenn es sich um den Erwerb auf Grund des Vertrauens auf die öffentlichen Bücher handelt.[38] Ansprüche der Konkursgläubiger auf Ersatz des Schadens, den sie gemeinschaftlich auf Grund der Verminderung des zur Konkrusmasse gehörenden Vermögens vor oder nach der Eröffnung des Konkursverfahrens erlitten haben (Gesamtschaden), sowie Ansprüche gegen die Gesellschafter des Konkursschuldners auf Grund ihrer persönlichen Haftung können während der Dauer des Konkursverfahrens nur vom Konkursverwalter geltend gemacht werden.[39] Ein kraft Gesetzes oder auf Grund eines Vertrages bereits bestehendes Aufrechnungsrecht eines Konkursgläubigers bleibt durch die Eröffnung des Konkursverahrens unberührt.[40] Der Einzelschuldner, Mitglieder der Geschäftsführung oder des Aufsichtsrates der juristischen Person sowie die zur Vertretung befugten, persönlich haftenden Gesellschafter unterliegen der Auskunfts- und Mitwirkungsplicht gegenüber den Konkursorganen. Auch die Arbeitnehmer des Konkursschuldners haben Auskunftspflicht gegenüber den Konkursorganen.[41] Die Gläubigerversammlung beschließt, ob und in welchem Umfang dem Einzelschuldner und seiner Familie Unterhalt aus der Konkursamsse gewährt werden soll.[42]

4. Verlauf des Verfahrens

4.1 Anmeldung der Forderung durch die Gläubiger

18   Mit dem Beschluss über die Eröffnung des Konkursverfahrens werden die Gläubiger aufgefordert, dem Konkursverwalter ihre Forderungen innerhalb einer bestimmten Frist anzumelden bzw. ihn über ihre Aussonderungs- und Absonderungsrechte zu benachrichtigen. Diese Frist kann nicht kürzer als fünfzehn Tage und nicht länger als ein Monat sein.[43]

19   Über die Eröffnung des Konkursverahrens werden die Gläubiger durch Bekanntmachung benachrichtigt, die durch Anschlag an der Gerichtstafel des Konkursgerichts und in den „Narodne novine" zu veröffentlichen ist. Unter anderem enthält diese Bekanntmachung den Namen des Konkursverwalters und die Adresse an welche die Gläubiger ihre Anmeldung der Forderungen in der bestimmten Frist senden sollten.[44] Es wird angenommen, dass die Bekanntmachung mit Ablauf des achten Tages nach dem Tag der Veröffentlichung in den „Narodne novine" erfolgt ist.[45] Danach beginnt die Frist zur Anmeldung der Forderungen zu laufen.

20   Die Konkursgläubiger reichen die Anmeldung ihrer Forderungen schriftlich in doppelter Ausfertigung beim Konkursverwalter ein. Der Anmeldung sind die Urkunden, aus denen sich die Forderung ergibt bzw. mit denen diese nachgewiesen wird, in Abschrift beizufügen.

---

[36] Art. 98 Abs. 1 KG. Vgl. § 89 Abs. 1 InsO.
[37] Art. 99 Abs. 1 und 2 KG. Vgl. § 90 Abs. 1 und 2 InsO.
[38] Art. 100 Abs. 1 und 2 KG. Vgl. § 91 Abs. 1 und 2 InsO.
[39] Artt. 101–102 KG. Vgl. §§ 92–93 InsO.
[40] Art. 103 KG. Vgl. § 94 InsO. Mehr zur Aufrechnung unter Nr. 7 dieses Beitrags.
[41] Artt. 106–107, 109. Vgl. §§ 98, 100, 101 InsO.
[42] Art. 108 Abs. 1 KG. Vgl. § 100 Abs. 1 InsO.
[43] Art. 54 Abs. 3 und 4 KG. Vgl. § 28 Abs. 1 und 2 InsO.
[44] Art. 64 Abs. 1, 2 und Abs. 3 Nr. 5 und 6 KG. Vgl. § 30 InsO. Wenn dies technische Umstände im Gericht ermöglichen, ist diese Bekanntmachung auch in der elektronischen Form zu veröffentlichen (Art. 9 Abs. 1 S. 1 KG; vgl. § 9 Abs. 2 InsO). Ebenso ist es zu erwähnen, dass der Konkursrichter dem Konkursverwalter anordnen kann, den Beschluss über die Eröffnung des Konkursverfahrens jenen Gläubigern und jenen Schuldnern des Konkursschuldners zuzustellen, deren Adresse bekannt ist (Art. 65 Abs. 6 KG).
[45] Art. 9 Abs. 1 S. 3 KG. Vgl. § 9 Abs. 1 S. 3 InsO.

In der Anmeldung sind der Grund un der Betrag der Forderung in Kuna sowie die Nummer des Kontos des Gläubigers anzugeben. Werden Forderungen angemeldet, über die ein Rechtsstreit anhängig ist, ist in der Anmeldung das Gericht, vor dem der Rechtsstreit geführt wird, mit Angabe des Aktenzeichens anzuführen.[46] Der Konkursverwalter stellt ein Verzeichnis der bis zur Eröffnung des Konkursverfahrens fälligen Forderungen von Arbeitnehmern des Konkursschulners auf, und zwar im Brutto- und im Netto-Betrag und legt den Arbeitnehmern die Anmeldung ihrer Forderungen zur Unterschrift in doppelter Ausfertigung vor. Es wird angenommen, dass der Arbeitnehmer seine Forderung im Einklang mit dem erwähnten Verzeichnis angemeldet hat, falls er seine selbständige Anmeldung spätestens acht Tage vor dem allgemeinen Prüfungstermin nicht einreicht.[47]

Aussonderungs- und Absonderungsgläubiger haben die Pflicht, den Konkursverwalter über ihre Aussonderungs- und Absonderungsrechte zu benachrichtigen, wobei sie auch die rechtliche Grundlage für ihr Recht nennen sollen und den Gegenstand bezeichnen auf den sich ihr Recht bezieht. Auf einen eventuellen Ersatz für Aussonderungsrecht hat man hinzuweisen. Falls ein Absonderungsgläubiger seine Forderung auch als Konkursgläubiger anmeldet, dann hat er in der Anmeldung den Teil des Vermögens des Konkursschuldners, auf den sich sein Recht bezieht, sowie den Betrag, bis zu dem seine Forderung durch sein Absonderungsrecht voraussichtlich nicht gedeckt sein werden, zu bezeichnen.[48] Haben Aussonderungs- und Absonderungsgläubiger den Konkursverwalter über ihre Aussonderungs- und Absonderungsrechte nicht benachrichtigt, führt dies grundsätzlich nicht zum Verlust dieser Rechte.[49]

Die Forderungen von Gläubigern niedriger Zahlungsränge sind nur anzumelden, soweit der Konkursrichter auch diese Gläubiger gesondert zur Anmeldung ihrer Forderungen auffordert. In der Anmeldung solcher Forderungen ist anzumerken, dass es sich um eine Forderung eines niedrigeren Zahlungsrangs handelt, und es ist die dem Gläubiger zustehende Rangstelle zu bezeichnen.[50]

Der Konkursverwalter hat jede angemeldete Forderung mit oben genannten Angaben in eine Tabelle einzutragen. Gesonderte Tabellen stellt er für die Aussonderungs- und Absonderungsrechte auf. Alle drei Tabellen sind spätestens acht Tage vor dem Prüfungstermin in der Geschäftsstelle des Konkursgerichts zur Einsicht der Beteiligten niederzulegen.[51]

Im Prüfungstermin werden die angemeldeten Forderungen ihrem Betrag und ihrem Rang nach geprüft.[52] Die nach Ablauf der Anmeldefrist angemeldeten Forderungen können auch geprüft, aber nur unter der Erfüllung der Voraussetzungen, die das Konkursgesetz vorschreibt.[53]

Das Konkursgesetz enthält keine ausdrückliche Bestimmung über die Sprache, in welcher die Anmeldung der Forderungen zulässig ist. Deshalb kömmen die allgemeinen Bestimmun-

---

[46] Art. 173 Abs. 1 und 3 KG. Vgl. § 174 Abs. 1 und 2 InsO.
[47] Art. 173 Abs. 2 S. 1 und 2 KG.
[48] Art. 173 Abs. 4 und 5 KG.
[49] Näheres dazu Art. 173 Abs. 6 KG.
[50] Art. 173 Abs. 7 KG. Vgl. § 174 Abs. 3 InsO.
[51] Art. 174 Abs. 1, 2, 3 und 4 KG. Vgl. § 175 Abs. 1 InsO.
[52] Der Konkursverwalter ist verpflichtet, sich bei jeder angemeldeten Forderung bestimmt zu äußern, ob er diese anerkannt oder bestreitet. Forderungen, die vom Konkursverwalter, vom Einzelschuldner oder von einem Konkursgläubiger bestritten werden, sind gesondert zu erörtern. Aussonderungs- und Absonderungsrechte unterliegen der Prüfung im Prüfungstermin nicht. Art. 175 Abs. 1, 2, 3 und 4 KG. Vgl. § 176. InsO.
[53] So werden diese Forderungen ebenfalls im Prüfungstermin geprüft, aber nur falls dies der Konkursverwalter vorschlägt. Die nachträglich angemeldeten Forderungen, die im Prüfungstermin nicht geprüft wurden sowie die Forderungen, die spätestens drei Monate nach dem Prüfungstermin aber bevor der öffentlichen Bekanntmachung des Termins für eine abschießende Gläubigerversamlung angemeldet worden sind, können in einem besonderen Prüfungstermin geprüft werden, wenn die Gläubiger dieser Forderungen dies beantragt haben und der Vorschuss zur Deckung der Kosten dieses Termins innerhalb von 15 Tagen erlegt haben (Art. 176 Abs. 1 und 2 KG; vgl. § 177 Abs. 1 InsO).

gen des Zivilprozessgesetzes *(Zakon o parničnom postupku 1991)*[54] über die Sprache zur Anwendung, aus denen hervorgeht, dass die Anmeldung der Forderungen im Konkursverfahren in der kroatischen Sprache geschehen muss.[55]

4.2 Gläubigerversammlung

26 Das kroatische Konkursrecht ist durch eine starke Gläubigerautonomie charakterisiert.[56] Gläubiger üben ihren Einfluss auf den Verlauf des Konkursverfahrens durch ihre zwei Organe aus: die Gläubigerversammlung und den Gläubigerausschuss.

27 Nach der Eröffnung des Konkurses werden die Hauptentscheidungen im Verfahren in der Gläubigerversammlung getroffen. Nämlich eine Gläubigerversammlung ist berechtigt: den Gläubigerausschuss einzusetzen, wenn er noch nicht errichtet worden ist oder die bereits vom Konkursrichter ernannten Mitglieder abzuwählen sowie zusätzliche Mitglieder des Gläubigerausschusses zu wählen; einen neuen Konkursverwalter zu bestellen; über den eventuellen Fortgang der Geschäftätigkeit des Konkursschuldners zu entscheiden sowie die Art und die Bedingungen der Verwertung des Schuldnervermögens zu bestimmen; dem Konkursverwalter die Ausarbeitung eines Konkursplans anzuordnen; alle Entscheidungen zu treffen, die der Gläubigerausschuss treffen kann; über die anderen Fragen, die von der Bedeutung für die Durchführung und Beendigung des Konkursverfahrens sind, Entscheidungen zu treffen.[57]

28 Die gewöhnlichen Gläubigerversammlungen sind: Prüfungstermin, in dem die angemeldeten Forderungen der Konkursgläubiger geprüft werden;[58] der Berichtstermin, in dem über den Fortgang der Geschäftätigkeit des Konkurschuldners sowie über die Art und Bedingungen der Verwertung entschieden wird;[59] der Schlusstermin, in dem über die Schlussrechnung des Konkursverwalters erörtert wird, weiter die Einsprüche gegen das Schlussverzeichnis erhoben werden und über die nicht verwertbaren Gegenstände der Konkursmasse entschieden wird;[60] und der Erörterungs- und Abstimmungstermin, falls ein Konkursplan ausgearbeitet worden ist, in dem über die Annahme dieses Konkursplans entschieden wird.[61]

29 Andererseits hat der Gläubigerausschuss den Konkursverwalter zu überwachen und bei der Geschäftsführung zu unterstützen, sich über den Gang der Geschäfte zu .unterrichten und die Bücher und Geschäftspapiere durchzusehen sowie die Überprüfung des Geldverkehrs und Geldbestands anzuordnen.[62]

4.3 Verwaltung und Verwertung der Konkursmasse

30 Nach der Eröffnung des Konkursverfahrens ist der Konkursverwalter verpflichtet, das gesamte zur Konkursmasse gehörende Vermögen sofort in Besitz und Verwaltung zu nehmen.[63] Im Hinblick auf die Hinterlegung und Anlage von Geld, Wertpapieren und Kostbarkeiten gelten besondere Regeln, welche dem Gläubigerausschuss, der Gläubigerversammlung bzw. dem Konkursrichter eine bestimmte Kontrolle über diesbezügliche Aktivitäten des Konkursverwalters gewähren.[64] Der Konkursverwalter kann zur Sicherung der zur Konkursmasse gehörenden Sache verlangen, dass die Amtsperson des Gerichtes oder der Notar die Sachen des Schuldners verzeichnet und siegelt.[65] Weiter hat der Konkursverwalter

---

[54] Zakon o parničnom postupku, Narodne novine, 1991 Nr. 53, 1992 Nr. 91, 1999 Nr. 112, 2001 Nr. 88, 2003 Nr. 117.
[55] Art. 6 KG i. V. m. Artt. 103–105 des Zivilprozessgesetzes.
[56] Siehe *Dika*, ROS 1998, 339, 340; *ders.*, Pravne posljedice otvaranja stečajnog postupka, 5.
[57] Art. 38.e Abs. 1 KG.
[58] Art. 175 KG. Vgl. § 176 InsO.
[59] Art. 156 KG. Vgl. § 157 InsO.
[60] Art. 193 KG. Vgl. § 197 InsO.
[61] Art. 231 KG. Vgl. § 235 InsO.
[62] Art. 34 Abs. 1 S. 1 KG. Vgl. 69 InsO.
[63] Art. 145 Abs. 1 KG. Vgl. § 148 Abs. 1 InsO.
[64] Art. 148 Abs. 1, 2, 3 und 4 KG. Vgl. § 149 Abs. 1, 2 und 3 InsO.
[65] Art. 149 S. 1 KG. Vgl. § 150 S. 1 InsO.

ein Verzeichnis der einzelnen Massegegenstände, ein Gläubigerverzeichnis sowie ein Vemögens- und Verbindlichkeitsübersicht aufzustellen, wobei diese Verzeichnisse spätestens acht Tage vor dem Berichtstermin in der Geschäftsstelle des Gerichts niederzulegen sind.[66]

Wie bereits gesagt, entscheiden die Gläubiger im Berichtstermin über den Fortgang der Geschäftstätigkeit des Konkursschuldners. Nimmt der Konkursverwalter an, dass die Geschäftstätigkeit des Konkursschuldners vor dem Berichtstermin stillzulegen ist, so hat er die Zustimmung des Gläubigerausschusses einzuholen, wenn ein solcher bestellt ist.[67] Nach dem Berichtstermin hat der Konkursverwalter unverzüglich das zur Konkursmasse gehörende Vermögen zu verwerten, soweit dies nicht im Wiederspruch zur Entscheidung der Gläubigerversammlung steht.[68] Anlässlich der Verwertung von Teilen des zur Konkursmasse gehörenden Vermögens hat sich der Konkursverwalter an die Entscheidungen der Gläubigerversammlung und des Gläubigerausschusses zu halten.[69] Der Konkursverwalter kann dem Gericht vorschlagen, dass es die Verwertung bestimmter Teile des zur Konkursmasse gehörenden Vermögens bestimmt und gemäß den für die Zwangsvollstreckung zur Einziehung einer Geldforderung geltenden Regeln durchführt.[70] Er hat für die Vornahme von Rechtshandlungen, die für das Konkursverfahren von besonderer Bedeutung sind, die Zustimmung des Gläubigerausschusses einzuholen. Ist ein Gläubigerausschuss nicht bestellt, erteilt die Gläubigerversammlung die Zustimmung.[71] Bei der Veräußerung des Unternehmens oder eines Betriebs gibt es Situationen, bei denen die Zustimmung der Gläubigerversammlung für diese Veräußerung erforderlich ist.[72] Für die Verwertung von Gegenständen, an denen ein Absonderungsrecht besteht, sieht das Konkursgesetz besondere Regeln vor.[73] Grundsätzlich müsste der Konkursverwalter die Verwertung der ganzen Konkursmasse binnen anderthalb Jahres seit dem Berichtstermin beenden.[74]

4.4 Verteilung an die Gläubiger

Die Verteilungen werden vom Konkursverwalter vorgenommen.[75] Es gibt drei verschiedene Arten von Verteilungen: die Abschlagsverteilung, die Schlussverteilung und die Nachtragsverteilung.

In einem Konkursverfahren kann es mehrere *Abschlagsverteilungen* geben, da die Befriedigung der Gläubiger nach dem Zufluss der Barmittel durchgeführt wird.[76] Mit der Befriedigung der Gläubiger darf der Konkursverwalter jedoch erst nach dem allgemeinen Prüfungstermin beginnen.[77] Vor jeder Verteilung hat er die Zustimmung des Gläubigerausschusses bzw. des Konkursrichters, wenn dieser Ausschuss nicht bestellt ist, einzuholen.[78]

In einem Konkursverfahren gibt es nur eine *Schlussverteilung,* und zwar sie erfolgt, sobald die Verwertung der Konkursmasse beendet ist.[79] Neben der Zustimmung des Gläubigerausschusses ist die Zustimmung des Konkursrichters bei der Schlussverteilung immer erforderlich.[80]

Zu einem *Nachtragsverteilung* kann es kommen, wenn nach dem Schlusstermin: 1. die Voraussetzungen für die Verteilung der zurückbehaltenen Beträge an die Konkursgläubiger

---

[66] Artt. 150–153. Vgl. §§ 151–154 InsO.
[67] Art. 157 Abs. 1 KG. Vgl. § 158 Abs. 1 InsO.
[68] Art. 158 Abs. 1 KG. Vgl. § 159 InsO.
[69] Art. 158 Abs. 2 KG.
[70] Art. 158 Abs. 3 KG.
[71] Art. 159 Abs. 1 S. 1 und 2 KG. Vgl. §§ 160 Abs. 1 S. 1 und 2 InsO.
[72] Artt. 161 Abs. 1; 162 Abs. 1 KG. Vgl. §§ 162 Abs. 1; 163 Abs. 1 InsO.
[73] Artt. 164–172 KG, welche im Wesentlichen den §§ 165–173 InsO entsprechen. Näheres dazu unter 5.2 dieses Beitrags.
[74] Dies geht aus Art. 27 Abs. 1 und Art. 193 Abs. 5 KG hervor.
[75] Art. 183 Abs. 3 S. 1 KG. Vgl. § 187 Abs. 3 S. 1 InsO.
[76] Art. 183 Abs. 2 S. 1 KG. Vgl. § 187 Abs. 2 S. 1 InsO.
[77] Art. 183 Abs. 1 KG. Vgl. § 187 Abs. 1 InsO.
[78] Art. 183 Abs. 3 S. 2 KG. Vgl. § 187 Abs. 3 S. 2 InsO.
[79] Art. 192 Abs. 1 KG. Vgl. § 196 Abs. 1 InsO.
[80] Art. 192 Abs. 2 KG. Vgl. § 196 Abs. 2 InsO.

erfüllt werden, 2. die aus der Konkursmasse bezahlten Beträge in diese zurückfließen, 3. das zur Konkursmasse gehörende Vermögen ermittelt wird.[81]

36 Die Abschlagsverteilung erfolgt gemäß dem Verteilungsverzeichnis und die Schlussverteilung sowie die Nachtragsverteilung gemäß dem Schlussverzeichnis. Gegen das Verteilungsverzeichnis bzw. Sclußverzeichnis sind Gläubiger berechtigt, Einsprüche zu erheben. Die Verteilung darf vorgenommen werden, erst nach Rechtskraft des Beschlusses, in dem über einen eventuellen Einspruch entschieden worden ist.[82]

5. Gläubiger

5.1 Aussonderungsberechtigte Gläubiger

37 Eine Person, die auf Grund eines dinglichen oder persönlichen Rechts nachweisen kann, dass ein Gegenstand nicht zur Konkursmasse gehört, hat die Stellung eines Aussonderungsgläubigers. Ihr Anspruch auf Aussonderung bestimmt sich nach den Vorschriften, die für die Verwirklichung dieser Rechte außerhalb des Konkursverfahrens gelten.[83] Ist dieses Recht in das Grundbuch oder ein anderes öffentliches Buch eingetragen, hat der Konkursschuldner nachzuweisen, dass der Gegenstand, auf den sich dieses Recht bezieht, zur Konkursmasse gehört.[84]

38 Gemäß kroatischem Recht kann der Verkäufer, dem der Kaufpreis nicht zur Gänze ausbezahlt wird, Waren zurückfordern, die vor der Eröffnung des Konkursverfahrens von einem anderen Ort an den Schuldner abgesandt worden und bis zur Konkurseröffnung noch nicht am Ablieferungsort angekommen sind bzw. die der Schuldner bis zu diesem Zeitpunkt nicht übernommen hat (Recht auf Rückstellung von Waren). Dieses Recht auf Rückstellung steht auch dem Kommissionär für den Kauf von Waren zu. Hat der Schuldner Waren, die vor der Eröffnung des Konkursverahrens am Ablieferungsort angekommen sind, nur in Gewahrsam genommen, steht dem Verkaufer das Recht auf Rückstellung nicht zu, doch ist er berechtigt, die mit diesen Waren zusamenhängenden Rechte als Aussonderungsgläubiger im ordentlichen Weise zu verwirklichen.[85] Das KG regelt ausdrücklich auch das Recht auf einen Ersatz für das Aussonderungsrecht, falls der Gegenstand, an dem ein Aussonderungsrecht besteht, vor oder nach der Eröffnung eines Konkursverfahrens unberechtigt veräußert worden ist.[86]

5.2 Gesicherte Gläubiger

39 Gläubiger, denen ein Pfandrecht oder das Recht auf Befriedigung aus Sachen oder Rechten zusteht, die in ein öffentliches Buch eingetragen sind (Grundbuch, Schiffsregister, Register für Luftfahrzeuge, geisteiges Eigentum u. ä.) sind berechtigt, ein Zwangsvollstreckungsverfahren einzuleiten, um ihre Forderungen abgesondert aus diesen Gegenständen im Einklang mit Art. 164.a KG zu befriedigen.[87]

40 Gläubiger, die an einem Gegenstand der Konkursmasse ein Pfandrecht haben, das nicht in ein öffentliches Buch eingetragen ist, sind in Einklang mit KG zur abgesonderten Befriedigung ihrer Forderung, der Zinsen und Kosten aus dem Wert des Pfandgegenstandes berechtigt.[88] Diesen Gläubigern sind gleichgestellt: Gläubiger, denen der Schuldner zur Sicherung

---

[81] Art. 199 Abs. 1 KG. Vgl. § 203 Abs. 1 InsO.
[82] Artt. 184 Abs. 1 und 2; 190 Abs. 1, 2, 3, und 4; 201. Vgl. §§ 188; 194 Abs. 1, 2 und 3; 205 InsO.
[83] Art. 79 Abs. 1 Sätze 1 und 2 KG. Vgl. § 47 Sätze 1 und 2 InsO.
[84] Art. 79 Abs. 2 KG.
[85] Art. 79 Abs. 3, 4 und 5 KG.
[86] Art. 80 Abs. 1, 2 und 3. Vgl. § 48 InsO.
[87] Art. 81 KG. Vgl. § 49 InsO.
[88] Art. 82 Abs. 1 KG. Vgl. § 50 Abs. 1 InsO. Das gesetzliche Pfandrecht des Vermieters oder Verpächters kann im Konkursverfahren wegen des Miet- oder Pachtzinses für eine frühere Zeit als das lezte Jahr vor der Eröffnung des Konkursverahrens sowie wegen des Schadenersatzes infolge einer Kündigung des Miet- oder Pachteverhältnisses vonseiten des Konkursverwalters nicht verwirklicht werden. Die angeführte Beschränkungen gelten nicht für das Pfandrecht des Verpächters eines landwirtschaftlichen Grundstücks hinsichtlich des geschuldeten Pachtzinses (Art. 82 Abs. 2 KG, vgl. § 50 Abs. 2 InsO).

eines Anspruchs eine bewegliche Sache übereignet oder ein Recht übertragen hat; Gläubiger, denen ein Zurückbehaltungsrecht an einem Gegenstand zusteht, weil sie etwas zum Nutzen des Gegenstans verwendet haben, soweit ihre Forderung aus diesem Grund den noch vorhandenen Vorteil nicht übersteigt; Gläubiger, denen kraft Gesetzes ein Zurückbehaltungsrecht zusteht; die Republik Kroatien, Einheiten der lokalen Selbstverwaltung und Verwaltung und anderen öffentliche juristische Personen, soweit ihnen zoll- oder steuerpflichtige Gegenstände nach dem Gesetz als Sicherheit für öffentliche Abgaben dienen.[89] Das Recht eines Absonderungsgläubigers hat auch der Gläubiger dessen Rechte aus gerichtlichen oder notariellen Sicherung der Forderungen durch die Eigentumsübertragung oder die Übertragung eines Rechts hervorgehen.[90]

Der Konkursverwalter darf eine bewegliche Sache, an der ein Absonderungsrecht besteht **41** durch unmittelbare Vereinbarung verwerten, wenn sich diese Sache in seinem Besitz befindet und er darf eine Forderung oder ein anderes, vom Schuldner zur Sicherung eines Anspruchs abgetretenes Recht einziehen oder in anderere Weise verwerten.[91] Dabei hat er bestimmte Regel zu beachten, die sich auf Unterrichtung des Absonderungsläubigers über den Zustand der beweglichen Sache bzw. der Forderung, weiter auf Mitteilung der Veräußerungsabsicht dem Absonderungsläubiger und auf den Schutz des Absonderungsläubigers vor einer Verzögerung der Verwertung (durch die Bezahlung von Zinsen) beziehen.[92] Die Kosten der Feststellung der Forderung, welche die Kosten der Feststellung der Identität des Gegenstands und des Rechts an diesem Gegenstand umfassen, sind pauschal mit fünf Prozent des Erlöses anzusetzen. Dasgleiche gilt für die Kosten der Verwertung.[93] Der Konkursvewalter darf eine bewegliche Sache, zu deren Verwertung er berechtigt ist, für die Konkursmasse bentuzen, wenn er die dadurch entstandene Verminderung des Sicherungswertes dem Absonderungsgläubiger aus der Konkursmasse ersetzt.[94] Soweit der Konkursverwalter nicht zur Verwertung einer beweglichen Sache oder Forderung berechtigt ist, an der ein Absonderungsrecht besteht, hat der Gläubiger das Verwertungsrecht.[95]

Absonderungsgläubiger sind zur anteilsmäßigen Befridigung aus der Konkursmasse (als **42** Konkursgläubiger) nur berechtigt, soweit sie auf eine abgesonderte Befriedigung verzichten oder wenn ihnen die abgesonderte Befriedigung nicht gelingen sollte, aber vorausgesetzt, dass der Konkursschuldner ihnen auch persönlich haftet.[96]

5.3 Bevorzugte Konkursgläubiger

Nach kroatischem Recht werden Konkursgläubiger (persönliche Gläubiger des Kon- **43** kursschuldners, die zurzeit der Eröffnung des Konkursverfahrens einen vermögensrechtlichen Anspruch gegen ihn haben) gemäß ihren Forderungen in Zahlungsränge eingeordnet.[97]

Zurzeit gibt es zwei höhere Zahlungsränge und fünf niedrigeren Zahlungsränge. Das **44** Konkursgesetz spezifiziert die Konkursgläubiger des ersten höheren Zahlungsrangs und die Gläubiger der fünf niedrigeren Zahlungsränge. Alle anderen im Konkusgesetz nicht spezifizierten Konkursgläubiger gehören zum zweiten höheren Zahlungsrang.[98]

Die bevorzugten Konkursgläubiger sind nach kroatischem Recht die Gläubiger des ersten **45** höheren Zahlungsrangs. Dies sind Forderungen der Arbeitnehmer und ehemaliger Arbeitnehmer des Konkursschuldners, die bis zum Tag der Konkurseröffnung aus dem Arbeitsverhältnis im Bruttobetrag entstanden worden sind, weiter Abfindungen bis zum durch das

---

[89] Art. 83 KG. Vgl. § 51 InsO.
[90] Art. 81.a KG.
[91] Art. 165 Abs. 1 und 2 KG. Vgl. § 166 Abs. 1 und 2 InsO.
[92] Artt. 166–168 KG. Vgl. §§ 167–169 InsO.
[93] Art. 170 Abs. 1 und 2 KG. Vgl. § 171 Abs. 1 und 2 InsO.
[94] Art. 171 Abs. 1 KG. Vgl. § 172 Abs. 1 InsO.
[95] Art. 172 Abs. 1 KG. Vgl. § 173 Abs. 1 InsO.
[96] Art. 84 KG. Vgl. § 52 InsO.
[97] Art. 70 Abs. 1 und Abs. 2 S. 1 KG. Vgl. § 38 InsO.
[98] Artt. 71–72 KG.

Gesetz oder den Kollektivvertrag vorgeschriebenen Betrag und Forderungen auf Grund des Schadenersatzes wegen Verletzung bei der Arbeit oder Berufskrankheit.[99]

46 Die Konkursgläubiger eines späteren Zahlungsrangs können erst nach voller Befriedigung der Konkursgläubiger des vorherigen Zahlungsrangs befriedigt werden. Die Konkursgläubiger gleichen Zahlungsrangs werden nach dem Verhältnis der Beträge ihrer Forderungen befriedigt.[100]

5.4 Einfache Konkursgläubiger

47 Nach kroatischem Recht können die Gläubiger des zweiten höheren Zahlungsrangs als einfache Konkursgläubiger bezeichnet werden. Dies sind alle Gläubiger, deren Forderungen weder zu den Forderungen des ersten höheren Zahlungsrangs noch jenen der niedrigeren Zahlungsränge gehören.[101]

5.5 Nachrangige Konkursgläubiger

48 Nachrangige Konkursgläubiger können erst nach der Befriedigung der Forderungen höherer Zahlungsränge befriedigt werden. Ihre Forderungen gehören zu den Forderungen niedriger Zahlungsränge. Das Konkursgesetz bestimmt, dass es sich hier um folgende Forderungen handelt: 1. die seit der Eröffnung des Konkursverfahrens laufenden Zinsen der Forderungen der Konkursgläubiger, 2. die Kosten, die den einzelnen Gläubigern durch ihre Teilnahme am Verfahren erwachsen, 3. Geldstrafen für eine Straftat oder Ordnungswidrigkeit sowie für solche Nebenfolgen einer Straftat oder Ordnungswidrigkeit, die eine Verpflichtung zur Geldleistung auferlegen, 4. Forderungen auf eine unentgeltliche Leistung des Schuldners, 5. Forderungen auf Rückgewähr des kapitalersetzenden Darlehens eines Gesellschafters oder entsprechende Forderungen.[102]

49 Diese Forderungen werden bei gleichem Rang nach dem Verhältnis ihrer Beträge berichtigt.[103] Forderungen, für die zwischen dem Gläubiger und dem Schuldner im Konkursverfahren ein niedriger Zahlungsrang vereinbart worden ist, werden im Zweifel nach den im Gesetz spezifizierten Forderungen niedrigerer Ränge berichtigt.[104] Die Zinsen der Forderungen von Konkursgläubigern niedriger Zahlungsränge und die Kosten, die diesen Gläubigern durch ihre Teilnahme am Verfahren entstehen, haben den gleichen Rang wie die Forderungen dieser Gläubiger.[105]

50 Wie bereits gesagt, sind die Forderungen von Gläubigern niedriger Zahlungsränge nur anzumelden, soweit der Konkursrichter auch diese Gläubiger gesondert zur Anmeldung ihrer Forderungen auffordert.

5.6 Massegläubiger

51 Aus der Konkursmasse werden zuerst die Kosten des Konkursverfahrens und sonstige Masseverbindlichkeiten befriedigt.[106] Dabei hat das Konkursgesetz spezifiziert, was unter den Kosten des Konkursverfahrens[107] und was unter den sonstigen Masseverbindlichkeiten zu verstehen ist.[108]

---

[99] Art. 71 Abs. 1 KG.
[100] Art. 70 Abs. 2 Sätze 2 und 3 KG.
[101] Art. 71 Abs. 2 KG.
[102] Art. 72 Abs. 1 KG. Vgl. § 39 Abs. 1 InsO.
[103] Art. 72 Abs. 2 KG.
[104] Art. 72 Abs. 3 KG. Vgl. § 39 Abs. 2 InsO.
[105] Art. 72 Abs. 4 KG. Vgl. § 39 Abs. 3 InsO.
[106] Art. 85 Abs. 1 KG. Vgl. § 53 InsO.
[107] Zu den Kosten des Konkursverfahrens gehören: die Gerichtskosten für das Konkursverfahren; 2. die Vergütungen und die Auslagen des vorläufigen Konkursverwalters, des Konkursverwalters und der Mitglieder des Gläubigerausschusses, 3. sonstige Kosten, für die das Konkursgesetz oder ein anderes Gesetz bestimmt, dass sie als Kosten des Konkursverfahrens zu berichtigen sind. – Art. 86 KG. Vgl. § 54 InsO.
[108] Als sonstige Masseverbindlichkeiten bestimmt das Konkursgesetz die Verbindlichkeiten: die durch Handlungen des Konkursverwalters oder in anderer Weise durch die Verwaltung, Verwertung und Verteilung der Konkursmasse begründet werden und nicht zu den Kosten des Konkursverfahrens gehören, 2. die Forderungen der Rechtsanwälte für ihre Tätigkeit in den letzten sechs Monaten vor der Eröffnung des

6. Abwicklung der nicht vollständig erfüllten Verträge

Haben der Konkursschuldner und dessen Vertragspartner zurzeit der Eröffnung des Kon- **52** kursverfahrens einen zweiseitig verbindlichen Vertrag nicht oder nicht vollständig erfüllt, kann der Konkursverwalter anstelle des Konkursschuldners den Vertrag erfüllen und vom anderen Vertragspartner Erfüllung verlangen.[109] Also hat der Konkursverwalter die Wahl, was mit diesen Verträgen im Konkursverfahren geschehen wird. Lehnt der Konkursverwalter die Erfüllung ab, so kann der andere Vertragspartner seine Forderung wegen Nichterfüllung nur als Konkursgläubiger geltend machen. Fordert der andere Vertragspartner den Konkursverwalter zu einer Äußerung in Bezug auf sein Wahlrecht auf, so hat der Konkursverwalter dem Vertragspartner gleich, wenn es möglich ist, aber spätestens nach dem Berichtstermin durch eingeschriebenen Brief mitzuteilen, ob er die Absicht hat, die Erfüllung des Vertrages zu verlangen. Ausnahmsweise hat der Konkursverwalter dem Vertragspartner diese Mitteilung innerhalb von acht Tagen durch eingeschriebenen Brief zu machen, falls ein erheblicher Schaden für den anderen Vertragspartner bis zum Berichtstermin eintreten würde, auf wechen Schaden der Vertragspartner den Konkursverwalter aufmerksam gemacht hat. Verfährt ein Konkursverwalter nicht auf diese Weise, so kann er die Erfüllung nicht verlangen.[110]

Besondere Regeln gelten im Hinblick auf: Fixgeschäfte und Finanzgeschäfte mit be- **53** stimmter Frist, teilbare Leistungen, Vormerkungen in öffentlichen Register, Eigentumsvorbehalt, Miet- und Pachtverhältnisse, Arbeitsverträge, Mitbestimmungsrecht der Arbeitnehmer, Aufträge und Geschäftsbesorgungsverträge, Angebote und Vollmachten.[111] Diese Regeln entsprechen im Wesentlichen den diesbezüglichen Regeln der deutschen Insolvenzordnung.[112]

Die Vertragspartner können die Anwendung dieser gesetzlichen Bestimmungen durch **54** Vertragsbestimmungen nicht ausschließen.[113]

Mit der Eröffnung des Konkursverfahrens enden die mit dem Konkursschuldner als **55** Arbeitgeber abgeschlossenen Arbeits- oder Dienstverträge nicht, aber die Konkurseröffnung ist ein besonderer, berechtigter Grund für die Kündigung des Arbeitsvertrages.[114] Der Konkursverwalter kann mit Genehmigung des Konkursrichters zur Beendigung begonnener Geschäfte und Abwendung möglicher Schäden neue Arbeitsverträge auf bestimmte Zeit abschließen.[115] Im kroatischen Konkursgesetz gibt es zurzeit keine Bestimmungen über einen Sozialplan.

7. Aufrechnung

Ist ein Konkursgläubiger zurzeit der Eröffnung des Konkursverfahrens kraft Gesetzes oder **56** auf Grund eines Vertrages zur Aufrechnung berechtigt, so bleibt dieses Recht durch die Konkurseröffnung unberührt.[116]

Konkursverfahrens im Zusammenhang mit dem Schutz und der Geltendmachung von Rechten des Schuldners, die zu der Konkursmasse gehören, 3. aus zweiseitig verbindlichen Verträgen, soweit deren Erfüllung zur Konkursmasse verlangt wird oder nach der Eröffnung des Konkursverfahrens erfolgen muss, 4. auf Grund einer ungerechtfertigten Bereicherung der Masse, 5. Forderungen der Arbeitnehmer, die nach der Eröffnung des Konkursverfahrens entstehen worden sind. Verbindlichkeiten, die von einem vorläufigen Konkursverwalter übernommen worden sind, der eine Verfügungsbefugnis über das Vermögen des Schuldners bis zur Konkurseröffnung hat, gelten als Masseverbindlichkeiten. Gleiches gilt für die Verbindlichkeiten aus einem Dauerschuldverhältnis, soweit der vorläfige Konkursverwalter für das von ihm verwaltete Vermögen die Gegenleistung empfangen hat. – Art. 87 Abs. 1 und 2 KG. Vgl. § 55 Abs. 1, 2 und 3 InsO.

[109] Art. 110 Abs. 1 KG. Vgl. § 103 Abs. 1 InsO.
[110] Art. 110 Abs. 2 KG. Vgl. § 103 Abs. 2 InsO.
[111] Artt. 111–125 KG.
[112] §§ 104–117 InsO.
[113] Art. 126 KG. Vgl. § 119 InsO.
[114] Art. 120 Abs. 1 und 2 KG. Näheres dazu Art. 120 Abs. 3 und 4 KG.
[115] Art. 120 Abs. 5 KG. Näheres dazu Art. 120 Abs. 6 und 7 KG.
[116] Art. 103 KG. Vgl. § 94 InsO.

Kroatien 57–63

57 Sind zurzeit der Eröffnung des Konkursverfahrens die aufzurechnenden Forderungen oder eine von ihnen noch aufschiebend bedingt oder nicht fällig, oder sind die Forderungen noch nicht auf gleichartige Leistungen gierichtet, so kann die Aufrechnung erst erfolgen, wenn die dafür erforderlichen Bedingungen erfüllt werden. Die Aufrechnung ist ausgeschlossen, wenn die Forderung, gegen die aufgerechnet werden soll, unbedingt oder fällig wird, bevor die Aufrechnung möglich wird.[117]

58 Die Aufrechnung wird nicht dadurch ausgeschlossen, dass die Forderungen auf unterschiedliche Währungen oder Rechnungseinheiten lauten, wenn diese Währungen oder Rechnungseinheiten am Zahlungsort der Forderung, gegen die aufgerechnet wird, frei gewechselt werden können. Die Umrechnung erfolgt nach dem Kurswert, der zurzeit des Zugangs der Aufrechnungserklärung am Zahlungsort maßgeblich ist.[118]

59 Das Konkursgesetz hat ausdrücklich Fälle vorgeschriebenen, in denen eine Aufrechnung nicht zulässig ist.[119]

8. Konkursanfechtung

60 Rechtshandlungen, die vor der Eröffnung des Konkursverfahrens vorgenommen worden sind, und welche die gleichmaßige Befriedigung der Gläubiger stören (Benachteiligung der Gläubiger) bzw. durch die einzelnen Gläubiger in eine günstigere Lage versetzt werden (Begünstigung der Gläubiger), können angefochten werden. Eine Unterlassung steht einer Rechtshandlung gleich.[120]

61 Dabei sieht das Konkursgesetz mehrere Anfechtungsbestände bzw. Anfechtungsgründe vor: die kongruente Befriedigung (Deckung), die inkongruente Befriedigung (Deckung), unmittelbar benachteiligende Rechtshandlungen, vorsätzliche Gläubigerbenachteiligung, unentgeltliche Rechtshandlungen, Rechtshandlungen wegen Sicherung oder Befriedigung des Gläubigers eines kapitalsatzendes Darlehens, Anfechtungsbestand für Leistungen an stille Gesellschafter und Anfechtungsbestand bei Wechsel- und Scheckzahlungen.[121] Die Anfechtungsvoraussetzungen für jeden von diesen Anfechtungsgründen sind anders.

62 Bei jeden Anfechtung gilt aber, dass die Anfechtungsklage innerhalb von zwei Jahren nach der Eröffnung des Konkursverfahrens erhoben werden kann.[122] Die Rechtshandlungen des Konkursschuldners können auch durch Erhebung einer Einrede im Rechtssreit ohne diese zeitliche Beschränkung angefochten werden.[123] Für das kroatische Konkursrecht ist charakteristisch, dass der Anfechtungsberechtigte nicht nur ein Konkursverwalter sondern auch Konkursgläubiger sind.[124] Wird dem Antrag auf Anfechtung einer Rechtshandlung stattgegeben, hat die angefochtene Rechshandlung keine Wirkung auf die Konkursmasse und die Gegenseite ist verpflichtet, alle auf Grund der angefochtenen Rechtshandlung erlangten Vermögensvorteile zur Konkursmasse zurückzugewähren.[125] Wenn der Anfechtungsgegner das Erlangte zurückgewährt, so lebt seine Forderung weider auf.[126]

9. Reorganisationsverfahren

63 Wie bereits gesagt, ist das kroatische Konkursverfahren ein einheitliches Verfahren, in Rahmen dessen nicht nur die Liquidation des Schuldnervermögens möglich ist, sondern auch eine rechtliche Grundlage für Sanierung des Konkursschuldners sowie für sogenannte

---

[117] Art. 104 Abs. 1 Sätze 1 und 3 KG. Vgl. § 95 Abs. 1 Sätze 1 und 3 InsO.
[118] Art. 104 Abs. 2 Sätze 1 und 2 KG. Vgl. § 95 Abs. 2 Sätze 1 und 2 InsO.
[119] Art. 105 Nr. 1–5 KG. Vgl. § 96 Abs. 1 Nr. 1–4 InsO.
[120] Art. 127 Abs. 1 und 2 KG. Vgl. § 129 InsO.
[121] Artt. 128–135 KG. Vgl. §§ 130–137 InsO.
[122] Art. 141 Abs. 2 KG. Vgl. § 146 Abs. Abs. 1 InsO.
[123] Art. 141 Abs. 9 KG. Vgl. § 146 Abs. 2 InsO.
[124] Art. 127 Abs. 1 und Art. 141 Abs. 1 KG. Nach § 129 Abs. 1 InsO ist nur der Insolvenzverwalter der Anfechtungsberechtigte.
[125] Art. 141 Abs. 5 KG. Vgl. § 143 Abs. 1 InsO.
[126] Art. 142 Abs. 1 KG. Vgl. § 144 Abs. 1 InsO.

übertragende Sanierung seines Unternehmens und zwar in der Form eines entsprechenden Konkursplans ausgearbeitet werden kann.[127]

Der Schuldner kann den Konkursplan gemeinsam mit dem Antrag auf Eröffnung des Konkursverfahrens vorlegen. Nach der Konkurseröffnung sind nur der Konkursverwalter und der Einzelschuldner (eine natürliche Person) zur Vorlage eines Konkursplans berechtigt. Unabhängig davon, ob der Konkursschuldner eine juristische oder eine natürliche Person ist, kann die Gläubigerversammlung dem Konkursverwalter die Ausarbeitung eines Konkursplans anordnen. Der Konkursverwalter muss dann einen solchen Plan binnen angemessener Frist vorbereiten. Ein Plan, der erst nach dem Schlusstermin vorgelegt wird, kann nicht berücksichtigt werden.[128]

Das Konkursgesetz schreibt den erforderlichen förmlichen Inhalt eines Konkursplans vor: er besteht aus der Vorbereitungsgrundlage (des darstellenden Teils) und der Durchführungsgrundlage (des gestaltenden Teils). Dem Plan sind auch einige Urkunden beizufügen. Der wichtigste Teil des Plans ist die Durchführungsgrundlage, welche die Bestimmungen darüber enthält, wie die Rechtsstellung des Schuldners und der anderen Beteiligten im Konkursverfahren durch den Plan geändert wird.[129]

Bei der Festelegung der Rechte der Beteiligten im Konkursplan sind Gruppen zu bilden, soweit Gläubiger mit unterschiedlicher Rechststellung betroffen sind.[130] Das Konkursgesetz enthält einige Grundregeln, die bei der Bildung der Gruppen zu beachten sind,[131] sowie die Regeln über die Erörterung des Konkursplans und die Abstimmung über den Konkursplans seitens Gläubiger.[132] Falls die Gläubiger den Konkursplan angenommen haben und der Konkursschuldner dem Konkursplan zugestimmt hat, bedarf er der Bestätigung durch den Konkursrichter, wobei die Voraussetzungen für die Bestätigung ausdrücklich vorgeschrieben sind.[133] Der Beschluss über die Bestätigung des Plans wirkt gegenüber allen Beteiligten ab seiner Rechtskraft.[134] Das Konkursgesetz regelt die Wirkungen des bestätigten Konkursplans sowie die Überwachung seiner Erfüllung.[135]

10. Internationales Konkursrecht

Die wichtigsten Probleme des internationalen Konkursrechts hat der kroatische Gesetzgeber einer ausdrücklichen umfassenden gesetzlichen Regelung bereits im Jahre 1996 zugeführt, und zwar im Kapitel X des Konkursgesetzes.[136]

---

[127] Auch ein Liquidationsplan, in dem man von den gesetzlichen Regeln über die Verwertung des Schuldnersvermögens und Verteilung des Erlöses an die Gläubiger abweichen würde, ist möglich. Näheres über verschiedene Arten von Konkursplänen siehe *Garašić*, Sadržaj stečajnog plana, in Buch: *J. Barbić/M. Dika/A. Eraković/J. Garašić/N. Šepić*, Novosti u stečajnom pravu, Hrsg. *Mihajlo Dika*, Zagreb, 2001, 229, 233–235.
[128] Art. 214 KG. Vgl. § 218 InsO.
[129] Artt. 215–217 KG. Vgl. §§ 219–221 InsO.
[130] Art. 218 Abs. 1 Sätze 1 und 2 KG. Vgl. § 222 Abs. 1 S. 1 InsO.
[131] Artt. 218–222 KG. Vgl. §§ 222–226 InsO.
[132] Artt. 231–242 KG. Vgl. §§ 235–246 InsO.
[133] Artt. 243–247 KG. Vgl. §§ 247–251 InsO.
[134] Art. 250 Abs. 1 S. 1 KG. Vgl. § 254 Abs. 1 S. 1 InsO.
[135] Artt. 250–265 KG. Vgl. §§ 254–269 InsO.
[136] Das Kapitel X des Konkursgesetzes besteht aus 35 Artikel, die in sieben Abschnitte gegliedert sind (Artt. 301–335 KG; vgl. §§ 335–358 InsO). Der erster Abschnitt enthält die Bestimmungen über die internationale Zuständigkeit des Gerichts der Republik Kroatien (sog. direkte Zuständigkeit, Artt. 301–302 KG), aus denen auch die Anerkennungszuständigkeit für die Entscheidung über die Eröffnung eines ausländischen Konkursverfahrens abzuleiten ist (sog. indirekte Zuständigkeit). Im zweiten Abschnitt befinden sich allgemeine kollisionsrechtliche Vorschriften, die nicht nur in einem inländischen Konkursverfahren sondern auch im Falle der Anerkennung einer ausländischen Entscheidung über die Eröffnung eines Konkursverfahrens im Hinblick auf einige konkursrechtliche Folgen anzuwenden sind (Artt. 303–307 KG). Im dritten Abschnitt sind die Voraussetzungen und Verfahren der Anerkennung einer ausländischen Entscheidung über die Eröffnung eines Konkursverfahrens geregelt (Artt. 308–317 KG). Der vierte Abschnitt enthält Bestimmungen über die Wirkungen der Anerkennung einer ausländischen Entscheidung über die Eröffnung eines Konkursverfahrens (Artt. 318–325 KG). Der fünfte Abschnitt regelt die Eröffnung eines Sonderkonkursverfahrens in der

Kroatien 68–71

68   Eine deutsche Entscheidung über die Eröffnung eines Insolvenzverfahrens wird wie jede andere ausländische Entscheidung über die Eröffnung eines Insolvenz- bzw. Konkursverfahrens anerkannt, wenn sie von einem ausländischen Gericht bzw. Organ ergangen ist, das nach kroatischem Recht international zuständig ist; weiter wenn sie nach dem Recht des Staates, in dem sie ergangen ist, vollstreckbar ist; und wenn ihre Anerkennung nicht im Widerspruch zu der öffentlichen Ordnung in der Republik Kroatien steht.[137] Diese Anerkennungsvoraussetzungen müssen kumulativ erfüllt sein.

69   Nach kroatischem Recht ist das Gericht bzw. Organ für die Durchführung eines universalen *Hauptkonkursverfahrens* jenes Staates ausschliesslich international zuständig, in dessen Gebiet sich der Mittelpunkt der Geschäftstätigkeit des Schuldners befindet.[138] Dabei wird vermutet, dass der Mittelpunkt der Geschäftstätigkeit des Schuldners der Ort ist, an dem sein Sitz registriert ist.[139] Wird es bewiesen, dass sich der Mittelpunkt der Geschäftstätigkeit des Schuldners in einem Staat befindet und der registrierte Sitz in einem anderen, dann wird das Gericht bzw. Organ dieses anderen Staates zur Durchführung des Hauptkonkursverfahrens nur dann ausschliesslich international zuständig sein, falls ein Hauptkonkursverfahren nach dem Recht des ersten Staates auf Grund des Mittelpunkts der Geschäftstätigkeit nicht eröffnet werden kann, obwohl ein Konkursgrund gegeben ist.[140]

70   Nach kroatischem Recht ist es auch möglich, ein inländisches *Sonderkonkursverfahren*, welches nur das inländische Vermögen des Schuldners umfasst, zu eröffnen sowie eine ausländische Entscheidung über die Eröffnung eines solchen Sonderkonkursverfahrens anzuerkennen. Dabei kann ein Sonderkonkursverfahren ein *Partikularkonkursverfahren* sein, welches vor der Anerkennung einer ausländischen Entscheidung über die Eröffnung eines Hauptkonkursverfahrens und ganz unabhängig vom ihm eröffnet werden kann oder es kann ein *Sekundärkonkursverfahren* sein, welches als Folge der Anerkennung einer ausländischen Entscheidung über die Eröffnung eines Hauptkonkursverfahrens eröffnet werden kann. Die internationale Zuständigkeit für die Eröffnung eines solchen Sonderkonkursverfahrens (Partikular- oder Sekundärkonkursverfahrens) ist in erster Linie eine inländische Geschäftseinheit (Niederlassung) des Schuldners.[141] Ein Sekundärkonkursverfahren kann auch augrund des bloßen inländischen Schuldnervermögens eröffnet werden, während ein Partikularkonkursverfahren auf Grund dieses Kriteriums nur eröffnet werden kann, wenn er eine sogenannte *Ersatzfunktion* hat.[142]

71   Das kroatische Recht kennt keine automatische Anerkennung einer ausländischen Entscheidung über die Eröffnung eines Konkursverfahrens. Um ihre Wirkungen in Kroatien entfalten zu können, muss diese Entscheidung in der Regel in einem besonderen Anerkennungsverfahren (dem Exequatur) oder ausnahmsweise als Vorfrage in einem Gerichtsverfah-

---

Republik Kroatien als Folge der Anekennung einer Entscheidung über die Eröffnung eines Konkursverfahrens (Artt. 326–331 KG), während der sechste Abschnitt die Bestimmungen über die Nichtanerkenung einer ausländischen Entscheidung über die Eröffnung eines Konkursverfahrens enthält (Artt. 332–334 KG). Der siebte Abschnitt bezieht sich auf ausländische Vergleiche und andere Konkursverfahren (Art. 335 KG).

[137] Art. 311 Abs. 1 KG.
[138] Art. 301 Abs. 1 S. 1 KG.
[139] Art. 301 Abs. 1 S. 2 KG.
[140] Art. 301 Abs. 1 S. 3 KG. Näheres dazu *Garašić*, Anerkennung ausländischer Insolvenzverfahren, Teil 1, S. 146–149.
[141] Art. 302 Abs. 1 KG.
[142] Ein Partikularkonkursverfahren kann auf Grund des bloßen Schuldnervermögens: 1. wenn die Eröffnung eines Konkursverfahrens in dem Staat, in dem der Schuldner den Mittelpunkt der Geschäftstätigkeit hat, nach den Voraussetzungen des Konkursrechts dieses Staates nicht möglich ist, obwohl ein Konkursgrund gegeben ist; 2. wenn nach dem Recht des Staates, in dem der Schuldner den Mittelpunkt der Geschäftstätigkeit hat, das Konkursverfahren nur das Vermögen des Schuldners in diesem Staat umfasst; 3. wenn die Eröffnung eines Sonderkonkursverfahrens in der Situation beantragt wird, in welcher die Bedingungen erfüllt sind, die eine Ablehnung des Antrags auf Anekennung der ausländischen Entscheidung über die Konkurseröffnung herbeiführen könnten; 4. wenn seine Eröffnung im Rahmen des Verfahrens für die Anerkennung einer ausländischen Entscheidung über die Eröffnung eines Konkursverfahrens nach Ablehnung des Antrags auf Anerkennung, beantragt wird. (Art. 302 Abs. 2, Nr. 1, 2, 3 und 4 KG). Näheres dazu *Garašić*, Anerkennung ausländischer Insolvenzverfahren, Teil 1, S. 323–325.

ren anerkannt werden. Der Antrag auf Anerkennung kann der ausländische Konkursverwalter oder ein Gläubiger des Schuldners stellen,[143] und zwar ist dieser Antrag an das Handelsgericht zu richten, in dessen Gebiet sich die Geschäftseinheit des Schuldners in der Republik Kroatien befindet. Sofern der Schuldner keine Geschäftseinheit in Kroatien hat, ist der Antrag an das Handelsgericht zu richten, in dessen Gebiet sich Vermögen des Schuldners befindet.[144] Das besondere Anerkennungsverfahren ist so ausgestaltet, dass es eine richtige und zugleich rasche Entscheidung über die Anerkennungsfähigkeit der ausländischen Entscheidung über die Eröffnung eines Konkursverfahrens ermöglicht. Das Konkursgesetz enthält nicht nur Bestimmungen, welche die Konkursmasse während des Anerkennungsverfahrens schützen (Möglichkeit der Anordnung vorläufiger Massnahmen und Verbot von Zwangsvollstreckungen und Sicherungen in diesem Zeitraum),[145] sondern auch Bestimmungen, durch welche diese Konkursmasse vom Zeitpunkt der Eröffnung des ausländischen Konkursverfahrens bis zur Anerkennung der Entscheidung über seine Eröffnung in Kroatien geschützt wird (rückwirkende Folge der Anerkennung in der Form der Unwirksamkeit der in diesem Zeitraum vorgenommenen Zwangsvollstreckungen und Sicherungen, Verfügungen des Schuldners, Leistungen zugunsten des Schuldners und Aufrechnungen).[146]

Die grundlegende Kollisionsnorm im kroatischen Internationalen Konkursrecht ist die Massgeblichkeit der *lex fori concursus*.[147] **72**

Wird als Folge der Anerkennung einer ausländischen Entscheidung über die Eröffnung eines Konkursverfahrens kein inländisches *Sekundärkonkursverfahren* eröffnet, dann bestimmen sich die Wirkungen der Anerkennung nach dem Recht des Staates, in dem das ausländische universale *Hauptkonkursverfahren* eröffnet worden ist, soweit sie den grundlegenden Prinzipen des kroatischen Konkursrechts bzw. der kroatischen öffentlichen Ordnung nicht widersprechen, und soweit durch das kroatische Konkursgesetz nichts anderes vorgesehen ist.[148] Vorgesehene Abweichungen von der grundsätzlichen Massgeblichkeit der *lex fori concursus* bestehen im Hinblick auf: die Aussonderungs- und Absonderungsrechte (das Konkursrecht der *lex rei sitae*),[149] den Arbeitsvertrag (das Konkursrecht des Staates, dessen Recht auf den Arbeitsvertrag anzuwenden ist),[150] die Herausgabepflicht eines Gläubigers bzw. die Anrechnung des Erlangten in einem anderen Verfahren,[151] die Befriedigung bestimmter Gläubiger – Gläubiger öffentlich-rechtlicher Forderungen, der Sozialversicherungsträger und Arbeitnehmer mit gewöhnlichem Arbeitsort in Kroatien.[152] Die Führung inländischer Rechtsstreitigkeiten und Einzelzwangsvollstreckungsverfahren ist während eines Anerkennungsverfahrens grundsätzlich untersagt,[153] unabhängig davon, was die *lex fori concursus* diesbezuglich vorsieht. Von der Massgeblichkeit der *lex fori concursus* hat man auch in jenen Bestimmungen abgewichen, welche die Wirkungen der im Zeitraum zwischen der Eröffnung eines ausländischen Konkursverfahrens und seiner Anerkennung im Inland vorgenommenen Befriedigung der Gläubiger durch Einzelzwangsvollstreckung, Verfügung des Schuldners oder Leistung zugunsten des Schuldners sowie Aufrechnung regeln.[154] **73**

Wird als Folge der Anerkennung einer ausländischen Entscheidung über die Eröffnung eines Konkursverfahrens ein inländisches *Sekundärkonkursverfahren* eröffnet, was nur möglich aber nicht zwingend ist, dann bestimmt das inländische kroatische Konkursrecht die Folgen **74**

---

[143] Art. 310 Abs. 1 KG.
[144] Art. 309 Abs. 1 KG.
[145] Art. 312 KG.
[146] Artt. 320–322 KG. Näheres dazu *Garašić*, Anerkennung ausländischer Insolvenzverfahren, Teil 1, S. 259–268.
[147] Art. 303 KG.
[148] Art. 319 Abs. 1 und Art. 311 Abs. 1 Nr. 3 KG.
[149] Artt. 304, 324 Abs. 3 KG.
[150] Art. 305 KG.
[151] Art. 306 KG.
[152] Art. 324 Abs. 1 i. V. m. Art. 326 Abs. 1 Nr. 1 und 2, Art. 324 Abs. 2 und 4 KG.
[153] Art. 312 Abs. 2 KG.
[154] Artt. 320–322 KG.

Kroatien

der Anerkennung als *lex fori concursus*. Die bereits erwähnten gesetzlich vorgesehenen Abweichungen von der *lex fori concursus* finden ihre Anwendung auch in einem inländischen Sekundärkonkursverfahren. In diesem Sekundärkonkursverfahren können alle Konkursgläubiger des Schuldners teilnehmen, wie in einem inländischen Haupt- oder Partikularkonkursverfahren, aber in Hinblick auf die Verteilung der Konkursmasse des Sekundärverfahrens gelten besondere Regeln. Das kroatische Konkursgesetz sieht eine Reihe verschiedener Formen der Kooperation und Zusammenarbeit zwischen dem Verwalter des ausländischen Hauptkonkursverfahrens und dem Konkursverwalter des inländischen Sekundärkonkursverfahrens sowie zwischen dem ausländischen und dem inländischen Konkursgericht vor.[155]

75 Ist noch vor der Anerkennung einer ausländischen Entscheidung über die Eröffnung eines Konkursverfahrens in Kroatien ein inländisches *Partikularkonkursverfahren* eröffnet worden, so besteht die Möglichkeit der Umwandlung dieses Partikularkonkursverfahrens in ein Sekundärkonkursverfahren, falls dies nach dem Stand des Partikularkonkursverfahrens noch möglich ist.[156]

---

[155] Artt. 307, 327–331 KG.
[156] Art. 318 Abs. 1 und 2 KG. Näheres dazu *Garašić*, Anerkennung ausländischer Insolvenzverfahren, Teil 1, S. 432.

Luxemburg

bearbeitet von *Me Guy Loesch* und *Dr. Pierre Hurt (Luxemburg)*

Übersicht

		RdNr.			RdNr.
1.	Schrifttum	1	4.1.1	Wirkung des inländischen Verfahrens im EU-Ausland (Dänemark ausgeschlossen)	48
2.	Einführung	2			
3.	Das Insolvenzverfahren	11	4.1.2	Wirkung und Anerkennung von ausländischen Insolvenzverfahren, welche unter Verordnung (EG) Nr. 1346/2000 eröffnet sind	49
3.1	Eröffnung des Verfahrens	11			
3.2	Verlauf des Verfahrens	20			
3.3	Die Position der Gläubiger	26			
3.4	Gesicherte Gläubiger	29			
3.5	Pfandbriefbanken	32	4.2	Verfahren, die nicht unter Verordnung (EG) Nr. 1346/2000 fallen	50
3.6	Abwicklung von Verträgen	33			
3.7	Aufrechnung	34	4.2.1	Wirkung des inländischen Verfahrens im Ausland	50
3.8	Anfechtung	37			
3.9	Reorganisationsverfahren und Restschuldbefreiung	45	4.2.2	Wirkung und Anerkennung ausländischer Insolvenzverfahren	52
4.	Internationales Insolvenzrecht	47			
4.1	Verfahren, die unter Verordnung (EG) Nr. 1346/2000 fallen	48			

1. Schrifttum: *Beythan, Theobald,* Probleme des internationalen Konkursrechts zwischen Luxemburg und der Bundesrepublik Deutschland, Annales du droit luxembourgeois, Band 2/1992, S. 187–207; *Biver, Kayser,* in: Jahn, Insolvenzen in Europa, Heidelberg, Economica, 4. Auflage, 2004, S. 279–288; *Cautaerts,* Le rôle du curateur de faillites, Feuille de liaison de la conférence Saint-Yves, 2007, Band 110, S. 10–31; *Jacoby, Guimezanes,* La responsabilité des dirigeants sociaux en cas de faillite d'une société commerciale, ACE, 2007, Band 5, S. 29–32; *Kayser,* A Study of the European Convention on Insolvency Proceedings, International Insolvency Review, 1998, Band 7, S. 79–94; *Kinsch,* La faillite du client étranger d'une banque luxembourgeoise, Droit bancaire et financier au Grand-Duché de Luxembourg, Brüssel, Larcier, 1994, Band 2, S. 681–710; *ders.,* La faillite en droit international privé luxembourgeois, Pasicrisie luxembourgeoise, 1995, Band 29, S. 117–151; *Neyens,* La nouvelle loi sur le surendettement, Bulletin luxembourgeois des questions sociales, 2001, Band 9, S. 145–180 u. 2002, Band 11, S. 53–100; *Prüm,* in Flessner, et al., Principles of european insolvency law, Band 4, National Report for Luxembourg, Deventer, Kluwer Legal Publishers, 2003, S. 446–480; *Schiltz,* Les droits des salariés en cas de faillite de leur employeur en droit luxembourgeois, Codex, 2003, Band 3, S. 76–84; *Schockweiler,* Les conflits de lois et les conflits de juridictions en droit international privé luxembourgeois, Editions P. Bauler, Luxemburg, 1996, S. 573, 605–607, 733–734, 793–794–2, 996–1001–1; *Sünnen, Brucher,* La gestion contrôlée – une alternative oubliée, Feuille de liaison de la conférence Saint-Yves, 1999, Band 94, S. 3–34; Spezialband, „Faillite", in: Guide des comptes annuels pour le Luxembourg, Brüssel, Editions Kluwer, Dezember 2000. 1

Im Internet sind folgende Informationsquellen zugänglich:
Handelsregister *(Registre du commerce et des sociétés):* https://www.rcsl.lu/mjrcs/index.do.
Sämtliche luxemburgischen Gesetzestexte (im materiellen Sinne) sind abrufbar auf der Internetseite: http://www.legilux.public.lu.
Insbesondere ist das luxemburgische Insolvenzrecht, mit der einschlägigen Rechtssprechung (Stand 2002), zugänglich auf der Internetseite: http://www.legilux.public.lu/leg/textescoordonnes/recueils/index.html#procedures_collectives.
Eine inofizielle Liste der in Luxemburg eröffneten Insolvenzverfahren (faillites) ist auf der Internetseite der luxemburgischen Rechtsanwaltschaft *(barreau)* zugänglich: http://www.barreau.lu/2005/index.1024x768.php?pg=faill&bar=lu&lng=fr.

2. Einführung

In der luxemburgischen Rechtssprache wird das Insolvenzrecht generell als *droit de la faillite* bezeichnet. Der für die verschiedenen Insolvenzverfahren gebrauchte Sammelbegriff *procédures d'insolvabilité* umfasst unterschiedliche Verfahren, die je nach Verfahrensziel zu unterscheiden und manchmal nur auf bestimmte Kategorien von Schuldnern anwendbar sind. Die Verfahren unterliegen jedoch einheitlichen Prinzipien, wie zB dem Grundsatz der Gleichbe- 2 handlung aller Gläubiger *(égalité des créanciers)* oder dem Prinzip, dass alle Insolvenzverfahren gerichtliche Verfahren sind.

3   Eine besondere Eigenschaft der luxemburgischen *procédeures d'insolvabilité* besteht darin, dass sich die Regeln über Insolvenzverfahren nur auf Kaufleute *(commerçants)*[1] und Handelsgesellschaften *(sociétés commerciales)*[2] beziehen. Für zahlungsunfähige Notare ist jedoch eine Ausnahme vorgesehen.[3] Im Falle einer Überschuldung *(surendettement)* von in Luxemburg ansässigen Privatpersonen gilt ein spezifisches Kollektivverfahren.[4] Dieses Verfahren sieht zuerst eine vertragliche Einigung vor einer Vermittlungskommission vor, und im Falle eines Scheiterns einer solchen Einigung, ein gerichtliches Verfahren.[5]

4   Im Fall der Insolvenz eines Kaufmanns oder einer Handelsgesellschaft stehen drei Verfahren zur Verfügung:

5   – der **Zwangsvergleich** *(concordat préventif de faillite)*, wobei es sich um ein Sanierungsverfahren handelt, das durch ein Gesetz vom 14. April 1886 geregelt wird.[6] Dieses Verfahren ist zu unterscheiden von dem vom Handelsgesetzbuch geregelten Vergleich *(concordat)*, welcher erst nach der Eröffnung des Insolvenzverfahrens möglich ist;

6   – die **kontrollierte** oder **überwachte Geschäftsführung** *(gestion contrôlée)*, ein weiteres Sanierungsverfahren, das durch einen großherzoglichen Erlass vom 24. Mai 1935 geregelt ist;[7]

7   – das **eigentliche Insolvenz-** oder **Konkursververfahren** *(faillite)*, das durch die Art. 437 bis 614 des luxemburgischen Handelsgesetzbuches geregelt ist.[8] Ein sich im Konkurs befindlicher Kaufmann kann unter Umständen auch strafrechtlich als Bankrotteur *(banqueroutier simple)* oder sogar als betrügerischer Bankrotteur *(banqueroutier frauduleux)* verurteilt werden, sofern die Voraussetzungen der Art. 573 ff. des Handelsgesetzbuches erfüllt sind.

8   Befindet sich ein Kaufmann oder eine Handelsgesellschaft durch außergewöhnliche und unvorhersehbare Vorkommnisse in vorübergehenden Zahlungsschwierigkeiten, ohne dass jedoch seine/ihre Schulden sein/ihr Vermögen übersteigen, sieht das Handelsgesetzbuch in den Art. 593 bis 614 die Möglichkeit eines gerichtlichen Zahlungsaufschubs *(sursis de paiement)* vor. Dieser Zahlungsaufschub kann ebenfalls gewährt werden, falls die, obwohl defizitäre, Lage des Kaufmanns auf die Wiederherstellung einer gesunden und ausgeglichenen Finanzsituation schließen lässt.

9   Für zahlungsunfähige oder sich vorübergehend in Zahlungsschwierigkeiten befindliche Gewerbetreibende des Finanzsektors („Finanzdienstleister")[9] *(professionels du secteur financier)*,[10]

---

[1] Art. 1 ff. des luxemburgischen Handelsgesetzbuches *(Code de commerce)*.
[2] Die Handelsgesellschaften werden durch das abgeänderte Gesetz vom 10. August 1915 über Handelsgesellschaften geregelt *(Loi du 10 août 1915 sur les sociétés commerciales telle qu'elle a été modifiée)*.
[3] *Arrêté grand-ducal du 31 décembre 1938 concernant l'assainissement et la réorganisation du notariat*. Dieser großherzoglicher Erlass regelt ein Spezialverfahren zur Sanierung und Liquidierung von Notariatskanzleien.
[4] *Loi du 8 Dezember 2000 concernant la prévention du surendettement et portant introduction d'une procédure de règlement collectif des dettes en cas de surendettement* (abgeändert durch ein Gesetz vom 21. Dezember 2001).
[5] Dieses Verfahren ist jedoch nicht als eigentliches Insolvenzverfahren anzusehen.
[6] *Loi du 14 avril 1886 concernant le concordat préventif de la faillite* (geändert durch ein Gesetz vom 1. Februar 1911 und einen großherzoglichen Erlass vom 4. Oktober 1934). In der Praxis ist dieses Verfahren äusserst selten.
[7] *Arrêté grand-ducal du 24 mai 1935 complétant la législation relative aux sursis de paiement, au concordat préventif de faillite et à la faillite par l'institution du régime de la gestion contrôlée*. Auch wenn dieses Verfahren häufiger ist als der obengenannte Zwangsvergleich, bleibt seine Anwendung trotzdem selten. So sind im Jahre 2006 z. B. nur fünf (5) *gestions contrôlées* eröffnet worden während sechs hundert zehn (610) *faillites* eröffnet worden sind (siehe Aktivitätsbericht 2006 des Justizministeriums, http://www.gouvernement.lu/publications/informations_gouvernementales/rapports ͣctivite/rapport ͣctivite2006/14justice/index.html).
[8] Die heutige *faillite* geht aus einem alten Gesetz vom 2. Juli 1870 hervor.
[9] Wie z. B. Banken, Wertpapiermakler, Vermögensberater u. dgl.
[10] *Loi du 5 avril 1993 sur le secteur financier*, Teil IV, Art. 60–61–26: *L'assainissement et la liquidation de certains professionnels du secteur financier* (zuletzt abgeändert durch ein Gesetz vom 18. Dezember 2006). Dieses Spezialverfahren ergibt sich aus der Umsetzung der Richtlinie 2001/24/EG des europäischen Parlaments und des Rates vom 4. April 2001 über die Sanierung und Liquidation von Kreditinstituten.

Versicherungsgesellschaften *(entreprises d'assurance)*[11] oder Organismen für gemeinsame Anlagen, d. h. Investmentfonds *(organismes de placement collectifs – OPC),*[12] und bewilligte Verbriefungsorganismen *(organismes de titrisation agréés)*[13] sieht das luxemburgische Recht besondere Sanierungs- und/oder Liquidierungsverfahren vor. In diesen Fällen kann das zuständige Gericht die Regelungen der *faillite* für ganz oder teilweise anwendbar erklären. Das luxemburgische Recht sieht auch einige spezifische Bestimmungen für den Fall der Eröffnung eines Insolvenzverfahrens gegen Teilnehmer in Zahlungssystemen sowie in Wertpapierliefer- und abrechnungssystemen vor.[14] Für Pfandbriefbanken, insbesondere deren Deckungsmasse, besteht eine besondere, hiernach unter 3.5. beschriebene Regelung.

Der Vollständigkeit halber sollte noch erwähnt werden, dass das Gesetz über Handelsgesellschaften vorsieht, Gesellschaften, die das Strafrecht verletzen oder erheblich gegen die Bestimmungen des Gesetzes über Handelsgesellschaften verstoßen, auf Antrag des Staatsanwalts, aufzulösen und zu liquidieren.[15] Auch in diesem Fall bestimmt das Gericht, ob und inwieweit die Regelungen der *faillite* Anwendung finden.

3. Das Insolvenzverfahren

3.1 Eröffnung des Verfahrens

Gemäß Art. 437 des Handelsgesetzbuches, befindet sich ein Kaufmann[16] im Zustand des Konkurses *(en faillite)*, falls er seine Zahlungen eingestellt hat *(cessation de paiement)* **und** seine Kreditwürdigkeit verloren hat *(ébranlement du crédit)*.[17] Das Gericht beurteilt die Lage des sich im Konkurs befindenden Kaufmanns auf der Grundlage sämtlicher dem Gericht bekannten Umstände, die den Verfall seiner Geschäfte sowie die Unfähigkeit, seine Verpflichtungen zu erfüllen, anzeigen. Der Rechtsprechung nach reichen jedoch vorübergehende Liquiditätsschwierigkeiten nicht aus, um eine Zahlungseinstellung zu charakterisieren.

Befindet sich der Schuldner in Zahlungsschwierigkeiten, kann neben dem Konkursverfahren, ein Sanierungsverfahren ins Auge gefasst werden.[18] Während für die Eröffnung des Sanierungsverfahrens die Initiative ausschließlich beim Schuldner liegt, können auch andere Personen den Konkursantrag stellen.

– Der Schuldner, dessen Kreditwürdigkeit erschüttert ist **oder** der sich in Zahlungsschwierigkeiten befindet, kann beim örtlich zuständigen Bezirksgericht einen Antrag einreichen, um unter die kontrollierte Geschäftsführung *(gestion contrôlée)* gestellt zu werden, und so die Sanierung seines Geschäftes zu erreichen oder gegebenenfalls günstiger als im Fall eines Konkurses liquidiert zu werden.[19] Dies ist nur insofern möglich, als noch kein Konkurseröffnungsurteil vorliegt. Die Entscheidung des Gerichts, nach vorheriger Berichterstattung über die Lage durch einen vom Gericht bestimmten Richter (ggf. nach Bericht durch Sachverständige), dem Antrag stattzugeben und einen oder mehrere

---

[11] *Loi du 6 décembre 1991 sur le secteur des assurances*, Kapitel 6, Art. 55–60–7: *L'assainissement et la liquidation des entreprises d'assurances* (zuletzt abgeändert durch ein Gesetz vom 27. April 2006). Dieses Verfahren erfolgt aus der Umsetzung der Richtlinie 2001/17/EG des europäischen Parlaments und des Rates vom 19. März 2001 über die Sanierung und Liquidation von Versicherungsunternehmen.
[12] *Loi du 20 décembre 2002 concernant les organismes de placement collectif*, Art. 104 (letzt abgeändert durch ein Gesetze vom 25. August 2006). Dieses Liquidierungsverfahren ergibt sich aus der heute außer Kraft gesetzten *loi du 30 août 1983 relative aux organismes de placement collectif*.
[13] *Loi du 22 mars 2004 relative à la titrisation*, Artikel 39–46. Das Liquidierungsverfahren für bewilligte Verbriefungsorganismen ist direkt vom Liquidierungsverfahren für Investmentfonds inspiriert.
[14] Gesetz vom 5. April 1993 über den Finanzsektor, Art. 61–24, *Dispositions particulières applicables aux systèmes de paiement et aux systèmes de règlement des opérations sur titres*.
[15] Art. 203 des Gesetzes von 1915 über Handelsgesellschaften.
[16] *Commerçant:* natürliche Person mit Kaufmannseigenschaft oder Handelsgesellschaft.
[17] *Tout commerçant qui cesse ses paiements et dont le crédit se trouve ébranlé est en état de faillite.*
[18] Theoretisch stehen dem Schuldner eigentlich zwei Sanierungsverfahren zur Verfügung: die kontrollierte Geschäftsführung und der Zwangsvergleich (siehe, Abschnitt 2). Da der Zwangsvergleich aber in der Praxis äußerst selten ist, wird hier nicht näher darauf eingegangen.
[19] Art. 1 des großherzoglichen Erlasses vom 24. Mai 1935.

Kommissare *(commissaires)* zur Geschäftsführung zu ernennen, wird im luxemburgischen Amtsblatt *(Mémorial)* auszugsweise veröffentlicht.[20] In der Praxis führen die meisten Anträge für kontrollierte Geschäftsführung zu einem Konkursverfahren.

14 – Ein eigentliches Konkursverfahren wird nach Art. 442 des Handelsgesetzbuches vom örtlich zuständigen Bezirksgericht entweder auf ein Geständnis des Schuldners hin, auf Antrag eines oder mehrerer Gläubiger oder aber von Amts wegen durch ein Konkurseröffnungsurteil *(jugement déclaratif de faillite)* eröffnet.[21] Laut Art. 472 des Handelsgesetzbuches soll die Konkurserklärung vom Konkursverwalter innerhalb von 3 Tagen für eine Dauer von 3 Monaten im Gerichtssaal des Handelsgerichts ausgehängt werden[22] und sie muss, in der gleichen Frist, in zwei luxemburgischen Tageszeitungen veröffentlicht werden. Gegebenenfalls ordnet das Gericht auch die Veröffentlichung in internationalen Tageszeitungen an. In jedem Fall können die Gläubiger von der zuständigen Geschäftsstelle des Bezirksgerichts verlässliche Informationen erlangen.[23]

15 Handelt es sich nicht um einen Kaufmann, sondern um einen Notar, dessen Kreditwürdigkeit erschüttert ist, oder dessen Zahlungsfähigkeit in Frage gestellt ist, kann dieser einer besonderen Prozedur unterstellt werden. Falls ihm dieses Verfahren verweigert wird, kann er jedoch auch einen Vergleich oder eine kontrollierte Geschäftsführung beantragen. Die Gläubiger werden auch in diesem Fall, falls sie bekannt sind, einzeln durch Einschreibebriefe oder durch Zeitungsinserate über die Gläubigerversammlung informiert.

16 Bei Finanzdienstleistern und Versicherungsunternehmen kann das Bezirksgericht, auf Antrag der luxemburgischen Überwachungsbehörde des Finanzsektors *(Commission de Surveillance du Secteur Financier* oder *CSSF)*, beziehungsweise der Versicherungsaufsicht *(Commissariat aux assurances)*, oder des Finanzdienstleisters, beziehungsweise des Versicherungsunternehmens, in folgenden Fällen ein Zahlungsaufschub *(sursis de paiement)* einleiten:[24]

– der Kredit des Unternehmens ist erschüttert oder es befindet sich in einem Liquiditätsengpass, unabhängig davon, ob eine Zahlungsunfähigkeit besteht oder nicht;
– die komplette Erfüllung der Verpflichtungen des Unternehmens ist in Frage gestellt;
– die, für den Gewerbebetrieb erforderliche aufsichtsrechtliche Genehmigung des Unternehmens wurde zurückgezogen, jedoch ist diese Entscheidung noch nicht endgültig.

17 In folgenden Fällen kann das Bezirksgericht, auf Antrag der CSSF beziehungsweise der Versicherungsaufsicht oder des Staatsanwalts, eine Liquidierung einleiten:[25]

– der entschiedene Zahlungsaufschub kann die Situation nicht verbessern;
– die finanzielle Situation des Unternehmens ist so schlecht, dass es seinen Verpflichtungen den Gläubigern gegenüber nicht mehr nachkommen kann;
– die, für den Gewerbebetrieb erforderliche, aufsichtsrechtliche Genehmigung des Unternehmens wurde endgültig zurückgezogen.

18 Bei Sanierungs- sowie bei Liquidierungsverfahren, die Finanzdienstleister beziehungsweise Versicherungsunternehmen betreffen, werden die Urteile, zumindest auszugsweise, im luxemburgischen Amtsblatt *(Mémorial)*, sowie in mindestens drei vom Gericht bestimmten, luxemburgischen oder ausländischen Zeitungen, mit angemessener Verbreitung, veröffentlicht.[26]

---

[20] Art. 4 des großherzoglichen Erlasses vom 24. Mai 1935.
[21] Art. 442 des Handelsgesetzbuches: „... soit sur aveu, soit sur assignation d'un ou de plusieurs créanciers, soit d'office...".
[22] Dies wird in der Praxis jedoch selten gemacht.
[23] Auf Anfrage erteilt die zuständige Geschäftsstelle des Gerichts eine Nicht-Insolvenzbescheinigung *(certificat de non faillite)* im Hinblick auf eine luxemburgische Gesellschaft.
[24] Art. 60–2 des Gesetzes vom 5. April 1993 über den Finanzsektor bzw. Art. 59 des Gesetzes vom 6. Dezember 1991 über den Versicherungssektor.
[25] Art. 61 des Gesetzes vom 5. April 1993 über den Finanzsektor bzw. Artikel 60 des Gesetzes vom 6. Dezember 1991 über den Versicherungssektor.
[26] Art. 60–2(20) und 61(12) des Gesetzes vom 5. April 1993 bzw. Art. 59–3 und 60–3 des Gesetzes vom 6. Dezember 1991.

Auflösungs- und Liquidierungsverfahren, die Organismen für gemeinsame Anlagen betreffen, werden vom Bezirksgericht auf Antrag des Staatsanwalts, von Amts wegen oder auf Antrag der CSSF, eröffnet. Die Urteile werden im luxemburgischen Amtsblatt, sowie in zwei vom Gericht bestimmten Zeitungen mit angemessener Verbreitung, darunter einer luxemburgischen Zeitung, veröffentlicht.[27]

3.2 Verlauf des Verfahrens

Je nach Umfang und Komplexität des anstehenden Verfahrens, ernennt das Konkurseröffnungsurteil *(jugement déclaratif de la faillite)* einen oder mehrere Konkursverwalter *(curateurs)*, die unter den Rechtsanwälten ausgewählt werden. Seltener aber, wenn es im Interesse der Konkursverwaltung als sinnvoll erscheint, werden als Konkursverwalter Buchhalter, Wirtschaftsprüfer oder Notare berufen. Gleichzeitig ernennt das Konkurseröffnungsurteil einen Konkursrichter *(juge commissaire)* dessen Aufgabe hauptsächlich darin besteht den Verfahrensverlauf zu beschleunigen und zu überwachen.

Die Auswirkungen des Konkurses werden in den Art. 444 bis 454 des Handelsgesetzbuches festgelegt.

Ab dem Konkurseröffnungsurteil wird dem zahlungsunfähigen Schuldner automatisch das Verfügungs- und Verwaltungsrecht über sein gesamtes Vermögen, einschließlich des ihm während des Konkurses zufallenden Vermögens, entzogen (das Prinzip des *dessaisissement du débiteur*).[28] Das Verwaltungs- und Verfügungsrecht wird dabei einem oder mehreren Konkursverwaltern übertragen.

Parallel zu dieser Aberkennung der Verwaltungs- und Verfügungsrechte des Schuldners sind grundsätzlich Klagen aus einem Forderungsrecht *(droit de créance)* gegen den Konkursverwalter unzulässig, so dass den Gläubigern nichts anderes übrig bleibt als ihre Forderungen der Gläubigergemeinschaft zu erklären *(déclaration de créance)*. Man sagt auch, dass das individuelle Klagerecht der Gläubiger aufgehoben ist (das Prinzip der *suspension des poursuites individuelles*).[29] Zugleich sind Zwangsvollstreckungsverfahren gegen das Eigentum des Schuldners prinzipiell nicht mehr statthaft (das Prinzip der *suspension des voies d'exécution*).[30] Gewisse bevorzugte Gläubiger sind aber von dieser Regel ausgenommen.[31]

Im Konkurseröffnungsurteil legt das Gericht auch das Datum der Zahlungseinstellung *(cessation de paiements)* fest. Zwischen diesem Datum und dem Urteil liegt der sogenannte Verdachtszeitraum *(période suspecte)*, welcher sich in der Regel auf die vom Gesetz maximal vorgesehene Zeitspanne von 6 Monaten ausdehnt. Gewisse Handlungen und Geschäfte, die bis zu zehn Tage vor dem vom Gericht für die Zahlungseinstellung festgelegten Datum,

---

[27] Art. 104(6) des Gesetzes vom 20. Dezember 2002.
[28] Art. 444 des *Code de commerce* bestimmt, dass: *„Le failli, à compter du jugement déclaratif de la faillite, est dessaisi de plein droit de l'administration de tous ses biens, même de ceux qui peuvent lui échoir tant qu'il est en état de faillite"*.
[29] Art. 452 Abs. 1 des *Code de commerce* schreibt vor, dass: *„A partir du même jugement* [déclaratif de faillite], *toute action mobilière ou immobilière, toute voie d'exécution sur les meubles ou sur les immeubles ne pourra être suivie, intentée ou exercée que contre les curateurs de la faillite"*. Aus letzter Regel geht hervor, dass Klagen aus Rechten an beweglichen und unbeweglichen Sachen nur noch gegen den Konkursverwalters geführt werden dürfen.
[30] Art. 453 Abs. 1 des *Code de commerce*. In der Tat betrifft die Regel der *suspension des voies d'exécution* nur die gewöhnlichen Konkursgläubiger *(créanciers chirographaires)* und diejenigen Gläubiger, die ein generelles gesetzliches Vorzugspfandrecht geniessen *(créanciers titulaires d'un privilège général)*.
[31] Es handelt sich u. a. um die Gläubiger der Konkursgläubigergemeinschaft *(créancier de la masse)*, die erstrangigen Hypothekengläubiger *(créancier hypothécaire premier en rang)*, die Pfandgläubiger *(créancier titulaire d'un gage)*, der Vermieter der ein gesetzliches Vorzugsrecht auf die körperlichen beweglichen Sachen besitzt, die der Mieter zur Benutzung und gemäß des Zwecks des Gebäudes dort untergebracht hat *(privilège du bailleur)*, die Gläubiger mit einem (anderen) speziellen Vorzugsrecht auf bewegliche Sachen *(créancier titulaires d'un privilège spécial sur meubles)*, wie z. B. das Vorzugsrecht des Unfallopfers auf die Versicherungsentschädigung, die das Versicherungsunternehmen dem Unfallverursacher schuldet (Art. 2202(8) des *Code civil*, die Verkäufer mit Eigentumsvorbehalt *(clause de réserve de propriété)*, die Inhaber eines Finanzsicherheitsvertrags *(bénéficiare du contrat de garantie financière*, Loi du 5 août 2005 sur les contrats de garantie financière, Art. 18 ff.).

vorgenommen wurden, sind der Masse der Gläubiger gegenüber ungültig *(siehe Abschnitt 3.8.)*.

24 Auch sind Zahlungen, Geschäfte und Handlungen, durch den zahlungsunfähigen Kaufmann, sowie jegliche Zahlungen an den Schuldner, die nach dem Konkurseröffnungsbeschluss vorgenommen wurden, ungültig.[32]

25 Die wesentliche Rolle des vom Gericht ernannten Konkursverwalters ist es, die Verbindlichkeiten des Schuldners festzustellen, seine Vermögenswerte zu bestimmen und einzutreiben, sowie die Realisierung dieser Vermögenswerte und die Aufteilung der somit gewonnenen Gelder unter den verschiedenen Gläubigern je nach Rang ihrer Forderungen.

3.3 Die Position der Gläubiger

26 Um ihre Rechte zu wahren, müssen prinzipiell alle Gläubiger, ob gesichert oder ungesichert, innerhalb einer vom Gericht im Eröffnungsurteil festgelegten Frist, ihre Forderungen bei der zuständigen Gerichtsstelle *(greffe du tribunal)* anmelden.[33] In der Praxis ist diese Frist aber nicht verbindlich, sodass die Forderungsanmeldungen *(déclarations de créance)* auch noch nach diesem Datum zulässig sind.[34] Die Forderungen der Gläubiger werden vom Konkursverwalter und vom Konkursrichter *(juge-commissaire)* überprüft. Bei dieser Überprüfung werden die Forderungen entweder zugelassen oder, falls sie nicht gerechtfertigt erscheinen, abgelehnt. Nimmt der angebliche Gläubiger diese Abweisung nicht an, beruft der Konkursverwalter eine gerichtliche Verhandlung zur Anfechtung ein *(débat sur les contestations des créances)*. Das zuständige Gericht für diese Anfechtung entscheidet alsdann über die Gültigkeit und den Umfang der Forderung.[35]

27 Wenn es um die Liquidation der Vermögenswerte des insolventen Schuldners geht, müssen grundsätzlich drei Kategorien von Gläubiger unterschieden werden: die Gläubiger im Rahmen der Konkursgläubigergemeinschaft *(créanciers dans la masse)*,[36] die Gläubiger der Konkursgläubigergemeinschaft *(créanciers de la masse)* und[37] die „gesicherten" Gläubiger.[38] Die gesicherten Gläubiger werden jeweils durch ihre Sicherheit befriedigt. Insofern konkurrieren sie nicht mit den anderen zwei Gläubigerkategorien.[39] Was diese letzteren anbelangt, werden zuerst die *créanciers de la masse* befriedigt, da ihre Forderungen Ausgaben entsprechen, die vom Konkursverwalter im Interesse der ganzen Konkursgläubigergemeinschaft getätigt worden sind (zB die Verwaltungskosten des Konkursverfahrens). Schlussendlich werden die *créanciers dans la masse* bezahlt. An erster Stelle dieser Gläubiger befinden sich die Arbeitnehmer. Man spricht vom „Superprivileg" der Arbeitnehmer *(superprivilège des salariés)*. Die unbevorzugten Gläubiger *(créanciers chirographaires)*, im Rahmen der Gläubigergemeinschaft erhalten, wenn noch Vermögenswerte nach der Auszahlung der anderen Gläubiger übrig bleiben, einen Anteil nach Verhältnis ihrer Forderungen *(au marc le franc)*.

28 Ausländische Gläubiger werden im Prinzip im luxemburgischen Konkursrecht gleich behandelt wie luxemburgische Gläubiger.

---

[32] Art. 444 Abs. 2 des *Code de commerce*.
[33] Art. 496 ff.
[34] In der Praxis bleibt ein Insolvenzverfahren mindestens sechs Monate eröffnet.
[35] Das zuständige Gericht für die Frage der Existenz und des Umfangs der Forderung ist nicht unbedingt eine der Handelskammern des Bezirksgerichts, sondern z. B., wenn es um Lohnforderungen geht, das Arbeitsgericht.
[36] Es handelt sich hier um Gläubiger ohne Forderungssicherung (*créanciers chorographaires* und *créanciers dotés d'un privilège général*, siehe Art. 2101 des *Code civil*).
[37] Die Forderungen dieser Gläubiger sind nach dem Konkurseröffnungsurteil vom Konkursverwalter getätigt worden (z. B. Kosten für die Fortsetzung eines Mietvertrages nach dem Eröffnungsurteil oder die Verwaltungskosten des Insolvenzverfahrens).
[38] Unter „gesicherten" Gläubigern verstehen wir, im weiten Sinne des Wortes, Gläubiger mit einer klassischen Sicherheit (Hypothek, *créancier hypothécaire*, Pfand, *créancier gagiste*), Gläubiger mit einem Sonderrecht (*créanciers dotés d'un privilège spécial*, siehe Art. 2102 und 2103 des *Code civil*), Gläubiger mit einer Finanzsicherheit im Sinne der *loi du 5 août 2005 sur les garanties financières*.
[39] Es sei denn die Sicherheit würde nicht ausreichen um die Forderung zu erlöschen.

3.4 Gesicherte Gläubiger

Unter luxemburgischem Recht gibt es die Möglichkeit, Kredite durch Bürgschaften, **29** durch Pfändung (zB von beweglichen Gegenständen oder von Ansprüchen) oder durch Hypotheken zu besichern. Bürgschaften sind konkurssicher. Die anderen Besicherungen sind prinzipiell ungültig, falls sie während oder bis zu 10 Tagen vor der *période suspecte* bestellt wurden und sich auf Schulden beziehen die den Besicherungen vorhergehen.[40] Es ist auch möglich die Eintragung von Sicherheiten, die im Prinzip gültig sind, vor Gericht aufzuheben, falls diese Eintragung während der *période suspecte* vorgenommen wurde, und mehr als 15 Tage zwischen der Eintragung und dem das Recht begründenden Geschäft liegen.[41]

Eine bedeutende Einschränkung der im vorhergehenden Absatz beschriebenen Reglungen geht aus dem Gesetz vom 5. August 2005 über Finanzsicherheiten hervor.[42] Dieses Gesetz sieht vor, dass Finanzsicherheitsverträge und Aufrechnungsübereinkommen (siehe Abschnitt 3.7) nicht unter das Konkursrecht fallen[43] und dem Insolvenzverfahren entzogen sind.[44] Somit dürften, für diese Art von Sicherheiten, die u. a. obengenannten Regeln über die Nichtigkeiten des Verdachtszeitraums *(nullités de la période suspecte)* keine Anwendung finden.

In Abschnitt 3.3 wurde schon auf die Position der gesicherten Gläubiger gegenüber den **30** anderen Gläubigern aufmerksam gemacht. Im Folgenden wird daher nicht mehr auf dieses Thema eingegangen.

Art. 546 Abs. 1 versagt dem Verkäufer von beweglichen Sachen, bei einem Insolvenz- **31** verfahren gegenüber dem Käufer, jegliches Sonderrecht oder einen Herausgabeanspruch auf die verkaufte Sache. Jedoch sieht Art. 546 Abs. 2 eine Ausnahme für den Verkäufer von Maschinen oder Geräten vor, die in Industrieunternehmen verwendet werden. Diese Ausnahme gilt aber nur dann, wenn der Verkäufer, binnen 2 Wochen nach Lieferung, den Kaufvertrag bei der zuständigen Geschäftsstelle des Bezirksgerichts eintragen lassen hat.[45]

Eine wichtige Ausnahme zu Art. 546 Abs. 1 geht aus Art. 567-1 hervor.[46] Demnach kann der Verkäufer mit Eigentumsvorbehaltsklausel, bezüglich beweglichen und nicht vertretbaren Gütern, die Herausgabe der Sachen verlangen, vorausgesetzt die Sache besteht noch in ihrem ursprünglichen Zustand oder sie kann zurückerlangt werden ohne Schaden an der Sache, in der sie eingegliedert worden ist. Der Herausgabeanspruch muss in einer Frist von 3 Monaten seit der letzten Veröffentlichung des Eröffnungsurteils ausgeübt werden.

3.5 Pfandbriefbanken

Für Pfandbriefbanken besteht eine besondere Regelung in Art. 12-8 des Gesetzes über **32** den Finanzsektor (eingeführt durch ein Gesetz vom 22. Juni 2000). In der Tat ist vorgesehen dass, sobald ein Insolvenzverfahren über eine Pfandbriefbank eröffnet werden soll, die Überwachungsbehörde CSSF automatisch die Verwaltung der Gesamtheit bestehend aus Pfandbriefen und deren Deckungswerten, übernimmt. Die Überwachungsbehörde verwaltet die Deckungswerte, übt bei Fälligkeit die Rechte der Pfandbriefinhaber aus und zahlt an die Pfandbriefinhaber bei jeweiliger Fälligkeit zurück. Die Überwachungsbehörde kann die Verwaltung einer Pfandbriefbank in Luxemburg oder einem anderen EU Staat übertragen

---

[40] Art. 445 Abs. 4 des *Code de commerce*.
[41] Art. 447 Abs. 2.
[42] *Loi du 5 août 2005 sur les garanties financières*. Dieses Gesetz ist die Umsetzung der Richtlinie 2002/47/EG des europäischen Parlaments und des Rates vom 6. Juni 2000 über Finanzsicherheiten.
[43] Art. 20 Abs. 4.
[44] Art. 18 u. Art. 20-1.
[45] Das aus dieser Eintragung hervorgehende Vorzugsrecht verfällt prinzipiell nach 2 Jahren. Dies ist jedoch nicht der Fall wenn, vor Ablauf dieser Dauer, gegenüber dem Käufer ein Konkursverfahren eröffnet wurde. Das Vorzugsrecht bleibt dann bestehen.
[46] Art. 567-1 wurde durch die *loi du 31 mars 2000 relative aux effets des clauses de réserve de propriété dans les contrats de vente* eingeführt.

oder auch die Gesamtheit der Pfandbriefe und Deckungswerte an eine andere Pfandbriefbank innerhalb der EU übertragen. Durch die Eröffnung des Insolvenzverfahrens werden die Pfandbriefe nicht automatisch fällig. Auch können Geschäfte, welche in anderen Insolvenzverfahren für nichtig erklärbar sind, im Insolvenzverfahren einer Pfandbriefbank nicht für null und nichtig erklärt werden, wenn sie sich auf die Deckungsmasse beziehen.

3.6 Abwicklung von Verträgen

33   Prinzipiell bestehen die vor dem Konkurs abgeschlossenen Verträge weiter, mit Ausnahme der Arbeitsverträge, die von Rechts wegen durch das Konkursverfahren des Arbeitgebers aufgelöst werden.[47] Es ist jedoch auch möglich, Verträge, die *intuitu personae* abgeschlossen wurden, d. h. bei denen es sich um eine höchstpersönliche Verpflichtung des Schuldners handelt (zB ein Auftragsvertrag), aufzulösen. Eine Rücktrittsklausel kann auch vertraglich festgelegt werden, für den Fall dass gegenüber einer der Parteien ein Insolvenzvefahren eröffnet wird.

3.7 Aufrechnung

34   Aufgrund des Prinzips der Gleichbehandlung aller Gläubiger war im luxemburgischen Recht herkömmlicherweise die vertragliche Aufrechnung *(compensation conventionnelle)* während des Verdachtszeitraums, einschließlich der vorhergehenden 10 Tage, nicht gestattet. Dagegen war und ist die legale Aufrechnung *(compensation légale)* während des Verdachtszeitraums möglich, vorausgesetzt die Bedingungen dieser Form der Aufrechnung sind vor dem Konkurseröffnungsurteil erfüllt.[48]

35   Obwohl grundsätzlich alle Zahlungen die nach dem Konkurseröffnungsurteil getätigt werden null und nichtig sind (Artikel 444 Abs. 2, siehe Abschnitt 3.8), ist die legale Aufrechnung nach dem Konkurseröffnungsurteil stets gestattet im Fall von zusammenhängenden Verbindlichkeiten *(dettes connexes)*. Dem ist so bei Forderungen die zB aus einem und demselben Vertrag entstanden sind und deshalb als gegenseitige und voneinander abhängige Verpflichtungen anzusehen sind.[49]

36   Seit dem Gesetz vom 5. Januar 2005 über Finanzsicherheiten ist das herkömmliche Verbot der vertraglichen Aufrechnung während des Verdachtszeitraums in Frage gestellt. Dem Wortlaut des Gesetzes nach, scheinen nunmehr sämtliche vertragliche Aufrechnungen während dem Verdachtszeitraum rechtmäßig zu sein, vorausgesetzt dass diese Art der Bezahlung in bi- oder multilateralen Übereinkommen oder Aufrechnungsklauseln ausdrücklich vorgesehen wurde.[50]

3.8 Anfechtung

37   Gemäß Art. 444 Abs. 2 des Handelsgesetzbuches sind *alle* durch den Schuldner vorgenommenen Zahlungen, Geschäfte und Handlungen und jegliche an ihn getätigten Zahlungen ab der Konkurserklärung ungültig.

38   Auch sind verschiedene Handlungen die der Gläubiger vor der Insolvenzeröffnung und während des Verdachtszeitraums oder bis zu 10 Tage vorher vorgenommen hat, laut Art. 445 den Insolvenzgläubigern gegenüber ungültig und rechtsunwirksam. Dabei handelt es sich um:

39   – jegliche unentgeltliche Übertragung des Eigentums an beweglichen oder unbeweglichen Sachen sowie entgeltliche Handlungen, Geschäfte aber auch Tauschverträge, falls die vom

---

[47] Art. 125–1 des *Code du travail*.
[48] Siehe kürzlich noch, cour d'appel, 4. Mai 2004, *BIJ* 2004.9.179..
[49] Siehe hierzu das Urteil vom 1. April 1977 des Tribunal d'arrondissement de Luxembourg, in Pasicrisie 23, 556. Siehe auch das Urteil der Cour d'appel (commercial) vom 17. März 1999, in Pasicrisie 29, 129.
[50] Art. 18 der *Loi du 5 août 2005 sur les contrats de garantie financière*.

Schuldner übertragene Sache den Wert der von ihm erhaltenen Sache merklich übersteigt;
– jegliche Zahlungen, die der Schuldner für noch nicht fällige Schulden geleistet hat; 40
– jegliche Zahlungen von fälligen Schulden, die anders als durch Barzahlung oder durch 41
Handelswechsel vorgenommen werden;
– jegliche Bestellung von Hypotheken oder Pfandrechten für Schulden die diesen Besiche- 42
rungen vorhergegangen sind.[51]

Hatte der Geschäftspartner des Schuldners Kenntnis von dessen Zahlungseinstellung vor 43
dem Konkurseröffnungsurteil, so sieht Art. 446 vor, dass alle anderen vom Schuldner vorgenommenen Zahlungen von auch fälligen Schulden sowie alle anderen zwischen der Zahlungseinstellung und der Konkurseröffnung vorgenommenen entgeltlichen Geschäfte, rückabgewickelt werden können.

Es sei noch bemerkt, dass auch wenn ein Hypothekenrecht oder Vorzugsrecht gültig 44
bestellt worden ist, seine Eintragung noch immer annulliert werden kann, falls diese während, oder bis zu 10 Tage vor der *période suspecte,* und mehr als 15 Tage nach dem Abschluss des sie begründenden Vertrags vorgenommen worden ist.[52]

3.9 Reorganisationsverfahren und Restschuldbefreiung

Das luxemburgische Insolvenzrecht kennt zwei Arten von Reorganisationsverfahren: der 45
Zwangsvergleich *(concordat préventif de la faillite)* und die überwachte Geschäftsführung *(gestion contrôlée).*[53] In diesen auf die Erhaltung des Unternehmens ausgerichteten Verfahren, liegt die Initiative, wie in Abschnitt 2 beschrieben, ausschließlich beim Schuldner, der auch die Verwaltung seines Vermögens und die Verfügungsgewalt über sein Vermögen, jedoch nur begrenzt und unter gerichtlicher Aufsicht, behält.

Das luxemburgische Insolvenzrecht kennt keine Konkursverfahren für natürliche Per- 46
sonen, welche keine-Kaufleute sind und sieht daher auch keine Restschuldbefreiung vor.[54]

4. Internationales Insolvenzrecht

Im Hinblick auf das internationale Insolvenzrecht ist je nach Situation zu unterscheiden, 47
ob die Verordnung (EG) Nr. 1346/2000 des Rates vom 29. Mai 2000 über Insolvenzverfahren oder die herkömmlichen Regeln aus dem luxemburgischen internationalen Privatrecht anzuwenden sind.

4.1 Verfahren, die unter Verordnung (EG) Nr. 1346/2000 fallen

4.1.1 Wirkung des inländischen Verfahrens im EU-Ausland (Dänemark ausgeschlossen):

Gemäß Art. 16 (1) wird die Eröffnung eines Insolvenzverfahrens durch ein zuständiges 48
Gericht in Luxemburg in allen übrigen Mitgliedsstaaten anerkannt, sobald die Entscheidung in Luxemburg wirksam ist. Laut Art. 16 (2) ist es jedoch möglich, in einem anderen Mitgliedstaat ein Sekundärinsolvenzverfahren zu eröffnen, wenn der Schuldner in diesem Mitgliedstaat eine Niederlassung hat. Die Wirkung dieses Verfahrens ist in diesem Fall auf das im Gebiet dieses letzteren Staats gelegene Vermögen des Schuldners beschränkt.

---

[51] Diese Regel gilt aber nicht wenn das Objekt des Pfandrechts Forderungen oder Finanzinstrumente sind (Gesetz vom 5. August 2005 über Finanzsicherheiten, Artikel 3 u. Artikel 20).
[52] Art. 447 des *Code de commerce.*
[53] Siehe, Abschnitt 2.
[54] Diese Restschuldbefreiung ist auch nicht vorgesehen im vorerwähnten Gesetz vom 8. Dezember 2000 über die Überschuldung von Privatpersonen.

Luxemburg

4.1.2 Wirkung und Anerkennung von ausländischen Insolvenzverfahren, welche unter Verordnung (EG) Nr. 1346/2000 eröffnet wurden:

49 Die Eröffnung eines Insolvenzverfahrens in einem anderen Mitgliedsstaat (Dänemark ausgeschlossen) entfaltet in Luxemburg, ohne dass es hierfür irgendwelcher Formalitäten bedarf, die Wirkungen, die das Recht des Mitgliedsstaates, in welchem das Insolvenzverfahren eröffnet wurde, gemäß EG-Verordnung 1346/2000 dem Verfahren gibt.[55]

Es besteht jedoch die Möglichkeit, wenn der Schuldner in Luxemburg eine Niederlassung hat, dass luxemburgische Gerichte ein, auf die in Luxemburg gelegene Vermögensgegenstände des Schuldners beschränktes Sekundärinsolvenzverfahren eröffnen. Dieses Insolvenzverfahren hätte dann nur Wirkung auf die in Luxemburg gelegenen Vermögenswerte des Schuldners.[56]

4.2 Verfahren, die nicht unter Verordnung (EG) Nr. 1346/2000 fallen

4.2.1 Wirkung des inländischen Verfahrens im Ausland:

50 Das luxemburgische Insolvenzrecht erkennt das Universalitätsprinzip an. Nach der luxemburgischen Rechtsprechung ist daher die rechtliche Wirkung eines in Luxemburg eröffneten Konkursverfahrens nicht auf das inländische Vermögen begrenzt, sondern bezieht sich ebenfalls auf Vermögensgegenstände des Schuldners die sich im Ausland befinden.

51 In Anwendung des Prinzips der Gleichbehandlung aller Gläubiger, ist demnach der luxemburgische Konkursverwalter berechtigt, soweit dies von der *lex rei sitae* zugelassen ist, ausländisches Vermögen zur luxemburgischen Insolvenzmasse zu ziehen.

4.2.2 Wirkung und Anerkennung ausländischer Insolvenzverfahren:

52 Das luxemburgische Recht erkennt die Wirkungen eines im Ausland eröffneten Insolvenzverfahrens an, ohne dass hierzu ein Exequaturverfahren erforderlich ist. Ein Exequaturverfahren muss jedoch dann angestrengt werden, falls der ausländische Konkursverwalter in Luxemburg Vollstreckungsmaßnahmen vornehmen will.

53 Damit ein ausländisches Konkursurteil in Luxemburg anerkannt wird, müss es folgende Bedingungen erfüllt sein:

54 – das Urteil muss ordnungsgemäß sein *(régulier)*. Dies bedeutet, dass es von dem zuständigen ausländischen Gericht erlassen wurde, dass die Prozessordnung dieses Landes befolgt wurde, dass keine Gesetzesumgehung *(fraude)* vorliegt und schließlich, dass die luxemburgische internationale öffentliche Ordnung *(ordre public international)* durch die Anerkennung nicht verletzt wird.

55 – das ausländische Recht muss dem Insolvenzverfahren einen universellen Geltungsbereich geben, andernfalls würde das luxemburgische Recht nur die eingeschränkten, territorial begrenzten Wirkungen dieses Urteils anerkennen.

56 Nach der luxemburgischen Rechtsordnung gelten die, vom ausländischen Konkursrecht festgelegten Beschränkungen der Handlungsfreiheit der Gläubiger auch auf luxemburgischem Territorium. Dies gilt auch für ein, im fremden Recht festgeschriebenes Zwangsvollstreckungsverbot gegen den Schuldner im Hinblick auf Zwangsvollstreckungen auf in Luxemburg gelegene Güter. Des Weiteren ist der ausländische Konkursverwalter auf Grund des ihn ernennenden Konkursurteils nach luxemburgischem Recht prinzipiell befugt, in Luxemburg seine Befugnisse auszuüben. Es ist ihm sogar gestattet, ohne dass hierzu ein Exequatur notwendig wäre, in Luxemburg gelegenes Vermögen des Schuldners beizutreiben und zur Insolvenzmasse im Ausland zu ziehen.

57 Das luxemburgische Insolvenzrecht schreibt zwingend vor, dass sowohl in Luxemburg eröffnete Konkursverfahren wie auch im Ausland eröffnete Verfahren der *lex concursus* unterliegen, es sein denn dass zwingende luxemburgische Vorschriften *(lois de police)* anzuwenden wären oder die luxemburgische öffentliche Ordnung durch die *lex concursus* verletzt

---

[55] Art. 16 (1) u. Art. 17 (1) der Verordnung 1346/2000.
[56] Art. 16 (2) u. Art. 27 der Verordnung 1346/2000.

würde. Jedoch wendet sich die *lex concursus* nur auf die Auswirkungen des Konkursverfahrens auf vom Schuldner vorgenommene Geschäfte oder Handlungen an, während die grundsätzliche Gültigkeit dieser Geschäfte oder Handlungen meistens von einer anderen *lex* geregelt wird (zB *lex contractus*).

Da das luxemburgische Insolvenzrecht auf dem Universalitätsprinzip beruht, sind generell keine Sekundärverfahren zugelassen. Dies wird dadurch vermieden, dass luxemburgische Konkursverfahren nur dann eröffnet werden können, falls der Gesellschaftssitz des Schuldners in Luxemburg liegt. Kommt es ausnahmsweise zu einem Sekundärverfahren im Ausland, versuchen die luxemburgischen Gerichte, soweit dies möglich ist, diese mit dem luxemburgischen Hauptverfahren zu koordinieren. **58**

Niederlande

bearbeitet von *Hester Huisman* (Freshfields Bruckhaus Deringer, Frankfurt)

Übersicht

	RdNr.		RdNr.
1. Schrifttum	1	4.2 Gläubigerversammlungen	32
1.1 Deutschsprachige Publikationen zum niederländischen Insolvenzrecht	1	4.3 Verwaltung und Verwertung der Insolvenzmasse	33
1.2 Niederländischsprachige Publikationen zum niederländischen Insolvenzrecht	2	4.4 Verteilung an die Gläubiger	37
		5. Gläubiger	41
1.3 Englischsprachige Publikationen zum niederländischen Insolvenzrecht	3	5.1 Aussonderungsberechtigte Gläubiger	41
1.4 Öffentlich zugängliche Informationsquellen	4	5.2 Gesicherte Gläubiger	42
		5.3 Bevorzugte Insolvenzgläubiger	43
2. Einführung	9	5.4 Einfache Insolvenzgläubiger	44
2.1 Gesetzlicher Rahmen	9	5.5 Nachrangige Insolvenzgläubiger	45
2.2 Verfahrenstypen	10	5.6 Massegläubiger	46
3. Eröffnung des Verfahrens	12	**6. Abwicklung unvollständig erfüllter Verträge**	47
3.1 Eröffnungsgründe	12	**7. Aufrechnung**	51
3.2 Schuldner	17	**8. Insolvenzanfechtung**	52
3.3 Zulässige Sicherungsmaßnahmen vor Verfahrenseröffnung	20	**9. Reorganisationsverfahren**	57
3.4 Wirkungen der Verfahrenseröffnung	22	**10. Internationales Insolvenzrecht**	59
4. Verlauf des Verfahrens	28	**11. Geplante Reform der Fw**	61
4.1 Anmeldung der Forderungen durch die Gläubiger	28		

1. Schrifttum:

1.1 Deutschsprachige Publikationen zum niederländischen Insolvenzrecht: *Gotzen,* Niederländisches Handels- und Wirtschaftsrecht, 2. Auflage 2002; *Hess,* Kommentar zur InsO, 1999, Art. 102 EGInsO RdNr. 630–665, 3. Auflage 2005; *Jahn,* Insolvenzen in Europa, Recht und Praxis, 4. Auflage 2004; *Minke,* Einführung in das niederländische Recht, 1. Auflage 2002. **1**

1.2 Niederländischsprachige Publikationen zum niederländischen Insolvenzrecht: *Berends,* Insolventie in het internationaal privaatrecht, Auflage 2005; *Huizink,* Insolventie, 5. Auflage 2005; *Kortmann/Faber,* Geschiedenis van de Faillissementswet, 2. Auflage 1995; *Polak/Wessels,* 10-delige serie Insolventierecht, 1999–2003; *Polak,* Faillissementsrecht, 10. Auflage 2005; *Tjittes-Groot,* Insolventierecht, 2. Auflage 2006; *van Galen/Verstijlen/Vetter/Wezeman/Vriesendorp,* Faillissementswet, Kluwer Loseblattsammlung; *Vos,* Kredietopvraging en insolventierisico: overlevingskansen van bedrijven in financiële moeilijkheden en de Faillissementswet, 1. Auflage 2003; *Vriesendorp,* Arresten insolventierecht: met annotaties, 1. Auflage 2005; *Wessels,* Faillissementswet (Kommentar), 4. Auflage 2004; *Wessels/van Sint Truiden,* Tekst & Commentaar Insolventierecht, 5. Auflage 2006; *Wessels/van Sint Truiden,* Tekst & Commentaar Faillissementswet, Auflage 2004. **2**

1.3 Englischsprachige Publikationen zum niederländischen Insolvenzrecht: *Harmsen,* The insolvency laws of the Netherlands, 1. Auflage 2006. **3**

1.4 Öffentlich zugängliche Informationsquellen

Gläubiger können sich in den Niederlanden auf vielfältige Art und Weise über die Eröffnung eines insolvenzrechtlichen Verfahrens informieren. Zunächst wird bei jedem Gericht ein Insolvenzregister geführt, das für jeden einsehbar ist. Darüber hinaus werden im niederländischen Staatsanzeiger *(Nederlandse Staatscourant)* sowie in verschiedenen Tageszeitungen wichtige Informationen aus dem Eröffnungsbeschluss bekannt gemacht. Dies betrifft unter anderem den Namen, die Anschrift und den Wohnsitz des Schuldners sowie den Namen des zuständigen Konkursrichters und des eingesetzten Konkurs- oder Vergleichsverwalters. **4**

Nach dem 1. 1. 2005 eröffnete Konkurs- und Vergleichsverfahren werden darüber hinaus in das Zentrale Insolvenzregister *(Centraal Insolventie Register, CIR)* in Den Haag eingetragen. **5**

Niederlande 6–12

Dieses elektronische Register ist im Internet unter *www.rechtspraak.nl/registers* abrufbar. Über Verfahren, die vor diesem Stichtag eröffnet wurden, kann man sich bei dem jeweils zuständigen Gericht erkundigen. Dies ist in der Praxis am sinnvollsten, da über diese Quelle mit Sicherheit die aktuellsten Informationen erhältlich sind.

6   Auch Schuldensanierungsverfahren werden in einem besonderen Register *(Landelijk Register Schuldsanering, LRS)* erfasst. Dieses Register kann im Internet unter *www.wsnp.rvr.org* eingesehen werden.

7   Schließlich bietet die Website der niederländischen Handelskammer *(Kamer van Koophandel)* Gläubigern einen Überblick über Konkurs- und Vergleichsverfahren. Diese Website ist unter *www.kvk.nl* abrufbar. Im Handelsregisterauszug *(uittreksel)* des insolventen Unternehmens sind das Datum des Eröffnungsbeschlusses sowie die Kontaktdaten des Konkursverwalters angegeben. Ein Handelsregisterauszug kann über die vorgenannte Internetadresse der Handelskammer beantragt werden.

8   Niederländische Gesetzgebung ist im Internet unter *www.overheid.nl* verfügbar.

2. Einführung

2.1 Gesetzlicher Rahmen

9   Das Kernstück des niederländischen Insolvenzrechts bildet die niederländische Insolvenzordnung *(faillissementswet – Fw)*.[1] Sonderregelungen für Kreditinstitute und Versicherungsgesellschaften sind in dem Gesetz über die Finanzaufsicht *(wet op het financieel toezicht)*[2] enthalten. Anwendbar ist schließlich auch die Verordnung des Rates Nr. 1346/2000 vom 29. 5. 2000 über Insolvenzverfahren.[3]

2.2 Verfahrenstypen

10   Die Insolvenzordnung regelt drei verschiedene Arten von Insolvenzverfahren: das Konkursverfahren *(faillissement)*,[4] das Vergleichsverfahren *(surséance van betaling)*[5] sowie das Schuldensanierungsverfahren für natürliche Personen *(schuldsanering natuurlijke personen)*.[6]

11   Ziel des Konkursverfahrens ist die Liquidation des vorhandenen Vermögens des Schuldners zur pro rata Befriedigung der Gläubiger. Das Vergleichsverfahren ist nicht auf Liquidation, sondern auf Sanierung zur Abwendung der Liquidation gerichtet. Das Schuldensanierungsverfahren verfolgt einen doppelten Zweck und zielt sowohl auf die Liquidation des vorhandenen Vermögens als auch auf die Sanierung der Schuldenlast ab.

3. Eröffnung des Verfahrens

3.1 Eröffnungsgründe

12   Ein Konkursverfahren wird eröffnet, wenn ein Schuldner nicht länger in der Lage ist, seine Schulden bei Fälligkeit zu bezahlen. Voraussetzung ist, dass der Schuldner zumindest zwei verschiedene Gläubiger hat und dass eine der Forderungen der Gläubiger fällig ist.[7] Darüber hinaus muss der Schuldner die Zahlungen eingestellt haben *(toestand van hebben opgehouden te betalen)*.[8] Das Verfahren kann sowohl auf eigenen Antrag des Schuldners, als

---

[1] Gesetz vom 30. 9. 1893 über Konkurs- und Vergleichsverfahren *(wet op het faillissement en surséance van betaling)* zuletzt geändert durch Gesetz vom 7. 4. 2005, im Folgenden mit „Fw" abgekürzt.
[2] Dieses Gesetz ist am 1. 1. 2007 in Kraft getreten und ersetzt die bisherigen Gesetze über die Aufsicht über das Kreditwesen aus dem Jahr 1992 *(Wet toezicht kredietwezen)* sowie das Gesetz über die Aufsicht über das Versicherungswesen aus dem Jahr 1993 *(Wet toezicht verzekeringsbedrijf)*.
[3] Verordnung des Rates Nr. 1346/2000, Abl. EG 2000, Nr. L 160, S. 1, im Folgenden mit EuInsVO abgekürzt.
[4] Art. 1 ff. Fw.
[5] Art. 214 ff. Fw.
[6] Art. 284 ff. Fw.
[7] Art. 6 Fw.
[8] Art. 1 Fw.

auch auf Antrag eines Gläubigers oder der Staatsanwaltschaft (im Falle des Bestehens eines öffentlichen Interesses) eröffnet werden. Das Konkursverfahren ist für natürliche Personen subsidiär zum Schuldensanierungsverfahren.

Ein Vergleichsverfahren kann vom Schuldner beantragt werden, wenn absehbar ist, dass er nicht in der Lage sein wird, seine fälligen Zahlungsverpflichtungen zu erfüllen.[9] Gläubiger können keinen Vergleichsantrag stellen.

Das Schuldensanierungsverfahren setzt voraus, dass entweder *(i)* hinreichend Anlass zur Annahme besteht, dass die betreffende Person nicht mehr in der Lage sein wird, ihre fälligen Zahlungsverpflichtungen zu erfüllen oder *(ii)* die betreffende Person die Zahlungen bereits eingestellt hat.[10] Der Schuldner muss den Antrag auf Durchführung eines Schuldensanierungsverfahrens bei Gericht einreichen. Voraussetzung für die Eröffnung des Verfahrens ist, dass vorab ein außergerichtliches Güteverfahren durchgeführt wurde.[11] Zum Nachweis, dass Versuche für eine gütliche Einigung unternommen wurden, ist dem Antrag an das Gericht eine von der Stadtverwaltung und vom Schuldner persönlich unterzeichnete Mustererklärung beizufügen. Die Eröffnung des Verfahrens wird unter anderem dann abgelehnt, wenn zu befürchten ist, dass der Schuldner während des Schuldensanierungsverfahrens versuchen wird, seine Gläubiger zu benachteiligen.[12] Die Eröffnung kann des Weiteren abgelehnt werden, wenn die Schulden nicht in gutem Glauben entstanden sind.[13] Dieses Tatbestandsmerkmal wird von den Gerichten fallbezogen ausgelegt. Schulden aus strafbaren Handlungen gelten als nicht in gutem Glauben erworben. Der Antrag auf Eröffnung eines Schuldensanierungsverfahrens kann nur vom Schuldner selbst, nicht dagegen von seinen Gläubigern gestellt werden.

Normalerweise dauert ein Schuldensanierungsverfahren drei Jahre.[14] Dieser Zeitraum kann sich in außergewöhnlichen Fällen auch verlängern, niemals aber länger als fünf Jahre sein.[15] Nach Ablauf dieser Zeit wird dem Schuldner Restschuldbefreiung gewährt, wenn er hinreichende Anstrengungen zur Begleichung seiner Schulden unternommen hat. Dies bedeutet, dass die noch bestehenden Schulden durch gerichtliches Urteil in Naturalverbindlichkeiten umgewandelt werden und deshalb nicht mehr einklagbar oder vollstreckbar sind. Ein Schuldensanierungsurteil wirkt grundsätzlich gegenüber sämtlichen Gläubigern, auch gegenüber solchen, die an dem Schuldensanierungsverfahren nicht beteiligt waren.[16] Dies gilt allerdings nur für solche Forderungen, die bereits zum Zeitpunkt des Eröffnungsbeschlusses bestanden.[17] Da das Schuldensanierungsverfahren nur auf natürliche Personen anwendbar ist, wird es im Folgenden nicht weiter vertieft.

Zuständig für die Eröffnung eines Konkurs-, Vergleichs- oder Schuldensanierungsverfahrens ist das Gericht *(rechtbank)* des Bezirks, in dem der Schuldner seinen Wohnsitz hat bzw. seinen letzten Wohnsitz hatte (für Unternehmen ist dies das Gericht am Ort des eingetragenen Sitzes). Wenn der Schuldner über keinen Wohnsitz in den Niederlanden verfügt, aber dort eine Niederlassung hat oder hatte, so ist das Gericht des Bezirks ausschließlich zuständig, in dem sich die Niederlassung befindet bzw. befand.[18]

3.2 Schuldner

Das Konkursverfahren ist auf juristische und natürliche Personen, sowie Unternehmen anwendbar, die nicht in der Rechtsform einer juristischen Person organisiert sind.

---

[9] Art. 214 Fw.
[10] Art. 284 Abs. 1 Fw.
[11] Art. 285 Abs. 1 Buchstb. e Fw.
[12] Art. 288 Abs. 1 Buchstb. e Fw.
[13] Art. 288 Abs. 2 Buchst. b Fw.
[14] Art. 343 Abs. 2 Fw.
[15] Art. 343 Abs. 2 Fw.
[16] Art. 358 Fw.
[17] Art. 299 Fw.
[18] Art. 2 Fw sowie Art. 214 Abs. 2 und 284 Abs. 2 Fw, die auf Art. 2 Fw verweisen.

18 Das Vergleichsverfahren steht den meisten Unternehmen und juristischen Personen offen. Darüber hinaus ist es auf natürliche Personen, die ein Gewerbe betreiben oder freiberuflich tätig sind, anwendbar. Das Vergleichsverfahren ist nicht anwendbar auf Kreditinstitute und Versicherungsgesellschaften.[19]

19 Niederländische Gerichte können kein Insolvenzverfahren gegen einen ausländischen Staat eröffnen. Obwohl die Insolvenzordnung keine diesbezüglichen Ausnahmeregelungen enthält, erscheint es außerdem unwahrscheinlich, dass ein Insolvenzverfahren gegen den niederländischen Staat oder niederländische Gebietskörperschaften wie Gemeinden *(gemeenten)* und Provinzen *(provincies)* eröffnet werden würde.

3.3 Zulässige Sicherungsmaßnahmen vor Verfahrenseröffnung

20 Bis zur Eröffnung des Konkursverfahrens kann das Gericht dem Antragsteller auf dessen Antrag gestatten, die Masse von einem vom Gericht zu bestimmenden Notar versiegeln zu lassen. Das Gericht kann zudem die Stellung einer angemessenen Sicherheit zur Bedingung der Verfahrenseröffnung machen.[20]

21 Das Vergleichsverfahren wird vom Gericht unverzüglich vorläufig eröffnet. Das Gericht bestellt einen oder mehrere Vergleichsverwalter *(bewindvoerders)*, die zusammen mit dem Schuldner die Verwaltung des Vermögens des Schuldners übernehmen.[21] In der Praxis wird auch ein Konkursrichter *(rechter-commissaris)* ernannt. Nach der vorläufigen Eröffnung des Vergleichsverfahrens ist das Gericht befugt, nach seinem Ermessen Sicherungsmaßnahmen anzuordnen.[22]

3.4 Wirkungen der Verfahrenseröffnung

22 Im Falle der Eröffnung eines Konkursverfahrens ernennt das Gericht einen Konkursrichter sowie einen Konkursverwalter. Die Aufgaben des Konkursverwalters sind gesetzlich geregelt. Er beaufsichtigt einerseits, ob der Schuldner seine gesetzlichen Verpflichtungen erfüllt. Andererseits obliegen ihm ab Verfahrenseröffnung die Verwaltung sowie die Verwertung der Masse. Der Konkursrichter führt die Aufsicht über die Verwaltung und Verwertung der Masse. Er überwacht den Konkurs- bzw. Vergleichsverwalter, genehmigt bestimmte Verfahrenshandlungen und entscheidet über etwaige Beschwerden der Beteiligten.

23 Mit der Eröffnung des Konkursverfahrens verliert der Schuldner die Befugnis, sein Vermögen zu verwalten und darüber zu verfügen. Diese Befugnisse gehen auf den Konkursverwalter über,[23] der in bestimmten Fällen die Zustimmung des Konkursrichters braucht. Auch kann der Schuldner von diesem Zeitpunkt an nicht wirksam Verbindlichkeiten in Bezug auf die Masse eingehen.

24 Des Weiteren geht mit Verfahrenseröffnung die Prozessführungsbefugnis auf den Konkursverwalter über.[24] Bereits anhängige Verfahren können vom Konkursverwalter übernommen werden.

25 Die Gläubiger sind ab Verfahrenseröffnung auf die Anmeldung ihrer Forderungen gegenüber dem Konkursverwalter angewiesen. Klagen auf Erfüllung einer Forderung gegen den Konkursverwalter oder den Schuldner sind ab diesem Zeitpunkt unzulässig.[25]

26 Schließlich sind Maßnahmen der Einzelzwangsvollstreckung oder zur Sicherung der Zwangsvollstreckung ab Verfahrenseröffnung unzulässig. Bereits ergriffene Maßnahmen der Zwangsvollstreckung sind ab diesem Zeitpunkt wirkungslos.[26]

27 Im Falle der Eröffnung eines Vergleichsverfahrens wird ein Vergleichsverwalter bestellt. Dieser ist ab diesem Zeitpunkt gemeinsam mit dem Schuldner für die Verwaltung der Masse

---

[19] Für diese enthalten die Artt. 212 g–213 kk Sonderregelungen.
[20] Art. 7 Fw.
[21] Art. 215 Abs. 2 Fw.
[22] Art. 225 Abs. 1 Fw.
[23] Artt. 23 und 68 Fw.
[24] Art. 25 Fw.
[25] Art. 26 Fw.
[26] Art. 33 Abs. 1 Fw.

verantwortlich. Der Schuldner ist nicht befugt, ohne Mitwirkung oder Erlaubnis des Vergleichsverwalters sein Vermögen zu verwalten oder hierüber zu verfügen.[27] Zwangsvollstreckung sowie Maßnahmen zur Sicherung der Zwangsvollstreckung sind während der Dauer des Verfahrens unzulässig. Bereits eingeleitete Maßnahmen entfalten keine Wirkung mehr.[28] Klagen gegen den Schuldner bleiben aber zulässig.[29]

4. Verlauf des Verfahrens

4.1 Anmeldung der Forderungen durch die Gläubiger

Im Konkursverfahren sind Forderungen bis spätestens 14 Tagen vor dem Prüfungstermin *(verificatievergadering)*[30] beim Konkursverwalter anzumelden.[31] Es besteht keine Verpflichtung zur Anmeldung einer Forderung. Bei der Verteilung des Erlöses werden allerdings ausschließlich angemeldete Forderungen berücksichtigt.

Die Forderungen sind grundsätzlich in niederländischer Sprache anzumelden. Für Gläubiger aus einem anderen Staat im Anwendungsbereich der EuInsVO gilt, dass sie ihre Forderungen auch in der Amtssprache oder einer der Amtssprachen des anderen Staates anmelden dürfen. In diesem Fall muss die Anmeldung jedoch mindestens die Überschrift „Anmeldung einer Forderung" in der Amtssprache oder einer der Amtssprachen des Staates der Verfahrenseröffnung tragen. Vom Gläubiger kann außerdem eine Übersetzung der Anmeldung in die Amtssprache oder in eine der Amtssprachen des Staates der Verfahrenseröffnung verlangt werden.[32]

Der Konkursverwalter entscheidet, ob er die Forderung zulässt oder sie bestreitet. Wird die Forderung zugelassen, so kommt sie auf eine Liste für vorläufig zugelassene Forderungen. Für vom Konkursverwalter bestrittene Forderungen gibt es eine gesonderte Liste.

Im Vergleichsverfahren gelten ähnliche Reglungen. Eine Forderung wird allerdings nur mit dem Ziel zugelassen, es dem Gläubiger zu ermöglichen, über die vom Schuldner vorgeschlagene Zahlungsregelung mit abzustimmen.

4.2 Gläubigerversammlungen

Die zentrale Gläubigerversammlung ist der Prüfungstermin *(verificatievergadering)*.[33] Im Konkurs- bzw. Vergleichsverfahren findet ein solcher nicht immer statt.[34] Wird ein Prüfungstermin geplant, so teilt ihn der Konkurs- bzw. Vergleichsverwalter den Gläubigern mit. In dem Prüfungstermin werden sämtliche angemeldeten Forderungen geprüft.[35] Vom Konkursverwalter anerkannte Forderungen werden in die Insolvenztabelle der festgestellten Forderungen eingetragen. Hierbei wird angegeben, ob die Forderung bevorzugt ist, ob sie durch ein Pfandrecht oder eine Hypothek gesichert ist oder ob der Gläubiger sich auf ein Zurückbehaltungsrecht berufen kann. Wird eine angemeldete Forderung vom Konkurs- bzw. Vergleichsverwalter bestritten, so versucht der Konkursrichter einen Vergleich herbeizuführen. Gelingt dies nicht, so wird über die Forderung streitig verhandelt.

4.3 Verwaltung und Verwertung der Insolvenzmasse

Die Verwaltung der Insolvenzmasse obliegt im Konkursverfahren in erster Linie dem Konkursverwalter.[36] In manchen Fällen braucht der Konkursverwalter die Zu-

---

[27] Art. 228 Abs. 1 Fw.
[28] Art. 230 Fw.
[29] Art. 231 Fw.
[30] Siehe unter 4.2 Gläubigerversammlungen.
[31] Art. 108 Fw. Für ausländische Gläubiger ist eine Ausnahme möglich.
[32] Art. 42 Abs. 2 EuInsVO. Die Überschrift für Forderungsanmeldungen in den Niederlanden lautet „Indiening van een schuldvordering".
[33] Art. 108 ff. Fw.
[34] Insbesondere dann nicht, wenn die Masse voraussichtlich nicht zur gänzlichen oder pro rata Befriedigung sämtlicher einfachen Insolvenzgläubiger reichen wird, vergleiche Art. 137a ff. Fw.
[35] Artt. 110–116 Fw.
[36] Art. 68 Fw.

stimmung des Konkursrichters, der die Aufsicht über die Verwaltung der Insolvenzmasse führt.[37]

34   Im Konkursverfahren findet Verwertung in der Regel durch öffentliche Versteigerung des Vermögens des Schuldners statt. Wenn der Konkursrichter dies gestattet, ist auch ein freihändiger Verkauf möglich.[38] Zuständig für die Verwertung ist der Konkursverwalter.[39] Zur Verwertung durch öffentliche Versteigerung oder freihändigen Verkauf kommt es allerdings nur, wenn nicht ein für die Gläubiger verbindlicher Vergleich *(akkoord)*[40] geschlossen wurde, dem das Gericht zugestimmt hat *(homologatie)*.[41] Im Falle eines Vergleichs haben die Gläubiger lediglich Anspruch auf anteilige Zahlungen gemäß diesem Vergleich. Die Restforderung ist nicht mehr einklagbar oder vollstreckbar. Insoweit besteht ein Unterschied zur Verwertung durch öffentliche Versteigerung bzw. freihändigen Verkauf, bei der die Restforderungen der Gläubiger nach Abschluss des Konkursverfahrens (soweit es festgestellte Forderungen betrifft) wieder einklagbar und vollstreckbar sind.[42]

35   Im Vergleichsverfahren ist der Vergleichsverwalter gemeinsam mit dem Schuldner für die Verwaltung der Masse verantwortlich.[43] Die Verwertung findet im Vergleichsverfahren ebenfalls durch öffentliche Versteigerung oder freihändigen Verkauf statt. Der Vergleichsverwalter kann im Gegensatz zum Konkursverwalter allerdings nur mit Zustimmung des Konkursrichters zur Liquidation übergehen. Im Vergleichsverfahren kommt es nur selten tatsächlich zur Verwertung, da in den meisten Fällen ein Vergleich *(akkoord)*[44] geschlossen wird. Die Gläubiger haben in diesem Fall Recht auf anteilige Zahlungen gemäß diesem Vergleich. Soweit ihre Forderungen nicht vollständig beglichen werden, bleiben sie als Naturalobligationen bestehen, die weder einklagbar noch vollstreckbar sind.

36   Verwertbar sind nur solche Vermögensgegenstände, die in die Insolvenzmasse fallen. Die Masse umfasst das gesamte Vermögen des Schuldners zum Zeitpunkt der Verfahrenseröffnung sowie sämtliche Vermögenswerte, die er während des Verfahrens noch erlangt.[45] Nicht in die Insolvenzmasse fallen deshalb Sachen, die unter Eigentumsvorbehalt stehen.[46] Ausgenommen sind schließlich die zum Lebensunterhalt des Schuldners erforderlichen Vermögensgegenstände und einige weitere in Art. 21 Fw. genannte Vermögenswerte, wie beispielsweise Zahlungen, die der Schuldner in Erfüllung gesetzlicher Unterhaltsverpflichtungen erhält.

4.4 Verteilung an die Gläubiger

37   Eine Frist, innerhalb derer ein Konkursverfahren abzuwickeln ist, ist gesetzlich nicht vorgesehen. Im Normalfall dauert das Verfahren ungefähr ein Jahr, manchmal jedoch auch durchaus länger.

38   In der Regel findet am Ende des Verfahrens eine einmalige Erlösverteilung an die Gläubiger statt. Dies setzt voraus, dass genug Masse vorhanden ist. Bei der Verteilung sind die Forderungen in einer bestimmten Reihenfolge zu berücksichtigen.

39   An erster Stelle sind die Masseverbindlichkeiten *(boedelschulden)*[47] zu begleichen. Erst nach vollständiger Begleichung der Masseverbindlichkeiten werden die Insolvenzverbindlichkeiten *(faillissementsschulden)*[48] erfüllt. An sich gilt bei der Begleichung der Insolvenzverbindlich-

---

[37] Siehe im Übrigen oben unter 3.4.
[38] Art. 176 Abs. 1 Fw.
[39] Art. 68 Fw.
[40] Art. 138 ff. Fw.
[41] Art. 150 ff. Fw.
[42] Art. 195 Fw.
[43] Art. 228 Abs. 1 Fw.
[44] Art. 252 ff. Fw.
[45] Art. 20 Fw.
[46] Die Ausübung des Eigentumsvorbehaltes ist allerdings im Falle der Anordnung einer Abkühlungszeit nur eingeschränkt möglich. Siehe hierzu unter 5.2.
[47] Siehe unter 5.6.
[48] Siehe unter 5.4.

keiten der Grundsatz, dass alle Schuldner gleich sind *(partitas creditirum)* und deshalb Anspruch auf pro rata Erfüllung ihrer Forderung haben. Das Gesetz sieht aber für den Fall, dass nicht ausreichend Masse vorhanden ist, um sämtliche Forderungen zu begleichen, einige Ausnahmen vor und ordnet an, dass bestimmte Forderungen bevorzugt zu erfüllen sind *(bevoorrechte vorderingen)*.[49] Erst nachdem die bevorzugten Gläubiger befriedigt worden sind, sind die „normalen" (konkurrierenden) Insolvenzgläubiger *(concurrente crediteuren)*[50] an der Reihe. An letzter Stelle werden gegebenenfalls nachrangige Gläubiger[51] befriedigt. Sollte anschließend noch Geld zur Verteilung vorhanden sein, wird dies im Falle der Insolvenz einer GmbH oder AG an die Gesellschafter bzw. Aktionäre ausgezahlt. Im Falle der Insolvenz einer natürlichen Person erhält diese den Rest selbst. Bei der Verteilung des Erlöses werden ausschließlich angemeldete Forderungen berücksichtigt.[52]

Ein Vergleichsverfahren dauert anderthalb Jahre. Eine Verlängerung um weitere anderthalb Jahre kann vom Schuldner beantragt werden. Für die Gewährung einer Verlängerung gelten die gleichen Voraussetzungen wie für die Eröffnung des Vergleichsverfahrens.[53] **40**

5. Gläubiger

5.1 Aussonderungsberechtigte Gläubiger

Nicht in die Insolvenzmasse fallen Vermögensgüter, die unter Eigentumsvorbehalt stehen.[54] Gläubiger, die eine Sache unter Eigentumsvorbehalt geliefert haben, dürfen sich in einem Konkurs- bzw. Vergleichsverfahren deshalb grundsätzlich so verhalten, als wäre kein solches Verfahren eröffnet worden und die unter Eigentumsvorbehalt gelieferte Sache demzufolge herausverlangen. Etwas anderes gilt nur in einer sogenannten „Abkühlungszeit" *(afkoelingsperiode)*. Eine Abkühlungszeit kann vom zuständigen Gericht für einen Zeitraum von zwei Monaten angeordnet werden und darf lediglich einmalig maximal weitere zwei Monate verlängert werden. In dieser Zeit ist es dem Gläubiger nicht erlaubt, die Sache herauszuverlangen. **41**

5.2 Gesicherte Gläubiger

Die Rechte von Forderungsinhabern, die durch Pfandrecht *(pandrecht)* oder Hypothek *(hypotheek)* gesichert sind, werden von der Eröffnung eines Insolvenzverfahrens in der Regel nicht berührt (siehe Artt. 57, 58, 59 Fw). Die betreffenden Gläubiger können sich grundsätzlich so verhalten, als wäre kein Verfahren eröffnet worden und dürfen ihre Sicherheiten deshalb wie gewohnt verwerten. Etwas anderes gilt nur, wenn das Gericht eine Abkühlungszeit anordnet. Während der Abkühlungszeit darf ein Gläubiger seine Sicherheit lediglich mit gerichtlicher Erlaubnis verwerten. Eine Abkühlungsphase kann vom zuständigen Gericht für einen Zeitraum von zwei Monaten angeordnet werden und darf lediglich einmalig um maximal weitere zwei Monate verlängert werden. Des Weiteren kann der Konkurs- bzw. Vergleichsverwalter eine Frist bestimmen, in der der Hypotheken- oder Pfandgläubiger das Sicherungsgut verkaufen muss. Wird die Frist nicht eingehalten, verliert der Gläubiger das Recht, seine Sicherheit zu verwerten. Obwohl die zugrundeliegende Forderung weiterhin bevorzugt behandelt wird, müssen die Gläubiger sich in diesem Fall an den Kosten des Verfahrens beteiligen. **42**

5.3 Bevorzugte Insolvenzgläubiger

Bevorzugte Forderungen *(bevoorrechte vorderingen)* sind solche, die auf Grund gesetzlicher Regelung vorrangig gegenüber den einfachen Insolvenzforderungen zu befriedigen sind. Bevorzugt sind insbesondere Forderungen der Steuerbehörden und Forderungen quasi-staat- **43**

---

[49] Siehe unter 5.3.
[50] Siehe unter 5.4.
[51] Siehe unter 5.5.
[52] Siehe zur Anmeldung von Forderungen oben unter 4.1.
[53] Art. 223 Fw.
[54] Art. 20 Fw.

licher Einrichtungen, die Arbeitnehmerbeiträge zu den Sozialversicherungen einziehen. Des Weiteren sind die Kosten der Beantragung des Insolvenzverfahrens bevorzugt zu begleichen. Schließlich sind bestimmte Gläubiger, die im Besitz einer beweglichen oder unbeweglichen Sache eines Schuldners sind,[55] berechtigt, sich auf ein Zurückbehaltungsrecht *(retentierecht)* zu berufen, das ihnen erlaubt, die Rückgabe der Sache des Schuldners zu verweigern, bis ihre Forderung beglichen wurde. Der Gläubiger wird aus dem Erlös des Verkaufs dieser Sache bevorzugt befriedigt, wenn die Befriedigung aus der Sicherheit vom Gericht erlaubt worden ist.

5.4 Einfache Insolvenzgläubiger

44   Einfache Insolvenzgläubiger sind Gläubiger von Forderungen, die im Zeitpunkt der Verfahrenseröffnung bereits bestanden, keine Masseschulden sind, für die keine Sicherheit besteht und die nicht bevorzugt zu befriedigen sind. Inhaber solcher Forderungen sind einfache, konkurrierende Insolvenzgläubiger *(concurrente schuldeisers)*. Sie erhalten, soweit nicht ausreichend Masse zur vollständigen Begleichung sämtlicher konkurrierenden Forderungen vorhanden ist, lediglich eine pro rata Zahlung *(ponds-pondsgewijze verdeling)* auf ihre Forderung.

5.5 Nachrangige Insolvenzgläubiger

45   Abgesehen von den unter 5.3 und 5.4 beschriebenen Ausnahmen sind sämtliche Gläubiger nach dem Gesetz grundsätzlich gleich.[56] Eine Forderung eines Gläubigers ist deshalb nur dann nachrangig, wenn Schuldner und Gläubiger vereinbaren, dass die Forderung des Gläubigers gegenüber anderen einen niedrigeren Rang haben soll. Diese Forderungen werden im Konkursverfahren erst beglichen, nachdem die Masseschulden beglichen und die bevorzugten und einfachen (konkurrierenden) Insolvenzgläubiger befriedigt worden sind.

5.6 Massegläubiger

46   Masseschulden werden im Konkurs- bzw. Vergleichsverfahren an erster Stelle beglichen. Masseschulden sind grundsätzlich Schulden, die im Rahmen der Abwicklung des Konkurs- bzw. Vergleichsverfahrens entstanden sind. Dies betrifft unter anderem die Vergütung des Konkurs- bzw. Vergleichsverwalters, Miet- und Gehaltsforderungen, die nach Eröffnung des Verfahren entstanden sind[57] sowie die Lebenshaltungskosten der insolventen Person.

6. Abwicklung unvollständig erfüllter Verträge

47   Im Konkursverfahren gelten besondere Vorschriften für die Abwicklung unvollständig erfüllter Verträge.[58] Ist ein Vertrag im Zeitpunkt der Verfahrenseröffnung sowohl von dem Schuldner als auch von dem Gläubiger noch nicht oder nicht vollständig erfüllt worden, so hat sich der Konkursverwalter innerhalb einer ihm vom Vertragspartner schriftlich gestellten Frist über seine Bereitschaft zur Erfüllung des Vertrags zu erklären.[59] Unterlässt er dies, so verliert er seinerseits das Recht, Vertragserfüllung zu verlangen. Falls der Konkursverwalter sich zur Vertragserfüllung bereit erklärt, hat er auf Wunsch des Vertragspartners Sicherheit zu stellen.

48   Die strengen Anforderungen, die außerhalb eines Konkursverfahrens für die Entlassung von Arbeitnehmern gelten, sind im Konkursverfahren nicht anwendbar. Der Insolvenzverwalter kann bestehende Arbeitsverträge ohne Einhaltung von Kündigungsschutzvorschriften kündigen,[60] da das Entstehen von Masseschulden weitestgehend verhindert werden soll.

---

[55] Beispielsweise der Werkunternehmer, der ein Auto repariert hat, das sich noch in seiner Werkstatt befindet.
[56] *Paritas creditorum*-Grundsatz. Siehe zu den Ausnahmen oben unter 4.1–4.3.
[57] Artt. 39 Abs. 1, 40 Abs. 2 Fw.
[58] Art. 37 ff. Fw.
[59] Eine Ausnahme gilt nach Art. 37 Abs. 3 Fw für Verträge, nach denen der insolvente Schuldner zu von ihm persönlich zu erbringenden Handlungen verpflichtet ist.
[60] Art. 40 Fw.

Auch Arbeitnehmer haben das Recht, ihren Arbeitsvertrag zu kündigen. Die Kündigungsfrist richtet sich grundsätzlich nach den gesetzlichen Vorschriften, beträgt aber in einem Konkursverfahren maximal sechs Wochen.

Sowohl für den Konkursverwalter als auch für den Vertragspartner bestehen außerdem Sonderkündigungsrechte für Mietkauf-, Miet- oder Pachtverträge.

Im Vergleichsverfahren gelten die gleichen Regeln für beidseitig nicht oder nicht vollständig erfüllte Verträge wie im Konkursverfahren.[61] Im Vergleichsverfahren üben Vergleichsverwalter und der insolvente Schuldner die beschriebenen Rechte allerdings gemeinsam aus. Außerdem bleiben die Kündigungsschutzvorschriften im Vergleichsverfahren, anders als im Konkursverfahren, anwendbar.

7. Aufrechnung

Im Rahmen eines Konkurs- oder Vergleichsverfahrens ist die Aufrechnung unter erleichterten Bedingungen zulässig. Außerhalb eines solchen Verfahrens ist eine Aufrechnung nur erlaubt, wenn sich gegenseitige Ansprüche gegenüberstehen, der Gläubiger zur Erfüllung der Forderung des Schuldners berechtigt und die Forderung des Gläubigers fällig ist. Nach Eröffnung eines Konkurs- oder Vergleichsverfahrens darf der Gläubiger seine Forderung bereits dann gegen eine Forderung des Schuldners aufrechnen, wenn beide Ansprüche schon vor Eröffnung des Verfahrens bestanden oder aus Rechtsakten resultieren, die vor Eröffnung des Verfahrens vorgenommen worden sind.[62] Nicht erforderlich ist dagegen, dass die Hauptforderung erfüllbar und die Gegenforderung fällig ist. Die Aufrechnung durch den Gläubiger ist ausgeschlossen, wenn die Forderung des Gläubigers zu einem Zeitpunkt entstanden ist, in dem er wusste oder hätte wissen müssen, dass ein Konkurs- oder Vergleichsverfahren gegen den Schuldner eröffnet werden wird.

8. Insolvenzanfechtung

Eine Anfechtung ist im Konkursverfahren, nicht dagegen im Vergleichsverfahren, möglich.

Im Konkursverfahren hat der Konkursverwalter das Recht, freiwillige Rechtsgeschäfte (also solche, zu denen der Schuldner nicht rechtlich verpflichtet war), die der insolvente Schuldner einem Dritten gegenüber vorgenommen hat, anzufechten.[63] Voraussetzung dafür ist, dass sowohl der Schuldner als auch der Dritte wussten oder hätten wissen müssen, dass das Rechtsgeschäft die Gläubiger des Schuldners benachteiligen würden. Rechtsfolge der Anfechtung ist, dass das Geschäft rückabgewickelt werden muss. Wenn die Rückabwicklung nicht möglich ist, besteht ein Schadensersatzanspruch gegen den Dritten.

Haben bestimmte freiwillige Rechtsgeschäfte innerhalb von einem Jahr vor der Verfahrenseröffnung stattgefunden, gilt zugunsten des Konkursverwalters eine doppelte Beweiserleichterung.[64] Es wird in diesem Fall widerlegbar vermutet, dass (i) das vorgenommene Rechtsgeschäft nachteilig für die Gläubiger war und (ii) dies sowohl dem Schuldner als auch dem Dritten bewusst war. Diese Regelungen gelten unter anderem für Rechtsgeschäfte, bei denen der Wert der Leistung des Schuldners den Wert der vom Dritten zu erbringenden Gegenleistung erheblich überschreitet sowie für Rechtsgeschäfte mit Dritten, die in einer bestimmten Beziehung zum Schuldner stehen (z. B. Verwandte).

Darüber hinaus können Rechtsgeschäfte, zu denen der Schuldner rechtlich verpflichtet war, vom Konkursverwalter angefochten werden, wenn er nachweisen kann, dass (i) der Vertragspartner des Schuldners wusste, dass im Zeitpunkt der Vornahme des Rechtsgeschäfts bereits ein Antrag auf Eröffnung eines Konkursverfahrens gestellt worden war und ein

---

[61] Art. 236 ff. Fw.
[62] Art. 53 ff. Fw.
[63] Art. 42 ff. Fw.
[64] Art. 43 Fw.

solches Verfahren schließlich eröffnet wurde oder, dass *(ii)* das Rechtsgeschäft vom Schuldner und dem Dritten mit dem Ziel vorgenommen wurde, die Interessen des Dritten im Vergleich zu den anderen Gläubigern zu bevorzugen.[65]

56 Gläubiger können Rechtsgeschäfte des Schuldners außerhalb eines Insolvenzverfahrens unter ähnlichen Voraussetzungen anfechten (i. e. Kenntnis oder fahrlässige Unkenntnis der Benachteiligung der Gläubigerinteressen). Nach Eröffnung eines Konkursverfahrens ist eine Anfechtung von Gläubigerseite jedoch nicht mehr möglich.

9. Reorganisationsverfahren

57 Ein besonderes Reorganisationsverfahren besteht in den Niederlanden nicht. In der Praxis werden sowohl das Konkurs- als auch das Vergleichsverfahren regelmäßig für Zwecke der Reorganisation eines Unternehmens eingesetzt. Beim Vergleichsverfahren ergibt sich dies bereits daraus, dass Zweck des Verfahrens, die Sanierung des betroffenen Unternehmens ist.

58 Obwohl als Ziel des Konkursverfahrens die Liquidation des Vermögens des Schuldners zur Befriedigung der Gläubiger im Vordergrund steht, ist teilweise eine Reorganisation möglich. Dies beruht unter anderem darauf, dass während eines Konkursverfahrens die üblichen Kündigungsschutzvorschriften nicht gelten[66] und der Konkursverwalter das Unternehmen fortsetzen kann.

10. Internationales Insolvenzrecht

59 Die Niederlande sind Mitgliedstaat der EuInsVO. Dies bedeutet, dass sich die Anerkennung eines ausländischen Verfahrens, das in einem der Mitgliedstaaten der EuInsVO eröffnet wurde, grundsätzlich nach dieser Verordnung richtet.

60 Für die Anerkennung von Verfahren aus sogenannten Drittstaaten gilt dagegen weiterhin das autonome internationale Insolvenzrecht.

11. Geplante Reform der Fw

61 Derzeit ist eine Reform der Fw geplant. Zu diesem Zweck ist eine Kommission *(Commissie Insolventierecht)* eingesetzt worden, die bereits einige wichtige Änderungsvorschläge gemacht und einen ersten Entwurf erstellt hat. Hauptziel der geplanten Reform ist, die Zahl der erfolgreichen Reorganisationen zu erhöhen. Der Entwurf sieht unter anderem vor, die Trennung in ein Konkursverfahren einerseits und ein Vergleichsverfahren andererseits aufzuheben. Künftig soll es nur noch ein einheitliches Verfahren geben. Des Weiteren soll die Rolle des Gerichts bei der Verfahrensaufsicht beschränkt und sollen Schuldner sowie Gläubiger stärker an dem Verfahren beteiligt werden. Der Schuldner soll zum Mitverwalter der Masse ernannt werden können. Schließlich soll auch ein Mechanismus zur Anerkennung von nicht-EU-Insolvenzverfahren geschaffen werden.

---

[65] Art. 47 Fw.
[66] Siehe oben unter 6.

Norwegen

bearbeitet von *Advokat Stein Hegdal* (DLA Piper Norway)

Übersicht

	RdNr.		RdNr.
1. Schrifttum	1	4.2.2 Bestreiten von Forderungen	45
2. Einführung	2	4.2.3 Gläubigerversammlungen	46
2.1 Gesetzlicher Rahmen:	2	4.2.4 Verwaltung und Verwertung der Insolvenzmasse	51
2.2 Verfahrenstypen:	5	4.2.5 Verteilung an die Gläubiger	52
2.2.1 Vergleichsverfahren nach dem Konkursgesetz	5	**5. Gläubiger**	62
2.2.2 Konkurs	7	5.1 Aussonderungsberechtigte Gläubiger	63
2.2.3 Vergleichsverfahren nach dem Gesetz über freiwillige und erzwungene Schuldenregelung für Privatpersonen	9	5.2 Gesicherte Gläubiger	64
		5.3 Bevorzugte Insolvenzgläubiger	69
		5.4 Einfacher Insolvenzgläubiger	70
		5.5 Nachrangige Insolvenzgläubiger	71
2.2.4 Ausnahmen vom Anwendungsbereich der Insolvenzverfahren	11	5.6 Massegläubiger	72
3. Eröffnung des Verfahrens	14	**6. Abwicklung unvollständig erfüllter Verträge:**	73
3.1 Eröffnungsgründe:	15	**7. Aufrechnung:**	81
3.2 Schuldner	20	**8. Insolvenzanfechtung:**	84
3.3 Zulässige Sicherungsmaßnahmen vor der Verfahrenseröffnung:	21	8.1 Schenkungen und unverhältnismäßig hohe Arbeitsentgelte	85
3.4 Wirkungen der Verfahrenseröffnung:	23	8.2 Außerordentliche Zahlungen	88
3.4.1 Auswirkung der Eröffnung auf Einzelzwangsvollstreckungen	23	8.3 Aufrechnung	89
		8.4 Besicherung von älteren Forderungen	90
3.4.2 Auswirkung der Eröffnung auf Vergleichsverfahren	24	8.5 Pfändungspfandrecht	94
		8.6 Rechtsgeschäfte mit bösgläubigen Dritten	95
3.4.3 Auswirkung der Eröffnung des Konkursverfahrens	27	**9. Reorganisationsverfahren:**	96
4. Verlauf des Verfahrens	30	**10. Internationales Insolvenzrecht:**	99
4.1 Vergleichsverfahren	30	10.1 Angehörigkeit internationaler Insolvenzverträge	99
4.1.1 Anmeldung der Forderung durch die Gläubiger	30	10.2 Wirkungen des norwegischen Verfahrens im Ausland	106
4.1.2 Bestreiten von Forderungen	32		
4.1.3 Gläubigerversammlungen	33		
4.1.4 Verwaltung und Verwertung der Insolvenzmasse	38	10.3 Wirkung und Anerkennung ausländischer Insolvenzverfahren in Norwegen	107
4.1.5 Verteilung an die Gläubiger	39		
4.2 Konkursverfahren	44	10.4 Hilfskonkurs	112
4.2.1 Anmeldung der Forderung durch die Gläubiger	44		

1. Schrifttum:

Einschlägige Gesetze

Die wesentlichen Gesetze der Insolvenzverfahren des norwegischen Rechts sind
- Das Konkursgesetz vom 8. Juni 1984 (Nr. 58); zuletzt geändert durch Gesetz vom 3. September 1999 (Nr. 72) *(Lov om gjeldsforhandling og konkurs – konkursloven)* – Im folgenden „Konkursgesetz"
- Das Gesetz über das Befriedigungsrecht der Gläubiger vom 8. Juni 1984 (Nr. 59); zuletzt geändert durch Gesetz vom 3. September (Nr. 72).[1] *(Lov om fordringsinhavernes dekningsrett – dekningsloven)* – Im folgenden „Deckungsgesetz"
- Das Gesetz über freiwillige und erzwungene Schuldenregelung für Privatpersonen vom 17. Juli 1992 (Nr. 99); zuletzt geändert durch Gesetz vom 2. April 1993 (Nr. 36). *(Lov om frivillig og tvungen gjeldsordning for privatpersoner – gjeldsordningsloven)* – Im folgenden „Schuldenregelungsgesetz".
- Der Schuldner kann natürlich auch Vergleichsverhandlungen mit den Gläubigern ohne Mitwirkung der Gerichte führen. Die spezialgesetzlichen Regelungen greifen hier nicht ein, und es besteht weitgehend Vertragsfreiheit.

---

[1] Im Folgenden „Deckungsgesetz".

Norwegen 2–6 Anhang

Literaturhinweise

Mads Henry Andenæs, Konkurs (2. utg. 1999);
Sjur Braekhus, Omsetning og kreditt 1, Den personlige gjeldsforfølgning(2. utg. 1987);
Kristian Huser, Gjeldsforhandling og konkurs (3 bind) (1987–1992);
Kristian Huser, Gjeldsforfølgningsrett (1995);
Ernst Moe, Praktisk Konkurs. Bobehandling (1999);
Håvard Wiker/Knut ro, Konkursloven Kommentarutgave (2003);
Exner, Schuldbefreiung in Norwegen, KTAS 1992, S. 547 ff.; *NN,* Deutsches und norwegisches Insolvenzrecht – Unterschiede und Gemeinsamkeiten beim Konkurs, Deutsch-Norwegische Handelskammer Nr. 4/1988 S. 23–27;
Hoebens Louis M. J., in: Jahn, Insolvenzen in Europa (4. Auflage, 2004).

Öffentliche Informationsquellen

- Veröffentlichung der einschlägigen Gesetze: www.lovdata.no
- Das Handelsregister, Brønnøysundregisteret[2]: www.brreg.no
- Informationsseite über die norwegischen Gerichte: www.domstol.no
- Informationsseite über die norwegischen Ministerien: www.regjeringen.no

2. Einführung

2.1 Gesetzlicher Rahmen

2   Die typischen Insolvenzverfahren des norwegischen Rechts sind die des Vergleichs *(gjeldsforhandling)* und des Konkurses *(konkurs)*. Beide sind im Wesentlichen im Konkursgesetz *(Lov om gjeldsforhandling og konkurs – konkursloven)* geregelt.[3] Wesentliche Vorschriften materieller Art enthält außerdem das Gesetz über das Befriedigungsrecht der Gläubiger *(Lov om fordringsinhavernes dekningsrett – dekningsloven).*[4]

3   Neben diesen Verfahren besteht die Möglichkeit eines Vergleichsverfahrens nach dem Gesetz über freiwillige und erzwungene Schuldenregelung für Privatpersonen *(Lov om frivillig og tvungen gjeldsordning for privatpersoner – gjeldsordningsloven).*[5]

4   Der Schuldner kann natürlich auch Vergleichsverhandlungen mit den Gläubigern ohne Mitwirkung der Gerichte führen. Die spezialgesetzlichen Regelungen greifen hier nicht ein und es besteht weitgehend Vertragsfreiheit.

2.2 Verfahrenstypen

2.2.1 Vergleichsverfahren nach dem Konkursgesetz

5   Ein Schuldner, der seine fälligen Verpflichtungen nicht erfüllen kann, hat die Möglichkeit beim Vergleichsgericht *(skifterett)* die Eröffnung eines Vergleichsverfahrens zu beantragen. Das Verfahren ist darauf angelegt, einerseits die Forderungen der Gläubiger soweit als möglich zu befriedigen, dem Schuldner aber andererseits das Fortbestehen seiner wirtschaftlichen Existenz zu sichern.

6   Das Verfahren kann erfolgreich mit der Annahme eines Vergleichsvorschlags durch alle Gläubiger *(frivillig gjeldsordning)* oder durch einen Zwangsvergleichs *(tvangsakkord)* abgeschlossen werden. Typischer Regelungsinhalt eines Vergleichs ist ein Zahlungsaufschub *(moratorium)*, eine prozentuale Ermäßigung der Forderungen *(akkord)*, oder die Abwicklung des Vermögens des Schuldners oder eines näher bestimmten Vermögensteils, meist zur anteilsmäßigen Abdeckung der Forderungen *(likvidasjonsakkord)*. Kann das Verfahren nicht mit einem Vergleich abgeschlossen werden, so eröffnet das Gericht den Konkurs über das Vermögen des Schuldners.

---

[2] Hier kann man unter anderem herausfinden gegen welche Schuldner ein Insolvenzverfahren beantragt oder eröffnet worden ist.
[3] Gesetz vom 8. Juni 1984 (Nr. 58); zuletzt geändert durch Gesetz vom 26. Januar 2007 (Nr. 3).
[4] Gesetz vom 8. Juni 1984 (Nr. 59); zuletzt geändert durch Gesetz vom 16. Juni 2006 (Nr. 20).
[5] Gesetz vom 17. Juli 1992 (Nr. 99); zuletzt geändert durch Gesetz vom 26. Januar 2007 (Nr. 3).

2.2.2 Konkurs

Über das Vermögen eines Schuldners, der insolvent ist, kann auf Antrag des Schuldners 7
oder eines Gläubigers das Konkursverfahren eröffnet werden. Das Verfahren kann ferner,
wie oben erwähnt, im Anschluss an ein Vergleichsverfahren eröffnet werden.

Vom Konkursverfahren wird das ganze Vermögen des Schuldners umfasst, soweit nicht 8
einzelne Vermögensteile von der Zwangsvollstreckung ausgenommen sind. Die Vermögensgegenstände werden verwertet und der Erlös nach Maßgabe gesetzlicher Vorrangregelungen
unter den Gläubigern verteilt.

2.2.3 Vergleichsverfahren nach dem Gesetz über freiwillige und erzwungene Schuldenregelung für Privatpersonen

Wer ernsthafte Schuldenprobleme hat, kann nach Maßgabe des Schuldenregelungsgeset- 9
zes ein besonderes Vergleichsverfahren beantragen. Das Gesetz gilt nur für natürliche
Personen und grundsätzlich nicht für Schuldner, deren Verbindlichkeiten auf der Ausübung selbständiger Erwerbstätigkeit beruhen. Voraussetzung für die Eröffnung dieses
Vergleichsverfahrens ist es, dass der Schuldner andauernd außerstande ist, seine Verbindlichkeiten zu erfüllen, und bereits nach seinen Möglichkeiten versucht hat, mit den
Gläubigern zu einer Regulierung zu gelangen. Das Verfahren kann dazu führen, dass eine
Schuldenregelung entweder durch Vertrag mit den Gläubigern *(frivillig gjeldsordning)* oder
zwangsweise mit Bestätigung durch das Vollstreckungsgericht *(tvungen gjeldsordning)* erreicht
wird.

Ist über das Vermögen des Schuldners bereits ein Konkursverfahren anhängig, kann das 10
besondere Vergleichsverfahren nicht eingeleitet werden. Ein anhängiges Verfahren steht der
Eröffnung eines Konkurses nicht im Wege.[6] Wegen seines begrenzten Anwendungsbereichs
soll auf dieses Verfahren im Folgenden nicht näher eingegangen werden.

2.2.4 Ausnahmen vom Anwendungsbereich der Insolvenzverfahren

Die Insolvenzverfahren nach dem Konkursgesetz finden über das Vermögen von natürli- 11
chen Personen, Gesellschaften und sonstigen juristischen Personen statt. Für alle gelten
grundsätzlich die gleichen Regeln. Auf bestimmte juristische Personen sind diese Insolvenzverfahren jedoch nicht anzuwenden.

2.2.4.1 Juristische Personen öffentlichen Rechts

Über das Vermögen von Gemeinden und öffentlichen Körperschaften kann weder ein 12
Vergleichs- noch ein Konkursverfahren eröffnet werden.[7]

2.2.4.2 Finanzinstitute

Nach dem Bankensicherungsgesetz *(banksikringsloven)*[8] kann über norwegische Finanz- 13
institute (Banken, (Sparkassen und Geschäftsbanken), Finanzierungsunternehmen, Versicherungsgesellschaften, und Muttergesellschaften in Finanzkonzernen) ebenfalls kein Verfahren
nach dem Konkursgesetz eröffnet werden. Diese Institute können, falls sie außerstande sind,
ihre Verpflichtungen zu erfüllen, unter öffentliche Verwaltung gestellt werden. Dabei wird
geprüft, ob eine ausreichende wirtschaftliche Grundlage für eine Fortsetzung der Geschäftstätigkeit vorhanden ist. Ist dies nicht der Fall, wird das Institut unter öffentlicher Verwaltung
liquidiert.

---

[6] § 1–2 Abs. 2 Schuldenregelungsgesetz.
[7] Für Gemeinden und öffentliche Körperschaften auf mittlere Verwaltungsebene *(fylkeskommune)* gilt § 55 norw. Gemeindegesetz *(kommunelov)* vom 25. September 1992 (Nr. 107). Anstelle eines Insolvenzverfahrens wird offiziell die Zahlungseinstellung beschlossen und bis zur Ordnung der Verhältnisse eine Aufsichtsverwaltung eingerichtet.
[8] Gesetz vom 6. Dezember 1996 Nr. 75.

3. Eröffnung des Verfahrens

14 Vergleichs- und Konkursverfahren werden im Folgenden gemeinsam dargestellt, die Unterschiede werden jeweils an Ort und Stelle erläutert.

3.1 Eröffnungsgründe

15 Über die Eröffnung des Verfahrens entscheidet das Vergleichs- bzw. Konkursgericht *(skifterett)* auf Antrag. Funktional zuständig ist das allgemeine Gericht erster Instanz am Sitz des Schuldners *(tingrett)*.

16 Der Antrag auf Eröffnung eines Vergleichsverfahrens kann nur vom Schuldner selbst gestellt werden; Voraussetzung ist die Zahlungsunfähigkeit.

17 Der Konkurs kann sowohl vom Schuldner als auch von einem Gläubiger beantragt werden. Das Verfahren wird eröffnet, wenn der Schuldner „insolvent" ist. Die bloße Zahlungsunfähigkeit reicht dazu nicht aus; es muss Überschuldung vorliegen.

18 Das Konkursgesetz definiert mehrere Insolvenzvermutungen; nämlich: Die Anerkennung der Insolvenz durch den Schuldner, die Zahlungseinstellung, eine erfolglose Zwangsvollstreckung in den letzten drei Monaten vor dem Konkursantrag oder eine erfolglose Konkursandrohung. Wird ein buchführungspflichtiger Schuldner vom Gläubiger zur Zahlung einer fälligen und unstreitigen oder offensichtlich zu Unrecht bestrittenen Forderung erfolglos aufgefordert, und stellt der Gläubiger dem Schuldner mindestens vier Wochen danach eine Aufforderung, innerhalb von zwei Wochen zu zahlen, wird bei einem Konkursantrag dieses Gläubigers von der Insolvenz des Schuldners ausgegangen.

19 Der Konkurs ist dagegen nicht zu eröffnen, wenn der Antrag von einem Gläubiger gestellt wird, für dessen Forderung ausreichende Sicherheiten bestellt sind. Auch die Anhängigkeit eines Vergleichsantrags steht bis zur rechtskräftigen Entscheidung über dessen Eröffnung einem Konkursverfahren entgegen. Schließlich kann in den ersten drei Monaten des Vergleichsverfahrens grundsätzlich kein Konkurs eröffnet werden.[9]

3.2 Schuldner

20 In der Regel kann jede natürliche und juristische Person Schuldner der Insolvenzverfahren sein. Gesellschaften, die nicht selbstständig Dritten gegenüber auftreten können, (Stille Gesellschaften oder andere Formen von inneren Gesellschaften), sowie Einzelunternehmen, Mitbesitzer und gemeinsame Unternehmen, die keine selbständigen Gesellschaften sind, können jedoch nicht Schuldner eines Insolvenzverfahrens sein.[10]

3.3 Zulässige Sicherungsmaßnahmen vor der Verfahrenseröffnung

21 Bei einem Antrag auf Vergleichsverfahren, wird, sofern der Antrag angenommen wird, bereits der Zeitpunkt, in dem der Antrag bei dem Gericht eingeht, als Zeitpunkt der Verfahrenseröffnung gerechnet.

22 Wird Konkurs beantragt, und besteht die Gefahr, dass der Schuldner die Gläubiger durch sein Handeln schädigt, kann das Gericht dem Schuldner das Recht nehmen, über sein Vermögen zu verfügen.[11]

3.4 Wirkungen der Verfahrenseröffnung

3.4.1 Auswirkung der Eröffnung auf Einzelzwangsvollstreckungen

23 Während des Vergleichs- und Konkursverfahrens können Vermögensgegenstände des Schuldners in der Regel nicht gepfändet werden. Schon der Eröffnungsantrag hindert bis zu seiner rechtskräftigen Ablehnung eine Pfändung.[12] Außerdem kann in den ersten sechs

---

[9] Nach dieser Frist gibt es Möglichkeiten sowohl für eine Eröffnung bei bestimmten Antragskonstellationen als auch für eine weitere Konkursverschonung durch Anordnung des Gerichts, vgl. § 16 Konkursgesetz.
[10] Vgl. § 4–2 Deckungsgesetz.
[11] Vgl. § 75 Konkursgesetz.
[12] Ausnahme: Unter bestimmten Voraussetzungen, kann auch während eines Vergleichsverfahrens eine Pfändung ausgebracht werden (vgl. § 17 Konkursgesetz).

Monaten nach der Eröffnung des Verfahrens ohne die Zustimmung des Verwaltungsausschusses keine Verwertung der bereits gepfändeten Vermögensgegenstände des Schuldners stattfinden.[13]

3.4.2 Auswirkung der Eröffnung auf Vergleichsverfahren

Über die Verfahrenseröffnung ist umgehend eine Mitteilung in die Lokalpresse und auf die Webseite des Handelsregisters, Brønnøysundregisteret, einzurücken.[14] Darin wird bekannt gegeben, wer Mitglied des Vergleichsverwaltungsausschusses ist. Die Gläubiger werden aufgefordert, ihre Forderungen anzumelden. Zusätzlich sind die bereits erfassten Gläubiger vom Vergleichsverwaltungsausschuss zu benachrichtigen.

Der Schuldner behält im Vergleichsverfahren grundsätzlich die Verfügungsbefugnis über seinen Betrieb und über sein Vermögen. Sogar Vermögensgegenstände aus einer gepfändeten Sachgesamtheit (z. B. des Warenlagers) kann der Schuldner im Rahmen des ordnungsgemäßen Geschäftsverkehrs mit Zustimmung des Vergleichsverwaltungsausschusses veräußern.

Allgemein ist der Schuldner jedoch verpflichtet, sich der Aufsicht des Verwaltungsausschusses zu unterwerfen. Er soll dem Ausschuss die Möglichkeit geben, die Geschäftsführung und die wirtschaftlichen Verhältnisse zu überwachen. Der Schuldner ist verpflichtet, sich nach Auflagen des Vergleichsverwaltungsausschusses zu richten. Ohne Zustimmung des Ausschusses kann der Schuldner keine neuen Verbindlichkeiten begründen. Über unbewegliches Vermögen oder sonstige Vermögensgegenstände von wesentlicher Bedeutung kann er ohne Zustimmung des Vergleichsverwaltungsschusses nicht verfügen. Solche Rechtsgeschäfte können jedoch gegenüber gutgläubigen Dritten wirksam sein.

3.4.3 Auswirkung der Eröffnung des Konkursverfahrens

Über die Verfahrenseröffnung ist ebenfalls umgehend eine Mitteilung in die Lokalpresse und auf die Webseite des Handelsregisters *(Brønnøysundregisteret)* einzurücken.[15] Darin wird bekannt gegeben, wer Konkursverwalter ist. Die Gläubiger werden aufgefordert, ihre Forderungen anzumelden. Zusätzlich sind die bereits erfassten Gläubiger vom Konkursverwalter zu benachrichtigen.

Vom Gericht wird die Eintragung im zentralen Konkursregister (konkursregisteret), im Grundbuch und ähnlichen Realregistern, sowie in den zentralen Güterrechts- *(løsøreregisteret)*, Handels- und Bilanzregistern *(foretaksregisteret* bzw. *regnsakpsregisteret)* veranlasst.

Mit der Eröffnung des Konkursverfahrens verliert der Schuldner sein Recht, über das Vermögen, das zur Konkursmasse gehört, zu verfügen, Leistungen zur Konkursmasse, Kündigungen usw. für die Konkursmasse entgegenzunehmen, sowie Verpflichtungen für die Konkursmasse zu begründen.

4. Verlauf des Verfahrens

4.1 Vergleichsverfahren

4.1.1 Anmeldung der Forderung durch die Gläubiger

Die Gläubiger werden aufgefordert, ihre Forderungen in zwei Abschriften gegenüber den Verwaltern anzumelden. Die Forderungsanmeldung soll Aufschluss über die Grundlage der Forderung und über eventuelle Sicherheiten geben. Unterlagen die zum Beweis der Forderung dienen, sind der Anmeldung beizufügen.

---

[13] § 17 Konkursgesetz; diese Regelung gilt für den Konkurs entsprechend.
[14] Das Vergleichsgericht kann jedoch ausnahmsweise die Veröffentlichung untersagen, wenn dies das Ziel des Vergleiches gefährden würde (vgl. § 6 Konkursgesetz).
[15] Das Vergleichsgericht kann auch hier jedoch ausnahmsweise die Veröffentlichung untersagen, wenn dies das Ziel des Vergleiches gefährden würde (vgl. § 6 Konkursgesetz).

Norwegen 31–40

31 Die Forderungen sollen innerhalb von drei Wochen angemeldet werden. Es sind jedoch auch verspätet angemeldete Forderungen und bekannte Forderungen, die vom Gläubiger nicht angemeldet worden sind, zu berücksichtigen.

4.1.2 Bestreiten von Forderungen

32 Im Vergleichsverfahren wird ein Streit darüber, inwieweit, oder für welchen Betrag einer Forderung ein Stimmrecht zukommt, vom Vergleichsgericht nur insoweit entschieden, als dies notwendig ist, um den Ausgang einer Abstimmung über einen Vergleichsvorschlag festzustellen. Für einen späteren Rechtsstreit über die Existenz oder den Umfang der Forderung hat die Entscheidung keine präjudizierende Wirkung. Wenn der betroffene Gläubiger dies fordert, kann das Vergleichsgericht bestimmen, dass der Auszahlungsbetrag, der auf die umstrittene Forderung entfällt, auf ein Anderkonto, über das das Gericht verfügt, einbezahlt wird. Dem Gläubiger wird gleichzeitig eine Frist zur Erhebung einer Klage über die Forderung gesetzt.

4.1.3 Gläubigerversammlungen

33 Nachdem das Vergleichsverfahren eröffnet wird, ernennt das Gericht einen Vergleichsverwaltungsausschuss *(gjeldsnemnd)*.

34 Der Vergleichsverwaltungsausschuss *(gjeldsnemnd)*, der vom Gericht bei der Verfahrenseröffnung ernannt wird, steht der gesamten praktischen Arbeit im Vergleichsverfahren vor, und führt die Aufsicht über den Betrieb des Schuldners. Der Ausschuss besteht aus einem Leiter, in der Regel einem Rechtsanwalt, und bis zu drei weiteren Mitgliedern, vorzugsweise Gläubiger oder deren Vertreter.

35 Der Leiter des Ausschusses hat keine besonderen Vollmachten, sondern tritt im Namen und nach Maßgabe der Beschlüsse des Verwaltungsausschusses auf. Handelt der Leiter im Widerspruch dazu, so kann gegenüber Dritten Gutglaubensschutz eintreten.

36 Der Vergleichsverwaltungsausschuss erstellt einen Bericht, der die Vermögensgegenstände, Verbindlichkeiten und die geschäftliche Lage des Schuldners überprüft, um klarzustellen ob ein Vergleich möglich ist. Ist dies nicht der Fall, unterrichtet er das Vergleichsgericht davon. Das Gericht wird dann das Verfahren einstellen und den Anschlusskonkurs eröffnen.

37 Ein freiwilliger Vergleich kommt nur zustande, falls alle betroffenen Gläubiger dem Vorschlag zustimmen. Ein Zwangsvergleich kann auch durch Mehrheitsentscheidung beschlossen werden. Nimmt die erforderliche Mehrheit der Gläubiger einen entsprechenden Vorschlag an, so entscheidet das Vergleichsgericht nach mündlicher Verhandlung über die Bestätigung des Zwangsvergleiches durch Beschluss. Dieser Beschluss kann vom Schuldner und von jedem Gläubiger, der durch Vergleich gebunden wird, angefochten werden.

4.1.4 Verwaltung und Verwertung der Insolvenzmasse

38 Während des Vergleichsverfahrens verfügt der Schuldner noch über die Insolvenzmasse, jedoch unter die Aufsicht des Vergleichsverwaltungsausschusses. Somit kann der Schuldner Teile der Insolvenzmasse verwerten, und zwar auch Teile des Warenlagers oder der Betriebsausstattung obwohl diese als Sachgesamtheiten verpfändet sind. Voraussetzung dafür ist allerdings, dass die Sicherheit des betroffenen Gläubigers dadurch nicht wesentlich verringert wird.

4.1.5 Verteilung an die Gläubiger

39 Für einen freiwilligen Vergleich sieht das Gesetz vor, dass alle bekannten Forderungen, die vor der Eröffnung des Verfahrens entstanden sind, gleich behandelt werden. Es ist jedoch möglich, dass bestimmte Forderungen nicht vom Vergleich erfasst werden oder dass Ihnen ein höherer Deckungsgrad zugeordnet wird. Dies sind Forderungen:

40
- Für die ein gesetzliches Pfandrecht besteht
- Für die ein Pfandrecht oder ein anderes Sicherheitsrecht an Vermögensgegenständen des Schuldners bestellt worden ist, und zwar soweit die Sicherung voraussichtlich die Forderung abdeckt

- Die der Gläubiger durch Aufrechnungen befriedigen will, soweit sie durch die Gegenforderung gedeckt werden, oder
- Die unter dem Betrag bleiben, der im Vergleichsvorschlag als absoluter Deckungsbetrag genannt wird.

Es steht dem einzelnen Gläubiger jedoch frei, einer nachrangigen Stellung im Verhältnis zu den anderen Gläubigern zuzustimmen.

Ein Zwangsvergleich bindet die Forderungen, die oben unter Punkt 1 und 3 nicht behandelt wurden.[16] Das Gleiche gilt für:
- Forderungen, die der Schuldner nach Maßgabe des Vergleichsverwaltungsausschusses (nach Verfahrenseröffnung) begründen durfte, oder die gegenüber einem gutgläubigen Dritten begründet wurden, und
- Die Vergütung des Vergleichsverwaltungsausschusses und des Buchprüfers, sowie die weiteren Kosten des Vergleichsverfahrens.

4.2 Konkursverfahren

4.2.1 Anmeldung der Forderung durch die Gläubiger

Wie bei dem Vergleichsverfahren werden die Gläubiger aufgefordert, ihre Forderungen in zwei Abschriften gegenüber den Verwaltern anzumelden. Die Anmeldungsfrist für Forderungen beträgt im Konkursverfahren drei bis sechs Wochen. Verspätet angemeldete Forderungen werden jedoch nicht präkludiert. Das Gericht kann aber dem Gläubiger aufgeben, die Kosten, die der Masse durch die Verspätung entstanden sind, zu erstatten. Es ist anzunehmen, dass die Anmeldung der Forderung in der Landessprache folgen muss.

4.2.2 Bestreiten von Forderungen

Wird eine angemeldete Forderung vom Konkursverwaltungsausschuss bestritten, setzt das Konkursgericht dem Gläubiger eine Frist, in der er Gelegenheit hat, die angemeldete Forderung näher zu begründen. Das Gericht entscheidet dann über die Anerkennung der Forderung durch Beschluss. Liegt dem Streit eine offene Rechtsfrage zugrunde, oder bedarf der Sachverhalt näherer Aufklärung, kann das Konkursgericht gestatten, dass der Streit in einem normalen Klageverfahren ausgetragen wird. In erster Instanz ist das Konkursgericht zuständig.

4.2.3 Gläubigerversammlungen

Bei Konkurseröffnung ist der Konkursverwalter zu ernennen und, wenn die Schwierigkeit des Verfahrens dafür spricht, auch ein Gläubigerausschuss von ein bis vier Mitgliedern.

Das Konkursgericht *(skifterett)* beruft die Gläubiger zu einer Versammlung *(skiftesamling)* ein. Der vom Gericht bei der Verfahrenseröffnung ernannte Konkursverwalter gibt eine erste Übersicht über die Konkursmasse. Hat das Gericht einen Gläubigerausschuss ernannt, so bildet dieser zusammen mit dem Konkursverwalter den Konkursverwaltungsausschuss *(bostyret)*. Im Weiteren werden die Aufgaben vom Konkursverwalter alleine wahrgenommen.

Der Konkursverwaltungsausschuss ist das Verwaltungsorgan der Konkursmasse. Jedoch ist der Konkursverwaltungsausschuss an Beschlüsse, die von der Gläubigerversammlung im Prüfungstermin gefasst werden, gebunden.

Der Konkursverwaltungsausschuss erstellt einen Bestandsbericht über die Konkursmasse und den Betrieb des Schuldners. Forderungen sollen grundsätzlich bereits vor der ersten Gläubigerversammlung geprüft werden. Der Ausschuss nimmt auch dazu Stellung, ob der Betrieb des Schuldners im Konkurs weiter geführt werden soll, und ob gegen den Schuldner die Strafverfolgung eingeleitet und ein Berufsverbots ausgesprochen werden soll.

---

[16] Ein Pfandrecht soll jedoch nach einem Zwangsvergleich nicht weiter reichen als der Wert des verpfändeten Gegenstandes im Zeitpunkt des Vergleichs (vgl. § 31 Konkursgesetz). An späteren Wertsteigerungen des Pfandes soll der gesicherte Gläubiger keinen Anteil haben.

50   Der Konkursverwalter vertritt die Konkursmasse nach außen. Die Beschlüsse des Konkursverwaltungsausschusses sind für den Konkursverwalter bindend, aber er hat im Gegensatz zum Leiter des Vergleichsverwaltungsausschusses in einer Reihe von Fragen, die die Konkursmasse betreffen, eigene Befugnisse. Wenn er im Widerstreit zu einem Beschluss des Verwaltungsausschusses, der Gläubigerversammlung, oder des Konkursgerichtes handelt, oder wenn er sonst seine Kompetenzen überschreitet, wird der gute Glaube Dritter geschützt.

4.2.4 Verwaltung und Verwertung der Insolvenzmasse

51   Anders als bei dem Vergleichsverfahren, ist der Schuldner im Konkursverfahren nicht dazu berechtigt, über die Konkursmasse zu verfügen. Eine Ausnahme davon besteht freilich für gutgläubigen Kontrahenten, die allerdings die Beweislast für ihre Gutgläubigkeit haben. Die Verwaltung und Verwertung der Insolvenzmasse obliegt im Konkursverfahren dem Konkursverwalter, der im Interesse der Gläubiger handeln soll.

4.2.5 Verteilung an die Gläubiger

52   Ist der Gläubiger Inhaber eines gegenüber der Konkursmasse wirksamen Pfandrechts an einem Vermögensgegenstand des Schuldners, kann er sich aus dem Pfandrecht befriedigen. Bei der Verteilung wird er nur mit dem Teil der Forderung berücksichtigt, der durch das Pfand nicht gedeckt wird. Der Gläubiger hat insoweit auch ein Stimmrecht.

53   Im Übrigen enthält das Deckungsgesetz[17] besondere Bestimmungen über die Rangfolge der Forderungen.

54   Vor allen anderen Forderungen werden die Masseforderungen befriedigt. Diese werden in zwei Gruppen geteilt. Vorrangig gedeckt werden u. A. die Kosten des Konkursverfahrens und Verpflichtungen, die nach der Eröffnung eingegangen wurden, und von der Masse zu decken sind. Kosten eines unmittelbar vorausgegangenen Vergleichsverfahrens sind zwar Massekosten, werden aber nur gedeckt, soweit die Mittel ausreichen. Sind keine ausreichenden Mittel vorhanden, kann deshalb kein Massekonkurs eröffnet werden.

55   Die Forderungen sind in vier Klassen eingeteilt.

56   Als bevorzugte Forderungen 1. Klasse werden unter anderem Forderungen der Arbeitnehmer aus einem Arbeitsverhältnis mit dem Schuldner, sowie Pensionsansprüche an dem Schuldner, gedeckt. Diese sind jedoch auf sechs Monatsgehälter beschränkt. Außerdem hören Ansprüche auf Unterhalt für Ehegatten und Kinder für die letzten 6 Monate vor der Eröffnung des Verfahrens zu den bevorzugten Forderungen 1. Klasse.

57   Als bevorzugte Forderungen 2. Klasse werden eine Reihe von öffentlich-rechtlichen Forderungen gedeckt, darunter Vermögens-, Einkommensteuer- und Mehrwertsteuerforderungen. Die Forderungen müssen jedoch nicht vor mehr als sechs Monaten fällig gewesen sein.

58   Werden bevorzugte Forderungen abgetreten, wird deren Priorität behalten, es sein denn die Forderungen werden an die Konkursmasse abgetreten.

59   Danach werden die so genannten nicht bevorzugten Forderungen befriedigt. Diese sind die Forderungen, die nicht zu den bevorzugten oder den nachgeordneten Forderungen gehören. Zuletzt werden die nachgeordneten Forderungen gedeckt, die unter anderem Zinsen auf bevorzugte oder gewöhnliche Konkursforderungen, sowie Forderungen, für welche eine nachrangige Priorität vereingebart worden ist, und Forderungen aus Schenkungen, umfassen.

60   Erst bei der Schlusssitzung des Verfahrens kann man mit der Verteilung rechnen. Gläubiger müssen normalerweise sehr lange warten bevor es zur Auszahlung kommt.

61   Falls das Verfahren über längere Zeit geht, besteht die Möglichkeit, dass der Konkursverwaltungsausschuss, mit der Zustimmung des Konkursgerichtes *(skifteretten)*, Teile der Dividende im Voraus verteilen kann.

---

[17] Kapitel 9 Deckungsgesetz; §§ 9–1 bis 9–7.

5. Gläubiger

Ausländische Gläubiger sind im Insolvenzverfahren inländischen Gläubigern gleichgestellt.

5.1 Aussonderungsberechtigte Gläubiger

Die Sicherung durch Eigentumsvorbehalt und eine Aussonderung von Vermögensgegenständen kennt das norwegische Recht nicht.

5.2 Gesicherte Gläubiger

Die gebräuchlichsten Kreditsicherheiten sind verschiedene Formen von Pfandrechten und Garantien. Am meisten verbreitet sind Grundpfandrechte, sowie Pfandrechte an Sachgesamtheiten (Warenlager oder Betriebsausstattung) und Forderungsmassen. Forderungen aus Warenlieferungen werden über ein Pfandrecht an der gelieferten Sache gesichert, was jedoch nicht möglich ist, wenn die Sache zum Weiterverkauf bestimmt ist.

Damit die Pfandrechte gegenüber anderen Gläubigern und der Konkursmasse wirksam sind, müssen sie Rechtsschutz *(rettsvern)* erlangen. Dies geschieht in der Regel durch einen je nach Pfandrecht unterschiedlichen Publizitätsakt.

Im Vergleichsverfahren haben nur Realsicherheiten, die vom Schuldner selbst gestellt wurden, Einfluss auf die Position des Gläubigers. Sicherheiten, die von Dritten gestellt wurden, beeinflussen die Stellung des Gläubigers nur dann und insoweit, als er die Sicherheit verwertet, und seine Forderung dadurch erfüllt wird.

Wie bereits erwähnt kann ein Gläubiger, der durch ein Pfandrecht an Vermögensgegenständen des Schuldners gesichert ist, sowohl im Vergleichs- als auch im Konkursverfahren die Sicherheit verwerten und den Erlös im vollen Umfang zur Befriedigung seiner Forderungen verwenden. Im Konkurs werden dazu die verpfändeten Vermögensgegenstände in der Regel freigegeben. Es besteht jedoch eine begrenzte Befugnis der Konkursverwaltung, die Verwertung selbst in die Hand zu nehmen; nämlich wenn dies bei Verkauf einer Sachgesamtheit von verpfändeten und nicht verpfändeten Gegenständen zu einem höheren Gesamterlös führt. Soweit die Sicherung den erzielten Kaufpreis übersteigt, fällt sie bei diesem Verkauf weg.

Wird die Forderung durch die Sicherheit nicht voll abgedeckt, kann die Restforderung als gewöhnliche Forderung angemeldet werden, und gibt dem Gläubiger bei der Verteilung die gleichen Rechte und Pflichten wie den ungesicherten Gläubigern.

5.3 Bevorzugte Insolvenzgläubiger

Es wird auf die Erläuterungen in 4.1.5 und 4.2.5 verwiesen.

5.4 Einfacher Insolvenzgläubiger

Es wird auf die Erläuterungen in 4.1.5 und 4.2.5 verwiesen.

5.5 Nachrangige Insolvenzgläubiger

Es wird auf die Erläuterungen in 4.1.5 und 4.2.5 verwiesen.

5.6 Massegläubiger

Es wird auf die Erläuterungen in 4.1.5 und 4.2.5 verwiesen.

6. Abwicklung unvollständig erfüllter Verträge

Im Deckungsgesetz sind ausführliche Vorschriften über das Schicksal von vertraglichen Verpflichtungen des Schuldners im Insolvenzfall enthalten.

Nach Eröffnung des Konkursverfahrens, kann der Konkursverwaltungsausschuss in gegenseitig verpflichtende Verträge, die noch nicht erfüllt sind, eintreten. Der andere Vertragspartner kann verlangen, dass der Konkursverwaltungsausschuss unverzüglich erklärt, ob er von diesem Recht Gebrauch machen will. Ein Eintrittsrecht wird in der Praxis nicht ausgeübt werden können, wenn die Insolvenz des Schuldners für eine bestimmte Vertragsart ein Beendigungsrecht begründet (z. B. Darlehens- und Garantieverträge). Das Recht des Dritten, sich auf einen speziellen Beendigungsgrund zu berufen, bleibt unberührt. Andererseits ist eine Vertragsbestimmung, die dem Dritten für den Fall der Insolvenz weitere als die auf Grund der Art des Vertrages bestehenden Lösungsrechte einräumt, gegenüber der Konkursmasse nicht bindend. Enthält z. B. der Mietvertrag über ein Grundstück eine solche Lösungsklausel, so wird diese gegenüber der Konkursmasse nicht geltend gemacht werden können.

75   Tritt der Konkursverwalter in den Vertrag ein, so wird die Konkursmasse nach den Bestimmungen des Vertrages berechtigt und verpflichtet. Die Forderung des Dritten aus dem Vertrag ist als Masseforderung zu decken. Der andere Teil kann verlangen, dass die Konkursmasse Sicherheit für die Erfüllungen ihrer Verpflichtungen leistet.

76   Auch im Falle des Vertragseintritts kann der Konkursverwalter ein Dauerschuldverhältnis unabhängig von den vertraglichen Bestimmungen mit der üblichen Frist kündigen, oder wenn es eine solche nicht gibt, mit einer Frist von drei Monaten. Falls der Vertrag vorzeitig gekündigt wird, kann der andere Teil den Verlust als Konkursforderung anmelden.

77   Tritt der Konkursverwalter nicht in den Vertrag des Schuldners ein, bezahlt er nicht, oder leistet er keine Sicherheit, kann der andere Teil den Vertrag aufheben. In diesem Fall kann der Nichterfüllungsschaden als Konkursforderung geltend gemacht werden.

78   Für den Fall des Vergleichsverfahrens stellt das Gesetz klar, dass die Verträge des Schuldners fortdauern. Ein besonderes Lösungsrecht gibt es nur, wenn die Vertragsart ein solches begründet. Erklärt der Schuldner, dass der Vertrag außerhalb des Vergleichs erfüllt werden soll, bestehen dieselben Beendigungsmöglichkeiten wie im Konkurs. Der Schuldner kann jedoch bis zur Vorlage des Vergleichsvorschlages offen lassen, ob ein beidseitig noch nicht erfüllter Vertrag vom Vergleichsvorschlag erfasst werden soll. Ist dies der Fall kann sich der Vertragspartner vom Vertrag lösen. Auf den ihm entstandenen Schaden erhält er nur die Vergleichsquote.

79   Ohne besondere Erklärung tritt die Konkursmasse in Verträge über die Miete von Grundstücken ein, die der Schuldner in Verbindung mit seiner Erwerbstätigkeit abgeschlossen hat, sofern der Schuldner die Mietsache vor der Verfahrenseröffnung in Benutzung genommen hat. Dies kann jedoch vermieden werden, wenn der Konkursverwalter innerhalb von 4 Wochen nach Verfahrenseröffnung, eine entsprechende Erklärung abgibt, und die angemieteten Lokale dem Vermieter innerhalb dieser Frist zur Verfügung gestellt werden. Die Mietforderung ist dann für den Zeitraum von der Eröffnung des Verfahrens bis zur Rückgabe der Sache als Masseverpflichtung zu erfüllen.

80   Für Arbeitsverträge geht das Gesetz im Konkursfalle davon aus, dass die Masse in die Arbeitsverträge eintritt, wenn nicht innerhalb von drei Wochen etwas anderes erklärt wird. Die Lohnforderungen für die entsprechende Zeit werden demgemäß zu Masseforderungen. Für beide Parteien bestehen erleichterte Lösungsmöglichkeiten.

7. Aufrechnung

81   Grundsätzlich kann derjenige, der bei Eröffnung des Verfahrens eine Forderung gegen den Schuldner hat, die angemeldet werden kann, diese zur vollen Höhe gegen eine Forderung des Schuldners, die in die Masse fällt, aufrechnen. Wenn die Aufrechnung jedoch, wegen der Art der Forderung, auch gegenüber dem solventen Schuldner nicht möglich gewesen wäre, so kann auch im Insolvenzverfahren grundsätzlich keine Aufrechnung erfolgen. Andererseits wird die Aufrechnung im Konkurs insoweit erleichtert, als die Forderung, mit der der Gläubiger aufrechnen will, ursprünglich nicht auf Geld gerichtet sein muss.

82   Die Aufrechnung ist ausgeschlossen, wenn:

83   • Die Forderung des Schuldners vor Verfahrenseröffnung, die des Gläubigers jedoch erst danach, fällig wird
   • Die Forderung des Gläubigers zur Klasse der nachgeordneten Forderungen gehört

- Der Gläubiger die Forderungen, die er aufrechnen will, in den letzen drei Monaten vor Verfahrenseröffnung von einem Dritten erworben hat, oder unabhängig vom Zeitpunkt, wenn dem Gläubiger beim Erwerb bekannt war oder er wissen musste, dass der Schuldner insolvent ist
- Der Gläubiger gegenüber dem Schuldner eine Verbindlichkeit in der Absicht eingegangen ist, mit seiner Forderung aufrechnen zu können.

8. Insolvenzanfechtung

Bestimmte Rechtsgeschäfte des Schuldners können im Konkurs und wenn über einen Zwangsvergleich verhandelt wird, vom Konkursverwalter bzw. dem Vergleichsverwaltungsausschuss angefochten werden.

8.1 Schenkungen und unverhältnismäßig hohe Arbeitsentgelte

Schenkungen können in den Fällen angefochten werden, in denen das Gesetz sie auf Grund objektiver Tatbestände als unangemessene Benachteiligung der Gläubiger einordnet. Je nach Person des Beschenkten und Höhe des Geschenks gelten unterschiedliche Fristen und Beweisregeln.

Schenkungen, die weniger als ein Jahr (zwei Jahre bei Geschenke an nahe stehenden Personen[18]) vor dem Eröffnungsantrag geleistet wurden, können angefochten werden, es sei denn der Schuldner war zum Zeitpunkt der Schenkung zweifellos noch solvent. Bei Schenkungen an den Ehepartner, Verlobten oder mit dem Schuldner in nichtehelicher Lebensgemeinschaft lebenden Personen, kommt es auf die finanzielle Situation des Schuldners zum Schenkungszeitpunkt nicht an. Übersteigt das Geschenk einen bestimmten Bezugswert,[19] beträgt die Anfechtungsfrist fünf Jahre.

Die Regeln zur Anfechtbarkeit von Geschenken gelten entsprechend für die Bezahlung von unverhältnismäßig hohem Lohn, einer dementsprechenden Pension oder einer sonst unverhältnismäßig hohen Gegenleistung an eine dem Schuldner nahe stehende Person.

8.2 Außerordentliche Zahlungen

Der Ausgleich von Verbindlichkeiten, die der Schuldner später als drei 3 Monate vor dem Eröffnungsantrag vorgenommen hat, können angefochten werden, wenn die Bezahlung mit ungewöhnlichen Mitteln, vor Fälligkeit oder mit einem Betrag, der die Zahlungsfähigkeit des Schuldners erheblich vermindert hat, vorgenommen wurde. Dies gilt jedoch nicht, wenn die Bezahlung sich nach den Gesamtumständen als nicht ungewöhnlich darstellt. Es muss insofern eine Gesamtwürdigung aller Umstände vorgenommen werden, die die Leistung und die Verhältnisse des Schuldners betreffen.

8.3 Aufrechnung

Rechnet der Gläubiger vor Verfahrenseröffnung mit einer Forderung auf, so kann die Aufrechnung dann angefochten werden, wenn sie nach Verfahrenseröffnung nicht zulässig gewesen ist. Dies gilt bei Forderungen, die der Gläubiger von Dritten erworben hat, wenn der Erwerb später als drei Monate vor Eröffnungsantrag stattgefunden hat. Bei den übrigen Aufrechnungshindernissen gilt dies, wenn die Aufrechnung innerhalb der Letzten drei Monaten vor Verfahrenseröffnung erklärt wurde. War der Gläubiger im bösen Glauben, so kommt es auf den Zeitpunkt des Erwerbs oder die Aufrechnung nicht an.

8.4 Besicherung von älteren Forderungen

Eine Verpfändung oder die Stellung einer anderen Sicherheit, die der Schuldner später als drei Monate vor dem Eröffnungsantrag vorgenommen hat, kann angefochten werden, wenn:
- Das Pfand oder die Sicherheit für eine Verbindlichkeit bestellt worden ist, die zum Zeitpunkt der Sicherung bereits bestanden hat, oder

---

[18] Der Kreis der nahe stehenden Personen ist in § 1–5 Deckungsgesetz näher definiert.
[19] Per 1. 5. 2007 NOK 668 120,–.

- Der für die Wirksamkeit des Pfandes gegen Dritte notwendige Publizitätsakt nicht unverzüglich vorgenommen wurde, nachdem die Verbindlichkeit begründet worden war.

92 Bei dem Schuldner nahe stehenden Personen beträgt der Frist zwei Jahre, es sei denn es wird bewiesen, dass der Schuldner im Zeitpunkt der Sicherheitsstellung offenbar solvent war.

93 Für den Ehepartner, Verlobten oder mit dem Schuldner in nichtehelicher Lebensgemeinschaft lebende Personen beträgt der frist ebenfalls zwei Jahre. Die finanzielle Situation des Schuldners im Zeitpunkt der Sicherheitsstellung ist aber in diesem Fall ohne Bedeutung.

8.5 Pfändungspfandrecht

94 Ein Pfändungspfandrecht, das später als drei Monate vor dem Eröffnungsantrag begründet wurde, hat gegenüber der Konkursmasse keine Wirkung.

8.6 Rechtsgeschäfte mit bösgläubigen Dritten

95 Neben den vorgenannten Regelungen, die an objektive Gegebenheiten anknüpfen, kennt das Gesetz noch einen Auffangtatbestand. Danach können Rechtsgeschäfte angefochten werden, die auf unbillige Weise einen Gläubiger auf Kosten der übrigen Begünstigte, oder Vermögensgegenstände des Schuldners, der Verwertung durch die Gläubiger entziehen, oder zum Schaden der Gläubiger die Verbindlichkeiten des Schuldners erhöhen. Voraussetzung ist, dass die wirtschaftliche Lage des Schuldners schwach war oder durch die Verfügung erheblich geschwächt wurde, und weiter, dass der andere Vertragspartner im bösen Glauben handelte.

9. Reorganisationsverfahren

96 Ziel eines Vergleichs ist in der Regel, dass der Schuldner seinen Betrieb fortführen kann. Der Vergleich wird deshalb oft den Inhalt haben, dass die Verbindlichkeiten, die von ihm nicht abgedeckt wurden, dem Schuldner erlassen werden.

97 Bei einem Liquidationsvergleich, auf Grund dessen das Vermögen des Schuldners, oder bestimmte Teile davon, liquidiert werden, ist zu unterscheiden: Ein freiwilliger Vergleich kann beinhalten, dass der Schuldner von den Verbindlichkeiten befreit wird, die durch die Liquidationen nicht abgedeckt werden. Einem Zwangsvergleich wird eine solche Regelung nur gegeben, wenn gleichzeitig bestimmt wird, dass der Schuldner zumindest für einen gewissen Prozentsatz der Forderungen einstehen muss, unabhängig davon, ob dies durch Liquidation erreicht wird oder nicht.

98 Da der Konkurs darauf angelegt ist, das gesamte Vermögen des Schuldners zu verwerten, und den Erlös unter den Gläubigern zu verteilen, kommt eine Reorganisation des Schuldners nur dann in Betracht, wenn der Betrieb auf ein anderes Rechtssubjekt übertragen wird. Der Schuldner muss insoweit für die Forderungen einstehen, als diese in der Verteilung nicht erfüllt werden.

10. Internationales Insolvenzrecht

10.1 Angehörigkeit internationaler Insolvenzverträge

99 **Angehörigkeit der EuInsVO?**

100 Norwegen ist nicht Mitglied der EU, und ist deswegen nicht Teil der Europäischen Insolvenzverordnung. Als Mitglied des Europäischen Wirtschaftsraums (EWR) ist Norwegen jedoch verpflichtet einige Vorschriften aus der EU ins nationale Recht einzugliedern.

101 **The UNICITRAL Model Law on Cross-Border Insolvency**

102 Das Justizministerium in Norwegen überlegt zurzeit ob man sich den „the UNICITRAL Model Law" anschließen soll. Es gibt jedoch kein bekanntes Auskommen dieser Überlegungen.

103 Angehörigkeit anderer internationaler Insolvenzverträge:

104 Norwegen ist Mitglied des Nordischen Insolvenzvertrages vom 7. November 1933, zwischen Norwegen, Schweden, Dänemark, Finnland und Island. Im Kurzen sieht der

Vertrag vor, dass Beschlüsse der einzelnen Gerichte und die Konkursmasse, in den übrigen Mitgliedsstaaten anerkannt werden. Als Grundregel gelten jedoch die Konkursgesetze des Mitgliedstaates in dem das Konkursverfahren eröffnet wurde.

Ansonsten ist Norwegen nicht Mitglied anderer internationaler Insolvenzverträge. **105**

10.2 Wirkungen des norwegischen Verfahrens im Ausland

Das norwegische Insolvenzverfahren umfasst das gesamte Vermögen des Schuldners, **106** unabhängig davon, ob sich dieses in Norwegen oder in anderen Ländern befindet. Vermögensgegenstände im Ausland könnten demnach auch zur Masse gezogen werden. Ob sich dies verwirklichen lässt, hängt allerdings davon ab, ob das Recht des fremden Staates die Verfügungsbefugnisse des Konkursverwaltungsausschusses anerkennt und durchsetzt.

10.3 Wirkung und Anerkennung ausländischer Insolvenzverfahren in Norwegen

Für die Wirkung ausländischer Insolvenzverfahren gibt es keine gesetzlichen Bestimmun- **107** gen. Ebenso wenig ist eine Rechtspraxis vorhanden, an der man sich mit Sicherheit orientieren könnte.

Die Eröffnung eines Insolvenzverfahrens im Ausland hat jedenfalls keine unmittelbaren **108** Wirkungen für die Vermögensgegenstände des Schuldners in Norwegen. Ordnet das Rechts des Landes, in dem ein Insolvenzverfahren über das Vermögen des Schuldners eröffnet wurde, an, dass der Schuldner die Verfügungsbefugnis verliert, so sind ihm Verfügungen über Vermögensgegenstände, die sich in Norwegen befinden, weiterhin möglich.

Es wird angenommen, dass Gläubiger, auch nachdem ein Insolvenzverfahren im Ausland **109** eröffnet worden ist, die Einzelzwangsvollstreckung an dem Vermögen des Schuldners in Norwegen betreiben können.

Wenn auch die Eröffnung eines Insolvenzverfahrens im Ausland keine unmittelbaren **110** Rechtswirkungen hat, so kann die ausländische Konkursmasse sehr wohl Rechtsschutz in Norwegen in Anspruch nehmen. Normalerweise wird das ausländische Verfahren insofern anerkannt, dass die Organe durch die Institute und Verfahren des norwegischen Rechts auf Vermögensgegenstände des Schuldners, zugreifen können. Etwas anderes könnte gelten, wenn dem ausländischen Konkursverwalter Befugnisse zukommen würden, die in wesentlichen Punkten über die des norwegischen Rechts hinausgehen.

Das norwegische Konkursgericht wird dadurch, dass bereits in einem anderen Land ein **111** Verfahren anhängig ist, nicht daran gehindert, auch in Norwegen ein Insolvenzverfahren zu eröffnen. Internationale insolvenzrechtliche Übereinkommen hat Norwegen nur mit den anderen nordischen Ländern geschlossen.[20]

10.4 Hilfskonkurs

Inwieweit es nach norwegischem Recht möglich ist, ein sekundäres Insolvenzverfahren, **112** oft als Hilfskonkurs (*hjelpekonkurs*) bezeichnet, zu eröffnen, ist nicht geklärt. Eine solche Praxis fand sich vor dem Erlass des jetzigen Konkursgesetzes. Ob die Möglichkeit fortbesteht, ist in der Literatur umstritten.[21] Zwei Entscheidungen von der ersten Instanz liegen vor, die die Eröffnung eines Hilfskonkurses zulassen.

Soweit davon ausgegangen wird, dass diese Möglichkeit besteht, wird angenommen, dass **113** ein solcher Hilfskonkurs nur von der ausländischen Konkursverwaltung beim norwegischen Konkursgericht beantragt werden kann. Es wird angenommen, dass das Verfahren grundsätzlich einem gewöhnlichen, norwegischen Konkursverfahren zu entsprechen hat, jedoch in einer sehr vereinfachten Form. Man geht davon aus, dass t die Regeln des Verbots der Einzelzwangsvollstreckung und Zwangsversteigerung ebenso gelten.

---

[20] Konkurs-Übereinkommen vom 7. November 1933 zwischen Norwegen, Dänemark, Finnland, Island und Schweden.
[21] Vgl. *Huser*: Gjeldsforhandling og konkurs, Band 2, S. 463.

Österreich

bearbeitet von *Norbert Abel* (Abel & Abel RAe GmbH, Wien)

Übersicht

	RdNr.		RdNr.
1. Schrifttum	1	5. Gläubiger	19
2. Einführung	2	5.1 Aussonderungsberechtigte Gläubiger	19
2.1 Gesetzlicher Rahmen	2	5.2 Gesicherte Gläubiger	21
2.2 Verfahrenstypen	4	5.3 Bevorzugte Gläubiger	24
3. Eröffnung des Verfahrens	5	5.4 Einfache Insolvenzgläubiger	25
3.1 Eröffnungsgründe	6	5.5 Nachrangige Insolvenzgläubiger	26
3.2 Schuldner	7	5.6 Massegläubiger	27
3.3 Zulässige Sicherungsmaßnahmen vor Verfahrenseröffnung	8	6. Abwicklung unvollständig erfüllter Verträge	28
3.4 Wirkungen der Verfahrenseröffnung	9	7. Aufrechnung	32
4. Verlauf des Verfahrens	11	8. Insolvenzanfechtung	35
4.1 Anmeldung der Forderung durch die Gläubiger	11	9. Reorganisationsverfahren und Schuldenregulierungsverfahren	39
4.2 Gläubigerversammlungen	14	9.1 Unternehmensreorganisation	39
4.3 Verwaltung und Verwertung der Insolvenzmasse	15	9.2 Schuldenregulierungsverfahren	44
4.4 Verteilung an die Gläubiger	17	10. Internationales Insolvenzrecht	46

1. Schrifttum: *Konecny Schubert*, Kommentar zu den Insolvenzgesetzen 2007; Manz-Verlag; *Bartsch, Pollak,* 1 *Buchegger*, Österreichisches Insolvenzrecht 2004; Springer-Verlag; *Mohr*, Die Konkurs-, Ausgleichs- und Anfechtungsordnung 10. Auflage 2006; Manz-Verlag; Kodex, Privatkonkurs 2002; Manz-Verlag; *König*, Die Anfechtung nach der Konkursordnung 3. Auflage 2003; Manz-Verlag

2. Einführung

2.1 Gesetzlicher Rahmen

Der Kern des österreichischen Insolvenzrechtes wird durch folgende Gesetze geregelt: 2
– das *Konkurs*– sowie *Schuldenregulierungsverfahren* durch die Konkursordnung (KO)[1]
– das *Ausgleichsverfahren* durch die Ausgleichsordnung[2]
– die *Unternehmensreorganisation* durch das Unternehmensreorganisationsgesetz[3]

Wichtige Informationen bzw. Daten zu Insolvenzverfahren werden unter der Internet- 3
Adresse http:/www.edikte.justiz.gv.at veröffentlicht.

2.2 Verfahrenstypen

Alle drei Verfahrensarten gelten sowohl für natürliche als auch juristische Personen. 4
Natürlichen Personen steht darüber hinaus noch das in der Konkursordnung (§ 181 ff.) geregelte Schuldenregulierungsverfahren zur Verfügung. Konkurs- und Ausgleichsverfahren sowie das Schuldenregulierungsverfahren dienen der Verwertung der vorhandenen Vermögenswerte, eröffnen aber auch dem Schuldner die Möglichkeit einer Entschuldung. Die Verfahren stehen unter dem Grundsatz der *par conditio creditorum*. Während bei der Unternehmerinsolvenz die Ausgestaltung der Verfahren auf Unternehmenserhaltung und -sanierung gerichtet sind, wurde mit der Einführung des Schuldenregulierungsverfahrens ein Instrument zur Entschuldung privater Haushalte geschaffen. Das 1997 eingeführte Unternehmensreorganisationsverfahren soll hingegen noch nicht insolventen Unternehmen die Möglichkeit geben, eine Sanierung absehbarer zukünftiger Probleme durch Reorganisation

---

[1] Konkursordnung „KO" RGBl. 1914/337 in der Fassung BGBl. I 2006/8.
[2] Ausgleichsordnung „AO" RGBl. 1914/337 in der Fassung BGBl. I 2006/8.
[3] Unternehmensreorganisationsgesetz „URG", BGBl. I, 2005/120).

Österreich 5–10

zu erreichen. Im Konkursverfahren bestellt das Gericht einen Masseverwalter, der Verfügungsmacht über das gesamte dem Konkursverfahren unterworfene Vermögen hat, während im Schuldenregulierungsverfahren in der Regel Eigenverwaltung des Schuldners besteht. Im Ausgleichsverfahren bedarf der Schuldner für Rechtsgeschäfte und Rechtshandlungen, die nicht zum gewöhnlichen Unternehmensbetrieb gehören, die Zustimmung des Ausgleichsverwalters. Im Reorganisationsverfahren ist der Unternehmer völlig unbeschränkt. Der Reorganisationsprüfer hat keinerlei Einfluss auf die Geschäftsführung. Im Folgenden wird das Konkurs- und Ausgleichsverfahren gemeinsam dargestellt.[4]

3. Eröffnung des Verfahrens

5   Für das Konkurs- und Ausgleichsverfahren ist der Gerichtshof erster Instanz zuständig, in dessen Sprengel der Gemeinschuldner sein Unternehmen betreibt oder mangels solchen seinen gewöhnlichen Aufenthalt hat (§§ 63 ff. KO; § 76 AO).

3.1 Eröffnungsgründe

6   Voraussetzung für die Eröffnung des Konkurs- und Ausgleichsverfahrens ist die *Zahlungsunfähigkeit* des Schuldners (§§ 66 ff. KO). Zur Einleitung des Ausgleichsverfahrens reicht schon die drohende Zahlungsunfähigkeit (§ 1 AO). Bei juristischen Personen genügt die *Überschuldung*. Das Konkursverfahren wird entweder über Antrag des Schuldners (§ 69 KO) oder über Antrag eines Gläubigers (§ 70 KO) eröffnet, sofern kostendeckendes Vermögen vorhanden ist oder der Antragsteller einen Betrag zur Deckung der Kosten vorschussweise erlegt.[5] Das Ausgleichsverfahren kann nur über Antrag des Schuldners eröffnet werden (§§ 1 ff. AO). Die Konkurs- und Ausgleichseröffnung wird durch ein *Edikt* öffentlich bekannt gemacht (§ 74 KO; § 4 AO). Die öffentliche Bekanntmachung erfolgt durch Aufnahme in die Insolvenzdatei. Die Insolvenzdatei kann über die Internet-Adresse http:\www.edikte.justiz.gv.at abgerufen werden. Unter anderem erhält jeder Gläubiger, dessen Anschrift bekannt ist, eine Ausfertigung des Ediktes, beim Ausgleichsantrag eine Abschrift des Antrages samt Status (§ 75 KO; § 5 AO).

3.2 Schuldner

7   Das Konkurs- und Ausgleichsverfahren kann von jeder natürlichen oder juristischen Person in Anspruch genommen werden. Das Schuldenregulierungsverfahren ist natürlichen Personen, die Nichtunternehmer sind, vorbehalten. Das Reorganisationsverfahren ist Unternehmen vorbehalten, unabhängig davon, ob der Rechtsträger des Unternehmens eine natürliche oder juristische Person ist.

3.3 Zulässige Sicherungsmaßnahmen vor Verfahrenseröffnung

8   Kann das Konkurs- oder Ausgleichsverfahren nicht sofort eröffnet werden und ist der Antrag nicht offenbar unbegründet, hat das Gericht zur Sicherung der Masse, insbesondere zur Unterbindung anfechtbarer Rechtshandlungen und zur Sicherung der Fortführung eines Unternehmens *einstweilige Vorkehrungen* anzuordnen (§ 73 KO).

3.4 Wirkungen der Verfahrenseröffnung

9   Die Rechtswirkungen der Konkurs- und Ausgleichseröffnung treten mit Beginn des Tages ein, der der öffentlichen Bekanntmachung des Inhaltes des Ediktes folgt (§ 2 KO; § 7 AO). Die öffentliche Bekanntmachung erfolgt durch die Aufnahme in die Insolvenzdatei.

10   Durch Eröffnung des Konkursverfahren wird das gesamte der Exekution unterworfene Vermögen des Gemeinschuldners dessen freier Verfügung entzogen (§ 1 KO). Im Ausgleichsverfahren bedarf der Ausgleichsschuldner zur Vornahme bestimmter Rechtshandlun-

---

[4] § 76 AO verweist unter anderem auf die Bestimmungen der KO, sofern im ersten Teil der AO nichts anderes bestimmt ist.
[5] Ist kein kostendeckendes Vermögen vorhanden und wird ein Betrag zur Deckung der Kosten (derzeit Praxis ca. EUR 4000,–) fristgerecht erlegt, so wird das Verfahren dennoch eröffnet (71 a KO).

gen die Zustimmung des Ausgleichsverwalters bzw. des Ausgleichsgerichtes (§ 8 AO). Hinsichtlich Konkurs- bzw. Ausgleichsforderungen tritt Prozesssperre ein. Anhängige Verfahren sind ex lege durch den Beschluss über die Verfahrenseröffnung unterbrochen und können erst nach Ablehnung der Forderung durch Masse- bzw. Ausgleichsverwalter in der Tagsatzung fortgesetzt bzw. eingeleitet werden.

4. Verlauf des Verfahrens

4.1 Anmeldung der Forderung durch die Gläubiger

Die Gläubiger haben ihre Forderungen innerhalb der Anmeldefrist in doppelter Ausfertigung schriftlich oder mündlich zu Protokoll bei Gericht anzumelden (§ 102 ff. KO; § 76 AO). In der Anmeldung sind der Betrag der Forderung und die Tatsachen, auf die sie sich gründet, sowie die Beweismittel zu bezeichnen. Ist bereits ein Verfahren anhängig, so hat die Anmeldung auch die Angabe des Prozessgerichtes und das Aktenzeichen zu enthalten. Konkursgläubiger, die im Ausland ihren Wohnsitz oder ihre Niederlassung haben, müssen einen im Inland wohnenden *Zustellungsbevollmächtigten* namhaft machen, andernfalls dieser auf seine Gefahr und Kosten vom Konkursgericht bestellt wird. In der *Prüfungstagsatzung* (§ 105 KO) bzw. *Ausgleichstagsatzung* (§ 38 AO) gibt der Masseverwalter bzw. Ausgleichsverwalter bekannt, ob die angemeldete Forderung zur Gänze oder teilweise anerkannt bzw. bestritten wird.

Gläubiger, deren Forderungen bestritten wurden, können deren Feststellung als Konkursforderung mittels Klage geltend machen. Das Konkursgericht hat die Frist zu bestimmen, innerhalb welcher der Anspruch gerichtlich geltend zu machen ist.

Wurde im Konkursverfahren die Anmeldefrist versäumt, so kann die Forderung dennoch angemeldet werden. Der Gläubiger wird jedoch für die nachträgliche Prüfungstagsatzung kostenersatzpflichtig, derzeit pauschal EUR 60,–. Wird der Zwangsausgleich oder Ausgleich bestätigt, so hat der Gläubiger Anspruch auf die Zwangsausgleichs- bzw. Ausgleichsquote unabhängig davon, ob er angemeldet hat oder nicht.

4.2 Gläubigerversammlungen

Die KO ordnet zahlreiche Fälle von Gläubigerversammlungen an, Erste Gläubigerversammlung (§ 74 Abs. 2 Z 4); Berichttagsatzung (§ 91 a); Prüfungstagsatzung (§ 105); Zwangsausgleichstagsatzung (§ 145); Rechnungslegungstagsatzung (§ 121); Zahlungsplantagsatzung (§ 193); Abschöpfungstagsatzung (§ 200 Abs. 2); darüber hinaus ist die Gläubigerversammlung einzuberufen, wenn es vom Masseverwalter, vom Gläubigerausschuss oder wenigstens 2 Konkursgläubigern, die ein Viertel der Konkursforderung erreichen, unter Angabe des Verhandlungsgegenstandes beantragt wird (§ 91 KO). Im Ausgleichsverfahren kommt es zu einer Gläubigerversammlung anlässlich der Ausgleichstagsatzung (§ 37 AO) bzw. zu einer Mitwirkung der Gläubiger im Gläubigerbeirat (§ 36 AO). Grundsätzlich kommt dem einzelnen Gläubiger kein maßgeblicher Einfluss auf den Ablauf des Insolvenzverfahrens außerhalb von Gläubigerversammlungen zu.

4.3 Verwaltung und Verwertung der Insolvenzmasse

Der Masseverwalter hat unverzüglich die wirtschaftliche Lage, die bisherige Geschäftsführung, die Ursachen des Vermögensverfalls, das Ausmaß der Gefährdung von Arbeitsplätzen, das Vorliegen von Haftungserklärungen Dritter und alle für die Entschließung der Gläubiger wichtigen Umstände zu prüfen. Weiters hat er den Stand der Masse zu ermitteln und für die Einbringung und Sicherstellung der Aktiva zu sorgen. Dazu sind die Schulden festzustellen und die angemeldeten Ansprüche zu prüfen sowie Rechtsstreitigkeiten, die die Masse ganz oder teilweise betreffen, zu führen. Daneben hat der Masseverwalter unmittelbar nach Konkurseröffnung zu prüfen, ob das Unternehmen fortgeführt oder wieder eröffnet werden kann (§ 81 a KO). Die Entscheidung darüber ist spätestens in einer eigens anberaumten Berichtstagsatzung, die ebenfalls im Konkursedikt angeführt ist, zu treffen (§ 91 a

KO). Die Entscheidung des Konkursgerichtes lautet entweder auf Sperre des Betriebes, auf befristete Fortführung bis zu einem bestimmten Termin oder Fortführung auf einstweilen unbestimmte Zeit. Darüber hinaus ist in der Berichtstagsatzung zu klären, ob ein Zwangsausgleich dem gemeinsamen Interesse der Konkursgläubiger entspricht und ob dessen Erfüllung voraussichtlich möglich sein wird (§§ 114 a ff. KO). In der Prüfungstagsatzung werden die in ein Anmeldeverzeichnis eingetragenen Forderungen geprüft.

16 Der Ausgleichsverwalter hat sich über die wirtschaftliche Lage und die bisherige Geschäftsführung des Schuldners, über die Ursachen seines Vermögensverfalls, über das Ausmaß der Gefährdung von Arbeitsplätzen, über die Einbringlichkeit der Außenstände, den Stand der Aktiven und Passiven, die Angemessenheit des angebotenen Ausgleichs und das Vorliegen von Haftungserklärungen Dritter und über alle für die Entschließung der Gläubiger wichtigen Umstände genaue Kenntnis zu verschaffen; der Ausgleichsverwalter hat insbesondere dafür zu sorgen, dass das Vermögen möglichst nicht geschmälert und das Unternehmen des Schuldners fortgeführt wird, es sei denn, die Fortführung widerspricht den überwiegenden Interessen der Beteiligten (§§ 30 ff. AO). Innerhalb von drei Wochen ist dem Ausgleichsgericht ein schriftlicher vorläufiger Bericht zu erstatten. Der Ausgleichsverwalter muss weiter nach Übermittlung des vorläufigen Berichtes das Anmeldeverzeichnis, das zugleich Abstimmungsverzeichnis ist, erstellen (§ 32 AO). In der Ausgleichstagsatzung wird über den Ausgleichsvorschlag abgestimmt (§ 37 AO). Das Mindesterfordernis ist eine 40%ige Quote, zahlbar innerhalb von zwei Jahren ab Annahme des Ausgleichsantrages. Das Erfordernis für die Annahme des Antrages verhält sich wie beim Konkurs (§ 42 AO). Werden die erforderlichen Mehrheiten nicht erreicht oder ist das Ausgleichsverfahren aus anderen Gründen unzulässig, hat das Ausgleichsgericht das Ausgleichsverfahren einzustellen (§ 67 AO). Zugleich mit der Einstellung des Ausgleichsverfahrens hat das Gericht über die Eröffnung des Anschlusskonkurses zu entscheiden (§ 69 AO). Das Ausgleichsverfahren ist mit dem Eintritt der Rechtskraft des Beschlusses, mit dem der Ausgleich bestätigt wird, aufzuheben (§ 57 AO).

4.4 Verteilung an die Gläubiger

17 Wann und in welcher Höhe eine Quote an die Gläubiger zur Ausschüttung gelangt, hängt vom Verfahrensablauf ab.

18 Ein Zwangsausgleichsantrag im Konkursverfahren bei Unternehmensfortführung ist binnen 14 Tagen nach der Berichtstagsatzung einzubringen, danach spätestens bis zum Abschluss des Konkursverfahrens, jedoch besteht in diesem Zeitraum kein Verwertungsverbot für den Masseverwalter. Der Zwangsausgleich ist angenommen, wenn mindestens die Hälfte der anwesenden stimmberechtigten Gläubiger zustimmen und die Gesamtsumme der Forderungen der zustimmenden Konkursgläubiger wenigstens 75 Prozent der Gesamtsumme der Forderung der bei der Tagsatzung anwesenden stimmberechtigten Konkursgläubiger beträgt (§ 147 KO). Das Mindesterfordernis ist eine 20%ige Quote, zahlbar innerhalb von zwei Jahren ab Annahme des Zwangsausgleichsantrages. Für die Abstimmung über den Zwangsausgleichsantrag wird eine eigene Zwangsausgleichstagsatzung anberaumt (§ 145 KO). Wird der Zwangsausgleichsantrag angenommen und liegen die allfälligen Bestätigungsvoraussetzungen vor, wird der Zwangsausgleich gerichtlich bestätigt (§ 152 KO) und das Verfahren aufgehoben (§ 157 KO). In weiterer Folge wird die Quote gemäß angenommenen Zwangsausgleich ausgeschüttet. Mit Rechtskraft des Aufhebungsbeschlusses erlangt der Schuldner die freie Verfügungsmöglichkeit über sein Vermögen zurück. Scheitert der Zwangsausgleichsantrag bzw. wird kein solcher eingebracht, so endet das Konkursverfahren nach Verwertung aller Aktiven und quotenmäßiger Verteilung durch Aufhebung (§ 139 KO). Danach können die Gläubiger ihre Forderungen weiterhin durch Einzelvollstreckung betreiben. Stellt sich während des Konkursverfahrens, jedoch vor vollständiger Verwertung der Konkursmasse heraus, dass das Vermögen zur Deckung der Kosten des Konkursverfahrens nicht hinreicht, so ist der Konkurs ebenfalls aufzuheben (§ 166 KO). Scheitert der Ausgleichsantrag, so ist ex lege der Anschlusskonkurs zu eröffnen und das Verfahren nach den Bestimmungen der Konkursordnung abzuwickeln.

5. Gläubiger

5.1 Aussonderungsberechtigte Gläubiger

Befinden sich in der Konkursmasse bzw. beim Ausgleichsschuldner Sachen, die dem Schuldner nicht oder zum Teil nicht gehören, so hat der Berechtigte ein Recht auf Aussonderung. Dieses richtet sich nach den allgemeinen gesetzlichen bzw. vertraglichen Bestimmungen. Ist die Sache nach der Verfahrenseröffnung veräußert worden, so kann der Berechtigte, unbeschadet weitergehender Ersatzansprüche, die Aussonderung des bereits geleisteten Entgelts aus der Masse, wenn aber das Entgelt noch nicht geleistet worden ist, die Abtretung des Rechtes auf das ausstehende Entgelt verlangen (§ 44 KO; § 21 AO). **19**

Aussonderungsansprüche sind nicht bei Gericht anzumelden, sondern direkt beim Masseverwalter bzw. Ausgleichsverwalter geltend zu machen. Werden die Ansprüche nicht befriedigt, muss bei Gericht gegen den Masseverwalter auf Herausgabe geklagt werden. **20**

5.2 Gesicherte Gläubiger

Absonderungsansprüche sind Ansprüche auf abgesonderte Befriedigung aus bestimmten Sachen des Gemeinschuldners. Die Absonderungsgläubiger können im Ausmaß Ihrer gesicherten Forderungen vorrangige Befriedigung aus diesen Sachen verlangen (§ 48 KO; § 10 AO). **21**

Grundsätzlich hat die Verfahrenseröffnung keine Auswirkung auf den Bestand und den Umfang der Absonderungsrechte. Von dieser Regel gibt es folgende Ausnahmen:

Absonderungsrechte, die in den letzten 60 Tagen vor der Verfahrenseröffnung durch Exekution zur Befriedigung oder Sicherstellung neu erworben worden sind, erlöschen durch die Verfahrenseröffnung. Auch Absonderungsrechte, die vor Verfahrenseröffnung durch Abtretung bzw. Verpfändung einer Forderung auf Einkünfte aus einem Arbeitsverhältnis erworben worden sind, erlöschen 2 Jahre nach Ablauf des Kalendermonats, in den die Konkurseröffnung fällt. Exekutiv begründete Absonderungsrechte an solchen Ansprüchen erlöschen bereits mit Ablauf des Kalendermonats, in dem der Konkurs eröffnet wurde, bzw. wenn die Konkurseröffnung nach dem 15. Tag des Monats erfolgte, erst mit Ablauf des folgenden Kalendermonats (§ 12 a KO). **22**

Aussonderungs- bzw. Absonderungsansprüche unterliegen weder einer Prozess- noch einer Exekutionssperre. Aus dem Verwertungserlös sind die Absonderungsberechtigten entsprechend ihrem sachenrechtlichen Rang zu befriedigen. Soweit die Forderungen der Absonderungsberechtigten reichen, schließen sie die übrigen Gläubiger von der Befriedigung aus diesen Sachen aus. Absonderungsgläubiger, denen zugleich ein persönlicher Anspruch gegen den Gemeinschuldner zusteht, können diesen neben dem Absonderungsrecht auch als Gläubiger geltend machen. Die Absonderungsrechte müssen nicht bei Gericht angemeldet werden, sondern sind beim Masseverwalter bzw. Ausgleichsverwalter geltend zu machen. **23**

5.3 Bevorzugte Insolvenzgläubiger

Die österreichische Rechtsordnung kennt keinen Klassenkonkurs. Es werden grundsätzlich sämtliche Konkursgläubiger gleich behandelt. **24**

5.4 Einfache Insolvenzgläubiger

Die österreichische Rechtsordnung kennt keinen Klassenkonkurs. Es werden grundsätzlich sämtliche Konkursgläubiger gleich behandelt. **25**

5.5 Nachrangige Insolvenzgläubiger

Nachrangige Insolvenzgläubiger sind jene, die entweder selbst eine Erklärung abgegeben haben, mit ihrer Forderung im Rang nach den übrigen Gläubigern zu stehen und daher erst nachrangig befriedigt werden oder solche, bei denen das Gesetz die Nachrangigkeit anordnet. Nachrangige Insolvenzgläubiger erhalten erst dann eine Leistung auf ihre Forderung, **26** wenn alle übrigen Gläubiger im Rahmen eines Ausgleiches quotenmäßig zur Gänze oder andernfalls in Höhe der Gesamtforderung befriedigt sind.

5.6 Massegläubiger

27 Masseforderungen (im Konkursverfahren) und Geschäftsführungsforderungen (im Ausgleichsverfahren) sind Forderungen, die nach Eröffnung des Insolvenzverfahrens entstehen. Sie sind grundsätzlich zur Gänze zu befriedigen und ohne Rücksicht auf den Stand des Verfahrens bzw. der Masse zu bezahlen, sobald die Ansprüche feststehen und fällig sind. Können jedoch die Masseforderungen nicht vollständig befriedigt werden, so sind sie nach einer festgelegten Rangordnung zu befriedigen (§ 47 KO). Offene Geschäftsführungsforderungen oder Masseforderungen verhindern jedenfalls die Bestätigung eines allfälligen Zwangsausgleiches oder Ausgleiches.

6. Abwicklung unvollständig erfüllter Verträge

28 Ist ein zweiseitiger Vertrag vom Schuldner und seinem Vertragspartner zurzeit der Verfahrenseröffnung nicht oder nicht vollständig erfüllt worden, so hat der Schuldner mit Zustimmung des Ausgleichs- oder Masseverwalters die Möglichkeit, entweder den Vertrag zu erfüllen und vom anderen Teil Erfüllung zu verlangen oder vom Vertrag zurückzutreten (§ 21 KO; § 20 a AO). Während der Schuldner[6] im Ausgleichsverfahren für den Vertragsrücktritt grundsätzlich lediglich eine 4-Wochen Frist ab öffentlicher Bekanntmachung des Eröffnungsbeschlusses zur Verfügung hat, erfolgt eine Fristsetzung gegenüber dem Masseverwalter nur auf Antrag des Gläubigers durch das Konkursgericht. Diese festgesetzte Frist darf frühestens 3 Tage nach der Berichtstagsatzung enden. Erklärt sich der Masseverwalter innerhalb der Frist nicht, so gilt dies als Rücktritt. Tritt der Masseverwalter vom Vertrag zurück, so kann der Vertragspartner den Ersatz des ihm verursachten Schadens als Konkursforderung verlangen. Liegt eine teilbare Leistung vor und hat der Gläubiger die ihm obliegende Leistung zurzeit der Verfahrenseröffnung nur teilweise erbracht, so ist der Entgeltanspruch für die bereits erbrachte Teilleistung eine Konkurs- bzw. Ausgleichsforderung.

29 Die Behandlung von Bestandverträgen (d. h. Miet- und Pachtverträgen) ist in der KO und AO bes. geregelt. Ist der Gemeinschuldner Bestandnehmer, so kann sowohl der Masseverwalter als auch der Bestandgeber unter Einhaltung der gesetzlichen oder einer vereinbarten kürzeren Kündigungsfrist kündigen (§ 23 KO). Im Ausgleichsverfahren kann der Schuldner grundsätzlich mit Zustimmung des Ausgleichsverwalters innerhalb eines Monats nach der öffentlichen Bekanntmachung des Eröffnungsbeschlusses den Vertrag unter Einhaltung der gesetzlichen oder vereinbarten kürzeren Kündigungsfrist kündigen (§ 20 c AO). Ein etwaiger Anspruch auf Ersatz des verursachten Schadens als Konkurs- bzw. Ausgleichsforderung bleibt unberührt. Auch der Kündigungsschutz im Anwendungsbereich des Mietrechtsgesetzes wird durch diese Bestimmung in keiner Weise beeinträchtigt.

30 Im Konkurs des Arbeitgebers hat der Masseverwalter ein privilegiertes Kündigungsrecht sowie der Arbeitnehmer unter bestimmten Voraussetzungen ein außerordentliches Austrittsrecht (§ 25 KO). Vom Masseverwalter kann das Arbeitsverhältnis unter Einhaltung der gesetzlichen, kollektivvertraglichen oder zulässigerweise vereinbarten kürzeren Kündigungsfrist unter Bedachtnahme auf die gesetzlichen Kündigungsbeschränkungen aufgelöst werden. Kündigungstermine müssen nicht beachtet werden. Der Arbeitnehmer kann bei Betriebsschließung den vorzeitigen Austritt erklären, wobei die Konkurseröffnung als wichtiger Grund gilt. Beendigungsansprüche, die auf Grund der Auflösung des Arbeitsverhältnisses nach § 25 KO entstehen, sind Konkursforderungen.[7] Die Auflösung hat im

---

[6] Die Zustimmung des Ausgleichsverwalters ist jedenfalls notwendig.
[7] Die Dienstnehmeransprüche sind zum erheblichen Teil durch das Insolvenz-Entgeltsicherungsgesetz 1977, BGBl. 1977/324 in der Fassung I 2006/86 gedeckt. Der Antrag auf Insolvenz-Ausfallgeld ist grundsätzlich binnen sechs Monaten ab Eröffnung eines Insolvenzverfahrens zu stellen (§ 6 IESG). Zuständig ist der Insolvenz-Ausfallgeld-Fonds.

Schuldenregulierungsverfahren innerhalb eines Monats nach Eröffnung zu erfolgen, sonst innerhalb eines Monats nach öffentlicher Bekanntgabe des Beschlusses, mit dem die Schließung des Unternehmens oder des Unternehmensbereiches angeordnet, bewilligt oder festgestellt wird, oder innerhalb eines Monats nach der Berichtstagsatzung, es sei denn, dass das Gericht dort die Fortführung des Unternehmens auf einstweilen unbestimmte Zeit beschlossen hat. Wird nur ein Unternehmensbereich geschlossen, so ist das Auflösungsrecht auf jene Arbeitnehmer beschränkt, die im betroffenen Bereich beschäftigt sind.

Im Ausgleichsverfahren kann der Schuldner als Arbeitgeber mit Zustimmung des Ausgleichsverwalters innerhalb eines Monats nach der öffentlichen Bekanntmachung des Eröffnungsbeschlusses das Arbeitsverhältnis unter Einhaltung der gesetzlichen, kollektivvertraglichen oder der zulässigerweise vereinbarten kürzeren Kündigungsfristen unter Bedachtnahme auf die gesetzlichen Kündigungsbeschränkungen lösen.

7. Aufrechnung

Forderungen von Gläubigern, die zurzeit der Verfahrenseröffnung bereits aufrechenbar waren, brauchen im Verfahren nicht mehr geltend gemacht (angemeldet) werden (§ 19 KO; § 19 AO). Hinsichtlich der Zulässigkeit der Aufrechnung beinhalten die KO und AO teils Erweiterungen, teils Einschränkungen gegenüber den allgemeinen Erfordernissen der Aufrechnung im Zivilrecht.

Die Aufrechnung wird dadurch nicht ausgeschlossen, dass die Forderung des Gläubigers oder des Gemeinschuldners zurzeit der Verfahrenseröffnung noch bedingt oder betagt, oder dass die Forderung des Gläubigers nicht auf eine Geldleistung gerichtet war. Ist die Forderung des Gläubigers bedingt, so kann das Gericht die Zulässigkeit der Aufrechnung von einer Sicherheitsleistung abhängig machen. Soweit die Zulässigkeit der Aufrechnung im Verfahren gegeben ist, kann sie vom Gläubiger während des gesamten Verfahrens geltend gemacht werden.

Die Aufrechnung ist unzulässig, wenn ein Gläubiger erst nach der Verfahrenseröffnung Schuldner geworden ist oder wenn die Forderung gegen den Gemeinschuldner erst nach der Verfahrenseröffnung erworben worden ist. Ferner ist die Aufrechnung unzulässig, wenn der Schuldner seine Forderung in den letzten sechs Monaten vor Verfahrenseröffnung erworben hat, jedoch zurzeit des Erwerbes von der Zahlungsunfähigkeit des Gemeinschuldners Kenntnis hatte oder Kenntnis haben musste (§ 20 KO; § 20 AO).

8. Insolvenzanfechtung

Das Anfechtungsrecht ist in den §§ 27 ff. KO geregelt. Das Ausgleichsverfahren kennt keine Anfechtung. Anfechtbar sind Rechtshandlungen[8] wegen Benachteiligungsabsicht innerhalb der Letzten zehn Jahre vor Konkurseröffnung, wenn dem Anfechtungsgegner die Absicht des Schuldners bekannt war, seine Gläubiger zu benachteiligen. Hätte er die Benachteiligungsabsicht kennen müssen, so reduziert sich die Frist auf zwei Jahre. Wegen Vermögensverschleuderung können die im letzten Jahr vor der Konkurseröffnung vom Gemeinschuldner eingegangenen Kauf-, Tausch- und Lieferungsverträge angefochten werden, sofern der Anfechtungsgegner in dem Geschäft eine die Gläubiger benachteiligende Vermögensverschleuderung erkannte oder erkennen musste.

Anfechtbar sind auch die innerhalb der Letzten zwei Jahre vor Konkurseröffnung vorgenommen unentgeltlichen Verfügungen, soweit es sich nicht um die Erfüllung einer gesetzlichen Verpflichtung, um gebräuchliche Gelegenheitsgeschenke oder um Verfügungen in angemessener Höhe handelt, die zu gemeinnützigen Zwecken gemacht wurden oder durch die einer sittlichen Pflicht oder Rücksichten des Anstandes entsprochen worden ist.

---

[8] Anfechtbar sind nicht nur Handlungen, sondern auch Unterlassungen des Gemeinschuldners.

37 In der Praxis bedeutsam ist die Anfechtung wegen Begünstigung bzw. Kenntnis oder Kennenmüssen der Zahlungsunfähigkeit. Anfechtbar ist danach eine nach Eintritt der Zahlungsunfähigkeit oder nach dem Antrag auf Konkurseröffnung oder in den letzten 60 Tagen vorher vorgenommene Sicherstellung oder Befriedigung eines Gläubigers, wenn der Gläubiger eine Sicherstellung oder Befriedigung erlangt hat, die er nicht in der Art oder nicht in der Zeit zu beanspruchen hatte, es sei denn, dass er durch diese Rechtshandlung vor den anderen nicht begünstigt worden ist. Die Sicherstellung oder Befriedigung ist auch dann anfechtbar, wenn dem Anfechtungsgegner die Absicht des Gemeinschuldners, ihn vor den anderen Gläubigern zu begünstigen, bekannt war oder bekannt sein musste. Die Frist bei der Begünstigungsanfechtung beträgt ein Jahr vor Konkurseröffnung, bei der Anfechtung wegen Kenntnis bzw. Kennenmüssen der Zahlungsunfähigkeit sechs Monate vor Konkurseröffnung.[9]

38 Das Anfechtungsrecht wird vom Masseverwalter ausgeübt. Die Anfechtung durch Klage muss bei sonstigem Erlöschen des Anspruches binnen Jahresfrist nach der Konkurseröffnung geltend gemacht werden. Die Anfechtungseinrede kann auch über diese Frist hinaus gegen einen Klageanspruch eingewendet werden. Mit einem Anfechtungsanspruch kann eine Forderung gegen den Gemeinschuldner nicht aufgerechnet werden. Zuständig für die Anfechtungsklage ist das Gericht, bei dem das Konkursverfahren anhängig ist. Muss der Anfechtungsgegner auf Grund einer Anfechtung an die Konkursmasse leisten, entsteht in der Höhe des Zurückgewährten eine Konkursforderung, die im Konkursverfahren anzumelden ist.

9. Reorganisationsverfahren und Schuldenregulierungsverfahren

9.1 Unternehmensreorganisation

39 Mit dem Insolvenzrechtsänderungsgesetz 1997 wurde in Österreich durch das Unternehmensreorganisationsgesetz (URG) die Unternehmensreorganisation eingeführt. Bedarf ein Unternehmen der Reorganisation, so kann der Unternehmer, sofern er nicht insolvent ist, die Einleitung eines Reorganisationsverfahrens beantragen.[10]

40 Reorganisation ist eine nach Grundsätzen durchgeführte Maßnahme zur Verbesserung der Vermögens-, Finanz- und Ertragslage eines im Bestand gefährdeten Unternehmens, die dessen nachhaltige Weiterführung ermöglicht. Zuständig für das Reorganisationsverfahren ist das Landesgericht, in dessen Sprengel das Unternehmen betrieben wird, in Wien das Handelsgericht Wien.

41 Das Verfahren wird über Antrag des Unternehmers eingeleitet. Das Gericht bestellt einen Reorganisationsprüfer. Dieser hat dem Gericht ein Gutachten über die Zweckmäßigkeit der geplanten Reorganisationsmaßnahmen und deren Erfolgsaussichten gemäß dem vom Antragsteller vorgelegten Reorganisationsplan vorzulegen.

42 Den Unternehmer trifft eine umfassende Auskunftspflicht gegenüber dem Reorganisationsprüfer. Der Unternehmer hat während des Reorganisationszeitraums den in den Reorganisationsplan einbezogenen Personen halbjährig über die Lage des Unternehmens und den Stand der Reorganisation unverzüglich dann zu berichten, wenn sich die für die Durchführung des Reorganisationsplanes maßgeblichen Umstände ändern.

43 Das Reorganisationsverfahren gewährt keinen Schutz vor den Gläubigern, insbesondere keine Exekutionssperre. Es sieht auch nicht vor, dass Verträge im Zuge des Reorganisationsverfahrens begünstigt aufgelöst werden können. Statt dessen erklärt es Vereinbarungen über Rücktrittsrechte, Vertragsauflösung oder Fälligkeit eines zugezählten Kredites für den Fall

---

[9] Die Anfechtungsregeln werden sowohl materiell wie auch verfahrensrechtlich verschärft, soferne der Anfechtungsgegner zur familia suspecta gehört.
[10] Um die Unternehmer zur rechtzeitigen Einleitung eines Reorganisationsverfahrens zu zwingen, sieht das URG in den §§ 22 ff. Haftungsbestimmungen vor, wenn das Reorganisationsverfahren nicht rechtzeitig eingeleitet wurde.

der Einleitung eines Reorganisationsverfahrens für unzulässig. Darüber hinaus wird die Anfechtbarkeit von Überbrückungs- und Reorganisationsmaßnahmen für den Fall der späteren Konkurseröffnung erheblich eingeschränkt. Es soll damit die Möglichkeit eröffnet werden, relativ gefahrlos dem Unternehmen neue finanzielle Mittel zur Verfügung zu stellen. Daher werden Reorganisationsmaßnahmen auch nicht den Regeln des Eigenkapitalersatzrechtes unterworfen.

9.2 Schuldenregulierungsverfahren

Das Schuldenregulierungsverfahren ist in den §§ 181 ff. KO geregelt. **44**

Ist der Schuldner eine natürliche Person und betreibt kein Unternehmen, so kann er auf **45** Antrag beim örtlich zuständigen Bezirksgericht ein Schuldenregulierungsverfahren einleiten. Dabei steht dem Schuldner grundsätzlich die Eigenverwaltung zu. Ein Masseverwalter wird nur dann bestellt, wenn es auf Grund besonderer Umstände erforderlich erscheint. Der Schuldner kann im Laufe des Verfahrens einen Antrag auf Annahme eines Zahlungsplanes stellen. Dabei muss der Schuldner den Gläubigern eine Quote anbieten, die seiner Einkommenslage in den folgenden fünf Jahren entspricht. Der Zahlungsplan ist angenommen, wenn der Schuldner dafür in der Tagsatzung die einfache Kopfmehrheit und $3/4$ des anwesenden Kapitals erreicht. Spätestens mit dem Antrag auf Annahme eines Zahlungsplanes kann der Schuldner für den Fall des Scheiterns des Zahlungsplanes auch die Durchführung eines Abschöpfungsverfahrens mit Restschuldbefreiung beantragen. Dabei hat der Schuldner zu erklären, dass er den pfändbaren Teil seines Einkommens für die Zeit von sieben Jahren an einen Treuhänder abtritt. Haben die Gläubiger nach drei Jahren 50 Prozent der Forderungen bzw. nach sieben Jahren 10 Prozent der Forderungen erhalten, so entscheidet das Gericht über die Restschuldbefreiung nach Billigkeit.

10. Internationales Insolvenzrecht

Österreich ist Mitgliedsstaat der EuInsVO,[11] so dass sich die Anerkennung eines auslän- **46** dischen Verfahrens, das in einem der Mitgliedsstaaten der EuInsVO eröffnet wurde grundsätzlich nach der EuInsVO richtet. Dagegen gilt für die Anerkennung von Verfahren aus sog. Drittstaaten weiterhin das autonome internationale Insolvenzrecht.

Die EUInsVO veranlasste Österreich, das internationale Insolvenzrecht im vierten Teil **47** der KO umfassend zu regeln. Die Bestimmungen des vierten Teils der KO sind nur dann anzuwenden, wenn nicht nach Völkerrecht oder in Rechtsakten der europäischen Gemeinschaften etwas anderes bestimmt ist. Für Insolvenzverfahren, die Voraussetzungen für ihre Eröffnung und ihre Wirkungen gilt grundsätzlich das Recht des Staates, in dem das Verfahren eröffnet wird (§ 221 KO). §§ 222 bis 235 KO regeln die Ausnahmen von der generellen Anordnung des § 221. Die Ausnahmen orientieren sich an der EU InsVO. § 237 KO ordnet nunmehr ausdrücklich an, dass die Wirkungen eines in Österreich eröffneten Konkursverfahrens sich auch auf in Ausland gelegenes Vermögen erstrecken, es sei denn, der Mittelpunkt der hauptsächlichen Interessen des Schuldners liegt in einem anderen Staat oder es wurde bereits ein Insolvenzverfahren eröffnet und das Auslandsvermögen in diesem Insolvenzverfahren einbezogen. Umgekehrt anerkennt Österreich die Wirkung eines in einem anderen Staat eröffneten Insolvenzverfahrens und die in einem solchen Verfahren entgangenen Entscheidungen, wenn der Mittelpunkt der hauptsächlichen Interessen des Schuldners in dem anderen Stadt liegt und das Insolvenzverfahren in den Grundzügen einem österreichischen Vergleich wahr ist. (§ 240 KO) Keine Anerkennung erfolgt, wenn in Österreich ein Konkurs- oder Ausgleichsverfahren eröffnet wurde bzw. ein Verstoß gegen die odre public vorliegt. Jedenfalls ist die materielle oder formelle Gegenseitigkeit für die Anerkennung des Insolvenzverfahrens nicht erforderlich.

---

[11] Vgl. oben Anh. I (EuInsVO); Verordnung des Rates Nr. 1346/2000, ABl. EG 2000, Nr. L 160 S. 1.

48 Die bestehenden bilateralen Staatsverträge (mit Deutschland der Deutsch-Österreichische Konkursvertrag,[12] mit dem Vereinigten Königreich von Großbritannien und Nordirland,[13] Königreich Belgien, Republik Frankreich und Italien) sind durch die EuInsVO in dessen Anwendungsbereich außer Kraft gesetzt worden (vgl. Art. 46 EuInsVO).

---

[12] Vertrag vom 25. 5. 1979 zwischen der Republik Österreich und der Bundesrepublik Deutschland auf dem Gebiet des Konkurs- und Ausgleichs- (Vergleichs)rechts, BGBl. 1985/233.

[13] Vertrag vom 14. 7. 1961 zwischen der Republik Österreich und dem Vereinigten Königreich von Großbritannien und Nordirland über die gegenseitige Anerkennung und Vollstreckung gerichtlicher Entscheidungen in Zivil- und Handelssachen, BGBl. 1962/224 in der Fassung des Protokolls vom 6. 3. 1970, BGBl. 1971/453.

Polen

bearbeitet von *Rechtsanwalt Marc Liebscher, LL.M.* (Krakau, Berlin)

Übersicht

	RdNr.		RdNr.
1. Schrifttum	1	4.7 Beteiligte am Konkursverfahren *(uczestnicy postępowania)*	38
2. Einführung	2	4.7.1 Konkursgericht, Richterkommissar	39
3. Verfahrensarten und -ziele: Verwertung durch Liquidation oder Sanierung durch Vergleich	5	4.7.2 Konkurs- und Vergleichsverwalter, Gerichtsaufseher	40
4. Allgemeine Vorschriften	9	4.7.3 Gläubiger, Gläubigerorgane	42
4.1 Insolvenzfähigkeit	9	4.8 Forderungsanmeldung *(zgłoszenie wierzytelności)*	45
4.2 Voraussetzungen der Verfahrenseröffnung	11	5. Der Liquidationskonkurs	47
4.3 Der Konkursantrag	15	5.1 Befriedigung in vier Gläubigerkategorien	48
4.4 Das Konkursantrags-/Eröffnungsverfahren mit anfänglicher Gläubigerversammlung	19	5.2 Die Behandlung dinglich gesicherter Gläubiger	51
4.5 Eröffnungsbeschluss; Rechtsmittel	22	5.3 Verfahrensabschluss durch Verteilung	54
4.6 Rechtswirkungen der Eröffnung	24	6. Der Vergleichskonkurs	56
4.6.1 Auswirkungen auf den Schuldner, Bildung der Masse	25	6.1 Vergleichsvorschläge und vom Vergleich umfasste Forderungen	57
4.6.2 Möglichkeit der Aufrechnung	28	6.2 Annahme des Vergleichs und Beendigung des Vergleichsverfahrens	58
4.6.3 Wirkungen auf Rechtsgeschäfte des Schuldners	29	7. Das vorkonkursliche Sanierungsverfahren	59
4.6.4 Wirkungen auf laufende Verfahren	31	8. Internationales Konkursrecht	66
4.6.5 Insolvenzanfechtung	34		
4.6.5.1 Unwirksamkeit *ex lege* oder aufgrund Beschlusses	35		
4.6.5.2 Unwirksamkeit nach Anfechtung, *actio pauliana*	37		

1. Schrifttum: *Adamus,* Skutki upadłości i postępowania naprawczego dla wybranych umów bankowych, Prawo Bankowe 4/2004; *Adamus,* Zdolność naprawcza i przesłanki dla wszczęcia postępowania naprawczego, MoP 22/2003, S. 1024; *Bantle/Bobrzyński/Liebscher,* Strafrecht, in Liebscher/Zoll (Hrsg.), Einführung ins polnische Recht, S. 90; *Bieniak,* Odpowiednie zastosowanie przepisów KPC w postępowaniu upadłościowym, MoP 14/2006, S. 781; *Bobrzyński/Liebscher/Zoll,* Allgemeines Schuldrecht, in Liebscher/Zoll (Hrsg.), Einführung ins polnische Recht, München, 2005, S. 231; *Brol,* Podstawowe kierunki zmian w postępowaniu upadłościowym, PPH 8/2003, S. 4; *Brol,* Prawo upadłościowe po nowelizacji, MoP 10/1997, S. 385; *C. H. Beck,* Polnische Wirtschaftsgesetze in deutscher Übersetzung, 7. Auflage, Warschau 2005; *C. H. Beck,* Polnisches Zivilverfahrensgesetzbuch in deutscher Übersetzung, Warschau 2005; *Cierpial/Thurner,* Die Konkursvoraussetzungen und die Haftung für Konkursverschleppung bei polnischen Kapitalgesellschasften, ZinsO 98, S. 333; *Cieślak,* Charakter prawny planu podziału funduszy masy upadłościowej, PS 7–8/1997, S. 73; *Cieślak,* Długi masy upadłościowej, PPH 5/1996, S. 13; *Cieślak,* Fundusze masy upadłości – postępowanie podziałowe. Komentarz, Warschau 2004; *Dziamska,* Zakaz prowadzenia działalności gospodarczej, PS 10/2001, S. 31; *Ernst,* Mobiliarsicherheiten in Deutschland und Polen. Sicherungseigentum, Registerpfandrecht, Kollisionsrecht, Tübingen, 2005; *Frąckowiak,* Ustawodawstwo dotyczące przedsiębiorców pod rządami zasady jedności prawa cywilnego, PPH 11/2000, S. 1; *Gill,* Odpowiedzialność cywilna syndyka – aspekty prawnoprocesowe, PS 2/2001, S. 46; *Gołaczyński,* Przewłaszczenie ruchomości, Posen-Kluczbark, 1998; *Grzybowski/Safjan/Kaczanowski/Panfil/Wiaderek,* Komentarz do ustawy o Bankowym Funduszu Gwarancyjnym, Warschau 1998; *Gurgul,* Odpowiedzialność członków zarządu spółek kapitałowych, PiP 3/1991, S. 3; *Gurgul,* Prawo upadłościowe i naprawcze. Komentarz, 6. Auflage, Warschau, 2005; *Gurgul,* Upadłość przedsiębiorcy-beneficjenta zabezpieczenia wierzytelność wynikającego z czynności powierniczych, MoP 15/2005, S. 735; *Harla,* Organy postępowania upadłościowego a organy postępowania cywilnego w ujęciu systemowym, PPH 4/2006, S. 18; *Hermreck,* Der Gläubigergleichbehandlungsgrundsatz im deutschen und polnischen Insolvenzrecht, 2006; *Hrycaj,* Odpowiedzialność syndyka masy upadłości, Pr. Sp. 9/2003; *Jakubecki,* Zaspokojenie wierzyciela rzeczowego po ogłoszeniu upadłości dłużnika w świetle nowelizacji prawa upadłościowego, PS 1/1998, S. 22; *Jakubecki/Zedler,* Prawo upadłościowe i naprawcze. Komentarze, 2. Auflage, Kraków 2006; *Janda,* Wyłączenia z masy upadłości – podobieństwo i różnice nowego i starego prawa upadłościowego, PS 5/2003, S. 40; *Jaczszyn,* Sprzedaż upadłego przedsiębiorstwa, Rej. 2/1992, S. 58; *Karasek,* Oddalenie wniosku o ogłoszenie upadłości ze względu na obciążenie składników masy zabezpieczeniami rzeczowymi, TPP 4/2000, S. 61; *Karasek,* Zabezpieczenia Wierzytelności na zbiory rzeczy lub praw o zmiennym składzie; *Kasprzyk,* Wpływ ogłoszenia upadłości na umowy wzajemne, PS 1/2000, S. 35; *Kohutek,* Wszczęcie postępowania naprawczego, PPH 1/2004, S. 14; *Kurkowski,* Die Sicherungsübereignung im polnischen Recht, WiRO 1994, S. 247; *Kraft/Thurner/Paintner,* Polen: Gesetz über den Schutz der Arbeitnehmeransprüche im Falle der Insolvenz des Arbeitsgebers, WiRO 12/2002, S. 370; *Liebscher, A./Pisuliński,* Sachenrecht, in Liebscher/Zoll (Hrsg.), Einführung ins polnische Recht, München, 2005, S. 162; *Liebscher/Porzycki,* Insolvenzrecht, in Liebscher/Zoll (Hrsg.), Einführung ins polnische Recht, München, 2005, S. 483; *Liebscher/Zoll,* Allgemeiner Teil des Zivilrechts, in Liebscher/Zoll (Hrsg.), Einführung ins polnische Recht, München, 2005, S. 106; *Lissoń,* Zakres pojęcia „przedsiębiorca" w prawie działalności gospodarczej oraz innych aktach prawnych, RPEiS 2/2002, S. 53; *Lowitzsch,* Das Insolvenzrecht Mittel- und Osteuropas, Berlin, 2004, S. 128; *Łubowski,* Deutsche Übersetzung des Gesetzestextes „Insolvenz- und Sanierungsrecht", Warschau 2004; *Miczek,* O braku zdolności upadłościowej osób publicznego – polemika, PPH 7/2006, S. 54; *Naworski,* Skutki odstąpienia przez syndyka od umowy wzajemnej, MoP 23/2002; *Paintner,* Die Insolvenz des Unternehmers in Polen, Studien des Institut für Ostrecht Band 42, Frankfurt am Main, 2003; *Paintner,* Textdokumentation des polnischen Insolvenzrechts mit Einführung, WiRO 11/2003, S. 337 ff.; 1/2004, S. 9 ff.; 3/2004, S. 80 ff.; 4/2004, S. 111 ff.; 6/2004, S. 177 ff.; 7/2004, S. 209 ff.; *Paintner,* Wpływ ogłoszenia upadłości na klauzulę nettingu w prawie polskim, TPP 4/2002, S. 9; *Pałys,* Postępowanie naprawcze w razie zagrożenia niewypłacalnością, Warschau, 2004; *Pałys,* Problemy interpretacyjne związane z art. 295 prawa upadłościowego i naprawczego, PPH 12/2006, S. 11; *Petraniuk,* Upadłość i jej podstawy w prawie upadłościowym i naprawczym, PPH 12/2003, S. 17; *Pisuliński/Liebscher,* Dingliche Sicherheiten nach dem neuen polnischen Gesetz über Konkurs und Sanierung, in: Krakauer-Augsburger Rechtsstudien, Krakau, 2004, S 221; *Pogonowski,* Uprawnienia prokuratora w postępowaniu upadłościowym, PPH 10/2006, S. 22; *Porzycki,* Klauzule zabezpieczające przed niewypłacalnością strony umowy wzajemnej, Krakau, 2002; *Post,* Die Sicherungsübereignung im polnischen Recht unter Berücksichtigung des Gesetzes über das Registerpfandrecht und Pfandregister, Bonn, 1999; *Przychodzki/Sącińska,* Brak zdolności upadłościowej osób publicznego, PPH 4/2006, S. 27; *Pyziak-Szafnicka,* Ochrona wierzyciela w razie niewypłacalności dłużnika, Warszawa, 1995; *Rachwał,* Skuteczność klauzuli nettingu w postępowaniu upadłościowym, TPP 4/2001, S. 91; *Reisch,* Polnisches Insolvenzrecht, ZIK-International, 1/2005, S. 21; *Sawiłow,* Postępowanie naprawcze jako nowa, *sui generis* instytucja prawa upadłościowego, PS 1/2004, S. 45; *Schmidt/Liebscher,* Der Wirtschaftsstandort Polen heute – Der Insolvenzstandort von morgen? Gegenüberstellung von deutschem und polnischem Insolvenzrecht, ZInsO 8/2007, S. 393; *Świeszkowski,* Wyłączenia z masy upadłości, Przegląd Sądowy 7–8/2000, S. 30; *Szydło,* Pojęcie przedsiębiorcy w prawie polskim, Przegląd Sądowy 7–8/2002; *Tracz/Zoll,* Przeniesienie własności na zabezpieczenie ze szczególnym uwzględnieniem postępowania upadłościowego, in: Wybrane problemy zabezpieczeń wierzytelności pieniężnych, Warschau, 1996, S. 34; *Torbus,* Rozwiązywanie umów wzajemnych przez syndyka masy upadłościowej w trybie art. 39 Prawa upadłościowego, Rej. 7–8/1997, S. 160; *Weigend,* Das polnische Strafgesetzbuch/Kodeks Karny, 1998; *Witosz,* Klauzula rebus sic stantibus w prawie upadłościowym i naprawczym, PPH 1/2006, S. 33; *Zedler,* Skutki prawne czynności prawnych upadłego bezskutecznych z mocy prawa, PB 1/1995, S. 97; *Zienkiewicz/Gurgul,* Prawo upadłościowe i naprawcze po roku obowiązywania, MoP 21/2004, S. 968; *Zimmermann,* Artykuł 17[2] prawa upadłościowego – potrzebny, ale niezgodny z Konstytucją, PPH 6/2002, S. 30; *Zoll,* Przewłaszczenie na zabezpieczenie rzeczy ruchomych po wejściu w życie ustawy o zastawie rejestrowym i rejestrze zestawów oraz nowego prawa bankowego, PPH 1/1998, S. 11; *Zoll,* Wpływ ogłoszenia upadłości obejmującej likwidację majątku upadłego na zobowiązania wynikające z umów zawartych przez upadłego z bankiem, TPP 4/2003, S. 7; *Zoll/Kraft/Thurner,* Polnisches Insolvenzrecht, Wien, 2002.

2. Einführung

2   Das polnische Insolvenzrecht ist geregelt im Konkurs- und Sanierungsrecht (KSR),[1] in Kraft getreten am 1. Oktober 2003.[2] Mit dem EU-Beitritt Polens zum 1. 5. 2004 findet zudem die EG-Verordnung über Insolvenzverfahren auch in Polen unmittelbare Anwendung.[3]

3   Polnische Rechtssprechung und Literatur beziehen sich darüber hinaus oftmals auf zwei bis Oktober 2003 geltende, 1934 verabschiedete Rechtsakte: das Konkursrecht[4] und das Vergleichsverfahrensrecht.[5] Beide wurden unter Führung des Lemberger Professors *Maurycy Allerhand,* und unter kritischer Würdigung des deutschen, österreichischen und schweizerischen

---

[1] Ustawa – Prawo Upadłościowe i Naprawcze, Dz. U. Nr. 60, Pos. 535; deutsche Übersetzung bei *Łubowski.*
[2] Bewertung nach einem Jahr bei *Zienkiewicz/Gurgul.*
[3] VO 2000/1346/EG v. 29. 5. 2000, ABl. EG L 160 v. 29. 5. 2000, S. 1.
[4] *Prawo upadłościowe,* VO des Präsidenten der Republik Polen v. 24. 10. 1934, Dz. U. R. P. 1934, Nr. 93, Pos. 834.
[5] *Prawo o postępowaniu układowem,* VO des Präsidenten der Republik Polen v. 24. 10. 1934, Dz. U. R. P. 1934, Nr. 93, Pos. 836.

Rechts, sowie der gleichzeitig stattfinden Kodifizierungsarbeiten zum italienischen Insolvenzrecht erarbeitet. Nach 1945 galten beide Verordnungen bis 2003 fort (ab 1989 verschiedentlich novelliert), fanden jedoch während des Sozialismus *in praxi* kaum Anwendung.

Seit Sommer 2006 wird eine Novelle des KSR[6] vorbereitet, die v. a. Verfahrensbeschleunigung, und eine Änderung der Rechtsstellung von mit beschränkt dinglichen Rechten gesicherten Gläubigern vorsieht. Neben dem KSR sind zu beachten das Zivilgesetzbuch (ZGB),[7] das Registerpfandrechtsgesetz (RegPfRG),[8] das Grundbuch- und Hypothekengesetz (GbHypG),[9] das Handelsgesellschaftengesetzbuches (HGGB),[10] das Zivilverfahrensgesetzbuch (ZVfnGB),[11] das Strafgesetzbuch (StGB),[12] das Finanzsicherheitengesetz (FinSichG),[13] und das Gesetz über den Schutz der Arbeitnehmeransprüche im Falle der Insolvenz des Arbeitgebers.[14] Eine nützliche Gesetzesdatenbank findet sich auf den Seiten des polnischen Parlaments unter www.sejm.gov.pl, und eine Webseite v. a. für Konkursverwalter unter www.portal-bankrut.pl bietet (auch in deutscher Sprache) zahlreiche praktische Informationen, u. a. zu laufenden Verfahren. **4**

3. Verfahrensarten und -ziele: Verwertung durch Liquidation oder Sanierung durch Vergleich

Das polnische Insolvenzrecht unterscheidet grundsätzlich zwei Verfahren, welche nach der gesetzgeberischen Intention nicht gleichrangig sind. Entweder wird der Liquidationskonkurs (Zerschlagungsverfahren, *postępowanie obejmujące likwidację majątku upadłego*) mit dem Ziel der Erlösverteilung eröffnet,[15] oder, vorrangig, der Vergleichskonkurs *(postępowanie z możliwością zawarcia układu)* mit dem Ziel der Sanierung des Schuldnerunternehmens,[16] wenn dies für die Gläubiger vorteilhafter ist als die Zerschlagung.[17] Der Gesetzgeber hat den Vergleichskonkurs bevorzugt, nennt als Hauptziel des Konkursverfahrens die Erhaltung des Schuldnerunternehmens, und bestimmt, dass der Liquidationskonkurs nur dann zu eröffnen ist, wenn kein Grund für die Eröffnung des Vergleichskonkurses besteht.[18] Gewährt die Person des Schuldners die gewissenhafte Ausübung der Verwaltung, und wurde dieser wegen außergewöhnlicher, von ihm nicht zu vertretender Umstände zahlungsunfähig, so kann der Vergleichskonkurs auch im Weg der schuldnereigenen Verwaltung (Eigenverwaltung, *zarząd własny*)[19] geführt werden. **5**

Darüber hinaus besteht im Wege eines besonderen, dem eigentlichen Insolvenzverfahren vorgelagerten Sanierungsverfahrens, die Möglichkeit der Abwendung einer drohenden Zahlungsunfähigkeit durch Restrukturierung *(postępowanie naprawcze)*.[20] **6**

---

[6] Vorhaben der Kodifikationskommission zum Zivilrecht des Justizministeriums der Republik Polen zur Reform des polnischen Insolvenzrechts *(Projekty aktów prawnych Komisji Kodyfikacyjnej Prawa Cywilnego przy Ministrze Sprawiedliwości: Ustawa o zmianie ustawy – Prawo upadłościowe i naprawcze i ustawy o Krajowym Rejestrze Sądowym (Nr. 4))*; samt Begründung *(Uzasadnienie)* abrufbar unter: http://www.ms.gov.pl/kkpc/kkpc.shtml.

[7] *Ustawa – Kodeks Cywilny*, Dz. U. Nr. 16, Pos. 93; deutsche Übersetzung bei *C. H. Beck*.

[8] *Ustawa o zastawie rejestrowym i rejestrze zastawów*; Dz. U. Nr. 149, Pos. 703; deutsche Übersetzung bei *C. H. Beck*.

[9] *Ustawa o księgach wieczystych i hipotece*, Dz. U. 2001, Nr. 124, Pos. 1361; deutsche Übersetzung bei *C. H. Beck*.

[10] *Ustawa – Kodeks Spółek Handlowych*, Dz. U. Nr. 94, Pos. 1073; deutsche Übersetzung bei *C. H. Beck*.

[11] *Ustawa – Kodeks Postępowania Cywilnego*, Dz. U. Nr. 43, Pos. 296; deutsche Übersetzung bei *C. H. Beck*. Zur Anwendung des ZVfnGB vor dem Hintergrund des KSR *Bieniak*.

[12] *Ustawa – Kodeks Karny*, Dz. U. Nr. 88, Pos. 553. Deutsche Übersetzung bei *Weigend*. Dazu *Bantle/Bobrzyński/Liebscher*.

[13] *Ustawa o niektórych zabezpieczeń finansowych*, Dz. U. 2004, Nr. 91, Pos. 871, zur Umsetzung der Finanzsicherheiten-RL 2002/47/EG v. 6. 6. 2002.

[14] *Ustawa o ochronie roszczeń pracowników w razie niewypłacalności pracodawcy*, Dz. U. 2006, Nr. 158, Pos. 1121.

[15] Art. 1 ff., Art. 306 ff. KSR. Im Folgenden nicht bezeichnete Gesetzesartikel sind solche des KSR.

[16] Art. 1 ff., Art. 267 ff.

[17] Art. 14, 15.

[18] Art. 2, 15.

[19] Art. 76.

[20] Art. 492 ff.

7   Nach der Konkurseröffnung kann im Insolvenzverfahren vom Liquidationskonkurs in den Vergleichskonkurs gewechselt werden und umgekehrt. Besondere Vorschriften[21] enthält das KSR für das Konkursverfahren über den Nachlass, über Banken und Versicherungen.[22]

8   Das KSR lässt eine im Ermessen des Gerichts stehende Restschuldbefreiung *(umorzenie zobowiązań upadłego)*[23] für den „redlichen" Schuldner zu, welche nur für konkursfähige natürliche Personen greift, also Unternehmer. Diese Möglichkeit wird von den Gerichten nicht erkennbar genutzt, und vor dem Hintergrund der zunehmenden Verschuldung privater Haushalte ist die Diskussion über ein gesondertes, außergerichtliches Verbraucherkonkursrecht mit dem Ziel der Restschuldbefreiung im Gange. Diesbezüglich gibt es u. a. verfassungsrechtliche Bedenken („Gläubigerenteignung"), sowie die Sorge, wie eine Überlastung der Gerichte durch die vorhersehbare Flut an Entschuldungsverfahren vermieden werden kann.

4. Allgemeine Vorschriften

4.1 Insolvenzfähigkeit

9   Insolvenzfähig *(zdolność upadłościowa)* ist nur ein Schuldner, der Unternehmer ist. Unternehmer ist eine natürliche Person, eine juristische Person oder eine organisatorische Einheit, die keine eigene Rechtspersönlichkeit besitzt, der aber ein anderes Gesetz Rechtsfähigkeit zuerkennt (z. B. Personengesellschaft), die im eigenen Namen eine wirtschaftliche oder berufliche Tätigkeit ausübt.[24] Damit sind auch natürliche Personen und Gesellschaften des HGGB erfasst, die eine wirtschaftliche Tätigkeit ausüben. Ein Insolvenzverfahren kann auch eröffnet werden über das Vermögen von Gesellschaften mit beschränkter Haftung, sowie von Aktiengesellschaften, die keine wirtschaftliche Tätigkeit ausüben, über das Vermögen von Gesellschaftern von Personengesellschaften, die unbeschränkt mit ihrem ganzen Vermögen für Verbindlichkeiten der Gesellschaft haften, über das Vermögen von Gesellschaftern von Partnerschaftsgesellschaften und Zweigniederlassungen ausländischer Banken.[25] Ein Insolvenzverfahren über das Vermögen einer natürlichen Person ist, innerhalb eines Jahres seit dem Tod dieser Person oder seit der Löschung der Eintragung deren wirtschaftlicher Tätigkeit aus dem Register zulässig. Dies gilt auch, wenn eine wirtschaftliche Tätigkeit tatsächlich ausgeübt wurde, ohne dass der Eintragungspflicht nachgekommen worden war.

10 Nicht konkursfähig sind neben natürlichen Personen, die einen landwirtschaftlichen Betrieb führen auch Einheiten, die einem öffentlichen Zweck dienen (z. B. der Fiskus, Einheiten der territorialen/kommunalen Selbstverwaltung, Polnische Staatsbahnen AG, staatliche Hochschulen).[26] Es gibt also keinen Verbraucherkonkurs.

4.2 Voraussetzungen der Verfahrenseröffnung

11 Eröffnungsgründe sind die Zahlungsunfähigkeit *(niewypłacalność)*, sowie die Überschuldung (für juristische Personen). Hierzu hat die polnische Rechtssprechung bisher keine vorhersehbaren Auslegungskriterien entwickeln können.

12 Zahlungsunfähigkeit ist die (bisher wenig griffige)[27] allgemeine Insolvenzvoraussetzung welche vorliegt, wenn ein Schuldner seine fälligen Verbindlichkeiten nicht erfüllt. Um vorzeitige Verfahrenseröffnungen zu vermeiden, ist von der Zahlungsunfähigkeit zu unterscheiden eine „kurz andauernde Zahlungsstockung wegen vorübergehender Schwierigkeiten". Das Gericht kann einen Antrag auf Eröffnung des Konkursverfahrens abweisen, wenn die Verzögerung der Erfüllung der Verbindlichkeiten drei Monate nicht überschreitet, und

---

[21] Art. 418 bis 491.
[22] Art. 418 ff.
[23] Art. 369.
[24] Art. 5 II KSR, vgl. Art. 43¹ ZGB.
[25] Art. 5 III Nr. 1.
[26] Hierzu *Przychodzki/Sącińska*; *Miczek*.
[27] Allgemein *Petraniuk*; ferner Urteil d. Obersten Gerichts (OG) v. 9. 11. 1995, I CRN 174/95 (unveröffentlicht).

die Summe der nicht erfüllten Verbindlichkeiten nicht höher ist als zehn Prozent des Bilanzwertes des Schuldners, es sei denn die Abweisung des Eröffnungsantrags würde zu einer Gläubigerbenachteiligung führen.

Für juristische Personen sowie für rechtsfähige organisatorische Einheiten ohne eigene **13** Rechtspersönlichkeit (wie z. B. Personengesellschaften) gilt als erweiterter Insolvenzeröffnungsgrund die Überschuldung. Zahlungsunfähigkeit liegt demgemäß vor, wenn die Schuldnerverbindlichkeiten den Vermögenswert übersteigen, selbst wenn der Schuldner seine Verbindlichkeiten laufend erfüllt.[28] Die KSR-Reform sieht allerdings die Abschaffung dieses Eröffnungsgrundes vor.

Reicht das Schuldnervermögen nicht aus, um die Verfahrenskosten *(koszty postępowania)* **14** zu decken, so ist ein Eröffnungsantrag abzuweisen. Massearmut liegt auch vor, wenn das Schuldnervermögen aus Gegenständen besteht, die derart mit dinglichen Sicherheiten belastet sind, dass das sicherungsfreie Vermögen zur Zahlung der Verfahrenskosten nicht ausreichend ist, es sei denn, die masseanreichernde Unwirksamkeit oder Anfechtbarkeit von Schuldnerrechtsgeschäften kann glaubhaft gemacht werden.[29] Nach hM sind Verfahrenskosten nicht vorweg, sondern mit anderen Forderungen zusammen (z. B. Arbeitnehmeransprüche) im Ersten Rang zu befriedigen.[30] Wenn nicht alle erstrangigen Forderungen gleichermaßen voll erfüllt werden können, hat dies anteilsmäßige Befriedigung dieser Forderungen zur Folge. Können aber die Verfahrenskosten nicht voll, sondern nur anteilsmäßig befriedigt werden, so bedeutet dies Massearmut *(ubóstwo masy)*, und damit Antragsablehnung. Dies vermehrt die Anzahl von Konkursfällen mit Massearmut in der Praxis erheblich (ca. 80% aller Fälle).

4.3 Der Konkursantrag

Dem Antragsprinzip folgend, wird ein Insolvenzverfahren grundsätzlich nur auf Antrag **15** *(wniosek o ogłoszenie upadłości)* des Schuldners oder eines seiner Gläubiger (notwendig ist Glaubhaftmachung der Forderung, also deren Wahrscheinlichkeit) hin eröffnet. Der Schuldner selbst und der Vertreter des Schuldners, wenn dieser eine juristische Person oder eine andere organisatorische Einheit ist, sind zur Antragsstellung binnen Zwei-Wochen-Frist seit dem Tage, an dem der Insolvenzeröffnungsgrund eingetreten ist, verpflichtet. Diese Pflicht trifft jeden Vertreter selbstständig auch dann, wenn Rechtsgeschäfte des Schuldners nur durch gemeinsame Vertretung vorgenommen werden können. Andernfalls haften die Antragspflichtigen für den durch die Nichtantragstellung entstandenen Schaden. Zudem kann für eine Person, die ihre Antragspflicht verletzt hat, das Verbot der Ausübung einer wirtschaftlichen Tätigkeit verhängt werden, oder die persönliche Haftung für Gesellschaftsverbindlichkeiten nach HGGB greifen.[31]

Das Insolvenzverfahren über Banken kann nur nach Antrag der Bankenaufsichtskommis- **16** sion/Finanzaufsichtskommission *(KNF)* eröffnet werden.[32]

Die Zurückziehung *(cofnięcie)* des (Gläubiger-) Antrags ist grundsätzlich möglich (falls **17** Rücknahme eines Schuldnerantrags durch den Schuldner dann Gerichtskostentragungspflicht des Schuldner), aber in bestimmten Fällen sanktionsbewehrt, um Missbrauch zu vermeiden. Selektive Gläubigerbefriedigung ist strafbar,[33] und jede damit einhergehende Antragsrücknahme wegen Rechtswidrigkeit unzulässig. Bösgläubige Antragsstellung mit Schuldnerschädigungsabsicht kann Schadensersatzpflichten und Verfahrenskostentragung auslösen.[34]

---

[28] Art. 10 Abs. 1; Art. 11 Abs. 1, 2; Art. 12. Bewertungsgrundsätze für Überschuldung fehlen. Siehe *Paintner*, Insolvenz S. 103 f.; *Lowitzsch*.
[29] Art. 13; Art. 13 Abs. 3.
[30] Siehe Art. 342 Abs. 1 Ziff. 1 i. V. m. Art. 343 Abs. 1.
[31] Art. 20 Abs. 1, 2, Art. 24; Art. 21; Art. 373 bis 376 KSR; Art. 299 HGGB.
[32] Art. 426.
[33] Zur Rechtsstellung der Staatsanwaltschaft im Insolvenzverfahren *Pogonowski*.
[34] Art. 32 Abs. 2 KSR; Art. 302 § 1 StGB, Art. 203 § 4 ZVfnGB; Art. 414 ZGB, Art. 34 Abs. 1, 2 KSR.

18   Im Eigenantrag hat der Schuldner anzugeben, ob er Liquidationskonkurs mit dem Ziel der Abwicklung, oder Vergleichskonkurs beantragt, und Unterlagen über seine Vermögensverhältnisse beizufügen. Sowohl Eigen- als auch Fremdantragsteller haben bei Beantragung des Vergleichskonkurses vorläufige Vergleichsvorschläge zu machen.[35]

4.4 Das Konkursantrags-/Eröffnungsverfahren mit anfänglicher Gläubigerversammlung

19   Das Insolvenzgericht führt von Amts wegen im, durch Antragstellung begonnen, Eröffnungsverfahren *(postępowanie w przedmiocie ogłoszenia upadłości)* ein Sicherungsverfahren *(postępowanie zabezpieczające)* durch. Zur Überwachung des Schuldners wird in der Regel ein vorläufiger Gerichtsaufseher bestellt. Darüber hinaus ist bei Gefahr der Gläubigerschädigung die Anordnung weiterer vorläufiger Sicherungsmittel möglich (z. B. Zwangsverwaltung).[36] Das Recht den Geschäftsbetrieb fortzuführen und Vermögenswerte zu nutzen verbleibt im Antragsverfahren/Eröffnungsverfahren grundsätzlich beim Schuldner. Ist durch Gerichtsbeschluss vorläufige Zwangsverwaltung angeordnet worden, so sind Schuldnergeschäfte, welche über den gewöhnlichen Geschäftsbetrieb hinausgehen, von Rechts wegen nichtig. Vorläufige Sicherungsanordnungen enden mit dem Tage der Eröffnung des Liquidationskonkurses oder des Vergleichskonkurses. Dann bedeutet die Übernahme des Schuldnervermögens durch den Konkursverwalter/Vergleichsverwalter die Abberufung des Gerichtsaufsehers und die Beendigung der Zwangsverwaltung.

20   Ist die Konkurseröffnung wahrscheinlich, so hat das Gericht im Antrags-/Eröffnungsverfahren die sog. anfängliche Gläubigerversammlung *(wstępne zgromadzenie wierzycieli)* einzuberufen (es sei denn es ist offensichtlich, dass ein Liquidationskonkurs eröffnet werden wird, oder dass mindestens 15 Prozent aller Forderungen bestritten sind), um den Verfahrensbeteiligten frühzeitig Gelegenheit zu geben, sich maßgeblich am späteren Verfahren zu beteiligen.[37] Neben dem vorläufigen Gerichtsaufseher (oder Zwangsverwalter) und dem Konkursschuldner sind teilnahmeberechtigt Gläubiger, die vollstreckbare Titel gegen den Schuldner innehaben sowie vom Gericht zugelassene Gläubiger (wegen unstrittiger oder glaubhaft gemachter Forderung).[38] Die anfängliche Versammlung kann (für das Konkursgericht bindend) einen Gesamtvergleich abschließen, einen Gläubigerrat wählen, und berät und entscheidet, ob ein Vergleichskonkurs oder ein Liquidationskonkurs einzuleiten ist (spätere Verfahrensänderung bleibt aber möglich).[39] Zudem kann sie unverbindlich einen Konkursverwalter, Gerichtsaufseher oder Vergleichsverwalter zur Bestellung durch das Insolvenzgericht empfehlen. Wird ein Gesamtvergleich[40] in der anfänglichen Gläubigerversammlung abgeschlossen, so entfällt die Notwendigkeit, ein Konkursverfahren zu führen. Das Konkursgericht bestätigt dann im Beschluss über die Eröffnung des Vergleichskonkurses zugleich den Gesamtvergleich.[41]

21   Für die Annahme des Gesamtvergleichs ist notwendig, dass mindestens die Hälfte der Gläubiger, die zusammen 3/4 der gesamten der durch Vollstreckungstitel festgestellten, unstrittigen oder glaubhaft gemachten Forderungen auf sich vereinigen, an der anfänglichen Gläubigerversammlung teilnimmt.

4.5 Eröffnungsbeschluss; Rechtsmittel

22   Das Konkurseröffnungsverfahren endet mit Gerichtsbeschluss über die Abweisung des Eröffnungsantrages, oder mit Beschluss entweder über die Eröffnung des Konkursverfahrens *(postanowienie o ogłoszeniu upadłości)* als Liquidationskonkurs oder als Vergleichskonkurs.[42] Im

---

[35] Art. 23 Abs. 1.
[36] Art. 36; Art. 40.
[37] Art. 44.
[38] Art. 49 f.
[39] Art. 47, 16, 17.
[40] Zu dessen Wirksamkeitsvoraussetzungen *Witosz*.
[41] Zu den Rechtsfolgen dieses Beschlusses *Pałys*, Problemy.
[42] Art. 14, 15, 51 Abs. 1; Art. 55 Abs. 1.

Beschluss werden Gläubiger und andere Inhaber von Rechten am Schuldnervermögen zur Forderungsanmeldung binnen einer bestimmten Frist aufgefordert. Darüber hinaus ist im Beschluss der Richterkommissar, der Konkursverwalter/Vergleichsverwalter oder der Gerichtsaufseher zu bestellen, und bei Eröffnung des Vergleichskonkurses ggf. Eigenverwaltung zu beschließen. Konkursdatum ist das Datum des Eröffnungsbeschlusses, unter Anwendung der *zero hour rule,* also Wirksamkeit rückwirkend ab 0.00 Uhr des Tages des Eröffnungsbeschlusses. Ausnahmen gelten für die Konkurseröffnung über das Vermögen von Teilnehmern an Zahlungs- und Wertpapierabrechnungssystemen.[43]

Gegen den Eröffnungsbeschluss kann der Schuldner Beschwerde *(zażalenie)* einlegen; nur der Antragsteller kann den auf seinen Antrag hin ergangenen Abweisungsbeschluss anfechten. Die zweite Instanz kann dann entweder das Rechtsmittel abweisen oder den (Eröffnungs-) beschluss aufheben, und an die erste Instanz zurückverweisen. Hatte die anfängliche Gläubigerversammlung einen Vergleich bestätigt, und ist das Konkursverfahren sonach als Vergleichskonkurs eröffnet worden, steht Gläubigern, welche nicht über die anfängliche Gläubigerversammlung benachrichtigt worden waren, sowie Gläubigern, die gegen den Vergleich gestimmt hatten, gleichsam die Anfechtungsmöglichkeit offen.[44] Das Konkursgericht kann den Vergleich nur wegen Rechtswidrigkeit aufheben, oder wenn die beschwerdeführenden Gläubiger in ihren Rechten verletzt sind, oder falls offensichtlich ist, dass der Vergleich nicht umsetzbar ist.

4.6 Rechtswirkungen der Eröffnung

Die Wirkungen des Eröffnungsbeschlusses *(skutki ogłoszenia upadłości)* sind vielfältig, und neben allgemeinen Wirkungen ist danach zu differenzieren, welche Verfahrensart (Liquidations- oder Vergleichskonkurs) eröffnet wurde.

4.6.1 Auswirkungen auf den Schuldner, Bildung der Masse

Der Schuldner verliert grundsätzlich die Verwaltungs- und Verfügungsbefugnis (Übergang auf den Liquidationsverwalter/Vergleichsverwalter) über die durch Verfahrenseröffnung entstandene Konkursmasse (*masa upadłości,* diese ist aber weiterhin Eigentum des Schuldners), welche nicht nur das Vermögen des Schuldners im Zeitpunkt der Eröffnung umfasst, sondern auch den späteren Neuerwerb. Dies gilt nicht für unpfändbares Schuldnervermögen, sowie für Vermögensgegenstände welche auf Beschluss der Gläubigerversammlung oder des Richterkommissars vom Konkursbeschlag ausgenommen sind.[45] Masserelevante Schuldnergeschäfte sind absolut unwirksam und nichtig.[46] Beschließt das Gericht Eigenverwaltung, so ist der Schuldner zur Vornahme von Geschäften des gewöhnlichen Betriebes berechtigt, darüber hinaus gehende Geschäfte bedürfen der Zustimmung des Gerichtsaufsehers. Bei Zuwiderhandlung kann das Gericht die Eigenverwaltung aufheben und einen Vergleichsverwalter für das Schuldnervermögen durch Beschluss bestellen.[47]

Mit Eröffnung erlischt eine etwaige Prokura,[48] und der Schuldner ist, unter Androhung von Zwangsmaßnahmen, zur Zusammenarbeit mit den Verfahrensorganen verpflichtet und hat sein Vermögen zu erhalten.[49] Noch nicht fällige Schuldnerverpflichtungen gelten als fällig, und nicht auf Geld lautende Forderungen sind in Geld umzurechnen.[50]

Massefremde Vermögensgegenstände sind auszusondern, und der Aussonderungsberechtigte wird außerhalb des Konkursverfahrens bevorzugt befriedigt. Noch berechtigen Sicherungsübereignung oder Sicherungsabtretung gleichermaßen zur Aussonderung (so die hM,

---

[43] Art. 52; Art. 51 Ziff. 1.
[44] Art. 54, Art. 56 Abs. 1.
[45] Art. 75 Abs. 1 i. V. m. 173; Art. 76 Abs. 1 i. V. m. Art. 182 KSR; Art. 61, 62 i. V. m. Art. 829 ff ZVfnGB.
[46] Art. 77 Abs. 1.
[47] Art. 76 Abs. 1 S. 2, Art. 76 Abs. 3, 2.
[48] Beschluss d. OG v. 21. 7. 2006, III CZP 45/06, mitgeteilt in MoP 16/2006, S. 847.
[49] Art. 57 ff.
[50] Art. 91.

aber strittig),⁵¹ ein Reformvorhaben⁵² sieht allerdings vor, diese Sicherheiten insolvenzrechtlich wie das Pfandrecht zu behandeln, also mit der Wirkung eines Absonderungsrechts *(prawo odrębności)*. Keine Änderung sieht die Reform für (verlängertes oder erweitertes) Vorbehaltseigentum vor, welches z. Zt. (nach kritisch zu sehender hM) zur Aussonderung berechtigen soll, wenn der Eigentümer nach allgemeinen Vorschriften Herausgabe fordern könnte, also nach Vertragslösung (z. B. wenn der Verwalter Rücktritt vom Vertrage wählt).⁵³

4.6.2 Möglichkeit der Aufrechnung

28 Bestehen im Moment der Verfahrenseröffnung zwischen Schuldner und Gläubiger gegenseitige Forderungen (ausgeschlossen ist die Aufrechnung mit seit Eröffnung aufgelaufener Zinsforderungen), von denen zumindest eine fällig war, so ist im Konkursverfahren Aufrechnung *(potrącenie)* bis spätestens (andernfalls Verlust des Aufrechnungsprivilegs) zur Forderungsanmeldung zulässig, es sei denn die Forderung war an den Gläubiger zu Aufrechnungszwecken abgetreten worden, oder die Forderung war binnen eines Jahres vor Eröffnung erworben worden und dem Gläubiger war dabei der Konkurseröffnungsgrund bekannt gewesen.⁵⁴

4.6.3 Wirkungen auf Rechtsgeschäfte des Schuldners

29 Bei gegenseitigen,⁵⁵ im Moment der Verfahrenseröffnung beiderseits noch nicht vollständig erfüllten Verträgen, hat der Verwalter ein Erfüllungswahlrecht, das der Zustimmung des Gläubigerrates unterliegt.⁵⁶ Fordert der Verwalter Vertragserfüllung, so tritt er im Namen der Masse in das Vertragsverhältnis ein, und der Anspruch des Vertragspartners ist im Ersten Rang zu befriedigen. Solange der Verwalter nicht erfüllt hat, steht dem Vertragspartner ein Zurückbehaltungsrecht zu. Tritt der Verwalter vom Vertrag zurück, so erlischt der Vertrag und der Gegenpartei wird ein, im Dritten Rang zu befriedigender Entschädigungsanspruch für erbrachte Leistungen und entstandene Verluste zugewiesen.⁵⁷ Im polnischen Recht gilt das Einheitsprinzip beim Eigentumsübergang und deklaratorische Wirkung der Grundbucheintragung,⁵⁸ daher fehlt eine der Vormerkung entsprechende Regelung. Der Vorvertrag *(umowa przedwstępna)*,⁵⁹ funktional mit der Vormerkung vergleichbar, ist aber nicht konkursfest. Besondere Regelungen bestehen für Miet- und Pachtverträge, Darlehens- und Kreditverträge.⁶⁰

30 Vorbehaltseigentum erlischt mit Insolvenzeröffnung nicht, wenn der Vorbehaltsvertrag unter Beachtung der Schriftform mit sicherem Datum *(forma pisemna z datą pewną)* geschlossen wurde,⁶¹ und dadurch die Vereinbarung des Eigentumsvorbehaltes *(zastrzeżenie własności)* den anderen Gläubigern des Schuldners gegenüber wirksam war. Die Insolvenzfestigkeit von Vorbehaltseigentum hindert nicht das Wahlrecht des Konkursverwalters in Bezug auf den zugrunde liegenden Vertrag.⁶²

---

⁵¹ Zuletzt dazu *Gurgul*, Upadłość przedsiębiorcy-beneficjenta.
⁵² Siehe Fn. 6.
⁵³ Zur Behandlung fiduziarischer Sicherheiten im Konkurs des Sicherungsgebers siehe die wohl hM bei Gurgul-*Gurgul*, Komentarz, Art. 70, RdNr. 58; aA *Tracz/Zoll*, S. 34 ff.; *Pisuliński/Liebscher*. Grundsätzlicher *Gołaczyński*; *Ernst*, *Karasek*, Zabezpieczenia *Kurkowski*. Institutionenkritisch zur Sicherungsübereignung, *Zoll*, Przewłaszczenie; ferner hierzu *Post*. Zur (nach Urteil des Obersten Gerichts v. 29. 5. 2000, OSP 2001, Nr. 2, Pos. 26 zulässigen) Sicherungsübereignung von Immobilien kritisch *Liebscher, A./Pisuliński* § 5, RdNr. 43; *Pisuliński* OSP 2000/3, S. 163, 169.
⁵⁴ Art. 93, 95, 96, 94 Abs. 1. Zur Aufrechnung nach ZGB *Bobrzyński/Liebscher/Zoll* § 7, RdNr. 95 ff.
⁵⁵ Art. 487 § 2 ZGB.
⁵⁶ Art. 98; Art. 206 Abs. 1 S. 1. Allgemein *Kasprzyk*. Eine entsprechende Regelung fehlt für das Vergleichsverfahren, hierzu *Paintner*, Insolvenz, S. 11; *Risch* S. 22. Hinsichtlich Bankverträgen *Zoll*, Wpływ; zu Lösungsklauseln *Porzycki*; zu Nettingklauseln *Paintner*, Wpływ; *Rachwał*. Zu den Rechtsfolgen bei Ausübung des Wahlrechts *Naworski* und *Torbus*.
⁵⁷ Art. 99; Art. 342 Abs. 1.
⁵⁸ Zur Eigentumsübertragung von Immobilien *Liebscher, A./Pisuliński* § 6, RdNr. 32 ff.
⁵⁹ Zum Vorvertrag *Liebscher/Zoll* § 5, RdNr. 45, 96.
⁶⁰ Art. 100 ff.
⁶¹ Art. 590 ZGB; zur Schriftform mit sicherem Datum *Liebscher/Zoll* § 5 RdNr. 57 ff., RdNr. 61.
⁶² Art. 101 Abs. 1; Art. 98.

4.6.4 Wirkungen auf laufende Verfahren

Die Konkurseröffnung hat zahlreiche Auswirkungen auf anhängige oder noch einzuleitende Verfahren, welche die Konkursmasse betreffen.

Im Liquidationskonkurs können Gerichts- oder Verwaltungsverfahren, welche einen massezugehörigen Gegenstand betreffen, nur durch oder gegen den Konkursverwalter geführt werden, und mit Eröffnung sind anhängige (Vollstreckungs-)Verfahren auszusetzen (*zawieszenie*, bzw. *umorzenie*), dies betrifft auch mit Pfand oder Hypothek besicherte Forderungen. Ist eine anzumeldende Forderung durch ein Verfahren betroffen, so kann der Konkursverwalter das Verfahren nur aufnehmen, wenn die Forderung nicht zur Eintragung angenommen worden ist. Vollstreckung erfolgt dann im Rahmen des Konkursverfahrens. Es greift eine Vollstreckungssperre (Einleitung neuer Verfahren unzulässig), und alle nach Eröffnung ergangenen (Gerichts-) Entscheidungen sind innerhalb des Liquidationskonkurses entsprechend der gesetzlichen Verteilungsreihenfolge zu befriedigen.[63]

Im Vergleichskonkurs wird das Vollstreckungs- und Sicherungsverfahren gegen den Schuldner in Bezug auf vom Vergleich umfasste Forderungen ausgesetzt. Das bedeutet, dass wegen mit Hypothek oder Pfand gesicherten Forderungen weiterhin vollstreckt werden kann. Zwar kann der Richterkommissar diese Vollstreckung bis zu drei Monate aussetzen, doch *in praxi* hat diese Vollstreckungsmöglichkeit oftmals das Scheitern des Vergleichs zur Folge. Beim Vergleichskonkurs mit Eigenverwaltung tritt der Gerichtsaufseher in alle Verwaltungsverfahren ein, in Zivilsachen tritt er als Nebenintervenient *(interwenient uboczny)* auf, dann bleibt der Konkursschuldner Verfahrenspartei. Alle Verfahren beim Vergleichskonkurs ohne Eigenverwaltung sind vom Vergleichsverwalter im eigenen Namen für den Schuldner zu führen.[64]

4.6.5 Insolvenzanfechtung

Um gleichmäßige Gläubigerbefriedigung sicher zu stellen, können Rechtsgeschäfte von Gesetz wegen unwirksam sein (bzw. werden) oder anfechtbar sein.[65] Rechtsgeschäfte sind *ex lege* unwirksam *(bezskuteczność)*, wenn das Gesetz dies vorschreibt. Das Anfechtungsrecht *(zaskarżanie czynności upadłego)* steht grundsätzlich dem Verwalter zu. Angefochtene und unwirksame Rechtsgeschäfte sind nur im Verhältnis zur Masse unwirksam, der Dritte bleibt also Gläubiger des Konkursschuldners und kann nach Verfahrensabschluss Erfüllung oder Schadensersatz verlangen.

4.6.5.1 Unwirksamkeit *ex lege* oder aufgrund Beschlusses

Ex lege unwirksam, ohne subjektive Voraussetzungen, sind solche un- oder entgeltlichen Schuldnerrechtsgeschäfte (hierunter fallen auch gerichtlicher Vergleich, Anspruchsverzicht oder Anerkenntnis), welche binnen eines Jahres vor Stellung des Eröffnungsantrages vorgenommen worden waren, wenn Leistung und Gegenleistung zueinander in einem krassen Missverhältnis stehen.[66] Ebenfalls unwirksam sind binnen zwei Monaten vor Konkursverfahrenseröffnung erfolgte Sicherung oder Zahlung einer nicht fälligen Schuld. Kann ein Gläubiger allerdings beweisen, dass ihm der Eröffnungsgrund unbekannt war, so hat er die Möglichkeit, Anerkennung der Wirksamkeit des Rechtgeschäfts durch Einspruch oder Klage geltend zu machen.[67]

Wurde ein entgeltliches Rechtsgeschäft mit einer dem Schuldner nahe stehenden Person abgeschlossen, so ist dieses ebenfalls unwirksam, wenn der Abschluss binnen der letzten sechs Monate vor Antragstellung erfolgt war. Dem gleichgestellt sind Rechtsgeschäfte einer juristischen Person mit deren gesetzlichem Vertreter, mit Gesellschaftern oder mit verbundenen Gesellschaften.[68] Die Vereinbarung von Abfindungen oder übermäßig hohen Geschäfts-

---

[63] Art. 144, 146 KSR; Art. 174 § 1 ZVfnGB; Art. 146 KSR.
[64] Art. 140 f., Art. 272 f.; Art. 138 Abs. 1 KSR; Art. 73, 76 ZVfnGB; Art. 139 KSR.
[65] Art. 127 bis 130. Zum Gläubigerschutz durch Anfechtung *Pyziak-Szafnicka*.
[66] Art. 127 Abs. 1. Zur Unwirksamkeit *ex lege Zedler*.
[67] Art. 127 Abs. 3.
[68] Art. 128 Abs. 1.

führer- oder sonstigen Vergütungen kann vom Richterkommissar auf Antrag des Konkurs- oder des Vergleichsverwalters oder des Gerichtsaufsehers hin, für unwirksam erklärt werden.[69] Gleiches gilt, wenn der Schuldner nicht persönlicher Schuldner war, oder keine oder eine nur unverhältnismäßig niedrige Gegenleistung für binnen eines Jahres vor Konkursantragstellung vorgenommene Belastungen des Schuldnervermögens mit dinglichen Sicherheiten (z. B. mit Hypothek, Pfand, Registerpfand) erhalten hat. Wurde die Sicherheit für eine nahe stehende Person bestellt, so ist eine etwaige Gegenleistung unerheblich.[70]

4.6.5.2 Unwirksamkeit nach Anfechtung, *actio pauliana*

37   Die Unwirksamkeit eines gläubigerbenachteiligenden *(pokrzywdzenie wierzyciela)* Rechtsgeschäfts (Entstehung oder Festigung der Zahlungsunfähigkeit des Schuldners) kann ferner nach Anfechtung (im Wege der Klageerhebung) durch Gerichtsurteil festgestellt werden, entsprechend allgemeinen Grundsätzen des ZGB (sog. *actio pauliana*).[71] Der Schuldner muss subjektiv im Bewusstsein der Gläubigerbenachteiligung gehandelt haben, und die andere Partei musste die Benachteiligung kennen oder hätte diese kennen müssen. Es gibt Beweiserleichterungen durch Vermutungsregeln für bes. krasse Fälle (z. B. unentgeltliche Schenkung, Geschäft mit nahe stehender Person). Klageberechtigt ist der Konkursverwalter, der Gerichtsaufseher oder der Vergleichsverwalter.

4.7 Beteiligte am Konkursverfahren *(uczestnicy postępowania)*

38   Stets ist der Schuldner *(upadły)* am Konkursverfahren beteiligt, seine Rechtsstellung ist durch die jeweilige Verfahrensart bedingt.

4.7.1 Konkursgericht, Richterkommissar

39   Das Eröffnungsverfahren sowie das Konkursverfahren wird vom für den Schuldner zuständigen Rayon-Wirtschaftsgericht (Konkursgericht, *sąd upadłościowy*) nach allgemeinen ZVfnGB-Grundsätzen geführt. Im eröffneten Konkursverfahren ist der Richterkommissar *(sędzia-komisarz)* maßgebliches Verfahrensorgan.[72] Sämtliche Kompetenzen, welche nicht ausdrücklich dem Konkursgericht zugewiesen sind, fallen in seinen Zuständigkeitsbereich, z. B. allgemeine Verfahrensleitung, Aufsicht über den Konkursverwalter, Vergleichsverwalter oder Gerichtsaufseher, Festlegung der Rechtsgeschäfte, welche der Schuldner nicht ausführen darf, Bestellung des Gläubigerrates und Auswahl der Mitglieder, Führung des Beweisverfahrens, Entscheidung über Beschwerden gegen Handlungen des Gerichtsvollziehers, Aufhebung von rechtswidrigen oder gegen Gläubigerinteressen verstoßenden Beschlüssen der Gläubigerorgane.[73]

4.7.2 Konkurs- und Vergleichsverwalter, Gerichtsaufseher

40   Im auf Zerschlagung gerichteten Liquidationskonkurs wird der Konkursverwalter *(syndyk)* bestellt.[74] Seine Pflichten umfassen u. a. die Übernahme, Verwaltung, Sicherung, Zerschlagung und Verwertung des Schuldnervermögens, die Benachrichtigung der Gläubiger und anderer Beteiligter über die Eröffnung des Konkursverfahrens, die Veröffentlichung des Konkurseröffnungsbeschlusses.[75] Der Vergleichsverwalter *(zarządca)* wird im auf Sanierung gerichteten Vergleichskonkurs ohne Eigenverwaltung des Schuldners bestellt. Zu seinen Pflichten gehört u. a. Übernahme, Sicherung und Verwaltung des Schuldnervermögens, Fortführung des Schuldnerunternehmens, Abfassung eines Inventarverzeichnisses und Finanzberichts.[76] Der Gerichtsaufseher *(nadzorca sądowy,* Aufsichts- und Kontrollkompetenzen

---

[69] Art. 129 Abs. 1, 2, 3.
[70] Art. 130 Abs. 1.
[71] Art. 131 KSR verweist auf das ZGB, insbesondere auf die *actio pauliana*, Art. 527 ff. ZGB. Hierzu *Bobrzyński/Liebscher/Zoll* § 7, RdNr. 18 ff.
[72] Zu den Organen im Insolvenzverfahren und ihrer Rechtsnatur *Harla*.
[73] Art. 18, 19; Art. 151 ff.; Art. 151, 152 I; Art. 201, 213, 218.
[74] Es besteht Lizenzpflicht für Verwalter, VO des Justizministers v. 16. 4. 1998, Dz. U. 1998, Nr. 55, Pos. 359.
[75] Art. 173, 176 Abs. 1, 2–4, Art. 175.
[76] Art. 182.

über Handlungen des Konkursschuldners) wird im Rahmen des Vergleichskonkurses mit Eigenverwaltung bestellt.[77]

Konkurs- und Vergleichsverwalter sind im Insolvenzverfahren im eigenen Namen auf Rechnung des Schuldners tätig, haften für wegen Pflichtverletzung entstanden Schaden, und haben wie der Gerichtsaufseher einen Vergütungsanspruch für ihre Tätigkeit.[78]

4.7.3 Gläubiger, Gläubigerorgane

Gläubiger *(wierzyciel)* ist jeder, der Anspruch auf Befriedigung aus der Masse hat, ungeachtet dessen, ob die Forderung anzumelden ist. Gläubigerorgane sind die obligatorische Gläubigerversammlung, an der jene Gläubiger teilnameberechtigt sind,[79] deren Forderungen anerkannt worden sind, oder welche vom Richterkommissar zugelassen wurden, nachdem sie ihre Forderungen glaubhaft gemacht hatten (bestimmte Gläubiger sind von der Abstimmung ausgeschlossen),[80] und der fakultative Gläubigerrat[81] (vom Richterkommissar zu bestellen, drei bis fünf Mitglieder). Ist ein Gläubigerrat nicht bestellt worden, fallen dem Richterkommissar dessen Kompetenzen zu.[82]

Die Gläubigerversammlung *(zgromadzenie wierzycieli)* fasst grundsätzlich, unabhängig von der Zahl der Anwesenden, Beschluss mit einfacher Mehrheit, welche mindestens 20 Prozent der Gesamtsumme aller zur Teilnahme an der Gläubigerversammlungen berechtigenden Forderungen umfassen muss. Zu ihren Kompetenzen gehört u. a. der Abschluss eines Vergleichs (Abstimmung darüber allerdings in Gläubigergruppen), die Freigabe von Massegegenständen, u. U. Beschluss mit qualifizierter Mehrheit über die Besetzung des Gläubigerrates.[83] Die Versammlung ist vom Richterkommissar nach dessen Ermessen einzuberufen, oder wenn von Gesetzes wegen deren Beschluss notwendig ist, oder wenn zumindest zwei Gläubiger, die mindestens $^1/_3$ aller Forderungen auf sich vereinen, dies verlangen.[84]

Die Einsetzung eines Gläubigerrates *(rada wierzycieli)* steht im Ermessen des Richterkommissars. Sie hat zu erfolgen, wenn ein Gläubiger (oder eine Gläubigergruppe), welcher 20 Prozent aller anerkannten oder glaubhaft gemachten Forderungen auf sich vereint, dies verlangt, oder auf Beschluss der anfänglichen Gläubigerversammlung hin.[85] Der Rat prüft den Verwertungserlös und kann Antrag auf Abbestellung des Konkurs- und Vergleichsverwalters oder des Gerichtsaufsehers stellen (Kontrollkompetenz). Darüber hinaus unterliegen bestimmte Handlungen anderer Verfahrensbeteiligter der Zustimmung des Gläubigerrates, z. B. Fortführung des Schuldnerunternehmens durch den Konkursverwalter für länger als drei Monate, Veräußerung von Rechten/Forderungen, freihändiger Verkauf einer Immobilie, Belastung des Schuldnervermögens mit beschränkt dinglichen Rechten, Ausübung des Wahlrechts bei beiderseitig nicht voll erfüllten, gegenseitigen Verträgen, Klaganerkennung, Anspruchsverzicht.[86]

4.8 Forderungsanmeldung *(zgłoszenie wierzytelności)*

Der Konkursverwalter/Vergleichsverwalter/Gerichtsaufseher führt die Forderungsliste *(lista wierzytelności)* und trägt die, beim Richterkommissar binnen der im Eröffnungsbeschluss bestimmten Frist angemeldeten Forderungen nach eigener Prüfung ein. Im Zweifelsfalle ist auf Antrag des Konkurs- oder Vergleichsverwalters, oder des Gerichtsaufsehers vor dem Richterkommissar (dieser macht die erstellte Liste im Gerichts- und Wirtschaftsanzeiger *(Monitor Sądowy i Gospodarczy)* öffentlich bekannt) ein Beweisverfahren durchzuführen. Nach

---

[77] Art. 180.
[78] Art. 160, 161 Abs. 1, 2; Art. 162, 163. Zur Verwalterhaftung *Gill*; *Hrycaj*.
[79] Art. 195.
[80] ZB dem Schuldner nahe stehende Gläubiger, Art. 197.
[81] Art. 201.
[82] Art. 191 f.; Art. 201 f.; Art. 213.
[83] Art. 199 Abs. 2, 203 Abs. 2.
[84] Art. 191.
[85] Art. 201, 45 Abs. 1.
[86] Art. 205, 206.

Bekanntmachung der Liste können Gläubiger (oder der Schuldner) binnen zwei Wochen Einspruch erheben gegen die Anerkennung einer Forderung (einspruchsberechtigt sind nur eingetragene Gläubiger oder der Schuldner), oder gegen die Ablehnung einer Forderung (einspruchsberechtigt ist nur der betroffene Gläubiger). Der Einspruch ist in einer Verhandlung, wiederum vom Richterkommissar zu prüfen, und gegen den daraufhin ergehenden Beschluss ist Beschwerde zum Konkursgericht statthaft. Nach Prüfung durch den Richterkommissar erlässt dieser im Beschlusswege eine Bestätigung der Forderungsliste (die Liste ist im Laufe des Verfahrens noch abänderbar). Lehnt der Richterkommissar die Forderung ab, kann der jeweilige Gläubiger nach Verfahrensabschluss die Forderung gerichtlich geltend machen.[87]

46 Das Anmeldungserfordernis gilt nicht für Masseverbindlichkeiten (nach Konkurseröffnung entstanden). Mit Pfandrecht/Hypothek gesicherte Forderungen, unstrittige Arbeitnehmerforderungen und oktroyierte Masseverbindlichkeiten sind von Amts wegen in die Liste einzutragen.[88]

5. Der Liquidationskonkurs

47 Der Liquidationskonkurs bezweckt durch Zerschlagung des Schuldnerunternehmens die Verwertung *(likwidacja)* und anschließende Verteilung *(podział)* der Konkursmasse. Zur Verteilung greift das KSR auf Gläubigerkategorien zurück, und stellt damit den Gedanken der Gläubigergleichbehandlung[89] fast vollständig zurück. Zudem ist die Rechtsstellung beschränkt dinglich gesicherter Gläubiger bei Verwertung immer noch stark.

5.1 Befriedigung in vier Gläubigerkategorien

48 Die unverzüglich vorzunehmende Verwertung (durch Verkauf des Gesamtunternehmens, von Unternehmensteilen oder von Einzelgegenständen) erfolgt nach Erstellung eines Inventarverzeichnisses und Bewertung des Schuldnervermögens.[90] Die Gläubiger werden in vier Kategorien befriedigt, dem „Auffüllprinzip" folgend: Erst nach voller Befriedigung aller Forderungen einer Kategorie kann die Erlösausschüttung an Forderungen der nachfolgenden Kategorie begonnen werden, gegebenenfalls quotal.[91] Die Befriedigungsreihenfolge *(kolejność zaspokajania wierzycieli)* ist wie folgt:

49 In die Erste Kategorie fallen Masseverbindlichkeiten, also Forderungen die entstanden sind durch Abschluss von Rechtsgeschäften durch den Verwalter (Masseverbindlichkeiten *sensu stricto*) und sog. oktroyierte Masseforderungen. Ferner fallen hierin die Verfahrenskosten, Pflichtzahlungen für Sozialversicherungen der Arbeitnehmer und Arbeitnehmeransprüche. Dieser breite Katalog der Ersten Kategorie hat sehr häufig die Ablehnung der Verfahrenseröffnung wegen Masselosigkeit zur Folge, denn der Erlös reicht oftmals voraussichtlich nicht zur vollen Deckung der Ersten Kategorie, also auch nicht zur Begleichung aller Verfahrenskosten aus.

50 In der Zweiten Kategorie finden sich u. a. Forderungen des Fiskus sowie der Sozialversicherungsträger, erst in der Dritten Kategorie werden einfache Gläubiger befriedigt (samt Zinsen). Nachrangige Gläubiger werden in der Vierten Kategorie (z. B. Schenkungen, Vermächtnisse) erfasst.[92]

5.2 Die Behandlung dinglich gesicherter Gläubiger

51 Sicherungseigentum *(przewłaszczenie na zabezpieczenie)*, Sicherungszession *(przelew* bzw. *cesja na zabezpieczenie)* und Eigentumsvorbehalt *(zastrzeżenie własności)* berechtigen nach hM (noch) zur Aussonderung *(prawo wyłączenia,* siehe oben 4.6.1.). Registerpfand *(zastaw reje-*

---

[87] Art. 236, 243 ff., 247, 255, 256, 260, 263.
[88] Art. 342 Abs. 1 Pkt. 1; Art. 236 Abs. 2, 3; Art. 237.
[89] Hierzu *Hermreck*.
[90] Art. 309; Art. 316 Abs. 1; Art. 306. Zur Verwertung durch Unternehmensverkauf *Jaczszyn*.
[91] Art. 342 KSR; Art. 344. Zur Masseverteilung ausführlich *Cieślak,* Fundusze.
[92] Art. 342 Abs. 1 S. 1, 2, 3, 4; Art. 98.

strowy), Pfand *(zastaw)*, Hypothek *(hipoteka)*, Steuerpfandrecht und Schiffshypothek berechtigen zu abgesonderter Befriedigung *(prawo odrębności)*, wobei vorweg die Verwertungskosten bis höchstens 10 Prozent des Erlöswertes zu begleichen sind. Ist die gesicherte Forderung nur teilweise vorweg befriedigt worden, so fällt der nicht befriedigte Anteil in die Dritte Kategorie.

In bestimmten Fällen wird das Absonderungsrecht gebrochen, wenn die (eigentlich vorrangigen) Ansprüche auf vorweggenommene Befriedigung an einem Vermögensgegenstand durch Forderungen von solchen Arbeitnehmern zurückgedrängt werden, die an/in/auf dem Verwertungsgegenstand beschäftigt waren (z. B. bei einer Immobilie, einem Schiff).[93]

Wird das Gesamtunternehmen oder dessen selbständiger Teil als Ganzes verwertet, und werden in Folge dessen mit Pfand, Registerpfand oder Hypothek belastete Vermögensgegenstände verkauft, so erlöschen diese zur Absonderung berechtigenden Rechte. Der Wert der Sicherungsgegenstände ist aber zu schätzen, im Veräußerungsvertrag auszuweisen, und der erlangte Erlös vorweg an die gesicherten Gläubiger zur Befriedigung zu verteilen. Ist im Bestellungsvertrag eines Registerpfandrechts vereinbart, dass der Sicherungsnehmer sich durch Aneignung des Pfandgegenstandes befriedigen kann, so ist diese Befriedigungsart auch im Konkursverfahren zulässig, falls das Unternehmen (oder ein selbständiger Teil) nicht als Ganzes verkauft wird.[94]

5.3 Verfahrensabschluss durch Verteilung

Der Erlös aus der Verwertung der Masse ist grds. nach einem Verteilungsplan *(plan podziału)*[95] an die Gläubiger auszukehren. Dieser wird im Laufe des Verfahrens ein oder mehrmals vom Verwalter erstellt, und ist nach Prüfung eventueller Einsprüche durch den Richterkommissar zu bestätigen. Keiner Prüfung bedürfen Forderungen aus der Ersten Kategorie (Masseverbindlichkeiten[96] und Arbeitnehmeransprüche). Sind hinreichend flüssige Mittel vorhanden, so sind Forderungen aus der Ersten Kategorie laufend zu tilgen.

Ist die Masse vollständig verwertet (oder Massearmut eingetreten, oder kein verlangter Kostenvorschuss geleistet worden, oder haben die Gläubiger dies einstimmig beschlossen), so erklärt das Konkursgericht per Beschluss das Verfahren für beendet.[97] Nach Verfahrensabschluss *(zakończenie postępowania upadłościowego)* können die Gläubiger nicht befriedigte Forderungen nach allgemeinen Grundsätzen erneut geltend machen. Der Auszug aus der Forderungstabelle dient als Vollstreckungstitel.

6. Der Vergleichskonkurs

Das KSR eröffnet die Möglichkeit des Vergleichs *(układ)*, um durch Restrukturierung der Verbindlichkeiten eine Sanierung des Schuldners zu erreichen, oder um durch einen sog. Liquidationsvergleich *(układ likwidacyjny)* die Gläubiger zu befriedigen.[98] Das KSR enthält zur Durchführung des Vergleichs relativ wenig Verfahrensvorschriften und setzt weitgehend auf Gläubigerautonomie.

6.1 Vergleichsvorschläge und vom Vergleich umfasste Forderungen

Vergleichsvorschläge *(propozycje układowe)*, welche ausführlich zu begründen sind, können jeder Art und von jedem Verfahrensbeteiligten eingereicht werden, wobei unterschiedliche Fristen gelten, binnen derer ein Vorschlag von einem bestimmten Beteiligten einzureichen ist.[99] Vom Vergleich sind grds. alle Forderungen umfasst, auch solche, welche mit Siche-

---

[93] Art. 336; Art. 345; Art. 346; 348.
[94] Art. 314, 319 Abs. 1; Art. 327; Art. 330. Zur Rechtsstellung dinglich gesicherter Gläubiger *Jakubecki*, Zaspokojenie.
[95] Zum Rechtscharakter des Verteilungsplanes *Cieślak*, Charakter.
[96] Dazu *Cieślak*, Długi.
[97] Art. 368; Art. 361.
[98] Art. 270, 271.
[99] Art. 267, 268, 270, 280.

rungsübereignung und Sicherungsabtretung besichert sind. Ausgenommen hiervon sind u. a. Forderungen auf Herausgabe (*reine* Aussonderungsrechte), Arbeitnehmerforderungen und Forderungen, welche bspw. mit (Schiffs-) Hypothek, (Register-) Pfandrecht oder Steuerpfand besichert sind. Deren Gläubiger werden nur nach ihrer jeweiligen, individuellen Zustimmung vom Vergleich umfasst. Sie können also weiterhin Befriedigung verlangen, damit die Zerschlagung des wesentlichen Teils des Schuldnerunternehmens herbeiführen, und in Folge dessen einen Vergleichsabschluss unmöglich machen. Die KSR-Reform sieht diesbezüglich in Art. 273 die Gleichstellung aller fiduziarischen Sicherheiten mit dem Pfandrecht vor.

6.2 Annahme des Vergleichs und Beendigung des Vergleichsverfahrens

58   Im Vergleichsverfahren werden die Gläubiger grds. in vier Gruppen, relativ zu ihrer Interessenlage eingeteilt. Arbeitnehmer (nach Zustimmung, dass ihre Forderungen vom Vergleich umfasst sein sollen) und Lieferanten von Agrarprodukten sind in einer Gruppe, dinglich gesicherte Gläubiger (wiederum erst nach ihrer Zustimmung) bilden eine zweite Gruppe, Anteilseigener oder Aktionäre des Schuldners sind in einer dritten Gruppe. Die übrigen Gläubiger fallen in die vierte Gruppe, welche aber nach Ermessen des Richterkommissars in weitere Gruppen aufgeteilt werden kann (Kriterien sind z. B. Art, Fälligkeit oder Höhe der Forderung). Die vorgesehenen Restrukturierungsbedingungen müssen für alle Gläubiger einer Gruppe gleich sein, es sei denn ungleich behandelte Gläubiger stimmen zu. Über den Vergleich entscheidet die Gläubigerversammlung, mit Abstimmung in den jeweiligen Gruppen (es gilt Kopfmehrheit). Nimmt jede Gruppe den Vergleich an, und hat eine Kapitalmehrheit von $2/3$ aller zur Abstimmung berechtigenden Forderungen für die Annahme gestimmt, so gilt der Vergleich als von der Gläubigerversammlung angenommen. Stimmt in einer Interessenkategorie nicht die Mehrheit der Gläubiger für die Vergleichsannahme, so greift ein Obstruktionsverbot. Dann ist das Fehlen der Zustimmung unbeachtlich, wenn die Gläubiger der nicht zustimmenden Gruppe durch den Vergleich nicht geringer befriedigt werden würden, als bei Liquidation der Masse. Vom Vergleich nicht berührt werden u. a. vom Gläubiger verschwiegene Forderungen, die nicht am Verfahren teilgenommen hatten und mit bestimmten Sicherheiten (s. o.) besicherte Forderungen. Für die notwendige Vergleichsbestätigung ist das Konkursgericht zuständig. Es lehnt den Vergleich ab, wenn der Vergleich rechtswidrig oder unrealistisch ist (zwingende Ablehnung), oder wenn die Vergleichsbedingungen unverhältnismäßig jene Gläubiger benachteiligen, die gegen den Vergleich gestimmt und Einspruch erhoben hatten (fakultative Ablehnung). Nach Rechtskraft des bestätigenden Beschlusses erlässt das Gericht Beschluss über die Beendigung des Konkursverfahrens.[100]

7. Das vorkonkursliche Sanierungsverfahren

59   Das vorkonkurslich stattfindende Sanierungsverfahren dient der Abwendung der drohenden Zahlungsunfähigkeit durch Sanierung des Schuldnerunternehmens.[101] Es ist binnen drei (KMU) bzw. vier Monaten abzuschließen, andernfalls wird ein eröffnetes Verfahren von Gesetzes wegen eingestellt.[102]

60   Das Sanierungsverfahren,[103] welches nur für Unternehmer vorgesehen ist, soll durch frühzeitige Einigung mit der Gläubigerschaft die drohende Zahlungsunfähigkeit abwenden helfen. Seine Durchführung steht im Ermessen des Unternehmers, und wird kraft seiner Erklärung beim Konkursgericht eröffnet. Zusammen mit der Erklärung ist vom Unternehmer ein sog. Sanierungsplan mit Restrukturierungsmöglichkeiten[104] vorzulegen.[105]

---

[100] Art. 278; Art. 279; Art. 282; Art. 285; Art. 287; Art. 290, 291; Art. 293.
[101] Art. 492 ff.; hierzu *Sawiłow*.
[102] Art. 519.
[103] Eröffnung ist bekannt zu machen durch Anzeige im Gerichts- und Wirtschaftsanzeiger, Art. 494 Abs. 2.
[104] Zu dessen Inhalt Art. 503.
[105] Art. 492 Abs. 1; Art 494 Abs. 2. Zu den Verfahrensvoraussetzungen *Adamus*, Zdolność.

Zahlungsunfähigkeit droht, wenn nach einer verständigen Analyse der wirtschaftlichen **61**
Lage des Unternehmers offensichtlich wird, dass dieser binnen kurzer Zeit zahlungsunfähig
sein wird, obwohl er seine Verbindlichkeiten noch laufend erfüllt. Das Gericht prüft erst
wenn der im Sanierungsverfahren angestrebte Vergleich gerichtlich bestätigt werden soll, ob
Zahlungsunfähigkeit gedroht hatte oder nicht.[106]

Mit Sanierungsverfahrenseröffnung bestellt das Gericht einen Gerichtsaufseher. Der Un- **62**
ternehmer stellt die Befriedigung seiner Verbindlichkeiten ein (ausgenommen davon sind
u. a. Arbeitnehmerforderungen und mit Absonderungsrechten gesicherte Gläubiger), es tritt
eine Vollstreckungs- und Sicherungssperre in Kraft, Aufrechnungsmöglichkeiten sind beschränkt, und der Unternehmer verliert die Verfügungsbefugnis über sein Vermögen für
solche Rechtsgeschäfte, die über den Rahmen der üblichen wirtschaftlichen Tätigkeit
hinausgehen.[107]

Für die Sanierung im Rahmen dieser Verfahrensart ist der Abschluss eines, dem Vergleich **63**
des Vergleichskonkurses ähnlichen Vergleichs, in der Gläubigerversammlung notwendig.
Der Schuldner kann selbst entscheiden, welche seiner Gläubiger er hierzu benachrichtigt.
Benachrichtigte Gläubiger und Gläubiger, welche sich selbst beim Gerichtsaufseher angemeldet haben und deren Forderungen nicht bestritten sind, sind an der Abstimmung über
den Vergleichsabschluss teilnahmeberechtigt, anlässlich derer die Gläubiger Änderungsvorschläge am Sanierungsplan des Unternehmers machen können. Die Abstimmung über einen
Vergleich kann in vom Unternehmer gebildeten Gläubigergruppen nach den Grundsätzen
des Vergleichskonkurses vorgenommen werden. Ist ein Vergleichsvorschlag angenommen
worden, so können einwendungsberechtigte Gläubiger (solche, die an der Abstimmung
teilgenommen hatten, oder solche die geltend machen, dass durch den Vergleich die Durchsetzung ihrer Forderungen erschwert ist) binnen sieben Tagen Einwendungen erheben.

Der Vergleich ist durch das Konkursgericht zu bestätigen. Eine Ablehnung führt zur **64**
Beendigung des Sanierungsverfahrens,[108] und kann nur aus gesetzlich vorgesehenen Gründen erfolgen, z. B. wegen Fehlens der Eröffnungsvoraussetzungen für das Sanierungsverfahren, wegen Benachrichtigung nicht aller dem Unternehmer bekannten Gläubiger, wegen
Mängeln am Sanierungsplan oder am Vergleich.[109] Der gerichtlich bestätigte Vergleich ist
Vollstreckungstitel,[110] und betrifft jene Gläubiger nicht, welche an der Gläubigerversammlung nicht teilgenommen hatten.[111]

Erfüllt der Schuldner die Vergleichsbedingungen nicht, ist der Vergleich auf Antrag jedes **65**
Gläubigers hin aufzuheben.[112]

8. Internationales Konkursrecht

Seit dem Beitritt Polens zur Europäischen Union am 1. 5. 2004 gilt die EU-Insolvenzver- **66**
ordnung in Polen unmittelbar. Das KSR enthält im Zweiten Teil[113] zudem Vorschriften zu
Konkursfällen mit grenzüberschreitenden Bezügen *(przepisy z zakresu międzynarodowego
postępowania upadłościowego)*, die weitestgehend den Regelungen der Verordnung nachgebildet sind, und Anwendung finden, wenn in einem internationalen Vertrag oder in EU-Recht
nichts abweichendes festgeschrieben ist. Die Eröffnung eines Konkurshauptverfahrens in
einem Staat, welcher nicht Mitglied der EU ist, zeitigt nicht automatisch inländische
Rechtsfolgen. Auf Antrag des ausländischen Verwalters ist vielmehr ein Anerkennungsverfahren in Polen durchzuführen.

---

[106] Art. 492 Abs. 2; hierzu *Kohutek; Pałys,* Postępowanie.
[107] Art. 497 Abs. 2; Art. 89; Art. 498, Art. 501.
[108] Art. 521 Abs. 3. Dem Schuldner können wegen Unredlichkeit ggf. Strafzinsen für die Dauer des Sanierungsverfahrens auferlegt werden, Art. 515 Abs. 3.
[109] Art. 504; Art. 510; Art. 508; Art. 513; Art. 515 Abs. 1.
[110] Art. 516 Abs. 2 i. V. m. Art. 296.
[111] Art. 516 Abs. 1.
[112] Art. 520, Art. 521 Abs. 1.
[113] Art. 378 bis 417.

Russische Föderation

bearbeitet von *Michael Schwartz* und *Till Freyling*[1]
(Sozietät Freshfield Bruckhaus Deringer)

Übersicht

	RdNr.		RdNr.
1. Schrifttum	1	4.3.3 Externe Verwaltung	45
2. Einführung	2	4.3.4 Vertragliches Verfahren	53
2.1 Gesetzlicher Rahmen	2	4.3.5 Vereinfachtes Verfahren	54
2.2 Verfahrenstypen	3	4.4 Verteilung an die Gläubiger	55
3. Eröffnung des Verfahrens	6	5. Gläubiger	57
3.1 Eröffnungsgründe	6	5.1 Aussonderungsberechtigte Gläubiger	57
3.2 Schuldner	11	5.2 Gesicherte Gläubiger	58
3.3 Zulässige Sicherungsmaßnahmen vor Verfahrenseröffnung	13	5.3 Bevorzugte Insolvenzgläubiger	60
3.4 Wirkungen der Verfahrenseröffnung	14	5.4 Einfache Insolvenzgläubiger	61
4. Ablauf des Verfahrens	19	5.5 Nachrangige Insolvenzgläubiger	62
4.1 Anmeldung der Forderung durch die Gläubiger	19	5.6 Massegläubiger	63
4.2 Gläubigerversammlungen	22	6. Abwicklung und vollständig erfüllte Verträge	65
4.3 Verwaltung und Verwertung der Insolvenzmasse	26	7. Aufrechnung	67
4.3.1 Liquidation	29	8. Insolvenzanfechtung	68
4.3.2 Finanzielle Sanierung	37	9. Reorganisationsverfahren	74
		10. Internationales Insolvenzrecht	77

1. Schrifttum: Die im nachfolgenden Text genannten Gesetze sind in deutscher Sprache verfügbar im **1**
Handbuch Wirtschaft und Recht in Osteuropa, Gesamtherausgeber *Stephan Breidenbach*, Bd. 3, Länderteil Russland, München 2006.

2. Einführung

2.1 Gesetzlicher Rahmen

Zentrale Vorschrift des russischen Insolvenzrechts ist das föderale Gesetz vom 26. 10. 2002 **2**
Nr. 127-FS „Über die Insolvenz (Bankrott)" (im Folgenden ***InsG***),[2] daneben gelten die allgemeinen Vorschriften, insbesondere die des russischen Zivilgesetzbuches,[3] (im Folgenden ***ZGB***) und des Arbitrageverfahrensgesetzes[4] (im Folgenden ***AVG***).

2.2 Verfahrenstypen

Das russische Insolvenzrecht ist komplex und flexibel ausgestaltet. **3**

Ziel jedes Verfahrens ist die Befriedigung der Gläubiger eines insolventen Unternehmens. **4**
Dieses Ziel kann – regelmäßig nach Durchführung eines eigenständig ausgestalteten Vorverfahrens – durch verschiedene Verfahrentypen erreicht werden, nämlich durch Liquidation, finanzielle Rehabilitation, Fremdverwaltung und vertragliches Vergleichsverfahren. Zusätzlich modifiziert werden die Verfahren, wenn bestimmte Gemeinschuldner betroffen sind. Dies gilt zunächst für natürliche Personen, sowohl für Private, als auch für Einzelkaufleute, daneben auch für besondere Unternehmenstypen wie landwirtschaftliche Unternehmen, Monopole und Finanzunternehmen. Schließlich besteht ein beschleunigtes Liquidations-

---

[1] Michael Schwartz ist Partner des Moskauer Büros der Sozietät Freshfields Bruckhaus Deringer, Till Freyling ist Rechtsreferendar.

[2] Федеральный закон от 26 октября 2002 года N 127-ФЗ «О несостоятельносми (банкротве)» (Federal'nyy sakon N 127 Festschrift «O nessostoyatel'nosti (bankrotstwe)»).

[3] Гражданский кодекс Российской Федерации (Graschdanskiy kodeks Rossiyskoy Federatsii).

[4] Арбитражный процессуальный кодекс РФ от 24 июля 2002 г N 95-ФЗ (Arbitraschnyy protsessyal'nyy kodeks Russischen Föderation N 95-Festschrift).

verfahren für inaktive Gesellschaften und Unternehmen, die außerhalb des Insolvenzverfahrens in Abwicklung sind.

5   Keine Sonderregeln bestehen dagegen für Konzerne und für Konzerngesellschaften.

3. Eröffnung des Verfahrens

3.1 Eröffnungsgründe

6   Einziger Eröffnungsgrund für die genannten Regelverfahren ist die Zahlungsunfähigkeit der Gesellschaft. Eine bilanzielle Überschuldung reicht hierfür nicht aus. Die Eröffnung des vereinfachten Verfahrens ist an die Inaktivität der Gesellschaft gebunden.

7   Als zahlungsunfähig wird eine juristische oder natürliche Person dann angesehen, wenn sie Forderungen von privaten Gläubigern oder öffentliche Zahlungspflichten drei Monate nach jeweiliger Fälligkeit nicht erfüllen kann.[5] Zu den privaten Forderungen werden dabei nur titulierte Geldforderungen gerechnet;[6] öffentliche Zahlungspflichten sind alle Steuern, Gebühren und andere Beiträge.[7] Die Höhe der ausstehenden Forderungen und Zahlungspflichten muss bei einer natürlichen Person insgesamt 10 000, bei einer juristischen Person 100 000 RUR betragen.[8] Ferner müssen 30 Tage nach einem vergeblichen Vollstreckungsversuch vergangen sein.[9] Die Beträge ausstehender privater Forderungen und öffentlicher Zahlungspflichten werden zur Ermittlung des Mindestbetrages nicht addiert.

8   Für die Eröffnung der vereinfachten Insolvenzverfahren hingegen ist die Zahlungsunfähigkeit nicht Voraussetzung; hier reicht es aus, dass die Gesellschaft nicht mehr wirbt und die Geschäftsführung nicht kontaktiert werden kann, oder dass sich die Gesellschaft bereits in Abwicklung außerhalb der Insolvenz befindet.[10]

9   Zuständig für die Entscheidung über die Verfahrenseröffnung ist das Arbitragegericht.[11] Während das russische Recht im Allgemeinen sehr schiedsfreundlich ist, darf das Insolvenzverfahren nur vor staatlichen Gerichten verhandelt werden.[12] Außergerichtliche Einigungen, die nicht dem formellen Verfahren folgen, sind dagegen möglich.

10 Antragsberechtigt sind Schuldner, Gläubiger und Behörden.[13] Für den Schuldner bzw. dessen Geschäftsleitung besteht darüber hinaus eine Antragspflicht bei Zahlungsunfähigkeit.[14] Bei verfrühter oder missbräuchlicher Stellung des Insolvenzantrags durch ein Organ des Schuldners kann sich dieses schadensersatzpflichtig machen. Die formellen Anforderungen an den Antrag durch den Gläubiger sind in Art. 39 f. InsG näher geregelt; insbesondere ist der Bestand vollstreckungsfähiger Forderungen gegen den Schuldner nachzuweisen. Hält das Gericht den Schuldner für zahlungsunfähig und damit den Antrag für gerechtfertigt, so ordnet es das vorläufige Verwaltungsverfahren an.

3.2 Schuldner

11 Insolvenzfähig sind grundsätzlich juristische und natürliche Personen. Ausgenommen davon sind Staatsunternehmen und bestimmte gemeinnützige Organisationen, wie politische Parteien und Religionsgemeinschaften.[15] Allerdings gelten für einige Schuldner Sondervorschriften, die sich auf alle Bestandteile des Insolvenzverfahrens beziehen können. Solche bestehen für Einzelkaufleute, landwirtschaftliche Betriebe, ortsprägende Unternehmen, d. h. solche, die einen Großteil der Arbeitsplätze in einer Region stellen, Finanzorganisationen,

---

[5] Art. 3(1), (2) InsG.
[6] Art. 4(2), 6(3) InsG.
[7] Art. 2 InsG.
[8] Art. 6(2), 33(2) InsG; zurzeit (08/2007) entsprechen ungefähr 35 RUR = 1 EUR.
[9] Art. 7(2) InsG.
[10] Art. 224 ff InsG.
[11] Art. 6(1) InsG. Bei dem Arbitragegericht handelt es sich um ein staatliches Handelsgericht und nicht etwa um ein Schiedsgericht.
[12] Art. 33(3) InsG.
[13] Art. 8, 11(1) InsG.
[14] Art. 9(1) InsG.
[15] Art. 1(2) InsG.

strategische Staatsunternehmen und natürliche Monopole. Die jeweils anwendbaren Sondernormen finden sich in Art. 168 ff InsG, teils auch in Sondergesetzen.

Eine Privatinsolvenz ist möglich.[16] Zu ihrer Durchführung stellt der Schuldner einen Zahlungsplan auf; dieser wird vom Arbitragegericht genehmigt, wenn kein Gläubiger Einwendungen erhebt.[17] Sind die im Zahlungsplan festgeschriebenen Verpflichtungen erfüllt, tritt Restschuldbefreiung ein.[18] Ausgenommen von der Restschuldbefreiung sind bestimmte qualifizierte, insbesondere deliktische, Ansprüche.[19]

3.3 Zulässige Sicherungsmaßnahmen vor Verfahrenseröffnung

Das Gericht kann auf Antrag desjenigen, der den Insolvenzantrag stellt, verschiedene Sicherungsmaßnahmen nach dem AVG veranlassen.[20] Möglich sind dabei Einzelanordnungen, die Bestellung von Zwangspfandrechten an Mobilien, Immobilien oder Forderungen, die Sperrung von Bankkonten, sowie die Zwangsversteigerung und die Überweisung von Forderungen.[21] Auch sicherungsbelastete Gegenstände können, wenn der Inhaber des Sicherungsrechts nicht widerspricht, solchen Anordnungen unterworfen werden.

3.4 Wirkungen der Verfahrenseröffnung

Wenn das Gericht der Auffassung ist, dass ein Insolvenzgrund vorliegt und der Anspruch des Antragstellers begründet ist, eröffnet es das vorläufige Verwaltungsverfahren[22] und bestellt einen vorläufigen Insolvenzverwalter.[23] Die Geschäftsleitung der Gesellschaft bleibt vorerst in ihrem Amt. Zweck und Inhalt dieser Verfahrensphase ist, die Gesellschaft zu prüfen, ihr Vermögen zu erhalten und über das weitere Vorgehen zur Sicherung und Befriedigung der Gläubiger zu entscheiden. Insbesondere wird der Bericht für die erste Gläubigerversammlung vorbereitet.[24] Das Vorverfahren endet mit der Entscheidung des Gerichts über das weitere Verfahren. Es soll maximal sieben Monate dauern;[25] die erste Gläubigerversammlung ist mindestens zehn Tage vor Ende des Vorverfahrens anzusetzen.

Durch die Verfahrenseröffnung wird das Vermögen der Gesellschaft auf verschiedene Weise geschützt. Forderungen gegen die Gesellschaft können nur noch nach den Vorschriften des InsG geltend gemacht werden.[26] Insbesondere wird die Zwangsvollstreckung gegen die Gesellschaft eingestellt, soweit sie Eingriffe in das Gesellschaftsvermögen zur Folge hätte. Dies betrifft aber nur Ansprüche, die vor Anordnung der Verwaltung fällig geworden sind. Auch kann weiterhin aus bei Verfahrensbeginn bereits titulierten Forderungen gepfändet werden, deren Grund in Arbeitsverhältnissen, Schädigung von Leben und Gesundheit oder Urheberrecht liegt. Diese privilegierten Forderungen werden darüber hinaus dadurch geschützt, dass der Gesellschaft Aufrechnungen untersagt sind, soweit diese die Rangfolge der Gläubiger ändern würden (Einzelheiten hierzu siehe Abschnitt 5). Dies hat eine Art partielles Anspruchsmoratorium zur Folge, das sich aber nicht auf vorrangige Gläubiger bezieht. Dadurch wird schon in dieser Phase eine wenigstens teilweise ranggerechte Rückzahlung von Gläubigerforderungen ermöglicht. Weiterhin tritt mit Verwaltungsanordnung ein allgemeines Dividendenverbot ein.

Schließlich bedürfen verschiedene Geschäfte der Gesellschaft der Einwilligung durch den Verwalter; darunter fallen solche Geschäfte, die mehr als fünf Prozent des Bilanzwerts der Gesellschaft ausmachen, Abtretungen von Forderungen und Gewährungen von Darlehen

---

[16] Art. 202 InsG.
[17] Art. 204(1), (2) InsG.
[18] Art. 212(2) InsG.
[19] Art. 212(2) InsG.
[20] Art. 42(7), 46(1) InsG.
[21] Vgl. Art. 75 ff. AVG.
[22] *Наблюдение (nablyudeniye),* wörtlich: Beobachtung.
[23] Art. 62(1) InsG.
[24] Art. 67, 70 InsG.
[25] Art. 62(3) InsG.
[26] Art. 63 InsG.

und Sicherheiten,[27] sowie Geschäfte, welche die Struktur der Gesellschaft verändern würden.[28] Andere als die genannten Geschäfte kann im Einzelfall das Insolvenzgericht untersagen.[29]

17 Der vorläufige Verwalter kann neben diesen „Verhinderungsrechten" auch aktiv die Vermögenslage der Gesellschaft zu bessern suchen, indem er Kapitalerhöhungen durchführt.[30] Schließlich kann er das Führungspersonal der Gesellschaft entlassen.[31]

18 In diesem Verfahrensstadium angeordnete Sicherungsmaßnahmen wirken, bis eine Entscheidung über die weitere Verfahrensart getroffen wird.[32]

4. Ablauf des Verfahrens

4.1 Anmeldung der Forderung durch die Gläubiger

19 Nach Bekanntgabe der Eröffnung des Vorverfahrens können die Gläubiger ihre Forderungen gegen den Gemeinschuldner anmelden. Die behaupteten Forderungen sind dem Schuldner, dem Verwalter und dem Gericht vorzulegen, und durch beizufügende Gerichtsentscheidungen oder sonstige Dokumente glaubhaft zu machen.[33]

20 Grundsätzlich können die Forderungen während des gesamten Verfahrens geltend gemacht werden. Eine verspätete Vorlegung kann aber Nachteile bringen (siehe hierzu Abschnitt 4.c (Liquidation) und Abschnitt 5.e).

21 Um an der ersten Gläubigerversammlung teilnehmen zu können, auf der zentrale Grundentscheidungen über den weiteren Verfahrenslauf getroffen werden, muss eine Forderung innerhalb von 30 Tagen nach Bekanntgabe der Verfahrenseröffnung vorgelegt werden.[34] Es empfiehlt sich, sämtliche in Frage kommende Forderungen möglichst bald anzumelden, da die Stimmrechte auf der Gläubigerversammlung an die Höhe der Forderungen gekoppelt sind. Widersprechen Schuldner oder andere Gläubiger den behaupteten Ansprüchen, entscheidet das Gericht über ihren Bestand.[35] Werden Forderungen später angemeldet, findet die Entscheidung über bestrittene Forderungen statt, sobald in das jeweilige Hauptverfahren eingetreten wird.[36]

4.2 Gläubigerversammlungen

22 Die erste Gläubigerversammlung wird vom vorläufigen Verwalter einberufen;[37] ihre Aufgaben sind in Art. 73 InsG geregelt.

23 Wohl wichtigster Punkt der ersten Versammlung ist die Entscheidung, welche Verfahrensart im Hauptverfahren angewendet werden soll. Diese Entscheidung wird auf Grund des Berichts des vorläufigen Insolvenzverwalters getroffen. Grundsätzlich kann die Gläubigerversammlung das entsprechende Verfahren gegenüber dem entscheidenden Gericht nur anregen; dieses wird aber regelmäßig dem Vorschlag der Versammlung folgen. Die Versammlung ergänzt die Vorschläge um Anregungen für die Grundzüge des beabsichtigten Verfahrens, beispielsweise um einen grob strukturierten Finanzplan oder eine ungefähre Einschätzung hinsichtlich der Dauer der Fremdverwaltung.[38] Beschließt sie bereits zu diesem Zeitpunkt eine vertragliche Sanierung, so sind die Anforderungen des Art. 151 InsG zu beachten; dies betrifft insbesondere Informationspflichten über potentiell gegenläufige Eigeninteressen von Verfahrensbeteiligten.

---

[27] Art. 64(2) InsG.
[28] Art. 64(3) InsG.
[29] Art. 46(2) InsG.
[30] Art. 64(5) InsG.
[31] Art. 69 InsG.
[32] Art. 46(4) InsG.
[33] Art. 71(1) InsG.
[34] Art. 71(2)-(6) InsG.
[35] Art. 71(4) InsG.
[36] Art. 71(7) InsG.
[37] Art. 72(1) InsG.
[38] Art. 74 InsG.

24 Weiterhin wird auf der ersten Versammlung das Gläubigerkomitee gebildet.[39] Die nicht abtretbaren Rechte der Gläubigerversammlung sind in Art. 12(2) InsG aufgelistet; im Übrigen kann die Versammlung ihre Kompetenzen an das Gläubigerkomitee delegieren. Schließlich legt die Versammlung die Anforderungen fest, die an den Verwalter im Hauptverfahren gestellt werden sollen; auf dieser Basis wählt das Gläubigerkomitee diesen dann aus.

25 Weitere Gläubigerversammlungen werden je nach gewählter Verfahrensart mit unterschiedlichen Zielen und Kompetenzen einberufen. Auf diese wird jeweils im Zusammenhang mit den einzelnen Verfahren eingegangen. Grundsatz ist, dass die Gläubigerversammlung über die Übergänge zwischen einzelnen Verfahrensarten zu entscheiden hat.

4.3 Verwaltung und Verwertung der Insolvenzmasse

26 Die Verwaltung und – dem folgend – Verwertung und Verteilung des Vermögens des Gesamtschuldners kann im Hauptverfahren auf vier unterschiedliche Arten erfolgen: Durch Liquidation des Unternehmens, durch finanzielle Sanierung, durch externe Verwaltung oder durch ein vertragliches Vergleichsverfahren.

27 Die erste Gläubigerversammlung entscheidet auf Grund des Berichts des vorläufigen Verwalters über die bevorzugte Verwaltungsart und regt diese gegenüber dem Gericht an. Das Gericht entscheidet grundsätzlich in eigener Verantwortung,[40] wird aber in aller Regel dem Vorschlag der Versammlung folgen. Grundsatz ist, dass das Gericht die Liquidation der schuldnerischen Gesellschaft beschließt, wenn keine abweichenden Vorschläge gemacht werden.[41] Zu beachten ist, dass der Verwalter je nach gewähltem Verfahren unterschiedlich bezeichnet wird.

28 Ausnahmsweise wird das Gericht vom Vorschlag der Gläubigerversammlung abweichen und statt dessen die finanzielle Sanierung anordnen, wenn Gläubiger, Gesellschafter oder Dritte Sicherheit in Höhe von 20 Prozent der Gesellschaftsverbindlichkeiten anbieten.[42]

4.3.1 Liquidation

29 Wird keine abweichende Entscheidung getroffen, so werden die Gläubiger durch Liquidation und Verwertung des insolventen Unternehmens befriedigt.

30 Im Rahmen des Liquidationsverfahrens werden alle Forderungen gegen die Gesellschaft fällig, Zinsen und Verzugsstrafen fallen aber nicht mehr an. Vollstreckungsmaßnahmen gegen die Gesellschaft werden unzulässig. Die finanzielle Lage der Gesellschaft ist nicht mehr vertraulich.[43] Die Leitungsorgane der Gesellschaft verlieren ihre Befugnisse. Ausgenommen hiervon sind die Befugnisse der Organe, die durch die Satzung des Gemeinschuldners zur Genehmigung von bedeutenden Rechtsgeschäften und zur Erfüllung von Verbindlichkeiten ermächtigt wurden.[44] Die Eröffnung des Verfahrens wird bekannt gemacht.[45]

31 Der Verwalter führt die Abwicklung des Unternehmens durch. Zunächst erstellt er von diesem ein objektives Bild, indem er das Unternehmensvermögen inventarisiert und bewertet.[46] Vermögensgegenstände, an denen Rechte Dritter bestehen, sowie Gegenstände, die mit dem Gemeinschuldner in besonders enger Verbindung stehen, werden auf Grund der divergierenden Regeln bezüglich ihrer Verwertung separat ausgewiesen.[47] Erhaltung und Verwertung des Vermögens obliegen dem Verwalter. Allgemein kann er Ansprüche geltend

---

[39] Art. 17 InsG.
[40] Art. 52(1) InsG.
[41] Art. 53(1) InsG.
[42] Art. 75(1) InsG.
[43] Art. 126(1) InsG.
[44] Art. 126(2) InsG.
[45] Art. 128(1), 28 InsG.
[46] Art. 130 InsG.
[47] Art. 131(2) InsG.

machen und abwehren, Angestellte entlassen und Vermögen veräußern.[48] Zur Masseerhaltung und Vermehrung stehen ihm Leistungsverweigerungsrechte[49] und Klagen auf Unwirksamkeit von Verträgen zu,[50] die das schuldnerische Unternehmen über Gebühr belasten oder zu einer Gläubigerbevorzugung führen.

32 Die Verwertung erfolgt, indem der Verwalter zunächst einen Verwertungsplan aufstellt. Diesen genehmigt die Gläubigerversammlung, wenn sie dieses Recht nicht dem Gläubigerkomitee übertragen hat. Während dem Verwalter bei der Aufstellung des Verwertungsplans ein weitgehender Ermessensspielraum zukommt, ist er, um eine sichere und schnelle Abwicklung zu garantieren, in seiner Gestaltungsfreiheit begrenzt; insbesondere hat der Kaufpreis für Güter des Unternehmens kurzfristig geleistet zu werden (einen Monat nach Vertragsschluss oder eine Woche nach Übereignung).

33 Das Forderungsregister wird zwei Monate nach Bekanntgabe des Beginns der Liquidation geschlossen.[51] Forderungen können zwar auch noch danach geltend gemacht werden; jedoch werden solche verspätet angemeldeten Forderungen nur nachrangig befriedigt.[52] Während der Abwicklung berichtet der Verwalter der Gläubigerversammlung oder dem Gläubigerkomitee einmal monatlich.[53]

34 Der Beendigung des Liquidationsverfahrens kann auf zwei Wegen erfolgen, durch Abschluss[54] oder durch Einstellung.[55] Abschluss bedeutet in diesem Zusammenhang, dass die Liquidation der schuldnerischen Gesellschaft in das Einheitliche Register eingetragen und damit vollendet wird.[56] Einstellung heißt, dass das Verfahren nicht weiter durchgeführt wird und die Gesellschaft weiterhin fortbesteht.[57]

35 Beide Alternativen werden durch Beschluss des Arbitragegerichts herbeigeführt.[58]

36 Das Verfahren wird eingestellt, wenn der Verwalter sämtliche Gläubigerforderungen befriedigen konnte.[59] Das Verfahren wird abgeschlossen, wenn der Verwalter seinen Endbericht dem Gericht vorlegt. Diesen erstellt er, wenn er soweit möglich die Forderungen der im Gläubigerverzeichnis eingetragenen Gläubiger erfüllt hat.[60]

4.3.2 Finanzielle Sanierung

37 Als weiteres Hauptverfahren kann die finanzielle Sanierung gewählt werden. Dieses Verfahren stellt sich im Grundsatz dergestalt dar, dass sich Gläubiger und Schuldner auf einen Plan zur Zahlung der Gesellschaftsverbindlichkeiten einigen. Die Entscheidung für die Verfahrensart und der Sanierungsplan werden dann vom Gericht genehmigt.[61] Eine weitere Möglichkeit, das Sanierungsverfahren zu beginnen, besteht darin, dass von Dritten Sicherheit in Höhe von mindestens zwanzig Prozent der Gläubigerforderungen geleistet wird.[62] Diese Entscheidung steht im Ermessen des Gerichts.

38 Ziel des Verfahrens ist, unter Bewahrung des Unternehmens als laufenden Geschäftsbetrieb zunächst die erst- und zweitrangigen Gläubiger zu befriedigen; dementsprechend soll der Plan so ausgestaltet werden, dass deren Forderungen sechs Monate nach Verfahrensbeginn erfüllt werden können.[63]

---

[48] Art. 129(3), (4) InsG.
[49] Art. 129(3) i. V. m. 102 InsG.
[50] Art. 129(3) i. V. m. 103 InsG.
[51] Art. 142(1).
[52] Art. 142(4).
[53] Art. 143.
[54] *Завершение*– sawerscheniye.
[55] *Прекращение*– prekraschtscheniye.
[56] Art. 149(3), (4).
[57] Art. 149(1).
[58] Art. 147, 149(1).
[59] Art. 57.
[60] Art. 147(1), 142.
[61] Art. 80(3) InsG.
[62] Art. 75(3) InsG.
[63] Art. 84(4) InsG.

Erstellt wird der Plan von den Gesellschaftern, genehmigt von den Gläubigern.[64] Gegenstand des Plans ist eine Darstellung, wie die Gesellschaft Mittel beschaffen soll, um das genannte Ziel zu erreichen.

Innerhalb des Verfahrens gelten zugunsten der Gesellschaft ähnliche Schutzvorschriften wie im Vorverfahren; das Vollstreckungsverbot für nicht-privilegierte Schuldner besteht fort, genauso wie das Dividenden- und Aufrechnungsverbot und die Zins- und Strafzahlungssperre.[65]

Die Geschäftsführung der Gesellschaft bleibt im Rahmen des Sanierungsverfahrens zwar im Amt, bestimmte Geschäfte müssen aber von Verwalter oder Versammlung genehmigt werden; diese sind im Katalog des Art. 82 InsG aufgeführt. Genehmigungspflichten durch den Verwalter ergeben sich aus Art. 82 Abs. 4 InsG; dazu gehören solche Geschäfte, welche die Passivseite der Bilanz um mehr als fünf Prozent der Summe der Gläubigerforderungen vergrößern oder die zum Verlust von Eigentum des Gemeinschuldners führen, außer wenn dies im gewöhnlichen Geschäftsgang geschieht, sowie für Abtretungen und für die Ausreichung von Darlehen. Gegenstände, die Sicherheiten dienen, können nur unter den Voraussetzungen des Art. 82 Abs. 6 InsG veräußert werden; es soll grundsätzlich eine Versteigerung stattfinden.[66] Auch das Unternehmen selbst kann durch Veräußerung verwertet werden.

Genehmigungspflichtig durch die Gläubigerversammlung gemäß Art. 82 Abs 3 InsG sind Geschäfte mit interessierten Parteien (insbesondere mit dem Geschäftsführer und Verwandten),[67] Geschäfte, deren Volumen mehr als fünf Prozent des Gesamtvermögens der Gesellschaft beträgt, sowie die Ausreichung von Darlehen. Schließlich tritt dann eine allgemeine Genehmigungspflicht ein, wenn die Verbindlichkeiten, die nach Beginn des Sanierungsverfahrens aufgelaufen sind, mehr als 20 Prozent der gesamten Gläubigerforderungen betragen.

Ist das Sanierungsverfahren auf Grund Sicherheitsleistung durch Dritte begonnen worden, so kann der Verwalter, wenn der Gemeinschuldner mehr als fünf Tage mit einer Zahlungspflicht nach Zahlungsplan in Verzug ist, diese Sicherheit abrufen. Der Sicherungsgeber hat dann einen Anspruch auf Erstattung der Sicherheit durch den Gemeinschuldner.[68]

Das Sanierungsverfahren wird durch Gerichtsbeschluss auf Antrag des Verwalters abgeschlossen; möglich sind entweder eine Einstellung des Insolvenzverfahrens gemäß Art. 57 InsG, wenn die Sanierung erfolgreich durchgeführt wurde, oder eine Beendigung des Verfahrens, der sich ein Übergang in die externe Verwaltung oder die Liquidation anschließt.[69]

4.3.3 Externe Verwaltung

Im Rahmen der externen Verwaltung wird die Geschäftsführung der Gesellschaft durch einen Verwalter nicht nur ergänzt, sondern ihre Kompetenzen werden auf das notwendige Maß reduziert; zu den verbleibenden Aufgaben gehören unter anderem Maßnahmen zur Kapitalbeschaffung,[70] insbesondere durch Ausgabe neuer Aktien bzw. Gesellschaftsanteile zur Beschaffung von Eigenkapital.

Der Verwalter agiert auch im Rahmen des externen Verwaltungsverfahrens auf Grundlage eines vorab gefassten Restrukturierungsplans. Diesen entwirft der Verwalter und legt ihn zwei Monate nach seiner Bestellung der Gläubigerversammlung vor, die über die Annahme entscheidet.[71] Ziel des Plans ist die Wiederherstellung der Liquidität des Gemeinschuldners;[72] Inhalt des Plans und damit Gegenstand der Verwaltertätigkeit sind regelmäßig tief-

---

[64] Art. 84(1) InsG.
[65] Art. 81(1) InsG.
[66] Art. 82(6), 110(3)-(9) InsG.
[67] Art. 19 InsG.
[68] Art. 89(1), 90(1) InsG.
[69] Art. 88(6), 92 InsG.
[70] Art. 99 InsG.
[71] Art. 107 InsG.
[72] Art. 106 InsG.

greifende Restrukturierungsmaßnahmen, zu denen auch der Verkauf von Unternehmensteilen oder Betriebsstilllegungen gehört.[73]

47 Im Rahmen der externen Verwaltung bleibt es bei dem grundsätzlichen Moratorium für nicht-privilegierte Forderungen.[74] Vollstreckt werden darf aber durch Gläubiger, die zu befriedigen wären; dies schließt die Beschlagnahme von Eigentum ein.

48 Grundsätzlich nimmt der Verwalter alle Geschäfte selbst vor. Dies schließt die Veräußerung von Gegenständen ein, soweit im Plan vorgesehen.[75] Ferner kann er Vergleiche abschließen. Auch steht ihm ein beschränktes Leistungsverweigerungsrecht binnen der ersten drei Monate der Verwaltung zu, soweit noch nicht erfüllte Verträge einem Drittvergleich nicht standhalten.[76] Genehmigungsbedürftig durch die Gläubigerversammlung oder das Gläubigerkomitee sind Geschäfte mit sog. interessierten Personen[77] und Großgeschäfte;[78] deren Wert mehr als 10 Prozent des Bilanzvermögens des Schuldners beträgt. Die Hingabe von Darlehen, Sicherheiten, Abtretungen etc. bedürfen ebenfalls der Zustimmung, wenn nicht die grundsätzliche Möglichkeit solcher Geschäfte sowie ihre Voraussetzungen im Plan vorgesehen sind.[79] Besicherte Gegenstände dürfen nur in öffentlicher Versteigerung oder mit Zustimmung der Sicherungsnehmer veräußert werden.[80] Die Erträge gehen an die Sicherungsnehmer, außer wenn Forderungen vorrangiger Gläubiger vorliegen, die vor Gewährung der Sicherheit entstanden sind.

49 Wenn im Verfahrensverlauf die Neuverbindlichkeiten 20 Prozent der Altverbindlichkeiten überschreiten, sind weitere Transaktionen, die nicht im Plan vorgesehen sind, von der Gläubigerversammlung oder dem Gläubigerkomitee zu genehmigen,[81] ebenso zusätzliche Ausgaben.[82]

50 Die Verwertung des Gesellschaftseigentums findet grundsätzlich durch öffentliche Verkäufe statt.[83] Eine Verbriefung von Vermögenswerten, etwa von Immobilien, zur Verbesserung ihrer Handelbarkeit ist ausdrücklich vorgesehen.[84]

51 Die Verteilung erfolgt hier auf Grund eines durch den Verwalter vorgelegten und von der Versammlung gebilligten Plans, der durch das Arbitragegericht beschlossen wird.[85]

52 Das Verfahren wird durch Beschluss des Arbitragegerichts abgeschlossen, mit dem es die Fremdverwaltung aufhebt.[86] Voraussetzung dieses Beschlusses sind entweder die durchgeführte Abrechnung mit den Gläubigern;[87] alternativ kann das Arbitragegericht die Verwaltung auch aufheben, wenn es den Übergang in eine andere Verfahrensart beschließt.[88] Diesen Beschluss wird es dann treffen, wenn die Gläubigerversammlung den o. a. Plan des Verwalters nicht billigt, sondern den Übergang in die entsprechende andere Verfahrensart beantragt.[89]

4.3.4 Vertragliches Verfahren

53 Schließlich können zur Befriedigung der Gläubiger auch in jedem Verfahrensstadium vertragliche Vereinbarungen getroffen werden.[90] Einzelheiten hierzu sind im Anschnitt „Reorganisationsverfahren" dargestellt.

---

[73] Art. 109 InsG.
[74] Art. 95(2) InsG.
[75] Art. 94(2) InsG.
[76] Art. 102 InsG.
[77] Art. 101(1), 19 InsG, zum Begriff siehe auch Fn. 67.
[78] Art. 101(3) InsG.
[79] Art. 101(4) InsG.
[80] Art. 101(5) InsG.
[81] Art. 104 InsG.
[82] Art. 105 InsG.
[83] Art. 111 f. InsG.
[84] Art. 115 InsG.
[85] Art. 117 f. InsG.
[86] Art. 123(1) InsG.
[87] Art. 123(2) InsG.
[88] Art. 123(1), (2) InsG.
[89] Art. 118(3) InsG.
[90] Art. 151–156 InsG.

4.3.5 Vereinfachtes Verfahren

In dem in Abschnitt 3.a dargestellten vereinfachten Verfahren über nicht-werbende Ge- 54
sellschaften, deren Vertreter nicht erreichbar sind, wird nur das Liquidationsverfahren durchgeführt. Das Gericht erklärt in diesem Fall die Gesellschaft einen Monat nach Antragstellung für insolvent und ordnet die Liquidation an. Die Gläubiger werden benachrichtigt und können Ansprüche gegenüber dem Liquidator binnen eines Monats anmelden. Erlangt der Verwalter Kenntnis von hinreichend vorhandener Vermögensmasse, so kann das Gericht auf seinen Antrag den Übergang in ein reguläres Hauptverfahren anordnen.[91]

4.4 Verteilung an die Gläubiger

Die Verteilung des Vermögens des Gemeinschuldners an die Gläubiger kann grundsätzlich 55
in jedem Verfahrensstadium stattfinden. Allerdings besteht nicht nur zwischen den Massegläubigern und den Insolvenzgläubigern, sondern auch unter letzteren eine klar strukturierte Hierarchie, die sich bei den Insolvenzgläubigern unter anderem nach der Rechtsnatur ihres Anspruchs und nach dem Zeitpunkt des Entstehens von Anspruch und Sicherungsrechten bestimmt. Daher wird die Verteilung regelmäßig erst dann stattfinden, wenn die vorhandenen Mittel und Forderungen eindeutig geklärt sind.

Im Rahmen der externen Verwaltung findet die Verteilung jeweils dann statt, wenn der 56
Verwalter den Eingang einer hinreichenden Geldsumme verzeichnen kann, um die Gläubiger einer bestimmten Ranggruppe zu befriedigen.[92] Die Verteilung wird vom Gericht geprüft.[93]

5. Gläubiger

5.1 Aussonderungsberechtigte Gläubiger

Relevant ist die Frage nach der Aussonderung hauptsächlich im Bereich der Liquidation 57
des Gemeinschuldners. In diesem Fall ist Bestandteil der Konkursmasse nur das Vermögen des Gemeinschuldners.[94] In Art. 301 ZGB statuiert das russische Recht einen dem deutschen Recht ähnlichen Herausgabeanspruch des Eigentümers gegen den Besitzer. Da im Fall der Liquidation alle Ansprüche gegen den Gemeinschuldner fällig werden, kann der Eigentümer seine Sache außerhalb des Insolvenzverfahrens herausverlangen.

5.2 Gesicherte Gläubiger

Als Sicherungsmittel können im russischen Recht Pfandrechte sowohl an beweglichen 58
und unbeweglichen Sachen als auch an Forderungen vereinbart werden. In der Insolvenz werden Sachen und Rechte, die Gegenstand eines Pfandrechts sind, im Grundsatz wie andere Gegenstände verwertet. Aus dem Erlös werden zunächst Kosten und dann Massegläubiger nach der nachfolgend dargestellten Reihenfolge befriedigt. Die Ansprüche dinglich gesicherter Gläubiger im russischen Insolvenzrecht im Verhältnis zu den bevorzugten Gläubigern hängen vom Zeitpunkt der jeweiligen Anspruchsentstehung ab.

Im Grundsatz sind aus der Verwertung des Sicherungsguts zunächst die vorrangigen 59
Gläubiger zu befriedigen. Danach, aber vor den einfachen Insolvenzgläubigern, wird der Sicherungsnehmer befriedigt. Ein anderes gilt dann, wenn die Sicherheit bestellt wurde, bevor der Anspruch des bevorzugten Gläubigers fällig wurde. In diesem Fall geht der Anspruch des gesicherten Gläubigers auf Befriedigung aus dem Sicherungsgut allen bevorzugten Gläubigern vor.[95]

5.3 Bevorzugte Insolvenzgläubiger

Bevorzugte Insolvenzgläubiger werden befriedigt, nachdem die Kosten des Insolvenzver- 60
fahrens beglichen wurden. Die bevorzugten Insolvenzgläubiger teilen sich in zwei Rang-

---

[91] Art. 228(3) InsG.
[92] Art. 122(1) InsG.
[93] Art. 122(2) InsG.
[94] Art. 131(1) InsG.
[95] Art. 138(2) InsG.

stufen. Erstrangig sind Ansprüche aus Verletzungen von Leben und Gesundheit, sowie wegen moralischer Schäden; zweitrangig sind Arbeitslohn und Abfindungen, sowie urheberrechtliche Ansprüche.[96] Zu beachten ist auch das Verhältnis zu den gesicherten Gläubigern, siehe Abschnitt 5.b.

5.4 Einfache Insolvenzgläubiger

61   Einfache Insolvenzgläubiger sind Gläubiger von nicht-privilegierten Forderungen, siehe dazu Abschnitt 5.c. Zu ihnen gehören auch staatliche Gläubiger.[97] Forderungen dieser Gläubiger, die sich daraus ergeben, dass ihnen auf Grund der Insolvenz Schäden entstehen (also insbesondere Forderungen, die auf Ersatz entgangenen Gewinns gerichtet sind, Vertragsstrafen, Verzugszinsen etc.), werden als nachrangige Forderungen befriedigt.[98] Einfache Insolvenzgläubiger sind schließlich die Anteilseigner der schuldnerischen Gesellschaft hinsichtlich der Rückgewähr ihrer Einlage, wenn diese ihnen vor Verfahrenseröffnung zurückgewährt wurde, die Zahlung aber durch den Insolvenzverwalter angefochten wurde,[99] siehe Abschnitt 7.

5.5 Nachrangige Insolvenzgläubiger

62   Verspätet angemeldete Forderungen werden nachrangig befriedigt (Einzelheiten zur Forderungsanmeldung siehe in Abschnitt 4.a). Nachrangig sind ferner Forderungen der Anteilseigner auf Rückgewähr ihrer Einlagen. Dies ist ausdrücklich für die Konstellation geregelt, dass ein Anteilseigner nach Verfahrenseröffnung aus der Gesellschaft ausscheidet, ihm in diesem Zusammenhang seine Einlage zurückerstattet wird, und der Insolvenzverwalter dieses Geschäft anficht.[100] Für sonstige Konstellationen ergibt sich die Nachrangigkeit der Forderungen auf Anteilsrückgewähr daraus, dass sich die Forderungen der einfachen Insolvenzgläubiger in Art. 137 InsG als Forderungen der Konkursgläubiger[101] bezeichnet werden. Nach der Definition in Art. 2 InsG sind die Konkursgläubiger[102] aber alle Gläubiger mit Ausnahme der vorrangigen und der Anteilseigner, soweit ihre Forderungen aus der Beteiligung am Unternehmen resultieren. Daraus ergibt sich, dass die Anteilseigner erst nach den sonstigen Gläubigern zu befriedigen sind.

5.6 Massegläubiger

63   Die Massegläubiger werden vor den sonstigen Gläubigern befriedigt, einschließlich der gesicherten Gläubiger.[103] Zu den Mitteln, aus denen die Massegläubiger befriedigt werden, zählen auch die Erlöse aus der Verwertung von Sicherungsgut. Den gesicherten Gläubigern stehen die Erlöse aus der Verwertung des Sicherungsguts nur vorrangig vor den einfachen und vorrangigen Gläubigern zu, nicht aber vor den Massegläubigern.

64   Zu den Masseschulden gehören die Verfahrenskosten und Ansprüche gegen den Gemeinschuldner, die nach Verfahrenseröffnung entstanden sind.[104] Reicht die Insolvenzmasse nicht zur Deckung aller Masseverbindlichkeiten aus, werden von den Verbindlichkeiten gegenüber den Massegläubigern nach Begleichung der Verfahrenskosten auch hier zuerst deliktische Gläubiger befriedigt, dann insbesondere Abfindungen und offene Arbeitslöhne.[105]

6. Abwicklung und vollständig erfüllte Verträge

65   Im Falle der externen Verwaltung kann der Verwalter die Leistung auf noch nicht erfüllte Verträge binnen drei Monate nach seiner Einsetzung verweigern, wenn sie einem Dritt-

---

[96] Art. 34(4) InsG.
[97] Art. 137(1) InsG.
[98] Art. 137(3) InsG.
[99] Art. 103(4) InsG.
[100] Art. 103(5) InsG.
[101] *Требования конкурсных кредиторов (Trebowaniya konkursnych kreditorow)*.
[102] *Конкурсные кредиторы (Konkursnye kreditory)* –.
[103] Art. 134(1), (4) InsG.
[104] Art. 134(1) InsG.
[105] Art. 134(3) i. V. m. 855(2) ZGB.

vergleich nicht standhalten;[106] dies gilt nicht für Verträge, die nach seiner Einsetzung geschlossen wurden.[107] Gleiches gilt für den Liquidator.[108] Macht der Verwalter das Anfechtungsrecht geltend, erlangt der Anfechtungsgegner einen Schadensersatzanspruch.[109] Hingegen ist das genannte Verweigerungsrecht für den vorläufigen Verwalter und den Verwalter im finanziellen Sanierungsverfahren ausdrücklich ausgeschlossen.[110]

Auch Arbeitsverträge können im Fall der Liquidation gekündigt werden.[111] Ansonsten bestehen keine Sonderregeln. Zu beachten ist allerdings, dass Ansprüche, die während des Insolvenzverfahrens entstehen, Masseverbindlichkeiten sind, und dass vor der Verfahrenseröffnung entstandene Lohnansprüche erstrangige Insolvenzansprüche darstellen.

7. Aufrechnung

Sondervorschriften hinsichtlich der Aufrechnung bestehen nur für die Aufrechnung durch die Gesellschaft.[112] Die Gläubiger sind nicht an der Aufrechnung gehindert.

8. Insolvenzanfechtung

In den jeweiligen Insolvenzverfahren bestehen verschiedene Anfechtungsmöglichkeiten.

Im Vorverfahren kann der vorläufige Verwalter Rechtshandlungen des Gemeinschuldners anfechten, die dieser nach Beginn des Vorverfahrens unter Verstoß gegen die ihm ab diesem Zeitpunkt obliegenden Pflichten vorgenommen hat.[113] Bei diesen Pflichten handelt es sich hauptsächlich um Genehmigungserfordernisse, wie sie ab Verfahrensbeginn etwa für Dividendenzahlungen oder für Geschäfte, welche die Struktur der Gesellschaft schwerwiegend verändern, bestehen.[114]

Im Hauptverfahren sind die zentralen anfechtungsähnlichen Rechte in Art. 102 und 103 InsG geregelt. Dort gelten sie für das Verfahren der externen Verwaltung; durch Verweisung bestehen sie auch für das Liquidationsverfahren.[115] Ein eigenständig ausgestaltetes Anfechtungsrecht sieht demgegenüber das Sanierungsverfahren in Art. 82(5) InsG vor.

Art. 102 InsG gewährt dem Insolvenzverwalter ein Leistungsverweigerungsrecht hinsichtlich nicht erfüllter Verträge (Einzelheiten hierzu in Abschnitt 6).

Art. 103 InsG sieht vor, dass das Arbitragegericht auf Antrag des Verwalters Handlungen des Schuldners für nichtig erklären kann. Die Nichtigkeitsgründe beziehen sich auf Handlungen, die geeignet sind, Anteilseigner der schuldnerischen Gesellschaft oder einzelne Gläubiger zu bevorzugen. Pauschal und ohne Frist sind daher alle Rechtsgeschäfte anfechtbar, welche die schuldnerische Gesellschaft mit interessierten Personen, etwa ihren Gesellschaftern bzw. Aktionären oder ihren Leitungsorganen, geschlossen hat, wenn der Gesellschaft dadurch ein Schaden entstanden ist.[116] Darüber hinaus sind alle Geschäfte anfechtbar, die innerhalb von sechs Monaten vor Annahme des Antrags auf Verfahrenseröffnung abgeschlossen wurden, wenn sie zur bevorzugten Befriedigung eines Gläubigers führen.[117] Weiterhin sind alle Handlungen innerhalb der genannten Sechsmonatsfrist anfechtbar, die damit zusammenhängen, dass ein Anteilseigner der schuldnerischen Gesellschaft aus dieser ausscheidet und seine Einlage erstattet erhält, und die dazu führen, dass die Interessen der Gläubiger verletzt werden.[118] Schließlich sind darüber hinaus alle mit der Einlagenrück-

---

[106] Art. 99(1), 102(1) InsG.
[107] Art. 102(5) InsG.
[108] Art. 129(3) InsG.
[109] Art. 102(4) InsG.
[110] Art. 102(5) InsG.
[111] Art. 129(3) InsG.
[112] Art. 63(1), 81(1) InsG.
[113] Art. 66(1) InsG.
[114] Art. 63 f. InsG.
[115] Art. 129(3), (4) InsG.
[116] Art. 103(2) InsG.
[117] Art. 103(3) InsG.
[118] Art. 103(4) InsG.

Russische Föderation 73–77

gewähr in Zusammenhang stehenden Geschäfte anfechtbar, auch wenn keine Verletzung der Interessen der Gläubiger nachweisbar ist, sofern die Rückgewähr nach Annahme des Insolvenzantrags durch das Gericht stattfand.[119]

73   Im Verfahren der finanziellen Sanierung ist in erster Linie der Verwalter anfechtungsberechtigt; Anfechtungsgrund ist in diesem Zusammenhang jeder Verstoß gegen das Insolvenzgesetz.[120] Darüber hinaus steht allen Verfahrensbeteiligten ein Anfechtungsrecht zu; hier ist Anfechtungsgrund die Verletzung der Genehmigungspflichten, die den Leitungsorganen des Schuldners im Verfahren der finanziellen Sanierung obliegen.[121]

9. Reorganisationsverfahren

74   Eine freiwillige Regelung zur Befriedigung der Gläubiger kann in jedem Verfahrensabschnitt getroffen werden.[122] Der Richter soll in jedem Verfahrensschritt auf eine einvernehmliche Regelung hinwirken.[123] Voraussetzung auf Gläubigerseite ist ein Mehrheitsbeschluss der Gläubigerversammlung, dem sämtliche gesicherte Gläubiger zugestimmt haben.[124] Auf der anderen Seite hat der Schuldner zuzustimmen. Dieser wird dabei je nach Verfahrensstadium unterschiedlich vertreten: während der vorläufigen Verwaltung und der finanziellen Sanierung durch das Leitungsorgan des Schuldners,[125] während externer Verwaltung und Liquidation durch den Verwalter.[126]

75   Gesetzliches Leitbild ist ein Umschuldungsverfahren, in dem die Gläubiger auf Teile ihres Anspruchs verzichten, oder alternative Befriedigungsmöglichkeiten wählen; dabei verfügen sie über freie Gestaltungsmöglichkeit, soweit dies nicht die Ansprüche anderer in das Verzeichnis eingetragener Gläubiger verletzt.[127] Blockadeverhalten durch eine Minderheit der Gläubiger kann dadurch verhindert werden, dass die entsprechenden Gläubiger von Dritten ausbezahlt werden dürfen[128] Der Schutz von schwächeren Gläubigern ist in dieser Verfahrensart dadurch gewährleistet, dass vor dem Beginn des freiwilligen Verfahrens die erst- und zweitrangigen bevorzugten Gläubiger voll zu befriedigen sind. Erst dann wird der Gerichtsbeschluss erlassen, der das Vergleichsverfahren eröffnet.[129] Der Grundsatz der Gläubigergleichbehandlung wird außerdem dadurch gesichert, dass Gläubiger, die dem Vergleich zugestimmt haben, nicht besser gestellt werden dürfen als solche, die ihre Zustimmung verweigert haben.[130]

76   Das Gericht kann den Vergleich aufheben und die Eröffnung des bzw. einen Wiedereintritt in das jeweilige Regelverfahren anordnen, wenn der Schuldner seine Verpflichtungen aus dem Vergleich gegenüber Gläubigern, die mehr als 25 Prozent der Forderungen innehaben, grob verletzt.[131]

10. Internationales Insolvenzrecht

77   Die Russische Föderation ist nicht an der Europäischen Insolvenzordnung beteiligt. Entscheidungen ausländischer Gerichte werden auf Basis internationaler Verträge oder auf Gegenseitigkeit anerkannt.[132] Internationale Verträge haben Vorrang vor nationalem Recht der Russischen Föderation.[133]

---

[119] Art. 103(5) InsG.
[120] Art. 83(4) InsG.
[121] Art. 82(5) InsG, s. zu den Genehmigungspflichten oben 4.c.
[122] Art. 150(1) InsG.
[123] Art. 50(4) InsG.
[124] Art. 150(2) InsG.
[125] Art. 151(3), 152(3) InsG.
[126] Art. 153(1), 154(1) InsG.
[127] Art. 156(1) InsG.
[128] Art. 156(4) InsG.
[129] Art. 158(1) InsG.
[130] Art. 156(3) InsG.
[131] Art. 165 InsG.
[132] Art. 1(6) InsG.
[133] Art. 1(4) InsG.

Schweiz

bearbeitet von *Georg Zondler* (Wenger & Vieli, Zürich)

Übersicht

		RdNr.			RdNr.
1.	**Schrifttum**	1	5.	**Gläubiger**	38
2.	**Einführung**	2	5.1	Aussonderungsberechtigte Gläubiger	39
2.1	Gesetzlicher Rahmen	2	5.2	Gesicherte Gläubiger	41
2.2	Verfahrenstypen	5	5.3	Bevorzugte Insolvenzgläubiger	43
3.	**Eröffnung des Verfahrens**	13	5.4	Einfache Insolvenzgläubiger	48
3.1	Eröffnungsgründe	13	5.5	Nachrangige Insolvenzgläubiger	49
3.2	Schuldner	17	5.6	Massegläubiger	50
3.3	Zulässige Sicherungsmaßnahmen vor Verfahrenseröffnung	19	6.	**Abwicklung nicht vollständig erfüllter Verträge**	51
3.4	Wirkungen der Verfahrenseröffnung	21	7.	**Aufrechnung**	53
4.	**Verlauf des Verfahrens**	26	8.	**Insolvenzanfechtung**	55
4.1	Anmeldung der Forderung durch die Gläubiger	26	9.	**Reorganisationsverfahren**	60
4.2	Gläubigerversammlungen	29	10.	**Internationales Insolvenzrecht**	67
4.3	Verwaltung und Verwertung der Insolvenzmasse	32			
4.4	Verteilung an die Gläubiger	36			

1. Schrifttum: *Amonn/Walther*, Grundriss des Schuldbetreibungs- und Konkursrechts, 7. Auflage, Bern 2003; *Audétat*, Die Internationale Forderungspfändung nach schweizerischem Recht, Bern 2007; *Dallèves (†)/Foëx/Jeandin* (Hrsg.), Poursuite et faillite, Commentaire de la Loi sur la poursuite pour dettes et la faillite ainsi que des articles 166 à 175 de la Loi sur le droit international privé, Basel/Genf/München 2005; *Gilliéron*, Commentaire de la loi fédérale sur la poursuite pour dettes et la faillite, 5 Bände, Lausanne 1999 – 2003; *Jaeger/Walder/Kull/Kottmann*, Das Bundesgesetz betreffend Schuldbetreibung und Konkurs, 3 Bände, 4. Auflage, Zürich 1997, 1999 und 2000; *Lorandi*, Betreibungsrechtliche Beschwerde und Nichtigkeit, Kommentar zu den Artikeln 13–30 SchKG, Basel/Genf/München 2000; *Spühler/Gehri/Pfister*, Schuldbetreibungs- und Konkursrecht I, 3. Auflage, Zürich 2004; *Spühler*, Schuldbetreibungs- und Konkursrecht II, Unter Mitarbeit von Catherine B. Strunz, 3. Auflage, Zürich 2003; *Staehelin/Bauer/Staehelin*, Kommentar zum Bundesgesetz über Schuldbetreibung und Konkurs, 3 Bände, Basel/Genf/München 1998 und Ergänzungsband 2005; *Stoffel*, Voies d'exécution. Poursuite pour dettes, exécution de jugements et faillite en droit suisse, Bern 2002.

Hilfreiche Websites: http://www.admin.ch/ch/d/sr/28.html#28 Offizielle Gesetzestexte in aktuell gültiger Fassung, jeweils auf Deutsch, Französisch und Italienisch
  http://zefix.admin.ch/ Zentraler Firmenindex mit Daten, die bei den kantonalen Handelsregisterämtern gespeichert sind, in der jeweiligen Amtssprache der Kantone
  http://www.teledata.ch/ Private, kostenpflichtige Website mit Handelsregister- und allenfalls weiteren Daten zu Firmen
  http://www.betreibung-konkurs.ch/ Website der Konferenz der Betreibungs- und Konkursbeamten der Schweiz, mit Links zu den örtlich zuständigen Betreibungs- und Konkursämtern
  http://www.stadt-zuerich.ch/internet/basta/ba/home.html Beispiel einer Website einer lokalen Behörde mit Formularen für einzelne Verfahrensschritte
  http://www.bger.ch/index/juridiction/jurisdiction-inherit-template/jurisdiction-recht/jurisdiction-recht-leitentscheide1954-direct.htm Entscheide des Schweizerischen Bundesgerichts
  http://entscheide.gerichte-zh.ch/zrp/entscheide/entogweb.nsf/¤search Beispiel einer kantonalen Entscheidsammlung
  http://www.arrestpraxis.ch/ Literaturverzeichnis und Sammlung von Entscheiden zum Arrestrecht

2. Einführung

2.1 Gesetzlicher Rahmen

Die Zwangsvollstreckung von Geldforderungen (sowie von Ansprüchen auf Sicherheitsleistung in Geld) wird in der Schweiz einheitlich durch das Bundesgesetz über Schuldbetreibung und Konkurs (SchKG) und dessen Nebenerlasse geregelt. Das SchKG vom 11. April

1889 wurde mit der Revision vom 16. Dezember 1994[1] in wesentlichen Teilen geändert. Andere privatrechtliche Ansprüche sind auf dem Wege der zivilprozessualen Vollstreckung, welche durch die Zivilprozessordnungen der einzelnen Kantone geregelt ist, durchzusetzen.[2]

3   Konkursrechtliche Bestimmungen finden sich sodann in Spezialgesetzen, bspw. dem Bundesgesetz über die Schuldbetreibung gegen Gemeinden und andere Körperschaften des kantonalen öffentlichen Rechts, im Bankengesetz oder im Versicherungsaufsichtsgesetz.

4   Die jeweils aktuellste Fassung dieser Erlasse sowie die Chronologie ihrer Änderungen kann am einfachsten online nachgeschlagen werden.[3]

2.2 Verfahrenstypen

5   Das SchKG unterscheidet im Wesentlichen zwischen der Spezial- und der Generalexekution, welche je nach Eigenschaft des Schuldners und/oder der Forderung einzuschlagen ist. Bei Privatpersonen steht die Pfändung von Vermögenswerten im Vordergrund, während bei Unternehmen in der Regel die Generalexekution zum Zuge kommt. Besteht Aussicht auf Sanierung, kann auch das Nachlassverfahren in Frage kommen,[4] welches im Zuge der Revision vom 16. Dezember 1994 tief greifend überarbeitet wurde.

6   Auch eine natürliche Person kann mit der sogenannten einvernehmlichen privaten Schuldenbereinigung[5] eine Gesamtregelung mit den Gläubigern anstreben. Zudem kann auch jede Person die Konkurseröffnung beantragen, indem sie sich beim Gericht zahlungsunfähig erklärt.[6]

7   In aller Regel muss zuerst das Einleitungsverfahren durchlaufen werden: Der Gläubiger beantragt beim zuständigen Betreibungsamt mit einem *Betreibungsbegehren* die Ausstellung eines *Zahlungsbefehls*. Im Betreibungsbegehren sind insbesondere Name und Wohnsitz von Gläubiger und Schuldner, die Forderungssumme in Schweizer Franken samt allfälligen Angaben zu Zinsfuss und Zinsenlauf sowie Forderungsurkunde, falls vorhanden, oder zumindest der Forderungsgrund anzugeben.[7] Die Kosten der Betreibung[8] sind vom Gläubiger vorzuschießen.[9]

8   Der daraufhin vom Betreibungsamt ausgestellte Zahlungsbefehl enthält einerseits die Aufforderung an den Schuldner, den Gläubiger innerhalb von 20 Tagen für die Forderung samt Betreibungskosten zu befriedigen, und andererseits die Mitteilung, dass der Schuldner, welcher die Forderung bestreiten will, innerhalb von 10 Tagen beim Betreibungsamt *Rechtsvorschlag* (d. h. den Gläubiger durch Einsprache auf den Rechtsweg verweisen) zu erheben hat.[10]

9   Ein rechtzeitig erhobener Rechtsvorschlag kann nur in einem gerichtlichen Verfahren beseitigt werden. Besitzt der Gläubiger einen sog. *Rechtsöffnungstitel,* also eine schriftliche oder gerichtliche Schuldanerkennung, ein vollstreckbares gerichtliches Urteil oder einen gerichtlichen Vergleich, so kann er in einem summarischen Verfahren *Rechtsöffnung,* d. h. die Beseitigung des Rechtsvorschlages, verlangen. Je nach Qualität des Rechtsöffnungstitels wird *provisorische* oder *definitive* Rechtsöffnung erteilt. Bei schriftlicher oder durch öffentliche Urkunde festgestellter Schuldanerkennung erfolgt lediglich eine provisorische Beseitigung des Rechtsvorschlags,[11] während bei Vorliegen eines vollstreckbaren gerichtlichen Urteils definitive Rechtsöffnung gewährt wird.[12]

---

[1] In Kraft getreten am 1. Januar 1997.
[2] Derzeit befindet sich die Vorlage für eine einheitliche Zivilprozessordnung des Bundes in der parlamentarischen Beratung, mit dem Inkrafttreten ist kaum vor 2010 zu rechnen.
[3] Vgl. den oben unter 1. angegebenen Link zu den offiziellen Gesetzestexten.
[4] Art. 293 ff. SchKG.
[5] Art. 333 ff. SchKG.
[6] Art. 191 SchKG.
[7] Art. 67 SchKG.
[8] Diese sind in der Gebührenverordnung zum Bundesgesetz über Schuldbetreibung und Konkurs festgesetzt.
[9] Art. 68 Abs. 1 SchKG.
[10] Art. 69 Abs. 2 Ziff. 2 und 3 SchKG.
[11] Art. 82 SchKG.
[12] Art. 80 SchKG.

Bei provisorischer Rechtsöffnung steht dem Schuldner das Recht zu, innerhalb von 20 Tagen seit Rechtsöffnung am Ort der Betreibung die *Aberkennungsklage* zu erheben,[13] d. h. eine negative Feststellungsklage gegen die in Betreibung gesetzte Forderung einzureichen. Besitzt der Gläubiger keinen Rechtsöffnungstitel, muss er eine *Anerkennungsklage* erheben, d. h. Klage auf Zahlung einleiten.[14] 10

Der Gläubiger kann frühestens 20 Tage nach Zustellung des Zahlungsbefehls das *Fortsetzungsbegehren* stellen.[15] Erst dann legt das Betreibungsamt fest, welche Betreibungsart für das weitere Verfahren zum Zuge kommt. 11

Die spezialgesetzlichen Konkursbestimmungen, bspw. im Banken- oder Versicherungsaufsichtsgesetz, sehen teilweise abweichende Verfahren vor, namentlich mit erweiterten Befugnissen der Liquidationsorgane sowie der jeweiligen Aufsichtsbehörde. 12

3. Eröffnung des Verfahrens

3.1 Eröffnungsgründe

Entscheidet das Betreibungsamt nach Prüfung des Fortsetzungsbegehrens, dass der Schuldner der Konkursbetreibung unterliegt, stellt es dem Schuldner die Konkursandrohung zu.[16] Diese enthält die Anzeige, dass der Gläubiger nach Ablauf von 20 Tagen das Konkursbegehren stellen kann.[17] Hernach kann der Gläubiger beim Konkursgericht die Konkurseröffnung beantragen.[18] Es findet eine Verhandlung statt. Wird der Konkurs eröffnet, hält das Gericht den Zeitpunkt der Konkurseröffnung im Konkurserkenntnis fest.[19] 13

Bei Forderungen (auch pfandgesicherte), die auf einem Wechsel oder Scheck gründen, kann die *Wechselbetreibung* verlangt werden, sofern der Schuldner der Konkursbetreibung unterliegt.[20] Für dieses Verfahren gelten besonders kurze Fristen; zudem muss ein allfälliger Rechtsvorschlag des Schuldners begründet und gerichtlich bewilligt werden.[21] 14

Ein Antrag auf Konkurseröffnung ohne vorgängige Betreibung kann gestellt werden:[22] (a.) Gegen den Schuldner, dessen Aufenthaltsort unbekannt ist oder der die Flucht ergriffen hat, um sich seinen Verbindlichkeiten zu entziehen, oder der betrügerische Handlungen zum Nachteile der Gläubiger begangen hat oder zu begehen versucht oder bei einer Betreibung auf Pfändung Bestandteile seines Vermögens verheimlicht hat; (b.) gegen einen der Konkursbetreibung unterliegenden Schuldner, der seine Zahlungen eingestellt hat; (c.) und schließlich im Falle des Art. 309 SchKG, wenn ein Nachlassvertrag abgelehnt, oder eine Nachlassstundung widerrufen wird. 15

Schließlich wird der Konkurs über jeden Schuldner eröffnet, welcher sich bei Gericht als zahlungsunfähig erklärt, wenn keine Aussicht auf eine Schuldenbereinigung besteht.[23] Dies gilt selbst dann, wenn der Schuldner der Konkursbetreibung nicht unterliegt. 16

3.2 Schuldner

Die Betreibung wird auf dem Weg des Konkurses fortgesetzt, wenn der Schuldner in einer der folgenden Eigenschaften im Handelsregister eingetragen ist:[24] 17
– Inhaber einer Einzelfirma (Art. 934 und 935 OR);
– Mitglied einer Kollektivgesellschaft (Art. 554 OR);
– unbeschränkt haftendes Mitglied einer Kommanditgesellschaft (Art. 596 OR);

---

[13] Art. 83 Abs. 2 SchKG.
[14] Art. 79 SchKG.
[15] Art. 88 Abs. 1 SchKG.
[16] Art. 159 ff. SchKG.
[17] Art. 160 Abs. 1 Ziff. 3 SchKG.
[18] Art. 166 SchKG.
[19] Art. 175 SchKG.
[20] Art. 177 Abs. 1 SchKG.
[21] Art. 182 SchKG.
[22] Art. 190 Abs. 1 SchKG.
[23] Art. 191 SchKG.
[24] Art. 39 Abs. 1 SchKG.

- Mitglied der Verwaltung einer Kommanditaktiengesellschaft (Art. 765 OR);
- geschäftsführendes Mitglied einer Gesellschaft mit beschränkter Haftung (Art. 781 OR);
- Kollektivgesellschaft (Art. 552 OR);
- Kommanditgesellschaft (Art. 594 OR);
- Aktien- oder Kommanditaktiengesellschaft (Art. 620 und 764 OR);
- Gesellschaft mit beschränkter Haftung (Art. 772 OR);
- Genossenschaft (Art. 828 OR);
- Verein (Art. 60 ZGB);
- Stiftung (Art. 80 ZGB).

18 Für pfandgesicherte Forderungen wird das Verfahren ungeachtet der Konkursfähigkeit des Schuldners durch die Betreibung auf Pfandverwertung fortgesetzt.[25]

3.3 Zulässige Sicherungsmaßnahmen vor Verfahrenseröffnung

19 Als allgemeines Mittel der Sicherung von Vermögenssubstrat für eine spätere Vollstreckung dient in erster Linie der Arrest gemäß Art. 279 ff. SchKG. Dieser kann vom Richter am Ort der Vermögensgegenstände in einem summarischen Verfahren ohne Anhörung der Gegenpartei bewilligt werden, wenn der Gläubiger (a.) den Bestand einer fälligen[26] Forderung, welche nicht durch ein Pfand gedeckt sein darf, (b.) das Vorliegen eines Arrestgrundes sowie (c.) das Vorhandensein von Vermögensgegenständen des Schuldners glaubhaft macht. Als wichtigster Arrestgrund gilt das Fehlen eines Wohnsitzes des Schuldners in der Schweiz[27] (sog. Ausländerarrest), der allerdings einen genügenden Bezug der Gläubigerforderung zur Schweiz voraussetzt, sofern diese nicht auf einem vollstreckbaren gerichtlichen Urteil oder einer Schuldanerkennung im Sinne von Art. 82 Abs. 1 SchKG[28] beruht. Wer durch einen Arrest in seinen Rechten betroffen ist (zB neben dem Schuldner auch der Drittverwahrer oder -ansprecher), kann innerhalb von zehn Tagen beim Arrestrichter Einsprache erheben.[29] Im Einspracheverfahren werden – diesmal unter Wahrung des rechtlichen Gehörs der vom Arrest Betroffenen – die Voraussetzungen der Arrestbewilligung einer erneuten Prüfung unterzogen.

20 Andere Sicherungsmaßnahmen setzen ein fortgeschrittenes Einleitungsverfahren voraus. So kann ein Gläubiger in der Spezialexekution die provisorische Pfändung verlangen, wenn die ihm gewährte Rechtsöffnung definitiv geworden ist.[30] Bei einem der Konkursbetreibung unterliegenden Schuldner kann unter der gleichen Voraussetzung die Aufnahme eines Güterverzeichnisses beantragt werden.[31] Das Güterverzeichnis ist ein amtliches Inventar des Schuldnervermögens, welches im Falle einer Konkurseröffnung die Aktivmasse bilden könnte. Dementsprechend nimmt es ein späteres Konkursinventar vorweg. Der Schuldner ist bei Straffolge verpflichtet dafür zu sorgen, dass die im Güterverzeichnis aufgenommenen Vermögensgegenstände erhalten bleiben oder durch gleichwertige ersetzt werden. Diese Verpflichtung erlischt vier Monate nach Erstellung des Verzeichnisses oder wenn alle betreibenden Gläubiger einwilligen.[32]

3.4 Wirkungen der Verfahrenseröffnung

21 Mit der Konkurseröffnung verliert der Schuldner die Verfügungsfähigkeit über das zur Konkursmasse gehörende Vermögen. Die von ihm nach Konkurseröffnung vorgenommenen

---

[25] Art. 41 Abs. 1 SchKG.
[26] Bei den Arrestgründen von Art. 271 Abs. 1 Ziff. 1 und 2 SchKG kann auch für eine nicht verfallene Forderung Arrest beantragt werden; vgl. Art. 271 Abs. 2 SchKG.
[27] Art. 271 Abs. 1 Ziff. 4 SchKG.
[28] D. h. ein Rechtsöffnungstitel gegeben ist, wie oben bei RdNr. 8 erläutert.
[29] Art. 278 Abs. 1 SchKG.
[30] Art. 83 Abs. 1 SchKG; BGE 122 III 36 ff. (BGE: in der amtlichen Sammlung publizierter Bundesgerichtsentscheid).
[31] Art. 162 ff. SchKG.
[32] Art. 165 SchKG.

Rechtshandlungen in Bezug auf Vermögensstücke der Konkursmasse sind gegenüber den Konkursgläubigern ungültig.[33]

Die Konkursmasse umfasst das gesamte verwertbare Vermögen, das dem Schuldner im Zeitpunkt der Konkurseröffnung gehört und welches ihm bis zum Schuss des Konkursverfahrens anfällt.[34] Zur Konkursmasse gehört auch allfälliges im Ausland liegendes Schuldnervermögen; allerdings kann die Admassierung von Vermögenswerten im Ausland mit Schwierigkeiten verbunden sein.[35]

Zur Konkursmasse gehören ferner Vermögensstücke, die mit Pfandrechten belastet sind,[36] gepfändete Vermögensstücke, deren Verwertung zum Zeitpunkt der Konkurseröffnung noch nicht stattgefunden hat, und Arrestgegenstände[37] sowie alles, was nach Maßgabe der Artikel 214 und 285–292 SchKG Gegenstand einer Anfechtungsklage sein kann.[38]

Alle gegen den Schuldner hängigen Betreibungen sind aufgehoben, und neue Betreibungen für Forderungen, die vor der Konkurseröffnung entstanden sind, können während des Konkursverfahrens nicht eingeleitet werden. Ausgenommen sind Betreibungen auf Verwertung von Drittpfändern.[39] Mit Ausnahme dringlicher Fälle werden Zivilprozesse, in denen der Schuldner Partei ist und die den Bestand der Konkursmasse berühren, eingestellt.[40]

Schließlich bewirkt die Konkurseröffnung die Fälligkeit sämtlicher Schuldverpflichtungen des Schuldners mit Ausnahme derjenigen, die durch seine Grundstücke pfandrechtlich gedeckt sind. Der Gläubiger kann neben der Hauptforderung die Zinsen bis zum Tag der Konkurseröffnung und die Betreibungskosten geltend machen. Von noch nicht verfallenen unverzinslichen Forderungen wird ein Zwischenzins (Diskont) von 5 Prozent abgezogen.[41] Mit der Eröffnung des Konkurses hört gegenüber dem Schuldner der Zinsenlauf auf. Ausgenommen sind pfandgesicherte Forderungen, für welche der Zins bis zur Verwertung weiterläuft, soweit der Pfanderlös den Betrag der Forderung und des bis zur Konkurseröffnung aufgelaufenen Zinses übersteigt.[42] Forderungen, welche nicht eine Geldzahlung zum Gegenstand haben, werden in Geldforderungen von entsprechendem Werte umgewandelt.[43] Ein Verkäufer, der dem Schuldner die verkaufte Sache vor der Konkurseröffnung übertragen hat, kann nicht mehr vom Vertrag zurücktreten und die übergebene Sache zurückfordern, auch wenn er sich dies ausdrücklich vorbehalten hatte.[44]

4. Verlauf des Verfahrens

4.1 Anmeldung der Forderung durch die Gläubiger

Das Konkursamt macht die Eröffnung des Konkurses öffentlich bekannt, sobald feststeht, ob dieser im ordentlichen oder summarischen Verfahren durchgeführt werden kann.[45] Die Konkurspublikation umfasst insbesondere die Bekanntgabe des Namens und Wohnorts des Konkursiten sowie den Zeitpunkt der Konkurseröffnung, die Aufforderung an Konkursgläubiger und Aussonderungsberechtigte, ihre Ansprüche innert Monatsfrist beim Konkursamt anzumelden.[46] Gläubiger, deren Namen und Wohnsitz bekannt sind, erhalten eine Spezialanzeige.[47]

---

[33] Art. 204 Abs. 1 SchKG.
[34] Art. 197 SchKG.
[35] Vgl. dazu unten RdNr. 72.
[36] Art. 198 SchKG.
[37] Art. 199 Abs. 1 SchKG.
[38] Art. 200 SchKG.
[39] Art. 206 Abs. 1 SchKG.
[40] Art. 207 Abs. 1 SchKG.
[41] Art. 208 SchKG.
[42] Art. 209 SchKG.
[43] Art. 211 Abs. 1 SchKG.
[44] Art. 212 SchKG.
[45] Art. 232 Abs. 1 SchKG.
[46] Art. 232 Abs. 2 Ziff. 2 SchKG.
[47] Vgl. Art. 233 SchKG.

Schweiz 27–33

27 Allfällige Forderungen können noch bis zum Schluss des Konkursverfahrens angemeldet werden, wobei der Gläubiger sämtliche durch die verspätete Konkursanmeldung verursachten Kosten zu tragen hat.[48]

28 Die Konkurspublikation enthält sodann die Aufforderung an die Schuldner des Konkursiten, sich innerhalb der Eingabefrist beim Konkursamt zu melden und Auskünfte über die Guthaben des Konkursiten zu erteilen. Auch die Besitzer von Sachen im Eigentum des Konkursiten, insbesondere Faustpfandgläubiger, werden aufgefordert, innert der gleichen Frist die Sachen des Konkursiten dem Konkursamt zur Verfügung zu stellen.[49]

4.2 Gläubigerversammlungen

29 Im ordentlichen Verfahren finden zwei Gläubigerversammlungen statt. In der *ersten Gläubigerversammlung* erstattet das Konkursamt Bericht über die Aufnahme des Inventars und den Bestand der Masse. Die Gläubigerversammlung entscheidet, ob das Konkursamt als Verwalter bestätigt oder eine außeramtliche Konkursverwaltung eingesetzt wird, was namentlich bei größeren Konkursen nicht selten ist. Die Versammlung kann ferner einen Gläubigerausschuss wählen.[50]

30 Die *zweite Gläubigerversammlung* findet nach Auflage des Kollokationsplans statt. Eingeladen werden die Gläubiger, deren Forderungen nicht bereits rechtskräftig abgewiesen sind.[51] Die Konkursverwaltung erstattet umfassend Bericht über den Gang der Verwaltung und den Stand der Aktiven und Passiven.[52] Die Versammlung beschließt über die Bestätigung der Konkursverwaltung und gegebenenfalls des Gläubigerausschusses und ordnet alles Weitere für die Durchführung des Konkurses an.[53]

31 Weitere Gläubigerversammlungen werden einberufen, wenn ein Viertel der Gläubiger oder der Gläubigerausschuss es verlangt oder wenn die Konkursverwaltung es für nötig hält.[54] Des Weiteren können wichtige, durch die Gläubigergesamtheit zu fällende Beschlüsse auf dem Zirkularweg gefasst werden,[55] was in der Praxis häufig vorkommt.

4.3 Verwaltung und Verwertung der Insolvenzmasse

32 Die Konkursverwaltung hat alle zur Erhaltung und Verwertung der Konkursmasse gehörenden Geschäfte zu besorgen und diese namentlich auch vor Gericht zu vertreten.[56] Dazu gehört insbesondere der Entscheid über die Aussonderung[57] und die Admassierung von Gegenständen sowie der Forderungseinzug und gegebenenfalls der Notverkauf von Gegenständen, die einer schnellen Wertminderung ausgesetzt sind oder hohe Kosten verursachen.[58]

33 Nach Ablauf der Eingabefrist prüft die Konkursverwaltung die eingegebenen Forderungen und macht die dazu erforderlichen Abklärungen, insbesondere holt sie über jede Konkurseingabe die Erklärung des Gemeinschuldners ein.[59] Die Konkursverwaltung entscheidet über die Anerkennung der Forderungen[60] und den Plan für die Rangordnung der Gläubiger, den *Kollokationsplan*,[61] aus welchem der Betrag der zugelassenen Forderungen und deren Rang sowie auch die abgewiesenen Forderungen und der Grund der Abweisung[62]

---

[48] Vgl. Art. 251 SchKG.
[49] Art. 232 Abs. 2 Ziff. 3 und 4 SchKG; vgl. zu den Pfandgläubigern unten RdNr. 40 f.
[50] Art. 237 SchKG.
[51] Art. 252 Abs. 1 SchKG.
[52] Art. 253 Abs. 1 SchKG.
[53] Art. 253 Abs. 2 SchKG.
[54] Art. 255 SchKG.
[55] Vgl. Art. 255 a SchKG.
[56] Art. 240 SchKG.
[57] Siehe dazu unten RdNr. 38 f.
[58] Vgl. Art. 242 f. SchKG.
[59] Art. 244 SchKG.
[60] Art. 245 SchKG.
[61] Art. 247 Abs. 1 SchKG.
[62] Art. 248 SchKG.

hervorgeht. Der Kollokationsplan ist innerhalb von 60 Tagen seit Ablauf der Eingabefrist zu erstellen; eine Frist, die in der Praxis selten eingehalten wird.

Der Kollokationsplan wird beim Konkursamt zur Einsicht aufgelegt, und die Auflage ist öffentlich bekannt zu machen.[63] Ein Gläubiger, der den Kollokationsplan anfechten will, weil seine Forderung nicht (vollumfänglich) und/oder im beanspruchten Range zugelassen wurde, kann innerhalb von 20 Tagen nach der öffentlichen Auflage beim Richter am Konkursort gegen die Masse klagen.[64] Will er die Zulassung eines anderen Gläubigers oder dessen Rang bestreiten, so muss er die Klage gegen den Gläubiger richten.[65]

Die zur Masse gehörenden Vermögenswerte werden auf Anordnung der Konkursverwaltung öffentlich versteigert oder, falls die Gläubiger es beschließen, freihändig verkauft.[66] Verzichtet die Gläubigergesamtheit auf die Geltendmachung von Ansprüchen, wie zB kostenintensive Verantwortlichkeits- oder Anfechtungsprozesse, so ist jeder Gläubiger berechtigt, die Abtretung solcher Rechtsansprüche der Masse zu verlangen. Das Ergebnis dient nach Abzug der Kosten zur Deckung der Forderungen derjenigen Gläubiger, an welche die Abtretung stattgefunden hat, nach dem unter ihnen bestehenden Range; ein allfälliger Überschuss geht an die Masse.[67]

4.4 Verteilung an die Gläubiger

Nachdem sowohl die Aktiv- wie auch die Passivmasse bereinigt und rechtskräftig festgestellt sind und der gesamte Erlös der Verwertung der Aktiven eingegangen ist, stellt die Konkursverwaltung die Verteilungsliste und die Schlussrechnung auf.[68] Diese liegen während 10 Tagen beim Konkursamt zur Einsicht auf, die Auflage wird jedem Gläubiger angezeigt.[69] Sofort nach Ablauf der Auflagefrist schreitet die Konkursverwaltung zur Verteilung;[70] für den ungedeckt gebliebenen Betrag der Forderung erhält der Gläubiger einen Verlustschein, welcher die in Art. 265 SchKG erwähnten Wirkungen zeitigt.

Vorzeitige Abschlagszahlungen können vorgenommen werden, sobald die Frist zur Anfechtung des Kollokationsplans abgelaufen ist[71] und wenn Gewähr besteht, dass dadurch das Endergebnis nicht beeinträchtigt wird. Der Entscheid obliegt dem Gläubigerausschuss, sofern einer bestellt wurde, oder der Konkursverwaltung.

5. Gläubiger

Gläubiger können im Konkurs ihres Schuldners auf Grund des Zivilrechts oder auf Grund der Rangordnung der Forderungsklassen gemäß Art. 219 SchKG privilegiert sein. Ausländische Gläubiger werden gleich wie inländische behandelt.

5.1 Aussonderungsberechtigte Gläubiger

Was nicht zum Vermögen des Schuldners gehört, kann auch nicht Bestandteil der Konkursmasse sein. Ist die Zugehörigkeit zur Konkursmasse strittig, muss die Berechtigung am Vermögenswert im *Widerspruchsverfahren* geklärt werden. Der Gewahrsam an der umstrittenen Sache entscheidet darüber, wem allenfalls die Klägerrolle zufällt: Befindet sich die Sache im Besitz des Konkursiten, hat der Drittansprecher von der Konkursverwaltung die Herausgabe zu verlangen. Hält diese den Anspruch für unbegründet, setzt sie dem Dritten eine Frist von 20 Tagen, um beim Richter am Konkursort Klage einzureichen. Wird keine Klage eingereicht, ist der Anspruch verwirkt.[72] Befindet sich

---

[63] Art. 249 Abs. 1 und 2 SchKG.
[64] Art. 250 Abs. 1 SchKG (positive Kollokationsklage).
[65] Art. 250 Abs. 2 SchKG (negative Kollokationsklage).
[66] Art. 256 Abs. 1 SchKG.
[67] Art. 260 Abs. 1 und 2 SchKG.
[68] Art. 261 SchKG.
[69] Art. 263 SchKG.
[70] Art. 264 SchKG.
[71] Art. 266 SchKG.
[72] Art. 242 Abs. 2 SchKG.

die Sache dagegen im Gewahrsam oder Mitgewahrsam des Dritten, fällt die Klägerrolle der Konkursmasse zu.[73]

40   Das Konkursrecht gewährt ferner in den Fällen von Art. 201–203 SchKG (zB Inkassomandat bei Inhaber- und Ordrepapieren oder Distanzkauf) ein selbständiges Aussonderungsrecht.

5.2 Gesicherte Gläubiger

41   In einem schweizerischen Konkurs werden auch die Pfandgegenstände zur Konkursmasse gezogen und zusammen mit den übrigen Aktiven verwertet.[74] Dies gilt namentlich für sämtliche Faustpfandforderungen und für fällige Grundpfandforderungen; die nicht fälligen Grundpfandforderungen demgegenüber werden nicht liquidiert, sondern dem Erwerber des Grundstücks überbunden.[75]

42   Die Pfandgläubiger haben ein Recht auf vorrangige Befriedigung aus dem Pfanderlös: Vorab werden die pfandgesicherten Forderungen aus dem Ergebnis der Pfandverwertung bezahlt.[76] Der ungedeckte Betrag der pfandgesicherten Forderungen wird wie eine ungesicherte Forderung behandelt und gemäß der Rangordnung von Art. 219 Abs. 4 SchKG aus dem Erlös der übrigen Konkursmasse gedeckt.[77]

5.3 Bevorzugte Insolvenzgläubiger

43   Die ungesicherten Forderungen werden nach Maßgabe der Rangordnung von Art. 219 Abs. 4 SchKG befriedigt, wobei die Gläubiger einer Klasse unter sich gleich behandelt werden und die nachgehenden Gläubiger erst dann Anspruch auf Erlös haben, wenn die vorangehenden Klassen befriedigt sind.[78]

44   Art. 219 Abs. 4 SchKG sieht folgende Rangordnung der Gläubigerforderungen vor:[79]

Erste Klasse

a. Die Forderungen von Arbeitnehmern aus dem Arbeitsverhältnis, die in den letzten sechs Monaten vor der Konkurseröffnung entstanden oder fällig geworden sind, sowie die Forderungen wegen vorzeitiger Auflösung des Arbeitsverhältnisses infolge Konkurses des Arbeitgebers und die Rückforderungen von Kautionen.

b. Die Ansprüche der Versicherten nach dem Bundesgesetz über die Unfallversicherung sowie aus der nicht obligatorischen beruflichen Vorsorge und die Forderungen von Personalvorsorgeeinrichtungen gegenüber den angeschlossenen Arbeitgebern.

c. Die familienrechtlichen Unterhalts- und Unterstützungsansprüche sowie die Unterhaltsbeiträge nach dem Partnerschaftsgesetz, die in den letzten sechs Monaten vor der Konkurseröffnung entstanden und durch Geldzahlungen zu erfüllen sind.

Zweite Klasse

45   Die Forderungen von Personen, deren Vermögen kraft elterlicher Gewalt dem Schuldner anvertraut war, für alles, was derselbe ihnen in dieser Eigenschaft schuldig geworden ist. Dieses Vorzugsrecht gilt nur dann, wenn der Konkurs während der elterlichen Verwaltung oder innert einem Jahr nach ihrem Ende veröffentlicht worden ist.

46   Sodann die in der Revision von 1994 weggefallenen, aus sozialpolitischen Gründen im Jahre 2001 wieder eingeführten Privilegien für die Beitragsforderungen nach den Bundesgesetzen über die Alters- und Hinterlassenenversicherung, über die Invalidenversicherung, über die Unfallversicherung, dem Erwerbsersatzgesetz und dem Arbeitslosenversicherungsgesetz, ebenso wie die Prämien- und Kostenbeteiligungsforderungen

---

[73] Art. 242 Abs. 3 SchKG.
[74] Art. 198 SchKG.
[75] Vgl. Art. 135 SchKG.
[76] Art. 219 Abs. 1 SchKG.
[77] Vgl. sogleich RdNr. 42 ff.
[78] Art. 220 SchKG.
[79] Mit der Revision von 1994 wurden zahlreiche der ausufernden Privilegien des alten Rechts abgeschafft, wobei einige davon per 1. Januar 2001 wieder eingeführt wurden (vgl. Art. 219 Abs. 4 lit. b–d der Zweiten Klasse).

der sozialen Krankenversicherung und schließlich die Beiträge an die Familienausgleichskasse.

Im Falle eines Bankenkonkurses ist eine in die zweite Klasse eingeschobene Sonderklasse zu berücksichtigen: Das sog. *Einlageprivileg* gemäß Art. 37a Abs. 2 des Bankengesetzes erfasst Bankeinlagen, einschließlich Kassenobligationen, bis zu CHF 30 000, die im Namen des Gläubigers bei der Bank hinterlegt sind.

5.4 Einfache Insolvenzgläubiger

Alle übrigen Forderungen, d. h. nicht privilegierte Forderungen (sog. *Kurrentforderungen*) und der ungedeckt gebliebene Teil von Pfandforderungen, fallen in die dritte Klasse und werden somit erst zuletzt bedient, sofern und soweit die Gläubiger der ersten und zweiten Klasse vollständig befriedigt werden konnten.

5.5 Nachrangige Insolvenzgläubiger

Durch Rangrücktritt, also durch privatrechtliche Vereinbarung, kann sodann innerhalb der Gläubigergruppe der dritten Klasse eine Bevorzugung der gewöhnlichen Gläubiger gegenüber denjenigen mit einer Rangrücktrittserklärung geschaffen werden. Dabei erklären zB Darlehens- und Anleihensgläubiger den Verzicht auf Befriedigung im Konkurs, bevor nicht die übrigen Kurrentgläubiger voll gedeckt sind oder eine gewisse Mindestdividende erhalten haben.

5.6 Massegläubiger

Massekosten, vor allem die Kosten der Konkursverwaltung, sowie Forderungen, welche während des Konkurses zulasten der Masse begründet wurden, sind vorab aus dem Reinerlös der Verwertung zu befriedigen.[80] Diese Verbindlichkeiten werden somit vor allen anderen Forderungen befriedigt.

6. Abwicklung nicht vollständig erfüllter Verträge

Die Konkursverwaltung hat das Recht, zweiseitige Verträge, die zurzeit der Konkurseröffnung nicht oder nur teilweise erfüllt sind, an Stelle des Schuldners zu erfüllen. Der Vertragspartner kann verlangen, dass ihm die Erfüllung sichergestellt werde.[81] Dieses Recht ist jedoch ausgeschlossen bei Fixgeschäften sowie Finanztermin-, Swap- und Optionsgeschäften, wenn der Wert der vertraglichen Leistungen im Zeitpunkt der Konkurseröffnung auf Grund von Markt- und Börsenpreisen bestimmbar ist. Konkursverwaltung und Vertragspartner haben je das Recht, die Differenz zwischen dem vereinbarten Wert der vertraglichen Leistungen und dem Marktwert im Zeitpunkt der Konkurseröffnung geltend zu machen.[82]

Ferner gibt es einzelne Bestimmungen in anderen Bundesgesetzen über die Auflösung von Vertragsverhältnissen im Konkurs.[83]

7. Aufrechnung

Ein Gläubiger kann seine Forderung mit einer Forderung, welche dem Schuldner ihm gegenüber zusteht, aufrechnen.[84] Die *Verrechnung* (Aufrechnung) ist jedoch ausgeschlossen, wenn ein Schuldner des Konkursiten erst nach der Konkurseröffnung dessen Gläubiger wird, es sei denn, er habe eine vorher eingegangene Verpflichtung erfüllt oder eine für die Schuld des Schuldners als Pfand haftende Sache eingelöst, an der ihm das Eigentum oder ein beschränktes dingliches Recht zusteht. Verrechnung ist sodann ausgeschlossen, wenn ein

---

[80] Vgl. Art. 262 Abs. 1 SchKG.
[81] Art. 211 Abs. 2 SchKG.
[82] Art. 211 Abs. 2bis SchKG.
[83] Vgl. zB Art. 266h, 337a, 392 oder 405 des Schweizerischen Obligationenrechts.
[84] Art. 213 Abs. 1 SchKG.

Schweiz 54–61

Gläubiger des Schuldners erst nach Konkurseröffnung Schuldner desselben oder der Konkursmasse wird.[85]

54   Die Aufrechnung ist bloß anfechtbar, wenn ein Schuldner des Konkursiten vor Konkurseröffnung, aber in Kenntnis der Zahlungsunfähigkeit des Konkursiten, eine Forderung gegen diesen erworben hat, um sich oder einem anderen dadurch einen Vorteil zu sichern.[86]

8. Insolvenzanfechtung

55   Das SchKG kennt drei Tatbestände von Anfechtungen: Die Schenkungs-, Überschuldungs- und Absichtspauliana.

56   a. Anfechtbar sind mit Ausnahme üblicher Gelegenheitsgeschenke alle Schenkungen und unentgeltlichen Verfügungen, die der Schuldner innerhalb des letzten Jahres vor der Pfändung oder Konkurseröffnung vorgenommen hat. Schenkungen gleichgestellt sind Rechtsgeschäfte, bei denen ein Missverhältnis der Leistung des Schuldners zur Gegenleistung besteht, sowie Rechtsgeschäfte, durch die der Schuldner für sich oder für einen Dritten eine Leibrente, eine Pfrund, eine Nutzniessung oder ein Wohnrecht erworben hat.[87]

57   b. Anfechtbar sind sodann gewisse Rechtshandlungen des Schuldners innerhalb des letzten Jahres vor Pfändung oder Konkurseröffnung, wenn dieser im Zeitpunkt der Vornahme bereits überschuldet war: Bestellung von Sicherheiten für bereits bestehende Verbindlichkeiten ohne vorbestehende vertragliche Verpflichtung zur Sicherstellung; Tilgung einer Geldschuld auf andere Weise als durch Barschaft oder anderweitige übliche Zahlungsmittel; Zahlung einer nicht verfallenen Schuld. Wenn der Begünstigte beweist, dass er die Überschuldung des Schuldners nicht gekannt hat und auch nicht hätte kennen müssen, ist die Anfechtung ausgeschlossen.[88]

58   c. Anfechtbar sind schließlich alle Rechtshandlungen, welche der Schuldner innerhalb der letzten fünf Jahre vor Pfändung oder Konkurseröffnung in der dem andern Teile erkennbaren Absicht vorgenommen hat, seine Gläubiger zu benachteiligen oder einzelne Gläubiger zum Nachteil anderer zu begünstigen.[89]

59   Die Anfechtungsklage ist beim Richter am Wohnsitz des Beklagten zu erheben. Hat der Beklagte keinen Wohnsitz in der Schweiz, kann die Klage beim Richter am Ort der Pfändung oder des Konkurses eingereicht werden.[90] Sie richtet sich gegen die Personen, die mit dem Schuldner die anfechtbaren Rechtsgeschäfte abgeschlossen haben oder von ihm in anfechtbarer Weise begünstig worden sind.[91] Das Anfechtungsrecht ist nach Ablauf von zwei Jahren seit der Konkurseröffnung verwirkt.[92]

9. Reorganisationsverfahren

60   Die Reorganisation eines Unternehmens ist im schweizerischen Recht nicht vorgesehen. Ein Schuldner kann jedoch mit seinen Gläubigern den Abschluss eines gerichtlichen oder außergerichtlichen Nachlassvertrages anstreben. Der außergerichtliche Nachlassvertrag ist ein rein privatrechtliches Rechtsgeschäft und bindet lediglich die daran beteiligten Parteien, weshalb er in der Praxis eher bei einfachen Verhältnissen in Frage kommt.

61   Beim gerichtlichen Nachlassvertrag unterscheidet man drei Grundtypen:
a. Den Stundungsvergleich, bei dem der Schuldner die Gläubiger nach einem bestimmten Zeitplan vollumfänglich befriedigt;

---

[85] Art. 213 Abs. 2 SchKG.
[86] Art. 214 SchKG.
[87] Art. 286 SchKG.
[88] Art. 287 SchKG.
[89] Art. 288 SchKG.
[90] Art. 289 SchKG.
[91] Art. 290 SchKG.
[92] Art. 292 Ziff. 2 SchKG.

b. den Prozent- oder Dividendenvergleich, bei dem der Schuldner alle Gläubiger im gleichen Ausmaß befriedigt und ihm der Rest der Forderungen erlassen wird;
c. und den Liquidationsvergleich (Nachlassvertrag mit Vermögensabtretung), bei dem der Schuldner den Gläubigern sein Vermögen oder Teile davon zur Verfügung stellt und sie sich aus dessen Erlös Befriedigung verschaffen können.

Das Nachlassverfahren kann von Amtes wegen oder auf Antrag des Schuldners oder eines Gläubigers eingeleitet werden. Wenn der Konkursrichter bei Prüfung des Konkursbegehrens Anhaltspunkte für das Zustandekommen eines Nachlassvertrages sieht, setzt er seinen Entscheid aus und überweist die Akten an den Nachlassrichter.[93] Ein Schuldner, der einen Nachlassvertrag erlangen will, muss dem Nachlassrichter ein begründetes Gesuch und den Entwurf eines Nachlassvertrages sowie weitere Unterlagen zu seiner Vermögens-, Ertrags- oder Einkommenslage einreichen.[94] Ebenso kann ein Gläubiger ein begründetes Gesuch um Eröffnung des Nachlassverfahrens stellen.[95]

Der Richter trifft unverzüglich die zur Erhaltung des schuldnerischen Vermögens notwendigen Anordnungen und kann einstweilen für höchstens 2 Monate eine *provisorische Nachlassstundung* bewilligen sowie einen *provisorischen Sachwalter* ernennen.[96] Besteht Aussicht auf Zustandekommen eines Nachlassvertrages, bewilligt der Nachlassrichter eine Nachlassstundung für vier bis sechs Monate und ernennt einen oder mehrere Sachwalter. Während der (provisorischen) Nachlassstundung kann der Schuldner nicht betrieben werden, und hängige Betreibungen werden nicht fortgesetzt. Verjährungs- und Verwirkungsfristen stehen still, ebenso der Zinsenlauf für nicht pfandgesicherte Forderungen.[97] Auf Antrag des Sachwalters kann die Stundung um 12, in komplexen Fällen um 24 Monate verlängert werden.[98]

Der Sachwalter überwacht während der Stundung die Handlungen des Schuldners und wirkt bei der Geschäftsführung mit. Er nimmt ein Inventar über sämtliche Vermögenswerte des Schuldners auf und schätzt sie; er fordert die Gläubiger durch öffentliche Bekanntmachung auf, ihre Forderungen binnen 20 Tagen einzugeben und beruft eine Gläubigerversammlung ein.[99] Der Sachwalter leitet die Gläubigerversammlung und erstattet Bericht über die Vermögens-, Ertrags- oder Einkommenslage des Schuldners. Der Entwurf des Nachlassvertrages wird den versammelten Gläubigern zur unterschriftlichen Genehmigung vorgelegt.[100]

Der Nachlassvertrag ist angenommen, wenn ihm die Mehrheit der Gläubiger, die zugleich mindestens zwei Drittel des Gesamtbetrages der Forderungen vertreten, oder ein Viertel der Gläubiger, die mindestens drei Viertel des Betrages aller Forderungen vertreten, zustimmt.[101] Die privilegierten Gläubiger werden weder für ihre Person noch für ihre Forderungen mitgerechnet; pfandgesicherte Forderungen zählen nur zu dem Betrag mit, der nach der Schätzung des Sachwalters ungedeckt ist.[102]

Vor Ablauf der Nachlassstundung unterbreitet der Sachwalter dem Nachlassrichter alle Akten, orientiert in seinem Bericht über bereits erfolgte Zustimmungen der Gläubiger und empfiehlt die Bestätigung oder Ablehnung des Nachlassvertrags.[103] Der Nachlassrichter ist nicht an die Zustimmung durch die Gläubiger gebunden, diese ist jedoch erste Voraussetzung für die Bestätigung des Nachlassvertrages.[104] Mit Bestätigungsentscheid wird der Nachlassvertrag für alle Gläubiger verbindlich und kann durchgeführt werden. Wird der

---

[93] Art. 173a Abs. 2 SchKG.
[94] Art. 293 Abs. 1 SchKG.
[95] Art. 293 Abs. 2 SchKG.
[96] Art. 293 Abs. 3 SchKG.
[97] Art. 297 SchKG.
[98] Art. 295 Abs. 4 SchKG.
[99] Art. 295 SchKG sowie Art. 298–301 SchKG.
[100] Art. 302 SchKG.
[101] Art. 305 Abs. 1 SchKG.
[102] Art. 305 Abs. 2 SchKG.
[103] Art. 304 Abs. 1 SchKG.
[104] Vgl. Art. 306 SchKG.

Nachlassvertrag vom Gericht abgelehnt, fällt das Betreibungsverbot dahin. Zudem kann jeder Gläubiger innerhalb von 20 Tagen seit Publikation des Entscheides die sofortige Konkurseröffnung verlangen.[105]

10. Internationales Insolvenzrecht

67 Sämtliche Vermögensstücke des Schuldners, unabhängig davon, wo sie sich befinden, bilden Teil der Konkursmasse.[106] Der Insolvenzverwalter hat daher dafür zu sorgen, auch die im Ausland gelegenen Vermögenswerte zur inländischen Masse zu ziehen. Dazu bedarf es allenfalls aber der Hilfe ausländischer Behörden, welche entweder auf Grund zwischenstaatlicher Regelungen, des ausländischen Rechts oder allenfalls freiwilliger Rechtshilfe aktiv werden.

68 Im umgekehrten Falle, also dem ausländischen Konkurs mit Auswirkungen in der Schweiz, kommen Art. 166 ff. des Bundesgesetzes über das Internationale Privatrecht vom 18. Dezember 1987 (IPRG) zur Anwendung, soweit nicht ein Staatsvertrag besteht. Ein ausländisches Konkursdekret, das am Wohnsitz des Schuldners ergangen ist, wird auf Antrag der ausländische Konkursverwaltung oder eines Konkursgläubigers in der Schweiz anerkannt, sofern es im Staat, in dem es ergangen ist, vollstreckbar ist sowie minimale verfahrensrechtliche Voraussetzungen und das Gegenrechtserfordernis erfüllt sind.[107] Zuständig ist das Gericht am Ort des Vermögens in der Schweiz.[108] Die Anerkennung eines ausländischen Konkursdekrets zieht für das in der Schweiz gelegene Vermögen des Schuldners die konkursrechtlichen Folgen des schweizerischen Rechts nach sich.[109] Für die Schweiz wird ein Hilfsverfahren eröffnet, welches sich durch einige Besonderheiten auszeichnet: Es wird weder eine Gläubigerversammlung abgehalten noch ein Gläubigerausschuss gebildet;[110] zudem werden lediglich die pfandgesicherten Forderungen und die privilegierten Forderungen[111] von Gläubigern mit Wohnsitz in der Schweiz in den Kollokationsplan aufgenommen.[112] Die im schweizerischen Hilfskonkurs kollozierten Gläubiger werden vorab aus dem schweizerischen Vermögen des Schuldners befriedigt. Ein Überschuss wird der ausländischen Konkursverwaltung oder den berechtigten Konkursgläubigern zur Verfügung gestellt, sofern der ausländische Kollokationsplan anerkannt werden kann.[113] Wird der ausländische Kollokationsplan nicht anerkannt, so ist ein Überschuss an die Gläubiger der dritten Klasse gemäß Art. 219 Abs. 4 SchKG mit Wohnsitz in der Schweiz zu verteilen. Das Gleiche gilt, wenn der Kollokationsplan nicht innerhalb von der vom Richter angesetzten Frist zur Anerkennung vorgelegt wird.[114]

69 Das vorstehend Ausgeführte gilt sinngemäß auch für Nachlassverträge. Eine von der zuständigen ausländischen Behörde ausgesprochene Genehmigung eines Nachlassvertrages oder eines ähnlichen Verfahrens wird in der Schweiz anerkannt. Gläubiger mit Wohnsitz in der Schweiz werden angehört.[115]

---

[105] Art. 309 SchKG.
[106] Art. 197 SchKG.
[107] Art. 166 IPRG.
[108] Art. 167 Abs. 1 IPRG.
[109] Art. 170 Abs. 1 IPRG.
[110] Art. 170 Abs. 3 IPRG.
[111] D. h. Forderungen gemäß Art. 219 Abs. 4 SchKG (erste und zweite Klasse).
[112] Art. 172 Abs. 1 IPRG.
[113] Art. 173 Abs. 1 und 2 IPRG.
[114] Art. 174 IPRG.
[115] Art. 175 IPRG.

Slowakische Republik

bearbeitet von *Dr. Ernst Giese* (Giese & Partner, v.o.s., Prag),
Michael Krüger (Staatsanwalt in Ansbach)

Übersicht

	RdNr.		RdNr.
1. Schrifttum	1	4.3 Verwaltung und Verwertung der Insolvenzmasse	44
2. Einführung	2	4.4 Verteilung an die Gläubiger	48
2.1 Gesetzlicher Rahmen	2	**5. Gläubiger**	51
2.2 Verfahrenstypen	5	5.1 Aussonderungsberechtigte Gläubiger	51
3. Eröffnung des Verfahrens	10	5.2 Gesicherte Gläubiger	53
3.1 Eröffnungsgründe	10	5.3 Massegläubiger	55
3.1.1 Zahlungsunfähigkeit	12	5.4 Bevorzugte und übrige Gläubiger	57
3.1.2 Überschuldung	14	**6. Abwicklung nicht vollständig erfüllter Verträge**	63
3.2 Schuldner	16	**7. Aufrechnung**	67
3.3 Zulässige Sicherungsmaßnahmen vor Verfahrenseröffnung	19	**8. Insolvenzanfechtung**	68
3.4 Wirkungen der Verfahrenseröffnung	21	**9. Restrukturierung**	76
4. Verlauf des Verfahrens	28	**10. Internationales Insolvenzrecht**	90
4.1 Anmeldung der Forderung durch die Gläubiger	28		
4.2 Gläubigerversammlungen	37		

1. Schrifttum: Zum alten Recht: *Ďurica, Milan,* Zákon o konkurze a reštrukturalizácii s komentárom, Úplné znenie zákona s komentárom a judikátmi, Žilina 2003   **1**

Zum neuen Recht: *Ďurica, Milan,* Konkurzné právo na Slovensku a v Európskej únii, Žilina 2006; Pospíšil, Branislav, Zákon o konkurze a reštrukturalizácii s komentárom, Žilina 2005

Öffentlich zugängliche Informationsquellen: Allgemeines Portal der slowakischen Justiz:

– http://www.justice.gov.sk

Einsicht in das Handelsregister („obchodní register"), in welches u. a. die Eröffnung eines Konkursverfahrens eingetragen wird, ist bei dem jeweiligen Kreisgericht („okresný súd") am Sitz der acht Bezirksgerichte („krajský súd") möglich – alternativ im Internet:

– http://www.orsr.sk/

Aktuelle Eintragungen werden auch veröffentlicht im Handelsanzeiger (Obchodný vestník), zugänglich auch im Internet:

– http://www.justice.gov.sk/wfn.aspx?pg=r2

Das Insolvenzverwalterverzeichnis (Zoznam správcov) wird vom slowakischen Justizministerium geführt und ist zugänglich auch im Internet:

– http://www.justice.gov.sk/skp/fs.aspx

Formulare für Konkurs und Restrukturierung stehen zum Download zur Verfügung unter:

– http://www.justice.gov.sk/wfn.aspx?pg=r0&htm=../skp/konkform.htm

2. Einführung

2.1 Gesetzlicher Rahmen

Durch das am 1. Januar 2006 in Kraft getretene „Zákon o konkurze a reštrukturalizácii",[1]   **2**
d. h. Gesetz über Konkurs und Restrukturierung, nachfolgend nur: Konkursgesetz (das slowakische Recht vermeidet den in Europa mittlerweile gängigen Begriff der „Insolvenz") hat das slowakische Konkursrecht eine völlige Neuregelung erfahren.

Das neue Konkursgesetz löste das alte, noch aus der Zeit der Tschechoslowakei vor ihrer   **3**
Teilung stammende Konkurs- und Vergleichsgesetz ab,[2] welches bis dahin zu Lasten der

---

[1] Gesetz vom 9. Dezember 2004, nachfolgend nur: ZKR, veröffentlicht unter Nr. 7/2005 Z. z. (slowakisches Gesetzblatt), seit Inkrafttreten nicht mehr geändert (Stand: 13. März 2007).
[2] „Zákon o konkurze a vyrovnaní" vom 11. Juli 1991, nachfolgend nur: ZKV, damals veröffentlicht unter Nr. 328/1991 Sb. (tschechoslowakisches Gesetzblatt).

Slowakische Republik 4–10

systematischen Kohärenz 27-mal angepasst und verschlimmbessert worden war. Das alte Konkurs- und Vergleichsgesetz (letzte Änderung vom 28. Oktober 2005[3]) ist allerdings noch für sämtliche Verfahren anzuwenden, die vor Inkrafttreten des neuen Konkursgesetzes, d. h. bis einschließlich 31. 12. 2005 eröffnet wurden.[4]

4   Zu beachten ist ferner das bereits am 1. Juli 2005 in Kraft getretene „Zákon o správcoch a o zmene a doplnení niektorých zákonov" (Gesetz über die Verwalter und Änderung und Ergänzung weiterer Gesetze).[5]

2.2 Verfahrenstypen

5   Das neue Konkursgesetz sieht drei verschiedene Verfahrensarten vor:

6   Das Konkursverfahren („konkurz")[6] beruht auf dem Grundsatz der Liquidation und verfolgt das Ziel der Veräußerung des Vermögens des Schuldners bzw. Dritter, durch welches Verpflichtungen des Schuldners gesichert werden. Aus dem Veräußerungserlös werden, soweit möglich, die Forderungen derjenigen Gläubiger befriedigt, die ihre Forderungen innerhalb der Anmeldungsfrist und in vorgeschriebener Art und Weise anmelden. Durch das neue Konkursgesetz wurde zum Zwecke der Verfahrensökonomie ein nicht unerheblicher Anteil der Kompetenzen des Gerichts auf den Konkursverwalter übertragen, der die Forderungen prüft, die Konkursmasse verwertet und dabei vom Konkursgericht und den Gläubigerorganen überwacht wird.

7   Das Restrukturierungsverfahren („reštrukturalizácia")[7] hingegen dient dem Verfahrensziel der Sanierung und ersetzt das Vergleichsverfahren, welches im alten Konkurs- und Vergleichsgesetz vorgesehen war und sich in der Praxis jedoch kaum durchgesetzt hatte. Voraussetzung für das Verfahren ist ein positives Restrukturierungsgutachten, das die Restrukturierung empfiehlt, und ein gerichtlich zugelassener Restrukturierungsplan. Das Restrukturierungsverfahren wird dann angewendet, wenn davon auszugehen ist, dass die Forderungen der Gläubiger durch Sanierung des Unternehmens des Schuldners in größerem Maße befriedigt werden können als im Liquidationskonkurs.

8   Völlig neu eingeführt wurde durch das neue Konkursgesetz das Verfahren der Restschuldbefreiung („oddlženie"),[8] das natürlichen Personen nach dem Vorbild des „Verbraucherkonkurses" moderner Insolvenzrechtsordnungen ein dreijähriges Verfahren unter Belassung von mindestens 30 Prozent ihrer Einkünfte ermöglicht, an dessen Ende eine Befreiung von verbleibenden Verbindlichkeiten stehen kann.

9   Besondere Regelungen wurden für den Konkurs von „Finanzinstitutionen" („finančná inštitúcia"),[9] d. h. insbesondere Kreditinstituten und Versicherungen, eingeführt.

3. Eröffnung des Verfahrens

3.1 Eröffnungsgründe

10   Das Konkursverfahren ist zu eröffnen, wenn der Schuldner im Vermögensverfall („úpadok") ist. Im Vermögensverfall ist der Schuldner, wenn er (1) zahlungsunfähig („platobne neschopný") oder (2) überschuldet („predlžený") ist. In dem Falle, dass der Schuldner selbst

---

[3] „Zákon ktorým sa mení a dopĺň;a zákon č. 328/1991 Zb. o konkurze a vyrovnaní v znení neskorších predpisov a o doplnení zákona č. 7/2005 Z. z. o konkurze a reštrukturalizácii a o zmene a doplnení niektorých zákonov", übersetzt: Gesetz zur Änderung und Ergänzung des Gesetzes Nr. 328/1991 Sb. über Konkurs und Vergleich in Fassung späterer Änderungen und zur Ergänzung des Gesetzes Nr. 7/2005 Z. z. über Konkurs und Restrukturierung sowie zur Änderung und Ergänzung einiger Gesetze, veröffentlicht, 520/2005 Z. z.

[4] § 206 Abs. 1 ZKR.

[5] Gesetz vom 9. Dezember 2004, veröffentlicht unter Nr. 8/2005 Z. z., seit Inkrafttreten noch nicht geändert (Stand: 13. März 2007).

[6] §§ 11–107 ZKR.

[7] §§ 108–165 ZKR.

[8] §§ 166–171 ZKR.

[9] §§ 176–195 ZKR.

den Antrag auf Konkurseröffnung einreicht, wird ohne Weiteres davon ausgegangen, dass er sich im Vermögensverfall befindet.[10]

Die genaue Bestimmung des Tatbestandsmerkmals des Vermögensverfalls ist deshalb von besonderer Bedeutung, weil die Pflicht des Schuldners bzw. seines gesetzlichen Vertreters, seiner satzungsmäßigen Organe oder des Liquidators, unverzüglich Konkursantrag zu stellen, an dessen Kenntnis oder Kennenmüssen vom Vermögensverfall anknüpft.[11] Bei Verletzung dieser Pflicht ist der Verpflichtete den Gläubigern gegenüber zum Ersatz des daraus entstehenden Schadens verpflichtet, sofern er nicht nachweist, dass er fachgemäße Sorgfalt hat walten lassen.[12]

3.1.1 Zahlungsunfähigkeit

Der Schuldner ist zahlungsunfähig, wenn er mehr als einen Gläubiger hat und mehrere Geldforderungen innerhalb von 30 Tagen nach deren Fälligkeit nicht begleichen kann. Hierbei werden Forderungen, die in dem Zeitraum von 90 Tagen vor Einreichung des Konkursantrags ursprünglich ein- und demselben Gläubiger gehörten, als eine einheitliche Forderung angesehen.[13] Damit soll verhindert werden, dass die gesetzlichen Anforderungen an den Eröffnungsgrund der Zahlungsunfähigkeit durch Aufspaltung der betreffenden Forderungen und künstliche Schaffung einer Gläubigermehrheit umgangen werden.

Anders als im neuen tschechischen Insolvenzrecht (siehe Länderbericht Tschechische Republik, 3.1) ist nach dem slowakischen Konkursgesetz der drohende Vermögensverfall („hroziaci úpadok") des Schuldners per se kein Grund für die Eröffnung des Konkurses. Das neue Konkursgesetz verpflichtet den Schuldner jedoch, Maßnahmen zur Abwendung des drohenden Konkurses zu ergreifen[14] und bietet ihm bereits bei drohendem Vermögensverfall die Möglichkeit, ein Restrukturierungsverfahren (s. unten, zu 9.) einzuleiten.[15]

3.1.2 Überschuldung

Der Schuldner ist überschuldet, wenn er zur Buchführung verpflichtet ist,[16] mehr als einen Gläubiger hat und der Wert seiner fälligen Verbindlichkeiten den Wert seines Vermögens übersteigt.[17] Zu beachten ist, dass sich das slowakische Konkursrecht insofern vom neuen tschechischen Insolvenzrecht (siehe Länderbericht Tschechische Republik, 3.a) unterscheidet, als es für das Tatbestandsmerkmal der „Überschuldung" nur die fälligen Verbindlichkeiten in den Blick nimmt.

Bemerkenswert ist ferner, dass anders als im deutschen Recht[18] der Eröffnungsgrund der Überschuldung nicht nur für juristische Personen, sondern auch für natürliche Personen Anwendung finden kann.

3.2 Schuldner

Schuldner im Konkursverfahren können juristische wie auch natürliche Personen sein. Sowohl das alte Konkurs- und Vergleichsgesetz als auch das neue Konkursgesetz unterscheiden darüber hinaus zwischen natürlichen Personen, die Unternehmer sind („fyzická osoba") und solchen natürlichen Personen, die nicht Unternehmer sind („fyzická osoba, ktorá nie je podnikateľom").

So wird für eine natürliche Person, die nicht Unternehmer ist, ohne weiteres das vereinfachte Verfahren des sog. „kleinen Konkurses" („malý konkurz")[19] angewandt, ohne dass für

---

[10] § 3 Abs. 1 ZKR.
[11] § 11 Abs. 2 ZKR.
[12] § 11 Abs. 4 ZKR.
[13] § 3 Abs. 2 ZKR.
[14] § 4 ZKR.
[15] § 108 Abs. 1 ZKR.
[16] Die Buchführungspflicht ergibt sich aus dem „Zákon o účtovníctve", übersetzt: Gesetz über Buchführung, 18. Juni 2002, veröffentlicht unter Nr. 431/2002 Z. z.
[17] § 3 Abs. 3 ZKR.
[18] § 19 Abs. 1 InsO.
[19] §§ 106 f. ZKR.

ihn, anders als bei sonstigen Schuldnern, eine besonders geringe Konkursmasse, Umsatz oder Anzahl von Gläubigern geprüft werden muss.[20]

18   Für natürliche Personen kommt zudem das Verfahren der Restschuldbefreiung („oddlženie") in Betracht.[21]

3.3 Zulässige Sicherungsmaßnahmen vor Verfahrenseröffnung

19   Durch das Konkursverfahren per se entstehen regelmäßig hohe Kosten. Das Konkursgericht hat nach Einleitung des Eröffnungsverfahrens durch den Konkursantrag fünf Tage Zeit, entweder den Konkurs zu eröffnen oder, wenn es Zweifel hegt, ob der Schuldner überhaupt genügend Vermögen für die Durchführung des Verfahrens hat, diesem innerhalb derselben Frist einen vorläufigen Konkursverwalter („predbežný správca") zu bestimmen.[22] Dieser hat dann die Aufgabe, herauszufinden, ob das Vermögen des Schuldners überhaupt zur Deckung der entstehenden Gebühren und Auslagen ausreicht.[23] Der vorläufige Konkursverwalter geht dabei auch von der Anfechtbarkeit („odporovateľnosť") von Geschäften, die die Konkursmasse vermindern, aus. Bei Bestimmung des Schuldnervermögens stehen ihm die gleichen Befugnisse zu wie dem ordentlichen Verwalter im Konkurs. Wurde ein Verzeichnis der Verbindlichkeiten und des Vermögens des Schuldners nicht bereits zusammen mit dem Konkursantrag eingereicht, ist der Schuldner verpflichtet, dem vorläufigen Verwalter ein solches innerhalb von 15 Tagen nach dessen Berufung vorzulegen.[24]

20   Das Konkursgericht kann auf Antrag des vorläufigen oder ordentlichen Konkursverwalters oder auch ohne Antrag vorläufige Maßnahmen („predbežné opatrenie") zur Feststellung oder Sicherung des Vermögens des Schuldners anordnen. Über einen Antrag auf Anordnung vorläufiger Maßnahmen entscheidet das Gericht innerhalb von 15 Tagen seit Eingang des Antrags. Gegen die Maßnahme ist Beschwerde („odvolanie") des Verpflichteten innerhalb von 30 Tagen seit ihrer Bekanntgabe zulässig.[25]

3.4 Wirkungen der Verfahrenseröffnung

21   Nach altem Recht ging erst mit Konkurseröffnung die Befugnis des Schuldners, über sein Vermögen zu verfügen, auf den Konkursverwalter über; Ansprüche gegen die Vermögensmasse können nur ihm gegenüber geltend gemacht werden.[26]

22   Nach dem neuen Konkursgesetz dagegen kommt eine große Bedeutung bereits dem Zeitpunkt des wirksamen „Beginns" („začatie") des Konkursverfahrens zu:

23   Stellt das Konkursgericht fest, dass der Konkursantrag die formellen Erfordernisse erfüllt, entscheidet es innerhalb von 15 Tagen über den „Beginn" („začatie") des Konkursverfahrens. Bereits ab „Beginn" des Konkursverfahrens darf der Schuldner nur noch laufende Rechtsgeschäfte vornehmen. Andere als laufende Rechtsgeschäfte können im späteren Konkursverfahren angefochten werden. Ferner kann in das Vermögen des Schuldners wie auch aus an seinem Vermögen bestellten Sicherheiten nicht mehr oder nur noch unter den gesetzlich bestimmten Bedingungen vollstreckt werden, laufende Vollstreckungsverfahren sind auszusetzen.[27]

24   Der nächste bedeutende Verfahrensschritt ist sodann die „Verkündung" („vyhlásenie") des Konkurses. Das Konkursgericht verkündet den Konkurs, wenn die materiellen Voraussetzungen, also v. a. ein Eröffnungsgrund, vorliegen. Wurde der Konkursantrag durch den Schuldner eingereicht, verkündet das Gericht den Konkurs spätestens fünf Tage nach dem o. g. „Beginn" („začatie") des Verfahrens.[28]

---

[20] § 314 Abs. 1, 2 ZKR.
[21] § 166 Abs. 1 ZKR.
[22] §§ 18 Abs. 1, 19 Abs. 2 ZKR.
[23] § 20 Abs. 1 ZKR.
[24] § 21 ZKR.
[25] § 203 ZKR.
[26] § 14 Abs. 1 ZKV.
[27] § 14 Abs. 5 ZKR.
[28] § 18 ZKR.

Wurde der Konkursantrag durch einen Gläubiger eingereicht, stellt das Gericht diesen 25
dem Schuldner zu und setzt ihm eine Frist von zehn Tagen, seine Zahlungsfähigkeit zu
beweisen. Kann der Schuldner diese nicht innerhalb der Frist beweisen, verkündet das
Gericht den Konkurs (wiederum: sofern es das Verfahren nicht mangels Masse einstellt oder
wegen Zweifel über deren ausreichenden Umfang einen vorläufigen Verwalter bestellt).[29]

Mit Verkündung des Konkursverfahrens geht die Vermögensbefugnis bezüglich der Kon- 26
kursmasse auf den Konkursverwalter über.[30]

Noch nicht fällige Forderungen und Verbindlichkeiten des Schuldners, welche sich auf 27
die Masse beziehen und vor Verkündung des Konkurses entstanden sind, gelten für die
Dauer des Konkursverfahrens als fällig.[31]

4. Verlauf des Verfahrens

4.1 Anmeldung der Forderung durch die Gläubiger

Anders als nach dem neuen tschechischen Insolvenzrecht, nach dem die Anmeldung der 28
Forderungen bereits ab Einleitung des Eröffnungsverfahrens zulässig ist (s. Länderbericht
Tschechische Republik, 4.1), ist die Anmeldung nach slowakischem Recht erst ab Verkündung des Konkurses, in welcher das Gericht die Gläubiger zur Anmeldung auffordert
möglich. Anmeldungen sind sodann bis zum Ablauf einer Frist von 45 Tagen (früher: 60
Tage) seit der Verkündung des Konkurses einzureichen. Verspätet angemeldete Forderungen,
ausgenommen Masseforderungen, werden nicht mehr berücksichtigt.[32]

Im Restrukturierungsverfahren können die Gläubiger ihre Forderungen ebenfalls nur 29
dann geltend machen, wenn diese innerhalb von 30 Tagen nach Bewilligung der Restrukturierung ordnungsgemäß angemeldet wurden; ansonsten erlischt das Recht zur Eintreibung
der Ansprüche gegenüber dem Schuldner mit Veröffentlichung des Gerichtsbeschlusses über
die Bestätigung des Restrukturierungsplans.

Die Forderungsanmeldung ist schriftlich in einem Formblatt mit Anlagen in zwei Gleich- 30
schriften beim Konkursverwalter und in einer Gleichschrift beim Konkursgericht Gericht
einzureichen. Die Anmeldung kann, anders als im deutschen Recht, nicht in elektronischer
Form erfolgen. Zuständig ist nach der jüngsten Vereinfachung des slowakischen Prozessrechts, und anders als nach tschechischem Insolvenzrecht (s. Länderbericht Tschechische
Republik, 4.1) nicht mehr das Bezirksgericht, sondern das Kreisgericht („okresný súd") am
Ort des Bezirksgerichts („Krajský súd), in dessen Bezirk der Schuldner seinen Sitz bzw.
Wohnsitz hat.[33]

In inhaltlicher Hinsicht müssen insbesondere der Rechtsgrund der Forderung, ihre Höhe, 31
Sitz bzw. Wohnsitz des Gläubigers und des Schuldners angegeben sowie Urkunden beigefügt
werden. Meldet der Gläubiger mehrere Forderungen an, ist jede Forderung einzeln anzumelden sowie ein Verzeichnis über die angemeldeten Forderungen beizufügen.[34]

Die Forderungen sind in slowakischer Währung anzugeben. Forderungen, die nicht in 32
der aktuellen slowakischen Währung bemessen sind, müssen unter Umrechnung in die
slowakische Währung zu dem von der Slowakischen Nationalbank für den Tag der Verkündung des Konkurses bekannt gegebenen Wechselkurs angegeben werden. Bei andere
Forderungen als Geldforderungen ist deren Wert durch ein Sachverständigengutachten zu
bestimmen, das der Anmeldung beizufügen ist.[35]

---

[29] § 19 Abs. 1, 2 ZKR.
[30] § 44 ZKR.
[31] § 46 ZKR.
[32] § 28 Abs. 5 ZKR.
[33] §§ 9 Abs. 1, 372n Obèiansky súdny poriadok (slowakische, ursprünglich tschechoslowakische, Zivilprozessordnung – nachfolgend nur: OSP) vom 4. Dezember 1963, veröffentlicht unter Nr. 99/1963 Zb.
[34] § 29 Abs. 1, 4 ZKR.
[35] § 29 Abs. 5, 7 ZKR.

33 Bei gesicherten Forderungen sind Art, Rangfolge, der rechtliche Grund der Entstehung der Sicherung, der gesicherte Gegenstand und die Höhe, bis zu der gesichert ist, angegeben werden.[36]

34 Hat der Gläubiger in der Slowakei weder Sitz noch Wohnsitz, muss er in der Anmeldung einen Vertreter mit Sitz oder Wohnsitz in der Slowakei benennen, der für ihn zur Entgegennahme von zuzustellenden Schriftsätzen berechtigt ist.[37]

35 Für die Prüfung („preskúmavanie") der Forderungen ist nunmehr nicht mehr das Gericht,[38] sondern allein der Verwalter zuständig. Er allein kann angemeldete Forderungen innerhalb einer Frist von 30 Tagen nach Ablauf der Anmeldungsfrist bestreiten („popierat"). Nach Fristablauf gelten die Forderungen, soweit sie nicht bestritten wurden, als „festgestellt" („zistenie").[39]

36 Der Gläubiger einer bestrittenen Forderung kann innerhalb von 30 Tagen nach Ablauf der o. g. Bestreitensfrist gegen das Bestreiten Klage gegen den Verwalter erheben und so die Forderung ggf. feststellen lassen.[40]

4.2 Gläubigerversammlungen

37 Mit dem neuen Konkursgesetz wird insbesondere das Ziel verfolgt, die nach dem alten Konkurs und Vergleichsgesetz sehr schwache Stellung der Gläubiger im Verfahren zu stärken.

38 Das alte wie auch das neue Recht kennen als Gläubigerorgane die Gläubigerversammlung („schôdza veritel'ov") und den Gläubigerausschuss („veritel'ský výbor").

39 Die Gläubigerversammlung wird durch den Konkursverwalter einberufen. Die erste Versammlung beruft der Verwalter innerhalb von 40 Tagen nach Verkündung des Konkurses (bzw. 30 Tage nach Genehmigung der Restrukturierung[41]) ein, und zwar so dass sie innerhalb von fünf Tagen nach Ablauf der Frist zum Bestreiten von Forderungen stattfindet. Weitere Versammlungen beruft der Verwalter nach Ermessen ein. Die Einberufung kann jedoch von mindestens zwei Gläubigern erzwungen werden, wenn diese mehr als 10 Prozent der Stimmrechte (pro Krone des Betrages der Forderung hat der Gläubiger eine Stimme[42]) auf sich vereinen.[43]

40 Der Gläubigerausschuss wird bei der ersten Gläubigerversammlung durch die nicht gesicherten Gläubiger gewählt, und erfüllt den Zweck, sicherzustellen, dass auch diesen rechtliches Gehör gewährt wird.[44]

41 Die Gläubigerorgane haben nach dem neuen Recht zahlreiche Möglichkeiten, auf das Verfahren Einfluss zu nehmen. So kann die Gläubigerversammlung das Gericht zwingen, den Konkursverwalter abzuberufen, wofür auf der ersten Gläubigerversammlung eine einfache Mehrheit genügt.[45]

42 Die Zustimmung des Gläubigerausschuss ist zB insbesondere bei der Befriedigung für den Vorschlag des Konkursverwalters über die Verteilung des Erlöses nach Veräußerung der Konkursmasse unter den ungesicherten Gläubigern erforderlich.[46]

43 Im Verfahren der Restrukturierung ist der Restrukturierungsplan durch den Gläubigerausschuss zu genehmigen.[47]

---

[36] § 29 Abs. 2 ZKR.
[37] § 29 Abs. 8 ZKR.
[38] § 21 Abs. 1 ZKV.
[39] § 32 Abs. 4 ZKR.
[40] § 32 Abs. 6 ZKR.
[41] § 126 ZKR.
[42] § 35 Abs. 4 S. 1 HS. 2 ZKR.
[43] §§ 34 Abs. 1, 2 ZKR.
[44] §§ 33, 37 ZKR.
[45] § 36 ZKR.
[46] § 98 Abs. 1 S. 2 ZKR.
[47] § 133 ZKR.

4.3 Verwaltung und Verwertung der Konkursmasse

Für die Durchführung der Verwertung ist grundsätzlich der Konkursverwalter zuständig. Dabei hat das neue Konkursgesetz die Möglichkeiten für die Verwertung der Konkursmasse deutlich erweitert. So kann der Verwalter kann zum Zwecke der Verwertung:[48]

1) über das Unternehmen des Schuldners oder Bestandteile eine öffentliche Ausschreibung[49] durchführen,
2) einen Versteigerer mit der Veräußerung der Konkursmasse beauftragen,
3) einen Wertpapierhändler mit der Veräußerung der Konkursmasse beauftragen,
4) eine Versteigerung, ein Angebotsverfahren oder einen anderen zur Veräußerung der Konkursmasse führenden Wettbewerbsprozess durchführen,
5) die Konkursmasse auf andere angemessene Weise veräußern.

Bei der Veräußerung eines Unternehmens des Schuldners sind die Sachen, Rechte und andere Vermögenswerte, die zu dem Unternehmen gehören, mitsamt diesem zu veräußern.[50]

Immobilien kann der Verwalter jedoch, sofern sie nicht mitsamt dem Unternehmen oder Unternehmensteilen veräußert werden, ausschließlich im Wege der Versteigerung verwerten.[51]

An etwaige vertragliche Vorkaufsrechte Dritter bzgl. Massegegenständen ist der Verwalter nicht gebunden.[52]

4.4 Verteilung an die Gläubiger

Zu beachten ist die zeitlich abgestufte Verteilung des Erlöses zugunsten gesicherter und ungesicherter Gläubiger.

Zunächst verwertet der Konkursverwalter diejenigen Vermögensgegenstände, an welchen Sicherungsrechte bestehen, und schlägt den gesicherten Gläubiger einen Verteilungsmodus vor („návrh rozvrhu"), wobei er ihnen eine 30-tägige Frist setzt, dem Vorschlag zuzustimmen oder Einsprüche zu erheben. Nach der Zustimmung bzw. nach der Korrektur des Vorschlags auf Grund der Einsprüche durch den Konkursverwalter oder ggf. einer gerichtlichen Entscheidung über die Einsprüche befriedigt der Konkursverwalter die gesicherten Gläubiger.[53]

Soweit nach der abgesonderten Befriedigung der gesicherten Gläubiger noch Massevermögen übrig bleibt, werden die ungesicherten Gläubiger aus den Erlösen der Veräußerung der Allgemeinmasse nach Abzug der noch verbleibenden Masseverbindlichkeiten durch Verteilung („rozvrh") befriedigt. Dabei gehören auch gesicherte Gläubiger, soweit sie aus der Verwertung der Sicherheit nicht befriedigt werden konnten, zu den ungesicherten Gläubigern.[54] Voraussetzung für die Verteilung ist die vorherige Verwertung des gesamten dem Konkurs unterliegenden Vermögens. Reicht die so zu verteilende Masse nicht aus, um alle ungesicherten Gläubiger zu befriedigen, werden sie verhältnismäßig, gemäß der Höhe ihrer Forderungen, befriedigt.[55] Wiederum legt der Verwalter einen Verteilungsvorschlag vor, dem in diesem Falle der Gläubigerausschuss binnen 30 Tagen zustimmen oder gegen den er Einsprüche erheben kann. Nach der Zustimmung bzw. Korrektur auf Grund der Einsprüche bzw. nach einer gericht-

---

[48] § 92 Abs. 1 ZKR.
[49] Geregelt in §§ 281 ff. Obchodný zákonník, (slowakisches, ursprünglich tschechoslowakisches, Handelsgesetzbuch – nachfolgend nur: ObchZ) vom 5. November 1991, veröffentlicht unter Nr. 513/1991 Zb.
[50] § 92 Abs. 2 ZKR.
[51] § 92 Abs. 6 ZKR.
[52] § 93 Abs. 1 ZKR.
[53] § 97 ZKR.
[54] § 94 S. 2 ZKR.
[55] § 95 Abs. 1 ZKR.

lichen Entscheidung über diese befriedigt der Konkursverwalter die ungesicherten Gläubiger.[56]

5. Gläubiger

5.1 Aussonderungsberechtigte Gläubiger

51 Wer auf Grund eines dinglichen oder persönlichen Rechts geltend machen kann, dass ein Gegenstand nicht zur Konkursmasse gehört, kann bei deren Feststellung eine Anmerkung in die Aufstellung der Konkursmasse („súpis majetku podstát") eintragen lassen und im Klagewege einen Anspruch auf Ausschluss („vylúčení") der Sache aus der Masse geltend machen. Die Klage muss der Aussonderungsberechtigte jedoch innerhalb von 30 Tagen nach Veröffentlichung der Eintragung des Vermögensgegenstands in die Aufstellung der Konkursmasse im Handelsanzeiger („obchodný vestník", s. oben zu 1.) erheben, anderenfalls erlischt sein Recht an der Sache.[57]

52 Entscheidet das Gericht positiv über den Ausschluss der Sache ist der Verwalter verpflichtet, den Gegenstand unverzüglich aus der Aufstellung auszuschließen.[58]

5.2 Gesicherte Gläubiger

53 Gläubiger, die für ihre Forderungen durch ein Pfandrecht, Zurückbehaltungsrecht oder eine Sicherungsübereignung oder sicherungsweise Abtretung von Forderungen oder sonstigen Rechten aus dem Massevermögen gesichert sind,[59] haben dagegen lediglich ein Recht auf abgesonderte Befriedigung aus dem Sicherungsgegenstand.[60]

54 Der Konkursverwalter verwertet die betroffenen Vermögensgegenstände und erstellt jeweils nach Verwertung eines Viertels des Vermögens, das von Rechten auf abgesonderte Befriedigung betroffen ist, sowie nach Abschluss gerichtlicher Verfahren, die Sicherungsrechte betreffen, einen Vorschlag für die Verteilung des betroffenen Erlöses. Den jeweiligen gesicherten Gläubigern stellt er eine Frist von 30 Tagen, innerhalb derer diese dem Vorschlag zustimmen oder Einsprüche erheben können. Stimmt ein Gläubiger zu, befriedigt der Verwalter ihn unverzüglich entsprechend dem Vorschlag. Erhebt der Gläubiger Einsprüche kann der Verwalter seinen Vorschlag entsprechend korrigieren und den Gläubiger entsprechend befriedigen oder Klage gegen den Einspruch beim Konkursgericht einreichen. In diesem Falle befriedigt der Konkursverwalter den Gläubiger unverzüglich nach der Gerichtsentscheidung entsprechend der Entscheidung.[61]

5.3 Massegläubiger

55 Massegläubiger sind Gläubiger, deren Forderung grundsätzlich voll aus der Konkursmasse zu befriedigen ist („pohl'adávka proti podstate"). Massegläubiger müssen ihre Forderung nicht förmlich im Konkursverfahren anmelden, sondern können nach der Verkündung des Konkurses direkt gegenüber dem Verwalter geltend gemacht und von diesem jederzeit nach der Reihenfolge ihrer Fälligkeit und in voller Höhe befriedigt werden.

56 Dies betrifft insbesondere Forderungen, die im Zusammenhang mit der Verwertung oder Verwaltung der Konkursmasse nach Verkündung des Konkurses entstanden sind, ferner Unterhaltsansprüche minderjähriger Kinder, nach Konkursverkündung entstandene öffentliche Abgaben- und Sozialversicherungsansprüche, arbeitsvertragliche Ansprüche von Arbeitnehmern des Schuldners sowie Ansprüche aus Verträgen aus sog. „Arbeiten außerhalb eines Arbeitsverhältnisses" („z dohôd o prácach uzatvorených mimo pracovného pomeru"), also zB auch aus Werkverträgen.[62]

---

[56] § 98 ZKR.
[57] § 78 Abs. 3 ZKR.
[58] § 78 Abs. 4 ZKR.
[59] § 8 ZKR.
[60] §§ 94, 97 ZKR.
[61] § 97 ZKR.
[62] § 87 ZKR.

5.4 Bevorzugte und übrige Gläubiger

Reicht der Erlös aus der Verwertung der Konkursmasse nicht zur Befriedigung aller Forderungen aus, werden bevorzugt zunächst die o. g. Masseforderungen in der Reihenfolge ihres Fälligkeitszeitpunktes befriedigt:[63]

Gesicherte Forderungen werden abgesondert aus dem Sicherungsgegenstand befriedigt (s. oben, 5.1).

Für die Verteilung unter den ungesicherten Gläubigern geht das neue Konkursgesetz sodann wie auch die Vorgängerregelung von einer Einteilung der ungesicherten Forderungen in zwei verschiedene „Klassen" („triedy") aus, ohne diese ausdrücklich als solche zu bezeichnen. Gemeint sind ungesicherte Forderungen im Allgemeinen sowie sog. „untergeordnete Forderungen" („podriadené pohl'adávky").[64]

Zunächst werden allgemeine ungesicherte Forderungen befriedigt. Sofern das Massevermögen hierfür nicht ausreicht, werden sie verhältnismäßig befriedigt.[65]

In der Verteilung werden bestrittene Forderungen, ihre frist- und ordnungsgemäße Anmeldung vorausgesetzt, erst berücksichtigt, wenn sie „festgestellt" (s. oben, 4.1) sind. Ebenso partizipieren bedingte Forderungen, frist- und ordnungsgemäße Anmeldung vorausgesetzt, erst nach Eintritt ihrer Bedingung.[66]

„Untergeordnete Forderungen" werden erst befriedigt, nachdem die übrigen ungesicherten Forderungen im Allgemeinen befriedigt wurden. Forderungen sind dann „untergeordnet", wenn sie aus einem schriftlichen Vertrag hervorgehen, in dem sich die Parteien für den Fall des Vermögensverfalls oder der Liquidation des Schuldners auf die Nachrangigkeit der betreffenden Forderung gegenüber dessen übrigen Verbindlichkeiten verständigt haben.[67] Auch sie werden, sofern das Massevermögen hierfür nicht ausreicht, verhältnismäßig befriedigt.[68]

6. Abwicklung nicht vollständig erfüllter Verträge

Sofern der Schuldner vor Verkündung des Konkurses einen gegenseitigen Vertrag geschlossen und bereits erfüllt hat, den hingegen der Vertragspartner noch nicht vollständig erfüllt hat, kann der Verwalter die Erfüllung des Vertrages verlangen oder von dem Vertrag zurücktreten („odstúpit'"). Hat der Vertragpartner bereits teilweise erfüllt, ist das Rücktrittsrecht auf einen Teilrücktritt beschränkt.[69]

Ein entsprechendes Rücktritts- bzw. Teilrücktrittsrecht steht dem Vertragspartner zu, wenn der Konkursschuldner den Vertrag noch nicht vollständig erfüllt hat. Etwaige Rückgewähransprüche aus dem Rücktritt kann der Vertragspartner nur geltend machen, wenn er sie rechtzeitig, ggf. als auf den Rücktritt bedingte Forderung angemeldet hat. In letzterem Falle wird er bei der Verteilung des Verwertungserlöses erst dann bedacht, wenn die Bedingung eingetreten ist, d. h. der Rücktritt wirksam erklärt wurde.[70]

Vor der Konkursverkündung abgeschlossene Dauerschuldverhältnisse kann der Verwalter innerhalb von zwei Monaten, ggf. auch kürzer, soweit dies gesetzlich oder vertraglich vorgesehen ist, kündigen.[71] Mietverhältnisse über Wohnraum jedoch können nur nach allgemeinen mietrechtlichen Regeln[72] gekündigt werden.

---

[63] §§ 87 Abs. 3, 96 Abs. 1 ZKR.
[64] § 95 Abs. 2 ZKR.
[65] § 95 Abs. 1 ZKR.
[66] § 99 ZKR.
[67] § 408 a Abs. 1, 2 ObchZ.
[68] § 95 Abs. 2 ZKR.
[69] § 45 Abs. 1, 3 ZKR.
[70] § 45 Abs. 2, 3 ZKR.
[71] § 45 Abs. 4 ZKR.
[72] §§ 663–723 Občianský zákonník (slowakisches, ursprünglich tschechoslowakisches, Bürgerliches Gesetzbuch) vom 26. Februar 1964, veröffentlicht unter Nr. 40/1964 Zb.

66 Eigene Regeln gelten für Arbeitsverträge nach dem Arbeitsgesetzbuch.[73] Die Rechte und Pflichten des Konkursschuldners als Arbeitgeber gehen mit der Verkündung des Konkurses auf den Verwalter über. Eine Kündigung ist bei Auflösung des Konkursschuldners[74] möglich, ferner aus betriebsbedingten Gründen, wenn keine weitere Beschäftigung des Arbeitnehmers möglich ist.[75] Die Kündigungsfrist darf nicht weniger als zwei (bei bereits fünfjährigem Arbeitsverhältnis: drei) Monate betragen.[76] Im Falle der Massenkündigung, d. h. der Kündigung von mindestens 20 Arbeitnehmern, sind besondere gesetzliche Informationspflichten gegenüber den Arbeitnehmern zu beachten.[77]

7. Aufrechnung

67 Die Aufrechnung mit Gläubigerforderungen gegen Forderungen des Konkursschuldners ist nach der Entscheidung über den Vermögensverfall nur noch unter den vom Konkursgesetz aufgestellten Bedingungen zulässig. So muss der Gläubiger seine Gegenforderung angemeldet haben und muss diese vor Verkündung des Konkurses erworben haben, und schließlich darf die Gegenforderung nicht auf einem anfechtbaren („odporovateľný") (s. unten, 8.) Rechtsgeschäft beruhen.[78]

8. Insolvenzanfechtung

68 Damit der Konkursmasse nicht vor Eröffnung des Konkursverfahrens wichtige Teile entzogen werden, sieht das neue Konkursgesetz wie auch die Vorgängerregelung die Anfechtung („odporovanie") bestimmter, im Konkursgesetz abschließend aufgeführter Rechtsgeschäfte vor.

69 Anfechtbar sind Geschäfte, in denen sich der Konkursschuldner unentgeltlich oder zumindest ohne angemessene Gegenleistung[79] zu einer Leistung verpflichtet.

70 Ebenfalls anfechtbar sind Geschäfte, mit denen der Konkursschuldner einen Gläubiger gegenüber den anderen Gläubigern ohne Grund übervorteilt.[80]

71 Als Gegenstück dazu sind Rechtsgeschäfte auch dann anfechtbar, wenn der Konkursschuldner bei ihrer Vornahme den Vorsatz hatte, seine Gläubiger zu benachteiligen, vorausgesetzt, dass dies der anderen Vertragspartei des betreffenden Rechtsgeschäfts bekannt war oder hätte bekannt sein müssen.[81]

72 Anfechtbar sind schließlich auch Rechtsgeschäfte, die nicht zur gewöhnlichen Geschäftsführung gehören und die der Schuldner nach Beendigung eines Konkursverfahrens vorgenommen hat, wenn innerhalb von sechs Monaten nach Beendigung des ersten Konkursverfahrens über sein Vermögen erneut der Konkurs verkündet wurde.[82]

73 Zur Anfechtung sind sowohl der Verwalter als auch Gläubiger berechtigt. Die Anfechtung kann direkt gegenüber den aus dem anfechtbaren Rechtsgeschäft verpflichteten Personen erklärt werden oder auch im Wege der Klage beim Konkursgericht geltend gemacht werden. Letztere Variante hat den Vorteil, dass die Anfechtung Wirkungen gegenüber allen Beteiligten des Konkursverfahrens entfaltet.[83]

74 Aufgrund der Anfechtung ist derjenige, der auf Grund des anfechtbaren Rechtsgeschäfts eine Leistung erhalten hat, verpflichtet, für diese Geldersatz zu leisten. Handelt es sich um

---

[73] §§ 61, 62 Zákonník práce, übersetzt: Arbeitsgesetzbuch nachfolgend nur: „Zpr", vom 2. Juli 2001, veröffentlicht unter Nr. 311/2001 Z. z.
[74] § 63 Abs. 1 lit. a ZPr.
[75] § 63 Abs. 2 lit. a ZPr.
[76] § 62 Abs. 1 ZPr.
[77] § 73 ZPr.
[78] § 54 ZKR.
[79] § 58 ZKR.
[80] § 59 ZKR.
[81] § 60 ZKR.
[82] § 61 ZKR.
[83] § 62 Abs. 5 ZKR.

eine Sachleistung kann alternativ von ihm auch die Herausgabe der Sache verlangt werden. Gesetzlicher Regelfall ist jedoch der Geldersatz.[84] Im Falle eines gegenseitigen Rechtsgeschäfts kann der Anfechtungsgegner, sofern seine eigene Leistung zu einer Bereicherung gegenüber der Konkursmasse geführt hat, einen Anspruch auf Herausgabe der Bereicherung als Masseforderung geltend machen.[85]

Von vornherein nichtig („neplatné") sind außerdem bestimmte Vereinbarungen von Ehegatten über die Aussonderung von Vermögen aus dem ungeteilten ehelichen Gesamthandseigentum („bezpodielové spoluvlastníctvo manželov"), das in der Slowakei wie auch in Tschechien den Regelfall darstellt,[86] wenn diese Vereinbarungen innerhalb von sechs Monaten vor Verkündung des Konkurses getroffen werden.[87]

9. Restrukturierung

Mit dem neuen Konkursgesetz besteht nunmehr auch die Möglichkeit, statt des Liquidationskonkurses die Genehmigung des Restrukturierungsverfahrens („reštrukturalizácia") zu beantragen.

Neben den Eröffnungsgründen der Zahlungsunfähigkeit und der Überschuldung kann das Restrukturierungsverfahren auch bereits bei drohendem Vermögensverfall eingeleitet werden.

Neben dem rechtzeitigen Antrag muss der Schuldner in diesem Fall einen im Verwalterverzeichnis eingetragenen Verwalter damit beauftragen, ein Gutachten über die finanzielle und wirtschaftliche Situation des Schuldners zu erstellen.[88]

Das Gutachten beinhaltet die genaue Bezeichnung des Schuldners, seine unternehmerische Tätigkeit, die Höhe und den Grund des drohenden bzw. des schon entstandenen Vermögensverfalls, eine genaue Beschreibung der finanziellen und wirtschaftlichen Situation des Schuldners sowie die Empfehlung oder Ablehnung einer Restrukturierung mit der dazugehörigen Begründung.[89]

Ein die Restrukturierung empfehlendes Gutachten muss zudem eine Beurteilung der Rechte und wirtschaftlichen Interessen der Gläubiger sowie eine Restrukturierungsstrategie zur Rettung des Unternehmens sowie die Definition der rechtlichen Stellung des Schuldners im Falle der Bewilligung, dessen Entscheidungen sodann größtenteils der Zustimmung des Verwalters bedürfen, enthalten.[90]

Empfiehlt das Gutachten die Restrukturierung, kann der Schuldner bzw. der oder die Gläubiger mit Zustimmung des Schuldners innerhalb von 30 Tagen den Antrag auf Genehmigung der Restrukturierung stellen.[91] Zuständig ist das Kreisgericht („okresný súd") am Ort des Bezirksgerichts („krajský súd"), bei dem der Schuldner seinen Sitz oder Wohnsitz hat. Dieses hat innerhalb von 15 Tagen nach Antragsstellung das Restrukturierungsverfahren einzuleiten.[92]

Bereits die Einleitung hat die Wirkung, dass der Schuldner u.a. in seiner Geschäftsführungsbefugnis auf laufende Geschäfte beschränkt ist und aus Forderungen, die anmeldungsbedürftig sind nicht mehr vollstreckt oder aufgerechnet werden kann.[93]

Nach einer weiteren Frist von 30 Tagen muss das Gericht über die Genehmigung der Restrukturierung entscheiden, welche sie erteilt, wenn das Gutachten rechtmäßig zustande gekommen ist, der Antrag auf Genehmigung der Restrukturierung nicht später als 30 Tage

---

[84] § 63 Abs. 1 ZKR.
[85] § 65 ZKR.
[86] §§ 143–151 ZKR.
[87] § 53 Abs. 3 lit. a ZKR.
[88] §§ 108 Abs. 3, 109 Abs. 1 ZKR.
[89] § 110 Abs. 1 ZKR.
[90] § 110 Abs. 2 ZKR.
[91] § 111 ZKR.
[92] § 113 Abs. 1 ZKR.
[93] § 114 Abs. 1 ZKR.

Slowakische Republik 84–91

nach Ausarbeitung des Gutachtens eingereicht wurde und der Verwalter eine Restrukturierung aus nachvollziehbaren Gründen empfohlen hat.[94]

84   Gläubiger des Schuldners können sodann innerhalb von 30 Tagen nach Genehmigung der Restrukturierung ihre Forderungen beim Verwalter und beim Gericht (zwingend bei beiden!) anmelden.

85   Hat das Gericht der Restrukturierung zugestimmt, muss der Schuldner, sofern er selbst die Restrukturierung beantragt hat, anderenfalls der Verwalter, einen „Restrukturierungsplan" („reštrukturalizačný plán") ausarbeiten. Der Plan dem Gläubigerausschuss, der Versammlung der „Planteilnehmer" (im Plan genannte Personen – „účastník plánu") als sog. „Genehmigungsversammlung" („schval'ovacia schôdza") sowie dem Gericht zur Genehmigung vorzulegen.[95]

86   Der Restrukturierungsplan beinhaltet einen „deskriptiven Teil" („opisná čast'"), der sich auf die Einteilung der Forderungen der Gläubiger nach ihrer Art, die mögliche Änderung der Vermögensrechte der Aktionäre sowie den eventuellen Betriebsübergang oder die Verschmelzung oder Spaltung des Schuldners beschränkt.[96]

87   Das Herzstück der Restrukturierung stellt der „verbindliche Teil" („záväzná čast'") des Plans dar. In ihm werden alle Rechte und Pflichten aufgelistet, die den Beteiligten des Planes entstehen, sich ändern oder wegfallen.[97] Zudem kann er eine Auflistung neu eingeräumter Darlehen enthalten, mit der Bestimmung, dass der betreffende Rückzahlungsanspruch im Falle späterer Verkündung eines Liquidationskonkurses aus der allgemeinen Masse vorrangig gegenüber anderen ungesicherten Forderungen zu befriedigen ist.[98]

88   Stimmt das Gericht dem Restrukturierungsplan zu, wird dieser mit der Veröffentlichung im slowakischen Handelsanzeiger wirksam, wodurch der Anspruch derjenigen Gläubiger erlischt, die ihre Forderungen nicht ordnungsgemäß und fristgemäß angemeldet haben.[99]

89   Im verbindlichen Teil des Restrukturierungsplans kann zudem ein Überwachungsverwalter, ebenso aus dem Verwalterverzeichnis, bestellt werden, der, um den Sanierungserfolg zu gewährleisten, nach Beendigung der Restrukturierung bis zur vollständigen Umsetzung des Plans die Einhaltung des Plans sowie die Geschäftsaktivitäten des Schuldners kontrolliert, bei zustimmungspflichtigen Rechtsgeschäften die Zustimmung erteilt und Informationen über die wirtschaftliche Lage des Schuldners bewertet.[100]

10. Internationales Insolvenzrecht

90   Die Verordnung der Europäischen Gemeinschaft über Insolvenzverfahren[101] ist für die Slowakische Republik seit ihrem EU-Beitritt vom 1. Mai 2004 unmittelbar anwendbar. Das slowakische Konkursgesetz gilt gegenüber dem Anwendungsbereich europarechtlicher Insolvenzvorschriften ausdrücklich nur subsidiär. Damit dürfen etwa, wenn über einen Teil einer europaweit tätigen Unternehmensgruppe ein Insolvenzverfahren in einem Mitgliedstaat der EU eröffnet wird, in dem der Schuldner seinen „centre of main interest" hat, Sekundärinsolvenzverfahren in der Slowakei nur unter den in der EuInsVO festgelegten Bedingungen eröffnet werden. Dies wurde etwa im Falle des vor einem britischen Gericht eröffneten Verfahrens „Collins & Aikman"[102] durch die slowakischen Gerichte akzeptiert, die, anders als etwa jene der Republik Österreich, kein Sekundärverfahren eröffneten.

91   Im Übrigen dagegen lässt das neue Konkursgesetz die Eröffnung eines Partikularverfahrens zu, wenn der Schuldner auf dem Gebiet der Slowakischen Republik Vermögen

---

[94] § 116 Abs. 1, 2 ZKR.
[95] §§ 132 Abs. 1, 133 Abs. 1 ZKR.
[96] § 135 ZKR.
[97] § 136 ZKR.
[98] § 141 ZKR.
[99] § 155 Abs. 2 ZKR i.V.m. §§ 121 f. ZKR.
[100] §§ 162, 164 ZKR.
[101] VO (EG) Nr. 1346/2000, ABl. Nr. l 160 vom 30. 6. 2000.
[102] Vgl. High Court of Justice London – Urteil vom 9. 6. 2006 – Az: [2006] EWHC 1343 (Ch), NZI 2006, 654.

hat.[103] Der Insolvenzverwalter des in einem Drittstaat eröffneten Verfahrens kann jedoch bei dem slowakischen Konkursgericht bzw. für die Restrukturierung zuständigen Gericht die Anerkennung auf Grundlage der Gegenseitigkeit beantragen. Das Gericht kann ferner von Amts wegen das ausländische Verfahren anerkennen, wenn es keinerlei Bezüge zu dem Gebiet der Slowakischen Republik aufweist. Mit der Einleitung eines Konkurs- oder Restrukturierungsverfahren in der Slowakei wird die Anerkennung jedoch aufgehoben.[104]

---

[103] § 174 Abs. 1 ZKR.
[104] § 175 ZKR i. V. m. § 54 Zákon o mezinárodním právu soukromém a procesním, übersetzt: Gesetz über das internationale Privat- und Verfahrensrecht, vom 4. Dezember 1963, veröffentlicht unter Nr. 97/1963 Sb.

Spanien

bearbeitet von *Gerhard W. Volz* und *Carlos Oliver López* (Madrid)

Übersicht

	RdNr.		RdNr.
1. Schrifttum	1	4.3 Gläubigerversammlungen in der Vergleichsphase (fase de convenio)	54
1.1 Einschlägige Gesetzgebung	1	4.4 Verteilung an die Gläubiger	58
1.2 Lehrbücher	3	**5. Gläubiger**	61
1.3 Kommentare	4	5.1 Anerkannte Gläubiger	61
2. Einführung	10	5.2 Gläubiger mit besonderer Bevorrechtigung	64
2.1 Gesetzlicher Rahmen	10	5.3 Gläubiger mit allgemeiner Bevorrechtigung	67
2.2 Verfahrenstypen	12	5.4 Normale Konkursgläubiger	69
3. Eröffnung des Konkursverfahrens	19	5.5 Nachrangige Konkursgläubiger	71
3.1 Eröffnungsgründe	21	5.6 Massegläubiger	73
3.2 Schuldner	28	**6. Wirksamkeit von Verträgen**	75
3.3 Zulässige Sicherungsmaßnahmen vor Verfahrenseröffnung	32	**7. Aufrechnung**	80
3.4 Wirkungen der Verfahrenseröffnung	35	**8. Insolvenzanfechtungen von Rechtsgeschäften im Konkurs**	85
3.4.1 Wirkungen für den Schuldner	36	**9. Reorganisationsverfahren**	89
3.4.2 Wirkungen für die Gläubiger	38	**10. Internationales Insolvenzrecht**	93
3.4.3 Auswirkungen auf die einzelnen Forderungen	43		
4. Verlauf des Konkursverfahrens	44		
4.1 Anmeldung der Forderung durch den Gläubiger	45		
4.2 Verwaltung und Verwertung der Aktivmasse	51		

1. Schrifttum:

1.1 Einschlägige Gesetzgebung: *Ley Organica* 8/2003 vom 9. 7. über die Reform des Konkursrechts, **1** durch die das Gesetz 6/1985, vom 1. 7. über die richterliche Gewalt modifiziert wird; *Ley* 22/2003, vom 9. 7., Konkursverfahren und die anwendbare Gesetzgebung im Bereich des Konkursrechts, die auf Kreditinstitute, Dienstleistungsgesellschaften und Versicherungsgesellschaften anzuwenden ist und in der Zusatzvereinbarung 2ª des Konkursgesetzes zu finden ist; *Código Civil* (Zivilgesetzbuch) veröffentlicht durch *Real Decreto* (Königliche Verordnung) vom 6. 10. 1888; Verordnung (EG) Nr. 1346/2000 des Rates vom 29. 5. 2000 bezüglich Insolvenzverfahren (*DOCE* L 160, vom 30. 6. 2000); *Ley Organica* 6/1985 vom 1. 7. über die richterliche Gewalt; *Ley de Enjuiciamiento Civil* (Zivilprozessordnung) 1/2000 vom 7. 1.; Verordnung 44/2001 des Rates, vom 22. 12. (DOCE L 12/1, vom 16. 1. 2001) hinsichtlich der richterlichen Zuständigkeit, die Anerkennung und Vollstreckung von richterlichen Entscheidungen im Bereich des Zivil- und Handelsrechts.

Abkürzungen: *BOE*: Amtsblatt. *CC*: Zivilgesetzbuch. *LC*: Konkursgesetz. *LEC*: Zivilprozessordnung. **2** *LOC*: Ausführungsgesetz der Konkursrechtsreform.

1.2 Lehrbücher: *Olivencia, M (Dir.)* La nueva Ley Concursal, Sammlung „Studien des Gerichtsverfassungs- **3** rechts" Nr. 59, 2004. Gerichtsschule, (CGPJ), Madrid 2005; *Prendes Carri, P (Dir)* Guía práctica concursal, Pamplona, (Thomson-Aranzadi), 2005; *Cobo Plana, J. J.,* Doctrina de los Juzgados de lo Mercantil sobre la Ley Concursal, Valencia (Tirant lo Blanch), 2006; *Ramón Ibós, T.,* Sinopsis de la nueva Ley Concursal LO 22/2003, Barcelona (Bosch), 2006.

1.3 Kommentare: *Esperanza Gallego Sánchez* (Coor.) LEY CONCURSAL Comentarios, Jurisprudencia y **4** formularios, Las Rozas (Madrid) (La Ley) 2005; AA.VV., Estudios sobre la Ley concursal. Libro homenaje a Manuel Olivencia. Madrid (Marcial Pons) 2005.

Die Verkündigungen der Konkurses werden durch Veröffentlichung in den offiziellen **5** Amtsblättern und in der Zeitung bekannt gegeben, die in der Region, in der der Schuldner seinen Interessenschwerpunkt oder seinen Sitz hat, die größte Auflage hat.

Die Veröffentlichung der Erklärung des Konkurses ist im Konkursgesetz auf telematischem, informatischem oder elektronischem Weg vorgesehen. Diesbezüglich wurde das

Spanien 6–14

Internetportal für Veröffentlichung von Konkursverfahren *Registro público de resoluciones concursales* eingerichtet, das unter www.publicidadconcursal.es öffentlich zugänglich ist.[1]

6   Wenn der Schuldner eine natürliche Person ist, wird die Konkurserklärung in das *Registro Civil* eingetragen. Weiterhin wird eine Eintragung in andere gegebenenfalls einschlägige Register (z. B. Handelsregister) vorgenommen. Wenn der Schuldner Güter oder Rechte in öffentlichen Registern eingetragen hat *(Bienes Muebles, Buques y Aeronaves, Propiedad)*, wird präventiv eine Verfügungsbeschränkung oder gegebenenfalls die Aufhebung der Verwaltungs- und Verfügungsmöglichkeiten eingetragen.

7   Die Veröffentlichungen in dem Amtsblatt und den öffentlichen Registern sind über das Internet zugänglich.

8   Neue Gesetzgebung kann über die Internetseite des Justizministeriums oder des *Consejo General del Poder Judicial* abgefragt werden.

9   Vor der Erklärung des Konkurses können die Konkursanträge in den *Registros Generales* des örtlich zuständigen Handelsgerichts eingesehen werden. Örtlich zuständig ist das Gericht, in dessen Bereich der Schuldner seinen Interessenschwerpunkt oder seinen Sitz hat oder in den vorangegangenen 6 Monaten seinen Sitz hatte.[2] Zu diesen Registern gibt es keinen Internetzugang.

2. Einführung

2.1 Gesetzlicher Rahmen

10   Das Konkursrecht ist aus dem Zivilprozessrecht ausgegliedert. Mit dem neuen Konkursgesetz[3] wurde ein einziges gerichtliches Verfahren geschaffen, das sämtliche materiellen und prozessualen Aspekte des Konkursverfahrens regelt. Hiervon sind lediglich einige Normen ausgenommen, die auf Grund ihrer Natur den Rang eines Ausführungsgesetzes bedürfen. Hierzu gehören alle Maßnahmen die in Grundrechte des Schuldners eingreifen wie das Abhören der Kommunikation, Hausdurchsuchungen oder Hausarrest.

11   Für Kreditunternehmen, Finanzdienstleistungsgesellschaften und Versicherungsgesellschaften bestehen gesonderte Regelungen,[4] wobei hinsichtlich der Zusammensetzung, Ernennung und Tätigkeit der Konkursverwaltung die Normen des Konkursgesetzes zur Anwendung kommen.

2.2 Verfahrenstypen

12   In der Darlegung der Motive für das LC verdeutlicht der Gesetzgeber, dass er sich für das Prinzip der Einheit der Disziplin und der Systematik entschieden hat. Folglich regelt eine einzige Einrichtung die Zahlungsunfähigkeit aller Schuldner, unabhängig davon, ob diese zivil- oder handelsrechtlicher Natur ist.

13   Der gewählte Name zur Benennung dieses Verfahrens ist der *concurso,* ein klassischer Ausdruck der spanischen Rechtswissenschaft des XVII. Jahrhunderts, der in den europäischen Sprachwortschaft übergegangen ist.

14   Trotz dessen regelt das LC tatsächlich zwei Verfahren, das allgemeine oder normale Verfahren und das abgekürzte oder bes. vereinfachte Verfahren.

---

[1] RD 84/2007 vom 26. 1., erlassen durch Orden del Ministerio de Justicia 3473/2005 vom 8. 11. 2005.
[2] Art. 10 LC.
[3] Ley Concursal 22/2003, vom 9. 7.
[4] Ley 2/1981, de 25 de marzo, de regulación del mercado hipotecario; RD 3/1993 de 26 de febrero, sobre medidas urgentes en materias presupuestarias, tributarias, financieras y de empleo; Ley 24/1988 de 28 de julio, del Mercado de Valores; Ley 3/1994 de 14 de abril, de adopción de la legislación española en materia de entidades de crédito a la Segunda Directiva de Coordinación Bancaria; Ley 13, 1994, de 1 de junio, de autonomia del Banco de España; Ley 37/1998 de 16 de noviembre, del mercado de valores, Ley 46/1998, de 17 de diciembre, sobre introducción del euro; Ley 1/1999, de 5 de enero, regulando de las entidades de capital riesgo y de sus sociedades gestoras; Ley 14/2000, de 29 de diciembre, de medidas fiscales y de liquidación de valores; Ley 30/1995, de 8 de noviembre, de Ordenación y Supervisión de los Seguros Privados.

Der Richter kann das bes. vereinfachte Verfahren anwenden, wenn der Schuldner eine 15
natürliche Person ist oder eine juristische Person, die entsprechend des Handelsrecht berechtigt ist, eine verkürzte Bilanz vorzulegen und in beiden Fällen die anfängliche Schätzung der Passiva 1 000 000 EUR nicht übersteigt.[5]

Das abgekürzte Verfahren unterscheidet sich dadurch von dem allgemeinen Verfahren, 16
dass die vorgesehenen Fristen[6] auf die Hälfte reduziert werden und die Konkursverwaltung nur aus einem einzigen Mitglied statt aus drei Mitgliedern besteht.

Der Konkurs wird als freiwillig bezeichnet *(concurso voluntario)*, wenn der Schuldner selbst 17
als erster einen Konkursantrag gestellt hat, ansonsten handelt es sich um ein notwendiges Konkursverfahren *(concurso necesario)*.[7] Die Unterscheidung zwischen den beiden Konkursarten wirkt sich in verschiedener Hinsicht aus, u. a. bewahrt der Schuldner im *concurso voluntario* die Möglichkeit der Verwaltung und Verfügung über sein Vermögen unter Aufsicht der Konkursverwaltung, während in dem notwendigen Konkursverfahren diese Befugnisse von der Konkursverwaltung übernommen werden, sofern keine gegenteilige richterliche Entscheidung vorliegt.[8]

Das Konkursverfahren gliedert sich auf in eine allgemeine Phase *(fase común de concurso)*, 18
die in eine Phase des Vergleiches *(fase de convenio)* oder eine Phase der Liquidierung *(fase de liquidación)* mündet, sofern kein frühzeitiger Vergleichsvorschlag erfolgreich ist. Die allgemeine Phase beginnt mit der Erklärung des Konkurses und endet mit dem Bericht der Konkursverwaltung und dem Ablauf der Anfechtungsfristen oder der Entscheidung über die gegen die Bestandsaufnahme oder die Gläubigerliste formulierten Einwände.

3. Eröffnung des Konkursverfahrens

Das Verfahren wird mit Einreichung des Konkursantrags *(solicitud de declaración de concurso)* 19
des Schuldners, eines Gläubiger oder eines sonstigen Berechtigten eingeleitet. Der Richter untersucht von Amts wegen seine eigene Zuständigkeit.[9] Sofern diese vorliegt, erlässt er einen Beschluss und erklärt den Konkurs *(declaración del concurso)*,[10] wenn der Antrag von dem Schuldner gestellt wurde[11] oder setzt in den anderen Fällen einen Anhörungstermin an, um dem Schuldner Gelegenheit zu geben, Einwände vorzubringen. Widerspricht er nicht, erklärt der Richter den Konkurs des Schuldners. Im Falle des Widerspruchs wird eine Gerichtsverhandlung zur Beweisaufnahme bestimmt, in dessen Anschluss der Richter entscheidet, ob er den Konkurs erklärt oder den Antrag ablehnt.[12]

Das spanische Konkursrecht verwendet nicht den Ausdruck „Eröffnung des Konkurs- 20
verfahren", sondern „Erklärung des Konkurses", auch wenn der Begriff Eröffnung *(apertura)* im Gesetz erwähnt wird, z. B. Eröffnung der Phase des Vergleiches,[13] Eröffnung der Phase der Liquidierung[14] oder allgemein Eröffnung eines Insolvenzverfahrens in Spanien.[15]

3.1 Eröffnungsgründe

Die objektiven und subjektiven Voraussetzungen für die Erklärung des Konkurses oder 21
die Eröffnung des Verfahrens beruhen auf der Zahlungsunfähigkeit des Gemeinschuldners.[16]

---

[5] Art. 190 LC.
[6] Art. 191 LC.
[7] Art. 22 LC.
[8] Art. 40.
[9] Art. 10.5 LC.
[10] Art. 13 LC.
[11] Art. 14 LC.
[12] Art. 18–20 LC.
[13] Art. 111 LC.
[14] Art. 142 y 143 LC.
[15] Art. 220 LC.
[16] Art. 1.1 und 2.1 LC.

Spanien 22–31

22 Der Gemeinschuldner ist zahlungsunfähig, wenn er nicht in der Lage ist, regelmäßig seinen fälligen Zahlungsverpflichtungen nachzukommen.[17]

23 Wenn der Konkurs durch den Schuldner selbst beantragt wurde, ist auch eine Erklärung des Konkurses bei unmittelbar bevorstehender Zahlungsunfähigkeit möglich. Dies ist dann der Fall, wenn abzusehen ist, dass der Schuldner zukünftig nicht normal und pünktlich seinen Verpflichtungen nachkommen kann und die Zahlungsunfähigkeit absehbar ist.[18]

24 Ist jedoch die Zahlungsunfähigkeit definitiv eingetreten, muss der Schuldner die Erklärung des Konkurses innerhalb von zwei Monaten ab dem Zeitpunkt an dem er von seinem Zustand der Zahlungsunfähigkeit Kenntnis hatte oder Kenntnis hätte erlangen müssen, beantragen. Der Schuldner muss seine Überschuldung und den Zustand der Zahlungsunfähigkeit in beiden Fällen, sowohl bei akuter als auch bei bevorstehender Zahlungsunfähigkeit, begründen.

25 Wenn der Konkurs von einem Gläubiger beantragt wurde, werden folgende Gründe zur Annahme *iuris tantum* der Zahlungsunfähigkeit herangezogen:[19]
 – Die Existenz eines Titels über eine vollstreckbare Forderung, bezüglich dessen die Vollstreckung oder Zwangsmaßnahmen angeordnet wurden, ohne dass im Rahmen der Vollstreckung ausreichend Mittel für die Zahlung erlangt werden könnten.
 – Die generelle Einstellung der laufenden Zahlungsverpflichtungen.
 – Pfändungen durch laufende Vollstreckungen, die das Vermögen des Schuldners allgemein beeinträchtigen.
 – Das Beiseiteschaffen oder die übereilte oder ruinöse Verwertung von Gütern des Schuldners.
 – Nichteinhaltung der Verpflichtung zur Zahlung von Steuern oder Sozialversicherungsabgaben, Nichtzahlungen der letzten drei Monatsgehälter von Mitarbeitern.

26 Um die Beantragung des notwendigen Konkursverfahrens (durch einen Dritten) zu fördern, wird ein Viertel der Forderung des Gläubigers, der den Konkurs beantragt, als generell bevorzugte Forderung eingestuft.[20]

27 Neben den Gläubigern sind zur Beantragung der Erklärung des notwendigen Konkurses einer juristischen Person auch die Partner und Teilhaber befugt, die persönlich für die Gesellschaftsschulden haften.[21]

3.2 Schuldner

28 Die Erklärung des Konkurses erfolgt bei jedem zahlungsunfähigen Gemeinschuldner, gleichgültig ob es sich um eine natürliche oder juristische Person handelt. Der Konkurs einer Erbschaft kann erklärt werden, sofern diese nicht ohne Einwände angenommen wurde.

29 Nicht konkursfähig sind Unternehmen, die in die nationale Organisation des Staates (Staatsverwaltung, Länder [*Comunidades Autónomas*], selbstständige Städte, Provinzen, Teilprovinzen [*Cabildos*] und Gemeinden), öffentliche Organe[22] und sonstige Einheiten des öffentlichen Rechts[23] eingebunden sind.

30 Die vorgesehene prozessuale Einheit für den zahlungsunfähigen Gemeinschuldner, egal ob natürliche oder juristische Person, Kaufmann oder Nichtkaufmann, kann unter bestimmten Aspekten nicht aufrechterhalten werden.

31 So sind bestimmte Normen auf alle natürlichen Personen, unabhängig davon, ob sie Unternehmer sind oder nicht, anzuwenden. Andere Bestimmungen betreffen zwar alle Unternehmen unabhängig von ihrer Form, unterscheiden aber hinsichtlich der Erfüllung

---

[17] Art. 2.2 LC.
[18] Art. 2.3 LC.
[19] Art. 2.4 LC.
[20] Art. 91.6° LC.
[21] Art. 3.
[22] Ley 6/1997 de 14 de abril, de organización y funcionamiento de la Administración General del Estado.
[23] Ley 30/1992.

bestimmter Anforderungen beim *concurso voluntario* je nach der Verpflichtung zur Führung einer bestimmten Art der Buchhaltung. Weiterhin bestehen Bestimmungen, die danach unterscheiden, ob es sich bei dem Gemeinschuldner der Unternehmer ist um natürliche oder juristische Personen handelt.[24]

3.3 Zulässige Sicherungsmaßnahmen vor Verfahrenseröffnung

Auf Antrag des Berechtigten bei Beantragung des notwendigen Konkurses, kann der Richter vor Erlass des Beschlusses, der den Konkurs erklärt, Maßnahmen des einstweiligen Rechtsschutzes erlassen, die er für notwendig erachtet, um die Unversehrtheit des Vermögens des Schuldners entsprechend den Vorschriften des *Ley de Enjuiciamiento Civil* zu sichern.[25]

Besondere Maßnahmen des einstweiligen Rechtsschutzes in Bezug auf die Sicherstellung der Unversehrtheit des Vermögens sind die präventive Beschlagnahmung von Gütern, die Aufsicht durch die Konkursverwaltung oder Verwaltung durch das Gericht, die Hinterlegung von beweglichen Sachen, die Bildung von Bestandsaufnahmen der Güter, Eintragungen in Register und gerichtliche Anweisungen.[26]

Auch wenn es sich nicht um echten Maßnahmen des einstweiligen Rechtsschutzes, sondern der Untersuchung oder Ausforschung handelt, ist anzumerken, dass es noch andere vorläufige Maßnahmen, wie das Abhören der Kommunikation oder der Hausdurchsuchung gibt, die ab der Zulassung des Antrags auf Erklärung des notwendigen Konkurses auf Antrag des hierzu Berechtigten durch den Richter angeordnet werden können.[27]

3.4 Wirkungen der Verfahrenseröffnung

Sobald der Konkurs durch Beschluss verkündet ist, entfaltet er sofort seine Wirkung und die allgemeine Phase der Durchführung des Konkurses wird eröffnet, auch wenn der Beschluss noch nicht rechtskräftig ist.[28]

3.4.1 Wirkungen für den Schuldner

Der Richter hat entsprechend den Vorschriften des *Ley de Enjuiciamiento Civil* ab Erklärung des Konkurses die Möglichkeit, die Überwachung der Kommunikation, Hausarrest und Hausdurchsuchungen anzuordnen. Sofern es sich bei dem Konkursschuldner um eine juristische Person handelt, können solche Maßnahmen bezüglich ihrer Verwalter oder Liquidatoren angeordnet werden, die aktuell oder innerhalb der letzten zwei Jahre für die Gesellschaft tätig waren.[29]

Weiterhin wird die Fähigkeit des Schuldners, über sein Vermögen zu verfügen, beeinflusst[30] und der Schuldner wird zur Zusammenarbeit und Herausgabe von Informationen verpflichtet. Die Verpflichtung zur Formulierung und Vorlage des Jahresabschlusses besteht weiter.[31]

3.4.2 Wirkungen für die Gläubiger

Sobald der Konkurs erklärt ist, haben alle Gläubiger des Schuldners, normale oder bevorzugte, unabhängig von ihrer Nationalität und Wohnsitz, sofern das Gesetz nichts anderes vorsieht, das Recht dass ihre Forderungen in die Passivmasse des Konkurses aufgenommen werden.[32]

Die Erklärung des Konkurses hat Einfluss auf einzelne Klageverfahren, und zwar sowohl auf neue Verfahren, über die nur der Konkursrichter entscheiden kann,[33] als auch auf

---

[24] Art. 48 LC.
[25] Art. 17 LC.
[26] Art. 727 LEC.
[27] Art. 1 LOC.
[28] Art. 21.2 LC.
[29] Art. 1 Abs. 1 und 2 LOC.
[30] Art. 40 LC.
[31] Art. 46 LC.
[32] Art. 49 LC.
[33] Art. 50 LC.

laufende Verfahren, die bis zu der Rechtskraft des Urteile fortgeführt werden und sofern sie von Bedeutung sind, vom Konkursrichter zusammengefasst und von diesem weitergeführt werden können.[34]

40 Im internationalen Bereich werden Klagen durch den Konkursrichter nur berücksichtigt, wenn sie ihren rechtlichen Ursprung im Konkursrecht haben und in direktem Zusammenhang mit dem Konkurs stehen.[35]

41 Wenn der Konkurs erklärt ist, können weder gerichtliche, außergerichtliche, verwaltungsrechtliche noch steuerliche Vollstreckungsmaßnahmen in das Vermögen des Schuldners ausgeübt werden. Hiervon sind lediglich Gläubiger mit dinglichen Sicherheit ausgenommen.[36]

42 Gläubiger mit einer dinglichen Sicherheit über Güter des Konkursschuldners, die der Berufs- oder Unternehmenstätigkeit des Schuldners oder eines ihm gehörenden produzierende Unternehmens dienen, können diese erst dann vollstrecken, wenn eine Vereinbarung zwischen Schuldner und Gläubigern getroffen wurde, deren Inhalt nicht die Ausübung dieses Rechts betrifft oder ein Jahr seit der Erklärung des Konkurses vergangen ist, ohne dass die Liquidierung eröffnet wurde. Während dieser Zeit können auch keine Klagen erhoben werden auf Herausgabe von Gütern, die auf Grund von Verträgen verkauft wurden, die im Register für bewegliche Güter *(Registro de bienes muebles)* eingetragen sind (Eigentumsvorbehalt) oder im Rahmen von Finanzleasing übertragen wurden oder auf Aufhebung von Immobilienkaufverträgen mangels Zahlung des Kaufpreises. Laufende Verfahren werden suspendiert und können unter den oben genannten Bedingungen wieder aufgenommen werden.[37]

3.4.3 Auswirkungen auf die einzelnen Forderungen

43 Die Erklärung des Konkurses bewirkt ein Aufrechnungsverbot,[38] die Aufhebung des Anfalls von Zinsen[39] und die Unterbrechung der Verjährung.[40]

4. Verlauf des Konkursverfahrens

44 Der Konkurs beginnt mit der so genannten allgemeinen Phase, die der Erklärung des Konkurses, Gründung der Konkursverwaltung, Bericht der Konkursverwaltung und der Bestimmung der Aktiv- und Passivmasse des Konkurses dient.

4.1 Anmeldung der Forderung durch den Gläubiger

45 In dem Beschluss über die Erklärung des Konkurses oder der Entscheidung der Verfahrenseröffnung ist die Aufforderung an die Gläubiger enthalten, der Konkursverwaltung die Existenz ihrer Forderungen innerhalb einer Frist von einem Monat ab der letzten der in dem Beschluss angeordneten obligatorischen Veröffentlichung mitzuteilen.[41]

46 Die Erklärung des Konkurses muss in dem Amtsblatt (BOE) und in der Tageszeitung mit der größten Auflage in der Gegend, wo der Schuldner seinen Interessenschwerpunkt hat sowie dort, wo er seinen Sitz hat, veröffentlicht werden.[42]

47 Innerhalb der Monatsfrist haben die Gläubiger des Konkursschuldners der Konkursverwaltung das Bestehen ihrer Forderungen schriftlich mitzuteilen, wobei dem Schreiben ein urkundlicher Beleg beizufügen ist.[43]

---

[34] Art. 51 LC.
[35] Art. 11 LC.
[36] Art. 55 LC.
[37] Art. 56 LC.
[38] Art. 58 LC.
[39] Art. 59 LC.
[40] Art. 60 LC.
[41] Art. 21.1.5° LC.
[42] Art. 23 LC.
[43] Art. 85 LC.

48 Verspätet mitgeteilten Forderungen können als nachrangige Forderungen eingestuft werden, sofern sich ihr Bestehen nicht aus den Unterlagen des Schuldners ergibt.[44]

49 Sobald der Konkurs erklärt ist, informiert die Konkursverwaltung ohne Verzögerung auch die ihr bekannten Gläubiger, die ihren gewöhnlichen Aufenthaltsort, Sitz oder Wohnsitz im Ausland haben, wenn sich ihre Gläubigereigenschaft aus den Büchern und Unterlagen des Schuldners ergibt oder sie aus einem anderen Grund in dem Konkursverfahren erscheinen.[45] Der Konkursrichter kann auch anordnen, dass der Konkurseröffnungsbeschluss im Ausland veröffentlicht wird.[46]

50 Auch für die Forderungsanmeldung ausländischer Gläubiger gilt die genannte Monatsfrist. Die Mitteilung an ausländische Gläubiger erfolgt in spanischer Sprache oder einer der anderen offiziell in Spanien zugelassenen Sprachen, wobei lediglich die Überschrift hinsichtlich der Aufforderung zur Forderungsanmeldung und der Fristen auch auf englisch und französisch formuliert werden muss.

4.2 Verwaltung und Verwertung der Aktivmasse

51 Falls der Richter nichts Gegenteiliges entscheidet, behält der Schuldner im freiwilligen Konkursverfahren *(concurso voluntario)* die Möglichkeiten der Verwaltung und Verfügung über sein Vermögen, wobei er dabei der Aufsicht der Konkursverwalter unterworfen ist. Im Falle des notwendigen Konkurses *(concurso necesario)* wird dem Schuldner diese Befugnis entzogen und hierfür der Konkursverwalter eingesetzt.[47]

52 Die Erklärung des Konkurses bewirkt nicht die Unterbrechung der beruflichen oder unternehmerischen Tätigkeiten des Schuldners.[48]

53 Bis zur gerichtlichen Genehmigung des Vergleiches zwischen Schuldner und Gläubigern *(convenio)* oder der Eröffnung der Liquidation, können keine in der Aktivmasse enthaltenen Güter oder Rechte ohne Genehmigung des Richters weggegeben oder belastet werden, mit Ausnahme der Verfügungen, die die Berufs- oder Unternehmenstätigkeit des Schuldners betreffen.[49]

4.3 Gläubigerversammlungen in der Vergleichsphase *(fase de convenio)*

54 Die wichtigsten Organe des Konkurses sind der Richter und die Konkursverwaltung. Die Gläubigerversammlung wird nach dem neuen spanischen Konkursrecht nur noch dann einberufen, wenn die Vergleichsphase eröffnet und ein Vergleich diskutiert bzw. genehmigt werden soll. Ein solcher Vergleich kann auch im schriftlichen Verfahren angenommen werden.

55 Wenn der Konkursschuldner nicht die Liquidierung beantragt oder einem frühzeitigen Vergleichsvorschlag zugestimmt hat, erlässt der Richter innerhalb von fünfzehn Tagen nach Ablauf der Frist zur Anfechtung der Bestandsliste und der Gläubigerliste oder von dem Datum an, dem die endgültigen Texte erstellt wurden, falls Anfechtungen eingereicht wurden, einen Beschluss, der die Vergleichsphase eröffnet und die Gläubigerversammlung einberuft.[50]

56 Sofern ein Vergleich erfolgreich angefochten wurde oder von Amts wegen zurückgewiesen wurde, besteht die Möglichkeit, eine neue Gläubigerversammlung einzuberufen.[51]

57 Für die Annahme eines Vergleichsvorschlags durch die Gläubigerversammlung, ist ein zustimmendes Votum von mindestens der Hälfte der normalen Konkursforderungen erforderlich. Sofern der Vorschlag in der ungekürzten Zahlung der einfachen Forderungen innerhalb einer Frist von nicht mehr als drei Jahren oder in der sofortigen Zahlung

---

[44] Art. 92.1° LC.
[45] Art. 214 LC.
[46] Art. 215 LC.
[47] Art. 40 LC.
[48] Art. 44 LC.
[49] Art. 43 und 44 LC.
[50] Art. 111 LC.
[51] Art. 129 und 131 LC.

derselbigen mit einer Kürzung von unter 20 Prozent besteht, ist eine einfache Stimmmehrheit ausreichend.[52]

4.4 Verteilung an die Gläubiger

58 Nach Beendigung der allgemeinen Phase zur Bestimmung des Bestands und der Gläubigerliste tritt das Konkursverfahren entweder in die Vergleichsphase *(fase de convenio)*[53] oder die Phase der Verwertung *(fase de liquidación)*.[54] Beide Verfahrensalternativen werden obsolet, wenn bereits ein Vergleich auf Grund eines frühzeitigen Vorschlags erzielt werden konnte.[55]

59 Sowohl durch Erfüllung des Vergleiches als auch auf dem Weg der Zahlung an die Gläubiger im Rahmen der Liquidierung wird eine Aufteilung der Aktiva vollzogen.

60 Das Konkursgesetz fördert den Abschluss eines Vergleichs oder den Eintritt in die Liquidierungsphase innerhalb eines Jahres nach Erklärung des Konkurses, da ansonsten die Vollstreckungen in Güter des Konkursschuldners, die die Berufs- oder Unternehmenstätigkeit betreffen, auf Grund dinglicher Rechte begonnen oder fortgesetzt werden können.[56]

5. Gläubiger

5.1 Anerkannte Gläubiger

61 Die Passivmasse setzt sich aus den Konkursverbindlichkeiten *(créditos concursales)* zusammen, die aus Forderungen gegen den Schuldner bestehen und die nicht als Forderungen gegen die Masse *(créditos contra la masa)*[57] anzusehen sind.

62 Die in der Gläubigerliste aufgeführten Gläubiger sind im Sinne des Konkurses in vorrangige *(privilegiados)*, normale *(ordinarios)* und nachrangige *(subordinados)* Gläubiger aufgeteilt.

63 Die vorrangigen Forderungen sind wiederum in Forderungen mit besonderer Bevorrechtigung *(privilegio especial)* und Forderungen mit allgemeiner Bevorrechtigung *(privilegio general)* untergliedert.

5.2 Gläubiger mit besonderer Bevorrechtigung

64 Gläubiger mit bes. bevorrechtigten Forderungen werden in Hinblick auf ein Gut oder ein konkretes Recht bevorzugt bedient und fallen mit den Forderungen zusammen, für die eine dingliche Sicherheit besteht.

65 Forderungen mit besonderer Bevorrechtigung sind:[58]
– Hypothekarisch oder durch Pfand gesicherte Forderungen
– Mit einem Nutzpfand gesicherte Forderungen über die Erträge eines belasteten Grundstücks
– Geförderte Darlehen, einschließlich von Arbeitnehmern, hinsichtlich der damit hergestellten Objekte, die im Eigentum oder Besitz des Konkursschuldners stehen
– Leasingraten oder Kaufpreisraten hinsichtlich beweglicher oder unbeweglicher Güter zu Gunsten von Vermietern, Verkäufern oder gegebenenfalls Kreditgebern bezüglich vermieteter oder verkaufter Güter mit Eigentumsvorbehalt, mit Verfügungsverbot oder mit einer auflösenden Bedingung im Falle der Nichtzahlung
– Forderungen mit Sicherung durch Wertpapiere, die mittels Eintragung auf den belasteten Wertpapieren aufgeführt sind
– Forderungen, die mit einem in öffentlicher Urkunde erstellten Pfand gesichert sind und hinsichtlich derer sich die gesicherten Güter in Händen des Gläubigers oder eines Dritten befinden

---

[52] Art. 124 LC.
[53] Art. 111 LC.
[54] Art. 142 und 143 LC.
[55] Art. 109 LC.
[56] Art. 56 LC.
[57] Art. 84 LC.
[58] Art. 90 LC.

Die Begleichung der Forderungen mit besonderer Bevorrechtigung werden zu Lasten der betroffenen Güter und Rechte durchgeführt, sei es im Wege einer gesonderten oder kollektiven Vollstreckung.⁵⁹

5.3 Gläubiger mit allgemeiner Bevorrechtigung

Allgemein bevorrechtigte Forderungen sind:⁶⁰
– Arbeitsrechtliche Forderungen in beschränktem Ausmaß, bei denen es sich nicht um bes. privilegierte Forderungen handelt
– Steuer- und Sozialversicherungseinbehalte, deren Abführung von dem Gemeinschuldner gesetzlich geschuldet wird
– Forderungen aus nicht abhängiger persönlicher Dienst- oder Werkleistung und für die Ausbeutung von Urheberrechten, sofern sie innerhalb von sechs Monaten vor Erklärung des Konkurses entstanden sind
– Forderungen des Finanzamts und der Sozialversicherung (bis zu 50 Prozent des jeweiligen Forderung)
– Forderungen aus außervertraglichen Haftpflichtansprüchen.
– Ein Viertel der Forderung des Gläubigers, der den Konkurs beantragt hat

Nachdem von der Aktivmasse die notwendigen Güter und Rechte zur Befriedigung der Forderungen gegen die Masse entnommen worden sind, werden die Forderungen mit allgemeiner Bevorrechtigung gegebenenfalls anteilig⁶¹ aus den Gütern befriedigt, die keiner besonderen Bevorrechtigung unterliegen.

5.4 Normale Konkursgläubiger

Hierzu zählen alle Gläubiger mit Konkursforderungen, die weder bevorzugt noch nachrangig sind.

Die Zahlung der normalen Forderungen wird zu Lasten der Güter und Rechte der Aktivmasse beglichen, die übrig bleiben, nachdem die Forderungen gegen die Masse und die bevorrechtigten Forderungen befriedigt wurden. Die normalen Forderungen werden ggf. anteilig befriedigt.⁶²

5.5 Nachrangige Konkursgläubiger

Nachrangige Forderungen sind:⁶³
– Verspätet mitgeteilte Forderungen
– Vertraglich als nachrangig definierte Forderungen
– Zinsen
– Bußgelder und sonstige Geld- und Vertragsstrafen
– Forderungen deren Inhaber einen besonderen Bezug zu dem Schuldner haben (bei einer natürlichen Person seine Verwandten und bei einer juristischen Person [u. a. die haftenden Gesellschafter, Geschäftsführer, verbundene Unternehmen])

Die Befriedigung der nachrangigen Forderungen wird erst vorgenommen, wenn sämtliche normale Forderungen vollständig befriedigt wurden. Die Zahlung wird ggf. anteilig vorgenommen.⁶⁴

5.6 Massegläubiger

Als Forderungen gegen die Masse werden eingestuft:⁶⁵
– Lohnforderungen für die letzten dreißig Tage vor Erklärung des Konkurses
– Im Rahmen des Konkursverfahrens angefallene Auslagen und Gerichtskosten

---

⁵⁹ Art. 155 LC.
⁶⁰ Art. 91 LC.
⁶¹ Art. 156 LC.
⁶² Art. 157 LC.
⁶³ Art. 92 und 93 LC.
⁶⁴ Art. 158 LC.
⁶⁵ Art. 84 LC.

- Gesetzliche Unterhaltsverpflichtungen und sonstige gesetzliche Zahlungsverpflichtungen des Schuldners
- Forderungen, die im Rahmen der Berufs- oder Unternehmenstätigkeit des Schuldners nach Erklärung des Konkurses entstanden sind, einschließlich Gehälter und Abfindungszahlungen
- Leistungen aus Verträgen mit offener gegenseitiger Verpflichtung, die nach der Erklärung des Konkurses weiterhin in Kraft geblieben sind
- Forderungen mit spezieller Bevorrechtigung, deren dingliche Sicherheit nicht in Höhe der geschuldeten Beträge verwirklicht werden konnte
- Forderungen, die in den Fällen der Aufhebung von Handlungen des Schuldners im Konkursverfahren, der Rückgabe der von diesem empfangenen Leistungen entsprechen, wenn das Urteil nicht Bösgläubigkeit des Inhabers der Forderung festgestellt hat
- Forderungen aus gültigen Verträgen, die nach der Eröffnung und während des Verfahrens durch die Konkursverwaltung oder mit ihrer Genehmigung abgeschlossen wurden
- Forderungen aus gesetzlichen Verpflichtungen oder außervertraglicher Haftung des Konkursschuldners ab Erklärung des Konkurses bis zum Abschluss des Konkursverfahrens.

74 Vor Beginn der Begleichung der Konkursverbindlichkeiten, werden aus der Aktivmasse diejenigen Güter und Rechte entnommen, die zur Befriedigung der Forderungen gegen die Masse notwendig sind, wobei Güter und Rechte mit spezieller Bevorrechtigung ausgenommen sind. Die Forderungen werden an ihrem jeweiligen Fälligkeitsdatum beglichen.[66]

6. Wirksamkeit von Verträgen

75 Die Erklärung des Konkurses an sich berührt die Wirksamkeit von Verträgen mit offenen gegenseitigen Verpflichtungen nicht.[67]

76 Die Konkursverwaltung oder der Gemeinschuldner, sofern seine Verfügungsbefugnis nicht aufgehoben wurde, können die Auflösung des Vertrages beantragen, wenn sie dies für vorteilhaft für den Konkurs halten. Sofern sich die Beteiligten nicht über die Auflösung und ihre Auswirkungen einigen konnten, entscheidet der Richter über die Aufhebung und den Schadensersatz, der ggf. zur Lasten der Masse zu bezahlen ist.[68]

78 Vertragsklauseln, die im Falle des Konkurses zur Kündigung berechtigen, sind unwirksam.[69] Verträge können trotzdem aus anderen Gründen, wie z. B. der Nichterfüllung des Vertrags, gekündigt werden. Der Konkursrichter kann allerdings die Erfüllung des Vertrags anordnen.[70]

78 Die Verträge können weiterhin in den gesetzlich vorgesehenen Fällen einseitig beendet werden.[71] Beispiele hierfür sind der Rücktritt von dem *contrato de agencia*[72] und vom *contrato de obra*.[73] Ebenfalls unberührt bleibt die Anwendung von Gesetzen, die eine Beendigung des Vertrags in Fällen des Konkurses anordnen oder ausdrücklich erlauben.[74]

79 Über grundlegende Änderungen von Arbeitsverhältnissen, wie die Aussetzung oder Aufhebung von Arbeitsverträgen, entscheidet ab Einreichung des Konkursantrags der Konkursrichter.[75]

7. Aufrechnung

80 Ab dem Zeitpunkt der Konkurserklärung ist eine Aufrechnung mit Forderungen und Schulden des Konkursschuldners entsprechend des Grundsatzes *par conditio creditorum* nicht

---

[66] Art. 154 LC.
[67] Art. 61 LC.
[68] Art. 61.2 LC.
[69] Art. 61.3 LC.
[70] Art. 62 LC.
[71] Art. 63.1 LC.
[72] Art. 29 de la Ley 12/1992 (Handelsvertreter).
[73] Art. 1594 CC (Werkvertrag).
[74] Art. 63.2 LC.
[75] Art. 64.1 LC.

mehr möglich. Dennoch entfaltet eine Aufrechnung ihre Wirkung, sofern ihre Voraussetzungen bereits vor der Erklärung vorgelegen haben.[76]

Die Aufrechnung ist im *Código Civil* geregelt[77] und es müssen folgende Voraussetzungen vorliegen:[78]
- Es muss sich in beiden Fällen um eine Hauptpflicht handeln.
- Beide Forderungen müssen aus einem Geldbetrag bestehen oder falls es sich um verbrauchbare Sachen handelt, müssen diese von gleicher Art und Güte sein, wenn diese bestimmt wurde.
- Beide Forderungen müssen fällig sein.
- Es darf kein Zurückbehaltungsrecht durch eine dritte Person in einer dem Schuldner ordnungsgemäß zugestellten Klage geltend gemacht worden sein.

Weiterhin ist für die Aufrechnung die diesbezügliche die vorherige Entscheidung durch einen oder eine Vereinbarung mit einem der Forderungsinhaber erforderlich, da sich diese nicht automatisch vollzieht. Neben der gesetzlichen Aufrechnung gibt es im spanischen Rechtssystem die Aufrechnung im Rahmen der Vertragsfreiheit und die gerichtliche Aufrechnung, wobei diese nicht alle der aufgeführten Voraussetzungen bedürfen.

Des Weiteren ist eine Aufrechnung dann erlaubt, wenn das auf die Verbindlichkeit des Gemeinschuldners anzuwendende Recht dies im Insolvenzfall zulässt.

Dies ist allerdings unabhängig von denjenigen Maßnahmen zu sehen, die aus spanischer Sicht im Rahmen der Rückführung von Gütern und Rechten in die Konkursmasse zulässig sind.[79]

8. Insolvenzanfechtung von Rechtsgeschäften im Konkurs

Die Anfechtungen von Rechtsgeschäften im Konkurs werden in der *LEC concursal* als möglich angesehen und innerhalb der Wirkung der Konkurserklärung behandelt.

Im Konkursverfahren können für die Konkursmasse schädliche Handlungen, die innerhalb der letzten zwei Jahre vor Konkurserklärung durch den Schuldner vorgenommen wurden, aufgehoben werden, auch wenn keine betrügerische Absicht bestanden hat.[80]

Das antragsgemäße Urteil erklärt die Unwirksamkeit des angefochtenen Aktes und verurteilt zur Rückgabe der auf Grund dessen erbrachten Leistungen mit ihren Erträgen und Zinsen. Wenn die Güter nicht zurückgegeben werden können, wird der Verpflichtete dazu verurteilt, den Wert zuzüglich der Zinsen zu bezahlen. Falls Bösgläubigkeit angenommen wird, kann der Vertragspartner des Gemeinschuldners weiterhin zum Ersatz der der Aktivmasse entstandenen Schäden verurteilt werden.

Die Forderungen zu Gunsten des Beklagten werden als Folge der Aufhebung als Forderungen gegen die Masse angesehen, die gleichzeitig mit der Rückführung der Güter und Rechte aus der aufgehobenen Handlung zu entschädigen sind, es sei denn, es wird Bösgläubigkeit des Schuldners angenommen. In diesem Fall wird die Forderung als nachrangige Konkursforderung eingestuft.[81]

9. Reorganisationsverfahren

Auch wenn die Unternehmenssanierung nicht Ziel des Konkursrechts ist, kann ein Vergleich *(convenio)* über die Fortführung des Unternehmens ein Mittel sein, welches vorteilhaft für die Gläubiger, die Angestellten, sonstige Beteiligte sowie den Konkursschuldner selbst ist.

---

[76] Art. 58 LC.
[77] Art 1156 CC.
[78] Art. 1196 CC.
[79] Dies entspricht Art. 6.1 der Verordnung (EG) Nr. 1346, des Rats, vom 29. 5. 2000 über das Insolvenzverfahren (*DOCE* L 160, DE 30 DE JUNIO DE 2000, Art. 205 LC).
[80] Art. 71 LC.
[81] Art. 73 LC.

90 Aus diesem Grunde wird der *convenio* von dem Gesetz unterstützt, weshalb die Liquidation des Gemeinschuldners nur für den Fall vorgesehen ist, dass eine Fortführung des Unternehmens auf der Grundlage eines *convenio* nicht gelingt.

91 Ein Vergleichsvorschlag kann von dem Gemeinschuldner selbst oder von Konkursgläubigern vorgelegt werden. Er enthält Vorschläge zum Teilerlass von Schulden *(quita)* oder deren Stundung *(espera)*. Auch ist eine Kombination von beidem zulässig. Hinsichtlich der normalen Gläubiger sind die *quita* auf 50 Prozent und die *espera* auf 5 Jahre beschränkt, wobei eine Erhöhung bzw. Verlängerung von dem Konkursgericht genehmigt werden können. Sofern für die Umsetzung des Vergleichs finanzielle Mittel benötigt werden, die die Fortführung der Berufs- oder Unternehmenstätigkeit ganz oder teilweise voraussetzen, muss dem Vorschlag auch ein Sanierungsplan beigefügt sein, in dem die notwendigen Mittel beziffert werden sowie die Art und Weise ihrer Erlangung beschrieben wird und gegebenenfalls die Verpflichtungserklärung zu ihrer Leistung durch Dritte[82] enthalten sind.

92 Der Vergleichsvorschlag und der Sanierungsplan werden von der Konkursverwaltung geprüft und im Falle der Zustimmung in ihren Bericht aufgenommen. Die Gläubiger können diesem Vorschlag bereits während der Feststellung der Gläubigerliste zustimmen und ihren Beitritt erklären. Für den Fall, dass in dieser Phase keine rechtskräftige Mehrheit erzielt wird, ruft das Konkursgericht eine Gläubigerversammlung ein, in welcher über seitherige oder neue Vergleichsvorschläge verbunden mit den jeweiligen Sanierungsplänen entschieden wird. Zur Annahme ist grundsätzlich eine Mehrheit von mindestens der Hälfte der festgestellten normalen Verbindlichkeiten des Gemeinschuldners erforderlich. Der Beschluss der Gläubigerversammlung ist dem Konkursgericht vorzulegen. Gegen den Beschluss sind Rechtsmittel zulässig. Sollte das Gericht Verfahrensfehler feststellen, wird das Verfahren zur Berichtigung an die Konkursverwaltung zurückverwiesen. Ansonsten stellt das Gericht die Wirksamkeit des Vergleiches und ggf. der Sanierungsmassnahmen durch Urteil fest.

10. Internationales Insolvenzrecht

93 Grundsätzlich haben die Vorschriften des Europarechts sowie internationale Verträge Vorrang vor dem nationalen Recht.[83]

94 Die europäische Insolvenzrechtsverordnung[84] ist am 31. 5. 2002 auch in Spanien in Kraft getreten und findet auf alle Insolvenzverfahren Anwendung, die in einem Mitgliedsstaat gegen Schuldner innerhalb der Gemeinschaft eröffnet werden, wobei auch EU-fremde Schuldner erfasst werden, die ihren Interessenschwerpunkt in der EU haben *(conexión comunitaria)*.

95 Für Insolvenzverfahren, die in Mitgliedsstaaten gegen Schuldner außerhalb der EU oder Dänemark oder in Nichtmitgliedstaaten eröffnet werden, sind mangels Verträgen die im spanischen Konkursgesetz enthaltenen unilateralen Vorschriften über das internationale Privatrecht anwendbar.

96 Die spanischen Vorschriften über das internationale Privatrecht entsprechen mit einigen Anpassungen dem europäischen Modell.

97 Die Zuständigkeit zur Erklärung und Durchführung des Konkursverfahrens steht dem Richter des Handelsgerichts zu, in dessen Bereich der Schuldner seinen Interessenschwerpunkt hat.[85] Wenn der Schuldner in Spanien zusätzlich seinen Sitz hat und dieser nicht mit dem Interessenschwerpunkt übereinstimmt, ist nach Wahl des beantragenden Gläubigers auch der Richter des Handelsgerichts zuständig, in dessen Bereich der Schuldner seinen Sitz hat.

98 Die Wirkungen dieses Konkursverfahrens, das auf internationaler Ebene als „*concurso principal*" bezeichnet wird, sind weltweit und erstrecken sich auf sämtliche Güter des

---

[82] Art. 100.5 LC.
[83] Art. 199–230 LC.
[84] Verordnung (EG) Nr. 1346/2000 des Rats, vom 29. 5. 2000 über Insolvenzverfahren (DOCE, L Nr. 160, vom 30. 6. 2000).
[85] Art. 10 LC.

Schuldners, die innerhalb oder außerhalb Spaniens liegen. Falls über die Güter im Ausland ein Insolvenzverfahren eröffnet wird, richtet sich die Anerkennung in Spanien nach dem *Ley de Enjuiciamiento Civil*.[86]

99 Sofern vor zwei oder mehr zuständigen Gerichten Konkursanträge gestellt werden, ist das Gericht zuständig, bei dem der Antrag zuerst eingegangen ist.

100 Wenn der Interessenschwerpunkt sich nicht auf spanischem Hoheitsgebiet befindet, der Schuldner dort aber eine Betriebsstätte hat, ist der Richter des Handelsgerichts zuständig, in dessen Gebiet diese ihren Sitz hat und wenn mehrere bestehen, nach Wahl des Antragstellers an einem der Sitze. Unter Betriebsstätte ist hierbei jeder Unternehmensstandort zu verstehen, an dem der Schuldner eine nicht nur vorübergehende Unternehmenstätigkeit mit Personal und Gütern ausführt.

101 Die Auswirkungen dieses Konkurses, der auf internationaler Ebene „*concurso territorial*" bezeichnet wird, beschränken sich auf die Güter des Schuldners in Spanien, unabhängig davon, ob sie seine Tätigkeit betreffen. Falls neben einem *concurso territorial* in Spanien ein paralleles Insolvenzverfahren in einem anderen Staat eröffnet wird, gilt das Prinzip der Zusammenarbeit hinsichtlich Informationsaustausch, Vertretung der Gläubigerinteressen sowie Verhinderung doppelter Gläubigerbefriedigung.[87]

102 Wenn mehrere Schuldner gemeinsam Konkursantrag stellen, ist der Richter zuständig, in dessen Bereich der Schuldner mit der größten Passivmasse seinen Interessenschwerpunkt hat und wenn es sich um eine Gruppe von Gesellschaften handelt, die beherrschende Gesellschaft.

103 Auf internationaler Ebene kann der spanische Konkursrichter nur über diejenigen Klagen oder Anträge entscheiden, die ihren rechtlichen Ursprung in der spanischen Konkursgesetzgebung und einen unmittelbaren Bezug zu dem spanischen Konkursverfahren haben.[88]

104 Der erste Abschnitt des dritten Titels der *Ley Concursal*[89] definiert das jeweils anwendbare Recht, wobei zwischen dinglichen Rechten und Eigentumsvorbehalt, Rechten des Schuldners, die zu registrieren sind, Dritterwerbern, Rechten über Wertpapiere und Finanzierungsmittel, Marktanlagen, Aufrechnungen, Verträgen über Immobilien, Arbeitsverträgen, Rückführungsverfahren und laufende Feststellungsprozesse unterschieden wird.

105 Hinsichtlich der Anträge auf Rückführung von Rechten und Gütern in die Konkursmasse ist neben dem bereits im Zusammenhang mit der Aufrechnung Gesagten darauf hinzuweisen, dass diese abzuweisen sind, wenn der durch den für die Konkursmasse schädlichen Akt Begünstigte nachweist, dass die dem Rückführungsantrag zugrunde liegende Handlung dem Recht eines anderen Staates unterliegt und nach diesem Recht nicht anfechtbar ist.[90]

106 Ausländische Insolvenzeröffnungsbeschlüsse werden in Spanien im Wege eines Exequatur-Verfahrens, gemäß der spanischen Zivilprozessordnung *(Ley de Enjuiciamiento Civil)* anerkannt, sofern folgende Voraussetzungen erfüllt sind:[91]
- Der Beschluss muss sich auf ein Verfahren beziehen, das in der Zahlungsunfähigkeit des Schuldners begründet ist, im Rahmen dessen Güter und Tätigkeiten des Schuldners der Kontrolle oder Überwachung eines Gerichtes oder einer ausländischen Behörde mit dem Ziel übertragen wird den Gemeinschuldner zu reorganisieren oder zu liquidieren.
- Der Beschluss muss nach dem Recht des Eröffnungsstaates rechtskräftig sein.
- Der Beschluss muss von dem zuständigen Gericht respektive der zuständigen Behörde erlassen worden sein, die dafür zuständig sind.

---

[86] Art. 220 ff. LC.
[87] Art. 227 ff. LC.
[88] Art. 11 LC.
[89] Art. 201 ff. LC.
[90] Art. 208 LC; Art. 13 der Verordnung (EG) 1346/2000.
[91] Gem. Art. 220 LC.

– Falls der Beschluss in Abwesenheit oder Säumnis des Schuldners erlassen wurde, muss die Zustellung oder Bekanntgabe in ordnungsgemäßer Form und mit ausreichender Widerspruchsfrist erfolgt sein.
– Der Beschluss darf nicht gegen den spanisches *ordre publique* verstoßen.

107 Auf ausländische Staaten, in denen das Prinzip der Gegenseitigkeit zwischen den Staaten nicht angewandt wird oder die ihren Verpflichtungen zur Zusammenarbeit mit dem spanischen Staat nachhaltig nicht nachkommen, finden die Normen zur Anerkennung ausländischer Insolvenzverfahren keine Anwendung.[92]

---

[92] Art. 199.2 LC.

Südafrika

bearbeitet von *Silvio Kupsch, LL.M. (Stellenbosch)*
(FPS Fritze Paul Seelig, Frankfurt am Main)

Übersicht

	RdNr.		RdNr.
1. Schrifttum	1	4.2 Anmeldung der Forderungen durch die Gläubiger	39
2. Einführung	3	4.3 Verwaltung und Verwertung der Insolvenzmasse	43
2.1 Rechtlicher Rahmen und Systematik	3	4.4 Verteilung an die Gläubiger	45
2.2 Verfahrenstypen und Besonderheiten bei der Verfahrensorganisation	8	5. Gläubiger	48
3. Eröffnung des Verfahrens	12	5.1 Aussonderungsberechtigte Gläubiger	48
3.1 Schuldner	12	5.2 Gesicherte Gläubiger	50
3.2 Eröffnungsgründe	14	5.3 Bevorzugte Insolvenzgläubiger	54
3.2.1 Voluntary (out-of-Court) winding up	14	5.4 Einfache Insolvenzgläubiger	55
3.2.2 (Court-controlled) winding up	16	5.5 Nachrangige Insolvenzgläubiger	56
3.2.3 Sequestration	22	5.6 Massegläubiger	57
3.3 Zulässige Sicherungsmaßnahmen vor Verfahrenseröffnung	25	6. Abwicklung unvollständig erfüllter Verträge	58
3.4 Wirkungen der Verfahrenseröffnung	28	7. Aufrechnung	62
3.4.1 Allgemeine Wirkungen einer winding-up order	28	8. Insolvenzanfechtung	63
3.4.2 Spezialnormen bei Überschuldung der Company	32	9. Reorganisationsverfahren	66
3.4.3 Wirkungen einer sequestration order	34	10. Internationales Insolvenzrecht	69
3.4.4 Bekanntmachung	37	10.1 Anerkennung ausländischer Verfahren in Südafrika	69
4. Verlauf des Verfahrens	38	10.2 Anwendbares Recht	73
4.1 Gläubigerversammlungen	38	10.3 Cross-Border Insolvency Act 42 of 2000	74

1. Schrifttum: *Burdette,* A Framework for Corporate Insolvency Law Reform in South Africa (Dissertation, University of Pretoria, 2002, http://upetd.up.ac.za/UPeTD.htm); *Cilliers/Du Plessis/Henning/DeKoker/Benade/Delport,* Corporate Law, 3. Auflage, Durban 2004; *Cronje,* Country Report for South Africa, Vortrag auf dem World Bank Global Judges Forum vom 19. 5.–23. 5. 2003 (http://www.worldbank.org); *De la Rey,* Mars: The law of insolvency in South Africa, 8. Auflage, Cape Town 1988; *Forsyth,* Private International Law, 4. Auflage, Lansdowne 2003; *Meskin u. a.* (Hrsg.), Henochsberg on the Companies Act, Lsblt-Slg.; *Meskin/Kunst* (Hrsg.), Insolvency Law and its Operation in the Winding-up of Companies, Lsblt-Slg.; *Sharrock/van der Linde/Smith,* Hockly's Insolvency Law, 8. Auflage, Lansdowne 2007; *Smith/Boraine,* Crossing Borders into South African Insolvency Law: From the Roman-Dutch Jurists to the UNCITRAL Model Law, American Bankruptcy Institute Law Review 2002, 135–215; *Smith/Boraine,* Chapter 39: South Africa, in: Broude/Freedman/Rogoff (Hrsg.), Collier International Business Insolvency Guide, Band 3: Insolvency Laws of Selected Nations, Lsblt-Slgn.; *Sutherland/Wicke,* Länderbericht Südafrika, in: Süß/Wachter (Hrsg.), Handbuch des internationalen GmbH-Rechts, Angelbachtal 2006, 1619–1716; *Van der Merwe/Du Plessis,* Introduction to the Law of South Africa, Den Haag 2004; *Zimmermann/Visser* (Hrsg.), Southern Cross – Civil law and common law in South Africa, Oxford 1996

Auswahl nützlicher Internetadressen:

- http://www.sabinet.co.za/prod_gazette.html, Datenbank der offiziellen Anzeigeblätter der Regierung *(Government Gazette)* und der Provinzregierungen ab Januar 1994 (anmelde- und kostenpflichtig)
- http://www.cipro.co.za/Home, *Companies and Intellectual Property Registration Office* (CIPRO), Zentrales Register für Kapitalgesellschaften, dort stehen auch einschlägige Gesetzestexte und Formblätter zum Download bereit (teilweise anmelde- und kostenpflichtig)
- http://www.acts.co.za, Onlinesammlung ausgewählter Gesetzestexte (kostenlos)
- http://www.aipsa.co.za, The Association of Insolvency Practitioners of Southern Africa
- http://www.turnaround-sa.com, Umfangreiche Informationen zur Reform des Unternehmenssanierungsrechts Südafrikas (kostenlos)

Südafrika 3–5

2. Einführung

2.1 Rechtlicher Rahmen und Systematik

3   Das südafrikanische Insolvenzrecht ist im Kern unkodifiziertes römisch-holländisches Recht, welches im 17. Jahrhundert mit den holländischen Siedlern an das Kap der Guten Hoffnung gelangte. Unter dem Einfluss der britischen Kolonialherren wurden im 19. Jahrhundert große Teile kodifiziert. Entsprechend setzen sich heute die Rechtsquellen zusammen.

4   Zentrales Insolvenzgesetz ist der *Insolvency Act 24 of 1936*,[1] dessen Wurzeln in der Amsterdamer Ordonnanz aus dem Jahre 1777 zu finden sind, der aber auch Elemente des alten englischen Rechts enthält.[2] Daneben sowie ergänzend ist seit jeher *South African common law*[3] anwendbar, soweit es nicht mit dem IA kollidiert.[4] Rechtsquellen des *common law* sind das unkodifizierte römisch-holländische und römischen Recht des 17./18. Jahrhunderts sowie die Entscheidungen der Obergerichte (*High Court, Supreme Court of Appeal*).[5] Zusammen mit dem IA bildet das *common law* gleichzeitig das allgemeine Insolvenzrecht.

5   Das Kapitalgesellschaftsinsolvenzrecht ist in das Recht betreffend juristische Personen integriert, was auf den dominierenden englischen Einfluss[6] zurückzuführen ist. Wichtigstes Gesetz ist hier der *Companies Act 61 of 1973*,[7] der durch Rechtsverordnungen *(regulations)* ergänzt wird und auf dessen subsidiäre Anwendbarkeit wiederum in zahlreichen Spezialgesetzen verwiesen wird. Zu diesen Spezialgesetzen gehören der die südafrikanische Sonderform einer *Close Corporation* regelnde *Close Corporations Act 69 of 1984*[8] sowie weitere Gesetze z. B. für Versicherungen und Banken, die jedoch jeweils nur partielle Gesichtspunkte des Insolvenzrechts durch Sondervorschriften abdecken.[9] Das Kapitalgesellschaftsinsolvenzrecht ist in die allgemeinen Vorschriften über die Auflösung und Liquidation von juristischen Personen integriert, eine Trennung erfolgt erst auf Tatbestandsebene.[10] Über Verweisungsnormen läuft das gesamte Insolvenzrecht betreffend juristische Personen zentral im CA zusammen. Die nachfolgenden Ausführungen konzentrieren sich daher auf das Verfahren nach dem CA. Der CA wiederum ist selbst unvollständig und verweist in weiten Teilen auf die entsprechende Anwendbarkeit des allgemeinen Insolvenzrechts.[11]

---

[1] Letzte Änderung durch den National Credit Act 34 of 2005 mit Wirkung zum 15. 3. 2006 (im Folgenden: „IA").

[2] *Fairlie v Raubensteiner* 1935 AD 135, 146.

[3] Im Folgenden ohne den Zusatz „South African".

[4] Vgl. *Fairlie v Raubensteiner* (Fn. 2); *Milman NO v Twiggs and Another* 1995 (3) SA 674 (AD), 679 f. So war z. B. die cessio bonorum bis zur expliziten Abschaffung in § 2 of Cape Ordinance 6 of 1843 noch neben dem damaligen Insolvenzgesetz anwendbar. Andere unkodifizierte römische Rechtsinstitute gelten noch heute, z. B. die actio pauliana, dazu unten, 8.

[5] *Cronje*, Country Report, 1.2. Deshalb werden noch in der heutigen Gerichtspraxis gelegentlich die alten römisch-holländischen Rechtsgelehrten des 17. Jahrhunderts sowie führende Römischrechtler wie *Savigny* und sogar der Corpus Iuris Civilis konsultiert. Dagegen bildet das englische Recht keinen Teil des South African common law. Nichtsdestotrotz genießen englische Gerichtsentscheidungen gerade bei der Auslegung von Normen, die im englischen Recht wurzeln, erhebliche Überzeugungskraft.

[6] Dazu *Gradel*, Der Einfluss englischen Rechts bei der Herausbildung der südafrikanischen Kapitalgesellschaft, RIW 1997, 998–1001.

[7] Letzte Änderung durch den Companies Amendment Act 20 of 2004 mit Wirkung zum 20. 10. 2004 (im Folgenden: „CA"). Eine pdf-Version ist auf der Website von CIPRO erhältlich (Internetadresse oben unter 1.).

[8] Zentrale Verweisungsnorm ist hier § 66 Close Corporation Act, wobei das Verfahren auch im Übrigen mit dem CA weitgehend identisch ist, vgl. *Smith/Boraine*, ABI Law Review 2002, 135, 152.

[9] Neben Part 9 Close Corporation Act siehe z. B. §§ 42–43 Long-Term Insurance Act 52 of 1998; Chapter VIII Mutual Banks Act 124 of 1993; § 68 Banks Act 94 of 1990; § 33 Financial Markets Control Act 55 of 1989; Chapter X Co-operatives Act 91 of 1981; §§ 27, 28, 39 Unit Trusts Control Act 54 of 1981; § 18C Medical Schemes Act 72 of 1967; § 35 Friendly Societies Act 25 of 1956 und § 28 Pension Funds Act 24 of 1956.

[10] Vgl. Chapter 14 CA mit den in Fn. 9 genannten.

[11] Neben der Generalklausel in § 339 CA etwa im Insolvenzanfechtungsrecht (§ 340 CA), bezüglich der Verfahrenskosten (§ 342 CA) und der Anmeldung von Forderungen (§ 366 CA).

Länderberichte **6–9 Südafrika**

Zu erwähnen ist schließlich noch der *Cross-Border Insolvency Act 42 of 2000*,[12] mit dem im Dezember 2000 das UNCITRAL Modellgesetz für grenzüberschreitende Insolvenzverfahren aus dem Jahre 1997 weitgehend unverändert in das südafrikanische Recht übernommen wurde.[13] Bis zum Inkrafttreten des CBIA gab es kein entsprechendes Gesetz.[14] Auch zukünftig wird der CBIA nur auf sogenannte *designated states* anwendbar sein, welche vom Justizminister benannt und vom Parlament bestätigt werden müssen.[15] Bis dato hat der Minister von seinem Recht kein Gebrauch gemacht, sodass im internationalen Insolvenzrecht bis auf weiteres ausschließlich *common law* gilt. 6

Im März 2003 hat das Regierungskabinett den Entwurf eines Insolvenzgesetzes gebilligt, mit dem das bisherige Insolvenzrecht reformiert und sämtliche insolvenzrechtlichen Vorschriften vereint werden sollen.[16] Das Gesetzgebungsverfahren ist noch nicht abgeschlossen. 7

2.2 Verfahrenstypen und Besonderheiten bei der Verfahrensorganisation

Grundsätzlich wird zwischen Insolvenzverfahren nach dem IA *(„sequestration")* und solchen für juristische Personen nach dem CA *(„winding-up")* unterschieden.[17] Beide Verfahren können auf freiwilliger Basis *(„voluntary surrender"*[18] bzw. *„creditors' voluntary (out-of-Court) winding-up")*[19] oder auf Grund eines entsprechenden Antrags durch Gerichtsbeschluss *(„compulsory sequestration"*[20] bzw. *„compulsory (Court-controlled) winding-up")*[21] eingeleitet werden.[22] 8

Zur Durchführung von Sanierungsverfahren gibt es die Möglichkeit eines gesetzlichen Vergleichs *(„statutory composition")*.[23] Alternativ können die Beteiligten jeweils auch ein *composition* nach den Grundsätzen des *common law* wählen.[24] Außerdem kann die gerichtliche Verwaltung beantragt werden, das sogenannte *judicial management*-Verfahren.[25] Dieses Verfahren aus dem Jahre 1926 ist heute jedoch kaum noch praktikabel und kommt folglich in der Praxis so gut wie nicht vor.[26] Im Zuge der anstehenden Gesellschaftsrechtsreform wurde 9

---

[12] Letzte Änderung durch den Judicial Matters Second Amendment Act 44 of 2003 (im Folgenden: „CBIA").

[13] Formell ist das Gesetz nach Unterschrift des Präsidenten und Veröffentlichung in der Government Gazette Nr. 25768 vom 27. 11. 2003 Kraft getreten.

[14] Erwähnt werden sollte jedoch, dass bereits die drei britischen Kolonien Transvaal, Cape of the Good Hope und Orange Free State, welche sich mit Natal 1910 zur Union of South Africa zusammenschlossen, jeweils eigene internationale Insolvenzgesetze hatten: Foreign Trustees and Liquidators Act No. 7 of 1907 (Transvaal), The Non-Cape Trustees and Liquidators Act No. 7 of 1907 (Cape) und Foreign Trustees and Liquidators Act No. 4 of 1908 (Orange Free State). Diese galten jedoch nur für Kolonien des British Empire und wurden mit dem Pre-Union Statute Law Revision Act 36 of 1976 abgeschafft.

[15] § 2 (2) CBIA. Damit soll die Gegenseitigkeit sichergestellt werden. Zu Hintergründen und Kritik siehe *Smith/Boraine*, (Fn. 8), 190 ff.

[16] Dazu *Burdette* (oben, Schrifttumsverzeichnis).

[17] *Smith/Boraine*, in: Collier, 39–7. Der Begriff „winding-up" wird auch für das Verfahren für die Auflösung und Liquidation solventer Gesellschaften verwendet, vgl. unten, 3.2.

[18] § 3 IA. Dieses Verfahren geht unmittelbar auf die römisch-holländische cessio bonorum zurück, vgl. *Visser*, Romeinsregtelike Aanknopingspunte van die Sekwestrasieproses in die Suid-Afrikaanse Insolvensiereg, 1980 De Jure 41.

[19] § 343 Abs. 2 (a) CA. Stattdessen handelt es sich um ein members' voluntary winding-up, wenn die Gesellschaft schuldenfrei ist oder die Gesellschafter für die Bezahlung der Schulden der Gesellschaft innerhalb von 12 Monaten ab Liquidationsdatum Sicherheit leisten, vgl. §§ 343 Abs. 2 (b), 350 CA.

[20] § 9 IA.

[21] § 343 Abs. 1 (a) CA.

[22] Im Zeitraum 2001–2007 gingen über 80 Prozent der Unternehmensliquidationen auf voluntary windings-up zurück. Statistics South Africa, www.statssa.gov.za, Stand 29. 3. 2007. Dies ist wohl Ausdruck eines allgemeinen Desinteresses an Insolvenzverfahren auf Gläubigerseite, da ungesicherte Gläubiger regelmäßig keine nennenswerte Quote zu erwarten haben, *Cronje*, Country Report, 1.6.

[23] §§ 119 ff. IA, Chapter 12 CA.

[24] *Mahomed v Lockhat Brothers & Co Ltd* 1944 AD 230, 241. In der Praxis allerdings kommt ein common law-composition zumindest bei Companies nur selten vor, da die erforderliche Zustimmung aller Gläubiger nur schwer einzuholen ist, vgl. *Sharrock/van der Linde/Smith*, S. 252, 24.2.

[25] Chapter 15 CA.

[26] Vgl. *Cronje*, Country Report, 5.4. und Statistik unter 1.6., wonach die Anzahl der in den letzten Jahren durchgeführten judicial management-Verfahren gemessen an den Kapitalinsolvenzverfahren insgesamt weit weniger als 1 Prozent ausmachte.

im Februar 2007 ein Gesetzentwurf veröffentlicht, der auch ein komplett modernisiertes *business rescue*-Verfahren enthält.[27] Nach inoffizieller Auskunft des für den Entwurf zuständigen Wirtschaftsministeriums orientiert sich dieser an den UNCITRAL-Richtlinien[28] sowie der Praxis in den USA und Australien.[29]

10   Entsprechend den unterschiedlichen Verfahrensarten wird auch bei der Bezeichnung des Insolvenzverwalters unterschieden. In einem *sequestration*-Verfahren heißt dieser *Trustee*[30] und in einem *winding-up*-Verfahren *Liquidator*.[31]

11   Die Verfahrenszuständigkeit liegt grundsätzlich beim *High Court of South Africa* am Satzungssitz/Wohnsitz des Schuldners.[32] Eine Besonderheit des südafrikanischen Insolvenzrechts stellt die Übertragung der gesamten Verfahrensleitung und -überwachung auf den sogenannten *Master of the High Court*[33] dar. Der *Master* wird für jeden *High Court* ernannt und betreut neben Insolvenzsachen weitere Aufgaben der Rechtspflege.[34] Der *Master* (nicht das Gericht) bestellt insbesondere den jeweiligen (auch vorläufigen) Insolvenzverwalter.[35] Ferner obliegt dem *Master* die Aufbewahrung sämtlicher Unterlagen betreffend das Vermögen des Insolvenzschuldners.[36] Auf die umfangreichen Kompetenzen des *Master* wird innerhalb der jeweiligen Abschnitte einzugehen sein.

3. Eröffnung des Verfahrens

3.1 Schuldner

12   Die beiden wichtigsten Kapitalgesellschaftsformen, über deren Vermögen ein *winding-up*-Verfahren nach dem CA eröffnet werden kann, sind die mit der deutschen GmbH vergleichbare *private company*[37] und die mit der deutschen Aktiengesellschaft vergleichbare *public company*.[38] Unter den CA fallen zudem ausländische (Personen- oder Kapital-) Gesellschaften, wenn sie in Südafrika als *external Company* eingetragen sind oder zumindest eine Niederlassung haben, wobei einer Niederlassung gleichgestellt ist, wenn die Gesellschaft in Südafrika Immobiliarvermögen besitzt.[39] Insoweit wird die südafrikanische Niederlassung – obgleich rechtlich unselbständig – als eigenständige juristische Person behandelt, welche unabhängig von der restlichen Gesellschaft nach südafrikanischem Recht abzuwickeln ist.[40]

---

[27] Dort Chapter 6. Nach derzeitigem Stand der Planungen soll bis spätestens 2009 das Gesetzgebungsverfahren abgeschlossen sein. Unklar ist bisher, ob das Kapitel betreffend business rescue in den geplanten einheitlichen Insolvency Act eingefügt wird.

[28] UNCITRAL Legislative Guide on Insolvency Law 2004.

[29] Der südafrikanische Sanierungsspezialist Corporate Renewal Solutions (CRS Turnaround) hat eigens für die öffentliche Diskussion des Gesetzentwurfs ein Internetforum eingerichtet, http://turnaround-sa.com/business%20rescue%20forums (Letzter Zugriff: 12. 4. 2007).

[30] Vgl. § 18 (1) IA.

[31] Vgl. § 367 CA.

[32] Vgl. § 2 IA, Definition „Court"; § 12 CA. Die Bezeichnung „Gericht" bezieht sich im Folgenden auf den jeweils zuständigen High Court, soweit sich aus dem Zusammenhang nichts anderes ergibt.

[33] Im Folgenden: „Master".

[34] Der Master wird gem. § 4 des Administration of Estates Act 66 of 1965 für jede Regionalabteilung des High Court bestellt. Momentan gibt es 14 Regionalabteilungen, die jeweils mit solchen Masterbüros ausgestattet sind. Siehe auch offizielle Website http://www.doj.gov.za/master/m_main.htm.

[35] §§ 18, 56 IA, §§ 367 ff., 429 (b) CA.

[36] §§ 154 f. IA.

[37] Die Firma muss den Zusatz Proprietary Limited, abgekürzt (Pty) Ltd oder in Afrikaans Eiendoms Beperk (Edms) Bpk enthalten, § 49 (1) b) CA; *Sutherland/Wicke*, RdNr. 11.

[38] Hier muss die Firma den Zusatz Limited bzw. (Ltd) oder in Afrikaans Beperk bzw. (Bpk) enthalten, § 49 (1) a) CA; *Sutherland/Wicke,* aaO.

[39] Vgl. § 337 CA, § 1 CA, Definition „external company". Allerdings kann eine ausländische Gesellschaft in Südafrika kein Grundstück erwerben, ohne sich zuvor als external Company bei CIPRO (Internetadresse siehe oben, unter 1.) eintragen zu lassen, § 324 (2) CA. Eine ausländische Gesellschaft, die eine Niederlassung in Südafrika gründet, ist verpflichtet, sich innerhalb von 21 Tagen eintragen zu lassen, § 322 CA. Zuwiderhandlungen werden als Ordnungswidrigkeiten geahndet, § 333 CA.

[40] *Ward v Smit and others: In Re Gurr v Zambia Airways Corp Ltd* 1998 (3) SA 175 (SCA), 183H-J; *Sackstein NO v Proudfoot SA (Pty) Ltd* 2003 (4) SA 348 (SCA), 357A-G.

Länderberichte

13–16 Südafrika

Für alle sonstigen Schuldner, welche auch nicht unter eines der eingangs genannten **13** Spezialgesetze fallen,[41] bleibt das *sequestration*-Verfahren nach dem IA.[42] Hierzu zählen neben natürlichen Personen insbesondere ausländische Handelsgesellschaften ohne Eintragung und Niederlassung in Südafrika,[43] *business trusts,*[44] Vereine *(clubs),* und Nachlässe *(deceased insolvent estates).*[45] Ausdrücklich genannt werden im IA zudem Personengesellschaften *(partnerships).* Entgegen dem scheinbar eindeutigen Wortlaut des IA können allerdings *partnerships* als solche niemals Insolvenzschuldner sein, da ihnen nach *common law* die nötige Rechtsfähigkeit fehlt.[46] Stattdessen geht ein Insolvenzverfahren über das Vermögen einer *partnership* in der Regel *ipso iure* mit einem parallelen Insolvenzverfahren über das Vermögen der Partner einher.[47] Ausgenommen hiervon sind Kommanditisten *(partner en commandite),* welche wie im deutschen Recht nur mit ihrer Einlage haften.[48]

3.2 Eröffnungsgründe
3.2.1 Voluntary (out-of-Court) winding up

Außer bei *external Companies*[49] kann ein *winding-up*-Verfahren freiwillig als sogenanntes **14** *creditors' voluntary winding-up* eröffnet werden. Hierzu muss zunächst der Vorstand *(directors)* der *Company* auf einem Formblatt eine Vermögensübersicht erstellen *(statement of affairs).*[50] Das *statement of affairs* muss außerdem Angaben über Gläubiger, Sicherheiten und laufende Prozesse gegen die *Company* als Beklagte enthalten[51] und der Gesellschafterversammlung vorgelegt werden, die hieraufhin einen gesetzlich qualifizierten Eröffnungsbeschluss *(special resolution*[52]*)* fällt.[53] Der Eröffnungsbeschluss wird mit Eintragung der *special resolution* bei CIPRO wirksam.[54]

Ein *voluntary winding-up* kann auf Antrag des *Master,* eines Gläubigers oder eines Gesell- **15** schafters jederzeit in ein *Court-controlled winding-up* überführt werden.[55]

3.2.2 (Court-controlled) winding up

In § 344 CA sind darüber hinaus eine ganze Reihe von Gründen aufgezählt, bei deren **16** Vorliegen auf Antrag[56] das zuständige Gericht[57] ein *(Court-controlled) winding-up*-Verfahren eröffnen kann, wobei nicht wie im deutschen Recht zwischen Insolvenzgründen und insolvenzunabhängigen Eröffnungsgründen differenziert wird.[58] Dies ist nach der eingangs

---

[41] Siehe oben, Fn. 9.
[42] § 2 IA, Definition „debtor"; *Meskin/Kunst,* 2.1.
[43] *Lawclaims (Pty) Ltd v Rea Shipping Co SA: Schiffscommerz Aussenhandelsbetrieb der VVB Schiffbau Intervening* 1979 (4) SA 745 (NPD), 751.
[44] Kapitalgesellschaft in Treuhandform, vgl. *Sutherland/Wicke,* RdNr. 10.
[45] *Smith/Boraine,* in: Collier, 39–8. Vgl. auch § 2 IA, Definition „debtor". Zu den Gesellschaftsformen im südafrikanischen Recht *Sutherland/Wicke,* RdNr. 10 ff.
[46] Zur beschränkten Rechtsfähigkeit der partnership *Sutherland,* in: Van der Merwe/Du Plessis, S. 366.
[47] *Acar v Pierce* 1986 (2) SA 827 (W).
[48] *Sharrock/van der Linde/Smith,* S. 206, 20.2.
[49] Zum Begriff „external Companies" siehe oben, 3.1.
[50] § 363 CA, Winding-up Regulations, Form CM 100.
[51] *Smith/Boraine,* Collier, 39–23.
[52] Vgl. dazu § 1 CA, Definition „special resolution" und § 199 ff. CA.
[53] Vgl. §§ 349, 351 (1) CA.
[54] Vgl. §§ 351 (1), 352 i. V. m. 200 CA. Zu CIPRO siehe oben, 1., nebst Internetadresse.
[55] § 346 (e) CA, wobei die Entscheidung und die damit verbundenen Rechtsfolgen im Ermessen des Gerichts liegen, vgl. § 347 (1) und (4) CA.
[56] Antragsberechtigt sind gem. § 346 CA insbesondere die Company selbst und jeder Gläubiger (u. U. auch zukünftige Gläubiger, vgl. unten, Fn. 74), darüber hinaus im Einzelfall auch die Gesellschafter, der Master oder Judicial Manager.
[57] Gem. § 12 (1) CA ist die Regionalabteilung des High Court zuständig, in deren Zuständigkeitsbereich die Company ihren eingetragenen Sitz oder den Schwerpunkt ihrer Geschäftstätigkeit hat.
[58] Eröffnungsgrund kann z. B. gem. § 344 (a) auch ein entsprechender Gesellschafterbeschluss sein, dass die Gesellschaft durch das Gericht abgewickelt werden soll (nicht zu verwechseln mit dem members' bzw. creditors' voluntary winding-up). Auch kann das Gericht ein winding-up anordnen, wenn es ihm „just and equitable" erscheint, vgl. § 344 (h) CA. In keinem dieser Fälle kommt es auf die Insolvenz der Gesellschaft an.

Südafrika 17–20

beschriebenen Systematik[59] auch nicht erforderlich, da mit dem Eröffnungsbeschluss noch keine Entscheidung darüber getroffen wird, ob es sich bei dem *winding-up*-Verfahren um ein Insolvenzverfahren handelt.[60]

17 Aus Gläubigersicht interessant ist vor allem § 344 (f) CA, der den klassischen Insolvenzgrund der Zahlungsunfähigkeit als Eröffnungsgrund aufführt. Zahlungsunfähigkeit wird gem. § 345 CA widerlegbar[61] vermutet, wenn die *Company* es versäumt, eine fällige Forderung in Höhe von mindestens 100 Rand[62] auf schriftliche Aufforderung ihres Gläubigers an die Adresse ihres eingetragenen Sitzes innerhalb von 3 Wochen zu zahlen bzw. ausreichend Sicherheit zu leisten.[63] Sofern die *Company* aus irgendeinem Grund nicht eingetragen ist (z. B. eine ausländische Gesellschaft, die sich trotz Gründung einer Niederlassung nicht vorschriftsmäßig eintragen lassen hat),[64] reicht eine schriftliche Aufforderung an das Hauptbüro oder Übergabe an einen Geschäftsführer, *Company's Secretary,* Manager oder Bevollmächtigen der Gesellschaft.[65] Wird die Fälligkeit oder die Forderung insgesamt „substantiiert" bestritten, so liegt in der Regel kein „Versäumnis" der Zahlung vor.[66] Außerdem greift in diesen Fällen regelmäßig das Missbrauchsverbot.[67]

18 Zahlungsunfähigkeit wird auch dann vermutet, wenn zuvor ein Vollstreckungsversuch des Gläubigers mangels ausreichender Vermögensmasse des Schuldners gescheitert ist.[68] Außerdem kann der Antragsteller auch unabhängig von den vorgenannten Voraussetzungen Beweis dafür erbringen, dass der Schuldner zahlungsunfähig ist.[69]

19 Auch wenn die gesetzliche Vermutung der Zahlungsunfähigkeit greift, liegt es letztlich im Ermessen des Gerichts, ob das Verfahren eröffnet wird oder nicht.[70] Selbst wenn die Gesellschaft bereits bilanziell überschuldet ist, kann das Gericht die Eröffnung im Einzelfall ablehnen, wenn nach seiner Überzeugung noch kurzfristig verwertbares Vermögen zur Tilgung der fälligen Verbindlichkeiten vorhanden ist, wobei teilweise zusätzlich gefordert wird, dass die Gesellschaft dieses kurzfristig verwertbare Vermögen zur Fortführung des Unternehmens entbehren kann.[71] Im Rahmen der Beurteilung der Zahlungsunfähigkeit hat das Gericht gem. § 345 (2) CA auch sonstige Verbindlichkeiten zu berücksichtigen, deren Rechtsgrund zwar bereits gelegt ist, die aber erst in der Zukunft fällig und durchsetzbar werden oder deren Entstehung und Durchsetzbarkeit noch vom Eintritt eines zukünftigen ungewissen Ereignisses abhängen.[72] Insoweit hat das Gericht eine Prognose zu erstellen, ob die Gesellschaft diese Verbindlichkeiten voraussichtlich in der Lage sein wird, diese zukünftigen Verbindlichkeiten zu erfüllen, oder nicht.[73] Das Gericht darf den Antrag jedenfalls nicht deshalb ablehnen, weil kein oder nicht genügend Vermögen vorhanden ist.[74]

20 Das Ermessen des Gerichts ist dann nahezu auf Null reduziert, wenn ein Gläubiger den Eröffnungsantrag stellt und diesem Antrag seitens anderer Gläubiger nicht entgegengetreten

---

[59] Siehe oben, 2.1.
[60] Dies kann bei der Frage der Anerkennungsfähigkeit in Deutschland gem. § 343 InsO zu Abgrenzungsschwierigkeiten führen, vgl. dazu insbesondere auch 3.4.
[61] *Ter Beek v United Resources CC* 1997 (3) SA 315 (C), 331.
[62] Entspricht ca. 10 EUR, bei einem derzeitigem Wechselkurs von etwa 1:10.
[63] Vgl. § 345 (1) (a) (i) CA.
[64] *Meskin,* Henochsberg, § 345, S. 707.
[65] Vgl. § 345 (1) (a) (ii) CA.
[66] *Meskin,* Henochsberg, § 345, S. 707 f., unter Bezugnahme auf die englische Entscheidung *Re Lympne Investments Ltd* [1972] 2 All ER 385 (Ch), 389.
[67] *Meskin,* aaO (Fn. 68). Zum Missbrauchsverbot: § 347 (1A) CA.
[68] Vgl. § 345 (1) (b) CA.
[69] § 345 (1) (c) CA.
[70] *Meskin,* Henochsberg, § 344, S. 698.
[71] Vgl. *Johnson v Hirotec (Pty) Ltd* 2000 (4) SA 930 (SCA), 933 f.; *Irvin & Johnson Ltd v Oelofse Fisheries* Ltd 1954 (1) SA 231 (E), 238 f.
[72] Vgl. *Kyle v Maritz & Pieterse Inc* [2002] 3 All SA 223 (T), 225 f.; *Choice Holdings Ltd v Yabeng Investment Jolding Company Ltd* [2001] 2 All SA 539 (W). In diesen Fällen steht auch den zukünftigen Gläubigern ein Antragsrecht zu, vgl. § 346 (1) (b) CA.
[73] *Meskin,* Henochsberg, § 345, S. 711, mwN.
[74] § 347 (1) CA. In dem Falle droht den Gläubigern eine Beteiligung an den Verfahrenskosten, siehe unten, 4.d.

wird. In diesem Fall hat der Gläubiger, der seine Forderung gem. § 345 (1) CA nicht durchzusetzen vermag, in der Regel *ex debito justitiae* einen Anspruch auf Eröffnung des Verfahrens und muss sich nicht auf eine spätere Zahlungsfähigkeit der *Company* verweisen lassen.[75]

Im Falle einer *external Company*[76] kann eine *winding-up order* auch darauf gestützt werden, dass die *Company* an ihrem Satzungssitz aufgelöst wurde, den Unternehmensbetrieb einstellt oder diesen nur noch zum Zwecke der Liquidation fortführt.[77] Dagegen findet sich die aus dem deutschen Recht vertraute Überschuldung nicht im Katalog des § 344 CA, obgleich bei Überschuldung regelmäßig der Eröffnungsgrund nach § 344 (f) CA (Verlust von 75 Prozent des gezeichneten Kapitals bzw. in gleicher Höhe Wertlosigkeit desselbigen für die Fortführung des Unternehmens) gegeben sein wird. **21**

3.2.3 Sequestration

In den Fällen, in denen der CA nicht eingreift,[78] kann auf Antrag ein *sequestration*-Verfahren nach dem IA eröffnet werden, wobei der Schuldner sich nicht im Zuständigkeitsbereich des Gerichtes aufhalten muss, sondern es ausreicht, dass er dort entweder Vermögen hat oder innerhalb der Letzten 12 Monate vor Antragstellung seinen gewöhnlichen Aufenthalt hatte.[79] **22**

Der wichtigste Eröffnungsgrund, Insolvenz,[80] liegt vor, wenn die Verbindlichkeiten des Schuldners sein Vermögen übersteigen (Überschuldung).[81] Ein Gläubiger kann den Insolvenzantrag ferner auf einen *act of insolvency* des Schuldners stützen, wie z.B. Gläubigerflucht des Schuldners, schriftliche Bekanntgabe der Zahlungsunfähigkeit oder versuchte Gläubigerbenachteiligung.[82] Das Verfahren kann außerdem nur eröffnet werden, wenn Grund zur Annahme besteht (bei Gläubigerantrag) bzw. das Gericht davon überzeugt ist (Schuldnerantrag), dass das Insolvenzverfahren für die Gläubiger nutzbringend ist.[83] Das ist dann der Fall, wenn voraussichtlich ein wesentlicher Teil der Gläubiger (gemessen an der Höhe der Forderungen) eine nicht ganz und gar vernachlässigungswürdige Quote erhält.[84] **23**

Stellt der Schuldner selbst Insolvenzantrag, so muss sein Vermögen nach Abzug der gesicherten Forderungen noch ausreichen, sämtliche Verfahrenskosten zu decken.[85] Er muss den Insolvenzantrag zudem zwischen 14 und 30 Tagen vorher in der *Gazette*[86] und in einer Regionalzeitung seines Heimatortes ankündigen und dabei auch mitteilen, wo und wann sein *statement of affairs*[87] einsehbar ist.[88] Außerdem hat der Schuldner bei Antragstellung nachzuweisen, dass er auch seine Gläubiger über seine Insolvenzantragsabsicht informiert hat.[89] **24**

3.3 Zulässige Sicherungsmaßnahmen vor Verfahrenseröffnung

Zur vorläufigen Sicherung des Insolvenzvermögens einer *Company* kann das Gericht jegliche Anordnung treffen, die es für angemessen hält.[90] Langezeit war es feste Gerichtspraxis, einen vorläufigen Eröffnungsbeschluss *(provisional winding-up order)* zu erlassen, ver- **25**

---

[75] *ABSA Bank Ltd v Rhebokskloof (Pty) Ltd* 1993 (4) SA 436 (C), 440 f.; *E Sacks Futeran and Co (Pty) Ltd v Linorama (Pty) Ltd*.
[76] Zum Begriff „external Companies" siehe oben, 3.1.
[77] § 344 (g) CA.
[78] Dazu oben, 3.1.
[79] Vgl. § 2 IA, Definition „Court" zur sachlichen und § 149 IA zur örtlichen Gerichtszuständigkeit.
[80] Vgl. § 6 (1) IA für den freiwilligen Antrag (voluntary surrender) und § 9 (1) IA für den Gläubigerantrag (compulsory sequestration).
[81] *Venter v Volkskas Ltd* 1973 (3) SA 175 (T), 179.
[82] Vgl. § 8 IA.
[83] Vgl. § 12 (1) (c) IA (Gläubigerantrag) und § 6 (1) IA (Schuldnerantrag).
[84] *Fesi v ABSA Bank Ltd* 2000 (1) SA 499 (C); *Trust Wholesalers and Woollens (Pty) Ltd v Mackan* 1954 (2) SA 109 (N) 111.
[85] § 6 (1) IA, *Sharrock/van der Linde/Smith*, S. 17, 2.2.2, mwN.
[86] Internetadresse siehe oben, 1.
[87] Zum Begriff siehe oben, 3.2.1.
[88] In der Regel entweder beim Master oder beim zuständigen Magistrate Court, vgl. § 4 (1) IA.
[89] § 4 (2) IA.
[90] § 347 (1) CA.

bunden mit einer sogenannten *rule nisi*[91] – der Aufforderung an sämtliche Beteiligte, an einem bestimmten Datum *(return date)* zur Anhörung bei Gericht zu erscheinen und Argumente gegen eine Verfahrenseröffnung vorzubringen.[92] Diese Praxis scheint allerdings in letzter Zeit zu bröckeln.[93] Eine *provisional winding-up order* hat bis zu ihrer Aufhebung grundsätzlich dieselben Wirkungen wie der endgültige Beschluss.[94]

26 Auch ohne einen solchen vorläufigen Eröffnungsbeschluss können auf Antrag bis zur Entscheidung über die Verfahrenseröffnung bei dem jeweiligen Prozessgericht rechtshängige Verfahren unterbrochen werden.[95] Ferner kann das Gericht auf Antrag vorläufigen Vollstreckungsschutz gewähren.[96] Seine Entscheidung hat das Gericht auf Basis einer sorgfältigen Interessenabwägung zu treffen, in die auch die Wahrscheinlichkeit der Verfahrenseröffnung einfließt, wobei sich ein gesicherter Gläubiger nicht darauf verweisen lassen muss, dass die Verwertung der Sicherheit, aus der er die Vollstreckung betreibt, in einem späteren Verfahren höhere Erlöse einbringen würde.[97]

27 Auch in einem *sequestration*-Verfahren kann eine *provisional sequestration order* beantragt werden.[98] Für sie gilt prinzipiell das Gleiche wie oben, mit der Einschränkung, dass nach Einschätzung des Gerichts *prima facie* die Eröffnungsvoraussetzungen vorliegen müssen.[99]

3.4 Wirkungen der Verfahrenseröffnung
3.4.1 Allgemeine Wirkungen einer winding-up order

28 Die Eröffnung des *winding-up*-Verfahrens entfaltet unabhängig vom Eröffnungsgrund und unabhängig davon, ob das Verfahren freiwillig oder auf Grund Gerichtsbeschlusses eröffnet wurde,[100] weitestgehend einheitliche Wirkungen.[101] Die Wirkungen treten rückwirkend zum Antragszeitpunkt ein.[102]

29 Mit der *winding-up order* verlieren die *directors* die Verwaltungs- und Verfügungsbefugnis über das Vermögen der *Company*, welche bis zur Bestellung eines *provisional Liquidator*[103] als auf den *Master* übergegangen fingiert werden.[104] Im Falle eines *voluntary winding-up* kann ein solcher schon in der *special resolution* bestimmt worden sein,[105] ansonsten wird der *provisional Liquidator* alsbald nach der *winding-up order* vom *Master* bestellt.[106]

30 Rechtshängige Zivilprozesse der *Company* werden automatisch bis zur Bestellung eines *Liquidator* unterbrochen.[107] Die Wiederaufnahme von unterbrochener Prozessen bzw. die

---

[91] Siehe Legaldefinition in § 11 (1) IA.
[92] *Kalil v Decotex (Pty) Ltd* 1988 (1) SA 943 (AD), 976; *Wolhuter Steel (Welkom) (Pty) Ltd v Jatu Construction (Pty) Ltd* 1983 (3) SA 815 (O), 818, mwN.
[93] *Johnson v Hirotec* (Fn. 73), 934. Kritisch dazu *Meskin*, Henochsberg, § 347, S. 725.
[94] Siehe § 1 CA, Definition „winding-up order", wonach dieser die provisional winding-order für die Dauer ihrer Anordnung einer winding-up order gleichsteht. Siehe ferner unten, 3.4.
[95] § 358 (a) CA. Den Antrag können Gläubiger, Gesellschafter oder die Company selbst stellen.
[96] § 358 (b) CA.
[97] Vgl. *Re Kimberly Share Exchange Co Ltd* (1883) 2 HCG 162; *Niagara Ltd v Benson* 1912 WLD 46; *Meskin*, Henochsberg, § 358, S. 755 f., mit Nachweis entsprechender Entscheidungen englischer Gerichte.
[98] § 10 IA.
[99] Vgl. § 2 IA, Definition „sequestration order", § 10 IA, § 11 IA („rule nisi").
[100] Für voluntary windings-up tritt an die Stelle des Datums des Eröffnungsbeschlusses der Zeitpunkt der Eintragung der special resolution, vgl. oben, 3.2.1.
[101] So auch in einem vorläufigen Verfahren, siehe oben, 3.3. Das kann im Einzelfall zu Abgrenzungsschwierigkeiten bei der Qualifikation für die Anerkennung gem. § 343 InsO führen. Vgl. auch *Meskin*, Henochsberg, § 347, S. 738 und *Ward v Smit* (Fn. 40), 179: Ziel eines jeden winding-up (ausgenommen wohl members' voluntary) ist die Gewährleistung einer gerechten Verteilung des Gesellschaftsvermögens unter allen Gläubigern.
[102] § 348 CA.
[103] So auch in einem vorläufigen Verfahren, siehe oben, 3.3.
[104] § 361 (1) CA. Für voluntary windings-up vgl. § 353 (2) (a) CA, wonach der Liquidator oder die Gläubigerversammlung auch andere Regelungen treffen können.
[105] *Smith/Boraine*, in: Collier, 39–24, mwN.
[106] Vgl. § 367, 368 CA; *Meskin*, Henochsberg, § 367, S. 788.
[107] § 359 (1) (a) CA. Vgl. auch § 386 (4) (a) i. V. m. § 386 (3) CA, bezüglich der Prozessführungsbefugnis des Liquidator.

Einleitung neuer Verfahren auf Grund einer vor Antragstellung[108] entstandenen Forderung, muss dem endgültigen[109] *Liquidator* innerhalb von 4 Wochen nach dessen Bestellung mitgeteilt werden. Dem *Liquidator* ist hiernach eine Frist von mindestens 3 weiteren Wochen einzuräumen, bevor das Verfahren (wieder) aufgenommen werden kann.[110] Wird die 4-Wochenfrist versäumt, so wird das Verfahren auf entsprechende Einrede des *Liquidator* als zurückgenommen behandelt.[111] Das Gericht kann auf Antrag diese Fiktion der Rücknahme aufheben, wenn der Antragsteller sein Fristversäumnis hinreichend zu entschuldigen vermag.[112]

Veräußerungen von Gesellschaftsanteilen oder Änderungen im Gesellschafterstatus nach Antragstellung ohne Zustimmung des *Liquidator* sind nichtig.[113]   31

3.4.2 Spezialnormen bei Überschuldung der Company

Daneben gibt es zahlreiche Spezialvorschriften, deren Anwendungsbereich durch die *winding-up order* nur dann eröffnet ist, wenn das liquidierbare, nicht zur Deckung der Verfahrenskosten dienende, Gesellschaftsvermögen zur Erfüllung sämtlicher Verbindlichkeiten nicht ausreicht („Überschuldung").[114] Letzteres muss unabhängig vom Eröffnungsgrund erst im Rahmen der Tatbestandsvoraussetzungen der entsprechenden Normen geprüft werden.[115] Diese Systematik ist im Zusammenhang mit der generellen Pflicht des *Liquidator* zu sehen, das gesamte Vermögen der *Company* in seinen Besitz zu bringen, zu verwerten und nach Abzug der Verfahrenskosten an die Gläubiger zu verteilen.[116] Die Prüfung der Überschuldung obliegt also dem *Liquidator*, der im Übrigen seine Pflichten mit der größtmöglichen Sorgfalt zu erfüllen hat.[117] Dabei ist es unerheblich, ob die Gesellschaft bereits zum Zeitpunkt der Verfahrenseröffnung überschuldet war oder ob die Überschuldung etwa durch Wertverlust des Vermögens[118] erst im Laufe des Verfahrens eingetreten ist.[119]   32

Bei Überschuldung sind sämtliche Vermögensdispositionen, welche die Gesellschaft nach Antragstellung vorgenommen hat, automatisch (rückwirkend) nichtig, soweit das Gericht im Einzelfall nichts anderes anordnet.[120] In der Praxis hat diese Nichtigkeitsregelung jedoch kaum Bedeutung, weil die *Company* mit dem Eröffnungsbeschluss ohnehin ihre Verwaltungs- und Verfügungsbefugnis verliert und der Zeitraum seit der Antragstellung regelmäßig zu kurz war.[121]   33

3.4.3 Wirkungen einer sequestration order

Im Gegensatz zur *winding-up order* entfaltet eine *sequestration order* keine Rückwirkung.[122] Nach dem gleichen Prinzip wie im *winding-up*-Verfahren werden auch im *sequestration*-Verfahren sämtliche Zivilprozesse des Schuldners unterbrochen.[123]   34

---

[108] Auf die ja die winding-up order zurückwirkt.
[109] Nach der Definition in § 1 (1) ist Liquidator gleichzusetzen mit „provisional Liquidator", wenn sich aus den Umständen nichts anderes ergibt. § 359 CA ist so ein Fall, in dem nur der endgültige Liquidator gemeint ist, vgl. *Strydom NO v MGN Construction (Pty) Ltd* 1983 (1) SA 799 (D); *Meskin*, Henochsberg, § 359, S. 758 f.
[110] § 359 (2) (a) CA.
[111] § 359 (2) (b) CA. Da die Norm ausschließlich den Liquidator bzw. das von ihm verwaltete Vermögen schützen soll, kann er auch hierauf verzichten, vgl. *Barlows Tractor Co (Pty) Ltd v Townsend* 1996 (2) SA 869 (A), 884F-G.
[112] *Meskin*, Henochsberg, § 359, S. 761, mwN.
[113] § 341 (1) CA.
[114] Vgl. 2.1 und Fn. 11.
[115] Vgl. *Sackstein NO v Proudfoot SA (Pty) Ltd* [2005] JOL 14088 (W), 14 [27]; *Meskin*, Henochsberg, § 339, S. 670, mwN.
[116] Vgl. § 391 CA.
[117] Vgl. *Meskin*, Henochsberg, § 391, S. 842.
[118] Man denke hier nur an die Volatilität von Aktien- oder Grundstückswerten.
[119] Vgl. *Taylor and Steyn NNO v Koekemoer* 1982 (1) SA 374 (T), 380 ff.
[120] § 341 (2) CA.
[121] *Meskin*, Henochsberg, § 341, S. 681.
[122] *Burdette* (Fn 16), S. 278 f.
[123] Vgl. § 20 (1) (b) und (c) IA sowie die dort genannten Ausnahmen und § 79 IA („subsistance allowance for insolvent and family). Die Benachrichtigungsfrist beträgt hier allerdings 3 Wochen ab dem Datum der

Südafrika 35–38

35 Die *sequestration order* umfasst das gesamte Vermögen des Schuldners sowie prinzipiell auch das, was er während des Insolvenzverfahrens erwirbt.[124] Nach der Konzeption des IA wird der *Trustee* Eigentümer des Vermögens des Insolvenzschuldners.[125] Diese Regelung mag auf den ersten Blick etwas verwirren, zumal auch der südafrikanische Eigentumsbegriff im römischen Recht wurzelt und der Eigentümer einer Sache grundsätzlich nach Belieben mit ihr verfahren darf.[126] Das Eigentum des *Trustee* unterscheidet sich hiervon jedoch darin, dass dessen Handhabung im IA detailliert vorgegeben ist, der *Trustee* also gerade nicht nach Belieben mit dem Schuldnervermögen verfahren kann.[127] Die Rechtsprechung musste sich mit der Widersprüchlichkeit dieser Konzeption bisher nicht im Detail auseinandersetzen; im Schrifttum wird sie verbreitet als überflüssig kritisiert.[128] Der Regierungsentwurf eines einheitlichen Insolvenzgesetzes geht daher nicht mehr von einem Eigentumsübergang aus, sondern übernimmt das bestehende Konzept des Übergangs der Verwaltungs- und Verfügungsbefugnis aus dem CA.[129]

36 Eine weitere – sehr umstrittene – Besonderheit ist, dass mit dem Vermögen des Insolvenzschuldners auch das Vermögen seines Ehepartners bzw. Lebenspartners in das Eigentum des *Trustee* übergeht, solange und soweit dem Partner nicht der Nachweis gelingt, dass es sich dabei um sein Eigentum handelt.[130]

3.4.4 Bekanntmachung

37 Der Eröffnungsbeschluss (im Falle eines freiwilligen Verfahrens das *statement of affairs* und die *resolution*) ist vom *Master* in der *Gazette*[131] zu veröffentlichen.[132] Informationen über die Eröffnung eines Verfahrens können auch beim zuständigen *Master* erlangt werden.

4. Verlauf des Verfahrens

4.1 Gläubigerversammlungen

38 Regelmäßig sind mindestens zwei Gläubigerversammlungen vorgesehen.[133] In der Ersten können die Gläubiger einen Insolvenzverwalter vorschlagen,[134] wobei die Bestellung letztlich im Ermessen des *Master* liegt.[135] In der zweiten Gläubigerversammlung erhalten die Gläubiger den Bericht des Insolvenzverwalters über den Status des Schuldnervermögens und haben die Möglichkeit, Vorgaben für die Verwaltung der Insolvenzmasse zu machen.[136] Weitere Gläubigerversammlungen können einberufen werden, um dem Insolvenzverwalter

---

ersten Gläubigerversammlung sowie die Wiederaufnahmefrist weitere 3 Wochen, § 75 (1) IA. Im Übrigen siehe oben, 3.4.1.

[124] Vgl. §§ 23, 24 IA und die dort genannten Ausnahmen.
[125] Vgl. § 20 (1) (a) IA und *De Villiers NO v Delta Cables (Pt) Ltd* 1992 (1) SA 9 (AD), 15 G-H.
[126] Vgl. *Evans*, Who owns the insolvent estate? 1996 TSAR 719, 723 f., mwN § 903 BGB zum deutschen Recht.
[127] *Evans* (Fn. 128).
[128] *Evans* (Fn. 128); *Burdette* (Fn. 16), S. 315, mwN.
[129] Vgl. oben (Fn. 16) sowie *Burdette* (Fn. 16), S. 316. Zu § 361 (1) CA vgl. oben, 3.4.1.
[130] Vgl. § 21 IA sowie *Smith/Boraine* (Fn. 8), 163 ff., mwN. Nach einem Urteil des südafrikanischen Verfassungsgerichts (Constitutional Court) verstößt diese Regelung auch nicht gegen die 1994 in Kraft getretene südafrikanische Verfassung, vgl. *Harksen v Lane* 1997 (11) BCLR 1489 (CC).
[131] Government Gazette, Internetadresse siehe oben, 1.
[132] § 356 CA; § 17 (1) IA.
[133] Vgl. § 364 (1) (a) und (2) CA; § 40 IA. Das Datum ist spätestens 10 Tage vorher in der Gazette (Internetadresse oben, 1.) und darüber hinaus in einer oder mehreren Zeitungen am Wohnort/Sitz des Schuldners bekanntzugeben. In der Praxis dauert es bis zum Ersten meeting durchschnittlich etwa 3 Monate, manchmal aber auch bis zu einem Jahr, je nachdem, wie schnell der Master arbeitet. Das zweite meeting folgt normalerweise etwa innerhalb eines Monats.
[134] §§ 364, 369 CA; § 54 IA.
[135] Vgl. § 370 CA; §§ 56, 57 IA. Gegen die Entscheidung des Master kann innerhalb von 7 Tagen Rechtsmittel beim Justizministerium und unter bestimmten Voraussetzungen auch noch bei Gericht eingelegt werden, vgl. § 371 CA, *Meskin*, Henochsberg, § 371, S. 795 ff.; § 57 (7)-(10), 151 IA, *Meskin/Kunst*, 4.2, Fn. 39.
[136] § 364 (1) CA; § 40 (3) (a) IA; *Smith/Boraine*, in: Collier, 39–27. Dazu auch unten, 4.3.

Länderberichte   **39–41 Südafrika**

Instruktionen zu erteilen *(general meetings)*[137] oder für andere besondere Zwecke *(special meetings)*.[138]

4.2 Anmeldung der Forderungen durch die Gläubiger

Grundsätzlich[139] müssen alle Gläubiger ihre Forderungen nebst eidesstattlicher Versicherung und sonstiger Beweismittel spätestens 24 Stunden vor der Ersten oder zweiten Gläubigerversammlung anhand dafür im IA vorgesehener Formblätter beim Versammlungsleiter *(presiding officer)* anmelden.[140] In einem *winding-up* kann der *Master* auf Antrag des *Liquidator* zusätzlich eine Anmeldefrist setzen.[141] 39

Wollen gesicherte Gläubiger allein aus dem Verwertungserlös ihrer Sicherheit am Insolvenzverfahren teilnehmen, müssen sie dies bereits in ihrer Forderungsanmeldung deutlich machen.[142] Ausländische Gläubiger sind grundsätzlich gleichberechtigt, allerdings kann sie der ausländische Insolvenzverwalter bei der Forderungsanmeldung wohl nicht vertreten.[143] Es muss sich um liquide Forderungen handeln, d. h., die Forderung muss dem Grunde und der Höhe nach aufgrund Vertrag, einer Gerichtsentscheidung o. ä. feststehen.[144] Forderungen in ausländischer Währung werden nach dem am Tag vor Verfahrensbeginn gültigen Kurs umgerechnet.[145] In Anbetracht von Sinn und Zweck des Forderungsanmeldungsverfahrens, welches eine Überprüfung der Forderung ermöglichen soll, wird hier davon ausgegangen, dass wenigstens die Anmeldung selbst in Englisch zu erfolgen hat und die dazugehörigen Unterlagen zumindest in einer der 10 anderen offiziellen Landessprachen vorliegen müssen,[146] ggf. in beglaubigter Übersetzung. 40

Nicht rechtzeitig vor den Gläubigerversammlungen angemeldete Forderungen dürfen vom *presiding officer* nur dann zugelassen werden, wenn die Verspätung genügend entschuldigt wurde.[147] Im Übrigen hat der *presiding officer* die Forderung abzulehnen, wenn sie nicht frist- und formgerecht angemeldet wurde oder wenn es sich *prima facie* um keine zu berücksichtigende Forderung[148] handelt.[149] Eine einmal angemeldete Forderung kann der Insolvenzverwalter nur (substantiiert) bestreiten.[150] Zur Ablehnung oder Reduzierung hingegen muss er sich mit schriftlicher Begründung an den *Master* wenden.[151] 41

---

[137] § 41 IA; *Smith/Boraine* (Fn. 139).
[138] § 42 IA; § 413 CA; *Smith/Boraine* (Fn. 139). Siehe auch die nachfolgende Unterpunkte.
[139] Ausgenommen sind z. B. bestimmte Ansprüche aus Arbeitsverhältnissen, die nicht angemeldet werden müssen.
[140] Vgl. § 366 (1) CA, der auf die entsprechende Anwendbarkeit des IA verweist; § 44 (1) bis (4) IA, First Schedule, Annexure VIII, Forms C und D; *Smith/Boraine*, in: Collier, 39–28. Presiding officer ist entweder der Master selbst oder ein von ihm bestimmter öffentlich Bediensteter, vgl. § 39 (2) IA. Die Forderungsanmeldung durch einfache, ungesicherte Gläubiger will bei voraussichtlicher Massearmut wegen der drohenden Kostenlast gut überlegt sein, vgl. dazu unten, 4.4.
[141] § 366 (2) CA.
[142] Vgl. §§ 89 (2), 103 IA; *Smith/Boraine*, in: Collier, 39–28. Dies sollte im Einzelfall sorgfältig abgewogen werden, da bei weiterer Teilnahme als einfacher, ungesicherter Insolvenzgläubiger statt einer Quote möglicherweise sogar anteilige Verfahrenskosten zu zahlen sind, vgl. unten, 4.4.
[143] So zumindest zwei Entscheidungen aus der Kolonialzeit, ohne nähere Begründung: *Liddle & Leask v Pooley and Leinberger* (1899) 6 OR 109, 112; *In re Estate Skeen* 27 NLR 127.
[144] Vgl. § 44 IA „liquidated claims" und *Samsudin v De Villiers Berrange NO* [2006] SCA 79 (RSA), 27 [35]. Die Zulassung anderer Forderungen („unliquidated claims") ist direkt auf der Gläubigerversammlung gegenüber dem Insolvenzverwalter zu beantragen.
[145] *Meskin*, Henochsberg, § 366, S. 781 f., mit Bezugnahme auf die englische Entscheidung *Re Lines Bros Ltd* [1982] 2 All ER 183 (CA).
[146] Zu den wichtigsten Isizulu, Xhosa, Setswana und Afrikaans kommen 6 weitere lokale Stammessprachen.
[147] Vgl. *Derby Shirt Manufactures (Pty) Ltd v Nel NO* 1964 (2) SA 599 (D), 602, mwN.
[148] Siehe oben (Fn. 147).
[149] Vgl. *Marendaz v Smuts* 1966 (4) SA 66 (T), 72, mwN. Bei Überschuldung (vgl. oben, 3.4.2) kann der Gläubiger gegen die Entscheidung des presiding officer Rechtsmittel beim Gericht einlegen, vgl. § 339 CA i. V. m. § 151 IA. In jedem Fall kann er auch seine Forderung einklagen, vgl. § 44 (3) IA.
[150] Vgl. *Meskin*, Henochsberg, § 366, S. 780; *Caldeira v The Master* 1996 (1) SA 868 (N), 874.
[151] Vgl. *Wynne NO v Mitchell NO* 1973 (1) SA 283 (E), 293 f. Zu Rechtsmitteln siehe oben, Fn. 152.

Kupsch

42 Nach der zweiten Gläubigerversammlung können zwar innerhalb von 3 Monaten noch *special meetings* für verspätete Forderungsanmeldungen einberufen werden, wenn der Gläubiger die damit verbundenen Kosten trägt.[152] Der Gläubiger riskiert aber, in einem bereits aufgestellten Verteilungsplan unberücksichtigt zu bleiben.[153] Nach Ablauf dieser 3-Monatsfrist sind Forderungsanmeldungen nur noch mit Zustimmung des *Master* oder des Gerichts möglich.[154]

4.3 Verwaltung und Verwertung der Insolvenzmasse

43 Bei Überschuldung haben der Schuldner bzw. dessen Vorstand/Bevollmächtigte durch Anwesenheit auf den Gläubigerversammlungen und umfassende Auskunftserteilung bei der Aufklärung über die Vermögenslage des Schuldners mitzuwirken und gegebenenfalls unter Eid aussagen.[155] Auch Dritte können auf Anordnung des *Master* oder des Gerichts bzw. – in einem *sequestration*-Verfahren – auf Anordnung des *presiding officer* zur Anwesenheit und Auskunftserteilung verpflichtet werden.[156]

44 Der Insolvenzverwalter hat die Verwaltung und Verwertung der Insolvenzmasse grundsätzlich im Einzelnen mit der Gläubigerversammlung abzustimmen.[157] Soweit bestimmte Anweisungen fehlen, ist in einem *sequestration*-Verfahren das Vermögen durch öffentliche Versteigerung bzw. öffentliche Ausschreibung zu verwerten.[158] In einem *winding-up*-Verfahren hingegen kann der Insolvenzverwalter sich mit dem *Master* abstimmen und insbesondere bei Meinungsverschiedenheiten oder rechtlichen Unsicherheiten eine Entscheidung des Gerichts einholen.[159] Das Gericht wird sich regelmäßig auf Rechtsfragen beschränken und nicht in die wirtschaftliche Kompetenz des Insolvenzverwalters eingreifen.[160]

4.4 Verteilung an die Gläubiger

45 Der (Insolvenz-)verwalter hat grundsätzlich innerhalb von 6 Monaten nach seiner Bestellung mittels einer detaillierten Verwertungsbilanz *(liquidation account)* sowie ggf. zusätzlich einer Handelsbilanz[161] *(trading account)* abzurechnen und zu begründen, warum bestimmte Vermögenswerte noch nicht realisiert werden konnten.[162] Außerdem ist ein Verteilungsplan zu erstellen.[163] Hiernach sind die *accounts* für zwei Wochen zur Einsichtnahme der Gläubiger im Büro des *Master* auszulegen.[164] Soweit keine schriftlichen Einwände erhoben werden, hat der *Master* die *accounts* zu bestätigen.[165]

46 Nach Abzug der Verfahrenskosten wird der Erlös verteilt.[166] Erlöse, die nicht innerhalb von zwei Monaten gegen Quittung an die Gläubiger ausgezahlt wurden, werden auf Rechnung des entsprechenden Gläubigers auf ein Sonderkonto gezahlt.[167]

---

[152] § 44 (1) IA, *Meskin/Kunst*, 9.2.1.
[153] Vgl. § 104 (1) IA; § 366 (2) CA.
[154] § 44 (1) IA.
[155] Vgl. §§ 414 ff. CA; §§ 64–65 IA; §§ 66 ff. IA, auf deren analoge Anwendbarkeit in § 416 CA verwiesen wird.
[156] §§ 417 f. CA; § 65 ff. IA.
[157] § 387 (1) CA; § 82 (1) IA. Siehe auch unten, 5.
[158] § 82 IA.
[159] § 387 (2)-(4) CA. Der gleiche Weg ist auch einem anderen Beteiligten eröffnet, der durch eine Entscheidung des Liquidator beschwert ist.
[160] *Meskin*, Henochsberg, § 387, S. 831 f., mwN.
[161] Im Falle der Unternehmensfortführung.
[162] §§ 403 ff. CA; §§ 91 ff. IA. Auf schriftlich begründeten Antrag, der auch sämtlichen Gläubigern per Einschreiben zuzustellen ist, kann (und wird häufig) die 6-Monatsfrist durch den Master verlängert werden, vgl. § 404 CA; § 109 IA. In bestimmten Fällen (z. B. bei größeren Bankguthaben/Geldvermögen) kann der Master auch eine kürzere Frist setzen, vgl. § 110 (1) IA.
[163] § 91 (1) IA.
[164] § 406 CA; § 108 IA. Die Möglichkeit der Einsichtnahme im Masterbüro ist wiederum in der Gazette und in lokalen Zeitungen am Wohnort/Sitz des Schuldners bekanntzumachen.
[165] §§ 407, 408 CA; § 112 IA.
[166] § 409 CA; *Smith/Boraine*, in: Collier, 39–35. In der Praxis findet eine Verteilung selten vor Ablauf eines Jahres nach dem zweiten meeting statt (dazu oben, Fn. 136), u. a. auch davon abhängig, wie viele Klageverfahren noch anhängig sind. Es kann aber auch über 2 Jahre bis zu einer Verteilung dauern.
[167] § 410 (2) CA.

Eine weitere Besonderheit des südafrikanischen Verfahrens ist die Beteiligung der Gläubiger, welche Forderungen angemeldet haben, an den Verfahrenskosten, soweit der Erlös diese nicht abdeckt. Diese sind in erster Linie von den einfachen ungesicherten Gläubigern[168] einschließlich des Gläubigers, der die Verfahrenseröffnung beantragt hat, zu tragen.[169] Gesicherte Gläubiger haben lediglich für eine eventuelle Unterdeckung der Kosten für die Verwertung ihrer Sicherheiten aufzukommen.[170]

5. Gläubiger[171]

5.1 Aussonderungsberechtigte Gläubiger

Vermögensgegenstände, welche sich zum Zeitpunkt der Verfahrenseröffnung nicht im Eigentum des Schuldners befinden, gehören nicht zum (Insolvenz-)vermögen.[172] Insbesondere ist der Eigentumsvorbehaltsverkäufer zur Aussonderung berechtigt, wenn der (Insolvenz-)verwalter die Nichterfüllung des Vertrags wählt.[173] Der nicht befriedigte Verkäufer kann aber auch ohne Eigentumsvorbehaltsvereinbarung – ggf. Zug um Zug gegen Erstattung bereits getätigter Teilzahlungen[174] – die Kaufsache heraus verlangen, wenn der volle Kaufpreis spätestens bei Lieferung fällig war.[175] Das Recht des Verkäufers setzt sich am Erlös einer gutgläubigen Weiterveräußerung fort.[176]

Auch Treuhandvermögen gehören nicht zum Schuldnervermögen, soweit der (insolvente) Treuhänder hieran kein eigenes Recht hat.[177] Einschränkungen gelten auch für bestimmte Versicherungen.[178]

5.2 Gesicherte Gläubiger

Vor Verfahrenseröffnung wirksam begründete Sicherheiten geben grundsätzlich ein Recht auf abgesonderte Befriedigung, wobei dem Insolvenzverwalter das Verwertungsrecht zusteht.[179]

Nicht insolvenzfest sind Grundsicherheiten, die der Schuldner für mindestens zwei Monate alte, bis dahin ungesicherte Forderungen bestellt hat, wenn innerhalb von 6 Monaten nach Eintragungsantrag beim südafrikanischen Grundbuchamt[180] das Insolvenzverfahren eröffnet wird.[181] Besonderheiten gelten auch für sich im Besitz des Sicherungsgläubigers befindliche Mobiliarsicherheiten (einschließlich frei handelbarer Wertpapiere), die unter bestimmten Voraussetzungen bis zur zweiten Gläubigerversammlung vom Sicherungsgläubiger selbst verwertet werden können.[182] Allerdings ist auch hier der Erlös an die Insolvenzmasse zu zahlen und der Sicherungsgläubiger erlangt nur insoweit (abgesondert) Befriedigung, als er seine Forderung anmeldet und diese anerkannt wird.[183]

---

[168] Dazu gehören auch die gesicherten Gläubiger, die die Teilnahme am Insolvenzverfahren außerhalb der Verwertung ihrer Sicherheit nicht ausdrücklich ausgeschlossen haben, vgl. oben, 4.2.
[169] § 106 IA; *Smith/Boraine*, in: Collier, 39–37.
[170] *Smith/Boraine*, in: Collier, 39–35.
[171] Die Stellung der Gläubiger richtet sich generell nach dem IA, vgl. § 342 (1) CA.
[172] *Ruskin NO v Thiergen* 1962 (3) SA 737 (AD), 745; *Kelly v Lombard* 1927 AD 182, 187.
[173] *Meskin/Kunst*, 5.21.8.2. (a). In Südafrika gilt übrigens das aus dem deutschen Recht vertraute Abstraktionsprinzip, vgl. *Smith/Boraine*, in: Collier, 39–12. Zur Behandlung von nicht erfüllten Verträgen unten, 6.
[174] § 36 (3) IA.
[175] § 36 (1), (2) IA.
[176] § 36 (5), (6) IA.
[177] *Meskin/Kunst*, 5.2.
[178] Dazu *Meskin/Kunst*, 5.2.
[179] *Smith/Boraine*, in: Collier, 39–18. Übersicht über Sicherheiten im südafrikanischen Recht *ibid*, 39–13 ff.
[180] Registrar of deeds.
[181] Vgl. § 88 IA.
[182] Vgl. § 83 IA.
[183] § 83 (10) IA; *Smith/Boraine*, in: Collier, 39–18 f.

Südafrika 52–56

52 Soweit ein Gläubiger Pfandgegenstände oder Gegenstände, an denen er ein Zurückbehaltungsrecht ausübt, auf Aufforderung des Insolvenzverwalters an diesen herausgibt,[184] behält er ein Recht auf abgesonderte Befriedigung, wenn er sein Recht schriftlich gegenüber dem Insolvenzverwalter geltend macht und eine entsprechende Forderung anmeldet.[185] Der Insolvenzverwalter kann Sicherheiten auch freigeben.[186]

53 Auch für bestimmte Ratenzahlungskaufsachen besteht ein Recht auf abgesonderte Befriedigung des Verkäufers.[187]

5.3 Bevorzugte Insolvenzgläubiger

54 Nach Abzug der Verfahrenskosten grundsätzlich vorrangig zu befriedigende Verbindlichkeiten sind:[188]
- Gerichtliche Prozess- und Vollstreckungskosten (beschränkt auf den Liquidationswert des Streitgegenstands);[189]
- Löhne-/Gehälter (3 Monate/insgesamt 12 000 Rand);[190]
- Urlaubsansprüche (4000 Rand);[191] andere Ansprüche auf Grund von Fehltagen innerhalb von 3 Monaten vor Verfahrenseröffnung (4000 Rand);[192] sonstige vertragliche/gesetzliche Abfindungen/Zahlungsansprüche des Arbeitnehmers (12 000 Rand);[193]
- Arbeitgeberbeiträge zu Sozialversicherungen (12 000 Rand/Versicherung);[194]
- Diverse Steuern und Abgaben;[195]
- Einkommenssteuer;[196]
- Durch bestimmte Globalsicherheiten gesicherte Ansprüche.[197]

5.4 Einfache Insolvenzgläubiger

55 Zu den einfachen Insolvenzgläubigern gehören sonstige Insolvenzgläubiger sowie die vorgenannten, soweit deren Ansprüche die Höchstbeträge übersteigen bzw. (bei Sicherungsgläubigern) sie sich nicht ausschließlich auf ihre Sicherheit beschränkt haben.

5.5 Nachrangige Insolvenzgläubiger

56 Sollte hiernach noch Vermögen übrig sein, werden die Forderungen der einfachen Insolvenzgläubiger mit mindestens 8 Prozent ab Verfahrenseröffnung verzinst.[198] Forderungen, denen eine Nachrangvereinbarung zugrunde liegt, werden in der Insolvenz normalerweise als erloschen behandelt.[199] Die eventuell verbliebenen Masse ist an die Gesellschafter zu verteilen.[200]

---

[184] Etwa der Vermieter, der von seinem Vermieterpfandrecht Gebrauch gemacht hat.
[185] § 47 IA.
[186] *Meskin/Kunst*, 12.4.2.
[187] Vgl. § 84 IA; *Meskin/Kunst*, 5.21.8.2. (b). Dies ist dann der Fall, wenn es sich um ein „instalment agreement" nach der Definition in § 1 des National Credit Act 34 of 2005 handelt, ohne dass es auf die Anwendbarkeit des National Credit Act im Übrigen ankommt.
[188] In angegebener Reihenfolge. Die in Klammern angegebenen Beträge sind Maximalbeträge, wie sie vom zuständigen Justizministerium von Zeit zu Zeit per Rechtsverordnung festgelegt werden, vgl. § 98 A (2) a i. V. m. GN R865 (Government Gazette 21519 dd vom 1. 9. 2000).
[189] § 98 A.
[190] § 98 A (1) (a) (i) IA. 12 000 Rand entsprechen bei einem derzeitigen Wechselkurs von ca. 1:10 etwa 1200 EUR. Ausgenommen sind Vorstände, vgl. § 98 A (6) i. V. m. GN R865 (Government Gazette 21519 dd vom 1. 9. 2000).
[191] § 98 A (1) (a) (ii) IA.
[192] § 98 A (1) (a) (iii) IA.
[193] § 98 A (1) (a) (iv) IA.
[194] § 98 A (1) (b) IA.
[195] § 99 IA.
[196] § 101 IA.
[197] § 102 IA.
[198] § 103 IA, soweit nicht höhere vertragliche Zinsen vereinbart sind.
[199] *Smith/Boraine*, in: Collier, 39–36.
[200] §§ 342 (1), 398 CA.

5.6 Massegläubiger

Masseverbindlichkeiten sind sämtliche Kosten, die der Erhaltung, Verwaltung und Verwertung der Masse nach Verfahrenseröffnung dienen. Hierzu gehören insbesondere Miete und Mietnebenkosten sowie Kosten, welche durch die Fortführung der Unternehmenstätigkeit zu Liquidationszwecken anfallen.[201] Masseverbindlichkeiten sind als Verfahrenskosten vorab zu befriedigen.[202] **57**

6. Abwicklung unvollständig erfüllter Verträge

Unvollständig erfüllte Verträge werden in der Regel durch die Verfahrenseröffnung nicht beendet. Ausnahmen bilden Auftrag, Bevollmächtigung und Personengesellschaftsvertrag bei Insolvenz eines Gesellschafters.[203] **58**

Ein Mietvertrag besteht bei Insolvenz[204] zunächst noch für mindestens 3 Monate fort, wenn ihn der Insolvenzverwalter nicht kündigt.[205] Nach Ablauf der 3-Monatsfrist endet er automatisch, wenn der Insolvenzverwalter nicht ausdrücklich daran festhält.[206] Bei nicht vollzogenen Grundstückskaufverträgen kann der Verkäufer dem Insolvenzverwalter eine Frist setzen, nach deren Ablauf er bei Gericht die Rückabwicklung einklagen kann.[207] Weitere gesetzliche Sonderregelungen gelten für bestimmte Kapitalmarkttransaktionen[208] und Ratenzahlungskaufverträge.[209] Vertragsklauseln für den Insolvenzfall sind nur eingeschränkt wirksam.[210] **59**

Arbeitsverträge können vom Insolvenzverwalter nur nach vorheriger Konsultation verschiedener Interessengruppen gekündigt werden[211] und bleiben etwa im Falle einer Unternehmensveräußerung bestehen.[212] Ohne Kündigung enden sie mangels anderweitiger Vereinbarung 45 Tage nach Bestellung des endgültigen Insolvenzverwalters.[213] **60**

In den nicht gesetzlich geregelten Fällen hat der (Insolvenz-)verwalter nach *common law* ein unwiderrufliches Wahlrecht. Lehnt der Insolvenzverwalter die Erfüllung ab, so kann der Gläubiger Schadensersatz wegen Nichterfüllung als einfache Insolvenzforderung anmelden oder aber bis zur Beendigung des Insolvenzverfahrens warten und seine Ansprüche dann durchsetzen.[214] **61**

7. Aufrechnung

Nach *common law* können zwei Forderungen gegeneinander aufgerechnet werden, wenn sie gegenseitig, gleichartig, fällig und durchsetzbar sind.[215] Aufrechnungen *(set-offs)*, welche innerhalb eines 6-Monatszeitraums oder – bei Aufrechnung mit einer durch Abtretung erworbenen Forderung – sogar innerhalb eines Jahres vor Verfahrenseröffnung vorgenom- **62**

---

[201] Vgl. § 37 (3) IA; *Sharrock/van der Linde/Smith*, S. 173 ff., 16.3.2. Siehe dazu auch unten, 6.
[202] Ggf. durch Inanspruchnahme bestimmter Gläubiger, siehe oben, 4.4.
[203] *Smith/Boraine*, in: Collier, 39–33; *Meskin/Kunst*, 5.21.1., mwN.
[204] Also bei Companies nur dann, wenn das Schuldnervermögen nicht ausreicht, um sämtliche Gläubiger zu befriedigen, siehe oben, 3.d (ii).
[205] § 37 (1) IA. Vereinbarungen, wonach der Mietvertrag mit Verfahrenseröffnung automatisch endet oder die einer Partei für diesen Fall ein Kündigungsrecht einräumen, sind nichtig, vgl. § 37 (5) IA.
[206] Vgl. § 37 (2) IA. Der Vermieter kann seine Mietzinsforderung als Verfahrenskosten geltend machen, vgl. oben, 5 f.
[207] § 35 IA.
[208] Vgl. §§ 35A, 35B IA.
[209] Vgl. § 84 IA sowie oben, Fn. 190.
[210] Vgl. im Einzelnen *Smith/Boraine*, in: Collier, 39–33.
[211] Inklusive Gewerkschaften, Betriebsrat und Arbeitnehmer persönlich, vgl. § 38 (5) und (6) IA.
[212] *Smith/Boraine*, in: Collier, 39–33, mit Hinweis auf § 197 Labor Relations Act 66 of 1995.
[213] § 38 (9) IA. Im beschränkten Umfang sind Lohn- und Gehaltsforderungen vorrangig aus der Masse zu bedienen, vgl. oben, 5.3.
[214] Vgl. *Smith/Boraine*, in: Collier, 39–31 f. Die Erfüllungsablehnung des Insolvenzverwalters beendigt nicht den Vertrag.
[215] *Smith/Boraine*, in: Collier, 39–36.

men wurden, müssen vom Insolvenzverwalter bestätigt werden. Geschah die Aufrechnung nicht im Rahmen des „gewöhnlichen Geschäftsbetriebs", so kann der Insolvenzverwalter mit Zustimmung des Master die Aufrechnung für unwirksam erklären.[216] Insoweit wird es sich also um eine Aufrechnung handeln müssen, die nicht auf Grund vermuteter oder festgestellter Insolvenz des Geschäftspartners erfolgte.[217] Nach Verfahrenseröffnung kann wohl nicht mehr aufgerechnet werden.[218]

8. Insolvenzanfechtung

63 Das südafrikanische Insolvenzanfechtungsrecht betrifft die Übertragung oder Aufhebung vermögenswerter Rechte, einschließlich Veräußerung, Vermietung, Belastung, Verpfändung, Zahlung, Befreiung, Vergleich, Schenkung oder entsprechender vertraglicher Verpflichtungen, es sei denn, die Verfügungen beruhen auf einem Gerichtsbeschluss. Gesetzliche Anfechtungsmöglichkeiten sind für folgende Rechtshandlungen vorgesehen, wenn sie zum Zeitpunkt der Überschuldung vorgenommen wurden:

64
- Verfügungen über Schuldnervermögen ohne adäquate Gegenleistung, prinzipiell zeitlich unbeschränkt, wobei innerhalb von zwei Jahren vor Verfahrenseröffnung der Nutznießer den Gegenbeweis hinsichtlich der Überschuldung führen kann. Bei älteren Verfügungen dreht sich die Beweislast um, d. h. der Insolvenzverwalter muss die Überschuldung zum Verfügungszeitpunkt beweisen;[219]
- Objektive Gläubigerbevorzugung innerhalb von 6 Monaten vor Verfahrenseröffnung, wobei der Gläubiger den Beweis einer gewöhnliche Geschäftshandlung antreten kann, mit der eine Gläubigerbenachteiligung nicht intendiert war;[220]
- Vorsätzliche Gläubigerbevorzugung, zeitlich unbeschränkt;[221]
- Kollusives Zusammenwirken zum Nachteil der Gläubiger, zeitlich unbeschränkt;[222]
- Die nicht nach den gesetzlichen Vorschriften öffentlich angekündigte Veräußerung des Unternehmensbetriebs als Ganzes oder Veräußerung von zum Unternehmen gehörende Waren oder Vermögensgegenständen, es sei denn, dies waren gewöhnliche Geschäftshandlungen, innerhalb von 6 Monaten vor Verfahrenseröffnung;[223]
- Missbräuchliche Verwendung oder Unterschlagung von Geldern oder Vermögen einer *Company*, zeitlich unbeschränkt.[224]

65 Darüber hinaus können betrügerische Vermögensverschiebungen auch nach dem *common law* mit Hilfe der alten römisch-rechtlichen *actio pauliana* angefochten werden, ebenfalls zeitlich unbeschränkt.[225] Das durch anfechtbare Handlung erlangte ist an die Insolvenzmasse zu herauszugeben bzw. – soweit nicht mehr im Besitz des Gläubigers – Wertersatz zu leisten.[226]

9. Reorganisationsverfahren

66 Von einer Darstellung der Funktionsweise von *judicial management* und *statutory compromises* wird hier wegen ihrer geringen praktischen Relevanz und der derzeit anstehenden Gesetzesreform abgesehen.[227]

---

[216] § 46 IA; *Smith/Boraine*, in: Collier, 39–36.
[217] So zu § 29 IA, wo die gleiche Formulierung verwendet wird, *Meskin/Kunst*, 5.31.6.3.
[218] *Thorne v The Government* 1974 (2) SA 1 (A), 9.
[219] § 340 CA, § 26 IA „Disposition without value". „Zeitlich unbeschränkt" ist wörtlich zu nehmen, es gelten weder Verjährungs- noch Ausschlussfristen, vgl. *Meskin/Kunst*, 5.31.16.1.
[220] § 340 CA, § 29 IA „Voidable preferences".
[221] § 340 CA, § 30 IA „Undue preferences to creditors".
[222] § 340 CA, § 31 IA „Collusive dealings before sequestration".
[223] § 340 CA, § 34 IA „Voidable sale of business".
[224] Vgl. § 423 CA, der allerdings für alle windings-up gilt.
[225] *Nissan South Africa (Pty) Ltd v Marnitz NO and Others* 2005 (1) SA 441 (SCA), 446G-H. 5.31.
[226] *Meskin/Kunst*, 5.31.16.1., sowie insgesamt zu den einzelnen Anfechtungstatbeständen *id*, 5.31.
[227] Stattdessen *Loubser*, Judicial Management as a Business Rescue Procedure in South African Corporate Law (2004) 16 SA Merc LJ, 137–163.

Für natürliche Personen sieht der IA die Möglichkeit der Restschuldbefreiung *(discharge)* **67** als Bestandteil der Rehabilitierung *(rehabilitation)* vor, welche gleichzeitig auch das Insolvenzverfahren beendet.[228] Die *rehabilitation* tritt automatisch nach Ablauf von 10 Jahren ein, wenn zwischenzeitlich kein anderslautender Gerichtsbeschluss ergangen ist.[229] Die Frist beginnt mit der Eröffnung des vorläufigen Insolvenzverfahrens.[230]

Der Schuldner kann – nach rechtzeitiger Bekanntmachung dieser Absicht[231] – auch schon **68** vor Ablauf der 10-Jahresfrist beim zuständigen Gericht *rehabilitation* beantragen.[232] Der Antrag ist in Form einer eidesstattlichen Versicherung einzureichen, die umfangreiche Details über seine Vermögensentwicklung bis zum Tag des Antrags und seine Gläubiger enthält.[233] Das Gericht wird nach Eingang des Antrags einen Anhörungstermin bestimmen, zu dem der *Master* eine Stellungnahme abzuliefern hat und neben dem *Trustee*, den Gläubigern und sonstigen Personen mit berechtigtem Interesse Einwände gegen die *rehabilitation* vorbringen kann.[234] Das Gericht ist an diese Einwände jedoch nicht gebunden, sondern entscheidet nach eigenem pflichtgemäßen Ermessen unter Berücksichtigung des Verhaltens des Schuldners vor und während des Insolvenzverfahrens. Hierbei kann das Gericht die *rehabilitation* versagen, an bestimmte Bedingungen und Auflagen knüpfen oder die Entscheidung vertagen.[235]

10. Internationales Insolvenzrecht

10.1 Anerkennung ausländischer Verfahren in Südafrika

Nach südafrikanischer Rechtsdogmatik können Insolvenzverfahren zumindest hinsicht- **69** lich Immobiliarvermögen nur territoriale Wirkung entfalten.[236] Allerdings ist der Insolvenzverwalter verpflichtet, mit Unterstützung ausländischer Gerichte das ausländische Vermögen zur Masse zu ziehen.[237] Daher wird nach *common law*[238] auch die Eröffnung eines ausländischen Insolvenzverfahrens nicht anerkannt. Stattdessen gewähren südafrikanische Gerichte ausländischen Insolvenzverwaltern aus Einsicht in die Notwendigkeit internationalen Entgegenkommens *(comity of nations)* regelmäßig weitreichende Unterstützung bei der Ausführung ihrer Tätigkeit.[239]

Die Frage des „ob" und des „wie" der Unterstützung liegt im Ermessen der Gerichte. In **70** das Ermessen fließen insbesondere Zweckmäßigkeits- *(convenience)* und Gerechtigkeitserwägungen *(equity)* ein. Unterstützung wird grundsätzlich nur dann gewährt, wenn das Verfahren vom zuständigen Gericht am *domicile* des Schuldners eröffnet wurde,[240] was in der Regel dem ständigen Wohnsitz/Satzungssitz des Schuldners entspricht.[241] Gegenseitigkeit ist

---

[228] Vgl. § 129 IA.
[229] § 127 A (1) IA.
[230] *Grevler v Landsdown en 'n ander NNO* 1991 (3) SA 175 (T).
[231] Vgl. § 124 IA, im Einzelfall zwischen 3 und 6 Wochen vor Antragstellung in der Gazette (Internetadresse siehe oben, unter 1.).
[232] Vgl. § 124 (2)-(5). Normalerweise gelten Mindestwartezeiten zwischen 6 Monaten und 5 Jahren. Einigt sich der Schuldner mit seinen Gläubigern (statutory composition) über die Zahlung von mindestens 50 Prozent seiner Verbindlichkeiten, so kann er unmittelbar Antrag auf rehabilitation stellen.
[233] Vgl. § 126 S. 1 und S. 2 IA. Besonderheiten gelten bei einer statutory composition, vgl. §§ 124, 126 S. 3 IA.
[234] § 127 (1) IA.
[235] Zur Ausübung des Ermessens hat die Rechtsprechung umfangreiche Richtlinien entwickelt, siehe Zusammenfassung bei *Sharrock/van der Linde/Smith*, S. 198 ff., 19.2.5., mwN.
[236] Zur theoretischen Unterscheidung zwischen Mobiliar- und Immobiliarvermögen siehe unten, 10.2.
[237] Vgl. *Sackstein NO v Proudfoot SA* (Fn. 40), 358H-359F.
[238] Vgl. oben, 2.1.
[239] Vgl. *Ward v Smit* (Fn. 40), 179F-I.
[240] So bereits *In re Zeederberg* (1867) 5 Searle 307, 308. Vgl. auch *Greub v The Master and others* 1999 (1) SA 746 (C), 752F.
[241] Gem. § 1 (2) Domicile Act 3 of 1992 wird domicile grundsätzlich durch physische Präsenz und Willen zur unbestimmten Aufenthaltsdauer gebildet. Ein einmal begründetes domicile kann nicht mehr aufgegeben werden, ohne dass gleichzeitig ein neues begründet wurde. Im Einzelnen etwa *Forsyth,* S. 118 ff., mwN.

Südafrika

kein Erfordernis, allerdings kann der Nachweis, dass im Einzelfall keine äquivalente Unterstützung im jeweiligen Heimatland des Insolvenzverwalters gewährt würde, das Ermessen des Gerichts negativ beeinflussen.[242]

71 Die Idealsituation eines einheitlichen *concursus creditorum* ist zwar anerkannt, allerdings leidet die praktische Durchführung unter dem Protektionismus zugunsten lokaler Gläubiger. Häufig beschließt das Gericht zunächst eine *rule nisi,* mit der die lokalen Gläubiger über den Antrag des ausländischen Insolvenzverwalters informiert und aufgefordert werden, bis zum *return date* hierzu Stellung zu nehmen.[243] Danach ergeht eine sogenannte *recognition order* mit der Vorgabe der Anwendbarkeit zahlreicher Vorschriften des südafrikanischen Insolvenzrechts, was im Ergebnis der Anordnung eines inländischen Sekundärverfahrens nahekommt. Der Insolvenzverwalter hat ein südafrikanisches Bankkonto zu eröffnen und beim *Master* Sicherheit für die ordnungsgemäße Erfüllung seiner Pflichten zu hinterlegen. Nur den verbleibenden Erlös nach Befriedigung der in Südafrika angemeldeten Forderungen sowie aller örtlichen Verfahrenskosten einschließlich der Kosten des Anerkennungsverfahrens darf der Insolvenzverwalter ins Ausland transferieren.[244]

72 Durch die *recognition order* erwirbt der Insolvenzschuldner nach südafrikanischem Recht keinen Insolvenzstatus. Laufende lokale Zivil- und Insolvenzverfahren können jedoch auf Antrag unterbrochen werden.[245]

10.2 Anwendbares Recht

73 Obgleich nach Rechtsprechung und Schrifttum für bewegliches Vermögen *(movables)* der alte Glossatorengrundsatz *mobilia sequuntur personam*[246] gilt, hat sich dies in der internationalinsolvenzrechtlichen Praxis bisher kaum ausgewirkt.[247] Nach dieser Theorie müssten *movables* der *lex fori concursus* unterliegen, während für Immobiliarvermögen *(immovables)* stets das Recht am Belegenheitsort gilt.[248] In der Praxis gibt die *recognition order* allerdings weitgehend die Anwendbarkeit der lex fori vor.[249] Wohl auch deshalb haben insolvenzkollisionsrechtliche Fragestellungen in den bisher veröffentlichten Entscheidungen und im einschlägigen Schrifttum kaum eine Rolle gespielt. Denkbar wäre die Anwendbarkeit ausländischen Insolvenzrechts jedenfalls nach internationalprivatrechtlichen Grundsätzen etwa bei der Insolvenzanfechtung, wenn und soweit es mit der *recognition order* nicht kollidiert.

10.3 Cross-Border Insolvency Act 42 of 2000

74 In der Diskussion über die Übernahme des UNCITRAL Modellgesetzes wurde die Auffassung geäußert, dass damit lediglich bisheriges Recht in Gesetzesform gegossen würde.[250] *Prima facie* bringt der CBIA tatsächlich vor allem mehr Transparenz und Rechtssicherheit. Die bereits seit 200 Jahren übliche Anerkennung wird im Anwendungsbereich des CBIA nunmehr verbindlich,[251] wobei zukünftig ausländische Insolvenzverfahren als

---

[242] Vgl. *Re African Farms* Ltd 1906 TS 373, 392 f.

[243] Vgl. oben, 3.3.

[244] Recognition orders etwa in *Ex parte Steyn* 1979 (2) SA 309 (O), 311F-312E; *Moolman v Builders & Developers (Pty) Ltd* 1990 (1) SA 954 (AD), 957F-958E.

[245] In *Ward v Smit* (Fn. 40) lehnte es der Supreme Court of Appeal allerdings ab, das bereits laufende Insolvenzverfahren zugunsten der ausländischen Insolvenzverwalter aufzuheben, weil diese erst 8 Monate nach ihrer Bestellung und 6 Monate nach Eröffnung des südafrikanischen Verfahrens ihre Anerkennung beantragt hatten.

[246] „Mobilien folgen der Person (ihres Eigentümers)".

[247] Vgl. auch *Ex parte Palmer NO: In re Hahn* 1993 (3) SA 359, 362E-F; wonach es zwar theoretisch unnötig, praktisch aber Übung sei, dass ausländische Insolvenzverwalter auch dann eine recognition order beantragen müssen, wenn sie lediglich auf movables in Südafrika zugreifen wollen – obwohl ihnen dieses Recht anerkanntermaßen ja bereits auf Grund der lex fori concursus übertragen wurde.

[248] *Smith/Boraine* (Fn. 8), 178 f.

[249] Siehe oben, 10.a und Fn. 247.

[250] Kommentar der Society of Advocates of Natal, in: South African Law Commission, Project 63, Interim Report on Review of the Law of Insolvency: The Enactment in South Africa of UNCITRAL's Model Law on Cross-Border Insolvency, June 1999, 3.3.

[251] Vorbehaltlich – wie bisher – der public policy, vgl. § 6 CBIA.

solche anzuerkennen sind.[252] Genauso bleibt es bei der bisherigen Praxis einer weitgehenden Anwendbarkeit südafrikanischen Insolvenzsachrechts.[253] Der praktische Mehrwert der Vorschriften über die grenzüberschreitende Kooperation bei konkurrierenden Verfahren[254] wird sich erst noch zeigen müssen. Auf weitere Details muss hier auf Grund der gebotenen knappen Darstellung verzichtet werden.[255]

Mit Spannung bleibt abzuwarten, wie sich die internationale Rechtsprechung zur Auslegung des UNCITRAL Modellgesetzes und zur EuInsVO,[256] welche ein weitestgehend einheitliches Vokabular benutzen, auf die traditionell international rechtsvergleichende südafrikanische Rechtsprechung auswirken wird.[257]

---

[252] Vgl. Chapter 3 CBIA.
[253] Siehe etwa § 21 (4) CBIA, wonach das entsprechende Gericht anordnen muss, welche Vorschriften des südafrikanischen Rechts bezüglich der Verwaltung, Verwertung und Verteilung des Schuldnervermögens anzuwenden sind.
[254] Chapter 4 und 5 CBIA.
[255] Stattdessen etwa *Smith/Boraine* (Fn. 8), 186 ff.; *Olivier/Boraine,* Some aspects of international law in South African cross-border insolvency law, (2005) 38 CILSA 372–395.
[256] Man denke hier vor allem an Länder wie das Vereinigte Königreich, in denen sowohl das Modellgesetz als auch die EuInsVO gilt.
[257] § 8 CBIA schreibt ausdrücklich vor, dass bei der Auslegung dieses Gesetzes sein internationaler Ursprung, die Notwendigkeit seiner international einheitlichen Anwendung und der Gutglaubensschutz zu beachten ist.

Tschechische Republik

bearbeitet von *Dr. Ernst Giese* (Giese & Partner, v.o.s., Prag),
Michael Krüger (Staatsanwalt in Ansbach)

Übersicht

	RdNr.		RdNr.
1. Schrifttum	1	4.2 Gläubigerversammlungen	32
2. Einführung	2	4.3 Verwaltung und Verwertung der Insolvenzmasse	39
2.1 Gesetzlicher Rahmen	2		
2.2 Verfahrenstypen	5	4.4 Verteilung an die Gläubiger	44
3. Eröffnung des Verfahrens	9	5. Gläubiger	47
3.1 Eröffnungsgründe	9	5.1 Aussonderungsberechtigte Gläubiger	47
3.1.1 Zahlungsunfähigkeit („platební neschopnost") des Schuldners	10	5.2 Gesicherte Gläubiger	50
		5.3 Massegläubiger	54
3.1.2 Überschuldung („předlužení") des Schuldners	13	5.4 Gläubiger, die Massegläubigern gleichgestellt sind	56
3.1.3 Drohender Vermögensverfall („hrozící úpadek") des Schuldners	14	5.5 Bevorzugte und übrige Gläubiger	57
		5.6 Nachrangige Gläubiger	58
3.2 Schuldner	15	6. Abwicklung nicht vollständig erfüllter Verträge	59
3.3 Zulässige Sicherungsmaßnahmen vor Verfahrenseröffnung	18	7. Aufrechnung	63
3.4 Wirkungen der Verfahrenseröffnung	20	8. Insolvenzanfechtung	64
4. Verlauf des Verfahrens	26	9. Reorganisationsverfahren	68
4.1 Anmeldung der Forderung durch die Gläubiger	26	10. Internationales Insolvenzrecht	75

1. Schrifttum: Zum alten Recht: *Kotoučová*, Zákon o konkurzu a vyrovnání, komentář, Prag 2002; **1**
Zelenka/Maršíková, Zákon o konkurzu a vyrovnání s komentářem, 2. Auflage, Prag 2002; *Zoulík*, Zákon o konkurzu a vyrovnání, komentář, 3. Auflage, Prag 1998.

Zum neuen Recht: *Alfery-Hrdina*, Neues Insolvenzrecht tritt am 1. Juli in Kraft, plus 2006, 17 f.; Regierung der Tschechischen Republik, Důvodová zpráva k návrhu zákona o úpadku a způsobech jeho řešení (insolvenění zákon), PSP tisk 1120/0, 1192/0; *Sedláčková/Keller*, Tschechien: Insolvenzgesetz, WiRO 2006, S. 342 ff., 373 ff., 2007, 19 ff., 54 ff.

Öffentlich zugängliche Informationsquellen: Allgemeines Portal der tschechischen Justiz:
– http://www.justice.cz
Einsicht in das Handelsregister („obchodní rejstřík") in welches u. a. der Insolvenzverwalter und gerichtliche Entscheidungen im Insolvenzverfahren eingetragen werden, ist bei den Kreisgerichten möglich – alternativ im Internet:
– http://www.justice.cz/or/
Aktuelle Eintragungen werden auch veröffentlicht im Handelsanzeiger („obchodní věstník"), zugänglich auch im Internet:
– http://portal.gov.cz/wps/portal/_s.155/2803
Ab dem 1. Januar 2008 soll auch das neu einzuführende, beim tschechischen Justizministerium geführte Insolvenzregister einsehbar sein (s. unten, 2.2).

2. Einführung

2.1 Gesetzlicher Rahmen

Das tschechische Insolvenzrecht wird durch das am 1. Januar 2008 in Kraft tretende **2** „Zákon o úpadku a způsobech jeho řešení (insolvenční zákon)", d. h. Gesetz über den Vermögensverfall und dessen Lösungswege, kurz: Insolvenzgesetz[1] völlig neu geregelt. Es nimmt neue insolvenzrechtliche Entwicklungen in Europa und Übersee auf und löst das bis

---

[1] Gesetz vom 30. März 2006, nachfolgend nur: IZ, veröffentlicht unter Nr. 182/2006 Sb. (tschechisches Gesetzblatt).

dahin geltende „Zákon o konkurzu a vyrovnání", d. h. Konkurs- und Vergleichsgesetz[2] ab. Dieses wurde bereits im Jahre 1991 erlassen, seitdem 29 mal angepasst und sieht mittlerweile ein hochkompliziertes, kaum noch zu überblickendes Verfahren vor. Das alte Konkurs- und Vergleichsgesetz (letzte Änderung vom 21. April 2006[3]) ist allerdings noch für sämtliche Verfahren anzuwenden, die vor Inkrafttreten des neuen Insolvenzgesetzes eröffnet werden.[4] Zu bemerken ist, dass das Inkrafttreten des neuen Insolvenzgesetzes ursprünglich für den 1. Juli 2007 geplant war, nach dem Regierungswechsel vom Januar 2007 jedoch um ein halbes Jahr verschoben wurde, da das Justizministerium noch mehr Zeitbedarf angemeldet hat, um das für die Novelle wesentliche Insolvenzregister (s. unten, 2.2) vorzubereiten.

3   Ergänzend wird das neue Insolvenzgesetz durch das ebenfalls neue „Zákon o insolvenčních správcích", d. h. Gesetz über Insolvenzverwalter, flankiert.[5]

4   Sonderfragen zum Insolvenzrecht bleiben weiterhin in anderen Gesetzen geregelt, etwa zum Insolvenzstrafrecht,[6] zum internationalen Insolvenzrecht[7] oder handels- und steuerrechtliche Fragen.[8]

2.2 Verfahrenstypen

5   Mit dem neuen Insolvenzgesetz wird das Insolvenzverfahren vereinheitlicht. Nach dem gegenwärtig noch geltenden Konkurs- und Vergleichsgesetz kommen zwei selbständige Verfahren in Betracht: das dem Ziel der Liquidation dienende Konkursverfahren („konkurs")[9] sowie das auf dem Sanierungsprinzip beruhende Vergleichsverfahren („vyrovnání").[10] Das Vergleichsverfahren hat sich jedoch als sehr kompliziert herausgestellt und wurde daher in der Praxis kaum verwendet.

6   Das neue Insolvenzgesetz geht demgegenüber von einem einheitlichen Insolvenzverfahren aus, das jedoch in zwei Phasen eingeteilt ist. In der ersten Phase, dem Eröffnungsverfahren („zahájení řízení"), das auf Grund des Insolvenzantrags eingeleitet wird[11] ist festzustellen, ob überhaupt ein Eröffnungsgrund vorliegt. Liegt ein solcher vor, wird mit der Entscheidung über den Vermögensverfall („rozhodnutí o úpadku") das Insolvenzverfahren eröffnet, innerhalb dessen sodann drei verschiedene „Wege zur Lösung des Vermögensverfalls" („způsoby řešení úpadku") in Betracht kommen: Neben dem klassischen Liquidationskonkurs („konkurs")[12] sind dies die Lösungswege der Reorganisation („reorganizace")[13] und der Restschuldbefreiung („oddlužení").[14]

7   Besondere Regelungen wurden für den Vermögensverfall von sog. „Finanzinstitutionen" („finanční instituce"), d. h. insbesondere Kreditinstituten und Versicherungen, eingeführt.

---

[2] Gesetz vom 11. Juli 1991, nachfolgend nur: ZKV, veröffentlicht unter Nr. 328/1991 Sb.

[3] „Zákon, kterým se mění některé zákony v souvislosti s přijetím zákoníku práce", übersetzt: Gesetz zur Änderung einiger Gesetze im Zusammenhang mit der Verabschiedung des Arbeitsgesetzbuches, vom 21. April 2006, veröffentlicht unter Nr. 264/2006 Sb.

[4] § 432 IZ.

[5] Gesetz vom 23. Mai 2006, veröffentlicht unter Nr. 312/2006 Sb.

[6] „Trestní zákon", übersetzt: Strafgesetz, vom 29. November 1961, veröffentlicht unter Nr. 140/1961 Sb., hier: § 129 zur Verletzung von Pflichten im Insolvenzverfahren und § 256 b zur Behinderung des Konkursverfahrens.

[7] Verordnung (EG) Nr. 1346/2000 des Rates vom 29. Mai 2000 über Insolvenzverfahren (EuInsVO), ABl. L 160 vom 30. 6. 2000, S. 1–18. Tschechische Kollisionsregeln in „Zákon o mezinárodním právu soukromém a procesním", übersetzt: Gesetz über das Internationale Privatrecht, vom 4. Dezember 1963, veröffentlicht unter Nr. 97/1963 Sb., hier §§ 11 a–11 e: Kollisionsregeln für an einem Zahlungssystem der Tschechischen Nationalbank oder an einem Auseinandersetzungssystem teilnehmende Personen sowie für die Insolvenz von Kreditinstituten oder Versicherungen.

[8] Insbesondere „Obchodní zákoník", übersetzt: Handelsgesetzbuch, vom 5. November 1991, veröffentlicht unter Nr. 513/1991 Sb.

[9] §§ 4–45 ZKV.

[10] §§ 46–66 ZKV.

[11] § 97 Abs. 1 IZ.

[12] §§ 244–315 IZ.

[13] §§ 316–364 IZ.

[14] §§ 389–418 IZ.

Der dritte Teil beinhaltet neben gemeinsamen Vorschriften ferner Bestimmungen über 8
das neu eingeführte Insolvenzregister („insolvenční rejstřík"): Dieses wird öffentlich zugänglich sein und ein Verzeichnis der Insolvenzverwalter, der Schuldner sowie Auszüge aus Insolvenzakten enthalten. Ferner werden dort Entscheidungen der Insolvenzgerichte im Insolvenzverfahren und in Inzidentstreitigkeiten veröffentlicht. Die Eintragungen in das Register werden jedoch keine konstitutive Wirkung haben, sondern Informationszwecken dienen.[15]

3. Eröffnung des Verfahrens

3.1 Eröffnungsgründe

Das Insolvenzverfahren wird eröffnet, wenn sich der Schuldner im Vermögensverfall 9
(„úpadek") befindet oder Vermögensverfall droht („hrozící úpadek"). Im Einzelnen sieht das neue Insolvenzgesetz dazu drei Eröffnungsgründe vor.

3.1.1 Zahlungsunfähigkeit („platební neschopnost") des Schuldners

Diese ist gegeben, wenn der Schuldner Geldverbindlichkeiten gegenüber mehreren ver- 10
schiedenen Gläubigern hat, die bereits seit mehr als 30 Tagen fällig sind, und er nicht fähig ist, diese zu erfüllen.[16] Das neue Insolvenzgesetz nennt nunmehr Beispiele, in denen von Zahlungsunfähigkeit auszugehen ist.[17] Diese sind stärker ausdifferenziert als noch nach dem Konkurs- und Vergleichsgesetz, das von Zahlungsunfähigkeit ausgeht, wenn der Schuldner seine Zahlungen eingestellt hat.[18]

Die genannte 30-Tage-Frist stellt eine Neuerung gegenüber der bisherigen Regelung zur 11
Erhöhung der Rechtssicherheit dar. Die bisherige Regelung stellt noch auf Forderungen ab, die der Schuldner „über einen längeren Zeitraum" („po delší dobu") nicht fähig ist zu erfüllen. Darüber, wann das Tatbestandsmerkmal „über einen längeren Zeitraum" erfüllt ist, kam es regelmäßig zu Streitigkeiten. Diese Klarstellung ist insbesondere deswegen von Bedeutung, da die Pflicht des Schuldners, unverzüglich Insolvenzantrag zu stellen, an dessen Kenntnis vom Vermögensverfall anknüpft und der Schuldner bei Verletzung dieser Pflicht den Gläubigern zum Schadensersatz verpflichtet ist.[19] Diese Pflichten gelten entsprechend für gesetzliche Vertreter des Schuldners, sein Verwaltungsorgan und bei juristischen Personen auch deren Liquidator.[20]

Zu beachten ist, dass für das Tatbestandsmerkmal „mehrerer" Gläubiger solche Gläubiger 12
außer Betracht bleiben, an die Forderungen des Antragstellers gegenüber dem Schuldner (oder Teile davon) innerhalb von sechs Monaten vor Stellung des Antrages oder nach Eröffnung des Insolvenzverfahrens abgetreten wurden.[21] Damit soll verhindert werden, dass die gesetzlichen Anforderungen an den Eröffnungsgrund der Zahlungsunfähigkeit durch Aufspaltung der betreffenden Forderungen und künstliche Schaffung einer Gläubigermehrheit umgangen werden.

3.1.2 Überschuldung („předlužení") des Schuldners

Nach altem wie auch nach neuem Recht stellt ferner die Überschuldung bei juristischen 13
Personen sowie bei natürlichen Personen, die Unternehmer sind („fyzická osoba – podnikatel"), einen Unterfall des Vermögensverfalls und somit einen Eröffnungsgrund dar.[22] Überschuldung in diesem Sinne liegt vor, wenn der Schuldner mehrere Gläubiger hat und die Summe seiner Verbindlichkeiten den Wert seines Vermögens übersteigt. Nach neuem Recht

---

[15] §§ 419 ff. IZ.
[16] § 3 Abs. 1 IZ.
[17] § 3 Abs. 2 IZ, z. B. die Nichterfüllung innerhalb von drei Monaten nach Fälligkeit.
[18] § 1 Abs. 2 ZKV.
[19] §§ 98, 99 IZ.
[20] § 98 Abs. 2 IZ.
[21] § 143 Abs. 2 IZ.
[22] § 3 Abs. 3 IZ bzw. § 1 Abs. 3 ZKV.

wird jedoch anders als bislang bei der Feststellung der Überschuldung nicht nur auf die *fälligen* Verbindlichkeiten, die das Vermögen des Schuldners übersteigen, abgestellt, sondern auf die *Gesamtheit aller* Verbindlichkeiten.[23] Bei der Vermögensbewertung ist die Fortführung des Unternehmens zugrunde zu legen, wenn diese nach den Umständen überwiegend wahrscheinlich ist. Hervorzuheben ist, dass anders als im deutschen Recht[24] der Eröffnungsgrund der Überschuldung nicht nur für juristische Personen, sondern auch für natürliche Personen, die Unternehmer sind, Anwendung finden kann. Die Überschuldung kommt somit bei allen Personen, die buchführungspflichtig sind, als Eröffnungsgrund in Betracht.

3.1.3 Drohender Vermögensverfall („hrozící úpadek") des Schuldners

14   Neu ist die Einführung des „drohenden Vermögensverfalls" als Eröffnungsgrund. Dieser ist gegeben, wenn unter Berücksichtigung aller Umstände Grund zu der Annahme besteht, dass der Schuldner nicht fähig sein wird, einen wesentlichen Teil seiner Verbindlichkeiten ordnungsgemäß und rechtzeitig zu erfüllen.[25] Da das Gesetz jedoch davon ausgeht, dass nur der Schuldner dies zutreffend beurteilen kann, steht das Recht, auf Grund „drohender Zahlungsunfähigkeit" Insolvenzantrag zu stellen, allein ihm zu.[26]

3.2 Schuldner

15   Schuldner im Insolvenzverfahren können natürliche wie auch juristische Personen sein. Sowohl das alte Konkurs- und Vergleichsgesetz als auch das neue Insolvenzgesetz unterscheiden darüber hinaus zwischen natürlichen Personen, die Unternehmer sind („fyzická osoba – podnikatel") und solchen natürlichen Personen, die nicht Unternehmer sind („fyzická osoba, která není podnikatelem").

16   So kommt für eine natürliche Person, die nicht Unternehmer ist, insbesondere der Eröffnungsgrund der Überschuldung (s. oben, 3.1.2) nicht in Betracht. Demgegenüber wird für diesen Schuldnertypus, sofern für ihn der Lösungsweg des Konkurses gewählt wurde, das vereinfachte Verfahren des sog. „geringfügigen Konkurses" („nepatrný konkurs")[27] angewandt, ohne dass, anders als bei sonstigen Schuldnern, ein besonders geringer Umsatz oder Mitarbeiterbestand geprüft werden muss.[28]

17   Ferner kann für einen Schuldner, der nicht Unternehmer ist, der „Lösungsweg" der Restschuldbefreiung („oddlužení")[29] gewählt werden.[30]

3.3 Zulässige Sicherungsmaßnahmen vor Verfahrenseröffnung

18   Das Gericht kann dem Schuldner durch einstweilige Anordnung die Verfügung über Sachen oder Rechte verbieten sowie ihn zu sonstigen Handlungen, Duldungen oder Unterlassungen verpflichten. Für diesen Fall sowie zur Feststellung und Sicherung der Vermögensmasse kann das Gericht dem Schuldner einen vorläufigen Verwalter bestellen und ggf. Verfügungen unter der Bedingung der Zustimmung des vorläufigen Verwalters zulassen.[31]

19   Wird im Verlaufe des Verfahrens erkennbar, dass ein Gläubiger infolge der Verletzung der Pflicht zur Stellung des Insolvenzantrages einen Schaden oder anderen Nachteil erlitten hat, kann das Insolvenzgericht auf Antrag des Gläubigers vorläufige Maßnahmen anordnen, auf Grund derer der Verpflichtete bei Gericht einen angemessenen Geldbetrag zu hinterlegen hat.[32]

---

[23] § 3 Abs. 3 IZ; durch eine technische Novellierung soll der Text allerdings so geändert werden, dass wie früher nur die fälligen Verbindlichkeiten zu berücksichtigen sind.
[24] § 19 Abs. 1 InsO.
[25] § 3 Abs. 4 IZ.
[26] § 97 Abs. 2 InsG.
[27] §§ 314 f. IZ.
[28] § 314 Abs. 1 lit. A IZ.
[29] §§ 389–418 IZ.
[30] § 389 Abs. 1 IZ.
[31] §§ 112, 113 IZ i. V. m. § 76 Abs. 1 lit. e, f Občanský soudní řád, übersetzt: tschechische Zivilprozessordnung, nachfolgend nur: OSŘ, vom 4. Dezember 1963, veröffentlicht unter Nr. 99/1963 Sb.
[32] § 100 Abs. 1 IZ.

3.4 Wirkungen der Verfahrenseröffnung

Nach dem bisherigen Konkurs- und Vergleichsgesetz geht die Befugnis des Schuldners, über die Konkursmasse zu verfügen, mit Konkurseröffnung auf den Konkursverwalter über; Ansprüche gegen die Vermögensmasse können nur diesem gegenüber geltend gemacht werden.[33]

Nach dem neuen Insolvenzgesetz dagegen kommt eine große Bedeutung bereits dem Zeitpunkt der wirksamen Einleitung des Eröffnungsverfahrens („zahájení řízení") zu, die spätestens zwei Stunden nach Eingang des Insolvenzantrags durch Bekanntmachung zu verkünden ist:[34]

Forderungen und sonstige das Vermögen des Schuldners betreffende Rechte dürfen nicht mehr im Wege einer Klage geltend gemacht werden und eine Zwangsvollstreckung zwar angeordnet, nicht aber durchgeführt werden. Sicherheiten können nur noch unter den gesetzlich bestimmten Bedingungen befriedigt oder bestellt werden.[35]

Ferner verliert der Schuldner, falls das Insolvenzgericht nichts Abweichendes bestimmt, bereits zu diesem Zeitpunkt die Befugnis zur Verfügung über die Insolvenzmasse sowie über sämtliches weitere Vermögen, das in die Insolvenzmasse gehören kann, soweit es dadurch zu wesentlichen Änderungen in der Struktur, Verwendung, Bestimmung oder nicht unerheblicher Verminderung dieses Vermögens kommen kann. Zu Rechtsgeschäften, die zur gewöhnlichen Geschäftsführung sowie zur Abwendung drohender Schäden erforderlich sind, bleibt er einstweilen befugt.[36]

Mit Eröffnung des Insolvenzverfahrens durch die Feststellung des Vermögensverfalls schließlich geht die Vermögensbefugnis bezüglich der Insolvenzmasse in dem Umfang, in dem sie dem Schuldner verwehrt ist, auf den Insolvenzverwalter über.[37]

Der Schuldner kann jedoch die Verkündung eines maximal dreimonatigen Moratoriums beantragen, während dessen die gerichtliche Feststellung des Vermögensverfalls nicht erfolgt. Der Schuldner ist in dieser Zeit berechtigt, die mit der Fortführung des Unternehmens zusammenhängenden laufenden Verbindlichkeiten vorrangig zu erfüllen. Die Regelung verfolgt den Zweck, dem Schuldner die Chance zu geben, die drohende Zahlungsunfähigkeit aus eigener Kraft abzuwenden.[38]

4. Verlauf des Verfahrens

4.1 Anmeldung der Forderung durch die Gläubiger

Anders als nach altem Recht, nach dem die Forderungen erst ab Eröffnung des Insolvenzverfahrens angemeldet werden konnten,[39] sind Gläubiger des Schuldners nach dem neuen Insolvenzgesetz bereits ab Einleitung des Eröffnungsverfahrens berechtigt, ihre Forderungen anzumelden. Anmeldungen sind sodann bis zum Ablauf der durch den Beschluss über die Feststellung des Vermögensverfalls festgesetzten Anmeldefrist zulässig. Verspätet angemeldete Forderungen werden nicht mehr berücksichtigt. Dies betrifft alle Forderungen, auch gesicherte, noch nicht fällige oder bedingte Forderungen.[40]

Die Anmeldung muss in einem Formblatt in zweifacher Ausfertigung beim Insolvenzgericht (nicht beim Insolvenzverwalter) eingereicht werden. Zuständig ist grundsätzlich das Bezirksgericht („krajský soud") am Sitz des Schuldners.[41] Anmeldungen bei einem unzuständigen Gericht werden zwar an das zuständige Gericht weitergeleitet, dürfen aber erst dann berücksichtigt werden, wenn sie bei dem zuständigen Gericht eingehen.[42]

---

[33] § 14 Abs. 1 ZKV.
[34] § 101 Abs. 1 IZ.
[35] § 109 Abs. 1 IZ.
[36] § 111 IZ.
[37] §§ 140 Abs. 1 Satz 3, 229, 246 Abs. 1 IZ bzw. § 14 Abs. 1 lit. a ZKV.
[38] §§ 115–127 IZ.
[39] § 20 Abs. 1 ZKV.
[40] §§ 110 Abs. 1, 173 IZ.
[41] §§ 9 Abs. 3 lit. s, 84, 85 OSŘ.
[42] §§ 173 Abs. 2, 174 Abs. 1 IZ.

Tschechische Republik 28–36

28 In inhaltlicher Hinsicht müssen wie auch nach altem Recht der Rechtsgrund der Forderung bzw. die ihm zugrundeliegenden Tatsachen sowie die Höhe der Forderung angegeben werden. Forderungen, die nicht in der aktuellen tschechischen Währung bemessen sind, müssen zu dem von der Tschechischen Nationalbank für den Tag der Einleitung des Verfahrens (bzw. ggf. früherer Termin der Fälligkeit) bekannt gegebenen Wechselkurs in die tschechische Währung umgerechnet werden. Andere Forderungen als Geldforderungen sind mit ihrem Wert anzugeben.[43]

29 Bei gesicherten Forderungen sind zudem die entsprechenden Belege sowie eine Erklärung, ob Befriedigung aus der Sicherheit begehrt wird, beizufügen. Für titulierte Forderungen sind ferner die Tatsachen, die ihrer Vollstreckbarkeit zugrunde liegen, zu nennen.[44]

30 Vor dem Insolvenzgericht findet dann auch der Prüfungstermin („přezkumné jednání") statt. Sowohl der Insolvenzverwalter als auch der Schuldner können angemeldete Forderungen bestreiten („popírat"). Die Befugnis auch der Gläubiger zum Bestreiten von Forderungen nach dem bisherigen Konkurs- und Vergleichsgesetz[45] wurde in das neue Insolvenzgesetz nicht übernommen.[46]

31 Falls der Insolvenzverwalter eine vollstreckbare Forderung bestritten hat, ist er verpflichtet, innerhalb einer Frist von 30 Tagen nach dem Überprüfungstermin eine entsprechende Klage beim zuständigen Gericht einzureichen.[47] Der Gläubiger einer nicht vollstreckbaren bestrittenen Forderung kann innerhalb derselben Frist, jedoch noch vor Ablauf von 15 Tagen seit Zustellung der Bestreitensmitteilung gegen das Bestreiten im Wege der Feststellungsklage vorgehen.[48]

4.2 Gläubigerversammlungen

32 Mit dem neuen Insolvenzgesetz wird insbesondere das Ziel verfolgt, die nach dem alten Konkurs und Vergleichsgesetz sehr schwache Stellung der Gläubiger im Verfahren zu stärken.

33 Das alte wie auch das neue Recht kennen als Gläubigerorgane die Gläubigerversammlung („schůze věřitelů") und den Gläubigerausschuss („věřitelský výbor").

34 Die Gläubigerversammlung wird ausschließlich durch das Insolvenzgericht einberufen. Die Einberufung steht grundsätzlich im Ermessen des Gerichts, kann nach neuem Recht nun aber auch durch Antrag des Gläubigerausschusses oder zweier Gläubiger, deren Forderungen insgesamt ein Zehntel aller angemeldeten Forderungen ausmachen, innerhalb von 30 Tagen erzwungen werden.[49]

35 Ein Gläubigerausschuss ist einzurichten, wenn es mehr als 50 angemeldete Gläubiger gibt.[50]

36 Über diese Organe haben die Gläubiger nunmehr direkten Einfluss u. a. auf die Auswahl unter den drei o. g. „Lösungswegen". Bisher liegt es allein in der Hand des Schuldners, ob es zu einem Konkurs- oder zu einem Vergleichsverfahren kommt. Nach neuem Recht dagegen kann das Gericht erst nach Einberufung der Gläubigerversammlung über die Art der Lösung des Vermögensverfalles entscheiden.[51] Fasst die Gläubigerversammlung einen Beschluss über den Lösungsweg, so hat sich das Gericht grundsätzlich danach zu richten.[52] Legt der Schuldner gleichzeitig mit dem Insolvenzantrag bereits einen Reorganisationsplan (siehe dazu unten, 9.) vor, so kann das Gericht schon vor Einberufung der Gläubigerversammlung zusammen mit der Entscheidung über den Vermögensverfall über diesen Lösungsweg ent-

---

[43] §§ 174 Abs. 2, 175 IZ.
[44] § 174 Abs. 3, 4.
[45] § 23 Abs. 1 ZKV.
[46] §§ 190 Abs. 1, 192 Abs. 1 IZ.
[47] § 199 Abs. 1 IZ.
[48] § 198 Abs. 1 IZ.
[49] § 47 Abs. 1 IZ.
[50] § 56 IZ.
[51] § 149 Abs. 1 IZ.
[52] § 152 IZ.

scheiden. Die Einflussnahme der Gläubiger wird dann aber dadurch sichergestellt, dass der Reorganisationsplan von allen Gläubigern genehmigt werden muss.[53]

Darüber hinaus können die Gläubigerorgane den vom Gericht bestimmten Insolvenzverwalter abberufen und einen neuen bestimmen – eine Entscheidung, die jedoch vom Insolvenzgericht bestätigt werden muss.[54]

Der Gläubigerausschuss überwacht ferner u. a. die Tätigkeit des Insolvenzverwalters, insbesondere dessen Entscheidung über die Art der Verwertung der Insolvenzmasse bedarf der Zustimmung des Gläubigerausschusses.[55]

4.3 Verwaltung und Verwertung der Insolvenzmasse

Die Insolvenzmasse kann im Wege
– der öffentlichen Versteigerung nach Sondergesetzen
– des Verkaufs beweglicher oder unbeweglicher Sachen nach den Vorschriften über die Zwangsvollstreckung
– des freihändigen Verkaufs außerhalb einer Versteigerung

verwertet werden. Über die Art der Verwertung entscheidet der Insolvenzverwalter im Einvernehmen mit dem Gläubigerausschuss.[56]

Die öffentliche Versteigerung nimmt der Versteigerer auf Antrag des Insolvenzverwalters vor. Der Vertrag auf Durchführung der Versteigerung entfaltet jedoch erst dann rechtliche Wirkungen, wenn ihm der Gläubigerausschuss zustimmt.[57]

Die Veräußerung von beweglichen und unbeweglichen Sachen obliegt dem für Zwangsvollstreckungen zuständigen Kreisgericht am allgemeinen Gerichtsstand (am Sitz bzw. Wohnsitz) des Schuldners, das auf Antrag des Insolvenzverwalters tätig wird.[58]

Den freihändigen Verkauf kann der Insolvenzverwalter im Einvernehmen mit dem Insolvenzgericht und dem Gläubigerausschuss vornehmen, wobei das Insolvenzgericht jedoch Bedingungen für die Durchführung stellen kann.[59]

Für den Fall der Verwertung des Unternehmens des Schuldners sieht das Gesetz eine besondere Verwertungsweise vor: der Insolvenzverwalter kann das Unternehmen im Einvernehmen mit dem Insolvenzgericht und dem Gläubigerausschuss durch einen einzigen Vertrag verwerten.[60]

4.4 Verteilung an die Gläubiger

Nach Abschluss der Verwertung legt der Insolvenzverwalter dem Insolvenzgericht einen Abschlussbericht („konečná zpráva") vor, der einen Überblick über die bereits befriedigten und die noch zu befriedigenden Masseforderungen bzw. ihnen gleichgestellten Forderungen, ferner über getätigte Ausgaben, Ergebnisse der Verwertung u. a. enthält.[61]

Nach Rechtskraft der gerichtlichen Billigung des Abschlussberichts legt der Insolvenzverwalter dem Gericht einen Vorschlag für die Verteilung („rozvrh") vor, in dem er aufführt, in welcher Höhe die einzelnen Forderungen an der Verteilung partizipieren sollen.[62]

Das Gericht prüft die sachliche Berechtigung des Vorschlags und erlässt daraufhin einen Verteilungsbeschluss, in welchem er auch eine Frist für dessen Erfüllung bestimmt, die jedoch nicht mehr als zwei Monate betragen darf.[63]

---

[53] § 152 IZ.
[54] §§ 28, 29 IZ.
[55] §§ 286 Abs. 2, 287 Abs. 2, 288 Abs. 2, 289 Abs. 1, 290 Abs. 2 IZ.
[56] § 286 Abs. 1, 2 IZ.
[57] § 287 Abs. 2 IZ.
[58] § 288 IZ i. V. m. §§ 252 Abs. 1 OSŘ.
[59] § 289 Abs. 1 IZ.
[60] § 290 IZ.
[61] § 302 IZ. Entsprechend bisher auch § 29 Abs. 1 ZKV.
[62] § 306 Abs. 1 IZ. Entsprechend, allerdings ohne die Zweimonatsfrist bisher auch § 30 Abs. 1 ZKV.
[63] §§ 306 Abs. 2, 307 Abs. 2 IZ.

5. Gläubiger

5.1 Aussonderungsberechtigte Gläubiger

47 Wer auf Grund eines dinglichen oder persönlichen Rechts geltend machen kann, dass ein Gegenstand nicht zur Konkursmasse gehört, kann innerhalb von 30 Tagen nach Benachrichtigung über die vom Insolvenzverwalter aufzustellende Vermögensübersicht („soupis majetkové podstaty") im Klagewege den Ausschluss („vyloučení") des Gegenstands aus der Masse bei der Verteilung („rozvrh") der Konkursmasse verlangen.[64]

48 Schwieriger stellt sich dies jedoch für Sicherungseigentümer (siehe dazu sogleich, 5.2) und Vorbehaltseigentümer dar. Nach dem alten Konkurs- und Vergleichsgesetz konnte ein Vorbehaltseigentümer von dem zugrunde liegenden Vertrag zum Zeitpunkt der Konkurseröffnung zurückzutreten und sodann nach allgemeinen Regeln einen Anspruch auf Rückgewähr des geleisteten Gegenstands geltend machen.[65]

49 Nach neuem Recht hingegen kann der Verkäufer die Rückgabe der Sache nicht verlangen, sofern der Insolvenzverwalter ohne unnötige Verzögerung („bez zbytečného odkladu") die vertragliche Verpflichtung des Schuldners als Käufer erfüllt.[66]

5.2 Gesicherte Gläubiger

50 Im Übrigen haben Gläubiger, die durch ein Pfandrecht, Zurückbehaltungsrecht, eine noch wirksame Immobiliarverfügungsbeschränkung,[67] eine Sicherungsübereignung oder sicherungsweise Abtretung von Forderungen oder ähnlichen, in ausländischen Rechtsordnungen vorgesehenen Rechten gesichert sind, lediglich ein Recht auf abgesonderte Befriedigung aus dem Sicherungsgegenstand.[68]

51 Nach dem alten Konkurs- und Vergleichsgesetz ist das Recht dieser Gläubiger auf abgesonderte Befriedigung grundsätzlich auf eine Befriedigung in Höhe bis zu 70 Prozent des Erlöses aus der Verwertung des Sicherungsgegenstandes begrenzt.[69]

52 Das neue Insolvenzgesetz dagegen gewährt den gesicherten Gläubigern die 100%-ige abgesonderte Befriedigung aus dem Sicherungsgegenstand, wovon allerdings bis zu 5 Prozent des Erlöses für die Verwertungskosten und bis zu 4 Prozent des Erlöses für die Verwaltungskosten abgezogen werden können.[70]

53 Die Befriedigung der gesicherten Gläubiger erfolgt nach dem Prioritätsprinzip nach der Reihenfolge, in der die Sicherheiten entstanden sind, sofern die Sicherungsnehmer nichts Abweichendes vereinbaren. Die Sicherheit geht mit Verwertung des Sicherungsgegenstandes unter.[71]

5.3 Massegläubiger

54 Massegläubiger sind Gläubiger, deren Anspruch grundsätzlich voll aus der Insolvenzmasse zu befriedigen ist. Massegläubiger müssen ihre Forderung nicht förmlich im Insolvenzverfahren anmelden, vielmehr können diese nach der gerichtlichen Entscheidung über den Vermögensverfall direkt geltend gemacht und jederzeit und in voller Höhe befriedigt werden. Dies betrifft insbesondere Aufwendungsersatz- und Vergütungsansprüche eines vorläufigen oder ordentlichen Insolvenzverwalters oder Gutachters zur Bewertung von Massegegenständen.[72]

---

[64] § 225 IZ bzw. §§ 19 Abs. 2, 31 ZKV.
[65] § 14 Abs. 4 ZKV.
[66] § 260 Abs. 2 IZ.
[67] Die zugrundeliegende Regelung der §§ 58 ff. des „Občanský zákoník", übersetzt: Bürgerliches Gesetzbuch vom 26. Februar 1964, veröffentlicht unter Nr. 40/1964 Sb., nachfolgend nur: ObčZ, Stand bis 31. 12. 1991, wurde inzwischen abgeschafft. Betroffen sind hier Altfälle, die noch dingliche Wirkung entfalten, vgl. § 874 des Občanský zákoník, Stand zum 7. März 2007.
[68] §§ 2 lit. g, 298 Abs. 1 IZ.
[69] § 28 Abs. 1, 4 ZKV.
[70] § 167 Abs. 1, 298 IZ.
[71] § 299 Abs. 1, 2 IZ.
[72] §§ 168, 305 Abs. 1 IZ.

5.4 Gläubiger, die Massegläubigern gleichgestellt sind

Von großer Bedeutung sind in Zukunft auch die sog. „Forderungen, die Masseforderungen gleichgestellt sind". Hierzu zählen vor allem arbeitsrechtliche Ansprüche von Mitarbeitern des Schuldners, die innerhalb der Letzten drei Jahre vor der Entscheidung über den Vermögensverfall oder nach dieser Entscheidung entstanden sind und auch öffentliche Abgaben- und Sozialversicherungsansprüche, die damit gegenüber übrigen Gläubigern privilegiert werden.[73]

5.5 Bevorzugte und übrige Gläubiger

Reicht der Erlös aus der Verwertung der Insolvenzmasse nicht zur Befriedigung aller Forderungen aus, werden bevorzugt zunächst folgende Forderungen in folgender Reihenfolge befriedigt:[74]
(1) Forderungen des Insolvenzverwalters (Auslagen, Vergütung),
(2) Kosten, die auf Grund der Bewertung des Massevermögens entstanden sind
(3) Darlehensfinanzierungskosten.
(4) Verbindlichkeiten aus der Erhaltung und Verwaltung der Insolvenzmasse,
(5) gesetzliche Unterhaltsansprüche
Übrige Forderungen werden verhältnismäßig befriedigt.

5.6 Nachrangige Gläubiger

Nachrangig sind Forderungen von Gesellschaftern oder Genossenschaftern sowie Forderungen, die aus einem schriftlichen Vertrag hervorgehen, in dem sich die Parteien für den Fall des Vermögensverfalls oder der Liquidation des Schuldners auf die Nachrangigkeit der betreffenden Forderung gegenüber dessen übrigen Verbindlichkeiten verständigt haben. Sie werden erst befriedigt, wenn nach der Befriedigung der übrigen Gläubiger noch Masse vorhanden ist.[75]

6. Abwicklung nicht vollständig erfüllter Verträge

Einen gegenseitigen Vertrag, der von beiden Seiten noch nicht vollständig erfüllt wurde, kann der Insolvenzverwalter alternativ entweder an Stelle des Schuldners erfüllen und Erfüllung verlangen oder von dem Vertrag zurücktreten.[76] Falls der Verwalter nicht innerhalb von 15 Tagen erklärt, dass er den Vertrag erfüllt, gilt nach neuem Recht, dass er von ihm zurücktritt.[77] Der andere Vertragsteil kann im Falle eines Rücktritts eine Forderung auf entsprechenden Schadensersatz anmelden.[78]

Bzgl. eines Miet-, Untermiet- oder Leasingvertrags ist der Insolvenzverwalter berechtigt, diesen innerhalb der vertraglichen oder gesetzlichen Kündigungsfristen, maximal jedoch 3 Monate, zu kündigen.[79]

Arbeitsverhältnisse bestehen auch nach Eröffnung des Konkurses weiter. Die Funktion des Arbeitgebers wird sodann vom Verwalter übernommen. Wird das Unternehmen des Schuldners beispielsweise durch einen einzigen Vertrag verwertet, etwa als Ganzes veräußert, gehen die Pflichten aus dem Arbeitsverhältnis auf den Erwerber über.[80]

Im Fall der Zerschlagung stellt die Auflösung des Arbeitgebers oder des betreffenden Unternehmensteils einen zulässigen Kündigungsgrund dar. Gleiches gilt für betriebsbedingte Kündigungen auf Grund einer arbeitgeberischen Entscheidung, etwa bzgl. einer Änderung

---

[73] §§ 169, 305 Abs. 1 IZ.
[74] § 305 Abs. 2 IZ.
[75] § 172 IZ i. V. m. § 408 a Abs. 1, 2 Obchodný zákoník (tschechisches, Handelsgesetzbuch) vom 5. November 1991, veröffentlicht unter Nr. 513/1991 Sb.
[76] § 14 Abs. 4 ZKV bzw. § 253 Abs. 1 IZ.
[77] § 253 Abs. 2 IZ.
[78] § 253 Abs. 2, 4 IZ.
[79] § 256 Abs. 1 IZ.
[80] §§ 246 Abs. 1, 291 IZ.

von Aufgabenbereichen oder Reduzierung des Arbeitnehmerbestandes.[81] Im Fall einer Massenkündigung sind die Arbeitnehmer 30 Kalendertage im Voraus zu informieren.[82] Die Arbeitnehmer haben bei einer Kündigung aus den o. g. Gründen Anspruch auf eine Abfindung in Höhe von mindestens drei Monatsgehältern.[83]

7. Aufrechnung

63   Die Aufrechnung („započtení") mit Gläubigerforderungen gegen Forderungen des Insolvenzschuldners ist nach der Entscheidung über den Vermögensverfall nur noch unter den vom Insolvenzgesetz aufgestellten Bedingungen zulässig. So muss der Gläubiger seine Gegenforderung angemeldet haben, darf diese nicht auf Grund eines anfechtbaren („neúčinný", s. unten zu 8.) Rechtsgeschäfts erworben haben, darf bei deren Erwerb noch nichts von dem Vermögensverfall des Schuldners gewusst haben und schließlich darf er die fällige Hauptforderung des Insolvenzschuldners noch nicht in einem Ausmaß bezahlt haben, das die Höhe seine Gegenforderung übersteigt.[84]

8. Insolvenzanfechtung

64   Damit der Insolvenzmasse nicht vor Eröffnung des Insolvenzverfahrens wichtige Teile entzogen werden, erklärt das alte wie auch das neue Recht bestimmte Geschäfte, zB die Ausschlagung einer Erbschaft oder Ablehnung einer Schenkung ohne Zustimmung des Insolvenzverwalters,[85] bestimmte Vermögensverschiebungen unter Ehegatten oder unter Gesellschaften eines Konzernverbundes[86] sowie im Falle des Reorganisationsverfahrens (s. unten zu 9.) bestimmte Geschäfte, die ohne erforderliche Zustimmung des Insolvenzverwalters erfolgen,[87] in bestimmten Fällen für nichtig („neplatné").

65   Von größerer praktischer Bedeutung ist die „Unwirksamkeit" („neúčinnost") von Rechtsgeschäften. Diese gelten nach tschechischem Recht als zunächst gültig („platné"), aber anfechtbar. Dies betrifft im Insolvenzgesetz abschließend aufgeführte Fälle, insbesondere Geschäfte ohne angemessene Gegenleistung[88] oder vorsätzlich masseverkürzende Geschäfte[89] sowie Geschäfte, mit denen einem Gläubiger zum Nachteil anderer Gläubiger eine höhere Befriedigung gewährt wird, als ihm ansonsten im Konkurs zustehen würde.[90]

66   Eine wichtige Klarstellung nimmt das neue Insolvenzgesetz hinsichtlich der Bestellung von Sicherheiten vor. Nach bisherigem Recht schwebt über bestellten Sicherheiten das Damoklesschwert einer Anfechtung wegen Gläubigerbegünstigung, die im Extremfall bis zu drei Jahre lang möglich war.[91] Nunmehr sind Sicherheiten jedenfalls dann von der Anfechtbarkeit ausgenommen, wenn der Schuldner im Zusammenhang mit ihrer Bestellung eine angemessene Gegenleistung erhalten hat (zB die Gewährung des Darlehens, sofern kein Fall der Übersicherung vorliegt).[92]

67   Die Anfechtung, wie auch die Nichtigkeit, werden durch Klage geltend gemacht, über die im Rahmen einer sog. „Inzidentstreitigkeit" oder im Verfahren selbst als Vorfrage entschieden werden kann. Für „Inzidentstreitigkeiten" ist aus Gründen der Verfahrensöko-

---

[81] § 52 lit. a, c Zákoník práce, übersetzt: Arbeitsgesetzbuch, nachfolgend nur: ZPr, vom 21. April 2006, veröffentlicht unter 262/2006 Sb.
[82] § 62 ZPr.
[83] § 67 ZPr.
[84] §§ 140 Abs. 2, 3, 238 IZ.
[85] § 246 Abs. 4 IZ.
[86] §§ 269, 270, 276 bzw. § 295 IZ.
[87] § 354 Abs. 4 IZ.
[88] § 240 IZ.
[89] § 242 IZ.
[90] § 241 IZ.
[91] § 16 Abs. 1 ZKV i. V. m. § 42 a ObčZ; durch das nachträglich eingeführte § 16 Abs. 6 ZKV wurden bereits die für die Zwecke der Finanzierung gewährten Sicherheiten von der Möglichkeit der Anfechtung ausgenommen.
[92] § 241 Abs. 5 IZ.

nomie sachlich, örtlich und auch funktionell das Insolvenzgericht zuständig. Anders als die Nichtigkeitsklage kann die Anfechtungsklage jedoch ausschließlich vom Insolvenzverwalter erhoben werden.[93] Der Insolvenzverwalter ist zur Klageerhebung verpflichtet, wenn der Gläubigerausschuss dies von ihm verlangt.[94] Stellt das Insolvenzgericht die Anfechtbarkeit des Rechtsgeschäfts fest, hat der durch das Geschäft Begünstigte die erlangten Vorteile herauszugeben.[95]

9. Reorganisationsverfahren

Völlig neu ist das durch das Insolvenzgesetz eingeführte Reorganisationsverfahren.

Voraussetzung für die Durchführung dieses Verfahrens ist, dass das Insolvenzgericht es für zulässig erklärt, woraufhin der Schuldner innerhalb von 120 Tagen einen zulässigen Reorganisationsplan („reorganizační plán") vorlegen muss. Sodann kann der Schuldner im Falle der Zustimmung der Gläubiger das Unternehmen unter Einhaltung dieses Planes fortführen.[96]

Ein Reorganisationsplan ist dann zulässig, wenn der Schuldner mehr als 100 Mitarbeiter oder einen Umsatz von mehr als CZK 100 Millionen für das letzte Buchhaltungsjahr hatte. Diese Beschränkung gilt nicht, sofern die Hälfte der gesicherten und ungesicherten Gläubiger dem Reorganisationsplan zustimmt.[97]

Der Reorganisationsplan enthält u. a. eine Bestimmung der Art der Reorganisation (insbesondere über das weitere Verfahren mit der noch vorhandenen Masse), eine Einteilung der Gläubiger nach der Art des weiteren Verfahrens mit ihren jeweiligen Forderungen und eine Benennung der Personen, die sich an der Finanzierung der Reorganisation beteiligen.[98]

Das Gesetz sieht dabei verschiedene Arten der Durchführung der Reorganisation vor (zB durch Erlass eines Teils der Schulden oder ihrer Stundung, durch Verkauf der Masse oder des Unternehmens des Schuldners, durch Herausgabe eines Teils der Aktiva des Schuldners an die Gläubiger oder durch deren Übertragung auf eine neu gegründete juristische Person, an welcher die Gläubiger einen Anteil haben, durch Ausgabe von Aktien). Die Forderungen der Gläubiger werden dabei schrittweise erfüllt.[99]

Das Insolvenzgericht billigt den Reorganisationsplan, wenn er a) im Einklang mit gesetzlichen Vorschriften steht, b) mit ihm keine unlauteren Absichten verfolgt werden, c) er von sämtlichen Gläubigergruppen genehmigt wurde, d) ihm zufolge jeder Gläubiger eine Leistung erlangt, die nicht geringer ist als die Leistung, die er bei Durchführung eines Konkurses erhalten würde oder, im Falle einer geringeren Leistung, wenn er zustimmt und e) Masseforderungen, oder solche, die ihnen gleichgestellt sind, beglichen wurden oder beglichen werden sollen, sobald der Reorganisationsplan in Kraft tritt, sofern der Schuldner und der jeweilige Gläubiger nichts Abweichendes vereinbart haben.[100]

Der Schuldner bleibt, soweit nichts Abweichendes bestimmt wird, verfügungsberechtigt.[101] Die Durchführung des Reorganisationsplanes wird vom Insolvenzverwalter sowie vom Gläubigerausschuss überwacht.[102]

10. Internationales Insolvenzrecht

Die Verordnung der Europäischen Gemeinschaft über Insolvenzverfahren (EuInsVO)[103] ist für die Tschechische Republik seit ihrem EU-Beitritt 1. 5. 2004 unmittelbar anwendbar.

---

[93] § 239 Abs. 1 IZ.
[94] § 239 Abs. 2 IZ.
[95] § 237 IZ.
[96] §§ 316 ff. IZ, insbesondere § 339 Abs. 1 IZ.
[97] § 316 IZ.
[98] § 340 Abs. 1 IZ.
[99] § 341 Abs. 1 IZ.
[100] § 348 Abs. 1 IZ.
[101] § 330 IZ.
[102] §§ 354, 355 IZ.
[103] VO (EG) Nr. 1346/2000, ABl. EG Nr. l 160 vom 30. 6. 2000.

Tschechische Republik 75

Das Insolvenzgesetz stellt nunmehr ausdrücklich klar, dass in einem Verfahren mit grenzüberschreitendem Bezug auch nach dem neuen Recht europarechtlichen Insolvenzvorschriften der Anwendungsvorrang gewährt wird. Damit werden Entscheidungen aus Insolvenzverfahren anderer EU-Mitgliedstaaten anerkannt. Wird über einen Teil einer europaweit tätigen Unternehmensgruppe ein Insolvenzverfahren in einem Mitgliedstaat der EU eröffnet, in dem der Schuldner seinen „centre of main interest" hat, so können Sekundärinsolvenzverfahren in der Tschechischen Republik damit nur noch unter den in der EuInsVO vorgesehenen Voraussetzungen eröffnet werden. Im Falle des vor einem britischen Gericht eröffneten Verfahrens „Collins & Aikman"[104] zeigte sich, dass die tschechischen Gerichte bereits nach dem gegenwärtigen Insolvenzrecht, anders als etwa jene der Republik Österreich, diese Regeln tatsächlich auch respektieren und in dem vorliegenden Falle kein Sekundärverfahren eröffneten.[105] Dies steht nun auch in Zukunft außer Frage.

---

[104] Vgl. High Court of Justice London – Urteil vom 9. 6. 2006 – Az.: [2006] EWHC 1343 (Ch), NZI 2006, 654.

[105] Obchodní věstník, Handelsanzeiger, Nr. 32/05, Az.: 222721–32/05.

Ukraine

bearbeitet von *Michał Bobrzyński* (Krakau) und RA *Marc Liebscher, LL.M.* (Krakau, Berlin)

Übersicht

	RdNr.		RdNr.
1. Schrifttum	1	4.2 Eröffnungsverfahren	23
2. Einführung	2	4.2.1 Konkursgrund	24
3. Verfahrensarten	4	4.2.2 Eröffnungsbeschluss	25
4. Allgemeine Vorschriften	5	4.3 Wirkungen des Eröffnungsbeschlusses	26
4.1 Verfahrensbeteiligte	6	4.3.1 Sicherungsmaßnahmen, Vermögensverfügungsverfahren	27
4.1.1 Konkursschuldner	6	4.3.2 Vollstreckungssperre und Moratorium	28
4.1.2 Gläubiger	7	4.3.3 Auswirkung auf Verträge	30
4.1.2.1 Konkurs- und Massegläubiger	8	4.3.4 Konkursanfechtung und -aufrechnung	32
4.1.2.2 Gesicherte Gläubiger (Absonderungsgläubiger)	9	4.4 Vorbereitende, einleitende und abschließende Gerichtssitzung	33
4.1.2.3 Bevorrechtigte, registrierte und zur Aussonderung berechtigte Gläubiger	13	**5. Sanierungsverfahren**	36
		5.1 Der Sanierungsverwalter	37
		5.2 Der Sanierungsplan	38
4.1.3 Gläubigerversammlung und -ausschuss	16	**6. Das Liquidationsverfahren**	40
4.1.4 Schiedsverwalter	19	6.1 Liquidationsverwalter und Liquidationsmasse	41
4.1.5 Das Konkursgericht	21	6.2 Befriedigungsreihenfolge	42
4.1.6 Sonstige Beteiligte	22	**7. Internationales Insolvenzrecht**	44

1. Schrifttum: *Biryukov*, Bankruptcy and legislative reform in Ukraine, 27 Review of Central and East European Law 2001 No. 4, S. 581 ff.; *Biryukov*, Ukraine's recent bankruptcy reform, 2001 Global Insolvency and Restructuring Review 26–28 (March/April), S. 17 ff.; *Bobrzyński/Kraft/Kurowski/Liebscher/Myskiv*, Ukrainisches Insolvenzrecht, Schriftenreihe des Center of Legal Competence Bd. 25, Wien/Graz 2006; *Branch/Goncharova/Roth*, Bankruptcy in Ukraine: A Back Door to Privatization, Annual Survey of Bankruptcy Law, 2004, S. 539 ff.; *Bufford*, Bankruptcy Law in European Countries emerging from Communism: the specific legal and economic challenges, 70 American Bankruptcy Law Journal 1996, S. 459 ff.; *Kryshtalowych/Greig*, Ukraine's new bankruptcy law: the demise of the dinosaurs?, European Bank for Reconstruction and Development, Law in Transition Spring 2000; *Kuznecova/Titov*, Länderbericht Ukraine, Jahrbuch für Ostrecht, Band XXXVIII, 1997, S. 269 ff; *Kuznecova/Titov*, Probleme und Prespektiven des Insolvenzrechts der Ukraine, Jahrbuch für Ostrecht, Band XXXVIII, 1997, S. 281 ff.; *Kuz'myn*, Why doesn't the bankruptcy system in Ukraine work?, National University of Kyiv Mohyla Academy 1999; *Rackwitz*, Zivil- und Wirtschaftsgesetzbuch – Neue Kodifikationen in der Ukraine im Überblick, WiRO 2004, S. 129 ff.; *Solotych/Kisil*, Neues ukrainisches Konkursgesetz, WiRO 1992, S. 167 ff.; *Tereschtschenko*, Konkurs und Sanierung von Unternehmen in der Ukraine, WiRO 2001, S. 99 ff.; *Trunk*, Stand und Probleme des Insolvenzrechts in Ost-, Mittelost- und Südeuropa, Jahrbuch für Ostrecht, Band XXXVIII, 1997, S. 233 ff; *Uttamchandani*, Insolvency law and practice in Europe's transition economies, Butterworths Journal of International Banking and Financial Law 2004, S. 452 ff.; *Wolfe/Glinka*, Ukrainian Bankruptcy Law offers alternative to liquidation, World Bank Transition Newsletter, Feb/March 2001, S. 20 ff.

Ukrainisches Schrifttum: *Бобкова/Татькова*, Правове регулювання відносин у процедурі банкрутства, Kiev 2006; *Кондрашихін/Пепа/Федорова*, Фінансова санація і банкрутство підприємств, Kiev 2007; *Єлецьких/Тельнова*, Фінансова санація та банкрутсво підприємств, Kiev 2007.

2. Einführung

Seit dem 1. 1. 2000 gilt in der Ukraine das Gesetz „Über die Wiederherstellung der Zahlungsfähigkeit oder die Konkurserklärung des Schuldners"[1] (im weiteren: KG), welches

---

[1] *Закон України „Про відновлення платоспроможності боржника або визнання його банкрутом".* Gesetz Nr. 784-XIV vom 30. 6. 1999. Deutsche Übersetzung bei *Bobrzyński/Kraft/Kurowski/Liebscher/Myskiv*.

in wesentlichen Teilen zurückgeht auf das Modellgesetz zum Insolvenzrecht der IPV[2] und auf sowjetische Grundlagen (vor allem beim Eigentumsbegriff). Zudem sind starke Einflusse des US-amerikanischen Bankruptcy Code (z. B. Vorrang der Restrukturierung vor Unternehmensliquidation), und kontinental-europäischer Rechtstradition (z. B. gerichtlich bestellter Insolvenzverwalter) spürbar. Das KG reformiert umfassend das vormalig geltende erste ukrainische Konkursrecht aus dem Jahre 1992,[3] welches schwerpunktmäßig auf die Liquidation insolventer Unternehmen abzielte. Darüber hinaus sind von Bedeutung das Zivilgesetzbuch (ZGB),[4] das Wirtschaftsgesetzbuch (WGB),[5] beide in Kraft getreten am 1. 1. 2004, sowie das Zivilverfahrensgesetzbuch (ZVfnGB)[6] und Wirtschaftsverfahrensgesetzbuch (WVfnGB).[7] Ein systematisches Zusammenspiel vorgenannter Gesetze mit dem KG ist kaum vorhanden, und hinzu tritt, dass es wenig ukrainische Literatur zum KG gibt, und ferner Rechtsprechung in der Ukraine für gewöhnlich nicht publiziert wird. Dies erschwert die juristische Arbeit ungemein. Hilfreich sind die teilweise in Englisch verfasste Gesetzesdatenbank des Ukrainischen Parlamentes (www.rada.gov.ua), die Homepage der Staatlichen Agentur für Konkursfragen (bankrut.gov.ua) und die weitgehend englischsprachige Datenbank des Jaroslaw-Instituts (www.welcometo.kiev.ua).

3   Die Zahl der Insolvenzverfahren ist seit der politischen Wende kontinuierlich angestiegen, im Jahre 2004 hatten ukrainische Wirtschaftsgerichte 18 000 Insolvenzsachen zu bearbeiten.[8] Das häufig novellierte KG enthält, dem US-amerikanischen Muster folgend, vor allem Vorschriften zum formellen Verfahrensablauf und relativ wenig materiell-rechtliche Regelungen, und berücksichtigt weder den *acquis communautaire* noch internationale Konventionen (ausgenommen die Genfer ILO-Konvention Nr. 173 zum Schutz von Arbeitnehmerforderungen bei Zahlungsunfähigkeit des Arbeitgebers)[9] oder Standards. Das Strafgesetzbuch[10] sieht vier Konkursstraftatbestände vor, welche sich tatbestandlich auf „großen materiellen Schaden", auf „fiktiven Konkurs", auf die „Verursachung eines Konkurses" und auf „verbotene Handlungen im Fall eines Konkurses" beziehen, und in subjektiver Hinsicht direkten oder indirekten Vorsatz verlangen.

3. Verfahrensarten

4   Das Konkursverfahren im KG zielt in erster Linie auf die Sanierung des schuldnerischen Unternehmens ab (Sanierungsverfahren, *санація*), anderenfalls soll im Wege des Liquidationsverfahrens das Vermögen verwertet und verteilt werden. Dem Konkursschuldner *(суб'єкт банкрутства, банкрут)* und den Konkursgläubigern *(кредитор)* steht offen, eine sog. Entschuldungsvereinbarung (Vergleichsvertrag, *мирова угода*) abzuschließen, welche stets zulässig ist, und das Konkursverfahren beendet.[11] Der Eröffnung des Konkursverfahrens ist zur Vermeidung des Schuldnerkonkurses die Möglichkeit einer vorgerichtlichen Sanierung[12] vorgeschaltet, welche der Parteiendisposition unterliegt, nicht sanktionsbewehrt ist, und nur programmatischer Natur ist. Für sog. besondere Subjekte unternehmerischer Tätigkeit *(окреми категорій суб'єктів підприємницької діяльності)* (z. B. städtebildende oder bes. gefährliche Unternehmen),[13] sowie für Banken,[14]

---

[2] Interparlamentarische Versammlung der Gemeinschaft Unabhängigen Staaten in Sankt Petersburg (www.iacis.ru).
[3] Gesetz Nr. 2343-XII „Über den Konkurs" vom 14. 5. 1992.
[4] Gesetz Nr. 435-IV vom 16. 1. 2003.
[5] Gesetz Nr. 436-IV vom 16. 1. 2003.
[6] Gesetz Nr. 1618-IV vom 18. 3. 2004.
[7] Gesetz Nr. 1798-XII vom 6. 11. 1991.
[8] Bericht des Plenums des Obersten Wirtschaftsgerichts der Ukraine vom 25. 02. 2005.
[9] Die Ukraine ist der Konvention beigetreten mit Gesetz Nr. 2996-IV vom 19. 10. 2005.
[10] Artt. 218–221, Art. 24 Abs. 2, 3 des Gesetzes Nr. 2341-III vom 5. 4. 2001.
[11] Artt. 35–39 KG.
[12] Art. 3 Abs. 2–4 KG.
[13] Definitionen in Art. 42 Abs. 1 und Art. 43 Abs. 1 KG.
[14] Siehe insbes. Artt. 75 ff. des Gesetzes Nr. 2121-III „Über Banken und Banktätigkeit" vom 7. 12. 2000.

für Versicherungsunternehmen, für professionelle Wertpapiermarktteilnehmer, für Agrarunternehmen finden besondere Verfahren Anwendung.[15] Besonderheiten gelten zudem falls das Sanierungsverfahren vom Unternehmensvorsteher durchgeführt wird, oder im Fall des vereinfachten Verfahrens bei Konkurs eines Schuldners der von seinem Eigentümer liquidiert wird, oder bei Abwesenheit des Schuldners.[16] Ein Verbraucherinsolvenzverfahren mit dem Ziel der Restschuldbefreiung kennt die Ukraine nicht, nach erfolgter Verwertung des Vermögens eines Einzelunternehmers tritt aber Restschuldbefreiung ein.[17]

4. Allgemeine Vorschriften

Der ukrainische Gesetzgeber war sich nicht im Klaren darüber, ob er das Konkursverfahren als nichtstreitiges Verfahren i. S. d. freiwilligen Gerichtsbarkeit, oder als streitiges Parteiverfahren ausgestalten soll. Trotz möglicher Beteiligung staatlicher Aufsichts- und Verwaltungsorgane (z. B. Agentur für Konkursfragen, Vertreter der territorialen Selbstverwaltung), sowie im bestimmten Fällen von Arbeitnehmervertretern, kann festgehalten werden, dass die Verfahrensgestaltung wesentlich dem Konkursschuldner und den Konkursgläubigern obliegt, wobei der Schwerpunkt bei den letzteren liegt.[18]

4.1 Verfahrensbeteiligte

4.1.1 Konkursschuldner

Konkursfähig ist nur ein Subjekt einer unternehmerischen (gewerblichen) Tätigkeit *(суб'єкт підприємницької діяльності)*. Nicht konkursfähig sind selbständige Bestandteile einer juristischen Person (z. B. Filialen). Eine gewerbliche Tätigkeit setzt voraus, dass unabhängig, auf eigenes Risiko und auf Dauer etwas produziert wird, oder eine Arbeits- oder Dienstleistung mit Gewinnerzielungsabsicht erbracht wird,[19] und dass der Gewerbetreibende im Einheitlichen Staatlichen Unternehmens- und Organisationsregister *(Єдиний Державний Реєстр Підприємств та Організацій України)*[20] oder im Register der Subjekte unternehmerischer Tätigkeit *(Реєстр Суб'єктів Підприємницької Діяльності)* eingetragen ist.[21] Keine Anwendung findet das KG auf gewerbetreibende staatliche juristische Personen sowie auf kommunale Unternehmen, falls das zuständige Kommunalorgan dies beschlossen hatte; gleiches gilt für non-profit Organisationen (karitative Stiftungen oder Verbraucherschutzorganisationen).[22] Außerdem gelten Sonderregelungen,[23] welche auf Kriterien der Privatisierung von Staatseigentum rekurrieren, für bestimmte, von der Privatisierung ausgeschlossene, staatliche Unternehmen.[24]

4.1.2 Gläubiger

Gläubiger *(кредитор)* kann jede natürliche oder juristische Person sein, die gegen den Gemeinschuldner eine Geldforderung oder eine Lohnforderung aus einem Arbeitsverhältnis hat.[25] Hierunter fallen die ukrainischen Steuerbehörden oder andere Staatsorgane, welchen die Kontrolle über Abgabenzahlungen obliegt, sowie ausländische Rechtssubjekte. Im KG verstreut finden sich eine Vielzahl von unterschiedlichen Begriffen für am Insolvenzver-

---

[15] Art. 45 KG; Art. 46 KG; Artt. 44, 50 KG.
[16] Art. 53 KG; Art. 51 KG; Art. 52 KG.
[17] Art. 49 Abs. 2 KG.
[18] Vgl. Art. 16 Abschnitt 8 KG.
[19] Art. 3 WGB.
[20] Gesetz Nr. 755-IV „Über die staatliche Registrierung der juristischen und natürlichen Personen–Gewerbetreibenden" vom 15. 5. 2003.
[21] Art. 58 Abs. 1 WGB.
[22] Art. 5 KG.
[23] Art. 5 Abs. 5 KG.
[24] Hierzu insbesondere Art. 8 Abs. 3, Art. 5 Abs. 5 und Art. 1 des Gesetzes Nr. 2163-XII „Über die Privatisierung von Staatseigentum" vom 4. 3. 1992.
[25] Art. 1 Abschnitt 6 KG.

fahren beteiligte Gläubiger, ohne dass eine systematische oder strukturelle Unterscheidung stets ersichtlich ist.

4.1.2.1 Konkurs- und Massegläubiger

8   Konkursgläubiger *(конкурсні кредитори)* sind solche, deren Forderungen gegen den Konkursschuldner vor Eröffnung des Insolvenzverfahrens entstanden sind, oder Gläubiger, die vom KG als Konkursgläubiger bezeichnet werden, ohne mit Pfandrecht oder Hypothek gesichert zu sein.[26] Aktuelle Gläubiger (Massegläubiger) haben gegen den Konkursschuldner Forderungen, welche erst nach der Verfahrenseröffnung entstanden sind. Diese sind laufend zu tilgen. Konkursgläubiger haben binnen 30 Tagen seit Bekanntmachung der Konkurseröffnung ihre Ansprüche beim zuständigen Wirtschaftsgericht anzumelden,[27] und eine Abschrift des Anmeldeantrags dem Schiedsverwalter und dem Konkursschuldner zuzustellen. Verspätete Anmeldung hat den Verlust des Forderungsrechts zur Folge. Ein Konkursgläubiger hat einen Auskunftsanspruch bzgl. der anderen Gläubiger gegen den Vermögensverwalter, der zusammen mit dem Konkursschuldner angemeldete Forderungen ganz oder teilweise anzuerkennen oder zu bestreiten hat. Schuldnerbestreiten kann vor dem Wirtschaftsgericht angefochten werden, gegen den daraufhin ergangenen Beschluss sind die Rechtsmittel des WVfnGB zulässig.[28]

4.1.2.2 Gesicherte Gläubiger (Absonderungsgläubiger)

9   Die Erfüllung einer Verbindlichkeit kann besichert werden[29] mit einer Vertragsstrafe,[30] mit einer Bürgschaft,[31] mit einer (nicht akzessorischen) Garantie,[32] mit einem Pfandrecht,[33] mit einem Zurückbehaltungsrecht[34] oder mit einem Draufgeld/Angeld.[35] Das dingliche Pfandrecht berechtigt den Gläubiger zur bevorzugten Befriedigung[36] aus dem gepfändeten Pfandgegenstand (Sachen, Wertpapiere und Vermögensrechte),[37] und wird, ähnlich dem österreichischen ABGB, als Hypothek[38] bezeichnet wenn Pfandgegenstand unbewegliches Vermögen ist.

10 Die Parteien eines Kaufvertrages können vereinbaren, dass das Eigentum an der Kaufsache auf den Käufer erst zu einem späteren Zeitpunkt (z. B. Kaufpreiszahlung) übergeht (Eigentumsvorbehalt).[39] Verliert der Vorbehaltskäufer sein Besitzrecht, ist der Verkäufer zur Aussonderung berechtigt, er kann Herausgabeklage erheben.

11 Als gesicherte Gläubiger *(кредитори, вимоги яких забезпечені заставою майна боржника)* versteht das KG nur solche, deren Forderungen zumindest teilweise durch ein Pfandrecht (auch Hypothek) an einem Vermögensgegenstand des Gemeinschuldners gesichert sind. Anders als bei ungesicherten Gläubigern hat die versäumte Forderungsanmeldung nicht deren Erlöschen zur Folge, denn der Vermögensverwalter hat vom Amts wegen die Pflicht, z. B. auf Grund von Auszügen des Pfandrechtsregisters, solche Forderungen in die Tabelle aufzunehmen.[40] Pfandgläubiger können bis zur Eröffnung des Liquidationskonkurses nach allgemeinen Vorschriften ihre Sicherheit verwerten. Im Liquidationsverfahren werden

---

[26] Art. 1 Abschnitt 6 KG.
[27] Der notwendige Inhalt der Forderungsanmeldung ergibt sich aus Art. 7 KG analog i. V. m. Art. 54 WVfnGB.
[28] Art. 14 Abs. 2, 3 KG.
[29] Art. 546 Abs. 1 ZGB.
[30] Art. 549 ff. ZGB.
[31] Art. 553 ff. ZGB.
[32] Art. 560 ff. ZGB.
[33] Art. 572 ff. ZGB.
[34] Art. 594 ff. ZGB.
[35] Art. 570 ff. ZGB.
[36] Art. 572 ff. ZGB.
[37] Art. 576 Abs. 1 ZGB.
[38] Art. 575 Abs. 1 ZGB.
[39] Art. 697 Abs. 1 und 2 ZGB.
[40] Art. 14 Abs. 2 und Abs. 6 Abschnitt 2 KG.

sie erstrangig befriedigt.[41] Der Hypothekengläubiger hingegen soll nach dem Hypothekengesetz[42] auch nach Beginn des Liquidationsverfahrens oder im Fall gesetzeswidriger Abwicklung des Sanierungsverfahrens nach Aufhebung der Vollstreckungssperre berechtigt sein, in den Hypothekengegenstand Einzelzwangsvollstreckung zu betreiben. Das Zusammenspiel zwischen KG und Hypothekengesetz ist in diesem Punkt unklar. Mit Forderungen, die nicht in voller Höhe aus dem Pfandgegenstand befriedigt werden können, nimmt der gesicherte Gläubiger in Höhe des Ausfalls am Verfahren teil wie ein ungesicherter Gläubiger, Befriedigung erfolgt also im vierten Rang.

Für das Zustandekommen des Vergleichsvertrages ist notwendig, dass alle gesicherten **12** Gläubiger schriftlich zustimmen.[43] Gesicherte Gläubiger sind nicht antragsberechtigt, es sei denn die Höhe ihrer Forderung übersteigt den Wert der Sicherheit in Höhe von mindestens 300 Mindestlöhnen (ca. 23 500 EUR).[44] Wegen mangelnder gesetzlicher Grundlage ist die Praxis mancher Wirtschaftsgerichte kritisch zu bewerten, vom antragstellenden Gläubiger den Nachweis zu verlangen, dass seine Forderung nicht mit einem Pfandrecht besichert ist. Eine Sonderstellung nehmen Steuerbehörden ein, welche trotz Sicherung durch gesetzliches Steuerpfandrecht berechtigt sind, Konkurseröffnungsantrag wegen offener Steuerschulden zu stellen.[45]

4.1.2.3 Bevorrechtigte, registrierte und zur Aussonderung berechtigte Gläubiger

Bevorrechtigte Gläubiger (z. B. Arbeitnehmer des Konkursschuldners wegen Lohnforde- **13** rungen oder Schadensersatzgläubiger wegen Körperverletzung) werden im zweiten Rang befriedigt. Sie brauchen ihre Forderung nicht im Wege der Anmeldung durch das Wirtschaftsgericht anerkennen lassen, und können bereits während des Konkursverfahrens Befriedigung verlangen, denn Einzelzwangsvollstreckung bleibt zulässig, die Vollstreckungssperre greift nicht. Melden sie ihre Forderung zur Tabelle an, werden sie zu sog. registrierten Gläubigern.[46]

Wird eine Forderung in die Tabelle eingetragen, so gilt der Gläubiger als registrierter **14** Gläubiger, und kann an den Sitzungen und Beschlussfassungen der Gläubigerorgane teilnehmen. Sonderregister führt der Vermögensverwalter u. a. für Forderungen von gesicherten Gläubigern oder für Forderungen der bevorrechtigten Gläubiger (z. B. wegen Lohnforderungen).[47]

Mit der Eröffnung des Liquidationsverfahrens bildet das im Eigentum stehende Vermögen **15** des Schuldners, bzw. das Vermögen, über welches dem Schuldner die gesamte wirtschaftliche Verwaltung *(право повного господарського відання)*[48] zusteht, und im Laufe des Liquidationsverfahrens ermitteltes Vermögen die Liquidationsmasse *(ліквідаційна маса)*. Sachen, die nicht in die Liquidationsmasse fallen, sind nach allgemeinen Regeln an den Berechtigten (z. B. Eigentumsvorbehaltsverkäufer oder Verleiher) herauszugeben.[49]

4.1.3 Gläubigerversammlung und –ausschuss

Die Gläubiger sind am Konkursverfahren durch die Gläubigerversammlung und den **16** zwingend[50] einzurichtenden Gläubigerausschuss beteiligt.

---

[41] Art. 31 Abs. 1 Nr. 1 lit. a KG.
[42] Art. 33 Abs. 2 des Gesetzes Nr. 898-IV „Über die Hypothek" vom 5. 6. 2003.
[43] Art. 35 Abs. 3 KG.
[44] Art. 8 Abs. 2 Abschnitt 6 i. V. m. Art. 6 Abs. 3 KG.
[45] Erklärung Nr. 02–5/926 des Obersten Wirtschaftsgerichts der Ukraine „Über das Eröffnungsverfahren von Konkursverfahren auf Antrag staatlicher Steuerbehörden" vom 21. 8. 2001.
[46] Art. 14 Abs. 1 Abschnitt 2 und Art. 31 Abs. 1 Nr. 2 KG.
[47] Art. 14 Abs. 6 Abschnitt 2 und 3 KG.
[48] Das „Recht der gesamten wirtschaftlichen Verwaltung", geregelt im Gesetz Nr. 697-XII „Über das Eigentum" vom 7. 2. 1991, ist ein besonderes Regime für staatliche Unternehmen, welches Beschränkungen bei der Verfügung über Vermögensgegenstände dergestalt vorsieht, dass der Rechtsinhaber (der Staat oder staatliche oder kommunale Unternehmen) über bestimmte Vermögensgegenstände, z. B. Grundstücke nicht verfügen darf.
[49] Art. 26 Abs. 1 KG; Art. 387 ZGB.
[50] Art. 16 Abs. 6 KG.

Ukraine 17–20

17 Die Gläubigerversammlung *(збори кредиторів)* setzt sich aus den registrierten Gläubigern zusammen und ist das eigentliche Organ der Gläubigerautonomie. Das Stimmrecht eines jeden Gläubigers beruht auf der in die Tabelle jeweils eingetragenen Forderungssumme, 1000 UAH entsprechen einer Stimme. Entscheidungen werden mit einfacher Mehrheit der anwesenden Stimmen getroffen.[51] Die Gläubigerversammlung bestimmt über die Bestellung des Gläubigerausschusses und entscheidet über dessen Mitglieder, sowie über Kompetenzen des Ausschusses, welche über den gesetzlichen Rahmen hinausgehen. Findet ein Sanierungsverfahren statt, so liegt in der Hand der Gläubigerversammlung der Beschluss über den weiteren Verlauf des Konkursverfahrens, z. B. durch Antrag auf (erfolgreiche) Beendigung des Sanierungsverfahrens oder durch Antrag auf Eröffnung des Konkursverfahrens. Die Gläubigerversammlung schließt zudem den Vergleichsvertrag zwischen Gläubigern und Konkursschuldner. Sind alle in der Forderungstabelle registrierten Gläubiger über Zeit und Ort der Versammlung schriftlich benachrichtigt worden, so besteht Beschlussfähigkeit. Die Gläubigerversammlung ist vom Vermögensverwalter einzuberufen binnen zehn Tagen seit Beschlusserlass auf Grund der einleitenden Sitzung, und ferner u. a. auf Verlangen einer Gläubigergruppe, die mindestens ein Drittel aller in der Tabelle aufgenommenen Forderungen auf sich vereint.[52]

18 Der Gläubigerausschuss *(комітет кредиторів)*, bestehend aus maximal sieben Mitgliedern, welche in offener Abstimmung durch einfache Stimmenmehrheit aller anlässlich der Gläubigerversammlung anwesenden Gläubigern gewählt werden, hat weit reichende Gestaltungsrechte inne für den Fortgang des Verfahrens. Er beschließt mit einfacher Mehrheit.[53] Zu den Kompetenzen des Ausschusses gehört u. a. in den unterschiedlichen Verfahren die jeweilige Person des Verwalters vorzuschlagen oder abzuberufen, Anträge auf Änderung des jeweiligen Verfahrens zu stellen (z. B. Stellung des Liquidationsantrages im Sanierungsverfahren), Zustimmung zum Abschluss von Verträgen, die Gläubigerinteressen berühren, Führung von Vergleichsverhandlungen oder deren Abschluss, Prüfung und Annahme eines Sanierungsplanes, Entscheidung über die (Teil-) Veräußerung des Schuldnervermögens im Sanierungsverfahren, Bestimmung des Liquidationsverwalters und der Mitglieder der Liquidationskommission im Liquidationsverfahren (in diesem stehen dem Gläubigerausschuss verstärkte Auskunfts-, Kontroll- und Prüfrechte zu).[54]

4.1.4 Schiedsverwalter

19 Der Schiedsverwalter *(арбітражний керуючий)*, neu eingeführt durch das KG, ist ein Oberbegriff für drei Funktionen. Im vorläufigen Vermögensverfügungsverfahren ist dies der Vermögensverwalter *(розпорядник майна)*, im Sanierungsverfahren der Sanierungsverwalter *(керуючий санацією)*, im Liquidationsverfahren der Liquidationsverwalter (Liquidator) *(ліквідатор)*. Die allgemeinen Regelungen werden durch Spezialvorschriften der jeweiligen Verfahrensarten modifiziert. Üblicherweise wechselt die Verwalterperson nicht beim Durchlauf verschiedener Verfahrensstadien oder -arten. Das Wirtschaftsgericht kann eine natürliche Person, die eine staatliche Lizenz[55] inne hat, zum Schiedsverwalter[56] bestellen, wenn keine Interessenkonflikte vorliegen.[57] Wird von den Gläubigern (-ausschuss oder -versammlung) ein Schiedsverwalter vorgeschlagen, so kann das Wirtschaftsgericht den Antrag nur ablehnen falls der Vorgeschlagene ungeeignet ist.

20 Der Schiedsverwalter hat die Vermögensverhältnisse des Konkursschuldners zu ermitteln, notwendige Sicherungsmaßnahmen durchzuführen und die Forderungstabelle zu erstellen.

---

[51] Art. 16 Abs. 9 i. V. m. Abs. 4 KG.
[52] Art. 16 Abs. 5 und 8, Art. 16 Abs. 1 KG, Art. 16 Abs. 3 Abschnitt 1 KG.
[53] Art. 16 Abs. 6 Abschnitt 2 i. V. m. Abs. 4 KG; Art. 16 Abs. 9 KG.
[54] Art. 16 Abs. 8 KG; Art. 17 Abs. 8 Abschnitt 2 KG; Art. 18 Abs. 4 KG; Art. 19 Abs. 9 i. V. m. Art. 20 Abs. 5 KG; Art. 24 Abs. 1 und 2 KG; Art. 30 Abs. 11, 13 und 6 KG.
[55] Ausnahmen hierzu in Art. 50 Abs. 9 KG; Art. 70 Abs. 2, 3 i. V. m. 53 Abs. 11 KG; Art. 51 Abs. 2 KG.
[56] Zu den Anforderungen siehe Art. 2 Abs. 2 Abschnitt 4 KG i. V. m. Anordnung Nr. 57 des Wirtschaftsministers der Ukraine vom 17. 3. 2001.
[57] Gesetzlich vermutete Fälle von Interessenkonflikt regelt Art. 1 Abschnitt 23 KG.

Verletzt der Schiedsverwalter seine Pflicht zur erforderlichen Sorgfalt, haftet er nach allgemeinen schadensrechtlichen Vorschriften des Zivilrechts.[58]

4.1.5 Das Konkursgericht

Für Konkursverfahren sind in erster Instanz die lokale Wirtschaftsgerichte (mit eigenen Spruchkörper für Konkurssachen), zweitinstanzlich das Berufungswirtschaftsgericht, und letztinstanzlich das Oberste Wirtschaftsgericht der Ukraine (mit Kassationskompetenz) zuständig.[59] Örtlich zuständig ist das Wirtschaftsgericht am Sitz des Schuldners.[60] Erstinstanzliche Entscheidungen erwachsen mit Ablauf von zehn Tagen seit Verkündung in Rechtskraft (bis dahin kann Berufung eingelegt werden), vorläufige und prozessuale Maßnahmen binnen zehn Tagen seit Ausfertigung. Kassationsklage ist binnen eines Monats noch nach Eintritt der Rechtskraft gegen erstinstanzliche und zweitinstanzliche Gerichtsentscheidungen zulässig. Eine Kassationsklage zum Obersten Gerichtshof der Ukraine gegen eine Entscheidung des Obersten Wirtschaftsgerichts kann sich stützen auf einen Widerspruch der Entscheidung gegen die Rechtsprechung des Obersten Gerichtshofes oder auf die uneinheitliche Anwendung einer Rechtsnorm, auf den Verstoß gegen von der Ukraine ratifizierte internationale Verträge, oder auf die Verfassungswidrigkeit der angewandten Norm.[61]

4.1.6 Sonstige Beteiligte

Sonstige Beteiligte des Konkursverfahrens können sein: der Staatseigtumsfonds der Ukraine,[62] die Arbeitnehmervertreter des Konkursschuldners,[63] Vertreter kommunaler Selbstverwaltungseinheiten,[64] sowie das Kabinett der Ukraine,[65] das staatliche Versicherungsaufsichtsorgan oder Wertpapiermarktaufsichtsorgan, oder die Nationalbank der Ukraine, sowie die Organe der Staatsanwaltschaft.[66]

4.2 Eröffnungsverfahren

Zur Eröffnung des Konkursverfahrens ist Antrag eines Gläubigers (dieser kann zurückgezogen werden bis zur Bekanntmachung der Konkursverfahrenseröffnung) oder des Schuldners selbst notwendig. Der Schuldner ist nach unterschiedlichen Tatbeständen, welche auf Gläubigergefährdung abstellen, zur Antragsstellung verpflichtet.[67]

4.2.1 Konkursgrund

Konkursgrund ist nur die Zahlungsunfähigkeit *(неплатоспроможність)* des Schuldners, also jener Fall, dass die Summe der unstreitigen Geldforderungen gegen den Schuldner mindestens 300 Mindestlöhne (ca. 23 500 EUR) umfasst, und der Schuldner seit mindestens drei Monaten mit deren Begleichung im Verzug ist. Bloße Zahlungsstockungen stellen keine Zahlungsunfähigkeit dar. Mehrere Gläubiger können zur Antragsstellung ihre Geldforderungen kumulieren.[68]

---

[58] Allgemeiner Katalog der Rechte und Pflichten in Art. 13 KG; Art. 13 Abs. 10 KG.
[59] Art. 12 Pkt. 2 WVfnGB, Gesetz Nr. 3018-III „Über das Gerichtsystem der Ukraine" vom 7. 2. 2002, Dekret des Präsidenten der Ukraine Nr. 511/2001 „Über die Schaffung von Berufungsgerichten [...]" vom 11. 7. 2001.
[60] Art. 6 Pkt. 1; Art. 9 Abs. 3 ZGB; Art. 29 Abs. 1 ZGB; Art. 17 Abschnitt 1, 2 WVfnGB.
[61] Art. 93 i. V. m. Art. 85 Abs. 3 WVfnGB; Art. 110 WVfnGB; Art. 111–15 WVfnGB.
[62] Dekret Nr. 2558-XII des Obersten Rates der Ukraine vom 7. 7. 1992; Art. 11 Abs. 6 KG; Art. 20 Abs. 2 KG; Art. 30 KG.
[63] Art. 1 Abschnitt 20 KG.
[64] Art. 2 des Gesetzes Nr. 280/97 „Über die Selbstverwaltung" vom 21. 5. 1997; Art. 5 Abs. 7 KG; Art. 16 Abs. 8 Abschnitt 8 KG; Art. 24 Abs. 2 KG; Art. 25 Abs. 3 KG; Art. 42, 43 KG.
[65] Art. 3 Abs. 1 KG; Art. 42 Abs. 7 und 43 Abs. 7 KG.
[66] Art. 45 Abs. 1 KG; Art. 46 Abs. 1 KG; Art. 121 Abs. 2 der Verfassung der Ukraine (angenommen vom Obersten Rat der Ukraine am 28. 6. 1996).
[67] Art. 6 Abs. 2 KG; Art. 10 KG; Art. 7 Pkt. 5 KG.
[68] Art. 1 Abschnitt 2, 7 KG; Art. 7 Abs. 9, Art. 6 Abs. 3 i. V. m. Art. 1 Abschnitt 8, Art. 623 ZGB; Art. 224 WGB.

4.2.2 Eröffnungsbeschluss

25   Binnen fünf Tagen seit Antragstellung hat das Wirtschaftsgericht durch Beschluss über Annahme, über Abweisung (wegen Verstoß gegen materielle Vorschriften) oder über Zurückweisung (wegen Verstoß gegen formelle Vorschriften) des Antrages zu entscheiden.[69] Im Eröffnungsbeschluss ist festzustellen, dass das Vermögensverfügungsverfahren eingeleitet wird, und der Lauf des Moratoriums über die Befriedigung von Gläubigerforderungen beginnt. Gegen den Eröffnungsbeschluss ist kein Rechtsmittel zulässig, der Schuldner hat aber durch seine Verpflichtung zur Stellungnahme die Möglichkeit, Widerspruch gegen im Eröffnungsantrag behauptete Forderungen einzulegen. Ein solcher ist vom Konkursgericht anlässlich der vorbereitenden Gerichtssitzung zu prüfen.[70]

4.3 Wirkungen des Eröffnungsbeschlusses

26   Entgegen der kontinental-europäischen Gewohnheit enthält das ukrainische KG vergleichsweise wenig Vorschriften mit materiellrechtlichem Gehalt. Seinem US-amerikanischen Vorbild folgend, sind vielmehr eine Vielzahl formeller Erfordernisse normiert, z. B. zahlreiche und schwer überschaubare Fristen binnen derer bestimmte Verfahrenshandlungen der Parteien und Organe des Konkursverfahrens erfolgen sollen. Dies erklärt sich aus dem Verständnis, dass subjektive Rechte am besten durch *administrability* des Verfahrens geschützt werden.

4.3.1 Sicherungsmaßnahmen, Vermögensverfügungsverfahren

27   Im Eröffnungsbeschluss, oder im auf die vorbereitende Sitzung hin ergehenden Beschluss, kann das Verfügungsverfahren über das Schuldnervermögen *(розпорядження майном боржника)* angeordnet und ein Vermögensverwalter bestellt werden.

28   Das Wirtschaftsgericht kann von Amts wegen, oder auf Antrag hin, verschiedene Maßnahmen zur Sicherung der Gläubigerforderungen verhängen (z. B. Verbot von Vertragsabschlüssen ohne Zustimmung des Schiedsverwalters oder Verpflichtung des Schuldners, Vermögensgegenstände zur Verwahrung auf Dritte zu übertragen); im Fall des Konkurses eines Einzelunternehmens ist das Vermögen des Schuldners zwingend mit Arrest *(арешт)* zu belegen. Das Gericht kann in jedem Verfahrensstadium die Sicherungsmaßnahmen durch anfechtbaren Beschluss aufheben oder abändern.[71]

4.3.2 Vollstreckungssperre und Moratorium

29   Ist das Konkursverfahren eröffnet, so sind laufende Verfahren über die Zahlung einer Geldsumme oder die Herausgabe einer Sache (es sei denn es handelt sich um gepfändetes Vermögen) bis zur Beendigung des Konkursverfahrens sofort auszusetzen, um Einzelzwangsvollstreckungshandlungen zu unterbinden.[72] Die Einstellung der Erfüllung von Geldverbindlichkeiten durch den Schuldner (Moratorium) *(мораторій на задоволення вимог кредиторів)*, wirksam ab Konkurseröffnung, umfasst grundsätzlich sämtliche Forderungen, also auch Vertragsstrafen wegen Nichterfüllung von Verbindlichkeiten. Dies betrifft nicht Masseforderungen und Forderungen bevorrechtigter Gläubiger (s. o. 4.1.2.3).[73]

4.3.3 Auswirkung auf Verträge

30   Bei Veräußerung im Sanierungsverfahren von nichtstaatlichem Schuldnervermögen als Gesamtheit, bleiben abgeschlossene Arbeits- und Werkverträge wirksam, und die Rechte und Pflichte aus diesem gehen auf den Erwerber über. Wird das Liquidationsverfahren eröffnet, erlöschen solche Verträge automatisch. Befristete und unbefristete Arbeitsverträge sind im Fall des Konkurses, der Reorganisation oder der Liquidation kündbar, Massenent-

---

[69] Art. 11 Abs. 1 KG; Art. 8 Abs. 2 i. V. m. Art. 5 Abs. 4, 5, 9 KG; Art. 7 KG, Art. 6 Abs. 3 WVfnGB.
[70] Art. 11 Abs. 2, 4 KG.
[71] Art. 12, 13 KG i. V. m. ZVfnGB; Art. 12 Abs. 3 KG i. V. m. u. a. Art. 67 Abs. 3 WVfnGB.
[72] Pkt. 25 der Erklärung Nr. 02–5/444 des Obersten Wirtschaftsgerichts der Ukraine „Über bestimmte Fragen der praktischen Anwendung [...]" vom 18. 11. 1997; Art. 79 Abs. 1 WVfnGB.
[73] Art. 1 Abschnitt 24 KG; Art. 12 Abs. 3, 4, 6 KG; Art. 11 Abs. 1 KG.

lastungen sind möglich. Kündigungen und Vergütung der Arbeitnehmer nach Konkursverfahrenseröffnung richten sich nach dem Arbeitsgesetzbuch. Für Lohnforderungen findet das Moratorium keine Anwendung.[74] Bei Kündigung nach Liquidationsverfahrenseröffnung haben gekündigte Arbeitnehmer Anspruch auf Abfindung i. H. v. mindestens einem durchschnittlichen Monatsgehalt, für deren Zahlung ein im ersten Rang zurück zu zahlender Kredit aufgenommen werden kann.[75]

Dem Schiedsverwalter (dem Sanierungsverwalter unter bestimmten Voraussetzungen) steht ein Wahlrecht zu, sämtliche, noch nicht vollständig erfüllte Verträge zu erfüllen oder abzulehnen. Bei Ablehnung steht der anderen Vertragspartei ein als einfache Konkursforderung zu befriedigender Schadensersatzanspruch zu.[76] **31**

4.3.4 Konkursanfechtung und -aufrechnung

Ein irgendwann zwischen dem Schuldner und einem Dritten geschlossener Vertrag kann nach allgemeinen zivilrechtlichen Bestimmungen auf Antrag hin vom Wirtschaftsgericht für nichtig erklärt werden, falls der Dritte dem Schuldner nahe stand, und Gläubiger geschädigt wurden oder hätten geschädigt werden können. Gleiches gilt unter bestimmten Voraussetzungen für einen, binnen sechs Monaten vor Sanierungsbeschluss mit einem Dritten oder einem Gläubiger geschlossenen, gläubigerschädigenden Vertrag des Schuldners. Durch einen solchen Vertrag Erlangtes ist zurückzugewähren.[77] **32**

Aufrechnung nach zivilrechtlichen Regelungen ist wegen des Moratoriums nur in der außergerichtlichen Sanierung oder bis zur Konkursverfahrenseröffnung möglich.[78]

4.4 Vorbereitende, einleitende und abschließende Gerichtssitzung

Dem Eröffnungsbeschluss folgen (neben den Sitzungen des Gläubigerausschusses und der -versammlung) in der Regel drei gerichtliche Termine: die vorbereitende Sitzung, die einleitende Sitzung, und eine Sitzung, in welcher entschieden wird, ob das Sanierungs- oder Liquidationsverfahren eröffnet werden soll (abschließende Gerichtssitzung). **33**

In der vorbereitenden Wirtschaftsgerichtssitzung *(підготовче засідання господарського суду)* werden die Grundlagen für den Verfahrensverlauf gelegt: z. B. Einstellung des Verfahrens, Eröffnung des vereinfachten Konkursverfahrens, Feststellung der Masselosigkeit, Stellungnahme und ggf. Widerspruch des Schuldners zum Eröffnungsbeschluss, Aufforderung zur Forderungsanmeldung, Einholung eines Gutachtens über die finanzielle Lage des Schuldners, Einreichung von Sanierungsanträgen durch Investoren, Festsetzung der nachfolgenden Verfahrenstermine.[79] **34**

In der einleitenden Gerichtssitzung *(Попереднє засідання господарського суду)* wird die Prüfung der Forderungsanmeldung vorgenommen. Das Wirtschaftsgericht prüft das Register der Gläubigerforderungen und jene Forderungen, gegen die vom Schuldner Widerspruch eingelegt worden war. Das KG unterscheidet zwischen unstreitigen (gerichtlich festgestellten oder vom Schuldner anerkannten) und „relativ" streitigen Forderungen. Letztere sind durch schriftliche Beweise belegt, der Schuldner bestreitet aber deren Höhe.[80] Mit Beschluss stellt das Wirtschaftsgericht die Höhe der gerichtlich festgestellten Gläubigerforderungen fest, und setzt Termin für die erste Gläubigerversammlung und für die abschließende Gerichtssitzung, welche auf Grundlage eines Berichts des Vermögensverwal- **35**

---

[74] Art. 19 Abs. 4 KG, Art. 25 Abs. 1 Abschnitt 9 KG; Art. 33 Abs. 1 KG; Artt. 40, 41, 43, 49 des Gesetzes Nr. 322-VIII „Arbeitsgesetzbuch" vom 10. 12. 1971; Art. 12 Abs. 6 KG.
[75] Art. 33 Abs. 2 KG; Art. 18 Abs. 2 Abschnitt 12, Art. 13 KG; Art. 25 Abs. 1 Abschnitt 9, 10 KG; Art. 31 Abs. 1 Pkt. 1 lit. b KG.
[76] Art. 17 Abs. 10 KG.
[77] Art. 17 Abs. 11 Abschnitt 2, 3, 4, 5 KG.
[78] Art. 601 Abs. 2, Art. 602 ZGB; Art. 12 Abs. 4 Abschnitt 1 KG.
[79] Art. 11 KG; Art. 40 Abs. 1 KG; Art. 52 KG; Art. 11 Abs. 2, Abs. 3, Abs. 12 KG, Art. 83 Abs. 5 WVfnGB; Art. 11 Abs. 15, 14 KG; Art. 11 Abs. 7 KG; Art. 14 Abs. 7 KG i. V. m. Pkt. 29 der Erklärung des Obersten Wirtschaftsgericht der Ukraine Nr. 02/5–444 vom 18. 11. 1997; Art. 11 Abs. 11 KG.
[80] Art. 15 KG, Art. 15 Abs. 2 KG; Art. 11 Abs. 11 Abschnitt 5 KG; Art. 15 Abs. 2 Abschnitt 4 KG.

ters und auf Antrag der Gläubigerorgane in das Sanierungs- oder Liquidationsverfahren übergeleitet.[81]

5. Sanierungsverfahren

36 Die Zahlungsfähigkeit des Schuldners kann durch zwei Verfahren wiederhergestellt werden: durch Sanierung (Schwerpunkt des KG) und Abschluss eines Vergleichsvertrages (s. o. 3.). Sanierung ist ein System von Maßnahmen, um die Konkurserklärung und die Liquidation des Schuldners zu vermeiden, und ist gerichtet auf die wirtschaftliche Gesundung sowie auf die zumindest teilweise Befriedigung der Gläubigerforderungen.[82] Das Sanierungsverfahren wird grds. vom Sanierungsverwalter geführt und hat zum Ziel die Annahme und die Durchführung eines Sanierungsplanes. Es ist innerhalb von zwölf bzw. 18 Monaten durchzuführen, u. U. kann das Verfahren bis zu zehn Jahre dauern.[83]

5.1 Der Sanierungsverwalter

37 Der Sanierungsverwalter wird auf Vorschlag des Gläubigerausschusses durch Beschluss des Wirtschaftsgericht bestellt. Seine Hauptpflicht besteht darin, das Schuldnervermögen in Verwaltung zu nehmen (Übergang der Verwaltungs- und Verfügungsbefugnisse) und einen Sanierungsplan zu erstellen. Er unterliegt der Aufsicht des Gläubigerausschusses (quartalsweise Berichtspflicht, Zustimmungsbedürftigkeit bestimmter Verträge, Möglichkeit, einzelne Verwalterhandlungen durch Antrag beim Wirtschaftsgericht anzufechten, oder Antrag auf Amtsenthebung zu stellen) und des Wirtschaftsgerichts (Amtsenthebung wegen Pflichtschlechterfüllung).[84]

5.2 Der Sanierungsplan

38 Der Sanierungsverwalter hat im Laufe des Verfahrens einen Sanierungsplan *(План санації)* zu erstellen, der dem Gläubigerausschuss binnen sechs Monaten (anderenfalls Möglichkeit der Eröffnung des Liquidationsverfahrens) zum Beschluss vorzulegen ist und der Bestätigung durch das Wirtschaftsgericht bedarf (reine Rechtmäßigkeitskontrolle). Der Inhalt des Sanierungsplanes ist nicht gesetzlich festgeschrieben, das KG enthält aber eine exemplarische Liste möglicher Sanierungsmaßnahmen. Sondervorschriften bestehen für staatliche Unternehmen.[85]

39 Zulässig ist bei nichtstaatlichen Unternehmen die übertragende Sanierung, also der Verkauf des Schuldnervermögens als Sachgesamtheit im Wege einer öffentlichen Versteigerung. Reicht der Erlös zur Gläubigerbefriedigung aus, so hat das Wirtschaftsgericht das Konkursverfahren einzustellen, anderenfalls ist den Gläubigern ein Vergleichsvorschlag vorzulegen. Im Falle der Ablehnung hat das Wirtschaftsgericht das Liquidationsverfahren zu eröffnen. Darüber hinaus können auch Teile des Schuldnervermögens, ebenfalls im Wege der öffentlichen Versteigerung, veräußert werden, bei staatlichen Unternehmen unter Beachtung der Privatisierungsvorschriften. Bleibt die Versteigerung erfolglos, so kann der Verwalter, nach Zustimmung des Gläubigerausschusses, Vermögensteile frei verkaufen. Gegen den Sanierungsplan sind Rechtsmittel zulässig. Der Gläubigerausschuss kann ihn verwerfen, und Antrag auf Liquidationseröffnung oder Antrag auf Abbestellung des Sanierungsverwalters und Neubestellung eines anderen Sanierungsverwalters stellen. Dann ist die Erstellung eines zweiten Sanierungsplanes möglich. Nimmt der Gläubigerausschuss den Plan an, so sind Einwände von Gläubigern im Annahmeprotokoll zu vermerken, das vom Wirtschaftsgericht

---

[81] Art. 11 Abs. 11 Abschnitt 6 KG, Art. 13 Abs. 9 Abschnitt 10 KG.
[82] So die programmatische Definition in Art. 1 Abschnitt 12 KG, konkretisiert in Artt. 17 ff KG.
[83] Art. 1 Abschnitt 14 KG, Art. 53 KG; Art. 17 Abs. 1 Abschnitt 2, 3 KG, Art. 42 Abs. 6 Abschnitt 1 KG, Art. 43 Abs. 6 Abschnitt 1 KG.
[84] Art. 1 Abschnitt 14 KG; Art. 17 Abs. 3, 6, 10 KG; Art. 13 KG; Art. 18 Abs. 7 KG; Art. 21 Abs. 1 KG, Art. 17 Abs. 8 KG, Art. 106 WVfnGB.
[85] Art. 18 Abs. 1, 5, 6, 2 i. V. m. Anordnung Nr. 1809 „Über die Vereinbarung von Sanierungsplänen [...]" des Staatsvermögensfonds der Ukraine vom 5. 10. 2001.

bei der Bestätigung des Planes zu berücksichtigen ist. Der Bestätigungsbeschluss ist nach WVfnGB anfechtbar.[86]

6. Das Liquidationsverfahren

Die Eröffnung des Liquidationsverfahrens (max. Dauer zwölf Monate) hat die Einstellung 40 der unternehmerischen Tätigkeit des Konkursschuldners zur Folge, und bezweckt die Befriedigung der festgestellten Gläubigerforderungen durch Verkauf des Schuldnervermögens.[87] Alle Verbindlichkeiten des Schuldners werden fällig, Rechte und Pflichten der Schuldnerorgane erlöschen, und über das Schuldnervermögen verhängte Sicherungsmaßnahmen (z. B. Arrest) werden aufgehoben.

6.1 Liquidationsverwalter und Liquidationsmasse

Der Liquidationsverwalter nimmt das Schuldnervermögen in seine Verwaltung (Übergang 41 der Verwaltungs- und Verfügungsbefugnis), sichert, inventarisiert und schätzt dessen Bestand. Er zieht (z. B. durch Antrag auf Nichtigerklärung von Schuldnerverträgen) Vermögen zur Masse und hat das Schuldnervermögen zu verwerten.[88] Mit Abschluss der Gläubigerbefriedigung hat der Liquidationsverwalter einen Liquidationsbericht *(Звіт ліквідатора)* und eine -bilanz *(ліквідаційний баланс)* vorzulegen, zudem hat er während des Verfahrens mindestens monatlich dem Gläubigerausschuss einen Tätigkeitsbericht zu erstatten. Handlungen des Liquidationsverwalters können von dazu Berechtigten vor dem Wirtschaftsgericht angefochten werden, und auf Antrag des Gläubigerausschusses hin kann der Verwalter wegen Schlechterfüllung seine Pflichten vom Wirtschaftsgericht abbestellt werden.[89] Fakultativ kann das Wirtschaftsgericht zur Aufsicht über das Liquidationsverfahren eine Liquidationskommission *(Ліквідаційна комісія)* bestellen.[90]

Die Liquidationsmasse *(Ліквідаційна маса)* besteht aus sämtlichen Vermögensaktiva des Konkursschuldners, mit Ausnahme von Objekten des Wohnungsfonds (z. B. Kindergärten, Studentenwohnheime, kommunale Infrastruktur). Dazu gehören auch Gattungssachen, an denen dem Konkursschuldner ein Besitz oder Nutzungsrecht zusteht. Mit Pfandrechten besicherte Gegenstände fallen ebenfalls in die Liquidationsmasse. Wird über das Vermögen eines Einzelunternehmers das Liquidationsverfahren eröffnet, so fällt nach ZVfnGB exekutionsfreies Vermögen nicht in die Masse.[91] Die Verwertung erfolgt durch öffentliche Versteigerung, es sei denn der Gläubigerausschuss hat anderes bestimmt. Liegen mindestens zwei Erwerbsangebote vor, so hat der Liquidationsverwalter eine Auktion/Ausschreibung durchzuführen. Wird ein Versicherungsunternehmen verwertet, so ist dessen Veräußerung als Gesamtheit nur möglich, wenn der Erwerber sich verpflichtet, jene Verbindlichkeiten aus Versicherungsverträgen des Versicherungsunternehmens zu übernehmen, bei denen der Versicherungsfall bis zum Tag der Konkurserklärung noch nicht eingetreten war.[92]

6.2 Befriedigungsreihenfolge

Es wird eine besondere und eine allgemeine Befriedigungsrangordnung *(Черговість* 42 *задоволення вимог кредиторів)* unterschieden, wobei letztere in sechs Ränge unterteilt ist. Im ersten Rang werden u. a. befriedigt mit einem Pfandrecht gesicherte Forderungen, Arbeitnehmerabfindungen (bzw. die Rückzahlung eines hierfür aufgenommenen Darlehens), Auslagen des Bankgarantiefonds, Verfahrenskosten (u. a. Verwaltervergütung), Masseschulden. Im zweiten Rang sind u. a. zu befriedigen sonstige Arbeitnehmerforderungen und

---

[86] Art. 19 KG; Art. 20 KG; Art. 18 Abs. 5 KG.
[87] Art. 22 Abs. 1, 2 KG. Sondervorschriften für besondere Verfahren oder Schuldner in Art. 18 Abs. 6 KG, Art. 19 KG, Art. 12 KG, Art. 18 Abs. 6, 11 KG; 50 Abs. 8 Abschnitt 4 KG, Art. 51 f. KG, 47 ff. KG.
[88] Art. 25 KG, Art. 31 KG, Art. 17 Abs. 10 KG.
[89] Art. 25 Abs. 4 KG; Art. 30 Abs. 13 KG; Art. 32 Abs. 1 KG; Art. 30 Abs. 11, 12 KG.
[90] Art. 24 Abs. 2 KG; Art. 25 Abs. 3, 4 KG.
[91] Art. 26 KG; Art. 47 Abs. 7 KG.
[92] Art. 512 ff. ZGB; Art. 45 Abs. 3, 4 KG, Art. 32 Abs. 1 KG.

Ukraine 43, 44

Schadensersatzforderungen wegen Gesundheitsverletzung. In die dritte Kategorie fallen Steuer- und Abgabenforderungen, in die vierte Kategorie nicht durch ein Pfandrecht gesicherte Forderungen sowie Forderungen, die im Vermögensverfügungs- oder Sanierungsverfahren entstanden sind. In den fünften Rang fallen Arbeitnehmerforderungen wegen Rückzahlung aus dem Unternehmensfond, übrige Forderungen fallen in die sechste Kategorie. Forderungen der nächsten Kategorie können erst nach vollständiger Befriedigung aller Forderungen aus der vorangehenden Kategorien getilgt werden. Reicht der Erlös nicht aus, so werden Forderungen einer Kategorie proportional zu ihrer Höhe befriedigt.[93]

43   Unter anderem gilt für den Einzelunternehmer eine besondere Befriedigungsreihfolge: im ersten Rang sind Forderungen wegen Gesundheitsverletzung oder Unterhalt, im zweiten Rang u. a. Abfindungen und Löhne wegen Arbeits- und Werkverträgen, im dritten Rang gesicherte Forderungen, im vierten Rang Steuern und Abgaben, im fünften Rang alle übrige Forderungen zu begleichen. Danach tritt begrenzte Restschuldbefreiung ein.[94]

7. Internationales Insolvenzrecht

44   Ausländische Gläubiger *(кредитори-нерезиденти)* können am Konkursverfahren wie inländische teilnehmen. Ausländische Gerichtsentscheidungen in Konkurssachen erkennt die Ukraine nach dem Prinzip der Gegenseitigkeit an. Weitere kollisionsrechtliche Regelungen existieren nicht.[95]

---

[93] Art. 31 KG.
[94] Art. 49 Abs. 1, 2 KG.
[95] Art. 5 Abs. 10, 9 KG.

Vereinigte Staaten von Amerika

bearbeitet von *Britta Grauke* und *Sharon Youdelman* (Weil, Gotshal & Manges, LLP Frankfurt, New York)

Übersicht

	RdNr.		RdNr.
1. Schrifttum	1	**5. Gläubigergruppen**	26
2. Einführung	3	5.1 Gesicherte Gläubiger	27
2.1 Gesetzlicher Rahmen	4	5.2 Bevorzugte Insolvenzgläubiger	28
2.2 Verfahrenstypen	6	5.3 Einfache Insolvenzgläubiger	29
3. Beginn des Verfahrens	8	5.4 Nachrangige Insolvenzgläubiger	31
3.1 Eröffnungsgründe	8	**6. Abwicklung nicht vollständig erfüllter Verträge**	32
3.2 Schuldner	11	6.1 Wahlrecht	32
3.3 Vorläufige Sicherungsmaßnahmen/Verwaltungsbestellung	12	6.2 Besonderheit: Arbeitsverträge	35
3.4 Wirkung des Verfahrensbeginns	15	**7. Aufrechnung**	36
4. Verlauf des Verfahrens	18	**8. Insolvenzanfechtung**	37
4.1 Anmeldung der Forderungen durch die Gläubiger	18	**9. Reorganisationsverfahren**	38
4.2 Gläubigerversammlung	19	9.1 Vorschlag des Plans durch den Schuldner	39
4.3 Verwaltung und Verwertung der Insolvenzmasse	21	9.2 Inhalt des Reorganisationsplans	40
4.3.1 Gläubigerausschuss	22	9.3 Annahme des Reorganisationsplans	41
4.3.2 Veräußerung von Vermögenswerten	23	9.4 Folge der Planbestätigung	42
4.3.3 Kreditaufnahme (DIP-Financing)	24	9.5 Prepackaged Plans	43
4.4 Verteilung an die Gläubiger	25	**10. Internationales Insolvenzrecht**	44

1. Schrifttum: *Collier on Bankruptcy,* 15th ed.rev. 2005; *Norton Bankruptcy Law and Practice,* 2nd revision (Loseblatt mit regelmäßigen Nachlieferungen), *Tanenbaum/Rapisardi/Stuart,* Fundamentals of bankruptcy practice, 1999, Loseblattsammlung; *Dornieden,* Gläubigeranfechtung im US-amerikanischen Insolvenzrecht, IBL-Journal 2006/9; *Habscheid,* Konkurs in den USA und seine Wirkungen in Deutschland (und umgekehrt), NZI 2003, S. 238 ff. (zum US-amerikanischen internationalen Insolvenzrecht noch zum alten Recht); *von Hopffgarten,* Einführung in das US-amerikanische Insolvenzrecht, Bundesagentur für Außenwirtschaft, www.bfai.de; *Kemper,* Die US-amerikanischen Erfahrungen mit dem „Chapter 11". Ein Vergleich mit dem Insolvenzplan der neuen Insolvenzordnung, 1996; *Klöhn,* Wettbewerb der Gerichte im US-amerikanischen Unternehmensinsolvenzrecht, RIW 2006, S. 568 ff.; *Meyer/Duckstein,* Die US-amerikanische Insolvenzrechtsreform von 2005, ZIP 2006, S. 935 ff.; *Meyer-Löwy/Poertzgen/Eckhoff,* Die Einführung in das US-amerikanische Insolvenzrecht, ZInsO 2005, S. 735 ff., *Minuth,* Chapter 11 des US-amerikanischen Bankruptcy Code: Mythos und Realität, FS Greiner, 2005, S. 245 ff; *Mordhorst,* Die Behandlung vertraglicher Mobiliarsicherheiten im US-amerikanischen und deutschen Insolvenzrecht, 2003; *Niehus,* Die Insolvenzanfechtung in der Bundesrepublik Deutschland und den Vereinigten Staaten von Amerika, 1999; *Paulus,* Das neue internationale Insolvenzrecht der USA, NZI 2005, S. 439 ff.; *ders.,* Section 304 Bankruptcy Code – Die US-amerikanische Variante der Zusammenarbeit bei grenzüberschreitenden Insolvenzfällen, NZI 2005, S. 95 ff.; *Penzlin/Maesch,* Befriedigung von Altforderungen mit Zustimmung des Insolvenzgerichts? – Ein Seitenblick auf die US-amerikanischen Critical Vendor Orders, ZInsO 2006, S. 622 ff.; *Riesenfeld,* Einige Betrachtungen zur Behandlung dinglicher Sicherungsrechte an beweglichen Vermögensgegenständen im amerikanischen Insolvenzrecht der Vereinigten Staaten, FS Drobnig, 1998; *Rüfner,* Neues internationales Insolvenzrecht in den USA, ZIP 2005, S. 1859 ff.; *Utsch,* Das internationale Insolvenzrecht der USA, ZInsO 2006, S. 1305 ff.; *ders.,* Das amerikanische Hilfsverfahren nach § 304 Bankruptcy Code, ZIP 2004, S. 1182 ff.

Eine gute, detaillierte Erläuterung des Bankruptcy Codes bietet die offizielle Gerichtsseite www.uscourts.gov/bankruptcycourts/bankruptcybasics.

Weitere hilfreiche Internetadressen:
United States Bankruptcy Courts: http://www.uscourts.gov/bankruptcycourts.html (viele der großen Insolvenzfälle werden vor dem Insolvenzgericht des Southern District of New York (http://www.nysb.uscourts.gov) und dem District Court of Delaware (https://ecf.deb.uscourts.gov) begonnen)
Offizielle Bankcruptcy Formulare: http://www.uscourts.gov/bkforms
United States Trustee Informationen: http://www.usdoj.gov/ust
American Bankruptcy Institute: http://www.abiworld.org

2. Einführung

3   Das US-amerikanische Insolvenzrecht wird gerade in Europa häufig als ein Wettbewerbsvorteil für amerikanische Unternehmen angesehen, da es den in die Krise geratenen Unternehmen sehr viel weitergehender als andere Rechtsordnungen ermöglicht, im Insolvenzverfahren den Geschäftsbetrieb fortzuführen und das Insolvenzverfahren anschließend als reorganisiertes Unternehmen, frei von Altverbindlichkeiten, zu verlassen. Es wird daher als wirksames Instrument der Restschuldbefreiung auch den europäischen Gesetzgebern immer wieder als erstrebenswertes Modell vorgehalten. Tatsächlich ist ein wesentliches Prinzip des US-amerikanischen Insolvenzrechts die *Reorganisation Policy,* d. h. die Feststellung, dass ein in die Krise geratenes Unternehmen bei Fortführung des Betriebes einen größeren Wert darstellen wird, als in der Zerschlagung, sowie, dass durch die Fortführung dieses Unternehmens Arbeitsplätze und auch dritte Vertragspartner, wie etwa Zulieferer oder Vermieter etc. geschützt werden.

2.1 Gesetzlicher Rahmen

4   Das US-amerikanische Insolvenzrecht ist Bundesrecht. Es ist in Kapitel 11 des *United States Code,* dem sogenannten *Bankruptcy Code* (nunmehr in der Fassung vom 17. 10. 2005 auf Grund des *New Bankruptcy Act*) geregelt.

5   In das Verfahren nach dem *Bankruptcy Code* ist eine Vielzahl von Personen und Institutionen einbezogen, wie beispielsweise der Insolvenzrichter, die Gläubigerausschüsse, die im Rahmen der Insolvenz beauftragten Berater oder der so genannte *United States Trustee.* Bei diesem handelt es sich um eine Institution des Justizministeriums, die verschiedene Kontrollfunktionen im Verfahren übernimmt und bestimmten Versammlungen vorsitzt.[1]

2.2 Verfahrenstypen

6   Das US-amerikanische Recht unterscheidet für die verschiedenen Verfahrensarten zunächst nach den jeweiligen Schuldnern. Für Unternehmen in der Krise sieht der *Bankruptcy Code* dabei drei wesentliche Verfahren vor. Die bekannteste Verfahrensart ist die Reorganisierung gem. *Chapter 11* des *Bankruptcy Code,* die auch in Deutschland als „Chapter 11-Verfahren" inzwischen eine erhebliche Bekanntheit erreicht hat und immer wieder als Vorbild für notwendige Reformen des Insolvenzrechts in verschiedenen europäischen Ländern, einschließlich Deutschland, herangezogen wird.[2] Im Rahmen dieses Chapter 11-Verfahrens führt regelmäßig das Management des Unternehmens den Geschäftsbetrieb fort, um den Wert des Unternehmens zu erhalten und durch das Insolvenzverfahren die Krise zu überwinden. Daneben gibt es die Liquidation durch einen Insolvenzverwalter *(trustee)* gem. *Chapter 7* sowie schließlich die Liquidation gem. *Chapter 11,* bei der die Liquidation durch das Management selbst erfolgt.[3] Anders als die Reorganisation führt die Liquidation für das Unternehmen nicht zu einer Restschuldbefreiung. Viele der auch in Deutschland zu einiger Bekanntheit gelangten großen US-amerikanischen Insolvenzverfahren, wie beispielsweise die Verfahren der Unternehmen Worldcom oder United Airlines, wurden als Reorganisation nach *Chapter 11* (erfolgreich) durchgeführt, mit der Folge, dass die Unternehmen heute weiterhin im Markt aktiv sind.

7   Daneben gibt es das Insolvenzverfahren über insolvente Gemeinden *(Municipalities)* gem. *Chapter 9* sowie die Insolvenzverfahren über das Vermögen natürlicher Personen, die in den *Chapter 12* und *13* des *Bankruptcy Code* geregelt sind. Für natürliche Personen mit regelmäßigem Einkommen steht unter bestimmten Voraussetzungen auch die Liquidation gem.

---

[1] Wegen der Einzelheiten vgl. http://www.usdoj.gov/ust.
[2] Aufgrund dieser Bekanntheit als „Chapter 11-Verfahren" wird im Folgenden der englische Begriff *Chapter* für die Kapitel des Bankruptcy Codes verwandt.
[3] Ein Übergang vom Chapter 7-Verfahren in das Chapter 11-Verfahren und umgekehrt ist – ggf. unter bestimmten Bedingungen – auch noch im Laufe des Insolvenzverfahrens möglich, vgl. z. B. 11. U.S. C. § 706 (a) oder § 1112 (a).

Chapter 7 offen, die bei diesen, anders als bei Unternehmen, auch zu einer Restschuldbefreiung führt.

3. Beginn des Verfahrens

3.1 Eröffnungsgründe

Anders als beispielsweise in Deutschland ist für den Beginn eines Insolvenzverfahrens nach dem *Bankruptcy Codes* nicht das Vorliegen eines absoluten Insolvenzgrundes, wie Überschuldung oder Zahlungsunfähigkeit erforderlich.[4] Häufig sind es die Unternehmen selbst, die das Chapter 11-Verfahren zur Reorganisation beginnen, um die Chancen der Restschuldbefreiung zu nutzen. Das US-amerikanische Recht kennt andererseits eine gesetzliche Insolvenzantragspflicht für Unternehmen nicht. Diese kommt nur in Einzelfällen auf Grund Treuepflichtgedanken in Betracht. Der freiwillige Beginn des Insolvenzverfahrens *(Voluntary Filing)* führt schließlich dazu, dass das Insolvenzverfahren ohne weitere Prüfung durchgeführt wird *(Order for relief)*. Damit haben US-amerikanische Unternehmen einen großen Spielraum, um eine Restschuldbefreiung durch ein Insolvenzverfahren herbeiführen. 8

Daneben können auch Gläubiger einen Antrag auf Eröffnung des Insolvenzverfahrens stellen *(Involuntary Petition)* – anders als bei dem *Voluntary Filing* – erfolgt hier jedoch eine Sachprüfung des zuständigen Insolvenzgerichts. Der Gläubiger muss die Insolvenz des Schuldners darlegen und im Falle des Bestreitens auch beweisen, was über die Anforderung beispielsweise des deutschen Rechts zur bloßen Glaubhaftmachung des Insolvenzgrundes hinaus geht.[5] 9

Mit Einreichung des Antrags des Schuldners oder des Gläubigers beginnt das Insolvenzverfahren.[6] 10

3.2 Schuldner

Wie oben dargestellt regelt der *Bankruptcy Code* die Insolvenzverfahren für Unternehmen,[7] Gemeinden und natürliche Personen als jeweilige Schuldner. Vorraussetzung ist, dass der Schuldner in den USA ansässig ist, dort ein *Place of Business*, hat, d. h. dort ein Geschäft betreibt, oder Vermögen des Schuldners in den Vereinigten Staaten belegen ist.[8] 11

3.3 Vorläufige Sicherungsmaßnahmen/Verwaltungsbestellung

Da bei einem eigenen Antrag des Schuldners, der den häufigsten Fall des US-amerikanischen Insolvenzverfahrens darstellt, das Verfahren unmittelbar mit dem *Voluntary Filing* beginnt, besteht anders als etwa im deutschen Recht, nur in eingeschränkten Maße das Bedürfnis für Sicherungsmaßnahmen vor Verfahrenseröffnung. Diese kommen jedoch in Betracht, wenn zunächst eine ausführliche Prüfung des Gerichts, insbesondere in internationalen Fällen[9] erfolgt. 12

In Chapter 11-Verfahren bleibt der Schuldner zudem verfügungsbefugt über sein Vermögen und das bestehende Management des Unternehmens führt den Geschäftsbetrieb weiter. Nur in besonderen Fällen, wie beispielsweise bei betrügerischen Handlungen, groben Missmanagements oder Unfähigkeit des Managements *(Incompetence)* oder in den Fällen, wo dies im Interesse der Gläubiger, Anteilseigner oder dritter Parteien unbedingt erforderlich ist, kann das zuständige Gericht die Bestellung eines Verwalters anordnen.[10] Zu den Aufgaben dieses Verwalters kann die Fortführung des Geschäftsbetriebes sowie die 13

---

[4] Dies gilt nicht für Gemeinden, bei diesen muss tatsächlich eine Insolvenz vorliegen.
[5] 11 U. S.C § 303.
[6] 11 U. S. C. § 301–303.
[7] Ausnahmen bestehen für Versicherungsunternehmen und Banken – für diese gelten die Regelungen des *Bankruptcy Code* nicht, sondern jeweils Sondergesetze. Einschränkungen gelten z. B. für *Stockbroker*, für die nur das Verfahren nach Chapter 7 möglich ist. 11 U. S. C. § 109.
[8] Wegen der internationalen Aspekte, vgl. im Folgenden unter 10.
[9] Siehe im Folgenden unter 10.
[10] 11 U. S. C. § 1104.

Prüfung der finanziellen Situation des Unternehmens und der Vorwürfe des betrügerischen Verhaltens, des Missmanagements oder der Unfähigkeit sein. Er ist jedoch in der Regel nicht mit der Verwertung des Schuldner-Vermögens befasst. Anstelle des Verwalters kann das Gericht auch einen sogenannten *Examiner,* d. h. einen Prüfer, bestellen, der die entsprechenden Untersuchungen durchführt.

14 Im Liquidationsverfahren nach *Chapter 7* muss dagegen ein Insolvenzverwalter *(trustee)* bestellt werden. Ähnlich wie im deutschen Recht wird hier als vorläufige Sicherungsmaßnahme ein vorläufiger Verwalter eingesetzt, bis der endgültige Insolvenzverwalter bestellt ist.

3.4 Wirkung des Verfahrensbeginns

15 Der Beginn des Verfahrens nach dem *Bankruptcy Code* führt zu der Gründung der Insolvenzmasse *(Estate),* die sämtliche Vermögenswerte des Schuldners umfasst, unabhängig davon, wo sie sich befinden und wer sie im Besitz hält (Universalitätsprinzip).[11] Daneben führt die Verfahrenseröffnung automatisch zu einer Aussetzung sämtlicher laufender (Vollstreckungs-)Verfahren gegen den Schuldner oder seine Vermögenswerte, einschließlich zukünftiger Verfahren, die sich auf die Zeit vor der Insolvenz beziehen, (der so genannte *Automatic Stay*).[12] Hierdurch soll dem Schuldner die Möglichkeit gegeben werden, sein Geschäft zu stabilisieren, ohne dass Gläubiger in die Vermögenswerte des Unternehmens vollstrecken. Gleichzeitig soll hierdurch die Gleichstellung aller Gläubiger sichergestellt und ein Wettkampf der Gläubiger in der Vollstreckung und Geltendmachung von Ansprüchen (sog. *rat race*) verhindert werden. Ausgenommen von diesem *Automatic Stay* sind besondere Verfahren wie Strafverfahren oder Unterhaltsverfahren. Außerdem kann das zuständige Insolvenzgericht unter bestimmten Umständen einzelne Ausnahmen von dem *Automatic Stay* anordnen.[13]

16 Wie im Folgenden unter 4.c dargestellt geht im US-amerikanischen Insolvenzrecht nur im Rahmen des Liquidationsverfahrens nach *Chapter 7* die Verfügungsbefugnis auf den Insolvenzverwalter *(Trustee)* über. Im Rahmen des Reorganisationsverfahrens wirkt sich dagegen die Verfahrenseröffnung regelmäßig nicht auf die Verwaltungs- und Verfügungsbefugnis des Managements des Schuldnerunternehmens aus, er bleibt sogenannter *Debtor in Possession,* d. h. Schuldner mit Verfügungsbefugnis.[14] Einen ähnlichen Weg hat das deutsche Insolvenzrecht mit der Einführung der Eigenverwaltung gewählt, die allerdings bisher, anders als im US-amerikanischen Recht, nicht der Regelfall der Insolvenzverfahren über deutsche Unternehmen geworden ist.

17 Die Eröffnung des Insolvenzverfahrens führt schließlich, ähnlich wie im deutschen Recht, dazu, dass dem *Debtor in Possession* (d. h. dem Unternehmen in der Reorganisation nach *Chapter 11*) bzw. dem Insolvenzverwalter (im Rahmen der Liquidation gem. *Chapter 7*) ein Wahlrecht im Hinblick auf die Erfüllung bereits abgeschlossener Verträge zugestanden wird.[15]

4. Verlauf des Verfahrens

4.1 Anmeldung der Forderungen durch die Gläubiger

18 Der Schuldner muss gemäß der Regelung des *Bankruptcy Code* verschiedene Dokumentationen erstellen und diese beim Insolvenzgericht einreichen. Dazu zählen solche, aus denen sich die Vermögenswerte und die Vermögensverbindlichkeiten zum Zeitpunkt des Verfahrensbeginns ergeben. Außerdem setzt das Insolvenzgericht während des Verfahrens eine Frist zur Forderungsanmeldung *(Bar Date),* innerhalb derer die Gläubiger ihre Forderungen gegenüber dem Insolvenzgericht nachweisen müssen.[16] Diese *Proofs of Claims* müssen in der

---

[11] 11 U. S. C. § 541, für die internationalen Aspekte siehe auch im Folgenden unter 10.
[12] 11 U. S. C. § 362.
[13] 11 U. S. C. § 362 (d).
[14] 11 U. S. C. § 363.
[15] 11 U. S. C. § 365 (wegen der Einzelheiten im Folgenden unter 6.a).
[16] 11 U. S. C. § 501.

englischen Sprache und, sofern es sich um Forderungen in anderer Währung handelt in US-Dollar umgerechnet, eingereicht werden. Die vom Gläubiger eingereichten Forderungsnachweise werden zunächst *prima facie* als zutreffend angesehen. Sollte der Schuldner die Forderung an sich oder deren Höhe bestreiten, wird die Forderung im Rahmen einer mündlichen Verhandlung des zuständigen Insolvenzgerichts erörtert und das Insolvenzgericht setzt sodann die zutreffende Höhe (und ggf. auch Rangfolge) des geltend gemachten Anspruchs fest.

4.2 Gläubigerversammlung

Innerhalb einer angemessenen Zeit nach Beginn des Insolvenzverfahrens muss eine Gläubigerversammlung stattfinden.[17] Diese wird von dem *United States Trustee*[18] einberufen und geleitet. An ihr können neben den Gläubigern der Schuldner und dessen Rechtsberater teilnehmen. Vertreter des Insolvenzgerichts sind dagegen von Gläubigerversammlungen ausgeschlossen. In der Gläubigerversammlung werden die Vertreter des Schuldners unter Eid zu der finanziellen Situation und dem Status des Insolvenzverfahrens befragt. Derartige Gläubigerversammlungen werden auch in der Folgezeit während der Dauer des Verfahrens regelmäßig abgehalten.

Das Gesetz schreibt nicht vor, welche Punkte auf der Gläubigerversammlung zur behandeln sind. Regelmäßig ist die Gläubigerversammlung jedoch die Gelegenheit für die Gläubiger, den Status des Insolvenzverfahrens und Informationen über die finanzielle Situation des Schuldners (und damit auch der Bewertung ihrer eigenen Ansprüche) zu erfragen.

4.3 Verwaltung und Verwertung der Insolvenzmasse

Wie dargestellt bleibt der *Debtor in Possession* (d.h. der Schuldner im Rahmen eines Reorganisationsverfahrens nach *Chapter 11*) verwaltungs- und verfügungsbefugt über die Insolvenzmasse und führt den Geschäftsbetrieb des Unternehmens weiter. Im Rahmen der Liquidation gem. *Chapter 7* dagegen wird ein Insolvenzverwalter bestellt, dem die Verwaltungs- und Verfügungsbefugnis und die Liquidation der Masse übertragen wird.

Hinzu kommen die folgenden Besonderheiten:

4.3.1 Gläubigerausschuss

Der *US-States Trustee* ist verpflichtet, mit Beginn des Insolvenzverfahrens einen Ausschuss der ungesicherten Gläubiger zu ernennen.[19] Regelmäßig setzt sich dieser aus Vertretern der größten ungesicherten Gläubiger zusammen. (Daneben ist der *United States Trustee* befugt, einen Ausschuss einzusetzen, der die Interessen der Anteilseigner und bestimmter ungesicherter Gläubiger, wie beispielsweise Gläubiger mit deliktischen Forderungen oder Inhaber von Schuldverschreibungen, vertritt, sowie in größeren Verfahren auch weitere Ausschüsse zu bilden.) Eine der wesentlichen Aufgaben des Gläubigerausschusses ist die Verhandlung des Reorganisationsplans[20] mit dem Schuldner und die Überprüfung der finanziellen Lage des Schuldners. Er überwacht aber auch etwaige Transaktionen des Schuldners während der Dauer des Verfahrens. Hierbei ermächtigt der *Bankruptcy Code* den Gläubigerausschuss zur Beauftragung von Beratern zur Erfüllung dieser Aufgaben.[21]

4.3.2 Veräußerung von Vermögenswerten

Der Schuldner (bzw. dem Insolvenzverwalter) ist befugt, Vermögenswerte im Rahmen des normalen Geschäftsbetriebes (*„in the ordinary course of business"*) zu veräußern, ohne dass hierfür die Zustimmung des Insolvenzgerichts erforderlich wäre. Die Veräußerung außerhalb des gewöhnlichen Geschäftsbetriebes erfordert dagegen die Zustimmung des Insolvenzgerichts nach Anhörung der Beteiligten. Daneben darf der Schuldner Vermögen, an dem

---

[17] 11 U.S.C. § 341 (e).
[18] Vgl. oben unter 2.1.
[19] 11 U.S.C. 1102.
[20] Siehe hierzu im Folgenden 9.
[21] 11 U.S.C. § 1103.

Dritte ein Recht angemeldet haben (wie beispielsweise verpfändete Barbestände oder Konten) nur mit Zustimmung des Insolvenzgerichts oder der betroffenen Partei veräußern. Regelmäßig wird das Insolvenzgericht dies nur erlauben, wenn der Gläubiger anderweitig gesichert wird, etwa durch die Verpfändung von anderen Vermögensgegenständen.[22]

4.3.3 Kreditaufnahme *(DIP-Financing)*

24 Ein Thema, das auch das deutsche Insolvenzrecht gerade in den großen Verfahren der letzten Jahre zunehmend beschäftigt, ist die Möglichkeit für den Schuldner (bzw. in Deutschland in der Regel den Insolvenzverwalter), kurzfristig – vorrangige – Darlehensverträge abzuschließen und damit die ausreichende Solvenz des Unternehmens wieder herzustellen. Der *Bankruptcy Code* erleichtert dies durch das sogenannte *DIP (Debtor in Possession) – Financing,* bei dem nach einer Anhörung der Beteiligten der Schuldner ermächtigt wird, sogenannte *Super Priority Loans,* d. h. absolut vorrangige Darlehen, in Anspruch zu nehmen.[23] Je nach finanzieller Situation kann das Insolvenzgericht dabei dem Schuldner sogar erlauben, bereits mit Rechten Dritter belastende Vermögensgegenstände nochmals, ggfs. sogar vorrangig, zu belasten. Damit geht das *DIP-Financing* über den deutschen Massekredit hinaus. Auch dies ist Ausfluss der Einschätzung des US-amerikanischen Insolvenzrechts, dass bei einer Zerschlagung eines Unternehmens dessen Werte verloren gehen und die Fortführung des Unternehmens daher, auch wenn hierzu neuer Kredit benötigt wird, vorzugswürdig ist.

4.4 Verteilung an die Gläubiger

25 Die Gläubiger erhalten Zahlungen auf ihre vom Gericht zugelassenen bzw. vom Schuldner nicht bestrittenen Forderungen in der Reorganisation gem. *Chapter 11* auf der Grundlage des Reorganisationsplans, nachdem dieser von dem Insolvenzgericht bestätigt wurde. Dies kann je nach Komplexität des Verfahrens mehrere Jahre dauern. Die Verteilung der im Rahmen der Liquidation nach *Chapter 7* erhaltenen Gelder erfolgt nach Rangfolge der Forderungen.[24] Sofern die durch die Liquidation erhaltene Summe nicht ausreichend ist, um die Gläubiger insgesamt zu befriedigen, erfolgt in den verschiedenen Gläubigergruppen eine Verteilung (ähnlich wie im deutschen Recht) anteilig.

5. Gläubigergruppen

26 Insbesondere im Hinblick auf das Zustimmungserfordernis der einzelnen Gläubigergruppen zum Reorganisationsplan sowie bei der Verteilung der Insolvenzmasse in der Liquidation sind die Gläubigergruppen im US-amerikanischen Recht von entscheidender Bedeutung. Zudem gilt das Prinzip, dass innerhalb der verschiedenen Gläubigergruppen alle Gläubiger gleich behandelt werden müssen. Die Zuordnung zu bestimmten Gläubigergruppen kann daher für den Erfolg der Reorganisation von erheblicher Bedeutung sein.
Regelmäßig werden zumindest die folgenden Gläubigergruppen gebildet:

5.1 Gesicherte Gläubiger

27 Gesicherte Gläubiger sind solche, denen für ihre Forderung gegen den Schuldner Sicherheiten zur Verfügung gestellt wurden. Soweit allerdings Forderungen eines solchen Gläubigers nur teilweise oder nur bis zu einer bestimmten Höhe gesichert sind, werden nur diese als gesicherte Forderungen angesehen. Gesicherte Gläubiger haben nach Beginn des Insolvenzverfahrens zumindest so weit einen Anspruch auf Zinszahlungen, wie der Wert ihrer Sicherheit den abgesicherten Anspruch überschreitet. Bei ungesicherten Forderungen laufen dagegen ab Beginn des Insolvenzverfahrens keinerlei Zinsen mehr auf. Gesicherte Gläubiger haben außerdem während des Insolvenzverfahrens einen Anspruch auf angemessene Absicherung gegen den Wertverlust ihrer Sicherung wenn der Wertverlust auf Grund des *Auto-*

---

[22] Sog. *adequate protection,* 11 U. S. C. § 361.
[23] 11 U. S. C. § 364.
[24] 11 U. S. C. § 726.

matic Stays, d. h. der Aussetzung aller Vollstreckungsverfahren und Verwertungsverfahren, oder auf Grund der Verwendung der Sicherheit durch den Schuldner oder der vorrangigen Nutzung der Sicherheit für die Finanzierung während des Insolvenzverfahrens eintritt (vgl. oben 4.3.2 und 4.3.3). Für den Fall, dass die Sicherheit genutzt wird, um den gesicherten Gläubiger zu befriedigen, ist dieser zur Zahlung der Kosten der Verwertung verpflichtet.

5.2 Bevorzugte Insolvenzgläubiger

Im US-amerikanischen Insolvenzrecht werden ähnlich wie im deutschen Recht bestimmte Forderungen bevorzugt behandelt (*Priority Claims,* 11 U. S. C. § 507 (a) (1)-(10)). Hierzu zählt unter anderem der so genannte Verwaltungsaufwand, d. h. der tatsächliche, angemessene und erforderliche Kostenaufwand für den Schuldner im Rahmen des Insolvenzverfahrens. Bevorzugte Ansprüche sind auch bestimmte Ansprüche ungesicherter Gläubiger, die vor Eröffnung des Insolvenzverfahrens entstanden sind, wie beispielsweise Gehälter und Vergütungsbestandteile, die in den letzten sechs Monaten vor Beginn des Insolvenzverfahrens entstanden sind, hinterlegte Geldbeträge von Kunden, Steuerforderungen oder Zollforderungen.

5.3 Einfache Insolvenzgläubiger

Alle anderen Gläubiger gelten als ungesicherte Insolvenzgläubiger, die im Rahmen des Insolvenzverfahrens regelmäßig vom Gläubigerausschuss vertreten werden, der wie ein Treuhänder agiert. Ihr Recht auf Teilnahme an Verfahren wird hierdurch allerdings nicht ausgeschlossen.

Je nach Komplexität des Verfahrens können die ungesicherten Gläubiger in verschiedene Gläubigergruppen aufgeteilt werden, in denen jeweils gleichartige Forderungen zusammengefasst werden. So kann es beispielsweise sinnvoll sein, ungesicherte Gläubiger mit Kleinforderungen bis zu einem bestimmten Betrag zusammenzufassen.[25]

5.4 Nachrangige Insolvenzgläubiger

Nachrangig sind regelmäßig Anteilseigner, die keine Auszahlung erhalten, bis alle anderen Ansprüche erfüllt sind. Außerdem kann das Insolvenzgericht Ansprüche eines Gläubigers oder eines Anteilseigners auf Grund eines substantiell unangebrachten Verhaltens dieses Gläubigers oder Anteilseigners im Verfahren subordinieren. Schließlich gibt es wie auch in Deutschland die vereinbarte Nachrangigkeit, die vom *Bankruptcy Code* anerkannt wird.

6. Abwicklung nicht vollständig erfüllter Verträge

6.1 Wahlrecht

Ähnlich wie im deutschen Recht erlaubt das US-amerikanische Insolvenzrecht dem Schuldner die Wahl, ob er Verträge, bei denen die Hauptpflichten noch nicht vollständig erfüllt sind, beenden oder weiterführen möchte.[26] Bis zu dieser Entscheidung ist die andere Partei verpflichtet, die Verträge auszuführen. Wichtig in diesem Zusammenhang ist, dass der *Bankruptcy Code* grundsätzlich Klauseln für ungültig erklärt, die vorsehen, dass eine schlechte finanzielle Lage des Schuldners oder der Beginn des Insolvenzverfahrens zu einer Beendigung oder einer Abänderung eines Vertrages mit dem Schuldner führen sollen.[27]

Für den Fall, dass der Schuldner sich für die Beendigung des Verfahrens entscheidet, wird dies wie eine Vertragspflichtverletzung vor der Insolvenz angesehen und gibt der anderen Vertragspartei einen – ungesicherten – Anspruch gegen den Schuldner.[28] Vor dem Hintergrund der *Reorganisation Policy* gibt das Insolvenzrecht damit dem Schuldner die Möglichkeit, sich von einseitigen oder nachteiligen Verträgen zu lösen und damit den zukünftigen Wert des Unternehmens zu erhöhen.

---

[25] 11 U. S.C § 1122 (b).
[26] 11 U. S. C. § 365.
[27] 11 U. S. C. § 365 (e) (1).
[28] 11 U. S. C. §§ 501, 502.

34 Wenn sich der Schuldner dafür entscheidet, einen für ihn vorteilhaften Vertrag weiterzuführen, muss er alle bisherigen Vertragsverletzungen heilen und seine zukünftige Leistung unter dem fortgeführten Vertrag ausreichend absichern.[29] Alternativ kann der Schuldner bis auf wenige Ausnahmen im Insolvenzverfahren Verträge auch auf eine dritte Partei übertragen, selbst wenn der Vertrag eigentlich ein Abtretungsverbot vorsieht.[30]

6.2 Besonderheit: Arbeitsverträge

35 Angestellte des Schuldners, die nach dem Beginn des Insolvenzverfahrens gekündigt werden, können einen Anspruch auf Abfindung haben. In einigen Bundesstaaten werden diese Abfindungsansprüche als bevorrechtigte Ansprüche (oft gleichstehend mit den Verwaltungskosten[31]) behandelt. In anderen Bundesstaaten werden die Abfindungsansprüche lediglich soweit bevorrechtigt behandelt, wie sie sich auf die Tätigkeit des Arbeitnehmers während des Insolvenzverfahrens beziehen und sind ansonsten ungesicherte Forderungen.

7. Aufrechnung

36 Gläubiger behalten im Insolvenzverfahren ihr Recht zur Aufrechnung, soweit sowohl der Anspruch des Schuldners gegen den aufgerechnet wird, als auch der aufrechnungsfähige Anspruch des Gläubigers vor Beginn des Insolvenzverfahrens entstanden sind.[32] Allerdings muss das Insolvenzgericht der Geltendmachung des Aufrechnungsrechtes nach Anhörung zustimmen. Eine Ausnahme von der Aufrechnungsmöglichkeit besteht für Ansprüche, die 90 Tage vor Beginn des Insolvenzverfahrens begründet worden sind, wenn der Schuldner zu diesem Zeitpunkt entweder schon zahlungsunfähig war oder die Forderung nur zum Zwecke der Aufrechnung begründet wurde.[33]

8. Insolvenzanfechtung

37 Ähnlich wie im deutschen Recht kennt auch das US-amerikanische Recht die Möglichkeit, Geschäfte, die vor Beginn des Insolvenzverfahrens abgeschlossen wurden, unter bestimmten Bedingungen für nichtig erklären zu lassen, insbesondere wenn eine Vorzugsbehandlung für bestimmte Gläubiger[34] oder eine betrügerische Handlung[35] vorliegt (Insolvenzanfechtung).[36] Zuständig für die Nichtigerklärung ist das Insolvenzgericht, das nach mündlicher Verhandlung entscheidet. Als Vorzugsbehandlung wird eine Zahlung oder eine Vermögensverfügung des insolventen Schuldners angesehen, die innerhalb von 90 Tagen (bzw. ein Jahr für Insider, d. h. solche Dritte, die die Insolvenz des Schuldners kannten) vor Beginn des Insolvenzverfahrens erfolgt ist und die die andere Vertragspartei in die Lage versetzt, mehr zu erzielen, als ihr in einer Liquidation gem. *Chapter 7* zustehen würde, wäre die Vermögensverfügung oder Zahlung nicht erfolgt. Eine betrügerische Handlung *(fraudulent transfer)* ist eine Vermögensverschiebung, die die Benachteiligung oder verzögerte Bedienung von Gläubigern bezweckt oder bei der die insolvente Gesellschaft keine adäquate Gegenleistung erhält. Hierunter können auch solche Vermögensverfügungen fallen, die den Schuldner mit unangemessen kleinem Kapital zurücklassen oder bei denen bereits ersichtlich ist, dass der Schuldner nicht in der Lage sein wird, zukünftig seine Verbindlichkeiten zu

---

[29] 11 U. S. C. § 365 (b) (1).
[30] 11 U. S. C. § 365 (f).
[31] Siehe oben unter 5.2.
[32] 11 U. S. C. § 553.
[33] 11 U. S. C. § 553 (a) (2) und (3).
[34] 11 U. S. C. § 547.
[35] 11 U. S. C. § 548.
[36] Eine Neuerung der Reform im Jahre 2005 ist die Einführung eines Anfechtungstatbestands für Vermögensübertragungen in *self-settled trusts* oder *asset protection trusts*, d. h. *trusts*, die vom Schuldner zu eigenen Gunsten gebildet werden, wenn solche Vermögensübertragungen in der Absicht vorgenommen wurden, die Gläubiger an der Durchsetzung von Forderungen zu hindern oder sie zu täuschen, 11 U. S.C § 548 (e) (1).

zahlen. Die Begünstigten der für nichtig erklärten Verfügungen (Anfechtungsgegner) sind verpflichtet, die erhaltenen Zahlungen oder Vermögensgegenstände zurückzugewähren – für den Fall, dass diese bereits weiter übertragen worden sind, gilt die Rückgewährpflicht auch für diese Dritten.

9. Reorganisationsverfahren

Wie bereits dargestellt, ist das Reorganisationsverfahren das Herz des US-amerikanischen Insolvenzrechts. Der Kern dieses Verfahrens ist der Reorganisationsplan, der auch als Vorlage für den in Deutschland bisher allerdings nicht in dieser Form und Regelmäßigkeit genutzten Insolvenzplan gedient hat. Der Reorganisationsplan ist der „Vertrag" zwischen den verschiedenen am Insolvenzverfahren beteiligten Parteien und enthält die einzelnen Regeln dafür, wie die Gläubiger und Anteilseigner gestellt werden, wenn der Schuldner aus dem Reorganisationsverfahren gem. *Chapter 11* als restrukturiertes Unternehmen wieder heraustritt. Ein entscheidender Unterschied zu einem echten Vertrag ist dabei, dass der Reorganisationsplan nicht die Zustimmung jedes einzelnen Gläubigers oder Anteilseigners erfordert und unter bestimmten Umständen auch den nichtzustimmenden Gläubigergruppen und Beteiligten „aufgezwungen" werden kann (sog. *cram down*).

9.1 Vorschlag des Plans durch den Schuldner

Während der Ersten 120 Tage nach Beginn des Chapter 11-Verfahrens kann ausschließlich der Schuldner einen Reorganisationsplan beim Insolvenzgericht vorlegen.[37] Dies soll dem Schuldner ermöglichen, das Reorganisationsverfahren zu kontrollieren und gleichzeitig insbesondere die Gläubiger dazu zwingen, mit dem Schuldner in Verhandlungen einzutreten. Die 120-Tage-Frist kann durch das Insolvenzgericht verlängert (und unter bestimmten Umständen auch verkürzt werden), wenn das Gericht nach einer mündlichen Verhandlung zur Ansicht gekommen ist, dass hierfür ausreichend Gründe vorliegen. Eine Verlängerung ist jedoch seit der Reform im Jahre 2005 nur noch bis zum Ablauf von maximal 18 Monaten nach Beginn des Insolvenzverfahrens möglich. Nach Ablauf dieser so genannten Exklusivitätsperiode kann jede am Insolvenzverfahren beteiligte Partei einen Reorganisationsplan vorlegen.[38]

9.2 Inhalt des Reorganisationsplans

Der Reorganisierungsplan setzt zunächst die Festlegung und Behandlung der verschiedenen Gläubigergruppen und Anteilseigner fest.[39] Die Festlegung der Gläubigergruppen ist ein unabdingbarer Inhalt des Plans, da die spätere Abstimmung über den Plan nach Gläubigergruppen erfolgt.[40] Des Weiteren muss der Plan die Behandlung der Einzelnen von der Reorganisation betroffenen Gläubigergruppen regeln.[41] Zusätzlich kann der Reorganisationsplan bes. in großen Insolvenzfällen weitere wichtige Punkte regeln,[42] wie beispielsweise: (i) Verkauf bestimmter oder aller Vermögenswerte des Schuldners; (ii) Einziehung sämtlicher vorhandener Anteile an dem reorganisierten Unternehmen; (iii) Abberufung und Neubestellung des Managements der reorganisierten Gesellschaft; (iv) Umwandlung von Verbindlichkeiten in Eigenkapital *(Debt for Equity Swap)*; (v) Vergütungen/*Incentives* für das Management der reorganisierten Gesellschaft; (vi) Aufnahme neuer Finanzierungen oder Ausgabe neuer Finanzierungsinstrumente; (vii) Befriedigung von Ansprüchen der Gläubiger durch andere als die ursprünglichen Mittel, z. B. Anteile am reorganisierten Unternehmen und (viii) weitere Finanzierungen.

---

[37] 11 U. S. C. § 1121.
[38] 11 U. S. C. § 1121 (c).
[39] 11 U. S. C. § 1123 (a).
[40] 11 U. S. C. § 1126.
[41] 11 U. S. C. § 1123 (a) (3).
[42] 11 U. S. C. § 1123 (b) (6).

9.3 Annahme des Reorganisationsplans

41 Eine der wesentlichen Voraussetzungen für die Bestätigung des Reorganisationsplans ist grundsätzlich die Zustimmung aller Gläubigergruppen, die durch den Reorganisationsplan nachteilig betroffen werden. Dabei muss nicht jeder einzelne Gläubiger zustimmen, es reicht die Zustimmung durch Gläubiger aus, die zwei Drittel der Ansprüche in der jeweiligen Gruppe und mindestens die Hälfte der Anzahl der in dieser Gruppe zugelassenen Ansprüche halten.[43] Abgestellt wird dabei allerdings nur auf die Gläubiger, die im Rahmen des Verfahrens für oder gegen den Plan abstimmen, sich also an der Abstimmung aktiv beteiligen. Das US-amerikanische Insolvenzrecht erlaubt es dem Insolvenzgericht zudem, den Reorganisationsplan auch dann zu bestätigen, wenn einzelne Gläubigergruppen diesen abgelehnt haben, solange mindestens eine der betroffenen Gläubigergruppen den Plan akzeptiert hat (sog. *cram down*).[44] Auch dies ist eine der Bestimmungen, die als ein besonderer Vorteil des US-amerikanischen Rechts angesehen werden, denn gegen den Reorganisationsplan stimmen häufig diejenigen (nachrangigeren) Gläubiger – oder Anteilseignergruppen, die in der Reorganisation keine oder nur eine geringe Auszahlung oder keine oder nur nachrangige Rechte an der Insolvenzmasse erhalten. Diesen nachrangigeren Gläubigern und Anteilseignern ist es auf Grund dieser Bestimmung nicht möglich, die Reorganisation zu verhindern. Voraussetzung für den *cram down* ist, dass das Insolvenzgericht zu dem Ergebnis kommt, dass der Reorganisationsplan die ablehnende Gläubigergruppe nicht unangemessen diskriminiert und grundsätzliche eine gerechte Lösung darstellt *(fair and equitable treatment)*. Eine unfaire Diskriminierung liegt dann vor, wenn der Reorganisationsplan die ablehnende Gläubigergruppe nicht vergleichbar mit anderen Gläubigergruppen behandelt (eine identische Behandlung ist allerdings nicht erforderlich). Die Prüfung, ob der Plan *fair and equitable* ist, bestimmt sich anhand verschiedener Kriterien, unter anderem, ob vorrangige Gläubiger dem Plan zugestimmt haben oder ob die ablehnenden Gläubiger letztendlich einen Wert erhalten, der ihren ungesicherten Forderungen entspricht.

9.4 Folge der Planbestätigung

42 Sobald das Insolvenzgericht den Organisationsplan bestätigt hat, ist dieser für den Schuldner, sämtliche Gläubiger und alle Anteilseigner verbindlich und der Schuldner wird von sämtlichen Forderungen, die vor dem Insolvenzplan begründet wurden, frei (Restschuldbefreiung), es sei denn, der Reorganisationsplan selbst sieht anderes vor. Es gelten nur noch die Regelungen des Plans.

9.5 Prepackaged Plans

43 Im Chapter 11-Verfahren werden auch Zustimmungen von Gläubigergruppen zum Reorganisationsplan (siehe oben 9.4) anerkannt, die schon vor dem Beginn des Insolvenzverfahrens vom Schuldner eingeholt worden sind.[45] Dies erlaubt es dem Schuldner, schon vor dem *voluntary filing*[46] mit den Gläubigern einen Reorganisationsplan auszuhandeln und erst dann das Insolvenzverfahren zu beginnen, sogenannter *prepackaged plan*. Hierdurch kann das Insolvenzverfahren in einfach gelagerten Fällen erheblich verkürzt werden.[47]

10. Internationales Insolvenzrecht

44 Deutsche Insolvenzverfahren werden in den Vereinigten Staaten heute grundsätzlich auf entsprechenden Antrag anerkannt. *Chapter 15* des *Bankruptcy Code,* das die Anerkennung ausländischer Insolvenzverfahren regelt, basiert auf dem *UNICITRAL*-Modellgesetz (UNI-

---

[43] 11 U. S. C. § 1126 (c).
[44] 11 U. S. C. § 1129 (b).
[45] 11 U. S. C. § 1126 (b).
[46] Siehe dazu oben unter 3.1.
[47] Hiervon machen beispielsweise Unternehmen mit wenigen, großen Gläubigern oder Unternehmen, in denen die finanzielle Krise durch ein singuläres Ereignis, wie etwa durch die Produkthaftung für ein fehlerhaftes Produkt, eingetreten ist, Gebrauch.

CITRAL *Model Law on Cross-Border Insolvency*). Bei diesem *Chapter* handelt es sich um eine der wesentlichen Änderungen der Insolvenzrechtreform aus dem Jahre 2005. Die Vereinigten Staaten haben dabei fast wortgleich die Regelung aus dem *UNICITRAL Model Law* übernommen. In *Chapter 15* ist erstmals eine einheitliche Rechtsgrundlage für die Anerkennung ausländischer Verfahren in den Vereinigten Staaten geschaffen worden. Bisher mussten die ausländischen Verwalter eigene Verfahren bzw. Rechtsstreitigkeiten in den USA beginnen.[48]

Die Anerkennung erfolgt durch das zuständige Insolvenzgericht. Anerkannt werden (i) Hauptinsolvenzverfahren in dem Land, in dem der Schuldner sein auch aus dem EU-Recht bekannten *Center of Main Interest* (*COMI*, Mittelpunkt der hauptsächlichen Interessen) hat[49] und (ii) ausländische Nebenverfahren in Ländern, in denen der Schuldner zwar nicht sein COMI, aber eine Niederlassung *(establishment)* hat.[50] Hinzuweisen ist darauf, dass diese Regelung, die auf dem UNICITRAL-Modellgesetz beruht, im Kontrast zu den nationalen Regelungen des US-amerikanischen Insolvenzrechts steht, nach denen ein Verfahren bereits eröffnet werden kann, wenn der Schuldner Vermögen in den Vereinigten Staaten hat.[51]

§ 1517 (c) schreibt vor, dass über den Antrag auf Anerkennung eines ausländischen Insolvenzverfahrens durch das Insolvenzgericht schnellstmöglich entschieden werden soll. Zur Antragsstellung berechtigt ist der jeweils nach dem ausländischen Recht zuständige Vertreter der Insolvenzmasse, also in Deutschland etwa der Insolvenzverwalter. Bei der Antragstellung muss ausreichend Nachweis darüber vorgelegt werden, dass das ausländische Insolvenzverfahren besteht und dass der Antragsteller entsprechend als Vertreter im Insolvenzverfahren benannt worden ist, etwa durch Vorlage einer beglaubigten Kopie des deutschen Eröffnungsbeschlusses und des Beschlusses über die Bestellung des Insolvenzverwalters nebst Übersetzung.[52]

Da anders als im nationalen Insolvenzverfahren der Antrag auf Anerkennung noch nicht den Beginn des Verfahrens darstellt, kann der ausländische Insolvenzverwalter während der Prüfphase beim Insolvenzgericht Sicherungsmaßnahmen beantragen, sofern diese erforderlich sind, um die Vermögensgegenstände des Schuldners oder die Gläubiger entsprechend zu schützen, wie beispielsweise die Aussetzung von Vollstreckungsverfahren in die Vermögensgegenstände des Schuldners, die Bestellung eines Verwalters über die in den Vereinigten Staaten gelegenen Vermögensgegenstände, um diese vor Zerschlagung oder Verlust zu schützen, oder Beweis- oder Auskunftsanordnungen über das Vermögen des Schuldners gegenüber Dritten Parteien.[53]

Nach Anerkennung des ausländischen Hauptverfahrens ist der ausländische Insolvenzverwalter berechtigt, den Geschäftsbetrieb des Schuldners in den Vereinigten Staaten weiterzuführen.[54] Außerdem finden bestimmte Regelungen des *Bankruptcy Code* Anwendung,[55] insbesondere der *Automatic Stay*.[56] Zudem ist es dem ausländischen Vermögensverwalter möglich, weitere Anordnungen des Insolvenzgerichts zu beantragen, um das Vermögen des Schuldners oder die Interessen der Gläubiger zu schützen.[57]

Nach Anerkennung des ausländischen Hauptinsolvenzverfahrens kann der ausländische Insolvenzverwalter außerdem in den Vereinigten Staaten die Durchführung einer *Chapter 11* Reorganisation oder einer Liquidation nach *Chapter 7* für die Vermögensgegenstände des Schuldners, die sich in den USA befinden, beginnen.[58] Anders als bei US-amerikanischen

---

[48] Vormalige Regelungen waren z.B. 11 U.S.C. § 303 (Involuntary Case), § 304 (Anxilliary Case) und § 305 (Abstention).
[49] Vgl. Art. 3 Abs. 1 und Ziffer 13 der Erwägungen der EU-Verordnung Nr. 1346/2000 vom 29. 5. 2000.
[50] 11 U.S.C. § 1517.
[51] 11 U.S.C. § 109 (a).
[52] 11 U.S.C. § 1515.
[53] 11 U.S.C. § 1519.
[54] 11 U.S.C. § 1520 (a) (3).
[55] 11 U.S.C. § 1520 (a).
[56] Siehe oben unter 3.4.
[57] 11 U.S.C. § 1507.
[58] 11 U.S.C. § 1511.

Verfahren gilt hier jedoch nicht das Universalitätsprinzip,[59] nur in bestimmten Fällen, in denen dies zur Koordination des internationalen Insolvenzverfahrens erforderlich ist, können hiervon auch andere Vermögensgegenstände betroffen sein, soweit sie nicht der Zuständigkeit des ausländischen Insolvenzverfahrens unterliegen.

50 *Chapter 15* verpflichtet das Insolvenzgericht schließlich zu einer größtmöglichen Zusammenarbeit mit den ausländischen Insolvenzgerichten oder dem ausländischen Insolvenzverwalter.[60] Hierzu können unter anderen Vereinbarungen über die Koordination der verschiedenen Insolvenzverfahren im Ausland und in den Vereinigten Staaten über das Vermögen des gleichen Schuldners gehören.[61] Das US-amerikanische Insolvenzgericht wird hierdurch jedoch nicht verpflichtet, ausländische Gesetze oder Regelungen anzuerkennen, die dem Recht der Vereinigten Staaten fundamental widersprechen.[62]

---

[59] Dieses gilt für das nationale US-amerikanische Verfahren, siehe oben unter 3.4.
[60] 11 U. S. C. § 1525–1527.
[61] Beispiele finden sich in 11 U. S. C. § 1527, vgl. auch die „Richtlinien anzuwenden bei der Kommunikation zwischen den Gerichten in grenzüberschreitenden Fällen" (Leitsätze zur Zusammenarbeit zwischen den NAFTA Staaten), des AMERICAN LAW INSTITUTE in Zusammenarbeit mit THE INTERNATIONAL INSOLVENCY INSTITUTE, veröffentlicht unter www.iiiglobal.org/international/projects/German_package.
[62] 11 U. S. C. § 1506.

Volksrepublik China

bearbeitet von *Axel Neelmeier* (Schulz Noack Bärwinkel, Hamburg, Shanghai)

Übersicht

	RdNr.		RdNr.
1. Schrifttum	1	5. Gläubiger	45
2. Einführung	2	5.1 Aussonderungsberechtigte Gläubiger	46
2.1 Gesetzlicher Rahmen	4	5.2 Gesicherte und ungesicherte Gläubiger	47
2.2 Verfahrenstypen	8	5.3 Bevorzugte Gläubiger	50
3. Eröffnung des Verfahrens	9	5.4 Einfache Gläubiger	52
3.1 Eröffnungsgründe	10	5.5 Nachrangige Gläubiger	53
3.2 Annahmeentscheidung durch das Insolvenzgericht	11	5.6 Massegläubiger	54
3.3 Zulässige Sicherungsmaßnahmen vor Verfahrenseröffnung	16	6. Abwicklung unvollständiger Verträge	55
3.4 Wirkungen der Verfahrenseröffnung	17	7. Aufrechnung	57
3.5 Der Insolvenzverwalter	19	8. Insolvenzanfechtung	58
4. Verlauf des Verfahrens	22	9. Reorganisationsverfahren	60
4.1 Anmeldung der Forderungen durch die Gläubiger	22	10. Vergleichsverfahren	71
4.2 Gläubigerversammlungen	25	11. Haftung	74
4.3 Verwaltung und Verwertung der Insolvenzmasse	34	12. Internationales Insolvenzrecht	75
4.4 Entscheidung über Insolvenz	36		
4.5 Verteilung an die Gläubiger	38		

1. Schrifttum: *Chua,* China's New Bankruptcy Law, in: China Law and Practice, 10/2006, S. 17 ff.; *ders.,* **1** „The Reform to PRC Corporate Bankruptcy Law: Slowly but Surely", in: China Law and Practice, 18. 10. 2002; *Falke,* „Chinas neues Gesetz für den Unternehmenskonkurs: Ende gut, alles gut?", in: Zeitschrift für Chinesisches Recht (ZChinR), Heft 4/2006, S. 399 ff.; *Korff/Chua,* „China Sets Short Timetable für Bankruptcy Law Reform", in: China Law and Practice, 7. 11. 2004; *Wormuth,* Das Konkursrecht der VR China, Hamburg 2004, S. 91 ff.

Übersetzungen chinesischer Gesetze: *Ministry of Commerce MOFCOM* www.fdi.gov.cn; *CCH Hong Kong Ltd. (Hrsg.)* „China Law Reference Service", Loseblattsammlung, Hongkong; *Münzel,* Chinas Recht, Loseblattsammlung, Hamburg.

2. Einführung

Das chinesische Insolvenzrecht muss vor dem Hintergrund des sich seit Beginn der **2** „Politik der Reform und Öffnung" langsam vollziehenden Wandels von einer sozialistischen Planwirtschaft zu einer „sozialistischen Marktwirtschaft" gesehen werden. Eine besondere Rolle bei der Bewerkstelligung dieses wirtschaftspolitischen Wandels spielt hierbei das Recht des Unternehmenskonkurses, insbesondere auch hinsichtlich der Behandlung von Staatsbetrieben. Hintergrund ist der Umstand, dass die Staatsunternehmen einen – wenn auch stetig nachlassenden – noch immer bedeutenden Anteil an der chinesischen Volkswirtschaft ausmachen und eine erhebliche Arbeitnehmerzahl beschäftigen. Sie gewährleisten ein System der sozialen Sicherungen, das im Insolvenzfalle zusammenbricht und derzeit noch nicht durch ein flächendeckendes System gesetzlicher Sozialversicherungen ersetzt werden kann.

Aufgrund dieser Ausgangslage sind politische Einflussnahme auf (drohende) Insolvenz- **3** verfahren staatseigener Betriebe im Verbund mit Lokalprotektionismus weithin gelebte Realität. Obgleich die überwiegende Zahl der staatseigenen Betriebe hoch verschuldet und in vielen Fällen insolvent ist, wurde vielfach die Einleitung von Insolvenzverfahren verhindert oder diese vorzeitig beendet. An diesem Zustand, so steht zu befürchten, dürfte sich auch in naher Zukunft wenig ändern.[1] Insolvenzverfahren staatseigener Betriebe sind zwar

---

[1] Vgl. auch Art. 1 KG, der als Gesetzeszweck den Erhalt der sozialistischen Marktordnung ausweist.

bereits vorgekommen, fallen aber im Verhältnis zur Gesamtzahl der Betriebe – auch der Staatsbetriebe – nicht ins Gewicht.

2.1 Gesetzlicher Rahmen

4   Entsprechend der Bedeutung staatseigener Betriebe für die Volkswirtschaft bildete bis zum 31. 5. 2007 das „Versuchsweise Gesetz über den Konkurs staatseigener Unternehmen" vom 2. 12. 1986 (SKG) die Grundlage des chinesischen Insolvenzrechts.[2] Privatunternehmen waren vom Anwendungsbereich dieses Gesetzes ausgenommen. Für sie fanden sich in den Art. 199 bis 206 der Zivilprozessordnung vom 9. 4. 1991 (ZPO) einzelne Bestimmungen.[3] Darüber hinaus enthielt auch das Gesellschaftsgesetz in der Fassung vom 29. 12. 1993 im Kapitel „Konkurs, Auflösung und Abwicklung der Gesellschaft" in den Art. 189 und 196 insolvenzrechtliche Aspekte, die aber seit dem 1. 1. 2006 mit der Neufassung des Gesellschaftsgesetzes entfallen sind.

5   Mit Fortschreiten des wirtschaftspolitischen Transformationsprozesses galt es, das chinesische Insolvenzrecht an die neuen Realitäten anzupassen. Denn mittlerweile überstieg die Anzahl der registrierten privaten Unternehmen diejenige der staatseigenen Betriebe, was sich mit dem eingeschränkten persönlichen Anwendungsbereich des SKG nur schwer in Einklang bringen ließ. Es begann ein insgesamt 12 Jahre dauerndes Gesetzgebungsverfahren, in dessen Verlauf verschiedene Gesetzesentwürfe eines einheitlichen Gesetzes für die Unternehmensinsolvenz erarbeitet und veröffentlich wurden.[4] Am 27. 8. 2006 schließlich verabschiedete der Ständige Ausschuss des 10. Nationalen Volkskongresses ein neues „Gesetz über den Unternehmenskonkurs" (KG), welches am 1. 6. 2007 in Kraft trat und das SKG ablöste.[5] Es regelt seinem Anwendungsbereich nach die Insolvenz juristischer Personen. Zu ihnen zählen neben staatseigenen und privaten Unternehmen auch ausländisch investierte Gesellschaften sowie Tochtergesellschaften ausländischer Unternehmen. Für Finanzinstitutionen, die grundsätzlich ebenfalls in den Anwendungsbereich des KG fallen, sind Sondervorschriften vorgesehen.[6] Nach wie vor nicht selbständig geregelt ist hingegen die Privatinsolvenz und die Insolvenz von Personengesellschaften sowie von Einzelgewerbetreibenden.[7] Allerdings werden die Bestimmungen des KG auf solche Organisationen entsprechend angewandt, die nicht als juristische Personen gelten, also z.B. Personengesellschaften.[8] Soweit Bestimmungen des KG im Einzelfall nicht einschlägig sein sollten, sind im Übrigen die Vorschriften der ZPO subsidiär heranzuziehen.[9] Dieser Verweis dürfte sich auch auf die konkursrechtlichen Bestimmungen in Art. 199 bis Art. 206 ZPO beziehen, die durch das KG nicht aufgehoben wurden.

6   Ungeachtet des gesetzgeberischen Ansatzes, einen einheitlichen Regelungsrahmen für die Insolvenz von staatseigenen und privaten Unternehmen zu schaffen,[10] ist mit Blick auf die in Art. 133 KG enthaltene Öffnungsklausel vorerst nicht mit einer vollständigen Erreichung dieses Ziels zu rechnen. Denn diese Vorschrift verweist auf Sondervorschriften des Staatsrates. Welchen genauen Inhalts dieser Verweis ist, lässt sich nur schwer ermitteln. Auch die englischen Übersetzungen dieser Vorschriften differieren.[11] Nach einer Auffassung wird dieser Verweis als Ermächtigungsgrundlage für den Erlass zukünftiger Sondervorschriften für

---

[2] Ausführlich zum SKG die in der Vorauflage enthaltenen Ausführungen bei MüKoInsO-*Neelmeier*, 2003, Anhang II, Länderbericht China, S. 932, RdNr. 7 ff.
[3] Ergänzt durch die „Ansichten des Obersten Volksgerichts zur Zivilprozessordnung" vom 14. 7. 1992 (AZPO), dort in den Punkten 240 bis 253.
[4] Vgl. *Falke,* ZChinR, Heft 4/2006, S. 399 mwN.
[5] Amtsblatt des Ständigen Ausschusses des Nationalen Volkskongresses 2006, Band 7 S. 561 ff.
[6] Vgl. Art. 134 KG.
[7] Ihre Ein- bzw. Nichteinbeziehung war im Gesetzgebungsverfahren sehr umstritten; vgl. *Wormuth,* aaO. S. 91 ff.
[8] Vgl. Art. 135 KG.
[9] Vgl. Art. 4 KG.
[10] Vgl. *Chua* aaO., S. 17.
[11] Vgl. die abweichenden Übersetzungen in China Law & Practice, Heft 10/2006 S. 39 ff.; CCH, Ref. No. 2500/206. 8. 27; MOFCOM www.fdi.gov.cn.

staatseigene Betriebe verstanden.[12] Richtig erscheint demgegenüber, dass die Vorschrift generalklauselartig für „besondere Angelegenheiten", welche sich in der Insolvenz staatseigener Betriebe ergeben können, auf die bisherigen Vorschriften des Staatsrates verweist. Dabei handelt es sich um die Mitteilungen des Staatsrates von 1994 und 1997, mit denen das KG aF versuchsweise zunächst in 18 und später in 111 Städten in Kraft gesetzt wurde[13] und die darüber hinaus auch materiellrechtliche Regelungen enthalten.[14] Angesichts der bei einer Insolvenz zu befürchtenden sozialen Härten für die betroffenen Arbeitnehmer und der hierbei drohenden sozialen Unruhen ist eine zumindest übergangsweise Sonderbehandlung der Staatsbetriebe wahrscheinlich.[15]

Neben dem KG existieren in etlichen chinesischen Provinzen zudem lokale Sondervorschriften, deren Berücksichtigung im Rahmen dieser Darstellung jedoch nicht möglich ist.[16]

2.2 Verfahrenstypen

Während das SKG lediglich die Liquidation und den Vergleich als Verfahrensformen enthielt, ist nach dem neuen KG nunmehr auch ein Reorganisationsverfahren vorgesehen. Dem Reorganisationsverfahren ist unter Ziff. 9, dem Vergleichsverfahren unter Ziff. 10 ein eigener Abschnitt gewidmet.

3. Eröffnung des Insolvenzverfahrens

Das Antragsrecht steht sowohl dem Schuldner[17] als auch dem Gläubiger[18] zu, wobei lediglich der Schuldner zwischen allen drei Verfahrensarten wählen darf, während dem Gläubiger nur die Liquidation und Reorganisation als Verfahrensform zur Verfügung stehen.

3.1 Eröffnungsgründe

Die Gründe für die Eröffnung eines Insolvenzverfahrens werden in Art. 2 KG benannt. Die Vorschrift verlangt hierbei, dass kumulativ Zahlungsunfähigkeit und Überschuldung vorliegen müssen. Besonders für Gläubiger dürfte diese Vorgabe eine hohe Antragshürde darstellen, da sie zu den internen Bilanzinformationen des Schuldners regelmäßig keinen Zugang haben. Daneben lässt das Gesetz auch die drohende Zahlungsunfähigkeit als Eröffnungsgrund zu, knüpft diesen jedoch unverständlicherweise an die Unmöglichkeit fristgerechter Schuldentilgung.[19]

3.2 Annahmeentscheidung durch das Insolvenzgericht

Es ist zu unterscheiden zwischen der Entscheidung des Insolvenzgerichts über die „Annahme" des Insolvenzantrages und der Entscheidung über die „Insolvenz" des Schuldners.[20] Die Eröffnung des Insolvenzverfahrens ist bereits mit der Annahmeentscheidung verbunden.

Erhält das Insolvenzgericht einen Antrag eines Gläubigers auf Eröffnung eines Insolvenzverfahrens, so hat es innerhalb von fünf Tagen nach dessen Erhalt den im Antrag bezeichneten Schuldner zu unterrichten. Dieser kann binnen sieben Tagen nach Erhalt der Nachricht Einwendungen beim Insolvenzgericht erheben. Das Insolvenzgericht wiederum hat spätestens 10 Tage nach Ablauf dieser Einwendungsfrist über die Eröffnung des Insolvenzver-

---

[12] Vgl. *Falke* aaO. S. 399 f.
[13] „Mitteilung des Staatsrates zu Fragen bei der versuchsweisen Durchführung von Konkursen von Staatsunternehmen in einigen Städten" vom 25. 10. 1994; „Ergänzende Mitteilung über Fragen hinsichtlich der versuchsweisen Durchführung von Fusion, Konkurs und Wiederbeschäftigung von Arbeitnehmern in staatseigenen Unternehmen in einigen Städten" vom 2. 3. 1997.
[14] Vgl. *Wormuth* aaO., S. 50, 58 ff.
[15] Siehe auch *Falke*, ZChinR, Heft 4/2006, S. 399 (400).
[16] Nachweise bei „China Law Reference Series" Nr. 2500 ff.
[17] Vgl. Art. 7 Abs. 1 KG.
[18] Vgl. Art. 7 Abs. 2 KG.
[19] Vgl. *Chua*, China Law and Practice, 10/2006, S. 17/18, der aus diesem Grunde eine klarstellende justizielle Interpretation des Obersten Volksgerichtshofes für wünschenswert hält.
[20] Vgl. unten Ziff. 4.4.

fahrens zu entscheiden. Soweit keine Einwendungen vom Schuldner erhoben werden, hat das Gericht grundsätzlich innerhalb von 15 Tagen nach Eingang des Antrags über die Eröffnung des Verfahrens zu entscheiden.

13   Nimmt das Insolvenzgericht den Antrag an, so übermittelt es seine Entscheidung innerhalb von fünf Tagen an den Schuldner, verbunden mit der Aufforderung, dem Gericht innerhalb von 15 Tagen nach Zugang der Entscheidung eine Übersicht über seine Vermögenslage, eine Bilanz, eine Aufstellung sämtlicher Verbindlichkeiten und nicht beglichener Forderung sowie einen Nachweis der Zahlung von Löhnen und Sozialversicherungsbeiträgen beizubringen.[21] Lehnt es den Antrag ab, so teilt es dies dem Antragsteller innerhalb von fünf Tagen unter Angabe der für die Entscheidung maßgeblichen Gründe mit. Dem Antragsteller steht gegen die ablehnende Entscheidung des Insolvenzgericht innerhalb von 10 Tagen nach Zugang ein Rechtsmittel zum nächst höheren Volksgericht zu.

14   Akzeptiert das Insolvenzgericht einen Antrag auf Eröffnung eines Insolvenzverfahrens, so hat es innerhalb von 25 Tagen, nachdem es seine Entscheidung getroffen hat, die jeweiligen Gläubiger zu benachrichtigen und die Eröffnung des Verfahrens bekannt zu geben. Gegenstand der Erklärung sind u. a. Angaben über Namen des Antragstellers und Schuldners, Datum der Entscheidung über die Eröffnung des Insolvenzverfahrens, Zeitspanne, innerhalb derer die Gläubiger ihre Rechte geltend zu machen haben, Name und Adresse des zuständigen Insolvenzverwalters sowie Ort und Datum der ersten Gläubigerversammlung.[22]

15   Problematisch am Antrags- und Annahmeverfahren ist, dass das KG keine Lösung für zwei schon zu Zeiten des SKG vorherrschende praktische Phänomene bereit stellt. So obliegt dem Gericht am Sitz des Schuldners zwar die formelle Prüfungskompetenz hinsichtlich der Insolvenzanträge.[23] Hinsichtlich genauer Kriterien, auf welche die gerichtliche Entscheidung zu stützen ist, schweigt sich das Gesetz hingegen aus. Bedenklich ist aber auch ein Weiteres. So räumt Art. 12 KG dem Antragsteller für den Fall der Ablehnung seines Antrags auf Eröffnung eines Insolvenzverfahrens zwar ein Rechtsmittel ein. Dieses dürfte in praxi jedoch weitestgehend wirkungslos sein, soweit das angerufene Gericht – wie in der Vergangenheit häufiger zu beobachten war – über den gestellten Antrag gar nicht entscheiden sollte. Denn einen Untätigkeitsrechtsbehelf enthält das KG nicht.[24]

3.3 Zulässige Sicherungsmaßnahmen vor Verfahrenseröffnung

16   Die Möglichkeit der Anordnung von Sicherungsmaßnahmen zum Schutz der Masse besteht im KG nicht.

3.4 Wirkungen der Verfahrenseröffnung

17   Mit Eröffnung des Verfahrens wirken an den Schuldner bewirkte Leistungen nicht mehr schuldbefreiend.[25] Die schuldbefreiende Erfüllung von Forderungen des Gemeinschuldners ist ebenso wie die Herausgabe von Vermögensgegenständen nur noch gegenüber dem Insolvenzverwalter möglich.[26] Gerichts- oder Vollstreckungsverfahren gegen den Schuldner werden mit Verfahrenseröffnung unterbrochen.[27]

18   Zu beachten ist jedoch, dass die beschriebenen Wirkungen nicht bereits mit Antragstellung, sondern erst mit Eröffnung des eigentlichen Insolvenzverfahrens, mithin mit Annahme des Antrags auf Verfahrenseröffnung durch das angerufene Gericht eintreten. In dem Zeitraum zwischen Antragstellung und Verfahrenseröffnung besteht daher die Gefahr, dass das Schuldnervermögen durch legale Handlungen geschmälert wird.

---

[21] Vgl. Art. 11 KG.
[22] Vgl. Art. 14 KG.
[23] Vgl. Art. 10 ff. KG.
[24] *Chua*, China Law and Practice, 10/2006, S. 17.
[25] Vgl. Art. 16 KG.
[26] Vgl. Art. 17 KG.
[27] Vgl. Art. 19 und 20 KG.

3.5 Der Insolvenzverwalter

Im Rahmen der Annahmeentscheidung bestellt das Insolvenzgericht einen Insolvenzverwalter.[28] Soweit dieser seinen gesetzlichen Pflichten nicht nachkommt, wird der Gläubigerversammlung die Befugnis eingeräumt, beim Gericht seine Ersetzung anzuregen.[29] Regeln über die Bestellung und Vergütung des Insolvenzverwalters wurden vom Obersten Volksgerichtshof am 4. 4. 2007 aufgestellt und traten ebenfalls am 1. 6. 2007 in Kraft.[30] Die konkrete Vergütung wird vom jeweils zuständigen Volksgericht festgelegt, wobei der Gläubigerversammlung ein Beschwerderecht hinsichtlich der Höhe eingeräumt wird.[31]

Die Anforderungen an die Person des Insolvenzverwalters werden nur sehr unzureichend umschrieben.[32] Dies ist insbesondere deshalb zu bedauern, weil dem SKG die Person des Insolvenzverwalters gänzlich fremd war und der Erfolg des KG auch maßgeblich davon abhängen wird, ob es gelingen kann, qualifizierte und unabhängige Experten für dieses Amt zu gewinnen. Die Befugnisse des Insolvenzverwalters ergeben sich aus Art. 25 KG. Zu ihnen zählen: 1. die Übernahme der Vermögensgegenstände, der Siegel und Geschäftsbücher des Schuldners, 2. die Untersuchung des Finanzstatus und die Verfassung der Finanzberichte, 3. Festlegung des internen Managements des Schuldners, 4. Entscheidung über die täglichen Ausgaben des Schuldners und andere notwendiger Auslagen, 5. vor Durchführung der ersten Gläubigerversammlung Entscheidung darüber, ob das Geschäft des Schuldners fortgesetzt oder eingestellt wird, 6. Verwaltung und Veräußerung des Vermögens des Schuldners, 7. Vertretung des Schuldners in Gerichts- und Schiedsverfahren, 8. Vorschlagsrecht für weitere Gläubigerversammlungen sowie 9. sonstige Aufgaben, die ihm das Insolvenzgericht überträgt.

Mit Annahme eines Insolvenzantrags durch das Insolvenzgericht hat der Insolvenzverwalter die Kapitaleinleger zur Erbringung noch nicht erfüllter Kapitaleinlagen aufzufordern.[33] Soweit die Gläubigerversammlung einen Gläubigerausschuss eingerichtet hat, hat der Insolvenzverwalter diesem von den in Art. 69 KG aufgelisteten Geschäften zu berichten. Anderenfalls hat er hierüber direkt gegenüber dem Insolvenzgericht zu berichten.[34]

4. Verlauf des Verfahrens

4.1 Anmeldung der Forderungen durch die Gläubiger

Das Insolvenzgericht bestimmt eine Frist, während derer die Gläubiger ihre Ansprüche gegen den Schuldner geltend zu machen haben, und gibt weitere Verfahrenshinweise.[35] Die Frist beginnt mit dem Tag, an dem das Gericht die Annahme des Verfahrens bekannt gegeben hat und beträgt mindestens 30 Tage, höchstens jedoch 3 Monate.[36] Die Geltendmachung der Ansprüche hat schriftlich unter Angabe und Nachweis etwaiger Sicherheiten gegenüber dem Insolvenzverwalter zu erfolgen.[37] Gesamtgläubiger können ihre Rechte entweder gemeinsam oder durch einen von ihnen geltend machen.[38] Sicherungsgeber können, soweit sie von den Gläubigern aus den gestellten Sicherheiten in Anspruch genommen wurden, gegenüber dem Insolvenzverwalter ihre Rückgriffsansprüche geltend machen.

---

[28] Vgl. Art. 13 KG.
[29] Vgl. Art. 22 Abs. 2 KG.
[30] Vgl. Art. 22 Abs. 3 KG; die Vorschriften sind veröffentlicht unter http://news.xinhuanet.com/legal/2007–04/17/content_5987397.htm und http://news.xinhuanet.com/legal/2007–04/17/content_5987364.htm.
[31] Vgl. Art. 28 Abs. 2 KG.
[32] Vgl. Art. 24 KG (So scheinen juristische Personen und auch sonstige Organisationen als Insolvenzverwalter zulässig zu sein, wenn sie durch bestimmte natürliche Personen tätig werden).
[33] Vgl. Art. 35 KG.
[34] Vgl. Art. 69 KG.
[35] Vgl. Art. 45 Abs. 1 KG.
[36] Vgl. Art. 45 Abs. 2 KG.
[37] Vgl. Art. 48 Abs. 1 und 49 KG.
[38] Vgl. Art. 50 KG.

Bei noch nicht erfolgter Inanspruchnahme können die Sicherungsgeber auch ihre künftigen Rückgriffsansprüche geltend machen, soweit nicht die Gläubiger ihrerseits bereits alle Forderungen gegen den Schuldner beim Insolvenzverwalter angemeldet haben.[39]

23 Soweit die Gläubiger ihre Ansprüche nicht innerhalb der vom Gericht gesetzten Frist geltend machen, können sie ihre Ansprüche bis zur Verteilung der Insolvenzmasse nachträglich anmelden. Nach Verteilung der Masse ist eine Anmeldung hingegen nicht mehr möglich. Gläubiger, die ihre Ansprüche nicht nach dem KG anmelden, sind vom Insolvenzverfahren ausgeschlossen.[40]

24 Der Insolvenzverwalter hat die angemeldeten Forderungen schriftlich in einem (Insolvenz)Buch festzuhalten und zu überprüfen.[41] Überdies hat er ein Formblatt über die geltend gemachten Forderungen zu erstellen und der ersten Gläubigerversammlung zur Untersuchung zur Verfügung zu stellen. Soweit weder Schuldner noch Gläubiger Einwendungen gegen das Formblatt und die in ihm enthaltenen Ansprüche erheben, wird es durch das Insolvenzgericht bestätigt. Anderenfalls können die Schuldner oder Gläubiger Klage beim Insolvenzgericht erheben.[42]

4.2 Gläubigerversammlungen

25 Jeder Gläubiger, der seine Rechte fristgerecht und entsprechend den Erfordernissen des KG angemeldet hat, ist Mitglied der Gläubigerversammlung und hat als solches ein Teilnahme- und Stimmrecht. Gläubigern, über deren Ansprüche noch nicht abschließend entschieden wurde, steht grundsätzlich kein Stimmrecht zu. Dies ist nur dann anders, wenn das Insolvenzgericht einen vorläufigen Beschluss über die Höhe der Ansprüche fällt, um dem jeweiligen Gläubiger ein Stimmrecht zu ermöglichen. Gesicherte Gläubiger sind bei Entscheidungen über die Bestätigung der Verteilung der Insolvenzmasse sowie bei einem Beschluss zur Bestätigung eines Vergleichsverfahrens vom Stimmrecht ausgeschlossen.[43]

26 Das Insolvenzgericht bestimmt aus dem Kreis der stimmberechtigten Gläubiger einen Vorsitzenden, der die Versammlung leitet.[44]

27 Sämtliche Gläubiger können auch Vertreter mit der Wahrnehmung ihrer Rechte in der Gläubigerversammlung beauftragen. In diesem Fall ist dem Insolvenzgericht oder aber dem Vorsitzenden der Gläubigerversammlung eine entsprechende Vollmacht zu überreichen.[45]

28 Neben den Gläubigern nehmen auch die Arbeitnehmer des Schuldners sowie Vertreter der Gewerkschaften an der Gläubigerversammlung teil. Sie haben eine Rede- aber kein Stimmrecht.[46]

29 Die Aufgaben und Pflichten der Gläubigerversammlung ergeben sich aus Art. 61 KG. Zu ihnen zählen: 1. Untersuchung der von den Gläubigern geltend gemachten Forderungen, 2. Antragsrecht an das Insolvenzgericht zum Austausch des Insolvenzverwalters und zur Überprüfung seiner Ausgaben sowie seiner Vergütung, 3. Überwachung des Insolvenzverwalters, 4. Auswahl und Austausch der Mitglieder des Gläubigerausschusses, 5. Entscheidung darüber, ob die Geschäfte des Schuldners fortgesetzt werden, 6.–10 Bestätigung des Reorganisations-, Vergleichs-, Verwaltungs- und Verteilungsplans sowie 11. andere Befugnisse, die ihm das Insolvenzgericht überträgt.

30 Nach dem KG ist nur die erste Gläubigerversammlung verbindlich vorgeschrieben. Sie ist vom Insolvenzgericht innerhalb von 15 Tagen nach Ablauf der den Gläubigern zur Geltendmachung ihrer Forderungen gesetzten Frist einzuberufen. Weitere Gläubigerversammlungen finden nur dann statt, wenn das Insolvenzgericht dies für nötig hält oder der Insolvenz-

---

[39] Vgl. Art. 51 KG.
[40] Vgl. Art. 56 KG.
[41] Vgl. Art. 57 KG.
[42] Vgl. Art. 58 KG.
[43] Vgl. Art. 59 Abs. 1–3 KG.
[44] Vgl. Art. 60 KG.
[45] Vgl. Art. 59 Abs. 4 KG.
[46] Vgl. Art. 59 Abs. 5 KG.

verwalter, die Gläubigerversammlung oder ein einzelner Gläubiger, der mindestens 25 Prozent der Forderungen gegen den Schuldner repräsentiert, einen entsprechenden Vorschlag an den Vorsitzenden der Gläubigerversammlung richtet.[47]

Von einer bevorstehenden Gläubigerversammlung sind die dem Insolvenzverwalter bekannten Gläubiger wenigstens 15 Tage im Voraus zu benachrichtigen.[48] Beschlüsse der Versammlung bedürfen, soweit im KG nicht ausdrücklich ein anderes bestimmt ist, der Zustimmung von mindestens 50 Prozent der anwesenden und stimmberechtigten Gläubiger, die zugleich wenigstens 50 Prozent der ungesicherten Forderungen repräsentieren müssen. Die Beschlüsse der Gläubigerversammlung sind für sämtliche Gläubiger bindend. Soweit sich ein Gläubiger durch einen Beschluss der Gläubigerversammlung in seinen Interessen verletzt fühlt oder der Ansicht ist, dieser verstoße gegen geltendes Recht, kann er innerhalb von 15 Tagen nach Beschlussfassung beim Insolvenzgericht deren Aufhebung und die Anordnung einer erneuten Beschlussfassung verlangen.[49]

Die Gläubigerversammlung kann einen aus maximal 9 Mitgliedern bestehenden Gläubigerausschuss bestimmen, welcher insbesondere die Verwaltung und Verwertung der Insolvenzmasse beaufsichtigt und darüber hinaus von der Gläubigerversammlung mit weiteren Aufgaben betraut werden kann. Die Mitglieder müssen vom Insolvenzgericht bestätigt werden.[50]

Von der Gläubigerversammlung bestrittene Forderungen werden nicht ausdrücklich geregelt. Da Entscheidungen der Gläubigerversammlung jedoch vor dem Insolvenzgericht angegriffen werden können, dürfte dieses auch für die Feststellung bestrittener Forderungen zuständig sein.

4.3 Verwaltung und Verwertung der Insolvenzmasse

Die Verwaltung und Verwertung der Insolvenzmasse obliegt dem vom Gericht bestellten Insolvenzverwalter. Er ist dem Insolvenzgericht gegenüber berichtspflichtig und obliegt der Aufsicht durch die Gläubigerversammlung und – soweit dieser eingerichtet wurde – den Gläubigerausschuss.[51]

Die gesetzlichen Vertreter des Gemeinschuldners sind von der Annahmeentscheidung des Gerichts bis zum Verfahrensabschluss verpflichtet, die Vermögensgegenstände, Siegel und Geschäftsbücher des Gemeinschuldners zu sichern. Sie haben gemäß den Vorgaben des Insolvenzgerichts sowie des Insolvenzverwalters zu handeln, deren Fragen zu beantworten, sowie als nicht stimmberechtigte Delegierte an den Gläubigerversammlung teilzunehmen und den dort versammelten Gläubigern Rede und Antwort zu stehen.[52] Während der Dauer des Verfahrens ist es ihnen untersagt, ihren Wohnsitz zu wechseln oder den Posten des gesetzlichen Vertreters eines anderen Unternehmens zu übernehmen.

4.4 Entscheidung über Insolvenz

Das Insolvenzgericht hat außer über die Antragsannahme gesondert darüber zu entscheiden, ob es die Insolvenz des Gemeinschuldners erklärt. Diese Entscheidung ist zu fällen, wenn 1. ein Insolvenzgrund vorliegt[53] und erfolgt insoweit in zeitlichem Zusammenhang mit der Annahmeerklärung, oder 2. der Antrag auf Einleitung eines Vergleichsverfahrens abgelehnt wurde,[54] 3. der Gemeinschuldner seinen Verpflichtungen aus einer Vergleichsvereinbarung nicht nachgekommen[55] oder 4. das Reorganisationsverfahren gescheitert ist.[56]

---

[47] Vgl. Art. 62 KG.
[48] Vgl. Art. 63 KG.
[49] Vgl. Art. 64 KG.
[50] Vgl. Art. 67 bis 69 KG.
[51] Vgl. Art. 23 KG.
[52] Vgl. Art. 15 KG.
[53] Vgl. Art. 2 KG; vgl. auch Art. 12 Satz 3 KG.
[54] Vgl. Art. 99 KG.
[55] Vgl. Art. 104 KG.
[56] Vgl. Art. 78, 79 KG.

Das Insolvenzverfahren ist einzustellen, soweit ein Dritter eine Zahlungsgarantie für den Gemeinschuldner übernimmt oder dessen Forderungen beglichen hat. Weiterhin ist das Verfahren dann einzustellen, wenn der Gemeinschuldner seine fälligen Schulden selbst beglichen haben sollte.[57]

37   Im Falle der Insolvenzerklärung hat das Insolvenzgericht innerhalb von fünf Tagen den Gemeinschuldner sowie den Insolvenzverwalter von der Entscheidung zu unterrichten. Innerhalb von 10 Tagen nach dieser Entscheidung sind die dem Gericht bekannten Gläubiger zu informieren und die Entscheidung darüber hinaus bekannt zu geben.[58]

4.5 Verteilung an die Gläubiger

38   Der Insolvenzverwalter entwirft einen Verwertungsplan, den er der Gläubigerversammlung zur Beratung zukommen lässt. Die Gläubigerversammlung oder – soweit die erforderliche qualifizierte Mehrheit nicht erreicht wird – das Insolvenzgericht beschließt darüber.[59] Sodann übernimmt der Insolvenzverwalter die Veräußerung der Vermögensgegenstände nach Maßgabe des Verwertungsplans, wobei in Ermangelung eines anderweitigen Beschlusses der Gläubigerversammlung die Veräußerung mittels Auktion zu erfolgen hat. Soweit der Verkauf der Vermögensgegenstände nicht durch Auktion erfolgt oder aber gesetzlich beschränkt ist, erfolgt er nach Methoden, die vom Staat festgelegt werden.[60]

39   An die Veräußerung der Vermögensgegenstände schließt sich die Verteilung der Insolvenzmasse an. Aus der Insolvenzmasse sind vorweg die Kosten für die Verwaltung und Verwertung (Verfahrenskosten) sowie die Massekosten zu befriedigen. Zu letzteren zählen insbesondere die Kosten, die bei der Durchführung noch nicht vollständig abgewickelter Verträge entstehen, Kosten für die treuhänderische Verwaltung des Schuldnervermögens, Gehälter nebst Sozialabgaben, die für die Fortführung des Geschäfts erforderlich werden, sowie Kosten für Schäden, die durch das Tätigwerden des Insolvenzverwalters entstanden sind. Soweit die Verfahrens- und Massekosten nicht voll befriedigt werden können, genießen die Verfahrenskosten Priorität gegenüber den Massekosten. In Mangelfällen erfolgt die Befriedigung anteilig.[61]

40   Die verbleibende Masse wird in folgender Reihenfolge verteilt: 1. Gehälter und Sozialversicherungsaufwendungen, 2. Steuern sowie 3. sonstige Verbindlichkeiten.[62] Reicht die Masse zur Befriedigung aller Forderungen eines Ranges nicht aus, so wird sie anteilig verteilt.

41   Die konkrete Verteilung erfolgt nach Maßgabe eines zeitnah vom Insolvenzverwalter zu entwerfenden Verteilungsplans, welchen er der Gläubigerversammlung ebenfalls zur Beratung vorlegt. Nach Annahme des Verteilungsplans durch die Gläubigerversammlung und Bestätigung durch das Insolvenzgericht beginnt der Insolvenzverwalter mit der Durchführung der Verteilung.[63] Hierzu verfasst er eine Verteilungserklärung. Von Gläubigern, die nicht innerhalb von zwei Monaten nach Abgabe der Verteilungserklärung ihre Quote an der Masse einfordern, wird angenommen, dass sie auf diese verzichten. Der entsprechende Anteil wird in diesem Fall vom Insolvenzverwalter auf die übrigen Gläubiger verteilt.[64] Entsprechendes gilt, wenn Gläubiger aus zum Zeitpunkt der Insolvenzerklärung laufenden Gerichts- oder Schiedsverfahren Ansprüche gegen die Masse haben und diese nicht binnen zwei Jahren nach Abschluss des Insolvenzverfahrens einfordern.[65]

42   Soweit überhaupt keine Masse zur Verteilung vorhanden ist, diese nicht einmal die Verfahrenskosten deckt oder aber die Masse vollständig verteilt ist, beantragt der Insolvenzverwalter beim Insolvenzgericht die Einstellung des Verfahrens. Das Gericht hat binnen

---

[57] Vgl. Art. 107 KG.
[58] Vgl. Art. 107 KG.
[59] Vgl. Art. 111 KG.
[60] Vgl. Art. 112 KG.
[61] Vgl. Art. 42 KG.
[62] Vgl. Art. 113 KG.
[63] Vgl. Art. 116 ff. KG.
[64] Vgl. Art. 118 KG.
[65] Vgl. Art. 119 KG.

15 Tagen nach Eingang eines entsprechenden Antrages über diesen zu befinden. Im Falle der Einstellung ist der Beschluss öffentlich bekannt zu geben.[66] Der Insolvenzverwalter hat innerhalb von 10 Tagen nach Einstellung des Insolvenzverfahrens die Löschung der Registrierung des Gemeinschuldners bei den zuständigen Behörden zu beantragen.[67] Soweit nicht noch Gerichts- oder Schiedsverfahren des Gemeinschuldners schweben, legt der Insolvenzverwalter einen Tag nach Abschluss des Löschungsverfahrens sein Amt nieder.[68]

Stellt sich nach Abschluss des Insolvenzverfahrens innerhalb von zwei Jahren heraus, dass weitere bislang unverteilte Masse des Gemeinschuldners vorhanden ist, so kann jeder Gläubiger beim Volksgericht deren Verteilung gemäß den Vorgaben des Verteilungsplanes verlangen. Soweit jedoch diese „neue" Masse nicht zur Deckung der bei einer Verteilung auftretenden Kosten ausreicht, wird von einer Verteilung abgesehen und gehen die entsprechenden Vermögenswerte auf den Staat über.[69]

Angaben zu den zu erwartenden Verfahrensdauern können derzeit noch nicht gemacht werden.

5. Gläubiger

Zur Anmeldung der Gläubigerforderungen vergleiche bereits obige Ausführungen unter Ziff. 4.1.

5.1 Aussonderungsberechtigte Gläubiger

Sicherungseigentum ist dem chinesischen Recht nach wie vor fremd. Soweit sich fremde Vermögensgegenstände im Besitz des Gemeinschuldners befinden, besteht für die Rechtsinhaber ein Aussonderungsrecht, das gegenüber dem Insolvenzverwalter geltend gemacht zu machen ist.[70]

5.2 Gesicherte und ungesicherte Gläubiger

Das Gesetz unterscheidet zwischen gesicherten und ungesicherten Gläubigern. Mögliche Sicherheiten sind in § 2 Abs. 2 des Sicherheitengesetzes vom 30. 6. 1995 enumerativ aufgezählt und im Folgenden geregelt. Zu ihnen zählen: Bürgschaft, Hypothek, Pfandrecht an beweglichen Vermögensgegenständen sowie an Rechten, Zurückbehaltungsrecht und Barsicherheit.

Gesicherten Gläubigern wird im Liquidationsverfahren grundsätzlich ein Verwertungsrecht an den als Sicherheit dienenden Vermögensgegenständen eingeräumt.[71] Eine Ausnahme gilt lediglich für die Befriedigung von Lohn- und Sozialversicherungsforderungen, die vor Inkrafttreten des KG entstanden und noch nicht ausgeglichen sind. Diese Forderungen sind noch vor denjenigen der gesicherten Gläubiger aus dem Verwertungserlös zu befriedigen.[72] Weiterhin ist den gesicherten Gläubigern eine Verwertung während der Durchführung eines Reorganisationsverfahrens untersagt. Soweit während eines solchen Verfahrens Schäden oder Entwertung des Sicherheitsguts drohen, können sie aber durch einen Antrag beim Insolvenzgericht gleichwohl eine Verwertung erreichen.[73] Reichen die Gegenstände zur Befriedigung der Forderungen nicht aus, werden die gesicherten Gläubiger in Bezug auf verbleibende Restforderungen wie ungesicherte Gläubiger behandelt.[74]

Im Übrigen stehen gesicherten Gläubigern im Grundsatz die gleichen Rechte zu wie einfachen Gläubigern. Lediglich bei Beschlüssen über die Bestätigung der Verteilung der

---

[66] Vgl. Art. 43, 120 KG.
[67] Vgl. Art. 121 KG.
[68] Vgl. Art. 122 KG.
[69] Vgl. Art. 123 KG.
[70] Vgl. Art. 38 KG.
[71] Vgl. Art. 109 KG.
[72] Vgl. Art. 132 KG.
[73] Vgl. Art. 75 KG.
[74] Vgl. Art. 110 KG.

Volksrepublik China 50–57

Insolvenzmasse sowie zur Bestätigung eines Vergleichsverfahrens sind gesicherte Gläubiger vom Stimmrecht ausgeschlossen.[75]

5.3 Bevorzugte Gläubiger

50 Als bevorzugte Gläubiger, die nach Tilgung der Verfahrens- und Masseverbindlichkeiten zu befriedigen sind, benennt das KG die Gläubiger von Lohn- und Lohnnebenkosten sowie von Sozialversicherungs- und Steuerforderungen. Gehälter gesetzlicher Vertreter und sonstiger Führungskräfte des Schuldners werden aber nur in Höhe des Durchschnittsgehalts eines Angestellten bevorrechtigt berücksichtigt.[76]

51 Einen Sonderfall betrifft die bevorzugte Befriedigung von Lohn-. und Sozialversicherungsaufwendungen, die noch vor Inkrafttreten des KG entstanden sind. Sie sind selbst vor gesicherten Gläubigern aus den Sicherungsgütern zu befriedigen.[77]

5.4 Einfache Gläubiger

52 Nichtbevorrechtigte, nicht aussonderungsberechtigte und ungesicherte Gläubiger werden als sonstige bzw. einfache Gläubiger behandelt. Sie besitzen – wie alle Gläubiger – ein Teilnahme und Stimmrecht an bzw. in den Gläubigerversammlungen. Ihre Befriedigung erfolgt erst dann, wenn nach Verteilung der Insolvenzmasse an die übrigen Gläubigergruppen noch Masse übrig ist. Reicht diese zur vollständigen Befriedigung nicht aus, so werden die einfachen Gläubiger quotal befriedigt.

5.5 Nachrangige Gläubiger

53 Regelungen betreffend nachrangiger Insolvenzgläubiger enthält das KG nicht. Für sie gelten dementsprechend die für einfache Gläubiger bestehenden Vorschriften.

5.6 Massegläubiger

54 Massekosten werden nach Befriedigung der Verfahrenskosten vorab befriedigt.[78]

6. Abwicklung unvollständig erfüllter Verträge

55 Bezüglich nicht vollständig erfüllter Verträge wird dem Insolvenzverwalter das Wahlrecht eingeräumt, ob er den Vertrag erfüllen möchte. Übt der Insolvenzverwalter sein Wahlrecht innerhalb von zwei Monaten nach Aufforderung des entsprechenden Vertragspartner bzw. Annahme des Insolvenzantrags nicht aus, so besteht eine gesetzliche Vermutung dahingehend, dass der Vertrag als aufgehoben gilt.[79]

56 Entscheidet sich der Insolvenzverwalter für die Fortsetzung des Vertragsverhältnisses, so kann der Vertragspartner die Erfüllung der ihm aus dem Vertrag obliegenden Pflichten davon abhängig machen, dass der Insolventverwalter ihm insoweit Sicherheiten gewährt. Werden entsprechende Sicherheiten nicht beigebracht, so wird das Vertragsverhältnis als aufgelöst erachtet.[80]

7. Aufrechnung

57 Die Aufrechnung ist als Rechtsinstitut in Art. 99, 100 des Vertragsgesetzes geregelt. Daher sieht auch das KG grundsätzlich eine Aufrechnungsmöglichkeit für den Insolvenzgläubiger vor. Eine Aufrechnung kann jedoch nur vor Insolvenzeröffnung vorgenommen werden.[81] Sie ist ausgeschlossen, sofern der Gläubiger Kenntnis von der Zahlungsunfähigkeit bzw. dem

---

[75] Vgl. Art. 59 Abs. 3 KG.
[76] Vgl. Art. 113 KG.
[77] Vgl. obige Ausführungen unter 5.b.
[78] Vgl. auch obige Ausführungen unter Ziff. 4.5.
[79] Vgl. Art. 18 KG.
[80] Vgl. Art. 18 Abs. 3 KG.
[81] Vgl. Art. 40 KG.

bevorstehenden Insolvenzantrag hat, es sei denn, er hat die Gegenforderung mehr als ein Jahr vor Beantragung der Insolvenz erlangt.

8. Insolvenzanfechtung

Eine Insolvenzanfechtung ist im chinesischen Recht nach wie vor nicht vorgesehen. Allerdings kann der Insolvenzverwalter beim Insolvenzgericht beantragen, verschiedene vermögensmindernde Handlungen des Schuldners zu widerrufen. Zu ihnen zählen etwa Schenkungen oder Veräußerungen zu unangemessen niedrigen Preisen, die Gewährung von Sicherheiten für zuvor ungesicherte Forderungen, die Tilgung nicht fälliger Verbindlichkeiten oder die Aufgabe von Forderungen gegenüber Dritten, soweit diese Handlungen innerhalb eines Jahres vor Annahme eines Antrages auf Eröffnung des Insolvenzverfahrens vorgenommen wurden.[82] Ferner sind solche Zahlungen widerruflich, die der Gemeinschuldner innerhalb von sechs Monaten vor Annahme des Antrags an seine Gläubiger geleistet hat, obgleich schon zum Zahlungszeitpunkt Überschuldung bzw. Zahlungsunfähigkeit im Sinne von Art. 2 Abs. 1 KG gegeben war.[83] Unwirksam sind auch Rechtsgeschäfte, durch die Vermögensgegenstände zur Vermeidung von Schulden verborgen oder verschoben werden oder aber solche, durch die nicht existierende Schulden eingegangen oder bestätigt werden.[84] Rückforderbar sind schließlich unverhältnismäßig hohe Gehaltserhöhungen des Managements sowie solche Handlungen, mit denen Vermögensgegenstände des Gemeinschuldners unterschlagen wurden.[85]

Bei Vorliegen der vorbezeichneten Umstände hat der Insolvenzverwalter das Recht, die betroffenen Vermögensgegenstände zurück zu verlangen.[86] Zusätzlich ermöglicht das Gesetz in den aufgeführten Fällen auch einen persönlichen Rückgriff gegenüber den Organen bzw. Personen des Gemeinschuldners, die diese Handlungen veranlasst haben.[87] Stellen sich binnen zwei Jahren nach Abschluss des Insolvenzverfahrens unwirksame Verfügungen heraus, so werden verbliebene Forderungen in der Rangfolge des Art. 113 KG aus den zurückerlangten Vermögensgütern beglichen.[88]

9. Reorganisationsverfahren

In Kapitel 8 sieht das KG im Rahmen des Insolvenzverfahrens als Alternative zur Liquidation ein Reorganisationsverfahren vor. Ein Antrag auf Durchführung dieses Verfahrens kann sowohl vom Schuldner als auch vom Gläubiger an das Insolvenzgericht gerichtet werden.[89]

Soweit das Gericht die gesetzlichen Voraussetzungen als gegeben erachtet, verpflichtet es die Gemeinschuldnerin zur Reorganisation.

Die Durchführung des Reorganisationsverfahrens obliegt grundsätzlich dem Insolvenzverwalter. Es besteht aber auch die Möglichkeit, dass der Gemeinschuldner seine Geschäfte unter Aufsicht des Insolvenzverwalters selbst führt. Unter welchen Umständen dies der Fall ist, lässt sich dem Gesetz allerdings nicht entnehmen.[90]

Während der Dauer des Verfahrens dürfen Kapitaleinleger von etwaigen Gewinnbezugsrechten keinen Gebrauch machen.[91] Gesetzliche Vertreter und Führungskräfte des Schuldners dürfen ohne Zustimmung des Insolvenzgerichts keine Kapitalbeteiligungen am Schuldner auf Dritte übertragen.

---

[82] Vgl. Art. 31 KG.
[83] Vgl. Art. 32 KG.
[84] Vgl. Art. 33 KG.
[85] Vgl. Art. 36 KG.
[86] Vgl. Art. 34 KG.
[87] Vgl. Art. 128 KG.
[88] Vgl. Art. 123 KG.
[89] Vgl. Art. 70 KG.
[90] Vgl. Art. 73 KG.
[91] Vgl. Art. 77 KG.

Volksrepublik China 64–68

64 Auf Verlangen des Insolvenzverwalters oder einer anderen betroffenen Partei hat das Insolvenzgericht bei Vorliegen folgender Voraussetzungen das Reorganisationsverfahren zu beenden und den Gemeinschuldner für insolvent zu erklären: 1. sofern die Geschäfte des Schuldners oder dessen Finanzlage sich weiterhin verschlechtern und eine Besserung nicht in Sicht ist, 2. der Schuldner auf betrügerische oder arglistige Weise sein Vermögen reduziert oder offensichtlich zum Nachteil der Gläubiger handelt sowie 3. sofern der Schuldner verhindert, dass der Insolvenzverwalter seine gesetzlichen Aufgaben erfüllen kann.[92]

65 Innerhalb von sechs Monaten nach gerichtlicher Bewilligung des Reorganisationsverfahrens ist dem Insolvenzgericht und der Gläubigerversammlung der Entwurf eines Reorganisationsplans vorzulegen. Dieser hat zu enthalten: einen Geschäftsplan des Gemeinschuldners, eine Aufschlüsselung der Gläubigerforderungen, einen Rückzahlungsplan, einen Zeitplan für die Durchführung des Reorganisationsplans und die Überwachung seiner Umsetzung sowie sonstige Pläne, die für die Reorganisation des Gemeinschuldners förderlich sind. Die Vorlagepflicht trifft, je nachdem wer während des laufenden Reorganisationsverfahrens für die Fortführung der Geschäfte verantwortlich ist, den Gemeinschuldner oder den Insolvenzverwalter.[93] Das Insolvenzgericht kann die Zeitspanne auf Verlangen des Vorlageverpflichteten oder aus sonst berechtigtem Grund um drei Monate verlängern. Soweit der Gemeinschuldner oder der Insolvenzverwalter den Zeitplan nicht einhalten, kann das Insolvenzgericht das Reorganisationsverfahren beenden und die Insolvenz des Gemeinschuldners beschließen.[94]

66 Der Entwurf des Reorganisationsplans wird innerhalb der Gläubigerversammlung diskutiert. Diese wird hierzu in mehrere Gruppen unterteilt. Zu den Gläubigergruppen zählen 1. die besicherten Gläubiger, 2. die Gläubiger von Lohn- und Sozialversicherungsforderungen geltend machen, 3. die Steuergläubiger sowie 4. die sonstige Gläubiger.[95] Das Insolvenzgericht hat innerhalb von 30 Tagen nach Eingang des Entwurfs für einen Reorganisationsplan eine Gläubigerversammlung einzuberufen und diese über den Plan abstimmen zu lassen. Der Plan gilt als angenommen, wenn mehr als 50 Prozent der Gläubiger in derselben Gläubigergruppe ihm zustimmen und die zustimmenden Gläubiger insgesamt mindestens $2/3$ der gegenüber dem Gemeinschuldner erhobenen Forderungen innerhalb der jeweiligen Gruppe repräsentieren.[96] Soweit die Gläubigerversammlung den Entwurf angenommen hat, soll ein Gläubiger oder der Insolvenzverwalter einen Antrag auf Bestätigung des Reorganisationsplans an das Insolvenzgericht richten. Dieses hat, sofern es die gesetzlichen Voraussetzungen als gegeben ansieht, innerhalb von 30 Tagen nach Eingang des Antrags per Beschluss seine Zustimmung zu erteilen, das Reorganisationsverfahren zu beenden und seine Entscheidung zu verkünden.[97]

67 Art. 87 KG sieht ein Verfahren vor, um bei fehlender Zustimmung einzelner Gläubigergruppen zum Reorganisationsplan gleichwohl zu einer – gerichtlichen – Annahme des Plans zu gelangen. Soweit das dort geregelte Verfahren dennoch erfolglos bleiben oder das Gericht seine Zustimmung verweigern sollte, erklärt das Insolvenzgericht das Reorganisationsverfahren für beendet und beschließt die Insolvenz des Gemeinschuldners.[98]

68 Der vom Insolvenzgericht bestätigte Reorganisationsplan entfaltet bindende Wirkung für den Gemeinschuldner und alle seine Gläubiger. Gläubiger, die ihre Forderungen nicht rechtzeitig angemeldet haben, genießen während der Dauer der Umsetzung des Reorganisationsplans keine Rechte. Sie können jedoch nach Beendigung des Plans ihre Rechte gemäß den im Plan angegebenen Erfordernissen für die Abwicklung entsprechender Gläubigerforderungen ausüben.[99]

---

[92] Vgl. Art. 78 KG.
[93] Vgl. Art. 80 KG.
[94] Vgl. Art. 79 KG.
[95] Vgl. Art. 82 KG.
[96] Vgl. Art. 84 KG.
[97] Vgl. Art. 87 KG.
[98] Vgl. Art. 88 KG.
[99] Vgl. Art. 92 KG.

Die Umsetzung des Plans erfolgt durch den Gemeinschuldner. Hierzu hat der Insolvenzverwalter die Vermögensgegenstände und den Geschäftsbetrieb des Gemeinschuldners auf diesen (zurück) zu übertragen. Stattdessen übernimmt er für die im Plan vorgesehene Zeitdauer die Überwachung der Durchführung und Umsetzung des Reorganisationsplans.[100] Der Gemeinschuldner hat hierfür Angaben zur Umsetzung des Plans sowie zu seinem Finanzstatus an den Insolvenzverwalter zu melden. Der Insolvenzverwalter kann beim Insolvenzgericht die Verlängerung der Zeitdauer für die Überwachung beantragen. Mit Ablauf der Zeitdauer hat der Insolvenzverwalter einen Bericht an das Insolvenzgericht zu übermitteln. Mit diesem Tag endet seine Überwachungstätigkeit.[101]

Soweit die Umsetzung des Reorganisationsplans durch den Gemeinschuldner scheitert, beendet das Insolvenzgericht auf Antrag des Insolvenzverwalters oder einer anderen betroffenen Partei die Umsetzung und erklärt den Gemeinschuldner für insolvent. Zugeständnisse der Gläubiger an den Gemeinschuldner verlieren in diesem Fall ihre Wirksamkeit. Rückgezahlte Teile ihre Forderungen sind indes nicht rückabzuwickeln. Offene Restforderungen werden zu Insolvenzforderungen.[102] Umgekehrt ist der Gemeinschuldner am Tag der vollständigen Abwicklung des Reorganisationsplans im Umfang eines etwa erfolgten Forderungsverzichts seiner Gläubiger von Rückzahlungsverpflichtungen befreit[103]

10. Vergleichsverfahren

Das in den Art. 95 ff. KG geregelte Vergleichsverfahren soll im Ergebnis ebenfalls auf eine Fortführung des Unternehmens hinauslaufen. Der Schuldner kann unter Vorlage eines Vergleichsentwurfs beim Insolvenzgericht einen Antrag auf Einleitung eines Vergleichsverfahrens stellen. Die Antragstellung ist auch noch nach Eröffnung des Insolvenzverfahrens möglich, muss jedoch in jedem Fall noch vor einer gerichtlichen Insolvenzerklärung erfolgen.[104]

Soweit das Gericht die Voraussetzungen als erfüllt ansieht, beschließt es die Eröffnung des Vergleichsverfahrens und beruft eine Gläubigerversammlung ein, um den vorgelegten Vergleichsentwurf zu diskutieren. Gesicherte Gläubiger können ab diesem Zeitpunkt die ihnen gewährten Sicherheiten verwerten.[105] Zum Abschluss einer Vergleichsvereinbarung bedarf es der Zustimmung der Gläubigerversammlung mit wenigstens 50 Prozent der anwesenden Stimmen, die zudem mindestens $2/3$ der gegen den Schuldner geltend gemachten ungesicherten Forderungen repräsentieren müssen. Wird eine Zustimmung erreicht, hat das Insolvenzgericht darüber zu entscheiden, ob es seinerseits dem Beschluss der Gläubigerversammlung zustimmt, das Vergleichsverfahren beendet und die Vergleichsvereinbarung verkündet.[106] Sofern das Gericht seine Zustimmung verweigern oder aber bereits die Gläubigerversammlung die qualifizierte Mehrheit für eine Zustimmung nicht erreichen sollte, hebt das Insolvenzgericht das Vergleichsverfahren auf und erklärt die Insolvenz des Schuldners.[107]

Die Vergleichsvereinbarung entfaltet Bindungswirkung für alle ungesicherten Gläubiger, die ihre Forderungen rechtzeitig und ordnungsgemäß angemeldet haben.[108] Der Schuldner ist verpflichtet, seine Schulden gemäß den Bestimmungen der Vergleichsvereinbarung zurückzuführen. Soweit er der Umsetzung der in der Vereinbarung aufgeführten Verpflichtungen nicht nachkommt, hebt das Gericht auf Antrag eines Gläubigers die Umsetzung der

---

[100] Vgl. Art. 90 KG.
[101] Vgl. Art. 91 KG.
[102] Vgl. Art. 93 KG.
[103] Vgl. Art. 94 KG.
[104] Vgl. Art. 95 KG.
[105] Vgl. Art. 96 KG.
[106] Vgl. Art. 98 KG.
[107] Vgl. Art. 99 KG.
[108] Vgl. Art. 100 KG. Allerdings enthalten die Bestimmungen über das Vergleichsverfahren keine Anmeldevorschriften.

Vergleichsvereinbarung auf und erklärt den Schuldner für insolvent. Die Gläubiger sind in diesem Fall an abgegebene Zusagen zur Anpassung ihrer gegenüber dem Schuldner bestehenden Forderungen nicht mehr gebunden. In Ausführung der Vergleichsvereinbarung erfolgte Zahlungen des Schuldners an die Gläubiger sind nicht rückabzuwickeln.[109] Umgekehrt ist der Schuldner bei wirksamer Vergleichsvereinbarung im Umfang des Forderungsverzichts der Gläubiger von seiner Rückzahlungsverpflichtung befreit.[110]

11. Haftung

74 Das KG enthält in den Art. 125 ff. zahlreiche zivil- und strafrechtliche Haftungsvorschriften. Bedeutsam ist insbesondere Art. 125 KG, der eine zivilrechtliche Haftung von Organvertretern und Führungskräften des Gemeinschuldners vorsieht und diese mit einer dreijährigen Sperre für vergleichbare Tätigkeiten in anderen Unternehmen verbindet. Darüber hinaus sieht das Gesetz auch eine zivilrechtliche Schadensersatzhaftung des Insolvenzverwalters vor.[111]

12. Internationales Insolvenzrecht

75 Das KG regelt erstmals auch den Fall grenzüberschreitender Insolvenzen.[112] So erstreckt sich die Wirkung eines im Inland eröffneten Insolvenzverfahrens auch auf im Ausland befindliche Vermögensgegenstände des Schuldners. Umgekehrt bestimmt die Vorschrift jedoch, dass ausländische Insolvenzverfahren nur nach Maßgabe bestehender internationaler Vereinbarungen bzw. nach dem Grundsatz der Gegenseitigkeit anerkannt werden und dies auch nur dann, wenn sie nicht gegen Grundprinzipien des chinesischen Rechts verstoßen oder die Souveränität, Sicherheit oder öffentlichen Interessen Chinas verletzen.

76 Das Gesetz enthält keine Bestimmungen über die Durchführung eines insolvenzrechtlichen Partikularverfahrens in China.

77 Praktische Erfahrungen zu grenzüberschreitenden Insolvenzverfahren zwischen Deutschland und China sind – soweit ersichtlich – nicht vorhanden.

---

[109] Vgl. Art. 104 KG.
[110] Vgl. Art. 106 KG.
[111] Vgl. Art. 130 KG.
[112] Vgl. Art. 5 KG.

Insolvenzsteuerrecht

Übersicht

	RdNr.		RdNr.
A. Allgemeines Insolvenzsteuerrecht	1	a) Auflösung stiller Reserven	50
I. Das Verhältnis von Insolvenz- und Steuerrecht	1	b) Abgesonderte Befriedigung und Zwangsverwaltung	57
II. Übergangsbestimmungen	1 a	c) Personengesellschaften	62
III. Der Insolvenzverwalter und der Schuldner im Insolvenzsteuerrecht	2	d) Betriebsaufspaltung	69 a
1. Der Insolvenzverwalter mit Verwaltungs- und Verfügungsbefugnis gem. § 80 einerseits und der Schuldner andererseits	2	4. Einkünfte aus Kapitalvermögen	70
		5. Geltendmachung der Einkommensteuerforderung	73
2. Die steuerrechtlichen Pflichten des Insolvenzverwalters und des Schuldners	8	6. Durch den vorläufigen Insolvenzverwalter begründete Einkommensteuer	78
3. Die Haftung des Insolvenzverwalters nach §§ 60 f., §§ 34, 69 AO	17	7. Veranlagung in der Insolvenz	80
IV. Der Insolvenzverwalter und die Besteuerung im vorläufigen Insolvenzverfahren	21	**II. Körperschaftsteuer**	81
1. Der vorläufige Insolvenzverwalter	21	1. Allgemeines	81
a) „Starker" vorläufiger Insolvenzverwalter	21 a	2. Veranlagungszeiträume	82
		3. Einkommensermittlung im Abwicklungszeitraum	86
b) „Schwacher" vorläufiger Insolvenzverwalter	22	4. Körperschaftsteuerliche Organschaft	88 b
2. Die Besteuerung im vorläufigen Insolvenzverfahren	23	a) Insolvenz des Organträgers	88 c
V. Verfahrensrecht	24	b) Insolvenz der Organgesellschaft	88 d
1. Steuerforderungen als Insolvenzforderungen	24	c) Gemeinsame Insolvenz	88 e
		d) Folgen der Beendigung	88 f
2. Steuerforderungen als Masseverbindlichkeiten	25	5. Körperschaftsteuerguthaben (§ 37 KStG)	88 g
3. Aufrechnung mit Steuerforderungen	25 f	6. Verdeckte Einlagen	88 h
4. Erstattung von Steueransprüchen	25 l	**III. Lohnsteuer**	89
5. Schätzung und Außenprüfung	25 o	1. Lohnsteuer in der Insolvenz des Arbeitnehmers	90
6. Haftungsbescheid	26	2. Lohnsteuer in der Insolvenz des Arbeitgebers	93
7. Duldungsbescheid	26 f	a) Lohnsteueransprüche des Arbeitnehmers	95
8. Rechtsbehelfe	26 h	b) Lohnsteuerfreiheit bei übergegangenen Lohnsteueransprüchen	98
9. Beitreibung von Steuerforderungen gegenüber dem Schuldner	26 i	c) Lohnsteuerfreiheit bei Insolvenzgeldvorfinanzierung	99
a) Fortsetzung des Verfahrens nach Bestreiten der Insolvenzforderung	26 j	d) Lohnsteuer bei Insolvenzsicherungszahlungen	101
b) Beitreibung von Masseverbindlichkeiten	26 n	e) Lohnsteuer bei Masseunzulänglichkeit	103
c) Steuerforderungen nach Beendigung des Insolvenzverfahrens	26 o	3. Lohnsteuer in der vorläufigen Insolvenzverwaltung	104
B. Besonderes Insolvenzsteuerrecht	27	4. Exkurs: Sozialversicherungsbeiträge	104 a
I. Einkommensteuer	27	**IV. Gewerbesteuer**	105
1. Einkommen in der Insolvenz des Steuerpflichtigen	30	1. Steuerpflicht	105
2. Verluste und Verlustabzug	32	2. Veranlagung und Möglichkeiten zur Reduzierung der Besteuerung	108
3. Einkommensteuer als Insolvenzforderung oder Masseverbindlichkeit	36	3. Insolvenzsteuerrechtliche Aufteilung der Steuerschuld	114
		V. Umsatzsteuer	116
		1. Umsatzsteuerliche Unternehmereigenschaft	116

Kling/Schüppen/Ruh 1673

Insolvenzsteuerrecht

	RdNr.
a) Unternehmer	117
b) Insolvenzverwalter	122
c) Vorläufiger Insolvenzverwalter	127
2. Steuererhebung	129
a) Insolvenzforderungen gem. § 38	129
aa) Begründetheit von umsatzsteuerrechtlichen Forderungen	129
bb) Umsatzsteuerforderungen	131
cc) Vorsteuer	132
dd) Geltendmachung der Umsatzsteuerforderung	133
b) Nachrangige Insolvenzforderungen gem. § 39	135
c) Masseverbindlichkeiten gem. §§ 53 ff., 209	137
3. Ausstellen von Rechnungen gem. § 14 Abs. 1 UStG	141
4. Änderung der Bemessungsgrundlage	147
a) Rückforderung von Vorsteuern	147
b) Erneuter Vorsteuerabzugsanspruch	148
c) Berichtigung zu hoch ausgewiesener Vorsteuer	149
d) Vorsteuerberichtigung nach § 15 a UStG	150
e) Verzicht auf Steuerbefreiung nach § 9 UStG	152
5. Umsatzsteuer-Voranmeldungsverfahren	153
6. Steuerpflichtige Umsätze	156
a) Verwertung von Sicherungsgut innerhalb des Insolvenzverfahrens	156
aa) Verwertung durch den Insolvenzverwalter	156
α) Veräußerung gem. §§ 159, 166	157
β) Überlassung zur abgesonderten Befriedigung gem. § 170 Abs. 2	163
γ) Freigabe an den Schuldner	168
δ) Nutzung des Gegenstandes durch den Insolvenzverwalter	170 a
bb) Verwertung durch den Sicherungsnehmer nach § 173 Abs. 1	171
cc) Verwertung von Gegenständen mit Besitzpfandrechten	174
dd) Verwertung von Immobilien mit Grundpfandrechten	175
ee) Verwertung durch den vorläufigen Insolvenzverwalter	180
b) Exkurs: Verwertung von Sicherungsgut außerhalb des Insolvenzverfahrens	180 a
aa) Verwertung durch den Sicherungsnehmer	180 b
bb) Verwertung durch den Sicherungsgeber	180 c
c) Verwertung von zur Sicherheit abgetretenen Forderungen	180 d

	RdNr.
d) Geschäftsveräußerung im Ganzen	181
e) Teilleistungen	182
f) Besonderheiten bei Werkverträgen	187 a
g) Haftung nach § 25 d UStG für Umsätze des vorläufigen Insolvenzverwalters	187 f
7. Eigentumsvorbehaltsware	188
8. Organschaftsbesteuerung	191
a) Insolvenz der Organgesellschaft	191 a
b) Insolvenz des Organträgers	191 b
c) Insolvenz der gesamten Organschaft	191 d
d) Folgen der Organschaftsbeendigung	191 e
e) nicht erkannte Organschaft	191 g
9. Besteuerung der Personengesellschaften	192
10. Miet- und Pachtverträge	193
11. Leasingverträge	196
12. Umsatzsteuersondervorauszahlung	198
13. Beendigung des Insolvenzverfahrens	199
a) Angeordnete Nachtragsverteilung	201
b) Aufhebung des Insolvenzverfahrens ohne Nachtragsverteilung	202
14. Einstellung des Insolvenzverfahrens mangels Masse und Abwicklung des Verfahrens bei Masseunzulänglichkeit	203
VI. Andere Steuerarten	204
1. Bauabzugsteuer	204
a) Besteuerungsregelung	205
b) Zusammentreffen von Steuerabzug und Insolvenzverfahren	212
aa) Insolvenz des Leistungserbringers	212
bb) Insolvenz des Leistungsempfängers	214
2. Grundsteuer	220
3. Grunderwerbsteuer	221
4. Kraftfahrzeugsteuer	228
5. Investitionszulage	229
6. Zölle und Verbrauchsteuern	234
7. Säumnis- und Verspätungszuschläge	235 b
8. Erbschaft- und Schenkungsteuer	235 e
9. Eigenheimzulage	235 f
10. Kindergeld	235 i
VII. Steuern im Insolvenzplanverfahren	236
1. Der Fiskus als Beteiligter des Insolvenzplanverfahrens	236
2. Die Zustimmung des Finanzamts zum Insolvenzplan	240
3. Steuerrechtliche Auswirkungen des bestätigten Insolvenzplans	243
VIII. Steuern im Verbraucherinsolvenzverfahren	245
1. Zugang zum Verbraucherinsolvenzverfahren	245

Allgemeines Insolvenzsteuerrecht

1 Insolvenzsteuerrecht

	RdNr.		RdNr.
2. Außergerichtlicher Einigungsversuch..	247	1. Deutsche Kapitalgesellschaft............	359
3. Schuldenbereinigungsverfahren	259	2. Ausländische Kapitalgesellschaft mit inländischer Betriebsstätte	369
4. Vereinfachtes Insolvenzverfahren	263		
IX. Restschuldbefreiung	264	V. Umsatzsteuer.........................	381
C. Internationales Insolvenzsteuerrecht	327	1. Reverse-Charge-Verfahren.............	381
		2. Innergemeinschaftlicher Erwerb	383
I. Persönliche Steuerpflicht.............	332	3. Einfuhrumsatzsteuer	383 a
II. Grundsätze der Vermeidung einer Doppelbesteuerung.....................	345	4. Innergemeinschaftliche Lieferungen ...	384
		5. Steuerfreie Ausfuhrlieferungen.........	384 b
III. Gewerbesteuer	356	6. Besonderheiten bei Reihen- und Dreiecksgeschäften.....................	385
IV. Steuerpflicht der Kapitalgesellschaften und Vermeidung einer Doppelbesteuerung.........................	357		

Verwaltungsauffassung: BMF-Schreiben v. 17. 12. 1998, Behandlung von Ansprüchen aus dem Steuerschuldverhältnis im Insolvenzverfahren, IV A 4 – S 0550 – 28/98, BStBl. I 1998, 1500.

Bücher: *Balz/Landfermann,* Die neuen Insolvenzgesetze, 1995; *Boochs/Dauernherm,* Steuerrecht in der Insolvenz, 2. Aufl., 2000; *Budde/Förschle,* Sonderbilanzen, 2. Aufl., 1999; *Debatin/Wassermeyer,* Doppelbesteuerung, Kommentar zu allen deutschen Doppelbesteuerungsabkommen, 11. Aufl., 2006, Stand Januar 2008; *Farr,* Die Besteuerung in der Insolvenz, 2005; *Frotscher,* Besteuerung bei Insolvenz, 6. Aufl., 2005; *Gottwald,* Insolvenzrechts-Handbuch, 3. Aufl., 2006; *Hess/Weis/Wienberg,* Kommentar zur Insolvenzordnung, 2. Aufl., 2001; Steuerrecht – Rechnungslegung – Insolvenz, 2001; *Hübschmann/Hepp/Spitaler,* AO Kommentar, 10. Aufl., 1995, Stand Juni 2006; *Kahlert/Rühland,* Sanierungs- und Insolvenzsteuerrecht, 1. Aufl., 2007; *Kraemer,* Handbuch zur Insolvenz, 1. Aufl., 1997, Stand Februar 2008; *Kramer,* Konkurs- und Steuerverfahren, 1993; *Kübler/Prütting/Onusseit,* InsO – Kommentar zur Insolvenzordnung, Band 3, Steuerrecht, 2002; *Maus,* Steuern im Insolvenzverfahren, 3. Aufl., 2004; *Nerlich/Römermann,* Insolvenzordnung, Kommentar, Stand Mai 2007; Heidelberger Kommentar, Insolvenzordnung, 2. Aufl., 2001; *Olbing,* Sanierung durch Steuergestaltung, 2. Aufl., 2001; *Onusseit,* Steuern in der Insolvenz, Kölner Schrift zur Insolvenzordnung, 2. Aufl., 2000; *Onusseit/Kunz,* Steuern in der Insolvenz, 2. Aufl., 1997; *Tipke/Kruse,* Abgabenordnung und Finanzgerichtsordnung, Kommentar, 16. Aufl., Stand Oktober 2007; *Waza/Uhländer/Schmittmann,* Insolvenzen und Steuern, 7. Auflage 2007; *Weiß,* Insolvenz und Steuern, 1989.

Aufsätze: *App,* Steuern und Insolvenzrechtsreform, AG 1989, 53; *ders.,* Steuerforderungen bei der Verteilung im Konkursverfahren, DStZ 1992, 565; *ders.,* Einschränkungen bei der Vollstreckung von Steuerforderungen durch die Insolvenzordnung, DStR 1995, 1678; *Birk,* Umsatzsteuer im Insolvenzverfahren, ZInsO 2007, 743; *Fischer,* Steuerforderungen im Konkurs, BB Beilage 12/1989; *Hundt-Eßwein,* Die Behandlung von Steueransprüchen im Konkurs, BB 1987, 1718; *Kalmes,* Konkursantrag des Finanzamts und einstweilige Anordnung als vorläufiger Rechtsschutz, BB 1989, 818; *Kling,* Steuerrechtliche Auswirkungen der neuen Insolvenzordnung, DStR 1998, 1813; *Loose,* Die Rolle der Finanzverwaltung im Insolvenzverfahren nach der Insolvenzordnung, StuW 1999, 20; *Meyer-Scharenberg,* Steuerprobleme im Konkursfall, DStR 1994, 889; *Schumann,* Feststellungsbescheid nach § 251 Abs. 3 AO und die Haftung für Steuern, DStZ 1994, 657; *Uhlenbruck,* Der ordnungsgemäße Konkursantrag des Finanzamts gegen den Steuerschuldner, DStZ 1986, 39; *Weisang,* Zur Rechnungslegung nach der neuen Insolvenzordnung, BB 1989, 1149.

Spezialschrifttum: Siehe vor den einzelnen Unterabschnitten.

A. Allgemeines Insolvenzsteuerrecht

I. Das Verhältnis von Insolvenz- und Steuerrecht

Weder im Insolvenz- noch im Steuerrecht wird systematisch geregelt, wie ein Insolvenzverfahren auf das formelle oder materielle Steuerrecht einwirkt.[1] Die jeweiligen Gesetze enthalten grundsätzlich (nur) Verweise auf das jeweils andere Recht (vgl. §§ 75 Abs. 2, 171 Abs. 13, 231 Abs. 1 und 2, 282 Abs. 2 AO; §§ 155 Abs. 1, 170 Abs. 2 und 171 Abs. 2).

1

---

[1] *Farr,* RdNr. 20; *Waza/Uhländer/Schmittmann,* RdNr. 312.

Anhaltspunkte für die Systematik liefert § 251 Abs. 2 AO, wonach die Vorschriften der Insolvenzordnung im Rahmen der Vollstreckung von Steuerforderungen (6. Teil der AO) „unberührt" bleiben. Daraus wird von der herrschenden Meinung gefolgert, dass die Auswirkungen des Insolvenzrechts entsprechend dem Sinn und Zweck der betroffenen Regelungsbereiche für jede einzelne Verfahrenssituation zu betrachten sind und sich beide Rechtsgebiete wechselseitig ergänzen.[2] Die Steuergesetze bestimmen demnach (weiterhin) Grund und Höhe der Steuerschuld. Form und Umfang der Geltendmachung und Verwirklichung der Steueransprüche bestimmt hingegen vorrangig das Insolvenzrecht, welches insoweit die Abgabenordnung verdrängt.[3] Der Fiskus wird damit in der Insolvenz wie alle privatrechtlichen Gläubiger behandelt (§ 38) und genießt – anders als früher (vgl. § 61 Nr. 2 KO) – keine insolvenzspezifischen Privilegien.[4] Darüber hinaus bestimmt die Insolvenzordnung die insolvenzrechtliche Qualifikation der Steuerforderungen als Insolvenzforderung oder als Masseverbindlichkeit.[5] Im Übrigen wendet die herrschende Meinung im Falle der Insolvenzeröffnung § 240 ZPO entsprechend an, mit der Folge, dass Steuerfestsetzungs- und Rechtsbehelfsverfahren unterbrochen werden.[6]

II. Übergangsbestimmungen

1a Art. 97 § 11 a EGAO bestimmt in Anlehnung an Art. 104 EGInsO, dass die Vorschriften der AO auf vor dem 1. 1. 1999 beantragte Verfahren in ihrer bisherigen Form anzuwenden sind. Durch das Steuerentlastungs- und Steuerbereinigungsgesetz 1999 sind Absicherungen der Steuerforderungen für die Zahlungsverjährung und Verwaltungsvollstreckung in einem Insolvenz- und Schuldenbereinigungsplan in die §§ 231 Abs. 1 und 251 Abs. 2 AO aufgenommen worden. § 258 AO hat nunmehr einen Verweis auf § 765 a ZPO erhalten, wodurch auch die Verwaltungsvollstreckung für drei Monate während des außergerichtlichen Einigungsversuchs bei entsprechendem Nachweis eingestellt werden muss.[7]

III. Der Insolvenzverwalter und der Schuldner im Insolvenzsteuerrecht

2 **1. Der Insolvenzverwalter mit Verwaltungs- und Verfügungsbefugnis gem. § 80 einerseits und der Schuldner andererseits.** Mit der Insolvenzeröffnung nach § 27 verliert jeder Schuldner i. S. d. § 11 grundsätzlich[8] das Recht, das zur Insolvenzmasse gehörende Vermögen zu verwalten und darüber zu verfügen, während dieses Recht auf den Insolvenzverwalter[9] übergeht (§ 80 Abs. 1). Entsprechendes gilt im Falle eines vereinfachten Insolvenzverfahrens im Rahmen einer Verbraucherinsolvenz, wonach das Verwaltungs- und Verfügungsrecht auf einen Treuhänder übergeht (§§ 311, 313).[10] Bei der Insolvenz einer juristischen Person und einer Personengesellschaft endet die Geschäftsführungs- und Vertretungsbefugnis der Geschäftsführer bzw. der vertretungs- und nicht vertretungsberechtigten[11] Organe (§ 11 Abs. 1, Abs. 2). Der Schuldner ist aber nach wie vor rechts- und geschäftsfähig und bleibt in allen Fällen Eigentümer der zur Masse gehörenden Gegenstände, Gläubiger der zur Masse gehörenden Forderungen und Schuldner der gegen die Insolvenz-

---

[2] RFH v. 25. 10. 1926, RFHE 19, 355; BFH v. 29. 6. 1965, VI 13/64 S, BStBl. III 1965, 491; *Farr*, RdNr. 20; *Frotscher*, S. 19; *Häsemeyer*, RdNr. 1.10; *Tipke/Kruse/Loose* AO § 251 RdNr. 6; für ein Über-Unterordnungsverhältnis: *Bley* StuW 1928, Sp. 1095; *Liebsch*, Vierteljahresfrist für Steuer- und Finanzrecht, (VJSchrStFR) 1929, 212.
[3] *Farr*, RdNr. 46; *Waza/Uhländer/Schmittmann*, RdNr. 314 ff.
[4] *Frotscher*, S. 18 f.; *Farr*, RdNr. 5.
[5] *Häsemeyer*, RdNr. 23.41 ff.; *Frotscher*, S. 53 ff. Näher s. bei den einzelnen Steuerarten.
[6] BFH v. 23. 5. 2000, IX S 5/00, BFH/NV 2000, 1134; *Farr*, RdNr. 20; *Tipke/Kruse/Loose* AO § 251 RdNr. 42.
[7] Art. 9 InsO ÄndG 2001.
[8] Zur Ausnahme der „Eigenverwaltung" vgl. §§ 270 ff. RdNr. 6.
[9] Vgl. zu den vier Theorien zur rechtlichen Stellung des Insolvenzverwalters, MünchKommInsO-*Ott* § 80 RdNr. 26 ff.
[10] *Frotscher*, S. 22.
[11] Aufsichtsrat, Gesellschafterversammlung.

masse gerichteten Forderungen.[12] In der Folge ist dem Schuldner als auch wirtschaftlichem Eigentümer (weiterhin) sämtliches Vermögen, insbesondere das insolvenzbefangene Vermögen nach § 39 AO steuerrechtlich zuzurechnen. Unverändert treten auch alle steuerlichen Folgen aus den dem Schuldner zuzurechnenden Besteuerungsgrundlagen bei ihm ein. Einkommensteuerrechtlich sind dem Schuldner die in seiner Person erzielten Einnahmen und Einkünfte zuzurechnen (§ 2 Abs. 1 Satz 1 EStG). Dies gilt unabhängig von der fehlenden Verfügungsbefugnis, weil die entsprechenden ESt-Tatbestände nur auf Rechnung und Gefahr des Schuldners verwirklicht werden müssen.[13]

3 Der Insolvenzverwalter bindet den Schuldner durch alle seine Rechtshandlungen.[14] Über die Verfahrensbeendigung hinauswirkende Rechtsgeschäfte verpflichten den Schuldner auch für diese Zeit.[15] Ansonsten verpflichtet der Insolvenzverwalter lediglich die Insolvenzmasse, weshalb nach Verfahrensbeendigung auch nur der daraus etwa an den Schuldner ausgekehrte Teil als insolvenzbefangenes Vermögen weiterhaftet.[16] Eine Ausweitung dieser Haftung widerspricht dem ausdrücklich auf den Insolvenzverwalter gem. § 80 Abs. 1 übertragenen Verfügungsrecht.[17]

4 Insolvenzfreies Vermögen, zu dem insbesondere pfändungsfreies Einkommen oder aus der Insolvenzmasse freigegebene Gegenstände gehören (§§ 35, 36), verbleibt unter der Privatautonomie des Schuldners. Mit dem insolvenzfreien Vermögen haftet der Schuldner lediglich den Neugläubigern für die nach Verfahrenseröffnung begründeten Verbindlichkeiten, wozu auch in diesem Zeitraum begründete Steuerforderungen zählen.

5 Von der Regelung des § 80 Abs. 1 sind die gesellschaftsrechtlichen Befugnisse des Schuldners nicht umfasst, da lediglich der vermögensrechtliche Bereich betroffen ist. Aus dieser Beschränkung der Befugnisse des Insolvenzverwalters folgt beispielsweise, dass der Schuldner im Rahmen seiner gesellschaftsrechtlichen Befugnisse eine Kapitalerhöhung beschließen kann oder Aufsichtsratsmitglied wird.[18]

6 Nach der Rechtsprechung des BFH geht gem. § 80 nach Insolvenzeröffnung das alleinige Anfechtungs- und Klagerecht gegen Steuerbescheide auf den Insolvenzverwalter über.[19] Dagegen spricht auch nicht, dass die Anfechtung belastender Steuerbescheide gerade der Verbesserung der Stellung der übrigen Insolvenzgläubiger zu dienen vermag, denn die gemeinschaftliche Befriedigung der Gläubiger kann auch bei der Anfechtung belastender Steuerbescheide durch eine unzweckmäßige Prozessführung gefährdet werden. Verfahrensrechtlich ist der Schuldner als Steuerpflichtiger auch während des Insolvenzverfahrens Beteiligter gem. § 78 AO. Er wird jedoch von dem Insolvenzverwalter gem. der Verwaltungsbefugnis des § 80 vertreten, soweit nicht ausnahmsweise nach §§ 270 ff. die Eigenverwaltung durch den Schuldner unter Aufsicht eines Sachwalters angeordnet ist. Dies bedeutet, dass der Schuldner selbst auch gegenüber der Steuerbehörde keine Verfügungen mit materieller

---

[12] Vgl. RGZ 52, 333; 53, 9; 53, 352; 59, 369; 78, 188; 105, 314; BGHZ 49, 11, 13; *Waza/Uhländer/Schmittmann*, RdNr. 321.
[13] *Frotscher*, S. 23; *Frotscher/Lindberg* EStG § 2 RdNr. 12 ff.
[14] *Nerlich/Römermann/Wittkowski* § 80 RdNr. 12 f.; vgl. zu Betriebsaufspaltung unten RdNr. 69 a.
[15] RGZ 80, 418; *Frotscher*, S. 21.
[16] So auch BGH NJW 1955, 339; *Schmidt*, Der Gemeinschuldner als Schuldner der Masseverbindlichkeiten, 1972, S. 116 ff.; *Jaeger/Henckel* KO § 6 RdNr. 101 f. mwN; *Nerlich/Römermann/Wittkowski* § 80 RdNr. 13; aA *Häsemeyer*, RdNr. 25.30; nicht konkret *Frotscher*, S. 21. Es sei noch darauf hingewiesen, dass der Umfang und die Wirkung der Nachhaftung des § 201 Abs. 1 und 2 für Insolvenzforderungen wegen der unübersichtlichen Regelungen als umstritten und äußerst differenzierend zu betrachten sind, vgl. *Häsemeyer*, RdNr. 25.09 ff.
[17] Wenn schon die Schuldenmasse und die Nachhaftung des Schuldners verringert werden soll (so *Häsemeyer*, RdNr. 25.30), so ergibt daraus zudem auch die Konsequenz einer Haftungsbeschränkung auf das zuvor insolvenzbefangene Vermögen. Mögliche „Haftungsumschichtungen" sind dabei zu vermeiden, aber durchaus mit den Zielen der InsO und im Hinblick auf die generell verbesserte Verteilungsgerechtigkeit der InsO zu rechtfertigen.
[18] OLG München HRR 1939, 1107; OLG Nürnberg WM 1991, 1719.
[19] BFH v. 23. 11. 1994, VIII R 51/94, BFH/NV 1995, 663; v. 19. 6. 2006, VIII B 235/04, BFH/NV 2006, 2091.

Insolvenzsteuerrecht 7–8 a

Wirkung mehr treffen kann. Andererseits hat der Insolvenzverwalter nunmehr das Recht zur Akteneinsicht im Verwaltungsverfahren und dem Finanzgerichtsverfahren (§§ 78, 96 Abs. 1 FGO).[20]

7   Die Beschränkung der Verwaltungs- und Verfügungsbefugnis endet mit der Aufhebung (§ 200) oder der Einstellung (§§ 207, 213) des Insolvenzverfahrens oder durch Freigabe einzelner Gegenstände durch den Insolvenzverwalter.[21]

8   **2. Die steuerrechtlichen Pflichten des Insolvenzverwalters und des Schuldners.**
Als Verwalter des (Masse-)Vermögens des Schuldners treffen den Insolvenzverwalter die steuerlichen Pflichten wie sie in § 155 Abs. 1 Satz 2, § 34 Abs. 3 AO geregelt sind.[22] Entsprechend kann der Verwalter auch die steuerlichen Rechte geltend machen, soweit sie zu dem Verwaltungsbereich der Insolvenzmasse gehören.[23] Gleichwohl bleibt der Schuldner auch nach der Eröffnung des Insolvenzverfahrens Steuerschuldner (§ 43 AO) und Steuerpflichtiger (§ 33 AO), ihm sind die Besteuerungsgrundlagen nach § 39 AO zuzurechnen. Steuerrechtlich wird die Insolvenzmasse von dem sonstigen Vermögen des Schuldners materiell auch nicht getrennt.[24] Dem Insolvenzverwalter wurde daher eine eigene Steuernummer neben der des Schuldners vergeben, weil den Schuldner für eventuelles insolvenzfreies Vermögen eigene Steuerpflichten treffen.[25] Diese Praxis hat sich aber für natürliche Personen geändert, weil die Finanzverwaltung den Neuerwerb grundsätzlich zur Masse zählt (§ 35) und wegen der Vermögensverwaltung i. S. d. § 34 Abs. 3 AO den Insolvenzverwalter auch insoweit in der Steuerzahlungspflicht sieht. Nach Ansicht des BFH begründet der Schuldner jedoch dann keine Masseverbindlichkeit, wenn er während des Insolvenzverfahrens eine neue Erwerbstätigkeit aufnimmt, die er durch seine Arbeit und nicht durch zur Insolvenzmasse gehörende Gegenstände erbringt.[26] Gem. § 35 Abs. 2 idF durch das Gesetz zur Vereinfachung des Insolvenzverfahrens wurde dem Insolvenzschuldner die Möglichkeit einer selbständigen Tätigkeit außerhalb des Insolvenzverfahrens eingeräumt („Freigabe" des Vermögens).[27]

8 a   Gem. § 155 Abs. 1 geht auf den Insolvenzverwalter auch die handels- und steuerrechtliche Pflicht des Schuldners zur Buchführung und Bilanzierung über. Nach herrschender Meinung wird die Fortdauer der Buchführung- und Bilanzierungspflicht für das insolvente Unternehmen für die Dauer der Kaufmannseigenschaft bejaht.[28] Der Insolvenzverwalter hat nach § 239 HGB die Handelsbücher weiter zu führen und für den Schluss eines jeden Geschäftsjahres einen Jahresabschluss zu erstellen.[29] Für die Erfüllung der Pflichten des § 155 Abs. 1 hat der Insolvenzverwalter sämtliche Geschäftsunterlagen vom Schuldner herauszuverlangen und in Besitz zu nehmen, wozu er nach §§ 148 ff. ermächtigt ist. Befinden sich die Unterlagen noch bei dem früher beauftragten Steuerberater (vgl. § 116 Satz 1), sind diese ohne weiteres dort herauszuverlangen.[30] Soweit der Insolvenzverwalter insolvenzrechtlich nach § 153 eine Vermögensübersicht zu erstellen hat, so ist diese für ihn auch insolvenzsteuerrechtlich wertvoll, um seine steuerrechtlichen Pflichten und Schulden einschätzen zu können, jedoch genügen die insolvenzrechtlichen Rechnungslegungspflichten den handels-

---

[20] Vgl. BFH v. 15. 6. 2000, IX B 13/00, BStBl. II 2000, 431 = ZIP 2000, 1262.
[21] Vgl. BFH v. 23. 8. 1993, V B 135/91, BFH/NV 1994, 186; *Nerlich/Römermann/Wittkowski* § 80 RdNr. 8.
[22] *Frotscher,* S. 32.
[23] Nicht von diesem Verwaltungsbereich umfasst ist beispielsweise ein steuerstrafrechtliches Verfahren gegen den Schuldner.
[24] Vgl. RFH v. 22. 6. 1938, VI 687/37, RStBl. 1938, 669; BFH v. 12. 9. 1951, IV 135/51 U, BStBl. III 1951, 192; v. 7. 11. 1963, IV 210/62 S, BStBl. III 1964, 70.
[25] *Gottwald/Klopp/Kluth* § 22 RdNr. 87; vgl. auch *Onusseit* ZIP 2002, 22, 23.
[26] BFH v. 7. 4. 2005, V R 5/04, BStBl. II 2005, 848 = ZIP 2005, 1376; ferner *Waza/Uhländer/Schmittmann,* RdNr. 443 ff.; *Andres/Pape* NZI 2005, 141; *Sternal* NJW 2007, 1909, 1912.
[27] Gesetzesbeschluss des Deutschen Bundestages v. 1. 2. 2007, BR-Drucks. 96/06 v. 16. 2. 2007, BGBl. I 2007, 509.
[28] *Waza/Uhländer/Schmittmann,* RdNr. 681 ff.; *Birk* ZInsO 2007, 743.
[29] *Winnefeldt,* Bilanzhandbuch, 4. Auflage, S. 2315, RdNr. 1105 ff.
[30] LG Cottbus, ZInsO 2002, 635, 635 f.

und steuerrechtlichen Anforderungen nicht. Vielmehr ist der Verwalter wegen des nach § 155 Abs. 2 neu beginnenden Geschäftsjahres verpflichtet, auf den Zeitpunkt der Verfahrenseröffnung eine eigenständige Eröffnungsbilanz zu erstellen (§ 155 Abs. 2 i. V. m. § 154 HGB, § 270 Abs. 1 AktG und § 71 Abs. 1 GmbHG). Der Insolvenzverwalter kann aber durchaus die Vorlagefristen bis zum Berichtstermin versuchen zu verlängern und bis dahin – soweit brauchbar – die von dem Schuldner vorhandenen Bilanzzahlen unter ständiger Anpassung der Bewertungen fortschreiben.

Soweit Abschlüsse der Kapitalgesellschaften der Prüfungs- und Offenlegungspflicht unterliegen (§§ 316–324 und §§ 325–329 HGB), erfolgt die Bestellung des Abschlussprüfers im Insolvenzverfahren auf Antrag des Insolvenzverwalters durch das Registergericht (§ 155 Abs. 3). Umstritten ist, ob die Wahl des Abschlussprüfers den Gesellschaftern[31] oder der Gläubigerversammlung[32] zusteht. Im Regelfall wird ein Insolvenzverwalter jedoch ohnehin versuchen, die Befreiung von der Prüfungspflicht nach § 316 HGB per Antrag beim Registergericht[33] gem. § 71 Abs. 3 GmbHG oder § 270 Abs. 3 AKtG zu erreichen.[34] In Fortführungsfällen dürfte das insoweit erforderliche Merkmal der Überschaubarkeit der Verhältnisse der Gesellschaft jedoch häufig nicht einschlägig sein.[35] Die Regelungen finden nach Auffassung der Rechtsprechung dabei entsprechend auf die GmbH & Co. KG Anwendung.[36] Nach Ansicht des OLG München ist eine solche Befreiung hinsichtlich der Geschäftsjahre vor Insolvenzeröffnung jedoch grundsätzlich nicht möglich.[37]

8 b

Eine Befreiung hinsichtlich der – durch das EHUG[38] neu geregelten – Offenlegungspflicht ist vom Gesetz nicht vorgesehen.[39] Nicht durchgesetzt hat sich die insoweit vertretene Ansicht einer analogen Anwendung von §§ 270 Abs. 3 AktG, 71 Abs. 3 GmbHG.[40] Soweit wegen unterlassener Offenlegung des Jahresabschlusses ein Ordnungsgeld verhängt wird, ist dieses nicht gegen den Insolvenzverwalter persönlich, sondern gegen die Gesellschaft festzusetzen.[41] Gem. § 155 Abs. 3 Satz 2 bleibt aber eine vor Insolvenzeröffnung durch Gesellschaftsorgane erfolgte Bestellung eines Abschlussprüfers auch durch die nachfolgende Insolvenzeröffnung für das gem. §§ 155 Abs. 2 Satz 1 endende (Rumpf-)Geschäftsjahr wirksam.[42] Eine gerichtliche Ersetzung des bestellten Abschlussprüfers kommt daher nicht in Betracht.[43]

8 c

Der Wirtschaftsprüfer kann jedenfalls im Zivilprozess von seiner Verschwiegenheitspflicht nur durch den Insolvenzverwalter entbunden werden, wenn sich die Zeugenaussage auf die Insolvenzmasse auswirken kann. Im Strafverfahrensrechtlichen Bereich bleibt umstritten, ob der Insolvenzverwalter oder der Geschäftsführer/Vorstand in der Insolvenz der Gesellschaft den Berufsgeheimnisträger von der Verschwiegenheitspflicht entbinden kann. Nach zustim-

8 d

---

[31] Frankfurter Kommentar/InsO § 155 RdNr. 103.
[32] *Waza/Uhländer/Schmittmann*, RdNr. 718; *Kunz/Mundt* DStR 1997, 664, 668 mwN.
[33] LG Paderborn ZIP 2006, 2101 ff.; LG Dresden LSK 1995, 170096; Zuständig für die Entscheidung über einen Antrag auf Befreiung von der Verpflichtung zur Prüfung des Jahresabschlusses ist auch in der Insolvenz der Gesellschaft das Registergericht; ebenso *Baumbach/Hueck/Schulze/Osterloh* aaO § 64 RdNr. 7; *Roth/Altmeppen* aaO § 71 RdNr. 36 mwN; vgl. auch die Nachweise bei OLG Hamm FGPrax 2007, 142.
[34] OLG München DB 2008, 229 ff.; OLG Hamm ZIP 2007, 700; LG Paderborn ZIP 2006, 2101 ff.
[35] *Grashof* NZI 2008, 65, 68.
[36] OLG München DB 2008, 229 ff.
[37] OLG München DB 2005, 2013.
[38] Gesetz über elektronische Handelsregister und Genossenschaftsregister sowie das Unternehmensregister vom 10. 11. 2006, BGBl. I 2006, 2553.
[39] Nach § 325 HGB haben die gesetzlichen Vertreter von Kapitalgesellschaften und zB GmbH & Co. KGs binnen 12 Monaten nach dem Bilanzstichtag den Jahresabschluss beim Betreiber des elektronischen Bundesanzeigers offen zu legen. Der Insolvenzverwalter hat diese Pflicht bezogen auf die Indolvenzmasse zu erfüllen (§ 155 Abs. 1 und Abs. 2 Satz 2). Die Offenlegungsfrist wird nach § 155 Abs. 2 Satz 2 um den Zeitraum zwischen Insolvenzeröffnung und Gerichtstermin verlängert.
[40] So *Waza/Uhländer/Schmittmann* RdNr. 720; *Kunz/Mundt* DStR 1997, 664, 668; aA stellvertretend *Grashof* NZI 2008, 65, 67.
[41] *Holzer* ZVI 2007, 401.
[42] Vgl. § 155, RdNr. 21.
[43] OLG Frankfurt ZIP 2004, 1114, ZInsO 2004, 95; *Braun* aaO § 155, RdNr. 11.

mender Auffassung des OLG Oldenburg[44] ist auch hier grundsätzlich nur der Insolvenzverwalter zuständig, und nur in Ausnahmefällen der Geschäftsführer/Vorstand. Diese Auffassung entspricht dem Schutzzweck des § 53 Abs. 1 Nr. 3 StPO und berücksichtigt die Interessen der Gesellschaft, die im Regelfall Alleinträgerin des Geheimhaltungsinteresses ist.[45] Die bislang wohl herrschende Ansicht verneint jedoch die Entbindungsbefugnis des Insolvenzverwalters im Strafverfahren mit der Begründung, dass es sich um ein höchstpersönliches Recht des Gemeinschuldners bzw. seines Geschäftsführers/Vorstands und nicht um die dem Insolvenzverwalter zustehende Ausübung der Verwaltungs- und Verfügungsrechte über die Vermögensmasse handle.[46]

Unbeschadet dieser Verschwiegenheitspflicht hat ein Gläubiger oder ein Gesellschafter nach Eröffnung des Insolvenzverfahrens bzw. Abweisung des Eröffnungsantrages mangels Masse nach § 321 a HGB die Möglichkeit, Einsicht in die Prüfungsberichte des Abschlussprüfers über die aufgrund gesetzlicher Vorschriften durchzuführende Prüfung des Jahresabschlusses der letzten drei Geschäftsjahre zu nehmen.

9 Bei kleineren Verfahren mit überschaubaren Vermögensverhältnissen kann selbst bei vollkaufmännischen Unternehmen in Absprache mit der Finanzverwaltung auf eine Bilanzierung ganz verzichtet werden, wenn davon auszugehen ist, dass die Schlussbilanz hinreichend Aufschluss bietet und aus ihr alle erheblichen Erlöse entnommen werden können.[47] Eine Einschränkung der Buchführungs- und Bilanzierungspflicht erscheint insbesondere bei massearmen Insolvenzen gerechtfertigt.[48] Dies gilt auch für den Fall, dass die Buchführung und der Jahresabschluss keine Bedeutung und keinen Informationszweck für das Insolvenzverfahren haben.[49] Gem. neuerer BFH-Rechtsprechung[50] hat der Insolvenzverwalter jedoch auch dann einen Steuerberater mit der Erstellung von Jahresabschlüssen zu beauftragen, wenn die Masse zur Begleichung der hierfür entstehenden Kosten nicht ausreicht, da die Steuererklärungspflicht der ordnungsgemäßen Abwicklung des Besteuerungsverfahrens und nicht nur dem fiskalischen Interesse der Finanzverwaltung als Insolvenzgläubiger dient. Es könne deshalb nicht darauf abgestellt werden, ob ihre Erfüllung dem generellen Zweck des Konkursverfahrens (gemeinschaftliche Befriedigung der Konkursgläubiger aus der Masse) dient oder ob die Konkursmasse mit Kosten belastet wird, denen keine vermögensmäßigen Vorteile gegenüber stehen.

9 a Fraglich ist daher, ob der Insolvenzverwalter auch trotz Fehlens entsprechender finanzieller Mittel zur Beauftragung eines Jahresabschlussprüfers verpflichtet ist. Nach Ansicht im Schrifttum muss der Insolvenzverwalter auch für Abschlüsse vor Verfahrenseröffnung unabhängig von einer Befreiung durch das Registergericht keinen Prüfungsauftrag erteilen, der von der Masse zu tragen wäre, zumal auch der BGH grundsätzlich keine bedingungslose Erfüllung der Buchführungspflichten verlange, sondern eine Abwägung unter Berücksichtigung der Belastbarkeit der Masse zulasse.[51] Bei Berücksichtigung des – unter anderem – öffentlichen Zwecks (auch) der Jahresabschlussprüfung dürfte die vorgenannte Argumentation des BFH auch für die Bestellung des Abschlussprüfers übertragbar sein.

10 Hinsichtlich aller betroffenen Steuerarten müssen von dem Insolvenzverwalter Steuererklärungen abgegeben und fällige Zahlungen geleistet werden. Die Steuererklärungen und Anträge, die das zur Insolvenzmasse gehörende Vermögen betreffen, sind eigenhändig vom Insolvenzverwalter zu unterzeichnen, die alleinige Unterschrift des Insolvenzschuldners wird

---

[44] OLG Oldenburg NJW 2004, 2176.
[45] *Klethe* NZI 2006, 267 ff.
[46] OLG Schleswig NJW 1981, 294; OLG Koblenz NStZ 1985, 426 f.; OLG Düsseldorf StV 1993, 346; *Joecks* in *Franzen/Gast/Joecks* § 399 RdNr. 40.
[47] Vgl. LG Dresden ZIP 1995, 233.
[48] *Werdan/Ott/Rauch*, Das Steuerberatungsmandat in der Krise, Sanierung und Insolvenz, 2006, S. 311.
[49] *Smid* InsO § 155 RdNr. 12 ff.; *Birk* ZInsO 2007, 743, 744.
[50] BFH v. 19. 11. 2007, VII B 104/07, BFH/NV 2008, 334.
[51] BGHZ 74, 316, 319; NJW 1979, 2212, 2213; *Waza/Uhländer/Schmittmann*, RdNr. 743 ff., mwN.

vom Finanzamt nicht akzeptiert.[52] Weiterhin müssen alle Auskunfts-, Anzeige- und Nachweispflichten erfüllt werden. Die steuerrechtlichen Pflichten des Insolvenzverwalters ergeben sich im Wesentlichen aus den §§ 90, 93 ff., 137 ff., 140 ff., 149 ff. AO, 22 UStG.

Entsprechend §§ 149 ff. AO hat der Insolvenzverwalter insbesondere für die fristgerechte **11** Abgabe der Steuererklärungen Sorge zu tragen und bereits vom Schuldner abgegebene Erklärungen – soweit erforderlich – zu korrigieren.[53] Erlassanträge nach § 227 AO können nach der Verfahrenseröffnung nur noch vom Insolvenzverwalter gestellt werden.[54] Bereitet dem Insolvenzverwalter insbesondere die rechtzeitige und umfängliche Erfüllung seiner Pflichten Schwierigkeiten, so kann er dies dem Finanzamt anzeigen und von dort eine Erleichterung erhalten, die ihm regelmäßig gewährt werden wird, soweit dadurch die Besteuerung nicht beeinträchtigt wird.

Die gem. § 155 Abs. 1 auch in der Insolvenz geltenden handels- und steuerrechtlichen **12** Buchführungs- und Bilanzierungspflichten erstrecken sich nach teilweise vertretener Ansicht nicht auf die Zeit vor der Verfahrenseröffnung.[55] Für diese Zeit habe grundsätzlich der Schuldner alle steuerrechtlichen Pflichten zu erfüllen.[56] Die steuerrechtliche Regelung zur Abgabepflicht von Steuererklärungen gem. § 149 Abs. 1 Satz 1 AO wird nach dieser Auffassung insolvenzsteuerrechtlich durch § 155 Abs. 1 Satz 2 qualifiziert, was auch § 34 Abs. 3 AO zulässt, der die Pflichten auf den Umfang der Verwaltung beschränkt. Nach anderer Auffassung im Schrifttum tritt § 155 Abs. 1 mit der Verpflichtung des Insolvenzverwalters zur Rechnungslegung nach Steuerrecht neben die Pflicht, die der Insolvenzverwalter als Vermögensverwalter nach § 34 Abs. 3 AO zu beachten hat.[57] Der Insolvenzverwalter hat demnach als Vermögensverwalter die steuerlichen Pflichten des Insolvenzschuldners im Bezug auf das von ihm verwaltete Vermögen in vollem Umfang zu erfüllen. Dieses gilt jedoch nicht erst ab dem Zeitpunkt der Insolvenzöffnung, sondern auch für die Zeit davor, insbesondere soweit der Insolvenzschuldner steuerlichen Mitwirkungs-/Auskunfts-/Dokumentations- und Erklärungsverpflichtungen noch nicht oder nicht vollständig nachgekommen ist.[58]

Auch nach der höchstrichterlichen Rechtsprechung ist der Insolvenzverwalter hingegen verpflichtet auch Steuererklärungen für Veranlagungszeiträume vor Eröffnung des Insolvenzverfahrens abzugeben.[59]

Als Arbeitgeber und insolvenzsteuerrechtlich trifft den Insolvenzverwalter auf Grund **13** seiner steuerrechtlichen Pflichten auch die Aufgabe, die Lohnsteuern zu erklären und abzuführen.[60]

Ist der Schuldner oder die Gesellschaft buchführungs- und bilanzierungspflichtig, muss **14** der Insolvenzverwalter diesen Pflichten in der Insolvenz weiterhin nachkommen, denn die handelsrechtlichen Eigenschaften bestehen fort. Insbesondere reicht die insolvenzrechtlich geforderte Buchführungs-, Aufzeichnungs- und Berichtspflicht für steuerrechtliche Buchführungspflichten nicht aus. Die insoweit vorgegebene handelsrechtliche Bilanzierung gilt gem. dem Grundsatz der Maßgeblichkeit der Handelsbilanz grundsätzlich auch für die Steuerbilanz, soweit nicht die Umkehrungs- oder Durchbrechungstatbestände eingreifen. Es

---

[52] OFD Magdeburg, Vfg. v. 26. 8. 2004, S 0321 – 3 – St 251, Beck.Verw. 058995.
[53] *Hübschmann/Hepp/Spitaler/Beermann* AO § 251 RdNr. 31; *Tipke/Kruse/Loose* AO § 34 RdNr. 14.
[54] *Tipke/Kruse/Loose* AO § 251 RdNr. 11 ff.; *Geist*, RdNr. 29.
[55] Entgegen § 155 Abs. 1 S. 2 insoweit *Frotscher*, S. 34 f.
[56] *Frotscher*, S. 38 f.; *Nerlich/Römermann/Wittkowski* § 80 RdNr. 143; aA *FK-Boochs* § 155 RdNr. 343; *Maus* ZInsO 1999, 683, 686; anderes galt auch unter der KO. Vgl. BGHZ 74, 253; BFH v. 10. 10. 1951, IV 144/51 U, BStBl. III 1951, 212; *Frotscher*, S. 37; *Jaeger/Henckel* KO § 6 RdNr. 141; *Tipke/Kruse/Loose* AO § 34 RdNr. 12. Diese Ansicht war jedoch bereits für die Fälle einer Masseinsuffizienz eingeschränkt, BGH ZIP 1992, 120; BVerfG 1993, 838; diff. *Waza/Uhländer/Schmittmann*, RdNr. 346 f.
[57] *Birk* ZInsO 2007, 743, 745 f., FN 21.
[58] BFH v. 12. 11. 1992, IV B 83/91, BStBl. II 1993, 265 = ZIP 1993, 374; OFD Magdeburg, Vfg. v. 26. 8. 2004, S 0321 – 3 – St 251, Beck.Verw. 058995; *Uhlenbruck/Maus* § 155 RdNr. 18; *Birk* ZInsO 2007, 743, 745.
[59] BFH v. 10. 10. 1951, IV 144/51 U, BStBl. III 1951, 212; v. 23. 8. 1994, VII R 143/92, BStBl. II 1995, 194 = ZIP 1994, 1969.
[60] *Gottwald/Frotscher* § 121 RdNr. 4; vgl. auch unten RdNr. 93 ff.

Insolvenzsteuerrecht 15–19

besteht gem. § 60 Abs. 1 Satz 2 EStDV keine Verpflichtung eine separate Insolvenzsteuerbilanz zu erstellen.

15 Für den Insolvenzverwalter besteht keine Pflicht, eine Erklärung zur einheitlichen und gesonderten Gewinnfeststellung einer Personengesellschaft abzugeben, da diese Angelegenheit (§§ 179 ff. AO) allein die Gesellschafter betrifft.[61]

Der Insolvenzverwalter hat jedoch für die Personengesellschaft eine Gewerbesteuererklärung abzugeben, weshalb er den Gewinn und den Gewerbeertrag ermitteln muss.[62] Dem steht selbst Masseunzulänglichkeit grundsätzlich nicht entgegen, es sei denn, sogar eine Vergütung des Verwalters ist nicht mehr abgedeckt. Dabei bietet es sich an, zulässigerweise die Erklärungen der Gesellschafter zur Gewinnfeststellung zu übernehmen.

16 Insolvenzfreie Einkünfte, etwa aus pfändungsfreiem Einkommen, sind vom Insolvenzverwalter ebenso wenig zu erklären, wie Einkünfte des Ehegatten des Schuldners. Das Finanzamt wird die einzelnen Steuererklärungen jedoch bei der Veranlagung verbinden.

17–18 **3. Die Haftung des Insolvenzverwalters nach §§ 60 ff., §§ 34, 69 AO.** Dem Insolvenzverwalter obliegt es im Rahmen der ihm gem. § 80 Abs. 1 übertragenen Verwaltungs- und Verfügungsrechte gem. § 34 Abs. 3 AO, die steuerrechtlichen Pflichten entsprechend den gesetzlichen Vorschriften zu erfüllen.[63] Verletzt er diese Pflichten, haftet er nach den §§ 34, 69 AO (steuerrechtliche Haftung).[64]

18 a Verletzt der Insolvenzverwalter die ihm nach der Insolvenzordnung auferlegten Pflichten haftet er nach den §§ 60, 61 (insolvenzrechtliche Haftung). Dies ist beispielsweise der Fall, wenn der Verwalter trotz überwiegender Wahrscheinlichkeit des Steuerausfalls im Rahmen der Unternehmensfortführung steuerbare Tatbestände verwirklicht. Es ist selbstverständlich, dass der Insolvenzverwalter auch für eine fehlerhafte Masseverteilung nach § 60 haftet, da es sich um eine insolvenzspezifische Pflichtverletzung handelt. Hierzu gehört ebenfalls die Verletzung der Buchführungspflicht, durch die ein Verlustvortrag verloren geht, wobei hier noch die Exkulpation nach § 60 Abs. 2 möglich ist.[65]

18 b Die steuerrechtliche Haftung ist, solange sie nicht ausschließlich insolvenzspezifisch ist, lex specialis gegenüber insolvenzrechtlichen Haftungsnormen.[66] Nach dem Wortlaut des § 60 Abs. 1 greift die insolvenzrechtliche Haftung (nur) dann ein, wenn der Insolvenzverwalter Pflichten verletzt, die ihm „nach diesem Gesetz" auferlegt worden sind. Insoweit hat der Insolvenzverwalter einen gesetzesmäßigen Ablauf des Insolvenzverfahrens zu verantworten. Im Umkehrschluss greift die Norm dann nicht ein, wenn der Insolvenzverwalter Pflichten nach den Steuergesetzen verletzt. Für die Gewährleistung der ordnungsgemäßen Besteuerung greift mithin vorrangig § 69 AO.[67]

19 Entrichtet der Insolvenzverwalter Steuern nicht zu dem gesetzlichen Termin und handelt es sich um eine Haftung nach § 69 AO, so ergeht gegen ihn persönlich ein Haftungsbescheid gem. § 191 AO.[68] Die Verletzung von Steuererklärungspflichten kann gegen den Insolvenzverwalter alle Zwangsmaßnahmen der §§ 328 ff. AO nach sich ziehen. Auch in diesem Zusammenhang spielt die Abführung der Lohnsteuer eine Rolle. Handelt es sich bei dem Insolvenzverwalter um einen Rechtsanwalt, Wirtschaftsprüfer, Steuerberater oder anderen Berufsträger so ist zunächst die jeweilige Berufskammer zu verständigen (§ 191 Abs. 2 AO). Liegt eine Haftung nach § 60 vor, so kann das Finanzamt seine Forderung lediglich im

---

[61] BFH v. 21. 6. 79, IV R 131/74, BStBl. II 1979, 780 = ZIP 1980, 53, 54; v. 23. 8. 1994, VII R 143/92, BStBl. II 1995, 194 = ZIP 1994, 1969, 1970; *Tipke/Kruse/Loose* AO § 34 RdNr. 14, *Tipke/Kruse/Brandis* AO § 180 RdNr. 21; vgl. unten RdNr. 62 ff.

[62] Vgl. BFH v. 23. 8. 1994, VII R 143/92, BStBl. II 1995, 194 = ZIP 1994, 1969.

[63] *Frotscher*, S. 42.

[64] Vgl. BFH v. 21. 6. 1994, VII R 34/92, BStBl. II 1995, 230 = ZIP 1995, 229; vgl. unten RdNr. 26 d.

[65] Vgl. Begr. RegE zu § 71 in *Balz/Landfermann*, S. 140; *Nerlich/Römermann/Abeltshauser* § 60 RdNr. 23.

[66] *Frotscher*, S. 40 f.; *Nerlich/Römermann/Abeltshauser* § 60 RdNr. 42, 50; vgl. *Jäger/Weber* KO § 82 RdNr. 16; *Schwarz/Frotscher* AO § 251 RdNr. 14; *Breutigam/Blersch/Goetsch* § 60 RdNr. 5; nicht ausreichend differenzierend OFD Frankfurt/M. v. 15. 12. 1997, S 0190 A – 1 – St II 40, NJW 1998, 1544.

[67] *Frotscher*, S. 41; *Uhlenbruck* in *Uhlenbruck*, § 60 RdNr. 47.

[68] Vgl. unten RdNr. 26 ff.

Zivilrechtswege einklagen, denn der Insolvenzverwalter haftet hiernach für eigenes Verschulden.[69] § 191 AO gilt nur, wenn der Haftende für fremde Steuerschulden eintreten muss.[70]

Beide Haftungstatbestände setzen eine Kausalität zwischen der Pflichtverletzung und dem Steuerausfall voraus.[71] Leichte Fahrlässigkeit bei der Erfüllung steuerlicher Pflichten führt auf Grund des Vorrangs des § 69 AO nicht zu einer Haftung des Insolvenzverwalters.[72] Einen Haftungsausschluss wegen fehlender Ursächlichkeit stellt auch die nicht genügende Masse dar.[73] Der Insolvenzverwalter genügt zudem seinen Pflichten, wenn er einen Steuerberater bestellt, dessen Pflichtverletzungen ihm nicht zuzurechnen sind.[74]

IV. Der Insolvenzverwalter und die Besteuerung im vorläufigen Insolvenzverfahren

Kollisionsnormen: §§ 21, 22.

1. Der vorläufige Insolvenzverwalter. Für die Phase nach Insolvenzantragstellung bis zur (möglichen) Insolvenzeröffnung kann das Insolvenzgericht dem Schuldner nach § 21 Abs. 2 Nr. 2, § 22 Abs. 1 zur Sicherung des Vermögens ein allgemeines Verfügungsverbot auferlegen und einen vorläufigen Insolvenzverwalter bestellen („starker Insolvenzverwalter"). Es ist aber auch die Bestellung eines vorläufigen („schwachen") Insolvenzverwalters möglich, ohne dass dem Schuldner ein allgemeines Verfügungsverbot auferlegt wird, wenn auch ggf. unter bestimmten Vorbehalten, beispielsweise einem Zustimmungserfordernis zu bestimmten Verfügungen (§ 22 Abs. 2). Auf den vorläufigen Insolvenzverwalter im Sinne des § 22 Abs. 1 und je nach gerichtlicher Bestimmung auch nach § 22 Abs. 2 gehen als Vermögensverwalter die steuerlichen Verpflichtungen gem. § 34 Abs. 3 AO über, soweit von einem Verwaltungs- und Verfügungsrecht des vorläufigen Insolvenzverwalters und damit von einem Vermögensverwalter i. S. d. § 34 Abs. 3 AO und einem Verfügungsberechtigten i. S. d. § 35 AO ausgegangen werden kann.[75]

a) „Starker" vorläufiger Insolvenzverwalter. Der „starke" vorläufige Insolvenzverwalter wird demzufolge hinsichtlich der steuerlichen Pflichten einem (endgültigen) Insolvenzverwalter gleichgestellt.[76] Zu den Steuerpflichten des vorläufigen („starken") Insolvenzverwalters mit allgemeiner Verwaltungs- und Verfügungsbefugnis gehören daher neben der Steuerentrichtung (§ 34 Abs. 1 Satz 2 AO) insbesondere die handelsrechtliche und auch für Steuerbelange bestehende Pflicht zur Buchführung und Aufzeichnung (§§ 140 bzw. 141 AO),[77] die Erstellung der einheitlichen Bilanz und die Abgabe von Voranmeldungen und Steuererklärungen (§ 149 AO). Teilweise wird die Auffassung vertreten, dass der („starke") vorläufige Insolvenzverwalter nur die Aufgabe der Sicherung des Schuldnervermögens habe und nicht verpflichtet sei, rückständige Steuererklärungen nachzuholen.[78] Jedenfalls kann der vorläufige Insolvenzverwalter bei dem zuständigen Finanzamt eine Fristverlängerung beantragen, so dass der (endgültige) Insolvenzverwalter diesen Pflichten

---

[69] Vgl. BGH ZIP 1989, 50; *Schwarz/Frotscher* AO § 251 RdNr. 14; *Neeb* DStZ 1989, 407.
[70] *Frotscher*, S. 42; BGH ZIP 1989, 50.
[71] Vgl. BFH v. 19. 12. 1995, VII R 53/95, BFH/NV 1996, 522, ZIP 1996, 429; für § 69 AO; *Nerlich/Römermann/Abeltshauser* § 60 RdNr. 57.
[72] Vgl. *Frotscher*, S. 41.
[73] BFH v. 19. 12. 1995, VII R 53/95, BFH/NV 1996, 522, ZIP 1996, 429.
[74] Vgl. *Nerlich/Römermann/Wittkowski* § 80 RdNr. 152; *Rosenau* KTS 1972, 131.
[75] Vgl. BFH v. 17. 11. 1992, VII R 13/92, BStBl. II 1993, 471; *Waza/Uhländer/Schmittmann*, RdNr. 323; *Kübler/Prütting/Pape* § 22; *Nerlich/Römermann/Mönning* § 22 RdNr. 211; *Onusseit* ZInsO 2000, 363 ff.
[76] OFD Frankfurt/M., Rdvfg. v. 29. 3. 1999, S 0130 A – 115 – St 11 42, DStR 1999, 938; *Frotscher*, S. 44, 47; *Nerlich/Römermann/Mönning* § 22 RdNr. 236; *Kübler/Prütting/Pape* § 22 RdNr. 24; *Hess/Boochs/Weis*, S. 210.
[77] Vgl. BGH ZIP 1980, 25; BFH v. 8. 6. 1972, IV R 129/66, BStBl. II 1972, 784.
[78] *Kahlert/Rühland*, RdNr. 1466 mwN.

nachkommt.[79] Die Zahlung von Steuerschulden wäre allerdings anfechtbar und unzulässig, soweit es sich um Insolvenzforderungen handelt (§ 130 Abs. 1 Nr. 2). Soweit es sich um Steuerforderungen handelt, die durch Handlungen des vorläufigen Insolvenzverwalters entstanden sind, gilt dieses Verbot jedoch nicht, da es sich dann um Masseverbindlichkeiten handelt.

21 b Den vorläufigen Insolvenzverwalter treffen ferner die Pflichten des Arbeitgebers aus §§ 38 Abs. 3 Satz 1, Abs. 4 Satz 1; 41; 41 a EStG auf Einbehaltung der Lohnsteuer, Führung eines Lohnkontos und Lohnsteuerabführung. Weiterhin gehört hierzu die Erfüllung der Umsatzsteuerschulden. Letztere gehören nach § 55 Abs. 2 als von dem vorläufigen Insolvenzverwalter begründete Verbindlichkeiten zu den sonstigen Massekosten und entstehen zB durch Verwertung von Sicherungsgut oder durch Berichtigung des Vorsteuerabzugs gem. § 15 a UStG. Nach dieser Regelung kann es nicht mehr zu Vorsteuerrückforderungen kommen, wie es unter der KO möglich war, nachdem die Umsatzsteuerschulden dort Konkursforderungen gem. § 3 KO darstellten.

21 c Der vorläufige Insolvenzverwalter haftet wie der Insolvenzverwalter nach den §§ 34, 69 AO und unterliegt gem. § 21 Abs. 2 Nr. 1 bereits der Haftung aus den §§ 60, 61. Ein erhebliches Haftungsrisiko bergen die §§ 55 Abs. 2, 61 für begründete Verbindlichkeiten, deren Begleichung später wegen zu geringer Masse nicht möglich ist.[80] Hier kann lediglich die Exkulpationsmöglichkeit des § 61 Satz 2 helfen, nach der der Verwalter sich darauf berufen kann, dass er bei der Begründung der Verbindlichkeit nicht erkennen konnte, dass die Masse voraussichtlich nicht ausreicht.

21 d Ist bereits während der vorläufigen Insolvenzverwaltung erkennbar, dass die Masse insuffizient ist, so hat der vorläufige Insolvenzverwalter gleichwohl die steuerlichen Pflichten nach § 34 Abs. 3 i. V. m. Abs. 1 AO zu erfüllen. Diese Pflicht endet erst mit der Verfahrenseinstellung.

21 e Ist der vorläufige Insolvenzverwalter Rechtsanwalt, so kann er sich nicht darauf berufen, die Masse reiche nicht aus, um einen Steuerberater zu beauftragen, denn ihm wird insoweit zugemutet, als zur Hilfe in Steuersachen Berechtigter die erforderlichen Erklärungen in kleinerem Umfang selbst abzugeben,[81] soweit dies nicht mit unzumutbar umfangreichen Buchführungs- und Abschlussarbeiten verbunden ist.[82] Dadurch kommt es jedoch bei Eingang von Masseverbindlichkeiten wegen Nichtbeauftragung eines Steuerberaters immer noch zu einer gesonderten Verwaltungsvergütung. Reicht die Masse hierzu nicht mehr aus, kommt es zur Einstellung mangels Masse und damit zum Ende der Steuerpflichten des Insolvenzverwalters.[83]

22 **b) „Schwacher" vorläufiger Insolvenzverwalter.** Anders zu beurteilen ist der Pflichtenumfang und die damit zusammenhängende Haftung in den Vorbehaltsfällen des § 22 Abs. 2 („schwacher" vorläufiger Insolvenzverwalter). Hier kommt es im Einzelnen darauf an, ob die jeweilige Verwaltungs- und Verfügungsbefugnis den Schuldner hierin ablöst, und dadurch nach § 39 AO dem vorläufigen Insolvenzverwalter als Drittem zuzurechnen ist, oder ob sie dem Schuldner verbleibt. Für letzteres spricht die Gesetzesbegründung zu § 22 Abs. 2, wonach der Schuldner verwaltungs- und verfügungsberechtigt bleibt.[84] Andererseits spricht diese Gesetzesbegründung dem Insolvenzgericht auch die Befugnis zu, die Pflichten des vorläufigen Insolvenzverwalters im Einzelnen festzulegen und zwar unter Beachtung des Rahmens des § 22 Abs. 1. Daher kommt es insolvenzrechtlich auf die Stärke der einzelnen Vorbehaltsanordnungen an, wie weit die Verwaltungs- und Verfügungsbefugnis beschränkt ist. Steuerrechtlich korrespondiert insoweit die Zurechnung nach § 39 AO je nach der Vorbehaltsstärke und damit der tatsächlichen Herrschaft über die Wirtschaftsgüter. Die

---

[79] Zu den Rechtsmitteln gegen Steuerfestsetzungen, vgl. unten RdNr. 23.
[80] AA *Frotscher*, S. 49 „mangels Rechtshandlungen" des Insolvenzverwalters.
[81] Vgl. BFH v. 23. 8. 1994, VII R 143/92, BStBl. II 1995, 194 = ZIP 1994, 1969.
[82] Vgl. BGH ZIP 1980, 25.
[83] *Förster* ZInsO 2000, 444, 445.
[84] Begr. RegE zu § 26 in *Balz/Landfermann,* S. 98.

steuerrechtlichen Pflichten des vorläufigen Insolvenzverwalters ohne allgemeine Verfügungsbefugnis sind also insolvenzsteuerrechtlich im Einzelfall zu bestimmen.[85] Eine generelle Pflicht und Haftung des vorläufigen Insolvenzverwalters kann für die Fälle des § 22 Abs. 2 nicht angenommen werden.[86]

2. Die Besteuerung im vorläufigen Insolvenzverfahren. Das Besteuerungsverfahren 23 wird durch das vorläufige Insolvenzverfahren grundsätzlich nicht tangiert. Insbesondere kommt es nicht zu einer Unterbrechung. Deshalb können weiterhin Steuerbescheide mit Leistungsgebot ergehen. Nach der Neufassung des § 240 Satz 2 ZPO und des § 24 Abs. 2 wird das Besteuerungsverfahren allerdings unterbrochen, wenn ein vorläufiger („starker") Insolvenzverwalter mit Verwaltungs- und Verfügungsbefugnis bestellt ist (§ 22 Abs. 1), was in der Praxis aber meistens vermieden wird. In diesem Fall treten die gleichen Wirkungen ein wie bei der Eröffnung des Insolvenzverfahrens. Da Steuerforderungen nur durch Anmeldung zur Insolvenztabelle geltend gemacht werden können, gibt es während der Zeit der vorläufigen Insolvenzverwaltung keine Möglichkeit, die Insolvenzforderungen zu verfolgen.[87]

Der Steuerpflichtige oder der vorläufige Insolvenzverwalter kann gegen die erlassenen 23 a Bescheide die Rechtsmittel des regulären Verfahrenswegs, also Einspruch gem. § 347 Abs. 1 AO und Anfechtungsklage gem. § 40 Abs. 1 FGO einlegen. Wer anfechtungsbefugt ist, richtet sich nach den Adressaten des Bescheids. Ein vorläufiger Insolvenzverwalter mit Verwaltungs- und Verfügungsbefugnis gem. § 22 Abs. 1 ist Adressat und damit anfechtungsbefugt. Die Rechtsstellung des vorläufigen Insolvenzverwalters ändert nichts daran, dass auch der Schuldner als Adressat bleibt.[88] Diejenigen Maßnahmen, die der vorläufige Insolvenzverwalter im Rahmen seiner Befugnis ausführt, verursachen bereits Masseverbindlichkeiten nach § 55 Abs. 2, während solche des Schuldners lediglich Insolvenzforderungen nach § 38 auslösen.

Ist lediglich ein vorläufiger Insolvenzverwalter mit beschränktem Aufgabenkreis nach § 22 23 b Abs. 2 eingesetzt, so werden Steuerforderungen ausschließlich als Insolvenzforderungen gem. § 38 begründet. Eine Unterbrechung der Verfahren gem. § 24 Abs. 2 InsO und § 240 Satz 2 ZPO findet nicht statt. Das Besteuerungsverfahren über Insolvenzforderungen kann daher ohne Einschränkung gegen den Schuldner fortgeführt werden. Steuererklärungspflichten des vorläufigen Insolvenzverwalters ergeben sich in diesem Fall nicht.[89] Selbst bei einer angeordneten Fortführung des Schuldnerunternehmens ohne gleichzeitige Anordnung eines allgemeinen Verfügungsverbots (§ 22 Abs. 2) fehlt es an einer steuerrechtlichen Rechtsstellung des vorläufigen Insolvenzverwalters.[90]

Während der vorläufigen Insolvenzverwaltung eingeleitete Erhebungs- oder Vollstre- 23 c ckungsverfahren sind bereits gegen den vorläufigen Insolvenzverwalter zu richten. Diese und auch Aufrechnungserklärungen unterliegen jedoch im Falle der Eröffnung des Insolvenzverfahrens der Anfechtung nach § 130 Abs. 1 Nr. 2 wegen einer nach dem Antrag auf Insolvenzeröffnung zur Sicherung oder Befriedigung vorgenommenen Rechtshandlung.[91]

V. Verfahrensrecht

Schrifttum: BMF-Schreiben v. 17. 12. 1998, IV A 4 – S 0550 – 28/98, BStBl. I 1998, 1500; OFD 24 Hannover, Vfg. v. 7. 2. 2005, S 0625 – 40-StO 141; OFD Nürnberg, Vfg. v. 25. 1. 2005, S 7100 – 620 St/43; *Hübschmann/Hepp/Spitaler*, Kommentar AO; *Tipke/Kruse*, Abgabenordnung und Finanzgerichtsordnung Kommentar, 16. Aufl., Stand Oktober 2007; *Kramer*, Konkurs- und Steuerverfahren, 1993; *App*, Außen-

---

[85] *Frotscher*, S. 46.
[86] *Nerlich/Römermann/Mönning* § 22 RdNr. 233; *Maus* ZInsO 1999, 683, 684.
[87] OFD Frankfurt/M., Vfg. v. 24. 11. 2004, S 7340 A – 85 – St I 1.10, UStK § 18 UStG S – 1340 Karte 4, LEXinform-Dok.-Nr. 579142; *Frotscher*, S. 269.
[88] Vgl. BGH InVO 1999, 343; *Kübler/Prütting/Pape* § 22 RdNr. 24; *Smid* InsO § 22 RdNr. 70; *Nerlich/Römermann/Mönning* § 22 RdNr. 211; *Maus* ZInsO 1999, 683, 684; *Onusseit* ZInsO 2000, 363, 364.
[89] Vgl. oben RdNr. 21 ff.; OFD Frankfurt/M., Vfg. v. 25. 5. 2007, S 7340 A – 85 – St 1. A.IV.2, Beck.Verw. 100472; *Frotscher*, S. 269; *Farr*, RdNr. 111.
[90] MünchKommInsO-*Haarmeyer* § 22 RdNr. 195.
[91] *Braun*, S. 163.

Insolvenzsteuerrecht 24 a, 24 b　　　　　　　　　　　　　　　　　　　　Anhang

prüfung nach Eröffnung des Insolvenzverfahrens, StBP 1999, 63; *Braun,* Steuerliche Aspekte der Konkurseröffnung, 1987; *Fichtelmann,* Bescheide im Besteuerungsverfahren nach Konkurseröffnung, NJW 1970, 2276; *Gundlach/Frenzel/Schmidt,* Die Grenzen des abgabenrechtlichen Feststellungsbescheids in der Insolvenz, DStR 2002, 406; *Grönwoldt,* Insolvenzrechtliche Aufrechnung – Aktuelle BFH-Rechtsprechung, DStR 2008, 18; *Hagen,* Bekanntgabe von Feststellungsbescheiden im Insolvenzverfahren, NWB v. 13. 11. 2006, Fach 2, 9063; *Heinrich/Schilling,* Steuerhaftungsschulden, keine Steuerschulden, BB 1984, 2188; *Huber,* Das neue Recht der Gläubigeranfechtung außerhalb des Insolvenzverfahrens, ZIP 1998, 903 f., Teil VI; *ders.,* Gläubigeranfechtung durch Duldungsbescheid, ZIP 2000, 337; *Obermair,* Der Neuerwerb – eine unendliche Geschichte, DStR 2005, 1561; *Rüsken,* Aufrechnung von Steuern im Insolvenzverfahren in der neueren Rechtsprechung des Bundesfinanzhofs, ZIP 2007, 2053; *Viertelhausen,* Das Finanzamt als Gläubiger im Insolvenzverfahren, InVo 2002, 45; *Welzel,* Der Erlaß und die Änderung von Steuerbescheiden in und nach dem Konkurs, DStZ 1994, 331; *ders.,* Steuerverfahrensrechtliche Besonderheiten während der Insolvenz des Steuerpflichtigen, DStZ 1999, 559.

Kollisionsnormen: §§ 41, 174 ff., 207 ff.; Art. 104 ff. EGInsO.

24 a　**1. Steuerforderungen als Insolvenzforderungen.** Nach dem Grundsatz „Insolvenzrecht geht vor Steuerrecht" richtet sich die Einordnung einer Forderung als Insolvenzforderung oder Masseverbindlichkeit nach ständiger BFH-Rechtsprechung nicht nach § 38 AO, sondern ausschließlich nach § 38.[92] Für insolvenzrechtliche Zwecke wird die Abhängigkeit des Steueranspruchs vom Ablauf bestimmter Zeitperioden ausgeblendet.[93] Alleine § 38 bestimmt, welche Forderungen gegen den Schuldner zum Insolvenzverfahren gehören. Die Insolvenzforderungen werden grundsätzlich gleichmäßig behandelt, das bedeutet, sie werden anteilig befriedigt. Vorrechte einzelner Gruppen von Forderungen gibt es in der InsO im Gegensatz zur KO nicht; auch Steuerforderungen steht keine Sonderbehandlung zu. Eine Ausnahme bilden gem. § 39 nur bestimmte Nebenforderungen, die nachrangig sein können.[94] Diejenigen Steuerforderungen, die als Insolvenzforderung einzustufen sind,[95] weil sie bei der Eröffnung des Verfahrens begründet waren, sind wie alle anderen Insolvenzforderungen nach § 174 zur Tabelle anzumelden. Das Finanzamt wird zusammen mit den übrigen Gläubigern nach § 28 unter Fristsetzung aufgefordert die Forderung bei dem Insolvenzverwalter anzumelden. Die Steuerforderungen müssen nicht zwingend fällig, festgesetzt oder angemeldet gewesen sein. Zu den Insolvenzforderungen des Fiskus zählen auch der bei Insolvenzeröffnung begründete, aus einer rechtsgrundlosen Rückzahlung einer Steuer i. S. d. § 37 AO bestehende Erstattungsanspruch, sowie die steuerlichen Nebenleistungen.[96]

24 b　Eine andere Verfolgung der Forderungen als die Anmeldung zur Tabelle ist dem Finanzamt nach der Regelung des § 87 untersagt. Es gilt gem. § 89 während der ganzen Dauer des Verfahrens ein Vollstreckungsverbot und zwar hinsichtlich der Insolvenzmasse wie auch hinsichtlich eines etwaigen insolvenzfreien Vermögens des Schuldners.[97] Daher können Steuerforderungen nicht mehr nach dem Steuerfestsetzungsverfahren der §§ 155 ff. AO festgesetzt oder bereits festgesetzte Forderungen vollstreckt werden.[98] Das Steuerfestsetzungsverfahren ist also unterbrochen (vgl. § 240 Satz 1 ZPO) und kann erst nach Einstellung des Insolvenzverfahrens wegen Masseunzulänglichkeit gem. § 207 oder auf Antrag des Schuldners mit Zustimmung aller Gläubiger gem. § 213 wieder fortgesetzt werden. Ein nach der Eröffnung des Insolvenzverfahrens ergangener Steuerbescheid ist nichtig und kann angefochten werden.[99]

---

[92] BFH v. 13. 11. 1986, V R 59/79, BStBl. II 1987, 226; v. 21. 12. 1988, V R 29/86, BStBl. II 1989, 434 = ZIP 1989, 384; MünchKommInsO-*Ehricke* § 38 RdNr. 79.
[93] *Rüsken* ZIP 2007, 2053, 2055.
[94] *Frotscher,* S. 53; *Hübschmann/Hepp/Spitaler/Beermann* AO § 251 RdNr. 245, 247.
[95] Vgl. unten RdNr. 43 ff.
[96] Dies gilt auch für zu dieser Zeit noch nicht festgesetzte oder danach nicht geänderte Steuerbescheide, BFH v. 7. 3. 1968, IV R 278/66, BStBl. II 1968, 496; vgl. auch MünchKommInsO-*Ehricke* § 38 RdNr. 80.
[97] *Frotscher,* S. 246; *Kahlert/Rühland,* RdNr. 1594.
[98] Vgl. RFH v. 25. 10. 1926, RFHE 19, 355; BFH v. 29. 6. 1965, VI 13/64 S, BStBl. III 1965, 491; v. 17. 7. 1985, I R 117/84, BStBl. II 1985, 650 = ZIP 1986, 39; v. 2. 7. 1997, I R 11/97, BStBl. II 1998, 428 = ZIP 1997, 2160.
[99] RFH v. 25. 10. 1926, GrS 1/26, RStBl. 1926, 337; BFH v. 29. 6. 1965, VI 13/64 S, BStBl. III 1965, 491; v. 10. 6. 1970, III R 128/67, BStBl. II 1970, 665; v. 17. 11. 1977, IV R 134/77, BStBl. II 1977, 165; *Tipke/Kruse/Loose* AO § 251 RdNr. 44; *Waza/Uhländer/Schmittmann,* RdNr. 331.

Allgemeines Insolvenzsteuerrecht **24 c–24 g Insolvenzsteuerrecht**

Die Unterbrechung des Steuerfestsetzungsverfahrens der §§ 155 ff. AO bedeutet jedoch 24 c
keine Befreiung von der Steuererklärungspflicht des Schuldners und von dem Steuerermittlungsverfahren mit den hier bestehenden Mitwirkungspflichten (§§ 88 ff. AO), da diese Verfahrensgrundsätze nicht auf die Einzelvollstreckung ausgerichtet sind. Der Finanzbehörde werden durch diese Verfahrensgrundsätze lediglich die Kompetenzen zugewiesen, die sie benötigt, um ihre Ansprüche einer Besteuerung zu ermitteln. Dieser Teil des Besteuerungsverfahrens ist von der Insolvenzeröffnung nicht betroffen.

Demgegenüber betrifft die Unterbrechung des Feststellungsverfahrens der §§ 179 ff. AO 24 d
grundsätzlich nur die Bereiche der Besteuerung, die auf den Schuldner selbst abzielen. Dass hierbei zu differenzieren ist, zeigt sich bei Personengesellschaften. Dort können nämlich alle Feststellungen für die Besteuerung der nicht betroffenen Gesellschafter, beispielsweise deren Gewinnfeststellung, fortgesetzt werden. Hingegen sind Bescheide, die sich direkt oder indirekt auf den Schuldner auswirken, unverwertbar (zB Steuermessbescheide, gesonderte Feststellung des vortragsfähigen Gewerbeverlusts nach § 10a GewStG oder nach § 10 d EStG). Es kommt nicht darauf an, ob sich die festgestellten Besteuerungsgrundlagen tatsächlich auf anzumeldende Steuerforderungen auswirken oder nicht. Entscheidend ist, ob die festgestellten Besteuerungsgrundlagen abstrakt geeignet sind, sich auf möglicherweise als Insolvenzforderungen anzumeldende Steueransprüche auszuwirken. Demgegenüber sollen ausnahmsweise die Feststellungen oder Festsetzungen von Besteuerungsgrundlagen und Steuern zulässig sein, wenn diese für den Insolvenzschuldner vorteilhaft sind und der Insolvenzverwalter dies ausdrücklich beantragt.[100]

Die Unterbrechungswirkung der Insolvenzeröffnung betrifft neben dem Besteuerungs- 24 e
verfahren und dem Vollstreckungsverfahren auch die anhängigen Rechtsbehelfsverfahren. § 240 Satz 1 bzw. § 240 Satz 2 ZPO sind insoweit analog anzuwenden.[101] Die Unterbrechung dauert so lange, bis das Rechtsbehelfsverfahren nach den Vorschriften der InsO wieder aufgenommen oder das Insolvenzverfahren aufgehoben wird. Wurde vor Eröffnung des Insolvenzverfahrens vom Schuldner oder sog. „starken" Insolvenzverwalter Einspruch eingelegt, hat der Insovenzverwalter nach §§ 85, 86 die Möglichkeit, das Rechtsbehelfsverfahren aufzunehmen und fortzuführen. Das aufgenommene Verfahren ist vom Finanzamt weiter zu betreiben. Es wird in dem Verfahrensstand fortgesetzt, in dem es sich bei Eröffnung des Insolvenzverfahrens befand. Sofern eine Einspruchsentscheidung ergeht, ist der Insolvenzverwalter als Einspruchsführer aufzuführen und ihm bekannt zu geben.[102]

Soweit eine nach § 220 AO nicht fällige Steuerforderung betroffen ist, gilt diese insol- 24 f
venzsteuerrechtlich gem. § 41 Abs. 1 als fällig, ist abzuzinsen und zur Tabelle anzumelden.[103] Gleiches gilt für die nach § 361 AO von der Vollziehung ausgesetzten Forderungen, die zwar weiterhin fällig sind, aber denen eine Stundungsähnlichkeit anhaftet, weshalb sich auch hier die Fiktion des § 41 Abs. 1 rechtfertigen lässt. Unverzinsliche Steuerforderungen sind nach § 41 Abs. 2 AO mit dem gesetzlichen Zinssatz abzuzinsen. Gem. § 233a AO werden Steuerforderungen grundsätzlich nach einer zunächst fünfzehnmonatigen Zinsfreiheit nach Ablauf des Jahres in dem sie entstanden sind, bis zur Fälligkeit verzinst. Weiterhin sind gem. § 234 AO gestundete oder gem. § 237 AO von der Vollziehung ausgesetzte Steuerforderungen und gem. § 25 AO hinterzogene Steuern zu verzinsen.

Die Abzinsung nach § 41 Abs. 2 erfolgt gem. dem Fälligkeitszeitpunkt der Steuerforde- 24 g
rung. Ist dieser nicht zu bestimmen, ist die Wertminderung der Forderung nach § 45 zu

---

[100] BFH v. 2. 7. 1997, I R 11/97, BStBl. II 1998, 428 = ZIP 1997, 2160; v. 18. 12. 2002, I R 33/01, BStBl. II 2003, 630 = ZIP 2003; BMF-Schreiben v. 12. 1. 2004, IV A 4 – S 0062 – 12/03 (= Anwendungserlass zur AO) BStBl. I 2004, 31; RdNr. 2.9.1; *Kahlert/Rühland*, RdNr. 1534 ff.; *Frotscher*, S. 246 ff., mwN, 267; *Farr*, RdNr. 128; *Hagen*, NWB 2006, Fach 2, 9063.
[101] Vgl. BFH v. 3. 5. 1978, II R 148/75, BStBl. 1978, 472, 473 ff. für das Einspruchsverfahren und § 155 FGO i. V. m. § 240 ZPO für die gerichtlichen einstweiligen und Hauptsache-Verfahren.
[102] BFH v. 3. 5. 1978, II R 148/75, BStBl. II 1978, 472; OFD Hannover, Vfg. v. 7. 2. 2005, S – 0625 – 40 – StO 141, AO-K § 367 AO Karte 4 LEXinform-Dok.-Nr. 0578997, mwN.
[103] *Frotscher*, S. 59.

Insolvenzsteuerrecht 24 h–24 k

schätzen. Die Fälligkeit einer Steuerforderung hängt regelmäßig – mit der Ausnahme von Vorauszahlungen – von der Festsetzung ab. Die Fälligkeit tritt gem. § 122 AO einen Monat nach Bekanntgabe der Forderungsfestsetzung ein. Soweit im Insolvenzverfahren nach § 41 Abs. 2 eine Abzinsung vorzunehmen ist, wird der Festsetzungszeitpunkt zu Grunde gelegt, der ohne die Verfahrenseröffnung zu erwarten gewesen wäre. Der Zinssatz für die Abzinsung entspricht gem. § 41 Abs. 2 dem gesetzlichen Zinssatz. Bei Steuerforderungen ist wegen steuerrechtlich abweichender Zinssätze kein Unterschied gerechtfertigt, so dass auch hier der gesetzliche Zinssatz von 4 Prozent anzusetzen ist.[104]

24 h Noch nicht entstandene Steuerforderungen, bei denen es sich zum Zeitpunkt der Verfahrenseröffnung jedoch bereits um begründete Insolvenzforderungen i. S. d. § 38 handelt sind befristet und wie aufschiebend bedingte Forderungen einzustufen.[105] Der hierauf entfallende Betrag ist bereits nach § 191 bei einer Abschlagszahlung und der Schlussverteilung zu berücksichtigen, aber er wird noch nicht ausgezahlt. Die Quote auf diese Forderung wird erst nach der Forderungsentstehung ausgezahlt.

24 i Für die Anmeldung der als Insolvenzforderung einzustufenden Steuerforderung gelten die Voraussetzungen und Grundsätze des § 174. Die Finanzbehörde hat also insbesondere den Anspruchsgrund, Betrag und den Besteuerungszeitraum anzugeben. Dabei reicht es nicht aus, lediglich die Steuerart zu benennen. Vielmehr müssen die begründenden Sachverhalte angegeben werden. Hierzu gehört beispielsweise für die Einkommensteuer die Angabe der Einkünfte, die Einkommensermittlung und die Berechnung des zu versteuernden Einkommens. Bei anderen Steuerarten sind die dort wesentlichen Tatbestände zu berücksichtigen. Die Finanzbehörde wird also ihre Forderungsanmeldung an dem Inhalt eines Steuerbescheids ausrichten. Hierdurch wird die Überprüfung durch den Insolvenzverwalter und die anderen Gläubiger möglich.[106] Ein solcher informatorischer Bescheid für den Insolvenzverwalter enthält regelmäßig alle Bestandteile eines Steuerbescheids bis auf die Rechtsbehelfsbelehrung. Da es sich aber nicht um einen Steuerbescheid handelt, fehlt auch ein Vorbehalt der Nachprüfung gem. § 164 Abs. 1 AO und es wird keine Vorläufigkeit gem. § 165 AO angeordnet. Sind die Forderungen nachträglich zu ändern, so kann die Finanzbehörde eine weitere Forderungsanmeldung oder Rücknahme in Erwägung ziehen.

24 j Durch die Anmeldung der Forderung wird das Steuergeheimnis nicht verletzt, auch wenn die Urkunden zur Glaubhaftmachung der Steuerforderung zur Einsicht der Beteiligten in der Geschäftsstelle des Insolvenzgerichts gem. § 175 Satz 2 niederzulegen sind. Die Niederlegung dient gem. § 30 Abs. 4 Nr. 1 AO der Durchführung des steuerlichen Verfahrens. Bei einem Insolvenzverfahren über das Vermögen einer Personengesellschaft ist jedoch zu prüfen, ob die steuerlichen Verhältnisse des Gesellschafters ebenfalls offengelegt werden müssen. Gleiches gilt bei der Insolvenz über das Vermögen einer natürlichen Person hinsichtlich des Ehegatten. Zur üblichen Praxis der Finanzämter, die Steuerforderungen ohne Beifügung entsprechender Unterlagen anzumelden, hat der Bundesgerichtshof entschieden, dass die Finanzbehörde im Falle eines Antrags auf Eröffnung des Insolvenzverfahrens in Bezug auf die Glaubhaftmachung des Eröffnungsgrundes nicht bevorzugt ist. Sie hat zur Glaubhaftmachung des Grundes die zu Grunde liegenden Steuerbescheide und Steueranmeldungen vorzulegen.[107]

24 k Durch den Wegfall der Rangordnungen – damit auch der Fiskusprivilegien – müssen besondere Hinweise auf eine bevorrechtigte Befriedigung nicht erfolgen. Bestimmte steuerliche Nebenleistungen wie Zinsen, Zwangsgelder oder Kosten, die ihrem Wesen nach

---

[104] *Frotscher*, S. 61 f.; *Weis* in *Hess/Weis/Wienberg* § 55 RdNr. 278; *Hübschmann/Hepp/Spitaler/Beermann* AO § 251 RdNr. 250 ff.
[105] Vgl. BFH v. 27. 8. 1975, II R 93/70, BStBl. II 1976, 77, 78 ff.; v. 23. 8. 1978, II R 16/76, BStBl. II 1979, 198, 199 ff.
[106] *Kahlert/Rühland*, RdNr. 1595.
[107] BGH ZIP 2006, 141; *Waza/Uhländer/Schmittmann*, RdNr. 508; *Kahlert/Rühland*, RdNr. 1604 ff. mwN.

Insolvenzforderungen sind, gehören aber nach § 39 zu den nachrangigen Forderungen, deren Nachrang vom Insolvenzverwalter automatisch berücksichtigt wird.[108]

Der Insolvenzverwalter kann die angemeldete Forderung im Prüfungstermin nach § 178 **24l** anerkennen und feststellen, dann bedarf es keiner Steuerfestsetzung mehr oder anderenfalls ihr widersprechen und sie bestreiten. Eine andere Möglichkeit, insbesondere ein Rechtsmittel gegen die Anmeldung ist nicht vorgesehen und auch nicht erforderlich.

Im Falle eines Widerspruchs ist zwischen einer angemeldeten Steuerforderung die noch **24m** nicht festgesetzt und festgestellt war und der Anmeldung einer Forderung die bereits durch einen Steuerbescheid festgesetzt wurde, zu unterscheiden. In dem ersten Fall muss nämlich noch eine Feststellung mittels Feststellungsbescheid nach § 251 Abs. 3 AO erfolgen, während in dem zweiten Fall auf dem jeweiligen Stand des Verwaltungsverfahrens aufgebaut werden kann und ein Feststellungsbescheid nicht erforderlich ist.[109] Ist der Steuerbescheid bereits vor Eröffnung des Insolvenzverfahrens bestandskräftig geworden, bleiben für einen Widerspruch allein der reguläre Antrag auf Wiedereinsetzung in den vorigen Stand (§ 110 AO) oder auf Änderung des Bescheids nach den Korrekturvorschriften der §§ 172 ff. AO. Über eine bestrittene nicht festgesetzte Forderung kann von der Finanzbehörde gem. §§ 179 ff. AO die Feststellung vorgenommen werden. Es findet nämlich wegen der besonderen Zuständigkeit der Verwaltungsbehörde (§ 185) keine Feststellungsklage statt. Das durch die Insolvenzeröffnung zunächst unterbrochene Feststellungsverfahren wird also nunmehr fortgesetzt.

Die Feststellung der bestrittenen Forderung erfolgt im Hinblick auf das Stimmrecht nach **24n** § 77 durch einen Bescheid nach § 251 Abs. 3 AO der an den Insolvenzverwalter auf Feststellung zur Tabelle zu richten ist. Dieser Bescheid dient der Feststellung, dass die Forderung bestandskräftig festgesetzt ist, Wiedereinsetzungsgründe fehlen und die Voraussetzungen der Berichtigungsfrist nicht vorliegen.[110] Gegen diesen Bescheid kann der Insolvenzverwalter nach § 357 AO Einspruch einlegen. Nach Eintritt der Bestands- oder Rechtskraft sind die Beteiligten hieran gem. § 183 gebunden. Die von dem Insolvenzverwalter anerkannte und in die Tabelle eingetragene Forderung hingegen gilt nach § 178 Abs. 3 für die Beteiligten wie ein rechtskräftiges Urteil, so dass es keiner gesonderten Feststellung durch die Finanzbehörde bedarf.

Steuerrechtlich handelt es sich bei einem Feststellungsbescheid nicht um eine Steuerfest- **24o** setzung, also einen Steuerbescheid nach §§ 155 ff. AO.[111] Eine nachträglich erforderliche Änderung der durch den Tabelleneintrag erfolgten Feststellung kann nicht durch den Insolvenzverwalter erfolgen, sondern nur durch die Finanzbehörde, weil die Feststellung an die Stelle eines Feststellungsbescheids getreten ist. Das hat zur Folge, dass nach Bestandskraft keine Änderung nach § 172 oder § 173 AO erfolgen kann, sondern ausschließlich eine Rücknahme oder ein Widerruf nach §§ 130 f. AO.[112] Wird nach dem Prüfungstermin noch ein Insolvenzplan eingereicht und sieht dieser einen Erlass von Steuerforderungen vor,[113] so kann das Finanzamt auf die aus dem Tabelleneintrag erworbenen Rechte oder die im Widerspruchsverfahren festgestellten Rechte nach § 227 AO verzichten.[114]

Von der Anmeldung einer noch nicht festgesetzten Steuerforderung ist wegen des bereits **24p** bestehenden Ergebnisses des Verwaltungsverfahrens die Anmeldung einer bereits beschiedenen Forderung zu unterscheiden. Bestreitet der Insolvenzverwalter oder ein Insolvenzgläubi-

---

[108] Hübschmann/Hepp/Spitaler/Beermann AO § 251 RdNr. 254.
[109] FG Niedersachsen v. 27. 8. 2007, 16 K 470/06, Beck.RS. 2007 26024380, Revision beim BFH unter V R 71/07; Gundlach/Frenzel/Schmidt DStR 2002, 406, 408 f. mwN; aA BMF-Schreiben v. 17. 12. 1998, IV A 4 – S 0550 – 28/98, BStBl. I 1998, 1500, 1503.
[110] Waza/Uhländer/Schmittmann, RdNr. 541; vgl. unten RdNr. 26j.
[111] Waza/Uhländer/Schmittmann, RdNr. 536; Hübschmann/Hepp/Spitaler/Beermann AO § 251 RdNr. 426.
[112] Frotscher, S. 256; Waza/Uhländer/Schmittmann, RdNr. 536; Tipke/Kruse/Loose AO § 251 RdNr. 68; MünchKommInsO-Schumacher § 185 RdNr. 10, die insolvenzsteuerrechtlich sachgerecht erscheint. Vgl. auch Gundlach/Frenzel/Schmidt DStR 2002, 406.
[113] Vgl. unten RdNr. 250 ff.
[114] Vgl. BFH v. 15. 7. 1992, II R 59/90, BStBl. II 1993, 613.

Insolvenzsteuerrecht 24 q–25 a

ger eine solche bereits festgesetzte Forderung, erfolgt die Feststellung der Insolvenzforderung auf Grund des bereits vorhandenen Steuerbescheids nicht durch Feststellungsbescheid nach § 251 Abs. 3 AO, sondern durch Fortführung des bei Insolvenzeröffnung unterbrochenen Verfahrens. Ein Feststellungsbescheid kann in diesen Fällen nur ergehen, wenn eine im Steuerbescheid noch nicht entschiedene Frage wie zB die Nachrangigkeit nach § 39 streitig ist. Insbesondere besteht bei bereits vor Insolvenzeröffnung angefochtenen Bescheiden kein Wahlrecht der Finanzbehörde, das Verfahren aufzunehmen oder einen Feststellungsbescheid zu erlassen.[115] Die Rechtmäßigkeit des Bestreitens wird durch Wiederaufnahme des Verwaltungsverfahrens aus dem letzten Stand vor der Insolvenzeröffnung geklärt. Diese Wiederaufnahme hat grundsätzlich gem. § 179 Abs. 2 durch den Insolvenzverwalter zu erfolgen, denn er hat einen festgestellten Schuldtitel bestritten. Für einen Steuerbescheid gilt dies jedoch nur bedingt, da es sich um einen Verwaltungsakt handelt und der Verfahrensgang finanzverwaltungsrechtlich festgelegt ist. Besteht bereits ein Steuerbescheid so obliegt es der Behörde nicht diesen bestrittenen Verwaltungsakt von sich aus zu verteidigen, sondern der Bestreitende muss die ihm gegebenen Rechtsmittel aufgreifen.[116]

24 q War der Steuerbescheid vor Verfahrenseröffnung noch nicht bestandskräftig und wurde noch kein Rechtsbehelf eingelegt, ist der Lauf der Rechtsbehelfsfrist unterbrochen. Das Einlegen eines Rechtsmittels hat nicht innerhalb einer bestimmten Zeit nach Insolvenzeröffnung zu erfolgen, weil § 179 Abs. 2 dem Bestreitenden nicht vorgibt, wie der Widerspruch erfolgen muss. Mit Aufnahme des unterbrochenen Verfahrens durch den Insolvenzverwalter beginnt die Einspruchsfrist neu zu laufen. Dies gilt aber nicht für den Fall, dass die Steuerbehörden die – nicht durch das Gesetz gedeckte – Aufnahme des Rechtsstreits zu erklären.[117]

24 r War der Steuerbescheid bereits vor der Insolvenzeröffnung bestandskräftig oder war ein klageabweisendes Urteil rechtskräftig, so ist das Verfahren beendet und kann nicht wiederaufgenommen werden. In diesem Fall führt das Bestreiten zu keiner weiteren Prüfung. Es ist lediglich die Anmeldung der Forderung auf ihre Richtigkeit hin zu überprüfen. Allerdings sind ggf. die verfahrensrechtlichen Möglichkeiten der Abänderung eines bestandskräftigen Steuerbescheids sowie die Wiedereinsetzung in den vorigen Stand zu prüfen.[118]

25 **2. Steuerforderungen als Masseverbindlichkeiten.** Im Gegensatz zu den insolvenzrechtlichen Besonderheiten für Insolvenzforderungen werden Steuerforderungen, die als Masseverbindlichkeiten einzustufen sind,[119] nach den allgemeinen steuerrechtlichen Vorschriften festgesetzt und vollstreckt. Hierher gehören auch die von dem vorläufigen Insolvenzverwalter mit Verwaltungs- und Verfügungsbefugnis begründeten Steuerverbindlichkeiten (§ 55 Abs. 2). Zu den Masseverbindlichkeiten zählen auch die Säumniszuschläge und Verspätungszuschläge, die im Rahmen der Insolvenzverwaltung entstehen und der Erstattungsanspruch des Finanzamts für rechtsgrundlose Rückzahlungen, soweit dieser nicht vor der Insolvenzeröffnung begründet war.

25 a Ob die im Zusammenhang mit dem Neuerwerb des Schuldners, der nach § 35 zur Masse zählt, begründeten Steuerforderungen als Masseverbindlichkeiten anzusehen sind, obwohl sie nicht vom Insolvenzverwalter selbst verursacht wurden, ist umstritten.[120] Der BGH schließt sich der Auffassung der Finanzverwaltung[121] an und betrachtet derartige Steuer-

---

[115] BFH v. 23. 2. 2005, VII R 63/03, BStBl. II 2005, 591; *Frotscher*, S. 258 ff.; *Kahlert/Rühland*, RdNr. 1621 f.; aA BMF-Schreiben v. 17. 12. 1998, IV A 4 – S 0550 – 28/98, BStBl. I 1998, 1500, RdNr. 6.2.
[116] Vgl. BFH v. 10. 8. 1993, VII B 46/91, BFH/NV 1994, 293; *Frotscher*, S. 260; *Hübschmann/Hepp/Spitaler/Beermann* AO § 251 RdNr. 404; *Tipke/Kruse/Loose* AO § 251 RdNr. 65.
[117] *Farr*, RdNr. 229 f.; *Frotscher*, S. 260; *Waza/Uhländer/Schmittmann*, RdNr. 539; *Tipke/Kruse/Loose* AO § 251 RdNr. 65; aA BMF-Schreiben vom 17. 12. 1998, IV A 4 – S 0550 – 28/98, BStBl. I 1998, 1500, RdNr. 6.2.
[118] Vgl. unten RdNr. 26 m.
[119] Vgl. unten RdNr. 43 ff.
[120] *Maus* ZInsO 2001, 493.
[121] Die Finanzverwaltung vertritt die Auffassung, dass Steuerforderungen, die nach Eröffnung des Insolvenzverfahrens auf Grund einer neuen gewerblichen Tätigkeit entstehen, Masseverbindlichkeiten darstellen.

forderungen u. a. auf Grund des klaren Wortlauts des § 35 als Masseverbindlichkeiten.[122] Demgegenüber wird auch die Auffassung vertreten, dass die Steuerforderungen infolge der neuen Tätigkeit des Insolvenzschuldners dem insolvenzfreien Bereich zuzuordnen sind, weil Masseverbindlichkeiten nur vom Insolvenzverwalter begründet werden können.[123] Dem widerspricht der V. Senat des BFH in seiner Grundsatzentscheidung v. 7. 4. 2005 und führt zunächst aus, dass Masseverbindlichkeiten nicht nur durch Handlungen (= Verwaltung, Verwertung, Verteilung) des Insolvenzverwalters begründet werden können, sondern auch „in anderer Weise". Verwertung sei dabei auch die ertragbringende Nutzung der Gegenstände, die zur Insolvenzmasse gehören. Während des Verfahrens wird grundsätzlich das komplette Vermögen des Schuldners vom Insolvenzverfahren erfasst. Nicht zur Insolvenzmasse zählen aber gem. § 36 Abs. 1 Gegenstände, die nach § 811 Abs. 1 Nr. 5 ZPO nicht der Zwangsvollstreckung unterliegen. Soweit der Insolvenzschuldner ausschließlich solche unpfändbaren Gegenstände für seinen neuen Betrieb einsetzt, begründet die daraus resultierende Umsatzsteuer keine Masseverbindlichkeit i. S. d. § 55 Abs. 1 Nr. 1. Abschließend stellt der BFH klar, dass es nicht darauf ankommt ob die Entgelte, die der Schuldner für seine steuerpflichtige Tätigkeit erhält, in die Insolvenzmasse fallen. Entscheidend ist vielmehr, ob die Steuerschulden aus einer insolvenzfreien Tätigkeit des Schuldners herrühren.[124] Für die Abgrenzung ist somit entscheidend, ob der Insolvenzschuldner für eine neue Tätigkeit Gegenstände einsetzt, die der Insolvenzmasse zuzurechnen sind.[125]

Zwischenzeitlich hat der Gesetzgeber mit der Neuregelung in § 35 Abs. 2 eine gewisse Klarstellung vorgenommen. Nunmehr kann der Insolvenzverwalter bei nach dem 30. 6. 2007 eröffneten Insolvenzen erklären, dass das Vermögen aus der selbständigen Tätigkeit des Insolvenzschuldners nicht zur Insolvenzmasse gehört und Ansprüche aus der Tätigkeit nicht im Insolvenzverfahren geltend gemacht werden können. Macht der Insolvenzverwalter von dieser Freigabe keinen Gebrauch, sollen – ausweislich der Gesetzbegründung – auch Verbindlichkeiten, die der Schuldner unter Einsatz von Gegenständen begründet, die nach § 811 Abs. 1 Nr. 5 ZPO unpfändbar sind, zu Masseverbindlichkeiten führen.[126] Diese Neuregelung kann den Schuldner durchaus zur Fortsetzung der selbständigen Tätigkeit motivieren, allerdings bestehen u. a. Unklarheiten hinsichtlich der Vermögensabgrenzung.[127] Die Freigabe sollte von Insolvenzverwaltern in Anspruch genommen werden, sofern damit zu rechnen ist, dass die aus der neuen Tätigkeit des Insolvenzschuldners resultierenden Verbindlichkeiten eine Belastung der Masse nach sich ziehen werden.[128]

Die Festsetzung der Steuer erfolgt durch einen Leistungsbescheid gegenüber dem Insolvenzverwalter als Bekanntgabeadressaten, da auf ihn die Verwaltungs- und Verfügungsmacht übergegangen ist (§ 80 Abs. 1; § 35 AO) und er daher auch die Steuerpflichten zu erfüllen hat (§ 34 Abs. 1 AO). Der Insolvenzschuldner ist Inhaltsadressat des Steuerbescheids, weil er trotz Insolvenzeröffnung weiterhin Rechtsträger seines Vermögens bleibt.[129] Der Insolvenzverwalter kann gegen Steuerbescheide uneingeschränkt die Rechtsschutzmöglichkeiten der AO in Anspruch nehmen. Die Vollstreckung richtet sich gegen die Masse. Masseverbindlichkeiten können nicht durch Anmeldung zur Insolvenztabelle und durch Feststellungsbescheid nach § 251 Abs. 3 AO geltend gemacht werden.[130] Soweit erforderlich, können

---

Sie begründet es mit dem Wortlaut des § 35; wer die Gegenstände der Insolvenzmasse verwertet, ist nach Meinung der Finanzverwaltung gleichgültig; *Obermair* DStR 2005, 1561.
[122] BGH NJW 2003, 389; *Maus* ZIP 2004, 389.
[123] *Obermair* DStR 2005, 1561.
[124] BFH v. 7. 4. 2005, V R 5/04, BStBl. II 2005, 848 = ZIP 2005, 1376.
[125] *Kahlert/Rühland*, RdNr. 1892.
[126] MünchKommInsO-*Lwowski/Peters* § 35 RdNr. 47.
[127] *Dahl* NJW-Spezial 2007, 485; *Grundlach/Frenzel/Schirrmeister* DStR 2007, 1352, 1354.
[128] *Waza/Uhländer/Schmittmann*, RdNr. 447, 1610; vgl. auch *Ahrens* NZI 2007, 622, 625 ff.
[129] *Kahlert/Rühland*, RdNr. 1670.
[130] *Waza/Uhländer/Schmittmann*, RdNr. 573.

Insolvenzsteuerrecht 25 c–25 e

Masseverbindlichkeiten im Verwaltungsvollstreckungsverfahren nach den §§ 249–346 AO vollstreckt werden; dabei ist allerdings § 90 Abs. 1 zu beachten, wonach für die Dauer von 6 Monaten ein Vollstreckungsverbot für Masseverbindlichkeiten besteht, wenn diese nicht durch Rechtshandlungen des Insolvenzverwalters begründet worden sind. Dies ist bei Steuerforderungen der Fall, weil diese regelmäßig kraft Gesetzes entstehen.[131]

25 c Auch wenn der Steuerschuldner sich nicht ändert vergibt das Finanzamt für die Masse regelmäßig eine neue Steuernummer. Dies hat jedoch lediglich behördeninterne Zuordnungsgründe, denn die als Insolvenzforderung zu verwaltenden Steueransprüche müssen getrennt werden und sind durch Sperrung von der Mahnung auszuschließen. Der Insolvenzverwalter sollte die neue Steuernummer für alle Masseverbindlichkeiten verwenden, denn eine Überweisung auf die alte Steuernummer führt unweigerlich zu einer Buchung auf eine Insolvenzforderung, die aufwändig zu verfolgen und umzubuchen ist (vgl. auch unten RdNr. 122).

Werden die Steuerschulden vom Insolvenzverwalter nicht bis zum Ablauf der Fälligkeit entrichtet, so entstehen gegen die Masse zusätzlich noch Säumniszuschläge nach § 240 AO. Diese können nur durch eine rechtzeitige Zahlungsvereinbarung (zB Stundung gem. § 222 AO) verhindert werden.

Masseverbindlichkeiten auf Grund von Steuerschulden können in ein Insolvenzplanverfahren einbezogen werden und durch entsprechende Vereinbarungen teils zur Erfüllung gelangen und teils durch „Verzicht" erledigt werden.[132]

25 d Im Falle einer Masseunzulänglichkeit (Masseinsuffizienz), die vorliegt, wenn die fälligen sonstigen Masseverbindlichkeiten nicht gedeckt sind (§ 208 Abs. 1), ist gem. § 209 Abs. 1 zwischen den Kosten des Insolvenzverfahrens, Neumasse- und Altmasseschulden zu unterscheiden. Neumasseschulden sind sonstige Masseverbindlichkeiten die erst nach der Anzeige der Masseunzulänglichkeit begründet werden. Sie entstehen, weil der Massegläubiger auch noch nach der Anzeige der Massearmut Sach- und Dienstleistungen zugunsten der Masse erbringt. Sie können weiterhin als Masseverbindlichkeiten geltend gemacht werden und bleiben somit echte Masseverbindlichkeiten, die nach den allgemeinen Grundsätzen der AO festgesetzt, erhoben oder vollstreckt werden können. Die übrigen Masseverbindlichkeiten zählen zu den Altmasseschulden. Im Gegensatz zu den Neumasseschulden ist bei ihnen die Vollstreckung nach § 210 unzulässig, sobald die Masseunzulänglichkeit angezeigt wurde. Sie unterliegen insolvenzrechtlichen Beschränkungen, die denen für Insolvenzforderungen entsprechen.[133]

Steuerschulden werden, soweit sie vor der Anzeige der Masseunzulänglichkeit begründet wurden und damit Altmasseschulden darstellen, als übrige Masseverbindlichkeiten nach den Verfahrenskosten und den Neumasseschulden berichtigt (§ 209 Abs. 1 Nr. 3). Die Anzeige der Masseunzulänglichkeit hat insoweit konstitutive Bedeutung. Die Steuerforderung ist beim Insolvenzverwalter anzumelden, weil eine Durchsetzung mittels Steuerbescheid nicht mehr möglich ist. Aus Leistungsbescheiden darf nicht mehr vollstreckt werden; anhängige Verfahren sind zu unterbrechen. Eine Steuerfestsetzung durch die Finanzbehörde ist also ausgeschlossen.[134]

25 e Soweit die Steuerforderungen im Zusammenhang mit sog. aufgedrängten Dauerschuldverhältnissen stehen, wie es bei Arbeitsverhältnissen oder auch Mietverhältnissen der Fall ist,[135] so werden diese grundsätzlich nach Anzeige der Masseunzulänglichkeit weiterhin begründet (vgl. §§ 108 ff.) und müssen als Masseverbindlichkeiten berichtigt werden (vgl. § 55 Abs. 1 Nr. 2 aE). Daher sind sie ab diesem Zeitpunkt als Neumasseschulden zu behandeln. Dies kann der Insolvenzverwalter vermeiden indem er diese Dauerschuldverhält-

---

[131] *Waza/Uhländer/Schmittmann*, RdNr. 575; *Frotscher*, S. 264.
[132] Vgl. unten RdNr. 240 ff.
[133] *Waza/Uhländer/Schmittmann*, RdNr. 580 ff.
[134] *Frotscher*, S. 265; *Waza/Uhländer/Schmittmann*, RdNr. 583.
[135] Von den Löhnen und Bezügen sind Lohnsteuer und Sozialversicherungsbeiträge abzuführen und bei gewerblichen Mieteinnahmen die Umsatzsteuer und generell die Ertragsteuer.

nisse kündigt. Zwar gewährt ihm die Anzeige der Masseunzulänglichkeit kein außerordentliches Kündigungsrecht, sondern er ist unabhängig von der Inanspruchnahme der Gegenleistung zur Erfüllung verpflichtet.[136] Durch die Kündigung des Dauerschuldverhältnisses, dessen Gegenleistung nicht beansprucht wird, wird jedoch der fortbestehende Erfüllungsanspruch des anderen Vertragspartners zur Altmasseverbindlichkeit. Dies wird im Umkehrschluss aus § 209 Abs. 2 Nr. 2 hergeleitet.[137] Dies bedeutet eine nachrangige Befriedigung gem. § 209 Abs. 1 Nr. 3, der insoweit auch die damit verknüpften Steuerforderungen unterliegen.

Kündigt der Insolvenzverwalter nicht, so sind die Erfüllungsansprüche und damit auch die hiervon umfassten Steueransprüche nur insoweit Altmasseverbindlichkeiten, als sie bis zum Ersten möglichen Beendigungstermin entstehen. Wegen der Möglichkeit der Beendigung müssen sie danach als Neumasseverbindlichkeiten behandelt werden.

3. Aufrechnung mit Steuerforderungen. Eine Aufrechnung ist nach § 94 uneingeschränkt möglich, sofern zum Insolvenzeröffnungszeitpunkt eine Aufrechnungslage bestand. Diese erfordert neben der Beachtung des Grundsatzes der Gegenseitigkeit der Forderungen eine gleichartige und fällige Gegenforderung des Aufrechnenden.[138] Die Aufrechnung führt dazu, dass der Insolvenzgläubiger seine Insolvenzforderung außerhalb des Insolvenzverfahrens befriedigen kann. Ist dem Gläubiger also die Aufrechnung möglich, so nimmt er nicht am Insolvenzverfahren teil. Er braucht seine Forderung nicht zur Tabelle anzumelden, sondern kann die Aufrechnung erklären, ohne dass es einer Feststellung der Forderung bedarf. Die Aufrechnung ist nicht auf den Betrag beschränkt den der Gläubiger erhalten würde, wenn er seine Forderung zur Tabelle anzumelden hätte. Die Forderung erlischt in voller Höhe, soweit die Gegenforderung eine entsprechende Höhe aufweist. Durch die Aufrechnung wird also der Gläubiger in Höhe der Gegenforderung voll befriedigt und ist nicht auf die Insolvenzquote angewiesen. Insoweit wirkt die Aufrechnung wie ein Absonderungsrecht.[139]

Die Finanzbehörde kann gegen einen Vermögensanspruch des Steuerschuldners mit ihrer Steuerforderung gem. § 226 AO i. V. m. § 94 bei Vorliegen einer Aufrechnungslage vor Eröffnung des Insolvenzverfahrens aufrechnen, ohne dass dies unter das Aufrechnungsverbot des § 96 Abs. 1 Nr. 1 fällt, wenn die Steuerforderung vor der Verfahrenseröffnung insolvenzrechtlich begründet war und somit Insolvenzforderung nach § 38 ist. Die für die Aufrechnung grundsätzlich notwendige Fälligkeit bestimmt sich nach den Einzelsteuergesetzen oder in Ermangelung solcher gem. § 220 Abs. 2 Satz 2 AO mit der Bekanntgabe der Steuerfestsetzung. Sofern das Finanzamt wegen der Unterbrechungswirkung der Insolvenz gem. § 87 an einer Steuerfestsetzung gehindert ist, greift nach Auffassung des BFH vorrangig die Regelung des § 220 Abs. 2 Satz 1 AO mit der Folge, dass eine vor Insolvenzeröffnung begründete Steuerforderung auch ohne Bekanntgabe bereits mit Eröffnung des Insolvenzverfahrens fällig wird.[140] Für die Begründung der Steuerforderung als Insolvenzforderung kommt es allein auf die zivilrechtliche Grundlage des materiellen Steueranspruchs an, die steuerrechtliche Entstehung der Steuer ist insoweit unbeachtlich.[141]

Entstehen bei Dauerschuldverhältnissen die steuerrechtlichen Ansprüche zeitabschnittsweise unter der Bedingung, dass die Anspruchsvoraussetzungen auch in dem betreffenden Zeitabschnitt erfüllt sind, ist auch insolvenzrechtlich darauf abzustellen, zu welchem Zeitpunkt die materiellen Voraussetzungen für die Anspruchsentstehung (zB Eigennutzung bei der Eigenheimzulage) vorliegen. Eine Aufrechnung ist dann nur mit Ansprüchen möglich, für

---

[136] *Nerlich/Römermann/Westphal* § 209 RdNr. 8.
[137] *Nerlich/Römermann/Westphal* § 209 RdNr. 9.
[138] MünchKommInsO-*Brandes* § 94 RdNr. 4 ff.
[139] *Frotscher*, S. 70; *Kahlert/Rühland*, RdNr. 1566.
[140] BFH v. 4. 5. 2004, VII R 45/03, BStBl. II 2004, 815 = ZIP 2004, 1423; v. 10. 5. 2007, VII R 18/05, ZIP 2007, 1514; OFD Nürnberg, Vfg. v. 25. 1. 2005, S 7100 – 620/St 43, ZInsO 2005, 584, RdNr. 3.1; *Rüsken* ZIP 2007, 2053, 2054; kritisch hierzu: *Frotscher*, S. 71 f.
[141] Vgl. unten RdNr. 43 ff.

die die materiellen Voraussetzungen vor der Insolvenzeröffnung begründet waren.[142] Diese Grundsätze gelten in gleicher Weise für die Aufrechnung mit Erstattungszinsen nach § 233a AO, die auf den Zeitraum nach Eröffnung des Insolvenzverfahrens entfallen. Diese sind ebenso wenig vor Eröffnung des Verfahrens begründet, weil sie zeitabschnittsweise entstehen. Auf die Entstehung der zugrunde liegenden Steuer kommt es auch hier nicht an.[143]

25 i Tritt die Aufrechnungslage erst im Insolvenzverfahren ein, so ist die Aufrechnung nicht ausgeschlossen, aber nur unter den Voraussetzungen der §§ 95, 96 zulässig. Zu beachten ist hierbei eine aufschiebende Bedingung und die Fälligkeit der Forderungen. Ein Erstattungsanspruch ist nach der BFH-Rechtsprechung als aufschiebend bedingte Forderung gem. § 95 Abs. 1 Satz 1 anzusehen, wenn dieser „seinem Kern nach" bereits vor Insolvenzeröffnung entstanden ist, d. h. der zugrunde liegende zivilrechtliche oder öffentlichrechtliche Lebenssachverhalt, an den das jeweilige Steuergesetz für die Entstehung des Steueranspruchs anknüpft, vor Verfahrenseröffnung verwirklicht wurde oder aber der „Rechtsgrund" bereits davor gelegt wurde. Dies ist in der Regel der Fall, wenn eine Steuer, die vor Verfahrenseröffnung entstanden ist, zu erstatten oder zu vergüten ist und gilt selbst dann, wenn das als aufschiebende Bedingung zu behandelnde, die Erstattung bzw. Vergütung auslösende Ereignis (zB Rücktritt vom Grundstückskaufvertrag) selbst erst nach Eröffnung des Verfahrens eintritt. Solche von Gesetzes wegen einen Gegenanspruch des Insolvenzschuldners auslösende Rechtshandlungen stehen nämlich regelmäßig in einem engen verfahrensrechtlichen Zusammenhang mit der Steuerentstehung vor Verfahrenseröffnung. Diese Rechtsprechung ist auch auf die Erstattung von vor Verfahrenseröffnung geleistete Vorauszahlungen anzuwenden, selbst wenn die Steuer, auf die vorauszuleisten war, erst nach Eröffnung des Verfahrens entstanden ist.[144]

Die Fälligkeitsfiktion des § 41 ist nach § 95 Abs. 1 Satz 2 im Rahmen der Aufrechnung nicht anwendbar. Gem. § 95 Abs. 1 Satz 3 ist die Aufrechnung gänzlich ausgeschlossen, wenn die Forderung des Schuldners fällig wird, bevor die Steuerforderung fällig wird und entsteht. Die Finanzbehörde kann sich als Insolvenzgläubiger insoweit nämlich nicht auf einen Vertrauenstatbestand einer zukünftigen Aufrechnungsmöglichkeit berufen.[145] Eine Aufrechnung setzt also die Fälligkeit der Gegenforderung des Finanzamts vor Insolvenzeröffnung zwingend voraus, um mit dem Steuererstattungsanspruch aufrechnen zu können. Nach höchstrichterlicher Rechtsprechung tritt die Fälligkeit von vor der Insolvenzeröffnung begründeten Steuerforderungen auch ohne Bekanntgabe mit Insolvenzeröffnung ein.[146]

Eine Aufrechnung ist nach § 226 Abs. 4 AO – ungeachtet des Grundsatzes der Gegenseitigkeit – auch für den Fall möglich, dass Forderung und Gegenforderung von den Finanzämtern verschiedener Bundesländer verwaltet werden sowie bei der Aufrechnung von Bundes- mit Landessteuern. Besteht beispielsweise zwischen einem Erstattungsanspruch und einer von einem anderen Finanzamt verwalteten Haftungsforderung materiell-rechtlich eine Gegenseitigkeit, kann nach Auffassung des BFH das Finanzamt, welches den Erstattungsanspruch verwaltet, die Aufrechnung erklären auch wenn es nicht Gläubiger der Haftungsforderung ist und diese auch nicht verwaltet.[147]

25 j Nach § 96 Abs. 1 Nr. 1 ist die Aufrechnung nur dann unzulässig, wenn gegenüber der Steuerforderung des Fiskus erst nach Eröffnung des Insolvenzverfahrens ein Erstattungsanspruch des Schuldners begründet wurde. Mit diesem Aufrechnungsverbot soll verhindert werden, dass eine Insolvenzforderung durch Aufrechnung vollständig befriedigt wird, obwohl im Zeitpunkt der Insolvenzeröffnung die Aufrechnungslage noch nicht bestand, weil

---

[142] BFH v. 17. 4. 2007, VII R 34/06, BFH/NV 2007, 1393, ZIP 2007, 1225; *Rüsken* ZIP 2007, 2053, 2059 f.; *Grönwoldt* DStR 2008, 18; vgl. unten RdNr. 235 f.
[143] BFH v. 30. 4. 2007, VII B 252/06, BFH/NV 2007, 1395, ZIP 2007, 1277; *Rüsken* ZIP 2007, 2053, 2060; *Grönwoldt* DStR 2008, 18, 18 f.
[144] BFH v. 17. 4. 2007, VII R 27/06, BFH/NV 2007, 1391, ZIP 2007, 1166; *Rüsken* ZIP 2007, 2053, 2056; *Grönwoldt* DStR 2008, 18, 19; vgl. unten RdNr. 224 a.
[145] *Farr*, RdNr. 163 mit ausführlichem Beispiel.
[146] Vgl. oben RdNr. 25 g.
[147] BFH v. 10. 5. 2007, VII R 18/05, BStBl. II 2007, 914 = ZIP 2007, 1514; *Rüsken* ZIP 2007, 2053, 2054 f.; *Grönwoldt* DStR 2008, 18, 19 f.

der Erstattungsanspruch gegen die Finanzbehörde noch nicht begründet war. Soweit ein Anspruch auf Erstattung von Einkommensteuer auf nach Eröffnung des Insolvenzverfahrens abgeführter Lohnsteuer beruht, ist eine Aufrechnung des Finanzamtes mit Steuerforderungen gem. § 96 Abs. 1 Nr. 1 unzulässig.[148] Darüber hinaus ist § 96 Abs. 1 Nr. 4 zu berücksichtigen, wonach eine Aufrechnung mit einer zur Insolvenzmasse gehörenden Gegenforderung unzulässig ist, wenn die Forderung des Fiskus sich gegen insolvenzfreies Vermögen des Schuldners richtet, weil eine solche Aufrechnung die übrigen Insolvenzgläubiger benachteiligt.[149] Die Auswirkungen der BFH-Rechtsprechung zum Neuerwerb sowie der Neuregelung des § 35 Abs. 2 auf die Aufrechnung mit Steuern aus dem insolvenzfreien Bereich sind noch nicht abschließend geklärt.[150]

25 k Eine Aufrechnung kommt insbesondere mit geleisteten Vorauszahlungen des Schuldners in Betracht. Diese können mit einem entsprechenden Teil der vom Schuldner zu entrichtenden Jahressteuerschuld verrechnet werden. Weiterhin bestehen Aufrechnungslagen mit Vorsteuer- und Steuererstattungsansprüchen. Insbesondere Vorsteuererstattungsansprüche sind bereits mit der vor der Verfahrenseröffnung erfolgten Leistungserbringung insolvenzrechtlich begründet und daher aufrechenbar, selbst wenn die Rechnung hierüber erst im Verfahren ausgestellt wird. Der Zeitpunkt des Entstehens der Steuerschuld betrifft nachrangiges steuerliches Verfahrensrecht und ist insolvenzrechtlich ohne Bedeutung.[151] Erklärt das Finanzamt nach der Eröffnung des Verfahrens die Aufrechnung gegen einen Vorsteuervergütungsanspruch des Schuldners und setzt sich dieser Anspruch sowohl aus vor, als auch aus nach der Eröffnung des Verfahrens begründeten Vorsteuerabzugsbeträgen zusammen, hat das FA sicherzustellen, dass die Aufrechnung den Vorsteuervergütungsanspruch nur insoweit erfasst, als sich dieser aus Vorsteuerbeträgen zusammensetzt, die vor der Eröffnung des Insolvenzverfahrens begründet worden sind. Dies geschieht, indem im Rahmen der Saldierung gem. § 16 Abs. 2 Satz 1 UStG die für den Besteuerungszeitraum berechnete Umsatzsteuer vorrangig mit vor Insolvenzeröffnung begründeten Vorsteuerabzugsbeträgen verrechnet wird.[152] Zur Aufrechnung mit Erstattungsansprüchen, die aus Umsatzsteuersondervorauszahlungen resultieren, gelten die oben unter RdNr. 198 dargestellten Grundsätze.

Ist die Aufrechnungslage zwischen dem Erlass eines allgemeinen Verfügungsverbots aber vor der Eröffnung des Insolvenzverfahrens entstanden, ist die Aufrechnung gleichwohl zulässig. Insbesondere wird die Aufrechnung nicht durch eine analoge Anwendung des § 96 Abs. 1 Nr. 1 unzulässig.[153]

Keine Aufrechnungslage nach § 94 bzw. § 95 Abs. 1 Satz 1 besteht nach der Rechtsprechung des BGH für den Fall, dass die – für die Entstehung eines Vorsteuerrückforderungsanspruchs des Finanzamts maßgebliche – Uneinbringlichkeit einer gegen den Insolvenzschuldner gerichteten Forderung erst mit Insolvenzeröffnung eingetreten ist. Zwar kann die Uneinbringlichkeit bereits für den Zeitpunkt der Zahlungsunfähigkeit angenommen werden. Ist dieser Zeitpunkt aber nicht bestimmbar, so tritt die Uneinbringlichkeit erst mit Insolvenzeröffnung ein, mit der Folge, dass das Finanzamt die Vorsteuerrückforderungsansprüche nicht mit vor Insolvenzeröffnung begründeten Steuererstattungsansprüchen des Insolvenzschuldners aufrechnen kann.[154]

---

[148] Vgl. BFH v. 17. 12. 1998, VII R 47/98, BStBl. II 2007, 914 = ZIP 1999, 714; v. 7. 6. 2006, VII B 329/05, BStBl. II 2006, 641 = ZIP 2006, 159; OFD Nürnberg, Vfg. v. 25. 1. 2005, S 7100 – 620/St 43, ZInsO 2005, 584, RdNr. 3.2; *Farr*, RdNr. 164 ff.; *Frotscher*, S. 73; *Waza/Uhländer/Schmittmann*, RdNr. 611 f.; *Kahlert/Rühland*, RdNr. 1586.

[149] Vgl. BFH v. 24. 7. 1984, VII R 6/81, BStBl. II 1984, 795 = ZIP 1984, 1245; *Kahlert/Rühland*, RdNr. 1588; *Frotscher*, S. 73.

[150] Vgl. oben RdNr. 25 a; *Waza/Uhländer/Schmittmann*, RdNr. 447, 626 ff.

[151] *Rüsken* ZIP 2007, 2053, 2057 f.

[152] BFH v. 16. 1. 2007, VII R 7/06, BStBl. II 2007, 745 = ZIP 2007, 490; *Grönwoldt* DStR 2008, 18, 21 f.; kritisch *Rüsken* ZIP 2007, 2053, 205; vgl. auch unten RdNr. 132 a.

[153] BFH v. 17. 12. 1998, VII R 47/98, BStBl. II 1999, 423 = ZIP 1999, 714; dazu *Gerhardt* EWiR 2000, 37; BGH ZIP 1990, 112; 1992, 120; 1997, 737, 739; 1998, 1319; aA *Kilger/K. Schmidt* KO § 55, Anm. 3 mwN.

[154] BGH Beck.RS. 2007 13243; *Grönwoldt* DStR 2008, 18, 24 f.

Die Aufrechnung selbst erfolgt gem. § 226 AO nach den §§ 387 ff. BGB und ist gegenüber dem Insolvenzverwalter zu erklären. Sie bewirkt, dass die Forderungen in dem Zeitpunkt als erloschen gelten (§ 47 AO), in dem sie sich erstmalig zur Aufrechnung geeignet gegenüberstanden (§ 389 BGB). Danach wird das Finanzamt seine Forderung nicht mehr zur Insolvenztabelle anmelden und steht letztlich wie ein absonderungsberechtigter Gläubiger da. Vor der Aufrechnung entstandene Säumniszuschläge sind gem. § 240 Abs. 1 S. 5 AO von der rückwirkenden Wirkung der Aufrechnung allerdings ausgeschlossen, soweit diese in der Zeit bis zur Fälligkeit der Schuld des Aufrechnenden entstanden sind.

Bei einer unzulässigen Aufrechnung durch das Finanzamt ist der geschuldete Betrag mit Insolvenzeröffnung bzw. Entstehen des Anspruchs an die Masse zurückzugewähren. Bislang höchstrichterlich nicht entschieden ist die Frage, ob das Finanzamt in diesem Fall Verzugs- oder Prozesszinsen zu entrichten hat. Bei einer entsprechenden Anwendung des § 143 wäre dies zu bejahen, mit der Folge einer Nachrangigkeit steuerrechtlicher Regelungen.[155]

25 l 4. Erstattung von Steueransprüchen. Eine Erstattung von gezahlten Steuern kommt nur in Betracht, wenn eine Doppelzahlung vorliegt oder die tatsächliche Steuerschuld feststeht und sich daraus eine Überzahlung errechnen lässt (§ 37 Abs. 2 AO).

Das ist bei Doppelzahlungen und Steuerbescheiden, die an den Insolvenzverwalter gerichtet und gegen die Masse ergangen sind, trotz Verfahrenseröffnung problemlos möglich, soweit diese nach Eröffnung des Insolvenzverfahrens begründet sind. War die überzahlte Steuer als Masseverbindlichkeit nach § 55 Abs. 1 Nr. 1 einzuordnen, kann ein Erstattungsverfahren ohne insolvenzrechtliche Besonderheiten durchgeführt werden.[156] Anders verhält es sich jedoch bei Überzahlungen für die Besteuerungszeit vor der Insolvenzeröffnung (Insolvenzforderungen). Für diese Zeit besteht nämlich gem. § 240 Satz 1 ZPO die Unterbrechung des Besteuerungsverfahrens,[157] so dass eine noch nicht erfolgte Festsetzung durch einen Steuerbescheid grundsätzlich nicht mehr nachgeholt werden kann.[158] Ohne eine feststehende Steuerschuld kann aber keine Erstattung erfolgen.

25 m In diesem Fall wird überwiegend die Auffassung vertreten, dass gleichwohl eine Steuerfestsetzung erfolgen kann, weil diese sich durch die Erstattung für die Masse positiv darstellt. Diese Auffassung wird damit begründet, dass der Insolvenzschuldner bei Einkommensteuervorauszahlungen vor Insolvenzeröffnung einen Erstattungsanspruch erwirbt, unter der aufschiebenden Bedingung, dass am Ende die Jahressteuer geringer als die Summe der Vorauszahlungen sei.[159] Dem kann jedoch nicht gefolgt werden, soweit durch diesen Steuerbescheid ein Leistungsgebot ausgesprochen wird. Ein solcher Steuerbescheid ist nämlich unwirksam, weil er die Masse grundsätzlich belastet.[160] Eine Feststellung der Forderung kann aber wie für die Forderungsanmeldung zur Tabelle durch eine einfache Berechnung mit dem Inhalt eines Steuerbescheids erfolgen. An die Stelle eines Steuerbescheids tritt dann die formlose Errechnung der Steuerschuld mit dem Inhalt einer Steuerfestsetzung. Auf der Grundlage dieser Steuerberechnung kann sodann ein rechtsmittelfähiger Bescheid nach § 218 Abs. 2 AO ergehen, der trotz Eröffnung des Insolvenzverfahrens zulässig ist, da dieser die Masse nicht belastet und § 87 nur die Fortsetzung von Verfahren, die auf individuelle Befriedigung des Steuergläubigers gerichtet sind, verhindern soll. Der Abrechnungsbescheid ergeht an den Insolvenzverwalter mit Wirkung für die Insolvenzmasse und kann durch diesen angefochten werden. Ist eine Steuerfestsetzung nicht Voraussetzung für die Erstattung,

---
[155] *Grönwoldt* DStR 2008, 18, 25.
[156] *Frotscher*, S. 268; *Waza/Uhländer/Schmittmann*, RdNr. 366; *Kahlert/Rühland*, RdNr. 1533; *Weis* in *Hess/Weis/Wienberg* § 55 RdNr. 271.
[157] Vgl. oben RdNr. 24 a f.
[158] BFH v. 24. 8. 2004, VII R 14/02, BStBl. II 2005, 246; FG Sachsen v. 23. 4. 2007, 3 K 90/07, Beck.RS. 2007 26024266.
[159] BFH v. 2. 7. 1997, I R 11/97, BStBl. II 1998, 428; v. 18. 12. 2002, I R 33/01, BStBl. II 2003, 630 = ZIP 2003, 1212; BMF-Schreiben v. 17. 12. 1998, IV A 4 – S 0550 – 28/98, BStBl. I 1998, 1500, RdNr. 3; *Kahlert/Rühland*, RdNr. 1525 ff.; *Tipke/Kruse/Loose* AO § 251 RdNr. 56.
[160] *Frotscher*, S. 267; *Waza/Uhländer/Schmittmann*, RdNr. 368; Handbuch zur Insolvenz, *Schäfer*, Fach 2, Kap. 15, RdNr. 40.

wie bei Doppelzahlungen, ist erforderlichenfalls ebenfalls ein Abrechnungsbescheid zu erteilen.[161]

Ist bereits ein Steuerbescheid ergangen, der eine Steuererstattung zum Inhalt hat, so ist dieser nicht nichtig i. S. d. § 125 AO sondern lediglich rechtswidrig.[162] Sofern der Insolvenzverwalter gegen den Bescheid keinen Einspruch einlegt, kommt es gleichwohl zu einer Erstattung an die Insolvenzmasse. **25 n**

Ein vor der Eröffnung des Insolvenzverfahrens ergangener Steuerbescheid, gegen den bereits ein Rechtsmittel eingelegt wurde, kann vom Insolvenzverwalter durch Aufnahme dieses Verfahrens nach § 85 weiter angefochten werden, um eine Erstattung zu erreichen.

5. Schätzung und Außenprüfung. Lassen sich die Besteuerungsgrundlagen nicht ermitteln oder berechnen, kann die Finanzbehörde die Besteuerungsgrundlagen nach § 162 AO schätzen. Werden nach einer Schätzung noch Steuererklärungen abgegeben, so werden die Schätzungen den tatsächlichen Verhältnissen angepasst. **25 o**

Die Schätzung von Besteuerungsgrundlagen und Steuerforderungen wird das Finanzamt kurz nach der Insolvenzverfahrenseröffnung durchführen um rechtzeitig Steuerforderungen zur Tabelle anmelden zu können.

Für den Insolvenzverwalter ist es eventuell möglich aus einer laufenden Buchhaltung eine Auswertung vorzulegen, aus der sich erzielte Verluste ablesen lassen, so dass eine Schätzung der Einkünfte auf Null erreicht werden kann.

Das Finanzamt hat nach § 193 AO die Möglichkeit ermittelte Besteuerungsgrundlagen durch eine Außenprüfung zu kontrollieren oder fest zu stellen. Aus der insoweit nach § 196 AO erforderlichen Prüfungsanordnung lässt sich bereits der sachliche Umfang der Außenprüfung (§ 194 AO) ablesen. Diese ist dem Insolvenzverwalter in einer angemessenen Zeit vor der Prüfung gem. § 197 AO bekannt zu geben, wobei es sich empfiehlt, eine Terminabsprache zu treffen, um Unterlagen bereitzustellen und gegebenenfalls auch persönlich anwesend zu sein. Der Insolvenzschuldner sollte über die Prüfungsanordnung informiert werden, weil er einerseits zur Mitwirkung nach § 200 AO verpflichtet bleibt und andererseits damit die Möglichkeit hat erforderlichenfalls eine straf- und bußgeldbefreiende Selbstanzeige nach § 371 Abs. 1 AO zu erstatten.[163] Eine bereits vor Eröffnung des Insolvenzverfahrens begonnene Außenprüfung wird nicht unterbrochen, sondern kann abgeschlossen werden.[164] **25 p**

Gem. Art. 19 b EGAO hat die Finanzverwaltung ab dem 1. 1. 2002 erweiterte Zugriffsrechte im Rahmen von Außenprüfungen. Die neuen §§ 147 Abs. 6 und 200 Abs. 1 Satz 2 AO nF gewähren der Finanzverwaltung nunmehr das Recht auf unmittelbare Einsichtnahme in gesonderte Daten und auf Nutzung der EDV-Systeme. Für die Insolvenzverwaltung bedeutet das, dass die Daten und soweit erforderlich auch das System bis zum Ende der für die Daten geltenden Aufbewahrungsfrist vorgehalten werden müssen. Denkbar ist auch die Beauftragung von geschulten Personen, da eine unverzügliche Einsichtnahme gefordert wird. **25 q**

Im Regelfall wird das Finanzamt von einer arbeitsaufwändigen Außenprüfung absehen, weil evtl. Mehrsteuern – abgesehen von Steuerforderungen aus der Tätigkeit des Insolvenzverwalters – nur als Insolvenzforderung geltend gemacht werden kann. Anlässe können aber Fälle der Auferlegung von Mehrsteuern für andere Personen als dem Insolvenzschuldner (einheitliche und gesonderte Gewinnfeststellung oder Haftungsschuldner), Steuerforderungen gegen die Masse, die Prüfung der Berechtigung und Höhe der Erstattungsforderungen oder erwartete bes. hohe Mehrergebnisse sein.[165] Die Außenprüfungen werden oftmals als Sonderprüfung zur Feststellung der Umsatz- und Lohnsteuerforderung – insbesondere auch **25 r**

---
[161] *Waza/Uhländer/Schmittmann*, RdNr. 368; *Frotscher*, S. 268.
[162] BFH v. 23. 2. 2005, VII R 63/03; BStBl. II 2005, 591 = ZIP 2005, 1184; *Kahlert/Rühland*, RdNr. 1532.
[163] *App* StBP 1999, 63, 66.
[164] *Farr*, RdNr. 128; *Frotscher*, S. 247.
[165] *Waza/Uhländer/Schmittmann*, RdNr. 357; *App* StBP 1999, 63, 64.

Insolvenzsteuerrecht

zur Prüfung der Erfüllung steuerlicher Pflichten des (vorläufigen) Insolvenzverwalters – angeordnet.

25 s Für das Insolvenzverfahren kann eine solche Prüfung durchaus auch Vorteile haben. Denn hierdurch lässt sich regelmäßig bereits vor dem Prüfungstermin über die angemeldeten Forderungen eine Einigung über die Besteuerungsgrundlagen erzielen, so dass es keines Bestreitens der daraus angemeldeten Forderung mehr bedarf. Hinzuweisen ist in diesem Zusammenhang auf die mögliche Erfordernis, Bilanzen zu ändern. Nicht nur hierbei können schwer aufzuklärende Sachverhalte und Unsicherheiten durch eine tatsächliche Verständigung bereinigt werden,[166] was für die Masse oft zu einer Reduzierung der Ertrags- und Umsatzsteuern führen kann.

26 **6. Haftungsbescheid.** Ein Haftungsbescheid nach § 191 AO ergeht bei persönlichen Steuerhaftungsschulden zB gegenüber dem Gesellschafter, dem Arbeitgeber aber auch dem gesetzlichen Vertreter i. S. d. § 34 AO. Der Haftungsbescheid darf jedoch nach der Verfahrenseröffnung, wie auch der Steuerbescheid, wegen der Unterbrechung des Besteuerungsverfahrens (§ 240 Satz 1 ZPO) nicht mehr ergehen.[167] Daher erlässt das Finanzamt eine nicht rechtsmittelfähige Haftungsberechnung. Die daraus bestehende Forderung kann unter der Beschränkung auf den Ausfall zur Tabelle angemeldet werden.[168]

26 a Einer speziellen Beurteilung bedarf die Haftung für Steuerschulden bei Personengesellschaften.[169] Unabhängig von dem Steuerschuldner, der wie dargelegt immer der Gesellschafter ist (§ 15 EStG), stellt sich nämlich wegen der Sperrwirkung des § 93 die Frage, an wen Steuerschulden aus Einkünften einer Personengesellschaft zu zahlen sind, an den Insolvenzverwalter oder an das Finanzamt. Neben der akzessorischen Gesellschafterhaftung können persönliche Sicherungsrechte bestehen,[170] die nicht über den Insolvenzverwalter zur Masse gezogen werden, sondern unmittelbar dem Gläubiger zustehen. Darin kann ein Verstoß gegen den Regelungszweck der gleichmäßigen Masseverteilung des § 93 gesehen werden, der das Vorrecht des Gläubigers jedoch in seiner aktuellen Fassung gestattet, wenn man keine Analogie begründet.[171]

Die Haftung des Gesellschafters und Geschäftsführers aus §§ 34, 69 AO könnte in diesem Zusammenhang ein gesetzliches Sicherungsrecht sein, durch das die Sperrwirkung des § 93 ausgeschlossen ist.[172] Zu diesem Ergebnis gelangt man bei einer einschränkenden Auslegung des § 93, wenn dessen Sperrwirkung auch im Hinblick auf die abgabenrechtliche Haftung ausschließlich auf die Gesellschafterhaftung des § 128 HGB beschränkt wird.[173] Unabhängig von rein insolvenzrechtlichen Erwägungen ist die Kollision der Regelungen jedoch insolvenzsteuerrechtlich zu lösen.[174]

26 b–c Die insolvenzsteuerrechtliche Lösung von Normenkollisionen erfolgt insoweit nach dem Sinn und Zweck der Regelungen bezogen auf die Situation des Insolvenzverfahrens. Der Haftungstatbestand der §§ 34, 69 AO tritt dabei nicht hinter der Regelung des § 93 zurück, da der abgabenrechtliche Haftungstatbestand auch für diese Konfliktsituation bestimmt ist, in der die insolvenzrechtliche Befriedigungsordnung deren konkreten Bezug vorgibt. Es ist insolvenzsteuerrechtlich unstritten, dass sich die Geltendmachung von Steuerforderungen in der

---

[166] Vgl. BFH v. 6. 2. 1991, I R 13/86, BStBl. II 1991, 673.
[167] *Heinrich/Schilling* BB 1984, 2188.
[168] Vgl. BFH v. 14. 3. 1989, VII R 152/85, BStBl. II 1990, 363 = ZIP 1989, 869.
[169] Zur Besteuerung vgl. oben RdNr. 62.
[170] MüchKommInsO-*Brandes* § 93, RdNr. 21 hinsichtlich Bürgschaften.
[171] Für eine Analogie H-*Eickmann* § 93 RdNr. 3.
[172] OLG Schleswig ZIP 2001, 1968, spricht sich für die Sperrwirkung des § 93 im Wege der Analogie aus (vgl. auch *Oepen*, Massefremde Masse, 1999, S. 147 ff.; *Hess/Mitlehner*, RdNr. 61, ohne Begründung; *Bork* NZI 2002, 362, 366; *Kessler* ZInsO 2002, 549, 554, während dem *Graf/Wunsch* EWiR 2002, 25; *Wessel* EWiR 2002, 217 widersprechen und der Analogie entgegentreten; vgl. auch *Kahlert/Rühland*, RdNr. 1149 f.
[173] So aktuell BFH v. 2. 11. 2001, VII B 155/01, BStBl. II 2002, 73 = ZIP 2002, 179; unter Berufung auf *Bartone*, Insolvenz des Abgabenschuldners, S. 38 f., *Gottwald/Haas* § 94 RdNr. 70; *Schmidt/Bitter* ZIP 2000, 1077, 1080 ff. und der Begr. zu § 105 RegE; so nachfolgend BGH ZIP 2002, 1492.
[174] Vgl. dazu grundsätzlich die Darstellung oben RdNr. 1 und ausdrücklich für § 93 *Kling* ZIP 2002, 881.

Insolvenz ausschließlich aus dem Insolvenzrecht ergibt und der Fiskus spätestens nach der Abschaffung eines Vorrangs Insolvenzgläubiger des § 38 ist. Insoweit bedarf es in dieser Konstellation keiner Gesetzesauslegung des § 93 für eine analoge Anwendung, da dieser durch die Haftungsnormen der AO anders als bei privatrechtlichen Absicherungen, die den Anfechtungstatbeständen unterliegen, verkürzt wird. Soweit bei der Auslegung des § 93 auf die Haftung des § 128 HGB verwiesen wird,[175] werden insolvenzsteuerrechtliche Abwägungen kaum erwähnt. Es besteht vielleicht gerade bei dieser Betrachtung eine Vergleichbarkeit zwischen einem der InsO fremden Sonderrecht des Fiskus und den von der Sperrwirkung des § 93 ausgeschlossenen Individualansprüchen.[176] Dass dadurch im Ergebnis dem eigentlichen Regelungszweck des § 93 widersprochen wird, der einen Wettlauf einzelner Gläubiger auf das Vermögen von Gesellschaftern verhindern soll,[177] ist dann eine logische Folge dieses insolvenzsteuerrechtlichen Ergebnisses. Eine Gesetzesänderung des § 93 wird zur Einbeziehung von weiteren Ansprüchen in die Sperrwirkung für notwendig empfunden, weshalb dann auch ausdrücklich geregelt werden könnte, dass der Fiskus auch hier keine Sonderrechte mehr hat.

26 d Die Haftung des Insolvenzverwalters richtet sich sowohl nach den insolvenzrechtlichen Vorschriften der §§ 60 ff. als auch – als Vertreter und Vermögensverwalter des Insolvenzschuldners – nach den abgabenrechtlichen Vorschriften der §§ 34, 69 AO.[178] Dies gilt in gleicher Weise für den vorläufig („starken") Insolvenzverwalter. Demgegenüber haftet der vorläufig („schwache") Insolvenzverwalter nicht nach § 69 AO, sondern allenfalls nach § 191 Abs. 1 AO i. V. m. § 60 Abs. 1.[179] Für das Verhältnis beider Vorschriften ist § 69 AO für den Fall der Nichterfüllung der steuerrechtlichen Pflichten die speziellere Norm und geht insoweit der insolvenzrechtlichen Haftung des § 60 vor.[180] Der Haftungsanspruch des § 69 Satz 1 AO setzt voraus, dass der Insolvenzverwalter vorsätzlich oder grob fahrlässig seine Pflichten verletzt und infolgedessen Ansprüche aus dem Steuerschuldverhältnis nicht oder nicht rechtzeitig festgesetzt oder erfüllt werden (Haftungsschaden). Zu den Pflichten des Insolvenzverwalters gehören neben der Dienstleistungspflicht auch Pflichten wie die Buchführungspflicht gem. §§ 140 ff. AO, die Erklärungspflicht nach §§ 149 ff. AO oder die Auskunftspflicht nach §§ 93 ff. AO. Zu den typischen Pflichtverletzungen zählen die Verletzung der Pflicht zur Abgabe von Umsatzsteuervoranmeldungen bzw. -erklärungen oder zur Erteilung einer Rechnung nach § 14 c Abs. 2 UStG.[181]

26 e Die Pflichtverletzung muss ursächlich für den Haftungsschaden sein. Die Haftung kommt somit nur in Betracht, wenn zwischen der Pflichtverletzung und dem Steuerausfall ein Kausalzusammenhang besteht. Der Insolvenzverwalter haftet nach § 69 AO persönlich und unbeschränkt, d. h. mit seinem gesamten Vermögen. Die Haftung ist aber durch den Grundsatz der anteiligen Tilgung bzw. Differenzhaftung begrenzt, der eine gleichmäßige Tilgungsquote für alle Gläubiger (einschließlich des Finanzamts) vorsieht. Der Vertreter haftet danach gem. der Rechtsprechung des BFH nur insoweit, als aus den verfügbaren Mitteln die Steuern sowie steuerliche Nebenleistungen (Säumniszuschläge oder Nachzahlungszinsen) mit einer geringeren Tilgungsquote wie die anderen Schulden getilgt werden.[182] Der Grundsatz der

---

[175] So BGH ZIP 2002, 1492, 1493; BFH v. 2. 11. 2001, VII B 155/01, BStBl. II 2002, 73, 74 = ZIP 2002, 179; *Kübler/Prütting/Lüke* § 93 RdNr. 18; *Bitter* ZInsO 2002, 557, 558 f.; *Gundlach/Frenzel/Schmidt* DStR 2002, 1095, 1096; *Haas/Müller* NZI 2002, 366, 367.
[176] *Gundlach/Frenzel/Schmidt* DStR 2002, 1095, 1097 f.; *Oepen* ZInsO 2002, 162, 169 f.; aA *Kling* ZIP 2002, 881, 882 f.
[177] *MünchKommInsO-Brandes* § 93 RdNr. 1; *Kübler/Prütting/Lüke* § 93 RdNr. 16.
[178] *Maus* ZInsO 2003, 965; *Abenheimer* GmbHR 2005, 869.
[179] BFH v. 30. 12. 2004, VII B 145/04, BFH/NV 2005, 665; OFD Frankfurt/M. Vfg. v. 25. 5. 2007, A.IV.3., S 7340 A – 85 – St/11, Beck.Verw. 10042; vgl. auch *Kahlert/Rühland*, RdNr. 1153 ff.
[180] *Frotscher*, S. 41; vgl. oben RdNr. 18.
[181] *Waza/Uhländer/Schmittmann*, RdNr. 992.
[182] BFH v. 26. 8. 1992, VII R 50/91, BStBl. II 1993, 8; v. 21. 6. 1994, VII R 34/92 BStBl. II 1995, 230 = ZIP 1995, 229; v. 28. 11. 2002, VII R 41/01, BStBl. II 2003, 337 = ZIP 2003, 582; *Waza/Uhländer/Schmittmann*, RdNr. 994; *Birk* ZInsO 2007, 743, 748; ausführlich: *Kapischke* NWB 2005, Fach 2, 8847 ff.

anteiligen Tilgung gilt nicht für die an das Finanzamt abzuführende Lohnsteuer des Arbeitnehmers, weil Lohnsteuern als treuhänderische Fremdgelder mit Vorrang gegenüber den anderen Verbindlichkeiten in voller Höhe zu tilgen sind.[183] Dies gilt aber nicht für die pauschale Lohnsteuer, da diese eine eigene Steuerverbindlichkeit des Arbeitgebers darstellt.

Haftet demgegenüber der Insolvenzschuldner als Geschäftsführer nach den Steuergesetzen, so ist für die insolvenzrechtliche Einordnung auf das Begründetsein der Haftungsschuld abzustellen, die Steuerschuld ist insoweit unbeachtlich. Der Grundsatz der Akzessorität gilt für diesen Fall nicht, weil die Haftungsschuld verselbständigt ist. Begründet ist eine Haftungsschuld in dem Zeitpunkt der Handlung oder Unterlassung, an die der steuerliche Haftungsanspruch anknüpft. Wurde diese Haftung oder Unterlassung vom Schuldner vor Eröffnung des Verfahrens begangen, ist die Haftungsschuld Insolvenzforderung; ist sie danach begangen worden, handelt es sich um Masseverbindlichkeiten.[184]

Bei Insolvenzreife besteht für den Geschäftsführer einer GmbH nach bisheriger Rechtsprechung das Problem, dass er einerseits nach § 64 Abs. 2 GmbHG masseschmälernde Vermögensausschüttungen zu unterlassen hat und ihn andererseits aber die (haftungs- und strafbewehrten) steuer- und sozialversicherungsrechtliche Beitragspflichten treffen.[185] Der II. Zivilsenat des BGH hat sich unter Aufgabe seiner bisherigen Rechtsprechung nunmehr der Rechtsprechung des V. Strafsenats angeschlossen und entschieden, dass ein organschaftlicher Vertreter, der bei Insolvenzreife der Gesellschaft Arbeitnehmeranteile der Sozialversicherung oder Lohnsteuer abführt, mit der Sorgfalt eines ordentlichen und gewissenhaften Geschäftsleiters handelt. Dieses Urteil mildert die zivilrechtlichen Haftungsrisiken des GmbH-Geschäftsführers zumindest für den Fall, dass er drei Wochen nach Eintritt der Krise Steuern und Sozialabgaben abführt.[186]

26 f **7. Duldungsbescheid.** Ein Duldungsbescheid zur Inanspruchnahme eines fiskalischen Vollstreckungsrechts gem. § 191 AO ergeht im Falle einer Anfechtung außerhalb des Insolvenzverfahrens, ohne dass die Finanzbehörde den Steueranspruch zivilrechtlich einklagen muss (§ 191 Abs. 1 Satz 2 AO). Dies war bereits vor dem 1. 1. 1999 nach dem damaligen Anfechtungsgesetzes anerkannt[187] und bleibt auch gem. dem ab dem 1. 1. 1999 (Art. 1, 110 EGInsO) geltenden Anfechtungsgesetz möglich. Schließlich ergänzt das Steuerbereinigungsgesetz 1999[188] den § 191 Abs. 1 Satz 1 AO auf die frühere Rechtslage und setzt den Erlass eines Duldungsbescheid der ansonsten nach § 7 Abs. 1 AnfG nF erforderlichen gerichtlichen Geltendmachung gleich.[189] Dadurch wollte man, soweit hier eine unklare Rechtslage bestand, einen Mehraufwand der Finanzbehörden vermeiden und die Zivilgerichte entlasten.[190] Der Erlass eines Duldungsbescheids vor oder nach dem 1. 1. 1999 steht damit der gerichtlichen Geltendmachung gleich.

26 g Gem. § 17 Abs. 1 AnfG nF wird ein im Zeitpunkt der Eröffnung des Insolvenzverfahrens rechtshängiges Anfechtungsverfahren unterbrochen und kann von dem Insolvenzverwalter aufgenommen werden. Hier zeigt sich jedoch, dass die janusköpfige Bearbeitung der Anfechtungsregeln durch den Insolvenz- und Steuergesetzgeber zu einem weiterhin unbe-

---

[183] BFH v. 6. 3. 1990, VII R 63/87, BFH/NV 1990, 745; v. 29. 5. 1990, VII R 81/89, BStBl. II 1988, 859; v. 20. 4. 1993, VII R 67/92, BFH/NV 1994, 142; v. 1. 8. 2000, VII R 110/99, BStBl. II 2000, 271; v. 5. 6. 2007, VII R 65/05, BStBl. II 2008, 273 = ZIP 2007, 1856; v. 5. 6. 2007, VII R 30/06, BFH/NV 2008, 1.
[184] *Frotscher*, S. 57; *Waza/Uhländer/Schmittmann*, RdNr. 485 f.; *Hübschmann/Hepp/Spinaler/Beermann* AO § 251 RdNr. 52.
[185] BFH v. 27. 2. 2007, VII R 67/05, BFH/NV 2007, 1732, ZIP 2007, 1604.
[186] BGH ZIP 2007, 1265; *Schröder* GmbHR 2007, 759.
[187] Vgl. BFH v. 29. 3. 1994, VII R 120/92, BStBl. II 1995, 225 = ZIP 1994, 1707; aA *Gerhard* ZIP 1983, 1301; nicht bestätigend sondern offen lassend BGH ZIP 1990, 1591; 1991, 113.
[188] Art. 17 Nr. 14 StBereinG v. 22. 12. 1999, BGBl. I 1999, 2601.
[189] Gem. § 7 Abs. 1 AnfG nF soll nämlich neben der gerichtlichen Geltendmachung der Finanzverwaltung keine Anfechtung im Wege des Duldungsbescheids eröffnet bleiben, weil der Anfechtungsanspruch zivilrechtlicher Natur ist (so Begr. RegE EG zu § 7 AnfG, *Balz/Landfermann*, Art. 1 EGInsO, S. 465); vgl. auch *Huber* ZIP 1998, 897, 902; *ders.* ZIP 2000, 337; *App* DStR 2002, 279.
[190] Vgl. BT-Drucks. 14/1514, 48.

friedigenden und ungelösten Ergebnis führt. Denn der Insolvenzverwalter kann entgegen § 16 Abs. 1 AnfG nF – obwohl dies dort vorgesehen ist – im Falle eines erlassenen Duldungsbescheids den Rechtsstreit über den Duldungsbescheid nicht aufnehmen, sondern allenfalls Klage vor dem Zivilgericht erheben.[191] Fraglich bleibt auch, welches Anfechtungsrecht der Insolvenzverwalter nach § 16 Abs. 2 AnfG nF i.V.m. § 130 hat, wenn die Finanzbehörde bereits Befriedigung aus einem Duldungsbescheid erlangt hatte. Gem. der Systematik des Insolvenzsteuerrechts geht es bei diesen Fragen nicht um eine Einordnung zum Steuerrecht nach der Steuererhebung und zum Insolvenzrecht nach der Qualifizierung, so dass eine Sinn- und Zweckauslegung zu erfolgen hat. Da die Gesetzesbegründung für die Änderung des § 191 AO eher vordergründiger Natur ist, während die Regelungen des AnfG auf die Bedürfnisse der InsO und deren Funktionsfähigkeit ausgerichtet sind, hat eine Abwägung der Interessen unter dieser widersprüchlichen Gesetzeslage zugunsten der insolvenzrechtlichen Gesetzgebung zu erfolgen. Dies gilt umso mehr, als der Finanzverwaltung durchaus der gerichtliche Anfechtungsweg offen steht und diese dadurch nicht rechtlos ist.[192]

8. Rechtsbehelfe. Mit der Eröffnung des Insolvenzverfahrens werden Steuerfestsetzungsverfahren, anhängige Rechtsbehelfverfahren und der Lauf der Rechtsmittelfristen entsprechend der auch hier anwendbaren Regelung des § 240 Satz 1 ZPO unterbrochen. Dies gilt entsprechend für Rechtsbehelfverfahren, die einen Bescheid zur Feststellung von Besteuerungsgrundlagen zum Gegenstand haben. Die Unterbrechung wirkt gegenüber dem Insolvenzverwalter,[193] dem Insolvenzgläubiger sowie auch gegenüber dem Insolvenzschuldner bis zur Wiederaufnahme des Verfahrens nach den Bestimmungen der Insolvenzordnung oder alternativ bis zur Beendigung des Insolvenzverfahrens. Über die Wiederaufnahme entscheidet der Insolvenzverwalter, der in Bezug auf die weitere Prozessführung an die bisherige Prozessführung des Insolvenzschuldners gebunden ist.[194]

Gegen einen zulässigerweise ergangenen Steuerbescheid hat der (vorläufige)[195] Insolvenzverwalter bei dessen Rechtswidrigkeit nach § 347 AO Einspruch einzulegen (vgl. oben RdNr. 24 a). War dieser bereits von dem Schuldner eingelegt, so kann gegen die ablehnende Entscheidung vor dem Finanzgericht Klage erhoben werden. Dies gilt auch für den nach einem Forderungsbestreiten ergangenen Feststellungsbescheid nach § 251 Abs. 3 AO. Ist kein Einspruch gegen den Steuerbescheid eingelegt worden und wird auch im Prüfungstermin kein Widerspruch erhoben, so gilt die Steuerforderung als festgestellt (§ 178 Abs. 1). Die Feststellung wird gem. § 178 Abs. 2 und 3 in die Insolvenztabelle eingetragen.

9. Beitreibung von Steuerforderungen gegenüber dem Schuldner. Das Finanzamt 26 i kann gem. § 87 als Insolvenzgläubiger seine Forderungen ausschließlich nach den Regeln des Insolvenzverfahrens verfolgen. Dies findet seine Fortsetzung in der Vollstreckungsaufhebung und dem Vollstreckungsverbot der §§ 88 ff. Demzufolge ist eine persönliche Inanspruchnahme des Schuldners außerhalb des Insolvenzverfahrens ausgeschlossen. Es dürfen also keine Steuerbescheide gegen ihn gerichtet werden.[196] Gleichwohl ergangene Steuerbescheide sind deshalb mit Verweis auf § 240 Satz 1 ZPO mit dem Einspruch anzufechten.[197]

a) Fortsetzung des Verfahrens nach Bestreiten der Insolvenzforderung. Hat allein 26 j der Schuldner im Prüfungstermin eine zur Tabelle angemeldete und festgestellte Steuer-

---

[191] FG Niedersachsen v. 20. 9. 1994, XV 377/91, EFG 1994, 1066; *Frotscher*, S. 261 f.; *Boecker* in *Hübschmann/Hepp/Spitaler* AO § 191 RdNr. 197.
[192] Vgl. auch *Huber* ZIP 2000, 337.
[193] Vgl. zur Unterbrechungswirkung bei vorläufiger Insolvenzverwaltung oben RdNr. 23, 23 b.
[194] BFH v. 24. 6. 2003, I B 30/03, BFH/NV 2003, 1434; *Waza/Uhländer/Schmittmann*, RdNr. 393 f.; *Kahlert/Rühland*, RdNr. 1612 mwN; vgl. oben RdNr. 24 d.
[195] Vgl. dazu im Einzelnen oben RdNr. 23 ff.
[196] BFH v. 17. 7. 1985, I R 117/84, BStBl. II 1985, 650; v. 2. 7. 1997, I R 11/97, BStBl. II 1998, 428 = ZIP 1997, 2160.
[197] Vgl. oben RdNr. 24 a.

forderung bestritten (§ 201 Abs. 2 i. V. m. § 176 Satz 2), steht dies ihrer Feststellung zur Tabelle nicht entgegen (§ 178 Abs. 1 Satz 2). Mit dem Bestreiten steht die Eintragung der Forderung in der Tabelle nach Verfahrensbeendigung allerdings nicht mehr einem vollstreckbaren Titel gleich (§ 201 Abs. 2), mit der Folge, dass der Tabelleneintrag nach Beendigung des Insolvenzverfahrens nicht gegen den Schuldner wirkt. Der Gläubiger kann somit noch während des Insolvenzverfahrens die Forderungsfeststellung seiner Forderung gegen den Schuldner betreiben.[198] Deshalb muss das Finanzamt zur Wahrung seiner Rechte zu der Forderung einen Feststellungsbescheid nach § 251 Abs. 3 AO gegen den Schuldner erlassen oder ein durch die Eröffnung des Insolvenzverfahrens unterbrochenes Besteuerungsverfahren in dem jeweiligen Verfahrensstand wieder aufgreifen.[199] Dies gilt allerdings nur für die Feststellung der Steuerforderung, nicht für die Vollstreckung. Diese bleibt gem. den §§ 88 ff. untersagt.[200] Fraglich ist, ob die Finanzbehörde befugt ist, statt eines Feststellungsbescheids einen Steuerbescheid zu erlassen, der allerdings erst nach Aufhebung des Insolvenzverfahrens vollstreckt werden darf. Alternativ hat die Finanzbehörde die Möglichkeit, innerhalb von drei Monaten nach Abschluss des Verfahrens den Steueranspruch geltend zu machen.[201]

26 k Wegen der möglichen späteren Vollstreckung steht auch dem Schuldner das Recht zu, das Besteuerungsverfahren weiterzuführen, um nicht durch Fristversäumnis nach Beendigung des Insolvenzverfahrens ohne Rechtsschutz zu sein.[202] Allein durch das Bestreiten der Forderung dürften dem Schuldner nämlich seine Rechtsschutzmöglichkeiten nicht gewahrt sein. Ohne Anerkennung zur Tabelle muss er nämlich nach Beendigung des Insolvenzverfahrens die Vollstreckung aus dem Steuerbescheid befürchten. Ob dessen Verfahren zwischenzeitlich unterbrochen war ist nicht rechtssicher geklärt.[203] Bei insolvenzsteuerrechtlicher Betrachtung spricht einiges für die Unterbrechungswirkung, weil das Verwaltungsverfahren insoweit nachgibt. Auch wenn nach der Beendigung des Insolvenzverfahrens nicht mehr aus der Tabelle vollstreckt werden kann, besteht deshalb zunächst ein Rechtsschutzbedürfnis zur regulären Festsetzung.

Während des fortgesetzten Besteuerungsverfahrens stehen dem Schuldner als Betroffenem (er hat bestritten) die üblichen Rechtsmittel zu.

26 l Gegen den Feststellungsbescheid ist der Einspruch nach § 347 Abs. 1 Nr. 1 AO und im Übrigen die Rechtsmittel der FGO anzuwenden. Dadurch kommt es anders als bei den übrigen Gläubigern zu einer Forderungsfeststellung des Steuergläubigers über die Verwaltungsgerichtsbarkeit.

In der Praxis ist es jedoch äußerst selten, dass ein Schuldner die Steuerforderung nicht zusammen mit dem Insolvenzverwalter bestreitet. Geben aber beide Beteiligten im Prüfungstermin eine übereinstimmende Erklärung ab, so findet ausschließlich ein Feststellungsverfahren gegen den Insolvenzverwalter statt.[204] Bestreitet lediglich der Insolvenzverwalter eine angemeldete Steuerforderung, soll das Steuerfestsetzungsverfahren gegen den nicht widersprechenden Gesamtschuldner während des Insolvenzverfahrens fortgeführt werden können.[205] Dies wird zumindest im Hinblick auf den nicht als Insolvenzforderung zu qualifizierenden Teil einer Steuerschuld unbedenklich sein, weshalb es aber einer Festsetzung der Steuerschuld insgesamt bedarf.

---

[198] *Frotscher*, S. 270.
[199] Vgl. BFH v. 26. 2. 87, V R 114/79, BStBl. II 1987, 471 = ZIP 1987, 583; *Frotscher*, S. 270 f.; *Kahlert/Rühland*, RdNr. 1635; MünchKommInsO-*Schumacher* § 185 RdNr. 6 ff.
[200] Vgl. auch *Hübschmann/Hepp/Spitaler/Beermann* AO § 251 RdNr. 422 f. für die fehlende Wirkung der Eintragung der Steuerforderung in der Tabelle nach erfolgtem Bestreiten durch den Schuldner.
[201] *Waza/Uhländer/Schmittmann*, RdNr. 525, *Kahlert/Rühland*, RdNr. 1636 f.; *Farr*, RdNr. 231.
[202] *Frotscher*, S. 271; *Waza/Uhländer/Schmittmann*, RdNr. 525; MünchKommInsO-*Schumacher* § 185 RdNr. 16; aA BFH v. 17. 11. 1977, IV R 131–134/77, BStBl. II 1978, 165; *Farr*, RdNr. 231.
[203] *Frotscher*, S. 271; *Farr*, RdNr. 231; MünchKommInsO-*Schumacher* § 185 RdNr. 16.
[204] Vgl. oben RdNr. 24 o.
[205] Vgl. zuletzt BFH v. 22. 5. 1963, II 268/60 U, BStBl. III 1963, 382, 383; *Frotscher*, S. 271 f.; aA *Uhlenbruck* § 87 RdNr. 16; MünchKommInsO-*Schumacher* § 185 RdNr. 17; *Fichtelmann* NJW 1970, 2276, 2277 ff.

War der Steuerbescheid bereits bei Insolvenzeröffnung materiell bestandskräftig, besteht **26 m** lediglich die Möglichkeit, einen Antrag auf Wiedereinsetzung in den vorigen Stand nach § 110 AO zu stellen oder ggf. die Aufhebung und Änderung nach §§ 129 ff. und 172 ff. AO zu beantragen. Demgegenüber erwächst ein Steuerbescheid, der unter dem Vorbehalt der Nachprüfung nach § 164 AO ergangen ist, nicht in materieller Bestandskraft und kann innerhalb der Festsetzungsfrist des § 169 Abs. 2 Nr. 2 AO jederzeit gem. § 164 Abs. 2 AO aufgehoben oder geändert werden.[206] Darüber hinaus kann eine Gegendarstellung und notfalls eine Dienstaufsichtsbeschwerde helfen, um unbillige Vollstreckungsmaßnahmen abzuwenden, denn einen Vollstreckungsschutz, wie er aus der ZPO bekannt ist, kennt das fiskalische Vollstreckungsverfahren nicht. Nach Finanzverwaltungsauffassung soll es möglich sein, vorsorglich einen Feststellungsbescheid zu erlassen, aus dem hervorgeht, dass die angemeldete Forderung bestandskräftig festgesetzt ist und Wiedereinsetzungsgründe oder sonstige Korrekturvoraussetzungen nicht vorliegen. Wird hiergegen kein Einspruch eingelegt, wirkt diese Feststellung wie ein rechtskräftiges Urteil, so dass auch eine materiell unrichtige Steuerforderung an der Verteilung teilnehmen würde. In diesem Fall bleibt nur ein Antrag auf Änderung des bestandskräftigen Feststellungsbescheids nach § 130 AO, dessen Stattgabe zwar im Ermessen der Behörde liegt, auf Grund des diffizilen Zusammenspiels von Insolvenz- und Steuerverfahrensrechts und der Meinungsvielfalt in Literatur und Rechtsprechung aber geboten ist. Dies umso mehr, als dieser Feststellungsbescheid in der Literatur als überflüssig angesehen wird.[207]

b) Beitreibung von Masseverbindlichkeiten. Anders als Insolvenzforderungen sind **26 n** Masseverbindlichkeiten nicht zur Tabelle anzumelden. Daher kann es auch nicht zu einem Feststellungsverfahren nach einem Bestreiten kommen. Die Steuerforderung, die als Masseverbindlichkeit einzustufen ist, ist daher festzusetzen und kann über einen Steuerbescheid gegen die Masse auch während des laufenden Insolvenzverfahrens – unter Beachtung der Regelung des § 90 Abs. 1[208] – durchgesetzt werden. Der Insolvenzschuldner haftet mit der Insolvenzmasse auch für die Masseverbindlichkeiten nach § 55, da er auch Träger der Masse ist und der Insolvenzverwalter für ihn gehandelt hat.[209]

Nachdem die InsO kein eigenes Vermögen des Schuldners neben der Masse kennt, kommt eine Beitreibung gegen den Schuldner nicht in Betracht.

c) Steuerforderungen nach Beendigung des Insolvenzverfahrens. Mit der Beendi- **26 o** gung des Insolvenzverfahrens fallen die insolvenzrechtlichen Beschränkungen weg, so dass der Schuldner die Verwaltungs- und Verfügungsmacht zurück erhält. Ist das Insolvenzverfahren also aufgehoben oder eingestellt und sind die Steuerforderungen des Finanzamts in dem Verfahren nicht oder nicht vollständig beglichen worden, so können diese gem. § 201 Abs. 1 gegen den Schuldner unbeschränkt geltend gemacht werden, soweit nicht nach § 300 eine Restschuldbefreiung erteilt wurde (§ 201 Abs. 3) oder dies auf Grund eines Insolvenzplans ausgeschlossen ist.

Dabei ist zu unterscheiden, ob bereits vor der Verfahrenseröffnung ein Steuerbescheid bestand und ob der Schuldner die Anmeldung der Steuerforderung bestritten hat.

Für die nachinsolvenzliche Durchsetzung der Steuerforderungen gewährt § 201 Abs. 2 **26 p** Satz 1 dem Finanzamt als Gläubiger aus dem Tabellenauszug einen vollstreckbaren Titel, soweit die Forderung festgestellt und nicht vom Schuldner im Prüfungstermin bestritten wurde. Diese unbestrittene Tabelleneintragung führt gem. § 178 Abs. 1 zur Feststellung der Steuerforderung und hat Rechtskraftwirkung, so dass eine Abänderung der Steuerforderung grundsätzlich nicht mehr in Betracht kommt.[210] Möglich ist lediglich eine Aufhebung oder

---

[206] BFH v. 11. 3. 1999, V B 24/99, BStBl. II 1999, 335.
[207] BMF-Schreiben v. 17. 12. 1998, IV A 4 – S 0550 – 28/98, BStBl. I 1998, 1500, RdNr. 6.2.; *Farr,* RdNr. 227; *Gundlach/Frenzel/Schmidt* DStR 2002, 406, 407 f. mwN.
[208] Vgl. oben RdNr. 25 b.
[209] *Frotscher,* S. 273.
[210] Vgl. BFH v. 10. 12. 1975, II R 150/67, BStBl. II 1976, 506; FG Nürnberg v. 29. 5. 2002, III 65/1999, EFG 2002, 1274; *Kahlert/Rühland,* RdNr. 1624 ff.

Änderung, wie sie in den §§ 172 ff. AO nach Bestandskraft vorgesehen ist, eventuell eine Wiedereinsetzung in den vorigen Stand nach § 110 AO.[211] Über die Tabelleneintragung hinaus ist kein Steuerbescheid mehr erforderlich und wäre zudem unzulässig.[212] Ist diese nicht erfolgt, so bedarf es daher weiterhin eines Steuerbescheids. Auch die Steuerfeststellung nach § 251 Abs. 3 AO reicht alleine nicht aus, sondern muss in die Tabelle eingetragen werden. War dies nicht erfolgt, so bedarf es auch hier noch eines Steuerbescheids. Die Vollstreckung erfolgt im Verwaltungsvollstreckungsverfahren gem. §§ 249 ff. AO (§ 251 Abs. 2 AO).

26 q Im Bestreitensfalle muss das Besteuerungsverfahren zuerst durch Feststellung beendet werden (meist durch Feststellungsbescheid nach § 251 Abs. 3 AO i. V. m. § 185), bevor es zu einer Durchsetzung der Steuerforderung kommen kann.[213] Grundlage der Vollstreckung ist der vor Insolvenzeröffnung ergangene Steuerbescheid. Auf die Tabelle kann das Finanzamt nicht zurückgreifen. Soweit vor Insolvenzeröffnung noch kein Steuerbescheid erlassen wurde und der Schuldner der Anmeldung zur Tabelle widersprochen hat, ist das durch die Insolvenzeröffnung unterbrochene Steuerfestsetzungsverfahren durch Erlass des Steuerbescheids abzuschließen.[214] Sofern die allgemeine Festsetzungsfrist gem. §§ 169 ff. AO bereits abgelaufen ist, greift die Ablaufhemmung des § 171 Abs. 13 AO, mit der Folge, dass das Finanzamt nur innerhalb von drei Monaten nach Verfahrensbeendigung Steuerbescheide erlassen kann. Voraussetzung dieser Ablaufhemmung ist allerdings, dass eine vor Ablauf der Festsetzungsfrist noch nicht festgesetzte Steuer zur Tabelle angemeldet wurde. Auf diese Weise erlangt der Schuldner effektiven Rechtsschutz.[215]

26 r Hinsichtlich der Zahlungsverjährung gilt für einen vor Verfahrenseröffnung ergangenen Steuerbescheid nach § 231 Abs. 1 AO, dass die Eröffnung des Insolvenzverfahrens zur Unterbrechung führt, die nach § 231 Abs. 2 AO bis zur Beendigung des Verfahrens fortdauert. Ist der Steueranspruch dann zur Tabelle festgestellt worden, so beträgt die Zahlungsverjährung nach dem auch hier anzuwendenden § 228 AO fünf Jahre.[216]

Als rechtskräftige Steuerfestsetzung entfaltet der Tabelleneintrag auch die Wirkungen des § 166 AO und wirkt damit auch gegen den Rechtsnachfolger. Dies gilt wohl auch gegenüber dem Vertreter, weil dieser entsprechend § 166 in der Lage war, Widerspruch zu erheben.[217]

B. Besonderes Insolvenzsteuerrecht

I. Einkommensteuer

Schrifttum: *Hallerbach*, Personengesellschaften im Einkommensteuerrecht, 1999; *Handbuch zur Einkommensteuerveranlagung* 2007; *Herrmann/Heuer/Raupach*, Kommentar zur Einkommensteuer und Körperschaftsteuer, 21. Aufl., Mai 2007; *Jakob*, Einkommensteuer, 2. Aufl. 1996; *Kirchhof*, Einkommensteuergesetz, Kompaktkommentar 2005; *Schmidt*, Einkommensteuergesetz, Kommentar, 27. Aufl. 2008.

Aufsätze: *Benne*, Einkommensteuerliche und steuerverfahrensrechtliche Probleme bei Insolvenzen im Zusammenhang mit Personengesellschaften, BB 2001, 1977; *Fichtelmann*, Einkommensteuer und Insolvenz, EStB 2005, 255; *Frystatzki*, Die Aufteilung der Einkommensteuer in der Insolvenz, EStB 2004, 88; *Gilz/Kuth*, Mindestbesteuerung – Situation im Insolvenzverfahren – Gleichzeitig ein Appell an den Gesetzgeber, DStR 2005, 184; *Meyer/Verfürth*, Einkommensteuer- und insolvenzrechtliche Behandlung von Aufgabegewin-

---

[211] *Wetzel* DStZ 1999, 559; *Fett/Geißdorf* DStZ 2001, 659; aA *Frotscher*, S. 274, der eine Änderung ausschließt, weil die Eintragung in die Tabelle wie ein rechtskräftiges Urteil wirken soll.
[212] *Breutigam/Blersch/Goetsch* § 179 InsO RdNr. 10; *Boochs/Dauernheim*, RdNr. 80.
[213] Vgl. für die angemeldete und bestrittene Steuerforderung ohne Steuerbescheid, BFH v. 2. 7. 1997, I R 11/97, BStBl. II 1998, 428 = ZIP 1997, 2160; *Boochs/Dauernheim*, RdNr. 77 aE.
[214] *Frotscher*, S. 274 f.; vgl. auch RdNr. 26 i.
[215] *Kahlert/Rühland*, RdNr. 1637; *Farr*, RdNr. 222; *Kruse* in *Tipke/Kruse* AO § 171 RdNr. 103.
[216] Vgl. BFH v. 26. 4. 1988, VII R 97/87, BStBl. II 1988, 865, 866 ff. = ZIP 1988, 1266.
[217] *Frotscher*, S. 275 f.

nen in der Insolvenz des Personengesellschafters, BB 2007, 862, *Obermair*, Der Neuerwerb – eine unendliche Geschichte, DStR 2005, 1561; *Onusseit*, Die Einkommensteuer und ihre Aufteilung in der Insolvenz, ZInsO 2003, 677; *Weiß*, Zur Durchsetzung von Einkommensteueransprüchen im Konkurs, FR 1990, 539; *ders.* 2. Teil, FR 1992, 255.

Kollisionsnormen: §§ 38, 55.

Die festzusetzende Einkommensteuer bestimmt sich nach dem zu versteuernden Einkommen, das nach § 2 Abs. 1 und 7 EStG sämtliche Besteuerungsgrundlagen für einen Besteuerungszeitraum (Kalenderjahr) zusammenfasst. **27**

Zur Ermittlung des zu versteuernden Einkommens ist zunächst gem. § 2 Abs. 1 Satz 1 EStG das Einkommen aus den sieben Einkunftsarten zu bestimmen, die sich in Gewinn- und Überschusseinkünfte gliedern. Zu den Gewinneinkünften zählen solche aus Land- und Forstwirtschaft, aus Gewerbebetrieb und aus selbständiger Arbeit. Der Gewinn wird durch Betriebsvermögensvergleich entsprechend den Grundsätze ordnungsmäßiger Buchführung oder durch Gegenüberstellung von Betriebseinnahmen und -ausgaben ermittelt. Zu den Überschusseinkünften zählen die Einkünfte aus nichtselbständiger Arbeit, aus Kapitalvermögen, aus Vermietung und Verpachtung sowie die sonstigen Einkünfte. Der Überschuss ergibt sich durch den Abzug der Werbungskosten gem. § 9 EStG von den Einnahmen.[218] **28**

Die jeweiligen ermittelten Einkünfte werden schließlich noch gem. § 2 Abs. 3 EStG zu einer Summe aller Einkünfte zusammengefasst, die – vermindert um den Altersentlastungsbetrag, den Entlastungsbetrag für Alleinerziehende und den Abzugsbetrag nach § 13 Abs. 3 EStG – den Gesamtbetrag der Einkünfte ergibt. Dieser ist nach § 10 d Abs. 1 und 2 EStG als Verlust vor- und rücktragfähig. Nach Abzug von Sonderausgaben und außergewöhnlichen Belastungen ergibt sich das Einkommen i. S. d. § 2 Abs. 4 EStG, das vermindert um die Freibeträge nach § 32 Abs. 6 EStG und um die sonstigen vom Einkommen abzuziehenden Beträge zum zu versteuernden Einkommen führt, aus dem sich gem. § 32 a EStG nach der Tarifformel der Steuerbetrag ableitet.[219] Dies erfolgt regelmäßig nach der Grundtabelle für Ledige und der Splittingtabelle für Verheiratete. Die festzusetzende Einkommensteuer wird letztlich unter Einbeziehung anzurechnender ausländischer Steuern und einiger Steuerermäßigungen sowie der Nachsteuer nach § 10 Abs. 5 EStG ermittelt.[220] **29**

1. Einkommen in der Insolvenz des Steuerpflichtigen. In der Insolvenz des Steuerpflichtigen wird nicht etwa der Insolvenzverwalter zum neuen Steuersubjekt, sondern es bleibt bei der Steuerpflicht des Schuldners.[221] Das zu versteuernde Einkommen ist einheitlich zu ermitteln. Gewinne und Verluste, die sich aus den einzelnen Einkommensarten ergeben sind, soweit nach §§ 2a, 15a und 15b EStG zulässig, innerhalb der Einkunftsarten und auch zwischen diesen zu saldieren. Die Eröffnung des Insolvenzverfahrens ändert auch an dem Ermittlungs-, Bemessungs- und Veranlagungszeitraum nichts, der nach §§ 2 Abs. 7, 25 Abs. 1 EStG das Kalenderjahr ist.[222] Die mangelnde Abstimmung zwischen Insolvenz- und Steuerrecht wurde durch die Insolvenzrechtsreform nicht beseitigt, die – allerdings nur spärliche – Anzahl von gerichtlichen Entscheidungen zum Konkurssteuerrecht können dementsprechend auf das Insolvenzsteuerrecht übertragen werden.[223] **30**

Das zur Gläubigerbefriedigung heranzuziehende Vermögen des Schuldners besteht nach § 35 insgesamt aus dem Vermögen zurzeit der Verfahrenseröffnung und dem während des Verfahrens erlangten Vermögen, also der Insolvenzmasse.[224] Aufgrund dieser Definition **31**

---
[218] *Farr*, RdNr. 284, 286.
[219] Vgl. die Übersicht in *Kahlert/Rühland*, RdNr. 2266.
[220] Für den Veranlagungszeitraum 2007 ist zusätzlich der Entlastungsbetrag nach § 32 c EStG zu berücksichtigen.
[221] Erstmals RFH v. 22. 6. 1938, VI 687/37, RStBl. 1938, 669; BFH v. 12. 9. 1951, IV 135/51 U, BStBl. III 1951, 192; früher anders RFH v. 17. 12. 1930, RFHE 27, 335.
[222] BFH v. 7. 11. 1963, IV 210/62 S, BStBl. III 1964, 70; *Farr*, RdNr. 284; *Nerlich/Römermann/Andres* § 55 RdNr. 43.
[223] *Waza/Uhländer/Schmittmann*, RdNr. 1071 f.
[224] Vgl. zur Definition der Insolvenzmasse MünchKommInsO-*Lwowski* § 35 RdNr. 15 ff.

Insolvenzsteuerrecht

decken sich die Vermögensbegriffe des Insolvenz- und Steuerrechts hinsichtlich ihrer Wertigkeit, weshalb es einer weiteren Differenzierung bei der Bewertung nicht bedarf.[225]

31a Beim Passivvermögen erfolgt eine Dreiteilung in zum Verfahrenseröffnungszeitpunkt begründete Verbindlichkeiten (Insolvenzforderungen nach § 38), vom Insolvenzverwalter begründete Verbindlichkeiten (Masseverbindlichkeiten nach §§ 54, 55) sowie außerhalb des Verfahrens begründete (insolvenzfreie) Verbindlichkeiten.[226] Diese Aufteilung ist für die insolvenzrechtliche Einordnung der Einkommensteuerschuld bedeutsam[227]

31b Wie bereits erwähnt bleibt der Besteuerungszeitraum trotz Eröffnung des Insolvenzverfahrens nach § 2 Abs. 7 EStG unverändert das Kalenderjahr. Allerdings beginnt für bilanzierende Schuldner nach § 155 Abs. 2 mit Verfahrenseröffnung ein neues Geschäftsjahr. Dies führt für steuerliche Zwecke nach § 4a Abs. 1 Satz 2 Nr. 2 EStG für den Zeitraum bis zur Verfahrenseröffnung zu einem Rumpfwirtschaftsjahr dem sich ein weiteres Rumpfwirtschaftsjahr bis zum Ende des regelmäßigen Abschlusszeitpunkts anschließt. Die Ergebnisse sind in dem Wirtschaftsjahr zu erfassen, in dem die Rumpfwirtschaftsjahre enden.[228] Während für handelsrechtliche Zwecke während der Insolvenz keine Jahresabschlüsse zu erstellen sind, ist dies jedoch für steuerliche Zwecke erforderlich.[229]

Auf die Erstellung einer nach § 153 Abs. 1 erforderlichen Eröffnungsbilanz kann für steuerliche Zwecke in der Regel verzichtet werden, sofern sich kein positives Einkommen für den Veranlagungszeitraum ergibt.[230]

Gleichfalls sind dem Schuldner alle positiven und negativen Einkünfte und alle Abzüge zuzurechnen, so dass sie sich einheitlich auswirken. Von dieser gleichartigen Vermögensbewertung ist die unterschiedliche Verwendung als steuerliche Ermittlungsfrage der Einkommenserzielung einerseits und die Verteilung des Vermögens nach insolvenzspezifischer Qualifizierung andererseits gleichwohl zu trennen.[231]

32 **2. Verluste und Verlustabzug.** Wegen der Ermittlungs-, Bemessungs- und Veranlagungsbeschränkung auf ein Jahr besteht die Möglichkeit, Verluste ausgleichend in andere Veranlagungszeiträume rück- und vorzutragen, und den jeweiligen Gesamtbetrag der Einkünfte durch den Abzug als Sonderausgaben zu vermindern (§ 10d EStG).[232] Dieser Verlustabzug wird durch die Eröffnung eines Insolvenzverfahrens ebenso wenig beeinflusst wie der – ab 2004 wieder unbeschränkt mögliche – Verlustausgleich nach § 2 Abs. 3 EStG zwischen den Einkunftsarten.[233] Dies liegt vor allem daran, dass insolvenzrechtlich nicht zwischen der Insolvenzmasse und dem übrigen Vermögen des Schuldners zu trennen ist, wobei sich eine solche Trennung durch die Regelung des § 35 auch verbietet.

33 Die nach der KO erforderliche getrennte Einkommensermittlung für Einkommen des Schuldners während des Verfahrens, die gleichwohl einen Verlustausgleich aller dem Steuerpflichtigen zuzurechnenden Einkommen erlaubt,[234] ist wegen § 35 nicht erforderlich, da dieses Einkommen zur Masse gehört.

34 Eine Einschränkung des Verlustausgleichs und -abzugs, etwa wegen einer erkennbaren Nichtleistungsfähigkeit an die Gläubiger und dadurch einer möglichen doppelten Berück-

---

[225] Anders unter der KO, nach der konkursfreies Vermögen konkursrechtlich nicht abzugrenzen war, während wegen der einheitlichen Besteuerung steuerrechtlich eine solche Abgrenzung nicht erlaubt war und höchstens die Veranlagung Anlass zu einer Abgrenzung gab. Vgl. BFH v. 7. 11. 1963, IV 210/62 S, BStBl. III 1964, 70; Nerlich/Römermann/Andres § 55 RdNr. 44.
[226] Gottwald/Frotscher § 121 RdNr. 2.
[227] Vgl. oben RdNr. 24a ff.
[228] Frotscher, S. 35 f.
[229] BFH v. 8. 6. 1972, IV R 129/66, BStBl. II 1792, 784; Frotscher, S. 36.
[230] Farr, RdNr. 285; Herrmann/Heuer/Raupach/Strobbe EStG § 6 RdNr. 1500 „Konkursverfahren".
[231] Frotscher, S. 81; Nerlich/Römermann/Andres § 55 RdNr. 45.
[232] § 10d Abs. 2 EStG begrenzt den Verlustvortrag ab 2004 auf EUR 1 Mio. (bei Zusammenveranlagung EUR 2 Mio.), vgl. unten RdNr. 49a.
[233] RFH v. 22. 6. 1938, VI 687/37, RStBl. 1938, 669; BFH v. 7. 11. 1963, IV 210/62 S, BStBl. III 1964, 70; v. 4. 9. 1969, IV R 288/66, BStBl. II 1969, 726; v. 12. 9. 1972, VIII R 23/67, BStBl. II 1972, 946.
[234] RFH v. 22. 6. 1938, VI 687/37, RStBl. 1938, 669; BFH v. 7. 11. 1963, IV 210/62 S, BStBl. III 1964, 70.

sichtigung des Verlusts,[235] erscheint systemwidrig und ist nach dem Verständnis der aufgeklärten InsO, die nicht mehr primär auf die Zerschlagung des Schuldnervermögens abzielt, verfehlt. Zum einen spricht der Wortlaut des § 10 d EStG ausdrücklich von der uneingeschränkten Möglichkeit des Verlustausgleichs. Hierbei darf auch der Verlust des Schuldners einerseits und die Verbindlichkeiten andererseits nicht in einen bilanztechnisch unzulässigen Zusammenhang gebracht werden.[236] Die Verbindlichkeiten des insolvent gewordenen Schuldners werden in ihrem Bestand durch den Konkurs nicht berührt. Erst im Zeitpunkt des Gläubigerverzichts oder des Eintritts sonstiger Umstände, die erkennen lassen, dass der Schuldner mit einer Inanspruchnahme der nicht befriedigten Gläubiger ernsthaft nicht mehr zu rechnen hat, tritt beim Schuldner eine Vermögensmehrung ein, die zu einem entsprechenden steuerpflichtigen Gewinn führt und eine doppelte Verlustberücksichtigung insoweit ausschließt.[237] Zum anderen verträgt sich die Fortführungsideologie der InsO nicht mit einer solchen Einschränkung. Nach der InsO erhalten die Gläubiger eher Leistungen auf ihre Forderungen, so dass es zu einer doppelten Verlustberücksichtigung nicht kommt. Erfolgt diese Leistung beispielsweise auf Grund eines Insolvenzplans, so entfällt für die Gläubiger ein Verlust sogar vollständig, weil sie sich vertraglich auf einen Forderungsausgleich geeinigt haben. Dieses Argument steht aber selbstredend hinter denen der steuerrechtlichen Abgrenzung zurück.

Ein bes. plastisches Beispiel dafür, dass es nicht darauf ankommt, wer den Verlust zu tragen **35** hat, ist die Nachlassinsolvenz. War bis zum Tode des Schuldners dieser Steuerpflichtiger, so ist es danach grundsätzlich der Erbe (§ 45 Abs. 2 AO). Die Einkommensermittlung erfolgt für die Einkünfte zu Lebzeiten des Erblassers getrennt. Umstritten war die Frage, ob der Erbe den Verlustausgleich auch für sich beanspruchen kann, soweit der Erblasser hierzu berechtigt war. Nach dem Prinzip der Personenidentität kann der Verlustausgleich und -abzug nur von der Person geltend gemacht werden, die den Verlust erlitten hat. Ungeachtet heftiger Kritik in der Literatur ließ der BFH seit über 40 Jahren für den Erbfall gem. dem Prinzip der Gesamtrechtsnachfolge eine Ausnahme zu, sofern der Erbe die Verluste auch wirtschaftlich trägt, d. h. eine Inanspruchnahme nicht gänzlich auszuschließen ist.[238] Nach dem Vorlagebeschluss durch den XI. Senat hat der Große Senat des BFH nunmehr klargestellt, dass der Erbe einen vom Erblasser nicht ausgenutzten Verlustabzug nach § 10 d EStG nicht bei seiner eigenen Veranlagung geltend machen kann. Diese Rechtsprechungsänderung ist erstmals auf nach dem Ablauf des Tages der Veröffentlichung des Beschlusses eintretende Erbfälle anzuwenden.[239] Ab Insolvenzeröffnung stünde dem Erben dieses Recht nach dem BFH und der hM ohnehin nicht mehr zu, da er den Verlust wegen der beschränkten Erbenhaftung wirtschaftlich nicht trägt.[240] Hierauf kann es jedoch wiederum nicht ankommen, denn die Gesetzesauslegung und Anwendung der Bilanzierungsgrundsätze stellt lediglich auf den Verlusttatbestand ab und schließt eine Vermengung mit anderen Erwägungen aus.[241] Für den Fall der Nachlassinsolvenz stimmt das Ergebnis gleichwohl. Der Erbe, der die Erbschaft ausgeschlagen hat, kann die Rechte des Erblassers nicht mehr über

---

[235] So RFH v. 5. 2. 1936, VI A 690/34, RStBl. 1936, 555; BFH v. 17. 2. 1961, VI 66/59 U, BStBl. III 1961, 230; anders BFH v. 7. 11. 1963, IV 210/62 S, BStBl. III 1964, 70.
[236] *Frotscher*, S. 93 ff.
[237] So BFH v. 4. 9. 1969, IV R 288/66, BStBl. II 1969, 726; siehe auch v. 12. 9. 1972, VIII R 23/67, BStBl. II 1972, 946; *Waza/Uhländer/Schmittmann*, RdNr. 1085; *Farr*, RdNr. 289.
[238] BFH v. 22. 6. 1962, VI 49/61 S, BStBl. III 1962, 386; v. 16. 5. 2001, I R 76/99, BStBl. II 2002, 487; *Herrmann/Heuer/Raupach/Hallerbach* EStG § 10 d RdNr. 23; *Frotscher/Lindberg* EStG § 10 d RdNr. 11 ff.; *Paus* EStB 2002, 103.
[239] BFH v. 17. 12. 2007, GrS 2/04, Beck.RS. 2007 24003227; *Kirchhof* § 10 d RdNr. 6; *Rudisch* DB 2006, 976.
[240] BFH v. 17. 2. 1961, VI 66/59 U, BStBl. III 1961, 230, bestätigt durch BFH v. 5. 5. 1999, XI R 1/97, BStBl. II 1999, 653; BMF-Schreiben v. 26. 7. 2002, IV A 5 – S 2225 – 2/02, BStBl. I 2002, 667; Vgl. auch *Blümich/Schlenker* EStG § 10 d RdNr. 182; *Kirchhof* § 10 d RdNr. 5; *Frotscher/Lindberg* EStG § 10 d RdNr. 11.
[241] FG München v. 6. 3. 2002, 11 V 342/02, EFG 2002, 673; *Frotscher*, S. 93 ff.; *Gottwald/Frotscher* § 121 RdNr. 11; *Hübschmann/Hepp/Spitaler/Beermann* AO § 251 RdNr. 382.

§ 45 AO geltend machen, der Verlustausgleich steht insoweit lediglich der Masse zu, aus der auch die Steuerschuld zu begleichen ist. Eine Abzugsberechtigung zu Gunsten der Masse ist aber wie in jedem Insolvenzverfahren anzuerkennen, denn auch hier ist nicht danach zu fragen, wen der Verlust trifft. Diese Frage wäre nämlich im Nachlassinsolvenzverfahren, in dem kein neues Vermögen durch den Erblasser mehr hinzukommen kann, regelmäßig eindeutig zu beantworten. Den Verlust tragen letztlich die Gläubiger. Es kommt hier jedoch ebenfalls allein auf die Erfüllung des Verlusttatbestands an.

Insgesamt kann daher resümiert werden, dass für die Feststellung des Verlustabzugs immer zwischen den steuerrechtlichen und insolvenzrechtlichen Tatbeständen differenziert werden muss und die Konsequenz hieraus allein ausschlaggebend ist. Besteht also steuerrechtlich ein Verlust, so führt dies in der Insolvenz unabhängig von einem insolvenzrechtlichen Verlust, der die Gläubiger treffen kann, zu einer Abzugsberechtigung nach § 10d EStG. Nach der ständigen Rechtsprechung des BFH gilt dies aber nicht im Nachlassinsolvenzverfahren.

35a Bei Kommanditgesellschaften hat die Verlustabzugsbeschränkung des § 15a EStG zur Folge, dass der einem Kommanditisten zuzurechnende Anteil am Verlust der Gesellschaft nicht mit anderen Einkünften ausgeglichen werden darf, soweit beim beschränkt haftenden Gesellschafter ein negatives Kapitalkonto entsteht oder sich erhöht. Nicht ausgleichsfähige Verluste sind aber nach § 15a Abs. 2 EStG mit zukünftigen Gewinnen aus der gleichen Beteiligung verrechenbar, so dass gleichwohl eine – steuerlich allerdings unwirksame – erstmalige Bildung bzw. Erhöhung des negativen Kapitalkontos eintritt.[242]

Die Bildung eines negativen Kapitalkontos ist aber nach der BFH-Rechtsprechung nur solange erlaubt, wie mit einem Ausgleich mit zukünftigen Gewinnanteilen noch gerechnet werden kann.[243] Andernfalls ist ein bestehendes negatives Kapitalkonto gewinnerhöhend aufzulösen und ein tarifbegünstigter Aufgabegewinn[244] zu versteuern, soweit das negative Kapitalkonto zu einkommensteuerrechtlichen Verlustzuweisungen geführt hat. Die Insolvenzeröffnung führt grundsätzlich nicht zwingend zu einer Auflösung des negativen Kapitalkontos im Wirtschaftsjahr der Insolvenz, weil grundsätzlich auch im Rahmen der Liquidation noch die Möglichkeit besteht, dass aus der Realisierung der stillen Reserven Gewinne erzielt werden.[245] Unabhängig davon wird die Finanzverwaltung eine vorzeitige Nachversteuerung negativer Kapitalkonten prüfen, weil in Einzelfällen bereits zum Zeitpunkt der Eröffnung des Insolvenzeröffnungverfahrens feststehen kann, dass ein Ausgleich des negativen Kapitalkontos mit künftigen Gewinnanteilen des/der Kommanditisten nicht mehr in Betracht kommt.[246]

35b Im Rahmen von Insolvenzverfahren bei Kapitalgesellschaften ist für deren Gesellschafter die Regelung des § 17 EStG zu beachten, wonach zu den Einkünften aus Gewerbebetrieb auch der Gewinn bzw. Verlust aus der Auflösung von Kapitalgesellschaften zählt, sofern der Gesellschafter innerhalb der letzten 5 Jahre wesentlich, d.h. mit mindestens 1%, am Kapital der Gesellschaft beteiligt war und die Beteiligung im Privatvermögen gehalten wird.

Da das Insolvenzverfahren in der Regel nicht zur Ausschüttung eines Restvermögens an die Gesellschafter führt, realisieren diese einen Auflösungsverlust in Höhe der ursprünglichen und nachträglichen Anschaffungskosten für die Beteiligung zuzüglich der Kosten für die Auflösung der Gesellschaft. Zu den nachträglichen Anschaffungskosten zählen auch Darlehensverluste, sofern es sich um krisenbestimmte Darlehen oder Finanzplandarlehen handelt.[247] Der sich hiernach ergebende Verlust ist einkommensteuerrechtlich nach § 3 Nr. 40c EStG allerdings nur hälftig abzugsfähig (ab 2009 zu 60% nach dem Teileinkünfteverfahren).

---

[242] *Waza/Uhländer/Schmittmann*, RdNr. 1096.
[243] BFH v. 10. 11. 1980, GrS 1/79, BStBl. II 1981, 164 = ZIP 1981, 317.
[244] Vgl. unten RdNr. 56.
[245] BFH v. 22. 1. 1985, VIII R 43/84, BStBl. II 1986, 136; *Waza/Uhländer/Schmittmann*, RdNr. 1098.
[246] OFD München/Nürnberg, Vfg. v. 7. 5. 2004, S 2241 – 26 St 41/42, S 2241 – 167/St 31, FR 2004, 731
[247] BMF-Schreiben v. 8. 6. 1999, IV C 2 – S 2244 – 12/99, BStBl. I 1999, 545.

Der Auflösungsverlust ist grundsätzlich erst im Zeitpunkt des Abschlusses der Liquidation realisiert, weil erst in diesem Zeitpunkt die exakte Höhe des Auflösungsverlusts feststeht,[248] Ausnahmsweise kann der Auflösungsverlust schon früher entstehen, sofern auf Grund des Inventars oder der Eröffnungsbilanz mit an Sicherheit grenzender Wahrscheinlichkeit zu erwarten ist, dass das Vermögen der Gesellschaft zu Liquidationswerten die Schulden nicht mehr decken wird, keine weiteren Anschaffungs- oder Auflösungskosten anfallen werden und ein Zwangsvergleich ausgeschlossen ist.[249] Vor dem Hintergrund, dass Unternehmensfortführungen in der Praxis die große Ausnahme darstellen, dürften die Voraussetzungen für die Berücksichtigung eines Auflösungsverlusts nach § 17 EStG regelmäßig bereits mit Eröffnung des Insolvenzverfahrens erfüllt sein.[250] Bei Ablehnung der Insolvenzeröffnung mangels Masse soll der Auflösungsverlust mit dem entsprechenden Beschluss realisiert sein.[251]

3. Einkommensteuer als Insolvenzforderung oder Masseverbindlichkeit. Die Eröffnung des Insolvenzverfahrens ändert nichts daran, dass der Schuldner für alle positiven oder negativen Einkünfte Steuerpflichtiger bleibt. Insbesondere geht die Steuerpflicht nicht auf den Insolvenzverwalter über. Die Einkommensteuer wird für einen Bemessungszeitraum auch während der Insolvenz aus dem einheitlichen Einkommen ermittelt. Hierbei bleiben auch die Ermittlungs-, Bemessungs- und Veranlagungszeiträume unverändert und werden nicht etwa durch den Tag der Insolvenzeröffnung neu festgelegt. 36

Wie bereits unter der KO praktiziert, werden die Gewinne und Verluste des Insolvenzverfahrens dem steuerpflichtigen Gemeinschuldner zugerechnet.[252] Nach § 35, durch den auch das während des Verfahrens neu erlangte Vermögen zu der Insolvenzmasse zählt, ergibt sich zur KO insoweit keine veränderte Zurechnung, sondern lediglich eine Masseerweiterung. Insgesamt werden also alle Einkünfte, unabhängig davon ob vor, nach, inner- oder außerhalb des Verfahrens erlangt, zusammengefasst und für die Ermittlung der Einkommensteuer herangezogen.[253] 37

Durch die unterschiedliche Begründung der Einkünfte ist die Einkommensteuer jedoch je nach Fallgruppe insolvenzrechtlich zu qualifizieren und entsprechend für verschiedene Besteuerungsabschnitte geltend zu machen.[254] Steuerforderungen teilt die InsO in Insolvenzforderungen, Masseverbindlichkeiten und insolvenzfreie Forderungen auf, je nachdem, ob sie bereits bei Verfahrenseröffnung begründet waren (§ 38), durch die Insolvenzverwaltung nach Verfahrenseröffnung ausgelöst sind (§ 55 Abs. 1 Nr. 1) oder aber auf einer insolvenzfreien Tätigkeit nach Beendigung des Insolvenzverfahrens beruhen.[255] Damit wird eine Aufteilung der Einkommensteuer in der Regel nur im Veranlagungsjahr der Eröffnung und der Beendigung des Insolvenzverfahrens erforderlich sein.[256] Weiterhin sind die unter der KO unbekannten Forderungen aus den seit der Verfahrenseröffnung laufenden Zinsen (auf Steuerforderungen als steuerliche Nebenleistungen, §§ 233 ff. AO), die Kosten der Teilnahme des Fiskus am Insolvenzverfahren und Geldstrafen, Geldbußen und Zwangsgelder (§ 329 AO) durch § 39 Abs. 1 Nr. 1 bis 3 in die Gruppe der nachrangigen Insolvenzforderungen zu zählen. Steuerliche Nebenforderungen ohne Straf- und Zinssanktion nach 38

---

[248] BFH v. 25. 1. 2000, VIII R 63/98, BStBl. II 2000, 343.
[249] BFH v. 25. 3. 2003, VIII R 24/02, BFH/NV 2003, 1305; v. 21. 4. 2004, VIII R 2/02, BStBl. II 2004, 551; FG Berlin v. 1. 7. 2004, 1 K 1192/01, EFG 2004, 1518; OFD Frankfurt/M. v. 19. 7. 2005, S 2244 A-19-St II 2.05, S 2244 A-21-St II 2.05, Beck.Verw. 066634, DB 2005, 2048; *Waza/Uhländer/Schmittmann*, RdNr. 1120 ff.; *Völlmeke* DStR 2005, 2024.
[250] *Peetz* GmbHR 2007, 1022, 1026.
[251] BFH v. 3. 6. 1993, VIII R 81/91, BStBl. II 1994, 162; v. 4. 11. 1997, VIII R 18/94, BStBl. II 1999, 344; kritisch: *Peetz* GmbHR 2007, 1022, 1025.
[252] *Frotscher*, S. 84 ff.
[253] *Frotscher*, S. 84 ff.
[254] BFH v. 29. 3. 1984, IV R 271/83, BStBl. II 1984, 602 = ZIP 1984, 853 ff.; v. 11. 11. 1993, XI R 73/92, BFH/NV 1994, 477, ZIP 1994, 1286 ff.
[255] *Waza/Uhländer/Schmittmann*, RdNr. 1166 f.; *Breutigam* in *Breutigam/Blersch/Goetsch* § 55 RdNr. 30 t; *Nerlich/Römermann/Andres* § 55 RdNr. 45; *Kling* DStR 1998, 1813, 1814.
[256] *Farr*, RdNr. 293.

§ 3 Abs. 3 AO, wie Verspätungs- und Säumniszuschläge (§ 152 und § 240 AO) sind als Insolvenzforderungen anzumelden.

39 Das unter der KO geltende Fiskusvorrecht der §§ 61 Abs. 1 u. 2, 59 Abs. 1 Nr. 3 KO für vorkonkursliche Steuerforderungen ist ersatzlos gestrichen.

40 Es ist also eine Aufteilung der durch einen Einkommensteuerbescheid festgestellten einheitlichen Einkommensteuerschuld für alle drei oben genannten Besteuerungsabschnitte erforderlich, erforderlichenfalls im Wege einer Schätzung.[257] Daher bietet es sich an, diesen zunächst abzuwarten, das heißt nicht im Vorgriff hierauf etwa bereits auf Grund einer Einkommensteuererklärung aufzuteilen. Es bleibt auch bei der zeitlichen Einordnung des § 36 Abs. 1 EStG als Jahressteuerschuld. Daran ändert auch der Beginn eines neuen Geschäftsjahres bei Bilanzierenden nach § 155 Abs. 2 nichts, dies führt lediglich zu einer erleichterten Abgrenzung der Einkünfte.

41 Grundsätzlich handelt es sich entweder um eine Insolvenzforderung nach § 38 oder eine Masseverbindlichkeit nach § 55 Abs. 1 Nr. 1. Die Masse kann jedoch nicht für Steuern auf Einkünfte in Anspruch genommen werden, die ihrerseits massefremdes Vermögen darstellen.[258] Soweit es sich um Masseverbindlichkeiten handelt, sind die Steuerforderungen regelmäßig durch die Verwaltung und Verwertung der Masse gem. § 55 Abs. 1 Nr. 1 2. Alt. begründet und nicht durch eine primäre Handlung des Insolvenzverwalters nach § 55 Abs. 1 Nr. 1 1. Alt., weil die Besteuerung lediglich Folge der Verwirklichung eines Steuertatbestands ist, nicht aber die einer bloßen Handlung.[259] In einigen Fällen besteht ein originärer Steueranspruch aus gegenseitigen Verträgen gem. § 55 Abs. 1 Nr. 2 (zB tatsächliche Verständigung).

42 Während vor der Insolvenzeröffnung begründete Einkommensteuerforderungen nach § 38 Insolvenzforderungen darstellen, ist die an Handlungen des Insolvenzverwalters anknüpfende Einkommensteuer als Masseverbindlichkeit einzustufen, die nach § 53 vorweg zu begleichen ist. Insolvenzforderungen und Masseverbindlichkeiten können in der Insolvenz durch Anmeldung zur Tabelle bzw. gegenüber der Masse geltend gemacht werden. Hierfür ist jedoch neben der Begründung und Qualifizierung, soweit sich nicht auf die Fiktion der Fälligkeit gem. § 41 berufen wird, noch die Veranlagung erforderlich. Die Fälligkeit wird jedoch insoweit regelmäßig fingiert, auch in den Fällen einer Aussetzung der Vollziehung wegen deren die Fälligkeit betreffenden Stundungsähnlichkeit.[260]

43 Die Steuerforderung ist nach § 38 AO entstanden, wenn der Tatbestand der Besteuerungsnorm verwirklicht ist. Demgegenüber ist sie nach § 38 als Insolvenzforderung entstanden, wenn sie vor Insolvenzeröffnung begründet ist. Daher ist allgemein anerkannt, dass die Steuerforderung auch eine insolvenzrechtliche Forderung ist, wenn der Tatbestand des Steueranspruchs erfüllt ist, ohne dass dafür die konkrete Steuerforderung durchsetzbar entstanden sein muss.[261] Dies ist bei einer schuldrechtlich begründenden Handlung gegeben. Die Begründetheit einer Steuerforderung im insolvenzrechtlichen Sinn bedeutet also nicht, dass diese auch steuerlich entstanden und fällig sein muss. Es reicht die Begründung einer Steuerschuld. Soweit es für die insolvenzrechtliche Begründetheit auf eine Entstehung ankommt, kann höchstens eine zivilrechtliche gemeint sein,[262] nicht aber die steuerrechtliche.

---

[257] MünchKommInsO-*Ehricke* § 38 RdNr. 81.
[258] Es handelt sich insoweit um abweichende Steuerschuldner (z. B. Einkünfte aus Kapitalvermögen einer Personengesellschaft, vgl. *Frotscher*, S. 139; *Waza/Uhländer/Schmittmann*, RdNr. 1152; *Onusseit/Kunz*, RdNr. 594; *Maus* ZIP 1993, 743; *Welsel* DStR 1993, 197; *Krüger* BB 1995, 960; aA zuletzt BFH v. 15. 3. 1995, I R 82/93, ZIP 1995, 1275.
[259] *Breutigam* in Breutigam/Blersch/Goetsch § 55 RdNr. 28, 30; *Fischer* BB Beilage 12/1989, 6.
[260] Vgl. zu § 41 und insbesondere zur Abzinsung unten RdNr. 248 f.
[261] BFH v. 21. 9. 1993, VII R 119/91, BStBl. II 1994, 83; v. 16. 11. 2004, VII R 75/03, BStBl. II 2006, 193; BMF-Schreiben v. 17. 12. 1998, IV A 4 – S 0550 – 28/98, BStBl. I 1998, 1500, 1501 und statt vieler *Weis* in Hess/Weis/Wienberg § 55 RdNr. 230 ff.; *Nerlich/Römermann/Andres* § 38 RdNr. 15; *Knobbe-Keuk* BB 1977, 757, 758.
[262] Selbst dies wird überwiegend anders beurteilt, vgl. *Breutigam/Blersch/Goetsch* § 109 RdNr. 20, § 113 RdNr. 14; und bereits *Böttcher* BB 1975, 977, hierbei handelt es sich jedoch zumeist um Fälle ausdrücklicher gesetzlicher Qualifizierungen, anderes gilt aber zu § 103.

44 Die Qualifizierung nach Insolvenzforderungen und Masseverbindlichkeiten erfolgt dann anhand der zeitlichen Einordnung der Begründung vor oder nach der Insolvenzeröffnung. Hierbei ist jedoch hervorzuheben, dass die Beurteilung sich immer nur an dem Veranlagungszeitraum des § 36 Abs. 1 EStG ausrichten kann, da keine einmaligen Einkommenszeitpunkte festlegbar sind, sondern lediglich ein zusammengefasster Einkommensfluss. Daraus resultiert konsequenter Weise, dass die Einkommensteuerschuld aus dem Jahr der Insolvenzeröffnung keine Insolvenzforderung sein kann, da sie noch nicht entstanden war. Dieses Ergebnis ist jedoch unbefriedigend und resultiert letztlich aus der unrichtigen Anwendung der soeben getroffenen insolvenzrechtlichen Definition der Forderungsentstehung. Daher kann die Forderungsanmeldung nur danach erfolgen, ob sich die Forderung auf das Vermögen vor oder nach der Insolvenzeröffnung bezieht (§ 38) bzw. die Besteuerungsmerkmale vor oder nach Insolvenzeröffnung verwirklicht wurden.[263] Insoweit durchbricht also die Verfahrenseröffnung den steuerrechtlichen Veranlagungszeitraum. Es kommt insolvenzrechtlich, wie bereits definiert, allein darauf an, ob die Forderung die Zeit vor der Verfahrenseröffnung betrifft oder auf Handlungen des Insolvenzverwalters beruht, und dadurch der Rechtsgrund verwirklicht ist. Dabei ist wegen § 35 in der Regel keine weitergehende Aufteilung auch nach neuem insolvenzfreien Vermögen erforderlich, da dieses zumindest während des laufenden Insolvenzverfahrens mitumfasst ist. Statt einer Masseverbindlichkeit kann der Schuldner höchstens durch eine außerinsolvenzliche Tätigkeit eine insolvenzfreie Steuerschuld begründet haben. Eine Aufteilung nach insolvenzfreiem Vermögen kann aber bei einer Zusammenveranlagung von Ehegatten erforderlich sein.

Um es noch einmal anders zu verdeutlichen: Das Steuerrecht bestimmt die Höhe einer Steuerschuld und das Insolvenzrecht bestimmt, gegen welche Vermögensmasse und in welcher Form eine Steuerforderung geltend zu machen ist. Die Steuerforderungen sind demnach je nach Zugehörigkeit der entsprechenden Einkünfte zur Insolvenzmasse durchzusetzen.[264]

45 Zu den Masseverbindlichkeiten zählen gem. § 55 Abs. 2 auch die von dem vorläufigen Insolvenzverwalter mit Verwaltungs- und Verfügungsbefugnis begründeten Steuerforderungen, auch wenn dies naturgemäß zeitlich vor der Verfahrenseröffnung liegt.

46 Die als Insolvenzforderungen zu qualifizierenden Steuerforderungen dürfen nicht mehr durch Erlass eines Steuerbescheides durchgesetzt werden, sondern können ausschließlich gegenüber dem Insolvenzverwalter zur Tabelle oder zur Masse geltend gemacht werden (§ 174).[265] Ein gleichwohl ergangener Bescheid ist nichtig.[266] Andererseits werden durch Masseverbindlichkeiten begründete Steuerforderungen gegenüber dem Insolvenzverwalter durch Bescheid festgesetzt.[267] Dies ist folgerichtig, denn es handelt sich um Steuerverbindlichkeiten aus der Verwaltung, Verwertung und Verteilung, die durch den Insolvenzverwalter ausgelöst werden.

47 Im Einzelnen bereitet jedoch die Aufteilung der Einkommensteuerschulden nach Insolvenzforderungen und Masseverbindlichkeiten große Schwierigkeiten. Denn Ausgangspunkt ist zunächst die einheitliche Einkommensteuerschuld, die es nunmehr auf die Forderungsarten aufzuteilen gilt. Hierbei bietet sich das Prinzip der verhältnismäßigen Aufteilung an. Insoweit die Forderungshöhe zunächst noch nicht fest steht, weil der Anmeldungszeitraum früher endet, als die Jahressteuerschuld determiniert ist, kann nach § 45 die Anmeldung einer geschätzten Forderung erfolgen, die dann nach § 177 Abs. 1 Satz 3 geändert werden kann.

Für die Aufteilung erscheint es nahe liegend, den Einkommensteueranteil, der eine Insolvenzforderung bilden soll, vereinfachend nach dem Verhältnis der Teileinkünfte (Teil-

---

[263] BFH v. 11. 11. 1993, XI R 73/92, BFH/NV 1994, 477, ZIP 1994, 1286 ff.
[264] *Frotscher*, S. 103 ff.
[265] § 251 Abs. 2 Satz 1 AO; BFH v. 10. 12. 1975, II R 150/67, BStBl. II 1976, 506; *Hübschmann/Hepp/Spitaler/Beermann* AO § 251 RdNr. 147 ff.; *Bochs/Dauernheim*, RdNr. 75, 358.
[266] *Waza/Uhländer/Schmittmann*, RdNr. 1168.
[267] BFH v. 11. 11. 1993, XI R 73/92, BFH/NV 1994, 477, ZIP 1994, 1286, 1287 f.; Bekanntgabeerlass v. 8. 4. 1991, BStBl. I 1991, 398, RdNr. 2.10.

einkünfte bis zur Insolvenzeröffnung im Verhältnis zum Gesamtbetrag der Einkünfte) abzugrenzen. Dies entspricht dann der Bildung eines Rumpfwirtschaftsjahres. Hierbei sind die einkunftsbezogenen Einnahmen und Ausgaben grundsätzlich nach dem Zeitpunkt des Zu- und Abflusses zu berücksichtigen. Etwas anderes gilt jedoch für den bilanzierenden Betrieb, bei dem eine Aufteilung nach dem Zeitpunkt der Gewinnverwirklichung zu erfolgen hat. Bei dieser Methode bleibt jedoch die Progression unberücksichtigt, d. h. es wird so getan, als ob das Einkommen linear ansteigt. Außerdem können Sonderausgaben (und damit auch Verlustvor- und -rückträge), außergewöhnliche Belastungen und Freibeträge für die jeweilige Forderungsart nicht getrennt berücksichtigt werden.[268] Gleichwohl wurde die Rechtmäßigkeit dieser Methode bereits mehrfach bestätigt.[269]

48 Vorzugswürdig erscheint daher eine Aufteilung unter Zugrundelegung einer fiktiven Einzelveranlagung mit Progressionsausgleich für beide Zeitabschnitte vor und nach der Insolvenzeröffnung entsprechend den Vorschriften der §§ 268 ff. AO (sog. Schattenveranlagungen) bei der auf höhere Einkünfte ein progressiv höherer Teil der Einkommensteuer entfällt.[270] Zunächst ist hierbei die Jahressteuerschuld einheitlich zu ermitteln. Daran anschließend erfolgen bis zu drei fiktive Veranlagungen. Hierbei erfolgt die Zuordnung der Einkünfte wie in RdNr. 47 beschrieben. Sonderausgaben und außergewöhnlichen Belastungen werden nach Anlass, Pauschbeträge zeitanteilig aufgeteilt. Die Jahressteuerschuld ist sodann nach dem Verhältnis der bei den Schattenveranlagungen sich ergebenden Steuerbeträge in die bis zu drei Kategorien aufzuteilen.[271] Verlustvor- und -rückträge hängen in der Regel mit der Tätigkeit zusammen, die zur Insolvenz geführt hat und sind dem entsprechend zunächst von vorinsolvenzlichen Einkünften in Abzug zu bringen, so dass nur der verbleibende Verlust mit den vom Insolvenzverwalter erzielten und erst anschließend mit den insolvenzfreien Einkünften verrechenbar ist. Vortragsfähige außerinsolvenzliche Verlustvorträge sind zunächst mit insolvenzfreien Einkünften zu verrechnen. Diese Grundsätze der „Vermögensgleichheit" gelten entsprechend auch für den Verlustrücktrag und für die „Mindestbesteuerung" des § 10 d Abs. 2 EStG (vgl. unten RdNr. 49 a).[272]

49 Welchem Aufteilungsmodell letztlich der Vorzug zu gewähren ist, hängt u. a. davon ab, ob die Aufteilung nach Teileinkünften zu einem offensichtlich unzutreffenden Ergebnis führt und das Finanzamt über alle notwendigen Informationen (insbesondere eine ordnungsgemäße Buchhaltung) für eine „Schattenveranlagung" verfügt.[273] Letztere führt zwar zum genaueren Ergebnis, ist aber auch mit einem erheblichen Mehraufwand verbunden, so dass im Einzelfall auch die Aufteilung nach Teileinkünften sinnvoll sein kann.[274]

49 a Die mit Wirkung ab 2004 eingeführte Mindestbesteuerung beschränkt den Verlustabzug auf 60 Prozent des EUR 1 Mio. übersteigenden Teils des Gesamtbetrags der Einkünfte. Die Anwendung der Mindestbesteuerung kann bei einer Abwicklungsbesteuerung zu einer Bevorzugung des Finanzamts führen. Während nach altem Recht der Verlustvortrag nach Eröffnung des Insolvenzverfahrens im Rahmen der Abwicklungsbesteuerung unbegrenzt genutzt werden konnte, kann die Mindestbesteuerung dazu führen, dass bei hohen Abwicklungsgewinnen ungeachtet hoher, aber nicht nutzbarer Verlustvorträge eine Steuerbelastung entsteht. Diese wird von Seiten der Rechtsprechung und Finanzverwaltung als Masseverbindlichkeit eingestuft, obwohl gewichtige Gründe für eine Insolvenzforderung nach § 38 sprechen.[275] Ob in diesen Fällen ein wünschenswerter Erlass der Steuer im Billigkeitswege

---

[268] *Frotscher*, S. 109 ff., 116 ff.; *Farr*, RdNr. 294; *Hübschmann/Hepp/Spitaler/Beermann* AO § 251 RdNr. 385 f.; *Fricke* DStR 1966, 22.
[269] BFH v. 29. 3. 1984, IV R 271/83, BStBl. II 1984, 602; v. 11. 11. 1993, XI R 73/92, BFH/NV 1994, 477, ZIP 1994, 1286.
[270] *Waza/Uhländer/Schmittmann* RdNr. 1180; *Gottwald/Frotscher* § 121 RdNr. 19 ff.; *Weiß* DStR 1992, 255.
[271] *Farr*, RdNr. 296 mit ausführlichen Beispielen.
[272] *Frotscher*, S. 112 ff.
[273] *Farr*, RdNr. 295.
[274] *Waza/Uhländer/Schmittmann*, RdNr. 1182; *Hübschmann/Hepp/Spitaler/Beermann* AO § 251 RdNr. 386.
[275] Vgl. hierzu unten RdNr. 50 ff.

möglich ist, bleibt derzeit unklar. Sinnvoll wäre eine Verwaltungsregelung, die Verlustvortragsbeschränkungen bei Insolvenzen im Billigkeitswege für nicht anwendbar erklären würde, wie dies auch bei Sanierungsgewinnen praktiziert wurde.[276]

a) Auflösung stiller Reserven. Nachdem soeben die Grundsätze der Aufteilung der Einkommensteuerschuld in Insolvenzforderungen und Masseverbindlichkeiten erläutert wurden, ist noch auf einige Besonderheiten einzugehen. So wird die Aufteilungsfrage bei der Aufdeckung stiller Reserven (Veräußerungserlös des Vermögensgegenstands übersteigt den Buchwert) unterschiedlich beantwortet. Dieser Frage liegt regelmäßig eine Handlung des Insolvenzverwalters, insbesondere der Verkauf von Anlagevermögen zugrunde. Nach den einkommensteuerrechtlichen Grundsätzen ist die Aufdeckung der stillen Reserven erst im Veranlagungszeitraum der Veräußerung zu versteuern. 50

Die insolvenzrechtliche Zuordnung der aus dem Veräußerungsvorgang resultierenden Einkommensteuer ist umstritten, obwohl auf den ersten Blick die Verwertungshandlung nach der Eröffnung des Insolvenzverfahrens erfolgt, und demzufolge die daraus entstehende Steuer zu den Masseverbindlichkeiten zu zählen wäre. Andererseits waren die aufgedeckten stillen Reserven bereits bei der Verfahrenseröffnung vorhanden und unterlagen lediglich mangels Realisierung noch nicht der Steuerpflicht. 51

Die BFH-Rechtsprechung sieht für die insolvenzrechtliche Beurteilung ausschließlich den gewinnrealisierenden Vorgang, der wiederum zur Verwirklichung des Steuertatbestands führt, als maßgebend an.[277] Da die Verwertung durch den Insolvenzverwalter nach Insolvenzeröffnung erfolgt, wäre dementsprechend die damit verbundene Einkommensteuer als Masseverbindlichkeit einzustufen. Im Ergebnis führt diese Rechtsprechung zu einer Begünstigung des Finanzamts auf Kosten der übrigen Gläubiger. 52

Zu Recht wird die BFH-Rechtsprechung von der wohl überwiegenden Meinung im insolvenzrechtlichen Schrifttum abgelehnt, weil das einkommensteuerrechtliche Merkmal der Gewinnrealisierung insolvenzrechtlich belanglos ist und die Entscheidung des BFH zu einseitig auf die steuerrechtliche Betrachtungsweise abstellt.[278] Für die insolvenzrechtliche Einordnung ist vielmehr entscheidend, ob das Vermögen zum Zeitpunkt der Insolvenzeröffnung den Insolvenzgläubigern zur Deckung der Insolvenzforderungen bereits zur Verfügung stand. Nicht selten resultieren stille Reserven aus wirtschaftspolitisch begründeten (Sonder-)Abschreibungen, die eine Steuerstundung bis zur Veräußerung zur Folge haben und insolvenzrechtlich als aufschiebend bedingt angesehen werden können.[279] Diese Steuerstundung ist mit einer Kreditgewährung vergleichbar, womit das Finanzamt wie jeder andere Gläubiger zu behandeln ist, der dem Schuldner vor Insolvenzeröffnung einen Kredit eingeräumt hat.[280] Auch im Hinblick auf die gegenteilige Beurteilung des BFH zur umsatzsteuerlichen Parallelproblematik ist die Beibehaltung dieser Rechtsprechung zweifelhaft, umso mehr, als damit Probleme bei der Zuordnung der Einkommensteuer auf Veräußerungsgewinne aus abgesonderten Gegenständen verbunden sind.[281] 53

Da die stillen Reserven bereits vor Eröffnung des Insolvenzverfahrens vorhanden waren, sind diese insolvenzrechtlich bereits entstanden. Gleichwohl konnte der Gewinn mangels Realisierung noch keiner Besteuerung unterliegen, was aber lediglich steuerrechtlich relevant ist. Führt also die Gewinnrealisierung später zu einer Besteuerung, so stellt sich die Steuerforderung gleichwohl als Insolvenzforderung nach § 38 dar, weil sie wegen der bereits 54

---

[276] BMF-Schreiben v. 27. 3. 2003, IV A 6 – S 2140 – 8/03, BStBl. I 2003, 240 ff.; *Waza/Uhländer/Schmittmann*, RdNr. 1183; *Gilz/Kuth* DStR 2005, 184, 185; zu Sanierungsgewinnen vgl. RdNr. 296 f.
[277] So BFH v. 7. 11. 1963, IV 210/62 S, BStBl. III 1964, 70; v. 29. 3. 1984, IV R 271/83, BStBl. II 1984, 602 = ZIP 1984, 853; v. 11. 11. 1993, XI R 73/92, ZIP 1994, 1286; *Hübschmann/Hepp/Spitaler/Beermann* AO § 251 RdNr. 383; *Tipke/Kruse/Loose* AO § 251 RdNr. 72; *Weiss* FR 1990, 539.
[278] So *Frotscher*, S. 120 ff.; HK-*Eickmann* § 55 RdNr. 7; *Jaeger/Henckel* KO § 3 RdNr. 74; *Uhlenbruck* in Uhlenbruck § 30 RdNr. 38; *Schwarz/Dißars* AO § 251 RdNr. 81; *Breutigam/Blersch/Goetsch* Kommentar zur InsO, RdNr. 35; MünchKommInsO-*Ehricke* § 38 RdNr. 82.
[279] *Waza/Uhländer/Schmittmann*, RdNr. 1188 f.
[280] *Onusseit/Kunz*, RdNr. 521; *Onusseit* ZinsO 2003, 677, 681.
[281] *Frotscher*, S. 127; *Frystatzki* EStB 2004, 88, 89.

vorhandenen Wertigkeit der stillen Reserven vor der Insolvenzeröffnung begründet war. Diese Steuerforderung ist zur Tabelle anzumelden, weil sich insolvenzrechtlich eine andere Zuordnung verbietet.

55 Etwas anderes gilt lediglich für die erst nach Eröffnung des Verfahrens infolge von Wertsteigerungen entstandenen stillen Reserven. Diese sind dann nicht nur steuerrechtlich, sondern auch insolvenzrechtlich als nachinsolvenzlich einzustufen und gehören daher zu den Masseverbindlichkeiten. Die damit verbundenen Aufteilungsprobleme sind nicht dazu geeignet, insgesamt eine Masseverbindlichkeit anzunehmen, weil das Finanzamt eine Schätzung auf Basis der Insolvenzeröffnungsbilanz nach § 153, in der stille Reserven offen ausgewiesen sind, problemlos vornehmen kann.[282]

56 Ein aus der Veräußerung bzw. Aufgabe des insolventen Betriebs resultierender Aufgabegewinn kann nach den §§ 16, 34 EStG begünstigt sein, sofern es dem Insolvenzverwalter gelingt, die wesentlichen Betriebsgrundlagen innerhalb kurzer Zeit und somit in einem einheitlichen Vorgang zu veräußern. Die Finanzverwaltung geht in der Regel von einem Veräußerungszeitraum von einem halben Jahr aus. Bei wirtschaftlich vernünftigen Gründen dürfte eine Verzögerung allerdings unschädlich sein. Die Tarifbegünstigung für den Aufgabegewinn gilt in gleicher Weise für den insolvenzbedingten Wegfall des negativen Kapitalkontos eines Kommanditisten.[283]

57 **b) Abgesonderte Befriedigung und Zwangsverwaltung.** Auch bei der Verwertung von Sicherungsgütern kommt es häufig zur Realisierung stiller Reserven. Einkommensteuerrechtlich sind die Einkünfte aus diesen Gewinnen dem Schuldner zuzurechnen. Gleiches gilt im Übrigen auch für die Einkünfte aus einer Zwangsverwaltung, obwohl die Erlöse jeweils den Gläubigern unmittelbar zufließen. Auch hier stellt sich insolvenzrechtlich wieder die Frage der Forderungsqualifikation. Aus der InsO ergibt sich für solche Einkommensteuerforderungen keine ausdrückliche Regelung. Die Meinungen sind grundsätzlich die gleichen, wie zur Auflösung stiller Reserven. Der BFH konkretisiert seine Auffassung jedoch insoweit, als er darauf abstellt, dass es sich um Masseverbindlichkeiten handelt, wenn der Insolvenzverwalter verwertet hat und der Verwertungserlös der Masse tatsächlich zugeflossen ist.[284] Dadurch sollte offenbar vermieden werden, dass die Insolvenzmasse, ohne einen Erlös zu erzielen, mit der Einkommensteuer belastet wird.

58 Was nun aber gelten soll, wenn der Verwertungserlös auch den Gläubiger tatsächlich erreicht, bleibt eher ungeklärt. Dies ist jedoch der Regelfall, eventuell mit einer nachfolgenden Ausfallforderung, wenn der Erlös allein nicht zur Befriedigung der Absonderungsforderung ausreicht. Einkommensteuerrechtlich wäre dann möglicherweise die Masse mit der Steuerschuld zu belasten, während diese von dem Verwertungserlös nicht mehr bereichert ist. Für diesen Fall muss aber anderes gelten, denn der veräußerte Gegenstand entstammt der Insolvenzmasse, und demnach ist die daraus folgende Einkommensteuer bestenfalls allein dieser zuzurechnen. Nach der soeben zitierten Ansicht des BFH handelt es sich nicht um eine Insolvenzforderung gem. § 38, weil die Forderung nicht vor der Eröffnung des Insolvenzverfahrens begründet wurde und eine Masseverbindlichkeit gem. § 55 Abs. 1 Satz 1 ausscheidet, weil die Masse nicht bereichert ist.[285] Die Einkommensteuerforderung kann nach dieser Ansicht lediglich noch gegen den Schuldner persönlich als insolvenzfreie Forderung angesetzt werden, wie dies der BFH wohl in seinem Urteil vom 11. 11. 1993 vertritt.[286] Dieses Ergebnis überzeugt jedoch nicht, denn die Einkommensteuer

---

[282] *Frotscher*, S. 123.
[283] *Waza/Uhländer/Schmittmann*, RdNr. 1118 f.; vgl. zum Wegfall eines negativen Kapitalkontos oben RdNr. 35 a.
[284] BFH v. 29. 3. 1984, IV R 271/83, BStBl. II 1984, 602 = ZIP 1984, 853; *Hübschmann/Hepp/Spitaler/Beermann* AO § 251 RdNr. 286 ff.; *Weis* in *Hess/Weis/Wienberg* § 55 RdNr. 425 ff.
[285] BFH v. 29. 3. 1984, IV R 271/83, BStBl. II 1984, 602 = ZIP 1984, 853; so auch *Tipke/Kruse/Loose* AO § 251 RdNr. 72 und *Hübschmann/Hepp/Spitaler/Beermann* AO § 251 RdNr. 153 a.
[286] BFH v. 11. 11. 1993, XI R 73/92, BFH/NV 1994, 477, ZIP 1994, 1286; *Waza/Uhländer/Schmittmann* RdNr. 1212; *Onusseit/Kunz*, RdNr. 529.

entsteht im Zusammenhang mit der Veräußerung von Vermögen, das zur Insolvenzmasse gehört, soweit keine Freigabe durch den Insolvenzverwalter erfolgt. Im Übrigen ist es bedenklich, nur allein auf den Zufluss von Geldmitteln abzustellen, weil die Masse nicht nur in Höhe des Mehrerlöses, sondern auch durch die Tilgung der Forderung des Sicherungsnehmers entlastet wird.[287] Eine alternative Lösung über eine Freigabe aus dem Insolvenzbeschlag ist wohl ebenso wenig möglich. Zwar hat der BFH zur einkommensteuerlichen Behandlung der Freigabe noch nicht entschieden, es ist aber wahrscheinlich, dass der BFH die zur umsatzsteuerlichen Behandlung der Freigabe entwickelten Rechtsgrundsätze[288] entsprechend anwenden wird mit der Folge, dass die Masse mit Einkommensteuer belastet wird. Eine andere Lösung über die analoge Anwendung der nur für die Umsatzsteuer geltenden §§ 170, 171 Abs. 2 Satz 3 scheidet auf Grund des ausdrücklichen Gesetzeswortlauts wohl ebenso aus.[289]

Die Einkommensteuer die durch die Gewinnrealisierung ausgelöst wird, kann aber zumindest in den Fällen einer gleichzeitigen persönlichen Verpflichtung des Schuldners unproblematisch als Insolvenzforderung gem. § 38 qualifiziert werden, solange die stillen Reserven vor der Eröffnung des Insolvenzverfahrens bereits vorhanden waren.[290] Dies hängt damit zusammen, dass das Absonderungsrecht zivilrechtlich regelmäßig der gesicherten persönlichen Forderung und diese insolvenzrechtlich einer Insolvenzforderung zuzuordnen ist (§§ 49 ff.). Insoweit ist die Masse um die reduzierte Insolvenzausfallforderung des Absonderungsberechtigten als bereichert anzusehen, weshalb die Konstruktion des BFH insoweit nicht standhält. Auf die Einordnung der aufgedeckten stillen Reserven kommt es in diesem Zusammenhang nicht mehr an. Vielmehr handelt es sich wegen der eindeutigen Zuordnung des Absonderungsrechts bei der Einkommensteuerforderung generell um eine Insolvenzforderung. Dies gilt daher selbst für die während des Insolvenzverfahrens entstandenen stillen Reserven. Dem Schicksal des Absonderungsrechts muss vorliegend konsequenterweise die später entstehende Einkommensteuerforderung folgen.[291] Daran ändert die Verwertungsbefugnis des Insolvenzverwalters aus §§ 165 ff. nichts und das Zuflussprinzip kann mangels eines tatsächlichen Erlöses nicht als erfüllt angesehen werden. Etwas anderes gilt für die Einkommensteuer auf den nicht durch das Absonderungsrecht erfassten Verwertungserlös, welcher der Masse zufließt. Hier gelten die unter RdNr. 50 ff. dargestellten Grundsätze entsprechend, so dass danach zu unterscheiden ist, ob die stillen Reserven vor oder nach Eröffnung des Insolvenzverfahrens entstanden sind.[292]

Eine andere Beurteilung kann geboten sein, wenn nicht der Insolvenzverwalter, sondern der Sicherungsnehmer die Verwertung vornimmt. Mit Urteil vom 14. 2. 1978 hat der VIII. Senat des BFH entschieden, dass in diesem Fall die Einkommensteuer weder zu den Massekosten noch zu den Masseschulden gehört, weil es an einer steuerauslösenden Handlung des Verwalters fehle. Wo die Einkommensteuer letztendlich geltend zu machen ist, hat der BFH ausdrücklich offen gelassen.[293]

Bemerkenswerterweise wurde dieses Urteil höchstrichterlich bis heute weder bestätigt noch wurde ihm widersprochen. Allerdings hat der V. Senat des BFH bezüglich der Umsatzsteuer bislang genau gegenteilig geurteilt. So soll es für die Vorsteuerberichtigung irrelevant sein, ob der Konkursverwalter oder der absonderungsberechtigte Gläubiger das Sicherheitsgut verwertet, da es für die Entstehung von Massekosten nicht auf eine Handlung des Verwalters ankomme. Grundlage ist hier die Theorie des Doppelumsatzes, bei welcher der

---

[287] *Waza/Uhländer/Schmittmann*, RdNr. 1213; *Frotscher*, S. 127.
[288] Vgl. hierzu unten RdNr. 168.
[289] *Onusseit* ZInsO 2003, 677, 682.
[290] *Frotscher*, S. 127; *Waza/Uhländer/Schmittmann*, RdNr. 1213; *Nerlich/Römermann/Andres* § 55 RdNr. 51 f.; *Schwarz/Dißars* AO RdNr. 83.
[291] *Frotscher*, S. 128 f.; *Nerlich/Römermann/Andres* § 55 RdNr. 52; aA *Onusseit/Kunz*, RdNr. 532; *Onusseit* ZInsO 2003, 677, 682.
[292] *Frotscher*, S. 129.
[293] BFH v. 14. 2. 1978, VIII R 28/73, BStBl. II 1978, 356; *Waza/Uhländer/Schmittmann*, RdNr. 1208 ff.; *Onusseit* ZInsO 2003, 677, 682.

BFH dem Verwalter den Umsatz zurechnet, obwohl er nichts dazu beiträgt.[294] Da aber der Auffassung des oben genannten veröffentlichten Urteils des VIII. Senats des BFH bislang von Seiten der Finanzverwaltung nicht widersprochen wurde, gehört die bei einer Verwertung durch den Sicherungsnehmer auf den Veräußerungsgewinn entfallende Einkommensteuer zum Einkünfteermittlungszeitraum des insolvenzfreien Vermögens.[295]

60 Für den Fall, dass der Schuldner und der persönliche Schuldner der gesicherten Forderung auseinanderfallen, besteht die rechtliche Zuordnung zur Insolvenzforderung nicht. Es handelt sich dann weder um eine Insolvenzforderung, noch um eine Masseverbindlichkeit, sondern entsprechend der BFH Ansicht konsequenterweise um eine insolvenzfreie Forderung gegen den Schuldner. Dieser kann lediglich die steuerrechtlichen Erlassregelungen für sich vorbringen. Für den Fall, dass der Masse gleichwohl etwas aus der Absonderungsbefriedigung zufließt, kommt es mit dem BFH einkommensteuerrechtlich darauf an, ob es sich qualitativ um eine Insolvenzforderung oder Masseverbindlichkeit handelt. Dies entscheidet sich insolvenzsteuerrechtlich danach, ob die stillen Reserven vor oder nach der Eröffnung des Insolvenzverfahrens entstanden sind.

61 Hinsichtlich der Erlöse aus einer Zwangsverwaltung, die einer bestimmten Einkommensart unterliegen, wie meist dem Einkommen aus Vermietung und Verpachtung, gilt ebenfalls, dass das Absonderungsrecht der gesicherten Forderung und damit dem vorinsolvenzlichen Vermögen zuzuordnen ist. Demzufolge handelt es sich auch bei der daraus entstehenden Einkommensteuerforderung um eine Insolvenzforderung.

62 **c) Personengesellschaften.** In der Insolvenz einer Personengesellschaft wird zwischen dem Vermögen der Gesellschaft und dem der Gesellschafter unterschieden. Insoweit ist es insolvenzrechtlich möglich, dass nur ein Insolvenzverfahren über die Personengesellschaft eröffnet wird, während das Vermögen der Gesellschafter einschließlich des steuerlichen Sonderbetriebsvermögens bei der Personengesellschaft nicht betroffen sind. Andererseits können auch einzelne oder alle Gesellschafter insolvent sein und daher einem eigenen Insolvenzverfahren unterliegen, das jedoch auch mit dem Gesellschaftsinsolvenzverfahren zusammentreffen kann.[296] Einkommensteuerrechtlich bleibt es jedoch unabhängig von der Eröffnung des Insolvenzverfahrens dabei, dass die Personengesellschaft kein Steuerrechtssubjekt darstellt und deren Gewinne und Verluste den Gesellschaftern nach § 15 Abs. 1 Nr. 2 EStG zugerechnet werden. Es fehlt damit an einer Abstimmung zwischen Insolvenz- und Steuerrecht, was wiederum zu unbefriedigenden Ergebnissen führt, insbesondere zu einer Versteuerung von Gewinnen bei nicht bereicherten Gesellschaftern, oder umgekehrt zu einer Steuerentlastung infolge von Verlustzurechnungen bei nicht belasteten Gesellschaftern.

63 Die einkommensteuerrechtliche Zurechnung bedeutet für den Gesellschafter regelmäßig, dass er die Steuern aus den Gewinnen der Gesellschaft zahlt,[297] die in der insolventen Gesellschaft ermittelt werden und dort die Besteuerungsgrundlage bilden. Eine gewisse Erleichterung ergibt sich durch die Anrechnung der Gewerbesteuer auf die Einkommensteuer nach § 35 EStG.[298] Diese Besteuerung trifft den Gesellschafter gleich wohl hart, denn nicht ihm sind die Einkünfte zugeflossen, sondern der Personengesellschaft. Der damit verbundene Verstoß gegen das ertragsteuerliche Prinzip der Besteuerung nach der persönlichen Leistungsfähigkeit wird dadurch gerechtfertigt, dass durch die Verringerung der Schulden der Personengesellschaft die haftungsrechtliche Stellung der Gesellschafter verbessert wird. Zudem profitiert der Gesellschafter aus Verlusten aus der Insolvenzverwaltung in Form einer Einkommensteuerreduzierung, die gegenüber der Personengesellschaft nicht auszugleichen ist. Eine Besteuerung ist demgegenüber nicht gerechtfertigt, wenn ein be-

---

[294] Vgl. hierzu unten RdNr. 165.
[295] *Maus*, RdNr. 382; *Onusseit* ZInsO 2003, 677, 682 f.; aA *Frotscher*, S. 128.
[296] *Waza/Uhländer/Schmittmann*, RdNr. 1224; *Kahlert/Rühland*, RdNr. 2287 f.; MünchKommInsO-*Lwowski* § 35 RdNr. 179 ff.
[297] Zu der Frage an wen zu zahlen ist, Insolvenzverwalter oder Fiskus, vgl. oben RdNr. 26 a.
[298] BMF-Schreiben v. 19. 9. 2007, IV B 2 – S 2296 a/o, BStBl. I 2007, 701; *Grötzner* StuB 2007, 902.

schränkt haftender Gesellschafter seine Einlage erbracht hat und somit keine Veränderung der haftungsrechtlichen Stellung eintritt. In diesem Fall ist die Einkommensteuer aus sachlichen Billigkeitsgründen gem. § 163 AO nicht festzusetzen oder aber nach § 227 AO zu erlassen.[299]

Die Insolvenzmasse jedenfalls bleibt von Steuerforderungen, die sich nur gegen den Gesellschafter richten, verschont, weil diese ihr gegenüber nicht etwa als Masseverbindlichkeit oder Insolvenzforderung geltend gemacht werden können.[300]

64 Ist sowohl über das Vermögen des Gesellschafters als auch der Personengesellschaft ein Insolvenzverfahren eröffnet, so würden Gewinne auf Ebene der Personengesellschaft in Form der daraus resultierenden Steuerforderung für die Gläubiger des Gesellschafters zu zusätzlichen Massekosten führen, während sich die Masse für die Gläubiger der Personengesellschaft in voller Höhe um den dort nicht steuerbaren Gewinn erhöhen würde. Damit wären die Gläubiger der Personengesellschaft zu Lasten der Gläubiger des Gesellschafters bereichert. Die Steuerforderung im Gesellschafterinsolvenzverfahren dürfte zudem ein Qualifizierungsproblem darstellen, denn eine Masseverbindlichkeit scheidet aus, weil die Verfügungen i. S. d. § 55 Abs. 1 Nr. 1 ausschließlich in der Gesellschaftsinsolvenz getroffen werden. Als Insolvenzforderung mangelt es aber nicht selten an der Begründung des Steueranspruchs vor der Eröffnung der Gesellschafterinsolvenz.[301]

65 Insolvenzrechtlich muss jedoch eine ausgewogene Lösung gefunden werden. Diese kann darin bestehen, Einkommensteuerforderungen aus Gewinnen bei der Personengesellschaft dem Verwaltungs- und Verfügungsbereich des Gesellschafterinsolvenzverwalters, dem auch der Gesellschaftsanteil des Gesellschafters unterfällt, zuzuordnen. Damit würde es sich um eine Masseverbindlichkeit des Gesellschafterverfahrens handeln.[302]

Der BFH spricht sich für einen anderen Lösungsansatz aus, demzufolge die Einkommensteuerforderung aus Gewinnen, die nach Eröffnung des Insolvenzverfahrens bei der Personengesellschaft erzielt wurden, generell als Masseverbindlichkeit in diesem Verfahren anzusehen ist. Diese ist vorweg als Masseverbindlichkeit aus der Insolvenzmasse der Gesellschaft zu tilgen,[303] ungeachtet der damit verbundenen praktischen Probleme.[304] Dementsprechend ist die im Urteilsfall vom Insolvenzverwalter der Gesellschaft eingeforderte Erstattung der Zinsabschlagsteuer auf Zinserträge der Insolvenzmasse nicht möglich. Die Zinsabschlagsteuer mindert die Steuerschuld des Gesellschafters und kann sogar zu einer Erstattung führen, sofern dessen Grenzsteuersatz unter 30% (ab 2009: 25%) liegt. Dies führt zu einer Benachteiligung der Gläubiger.

Die Zinsabschlagsteuer lässt sich nicht durch einen Freistellungsauftrag vermeiden, weil die Personengesellschaft nicht der Einkommensteuerpflicht unterliegt und damit nicht antragsberechtigt ist. Ebenso wenig besteht für den Insolvenzverwalter die Möglichkeit, eine Nichtveranlagungsbescheinigung nach § 44 a Abs. 2 Nr. 2 EStG zu beantragen oder aber die Zinsabschlagsteuer vom Finanzamt zurückzufordern. Eine Lösung ist allenfalls zivilrechtlich denkbar, sei es in Form eines Bereicherungsanspruchs nach § 812 BGB oder in Form eines gesellschaftsrechtlichen Anspruchs auf Zahlung der einbehaltenen Zinsabschlagsteuer.[305]

66 Dabei ist aber zu bedenken, dass zu der Insolvenzmasse der Personengesellschaft ausschließlich das Gesamthandvermögen und die Einlagenforderungen gehören, während ein Insolvenzverfahren über das Gesellschaftervermögen völlig getrennt abgewickelt wird und

---

[299] *Frotscher*, S. 137 f.; *Farr*, RdNr. 316 f.; *Schwarz/Dißars* AO RdNr. 88; aA *Waza/Uhländer/Schmittmann*, RdNr. 1236 f.
[300] BFH v. 17. 5. 1984, V R 80/77, BStBl. II 1984, 545 = ZIP 1984, 1004.
[301] *Frotscher*, S. 133 f.; *Farr*, RdNr. 317 f.
[302] *Nerlich/Römermann/Andres* § 55 RdNr. 56 unter Berufung auf *Frotscher*, S. 134 ff.; *Farr*, RdNr. 318; *Benne* BB 2001, 1978 ff.; *Onusseit* ZInsO 2003, 677.
[303] BFH v. 9. 11. 1994, I R 5/94, BStBl. II 1995, 255 = ZIP 1995, 661; bestätigt durch BFH v. 15. 3. 1995, I R 82/93, ZIP 1995, 1275; *Waza/Uhländer/Schmittmann*, RdNr. 1229.
[304] Vgl. hierzu *Onusseit* ZInsO 2003, 677, 684 ff.; aA FG München v. 6. 7. 2004, 12 – K – 2518/03, EFG 2004, 1851, Revision beim BFH unter VII R 52/04.
[305] *Waza/Uhländer/Schmittmann*, RdNr. 1277 ff.; *Kahlert/Rühland*, RdNr. 2360 ff.; vgl. unten RdNr. 70.

dort nur Forderungen gegen den Gesellschafter berücksichtigt werden können.³⁰⁶ Umgekehrt gilt dies natürlich auch für Forderungen gegen die Gesamthand im Gesellschafterverfahren. Da es sich bei den Einkommensteuerforderungen um solche gegen den Gesellschafter handelt, können diese entgegen der oben genannten BFH-Rechtsprechung auch während der Insolvenz grundsätzlich nur dort geltend gemacht werden. Hieran ändert sich unter insolvenzrechtlichen Gesichtspunkten nichts, auch wenn die Ergebnisse wenig sinnvoll erscheinen.³⁰⁷

67 Hierfür spricht auch das bereits zitierte BFH-Urteil v. 29. 3. 1984, wonach eine Besteuerung dann entfallen soll, wenn keine Bereicherung der Masse erfolgte.³⁰⁸ Dies ist bei gleichzeitig eröffnetem Sonderinsolvenzverfahren ohne besonderes zur Befriedigung der Forderungen ausreichendes Vermögen und ohne ausstehende verrechenbare Gesellschaftereinlagen regelmäßig der Fall. Zwar betrifft diese Entscheidung in keiner Weise den Fall der Personengesellschaften, gleichwohl ist die dort geführte Argumentation zur Vermeidung unbilliger Besteuerungsergebnisse auch hier hilfreich. Ein Vermögenszufluss hat in dem Gesellschafterverfahren trotz auf den Gesellschafter entfallender Gewinne nicht stattgefunden und die Einkommensteuer müsste als insolvenzfreie Forderung außerhalb des Insolvenzverfahrens gegen den Gesellschafter persönlich gerichtet werden. Für eine Inanspruchnahme dieses insolvenzfreien Vermögens in der Gesellschaftsinsolvenz gibt es insolvenzrechtlich allerdings keine Begründung. Die Problematik fußt allein auf der steuerrechtlichen Aufteilung der Erhebung und Festsetzung, die sich bes. im Falle kollidierender Gesellschafts- und Gesellschafterinsolvenzverfahren, aber auch bei alleinigem Gesellschaftsinsolvenzverfahren, auswirkt. Daher muss die Besteuerung bei dem Gesellschafter wegen Unbilligkeit entfallen, was durch einen Erlassantrag geltend zu machen ist.³⁰⁹

68 Etwas anderes gilt konsequenterweise, wenn über das Gesamthandvermögen kein Insolvenzverfahren eröffnet ist, aus diesem aber in einem Insolvenzverfahren über das Vermögen des Gesellschafters Einkommensteuerschulden anfallen. In diesem Fall ist nämlich die Masse durch die Gesellschaftsbeteiligung und durch den Gewinn der Gesellschaft bereichert, weshalb keine Billigkeitsgründe greifen können. Insoweit handelt es sich um Insolvenzforderungen für bereits vor der Verfahrenseröffnung begründete Forderungen. Im Folgenden hat der Insolvenzverwalter die Entscheidung über die Beibehaltung der Gesellschaftsanteile zu treffen und verursacht dadurch hinsichtlich der auf die Gewinne anfallenden Einkommensteuerschuld Masseverbindlichkeiten.

68 a Die Eröffnung des Insolvenzverfahrens über das Vermögen eines OHG- oder KG-Gesellschafters führt nach § 131 Abs. 3 Nr. 2 bzw. § 161 Abs. 2 HGB regelmäßig zu seinem Ausscheiden. Entsprechende Regeln werden häufig auch für Gesellschaften bürgerlichen Rechts vereinbart. Dies hat zur Folge, dass der Anteil des insolventen Gesellschafters den übrigen Gesellschaftern anwächst und somit bei diesem – insbesondere bei negativem Kapitalkonto – ein Aufgabegewinn aus dem gegen die Gesellschaft gerichteten Abfindungsanspruch gem. § 16 Abs. 1 EStG entsteht. Für die Behandlung der daraus resultierenden Einkommensteuer als Insolvenzforderung oder Masseverbindlichkeit ist danach zu unterscheiden, ob das Ausscheiden des Gesellschafters vor, während oder nach Beendigung des Insolvenzverfahrens erfolgt.³¹⁰

Unproblematisch ist das Ausscheiden des Gesellschafters vor Insolvenzeröffnung, weil die aus dem Aufgabegewinn resultierende Einkommensteuer eindeutig vor Verfahrenseröffnung begründet und somit Insolvenzforderung nach § 38 ist. Scheidet der Gesellschafter erst nach Beendigung des Insolvenzverfahrens aus der Gesellschaft aus, so ist eine dadurch begründete

---

³⁰⁶ BFH v. 17. 5. 1984, V R 80/77, BStBl. II 1984, 545 = ZIP 1984, 1004; vgl. auch *Hagen* NWB 2006, Fach 2, 9063.
³⁰⁷ *Onusseit* ZinsO 2003, 677, 684 ff.
³⁰⁸ Vgl. RdNr. 57, BFH v. 29. 3. 1984, IV R 271/83, BStBl. II 1984, 602 = ZIP 1984, 853 und zur Übertragbarkeit *Frotscher*, S. 135 f.
³⁰⁹ *Benne* BB 2001, 1977, 1981.
³¹⁰ *Meyer/Verfürth* BB 2007, 862, 863.

Steuerforderung eine insolvenzfreie Forderung, die außerhalb der Insolvenz begründet ist und daher in vollem Umfang gegen den Schuldner geltend gemacht werden kann.

Problematisch ist hingegen der (Normal)Fall des Ausscheidens des Gesellschafters während des Insolvenzverfahrens. Bislang liegt hierzu keine Rechtsprechung vor, so dass auf die Rechtsprechung zu Veräußerungsgewinnen zurückzugreifen ist. Hierzu hat der BFH entschieden, dass Einkommensteuer auf Veräußerungsgewinne nur insoweit eine Masserverpflichtung darstellt, als der Veräußerungsgewinn der Masse zugeflossen ist.[311] Diese Sichtweise muss hier entsprechend gelten, weil der Insolvenzmasse durch den Aufgabegewinn kein Erlös zufließt. Die wohl herrschende Literaturmeinung vertritt zu Veräußerungsgewinnen ohnehin die Auffassung, dass die daraus resultierende Einkommensteuer als Insolvenzforderungen gem. § 38 einzuordnen ist (vgl. oben RdNr. 53). Hinzu tritt, dass der Aufgabegewinn nicht durch eine Handlung des Insolvenzverwalters i. S. d. § 55 Abs. 1 Nr. 1 begründet worden ist. Da auch die weiteren Tatbestände des § 55 Abs. 1 und 2 nicht einschlägig sind, liegt keine Masseverbindlichkeit, sondern eine Insolvenzforderung nach § 38 vor.[312]

Schließlich besteht noch die Möglichkeit, dass lediglich über das Gesamthandsvermögen **69** ein Insolvenzverfahren eröffnet ist und den Gesellschafter die Folgen einer Gewinnrealisierung in Form der Einkommensbesteuerung treffen. Hier dürfte es regelmäßig an einem Gewinnzufluss fehlen. Das ändert jedoch weder steuer- noch insolvenzrechtlich etwas an der Steuerschuld des Gesellschafters. Die Anwendung von Billigkeitserwägungen lässt sich daher schwerlich begründen. Zudem hat sich der Vermögenswert des Gesellschaftsanteils durch den Gewinn eher verbessert. Dabei bleibt jedoch unberücksichtigt, dass die Gesellschaft insolvent ist, weshalb sich der Gewinnvorteil bei dem Gesellschafter regelmäßig nicht realisieren lässt.[313] Dies gilt jedoch wiederum nur für den beschränkt haftenden Gesellschafter, weil sowohl der persönlich haftende, wie auch der die Einlage nicht geleistet Habende haftet, wodurch die Verminderung der Gesellschaftsschulden den Gesellschafter entlastet und damit bereichert. Sachgerecht und insolvenzrechtlich vertretbar ist also allein eine Nichtbesteuerung des Gesellschafters, der beschränkt haftet und seine Einlage erbracht hat, weil dieser die Steuerschuld tragen müsste, obwohl es zu keiner Ausschüttung oder sonstigen Bereicherung kommt. Dieses Ergebnis lässt sich jedoch allein auf dem Erlassweg und mit der Begründung der fehlenden Bereicherung erzielen. Dadurch entfällt für den Fiskus allerdings bis zu einer anderweitigen Regelung jegliche Besteuerungsgrundlage.[314]

Gem. § 11 Abs. 2 Nr. 1 treffen diese Ergebnisse auf alle Personengesellschaften, also insbesondere auch die BGB-Gesellschaft zu.

d) Betriebsaufspaltung. Überlässt ein Unternehmen mindestens eine wesentliche Betriebsgrundlage (zB Grundstück) an eine gewerblich tätige Personen- oder Kapitalgesellschaft zur Nutzung (= sachliche Verflechtung) und beherrscht eine Person oder Personengruppe sowohl das Besitz- als auch das Betriebsunternehmen (= personelle Verflechtung) sind die Voraussetzungen einer Betriebsaufspaltung erfüllt. Dies hat zur Folge, dass die Tätigkeit des Besitzunternehmens nicht als vermögensverwaltend, sondern als gewerblich und demzufolge die überlassene wesentliche Betriebsgrundlage als Betriebsvermögen zu behandeln ist. **69a**

Die Eröffnung des Insolvenzverfahrens über das Vermögen der Betriebsgesellschaft führt **69b** grundsätzlich zum Wegfall der personellen Verflechtung und damit auch der Betriebsaufspaltung, weil der Insolvenzverwalter die alleinige Verwaltungs- und Verfügungsmacht nach § 80 Abs. 1 erlangt und die Inhaber des Besitzunternehmens ihren Willen in der Betriebsgesellschaft nicht mehr durchsetzen können. Die damit verbundene Beendigung der Be-

---

[311] BFH v. 29. 3. 1984, IV R 271/83, BStBl. II 1984, 602 = ZIP 1984, 853; vgl. oben RdNr. 57 ff.
[312] *Depré/Köbler* in Beck/Depré, Praxis der Insolvenz, § 22 RdNr. 71; *Meyer/Verfürth* BB 2007, 862, 865.
[313] Daraus folgert der BFH (BFH v. 9. 11. 1994, I R 5/94, ZIP 1995, 661), dass es sich bei der Einkommensteuerforderung in diesem Fall um eine Masseverbindlichkeit handelt, was insolvenzrechtlich unmöglich ist (vgl. *Hess/Mittlehner*, RdNr. 713 sowie oben RdNr. 65).
[314] *Frotscher*, S. 137 ff.; *Farr*, RdNr. 316.

triebsaufspaltung hat in aller Regel die Betriebsaufgabe beim Besitzunternehmen und die Versteuerung der in den Wirtschaftsgütern des Besitzunternehmens enthaltenen stillen Reserven zur Folge.

Die Betriebsaufgabe ist nach der BFH-Rechtsprechung nicht zwingend, wenn nach Aufhebung oder Einstellung des Insolvenzverfahrens und Fortführung des Unternehmens die personelle Verflechtung unverändert wieder auflebt oder eine steuerunschädliche Betriebsunterbrechung in Form einer Betriebsverpachtung oder eines ruhenden Betriebs vorliegt.[315] Der Besitzunternehmer kann jederzeit die Betriebsaufgabe erklären, was den Vorteil haben kann, dass der Teilwert der überlassenen wesentlichen Betriebsgrundlage wegen der längeren unentgeltlichen Nutzung durch die insolvente Betriebsgesellschaft niedriger sein kann als der Buchwert, so dass kein Aufgabegewinn entsteht.[316]

Die Qualifikation der Überlassung der wesentlichen Betriebsgrundlage als kapitalersetzend i. S. d. § 32a GmbHG hat keine Auswirkungen auf die steuerliche Anerkennung der Betriebsverpachtung, weil der Pachtvertrag fortbesteht mit der Besonderheit, dass der weiter anfallende Pachtzins nur als nachrangige Insolvenzforderung nach § 39 geltend gemacht werden kann. Die Betriebsverpachtung würde allenfalls durch die – für die Insolvenmasse nicht mit Vorteilen verbundene – Kündigung des Pachtvertrags durch den Insolvenzverwalter beendet.[317]

69 c Bei einer vorläufigen Insolvenzverwaltung hängt die Frage des Fortbestands der personellen Verflechtung vom Umfang der Verfügungsbefugnis des vorläufigen Insolvenzverwalters ab. Geht die Verfügungsbefugnis nach § 22 Abs. 1 auf den Verwalter über, endet die Betriebsaufspaltung regelmäßig im Zeitpunkt der Bestellung, hingegen ist für den Fall der Bestimmung der einzelnen Pflichten des Verwalters durch das Insolvenzgericht gem. § 22 Abs. 2 im Einzelfall zu prüfen inwieweit der einheitliche Betätigungswille noch ausgeübt werden kann.[318]

Ist das Insolvenzverfahren über das Vermögen beider Unternehmen eröffnet worden, hängt der Fortbestand der Betriebsaufspaltung davon ab, ob für beide Unternehmen derselbe Insolvenzverwalter bestellt worden ist und dieser – unabhängig von den möglicherweise unterschiedlichen Interessen der jeweiligen Gläubiger – einen einheitlichen Betätigungswillen verfolgt.[319] Die Betriebsaufspaltung erlischt aber spätestens im Zeitpunkt der Auflösung der Unternehmen. Zur Behandlung der auf den Veräußerungsgewinn ggf. entfallenden Einkommensteuer gelten die oben dargestellten Grundsätze unter RdNr. 50 ff. sowie für Besitzunternehmen in der Rechtsform der Personengesellschaft unter RdNr. 62 ff. entsprechend.

70 **4. Einkünfte aus Kapitalvermögen.** Zunächst wird noch einmal auf § 2 Abs. 1 EStG verwiesen, um klarzustellen, dass Einkünfte grundsätzlich dem Steuersubjekt zuzurechnen sind, bei dem sie durch Leistung erzielt wurden. Die Einkünfte aus Kapitalvermögen ergeben sich im Wesentlichen aus § 20 Abs. 1 EStG. Für das Insolvenzverfahren von Bedeutung sind insbesondere die in § 43 Abs. 1 Nr. 7 EStG genannten Kapitalerträge, die dem Steuerabzug als Kapitalertragsteuer einschließlich Zinsabschlag unterliegen. Die Steuerabzüge sind Erhebungsformen der Einkommensteuer auf die Kapitalerträge und haben den Charakter pauschaler Vorauszahlungen auf die endgültig festgesetzte Jahressteuer, die im Rahmen der Einkommensteuer- bzw. Körperschaftsteuerveranlagung auf die Steuerschuld angerechnet werden. Insolvenzrechtlich gelten die allgemeinen Grundsätze der Steuervorauszahlungen, der Steuerabzug ist unabhängig von der Insolvenzeröffnung vorzunehmen (vgl. RdNr. 74 ff.).[320]

---

[315] BFH v. 23. 4. 1996, VIII R 13/95, BStBl. II 1998, 325; v. 6. 3. 1997, IX R 2/96, BStBl. II 1997, 460; *Fichtelmann* EStB 2004, 75, 75 ff.
[316] *Fichtelmann* EStB 2004, 75, 76.
[317] *Fichtelmann* EStB 2004, 75, 76 f.
[318] *Waza/Uhländer/Schmittmann*, RdNr. 1110.
[319] *Fichtelmann* EStB 2004, 75, 75.
[320] *Waza/Uhländer/Schmittmann*, RdNr. 1272; *Frotscher*, S. 143.

Der Zinsabschlag erfasst die vom Insolvenzverwalter erwirtschafteten Festgeld- und Spareinlagenzinsen und beträgt 30 Prozent der Kapitalerträge. Konflikte entstehen, wenn Insolvenzschuldner und Steuersubjekt auseinanderfallen wie zB bei Personengesellschaften, die nicht dadurch gelöst werden können, dass eine Nichtveranlagungsbescheinigung (vgl. Tz. 72) beantragt wird. Diese setzt nämlich voraus, dass eine Veranlagung des Gesellschafters nicht in Betracht kommt. Ebenso wenig steht der Insolvenzmasse nach der BFH-Rechtsprechung ein Erstattungsanspruch auf die einbehaltene Kapitalertragsteuer gegen die Finanzbehörde zu.[321] Eine Lösung dieses Konflikts ermöglicht die Rechtsprechung des BGH, wonach der einbehaltene Zinsabschlag als Entnahme des Gesellschafters anzusehen ist und der Gesellschaft ein Erstattungsanspruch gegen den Gesellschafter zusteht. Dessen Realisierung kann allerdings an der Zahlungsunfähigkeit des Gesellschafters scheitern.[322]

Bei Dividenden beträgt die Kapitalertragsteuer 20% (ab 2009: 25%). Diese unterliegen beim Gesellschafter nach dem ab 2001 geltenden Halbeinkünfteverfahren im Hinblick auf die Vorbelastung mit Körperschaftsteuer nach § 3 Nr. 40 EStG nur der hälftigen Besteuerung, damit verbundene Werbungskosten sind allerdings auch nur hälftig abzugsfähig. Diese Besteuerungsgrundsätze gelten in gleicher Weise für verdeckte Gewinnausschüttungen. Soweit dabei auch bereits gezahlte Körperschaftsteuer erfasst wurde, vermeidet das Halbeinkünfteverfahren eine Doppelbesteuerung.[323] Gesellschaftsanteile und die entsprechenden Bezüge fallen nicht nur in die Insolvenzmasse, sondern die Bezüge aus Beteiligungen sind auch insolvenzsteuerrechtlich beachtlich. Im Hinblick auf eine drohende Insolvenz wird es häufig zu eventuell anfechtbaren Anteilsveräußerungen kurz vor der Insolvenzeröffnung kommen. Solange diese Anteilsübertragung Bestand hat, stellt sich daher insolvenzsteuerrechtlich die Frage, wer für welchen Zeitraum die Kapitaleinkünfte zu versteuern hat. In diesem Zusammenhang kann der Insolvenzverwalter für die Zeit der Gewinnverteilungsbeschlüsse nach der Anteilsübertragung immer auf den Käufer verweisen. Dies ergibt sich aus der Zurechnung gem. § 20 Abs. 2a EStG i. V. m. § 39 AO, die auf den Zeitpunkt des Gewinnverteilungsbeschlusses abstellen. Anderslautende Übertragungsvereinbarungen, mit denen der Verkäufer sich noch einen letzten Gewinn sichern wollte, stehen dem nicht entgegen.

Wurden bei der Anteilsveräußerung Gewinne erzielt, können diese als private Veräußerungsgewinne nach § 23 EStG (bei Veräußerung innerhalb eines Jahres nach Anschaffung), als einbringungsgeborene Anteile nach § 21 UmwStG i. V. m. § 16 EStG oder unter den Voraussetzungen des § 17 EStG (Mindestbeteiligung seit 2002 1%) beim Verkäufer der Einkommensteuerpflicht unterliegen.[324] **71**

Für Einkünfte aus Kapitalvermögen besteht ein Sparerfreibetrag nach § 20 Abs. 4 EStG, **72** der mit Wirkung ab 2007 auf EUR 750 (bei Zusammenveranlagung EUR 1500) abgesenkt wurde. In Höhe des Sparerfreibetrags kann bei der jeweiligen Bank zur Vermeidung des Steuerabzugs in Höhe des Sparerfreibetrags ein Freistellungsauftrag gestellt werden. Sofern für den Insolvenzschuldner eine Veranlagung nicht in Betracht kommt, kann eine Nichtveranlagungsbescheinigung nach § 44a Abs. 1 Nr. 2 EStG beantragt werden, die zu einer vollständigen Abstandnahme vom Steuerabzug berechtigt.

5. Geltendmachung der Einkommensteuerforderung. Die Einkommensteuerforderungen sind je nach dem Zeitpunkt ihrer Begründung als Insolvenzforderung oder als **73**

---

[321] BFH v. 9. 11. 1994, I R 5/94, BStBl. II 1995, 255 = ZIP 1995, 661; v. 15. 3. 1995, I R 82/93, ZIP 1995, 1275; *Kahlert/Rühland*, RdNr. 2361 ff.; vgl. auch oben RdNr. 65.
[322] BGH ZIP 1995, 462; LG Freiburg LSK 2000, 110118; *Kahlert/Rühland*, RdNr. 2367 ff.; *Waza/Uhländer/Schmittmann*, RdNr. 1288.
[323] Mit Wirkung ab 2009 ist die Steuerpflicht der Dividenden mit der Abgeltungsteuer (25%) – ohne Abzugsfähigkeit von über dem Pauschbetrag von EUR 801 liegenden Werbungskosten – abgegolten. Für Gesellschafter mit einer Beteiligung von mindestens 25% (oder mindestens 1% bei beruflicher Tätigkeit für die Gesellschaft) gilt ein Optionsrecht zur Besteuerung nach dem Teileinkünfteverfahren (Steuerpflicht der Dividende bzw. Werbungskostenabzug in Höhe von 60%).
[324] Ab 2009 unterliegen Veräußerungsgewinne grundsätzlich unabhängig von einer Veräußerungsfrist der Abgeltungsteuer (25%). Bei einer Mindestbeteiligung von 1% findet das Teileinkünfteverfahren Anwendung (vgl. Fußnote 323).

Masseverbindlichkeit einzustufen,[325] und dementsprechend entweder nach § 38 zur Tabelle anzumelden oder festzusetzen, und dem Insolvenzverwalter mitzuteilen.

74 Zu unterscheiden ist dabei allerdings zwischen den Einkommensteuerabschlusszahlungen und den -vorauszahlungen. Abschlusszahlungen für einen Veranlagungszeitraum und Vorauszahlungen die nach der Verfahrenseröffnung fällig werden, sind immer dann Masseverbindlichkeiten, wenn die Eröffnung des Insolvenzverfahrens in den Veranlagungszeitraum fällt. Dabei ist die Forderung nämlich nach insolvenzsteuerrechtlichen Grundsätzen erst nach der Eröffnung des Verfahrens als begründet anzusehen. Vorher begründete Forderungen und insbesondere auch Vorauszahlungen, die vor der Verfahrenseröffnung fällig waren, sind Insolvenzforderungen. Die Fälligkeit der Vorauszahlungen richtet sich nach § 37 Abs. 1 EStG und bezieht sich immer auf das jeweilige Vierteljahr. Das insolvenzrechtliche Prinzip der Einordnung als Masseverbindlichkeiten oder Insolvenzforderung entsprechend der Zuordnung der Einkünfte zu den einzelnen Vermögensmassen ist bei Vorauszahlungen jedoch nicht durchführbar, da sie in keiner Verbindung zu den einzelnen Einkünften stehen. Somit richtet sich die Durchsetzung der Steuerschuld im Insolvenzverfahren allein nach dem Entstehungszeitpunkt, da eine eindeutige Zuordnungsmöglichkeit fehlt.[326]

75, 76 Hinsichtlich aller als Insolvenzforderung einzustufenden Forderungen, die noch nicht fällig sind, gilt für die Forderungsanmeldung die Fiktion des § 41.[327]

77 Soweit schließlich Vorauszahlungen und Steuerabzüge anzurechnen sind, sich dabei aber zeitliche und materielle Zuordnungsprobleme zu den Steuerschulden ergeben, die ihrerseits eindeutig den jeweiligen Zeiträumen und Einkünften zuzuordnen sind, erfolgt die Zuordnung allein nach zeitlichen Gesichtspunkten. Obwohl die Einkommensteuer eine Jahressteuer ist, darf die Anrechnung nur mit demjenigen Masseteil (Insolvenzforderung und Masseverbindlichkeit) erfolgen, der auch die Vorauszahlung und der Steuerabzug zugeordnet werden.[328] Dadurch wird die Verrechnung wertverschiedener Forderungen vermieden.

78 **6. Durch den vorläufigen Insolvenzverwalter begründete Einkommensteuer.** Die durch den vorläufigen Insolvenzverwalter – etwa durch Veräußerungen begründete Einkommensteuer – ist gem. § 55 Abs. 2 eine Masseverbindlichkeit des Insolvenzverfahrens. Soweit ein starker vorläufiger Insolvenzverwalter bestellt ist und dieser Verbindlichkeiten begründet, wird er somit einem endgültigen Verwalter gleichgestellt. Diese Vorschrift ist sowohl auf vertragliche, wie auch auf kraft Gesetzes entstehende Ansprüche anwendbar.[329] Daher ist die Einkommensteuer festzusetzen und dem Insolvenzverwalter mitzuteilen. Dadurch, dass es sich nicht um eine Insolvenzforderung handelt, besteht bei der Vermögensveräußerung für den vorläufigen Insolvenzverwalter keine Gestaltungsmöglichkeit durch einen frühen Verkauf. Wegen der Haftung des vorläufigen Insolvenzverwalters für nicht erfüllbare Masseverbindlichkeiten nach § 61 muss er sich bereits vorsehen und die Massesuffizienz ständig beachten.

79 Der vorläufige Insolvenzverwalter ist zur Abgabe der Einkommensteuererklärungen für die durch ihn begründeten Einkünfte lediglich eingeschränkt verpflichtet.[330] Das Finanzamt kann ihm jedoch auf Antrag eine Fristverlängerung gewähren, so dass der Insolvenzverwalter die Erklärungspflicht zu erfüllen hat.

80 **7. Veranlagung in der Insolvenz.** Der Schuldner ist auch im Insolvenzverfahren Steuerpflichtiger. Es erfolgt daher eine einheitliche Besteuerung, die durch die Eröffnung des Insolvenzverfahrens nicht unterbrochen wird. Eine gesonderte Festsetzung ist nicht

---

[325] Vgl. oben RdNr. 43 ff.
[326] *Frotscher*, S. 146 f.; *Waza/Uhländer/Schmittmann*, RdNr. 1253 f.; *Onusseit*, RdNr. 562 ff.; aA *Fichtelmann*, RdNr. 851.
[327] Vgl. zu § 41 und insbesondere zur Abzinsung unten RdNr. 272 f.
[328] BFH v. 29. 3. 1984, IV R 271/83, BStBl. II 1984, 602 = ZIP 1984, 853; *Frotscher*, S. 148.
[329] *Frotscher*, S. 44; *Waza/Uhländer/Schmittmann*, RdNr. 105 f. Nach der KO handelte es sich um Konkursforderungen i. S. d. § 3 KO, BFH v. 29. 4. 1986, VII R 184/83, BStBl. II 1986, 586 = ZIP 1986, 849.
[330] Vgl. oben RdNr. 21 ff.

vorgesehen.³³¹ Steuererklärungen werden von dem Verwalter abgegeben, der hierzu nach § 80 Abs. 1, § 34 Abs. 3 AO verpflichtet ist.

Dies gilt auch im Falle der Veranlagung von Ehegatten, die auch bei Eröffnung des **80 a** Insolvenzverfahrens weiterhin nach den einkommensteuerrechtlichen Regeln erfolgt. Es gilt also weiterhin das Wahlrecht zwischen getrennter Veranlagung und Zusammenveranlagung gem. § 26 Abs. 1 EStG. Wird über das Vermögen des Schuldners das Insolvenzverfahren eröffnet, stellt sich die Frage, ob das Wahlrecht nun durch den Insolvenzverwalter oder den Schuldner selbst ausgeübt werden kann. Nach § 80 verliert der Schuldner mit Eröffnung des Verfahrens das Recht, die Masse zu verwalten und über sie zu verfügen. Dieses Wahlrecht zählt nach der – zum Wahlrecht des Erben ergangenen – BFH-Rechtsprechung nicht zu den höchstpersönlichen Rechten des Steuerpflichtigen, sondern hängt mit dem Vermögen des Schuldners zusammen und unterliegt somit dem Verwaltungsbereich des Insolvenzverwalters.³³² Die wohl hM im Schrifttum geht unter Berufung auf diese Rechtsprechung davon aus, dass dem Insolvenzverwalter das Wahlrecht nach § 26 Abs. 1 EStG zusteht, weil es sich nicht um ein höchstpersönliches Wahlrecht handelt.³³³ Ob diese zum Wahlrecht des Erben ergangene und damit nur mittelbar einschlägige BFH-Rechtsprechung uneingeschränkt auf die Wahlrechtsausübung durch den Insolvenzverwalter übertragen werden kann, ist höchstrichterlich zumindest aus steuerrechtlicher Sicht noch nicht abschließend geklärt.³³⁴

Demgegenüber hat der BGH für das Zivilrecht nunmehr klargestellt, dass die oben genannte **80 b** BFH-Rechtsprechung zum Wahlrecht des Erben auch für den Fall der Insolvenz eines Ehegatten anwendbar ist und das Veranlagungswahlrecht kein höchstpersönliches Recht, sondern ein Verwaltungsrecht darstellt. Nach Auffassung des BGH steht einer Ausübung des Wahlrechts durch den Insolvenzverwalter die vom BFH im Urteil vom 29. 2. 2000 angenommene Unübertragbarkeit des Wahlrechts nichts entgegen.³³⁵ Der BGH hat zudem nochmals klargestellt, dass bei einem konkludenten, durch langjährige Wahl der Zusammenveranlagung manifestierten Verzicht auf den Gesamtschuldnerausgleich die Zustimmung zur Zusammenveranlagung durch den Insolvenzverwalter nicht von einem internen Ausgleich des Nachteils in Höhe des Steuererstattungsbetrags, der im Falle der getrennten Veranlagung entsteht, abhängig gemacht werden kann.³³⁶ Ausgleichsansprüche aus derartigen Vereinbarungen sind allerdings nur als Insolvenzforderung zu behandeln. Insolvenzbeständig kann dagegen allenfalls ein vorweggenommener Erlass des familienrechtlichen Ausgleichsanspruchs bei der Zusammenveranlagung sein, dessen Feststellung jedoch strengen Anforderungen unterliegt.³³⁷

Der Insolvenzverwalter kann die getrennte Veranlagung wählen, wenn nur dadurch eine **80 c** Steuererstattung für die Insolvenzmasse zu realisieren ist. Es liegt hierbei keine willkürliche oder rechtsmissbräuchliche Ausübung des Wahlrechts vor.³³⁸ Vielmehr kann durch die Wahl der getrennten Veranlagung nach missbräuchlichen Gestaltungen bei insolventen Arbeitnehmern in Form eines Wechsels des Insolvenzschuldners zur Lohnsteuerklasse V und der damit verbundenen Verringerung des pfändbaren Anteils am laufenden Einkommen begegnet werden.³³⁹ Zwar kann ein Ehegatte nach § 1353 BGB vom anderen Ehegatten die Zusammenveranlagung verlangen, wenn sich dadurch seine Steuerschuld verringert. Führt die Zusammenveranlagung beim anderen Ehegatten allerdings zu einer zusätzlichen steuerlichen

---

³³¹ *Gottwald/Frotscher* § 120 RdNr. 1.
³³² BFH v. 15. 10. 1964, VI 175/63 U, BStBl. III 1965, 86; *Weis* in *Hess/Weis/Wienberg* § 55 RdNr. 420.
³³³ *Kahlert/Rühland*, RdNr. 2411 ff.; *Frotscher*, S. 97; *Farr*, RdNr. 298; *Waza/Uhländer/Schmittmann*, RdNr. 1136; *Maus*, RdNr. 384; *Mork/Heß* ZInsO 2007, 314, 314 ff.; aA *Weis* FR 1992, 255, 260 ff.; *Englisch* NJW 2007, 2557 f.
³³⁴ Zustimmend: FG Münster v. 7. 12. 2006, 2 K 5809/04, LSK 2007, 190799; kritisch *Englisch* NJW 2007, 2557 f.
³³⁵ BGH ZIP 2007, 1917; BFH v. 29. 10. 1963, VI 266/61 U, BStBl. III 1963, 597; v. 29. 2. 2000, VII R 109/98, BStBl. II 2000, 1079; OFD Frankfurt/M., Vfg. v. 8. 11. 2007, S 2262 A – 9 – St 216, DB 2008, 266.
³³⁶ BGH NJW 2002, 1570; *Kahlert/Rühland*, RdNr. 2430 ff.; *Englisch* NJW 2007, 2557 f.
³³⁷ BGH ZIP 2007, 1917.
³³⁸ FG Münster v. 7. 12. 2006, 2 K 5809/04, LSK 2007, 190799.
³³⁹ *Mork/Heß* ZInsO 2007, 314.

Belastung, besteht nach ständiger BGH-Rechtsprechung nur dann ein Anspruch auf Zustimmung, wenn die aus der Zusammenveranlagung entstehenden Nachteile Zug um Zug ersetzt werden. Dementsprechend kann ein Ehegatte vom Insolvenzverwalter des anderen Ehegatten die Zustimmung zur Zusammenveranlagung nur beanspruchen, wenn dem Insolvenzverwalter die damit verbundenen steuerlichen Nachteile ersetzt werden.[340] Da aber die Veranlagungsart auch Auswirkungen auf die Besteuerung von eventuellen insolvenzfreien Einkünften des Schuldners hat, steht diesem das Wahlrecht ebenfalls zu, was aber nur selten der Fall sein wird.[341] Ist das Insolvenzverfahren über das Vermögen eines Ehegatten eröffnet worden, so kann es somit nur zu einer Zusammenveranlagung kommen, wenn der Schuldner, sein Ehegatte und der Insolvenzverwalter die Zusammenveranlagung wählen. Entscheidet sich also nur einer der Beteiligten gegen das Wahlrecht, erfolgt eine getrennte Veranlagung.[342]

80 d Bei einer Zusammenveranlagung der Ehegatten werden die Einkünfte des in Insolvenz gefallenen Ehegatten, d. h. vorinsolvenzliche Einkünfte und Einkünfte der Masse, mit seinen insolvenzfreien Einkünften und denen des Ehegatten zusammengerechnet. Es ergibt sich sodann ein einheitliches Einkommen und eine einheitliche Steuerschuld, die anschließend nach den insolvenzrechtlichen Grundsätzen in Insolvenzforderung und Masseverbindlichkeit aufzuteilen ist. Kommt es also zu einer Zusammenveranlagung der Ehegatten und erhält der Insolvenzverwalter notwendigerweise Einsicht in die Vermögensverhältnisse des Ehegatten, ist die Offenbarung der Verhältnisse des Ehegatten, der sich nicht im Insolvenzverfahren befindet, gem. § 30 Abs. 2 Nr. 1 a, Abs. 4 Nr. 1 AO gerechtfertigt.[343]

Zur Vermeidung einer Inanspruchnahme des solventen Ehegatten mit Steuerforderungen des insolventen Ehegatten, ist auf Antrag die Aufteilung der Gesamtschuld nach §§ 268 ff. AO zu beantragen, die im Wege einer fiktiven getrennten Veranlagung erfolgt. Bei einer Steuererstattung steht diese grundsätzlich demjenigen zu, der die zu erstattende Steuer an das Finanzamt bezahlt hat. Einkommensteuer-Vorauszahlungen werden grundsätzlich nach Köpfen 50:50 aufgeteilt, sofern der zahlende Ehegatte nicht deutlich gemacht hat, dass er seine eigene Steuerschuld tilgen will. Für den insolventen Ehegatten kann sich damit bei Verlusten des insolventen Ehegatten eine nicht unerhebliche Steuererstattung ergeben.[344]

Hat einer der Ehegatten in den Vorjahren einen vortragsfähigen Verlust erlitten und steht diesem in den folgenden Jahren kein Gewinn dieses Ehegatten gegenüber, kann ein Verlustabzug gem. § 10 d EStG mit den Einkünften des anderen Ehegatten vorgenommen werden, auch wenn inzwischen das Insolvenzverfahren über das Vermögen eines Ehegatten eröffnet worden ist.[345] Damit können Verluste des Insolvenzschuldners durch die Zusammenveranlagung grundsätzlich beim anderen Ehegatten zu einer Erstattung bzw. Begünstigung führen. Ob insoweit die Interessen der Gläubiger hinreichend gewahrt sind, ist außerhalb des Steuerrechts zu klären.[346]

80 e Wird eine getrennte Veranlagung gewählt entsteht kein einheitliches Einkommen und keine einheitliche Steuerschuld, da gem. § 26 a EStG jedem Ehegatten die Einkünfte zuzurechnen sind, die er erzielt hat. Auch bei der Wahl der getrennten Veranlagung darf die Zustimmung des Insolvenzverwalters nicht fehlen. Sonderausgaben und außergewöhnliche Belastungen werden in Höhe des bei einer Zusammenveranlagung in Betracht kommenden Betrags bei beiden Veranlagungen je zur Hälfte abgezogen, sofern der Insolvenzverwalter und der nicht in Insolvenz gefallene Ehegatte nichts Anderes beantragen.[347]

---

[340] BGH NJW 2003, 2982; NJW-RR 2005, 225; *Kahlert/Rühland,* RdNr. 2426 f.; *Mork/Heß* ZInsO 2007, 314, 317.
[341] *Farr,* RdNr. 298; *Kahlert/Rühland,* RdNr. 2394 ff.; *Waza/Uhländer/Schmittmann,* RdNr. 1136.
[342] *Frotscher,* S. 98; *Farr,* RdNr. 298.
[343] BFH v. 15. 6. 2000, BStBl. II 2000, X B 13/00, 431 = ZIP 2000, 1262; *Frotscher,* S. 98.
[344] *Farr,* RdNr. 301 ff.; *Waza/Uhländer/Schmittmann,* RdNr. 1140 f.
[345] BFH v. 4. 9. 1969, IV R 288/66, BStBl. II 1969, 726; *Frotscher,* S. 99.
[346] *Grönwoldt,* DStR 2008, 18, 21; vgl. hierzu oben RdNr. 80 c.
[347] *Farr,* RdNr. 305; *Kahlert/Rühland,* RdNr. 2390 f.

Eine Ausnahme stellt die Veranlagung im Insolvenzverfahren über das Vermögen des im **80 f** Handelsregister Eingetragenen dar. Insoweit beginnt nämlich mit der Eröffnung ein neues Geschäftsjahr (§ 155 Abs. 2). Dem folgt das Wirtschaftsjahr, für dessen steuerliche Wirksamkeit zwar grundsätzlich die Zustimmung des Finanzamts erforderlich ist (§ 4a Abs. 1 Nr. 2 Satz 2 EStG). Da dies aber kraft Gesetz erfolgt, ist eine Zustimmung nicht erforderlich.[348]

II. Körperschaftsteuer

Schrifttum: *Dötsch/Jost/Pung/Witt,* Die Körperschaftsteuer, Stand Februar 2008; *Frotscher/Maas,* KStG, UmwStG, Kommentar, Stand Januar 2008; *Gosch,* KStG, Kommentar, 2005; *Streck,* KStG, Kommentar, 6. Aufl. 2003; *Fichtelmann,* Körperschaftsteuer und Insolvenz, StLex 6, 0, 207; *Gilz/Kuth,* Mindestbesteuerung-Situation im Insolvenzverfahren, DStR 2005, 184; *Hutzen,* Die „Umgliederungsfalle" im Systemwechsel des Körperschaftsteuerrechts, ZInsO 2001, 158; *Schmittmann,* Neues zum KSt-Guthaben in der Insolvenz, ZInsO 2007, 1105.

1. Allgemeines. Körperschaftsteuerpflichtig sind Kapitalgesellschaften, und andere Kör- **81** perschaften (§ 1 Abs. 1 KStG). Bemessungsgrundlage ist das zu versteuernde Einkommen, welches nach den Vorschriften des Einkommensteuergesetzes, ergänzt durch das Körperschaftssteuergesetz ermittelt (§ 7, § 8 Abs. 1 KStG). Der Steuersatz beträgt 15 Prozent (§ 23 Abs. 1 KStG; vor Veranlagungszeitraum 2008: 25%). Die Durchführung der Besteuerung und Veranlagung erfolgt entsprechend den Vorschriften des Einkommensteuergesetzes (§ 31 Abs. 1 KStG). Die Körperschaftsteuerpflicht besteht auch im Insolvenzverfahren für die aufgelöste Körperschaft (§ 262 Abs. 1 Nr. 3 AktG, § 60 Abs. 1 Nr. 4 GmbHG, § 101 GenG) und wie bei der Einkommensteuer ist nach Insolvenzforderungen und Masseverbindlichkeiten nach dem Zeitpunkt der Begründung zu unterscheiden. Ferner ist zu berücksichtigen, dass die Körperschaftssteuerbefreiung einer Körperschaft, die nach ihrer Satzung steuerbegünstigte Zwecke verfolgt, endet, wenn die eigentliche steuerbegünstigte Tätigkeit eingestellt und über das Vermögen der Körperschaft das Insolvenzverfahren eröffnet wird.[349] Grundsätzlich ergibt sich daher im Insolvenzverfahren über das Vermögen einer Körperschaft gegenüber der Einkommensteuer keine unterschiedliche Behandlung, so dass auf die entsprechenden Ausführungen (RdNr. 27 ff.) verwiesen werden kann. Die wesentlichen körperschaftsteuerlichen Besonderheiten werden im Folgenden dargestellt.

2. Veranlagungszeiträume. Mit der Insolvenzeröffnung beginnt handelsrechtlich ein **82** neues Geschäftsjahr (§ 155 Abs. 2 Satz 1). Mit der Bildung eines darauf folgenden Rumpfgeschäftsjahres kann allerdings nach hM wieder das im Gesellschaftsvertrag vereinbarte Geschäftsjahr hergestellt werden.[350] Da die Insolvenzeröffnung den Veranlagungszeitraum jedoch nicht unterbricht, ist die einheitlich ermittelte und festgesetzte Steuerschuld anteilig in Insolvenzforderung und Masseverbindlichkeit aufzuteilen, je nachdem ob die Körperschaftsteuer vor oder nach Insolvenzeröffnung begründet worden ist.[351] Aufgrund der Maßgeblichkeit der Handelsbilanz für die Steuerbilanz wird jedoch im Regelfall ein entsprechendes steuerliches (Rumpf-)Wirtschaftsjahr bis zur Insolvenzeröffnung (und ggf. danach) gebildet.[352] Solange der Insolvenzverwalter mit der Körperschaft werbend tätig ist oder ein Insolvenzplan bestätigt wird, der den Fortbestand vorsieht (§§ 217 ff.) bleibt es – jedenfalls zunächst – bei dem regelmäßigen (einjährigen) Besteuerungszeitraum des Wirtschaftsjahres.

Erst die Auflösung und Abwicklung (Liquidation), führen bei Kapitalgesellschaften, Er- **83** werbs- und Wirtschaftsgenossenschaften und Versicherungen auf Gegenseitigkeit zur Trans-

---

[348] *Gottwald/Frotscher* § 121 RdNr. 5; vgl. auch RdNr. 31 b.
[349] BFH v. 16. 5. 2007, I R 14/06, BStBl. II 2007, 808 = ZIP 2007, 1570.
[350] *Frotscher,* S. 35 mwN; aA *Weissang* BB 1998, 1149, wonach das mit Insolvenzeröffnung beginnende Geschäftsjahr mindestens 12 Monate dauern müsse.
[351] RFH v. 25. 10. 1938, RStBl. 1939, 355; v. 5. 3. 1940, RStBl. 1040, 715; *Waza/Uhländer/Schmittmann,* RdNr. 1353.
[352] BFH v. 17. 7. 1974, I R 233/71, BStBl. II 1974, 692; *Kahlert/Rühland,* RdNr. 2447; *Frotscher,* S. 36, 153 f.; krit. *Weissang* BB 1998, 1149.

formation des Wirtschaftsjahres zum sog. Abwicklungszeitraum (§ 11 KStG). Maßgeblicher Zeitpunkt ist dabei der tatsächliche Liquidationsbeginn,[353] zumal der Gesetzgeber zunächst von einer positiven Fortführungsprognose ausgeht (vgl. § 22 Abs. 1 Nr. 2).[354] Tritt dieses Ereignis im Laufe eines Wirtschaftsjahres ein, beginnt der Abwicklungszeitraum mit dem Beginn des Wirtschaftsjahres (im Regelfall der Insolvenzeröffnung), wenn nicht ein Rumpfwirtschaftsjahr bis zum Beginn der Abwicklung gebildet wird (KStR R 51).

84 Der Abwicklungszeitraum endet mit dem rechtsgültigen Abschluss der Liquidation, im Regelfall also der Vollbeendigung der aufgelösten Körperschaft. Grundsätzlich darf der Abwicklungszeitraum drei Jahre nicht übersteigen (§ 11 Abs. 1 Satz 2 KStG), kann aber nach Ermessen der Finanzverwaltung verlängert werden. Nach Ansicht des BFH darf das Finanzamt nach Ablauf der drei Jahre regelmäßig auch dann gegenüber der Kapitalgesellschaft einen Körperschaftsteuerbescheid erlassen, wenn für eine Steuerfestsetzung vor Abschluss der Liquidation kein besonderer Anlass besteht. Ein solches Vorgehen muss nach Ansicht des BFH nur dann begründet werden, wenn ein rechtliches Interesse der Kapitalgesellschaft an der Verlängerung des Besteuerungszeitraums über drei Jahre hinaus erkennbar ist.[355] Der sich einem Abwicklungszeitraum anschließende Zeitraum unterliegt wieder der jährlichen Besteuerung, so dass jeweils zum Jahresschluss eine Bilanz zur Gewinnermittlung anzufertigen ist und eine entsprechende Steuererklärung abgegeben werden muss.

85 Die Beendigung des Insolvenzverfahrens kann erst nach der körperschaftsteuerlichen Veranlagung des (abgeschlossenen) Abwicklungszeitraums erfolgen. Ist allerdings nach der Abwicklung kein Gewinn mehr zu erwarten und steht lediglich noch die Schlussverteilung aus, so kann die Körperschaftsteuer auf Antrag auf Null festgesetzt werden und dadurch der Veranlagungszeitraum und das Insolvenzverfahren abgekürzt werden.

86 **3. Einkommensermittlung im Abwicklungszeitraum.** Das Einkommen wird für den gesamten Abwicklungszeitraum einheitlich ermittelt, zu dessen Ende eine steuerliche Gewinnermittlungsbilanz (Liquidationsschlussbilanz) aufzustellen und eine Steuererklärung für den gesamten Zeitraum abzugeben ist.[356] Vorrangiger Zweck dieser Sonderregelung ist die Besteuerung der stillen Reserven sicherzustellen.[357]

87 Der Gewinn entspricht der Differenz zwischen Abwicklungs-Anfangsvermögen und Abwicklungs-Endvermögen (§ 11 Abs. 2 KStG). Abwicklungs-Anfangsvermögen ist das am Schluss des der Abwicklung vorangegangenen Wirtschaftsjahres vorhandene Betriebsvermögen zu Buchwerten abzüglich den Gewinnausschüttungen aus den vorherigen Wirtschaftsjahren (§ 11 Abs. 4 KStG). Maßgeblicher Zeitpunkt ist daher das Ende des letzten Wirtschaftsjahres oder das Ende des vor Abwicklungsbeginn oder vor Insolvenzeröffnung ggf. gebildeten Rumpfwirtschaftsjahres.[358] Letzterenfalls kann mit der Bestimmung des Abwicklungs-Anfangsvermögens sogleich die Insolvenzeröffnungsbilanz erstellt werden, die allerdings den Zeitwert des Vermögens darstellen soll.[359] Mit dieser Bilanz können später alle Forderungen der verschiedenen Steuerarten als Insolvenzforderung oder Masseverbindlichkeit zugeordnet werden. Abwicklungs-Endvermögen ist das nach der Vermögensverwertung und Befriedigung der Gläubiger (noch) verbleibende Vermögen, welches zur Verteilung an die Gesellschafter ansteht, abzüglich der Aufwendungen und steuerfreien Vermögenszuwendungen (zB Investitionszulage) (§ 11 Abs. 3 KStG).[360]

---

[353] *Frotscher*, S. 153 f.; *Kahlert/Rühland*, RdNr. 2447 mwN der RFH-Rspr.; *Maus*, S. 129; *Streck/Olgemöller* KStG § 11 RdNr. 15.
[354] *Waza/Uhländer/Schmittmann*, RdNr. 1372 f.
[355] BFH v. 18. 9. 2007, I R 44/06, BStBl. II 2008, 319.
[356] *Gottwald/Frotscher* § 96 RdNr. 3 ff.; vgl. *Budde/Firschle-Denkert*, Teil II Rz. 361.
[357] *Kahlert/Rühland*, RdNr. 2442; *Graffe* in *Dötsch/Jost/Prung/Witt* KStG § 11 RdNr. 1 ff.
[358] Vgl. BFH v. 17. 7. 1974, I R 233/71, BStBl. II 1974, 692; Abschn. 51 Abs. 1, Satz 3 KStR 2004.
[359] *Frotscher*, S. 32.
[360] Eine Verteilung des Einkommens an die Gesellschafter, verdeckte Gewinnausschüttungen, Gewinn- und Liquidationserlösbeteiligungen führen zu keiner Einkommensminderung (§ 8 Abs. 3 KStG).

Körperschaftsteuer **88–88 b Insolvenzsteuerrecht**

Die Körperschaftsteuer auf einen Liquidationsgewinn durch Realisierung stiller Reserven, **88** die vor der Eröffnung des Insolvenzverfahrens entstanden ist, ist nach der BFH-Rechtsprechung und Teilen des Schrifttums eine Masseverbindlichkeit.[361] Für eine Qualifizierung als Insolvenzforderung spricht hingegen, dass diese Vermögensmehrung eine sachliche Beziehung zu dem Vermögen vor Eröffnung der Insolvenz aufweist, also bereits vorhanden war, und nach Eröffnung nur die (technische) Realisierung eintritt, nicht aber eine Mehrung der Insolvenzmasse (vgl. RdNr. 50 ff.).[362]

Der (periodeninterne) Verlustausgleich erfolgt über den gesamten Abwicklungszeitraum, **88 a** was mit Blick auf die Mindestbesteuerung gem. § 10 d EStG steuerliche Vorteil haben kann. Ein (periodenübergreifender) Verlustabzug, insbesondere also die Nutzung von körperschaftsteuerlichen Verlustvorträgen im Abwicklungszeitraum, erforderte bis Veranlagungszeitraum 2008 die wirtschaftliche und rechtliche Identität der Körperschaft mit der Körperschaft die den Verlust erlitten hat.[363] Wurde dabei neues Betriebsvermögen zugeführt war dieses trotz fehlender wirtschaftlicher Identität ausnahmsweise unschädlich, wenn es der Sanierung diente und der Geschäftsbetrieb in den folgenden fünf Jahren fortgeführt wurde (§ 8 Abs. 4 Satz 3 KStG). Ab Veranlagungszeitraum 2008 gilt gem. § 8 c KStG eine vom Anteilsgegner abhängige Verlustabzugsbeschränkung.[364] Demnach erfolgt ein quotaler Untergang des Verlustes, wenn innerhalb eines Zeitraumes von 5 Jahren mittelbar oder unmittelbar mehr als 25% der Anteile an einen Erwerber oder ihm nahestehende Personen übertragen werden (schädlicher Anteilserwerb). Sobald innerhalb eines 5-Jahres-Zeitraums die Schwelle von 50% überschritten wird, geht der vorhandene Verlustvortrag vollständig unter. Einer Übertragung des gekennzeichneten Kapitals soll dabei u. a. eine Kapitalerhöhung gleichstehen, soweit sie zu einer Veränderung der Beteiligungsquoten am Kapital der Körperschaft führt. Liegt ein schädlicher Anteilserwerb vor, der zu einem quotalen Verlustuntergang führt, sind diese Anteilserwerbe für die Frage, ob ein erneuter quotaler Verlustuntergang vorliegt, nicht relevant. Sie sind jedoch zu berücksichtigen für die Frage des vollständigen Verlustuntergangs (Prüfung der 50%-Grenze), sofern diese innerhalb des 5-Jahres-Zeitraums erfolgt sind. Die Rechtsfolgen des § 8 c KStG treten erstmals für den Veranlagungszeitraum 2008 ein, wobei von der Neuregelung Beteiligungstransaktionen nach dem 31. 12. 2007 erfasst werden. Von besonderer Relevanz ist dabei, dass ein Sanierungsprivileg zum Erhalt der Verlustvorträge nach der Neuregelung mithin nicht (mehr) vorgesehen ist. Auf den Verlustfeststellungsbescheid zum 31. 12. 2007 sind dagegen noch die alten Mantelkaufregelungen anwendbar. Die Altregelung ist auch nach dem Veranlagungszeitraum 2007 parallel anwendbar, so dass ein Verlustuntergang eintritt, wenn während einer 5-Jahres-Frist, die vor 2008 beginnt mehr als 50% der Anteile übertragen werden oder bis Ende 2012 ein Verlust der wirtschaftlichen Identität stattfindet. Die Mindestbesteuerung (§ 10 d EStG) führt im Übrigen dazu, dass im Falle der Abwicklung der Gesellschaft der nichtnutzbare Verlustvortrag untergeht. Soweit ein Abwicklungsgewinn entsteht, wäre es daher politisch wünschenswert, eine Ausnahme von der Mindestbesteuerung zuzulassen.[365]

4. Körperschaftsteuerliche Organschaft. Bei einer körperschaftsteuerlichen Organ- **88 b** schaft bleibt die Organgesellschaft Steuersubjekt, ihr körperschaftsteuerliches Einkommen wird jedoch dem Organträger zugerechnet. Voraussetzung ist ein Ergebnisabführungsvertrag

---

[361] BFH v. 7. 11. 1963, IV 210/62 S, BStBl. III 1964, 70; v. 29. 3. 1984, IV R 271/83, BStBl. II 1984, 602 = ZIP 1984, 853; v. 11. 11. 1993, XI R 73/92, BStBl. II 1998, 705 = ZIP 1994, 1286, BFH/NV 1994, 477, 479; *Classen* BB 1985, 50; *Hübschmann/Hepp/Spitaler/Beermann* AO § 251 RdNr. 23 c; *Weis* in *Hess/Weis/Wienberg* § 55 RdNr. 531; *Tipke/Kruse/Loose* AO § 251 RdNr. 23 c; vgl. oben RdNr. 54.
[362] *HK-Eickmann* § 55 RdNr. 7; *Jaeger/Henckel* KO § 3 RdNr. 74; *Uhlenbruck* in *Uhlenbruck* § 30 RdNr. 38; *Frotscher*, S. 120 ff.; *Schwarz/Dißars* AO § 251 RdNr. 81; *Breutigam/Blersch/Goetsch*, RdNr. 35; *Gottwald/Frotscher* § 121 RdNr. 29 ff.; *Waza/Uhländer/Schmittmann*, RdNr. 1188 f.
[363] *Gosch/Roser* KStG § 8 RdNr. 1451 ff.
[364] *Wiese* DStR 2007, 741; *Rödder* DStR 2007, Beihefter zu Heft 40, 12 ff.
[365] *Gilz/Kuth* DStR 2005, 184, 185; vgl. oben RdNr. 49 a.

(vgl. §§ 291, 302 AktG) und die finanzielle Eingliederung der Organ(kapital)gesellschaft in das Unternehmen des Organträgers (§ 14 Abs. 1 KStG).

88 c **a) Insolvenz des Organträgers.** Mit der Eröffnung des Insolvenzverfahrens über das Vermögen des herrschenden Organträgers entfällt durch die praktische Unmöglichkeit der (vereinbarten) Verlustübernahme gegenüber der Organgesellschaft ein wesentlicher Zweck des Ergebnisabführungsvertrags. Daher wird die Organschaft nach weit verbreiteter Ansicht im Regelfall als beendet angesehen.[366] Dem soll auch nicht entgegenstehen, wenn die Organgesellschaft als Insolvenzgläubiger eingestuft würde, weil es im Regelfall entgegen der Vereinbarung nur zu einer teilweisen Erfüllung des Verlustübernahmeanspruchs kommen dürfte.[367] Nach anderer Auffassung bleibt die Organschaft zumindest dann bestehen und wird der Ergebnisabführungsvertrag lediglich kündbar, wenn der Insolvenzverwalter den Erhalt des Organträgers anstrebt.[368]

88 d **b) Insolvenz der Organgesellschaft.** Eine Insolvenz der Organgesellschaft alleine ist grundsätzlich ausgeschlossen, weil durch die Verlustübernahmeverpflichtung des Organträgers das Grund- oder Stammkapital der Organgesellschaft erhalten bleibt. Im Regelfall wird daher auch der Organträger insolvent sein. Wird über das Vermögen der Organgesellschaft das Insolvenzverfahren eröffnet, entfällt die finanzielle Eingliederung in das Unternehmen des Organträgers (Stimmrechtsmehrheit), weil das Verwaltungs- und Verfügungsrecht (Willensbildung) auf den Insolvenzverwalter übergeht (§ 80 Abs. 1). Der Organträger kann ab diesem Zeitpunkt seinen Willen in der Organgesellschaft nicht mehr durchsetzen.[369] Entsprechendes gilt bei der Bestellung des vorläufigen Insolvenzverwalters, dem die Verwaltungs- und Verfügungsmacht übertragen wird („starker" vorläufiger Insolvenzverwalter). Zudem endet der Ergebnisabführungsvertrag regelmäßig mangels Durchführbarkeit der (vereinbarten) Gewinnabführung, zumindest ab Liquidationsbeginn,[370] und jedenfalls dann, wenn – bei Insolvenz des Organträgers – auch der Verlustübernahme unmöglich wird.[371] Die Organschaft wird daher im Regelfall als beendet angesehen.[372] Bei der Bestellung eines „schwachen" vorläufigen Insolvenzverwalters besteht die Organschaft hingegen weiter, auch wenn Verfügungen des Schuldners nur mit Zustimmung des Insolvenzverwalters möglich sind.[373]

88 e **c) Gemeinsame Insolvenz.** Bei der Eröffnung des Insolvenzverfahrens sowohl des Organträgers als auch der Organgesellschaft, endet die Organschaft, auch wenn in beiden Insolvenzverfahren die gleiche Person Insolvenzverwalter ist. Da die Vermögensabführung der Organgesellschaft an den Organträger dem Zweck des Insolvenzverfahrens widerspricht, wird der Ergebnisabführungsvertrag nicht mehr durchgeführt.

88 f **d) Folgen der Beendigung.** Aufgrund der Beendigung der Organschaft ist das Ergebnis bei der (ehemals Organ-)Gesellschaft selbst zu versteuern.[374] Wegen der Vergleichbarkeit zur Kündigung aus wichtigem Grund wirkt diese Beendigung steuerlich (nur) auf den Beginn des betroffenen Wirtschaftsjahres zurück (analog § 14 Abs. 1 Nr. 3 Satz 3 KStG).[375]

88 g **5. Körperschaftsteuerguthaben (§ 37 KStG).** Durch das SEStEG[376] wurde die bisher vorgesehene ausschüttungsabhängige Regelung bei der Mobilisierung von Körperschaft-

---

[366] BGH ZIP 1988, 229; *Lutter/Hommelhoff* GmbHG, 16. Aufl., 2004, Anhang § 13, RdNr. 71; *Gottwald* § 96 RdNr. 1; *Uhlenbruck/Hirte* § 11 RdNr. 407.
[367] *Fichtelmann*, StLex 6, 0, 207, 212; vgl. ferner *Hüffer* AktG § 302 RdNr. 28.
[368] *Waza/Uhländer/Schmittmann*, RdNr. 1361; *Frotscher*, S. 151; *Fichtelmann* GmbHR 2005, 1346, 1347 f.
[369] *Frotscher*, S. 151.
[370] BGH ZIP 1988, 229; *Waza/Uhländer/Schmittmann*, RdNr. 1361 f.
[371] *Fichtelmann* GmbHR 2005, 1346, 1348.
[372] Differenzierend *Waza/Uhländer/Schmittmann*, RdNr. 1363; *Frotscher*, S. 151.
[373] BFH v. 1. 4. 2004, V R 24/03, BStBl. II 2004, 905 = ZIP 2004, 1269.
[374] *Fichtelmann* StLex 6, 0, 207, 212.
[375] *Frotscher/Maas* KStG § 14 RdNr. 360; *Fichtelmann* GmbHR 2005, 1346, 1349; *Fichtelmann*, StLex 6, 0, 2007, 212; vgl. auch Abschn. 60 Abs. 6 KStR 2004.
[376] BGBl. I 2006, 2782.

steuerguthaben durch eine ausschüttungsunabhängige ratierliche Auszahlung des zum 31. Dezember 2006 vorhandenen Körperschaftsteuerguthabens ersetzt. Letztmalig zum 31. Dezember 2006 oder in Umwandlungs- oder Liquidationsfällen zu einem früheren Stichtag, wird das Körperschaftsteuerguthaben ermittelt (§ 37 Abs. 4 KStG). Die Körperschaft hat innerhalb eines Auszahlungszeitraums von 2008 bis 2017 einen unverzinslichen Anspruch auf Auszahlung des ermittelten Körperschaftsteuerguthabens in zehn gleichen Jahresbeträgen. In den Fällen in denen bereits vor dem 1. Januar 2007 das Insolvenzverfahren über das Vermögen der Kapitalgesellschaft eröffnet worden ist, hat ein Antrag auf Auszahlung des Körperschaftsteuerguthabens zur Insolvenzmasse durch den Insolvenzverwalter trotz etwaiger Aufrechnungsbegehren durch das FA Aussichten auf Erfolg. Weil das Körperschaftsteuerguthaben kraft Gesetzes mit Ablauf des Jahres 2006 begründet ist (§ 37 Abs. 5 Satz 2 KStG) kann es nicht mit Insolvenzforderungen aufgerechnet werden (§ 96 Abs. 1 Nr. 1) und steht nach § 35 der Insolvenzmasse zu.[377] Eine Auszahlung an einen Insolvenzverwalter kommt nur nach den Regelungen des § 37 Abs. 5 KStG in Betracht, also in zehn gleichen Jahresbeträgen innerhalb des Auszahlungszeitraumes von 2008 bis 2017.[378] Das Vorhandensein von massezugehörigen Forderungen, die erst in weiter Zukunft fällig werden und deren Verwertung somit nicht von Handlungen des Insolvenzverwalters abhängig ist, hindert die Schlussverteilung und die Aufhebung des Insolvenzverfahrens jedoch nicht zwingend. Der Insolvenzverwalter hat die Möglichkeit, die Forderung abzutreten oder in die Schlussrechnung und in das Schlussverzeichnis mit aufzunehmen. Eine Nachtragsverteilung kommt jedoch nicht in Betracht, da sich derartige Sachverhalte nicht unter die abschließende Aufzählung des § 203 Abs. 1 Nr. 1–3 subsumieren.[379] Praktisch werden aber viele Insolvenzverfahren nicht abgeschlossen werden können, da noch Körperschaftsteuerguthaben einzuziehen ist, denn eine Abtretung dürfte nur in den seltensten Fällen für eine Bank wirtschaftlich interessant sein.[380]

6. Verdeckte Einlagen. Soweit ein Gesellschafter seiner Kapitalgesellschaft gegenüber auf eine werthaltige Forderung verzichtet, ist dies eine verdeckte Einlage.[381] Allgemein liegen verdeckte Einlagen im Regelfall dann vor, wenn ein Gesellschafter oder eine ihm nahestehende Person außerhalb der gesellschaftsrechtlichen Einlagen einen einlagefähigen Vermögensvorteil zuwendet und dies durch das Gesellschaftsverhältnis veranlasst ist.[382] Soweit verdeckte Einlagen den Steuerbilanzgewinn der Gesellschaft erhöht haben, sind sie zu „neutralisieren" (§ 8 Abs. 3 Satz 3 KStG), d. h. außerbilanziell bei der Ermittlung des zu versteuernden Einkommens in Abzug zu bringen. Eine Veranlassung durch das Gesellschaftsverhältnis liegt immer dann vor, wenn ein Nichtgesellschafter bei Anwendung der Sorgfalt eines außerordentlichen Kaufmanns den Vermögensvorteil der Gesellschaft nicht eingeräumt hat, was anhand eines Fremdvergleichs geprüft wird. Der vorgenannte Verzicht des Gesellschafters führt bei ihm zum Zufluss des werthaltigen Teils der Forderung. Soweit ein Gesellschafter auf die Forderung unter der auflösenden Bedingung verzichtet, dass im Besserungsfall die Forderung wieder aufleben soll, ist dies eine steuerliche anzuerkennende Form der Kapitalrückhaltung.[383]

III. Lohnsteuer

Schrifttum: OFD Hannover, Vfg. v. 19. 6. 2002, S 2295 – 49 – StO 211/S 2295 – 79 – StH 215, DB 2002, 1477; *Figge*, Sozialversicherungshandbuch, Beitragsrecht Stand April 2007; Handbuch zur Lohnsteuer 2008; *Hartz/Meeßen/Wolf*, ABC-Führer Lohnsteuer, 4. Auflage Stand Februar 2008; *Heuermann/Wagner*, Lohnsteuer, 1997, Stand Februar 2008; *Knobbe-Keuk*, Die Lohnsteuer im Konkurs des Arbeitgebers, DB 1973,

---

[377] Vgl. ausführlich zur Anrechnung RdNr. 25 ff.
[378] Vgl. OFD Münster, Kurzinformation Verfahrensrecht Nr. 10/2007 v. 20. 4. 2007, Beck.Verw. 091390.
[379] OFD Münster, aaO.
[380] *Schmittmann* ZInsO 2007, 1105.
[381] *Waza/Uhländer/Schmittmann*, RdNr. 1369.
[382] Abschn. 40 Abs. 1 KStR 2004.
[383] H 40 „Forderungsverzicht gegen Besserungsschein" KStR 2004.

Insolvenzsteuerrecht 89–91

2029; *Küttner*, Personalhandbuch 2006, 14. Auflage 2007; *Schmidt*, Einkommensteuergesetz, Kommentar, 27. Auflage 2008; *Trappe*, ABC-Führer Sozialversicherung, Stand Februar 2008; *Fichtelmann*, Zur Frage der Lohnsteuerpflicht der vom Konkursverwalter an den Gemeinschuldner gezahlten Vergütung, FR 1977, 439; *Urban*, Die Besteuerung des Arbeitslohns bei gesetzlichem Forderungsübergang auf Sozialleistungsträger, DB 1989, 1438; *ders.* Konkursausfallgeld, Insolvenzgeld und Lohnsteuer, DB 1998, 2087; *Will*, Insolvenz und Sozialversicherungsbeitrag, Mitteilung der bayrischen Landesversicherungsanstalten 07/2005.

89   Die Lohnsteuer ist eine spezielle Vorauszahlung der Einkommensteuer bei den Einkünften aus nichtselbständiger Arbeit, die bei dem Arbeitgeber durch Abzug vom Arbeitslohn erhoben wird (§ 38 EStG). Demzufolge gelten für die Lohnsteuer die Ausführungen zur Einkommensteuer grundsätzlich in gleicher Weise, insbesondere hinsichtlich der Frage der Anrechnung der Lohnsteuer auf die Einkommensteuerschuld (vgl. RdNr. 74 ff.). Zwar ist der Arbeitnehmer Schuldner der Einkommensteuer, aber den Arbeitgeber und damit auch den Insolvenzverwalter trifft die Pflicht zur Einbehaltung und Abführung der Lohnsteuer. Gleichwohl kann es zu einer gesamtschuldnerischen Haftung auch des Arbeitnehmers gem. § 42 d Abs. 3 Satz 4 EStG kommen.

90   **1. Lohnsteuer in der Insolvenz des Arbeitnehmers.** Ist der Arbeitnehmer Schuldner eines Insolvenzverfahrens und hat der Arbeitgeber die Lohnsteuer nicht vorschriftsmäßig vom Lohn einbehalten und in Kenntnis des Arbeitnehmers falsch angemeldet, so haftet der Arbeitnehmer neben dem Arbeitgeber gem. § 42 d Abs. 3 Satz 4 EStG für die nichtabgeführte Lohnsteuer. Der Arbeitnehmer kann seine Haftung vermeiden, sofern er den Sachverhalt dem Betriebstättenfinanzamt unverzüglich mitteilt.[384]

Reicht der Barlohn nicht zur Deckung der Lohnsteuer aus, was insbesondere bei der Gewährung hoher Sachbezüge, Abschlagszahlungen oder der Gewährung von Bezügen durch Dritte der Fall sein kann, besteht wegen des Fehlbetrags ein direkter Anspruch des Finanzamts gegen den Arbeitnehmer aus § 38 Abs. 4 Satz 4 EStG, sofern der Arbeitnehmer den Lohnsteuerfehlbetrag nicht an den Arbeitgeber erstattet hat. In diesem Fall kann der Arbeitgeber eine Haftung durch eine unverzügliche Anzeige an das Betriebstättenfinanzamt gem. § 38 Abs. 4 Satz 2 und 3 i. V. m. § 42 d Abs. 2 EStG vermeiden.[385]

Werden Nettolohnvereinbarungen getroffen, so ist der ausbezahlte Nettolohn so zu sehen, als ob die Steuerbeträge vom Bruttolohn ordnungsgemäß gekürzt wurden. Der Arbeitnehmer kann in diesem Fall eine Haftung nach § 42 d Abs. 3 Satz 4 EStG vermeiden, sofern der Nachweis der Nettolohnvereinbarung erbracht werden kann und der Arbeitnehmer den Lohnsteuerabzug durch Übergabe einer Lohnsteuerkarte ermöglicht hat und der Arbeitgeber die Lohnsteuer vorschriftsmäßig einbehalten und abgeführt hat.[386] Ist Lohnsteuer zu Unrecht einbehalten und abgeführt worden, steht der Erstattungsanspruch nur dem Arbeitnehmer zu.

91   Die Lohnsteuerforderung gegen den Arbeitnehmer wird in einem Insolvenzverfahren als Insolvenzforderung oder Masseverbindlichkeit geltend gemacht, je nachdem, wann die Forderung insolvenzsteuerrechtlich begründet war. Dieser Zeitpunkt fällt mit dem der Lohnanspruchsbegründung zusammen. Insolvenzrechtlich ist die Lohnsteuerforderung des Finanzamts dann begründet, wenn die arbeitsvertraglich geschuldete Arbeitsleistung erbracht wurde. Auf das Zufließen des Arbeitslohns kommt es nicht an. Ist die Arbeitsleistung, für die der Lohnanspruch besteht, vor der Eröffnung des Insolvenzverfahrens erbracht worden, so handelt es sich um eine Insolvenzforderung, anderenfalls um eine Masseverbindlichkeit. Letzteres jedoch nur, weil § 35 auch das während des Verfahrens erlangte Vermögen zur Insolvenzmasse definiert, während es sich bei der Arbeitskraft des Schuldners grundsätzlich nicht um Massevermögen handelt. Der Neuerwerb fließt grundsätzlich in die Masse, wenn ein Arbeitnehmer nach Insolvenzeröffnung die Tätigkeit fortführt oder ein ehemals Selb-

---

[384] *Schmidt/Drenseck* EStG § 42 d RdNr. 19.
[385] BFH v. 9. 10. 2002, VI R 112/99, BStBl. II 2002, 884; *Kahlert/Rühland*, RdNr. 2328; *Schmidt/Drenseck* EStG § 38 RdNr. 18.
[386] BFH v. 28. 2. 1992, VI R 146/87, BStBl. II 1992, 733; *Waza/Uhländer/Schmittmann*, RdNr. 1301; *Schmidt/Drenseck* EStG § 42 d RdNr. 19.

ständiger ein solches Arbeitsverhältnis beginnt. Soweit der Lohnanspruch unpfändbar ist, handelt es sich gem. § 36 Abs. 1 um insolvenzfreien Neuerwerb. Die hierauf entfallende Steuerforderung ist insolvenzfreie Forderung.[387]

Soweit der Schuldner bei seinem eigenen Insolvenzverwalter Leistungen erbringt und dafür bezahlt wird, handelt es sich nicht um eine Lohnzahlung und damit auch nicht um einen Lohnsteuertatbestand. Das hängt mit der Zurechnung aller Masseeinkünfte an den Schuldner zusammen. Insolvenzmasse und Insolvenzschuldner sind aus steuerlicher Sicht nicht trennbar, so dass es sich bei der Zahlung nicht um eine Lohnzahlung, sondern um eine steuerneutrale Einkommensverwendung handelt.[388] **92**

2. Lohnsteuer in der Insolvenz des Arbeitgebers. Die in oder vor der Insolvenz des Arbeitgebers an die Arbeitnehmer gezahlten Löhne unterliegen dem Lohnsteuerabzug des § 38 EStG. Hieraus ergibt sich vor allem die Pflicht zur Einbehaltung und Abführung der Lohnsteuer sowie der Abgabe von Lohnsteueranmeldungen. Die Lohnsteuerforderungen sind nach § 38 Abs. 2 Satz 2 EStG mit dem Zeitpunkt begründet, in dem der Lohn dem Arbeitnehmer zufließt. Ist der Lohnsteuerabzug von dem laufenden Arbeitslohn nicht ordnungsgemäß einbehalten und abgeführt worden, so hat das Finanzamt eine darauf gerichtete Forderung gegen den Insolvenzverwalter. Dieser verletzt gegenüber dem Finanzamt eine Dienstleistungspflicht, wenn er die fällige Lohnsteuer von dem Bruttogehalt nicht einbehält und abführt.[389] Nach § 34 Abs. 3 AO tritt der Insolvenzverwalter als verfügungsbefugter Vertreter in alle steuerliche Pflichten des Schuldners ein. Daher hat der Insolvenzverwalter nicht nur für die Zeit der Insolvenzverwaltung, sondern auch für die Zeit davor Lohnsteuererklärungen abzugeben.[390] Tut er dies nicht, so haftet er nach §§ 34, 69 AO persönlich (vgl. oben RdNr. 26 e). **93**

Der Zahlungsanspruch gegen den Schuldner bzw. den Insolvenzverwalter ergibt sich als Haftungsanspruch aus § 42 d Abs. 1 Nr. 1 EStG. Soweit dieser Haftungsanspruch grundsätzlich verschuldensunabhängig gegen den Arbeitgeber gerichtet ist,[391] ist er dennoch durch die Verletzung einer Dienstleistungspflicht begründet. Während des Lohnzahlungszeitraums hat der Arbeitgeber nämlich primär lediglich die Lohnzahlungspflicht gegenüber dem Arbeitnehmer. Da diesem jedoch eine Vorauszahlung auf die Einkommensteuer obliegt, erfüllt der Arbeitgeber mit der Abführung der Lohnsteuer die Zahlungspflicht des Arbeitnehmers und handelt daher auf dessen Rechnung. Dadurch erfüllt der Arbeitgeber seine Bruttolohnzahlungspflicht gegenüber dem Arbeitnehmer und gleichzeitig eine Dienstleistungspflicht gegenüber dem Finanzamt.[392] Deshalb ist ein Arbeitgeber nicht allein wegen zu zahlender Lohnsteuern nach § 304 Abs. 1 Satz 2 vom Verbraucherinsolvenzverfahren ausgeschlossen.[393] Auch bei sog. Nettolohnvereinbarungen bleibt der Arbeitnehmer Steuerschuldner.[394] **94**

a) Lohnsteueransprüche des Arbeitnehmers. Insolvenzsteuerrechtlich sind die Ansprüche des Finanzamts nach Insolvenzforderungen und Masseverbindlichkeiten aufzuteilen. **95**

Hat bereits der Schuldner bei der Auszahlung von Arbeitslohn vor der Verfahrenseröffnung die Lohnsteuer nicht abgeführt, weil er nicht über ausreichend finanzielle Mittel verfügte oder weil er die Lohnsteuer zwar einbehalten, aber nicht abgeführt, sondern zur

---
[387] *Frotscher*, S. 155; *Farr*, RdNr. 329; *Kahlert/Rühland*, RdNr. 23.
[388] *Frotscher*, S. 156; *Kahlert/Rühland*, RdNr. 2341; *Fichtelmann* FR 1977, 439; aA BFH v. 21. 1. 1977, III R 107/73, BStBl. II 1977, 393, Anwendung unter der InsO aber wohl fraglich nach *Waza/Uhländer/Schmittmann*, RdNr. 1317.
[389] *Frotscher*, S. 159; *Nerlich/Römermann/Andres* § 55 RdNr. 42.
[390] BFH v. 10. 10. 1951, IV 144/51 U, BStBl. III 1951, 212; *Frotscher*, S. 156; *Schwarz/Dißars* RdNr. 103.
[391] Abschn. 42 d.1 Abs. 3 LStR 2008.
[392] *Frotscher*, S. 159; *Jaeger/Henkel* KO § 3 RdNr. 81; *Uhlenbruck* KO § 59 RdNr. 12 g; *Hübschmann/Hepp/Spitaler/Beermann* AO § 251 RdNr. 389; *Knobbe-Keuk* DB 1973, 2029.
[393] Vgl. unten RdNr. 245.
[394] BFH v. 19. 12. 1960, VI 92/60 U, BStBl. III 1961, 170; v. 18. 5. 1972, IV R 168/68, BStBl. II 1972, 816; Abschn. 39 b.9 LStR 2008; *Farr*, RdNr. 322; *Waza/Uhländer/Schmittmann*, RdNr. 1301; *Schmidt/Drenseck* EStG § 39 b RdNr. 10 ff.

Schuldentilgung verwendet hat, so ist der Haftungsanspruch schon gegenüber ihm begründet[395] und entstanden. Daher handelt es sich nach insolvenzrechtlichen Grundsätzen um eine Insolvenzforderung gem. § 38, die zusammen mit der Nettolohnforderung von dem Arbeitnehmer zur Tabelle anzumelden ist.[396] Gegenüber dem Arbeitgeber besteht ein Haftungsanspruch des Finanzamts nach § 42d Abs. 1 Nr. 1 EStG. Dieser geht nach der Verfahrenseröffnung nicht auf den Insolvenzverwalter über. Soweit die Forderung mangels Haftungsbescheid noch nicht festgesetzt und daher nicht fällig ist (§§ 220 Abs. 2, 191 AO), wird diese nicht fällige Forderung durch die Fiktion des § 41 als fällig fingiert.[397] Daher kann die Forderung als fällig zur Tabelle angemeldet werden. Wegen der Unverzinslichkeit ist die Forderung nach § 41 Abs. 2 abzuzinsen und zwar ab dem Zeitpunkt des Haftungsbescheiderlasses bzw. ersatzweise dem geschätzten Erlasszeitpunkt. Eine Steuerfestsetzung, etwa durch einen Steuerbescheid gegen den Insolvenzverwalter, kommt nicht in Betracht. Allerdings kann ein feststellender Verwaltungsakt erlassen werden, nachdem die Forderung von dem Insolvenzverwalter im Prüfungstermin oder im schriftlichen Verfahren nach § 179 bestritten wurde (§§ 251 Abs. 3 AO i.V.m. 185). In diesem Fall ist das Finanzamt – wie andere Behörden – ermächtigt die Forderungsfeststellung selbst durchzuführen. Im Vergleich zu anderen Gläubigern, die auf die gerichtliche Feststellung verwiesen werden, stellt dies eine Ungleichbehandlung der Gläubiger dar, die systemwidrig erscheint.[398]

96 Hat der Schuldner die Bruttolohnzahlung insgesamt unterlassen, übernimmt der Insolvenzverwalter gegenüber dem Arbeitnehmer die Lohnzahlungspflicht. Hier greift wieder das Zuflussprinzip des § 38 Abs. 2 Satz 2 EStG, weshalb der Lohnsteueranspruch erst mit dem Lohnzufluss entsteht. Gleichwohl teilt der Lohnsteueranspruch des Schicksal des Lohnanspruchs und ist regelmäßig als einfache Insolvenzforderung nach § 38 einzustufen.[399]

Hinsichtlich der Lohnsteuer hat daher auch ausschließlich der Arbeitnehmer einen Zahlungsanspruch und das Finanzamt lediglich den Dienstleistungsanspruch auf Einbehaltung und Abführung. Der Arbeitnehmer kann die Zahlung des gesamten Lohns verlangen. Diese vorinsolvenzlich begründete Forderung ist von ihm als Insolvenzforderung zur Tabelle anzumelden.[400] Verletzt aber der Insolvenzverwalter seine Dienstleistungspflicht zur Einbehaltung und Abführung der Lohnsteuer, so entsteht der Haftungsanspruch des Finanzamts aus § 42d EStG gegen diesen persönlich. Diese Pflichtverletzung führt zu einer Masseverbindlichkeiten nach § 55 Abs. 1 Nr. 1.[401] Deshalb und wegen seiner weiteren Haftung gegenüber den Gläubigern muss der Insolvenzverwalter in dieser Situation bes. auf die Einbehaltung und Abführung der Lohnsteuer achten. Dies auch vor dem Hintergrund, dass der Insolvenzverwalter zusätzlich dem Finanzamt gegenüber nach §§ 34, 69 für die volle Lohnsteuer haftet, womit das Finanzamt bei Ablehnung der Insolvenz mangels Masse auf einen Schuldner mit ausreichender Bonität zurückgreifen kann. Diese Ansprüche können sodann außerhalb des Insolvenzverfahrens mit Haftungsbescheid gegen den Insolvenzverwalter als Haftungsschuldner geltend gemacht werden.[402]

---

[395] *Frotscher*, S. 157 f.; *Farr*, RdNr. 324; *Waza/Uhländer/Schmittmann*, RdNr. 1310.

[396] Die vorrangige Befriedigung nach § 61 Abs. 1 Nr. 1 u. 2 KO wurde in der InsO nicht übernommen. Das Finanzamt hat keinen primären Lohnsteueranspruch gegen den Arbeitgeber; vgl. auch *Kling* DStR 1998, 1813, 1814.

[397] *Waza/Uhländer/Schmittmann*, RdNr. 1310; zu § 41 und insbesondere zur Abzinsung unten S. 272 f.

[398] *Häsemeyer*, RdNr. 1.10, 22.37; *Kling* DStR 1998, 1813, 1814.

[399] BFH v. 16. 5. 1975, VI R 101/71, NJW 1975, 1047; *Waza/Uhländer/Schmittmann*, RdNr. 1310; HK-*Eickmann* § 55 RdNr. 10.

[400] Auch für diesen Fall regelt die InsO keine bevorrechtigte Befriedigung oder gar Masseverbindlichkeit, wie es die §§ 61 Abs. 1 Nr. 1 u. 6 oder 59 Abs. 1 Nr. 3 KO vorsahen, vgl. *Waza/Uhländer/Schmittmann*, RdNr. 1310.

[401] *Frotscher*, S. 159 f.; *Waza/Uhländer/Schmittmann*, RdNr. 1310; *Uhlenbruck* KO § 61 RdNr. 49b; aA *Maus*, S. 122.

[402] *Waza/Uhländer/Schmittmann*, RdNr. 1310; vgl. oben RdNr. 26 e.

Schließlich müssen noch die Lohnsteuerforderungen eingeordnet werden, die nach der 97 Eröffnung des Insolvenzverfahrens oder durch einen vorläufigen Insolvenzverwalter mit Verwaltungs- und Verfügungsbefugnis gem. § 55 Abs. 2 begründet wurden. Eine wegen der treuhänderischen Lohnverwaltung lange streitige Einordnung der Lohnsteuer als Ausgaben der Masseverwaltung und damit als Kosten des Verfahrens[403] ist überholt, da § 54 die Verwaltungsausgaben nicht mehr enthält. Somit bleibt eine Einordnung als Insolvenzforderung oder Masseverbindlichkeit möglich. Zunächst handelt es sich um einen Masseanspruch des Arbeitnehmers, weil der Anspruch nach der Verfahrenseröffnung entstanden ist.[404] Wird die Arbeitsleistung während des Verfahrens erbracht, so hat der Insolvenzverwalter gem. § 34 Abs. 1 u. 3 AO die Lohnsteuerpflichten zu erfüllen. Kommt der Insolvenzverwalter seiner Dienstleistungspflicht nicht nach, so entsteht gegen ihn wiederum der Haftungsanspruch des Finanzamts aus § 42 d Abs. 1 Nr. 1 EStG. Der Lohnsteuerhaftungsanspruch gegen den Insolvenzverwalter ist jedoch eindeutig ein Anspruch gegen die Masse wegen pflichtwidrigen Verhaltens des Insolvenzverwalters. Daher ist dieser Anspruch den Masseverbindlichkeiten des § 55 Abs. 1 Nr. 1 zuzuordnen.[405]

Eine Ausnahme bildet die pauschalierte Lohnsteuer, die ihrem Wesen nach eine Unter- 97 a nehmensteuer ist. Der Arbeitgeber ist damit gem. § 40 Abs. 3 EStG selbst Steuerschuldner, womit die allgemeinen Grundsätze für Steuerforderungen Anwendung finden. Handelt es sich um pauschalierte Lohnsteuer, kann die originäre Steuerschuld des Arbeitgebers Insolvenzforderung gem. § 38 oder Masseverbindlichkeit gem. § 55 sein. Die Begründetheit ist in der bewirkten Arbeitsleistung vor Insolvenzeröffnung zu sehen. Wurde die Tätigkeit, für welche die Lohnsteuer pauschaliert wird, vor Eröffnung des Verfahrens erbracht, gehört die Lohnsteuer zu den Insolvenzforderungen. Dies gilt mit der herrschenden Auffassung auch dann, wenn erst der Insolvenzverwalter den entsprechenden Lohn auszahlt, da die Begründetheit der Forderung nicht von der Auszahlung abhängt. Entfällt die Lohnsteuer auf Tätigkeiten nach Eröffnung des Verfahrens, handelt es sich um Masseverbindlichkeiten.[406] Der Zeitpunkt der Durchführung der Pauschalierung dürfte demgegenüber für die Begründetheit nicht entscheidend sein.[407]

b) Lohnsteuerfreiheit bei übergegangenen Lohnansprüchen. Wird einem Arbeit- 98 nehmer nach §§ 327, 183 SGB III Insolvenzgeld für die Ansprüche auf Arbeitsentgelt der letzten drei Monate vor der Insolvenzeröffnung gezahlt, so gehen die Nettolohnansprüche gem. § 187 SGB III auf die Bundesagentur für Arbeit über. Insolvenzrechtlich bleiben die Forderungen unverändert, d. h. es handelt sich weiterhin um Insolvenzforderungen nach § 38, sofern nicht ein vorläufiger Insolvenzverwalter bestellt wurde, was eine Einstufung der übergegangenen Nettolohnforderungen als Masseverbindlichkeiten nach § 55 Abs. 2 zur Folge hat.[408] Zahlungen des Insolvenzverwalters auf Grund des Forderungsübergangs müssten folglich Lohnsteuerpflichten auslösen. Das hängt jedoch davon ab, ob diese Zahlung als Erfüllung einer Lohnforderung gegenüber dem Arbeitnehmer anzusehen ist, denn nur dann entsteht nach § 38 EStG die Lohnsteuerforderung. Gem. § 38 Abs. 1 Satz 2 EStG unterliegt zwar der von einem Dritten gezahlte Arbeitslohn der Lohnsteuer, über die Zahlung an einen Dritten sagt das Gesetz jedoch nichts. Auch ist der Arbeitnehmer durch die Zahlung des Arbeitgebers an die Bundesagentur für Arbeit nicht unmittelbar bereichert, denn er erhält das Insolvenzgeld von dort unabhängig. Er wird nicht über das hinaus bereichert, was er an Arbeitslosengeld oder Insolvenzausfallgeld erhalten hat. Zum anderen regeln die §§ 141 d Abs. 1, 185 SGB III ausdrücklich eine Nettoleistung des Insolvenzgeldes. Durch die Zahlung an die Bundesagentur fließt dem Arbeitnehmer somit kein Arbeitslohn zu. Daher

---

[403] Dies zu § 58 Nr. 2 KO; vgl. nur *Jaeger/Henckel* KO § 3 RdNr. 80.
[404] *Weis* in *Hess/Weis/Wienberg* § 55 RdNr. 349 f.
[405] *Frotscher*, S. 160 ff.; aA *Maus*, S. 125.
[406] *Frotscher*, S. 162; *Farr*, RdNr. 325; *Waza/Uhländer/Schmittmann*, RdNr. 1310; *Schwarz/Dißars* RdNr. 106.
[407] *Frotscher*, S. 162; aA *Waza/Uhländer/Schmittmann*, RdNr. 1310 mwN.
[408] *Waza/Uhländer/Schmittmann*, RdNr. 1327 f.

Insolvenzsteuerrecht 98a–101

unterliegen die Zahlungen des Insolvenzverwalters keiner Lohnsteuerabzugsverpflichtung.[409] Demgegenüber wird aber in der Rechtsprechung des BAG Arbeitslohn angenommen und eine Lohnsteuerpflicht bejaht.[410] Auch der BFH beurteilt die Zahlungen des Insolvenzverwalters an die Bundesagentur als Arbeitslohn, spricht sich aber – unter Berufung auf den Gesetzeswortlaut und die Gesetzesbegründung – für die Anwendung der Steuerfreiheit nach § 3 Nr. 2 EStG aus. Diese Auffassung teilt auch die Finanzverwaltung.[411]

98a Unklar bleibt die lohnsteuerliche Behandlung des Restbetrags zwischen dem Bruttolohnanspruch des Arbeitnehmers und dem auf die Bundesagentur für Arbeit übergegangenen Nettolohnanspruch. Die wohl herrschende Meinung geht von einer Lohnsteuerpflicht im Zeitpunkt der Auszahlung an den Arbeitnehmer aus.[412] Demgegenüber vertritt das BAG die – in der Literatur durchweg abgelehnte – Auffassung, dass der Bruttolohnanspruch auf die Bundesagentur für Arbeit übergeht, womit die LSt-Pflicht entfallen würde. Die Praxis der Finanz- und Arbeitsämter, dass der Differenzbetrag zwischen steuerlichem Brutto- und Nettoentgelt nicht geltend gemacht wird, sei gesetzwidrig und führe zu einer Bereicherung der Insolvenzmasse, für die es keinen Rechtsgrund gibt.[413] Für die insolvenzrechtliche Einordnung der Lohnsteuer gelten die allgemeinen Grundsätze, insbesondere entsteht bei deren Nichtabführung ein Haftungsanspruch gegen die Masse nach § 42d EStG und daneben gegen den Insolvenzverwalter persönlich nach §§ 34, 69 AO.[414]

Die dargestellten Grundsätze sind für das Arbeitslosengeld entsprechend anzuwenden.[415]

99 **c) Lohnsteuerfreiheit bei Insolvenzgeldvorfinanzierung.** Nicht selten vereinbart der Insolvenzverwalter mit einer Bank die Finanzierung von Arbeitsbezügen gegen Abtretung des Insolvenzgeldes (Insolvenzgeldvorfinanzierung). Da der Insolvenzverwalter nicht verpflichtet ist an die Bank zu zahlen, sondern lediglich kraft Gesetzes an die Bundesagentur für Arbeit (§ 187 SGB III), fließt kein Arbeitslohn, so dass keine Lohnsteuer nach § 38 Abs. 2 EStG entsteht. Daher treffen den Insolvenzverwalter auch keine steuerlichen Pflichten.

100 Für die Arbeitnehmer stellt sich die Insolvenzgeldvorleistung durch die Bank noch nicht als Insolvenzgeld der Bundesagentur für Arbeit dar, so dass es sich noch nicht um steuerfreien Lohnersatz nach § 3 Nr. 2 EStG handelt. Nach einem Beschluss der obersten Finanzbehörden des Bundes und der Länder bezieht der Arbeitnehmer auch bei einer Vorfinanzierung steuerfreies Insolvenzgeld i. S. d. § 32b Abs. 1 Nr. 1 Buchstabe a EStG, das dem Progressionsvorbehalt unterliegt. Zur Sicherstellung der Erfassung der Insolvenzgeldzahlungen im Rahmen des Progressionsvorbehalts beim Arbeitnehmer ist für diesen nach § 46 Abs. 2 Nr. 1 EStG eine Veranlagung durchzuführen.[416]

101 **d) Lohnsteuer bei Insolvenzsicherungszahlungen.** Zahlt der Insolvenzverwalter wegen besonderer vertraglicher Verpflichtungen des Schuldners in eine Insolvenzversicherungskasse Beiträge ein, sind diese Zahlungen steuerfrei (§ 3 Nr. 62 EStG). Erhält der Arbeitnehmer von dem Träger der Insolvenzversicherung Leistungen ausgezahlt, so sind diese gem. § 3 Nr. 65 EStG zu versteuern.

---

[409] *Frotscher*, S. 162 ff.; *Kahlert/Rühland*, RdNr. 2357; *Weis* in *Hess/Weis/Wienberg* § 55 RdNr. 233; *Kling* DStR 1998, 1813, 1815.
[410] BAG v. 17. 4. 1985, 5 AZR 74/84, DB 1985, 2251; v. 11. 2. 1998, 5 AZR 159/97, ZIP 1998, 868; kritisch hierzu: *Urban* DB 1998, 2087.
[411] BFH v. 15. 11. 2007, VI R 66/03, DStR 2008, 241; *Schmidt/Heinicke* EStG 18. Aufl., § 3, Stichwort: Konkurs; Abschn. 3.2 Abs. 2 LStR 2008; *Waza/Uhländer/Schmittmann*, RdNr. 1322 ff.; *Urban* DB 1998, 2087, 2088 ff.
[412] Abschn. 3.2 Abs. 1 Satz 3 LStR 2008; *Frotscher*, S. 164 f.; *Waza/Uhländer/Schmittmann*, RdNr. 1325 ff.; *Maus*, RdNr. 452; *Urban* DB 1998, 2087, 2089 f.
[413] BAG v. 17. 4. 1985, 5 AZR 74/84, DB 1985, 2251; v. 11. 2. 1998, 5 AZR 159/97, ZIP 1998, 868; BFH v. 16. 3. 1993, XI R 52/88, BStBl. II 1993, 507.
[414] Vgl. hierzu oben, RdNr. 96.
[415] *Waza/Uhländer/Schmittmann*, RdNr. 1330.
[416] OFD Hannover, Vfg. v. 19. 6. 2002, S 2295 – 49 – StO 211/S 2295 – 79 – StH 215, DB 2002, 1477; *Maus*, RdNr. 452.

Der Anspruch des Arbeitnehmers auf Erstattung zu viel gezahlter Lohnsteuer wird durch die 102 Eröffnung des Insolvenzverfahrens während des Lohnzahlungszeitraums nicht betroffen, so dass es zu einem Lohnsteuerjahresausgleich nach § 42 b EStG kommt. Ein eventuell gegenüber der Masse geltend zu machender Erstattungsanspruch unterliegt der Aussonderung nach § 47.[417]

e) Lohnsteuer bei Masseunzulänglichkeit. Der Insolvenzverwalter hat im Falle der 103 Masseinsuffizienz gem. § 208 dem Insolvenzgericht anzuzeigen, dass die fälligen Masseverbindlichkeiten nicht erfüllt werden können. Danach hat eine Befriedigung der Massegläubiger gem. § 209 zu erfolgen. Lohnsteuerforderungen können dabei lediglich zu berücksichtigen sein, wenn sie nach der Anzeige der Masseunzulänglichkeit begründet wurden und danach, wenn sie zu gleichgestellten Masseverbindlichkeiten gehören. Dies ist einmal der Fall bei Arbeitsverhältnissen, die nach dem erstmöglichen Kündigungstermin nach der Unzulänglichkeitsanzeige weiter bestanden. Zum anderen bei nach der Insolvenzeröffnung begründeten Lohnsteuerforderungen. Hier zeigt sich die bevorzugte Befriedigung von Neumasseverbindlichkeiten.[418]

3. Lohnsteuer in der vorläufigen Insolvenzverwaltung. Der vorläufige Insolvenz- 104 verwalter unterliegt je nach Verwalterstärke bereits den lohnsteuerlichen Pflichten des Arbeitgebers gem. § 34 AO.[419] Dies betrifft die Auszahlung aller Löhne im Zeitraum seiner Tätigkeit, unabhängig von deren Anspruchsbegründung. Grundsätzlich gelten die für auf den Insolvenzverwalter anzuwendende Grundsätze. Zahlt der vorläufige Insolvenzverwalter Löhne aus, hat er die Lohnsteuer einzubehalten und abzuführen. Dies gilt unabhängig davon, ob es sich um Löhne für die Zeit der vorläufigen Insolvenz oder um Löhne für die davor liegende Zeit handelt. Maßgebend ist nur, dass die Auszahlung der Löhne während der Zeit der vorläufigen Insolvenzverwaltung erfolgt. Auch hier entsteht für das Finanzamt kein primärer Zahlungsanspruch gegen den Verwalter, sondern zunächst lediglich ein Dienstleistungsanspruch. Verletzt der vorläufige Insolvenzverwalter diese Dienstleistungsverpflichtung, haftet er hierfür gem. § 42 d EStG. Dieser Haftungsanspruch gehört, obwohl er vor Eröffnung des Verfahrens entstanden ist, zu den Masseverbindlichkeiten nach § 55 Abs. 2.[420] Im Übrigen kann auf das zuvor geschilderte Insolvenzverfahren selbst verwiesen werden.

4. Exkurs: Sozialversicherungsbeiträge. Personen, die gegen Arbeitsentgelt beschäf- 104 a tigt sind, sind nach § 2 Abs. 2 Nr. 1 SGB IV grundsätzlich in den Zweigen der Sozialversicherung versichert. Dies gilt auch für den Falle der Insolvenz. Nach der Rechtsprechung des Bundessozialgerichts wird der Fortbestand des Beschäftigungsverhältnisses durch die Eröffnung des Verfahrens grundsätzlich nicht berührt.[421] Damit besteht auch die Versicherungspflicht bis zur Beendigung des Beschäftigungsverhältnisses fort. Es ist dabei nicht ausschlaggebend, ob der Insolvenzverwalter Arbeitgeber ist oder die Arbeitnehmer von der Arbeitsleistung freigestellt sind.

Die Beitragsansprüche entstehen gem. § 22 Abs. 1 SGB IV aus dem laufenden Arbeitsentgelt, sobald die Voraussetzungen vorliegen. Es kommt nicht darauf an, ob der Anspruch des Arbeitnehmers tatsächlich erfüllt wurde (sog. Entstehungsprinzip). Bei einmalig gezahltem Arbeitsentgelt entstehen die Ansprüche jedoch grundsätzlich erst mit Zufluss des Entgelts, es sei denn, dass diese wegen der Insolvenz nicht gezahlt wurden.[422]

Auch bei Sozialversicherungsbeiträgen ist eine Aufteilung nach insolvenzrechtlichen Ge- 104 b sichtspunkten notwendig. Ansprüche, die bis zum Zeitpunkt der Insolvenzeröffnung entstanden sind, stellen Insolvenzforderungen dar, ohne dass es Vorrechte vor anderen Insolvenzforderungen gibt. Eine Ausnahme gilt für Beitragsansprüche, die durch den vorläufigen

---

[417] *Kling* DStR 1998, 1813, 1815.
[418] Unter § 60 KO war die Behandlung der Neumasseschulden noch umstritten, *Uhlenbruck* KO § 60 Anm. 2 c mwN; vgl. auch oben RdNr. 25 d f.
[419] Vgl. oben RdNr. 21 ff.
[420] *Frotscher*, S. 165.
[421] BSG v. 26. 11. 1985, 12 RK 51/83 sowie 12 RK 16/85; *Küttner*, Absch. 222, RdNr. 40.
[422] *Will*, Insolvenz und Sozialversicherungsbeitrag, Mitteilung der bayerischen Landesversicherungsanstalten 07/2005, 301, 303.

Insolvenzsteuerrecht 104 c–106

Insolvenzverwalter begründet werden. Diese zählen nach § 55 Abs. 2 ebenso zu den sonstigen Masseverbindlichkeiten wie die nach Insolvenzeröffnung begründeten Beitragsansprüche.[423]

104 c Mit Beschluss vom 3. November 2005 hat der BGH klargestellt, dass die Zahlung von Sozialversicherungsbeiträgen durch den Arbeitgeber auf Grund angedrohter oder durchgeführter Zwangsvollstreckung der Sozialversicherungsträger unter dem Gesichtspunkt der inkongruenten Deckung der Insolvenzanfechtung nach § 131 Abs. 1 unterliegt. Auch aus der Richtlinie 80/987/EWG zur Angleichung der Rechtsvorschriften der Mitgliedstaaten über den Schutz der Arbeitnehmer bei Zahlungsunfähigkeit des Arbeitgebers vom 28. Oktober 1980 kann eine Sonderstellung des Sozialversicherers im Rahmen der Insolvenzanfechtung nicht abgeleitet werden. Artikel 7 der Richtlinie erfasst zwar den Anspruch auf Insolvenzgeld gem. §§ 183 ff. SGB III und die Zahlung von Pflichtbeiträgen bei Insolvenzereignis gem. § 208 SGB III, nicht aber die Anfechtung geleisteter Sozialversicherungsbeiträge.[424]

104 d Insolvenzgeldzahlungen[425] der Bundesangentur für Arbeit an Arbeitnehmer unterliegen nicht der Sozialversicherungspflicht. Auf Antrag der zuständigen Einzugstelle zahlt die Bundesagentur für Arbeit gem. § 208 Abs. 1 SGB III den Gesamtsozialversicherungsbeitrag für die Arbeitsentgelte der letzten dem Insolvenzereignis vorausgehenden drei Monate. Leistet der Insolvenzverwalter oder Arbeitgeber nachträglich Zahlungen, hat die Einzugstelle der Bundesagentur für Arbeit gem. § 208 Abs. 2 Satz 2 SGB III die Beiträge zu erstatten.[426] Zahlungen des Insolvenzverwalters an die Bundesagentur für Arbeit oder an die Einzugstelle sind in der Sozialversicherung beitragsfrei.[427]

IV. Gewerbesteuer

Schrifttum: *Blümich*, Einkommensteuergesetz, Körperschaftsteuergesetz, Gewerbesteuergesetz, Stand Dezember 2007; *Glanegger/Güroff*, Gewerbesteuergesetz, 6. Aufl. 2006; *Handbuch zur Gewerbesteuerveranlagung 2007*, 2002; *Lenski/Steinberg*, Gewerbesteuergesetz, 9. Aufl. 1995, Stand November 2007.

105 **1. Steuerpflicht.** Die Eröffnung des Insolvenzverfahrens ändert nichts an einer bestehenden Gewerbesteuerpflicht des Schuldners (§ 4 Abs. 2 GewStDV). Der Gewerbesteuer unterliegt nach § 2 Abs. 1 Satz 1 GewStG jeder stehende Gewerbebetrieb, soweit er im Inland betrieben wird. Wird der Betrieb durch den Insolvenzverwalter fortgeführt, so ist auch weiterhin eine Gewerbesteuer zu entrichten. Der Gewerbebetrieb nach Eröffnung des Insolvenzverfahrens ist identisch mit dem vor Verfahrenseröffnung. Die Gewerbesteuer bleibt bis zur vollständigen Beendigung, Aufgabe oder Abwicklung des gewerblichen Unternehmens bestehen, endet also erst mit der Einstellung des Unternehmens.[428] Denn der Steuergegenstand i. S. d. § 2 GewStG ist der Gewerbebetrieb eines Einzelunternehmens, einer Personen- oder Kapitalgesellschaft. Solange dieser nicht eingestellt oder abgewickelt ist, erlischt die Gewerbesteuerpflicht nicht, weil er auch nach der Verfahrenseröffnung fortbesteht. Hinsichtlich der Einstellung oder Abwicklung des Gewerbebetriebs ist zwischen den Einzelunternehmen und Personengesellschaften einerseits und den Kapitalgesellschaften andererseits zu unterscheiden.[429]

106 Der steuerpflichtige Tatbestand endet grundsätzlich dann, wenn auch der solvente Gewerbebetrieb aus der Steuerpflicht entlassen wird. Dies ist bei Einzelgewerbetreibenden und Personengesellschaften der Fall, wenn der Betrieb tatsächlich eingestellt wird und nicht etwa

---

[423] *Figge*, Sozialversicherungshandbuch, S. 136; *Will*, Insolvenz und Sozialversicherungsbeitrag, Mitteilung der bayerischen Landesversicherungsanstalten 07/2005, 301, 304.
[424] BGH ZIP 2005, 221.
[425] Vgl. *Waza/Uhländer/Schmittmann*, RdNr. 1318 ff.
[426] *Louven* NWB 2005, Fach 27, 5947, 5951; *Trappe*, ABC-Führer Sozialversicherung, 66/68/4 f.
[427] *Figge*, Sozialversicherungshandbuch, 5.4 Stichwort „Insolvenzgeld"; *Hartz/Meeßen/Wolf* 614/4 f.
[428] *Farr*, RdNr. 353; *Frotscher*, S. 167; *Hundt-Eßwein* BB 1987, 1718, 1721.
[429] *Frotscher*, S. 167.

die Insolvenzeröffnung.[430] Die tatsächliche Einstellung des Betriebs liegt vor, wenn jegliche werbende Tätigkeit aufgegeben wird. Der Insolvenzverwalter ist zwar noch werbend tätig, solange er das Unternehmen betreibt, also produziert und verkauft. Eine Einstellung liegt jedoch ab dem Zeitpunkt vor, in dem die Veräußerung der wesentlichen Betriebsgrundlagen stattfindet.[431] Findet in dem Insolvenzverfahren von Anfang an keine werbende Tätigkeit mehr statt, weil der Betrieb sofort eingestellt und nur noch Anlagevermögen veräußert wird, so endet die Gewerbesteuerpflicht mit der Verfahrenseröffnung.

Bei den Kapitalgesellschaften und anderen in § 2 Abs. 2 GewStG benannten gewerblich **107** tätigen Körperschaften kommt es für die Beendigung der Gewerbesteuerpflicht auf die Einstellung jeglicher Tätigkeit an. Gem. § 2 Abs. 2 Nr. 2 GewStG zählt die Abwicklung nämlich bereits gesetzlich zur werbenden Tätigkeit und endet, nachdem das gesamte Anlagevermögen veräußert ist. Dies ist erst dann erreicht, wenn der Insolvenzverwalter sämtliches Vermögen verteilt hat, das Unternehmen also abgewickelt ist.[432] Eine Ausnahme kann nur für das Vermögen gelten, welches zur Begleichung der Gewerbesteuer aufbewahrt wird, um damit die erst nach der Abwicklung festzusetzende Gewerbesteuerschuld zu bezahlen.[433]

2. Veranlagung und Möglichkeiten zur Reduzierung der Besteuerung. Im Falle **108** einer Betriebsfortführung durch den Insolvenzverwalter erfolgt eine einheitliche Veranlagung für die Zeit vor und nach der Verfahrenseröffnung.[434] Der Veranlagungszeitraum bleibt also unberührt. Der zu versteuernde Gewerbeertrag wird für den Insolvenzzeitraum nach § 16 Abs. 2 GewStG einheitlich ermittelt und anteilig auf die betroffenen Jahre und Monate verteilt. Der Verteilungszeitraum erstreckt sich vom Tag der Eröffnung des Insolvenzverfahrens bis zum Tag der Insolvenzbeendigung. Beginnt die Abwicklung im Laufe eines Wirtschaftsjahrs, ist grundsätzlich für die Zeit vom Schluss des vorangegangenen Wirtschaftsjahrs bis zum Beginn der Abwicklung ein Rumpfwirtschaftsjahr zu bilden, das nicht in den Abwicklungszeitraum einzubeziehen ist. Dauert der Abwicklungszeitraum länger an, so ist der Gewerbeertrag für jeden einzelnen Erhebungszeitraum, also die Kalenderjahre (§ 14 GewStG), nach dem Verhältnis der Kalendermonate des einzelnen Jahres zur Gesamtzahl der Kalendermonate des Insolvenzzeitraums, zu verteilen und der Steuermessbetrag festzusetzen.[435]

Diese Aufteilungsformel kann aber nicht bei Einzelunternehmen und Personengesell- **109** schaften angewandt werden, weil eine Gewerbesteuerpflicht hier in der Regel nicht bis zum Ende des Insolvenzzeitraums, sondern nur bis zum Ende der werbenden Tätigkeit besteht.[436] Im Übrigen wird der Gewerbebetrieb im Zeitpunkt der Eröffnung des Insolvenzverfahrens vielfach bereits eingestellt sein.[437]

Die Besteuerungsgrundlage für die Gewerbesteuer ist gem. § 6 GewStG der Gewerbeer- **110** trag, der sich nach §§ 7 ff. GewStG durch Hinzurechnungen und Kürzungen zum einkommen- bzw. körperschaftsteuerlichen Gewinn ergibt. Das Gewerbesteuerrecht ist nicht an die Besonderheiten des Insolvenzverfahrens angepasst. Schwierigkeiten bestanden bislang vor allem bei Dauerschuldzinsen. Die bis einschließlich 2007 vorzunehmende hälftige Hinzurechnung der langfristigen Zinsverbindlichkeiten gem. § 8 Nr. 1 GewStG (ab 2008:

---

[430] BFH v. 19. 1. 1993, VIII R 128/84, BStBl. II 1993, 594; *Farr*, RdNr. 353; *Waza/Uhländer/Schmittmann*, RdNr. 1497.
[431] Abschn. 19 Abs. 1 GewStR 1998; RFH v. 29. 6. 1938, VI 395/38, RStBl. 1938, 910; BFH v. 24. 4. 1980, IV R 68/77, BStBl. II 1980, 658 = ZIP 1980, 795; v. 19. 1. 1993, VIII R 128/84, BStBl. II 1993, 594; *Lenski/Steinberg* § 2 RdNr. 1592; *Weis* in Hess/Weis/Wienberg § 55 RdNr. 479; *Maus*, RdNr. 457.
[432] Vgl. Abschn. 19 Abs. 3 GewStR 1988; RFH v. 5. 9. 1939, I 264/39, RStBl. 1939, 1014; *Kahlert/Rühland*, RdNr. 2451 ff.; *Maus*, S. 135.
[433] *Waza/Uhländer/Schmittmann*, RdNr. 1499; *Frotscher*, S. 167 f.
[434] *Kahlert/Rühland*, RdNr. 2459, 2463; *Farr*, RdNr. 357; *Hübschmann/Hepp/Spitaler/Beermann* AO § 251 RdNr. 392.
[435] Abschn. 44 Abs. 1, 2 GewStR 1998.
[436] *Farr*, RdNr. 356.
[437] *Glanegger/Güroff* § 2 RdNr. 217.

Insolvenzsteuerrecht 111–114

Hinzurechnung aller Schuldzinsen mit 25%) ist inkonsequent, denn entweder können solche Verbindlichkeiten nicht zurückgezahlt werden, oder sie sollen der Sanierung dienen und nicht eine höhere Besteuerung bewirken. Die Hinzurechnung von (Dauer)Schuldzinsen hat den Sinn, Betriebe mit Eigenkapitalfinanzierung nicht schlechter zu stellen als Betriebe, deren Betriebskapital längerfristig fremdfinanziert ist. Wird ein Insolvenzverfahren eröffnet, dürfen die bestehenden Verbindlichkeiten zunächst nicht mehr beglichen werden, eine Befriedigung der Gläubiger erfolgt vielmehr erst im Rahmen der Schlussverteilung. Die Verbindlichkeiten bleiben nach Verfahrenseröffnung bestehen, da sie nicht zurückgezahlt werden können, was wiederum zu einer Erhöhung der Gewerbesteuerbelastung während des Insolvenzverfahrens führen kann. Nach geltendem Recht ist die Hinzurechnung der (Dauer)Schuldzinsen jedoch unausweichlich.[438] Der Insolvenzverwalter hat insoweit lediglich die Möglichkeit einen Erlassantrag aus Billigkeitsgründen zu stellen (§§ 227, 163 AO) oder, sollte er über Kapital zur Schuldentilgung verfügen, dieses jedoch für die Verteilung verwalten müssen, die Verbindlichkeiten hiermit verrechnen zu lassen.[439] Durch die Verringerung der Hinzurechnung der Schuldzinsen auf 25% und die Einführung eines Freibetrags von EUR 100.000 für Hinzurechnungsbeträge ist zumindest ab 2008 eine gewisse Entschärfung eingetreten.

111 Ein weiteres Hilfsmittel für den Insolvenzverwalter, zur Reduzierung der Gewerbesteuerbelastung, ist der Antrag auf Anpassung der Gewerbesteuervorauszahlungen unter Berufung auf § 19 Abs. 3 GewStG. Insoweit muss allerdings die Einkommensermittlung für den Erhebungszeitraum einen geringeren Ertrag ausweisen. Die Herabsetzung der Gewerbesteuervorauszahlung dürfte zumindest bei Einzelunternehmen und Personengesellschaften regelmäßig gewährt werden, weil eine tatsächliche Gewerbesteuerfestsetzung nach Ausschöpfung des Freibetrags in der Regel nicht zu erwarten ist. Dies gilt aber nur eingeschränkt für Kapitalgesellschaften auf Grund der Einbeziehung der Veräußerungsgewinne in die Gewerbesteuerpflicht.

112 Die Gewerbesteuerbelastung kann auch durch einen Verlustvortrag nach § 10 a GewStG verringert werden, soweit der Fehlbetrag noch nicht zur Ermittlung des Gewerbeertrags der vorangegangenen Erhebungszeiträume verbraucht ist. Voraussetzung ist aber, dass der Verlust beim gleichen Steuerpflichtigen im gleichen Gewerbebetrieb entstanden ist. Hat der Schuldner aber im Laufe des Insolvenzverfahrens einen neuen Gewerbebetrieb eröffnet, so kann er Verluste des zur Masse gehörenden Gewerbebetriebs mangels Identität der Betriebe nicht auf den neuen Betrieb übertragen.[440] Im Übrigen sind auch hinsichtlich der Gewerbesteuer die Vorschriften zur Mindestbesteuerung zu beachten, mit der Folge, dass der Gewerbeertrag nur in Höhe von EUR 1 Mio. in voller Höhe und der übersteigende Gewerbeertrag nur bis zu 60% mit vorhandenen Gewerbeverlusten verrechenbar sind (vgl. auch oben RdNr. 49 a).

113 Die Unterbrechung des Steuerfestsetzungsverfahren mit Eröffnung des Insolvenzverfahrens gilt nach geänderter BFH-Rechtsprechung auch für Gewerbesteuermessbescheide, weil es alleine entscheidend ist, ob die festgestellten Besteuerungsgrundlagen abstrakt geeignet sind, sich auf möglicherweise als Insolvenzforderungen anzumeldende Steueransprüche auszuwirken.[441]

Bezüglich der gewerbesteuerlichen Organschaft gelten die Ausführungen zur Körperschaftsteuer entsprechend (vgl. oben RdNr. 88 b ff.).

114 **3. Insolvenzsteuerrechtliche Aufteilung der Steuerschuld.** Insolvenzsteuerrechtlich ist die grundsätzlich einheitlich ermittelte Steuerschuld (Messbetrag) nicht gleichzeitig insgesamt als Masseverbindlichkeit i. S. d. § 55 Abs. 1 einzuordnen. Zwar entsteht die Steuer-

---

[438] Abschn. 45 Abs. 6 GewStR 1998; *Waza/Uhländer/Schmittmann*, RdNr. 1509; *Frotscher*, S. 168 f.; *Farr*, RdNr. 354; *Schwarz/Dißars* AO § 251 RdNr. 108.

[439] Abschn. 45 Abs. 10 GewStR 1998; *Frotscher*, S. 168 f.; *Farr*, RdNr. 354; *Waza/Uhländer/Schmittmann*, RdNr. 1510.

[440] BFH v. 14. 11. 1968, I R 16/66, BStBl. II 1969, 169; *Frotscher*, S. 171; *Waza/Uhländer/Schmittmann*, RdNr. 1522 f.

[441] BFH v. 2. 7. 1997, I R 11/97, BStBl. II 1998, 428 = ZIP 1997, 2160; v. 18. 12. 2002, I R 33/01, BStBl. II 2003, 630 = ZIP 2003, 1212; *Glanegger/Güroff/Selder* § 7 RdNr. 38.

schuld nach § 18 GewStG mit Ablauf des Erhebungszeitraums. Dieser Zeitpunkt liegt regelmäßig auch nach der Eröffnung des Insolvenzverfahrens, soweit nicht der Betrieb eines Einzelunternehmens oder einer Personengesellschaft sofort eingestellt wurden. Trotzdem ist der Steuertatbestand teilweise vor der Verfahrenseröffnung begründet worden.[442] Das betrifft insoweit allein das Insolvenzeröffnungsjahr, für das also eine Insolvenzforderung gem. § 38 vorliegt. Dies rechtfertigt eine Aufteilung, die durch eine anteilige Verteilung des festgesetzten Gewerbesteuerschuld auf die Zeit vor und nach der Verfahrenseröffnung erfolgt. Maßstab ist dabei das Verhältnis des Gewerbeertrags vor und nach der Insolvenzeröffnung unter Einbeziehung etwaiger – ebenfalls zeitanteilig aufzuteilender – Hinzurechnungen und Kürzungen sowie ggf. der Freibeträge.[443]

Demnach ist die Gewerbesteuerabschlusszahlung teils als Insolvenzforderung anzumelden, teils als Masseverbindlichkeit. Dabei gilt das Quartal, in das die Insolvenzverfahrenseröffnung fällt, noch insgesamt als insolvenzforderungsbegründend.[444] Im Falle einer sofortigen Betriebseinstellung handelt es sich insgesamt um eine Insolvenzforderung, weil der Veranlagungszeitraum mit der Verfahrenseröffnung endet und die Steuerschuld somit vorher bereits entstanden war. Noch nicht fällige (§ 20 Abs. 2 GewStG) aber bereits vor der Insolvenzeröffnung festgesetzte Forderungen gelten nach § 41 als fällig.[445] Soweit vor der Verfahrenseröffnung noch kein Leistungsbescheid erging, kann auch danach keiner mehr ergehen. Daher steht der Fälligkeitszeitpunkt nicht fest, so dass hinsichtlich der Abzinsung der üblicherweise zu erwartende Erlass- und damit Bekanntgabezeitpunkt ermittelt wird und eine Schätzung erfolgt.

Gleiches gilt auch für noch nicht fällige Gewerbesteuervorauszahlungen, die gem. § 21 GewStG zu Beginn des Kalendervierteljahres entstehen und nach § 19 Abs. 1 GewStG jeweils zum fünfzehnten des mittleren Monats fällig werden. Für die Anrechnung der Gewerbesteuervorauszahlungen auf die Jahressteuerschuld gelten die Ausführungen zur Einkommensteuer unter RdNr. 76 entsprechend.

V. Umsatzsteuer

Verwaltungsauffassung: BMF-Schreiben v. 8. 1. 1999, IV D 6 – S 1900 – 45/98, nv.; OFD Chemnitz Vfg. v. 11. 4. 2000, S 7333 – 8/1 – St 34; OFD Hannover, Vfg. v. 28. 5. 2004, S 7340 – 152 – StH 442; OFD Frankfurt/M., v. 25. 5. 2007, S 7100 A – 2/85 – St 11, DStR 2007, 1910; OFD Frankfurt/M., v. 25. 5. 2007, S 7340 A – 85 – St 11, Beck.Verw. 100427, UStK § 18 S 7348 Karte 4; OFD Nürnberg, Vfg. v. 25. 1. 2005, S 7100 – 620/St 43, DStR 2005, 697.

Bücher: *Bunjes/Geist*, Umsatzsteuergesetz, 8. Aufl. 2005; *Handbuch zur Umsatzsteuer 2008*; *Onusseit*, Umsatzsteuer im Konkurs, 1988; *Rau/Dürrwächter*, Kommentar zum Umsatzsteuergesetz, 8. Auflage 1997, Stand Februar 2008; *Welzel*, Die Umsatzsteuer als Masseverbindlichkeit – Ein Vergleich der Konkursordnung mit der ab 1. 1. 1999 geltenden Insolvenzordnung, 1997.

Aufsätze: *Birk*, Umsatzsteuer im Insolvenzverfahren, ZInsO 2007, 743; *de Weerth*, Die Verwertung sicherungsübereigneter Gegenstände nach Inkrafttreten der Insolvenzrechtsreform im Blickwinkel des Umsatzsteuerrechts, BB 1999, 821; *ders.*, Zur zivil- und umsatzsteuerrechtlichen Beurteilung der Verwertung sicherungsübereigneter Gegenstände durch den Insolvenzverwalter, NZI 2001, 74; *ders.*, Umsatzsteuer bei der Verwertung sicherungsübereigneter Gegenstände, ZInsO 2003, 246; *ders.*, Gemeinschaftliche Voraussetzungen für eine gesamtschuldnerische Haftung für die Zahlung von Mehrwertsteuer, IStR 2006, 389; *ders.*, Zur mangelnden Gemeinschaftskonformität der neuen Umsatzsteuerhaftungsbestimmungen § 13c und § 13d UStG, DStR 2006, 1071; *ders.*, Dritter kann Umsatzsteuer bei Kauf von Gegenständen aus Sicherungsübereignung als Vorsteuer abziehen, DStR 2006, 987; *ders.*, Anmerkung zu OFD Frankfurt/M., Vfg. v. 25. 5. 2007, S 7100 A – 2/85 – St 11, DStR 2007, 1912; *Endres*, Vorsteuer auf Krediteren im Konkurs, BB 1986, 854; *Farr*, Haftung nach § 25 d UStG im vorläufigen Insolvenzverfahren, DStR 2007, 706, 707; *Forster/Schorer*,

---

[442] *Farr*, RdNr. 357; *Frotscher*, S. 171 f.; *Kahlert/Rühland*, RdNr. 2463 ff.; *Weis* in *Hess/Weis/Wienberg* § 55 RdNr. 236.
[443] *Schwarz/Dißars* AO § 251 RdNr. 109.
[444] *Waza/Uhländer/Schmittmann*, RdNr. 1526.
[445] *Frotscher*, S. 171; *Waza/Uhländer/Schmittmann*, RdNr. 1525; vgl. zu § 41 und insbesondere zur Abzinsung unten RdNr. 272 f.

Insolvenzsteuerrecht 116–119

Anwendbarkeit der neu eingeführten Umsatzsteuerhaftung nach § 25 d UStG auf Insolvenzfälle, UR 2002, 361; *Ganter/Brünik,* Insolvenz und Umsatzsteuer aus zivilrechtlicher Sicht, NZI 2006, 257; *Geurts,* Umsatzsteuerliche Aspekte bei Insolvenzverfahren nach dem 1. 1. 1999, DB 1999, 818; *Hölzle* Umsatzsteuerliche Organschaft und Insolvenz der Organgesellschaft, DStR 2006, 1210; *Jaeger/Michels,* Anmerkung zu BGH v. 25. 10. 2007, IX ZB 147/06, ZIP 2008, 82; *Klenk/Kronthaler,* Die Rechtsprechung des V. Senats des BFH, NZI 2006, 369; *Maus,* Umsatzsteuerliche Folgen der Sicherheitenverwertung in der Insolvenz, ZIP 2000, 339; *ders.,* Aufrechnung des Finanzamt mit Insolvenzforderungen gegen den Vorsteuervergütungsanspruch der Masse aus der Rechnung des vorläufigen Insolvenzverwalters, ZInsO 2005, 583; *ders.,* Die umsatzsteuerrechtliche Organschaft in Liquidation und Insolvenz, GmbHR 2005, 860; *Obermüller,* Umsatzsteuer bei der Verwertung sicherungsübereigneter Gegenstände vor dem Hintergrund eines Insolvenzverfahrens, ZInsO 1999, 249; *Onusseit,* Die insolvenzrechtlichen Kostenbeiträge unter Berücksichtigung ihrer steuerrechtlichen Konsequenzen sowie Massebelastungen durch Grundstückseigentum, ZIP 2000, 777; *ders.,* Die Umsatzsteuer – ein Dauerthema in der Insolvenz, KTS 1994, 3; *ders.,* Umsatzsteuerliche Aufrechnungslagen und Vorsteuer in der Insolvenz, ZIP 2002, 22; *ders.,* Die Freigabe aus dem Insolvenzbeschlag: eine umsatzsteuerliche Unmöglichkeit?, ZIP 2002, 1344; *ders.,* Der neue § 25 d UStG – ein Problem im massearmen Insolvenzverfahren, ZInsO 2002, 1005; *ders.,* Aufrechnung des Finanzamt in der Insolvenz, ZInsO 2005, 638; *Probst,* Vorrecht, Vorsteuerberichtigung und Voranmeldungszeitraum in Konkurs, UR 1988, 39; *Radeisen,* Auswirkungen der Insolvenz auf die Umsatzsteuer, INF 2005, 658; *Ries,* § 13b Abs. 1 Nr. 2 UStG-Lieferung sicherungsübereigneter Gegenstände an den Sicherungsnehmer außerhalb des Insolvenzverfahrens, ZInsO 2005, 230; *ders.,* Anmerkung zu OLG Düsseldorf, Urteil v. 13. 1. 2006, ZInsO 2006, 162; *Schmittmann,* Umsatzsteuerrechtliche Probleme bei Immobilienverkäufen in der Insolvenz, ZInsO 2006, 1299; *Welzel,* Masseverwertung nach der InsO aus umsatzsteuerrechtlicher Sicht, ZIP 1998, 1823.

Kollisionsnormen: §§ 21 f., 38, 55, 94 ff., 159–173.

116 **1. Umsatzsteuerrechtliche Unternehmereigenschaft.** Nach der ständigen Rechtsprechung des BFH hat die Eröffnung des Insolvenzverfahrens keinen Einfluss auf die Unternehmereigenschaft des Gemeinschuldners.[446] Dagegen spricht auch nicht, dass der Schuldner nach der Verfahrenseröffnung nicht mehr in der Lage ist, Umsätze für die Insolvenzmasse auszuüben, weil der Verwalter nach § 80 nunmehr verwaltungs- und verfügungsbefugt ist. Es ist nämlich nicht erforderlich, dass die gewerbliche oder berufliche Tätigkeit eigenhändig ausgeführt wird.[447] Die Tätigkeit des Insolvenzverwalters ist dem Schuldner, dessen Unternehmereigenschaft und Steuerschuldnerschaft unberührt bleibt, voll zuzurechnen. Die durch den Insolvenzverwalter getätigten Umsätze bei der Masseverwertung oder Betriebsfortführung sind dem Schuldner weiterhin zuzurechnen. Die Besteuerungsart (Soll- oder Istbesteuerung) wird ebenfalls beibehalten.[448]

117 **a) Unternehmer.** Handelt es sich bei dem Schuldner um eine GmbH, so bleibt diese Unternehmer im umsatzsteuerrechtlichen Sinn, bis die Rechtsfähigkeit endet.

118 Für die weitere Einordnung als Unternehmer spielt es keine Rolle, dass ab einem bestimmten Zeitpunkt während des Insolvenzverfahrens keine laufenden Umsätze mehr stattfinden. Vielmehr gehören die nachträgliche Forderungseintreibung und damit die Vereinnahmung von Entgelten, wie auch die Veräußerung von Betriebsvermögen zu den ureigenen Aufgaben des Insolvenzverfahrens. Dabei ist es aber gerade nicht mehr erforderlich, dass das eigentliche Geschäft des Unternehmens noch geführt wird.

119 Während des Verfahrens bleibt der Schuldner auch Schuldner der Umsatzsteuer i. S. d. § 13 UStG. Ist in umsatzsteuerlicher Hinsicht auf die Entstehung der Forderung abzustellen, so kommt es insolvenzrechtlich nach § 38 auf die Begründung der Forderung an. Die insolvenzsteuerrechtliche Lösung dieses Widerspruchs wird erreicht, indem für die Begründung der Forderung auf den Zeitpunkt abgestellt wird, in dem der Rechtsgrund für die Forderungsentstehung zurzeit der Insolvenzeröffnung gelegt ist.[449] Dieser fällt nicht zwingend mit dem umsatzsteuerlichen Entstehungszeitpunkt nach § 13 UStG als Vollrechts-

---

[446] Vgl. BFH v. 16. 7. 1987, V R 80/82, BStBl. II 1987, 691 = ZIP 1987, 1130; v. 14. 5. 1998, V R 74/97, BStBl. II 1998, 634 = ZIP 1998, 2012, 1347; v. 28. 6. 2000, VR 45/99, BStBl. II 2000, 703 = ZIP 2000, 177; Abschn. 16 Abs. 7 UStR 2008.
[447] *Frotscher,* S. 24 f.; *Rau/Dürrwächter/Stadie* UStG § 18 RdNr. 806.
[448] *Farr,* RdNr. 363.
[449] Vgl. BFH v. 14. 10. 1977, III R 111/75, BStBl. II 1978, 204; v. 13. 11. 1986, V R 59/79, BStBl. II 1987, 226 = ZIP 1987, 119; v. 21. 9. 1993, VII R 68/92, ZIP 1993, 1892; *Knobbe/Keuk* BB 1977, 757, 758; vgl. oben RdNr. 43 ff.

entstehung zusammen, welcher sich nach dem Ablauf des Voranmeldungszeitraums, in dem die Leistung ausgeführt worden ist, bestimmt.

Die während des Insolvenzverfahrens vorgenommenen Leistungen lösen weiterhin Umsatzsteuerforderungen aus, nachdem das Unternehmen fortbesteht und dadurch auch der Voranmeldungszeitraum für die Umsatzsteuer nicht endet. Nachinsolvenzliche Lieferungen des Schuldners führen zu Umsatzsteuerforderungen, die gegen den Schuldner außerhalb des Insolvenzverfahrens zu richten sind, wenn und soweit kein neuer Leistungsaustausch zu Gunsten der Masse begründet wird.[450] **120**

In einem Insolvenzverfahren über das Vermögen eines bisher nicht unternehmerisch tätigen Schuldners wird allein durch die Veräußerungstätigkeit des Insolvenzverwalters keine Unternehmereigenschaft begründet.[451] Dafür müssen im Einzelfall Umstände hinzutreten, die die Veräußerungen nicht als letzten Teil der privaten Tätigkeit erscheinen lassen, sondern die durch An- und Verkauf einen händlergleichen Güterumschlag erkennen lassen. **121**

b) Insolvenzverwalter. Umsatzsteuerliche Vorgänge, die der Insolvenzverwalter auslöst, sind Umsätze des Unternehmers. Neben den Umsätzen, die der Insolvenzverwalter mit der Masse tätigt, kann auch der Schuldner selbst noch Umsätze vornehmen, die dem Unternehmen als Gesamtheit zugerechnet werden (§ 2 Abs. 1 Satz 2 UStG). Gem. § 36 Abs. 1 gehören aber Gegenstände, die nicht der Zwangsvollstreckung unterliegen, nicht zur Insolvenzmasse. Gleiches gilt für vom Insolvenzverwalter freigegebene Gegenstände.[452] **122–123**

Sämtliche Umsätze sind vom Insolvenzverwalter für den Schuldner unter einer neuen, zusätzlich vom Finanzamt mit Insolvenzeröffnung zugeteilten Steuernummer zu erklären. Die Erfassung der Umsätze unter verschiedenen Steuernummern erfolgt vor allem im Hinblick auf die unterschiedliche Geltendmachung der Steuerforderungen als Insolvenzforderungen und Masseverbindlichkeiten. Die „alte" Steuernummer des Insolvenzschuldners erfasst somit die Insolvenzforderungen gem. § 38, sowie die Forderungen aus dem insolvenzfreien Vermögen. Sofern der Insolvenzschuldner nach der Eröffnung des Insolvenzverfahrens ohne Verwendung von Gegenständen der Insolvenzmasse weiterhin selbständig tätig ist oder eine neue selbständige Tätigkeit aufnimmt und dabei steuerpflichtige Umsätze tätigt, wird eine dritte Steuernummer vergeben. Zur Vermeidung von Abgrenzungsproblemen kann der Insolvenzverwalter für nach dem 30. 6. 2007 eröffnete Insolvenzen nach § 35 Abs. 2 erklären, dass das Vermögen aus der selbständigen Tätigkeit des Insolvenzschuldners nicht zur Insolvenzmasse gehört und Ansprüche aus der Tätigkeit nicht im Insolvenzverfahren geltend gemacht werden können.[453]

Gleichwohl liegt ein einheitliches Unternehmen vor, da es sich hierbei nur um eine technische Trennung handelt. Mit Grundsatzentscheidung vom 28. 6. 2000 hat der BFH klargestellt, dass für den Fall, dass der Insolvenzschuldner mit insolvenzfreien Mitteln zusätzlich zum Insolvenzverwalter unternehmerisch tätig wird, zwei Unternehmensteile eines in umsatzsteuerrechtlicher Hinsicht einheitlichen Unternehmens vorliegen, für die die Umsatzsteuer in getrennten Bescheiden festzusetzen ist. Damit wird vermieden, dass Vorsteuerbeträge aus der Masseverwertung von der Umsatzsteuer für den insolvenzfreien Unternehmensteil in Abzug gebracht werden können. Allerdings wird dieser Fall in der Praxis kaum mehr eine Rolle spielen, weil es unter der Geltung der neuen InsO insolvenzfreies Vermögen in der Regel nicht geben kann.[454]

Durch den Übergang der Verwaltungs- und Verfügungsbefugnis auf den Insolvenzverwalter nach § 80 ist es ab Insolvenzeröffnung ausschließlich die Pflicht des Insolvenzver- **124**

---

[450] Vgl. *Waza/Uhländer/Schmittmann,* RdNr. 1548; *Farr,* RdNr. 24 f.
[451] BFH v. 16. 2. 1987, X R 48/82, BStBl. II 1987, 752; v. 29. 6. 1987, X R 23/82, BStBl. II 1987, 744.
[452] *Rau/Dürrwächter/Stadie* UStG § 2 RdNr. 471.
[453] *Waza/Uhländer/Schmittmann,* RdNr. 1610, 1622 f.; vgl. oben RdNr. 25 a.
[454] BFH v. 28. 6. 2000, VR 87/99, BStBl. II 2000, 639 = ZIP 2000, 177; *Waza/Uhländer/Schmittmann,* RdNr. 1608 ff.; *Rau/Dürrwächter* UStG § 18 RdNr. 802 ff.

walters, Umsatzsteuererklärungen abzugeben (§ 34 Abs. 3 AO).[455] Dies betrifft auch den Veranlagungszeitraum, in den die Insolvenzeröffnung fällt. Umstritten war, ob der Konkursverwalter auch für noch frühere Veranlagungszeiträume Steuererklärungen abzugeben hatte, was allerdings aus insolvenzrechtlichen – wenn nicht schon aus praktischen – Gründen zu erfolgen hatte, da der Schuldner keinen Zugriff mehr auf Geschäftsunterlagen hat.[456] Stehen noch Erklärungen aus, so hat der Verwalter sie entsprechend anzufertigen und einzureichen.[457] Die Verpflichtung umfasst darüber hinaus auch die Berichtigung von bereits abgegebenen Steuererklärungen des Schuldners. Erkennt der Verwalter rechtzeitig, dass diese nicht vollständig oder unrichtig abgegeben wurden, hat er nach § 153 Abs. 1 Satz 2 AO eine Richtigstellung vorzunehmen. Kann der Insolvenzverwalter die notwendigen Daten nicht ermitteln, so kann die Umsatzsteuer im Wege der Schätzung gem. § 162 AO ermittelt und festgesetzt werden. Dies gilt auch für den in der Praxis nicht seltenen Fall, dass der Insolvenzschuldner die Erklärungen ohne Nachprüfung und Unterzeichnung durch den Insolvenzverwalter erstellt und beim Finanzamt einreicht.[458]

Neben der Verpflichtung zur Abgabe der Steuererklärungen ist der Insolvenzverwalter auch verpflichtet, die entsprechenden Zahlungen zu leisten. Hier hat er jedoch auf die Masse zu achten, da eine Haftung gegenüber den Gläubigern in Betracht kommt, wenn er zu voreilig Zahlungen auf Steuerschulden leistet. Eine praktische Auswirkung der Verwaltungs- und Verfügungsbefugnis zeigt sich bei der durch den Grundpfandgläubiger betriebenen Zwangsversteigerung. Hier entscheidet allein der Insolvenzverwalter über die Option zur Umsatzsteuer.[459] Eine Soll- bzw. Istbesteuerung des Schuldners wird von dem Verwalter fortgeführt, es sei denn, der Schuldner erfüllt die Voraussetzungen des § 20 UStG, wodurch der Wechsel zur Besteuerung nach vereinnahmten (= Istbesteuerung) Entgelten beantragt werden kann, mit der Folge, dass die Umsatzsteuer erst bei dem Zufluss der entsprechenden Einnahmen abzuführen ist.[460] Der Insolvenzverwalter hat die Aufzeichnungen gem. § 22 UStG zu führen, insbesondere über die vereinbarten Entgelte (bei Sollversteuerung) bzw. über die vereinnahmten Entgelte (bei Istversteuerung), jeweils mit einer Aufteilung in – nach Steuersätzen getrennte – steuerpflichtige Umsätze und steuerfreie Umsätze.

Der Insolvenzverwalter haftet persönlich für die Umsatzsteuer, die aus einem unberechtigten Steuerausweis hervorgeht nach § 14c Abs. 2 UStG. Im Übrigen haftet der Insolvenzverwalter nach §§ 34, 69 AO, sofern er die Entrichtung der Umsatzsteuervorauszahlung zum gesetzlich vorgesehenen Termin trotz ausreichend vorhandener Liquidität unterlässt. § 69 AO ist dabei gegenüber den insolvenzrechtlichen Haftungsnormen lex specialis.[461]

125 Die Insolvenzverwaltervergütung gehört zu den Massekosten und wird gegenüber dem Schuldner entsprechend einem Beschluss des Insolvenzgerichts nach § 64 Abs. 1 abgerechnet. Der Verwalter hat eine ordnungsgemäße Rechnung i. S. d. § 14 UStG mit Umsatzsteuerausweis zu erstellen. Der Vorsteuerabzug aus dieser Rechnung setzt voraus, dass der Schuldner Unternehmer ist und keine Umsätze tätigt, die den Vorsteuerabzug ausschließen. Soweit auch Privatvermögen des Schuldners verwertet wurde, ist der Vorsteuerabzug nur anteilig möglich.[462] Der BGH hat nunmehr klargestellt, dass für die Bestimmung der

---

[455] Vgl. oben RdNr. 8.
[456] BGH ZIP 1980, 25; BFH v. 10. 10. 1951, IV 144/51 U, BStBl. III 1951, 212; v. 23 8. 1994, II R 143/92, BStBl. II 1995, 194 = ZIP 1994, 1969; *Farr,* RdNr. 63; OFD Frankfurt/M., Vfg. v. 25. 5. 2007, S 7100 A – 2/85 – St 11; Absch. A, Teil IV Nr. 1, DStR 2007, 1910; *Frotscher,* S. 38 f.; *Jaeger/Henckel* KO § 6 RdNr. 141; aA *Lewin* DStZ, 1926, 213, 214.
[457] *Birk* ZInsO 2007, 743, 745.
[458] OFD Frankfurt/M., Vfg. v. 25. 5. 2007, S 7340 A – 85 – St 11, Beck.Verw. 100427; *Farr,* RdNr. 63 f.; *Kahlert/Rühland,* RdNr. 1697 ff.; *Frotscher,* S. 38 f.; *Rau/Dürrwächter/Stadie* UStG § 18 RdNr. 812.
[459] Vgl. unten RdNr. 152, 179.
[460] OFD Frankfurt/M., Vfg. v. 25. 5. 2007, S 7340 A – 85 – St 11, Beck.Verw. 100427, RdNr. 9; *Birk* ZInsO 2007, 743, 747.
[461] *Birk* ZInsO 2007, 743, 747; vgl. oben RdNr. 26 b ff.
[462] OFD Hannover, Vfg. v. 28. 5. 2004, S 7340 – 152 – StH 442, UR 2005, 628, RdNr. 9.5.1; *Rau/Dürrwächter/Stadie* UStG § 18 RdNr. 906 ff.

Bemessungsgrundlage für die Vergütung des Verwalters der Vorsteuerabzug aus der Verwaltervergütung insoweit zu berücksichtigen ist, als dieser zu einer mit Sicherheit noch zu erwartenden Umsatzsteuererstattung führt.[463] Mit dieser Entscheidung ist geklärt, dass die Umsatzsteuererstattung aus einer periodischen Voranmeldung als Massezufluss zu berichtigen ist. Die teilweise vertretene Auffassung, dass es sich um einen so genannten masseneutralen Vorgang in Form eines durchlaufenden Postens handelt, ist somit abzulehnen.[464]

Hinsichtlich der grundsätzlich freiberuflichen Tätigkeit des Insolvenzverwalters (§ 56) und seiner dem entsprechenden Besteuerung nach § 18 Abs. 1 Nr. 3 EStG wird an dieser Stelle lediglich kurz auf die Abgrenzung zur Gewerblichkeit hingewiesen, die dann schwierig ist, wenn der Verwalter aus einer interdisziplinären Kanzlei kommt oder eigenes Buchführungspersonal beschäftigt. Hier kann es nämlich wegen undifferenzierter Tätigkeiten der Mitarbeiter innerhalb der Kanzlei zu ertrags- und umsatzsteuerlichen Belastungen und leicht zu einer Gewerblichkeitseinstufung kommen, was es durch entsprechende Ausgestaltung zu vermeiden gilt.[465] **126**

c) Vorläufiger Insolvenzverwalter. Bereits die von dem vorläufigen Insolvenzverwalter (§ 21 Abs. 2 Nr. 1) bewirkten Leistungen führen zu Umsätzen des Unternehmers. Aufgrund des durch das Insolvenzgericht etwa angeordneten Verfügungsverbots zur Sicherung der Masse ist der vorläufige Insolvenzverwalter bereits befugt aber nicht verpflichtet, Steuererklärungen abzugeben. Er ist aber auch Vermögensverwalter gem. § 34 Abs. 3 AO. Diejenigen Leistungen, die der vorläufige Insolvenzverwalter im Rahmen seiner Befugnis ausführt, verursachen bereits Masseverbindlichkeiten nach § 55 Abs. 2, während solche des Schuldners lediglich Insolvenzforderungen nach § 38 sind. Der vorläufige Insolvenzverwalter haftet für die von ihm begründeten Umsatzsteuerforderungen nach §§ 55 Abs. 2, 61 für den Fall, dass die Masse zu deren Begleichung später nicht ausreicht, persönlich.[466] **127**

Ist lediglich ein vorläufiger Insolvenzverwalter mit beschränktem Aufgabenkreis nach § 22 Abs. 2 eingesetzt, so werden Umsatzsteuerforderungen ausschließlich als Insolvenzforderungen gem. § 38 begründet. Eine Umsatzsteuerzahlungspflicht besteht deshalb für den vorläufigen Insolvenzverwalter nicht.[467] **128**

2. Steuererhebung. a) Insolvenzforderungen gem. § 38. aa) Begründetheit von umsatzsteuerrechtlichen Forderungen. Eine Forderung ist als Insolvenzforderung gem. § 38 einzuordnen, wenn sie zurzeit der Eröffnung des Insolvenzverfahrens einen Vermögensanspruch eines Gläubigers begründete. Daher ist eine Umsatzsteuerforderung begründet, wenn der Steuertatbestand[468] vor Eröffnung des Insolvenzverfahrens von dem Schuldner verwirklicht wurde.[469] Ebenso stellen die während eines allgemeinen Verfügungsverbots verwirklichten Umsätze des Schuldners eine Insolvenzforderung dar.[470] **129**

Insoweit umsatzsteuerrechtlich nach § 13 UStG auf die Entstehung der Forderung abgestellt wird, gilt insolvenzrechtlich, dass für § 38 auf den Zeitpunkt der Begründung des Rechtsgrundes für den Anspruch abgestellt wird.[471] Es ist unbestritten, dass in diesem Sinne nicht der Ablauf des Voranmeldungszeitraums, also der Entstehungszeitpunkt der Steuerschuld nach § 13 UStG maßgeblich ist. Unklar ist vielmehr, wann genau die Steuerforderung begründet ist, da der V. Senat und der VII. Senat des BFH hierzu unterschiedliche Auffassungen vertreten. Eine Klärung durch den Großen Senat steht noch aus.[472] **130**

---

[463] BGH ZIP 2008, 81.
[464] *Jaeger/Michels* ZIP 2008, 82.
[465] BFH v. 10. 8. 1994, I R 133/93, BStBl. II 1995, 171; v. 11. 8. 1994, IV R 126/91, BStBl. II 1994, 936 = ZIP 1994, 1877; v. 1. 2. 1990, IV R 140/88, BStBl. II 1990, 507; BMF-Schreiben v. 14. 5. 1997, IV B 4 – S 2246 – 23/97, BStBl. I 1997, 566; *Korn* DStR 1995, 1349, 1353 f.; *Kling* DStR 1998, 1813, 1817; *Frystatzki* EStB 2005, 308; *Kratzsch* NWB 2005, Fach 3, S. 13193, 13210 ff.
[466] Vgl. oben RdNr. 21 a f.
[467] *Maus* ZIP 2000, 339, 340.; vgl. oben RdNr. 22.
[468] §§ 1, 14 c Abs 1 und 2, 15 a, 17, 25 b Abs. 2 UStG.
[469] Vgl. BFH v. 13. 11. 1986, V R 59/79, BStBl. II 1987, 226 = ZIP 1987, 119, 120.
[470] Vgl. oben RdNr. 128.
[471] BFH v. 21. 9. 1993, VII R 68/92, ZIP 1993, 1892.
[472] *Kahlert/Rühland*, RdNr. 1724 ff.; *Waza/Uhländer/Schmittmann*, RdNr. 1583 ff.

Für den VII. Senat ist die Verwirklichung des der Umsatzsteuerforderung zugrunde liegenden zivilrechtliche Sachverhalts maßgeblich, so dass es alleine auf den Zeitpunkt der Leistungserbringung durch den Steuerschuldner, nicht aber auf die Erteilung einer für den Vorsteuerabzug nach § 15 Abs. 1 Nr. 1 UStG an sich erforderlichen Rechnung ankommt.[473] Demgegenüber ist für den V. Senat die Umsatzsteuerforderung erst begründet, wenn „der Tatbestand, aus dem sich der Anspruch ergibt, vollständig verwirklicht, also abgeschlossen ist", was wiederum die Erteilung einer Rechnung voraussetzt.[474]

Die wohl herrschende Meinung in der Literatur schließt sich der Auffassung des VII. Senats an.[475] Auch die Finanzverwaltung folgt wohl dieser Auffassung.[476]

131 **bb) Umsatzsteuerforderungen.** Wird das Insolvenzverfahren während eines Voranmeldungszeitraums eröffnet, ist die Umsatzsteuer aus den vor der Zeit der Eröffnung ausgeführten Umsätzen als Insolvenzforderung einzustufen. Auf die Vereinnahmung des Entgelts kommt es insoweit nicht an, entscheidend ist vielmehr, ob der dem jeweiligen Umsatzsteuertatbestand zugrunde liegende Lebenssachverhalt bereits im Zeitpunkt der Eröffnung des Insolvenzverfahrens verwirklicht war.[477] Bei noch nicht vollständig erbrachten Leistungen hängt die Einstufung der darauf entfallenden USt davon ab, ob es sich um selbständige, vor Eröffnung des Insolvenzverfahrens abrechenbare Teilleistungen handelt.[478]

131a Eine Besonderheit stellt die Umsatzsteuer auf erhaltene Anzahlungen dar. In umsatzsteuerlicher Hinsicht sind Anzahlungen nach § 13 Abs. 1 Nr. 1 a Satz 4 UStG – unabhängig von der Leistungserbringung – mit Ablauf des Voranmeldungszeitraums der Vereinnahmung zu versteuern. Dieser selbständige Steuertatbestand führt nach überwiegender Literaturauffassung im Einklang mit der BFH-Rechtsprechung zu einer Begründetheit der Umsatzsteuerforderung vor Insolvenzeröffnung.[479]

131b Die Fälligkeit einer zum Zeitpunkt der Verfahrenseröffnung lediglich begründeten Abgabenforderung ist gem. § 41 fingiert.[480] Zu den danach erfolgten Umsätzen als Masseverbindlichkeiten gem. § 55 soll später eingegangen werden. Es muss jedenfalls eine Aufteilung der einzelnen Umsätze erfolgen.

132 **cc) Vorsteuer.** Eine Insolvenzforderung des Fiskus ergibt sich insbesondere durch unberechtigt angemeldete Vorsteuern, wenn der Schuldner auf die an ihn gerichteten umsatzsteuerbehafteten Rechnungen nicht mehr zahlen kann, gleichzeitig aber die Vorsteuer noch geltend gemacht hat. Spätestens mit Eröffnung des Insolvenzverfahrens tritt die Uneinbringlichkeit der Forderung ein, weil der Gläubiger diese zumindest vorläufig nicht mehr durchsetzen kann.[481] Infolgedessen wird das Finanzamt den Vorsteuerabzug rückgängig machen und die spätestens mit der Verfahrenseröffnung begründete Vorsteuerrückforderung beim Insolvenzverwalter (§§ 174 Abs. 1, 175) zur Tabelle anmelden (vgl. § 17 Abs. 2 Nr. 1 Satz 1 UStG).[482] Der Vorsteuerrückforderungsanspruch (§ 17 Abs. 1 Nr. 2 i.V.m. § 17 Abs. 2 Nr. 1 UStG) entsteht zwar – wie die Umsatzsteuerforderung – erst mit Ablauf des Voranmeldungszeitraums, dieser Anspruch ist aber bereits zurzeit der Verfahrenseröffnung als begründet anzusehen, weil spätestens zu diesem Zeitpunkt die Uneinbringlichkeit der

---

[473] BFH v. 17. 12. 1998, VII R 47/98, BStBl. II 1999, 423 = ZIP 1999, 714; v. 5. 10. 2004, VII R 69/03, BStBl. II 2005, 195 = ZIP 2005, 266; v. 16. 11. 2004, VII R 75/03, BStBl. II 2006, 193 = ZIP 2005, 628.
[474] BFH v. 4. 6. 1987, V R 57/79, BStBl. II 1987, 741 = ZIP 1987, 1134.
[475] *Frotscher*, S. 173 f.; *Waza/Uhländer/Schmittmann*, RdNr. 1588; *Farr*, RdNr. 369; *Onnuseit* ZInsO 2005, 638; *Birk* ZInsO 2007, 743, 746; aA *Rau/Dürrwächter/Stadie* UStG § 18 RdNr. 826 ff., der eine Begründetheit erst mit Vereinnahmung annimmt.
[476] OFD Nürnberg, Vfg. v. 25. 1. 2005, S 7100 – 620/St 43, ZInsO 2005, 584; *Kahlert/Rühland*, RdNr. 1730 ff.
[477] *Waza/Uhländer/Schmittmann*, RdNr. 1591.
[478] *Waza/Uhländer/Schmittmann*, RdNr. 1597; *Gottwald/Frotscher* § 123 RdNr. 24; vgl. auch RdNr. 182 ff.
[479] BFH v. 21. 6. 2001, V R 68/00, BStBl. II 2002, 255; *Waza/Uhländer/Schmittmann*, RdNr. 1596; *Farr*, RdNr. 369; *Uhlenbruck* § 3 RdNr. 34; *Onnuseit*, RdNr. 340; aA *Frotscher*, S. 178 f.
[480] Vgl. zu § 41 und insbesondere zur Abzinsung unten RdNr. 24 e f.
[481] *Gottwald/Frotscher* § 123 RdNr. 17.
[482] Vgl. unten RdNr. 147.

Forderung vorlag.⁴⁸³ Der BGH hat im Einklang mit der Rechtsprechung des BFH entschieden, dass die Uneinbringlichkeit mit Eintritt der Zahlungsunfähigkeit anzunehmen ist. Sofern dieser Zeitpunkt nicht bestimmbar ist, tritt die Uneinbringlichkeit mit Verfahrenseröffnung ein.⁴⁸⁴

Der Vorsteuerabzug ist nach der höchstrichterlichen Rechtsprechung keinen verfahrensrechtlich eigenständigen Anspruch, sondern eine unselbständige Besteuerungsgrundlage dar, die vorrangig nach § 16 Abs. 2 UStG mit der Umsatzsteuer des Voranmeldungszeitraums zu saldieren ist.⁴⁸⁵ Erst eine nach dieser Verrechnung verbleibende negative Steuerschuld (Vorsteuerüberhang) steht für eine mögliche Aufrechnung mit Insolvenzforderungen nach §§ 95, 96 zur Verfügung. Damit ist die insolvenzrechtliche Begründetheit nur insoweit relevant, als ein Vorsteuerüberhang entsteht, nicht aber für Vorsteuerabzüge, die lediglich die Umsatzsteuerschuld vermindern.

132 a

Die Einhaltung des Aufrechnungsverbots nach § 96 Abs. 1 Nr. 1 setzt voraus, dass der Vorsteuerüberhang ausschließlich auf vor der Eröffnung des Insolvenzverfahrens begründeten Vorsteuerbeträgen beruht. Bevor eine Aufrechnung des Finanzamts erfolgen kann, ist nach der Rechtsprechung des VII. Senats die nachinsolvenzliche Umsatzsteuer zunächst mit vorinsolvenzlicher Vorsteuer zu saldieren. Der hiernach verbleibende Vorsteuerüberhang ist nur insoweit mit Insolvenzforderungen aufrechenbar, als dieser auf vorinsolvenzliche Vorsteuerabzüge zurückzuführen ist. Um dies sicherzustellen wird es wohl verstärkt zu Umsatzsteuersonderprüfungen kommen.⁴⁸⁶ Andererseits wird diese die Masse begünstigende Rechtsprechung dazu führen, dass „schwache" vorläufige Insolvenzverwalter nicht zuletzt aus Haftungsgründen bestrebt sein werden, durch die Verschiebung der (Lieferanten-)Rechnungsstellung auf einen Zeitpunkt nach der Insolvenzeröffnung eine Aufrechnung des Vorsteuererstattungsanspruchs mit Insolvenzforderungen zu vermeiden.⁴⁸⁷

Die Finanzverwaltung folgt dieser Rechtsprechung nicht, sondern stellt ungeachtet des § 16 Abs. 2 UStG alleine auf die insolvenzrechtliche Begründetheit der Umsatzsteuer einerseits und des Vorsteuerabzugs andererseits ab. Die vor Insolvenzeröffnung begründeten Vorsteuerbeträge sollen unabhängig von der Rechnungsstellung ausschließlich mit vorinsolvenzlichen Umsatzsteuerforderungen zu verrechnen sein. Diese Vorgehensweise wurde zwar vom VII. Senat im Urteil vom 5. 10. 2004 neben der oben genannten Variante als zulässig erachtet, im Folgeurteil vom 16. 11. 2004 aber nicht mehr aufgegriffen. Insolvenzverwalter sollten sich schon aus Haftungsgründen auf das für die Masse günstigere Folgeurteil berufen, das mit Urteil des VII. Senats vom 16. 1. 2007 nochmals bestätigt wurde.⁴⁸⁸

dd) Geltendmachung der Umsatzsteuerforderung. Die Anmeldung zur Tabelle **133** erfolgt regelmäßig durch die Vollstreckungsstellen in Form einer einfachen Steuerberechnung. Zum Zwecke einer vollständigen Anmeldung werden die Sachbearbeiter noch die eventuell offenen Veranlagungen erledigen, ausstehende Voranmeldungen anfordern und im Zweifel die Umsätze schätzen. Nachdem die InsO keinen Ausschlussgrund mehr für die Anmeldung enthält, werden von dem Finanzamt nicht mehr in jedem Fall Umsatzsteuersonderprüfungen angeordnet, was zu einer kleinen Entlastung der Beteiligten beitragen dürfte. Allerdings hat der Insolvenzverwalter auf Grund seiner Pflichten aus § 34 Abs. 3 AO

---
⁴⁸³ BFH v. 13. 11. 1986, V R 59/79, BStBl. II 1987, 226 = ZIP 1987, 119; v. 19. 10. 2001, V R 48/00, BStBl. II 2003, 210 = ZIP 2002, 136; BMF-Schreiben v. 4. 5. 1988, IV A 2 – S 7333 – 4/88; BStBl. I 1988, 165; v. 17. 12. 1998, IV a 4 – S 0550 – 28/98; BStBl. I 1998, 1500 = ZIP 1999, 714; vgl. unten RdNr. 147.
⁴⁸⁴ BGH Beck.RS. 2007 13243; *Grönwoldt* DStR 2008, 18.24 f.
⁴⁸⁵ BFH v. 5. 4. 1984, V R 118/78, BStBl. II 1984, 418; *Farr*, RdNr. 381.
⁴⁸⁶ BFH v. 5. 10. 2004, VII R 69/03, BStBl. II 2005, 195 = ZIP 2005, 266, bestätigt durch BFH v. 16. 11. 2004, VII R 75/03, BStBl. II 2006, 193 = ZIP 2005, 628 sowie durch BFH v. 16. 1. 2007, VII R 4/06, ZIP 2007, 829; *Farr*, RdNr. 384; *Kahlert/Rühland*, RdNr. 1756 ff.; *Maus* ZInsO 2005, 583; kritisch *Onusseit* ZInsO 2005, 638; *Rüsken*, ZIP 2007, 2053, 2057 f.; vgl. oben RdNr. 25 k.
⁴⁸⁷ *Farr*, RdNr. 384; *Kahlert/Rühland*, RdNr. 1756 ff.; *Maus* ZInsO 2005, 583.
⁴⁸⁸ OFD Nürnberg, Vfg. v. 25. 1. 2005, S 7100 – 620/St 43, ZInsO 2005, 584; *Kahlert/Rühland*, RdNr. 1767 ff.; *Maus* ZInsO 2005, 583.

Insolvenzsteuerrecht 134–141

die Steuererklärungen abzugeben, so dass sich für ihn wohl kaum eine spürbare Entlastung ergibt.

134   Wie bereits dargestellt,[489] sind die Steuer- und Abgabenansprüche durch das in § 38 nicht mehr enthaltene Fiskusvorrecht grundsätzlich einfache Insolvenzforderungen.

135   **b) Nachrangige Insolvenzforderungen gem. § 39.** Nicht zu den Insolvenzforderungen des § 38 gehören die seit Verfahrenseröffnung laufenden Zinsen, Geldstrafen, Geldbußen und Zwangsgelder. Nachdem diese Forderungen nach der KO/VerglO (§ 63 KO, § 29 VerglO) nicht berücksichtigt wurden, sind sie nunmehr gem. § 39 nachrangig zu berichtigen. Interessant ist diese Einstufung jedoch nur in den wenigen Fällen einer vollständigen Befriedigung auch der übrigen Gläubiger, wenn danach ein Überschuss verbleibt. Tritt dieser Fall jedoch ein, so ist es sachgerecht den Überschuss auf die in § 39 aufgezählten Gläubiger zu verteilen, bevor dieser an den Schuldner herausgegeben wird.[490]

136   Um nicht jedes Verfahren mit diesen Forderungsanmeldungen zu belasten regeln §§ 174 Abs. 3, 177 Abs. 2, dass diese nur anzumelden sind, soweit das Insolvenzgericht bes. zur Anmeldung aufgefordert hat.

137   **c) Masseverbindlichkeiten gem. §§ 53 ff., 209.** Umsatzsteueransprüche, die aus Maßnahmen des Insolvenzverwalters oder des vorläufigen Insolvenzverwalters begründet sind, gelten nach der Verfahrenseröffnung sämtlich als Masseverbindlichkeiten (§ 55 Abs. 1 Nr. 1; Abs. 2). Dies gilt aber hinsichtlich einer neuen Tätigkeit des Insolvenzschuldners nur insoweit, als hierbei Gegenstände der Insolvenzmasse eingesetzt werden. Führt nämlich der Insolvenzschuldner seine bisherige Tätigkeit fort bzw. beginnt er eine neue Tätigkeit ausschließlich mit unpfändbaren Gegenständen i. S. d. § 811 Nr. 5 ZPO durch vorrangigen Arbeitseinsatz, führt die daraus resultierende Umsatzsteuer nach dem BFH-Urteil v. 7. 4. 2005 nicht zu einer Masseverbindlichkeit i. S. d. § 55 Abs. 1 Nr. 1.[491]

Hinsichtlich des § 55 Abs. 2 liegt eine gesetzliche Fiktion vor, denn eigentlich sind die Umsatzsteuerschulden des vorläufigen Insolvenzverwalters vor Verfahrenseröffnung begründet und fielen unter die Insolvenzforderungen nach § 38. Durch diese mit der InsO eingeführte Fiktion besteht keine Möglichkeit der Gestaltung mehr. Nach der KO war es nämlich bisher möglich, durch vorkonkursliche Veräußerungen lediglich Konkursforderungen nach § 3 KO zu begründen und dadurch die Masse zu schonen.

138   Das Finanzamt bescheidet die Umsatzsteuer dem Insolvenzverwalter ausdrücklich als Masseverbindlichkeit. Hierzu zählen die Umsatzsteuerzahllasten aus den anzumeldenden Umsätzen, die Umsatzsteuer aus Verwertungen von sicherungsübereigneten Gegenständen und der etwa bei Verwertungshandlungen entstehende Vorsteuerberichtigungsanspruch nach § 15 a UStG.

139   Hat der Insolvenzverwalter oder vorläufige Insolvenzverwalter die erforderlichen Umsatzsteuererklärungen nicht abgegeben, so haftet er gem. § 60. Kann der Verwalter die Steuerschulden nicht mehr begleichen, weil er etwa frühzeitig andere Masseverbindlichkeiten erfüllt hat und dabei die Massearmut nicht bedachte, so haftet er dem Fiskus aus den §§ 55, 61.

140   Nach den Regelungen der KO bestand eine Pflicht zur Begleichung der während der Sequestration begründeten Umsatzsteuer nicht, denn es handelte sich um Konkursforderungen nach § 3 KO.[492] Nachdem heute solche Forderungen zu den Masseverbindlichkeiten zählen, kann es nicht mehr zu einer Vorsteuerrückforderung nach § 17 Abs. 1 Nr. 2 i. V. m. Abs. 2 Nr. 1 UStG kommen.

141   **3. Ausstellen von Rechnungen gem. § 14 Abs. 1 UStG.** Gem. der Verwaltungs- und Verfügungsbefugnis des Insolvenzverwalters nach § 80 ist dieser hinsichtlich aller Umsätze

---

[489] Vgl. oben RdNr. 39.
[490] Begr. RegE zu § 46 in *Balz/Landfermann*, S. 120.
[491] *Waza/Uhländer/Schmittmann*, RdNr. 1609; vgl. auch oben RdNr. 25 a.
[492] BFH v. 29. 4. 1986, VII R 184/83, BStBl. II 1986, 586, 588 = ZIP 1986, 849; *Kilger/K. Schmidt* KO § 106, Anm. 4; *Reiß* UR 1989, 210.

aus der Masse zur Erteilung einer ordnungsgemäßen Rechnung mit gesondertem Umsatzsteuerausweis gem. § 14 Abs. 1 UStG verpflichtet. Diese Rechnungserteilungspflicht betrifft auch den Zeitraum vor Eröffnung des Insolvenzverfahrens, soweit der Schuldner die Lieferung oder sonstige Leistung dort bewirkt hat.[493] Erteilt der Insolvenzverwalter eine Rechnung mit gesondertem Umsatzsteuerausweis, ohne dass er dazu berechtigt war, schuldet die Insolvenzmasse die Umsatzsteuer gem. § 14c Abs. 2 Satz 1 UStG. Bei dieser Umsatzsteuer handelt es sich um eine Insolvenzforderung gem. § 38, wenn der Verwalter die Rechnung mit dem unberechtigten Steuerausweis vor Eröffnung des Verfahrens ausgestellt hat. Sie gehört keinesfalls zu den nachrangigen Insolvenzforderungen nach § 39, da sie keinen Strafcharakter hat.[494]

Bes. beachtenswert sind die Situationen einer Rechnungserteilung im Zusammenhang mit dem Wahlrecht des Insolvenzverwalters aus § 103.[495] **142**

Der Gläubiger einer noch nicht abgenommenen Leistung kann im Falle der Ablehnung durch den Insolvenzverwalter, die diesem nach § 103 auf Grund seines Wahlrechts zusteht, in seine Schadensersatzberechnung keine Umsatzsteuer aufnehmen, da hierbei keine steuerbare Lieferung sondern echter Schadensersatz vorliegt. Umgekehrt kann natürlich auch die Masse keinen Vorsteuerabzug geltend machen. **143**

Der Insolvenzverwalter eines Werkunternehmers hat bei einer Erfüllungsablehnung dann eine Rechnung mit Umsatzsteuer zu erstellen, wenn bereits ein Teil des Werks ausgeführt ist. Durch die Erfüllungsablehnung entsteht nämlich ein neuer Liefergegenstand und auch die Steuer gem. § 13 Abs. 1 Nr. 1 UStG entsteht mit der Verfahrenseröffnung.[496] **144**

In der Insolvenz des Bestellers wird im Falle einer Erfüllungsablehnung die unvollständige Werkleistung zur neuen Lieferung. Hierüber kann der Hersteller dem Insolvenzverwalter eine Rechnung mit Umsatzsteuerausweis erteilen, aus der dieser einen Vorsteuerabzugsanspruch hat. **145**

Für den Vorsteuerabzug nach § 15 Abs. 1 i. V. m. § 14 Abs. 1 UStG ist es u. a. entscheidend, dass die Rechnung richtig adressiert ist. Wird eine Rechnung an den Insolvenzverwalter gerichtet, so muss sich aus ihr ergeben, dass der Insolvenzverwalter den Schuldner vertritt. Bevor eine ordnungsgemäße Rechnung nicht vorliegt darf der Insolvenzverwalter diese auch nicht annehmen und daraus einen Vorsteuerabzug geltend machen. **146**

4. Änderung der Bemessungsgrundlage. a) Rückforderung von Vorsteuern.

Das Finanzamt hat nach § 17 Abs. 2 Nr. 1 UStG einen Vorsteuerrückforderungsanspruch gegen Unternehmer, die einen Vorsteuerabzug geltend gemacht haben, ohne das hierfür vereinbarte Entgelt zu leisten. Ändert sich nämlich die Bemessungsgrundlage für einen steuerbaren Umsatz i. S. d. § 1 Abs. 1 Nr. 1–3 UStG, so trifft den Leistungsempfänger nach § 17 Abs. 1 UStG eine Berichtigungspflicht, die nach § 17 Abs. 2 Nr. 1 UStG insbesondere für uneinbringliche Forderungen gilt. Eine Forderung ist nicht nur uneinbringlich, wenn sie keinen Wert mehr hat, sondern auch dann, wenn sie für eine bestimmte Zeit nicht durchsetzbar ist oder aber der Leistungsempfänger das Bestehen der Forderung substantiiert bestreitet.[497] **147**

Eine Forderung für Lieferungen und Leistungen gegenüber dem Insolvenzschuldner ist spätestens im Zeitpunkt der Eröffnung des Insolvenzverfahrens nicht mehr durchsetzbar und gilt deshalb ab diesem Zeitpunkt als in voller Höhe uneinbringlich unbeschadet einer möglichen Insolvenzquote.[498] Etwas anderes kann sich ergeben, wenn

---

[493] Abschn. 183 Abs. 5 UStR 2008; *Waza/Uhländer/Schmittmann*, RdNr. 1651.
[494] *Kahlert/Rühland*, RdNr. 1713, 2208; *Waza/Uhländer/Schmittmann*, RdNr. 1654; *Zeuner* UR 2006, 153; aA *Rau/Dürrwächter/Stadie* UStG § 18 RdNr. 160 und § 14 RdNr. 160.
[495] Vgl. hierzu unten RdNr. 187a ff.
[496] Vgl. Abschn. 28 Abs. 1 und Abschn. 178 UStR 2008.
[497] BFH v. 13. 7. 2006, V B 70/06, BStBl. II 2007, 415 = ZIP 2006, 1779; *Waza/Uhländer/Schmittmann*, RdNr. 1680; *Kahlert/Rühland*, RdNr. 1929 ff.; *Rau/Dürrwächter/Stadie* UStG § 17 RdNr. 203.
[498] BFH v. 13. 11. 1986, V R 59/79, BStBl. II 1987, 226 = ZIP 1987, 119; v. 17. 12. 1998, IV A 4 – S 0550 – 28/98, BStBl. 1998, 1502 = ZIP 1999, 714; v. 16. 7. 1987, V R 80/82, BStBl. II 1987, 691 = ZIP 1987, 1130; v. 28. 6. 2000, V R 45/99, BStBl. II 2000, 703 = ZIP 2000, 2120, ZInsO 2000, 660, 661; v.

bereits sehr früh Gewissheit über eine teilweise Befriedigung auf Grund eines Insolvenzplans besteht.[499]

Der Zeitpunkt der Uneinbringlichkeit kann allerdings auch früher eingetreten sein. Die Zahlungsunfähigkeit des Schuldners ist im Allgemeinen bereits vor Eröffnung des Verfahrens gegeben. Ein solcher früherer Zeitpunkt ist beispielsweise der Tag der Insolvenzbeantragung, der Tag der ersten Mahnung oder der Tag der Bestellung des vorläufigen Insolvenzverwalters, der in einem früheren Voranmeldungszeitraum liegen kann.[500] Die genaue Feststellung über die Uneinbringlichkeit erübrigt sich nach der InsO, da sie kein Vorrecht für Umsatzsteuerforderungen enthält. Hat das Finanzamt nach Verfahrenseröffnung Vorsteuerbeträge als vom Insolvenzschuldner unberechtigt angemeldet ermittelt, so werden diese rückgängig gemacht und können lediglich als Insolvenzforderung zur Tabelle angemeldet werden.

148   b) Erneuter Vorsteuerabzugsanspruch. Ergibt es sich, dass auf Grund einer Masseverteilung nachträglich Eingangsrechnungen vom Insolvenzverwalter bezahlt werden, aus denen der Vorsteuerabzug bereits rückgängig gemacht worden war, so entsteht der Vorsteuerabzugsanspruch wieder und die Rückberichtigung hat zu Gunsten des Schuldners zu erfolgen (Vorsteuervergütungsanspruch nach § 17 Abs. 2 Nr. 1 Satz 2 UStG). Dieser erneute Vorsteuerabzugsanspruch gilt als vor Verfahrenseröffnung begründet. Die Erstattung ist also nicht zur Masse zu rechnen, da es nämlich weiterhin darauf ankommt, wann die Eingangsleistung als zivilrechtlicher Grund für den Vorsteuerabzug erfolgte. Demzufolge führt die spätere Zahlung nur zu einer Minderung des Vorsteuerrückforderungsanspruchs.[501] Der Insolvenzverwalter hat diesen Vergütungsanspruch gegenüber dem Finanzamt nach dem Schlusstermin durch eine berichtigte Umsatzsteuererklärung zu beantragen, es sei denn er kann eine etwaige Insolvenzforderung des Finanzamts reduzieren oder das Finanzamt hat bereits von einem Recht zur Aufrechnung nach §§ 94 ff. Gebrauch gemacht. Die zweifache Vorsteuerberichtigung ist nicht erforderlich, wenn sie in demselben Besteuerungszeitraum einmal zu Lasten und einmal zu Gunsten des Steuerpflichtigen auffallen würde (§ 17 Abs. 1 Satz 3 UStG).[502]

Kommt es zu einem erneuten Vorsteuerabzugsanspruch, der nach dem Schlusstermin geltend gemacht wurde und daher vom Finanzamt auch erst danach erfüllt wird, so führt dies zu einer Nachtragsverteilung nach §§ 203, 205. Dadurch erhalten die Gläubiger eine weitere Quote auf ihre Tabellenforderung. Hat auch das Finanzamt eine solche angemeldet, so ermäßigt sich der zugrunde liegende Vorsteuerrückforderungsanspruch und der Insolvenzverwalter hat eine weitere berichtigte Umsatzsteuererklärung abzugeben.

149   c) Berichtigung zu hoch ausgewiesener Vorsteuer. Hat der leistende Gläubiger in seiner Rechnung an den Insolvenzschuldner die Umsatzsteuer zu hoch ausgewiesen, so kann der Insolvenzverwalter lediglich einen Vorsteuerabzug in Höhe der gesetzlich zulässigen Umsatzsteuer anmelden.[503] Hat der Insolvenzschuldner bereits einen zu hohen Vorsteuerabzug geltend gemacht, so ist die daraus bestehende Steuerschuld eine Insolvenzforderung des Finanzamts. Der Insolvenzverwalter hat den Rechnungsersteller zur Berichtigung der Umsatzsteuer auf den gesetzlich geschuldeten Steuerbetrag aufzufordern.

150   d) Vorsteuerberichtigung nach § 15 a UStG. Verwertungshandlungen des Insolvenzverwalters können eine Vorsteuerberichtigung nach § 15 a Abs. 4 UStG zuungsten des Insolvenzschuldners hervorrufen. Ändern sich nämlich innerhalb von fünf Jahren seit dem Beginn der Verwendung des Wirtschaftsguts die umsatzsteuerlichen Verhältnisse, die im

---

31. 5. 2001, V R 71/99, BStBl. II 2003, 206; v. 22. 4. 2004, V R 72/03, BStBl. II 2004, 684; v. 13. 7. 2006, V B 70/06, ZIP 2006, 1779; BMF-Schreiben v. 4. 5. 1988, IV A 2 – S 7333 – 4/88, BStBl. I 1988, 165.
[499] *Hess/Mittlehner*, Teil II RdNr. 1344.
[500] *Kahlert/Rühland*, RdNr. 1926 ff.
[501] OFD Frankfurt/M., Vfg. v. 25. 5. 2007, Teil C Abschn. III, Nr. 1, S 7100 A – 2/85 – St 11, DStR 2007, 1910; *Farr*, RdNr. 391; *Kahlert/Rühland*, RdNr. 1938 ff.; *Onusseit*, Umsatzsteuer im Konkurs, S. 225 ff.
[502] BFH v. 28. 6. 2000, VR 45/99, BStBl II 2000, 703 = ZIP 2000, 2120, ZInsO 2000, 660, 661 f.
[503] Abschn. 192 Abs. 3 S. 11 UStR 2008.

ersten Verwendungsjahr für Vorsteuerabzüge herangezogen wurden, so ist für jedes Jahr eine berichtigte Umsatzsteuer anzumelden, die dem geänderten Abzug der auf die Anschaffungs- und Herstellungskosten entfallenden Vorsteuerbeträge ausgleichend Rechnung trägt. Ein Beispiel ist die steuerfreie Veräußerung eines bisher steuerpflichtig vermieteten Grundstücks, wobei hier nach § 15a Abs. 1 UStG sogar ein Berichtigungszeitraum von zehn Jahren gilt. Aufgrund der Neufassung des § 15a UStG mit Wirkung zum 1. 1. 2005 ist mit einer Zunahme der von § 15a UStG erfassten Fälle zu rechnen.[504]

151 Die an das Finanzamt nach § 15a UStG zurückzuzahlende Vorsteuer stellt eine Masseverbindlichkeit nach § 55 Abs. 1 Nr. 1 dar, die der Insolvenzverwalter vorweg zu erfüllen hat.[505] Diese höchstrichterliche Rechtsansicht stützt sich darauf, dass auf die Tatbestandsverwirklichung nach der Verfahrenseröffnung abgestellt wird. Dementsprechend kann es sich nicht um eine Insolvenzforderung handeln, da der Vorsteuerberichtigungsanspruch – mangels Erfüllung der maßgeblichen Tatbestandsvoraussetzungen des § 15a UStG – im Zeitpunkt der Insolvenzeröffnung noch nicht gem. § 38 begründet ist.[506] Dies gilt auch für eine Verwertung durch Zwangsversteigerung.[507] Die insoweit noch unter § 58 Nr. 2 KO aufkommende Frage, weshalb eine Umsatzsteuer aus der Verwertung ohne ein Zutun des Insolvenzverwalters zu Verwertungshandlungen des Konkursverwalters zu zählen sei,[508] stellt sich unter § 55 Abs. 1 Nr. 1 nicht mehr, da diese Norm ausdrücklich auf andere Verwertungsarten erweitert ist.

Ergibt sich durch Verwertungshandlungen des Insolvenzverwalters ein Vorsteuerberichtigungsanspruch zugunsten des Insolvenzschuldners, kann das Finanzamt hiergegen nicht mit Insolvenzforderungen aufrechnen, weil der Anspruch der Masse zusteht.[509]

152 **e) Verzicht auf Steuerbefreiung nach § 9 UStG.** Nach § 9 UStG besteht ein Optionsrecht auf Verzicht von enumerierten Steuerbefreiungen und damit zur Regelbesteuerung. Dieses Optionsrecht kann der Insolvenzverwalter vor allem im Falle einer Grundstücksveräußerung an einen Unternehmer ausüben, wodurch er erreicht, dass keine Vorsteuerberichtigung nach § 15a UStG erfolgen muss. Durch die nicht eintretende Vorsteuerberichtigung entstehen insoweit keine Masseverbindlichkeiten, aber die Umsatzsteuer aus dem Verkauf ist abzuführen. Im Hinblick auf eine mögliche Haftung nach § 60 Abs. 1 sollte der Insolvenzverwalter dieses Optionsrecht stets berücksichtigen. Dabei ist darauf abzustellen, ob der verteilte Vorsteuerabzug aus dem ursprünglichen Ankauf des Insolvenzschuldners mittlerweile fast den gesamten Berichtigungszeitraum gem. § 15 Abs. 1 UStG erreicht hat oder ob der Ankauf noch jüngeren Datums ist, mit der Folge, dass eine Vorsteuerberichtigung zu hohen Rückzahlungen führt.[510]

153 **5. Umsatzsteuer-Voranmeldungsverfahren.** Mit Eröffnung des Insolvenzverfahrens tritt keine Änderung des Voranmeldungs- bzw. Besteuerungszeitraums ein, weil der Insolvenzschuldner Steuersubjekt bleibt. Die Eröffnung des Verfahrens führt vor allem nicht dazu, dass der Voranmeldungszeitraum endet.[511]

Der Insolvenzverwalter hat gem. § 80, § 34 Abs. 3 AO, § 18 Abs. 1 UStG Umsatzsteuer-Voranmeldungen abzugeben und etwaige Vorauszahlungen zu leisten, da der Insolvenzverwalter nunmehr die Verwaltungs- und Verfügungsbefugnis für das Unternehmen im umsatz-

---

[504] *Kahlert/Rühland*, RdNr. 2034 f.
[505] BFH v. 9. 4. 1987, V R 23/80, BStBl. II 1987, 527 = ZIP 1987, 723; v. 6. 6. 1991, V R 115/87, BStBl. II 1991, 817 = ZIP 1991, 1080.
[506] *Waza/Uhländer/Schmittmann*, RdNr. 1706; *Rau/Dürrwächter/Stadie* UStG § 18 RdNr. 881; aA *Gottwald/Frotscher* § 123 RdNr. 20, der eine Insolvenzforderung annimmt, weil der Erwerb des betreffenden Wirtschaftsguts vor Insolvenzeröffnung erfolgte, *Rüsken* ZIP 2007, 2053, 2055; *Onusseit* BB 1988, 674, 678.
[507] BFH v. 13. 11. 1990, V B 110/90, ZIP 1991, 238; v. 6. 6. 1991, V R 115/87, BStBl. II 1991, 817 = ZIP 1991, 1080.
[508] *Maus*, S. 81.
[509] OFD Frankfurt/M., Vfg. v. 25. 5. 2007, Teil C Abschn. IV, S 7340 A 85 – St I 1,10, UStK § 18 UStG S – 7340 Karte 4, LEXinform-Dok.-Nr. 579142; *Kahlert/Rühland*, RdNr. 2042.
[510] Vgl. unten RdNr. 179.
[511] *Waza/Uhländer/Schmittmann*, RdNr. 1625.

Insolvenzsteuerrecht 154–157

steuerrechtlichen Sinn ausübt.[512] Für die Steueranmeldung wird für die Zeit ab der Insolvenzeröffnung eine neue Insolvenz-Steuernummer vergeben. Die bisherige Steuernummer gilt noch für vor der Verfahrenseröffnung getätigte Umsätze aus vorangegangenen Voranmeldungszeiträumen.[513] Werden keine Umsatzsteuer-Voranmeldungen abgegeben und kommt der Insolvenzverwalter auch einer entsprechenden Aufforderung nicht nach, so läuft er in jedem Fall Gefahr, dass die Umsatzsteuer gem. § 162 AO durch eine Schätzung festgesetzt wird. Die gesonderte Steuerfestsetzung ist erforderlich, da sich die Umsatzsteuerpflicht nach Verfahrenseröffnung auf die Handlungen des Insolvenzverwalters gründen, weshalb sie auch insolvenzrechtlich zu den Masseschulden gem. § 55 zählen, was gem. § 55 Abs. 2 auch für die Umsätze des vorläufigen Insolvenzverwalters gilt.[514]

154 Durch den erweiterten Begriff der Insolvenzmasse gem. § 35, der nunmehr auch den Neuerwerb von Vermögen umfasst, ist für die Umsatzsteuer-Voranmeldung neben der Vermögensverwertung die Leistung des Schuldners aus einer neuen Betriebsführung zu berücksichtigen. Davon sind Leistungen aus insolvenzfreiem Vermögen nach § 36 abzugrenzen. Je nach der Zugehörigkeit der Leistung sind die Anmeldungen von dem Insolvenzverwalter oder Insolvenzschuldner selbst unter der neuen oder der bisherigen Steuernummer abzugeben (vgl. oben RdNr. 122).

155 Der Voranmeldungszeitraum bemisst sich nach § 18 Abs. 2 UStG nach der Steuerschuld des vorangegangenen Kalenderjahres. Derzeit liegt die Grenze, ab der eine vierteljährige Abgabe möglich ist, bei EUR 6136.

Zu einer Vorsteuerrückforderung wird auf den vorherigen Abschnitt über die Änderung der Bemessungsgrundlage verwiesen.

156 **6. Steuerpflichtige Umsätze. a) Verwertung von Sicherungsgut innerhalb des Insolvenzverfahrens. aa) Verwertung durch den Insolvenzverwalter.** Hat der Insolvenzverwalter in einem Insolvenzverfahren über das Vermögen eines Unternehmens einen von diesem sicherungsübereigneten Gegenstand in Besitz genommen, so kann er diesen selbst verwerten, dem Gläubiger zur Verwertung überlassen oder er gibt den Gegenstand an den diesen übernehmenden Schuldner frei. In den meisten Fällen liegen steuerpflichtige Umsätze vor.[515]

Demgegenüber handelt es sich bei der Sicherungsübereignung nicht um einen steuerpflichtigen Umsatz, weil die Verfügungsmacht über das Sicherungsgut beim Sicherungsgeber verbleibt.[516] Auch der Eintritt des Sicherungsfalls und Herausgabe des Sicherungsguts an den Sicherungsnehmer führt noch nicht zu einem steuerbaren Umsatz, weil erst mit Verwertung durch den Sicherungsnehmer der Gegenstand endgültig aus dem Vermögen des Sicherungsgebers ausscheidet und die Steuerpflicht zur Folge hat.[517]

157 α) **Veräußerung gem. §§ 159, 166.** Anders als nach dem Recht der KO ist der Insolvenzverwalter gem. § 166 Abs. 1 befugt, sicherungsübereignete Gegenstände vorrangig zu verwerten.[518] Dieser Regelung kommt große Bedeutung zu, da der Insolvenzverwalter sicherungsübereignete Gegenstände regelmäßig in Besitz genommen hat, so wie es nach § 148 Abs. 1 seine Pflicht ist. Weigert sich der Schuldner Gegenstände herauszugeben, ist der Insolvenzverwalter gem. § 148 Abs. 2 berechtigt, die Herausgabe mit einer vollstreckbaren Ausfertigung des Eröffnungsbeschlusses zwangsweise durchzusetzen. Dem Verwertungsrecht an den so in Besitz genommenen Gegenständen steht das ausdrückliche Pfandrecht des Sicherungsnehmers aus §§ 51 Nr. 1 und 50 zur abgesonderten Befriedigung auf

---

[512] Vgl. auch oben RdNr. 116 ff. und 122 ff.
[513] Vgl. oben RdNr. 124.
[514] *Kling* DStR 1998, 1813, 1814; vgl. oben RdNr. 127 f.
[515] *de Weerth* BB 1999, 821, 828 (Kurzüberlick).
[516] BFH v. 17. 7. 1980, V R 124/75, BStBl. II 1980, 673 = ZIP 1980, 791; *Frotscher*, S. 216.
[517] *Farr*, S. 184; *Frotscher*, S. 217.
[518] *Breutigam* in Breutigam/Blersch/Goetsch § 166 RdNr. 2; *Kübler/Prütting/Kemper* § 166 RdNr. 3; FK-*Wegener* InsO § 166, RdNr. 1; *Haarmeyer/Wutzke/Förster*, S. 285, RdNr. 5; *Kling* DStR 1998, 1813, 1816; *Welzel* ZIP 1998, 1823, 1823; *Widmann* Stbg 1998, 537, 540.

Grund der eindeutigen Gesetzessystematik der §§ 50, 166 nicht entgegen, weil das Sicherungsgut gleichwohl zur Insolvenzmasse gehört.[519]

158 Der Insolvenzverwalter wird prüfen, ob sich eine eigenhändige Verwertung anbietet, und ggf. den sicherungsübereigneten Gegenstand an einen Dritten veräußern und übereignen. Umsatzsteuerlich handelt der Insolvenzverwalter für den Schuldner und verschafft dem Erwerber unmittelbar die Verfügungsmacht, so dass der Sicherungsnehmer nicht in die Leistungskette mit einzubeziehen ist. Daher findet lediglich eine einzige Lieferung statt und zwar zwischen dem Schuldner und dem Erwerber.[520] Dies stellt einen Unterschied zur alten Rechtslage unter der KO dar.[521]

159 Die Regelung der §§ 170 Abs. 1, 171, wonach der Verwertungserlös abzüglich der Kosten an den Sicherungsnehmer netto auszukehren ist, sorgt dafür, dass dieser wegen der Verwertung durch den Insolvenzverwalter nicht leer ausgeht. Zu den Kosten, die aus der Feststellung der Sicherheit (nach § 171 Abs. 1, pauschal 4 Prozent) und den Verwertungskosten (nach § 171 Abs. 2 Nr. 1, pauschal 5 Prozent) bestehen – es sei denn es sollen die tatsächlichen Kosten gem. § 171 Abs. 2 Satz 2 angesetzt werden[522] – zählt nach § 171 Abs. 2 Satz 3 die Umsatzsteuer mit derzeit 19 Prozent, wenn die Masse durch die Verwertung mit dieser belastet ist.[523]

Insolvenzrechtlich handelt es sich gem. § 55 Abs. 1 Nr. 1 bei den durch Handlungen des Insolvenzverwalters begründeten Verbindlichkeiten um sonstige Masseverbindlichkeiten.[524] Die Umsatzsteuer ist dementsprechend vom Insolvenzverwalter im Wege eines Vorwegabzugs – vergleichbar der nur für Verwertungen außerhalb des Insolvenzverfahrens anwendbaren Regelung des § 13b Abs. 1 Satz 1 Nr. 2 UStG[525] – einzubehalten und vollumfänglich an das Finanzamt abzuführen. Der Insolvenzverwalter ist als Vermögensverwalter i. S. d. § 34 Abs. 3 AO verpflichtet entsprechende Umsatzsteuervoranmeldungen abzugeben. Zur Vermeidung einer höheren Befriedigung ungesicherter Gläubiger bei Vorsteuerabzugsberechtigung des Insolvenzschuldners ist als Bemessungsgrundlage für die Feststellungs- und Verwertungskostenpauschale der Nettoerlös anzusetzen. Dem Sicherungsnehmer stehen nach Abzug der Pauschalen somit 91 Prozent des Nettoerlöses zu.[526]

159a Unklar war bislang bei der Verwertung einer beweglichen Sache durch den Insolvenzverwalter die umsatzsteuerliche Behandlung der Verwertungsleistung. Der BFH hat nunmehr klargestellt, dass eine freihändige Verwertung nach § 166 Abs. 1 keine steuerpflichtige sonstige Leistung darstellt und eine zusätzliche Belastung der Masse mit USt auf die Verwertungskostenpauschale verneint.[527] Dies entspricht der überwiegenden Literatur- und Finanzverwaltungsauffassung.[528]

---

[519] *Welzel* ZIP 1998, 1823, 1823.
[520] *Frotscher*, S. 216 f.; *Kling* DStR 1998, 1813, 1816; *Welzel* ZIP 1998, 1823, 1823; *Scholten* ZInsO 1999, 81, 82.
[521] Nach der KO konnte lediglich der Sicherungsgeber dem Sicherungsnehmer die Verfügungsmacht verschaffen, mit der dieser wirksam an den Erwerber veräußerte. Dadurch lag regelmäßig ein doppelter Umsatz vor. Die Lieferung des Sicherungsgebers an den Sicherungsnehmer führte, weil sie nachkonkurslich war, gem. § 58 Nr. 2 KO zu einer Massekostenschuld (vgl. BFH v. 4. 6. 1987, V R 57/79, BStBl. II 1987, 741 = ZIP 1987, 1134; v. 18. 4. 1996, V R 55/95, ZIP 1996, 1876; v. 23. 7. 1996, VII R 88/94, ZIP 1996, 1838; v. 28. 11. 1997, V B 90/97, BFH/NV 1998, 628, 628, ZIP 1998, 2065).
[522] Die Pauschale der Kostenbeteiligung dürfte regelmäßig nicht ausreichen, um die tatsächlichen Kosten auszugleichen.
[523] Anders bisher für die KO, BFH v. 12. 5. 1993, XI R 49/90, BFH/NV 1994, 274, ZIP 1993, 1247; v. 29. 10. 1993, V B 112/93, BFH/NV 1994, 420. Zur Regelung der InsO *Hess/Weis* InVo, 1996, 57, 58; *Onusseit* ZIP 2000, 777, 779.
[524] BMF-Schreiben v. 17. 12. 1998, IV A 4 – S 0550 – 28/98, BStBl. 1989 I, 1500, RdNr. 4.2. nv.; *Welzel* ZIP 1998, 1823, 1823 f.; vgl. bereits *Rau/Dürrwächter/Nieskens* UStG § 3 RdNr. 911; *Tipke/Kruse/Loose* AO § 251 RdNr. 81; *Waza/Uhländer/Schmittmann* RdNr. 1746.
[525] Vgl. unten RdNr. 180 a.
[526] *Waza/Uhländer/Schmittmann*, RdNr. 1750 f.; *De Weerth* NZI 2001, 74, 75 f.
[527] BFH v. 18. 8. 2005, V R 31/04, BStBl. II 2007, 183 = ZIP 2005, 2119 = ZInsO 2005, 815; *Siebert* UR 2006, 49.
[528] *Frotscher*, S. 219 f.; *Farr*, RdNr. 405; *Waza/Uhländer/Schmittmann*, RdNr. 1752; *de Weerth* NZI 2001, 74, 77; Abschn. 2 Abs. 3 UStR 2008; aA *Onusseit* ZIP 2000, 777.

160 Dem Gläubiger steht nach § 168 bei der Verwertung durch den Insolvenzverwalter das Recht zu, auf eine für ihn günstigere Verwertungsmöglichkeit hinzuweisen. Dadurch wird sichergestellt, dass Gegenstände mit Absonderungsrechten nicht unter Wert versilbert werden. Dabei bleibt es dem Gläubiger auch vorbehalten, den Gegenstand nach § 168 Abs. 3 selbst zu übernehmen. In diesem Fall ändert sich umsatzsteuerlich jedoch nichts. Vielmehr findet hier der Leistungsaustausch mit dem Sicherungsnehmer statt. Die Bemessungsgrundlage für eine etwa anfallende Umsatzsteuer kann nur der im Übernahmegeschäft vereinbarte Kaufpreis sein, nicht aber der Verkaufserlös aus dem freihändigen Veräußerungsgeschäft des Sicherungsnehmers. Eine solche Umsatzsteuerschuld stellt wiederum eine Masseverbindlichkeit nach § 55 Abs. 1 Satz 1 dar, während die Veräußerung des Sicherungsnehmers wegen dem fehlenden Bezug zur Insolvenzmasse für diese keine Umsatzsteuer auslöst.[529] Demzufolge ist die Umsatzsteuer nicht vom Sicherungsnehmer, sondern aus der Masse zu leisten, weil § 13b Abs. 1 Satz 1 Nr. 2 UStG bei Veräußerungen innerhalb des Insolvenzverfahrens nicht greift.[530] Der Sicherungsnehmer kann seine Ansprüche nur mit dem Nettokaufpreis verrechnen, so dass zumindest eine Zahlung in Höhe des Umsatzsteueranteils an den Insolvenzverwalter erfolgen muss.[531] Dieser hat dem Gläubiger eine Rechnung mit korrektem Umsatzsteuerausweis zu erteilen.

161 Für den Fall, dass der Insolvenzverwalter zwar keinen Besitz an dem Gegenstand hat und folglich gem. § 173 eine Verwertung durch den Gläubiger zu erfolgen hat, kann der Verwalter jedoch zur Verwertung berechtigt sein, wenn dem Gläubiger eine Frist gesetzt wurde, und diese fruchtlos verstrichen ist, § 173 Abs. 2. Dadurch tritt umsatzsteuerlich die gleiche Folge wie bei einem originären Verwertungsrecht des Insolvenzverwalters ein.

162 Schließlich kann der Insolvenzverwalter auch für den Sicherungsnehmer tätig werden, was jedoch wegen seines eigenen Verwertungsrechts äußerst selten der Fall sein wird.[532] Sollte dies doch einmal gewollt sein, so liegt der die Masse als Verbindlichkeit des § 55 Abs. 1 Nr. 1 belastenden Umsatzsteuer ein doppelter Umsatz zugrunde, da der Gläubiger zunächst sein Verfügungsrecht an den Insolvenzverwalter überträgt, bevor dieser den Gegenstand an den Erwerber veräußert. Auch hier wird die Umsatzsteuer im Wege des Vorwegabzugs nach §§ 170, 171 Abs. 2 Satz 3 von dem Verwertungserlös einbehalten und abgeführt.

163 β) **Überlassung zur abgesonderten Befriedigung gem. § 170 Abs. 2.** Wie unter RdNr. 157 erläutert, hat der Sicherungsnehmer nach §§ 51 Abs. 1 und 50 ein Pfandrecht an dem Sicherungsgegenstand zur abgesonderten Befriedigung. Macht der Insolvenzverwalter von seinem Recht zur vorrangigen Befriedigung aus § 166 Abs. 1 ausnahmsweise keinen Gebrauch, so kann er den in seinem Besitz befindlichen Gegenstand dem Sicherungsnehmer zur abgesonderten Verwertung überlassen (vgl. § 170 Abs. 2).

164 Diese Verwertungsüberlassung ist von dem Verwertungsrecht des Gläubigers aus § 173 zu unterscheiden. Dort ist subsidiär regelt, dass dem Gläubiger jedenfalls in Fällen der fehlenden Berechtigung des Insolvenzverwalters – also außerhalb der vorangehenden Regelungen der §§ 165 ff., insbesondere bei fehlendem Besitz des Insolvenzverwalters – ein Verwertungsrecht zusteht.[533]

165 Überlässt der Insolvenzverwalter den Gegenstand dem Gläubiger nach § 170 Abs. 2, etwa weil dieser eine bestehende Absatzorganisation nutzen kann, so stellt sich die Frage des steuerbaren Umsatzes. Wichtig für die umsatzsteuerliche Einordnung ist die Qualifizierung

---

[529] *Welzel* ZIP 1998, 1823, 1825; *de Weerth* BB 1999, 821, 824.
[530] *Farr*, RdNr. 407.
[531] *Welzel* ZIP 1998, 1823, 1824.
[532] *Welzel* ZIP 1998, 1823, 1824; Anders zur KO, *Landfermann* KTS 1987, 381, 383.
[533] Begründung RegE zu § 200 in *Balz/Landfermann*, S. 288. Nur hingewiesen sei in diesem Zusammenhang auf die glücklichere Formulierung des § 200 Abs. 1 RegE, der nicht von einer beweglichen Sache oder Forderung, sondern von einer beweglichen Sache und Rechten sprach, wodurch die Intension eines Auffangtatbestands noch deutlicher formuliert war.

der Rechtsübertragungen, die bei einer Überlassung zur abgesonderten Befriedigung erfolgen. Dabei verhält es sich bekanntlich so, dass der Insolvenzverwalter seine Verfügungsbefugnis an den Sicherungsnehmer überlässt, und diese dadurch dem ursprünglich Berechtigten zurück überträgt.[534] Vor diesem Hintergrund fällt es leicht nachzuvollziehen, dass bei einer Verwertung durch den Sicherungsnehmer letztlich umsatzsteuerrechtlich zwei Lieferungen vorliegen. Es handelt sich um die Lieferung des Sicherungsgebers (Schuldner) an den Sicherungsnehmer und dessen Lieferung an den Erwerber, also um zwei Umsätze (sog. Doppelumsatz). Nach gefestigter BFH-Rechtsprechung und überwiegender Literaturauffassung erfolgt dabei die Lieferung des Sicherungsgebers erst bei Verwertung des Sicherungsguts durch den Sicherungsnehmer, weil erst zu diesem Zeitpunkt – und nicht bereits bei Eintritt des Sicherungsfalles oder Eröffnung des Insolvenzverfahrens – die Verfügungsmacht an dem Gegenstand auf den Sicherungsnehmer übergeht.[535] Dieser Auffassung hat sich auch die Finanzverwaltung angeschlossen.[536]

Die aus der Lieferung des Sicherungsgebers resultierende Umsatzsteuer ist durch eine Handlung des Insolvenzverwalters begründet, mit der Folge, dass diese eine Masseverbindlichkeit nach § 55 Abs. 1 Nr. 1 darstellt. Hierdurch wird die Masse jedoch nicht belastet, da der Sicherungsnehmer nach § 170 Abs. 2 verpflichtet ist, aus dem von ihm erzielten Verwertungserlös die Umsatzsteuer vorweg an die Masse abzuführen. Grundsätzlich ist der Insolvenzverwalter zur Erteilung einer Rechnung mit Umsatzsteuer verpflichtet. In der Praxis wird aber regelmäßig der Sicherungsnehmer eine Gutschrift nach § 14 Abs. 2 Satz 2 UStG erstellen, weil nur er den Veräußerungserlös kennt. Diese Gutschrift gilt als Rechnung i. S. d. § 14 UStG und ermöglicht dem Sicherungsnehmer gem. § 15 Abs. 1 UStG den Vorsteuerabzug. Dies gilt auch für den Fall, dass es sich beim Sicherungsnehmer um eine Bank handelt, weil der Vorsteuerabzug mit der umsatzsteuerpflichtigen Verwertung des Sicherungsguts und nicht mit den nach § 4 Nr. 8 UStG umsatzsteuerfreien Bankumsätzen in Zusammenhang steht.[537]

Bemessungsgrundlage für die Lieferung des Sicherungsgebers ist nach § 10 Abs. 1 Satz 2 UStG die Gegenleistung des Sicherungsnehmers abzüglich USt. Als Gegenleistung ist die Tilgung der Darlehensschuld des Schuldners anzusehen. Der Tilgungsbetrag entspricht dem Nettoveräußerungserlös abzüglich tatsächlicher Veräußerungskosten.[538] Unklar bleibt, ob die an die Masse abzuführende USt die Gegenleistung erhöht oder in dieser bereits enthalten und mit 19/119 herauszurechnen ist.[539] Ebenfalls strittig ist der Abzug der pauschalen Feststellungskosten (4 Prozent des Nettoveräußerungserlöses)[540] sowie die Miteinbeziehung eines die Darlehensschuld übersteigenden Mehrerlöses[541] bei der Ermittlung der Gegenleistung. Die in der Gegenleistung enthaltene Umsatzsteuer ist nach § 170 Abs. 2 i. V. m. § 171 Abs. 2 Satz 3 ebenso wie die pauschalen Feststellungskosten vorweg an die Insolvenzmasse abzuführen.

Der gem. § 170 Abs. 2 bestehende Verpflichtung zur Vorwegabführung der Kosten liegt keine Leistung des verwertenden Sicherungsnehmers an die Masse im umsatzsteuerrechtlichen Sinne zugrunde.[542]

---

[534] *De Weerth* BB 1999, 821, 824.
[535] BFH v. 9. 12. 1993, V R 108/91 BStBl. II 1994, 483; v. 21. 7. 1994, V R 114/91, BStBl. II 1994, 878, 879 = ZIP 1994, 1705; v. 29. 10. 1998, V R 38/98, BFH/NV 1999, 680; v. 18. 3. 2004, V R 23/02, BStBl. II 2004, 763; *Waza/Uhländer/Schmittmann*, RdNr. 1761 ff. mwN; *Farr*, RdNr. 409; *Rau/Dürrwächter/Stadie* UStG § 18 RdNr. 842 f.; *de Weerth* ZInsO 2003, 246; *ders.* BB 1999, 821, 824; *Uhlenbruck/Maus* § 171 RdNr. 7.
[536] Abschn. 2 Abs. 3 UStR 2008.
[537] *Rau/Dürrwächter/Stadie* UStG § 18 RdNr. 842, 847, 849.
[538] Ein Anspruch auf pauschale Verwertungskosten nach § 171 Abs. 2 S. 1 besteht nicht.
[539] Für Erhöhung der Gegenleistung: *Farr*, RdNr. 409; *Rau/Dürrwächter/Stadie* UStG § 18 RdNr. 848; aA *Waza/Uhländer/Schmittmann*, RdNr. 1769.
[540] *Waza/Uhländer/Schmittmann*, RdNr. 1767; *Rau/Dürrwächter/Stadie* UStG § 18 RdNr. 846.
[541] *Farr*, RdNr. 409; *Rau/Dürrwächter/Stadie* UStG § 18 RdNr. 845.
[542] *Breutigam* in Breutigam/Blersch/Goetsch § 171 RdNr. 20; *de Weerth* BB 1999, 827; *Geuerts* DB 1999, 818.

167 Von der Überlassung zur Verwertung ist der Fall der eigenen freihändigen Verwertung durch den Sicherungsnehmer zu unterscheiden, die dieser eigenständig betreibt, nachdem ihm der Sicherungsgegenstand von dem Insolvenzverwalter nach § 168 Abs. 3 übertragen wird (vgl. oben RdNr. 160). Durch ein solches Rechtsgeschäft gibt der Insolvenzverwalter regelmäßig seine Verfügungsbefugnis unmittelbar auf und ist an einem späteren Verwertungserlös nicht mehr interessiert und beteiligt. Daher liegt in diesem Fall der echten Freigabe auch bereits eine Lieferung bei der Übergabe an den Sicherungsnehmer vor, so dass eine etwaige Umsatzsteuer bereits hier anzusetzen ist.[543]

168 γ) **Freigabe an den Schuldner.** Neben dem selbst verwertenden oder zur Verwertung überlassenden Insolvenzverwalter ist schließlich noch die Freigabe des Gegenstands an den Schuldner nach § 80 mit diversen Verwertungsvarianten zu berücksichtigen. Diese Variante bietet sich für Fälle der Unverwertbarkeit bzw. der fehlenden Deckung der Verwertungskosten durch den Veräußerungserlös an.[544] Denkbar ist, dass der Schuldner das an ihn herausgegebene Sicherungsgut frei von Auflagen erhält („echte" Freigabe) oder aber an den Sicherungsnehmer weiter überlässt, während der Erlös zur Tilgung der Insolvenzforderung verwandt wird („modifizierte" Freigabe).[545]

169 Der erste Fall einer „echten" Freigabe an den Schuldner zur eigenen Verwendung stellt keine Leistung im Rahmen eines Leistungsaustauschs dar und auch keine Verwertung des Insolvenzverwalters.[546] Die Ablösung des Gegenstands aus der Insolvenzmasse stellt keine Lieferung dar, wie sie § 1 Abs. 1 i.V.m. § 3 Abs. 1 UStG vorsieht. Auch die Verfügungsbefugnis ändert sich nicht, da der Schuldner zu jeder Zeit Rechtsträger an dem Gegenstand war. Daher kann aus dieser Freigabe kein steuerbarer Umsatz resultieren. Ein steuerbarer Umsatz entsteht vielmehr erst bei Veräußerung des Gegenstands durch den Schuldner. Die daraus resultierende Umsatzsteuer begründete nach der früheren BFH-Rechtsprechung keine Masseverbindlichkeit, weil das Sicherungsgut durch die Freigabe als insolvenzfreies Vermögen einzustufen war. Demzufolge führte die „echte" Freigabe zu einer Entlastung der Insolvenzmasse von Umsatzsteuer, weil die Umsatzsteuer in diesen Fällen vom Sicherungsnehmer einzubehalten und an das Finanzamt abzuführen war.[547]

Diese Auffassung hat der BFH nunmehr aufgegeben und behandelt auch die „echte" Freigabe als Verwertung für Rechnung der Konkursmasse mit der Folge, dass die Umsatzsteuer als Masseverbindlichkeit anzusehen ist.[548] Diese – einer insolvenzrechtlichen Prüfung nicht standhaltenden – Rechtsprechung betrifft zwar den Fall der Veräußerung von Grundstücken, ist aber gleichwohl auch für die Veräußerung von beweglichen Sicherungsgegenständen einschlägig. Damit besteht wohl keine Möglichkeit mehr, durch eine „echte Freigabe" von hochbelastetem Sicherungsgut das Entstehen einer die Insolvenzmasse belastenden Masseverbindlichkeit zu vermeiden.[549]

170 Der zweite Fall, der „modifizierten" Freigabe an den Schuldner zur Überlassung an den Sicherungsnehmer wurde demgegenüber schon nach bisheriger Auffassung des BFH als eine Maßnahme des Insolvenzverwalters zur Versilberung der Masse behandelt. Der wirtschaftliche Wert bleibt hierbei der Insolvenzmasse erhalten. Daher steht dieser Vorgang einer Leistung gleich. Hierbei kommt es auch nicht mehr darauf an, ob der Sicherungsnehmer den Gegenstand letztlich noch einmal weiterveräußert oder gegen Bezahlung behält. Der Leistungsaustausch ist umsatzsteuerlich abgeschlossen, sobald der Sicherungsnehmer die

---

[543] *De Weerth* BB 1999, 821, 824.
[544] *Waza/Uhländer/Schmittmann*, RdNr. 1771.
[545] *Frotscher*, S. 215; *Maus*, S. 96 ff.; *Kling* DStR 1998, 1813, 1816.
[546] Vgl. hierzu die vergleichbare Rechtsfolge nach der KO, BFH v. 12. 5. 1993, XI R 49/90, BFH/NV 1994, 274, ZIP 1993, 1247 sowie v. 29. 10. 1993, V B 112/93, BFH/NV 1994, 420 und zur InsO *Maus* ZIP 2000, 339, 343.
[547] BFH v. 24. 9. 1987, V R 196/83, BStBl. II 1987, 873 = ZIP 1988, 42; *Onusseit* ZIP 2002, 1344 ff.
[548] BFH v. 16. 8. 2001, V R 59/99, BStBl. II 2003, 208 = ZIP 2002, 203 (die Freigabe nach der KO betreffend).
[549] *Waza/Uhländer/Schmittmann*, RdNr. 1773; *Onusseit* ZIP 2002, 1344, 1347 f.

Verwendung betreibt. Dann greift auch die Lehre des Doppelumsatzes und die erste Lieferung an ihn wird umsatzsteuerbar.550 Der Erlös kommt der Masse bzw. zur Tilgung der Insolvenzforderung zugute. Bemessungsgrundlage für den getätigten Umsatz ist das sich aus der tatsächlichen oder theoretischen Verwertung ergebende Entgelt. Die darauf anfallende Umsatzsteuer ist eine Masseverbindlichkeit nach § 55 Abs. 1 Satz 1.

Nachdem § 170 Abs. 2 dem Insolvenzverwalter die Überlassung des sicherungsübereigneten Gegenstands an den Sicherungsnehmer aufzeigt,551 bedarf es einer Freigabe an den Schuldner zur Verwertung für die Masse nicht mehr. Die Diskussion dieser Verwertung wird daher immer weniger unter der Überschrift einer Freigabe an den Schuldner erfolgen.

δ) **Nutzung des Gegenstandes durch den Insolvenzverwalter.** Der Insolvenzverwalter ist zur Nutzung einer in seinem Besitz befindlichen Sache nach § 172 Abs. 1 berechtigt mit der Verpflichtung, den durch die Nutzung entstehenden Wertverlust durch laufende Zahlungen an den Gläubiger auszugleichen. Diese Zahlungen sind in umsatzsteuerlicher Hinsicht als echter Schadensersatz anzusehen, mit der Folge, dass kein umsatzsteuerbarer Leistungsaustausch vorliegt und die Zahlungen nicht umsatzsteuerpflichtig sind.552 **170 a**

bb) Verwertung durch den Sicherungsnehmer nach § 173 Abs. 1. Von der oben unter RdNr. 160 ff. behandelten Überlassung des Verwertungsrecht durch den Insolvenzverwalter nach § 168 Abs. 3 und § 170 Abs. 2 ist die eigene Verwertungsbefugnis des Sicherungsnehmers gem. § 173 Abs. 1 zu unterscheiden. Verschafft sich der Sicherungsnehmer den unmittelbaren Besitz – insbesondere bei Liquiditätsproblemen des Sicherungsgebers – bereits vor Eröffnung des Insolvenzverfahrens, hat der Sicherungsnehmer das Recht der eigenständigen Verwertung nach § 173 Abs. 1. Eine Verpflichtung zur Rückgabe des Sicherungsguts an die Insolvenzmasse besteht nicht.553 **171**

Die Verwertung durch den Sicherungsnehmer führt in gleicher Weise wie die Verwertung nach § 170 Abs. 2 zu einem Doppelumsatz zwischen Sicherungsgeber und Sicherungsnehmer einerseits (sog. Erstumsatz) und Sicherungsnehmer und Erwerber andererseits (sog. Zweitumsatz).554 In beiden Fällen wurde zunächst an den Sicherungsnehmer und dann an den Erwerber geleistet,555 so dass die Ausführungen unter RdNr. 165 insoweit entsprechend gelten. Es handelt sich zumindest bei der Übertragung nach § 170 Abs. 2 um eine umgekehrte Sichtweise der Überlassung zur Verwertung, die in ihrer Rechtsfolge der Situation des besitzlosen Insolvenzverwalters gleicht. Leistungszeitpunkt für beide Lieferungen ist der Zeitpunkt der Weiterveräußerung durch den Sicherungsnehmer.

Bei der Verwertung nach § 173 Abs. 1 trifft den Sicherungsnehmer grundsätzlich keine dem § 170 Abs. 2 entsprechende Verpflichtung, die Umsatzsteuer aus dem Verwertungserlös zur Masse abzuführen, weil der Gesetzgeber bewusst auf die Einfügung einer entsprechenden Vorschrift bei § 173 verzichtet hat und die Vorschrift des § 170 Abs. 2 den hier gegebenen Sachverhalt nicht regelt.556 Die – durch die vor Verfahrenseröffnung oder später erfolgte Rückübertragung der Verfügungsmacht anfallende – Umsatzsteuer hat der Insolvenzverwalter als sonstige Masseverbindlichkeit nach § 55 Abs. 1 Nr. 1 Alt. 2 aus der Masse zu **172**

---

550 BFH v. 4. 6. 1987, V R 57/79, BStBl. II 1987, 741 = ZIP 1987, 1134; v. 12. 5. 1993, XI R 49/90, BStBl. II 2005, 195 = ZIP 1993, 1247; v. 29. 10. 1993, V B 112/93, BFH/NV 1994, 420; v. 21. 7. 1994, V R 114/91, BStBl. II 1994, 878 = ZIP 1994, 1705; v. 7. 11. 1995, VII R 26/95, ZIP 1996, 1617; *Waza/Uhländer/Schmittmann*, RdNr. 1773; *de Weerth* BB 1999, 821, 824; *Maus* ZIP 2000, 339, 343.

551 Vgl. unten RdNr. 163 ff.

552 OFD Frankfurt/M., Vfg. v. 25. 5. 2007, S 7100 A – St 11, DStR 2007, 1910, RdNr. 2.2.3; Abschn. 3 Abs. 1 UStR 2008.

553 Vgl. ausführlich MünchKommInsO-*Lwowski* § 173 RdNr. 1 ff. sowie RdNr. 164; *Welzel* ZIP 1998, 1823, 1824.

554 BFH v. 19. 7. 2007, V B 222/06, ZIP 2007, 1998; *Waza/Uhländer/Schmittmann*, RdNr. 1776; *Ries* ZInsO 2005, 230, 231.

555 *De Weerth* BB 1999, 821, 824 f.; *Welzel* ZIP 1998, 1823, 1825; *Widmann* Stbg 1998, 537, 541.

556 BGH ZIP 2007, 1126; BFH v. 19. 7. 2007, V B 222/06, BStBl. II 2008, 163 = ZIP 2007, 99; *Waza/Uhländer/Schmittmann*, RdNr. 1777; *Frotscher*, S. 220; *Farr*, RdNr. 409; *Maus*, ZInsO 2005, 82.

begleichen.⁵⁵⁷ Der Grund hierfür ist die Verwertung eines Gegenstands aus der Insolvenzmasse und der dabei stattfindende Doppelumsatz. Wie bereits bei der Verwertung durch den Sicherungsnehmer nach § 127 Abs. 2 KO zählt auch die Verwertung nach § 173 zur Masseverwertung.⁵⁵⁸ Das liegt an der Zugehörigkeit sicherungsübereigneter Gegenstände zur Insolvenzmasse nach § 51 Nr. 1 (Absonderungsrecht). Da das Sicherungsgut gleichwohl außerhalb des Insolvenzverfahrens verwertet wird, greift der Umsatzsteuervorwegabzug gem. §§ 170 Abs. 2, 171 Abs. 2 Satz 3 nicht.⁵⁵⁹ Ebenso wenig besteht ein Anspruch auf Zahlung der Feststellungs- und Verwertungskostenpauschale nach §§ 170 Abs. 2.⁵⁶⁰ Damit hätte es der Sicherungsnehmer in der Hand, durch eine „rechtzeitig" vor Insolvenzeröffnung erfolgende Aushändigung das Sicherungsgut mit dem Bruttoerlös gegen seine Forderung aufzurechnen, während die Masse ohne liquiditätswirksame Einnahme mit der oftmals 6-stelligen Umsatzsteuer belastet würde.⁵⁶¹

172 a Dieses masseschädliche Ergebnis könnte umsatzsteuerrechtlich nur dadurch vermieden werden, dass bei einer Verwertung nach § 173 Abs. 1 die Regelungen zum Übergang der Steuerschuldnerschaft auf den Leistungsempfänger (Sicherungsnehmer) nach § 13b Abs. 2 Satz 1 i. V. m. § 13b Abs. 1 Nr. 2 UStG auf der steuerlichen Primärebenen zum Tragen kämen, so dass eine Masseverbindlichkeit gar nicht erst entstehen könnte. Vom reinen Wortlaut her ist diese – zum 1. 1. 2002 anstelle des § 51 Abs. 1 Nr. 2 UStDV getretene aber inhaltlich nicht deckungsgleiche – Regelung (sog. „reverse-charge-Verfahren") nur für Lieferungen sicherungsübereigneter Gegenstände durch den Sicherungsgeber an den Sicherungsnehmer außerhalb des Insolvenzverfahrens anwendbar. Der vereinzelt in der Literatur vertretenen Auffassung, dass die Verwertung nach § 173 Abs. 1 zwangsläufig „außerhalb" des Verfahrens stattfindet⁵⁶² und damit einen Übergang der Steuerschuldnerschaft auf den Sicherungsnehmer zur Folge hätte, sind weder der BFH noch der BGH in ihren jüngsten Urteilen gefolgt.⁵⁶³ Dies entspricht auch der Auffassung der Finanzverwaltung.⁵⁶⁴ Damit ist umsatzsteuerrechtlich geklärt, dass eine aus der Verwertung nach § 173 Abs. 1 resultierende Umsatzsteuerschuld eine Masseschuld darstellt.⁵⁶⁵

173 Die umsatzsteuerrechtliche Klärung beantwortet aber nicht in Frage, ob zivilrechtlich in analoger Anwendung von § 170 Abs. 2 der Masse ein Erstattungsanspruch gegenüber dem Sicherungsnehmer zusteht. Diese Frage ist in der Literatur umstritten.⁵⁶⁶ Der BGH hat nun klargestellt, dass eine Analogie besteht, die sich aber ausschließlich auf einen Erstattungsanspruch der Umsatzsteuer zur Masse beschränken soll und begründet dies mit einer

---

⁵⁵⁷ BFH v. 20. 4. 2004, V B 107/03, BFH/NV 2004, 1302; *Uhlenbruck/Maus* § 171 RdNr. 8; *Onusseit* KTS 1994, 3, 20; *Welzel* ZIP 1998, 1823, 1825; *Klenk/Krontaler* NZI 2006, 369, 372 f.; aA *Frotscher*, S. 220, der einen Übergang der Verfügungsmacht mit Übertragung auf den Sicherungsnehmer vor Eröffnung des Insolvenzverfahrens annimmt und die Umsatzsteuer als Insolvenzforderung einstuft.
⁵⁵⁸ *Maus* ZIP 2000, 339, 341; *Welzel* ZIP 1998, 1823, 1824.
⁵⁵⁹ Die InsO hat dadurch die alte Rechtslage § 127 Abs. 2 KO, nach der dem Sicherungsnehmer auch der gesamte Bruttoerlös verblieb und der Konkursverwalter wegen der vom BFH entwickelten Fiktion eines Doppelumsatzes bei Verwertungen innerhalb des Verfahrens Umsatzsteuer abführen musste (BFH v. 4. 6. 1987, V R 57/79, ZIP 1987, 1134; v. 12. 5. 1993, XI R 49/90, ZIP 1993, 1247) übernommen. Auch wenn die Verwertung nach § 173 außerhalb des Verfahrens erfolgt, so kann es doch zu Situationen der Umsatzsteuerentstehung kommen. Dies wird mit Recht kritisiert (*Onusseit* KTS 1994, 3, 20; *Welzel* ZIP 1998, 1823, 1825; zur alten Rechtslage *Weiß*, S. 128 ff.).
⁵⁶⁰ BGH ZIP 2007, 1126; *Farr*, RdNr. 409; *de Weerth* BB 1999, 821, 828.
⁵⁶¹ *Ries* ZInsO 2005, 230.
⁵⁶² *Ries* ZInsO 2005, 230, 231 ff.; aA *Frotscher*, S. 220; *Waza/Uhländer/Schmittmann*, RdNr. 1776; *Rau/Dürrwächter/Stadie* UStG § 13b RdNr. 70.
⁵⁶³ BFH v. 19. 7. 2007, V B 222/06, BStBl. II 2008, 163 = ZIP 2007, 1998; BGH ZIP 2007, 1126.
⁵⁶⁴ OFD Frankfurt/M., Vfg. v. 25. 5. 2007, S 7100 A – 2/85 – St 11, DStR 2007, 1910, RdNr. 2.2.2.
⁵⁶⁵ *De Weerth* NZI 2007, 396.
⁵⁶⁶ Für die Analogie: MünchKomm-*Kling*, InsStR, 1. Aufl., RdNr. 173; *Rau/Dürrwächter/Stadie* UStG § 13 RdNr. 70, § 18 RdNr. 850; HK-*Landfermann* § 171 RdNr. 14; *Ganter/Brünink* NZI 2006, 257, 260; *Marotzke* ZZP 109 (1996), 429, 463 f.; gegen die Analogie: LG Stuttgart ZIP 2004, 119; FK-*Wegener* § 173 RdNr. 5; *Uhlenbruck/Maus* § 171 RdNr. 8; *Obermüller* WM 1994, 1829, 1875; *Onnuseit* KTS 1994, 3, 20; *Welzel* ZIP 1998, 1823, 1824 ff., 1828; *de Weerth* ZInsO 2003, 246, 250.

planwidrigen Regelungslücke, die ersichtlich mit den Zielen des Insolvenzverfahrens und § 13b Abs. 1 Nr. 2 UStG nicht im Einklangt steht. Dies gelte ungeachtet des vom Bundestag abgelehnten Änderungsantrags der SPD-Fraktion (vgl. BT-Drucks. 12/7302), der eine generelle Abführungspflicht für die Umsatzsteuer an die Masse bei der Verwertung von Gegenständen mit Absonderungsrechten vorsah. Nach Auffassung des BGH gibt es keinen sachlich gerechtfertigten Grund, die Umsatzsteuerbelastung auf die Masse zu verlagern, nur weil die Verwertung erst nach Insolvenzeröffnung erfolgt, wie dies zum Nachteil der Masse empfohlen wird. Im Übrigen sieht der BGH dieses Ergebnis auch durch das Anfechtungsrecht bestätigt.[567]

cc) Verwertung von Gegenständen mit Besitzpfandrechten. Zu den Absonderungsrechten der §§ 165 ff. gehören neben dem Sicherungseigentum auch die rechtsgeschäftlichen Pfandrechte mit unmittelbarem Besitz. Hierzu zählen neben dem Werkunternehmerpfandrecht des § 647 BGB die Pfändungspfandrechte des § 808 Abs. 1 ZPO und des § 286 Abs. 1 AO. Diese Absonderungsrechte fallen konsequenterweise wegen des Besitzes des Absonderungsberechtigten an dem Pfandgegenstand unter § 173 Abs. 1, so dass der Gläubiger verwertungsbefugt ist.[568] Dieses Verwertungsrecht steht dem Gläubiger eines besitzlosen Pfandrechts nicht zu. Hier ist insbesondere das insolvenzrechtlich bedeutungsvolle Vermieterpfandrecht zu erwähnen. Vielmehr ist hier der Insolvenzverwalter nach § 166 Abs. 1 verwertungsbefugt.[569] Insoweit wird für die umsatzsteuerlichen Folgen auf die Ausführungen zu dem Absonderungsrecht aus Sicherungseigentum und der Verwertung durch den Insolvenzverwalter verwiesen, die hier entsprechend anzuwenden sind (vgl. oben RdNr. 157 ff.). 174

dd) Verwertung von Immobilien mit Grundpfandrechten. Die Grundpfandrechte zählen zu den klassischen Absonderungsrechten gem. §§ 165 ff., 49. Sie hindern die Verwertung durch den Insolvenzverwalter grundsätzlich nicht, der gem. § 165 die Versteigerung betreiben kann oder die Verwertung durch freihändigen Verkauf realisiert.[570] Danach hat die Befriedigung der Absonderungsberechtigten zu erfolgen. Andererseits sind auch insbesondere die grundsätzlich durch den Insolvenzverwalter vertretenen Gläubiger verwertungsberechtigt. Greifen diese die Zwangsvollstreckung allerdings auf oder treten dem Verfahren des Insolvenzverwalters bei, so kann der Insolvenzverwalter mangels Verfügungsbefugnis nicht mehr freihändig veräußern. Diese parallele Verwertungsbefugnis findet ihre Grenzen lediglich in den §§ 30c ff., 153b f. ZVG. 175

Umsatzsteuerlich ist für den Fall der Ausübung der Option nach § 9 UStG duch den Insolvenzverwalter (vgl. unten RdNr. 179) wiederum auf den Zeitpunkt der Verwertung abzustellen. Bemessungsgrundlage ist der Verwertungserlös. Die anfallende Umsatzsteuer ist in jedem Fall eine Masseverbindlichkeit gem. § 55 Abs. 1 Nr. 1. Unproblematisch ist dies bei Verwertungshandlungen des Verwalters. 176

Im Falle einer Verwertung in anderer Weise, hier also durch den Absonderungsberechtigten, liegt wegen der Option des Insolvenzverwalters zur Umsatzbesteuerung in der Zwangsversteigerung eine steuerpflichtige Lieferung des Grundstücks vor. Es liegt nur eine Lieferung zwischen Insolvenzschuldner und Ersteher vor, weil die Rechtsprechung zum Doppelumsatz bei Grundpfandrechten nicht anwendbar ist. Als Nettobetrag ist das Meistgebot zu Grunde zu legen.[571]

Für den Fall der Verwertung von Grundstücken durch den Insolvenzverwalter steht der Masse weder die Feststellungs- noch die Verwertungskostenpauschale gem. § 170 Abs. 1 zu, weil es sich nicht um die Veräußerung beweglicher Sachen handelt. Für den in der Praxis nicht seltenen Fall, dass aus der Verwertung durch den Insolvenzverwalter für die Insolvenzmasse ein bestimmter Betrag einbehalten wird, hat der BFH entschieden, dass eine umsatz- 177

---

[567] BGH ZIP 2007, 1126; *Uhlenbruck/Maus* § 171 RdNr. 8.
[568] *Schmidt-Räntsch,* S. 333; *Welzel* ZIP 1998, 1823, 1825.
[569] Siehe oben MünchKommInsO-*Lwowski* § 166 RdNr. 17.
[570] *Kahlert/Rühland,* RdNr. 2167 ff.; *Gottwald* in *Gottwald* § 42 RdNr. 76.
[571] BGH DB 2003, 1219; *Schmittmann* ZInsO 2006, 1299, 1302.

steuerpflichtige Leistung des Insolvenzschuldners an den Erwerber vorliegt. Damit beurteilt der BFH die freihändige Grundstücksverwertung bewusst anders als den Ersatz der Verwertungskostenpauschale nach § 170 Abs. 1 und § 171 (vgl. oben RdNr. 159 a).[572]

178 Wird mit der Immobilie auch Grundstückszubehör verwertet, so gilt Gleiches wie für die Verwertung der Immobilie. Auch hier ist der – ausschließlich für die Verwertung beweglicher Sachen geltende – § 171 Abs. 2 mit seiner Umsatzsteuervorwegabführungspflicht nicht anzuwenden. Nach § 19 Abs. 1 Nr. 1 a ZVG gilt nichts Anderes.

179 Grundsätzlich sind die Verwertungsumsätze nach § 4 Nr. 9 a UStG umsatzsteuerfrei, es sei denn sie fallen nicht unter das GrEStG, wie zB Zubehör und Betriebsvorrichtungen (vgl. unten RdNr. 179 a). Hingegen gehören wesentliche Bestandteile gem. §§ 93, 94 BGB auch zum Grundstück. Ein Unternehmer kann auf diese Steuerbefreiung nach § 9 UStG verzichten, sofern die Lieferung an einen Unternehmer für dessen Unternehmen erfolgt. Dieser Verzicht ist für den Insolvenzverwalter zur Masseerhaltung von Bedeutung, denn andernfalls kann es – sofern in den vorangegangenen 10 Jahren Vorsteuerabzugsbeträge geltend gemacht wurden – zu Vorsteuerrückforderungen nach § 15 a UStG kommen, die durchaus über dem Betrag der durch die Option anfallenden Umsatzsteuer liegen können.[573] Dieses Optionsrecht zum Verzicht auf die Steuerbefreiung steht dem Insolvenzverwalter als übergegangenes Recht nach § 80 Abs. 1 zu und ist nach § 9 Abs. 3 Satz 1 UStG mit Wirkung zum 1. 1. 2002 nur noch bis zur Aufforderung zur Abgabe von Geboten im Versteigerungstermin zulässig.[574] Die durch den Verzicht anfallende Umsatzsteuer gehört zu den Masseverbindlichkeiten nach § 55 Abs. 1 Nr. 1 und im Falle einer Masseinsuffizienz nach § 209 Abs. 1 Nr. 2 oder 3. Vor Ausübung der Option ist aber zu prüfen, ob die Grundstücksveräußerung als nicht steuerbare Geschäftsveräußerung im Ganzen zu behandeln ist, was regelmäßig der Fall ist, wenn das Grundstück vermietet ist und der Erwerber das Mietverhältnis fortführt. In diesem Fall bewirkt die Veräußerung keine Vorsteuerberichtigung nach § 15 a UStG.[575]

Steuerschuldner für die durch die Option entstehende Umsatzsteuer ist für Lieferungen nach dem 31. 3. 2004 nach § 13 b Abs. 1 Nr. 3 UStG i. V. m. § 13 b Abs. 2 UStG der Erwerber des Grundstücks, der aber in gleicher Höhe einen Vorsteuerabzug geltend machen kann, so dass es für diesen nicht zu einer Zusatzbelastung kommt. Die Option macht grundsätzlich nur Sinn, wenn dem Erwerber die Umsatzsteuer zusätzlich berechnet wird, was – zur Vermeidung von Haftungsansprüchen gegen den Insolvenzverwalter nach § 69 AO – eine entsprechende Vereinbarung voraussetzt.[576]

179 a Die Steuerfreiheit des § 4 Nr. 9 a UStG erstreckt sich nicht auf Zubehörstücke und Betriebsvorrichtungen des Grundstücks (zB Maschinen oder Vorrichtungen, die zu einer Betriebsanlage gehören), da die Veräußerung insoweit nicht unter das GrEStG fällt. Ebenso wenig greift die Steuerschuldnerschaft des § 13 b Abs. 2 UStG für Lieferungen, die nach dem 31. 3. 2004 erfolgen, so dass insoweit Masseverbindlichkeiten begründet werden.[577] Die Belastung der Masse mit USt kann vermieden werden, indem ggf. zusätzlich sicherungsübereignetes Zubehör vor der Grundstücksversteigerung durch den Insolvenzverwalter freihändig verwertet und gegenüber dem Sicherungsnehmer nach §§ 166 ff. abgerechnet wird, mit der Folge dass der Umsatzsteuervorwegabzug gem. §§ 170, 171 Abs. 2 Satz 3 greifen würde (vgl. oben RdNr. 157 ff.).[578]

---

[572] BFH v. 18. 8. 2005, V R 31/04, BStBl. II 2007, 183 = ZIP 2005, 2119, BFH/NV 2005, 2328, ZInsO 2005, 815; *Ganter/Brünink* NZI 2006, 257, 259; *Schmittmann* ZInsO 2006, 1299, 1301; kritisch: *Onusseit* ZInsO 2005, 815.

[573] *Waza/Uhländer/Schmittmann*, RdNr. 1801; *Farr*, RdNr. 410 mit detailliertem Beispiel; *Onusseit* ZIP 2002, 1344, 1346.

[574] Vgl. hierzu *Rau/Dürrwächter/Stadie* UStG § 13 b RdNr. 96, der unter Berufung auf Artikel 3 Abs. 1 GG auch einen späteren Verzicht befürwortet.

[575] *Farr*, RdNr. 412; vgl. RdNr. 181.

[576] BFH v. 16. 12. 2003, VII R 42/01, BFH/NV 2004, 908; *Farr*, RdNr. 411; *Rau/Dürrwächter/Stadie* UStG § 18 RdNr. 866 f.

[577] *Frotscher*, S. 221; *Rau/Dürrwächter/Stadie* UStG § 13 b RdNr. 79.

[578] *Ganter/Brünink* NZI 2006, 257, 259.

In Fällen der Zwangsverwaltung der Immobiliarsicherheit stellt die aus der steuerpflichtigen Überlassung resultierende Umsatzsteuer eine Masseverbindlichkeit nach § 55 Abs. 1 Nr. 1 dar. Obwohl die Zwangsverwaltung Teil des einheitlichen umsatzsteuerrechtlichen Unternehmens ist, erfolgt in der Praxis die Erfassung der Umsatzsteuerschuld unter einer gesonderten Steuernummer.[579] **179 b**

ee) Verwertung durch den vorläufigen Insolvenzverwalter. Grundsätzlich hat der **180** Sicherungsnehmer die Verwertungsbefugnis für sicherungsübereignete Gegenstände, in aller Regel wird der Sicherungsnehmer aber dem vorläufigen Insolvenzverwalter das Recht einräumen, die Gegenstände zu veräußern, sofern dieser zusichert, aus den Erlösen Kredite zurückzuführen. Bei der Verwertung im Rahmen des vorläufigen Insolvenzverfahrens ist dann danach zu unterscheiden, ob das Insolvenzgericht nach § 22 Abs. 1 einen „starken" vorläufigen Insolvenzverwalter mit Verfügungsbefugnis oder aber einen „schwachen" vorläufigen Insolvenzverwalter ohne Verfügungsbefugnis bestellt.[580] In beiden Fällen sind die §§ 170 Abs. 1, 171 (Feststellungs-, Verwertungskostenpauschale und Umsatzsteuervorwegabzug) mangels gesetzlicher Grundlage nicht anwendbar.

Bei dem eher seltenen Fall einer Veräußerung von sicherungsübereigneten Gegenständen durch den „starken" Insolvenzverwalter entsteht nach § 55 Abs. 2 eine Masseverbindlichkeit. Die Anwendung des § 13b Abs. 1 Satz 1 Nr. 2 UStG wird in der Literatur mit der Begründung verneint wird, dass keine Lieferung an den Sicherungsnehmer, sondern direkt vom Schuldner an den Erwerber vorliegt.[581] Dieser Auffassung hat sich nun auch die Finanzverwaltung angeschlossen.[582]

Demgegenüber soll bei einer Verwertung durch einen „schwachen" vorläufigen Insolvenzverwalter ein Doppelumsatz vorliegen, mit der Folge dass § 13b Abs. 1 Nr. 2 UStG anwendbar wäre.[583] Dies hätte aber zur Folge, dass der Erwerber von der Sicherheitenverwertung Kenntnis erlangt und einen Preisabschlag fordern würde, weswegen vereinzelt Finanzämter wohl bereit sind, von der Anwendung des § 13b Abs. 1 Satz 1 Nr. 2 UStG abzusehen. Gleichwohl birgt diese Vorgehensweise umsatzsteuerliche Risiken.[584]

Das Insolvenzgericht kann aber auch ein besonderes Verfügungsgebot erlassen, wonach der schwache vorläufige Insolvenzverwalter ohne ein begleitendes allgemeines Verfügungsverbot ermächtigt wird, einzelne, im Voraus festgelegte Verpflichtungen zu Lasten der späteren Insolvenzmasse einzugehen. Veräußert der vorläufige Insolvenzverwalter im Rahmen dieses Verfügungsgebots sicherungsübereignete Gegenstände, erbringt er insoweit für den Gemeinschuldner eine Lieferung an den Erwerber. Die aus dieser Lieferung resultierende Umsatzsteuer stellt nach der Rechtsprechung des BGH eine Masseverbindlichkeit gem. § 55 Abs. 2 dar. Die umgekehrte Steuerschuldnerschaft nach § 13b Abs. 1 Satz 1 Nr. 2 UStG findet somit keine Anwendung.[585] Bei Überlassung des Sicherungsguts durch den vorläufigen Insolvenzverwalter an den Sicherungsnehmer und anschließender Veräußerung nach Verfahrenseröffnung gelten die Ausführungen zu § 173 unter bb) entsprechend (vgl. oben RdNr. 171 ff.). Zwar findet auch hier nach der höchstrichterlichen Rechtsprechung die umgekehrte Steuerschuldnerschaft nach § 13b Abs. 1 Satz 1 Nr. 2 UStG keine Anwendung. Allerdings steht der Masse nach der Rechtsprechung des BGH hinsichtlich der Umsatzsteuer ein Erstattungsanspruch gegen den Sicherungsnehmer zu.

---

[579] *Waza/Uhländer/Schmittmann*, RdNr. 1813 ff.; *Farr*, RdNr. 413.
[580] Vgl. oben RdNr. 21 ff.
[581] *Waza/Uhländer/Schmittmann*, RdNr. 1792; *Kahlert/Rühland*, RdNr. 2077; *Rondorf* NWB 2001, Fach 7, 5391, 5414; *de Weerth* ZInsO 2003, 246, 251; aA *Frotscher*, S. 183.
[582] OFD Frankfurt/M., Vfg. v. 25. 5. 2007, S 7100 A – 2/85 – St 11, RdNr. 2.1.1, DStR 2007, 1910.
[583] OFD Frankfurt/M., Vfg. v. 25. 5. 2007, S 7100 A – 2/85 – St 11, RdNr. 2.1.2, DStR 2007, 1910; *Waza/Uhländer/Schmittmann*, RdNr. 1794; *Rau/Dürrwächter/Stadie* UStG § 13b RdNr. 69.
[584] *de Weerth* ZInsO 2003, 246, 251 f.
[585] OFD Frankfurt/M., Vfg. v. 25. 5. 2007, S 7100 A – 2/85 – St 11, RdNr. 2.1.3, DStR 2007, 1910; *de Weerth*, DStR 2007, 1912.

180 a **b) Exkurs: Verwertung von Sicherungsgut außerhalb des Insolvenzverfahrens.**
Nach wohl herrschender Auffassung ist der Tatbestand einer Lieferung sicherungsübereigneter Gegenstände durch den Sicherungsgeber an den Sicherungsnehmer außerhalb des Insolvenzverfahrens gem. § 13 b Abs. 1 Satz 1 Nr. 2 UStG gegeben, sofern die daraus sich ergebende Umsatzsteuer nicht zu Massekosten führt. Dies ist in der Praxis insbesondere nach Kreditkündigungen infolge von finanziellen Krisen und sich anschließender Verwertung des Sicherungsguts vor Eröffnung oder aber generell bei Verwertungen nach Einstellung oder Aufhebung des Insolvenzverfahrens der Fall.[586] Hierzu zählen auch Verwertungen durch den Sicherungsgeber im Namen und für Rechnung des Sicherungsnehmers („Doppelumsatz") sowie im eigenen Namen aber für Rechnung des Sicherungsnehmers („Dreifachumsatz") und die Verwertung durch einen schwachen Insolvenzverwalter.[587]

Demgegenüber liegt keine Verwertung außerhalb des Insolvenzverfahrens gem. § 13 b Abs. 1 Nr. 2 UStG vor, sofern die Überlassung des Sicherungsguts vor Verfahrenseröffnung, die Verwertung jedoch erst danach erfolgt.[588] Ebenso wenig fallen Verwertungen durch einen starken vorläufigen Insolvenzverwalter oder durch einen zur Veräußerung ermächtigten schwachen vorläufigen Insolvenzverwalter unter § 13 b Abs. 1 Nr. 2 UStG.[589]

180 b **aa) Verwertung durch den Sicherungsnehmer.** Die Verwertung des Sicherungsguts durch den Sicherungsnehmer führt zu einem sog. Doppelumsatz, d. h. zu einer Lieferung des Sicherungsgebers an den Sicherungsnehmer (Erstumsatz) und einer weiteren Lieferung des Sicherungsnehmers an den Erwerber (Zweitumsatz). Beide Lieferungen erfolgen im Zeitpunkt der Verwertung durch den Sicherungsnehmer.[590] Die Übereignung des Sicherungsguts an den Sicherungsnehmer bewirkt noch keine Lieferung. Insoweit gelten die Ausführungen zu § 170 Abs. 2 unter RdNr. 165 entsprechend.

180 c **bb) Verwertung durch den Sicherungsgeber.** In der Praxis ist der Sicherungsnehmer zur Vermeidung von Preisabschlägen daran interessiert, die Veräußerung durch den Sicherungsgeber – soweit dieser vertrauenswürdig ist – durchzuführen. Die bisherige Verwaltungsauffassung in Abschn. 2 Abs. 1 Satz 4 UStR 2008, die bei Verwertungen durch den Sicherungsgeber ebenfalls von einem Doppelumsatz ausging, hatte aber zur Folge, dass der Erwerber spätestens bei Erteilung der – durch den Sicherungsnehmer zu erstellenden – Rechnung Kenntnis von der Sicherungsgutverwertung erlangte.[591]

Der BFH hat nunmehr in zwei aktuellen Urteilen der Auffassung der Finanzverwaltung widersprochen und einen Dreifachumsatz bejaht, sofern der Sicherungsgeber im eigenen Namen, aber auf Rechnung des Sicherungsnehmers das Sicherungsgut verkauft. Demnach liegen drei zeitgleiche Lieferungen vor: 1. eine Lieferung des Sicherungsgebers an den Sicherungsnehmer, 2. die Rücklieferung des Sicherungsnehmers an den Sicherungsgeber (Kommissionsgeschäft) sowie 3. die Lieferung des Sicherungsgebers an den Erwerber. Steuerschuldner für die USt aus der 1. Lieferung ist nach § 13 b Abs. 2 UStG der Sicherungsnehmer, der aber gleichzeitig den Vorsteuerabzug geltend machen kann.[592] Als Bemessungsgrundlage für alle drei Lieferungen ist das Entgelt für die 3. Lieferung anzusetzen, es sei denn, dass der Sicherungsgeber für die 2. Lieferung eine Provision erhält. Sofern allerdings eine Freigabe durch den Sicherungsnehmer erfolgt ist, liegt nur ein Einfachumsatz des Sicherungsgebers an den Erwerber vor. Deshalb ist es für umsatzsteuerliche Zwecke wichtig,

---

[586] BFH v. 28. 11. 1997, V B 90/97, BFH/NV 1998, 628, ZIP 1998, 2065; *Kahlert/Rühland*, RdNr. 2073; *Klenk/Kronthaler* NZI 2006, 369, 373.
[587] OFD Frankfurt/M., Vfg. v. 3. 5. 2007, S 7279 A – 5 – St 113, DStR 2007, 1483; vgl. unten RdNr. 180 c.
[588] *Rau/Dürrwächter/Stadie* UStG § 13 b RdNr. 68 ff.; vgl. oben RdNr. 171 ff.
[589] OFD Frankfurt/M., Vfg. v. 3. 5. 2007, S 7279 A – 5 – St 113, DStR 2007, 1483; vgl. oben RdNr. 180.
[590] BFH v. 6. 10. 2005, V R 20/04, BStBl. II 2006, 93; *Kahlert/Rühland*, RdNr. 2058 ff.
[591] *De Weerth* DStR 2006, 987.
[592] BFH v. 6. 10. 2005, V R 20/04, BStBl. II 2006, 93; v. 30. 3. 2006, V R 9/03, BStBl. II 2006, 933; FG Saarland v. 14. 2. 2007, 1 K 1276/03, NWB 2007, 1036.

klare vertragliche Regelungen mit Angaben zur vereinbarten Sicherungsabrede zu treffen bzw. diese an die neue BFH-Rechtsprechung anzupassen.[593] Die Finanzverwaltung will die BFH-Rechtsprechung auf nach dem 31. 12. 2006 ausgeführte Umsätze anwenden.[594] Unklar bleibt, ob diese BFH-Rechtsprechung mit der jüngeren EuGH-Rechtsprechung in Einklang steht, die wohl nur von einem Einfachumsatz zwischen Sicherungsgeber und Erwerber ausgeht.[595]

c) Verwertung von zur Sicherheit abgetretenen Forderungen. Nach § 51 Nr. 1 sind Gläubiger, denen der Schuldner zur Sicherung eines Anspruchs eine Forderung übertragen hat, absonderungsberechtigt. Der Insolvenzverwalter kann aber nach § 166 Abs. 2 die abgetretene Forderung einziehen oder in anderer Weise verwerten. In umsatzsteuerlicher Hinsicht ist dabei aber die durch das Steueränderungsgesetz 2003 eingeführte Regelung des § 13 c UStG zu beachten, die auf Forderungen Anwendung findet, die nach dem 7. 11. 2003 abgetreten wurden. Derzeit ist unklar, ob diese Vorschrift gemeinschaftskonform ist. Der EuGH befasste sich in seinem Urteil vom 11. 5. 2006 deshalb mit der Frage inwieweit das nationale Recht Haftungsbestimmungen für die Zahlung der Umsatzsteuer vorsehen darf. Er sprach sich dafür aus, dass der nationale Gesetzgeber auch nach Änderung des Art. 21 der 6. EG-Richtlinie weiterhin Haftungsbestimmungen erlassen darf. Die Haftungsbestimmungen müssen allerdings dem Grundsatz der Verhältnismäßigkeit genügen. Daraus leitet der EuGH ab, dass Personen haften können, welche von der Nichtzahlung der angefallenen Umsatzsteuer wussten oder hätten wissen müssen. Damit wird klar, dass Personen, die sich nicht an einem Umsatzsteuerbetrug beteiligen, nicht haften. Legt man diese Maßstäbe also bei § 13 c UStG zugrunde, wird klar, dass diese Vorschriften den Anforderungen des EuGH nicht genügen. Für die Zulässigkeit von nationalen Umsatzsteuer-Haftungsbestimmungen ist dieses Urteil des EuGH als wesentlicher Meilenstein anzusehen.[596] **180 d**

Nach § 13 c UStG wird ein Haftungstatbestand in Fällen begründet, in denen ein leistender Unternehmer (Schuldner der USt) seinen Anspruch auf die Gegenleistung für seine steuerpflichtige Leistung an einen anderen Unternehmer (Zessionar) abtritt und die Umsatzsteuer bei Fälligkeit nicht oder nicht vollständig vom Schuldner entrichtet wird. Zweck der Vorschrift ist die Verlagerung des Insolvenzrisikos der Finanzverwaltung auf den Zessionar.[597] § 13 c UStG umfasst sämtliche Abtretungen, insbesondere Sicherungsabtretungen, sowie die Verpfändung, Pfändung oder den Verkauf von Forderungen. Dabei soll es unerheblich sein, ob sich die Abtretung auf den gesamten Betrag oder einen Teilbetrag der Forderung richtet. Die Haftung nach § 13 c UStG kann nicht durch die Beschränkung der Abtretung auf den Netto-Betrag der Forderung vermieden werden, weil die Umsatzsteuer unselbständiger Bestandteil der zivilrechtlichen Forderung ist. Die Haftung erstreckt sich bei Abtretung eines Teilbetrags nur auf die im abgetretenen Teilbetrag enthaltene Umsatzsteuer.[598]

Für die Haftung gem. § 13 c UStG ist es außerdem erforderlich, dass die Umsatzsteuer aus der abgetretenen Forderung zu einer zu entrichtenden Umsatzsteuer führt, was nicht der Fall ist, wenn sich in dem betreffenden Besteuerungszeitraum ein Vorsteuerüberschuss ergibt.[599] Für die Haftungsinanspruchnahme ist es grundsätzlich ausreichend, wenn die Umsatzsteuer aus der abgetretenen Forderung nur zum Teil nicht beglichen wird. Der **180 e**

---

[593] *Klenk/Kronthaler* NZI 2006, 369, 373 ff.
[594] BMF-Schreiben v. 30. 11. 2006, IV 5 – S 7100 – 166/06, BStBl. I 2006, 794, DStR 2006, 2259; OFD Frankfurt/M., v. 25. 5. 2007, S 7100 A – 2/85 – St – 11, RdNr. 1.2, DStR 2007, 1910.
[595] EuGH v. 6. 2. 2003, C-185/01, *Auto Lease Holland* DStRE 2003, 484; *de Weerth* DStR 2006, 987 mwN.
[596] EuGH v. 11. 5. 2006, Rs C-384/04 „Federation of Technological Industries"; *Rau/Dürrwächter/Stadie* UStG § 13 c RdNr. 11; *Bunjes/Geist/Leonhard* § 13 c RdNr. 3; *de Weerth* IStR 2006, 389 mwN; *ders.* DStR 2006, 1071.
[597] *Rau/Dürrwächter/Stadie* UStG § 13 c RdNr. 3 f.; *Weßling/Romswinkel* ZInsO 2004, 193.
[598] Abschn. 182 b Abs. 7 UStR 2008; *Bunjes/Geist/Leonhard* § 13 c RdNr. 10 ff.; aA *Rau/Dürrwächter/Stadie* UStG § 13 c RdNr. 16 ff.
[599] Abschn. 182 b Abs. 11 UStR 2008; *Kahlert/Rühland*, RdNr. 2179 f.; aA *Rau/Dürrwächter/Stadie* UStG § 13 c RdNr. 30.

Eintritt der Haftung kann nicht dadurch vermieden werden, dass bei einer Teilzahlung auf die Umsatzsteuerforderung eines Besteuerungszeitraums, die auf den abgetretenen Forderungen beruhende Umsatzsteuer im Wege der Tilgungsbestimmung vorrangig getilgt wird. Die Haftung greift dem Grunde nach bereits dann ein, wenn die festgesetzte und fällige Umsatzsteuer bis zum Ablauf des Fälligkeitstages nicht entrichtet worden ist. Die Haftung kommt nicht in Betracht, wenn die Steuer bis zum Ablauf der Schonfrist des § 240 Abs. 3 UStG entrichtet wird.[600]

180 f Die abgetretene Forderung muss ganz oder teilweise vom Zessionar vereinnahmt worden sein. Bei einer teilweisen Vereinnahmung erstreckt sich die Haftung auf die Umsatzsteuer, die in dem vereinnahmten Anteil tatsächlich enthalten ist, derzeit also 19/119 bzw. 7/107. Soweit sie vom ursprünglichen Zessionar an einen Dritten abgetreten wurde, gilt sie nach § 13c Abs. 1 Satz 3 UStG in voller Höhe als vereinnahmt. Wurde die Forderung im Wege des Forderungsverkaufs übertragen, gilt die Forderung nicht durch den Zessionar als vereinnahmt, sofern der leistende Unternehmer für die Abtretung der Forderung eine Gegenleistung in Form von Geld vereinnahmt und diese in dessen ausschließlichen Verfügungsbereich gelangt. Gleiches gilt für die Vorfinanzierung einzelner Forderungen.[601]

Die Höhe der Haftung ist begrenzt auf die im Zeitpunkt der Fälligkeit nicht entrichtete Steuer und den abgetretenen, verpfändeten oder gepfändeten Forderung enthaltenen Umsatzsteuerbetrag gem. § 13c Abs. 2 Satz 3, sowie Abs. 2 Satz 1 UStG. Nach Auffassung der Finanzverwaltung kann die Abtretung nicht auf den Nettobetrag der Forderung beschränkt werden.[602]

Die Inanspruchnahme des Haftenden setzt voraus, dass die Steuer fällig ist und nicht oder nur teilweise entrichtet wurde. Die Inanspruchnahme erfolgt durch Haftungsbescheid. Aufgrund der klaren gesetzlichen Regelung in § 13c Abs. 2 Satz 2 UStG besteht kein Ermessen für die Inanspruchnahme, insbesondere kommt es nicht auf ein Verschulden des leistenden Unternehmers an.

180 g Nach Eröffnung des Insolvenzverfahrens können Umsatzsteuerbeträge zunächst nicht mehr festgesetzt werden, weil der leistende Unternehmer nicht mehr handlungsfähig ist. Nach der Rechtsprechung des BFH richtet sich die Fälligkeit solcher Forderungen nach § 220 Abs. 2 Satz 1 AO mit der Folge, dass es einer Anmeldung zur Insolvenztabelle nicht bedarf. Die Umsatzsteuer ist damit bereits im Zeitpunkt des Entstehens nach § 13 UStG fällig.[603] Die Finanzverwaltung hebt demgegenüber auf den Zeitpunkt der Anmeldung der Umsatzsteuer durch den Insolvenzverwalter bzw. die Anmeldung zur Insolvenztabelle ab.[604]

Für den Zessionar ist es ratsam, den potentiellen Umsatzsteuerhaftungsbetrag aus einem etwaigen Zessionserlöseingang zu separieren und auf einem gesonderten Unterkonto des Zedenten zu verbuchen. Damit ist klargestellt, dass der Umsatzsteuerbetrag dem Zedenten für den Fall zusteht, dass keine Haftungsinanspruchnahme nach § 13c UStG droht. Der vom Zessionar zur Insolvenztabelle angemeldete Forderungsbetrag ist bei Zahlungseingang nur um den Nettobetrag zurückzunehmen, weil die Befriedigung hinsichtlich des Umsatzsteuerbetrags gerade nicht gesichert ist. Diese Unsicherheit mangels Kenntnis besteht solange, bis eine Bestätigung des Finanzamts vorliegt, dass keine Haftung besteht bzw. geltend gemacht wird, was in der Praxis aber eher selten der Fall sein wird. Das Insolvenzverfahren kann aber trotzdem in analoger Anwendung des § 191 Abs. 1 abgeschlossen werden, sofern der Insolvenzverwalter die insoweit auf den Zessionar entfallende Quote nach § 198 hinterlegt.[605]

---

[600] Abschn. 182b Abs. 12 ff. UStR 2008; *Farr*, RdNr. 414; *Rau/Dürrwächter/Stadie* UStG § 13c RdNr. 36 ff.
[601] Abschn. 182b Abs. 20 UStR 2008; *Rau/Dürrwächter/Stadie* UStG § 13c RdNr. 20 ff., 49 ff.
[602] Abschn. 182b Abs. 22 UStR 2008; aA *Rau/Dürrwächter/Stadie* UStG § 13c RdNr. 17.
[603] BFH v. 4. 5. 2004, VII R 45/03, BStBl. II 2004, 815 = ZIP 2004, 1423; *Farr*, RdNr. 416.
[604] Abschn. 182b Abs. 17 UStR 2008; aA *Rau/Dürrwächter/Nieskens* UStG § 13 RdNr. 37.
[605] *De Weerth* NZI 2004, 190; *ders.* ZInsO 2006, 501.

Macht der Insolvenzverwalter von seinem Recht zur Einziehung der abgetretenen Forde- **180 h**
rung nach § 166 Abs. 2 Gebrauch, findet § 13 c UStG gleichfalls Anwendung. Zwar ist die
damit verbundene Umsatzsteuer bei Erbringung der Leistung und damit vor Eröffnung des
Insolvenzverfahrens begründet und gehört grundsätzlich zu den Insolvenzforderungen.
Gleichwohl hat § 13 c UStG Vorrang mit der Folge, dass der Insolvenzverwalter dem
Zessionar den Forderungsbetrag einschließlich Umsatzsteuer – unter Abzug der auch hier
nach § 170 anfallenden Kosten der Feststellung und der Verwertung (vgl. hierzu RdNr. 159)
– auszuzahlen hat. Im Ergebnis wird die Umsatzsteuer damit wie eine Forderung gegen die
Masse beglichen und begünstigt das Finanzamt in der Insolvenz.[606] Der Zessionar ist gut
beraten, vom Insolvenzverwalter die in der Forderung enthaltene Umsatzsteuer einzufordern, weil deren Einbehalt die Haftung gegenüber dem Finanzamt nicht beseitigen würde.[607]
Soweit Kosten der Verwertung und Feststellung einbehalten werden, liegt dem keine
umsatzsteuerpflichtige Leistung des Insolvenzschuldners an den Sicherungsnehmer zugrunde. Insoweit gelten die Ausführungen unter RdNr. 159 a entsprechend. Problematisch
können Fälle sein, bei denen die Zession und Einziehung in der kritischen Zeit des § 131
erfolgten und die Zession vom Insolvenzverwalter erfolgreich angefochten wird. Da das
Finanzamt allenfalls eine Quote erhält, könnte es zusätzlich den Zessionar in Anspruch
nehmen, weil der Wortlaut des § 13 c UStG (tatsächliche Vereinnahmung) grundsätzlich
erfüllt ist. Dieses Dilemma kann nur durch einen Erlass aus sachlichen Billigkeitsgründen
gelöst werden.[608]

d) Geschäftsveräußerung im Ganzen. Der Insolvenzverwalter, der eine Insolvenzmas- **181**
se als Ganzes veräußert, kann diese Veräußerung gem. § 1 Abs. 1 a UStG ohne Mehrwertsteuerausweis vornehmen, soweit der Tatbestand einer nicht steuerbaren Geschäftsveräußerung im Ganzen vorliegt. Eine nicht steuerbare Geschäftsveräußerung liegt vor, wenn ein
Unternehmen oder ein Teilbetrieb im Ganzen entgeltlich oder unentgeltlich übereignet
oder in eine Gesellschaft eingebracht wird. Gegenstand der Geschäftsveräußerung kann auch
ein einziges Wirtschaftsgut sein, sofern es einen fortführbaren Betrieb verkörpert, wie
beispielsweise ein Grundstück.[609] Von einem fortführbaren Betrieb ist auch für den Fall
auszugehen, dass der Erwerber den erworbenen Geschäftsbetrieb in seinem Zuschnitt ändert
oder modernisiert, so dass die Zurückbehaltung einzelner wesentlicher Betriebsgrundlagen
unschädlich ist.[610] Hingegen stellt die Lieferung eines weder vermieteten noch verpachteten
Grundstücks im Regelfall keine nicht steuerbare Geschäftsveräußerung dar.[611] Voraussetzung
für eine Geschäftsveräußerung ist, dass der Veräußerer das bürgerlich-rechtliche oder wirtschaftliche Eigentum an den Wirtschaftsgütern des Betriebsvermögens auf den Erwerber
überträgt. Der Übergang des Unternehmens in mehreren zeitlich aufeinander folgenden
Abschnitten erfüllt den Tatbestand einer Übereignung im Ganzen, wenn die einzelnen
Teilakte in einem engen sachlichen und zeitlichen Zusammenhang stehen und der Wille der
Vertragspartner auf die Veräußerung des Unternehmens als wirtschaftliche Einheit gerichtet
ist.[612]

Die Nichtsteuerbarkeit der Geschäftsveräußerung hat zur Folge, dass in der Rechnung
keine Umsatzsteuer ausgewiesen werden darf, andernfalls schuldet die Masse nach § 14 c
UStG den ausgewiesenen Steuerbetrag, soweit diese Rechtsfolge nicht nach § 14 c Abs. 1
Satz 3 UStG wieder beseitigt werden kann. Die umsatzsteuerliche Verhaftung der übertragenen Gegenstände hat zur Folge, dass der Erwerber die Folgen einer Vorsteuerberichtigung nach § 15 a UStG zu tragen hat. Aus diesem Grund ist der Insolvenzverwalter
verpflichtet, dem Erwerber die für den Nachweis gem. § 15 a UStG notwendigen Angaben

---

[606] Abschn. 182 b Abs. 21 UStR 2008; *Farr*, RdNr. 417; *Kahlert/Rühland*, RdNr. 2199 ff.
[607] *De Weerth* NZI 2006, 501, 502.
[608] *Farr*, RdNr. 418.
[609] Vgl. oben RdNr. 179; *Waza/Uhländer/Schmittmann*, RdNr. 1616.
[610] BFH v. 23. 8. 2007, V R 14/05, BStBl. II 2008, 165.
[611] BFH v. 11. 10. 2007, V R 57/06, BFH/NV 2008, 509.
[612] *Rau/Dürrwächter/Husmann* UStG § 1 RdNr. 1110 ff., 1117 f.

zu machen, insbesondere zu noch nicht abgelaufenen Vorsteuerberichtigungszeiträumen bei Grundstücken.[613]

182 e) **Teilleistungen.** Ist ein Unternehmer nach der vertraglichen Vereinbarung nicht zu Teilleistungen verpflichtet oder berechtigt, entsteht die Umsatzsteuer nach § 13 Abs. 1 Nr. 1 a UStG erst im Zeitpunkt der Erbringung der vertraglich geschuldeten Leistung, sofern keine Abschlagszahlungen geleistet wurden. Demgegenüber entsteht die Umsatzsteuer bei Teilleistungen bereits mit Ablauf des Voranmeldungszeitraums der Erbringung der Teilleistung. Eine solche ist anzunehmen, wenn eine nach wirtschaftlicher Betrachtungsweise teilbare Leistung nicht als Ganzes, sondern in Teilen geschuldet und bewirkt wird. Dies ist der Fall, wenn für bestimmte Teile das Entgelt gesondert vereinbart wird (§ 13 Abs. 1 Nr. 1 a Satz 3 UStG).[614]

Teilleistung liegen nicht vor, wenn Teilzahlungen, Abschlagszahlungen, Vorauszahlungen oder Ähnliches vereinbart werden, weil diese Vereinbarungen lediglich den Fälligkeitszeitpunkt der Gegenleistung betreffen und keine gesonderte Entgeltvereinbarung darstellen.[615]

Auch bei den Teilleistungen ist das Begründetsein gem. § 38 nach den bereits dargestellten Grundsätzen zu entscheiden (vgl. oben RdNr. 24 ff.). Die Umsatzsteuer, die auf vor Insolvenzeröffnung erbrachte Teilleistungen entfällt, stellt eine Insolvenzforderung dar. Werden nach der Eröffnung des Verfahrens weitere Teile der wirtschaftlich teilbaren Leistung erbracht, stellt die hierauf entfallende Umsatzsteuer eine Masseverbindlichkeit dar.[616]

183 Umsatzsteuerliche Teilleistungen liegen im Insolvenzverfahren auch häufig als Folge einer Vertragskündigung des Insolvenzverwalters vor. Der Insolvenzverwalter hat einmal das Wahlrecht aus § 103, aber beispielsweise auch das Kündigungsrecht aus § 109.

Unproblematisch sind die Fälle der vollständigen Vertragserfüllung, nachdem sich der Insolvenzverwalter für die Vertragserfüllung entschieden hat.[617] War die Leistung aber noch nicht vollständig erbracht und die Bezahlung bereits erfolgt, so besteht das Wahlrecht nicht mehr und neben dem zur Tabelle anmeldbaren Schadensersatz ist die Vorsteuer des Leistungsempfängers und die Umsatzsteuer des Schuldners gem. § 17 Abs. 2 UStG zu berichtigen. Ist der Insolvenzverwalter umgekehrt Empfänger einer umsatzsteuerpflichtigen Leistung, stellt deren Inanspruchnahme wiederum eine Masseverbindlichkeit gem. § 55 Abs. 1 Nr. 2 dar.

184 Wird die Vertragerfüllung abgelehnt oder der Vertrag gekündigt, so entsteht ein Abrechnungsverhältnis, welchem Teilleistungen zugrunde liegen, soweit sich der Leistende einen für ihn bestehenden Wert zurechnen lassen muss. Diese Teilleistung wird zum Gegenstand der gesamten Leistung, auch wenn sie nicht vertraglich voll erbracht wurde. Der dieser Leistung entsprechende Wert wird zum umsatzsteuerlichen Entgelt i. S. d. § 10 Abs. 1 UStG und löst das ursprünglich vereinbarte Entgelt ab. War der Schuldner Leistender, so ist die auf dieses Entgelt zu entrichtende Umsatzsteuer vor der Insolvenzeröffnung begründet und daher als Insolvenzforderung gem. § 38 zur Insolvenztabelle anzumelden. Soweit der Schuldner Leistungsempfänger war, meldet der Leistende seinen Vergütungsanspruch zusammen mit der darauf entfallenden Umsatzsteuer gem. § 38 zur Insolvenztabelle an.

185 Der Insolvenzverwalter bestimmt mit seiner Entscheidung den Gegenstand der Leistung neu und definiert gleichzeitig die Verfügungsberechtigung zum Zeitpunkt der Verfahrenseröffnung (§ 103). Bei Ablehnung oder Kündigung kommt es zu einem Abwicklungsverhältnis, während bei Erfüllungswahl die vollständige Leistung erst nach Insolvenzeröffnung erbracht wird. Dem folgt die Zuordnung der Umsatzsteuerzahllast und des Vorsteuerabzugs.

---

[613] *Rau/Dürrwächter/Stadie* UStG § 18 RdNr. 875 f.
[614] Abschn. 180 UStR 2008; *Kahlert/Rühland*, RdNr. 1989.
[615] *Rau/Dürrwächter/Nieskens* UStG § 13 RdNr. 131.
[616] *Waza/Uhländer/Schmittmann*, RdNr. 1597.
[617] Vgl. zu den umsatzsteuerlichen Folgen unten RdNr. 187 c.

186 Übt der Insolvenzverwalter sein Wahlrecht gem. § 103 nicht aus und wird er dazu auch nicht aufgefordert, gerät der gesamte Vertrag und auch die Umsatzsteuerfolge in einen Schwebezustand. Erst zum Ende des Verfahrens steht fest, ob eine Umsatzsteuer auf eine Teilleistung eventuell doch während des Verfahrens angefallen ist.

187 War bei späterer Teilleistungsbesteuerung ursprünglich auf die zunächst vereinbarte Leistung eine Anzahlungsbesteuerung nach § 13 Abs. 1 Nr. 1a Satz 4 UStG vorgenommen worden, richtet sich bei Erfüllungswahl die noch aus der Insolvenzmasse zu zahlende Umsatzsteuer nach dem restlichen Spitzenbetrag. Bei Ablehnung der Erfüllung bestimmt sich die Leistung und damit auch die Umsatzsteuer wieder neu. Die bisherige Vor- oder Umsatzsteuer ist dann zu berichtigen (§ 17 Abs. 2 UStG) und eine verbleibende neue Umsatzsteuer eventuell zu zahlen. Das gilt auch trotz bereits nach § 38 AO ursprünglich entstandener Steuerforderung, da diese insolvenzrechtlich noch nicht i. S. d. § 38 begründet war.[618]

f) Besonderheiten bei Werkverträgen. Sofern ein gegenseitiger Vertrag bei Eröffnung **187a** des Insolvenzverfahrens noch nicht vollständig erfüllt ist, wird er mit Verfahrenseröffnung zu einem nicht mehr erfüllbaren Vertrag. Der Erfüllungsanspruch wird zur Insolvenzforderung, da der Vertragspartner den Anspruch auf Erfüllung des Vertrages nicht mehr gegen den Schuldner durchsetzen kann. Der Insolvenzverwalter hat bei einem nicht vollständig erfüllten Vertrag ein Wahlrecht gem. § 103.[619] Er hat beispielsweise die Möglichkeit, den durch Eröffnung des Verfahrens unerfüllbaren Vertrag in einen Erfüllbaren umzugestalten. Dieser Vertrag wird dann so behandelt, als wäre er vom Insolvenzverwalter selbst abgeschlossen worden, mit der Folge, dass die Forderung von einer Insolvenzforderung in eine Masseverbindlichkeit umgewandelt wird. Übt der Insolvenzverwalter das Optionsrecht nicht aus, bleibt die Forderung Insolvenzforderung.[620]

Die umsatzsteuerliche Beurteilung richtet sich nach der zivilrechtlichen Rechtslage. **187b** Fällt ein Unternehmer, der Bauleistungen erbringt in Insolvenz (Unternehmerinsolvenz) und lehnt der Insolvenzverwalter die Erfüllung des Vertrages ab, liegt in diesem Zeitpunkt eine umsatzsteuerbare und umsatzsteuerpflichtige Werkleistung vor, da das unfertige Werk zu diesem Zeitpunkt in die Verfügungsmacht des Bestellers übergeht. Dieser muss als Gegenleistung einen steuerbaren unechten Schadensersatz in Höhe des anteiligen Vergütungsanspruchs erfüllen. Die entstehende Umsatzsteuerforderung gegen den Unternehmer ist Insolvenzforderung, da der Anspruch vor Eröffnung des Verfahrens begründet wurde.

Wählt der Insolvenzverwalter jedoch die Vertragserfüllung, so ist er verpflichtet das **187c** Werk zu vollenden. Die Umsatzsteuer beruht auf der Fertigstellung und damit auf der Handlung des Insolvenzverwalters. Die Forderung ist deshalb nach Eröffnung des Verfahrens begründet und als Masseverbindlichkeit einzustufen. Dies soll nach herrschender Auffassung auch für den Teil der Leistung gelten, der vor Verfahrenseröffnung erbracht wurde.[621] Der Insolvenzverwalter kann die damit verbundene Belastung der Masse mit der vollen Umsatzsteuer vermeiden, indem er die Erfüllung ablehnt und anschließend mit dem Besteller einen neuen Vertrag über den noch nicht ausgeführten Teil abschließt. Damit wird die Umsatzsteuer für die bis zur Insolvenzeröffnung erfolgte Leistung Insolvenzforderung und nur die verbleibende Umsatzsteuer Masseverbindlichkeit.[622] Allerdings sieht die Finanzverwaltung in dieser Vorgehensweise einen Fall des § 42 AO (vgl. hierzu unten RdNr. 190 und 360).

---

[618] Vgl. dazu oben RdNr. 130.
[619] Vgl. oben RdNr. 142 ff.
[620] *Waza/Uhländer/Schmittmann*, RdNr. 1716; *Gottwald/Frotscher* § 123 RdNr. 21 ff.; *Schwarz/Dißars* AO § 251 RdNr. 127; aA *Rau/Dürrwächter/Stadie* UStG § 18 RdNr. 860 ff.
[621] FG Düsseldorf v. 30. 11. 2005, K 3280/04, EFG 2006, 1024; Revision beim BFH unter V R 1/06; *Gottwald/Frotscher* § 123 RdNr. 24; aA *Waza/Uhländer/Schmittmann*, RdNr. 1722.
[622] BFH v. 2. 2. 1978, V R 128/76, BStBl. II 1978, 483; *Waza/Uhländer/Schmittmann*, RdNr. 1720 f.; *Gottwald/Frotscher* § 123 RdNr. 21 ff.; *Schwarz/Dißars* AO § 251 RdNr. 130.

Sofern der Leistungsempfänger ebenfalls Bauleistungen erbringt, greift für Bauleistungen, die nach dem 31. 3. 2004 vom Insolvenzschuldner erbracht werden, § 13 b Abs. 1 Satz 1 Nr. 4 i. V. m. § 13 b Abs. 2 Satz 2 UStG mit der Folge, dass der Leistungsempfänger Schuldner der Umsatzsteuer wird.[623]

187 d Fällt der Besteller des Werks in Insolvenz (Bestellerinsolvenz) gelten grundsätzlich die gleichen insolvenzrechtlichen Grundsätze. Lehnt der Insolvenzverwalter die Erfüllung ab, geht in diesem Zeitpunkt die Verfügungsmacht an dem unfertigen Werk auf den Besteller über. Der leistende Unternehmer hat den Umsatz mit der tatsächlich erhaltenen Gegenleistung als Bemessungsgrundlage zu versteuern. Die Gegenleistung bestimmt sich nach den geleisteten Anzahlungen zuzüglich der Quote, die der Lieferer auf Grund des restlichen Vergütungsanspruchs, der zur Insolvenztabelle anzumelden ist, erhält. Wählt der Verwalter die Erfüllung des Vertrages, hat er die vereinbarte Vergütung aus der Masse zu bezahlen.[624]

187 e Bei Werkverträgen, die nicht auf Bauleistungen gerichtet sind, muss zwischen Werklieferungen und Werkleistungen unterschieden werden. Bei Werklieferungen ohne Bauleistungen geht das Eigentum an den Werkstoffen nicht auf den Besteller über, da eine Verbindung mit dem Gegenstand (zB Grundstück) nicht erfolgt. Fällt der Unternehmer in die Insolvenz verbleibt die Rechtszuständigkeit trotzdem bei ihm; der Besteller erwirbt keine Rechtszuständigkeit. Lehnt der Insolvenzverwalter die Verwertung ab, verbleibt das unfertige Werk in der Insolvenzmasse und kann anderweitig verwendet werden. Wählt der Verwalter Erfüllung gelten keine Besonderheiten. Er hat den Vertrag zu erfüllen und erbringt im Zeitpunkt der Fertigstellung eine Leistung, die steuerbar ist. Die darauf resultierende Umsatzsteuer wird Masseverbindlichkeit. Handelt es sich um eine Werkleistung, bei der Nebensachen mit der dem Besteller gehörenden Hauptsache verbunden werden, geht die Rechtszuständigkeit an dem unfertigen Werk im Zeitpunkt der Verfahrenseröffnung auf den Besteller über, wenn der Insolvenzverwalter die Erfüllung ablehnt. Wählt der Verwalter Erfüllung gelten die gleichen Grundsätze wie beim Werkvertrag über Bauleistungen.[625]

187 f **g) Haftung nach § 25 d UStG für Umsätze des vorläufigen Insolvenzverwalters.** Für schuldhaft nicht abgeführte Steuer kann der vorläufige Insolvenzverwalter gem. § 25 d UStG haften. Zweck der 2001 eingeführten und 2003 neu gefassten Vorschrift ist zwar die Bekämpfung des Umsatzsteuerbetrugs insbesondere bei Karussellgeschäften. Gleichwohl hat das FG Schleswig-Holstein die Anwendung dieser Regelung im vorläufigen Insolvenzverfahren entgegen der Bedenken in der Literatur grundsätzlich bejaht. Der BFH hat nun klargestellt, dass in Insolvenzfällen idR die Voraussetzungen für eine Haftung des Leistungsempfängers gem. § 25 d UStG nicht vorliegen.[626]

Die Haftung greift unter den Voraussetzungen, dass 1. die aus einem Umsatz geschuldete und in einer Rechnung gem. § 14 UStG ausgewiesene Umsatzsteuer nicht abgeführt wurde, 2. die Umsatzsteuer absichtlich nicht entrichtet wurde und 3. der Leistungsempfänger bei Abschluss des Vertrages vom vorsätzlichen Handeln des Rechnungsausstellers Kenntnis hatte. Die Haftung dürfte nicht greifen, sofern die Verhandlungen – wie in der Praxis oft üblich – dem Insolvenzschuldner überlassen werden, weil die oben genannte dritte Voraussetzung nicht erfüllt ist. Sofern die vorläufige Insolvenzverwaltung aber kundgetan wird, dürfte es dem Leistungsempfänger und potentiellen Haftungsschuldner schwer fallen, die Kenntnis von der beabsichtigten Nichtabführung der Umsatzsteuer zu bestreiten. Auch auf der Rechnungsausstellerseite können die Haftungsvoraussetzungen erfüllt sein, sofern die innere Einstellung des Insolvenzschuldners anhand objektiver Umstände und Beweisanzeichen wie

---

[623] Rau/Dürrwächter/Stadie UStG § 18 RdNr. 863.
[624] BFH v. 24. 4. 1980, V S 14/79, BStBl. II 1980, 541 = ZIP 19890, 796; Waza/Uhländer/Schmittmann, RdNr. 1728 f.; Gottwald/Frotscher § 123 RdNr. 21 ff.; Schwarz/Dißars AO § 251 RdNr. 131.
[625] Frotscher, S. 208.
[626] BFH v. 28. 2. 2008, V R 44/06, BFH/NV 2008, 1088; FG Schleswig-Holstein v. 3. 8. 2006, 5 K 198/05, EFG 2006, 1869; Forster/Schorer UR 2002, 361; Onusseit ZInsO 2002, 1005.

zB Absprachen mit dem Insolvenzverwalter feststellbar ist. Ein gewichtiges Indiz hierfür dürfte auch die fehlende Abführung von Umsatzsteuer vor Insolvenzantragstellung sein, so dass oftmals davon ausgegangen werden kann, dass zwischen Insolvenzschuldner und vorläufigen Insolvenzverwalter bereits bei Vertragsabschluss Einvernehmen darüber bestand, die Umsatzsteuer nicht zu entrichten. Damit sind bei der vorläufigen Insolvenzverwaltung durchaus Konstellationen denkbar, welche die Anwendung des § 25 d UStG möglich machen.[627]

Dies gilt entsprechend im eröffneten Insolvenzverfahren bei Masseunzulänglichkeit, weil die Umsatzsteuer aus der Masseverwertung zwar nach § 209 Abs. 1 Nr. 2 vorrangig, aber erst nach den Verfahrenskosten zu begleichen ist. Damit besteht stets das Risiko der Nichtentrichtung der geschuldeten Umsatzsteuer, was wiederum vom Insolvenzverwalter bei Vertragsabschluss eingeschätzt werden kann.[628]

7. Eigentumsvorbehaltsware. Dem Insolvenzverwalter steht bei einer unter Eigentumsvorbehalt an den Insolvenzschuldner gelieferten Sache, die dieser bei Verfahrenseröffnung noch nicht voll bezahlt hat, gem. § 103 das Wahlrecht zu, die Erfüllung abzulehnen oder die mit dem Vorbehalt belastete Ware der Masse zuzuordnen. Lehnt der Insolvenzverwalter die Erfüllung ab, kann der Vorbehaltseigentümer unter Ausnutzung seines Eigentums nach § 47 von seinem Aussonderungsrecht Gebrauch machen. **188**

Bereits bei Veräußerung der Sache unter Eigentumsvorbehalt und der anschließenden Übergabe an den Vorbehaltskäufer (Insolvenzschuldner) ist bereits die Verfügungsmacht verschafft worden. Es erfolgte damit ein steuerbarer Umsatz, aus welchem der Vorbehaltskäufer vor Eröffnung des Insolvenzverfahrens zum Vorsteuerabzug berechtigt ist. Macht der Verkäufer im Insolvenzverfahren von seinem Vorbehaltsrecht gegenüber dem Käufer Gebrauch, so liegt zivilrechtlich die Ausübung eines Rücktrittrechts vor, was wiederum zu einer Rückgängigmachung der umsatzsteuerbaren Lieferung führt. Die bei Rechnungsbezug in Abzug gebrachte Vorsteuer ist gem. § 17 Abs. 2 Nr. 3 UStG zu berichtigen.[629]

Nach der Eröffnung des Insolvenzverfahrens ist diese Vorsteuer also zu unrecht geltend gemacht worden, denn entweder tritt der Vorbehaltsverkäufer von dem Vertrag zurück und verlangt sein Vorbehaltseigentum heraus, wodurch die umsatzsteuerliche Lieferung rückgängig gemacht wird, oder die Forderung ist in der Insolvenz des Vorbehaltskäufers trotz der Sicherung als uneinbringlich anzusehen.[630] Daher sind die von dem Insolvenzschuldner geltend gemachten Vorsteuerbeträge von der Finanzbehörde zurückzufordern. Grundlage hierfür ist ein Vorsteuerrückforderungsanspruch.[631] Dieser entsteht erst zu dem Zeitpunkt, in dem die Uneinbringlichkeit feststeht. Da es aber insolvenzrechtlich auf die Begründung des Anspruchs ankommt, liegt ein vorinsolvenzlich begründeter Tatbestand vor, da das Rechtsgeschäft bereits vor Eröffnung des Verfahrens abgeschlossen wurde. Daher handelt es sich bei dem Vorsteuerrückforderungsanspruch um eine Insolvenzforderung, die zur Tabelle anzumelden ist.[632] **189**

Übt der Insolvenzverwalter sein Wahlrecht aus den §§ 103, 107 Abs. 2 aus, und entscheidet er sich für die Erfüllung des Eigentumsvorbehaltskaufs indem er den noch ausstehenden Kaufpreis bezahlt, so zieht er damit die Vorbehaltsware zur Masse, und hat die Lieferantenforderung aus dieser in voller Höhe zu erfüllen. Ein bereits durch den Insolvenzschuldner ausgeübter Vorsteuerabzug bleibt unabhängig von der Insolvenzeröffnung bestehen, so dass kein zweiter Vorsteuerabzug für die Masse möglich ist.[633] **190**

---

[627] *Farr* DStR 2007, 706.
[628] *Farr* DStR 2007, 706, 707; *Forster/Schorer* UR 2002, 361; *Onusseit* ZInsO 2002, 1005..
[629] BFH v. 28. 6. 2000, V R 45/99, BStBl. II 2000, 703 = ZIP 2000, 177; *Frotscher*, S. 193; *Farr*, RdNr. 397.
[630] BFH v. 13. 11. 1986, V R 59/79, BStBl. II 1987, 226 = ZIP 1987, 119; v. 16. 7. 1987, V R 80/82, BStBl II 1987, 691 = ZIP 1987, 1130.
[631] Vgl. dazu oben RdNr. 147.
[632] Vgl. BFH v. 13. 11. 1986, V R 59/79, BStBl II 1987, 226 = ZIP 1987, 119; *Frotscher*, S. 194; *Kahlert/Rühland*, RdNr. 1983; aA *Farr*, RdNr. 399.
[633] BFH v. 28. 6. 2000, V R 45/99, BStBl. II 2000, 703 = ZIP 2000, 177; *Waza/Uhländer/Schmittmann*, RdNr. 1700.

Insolvenzsteuerrecht 190a–191a

190 a Problematisch ist der in der Praxis häufige Fall, dass der Insolvenzverwalter von seinem Wahlrecht Gebrauch macht und die Erfüllung des Vertrages zunächst ablehnt und den gelieferten Gegenstand anschließend neu erwirbt. Mit dieser Vorgehensweise wird das Ziel verfolgt, die Vorsteuerrückforderung als Insolvenzforderung bestehen zu lassen und der Insolvenzmasse den Vorsteuerabzug aus der „neuen" Lieferung zu ermöglichen. Die Finanzverwaltung sieht darin lediglich eine Bestätigung des vorigen Vertrags und erkennt den Vorsteuerabzug für die Insolvenzmasse unter Berufung auf die Regelung des § 42 AO (Missbrauch von rechtlichen Gestaltungsmöglichkeiten) nicht an. Der BFH hat die Auffassung der Finanzverwaltung im Grundsatz bestätigt und gegen den Vorsteueranspruch der Masse entschieden. Für die Anerkennung des neuen Vertragsverhältnisses ist es demnach erforderlich, dass die Aussonderung tatsächlich durchgeführt wird und das Aussonderungsrecht nicht bloß vertraglich anerkannt wird.[634]

190 b Das Wahlrecht selbst stellt allerdings keinen Missbrauch nach § 42 AO dar, da es vom Gesetzgeber ausdrücklich eingeräumt wird. Der Insolvenzverwalter wird damit in die Lage versetzt den Wert, den der Vertrag noch verkörpert, zur Masse zu ziehen, soweit er die noch zu erbringende Gegenleistung übersteigt. Entscheidend ist, ob die Ablehnung der Vertragserfüllung nach § 103 geboten war, d. h. die Erfüllung des Vertrages für die Masse unvorteilhaft gewesen wäre. Hierbei hat der Insolvenzverwalter einen gewissen Prognosespielraum.[635] Ein Gestaltungsmissbrauch ist demnach nur anzunehmen, sofern keine sachlichen Gründe für die Erfüllungsablehnung und den Neuerwerb bestehen. In diesem Fall entsteht kein neuer Vorsteueranspruch zugunsten der Masse. Damit liegt es in der Hand des Insolvenzverwalters durch die Ablehnung der Vertragserfüllung und dem anschließendem Neuerwerb des Gegenstands für den Insolvenzschuldner den bestmöglichen Vorsteueranspruch auszuschöpfen.[636]

190 c Für den Fall, dass der Insolvenzschuldner Vorbehaltsverkäufer ist, hat der Vorbehaltskäufer gem. § 107 Abs. 1 ein Recht auf vollständige Erfüllung. Der Insolvenzverwalter hat hierbei kein Erfüllungswahlrecht gem. § 103 und ist somit zur Leistung verpflichtet. Die hieraus resultierende Umsatzsteuer gehört zu den Insolvenzforderungen nach § 38, da die Lieferung vor Eröffnung des Verfahrens ausgeführt wurde und für umsatzsteuerliche Zwecke das beim Verkäufer verbleibende zivilrechtliche Eigentum unbeachtlich ist.[637]

191 **8. Organschaftsbesteuerung.** Eine Organschaft liegt gem. § 2 Abs. 2 Nr. 2 UStG vor, wenn die Organgesellschaft nach den tatsächlichen Verhältnissen wirtschaftlich, organisatorisch und finanziell in das Unternehmen des Organträgers eingegliedert ist. Die drei Eingliederungsmerkmale müssen nicht in gleicher Weise stark ausgeprägt sein. Sofern eines der drei Merkmale weniger in Erscheinung tritt, kann gleichwohl eine Organschaft vorliegen, wenn die Eingliederung bei den anderen Kriterien umso deutlicher vorliegt.[638] Unternehmer ist dabei nur der Organträger. Hinsichtlich der Frage, welche umsatzsteuerlichen Auswirkungen die Insolvenz hat ist danach zu unterscheiden, ob es sich um die Insolvenz der Organgesellschaft, des Organträgers oder beider Unternehmen handelt.

191 a **a) Insolvenz der Organgesellschaft.** Mit Eröffnung des Insolvenzverfahrens geht die Verwaltungs- und Verfügungsbefugnis gem. § 80 auf den Insolvenzverwalter über. Der Organträger verliert mit Verfügungsbefugnis des Verwalters also den wesentlichen Einfluss auf die Organgesellschaft und die einheitliche Willensbildung in beiden Unternehmen, so dass die organisatorische Eingliederung entfällt und die Organschaft spätestens zu diesem Zeitpunkt endet. Die Organgesellschaft hat nun eigene steuerliche Pflichten durch den

---

[634] BFH v. 15. 3. 1994, XI R 89/92, ZIP 1995, 483; OFD Frankfurt/M., Vfg. v. 1. 10. 1998, S 7340 A – 85 – St IV 10, UR 1999, 297, RdNr. 52; *Waza/Uhländer/Schmittmann*, RdNr. 1701 f.; aA *Maus*, S. 103; *Onusseit* ZIP 2002, 22, 28.

[635] FG Köln v. 9. 9. 1997, 7-K-1402/89, EFG 1998, 155.

[636] *Waza/Uhländer/Schmittmann*, RdNr. 1701 f.; *Farr*, RdNr. 398.

[637] *Farr*, RdNr. 396.

[638] BFH v. 26. 2. 1998, V B 97/97, BFH/NV 1998, 1267; v. 25. 6. 1998, V R 76/97, BFH/NV 1998, 1534; v. 5. 12. 2007, V R 26/06, BeckRS 2007 24003202; *Hölzle* DStR 2006, 1210, 1211.

Verwalter zu erfüllen, da sie selbst zum Unternehmer wird.[639] Bei einer vorläufigen Insolvenzverwaltung ist zwischen dem „starken" und „schwachen" vorläufigen Insolvenzverwalter zu unterscheiden (vgl. RdNr. 180). Wird ein vorläufiger „starker" Insolvenzverwalter nach § 22 Abs. 1 Satz 1 für das Vermögen der Organgesellschaft bestellt, geht die Befugnis auf den vorläufigen Verwalter über. Der Organträger hat somit bei Bestellung des vorläufigen Verwalters keine Möglichkeit mehr, seinen Willen durchzusetzen, mit der Folge dass die Organschaft endet. Wird demgegenüber ein vorläufiger „schwacher" Insolvenzverwalter bestellt und der Organgesellschaft kein Verfügungsverbot nach § 22 Abs. 2 Nr. 2, 1. Alt. auferlegt soll die Organschaft bis zur Eröffnung des Insolvenzverfahrens erhalten bleiben. Entscheidend sind die übertragenen Pflichten an den vorläufigen „schwachen" Verwalter. Sind diese zu umfangreich, kann es ebenfalls zum Ende der Organschaft kommen.[640] Die tatsächliche Amtsführung oder die etwaige Anmaßung ihm nicht übertragener Rechte durch den vorläufigen Insolvenzverwalter führt indessen nicht zur Beendigung der Organschaft.

b) Insolvenz des Organträgers. Wird über das Vermögen des Organträgers das Insolvenzverfahren eröffnet, so führt dies grundsätzlich nicht zur Beendigung der Organschaft. Die Eingliederung der Organgesellschaft zu dem Organträger bleibt bestehen, auch wenn dieser nunmehr von einem Insolvenzverwalter geführt wird.[641] Die Tatsache, dass sich der werbende Zweck der Organschaft in einen Abwicklungszweck umwandelt, ändert daran nichts.[642] Nach der BFH-Rechtsprechung endet die Organschaft mit der Insolvenz des Organträger nur ausnahmsweise, wenn deren Insolvenzverwalter keinen Einfluss auf die Organgesellschaft nimmt.[643] Das Abhängigkeitsverhältnis der Organgesellschaft wird nicht verändert, lediglich die personelle Zuständigkeit für die Willensbildung beim Organträger geht mit Verfahrenseröffnung auf den Verwalter über. Der Insolvenzverwalter ist weiterhin verpflichtet die Umsätze der Organgesellschaft wie bisher unter der alten Steuernummer des Organträgers anzumelden.[644] Die Umsätze der Organgesellschaft führen auf Ebene des Organträgers zu einer Belastung mit Umsatzsteuer und damit zu Masseverbindlichkeiten.[645]

Wird das Insolvenzverfahren über das Vermögen des Organträgers eröffnet, wird die Finanzverwaltung versuchen, die Organgesellschaft nach § 73 AO in Haftung zu nehmen. Zweck dieser Haftungsnorm ist es, das Risiko des Fiskus auszugleichen, das sich durch die Zusammenballung der Steuerschuldnerschaft beim Organträger bei dessen Zahlungsunfähigkeit ergibt. Die Voraussetzung für die Haftungsinanspruchnahme der Organgesellschaft ist eine Organschaft, die nach den Einzelsteuergesetzen wirksam ist. Im Rahmen der Haftung kommt es nicht darauf an, ob die Steuern durch den Organträger oder die Organgesellschaft verursacht wurden.[646] Zur Vermeidung von Haftungsrisiken sollte der vorläufige Insolvenzverwalter die Beendigung der Organschaft vor Verfahrenseröffnung überprüfen. Da die Organschaft bei Eröffnung des Insolvenzverfahrens über das Vermögen der Organgesellschaft meist endet, stellt der Haftungsanspruch des Finanzamts gegen die Organgesellschaft im Insolvenzverfahren der Organgesellschaft eine Insolvenzforderung dar.[647]

---

[639] BFH v. 28. 1. 1999, V R 32/98, BStBl. II 1999, 258; v. 17. 1. 2002, V R 37/00, BStBl. II 2002, 373 = ZIP 2002, 1813; OFD Hannover, Vfg. v. 11. 10. 2004, S 7105 – 49 – StO 171, DStR 2005, 157, RdNr. 2.2 f.; *Hölzle* DStR 2006, 1210.

[640] BFH v. 1. 4. 2004, V R 24/03, BStBl. II 2004, 905 = ZIP 2004, 1269; v. 15. 11. 2006, V B 115/06, BFH/NV 2007, 787; v. 13. 6. 2007, V B 47/06, BFH/NV 2007, 1936; *Waza/Uhländer/Schmittmann*, RdNr. 1559 f.; *Farr*, RdNr. 421; *Maus* GmbHR 2005, 860, 861 f.; kritisch: *Hölzle* DStR 2006, 1210, 1212 ff., der zwingend eine Beendigung der Organschaft annimmt.

[641] Vgl. *Frotscher*, S. 223; *Widmann* Stbg. 1998, 539 .

[642] AA *Frotscher*, S. 223, der nur bei einer beabsichtigten Erhaltung des Unternehmens den Fortbestand der Organschaft annimmt.

[643] BFH v. 28. 1. 1999, V R 32/98, BStBl. II 1999, 258; *Maus* GmbHR 2005, 860, 861.

[644] *Farr*, RdNr. 425; *Waza/Uhländer/Schmittmann*, RdNr. 1566; *Maus* GmbHR 2005, 860.

[645] *Maus*, RdNr. 348.

[646] *Kahlert/Rühland*, RdNr. 1260 ff.

[647] *Frotscher*, S. 224; *Kahlert/Rühland*, RdNr. 1283 ff.

191 d c) Insolvenz der gesamten Organschaft. Wird das Insolvenzverfahren sowohl über das Vermögen der Organgesellschaft, wie auch über das Vermögen des Organträgers eröffnet, ist die Organschaft davon abhängig, ob die Unternehmen den selben Insolvenzverwalter haben. Wird der Verwalter für beide Vermögen bestellt, ist eine einheitliche Willensbildung auch weiterhin möglich und somit die organisatorische Eingliederung gewährleistet. Werden jedoch verschiedene Verwalter eingesetzt, ist der Insolvenzverwalter des Organträgers nicht mehr in der Lage seinen Willen in der Organgesellschaft durchzusetzen, da diese durch einen unabhängigen Insolvenzverwalter verwaltet wird. Die organisatorische Eingliederung entfällt und somit endet die umsatzsteuerliche Organschaft.[648]

191 e d) Folgen der Organschaftsbeendigung. Ab dem Zeitpunkt der Beendigung der Organschaft sind Organträger und Organgesellschaft wieder selbständige Unternehmen i. S. d. Umsatzsteuerrechts. Umsätze die von der Organgesellschaft vor Organschaftsbeendigung ausgeführt wurden, sind auch dann vom Organträger zu versteuern, wenn die Umsatzsteuer erst nach Beendigung der Organschaft entsteht. Demgegenüber sind nach Organschaftsbeendigung von der Organgesellschaft getätigte Umsätze von dieser zu versteuern. Hierauf bereits für Anzahlungen abgeführte Umsatzsteuern sind auch dann bei der Organgesellschaft anzurechnen, wenn die Versteuerung beim Organträger erfolgt ist. Dementsprechend versteuert die Organgesellschaft nur die Umsatzsteuer aus dem noch offenen Restkaufpreis.[649]

191 f Hinsichtlich von Vorsteueransprüchen gelten diese Grundsätze entsprechend, d. h. die Zuordnung zu dem Organträger oder zu der Organgesellschaft hängt vom Zeitpunkt der in Anspruch genommenen Leistung ab. Bei bereits vom Organträger für Anzahlungen in Anspruch genommener Vorsteuer ist die Organgesellschaft nach Organschaftsbeendigung nur zum Vorsteuerabzug aus dem Restkaufpreis berechtigt. Vorsteuerberichtigungsansprüche für Wirtschaftsgüter der Organgesellschaft sollen sich unabhängig davon, ob der Organträger den Vorsteuerabzug geltend gemacht hat, nur gegen die Organgesellschaft richten.[650] Der Vorsteuerrückforderungsanspruch nach § 17 Abs. 2 Nr. 1 i. V. m. § 17 Abs. 1 UStG richtet sich gegen den Organträger, wenn die Organschaft bis zur Uneinbringlichkeit des Entgelts bestand, was wohl die meisten Fälle abdecken wird.[651]

Wird das Entgelt jedoch für eine während des Bestehens der Organschaft bezogene Leistung nach Beendigung der Organschaft uneinbringlich, so ist nach der BFH-Rechtsprechung der Vorsteuerabzug nicht gegenüber dem bisherigen Organträger zu berichtigen, sondern gegenüber dem bestehenden Unternehmen im Zeitpunkt des Uneinbringlichwerdens, dem früheren Organ.[652] Der BFH begründet seine Auffassung damit, dass § 17 UStG einen eigenständigen Berichtigungstatbestand darstellt, der gerade nicht zu einer rückwirkenden Änderung der ursprünglichen Steuerfestsetzung führt.[653] Damit kann das Finanzamt in Fällen der Ablehnung des Insolvenzverfahrens der ehemaligen Organgesellschaft mangels Masse den Vorsteuerrückforderungsanspruch nicht gegen den ehemaligen Organträger geltend machen.[654] Im Urteilsfall wurde die Beteiligung an der Organgesellschaft vor deren Insolvenz durch den Organträger veräußert. Die Finanzverwaltung wird bestrebt sein, den Zeitpunkt der Uneinbringlichkeit vorzuverlegen, um zu vermeiden, dass der Rückforderungsbetrag als Insolvenzforderung gegenüber der Organgesellschaft einzustufen ist. Allerdings können Zweifel hinsichtlich der Annahme der Uneinbringlichkeit bereits im Zeitpunkt der Stellung des Insolvenzantrags bestehen, wenn sich dieser gem. § 19 auf die

---

[648] *Waza/Uhländer/Schmittmann*, RdNr. 1567; *Kahlert/Rühland*, RdNr. 1856; *Maus* GmbHR 2005, 860, 862.
[649] BFH v. 21. 6. 2001, V R 68/00, BStBl. II 2002, 255; OFD Hannover, Vfg. v. 11. 10. 2004, S 7105 – 49 – StO 171, DStR 2005, 157, RdNr. 2.2 f.
[650] *Kahlert/Rühland*, RdNr. 1867 ff. mwN; *Waza/Uhländer/Schmittmann*, RdNr. 1569.
[651] BFH v. 6. 6. 2002, V R 22/01, BFH/NV 2002, 1352; *Kahlert/Rühland*, RdNr. 1870 ff. mwN.
[652] BFH v. 7. 12. 2006, V R 2/05, BStBl. II 2007, 848.
[653] BFH v. 7. 12. 2006, V R 2/05, BStBl. II 2007, 848.
[654] *Walkenhorst* UStB 2007, 96, 97; *LK* DStR 2007, 442.

e) nicht erkannte Organschaft. In Praxis ist es keine Seltenheit, dass bestehende **191 g** Organschaftsverhältnisse erst im Rahmen des Insolvenzverfahrens aufgedeckt werden. Dies kann bei bloßer Insolvenz der Organgesellschaft für den Organträger wegen der Zurechnung der zuvor von der Organgesellschaft bezahlten Umsatzsteuer zur Zahlungsunfähigkeit führen. Demgegenüber besteht für das Finanzamt das Risiko, dass der Insolvenzverwalter der Organgesellschaft die rechtsgrundlos bezahlte Umsatzsteuer in die Masse fordern und an die Gläubiger auskehren kann, bevor es zu einer Haftungsinanspruchnahme nach § 73 AO kommt. Die Rechtsprechung des BFH hierzu ist nicht einheitlich und bedarf einer Klärung durch den Großen Senat.[656]

9. Besteuerung der Personengesellschaften. Gem. § 11 Abs. 2 Nr. 1 kann über das **192** Vermögen einer OHG, KG oder einer GbR ein Sonderinsolvenzverfahren eröffnet werden. Diese Gesellschaften sind somit insolvenzfähig, ganz im Gegensatz zu typisch oder atypisch stillen Gesellschaften. Folgerichtig ist nach § 251 Abs. 2 Satz 1 AO i. V. m. § 89 eine Einzelvollstreckung in das Gesellschaftsvermögen ab Eröffnung des Insolvenzverfahrens nicht zulässig und auch die persönliche Haftung der Gesellschafter ist gem. § 93 ausgeschlossen. Damit hat das Finanzamt keine Möglichkeit nach der Insolvenzeröffnung wegen Umsatzsteuerschulden in das Vermögen einzelner Gesellschafter zu vollstrecken, solange nicht ein Verfahren über das Vermögen aller Gesellschafter eröffnet war. In den meisten Fällen wird wegen der unbeschränkten Haftung der Mehrzahl der Gesellschafter (OHG-, GdbR-Gesellschafter und Komplementäre) auch über deren Vermögen das Insolvenzverfahren eröffnet. Tritt dieser Fall ein, sind jedoch die Verfahren strikt zu trennen, da Insolvenzschuldner einmal die Gesellschaft selbst und auf der anderen Seite der jeweilige Gesellschafter ist.[657]

10. Miet- und Pachtverträge. Für zum Zeitpunkt der Eröffnung des Insolvenzverfahrens **193** bestehende Miet- und Pachtverträge ist zwischen Verträgen über bewegliche Gegenstände und über Immobilien zu unterscheiden. Der Insolvenzverwalter hat nämlich hinsichtlich beweglicher Gegenstände ein Wahlrecht zur Fortführung der Verträge nach § 103, während ihm ein solches gem. § 108 für Miet- und Pachtverträge über unbewegliche Gegenstände nicht zusteht.

Übt der Insolvenzverwalter bei Miet- und Pachtverträgen über bewegliche Gegenstände **194** sein Wahlrecht gem. §§ 103, 105 aus und entscheidet sich für die Aufhebung des Rechtsverhältnisses, so gilt dieses im Zeitpunkt der Verfahrenseröffnung als beendet. Umsatzsteuerschulden aus vorinsolvenzlicher Zeit sind als Insolvenzforderung nach § 38 begründet, soweit sie nicht bereits von dem vorläufigen Insolvenzverwalter begründet wurden (§ 55 Abs. 2). Grundsätzlich wären auch diese Umsatzsteuern bloße Insolvenzforderungen, da sie vor Verfahrenseröffnung begründet wurden. Durch die gesetzliche Fiktion des § 55 Abs. 2 werden sie jedoch zu Masseverbindlichkeiten. Entscheidet sich der Verwalter für die Fortsetzung des Rechtsverhältnisses, so wird die Umsatzsteuerschuld nach § 55 Abs. 1 Nr. 1 2. Alt. als sonstige Masseverbindlichkeit für die jeweiligen nachinsolvenzlichen Anmeldungszeiträume begründet.[658] Auch hier gilt, dass durch die Verfahrenseröffnung ein Veranlagungszeitraum nicht unterbrochen wird.[659]

Waren durch den Schuldner Miet- oder Pachtverhältnisse über unbewegliche Gegenstände oder Räume eingegangen, so besteht kein Wahlrecht analog zu § 103. Vielmehr sieht **195**

---

[655] OFD Hannover, Vfg. v. 17. 1. 2006, S 7330 – 25 – StO 181, DStR 2006, 185; *Hölzle* DStR 2006, 1210, 1215 f.; vgl. oben RdNr. 147.
[656] *Farr*, RdNr. 422 ff. mwN; *Kahlert/Rühland*, RdNr. 1877 ff. mwN.
[657] *Farr*, RdNr. 312.
[658] *Farr*, RdNr. 151; *Waza/Uhländer/Schmittmann*, RdNr. 1716.
[659] Vgl. BFH v. 16. 7. 1987, V R 80/82, BStBl. II 1987, 691 = ZIP 1987, 1130; *Hübschmann/Hepp/Spitaler/Beermann* AO § 251 Anm. 381.

Insolvenzsteuerrecht 196–198

§ 108 das Fortbestehen der Schuldverhältnisse unabhängig von der Insolvenzeröffnung mit Wirkung für die Masse vor. Hinsichtlich der Umsatzsteuerschuld, die aus Leistungszeiträumen nach Verfahrenseröffnung resultiert, handelt es sich um sonstige Masseverbindlichkeiten nach § 55 Abs. 1 Nr. 1 2. Alt. Ist der Insolvenzschuldner Mieter oder Pächter einer Immobilie, kann der Verwalter nach § 109 Abs. 1 ohne Rücksicht auf die vereinbarte Vertragsdauer unter Beachtung der gesetzlichen Frist kündigen. Diese Regelung soll es möglich machen, nicht mehr benötigte Miet- oder Pachtobjekte zurückzugeben.[660]

196 **11. Leasingverträge.** Der Begriff des Leasing ist gesetzlich nicht definiert. Leasingverträge können je nach Vertragstyp verschiedene Leistungen im umsatzsteuerrechtlichen Sinn beinhalten. Ähnlich einem Mietvertrag liegt einem frei kündbaren Leasingvertrag eine sonstige Leistung gem. § 3 Abs. 9 UStG zugrunde. Gleiches gilt für das Finanzierungsleasing in der üblicherweise vorkommenden Form einer die Nutzungsdauer unterschreitenden Grundmietzeit mit hohen Leasingraten, die eine Verlängerung unwahrscheinlich erscheinen lassen. Einer Lieferung i. S. d. § 3 Abs. 1 UStG gleich kommen dagegen die Leasingverträge mit einer Vollfinanzierungsfunktion, wie etwa bei dem Immobilienleasing, weil dem Leasingnehmer hier wirtschaftlich eine eigentümerähnliche Position und damit die Verfügungsmacht verschafft wird. Die Finanzverwaltung geht davon aus, dass die in den sog. Leasingerlassen geregelten einkommensteuerrechtlichen Grundsätze für die Zuordnung des Leasing-Gegenstands für umsatzsteuerrechtliche Zwecke entsprechend gelten.[661]

Hat das sog. „sale-and-lease-back"-Verfahren eine bloße Sicherungs- und Finanzierungsfunktion, so ist nach der BFH-Rechtsprechung weder die Übertragung des zivilrechtlichen Eigentums durch den Leasingnehmer an den Leasinggeber, noch eine Rückübertragung des Eigentums vom Leasinggeber an den Leasingnehmer umsatzsteuerrechtlich als Lieferung zu behandeln.[662]

197 Je nach der umsatzsteuerlichen Qualifikation folgt daraus auch die insolvenzrechtliche Einordnung. Durch die Entscheidung des Insolvenzverwalters zur Beibehaltung des Leasingvertrags im Sinne des § 3 Abs. 9 UStG wird die Leistung zu einer sonstigen Masseverbindlichkeit (§ 55 Abs. 1 Nr. 1, 1. Alt.). Für das Immobilienleasing steht dem Verwalter nach § 108 Abs. 1 in entsprechender Anwendung[663] kein Wahlrecht zu, so dass hier für die Teilleistungen nach der Insolvenzeröffnung ebenfalls sonstige Masseverbindlichkeiten enstehen (§ 55 Abs. 1 Nr. 1, 2. Alt.).

198 **12. Umsatzsteuersondervorauszahlung.** Nach der Regelung des § 46 UStDV kann dem Unternehmer auf Antrag eine Dauerfristverlängerung von einem Monat zur Abgabe der Voranmeldungen und zur Entrichtung von Vorauszahlungen gewährt werden. Für Unternehmer, die ihre Voranmeldungen monatlich abzugeben haben, steht die Fristverlängerung nach § 47 Abs. 1 Satz 1 UStDV unter der Auflage einer Sondervorauszahlung auf die Steuer jeden Kalenderjahrs in Höhe von einem Elftel der gesamten Vorauszahlungen des Vorjahres.

Nach Auffassung der Finanzverwaltung ist die Dauerfristverlängerung mit der Eröffnung des Insolvenzverfahrens wegen Gefährdung des Steueranspruchs zu widerrufen.[664] Zur Frage der Anrechnung einer vor Insolvenzeröffnung bezahlten Sondervorauszahlung nach Verfahrenseröffnung hat der V. Senat des BFH in zwei Grundsatzurteilen klargestellt, dass die Sondervorauszahlung zunächst gem. § 48 Abs. 4 UStDV auf die Steuerschuld des letzten Voranmeldungszeitraums des Kalenderjahrs anzurechnen ist. Soweit dabei ein

---

[660] *Farr,* RdNr. 151; *Waza/Uhländer/Schmittmann,* RdNr. 163.
[661] Abschn. 25 Abs. 4 UStR 2008.
[662] BFH v. 9. 2. 2006, V R 22/03, BStBl. II 2006, 727; *Vosseler* DStR 2007, 188.
[663] Die Regelung des § 108 Abs. 1 fungiert insbesondere auch zum Schutz der Leasinggeber und ist nicht auf Mietverträge begrenzt, was durch die spätere Anfügung des Abs. 1 S. 2 unterstrichen wurde, vgl. Begr. Berichterstatter zum Gesetzes zur Änderung des AGB-Gesetzes und der Insolvenzordnung, BT-Drucks. 13/4699, 6; *Nerlich/Römermann/Balthasar* § 108 RdNr. 4, 7; *Zahn* BB 1996, 1393, 1395; *Bien* ZIP 1998, 1017.
[664] OFD Frankfurt/M., Vfg. v. 25. 5. 2007, S 7340 A – 85 – St 11 RdNr. C. VIII., Beck. Verw. 100472.

Erstattungsanspruch verbleibt, ist dieser auf die restliche offene Jahressteuer anzurechnen. Ein hiernach verbleibender Erstattungsanspruch fällt in die Insolvenzmasse.[665] Demgegenüber will der VII. Senat des BFH eine Verrechnung des Erstattungsanspruchs mit unbeglichenen Vorauszahlungen unbeschadet einer Verrechenbarkeit mit der Jahressteuerschuld zulassen.[666]

Da der verbleibende Erstattungsanspruch im Zeitpunkt der Zahlung und somit vor Insolvenzeröffnung begründet wird, kann das Finanzamt den Erstattungsanspruch mit steuerlichen Insolvenzforderungen aufrechnen. Der Erstattungsanspruch aus Überzahlungen des Schuldners gem. § 47 Abs. 1 UStDV vor der Verfahrenseröffnung ist somit nicht gem. § 96 als nachinsolvenzlich begründet anzusehen, was die Aufrechnung ausschließen würde, sondern als im Zeitpunkt der Eröffnung zumindest bedingt entstanden (§ 95 Abs. 1).[667] Gleichwohl kann der Insolvenzverwalter eine Verrechnung mit Insolvenzforderungen vermeiden, indem er Umsätze in den letzten Voranmeldungszeitraum verlagert, womit die Sondervorauszahlung auf die – als Masseverbindlichkeit zu qualifizierende – Umsatzsteuer angerechnet weden kann.[668]

Nach Verwaltungsauffassung sind diese Grundsätze anzuwenden, sofern der Widerruf der Dauerfristverlängerung bis zur Verfahrenseröffnung unterblieben ist. Bei einem Widerruf bis zur Verfahrenseröffnung soll demgegenüber eine Verrechnung der Sondervorauszahlung mit vor der Verfahrenseröffnung entstandenen „unsicheren" Insolvenzforderungen im Voranmeldungszeitraum des Widerrufs möglich sein, was aber höchstrichterlich noch nicht geklärt ist.[669]

13. Beendigung des Insolvenzverfahrens. Der Insolvenzverwalter beendet seine Tätigkeit, nachdem er die durch Verwertung erlangte und nach Abzug der Masseverbindlichkeiten verbliebene Insolvenzmasse gem. den §§ 187 ff. an die Insolvenzgläubiger abschlägig verteilt hat. Diese Schlussverteilung erfolgt mit Zustimmung und durch Terminierung einer abschließenden Gläubigerversammlung des Insolvenzgerichts (§§ 196, 197). Nach der Schlussverteilung wird die Aufhebung des Insolvenzverfahrens vom Insolvenzgericht gem. § 200 beschlossen. Hinsichtlich der nachinsolvenzlichen Durchsetzung von Steuerforderungen gelten die Ausführungen unter den RdNr. 260 ff. entsprechend.

Nach dem Schlusstermin oder der Aufhebung des Insolvenzverfahrens kann es zu einer Nachtragsverteilung kommen, wenn zurückbehaltene Beträge frei werden, Beträge zur Insolvenzmasse zurückfließen oder noch Gegenstände der Masse ermittelt werden (§ 203).

Insbesondere während der Nachtragsverteilung hat der Insolvenzverwalter weiterhin seine Pflichten aus § 34 Abs. 3 AO zu beachten. Bestes Beispiel ist der erneute Vorsteuerabzugsanspruch nach § 17 Abs. 2 Nr. 1 Satz 2 UStG, den der Insolvenzverwalter in dieser Phase zu beantragen hat.[670] Aber auch die Aufhebung des Verfahrens und damit die Beendigung des Amtes als Insolvenzverwalter lässt die Pflichten nach § 34 Abs. 3 AO unberührt, soweit diese aus dem Zeitraum stammen, in dem die Verwaltungs- und Verfügungsbefugnis nach § 80 Abs. 1 bestand, und diese noch erfüllbar sind (§ 36 AO). Beispiel hierfür sind die Umsatzsteuer-Voranmeldungen für den Zeitraum vor Aufhebung des Insolvenzverfahrens gem. §§ 36, 34 Abs. 3 AO, § 18 Abs. 1 u. 2 UStG.[671]

---

[665] BFH v. 18. 7. 2002, V R 56/01, BStBl. II 2002, 705 = ZIP 2003, 851; v. 6. 11. 2002, V R 21/02, BStBl. II 2003, 39 = ZIP 2003, 83; vgl. auch *Frotscher*, S. 227, der eine vorrangige Verrechnung mit in der Jahressteuerschuld enthaltenen Insolvenzforderungen vorschlägt. Der verbleibende Teil soll mit dem Masseanteil der Jahressteuerschuld zu verrechnen und ein verbleibender Überschuss der Masse zu erstatten sein.
[666] BFH v. 26. 1. 2005, VII R 22/04, BFH/NV 2005, 1210; *Rüsken* ZIP 2007, 2053, 2058 f.
[667] BFH v. 31. 5. 2005, VII R 74/04, BFH/NV 2005, 1745; *Farr*, RdNr. 367.
[668] *Kahlert/Rühland*, RdNr. 2239.
[669] OFD Frankfurt/M., Vfg. v. 25. 5. 2007, S 7340 A – 85 – St 11, RdNr. C. VIII, Beck.Verw. 100472; *Kahlert/Rühland*, RdNr. 2241 f.; vgl. auch *Frotscher*, S. 228.
[670] *Farr*, RdNr. 391; *Kahlert/Rühland*, RdNr. 1939 ff.; *Onusseit*, S. 225 ff.; *Kling* DStR 1998, 1813, 1816; vgl. auch oben RdNr. 148.
[671] OFD Frankfurt/M., Vfg. v. 25. 5. 2007, S 7340 A – 85 – St 11, RdNr. E I, Beck.Verw. 100472.

201 a) Angeordnete Nachtragsverteilung. Gegenstand einer Nachtragsverteilung kann neben dem erneuten Vorsteuerabzugsanspruch auch ein Erstattungsanspruch aus einem Umsatzsteuerguthaben sein. Ist dies der Fall, so bleibt das Verwaltungs- und Verfügungsrecht des Insolvenzverwalters insoweit bestehen. Der Insolvenzverwalter hat erforderlichenfalls Rechtsstreite für die Bemessungsgrundlagen zu führen und letztere in jedem Fall mitzuteilen, sowie einen Antrag auf Steuerfestsetzung zu stellen. Dies kann durch eine Umsatzsteuer-Voranmeldung mit ausgewiesenen Überschüssen erfolgen. Die Mitteilung über die Zustimmung zur Umsatzsteuer-Voranmeldung, ein Umsatzsteuerbescheid, der zu einer geringeren Erstattung führt oder ein Bescheid über die Ablehnung des Antrags auf Steuerfestsetzung sind dem Insolvenzverwalter bekannt zu geben.[672]

Kommt es anstatt der vom Insolvenzverwalter beantragten Erstattung nunmehr zur Festsetzung einer Zahllast, die im Nachtragsverteilungsverfahren eine neue Masseschuld im Sinne des § 206 darstellt, so hat das Finanzamt die Festsetzung sowohl dem Insolvenzverwalter als auch dem Unternehmer bekannt zu geben. Sowohl der Unternehmer wie auch der Insolvenzverwalter sind befugt, gegen die Steuerfestsetzung Einspruch einzulegen. Die jeweils andere Partei ist dann im Verfahren hinzu zu ziehen. Hingegen kann eine Zahlungsaufforderung nur gegen den Insolvenzverwalter gerichtet werden, wenn es aus anderen Gründen zu einer Nachtragsverteilung kommt und wenn die Steuerfestsetzung einen (nachträglichen) Masseanspruch darstellt, der dem Insolvenzverwalter bekannt war oder hätte bekannt sein müssen (§ 206).[673]

202 b) Aufhebung des Insolvenzverfahrens ohne Nachtragsverteilung. Ist das Insolvenzverfahren aufgehoben, so stellt das Finanzamt die neuen Steuerbescheide lediglich wieder an den Unternehmer zu, den früheren Insolvenzschuldner. Umsatzsteueransprüche des Finanzamts sind gegenüber dem Insolvenzschuldner geltend zu machen, Steuererstattungsansprüche durch Leistung an ihn zu erfüllen, soweit nicht die Aufrechnung, die vor oder während des Verfahrens entstanden ist, in Betracht kommt. Eine Bekanntgabe an den früheren Insolvenzverwalter erfolgt ausnahmsweise dann, wenn dieser gem. §§ 122 Abs. 1 Satz 3, 80 AO ausdrücklich als Steuerbevollmächtigter ermächtigt wurde. Mit der Beendigung des Verfahrens endet auch die Befugnis des Insolvenzverwalters gegen einen früheren, den Schuldner betreffenden Steuerbescheid Einspruch einzulegen. Hingegen ist der Insolvenzverwalter weiterhin verpflichtet, für Zeiträume vor Beendigung der Insolvenz die Umsatzsteuervoranmeldung abzugeben.[674]

203 14. Einstellung des Insolvenzverfahrens mangels Masse und Abwicklung des Verfahrens bei Masseunzulänglichkeit. Wird das Insolvenzverfahren gem. § 207 mangels Masse eingestellt, so kann es auch hier zu einer Nachtragsverteilung kommen, bei der dann umsatzsteuerrechtlich die soeben beschriebenen Situationen eintreten können.

In Fällen der Masseinsuffizienz erfolgt die Abwicklung nach den Regeln der §§ 208 ff., wobei auch dabei eine Nachtragsverteilung aus den genannten Gesichtspunkten erforderlich werden kann.

VI. Andere Steuerarten

204 1. Bauabzugsteuer

Schrifttum: BMF-Schreiben v. 27. 12. 2002, IV A 5 – S 2272 – 1/02, BStBl. I 2002, 1399; *Drenckhan*, Behandlung der Bauabzugsteuer in der Insolvenz zwischen Eröffnungsantrag und Schlussverteilung, ZInsO 2003, 405; *Heidland*, Die neue Bauabzugsteuer – Haftungsrisiken in der Insolvenz, ZInsO 2001, 1095; *Mitlehner*, Der Steuerabzug bei Bauleistungen im Insolvenzverfahren, NZI 2002, 143; *Schmidt*, Einkommensteuergesetz, Kommentar, 27. Auflage 2008; *Seifert/Kleiner* Bauabzugsteuer 2002, 2001.

---

[672] OFD Frankfurt/M., Vfg. v. 25. 5. 2007, S 7340 A – 85 – St 11, RdNr. E III 1, Beck.Verw. 100472.
[673] OFD Frankfurt/M., Vfg. v. 25. 5. 2007, S 7340 A – 85 – St 11, RdNr. E III 2, Beck.Verw. 100472.
[674] OFD Frankfurt/M., Vfg. v. 25. 5. 2007, S 7340 A – 85 – St 11, RdNr. E II, Beck.Verw. 100472.

a) Besteuerungsregelung. Mit dem Gesetz zur Eindämmung illegaler Betätigung im **205** Baugewerbe v. 30. 8. 2001[675] wurde zur Sicherung von Steueransprüchen bei Bauleistungen ein Steuerabzug nach §§ 48 ff. EStG eingeführt. Dieser ist erstmals anzuwenden auf Gegenleistungen, die ab dem 1. 1. 2002 erbracht wurden (§ 52 Abs. 56 EStG). Im Gegensatz zur rückwirkend wieder aufgehobenen Regelung des § 50 a Abs. 7 EStG im Steuerentlastungsgesetz 1999/2000/2002 ist die Bauabzugsteuer gemeinschaftskonform, weil sie auch für von Inländern erbrachte Bauleistungen gilt. Sinn und Zweck des Abzugs ist eine Mindestbesteuerung im Baugewerbe. Wegen einer Vielzahl von offen gebliebenen Fragen hat die Finanzverwaltung mit Schreiben v. 27. 12. 2002[676] ausführlich Stellung bezogen.

Der Steuerabzug gem. §§ 48 ff. EStG ist in sämtlichen Insolvenzverfahren zu beachten, **206** die ein Bauunternehmen oder Handwerksbetrieb betreffen oder aber die einen Bezug zu einem Bauunternehmer aufweisen, wenn der Leistungsempfänger/Auftraggeber einer Bauleistung ein Unternehmer i. S. d. § 2 UStG ist. In diesen Fällen ist der Leistungsempfänger gem. § 48 Abs. 1 EStG verpflichtet, von der Gegenleistung für die Bauleistung einen Steuerabzug von 15 Prozent vom Bruttobetrag ggf. einschließlich Umsatzsteuer vorzunehmen.[677]

Vermieter, die nicht mehr als zwei Wohnungen vermieten, sind nach § 48 Abs. 1 Satz 2 **207** EStG von der Verpflichtung, Bauabzugsteuer einzubehalten, ausgenommen. Werden mehr als zwei Wohnungen vermietet, so besteht die Einbehaltungspflicht für Bauleistungen hinsichtlich aller Wohnungen. Unentgeltlich überlassene Wohnungen sollen unberücksichtigt bleiben. Hingegen sind im Ausland vermietete Wohnungen als Zählobjekte zu berücksichtigen.[678]

Von dem Steuerabzug befreit sind nach § 48 Abs. 2 EStG Bagatellleistungen bis EUR **208** 5000 (EUR 15 000 bei ausschließlich umsatzsteuerfreier Grundstücksvermietung nach § 4 Nr. 12 Satz 1 UStG) und die Fälle, in denen der Leistende eine gültige Freistellungserklärung im Zeitpunkt der Gegenleistung vorgelegt hat. In allen anderen Fällen findet das in § 48 a EStG geregelte Abzugsverfahren statt. Der Leistungsempfänger hat gem. § 48 a Abs. 1 EStG den Abzug bis zum 10. Tag nach Ablauf des Monats, in dem die Gegenleistung erbracht wurde, auf einem entsprechenden amtlichen Vordruck bei dem Finanzamt des Bauunternehmers anzumelden und bis zum 10. Tag nach Ablauf des Anmeldungszeitraums abzuführen. Weiterhin hat der Leistungsempfänger gem. § 48 a Abs. 2 EStG mit dem Leistenden abzurechnen, wobei auch das Finanzamt, bei dem der Abzugsbetrag angemeldet worden ist, genannt werden muss.

Die Anrechnung erfolgt gem. § 48 c Abs. 1 Satz 1 EStG zuerst auf die von dem Bau- **209** unternehmer einbehaltene und angemeldete Lohnsteuer, sodann auf die Einkommensteuer- bzw. Körperschaftsteuervorauszahlungen, anschließend auf die Einkommens- oder Körperschaftsteuerabschlusszahlung sowie zuletzt auf die vom Leistenden selbst anzumeldenden und abzuführenden Abzugsbeträge. Wird der Leistende nicht zu den genannten Steuerarten veranlagt, kann er die Erstattung beantragen (§ 48 c Abs. 2 EStG).

Die zuvor erwähnte Freistellungsbescheinigung wird dem Leistenden gem. § 48 b Abs. 1 **210** EStG für einen Zeitraum von höchstens drei Jahren von seinem Finanzamt erteilt, wenn der Steueranspruch nicht gefährdet erscheint

Für nicht oder zu niedrig abgeführte Abzugsbeträge haftet der Leistungsempfänger gem. **211** § 48 a Abs. 3 EStG per Haftungsbescheid ohne Verschulden und es droht ein Bußgeld nach § 380 AO.

b) Zusammentreffen von Steuerabzug und Insolvenzverfahren. aa) Insolvenz **212** **des Leistungserbringers.** In der Insolvenz eines Unternehmens, das Bauleistungen i. S. d.

---

[675] BGBl. I 2001, 2267.
[676] BMF-Schreiben v. 27. 12. 2002, IV A 5 – S 2272 – 1/02, BStBl. I 2002, 1399.
[677] BMF-Schreiben v. 27. 12. 2002, IV A 5 – S 2272 – 1/02, BStBl. I 2002, 1399, RdNr. 81 ff.; vgl. *Schmidt/Drenseck* EStG § 48 RdNr. 4 ff.
[678] BMF-Schreiben v. 27. 12. 2002, IV A 5 Beck.Verw. 100472. S 2272 – 1/02, BStBl. I 2002, 1399, RdNr. 54 ff.

§ 48 Abs. 1 EStG erbringt, fließt durch den 15 Prozentigen Steuerabzug ein wesentlich reduzierter Erlös aus den vor der Verfahrenseröffnung realisierten Werklohnansprüchen zur Masse, wenn der Insolvenzverwalter keine Freistellungsbescheinigung vorlegen kann. Das ist unter insolvenzrechtlicher Betrachtung[679] jedoch anders, weil insoweit nicht mehr allein die Steuerverfahrensregeln gelten, sondern die Kollision der Regelungen nach dem Sinn und Zweck derselben und bezogen auf die konkrete Situation zu lösen ist. Gem. § 1 dient die Insolvenzmasse vor allem der gemeinsamen Befriedigung der Gläubiger, weshalb alle Gläubiger einem einheitlichen Verfahren zu unterwerfen sind. Dabei wird eine möglichst effektive Masse benötigt. Deshalb handelt es sich bei Eröffnung des Insolvenzverfahrens bereits begründeten Steueransprüchen insolvenzrechtlich auch um eine Insolvenzforderung i. S. d. § 38.[680]

Die Zahlungspflicht des § 48 Abs. 1 EStG und die Haftung aus § 48a Abs. 3 EStG treten hinter das Insolvenzrecht zurück, da der Abzugstatbestand nicht mehr im regulären Verwaltungsverfahren angewandt wird, sondern es würde versucht, diesen in der Situation der Gesamtvollstreckung anzuwenden. Das widerspricht jedoch dem Sinn und Zweck einer Gesamtvollstreckung. Für den Vorrang des Insolvenzrechts sprechen insoweit auch die §§ 87 und 89, wonach Gläubiger ihre Forderungen nur nach den Vorschriften der InsO und unter dem Verbot der Einzelzwangsvollstreckung verfolgen dürfen. Der Leistungsempfänger ist vorliegend auch nicht der primäre Steuerschuldner. Das ist allein der Leistende. Insoweit ist die Situation auch mit der Sperrwirkung aus § 93 zu vergleichen.[681] Das Finanzamt hat im Ergebnis die von dem Leistungsempfänger erhaltenen Abzüge an den Insolvenzverwalter herauszugeben, auch wenn keine Erstattung nach § 48c Abs. 2 EStG erfolgen kann. Deshalb wurde bereits vorgeschlagen, dass es in der Insolvenz des Leistenden möglich sein sollte, den Werklohn ohne Abzug unmittelbar an den Insolvenzverwalter zu zahlen.[682] Dazu bedarf es jedoch einer entsprechenden Regelung zum Schutz des Auftraggebers.

213 Die Finanzverwaltung hat demgegenüber zunächst die Auffassung vertreten, dass Bauabzugsbeträge auch dann nicht an die Insolvenzmasse zu erstatten seien, wenn die Steuerabzugsbeträge auf vor Insolvenzeröffnung ausgeführten Bauleistungen beruhen, die erst nach Insolvenzeröffnung durch den Leistungsempfänger an die Finanzbehörde abgeführt worden sind.[683] Mit Beschluss vom 13. 11. 2002 widersprach der BFH dieser Auffassung. Demnach ist allein entscheidend, dass es sich bei der durch die Bauabzugsteuer gesicherten Forderung um eine Insolvenzforderung handelt, deren Durchsetzung sich nach den vorrangigen Regelungen der Insolvenzordnung richtet. Diese insolvenzrechtlichen Vorgaben gelten in gleicher Weise für Steuerforderungen, die durch die Bauabzugsteuer gesichert werden, da diese ausschließlich dem Zweck dient, durch ein pflichtwidriges Verhalten des Steuerschuldners verursachte Steuerausfälle zu vermeiden oder verhindern. Eine Verbesserung der insolvenzrechtlichen Stellung des Steuergläubigers ist indessen nicht durch den Gesetzeswortlaut gedeckt.[684] Damit kann die Steuerbehörde die abgeführte Bauabzugsteuer nicht außerhalb des Insolvenzverfahrens vereinnahmen, weil dem Steuergläubiger gegenüber dem Bauunternehmer nur die nach Insolvenzrecht zu ermittelnde Verteilungsquote zusteht.[685] Die Finanzverwaltung hat ihre gegenteilige Auffassung zwischenzeitlich aufgegeben und rechnet Bauabzugsteuern nur noch insoweit auf Steuerforderungen gegen den Insolvenzschuldner an, als diese vor der Eröffnung des Insolvenzverfahrens an das Finanzamt gezahlt wurden.[686]

---

[679] Vgl. dazu oben RdNr. 1.
[680] Vgl. unten RdNr. 270 ff.
[681] Vgl. unten RdNr. 311.
[682] *Heidland* ZInsO 2001, 1095, 1096.
[683] BMF-Schreiben v. 27. 12. 2002, IV A 5 – S 2272 – 01/02, BStBl. I 2002, 1399, RdNr. 88; *Kahlert/ Rühland*, RdNr. 2376.
[684] BFH v. 13. 11. 2002, I B 147/02, BStBl. II 2003, 716 = ZIP 2003, 173.
[685] *Farr*, RdNr. 320; BFH v. 13. 11. 2002, I B 147/02, BStBl. II 2003, 716 = ZIP 2003, 173.
[686] BMF-Schreiben v. 4. 9. 2003, IV A 5 – S 22/72 b – 20/03, BStBl. I 2003, 431.

213a Diese Schwierigkeiten kann der Insolvenzverwalter jedoch abwenden, indem er eine Freistellungsbescheinigung vorlegt. Hierfür kann er die dem Leistenden erteilte verwenden, auf die der Leistungsempfänger auch in der Insolvenz weiterhin vertrauen darf. Durch die Eröffnung des Insolvenzverfahrens kommt es insbesondere zu keiner Anzeige der Eröffnung eines neuen Gewerbes gem. § 138 AO und der Steuerschuldner besteht unverändert fort. Der Insolvenzverwalter kann aber auch eine auf das von ihm verwaltete Vermögen lautende Freistellungsbescheinigung beantragen. Hat der Insolvenzverwalter den Bauvertrag selbst abgeschlossen oder ist er in einen solchen eingetreten, so bedarf es in jedem Fall einer solchen Freistellungsbescheinigung, zumal es sich bei der Steuerforderung dann um eine Masseverbindlichkeit i. S. d. § 55 Abs. 1 handelt.[687] Hatte bereits der vorläufige Insolvenzverwalter mit Verwaltungs- und Verfügungsbefugnis den Bauvertrag abgeschlossen, handelt es sich bei der Steuerforderung um eine Masseverbindlichkeit gem. § 55 Abs. 2.

Die Finanzverwaltung hatte zunächst die Erteilung von Freistellungsbescheinigungen an Insolvenzverwalter abgelehnt, weil das Insolvenzverfahren über das Vermögen des Leistenden wegen der Gefahr des Ausfalls der Forderung regelmäßig eine Gefährdung des Steueranspruchs im Sinne des § 48b Abs. 1 EStG begründe.[688] Auch dieser Auffassung erteilte der BFH eine Absage, weil es bei einer Insolvenzforderung ausschließlich darauf ankomme, ob diese Insolvenzforderung in Höhe der zu erwartenden Quote als gefährdet erscheint. Es ist davon auszugehen, dass ein Insolvenzverwalter eine Insolvenzforderung entsprechend bei einer späteren Verteilung berücksichtigen wird und diese Forderung damit nicht gefährdet ist. Dementsprechend hat der Insolvenzverwalter entgegen der Verwaltungsauffassung einen Anspruch auf Erteilung der von ihm beantragten Freistellungsbescheinigung, wenn er seinen Pflichten ordnungsgemäß nachkommt.[689]

Für den vorläufigen Insolvenzverwalter empfiehlt es sich bei hohen Steuerrückständen, einen noch nicht gestellten Antrag auf Erteilung einer Freistellungsbescheinigung erst nach Verfahrenseröffnung zu stellen, dem das Finanzamt nach der oben genannten BFH-Rechtsprechung stattgeben muss. Dabei ist aber zuvor zu prüfen, ob über die Bagatellgrenze des § 48 Abs. 2 EStG der Steuerabzug vermieden werden kann. Im Freistellungsantrag sollte dem Finanzamt eine angemessene Frist von zwei bis drei Wochen gesetzt werden. Mit dem Einzug bauabzugssteuerpflichtiger Forderungen sollte der Insolvenzverwalter bis zum Vorliegen einer Entscheidung über den Freistellungsantrag warten.[690]

214 **bb) Insolvenz des Leistungsempfängers.** Wird in der Insolvenz des Auftraggebers eine Insolvenzforderung des Auftragnehmers aus einer vor der Verfahrenseröffnung erbrachten Bauleistung angemeldet und erkennt der Insolvenzverwalter diese Forderung als berechtigt an, hat er den Steuerabzug nach §§ 48 ff. EStG zu beachten, da dieser aus dem Bruttobetrag der Gegenleistung für Rechnung des Leistenden erfolgt. Da dem Fiskus insoweit kein Primäranspruch gegen den Leistungsempfänger zusteht, ist von dem Leistenden wie bei Lohn- und Gehaltsansprüchen der Bruttobetrag als Insolvenzforderung zur Tabelle anzumelden. Der Insolvenzverwalter hat dann bei der Befriedigung den Netto-Betrag, also 85 Prozent der Quote an den Gläubiger und 15 Prozent an das Finanzamt des Gläubigers auszukehren, wobei er den Abzug dort anzumelden hat wenn ihm eine Freistellungsbescheinigung nicht vorliegt. Deren Geltungsdauer beträgt aber höchstens drei Jahre, was bei längeren Insolvenzverfahren problematisch sein kann. Hier besteht für den Insolvenzverwalter wegen der Haftungsnorm des § 48a Abs. 3 EStG eine besondere Obliegenheit, die insbesondere auch für Aufrechnungen bei Nichtvorliegen einer Freistellungsbescheinigung gilt. Haftungsrisiken bestehen auch bei der Bedienung von Absonderungsrechten, sofern die quotale Befriedigung über Abschlagsverteilungen die Bagatellgrenzen des § 48 Abs. 2 EStG übersteigt.[691]

---

[687] Vgl. unten RdNr. 285 ff.
[688] BMF-Schreiben v. 27. 12. 2002, IV A 5 – S 2272 – 01/02, BStBl. I 2002, 1399, RdNr. 33.
[689] BFH v. 13. 11. 2002, I B 147/02, BStBl. 2003, 716 = ZIP 2003, 173; *Farr*, RdNr. 321.
[690] *Drenckhan* ZInsO 2003, 405, 406 f., mit Hinweisen zum Antragsschreiben.
[691] *Drenckhan* ZInsO 2003, 405, 407 f.

215 Hatte der Insolvenzverwalter, auch im vorläufigen Verfahren, den Bauvertrag selbst abgeschlossen, so hat der Leistende einen Anspruch zur Masse gem. § 55 Abs. 2. Dabei kann er wiederum lediglich nur den vollen Werklohn erhalten, wenn er eine Freistellungsbescheinigung vorlegt.

216–219 *einstweilen frei.*

2. Grundsteuer

Schrifttum: *Handbuch Erbschaftsteuer und Bewertung,* 2005; *Troll,* Grundsteuergesetz, 9. Aufl. 2006.

220 Die Grundsteuerpflicht wird durch die Eröffnung des Insolvenzverfahrens nicht betroffen. Allerdings stellt sich auch hier die Frage der insolvenzsteuerrechtlichen Aufteilung.

Die Grundsteuer steht den Gemeinden zu, wobei der in der Gemeinde belegene Grundbesitz Steuerobjekt ist. Dazu rechnen nach § 2 GrStG Grundstücke des Grundvermögens, Betriebsgrundstücke und land – und forstwirtschaftliche Betriebe. Gem. § 10 Abs. 1 GrStG ist Steuersubjekt und Steuerschuldner derjenige, dem das Steuerobjekt bei der Feststellung des Einheitswerts zuzurechnen ist. Im Besteuerungsverfahren ist zunächst vom zuständigen Lagefinanzamt ein Einheitswertbescheid zu erlassen, in welchem der Einheitswert des betroffenen Grundbesitzes festgestellt wird. Hierauf aufbauend erlässt das Lagefinanzamt einen Grundsteuermessbescheid, in welchem aus dem Einheitswert und der Steuermesszahl der Steuermessbetrag festgesetzt wird. Schließlich wird der Grundsteuerbescheid von der Gemeinde erlassen, in welchem die Grundsteuer aus dem Messbetrag und dem gemeindespezifischen Hebesatz ermittelt wird.

220 a Die Grundsteuer ist eine Jahressteuer (§ 27 GrStG) und entsteht mit dem Beginn des Kalenderjahres, für das die Steuer festzusetzen ist (§ 9 GrStG). Der Besteuerung liegen die Umstände zugrunde, die im Veranlagungszeitpunkt gegeben sind, also zu Beginn des Kalenderjahres. Daher wird die Grundsteuer über das gesamte Veranlagungsjahr gleichmäßig erhoben und begründet. Insolvenzrechtlich kommt es auf die Begründung der Forderung an,[692] weshalb sie mit der wohl herrschenden Meinung nicht anteilig auf die Zeit vor und nach der Verfahrenseröffnung aufzuteilen ist.[693] Soweit die Grundsteuer nach § 9 GrStG als vor der Verfahrenseröffnung begründet anzusehen ist, handelt es sich somit um eine Insolvenzforderung nach § 38.

Die Grundsteuer ist gem. § 28 GrStG vierteljährlich fällig und zwar jeweils zum fünfzehnten des mittleren Monats. Daher ist für alle vollständigen Vierteljahre mit überschrittenem Fälligkeitstermin eine Insolvenzforderung anzumelden. Ab dem nächsten Entstehungszeitpunkt der Grundsteuer innerhalb des Verfahrens handelt es sich dann um Masseverbindlichkeiten gem. § 55 Abs. 1 Satz 1.[694] Insoweit handelt es sich nicht nur bei der Grundsteuer, sondern auch bei allen anderen laufenden öffentlichen Abgaben um durch die Verwaltung begründete Masseverbindlichkeiten.

Die Einstufung der Grundsteuer als Insolvenzforderung bringt dem Insolvenzverwalter gleichwohl keinen Vorteil, weil die auf dem Grundstück ruhende öffentliche Last gem. § 49 i. V. m. § 10 Abs. 1 Nr. 3 ZVG von den Gemeinden als Absonderungsrecht geltend gemacht werden kann, sofern die Zwangsvollstreckung betrieben wird.

220 b Durch die Eröffnung des Insolvenzverfahrens wird das Steuerfestsetzungsverfahren regelmäßig gem. entsprechender Anwendung des § 240 ZPO unterbrochen. Der Erlass von Einheitswert – und Grundsteuermessbescheiden soll ausnahmsweise aber trotzdem auch nach Eröffnung des Insolvenzverfahrens zulässig sein, weil die rechtlichen Wirkungen dieser Bescheide sich nicht auf das Verhältnis zwischen dem Steuerpflichtigen und dem Finanzamt beschränken, sondern in Bezug auf die wirtschaftliche Einheit im Sinne der §§ 2, 19 Abs. 1

---

[692] Vgl. oben RdNr. 43 ff.
[693] VG Schleswig KTS 1985, 752; *Waza/Uhländer/Schmittmann,* RdNr. 1887; *Tipke/Kruse/Loose* AO § 251 RdNr. 75; *Uhlenbruck/Maus* § 80 RdNr. 40; *Maus,* RdNr. 465; *Hess/Boochs/Weis,* Steuerrecht in der Insolvenz, RdNr. 788; aA *Frotscher,* S. 231 f.; *Schwarz/Dißars* AO § 251 RdNr. 146.
[694] *Kahlert/Rühland,* RdNr. 2496; *Tipke/Kruse/Loose* AO § 251 RdNr. 75.

BewG gegenüber dem jeweiligen Eigentümer fortbestehen und diesen Bescheiden somit eine dingliche Wirkung zukommt.[695]

Nach § 33 GrStG ist ein Erlass der Grundsteuer bei privat vermieteten Immobilien und **220 c** Gebäuden im Betriebsvermögen möglich, sofern der normale Rohertrag bei bebauten Grundstücken, bezogen auf die Jahresrohmiete im Feststellungszeitpunkt, um mehr als 20 Prozent zurückgegangen ist. Den Vermieter darf an den Mietausfällen allerdings kein eigenes Verschulden treffen. Der Erlass wird jeweils nach Ablauf des Kalenderjahres für die Grundsteuer ausgesprochen, die für das Kalenderjahr festgesetzt worden ist. Der hierzu erforderliche Antrag ist zwingend bis zum 31. März des Folgejahres zu stellen.

Zur Minderung von Masseverbindlichkeiten wird der Insolvenzverwalter häufig einen Erlassantrag stellen, sofern die Voraussetzungen vorliegen und die Antragsfrist gewahrt werden kann. Ein Erlass kommt nicht in Betracht, wenn die Ertragsminderung durch Fortschreibung des Einheitswerts berücksichtigt werden kann oder es sich lediglich um Leerstand handelt.[696] Hingegen soll nach Auffassung des BFH nunmehr entgegen einer früheren Entscheidung des Bundesverwaltungsgerichts ein Erlass auch bei strukturell bedingten Ertragsminderungen wie Mietverfall, Überangebot oder Bevölkerungsrückgang geboten sein.[697]

3. Grunderwerbsteuer

Schrifttum: *Boruttau*, Grunderwerbsteuergesetz, 16. Aufl., 2007, *Heine*, Die grunderwerbsteuerliche Unbedenklichkeitsbescheinigung im Insolvenzverfahren, ZInsO 2004, 230.

Im Zusammenhang mit dem Erwerb eines Grundstücks sind in der Insolvenz zwei **221** Situationen möglich. Entweder hat der Schuldner vor der Verfahrenseröffnung ein Grundstück erworben oder eben der Insolvenzverwalter während des Verfahrens.

Als steuerbarer Tatbestand gelten alle Erwerbsvorgänge des § 1 GrEStG. Neben dem Kauf **222** sind bes. die Ersteigerungs- und Treuhandtatbestände, sowie die Änderung des wesentlichen Gesellschafterbestands einer Personengesellschaft innerhalb von fünf Jahren und die Vereinigung aller Gesellschaftsanteile in einer Hand zu beachten.

Eine Steuerpflicht entsteht, sofern keine Befreiungstatbestände der §§ 3 ff. GrEStG erfüllt **223** sind. Als Bemessungsgrundlage wird bei dieser Bedarfsbesteuerung der Gegenleistungswert herangezogen (§§ 8 ff. GrEStG). Auf die Entstehung der Steuer kommt es nicht an. Demzufolge ist § 14 GrEStG, der den Entstehungszeitpunkt in besonderen Fällen regelt (zB bei formunwirksamen Kaufvertrag), für die Begründetheit nach § 38 ohne Bedeutung.[698]

Hatte der Schuldner vor der Verfahrenseröffnung nach diesen Vorschriften einen Grunderwerbstatbestand erfüllt, so ist die GrESt bei der Eröffnung des Insolvenzverfahrens bereits entstanden und begründet, so dass eine noch zu begleichende GrESt als Insolvenzforderung anzumelden ist.[699] War diese Steuerpflicht dem Schuldner noch nicht durch Bescheid bekanntgegeben, so ist sie noch nicht fällig, weil die Fälligkeit gem. § 16 GrEStG erst einen Monat nach der Bekanntgabe eintritt. Die Fälligkeit wird jedoch nach § 41 fingiert und die Forderung zum Fälligkeitszeitpunkt abgezinst. Da die Grunderwerbsteuerforderung des Finanzamtes vor Fälligkeit nicht verzinslich ist, erfolgt eine Abzinsung mit dem gesetzlichen Zinssatz von 4 Prozent nach § 246 BGB. Der Abzinsungszeitpunkt bestimmt sich dabei danach, wann bei einem üblichen Geschäftsgang des Finanzamtes Festsetzung und Fälligkeit zu erwarten gewesen wäre.[700]

Wählt der Insolvenzverwalter nach § 103 Abs. 1 bei einem noch nicht vollständig erfüll- **224** ten Grunderwerbsvertrag die Erfüllung und zahlt hierauf, so liegt keine geänderte steuerbare Situation vor, denn der Vertrag war bereits begründet und daher auch die sich daraus

---

[695] FG Brandenburg v. 14. 9. 2006, 3 K 2728/03, EFG 2007, 708.
[696] *Waza/Uhländer/Schmittmann*, RdNr. 1894 f.
[697] BFH v. 26. 2. 2007, II R 5/05, BStBl. II 2006, 921; *Barbier* BB 2007, 1421.
[698] *Farr*, RdNr. 427; *Kahlert/Rühland*, RdNr. 2474 mwN.
[699] *Farr*, RdNr. 427; *Boruttau* GrEStG § 14 RdNr. 79.
[700] *Kahlert/Rühland*, RdNr. 2475; *Waza/Uhländer/Schmittmann*, RdNr. 1872.

ergebende GrESt.⁷⁰¹ Umgekehrt ist eine bereits gezahlte GrESt zurückzuerstatten, wenn der Insolvenzverwalter die Erfüllung des Vertrags nach § 103 Abs. 2 ablehnt. Dieser Steuererstattungsanspruch gem. § 17 Abs. 1 GrEStG steht dann der Masse zu. Eine Aufrechnung mit fiskalischen Insolvenzforderungen ist nicht statthaft, sondern scheitert an § 96 Abs. 1 Nr. 1, wonach die Aufrechnung unzulässig ist, wenn der Insolvenzgläubiger nach Verfahrenseröffnung etwas zur Masse schuldig wird. Dies gilt entsprechend bei Anfechtung einer Übertragung durch den Insolvenzverwalter.⁷⁰²

224 a Macht hingegen der Verkäufer von seinem Rücktrittsrecht von einem vor Verfahrenseröffnung geschlossenen Kaufvertrag Gebrauch, so kann das Finanzamt die Erstattung der Grunderwerbsteuer mit Insolvenzforderungen aufrechnen. Nach der BFH-Rechtsprechung stellt der Anspruch des Steuerpflichtigen auf Erstattung einer Steuer, die vor Eröffnung des Verfahrens entstanden ist, eine vor Eröffnung des Insolvenzverfahrens aufschiebend bedingt begründete Forderung gem. § 95 Abs. 1 Satz 1 dar, gegen die das Finanzamt aufrechnen kann auch wenn das Ereignis, welches die Erstattung auslöst, erst nach Eröffnung des Verfahrens eintritt. Dies ist darauf zurückzuführen, dass das GrEStG bereits Rechtsgeschäfte besteuert, die lediglich einen Anspruch auf Übereignung eines Grundstücks begründen, ohne dass feststeht, ob es überhaupt zum Vollzug des Vertrages kommen wird. Die in § 16 GrEStG geregelte Erstattung der GrESt soll einzig und allein eine zu Unrecht erfolgte Besteuerung eines vorherigen Geschäftsvorfalls rückgängig machen, so dass der Erstattungsanspruch bereits vor Insolvenzeröffnung als insolvenzrechtlich begründet anzusehen ist.⁷⁰³

225 Erwirbt der Insolvenzverwalter während des Verfahrens selbst ein Grundstück oder ein steuerbares Recht, so wird die Steuerforderung erst nach der Verfahrenseröffnung begründet und ist als Masseverbindlichkeit i. S. d. § 55 Abs. 1 Nr. 1 zu qualifizieren.

226 *einstweilen frei.*

227 Im Falle einer Insolvenzanfechtung gem. §§ 129 ff., durch die es zu einer Rückübertragung des Grundstücks kommt, wird keine Grunderwerbsteuer begründet. Es handelt sich hierbei um einen schuldrechtlichen Rückgewähranspruch. Ungeachtet der Wirksamkeit des Rechtsgeschäfts, welches den Steuertatbestand erfüllt, muss das Finanzamt die GrESt, die bereits vor Eröffnung des Verfahrens aus dem Vermögen des Schuldners entrichtet wurde, gem. § 143 an die Insolvenzmasse erstatten.⁷⁰⁴

Ist die Grunderwerbsteuer, die durch eine Grundstücksübertragung vor Eröffnung des Insolvenzverfahrens im Sinne des § 38 begründet war, zur Tabelle angemeldet und vom Insolvenzverwalter anerkannt worden, besteht ein Rechtsanspruch auf Erteilung einer grunderwerbsteuerlichen Unbedenklichkeitsbescheinigung gem. § 22 Abs. 2 Satz 2 GrEStG.⁷⁰⁵

4. Kraftfahrzeugsteuer

Schrifttum: *Gundlach/Frenzel/Schirrmeister,* Die Aufrechnung gegen Steuererstattungsansprüche in der Insolvenz, DStR 2005, 1412; *Onnusseit,* Aufrechnung des Finanzamts in der Insolvenz, ZInsO 2005, 638.

228 Nach § 1 Abs. 1 Nr. 1 KraftStG unterliegt das Halten von inländischen Fahrzeugen zum Verkehr auf öffentlichen Straßen der Kraftfahrzeugsteuer. Hält der Schuldner ein Kraftfahrzeug, so nimmt der Insolvenzverwalter dieses mit Eröffnung des Insolvenzverfahrens in Besitz und verwaltet diesen Vermögensbestandteil gem. § 80 Abs. 1. Folglich entscheidet er darüber, ob das Fahrzeug in der Masse bleibt oder veräußert wird.

---

⁷⁰¹ BGH DB 2002, 1499; FG Brandenburg v. 11. 4. 2000, 3 K 885/98, EFG 2000, 1198; *Farr,* RdNr. 428; *Boruttau/Viskorf* GrEStG § 14 RdNr. 79; *Nerlich/Römermann/Wittkowski* § 80 RdNr. 148; *Gottwald/Frotscher* § 124 RdNr. 8.
⁷⁰² *Kahlert/Rühland,* RdNr. 2485; *Farr,* RdNr. 429.
⁷⁰³ BFH v. 17. 4. 2007, VII R 27/06, BFH/NV 2007, 1391, ZIP 2007, 1166; *Grönwoldt* DStR 2007, 18, 19; *Rüsken* ZIP 2007, 2053, 2059.
⁷⁰⁴ *Waza/Uhländer/Schmittmann,* RdNr. 1878.
⁷⁰⁵ *Kahlert/Rühland,* RdNr. 2489; *Heine* ZInsO 2004, 230.

Nach der Rechtsprechung des BFH wird der kraftfahrzeugsteuerliche Besteuerungstatbestand durch das fortdauernde Halten des Kraftfahrzeugs verwirklicht. Die Kraftfahrzeugsteuer entsteht mithin vorbehaltlich des § 5 Abs. 1 Nr. 1 letzter HS KraftStG tageweise. Davon zu unterscheiden ist die Kraftfahrzeugsteuer-Zahlungsschuld, die mit Beginn des jeweiligen Entrichtungszeitraums entsteht. Entrichtungszeitraum ist nach § 11 Abs. 1 KraftStG grundsätzlich ein Jahreszeitraum. Dabei handelt es sich um eine gesetzlich vorgeschriebene Vorauszahlung auf eine noch nicht entstandene Steuer. Diesen Grundsätzen entsprechend ist die vor Verfahrenseröffnung entstandene Kraftfahrzeugsteuer, soweit sie noch nicht bezahlt ist, Insolvenzforderung nach § 38, die danach entstandene Kraftfahrzeugsteuer hingegen Masseverbindlichkeit nach § 55 Abs. 1 Nr. 1, wenn das Fahrzeug für die Masse genutzt wird. Damit ist die Kraftfahrzeugsteuer im Falle der Insolvenzeröffnung über das Vermögen des Kraftfahrzeughalters aufzuteilen auf die Tage vor und die Tage nach Verfahrenseröffnung.[706] Dies entspricht auch der herrschenden Literaturmeinung.[707] Im Ergebnis hat der Insolvenzverwalter somit keine Möglichkeit, Kraftfahrzeuge auf der Grundlage der vor Insolvenzeröffnung gezahlten Kraftfahrzeugsteuer zu nutzen, sondern muss die ab Insolvenzeröffnung entstehende Kraftfahrzeugsteuer aus der Insolvenzmasse begleichen.[708]

Falls der Insolvenzschuldner die Kraftfahrzeugsteuer noch vor Insolvenzeröffnung bezahlt **228 a** hat und der Insolvenzverwalter das Fahrzeug weiterhin nutzt, bestehen zwar grundsätzlich keine Steueransprüche mehr. Das Finanzamt wird aber entsprechend der vorstehend erläuterten BFH-Rechtsprechung geänderte Kraftfahrzeugsteuerbescheide erlassen und den für den Zeitraum nach Insolvenzeröffnung sich ergebenden Erstattungsanspruch mit Insolvenzforderungen verrechnen. Demgegenüber wird die Masse mit der vollen Jahressteuer zusätzlich belastet.[709]

Für den Fall, dass der Insolvenzverwalter Fahrzeuge abmeldet, steht der hieraus resultierende Erstattungsanspruch der Insolvenzmasse zu. Der Rechtsgrund für den Erstattungsanspruch wurde bereits vor Verfahrenseröffnung gelegt, weil der Steuerpflichtige mit Zahlung einen bedingten Erstattungsanspruch gem. § 95 Abs. 1 Satz 1 erlangt. Demzufolge greift das Aufrechnungsverbot des § 96 Abs. 1 Nr. 1 nicht, so dass das Finanzamt mit eigenen Insolvenzforderungen aufrechnen kann.[710]

Gibt der Insolvenzverwalter das Fahrzeug aus der Masse frei, muss die geschuldete Steuer **228 b** als insolvenzfreie Forderung gegen den Schuldner selbst gerichtet werden. Die Steuerpflicht zu Lasten der Masse endet aber erst mit Ablauf des Tages, an dem bei der Zulassungsbehörde eine den Voraussetzungen des § 5 Abs. 5 KraftStG entsprechende Anzeige, in der die Überlassung an den Insolvenzschuldner angezeigt wird, eingegangen ist. Die bloße Mitteilung an das Finanzamt über die Freigabe des Kraftfahrzeugs reicht nicht aus, um die Steuer als Masseverbindlichkeit zu vermeiden. Die nach Insolvenzeröffnung entstehende Steuer ist solange Masseverbindlichkeit, bis der Insolvenzverwalter das Fahrzeug abmeldet. Auf die tatsächliche Nutzung der Fahrzeuge für die Insolvenzmasse kommt es nicht an, da der kraftfahrzeugsteuerrechtliche Tatbestand durch das fortdauernde Halten erfüllt wird. Erst mit Ablauf des Tages, an dem eine den Erfordernissen des § 27 Abs. 3 StVZO entsprechende „Veräußerungs"-Anzeige mit einer Quittung über den Empfang bzw. den Besitz der Fahrzeugpapiere durch den neuen Verfügungsberechtigten bei der Zulassungsstelle eingegangen ist, endet die Steuerpflicht des Insolvenzverwalters.[711] Dies gilt nach der jüngsten BFH-

---

[706] BFH v. 31. 1. 1973, II B 79/72, BStBl. II 1973, 197; v. 8. 7. 1998, VII R 12/92, BFH/NV 1998, 86; v. 16. 11. 2004, VII R 62/03, BStBl. II 2005, 309 = ZIP 2005, 264; FG München v. 12. 7. 2006, 4 K 4336/05, EFG 2007, 64; Grönwoldt DStR 2007, 18, 20; Rüsken ZIP 2007, 2053, 2059.

[707] *Frotscher*, S. 232 f.; *Waza/Uhländer/Schmittmann*, RdNr. 1934; *Farr*, RdNr. 433; *Maus*, RdNr. 467 f.; *Weis* in *Hess/Weis/Wienberg* § 55 RdNr. 263; aA *Onusseit* ZInsO 2005, 638, 643 ff.; *Gundlach/Frenzel/Schirrmeister* DStR 2005, 1412, 1413 ff.

[708] *Kahlert/Rühland*, RdNr. 2505.

[709] *Farr*, RdNr. 434; *Kahlert/Rühland*, RdNr. 2502.

[710] BFH v. 9. 2. 1993, VII R 12/92, BStBl. II 1994, 207 = ZIP 1993, 933; *Farr*, RdNr. 435; *Waza/Uhländer/Schmittmann*, RdNr. 1936; *Maus*, RdNr. 469; vgl. oben RdNr. 25 i.

[711] BFH v. 18. 12. 1953, II 190/52 U, BStBl. III 1954, 49; FG Niedersachsen v. 25. 5. 2002, 14-K-170/01, Beck.RS. 2002 26016381; FG München v. 12. 7. 2006, 4 K 4336/05, EFG 2007, 64, ZIP 2006, 1881; BFH

Rechtsprechung ausdrücklich auch für Fälle, in denen der Insolvenzverwalter keine Kenntnis von der Existenz des Fahrzeugs hat oder der Insolvenzverwalter die Unzulänglichkeit der Masse gem. § 210 anzeigt.[712]

5. Investitionszulage

Schrifttum: BMF-Schreiben v. 20. 1. 2006, IV C 3 – InvZ 1015 – 1/06, BStBl. I 2006, 119; *Blümich*, Einkommensteuergesetz, Körperschaftsteuergesetz, Gewerbesteuergesetz, Stand Dezember 2007; *Haunhorst*, Rückforderung von Investitionszulagen in der Unternehmensinsolvenz, DB 1999, 1424; *Ludolph*, InvZulG 2007, NWB 2006, Fach 3, Seite 14283; *Uhlmann*, Zusammenfassung wesentlicher Neuregelungen des Investitionszulagengesetzes 2007 in der geänderten Gesetzesfassung vom 21. 12. 2006, DStR 2007, 565.

229 Das Investitionszulagegesetz 2007[713] (InvZulG) entspricht im Grundsatz den Regelungen des InvZulG 2005.[714] Es sieht für Unternehmer, die in dem Fördergebiet des § 1 Abs. 2 InvZulG 2007[715] abnutzbare neue bewegliche Wirtschaftsgüter des Anlagevermögens sowie betriebliche Gebäudeneubauten anschaffen oder herstellen, eine ertragsteuerlich neutrale Investitionszulage von 12,5 Prozent bis 15 Prozent der Anschaffungs- und Herstellungskosten vor, in Abhängigkeit von der Belegenheit des Betriebes oder der Betriebsstätte im Fördergebiet (§ 5 Abs. 1 InvZulG 2007). Eine erhöhte Zulage in Höhe von 25 Prozent bis 27,5 Prozent wird ausschließlich für bewegliche Wirtschaftsgüter in kleinen oder mittleren Unternehmen gewährt. Immaterielle Wirtschaftsgüter sind ebenso wenig begünstigt wie geringwertige Wirtschaftsgüter, Personenkraftwagen und Luftfahrzeuge.

Die Investitionszulage wird auf Antrag von dem für die Einkommensbesteuerung zuständigen Finanzamt gewährt. Ein Antrag auf InvZul ist nur wirksam, wenn er nach amtlichem Vordruck gestellt und vom Antragsteller eigenhändig unterschrieben wird (§ 6 Abs. 2 InvZulG 2007). Der Antrag kann gem. § 6 InvZulG bis zum Ablauf der Festsetzungsfrist gestellt werden. Die Investitionszulage ist zwar keine Steuer, die Vorschriften der AO sind gem. § 13 InvZulG mit Ausnahme des § 163 AO aber entsprechend anzuwenden.

230 Das begünstigte Wirtschaftsgut muss nach § 2 Abs. 1 InvZulG 2007 zu einem Ersatzinvestitionsvorhaben i. S. d. § 2 Abs. 3 InvZulG 2007 gehören, mindestens fünf Jahre nach Beendigung des Ersatzinvestitionsvorhabens zum Anlagevermögen eines Betriebs oder einer Betriebsstätte des Anspruchsberechtigten, der selbst den Betrieb der begünstigten Wirtschaftszweige im Fördergebiet unterhält, gehören und dort verbleiben und darf in jedem Jahr zu nicht mehr als 10 Prozent privat genutzt werden. Im Gegensatz zum InvZulG 2005 dürfen Steuerpflichtige, die das geförderte Wirtschaftsgut nicht selbst verwenden, nicht mit Beihilfen gefördert werden. Der Bindungszeitraum verkürzt sich abweichend zum InvZulG 2005 gem. § 2 Abs. 1 Satz 4 InvZulG 2007 auf drei Jahre, wenn die Investition in einem Betrieb erfolgt, der die Begriffsdefinition für kleine und mittlere Unternehmen im Sinne der Empfehlung der Europäischen Kommission vom 6. Mai 2003 erfüllt. Die Neuregelung sieht jedoch vor, dass der Bindungszeitraum erst nach Abschluss des gesamten Investitionsvorhabens beginnt.[716]

---

v. 29. 8. 2007, IX R 4/07, ZIP 2007, 2081; *Farr*, RdNr. 434; *Maus*, RdNr. 470; aA FG Hamburg v. 30. 3. 2007, 7 K 248/06, EFG 2007, 1371, Revision beim BFH.
[712] BFH v. 29. 8. 2007, IX R 4/07, ZIP 2007, 2081; IX R 58/06, ZIP 2007, 2083.
[713] Das am 20. 7. 2006 im Bundesgesetzblatt als Nachfolgeregelung zum InvZulG 2005 verkündete InvZulG 2007 konnte erst nach Genehmigung der deutschen Fördergebietskarte und der Veröffentlichung der verbindlichen Fassung der ab 2007 maßgeblichen Verordnung der Kommission über die Anwendung der Art. 87 und 88 des EG-Vertrages auf regionale Investitionsbeihilfen der Mitgliedstaaten (Freistellungsverordnung) in Kraft treten. Mit Genehmigung durch die Europäische Kommission am 6. 12. 2006 ist das Gesetz an diesem Tag in Kraft getreten und wurde am 30. 12. 2006 in der geänderten Fassung vom 21. 12. 2006 im Bundesgesetzblatt verkündet (vgl. hierzu *Uhlmann* DStR 2007, 565).
[714] Das InvZulG 2005 läuft zum Ende des Jahres 2006 aus und gilt letztmalig für Wirtschaftsgüter, die bis zum 31. 12. 2006 angeschafft oder hergestellt wurden sowie für bis dahin erfolgte Teillieferungen bzw. Teilherstellungskosten.
[715] Das Fördergebiet besteht gem. § 1 Abs. 2 InvZulG 2007 aus den fünf neuen Bundesländern sowie den in Anlage 1 zum InvZulG 2007 nicht aufgeführten Teilen von Berlin.
[716] Vgl. ausführlich zu den Neuregelungen gegenüber dem InvZulG 2005 *Uhlmann* DStR 2007, 565.

Wird das Wirtschaftgut innerhalb des Begünstigungszeitraums veräußert, so wird die Investitionszulage aufgehoben und ist zurückzuzahlen. Dies hat auch der Insolvenzverwalter zu beachten, wenn er Betriebsvermögen veräußert.

Die insolvenzsteuerrechtliche Einordnung dieses Rückzahlungsanspruchs hat wiederum **231** nach den Grundsätzen des § 38, also der Begründung einer Forderung zu erfolgen.[717] Hiernach kommt es darauf an, ob der Schuldner bereits den Rechtsgrund, das öffentlichrechtliche Schuldverhältnis für den Fiskusanspruch geschaffen hat oder ob dies erst durch den Insolvenzverwalter geschehen ist.

Der Schuldner beantragte die Investitionszulage und ihm gegenüber wurde sie nach dem **232** InvZulG unter dem Vorbehalt gewährt, dass sie bei Nichterfüllung des Förderungszwecks zurückzuzahlen ist. Demgegenüber schafft der Insolvenzverwalter durch die Veräußerung des Gegenstands lediglich den Tatbestand für die Aufhebung. Der Rechtsgrund, dass heißt die öffentlichrechtliche Investitionsgrundlage mit dem daran geknüpften Rückzahlungsanspruch, wurde daher bereits durch den Schuldner vor der Verfahrenseröffnung geschaffen. Damit lag auch der Rechtsgrund für einen Rückzahlungsanspruch wegen zu Unrecht gewährter Investitionszulagen bereits vor. Zwar entsteht der Rückforderungsanspruch erst durch die Verwertung, also nach Eröffnung des Insolvenzverfahrens, doch war er schon vor der Eröffnung begründet. Begründet ist ein Anspruch nämlich in dem Zeitpunkt, in dem das schuldrechtliche Verhältnis besteht, aus dem später der Anspruch fließt. Sowohl der Zeitpunkt der Vornahme der begünstigten Investition als auch der daraus resultierenden Auszahlung der Investitionszulage liegt in der Regel vor Eröffnung des Insolvenzverfahrens. Die Investitionszulage ist also in die Vermögensmasse vor Eröffnung des Insolvenzverfahrens ausgezahlt worden.[718] Folglich handelt es sich bei diesem fiskalischen Anspruch um eine Insolvenzforderung nach § 38, die von dem zuständigen Finanzamt, von dem die Investition festgesetzt und gewährt wurde, zur Tabelle anzumelden ist.[719]

Demgegenüber ist der Rückforderungsanspruch Masseverbindlichkeit, wenn der Insolvenzverwalter das schuldrechtliche Verhältnis nach Insolvenzeröffnung selbst geschaffen hat, indem er die Investitionszulage im Rahmen der Fortführung des Unternehmens oder der Sanierung beantragt hat. Wird das Wirtschaftgut dann innerhalb der Verbleibensfrist zulageschädlich verwendet, ist die Zulage aus der Masse, in die sie vorher geflossen war, zu erstatten.[720]

Der Rückforderungsanspruch ist einschließlich der Zinsen seit dem Tag der Veräußerung **233** fällig, da § 11 InvZulG dies für rückwirkende Ereignisse auf den Tag des Ereigniseintritts so bestimmt. Der Rückforderungsanspruch ist also nicht ab Eröffnung des Insolvenzverfahrens, sondern erst ab Nichteinhaltung der Verbleibensfrist (= rückwirkendes Ereignis) zu verzinsen. Gem. § 41 gilt diese Forderung aber bereits ab dem Tag der Verfahrenseröffnung als fällig, so dass bei der Anmeldung zur Insolvenztabelle für die zunächst unverzinsliche Zeit zwischen Eröffnung des Insolvenzverfahrens und Beginn des Zinslaufs eine Abzinsung erfolgen muss.[721]

6. Zölle und Verbrauchsteuern **234**

Schrifttum: *Witte,* Zollkodex mit Durchführungsverordnung und Zollbefreiungsverordnung, 3. Aufl., 2002.

Eine besondere Fiskusforderung stellen die Zollschulden dar. Bezieht der Schuldner Waren, die nach dem Zollkodex[722] einfuhrabgabenpflichtig sind, so hat er die hierauf entfallenden Zölle abzuführen. Die gleiche Zahlungspflicht trifft auch den Insolvenzverwal-

---

[717] Vgl. oben RdNr. 43 ff.
[718] *Frotscher,* S. 233; *Waza/Uhländer/Schmittmann,* RdNr. 1917; *Maus,* RdNr. 471; *Schwarz/Dißars* AO § 251 RdNr. 147.
[719] Vgl. BFH v. 14. 10. 1977, III R 111/75, BStBl. II 1978, 186; BMF-Schreiben v. 17. 12. 1998, IV A 4 – S 0550 – 28/98, BStBl. I 1998, 1500, RdNr. 4.2, Bsp. 4; *Tipke/Kruse/Loose* AO § 251 RdNr. 76; *Uhlenbruck/Maus* § 80 RdNr. 42; *Weis* in *Hess/Weis/Wienberg* § 55 RdNr. 620.
[720] *Waza/Uhländer/Schmittmann,* RdNr. 1919; *Tipke/Kruse/Loose* AO § 251 RdNr. 76.
[721] *Frotscher,* S. 234; *Waza/Uhländer/Schmittmann,* RdNr. 1918. Vgl. zu § 41 und insbesondere zur Abzinsung unten RdNr. 272 f.
[722] VO (EWG) Nr. 2913/92 v. 12. 10. 1992 (VSF Z 0200).

ter, wenn er sich für die Einfuhr solcher Waren entscheidet. Der für die Begründung der Zollschuld maßgebliche Tatbestand ist die Einfuhr von einfuhrabgabenpflichtigen Waren in den freien Verkehr oder in das Verfahren der vorübergehenden Verwendung; in diesem Zeitpunkt wird die Zollschuld gem. § 38 begründet. Liegt dieser Zeitpunkt vor der Insolvenzeröffnung, ist die Zollschuld Insolvenzforderung, anderfalls liegt eine Masseverbindlichkeit nach § 55 vor.[723]

235 Soweit der Schuldner vor der Verfahrenseröffnung noch nicht auf eine angemeldete Einfuhr gezahlt hat, ist die Fiskusforderung als Insolvenzforderung geltend zu machen, da sie bereits begründet war. Allerdings kann der Fiskus gem. §§ 76 AO, 50 (51 Nr. 4) die abgesonderte Befriedigung aus der auf den Waren bestehenden Sachhaftung verlangen und dieses Recht mit anmelden. Verbrauchsteuerpflichtige Waren dienen als Sicherheit für die darauf lastenden Steuern. Durch die Sachhaftung erlangt der Steuergläubiger die Befugnis, sich ohne Rücksicht auf die Rechte Dritter, wegen dieser Steuerschulden an die Ware zu halten, die Zahlung durch die Zurückhaltung der Waren zu erzwingen und zur Sicherung des Rechts die tatsächliche Verfügung über die Waren zu verhindern. Nach § 52 ist die Geltendmachung einer Insolvenzforderung durch den Fiskus aber nur insoweit möglich, als die abgesonderte Befriedigung die Steuerschulden nicht deckt.[724]

Ist die Fälligkeit der bereits entstandenen Zollschuld im Zeitpunkt der Eröffnung des Insolvenzverfahrens noch nicht eingetreten, gilt die Zollforderung nach § 41 als fällig und ist mit dem abgezinsten Betrag zur Tabelle anzumelden (vgl. unten RdNr. 383 a).[725]

Gem. §§ 1 Abs. 1 Nr. 4, 21 Abs. 2 UStG gelten für die Einfuhrumsatzsteuer die gleichen Grundsätze. Insbesondere ist die Einfuhrumsatzsteuer im Zeitpunkt der Einfuhr aus dem Drittlandsgebiet in das Gemeinschaftsgebiet begründet i. S. d. § 38.

235 a Bei Verbrauchsteuern ist in der Regel der Zeitpunkt der Herstellung oder Einfuhr der Waren maßgeblich für den Zeitpunkt des Begründetseins i. S. d. § 38. Bei der Mineralölsteuer ist der Zeitpunkt der Entfernung aus einem Herstellungsbetrieb oder der Verbrauch in einem Herstellungsbetrieb einschlägig. Für verbrauchsteuerpflichtige Waren gilt ebenfalls das Absonderungsrecht nach § 76 AO. Die Geltendmachung als Insolvenzforderung ist auch hier nur insoweit möglich, als die abgesonderte Befriedigung die Steuerschulden nicht deckt.[726]

235 b **7. Säumnis- und Verspätungszuschläge.** Nach der BFH-Rechtsprechung kommt den Säumniszuschlägen eine Doppelfunktion zu. Einerseits stellen sie ein Druckmittel anderer Art dar, das den Steuerschuldner zur rechtzeitigen Zahlung anhalten soll und andererseits verfolgt § 240 AO den Zweck, vom Steuerschuldner eine Gegenleistung für das Hinausschieben der Zahlung fälliger Steuern zu erhalten und die Verwaltungsaufwendungen abzugelten, die infolge der unterbliebenen oder nicht fristgerechten Zahlung verursacht wurden.[727] Für Verspätungszuschläge gelten die gleichen Grundsätze, allerdings entstehen diese im Gegensatz zu Säumniszuschlägen nicht kraft Gesetzes, sondern beruhen auf einer Ermessensentscheidung des Finanzamts.[728]

Bei vor Eröffnung des Insolvenzverfahrens begründeten Säumniszuschlägen handelt es sich nach Auffassung des BFH um gewöhnliche Insolvenzforderungen, weil diese nicht als Zwangsmittel i. S. d. § 39 Abs. 1 Nr. 3 anzusehen sind. Insolvenzrechtlich gehören also die bis zur Verfahrenseröffnung begründeten Säumniszuschläge zu den Insolvenzforderungen, die mit der Steuerforderung, auf welche sie entfallen, zur Tabelle anzumelden sind.[729]

---

[723] *Waza/Uhländer/Schmittmann*, RdNr. 1901; *Schwarz/Dißars* AO § 251 RdNr. 148.
[724] *Waza/Uhländer/Schmittmann*, RdNr. 1906.
[725] *Frotscher*, S. 235; *Waza/Uhländer/Schmittmann*, RdNr. 1905.
[726] *Frotscher*, S. 235 f.; *Waza/Uhländer/Schmittmann*, RdNr. 1907; *Schwarz/Dißars* AO § 251 RdNr. 150.
[727] BFH v. 9. 7. 2003, V R 57/02, BStBl. II 2003, 901 = ZIP 2003, 2036; v. 16. 11. 2004, VII R 8/04, BFH/NV 2005, 494; v. 16. 11. 2004, VII R 75/03, BStBl. II 2006, 193 = ZIP 2005, 628.
[728] *Waza/Uhländer/Schmittmann*, RdNr. 1962.
[729] BFH v. 22. 4. 1983, VI R 268/80, BStBl. II 1983, 489 = ZIP 1983, 849; v. 19. 1. 2005, VII B 286/04, ZIP 2005, 1035; FG Niedersachsen v. 27. 8. 2007, 16 K 470/06, Beck.RS. 2007 26024380, Revision beim BFH unter V R 71/07; *Kahlert/Rühland*, RdNr. 2513; *Waza/Uhländer/Schmittmann*, RdNr. 1963.

Die Anmeldung der Säumniszuschläge zur Insolvenztabelle ist aber zumindest teilweise 235 c
entbehrlich, sofern sie nach der insolvenzrechtlichen Zahlungsunfähigkeit oder Überschuldung des Schuldners entstanden und damit nach § 227 AO dem Grunde nach zu erlassen sind. Nach der BFH-Rechtsprechung ist die Erhebung von Säumniszuschlägen nämlich sachlich unbillig, wenn dem Steuerpflichtigen die rechtzeitige Zahlung der Steuer wegen Überschuldung und Zahlungsunfähigkeit nicht möglich ist und deshalb die Ausübung von Druck ihren Zweck völlig verliert. Da Säumniszuschläge auch als Gegenleistung für das Herausschieben der Fälligkeit und zur Abgeltung des Verwaltungsaufwands dienen, kommt in diesem Fall meist nur ein hälftiger Teilerlass in Betracht, weil ein Säumiger nicht besser dastehen soll als ein Steuerpflichtiger dem Stundung oder Aussetzung der Vollziehung gewährt wurde. Bei Zahlungsunfähigkeit und Überschuldung ist ein weitergehender Erlass der Säumniszuschläge möglich, sofern zusätzliche besondere Gründe persönlicher oder sachlicher Art vorliegen.[730] Hingegen kommt ein Erlass aus sachlichen Billigkeitsgründen nach § 227 AO nach Auffassung des BFH nicht schon deshalb in Betracht, weil die Steuerfestsetzung zu Gunsten des Steuerpflichtigen herabgesetzt worden ist oder noch herabgesetzt werden wird.[731]

Sofern nach der Insolvenzeröffnung Säumniszuschläge auf Insolvenzforderungen entstehen, handelt es sich ebenfalls um Insolvenzforderungen, die jedoch gem. § 39 Abs. 1 Nr. 1 235 d
nachrangig zu berichten sind. Von dieser Regelung sind zwar grundsätzlich nur Zinsen betroffen. Da aber die Säumniszuschläge im Insolvenzverfahren ihren Charakter als Druckmittel verlieren, ist die Vorschrift entsprechend anzuwenden, da der Zins – und somit der Aufwendungsersatzcharakter – im Vordergrund steht. Säumniszuschläge auf Masseverbindlichkeiten teilen demgegenüber das Schicksal der Hauptleistung und sind ebenfalls Masseverbindlichkeiten. Die zu den Masseverbindlichkeiten gehörenden Säumniszuschläge sind normalerweise nicht zu erlassen, weil sie ihre Funktion als Gegenleistung für den entgangenen Zinsgewinn und Aufwendungsersatz beibehalten. Gleichwohl ist ein hälftiger Erlass i. S. einer zinslosen Stundung geboten, weil der Säumniszuschlag sein Druckmittel eigener Art verliert.[732]

8. Erbschaft- und Schenkungsteuer 235 e

Schrifttum: *Schneider-Scheumann*, Auswirkungen der Insolvenz einer Personengesellschaft auf die Erhebung der Erbschaftsteuer, DB 2005, 468.

Nach § 9 Abs. 1 Nr. 1 ErbStG entsteht die Erbschaft- oder Schenkungsteuer mit dem Todestag des Erblassers oder dem Tag der Zuwendung. Daraus ergibt sich der Charakter der Erbschaft- und Schenkungsteuer als Stichtagssteuer. Für die Ermittlung der Erbschaft- und Schenkungsteuer ist das am Todestag vorhandene Vermögen nach Abzug von Schulden unter Berücksichtigung der Freibeträge maßgeblich.

Bei Insolvenzen vererbter oder verschenkter Betriebe innerhalb von fünf Jahren nach dem Erwerb tritt regelmäßig das Problem der Nachversteuerung nach § 13 a Abs. 5 ErbStG auf. Nach dieser Vorschrift fallen die Begünstigungen für Betriebsvermögen in Form des Freibetrags nach § 13 a Abs. 1 ErbStG und des verminderten Wertansatzes nach § 13 a Abs. 2 ErbStG mit Wirkung für die Vergangenheit weg, sofern ein Betrieb oder ein Mitunternehmeranteil i. S. d. § 15 Abs. 1 Nr. 2 EStG innerhalb der Fünfjahresfrist veräußert oder aufgegeben wird (sog. Nachversteuerung).

Die hierzu ergangene Rechtsprechung war zunächst uneinheitlich. Das FG München hat 235 f
in seinem Beschluss vom 4. 2. 2003 die Nachversteuerung für zulässig erachtet und dabei keinen Unterschied zwischen freiwilliger und zwangsweiser Betriebsaufgabe gemacht. Eventuelle Härten sollten durch Billigkeitsmaßnahmen nach § 163 AO gemildert werden.[733] Mit

---

[730] BFH v. 30. 3. 2006, V R 2/04, BStBl. II 2006, 612 = ZIP 2006, 1266, mwN; *Kahlert/Rühland*, RdNr. 2514 ff.; *Waza/Uhländer/Schmittmann*, RdNr. 1966 ff.
[731] BFH v. 30. 3. 2006, V R 2/04, BStBl. II 2006, 612 = ZIP 2006, 1266; *Kahlert/Rühland*, RdNr. 2514.
[732] *Waza/Uhländer/Schmittmann*, RdNr. 1973.
[733] FG München v. 4. 2. 2003, V 3956/02, EFG 2003, 942; *Schneider-Scheumann* DB 2005, 468 f.

Insolvenzsteuerrecht 235 g

Beschluss vom 7. 7. 2004 erweckte der BFH zunächst den Anschein einer für den Erben günstigeren Rechtsprechung, indem er entschied, dass es gem. § 69 Abs. 2 AO ernstlich zweifelhaft sei, ob die Vergünstigungen nach § 13 a ErbStG auch bei einer konkursbedingten Betriebsaufgabe durch den Konkursverwalter zu widerrufen seien. Er bejahte die grundsätzliche Frage, dass die Aufgabe des Betriebes innerhalb der Fünfjahresfrist steuerschädlich ist; er unterschied jedoch zwischen einer freiwilligen Betriebsaufgabe durch Verkauf und einem durch Insolvenz erzwungenen Verlust. Bei einer freiwilligen Veräußerung entfallen die Vergünstigungen des § 13 a ErbStG rückwirkend und es kommt zu einer Nachversteuerung. Ein Verlust des Erwerbers durch Maßnahmen, die er nicht freiwillig eingeleitet hat, kann aber nicht gleichzusetzen sein mit einer Veräußerung, die aus eigenem Entschluss zustande kam.[734]

In seinem Urteil vom 16. 2. 2005 entschied der BFH für den Fall einer Überstimmung eines Minderheitsgesellschafters hinsichtlich der Betriebsaufgabe jedoch, dass der Wegfall der Steuervergünstigung für Betriebsvermögen unabhängig davon eintritt, aus welchen Gründen das begünstigt erworbene Betriebsvermögen veräußert oder der Betrieb aufgegeben wurde; eine teleologische Reduktion des Nachversteuerungstatbestands komme insoweit nicht in Betracht. Es sei mit objektiven Zielen unvereinbar, individuelle Motive, bei einer Nachversteuerung zu berücksichtigen. Der BFH weist in diesem Urteil ausdrücklich darauf hin, dass diese Beurteilung auch für Insolvenzfälle gilt und er an seinem Beschluss vom 7. 7. 2004 nicht mehr fest hält.[735] Mit dem jüngsten Urteil vom 21. 3. 2007 hat der BFH diese Rechtsprechung nunmehr ausdrücklich auch für Insolvenzfälle für anwendbar erklärt und ausgeführt, dass einer Einschränkung des Anwendungsbereichs des § 13 a Abs. 5 Nr. 4 Satz 2 Alternative 1 ErbStG die Gesetzesbindung der Steuerverwaltung und der Rechtsprechung entgegensteht.[736]

Aufgrund der eindeutigen Aussagen des BFH kann betroffenen Steuerpflichtigen nur empfohlen werden, auf eine Fortführung des Insolvenzverfahrens bis zum Ablauf der Fünfjahresfrist hinzuwirken. Alternativ ist neben einem Billigkeitserlass ein rückwirkend niedrigerer Wertansatz für das erworbene Betriebsvermögen infolge wertaufhellender Umstände zu prüfen.[737]

9. Eigenheimzulage

Schrifttum: *Blümich*, Einkommensteuergesetz, Körperschaftsteuergesetz, Gewerbesteuergesetz, Stand Dezember 2007; *Wacker*, EigZulG, 3. Auflage 2001.

235 g Bislang war umstritten, ob der Anspruch auf die Eigenheimzulage insolvenzrechtlich bereits durch Herstellung oder Anschaffung für den vollen Begünstigungszeitraum gelegt wird[738] oder aber jährlich neu durch die nach den §§ 4 Satz 1, 10 EigZulG erforderliche Eigennutzung entsteht.[739] Der BFH hat nun klargestellt, dass der Anspruch auf Eigenheimzulage für die dem Beginn der Eigennutzung folgenden Kalenderjahre insolvenzrechtlich mit dem Beginn des betreffenden Kalenderjahrs begründet ist. Für die Frage der Aufrechnung nach § 96 Abs. 1 Nr. 1 kommt es auch bei einem steuerlichen Dauerschuldverhältnis darauf an, wann der Rechtsgrund für den Anspruch gelegt worden ist. Zwar wird die Eigenheimzulage bei erstmaligen Vorliegen der Voraussetzungen zugleich für die Folgejahre festgesetzt, dies ist aber lediglich als eine rein verfahrensrechtliche Regelung anzusehen, die nicht den Schluss zulässt, dass auch bereits die Ansprüche für sämtliche folgenden Förderjahre begründet werden. Vielmehr entsteht der Anspruch auf Eigenheimzulage für die Folgejahre mit dem Beginn des Jahres, wenn die Voraussetzungen der §§ 1, 2, 4 und 6 des

---

[734] BFH v. 7. 7. 2004, II B 32/04, BStBl. II 2004, 747 = ZIP 2005, 122; *Schneider-Scheumann* DB 2005, 468 f.
[735] BFH v. 16. 2. 2005, II R 39/03, BStBl. II 2005, 571; dazu kritisch: *Perwein* DStR 2005, 1758 ff.
[736] BFH v. 21. 3. 2007, II R 19/06, BFH/NV 2007, 1321; FG Münster v. 19. 1. 2006, 3 K 2 S 63/03 ErG, EFG 2006, 687; *Kahlert/Rühland*, RdNr. 2508.
[737] *Schneider-Scheumann* DB 2005, 468, 469.
[738] FG Rheinland-Pfalz v. 16. 5. 2005, 2 K 1770/05, LEXinform-Dok.-Nr. 5004580; FG Niedersachsen v. 5. 7. 2005, 2 K 214/05, Beck.RS. 2005 26022262.
[739] FG Niedersachsen v. 3. 3. 2005, 16 K 479/04, Beck.RS. 2005 26018922.

EigZulG weiterhin vorliegen, insbesondere die Wohnung zu eigenen Wohnzwecken genutzt wird. Damit ist eine Aufrechnung des Finanzamts mit Eigenheimzulageansprüchen für die nach der Insolvenzeröffnung liegenden Jahre unzulässig.[740]

Zahlt das Finanzamt die Eigenheimzulage nach Eröffnung des Insolvenzverfahrens zu Recht an den Insolvenzverwalter aus, weil die Zulage zur Insolvenzmasse gehört, so führt eine spätere Freigabe des Grundstücks an den Insolvenzschuldner nicht dazu, dass der Rechtsgrund für die Zahlung entfällt. Die Freigabe eines massezugehörigen Grundstücks durch den Insolvenzverwalter berührt nicht den – für die Eigennutzung gewährten – Anspruch auf Auszahlung der Eigenheimzulage und führt nicht zu einem Wegfall des Rechtsgrunds für die Zahlung. Eine Rückforderung durch das Finanzamt nach § 37 Abs. 2 AO ist damit unzulässig.[741]

10. Kindergeld. Nach § 76 Satz 1 EStG kann der Anspruch auf Kindergeld nur wegen gesetzlicher Unterhaltsansprüche eines Kindes, das bei der Festsetzung des Kindergeldes berücksichtigt wird, gepfändet werden. Alle anderen Gläubiger sind von der Pfändung ausgeschlossen mit der Folge, dass der Kindergeldanspruch nicht in die Insolvenzmasse fällt. Dementsprechend muss eine Festsetzung von Kindergeld auch während eines laufenden Insolvenzverfahrens auf Grund der Zuordnung zum insolvenzfreien Vermögen gegenüber dem Insolvenzschuldner erfolgen.[742]

Nach diesen Grundsätzen stellt die Rückforderung zu Unrecht ausgezahlten Kindergelds insoweit keine Insolvenzforderung dar, als das streitige Kindergeld einen Zeitraum nach Insolvenzeröffnung betrifft. Der Rückforderungsbescheid durch die Familienkasse ist somit nicht an den Insolvenzverwalter, sondern an den Insolvenzschuldner zu richten. Dies gilt unabhängig davon, dass der Insolvenzschuldner auf seine Bankkonten in der Privatinsolvenz nicht mehr zugreifen kann.[743]

VII. Steuern im Insolvenzplanverfahren
1. Der Fiskus als Beteiligter des Insolvenzplanverfahrens

Schrifttum: BMF-Schreiben v. 17. 12. 1998, IV A 4 – S 0550 – 28/98, BStBl. I 1998, 1500 Tz. 9.1 u. 9.2; *Schneider/Scheumann,* Auswirkungen der Insolvenz einer Personengesellschaft auf die Erhebung der Erbschaftsteuer, DB 2005, 468; *Täke/Schmidt-Sperber,* Steuerliche Behandlung der Sanierungsgewinne im Insolvenzplanverfahren, ZInsO 2000, 374.

Das in §§ 217 ff. geregelte Insolvenzplanverfahren ist eine vom US-amerikanischen „Chapter 11" inspirierte Alternative, absonderungsberechtigte Gläubiger und Insolvenzgläubiger – wie beispielsweise das Finanzamt bei Steueransprüchen – durch Verwertung der Insolvenzmasse und Verteilung des Erlöses zu befriedigen.[744] Durch einen Insolvenzplan können die Befriedigung der Gläubiger und die Verwertung der Insolvenzmasse und deren Verteilung an die Beteiligten sowie die Haftung des Schuldners von Schuldner und Gläubiger frei vereinbart werden.[745] Von seiner Zielrichtung her ist der Insolvenzplan für alle denkbaren Alternativen aus Liquidation, Sanierung, Entschuldung oder Übertragung des Unternehmens geeignet.[746] Der Insolvenzplan ersetzt das frühere Vergleichsverfahren nach der Vergleichsordnung und der GesO sowie den Zwangsvergleich nach §§ 173 ff. KO. Die Stellung des Insolvenzverwalters im Insolvenzplanverfahren bleibt unverändert.[747]

---

[740] BFH v. 17. 4. 2007, VII R 34/06, BFH/NV 2007, 1393, ZIP 2007, 1225; *Rüsken* ZIP 2007, 2053, 2060; *Grönwoldt* DStR 2008, 18.
[741] Siehe FG Brandenburg v. 28. 9. 2006, 4 K 774/05, DStRE 2007, 437.
[742] *Felix,* Kindergeldrecht, 2005, § 76 EStG, RdNr. 14; *Tipke* in *Tipke/Kruse* AP § 122 Tz. 36.
[743] FG München v. 19. 9. 2007, 9 K 4047/06, Beck.RS. 2007 26024428.
[744] Vgl. BMF-Vollstreckungsanweisung v. 18. 9. 2001, BStBl. I 2001, 605, Abschn. 61, zum Insolvenzplan; *Gottwald/Braun* § 69 RdNr. 16 ff.
[745] *Loose* StuW 1999, 20, 27.
[746] *Frotscher,* S. 277.
[747] *Frotscher,* S. 278; vgl. dazu Abschn. A. II.

237 Das Finanzamt – als Gläubiger von Steuerforderungen – wird spätestens dann einbezogen, wenn der Insolvenzplan der Überprüfung des Gerichts standgehalten hat, und gem. § 232 von dort unter anderem an den Gläubigerausschuss zur Stellungnahme weitergeleitet wird. In diesem Gremium kann das Finanzamt auf die Stellungnahme einwirken.

238 In dem danach von dem Insolvenzgericht gem. § 235 durchgeführten Erörterungs- und Abstimmungstermin ist das Finanzamt nach § 235 Abs. 3 geladen, soweit es bereits Forderungen angemeldet hat. In diesem Termin wird das Stimmrecht der Gläubiger erörtert.

239 Das Finanzamt muss sich über den Inhalt des Insolvenzplans selbst informieren, was entweder in dem Gläubigerausschuss oder allgemein auf der Geschäftsstelle des Insolvenzgerichts möglich ist.

240 **2. Die Zustimmung des Finanzamts zum Insolvenzplan.** Das Insolvenzplanverfahren ermöglicht eine Gläubigergruppenbildung, durch die es für das Finanzamt wirtschaftlich betrachtet schwer sein kann, dem Plan zuzustimmen. Die Gruppenbildung kann aber auch so erfolgt sein, dass es für das Zustandekommen des Insolvenzplans auf die Zustimmung des Finanzamts gar nicht ankommt.

Grundsätzlich hängt die Zustimmung des Finanzamts allein von wirtschaftlichen Erwägungen ab. Hier wird insbesondere darauf geachtet werden, dass Steuerabzugsbeträge und Haftungsbeträge verwirklicht werden. Im Übrigen kann das Finanzamt unter Anwendung einer abweichenden Festsetzung (§ 163 AO), einem Erlass, einer Stundung und der Niederschlagung (§ 261 AO) nach eigenem Ermessen dem Plan zustimmen, wenn dies wirtschaftlich vertretbar erscheint. Dabei ist die Zielsetzung der InsO zu berücksichtigen (z.B. Sanierung).[748] Die Rechtswirkung des Insolvenzplans ist aber hinsichtlich solcher Erlass- oder Stundungsentscheidungen ausschließlich insolvenzrechtlicher Natur i.S.d. § 221. Die Voraussetzungen und Rechtswirkungen richten sich daher nicht nach den abgabenrechtlichen oder fiskalischen Regelungen (wie zB §§ 222, 227 AO).[749]

Die Entscheidung über den Insolvenzplan unterliegt dem Obstruktionsverbot des § 245, wonach die Zustimmung immer als erteilt gilt, wenn die Gläubiger einer Gruppe nicht schlechter gestellt sind, als sie ohne den Plan stünden (§ 245 Abs. 1 Nr. 1). Die Gläubiger dieser Gruppe müssen dabei angemessen an dem wirtschaftlichen Wert des Planerlöses beteiligt werden (§ 245 Abs. 1 Nr. 2) und die Mehrheit der Gläubigergruppen muss dem Plan zugestimmt haben (Nr. 3).

241 Die Zustimmung des Finanzamts nach § 244 ist schlichtes Verwaltungshandeln, bei dem nach pflichtgemäßem Ermessen unter Berücksichtigung der berechtigten Interessen des Schuldners zu entscheiden ist.[750] Wird die Zustimmung verweigert, so kann diese mit einer Leistungsklage (§ 40 Abs. 1 FGO) eingeholt werden. Mit dieser findet eine Überprüfung des Ermessensgebrauchs statt. Einstweiliger Rechtsschutz kann vor dem Finanzgericht auch durch einen Antrag auf einstweilige Anordnung gem. § 114 FGO erreicht werden.

242 Der Vorteil eines Insolvenzplans sollte für die Gläubiger in einem höheren Erlös als dem auf Grund einer Insolvenzquote liegen. Weist der Insolvenzplan eine Benachteiligung des Finanzamts gegenüber dem Regelverfahren auf, so wird die Zustimmung nicht erteilt werden und das Finanzamt kann spätestens im Abstimmungstermin oder bei Anhörung die Versagung der gerichtlichen Bestätigung erreichen, indem es dem Plan gem. § 251 unter glaubhaftem Vortrag der Schlechterstellung widerspricht. Gegen die ablehnende Entscheidung des Gerichts ist die sofortige Beschwerde zulässig (§ 253).

243 **3. Steuerrechtliche Auswirkungen des bestätigten Insolvenzplans.** Gem. § 254 Abs. 1 treten mit Rechtskraft der gerichtlichen Bestätigung des Insolvenzplans die in dem gestaltenden Teil festgelegten Wirkungen ein. Dies bedeutet insolvenzsteuerrechtlich, dass die betroffenen Abgabenforderungen nur noch dieser Festlegung unterliegen.

---

[748] BMF-Schreiben v. 17. 12. 1998, IV A 4 – S 0550 – 28/98, BStBl. I 1998, 1500, Tz. 9.2 = ZIP 1999, 714.
[749] *Tipke/Kruse/Loose* AO § 251 RdNr. 110; *Gottwald/Braun* § 69 RdNr. 17 f.; *Loose* StuW 1999, 20, 27.
[750] *Frotscher*, S. 279; *Waza/Uhländer/Schmittmann*, RdNr. 814.

Die Abgabenforderungen können nicht mehr in ihrer ursprünglichen Form geltend gemacht werden. Insbesondere kann keine Vollstreckung und Aufrechnung mehr erfolgen. Dadurch dass sie aber gleichwohl in voller Höhe erfüllbar sind, müssen sie als „unvollkommene Forderungen" eingestuft werden.

Die auf Grund des Insolvenzplans gestundeten oder erlassenen Abgabenforderungen leben allerdings wegen Bedingungseintritts (§ 158 Abs. 2 BGB) nach § 255 wieder auf, wenn der Schuldner mit der Erfüllung des Plans gegenüber dem Finanzamt erheblich in Rückstand gerät. § 231 Abs. 1 Satz 1 AO[751] regelt insoweit eine Unterbrechung der Zahlungsverjährung. Eine solche Inanspruchnahme kann der Schuldner vermeiden, indem er in dem Plan einen Ausschluss dieser Wiederauflebensklausel vereinbart.

Gem. § 257 und § 251 Abs. 2 AO kann der Fiskus seine in dem rechtskräftig bestätigten Insolvenzplan enthaltenen Forderungen, die in der Insolvenztabelle eingetragen und anerkannt wurden, im Verwaltungswege nach §§ 249 ff. AO selbständig vollstrecken.[752] Hatte die Finanzbehörde eine Stundung erklärt und enthält der Insolvenzplan keine Zinsregelung, so sind die §§ 233 ff. AO wegen der insoweit ausschließlichen Geltung des Insolvenzplans nicht anwendbar.[753]

Ertragssteuerlich ist die Wirkung eines Insolvenzplans bes. beachtlich, weil der in dem **244** gestaltenden Teil des Insolvenzplans enthaltene „Verzicht" des Finanzamts auf die Steuerforderung bei dem Schuldner in Höhe des Unterschiedsbetrags bis zu der Nominalforderung zu einem Ertrag und damit zu einem steuerbaren Sanierungsgewinn führt.[754] Dieser kann vorrangig durch eine Verrechnung mit steuerlichen Verlustvorträgen reduziert werden. Soweit trotzdem ein Gewinn verbleibt, dürfte dies misslich sein, da hierdurch der soeben aus dem Insolvenzplan realisierte Gewinn sofort wieder erheblich reduziert werden könnte.[755] Die Steuerfreiheit dieses verbleibenden Gewinns (§ 3 Nr. 66 EStG aF[756]) wurde ab dem 1. 1. 1998 aufgehoben.

Ein vorausschauender Insolvenzplanersteller wird diese steuerrechtliche Folge, die auch nicht durch insolvenzrechtliche Regelungen beeinflusst wird, daher mit in den gestaltenden Teil einzubeziehen haben, und mit dem Finanzamt einen antizipierten Erlass und/oder Stundung auch dieser späteren Steuerforderung verhandeln. Eine Besteuerung kann auf Grund sachlicher Unbilligkeit unterbleiben, wenn es sich um einen Sanierungsgewinn handelt (§ 163 AO).[757] Voraussetzung ist dafür, dass der Schuldenerlass aus betrieblichen Gründen erfolgt. Zudem müssen Sanierungsbedürftigkeit des Unternehmens, Sanierungsfähigkeit, Sanierungseignung der Maßnahmen und Sanierungsabsicht vorliegen.[758] Liegen die Voraussetzungen vor, besteht ein Rechtsanspruch auf die Billigkeitsmaßnahme.[759] Die Anwendung von § 227 AO (Erlass) und § 222 AO (Stundung) ist hingegen nach herrschender Meinung auf Grund des Vorrangs des – eigenständigen – Insolvenzplanverfahrens (§ 254) ausgeschlossen.[760] Weil die Steuer aus dem Sanierungsgewinn jedoch selten hoch ist, kann hier auch mit einer Niederschlagung (vgl. § 261 AO) gearbeitet werden.

---

[751] Ergänzt durch das Steuerbereinigungsgesetz 1999.
[752] *Gottwald/Braun* § 69 RdNr. 6, 21.
[753] *Gottwald/Braun* § 69 RdNr. 20.
[754] *Smid* InsO § 19 RdNr. 27; *Holzapfel* InVo 1999, 1, 2; *Kling* DStR 1998, 1813, 1817; *ders.* NZG 2000, 872, 874; *Fritsche* DStR 2000, 2171; *Schmidt* GmbHR 1999, 9, 11.
[755] Hintergrund für die Aufhebung der Steuerfreiheit des Sanierungsgewinns war die Bannung der Gefahr des Missbrauchs der verdeckten Gewinneinlagen (der Gesellschafter verzichtete auf eine Forderung oder trat im Rang zurück).
[756] Abgeschafft durch das Gesetz zur Fortsetzung der Unternehmenssteuerreform v. 29. 10. 1997, m. W. v. 1. 1. 1998, BStBl. I 1997, 2590.
[757] Vgl. BMF-Schreiben v. 27. 3. 2003, IV A 6 – S 2140 – 8/03, BStBl. I 2003, 240; *Schwarz/Frotscher* AO § 163 RdNr. 50a ff.
[758] *Frotscher,* S. 280.
[759] *Frotscher,* S. 280; *Maus* ZIP 2002, 589.
[760] *Maus* NZI 2000, 449, 453; *ders.* ZIP 2002, 589, 594 f.; *Take/Schmidt-Sperker* ZInsO 2000, 374; *Vögeli* ZInsO 2000, 144; *Graf-Schlicker* ZIP 2002, 1166, 1176.

Möglicherweise lässt sich diese Besteuerung aber auch durch eine übertragende Sanierung vermeiden, indem das Unternehmen auf einen neuen Unternehmensträger übertragen wird. Indem nämlich eine Sanierung entfällt, entstehen bereits keine sanierungsbedingten Gewinne.[761] Der neue Unternehmer haftet gem. § 75 Abs. 2 AO ohnehin nicht für die alten Steuerschulden. Einzig der an die Gesellschafter verteilte Verwertungserlös würde einer Besteuerung unterliegen. Da dies jedoch einen Gewinn voraussetzt, ist eine Steuer unwahrscheinlich.

Enthält der Insolvenzplan Maßnahmen für die Zeit nach seiner Bestätigung und damit nach der Verfahrensaufhebung (§ 258) können Steuerforderungen als Neuverbindlichkeiten entstehen (zB Vorsteuerberichtigung), weshalb der vorausschauende Planersteller diese evtl. vorzieht und dadurch Masseverbindlichkeiten auslöst.

VIII. Steuern im Verbraucherinsolvenzverfahren

Schrifttum: BMF-Schreiben v. 10. 12. 1998, Kriterien für die Entscheidung über einen Antrag auf außergerichtliche Schuldenbereinigung (§ 305 Abs. 1 Nr. 1), IV D 6 – S 1900 – 45/98, BStBl. I 1998, 1497 geändert durch Schreiben v. 3. 7. 2000, BStBl I 2000, 1117; beide ersetzt durch Schreiben v. 11. 1. 2002, IV A 4 – S 0550 – 1/02, BStBl. I 2002; *Hoffmann*, Verbraucherinsolvenz und Restschuldbefreiung, 1998; *Becker*, Die Zustimmung zu außergerichtlichen Schuldenbereinigungsplänen, ZVI (Zeitschrift für Verbraucher-Insolvenzrecht) 2002, 100; *Ernst*, Ersetzung der Zustimmung eines Finanzamts zum Schuldenbereinigungsplan durch das Insolvenzgericht, DStR 2001, 1035; *Fett/Barten*, Verzicht auf Steuer- und Abgabenansprüche nach Inkrafttreten der Insolvenzordnung am 1. 1. 1999, DStZ 1998, 885; *Schmerbach*, Rechtliche Aspekte der Selbständigkeit natürlicher Personen im Insolvenzverfahren und in der Wahlverhaltensperiode, ZVI 2003, 256.

Kollisionsnormen: §§ 304 ff.

245 Gem. § 304 Abs. 1 aF findet ein Verbraucherinsolvenzverfahren über das Vermögen von Personen, die keine wirtschaftliche Tätigkeit ausüben statt, wobei dies mit dem Stichtag der Antragstellung beurteilt wird. Gleiches gilt für selbständig wirtschaftlich Tätige, deren Vermögensverhältnisse überschaubar sind und gegen die keine Forderungen aus Arbeitsverhältnissen bestehen (§ 304 Abs. 1 Satz 2).[762] Die Besteuerung des Schuldners erfolgt in diesem Verfahrensstadium ausschließlich nach dem formellen und materiellen Steuerrecht (zu den Besonderheiten nachfolgend RdNr. 250 ff.).

246 **1. Zugang zum Verbraucherinsolvenzverfahren.** Daran schließt sich die kontrovers diskutierte Frage an, ob derjenige Zugang zum Verbraucherinsolvenzverfahren findet, der dem Fiskus oder dem Sozialversicherungsträger als Arbeitgeber noch aus einem Arbeitsverhältnis für entsprechende Forderungen haftet.[763] Der Primäranspruch der öffentlichen Gläubiger besteht jedoch gegenüber dem Arbeitnehmer, während der Arbeitgeber lediglich die Lohnzahlungspflicht gegenüber dem Arbeitnehmer übernimmt und für die rechtzeitige Abführung haftet (§ 42a Abs. 1 Nr. 1 EStG).[764] Damit handelt es sich zumindest bei den Steuerforderungen nicht um Forderungen aus einem Arbeitsverhältnis i. S. d. § 304 Abs. 1 Satz 2,[765] so dass der Zugang zum Verbraucherinsolvenzverfahren allein wegen dieser Forderungen nicht verwehrt ist. Anderes gilt für Nettolohnvereinbarungen, bei denen der Arbeitgeber primärer Steuerschuldner ist. Bezüglich der Forderungen des Sozialversicherungsträgers gilt gleiches,[766] zumal der bemühte § 187 SGB III[767] lediglich den Forderungsübergang bei Insolvenzgeldzahlungen betrifft.

---

[761] *Olbing*, S. 71.
[762] Grundsatz: Weniger als 20 Gläubiger.
[763] So *Kübler/Prütting/Wenzel* § 304 RdNr. 16; aA *Becker* ZVI 2002, 100, 101; *Kohte* ZInsO 2002, 53, 57.
[764] Vgl. oben RdNr. 90 mwN, insbesondere bereits *Knobbe-Keuk* DB 1973, 2029.
[765] *Becker* ZVI 2002, 100, 101; *Kohte* ZInsO 2002, 53, 57, mwN; anders zwar die Begründung der Stellungnahme des Bundesrats zu Art. 1 Nr. 21 (§ 304 Abs. 1 S. 2) v. 16. 2. 2001, ZInsO 2001, 312, 313 und die Zustimmung der Bundesregierung v. 28. 3. 2001 als Gegenäußerung, ZInsO 2001, 310, 311, dessen Regelung jedoch in § 304 Abs. 1 S. 2 nF letztlich nicht umgesetzt wurde. AA insoweit BMF-Schreiben v. 11. 1. 2002, IV A 4 – S 0550 – 1/02, BStBl. I 2002, 132, Tz. 1; *Schmerbach* ZVI 2002, 38, 40.
[766] LG Düsseldorf ZInsO 2002, 637.
[767] BT-Drucks. 14/5680, 30.

2. Außergerichtlicher Einigungsversuch. Die Steuererhebung erfolgt auch im Ver- 247
braucherinsolvenzverfahren nach den in einem Regelverfahren anzuwendenden Grundsätzen. Das Verbraucherinsolvenzverfahren wird jedoch maßgeblich von dem gem. §§ 305 ff. vorgeschalteten außergerichtlichen Schuldenbereinigungsverfahren geprägt, welches bei dem nach § 287 Abs. 1 erforderlichen[768] Eigenantrag zwingend vorgeschrieben ist. Dabei muss der Schuldner nachweisen, dass innerhalb der letzten sechs Monate vor dem Eröffnungsantrag ein Schuldenbereinigungsplan mit den Gläubigern gescheitert ist (§ 305 Abs. 1 Nr. 1). In diesen außergerichtlichen Schuldenbereinigungsversuch ist auch das Finanzamt miteinzubeziehen, wenn Steuerschulden bestehen. Für eine weitgehend ungestörte Durchführung sorgt § 305 a.

Das Finanzamt wird zunächst die Vollständigkeit der Forderungsaufstellung hinsichtlich 248
der bestehenden Steuerschulden überprüfen und darauf achten, inwieweit bestehende Pfandrechte und Sicherheiten von dem Plan betroffen sind. Der Schuldner wird nämlich versuchen, Regelungen über diese Rechte in das Schuldenbereinigungsverfahren mitaufzunehmen.

Dem Schuldner kommt es bei seinem Schuldenbereinigungsplan regelmäßig auf einen 249
(Teil-)Verzicht der Gläubiger an. Hierbei sind insolvenzrechtlich keine Vorgaben zu beachten. Der Schuldner wird sich lediglich im Hinblick auf den Erfolg seines Plans um eine Gleichbehandlung bemühen. Soweit aber das Finanzamt auf Forderungen verzichten soll, muss dies im Einklang mit dem Abgabenrecht erfolgen.

Einen Verzicht auf Steuerforderungen sieht das Abgabenrecht nicht vor. Daher kann die 250
Zustimmung zu einem Schuldenbereinigungsplan lediglich über die Regelungen zur abweichenden Festsetzung (§ 163 AO), den Erlass (§ 227 AO), die Stundung (§ 222 AO) und die Niederschlagung (§ 261 AO) erfolgen.[769] Diese Billigkeitsmaßnahmen können kombiniert oder einzeln angewandt werden.

Eine Erlassentscheidung erfolgt nach sachlichen und persönlichen Billigkeitserwägungen. 251
Eine sachliche Billigkeitserwägung kann allerdings im Schuldenbereinigungsverfahren keine Rolle spielen, da diese bereits vorab zu berücksichtigen ist. Für einen Erlass auf Grund persönlicher Billigkeitsgründe muss der Schuldner erlaßbedürftig und -würdig sein.

Diese Beurteilung hat nach insolvenzrechtlichen Gesichtspunkten zu erfolgen, denn durch das Verbraucherinsolvenzverfahren soll dem redlichen Schuldner nach einer Wohlverhaltensperiode eine Schuldenbefreiung gewährt werden. Hierzu kann es bei einer verhältnismäßigen Berücksichtigung aller Gläubiger nach § 309 durch eine gerichtliche Zustimmungsersetzung kommen. Wird also der Schuldner außergerichtlich nicht besser gestellt, als dies durch einen gerichtlichen Ersetzungsbeschluss zu erwarten ist, so ist es unbillig, Einwendungen gegen den Schuldenbereinigungsplan zu erheben.[770]

Bes. kontrovers diskutiert wurden die sogenannten Null-Pläne, nach denen der Schuldner 252
keine Zahlung leistet.[771] Eine angemessene Schuldenbereinigung kann hierin wohl kaum gesehen werden. Dafür müsste absehbar sein, dass der Schuldner in keinem Fall mehr zu einem verteilbaren Vermögen gelangt, was sicherlich in dieser Ganzheit nur in wenigen Fällen und nicht absehbar eintreffen kann. Trotzdem sind diese fehlenden Zahlungsangebote kein Ausschlussgrund mehr.[772]

---

[768] Art. 1 Ziff. 15, InsO ÄndG; OLG Köln ZInsO 2000, 334, 335; vgl. auch *Delhaes* ZInsO 2000, 358.
[769] Vgl. BMF-Schreiben v. 11. 1. 2002, IV A – S 0550 – 1/02, BStBl. I 2002, 132, Tz. 3; *Waza/Uhländer/Schmittmann*, RdNr. 865 ff.; *Becker* ZVI 2002, 100, 103.
[770] Vgl. BMF-Schreiben v. 10. 12. 1998, IV D 6 – S 1900 – 45/98, BStBl. I 1998, 1497; gleichlautend entsteht durch BMF-Schreiben v. 11. 1. 2002, IV A – S 0550 – 1/02, BStBl. I 2002, 132; OLG Köln ZIP 2000, 2263.
[771] *Römermann* in *Nerlich/Römermann* § 305 RdNr. 44 ff.
[772] BMF-Schreiben v. 11. 1. 2002, IV A – S 0550 – 1/02, BStBl. I 2002, 132, Tz. 3 aE, Lesenswert aber *Ast* ZVI 2002, 183; *Stephan* ZVI 2002, 187 und Bericht der Bund-Länder-Arbeitsgruppe v. 10. bis 12. 6. 2002, ZVI 2002, 185 zur Deckung der Verfahrenskosten und der Steuererklärungspflicht des Insolvenzverwalters.

253 Einer anderen Beurteilung unterliegen die Angebote einer Einmalzahlung. Soweit diese nämlich im Hinblick auf die voraussichtliche Entwicklung angemessen erscheint, kann darin auch eine angemessene Schuldenbereinigung gesehen werden.

254 Das Finanzamt kann von dem Schuldner sicherlich verlangen, eine umfassende Auskunft über seine Vermögensverhältnisse abzugeben. Denn nur auf dieser Grundlage kann eine Billigkeitsentscheidung erfolgen. Bestandteil dieser Auskunft sind üblicherweise Angaben zu Beruf, Vermögensgegenständen, Forderungen und Verbindlichkeiten, Belastungen, Anwartschaften etc. Diese Angaben können bei einem sorgfältig erstellten Schuldenbereinigungsplan bereits dort enthalten sein. Der Plan selbst ist natürlich ebenfalls vorzulegen.

Nach dem Erlass des BMF v. 10. 12. 1998, IV D 6 – S 1900 – 45/98, BStBl. I 1998, 1497 ff. sind diese Angaben für die Prüfung der Billigkeitsvoraussetzungen erforderlich. Um die Ernsthaftigkeit des außergerichtlichen Schuldenbereinigungsversuchs nicht zu gefährden, sollte der Schuldner dies beachten, wenngleich eine insolvenzrechtliche Beurteilung der Ernsthaftigkeit anders ausfallen dürfte.[773] Die insolvenzrechtliche Beurteilung der Ernsthaftigkeit des außergerichtlichen Schuldenbereinigungsversuchs obliegt dem Insolvenzgericht (§ 305 Abs. 3). Allerdings war es die Intention des Gesetzgebers, die Gerichte insoweit zu entlasten und Überprüfungen möglichst nicht stattfinden zu lassen.[774] Deshalb ist es zwar richtig, dass die Gerichte die Erklärung überprüfen,[775] das Finanzamt wird jedoch erhebliche Bedenken vorbringen müssen, um das Gericht zu einer Überprüfung zu veranlassen. Hinsichtlich der Kriterien für eine solche Überprüfung hat sich das Gericht an § 305 Abs. 1 auszurichten, aus dem sich keine gesteigerten Anforderungen entnehmen lassen.

255 Ein Erlass erfolgt bei Vorliegen einer Erlassbedürftigkeit und -würdigkeit (§§ 163, 227 AO). Für die Erlassbedürftigkeit kommt es mit Blick auf ein gerichtliches Verfahren ausschließlich auf die Gleichbehandlung der Gläubiger und eine den wirtschaftlichen Verhältnissen angemessene Zahlung aus dem verfügbaren Vermögen über einen angemessenen Zeitraum an.[776] Für den Schuldner muss darüber hinaus die berechtigte Aussicht auf einen wirtschaftlichen Neuanfang bestehen. Allerdings kann es zulässig sein, im Hinblick auf eine künftig verbesserte Vermögenslage, eine Anpassung der Ratenzahlung und damit eine Neubewertung der Erlassbedürftigkeit vorzusehen.

256 Für die Beurteilung der Erlasswürdigkeit kommt es darauf an, ob der Schuldner die Zahlungsunfähigkeit selbst herbeigeführt und eventuell vergrößert oder gegen die Interessen der Allgemeinheit verstoßen hat.[777] Hierzu sind die Nichtabführung von Steuerabzugsbeträgen, Steuerhinterziehung, Nichtabgabe von Steuererklärungen, Verschwendung und die Vermögensverschiebung zu zählen. Desweiteren ist für die Erlasswürdigkeit zu berücksichtigen, dass insolvenzrechtlich lediglich der redliche Schuldner in den Genuss der Schuldenbefreiung gelangen kann (§§ 290 ff.), weshalb die Versagungs- und Entscheidungsgründe über die Restschuldbefreiung miteinzubeziehen sind. Je nach Sachverhalt kann der Erlass von Steuerabzugsbeträgen ausgenommen werden. Dies muss bei Schulden, die im Zusammenhang mit einer Straftat bestehen wegen § 302, immer erfolgen.

Insgesamt handelt es sich jedoch um eine Ermessensentscheidung, weshalb im Rahmen der erforderlichen Abwägung auch die Bemühungen des Schuldners zur Verringerung seiner Steuerschulden zu berücksichtigen sind.

---

[773] *Römermann* in Nerlich/Römermann § 305 RdNr. 20; HK InsO-*Landfermann* § 305 RdNr. 12.
[774] Vgl. Ausschussbericht zu § 357 b der Beschlussempfehlung in *Balz/Landfermann*, S. 428.
[775] So BayObLG BB 1999, 2102.
[776] BMF-Schreiben v. 10. 12. 1998, IV D 5 – S 1900 – 45/98, BStBl. I 1998, 1497, 1498, mit Änderungsschreiben v. 3. 7. 2000, IV A 4 – S 1900 – 51/00, BStBl. I 2000, 1117, Tz. 5; ersetzt durch BFM-Schreiben v. 11. 1. 2002, IV A 4 – S 0550 – 1/02, BStBl. I 2002, 132, 133, Tz. 5.
[777] BMF-Schreiben v. 10. 12. 1998, IV D 5 – S 1900 – 45/98, BStBl. I 1998, 1497, 1499, mit Änderungsschreiben v. 3. 7. 2000, IV A 4 – S 1900 – 51/00, BStBl. I 2000, 1117, Tz. 5.2; beide ersetzt durch BMF-Schreiben v. 11. 1. 2002, IV A 4 – S 0550 – 1/02, BStBl. I 2002, 132, 133, Tz. 5.2.

Verfahrensrechtlich wird dem Schuldner der Erlass nicht sofort gewährt, sondern lediglich 257
in Aussicht gestellt, wenn noch nicht alle Bedingungen erfüllt sind, wie die Zustimmung der
übrigen Gläubiger oder Zahlungen und Aufrechnungen abzuwarten sind. Dies reicht als
Zustimmung zu dem außergerichtlichen Schuldenbereinigungsplan zunächst aus. Dadurch
wird die vollständige Erfüllung der Vereinbarung und der künftigen Steuerpflichten abgesichert. Auch in dem gerichtlichen Restschuldbefreiungsverfahren wird die Restschuldbefreiung gem. § 291 zunächst lediglich in Aussicht gestellt.

Der außergerichtliche Schuldenbereinigungsplan hat gem. § 308 Abs. 1 Satz 2 i. V. m. 258
§ 794 Abs. 1 Nr. 1 ZPO die Wirkung eines Vergleichs. Insoweit ist der Schuldenbereinigungsplan vollstreckbar. Die Verwaltungsvollstreckbarkeit der in dem Schuldenbereinigungsplan enthaltenen Steuerforderungen ist durch § 251 Abs. 2 AO[778] eigenständig
geregelt und abgesichert.

Kosten des Insolvenzverfahrens können allerdings nicht als außergewöhnliche Belastungen
geltend gemacht werden.[779]

3. Schuldenbereinigungsverfahren. Ist der außergerichtliche Einigungsversuch gescheitert, und sind die fehlenden Zustimmungen in einer Zwischenphase nicht gerichtlich 259
ersetzt worden, wird das Verfahren über den Eröffnungsantrag gem. § 311 von Amts wegen
wiederaufgenommen und nach vereinfachten Grundsätzen abgewickelt.

Bevor das Gericht die Zustimmung zu dem vorgelegten Schuldenbereinigungsplan in
dieser Zwischenphase eventuell ersetzt, werden die Gläubiger noch einmal gerichtlich zur
Stellungnahme binnen einer Notfrist von einem Monat (§ 307 Abs. 1) aufgefordert.

Das Finanzamt wird die Abgabenrückstände und Vermögensverhältnisse aktuell überprüfen und dabei die Festsetzungsstelle einbeziehen. Bei Unvollständigkeit haben fristgerechte Ergänzungen zu erfolgen. Noch nicht festgesetzte oder nicht angemeldete Steueransprüche, die bis zum Ablauf der Notfrist entstehen aber bereits begründet sind, können 260
vorab geschätzt werden. Kommt das Finanzamt der Aufforderung zur Stellungnahme nicht
fristgerecht nach, so wird die Zustimmung nach § 307 Abs. 2 fingiert.

Die Erwägungen die das Finanzamt für die Zustimmungsentscheidung anstellt, sind die 261
selben, wie sie bereits für die Zustimmung zu dem außergerichtlichen Schuldenregulierungsplan angestellt wurden. Auch hier geht es also um die bereits zuvor geprüften Billigkeitserwägungen.

Das Finanzamt muss jetzt jedoch noch stärker darauf gefasst sein, dass eine gerichtliche
Ersetzung der Zustimmung erfolgen kann,[780] zu der es gem. § 309 Abs. 2 noch einmal gehört
werden wird. In einer solchen Anhörung kann die gerichtliche Ersetzung der Zustimmung
nur dadurch mit Sicherheit verhindert werden, dass gem. § 309 Abs. 3 Tatsachen glaubhaft
gemacht werden, aus denen sich ergibt, dass die Angaben des Schuldners dem Grunde oder der
Höhe nach unrichtig sind, und daher eine unverhältnismäßige Beteiligung zu den übrigen
Gläubigern vorliegt oder eine Schlechterstellung gegenüber einem Insolvenzverfahren mit
anschließender Restschuldbefreiung vorliegt (§ 309 Abs. 1 Satz 2). Scheitert der Schuldenbereinigungsplan hieran, wird das Verfahren gem. § 311 wieder aufgenommen. Wird die
Zustimmung ersetzt, gilt der Schuldenbereinigungsplan als angenommen (§ 308 Abs. 1
Satz 1). Dadurch wird allerdings kein abgabenrechtlicher Verwaltungsakt ersetzt.[781] § 309
regelt insoweit eine insolvenzrechtliche Entscheidung, die insolvenzsteuerrechtlich korrekt ist.

Gegen einen die Zustimmung ersetzenden Beschluss steht dem Finanzamt gem. § 309 262
Abs. 2 Satz 3 die sofortige Beschwerde zu.

In einem Verfahren auf Grund eines Schuldenbereinigungsplans ist die fiskalische Forderung durch § 231 Abs. 1 AO[782] vor einer Verjährung im Falle der Nichterfüllung des

---

[778] § 251 Abs. 2 AO neu gefasst durch das Steuerbereinigungsgesetz 1999.
[779] *Kirchhof/Mellinghoff* EStG § 33 RdNr. 100.
[780] Vgl. OLG Köln ZIP 2000, 2263; *Farr*, RdNr. 261.
[781] Vgl. OLG Köln ZIP 2000, 2263.
[782] § 231 Abs. 1 AO ist ergänzt durch das Steuerbereinigungsgesetz 1999.

Schuldenbereinigungsplans geschützt. Die Vollstreckbarkeit der Steuerforderung im Wege der Verwaltungsvollstreckung regelt § 251 Abs. 2 AO auch für den gerichtlichen Schuldenbereinigungsplan ausdrücklich.

263 **4. Vereinfachtes Insolvenzverfahren.** Das vereinfachte Insolvenzverfahren der §§ 311 ff. wird wesentlich durch den gerichtlich bestellten Treuhänder geprägt.

Das Finanzamt hat seine Angabenansprüche nunmehr bei dem Treuhänder anzumelden, da dieser als Vertreter des Schuldners i. S. d. §§ 34, 35 AO anzusehen ist, weil er zumindest grundsätzlich gem. § 313 Abs. 1 die Aufgaben eines Insolvenzverwalters wahrnimmt. Steuerpflichtiger ist er nach § 34 AO allerdings nur, wenn er das Unternehmen des Schadens fortführt oder die Insolvenzmasse liquidiert.[783] Anderenfalls ist er nämlich kein Vermögensverwalter i. S. d. § 34 Abs. 3 AO.

IX. Restschuldbefreiung

Schrifttum: *Graf-Schlicker/Livonius*, Restschuldbefreiung und Verbraucherinsolvenz nach der InsO 1999; *Kroschel/Wellisch*, Die steuerliche Behandlung der Restschuldbefreiung nach den §§ 286 ff. der neuen Insolvenzordnung, DStR 1998, 1661; *Scholz*, Verbraucherkonkurs und Restschuldbefreiung nach der neuen Insolvenzordnung, DB 1996, 765.

Kollisionsnormen: §§ 286 ff.

264 Das Restschuldbefreiungsverfahren (§§ 286 ff.) ist ein eigenständiges Verfahren das der Schuldner, soweit es sich um eine natürliche Person handelt, beantragen kann. Dies gilt unabhängig davon, ob gegen den Schuldner ein Regel- oder Verbraucherinsolvenzverfahren stattfindet. Nach dem Referentenentwurf zur Reform der Verbraucherinsolvenz soll dabei zukünftig nach Abweisung des Insolvenzverfahrens unmittelbar in das Verfahren der Restschuldbefreiung übergegangen werden können.[784] Der Antrag ist nach derzeitigem Recht in jedem Fall spätestens im Berichtstermin zu stellen (§ 287 Abs. 1 Satz 2). Dem Antrag ist eine Erklärung nach § 287 Abs. 2 beizufügen, die jedoch keine Steuererstattungsgründe umfasst.[785] Durch die Gewährung der Restschuldbefreiung erlangt der Schuldner letztlich eine umfassende Tilgungswirkung gegenüber allen Gläubigern (§ 301 Abs. 1), also auch gegenüber dem Fiskus als Gläubiger von Steuerschulden. Eine Zustimmung der Finanzbehörde ist nicht erforderlich. Während des Insolvenzverfahrens und der Wohlverhaltensperiode sind alle Forderungen lediglich nach den insolvenzrechtlichen Regeln durchsetzbar, insbesondere soweit ein Restschuldbefreiungsplan (Treuhandphase) zu berücksichtigen ist. Einzelne Vollstreckungen sind während des gesamten Insolvenz- bzw. Restschuldbefreiungsverfahrens verboten (§ 89 bzw. § 294 Abs. 1). Eine Restschuldbefreiung – soweit sie von dem Insolvenzgericht nicht versagt wird – wirkt jedoch nicht hinsichtlich der Ansprüche eines Gläubigers aus unerlaubter Handlung (§ 302 Nr. 1) und auch nicht hinsichtlich Zahlungsansprüchen wegen Geldstrafen und Geldbußen (§ 302 Nr. 2 i. V. m. § 39 Abs. 1 Nr. 3).

265 Die Restschuldbefreiung kann gem. § 290 Abs. 1 und § 295 Abs. 1 vom Gericht versagt werden, wenn einer der dort enumerativ aufgezählten Gründe vorliegt oder er wegen einer Insolvenzstraftat verurteilt wird (§ 297). Die Versagung kann nach § 291 Abs. 2 und § 296 Abs. 1 von einem Gläubiger beantragt werden. Dabei muss jedoch der Versagungsgrund glaubhaft gemacht werden. Insoweit hat auch das Finanzamt zu prüfen, ob ein Grund vorliegt, nach dem die Restschuldbefreiung zu versagen ist. In diesem Fall ist im Wege schlichten Verwaltungshandelns ein entsprechender Antrag an das Insolvenzgericht zu stellen, gegen den der Schuldner mit dem Ziel einer Ermessensüberprüfungsleistungsklage erheben kann. Dabei steht ihm vorläufiger Rechtsschutz nach § 14 FGO zu.

---

[783] *Hess/Mitlehner* II RdNr. 34; *Maus* ZInsO 1999, 683, 689; *Onusseit* ZInsO 2000, 363, 365; aA OFD Nürnberg, v. 7. 8. 2001, S 0130 – 1024/St 24, AOK § 30 Abs. 4 Nr. 1 AO Karte 3, LEXinform-Dok.-Nr. 0575877.
[784] BR-Drucks. v. 12. 10. 2007, 600/07; vgl. Regierungsentwurf unter www.bmj.de/verbraucherinsolvenz mit seinem Inkrafttreten soll nach Aussage des BMJ vom Februar 2008 Ende 2008 gerechnet werden.
[785] Vgl. LG Koblenz ZInsO 2000, 507 und dazu *Albertz/Busch* ZInsO 200, 491.

Hierbei kommt insbesondere der Versagungsgrund des § 290 Abs. 1 Nr. 2 in Betracht, bei dem der Schuldner zur Vermeidung von Steuerzahlungen in den letzten drei Jahren vor dem Antrag auf Eröffnung des Insolvenzverfahrens oder nach diesem Antrag schuldhaft schriftlich unrichtige oder unvollständige Angaben über seine wirtschaftlichen Verhältnisse gemacht hat. Dies ist denkbar bei Anträgen auf Vollstreckungsaufschub, Erlass und Stundung oder allgemein bei der Abgabe von Vermögensverzeichnissen und Steuererklärungen.[786] Unter § 290 Abs. 1 Nr. 2 fällt jedoch nicht die fehlende Abgabe von Steuererklärungen, da dort nur die pflichtwidrig falsche oder unvollständige schriftliche Erklärung geregelt ist.[787]

Im Falle einer selbständigen Tätigkeit des Schuldners kann das Finanzamt ein berechtigtes Interesse daran haben, die Rechnungslegung des Treuhänders auf Schlüssigkeit zu überprüfen, denn der Schuldner ist in diesem Fall nach § 295 Abs. 2 verpflichtet, die Gläubiger so zu stellen, als ob er ein angemessenes Dienstverhältnis eingegangen wäre. Ein in diesem Zusammenhang gestellter Wiedergestaltungsantrag (§ 35 Abs. 6, 12 GewO) ist bei nachgewiesener wirtschaftlicher Leistungsfähigkeit positiv zu bescheiden.[788] **266**

Nach erteilter Restschuldbefreiung (§ 289) können sämtliche Forderungen, die Bestandteil des Insolvenzverfahrens waren oder hätten sein können, gegenüber dem Schuldner nicht mehr geltend gemacht werden (§ 301 Abs. 1). Hierunter fallen sämtliche bis zur Verfahrenseröffnung entstandenen Forderungen, nicht also die der Neugläubiger (vgl. § 38).[789] Deshalb empfiehlt es sich für den Schuldner rechtzeitig bisher nicht abgegebene Steuererklärungen bei dem Finanzamt einzureichen. Zwar kommt es auf die Veranlagung und Fälligkeit insolvenzrechtlich nicht an,[790] sondern es sind Steuerforderungen i. S. v. § 38 schon dann „begründet", wenn der zivilrechtliche Tatbestand, der zur Entstehung der Steueransprüche führt, vom Schuldner vor Verfahrenseröffnung bereits verwirklicht worden ist.[791] Jedoch können mitunter schwierige Auseinandersetzungen vermieden werden. Gem. § 301 Abs. 2 bleiben Rechte gegen Mitschuldner und Bürgen des Schuldners allerdings unberührt. **267**

Soweit die Restschuldbefreiung nicht erteilt wird, ist die Steuerforderung gem. § 231 Abs. 1 AO[792] vor einer Zahlungsverjährung abgesichert. **268**

C. Internationales Insolvenzsteuerrecht

Verwaltungsauffassung: BMF-Schreiben v. 23. 2. 1983, IV C 5 – S 1341 – 4/83, BStBl. I 1983, 218 (Verwaltungsgrundsätze); v. 24. 12. 1999, IV B 4 – S 1300 – 111/99, BStBl. I 1999, 1076 (Betriebsstättenerlass); v. 12. 4. 2005, IV B 4 – S 1341 – 1/05, BStBl. I 2005, 570 (Verwaltungsgrundsätze-Verfahren);

Bücher: *Baranowski*, Besteuerung v. Auslandsbeziehungen 2. Auflage 1996; *Becker/Höppner/Grotherr/Kroppen*, DBA-Kommentar, 1997, Stand November 2007; *Blümich*, Einkommensteuergesetz, Körperschaftsteuergesetz, Gewerbesteuergesetz, Stand Dezember 2007; *Debatin/Wassermeyer*, Doppelbesteuerung, Kommentar zu allen deutschen Doppelbesteuerungsabkommen, 11. Auflage 2006, Stand Januar 2008; *Flick/Wassermeyer/Baumhoff*, Außensteuerrecht Kommentar, Stand November 2007; *Frotscher*, Internationales Steuerrecht, 2005; *ders.*, Umsatzsteuer im Konkurs, in Woerner, Umsatzsteuer in nationaler und europäischer Sicht, 1990; *Gassner/Lang/Lechner*, Personengesellschaften im Recht der Doppelbesteuerungsabkommen, 2000; *Gottwald*, Grenzüberschreitende Insolvenzen, 1997; *Jacobs*, Internationale Unternehmensbesteuerung, 5. Auflage, 2007; *Kluge*, Das Internationale Steuerrecht, 4. Auflage, 2000; *Mössner*, Steuerrecht international tätiger Unternehmen, 1992; *Rau/Dürnwächter*, Kommentar zum Umsatzsteuergesetz, 8. Auflage, 1997, Stand Februar 2008; *Schaumburg*, Internationales Steuerrecht, 1998, 2. Auflage; *Sikorski*, Umsatzsteuer im Binnenmarkt, 5. Auflage 2007; *Vogel/Lehner*, Doppelbesteuerungsabkommen, Kommentar auf der Grundlage der Musterabkommen, 4. Auflage, 2003; *Wassermeyer*, Doppelbesteuerungsabkommen, OECD-Musterabkommen, 5. Auflage, 1999; *ders.*, Internationales Steuerrecht der Bundesrepublik Deutsch-

---

[786] *Gottwald/Schmidt-Räntsch* § 79 RdNr. 9.
[787] Vgl. OLG Köln ZIP 2001, 466, 467; *Frotscher*, S. 282; *Gottwald/Schmidt-Räntsch* § 79 RdNr. 9.
[788] *Leibner* ZInsO 2002, 61 ff.
[789] HK-*Landfermann* § 286 RdNr. 3; *Römermann* in *Nerlich/Römermann* § 301 RdNr. 8; *Häsemeyer*, RdNr. 26.62.
[790] Vgl. oben RdNr. 43.
[791] Vgl. MünchKommInsO-*Ehricke* § 38 RdNr. 25.
[792] Insoweit ergänzt durch das Steuerbereinigungsgesetz 1999.

land, 2001; *ders.*, Handbuch des Außensteuerrechts 2008; *Wassermeyer/Andresen/Ditz*, Betriebsstättenhandbuch, 2006.

Aufsätze: *Cordewener*, Deutsche Unternehmensbesteuerung und europäische Grundfreiheiten – Grundzüge des materiellen und formellen Rechtsschutzsystems der EG, DStR 2004, 6; *Cordewener/Schnitger*, Europarechtliche Vorgaben für die Vermeidung der internationalen Doppelbesteuerung im Wege der Anrechnungsmethode, StWi 2006 0050; *Schütz*, Zollamtliche Belege und Ersatzbelege für den Abzug der Einfuhrumsatzsteuer, UR 1981, 4; *Siebert*, Vollstreckung durch die deutsche Finanzverwaltung bei ausländischen Insolvenzen?, IStR 2006, 416.

327 Das internationale Steuerrecht beinhaltet steuerrechtliche Maßnahmen, die Sachverhalte mit Auslandsberührung zum Gegenstand haben. Es ist auch im Rahmen von Insolvenzverfahren zur Vermeidung von Doppelbesteuerungen bei grenzüberschreitenden Sachverhalten relevant. Eine Doppelbesteuerung liegt vor, wenn derselbe Steuerpflichtige mit den gleichen Einkünften gleichzeitig in zwei oder mehreren Staaten zu gleichen oder vergleichbaren Steuern herangezogen wird.[793] Weiterhin gehören zum Internationalen Steuerrecht aber auch die Problematik der Anrechnung ausländischer Verluste und die Besteuerung bei anderen Auslandsbeziehungen. Zu dem letzten Problemkreis ist insbesondere auch die Regelung der Steuerflucht in Niedrigsteuerländer zu zählen.

328 Grundsätzlich umfasst das Internationale Steuerrecht einerseits das nationale, auf internationale Sachverhalte ausgerichtete Außensteuerrecht. Andererseits beinhaltet es völkerrechtliche Verträge, insbesondere die Abkommen zur Vermeidung der Doppelbesteuerung (DBA). Diese werden durch Zustimmung nach Art. 59 Abs. 2 und Art. 105 GG in innerstaatliches Recht umgesetzt und gehen gem. § 2 AO den deutschen Steuergesetzen vor. Die Staaten, mit denen Deutschland ein DBA abgeschlossen hat, werden jeweils zu Jahresbeginn vom Bundesministerium der Finanzen im BStBl. I mitgeteilt.[794] Schließlich grenzt supranationales EG-Recht die Steueransprüche mehrerer Staaten gegeneinander ab.[795]

329 Einkünfte sind im Inland jedoch nur dann steuerpflichtig, wenn sie einer der Einkunftsarten des EStG zugerechnet werden können. Der Kreis der steuerpflichtigen Einkünfte kann also durch DBA nicht erweitert werden, weil diese ausschließlich die Zuweisung des Besteuerungsrechts für die jeweiligen Einkünfte sowie die Vermeidung einer etwaigen Doppelbesteuerung regeln.

330 Das übergeordnete EU-Recht ist von dem vorstehend beschriebenen nationalen Steuerrecht der Staaten unabhängig anzuwenden. Das nationale direkte Steuerrecht wird zunehmend durch das übergeordnete EG-Recht überlagert, so dass sich jede nationale Kompetenzausübung innerhalb des EG-rechtlich zulässigen Rahmens bewegen muss. Der vom EuGH aus den EG-Grundfreiheiten abgeleitete Diskriminierungsschutz geht beträchtlich über das übliche Schutzniveau der DBA hinaus.[796]

331 Das ausländische Steuerrecht eines anderen Staates ist schließlich eine für den jeweiligen Staat eigenständige Regelung, die grundsätzlich keine unmittelbare Auswirkung auf das (deutsche) internationale Steuerrecht hat. Erfolgt sowohl nach ausländischem, als auch nach inländischem Steuerrecht für den gleichen Tatbestand eine Besteuerung, bedarf es gegebenenfalls eines Rückgriffs auf die Regelungen im DBA zur Klärung der Frage, welcher der beiden Staaten das Besteuerungsrecht hat. Nach nationalem Recht kann die Doppelbesteuerung allenfalls nach den Regelungen des § 34c EStG bzw. § 26 Abs. 1 KStG im Wege der Anrechnung der ausländischen auf die deutsche Einkommen- oder Körperschaftsteuer beseitigt werden.

I. Persönliche Steuerpflicht

332 Das nationale Besteuerungsrecht für Tatbestände mit Auslandsberührung knüpft bei natürlichen Personen an die Regelungen zur persönlichen Steuerpflicht an. Hiernach ist

---
[793] *Jacobs*, S. 3.
[794] Stand 1. 1. 2007 in BStBl. I 2007, 101.
[795] *Schaumburg*, RdNr. 1.1 ff., 16 ff.
[796] *Cordewener/Schnitger*, StuW 2006, 50, 51 ff.

zwischen der unbeschränkten Steuerpflicht nach § 1 Abs. 1 bis 3 EStG einerseits und der beschränkten Steuerpflicht nach § 1 Abs. 4 EStG andererseits zu unterscheiden. Eine unbeschränkte Steuerpflicht liegt vor, wenn der Steuerpflichtige im Inland entweder einen Wohnsitz oder seinen gewöhnlichen Aufenthalt hat. Dies bestimmt sich wiederum nach den §§ 8 bzw. 9 AO.

Die unbeschränkte Steuerpflicht bringt eine Welteinkommensbesteuerung mit sich. Auf den Ort der Einkünfteerzielung kommt es dabei nicht an, auch die ausländischen erzielten Einkünfte werden in die Bemessungsgrundlage mit einbezogen.[797] Eine beschränkte Steuerpflicht für inländische Einkünfte i. S. d. § 49 EStG besteht gem. § 1 Abs. 4 EStG, wenn der Steuerpflichtige im Inland weder einen Wohnsitz noch seinen gewöhnlichen Aufenthalt hat.

Die Konsequenz dieser Unterscheidung ist – vorbehaltlich einschränkender DBA-Regelungen – eine Besteuerung des unbeschränkt Steuerpflichtigen nach dem Welteinkommensprinzip gem. § 2 Abs. 1 EStG und eine Besteuerung lediglich der inländischen Einkünfte des beschränkt Steuerpflichtigen gem. § 49 EStG. **333**

Bei der Tatbestandsprüfung der unbeschränkten und beschränkten Steuerpflicht ist für das Merkmal „Inland" der Geltungsbereich des EStG und für den Wohnsitz i. S. d. § 8 AO auf die objektiven Umstände, dass heißt den Lebensmittelpunkt für einen mehrere Monate dauernden Zeitabschnitt abzustellen.[798] Ihren Wohnsitz hat eine Person gem. § 8 AO dort, wo sie eine Wohnung unter Umständen inne hat, die darauf schließen lassen, dass sie die Wohnung beibehalten und nutzen wird. Die Wohnung muss dabei zum dauernden Wohnen geeignet sein und den wirtschaftlichen und persönlichen Verhältnissen des Steuerpflichtigen entsprechen. Ein Steuerpflichtiger kann auch mehrere Wohnsitze haben. Für die unbeschränkte Steuerpflicht genügt es, wenn einer davon im Inland liegt. **334**

Ein Steuerpflichtiger hat seinen gewöhnlichen Aufenthalt gem. § 9 AO dort, wo er sich unter Umständen aufhält, die erkennen lassen, dass er dort nicht nur vorübergehend verweilen wird. Durch einen von Beginn an zeitlich zusammenhängenden Aufenthalt von mehr als sechs Monaten wird ein gewöhnlicher Aufenthalt begründet. Der gewöhnliche Aufenthalt erfordert ein beabsichtigtes oder ständiges Verweilen. Mehrere kurze miteinander nicht zusammenhängende Aufenthalte reichen daher nicht aus.[799] Für die Besteuerung unbeachtlich ist die Staatsangehörigkeit der Person. **335**

Auch insolvenzsteuerrechtlich ist die unbeschränkte Steuerpflicht unabhängig von der Nationalität der Personen relevant, da eine ausländische Person dem deutschen (internationalen) Insolvenzrecht unterfallen kann, wenn sie analog § 3 Abs. 1 Satz 1 ihren allgemeinen Gerichtsstand in Deutschland hat.[800] Dieser besteht gem. § 3 Nr. 1 Satz 2 auch dann in Deutschland, wenn ohne Wohnsitz der Mittelpunkt einer selbständigen wirtschaftlichen Tätigkeit im Inland vorliegt. Gem. §§ 13 ff. ZPO sind deutsche Gerichte zuständig, wenn ein inländischer Wohnsitz besteht, dieser zuletzt bestand, oder der gewöhnliche Aufenthalt im Inland besteht. Dies ist mit den steuerrechtlichen Regelungen der § 1 Abs. 1 EStG, §§ 8 und 9 AO im Wesentlichen deckungsgleich. **336**

Insolvenzsteuerrechtlich irrelevant ist dagegen die Besteuerung einer beschränkt steuerpflichtigen Person, die weder einen Wohnsitz noch einen gewöhnlichen Aufenthalt oder wirtschaftlichen Mittelpunkt in Deutschland aufweist. Auch dies gilt wiederum unabhängig von ihrer Nationalität. Über eine beschränkt steuerpflichtige Person kann in Deutschland wegen dem fehlenden allgemeinen Gerichtsstand[801] kein Insolvenzverfahren stattfinden.[802] **337**

---

[797] *Kluge*, RdNr. M 18 ff.
[798] Zu dem Zeitmoment des Wohnsitzes BFH v. 23. 11. 1988, II R 139/87, BStBl. II 1989, 182; v. 30. 8. 1989, I R 215/85, BStBl. II 1989, 956; v. 25. 1. 1989, I R 205/82, BStBl. II 1990, 687.
[799] BFH v. 19. 3. 1997, I R 69/96, BStBl. II 1997, 447; *Frotscher*, RdNr. 97 f.; *Schaumburg*, RdNr. 5.16.
[800] OLG Köln ZInsO 2001, 622, 623 f.; *Kübler/Prütting/Kemper* Anh. II Art. 102 EGInsO RdNr. 77; *Nerlich/Römermann/Mincke* Art. 102 EGInsO RdNr. 67; zu OLG Köln *Mankowski* EWiR 2001, 967.
[801] Vgl. Betriebsstätten-Verwaltungsgrundsätze v. 24. 12. 1999, BStBl. I 1999, 1076 Anhang 1, Tabelle 1; *Wassermeyer* in Flick/Wassermeyer/Baumhoff AStG § 7, Anm. 300.
[802] *Gottwald* in Gottwald § 128 RdNr. 2.

Insolvenzsteuerrecht 338–342 a

Gleiches gilt schließlich für Personen, die zwar auf Antrag gem. § 1 Abs. 3 EStG unbeschränkt steuerpflichtig sind, die aber gleichwohl keinen Wohnsitz oder allgemeinen Gerichtsstand aufweisen (Grenzpendler).[803]

338 Eine nach § 49 Abs. 1 Nr. 2 a EStG i. V. m. § 1 Abs. 4 EStG im Rahmen der beschränkten Steuerpflicht zu erfassende inländische Betriebsstätte eines ausländischen Bauunternehmers, der keinen Wohnsitz oder gewöhnlichen Aufenthalt in Deutschland hat, ist beispielsweise insolvenzsteuerrechtlich unbeachtlich.

339 Hinsichtlich des internationalen Steuerrechts ist insolvenzsteuerrechtlich also die inländische unbeschränkte Steuerpflicht eines Steuerschuldners mit Wohnsitz oder gewöhnlichem Aufenthalt in Deutschland zu berücksichtigen, sowie die ausländische Steuerpflicht eines deutschen Schuldners unter Berücksichtigung des ausländischen Steuerrechts und eines ggf. bestehenden DBA mit Deutschland.

340 Da es wegen mangelnden Bezugs zum Insolvenzsteuerrecht nicht notwendig ist, auf die beschränkte Steuerpflicht einzugehen, muss auch nicht die von der unbeschränkten Steuerpflicht abweichende Ermittlung der Bemessungsgrundlage, die abweichende Tarifregelung und das abweichende Erhebungsverfahren näher erläutert werden.[804]

341 Da es kein kodifiziertes deutsches internationales Steuerrecht gibt, können die einzelnen Sachverhalte nicht wie im internationalen Privatrecht einer passenden Kollisionsnorm zugeordnet werden. Das ist im internationalen Steuerrecht aber auch nicht erforderlich, da keine grundsätzliche Rechtsverfolgung, sprich Besteuerung, in Deutschland angestrebt ist. Vielmehr existiert in den nationalen Steuergesetzen eine klare Zuweisung an den jeweiligen Staat. Diese nationalen Zuweisungsregeln kommen aber nur zum Tragen, sofern im konkreten Einzelsachverhalt auch das DBA als höherrangiges internationales Recht eine entsprechende Zuweisung des Besteuerungsrechts vorsieht.

342 Probleme kann insoweit allenfalls das internationale Insolvenzrecht hervorrufen, wenn nämlich das inländisch zu besteuernde Einkommen von einem ausländischen Insolvenzverfahren im Rahmen der Vermögensbeschlagnahme erfasst wird (Art. 102 Abs. 1 EGInsO).[805] Das Insolvenzvermögen ist nämlich grundsätzlich einheitlich auch unter Einschluss des ausländischen Vermögens zu erfassen, wenn das ausländische Insolvenzrecht dies ähnlich wie die Auslegung zu § 35 regelt.[806] Soweit hier eine ausländische Kollisionsnorm an das deutsche Recht verweist, findet dies hier also eine Entsprechung. In dieser Situation ist die Kollision des fiskalischen Anspruchs oder im Falle einer auch inländischen Insolvenzeröffnung die Kollision zweier partieller Vermögensmassen vorstellbar.

342 a Ist ein Mitgliedstaat der Europäischen Union betroffen, so bestimmt sich ab dem 31. 5. 2002 die Eröffnung der Insolvenzverfahren nach der EG-Verordnung Nr. 1346/2000 des Rates v. 29. 5. 2000.[807] Das internationale Insolvenzrecht hat in den letzten Jahren gravierende Veränderungen erfahren. Dies ergibt sich eben vor allem daraus, dass mit Einführung der Europäischen Insolvenzverordnung europaweit einheitliche Regelungen für die Begründung der internationalen Zuständigkeit der Gerichte der Mitgliedstaaten geschaffen wurden. Das Ziel der Insolvenzverordnung ist es, dem Insolvenzverfahren grundsätzlich EU-weite Wirkung zu verleihen und gleichzeitig Lösungen für die Kollisionen zwischen

---

[803] Vgl. hierzu die „DBA" mit den Nachbarstaaten.
[804] Vgl. insoweit die Sondervorschriften des § 50 EStG für beschränkt Steuerpflichtige.
[805] Bis zur Einführung eines Europäischen Übereinkommens über Insolvenzverfahren (so *Balz* ZIP 1996, 948, 955) dessen Zeichnungsfrist ohne Annahme Großbritanniens abgelaufen ist, ist mit der knappen Regelung des Art. 102 EGInsO vorlieb zu nehmen, nachdem im Hinblick auf ein solches der neunte Teil der InsO über den Regierungsentwurf nicht hinaus kam (Text in *Balz/Landfermann,* unter Art. 102 EGInsO, S. 664 ff.). Ab dem 31. 5. 2002 tritt das EuIÜ in Kraft (Text: ABl. EG Nr. L 160 v. 30. 6. 2000, S. 1), abgedruckt in MünchKommInsO-*Reinhart,* Art. 102 EGInsO, Anhang 1 EuInsVO.
[806] Vgl. für Deutschland noch zu § 1 KO BGHZ 68, 16, 17; BGH ZIP 1983, 961; *Kilger/K. Schmidt* KO § 1 Anm. 1 B; *Kuhn/Uhlenbruck/Lüer,* RdNr. 57; *Mohrbutter/Mohrbutter/Wenner,* XXIII 58 f., 72 ff.; *Gottwald,* S. 10 ff.; *Grasmann* KTS 1990, 157, 174.
[807] ABl. EG Nr. L 160 v. 30. 6. 2000; vgl. dazu *Kemper* ZIP 2001, 1609 ff., auch abgedruckt in MünchKommInsO *Reinhart,* Art. 102 EGInsO, Anhang 1 EuInsVO.

den unterschiedlichen Rechtsordnungen der Mitgliedsstaaten anzubieten. Die Grundsätze der Einheitlichkeit und Universalität, also die Abwicklung der Insolvenz in einem einzigen Verfahren, in dem das gesamte Vermögen des Schuldners erfasst wird, gelten hierbei nur eingeschränkt.[808]

Die Kollision mit einem deutschen Fiskusanspruch ist leicht dahin aufzulösen, dass dieser sich dem ausländischen Insolvenzbeschlag beugen muss, und die Steuerforderung in dem ausländischen Insolvenzverfahren anzumelden ist.[809] Die Kollision zweier Partikularverfahren führt dazu, dass der deutsche Steuerfiskus seine Forderung bei dem Insolvenzverwalter anzumelden hat. Mit Eröffnung eines Insolvenzverfahrens in einem anderen EU-Mitgliedstaat wird die Vollstreckung durch die deutschen Finanzbehörden auf Grund des Vorrangs des Gemeinschaftsrechts unzulässig, so dass diese im Einzelfall die Einleitung eines Sekundärinsolvenzverfahrens zu prüfen haben. Sofern aber Drittstaaten das Universalitätsprinzip nicht anerkennen und dort kein Sekundärinsolvenzverfahren zulässig ist, kann eine Vollstreckung durch die Finanzverwaltung im Wege der Amtshilfe erfolgen.[810]

Im Falle einer sog. „echten Kollision", dass heißt beim Vorliegen von zwei Verfahren mit Anspruch auf universeller Beschlagwirkung, richtet sich das Schicksal der Steuerforderung nach der kollisionsrechtlichen Lösung des internationalen Insolvenzrechts. In diesem Zusammenhang könnte man folglich von dem internationalen Insolvenzsteuerrecht sprechen.

II. Grundsätze der Vermeidung einer Doppelbesteuerung

Für die unbeschränkte Steuerpflicht, so wie sie vorstehend beschrieben wurde, gilt das Welteinkommensprinzip. Dies führt, so könnte man meinen, grundsätzlich für den Steuerpflichtigen zu einer vereinfachten Versteuerung, da zusätzliche Einkünfte, die er in einem anderen Staat realisiert hat, dort nicht zu versteuern sind. Das Gegenteil ist jedoch der Fall. Der Steuerpflichtige kann außer in seinem Wohnsitzstaat zusätzlich in dem anderen Staat mit den dort realisierten ausländischen Einkünften auch noch der beschränkten Steuerpflicht unterliegen. Sofern er im anderen Staat einen (weiteren) Wohnsitz oder gewöhnlichen Aufenthalt hat unterliegt grundsätzlich auch dort das gesamte Welteinkommen der Besteuerung (Doppelansässigkeit). Zur Vermeidung einer Doppelbesteuerung richtet sich in diesem Fall die – nach den DBA nur einem Staat zuordenbare – Ansässigkeit entsprechend der sog. „tie-breaker-rule" i. S. d. Artikels 4 Abs. 2 des OECD-Musterabkommens (OECD-MA) zunächst nach dem Mittelpunkt der Lebensinteressen und – soweit dieser nicht bestimmt werden kann – nach dem gewöhnlichen Aufenthalt. Liegt dieser in beiden Staaten ist die Staatsangehörigkeit für die Bestimmung des Ansässigkeitsstaats maßgebend. Der andere (Quellen)Staat ist derjenige Staat, auf dessen Gebiet der zu besteuernde „Mehrwert" erwirtschaftet wird.[811]

Die DBA weisen in der Regel bei Einkünften aus unbeweglichem Vermögen bzw. Betriebsstätten, dem Belegenheitsstaat (Quellenstaat) das uneingeschränkte Besteuerungsrecht zu, während im Ansässigkeitsstaat eine Freistellung erfolgt (Artikel 6 bzw. 7 des OECD-MA). Hat also ein Unternehmer zwei Betriebsstätten in zwei verschiedenen Ländern, so regelt das jeweilige DBA eine Verteilung der Besteuerung der jeweiligen Betriebe auf die beiden Staaten. Die Freistellung gilt auch für Einkünfte aus nichtselbständiger Arbeit, für die – vorbehaltlich der sog. 183-Tage-Regelung sowie besonderer Grenzgängerregelungen – grundsätzlich der Tätigkeitsstaat als Quellenstaat das Besteuerungsrecht hat (Artikel 15 OECD-MA). Demgegenüber wird bei Einkünften aus Kapitalvermögen bzw. Lizenzen

---

[808] *Stollfuß* Handbuch zur Insolvenz, Teil 3, Kapitel 6, Abschn. V, RdNr. 13, 61; *Paulus* DStR 2005, 334.
[809] Vgl. Art. 18 Abs. 1, Art. 39 EGV; *Wimmer* ZInsO 2001, 97, 102; *Paulus* ZIP 2002, 729, 733.
[810] *Siebert* IStR 2006, 416, 417.
[811] *Frotscher,* RdNr. 205 f.; *Wassermeyer* in *Debatin/Wassermeyer,* Doppelbesteuerung, Systematik, Abschn. II, Art. 4 RdNr. 1 ff.

Insolvenzsteuerrecht 347–350

regelmäßig dem Ansässigkeitsstaat das Besteuerungsrecht zugewiesen, mit der Maßgabe, dass dem Quellenstaat ein Quellenbesteuerungsrecht eingeräumt wird (Artikel 10 bis 12 OECD-MA). Für die übrigen Einkünfte obliegt dem Ansässigkeitsstaat das alleinige Besteuerungsrecht.[812]

347 Soweit Deutschland und andere Staaten des Kontinents betroffen sind, sehen die DBA in den oben in RdNr. 346 genannten Fällen eine Freistellung der Bemessungsgrundlage von den ausländischen Einkünften vor. Anders verfahren die angelsächsischen Staaten, die untereinander erst zu einer Anrechnung der ausländischen Einkünfte nach einer grundsätzlichen Welteinkommensbesteuerung gelangen. Die jeweils einschlägige Methode zur Vermeidung einer Doppelbesteuerung ist regelmäßig in Art. 23 OECD MA aufgeführt. Dabei wird zwischen der Freistellungs- und Anrechnungsmethode unterschieden. Bei der Freistellungsmethode werden die Einkünfte im Ansässigkeitsstaat von der Besteuerung freigestellt, gleichzeitig aber im Rahmen des Progressionsvorbehalt berücksichtigt. Bei der Anrechnungsmethode hingegen rechnet der Ansässigkeitsstaat die im anderen Staat einbehaltene Steuer auf die auf die ausländischen Einkünften erhobene Steuer an. Diese Methode führt im Ergebnis bei Ansässigkeitsstaaten mit hohen Steuersätzen dazu, dass die Besteuerung vom niedrigen Niveau des Quellenstaates auf das höhere nationale Steuersatzniveau „hochgeschleust" wird.

348 Die Einbeziehung von freigestellten Einkünften in den Progressionsvorbehalt nach § 32 b EStG bezweckt die Vermeidung einer missbräuchliche Milderung der Steuerprogression durch Begründung mehrerer Betriebsstätten in verschiedenen Staaten zu verhindern. Danach erfolgt die Festsetzung mit einer ausgleichenden Progressionserhöhung. Hierbei sind jedoch negative ausländische (Verlust)Einkünfte gem. § 2 a EStG grundsätzlich progressionsmindernd zu berücksichtigen.[813]

349 Grundsätzlich sind bei Anwendung der Anrechnungsmethode bzw. in Fällen ohne DBA die ausländischen Verluste gem. § 2 a Abs. 1 EStG nur mit Einkünften der selben Art und aus dem selben Staat auszugleichen. Etwas anderes gilt lediglich nach § 2 a Abs. 2 EStG für sog. „aktive" Einkünfte aus einer Betriebsstätte, die fast ausschließlich die Herstellung oder Lieferung von Waren oder die Bewirkung von gewerblichen Leistungen zum Gegenstand hat.

Nach der Rechtsprechung des EuGH verstößt aber auch in DBA-Fällen die Beschränkung des Abzugs von Verlusten aus in einem anderen Mitgliedstaat belegenen Betriebsstätten oder unbeweglichem Vermögen gegen das Europarecht.[814] Damit stellt sich generell die Frage, ob die vom RFH entwickelte und vom BFH fortgeführte Rechtsprechung, wonach ausländische Verluste dann nicht zu berücksichtigen sind, wenn die Gewinne durch ein DBA freigestellt sind, noch anwendbar ist. Die Finanzverwaltung will das zur Nutzungswertbesteuerung ergangene, aber grundsätzlich auch für andere Einkunftsarten relevante Urteil des EuGH nur in den Fällen der Nutzungswertbesteuerung anwenden.[815] Nachdem die Europäische Kommission am 18. 10. 2007 ein Vertragsverletzungsverfahren (Az. 1998/4684) gegen Deutschland wegen seiner diskriminierenden Vorschriften zum Verlustausgleich eingeleitet hat, wird die restriktive deutsche Verwaltungsauffassung nicht haltbar sein.

350 Sieht das jeweilige DBA die Freistellungsmethode vor, können negative Auslandseinkünfte nach §§ 32 b Abs. 1 Nr. 3; 2 a Abs. 2 EStG grundsätzlich lediglich progressionsmindernd

---

[812] Vgl. im einzelnen *Wassermeyer* in *Debatin/Wassermeyer*, Doppelbesteuerung, Systematik Abschn. III, Art. 6–21; *Schaumburg*, RdNr. 16.204 ff.; *Kluge*, Teil 4 RdNr. 51 ff.

[813] Eine entsprechende Anwendung von Progressionsvorbehalten findet auch bei den anderen jeweils betroffenen Steuerarten statt. Vgl. insgesamt *Debatin* in *Debatin/Wassermeyer*, Doppelbesteuerung, Systematik, Abschn. III, RdNr. 81 ff.; *Frotscher*, RdNr. 167 ff.

[814] EuGH v. 21. 2. 2006, C 152/03, *Ritter Coulais*, DStR 2006, 362, 362 ff.; v. 29. 3. 2007, C 347/04, *Rewe Zentralfinanz, eG*, BStBl. II 2007, 492, 492 ff.; v. 18. 7. 2007, C 182/06, *Lakebrink*, DStR 2007, 1339, 1339 ff.; *Röhrbein* I WB 2007, Fach 11 A, 1141.

[815] BFH v. 28. 6. 2006, I R 84/04, BStBl. II 2006, 861; v. 22. 8. 2006, I R 116/04, BStBl. II 2006, 864; BMF-Schreiben v. 24. 11. 2006, IV B 3 – S 2118 a – 63/06, BStBl. I 2006, 763; *Cloer, Lavrelashvili*, BB 2007, 187; *Wilke* PIStB 2007, 249.

berücksichtigt werden.[816] Die oben unter RdNr. 349 dargestellten Grundsätze zur Europarechtswidrigkeit des § 2a EStG gelten in gleicher Weise für die Berücksichtigung eines negativen Progressionsvorbehalts.

351 Die vorstehenden Ausführungen gelten für Personengesellschaften grundsätzlich in gleicher Weise, denn bei ihnen findet zumindest nach nationalem Steuerrecht die Einkommensbesteuerung entsprechend dem Transparenzprinzip ausschließlich auf der Ebene der Gesellschafter statt (§ 15 Abs. 1 Nr. 2 EStG). Dementsprechend hängt die Anwendung des DBA von der Abkommensberechtigung des Gesellschafters ab. Die Personengesellschaft selbst gilt nur dann in einem Staat als ansässig und damit abkommenberechtigt, wenn die Steuer nach den eigenen Verhältnissen der Personengesellschaft und nicht nach den persönlichen Verhältnissen der Gesellschafter berechnet wird.[817]

351a Unternehmensgewinne sind grundsätzlich in dem Staat zu versteuern, in dem der Unternehmer eine Betriebsstätte unterhält. Dies setzt entweder eine feste Geschäftseinrichtung i. S. d. Artikel 5 Abs. 1 bis 4 OECD-MA voraus, durch die die Tätigkeit eines Unternehmens ganz oder teilweise ausgeübt wird oder aber eine sog. Vertreterbetriebstätte i. S. d. Artikels 5 Abs. 5 und 6 OECD-MA.[818]

Die Abgrenzung der Einkünfte zum Stammhaus bzw. einer Betriebsstätte erfolgt dabei entweder nach der direkten oder indirekten Methode. Bei Anwendung der direkten Methode gem. Artikel 7 Abs. 2 OECD-MA werden der Betriebsstätte die Gewinne zugerechnet, die sie hätte erzielen können, wenn sie eine gleiche oder ähnliche Geschäftstätigkeit unter gleichen oder ähnlichen Bedingungen als selbständiges, unabhängiges Unternehmen ausgeübt hätte (Selbständigkeitsfiktion). Hierzu sind die Leistungsbeziehungen zwischen Stammhaus und Betriebsstätte zu identifizieren und mit fremdüblichen Verrechnungspreisen zu bewerten. Die Aufwandszuordnung erfolgt gem. Art. 7 Abs. 3 OECD-MA nach dem Veranlassungsprinzip, unabhängig davon, in welchem Staat die Aufwendungen angefallen sind. Diese Vorgehensweise setzt eine separate Rechnungslegung für jede Betriebsstätte voraus.[819]

Demgegenüber wird bei der indirekten Methode nach Art. 7 Abs. 4 OECD-MA das Einheitsunternehmen entsprechend seiner rechtlichen Struktur als Einheit betrachtet und das Vermögen sowie dessen Gewinn mit Hilfe von Aufteilungsschlüsseln, die den Wertschöpfungsbeitrag abbilden (zB Kostenschlüssel) auf die Unternehmensteile aufgeteilt. Eine eigene Buchführung der Betriebsstätte ist hierbei nicht erforderlich. Die Finanzverwaltung erkennt die indirekte Methode grundsätzlich nur an, sofern Stammhaus und Betriebsstätte vergleichbare Funktionen ausüben.[820]

352 Bei verbundenen Unternehmen sind Gewinnkorrekturen im Rahmen von Betriebsprüfungen bei – vom international anerkannten Fremdvergleichsgrundsatz („dealing at arm's lenght") abweichenden – Vereinbarungen möglich, soweit dies nach innerstaatlichem Recht zulässig ist (§ 1 AStG, § 8 Abs. 3 KStG hinsichtlich vGA, verdeckte Einlage). Soweit die Gewinnkorrekturen im ausländischen Staat in Form einer gleichlautenden Gewinnminderung nicht angepasst werden (was regelmäßig der Fall ist), kommt es zu einer Doppelbesteuerung. Diese kann nur über die Einleitung eines Verständigungsverfahrens (Artikel 2 OECD-MA) unter Beteiligung der obersten Finanzbehörden der betroffenen Staaten beseitigt werden. Innerhalb der EU sieht die EG-Schiedsverfahrenskonvention bei mangelnder Verständigung der Finanzbehörden nach Ablauf einer Frist von 2 Jahren ein Schiedsver-

---

[816] Gem. § 2a Abs. 3 EStG konnte bis einschließlich VZ 1998 auf Antrag der ausländische Verlust, der nach deutschem Steuerrecht anzuerkennen ist, bereits von der Bemessungsgrundlage abgezogen werden. Ergeben sich in einem späteren Veranlagungszeitraum wieder positive Einkünfte aus dieser Betriebsstätte, so ist der gesamte abgezogene Betrag der Bemessungsgrundlage wieder hinzuzurechnen (Nachversteuerung bei späteren Gewinnen).
[817] *Frotscher*, RdNr. 339 ff.
[818] Vgl. hierzu unten RdNr. 371.
[819] *Andresen* in *Wassermeyer/Andresen/Ditz*, RdNr. 2.137 ff.
[820] BMF-Schreiben v. 24. 12. 1999, IV B 4 – S 1300 – 111/99, BStBl. I 1999, 1076, RdNr. 2.3 (Betriebsstättenerlass).

Insolvenzsteuerrecht

fahren ohne Beteiligung der nationalen Finanzbehörden vor, das zwingend zu einer Einigung und damit zur Beseitigung der Doppelbesteuerung führt. Sofern bei einem DBA mit einem Staat außerhalb der EU keine Verständigung zwischen den Finanzbehörden erzielt werden kann, wie dies zB im Verhältnis zur Schweiz oftmals der Fall ist, verbleibt nur eine Anrechnung der ausländischen Steuer im Billigkeitswege gem. § 163 AO in analoger Anwendung des § 34 c Abs. 3 EStG.[821]

353 Liegt eine Beteiligung an einer ausländischen Personengesellschaft vor, so gilt diese als Betriebsstätte des inländischen Gesellschafters. Die Qualifizierung der ausländischen Personengesellschaft bestimmt sich dabei nach dem steuerrechtlich in Deutschland maßgeblichen Typenvergleich (vgl. oben RdNr. 357). Es ist also zu prüfen, welchem deutschen Gesellschaftstyp die ausländische Gesellschaft entspricht. Die steuerrechtliche Behandlung im Sitzstaat ist für die deutsche Besteuerung nicht maßgebend. Findet für die Personengesellschaft in ihrem Sitzstaat ebenfalls das für die deutsche Besteuerung maßgebliche Trennungsprinzip Anwendung, so ergeben sich in der Praxis im Allgemeinen keine Schwierigkeiten.[822]

354 Demgegenüber begründet die Beteiligung an einer ausländischen Kapitalgesellschaft keine Betriebsstätte des inländischen Gesellschafters. Deutsche Steuerinteressen werden nur insoweit berührt, als die Gesellschaft im Inland über eine Betriebsstätte verfügt.[823] Inwieweit der Anteilseigner bei Ausschüttungen mit ausländischer Quellensteuer belastet wird, richtet sich grundsätzlich nach dem jeweiligen DBA (Artikel 10 OECD-MA). Im Inland unterliegt die Ausschüttung bei natürlichen Personen und Personengesellschaften als Anteilseigner ab 2009 der Besteuerung nach dem Teileinkünfteverfahren mit 60% der von der ausländischen Gesellschaft ausgeschütteten Gewinne (bis einschließlich 2008: Halbeinkünfteverfahren mit hälftiger Besteuerung).[824] Die ausländische Quellensteuer kann allerdings in voller Höhe gem. § 34 c Abs. 1 EStG auf die festzusetzende deutsche Einkommensteuer angerechnet werden.

Hat die ausländische Kapitalgesellschaft über längere Zeit[825] Verluste gemacht kommt eine Teilwertabschreibung und Verrechnung mit positiven inländischen Einkünften nur in Betracht, sofern die ausländische Kapitalgesellschaft eine aktive Tätigkeit i. S. d. § 2 a Abs. 2 EStG ausübt.[826] Anderenfalls ist gem. § 2 a Abs. 1 Nr. 3 a EStG lediglich eine Verrechnung mit positiven Einkünften derselben Art aus demselben Staat möglich. Die Teilwertabschreibung auf eine „aktive" Beteiligung ist bei Einzel- und Personenunternehmen gem. § 3 c Abs. 2 EStG ab dem Veranlagungszeitraum 2009 zu 60% steuerwirksam (bis einschließlich 2008: Halbeinkünfteverfahren mit hälftiger Steuerwirksamkeit).[827]

354 a Ein Veräußerungsgewinn bei Auslandsbeteiligung wird nach § 17 EStG besteuert, wenn der Anteilseigner an der Kapitalgesellschaft innerhalb der letzten fünf Jahre wesentlich unmittelbar oder mittelbar beteiligt war und kein Spekulationsgeschäft i. S. d. § 23 Abs. 1 Nr. 2 EStG vorliegt. Eine wesentliche Beteiligung setzt ab dem VZ 2002 eine Mindestbeteiligung von 1% voraus (§ 17 Abs. 1 EStG in der jeweiligen Fassung). Die Bemessungsgrundlage ist gem. § 17 Abs. 2 Satz 1 EStG der um die Anschaffungs- und Veräußerungskosten reduzierte Veräußerungspreis. In Verlustsituationen sind krisenbestimmte eigenkapitalersetzende Darlehen und Bürgschaften oder unentgeltliche Nutzungsüberlassungen als

---

[821] Vgl. unten RdNr. 363.
[822] BFH v. 24. 2. 1988, I R 95/84, BStBl. II 1988, 663, 664 ff.; *Baranowski*, RdNr. 339, 346; beispielsweise gilt das Transparenzprinzip auch in Österreich und der Schweiz, nicht aber in Spanien und den Niederlanden.
[823] Vgl. unten RdNr. 369 ff.
[824] Steuersenkungsgesetz v. 23. 10. 2000, BStBl. I 2000, 1433.
[825] § 6 Abs. 1 Nr. 1 und 2 EStG setzt eine voraussichtlich dauernde Wertminderung voraus und fordert zudem eine Wertaufholung. Zu letzterer vgl. *Strahl* KöSDi 2000, 1271. Ob die Teilwertabschreibung bei Insolvenz auch der Gesellschaft wegen des Wertaufholungsgebots generell zu versagen ist, scheint in Bezug auf die wirtschaftliche Identität über einen Zeitraum von fünf Jahren (§ 8 Abs. 4 KStG) unwahrscheinlich, soweit es sich nicht um einen Sanierungsfall handelt.
[826] Vgl. oben RdNr. 349.
[827] Vgl. zum Meinungsstand *Schmidt/Glanegger* EStG § 6 RdNr. 250; *Dautzenberg* FR 2001, 809; *Schön* FR 2001, 381.

nachträgliche Anschaffungskosten ansetzbar.[828] Kommt es zu einem Totalverlust der Einlage wegen Insolvenz auch der Gesellschaft, so wird dieser Verlust grundsätzlich erst mit Abschluss des ausländischen Insolvenzverfahrens realisiert.[829]

Veräußerungsgewinne und -verluste nach § 17 EStG unterliegen ab dem Veranlagungszeitraum 2009 ebenfalls dem Teileinkünfteverfahren nach § 3 Nr. 40 c EStG. Damit sind Beteiligungsverluste nur zu 60% steuerlich berücksichtigungsfähig (bis einschließlich 2008: Halbeinkünfteverfahren mit hälftiger Verlustberücksichtigung). Die Beurteilung von Kapitalherabsetzungsgewinnen oder Liquidationsgewinnen sowie verdeckten Gewinnausschüttungen als Dividende oder Veräußerungsgewinn ist umstritten.[830] Mit Blick auf Art. 13 Abs. 4 OECD-MA handelt sich um Veräußerungsgewinne. Handelt es sich um verdeckte Gewinnausschüttungen werden regelmäßig Gewinnkorrekturen erfolgen.[831] Gewinnkorrekturen erfolgen zudem bei verdeckten Einlagen und unentgeltlichen Nutzungsüberlassungen sowie Bürgschafts- und Patronatserklärungen, wenn diese keinen eigenkapitalsetzenden Charakter haben und innerhalb einer bestehenden Geschäftsbeziehung erfolgen (§ 1 AStG).[832]

einstweilen frei. **355**

III. Gewerbesteuer

Der Gewerbesteuer unterliegen Gewerbebetriebe i. S. d. § 15 Abs. 2 und 3 EStG, soweit diese im Inland betrieben werden (§ 2 Abs. 1 GewStG). Das gilt unabhängig davon, wo der Gesellschafter ansässig ist, da der Steuerschuldner bei Personengesellschaften gem. § 5 Abs. 1 Satz 3 GewStG die Gesellschaft ist. Insoweit besteht hier also eine Abweichung von der Einkommensbesteuerung der Personengesellschaften, die sich auf der Ebene der Gesellschafter abspielt (§ 15 Abs. 1 Nr. 2 EStG). Erstreckt sich der Gewerbebetrieb auch auf das Ausland, so werden nur die im Inland befindlichen Betriebsstätten der Besteuerung unterworfen. Dementsprechend sind hinsichtlich des internationalen Insolvenzsteuerrechts in erster Linie gewerbesteuerrechtliche Fragen zu inländischen Betriebsstätten ausländischer Unternehmer bedeutsam. **356**

Die Gewerbesteuer knüpft an einen im Inland betriebenen Gewerbebetrieb an. Der Gewerbebetrieb setzt seinerseits voraus, dass eine Betriebsstätte unterhalten wird, das bedeutet, dass sie tatsächlich bestehen muss. Wird eine Betriebsstätte erst im Laufe des Jahres begründet, so ist für die Gewerbesteuer lediglich der Rest des Jahres der Erhebungszeitraum. Als Gewerbeertrag ist somit nur der in diesem Zeitraum entstandene Gewinn maßgebend ohne Berücksichtigung vorweggenommener Betriebsausgaben. Für die Abgrenzung des inländischen Betriebsstättengewinns vom Gewinn des Gesamtunternehmens gelten die oben unter RdNr. 351 a dargestellten Grundsätze entsprechend mit dem Unterschied, dass eine Vertreterbetriebsstätte keine Gewerbesteuer auslöst.[833] Im Übrigen gelten für die Ermittlung des Gewerbeertrags die allgemeinen Grundsätze der §§ 7 ff. GewStG.[834]

IV. Steuerpflicht der Kapitalgesellschaften und Vermeidung einer Doppelbesteuerung

Nach den Grundsätzen des internationalen Steuerrechts unterliegen auch ausländische Gesellschaften der beschränkten oder unbeschränkten Steuerpflicht im Inland, wenn sie dem **357**

---

[828] Vgl. BFH v. 6. 7. 1999, VIII R 9/98, BStBl. II 1999, 817; v. 13. 7. 1999, VIII R 72/98, BStBl. II 1999, 820, ZInsO 2000, 52; v. 12. 12. 2000, VIII R 62/93, BStBl. II 2001, 234; BMF-Schreiben v. 8. 6. 1999, IV C 2 – S 2244 – 12/99, BStBl. I 1999, 545; *Kling* NZG 2000, 872, 874; *Scholten* ZInsO 2000, 91, 92.
[829] Vgl. für Anteile an einer deutschen Gesellschaft BFH v. 25. 1. 2000, BStBl. II 2000, 343; vgl. auch oben RdNr. 35 b.
[830] Vgl. beispielhaft *Schaumburg,* RdNr. 16.345.
[831] Vgl. statt aller *Schaumburg,* RdNr. 18.69 ff.
[832] Vgl. BFH v. 29. 11. 2000, I R 85/99, BStBl. II 2002, 720, IStR 2001, 318; mit Anm. *Wassermeyer* IStR 2001, 319, 320.
[833] *Kluge,* Teil 5 RdNr. T 3, T 4.
[834] Vgl. oben RdNr. 110.

Insolvenzsteuerrecht 358–360   Internationales Insolvenzsteuerrecht

Typ einer deutschen Kapitalgesellschaft i. S. d. § 1 Abs. 1 Nr. 1 KStG entsprechen. Diese Qualifikation wird wegen der im Ausland oft abweichenden Rechtsformen der Gesellschaften nach dem sog. „Typenvergleich"[835] vorgenommen, wonach es genügt, wenn die für die vergleichbare deutsche Rechtsform typischen Merkmale vorhanden sind, sich die Gesellschaftsformen also ähnlich sind.[836]

358   Von insolvenzsteuerrechtlicher Relevanz ist nicht die insolvente ausländische Gesellschaft. Selbst wenn diese ausländische Gesellschaft in Deutschland steuerpflichtig ist (§ 2 Nr. 1 KStG), wird über ihr Vermögen nach internationalem Insolvenzverfahrensrecht grundsätzlich kein deutsches Insolvenzverfahren eröffnet, da sie ihren Sitz nicht in Deutschland hat, worauf es jedoch ankommt.[837] Eine Rechtsformidentität, die eine Registereintragung der ausländischen Gesellschaft ermöglicht, besteht regelmäßig nicht.[838] Anders sieht dies jedoch für die gewerbliche Niederlassung einer ausländischen Gesellschaft aus, die auch im Handelsregister eingetragen sein kann.[839] Diese hat einen deutschen Gerichtsstand, weshalb über ihr Vermögen nach Art. 102 Abs. 3 EGInsO mindestens ein deutsches Partikularinsolvenzverfahren oder im Falle eines ausländischen Hauptverfahrens auch ein Sonderinsolvenzverfahren[840] eröffnet werden kann. Insolvenzsteuerrechtlich ist in diesen Fällen wegen der Betriebsstättenproblematik das Trennungsprinzip d. h. eine strikte Unterscheidung zwischen der Kapitalgesellschaft und dem Gesellschafter anzuwenden. Das bedeutet, dass die Kapitalgesellschaft ein von der Person des Gesellschafters unterschiedener Rechtsträger ist, der selbständig besteuert wird. Dies hat zur Folge, dass eine von einem Rechtsträger in einem Staat beherrschte Kapitalgesellschaft in dem anderen Staat nicht als Betriebsstätte des Gesellschafters anzusehen ist, d. h. kein Durchgriff durch die Rechtsform der Kapitalgesellschaft erfolgt.[841]

In jedem Fall ist schließlich die deutsche Kapitalgesellschaft mit Beteiligungen im Ausland insolvenzsteuerrechtlich relevant.

359   **1. Deutsche Kapitalgesellschaft.** Befindet sich der Sitz oder die Geschäftsleitung der Gesellschaft in Deutschland, besteht nach § 1 Abs. 1 Nr. 1 KStG eine unbeschränkte Körperschaftssteuerpflicht. Es gilt das oben unter RdNr. 81 gesagte. Praktische Schwierigkeiten sind in der Insolvenzverwaltung zu erwarten, wenn die Gesellschaft ihren angemeldeten Sitz in Deutschland hat und hier unbeschränkt körperschaftsteuerpflichtig ist, aber der Ort der Geschäftsleitung und damit möglicherweise auch das Vermögen sich im Ausland befindet, weil handelsrechtliche Erwägungen nicht mehr weiterhelfen. Insolvenzsteuerrechtlich ist international die im Ausland unterhaltene Betriebsstätte zu beachten. Im Rahmen der unbeschränkten Körperschaftsteuerpflicht ist das gesamte Welteinkommen (§ 1 Abs. 2 KStG) einschließlich ausländischer Einkünfte wie zB ausländische Zinseinnahmen oder Einkünfte aus Vermietung zu veranlagen sofern ggf. das jeweilige DBA das Besteuerungsrecht für diese Einkünfte nicht dem ausländischen Staat zuweist. Sämtliche Einkünfte sind solche aus Gewerbebetrieb (§ 8 Abs. 2 KStG).

360   Insolvenzsteuerrechtlich interessant ist schließlich die Zwischenschaltung von sog. Basisgesellschaften in der Rechtsform einer Kapitalgesellschaft, mit der Vermögen und Einkünfte in Niedrigsteuerländer verlagert werden. Die von unbeschränkt steuerpflichtigen Gesellschaftern beherrschten Basisgesellschaften führen nicht allein zu Anfechtungstatbeständen, sondern sind auch steuerrechtlich nicht anerkannt. Charakteristikum der Basisgesellschaft ist

---

[835] Vgl. Betriebsstätten-Verwaltungsgrundsätze v. 24. 12. 1999, BStBl. I 1999, 1076, Anhang 1, Tabelle 1; *Wassermeyer* in Flick/Wassermeyer/Baumhoff AStG § 7, Anm. 300.
[836] Vgl. RFH v. 12. 2. 1930, VI A 899/27, RStBl. 1930, 444; BFH v. 23. 6. 1992, IX R 182/87, BStBl. II 1992, 972; *Jacobs*, S. 442; *Frotscher*, RdNr. 390.
[837] Vgl. BGHZ 134, 116, 131; BGH WM 1993, 1109, 1110; so auch ab dem 31. 5. 2002 Art. 3 Abs. 1 EuIÜ.
[838] Vgl. OLG Düsseldorf NJW 2001, 2184; RNotZ 2001, 287, 288 bis zu einer EU-Richtlinie zur Sitzverlegung.
[839] Vgl. bzgl. der Registereintragung EuGH v. 9. 3. 1999, NJW 1999, 2027 (Centros); Vorlagebeschluss des BGH ZIP 2000, 967.
[840] *Weis*, Art. 102 EGInsO, RdNr. 95 ff.; *Paulus* ZIP 1998, 977 ff.
[841] *Frotscher*, RdNr. 380 f.

stets das Streben nach Steuereinsparungen durch die Verlagerung von Einkünften in Niedrigsteuerländer. Fehlen wirtschaftliche und sonst beachtliche Gründe für die Errichtung der Gesellschaft und entfaltet diese keine wirtschaftliche Tätigkeit in Form einer Teilnahme am allgemeinen wirtschaftlichen Verkehr, gilt die Abschirmwirkung ausländischer Kapitalgesellschaften grundsätzlich insoweit nicht mehr und es kommt zu einem Durchgriff (§ 42 AO), indem die Einkünfte den inländischen Gesellschaftern unmittelbar zugerechnet werden.[842] Allerdings hat die jüngere BFH-Rechtsprechung hohe Anforderungen an die Annahme eines Rechtsmissbrauchs gestellt.[843] Auf Grund der Änderung des § 42 AO im Rahmen des Jahressteuergesetz 2008 hat zukünftig aber der Steuerpflichtige den Nachweis zu erbringen, dass kein Rechtsmissbrauch vorliegt. Alternativ ist bei fehlender Anwendbarkeit des § 42 AO die Hinzurechnungsbesteuerung nach den Regelungen des AStG anwendbar, nach der zwar die ausländische Kapitalgesellschaft anerkannt wird, die im Inland erzielten Gewinne der Tochtergesellschaft jedoch den Einkünften nach §§ 7 ff. AStG hinzugerechnet werden.[844] Dafür muss sich ein unbeschränkt Steuerpflichtiger an einer ausländischen Gesellschaft beteiligt haben, die durch Steuerinländer beherrscht wird, unabhängig davon wer die Anteile unmittelbar hält.[845]

361 Die oben unter RdNr. 345 ff. dargestellten Grundsätze zur Vermeidung einer Doppelbesteuerung gelten für Kapitalgesellschaften grundsätzlich in gleicher Weise. Unter einer Doppelbesteuerung versteht man die Besteuerung desselben Steuergegenstands bei Identität (rechtliche Doppelbesteuerung) oder Verschiedenheit des Steuersubjekts (wirtschaftliche Doppelbesteuerung) in zwei Staaten mit vergleichbaren Steuern (Gewinnbesteuerung).[846] Sofern es trotz eines mit dem anderen Staat bestehenden DBA bei einer Doppelbesteuerung verbleibt, kann die Doppelbesteuerung durch die Einleitung eines Verständigungs- bzw. Schiedsverfahrens beseitigt werden.[847] Besteht mit dem anderen Staat kein DBA, so findet nach nationalem Recht die Anrechnungsmethode Anwendung.

362 Nach den Anrechnungsvorschriften des Körperschaftsteuergesetzes ist eine direkte Steueranrechnung möglich (§ 26 Abs. 1 und 6 KStG), die sich an § 34 c EStG ausrichtet. Auf Antrag ist alternativ der Abzug der ausländischen Steuer bei der Ermittlung der Einkünfte möglich. Der Abzug ist günstiger, falls eine Anrechnung der ausländischen Steuer daran scheitert, dass in dem betreffenden Veranlagungszeitraum keine deutsche KSt anfällt (zB infolge von Verlusten).

363 Voraussetzung für die Anrechnung ist bei der rechtlichen Doppelbesteuerung eine Ermittlung der ausländischen Einkünfte nach deutschem Steuerrecht. Nach § 34 c Abs. 1 Satz 4 EStG sind mit Wirkung ab 2004 abweichend von der ständigen Rechtsprechung des BFH[848] bei der Ermittlung der Einkünfte auch solche Betriebsausgaben zu berücksichtigen, die lediglich in einem wirtschaftlichen Zusammenhang mit den jeweiligen Einnahmen stehen (zB Refinanzierungskosten, anteilige Sach-, Personal- und Reisekosten).[849] Die bisherige BFH-Rechtsprechung, die einen direkten wirtschaftlichen Zusammenhang der Aufwendungen mit den Einnahmen voraussetzte, soll aber im Bereich der Betriebsstättengewinnermittlung weiterhin anwendbar bleiben.[850] Eine weitere Anrechnungskürzung sieht ab 2004 § 34 c Abs. 1 Satz 3 EStG vor, wonach ebenfalls entgegen der BFH-Rechtspre-

---

[842] BFH v. 10. 6. 1992, I R 105/89, BStBl. II 1992, 1029; v. 19. 1. 2000, I R 94/97, BStBl. II 2001, 222; v. 19. 1. 2000, I R 117/97, BFH/NV 2000, 824; v. 20. 3. 2002, I R 38/00, BStBl. II 2003, 819; v. 20. 3. 2002, I R 63/99, BStBl. II 2003, 50; *Jacobs*, S. 465, 468 ff.
[843] BFH v. 25. 2. 2004, I R 42/02, BStBl. II 2005, 14.
[844] Unabhängig von der Absenkung des KSt-Satzes auf 15% greift die Hinzurechnungsbesteuerung gem. § 8 Abs. 3 AStG weiterhin bereits bei einer unter 25% liegenden ausländischen Ertragsteuerbelastung.
[845] *Jacobs*, S. 471 ff.
[846] *Jacobs*, S. 3.
[847] Vgl. ausführlich oben RdNr. 352.
[848] BFH v. 16. 3. 1994, I R 42/93, BStBl. II 1994, 799, 801; v. 9. 4. 1997, I R 178/94, BStBl. II 1997, 657.
[849] *Müller/Dott* DB 2003, 1468.
[850] *Blümich/Wied* EStG § 34 d RdNr. 31.

chung⁸⁵¹ ausländische Einkünfte, die nicht der ausländischen Besteuerung unterliegen, bei der Berechnung des Anrechnungshöchstbetrags gem. § 34c Abs. 1 Satz 3 EStG unberücksichtigt bleiben. Die Berechnung erfolgt nach § 26 Abs. 1 KStG i. V. m. § 68a EStDV.

364 Für Dividenden ausländischer Tochtergesellschaften wirken sich diese Einschränkungen nicht negativ aus, weil diese bereits gem. § 8b Abs. 1 KStG steuerfrei bleiben. Nach § 8b Abs. 5 KStG gelten aber 5% der Dividende als nicht abzugsfähige Betriebsausgaben, so dass im Ergebnis nur 95% der Dividenden steuerfrei bleiben. Somit ist das Problem der Doppelbesteuerung in dieser Konstellation vernachlässigbar. Teilwertabschreibungen auf Beteiligungen an ausländischen Kapitalgesellschaften sind gem. § 8b Abs. 3 KStG ebenfalls nicht mehr zu berücksichtigen. Die Steuerfreiheit führt allerdings dazu, dass eine ggf. im Ausland definitiv gewordene Quellensteuer im Inland nicht nach § 34c Abs. 1 EStG i. V. m. § 26 Abs. 1 KStG anrechenbar ist. Ein möglicher Abzug der ausländischen Steuer bei der Ermittlung der Einkünfte scheidet zumindest ab 2007 durch die Neuregelung des § 34c Abs. 2 EStG aus (Jahressteuergesetz 2007).

365 Besteht jedoch ein DBA mit dem Staat, in dem eine Tochtergesellschaft ansässig ist oder eine Betriebsstätte liegt (vgl. dazu unter 2.), so ist die entsprechende Regelung zur Vermeidung der Doppelbesteuerung anzuwenden. Auch hierbei spielt es wiederum eine Rolle, dass die Betriebsstätte lediglich einen Teil des Gesamtunternehmens darstellt, mit den daraus resultierenden Aufteilungsproblemen. Dabei findet eine Aufteilung des Gesamtergebnisses auf das Stammhaus und die Betriebsstätte nach der direkten (getrennte Buchführung) oder indirekten Methode (Zerlegung der inländischen Gewinnermittlung) statt (vgl. oben RdNr. 351a). Die direkte Methode hat den Vorteil der verursachungsgerechten Ertrags- und Vermögenszuordnung. Indirekte Kosten werden dabei schätzungsweise zugeordnet.

366 Insolvenzrechtlich kann die direkte Methode zudem für Sanierungspläne hilfreich sein, da die Verbindlichkeiten und Einnahmen bereits aufgeteilt und nicht verteilt erkennbar sind. Gewinne und Verluste einzelner Betriebsteile sind also noch nicht ausgeglichen.

367 Insolvenzsteuerrechtlich führt dies darüber hinaus zu dem Ergebnis, dass die ausländische Besteuerung von Betriebsstättengewinnen je nach Gesellschaftsstruktur zu einem besseren Ergebnis bei einer Unternehmensfortführung führt, anderenfalls zur Masseschonung beiträgt. Andererseits können natürlich nach der direkten Methode ermittelte Betriebsstättenverluste im Inland bei Anwendung der Freistellungsmethode im DBA ebenfalls nicht berücksichtigt werden,⁸⁵² was allerdings lediglich für ein zurückliegendes noch nicht veranlagtes ertragreiches Jahr von Interesse wäre.

367a Die Überführung von Wirtschaftsgütern in die ausländische Betriebsstätte löst keine Besteuerung aus, sofern mit dem ausländischen Staat entweder kein DBA besteht oder aber das DBA für Betriebsstätteneinkünfte die Anrechnungsmethode vorsieht, weil die stillen Reserven weiterhin der deutschen Besteuerung unterliegen. Für den Regelfall eines DBA mit Freistellungsmethode ist die Besteuerung der stillen Reserven nach der Überführung in die ausländische Betriebsstätte aber nicht gesichert, mit der Folge, dass es gem. § 12 Abs. 1 Satz 1 KStG mit Wirkung ab 2006 zu einer fiktiven Veräußerung zum gemeinen Wert (SEStEG) kommt. Zur Vermeidung einer Sofortbesteuerung kann nach § 4g EStG bei Wirtschaftsgütern des Anlagevermögens ein Ausgleichsposten in Höhe des fiktiven Gewinns gebildet werden, der unabhängig von der Nutzungsdauer zu jeweils ⅕ aufzulösen ist.

368 Bei verbundenen Unternehmen im multinationalen Konzern sind die Geschäftsbeziehungen der Kapitalgesellschaften untereinander im Einklang mit den Fremdvergleichsgrundsatz i. S. d. Artikel 9 des OECD-MA zu gestalten. Dieser besagt, dass den Gewinn beeinflussende Geschäftsbeziehungen im internationalen Unternehmensverbund nach Bedingungen abzuwickeln sind, die auch voneinander unabhängige fremde Dritte unter gleichen oder ähnlichen Verhältnissen vereinbart hätten. Der insoweit für den Austausch von Gütern und

---

⁸⁵¹ BFH v. 20. 12. 1995, I R 57/94, BStBl. II 1996, 261.
⁸⁵² Vgl. Freistellung von Gewinnen und Verlusten nach Art. 23 A Abs. 1 OECD-MA.

Dienstleistungen anzusetzende Wertansatz wird als Verrechnungspreis bezeichnet. Dessen Angemessenheit ist regelmäßig Streitpunkt in Betriebsprüfungen. Die zur Bestimmung angemessener Verrechnungspreise entwickelten Standardmethoden sind in der Praxis nur eingeschränkt anwendbar, so dass eine Einigung mit der Betriebsprüfung oftmals nicht erzielt und die hieraus sich ergebende Doppelbesteuerung erst über ein Verständigungsverfahren beseitigt werden kann (vgl. oben RdNr. 352).[853] Zu beachten sind in diesem Zusammenhang auch die Verrechnungspreisdokumentationspflichten gem. § 90 Abs. 3 AO, deren Nichtbeachtung gem. § 162 Abs. 4 AO erhebliche Strafzuschläge zur Folge haben kann.[854]

2. Ausländische Kapitalgesellschaft mit inländischer Betriebsstätte. Liegt weder der Gesellschaftssitz noch der Ort der Geschäftsleitung im Inland, so unterliegt ggf. die inländische Betriebsstätte (§ 12 AO) nach § 2 Nr. 1 KStG der beschränkten Körperschaftsteuerpflicht. Diese Besteuerung bezieht sich lediglich auf die inländischen Einkünfte (§ 2 Nr. 1 KStG, § 8 Abs. 1 KStG, § 49 Abs. 1 Nr. 2 a KStG). Hinzu kommt auch hier wieder die Gewerbesteuer gem. § 2 Abs. 1 und 2 GewStG.

Nach nationalem Steuerrecht setzt eine Betriebsstätte voraus, dass im Inland eine – der Verfügungsmacht der ausländischen Gesellschaft unterliegende – feste Geschäftseinrichtung oder Anlage unterhalten wird, die der Ausübung der Unternehmenstätigkeit dient und für eine Mindestdauer von sechs Monaten besteht.[855] Als feste Geschäftseinrichtung oder Anlage kommen neben Räumlichkeiten alle körperlichen Gegenstände in Frage, die für die Ausübung der Unternehementätigkeit geeignet sind, ohne dass eine feste Verbindung zur Erdoberfläche oder der Einsatz von Personal notwendig ist (zB Server, Pipeline oder Verkaufsstände).[856] Eine Verfügungsmacht ist bereits bei rein faktischer Nutzungsmöglichkeit anzunehmen.[857]

Gem. § 12 Satz 2 Nr. 1 AO gilt auch die Stätte der Geschäftsleitung als inländische Betriebsstätte. Damit gilt jeder Ort, von dem aus Leitungsaufgaben erledigt werden, als Betriebsstätte des Unternehmens, insbesondere auch die Wohnung des Geschäftsführers.[858] Ist die inländische Geschäftsleitungsbetriebsstätte zugleich als Mittelpunkt der geschäftlichen Oberleitung i. S. d. § 10 AO anzusehen, unterliegt die ausländische Kapitalgesellschaft allerdings der unbeschränkten Körperschaftsteuerpflicht nach § 1 Abs. 1 KStG mit ihren Welteinkünften.[859]

Nach internationalem Abkommensrecht ist vor allem entscheidend, dass die betroffene Gesellschaft dem Regelungsbereich unterfällt (Art. 3 Abs. 1 b) OECD-MA). Außerdem muss sie in dem Vertragsstaat ansässig sein (Art. 4 OECD-MA) und es muss eine Betriebsstätte abkommensrechtlicher Art vorliegen (Art. 5 OECD-MA). Grundsätzlich gelten die oben unter RdNr. 369 erläuterten Betriebsstättenvoraussetzungen für das Abkommensrecht entsprechend. Allerdings ist tendenziell eine längere Mindestdauer von 12 Monaten und eine Beschränkung auf qualitativ und quantitativ bedeutsame Tätigkeiten vorgesehen. Demnach erfüllen reine Warenlager oder Einkaufsstellen sowie Einrichtungen zur Informationsbeschaffung oder für vorbereitende oder Hilfstätigkeiten (zB Repräsen-

---

[853] Vgl. zu den Standardmethoden BMF-Schreiben v. 23. 2. 1983, IV C 5 – S 1341 – 4/83, BStBl. I 1983, 218 (Verwaltungsgrundsätze) sowie v. 12. 4. 2005, IV B 4 – S 1341 – 1/05, BStBl. I 2005, 570 (Verwaltungsgrundsätze-Verfahren).

[854] BMF-Schreiben v. 12. 4. 2005, IV B 4 – S 1341 – 1/05, BStBl. I 2005, 570 (Verwaltungsgrundsätze-Verfahren).

[855] BMF-Schreiben v. 24. 12. 1999, IV B 4 – S 1300 – 111/99, BStBl. I 1999, 1076 (Betriebsstättenerlass), RdNr. 1.1.1.1.

[856] BFH v. 30. 10. 1996, II R 12/92, BStBl. II 1997, 12; v. 13. 9. 2000, X R 174/96, BStBl. II 2001, 734; v. 14. 7. 2004, I R 106/03, BFH/NV 2005, 154; FG Schleswig-Holstein v. 6. 9. 2001, II 1224/97, EFG 2001, 1535.

[857] BFH v. 14. 7. 2004, I R 106/03, BFH/NV 2005, 154.

[858] BFH v. 24. 3. 1998, I R 38/97, BStBl. II 1998, 471; *Wassermeyer* in *Debatin/Wassermeyer*, Art. 5 RdNr. 64.

[859] *Graffe* in *Dötsch/Jost/Pung/Witt* KStG § 1.

tanz) abkommensrechtlich nicht den Tatbestand einer Betriebsstätte (anders jedoch nach § 12 AO).[860]

371 Auch ohne räumlichen Ansatzpunkt kann eine Betriebsstätte in Form der sog. Vertreterbetriebsstätte sowohl nach nationalem Recht (§ 13 AO), als auch nach Abkommensrecht (Art. 5 Abs. 5 u. 6 OECD-MA) im Inland begründet werden. Während nach nationalem Recht die tatsächliche Wahrnehmung wirtschaftlicher Interessen durch den Vertreter ausreicht, verlangt die engere Definition des Abkommensrechts bei abhängigen Vertretern eine Abschlussvollmacht, die gewöhnlich auch ausgeübt wird. Dabei ist die Abhängigkeit des Vertreters anhand der Kriterien der sachlichen Weisungsgebundenheit und des persönlichen Abhängigkeitsverhältnisses zu beurteilen. Demgegenüber begründen unabhängige Vertreter keine Betriebsstätte, sofern sie ausschließlich im Rahmen ihrer ordentlichen Geschäftstätigkeit handeln. Diese Voraussetzung ist nicht erfüllt, sofern der Vertreter entgegen der Gepflogenheiten der Branche zusätzliche Aufgaben für den Auftraggeber übernimmt.[861]

372 Die Vermietung eines inländischen Grundstücks durch eine ausländische Kapitalgesellschaft erfüllt nicht den Tatbestand einer Betriebsstätte. Gleichwohl erzielt die ausländische Kapitalgesellschaft im Inland beschränkt steuerpflichtige Einkünfte. Ungeachtet der für Kapitalgesellschaften grundsätzlich geltenden Einkunftsart „Einkünfte aus Gewerbebetrieb" sind hier infolge der sog. isolierenden Betrachtungsweise des § 49 Abs. 2 EStG, wonach im Ausland gegebene Besteuerungsmerkmale außer Betracht bleiben, Einkünfte aus Vermietung und Verpachtung gem. § 49 Abs. 1 Nr. 6 EStG i. V. m. § 8 Abs. 1 KStG anzunehmen, für die auch abkommensrechtlich Deutschland das Besteuerungsrecht zugewiesen wird.[862] Im Ergebnis unterliegen diese Einkünfte somit in gleicher Weise wie Betriebsstätteneinkünfte der inländischen beschränkten Körperschaftsteuerpflicht. Mangels Betriebsstätte entfällt aber eine Belastung mit Gewerbesteuer, so dass die Einkünfte lediglich einer Körperschaftsteuerbelastung von 15% unterliegen (bis einschließlich 2007 von 25%).

373 Insolvenzsteuerrechtlich von Bedeutung ist die Zuordnung von Vermögen zur Betriebsstätte. Die mit dem Vermögen verbundenen Erträge und Aufwendungen haben bei Anwendung der direkten Gewinnermittlungsmethode (vgl. hierzu oben RdNr. 351 a) unmittelbaren Einfluss auf die Höhe des Betriebsstättengewinns. Nach der Rechtsprechung des BFH erfolgt die Vermögenszuordnung nach funktionalen Gesichtspunkten, d. h. der Betriebsstätte sind diejenigen Wirtschaftsgüter zuzuordnen, die den von der Betriebsstätte ausgeübten Funktionen dienen.[863] Ist keine eindeutige funktionale Zuordnung möglich, so ist der erkennbare Wille der Geschäftsleitung maßgeblich.[864] Beteiligungen und Finanzmittel sollen nach umstrittener Auffassung der Finanzverwaltung auf Grund ihrer Zentralfunktion dem Stammhaus zuzuordnen sein.[865] Die fiktiven Lieferungen zwischen Stammhaus und Betriebsstätte sind mit dem Fremdvergleichspreis zu bewerten. Insoweit gelten die Grundsätze für Lieferungen zwischen verbundenen Unternehmen entsprechend.[866] Dies gilt in gleicher Weise für die Verrechnungspreisdokumentationspflichten.[867]

374 Inländische Betriebsstättengewinne ausländischer Kapitalgesellschaften unterliegen der beschränkten KSt-Pflicht nach § 49 Abs. 1 Nr. 2 a EStG i. V. m. § 8 Abs. 1 KStG mit 15% KSt (bis einschließlich 2007 mit 25%). Zusätzlich fällt gem. § 2 Abs. 1 GewStG Gewerbe-

---

[860] *Ditz* in *Wassermeyer/Andresen/Ditz*, RdNr. 4.11 ff.
[861] BFH v. 14. 9. 1994, I R 116/93, BStBl. II 1995, 238.
[862] Vgl. hierzu oben RdNr. 346.
[863] BFH v. 30. 8. 1995, I R 112/94, BStBl. II 1996, 563; v. 29. 11. 2000, I R 84/99, BStBl. II 2002, 720; BMF-Schreiben v. 24. 12. 1999, IV B 4 – S 1300 – 111/99, BStBl. I 1999, 1076 (Betriebsstättenerlass), RdNr. 2.4.
[864] BFH v. 1. 4. 1987, II R 186/80, BStBl. 1987, 550.
[865] BMF-Schreiben v. 24. 12. 1999, IV B 4 – S 1300 – 111/99, BStBl. I 1999, 1076 (Betriebsstättenerlass), RdNr. 2.4; aA *Ditz* in Wassermeyer/Andresen/Ditz RdNr. 4.5; *Kessler/Huck* IStR 2006, 434, 437 ff.
[866] Vgl. hierzu oben RdNr. 368.
[867] BMF-Schreiben v. 12. 4. 2005, IV B 4 – S 1341 – 1/05, BStBl. I 2005, 570 (Verwaltungsgrundsätze-Verfahren), RdNr. 3.4.5.1.

steuer an, es sei denn, es handelt sich um eine Vertreterbetriebsstätte.[868] Im Ergebnis unterliegen Betriebsstättengewinne ausländischer Kapitalgesellschaften einer Ertragsteuerbelastung von ca. 30%. Die ausländische Kapitalgesellschaft hat die Betriebsstättengewinne im Rahmen einer Veranlagung zu erklären.

einstweilen frei. 375–379

V. Umsatzsteuer

1. Reverse-Charge-Verfahren. Bezieht das inländische insolvente Unternehmen sonstige Leistungen oder Werklieferungen eines ausländischen Unternehmens, so hat der Insolvenzverwalter die Einbehaltung und Abführung der Umsatzsteuer nach dem sog. „Reverse-Charge-Verfahren" gem. § 13 b UStG zu beachten, unabhängig davon, ob in der dazugehörigen Rechnung Umsatzsteuer ausgewiesen ist. Die abzuführende Umsatzsteuer ist beim Leistungsempfänger als Vorsteuer nach § 15 Abs. 1 Nr. 4 UStG abziehbar, sofern dieser zum Vorsteuerabzug berechtigt ist. 381

Gegenüber dem leistenden Unternehmen erfüllt der Leistungsempfänger seine Pflichten durch Zahlung des Nettobetrags und Abführung der Umsatzsteuer an das Finanzamt. Deshalb ist der Leistende auch nicht zum Ausgleich verpflichtet, wenn der Leistungsempfänger seine Steuerpflichten verletzt. Verstößt der Leistungsempfänger gegen seine Einbehaltungs- und Abführungspflicht, so haftet er gegenüber dem Finanzamt, das gem. § 191 AO einen Haftungsbescheid erlassen kann. 382

2. Innergemeinschaftlicher Erwerb. Erhält das inländische insolvente Unternehmen Lieferungen aus dem EU-Ausland, greifen die Regelungen zum innergemeinschaftlichen Erwerb nach § 1a UStG, wonach der Leistungsempfänger Umsatzsteuer auf den innergemeinschaftlichen Erwerb an das Finanzamt abzuführen hat. Die Umsatzsteuer ist bei vorsteuerabzugsberechtigten Unternehmern wiederum als Vorsteuer nach § 15 Abs. 1 Nr. 3 UStG abzugsfähig, so dass insoweit die gleichen Folgen wie beim „Reverse Charge Verfahren" eintreten. 383

Die Vorschriften über den innergemeinschaftliche Erwerb greifen nur für Lieferungen. Liefert ein Unternehmer einen Gegenstand aus dem Gebiet eines Mitgliedstaates in das Gebiet eines anderen Mitgliedstaates an einen Erwerber im Sinne des § 1a Abs. 1 Nr. 2 UStG, so ist diese Lieferung als innergemeinschaftlicher Erwerb gem. § 3d Satz 1 UStG grundsätzlich in dem Mitgliedstaat steuerbar, in dem sich der Gegenstand am Ende der Beförderung oder Versendung befindet. Dies gilt auch für den Fall, dass die Beförderung oder Versendung im Drittlandsgebiet beginnt und der Gegenstand in einem EU-Mitgliedstaat der Einfuhrumsatzsteuer (vgl. unten RdNr. 383 a) unterliegt, bevor dieser in das Gebiet eines anderen EU-Mitgliedstaates gelangt. Kein innergemeinschaftlicher Erwerb liegt hingegen vor, wenn die Ware aus dem Drittland im Wege der Durchfuhr durch das Gebiet eines anderen Mitgliedstaats in das Inland gelangt und hier zollrechtlich und einfuhrumsatzsteuerlich zum freien Verkehr abgefertigt wird.[869]

3. Einfuhrumsatzsteuer. Bezieht das insolvente Unternehmen Lieferungen aus Drittländern, unterliegen diese nach § 1 Abs. 1 Nr. 4 UStG der Einfuhrumsatzsteuer, die aber gleichfalls als Vorsteuer nach § 15 Abs. 1 Nr. 2 UStG abzugsfähig ist, sofern das insolvente Unternehmen zum Vorsteuerabzug berechtigt ist. Das Drittlandsgebiet umfasst dabei nach § 1 Abs. 2a UStG die Gebiete, die nicht zum EU-Gemeinschaftsgebiet gehören.[870] 383 a

Grundsätzlich ist derjenige Unternehmer zum Abzug der Einfuhrumsatzsteuer befugt, für dessen Unternehmen die Einfuhrumsatzsteuer eingeführt worden ist. Als Einführer ist dabei diejenige Person zu verstehen, die im Inland durch die Entrichtung der Einfuhrumsatzsteuer die Freigabe des Gegenstands aus der zollamtlichen Verstrickung in den freien Verkehr

---

[868] Vgl. hierzu oben RdNr. 356.
[869] Abschn. 15a Abs. 1 UStR 2008; *Sikorski*, Umsatzsteuer im Binnenmarkt, RdNr. 33.
[870] Vgl. im Einzelnen Abschn. 13a UStR 2008.

veranlasst. Sofern der Lieferer oder sein Beauftragter als Einführer Schuldner der Einfuhrumsatzsteuer ist, verlagert sich der Ort der Lieferung nach § 3 Abs. 8 UStG[871] vom Drittlandsgebiet ins Inland. Dies hat zur Folge, dass die Lieferung im Inland steuerbar und steuerpflichtig wird und dem Einfuhrumsatzsteuererstattungsanspruch des Einführers dessen Umsatzsteuerverbindlichkeit aus der Lieferung gegenübersteht.

384 **4. Innergemeinschaftliche Lieferungen.** Liefert das insolvente Unternehmen Waren in andere EU-Mitgliedstaaten, so liegt nach § 4 Nr. 1 b i. V. m. § 6 a UStG eine steuerfreie innergemeinschaftliche Lieferung vor, wenn folgende Voraussetzungen vorliegen:
– der Unternehmer oder Abnehmer hat den Gegenstand der Lieferung ins übrige Gemeinschaftsgebiet befördert oder versendet,
– der Abnehmer ist ein Unternehmer, der den Gegenstand für sein Unternehmen erworben hat und
– der Erwerb des Gegenstandes unterliegt beim Abnehmer den Vorschriften der Umsatzbesteuerung.

In seiner Rechnung hat der Lieferer gem. § 14 a Abs. 3 UStG auf die Steuerbefreiung der Lieferung hinzuweisen und sowohl seine eigene Umsatzsteuer-Identifikationsnummer als auch diejenige des Leistungsempfängers anzugeben.[872] Zusätzlich sind nach § 18 a UStG Angaben in der Zusammenfassenden Meldung notwendig, die vierteljährlich beim Bundeszentralamt für Steuern (Außenstelle Saarlouis) einzureichen ist. Diese erfordert Angaben zu sämtlichen innergemeinschaftlichen Lieferungen aufgegliedert nach den jeweiligen Umsatzsteuer-Identifikationsnummern der Leistungsempfänger und dient der Sicherstellung der korrespondierenden Besteuerung des innergemeinschaftlichen Erwerbs in den betreffenden EU-Bestimmungsländern.[873]

384 a Für den Nachweis der Voraussetzungen einer steuerfreien innergemeinschaftlichen Lieferung sind die Regelungen der §§ 17 a bis 17 c UStDV einschlägig. Gem. § 17 a UStDV hat der Unternehmer eindeutig und leicht nachprüfbar nachzuweisen, dass er oder der Abnehmer den Gegenstand der Lieferung ins übrige Gemeinschaftsgebiet befördert oder versendet hat. Dieser Belegnachweis soll in Beförderungsfällen kumulativ durch ein Doppel der Rechnung, einen handelsüblichen Beleg über den Bestimmungsort (Lieferschein), eine Empfangsbestätigung des Abnehmers sowie in Abholfällen durch eine Versicherung des Abnehmers, den Liefergegenstand in das übrige Gemeinschaftsgebiet zu befördern, geführt werden. In Versendungsfällen ist neben dem Doppel der Rechnung ein Ausfuhrnachweis analog zu § 10 UStDV (vgl. unten RdNr. 384 b) erforderlich. Der BFH hat nunmehr klargestellt, dass in Abholfällen der Belegnachweis alternativ auch durch andere Belege, zB durch die auf der Rechnung ausgewiesene Anschrift des Leistungsempfängers, geführt und bis zum Schluss der mündlichen Verhandlung nachgeholt werden kann.[874]

§ 17 c UStDV regelt den Buchnachweis bei innergemeinschaftlichen Lieferungen. Der Unternehmer hat die Voraussetzungen der Steuerbefreiung einschließlich der USt-IdNr. des Abnehmers buchmäßig nachzuweisen. Hierzu sind Aufzeichnungen über den Namen und die Anschrift des Abnehmers, dessen Gewerbezweig oder Beruf, die handelsübliche Bezeichnung und die Menge des Gegenstandes der Lieferung, den Tag der Lieferung, das vereinbarte Entgelt, die Beförderung in das übrige Gemeinschaftsgebiet und den Bestimmungsort erforderlich.[875] Der EuGH hat in der Rechtssache Colée entschieden, dass ein Verstoß gegen die Grundsätze der steuerlichen Neutralität und der Verhältnismäßigkeit vorliegt, wenn die Umsatzsteuerbefreiung alleine wegen der verspäteten Erstellung und Vorlage des Buchnachweises abgelehnt wird, obwohl die materiellen Voraus-

---

[871] Abschn. 31 UStR 2008.
[872] Abschn. 190 a Abs. 2 UStR 2008.
[873] *Sikorski,* RdNr. 293 ff.
[874] BFH v. 30. 3. 2006, V R 47/03, BStBl. II 2007, 420; v. 1. 2. 2007, V R 41/04, BFH/NV 2007, 1059; *Rau/Dürrwächter/Husmann* UStG § 6 a RdNr. 87; *Nieskoven* PIStB 2007, 197.
[875] *Rau/Dürrwächter/Husmann* UStG § 6 a RdNr. 96; *Scholz,* EU-UStB 5/2007, 71.

setzungen im Übrigen erfüllt sind und keinerlei Gefährdung des Steueraufkommens besteht.[876]

5. Steuerfreie Ausfuhrlieferungen. Eine steuerfreie Ausfuhrlieferung gem. § 4 Nr. 1 a i. V. m. § 6 UStG liegt vor, sofern der insolvente Unternehmer Waren in das Drittlandsgebiet befördert oder versendet hat oder ein sog. ausländischer Abnehmer i. S. d. § 6 Abs. 2 UStG die Waren in das Drittlandsgebiet (vgl. oben RdNr. 383 a) befördert oder versendet hat.[877]

Nach § 6 Abs. 4 UStG i. V. m. §§ 8–11, 17 UStDV müssen die Voraussetzungen für eine steuerfreie Ausfuhrlieferung durch den Unternehmer nachgewiesen werden (Ausfuhrnachweis). Auch hier ist ein Beleg- und Buchnachweis erforderlich. Der Belegnachweis kann in Beförderungsfällen in Form einer Ausfuhrbestätigung (§ 9 UStDV) und in Versendungsfällen durch einen Versendungsbeleg oder eine sog. „weiße Spediteurbescheinigung" (§ 10 Abs. 1 UStDV) erfolgen.[878] Die für den Buchnachweis erforderlichen Angaben sind in § 13 UStDV im Einzelnen aufgeführt.[879] Diese Nachweise können nach Auffassung des BFH bis zur letzten mündlichen Verhandlung nachgeholt werden (vgl. oben RdNr. 384 a).

6. Besonderheiten bei Reihen- und Dreiecksgeschäften. Ein Reihengeschäft i. S. d. § 3 Abs. 6 Satz 5 UStG liegt vor, wenn mehrere Unternehmer an einem Umsatzgeschäft über denselben Gegenstand beteiligt sind und der Gegenstand im Rahmen einer Beförderung oder Versendung unmittelbar vom ersten Unternehmer an den letzten Abnehmer gelangt. Es liegen hierbei mehrere Lieferungen vor, die in Bezug auf Lieferort und Lieferzeitpunkt getrennt zu betrachten sind. Die Beförderung und Versendung ist nur einer der Lieferungen zuzuordnen, die als Beförderungs- oder Versendungslieferung (= bewegte Lieferung) gilt. Alle anderen Lieferungen (= ruhende Lieferungen) werden gem. § 3 Abs. 7 Satz 2 UStG entweder vor oder nach der Beförderungs- oder Versendungslieferung ausgeführt.[880]

Beförderungs- oder Versendungsleistung gelten nach § 3 Abs. 6 Satz 1 UStG als dort ausgeführt, wo die Beförderung oder Versendung beginnt. Demgegenüber gelten ruhende Lieferungen, die der Beförderungs- oder Versendungslieferung vorangehen, gem. § 3 Abs. 7 Satz 2 Nr. 1 UStG am Abgangsort, nachfolgende ruhende Lieferungen gem. § 3 Abs. 7 Satz 2 Nr. 2 UStG als am Lieferort ausgeführt. Bei einem Reihengeschäft bei dem die Warenbewegung im Inland beginnt und im Gebiet eines anderen Mitgliedstaates oder im Drittland endet, kann nur eine innergemeinschaftliche steuerfreie Lieferung gem. § 6 a UStG oder steuerfreie Ausfuhrlieferung gem. § 6 UStG vorliegen. Auf ruhende Lieferungen ist weder die Steuerbefreiung für innergemeinschaftliche Lieferungen noch diejenige für Ausfuhrlieferungen anwendbar. Beginnt die Warenbewegung in einem anderen Mitgliedstaat und endet sie im Inland, ist von den Beteiligten nur derjenige Erwerber gem. § 1 a UStG, an den die Beförderungs- bzw. Versendungslieferung ausgeführt wird.[881]

Sind an einem Reihengeschäft in drei verschiedenen Mitgliedstaaten umsatzsteuerlich erfasste EU-Unternehmer beteiligt und erfolgt eine Warenbewegung von einem Mitgliedstaat in einen anderen, so liegt gem. § 25 b Abs. 1 UStG ein innergemeinschaftliches Dreiecksgeschäft vor, sofern die Beförderung oder Versendung vom ersten oder zweiten Unternehmer übernommen wird. Sind diese Voraussetzungen erfüllt, so führt der erste Unternehmer im Abgangsmitgliedstaat eine steuerfreie innergemeinschaftliche Lieferung gem. § 6 a UStG aus. Der Zwischenhändler bewirkt im Ankunftsmitgliedstaat einen innergemeinschaftlichen Erwerb, der nach § 25 b Abs. 3 UStG als besteuert gilt und führt gleich-

---

[876] EuGH v. 27. 9. 2007, Rs. C-146/05 – Colée, UR 2007, 85; *Henze* EU-UStB 2007, 89, 91 f.
[877] *Rau/Dürrwächter/Tehler* UStG § 6 RdNr. 71 ff., 231 ff.
[878] Vgl. ausführlich zu Ausfuhrnachweisen *Rau/Dürrwächter/Tehler* UStG § 6 RdNr. 571 ff.
[879] *Rau/Dürrwächter/Tehler* UStG § 6 RdNr. 711 ff.
[880] Abschn. 31 a Abs. 1 f. UStR 2008.
[881] Abschn. 31 a Abs. 13 f., UStR 2008; *Sikorski*, RdNr. 113.

zeitig im Ankunftsmitgliedstaat eine Lieferung an den letzten Abnehmer aus, für welche die Steuerschuldnerschaft gem. § 25b Abs. 2 UStG zwingend auf den letzten Abnehmer übergeht. Diesem steht nach § 25b Abs. 5 UStG der Vorsteuerabzug zu. Der Vorteil dieser Vereinfachungsregel liegt darin, dass sich der Zwischenhändler im Ankunftsland nicht umsatzsteuerlich registrieren lassen, sondern lediglich Angaben in der Zusammenfassenden Meldung machen muss. In Abholfällen ist die Vereinfachungsregelung des innergemeinschaftlichen Dreiecksgeschäft auf Grund der ausdrücklichen gesetzlichen Bestimmung gem. § 25b Abs. 1 Nr. 4 UStG nicht anwendbar.[882]

---

[882] Abschn. 276b UStR 2008; *Sikorski*, RdNr. 166 ff.

Sachverzeichnis

Bearbeiterin: Wiss. Mit. Ulrike Rau, Leipzig

Fette Zahlen = Paragraphen; magere Zahlen = Randnummern;
kleine, hochgestellte Zahlen = Fußnoten.

Abänderungsklage bei falscher Prognose **45** 31
Abbuchungsauftragsverfahren 21 58; **82** 23
Aberkannter Anspruch 38 52
Abfindung 125 42 ff.
Abfindungsanspruch 55 16, 175 f.; **114** 11; Aufrechnung **95** 11
Abfindungsklausel, gesellschaftsrechtliche – **Vor 129–147** 78 ff.
Abfindungsvergleich 125 45
Ablehnung, Ablehnungsberechtigte **4** 43; Entscheidung **4** 44 b; – des Gutachters **4** 42; – des Insolvenzrichters **4** 41; – des Insolvenzverwalters **4** 42; Rechtsmittel **4** 44 b; – des Rechtspflegers **4** 42; Selbstablehnung **4** 43 a; – des Urkundsbeamten **4** 42; – des vorläufigen Insolvenzverwalters **4** 42; Vornahme unaufschiebbarer Handlungen **4** 44
Ablehnung der Prozessaufnahme 85 21 ff.
Absatzmittlervertrag 116 12
Abschlagsverteilung 187 3; absonderungsberechtigte Gläubiger **190** 3, 9 f., 14; aufschiebend bedingte Forderung **191** 14; Einwendung gegen das Verteilungsverzeichnis **194** 1; Höhe der Quote **195** 5 f.; nachträgliche Berücksichtigung **192** 5; Zeitpunkt der Quotenfestlegung **195** 3 f.; s. auch Verteilung
Abschlagszahlung auf Sozialplanforderung **123** 71
Abschlussprüfer InsolvenzStR 8 b
Absonderungsberechtigte, – bei Anfechtung **130** 18; Ausfall **52** 1 ff.; Auskunftsanspruch gegenüber Insolvenzverwalter **167** 1 ff.; Bürge **44** 31; Ehegatte **37** 13; Folgeinsolvenz **266** 24 f.; Gemeinschaftsgläubiger **84** 23 f.; Gesamtschuldner **44** 31; Obliegenheiten **Vor 166–173** 41; Pfändungspfandgläubiger und Sicherungszessionar **Vor 49–52** 76 a; Rangfolge **49** 45 ff.; **50** 53 ff., 81, 119 ff.; **51** 128 ff., 210, 365 ff.; Reihenfolge **Vor 49–52** 74 ff.; Restschuldbefreiungsverfahren **301** 30 ff.; Selbstverwertungsrecht **173** 1 ff.; Verlust des Selbstverwertungsrechts des Absonderungsgläubigers nach § 173 Abs. 2 InsO **173** 13 ff.; Stellung gegenüber vorläufigen Insolvenzverwalter **22** 48 ff.; Stellung im Insolvenzverfahren **Vor 49–52** 150; Stimmrecht **76** 24 f.; **77** 41 f.; **237, 238** 4, 12, 13 ff.; Verteilungsverfahren **190** 1 ff.; Vollstreckung aus dem Plan **257** 14; Wechsel **Vor 49–52** 103 ff.; **51** 47; Zinsausgleichsanspruch **169** 1 ff.; Zwangsvollstreckung **Vor 49–52** 163 ff.; **49** 84 ff.
– **im Insolvenzplanverfahren 217** 62 f., 102 ff., 159; **220** 51 ff.; **221** 61 ff.; **222** 49 ff., 67; **223** 1 ff., Austausch von Sicherheiten **223** 20 f., Ersetzung durch eine andere Art bevorzugter Behandlung **223** 22, Freigabe **223** 32 ff., Kürzung des Sicherungsrechts **223** 18, 19, Poolbildung **223** 23 ff., Stundung **223** 19, Umwandlung des Sicherungsrechts in Eigenkapital **223** 27 f., Verzicht auf Ausgleich des Wertverlustes **223** 31, Zinsverzicht **223** 29 f.
Absonderungsgut, Nutzungsrecht im eröffneten Verfahren **172** 6 ff.; Nutzungsrecht im Eröffnungsverfahren **21** 96 ff.; **22** 104, 107; Veräußerung durch vorläufigen Insolvenzverwalter **22** 50 f.; Verwertung im Eröffnungsverfahren **21** 96 ff.; **22** 82, 104, 107
Absonderung(srecht) Vor 49–52 16 ff.; **53** 14 f.; **83** 25; Ablösungsrecht des Insolvenzverwalters **Vor 49–52** 111; Abwendungsbefugnis **Vor 49–52** 110; Auskunftspflicht des Insolvenzverwalters **Vor 49–52** 130, 149; Begriff **Vor 49–52** 1 ff.; Besitz des Insolvenzverwalters **166** 14 ff.; Doppelsicherung **166** 10; einstweilige Verfügung **Vor 49–52** 149; Entstehen der gesicherten Forderung nach Insolvenzeröffnung **Vor 49–52** 35 ff.; **50** 54; Entstehung des Sicherungsgegenstandes nach Anordnung von vorläufigen Sicherungsmaßnahmen **Vor 49–52** 30 f.; Entstehungstatbestand des Rechts **Vor 49–52** 17 ff.; Erlöschen **Vor 49–52** 112 ff.; **50** 95 ff.; Erweiterung des Absonderungsrechts kraft Gesetzes **Vor 49–52** 42; Erwerb vormerkungsgesicherter Absonderungsrechte **Vor 49–52** 45; EuInsVO **5 EuInsVO** 1 ff.; Fälligstellung der Forderung **41** 13 ff.; Gegenstand aus unbeweglichem Vermögen **49** 5 ff.; Geltendmachung **Vor 49–52** 128 a; Grundpfandrecht **165** 1 ff.; Haftung des Schuldners **Vor 49–52** 50 ff.; Immaterialgüterrecht **166** 66; institutionelle Garantie **Vor 49–52** 9 ff.; internationales Insolvenzrecht **335** 88 ff.; **351** 11 ff.; Kollision von Grundpfandrechten und kapitalersetzenden Nutzungsüberlassungen **Vor 49–52** 78 b; Kosten **Vor 49–52** 135; – an öffentlich verfangenen Sa-

1813

Absonderungsrechtsstreit

chen **51** 261 ff.; Pfandverwirkungsabrede **Vor 49–52** 102; Pflichten des Insolvenzverwalters **Vor 49–52** 129 ff.; Prüfungspflicht des Insolvenzverwalters **Vor 49–52** 129; Rang der Absonderungsrechte **Vor 49–52** 73 ff.; **49** 45 ff.; **50** 53 ff., 81; **51** 128 ff., 210, 265 ff.; rechtserhaltende Maßnahmen **Vor 49–52** 43 f.; Reihenfolge der Ansprüche **Vor 49–52** 59 a ff.; Sicherungsübertragung/Verpfändung des aufschiebend bedingten Eigentums an einer Sache oder einer aufschiebend bedingten Forderung **Vor 49–52** 27 ff.; **50** 55; Sicherungsübertragung/Verpfändung einer künftigen Sache/künftigen Forderung **Vor 49–52** 21 ff.; **50** 53 f.; Umfang der Haftung **Vor 49–52** 59 ff.; **50** 26 a; Untergang des Sicherungsmittels **Vor 49–52** 117 f.; Veräußerungsverbot **51** 264; Vereitelung **55** 33 f.; Verhältnis zu gegenständlich beschränkten Vorrechten **Vor 49–52** 4 f.; Verhältnis zur Aussonderung **47** 11 ff.; **Vor 49–52** 3; verpfändete Unternehmensbeteiligung **166** 66; Verwirkung **Vor 49–52** 128; Verzicht auf – **Vor 49–52** 120 ff.; **50** 65; **52** 38 ff.; Wirksamkeit **171** 13; Zinsforderung **39** 15 f.; zoll- und steuerpflichtige Ware **Vor 49–52** 46; **51** 12, 243 ff.; Zwangsvollstreckung in Nachlass vor Nachlassinsolvenzverfahren **321** 1 ff.

Absonderungsrechtsstreit Vor 49–52 137 ff.; Beweislast **Vor 49–52** 144; einstweilige Verfügung **Vor 49–52** 149; Freigabe **Vor 49–52** 141; internationale Zuständigkeit **3 EuInsVO** 96; Klageantrag **Vor 49–52** 142 f.; Klageart **Vor 49–52** 142 f.; Schiedsabrede **Vor 49–52** 148; Streitwert **Vor 49–52** 146; Titelumschreibung **Vor 49–52** 147; Zustimmung des Gläubigerausschusses/der Gläubigerversammlung **Vor 49–52** 145 a

Abstimmung in Gruppen 243 1 ff.

Abstimmungstermin 234 1; **235** 1 ff., 28; Abstimmungsreihenfolge **235** 31; Bestimmung bei Eröffnung **27–29** 77, 81 ff., 95; Beteiligte **235** 12 ff.; **InsolvenzStR** 238; Finanzamt **InsolvenzStR** 238; gesonderter – **240** 16; **241** 1 ff.; **242** 1 ff.; Hinweis auf Planänderung **241** 13 f.; Ladung zum gesonderten – **241** 10 ff.; Leitung des Termins **235** 20; mehrere Pläne **235** 30 ff.; öffentliche Bekanntmachung **235** 10 f.; Protokoll **235** 29; Rechtsmittel **241** 7, 9; schriftliche Abstimmung **242** 3 ff.; **243** 4; **244** 6; Sitzungsleitung **235** 23; Tagesordnung **235** 21; Terminierung **235** 5; Unterbrechung **241** 4 f.; Unterlagen **235** 17 f.; Vertagung **235** 11; **241** 6; Wiedereinsetzung in den vorigen Stand **251** 11 ff.; Zeitraum zwischen Erörterungstermin und gesondertem – **241** 9

Abtretung 47 205 ff.; **82** 3 c, 3 d; Arbeitnehmer-Sparzulage **287** 40; Arbeitseinkommen **287** 36, 39; Arbeitslosengeld **287** 51; Dauer **287** 56 ff.; Ersatz für entgangene oder vorenthaltene Arbeitsvergütung **287** 40; Gegenstand der – **287** 35 ff.; Gehaltsumwandlung **287** 40; Insolvenz des Zedenten **47** 211 ff.; Insolvenz des Zessionars **47** 215; Kindergeld **287** 40, 51, 52; Lohn- oder Einkommensteuererstattung **287** 40; Naturalleistung **287** 37; Sicherungsabtretung s. dort; Sozialhilfe **287** 51; Sozialleistungsanspruch **287** 50 f.; Streik- und Aussperrungsunterstützung **287** 40; Trinkgeld **287** 40; vermögenswirksame Leistung **287** 40; Vorausabtretung **287** 35; Wirksamwerden **287** 54; Wohngeld **287** 51

Abtretungserklärung 287 2; frühere Abtretungen/Verpfändungen **287** 29 f.; Inhalt der – **287** 28; Laufzeit **287** 56 ff.; **291** 15 f.; **299** 2, 7; **300** 4 f.; Prozesshandlung **291** 33; Rechtsnatur **287** 34; selbständig tätiger Schuldner **287** 33; Widerruf **287** 33 a, 34; Wirkungen **287** 62 a

Abtretungsschutz 287 41 ff., 52 f.

Abtretungsverbot 35 388 f.; **47** 164 ff., 205 f.; **51** 147 ff.; **114** 18; **287** 3, 64 ff.

Abweisung mangels Masse 26 11 ff.; Anhörung **26** 14, 24 f.; Antragsrücknahme **26** 39; Beschlussfassung **26** 32; Feststellung der Kostendeckung **26** 14 ff.; gesellschaftsrechtliche Wirkung **26** 46 ff.; **31** 46; Kostenentscheidung **13** 158; **26** 33 ff.; Kostenstundung **26** 27; Kostenvorschuss s. dort; öffentliche Bekanntmachung **26** 37; Rechtsmittel **26** 28, 38; Registereintragung **31** 22 f.; Sachverständigengutachten **26** 14 ff.; sonstige Masseverbindlichkeiten **26** 16; Verbraucherinsolvenzverfahren **311** 14; Vergütung des vorläufigen Insolvenzverwalters **26** 35 f.; Zustellung **26** 37

Abwesenheitspfleger für Antragsberechtigten 13 15, 82

Abwicklungszeitraum InsolvenzStR 83, 86; Abwicklungsanfangsvermögen **InsolvenzStR** 87; Abwicklungsendvermögen **InsolvenzStR** 87; Einkommensermittlung **InsolvenzStR** 86; Liquidationsschlussbilanz **InsolvenzStR** 86

Abzinsung 41 17 ff.

Ad-hoc-Publizität 30 15

Agenturkonto 47 400

Akkreditiv 116 41

Akteneinsicht, – im Wege der Amtshilfe **4** 68; Anwendbarkeit der ZPO-Regel **4** 57; beigezogene Akten **4** 73; Beiheft zur Prozesskostenhilfe **4** 73; – durch Beteiligte **4** 57 ff.; – durch Dritte **4** 62 ff.; – nach Einstellung mangels Masse **207** 88; Erteilung von Auskünften **4** 76 ff.; Geschäftsbücher des Schuldners **4** 73; Gutachten **4** 74; Kopien/Abschriften **4** 72; – durch die Presse **4** 76; rechtliches Gehör **4** 69; Rechtsmittel **4** 69; **6** 16, 68; Verfahren **4** 69 ff.;

magere Zahlen = Randnummern

Aktenversendung

Versagung bezüglich Teile der Akten **4** 75; Zuständigkeit **4** 69
Aktenversendung 4 71
Aktiengesellschaft 35 260 ff.; **103** 95; Antragspflicht **15** 92, 98 ff., 103; Antragsrecht **15** 17, 61 f.; Auflösung **11** 29; **26** 46; Insolvenz des Aktionärs **35** 261 ff.; Insolvenzfähigkeit **11** 27; Planvorlage **218** 80; Schadensersatzansprüche **35** 266; s. auch juristische Person, Nachgesellschaft, organschaftlicher Vertreter, Vor-Kapitalgesellschaft
Aktivprozess s. Aufnahme eines unterbrochenen Prozesses
Allgemeines Gleichbehandlungsgesetz, Interessenausgleich **125** 98 f.; Kündigung von Arbeitsverhältnissen **113** 20, 34; Sozialauswahl **125** 98 f.; Sozialplan **123** 29, 44 ff.
Altenteilsrecht nach HöfeO **35** 460
Altersrente, Pfändungsschutz **36** 3
Altersteilzeit 114 23; **125** 29; Insolvenzsicherung **Vor 113–128** 39
Altersversorgung s. betriebliche Altersversorgung
Altersvorsorge, Pfändungsschutz **36** 3
Amtsbetrieb Einl 52; **4** 12; **5** 8 ff.
Amtsermittlung(sgrundsatz) 5 11 ff.; **97** 11 f.; Begrenzung durch Sondervorschriften **5** 15 e; Beurteilungsspielraum **5** 20; Ermittlung durch Insolvenzsachverständigen **16** 45 ff.; im eröffneten Verfahren **5** 15; – im Eröffnungsverfahren **Vor 2–10** 17 a; **5** 14, 29; **13** 3, 167; **14** 101 ff., 135 ff.; **16** 3, 6 ff.; **20** 41 ff.; **22** 138; **27–29** 7 ff.; gegenständliche Begrenzung **5** 16; Haftung **5** 62 ff.; – im Insolvenzplanverfahren **5** 15 c; Rechtsmittel **5** 61; Restschuldbefreiung **5** 15 a; – und Sicherungsmaßnahmen **5** 57; Verbraucherinsolvenzverfahren **5** 15 b; – im Vergütungsfestsetzungsverfahren **5** 15 d; Verschwiegenheitspflicht **5** 30 a; Zulassungsverfahren s. dort
Amtsermittlungsmaßnahmen, Rechtsbehelf gegen – **21** 41
Amtsgeheimnis im Eröffnungsverfahren **14** 90; **20** 85
Amtshaftung, – öffentlich-rechtlicher Gläubiger **14** 89, 146; s. auch Haftung des Insolvenzverwalters, Haftung des vorläufigen Insolvenzverwalters
– **Pflichtverletzung des Insolvenzgerichts Vor 2–10** 11; **14** 128; **16** 11; **20** 94, 104 f.; **21** 28, 42 f.; **22** 87, 123, 213; **23** 21; **27–29** 130, 142; **32–33** 24; **34** 109, 112; **92** 7; **288** 16 f., Aufsichtspflicht **58** 62, Auswahlverschulden **56** 177 ff., willkürliche Nichtbestellung eines Bewerbers als Insolvenzverwalters **56** 180
Amtshilfe, Akteneinsicht **4** 68
Amtsniederlegung s. organschaftlicher Vertreter (Ausscheiden aus dem Amt)

Anderkonto 35 119, 123; **47** 395 ff.; **50** 72; **94** 27; **149** 12 ff.; **292** 24 f.
Änderung beschwerdefähiger Beschlüsse 6 88
Änderung unanfechtbarer Entscheidungen 6 89
Änderungskündigung 120 63 ff.; Beschlussverfahren **126** 7; betriebsbedingte Kündigung **125** 108 ff.; Entgeltherabsetzung **120** 65; Klagefrist **113** 48, 63; – als milderes Mittel **125** 21; Namensliste **125** 11
Aneignungsrecht 47 323 f.
Anerkennung, – anderer Entscheidungen **25 EuInsVO** 12; Anerkennungshindernisse **25 EuInsVO** 15; Anerkennungsvoraussetzungen **Vor 286–303** 106; **343** 11 ff.; **16 EuInsVO** 5 ff.; Anerkennungszuständigkeit **335** 20; **343** 12 ff.; **16 EuInsVO** 11 ff.; – ausländischer Anfechtungsprozesse **343** 60; – ausländischer Entscheidungen **Vor 335 ff.** 27, 34 f.; **335** 103 ff.; **343** 9 ff.; **16 EuInsVO** 1 ff.; **25 EuInsVO** 5 ff.; – ausländischer Eröffnungsbeschlüsse **343** 9 ff.; **16 EuInsVO** 1 ff.; – ausländischer Feststellungsprozesse **343** 58 f.; – ausländischer Hauptverfahren **Vor 335 ff.** 92; – ausländischer Insolvenzpläne **343** 54; – ausländischer Insolvenzverwalter **343** 52; – ausländischer Partikularverfahren **Vor 286–303** 113; **Vor 335 ff.** 94; – ausländischer Restschuldbefreiung **Vor 286–303** 99 ff.; **343** 55; – ausländischer Schiedssprüche **335** 79; – ausländischer Sicherungsmaßnahmen **343** 47; **25 EuInsVO** 9; – ausländischer Vergleiche **25 EuInsVO** 8; automatische – **343** 38; **17 EuInsVO** 9; EuGVVO **25 EuInsVO** 10; Gegenseitigkeit **343** 32; Gegenstand der – **343** 9 f.; – insolvenzbezogener Entscheidungen **343** 49 ff., 57 ff.; internationale Zuständigkeit **343** 12 ff.; Nichtanerkennung **343** 43 ff.; ordre public **Vor 286–303** 107; **343** 17 ff., 45; **16 EuInsVO** 14; Rechtskraft **343** 33 ff.; révision au fond **25 EuInsVO** 16; Sekundärverfahren **16 EuInsVO** 18; Teilanerkennung **343** 39 ff.; verfahrensrechtliche – **Vor 286–303** 99 f.; **Vor 335 ff.** 27, 34 f.; **343** 9; Wirkungserstreckung **Vor 335 ff.** 35; **17 EuInsVO** 1 ff.
Anfechtung, – nach dem BGB **Vor 129–147** 40 f.; Einzelgläubigeranfechtung s. dort; Insolvenzanfechtung s. dort; Übergangsvorschrift **359** 16
Anfechtungsansprüche 86 8; Insolvenzplan **217** 122
Anfechtungsprozess 146 30 ff.; **208** 51; Aufnahme **85** 45; einstweilige Einstellung der Zwangsvollstreckung **146** 34; Feststellungsklage **146** 39; Gerichtsstand für Anfechtung von Vollstreckungsmaßnahmen **146** 34; Gerichtsstandsvereinbarung **146** 37 f.; Grundurteil **146** 43; Hilfsanträge **146** 40; Kammer für Handelssachen

1815

Angestellte des Schuldners Fette Zahlen = §§

146 36; Kosten 146 43 a; Leistungsklage 146 39; örtliche Zuständigkeit 146 31 ff.; Prozesskostenhilfe 146 41; Rechtskrafterstreckung 145 39; Rechtsweg 146 30; sachliche Zuständigkeit 146 35 f.; Stufenklage 146 40; Unterbrechung **Vor 85–87** 10; Vollstreckungsgegenklage 146 39; Wirkungen der Rechtshängigkeit 146 42 f.
Angestellte des Schuldners, Auskunfts- und Mitwirkungspflicht 20 65; 101 27 ff.
Anhalterecht nach Art. 71 Abs. 2 CISG 47 349 ff.
Anhörung 1 126; 5 77 ff.; – anderer als natürlicher Personen 10 19 ff.; – zur Aufklärung des Sachverhalts 10 5; Durchführung 10 22 f.; Entbehrlichkeit 10 9 ff.; Rechtsfolgen unterlassener – 10 24; – des Schuldners 10 1 ff.; – eines Vertreters/Angehörigen 10 16 ff.; s. auch rechtliches Gehör
Ankündigungsbeschluss 286 35; 289 30, 58; 290 86; 291 5 ff.; Anhörung 289 15 ff.; Beschlussgründe 291 24 f.; mündliche Verhandlung 289 12 ff.; öffentliche Bekanntmachung 291 26 f.; Rechtsfolgen 291 31 ff.; Rechtsmittel 289 37; Tenor 291 13 f.; Zuständigkeit 289 6 ff.; 291 11 f.; Zustellung 291 26
Anlageberatervertrag 116 28
Anmeldefrist, Bestimmung im Eröffnungsbeschluss 27–29 48 ff.; Versäumung 27–29 54 f.
Anmeldung von Forderungen s. Forderungsanmeldung
Anschlussinsolvenzverfahren 266 6 ff.; Rang der Forderungen 266 11 ff.
Anspruch auf vertretbare Handlung 45 7
Anspruch auf Wegnahme 45 7
Anstalt des öffentlichen Rechts, Insolvenzunfähigkeit 12 23
Anstellungsvertrag 113 10
Anteilsinhaber, Einflussnahme auf Eröffnungsantrag 15 55 ff.; Haftung wegen Insolvenzverschleppung 15 102 ff., 120; – und Handlungsfähigkeit des Rechtsträgers 15 102 ff.
Antragsfrist, – bei Antragspflicht 15 108 ff.
Antragsmonopol von Aufsichtsbehörden s. Bundesanstalt für Finanzdienstleistungsaufsicht
Antragspflicht 15 91 ff.; – nach Abweisung mangels Masse 26 54; keine – bei drohender Zahlungsunfähigkeit 15 113; betroffene Rechtsträger 15 92 ff.; Einflussnahme auf Antragstellung 15 55 ff.; Frist 15 108 ff.; Haftung wegen Insolvenzverschleppung 15 119 ff.; Inhalt 15 106 ff.; internationales Insolvenzrecht 4 EuInsVO 7; – und interne Geschäftsverteilung 15 107; Sanktionen bei Verletzung 15 119 ff.; Verpflichtete 15 98 ff.; Wegfall 15 116 ff.; 26 54
Antragsrecht s. Eröffnungsantrag, Eigenantrag, Gläubigerantrag

Antragsrücknahme s. Rücknahme des Eröffnungsantrags
Anwaltsvertrag 103 105; 116 26
Anwaltszwang 4 46; Einlegung der Beschwerde 6 42; Rechtsbeschwerdeverfahren 7 60
Anwartschaftsrecht, Direkterwerb 51 88; Übertragung auf Dritte 107 32; – des Vorbehaltskäufers 51 81 ff.; 107 8, 14, 17 f., 21, 23 f., 28, 32
Anweisung 82 33; 116 46
Apothekeneinrichtung 36 26, 75, 77 f.
Arbeitgeberverband Vor 113–128 13
Arbeitnehmer, Arbeitsbeschaffungsmaßnahme **Vor 113–128** 17; Aushilfstätigkeit **Vor 113–128** 17; Auszubildende **Vor 113–128** 18; Begriff **Vor 113–128** 15 ff.; berufliche Rehabilitanden **Vor 113–128** 18; Beschäftigungsgesellschaft **Vor 113–128** 18; Ein-Euro-Job **Vor 113–128** 17; Forderungen **Vor 113–128** 25; freie Mitarbeiter **Vor 113–128** 16; Geschäftsführer **Vor 113–128** 21; Gesellschafter **Vor 113–128** 21; – im Insolvenzplanverfahren 221 78 ff.; 222 112 ff.; – im internationalen Insolvenzrecht 335 111 ff.; 337 1 ff.; Leiharbeitnehmer **Vor 113–128** 17; nebenberufliche Tätigkeit **Vor 113–128** 17; Qualifizierungsmaßnahme **Vor 113–128** 18; Werkstudent **Vor 113–128** 17
Arbeitnehmerähnliche Person Vor 113–128 19; Kündigung 113 8
Arbeitnehmererfindung 35 331 ff.; 80 52, 123
Arbeitseinkommen, Abtretbarkeit 114 16 ff.; Abtretung an Treuhänder 287 36; Abtretungsverbot 114 18; 287 3, 64 ff.; Akkordlohn 120 9; Annahmeverzugslohn 125 41; Anwendung des § 850 f Abs. 1 ZPO 287 43; Aufrechnung 96 14; 114 25 ff.; 294 34 ff.; Betriebsvereinbarung 120 8 ff.; Einziehung durch Treuhänder 292 18 ff.; Herabsetzung durch Änderungskündigung 120 65; 125 110 ff.; Insolvenzmasse 1 29 a; 35 434 f.; 36 40 ff.; 82 4; mehrere – 36 42; Monatsverdienst 123 62 f.; Pfändung 4 36; Pfändung vor Verfahrenseröffnung 114 42 ff.; Pfändungsschutz 36 40 ff.; 114 17; 287 41 ff.; 311 17; Prämienlohn 120 9; Sicherungsabtretung 51 205 ff.; tarifvertragliche Anpassung 120 68; Verpfändbarkeit 114 16 f.; Verpfändung 114 19 ff.; 299 10; Vorausabtretung 114 2 ff., 19 ff.; 299 10; Vorausabtretung als anfechtbare Rechtshandlung 129 92; Wohlverhaltensperiode 295 13; Zwangsvollstreckung in künftige Lohnansprüche des Schuldners 89 35 ff.; 294 21
Arbeitsgericht, Zuständigkeit 2 10; Zustimmung zur Durchführung einer Betriebsänderung 121, 122 31 ff.
Arbeitsgerichtliches Verfahren 80 128; **Vor 113–128** 14; Unterbrechung **Vor 85–87** 49
Arbeitskraft des Schuldners 35 436 f.; 129 91

magere Zahlen = Randnummern **Arbeitslosigkeit**

Arbeitslosigkeit 295 14, 35
Arbeitsrecht in der Insolvenz Vor 113–128
1 ff.
Arbeitsrechtliches Beschäftigungsförderungsgesetz Vor 113–128 9 f.; **121, 122** 2; **125** 3
Arbeitsverhältnis 103 103; **265** 13 f.; Abfindungssumme **295** 23; Ablehnung zumutbarer Tätigkeit **295** 39 ff.; Änderung **120** 57 ff.; Anfechtung **295** 22; Arbeitszeitkonto **55** 174; Aufhebungsvertrag **295** 23; Auflösung gegen Abfindung **125** 42 ff.; Auflösungsvertrag **113** 38; Aufwandsentschädigung **114** 12; Befristung **113** 39, 50; **295** 21; Entgeltersatz **114** 13 ff., 44; EuInsVO **10 EuInsVO** 1 ff.; faktisches – **294** 35; Forderung aus – **304** 61; Fort- und Weiterbildungsmaßnahmen **295** 47; Freistellung **55** 162 ff.; Insolvenz des Arbeitgebers **55** 158 ff.; Insolvenz des Arbeitnehmers **55** 189; Insolvenzanfechtung **129** 13; internationales Insolvenzrecht **337** 6 ff.; Kündigung **295** 24 ff.; Kündigungsschutz **125** 7 f.; **295** 26; Kündigungsschutzklage s. dort; Nebenleistungen **55** 165; Nebentätigkeiten **295** 29; Schuldner als Dienstberechtigter **113** 6; Schuldner als Dienstverpflichteter **113** 4 f.; Sonderkündigungsschutz **125** 63 f.; Sonderleistungen **55** 166 ff.; Teilzeitbeschäftigung **295** 34, 46; Überstunden **295** 29; Unkündbarkeit **113** 15 ff., 23, 27 f., 34, 37; **125** 27; Urlaub **55** 169 ff.; Vergütungsanspruch **55** 158 ff., 189; verhaltensbedingte Kündigung **295** 27; Widerruf von Arbeitgeberleistungen **120** 58 ff.; zumutbare Tätigkeit **295** 41 ff.
– **Kündigung**, Abwesenheit des Arbeitnehmers **113** 56, Allgemeines Gleichbehandlungsgesetz **113** 20, 34, – vor Arbeitsantritt **113** 30, außerordentliche – **113** 35 ff., betriebsbedingte – **113** 24; **125** 12 ff., **128** 37 ff., Betriebsratsanhörung **125** 52 ff., Betriebsratsmitglied **113** 22, – wegen Betriebsübergangs **128** 27 ff., Beweislast für Zugang **113** 58, – vor Dienstantritt **113** 12, Einwurfeinschreiben **113** 58, E-Mail **113** 56, Eröffnungsverfahren **22** 110, 120, Ersatzanspruch des Arbeitnehmers **55** 183 ff.; **113** 31 ff., Klagefrist **113** 40 ff., – im Kleinbetrieb **113** 42, 45, Kündigungsfrist **113** 25 ff., Massenentlassungsanzeige **125** 57 ff., Nachkündigung **113** 24, 46, ordentliche – **113** 16 ff., Schriftform **113** 41, 52, Schwerbehinderung **125** 64, sittenwidrige – **113** 43, Sonderkündigungsschutz – **113** 18 f., Telefax **113** 56, Übergabeeinschreiben **113** 55, Unternehmensspaltung **113** 21, Unwirksamkeitsgründe **113** 42 ff., vollmachtslose – **113** 44, – durch vorläufigen Insolvenzverwalter **113** 62 f., Wartezeit **113** 45, Zugang **113** 51 ff., Zugangsvereitelung **113** 57
Arbeitszeitkonto 114 23; Insolvenzsicherung **Vor 113–128** 39

Arbeitszeugnis 1 132; **55** 187; **80** 46, 122
Arrestpfändung 50 66 a
Arzt, Belegarzt **108** 42; Honorarforderung **35** 385 f., 438; Postsperre **99** 18; Praxisunterlagen **35** 155 ff.; Rücknahme/Widerruf der Approbation **80** 18; Zulassung als Vertragsarzt **35** 510
Asset deal 80 54; **34 EuInsVO** 13 f.
Auffanggesellschaft 217 95; **249** 16 f.
Aufhebung des Eröffnungsbeschlusses 34 86 ff.; Abwicklung der Masseverbindlichkeiten **34** 105 ff.; – im Beschwerdeverfahren **25** 7; Kosten **13** 170; **34** 91, 105 ff.; Wirkung auf Verwalterhandeln **34** 94 ff.
Aufhebung des Verfahrens 200 1 ff.; **207** 9; **286** 36; **290** 88; **291** 32; **InsolvenzStR** 199 ff.; anhängiger Prozess **200** 37; Aufhebungsbeschluss **200** 9 ff.; **258** 9; Aufhebungsgrund **200** 9; Berichtigung von Masseverbindlichkeiten/Sicherheitsleistung **258** 10 ff.; Einfluss auf Feststellungsprozess **179** 46 ff.; Fortdauer der Prozessführungsbefugnis des Insolvenzverwalters **259** 20; öffentliche Bekanntmachung **200** 12 ff.; **258** 17; – nach Planbestätigung **258** 1 ff.; **259** 1 ff.; Rechte der Gläubiger nach – **200** 35 f.; **201** 1 ff.; Rechtsmittel **200** 10; **258** 8; Registereintragung **31** 10 ff., **200** 18 ff.; **258** 22; – bei Restschuldbefreiung **289** 46 ff.; Rückgabe der Masse **200** 34; – nach Schlussverteilung **200** 1 ff.; schwebende Prozesse **217** 146; **221** 40; **259** 20 ff.; **284** 26; Steuerforderung **InsolvenzStR** 26 o ff.; Übergang der Verfügungs- und Verwaltungsbefugnis auf den Schuldner **200** 30 ff.; unbeschränkte Nachhaftung **201** 7 ff.; **286** 22; Unterrichtungspflicht **258** 18 ff.; Vollzug der Schlussverteilung **200** 6 ff.; Wirkungen **200** 30 ff.; **259** 1 ff.; Zeitpunkt der – **200** 17
Aufnahme eines unterbrochenen Prozesses, – durch Abtretungsempfänger **129** 221; analog § 17 AnfG **85** 46 f.; Anfechtungsrechtsstreit **129** 204 f., 211; Eigenverwaltung **85** 12, 25; **86** 17, 19; – durch Schuldner **259** 15; – durch vorläufigen Insolvenzverwalter **22** 184; **24** 2, 16, 22 ff.; **85** 13, 33; Zustimmung des Insolvenzgerichts **24** 26
– **Aktivprozess 24** 22 ff.; **35** 25; **55** 49 ff.; **80** 84; **Vor 85–87** 76; **85** 3 ff., Ablehnung der Aufnahme **85** 21 ff., Anfechtungsprozesse **85** 45, – bei Anordnung der Eigenverwaltung **270** 107 f., Aufnahmebefugnis **85** 11 ff., Ermessensentscheidung des Insolvenzverwalters **85** 32 f., Form **Vor 85–87** 80 f.; **85** 14, Kosten **24** 23; **55** 50 f.; **85** 19 f., Verhältnis zu § 103 InsO **85** 44, Verzögerung der Aufnahme **85** 34 ff., Wirkung **85** 15 ff.
– **Passivprozess 24** 26, 27; **35** 25; **Vor 49–52** 145; **53** 54 ff.; **55** 52 f.; **80** 84; **Vor 85–87** 77 ff., Absonderungsstreit **86** 9 f., – bei Anordnung der Eigenverwaltung **270** 109 ff., Auf-

1817

Aufrechnung Fette Zahlen = §§

nahmebefugnis **86** 17 ff., Aussonderung **86** 6 ff., Form **86** 20, Klage auf Vornahme einer unvertretbaren Handlung **86** 16, Kosten **53** 55 f.; **86** 22 ff., Masseverbindlichkeit **86** 11 ff., Unterlassungsklage **86** 7, 14 f., Wirkung **86** 21
Aufrechnung 21 72; **41** 40; **53** 16; **103** 23, 29, 35; **140** 11 b; Abrechnungssysteme **96** 41 ff.; anfechtbare Aufrechnungslage **96** 27 ff.; – mit Anfechtungsanspruch **146** 18; – gegen anfechtungsrechtlichen Rückgewähranspruch **96** 10; Anspruch auf Leasingraten **110** 22 ff., 47 f.; Anspruch auf Miete **110** 22 ff., 47 f.; Aufrechnungserklärung **94** 32 f.; Aufrechnungslage aus dem Eröffnungsverfahren **94** 41 ff.; Aufrechnungsverbot **94** 22 ff.; **114** 39 f.; aufschiebend bedingte Forderung **95** 8 ff.; Beweisfragen **94** 52; **96** 5; – durch Dienstberechtigten **114** 25 ff.; eigenkapitalersetzende Forderung **94** 24; Entstehung der Hauptforderung nach Verfahrenseröffnung **96** 6 ff.; Erfüllbarkeit der Hauptforderung **94** 19 ff.; – nach Erfüllungswahl des Insolvenzverwalters **96** 11 ff.; Erwerb der Gegenforderung nach Verfahrenseröffnung **96** 19 ff.; EuInsVO **4 EuInsVO** 20 ff.; **6 EuInsVO** 1 ff.; Fälligkeit der Gegenforderung **17** f.; **95** 5 ff.; Fremdwährungsforderung **95** 34 f.; Funktionen **94** 3; Gegenseitigkeit der Forderungen **94** 4 ff.; **96** 1; – bei Gesamtschuld **43** 40; – in der Gesellschaftsinsolvenz **93** 32 ff.; Gleichartigkeit der Leistungen **94** 13 ff.; Insolvenzanfechtung **129** 15; **131** 16 ff.; **146** 9; – durch Insolvenzverwalter **94** 47 ff.; internationales Insolvenzrecht **94** 53 f.; **335** 84; **338** 6 ff.; – durch Massegläubiger **94** 46; **208** 70; Nachlassinsolvenzverfahren **94** 11 f.; **323** 3 f.; **324** 14; **326** 7; § 52 InsO analog **52** 4 a; Rückgriffsansprüche **44** 32; Steuerforderung **InsolvenzStR** 25 f ff.; umgerechnete Forderung **45** 60 ff.; ungleichartige Forderung **95** 30 ff.; Unzulässigkeit **96** 3 ff.; **114** 37 ff.; – und Verfügungsbeschränkungen **24** 14; vertraglich geregelte – **94** 36 ff.; Wirkung **94** 34 f.
– im Restschuldbefreiungsverfahren **294** 2, 34 ff., Ansprüche aus vorsätzlich unerlaubter Handlung **294** 45, Aufrechnung durch den Schuldner **294** 56, Aufrechnung nach Ende der Wohlverhaltensperiode **294** 57, Aufrechnungshindernisse **294** 46 ff., Aufrechnungslage **294** 41 ff., Bezüge aus einem Dienstverhältnis **294** 36, – gegen Einkünfte aus selbständiger Tätigkeit **294** 39, – gegen Entgeltersatzleistungen **294** 37 f., faktisches Arbeitsverhältnis **294** 35, Frist **294** 54, Pfändungsschutzbestimmungen **294** 50 ff., – gegen Steuererstattungsanspruch **294** 39, unpfändbare Teile der Einkünfte **294** 45
Aufrechnungsvereinbarung 340 4 ff., 8
Aufsichtsbehörden, Beschwerderecht **3** 45, 63; Eröffnungsantrag **13** 55 ff.; **27–29** 104

Aufsichtsrat und Eröffnungsantrag **15** 55 ff., 61 f.
Auftrag 103 92, 104; **115** 1 ff.; Aussonderungsrecht **45** 7 a; Erlöschen **53** 29; **115** 11 ff.; Notgeschäftsführung **115** 16; Tätigkeit wirtschaftlicher Art für den Schuldner **115** 9; Wahlrecht des Insolvenzverwalters **115** 13
Ausfallforderung 52 1 ff.; Berechnung **52** 28 ff.; Gesamtgut einer ehelichen Gütergemeinschaft **52** 13 a; Massezugehörigkeit des Haftungsgegenstandes **52** 6 ff.; Miteigentümer **52** 13; nachrangige Insolvenzforderungen **52** 28 ff., 43 f.; Nachweis **52** 35 ff.; persönliche Haftung des Insolvenzschuldners **52** 5; Verzicht auf Absonderungsrecht **52** 38 ff.; Vorteilsausgleichung **52** 34; Wahlrecht des Absonderungsberechtigten **52** 14 ff.
Ausfallprinzip, Unanwendbarkeit bei dinglicher Haftung Dritter **43** 19
Ausgleich für Wertverlust 1 48; **53** 29; **169** 42; **172** 1 ff.; Berechnung **172** 16 ff.; – im Eröffnungsverfahren **21** 101; **22** 107; Verwertungsvereinbarung **172** 34 ff.; Verzicht **223** 31; Verzicht auf – **223** 31
Auskunft des Schuldners im Restschuldbefreiungsverfahren **97** 44; **295** 86 ff.; **296** 24 f.
Auskunftsanspruch 38 46; internationales Insolvenzrecht **20 EuInsVO** 21 f.; öffentliche Bekanntmachung **21 EuInsVO** 3 ff.
Auskunftsanspruch der Absonderungsgläubiger 167 14 ff.; Aufwendungsersatzanspruch der Masse **167** 23; Besichtigung des Sicherungsguts **167** 26 ff.; Einsicht in Geschäftsunterlagen **167** 29 ff.; Rechtsweg **167** 16; Zumutbarkeit **167** 17 ff.
Auskunftserteilung aus den Insolvenzakten **4** 76 ff.
Auskunftspflichten des Schuldners 1 130 ff.; **20** 1 ff.; **Vor 97–102** 1 ff.; Angestellte des Schuldners **1** 131 ff.; **20** 65; **101** 27 ff.; anwaltlich vertretener Schuldner **97** 28; Auflagen des Gerichts **20** 36, 50, 58, 74, 88; **27–29** 110; **34** 29; ausgeschiedene organschaftliche Vertreter **20** 61; **101** 22 ff.; Auskunftsberechtigte **97** 20 f.; Bereitschaftspflicht **97** 35; Bevollmächtigte **97** 26 f.; Drittwirkung auf Verschwiegenheitspflicht **20** 81 ff.; Ehegatten **97** 29; – bei Eigenverwaltung **97** 42; – im Eröffnungsverfahren **20** 1 ff.; **22** 171 ff.; **97** 41; **98** 38; Familienangehörige **97** 29; gesetzliche Vertreter **20** 64; **97** 25; – und Nebenpflichten **97** 19; organschaftliche Vertreter **1** 131 ff.; **20** 60; **97** 24; **101** 13 ff.; persönliche Pflicht **14** 126; **16** 58; **20** 34; **97** 22 f.; – und rechtliches Gehör **16** 13 f.; **20** 16 ff.; – im Restschuldbefreiungsverfahren **97** 44; **296** 24 f., 30; – gegenüber dem Sachverständigen **16** 57 ff.; Umfang **22** 172 f., 181; **97** 14 ff.; unbeschränkte Offenbarungspflicht **97** 15; Unterlassungspflichten **97** 40; – im Verbraucherin-

magere Zahlen = Randnummern **Ausländischer Insolvenzverwalter**

solvenzverfahren **97** 44; **98** 39; – im vereinfachten Insolvenzverfahren **97** 43; verfassungsrechtliche Bedenken **Einl** 91; Vergütung/Auslagenersatz **100** 8 f.; Verletzung **290** 70 ff.; verpflichtete Personen **1** 131 ff.; **20** 60 ff.; **22** 173; **97** 22 ff.; **101** 22 ff.; Verschwiegenheitspflicht **97** 15, 28; Verweigerung einer Auskunft **98** 16; Verwertungsverbot im Straf- und OWiG-Verfahren **97** 16 ff.; Zurückbehaltungsrecht **97** 27
– **Durchsetzung 1** 134, eidesstattliche Versicherung **98** 11 ff., 17, Ermessen des Gerichts **98** 23, organschaftliche Vertreter **101** 21, Rechtskraft **98** 36, Vorführung/Verhaftung **22** 175, 177; **98** 15 ff., 25 ff., Zwangsmittel bei Eigenantrag **98** 37
Ausländischer Insolvenzverwalter, Antragsrecht **13** 69 ff.; **30** 19; **32–33** 38 ff.; **34** 42, 64 ff.
Ausländisches Insolvenzverfahren, Anerkennung s. dort; s. auch Partikularverfahren, Sekundärverfahren
Auslandsgesellschaft, Antragspflicht **15** 124 ff.; Antragsrecht **15** 44 ff.; bilaterale Abkommen **11** 17 c; Briefkastenfirma **11** 17 a; „center of main interest" **11** 17 a; Durchgriffshaftung **11** 17 b; EU-Ausland **11** 17 c; Gründungsstaat **11** 17 a; Gründungstheorie **11** 17 c; Insolvenzfähigkeit **11** 17 a ff.; Insolvenzzuständigkeit deutscher Gerichte **11** 17 a; limited liability partnership **11** 17 a; – aus Nicht-EU-Staaten **11** 17 c; private limited company **11** 17 a; „Scheinauslandsgesellschaft" **11** 17 b; Zweigniederlassung **14** 118; **31** 37, 56
Auslandsinsolvenz, Verwertung Grundpfandrechte **165** 279
Auslandsvermögen, allgemeines Verfügungsverbot **21** 57; Auskunfts- und Mitwirkungspflicht des Schuldners **20** 30, 48; Freigabe **159** 10; Inbesitznahme **148** 17 ff.; Insolvenzmasse **35** 36 ff.; **89** 19; Nachlassinsolvenzverfahren **320** 8; Vollstreckungsverbot **89** 19; **294** 7
Auslobung 103 91
Aussagedelikt 97 16
Ausschließung, – des Rechtspflegers **4** 40; – des Richters **4** 40
Außerordentliche Beschwerde wegen „greifbarer Gesetzwidrigkeit" **6** 70 ff.; **7** 114
Aussonderungsberechtigte, dingliche Aussonderungsberechtigung **47** 37 ff.; Ehegatte **37** 8, 22, 29, 32, 36; **47** 437 ff., 488; keine Insolvenzgläubiger **130** 20; – im Insolvenzplanverfahren **47** 494; **217** 85 ff., 158; **221** 98; schuldrechtliche Aussonderungsberechtigung **47** 340 ff.; „Selbsthilfe" **47** 473; Stellung gegenüber vorläufigen Insolvenzverwalter **22** 48 ff.; Verwertungs- und Einziehungsverbot **21** 96 ff.; **22** 49
Aussonderungsgut, Nutzungsrecht im Eröffnungsverfahren **21** 96 ff.; **22** 50, 104 ff.; Sicherung und Erhaltung des -s **47** 458 f.; Verwertung im Eröffnungsverfahren **21** 96 ff.; **22** 51, 106
Aussonderung(srecht) 53 13; **83** 25; **265** 18 f.; Anerkennung der Aussonderung **47** 456 f.; **160** 23; Auskunftsklage **47** 472; Auskunftspflicht des Insolvenzverwalters **47** 460 ff.; aussonderungsfähige Gegenstände **47** 15 ff.; Beeinträchtigung durch Siegelung **22** 45, 49; Begriff **47** 5 ff.; Bestimmtheit **47** 32 f.; Durchsetzung **47** 472 ff.; Eigenverwaltung **282** 9 ff.; einstweilige Aussonderung **47** 379; einstweilige Verfügung **47** 491; Einwendungen/Einreden des Insolvenzverwalters **47** 436 c; Einwendungen/Einreden des Schuldners **47** 436 b; – des Erben **83** 9; – im Eröffnungsverfahren **21** 96 ff.; **22** 48 ff., 48, 105 f.; EuInsVO **5 EuInsVO** 1 ff.; Geltendmachung gegenüber dem vorläufigen Insolvenzverwalter **47** 454 f.; Herausgabepflicht des Insolvenzverwalters **47** 463 ff.; internationales Insolvenzrecht **335** 57 ff.; **351** 11 ff.; irrtümliche Anmeldung als Insolvenzforderung **47** 14; Kaution **108** 109 ff.; Kosten **47** 467 ff.; Mietsache **108** 168; Pflichtverletzung durch Insolvenzverwalter **47** 452 f.; **60, 61** 54 ff.; **108** 117; Prüfungspflicht des Insolvenzverwalters **47** 446 ff.; Surrogate **47** 31; **48** 10 f., 11 a; Treugut **35** 117 ff., 122 f.; treuhänderische Haltung von Grundschulden **35** 120; Vereitelung **55** 33 f.; Verhältnis zur Absonderung **47** 11 ff.; **Vor 49–52** 3; Verwirkung **47** 495; Verzicht auf – **47** 495
Aussonderungsrechtsstreit 47 473 ff.; **108** 197; Anerkenntnis **47** 489 f.; Beweisfragen **47** 487 f.; einstweilige Verfügung **47** 491; Einwendungen und Einreden des Insolvenzverwalters **47** 486; Einwendungen und Einreden des Schuldners **47** 484 f.; Gerichtsstand **47** 476; internationale Zuständigkeit **3 EuInsVO** 95; Klageänderung **47** 483; Klageantrag **47** 479; Klageart **47** 479; Parteien **47** 478; Prozessvergleich **47** 489; Rechtsschutzbedürfnis **47** 482; Vollstreckung **47** 492 f.; Zuständigkeit der Kammer für Handelssachen **47** 477; Zwischenfeststellungswiderklage **47** 478
Auszubildender Vor 113–128 18; **123** 28
Automatenaufstellung 108 24

Babcock-Borsig Vor 270–285 18
Bahneinheiten 49 83
Bank, Sonderinsolvenz **Einl** 24 b
Bankangestellte, Entbindung von der Schweigepflicht **80** 44
Bankgeheimnis 5 30; **97** 28; **149** 27 ff.; – im Eröffnungsverfahren **20** 81 ff.
Bankguthaben 148 54
Bankschließfach 108 19
Bankverkehr, Anfechtung **129** 12
Bankvertrag 103 105; **116** 33 ff.

1819

Barausgleich

Barausgleich **104** 70, 74
Barauszahlung **21** 58
Bargeschäft **22** 71
Barguthaben **104** 78
Basel II **170** 7
Bassinvertrag **47** 185, 192, 363, 388; **51** 23
Bauabzugsteuer **InsolvenzStR 204** ff.; Anfechtung **129** 49 a; Aufrechnung **InsolvenzStR** 214; Besteuerungsregelung **InsolvenzStR** 205 ff.; Insolvenz des Leistungsempfängers **InsolvenzStR** 214 ff.; Insolvenz des Leistungserbringers **InsolvenzStR** 212 ff.; Insolvenzforderung **InsolvenzStR** 212 ff., 214; Masseverbindlichkeit **InsolvenzStR** 213 a
Bau-ARGE-Vertrag **119** 26
Baubetreuungsvertrag **103** 105; **116** 10
Baugeld, Anfechtbarkeit **129** 106
Baugerüst **108** 19
Bauhandwerkersicherungshypothek, Kongruenz **131** 23
Bauherrenmodell **116** 22
Bauträgervertrag **103** 68; **106** 25 ff.; **116** 10
Bauvertrag **103** 67; Anwendbarkeit des § 103 InsO **103** 144; Insolvenz des General(Haupt-)Unternehmers **103** 147 ff.; mangelhafte Teilleistung vor Insolvenzeröffnung **103** 145 ff.; Sachmangel **103** 144 ff.
Bedingung, auflösende – **42** 1 ff.; aufschiebende – **42** 11
Befreiungsanspruch **44** 7; **45** 8
Befristete Forderung **41** 9 ff.
Beiordnung eines Rechtsanwalts **4** 24 a, 226
Beitragsbescheid, bestandskräftiger – **257** 26
Belegenheit, Forderungen **2 EuInsVO** 21 ff.; körperliche Gegenstände **2 EuInsVO** 17; Registergegenstände **2 EuInsVO** 18 ff.
Belgien, Länderbericht **Belgien**
Berater, Haftung wegen Insolvenzverschleppung **15** 120
Beratungshilfe **4** 20; außergerichtlicher Schuldenbereinigungsversuch **305** 13 ff.; Subsidiarität **305** 14
Bereicherungsansprüche **47** 347; **48** 8 a
Bereitschaftspflicht des Schuldners **20** 50
Bergrechtlicher Anspruch **49** 52
Bergwerkseigentum **49** 6
Berichtstermin **Vor 151–155** 14; **156** 1 ff.; Bestimmung bei Eröffnung **27–29** 77, 91 ff.; Eigenverwaltung **281** 19 ff.; Mängel im Bericht **156** 29 ff.; Stellungnahmen/Äußerungen **156** 35; Verbindung mit Prüfungstermin und Abstimmungstermin **156** 31 ff.
Berufliche Rehabilitation **Vor 113–128** 18
Berufsausbildung **295** 33
Berufsausbildungsverhältnis **Vor 113–128** 18; **113** 37
Berufsgeheimnis und Auskunftspflicht des Schuldners **20** 30, 52 f.

Fette Zahlen = §§

Berufsgrundsätze der Insolvenzverwalter **56** 182
Beschäftigungsgesellschaft **Vor 113–128** 18
Bescheinigung über außergerichtlichen Einigungsversuch **305** 29 ff.; geeignete Personen/Stellen **305** 31 ff.; Gefälligkeitsbescheinigung **305** 31, 94; Prüfungskompetenz des Insolvenzgerichts **305** 91
Beschlussform **4** 81 ff.
Beschlussverfahren nach § 122 InsO, Abwägung **121, 122** 38 f.; Antragsrücknahme **121, 122** 51; arbeitsgerichtliches Verfahren **121, 122** 46 ff.; Beschleunigung **121, 122** 48; Beteiligte **121, 122** 46; Dreiwochenfrist **121, 122** 34 ff.; Einstellung **121, 122** 51; einstweilige Verfügung **121, 122** 56 ff.; Entscheidung des Arbeitsgerichts **121, 122** 49 f.; Erledigung **121, 122** 51; Kosten **121, 122** 51; Rechtsbeschwerde **121, 122** 52 ff.; Rechtskraft der Entscheidung **121, 122** 54 f.; Rechtsmittel **121, 122** 52 ff.; Sachverhaltsermittlung **121, 122** 47; soziale Belange der Arbeitnehmer **121, 122** 44 f.; Unterrichtung **121, 122** 31 f.; Untersuchungsgrundsatz **121, 122** 47; Verhältnis zu §§ 125, 126 InsO **121, 122** 62 f.; Verhandlungsbereitschaft **121, 122** 33; vorrangige Erledigung **121, 122** 48; Wirkung **121, 122** 60 f.; wirtschaftliche Lage des Unternehmens **121, 122** 40 ff.; zuständiger Betriebsrat **121, 122** 36; zuständiges Arbeitsgericht **121, 122** 46; Zustimmungskriterien **121, 122** 38 ff.
Beschlussverfahren über Kündigungen, Änderungskündigung **126** 7; Anhörung des Betriebsrats **126** 30; Antrag des Insolvenzverwalters **126** 13 ff.; Anwendungsbereich **126** 3 ff.; arbeitsgerichtliches Verfahren **126** 28 ff.; Beteiligte **126** 29 ff.; Beteiligung des Betriebserwerbers **128** 36; Betriebsübergang **128** 32 ff.; Beurteilungszeitpunkt **126** 21 f.; Beweislast **126** 23, 36; Bindungswirkung **126** 27; **127** 1 ff.; Einverständnis der Arbeitnehmer **126** 31 ff.; Entscheidung des Arbeitsgerichts **126** 20, 39 ff.; Erledigung **126** 46; Feststellungsbeschluss **126** 39 ff.; Inhalt der Bindung **127** 7 ff.; Kontrolle der Sozialauswahl **126** 24 ff.; Kosten **126** 43; Kündigung in Etappen **126** 14; Rangfolge **126** 15 ff.; Rechtsbeschwerde **126** 41 f.; Rechtskraft **126** 42; Rechtsmittel **126** 41 f.; Rücknahme des Antrags **126** 45; Sachverhaltsermittlung **126** 35; Untersuchungsgrundsatz **126** 35; Voraussetzungen **126** 11 ff.; vorrangige Erledigung **126** 37; wesentliche Änderung der Sachlage **127** 13 ff.; Zweck **126** 1 f.
Beschränkt dingliches Recht **47** 328 ff.
Beschränkt geschäftsfähige Person, Restschuldbefreiung **286** 62
Beschränkt persönliche Dienstbarkeit **35** 454 ff.; **47** 328; **49** 75

magere Zahlen = Randnummern **Beschwerde**

Beschwerde 6 65 ff.; sofortige Beschwerde s. dort
Beseitigungsanspruch 47 353 a; **55** 63
Besetzungsrüge 80 13
Besitz, Aussonderungsrecht **47** 326 f.
Besitzrecht 103 177
Besitzschutzrechte im Eröffnungsverfahren 22 39
Besserungsabrede 38 51
Betagte Forderung 41 3, 6
Betreuer, Auskunfts- und Mitwirkungspflicht **20** 64; **97** 25; Handeln für Antragsberechtigten **13** 15, 82; **15** 14
Betrieb, gemeinsamer – **121, 122** 5; **125** 7
Betriebliche Altersversorgung 1 70; **45** 12 ff., 26; **55** 192 f.; **Vor 113–128** 31 f.; **120** 5, 37; **128** 18 f.; Aussonderungsrecht **47** 315 ff., 425 ff.; eingeschränkt unwiderrufliche Bezugsberechtigung **47** 321; Gehaltsumwandlungsverträge **47** 319 ff.; Insolvenzsicherung **Vor 113–128** 31; Pensionszusagen zur Altersversorgung von Führungskräften **47** 322 a f.; Rückdeckungsversicherung des Arbeitgebers **47** 322; (un)verfallbare Versorgungsanwartschaft **47** 317 b f.; unwiderrufliche Bezugsberechtigung **47** 320; verpfändete Versicherungsansprüche **47** 317 a; widerrufliche Bezugsberechtigung **47** 316 ff.
Betriebsänderung, arbeitsgerichtliche Zustimmung **121, 122** 31 ff.; Beginn der Durchführung **121, 122** 11; Eigenverwaltung **279** 14 f.; Eilbedürftigkeit **121, 122** 40; gemeinsamer Betrieb **121, 122** 5; geplante – **121, 122** 12; Interessenausgleichsverfahren **121, 122** 15 ff.; Mitbestimmung des Betriebsrats **121, 122** 4 ff.; Namensliste **125** 5 ff., 65 ff.; Personalabbau **121, 122** 8, 14; Umfang der Unterrichtung **121, 122** 32; Unterrichtungsanspruch des Betriebsrats **121, 122** 11 ff.; Untersagung durch einstweilige Verfügung **121, 122** 28; Versuch eines Interessenausgleichs **121, 122** 22 ff.; wesentliche Nachteile **121, 122** 10; zuständiger Betriebsrat **121, 122** 36
Betriebsaufspaltung 47 27; InsolvenzStR **69** a
Betriebsbedingte Kündigung 113 24; **125** 12 ff.; – und Änderungskündigung **125** 21; arbeitsgerichtliche Kontrolle **125** 4 ff.; außerbetriebliche Gründe **125** 15; Beweislast **125** 38; Beweislastumkehr **125** 83 ff.; **128** 37 ff.; – in Etappen **125** 78; innerbetriebliche Gründe **125** 16; Leistungsverdichtung **125** 13; Nachkündigung **125** 67; namentliche Benennung im Interessenausgleich **125** 65 ff.; negative Prognose **125** 18; Outsourcing **125** 17; Selbstbindung **125** 20; Sozialauswahl s. dort; ultima ratio **125** 21; Unternehmerentscheidung **125** 13 ff.; Weiterbeschäftigungsmöglichkeit **125** 21; Zeitpunkt **125** 18
Betriebseinschränkung 121, 122 8

Betriebsfortführung 80 103; **148** 55 ff.; **157** 10 ff.; Dauer der – **157** 11; Entscheidung des Insolvenzverwalters **60, 61** 23 f., 26 f.; Kosten der – **157** 10; Masseunzulänglichkeit **208** 81; Teilfortführung **157** 15; vorübergehende – **229** 10; Wettbewerbsrecht **80** 116
– **im Eröffnungsverfahren 21** 30; **22** 2 f., 8 f., 14, 16, 36, 44, 76 f., 83 ff.; **60, 61** 23, 25, 27 f., 4-Stufenmodell **22** 96, Abstimmung mit den Beteiligten **22** 103, arbeitsrechtliche Folgen **22** 110, Aufsicht des Insolvenzgerichts **22** 95, Definition der Unternehmensfortführung **22** 91 f., Erstellung eines Finanzplans **22** 169 f., Fortführung eines bereits stillgelegten Betriebes **22** 93, Fortführung einzelner Betriebsteile **22** 92, 92³⁷⁴, Fortführungskonzept **22** 88, 90, 95 ff., 101, 168 f., Fortführungspflicht **22** 84 ff., 88, 121 ff., Fortführungsstrategie **22** 100, keine gewerberechtliche Untersagung **22** 108, Haftung des Insolvenzgerichts **22** 87, Haftung des vorläufigen Insolvenzverwalters **22** 87, 121 ff., 208 f., Insolvenzverkauf **22** 109, Nutzungs- und Verwertungsrechte **22** 104 ff., Prüfung der Fortführungsaussichten **22** 163 f., Prüfung der Sanierungsfähigkeit **22** 95 ff., Prüfungszeit **22** 88, Realisierbarkeitsprüfung **22** 168 ff., Voraussetzungen der Fortführung **22** 93 ff., Wettbewerbsvorteile **22** 109, Zielsetzung **22** 89 f., Zweckmäßigkeitsprüfung **22** 168 ff., zweigleisiges Prüfverfahren **22** 168
Betriebsmitteldarlehen 22 72
Betriebsrat, keine Beteiligung am Eröffnungsverfahren **15** 64; Beteiligung im Insolvenzverfahren **Vor 113–128** 6; **157** 24 ff.; **158** 17; kein Eröffnungsantrag für Arbeitnehmer **13** 47; **15** 64; Mitwirkung bei Planaufstellung **218** 41, 47 f., 63; Restmandat **126** 5; Stellungnahme zum Bericht **156** 35 f., 39 f.; Unterrichtungsanspruch bei Betriebsänderung **121, 122** 11 ff.; **157** 24
Betriebsratsanhörung zur Kündigung **125** 52 ff.
Betriebsratsmitglied, Kündigung **113** 22
Betriebsstätte InsolvenzStR 230, 338, 346, 348 f., 351 a, 353 f., 356, 358 f., 365, 367 a, 369 ff.; Betriebsstättengewinn **InsolvenzStR** 367
Betriebsstilllegung 157 6 ff.; **158** 5 f.; Begriff **121, 122** 7; Beteiligung des Betriebsrats **157** 24 ff.; **158** 17; Entscheidung des Insolvenzverwalters **158** 7 ff., 9 ff.; Fortführungsgebot **158** 1 f.; **159** 5, 23; Unterrichtung des Schuldners **158** 13 f., 18 f.; Untersagung **158** 15 ff., 20 ff.; Zustimmung des Gläubigerausschusses **69** 21; **158** 12, 16
– **im Eröffnungsverfahren 22** 81, 87, 92, 98, 101, 111 ff., 163, Anhörung des Schuldners **22** 119, Antrag **22** 113, Beteiligung des Betriebs-

1821

Betriebsübergang

rats **22** 119, dauerhafte Vermögensminderung **22** 113, Entscheidung des Insolvenzgerichts **22** 113, 115 ff., erhebliche Vermögensminderung **22** 113 f., Ermessensbeurteilung **22** 112, keine Generalermächtigung des Insolvenzgerichts **22** 116, Gesamtverkauf des verwalteten Vermögens **22** 120, Kündigung der Arbeitsverträge **22** 120, Liquidationsstrategie **22** 98, 168, Offensichtlichkeit **22** 112, Stilllegung einzelner Betriebsteile **22** 92, 100, Stilllegung ohne Beschlussfassung des Insolvenzgerichts **22** 125, Teilstilllegung **22** 92^{374}, 111, Unanfechtbarkeit der Stilllegungsentscheidung **22** 117, Unterrichtung des Schuldners **22** 119, Zustimmung des Insolvenzgerichts **22** 111 ff., 125, Zustimmung des vorläufigen Gläubigerausschusses **22** 118

Betriebsübergang **1** 93 f.; **80** 55; Auflösungsvertrag **128** 27; Auftragsneuvergabe **128** 8; Bestandsschutz **128** 3; Betriebsteil **128** 9; Betriebsvereinbarung **128** 23 ff.; Bindungswirkung eines Feststellungsbeschlusses über Kündigungen **128** 40 ff.; EuInsVO **10** **EuInsVO** 10; Fortgeltung von Kollektivnormen **128** 23 ff.; Haftungsreduktion **128** 17 ff.; Kündigung der Arbeitsverhältnisse **128** 27 ff.; Rechtsfolgen **128** 16 ff.; – durch Rechtsgeschäft **128** 10; Tarifvertrag **128** 23 ff.; Tatbestand **128** 6 ff.; Widerspruchsrecht des Arbeitnehmers **128** 12 ff.; Wiedereinstellungsanspruch gegen Erwerber **128** 31

Betriebsübergangsrichtlinie **128** 2

Betriebsveräußerung **1** 42; **35** 464 ff.; **53** 29; **80** 54 ff., 102; **220** 56 ff.; – vor dem Berichtstermin **158** 7 f; – an besonders Interessierte **162** 1 ff., Entscheidung des Insolvenzverwalters **158** 14 f.; Insolvenzmasse **36** 28 a; Marktwert **220** 57; – ohne Zustimmung des Gläubigerausschusses **158** 14 f.; Unterrichtung des Schuldners **158** 18 f.; **162** 15; Untersagung **158** 20 ff.; **161** 1 ff.; **163** 4 ff.; rechnerisch erforderlicher Verkaufswert **220** 56; – durch vorläufigen Insolvenzverwalter **22** 81; – unter Wert **163** 1 ff.; Zustimmung der Gläubigerversammlung **162** 1 ff., 4 ff.; **163** 11; Zustimmung des Gläubigerausschusses **158** 7 f., 16; **160** 9, 12, 12 ff., 14

Betriebsvereinbarung **221** 83; abändernde – **120** 17 ff.; ablösende – **120** 17 ff., 35, 67; Ablösung durch Tarifvertrag **120** 42 ff.; Änderung von – **120** 17 ff.; Anwartschaften **120** 36 ff.; arbeitsgerichtliches Verfahren **120** 45; – und Arbeitsvertrag **120** 35; aufhebende – **120** 19 ff.; belastende – **120** 8 ff.; Billigkeitskontrolle **120** 18; Eigenverwaltung **279** 13; Leistungen an Betriebsrat **120** 11; Nachwirkung **120** 41; organisatorische Regelung **120** 12; Schriftform **120** 20; Sozialeinrichtung **120** 11; Sozialplan **123** 53

– **Kündigung,** Ausschluss **120** 27, außerordentliche – **120** 39 ff., – durch Betriebsrat **120** 23, Frist **120** 25, 29, Nachkündigung **120** 26, Nachwirkung **120** 31 ff., Rechtsfolgen **120** 31 ff., Teilkündigung **120** 24, vorzeitige – **120** 4 ff., 22 ff.

Bewegliche Sachen **50** 7 ff.; Aussonderung **47** 17 f.; Insolvenzmasse **35** 136 ff.

Beweisanordnung, Rechtsmittel **16** 21; Unanfechtbarkeit **16** 21; **34** 29 f.

Beweisaufnahme **5** 51 ff.; Anwendbarkeit der ZPO-Regeln **4** 86

Beweiswürdigung, Anwendbarkeit der ZPO-Regeln **4** 56

Bewerbungsschreiben, Einsichtsrecht **295** 89

Bezügerechnungen, Einsichtsrecht **295** 89

Bezugnahmeklausel, arbeitsvertragliche – **120** 51 f.

BGB-Gesellschaft s. Gesellschaft bürgerlichen Rechts

Bilanzierungspflicht s. Rechnungslegung

Börse **30** 15

Börsengehandelte Finanzleistung **104** 90

Börsenpreis **104** 39, 57 f.

Breitband-Derivate **104** 136

Breitbandkabel(netz) **108** 19, 21

Brief **35** 154

Briefgeheimnis Einl 90; **102** 2

Bruchteile **49** 10

Bruchteilsgemeinschaft, Auseinandersetzung **84** 3 ff., 21 f.; Aussonderung **84** 3; Gemeinschaftskonto **84** 6; Insolvenzfähigkeit **11** 63 a

Buchführungsvertrag **116** 27

Buchprüfer, berufsrechtliche Auswirkungen einer Insolvenz **80** 16; Entbindung von der Schweigepflicht **5** 30 a

Bundesagentur für Arbeit, kein Anfechtungsrecht **129** 198; Eröffnungsantrag **13** 50; übergegangene Arbeitnehmeransprüche **53** 25; **55** 221 ff.; **145** 4, 19

Bundesanstalt für Finanzdienstleistungsaufsicht **35** 120, 269; Beschwerderecht **13** 64, 67; **34** 9, 45, 63; Eröffnungsantrag **13** 55 ff.; **27–29** 104; **30** 11

Bürge, Antragsrecht aus Rückgriffsanspruch **13** 41; Aufrechnung **94** 4; Restschuldbefreiungsverfahren **286** 67; **301** 28; Rückgriffsansprüche **301** 34

Bürgschaft **35** 402; **103** 91; **254** 25, 28, 31 f.; **257** 46; **331** 5; Ausfallbürgschaft **43** 9, 11; **44** 8; Einrede der Vorausklage **41** 38; **43** 11; – eines Gesellschafters **43** 14, 16; **44** 34; Höchstbetragsbürgschaft **43** 28 ff.; **44** 25; Insolvenz des Bürgen **41** 38; **43** 11; Insolvenz des Hauptschuldners **43** 8; selbstschuldnerische – **41** 38; **43** 8

„**Buy/Sell back-Geschäft**" **104** 98

Cap-Option **104** 73

Chapter 11–Verfahren Vor 270–285 7, 11

magere Zahlen = Randnummern

China, **Länderbericht **Volksrepublik China
Close-out netting 104 138, 152 ff.; **6 EuInsVO**
4 ff.
Credit default swap 104 105 ff.
Credit spread swap 104 110 ff.

Darlehen 35 392 f.; **103** 69, 92; **104** 131 f.; **108**
201 ff.; **116** 35; **264** 3; Arbeitgeberkredit **108**
208; Privatdarlehen **108** 206; Refinanzierung
108 212; Sachdarlehen **108** 210; unentgeltliches – **108** 211
Darlehensaufnahme, – durch vorläufigen Insolvenzverwalter **22** 72; Zustimmung des Gläubigerausschusses **160** 20
Darlehensverbindlichkeit, Restschuldbefreiung **302** 24 ff.
Darlehensversprechen 103 91
Dauerschuldverhältnis, Absonderungsrecht **Vor 49–52** 24 f.; Rang von Forderungen **265** 8 ff.; vorläufige Insolvenzverwaltung **22** 60; zustimmungspflichtiges Rechtsgeschäft **160** 24
Dauerwohnrecht 35 170
Deliktsanspruch 35 426 ff.; **201** 20 a ff.; **265** 20 ff.; Insolvenzmasse **35** 51
Deliktsgläubiger, Zwangsvollstreckung **89** 36; **114** 46; **294** 6, 21 f.; **302** 31; s. auch unerlaubte Handlung
Depotbank 35 276 f.
Depotgeschäft 116 44
deptor in possession Vor 270–285 7
Deregulierung 1 46; **Vor 2–10** 2, 6 f.; **Vor 97–102** 9
Derivate 104 49
Deutsche Ausgleichsbank 12 13
Deutsche Bundesbank 12 13
Deutsche Genossenschaftsbank 12 12
Deutsche Girozentrale 12 12
Deutsche Siedlungs- und Landesrentenbank 12 13
Deutsches Patent- und Markenamt, Insolvenzvermerk **30** 16
Dienstvereinbarung 120 15
Dienstverhältnis 116 8; Abfindung **114** 11; Aufwandsentschädigung **114** 12; ordentliche Kündigung **113** 81 ff.
Dienstverschaffungsvertrag 108 25
Differenzgeschäft 103 93
Dinglicher Anspruch 38 53
Direktversicherung 151 30
Doppelbesteuerung InsolvenzStR 327 ff., 345 ff., 357 ff., 363 ff., 368; DBA **InsolvenzStR** 328 ff., 333, 339, 341, 345 ff., 349 ff., 354, 359, 361, 365, 367 f.; rechtliche – **InsolvenzStR** 361; wirtschaftliche – **InsolvenzStR** 361
Drittschuldner, Aufforderung bei Eröffnung **27–29** 71 ff.
Drittsicherheiten 166 43
Drittwiderspruchsklage 295 62

Drohende Zahlungsunfähigkeit 1 22; **18** 1 ff.; **22** 155 f.; **135** 48; **320** 3; Antragsrecht **18** 2 f., 11, 51; Eigenverwaltung **270** 53; Finanzplan **18** 13 ff.; Prognosezeitraum **18** 41 ff.; Sicherungsmaßnahmen bei Eigenantrag **21** 21; Überschneidungsbereich zwischen drohender Zahlungsunfähigkeit und Überschuldung **18** 52 ff.; **19** 123 ff.; Wahrscheinlichkeit **18** 32 ff.; s. auch Eröffnungsantrag
Durchsuchung, – bei Dritten **16** 61; – bei Schuldner oder organschaftlichem Vertreter **16** 61; **20** 69

ECU 45 18
Effektengeschäft 47 300 ff.; **116** 43
Ehe, Eigentumsvermutung **37** 8 f., 15, 22, 29; Schuldenbereinigungsplan **37** 21
Ehegatte Einl 98 f.; Aussonderungsrecht **37** 8, 22, 29, 32, 36; **47** 437 ff., 488; Eigentumsvermutung für bewegliche Sachen **47** 438 ff.
Eheliche Gütergemeinschaft 37 16 ff.; **103** 110; **108** 55; Arbeitseinkommen **37** 21[35, 36]; **333** 18; Aufhebung **37** 23, 35 f., 38; **333** 5; Auseinandersetzung **37** 35 f., 38; **84** 18; Beendigung **37** 16, 23, 28, 37; **333** 5, 18; Eigentumsvermutung **37** 18; **333** 17; Eigenvermögen eines Ehegatten **334** 1 ff., 22; Eigenverwaltung **334** 19; gemeinschaftliche Verwaltung des Gesamtguts **37** 1, 3, 16, 32, 34; Gesamtgut **37** 17; **333** 3; **334** 8, 12, 22; Gesamtgutsanteil **37** 17, 22, 28, 32, 36 f.; **334** 22; Gesamtgutsgläubiger **334** 9, 15 f.; Gesamtgutsverbindlichkeiten **11** 69; **37** 24 f., 30, 33, 37; **333** 1, 6 f., 9, 15; **334** 1, 4, 10, 12 ff., 18, 20, 22, 23, 25; Gesamthandsgemeinschaft **37** 17; Haftungsbefreiung **334** 1 f.; Insolvenz des anderen Ehegatten **47** 445; Insolvenzmasse **37** 1, 20 ff., 28, 32, 36; Insolvenzplan **217** 77, 144; **221** 84; **334** 1 f., 20, 24; Insolvenzverfahren über das Eigenvermögen eines Ehegatten **333** 6, 10; **334** 18; Insolvenzverwalter **333** 10, 15, 19; **334** 1 f., 5 ff., 10, 12 ff., 18, 23, 25; Liquidationsphase **333** 20 f., 23; **334** 21, 25; Nachlassinsolvenzverfahren **318** 1 ff.; Neuerwerb **37** 21, 23, 28, 32, 36; **333** 5, 18; persönliche Haftung eines Ehegatten **334** 1 f., 4 ff., 13 ff., 20, 22; Planvorlage **218** 87; Sondergut **37** 18; **333** 4, 17; **334** 3; Sondermasse **334** 23, 25; Verfügungsbeschränkungen **333** 19; Vermögensmassen **37** 20; Verwaltung des Gesamtguts **37** 17, 20; Verwaltungsbefugnis eines Ehegatten **37** 1, 21, 28; **334** 22; Vollstreckung aus dem Plan **257** 12; Vorbehaltsgut **37** 21; **333** 4, 17; **334** 3
– **Sonderinsolvenzverfahren 11** 68 f.; **37** 3 f., 19, 27, 31, 34, 38; **Vor 85–87** 14; **85** 46; **333** 1, 2, 6 f.; **334** 1, 3 f., 8 f., 12 f., 15 ff., Antragsberechtigung **333** 8 ff., Aufrechnung **334** 9, 16, Eröffnungsgründe **333** 11 ff., Insolvenz-

Eidesstattliche Versicherung

Fette Zahlen = §§

masse **333** 17 f.; **334** 9, 12, 22, Schuldner **333** 8, Verfahrenseröffnung **333** 8 ff.

Eidesstattliche Versicherung, – des Insolvenzverwalters **53** 62; Restschuldbefreiungsverfahren **296** 26 f., 30; – des Schuldners **16** 15, 60; **20** 68 ff., 88 f.; **98** 11 ff., 17; **296** 26 f., 30; Vermögensübersicht **153** 15 ff.

Eigenantrag, Antragsbegründung **13** 104 ff.; Antragsmonopol der Aufsichtsbehörde **13** 55 ff.; **15** 96; Antragsrecht bei drohender Zahlungsunfähigkeit **15** 51 f., 85 ff.; Antragsrecht bei Vorlage eines Insolvenzplans **15** 53; Antragsrecht: Nachweis **13** 83; **15** 69 ff., 77; Einflussnahme von Anteilsinhabern oder Gremien **15** 54 ff.; Feststellung des Antragsrechts oder der Vertretungsbefugnis **13** 83; **15** 69 ff.; Formularzwang **13** 96; interne Meinungsverschiedenheiten **15** 74 ff., 81 ff.; **34** 39, 44, 56 ff.; juristische Personen und Gesellschaften ohne Rechtspersönlichkeit **13** 18, 83; **15** 10 ff.; natürliche Person **13** 13 ff., 74, 111, 117, 121; öffentlich-rechtlicher Verwaltungskommissar **13** 19 ff.; Rücknahmebefugnis anderer Antragsberechtigter **15** 5, 81 ff.; **34** 4; Vertretungsbefugnis und Registereintragung **13** 83

Eigenheimzulage InsolvenzStR 235 g f.; Aufrechnung **InsolvenzStR** 235 g

Eigenkapitalersetzende Leistung, Beweislast **135** 55, 56, 60, 120, 125; Bürgschaft **135** 63; einlagegleiche Leistung **135** 16; gesplittete Einlagen **135** 16, 20; gleichgestellte Forderung **135** 61 ff.; GmbH & Co. **135** 111 ff.; Kommanditgesellschaft **135** 122 ff.; Leasinggeschäfte **135** 68; Personenkreis **135** 28 ff., 69 ff.; Rechtsprechungsregeln **135** 6, 8, 27, 32, 39, 56, 59, 104 ff., 112 ff., 118; Sanierungsprivileg **135** 13, 22 ff., 105, 116; verbundene Unternehmen **135** 70 f.; Waren unter Eigentumsvorbehalt **135** 67; Zwerganteil **135** 4, 9, 13, 105, 116, 119 f.

Eigenkapitalersetzende Nutzungsüberlassung 39 34, 58; **47** 342, 436 b; **110** 6; **135** 92 ff.; **165** 247 ff.; **217** 92; Betriebsaufspaltung **135** 92, 97, 101; Finanzplannutzung **135** 97; Kollision mit Grundpfandrechten **Vor 49–52** 78 b

Eigenkapitalersetzende Sicherheit 43 27; **44** 42 ff.; **Vor 49–52** 97 f.; **52** 43 a; **135** 82 ff.; „Stehenlassen" einer Bürgschaft **135** 84; stille Beteiligung **135** 66, 72

Eigenkapitalersetzendes Darlehen 35 249 ff., 265; **39** 31 ff., 52 ff.; **Vor 49–52** 95 f.; **135** 18 ff.; **246** 33 ff.; **264** 19 f.; **266** 20 f.; Aktiengesellschaft **135** 118 ff., 124; Anfechtbarkeit **135** 74 ff.; Anfechtung nach § 6 AnfG **135** 78; Anfechtungszeitraum **135** 11; Aufrechnung **135** 81; Bankenprivileg **135** 22; Darlehensgewährung **135** 18; Darlehenszusage **135** 19 ff.; „Entsperrung" **135** 59 f.; Finanzierungshilfe **135** 38; Finanzplankredit **135** 10, 16, 42, 50 ff.; Behandlung im Insolvenzplan **135** 80; Kenntnismöglichkeit der Kreditunwürdigkeit **135** 53 ff., 86, 120, 125; Konsortialkredit **135** 29; Kredit der Treuhandanstalt **135** 32 f.; Kreditunwürdigkeit **135** 41 ff.; partielle Kreditunwürdigkeit **135** 47; Krisenfinanzierung **135** 16, 19 f.; Liquiditätszusage **135** 20; materielle Unterkapitalisierung **135** 15, 61; nominelle Unterkapitalisierung **135** 15, 61; nachrangiger Rückgewähranspruch **135** 79 ff.; „Stehenlassen" eines Darlehens **135** 40, 53 f., 56 ff.; „Stehenlassen" von Forderungen **135** 62, 64 f.; Stundung **135** 56, 64 f.; Überbrückungskredit **135** 46

Eigenkonto 47 391, 401

Eigentum, Aussonderung **47** 37 ff.; Grundrechtseingriff **Einl** 88; **286** 13

Eigentümer-Besitzer-Verhältnis 265 32 ff.

Eigentums-/Vermögensgemeinschaft 37 16; **333** 3⁶

Eigentumsvorbehalt 51 79 ff.; **103** 101; **107** 1 ff.; abgeleiteter – **47** 96 a f.; Absonderung **Vor 49–52** 16; Aussonderung **22** 49; **35** 140; **47** 38, 72 ff.; Ersatzaussonderung **48** 28; erweiterter – **47** 87 ff.; **Vor 49–52** 16; **51** 80; **107** 8, 26; EuInsVO **7 EuInsVO** 1 ff.; Gläubigerbenachteiligung **129** 155; – kraft Handelsbrauchs **47** 59 a; nachgeschalteter – **47** 101 ff.; nachträglicher – **107** 9; Sicherungskonflikte **47** 170 ff.; Verstoß gegen schuldrechtliche Bindungen **48** 29 a; weitergeleiteter – **47** 97 ff.

– **einfacher – 22** 105; **47** 54 ff., 195 ff.; **48** 28, Abwehrklausel **47** 59, Erlöschen **47** 81 ff., Kongruenz **131** 22

– **Insolvenz des Vorbehaltskäufers 47** 62 ff., 92 f., 98, 102 f., 111 ff.; **51** 80, 89; **55** 122 ff.; **107** 17 ff., Anwartschaftsrecht **107** 17 f., 21, 23 f., aufschiebend bedingte Übereignung **107** 18, drohende Wertminderung **107** 22, Recht zum Verbrauch **47** 65 a, Recht zur Benutzung **47** 65 f., Rücktritt des Vorbehaltsverkäufers **103** 139, Rücktrittserklärung **47** 62 a, Verarbeitungsklausel **107** 27, Vorbehaltsware als Teil des Warenbestandes **107** 20, vorläufige Weiternutzung der Vorbehaltsware **107** 30 f., Wahlrecht des Insolvenzverwalters **47** 63 f., 113, 144 ff.; **107** 17, 19, 23 f.

– **Insolvenz des Vorbehaltsverkäufers 47** 76 ff., 94, 100, 104, 116; **51** 79; **55** 125 f.; **91** 22; **107** 6 ff., Anwartschaftsrecht des Vorbehaltskäufers **107** 8, 14, Erfüllungsanspruch **107** 12, Fortbestand des Anwartschaftsrechts **107** 12, Gegenleistung des Vorbehaltskäufers **107** 16, Übertragung des Besitzes **107** 11, Verpflichtungen des Vorbehaltskäufers **107** 13 ff., Wahlrecht des Insolvenzverwalters **107** 15

– **verlängerter – 47** 105 ff., 200; **48** 28; **Vor 49–52** 16, 28, 91; **51** 139, 171; **91** 27; **107** 8,

magere Zahlen = Randnummern

Eigenverwaltung

25, Abtretungsklausel **47** 164 ff., Abwehrklausel **47** 166, Einziehungsermächtigung **47** 159 ff., Kollision mehrerer verlängerter Eigentumsvorbehalte **47** 171 ff., Kollision mit Factoring-Globalzession **47** 187 f., Kollision mit Globalzession **47** 181 ff.; **Vor 49–52** 91; **51** 173, Kongruenz **131** 22, Verarbeitungsklausel **22** 49; **47** 106 ff., 118; **Vor 49–52** 70; **107** 27, Verarbeitungsverbot **47** 117, Vorausabtretungsklausel **47** 119 ff.; **Vor 49–52** 71, Weiterveräußerungsermächtigung **47** 123 ff., 145

Eigenverwaltung Einl 21; **1** 119 ff.; **81** 7; **109** 10; Ablehnung **270** 115 f.; Anhörung vor Ablehnung **27–29** 15, 34; Anordnung **270** 8 ff.; Anwendungsbereich **Vor 270–285** 19 ff.; Arbeitgeberfunktion des Schuldners **Vor 113–128** 22; **270** 74 ff.; **279** 11 f.; Auswechslung der Geschäftsführung **Vor 270–285** 18 c; Beendigung des Insolvenzverfahrens **Vor 270–285** 78; Befriedigung der Insolvenzgläubiger **283** 1 ff.; Begründung neuer Verbindlichkeiten **275** 4 ff.; Berichterstattung des Schuldners **281** 19 ff.; Beschluss über Anordnung **270** 58 ff.; besonders bedeutsame Rechtshandlungen **276** 1, 4 ff.; Chapter 11-Verfahren **Vor 270–285** 7, 11; drohende Zahlungsunfähigkeit **270** 53; Erfüllungswahlrecht **103** 152; **279** 1 ff.; EuInsVO **Vor 270–285** 23 a; Feststellung der Voraussetzungen **16** 10; Forderungsanmeldung/-feststellung **178** 26 ff.; Freiberuflerinsolvenz **Vor 270–285** 21; Freigabe **270** 67 a, 106; gegenseitige Verträge **279** 1 ff.; Geltung der allgemeinen Regeln der InsO **270** 98 f.; Gesetzgebungsverfahren **Vor 270–285** 3 ff., 13 f.; Gläubigerausschuss **Vor 270–285** 64 ff.; **276** 1 ff.; Gläubigerminderheit **276** 14 ff.; Gläubigerversammlung **Vor 270–285** 68 ff.; **271** 1; **276** 10 f.; Gläubigerverzeichnis **281** 10 f.; Großunternehmen **Vor 270–285** 23; Grundbuchvermerk **32–33** 9, 79; Insolvenzanfechtung **Vor 129–147** 99; **129** 42; **270** 70; **280** 1 ff.; Insolvenzplan(verfahren) **218** 100 ff.; **Vor 270–285** 75 ff.; **284** 1 ff.; Insolvenzstandort Deutschland **Vor 270–285** 18 b; Kollision Gesellschafts-/Insolvenzrecht **Vor 270–285** 74 a ff.; Kompetenzen der Gesellschafter **Vor 270–285** 74 d; Konzerninsolvenz **Vor 270–285** 23 a; Mittel zur Lebensführung des Schuldners **278** 1 ff.; Nachlassinsolvenz **Vor 270–285** 27 a; öffentliche Bekanntmachung **273** 1 ff.; öffentlich-rechtliche Pflichten des Eigenverwalters **270** 76 a; organschaftliche Vertreter **101** 32; Rechnungslegung **281** 24 ff.; Rechtsmittel **Vor 270–285** 32 a; **270** 117 ff.; **272** 25 f., 40 f.; **273** 16 f.; **277** 24; Rechtstatsachen **Vor 270–285** 17 ff.; Registereintragung **31** 10 ff., 20; **270** 112 ff.; **271** 28; **277** 30 f.; Rückschlagsperre **270** 104; Sachwalter s. dort.

Schuldner als Insolvenzverwalter **Vor 270–285** 46 ff.; Schutzschrift des Gläubigers **270** 30 a; Sicherungsmaßnahmen **22** 15; **Vor 270–285** 36 ff.; **270** 19, 42; starker vorläufiger Verwalter **Vor 270–285** 39; Stellung des Gläubigerausschusses **69** 25; Stellung des Schuldners **Vor 270–285** 46 ff.; **270** 67 ff.; **275** 1 ff.; Übergang in Restschuldbefreiungsverfahren **Vor 270–285** 79 f.; **285** 25; Verbraucherinsolvenz **Vor 270–285** 26; Vergleichsordnung **Vor 270–285** 9 f.; Vergütung der Geschäftsführung **Vor 270–285** 74 c; **274** 54; **278** 16 f.; Vermögensübersicht **281** 12 ff.; Verteilungsverfahren **283** 19 ff.; Verwertung der Grundpfandrechte **165** 275; Verzeichnis der Massegegenstände **281** 7 ff.; Vollmachten **117** 20; Vollstreckungsverbot **270** 101 ff.; Vorbehalte Gericht und Insolvenzverwalterschaft **Vor 270–285** 18 a; Vorbilder im deutschen Recht **Vor 270–285** 9 f.; vorläufige Untersagung einer Rechtshandlung **276** 14 ff.; Vorteile **Vor 270–285** 6; Weisungs- und Kontrollrechte der Gesellschafter **Vor 270–285** 74 f; Zuständigkeit des Insolvenzgerichts **270** 56; zustimmungsbedürftige Rechtshandlungen **275** 1 ff.; **276** 1 ff.; **277** 1 ff.

– **Anordnung der Zustimmungsbedürftigkeit** **277** 1 ff., Anordnungsbeschluss **277** 18 ff., Folgen der – **277** 32 ff., Rechtsmittel **277** 24, Registereintragungen **277** 30 f., Sanktionen gegen Schuldner **277** 35 ff., Voraussetzungen **277** 6 ff., zustimmungsbedürftige Rechtsgeschäfte **277** 14 ff.

– **Antrag Vor 270–285** 33 ff.; **270** 11 ff., Antrag auf Eigenverwaltung nach Verfahrenseröffnung **271** 8 ff., Antragsberechtigung **270** 13 ff., Auswirkungen auf das Eröffnungsverfahren **270** 19, Darlegungslast des Schuldners **270** 31 ff., Entscheidungsfindung des Gerichts **270** 33 ff., Form und Inhalt **270** 12, konkurrierende Gläubigeranträge **270** 21 ff., 28 ff., nachträgliche Antragstellung **270** 18, Rücknahme des Schuldnerantrages im eröffneten Verfahren **271** 4 ff.

– **Aufhebung Vor 270–285** 43 ff., 78; **272** 1 ff., Anhörung des Schuldners **272** 10, 23 f., 26, Antrag der Gläubigerversammlung **Vor 270–285** 43; **272** 2, 6 ff., Antrag des Schuldners **Vor 270–285** 45; **272** 4, 27 ff., Antrag eines Einzelgläubigers **Vor 270–285** 44; **271** 36; **272** 3, 11 ff., Aufhebungsbeschluss des Insolvenzgerichts **272** 30 ff., Fortführung des Insolvenzverfahrens nach – **272** 43 ff., Glaubhaftmachung drohender Nachteile **272** 20 ff., öffentliche Bekanntmachung **272** 37, Rechtskraft des Aufhebungsbeschlusses **272** 42, Rechtsmittel **272** 25 f., 40 f.; **273** 16 f., Wirksamkeit des Beschlusses **272** 42; **273** 13 ff., Zuständigkeit **272** 31, Zustellung **272** 38 f.; **273** 10 ff.

1825

Eilverfahren

- **Masseunzulänglichkeit** 208 73; 285 1 ff., Anzeige durch Gläubiger 285 10, Anzeige durch Sachwalter 285 6 f., Anzeige durch Schuldner 285 8 f., fehlende Massekostendeckung 285 19, Folgen der Verfahrenseinstellung 285 23 ff., Fortführung des masseunzulänglichen Verfahrens 285 11 ff.
- **nachträgliche Anordnung Vor** 270–285 42; **271,** Anhörung des Schuldners 271 20, Beschluss 271 22 ff., Beschluss der ersten Gläubigerversammlung 271 15 ff., Bestellung des Sachwalters 271 23 ff., Bindung des Gerichts 271 19, Minderheitenschutz 271 30 ff., öffentliche Bekanntmachung 271 29; 273 1 ff., Rechtsmittel gegen – 271 21 a, Schuldnerantrag 271 3 ff., Wirksamkeit des Beschlusses 273 13 ff., Zuständigkeit 271 21, Zustellung 273 10 ff.
- **Verwertung von Sicherungsgut Vor** 270–285 51 ff.; **282** 1 ff., Absonderungsrechte 282 7 f., Einvernehmen mit dem Sachwalter 282 18 f., Kostenbeiträge 282 2 f., 20 ff.

Eilverfahren, Merkmal des Eröffnungsverfahrens **16** 22 ff.

Ein-Euro-Job Vor 113–128 17

Einführungsgesetz zur InsO, Übergangsvorschriften (Art. 103 ff.) **359** 13 ff.

Eingetragene Lebenspartnerschaft 37 11, 16; Eigentumsvermutung 37 10

Eingliederung, internationale – **KonzernInsO** 83

Einheitsregelung, arbeitsvertragliche – **120** 13, 57

Einigungsstellenverfahren über Sozialplan **123** 21 ff.

Einkommensteuer 155 31 ff.; **InsolvenzStR** 27 ff.; abgesonderte Befriedigung **InsolvenzStR** 57 ff.; Auflösung stiller Reserven **InsolvenzStR** 50 ff.; Auflösungsverlust Kapitalgesellschaftsanteile **InsolvenzStR** 35 b; Aufteilung der Einkommensteuerschuld **InsolvenzStR** 47; Besteuerungszeitraum **InsolvenzStR** 31 b; Betriebsaufspaltung **InsolvenzStR** 69 a; Einkommen **InsolvenzStR** 30 ff.; Einkünfte aus Kapitalvermögen **InsolvenzStR** 70 ff.; Erlass **InsolvenzStR** 49 a; Geltendmachung der Steuerforderung **InsolvenzStR** 73 ff.; Insolvenzforderung **38** 81; **InsolvenzStR** 5 ff., 31 a, 36 ff., 38, 41 ff., 46 f., 49 a, 50, 53 f., 60 f., 63 f., 68 f., 69 b, 73 ff., 77 f., 80 b, 80 d; durch den Insolvenzverwalter begründete – **InsolvenzStR** 78 ff.; Masseverbindlichkeit **38** 81; **InsolvenzStR** 31 a, 36 ff., 38, 41 f., 44 ff., 49 a ff., 55, 57 f., 60, 63 ff., 68 f., 73 ff., 77 f., 80 d; Mindestbesteuerung **InsolvenzStR** 49 a; negatives Kapitalkonto **InsolvenzStR** 35 a; Personengesellschaft **InsolvenzStR** 62 ff.; Sanierungsgewinn **InsolvenzStR** 49 a; Veranlagungswahlrecht **InsolvenzStR** 80 ff.; Verluste/Verlustabzug **InsolvenzStR** 32 ff.; Zinsabschlag **InsolvenzStR** 70; Zinsabschlagsteuer **InsolvenzStR** 65; Zwangsverwaltung **InsolvenzStR** 57 ff.

Einstellung des Verfahrens 207 10 ff.; Ablehnung 214 14; Anhörung 214 12; Einstellungsbeschluss 214 13; internationale Zuständigkeit **Art 102 § 4 EGInsO** 4; Masseunzulänglichkeit s. dort; Masseverbindlichkeiten 214 16 ff.; Nachhaftung 215 15; Prozessunterbrechung 207 82 f.; 215 11 f.; Rechtsmittel 214 15; 216 3 f.; Registereintragung 31 10 ff.; – wegen Wegfalls des Eröffnungsgrunds 212 4 ff.; Wirkung 215 9 ff.; – mit Zustimmung der Gläubiger **69** 17; **213** 3 ff.

Einstellung wegen Masselosigkeit 53 68; **207** 1 ff.; Ablehnung der Einstellung 207 50; anhängige Rechtsstreitigkeiten 207 80 ff.; Anhörung der Beteiligten 207 41 ff.; Anzeige der Masselosigkeit 207 40; Eigenverwaltung 285 19 ff.; Einstellungsbeschluss 207 48; Erkenntnis- und Vollstreckungsverfahren nach Eintritt der Masselosigkeit **53** 78; **207** 65 ff.; Forderungsprüfung 207 46; Genossenschaft 207 51; Gesellschaft 207 53 ff.; Nachhaftung 207 46, 72 ff.; Prozessunterbrechung 207 82 f.; Rechnungslegung 207 44 f.; Rechtsfolgen aus dem Eintritt der Masselosigkeit 207 56 ff.; Rechtswirkungen 207 70 ff.; Verteilung der Barmittel 207 58 ff.; Verwertung 207 62 ff.; Wirksamwerden der – 207 49

Einstellungsantrag, öffentliche Bekanntmachung 214 4; Widerspruch 214 5 ff.; Zustimmung der Gläubiger **213** 3 ff.

Einstweilige Einstellung von Maßnahmen der Mobiliarzwangsvollstreckung 21 3, 70 ff.; Anhörung 21 74; Anordnung von Amts wegen 21 74; Arrest 21 72; Aufhebung 21 78; eidesstattliche Versicherung 21 72; einstweilige Verfügung 21 72; Wirksamwerden 21 74; Wirkung 21 75

Einstweilige Verfügung 106 15; – im Beschlussverfahren nach § 122 InsO **121, 122** 56 ff.

Eintragungsbedürftige Rechtsgeschäfte, Anfechtbarkeit **140** 23 ff.

Eintrittskartenvermittlungsvertrag 116 31

Einzelgläubigeranfechtung Vor 129–147 42 f.; **129** 200 ff.; **130** 25; **131** 30; **133** 5; **135** 78; **257** 24; **259** 25 f.; Anfechtungsbefugnis 129 202; Aufnahme des Anfechtungsrechtsstreits 129 204 f., 211; Eintritt durch Insolvenzverwalter 146 31; – und Insolvenzanfechtung 144 4; 147 10; Rechtskrafterstreckung 129 202, 207, 212; – nach verjährter Insolvenzanfechtung 146 11

Einzelzustellung, Anordnung von Verfügungsbeschränkungen **23** 7 f., 13 f., 16 f.; Funktion 23 16; Mängel 23 14

Einziehungsermächtigung 22 55; **117** 11, 15

magere Zahlen = Randnummern **Einziehungsermächtigungsverfahren**

Einziehungsermächtigungsverfahren 21 58; 82 23; Erfüllungstheorie 82 23 a; Ermächtigungstheorie 82 23 a; Genehmigungstheorie 82 23 a
EMA 340 6
Emmissions-Derivate 104 136
Energiederivate 104 133
Energielieferungsvertrag 103 70
England, Länderbericht Vor 286–303 69 ff.; England & Wales
Entlassung s. Massenentlassung
Entschuldung völlig mittelloser Schuldner 304 21 ff.; Wustrauer Modell 304 23
„Entschuldung zum Nulltarif" 304 81
Entschuldungsprinzip Einl 70
Entwurf des Europäischen Übereinkommens über Insolvenzverfahren (EuIÜ) 35 39
Erbbaurecht 35 167; 47 20, 328, 331; 49 6, 75; 108 41; 165 25, 266
Erbbaurechtsvertrag, Erfüllung 103 133
Erbbauzins 106 5
Erbe, Anfechtung gegen – 145 8 ff.; Aussonderung(srecht) 47 335 f., 337 f.; 83 9
Erbengemeinschaft 295 67 f.; Auseinandersetzung 84 17, 21 f.; Insolvenzfähigkeit 11 63 c
Erbeninsolvenz 43 43; 52 45; 331 1 ff.; Stellung der Nachlassgläubiger 331 3; Stellung des Insolvenzverwalters 331 2
Erbrecht, Erwerb mit Rücksicht auf ein künftiges – 295 58 f.
Erbrechtlicher Anspruch, Insolvenzmasse 35 432
Erbrechtlicher Vermögenserwerb 295 49 ff.; Wertberechnung 295 65 f.
Erbschaft 35 48 f.; 83 3 ff.; Anfechtbarkeit 83 4; 129 90; Annahme 83 3 ff.; Ausschlagung 83 3 f., 9; 295 49; Ausschlagungsfrist 295 51 f.; Erwerb von Todes wegen 295 54 ff.; gutgläubiger Erwerb eines Erbschaftsgegenstandes 83 24; Wohlverhaltensperiode 83 4
Erbschafts- und Schenkungsteuer InsolvenzStR 235 e f.
Erbschaftskauf, Gläubigerstellung des Erben nach Abschluss des Erbschaftskaufs 330 6; Masseumfang beim – 330 5; Miterbenanteil 330 7; schwebende Prozesse 330 8
Erbschaftskäufer, Antragsberechtigung 330 4; Haftungsbeschränkung des -s bei Verfahrenseröffnung 330 4; Kauf eines Miterbenanteils, einer Vorerbschaft, einer Nacherbenanwartschaft 330 2; Rückkauf der Erbschaft 330 3; Schenkung der Erbschaft 330 3; Schuldner des Verfahrens 330 4; Tausch der Erbschaft 330 3; Weiterverkauf der Erbschaft 330 3
Erbteilung 295 58 f.
Erfindung 35 285 ff.; Arbeitnehmererfindung 35 331 ff.; 80 52, 123
Erfüllung s. Leistung an den Schuldner

Erfüllungsablehnung 103 14 ff., 167 ff.; 108 170 ff.
Erfüllungsverlangen 108 155 ff.; Art und Weise der Erfüllung 103 166; Erklärung 103 154 ff.; 108 138; konkludentes Verlangen 103 156; Rechtsfolgen 55 108 ff.; 103 39 ff., 163 ff.; Verfahrensbeendigung 103 43
Erhaltungskosten 170 33 f.; 171 38
Erinnerung, „Durchgriffserinnerung" 6 61; – gegen Entscheidung des Rechtspflegers 6 59 ff.; – gegen Entscheidung des Urkundsbeamten 6 62; – gegen Entscheidungen des beauftragen oder ersuchten Richters 6 57; – gegen Maßnahmen der Zwangsvollstreckung 6 63 f.; ne ultra petita 6 72; reformatio in peius 6 72; – im Restschuldbefreiungsverfahren 294 16 ff.
Erlass einer Insolvenzforderung 81 5, 7
Erledigungserklärung zum Eröffnungsantrag 4 54; 13 131 ff.; Kostenentscheidung 4 28; 13 138 ff., 141 ff.; – wegen Massearmut 26 33; missbräuchliche – 13 145 ff.; verfahrensrechtliche Wirkung 13 134, 137; – nach Zahlung des Schuldners 26 39; zeitliche Grenze 13 133; s. auch Gerichtskosten (Zweitschuldnerhaftung)
Ermittlungsakten der Staatsanwaltschaft, Einsichtsrecht des Insolvenzverwalters 4 67
Eröffnung des Insolvenzverfahrens, Ablehnung 34 35 f.; EuInsVO 2 EuInsVO 7 ff.; gesellschaftsrechtliche Wirkungen 31 40 ff.; Grundbuchvermerk 32–33 8 f., 79; internationales Insolvenzrecht 2 EuInsVO 7 ff.; Registereintragung 31 10 ff.; Verbraucherinsolvenzverfahren 311 17; Verzögerung 290 61 ff.; s. auch Eröffnungsbeschluss
Eröffnungsantrag 13; 14 1 ff.; 15; 21 16 ff.; Ablehnung wegen Unzuständigkeit 3 31; abschließende Entscheidungen 13 4; 27–29 12; Abweisung mangels Masse 16 6 ff., 31 f., 34; 26 11 ff.; 34 43 ff., 70 f.; 311 14; allgemeine Anforderungen 13 75 ff.; – während eines Altverfahrens 359 36 f.; Antragsbegründung 13 100 ff.; Antragsmonopol der Aufsichtsbehörde 13 55 ff.; 15 96; Antragsrecht des Gläubigers 13 26 ff.; 14 1 ff.; Aufsichtsbehörde 13 55 ff.; ausländischer Insolvenzverwalter 13 69 ff.; Beanstandung s. Zwischenverfügung; Bedingung oder Befristung 13 77 ff.; Begründetheit 16 1 ff., 6 ff., 34 ff.; 27–29 7 ff.; Dispositionsmaxime 5 5 ff.; Eigenantrag s. dort; Erledigungserklärung s. dort; Finanzdienstleistungssektor 13 55 ff.; 15 96; Form 13 94 ff.; Glaubhaftmachung 14 9 ff., 30 ff., 82 ff.; 15 72 ff.; 21 18; 320 7; Gläubigerantrag s. dort; Heilung von Mängeln 13 64, 115; 34 110, 116; Inhalt 13 97 ff.; Kosten 13 155 ff.; Kreditwirtschaft 13 56 ff.; 15 96; neuer Antrag 26 41; Parallelanträge 13 8, 169; 14 139; 16 20; 27–29 13; 34

1827

Eröffnungsbeschluss

122 f.; Partei- und Prozessfähigkeit **13** 12 ff., 81 ff.; Partikularinsolvenzverfahren **13** 25, 45, 68, 69; **14** 70; **15** 115; rechtliches Gehör **14** 108 ff.; **15** 74 ff.; **27–29** 14 ff.; **34** 14, 76; rechtliches Interesse **14** 41 ff.; Rechtsmissbrauch **1** 7; Rücknahme des – s. dort; Schriftsatz **4** 52 a; Schuldner s. Eigenantrag; Schutzschrift **14** 124; Sekundärinsolvenzverfahren **13** 25, 45, 68, 69; **14** 70; **15** 115; Verbraucherinsolvenzverfahren **305** 27 f.; **306** 20 f.; **311** 3 ff.; Verfahrensart s. dort; Versicherungswirtschaft **13** 65 ff.; **15** 96; Vertretung durch Bevollmächtigten **13** 83; Vertretungsbefugnis und Registereintragung **Einl** 48; **13** 17, 54; Verzicht auf Antragsrecht **Einl** 48; **13** 17, 54; Wegfall des Antragsrechts **13** 149 ff.; **15** 15; Willensmangel **13** 80; Zulässigkeitsprüfung **13** 114; **14** 101 ff.; **15** 1 ff., 71, 72 f.; **21** 29; Zurückweisung als unzulässig oder unbegründet **13** 4; **27–29** 7 ff.; **34** 35 ff.; Zusatzanträge **13** 116 f.; Zustellung **14** 120; Zwischenverfügung **13** 114; **14** 101 ff.; **20** 96; **34** 29; s. auch Eröffnungsverfahren

Eröffnungsbeschluss, Aufforderungen an Gläubiger und Drittschuldner **27–29** 45 ff., 71 ff.; Aufhebung s. dort; Begründung der internationalen Zuständigkeit **Art 102 § 2 EGInsO** 4 ff.; Bekanntmachung, Zustellung **27–29** 118; **30** 4 ff.; Berichtigung, Ergänzung **4** 79; **27–29** 129 ff.; **Vor 315** 4; Bindungswirkung **34** 110 ff.; Darlegung der internationalen Zuständigkeit **27–29** 115; Eigenverwaltung **27–29** 11, 15, 33 f., 38, 46, 64, 74 ff., 92, 116, 131, 151; **34** 67, 80 ff.; **270** 58 ff.; Einwendungen von Gläubigern **34** 2, 59 ff., 85; Erlass durch Beschwerdegericht **27–29** 150 ff.; **34** 52 f.; Ernennung des Insolvenzverwalters **27–29** 29 ff.; **34** 67 f., 80 ff.; **56** 81, 135; fakultativer Inhalt **27–29** 110 ff.; Fristen und Termine **27–29** 48 ff., 77 ff.; **34** 67 f., 80 ff.; Heilung von Mängeln **13** 115; **34** 110 ff.; (keine) materielle Rechtskraft **4** 80 b; Mindestinhalt **27–29** 17 ff., 102 ff., 114 ff.; **34** 67 f., 80 ff.; Nachlassinsolvenzverfahren **317** 11; Partikularinsolvenzverfahren, Sekundärinsolvenzverfahren **27–29** 9, 28, 115, 135; Rechtskraft **139** 10; sofortige Beschwerde **15** 90; **34** 55 ff.; Stunde der Eröffnung **27–29** 39 ff., **359** 12; Verbraucherinsolvenzverfahren **27–29** 35 f., 97 ff.; **34** 67 f., 80 ff.; **311** 16; Verfahrensart s. dort; Vollstreckung **Art 102 § 8 EGInsO** 1 ff.; Wirksamwerden **27–29** 43, 119 ff.

Eröffnungsbilanz 155 8; **InsolvenzStR** 8 a

Eröffnungsgrund, Begriff **16** 1; Darstellung im Eröffnungsantrag **13** 100 ff.; **14** 30 ff., 85; **15** 72 f.; Ermittlungen des Gerichts **16** 6 ff.; EuInsVO **4 EuInsVO** 14; Feststellung durch den vorläufigen Insolvenzverwalter **22** 153 ff.; Glaubhaftmachung **14** 30 ff., 85 ff.; **15** 72 f.; insolvenzbegründende Forderung des Antragstellers **14** 29; **16** 37 ff.; internationales Insolvenzrecht **335** 36 f.; materielle Beweislast **16** 40; Sekundärinsolvenzverfahren **16** 4; **27–29** 9; Verbraucherinsolvenzverfahren **311** 9 ff.; s. auch drohende Zahlungsunfähigkeit, Überschuldung, Zahlungsunfähigkeit

Eröffnungsverfahren Einl 7 ff.; abschließende Entscheidungen **13** 4; **27–29** 7 ff., 12; Auskunfts- und Mitwirkungspflichten des Schuldners **20** 1 ff.; **22** 171 ff.; **97** 41; **98** 38; Beweisaufnahme **16** 17 ff.; Eilverfahren **16** 22; Grundstruktur **13** 1 ff.; Kosten **13** 155 ff.; Mitwirkungspflicht aller Beteiligten **13** 83; **15** 69 f., 77; **16** 36; organschaftliche Vertreter **101** 31; Parallelverfahren **13** 8, 169; **14** 139; **16** 20; **27–29** 13; **34** 122 ff.; Pflichten des Schuldners im Verfahren **20** 1 ff.; rechtliches Gehör **14** 108 ff.; **15** 74 ff.; **16** 14, 25 ff.; **20** 16 ff.; **27–29** 14 ff.; **34** 76; Schutz vor sittenwidriger Härte **14** 64 ff.; streitiges Parteiverfahren **Vor 2–10** 17; **13** 3, 123; **14** 10, 20 ff., 39 f., 101; **15** 5, 72 f.; Verbraucherinsolvenzverfahren **311** 12 ff.; Verfahrensart s. dort; Verschwiegenheitspflicht **14** 90; **20** 81 ff.; Vorführung, Verhaftung des Schuldners **16** 15, 60; **20** 68 ff., 87 ff.; **21** 27, 35, 38; **22** 175, 177, 181; s. auch Eröffnungsantrag

Erörterungstermin 234 1; **235** 1 ff., 26 f.; Bestimmung bei Eröffnung **27–29** 76, 77, 85 f.; Beteiligte **235** 12 ff.; **InsolvenzStR** 238; Finanzamt **InsolvenzStR** 238; Leitung des Termins **235** 20; mehrere Pläne **235** 30 ff.; öffentliche Bekanntmachung **235** 10 f.; Protokoll **235** 29; Sitzungsleitung **235** 23; Tagesordnung **235** 21; Terminierung **235** 5; Unterbrechung **241** 6; Unterlagen **235** 17 f.; Vertagung **235** 11; **241** 6

Ersatzabsonderung 1 33; **22** 51; **Vor 49–52** 136, 167 ff.

Ersatzaussonderung 22 51; **47** 24, 166, 289, 314; Abgrenzung zur dinglichen Surrogation **48** 10 f.; Abgrenzung zur rechtsgeschäftlichen Surrogation **48** 11 a; Abtretung des Anspruchs auf die noch ausstehende Gegenleistung **48** 45 ff.; analoge Anwendung des § 48 InsO **48** 13 f.; Anspruchsgrundlage **48** 8; Aussonderungsgegenstand **48** 15 f.; Bereicherungsanspruch **48** 8 a; Beweislast **48** 73 b; Eigenkonto **47** 391; Eigentumsvorbehalt **48** 28; Einzahlung/Überweisung der Gegenleistung auf Bankkonto **48** 58 ff.; entgeltliche Veräußerung **48** 31 ff.; Ersatzanspruch aus § 285 BGB **48** 8 a; Geltendmachung **48** 73 a; Gerichtsstand **48** 73; Herausgabe der erbrachten Gegenleistung **48** 54 ff.; Inhalt des Anspruchs **48** 44 ff.; Massezugehörigkeit der Gegenleistung **48** 54; Pflichten des Insolvenzverwalters **48** 64, 65; Rechtsnatur **48** 5 ff.; schuldrechtliche Ansprüche **48** 8; – am Surrogat **48** 5; Surrogationsprinzip **48** 4; Teil einer größeren Geldmenge **48** 55 a; Teil eines Gesamtpreises **48** 56; Umfang **48** 67 ff.; unberechtigte Veräußerung **48** 17 ff.; unentgeltliche Veräußerung **48** 31; Unterscheidbarkeit der Gegenleistung **48** 55 ff.; unwirksame Veräußerung **48** 43; Veräußerung der Gegenleistung durch den Insolvenzschuldner **48** 76 f.; Veräußerung der Gegenleistung durch den Insolvenzverwalter **48** 74 ff.; Veräußerung der Gegenleistung durch den vorläufigen Insolvenzverwalter **48** 75 c; Veräußerung durch den vorläufigen Insolvenzverwalter **48** 14; Vermischung der Gegenleistung mit dem Bestand der Kasse **48** 57; vertretbare Sache **48** 65; Verzicht **47** 495; Voraussetzungen **48** 15 ff.; Zweitersatzaussonderung **48** 9, 74 ff.

Ersitzung 35 151; **91** 54 f.

Erwerb unter Lebenden auf den Todesfall 295 55

Erwerbsobliegenheit, Anfechtung **129** 91

EUBeweisaufnahmeVO 335 41

EuGVVO 25 EuInsVO 1 f., 10

EuInsVO 35 39, 42; Absonderung **5 EuInsVO** 1 ff.; Abwicklungssystem **9 EuInsVO** 1 ff.; Anerkennung **16 EuInsVO** 1 ff.; Annexverfahren **25 EuInsVO** 21 ff.; Annexzuständigkeit **3 EuInsVO** 81 ff.; Anwendungsbereich **Vor 1 EuInsVO** 27 ff.; Arbeitsrechtsstatut **10 EuInsVO** 1 ff.; Arbeitsvertrag **10 EuInsVO** 1 ff.; Aufrechnung **4 EuInsVO** 20 ff.; **6 EuInsVO** 1 ff.; Aufrechnungsstatut **6 EuInsVO** 8 ff.; Ausführungsbestimmungen **Vor 1 EuInsVO** 31 ff.; ausländische Zwangsvollstreckung **20 EuInsVO** 3 ff.; ausländischer Insolvenzverwalter **18 EuInsVO** 1 ff.; Auslegung **Vor 1 EuInsVO** 23 ff.; Aussetzung der Verwertung **Art 102 § 10 EGInsO** 4 f.; **33 EuInsVO** 3 ff.; Aussonderung **5 EuInsVO** 1 ff.; Begründung des Eröffnungsbeschlusses **Art 102 § 2 EGInsO** 4 ff.; Bestellungsnachweis Insolvenzverwalter **19 EuInsVO** 1 ff.; Betriebsübergang **10 EuInsVO** 10; Business-Activity-Theorie **3 EuInsVO** 21 ff.; Deliktsstatut **4 EuInsVO** 10 f.; Eigentumsvorbehalt **7 EuInsVO** 1 ff.; Einstellung des Verfahrens **Art 102 § 4 EGInsO** 4 ff.; Eröffnungsgründe **4 EuInsVO** 14; EuGVVO **25 EuInsVO** 1 f.; Eurofood **2 EuInsVO** 9; **3 EuInsVO** 24 ff.; Forderungsanmeldung **4 EuInsVO** 33 f.; **39 EuInsVO** 4 ff.; **41 EuInsVO** 1 ff.; **42 EuInsVO** 1 ff.; Forderungsfeststellung **4 EuInsVO** 33 f.; forum shopping **3 EuInsVO** 52 ff.; gemeinschaftlicher Sortenschutz **12 EuInsVO** 6; Gemeinschaftsgeschmacksmuster **12 EuInsVO** 6; Gemeinschaftsmarke **12 EuInsVO** 5; Gemeinschaftspatent **12 EuInsVO;** Gesellschaftsstatut **4 EuInsVO** 4; Gläubigerbenachteiligung **13 EuInsVO** 2 f.; Grundstücke **11 EuInsVO** 4; Haftung des Insolvenzverwalters **21 EuInsVO** 14 f.; **22 EuInsVO** 19 f.; Herausgabeanspruch **20 EuInsVO** 3 ff.; hotchpotch rule **20 EuInsVO** 14 ff.; Immobilien **8 EuInsVO** 1 ff.; In-Kraft-Treten **Vor 1 EuInsVO** 26; Inkrafttreten **43 EuInsVO** 1 ff.; **47 EuInsVO** 1 f.; Insolvenzanfechtung **129** 193; **4 EuInsVO** 40 ff.; **13 EuInsVO** 1 ff.; Insolvenzfähigkeit **4 EuInsVO** 16 f.; Insolvenzforderungen **4 EuInsVO** 30 f.; Insolvenzgeld **10 EuInsVO** 11 ff.; Insolvenzmasse **4 EuInsVO** 18; Insolvenzplan **Vor 217–269** 38 ff., 40 f.; **Art 102 § 9 EGInsO** 1 ff.; **31 EuInsVO** 32 ff.; **34 EuInsVO** 5 ff., 8 ff., 16 ff.; Insolvenzstatut **4 EuInsVO** 1; internationale Zuständigkeit **3** 22 ff.; **315** 9; **3 EuInsVO** 5 ff.; Käuferinsolvenz **7 EuInsVO** 8; Kosten der Bekanntmachung **23 EuInsVO** 3; Kosten der Registereintragung **23 EuInsVO** 3; Leistung an den Schuldner **24 EuInsVO** 2 ff.; lex fori concursus **4 EuInsVO** 1; lex libri siti **11 EuInsVO** 11 f.; lex rei sitae **8 EuInsVO** 15 f.; Luftfahrzeug **11 EuInsVO** 4; Massebindlichkeit **4 EuInsVO** 30 ff.; Mind-of-Management-Theorie **3 EuInsVO** 8 ff.; negativer Kompetenzkonflikt **Art 102 § 3 EGInsO** 16; **3 EuInsVO** 66 ff.; Netting **6 EuInsVO** 4 ff.; Niederlassung **2 EuInsVO** 25 ff.; öffentliche Bekanntmachung **30** 9, 19 ff.; **Art 102 § 5 EGInsO** 3 ff.; **21 EuInsVO** 3 ff.; öffentliche Ordnung **26 EuInsVO** 5 f.; öffentliche Register **11 EuInsVO** 6 f.; öffentlich-rechtliche Forderung **39 EuInsVO** 6 f.; ordre public **16 EuInsVO** 14; **26 EuInsVO** 1 ff.; örtliche Zuständigkeit **3** 23; **Art 102 § 1 EGInsO** 3; **3 EuInsVO** 69 f.; Partikularverfahren s. dort; persönlicher Anwendungsbereich **1 EuInsVO** 8 ff.; positiver Kompetenzkonflikt **Art 102 § 3 EGInsO** 4 ff.; **3 EuInsVO** 58 ff.; Prioritätsprinzip **3 EuInsVO** 57 ff.; Protocols **31 EuInsVO** 38 ff.; Prozessunterbrechung **Vor 85–87** 7; **15 EuInsVO** 1 ff.; Quotenanrechnung **20 EuInsVO** 14 ff.; räumlicher Anwendungsbereich **1 EuInsVO** 11; Rechtsbeschwerde **Art 102 § 7 EGInsO** 7; Registereintragung **31** 27, 48 ff.; **Art 102 § 6 EGInsO** 1 ff.; **22 EuInsVO** 2 ff.; Registerrechte **11 EuInsVO** 1 ff.; Restschuldbefreiung **Vor 286–303** 108 ff.; révision au fond **25 EuInsVO** 16; Sachenrechtsstatut **4 EuInsVO** 12; sachlicher Anwendungsbereich **1 EuInsVO** 2 ff.; sachlich-räumlicher Anwendungsbereich **1 EuInsVO** 12 ff.; Schiff **11 EuInsVO** 4; Sicherungsmaßnahmen **38 EuInsVO** 1 ff.; Sitzverlegung **3 EuInsVO** 47 ff., 52 ff.; Sitzvermutung **3 EuInsVO** 5; sofortige Beschwerde **Art 102 § 7 EGInsO** 2 ff.; Unterbrechung eines Rechtsstreits **4 EuInsVO** 26; Unternehmenssanierung **34 EuInsVO** 12 ff.; Unterrich-

Europäische Aktiengesellschaft Fette Zahlen = §§

tung der Gläubiger 30 12; **Art 102 § 11 EGInsO** 2 ff.; **40 EuInsVO** 4 ff.; Verfahrensbeendigung **4 EuInsVO** 37; Verfahrenseröffnung **2 EuInsVO** 7 ff.; Verfahrenskosten **4 EuInsVO** 39; Verfügungen des Schuldners **14 EuInsVO** 1 ff.; Verkäuferinsolvenz **7 EuInsVO** 9 f.; Vermögensbelegenheit **2 EuInsVO** 16 ff.; Verteilung **4 EuInsVO** 35 f.; Vertragsstatut **4 EuInsVO** 9; vis attractiva concursus **3 EuInsVO** 82; Vollstreckung aus Eröffnungsbeschluss **Art 102 § 8 EGInsO** 1 ff.; Vollstreckung ausländischer Entscheidungen **25 EuInsVO** 5 ff., 18; Vollstreckungsmaßnahmen **4 EuInsVO** 27; Vorrang vor Staatsverträgen **44 EuInsVO** 1 ff.; Wahlrecht des Insolvenzverwalters **4 EuInsVO** 25; Zahlungssystem **9 EuInsVO** 1 ff.; zeitlicher Geltungsbereich **43 EuInsVO** 1 ff.; s. auch Auslandsgesellschaft
– COMI **3 EuInsVO** 7 ff., Abwicklungsgesellschaften **3 EuInsVO** 36 f., Arbeitnehmer **3 EuInsVO** 41 ff., Indizien **3 EuInsVO** 31 ff., natürliche Personen **3 EuInsVO** 40 ff., Selbständige **3 EuInsVO** 44, Sitzverlegung **3 EuInsVO** 47 ff., zeitlicher Anknüpfungspunkt **3 EuInsVO** 45 f.
– Drittstaatenbezug **1 EuInsVO** 15, Arbeitsverhältnisse **1 EuInsVO** 24, Insolvenzanfechtung **1 EuInsVO** 25 f., internationale Zuständigkeit **1 EuInsVO** 16, Kollisionsnormen **1 EuInsVO** 17 ff.
– internationale Zuständigkeit, Annexverfahren **25 EuInsVO** 21 ff., Einstellung des Verfahrens **Art 102 § 4 EGInsO** 4, Partikularverfahren **3 EuInsVO** 71, Sekundärverfahren **3 EuInsVO** 73 ff., Verweisung **3 EuInsVO** 68
– örtliche Zuständigkeit, Hauptinsolvenzverfahren **Art 102 § 1 EGInsO** 3 ff.; **3 EuInsVO** 69 f., Maßnahmen nach der EuInsVO **Art 102 § 1 EGInsO** 14 f., Sekundärverfahren **Art 102 § 1 EGInsO** 10 ff.

Europäische Aktiengesellschaft s. Europäische Gesellschaft (Societas Europaea)

Europäische Genossenschaft (Societas Cooperativa Europaea), Antragspflicht **15** 92, 98 ff., 103; Antragsrecht **15** 26, 61 f.

Europäische Gesellschaft (Societas Europaea), Antragspflicht **15** 92, 98 ff., 103; Antragsrecht **15** 21 ff., 61 f.

Europäische wirtschaftliche Interessenvereinigung (EWIV) 35 213 f.; **84** 11; Antragspflicht **15** 92 f.; Antragsrecht **15** 42; Insolvenzfähigkeit **11** 61; s. auch organschaftlicher Vertreter, Gesellschaft ohne Rechtspersönlichkeit

Europäischer Betriebsrat 113 17; **120** 16

EUZustellVO 335 38 f.

Evokationsrecht des Richters 27–29 147 f.

Existenzvernichtender Eingriff, internationales Insolvenzrecht **4 EuInsVO** 5

Factoring 47 257 ff.; **103** 71; **116** 13 ff.; echtes – **47** 187, 258; **51** 137; **116** 13, 15, 17; **129** 157; Factoring-Rahmenvertrag **116** 17 ff.; Insolvenz des Factors **47** 274 ff.; Insolvenz des Klienten **47** 262 ff.; Kollision mit verlängertem Eigentumsvorbehalt **47** 187 f.; unechtes – **47** 188, 259; **116** 13, 16, 17; **135** 18; Wahlrecht des Insolvenzverwalters **116** 14 f.

Factoring-Globalzession 47 187 f.; Kollision mit Sicherungsglobalzession **51** 216

Faktischer Geschäftsführer, Antragspflicht **15** 100 f.; Antragsrecht **15** 68; Begriff **15** 100 f.; Beschwerderecht **34**, 40, 58; Haftung wegen Insolvenzverschleppung **15** 100 f., 106, 119 ff.; Pflichten im Verfahren **16** 61; **20** 43, 62

Faktischer Konzern KonzernInsO 64 ff.; faktischer GmbH-Konzern **KonzernInsO** 70; kollisionsrechtliche Anknüpfung **KonzernInsO** 65; Zuständigkeit **KonzernInsO** 66 ff.

Fälligkeit, Fälligkeitsvereinbarung **41** 7, 33; Fiktion der – **41** 1 f.; ungewisser Zeitpunkt **41** 8, 20, 25; **45** 11

Familien- und Haushaltsverbund, Restschuldbefreiung **286** 68

Familienrechtlicher Anspruch, Insolvenzmasse **35** 430 f.

Festgeschäft 104 59 ff.

„Feststellungsanspruch" 45 8 a

Feststellungsbescheid nach § 251 AO InsolvenzStR 24 b, 24 l, 25 b, 25 l, 26, 26 h, 26 i f., 26 p f.

Feststellungskosten 170 28; **171** 7 ff.; Kosten der rechtlichen Feststellung **171** 11 ff.; Kosten der tatsächlichen Feststellung **171** 8 ff.

Feststellungsprozess, Antrag **179** 6, 36 f.; Aufnahme eines unterbrochenen Prozesses **55** 54; **180** 15 ff.; Betreibungslast des Bestreitenden **179** 29 f.; Einfluss der Beendigung des Insolvenzverfahrens **179** 46 ff.; Feststellung nicht titulierter Forderungen **179** 4 ff.; **184** 3 ff.; **283** 15 ff.; Feststellung titulierter Forderungen **179** 23 ff.; **184** 8 a ff.; Feststellungsgegenstand **179** 7 f., 36; Feststellungsinteresse **179** 9 ff., 38 f.; internationale Zuständigkeit **3 EuInsVO** 93; internationales Insolvenzrecht **335** 96 ff.; Klage gegen Widerspruch des Schuldners **184** 1 ff.; **302** 20 ff.; Kosten **53** 29; **183** 9 ff.; Kündigungsschutzklage **45** 8 a; Mahnverfahren **180** 8, 30; mehrere Widersprechende **179** 15 ff., 41; Mittel der Widerspruchsverfolgung **179** 33 ff.; negative Feststellungsklage des Bestreitenden **179** 21 f.; Neuklage **180** 5 ff.; positive Feststellungsklage des Gläubigers **179** 43 f.; Prozessführungsbefugnis bei Rechtsnachfolge **179** 13 f.; Rechtsnatur der Klage **179** 5, 36; schiedsrichterliches Verfahren **180** 9 ff., 31; Steuerforderung **185** 5 ff.; Streithilfe **179** 19 f., 42; Streitwert **182** 1 ff.; Umfang der Feststellung **181** 1 ff.; Urkundenprozess **180** 6 f., 29;

magere Zahlen = Randnummern **FGG**

Wirkung der Entscheidung **183** 3 ff.; Zuständigkeit **180** 12 ff.; **185** 1 ff.
FGG, Anwendbarkeit **4** 3
FGG-Gericht 2 6 a
Filmwerk 35 153, 363
Finalitätsrichtlinie 340 1
Finanzamt, außergerichtliche Schuldbereinigung **InsolvenzStR** 245 ff.; Eröffnungsantrag **14** 71 ff., 89 ff.; Insolvenzplanverfahren **InsolvenzStR** 237 ff., 240 ff.; Restschuldbefreiung **InsolvenzStR** 264 ff.; Schuldenbereinigungsverfahren **InsolvenzStR** 259; Stundung **InsolvenzStR** 243; Verbraucherinsolvenzverfahren **InsolvenzStR** 245 ff., 247; vereinfachtes Insolvenzverfahren **InsolvenzStR** 263; Verzicht **InsolvenzStR** 249
Finanzbehörde, Eröffnungsantrag **14** 71 ff., 89 ff.
Finanz-Derivate 104 52
Finanzdienstleistung 104 47
Finanzdienstleistungssektor, Antragsmonopol der Aufsichtsbehörde **13** 55 ff.; **15** 96; Anzeigepflicht statt Antragspflicht **15** 96
Finanzgericht 80 135
Finanzgerichtsbarkeit, Rechtsschutz gegen Eröffnungsantrag **14** 97 ff.
Finanzgeschäft 104 50
Finanzinstrument 104 46, 79
Finanzleistung 104 26, 44 ff.
Finanzplan 17 10 ff., 23; **18** 13 ff.; **19** 54 ff.; **229** 16 ff.; **245** 24 ff.; Cash Flow-Prognoserechnung **229** 26 ff.
Finanzsicherheiten 21 104 f.; **81** 1, 29 ff.; **104** 76 ff.; **130** 5 a ff.; Gutglaubensschutz des Sicherungsnehmers **81** 39 f.; „Null-Uhr-Regelung" **81** 29; Sicherungsgegenstände **81** 33; Sicherungsvereinbarung **81** 34; Stabilität des Finanzsystems **81** 29; Verfügungen über – **81** 31 ff.; Verwertungsrecht des Insolvenzverwalters **166** 55 ff.; Zeitpunkt der Verfügung **81** 35 ff.
Finanzsicherheiten-Richtlinie 81 2 a; **340** 7
Finanztermingeschäft 103 98; **104** 26
Firma 35 484 ff.; **80** 101; **Anh. 315** 15; Anfechtung **129** 21; Aufgabe der – **129** 95; Übertragung **80** 57 f.
„**Firmenbestattung**" **3** 28 a, 40
Fixgeschäft 103 98; **104** 37 ff.
„**Flucht in den Verbraucherkonkurs**" **304** 59, 69
Flugzeug 108 37; **109** 24; **110** 2
Forderung 35 383 ff.; unübertragbare Ansprüche **35** 384 ff.
Forderungsanmeldung 174 1 ff.; – nach Ablauf der Anmeldefrist **27–29** 54 f.; Änderung der Anmeldung **177** 11 f.; – und Anfechtungseinrede **146** 49, 53 f.; ausländische Gläubiger **341** 7 ff.; ausländischer Insolvenzverwalter **341** 10 ff.; Berechtigte **174** 3; Deliktsanspruch **175**

16 f.; **201** 20 a f.; **302** 9 ff.; – bei Eigenverwaltung **270** 80; **283** 5; EuInsVO **4 EuInsVO** 33 f.; **31 EuInsVO** 9; **32 EuInsVO** 2 ff.; **39 EuInsVO** 4 ff.; **41 EuInsVO** 1 ff.; **42 EuInsVO** 1 ff.; Form **174** 8 f.; Frist **174** 7; Inhalt **174** 10 ff.; Inhalt bei ausländischen Gläubigern **41 EuInsVO** 1 ff.; internationales Insolvenzrecht **335** 93 f.; **341** 7 ff.; **354** 32; **39 EuInsVO** 4 ff.; nachrangige Forderung **39** 49 f.; **174** 32; **177** 5; nachträgliche Anmeldung **177** 1 ff.; Prüfung der Anmeldung **174** 27 ff.; Rechtsfolgen **174** 24 f.; Rechtsnatur **174** 6; Rücknahme **174** 26; Sekundärverfahren **32 EuInsVO** 2 ff.; Sprache **42 EuInsVO** 4 ff.; Steuerforderung **174** 18; Unterrichtung ausländischer Gläubiger **40 EuInsVO** 4 ff.; Urkunden **174** 23; Vertretung **174** 4 ff.; Zurückweisung **174** 30 f.
– **Widerspruch,** – durch Insolvenzgläubiger/Insolvenzverwalter/Sachwalter **302** 15, – durch Schuldner **302** 19, – durch Treuhänder **302** 15
Forderungseinziehung, – im funktionalen Sinne **22** 76; – durch vorläufigen Insolvenzverwalter **21** 102; **22** 54 ff.
Forderungsfeststellung 176 26; **178** 1 ff.; Benachrichtigung der Gläubiger **178** 54; Eigenverwaltung **184** 9; EuInsVO **4 EuInsVO** 33 f.; Feststellung unanmeldbarer Forderungen **178** 65 f.; Gegenstand der – **178** 11 ff.; Rechtsbehelfe gegen die Eintragung festgestellter Forderungen **178** 76 ff.; Steuerforderung **178** 88 f.; Teilfeststellung **178** 10; unstreitige – **178** 1 ff.
– **Widerspruch InsolvenzStR 26** j, Form **176** 29; **178** 40 f., Inhalt **176** 28; **178** 33 ff., – durch Insolvenzgläubiger/Insolvenzverwalter/Sachwalter **176** 27 ff.; **178** 18 ff., 27, 31 f.; **201** 21, 23; **283** 1, 13 f., Rücknahme **176** 30; **178** 43, – durch Schuldner **176** 27 ff.; **178** 3, 23, 28 ff.; **184** 2; **201** 22; **283** 1, 8 ff., – gegen titulierte Forderung **179** 23 ff., vorläufiges Bestreiten **176** 31; **178** 37, Widerspruchsrichtung **176** 28; **178** 34 ff.
Forderungsinhaber, Aussonderung **47** 204 ff.
Forderungsverzeichnis, Mitwirkung der Gläubiger **305** 47 ff.
Formalisierungsgrundsatz Einl 69
Fortbestehensprognose 19 84, 89
Fortführungserklärung bei Betriebsfortführung 230 4 ff.; Beifügung **230** 11, 16, 33, 34; Durchsetzung **230** 20, 37; Fortsetzungsbeschluss als Planbedingung **230** 38 ff.; Gesellschaft ohne Rechtspersönlichkeit oder KGaA als Schuldner **230** 21 ff.; Rechtsnatur und Inhalt **230** 10, 27 ff.; Wirksamkeit **230** 12 ff., 34
Fortführungsprognose 19 15, 39 f., 52 ff.; Cash-flow nach Soll-Kapitaldienst **19** 62; Finanzplan **19** 54 ff.; Finanzplanüberschuss (Net-

1831

Fortgesetzte Gütergemeinschaft Fette Zahlen = §§

to-Cash-flow) **19** 83; Fortführungsfähigkeit **19** 66; mehrwertige – **19** 58 ff.; Operating Cash Flow nach Steuern (NOCF) **19** 62; Periodenverbund **19** 79 ff.; subjektive Wahrscheinlichkeit **19** 67; überwiegende Wahrscheinlichkeit **19** 52, 66 ff.; Zahlungsfähigkeitsprognose **19** 51, 53; Zustandsbaum **19** 59

Fortgesetzte Gütergemeinschaft 37 39 ff.; **53** 28; **83** 14 ff.; Ablehnung **37** 44; **83** 1, 14, 16; Anfechtbarkeit **83** 14; Antragsberechtigung **332** 2; Antragspflicht **332** 2; Aufhebung **37** 46; **332** 7; Auseinandersetzung **37** 41, 46; **332** 7; Ausfallhaftung **332** 7; Beendigung **37** 45; eingetragene Lebenspartnerschaft **83** 14; Eintritt **83** 14; Fortsetzung **83** 15; gemeinschaftliche Verwaltung des Gesamtguts **37** 46; Gesamtgut **11** 66; **37** 40 f.; **83** 15 f.; **332** 6; Gesamtgutsanteil **37** 39 ff., 42, 45 f.; **83** 15 f.; Gesamtgutsverbindlichkeiten **37** 40, 42; Insolvenz eines Abkömmlings **37** 45; **332** 6; Insolvenzmasse **37** 2, 41, 45 f.; **332** 3, 5; Liquidationsphase **333** 23 f.; **334** 21, 25; Neuerwerb **37** 42, 45; Planvorlage **218** 86; Sondergut **37** 41; Sonderinsolvenzverfahren **11** 66 f.; **37** 3, 40, 46; **332** 1 ff.; Vermögen der Abkömmlinge **37** 41; **332** 3; Vermögensmassen **37** 41; Vollstreckung aus dem Plan **257** 12

Forum shopping, EuInsVO **3** EuInsVO **47** ff., 52 ff.

Fracht-Derivate 104 136

Frachtführerpfandrecht 50 112 ff.; dingliche Surrogation **50** 112 a; kombinierter Transport **50** 112 c; rechtsgeschäftliches Surrogat **50** 112 a

Frachtvertrag 103 72; Pfandrecht **50** 112 ff.

Franchising 112 9

Frankreich, Länderbericht **Vor 286–303** 38 ff.; Frankreich

Freiberufler 113 11; **Anh. 315** 28; Berufsgeheimnis **35** 155 ff.; Betriebsfortführung **157** 12; Eigenverwaltung **Vor 270–285** 21; Praxisunterlagen **35** 155 ff.; Praxisveräußerung **35** 155, 158, 507; **36** 27; **80** 56; **129** 93; **159** 17; Restschuldbefreiung **295** 99 ff.; Verbraucherinsolvenzverfahren **304** 53

Freier Mitarbeiter Vor 113–128 16

Freigabe 1 47; **32–33** 78; **35** 84 ff.; **80** 42, 65 ff.; **Vor 85–87** 86 f.; **85** 23; **86** 19, 26 f.; **103** 199; **108** 56; **110** 8; **159** 10 f.; **165** 34, 183 ff.; Anfechtbarkeit **35** 100; Anwendungsbeispiele **165** 187 ff., 209 a ff.; – und Aussonderungsrechtsstreit **47** 481; echte – **35** 85, 90 ff., 100 ff.; **80** 66; **165** 184 ff.; Eigenverwaltung **270** 67 a; erkaufte – **80** 66; – im Eröffnungsverfahren **22** 37; Genehmigung **35** 102; – in der Gesellschaftsinsolvenz **35** 104 ff.; Grundsteuer **35** 90; Insolvenz des Vermieters **55** 151; – und Kostenbeteiligung **35** 91; modifizierte – **35** 88, 93; **80** 66; Neuerwerb **35** 13; öffentliche Bekanntmachung **35** 13, 47; Rückgängigmachung **35** 101; **165** 210; Rückschlagsperre **165** 211; selbständige Tätigkeit des Schuldners **35** 13; Sicherungsgut **170** 24, 25; **223** 32 ff.; **InsolvenzStR 168** ff.; – des Streitgegenstands **80** 80; Umfang der freigegebenen Ansprüche **165** 212 a; Umsatzsteuer **35** 89, 92 ff.; **80** 71; **165** 209 a ff., 259 a; **170** 25; **171** 43; **InsolvenzStR 168** ff.; Umweltaltlast **55** 99 ff.; **60, 61** 16; **80** 69, 142 f.; **159** 11; unechte – **35** 86; **47** 7, 481; **80** 66; Wirkung **35** 100; **80** 70; Wirkung auf Anfechtung **129** 184 f.; Wirkung bei Umweltaltlasten **165** 197 ff.; Zulässigkeit **80** 68 ff., 72

Freigabeklausel, dingliche – **51** 19

Freigiebige Zuwendungen, Pfändungsschutz **36** 44

Freihändige Verwertung 165 32, 177 ff.; Steuern **165** 257 ff.

Freiheit, Grundrechtseingriff **Einl** 88

Freizügigkeit des Schuldners, Auflagen des Gerichts **20** 50

Fremdwährungsforderung 45 17 ff.; Art und Zeit der Umrechnung **45** 19 f.; Aufrechnung **45** 61; nicht fällige – **45** 24; Feststellung zur Tabelle **45** 39 ff.; Mithaftung Dritter **45** 56; Umrechnungsgrundsatz **45** 17; Wechselkurs **45** 24

Fristen, Anwendbarkeit der ZPO-Regeln **4** 50

Früchte 35 139

Fruchterwerb 91 57 ff.

Führungslosigkeit, Antragspflicht **15** 103 ff.; subsidiäres Antragsrecht **15** 61 f.

Fund 91 56

Garantie 35 402; **254** 28; **257** 46; Insolvenz des Garanten **41** 39; **43** 12; Insolvenz des Hauptschuldners **43** 8

Gastwirtschaftskonzession 35 516

Gebäude 108 36

Gebäudeeigentum 35 169; **47** 25; **49** 5; **108** 36; **165** 25, 268

Gebrauchsmuster 35 293 ff.; Geheimgebrauchsmuster **35** 295

Gefährdungshaftung 55 65

Gefahrenbeseitigung, Ersatzvornahmekosten **55** 94 ff.; öffentlich-rechtlicher Anspruch auf – **55** 77 ff.; ordnungsrechtliche Verantwortlichkeit **55** 78 ff.; Verletzung von Ordnungspflichten **55** 86 ff.

Gefälligkeitsverhältnis 115 6

Gegenglaubhaftmachung 14 20 ff., 39 f.

Gegenseitiger Vertrag 209 25 ff.; Aufrechnung **103** 23, 29, 35; Ausschluss der Rückforderung wegen Nichterfüllung **103** 178; **105** 38; Begriff **103** 55 f.; Eigenverwaltung **279** 1 ff.; Einrede der Nichterfüllung **103** 16 ff., 25, 28, 31 f., 47, 62; **105** 25; Einrede der Vermögensverschlechterung **103** 63, 166; keine vollstän-

dige Erfüllung **103** 14 ff., 39 ff., 61, 121 ff.; **108** 134; Erfüllungsablehnung **103** 14 ff., 167 ff.; **108** 170 ff.; Erlöschenstheorie **103** 3 f., 13; Forderung wegen der Nichterfüllung **103** 22, 23, 27, 35, 49; Insolvenzanfechtung **143** 16; Kündigung durch vorläufigen Insolvenzverwalter **22** 59 ff., 108; materiell-rechtliche Umgestaltung **103** 3, 18; Nichterfüllung **55** 32; Nichterfüllungsforderung **103** 21, 184 ff.; nichtiger – **103** 89; Nutzung des Vertragsgegenstandes bis zur Erfüllungswahl **108** 173, 179 ff.; Schlechterfüllung **55** 32; Schwebezustand bis zur Entschließung des Verwalters **108** 137 ff.; Sicherheiten **103** 24, 30, 36, 44 ff., 50, 52; synallagmatisch verbundene Forderungen **103** 35; Teilleistung **103** 25 ff., 47 ff., 121; Teilung des Vertrags **103** 4, 47, 51; Verrechnung **103** 35; Vertragsspaltung **103** 4, 47, 51; vollständige beiderseitige oder einseitige Erfüllung vor Eröffnung **103** 57 ff., 121; Wahlrecht des Insolvenzverwalters s. dort; Zurückbehaltungsrecht **103** 47
– Erfüllungsverlangen **108** 155 ff., Art und Weise der Erfüllung **103** 166, Erklärung **103** 154 ff.; **108** 138, konkludentes Verlangen **103** 156, Rechtsfolgen **55** 108 ff.; **103** 39 ff., 163 ff., Verfahrensbeendigung **103** 43

Gegenständlich beschränktes Vorrecht Vor 49–52 4; **52** 4
Gegenvorstellung 6 89; **7** 115, 116; **34** 83
Geheimnissphäre 35 154
Gehörsrüge 6 90; **7** 114
Geld 149 5; Aussonderung **47** 19
Geldkredit 108 205
Geldliquidation, Grundsatz der – Einl 65 f.
Geldmarktinstrumente 104 81
Geldstrafe/-buße 39 19 f.; **225** 18; **246** 22; **294** 6; keine Restschuldbefreiung **302** 23
Gemeinde 12 15, 21 a, 24
Gemeindeverband 12 15
Gemeinschaftsgeschmackmuster, EuInsVO **12 EuInsVO** 6
Gemeinschaftskonto 47 405 ff.; Oder-Konto **47** 406; Und-Konto **47** 407
Gemeinschaftsmarke, EuInsVO **12 EuInsVO** 5
Gemeinschaftspatent, EuInsVO **12 EuInsVO** 3 f.
Genehmigung, öffentlich-rechtliche – **35** 511 ff.
Genossenschaft 35 228 ff.; **149** 60; **222** 134 ff.; Antragspflicht **15** 92, 98 ff., 103; Antragsrecht **15** 20, 61 f.; Aufhebung des Insolvenzverfahrens **259** 16; Auflösung **11** 41; **26** 46; Einstellung wegen Masselosigkeit **207** 51; Haftung **11** 40; Insolvenzfähigkeit **11** 39; Nachschusspflicht der Genossen **217** 143; **221** 84; Planvorlage **218** 115; rückständige Pflichteinlagen **35** 232; Verteilung **187** 23; s. auch juristische Person, organschaftlicher Vertreter

Genossenschaftsregister s. Register
Gerichtskosten, Antragstellung **13** 162; Auslagen **13** 163, 171 f.; **20** 72; Beschwerdeverfahren **34** 23; Ermittlungskostenvorschuss **13** 167 f.; Eröffnungsverfahren **13** 161 ff.; Gebühren **13** 162; Parallelverfahren **13** 169; Sicherungsmaßnahmen **13** 171 ff.; Zeugen und Sachverständige **13** 163, 167 ff., 172; **16** 69; Zwangsmittel **20** 72; Zweitschuldnerhaftung des Antragstellers **13** 140, 165; s. auch Kosten, Kostenentscheidung
Gerichtssprache 4 93
Gerichtsstandsvereinbarung 2 11
Gerichtsvollzieherkosten 20 72
Gesamtbetriebsvereinbarung 120 7
Gesamtgläubiger 43 45
Gesamtgutinsolvenz 332 ff.; Auskunfts- und Mitwirkungspflichten **20** 67; Beschwerderecht **34** 4, 44, 57; Eigenantrag **13** 16, 73, 113; Eröffnungsgründe **16** 1; Grundbuchvermerk **32–33** 13, 19; rechtliches Gehör **14** 116
Gesamtrisiko-Swap 104 108, 124
Gesamtschaden 35 279 ff.; **60, 61** 10 ff.; **92** 11 ff.; Anspruch der Gesellschaft **35** 279 ff.; **92** 27 f.; Aufrechnung **92** 22; Beweislast **92** 21; Freigabe des Anspruchs **92** 17; Geltendmachung durch Insolvenzverwalter **92** 15 ff.; Geltendmachung durch Sachwalter **280** 3 f.; gerichtliche Durchsetzung des Anspruchs **Vor 85–87** 13; **85** 46; **92** 25 f.; Insolvenzplan **217** 121; Leistung an einzelne Gläubiger **92** 23 f.; Schadensberechnung **92** 18 ff.
Gesamtschuld 257 46; echte – **43** 5; unechte – **43** 5
Gesamtschuldner 43 1 ff.; Antragsrecht aus Rückgriffsanspruch **13** 41; Aufrechnung **94** 4; Insolvenz eines -s **43** 35; mehrere Insolvenzverfahren **43** 34; Teilmithaftung **43** 28 ff.; **44** 25; Zahlungen vor Verfahrenseröffnung **43** 39 ff.
Gesamtvollstreckungsordnung, Fortgeltung in Altverfahren **286** 72; **359** 20 ff.
Geschäftsbesorgungsvertrag 103 104; **115** 5; **116** 5 ff.; Ansprüche des Geschäftsbesorgers **116** 50; Anwalts- und Patentanwaltsvertrag **116** 26; Aufrechnung **95** 12; Erlöschen **116** 48; Fortsetzung **116** 49; Herausgabepflicht des Geschäftsbesorgers **116** 49; Notgeschäftsbesorgung **116** 53 f.; **117** 16
Geschäftsbücher, Akteneinsicht **4** 73; Aufbewahrungspflichten **36** 74; Begriff **36** 65; Beschlagnahme **22** 183; **148** 14 f.; Einsichtsrecht **22** 181 f.; **36** 68; **69** 18; kein Einsichtsrecht des Insolvenzgläubigers **36** 70; Inbesitznahme **148** 14 ff.; Inbesitznahme durch vorläufigen Insolvenzverwalter **22** 39; Insolvenzmasse **36** 36, 64 ff., 65 ff.; **148** 13; Rückgabe **200** 34; Rück-

Geschäftsführer

nahmepflicht des Schuldners **36** 73; Verwertung **36** 72; Vollstreckung der Herausgabe **36** 68; Zurückbehaltungsrecht **148** 16; s. auch Geschäftsunterlagen

Geschäftsführer 304 55, s. auch organschaftlicher Vertreter

Geschäftsführung ohne Auftrag 55 66 ff.; **115** 17; **265** 28 ff.

Geschäftskorrespondenz 35 154

Geschäftsräume, Zutrittsrecht/Durchsuchung **21** 91; **22** 179, 181; **148** 65, 67 f.

Geschäftsunfähige Personen, Restschuldbefreiung **286** 62

Geschäftsunterlagen, Beschlagnahme **22** 183; Durchsuchung und Sicherstellung im Eröffnungsverfahren **16** 61 f.; Einsichtnahme durch Absonderungsberechtigten **167** 29 ff.; Einsichtsrecht **22** 181; **69** 18; Rückgabe **200** 34, 42 f.; **207** 79; **215** 13; s. auch Geschäftsbücher

Geschäftsverteilung 4 90

Geschichte des Insolvenzrechts Einl 25 ff.

Geschmacksmuster 35 325 ff.; Urheberrechtsschutzfähigkeit **35** 327

Gesellschaft, Aufhebung des Insolvenzverfahrens **259** 16; Auflösung **26** 41, 46 ff.; **53** 29; **103** 107; fehlerhafte – **11** 47; Fortsetzung nach Auflösung **26** 53; Löschung wegen Vermögenslosigkeit **26** 49 f.

Gesellschaft bürgerlichen Rechts 11 44; **35** 179 ff.; **84** 8 f.; **304** 57; Akzessorietätstheorie **11** 50, 56; keine Antragspflicht **15** 95; Antragsrecht **15** 34; Auflösung **Anh. 315** 19; Auseinandersetzung **84** 8; Eintrittsklausel **Anh. 315** 22; Eröffnung des Insolvenzverfahrens **118** 5; Fortsetzung unter den übrigen Gesellschaftern **Anh. 315** 20; Fortsetzungsklausel **Anh. 315** 34; Geschäftsführungsbefugnis nach Auflösung **118** 9 ff.; Gesellschaftsanteil **84** 8; Haftung der Gesellschafter **11** 50, 56; Insolvenz der Gesellschaft **35** 185 f.; Insolvenz des Gesellschafters **35** 183 f.; Insolvenz von Gesellschaft und Gesellschafter **35** 187 ff.; Insolvenzfähigkeit **11** 3, 7, 49; Insolvenzvermerk im Grundbuch **32–33** 14, 19; Nachfolgeklausel **Anh. 315** 21; Organisationsbereich **11** 51 ff.; Parteifähigkeit **11** 49, 50; Rechtsnatur **11** 49; Tod eines Gesellschafters **Anh. 315** 19 f.; Verbraucherinsolvenzverfahren **304** 65 f.; Zuständigkeit des Insolvenzgerichts **3** 19; s. auch Gesellschaft ohne Rechtspersönlichkeit

Gesellschaft ohne Rechtspersönlichkeit 93 3; **103** 115; Antragspflicht **15** 92 ff.; Antragsrecht **15** 34 ff.; Auflösung **31** 40; **118** 4 ff.; Fortsetzung **31** 40; Haftung wegen Insolvenzverschleppung **15** 119 ff.; Kündigung des Mietverhältnisses **109** 43 f.; Planvorlage **218** 81; Restschuldbefreiung **286** 70; Rücknahme des Eigenantrags durch anderen Antragsberechtigten **15** 5, 81 f.; **34** 4; Vollstreckung aus dem Plan **257** 11; s. auch organschaftlicher Vertreter

Gesellschafter, geschäftsführender –, Ansprüche bei Geschäftsführung in der Gesellschaftsinsolvenz **118** 1 ff.

Gesellschafter, persönlich haftender – 41 35; **43** 16; **44** 40; **55** 195 f.; **254** 26; **304** 56; Antragsrecht **15** 34 ff.; Befreiung im Insolvenzplan **53** 45; **93** 39 ff.; Bürgschaft **93** 21; Eingriff in Rechtsstellung durch Insolvenzplan **217** 65 ff., 132 ff.; **221** 84; **227** 10 ff.; „existenzvernichtender Eingriff" **217** 137; Fortführungserklärung **230** 21 ff.; Gesellschafterhaftung für Masseverbindlichkeiten in der Gesellschaftsinsolvenz **53** 37 ff.; Haftung für umgerechnete Forderungen **45** 57 ff.; rechtliches Gehör **14** 111 ff.; **15** 74 ff.; Regressanspruch aus § 110 HGB **44** 36; Restschuldbefreiung **286** 66; Unterhalt **101** 26; Vollstreckung aus dem Plan **257** 11

– Geltendmachung der persönlichen Haftung in der Gesellschaftsinsolvenz **Vor 85–87** 12; **85** 46, Anspruchsgrundlagen **93** 6, Aufrechnung **93** 32 ff., Ausfallhaftung **93** 24 f., Bürgschaftsforderung **93** 21, Einwendungen gegen die Insolvenzforderung **93** 31, gerichtliche Durchsetzung **93** 41, Gesellschafter als Gläubiger **93** 17 ff., Gesellschafterinsolvenz **93** 23 ff., Haftung für Masseschulden **93** 7 ff., Haftungsansprüche der Massegläubiger **93** 20, Leistung an einzelne Gesellschaftsgläubiger **93** 30, Rechtsfolgen **93** 13 ff., – durch Sachwalter **280** 3 f., Sondermasse **93** 22, Träger der Haftungsmasse **93** 22, Verzicht des Gläubigers **93** 15

Gesellschafterbeiträge 35 186

Gesellschafterbeschluss über Stellung des Eröffnungsantrags **15** 55 ff.

Gesellschafterdarlehen in der Überschuldungsbilanz **19** 104 ff.

Gesellschafterhaftung, akzessorische – **43** 13 ff., 43

Gesellschafterregress 44 33 ff.

Gesellschaftersicherheit
s. eigenkapitalersetzende Sicherheit, eigenkapitalersetzendes Darlehen

Gesellschaftsanteile, internationales Insolvenzrecht **351** 13

Gesellschaftsinsolvenz 55 195; **80** 111 ff.; Ablehnung der Prozessaufnahme **85** 26 ff.

Gesellschaftsorgan, Kompetenzen **80** 112a; Schuldnerbereich **80** 112; Überschneidungsbereich **80** 112; Verdrängungsbereich **80** 112

Gesellschaftsrechte 35 179 ff.

Gesellschaftsrechtliche Liquidation 1 5, 47; **11** 72; **80** 69, 114, 142

Gesellschaftssicherheit, Abgrenzung zur Gesellschaftersicherheit **Vor 49–52** 97; – als Einlagenrückgewähr **Vor 49–52** 93 ff.; Gesellschaft besichert die Forderung eines Dritten

magere Zahlen = Randnummern **Gesellschaftsvertrag**

gegen ihren Gesellschafter **Vor 49–52** 93 f.; Gesellschaft besichert kapitalersetzendes Darlehen ihres Gesellschafters **Vor 49–52** 95 f.; konzernmäßige Besicherung einer Gesellschafterschuld **Vor 49–52** 96 a
Gesellschaftsvertrag 103 114; **119** 17
Gesetz über den Sozialplan im Konkurs- und Vergleichsverfahren Vor 113–128 3; **123** 2
Gesetz über Konkursausfallgeld Vor 113–128 3
Gesetz zu Reformen am Arbeitsmarkt Vor 113–128 9; **125** 3, 46
Gesetz zum Pfändungsschutz der Altersvorsorge 1 41 a; **36** 3
Gesetz zur Änderung der Insolvenzordnung 36 3, 41 f., 79
Gesetz zur Entschuldung völlig mittelloser Personen und zur Änderung des Verbraucherinsolvenzverfahrens 1 25 a, 97, 113; **4** 17; **293** 43 f.; **298** 13; **299** 3; Entschuldungsmodell **1** 106, 109; Gesetzentwurf **304** 22 ff.
Gesetz zur Modernisierung des GmbH-Rechts und der Bekämpfung von Missbräuchen (MoMiG) 39 51; **43** 27; **44** 42 ff.
Gesetz zur Reform des Zivilprozesses 6 4 a; **7** 3
Gesetz zur Verbesserung der betrieblichen Altersversorgung (BetrAVG) Vor 113–128 3
Gesetz zur Vereinfachung des Insolvenzverfahrens 5 3 a, 64 a; **8** 4 a; **9** 4 b; **35** 13, 47; **47** 2 a; Ermächtigung der Landesregierung **5** 93
Gesetzlicher Richter Einl 85
Gestaltungsrecht 38 47
Geständnis 4 56
Gewerbeerlaubnis 22 108; **35** 512; Ausübung durch Stellvertreter **80** 53; berufsrechtliche Auswirkungen einer Insolvenz **80** 17
Gewerbesteuer 155 35; **InsolvenzStR 105** ff., 356; Gewerbesteuervorauszahlungen **InsolvenzStR** 111; Insolvenzforderung **38** 84; **InsolvenzStR** 113, 114 f.; insolvenzsteuerliche Aufteilung der Steuerschuld **InsolvenzStR** 114 f.; Kapitalgesellschaft **InsolvenzStR** 107; Masseverbindlichkeit **38** 84; **InsolvenzStR** 114 f.; Steuerpflicht **InsolvenzStR** 105 ff.; Veranlagung/Möglichkeiten zur Reduzierung der Besteuerung **InsolvenzStR** 108 ff.; Verlustvortrag **InsolvenzStR** 112
Gewerbliche Schutzrechte 47 339; Anfechtung **129** 97 ff.; internationales Insolvenzrecht **351** 14
Girokonto, Pfändung **50** 69
Girovertrag 82 19; **103** 105; **116** 37; Aufrechnung **96** 15; Wahlrecht des Insolvenzverwalters **116** 37
Glaubhaftmachung, – von Antragsvoraussetzungen **14** 9 ff., 30 ff., 82 ff.; **15** 72 f.; **21** 18;

Anwendbarkeit der ZPO-Regel **4** 56; Eigenverwaltungsverfahren **272** 20 ff.; Nachlassinsolvenzverfahren **320** 7; Schuldenbereinigungsverfahren **309** 26 ff.; Versagungsantrag **290** 19 f.; **296** 9 f.; **297** 5 f.; **300** 19; Widerrufsverfahren **303** 5 ff.; s. auch Gegenglaubhaftmachung

Gläubigerantrag, Anhörung des Schuldners **14** 108 ff.; Antragsrecht **13** 26 ff.; Arbeitnehmer **13** 46; **14** 46; **15** 64; bedingte Forderung **13** 39 f.; beschlagnahmte oder verpfändete Forderung **13** 43; Druckmittel **14** 53 ff.; Erledigungserklärung s. dort; Finanzbehörde **14** 71 ff., 89 ff.; Glaubhaftmachung **14** 9 ff., 30 ff., 82 ff.; insolvenzbegründende Forderung **14** 29; **16** 37 ff.; Missbrauch **14** 52 ff.; nachrangige Forderung **13** 42; Nachschieben einer Forderung **13** 151; **14** 57; nicht fällige Forderung **13** 38; öffentlich-rechtliche Forderung **14** 71 ff.; Parallelanträge **13** 8, 169; **14** 139; **16** 20; **27–29** 13; rechtliches Interesse **14** 41 ff.; Rechtsverteidigung des Schuldners **14** 20 ff., 39 f.; Schadensersatz wegen unberechtigten Antrags **14** 140 f.; Sozialversicherungsträger **14** 71 ff., 92 ff.; Steuergläubiger **14** 71 ff., 89 ff.; streitige Forderung **14** 9 ff., 20 ff.; Teilforderung **14** 53; verfahrensfremde Zwecke **14** 52 ff.; Zulässigkeit **14** 1 ff., 101 ff.; Zustellung an Schuldner **14** 120; s. auch Eröffnungsantrag

Gläubigerausschuss 1 60; **259** 10; Aufgaben **69** 13 ff.; Aufgabenverteilung **69** 8; Auskunftsrecht gegenüber dem Schuldner **69** 27; Eigenverwaltung **Vor 270–285** 64 ff.; Einberufung **72** 9 f.; Funktion **69** 1 f.; Geschäftsordnung **72** 5 f.; Größe **68** 8; Grundsatz der Selbstorganschaft **69** 8; Haftung der Mitglieder **71** 5 ff.; Kooptationsrecht **68** 10; Mitglieder des –es s. dort; Mitwirkung bei Eigenverwaltung **276** 1 ff.; Mitwirkung bei Planaufstellung **218** 41, 47 f., 63; Protokoll **72** 7 f.; Prüfung der Rechnungslegung **66** 25 f., 30 ff.; Regeleinsetzung **67** 6; Sozialplan **123** 26, 42; Stellung gegenüber dem Gericht **69** 12; Stellung gegenüber dem Insolvenzverwalter **69** 11; Stellung gegenüber der Gläubigerversammlung **69** 10; Stellung innerhalb des Verfahrens **69** 9; Stellungnahme zum Bericht **156** 35 f., 39; Teilnahmerecht **72** 12, 20; Überwachung und Unterstützung des Sachwalters **276** 17, 19 f.; Überwachung und Unterstützung des Schuldners **276** 17; Verschwiegenheitspflicht **69** 7; vorläufiger – **21** 44; **22** 72, 72[304], 118; **67** 2, 8; Zustimmung zu Rechtshandlungen **129** 198; **160** 1 ff., 5 ff.; Zustimmung zur Betriebsveräußerung **160** 12 ff.; Zustimmung zur Darlehensaufnahme **22** 72; **160** 20

– **Aufgaben,** Auskunftsrecht gegenüber dem Schuldner **69** 27, Einberufung der Gläubiger-

1835

Gläubigerautonomie

Fette Zahlen = §§

versammlung **69** 15, Einsicht in die Bücher und Geschäftspapiere **69** 18, Kassenprüfung **69** 18, Kontrolle des Insolvenzverwalters **69** 11, 18, Mitwirkungsbefugnisse **69** 20 ff., Unterrichtung bei Vergütungsfragen **69** 26, verfahrensrechtliche – **69** 14 ff.
- **Beschlüsse 72** 1 ff., Beschlussfähigkeit **72** 9 ff., Beschlussfassung **72** 3 ff., fehlerhafte Beschlussfassung **72** 22, Feststellung der Mehrheiten **72** 17 ff., Form **72** 13, Interessenkollision **72** 15, Ladungsfrist **72** 9 f., Stimmengleichheit **72** 17, Stimmrecht **72** 3, 14 ff., Tagesordnung **72** 9, Umlaufverfahren **72** 20
- **Zusammensetzung 67** 9 ff.; **68** 7, absonderungsberechtigte Gläubiger **67** 14, Arbeitnehmervertreter **67** 5, 9, 16, Ausgewogenheit der Zusammensetzung **67** 15, Ermessen des Gerichts **67** 10, Größe **67** 11, Regelzusammensetzung **67** 10, Zweier-Ausschuss **67** 11

Gläubigerautonomie 1 53 ff.; **70** 9; **74** 2 ff.; **76** 21; allgemein **57** 1; Grundsatz der Selbstorganschaft **69** 8

Gläubigerbeirat 68 18

Gläubigerbenachteiligung 108 208; **129** 76 ff., 221; **131** 28, 45; **133** 7; **134** 43; **140** 5; **141** 5; **147** 13; Abfindungsklausel **129** 133; Absonderungsrechte **129** 78 b; Anweisung **129** 144 ff.; Arbeitskraft **129** 91 ff.; Aufgabe der freiberuflichen Praxis **129** 93; Aufrechnung **129** 148 ff.; ausreichende Insolvenzmasse **129** 107; Austausch von Sicherheiten **129** 108 d; bankmäßige Gutschrift **129** 108 a; Benachteiligungsvorsatz **133** 12 ff., 22 ff., 45; **142** 24; Beseitigung **129** 178 f.; Besitzübertragung **129** 136 ff.; Betriebsaufspaltung **129** 166; Beweisanzeichen für Benachteiligungsvorsatz **133** 27 ff., 47; Beweisanzeichen für Kenntnis **133** 38; Einbringung eines Gesellschaftsanteils **129** 129; Erfüllungshandlung des Gläubigers **129** 147 ff.; Erschwerung der Gläubigerbefriedigung **129** 101; Fallgruppen **129** 127 ff.; Firmenaufgabe **129** 95; fremdes Vermögen **129** 78 a; Gegenleistung nur an einzelne Insolvenzgläubiger **129** 116; gesellschaftsrechtliche Benachteiligung **129** 132 ff.; Gläubigerbeeinträchtigung **129** 100 ff.; Grundpfandrecht **129** 158; Insolvenzgläubiger **129** 103 ff.; Kennenmüssen **143** 107 ff.; Kenntnis der – **131** 52 ff.; **143** 106 ff.; Kenntnis des Benachteiligungsvorsatzes **133** 19 ff., 38 f., 46; Kenntnis zwingender Umstände **131** 54 f., 64; Kontokorrentkredit **129** 174 a; Kontoüberziehung **129** 108 c; Kreditrückzahlung **129** 160; Kreditsicherheiten **129** 150 ff.; künftiges Vermögen **129** 79; Lastschrift **129** 147; Lohnsteuer **129** 78 c; Markenaufgabe **129** 96; Masseunzulänglichkeit **129** 105 a; mittelbare – **129** 117 ff., 121 ff., 142, 149, 151, 160, 163, 168, 171; **130** 23; **131** 45, 51; **132** 13, 27; **133** 11, 37; **136** 22; **142** 1; **145** 24; nichtiges Geschäft **134** 43; Nießbrauch **129** 127; Persönlichkeitsrecht **129** 88 ff.; Pfändung **129** 161; Pflichtenkollision **133** 35 f.; Reallast **129** 127; Sanierungskredit **129** 168; **132** 15; Sanierungsmaßnahmen **129** 163 ff.; Sanierungsversuch **132** 14; Schenkungswiderruf **129** 81, 89; Schuldbeitritt **129** 110, 166; Schuldübernahme **129** 110 a, 127, 166; Software **129** 99; Sozialversicherungsbeitrag **129** 78 c; Treuhand **129** 139 ff., 159, 167; **134** 13; übertragende Sanierung **129** 166 f.; Umsatzsteuer **129** 109 a; unmittelbare – **129** 112 ff., 121, 142, 149, 151, 157, 159, 161, 163, 163 b, 166, 168; **132** 11 ff.; **133** 32, 37, 44; **142** 1; unpfändbares Vermögen **129** 84 ff.; Urheberrechte **129** 98; Veräußerung des kaufmännischen Unternehmens **129** 94; Verfügung über gewerbliche Schutzrechte **129** 97 f.; Vergütung für Dienstleistung **129** 163 ff.; **132** 14; Verhinderung **129** 174; Verkürzung der Aktivmasse **129** 100; Verkürzung des Schuldnervermögens **129** 77 ff.; Verrechnung **129** 148; Vertragsklausel für den Insolvenzfall **129** 130 f.; Verwertung einer Sicherheit **129** 162; Verwertungskostenbeiträge **129** 109 a; Verzögerung der Gläubigerbefriedigung **129** 101; vorsätzliche – **129** 62; **131** 49; **133** 1 ff.; wertausschöpfend belastete Gegenstände **129** 109, 152 ff.; Wertschöpfungen aus dem Schuldnervermögen **129** 168 a; wirtschaftlich neutrale Vorgänge **129** 108; Wohnrecht **129** 127; Zwischenperson **129** 144

Gläubigergefährdung Vor 129–147 74 f.

Gläubigergleichbehandlung
s. Gleichbehandlung der Gläubiger

Gläubigerversammlung 1 56 ff.; Ablauf **76** 9 ff.; Abwahl des Insolvenzverwalters **57** 8 ff.; **78** 14; Änderung von Beschlüssen durch die – **78** 36; Aufgaben **74** 12 ff.; Auskunfts- und Äußerungsrecht des Schuldners **76** 11; Bestimmtheitsgrundsatz **74** 36 f., 45 ff.; Eigenverwaltung **271** 1; – im Eigenverwaltungsverfahren **Vor 270–285** 68 ff.; Entscheidung über Betriebsfortführung/-stilllegung **157** 6 ff., 10 ff.; **159** 18 ff.; Ersetzungsbefugnis **74** 17; Hinterlegungsbeschluss **149** 6 ff.; Kassenprüfung **79** 14; Kompetenzübertragung **157** 20 ff.; Kompetenzverweigerung **157** 23; Konferenzschaltung über Fernsprecher/Internet **76** 13; Leitung **76** 3 ff.; öffentliche Bekanntmachung der Tagesordnung **74** 36 ff.; Öffentlichkeit **4** 7 ff.; **76** 5; Ordnungsgewalt **76** 6 ff.; Protokoll **76** 12; „Rumpfversammlungen" **76** 22; sachliches Eingreifen des Insolvenzgerichts **76** 10; Stimmrecht **76** 23, 24 f.; Teilnahmeberechtigung **74** 25 ff.; Termine im Eröffnungsbeschluss **27–29** 77 ff.; Treuepflicht **74** 8 f.; Übertragung der Entscheidungsbefugnis auf das Insolvenzgericht **76** 21; Unterrichtung

magere Zahlen = Randnummern

Gläubigerverzeichnis

durch den Insolvenzverwalter **79** 1 ff.; **156** 26; Verhältnis zu anderen Verfahrensbeteiligten **74** 15 ff.; Vertagung **74** 38 f.; Wahl des Sachwalters **274** 14 f.; Zustimmung zu Rechtshandlungen **160** 31 f.; Zustimmung zur Darlehensaufnahme **22** 72; Zustimmungsfiktion **160** 33
- **Aufhebung von Beschlüssen 68** 9; **78** 1 ff.; **157** 17, Antrag **78** 3 ff., Aufhebungsbeschluss **78** 31 f., Bestellung/Abberufung von Mitgliedern des Gläubigerausschusses **78** 13, Eigenverwaltung **271** 30 ff., einstimmige Entscheidung **78** 27, Entscheidungsbefugnis des Insolvenzgerichts **78** 26 ff., gemeinsames Interesse der Insolvenzgläubiger **78** 17 ff., Mehrheitsentscheidung **78** 26, Missbrauch **78** 22 f., rechtlich geschütztes Interesse des antragstellenden Gläubigers **78** 24, Rechtsmittel **78** 33 ff., Schutzinteresse des antragstellenden Gläubigers **78** 25, Voraussetzungen **78** 10 ff., Wahl eines anderen Insolvenzverwalters **78** 14 ff., Wirkung des Aufhebungsbeschlusses **78** 30, Zweckmäßigkeitsentscheidungen durch das Insolvenzgericht **78** 29
- **Beschlüsse 76** 14 ff., Anfechtbarkeit **76** 33, Beschlussfähigkeit **76** 15 ff., Beschlussunfähigkeit **76** 17, 18 ff., Bindungswirkung der Beschlüsse **76** 31 f., Ersetzungsbefugnis des Insolvenzgerichts **76** 18 ff., Mehrheiten **76** 28 ff., Mehrheitsprinzip **74** 10 f., Nichtigkeit **74** 45 ff.; **76** 34 f.; **78** 28, Zählung der Stimmen **76** 27, Zustandekommen **76** 26
- **Einberufung 69** 15; **74** 1 ff.; **75** 1 ff.; **161** 17; **163** 16, Antrag **75** 2 ff., Antragsberechtigte **75** 6 ff., Frist **75** 11 f., durch Insolvenzgericht **74** 20 ff., Rechtsmittel gegen Ablehnung **75** 13 ff., Verfahren **74** 33 ff.

Gläubigerverzeichnis Vor 151–155 12; **152** 1 ff.; Absonderungsberechtigte **152** 8 ff.; aufrechnungsberechtigte Gläubiger **152** 21; Aussonderungsberechtigte **152** 7; Eigenverwaltung **281** 10 f.; – im Eröffnungsverfahren **152** 2; Gläubigergruppen **152** 6 ff.; Gliederung **152** 22; Masseverbindlichkeiten **152** 20; Niederlegung **154** 1 ff.; Vervollständigung **Vor 151–155** 24

Gläubigerwechsel 38 33 ff.

Gleichbehandlung der Gläubiger Einl 1, 62 f., 77, 95 ff.; **1** 52, 64, 70; **38** 4; **294** 1; **295** 93 ff.

Gleichbehandlungsgrundsatz, Sozialplan **123** 25

Gleichbehandlungsrahmenrichtlinie, Sozialauswahl **125** 29, 32, 89, 95

Globalzession 47 181 ff.; **Vor 49–52** 91; **51** 139; Forderungseinziehung durch den vorläufigen Insolvenzverwalter **22** 57; Kollision mehrerer –en **51** 215; Kollision mit Factoring-Globalzession **51** 216; Kollision mit Singularzession **51** 214; Kollision mit verlängertem Eigentumsvorbehalt **51** 172 ff., 173; **Vor 129–147** 71

GmbH 35 240 ff.; Antragspflicht **15** 92, 98 ff., 103; Antragsrecht **15** 19, 61 f.; Auflösung **26** 46; Einlagen der Gesellschafter **35** 244; Geschäftsanteile **254** 20; Insolvenzfähigkeit **11** 22 ff.; Planvorlage **218** 80; rückständige Einlage **35** 244 f.; Zuständigkeit des Insolvenzgerichts **3** 19; s. auch juristische Person, Nachgesellschaft, organschaftlicher Vertreter, Vor-Kapitalgesellschaft

GmbH & Co. s. Kapitalgesellschaft & Co.

GmbH & Co. KG 35 208 ff.; **56** 46; Auflösung **26** 46; Insolvenzfähigkeit **11** 26

GmbH-Vertragskonzern KonzernInsO 59 ff.

Grauverwaltung 56 76

Grundbuch, ausländisches Insolvenzverfahren **32–33** 35 ff.; **346** 5 ff.; **22 EuInsVO** 4; Eigenverwaltung **270** 112; **271** 28; **277** 30 f.; Eintragung von Amts wegen **23** 21; Eintragungsersuchen des Insolvenzgerichts **23** 18 ff.; Eintragungsersuchen des vorläufigen Insolvenzverwalters **23** 21; Unterrichtung über Aufhebungs- und Einstellungsbeschluss **200** 20, 22 ff.; **258** 22; Versäumung des Eintragungsersuchens **23** 21
- **Insolvenzvermerk 32–33** 5 ff., 59, Auslandsinsolvenz **32–33** 35 ff., Eigenverwaltung **32–33** 9, 79, gemeinschaftliches Recht **32–33** 13 f., 19 f., Gesamtgutinsolvenz **32–33** 13, 19, Gesellschaft bürgerlichen Rechts **32–33** 14, 19 f., Nachlassinsolvenz **32–33** 13, 19, Nachtragsverteilung **32–33** 11, 79, Planüberwachung **32–33** 79; **267** 11 ff.; **268** 12, Sicherungsmaßnahmen **23** 8, 18 ff.; **25** 28; **32–33** 6 ff., 74, 79, Überwachung des Insolvenzplans **32–33** 10

Grundbuchberichtigung(sanspruch) 47 40, 334

Grundbuchsperre 23 20; **81** 23

Grunddienstbarkeit 35 172; **47** 328; **49** 55

Grunderwerbsteuer InsolvenzStR 221 ff.; Aufrechnung **InsolvenzStR** 224 f.; Insolvenzforderung **38** 85; **InsolvenzStR** 223 ff.; Masseverbindlichkeit **InsolvenzStR** 225

Grundpfandgläubiger, Entwertung der Rechte durch Grundstückslast **165** 208; Kostenbeteiligung **165** 12, 23, 179, 220 ff.

Grundpfandrecht 47 328 f.; **91** 31 ff.; **110** 19; Verwertung **165** 1 ff.

Grundrechte der Gläubiger 286 8, 13 ff.

Grundrechte des Schuldners Einl 88 ff.; **102** 1 f.

Grundschuld 49 55 ff.; Drittsicherheit **43** 20; Insolvenzmasse **35** 170; Löschungsanspruch des nachrangigen Grundschuldgläubigers **49** 75 c; Regressanspruch **44** 10; Rückgewähranspruch des Grundstückseigentümers **49** 75 a f.

1837

Grundsteuer

Fette Zahlen = §§

Grundsteuer 35 90; 55 74; 148 44; 165 209 c; **InsolvenzStR** 220 ff.; Erlass **InsolvenzStR** 220 c; Insolvenzforderung 38 85; **InsolvenzStR** 220 a; Masseverbindlichkeit 38 85; **InsolvenzStR** 220 a, 220 c
Grundstück 35 164; Absonderungsrecht 165 1 ff.
Grundstückserwerb 160 24
Grundstücksgleiche Rechte 35 165 ff.; 49 6
Grundstückslast, öffentliche – **Vor 49–52** 101; 49 53; 51 262; 55 74 f.
Grundstückszubehör s. Zubehör
Gründungsstaat 11 17 a
Gründungstheorie 11 17 c
Gruppenbildung, absonderungsberechtigte Gläubiger 222 49 ff., 67; Änderung der – 222 43 f.; Anleihegläubiger 222 144 f.; Arbeitnehmer 222 112 ff.; – auf Basis gleichartiger wirtschaftlicher Interessen 222 71 ff.; bedingte Gruppenbildung 222 40 ff.; Dokumentation der Kriterien 222 97 ff., 147; Eigentumsschutz 222 33, 35; – im Folgeinsolvenzplanverfahren nach Kreditrahmenregelung im Erstinsolvenzplanverfahren 222 66 ff.; Genossenschaftsmitglieder 222 134 ff.; gerichtliche Überprüfung 222 99, 147 ff.; Gleichheitsgrundsatz 222 33 ff.; Grundpfandrechtsgläubiger 222 111; Gruppen mit einem Recht (einem Gläubiger) 222 30; Gruppenbildungsermessen 222 104, 105 ff.; Gruppenbildungspflichten 222 109 ff., 122; Gruppierung von bestimmten Rechten eines bestimmten Beteiligten 222 95 f.; Gruppierung von gesicherten Insolvenzgläubigerforderungen 222 92 f.; Kleingläubiger 222 124 ff.; Kriterien 222 72 ff., 147; – bei Masseunzulänglichkeit 222 69 f., 121; Maßstäbe 222 31 ff.; Missbrauchsverbot 222 100 ff.; nachrangige Insolvenzgläubiger 222 59 ff., 67; nicht nachrangige Insolvenzgläubiger 222 58; Pensions-Sicherungs-Verein 222 139 ff.; Pläne mit einer Gruppe 222 36 ff.; Rechtebezogenheit 222 27 ff.; rechtliches Gehör 222 32; sachgerechte Gruppenabgrenzung 222 72 f., 90; unterschiedliche Rechtsstellung 1 64; 222 45 ff.; Zweck 222 2 ff.
Gutachter, Ablehnung 4 42; Akteneinsicht 4 59, 67; vorläufiger Insolvenzverwalter 22 138 ff.
Güterrechtsregister 31 47
Gütertrennung 37 5, 14 f.; 103 110; Insolvenz des anderen Ehegatten 47 445; Insolvenzmasse 37 15
Gutgläubiger Erwerb 80 37
Gutsübernahmevertrag 40 14
GVG, Anwendbarkeit 4 3

Haager Beweisübereinkommen (HBÜ) 335 41
Haager Zustellungsübereinkommen (HZÜ) 335 38, 40

Haft des Schuldners 16 15, 60; 20 68 ff., 87; 21 27, 31, 35, 38, 93 ff.; 22 175, 177, 181; Kosten 98 40; Rechtsmittel 98 29 ff.; Verfahren 98 25 ff.; Voraussetzungen 98 15 ff.
Häftlinge, Restschuldbefreiung 286 63
Haftpflichtversicherung 50 115; 51 234 ff.; Insolvenzverwalter 60, 61 120; 4 InsVV 18
Haftung, Haftungsbescheid **InsolvenzStR** 26 ff.; Pflichtverletzung **InsolvenzStR** 26 e; Tilgungsquote **InsolvenzStR** 26 e
Haftung des Insolvenzverwalters 47 453, 457; Vor 49–52 136; 55 22; 80 64; 160 28, 35 ff.; 208 74 ff.; 258 15; 262 10; **InsolvenzStR** 17 ff.; Angestellte des Schuldners 60, 61 93; – gegenüber Aus- und Absonderungsberechtigten 60, 61 54 ff.; Begründung von Masseverbindlichkeiten 53 85 ff.; Beteiligte 60, 61 68 ff.; Beweislastumkehr 60, 61 35; deliktische – 60, 61 75 ff.; Einzelschäden 60, 61 32 ff., 118; Gerichtsstand 60, 61 119; Gesamtschaden 60, 61 10 ff., 116; 92 5; – und Haftung der Masse 60, 61 112 ff.; Haftung für Dritte 60, 61 93 f.; 80 41; – gegenüber Insolvenzgläubigern 60, 61 48 ff.; insolvenzrechtliche – 60, 61 81; 80 135; **InsolvenzStR** 18 a; internationale Zuständigkeit 3 EuInsVO 102; Klage 60, 61 119; Lohnsteuer **InsolvenzStR** 19; – gegenüber Massegläubigern 60, 61 33 ff.; Mitteilung der Veräußerungsabsicht Absonderungsgut 168 14 ff.; Mitverschulden 60, 61 95; Nichterfüllung von Masseverbindlichkeiten 53 84 ff.; 60, 61 34 f.; 108 162; öffentliche Bekanntmachung ausländischer Verfahren 21 **EuInsVO** 14 f.; Prozessführung 60, 61 12, 39; Rechtsirrtum 60, 61 92; Registereintragung ausländischer Verfahren 22 **EuInsVO** 19 f.; Schaden 60, 61 105 ff.; – gegenüber Schuldner 60, 61 65 ff.; steuerrechtliche – 60, 61 81 ff.; 80 135; **InsolvenzStR** 18; Vereitelung von Aus- und Absonderungsrechten 55 34; Verjährung 62 1 ff.; Verschulden 60, 61 89 ff.; Verteilungsfehler 53 89; vertragliche/quasivertragliche Haftung 60, 61 72 ff.; Vertrauensschaden 60, 61 38; Verwertung **Vor 166–173** 42; Verzögerung der Verwertung von Absonderungsgut 169 2; Zustimmung von Insolvenzgericht, Gläubigerversammlung und -ausschuss 60, 61 96 ff.
Haftung des vorläufigen Insolvenzverwalters 5 63; 21 53; 22 24, 26, 44, 47, 56, 70 ff., 76, 79, 82, 87, 106, 137, 203 f., 208 ff.; 24 19; **InsolvenzStR** 21 c; Beteiligte 22 209; Betriebsfortführung 22 121 ff., 208 f.; Exkulpationsmöglichkeit **InsolvenzStR** 21 c; Haftung für Hilfskräfte 22 212; sozialrechtliche Haftung 22 208; steuerrechtliche Haftung 22 208; Verletzung von Vertragspflichten 22 208; Verwertung **Vor 166–173** 43
Haftungsverband 49 12 ff.

magere Zahlen = Randnummern

Handelskammer

Handelskammer **12** 17
Handelskaufvertrag **103** 73
Handelsregister s. Register
Handelsvertretervertrag **103** 105; **113** 3; **116** 12
Handlungsvollmacht **80** 103 ff.; **117** 7
Handwerksinnung **12** 12
Handwerkskammer **12** 17
Hauptinsolvenzverfahren Vor **217–269** 39
Haushalte, Zahl der überschuldeten – **304** 25 f.
Hausrat des Schuldners **36** 60 ff.
Hausverwaltungsvertrag **116** 29
Heimarbeiter Vor **113–128** 20; **113** 9; **123** 28
Heimpflegevertrag **108** 20
Heimstätte **35** 166
Heiratsvermittlung **103** 93
Herausgabe ausländischer Vollstreckungserlöse **342** 8 ff.; **20 EuInsVO** 3 ff.
Herausgabeanspruch aus § 25 Abs. 5 Satz 1 DMBilG 47 429 ff.
Hilfskräfte des Insolvenzverwalters 55 38 ff.; **4 InsVV** 5 f.
Hinterlegung, Geld **149** 5; Hinterlegungs- bzw. Anlagestelle **149** 8; Insolvenzmasse **35** 424 f.; Kostbarkeiten **149** 7; Pflichten der Hinterlegungsstelle **149** 26; Regelung der Gläubigerversammlung **149** 10 f.; Wechsel der Hinterlegungsstelle **149** 20 ff.; Wertgegenstände **69** 16; **149** 1 ff.; Wertpapiere **149** 6; zurückbehaltene Beträge **198** 1 ff.
Hochseekabel **49** 8; **165** 25
Höchstpersönliche Leistung **105** 22, 25, 30, 35
Höchstpersönlicher Anspruch **35** 390; **38** 37; **80** 44; **82** 4; **103** 87 f.
Hoffmann'sche Formel **41** 21; **46** 7
Honorarforderung schweigepflichtiger Berufe **35** 385 f., 438; **50** 74; **97** 15; **114** 18
Hotelaufnahme **108** 19
Hypothek **35** 170; **49** 55 ff.; Drittsicherheit **43** 20; Gesamthypothek **49** 40 f.; Regressanspruch **44** 9
Hypothekenbank **47** 369 c; Sonderinsolvenzverfahren über Pfandbrief-Deckungsmasse **27–29** 104

IKB Deutsche Industriebank AG **12** 12
Immaterialgüterrecht **35** 283 ff.; Bewertung **151** 16 ff.
Immobiliarsicherheit, Verwertung **165** 1 ff.
Immobiliarvollstreckung 165 1 ff.; Absonderungsberechtigte **49** 84 ff.; Anwendungsbereich **165** 25; Bruchteile **165** 260 f.; – aus Eigentümergrundpfandrecht **165** 264; einstweilige Einstellung im eröffneten Verfahren **165** 90 ff.; einstweilige Einstellung im Eröffnungsverfahren **21** 79 ff.; **22** 52, 108; **165** 88; einstweilige Einstellung im Verbraucherinsolvenzverfahren **306** 18; Erbbaurecht **165** 266; freihändige Verwertung **165** 32, 177 ff.; kalte Zwangsverwaltung **165** 32, 181 ff.; Luftfahrzeug **165** 265; Nachlass **165** 267; Rechte und Pflichten des Insolvenzverwalters **165** 35 ff.; Sachenrechtsbereinigung **165** 268; Schiff **165** 265; Stellung des Schuldners **165** 40 f.; Teilungsversteigerung **165** 260 f.; Widerspruch gegen Teilungsplan **165** 37; Wohnungseigentum **165** 262 f.; Zuschlagsversagung **165** 38 f.; Zwangsversteigerung **165** 26 ff.; Zwangsverwaltung **165** 29 f., 230 ff.
Immobilien-Derivate **104** 136
Immunität, – ausländischer Staaten **335** 18
Inbesitznahme 148 1 ff.; Besitzbegründung durch Insolvenzverwalter **35** 76 ff.; **148** 24 f.; Besitzschutzrechte **22** 39, 186; **148** 35 f.; Besitzverhältnisse **22** 49; **80** 40; **148** 24 f.; Eigenbesitz **148** 37 ff.; Herausgabeanspruch **22** 40; Hinzuziehung von Zeugen **22** 44; Massegegenstände **148** 11 ff.; insolvenzspezifische Pflichten **60, 61** 11 ff.; Räumungsvollstreckung **148** 70 ff.; Rechtsmittel **148** 74 ff.; Schätzung **22** 43; Tod des Insolvenzverwalters **148** 32 ff.; verbotene Eigenmacht **148** 41; Vollstreckung der Herausgabe **22** 41, 180, 180[571]; **35** 31; **148** 60 ff.; Vollstreckungserinnerung **22** 41; – durch vorläufigen Insolvenzverwalter **21** 52; **22** 37 ff.; Zwangsvollstreckung gegen Dritte **148** 69
Individualschaden **92** 11 ff., 29 ff.
Industriekammer **12** 17
Inflations-Derivate **104** 136
Informationelle Selbstbestimmung Einl **92**
Inhaberpapier **47** 18
Inkassozession **47** 361; **51** 137; **116** 22, 32
Innengesellschaft, Zuständigkeit des Insolvenzgerichts **3** 19
Insider s. nahestehende Person
Insolvenzanfechtung 1 38 ff.; **25** 6; Abstandnahme von Anfechtung **129** 194; Abtretbarkeit des Anfechtungsanspruchs **129** 214; Abtretung **129** 16; Anfechtbarkeit nichtiger Rechtsgeschäfte Vor **129–147** 82; Anfechtung vor Fristbeginn **147** 17; Anfechtungseinrede **143** 29, 32, 35, 36, 40, 43, 45, 46, 54 f., 55, 57; **146** 1, 45 ff.; Anfechtungsgegner **143** 5 ff.; Ansprüche des Anfechtungsgegners **144** 1 ff.; Arbeitsverhältnis **129** 13; Arrest **146** 44; Aufrechnung **129** 13; **143** 11, 52 f.; **144** 8, 16, 18, 20; Aufwendungen des Anfechtungsgegners **144** 3, 14, 17; Auskunftsanspruch **129** 196; **143** 14; Auslandbezug Vor **129–147** 107; Bargeschäft **112** 35; Bedingungseintritt **129** 22; Befriedigung **130** 6 f.; **131** 5 ff., 14 ff., 32 ff., 42; **132** 8; Bereicherungswegfall **143** 102 ff.; Beweislast **129** 226 ff.; **130** 61 ff.; **131** 57 ff.; **132** 30 ff.; **133** 22 ff., 39, 46; **134** 49 f.; **136** 23, 57; **137** 22 f.; **140** 54 f.; **142** 25 f.; **143** 110 ff.; **144** 21; **145** 27 f., 40 f.; **146** 58 f.; Drittstaa-

1839

Handelskammer

tenbezug **13 EuInsVO** 19 ff.; Durchsetzung s. Anfechtungsprozess; Eigenverwaltung **Vor 129–147** 99; **129** 42; einstweilige Verfügung **146** 44; Einzelgläubigeranfechtung s. dort; entgeltlicher Vertrag mit Nahestehenden **133** 39 ff.; Erfüllung **134** 3, 7; Erstattung der Gegenleistung **144** 15 ff.; EuInsVO **3 EuInsVO** 92; **4 EuInsVO** 40 ff.; **13 EuInsVO** 1 ff.; Finanzsicherheit **130** 5 a ff.; Fristberechnung **1** 40; **139** 5 ff.; Gegenleistung des Anfechtungsgegners **144** 13 ff.; Gesamtvorgänge **129** 65 ff.; **140** 21 f.; Gläubigerbenachteiligung s. dort; Grund- und Erfüllungsgeschäft **129** 57 ff.; **134** 7; Insolvenz eines Kreditinstituts **139** 3; internationale Insolvenz **129** 193; **130** 27; internationale Zuständigkeit **3 EuInsVO** 92; **13 EuInsVO** 22; internationales Insolvenzrecht **335** 85; **339** 5 ff.; Kongruenz **129** 142 ff., 160, 163, 203; **130** 6, 15; **131** 12, 15, 20 f., 23, 24; **133** 33 ff., 38 f.; **142** 23; Konkurrenz mit verfahrensrechtlichen Rechtsbehelfen **141** 4; Konkurrenzen **Vor 129–147** 40 ff.; **130** 5; **131** 4; **132** 5; **134** 3, 48 a; **137** 3, 10; **143** 15; **144** 3; **145** 16; **146** 6; Kreditinstitut **Vor 129–147** 104 ff.; Kündigung **131** 41 a; Lebensversicherungsvertrag **129** 52; Leistung vor Fälligkeit **131** 41; Mietzahlung **112** 35; mittelbare Zuwendung **129** 53, 68 ff.; Nachlassinsolvenzverfahren **Vor 129–147** 100; **134** 4, 39; **322** 5 ff.; **328** 2 f.; nahestehende Person **130** 66 f.; **131** 64; **132** 32; **133** 42; **136** 1; **138** 1 ff.; **143** 112; **145** 2, 28, 41; notarielles Amtsgeschäft **Vor 129–147** 96 ff.; Nutzungen **144** 17; Personengesellschaft **Vor 129–147** 102 f.; Prozesshandlung **129** 20; Realakt **129** 22; Rechtsfolgen **143** 1 ff.; Rechtsgeschäft **129** 10; **132** 6 ff.; rechtsgeschäftsähnliche Handlung **129** 21; Rechtshandlung s. dort; Rechtskraft einer Entscheidung **129** 27; Rechtsnatur **Vor 129–147** 11 ff.; Rückwirkung **Vor 129–147** 95; Scheckzahlung **137** 3, 19 ff.; Scheingeschäft **129** 32; Schiedsvertrag **146** 37 f.; Sicherung **130** 6, 8; **131** 5 ff., 19 ff., 33, 36 ff., 43; **132** 8; **134** 3; **143** 19; Sozialplan **129** 13; Stammeinlage **129** 18; Teilanfechtung **131** 21; **142** 12; **143** 17 ff.; Übereignung **129** 16; Übergangsregelung **Vor 129–147** 108; Überweisung **129** 50; unentgeltliche Leistung s. dort; Untergang der Gegenleistung **144** 17, 19; Unterlassen **129** 23 ff.; Unterlassung eines Vermögenserwerbs **35** 54; Unternehmensübertragung **129** 19; Verbraucherinsolvenzverfahren **Vor 129–147** 99; **129** 188, 190 f.; vereinfachtes Insolvenzverfahren **313** 10 ff.; Vermehrung der Schuldenmasse **132** 22, 25 f.; Verrechnung **129** 15; Verringerung der Aktivmasse **132** 22 ff.; Versicherungsunternehmen **Vor 129–147** 105; Vertrag **129** 10; **132** 7 f.; **133** 40; Vertrag zugunsten Dritter **129** 52;

Verwendung **129** 22; Verwirkung des Anfechtungsanspruchs **146** 11; Verzicht auf gewerbliche Schutzrechte **129** 17; Verzug mit der Wertersatzleistung **143** 99; Vollstreckungstitel **141** 5 ff.; Vorenthaltungsschaden **143** 86, 93; Vormerkung **146** 44; Vorpfändung **131** 28; vorsätzliche Gläubigerbenachteiligung **131** 49; **133** 1 ff.; keine Vorteilsausgleichung **129** 175 f.; Wertersatz **129** 181, 183, 196; **143** 1, 12, 30, 34, 38, 43 ff., 49, 73 ff., 103; Wiederaufleben eines Sicherungsrechts **144** 10 ff.; Wiederaufleben getilgter Forderung **144** 5 ff.; Zurückbehaltungsrecht **144** 16, 18, 20; Zwangsvollstreckung **131** 26 ff.; **133** 9 ff.; **140** 17 f.; **141** 8 f.

- **Anfechtungsrecht,** Abtretung **129** 210, 214; **143** 15, Ausübung **129** 186 ff., Entstehung **129** 186, Erlöschen **129** 184, 222 ff., Geltendmachung **129** 196, Gläubiger **129** 198, Inhaber **129** 187 ff.; **143** 4, Insolvenzverwalter **129** 192 ff., Schuldner **129** 197, vorläufiger Insolvenzverwalter **129** 193
- **Bargeschäft 129** 119, 151, 163, 166, 168; **130** 6, 22; **131** 5; **132** 11; **133** 39; **136** 22; **142** 3 ff., Gleichwertigkeit **142** 9 ff., Honorar des Sanierers **142** 14, kontokorrentmäßige Verrechnung **142** 5, Kreditsicherheit **142** 13 c, 18, Parteivereinbarung **142** 5 ff., Rechtsfolgen **142** 21 ff., Unmittelbarkeit **142** 15 ff., Verrechnung im Kontokorrent **142** 13 b, Vertrag zugunsten Dritter **142** 9 a, zeitlicher Zusammenhang **142** 15 ff.
- **Inkongruenz 112** 35, 39; **130** 6, 15; **131** 1, 8 ff.; **133** 29 ff.; **136** 1, 9; **142** 21, – der Art nach **131** 31 ff., Indizwirkung **131** 63, – der Zeit nach **131** 40 ff., 45
- **Rechtsnachfolge 144** 4; **145** 1 ff.; **147** 17, Ansprüche gegen Rechtsvorgänger **145** 35, eheliche Gütergemeinschaft **145** 12, Einzelrechtsnachfolge **145** 17, 32, 34, 38 f., Erbe **145** 8 ff., Firmenfortführung **145** 13, Gesamtrechtsnachfolge **145** 5 ff., 17, 32, 38 f., Gesellschaft **145** 14, Insolvenzverwalter **145** 15, Kenntnis der Anfechtbarkeit gegen Rechsvorgänger **145** 25 ff., Klage gegen Rechtsvorgänger/Rechtsnachfolger **145** 38 f., Rückgewährpflicht **145** 32 f., unentgeltlicher Erwerb **145** 29 ff., Wertersatz **145** 32 f., Zwangsvollstreckung **145** 21
- **Rückgewähr 129** 194 ff., 221; **143** 1, abgetretene Forderung **143** 36 ff., Angebot der – **144** 15, 17, 20, Art **143** 24 ff., 82, Auflassungsvormerkung **143** 32, anfechtbare Aufrechnung **143** 52 f., Auswirkung auf weitere Rechtsbeziehungen **143** 15 ff., belastetes Grundstück **143** 34, anfechtbare Belastung von Gegenständen **143** 92 ff., bereicherungsrechtliche Rechtsfolgen **143** 59 ff., Beweislast **143** 110 ff., Dienstleistung **143** 53 a, 54 a, 94 a, dingliche

Belastung **143** 43, Einigung über – **146** 6, Erbbaurecht **143** 49 a, anfechtbarer Erlass von Rechten **143** 46 f., 92, Geld **143** 30, gemilderte Haftung **143** 101 ff., Gläubigerverzug **143** 11, Grundpfandrecht **143** 44, 45, Grundstück **143** 31, Grundstücksbruchteil **143** 33, Grundstücksrecht **143** 35, Handelsgeschäft **143** 13, Inhalt der unmittelbaren Rückgewährpflicht **143** 20 ff., Konkurrenzen **Vor 129–147** 86 ff., Kosten **143** 27, 105, Lebensversicherung **143** 23 a, mittelbare Zuwendung **143** 96, Mitverschulden **143** 12, Nießbrauch **143** 44, Nutzungen **143** 60 ff., 86 ff., 97 f., 102, Prozesshandlung **143** 56, Rückgewährverhältnis **143** 3 ff., Schuldbegründung **143** 54, 95, Schuldnerverzug **143** 11, Schuldtilgung **143** 50 ff., 94, Stundung **143** 48, Surrogation **143** 71 f., 103, übertragene Firmenrechte **143** 40, übertragene Geschmacksmusterrechte **143** 39, übertragene Gesellschaftsanteile **143** 41, übertragene gewerbliche Unternehmen **143** 42, übertragene Miterbenanteile **143** 39, übertragene Wechsel/Schecks **143** 38, Übertragung von Sachen **143** 28 ff., – unentgeltlicher Leistungen **134** 45; **143** 100 ff., Unmöglichkeit **143** 12, 74 ff., 89, 102; **145** 3, Unterlassen **143** 55, anfechtbare Verrechnung **143** 52, Versteigerungserlös **143** 45, Verwendungen **143** 64 ff., 84, 105, anfechtbarer Verzicht auf Grundpfandrecht **143** 49, Verzug mit der – **143** 58, 93, Vollzug **143** 3, Werkleistung **143** 53 a, 54 a, 94 a, Werterhöhung **143** 76, 94 b, Wohnrecht **143** 44, Zinsen **143** 63, 88, Zwangsvollstreckung **143** 57
- **Verjährung 1** 40; **145** 36 ff.; **146** 1 ff.; **147** 16 f., abweichende Regelung **146** 10 a, Beginn **145** 36 ff.; **146** 8 ff.; **147** 16, Einrede **146** 10, Ende **146** 8 e, Hemmung **146** 12 ff., Kenntnis **146** 8 b f., Neubeginn der – **146** 26 ff., Unterbrechung **129** 194, unzulässige Geltendmachung **146** 28 f., Wirkung **146** 10 f.
- **Wechselzahlung 137** 3 ff., Anfechtungsgegner **137** 13, Besicherung der Wechselschuld **137** 6, Einlösung des Wechsels **137** 6, Ersatzrückgewähr **137** 10 f., Protesterhebung **137** 9, Schuldner als Verpflichteter **137** 5, Verlust des Rückgriffsrechts **137** 8, Zwangsvollstreckung aus dem Wechsel **137** 6, 8
- **Zahlungsunfähigkeit 131** 48; **132** 18 f., Kenntnis **130** 31 ff., 58, 60; **137** 15 ff., Kenntnis drohender – **133** 24 ff., Kenntnis eines Gerichtsvollziehers **130** 51, Kenntnis eines Stellvertreters **130** 41 ff.; **137** 17, Kenntnis eines Vertretungsorgans **130** 49, Kenntnis eines Wissensvertreters **130** 46 ff., 50; **137** 17, Kenntnis zwingender Umstände **130** 34 ff., 56 f.
- **Zurechnungszusammenhang,** Adäquanztheorie **129** 169, Beseitigung eines Ursachenzusammenhangs **129** 177 ff., hypothetische Ursachen **129** 126, 181 ff., mehrere Ursachen **129** 171 ff., Ursächlichkeit **129** 169 ff.

Insolvenzantrag s. Eröffnungsantrag
Insolvenzantragspflicht s. Antragspflicht
Insolvenzantragsrecht s. Antragsrecht, Eigenantrag, Gläubigerantrag
Insolvenzausverkauf 80 51, 117 ff.
Insolvenzbeschlag 35 22; beschlagfreies Vermögen **36** 5 ff., 60 ff.
Insolvenzdarlehen 220 23 f.
Insolvenzeröffnung s. Eröffnung des Insolvenzverfahrens
Insolvenzeröffnungsbeschluss
s. Eröffnungsbeschluss
Insolvenzeröffnungsverfahren
s. Eröffnungsverfahren
Insolvenzfähigkeit 11 1 ff.; abgegrenztes Vermögen **11** 9; Aktiengesellschaft **11** 27; Auflösung einer juristischen Person **11** 70; Auslandsgesellschaften **11** 17 a ff.; Bruchteilsgemeinschaft **11** 63 a; Ende der – **11** 71 ff.; Erbengemeinschaft **11** 63 c; Europäische Wirtschaftliche Interessenvereinigung (EWIV) **11** 61; gemeinschaftlich verwaltetes Gesamtgut **11** 68; Genossenschaft **11** 39; Gesamtgut bei fortgesetzter Gütergemeinschaft **11** 66; Gesellschaft bürgerlichen Rechts **11** 3, 49; Gesellschaften ohne Rechtspersönlichkeit **11** 2; Gewerkschaft **11** 20; GmbH **11** 22 ff.; GmbH & Co. KG **11** 26; juristische Personen **11** 12 ff.; KG **11** 42; KGaA **11** 36; Nachlass **11** 64 f.; natürliche Personen **11** 11; nichtrechtsfähiger Verein **11** 20 f.; OHG **11** 42; Partenreederei **11** 63; Partnerschaftsgesellschaft **11** 57; – und Rechts- und Parteifähigkeit **11** 10; rechtsfähiger Verein **11** 18; Stiftung **11** 19; stille Gesellschaft **11** 48; Vollbeendigung **11** 71 ff.; Vor-GmbH **11** 24 f.; Wohnungseigentümergemeinschaft **11** 63 b
Insolvenzforderung, Anspruch der Wohnungseigentümergemeinschaft **38** 75; arbeitsrechtlicher Anspruch **38** 72; auflösend bedingte Forderung **38** 17; **42** 4 ff.; aufschiebend bedingte Forderung **38** 17; **42** 11; Banküberweisung **38** 100 f.; Begründetheit der Forderung **38** 15; Besserungsabrede **38** 51; betagte Forderung **38** 17; EuInsVO **4 EuInsVO** 30 f.; **27 EuInsVO** 26; Fälligstellung **41** 4; familienrechtlicher Anspruch **38** 76 ff.; Haftung des Bürgen **109** 33; irrtümliche Geltendmachung als Masseverbindlichkeit **53** 49; **55** 19; Kontokorrent **38** 103; künftige Forderung **38** 17; Lastschriftverkehr **38** 102; – aus Mietvertrag **108** 87; Mitgliedsrechte in der Gesellschaft **38** 54 ff.; Anspruch auf Rückforderung staatlicher Beihilfe **38** 95; Rückgriffsanspruch **38** 30 f.; Schadensersatzanspruch **38** 109; sachenrechtlicher Schadensersatzanspruch **38** 73; Schadensersatzanspruch aus c. i. c. **38** 27; Schadens-

Insolvenzgeld   Fette Zahlen = §§

ersatzanspruch aus pVV **38** 27; Schadensersatzanspruch aus unerlaubter Handlung **38** 26; Schadensersatzanspruch des Leasinggebers **108** 177 f.; Schadensersatzanspruch des Vermieters **108** 177; **109** 28 ff.; schuldrechtlicher Anspruch **38** 59 ff.; Sekundärverfahren **27 EuInsVO** 26; Steuerforderung **38** 25, 79 ff.; **80** 133; **InsolvenzStR** 24 ff.; Sukzessivlieferungsvertrag **38** 24; Anspruch auf unvertretbare Handlung **38** 43 ff.; verbriefte Forderung **38** 74; Verfahrenskosten **38** 107 ff.; verjährter Anspruch **38** 49; Vermögensanspruch **38** 14 f.; Versicherungsrecht **38** 104 ff.; Wechselanspruch **38** 98 f.; wiederkehrender Anspruch **38** 19 ff.

Insolvenzgeld 55 194; **Vor 113–128** 26, 33 ff.; **InsolvenzStR 98, 104 d**; – und Eröffnungsantrag **13** 46 ff., 51; **14** 46, 95 f.; **16** 26, 31; EuInsVO **10 EuInsVO** 11 ff.; Forderungsübergang **Vor 113–128** 34; Höhe **Vor 113–128** 34; Lohnabtretung **Vor 113–128** 35; Vorfinanzierung **Vor 113–128** 36 f.; Vorschuss **Vor 113–128** 33

Insolvenzgericht, Einberufung der Gläubigerversammlung **74** 20 ff., 33 ff.; Einberufung einer Versammlung der Schuldverschreibungsgläubiger **27–29** 103 f.; Entscheidungen über Eröffnungsantrag **13** 4; **27–29** 12; funktionelle Zuständigkeit **27–29** 135 ff.; Geschäftsstelle **27–29** 125, 136, 153; **30** 4, 11, 14; **31** 24; **34** 99; Leitung der Gläubigerversammlung **76** 3 ff.; Mitteilung von Verfahrensereignissen **30–33**; Pflegerbestellung für Versicherte **27–29** 105; Pflegerbestellung für vorrangige Gläubiger im Wertpapierdepotgeschäft **27–29** 106; – und Prozessgericht **14** 22, 23 ff., 68 f.; **16** 38 f.; **27–29** 44; **34** 110 ff.; Prüfung der Rechnungslegung **66** 14 ff.; Prüfung der Schlussrechnung **66** 3; Prüfungskompetenz **304** 8 f.; – und Verwaltungsgerichtsbarkeit **14** 97 ff.; vorläufige Untersagung von Rechtshandlungen **158** 15 ff., 20 f.; **161** 7 ff.; **163** 4 ff.; s. auch Richter, Rechtspfleger, Zuständigkeit

Insolvenzgläubiger 53 18; – bei Anfechtung **129** 198; **130** 16 ff.; **131** 6 ff.; Benachteiligung **129** 103 ff.; Nachrang gegenüber Kreditgläubigern **264** 1 ff.; **266** 1 ff.; – als Partei des Verfahrens **5** 47; persönlicher Gläubiger **38** 10 ff.; Stimmrecht **237, 238** 6 ff.; Teilnahme am Insolvenzverfahren **87** 1 ff.; Verzicht auf Teilnahme am Verfahren **38** 7 ff.; **Vor 85–87** 88; **184** 7; Vorrechte **1** 83 f.

– **im Insolvenzplanverfahren 217** 59 f., 102 ff., 159; **220** 54; **221** 70 f.; **224** 1 ff., Forderungsverzicht mit Besserungsschein **224** 12, Kürzung der Forderung **224** 4 ff., Rangrücktritt **224** 13, Sicherung der Forderung **224** 11, Stundung der Forderung **224** 7 f., Umwandlung von Forderungen in Eigenkapital **224** 14 ff.

Insolvenzgrund s. Eröffnungsgrund

Insolvenzmasse, Aktivmasse **35** 21; Auslandsvermögen **35** 36 ff.; **89** 19; Begriff **35** 15 ff.; bewegliche Sachen **35** 136 ff.; EuInsVO **4 EuInsVO** 18; **27 EuInsVO** 22 ff.; Forderungen **35** 383 ff.; Herausgabeanspruch des Insolvenzverwalters **148** 60; Herausgabeanspruch des Schuldners **259** 13; Immaterialgüterrechte **35** 283 ff.; internationales Insolvenzrecht **354** 31; Istmasse **35** 20; **47** 3 f.; Neuerwerb **Einl** 72 f.; **1** 29 f.; **35** 8 f., 17, 43 ff., 115; **100** 18; **129** 79 ff.; Neuerwerb nach Abschluss des Insolvenzverfahrens **35** 66 ff.; Rechtsobjekt **35** 22; Schuldenmasse **35** 21; Sekundärverfahren **27 EuInsVO** 22 ff.; Sollmasse **35** 19 f.; **47** 3 f.; Sondermassen **35** 74; Sondervermögen **35** 22; Surrogation **35** 55 f.; Teilungsmasse **35** 21; unbewegliche Sachen **35** 164 ff.; Zweck **38** 3 ff.

Insolvenzplan(verfahren) Einl 17 ff., 79 f.; **1** 61 ff.; **38** 57; **Vor 49–52** 152 ff.; **245** 24 ff.; **286** 25; Ablauf **Vor 217–269** 10 ff.; Amtsermittlung **5** 15 c; Änderung der Rechtsstellung **221** 18 ff.; Änderung sachenrechtlicher Verhältnisse **220** 52; **221** 99 ff.; **223** 18; **228** 1 ff.; Änderung/Nachbesserung **218** 153 ff.; **221** 57 ff.; **230** 63, 84; **240** 1 ff.; **241** 13 f.; **248** 17; **250** 9 f.; **253** 25; Anfechtung **248** 28; Anfechtungsansprüche **217** 122; Anlagen **219** 11; **229** 3 ff.; **230** 1 ff.; Aufrechnung **InsolvenzStR** 243; Aufrechnungsberechtigte **94** 45; Ausschlussklauseln **221** 50 ff.; Aussetzung von Verwertung und Verteilung **233** 1 ff.; Aussonderungsberechtigte **47** 494; bedingter Plan **217** 40 ff.; **221** 22 f.; **230** 39 f., 69; **248** 19; **249** 1 ff.; Befreiung des Schuldners **254** 31; besonders bedeutsame Rechtshandlungen **160** 33, 34; **218** 187; Bestandteile **245** 21 f.; Bestimmtheit **221** 13 ff.; **223** 36; **224** 17; **228** 11 ff.; Beteiligte **254** 14 f.; derivativer Verwalterplan **218** 14; effiziente Pläne **221** 103 ff.; Eigenverwaltung **218** 100 ff.; **Vor 270–285** 75 ff.; **284** 1 ff.; Einsichtsrecht **234** 6 f.; Ergänzung **248** 6; Finanzamt **InsolvenzStR** 237 ff.; Finanzamt (Zustimmung) **InsolvenzStR** 240 ff.; Finanzplan **229** 16 ff.; **245** 24 ff.; Fiskus als Beteiligter **InsolvenzStR** 236 ff.; Forderungskauf **250** 26 ff.; Fortführungserklärung bei Betriebsfortführung s. dort; fortgesetzter Anfechtungsprozess **129** 211; Genossenschaft **249** 14 b; Geschäftsfähigkeit **217** 38; Geschäftsgrundlagenstörung **217** 46, 53; gesellschaftsrechtliche Regelungen **217** 160; **221** 85 ff.; **249** 13 ff.; Gesetzes-/Sittenwidrigkeit **217** 43; Gesetzmäßigkeit der Rechtsgestaltung **221** 9 f.; Gleichbehandlungsgrundsatz **226** 1 ff.; **246** 31 f., 35; Gleichstellungsklauseln **221** 42 ff.; Gruppenbezogenheit der Rechtsgestaltung

221 11 ff.; Heilung von Mängeln 218 58 f.; 221 118; 248 27; 250 17 ff., internationales Insolvenzverfahren 335 115 ff.; 355 7 ff.; Kapitalerhöhung 217 125; Konzerninsolvenzplanverfahren **Vor 217–269** 34 ff.; Masselosigkeit 207 52; Masseunzulänglichkeit 208 58; materiellrechtlicher Vertrag 217 7, 11, 12 ff.; mediative Tätigkeit **Vor 217–269** 36, 47 ff.; mehrere Pläne 218 190 ff.; 235 30 ff.; 246 40; 248 7 a f.; Minderheitenschutz 221 42 ff.; 251 1 ff.; Mischgruppen 253 24 a; Nachlassinsolvenzverfahren 247 14 ff.; Niederlegung 234 1 ff.; Obstruktionsklausel 221 46 ff.; Obstruktionsverbot **InsolvenzStR** 240; originärer Verwalterplan 218 24; § 222 AO (Stundung) **InsolvenzStR** 244; § 227 AO (Erlass) **InsolvenzStR** 244; Planauslegung 217 48 ff.; Planbestätigung s. dort; Planergänzung 218 162; planfeste Vorschriften 217 147; Plangaranten 257 42 ff.; Plan-Gewinn- und Verlustrechnung (Plan-GuV) 229 11; Plankonkurrenz 157 16; 218 5, 189 ff.; Planregelungen 217 98 ff., 148 ff.; Plantypen 217 162 ff.; Planunterworfene s. dort; Planvorlage s. dort; Prozessvertrag 217 30 ff.; rechtliches Gehör 248 8 ff.; Rechtsmittel **Vor 217–269** 54 ff.; 217 72, 194; 241 7; 246 41; 247 43; 248 29; 250 35; 251 35; 253 1 ff.; Rechtsnatur 217 4 ff.; Reorganisationsverfahren **Vor 217–269** 4, 6 f.; Rücknahme 218 140 ff., 166, 188; 230 84; 235 33; salvatorische Klausel 221 41 ff.; 251 20 ff.; Sanierungsplan 220 45, 58; 229 3; 245 20; Schlechterstellung des Schuldners 247 23 ff.; Schlechterstellungsverbot 251 14 ff.; Schuldenregulierungsplan 217 174; Sekundärverfahren **Art 102 § 9 EGInsO** 1 ff.; 31 **EuInsVO** 32 ff.; 34 **EuInsVO** 5 ff., 8 ff., 16 ff.; Sozialplan 123 73 ff.; Stellung des Gläubigerausschusses 69 23; Stellungnahme zum Plan 232 1 ff.; 235 6; 240 14; Steuern im – **InsolvenzStR** 236 ff.; steuerrechtliche Auswirkungen **InsolvenzStR** 243 f.; Stimmrecht(sfestsetzung) 237, 238 1 ff.; Tod des Schuldners 217 47, 54; umgerechnete Forderungen 45 47 ff.; Untersuchungsgrundsatz **Vor 217–269** 44 ff.; Unwirksamkeit nach § 779 Abs. 1 BGB 217 44 f.; Verfahrenskoordination **Vor 217–269** 37; Vermögensübersicht **Vor 151–155** 15; 229 3 ff.; 245 24, 30; Verpflichtungserklärung eines Dritten s. dort; Vollstreckung aus dem Plan 257 1 ff.; Vorbereitung durch vorläufigen Insolvenzverwalter 218 34, 38; Wahlrecht 217 112; 221 73; 222 42; wesentliche Verfahrensmängel 250 5 ff.; Widerspruch des Schuldners 247 6 ff.; 250 16; Wiedereinsetzung 251 11 ff.; Willensmängel 217 35 ff.; Wirkung auf Regressansprüche 44 18 f.; Zulässigkeit **Vor 217–269** 28 ff.; Zuständigkeit **Vor 217–269** 42; Zustimmungserklärung zur Übernahme von Anteils- oder Mitgliedschaftsrechten s. dort; Zweck 217 14 ff.
- **Abstimmung/Annahme** 1 64 ff.; 217 19 ff.; 243 3 ff.; 244 1 ff.; 246 1 ff.; 248 6 f.; 250 14, Abstimmung in Gruppen 243 1 ff., Finanzamt **InsolvenzStR** 240 ff., gemeinschaftliche Rechte 244 15 ff., Gläubiger in mehreren Gruppen 244 10, Kopfmehrheit 244 9 ff., mehrere Pläne 218 190 ff., Mehrheiten 244 4 ff., Stimmenthaltung 244 5, Summenmehrheit 244 13 f., Verfahrensablauf 244 21, Vertreter 244 20, Widerruflichkeit 217 39
- **Vorprüfung/Zurückweisung** 217 178; 218 54 ff., 61, 170 f.; 221 108 ff.; 222 99, 147; 230 17 f., 35, 60, 91, 94; 240 13; 250 8, erneute Planvorlage 231 20 f., Nichtbeachtung von Vorschriften über die Planvorlage und den Planinhalt 231 7 ff., offensichtliche Aussichtslosigkeit 231 17 f., offensichtliche Nichterfüllbarkeit der Ansprüche 231 19, Planbehandlung bei Masseunzulänglichkeit 231 22, rechtliches Gehör 231 6, sofortige Beschwerde 231 23

Insolvenzrecht und Verfassungsrecht **Einl** 77 ff.
Insolvenzschuldner s. Schuldner
Insolvenzstraftat 290 24 ff.; 297 8 ff.; 300 22
Insolvenzverfahren, Begriff im internationalen Insolvenzrecht 2 **EuInsVO** 2; Deregulierung 1 46; **Vor 2–10** 2, 6 f.; **Vor 97–102** 9; formelles Insolvenzrecht **Vor 2–10** 1; marktkonformes Verfahren 1 44 ff., 66; materielles Insolvenzrecht **Vor 2–10** 2 a; Nachforderungsrecht 286 22 f.; Qualifikation **Vor 335 ff.** 95 ff.; Reformen **Einl** 45 f.; Statistik **Einl** 45 b; 26 23; Verfahrensgrundsätze s. dort; Verfahrensziele **Einl** 1 ff., 62; 1 2, 7, 20 ff., 51 ff., 85 ff., 97 ff.; Wesen **Vor 2–10** 3 ff.; 4 2, 3, 6; Zweck 97 13; zwingendes Recht **Vor 2–10** 2
Insolvenzverkauf 22 109
Insolvenzvermerk s. Deutsches Patent- und Markenamt, Grundbuch, Luftfahrzeug-Pfandrechtsregister, Register, Schiffs- und Schiffsbauregister
Insolvenzverschleppung Vor 49–52 90; **Vor 129–147** 74 f.; Haftung des Anstifters oder Gehilfen 15 120; internationales Insolvenzrecht 4 **EuInsVO** 7; Sanktionen 15 119 ff.; strafrechtliche Verantwortlichkeit 15 123
Insolvenzverwalter, (keine) Ablehnung 4 42; Akteneinsicht 4 67; amtsähnliche Stellung 56 143; Amtstheorie 35 23; 55 25; 56 146; 80 27, 32, 34 f., 76, 80; Anschein einer Interessenkollision 56 35; Anspruch auf Bestellung 56 105, 172; Anwaltssozieät des Verwalters 56 40; Anzeigepflichten 56 41 f., 53 f.; Aquisitionsverwalter 56 77; Arbeitgeberfunktion 60, 61 86; 80 121 f., 149; **Vor 113–128** 10 ff.; arbeitsgerichtliches Verfahren **Vor 113–128** 14; Arbeitsüberlastung 59 19, 28; Auskunfts- und Berichtspflichten 47 460 ff.; **Vor 49–52** 130,

Insolvenzrecht

Fette Zahlen = §§

149; **58** 22 ff.; **69** 8; **79** 1 ff.; **80** 47; **156** 26 ff.; **167** 1 ff.; außergerichtlicher Berater des Schuldners **56** 31 ff.; (vorhergehender) außergerichtlicher Sanierungsversuch **56** 32; Beendigung des Amtes **56** 164 ff.; Beginn des Amtes **56** 139 ff.; Begriff im internationalen Insolvenzrecht **2 EuInsVO** 3; Begründung neuer Arbeitsverhältnisse **55** 188; Begründung von Masseverbindlichkeiten **53** 50, 85 ff.; **55** 21 ff.; Belastbarkeit **56** 73 ff.; – als Beruf **Einl** 100; **56** 59 ff.; berufliche Nähe **56** 64; Berufsgrundsätze der Insolvenzverwalter **56** 182; Berufsverbot **56** 79; Besorgnis der Abhängigkeit **56** 25; Besorgnis der Befangenheit **56** 35; Bestellung **27–29** 29 ff.; Bestellung des Abschlussprüfers **InsolvenzStR** 8 b; Bestellungsnachweis **347** 4 ff.; **19 EuInsVO** 1 ff.; Besteuerung im vorläufigen Insolvenzverfahren **InsolvenzStR** 21 ff., 23; Betreuung **56** 79; Bilanzierung **InsolvenzStR** 8 a; Bonität **56** 16; Buchführung **InsolvenzStR** 8 a; Einzelfalleignung **56** 21 ff.; Ende des Amtes **259** 10; Erhaltung der Masse **60, 61** 15 ff.; Erlassanträge **80** 134; **InsolvenzStR** 11; Eröffnungsbilanz **InsolvenzStR** 8 a; Erreichbarkeit **56** 65 ff.; Erschleichen der Verwalterstellung **59** 19; Fachanwalt für Insolvenzrecht **56** 19; fachliche Voraussetzungen **56** 56 ff.; Gehilfen **56** 149 ff.; **60, 61** 93 f.; Gerichtsstand **35** 32 ff.; **80** 24, 78; Geschäfte mit dem Schuldner **56** 27; Geschäftskundigkeit **56** 17 ff.; Geschäftsunfähigkeit **56** 79; gewerberechtliche Unzuverlässigkeit **56** 79; Gewerbeverbot **56** 79; Grenzen der Rechtsmacht **1** 7; **55** 27 ff.; **80** 60 ff.; Haftpflichtsicherung **60, 61** 120; **4 InsVV** 18; Hilfskräfte **55** 38 ff.; **56** 151; **60, 61** 93 f.; **4 InsVV** 5 f.; Hinderungsgründe **56** 79 ff.; höchstpersönliche Aufgabe **56** 70, 149, 152; **66** 6; Insolvenzanfechtung **129** 192 ff.; insolvenzspezifische Pflichten **58** 29 ff.; **60, 61** 10 ff.; insolvenzzweckwidrige Handlung **55** 25 ff.; **80** 60 ff.; Interessenkollision **56** 24, 26, 35 ff., 53, 155; **57** 30; **59** 34; **60, 61** 20; Kanzleiausstattung **56** 63; Kaufmannseigenschaft **80** 99 f.; Konkurrentenklage **56** 172 ff.; Konzerninsolvenzverwalter **56** 47, 50 f.; Kooperation im Sekundärinsolvenzverfahren **357** 1 ff.; **31 EuInsVO** 1 ff.; Krankheit **59** 21; Lohnsteuer **InsolvenzStR** 13, 19; mediative Tätigkeit **Vor 217–269** 41 ff., 51; **240** 11; mehrere Insolvenzverwalter **56** 158; Mitarbeiter **56** 150; **60, 61** 93 f.; modifizierte Organ- bzw. Vertretertheorie **80** 31 f., 34; Nachweispflichten **80** 131; **InsolvenzStR** 10; natürliche Person **56** 4, 15 f.; nicht insolvenzspezifische Pflichten **58** 37 f.; **60, 61** 72 ff.; Nichterfüllung der Pflichten **59** 28 ff.; Offenlegung des Jahresabschlusses **InsolvenzStR** 8 c; organisatorische Voraussetzungen **56** 62 ff.; Organtheorie **35** 23; **56** 145; **80** 29, 32, 34, 76, 80; Ortsnähe/Gerichtssprengel **56** 68; Partei kraft Amtes **35** 23; persönliche Anforderungen **56** 55; Pflicht zur Annahme des Amtes **56** 139; Pflichten gegenüber dem Insolvenzgericht **58** 33 ff.; Pflichten gegenüber dem Schuldner **58** 31; Pflichtverletzung **55** 30 ff.; Planersteller **56** 28 ff.; Planüberwachung **261** 4 ff.; **262** 1 ff.; Pool-Verwalter **56** 35; praktische Erfahrung **56** 19; Prozessführungsbefugnis **35** 23, 28 f.; **55** 44; **80** 73 ff., 74 f.; **200** 40; **203** 23; **207** 82 f.; **259** 20; Prozesshandlungen des Insolvenzverwalters **55** 43 ff.; Qualifikationsanforderungen **56** 12 ff.; **57** 26 f.; Rechnungslegung s. dort; Rechtsberatung **60, 61** 43; – als Rechtsnachfolger **145** 15; Rechtsstellung **56** 142 ff.; **80** 20 ff.; Schlechterfüllung der Pflichten **59** 28 ff.; Schlussrechnung **58** 36; Schuldner als Eigenverwalter **Vor 270–285** 46 ff.; schwacher vorläufiger Insolvenzverwalter **InsolvenzStR** 22; Sekundärverfahren **27 EuInsVO** 30 f.; Selbstkontrahieren **56** 148; **59** 34; **80** 38; Sonderinsolvenzverwalter **56** 49 ff., 153 ff.; sozialversicherungsrechtliche Pflichten **60, 61** 87 f.; **80** 129 f.; Sozietätsmitglied **56** 32; starker vorläufiger Insolvenzverwalter **InsolvenzStR** 21 a ff.; Steuererklärung **InsolvenzStR** 10; Steuernummer **InsolvenzStR** 8, 122; steuerrechtliche Pflichten **58** 30; **60, 61** 21 f., 65, 81 ff.; **80** 131 ff.; **Vor 151–155** 3, 22; **155** 25 ff., 30 ff., 40 ff.; **207** 64; **208** 71; **InsolvenzStR** 8 ff.; strafrechtlich relevante Handlung **58** 42 f.; **80** 145 ff.; Straftat **56** 79; **59** 22 ff.; Tätigkeit für das Insolvenzverfahren **56** 39; Testen von Insolvenzverwaltern **56** 19; Theorie der neutralen Handelns **80** 30, 34; Tod des -s **148** 32 ff.; Unabhängigkeit **56** 25 ff.; **57** 28 ff.; **59** 18; Unfähigkeit **56** 80; **59** 17; verfahrensbezogene Pflichten **58** 32; Verfügungsbefugnis über Erbschaftsgegenstände **83** 1; Verfügungsbeschränkungen **37** 7[8], 26, 43; Verhaltenskodex der Mitglieder des Arbeitskreises der Insolvenzverwalter Deutschland e. V. **56** 43, 181; Verhinderung **56** 153; Verkehrssicherungspflichten **60, 61** 76 ff.; Vermögensverfall **56** 79; Versicherung des unternehmerischen Verwalterhandelns **148** 59; Vertreter **56** 149 ff.; Vertretertheorie **35** 23; **56** 144; **80** 28, 32, 76, 80; Verwalter-Gesellschaften **56** 38 ff.; Verwaltungs- und Verfügungsbefugnis **80** 43 ff.; **81** 5; **InsolvenzStR** 2 ff.; Verwaltungsmaßnahmen **148** 42 ff.; Verwaltungsmonopol **81** 5; Vormundschaft **56** 79; Vorstrafe **56** 79; Wahl des Abschlussprüfers **InsolvenzStR** 8 b; Widerspruch gegen Lastschrift im Einzugsverfahren **60, 61** 41; Wirksamkeit des Verwalterhandelns **164** 1 ff.; Zulassung als – **56** 137 f.; Zuverlässigkeit **59** 19; Zweckmäßigkeit der Handlungen **58** 39 ff.

magere Zahlen = Randnummern **Insolvenzrecht**

- **Aufsicht des Insolvenzgerichts** 58 1 ff.; **156** 29; **157** 18; **218** 22, Amtspflicht des Insolvenzrechtspflegers 58 8, Anhörung 58 49, Anregung eines Beteiligten 58 12, Aufsichtsmaßnahmen 58 13 f., Auskunftsempfänger 58 23 f., Auskunftsverlangen 58 22 ff., Beginn 58 10 ff., Fehlen eines Gläubigerausschusses 58 16, Festsetzung des Zwangsgeldes 58 51 ff., Haftumwandlung 58 56, Haftung des Gerichts 58 62, Höhe des Zwangsgeldes 58 55 f., Inhalt des Auskunftsverlangens 58 25 f., Intensität 58 15 ff., Konkurrenz mit der Entscheidungsbefugnis des Insolvenzverwalters 58 44, Rechnungslegung 58 26, Rechtsmittel 58 59 ff., Sachverständiger 58 19, Sonderinsolvenzverwalter 58 19, strafrechtlich relevante Handlungen 58 42 f., Umfang 58 20 f., verfahrensbezogene – 58 9, Zuständigkeit 58 47, Zwangsgeld 58 45 ff., Zwangsmittel 58 28 ff., Zweckmäßigkeit der Handlungen 58 39 ff.
- **ausländischer** **18 EuInsVO** 1 ff., Apostille **19 EuInsVO** 5 f., Befugnisse **18 EuInsVO** 5 ff., Insolvenzanfechtung **18 EuInsVO** 9 f., Legalisation **19 EuInsVO** 5 f., Verwertungsverfahren **18 EuInsVO** 14 ff.
- **Auswahl** 56 81 ff., Ablehnung 56 100, Amtshaftung 56 177 ff., Amtshaftungsklage 56 108, Anfängerliste 56 96, Antragsformular 56 95, Ausformung der Vorauswahlliste 56 95 ff., Auswahlermessen des Insolvenzgerichts 56 2, 61, 71, 84, 172, Auswahlkriterien 56 85 ff., Auswahlverschulden 56 177 ff., Bedarf 56 103, Begründung der Auswahlentscheidung 56 136, beschränkte Bewerbungen 56 97, Bewerbungen 56 93 f., Bewerbungsgespräch 56 94, bindende Entscheidung 56 101, Bindung des Insolvenzgerichts 56 83, chancengleicher Zugang 56 83, Delistung 56 109 ff., Einwirkungsmöglichkeiten 56 175, Einzelfallentscheidung 56 82, Entscheidung über die Aufnahme auf die Vorauswahlliste 56 100, Ermessen des Richters 56 84, 85, festgelegter Verwalterkreis 56 117 f., Fortgeschrittenenliste 56 96, gemeinsame Liste 56 93, geschlossene Liste 56 103, Konzerninsolvenzverwalter 56 51, Merkblatt 56 95, praktische Erfahrung 56 98, Qualität der Verwalterleistung 56 125 f., Rechtsmittel 56 104, 172 ff., – anhand einer Reihenfolge 56 116, schematische – 56 87, Sonderinsolvenzverwalter 56 51, technische und personelle Verhältnisse des Insolvenzverwalters 56 123, unterschiedliche Vorauswahllisten 56 96, unterste Schwierigkeit 56 97, Vermeidung einer Abwahl 56 89, Vertrauen 56 119 ff., Vorauswahlliste 56 91 ff., Vorschlagsrechte 56 127 ff., Wirkungen der Vorauswahlliste auf die Bestellungspraxis 56 105, wirtschaftliche Absicherung des Insolvenzverwalters 56 124, zahlenmäßige Begrenzung 56 103, Zuverlässigkeit 56 119 ff.
- **Bestellung,** Aufhebung der Bestellung/des Eröffnungsbeschlusses 56 176, Bekanntmachung 56 163, Bestellungsnachweis 347 4 ff.; **19 EuInsVO** 1 ff., Bestellungsurkunde 56 161 f.; 57 37, Nichtigkeit 56 80, Rechtsmittel 6 11 a; 56 167 ff., 172 ff.; 57 42 ff., Rechtsmittelentscheidung 56 176, Versagung 57 36 f., Versagungsgründe 57 24 ff., Zeitpunkt 56 135 f., Zuständigkeit 56 159 f.; 57 6, 23
- **Entlassung** 59 1 ff., Anhörung 59 55 ff., Antrag des Insolvenzverwalters 59 47 ff., Antrag eines einzelnen Beteiligten 59 43, anwaltliche Sorgfaltspflichten 59 29, Arbeitsüberlastung 59 19, 28, Benachteiligung der Insolvenzgläubiger 59 13, Berichtspflichten 59 28, 31, Beschluss 59 58, Bestellung eines neuen Insolvenzverwalters 59 61 ff., kein Disziplinarmittel 59 12, Entlassungsgründe 59 16 ff., Entscheidung 59 58 ff., Entscheidung des Insolvenzgerichts von Amts wegen 59 42 ff., Entscheidungsrahmen 59 46, Ermittlungen des Insolvenzgerichts 59 14 ff., Erschleichen der Verwalterstellung 59 19, Fortführung eines Betriebs ohne Genehmigung der Gläubigerversammlung 59 29, Gefahr in Verzug 59 57, Gläubigerantrag 57 19; 59 52 f.; **69** 14, Gläubigerbevorzugung 59 32, Gründe außerhalb des konkreten Verfahrens 59 36, Haftungsansprüche gegen den Insolvenzverwalter 59 25 ff., Herausgabepflichten des entlassenen Insolvenzverwalters 58 57 f.; 59 62, Interessenkollision 59 34, Krankheit 59 21, Nachteil für das Verfahren 59 38, Nichterfüllung von Verwalterpflichten 59 28 ff., Pflicht zur – 59 20, Rechtsmittel 59 63 ff., Sachverständiger 59 14, Schlechterfüllung von Verwalterpflichten 59 28 ff., Schuldnerantrag 59 54, Selbstkontrahieren 59 34, Sonderinsolvenzverwalter 59 14, 25, 57, Straftat 59 22 ff., Unabhängigkeit 59 18, Unfähigkeit 59 17, Verhältnis zu Schadensersatzansprüchen 59 39, Verhältnismäßigkeit 59 41, Verschulden 59 37, Vertrauen der Insolvenzgläubiger 59 13, Vertrauen in ein ordnungsgemäßes Handeln 59 11, Vertrauensverhältnis 59 35, – aus wichtigem Grund 59 11 ff., Zuständigkeit 59 40 f., Zuverlässigkeit 59 19, Zweifel an der ordnungsgemäßen Vermögenssorge 59 13
- **Wahlrecht** 56 89; 57 8 ff.; **78** 14 ff., Abstimmung 57 11, Begründung 57 15, Beschluß nach § 57 InsO 57 36 ff., Bestellung 57 22 f., 36 f., Entscheidung des Insolvenzgerichts 57 22 ff., Handlungen des bisherigen Insolvenzverwalters 57 40, Mehrheitsentscheidung 57 11, Qualifikationsanforderungen 57 26 f., Rechtsmittel 57 42 ff., Stellungnahme 57 15, Stichwahl 57 16, Unzulässigkeit 57 12, Ver-

1845

Insolvenzvollmacht   Fette Zahlen = §§

sagung der Bestellung **57** 38, Versagungsgründe **57** 24 ff., Zeitpunkt **57** 17 ff.
Insolvenzvollmacht 13 86 f.
Instanzenzug 7 10 a
Interessenausgleich 121, 122 15 ff.; Abweichung vom – **121, 122** 18; Einigungsstelle **121, 122** 19, 23; Gegenstand **121, 122** 16; Schriftformerfordernis **121, 122** 17; Vermittlung des Vorstands der Bundesagentur für Arbeit **121, 122** 19, 29 f.
– über Kündigungen **125** 65 ff., Allgemeines Gleichbehandlungsgesetz **125** 98 f., Änderungskündigung **125** 108 ff., Benachteiligungsverbot **125** 98, zuständiger Betriebsrat **125** 69, Betriebsübergang **128** 32 f., Ersetzung der Stellungnahme des Betriebsrats **125** 107, Kündigung in Etappen **125** 78, Namensliste **125** 65 ff., namentliche Benennung **125** 72 ff., Negativliste **125** 74, Sozialauswahl **125** 88 f., Teil-Namensliste **125** 80 f., wesentliche Änderung der Sachlage **125** 101 ff.
Internationales Insolvenzrecht (autonomes Recht, §§ 335 ff. InsO), Absonderung **335** 88 ff.; **351** 11 ff.; allseitige Kollisionsnormen **Vor 335 ff.** 53 ff.; **335** 13; Anerkennung s. dort; Anknüpfungspunkte **Vor 335 ff.** 43 ff.; Anrechnungsregel **342** 18 ff.; Anwendungsbereich der §§ 335 ff. **Vor 335 ff.** 83 ff.; Arbeitsstatut **Vor 335 ff.** 105; **337** 10; Arbeitsverhältnis **337** 6 ff.; Aufrechnung **335** 84; **338** 6 ff.; ausländische Staatsunternehmen **335** 19; ausländische Zentralbanken **335** 19; Aussonderung **335** 57 f.; **351** 11 ff.; Bankaufsichtsrecht **335** 107 f.; bevorrechtigte Forderungen **335** 56, 110 ff.; deutsch-österreichischer Konkursvertrag **Vor 335 ff.** 71; einseitige Kollisionsnormen **Vor 335 ff.** 53 ff.; **335** 14; Erbstatut **Vor 335 ff.** 106; Erfüllung der Rechtsgeschäfte **335** 83; Eröffnungsgründe **335** 36 f.; EUBeweisaufnahmeVO **335** 41; EuGVVO **Vor 335 ff.** 74 f.; EuInsVO s. dort; EUZustellVO **335** 38 f.; Exklusivnormen **Vor 335 ff.** 53 ff.; Familienstatut **Vor 335 ff.** 106; Feststellungsstreitigkeiten **335** 96 ff.; Forderungsanmeldung **335** 93 f.; **341** 7 ff.; **354** 32; Fremdwährungsforderungen **335** 55; Gerichtsbarkeit **335** 16 ff.; Geschichte **Vor 335 ff.** 4 ff.; Gesellschaftsanteile **351** 13; Gesellschaftsstatut **Vor 335 ff.** 102 ff.; gewerbliche Schutzrechte **351** 14; Haager Beweisübereinkommen (HBÜ) **335** 41; Haager Zustellungsübereinkommen (HZÜ) **335,** 38; Herausgabe ausländischer Vollstreckungserlöse **342** 8 ff.; Immobiliarsicherheiten **351** 13; Insolvenzanfechtung **129** 193; **130** 27; **335** 85; **339** 5 ff.; Insolvenzfähigkeit **335** 31 ff.; Insolvenzgläubiger **335** 48 f.; Insolvenzmasse **335** 44 ff.; Insolvenzplan **Vor 217–269** 38; Insolvenzplanverfahren **335** 115 ff.; internationale Zuständigkeit **Vor** **335 ff.** 89; **335** 20 ff.; **354** 6 ff.; internationales Privatrecht **Vor 335 ff.** 23 f.; internationales Verfahrensrecht **Vor 335 ff.** 23 f.; Kollisionsnormen **Vor 335 ff.** 36 ff., 43, 53 ff.; **335** 13 f.; Kreditinstitute **Vor 335 ff.** 86 f.; Leistung an den Schuldner **335** 81 f.; **350** 4 ff.; lex contractus **Vor 335 ff.** 51; lex fori concursus **Vor 335 ff.** 49; **335** 9 ff.; **340** 2; lex fori concursus separati **Vor 335 ff.** 49, 52, 55; lex rei sitae **Vor 335 ff.** 49 f.; Luganer Übereinkommen (LugÜ) **Vor 335 ff.** 74; Markenrechte **351** 14; Massegläubiger **335** 61 ff., 109; Masseverbindlichkeiten **335** 63 f.; Miete/Pacht **336** 11; MIICA **Vor 335 ff.** 77 f.; Mobiliarsicherheiten **351** 13; nachrangige Forderungen **335** 56, 110 ff.; öffentliche Bekanntmachung auf Antrag **345** 5 ff.; öffentliche Bekanntmachung von Amts wegen **345** 14 ff.; öffentlich-rechtliche Forderungen **335** 50 f.; ordre public **Vor 335 ff.** 40 f.; **343** 17 ff., 45; Parteifähigkeit **335** 31 ff.; Partikularverfahren s. dort; Patente **351** 14; Prozessunterbrechung **Vor 85–87** 7; **335** 73 ff.; **352** 5 ff.; Qualifikation **Vor 335 ff.** 30 f., 37, 95 ff.; Rechtshilfeverkehr **335** 38 ff.; Regelanknüpfung **335** 9 ff.; Renvoi **Vor 335 ff.** 38 f.; Restschuldbefreiung **Vor 286–303** 93 ff.; **335** 119 f.; Sachnormen **335** 15; Schiedsverfahren **335** 75 ff.; **352** 15 f.; Sekundärverfahren s. dort; Sicherungsmaßnahmen **344** 6 ff.; Sonderstatut **Vor 335 ff.** 42; Sondervermögen **335** 114; Sozialversicherung **335** 113; Staatsverträge **Vor 335 ff.** 70 ff.; Stimmrechtsausübung durch Verwalter **341** 19 f.; Systematik **Vor 335 ff.** 19 f.; Territorialität **Vor 335 ff.** 5 f., 19 f.; unbewegliche Gegenstände **336** 5 ff.; UNICITRAL-Modellgesetz **Vor 335 ff.** 79 ff.; Universalität **Vor 335 ff.** 5 ff., 19 f.; Urheberrechte **351** 14; Verfahrensrecht **Vor 335 ff.** 30 ff.; Verfügungen des Schuldners **335** 81 f.; **349** 5 ff.; Versicherungsaufsichtsrecht **335** 107 f.; Versicherungsunternehmen **Vor 335 ff.** 86 f.; Verwaltungs- und Verfügungsbefugnis **335** 65 f.; Verwertung **335** 86 ff.; Vollmachtserteilung **335** 68 f.; Vollstreckbarerklärung **353** 4 ff.; Vorrang der EuInsVO **Vor 335 ff.** 84 f.; Wertpapiere **351** 13
Internationales Insolvenzsteuerrecht InsolvenzStR **327 ff.**; Anrechnungsmethode **InsolvenzStR 347, 349, 361, 367 a**; ausländische Kapitalgesellschaft **InsolvenzStR 369 ff.**; beschränkte Steuerpflicht **InsolvenzStR 337 ff., 369**; Betriebsstätte **InsolvenzStR 338, 346, 348 f., 351 a, 353 f., 356, 358 f., 365, 367 a, 369 ff.**; Betriebsstättengewinn **InsolvenzStR 367**; deutsche Kapitalgesellschaft **InsolvenzStR 359 f.**; Doppelbesteuerung **InsolvenzStR 327 f., 345 f., 357 ff.**; Einfuhrumsatzsteuer **InsolvenzStR 383 a**; Freistellungsmethode **InsolvenzStR**

magere Zahlen = Randnummern **Internationales Konzerninsolvenzrecht**

347, 350, 367 f.; Gewerbesteuer **InsolvenzStR** 356; gewöhnlicher Aufenthalt **InsolvenzStR** 332, 335; innergemeinschaftliche Lieferungen **InsolvenzStR** 384 f.; innergemeinschaftlicher Erwerb **InsolvenzStR** 383; Kapitalgesellschaft **InsolvenzStR** 357 ff.; Niedrigsteuerländer **InsolvenzStR** 327, 360; § 13 b UStG **InsolvenzStR** 381; § 34 c EStG **InsolvenzStR** 352, 354, 362 ff.; Personengesellschaft **InsolvenzStR** 351; Reihen- und Dreiecksgeschäft **InsolvenzStR** 385 f.; Reverse-Charge-Verfahren **InsolvenzStR** 381 f.; Steueranrechnung **InsolvenzStR** 352, 354, 362 ff.; steuerfreie Ausfuhrlieferungen **InsolvenzStR** 384 b; Umsatzsteuer **InsolvenzStR** 381 ff.; unbeschränkte Körperschaftssteuerpflicht **InsolvenzStR** 359; unbeschränkte Steuerpflicht **InsolvenzStR** 332 ff., 359; Veräußerungsgewinn nach § 17 EstG **InsolvenzStR** 354 a; Verrechnungspreise **InsolvenzStR** 351 a, 368; Verständigungsverfahren **InsolvenzStR** 352; Wohnsitz **InsolvenzStR** 332, 334
Internationales Konzerninsolvenzrecht s. Konzerninsolvenzrecht
Internationales Privatrecht Vor 335 ff. 23 f.
Internationales Verfahrensrecht Vor 335 ff. 23 f.
Internatsvertrag 108 20
Internet s. öffentliche Bekanntmachung
Internet-Domain 35 382 a
Intertemporales Verfahrensrecht (Übergangsvorschriften) 359 7 ff.
Inventar Vor 151–155 18
Inventur 22 42 ff.; **151** 2 ff.
Investitionszulage InsolvenzStR 229 ff.; Insolvenzforderung **InsolvenzStR** 232; Masseverbindlichkeit **InsolvenzStR** 232
Investmentgesetz (InvG) 35 267
ISDA Rahmenverträge 340 6
ISLA 340 6
Istanbuler Abkommen Vor 1 EuInsVO 5
Italien, Länderbericht **Italien**

Jahresabschluss Vor 151–155 19
Japan, Länderbericht **Japan**
Juristische Person 84 19; Antragspflicht **15** 92, 98 ff., 103; Antragsrecht **15** 27, 61 f.; Auflösung **11** 70; **26** 41, 46 ff.; **31** 40; **103** 116; Eigenantrag durch einzelne Berechtigte **15** 72 ff.; Einflussnahme von Anteilsinhabern oder Gremien auf Antragstellung **15** 54 ff.; Fortsetzung nach Auflösung **31** 40; Haftung wegen Insolvenzverschleppung **15** 119 ff.; Insolvenzfähigkeit **11** 12 ff.; Planvorlage **218** 69 ff.; Restschuldbefreiung **286** 70; Rücknahme des Eigenantrags durch anderen Antragsberechtigten **15** 5, 81 ff.; **34** 4; s. auch organschaftlicher Vertreter

Juristische Person des öffentlichen Rechts 35 236 ff.; Ausgleichsansprüche der Arbeitnehmer **12** 21 ff.; Durchgriffshaftung **12** 9, 19 f.; Insolvenzabwendungspflicht **12** 20; Insolvenzverfahren **12** 8 ff.; – unter Landesaufsicht **12** 14 ff.

Kapitalabfindung 40 14
Kapitalanlagegesellschaft 35 267 ff.; **47** 367, 369 b, 424; **84** 20; Antragsmonopol der Aufsichtsbehörde **13** 55 ff.; **15** 96; Anzeigepflicht statt Antragspflicht **15** 96; Aussonderungsrecht **47** 49; Investmentgesetz (InvG) **35** 267; Sondervermögen **35** 270 ff., 275 f.; Treuhänderschaft **35** 274; Treuhandlösung **35** 274; Treuhandverhältnis **35** 274
Kapitalerhöhung 80 112 b
Kapitalertragsteuer 149 21 ff.
Kapitalgesellschaft, Auflösung **26** 46; s. auch juristische Person
Kapitalgesellschaft & Co., Antragspflicht **15** 93, 98 ff., 103; Antragsrecht **15** 36 ff., 61 f.; s. auch Gesellschaft ohne Rechtspersönlichkeit, organschaftlicher Vertreter
Kassageschäft 104 88 f.
Katastrophenderivate 104 135
Kaufvertrag 103 73; **105** 15 ff.; Erfüllung **103** 129 ff.; Insolvenz des Käufers **103** 135, 143; Insolvenz des Verkäufers **103** 136, 140 ff.; internationales Insolvenzrecht **8 EuInsVO** 1 ff.; Mängelanspruch **45** 7; Nacherfüllungsanspruch **103** 139 f., 141; Rechtsmangel **103** 135 f.; Sachmangel **103** 138 ff.; Verhältnis von § 103 InsO zu den Käuferrechten **103** 139
Kaution 47 374, 380, 401; **55** 149; **108** 81, 102 f., 109 ff., 130; **109** 62; **110** 4, 24; **111** 10 f.; **112** 22; Aussonderung **108** 109 ff.
Kautionsversicherungsvertrag Vor 49–52 49 a; **116** 32 a
Kiesgrube 108 23
Kinderbetreuung 295 46 ff.
Kindergeld InsolvenzStR 235 i; Insolvenzforderung **InsolvenzStR** 235 i
Kirchen 12 4, 11, 21 a; **35** 238
KirchMedia Vor 270–285 18
Klage auf vorzugsweise Befriedigung Vor 49–52 2
Kleingewerbetreibende 304 31
Kleininsolvenzverfahren s. Verbraucherinsolvenzverfahren
Knebelung des Schuldners **Vor 49–52** 80 f.; **51** 173; **Vor 129–147** 69
Know-how 35 374 ff.
Know-how-Lizenz 47 339
Know-how-Vertrag 112 7
Kommanditgesellschaft 11 42 ff.; **35** 200 ff.; Antragspflicht **15** 92 f.; Antragsrecht **15** 18; Auseinandersetzung **84** 8; Eröffnung des Insolvenzverfahrens **118** 6; Geschäftsführungs-

1847

Kommanditgesellschaft auf Aktien Fette Zahlen = §§

befugnis nach Auflösung **118** 9 ff.; Gesellschaftsanteil **84** 8; Hafteinlage **35** 203 ff.; Insolvenzfähigkeit **11** 42; Pflichteinlage **35** 203, 207; Verbraucherinsolvenzverfahren **304** 64; Zuständigkeit des Insolvenzgerichts **3** 19; s. auch Gesellschaft ohne Rechtspersönlichkeit
Kommanditgesellschaft auf Aktien 84 19; Antragspflicht **15** 92, 98 ff., 103; Antragsrecht **15** 18, 61 f.; Auflösung **11** 37; **26** 46; Eröffnung des Insolvenzverfahrens **118** 3, 7; Haftung **11** 38; Insolvenzfähigkeit **11** 36; Planvorlage **218** 80; Vollstreckung aus dem Plan **257** 11; s. auch Gesellschafter, persönlich haftender –, organschaftlicher Vertreter
Kommanditist 38 12; Aufrechnung **94** 25; ausgeschiedener – **44** 37; persönliche Haftung **Vor 85–87** 11; **85** 46 f.; Regressanspruch **44** 37
Kommissionsgeschäft 35 128 ff., 134 f.; **47** 287 ff.; **Vor 49–52** 16; **103** 74; **116** 12, 43; Insolvenz des Einkaufskommissionärs **47** 298 f.; Insolvenz des Kommittenten **47** 292 f.; Insolvenz des Verkaufskommissionärs **47** 294 ff.; Pfandrecht **50** 108 f.
Kommissionsgut, Aussonderung **47** 39
Kommunale Eigengesellschaft 12 16
Kommunaler Eigenbetrieb 12 16
Kompetenzkonflikt, negativer – **Art 102 § 3 EGInsO** 16; **3 EuInsVO** 66 ff.; positiver – **Art 102 § 3 EGInsO** 4 ff.; **3 EuInsVO** 58 ff.
Konkursordnung, Fortgeltung in Altverfahren **359** 20 ff.
Konkursverfahren und InsO-Eröffnungsantrag **359** 35 ff.
Konkursvorrechte 1 41 a
Konto zugunsten Dritter 47 404
Kontokorrentabrede, vorläufige Insolvenzverwaltung **22** 60
Kontokorrentforderung 38 103; **47** 165; **91** 29 f.; Insolvenzmasse **35** 394 ff.; Sicherungsabtretung **51** 184 ff.
Kontokorrentverhältnis Vor 49–52 62 a; **96** 32 ff.; **103** 105; **108** 205; **116** 36, 39
Kontokorrentvorbehalt 47 88 ff.; **107** 8, 26
Kontosperre 21 64, 89; AGB-Pfandrecht **50** 45 a, 52 a
Kontrahierungszwang 265 16
Konvaleszenz 81 18; **Anh. 315** 31
Konzentrationsmaxime Einl 59
Konzern, Einflussnahme auf Eröffnungsantrag bei Tochter **15** 54 ff., 63; faktischer – **KonzernInsO** 64 ff.; internationaler Gleichordnungskonzern **KonzernInsO** 84; qualifizierter faktischer AG-Konzern **KonzernInsO** 72 f.; qualifizierter faktischer GmbH-Konzern **KonzernInsO** 71, 74 f.; Sanierung **KonzernInsO** 28 f.; s. auch internationales Konzerninsolvenzrecht
Konzernbetriebsvereinbarung 120 7

Konzerninsolvenzplanverfahren Vor 217–269 34 ff.
Konzerninsolvenzrecht 35 72; **KonzernInsO** 1 ff., 4 ff.; abhängiges Konzernunternehmen als Niederlassung **KonzernInsO** 5, 17 f.; allgemeine Zuständigkeit aus § 23 ZPO **KonzernInsO** 58; center of main interest **KonzernInsO** 10 ff.; Durchgriffshaftung **KonzernInsO** 78; Eigenverwaltung **Vor 270–285** 23 a; Gerichtsstand der unerlaubten Handlung **KonzernInsO** 54; Gerichtsstand der Zweigniederlassung **KonzernInsO** 55; Gerichtsstand des Erfüllungsortes **KonzernInsO** 53; Insolvenz des herrschenden Unternehmens in einem internationalen Konzern **KonzernInsO** 85 ff.; internationaler Gleichordnungskonzern **KonzernInsO** 84; Klagen aus dem Vertragskonzernverhältnis **KonzernInsO** 49 ff.; „Konzerninsolvenz" **KonzernInsO** 4 ff.; Koordinierung der Verfahren **56** 51; Maßnahmen zur Konzentration der verschiedenen Verfahren **56** 52; substantive consolidation **KonzernInsO** 4; Unabhängigkeit des Insolvenzverwalters **56** 44 ff.; Vertragskonzern **KonzernInsO** 30 ff.; Zuständigkeit **KonzernInsO** 8 ff., 66 ff., 76; Zuständigkeit für Ansprüche aus § 309 Abs. 2 AktG **KonzernInsO** 56; Zuständigkeit für Ansprüche aus § 310 ZPO **KonzernInsO** 57; Zuständigkeit nach EuInsVO **KonzernInsO** 20 ff.; Zuständigkeit nach § 3 InsO **KonzernInsO** 9 ff.
– **Unternehmensvertrag KonzernInsO** 30 ff., automatische Beendigung des -s **KonzernInsO** 39 f., Beherrschungsvertrag **KonzernInsO** 30, 36 f., 60 ff., eingeschränkte grenzüberschreitende Organschaft **KonzernInsO** 35, Gewinnabführungsvertrag **KonzernInsO** 30, 34, 63, internationaler – **KonzernInsO** 33 ff., kollisionsrechtliche Anknüpfung **KonzernInsO** 31 f., Kündigung **KonzernInsO** 41, Rechtsfolgen der Eröffnung des Insolvenzverfahrens **KonzernInsO** 38 ff.
Konzerninsolvenzverwalter 56 47, 50 f.
Konzernunternehmen, center of main interest **KonzernInsO** 10 ff.; „Gefahrenschwerpunkt" **KonzernInsO** 46; „Konzerninsolvenz" **KonzernInsO** 4 ff.; Niederlassung **KonzernInsO** 17 f., 23 f.; Partikularinsolvenzverfahren **KonzernInsO** 26 f.; Rechtsschein einer Niederlassung **KonzernInsO** 18; unselbständige Geschäftseinrichtung **KonzernInsO** 18
Konzernverrechnungsvereinbarung 94 38 ff.
Konzernvorbehalt 1 15; **47** 2, 95 f.; **Vor 49–52** 11; **107** 8
Körperschaft des öffentlichen Rechts, Insolvenzunfähigkeit **12** 23
Körperschaftsteuer 155 34; **InsolvenzStR** 81 ff.; Abwicklungszeitraum **InsolvenzStR** 86 ff.; Folgen der Beendigung der Organschaft

magere Zahlen = Randnummern **Körperschaftsteuerguthaben**

InsolvenzStR 88 f; gemeinsame Insolvenz **InsolvenzStR** 88 e; Insolvenz der Organgesellschaft **InsolvenzStR** 88 d; Insolvenz des Organträgers **InsolvenzStR** 88 c; Insolvenzforderung **38** 82; **InsolvenzStR** 81, 87 f., 88 g; Körperschaftsteuerguthaben **InsolvenzStR** 88 g; Liquidationsgewinn **InsolvenzStR** 88; Masseverbindlichkeit **38** 83; **InsolvenzStR** 81, 87 f.; Mindestbesteuerung **InsolvenzStR** 88 a; Organschaft **InsolvenzStR** 88 b ff.; stille Reserven **InsolvenzStR** 88; Veranlagungszeiträume **InsolvenzStR** 82 ff.; verdeckte Einlagen **InsolvenzStR** 88 h; Verlustausgleich **InsolvenzStR** 88 a; Verlustvortrag **InsolvenzStR** 88 a

Körperschaftsteuerguthaben InsolvenzStR 88 g; Aufrechnungsbegehren **InsolvenzStR** 88 g; Auszahlung **InsolvenzStR** 88 g

Korrekturgesetz Vor 113–128 9; **121, 122** 2; **125** 3

Kostbarkeiten 149 7

Kosten 1 23 ff.; **22** 145 ff.; **25** 26; **26** 11, 15; **53** 6, 20 f.; **207** 25 ff.; **209** 15 ff.; Antragsrücknahme **4** 27; **13** 130, 156; **15** 88 f.; Aufhebung des Eröffnungsbeschlusses **13** 170; **34** 91, 105 ff.; Beratungskosten **54** 34; Beschwerdeverfahren **34** 24; **54** 23 ff.; besonderer Prüfungstermin **54** 21; Erledigungserklärung **54** 13 a; Ermittlungskosten **5** 58 ff.; **13** 167 ff.; – im eröffneten Verfahren **54** 17 ff.; Eröffnung **13** 159, 166; Eröffnungsverfahren **13** 155 ff.; **54** 9 ff.; EuInsVO **4 EuInsVO** 39; Gerichtskosten **5** 58 f.; **13** 161 ff.; **54** 6 ff., 33; Gerichtsvollzieher **20** 72; Gläubigerantrag **54** 12 ff., 17, 19; Insolvenzforderung **38** 107; Kosten der Haft **22** 177; Kosten der Insolvenzverwaltung **54** 14; Kostendeckung s. dort; Kostenhaftung **54** 11 ff.; Kostenschuldner **54** 17; Kostenverteilung **54** 15 a; mehrere Eröffnungsanträge **54** 16; Rang **53** 71; Registereintragung **54** 29; Restschuldbefreiung **54** 22; **289** 41 ff.; **290** 91; **291** 22 f.; **296** 33, 40 ff.; **297** 25 ff.; **298** 23 a; **299** 12; **300** 33 ff.; **303** 36 ff.; Rücknahme des Eröffnungsantrags **54** 13 ff., 15; Schuldenbereinigungsplan **310** 1 ff.; Schuldnerantrag **54** 15, 17, 18; Schuldneraufwand für Auskunft und Mitwirkung **20** 77 ff.; Sicherungsmaßnahmen **13** 171, 171 ff.; **54** 9; sofortige Beschwerde **34** 23; vorläufige Insolvenzverwaltung **13** 171 f.; **16** 69; Zwangsmittel **20** 72; **98** 40; Zweitschuldnerhaftung des Antragstellers **13** 165; s. auch Gerichtskosten, Rechtsanwaltsgebühren, Vergütung

Kostenbeitrag 1 32, 48; **170** 1 ff.; **171** 1 ff.; Anwendung im Fall des § 173 Abs. 2 InsO **173** 23 ff.; Berechnung **170** 26 ff.; **171** 18 ff.; Eigenverwaltung **282** 2 f., 20 ff.; Eröffnungsverfahren **21** 103; **22** 56; Rechtslage Konkursordnung **170** 8 f.; Störungsfälle **170** 18; Übersicherung **170** 6, 35 f.; Verletzung der Mitteilungspflicht aus § 168 InsO **168** 23; Verwertungskosten **165** 214, 220 ff.; Verwertungsvereinbarung **170** 9, 17

Kostenbeschwerde 6 65

Kostendeckung 26 14 ff.; **53** 66; **207** 14 ff.; Auslandsvermögen **26** 22; Bankgarantie **26** 29; Deckungsprognose **26** 23; Kostenprognose **26** 16 f.; Kostenstundung **26** 27; Kostenvorschuss **26** 27 ff.; **54** 30 ff.; Liquidationswert **26** 21; Prüfung durch das Insolvenzgericht **26** 11 ff.; Prüfung durch vorläufigen Insolvenzverwalter **22** 139, 145 ff., 157; Schätzung **26** 16; sonstige Masseverbindlichkeiten **26** 12 f., 18, 23; Verfahrenskostengarantie **26** 29; Verkehrswert **26** 21; Vermögen i. S. d. § 26 Abs. 1 InsO **26** 20 ff.

Kostenentscheidung, Abweisung mangels Masse **4** 27; **13** 158; Anfechtbarkeit **4** 30; **6** 13; Annahme des Schuldenbereinigungsplans **13** 160; Anwendbarkeit der ZPO-Regeln **4** 27 ff.; Beschwerde gegen Ablehnung der Eröffnung **4** 27; Beschwerdeverfahren **34** 24; Erledigung wegen Massearmut **26** 33; Erledigungserklärung **4** 28; **13** 131 ff., 138; Eröffnung **13** 159, 166; **27–29** 117; Rechtsmittel **6** 68; Unzulässigkeit oder Unbegründetheit des Eröffnungsantrags **4** 27; **13** 157; **15** 88 f.

Kostenstundung Einl 45, 78; **Vor 4 a–4 d**; **26** 27; **292** 28; **296** 45; **300** 36; **304** 77, 80 f.; Änderung der Entscheidung **4 a** 46; **4 b** 8 ff.; Anwendungsbereich **4 a** 3 ff.; Aufhebungsvoraussetzungen **4 c** 3 ff.; Ausschüttung des „Motivationsrabattes" **292** 32; Bedürftigkeit **4 a** 8 ff.; Beiordnung eines Rechtsanwalts **4 a** 21 ff.; Beschwerdefrist **4 d** 11; Ende der Stundungswirkung **4 a** 32; **4 b** 2; fresh start **Vor 4 a–4 d** 3; – für jeden Verfahrensabschnitt **4 a** 30, 43; Nachhaftung für Masseverbindlichkeiten **4 b** 2; Normzweck **4 a** 2; Prozesskostenhilfe im Beschwerdeverfahren **4 d** 13; Rechtsbeschwerde **7** 22; Rechtsmittel der Staatskasse **4 a** 45; **4 d** 5 ff.; Rechtsmittel des Schuldners **4 a** 45; **4 d** 3 f.; Rechtsmittel Dritter **4 d** 8; sofortige Beschwerde **4 d** 10; Verfahren **4 a** 33 ff.; Verlängerung **4 a** 32; **4 b** 4; **4 d** 10; Voraussetzungen **4 a** 6 ff.; Widerrufsverfahren **303** 39; Wirkung der Aufhebung **4 c** 17; Wirkungen **4 a** 25 ff.; **4 d** 10; Wohlverhaltensperiode **298** 13, 16; Zuständigkeit **4 a** 41; **4 c** 18

Kostenvorschuss 26 26, 27 ff.; **54** 30 ff.; **207** 30 ff.; Antragsrücknahme **26** 31; Erstattung **92** 10; Erstattungsanspruch **26** 56 ff.; Rückzahlung **26** 29, 31; **54** 31 f.; Sekundärverfahren **30 EuInsVO** 1 ff.; Vorschussanforderung **26** 26, 27 ff.

Kraftfahrzeugsteuer InsolvenzStR 228 ff.; Aufrechnung **InsolvenzStR** 228 a; Insolvenzforderung **38** 85; **InsolvenzStR** 228 f; Masse-

1849

verbindlichkeit **38** 85; **InsolvenzStR** 228, 228 b
Kredit- und Leistungserschleichung 290 33 ff.
Kreditanstalt für Wiederaufbau 12 13
Kreditauftrag 35 402
Kreditbetrug Vor 129–147 72
Kreditderivate 104 100 ff.
Krediteröffnungsvertrag 103 105; **108** 201 ff.
Kreditgeschäft 116 42
Kreditinstitut, Bankgeheimnis **20** 81 ff.; **97** 28; **149** 27 ff.; Insolvenz **108** 201 ff.; **Vor 129–147** 104; öffentlich-rechtliches – **12** 17
Kreditrahmen, Gruppenbildung im Folgeinsolvenzverfahren **222** 66 f.; Nachrang von Insolvenzgläubigern **264** 1 ff.; **266** 1 ff.; Nachrang von Neugläubigern **265** 1 ff.; **266** 1 ff.; Planregelung **221** 38 f.
Kreditrisiko-Option 104 105
Kreditsicherungs-Swap 104 105 ff., 118 ff.
Kredittäuschung Vor 49–52 89; **51** 173
Kreditwirtschaft, Antragsmonopol der Aufsichtsbehörde **13** 55 ff.; Anzeigepflicht statt Antragspflicht **15** 96
Kreishandwerkerschaft 12 12
Kroatien, Länderbericht **Kroatien**
Kündigung s. Arbeitsverhältnis
Kündigungsrecht des Auftraggebers nach § 8 Nr. 2 Abs. 1 VOB/B 119 22 f., 51
Kündigungsschutzgesetz 295 26; Anwendbarkeit **125** 7 f.; Wartezeit **125** 8
Kündigungsschutzklage 45 8 a; **125** 36 ff.; **295** 28; Aussetzung des Verfahrens **127** 17 ff.; Beweislastumkehr **125** 83 ff.; Bindung an Feststellung im Verfahren nach § 126 InsO **127** 1 ff.; Erhebung **113** 66 f.; Eröffnungsverfahren **22** 110; Insolvenzverwalter als Beklagte **113** 68; Nachschieben von Unwirksamkeitsgründen **113** 78 ff.
– **Klagefrist 113** 40 ff., Beginn **113** 59 ff., – bei behördlicher Zustimmung **113** 60 f., Berechnung **113** 59 ff., Fristversäumung **113** 62 ff., nachträgliche Klagezulassung **113** 69 ff., Unkenntnis **113** 71
Kündigungssperre 108 183; **112** 1 ff.
Kurzarbeitergeld 123 36

Lagebericht Vor 151–155 20
Lagergeschäft 47 46; **103** 83; **108** 17; **116** 12; Pfandrecht **50** 111
Landesärztekammer 12 17
Landeszentralbank 12 13
Landkreis 12 25
Landwirtschaftliche Rentenbank 12 12
Landwirtschaftliches Inventar 36 26, 75 f., 78
Langlebigkeitsrisiko 45 31
Lastschriftverfahren 21 58; **38** 102; **82** 23 ff.; **103** 105; **112** 23; **116** 40; **148** 53; Abbuchungsauftragsverfahren s. dort; Aufrechnung

95 13; Einziehungsermächtigungsverfahren s. dort; Gläubigerbenachteiligung **129** 147; Insolvenz des Lastschriftgläubigers **82** 24; Insolvenz des Lastschriftschuldners **82** 25; vorläufige Insolvenzverwaltung **22** 60; Widerspruchsrecht des Insolvenzverwalters **82** 25 ff.
Leasing 35 463; **47** 218 ff.; **55** 127 f., 153 f.; **91** 28; **103** 75; **108** 28 ff.; Abtretung der Leasingraten **110** 5, 16 ff., 27, 36 ff., 39, 45 f.; Andienung des Leasingobjekts **108** 146; Anschaffungs- oder Herstellungsfinanzierung **108** 45 ff.; Aufrechnung **96** 14; **110** 22 ff.; – bewegliche Sachen **47** 228 ff., 244 ff.; Doppelstock-Finanzierung **108** 52; Eigenkapitalersatz **47** 223; Erfüllungsablehnung **108** 170 ff.; Erfüllungsverlangen **108** 155 ff.; Finanzierungsleasing **47** 218 ff.; **107** 7; **108** 29, 45, 75; Gewährleistung **108** 74 ff.; Herstellerleasing **47** 221; **108** 29, 74; Immobilienleasing **47** 234 ff., 252 f.; Insolvenz des Leasinggebers **47** 239 ff.; **108** 54 ff., 108 ff., 157, 170 ff.; **166** 41 f.; Insolvenz des Leasingnehmers **47** 223 ff.; **108** 82 ff., 116 ff., 176 ff.; Kaufoption **108** 35, 63, 145; Kredit an den Leasinggeber **108** 51 f.; Kündigung **110** 40; Kündigungssperre **112** 5; Leasingraten **108** 94 ff.; Operating-Leasing **47** 219; **108** 29; Refinanzierung **108** 7 f.; Schadensersatzanspruch des Leasinggebers **108** 177; **109** 29; Sicherungsabtretung **51** 199; Software **108** 9, 142; **110** 36; Umsatzsteuer **InsolvenzStR** 196 f.; Veräußerung der Leasingsache **110** 34; Verfahrenseröffnung vor Überlassung der Leasingsache **108** 66; Verlängerungsoption **108** 57, 144; **110** 30; Verwertungsrecht des Insolvenzverwalters **166** 41 f.; Vorausverfügung über Leasingraten **110** 4 ff., 29 ff.; vorläufige Insolvenzverwaltung **22** 61; Wahlrecht des Insolvenzverwalters **108** 131 ff.; Zusatzpflichten des Leasinggebers **108** 61; **110** 36 f.
Lebensversicherung 55 193; **103** 118; **295** 50; **Anh. 315** 35; Anfechtbarkeit **129** 52; kapitalersetzende – **47** 322 b; Pfändungsschutz **36** 45; Sicherungsabtretung **51** 190 ff.
Leibrente 35 447 f.; **40** 14; **45** 11
Leiharbeitnehmer Vor 113–128 17
Leihe 103 92; **108** 16
Leistung an den Schuldner, Anfechtbarkeit **147** 4; ausländisches Insolvenzverfahren **24 EuInsVO** 2 ff.; Begründung eines Rechts **82** 3; Bereicherungsanspruch des Leistenden **82** 11; Empfangszuständigkeit der Masse **82** 3; Entgegennahme der Leistung **82** 3; – zur Erfüllung einer Verbindlichkeit **82** 3 ff.; Erfüllung zur Insolvenzmasse **82** 4 f.; Erfüllungssurrogate **82** 3 a; – nach Eröffnung des Insolvenzverfahrens **82** 8; Eröffnungsverfahren **21** 57; Forderungsabtretung **82** 3 c; Genehmigung durch den Insolvenzverwalter **82** 6 f.; internationales

magere Zahlen = Randnummern

Insolvenzrecht **335** 81 f.; **350** 4 ff.; Kenntnis ausländischer Verfahrenseröffnung **24** **EuInsVO** 10 ff.; Leistung an Erfüllungs Statt **82** 3 a; nach Erlass eines allgemeinen Verfügungsverbots **82** 9; Übertragung eines Rechts **82** 3; Überweisungsverkehr s. dort; Unkenntnis der Verfahrenseröffnung **82** 12 ff.
Leistungen an einen Dritten 82 3 b; Empfangszuständigkeit des Dritten **82** 3 b
Leitende Angestellte 123 10 f.; **125** 10; Richtlinie für – **120** 14
Letztwillige Verfügung 295 68
Lex fori concursus 340 2
Limited liability partnership 11 17 a
Liquidation, gesellschaftsrechtliche – **1** 5, 74
Liquidationskredit 220 24
Liquidations-Netting 104 138, 152 ff.
Liquidationsplan 157 7 f.; **217** 167; **218** 15; **229** 4
Liquidationsverfahren Einl 10 ff.
Liquidationsverkauf 80 117
Liquidator s. organschaftlicher Vertreter
Litlohnanspruch 49 51
Lizenzvertrag 35 160 ff., 310 ff.; **55** 130; **103** 76; **112** 7, 30; **119** 26; Anfechtung **129** 97; Betriebslizenz **35** 323; Software **35** 160 ff., 318 f.; Zwangslizenz **35** 324
Lohnsteuer 47 359 b; **129** 78 c; **InsolvenzStR** 89 ff.; Anfechtung **129** 49 a; Insolvenz des Arbeitgebers **InsolvenzStR** 93 ff.; Insolvenz des Arbeitnehmers **InsolvenzStR** 90 ff.; Insolvenzforderung **38** 94; **InsolvenzStR** 91, 95 ff., 104 b; Insolvenzgeld **InsolvenzStR** 98, 104 d; – bei Insolvenzsicherungszahlungen **InsolvenzStR** 101 f.; Lohnsteueransprüche des Arbeitnehmers **InsolvenzStR** 95 ff.; Lohnsteuerfreiheit bei Insolvenzgeldvorfinanzierung **InsolvenzStR** 99 ff.; Lohnsteuerfreiheit bei übergegangenen Lohnansprüchen **InsolvenzStR** 98; – bei Masseunzulänglichkeit **InsolvenzStR** 103; Masseverbindlichkeit **InsolvenzStR** 91, 95 ff., 98, 103 f., 104 b; Nettolohnvereinbarung **InsolvenzStR** 90; vorläufige Insolvenzverwaltung **InsolvenzStR** 104
Lombardkredit 50 5
Lösungsklausel 47 255; **103** 64 f., 90, 201; **105** 37; **106** 35; **108** 183 f.; **109** 78 ff.; **119** 18 ff.; Anfechtbarkeit **119** 53 ff.; Inhaltskontrolle **119** 46 ff.
Lottogewinn 35 48; **295** 50
Luftfahrzeug 35 177; **47** 17; **49** 9, 82; **108** 37; **165** 25, 265; **336** 15 f.; EuInsVO **11 EuInsVO** 4
Luftfahrzeug-Pfandrechtsregister 336 15 f.; **346** 14; Insolvenzvermerk **32–33** 90 ff.
Luftfahrzeugrolle 35 177 f.
Luxemburg, Länderbericht **Luxemburg**
Luxusaufwendung 290 58

Leistungen an einen Dritten

Maklervertrag 103 77, 105; **116** 30
Mandantenschutzklausel 103 84
Mantelzession 51 175 ff.
Manuskript 35 153
Marke s. Deutsches Patent- und Markenamt
Markenrecht 35 365 ff.; Anfechtung **129** 96; internationales Insolvenzrecht **351** 14; Verwertung von Markenware **35** 372
Marktpreis 104 39, 57 f.
Massegläubiger 1 73 ff.; **53** 5 ff.; **InsolvenzStR** 25 d; Anspruch gegen den Schuldner **53** 30 ff.; Aufrechnung **53** 52; Auskunfts- und Rechnungslegungsanspruch **55** 64; Ausschluss **53** 64, 83; **206** 2 ff.; Befriedigung **53** 50 f., 65 f., 70 ff.; **208** 15 f.; **209** 13 ff.; Inanspruchnahme des Schuldners nach Aufhebung des Insolvenzverfahrens **53** 32 ff.; – im Insolvenzplanverfahren **53** 63; **217** 79 ff., 158; **221** 98; internationales Insolvenzrecht **335** 61 ff., 109; Rangordnung **53** 67 f.; **209** 13 ff.; Rechtsstellung **53** 46 ff.; Zwangsvollstreckung **53** 58 ff.; **165** 50 ff.
Massekosten bei Aufhebung des Eröffnungsbeschlusses **13** 170; **34** 105 ff.
Massenlosigkeit, Einstellung wegen – s. dort; – und Masseunzulänglichkeit **207** 13 f.
Massenentlassung 125 57 ff.; Ersetzung der Stellungnahme des Betriebsrats **125** 107
Masseunzulänglichkeit InsolvenzStR 187 f, 203; Abwicklungsfehler **208** 80; Anfechtung **129** 105 a; Aufrechnung **208** 70; Auswirkung auf gerichtliche Streitigkeiten **53** 77 ff.; Befriedigung der Massegläubiger **53** 70 ff.; **209** 1 ff.; Begriff **208** 19 ff.; Betriebsfortführung **208** 81; drohende – **208** 21 f.; eingetretene – **208** 20; Einstellung des Verfahrens **211** 1 ff.; Einstellungsvoraussetzungen **211** 4 ff.; erneute – **210** 22 f.; Feststellungskompetenz des Insolvenzverwalters **208** 34 f.; Insolvenzmasse **208** 23 ff.; Insolvenzplanverfahren **208** 58; **Vor 217–269** 33; Kürzung des Forderungsrechts **208** 61 ff.; Lohnsteuer **InsolvenzStR** 103; – und Masselosigkeit **207** 13 f.; – gegenüber Neumassegläubigern **210** 20; Prüfung der – **208** 17 f.; Rechtsfolgen der Einstellung **211** 14; Rechtsmittel **211** 12 f.; Restschuldbefreiungsverfahren **289** 54 ff.; **290** 18; Sicherungsrechte **208** 69; Sozialplanforderung **123** 69 f.; Steuerfestsetzungsverfahren **InsolvenzStR** 24 b; Steuerforderung **InsolvenzStR** 25 d.; steuerrechtliche Pflichten des Insolvenzverwalters **208** 71; Verteilung der Masse **211** 4 ff.; Verteilungsverfahren **211** 5; Vollstreckungsverbot **53** 79 f.; **208** 64 ff.; **210** 5 ff.; vorübergehende – **208** 25 f.
– **Anzeige der – 53** 92 f.; **60, 61** 45 f., Bekanntmachung des Insolvenzgerichts **208** 41 f., Eigenverwaltung **285** 1 ff., erneute Anzeige **208** 60, fehlerhafte Anzeige **208** 77 ff., Form **208**

1851

Masseverbindlichkeit Fette Zahlen = §§

36, Fortsetzung der Verwaltung und Verwertung **208** 43 ff., Inhalt **208** 36, Kontrolle durch das Insolvenzgericht **208** 39, provozierte Anzeige **208** 32, prozessuale Auswirkungen **53** 79 f.; **208** 64 ff., Rechtsfolgen **208** 43 ff.; **285** 11 ff., Rechtsmittel **208** 38, verspätete Anzeige **53** 92 f.; **60, 61** 46; **208** 33, vorbeugende Anzeige **208** 31, 40, Widerruflichkeit der Anzeige **208** 53 ff., Zeitpunkt der Anzeige **208** 30 ff., 37

Masseverbindlichkeit 1 73 ff.; **55** 1 ff.; **208** 27; Abwicklungsgeschäfte **55** 1 ff.; Altmasseverbindlichkeit **53** 76; **209** 34 ff.; Arten **53** 19 ff.; Aufrechnung **53** 52; – aus Austauschvertrag **53** 23; **55** 106 ff.; Befriedigung **53** 50 f.; Begründung durch Insolvenzverwalter **53** 50, 85 ff.; **55** 21 ff.; **80** 9; Begründung durch vorläufigen Insolvenzverwalter **21** 50 f., 66, 68; **22** 64 ff., 106, 110, 128, 131 f., 210; **25** 7; **53** 25; **55** 213 ff.; **108** 185 ff.; Berichtigung/Sicherheitsleistung durch Insolvenzverwalter bei Verfahrensaufhebung **258** 10 ff.; Darlehen **108** 207; – aus Dauerschuldverhältnis **53** 23, 73, 75; **55** 133 ff.; **209** 30 ff.; – aus Dienst- und Arbeitsverhältnissen **55** 155 ff., 216 ff.; **209** 30 ff.; echte – **53** 9 f.; Einstellung des Verfahrens **214** 16 ff.; EuInsVO **4 EuInsVO** 30 ff.; **27 EuInsVO** 27 ff.; Folgeinsolvenz **266** 22 f.; – aus gegenseitigen Verträgen **209** 25 ff.; Geltendmachung **53** 46 f.; gerichtliche Geltendmachung **53** 53 ff.; – in der Gesellschafts- und Gesellschafterinsolvenz **55** 195 f.; Haftung der Masse bei Rechtsverletzungen durch Insolvenzverwalter **55** 30 ff.; – aus Handlungen des Verwalters **209** 16; Inanspruchnahme der Gegenleistung **108** 190 f.; internationales Insolvenzrecht **335** 63 f.; irrtümliche Geltendmachung als Insolvenzforderung **53** 48, 91; **55** 19; Leasingraten **108** 94, 163; Massebereicherung **53** 24; **55** 197 ff.; – aus Miet- und Pachtverhältnissen **55** 119, 135 ff.; **108** 71, 89, 103 ff., 158; **209** 30 ff.; Nachlassinsolvenzverfahren **324** 2 ff.; Neuerwerb **InsolvenzStR** 25 a; Neumasseverbindlichkeit **53** 72 ff.; **209** 12, 20 ff.; **210** 6, 19 ff.; nicht oktroyierte – **53** 7 f.; **90** 9 ff.; oktroyierte – **53** 7 f., 23, 59; **90** 8; **108** 105; Rangordnung **53** 11; Schwebezeit zwischen Verfahrenseröffnung und Entschließung des Verwalters **108** 158; Sekundärverfahren **27 EuInsVO** 27 ff.; Sozialplanforderung **1** 76 f.; **53** 27; **123** 67 f.; **209** 37; Steuerforderung **InsolvenzStR** 25 ff.; unechte – **53** 9 f.; – aus ungerechtfertigter Bereicherung **209** 17; Verhältnis zu § 108 Abs. 2 InsO **55** 217; Versicherung des schuldnerischen Vermögens **22** 47; Verwaltungskosten **53** 22; **55** 37; Vorwegbefriedigung **53** 12 ff.; Zwangsvollstreckung **53** 58 f.; **90** 7 ff.

Masseverbindlichkeiten, Befriedigung durch vorläufigen Insolvenzverwalter **25** 25, 27

Masseverwaltungskosten 55 37
Mehrfachübereignung 171 17
Menschenwürde Einl 93
Miet- und Pachtverhältnis 22 108; **47** 256; **103** 78, 102; **217** 114; **265** 15; Abtretung der Mietforderung **110** 5, 11, 26 f.; Abwicklung **108** 106 ff., 167 ff., 196 ff.; anfechtbare Mietzahlung **112** 19, 38; Apothekenpacht **108** 44; Auflösungsklausel **109** 78 ff.; **112** 16; Aufrechnung **110** 22 f., 47 ff.; Aufwendungsersatz **110** 39; Aufwendungsersatzanspruch des Mieters **108** 79 f.; **109** 34; **110** 24; Aussonderung **108** 117, 168, 197; Baukostenzuschuss **110** 15; Betreiberpflicht **55** 146; Betriebspflicht **108** 99; – über bewegliche Sachen **108** 3 ff.; Bewirtschaftsverpflichtung **108** 99; Energieversorgung **108** 60; Enthaftung der Masse **109** 49 ff.; Erfüllungsablehnung **108** 170 ff.; Erfüllungsverlangen **108** 138 ff., 155 ff.; Erwerb des Mietgrundstücks **108** 114; Fischereipacht **108** 43; Flugzeug **109** 24; Freigabe der in die Mieträume eingebrachten Sachen **108** 117; Genossenschaftswohnung **108** 71 ff.; Gewährleistung **108** 71 ff.; Grundpfandhaftung **49** 26 ff.; Insolvenz des Mieters/Pächters **55** 136 ff.; **108** 82 ff., 116 ff., 158 ff., 176 ff.; **109** 1 ff.; Insolvenz des Vermieters/Verpächters **55** 148 ff.; **108** 54 ff., 108 ff., 157, 170 ff.; **110** 1 ff.; internationales Insolvenzrecht **336** 11; **8 EuInsVO** 1 ff., 9; Jagdpacht **108** 43, 154; **112** 4; Kaution **47** 374, 380, 401; **55** 149; **108** 81, 102 f., 109 ff., 130; **109** 62; **110** 4, 24; **111** 10 f.; **112** 22; Kleingartenpacht **108** 18; **111** 27; Kündigung **108** 57 ff., 84 ff., 107; **109** 20 ff., 55, 58 f.; **112** 18 f.; Kündigungsschutz im Beitrittsgebiet **111** 26; Kündigungssperre **112** 1 ff.; Landpacht **108** 18, 58, 99; **109** 20, 22; **111** 25; Masseunzulänglichkeit **108** 61, 71, 93, 103, 126, 162; Masseverbindlichkeit **55** 119, 135 ff.; **108** 71, 89, 103 ff., 158; **209** 30 ff.; Massezugehörigkeit des Mietobjekts **108** 54 ff.; mehrere Mieter **108** 153 f.; **109** 36 ff., 67, 72, 83; **112** 26; Mieterschutz **111** 16 ff.; Mietrückstand **108** 87 f.; Mietvorauszahlung **108** 108, 129; **109** 35; **110** 12; **111** 16 ff.; Mitbewohner **108** 92 f.; Modernisierungsmaßnahmen **108** 100; Nebenkosten **108** 67 ff., 88, 90; **110** 23; **112** 22; Nebenpflichten **108** 98 ff., 142, 161; Neu-Masseverbindlichkeit **209** 30 ff.; Nutzungsentschädigung wegen Vorenthaltung der Mietsache **55** 16; **108** 123; Nutzungsentschädigung wegen Vorenthaltung des Mietobjekts **55** 141 f.; **108** 159, 169, 181; **110** 12; Optionsrecht **108** 84, 144; **110** 30; – über Räume **108** 39; Räumung **108** 116 ff., 121 f.; Räumungsschutz **108** 122; Rechtsmängelhaftung **108** 77; **109** 45; **111** 34; Rechtspacht **108** 41 ff.; Rückgabe der Mietsache **55** 140, 145; **108** 116 ff., 121, 167, 171 f., 176; Rückgabeverzug **108**

magere Zahlen = Randnummern

Mietforderung

123 ff.; Rücktritt **109** 63 ff.; **112** 16; Schadensersatz wegen Enthaftung der Masse **109** 60 ff.; Schadensersatz wegen Erfüllungsablehnung **108** 173, 177; Schadensersatz wegen vorzeitiger Vertragsbeendigung **41** 7; **55** 139; **109** 28 ff.; **111** 28 ff.; Schönheitsreparaturen **55** 143 f.; **108** 97, 127; **110** 4; Sonderkündigungsrecht **109** 20 ff.; **111** 13 ff.; Teilleistungen vor Verfahrenseröffnung **108** 149 ff.; Umsatzsteuer **InsolvenzStR** 193 ff.; – über unbewegliche Gegenstände **108** 36 ff.; Untermietvertrag **55** 152; **108** 26, 51, 78, 93; **109** 45; **110** 14; **112** 39; Unternehmenspacht **108** 18, 44; Veräußerung der Miet-/Pachtsache **55** 150; **108** 59; **111** 1 ff.; Verfahrenseröffnung nach Überlassung des Mietobjektes **109** 12 ff.; Verfahrenseröffnung vor Überlassung des Mietobjekts **108** 12, 64 ff., 156; **109** 63 ff.; **110** 1; **111** 35; **112** 11 ff.; Verlängerungsoption **109** 81; **111** 13; Vermietung unfertiger Gebäude **108** 66; Verschlechterung der Mietsache **108** 127 f.; Verschlechterung der Vermögensverhältnisse **112** 27 ff., 40 ff.; Vorausverfügung über Miete **110** 4 ff., 42 ff.; **111** 12; vorläufige Insolvenzverwaltung **22** 61; Vormiete **108** 27; Vorvertrag **108** 27; vorzeitige Beendigung **108** 128; vorzeitige Rückgabe **109** 19; Wahlrecht des Insolvenzverwalters **108** 131 ff.; Warenbezugsbindung **108** 101; Wasserversorgung **108** 60; Wegnahmerecht des Mieters **108** 115, 120; Werkdienstwohnung **108** 19; Werkmietwohnung **108** 19; Wohnraummiete **35** 462 f.; **108** 58 f., 86, 103, 109 ff., 121 f., 194; **109** 7, 49 ff.; **110** 6; **111** 21 ff., 26; **112** 3, 20, 24 f., 37; Wohnung des Schuldners **55** 147; **108** 40, 82, 91, 121 f., 194; Zahlungsverzug **112** 23 ff., 40 ff.; Zerstörung der Mietsache **108** 76; Zusatzpflichten **108** 101, 142; Zwischenvermietung **108** 88, 93, 117; **109** 46

Mietforderung, Absonderung **49** 26 ff.; Aufrechnung **96** 14; **110** 22 ff.; **111** 32; Sicherungsabtretung **51** 195 ff.

Mietrückstand 108 87 f.

MiFID 104 86, 134

Mindestbesteuerung InsolvenzStR 49 a, 88 a

Mitbestimmung im Unternehmensrecht 80 115

Mitbestimmungsrechte des Betriebsrats 80 126

Miteigentumsanteil 47 18; Aussonderung **47** 18, 43, 45 ff.

Mitglieder des Gläubigerausschusses, Abwahl **68** 15; Annahmeerklärung **67** 27; Auskunftsanspruch **69** 8; außenstehende Personen **67** 21; Beginn der Mitgliedschaft **67** 27; **68** 12; Ende der Mitgliedschaft **67** 28; Ersatzmitglieder **67** 25; gerichtliche Bestellung **68** 12; individuelle Beendigung der Mitgliedschaft **67** 28; **68** 13; Inkompatibilitäten **67** 22 ff.; juristische Person **67** 17 ff.; kollektive Beendigung der Mitgliedschaft **67** 28; **68** 13; persönliche Verhinderung **67** 19; persönliche Voraussetzungen **68** 16 f.; persönliche Wahrnehmung **67** 18; Rechtsstellung **68** 15; **69** 2, 6; Stellvertreter **67** 26; Überkreuzbesetzungen **68** 17; Verschwiegenheitspflicht **69** 7; Widerruf der Bestellung **68** 14

– **Entlassung 70** 5 ff., Abmahnung **70** 18, – von Amts wegen **70** 10 ff., Anhörung **70** 17, Antrag der Gläubigerversammlung **70** 13, Antragsrecht **70** 9, Eigenantrag **70** 5, 16, Niederlegung des Amtes **70** 16, Rechtsbehelfe **70** 20, Rechtsfolgen **70** 19 f.

– **Haftung 69** 18; **92** 7, Aktivlegitimation **71** 11 ff., Anspruchskonkurrenz **71** 21, Aufrechnung **71** 20, Haftung für Dritte **71** 17 f., Haftungsbeschränkung **71** 16, Haftungsmaßstab **71** 7, Kausalität und Zurechnung **71** 10, Passivlegitimation **71** 14 ff., Pflichtverletzung **71** 1, 5 f., Verjährung **71** 19

Mitgliedschaftsrecht 47 30; **Anh. 315** 19 ff.

Mitgliedsrechte in der Gesellschaft 38 54 ff.

Mitschuldner 254 25, 28, 31 f.; Restschuldbefreiungsverfahren **286** 67; **301** 27; Rückgriffsansprüche **301** 34

Mitteilungen in Zivilsachen (MiZi) 30 14 ff.

Mitteilungspflicht des Insolvenzgerichts bei Verfahrensereignissen **30–33**

Mittel zur Lebensführung des Schuldners 278 1 ff.; Anspruchsberechtigte **278** 15 f.; bescheidene Lebensführung **278** 9 ff.; zu versorgender Personenkreis **278** 17; Rechtsfolgen unzulässiger Entnahmen **278** 18 f.

Mittelbare Stellvertretung 47 286

Mitwirkungspflicht aller Beteiligten im Eröffnungsverfahren **13** 83; **15** 69 f., 77; **16** 36

Mitwirkungspflichten des Schuldners **1** 130 ff.; **20** 1 ff.; **Vor 97–102** 1 ff.; Auflagen des Gerichts **20** 36, 50, 88; **27–29** 110; **34** 29; ausgeschiedene organschaftliche Vertreter **101** 25; Bereitschaftspflicht **97** 35; – bei Eigenverwaltung **97** 42; Ermessen des Insolvenzverwalters **97** 34; – im Eröffnungsverfahren **16** 36; **20** 1 ff., 39 ff.; **22** 171 f.; **97** 41; **98** 38; Mitarbeit **1** 133; **22** 174; **97** 33; organschaftliche Vertreter **1** 131 ff.; **101** 13 ff.; – im Restschuldbefreiungsverfahren **97** 44; Umfang **22** 181; **97** 30 ff.; Unterlassungspflichten **97** 40; – im Verbraucherinsolvenzverfahren **97** 44; **98** 39; – im vereinfachten Insolvenzverfahren **97** 43; verfassungsrechtliche Bedenken **Einl** 91; Vergütung/Auslagenersatz **100** 8 f., 14; Verletzung **290** 70 ff.; verpflichtete Personen **22** 173; Verweigerung der Mitwirkung **98** 18 f.

– **Durchsetzung 1** 134, Anhörung des Schuldners **98** 22, Ermessen des Gerichts **98** 23, organschaftliche Vertreter **101** 21, Rechtskraft **98** 36, Vorführung/Verhaftung **22** 175, 177,

1853

Mobiliarsicherheit   Fette Zahlen = §§

181; **98** 25 ff., Zwangsmittel bei Eigenantrag **98** 37
Mobiliarsicherheit, Auskunftspflicht des Insolvenzverwalters **167** 1 ff.; Eintrittsrecht des Gläubigers **168** 37 ff.; Erlösverteilung **170** 1 ff.; **171** 1 ff.; Finanzsicherheiten **166** 55 ff.; Hinweis des Absonderungsgläubigers auf günstigere Verwertungsmöglichkeit **168** 19, 24 ff.; Mitteilung der Veräußerungsabsicht durch Insolvenzverwalter **168** 1 ff.; Mitteilungspflicht der Gläubiger **27–29** 56 ff.; Nachteilsausgleich bei Nichtwahrnehmung günstigerer Verwertungsmöglichkeit durch Insolvenzverwalter **168** 34 f.; Nutzungsrecht des Insolvenzverwalters **172** 1 ff.; Schutz des Absonderungsgläubigers vor Verzögerung der Verwertung **169** 1 ff.; Selbstverwertungsrecht des Sicherungsnehmers **173** 1 ff.; Separierung des Verwertungserlös **170** 38; Umsatzsteuer bei Verwertung **170** 13, 25 f.; **171** 6, 39 ff.; **220** 35; **InsolvenzStR** 156 ff.; Unterlaufen der Verwertungsbefugnis des Insolvenzverwalters **166** 18 ff.; Verarbeitung durch den Insolvenzverwalter **172** 38, 46; Veräußerung von Gesamtheiten **168** 36; Verbindung durch den Insolvenzverwalter **172** 38 ff.; Vermischung durch den Insolvenzverwalter **172** 38, 41 ff.; Verwertung **Vor 166–173** 22 ff.; **166** 1 ff.; **InsolvenzStR** 180 a ff.; Verwertungsrecht des Insolvenzverwalters **Vor 166–173** 32; **166** 1 ff.; **173** 7; Verzicht des Insolvenzverwalters auf Verwertungsbefugnis **170** 21
Mündliche Verhandlung, freigestellte – **5** 65 ff.
Mündlichkeit Einl 53 ff., 87

Nacherbe 83 24 f.; Anwartschaftsrecht **83** 17; Stellung des Nacherben bei Eintritt des Nacherbfalls während des Verfahrens **329** 3; Stellung des Nacherben bei Eröffnung des Verfahrens gegenüber dem Nacherben **329** 4; Stellung des Nacherben bei Verkauf der Nacherbenanwartschaft vor Eröffnung des Verfahrens **329** 2
Nacherbfolge 83 1, 17, 20, 22 f.; **329** 1 ff.
Nachforderungsprinzip Einl 70
Nachgesellschaft, Antragspflicht **15** 118; Antragsrecht **15** 33
Nachlass, Insolvenzfähigkeit **11** 64 f.
Nachlassgläubiger 83 5, 7, 22
Nachlassinsolvenzmasse Anh. 315 8 ff.; Ausschlagungsrecht **Anh. 315** 26; Eigenvermögen des Erben **Anh. 315** 9; Einfluss der Erbenhaftung **Anh. 315** 36; Firma **Anh. 315** 15; Gesamtgut der Gütergemeinschaft **Anh. 315** 12 f.; Handelsgeschäft des Erblassers **Anh. 315** 15 ff.; keine Identität zwischen Nachlass und Masse **Anh. 315** 29 f.; Kommanditanteil **Anh. 315** 25; Lebensversicherungssumme **Anh. 315** 35; Mitglied in Personengesellschaft **Anh. 315** 19 ff.; Mitgliedschaft in OHG **Anh. 315** 23 ff.; Pflichtteilsansprüche **Anh. 315** 27; Praxis eines Freiberuflers **Anh. 315** 28; Umfang der Masse **Anh. 315** 9; unpfändbare Gegenstände **Anh. 315** 10; Urheberrecht **Anh. 315** 14; Vermächtnisforderung **Anh. 315** 26; Zugewinnansprüche **Anh. 315** 27
Nachlassinsolvenzverfahren 11 64 f.; **37** 19, 46; **40** 21; **53** 28; **83** 6 f., 10, 18; **106** 17; **333** 7, 22; **InsolvenzStR** 35; – vor Annahme der Erbschaft **316** 2; Antragsfrist **317** 10; **319** 2 ff.; **330** 6; Antragsverpflichtung **317** 7; **330** 4; Arrest **321** 7; Aufnahme von Rechtsstreitigkeiten **325** 10; Aufrechnung **94** 11 f.; **Anh. 315** 32; **322** 3; **323** 3 f.; **324** 14; **326** 7; **327** 2; Aufwendungen des Erben, des vorläufigen Erben, des Nachlasspflegers und des Testamentsvollstreckers **324** 3, 12; Aufwendungsersatzanspruch des Erben **323** 1 ff.; **324** 3; Ausfallforderungen **331** 1 ff.; Ausfallhaftung **325** 12; **326** 7; **331** 1, 3, 6; Auskunfts- und Mitwirkungspflichten **20** 66; Ausschlagungsrecht im – **Anh. 315** 26; Beerdigungskosten **324** 4 ff.; Begriff **Vor 315** 1; Begründung von Nachlasserbenschulden durch vorläufigen Erben **325** 8 f.; Bereicherungsanspruch der Masse gegen den Erben **321** 5; Beschwerderecht **34** 4, 44, 57; Eigenantrag **13** 73, 113; Eigenschulden des Erben **325** 1, 7; Eigenvermögen des Erben **Vor 315** 3; **Anh. 315** 9, 15; Eigenverwaltung **Vor 270–285** 27 a; **Vor 315** 9; einstweilige Verfügung **321** 7; Erbenansprüche im – **326** 2 f.; Erbenbegriff des – **Anh. 315** 2; Erbeninsolvenz **43** 43; **52** 45; **331** 1 ff.; Erbeninsolvenz und Nachlassverwaltung **331** 4; Erbersatzansprüche als Erbfallschuld **325** 4; Erbersatzberechtigte **327** 7; Erbfähigkeit und Insolvenzfähigkeit **Anh. 315** 2; Erbfallschulden **325** 4 ff.; Erblasserschulden **325** 3; Erbteilskauf **330** 7; Erbverzicht **Anh. 315** 26; Erfüllung von Nachlassverbindlichkeiten durch Erben **326** 5; Erfüllung von Pflichtteilsansprüchen, Vermächtnissen und Auflagen **322** 1 ff.; Eröffnungsformel **317** 11[50]; Eröffnungsgründe **16** 1; **320** 2 ff.; Eröffnungsverfahren **317** 8 ff.; Fortführung des Handelsgeschäfts des Erblassers durch Miterben **Anh. 315** 17; Geltendmachung von Nachlassverbindlichkeiten außerhalb des -s **325** 10; Gesamtgut **331** 6; Gesamtinsolvenz des Erben **331** 7 f.; Geschäftsführungskosten des Nachlasspflegers, -verwalters, Testamentvollstreckers, Vorerben und vorläufigen Erben **324** 12; **325** 6; Geschäftsschulden des Erben, Vorerben, vorläufigen Erben, Testamentvollstreckers **325** 9; Glaubhaftmachung des Eröffnungsgrundes **320** 7; Grundbuchvermerk **32–33** 13; Insolvenzanfechtung **129–147** 100; **134** 4, 39; **322** 5 ff.; **328** 2 f.; Insolvenzkostenhilfe **317** 12; Insolvenzplan(verfahren) **218** 83 ff.; **Vor 315** 10;

317 4; Konfusion/Konsolidation **Anh. 315** 30; 326 2; 328 4; 329 2; Konvaleszenz **Anh. 315** 31; Kosten der Rechtsverfolgung und der Teilnahme am Verfahren 327 1 f.; Kosten der Todeserklärung 324 7; Kosten von Rechtsstreitigkeiten 324 10; 325 8; 327 3; Kündigung des Mietverhältnisses 109 47; Masseunzulänglichkeit 208 72; 324 13; Miterben **Anh. 315** 5; 317 11; Miterbenanteil 316 5; Miterbengemeinschaft 316 6; Nachlass als Gegenstand des -s **Anh. 315** 7, 9; Nachlasserbenschulden 324 3, 6; 325 8; 331 5; Nachlassforderungen gegen den Erben im – 326 4; Nachlassgläubiger und Gesamtinsolvenz 331 3, 7; Nachlassinsolvenzmasse **Anh. 315** 8 ff.; Nachlassverbindlichkeiten 325 1 ff.; 331 7; Nachlassverwalter s. dort; nachrangige Verbindlichkeiten im – 39 20; 246 10; 327 1 ff.; Nebenfolgen einer Straftat oder Ordnungswidrigkeit 327 2 f.; öffentlich-rechtliche Verbindlichkeiten 325 13; Ordnungs- und Zwangsgeld 327 2 f.; Planvorlage durch Miterben 218 83 ff.; **Vor 315** 10; **Anh. 315** 5; Prozesskostenhilfe 324 15; rechtliches Gehör 14 115; Rechtsgeschäfte unter Lebenden auf den Todesfall **Anh. 315** 33 ff.; Rechtsmittel 317 11; Rechtsstellung der Massegläubiger des § 324 InsO 324 14 f.; Rechtsübergang nach Erfüllung von Nachlassverbindlichkeiten 326 5 ff.; Restschuldbefreiung 299 16; 303 34 a; **Vor 315** 6 f.; Restschuldbefreiung bei Gesamtinsolvenz 331 7; Rückgewähranspruch nach Anfechtung im – 322 2 ff.; Rückgewährpflicht bezüglich erfüllter Erbersatzansprüche 322 2; Schenkungsversprechen des Erblassers 327 1, 3 f.; Schenkungsversprechen des Nachlasspflegers 325 6; Schuldner des – **Anh. 315** 1, 3 f., 6; 316 2; 317 11 f.; 329 2 ff.; 330 4; 331 2; Sozialplangläubiger im – 324 2, 13; Surrogation **Anh. 315** 9, 30; 323 2; – nach Teilung 316 4; Testamentsvollstrecker **Anh. 315** 37; 317 4, 11; 323 2; 324 12; 325 9; Todeserklärung **Vor 315** 8; Unterhaltsansprüche des Erben 324 2, 13; Unwirksamkeit des Eröffnungsbeschlusses 320 8; kein Verfahren über Erbteil 316 5; Verlust des Antragsrechts 317 11; Vermächtnis **Vor 315** 3; 322 2 ff.; 327 6; Verpflichtung zur Rückgewähr von Leistungen auf Auflagen im Verfahren 322 2 ff.; Vollstreckung aus dem Plan 257 12; Vor- und Nacherbschaft 319 3; durch den Vorerben begründete Nachlassverbindlichkeiten 325 6, 8; vorläufiger Erbe 317 2; 323 2; 325 8 f.; Wohngeldkosten 325 7; Zugewinnausgleich im – **Anh. 315** 27; 327 5; Zulässigkeit der Eröffnung 316 1 ff.; Zurückbehaltungsrecht des Erben 323 2; Zurücksetzung von Vermächtnisnehmern im Verfahren bei Rückgewähr von Leistungen 328 2 f.; Zuständigkeit, allgemeiner Gerichtsstand des 3 18;

maßgeblicher Zeitpunkt 3 5; Zwangsvollstreckung in Eigenvermögen des Erben 325 11 f.; Zwangsvollstreckung nach Erbfall 321 1 ff.; 322 3; s. auch Erbschaftskäufer, Erbschaftskauf, Nacherbe, Vorerbe

– **Antragsrecht** 317 1 ff.; 318 1 ff., Erbe 317 2, 8, Erbe gegenüber dem Erbschaftskäufer 330 6 f., Erbschaftskäufer 330 4, beim Gesamtgut 318 1 ff., – des Insolvenzverwalters bei Gesamtinsolvenz des Erben 331 7, Miterbe 317 3, Nachlassgläubiger 317 5, 10; 319 1 ff., Nachlasspfleger, -verwalter und Testamentsvollstrecker 317 4, 9
– **Auflagenbegünstigte** 327 6, Ansprüche bei Tod des Schuldners im Regelinsolvenzverfahren? **Vor 315** 3, Zurücksetzung von -n im Verfahren bei Rückgewähr von Leistungen 328 2 f.
– **Haftung des Erben** 316 3, – bei Aufhebung des Eröffnungsbeschlusses **Vor 315** 12, – nach Beendigung des Verfahrens durch Insolvenzplan **Vor 315** 15, – wegen Dürftigkeit **Vor 315** 13, – bei Einstellung wegen fehlendem Eröffnungsgrund **Vor 315** 13, – wegen Gantverzicht **Vor 315** 13, – wegen Masseunzulänglichkeit **Vor 315** 13, – nach Schlussverteilung **Vor 315** 14, – während des Verfahrens 325 11 ff., – nach Verfahrensbeendigung **Vor 315** 11 ff.
– **Masseverbindlichkeiten** 324 2 ff., Aufrechnung 323 4, Aufwendungsersatzanspruch des Erben 324 3, Beerdigungskosten 324 4 ff., Geschäftsführungskosten des Nachlasspflegers, -verwalters, Testamentsvollstreckers und vorläufigen Erben 324 12, Kosten der Eröffnung einer Verfügung von Todes wegen 324 8, Kosten der gerichtlichen Sicherung des Nachlasses 324 8, Kosten der Inventarerrichtung und des Aufgebots der Nachlassgläubiger 324 8, Kosten der Nachlasspflegschaft und der Nachlassverwaltung 324 8, Kosten der Todeserklärung 324 7, Verbindlichkeiten aus den von einem Nachlasspfleger oder einem Testamentsvollstrecker vorgenommenen Rechtsgeschäft 324 10
– **Pflichtteilsansprüche im –** 327 5, Antragsberechtigung der Pflichtteilsberechtigten 317 5, – als Erbfallschuld 325 4, – im Insolvenzplan **Vor 315** 15, – und Massezugehörigkeit **Anh. 315** 27, Tod des Schuldners im Regelinsolvenzverfahren **Vor 315** 3, Verpflichtung zur Rückgewähr von Leistungen auf Pflichtteilsansprüche im Verfahren 322 2 ff., Zurücksetzung von Pflichtteilsberechtigten im Verfahren bei Rückgewähr von Leistungen 328 2 f.
– **Zuständigkeit,** allgemeiner Gerichtsstand des Erblassers 315 5, – bei Anstalts- oder Heimunterbringung 315 6, – bei ausländischer Staatsangehörigkeit des Erblassers 315 8, EuInsVO 315 9, örtliche – 3 18; 315 1 ff., –

Nachlasspfleger

bei selbständig wirtschaftlicher Tätigkeit des Erblassers **315** 2, Tätigkeitsmittelpunkt und Wohnsitz im Ausland **315** 8, – bei Vermögen im Inland **315** 8, – bei Verwaltung eigenen Vermögens **315** 4

Nachlasspfleger Vor 315 3; Aufwendungen des -s **324** 8; Bestellung im Verfahren vor Annahme der Erbschaft **316** 2; Bestellung zum Insolvenzverwalter **Anh. 315** 37; Vergütungsansprüche **324** 8; kein Zurückbehaltungsrecht wegen seiner Aufwendungen **323** 2

Nachlassverbindlichkeit 83 18, 21; **325** 1 ff.; **331** 7

Nachlassverwalter, Antragspflicht **317** 7; Aufwendungen **324** 8; Beschwerdeberechtigung **317** 11; Bestellung zum Insolvenzverwalter **Anh. 315** 37; Ersatzpflicht bei Verletzung der Antragspflicht **317** 7; Insolvenz **103** 112; Vergütungsanspruch **324** 8; kein Zurückbehaltungsrecht wegen seiner Aufwendungen **322** 2; s. auch Nachlassinsolvenzverfahren

Nachlassverwaltung 83 6 f.

Nachrangige Insolvenzgläubiger 266 11, 19; – bei Anfechtung **130** 17; Forderung auf Rückgewähr des kapitalersetzenden Darlehens und entsprechender Leistungen **39** 31 ff.; **246** 33 ff.; Forderung auf unentgeltliche Leistung **39** 21 ff.; **246** 24 ff.; Geldstrafen **39** 19 f.; **246** 22; Nachlassinsolvenzverfahren **39** 20; **246** 10; **327** 1 ff.; Rangrücktrittsvereinbarung **39** 45 ff.; **246** 7 ff.; Rechtsstellung **39** 7 f.; Rechtsverfolgungskosten **39** 17 f.; Säumniszuschläge **39** 16 a; Stimmrecht **237, 238** 10; Zinsen/Kosten **39** 48; **246** 11 ff.; Zinsforderung **39** 11 ff.

– im Insolvenzplanverfahren **217** 61; **220** 55; **221** 77; **222** 59 ff., 67; **225** 1 ff.; **246** 1 ff., Forderungserlass **225** 13, Forderungsverzicht **225** 15, Haftung des Schuldners **225** 18, Kürzung der Forderungen **225** 15, Sicherung der Forderungen **225** 15, Stundung der Forderungen **225** 15

Nachteilsausgleich 55 176 ff.; **121, 122** 21 ff.; Anrechnung auf Sozialplanforderung **121, 122** 27; Funktion **121, 122** 25

Nachteilsausgleich bei Verzögerung der Verwertung von Absonderungsgut 53 29; **169** 20 ff.; Ausnahmen von der Verzinsungspflicht **169** 40; Höhe des Zinszahlungsanspruchs **169** 28 ff.; Sicherungsabtretung **169** 24; Sicherungsübereignung **169** 24; verschuldensunabhängige Haftung **169** 23

Nachtragsliquidator für Schuldner **13** 84; **14** 117

Nachtragsverteilung 26 54; **35** 66; **200** 28, 40; **203** 7 ff.; **294** 9; ablehnende Entscheidung **204** 2 ff.; – auf Grund von Anfechtung **129** 211; – zwecks Anfechtung **129** 213; Anordnung **203** 7, 10 f.; Beträge/Gegenstände **203** 12 ff.; – nach Einstellung bei Anzeige der Masseunzulänglichkeit **203** 29; **208** 56; **211** 19 ff.; – nach Einstellung mangels Masse **203** 29; **207** 87; Freigabe **203** 16; Geringfügigkeit/geringer Wert **203** 25; Grundbuchvermerk **32–33** 11, 79; Insolvenzanfechtung **203** 17; Insolvenzbeschlag **203** 19 ff.; – durch Insolvenzverwalter **203** 22 ff.; **205** 6 ff.; Kosten **203** 27; nachträglich ermittelte Massegegenstände **203** 15 ff.; Rechnungslegung **205** 10; Schlussverzeichnis **205** 3 ff.; stattgebende Entscheidung **204** 5 ff.; Umsatzsteuer **InsolvenzStR** 200 f.; Vollzug der – **205** 1 ff.; zurückbehaltene Beträge **203** 13; zurückfließende Beträge **203** 14

Nahestehende Person, – bei Anfechtung **130** 66 f.; **131** 64; **132** 32; **133** 40 ff.; **136** 1; **138** 1 ff.; **143** 112; **145** 2, 28, 41; **162** 7

Nämlichkeitsnachweis 171 16

Naturalleistung 45 7

Nebenintervention 4 14; **53** 17; **80** 82

Negativerklärung 47 353

Netting 104 13, 32 f., 137, 149 ff.; – in der Insolvenz **104** 163 ff.

Netting-Vereinbarung 340 5 f.

Neuerwerb 35 43 ff.; **InsolvenzStR** 8; Abführungspflicht des Schuldners **35** 47; – nach Abschluss des Insolvenzverfahrens **35** 66 ff.; Abzug beruflich bedingter Ausgaben **35** 47; **36** 40; Deliktsanspruch **35** 51; Einkünfte aus selbständiger Tätigkeit **35** 47; **36** 40; Erbschaft **35** 48; – während des Insolvenzverfahrens **35** 45 ff.; Lottogewinn **35** 48; Massesurrogation **35** 55 ff.; Nachtragsverteilung **35** 66; Rechtserwerb auf Grund Vertrag **35** 45 ff.; – und Restschuldbefreiung **35** 44; Schenkung **35** 48; Sukzessivlieferungsvertrag **35** 70; unterlassener Erwerb **35** 54; Verbindung/Vermischung **35** 57; Zeitpunkt **35** 71

Neugläubiger 35 59 ff.

Neumasseverbindlichkeit 53 72 ff.; **209** 12, 20 f.; **210** 6, 19 ff.

Nichteheliche Lebensgemeinschaft, Eigentumsvermutung **37** 10

Nichtiger Vertrag 103 86, 89

Niederlande, Länderbericht **Niederlande**

Niederlegung, Verzeichnisse **154** 1 ff.

Nießbrauch 35 173, 449 ff.; **47** 328; **49** 75; **80** 52; **108** 15, 41

Norwegen, Länderbericht **Norwegen**

Notar, Anfechtung seiner Tätigkeit **129** 47; berufsrechtliche Auswirkungen einer Insolvenz **80** 15; Entbindung von der Schweigepflicht **5** 30 a; Vergütung **5 InsVV** 8; Verschwiegenheitspflicht **97** 15, 28

Notarielle Amtsgeschäfte, Insolvenzanfechtung **Vor 129–147** 96 ff.

Notvorstand/Notgeschäftsführer für Schuldner **13** 85; **14** 117

Novation 254 12

Novations-Netting 104 151

magere Zahlen = Randnummern

Novationsvertrag 340 5
Null-Plan 217 128; **305** 19, 61 ff., 92; **306** 12; **309** 20 ff.; **311** 14; „Fast-Null-Plan" **305** 61; „flexibler Null-Plan" **305** 61; Zulässigkeit **305** 64 ff., 78; Zustimmung der Gläubiger **305** 71 ff.; Zustimmungsersetzung **304** 77; **305** 74
Nutzungsrecht 36 57 b; – nach HöfeO 35 460

Obliegenheiten des Schuldners 295 9 f., 11 ff.; Ablehnung zumutbarer Tätigkeit 295 39; Anzeige Adressenwechsel 295 78; Anzeige des Wohnsitzwechsels 295 71, 75 ff.; Anzeige Wechsel der Beschäftigungsstelle 295 79 ff.; Auskunft des Schuldners 295 86 ff.; Auskünfte gegenüber Treuhänder/Insolvenzgericht 295 70 ff.; best effort-Prinzip 295 36; eidesstattliche Versicherung 296 26 f.; Erstreckung der Obliegenheiten 295 12; Fortsetzung eines begonnenen Studiums 295 20; Gleichbehandlung aller Gläubiger 295 93 ff.; Herausgabepflicht bei erbrechtlichem Erwerb 295 49 ff.; Information über einen in Aussicht stehenden Erwerb von Todes wegen 295 69; Kinderbetreuung 295 46 ff.; materielle – 295 11; Selbständige 295 99 ff.; keine Verheimlichung 295 82 ff.; Wesentlichkeitsgrenze 295 7; Zeitraum 295 11 f.; zusätzliche (Neben-)Beschäftigung 295 80

– **Auskunft,** Auskunftsbegehren des Treuhänders 295 86, Bewerbungsschreiben 295 89, – über Bezüge 295 91, Bezügerechnungen 295 89, Erwerbstätigkeit 295 90, Form 295 89, Frist zur – 295 87, Umfang 295 88, – über Vermögen 295 92

– **Erwerbstätigkeit** 295 13 ff., Anfechtung des Arbeitsvertrags 295 22, angemessene – 295 15 ff., 35, Arbeitslosigkeit 295 14, 35 ff., Aufhebungsvertrag 295 23, Beendigung 295 20, befristetes Arbeitsverhältnis 295 21, Fort- und Weiterbildungsmaßnahmen 295 47, Kündigung 295 24 ff., Mehrarbeit durch Überstunden 295 29, Teilzeitbeschäftigung 295 34, 46, Übernahme einer anderen Erwerbstätigkeit 295 30 ff., zumutbare Tätigkeit 295 41 ff.

– **Selbstständige,** fiktives Gesamteinkommen 295 108, 110 f., Minderleistungen 295 112, Überschuss 295 109, Zahlungstermine 295 112

Obliegenheitsverletzung 295 13 ff., 48, 113; **300** 20 f.; Beeinträchtigung der Gläubigerbefriedigung 296 14 f.; **303** 15; Beweislast 303 17; erhebliche Beeinträchtigung der Gläubigerbefriedigung 303 5; Hinweispflicht 295 8; Verschulden 296 16 f.; **303** 16; Widerruf der Restschuldbefreiung 303 12 ff.

Obstruktionsverbot 1 66; 245 1 ff.; **309** 4; **InsolvenzStR** 240; „absolute priority rule" 245 42 ff., 88 ff.; 92 ff.; allowed amount 245 38; angemessene Beteiligung 245 12 ff., 37 ff.,

Novationsvertrag

69 ff.; Äquivalenzprobleme 245 54 ff.; „best interests test" 245 32; cram down-Regelung 245 31 ff., 81, 91; Gleichbehandlungsprinzip 245 18; impaired classes 245 33; Klassenbildung 245 35; me-first-Klausel 245 15; Mehrwert 245 15, 49, 74 ff.; „new value exception" 245 79, 82; „refiling rate" 245 67; Schlechterstellung 245 48 ff.; single-asset-case 245 81; Struktur 245 8 ff.; unbillige Diskriminierung 245 46

Oder-Konto 47 406; **84** 6

Offene Handelsgesellschaft 11 42 ff.; **35** 191 ff.; Antragspflicht 15 92 f.; Antragsrecht 15 34; Auseinandersetzung 84 8; Eröffnung des Insolvenzverfahrens 118 6; Geschäftsführungsbefugnis nach Auflösung 118 9 ff.; Gesellschaftsanteil 84 8; Insolvenz der Gesellschaft 35 196; Insolvenz von Gesellschaft und Gesellschafter 35 197 ff.; Insolvenzfähigkeit 11 42; Recht auf Gewinnanteile 35 193; Tod eines Gesellschafters **Anh.** 315 23 f.; Verbraucherinsolvenzverfahren 304 64; Zuständigkeit des Insolvenzgerichts 3 19; s. auch Gesellschaft ohne Rechtspersönlichkeit

Öffentliche Bekanntmachung, Anordnung 9 9; Anwendungsbereich 9 7 ff.; Art 9 10 ff.; Aufhebungsbeschluss **200** 12 ff.; **258** 17; – des ausländischen Insolvenzverfahrens auf Antrag 345 5 ff.; – des ausländischen Insolvenzverfahrens von Amts wegen 345 14 ff.; ausländisches Insolvenzverfahren 30 9, 19 ff.; **345** 1 ff.; **Art 102 § 5 EGInsO** 3 ff.; **21 EuInsVO** 3 ff.; Bundesanzeiger (Übergangsregelung) **359** 47 ff.; Eigenverwaltung **271** 29; **272** 37; **273** 1 ff.; Einstellungsantrag 214 4; Einstellungsbeschluss **215** 4 ff.; Freigabe 35 4, 77; Funktion 9 5 ff.; Inhalt 9 17 ff.; – im Insolvenzplanverfahren **263** 12; **267** 1 ff.; **268** 12; Internet 9 4 b, 10 f.; Kosten der Veröffentlichung 9 30; Publizitätswirkung 9 25 ff.; Regelungsermächtigung 9 13; – im Restschuldbefreiungsverfahren **290** 93; **291** 26 f.; **296** 36; **297** 20 f.; **298** 23; **300** 32; **303** 34; Verordnung zu öffentlichen Bekanntmachungen in Insolvenzverfahren 9 14; weitere und wiederholte Veröffentlichungen 9 15 ff.; Wirksamkeit 9 20 ff.; Wirkung 9 23 ff.; Zustellungswirkung 9 23 f.

– **Verfügungsbeschränkungen** 21 36; **23** 1, 7 ff., Anwendungsbereich 23 9 ff., Aufhebung 25 28, Ermessen 23 9 ff., Funktion 23 7, 9, Umfang der Veröffentlichung 23 15, Veröffentlichungspflicht 23 9 ff.

Öffentliche Lasten 55 74 f.
Öffentlichkeit Einl 56 ff., 87
Öffentlich-rechtliche Forderungen, internationales Insolvenzrecht 39 EuInsVO 6 f.
Ökonomische Theorie des Insolvenzrechts Vor 217–269 21 ff.; 221 103 f.
Option 104 71 ff.

1857

Orderpapier

Orderpapier 47 18
Ordnungsmittel, Rechtsmittel 6 68 f.
Ordnungsrecht 80 136 ff.; Umweltaltlast s. dort
Ordre public 16 EuInsVO 14; anerkennungsrechtlicher – 26 EuInsVO 4 ff.; materiellrechtlicher – 26 EuInsVO 11, 15 f.; verfahrensrechtlicher – 26 EuInsVO 8 ff.
Organisierter Markt 340 3
Organschaft, körperschaftliche – **InsolvenzStR** 88 b ff.; Organgesellschaft **InsolvenzStR** 88 d, 191 a; Organträger **InsolvenzStR** 88 c, 191 b f.; umsatzsteuerliche – **InsolvenzStR** 191 ff.
Organschaftlicher Vertreter, Anhörung zum Eröffnungsantrag 14 111 ff.; 15 74 ff.; Antragspflicht 15 91 ff., 98 ff.; Antragsrecht 15 10 ff.; Auskunfts- und Mitwirkungspflichten 1 131 ff.; 20 60 ff.; 97 24; 101 13 ff.; Ausscheiden aus dem Amt 13 153; 15 10, 15, 57, 59, 61 f., 99, 102 ff.; 34 45; Einflussnahme von Anteilsinhabern oder Gremien auf Antragstellung 15 54 ff.; fehlerhafte Bestellung 15 65 ff.; Früherkennungssystem 15 107; insolvenzverfahrensrechtliche Pflichten 101 13 ff., 22 ff.; Insolvenzverschleppung s. dort; interne Meinungsverschiedenheiten 15 74 ff., 81 ff.; 34 44, 56 ff.; Nachtragsliquidator s. dort; Notvorstand/Notgeschäftsführer 13 85; 14 117; Organisationspflichten 14 111; 15 107, 123; 20 37; Pflichten in der Krise 15 91 ff., 106 ff.; Rücknahme des Eigenantrags durch anderen Antragsberechtigten 15 5, 81 ff.; 34 4; s. auch Eigenantrag, Eröffnungsantrag, faktischer Geschäftsführer, Verfahrenspfleger
Österreich 286 12; Länderbericht **Österreich**

Pachtforderung, Sicherungsabtretung 51 195 ff.
Pachtvertrag s. Miet- und Pachtverhältnis
Parallelanträge gegen den selben Schuldner 13 8, 169; 14 139; 16 20; 27–29 13; 34 122 f.
Parteidisposition Einl 47 ff., 81 ff.
Parteifähigkeit, Anwendbarkeit der ZPO-Regeln 4 45; internationales Insolvenzrecht 335 31 ff.; – der Verfahrensbeteiligten 4 45
Partenreederei 84 19; Antragsrecht 15 41; Insolvenzfähigkeit 11 63; keine Antragspflicht 15 95; s. auch Gesellschaft ohne Rechtspersönlichkeit, organschaftlicher Vertreter
Partiarischer Vertrag 108 24
Partikularverfahren 11 71 b; 31 30, 37; 34 66, 117; Vor 335 ff. 56 ff.; 354 1 ff.; 3 EuInsVO 76 ff.; 27 EuInsVO 2; 36 EuInsVO 2; Antragsbefugnis 354 34 ff.; Antragsrecht 3 EuInsVO 77; 29 EuInsVO 9; Eröffnungsantrag 13 25, 45, 68, 69; 14 70; 15 115; Eröffnungsbeschluss 27–29 9, 28, 115, 135; Eröffnungsgründe 354 24 ff.; Insolvenzgrund 3 EuInsVO 78; Insolvenzmasse 354 31; Insolvenzplan(verfahren) Vor 217–269 39; 355 8 f.; internationale Zuständigkeit 354 6 ff.; 3 EuInsVO 71; Konzerninsolvenz **KonzernInsO** 26 f.; Regelanknüpfung 28 EuInsVO 11; Restschuldbefreiung Vor 286–303 113; 355 4 ff.; Umwandlung in Hauptverfahren 36 EuInsVO 2
Partnerschaftsgesellschaft 84 10; Antragsrecht 15 40; Auflösung 11 59; Eröffnung des Insolvenzverfahrens 118 7; Haftung 11 58; Insolvenzfähigkeit 11 57; keine Antragspflicht 15 95; Zuständigkeit des Insolvenzgerichts 3 19; s. auch Gesellschaft ohne Rechtspersönlichkeit, organschaftlicher Vertreter
Partnerschaftsregister s. Register
Passivprozess s. Aufnahme eines unterbrochenen Prozesses
Passivprozess zur Teilungsmasse 86 1
Patent 35 296 ff.; 80 52; 160 24; Anfechtung 129 97; Geheimpatent 35 306; internationales Insolvenzrecht 351 14; Recht auf das Patent 35 301 ff.; Recht aus dem Patent 35 300; Vorbenutzungsrechte 35 307 ff.; s. auch Deutsches Patent- und Markenamt
Patentlizenz 47 339
Patronatserklärung 35 403 ff.; 254 28; Insolvenz des Hauptschuldners 43 8; Insolvenz des „Patrons" 41 39; 43 12
Pensionsgeschäft 340 4, 8
Pensions-Sicherungs-Verein aG Vor 113–128 31; 222 139 ff.; Beschwerderecht 34 46, 62; Eröffnungsantrag 13 52
Personengesellschaft InsolvenzStR 2, 15, 24 d, 24 j, 26 a, 62 ff., 69 f., 105 f., 109, 111, 114, 222, 351, 353 f., 356; Umsatzsteuer **InsolvenzStR** 192
Persönlichkeitsrecht 47 339; 82 4; Anfechtung 129 88 ff.
Pfandbriefgläubiger 27–29 103 f., s. auch Sonderinsolvenzverfahren
Pfandrecht 35 142; Vor 49–52 16; 91 38 ff.; Pfändungspfandrecht s. dort; Regressanspruch 44 9
– **gesetzliches –,** Anfechtbarkeit 140 16, – des Begünstigten bei der Hinterlegung 50 107, Erlöschen 50 95 ff., Frachtführer 50 112 ff., Gastwirt 50 104, gutgläubiger Erwerb 50 117 f., Haftpflichtgläubiger 50 115, Inventarpächter 50 103, Kommissionär 50 108 f., Kongruenz 131 24, Lagerhalter 50 111, Rangordnung 50 81, 119 ff., Schiffsgläubiger 50 113, Spediteur 50 110, Vermieter 50 84 ff.; 91 63 f.; 111 10, Verpächter 50 84 ff., Werkunternehmer 50 105 f., 117 f.; 91 63
– **Vertragspfandrecht** 50 4 ff.; 91 38 f., AGB-Pfandrecht Vor 49–52 78; 50 5, 14, 43 ff., Bestellung 50 27 ff., – an beweglichen Sachen 50 7 ff., 28 ff., – an erbrechtlichen Positionen 50 26, Erlöschen 50 59 ff., – an Forderungen 50 16 ff., – an Gesellschaftsanteilen 50 22 ff., – an gewerblichen Schutzrechten 50 25, gut-

Pfändung

gläubiger Erwerb **50** 34, 42, Inventarpfandrecht **50** 48, Konsolidation **50** 64, Kontosperre **50** 51 f., Pfandrechte nach §§ 448 f. ZGB **50** 49 f., Rangordnung **Vor 49–52** 73 ff.; **50** 53 ff., 81, – an Rechten **50** 35 ff., Rückgabe der Pfandsache **50** 63, Übergang **50** 58, 60, 64, Umfang der Haftung **50** 26 a, Untergang des Pfandgegenstandes **50** 62, Verzicht **50** 65, Wegfall der gesicherten Forderung **50** 59 ff., – an Wertpapieren **50** 19 ff.

Pfändung, Gläubigerbenachteiligung **129** 161; Mietzinsen aus dinglichem Titel **165** 182 b f.; unpfändbare Gegenstände s. dort

Pfändungspfandrecht Vor 49–52 16; Akzessorietät **50** 66 b; allgemein **50** 66 ff.; Arrestpfändung **50** 66 a; Dispositionskredit **50** 70; Entstehen **50** 76 ff.; Erlöschen **50** 82 f.; Girokonto **50** 69; gutgläubiger Erwerb **50** 78; Kontokorrentguthaben **50** 70; – an körperlichen Sachen **50** 67; – an Mietforderungen **110** 7; Rangordnung **50** 81; – an Rechten **50** 68 ff.; Überziehungskredit **50** 70; Umfang **50** 79 ff.; Vorpfändung **50** 66 a

Pfändungsschutz s. unpfändbare Gegenstände

Pfändungsschutzverzicht, Schmerzensgeld **36** 58

Pfleger 103 112; Auskunftspflicht für Schuldner **20** 64; Handeln für Antragsberechtigten **13** 15, 82; **15** 14; Verfahrenspfleger s. dort; – für Versicherte **27–29** 105; – für Wertpapierdepot-Gläubiger **27–29** 106

Pflichtteilsanspruch 83 13; **295** 57; Anfechtbarkeit **129** 90; s. auch Nachlassinsolvenzverfahren

Planbestätigung 218 172; **247** 41; **248** 1 ff.; Aufhebung des Insolvenzverfahrens **258** 1 ff.; bedingter Plan **248** 19; Bekanntgabe **252** 1 ff.; Heilung von Mängeln **217** 192 ff.; **218** 60, 173; **221** 118; **222** 151; **230** 36, 62 f., 92 ff., 92[66]; **248** 27; mehrere Insolvenzpläne **218** 197; Minderheitenschutz **217** 71; **251** 1 ff.; rechtliches Gehör **248** 8 ff.; Rechtskraft **252** 15, 31, 33, 36; **254** 16; Rechtsmittel **248** 29; **250** 35; **251** 35; **252** 28; Versagung **217** 180 ff.; **218** 57, 172; **221** 111 ff.; **222** 148 ff.; **230** 18, 19, 61, 63, 77 ff.; **242** 8; **248** 22; **250** 1 ff.; Wirkung **219** 8 f.; **248** 23 ff.; **254** 1 ff.; steuerrechtliche Wirkungen **InsolvenzStR** 243 ff.

Planerfüllung 221 27 ff.; Ausfallforderung **256** 1 ff.; erheblich in Rückstand geratener Schuldner **255** 16 ff.; **256** 9, 14; **257** 59; neues Insolvenzverfahren **255** 31 ff.; streitige Forderung **256** 1 ff.; Vollstreckung aus dem Plan **257** 1 ff.; weitergehende Befriedigung **254** 33 ff.; **256** 27 f.; Wiederauflebensklausel **219** 9; **221** 27; **255** 1 ff.; **257** 60

Plangaranten 257 42 ff., 63; Aufwendungsersatzanspruch **257** 57; Einwendungen **257** 56; Erfüllung **257** 57; Forderungsübergang **257** 57; Verpflichtungserklärung s. dort; Vollstreckung gegen – **257** 51 ff.

Planüberwachung 217 145; **221** 33 ff.; **259** 17 ff.; **260** 1 ff.; Anzeigepflicht des Insolvenzverwalters **262** 1 ff.; Aufhebungsbeschluss **268** 4 ff.; Begründung von Verbindlichkeiten **264** 1 ff.; **265** 1 ff.; **266** 1 ff.; – durch Insolvenzverwalter **261** 4 ff.; Kosten **269** 1 ff.; öffentliche Bekanntmachung **267** 1 ff.; Registereintragung **31** 10, 18; **267** 10 ff.; **268** 12; – durch Sachwalter **261** 10 ff., 13; **263** 11; **264** 4; **Vor 270–285** 81; **284** 27 ff.; Übernahmegesellschaft **260** 17 ff.; **263** 10; zustimmungsbedürftige Geschäfte **263** 1 ff.

Planunterworfene 217 56 ff.; **221** 17; freiwillig – **217** 58, 78 ff., 148 ff.; zwangsweise – **217** 58, 59 ff.

Planvorlage 1 62 f.; **217** 26 ff., 163; **218** 1 ff.; Alternativplan **218** 122 ff., 171; Anfechtbarkeit der Vergütung für – **132** 14; – bei Antragstellung (§ 218 Abs. 1 Satz 2 InsO) **218** 88 ff.; Eventualplan **218** 121, 128 ff.; Form **218** 139, 183 f.; – durch Gläubiger **218** 3, 99; – im Gläubigerauftrag **218** 14 ff., 103 ff.; – durch Insolvenzverwalter **56** 27 ff.; **218** 12 ff., 109; – durch „jetzt nicht mehr" Berechtigte **218** 181 f.; Kosten der Planaufstellung und des Mitwirkungsverfahrens **218** 62, 93 ff.; mehrere Pläne **218** 5, 116 ff., 190 ff.; Mitwirkungsverfahren bei Planaufstellung **218** 36 ff., 171; Negativauftrag der Gläubigerversammlung **218** 30; – durch „noch nicht" Berechtigte **218** 174 ff.; persönlich haftender Gesellschafter **218** 4; Rechtsmissbrauch **218** 169, 171; Rechtsnatur **218** 9 ff.; – durch Sachwalter **218** 102, 107 f., 111, 179; – durch Schuldner **1** 125; **218** 40, 65 ff., 101, 105 ff., 110, 180; sequentielle – **218** 117 ff.; simultane – **218** 121 ff.; Verstöße gegen Planvorlagerecht **218** 170 ff.; Verzicht auf Planvorlagerecht **218** 164 ff.; Vorlagepflicht **218** 134 ff.; Vorlagerecht bei gleichzeitigem Eröffnungsantrag **15** 53; – durch vorläufigen Insolvenzverwalter **218** 31 ff., 175 ff.; Wirksamkeit **218** 170 ff.; Wirkungen **218** 185 ff.; Zeitraum **217** 164 f.; **218** 109 ff., 171; Zugang **218** 139, 183 f.

Polen, Länderbericht **Polen**

Poolvereinbarung 47 48, 189 ff., 362 f.; **51** 25; **Vor 166–173** 44 ff.; Anfechtung **129** 162; Insolvenzplan **223** 23 ff.; Nämlichkeitsnachweis **171** 16

Pool-Verwalter 56 35

Postsperre 99 1 ff.; Anfangsverdacht **99** 14 f.; Anhörung **99** 32; Anhörung des Schuldners **99** 27 ff.; Aufhebung von Amts wegen **99** 43; begründeter Beschluss **99** 30 f.; – und Beschlagnahme **99** 24; Durchführung **99** 33 ff.; – bei Eigenverwaltung **99** 45; **270** 114; Einsichtsrecht des Schuldners **99** 38; Einsichts-

Presse

recht und Verwahrungspflicht des Insolvenzverwalters **99** 37; – bei Eröffnung **27–29** 110; – im Eröffnungsverfahren **21** 27, 35, 38, 88; **22** 3; **99** 44; förmliche Zustellungen an den Schuldner **99** 35 f.; Grundrechtseingriff **Einl** 90; **102** 1 f.; Hilfskräfte des Insolvenzverwalters **99** 37; Kosten **99** 46; organschaftliche Vertreter **101** 21; Privatpost **99** 34; sofortige Beschwerde **99** 39 ff.; – im Verbraucherinsolvenzverfahren **99** 45; Verhältnismäßigkeit **99** 13; – und Verschwiegenheitspflicht **99** 18; Zustellung **8** 10 a; s. auch vorläufige Sicherungsmaßnahmen
Presse, Akteneinsicht **4** 76
Presseberichterstatter 4 8
Prioritätsprinzip 171 17
Private Krankenversicherung, Pfändungsschutz **36** 45
Private limited company 11 17 a; defunct company **11** 17 a
Projektsteuerungsvertrag 116 11
Prokura 80 103 ff.; **117** 7
Protocols 31 EuInsVO 38 ff.
Protokoll, Anwendbarkeit der ZPO-Regeln **4** 48
Provisionsanspruch eines Handelsvertreters 38 96; **55** 16, 131
Prozessführungsvertrag 103 105
Prozessgericht, Zuständigkeit **2** 7 ff.
Prozesshandlung, Anfechtbarkeit **129** 20; Zustimmung des Gläubigerausschusses **160** 21
Prozesskostenhilfe 80 85 ff.; Anfechtungsklage **146** 41; Antrag des Insolvenzgläubigers **4** 23 f.; Antrag des Insolvenzverwalters **4** 21 f.; Antrag des Schuldners **4** 17 ff.; Antrag des vorläufigen Insolvenzverwalters **24** 29 f.; – für antragstellenden Gläubiger **14** 133; Anwendbarkeit der ZPO-Regeln **4** 17 ff.; Beschwerde gegen ablehnende Entscheidung der Kostenstundung **4 d** 13; Nachlassinsolvenzverfahren **324** 15; Rechtsmittel **6** 67; Rechtsmittelverfahren **304** 83; Verbraucherinsolvenzverfahren **304** 77 ff.
Prozessleitung 4 47
Prozessstandschaft 80 81; **Vor 85–87** 15 f., 33 ff.
Prozessunterbrechung 22 184, 188; **24** 2, 16, 20 f.; **47** 474; **53** 54; **55** 45 ff.; **80** 82 f., 97; **Vor 85–87** 1 ff.; **86** 4; **207** 82 f.; **330** 8; Anwendbarkeit der ZPO-Regeln **4** 15; arbeitsgerichtliche Verfahren **Vor 85–87** 49; ausländische Insolvenzverfahren **4 EuInsVO** 26; **15 EuInsVO** 1 ff.; Beendigung des Insolvenzverfahrens **53** 35; **Vor 85–87** 83 f., 89 f.; Beginn **Vor 85–87** 57 f.; Beschwerdeverfahren **Vor 85–87** 44; Eigenverwalter als Partei **Vor 85–87** 19; Eigenverwaltung **Vor 85–87** 6; **270** 105 ff.; Ende **Vor 85–87** 75 ff.; Feststellungsklagen **Vor 85–87** 30; Finanzgerichtsverfahren **Vor 85–87** 50; freiwillige Gerichtsbarkeit **Vor 85–87** 48; Gesellschaftsinsolvenz **Vor 85–87** 38 ff.; Gestaltungsklagen **Vor 85–87** 31; inländisches Insolvenzverfahren **Vor 85–87** 5 f.; Insolvenz des klagenden Verbandes **Vor 85–87** 36; Insolvenz des Prozessstandschafters **Vor 85–87** 33 ff.; Insolvenz des Rechtsinhabers bei Prozessstandschaft **Vor 85–87** 15 f.; Insolvenz des Streitgenossen **Vor 85–87** 17 f.; internationales Insolvenzrecht **335** 73 ff.; **352** 5 ff.; Kostenfestsetzungsverfahren **Vor 85–87** 44; Leistungsklagen **Vor 85–87** 27 ff.; Mahnverfahren **Vor 85–87** 45; § 17 AnfG **Vor 85–87** 10 ff.; **129** 204; Patentnichtigkeitsklagen **Vor 85–87** 37; Prozesskostenhilfeverfahren **Vor 85–87** 46; Schiedsverfahren **Vor 85–87** 53 ff.; Schuldner als Partei **Vor 85–87** 9; selbständiges Beweisverfahren **Vor 85–87** 46; Sonderinsolvenzverfahren **Vor 85–87** 32; Steuerfestsetzungsverfahren **Vor 85–87** 51 f.; Streitwertfestsetzungsverfahren **Vor 85–87** 46; unpfändbarer Gegenstand **86** 4; Unterlassungsklagen **Vor 85–87** 28; Verfahrenseinstellung **207** 82 f.; **215** 11 f.; Verwaltungsgerichtsverfahren **Vor 85–87** 50; Verwaltungsverfahren **Vor 85–87** 51; Vollstreckbarerklärungsverfahren **Vor 85–87** 47; vorläufiger Insolvenzverwalter als Partei **Vor 85–87** 19; vorläufiger Rechtsschutz **Vor 85–87** 44; Wirkung **Vor 85–87** 59 ff.; zivilrichtliche Urteilsverfahren **Vor 85–87** 21 ff.; Zwangsvollstreckungsverfahren **Vor 85–87** 47
Prozessvollmacht 117 8
Prüfungstermin 176 1 ff.; **236** 1 ff.; **237, 238** 8; besonderer – **177** 6 ff.; Bestimmung bei Eröffnung **27–29** 77, 94 ff.

Qualifizierter faktischer AG-Konzern KonzernInsO 72 f.
Qualifizierter faktischer GmbH-Konzern KonzernInsO 71, 74 ff.
Quotenschaden 15 121

Rahmenvertrag 104 10 ff., 138 ff.; **108** 148; **340** 6; gemischter – **104** 174 ff.
Rahmenvertrag der International Swaps and Derivatives Association („ISDA") 340 6
Rangrücktritt(svereinbarung) 39 45 ff.; **135** 16, 49, 84; **246** 7 ff.
Ratenzahlung 41 7
Räumungsverkauf wegen Geschäftsaufgabe **80** 119
Räumungsvollstreckung 148 70 ff.
Reallast 49 55
Rechnungslegung 66 3 ff.; **Vor 151–155** 1 ff.; **155** 1 ff.; **205** 10; **InsolvenzStR** 12, 351 a; Auslegung der Unterlagen **66** 27; Beanstandung **66** 22; Betriebseinstellung **155** 9 ff., 23; Betriebsfortführung **155** 18 ff.; eidesstattliche Versicherung **66** 38; Eigenverwaltung **281** 24 ff.; Einschränkung **InsolvenzStR** 9; Einstellung des Verfahrens **155** 24; Eröffnungs-

bilanz **155** 8; **InsolvenzStR** 8 a; externe – **22** 202; **Vor 151–155** 3; Folgen von Pflichtverletzungen **66** 8; Frist **66** 5; gesonderte Rechnungslegung gemäß § 211 Abs. 2 InsO **208** 57; **211** 15 ff.; Grenzen **66** 7; handelsrechtliche Rechnungslegungspflichten **60, 61** 21, 65; **80** 111; **Vor 151–155** 3, 18 ff.; **155** 4 ff.; **InsolvenzStR** 8 a; Inhalt **66** 6, 9 ff.; interne – **Vor 151–155** 2; Masseamut **155** 40 f.; Schlussbericht **66** 12; Schlussbilanz **66** 11; **155** 5 ff.; Schlussverzeichnis **66** 13; Schuldner **InsolvenzStR** 12; – durch den Schuldner **45** 16 a; Sorgfaltsanforderungen **66** 4 ff.; steuerrechtliche Pflichten **60, 61** 21 f., 65; **80** 131; **Vor 151–155** 3, 22; **155** 25 ff.; **InsolvenzStR** 8 a; – durch Treuhänder im Restschuldbefreiungsverfahren **292** 23; **InsolvenzStR** 266; Überleitungsrechnung **Vor 151–155** 29; Überschussrechnung **66** 10; Verfahrenseinstellung **66** 36; **207** 44 f.; Verhältnis von interner und externer – **Vor 151–155** 26 ff.; **153** 8 f.; Verwalterwechsel **66** 35; Vorlage beim Insolvenzgericht **66** 14 ff.; – durch vorläufigen Insolvenzverwalter **21** 53; **22** 42, 137, 201 ff.; **25** 23; **66** 37; **Vor 151–155** 10; Zwischenrechnung **66** 5; **Vor 151–155** 16

Rechtliches Gehör Einl 60 f., 84; **1** 126; **5** 76 ff., 77; **10** 3, 16; – vor Ablehnung der Eigenverwaltung **27–29** 15; – und Auskunftspflicht **16** 13 f.; **20** 15 ff.; – zum Ermittlungsergebnis vor Eröffnungsentscheidung **16** 25 ff.; **27–29** 14; – zum Eröffnungsantrag **14** 108 ff.; **15** 74 ff.; **16** 14, 25 ff.; **20** 16 ff.; **27–29** 14 ff.; **34** 76; Form **14** 121 ff.; Heilung von Versäumnissen **14** 130 f.; **34** 76; Nachholung **21** 33; s. auch Anhörung

Rechtliches Interesse bei Gläubigerantrag **14** 41 ff.

Rechtsanwalt 35 438; **36** 27; **99** 18; Ansprüche des beauftragten -es **55** 57 f.; berufsrechtliche Auswirkungen einer Insolvenz **80** 15; Entbindung von der Schweigepflicht **5** 30 a; **22** 172; **80** 44, 79; Honorarforderung **35** 385 f.; – als Insolvenzverwalter **56** 57; Kanzleiunterlagen **35** 155 ff.; Kosten **54** 34; Vergütung **5 InsVV** 1 ff.; Verschwiegenheitspflicht **97** 15, 28

Rechtsanwaltsgebühren im Eröffnungsverfahren **13** 173; **34** 26

Rechtsanwaltskammer 12 17

Rechtsbeschwerde, Abhilfebefugnis **7** 72; Anhörungsrüge **7** 60; Anlagen **7** 59; Anschlussrechtsbeschwerde **7** 73 ff.; Anwaltszwang **7** 60; Anwendung der ZPO-Regeln **7** 14; aufschiebende Wirkung **7** 61; Begründetheit **7** 81 ff., 92 ff.; Begründung **7** 63 ff.; Beschwer **7** 29; Bindungswirkung der Entscheidung **7** 110 ff.; Einlegung **7** 52 ff.; einstweilige Anordnung **7** 62; Entscheidung **7** 98 ff.; – gegen Entscheidung des Beschwerdegerichts **7** 20 f.; Erledi-

gung der Hauptsache **7** 91 a; Form **7** 56 f.; Frist **7** 54 f.; Gehörsrüge **7** 114; – in Gesamtvollstreckungsverfahren **7** 25; Inhalt der Rechtsbeschwerdeschrift **7** 58; Kosten **7** 112 f.; prozessuale Überholung **7** 30, 79 b; Rechtsbeschwerdegericht **7** 52 f.; Rechtssache von grundsätzlicher Bedeutung **7** 32 ff.; Rechtsschutzbedürfnis **7** 30 f.; Rücknahme **7** 77 a; Sprungrechtsbeschwerde **7** 17; Statthaftigkeit kraft Gesetzes **7** 16 ff.; Statthaftigkeit nach Zulassung **7** 23 ff.; Verfahren **7** 78 ff.; Veröffentlichung ausländischer Insolvenzverfahren **Art 102 § 7 EGInsO** 7; Verstoß gegen Verfahrensgrundrechte **7** 51 a, 114 f.; Wiedereinsetzung in den vorigen Stand **7** 55, 63; zulässiger Angriff **7** 31 a; Zulässigkeit **7** 15 ff., 79 ff.; Zulassung durch Beschwerdegericht **7** 7 a; Zweispurigkeit der Rechtsmittelwege **7** 15

Rechtserwerb nach Eröffnung 91 5 ff.; bedingte Übertragung von Rechten **91** 19 ff.; Einziehung **91** 69 ff.; Enteignung **91** 73; Erwerb auf Grund Genehmigung eines Dritten und Verfügung eines Nichtberechtigten **91** 45 ff.; Erwerb im Wege der Zwangsvollstreckung **91** 67 f.; – kraft Gesetzes **91** 52 ff.; Gutglaubensschutz **Vor 49–52** 48 f.; **91** 78 ff.; Leistungsbestimmung durch Putativschuldner **91** 51; rechtserhaltende und sichernde Maßnahmen **91** 74; Rechtserwerb auf Grund bindender Eintragungsbewilligung **91** 82 ff.; Rechtsfolgen **91** 77; rechtsgeschäftlicher Erwerb **91** 19 ff.; Übertragung von bedingten Rechten **91** 23; Übertragung von betagten Rechten **91** 24 f.; Übertragung von künftigen Rechten **91** 26 ff.; Zwangsvollstreckung von Neugläubigern **91** 75 f.

Rechtshandlung 129 6 ff.; **133** 6 ff.; **134** 5; Abtretung **140** 13; Anfechtbarkeit **129** 6 ff.; Anweisung **129** 50; **130** 13 a; Aufrechnung **131** 43 a; **140** 11 b; bedingte – **140** 50 ff.; befristete – **140** 50 ff., 53; Behörde **129** 47; besonders bedeutsame – **160** 33, 34; **218** 187; **276** 1, 4 ff.; – betreffend bewegliche Sachen des Schuldners **147** 8; Dreipersonenverhältnis **129** 49; Dritter **133** 8; einheitliche **129** 7; eintragungsbedürftige Rechtsgeschäfte **140** 23 ff.; Einzugstelle **129** 48; entgeltliche – **132** 21; Erfüllungsgeschäft **140** 10 ff.; Erfüllungshandlung **129** 14; erloschene Personenhandelsgesellschaft **Vor 129–147** 102 f.; ermöglichende – **130** 13 f.; **131** 28; **140** 20; fortgesetzte – **129** 66; Gerichtsvollzieher **129** 47; Gesamtvorgänge **129** 65 ff.; **140** 21 f.; gewährende – **130** 12; Grundbucheintragung **129** 47; Herbeiführung einer Aufrechnungslage **129** 67; **130** 9 f., 13; **131** 16 ff.; – betreffend Immobilien des Schuldners **147** 3 f.; Insolvenzverwalter **129** 42; mehrere Rechtsgeschäfte **143** 19; Mitberechtigte **129** 40; mittelbare Zuwendung

1861

Rechtshilfe
Fette Zahlen = §§

133 7; **140** 22; **143** 7, 23; mittelbarer Stellvertreter **129** 48; Notar **129** 47; Personengesellschaft **129** 41; Scheingeschäft **133** 38 b; selbständige Prüfung jeder – **129** 55 ff.; Staatsanwaltschaft **129** 47; Testamentsvollstrecker **129** 42; Treuhänder **129** 48; Unterlassen **129** 3; **130** 13 a; **132** 21, 24 f.; **133** 6; **140** 19; unwirksame – **129** 32, 54, 134 f.; Urheber **129** 34 ff.; – nach Verfahrenseröffnung **147** 1 ff.; Verpfändung einer Forderung **140** 15; Verpflichtungsgeschäft **24** 13; **129** 11 ff.; **140** 9 ff.; Verrechnung **131** 44; **140** 11 b; Vertreterhandeln **129** 37 ff.; Vollendung **129** 113; Vorausabtretung **140** 14; – des vorläufigen Insolvenzverwalters **22** 189 ff.; **129** 43 ff.; vormundschaftsgerichtliche Genehmigung **140** 8; Vornahme vor Verfahrenseröffnung **129** 74 f.; Wirksamkeit **129** 30 ff.; Zeitpunkt der Vornahme **130** 24 ff., 52; **131** 10, 47, 50; **133** 10, 17, 20; **140** 1 ff.; **147** 1 ff.; Zuschlagsbeschluss **129** 47; Zustimmung eines Dritten **129** 54; **140** 8; zustimmungspflichtige – **160** 24; Zwangsvollstreckung **133** 9 ff.; **140** 17 f.; Zwischenperson **129** 49, 51, 171; **133** 7

Rechtshilfe 2 12; **4** 91 f.; internationales Insolvenzrecht **335** 38 ff.

Rechtskauf, Erfüllung **103** 133

Rechtskraft, materielle – **4** 80 ff.; **6** 79; – des Tabelle(neintrag)s **45** 42; – eines im Prozess gegen den Insolvenzverwalters ergangenen Urteils **80** 95

Rechtsmangel 103 135 ff.; behebbarer – **103** 136; nicht behebbarer – **103** 137

Rechtsmissbrauch, Verwalterhandeln **80** 38, 61

Rechtsmittel, Zweispurigkeit der Rechtsmittelwege **6** 4 b f.; s. Beschwerde, Erinnerung, Gegenvorstellung, sofortige Beschwerde

Rechtsmittelbelehrung 4 31

Rechtsmittelverzicht 160 24

Rechtspfleger, Zuständigkeit **2** 20 ff.; **4** 36; Zuständigkeitsgrenze zum Richter **27–29** 135 ff.

Rechtsschutzgewährleistung Einl 101

Rechtsverfolgungskosten 39 17 f.

Refinanzierungsregister 35 120

Register 31; ausländisches Insolvenzverfahren **31** 27, 48 ff.; **32–33** 35 ff., 103; **346** 1 ff.; **Art 102 § 6 EGInsO** 1 ff.; **22 EuInsVO** 2 ff.; Eigenverwaltung **31** 10, 20; **270** 112 f.; **271** 28; **277** 30 f.; Eintragung von Amts wegen **23** 21; Eintragungsersuchen des vorläufigen Insolvenzverwalters **23** 21; Insolvenzvermerk **31** 10, 32 ff.; Löschung einer Gesellschaft im Handelsregister **26** 49 f.; Löschung eingetragener Verfügungsbeschränkungen **268** 12; Löschung wegen Vermögenslosigkeit **31** 46; Planüberwachung **31** 18; **267** 10 ff.; **268** 12; Übermittlung von Entscheidungen des Insolvenzgerichts **23** 7 f., 18 ff.; **25** 28; **31** 10 ff.; **200** 18 ff.; **258** 22; Versäumung des Eintragungsersuchens **23** 21; s. auch Luftfahrzeug-Pfandrechtsregister; s. auch Schiffs- und Schiffsbauregister

Reiseveranstalter 12 17

Reisevertrag 103 79; **116** 31

Religionsgemeinschaft 35 238

Rentenanspruch 45 11, 26 ff.; Mithaftung Dritter **45** 53 f.; Pfändungsschutz **36** 43; Tod des Rentners **45** 31 ff.

Rentenschuld 35 170; **49** 55 ff.

Reorganisationsplan 217 171 ff.; **218** 15; **245** 20

Repo-Satz 340 4

repurchase agreements 340 4

Restschuldbefreiung Einl 22; **1** 49, 97 ff.; **Vor 2–10** 8; **35** 44; **38** 56; **53** 36; **114** 2 f.; **304** 47 f.; **306** 22; Ablösung künftiger Pfändungsbeträge **299** 14 ff., 15; Abtretungserklärung s. dort; Abtretungsverbot **287** 3, 64 ff.; Anhörung **286** 33; **289** 15 ff., 56; **290** 13; **291** 6; **296** 20 ff.; **297** 17; **298** 10 ff.; **300** 8, 15 ff.; Antrag **286** 32; **287** 1 ff.; **291** 5; **305** 40; Antrag eines Schuldners i. S. d. § 304 InsO **287** 19; Antragsberechtigung **287** 11; Antragsfrist **287** 14 ff.; Antragsinhalt **287** 26 ff.; Antragsrücknahme **287** 33 a; Anwendungsbereich **286** 60 ff.; Aufhebung des Verfahrens **286** 36; **289** 46 ff.; **290** 88; **291** 32; Aufrechnungsbeschränkungen **294** 2; **299** 9; Auskunft des Schuldners **97** 44; **295** 86 ff.; **296** 24 f., 30; ausländische – **Vor 286–303** 93 ff.; ausländische Schuldner **286** 65; Beendigung des Verfahrens **299** 5, 18; Befriedigungsaussichten der Neugläubiger **292** 29 f.; Bekanntmachung des Antrags **27–29** 107 ff.; **30** 5; Berufsausbildung **295** 33; de-minimis-Regel **295** 7 f.; Erteilung **286** 41; **300** 29; Finanzamt **InsolvenzStR** 264 ff.; von der – ausgenommene Forderungen **302** 1 ff.; fehlende Forderungsanmeldungen **299** 17; freiwillige Verfahrensbeendigung **286** 80; **299** 4; Geldstrafe **302** 23; Gleichbehandlungsgrundsatz **294** 1; Herausgabepflicht bei erbrechtlichen Erwerb **295** 49 ff.; Hinweis auf Antragsmöglichkeit **20** 93 ff.; **287** 1, 15 ff., 18, 19; Insolvenzantrag des Schuldners **287** 12 f.; – im Interesse der Gläubiger **1** 104; internationales Insolvenzrecht **335** 119 f.; **355** 4 ff.; juristische Personen **286** 70; Kosten **54** 22; **289** 41 ff.; **290** 91; **291** 22 f.; **296** 33, 40 ff.; **297** 25 ff.; **298** 23 a; **299** 12; **300** 33 ff.; **303** 36 ff.; Leistung trotz – **301** 35 f.; Mindestquote **287** 32; Missbrauchsgefahr **295** 4, 40; Nachforderungsrecht **286** 2, 5, 7 ff., 81; natürliche Personen **286** 60 ff.; Negativerklärung des Schuldners **305** 41; Neugläubiger **294** 20 ff.; Personenbezogenheit des Verfahrens **286** 68; Rechtsentwicklung in Deutschland **286** 43 ff.; Rechtskraft der Entscheidung **289** 40; **303** 3;

Rechtsmittel **289** 35 ff.; **300** 31; selbständig tätiger Schuldner **287** 33, 38; Sinn und Zweck **286** 1 ff.; Sonderabkommen **294** 2, 26 ff.; **295** 98; **299** 9; Statistik **286** 12 a; Steuererklärung **InsolvenzStR** 267; Steuerforderung **InsolvenzStR** 264 ff.; Stundungsmodell **1** 105, 109, 113; Tod des Schuldners **299** 16; **303** 34 a; **Vor 315** 6 f.; – bei Tod des Schuldners in der Wohlverhaltensperiode? **299** 16; **Vor 315** 7; Übergangsvorschrift (Art. 107 EGInsO) **359** 19; Umfang der – **301** 7 ff.; **302** 1 ff.; Verbindlichkeit aus vorsätzlich unerlaubter Handlung **302** 7 ff.; Verbindlichkeit aus zinslosem Darlehen zur Begleichung der Verfahrenskosten **302** 24 ff.; Verfahren bei Masseunzulänglichkeit **208** 59; **215** 14; **289** 54 ff.; **290** 18; Verfahrensobliegenheiten des Schuldners **296** 23 ff.; verfahrensrechtliche Kritik **286** 17 ff.; Verfahrensstruktur **286** 28 ff.; – als Verfahrensziel **1** 97 f., 105; **286** 22 f.; verfassungsrechtliche Bedenken **286** 13 ff.; Vermieterforderungen **109** 61; vollständige Tilgung der Verbindlichkeiten **299** 13; Vollstreckungsverbot **294** 2 ff.; **299** 9; vorangegangenes Insolvenzverfahren **286** 74 f.; vorzeitige Beendigung **299** 3 ff., 13 ff.; **300** 9; Widerruf nach Tod des Schuldners **303** 34 a; **Vor 315** 7; Wohlverhaltensperiode s. dort; Ziel der – **1** 101; Zurückweisung des Antrags **289** 28
- **Widerruf(sverfahren) 286** 42; **303** 1 ff., Anfechtung der Entscheidung **303** 28, 32, Anhörung von Schuldner und Treuhänder **303** 20 ff., Beweislast **303** 17, Entscheidungsform **303** 26, 30, erhebliche Beeinträchtigung der Gläubigerbefriedigung **303** 5, 15, Frist **303** 7 ff., Glaubhaftmachung **303** 15 ff., Kosten **303** 36 ff., Mitteilung der Entscheidung **303** 27, 31, öffentliche Bekanntmachung **303** 34, Präklusion **303** 13 ff., vorsätzliche Obliegenheitsverletzung **303** 5 f., 12, Widerrufsantrag eines Insolvenzgläubigers **303** 4, Wirkungen **303** 35, Zuständigkeit **303** 18 f., 25, 29
- **Wirkung 286** 78 f.; **300** 37; **301** 18 ff., Aufrechnung **301** 18, Durchsetzbarkeit nicht titulierter Forderungen **301** 22, Gläubiger mit nicht angemeldeten Forderungen **301** 9 ff., Insolvenzgläubiger **297** f., Rechte des Insolvenzgläubiger gegenüber mithaftenden Personen **301** 27 ff., Regressansprüche **44** 18 f., Schadensersatzansprüche **301** 11, Sicherungs- und Zurückbehaltungsrechte **301** 26 ff., Steuerforderungen **301** 16, Umwandlung der nicht erfüllten Forderungen in Naturalobligationen **301** 18, Unterhaltsforderungen **301** 14 f., Vereinbarung zur Durchsetzbarkeit einer von der Restschuldbefreiung erfassten Forderung **301** 23 ff., Vermögensansprüche **301** 11, Vollstreckbarkeit von Titeln **301** 19 ff., Zinsforderungen **301** 13

Richter, Vorbehalt bei Eröffnung **27–29** 143 ff.; Zuständigkeitsgrenze zum Rechtspfleger **27–29** 135 ff.
Richter auf Probe 2 2, 4
Risiko-Swap 104 113, 128 f.
Rückabwicklungsschuldverhältnis 103 86
Rückgewähranspruch 47 346; – gegen Gläubiger **254** 33 ff.; **256** 27 f.; – gegen Schuldner **254** 31
Rückgriffsanspruch, Aufrechnung **95** 18 ff.
Rücknahme des Eröffnungsantrags 4 54; **13** 5, 118 ff.; **15** 81 ff.; **26** 39; – durch anderen Antragsberechtigten **15** 5, 81 ff.; **34** 4; Befugnis beim Eigenantrag **13** 121; **15** 81 ff.; – bei drohender Zahlungsunfähigkeit **15** 85 ff.; Kosten **54** 13 ff.; Kostenfolge **13** 130; Rechtsfolgen **13** 127 ff.; zeitliche Grenze **13** 122 ff.
Rückschlagsperre 1 37; **21** 76; **Vor 49–52** 12, 164 a; **50** 2, 66, 83; **88** 1 ff.; **114** 45; **165** 42 ff.; **305 a** 4; – und Anfechtung **131** 28 f.; Eigenverwaltung **270** 104; Freigabe **165** 211; Fristberechnung **139** 1; Monatsfrist **88** 20; Rechtsfolgen **88** 22 f.
Rückversicherung 50 116; **51** 234
Ruhen des Verfahrens 306 7 ff.; Anwendbarkeit der ZPO-Regeln **4** 15
Rundfunkanstalt 12 5, 11, 21 a
Russische Förderation, Länderbericht **Russische Förderation**

Sachmithaftung 43 18 ff.; Regressanspruch **44** 9 ff.
Sachverhaltsdarstellung 7 66 b, 80, 86, 89, 96
Sachverständiger, Bestellung **56** 10; Einsichts- und Informationsrechte **22** 144; – im Eröffnungsverfahren **5** 34 ff.; **16** 45 ff.; **20** 58, 91; **22** 138 ff.; Haftung **5** 64; **22** 143; Kosten **13** 163 ff., 172; Vergütung **5** 38; **11 InsVV** 30 ff.; Vertrauensschutz **56** 11
Sachwalter, Aufgaben/Befugnisse **Vor 270–285** 57 ff.; **270** 79 ff.; **274** 18 ff.; **275** 1 ff.; **280** 1 ff.; **281** 15 ff.; Aufsicht des Insolvenzgerichts **274** 16; Auswahl/Bestellung **27–29** 33; Bestellung **27–29** 29 ff.; **Vor 270–285** 55; **271** 23 ff.; **274** 8 ff.; Ende des Amtes **259** 10; Entlassung **59** 10; **274** 17; Haftung **274** 41 ff.; Informationspflichten **274** 34 ff.; Kassenführung **275** 14 ff.; Kompetenzen der Gläubigerversammlung **274** 14 f.; Mitwirkung bei Handlungen des Schuldners **275** 1 ff.; Mitwirkungspflichten/-rechte **275** 1 ff.; Rechtsstellung **274** 1 ff.; Tabellenführung **283** 5 f.; Überprüfung der Rechnungslegung **281** 28 ff.; Überprüfung der wirtschaftlichen Lage des Schuldners **274** 22 ff.; Überprüfung und Stellungnahme zu den Verzeichnissen **281** 15 ff.; Überwachung der Ausgaben für die Lebensführung **274** 30; **275** 4; Überwachung der Geschäftsführung **274** 22, 27 ff.; **275** 8; Unterrichtungspflicht bei dro-

Saldotheorie

Fette Zahlen = §§

henden Nachteilen **274** 34 ff.; Vergütung s. Vergütung des Sachwalters; Versagung der Bestellung **274** 15; Widerspruchsrecht bei Begründung neuer Verbindlichkeiten durch den Schuldner **275** 1, 8 ff.; Zutritts-, Einsichts- und Informationsrechte **274** 31 ff.; Zwangsbefugnisse **274** 33

Saldotheorie 103 86

Sale-and-lease-back-Vertrag 47 220; **51** 95; **108** 30, 51, 147; **109** 14, 70; **112** 15; **InsolvenzStR** 196

Sammelkonto 47 408

Sammelverwahrung 47 46

Sanierung, Asset Deal **1** 90 a; Share Deal **1** 90 a; übertragende – **1** 90 ff.; **22** 100; **128** 1; **157** 13; **217** 161, 168 ff.; **220** 18 ff., 56 ff.; **229** 4, 7; – als Verfahrensziel **1** 45, 85 ff.

Sanierungsgewinn 217 83

Sanierungskredit 129 168; **217** 108; **220** 23

Sanierungsplan 220 15 ff.

Sanierungsversuch, Gläubigerbenachteiligungsvorsatz **133** 37

Säumniszuschlag 39 16 a; **246** 23; **InsolvenzStR** 235 b ff.; Insolvenzforderung **InsolvenzStR** 235 b, 235 d; Masseverbindlichkeit **InsolvenzStR** 235 d

Schadenspauschalierung 103 192; **108** 178; **109** 84; **119** 57

Schätzung betragsmäßig unbestimmter Forderungen **45** 21 ff.

Scheck 21 58; **116** 45, 47; **137** 1 ff.; Anfechtbarkeit **134** 8; **140** 11 a; Anfechtung **129** 145; Inkongruenz **131** 35; – in der Insolvenz **82** 29 ff.; Insolvenz des Scheckausstellers **82** 30 f.; Insolvenz des Schecknehmers **82** 32

Scheinbestandteil, Absonderung **49** 13; Aussonderung **47** 26 f., 42; Sicherungsübereignung **51** 93

Scheingesellschaft 11 47

Schenkung 35 48; **103** 91; Widerruf **35** 433

Schiedsrichtervertrag 103 105

Schiedsverfahren, internationales Insolvenzrecht **335** 75 ff.; **352** 15 f.

Schiedsvertrag 103 94; – und Absonderungsstreit **Vor 49–52** 148; – und Insolvenzanfechtung **146** 37 f.; Zustimmung des Gläubigerausschusses **160** 21 f.

Schiff 35 174 f.; **47** 17; **49** 7, 82; **106** 32 f.; **108** 37; **165** 25, 265; **336** 15 f.; EuInsVO **11 EuInsVO** 4

Schiffs- und Schiffsbauregister 35 176 ff.; **336** 15 f.; **346** 14; Insolvenzvermerk **32–33** 90 ff.

Schiffsbauwerk 35 174; **49** 7, 82; **106** 32 f.; **165** 25

Schiffspfandbriefbank, Sonderinsolvenzverfahren über Pfandbrief-Deckungsmasse **27–29** 104

Schlussbericht 66 12

Schlussbilanz 66 11; **155** 5 ff.

Schlussrechnung 66 3 ff.; **Vor 151–155** 17; Einwendungen **66** 34

Schlusstermin 66 34; **197** 1 ff.; Einwendungen gegen das Schlussverzeichnis **197** 5 f.; Erörterung der Schlussrechnung **197** 4; Verbindung von Schlusstermin und besonderem Prüfungstermin **197** 9

Schlussverteilung 196 1 ff.; absonderungsberechtigte Gläubiger **190** 3, 12, 15; aufschiebend bedingte Forderungen **191** 15; Einwendungen gegen das Verteilungsverzeichnis **194** 1; Schlussverzeichnis **196** 9; Überschuss **199** 1 ff.; Vollzug **200** 6 ff.; Zustimmung des Insolvenzgerichts **196** 4 ff.; s. auch Verteilung

Schlussverzeichnis 66 13

Schmerzensgeld 35 427

Schriftliches Verfahren, Anordnung **5** 64 a; Anordnung bei Eröffnung **27–29** 101; Aufhebung/Änderung der Anordnung **5** 64 c; öffentliche Bekanntmachung **5** 64 d; Rechtsmittel **5** 64 e; Voraussetzungen **5** 64 b

Schriftsatz 4 87; Antrag auf Eröffnung **4** 52 a

Schuldbefreiungsanspruch 35 399 ff.

Schuldbeitritt eines Gesellschafters **43** 7, 14, 16; **44** 34

Schuldenbereinigung, außergerichtliche – 304 34 ff.; **305** 12 ff., 13 ff.; **InsolvenzStR** 247 ff.; Alternativen **304** 37; Aufrechnung **InsolvenzStR** 257; Auskunfts- und Mitwirkungspflichten des Schuldners **20** 21 ff.; Beratungshilfe **305** 13 ff.; Einigung **305** 26; Finanzamt **InsolvenzStR** 248; laufende Einkünfte **304** 38; Lohnpfändungen von Neugläubigern **304** 42; Mitwirkung **305** 38; Scheitern **305 a** 5 ff.; Vollstreckungssperre **304** 36; Vorausabtretung **304** 38, 40, 41; Zustimmung **304** 36; **305** 24; Zwangsvollstreckung **305** 25

– **Einigungsversuch 305** 20 ff., Bescheinigung **305** 29 ff., 91, Ernsthaftigkeit **305** 22, Gefälligkeitsbescheinigung **305** 31, 94, Umfang **305** 21

– **Steuerforderungen InsolvenzStR** 247 ff., Erlassbedürftigkeit **InsolvenzStR** 255, Erlasswürdigkeit **InsolvenzStR** 256

Schuldenbereinigung, gerichtliche – 304 44; **306** 5; **InsolvenzStR** 259 ff.; Antrag des Gläubigers **305** 27 f.; **306** 20; **311** 3 f.; Antrag des Schuldners **305** 27 f.; **306** 21; **311** 3; Auskunfts- und Mitwirkungspflichten des Schuldners **20** 21 ff.; Finanzamt **InsolvenzStR** 260; Forderungsverzeichnis **305** 47; Mitwirkung der Gläubiger bei der Forderungsaufstellung **305** 47 ff.; Rücknahme des Eröffnungsantrags **311** 5; Steuerforderungen **InsolvenzStR** 259 ff.; Vermögensverzeichnis **290** 77 ff.; **305** 43; Vertretung des Schuldners **305** 95 f.

Schuldenbereinigungsplan 286 26; **305** 51 ff.; **InsolvenzStR** 247, 249 ff., 254, 257 f., 259, 261 f.; Änderung/Ergänzung **307** 14 f.; An-

magere Zahlen = Randnummern **Schuldenmassestreit**

nahme **308** 6; **311** 6; Anpassungsklauseln **304** 35; **305** 17, 55; bestrittene Forderungen **309** 30 ff.; Einwendungen **309** 26; Feststellung durch Beschluss **308** 7; Inhalt **305** 16 ff.; inhaltliche Anforderungen **305** 51; Kostenerstattung **310** 1 ff.; materielle Prüfungskompetenz des Insolvenzgerichts **305** 92; nicht einbezogene Forderungen **308** 14 f.; Null-Plan **311** 14; Regelungsgehalt **305** 52 ff.; Sicherheiten **305** 57 ff.; Stellungnahmen der Gläubiger **307** 8 ff.; streitige Forderungen **305** 56; Wirkungen **308** 10 ff.; Zustellung **8** 27 a; **307** 6 f.; Zustimmung **309** 8 ff.; Zustimmungsfiktion **307** 11
– **Zustimmungsersetzung 295** 6; **305 a** 8 f.; **306** 5, 12; **307** 17; **309** 8 ff., Anhörung des Gläubigers **309** 25, Antrag **309** 11, Ausschluss **309** 19, bestrittene Forderungen **309** 30 ff., Entscheidung des Gerichts **309** 28, Ersetzungshindernisse **309** 12 ff., 30 ff., Erwartungswert der Gläubigerforderungen **309** 15 ff., Finanzamt **309** 19, Glaubhaftmachung der Gründe für Ersetzungshindernisse **309** 26 ff., Mehrheitsquorum **309** 8 ff., Null-Plan **309** 20 ff., Rechtsmittel **309** 29, Sozialversicherungsträger **309** 19, unangemessene Beteiligung des Gläubigers **309** 12 f., vorgeschobener Gläubiger **309** 30, wirtschaftliche Schlechterstellung des Gläubigers **309** 14 ff.

Schuldenmassestreit 35 27; **87** 5

Schuldner, kein Anfechtungsrecht **129** 197; Anhörung s. dort; Auskunftspflichten s. dort; ausländische Staaten **335** 18; Besitzschutzrechte im Eröffnungsverfahren **22** 39; eidesstattliche Versicherung vor dem Insolvenzgericht **16** 15, 60; **20** 68 ff., 88 f.; Fehlen eines gesetzlichen Vertreters **13** 81, 84 f.; **14** 117; **34** 13; – im Insolvenzplanverfahren **217** 64, 126 ff.; **221** 84; **225** 18; **227** 1 ff.; Mitwirkung bei Planaufstellung **218** 41, 47 f., 63; Mitwirkungspflichten s. dort; – als Partei des Verfahrens **5** 40 ff.; Planvorlage **218** 65 ff.; Prozessführungsbefugnis **85** 18, 24; **86** 19, 26 f.; Prozesshandlungen **81** 6; rechtliches Gehör s. dort; Rechtsstellung im Insolvenzverfahren **80** 11 ff.; Rechtsverteidigung gegen Eröffnungsantrag **14** 20 ff., 39 ff.; **15** 74 ff.; Steuerpflichtiger **80** 131; **InsolvenzStR** 8; Steuerschuldner **80** 131; **InsolvenzStR** 8; Vermögensvorsorge durch Betreuer **13** 14 f.; **15** 14; Wiedererlangung der Verwaltungs- und Verfügungsbefugnis **259** 11

Schuldnerantrag s. Eigenantrag

Schuldnerberatungsstellen 304 34; **305** 14, 33, 82; Ermächtigung der Länder **305** 35

Schuldnerverzeichnis Einl 92; Anwendbarkeit der ZPO-Regeln **4** 33; Auskunft **26** 43, 45; Berichtigung **26** 44; Einsicht **26** 43; Einstellung mangels Masse **207** 78; Eintragung nach Abweisung mangels Masse **26** 41 ff.; Löschung **26** 39, 44; vorzeitige Löschung **26** 44

Schuldschein 47 18
Schuldübernahme 35 402; **331** 5
Schuldumwandlungsvertrag 340 4 f., 8
Schuldverschreibung 74 32; **75** 16; Übergangsvorschrift (Art. 109 EGInsO) **359** 18
Schuldverschreibungsgläubiger, Versammlung und gemeinsamer Vertreter **27–29** 103 f.
Schutzschrift 10 23; **14** 124
Schweigepflicht, Entbindung von der – **56** 148; **80** 44, 79
Schweiz, Länderbericht **Schweiz**
Schwimmdock 49 7
Sekundärverfahren 31 30, 37; **34** 64, 66, 122; **356** 1 ff.; **27–38 EuInsVO; InsolvenzStR** 343; Antragsbefugnis **356** 8 ff.; Antragsrecht **29 EuInsVO** 2 ff.; Asset Deal **34 EuInsVO** 13 f.; Aussetzung der Verwertung **33 EuInsVO** 3 ff.; Austauschverträge **357** 18 f.; **31 EuInsVO** 24 ff.; Eigenverwaltung **Vor 270–285** 23 a; Erfüllungsablehnung **31 EuInsVO** 23; Eröffnungsantrag **13** 25, 45, 68, 69; **14** 70; **15** 115; Eröffnungsbeschluss **27–29** 9, 28, 115, 135; Eröffnungsgrund **16** 4; **27–29** 9; Eröffnungsvoraussetzungen **27 EuInsVO** 16 ff.; Forderungsanmeldung **31 EuInsVO** 9; **32 EuInsVO** 2 ff.; Forderungsanmeldung durch Verwalter **32 EuInsVO** 8 ff.; Informationspflichten **31 EuInsVO** 6 ff.; Insolvenzforderung **27 EuInsVO** 26; Insolvenzplan **Vor 217–269** 39; **355** 10 ff.; **Art 102 § 9 EGInsO** 1 ff.; **31 EuInsVO** 32 ff.; **34 EuInsVO** 5 ff., 8 ff., 16 ff.; Insolvenzverwalter **27 EuInsVO** 30 f.; Insolvenzverwalterverträge **357** 17; internationale Zuständigkeit **3 EuInsVO** 73 ff.; Kooperationspflichten der Insolvenzverwalter **357** 1 ff.; Kooperationsrechte der Insolvenzverwalter **357** 1 ff.; Kostenvorschuss **30 EuInsVO** 1 ff.; Liquidationsverfahren **27 EuInsVO** 20 f.; Masseverbindlichkeit **27 EuInsVO** 27 ff.; Mitwirkungsrechte des Verwalters des Hauptverfahrens **32 EuInsVO** 15 f.; örtliche Zuständigkeit **Art 102 § 1 EGInsO;** Protocols **31 EuInsVO** 38 ff.; Regelanknüpfung **28 EuInsVO** 4; Restschuldbefreiung **Vor 286–303** 113; Sanierung **34 EuInsVO** 12 ff.; Überschuss **357** 4 ff.; **35 EuInsVO** 1 ff.; Umwandlung in ein Liquidationsverfahren **37 EuInsVO** 3 ff.; Verwertung **31 EuInsVO** 27 ff.; Voraussetzungen **27 EuInsVO** 7 ff.; Wahlrecht **31 EuInsVO** 23; Zusammenarbeit mit dem Hauptverfahren **31 EuInsVO** 18 ff.
Selbständige s. Freiberufler
Selbständige wirtschaftliche Tätigkeit 304 52 ff.
Selbständiges Beweisverfahren 5 56; **80** 83
Selbsthilfeverkauf 103 179
share deal 80 54
Sicherheiten, zustimmungspflichtige Rechtshandlungen **160** 24

1865

Sicherungsabtretung

Fette Zahlen = §§

Sicherungsabtretung 47 217, 373; **Vor 49–52** 16; **51** 4 ff., 136 ff.; **InsolvenzStR** 180 d; Abtretungsverbot **51** 147 ff.; Arbeitseinkommen **51** 205 ff.; Auskunftspflicht des Insolvenzverwalters **167** 1 ff.; Auswechseln/Ändern der gesicherten Forderung **51** 44 f.; Bestimmtheitsgrundsatz **51** 152 ff.; **171** 13; Drittsicherheit **43** 20; Einigung **51** 141 ff.; Einziehungsermächtigung **22** 55; – bei Einzugspapieren **51** 188 f.; – an Erfüllungs Statt **51** 137; – erfüllungshalber **51** 137; Fehlen der gesicherten Forderung **51** 38 ff.; Forderung aus Lebensversicherung **51** 190 ff.; fremder Rechte **51** 163; Gläubigerbenachteiligung **129** 156; Globalzession **51** 171 ff., 214 ff.; Inkassozession **51** 137; Kontokorrentforderung **51** 184 ff.; Leasinganspruch **51** 199; Mantelzession **51** 175 ff.; mehrfache – **51** 133 f.; Mehrheit der gesicherten Forderungen **51** 46; Miet- oder Pachtforderung **51** 195 ff.; nachrangige – **51** 31 a; offene/stille – **51** 180 ff.; Rangordnung bei mehrfacher – derselben Forderung **51** 210 ff.; – nach dem Recht der DDR **51** 140; Regressanspruch **44** 10; Sicherstellungsvertrag **51** 13 ff.; Sicherungsmittel **51** 26 ff.; Sittenwidrigkeit **171** 15; Steuererstattungsanspruch **51** 200 ff.; Teilabtretung **51** 155, 178 f.; – an Treuhänder **51** 23; Übersicherung s. dort; – verbriefter Rechte **51** 161; Verteilung des Verwertungserlös **170** 1 ff.; **171** 1 ff.; Verwertung **Vor 166–173** 22 ff.; **166** 44 ff.; **InsolvenzStR** 180 d ff.; Vorausabtretung **51** 164 ff., 211 f.; Wechsel des Schuldners und des Gläubigers **51** 47; Wegfall der gesicherten Forderung **51** 41 ff.; Zweckbestimmungserklärung **51** 33 ff.

Sicherungsgläubiger, Mitteilungspflicht gegenüber Verwalter **27–29** 56 ff.

Sicherungsgrundschuld 49 61

Sicherungsrecht, dingliches – **254** 29; – für den Insolvenzfall **Vor 129–147** 77; Mitteilungspflicht der Gläubiger **27–29** 56 ff.; Nachforschungspflicht des Verwalters **27–29** 62

Sicherungsübereignung 47 373; **51** 4 ff., 48 ff.; Anwartschaft **51** 81 ff.; Auskunftspflicht des Insolvenzverwalters **167** 1 ff.; ausländische Sicherungsrechte **108** 50; Auswechseln/Ändern der gesicherten Forderung **51** 44 f.; Besitzerlangung **51** 65 ff.; Bestimmtheitsgrundsatz **171** 13; Bestimmtheitsgrundsatz **51** 61 ff., 103 f., 131 f.; Drittsicherheit **43** 20; Einigung **51** 56 ff.; – von Einzugspapieren und diskontierten Wechseln **51** 116 ff.; Fehlen der gesicherten Forderung **51** 38 ff.; gutgläubiger Erwerb **51** 75 ff.; – durch In-sich-Geschäft **51** 125; Leasingsache **108** 7, 48; **110** 46; Mantelsicherungsübereignung **51** 126; mehrfache – **51** 129 ff., 135; Mehrheit der gesicherten Forderungen **51** 46; – von Miteigentum **51** 127; Pfändungsschutzvorschriften **166** 43 a; Raumsicherungsvertrag **51** 104, 107 a; – nach dem Recht der DDR **51** 51 ff.; Regressanspruch **44** 10; Sicherstellungsvertrag **51** 13 ff.; Sicherungskonflikt **47** 175 ff.; Sicherungsmittel **51** 26 ff.; Sittenwidrigkeit **171** 15; – an Treuhänder **51** 23; Verarbeitungsklausel **51** 110 ff.; – von verbrauchbaren Sachen **51** 108; verlängerte – **51** 120 ff., 139; Verteilung des Verwertungserlös **170** 1 ff.; **171** 1 ff.; Verwertung **Vor 166–173** 22 ff.; **166** 25 ff.; **InsolvenzStR** 156 ff., 180 a ff.; Verwertungsrecht des Insolvenzverwalters **Vor 166–173** 32; **166** 7 ff.; vorweggenommene – **51** 99 ff., 120; Warenlager mit wechselndem Bestand **51** 63, 94 ff., 130 ff.; Wechsel des Schuldners und des Gläubigers **51** 47; Wegfall der gesicherten Forderung **51** 41 ff.; Zubehörhaftung **51** 90 ff.; **165** 223 ff.; – von zur Verarbeitung bestimmten Sachen **51** 109 ff.; – von zur Verbindung, Vermischung oder Vermengung bestimmten Sachen **51** 114 f.; Zweckbestimmungserklärung **51** 33 ff.

Sicherungsübertragung, Absonderungskraft **51** 4 ff.; Änderung/Ergänzung des Sicherstellungsvertrags **51** 20 ff.; auf den Insolvenzfall bedingte schuldrechtliche Sicherungsvereinbarung **51** 15 a; auflösend bedingte – **51** 16 ff.; aufschiebend bedingte – **51** 14 ff.; Auswechseln/Ändern der gesicherten Forderung **51** 44 f.; bedingte Rechte **51** 27; Fehlen der gesicherten Forderung **51** 38 ff.; gesicherte Forderung **51** 33 ff.; künftige Rechte **51** 27; Mehrheit der gesicherten Forderungen **51** 46; Mehrheit von Sicherungsmitteln/Sicherheiten **51** 28 ff.; Personen **51** 22 ff.; Sicherstellungsvertrag **51** 13 ff.; Sicherungsabtretung s. dort; Sicherungsmittel **51** 26 ff.; Sicherungsübereignung s. dort; Übersicherung s. dort; Wechsel des Schuldners und des Gläubigers **51** 47; Wegfall der gesicherten Forderung **51** 41 ff.; Zweckbestimmungserklärung **51** 33 ff.

Sicherungsvertrag 51 13; **103** 80

Siegelung 150 1 ff.

Sitztheorie, Gesellschaften aus Nicht-EU-Staaten **11** 17 c

Sitzungspolizei 4 93

Slowakische Republik, Länderbericht **Slowakische Republik**

Societas Cooperativa Europaea s. Europäische Genossenschaft

Societas Europaea s. Europäische Gesellschaft

Sofortige Beschwerde 6 1 ff.; Abhilfe **6** 4 e, 44 ff.; – gegen Ablehnung der Eröffnung **34** 35 ff.; – gegen Abweisung mangels Masse **15** 90; **26** 28, 38; **34** 43 ff.; Akteneinsicht **6** 16; Angriffs- und Verteidigungsmittel **6** 4 g, 43; Anordnung der sofortigen Wirksamkeit **6** 75 ff.; Anschlussbeschwerde **6** 4 i, 39, 39 a, 52; Antrag **6** 41; Anwaltszwang **6** 42; Anwendbar-

magere Zahlen = Randnummern

Sofortiges Anerkenntnis

keit der ZPO-Regeln **4** 88; keine aufschiebende Wirkung **6** 51; Aussetzung der Vollziehung **6** 51; Bedingungslosigkeit **6** 25; – nach Beendigung des Insolvenzverfahrens **6** 19 f.; Begründung **6** 41; – gegen Beschlüsse der Gläubigerversammlung **6** 17; – gegen Beschlüsse des Gläubigerausschusses **6** 17; Beschränkung der Beschwerdegründe **3** 32; **4** 88; Beschwer **6** 30 ff.; Beschwerdeberechtigung **6** 26 f.; Beschwerdefrist **6** 38 f.; Beschwerdegericht **6** 4 f, 42; Beschwerdegründe **6** 43; Beschwerdesumme **6** 4 h, 37; Beteiligtenfähigkeit **6** 22; – gegen Beweisanordnung **34** 29 f.; Computerfax **6** 40; Einlegung **6** 40 ff.; Entlassung des vorläufigen Insolvenzverwalters **22** 216; Entscheidung des Beschwerdegerichts **6** 54 ff.; – gegen Entscheidungen des Insolvenzgerichts **6** 12 ff.; – gegen Entscheidungen des Rechtspflegers **6** 58; Enumerationsprinzip **6** 6 ff.; – gegen Eröffnungsbeschluss **15** 90; **34** 55 ff.; **317** 11; – im Eröffnungsverfahren **34** 5, 27 ff.; Experimentierklausel **6** 4 f; formelle Rechtskraft **6** 74; Fortsetzungsfeststellungsantrag **6** 36; Grundsätze des Beschwerdeverfahrens **6** 53; – gegen Haftanordnung **98** 29 ff.; Hilfsantrag **6** 55 a; Kosten **6** 83 ff.; **34** 23; **54** 23 ff.; – gegen Maßnahmen des Insolvenzverwalters **6** 18; ne ultra petita **6** 72; – gegen nichtigen Eröffnungsbeschluss **34** 113; Nichtigkeitsbeschwerde **34** 13; prozessuale Überholung **6** 36; Rechtsschutzbedürfnis **6** 35 f.; reformatio in peius **6** 72; Rücknahme **6** 52 a; Sachverhaltsdarstellung **6** 54; Untätigbleiben des Gerichts **6** 14; Unterschrift **6** 40; Verfahren **34** 11 ff.; Verfahrensfähigkeit **6** 23; Veröffentlichung ausländischen Insolvenzverfahren **Art 102 § 7 EGInsO** 2 ff.; Vertretungsmacht **6** 24; – gegen vorbereitende Maßnahme **34** 29 f.; – gegen vorläufige Sicherungsmaßnahmen **21** 10, 34, 38 ff., 74, 94; **22** 21; Wirksamkeit der Beschwerdeentscheidung **6** 74 ff.; zulässiger Angriff **6** 36 a; Zustellung **6** 73; – gegen Zwischenverfügung im Schuldenbereinigungsverfahren **34** 31 ff.

Sofortiges Anerkenntnis 86 23 ff.
Software 35 160 f., 318 f.; **47** 17; **108** 9, 142; **110** 36; **112** 8; Anfechtung **129** 99
Softwareprogramm 47 339
Sonderinsolvenzverfahren, – über Pfandbrief-Deckungsmasse der Hypotheken- und Schiffspfandbriefbanken **27–29** 104; s. auch eheliche Gütergemeinschaft, fortgesetzte Gütergemeinschaft
Sonderinsolvenzverwalter 56 49 ff., 153 ff.; **58** 19; Auswahl **56** 51; Bestellung **27–29** 32, 104 ff.; Entlassung **59** 14, 25, 57
Sonderkonto 47 401
Sondermassen 35 74; Berücksichtigung bei Eröffnung **27–29** 32, 104 ff.; – für Sicherungsvermögen von Versicherungsunternehmen

27–29 105; – im Wertpapierdepotgeschäft **27–29** 106
Sonderveranstaltung 22 109; **80** 118
Sondervermögen der öffentlichen Hand 12 18
Sondervorteil 295 97
Sonderziehungsrecht des Internationalen Währungsfonds 45 18
Sorge für ein Kind 295 46 ff.
Sozialauswahl 125 23 ff.; Allgemeines Gleichbehandlungsgesetz **125** 98 f.; Altersstruktur **125** 34, 94 f.; Altersteilzeit **125** 29; zu berücksichtigende Arbeitnehmer **125** 25 ff., 92; Auswahlrichtlinie **125** 49 ff.; Betriebsbezogenheit **125** 24; Betriebszugehörigkeit **125** 28; Beweislast **125** 39, 100; Bewertungsspielraum **125** 33, 88 ff.; fehlerhafte – **125** 35; Gleichbehandlungsrahmenrichtlinie **125** 29, 32, 89, 95; grob fehlerhafte – **125** 97; Kontrolle im Beschlussverfahren nach § 126 InsO **126** 24 ff.; Kriterien **125** 28 ff.; Lebensalter **125** 29; Namensliste **125** 88 ff.; Personalstruktur **125** 34, 94; Schwerbehinderung **125** 31 f., 89, 91; **126** 2; soziale Gesichtspunkte **125** 88 ff.; Unkündbarkeit **125** 27; Unterhaltspflichten **125** 30; Vergleichbarkeit **125** 25 ff., 92; Weiterbeschäftigung im berechtigten betrieblichen Interesse **125** 34, 93 ff.; Widerspruch gegen Betriebsübergang **128** 12
Sozialgerichtsbarkeit, Rechtsschutz gegen Eröffnungsantrag **14** 97 ff.
Sozialhilfeträger 298 5
Sozialleistung des Arbeitgebers 120 8, 43
Sozialleistungsanspruch, Abtretung **287** 50 f.; Vorausabtretung **287** 50
Sozialleistungsträger 96 25; **114** 32
Sozialplan 38 58; **121, 122** 15 ff.; **220** 21 f.; **221** 81 f.; Abfindung **123** 29; Ablösung **123** 57; absolute Obergrenze **123** 60 ff.; Abwicklung nach Widerruf **124** 20 f.; Allgemeines Gleichbehandlungsgesetz **123** 29, 44 ff.; Alter **123** 45; Altsozialpläne **124** 25 ff.; Anfechtbarkeit **Vor 129–147** 83; **132** 7; **133** 18, 32; Anfechtung **129** 13; Anfechtung eines Spruchs der Einigungsstelle **123** 24 f.; arbeitsvertraglicher – **124** 6, 22 ff.; einvernehmliche Aufhebung **123** 15 f.; – bei Aufhebungsvertrag **123** 48, 61; aufschiebende Bedingung **123** 78; Aussichten auf dem Arbeitsmarkt **123** 39; Ausübung des Widerrufs **124** 12 ff.; Betrieb ohne Betriebsrat **123** 15; Betriebsvereinbarung **123** 53; Betriebszugehörigkeit **123** 44; Bezugnahme auf andere Regelung **123** 20; – mit Dauerregelung **123** 56; **124** 11; Dotierung der einzelnen Forderung **123** 64, 76; – bei Eigenkündigung des Arbeitnehmers **123** 48, 61; Einigungsstellenverfahren **123** 21 ff.; Entlassung **123** 61; Ermessen der Einigungsstelle **123** 37 ff.; Fälligkeit **123** 43; Fortbestand des Unternehmens **123**

Sozialplanforderung

Fette Zahlen = §§

40, 75; freiwilliger – **123** 8, 11; Gegenstand **123** 27 f.; Gesamtausstattung **123** 52; Gläubigerausschuss **123** 26, 42; Gleichbehandlungsgrundsatz **123** 25, 47 ff.; **124** 21; Haftung des Betriebserwerbers **128** 21; Härtefonds **123** 30; – nach Insolvenzeröffnung **123** 12; – vor Insolvenzeröffnung **124** 1 ff.; – im Insolvenzplanverfahren **123** 73 ff.; – im Kleinunternehmen **123** 8, 11; – im Konkurs **123** 1 ff.; **124** 2; Kündigung **123** 56 f.; Leistungen **123** 29 ff.; – für leitende Angestellte **123** 10 f.; öffentlicher Dienst **123** 16; Rahmensozialplan **123** 4; Rechtsgrundlage **123** 18 f.; – bei reinem Personalabbau **123** 9; relative Obergrenze **123** 66 ff.; Schriftform **123** 20; Schwerbehinderteneigenschaft **123** 46; Spruch der Einigungsstelle **123** 23 ff.; Störung der Geschäftsgrundlage **123** 50, 58; und Tarifvertrag **123** 54; tarifvertraglicher – **123** 17; **124** 6, 10, 22 ff.; Teilzeitbeschäftigte **123** 49; Transferleistungen **123** 31 ff.; Umfang **123** 60 ff.; unterlassener Widerruf **124** 17; Vermittlung des Vorstands der Bundesagentur für Arbeit **121**, **122** 29 f.; vorläufige Insolvenzverwaltung **124** 3; vorsorglicher – **123** 14; Widerruf **124** 7 ff.; vom Widerruf betroffene Arbeitnehmer **124** 18 f.; Wirkung **123** 53 ff.; Wirkung des Widerrufs **124** 16; wirtschaftliche Vertretbarkeit **123** 40 f.; Zuschüsse der Bundesagentur für Arbeit **123** 32 ff., 39; Zuständigkeit **123** 20; Zustimmung des Gläubigerausschusses **160** 22

Sozialplanforderung, Abschlagszahlung **123** 71; Feststellungsklage **123** 59; – und Insolvenzplan **217** 81 f.; Masseunzulänglichkeit **123** 69 f.; Masseverbindlichkeit **1** 76 f.; **39** 2; **53** 27; **55** 180 ff.; **123** 67 f.; **209** 37; Verzicht **123** 53; Vollstreckungsverbot **53** 61; **123** 72

Sozialversicherungsbeitrag **47** 359 a; **129** 78 c; **143** 5 a; **InsolvenzStR** 104 a ff.; Anfechtung **129** 49 a; Insolvenzforderung **InsolvenzStR** 104 b; Masseverbindlichkeit **InsolvenzStR** 104 b

Sozialversicherungsleistung **114** 14, 17

Sozialversicherungsträger **12** 17; Eröffnungsantrag **14** 71 ff., **92** ff.; Forderungen **304** 61; Masseverbindlichkeit **55** 190 f.; Zustimmungsersetzung **309** 19

Spanien, Länderbericht **Spanien**

Spannensicherungs-Swap **104** 110, 125 ff.

Sparvertrag **116** 35

Speditionsvertrag **103** 81; Pfandrecht **50** 110

Sperrkonto **47** 402 f.; **50** 51 f.

Spiel **103** 93

Sprecherausschuss **120** 14; **123** 10; **156** 35 f., 39; Beteiligungsrechte im Insolvenzverfahren **Vor 113–128** 6; Mitwirkung bei Planaufstellung **218** 41, 47 f., 63

Ständiger Vertreter bei Zweigniederlassung **14** 118; **31** 56

Stationärvertrag **108** 20
Steinbruch **108** 23
Stellvertretung **35** 132 f.
Sterblichkeitsgewinn **45** 31
Steuerberater **35** 438; **99** 18; berufsrechtliche Auswirkungen einer Insolvenz **80** 16; Entbindung von der Schweigepflicht **5** 30 a; **22** 172; **80** 44, 79; Honorarforderung **35** 385 f.; – als Insolvenzverwalter **56** 57; Vergütung **5 InsVV** 9; Verschwiegenheitspflicht **97** 15, 28; Zutrittsrecht im Eröffnungsverfahren **22** 179
Steuerberatungskosten **26** 19
Steuerberatungsvertrag **103** 105; **116** 27
Steuerbescheid, bestandskräftiger – **257** 26
Steuererklärung **60**, **61** 82; **80** 46, 131 f.; **155** 30 ff.; **208** 71; **InsolvenzStR** 10
Steuererstattungsanspruch, Insolvenzmasse **35** 421 ff.; Sicherungsabtretung **51** 200 ff.
Steuerforderung **42** 5; **Vor 49–52** 16; **202** 7; **304** 61; Anmeldung **174** 18; Aufrechnung **94** 7, 18, 22; **95** 25 ff.; **InsolvenzStR** 25 f ff.; Außenprüfung **InsolvenzStR** 25 p ff.; – nach Beendigung des Insolvenzverfahrens **InsolvenzStR** 26 o; Begründetheit **41** 9; **191** 9 f.; **InsolvenzStR** 129 f.; Beitreibung von Masseverbindlichkeiten **InsolvenzStR** 26 n; Beitreibung von Steuerforderungen gegenüber dem Schuldner **InsolvenzStR** 26 i ff.; Dauerschuldverhältnis **InsolvenzStR** 25 e, 25 h; Duldungsbescheid **InsolvenzStR** 26 f f.; Erlass **InsolvenzStR** 24 l, 49 a; Erlassantrag **80** 134; **InsolvenzStR** 11; Erstattung **InsolvenzStR** 25 l ff.; Fälligkeit **InsolvenzStR** 24 g; Festsetzung der Steuer **InsolvenzStR** 25 b; Feststellung zur Tabelle **178** 88 f.; Feststellungsbescheid nach § 251 AO **80** 133; **185** 5 ff.; **InsolvenzStR** 24 b, 24 l, 25 b, 25 l, 26, 26 h, 26 i, 26 p f.; Forderungsanmeldung **InsolvenzStR** 24 i; Fortsetzung des Verfahrens nach Bestreiten der Insolvenzforderung **InsolvenzStR** 26 j ff.; Haftung **InsolvenzStR** 26 a; Haftungsbescheid **60**, **61** 81; **InsolvenzStR** 26 ff.; Insolvenzforderung **38** 25, 79 ff.; **80** 133; **InsolvenzStR** 24 ff.; Insolvenzplanverfahren **InsolvenzStR** 237 ff.; Klageverfahren **InsolvenzStR** 24 n; Leistungsbescheid **53** 57; Masseunzulänglichkeit **InsolvenzStR** 24 b, 25 d f.; Masseverbindlichkeit **55** 70 ff.; **80** 133; **InsolvenzStR** 25 ff.; Nachhaftung **201** 20; Nachweispflichten **InsolvenzStR** 10; Rechtsbehelfverfahren **InsolvenzStR** 24 e, 26 h; Restschuldbefreiung **301** 16; **InsolvenzStR** 263 ff.; Schätzung **InsolvenzStR** 25 o; Steuererklärung **InsolvenzStR** 10; Steuergeheimnis **InsolvenzStR** 24 j; Verbraucherinsolvenzverfahren **InsolvenzStR** 245, 247 ff.; vereinfachtes Insolvenzverfahren **InsolvenzStR** 263; Verteilung **191** 9 f.; vorläufiger Insolvenzverwalter **InsolvenzStR** 21 a f.; Zahlungsverjäh-

magere Zahlen = Randnummern **Steuergeheimnis**

rung **InsolvenzStR** 26 r; Zustimmungsersetzung **309** 19
Steuergeheimnis im Eröffnungsverfahren **14** 90; **20** 85
Steuergläubiger, Eröffnungsantrag **14** 71 ff., 89 ff.
Steuerschuldnerschaft nach § 13 b UStG InsolvenzStR 159, 160, 172 a f., 179 f., 180 f., 180 c, 187 c, 381
Stiftung 103 109; Antragspflicht **15** 92, 98 ff., 103; Antragsrecht **15** 27, 61 f.; Insolvenzfähigkeit **11** 19; s. auch juristische Person, organschaftlicher Vertreter
Stiftung des öffentlichen Rechts, Insolvenzunfähigkeit **12** 23
Stille Gesellschaft 35 215 ff.; **84** 12 ff., 24; **136** 1 ff.; Anfechtung von Rechtshandlungen **136** 1 ff.; Antragsrecht der Gesellschafter gegeneinander **15** 43; Auseinandersetzungsrechnung **84** 12 f.; Auszahlung von Gewinnanteilen **136** 20; Einlagerückgewähr **136** 1, 16 ff.; Erlass des Verlustanteils **136** 17, 21; Erlass einer Einlageforderung **136** 20; Eröffnung des Insolvenzverfahrens **118** 5; Insolvenzfähigkeit **11** 48; Kündigung **136** 10 ff.; Sicherheitenbestellung **136** 18; Zuständigkeit des Insolvenzgerichts **3** 19
Stimmrecht(sfestsetzung), Absonderungsberechtigte **76** 24 f.; **77** 41 f.; **237, 238** 4, 12 ff.; Änderung **77** 20 ff.; Anfechtbarkeit **77** 25 ff.; **237, 238** 2, 26 ff.; aufschiebend bedingte Forderung **77** 40; ausländischer Insolvenzverwalter **341** 19 ff.; Ausschluss des Stimmrechts **77** 35 ff.; Einigung über Stimmrecht **77** 10 ff.; Entscheidung des Insolvenzgerichts **77** 13 ff.; Forderungsanmeldung **237, 238** 6 f., 25; Gläubiger angemeldeter und nicht bestrittener Forderungen **77** 2 ff.; **174** 25; Gläubiger bestrittener Forderungen **77** 7 ff.; Insolvenzgläubiger **237, 238** 6 ff.; – im Insolvenzplanverfahren **237, 238** 1 ff.; Regressberechtigter **44** 19; Stimmrechtsliste **239** 1; „vorläufig" bestrittene Forderungen **77** 17; Wirkung **77** 31 ff.; Zeitpunkt **237, 238** 5
Stockwerkseigentum 35 169
Streitgenossenschaft 4 14; **80** 82; **Vor 85–87** 17 f.
Streitwertbeschwerde 6 65
Stundung 41 7; – im Insolvenzplan **255** 11
Substantiierungspflicht und Auskunftspflicht **20** 19 f.
Südafrika, Länderbericht **Südafrika**
Sukzessivlieferungsvertrag 35 70; **38** 24; **105** 9 f., 12
Surrogat, Aussonderung **47** 31; **48** 10 f., 11 a
Surrogation, dingliche – **48** 10 f.; **Vor 49–52** 63 ff.; **50** 7, 112 a; **91** 66; rechtsgeschäftliche – **48** 11 a; rechtsgeschäftliche – **Vor 49–52** 68 ff.; **50** 112 a

Swapgeschäft 104 66 ff., **105** ff.
Swap-Option 104 73
Systemrichtlinie 340 1

Tabellenauszug 179 45; **201** 21 ff.; Rechtsmittel **201** 39; Zuständigkeit **201** 26 ff.
Tabelle(neintrag) 152 3 f.; **175** 1 ff.; **302** 16 ff.; Änderung/Berichtigung **4** 79; **175** 14; **178** 51 f.; **183** 7 f.; **201** 24; Eigenverwaltung **283** 5 f.; Eintragung des Prüfungsergebnisses **178** 47 ff.; Kollision mit älterem Vollstreckungstitel **45** 45; maschinelle Herstellung **175** 11 ff.; Niederlegung **175** 11 ff.; Rechtskraftwirkung der Eintragung **4** 80; **45** 57; **178** 5, 55 ff.; **201** 21; Schadensersatzanspruch des Vermieters **109** 32, 61; Zwangsvollstreckung **201** 21 ff.
Tankstellenkonto 47 400
Tariflohnerhöhung, Anrechnung übertariflicher Leistungen **120** 61 ff.
Tarifsozialplan 123 17; **124** 6, 10, 22 ff.
Tarifvertrag 103 96; **Vor 113–128** 12 f.; **113** 15; **120** 42 ff.; **221** 83; Änderung des –s **120** 46 ff.; außerordentliche Kündigung **120** 53 ff.; Bezugnahme auf – **120** 51 f.; Nachwirkung **120** 55; Öffnungsklausel **120** 49; Richtlinie über Sozialauswahl **125** 51; Sanierungstarifvertrag **120** 47 ff.; Tarifkonkurrenz **120** 48 f.
Tauschvertrag 103 73
Teilbare Leistungen 55 114 ff.; **103** 99; **105** 1 ff.; **108** 149 ff.; Beispiele **105** 15 ff.; mangelhafte Leistung **105** 16 f.; mehrteiliges Unikat **105** 23, 28 ff.; Sukzessivlieferungsverträge **105** 9 f., 12; Teilbarkeit **105** 6 ff.; unteilbare Leistungen **105** 21 ff.; vertragliche Bestimmung **105** 37; Wiederkehrschuldverhältnisse **105** 9 f., 12; zwingendes Recht **105** 37
Teilerlass im Insolvenzplan **255** 11
Teilmithaftung 43 28 ff.; **44** 25
Teilzeitbeschäftigung 295 34, 46
Telekommunikation 112 6
Telekommunikationsnetz 108 21
Terminsbestimmung, Anwendbarkeit der ZPO-Regeln **4** 49; – im Eröffnungsbeschluss **27–29** 77 ff.; **34** 67 f., 80 ff.
Testamentsvollstrecker, Antragberechtigung des verwaltenden **317** 4; Beschwerdeberechtigung gegen Eröffnungsbeschluss **317** 11; Bestellung des -s zum Insolvenzverwalter **Anh. 315** 37; Geschäftsschulden des -s **325** 9; Planvorlagerecht des -s **317** 4; Rechte des -s nach Verfahrenseröffnung **317** 4; Vergütungsanspruch **324** 12; kein Zurückbehaltungsrecht wegen seiner Aufwendungen **323** 2
Testamentsvollstreckung 83 5, 8; Schuldner als Testamentsvollstrecker **80** 44
Titelumschreibung, – gegen den Insolvenzverwalter **Vor 49–52** 147; **80** 96; – auf den Schuldner **80** 98; – gegen den Schuldner **80** 98

1869

Tod des Schuldners 13 81; **27–29** 21; **34,** 57, 120; – vor Entscheidung über den Antrag auf Restschuldbefreiung **Vor 315** 6; – vor Eröffnung des Insolvenzverfahrens **Vor 315** 4; – im Insolvenzplan(verfahren) **217** 47, 54; – während des Insolvenzverfahrens **Vor 315** 3; – während des Verbraucherinsolvenzverfahrens **Vor 315** 5 a; – während der Wohlverhaltensperiode **299** 16; **Vor 315** 7
total return swap 104 109
Traditionspapier 47 18
Transferkurzarbeitergeld 123 36
Transferleistung, Sozialplan **123** 31 ff.
Transportgeschäft 47 299 a
Treugut, Bestimmtheitsprinzip **292** 6; Drittwiderspruchsklage **292** 6 ff.; Offenkundigkeitsprinzip **292** 5 f., 6; Unmittelbarkeitsgrundsatz **292** 5 f.; Zugriff Dritter auf das Treuhandvermögen **292** 6 ff.; Zwangsvollstreckung in das – **292** 6 ff.; **294** 23
Treuhand 35 116 ff.; **43** 21; **47** 34, 354 ff.; **48** 29; **116** 21 ff.; Anfechtbarkeit **129** 139 a ff., 159; **134** 13; außergerichtlicher Treuhandliquidationsvergleich **47** 390 a; Bestimmtheitsprinzip **47** 358 a; „deferred compensation" **47** 388; Doppelinsolvenz **47** 372, 382; Doppeltreuhand **35** 126 ff.; **47** 386 ff.; **51** 23; **116** 25; echte – **35** 117 ff.; **47** 360 ff.; eigennützige – **47** 373 ff.; **116** 24; **129** 141; Ersatzaussonderung **48** 59; Gesellschafter als Treuhänder **47** 365 f.; Herkunftsprinzip **47** 357 a; Insolvenz des mit dem Schuldner nicht identischen Treugebers **47** 384; Insolvenz des mit dem Treugeber nicht identischen Schuldners **47** 383; Insolvenz des Treugebers **35** 125; **47** 371, 381; **129** 140; Insolvenz des Treugebers und des Schuldners **47** 385; Insolvenz des Treuhänders **47** 369, 375 ff.; **129** 139 a; Lohnsteuerzahlung **47** 359 b; mehrseitige – **47** 386, 390 a, 394; Natur der – **47** 356 ff.; Offenkundigkeitsprinzip **47** 357 b, 392 a; Software-Escrow **47** 387; Sozialversicherungsbeitrag **47** 359 a; Surrogation **35** 124; Treuhänder als Strohmann **47** 370; Treuhandkonto s. dort; Ummittelbarkeitsprinzip **47** 392 a; unechte – **35** 121 ff.; **47** 359; uneigennützige – **47** 359 ff.; **116** 21; **129** 139 a; **134** 13; Unmittelbarkeitsprinzip **47** 357; „Vereinbarungstreuhand" **47** 390 b f.; Vermögenstrennungsprinzip **47** 358, 392 a; Zentralregulierung durch Einkaufsverbände **47** 387
Treuhänder im Restschuldbefreiungsverfahren, Abführung des „Motivationsrabattes" an den Schuldner **292** 31 ff.; **298** 14; Aufgaben **292** 14 ff.; Aufsicht des Insolvenzgerichts **292** 62 ff.; Beginn/Ende des Amtes **292** 11 ff.; **299** 2, 8; Benachrichtigungspflicht gegenüber den Gläubigern **292** 50 ff.; Beratung/Betreuung des Schuldners **292** 40 f.; Drittschuldnerklage **292** 19; Einziehung der übergegangenen Bezüge **292** 18 ff.; Entlassung **59** 10; **292** 65 ff., 81 f.; Prozesskostenhilfe **292** 20; Rechnungslegung **292** 23, 57 ff.; Rechtsmittel **292** 82; Rechtsstellung **292** 3 f.; **293** 4; steuerrechtliche Pflichten **292** 41, 59; Treuhandkonto **292** 24 ff.; Überprüfung eingehender Beträge **292** 19; Überwachung des Schuldners **292** 42 ff.; Unterrichtung über die Abtretung **292** 15 f.; Verteilung auf Grund des besonderen Feststellungsverfahrens (RegE) **292** 83 ff.; Verteilung gemäß Schuldenverzeichnis **292** 27 ff.; Verzinsung des eingehenden Geldes **292** 26; Vorschlagsrecht **288** 1 ff.
– **Auswahl/Bestellung 288** 1 ff.; **289** 31, 58; **291** 17 f.; **292** 9, Anforderungen an die Qualifikation als Treuhänder **288** 24, Anwälte **288** 31, Auswahl aus Liste **288** 15, Auswahlkriterien **288** 25, Begründungspflicht **288** 13, Bestimmungsrecht **288** 14, Ermessen **288** 26, Freunde **288** 33, Gerichtsvollzieher **288** 30, Gläubiger **288** 32, Insolvenzverwalter **288** 31, Mitarbeiter der Beratungsstellen der Wohlfahrts- und Verbraucherverbände **288** 29, natürliche/juristische Person **288** 18 ff., Rechtsmittel **289** 38, Stellungnahme **288** 11, Verwandte **288** 33, Vorschlagsrecht **288** 1 ff.
– **Haftung 292** 50, 70 ff., deliktische Haftung **292** 77, Haftung gegenüber Dritten **292** 78, Haftung im Rahmen der Überwachung **292** 75 f., Haftung im Rahmen der Verwaltung **292** 73 f., Haftungsmaßstab **292** 79, Haftungsprivilegierung des unentgeltlich tätigen Treuhänders **292** 80, normative Grundlage **292** 72 ff., Verjährung **292** 74, 76
Treuhänder im vereinfachten Insolvenzverfahren, Aufgaben **313** 9; Auswahl/Bestellung **27–29** 29 ff., 35 f.; **313** 4 ff.; Entlassung **59** 10; Vorschlagsrecht **288** 4 ff.
Treuhand(konten)modell 22 71
Treuhandkonto 35 118, 123; **47** 392 ff., 401; **149** 13; **292** 24 ff.; AGB-Pfandrecht **50** 47
Treuhandvertrag 103 105
Tschechische Republik, Länderbericht Tschechische Republik
Turboprämie 123 43

Überbrückungskredit 217 108
Übergangsvorschriften (EGInsO), Anfechtung (Art. 106) **359** 16; Anwendung oder Fortgeltung des alten Rechts (Art. 103, 104) **359** 20 ff.; Restschuldbefreiung (Art. 107, 108 EGInsO) **286** 72 f.; **359** 17, 19; Schuldverschreibungen (Art. 109) **359** 18; Überblick (Art. 103 ff.) **359** 13 ff.
Überleitungsrechnung Vor 151–155 29
Übernahmegesellschaft 217 95; Kosten der Planüberwachung **269** 9; Planüberwachung **260** 17 ff.

magere Zahlen = Randnummern   **Überschuldung**

Überschuldung 19 1 ff.; **135** 48 f., 60; **320** 4 ff.; ältere zweistufige Methode **19** 35 ff., 38, 43, 51; Antragspflicht **19** 119; Antragsrecht **19** 120 ff.; Cash-flow nach Soll-Kapitaldienst **19** 62; einstufige Überschuldungsmessung **19** 21 ff.; Finanzplan **19** 54 ff.; Finanzplanüberschuss (Netto-Cash-flow) **19** 83; Fortbestehensprognose **19** 84, 89; Fortführungsfähigkeit **19** 111; Fortführungsprognose **19** 15, 39 ff., 52 ff.; mehrwertige Fortführungsprognose **19** 58 ff.; modifizierte zweistufige Überschuldungsmessung **19** 15 ff., 38 ff.; Operating Cash Flow nach Steuern (NOCF) **19** 62; Periodenverbund **19** 79 ff.; privater Haushalt **304** 27; Prognose der Ertragsfähigkeit **19** 5 ff.; Prüfung der Ertragsfähigkeit **19** 6; Prüfungsreihenfolgen **19** 46; rechnerische Überschuldung **19** 15, 39 ff.; subjektive Wahrscheinlichkeit **19** 67; Terminierungsregel **19** 1; Überschneidungsbereich zwischen Überschuldung und drohender Zahlungsunfähigkeit **18** 52 ff.; **19** 123 ff.; Überschuldungsbilanz **19** 84 ff.; überwiegende Wahrscheinlichkeit **19** 52, 66 f.; Zahlungsfähigkeitsprognose **19** 51, 53; Zustandsbaum **19** 59; zweistufige Methode **19** 42 ff.

Überschuldungsbilanz 19 84 ff.; Betriebsbestenswerte **19** 110; Drohverlustrückstellungen **19** 100; Gesellschafterdarlehen **19** 104 ff.; Pensionsrückstellungen **19** 102 f.; Prüfzeitpunkt **19** 86; Rückstellungen **19** 99, 115 ff.; Sozialpläne **19** 115; verfallbare Anwartschaften **19** 115; Vermögen **19** 91 ff., 110 ff.

Überschussrechnung 66 10

Übersicherung Vor 49–52 82 ff.; **51** 173, 207; **Vor 129–147** 73; **171** 15

Übertragungsplan 217 168 ff.; **218** 15

Überweisungsverkehr 82 3 a, 17 ff.; **116** 37 ff., 51 ff.; Insolvenz des Überweisenden **82** 21; Insolvenz des Überweisungsempfängers **82** 18 ff.; kontokorrentmäßige Verrechnung **82** 20

Überweisungsvertrag 21 58; Aufwendungsersatzanspruch **81** 12 a; Ausführung des -s **81** 12 b; Direktkondiktion **82** 22; Verfügungswirkung **81** 12 b

Ukraine, Länderbericht **Ukraine**

Umrechnung von Forderungen 45 1 ff.; **201** 9 ff.; Aufrechnung **45** 60 ff.; Berücksichtigung späterer Entwicklungen und Erkenntnisse **45** 29 ff.; Insolvenzplanverfahren **45** 47 ff.; Umwandlungsthese **45** 39 ff.; **201** 12 f.; Wirkung gegenüber Dritten **45** 50 ff.; Wirkung über das Verfahren hinaus **45** 36 ff.

Umsatzsteuer 36 40; **38** 87 ff.; **129** 109 a; **143** 5 a; **155** 29, 38 f.; **265** 253 ff.; **166** 25; **170** 13, 38; **InsolvenzStR** 116 ff., 381 ff.; Absonderungsrecht **InsolvenzStR** 172; Änderung der Bemessungsgrundlage **InsolvenzStR** 147 ff.; Anfechtung **129** 49 a; Anzahlung **InsolvenzStR** 131 a, 187 d, 191 e f.; Aufhebung des Insolvenzverfahrens ohne Vorbehalt der Nachtragsverteilung **InsolvenzStR** 202; Aufrechnung **InsolvenzStR** 132 a, 148, 198, 202; Ausstellen von Rechnungen gem. § 14 Abs. 1 UStG **InsolvenzStR** 141 ff.; Beendigung des Insolvenzverfahrens **InsolvenzStR** 199 ff.; Begründetheit von umsatzsteuerrechtlichen Forderungen **191** 9 f.; **InsolvenzStR** 129 f.; Begründung durch Insolvenzverwalter **InsolvenzStR** 122 ff.; Begründung durch vorläufigen Insolvenzverwalter **InsolvenzStR** 127 f.; Berichtigung zu hoch ausgewiesener Vorsteuer **InsolvenzStR** 149; Betriebsvorrichtungen **InsolvenzStR** 179; Dauerfristverlängerung **InsolvenzStR** 198; Doppelumsatz **InsolvenzStR** 165, 170 ff., 176, 180, 180 a ff.; Dreifachumsatz **InsolvenzStR** 180 a, 180 c; Eigentumsvorbehaltsware **InsolvenzStR** 188 ff.; Einfuhrumsatzsteuer **InsolvenzStR** 383 a; Einstellung wegen Masselosigkeit **InsolvenzStR** 203; erneuter Vorsteuerabzugsanspruch **InsolvenzStR** 148; Erstattungsanspruch gegenüber Sicherungsnehmer **InsolvenzStR** 173; Feststellungskostenpauschale **InsolvenzStR** 159, 172, 177; Freigabe **35** 89, 92 ff.; **165** 209 a ff., 259 a; **170** 25; **171** 43; **InsolvenzStR** 168 ff.; Geltendmachung der Umsatzsteuerforderung **InsolvenzStR** 133 f.; Geschäftsveräußerung im Ganzen **InsolvenzStR** 181; Grundstückszubehör **InsolvenzStR** 178 ff.; Haftung nach § 25 d UStG für Umsätze des vorläufigen Insolvenzverwalters **InsolvenzStR** 187 f; Immobiliarvollstreckung **165** 253 ff.; innergemeinschaftliche Lieferung **InsolvenzStR** 384 f.; innergemeinschaftlicher Erwerb **InsolvenzStR** 383; Insolvenz der gesamten Organschaft **InsolvenzStR** 191 d; Insolvenz der Organgesellschaft **InsolvenzStR** 191 a; Insolvenz des Organträgers **InsolvenzStR** 191 b f.; Insolvenzforderung **38** 87 ff.; **InsolvenzStR** 122, 127 ff., 129, 131, 132 f., 134, 135, 137, 141, 147 ff., 151, 168, 170, 180 h, 182, 184, 187 a ff., 189, 190 a, 190 c, 191 c, 191 f, 194, 198; Istbesteuerung **InsolvenzStR** 124; Leasingvertrag **InsolvenzStR** 196 f.; Masseunzulänglichkeit **InsolvenzStR** 203; Masseverbindlichkeit **38** 88, 92; **171** 41 ff.; **191** 11; **InsolvenzStR** 122, 127, 131 b, 137 ff., 151 f., 159, 160, 165, 169 f., 172 f., 176, 179 ff., 180, 182 f., 187 a, 187 c, 187 e, 191 b, 194 f., 197 ff.; Miet- und Pachtverhältnis **InsolvenzStR** 193 ff.; nachrangige Insolvenzforderungen **InsolvenzStR** 135 f.; Nachtragsverteilung **InsolvenzStR** 201; Nutzung des Gegenstandes durch den Insolvenzverwalter **InsolvenzStR** 170 a; Option nach § 9 UStG **InsolvenzStR** 176 ff.; nicht erkannte Organschaft **InsolvenzStR** 191 g; Folgen der Organschaftsbeen-

1871

Umweltaltlast
Fette Zahlen = §§

digung **InsolvenzStR** 191 e f.; Organschaftsbesteuerung **InsolvenzStR** 191 ff.; § 13 b UStG **InsolvenzStR** 159, 160, 172 a f., 179 f., 180 f., 180 c, 187 c, 381; § 13 c UStG **166** 49 ff.; **171** 40; **InsolvenzStR** 180 d ff.; Personengesellschaft **InsolvenzStR** 192; Reihen- und Dreiecksgeschäft **InsolvenzStR** 385 f.; Reverse-Charge-Verfahren **InsolvenzStR** 381 f.; Rückforderung von Vorsteuern **38** 91 f.; **191** 12; **InsolvenzStR** 147; sale-and-lease-back **InsolvenzStR** 196; Steuererhebung **InsolvenzStR** 129 ff.; steuerfreie Ausfuhrlieferungen **InsolvenzStR** 384 b; Steuernummer **InsolvenzStR** 122; steuerpflichtiger Umsatz **InsolvenzStR** 156 ff.; Teilleistung **InsolvenzStR** 182 ff.; Überlassung zur abgesonderten Befriedigung gem. § 170 Abs. 2 InsO **170** 25; **InsolvenzStR** 163 ff.; Umsatzsteuerforderung **InsolvenzStR** 131 ff.; Umsatzsteuersondervorauszahlung **InsolvenzStR** 198; Umsatzsteuer-Voranmeldungsverfahren **InsolvenzStR** 153 ff.; Umsatzsteuervorauszahlung **InsolvenzStR** 124, 153, 182, 198; Uneinbringlichkeit **InsolvenzStR** 132, 147; umsatzsteuerrechtliche Unternehmereigenschaft **InsolvenzStR** 116 ff.; Veräußerung gem. §§ 159, 166 InsO **InsolvenzStR** 157 ff.; Vergütung des Insolvenzverwalters **1 InsVV** 14; **7 InsVV**; **InsolvenzStR** 125; Verwertung durch den Sicherungsgeber **InsolvenzStR** 180 c; Verwertung durch den vorläufigen Insolvenzverwalter **InsolvenzStR** 180; Verwertung durch Insolvenzverwalter **170** 13; **171** 42; **InsolvenzStR** 156 ff.; Verwertung durch Sicherungsgläubiger **170** 25 a; **171** 6, 42; **InsolvenzStR** 171 ff., 180 b; Verwertung von Gegenständen mit Besitzpfandrechten **InsolvenzStR** 174; Verwertung von Immobilien mit Grundpfandrechten **InsolvenzStR** 175 ff.; Verwertung von Sicherungsgut **170** 13; **171** 39 ff.; **220** 35; **InsolvenzStR** 156 ff.; Verwertung von Sicherungsgut außerhalb des Insolvenzverfahrens **InsolvenzStR** 180 a ff.; Verwertung von zur Sicherheit abgetretenen Forderungen **InsolvenzStR** 180 d ff.; Verwertungskostenpauschale **171** 45; **InsolvenzStR** 159; Verzicht auf Steuerbefreiung nach § 9 UStG **InsolvenzStR** 152; Vorsteuerabzug **InsolvenzStR** 132; Vorsteuerberichtigung nach § 15 a UStG **InsolvenzStR** 150 f.; Vorsteuerüberhang **InsolvenzStR** 132 a; Werkverträge **InsolvenzStR** 187 a ff.

Umweltaltlast 35 84, 95 ff.; **38** 39 f., 45; **55** 77 ff.; **80** 142 f.; Bundesbodenschutzgesetz **165** 203 ff.; Ersatzvornahmekosten **35** 95, 97 ff.; **55** 94 ff.; **165** 190 ff.; **209** 24 a; Freigabe **55** 99 ff.; **60, 61** 16; **80** 69; **159** 11; **165** 188, 190 ff.; öffentliche Grundstückslast **165** 204 f., 208; ordnungsrechtliche Verantwortlichkeit **35** 95; **55** 78 ff.; strafrechtliche Verantwortlichkeit **80** 152 f.; Verhaltens- und Zustandsverantwortlichkeit **55** 82 f.

Umweltstrafrecht 80 152 f.

Unbewegliche Sachen 108 36 ff.; Aussonderung **47** 20

Unentgeltliche Leistung 129 61, 179; **134** 1 ff.; **142** 21; **143** 1; **145** 2; Anerkenntnis **134** 30; Anstandspflicht **134** 24, 38, 46; Aufgabe eines Rechts **134** 8; Bedachte **134** 14; Bürgschaft **134** 34; Dreipersonenverhältnis **134** 18; Erfüllung einer eigenen Verbindlichkeit **134** 26; Gebrauchsüberlassung **134** 9; gemischte Schenkung **134** 41; „geringwertige" Geschenke **134** 48; gesellschaftsrechtliche Abfindungsklausel **134** 39; Lebensversicherung **134** 16; mittelbare Zuwendung **134** 8; nachträgliche Vergütung **134** 38; Notverkauf **134** 25, 41; objektive Bestimmung **134** 22; Prozesshandlung **134** 9; nicht rechtsgeschäftliche Handlung **134** 9; Ruhegeld **134** 35; Schenkung **134** 6, 24, 26, 46 ff.; Schenkung unter Auflage **134** 12; Sicherung einer eigenen Verbindlichkeit **134** 27 ff.; Sicherung fremder Schuld **134** 33 ff.; Sozialplanleistung **134** 35; Spenden **134** 24; subjektive Bewertung **134** 40; subjektive Vorstellung **134** 22; teilweise – **134** 41 f.; **143** 18; Tilgung fremder Schuld **134** 31 ff.; Unentgeltlichkeit **134** 17 ff.; Unterlassen **134** 10; unwirksame Leistung **134** 5; Verfügung **134** 8; verschleierte Schenkung **134** 24, 41 a; Vertrag zugunsten Dritter **134** 15 f.; Vornahme **134** 20, 44; vorzeitige Erfüllung **134** 24; Weihnachtsgratifikation **134** 35; Zuwendungen im Familienbereich **134** 36 ff.; Zwangsvollstreckung **134** 7

Unerlaubte Handlung, Feststellungsprozess **302** 20 ff.; Forderungsanmeldung **175** 16 f.; **302** 9 ff.; – des Insolvenzverwalters **55** 30 ff., 36; Restschuldbefreiung **302** 7 ff.; Widerspruch gegen Forderungsanmeldung **302** 15 ff.

Unfallversicherung, Pfändungsschutz **36** 45

Ungerechtfertigte Bereicherung 265 25 ff.

Universalitätsgrundsatz Einl 64

Unpfändbare Gegenstände 22 39; **36** 5 ff.; **Anh. 315** 10; Anfechtung **129** 84 ff.; Ansprüche auf Herausgabe/Verschaffung unpfändbarer Sachen **36** 46; Ansprüche aus dem Gesellschaftsverhältnis **36** 50; Anwendbarkeit der §§ 850 ff. ZPO **36** 42; Apothekeneinrichtung **36** 26, 75, 77 f.; Arbeitseinkommen **4** 36; **36** 40 ff.; Auslandsvermögen **18 EuInsVO** 16; Begriff **36** 5 f.; Bestattungsgegenstände **36** 38; bewegliche Sachen **36** 7 ff.; Dienstkleidung **36** 30; Erwerbsgegenstände der Witwen und minderjährigen Kinder **36** 29; Fahrnisversicherung **36** 47; Forderungen **36** 39 ff.; Gegenstände zur Erwerbstätigkeit **36** 17 ff.; Gehalt **36** 32 f.; Gerichtszuständigkeit **36** 42, 79; Geschäfts-

magere Zahlen = Randnummern   **Unterbeteiligung**

bücher s. dort; Haushalt **36** 8 ff.; Haushaltsbücher **36** 36; Hausrat **36** 60 ff.; Kirchenbücher **36** 34 f.; künstliche Gliedmaßen **36** 37; landwirtschaftliches Inventar **36** 26, 75 f., 78; Lohn **36** 32 f.; Nahrungsmittel **36** 13; Naturalien der landwirtschaftlichen Arbeitnehmer **36** 16; Nutzungsrecht **36** 57 b; persönliche Sachen **36** 8 ff.; Pfändungsschutz **36** 44; Pfändungsschutzverzicht **36** 58; Pflichtteilsanspruch **36** 53; private Kranken-, Lebens- und Unfallversicherungen **36** 45; Recht der Eltern nach § 1649 Abs. 2 S. 1 BGB **36** 56; Recht zur Rücknahme einer hinterlegten Sache **36** 49; Rentenansprüche **36;** Rückforderungsanspruch des verarmten Schenkers **36** 53; Schenkungswiderruf **36** 53; Schulbücher **36** 34; Sozialgesetze **36** 57; Tiere **36** 14; Unterhaltsansprüche **36;** Urheberrecht **36** 57 b; vermögensrechtliche Ansprüche zwischen Ehegatten **36** 52; Verzicht auf Pfändungsschutz **36** 58 f.; Vorkaufsrecht des Schuldners **36** 55; Zugewinnausgleich **36** 53; Zweckbestimmung **36** 57 a

Unterbeteiligung 84 15

Unterhalt 1 3; **35** 61; – nach aufgehobener Ehe **40** 2, 7, 19; ehelicher – **40** 8; – bei Eigenverwaltung **100** 30; **278** 1 ff.; Eröffnungsverfahren **22** 46; Familie des Schuldners **100** 16 f., 26; – aufgrund der Geburt/wegen Betreuung eines nichtehelichen Kindes **40** 2, 10, 19; – aus der Insolvenzmasse **40** 3, 25; **53** 26; **100** 13 ff.; – nach LPartG **40** 2, 11, 19; nachehelicher – **40** 2, 8, 19, 22 f.; notwendiger Unterhalt **40** 22; **100** 22 ff.; Sozialfürsorge **40** 13; – im Verbraucherinsolvenzverfahren **100** 29; Verfahren der Unterhaltsgewährung **100** 31 ff.; vertretungsberechtigte pesönlich haftende Gesellschafter **101** 26; – unter Verwandten **40** 9; Wohnung **100** 15, 25, 28; s. auch Mittel zur Lebensführung des Schuldners

Unterhaltsansprüche 38 76; **82** 4; **327** 6; Altmasseverbindlichkeit **209** 36; deliktische Unterhaltsrenten **40** 14; – gegen den Erben **40** 2, 18 ff.; familienrechtliche – **40** 1, 6 ff.; laufende – **40** 1, 5, 18 ff.; – minderjähriger Kinder **40** 24; Nachforderungsrecht **40** 15, 17; Nachlassinsolvenzverfahren **324** 2, 13; **325** 3 f.; Neuerwerb des Schuldners **40** 1, 5; – nicht familienrechtlicher Natur **40** 14; Obliegenheit zur Einleitung der Verbraucherinsolvenz **40** 24; Pfändungsfreigrenze **40** 24; Pfändungsschutz **36** 43; rechtsgeschäftlich begründete – **40** 14; Restschuldbefreiung **40** 5, 13, 15 ff., 23; – im Restschuldbefreiungsverfahren **292** 30; **301** 14 f.; rückständige – **40** 5, 15 ff.; schuldrechtlicher Versorgungsausgleich **40** 12; Übergang, Überleitung **40** 13, 15, 17, 23; – für die Vergangenheit **40** 15; Wohlverhaltensperiode **40** 16, 23

Unterhaltsberechtigte, Schlechterstellung **40** 5; **100** 19; **292** 30

Unterhaltsgläubiger, Zwangsvollstreckung **89** 36; **114** 46; **294** 4, 6 f., 21 f., 22

Unterlassungsanspruch 35 429; **38** 38 ff.; **45** 8; **55** 60 ff.; Aussonderung **47** 352

Unternehmen, Begriff **158** 5; **160** 13

Unternehmensfortführung, Bewertungsalternativen **220** 31 ff.; drohende Zahlungsunfähigkeit **220** 29; Fortführungswert **220** 36 ff.; Fortführungswürdigkeit **220** 26 ff.; Grundsatz des Going Concern **220** 37; Liquidationswert **220** 32 ff.; Rekonstruktionswert **220** 38; Sanierungsfähigkeit **220** 27; Stilllegungswert **220** 32 ff.; Zerschlagungswert **220** 32

Unternehmensgesamtwert, investitionsorientiertes Bewertungsverfahren **220** 61 f.; Capital Asset Pricing Model (CAPM) **220** 62; DCF-Verfahren **220** 61; Discounted Cash Flow-Verfahren **220** 61; Eigenkapitalrentabilität **220** 62; Ertragswertverfahren **220** 63; Fortführungswert **220** 62; Free Cash Flows (FCF) **220** 62; kaufmännische Berechnungsmethode **220** 63; kombinierte Verfahren **220** 66; Mittelwertverfahren **220** 65; Praktikerverfahren **220** 61; Substanzwertverfahren **220** 64; Unternehmensgesamtwert (UW) **220** 62; Weighted-Average-Cost-of-Capital (WACC) **220** 62

Unternehmenspacht 108 44

Unternehmensspaltung, Kündigung von Arbeitsverhältnissen **113** 21

Unternehmensumwandlung 125 4

Unterrichtung ausländischer Gläubiger **Art 102 § 11 EGInsO** 2 ff.; **40 EuInsVO** 4 ff.

Unterstützungspflichten des Schuldners s. Mitwirkungspflichten des Schuldners

Untersuchungsgrundsatz Einl 51; **3** 37; **4** 11; **5** 11 ff.; Art und Umfang **5** 21 f.; Aufklärungsmittel **5** 23 ff.; Ermittlungspflicht **5** 19; – im Insolvenzplanverfahren **Vor 217–269** 43 ff.

Untreue, Insolvenzverwalter **80** 146 ff.

Unvertretbare Handlung 38 43 ff.

Unvollkommene Verbindlichkeit 38 48

Unvollständiger Anspruch 38 50

Urheberrecht 35 153, 161, 339 ff., 350 ff.; **36** 57 b; **47** 339; **80** 52; **Anh. 315** 14; Anfechtung **129** 98; internationales Insolvenzrecht **351** 14

Urlaubsanspruch 45 8 a; **80** 55

Urlaubsentgelt 114 9

US-amerikanisches Insolvenzrecht, Länderbericht **Vor 286–303** 5 ff.; **Vereinigte Staaten von Amerika**

Veranlagungszeiträume, Geschäftsjahr **InsolvenzStR** 82; Rumpfgeschäftsjahr **InsolvenzStR** 82

Verarbeitung 35 145 ff., 151 f.; **47** 23 f.; **91** 52 f.; **172** 38, 46

1873

Verarbeitungsklausel

Verarbeitungsklausel 22 49; **35** 146, 149; **47** 24, 106 ff., 118, 200; **Vor 49–52** 70; **51** 110 ff.; **107** 27; Kongruenz **131** 22; Sicherungskonflikte **47** 171 f., 174
Veräußerung im funktionalen Sinne **22** 76
Veräußerungsabsicht Absonderungsgut **168** 1 ff.; Hinweismöglichkeiten der Gläubiger **168** 19, 24 ff.; Notverkauf **168** 11 f.; Pflicht des Verwalters **168** 14 ff.; Anwendung auf zedierte Forderungen **168** 7 ff.
Veräußerungsverbot 80 154 ff.
Verbindung 35 57, 144, 151 f.; **47** 23; **91** 52 f.; **172** 38 ff.
Verbraucher, Begriff **304** 50 f.
Verbraucherinsolvenz, konkursrechtliche Abwicklung **304** 6 f.
Verbraucherinsolvenzverfahren Einl 23; **1** 110 ff.; **35** 462; **Vor 49–52** 157 ff.; **203** 2; **Vor 217–269** 29 f.; Amtsermittlung **5** 15 b; Anfechtbarkeit von Zwischenverfügungen **34** 31 ff.; Antrag des Gläubigers **305** 27 f.; **306** 20; **311** 3 f.; Antrag des Schuldners **305** 27 f.; **306** 21; **311** 3; Anwendungsbereich **304** 18, 49 ff.; **InsolvenzStR** 245 f.; Anwendungsbereich nach dem GesE v. 23. 1. 2007 **304** 70 ff.; Aufrechnung **InsolvenzStR** 257; Auskunfts- und Mitwirkungspflichten des Schuldners **97** 44; **98** 39; Beschwerde im Eröffnungsverfahren **34** 31 ff.; Ergänzungsaufforderung **305** 81 f.; Erklärung zur Restschuldbefreiung **287** 19; Eröffnungsbeschluss s. dort; Eröffnungsverfahren **311** 12 ff.; Forderungen aus Arbeitsverhältnissen **304** 18, 61; Form des Eigenantrags **13** 96; Gelegenheit zum Eigenantrag **14** 129, 132; Gläubigerantrag **287** 20; Grundstruktur **304** 46; Insolvenzanfechtung **Vor 129–147** 99; **129** 188, 190 f.; materielle Prüfungskompetenz des Insolvenzgerichts **305** 90 f.; Mehrbelastung der Gerichte **304** 11; Mindestquote **304** 14; natürliche Personen mit beendeter selbständiger wirtschaftlicher Tätigkeit **304** 59 ff.; natürliche Personen ohne selbständige wirtschaftliche Tätigkeit **304** 50 ff.; Prozesskostenhilfe **304** 77 ff.; Rechtsmittel **305** 97 ff.; **306** 19; **307** 12; **308** 8, 18; **309** 29; Rücknahmefiktion **305** 87 ff., 98; **306** 19; Ruhen des Verfahrens **306** 7 ff.; selbständige wirtschaftliche Tätigkeit **304** 49, 52 ff., 59; Sicherungsmaßnahmen **22** 15; **306** 16 ff.; **311** 15; Statistik **286** 12 a; statistische Angaben **304** 32; Steuererhebung **InsolvenzStR** 247; Steuern – **InsolvenzStR** 245 ff.; straffällig gewordene Personen **304** 51 a; Treuhänderbestellung **27–29** 29 ff., 35 f.; Überschaubarkeit der Vermögensverhältnisse **304** 19, 60; umfassende Schuldenbereinigung **304** 1; Verwertung Grundpfandrechte **165** 269 ff.; Zulässigkeit **305** 79 ff.; Zuständigkeit **3** 9; s. auch Verfahrensart
Verbraucherverbindlichkeiten, Struktur **304** 28 ff.

Verbrauchssteuer InsolvenzStR 235 a; Insolvenzforderung **InsolvenzStR** 235 a
Verdeckte Einlagen InsolvenzStR 88 h
Verein, nichtrechtsfähiger – 35 227; **84** 19; **103** 109; **218** 78; **230** 23; Antragspflicht **15** 92; Antragsrecht **15** 28; Insolvenzfähigkeit **11** 20 f.; s. auch juristische Person, organschaftlicher Vertreter
Verein, rechtsfähiger – 35 220 ff.; **103** 109; Antragspflicht **15** 92, 98 ff., 103; Antragsrecht **15** 27, 61 f.; Aufhebung des Insolvenzverfahrens **259** 16; Antragsrecht **15** 27, 61 f.; Insolvenzfähigkeit **11** 18; s. auch juristische Person, organschaftlicher Vertreter
Vereinfachtes Insolvenzverfahren InsolvenzStR 263; Eröffnungsgrund **311** 9 ff.; Finanzamt **InsolvenzStR** 263; Insolvenzanfechtung **313** 10 ff.; Rechtsmittel **314** 11; Restschuldbefreiung **290** 21 ff.; **314** 9; Steuerforderungen **InsolvenzStR** 263; Treuhänderbestellung **291** 28 ff.; vereinfachte Verteilung **314** 3 ff.; Verfahrensvereinfachungen **312** 1 ff.; Verwertung **313** 15 ff.; Wahl eines anderen Treuhänders **57** 21; Wahlrecht des Treuhänders **103** 153
Vereinigung aller Gesellschaftsanteile, Insolvenzschuldner **11** 71 b; Sonderinsolvenzverfahren **11** 71 b
Vereinsregister s. Register
Verfahrensart, Bestimmung bei Eröffnung, Beschwerde **27–29** 20 f., 28, 35 f.; **34** 29, 31 ff., 67, 80, 120; Festlegung bei Antragstellung **13** 101; **34** 31 ff.
Verfahrensbeteiligte, finanziell Unbeteiligte **1** 44, 71
Verfahrensdauer Einl 86
Verfahrensgrundsätze Einl 46 ff.; **4** 7 ff.; **5** 5 ff.; freigestellte mündliche Verhandlung **4** 13; **5** 65 ff.; freigestelltes schriftliches Verfahren **5** 64 a ff.; gesetzlicher Richter **5** 75; Öffentlichkeit **4** 7 ff.; **5** 72; rechtliches Gehör **5** 76 f.; Rechtsstaatsprinzip **5** 74; Unmittelbarkeitsprinzip **5** 72
Verfahrenskosten s. Kosten
Verfahrenspfleger für Schuldner **13** 85; **14** 117
Verfallklausel Vor 49–52 102
Verfassungsbeschwerde Einl 94
Verfolgungsrecht des Versendungsverkäufers und des Einkaufskommissionärs **47** 2
Verfügungen des Schuldners 81 3 ff.; **287** 31; absolute Unwirksamkeit **81** 13, 16; ausländische Grundstücke **14 EuInsVO** 3; ausländische Luftfahrzeuge **14 EuInsVO** 4; ausländische Schiffe **14 EuInsVO** 4; ausländische Wertpapiere **14 EuInsVO** 5; Beendigung des Insolvenzverfahrens **81** 18; Beweislast **81** 14 f.; Erlass einer Insolvenzforderung s. dort; EuInsVO **14 EuInsVO** 1 ff.; Finanzsicherheiten s. dort; Freigabe **81** 18; Genehmigung durch Insolvenzverwalter **81** 17; gestreckte Verfügun-

magere Zahlen = Randnummern

gen 81 9 f.; Gutglaubensschutz 81 19 ff.; Herausgabe der Gegenleistung 81 25 f.; internationales Insolvenzrecht 335 80; 349 5 ff.; Konvaleszenz 81 18; künftige Forderung 81 27; mehraktiger Verfügungstatbestand 81 8; sonstige Rechtshandlungen 81 5; Überweisungsvertrag 81 12a f.; Verfügungserfolg 81 9; Willenserklärung des Schuldners 81 11; Wirksamwerden 259 14; Zeitpunkt der Verfügungen 81 8 ff.

Verfügungen eines Dritten 81 12

Verfügungsbefugnis InsolvenzStR 2 ff.; Finanzgerichtsverfahren **InsolvenzStR** 6; Verwaltungsverfahren **InsolvenzStR** 6; wirtschaftlicher Eigentümer **InsolvenzStR** 2

Verfügungsermächtigung 117 11, 15

Verfügungsverbot, allgemeines – **21** 46, 54 ff.; **24** 7 ff.; **82** 9; gegenständlich beschränktes – **21** 59 ff.

Vergleich Einl 50, 79 f.; **55** 55; **103** 82; Zustimmung des Gläubigerausschusses **160** 21 f.

Vergleichsordnung, Fortgeltung in Altverfahren **359** 20 ff.

Vergütung des Gläubigerausschussmitgliedes 22 146 f.; **54** 49 ff.; **73** 1 ff.; **17 InsVV** 1 ff.; **18 InsVV** 1 ff.; Abschläge **17 InsVV** 7; Angestellte des öffentlichen Dienstes **73** 8; **17 InsVV** 9; Auslagen **54** 51; **73** 11; **18 InsVV** 1 ff.; Beamte **73** 8; **17 InsVV** 9; Bemessungsgrundlage **54** 50; **17 InsVV** 3; Entstehung **73** 3; Erstattung aus der Landeskasse **73** 22; **17 InsVV** 22; Fälligkeit **73** 4; Gremiumitglieder **73** 9; **17 InsVV** 10; Höhe **73** 7; Honorarvereinbarung **73** 21; Nachweispflicht **17 InsVV** 8; Umsatzsteuer **18 InsVV** 11; Verjährung **73** 5 f.; Vertreter **73** 10; **17 InsVV** 11; Vorschuss **73** 12; **17 InsVV** 12; **18 InsVV** 12; Zuschläge **17 InsVV** 3 ff.

– Festsetzung **73** 13 ff.; **17 InsVV** 13 ff., Anhörung/rechtliches Gehör **73** 14; **17 InsVV** 14, Antrag **73** 13; **17 InsVV** 13, Bekanntgabe des Festsetzungsbeschlusses **73** 16; **17 InsVV** 16 ff., Festsetzungsbeschluss **73** 15; **17 InsVV** 15, Rechtsbehelf **73** 17 ff.; **17 InsVV** 19 ff.

Vergütung des Insolvenzverwalters 22 146 f.; **47** 471; **54** 36 ff.; **63** 1 ff.; Abschläge **3 InsVV** 25 f.; Angemessenheit der Auslagen **4 InsVV** 4; Angestellte **4 InsVV** 7; Anwaltstätigkeit **55** 58; **4 InsVV** 19; **5 InsVV** 1 ff.; Aufrechnung mit Schadensersatzansprüchen **64** 18; Auslagen **8 InsVV** 8; Berechnungsgrundlage **1 InsVV** 1 ff.; besondere Kosten **4 InsVV** 3; Dienst- und Werkverträge **4 InsVV** 5; Einsatz besonderer Sachkunde **55** 58; **5 InsVV** 1 ff.; – bei Entlassung **59** 60; Entnahme aus der Masse **64** 17; Entstehung **63** 6; Erstattung aus der Landeskasse **63** 15; **64** 19; Fälligkeit **63** 7; Geschäftskosten **4 InsVV** 2; Haftpflichtversicherung **4 InsVV** 18; Hilfskräfte **55** 38 ff.; **4

Verfügungen eines Dritten

InsVV** 5 f.; Insolvenzrechtliche Vergütungsverordnung **1–20 InsVV;** – des bisherigen Insolvenzverwalters **57** 41; kalte Zwangsverwaltung **165** 182 d; mehrere Verwalter **63** 13; Nachtragsverteilung **6 InsVV** 2 ff.; **203** 27; **205** 7; Notartätigkeit **5 InsVV** 8; Planüberwachung **6 InsVV** 6; **261** 14; Regelsätze **2 InsVV** 1 ff.; Regelungsgrundsätze **63** 12; Reisekosten **4 InsVV** 16 ff.; **5 InsVV** 14; Steuerberatertätigkeit **5 InsVV** 9; Umsatzsteuer **1 InsVV** 14; **7 InsVV; InsolvenzStR** 125; Vergütungsvereinbarung **63** 12; Verjährung **63** 8 ff.; Vorschuss **54** 41; **63** 11; **4 InsVV** 20; **9 InsVV** 1 ff.; Zuschläge **3 InsVV** 2, 3 ff.; Zustellungskosten **4 InsVV** 18 a

– Festsetzung **64** 1 ff.; **8 InsVV** 1 ff., Anhörung/rechtliches Gehör **64** 5 f.; **8 InsVV** 5, Antrag **64** 3 f.; **8 InsVV** 3 f., Bekanntgabe des Festsetzungsbeschlusses **64** 9 ff., Festsetzungsbeschluss **64** 7 ff.; **8 InsVV** 7, Prüfungskompetenz bei der Berechnung des Massewertes **8 InsVV** 6 f., Rechtsbehelf **64** 13 ff., Rechtskraft **64** 16

Vergütung des Sachwalters 54 48; **10 InsVV; 12 InsVV** 1 ff.; **Vor 270–285** 63; **274** 48 ff.; Abschläge **12 InsVV** 10; Auslagen **12 InsVV** 12; Berechnungsgrundlage **12 InsVV** 6; besondere Sachkunde **12 InsVV** 11; Entstehung **12 InsVV** 2; Fälligkeit **12 InsVV** 3; Festsetzung **12 InsVV** 14; Normalvergütung **12 InsVV** 7 ff.; **274** 49; Planüberwachung **261** 14; **284** 29; Umsatzsteuer **12 InsVV** 13; Verjährung **12 InsVV** 4; Vorschuss **12 InsVV** 5; **274** 53; Zuschläge **12 InsVV** 8 f.; **274** 50 f.

Vergütung des Treuhänders im Restschuldbefreiungsverfahren 14 InsVV 1 ff.; **16 InsVV** 1 ff.; **292** 27, 43 ff.; 68; **293** 1 ff.; Abrechnungszeitpunkt **293** 13; angemessene Vergütung **293** 1; Aufrechnung mit Schadensersatzansprüchen **16 InsVV** 14; Aufwand **293** 43; Auslagen **16 InsVV** 1 ff.; Auslagenerstattung **293** 24 ff.; Bemessungsgrundlage **293** 8; Berechnung **293** 9 ff.; Berechnungsgrundlage **14 InsVV** 7; fehlende – Deckung der Mindestvergütung des Treuhänders **298** 14 f.; **300** 25; Entnahme der Beträge **16 InsVV** 13; Entstehung **14 InsVV** 3; Erfolgshonorar **293** 5; Erstattung aus der Landeskasse **293** 42 f.; Fälligkeit **14 InsVV** 4; Höchstbetrag **293** 22; Höhe **14 InsVV** 8 ff.; Kostengenauigkeit **293** 31; Mindestvergütung **293** 1, 14 f.; Rechtsverfolgungskosten **293** 27 f.; Übernahme der Mindestvergütung durch andere Kostenträger **298** 5 f.; Überwachungstätigkeit **293** 6, 17 ff.; unentgeltliche Tätigkeit **293** 7; Vereinbarungen **293** 16; Verjährung **14 InsVV** 5; Verwaltungstätigkeit **293** 35; Verzicht **293** 16; vorläufiger Treuhänder **293** 43 f.; Vorschuss **14 InsVV** 6; **16 InsVV** 15; **292** 46 f.; **293** 32 ff.; Vorschuss

1875

Vergütung des Treuhänders Fette Zahlen = §§

auf Auslagen **293** 33; – nach vorzeitiger Beendigung der Restschuldbefreiung **299** 8; zusätzliche Vergütung bei Überwachung der Obliegenheiten des Schuldners **15 InsVV** 1 ff.
– Festsetzung **16 InsVV** 1 ff., Anhörung/rechtliches Gehör **16 InsVV** 5; **293** 37 f., Antrag **16 InsVV** 3 f.; **293** 35 f., Bekanntgabe des Festsetzungsbeschlusses **16 InsVV** 8; **293** 35, 39, Festsetzungsbeschluss **16 InsVV** 6 ff., Rechtsbehelf **16 InsVV** 9 ff., Rechtskraft **16 InsVV** 12, Rechtsmittel **293** 35, 40 f.

Vergütung des Treuhänders im vereinfachten Insolvenzverfahren **54** 48; **10 InsVV**; **13 InsVV** 1 ff.; Abschläge **13 InsVV** 9; Auslagen **13 InsVV** 11; Berechnungsgrundlage **13 InsVV** 6; besondere Sachkunde **13 InsVV** 10; Entstehung **13 InsVV** 2; Fälligkeit **13 InsVV** 3; Festsetzung **13 InsVV** 13; Regelvergütung **13 InsVV** 7; Umsatzsteuer **13 InsVV** 12; Verjährung **13 InsVV** 4; Vorschuss **13 InsVV** 5; Zuschläge **13 InsVV** 8

Vergütung des vorläufigen Insolvenzverwalters **13** 171; **21** 53; **22** 135, 137, 146 f., 203; **25** 26; **47** 41; **54** 42 ff.; **1 InsVV** 8; **10 InsVV**; **11 InsVV** 1 ff.; Abschläge **11 InsVV** 23; – nach Abweisung mangels Masse **26** 35 f.; Ausfallhaftung der Staatskasse **54** 45; **11 InsVV** 28; Auslagen **11 InsVV** 25; Berechnungsgrundlage **11 InsVV** 6 ff.; besondere Sachkunde **11 InsVV** 24; Entstehung **11 InsVV** 2; Fälligkeit **11 InsVV** 3; kostenrechtliche Haftung **13** 171 f.; Kostenschuldner **54** 14; **11 InsVV** 27 ff.; Normalvergütung **11 InsVV** 13 ff.; Sachverständigenentschädigung **13** 172; – als Sachverständiger **22** 141; **54** 47; **11 InsVV** 30 ff.; Teilvergütung **11 InsVV** 5; Umsatzsteuer **11 InsVV** 26; Verjährung **11 InsVV** 4; Vorschuss **11 InsVV** 5; Zuschläge **11 InsVV** 21 f.

Vergütung des vorläufigen Treuhänders **293** 43 f.; Erhöhung der – **293** 43

Verhaltenskodex der Mitglieder des Arbeitskreises der Insolvenzverwalter Deutschland e. V. **56** 43, 181

Verjährter Anspruch **38** 49

Verjährung **103** 113

Verkehrs-Derivate **104** 136

Verlagsvertrag **103** 119 f.

Verlustausgleichsanspruch **84** 16

Verlustvortrag **InsolvenzStR** 88 a; Mindestbesteuerung **InsolvenzStR** 88 a; Sanierungsprivileg **InsolvenzStR** 88 a

Vermächtnis **35** 48; **36** 44; **83** 1 f., 11 f.; **327** 6; Anfechtbarkeit **83** 12; **129** 90; Annahme **83** 11 f.; Ansprüche bei Tod des Schuldners im Regelinsolvenzverfahren **Vor 315** 3; Ausschlagung **83** 11 f.; Aussonderungsrecht **45** 7 a; Verpflichtung zur Rückgewähr von Leistungen auf Vermächtnisse **322** 2 ff.; Wohlverhaltensperiode **83** 12

Vermieter eines Grundstücks, Aussonderungsrecht **47** 465

Vermieterpfandrecht **Vor 49–52** 35 f.; **50** 84 ff.; **91** 63 f.; **108** 81; **111** 10; Auskunftsanspruch des Vermieters **50** 102 a; Unanfechtbarkeit **Vor 49–52** 35 a; Zeitpunkt des Einbringens **50** 86 a f.

Vermischung **35** 57, 144, 151 f.; **47** 23; **91** 52 f.; **172** 38, 41 ff.

Vermögensgesetz, Rückübertragung nach dem – **47** 436 a

Vermögenslosigkeit, Löschung durch Registergericht **31** 46

Vermögenssorge, elterliche – **103** 111

Vermögensteuer **38** 86

Vermögensübersicht **Vor 151–155** 13, 15; **229** 3 ff.; **245** 24, 30; eidesstattliche Versicherung **153** 15 ff.; Eigenverwaltung **281** 12 ff.; Gliederung **153** 10 ff.; Grundsätze ordnungsgemäßer Buchführung und Bilanzierung **153** 2 ff.; Niederlegung **154** 1 ff.; Vervollständigung **Vor 151–155** 24

Vermögensverhältnisse, Überschaubarkeit **304** 60

Vermögensverschwendung **290** 60

Vermögensverwaltung, Verbraucherinsolvenzverfahren **304** 58

Vermögensverwaltungsvertrag **116** 29

Vermögensverzeichnis **290** 77 ff.; **305** 43 f.; Gläubiger- und Forderungsverzeichnis **305** 44; Vermögensübersicht **305** 43

Veröffentlichungspflichten nach WpHG **80** 112 c

Verordnung zu öffentlichen Bekanntmachungen in Insolvenzverfahren **9** 14

Verpächterpfandrecht **50** 84 ff.

Verpflichtungserklärung eines Dritten **230** 67 ff.; **257** 45 ff.; Durchsetzung **230** 96; Fehlen einer wirksamen – **230** 90 f.; Pflichtanlage zum Insolvenzplan **230** 70 ff.; – nach Planvorlage abgegebene Verpflichtungserklärung **230** 77 ff.; Rechtsnatur **230** 82; Wirksamkeit der Verpflichtungserklärung/Beifügung **230** 83 ff.

Verpflichtungsgeschäfte des Schuldners **81** 5, 15

Versagung **1** 108; **286** 34, 38, 40; **289** 29, 57; Anhörung des Schuldners **298** 10 ff.; Ausbleiben des Schuldners zum Anhörungstermin **296** 30; Beeinträchtigung der Gläubigerbefriedigung **290** 58 ff.; fehlende Deckung der Mindestvergütung des Treuhänders **298** 14 f.; **300** 25; Insolvenzstraftat **290** 24 ff.; **297** 8 ff.; **300** 22; Kredit- und Leistungserschleichung **290** 33 ff.; Obliegenheitsverletzung **295** 48, 113; **296** 13 ff.; **300** 19 ff.; Rechtsfolgen **286** 80 f.; **290** 94 ff.; Sitzverlegung **3** 44; unrichtige oder unvollständige Verzeichnisse **290** 77 ff.; Verletzung von Auskunfts- oder Mitwirkungspflichten **290** 70 ff.; Verletzung von Verfahrensobliegenheiten

magere Zahlen = Randnummern

des Schuldners **296** 30; **300** 21; Verschweigen von Forderungen **290** 76 a; Wiederholungsverbot (§ 290 Abs. 1 Nr. 3 InsO) **290** 46 ff.
Versagungsantrag 291 9 f.; Antrag des Treuhänders **298** 7 f.; **300** 24 f.; Antrag eines Insolvenzgläubigers **290** 14 ff.; **296** 4 ff.; **297** 3; **300** 19; Antragsfrist **296** 11 f.; **297** 7; **300** 19; Form **297** 4; Glaubhaftmachung **290** 19 f.; **296** 9 f.; **297** 5 f.; **300** 19; Präklusion **289** 1; **291** 36; **300** 23; Rücknahme **290** 15; **296** 6; **298** 13; Zurückweisung **290** 85; **296** 34
Versagungsentscheidung, Entscheidungsform **296** 32; **297** 18; **298** 21; **300** 27; Mitteilung der Entscheidung **296** 35; **300** 30; öffentliche Bekanntmachung **290** 93; **296** 36; **297** 20 f.; **298** 23; **300** 32; Rechtsfolgen **296** 46 ff.; **297** 31; **299** 1 f., 7 ff.; **300** 38; Rechtskraft **299** 5; Rechtsmittel **289** 36; **290** 87, 93; **296** 37 ff.; **297** 22 ff.; **298** 25; **300** 31; Tenor **290** 90; Zustellung **297** 20
Versagungsverfahren 296 18 ff.; **297** 15 ff.; Anhörung **296** 20 ff.; **297** 17; Entscheidungsform **290** 85; **296** 32; **297** 18; **300** 27; Feststellung des Versagungsgrundes **290** 80 a ff.; Ladung des Schuldners zum Anhörungstermin **296** 28 f.; Mitteilung der Entscheidung **296** 35; mündliche Verhandlung **296** 22; öffentliche Bekanntmachung **296** 36; Tenor **290** 85; Zuständigkeit **290** 84, 89; **296** 18 f., 31; **298** 22; **300** 26
Versäumnisverfahren 4 16
Verschaffungsanspruch 47 33, 347 ff.; **48** 8 a
Verschmelzung 43 17
Verschwiegenheitspflicht 97 15, 28; Entbindung **5** 30 a; – im Eröffnungsverfahren **14** 90; **20** 52 f., 81 ff.; – und Postsperre **99** 18
Versicherung 38 104 ff.; **41** 34; **148** 42 f.; Haftpflichtversicherung s. dort; Sonderinsolvenz **Einl** 24 b; – der Vermögensgegenstände **22** 47; **60, 61** 15; versicherungsrechtliche Zurückbehaltungsrechte **51** 232 ff.
Versicherung für fremde Rechnung 47 311 ff.; **Vor 49–52** 16; **51** 232 f.; Herausgabe des Versicherungsscheins **47** 313
Versicherungsanspruch, Haftung **49** 32 ff.; Insolvenzmasse **35** 409 ff.
Versicherungsunternehmen, Insolvenz **Vor 129–147** 105; Pflegerbestellung für Versicherte **27–29** 105; s. auch Sondermassen
Versicherungsverein auf Gegenseitigkeit (VVaG) 35 226; Planvorlage **218** 79; Verteilung **187** 24
Versicherungsvertrag 103 117 f.; **119** 25
Versicherungswirtschaft, Antragsmonopol der Aufsichtsbehörde **13** 55, 65 ff.; Anzeigepflicht statt Antragspflicht **15** 96
Versorgungsanwartschaft, Schätzung des Wertes **45** 28; unverfallbare – **45** 15 ff.; **47** 318; verfallbare – **45** 14; **47** 317 b

Versagungsantrag

Versorgungsausgleich 325 3; schuldrechtlicher – **40** 12
Verspätungszuschlag InsolvenzStR 235 b ff.; Insolvenzforderung **InsolvenzStR** 235 b, 235 d; Masseverbindlichkeit **InsolvenzStR** 235 d
Verteilung, absonderungsberechtigte Gläubiger **190** 1 ff.; Arten **187** 3; aufschiebend bedingte Forderungen **191** 1 ff.; Ausschlussfrist **189** 2 ff.; **191** 13; **192** 10 f.; Aussetzung der – **1** 63; **233** 1 ff.; **284** 24 f.; Auszahlung **187** 20; bestrittene Forderungen **189** 1 ff.; – bei Eigenverwaltung **283** 19 ff.; Einwendungen **187** 22; Einwendungen gegen das Verteilungsverzeichnis **194** 1 ff.; Ermessen des Insolvenzverwalters **187** 9; EuInsVO **4 EuInsVO** 35 f.; festgestellte Forderungen **188** 4; Insolvenzplan **217** 124 f.; nachträgliche Berücksichtigung **192** 1 ff.; pflichtwidrige Durchführung **187** 16 ff.; pflichtwidrige Unterlassung **187** 14 ff.; Präklusion **189** 12; Steuerforderung **191** 9 ff.; vereinfachte – **314** 3 ff.; Zeitpunkt **187** 6 ff.; Zurückbehaltung **187** 20; **189** 11; Zustimmung des Gläubigerausschusses **69** 22; **187** 11 ff.; s. auch Abschlagsverteilung, Schlussverteilung
Verteilungsverzeichnis 152 4; **188** 1 ff.; Änderung **193** 1 ff.; Einwendungen gegen das – **194** 1 ff.; Einwendungsverfahren **194** 4 ff.; Schlussverzeichnis **196** 9; **203** 9; **205** 3 ff.; **299** 8; „Sondermassen" in der Verteilung **188** 12 ff.; Überprüfung durch Sachwalter **283** 22 ff.
Vertrag für fremde Rechnung 47 286 ff.
Vertrag zugunsten Dritter 35 406 ff.; **47** 216
Vertragskonzern KonzernInsO 30 ff.; Ansprüche in der Insolvenz eines Vertragspartners **KonzernInsO** 44 ff.; GmbH-Vertragskonzern **KonzernInsO** 59 ff.
Vertragsstrafe 81 6; **109** 85
Vertragsübernahme durch einen Dritten 103 82
Vertretbare Sachen, Aussonderung **47** 33
Veruntreuen von Arbeitsentgelt, Insolvenzverwalter **80** 149 ff.
Vervielfältigung 35 153
Verwahrung 103 83, 92; **108** 17; **116** 35, 44
Verwaltungsbefugnis InsolvenzStR 2 ff.; Finanzgerichtsverfahren **InsolvenzStR** 6; Verwaltungsverfahren **InsolvenzStR** 6; wirtschaftlicher Eigentümer **InsolvenzStR** 2
Verwaltungsgerichtsbarkeit, Rechtsschutz gegen Eröffnungsantrag **14** 97 ff.
Verwaltungskommissar, behördlicher –, Antragsrecht **13** 19 ff.
Verwendung von Sicherungsgut 21 96 ff.; **22** 50, 104 ff.; **172** 1 ff.
Verwertung 60, 61 30 ff.; **80** 48 ff.; **103** 157; **159** 1 ff.; **217** 117 ff.; Ablösung **166** 28 f.; Absonderungsgut **1** 15, 31; **Vor 166–173** 22 ff.; **166** 1 ff.; **170** 13; **Vor 270–285** 51 ff.; **282** 1 ff.

1877

Verwertungsgemeinschaft
Fette Zahlen = §§

InsolvenzStR 156 ff., 180 a ff., 180 d ff.; allgemein **60, 61** 30 ff.; Auskunftsrecht der Sicherungsnehmer **167** 1 ff.; Aussetzung der – **1** 63; **233** 1 ff.; **284** 24 f.; Aussetzung im Sekundärverfahren **Art 102 § 10 EGInsO** 4 f.; **33 EuInsVO** 3 ff.; Beschränkungen **159** 12 ff.; Besitz des Insolvenzverwalters **166** 14 ff.; – beweglicher Sachen **80** 49; **Vor 166–173** 22 ff.; **166** 1 ff.; Bindung an Beschlüsse der Gläubigerversammlung **159** 18 ff.; Dumping **159** 15; Eigentumserwerb durch den Insolvenzverwalter **166** 38 f.; Eigenverwaltung **282** 1 ff.; **Vor 270–285** 51 ff.; Eintritt des Gläubigers **168** 37 ff.; Einziehung zur Sicherheit abgetretener Forderungen **166** 44 ff.; freihändige – **165** 32, 177 ff., 257 ff.; **166** 30; Gleichrang der Verwertungsarten **1** 45; Grundsätze **Einl** 74 ff.; Grundstückszubehör **165** 33, 213 ff., 256; Hinweis auf günstigere Verwertungsmöglichkeiten **168** 19; internationales Insolvenzrecht **335** 86 ff.; Masselosigkeit **207** 62 ff.; Mitteilung der Veräußerungsabsicht **168** 1 ff.; Pfandverkauf **166** 31 ff.; Pflichten des Insolvenzverwalters **Vor 166–173** 32 ff.; Preisbindungsvereinbarung **159** 15; Sekundärverfahren **31 EuInsVO** 27 ff.; Selbsthilfeverkauf **166** 35 ff.; Selbstverwertungsrecht des Sicherungsnehmers **173** 1 ff.; – im technischen Sinne **22** 76; – unbeweglicher Sachen **80** 50; **165** 26 ff.; vereinfachtes Insolvenzverfahren **313** 15 ff.; Verwertung von Sicherungsgut ausserhalb des Insolvenzverfahrens **InsolvenzStR** 180 a; Verwertung von Sicherungsgut innerhalb des Insolvenzverfahrens **InsolvenzStR** 156 ff.; Verwertung von zur Sicherheit abgetretenen Forderungen **InsolvenzStR** 180 d ff.; Verwertungspflicht des Insolvenzverwalters **159** 3 f.; Verzicht des Insolvenzverwalters auf Verwertungsbefugnis **170** 21; Zubehör **165** 33
- durch vorläufigen Insolvenzverwalter **22** 73 ff., Beteiligung des Insolvenzgerichts **22** 79, Betriebsveräußerung **22** 81, Einvernehmen mit den Beteiligten **22** 78, Notverkauf **22** 73, 79, 81, Sicherungsgut **22** 82, Verarbeitung **22** 76, Veräußerung von Vermögensgegenständen **22** 76 ff., Wirksamkeit von Verwertungsmaßnahmen **22** 82

Verwertungsgemeinschaft der Vorbehaltseigentümer mit dem Insolvenzverwalter **47** 203

Verwertungskosten 170 29 ff.; Abrechnung der tatsächlich entstandenen Kosten **171** 33 ff.; Pauschalierung **171** 21 ff.

Verwertungsverbot, vorläufiges – **148** 3 f., 6 ff.

Verwertungsverbot im Straf- und OWiG-Verfahren 97 16 ff.

Verwertungsvereinbarung Vor 49–52 99 ff.; **Vor 166–173** 40, 52 ff.; Ausgleichsanspruch der Absonderungsgläubiger **172** 34 ff.; Drittsicherungsgeber **170** 17; freihändige Veräußerung **165** 179 f.; kalte Zwangsverwaltung **165** 182 a

Verwirkung 113 49

Verzeichnis der Massegegenstände Vor 151–155 12; Absonderungsrechte **151** 6; Anlagevermögen **151** 16 ff.; Aussonderungsrechte **151** 6; Betriebsausstattung **151** 22; Bewertung **151** 9 ff.; Eigenverwaltung **281** 7 ff.; Finanzanlagen **151** 23 f.; Forderungen aus Lieferungen und Leistungen **151** 28; Fortführungswert **151** 10 ff.; Geschäftsausstattung **151** 22; Gliederung **151** 8; Grundstücke **151** 19 ff.; grundstücksgleiche Rechte **151** 19 ff.; immaterielle Vermögensgegenstände **151** 16 ff.; Inventur **151** 2 ff.; Liquidationswert **151** 9; Maschinen **151** 22; Niederlegung **154** 1 ff.; technische Anlagen **151** 22; Umlaufvermögen **151** 25 ff.; Umsatzsteuer **151** 14; Vervollständigung **Vor 151–155** 24; Vorräte **151** 25 f.

Verzeichnisse, maschinelle Herstellung **5** 90 ff.

Verzicht auf Antragsrecht **Einl** 48; **13** 17, 54

Vis attractiva concursus 3 EuInsVO 82

Vollbeendigung, Gesellschaften mit eigener Rechtspersönlichkeit **11** 71 a; Gesellschaften ohne eigene Rechtspersönlichkeit **11** 71 b

Vollmacht 103 106; **117** 1 ff.; Erlöschen **117** 4 f., 12 ff.; Fortgeltung **117** 16; – für Insolvenzverfahren **13** 87 ff.; unwiderrufliche – **117** 7; vollmachtloser Vertreter **117** 18 ff.

Vollstreckungsabwehrklage 4 35

Vollstreckungsgericht, Zuständigkeit **2** 5 f.

Vollstreckungsklausel 257 16, 27 ff., 53 f.

Vollstreckungsschutz, Anwendbarkeit der ZPO-Regel **4** 34

Vollstreckungstitel, Kollision zweier – **45** 45

Vollstreckungsverbot 108 199; Altmasseverbindlichkeit **53** 79 f., 81; **210** 5 ff.; Auslandsvermögen **89** 19; **294** 7; Durchsetzung **210** 14 ff.; Eigenverwaltung **270** 101 ff.; Erinnerung **210** 15; Feststellungsklage **210** 7; Kostenfestsetzungsbeschluss **210** 18 a, 23; laufende Vollstreckungsmaßnahmen **210** 11; Leistungsklage **210** 18, 23; –nach Anzeige der Masseunzulänglichkeit **53** 79 f.; **208** 64 ff.; **210** 5 ff.; Maßnahmen von Unzulässigkeitsanzeige **210** 13; Neumasseverbindlichkeit **53** 79, 81 f.; **210** 6; Restschuldbefreiungsverfahren **294** 2 ff.; Rückforderungsanspruch **210** 16 f.; Schuldenbereinigungsverfahren **304** 43; Sozialplanforderung **53** 61; **123** 72; Verfahrenseinstellung **210** 8; Vollstreckungsgegenklage **210** 15, 21

Vorausabtretung 51 164 ff., 211 f.; **110** 4 ff.; **131** 39 c; **140** 14; Ausschluss der Abtretbarkeit **304** 41; Kollision mehrerer – **51** 212; Leasingraten **110** 17 f., 27

Vorausabtretungsklausel 47 24, 119 ff., 202; **Vor 49–52** 71; Sicherungskonflikt **47** 173 f., 181 ff.

magere Zahlen = Randnummern

Vorbereitende Maßnahmen, Unanfechtbarkeit **16** 21; **34** 29 f.
Vorerbe 47 338; **317** 2; **325** 6, 8; **329** 2; befreiter – **83** 19, 25; Gesamtinsolvenz des Vorerben **329** 5; **331** 7; s. auch Nachlassinsolvenzverfahren
Vorerbschaft 83 1, 17 ff.; **319** 3; Insolvenzmasse **83** 20; Verfügungsbeschränkung **83** 20, 22 ff.
Vorführung des Schuldners, – im Eröffnungsverfahren **16** 15, 60; **20** 68 ff.; Kosten **98** 40; Rechtsmittel **20** 88; **98** 34; Voraussetzungen **98** 15 ff.
Vorgesellschaft 217 135; **230** 25; Planvorlage **218** 78
Vor-GmbH, Antragspflicht **11** 25
Vorgründungsgesellschaft 217 135; **230** 25; Planvorlage **218** 78
Vor-Kapitalgesellschaft, Antragspflicht **15** 94, 98 ff., 103; Antragsrecht **15** 9 f., 61 f.
Vorkaufsrecht, dingliches – **35** 439 ff.; **47** 328; **49** 75; **106** 16 c; **159** 16; – des Mieters **111** 2; – des Miterben **35** 384, 443; **47** 332; persönliches – **35** 384, 439 f.; **47** 332; **159** 16; schuldrechtliches – **106** 9, 11 f.; schuldrechtliches – **106** 16 d; – nach ZGB-DDR **49** 55
Vorläufige Insolvenzverwaltung, Anordnung **21** 46 ff.; **22** 16 f.; Besteuerungsverfahren **InsolvenzStR** 23 ff.; Lohnsteuer **InsolvenzStR** 104; Rechtsmittel **22** 21; schwache – **22** 14; starke – **22** 14; Vollstreckungsverfahren **21** 70 ff.; **InsolvenzStR** 23 c
Vorläufige Sicherungsmaßnahmen, absolute Wirkung von Verfügungsbeschränkungen **21** 59 ff.; **24** 10; amtliche Verwahrung **21** 90; Anordnungsbeschluss **21** 35 f.; Antrag auf Eigenverwaltung **21** 21; **Vor 270–285**; **270** 19, 42; Auslandsvermögen **344** 6 ff.; **38 EuInsVO** 4 ff.; Begründung **21** 35; Bestands- und Werterhaltungsfunktion **21** 13 f., 71; **22** 14, 23, 25, 36, 78 f.; Eigenverwaltung **22** 15; Einlagerung des schuldnerischen Vermögens **22** 46; einstweilige Einstellung von Maßnahmen der Immobiliarzwangsvollstreckung **21** 79 ff.; **22** 52, 108; **165** 88; einstweilige Einstellung von Maßnahmen der Mobiliarzwangsvollstreckung **21** 3, 70 ff.; einstweilige Zulassung des Insolvenzantrags **21** 2⁶, 17, 29; Einzelweisungen **21** 2; Einziehungsstopp **21** 96 f.; **22** 49; Erforderlichkeit **21** 19 ff., 30; **22** 21; **25** 10; gegenständlich beschränktes Verfügungsverbot **21** 59 ff.; Grundbuchvermerk **32–33** 6 f.; Haftung des Insolvenzgerichts **21** 28, 42 f.; Insolvenzantrag **21** 16 ff.; internationales Insolvenzrecht **344** 6 ff.; Kontosperre **21** 64, 89; öffentliche Bekanntmachung **21** 35 f., 37; Postsperre **21** 27, 35, 38, 88; **22** 3; **99** 44; rechtliches Gehör **21** 31 ff., 35, 74, 80, 85, 87, 94; **22** 17; Rechtsfolgen von Verfügungsbeschränkungen **24** ff.; Rechtsmittel **21** 10, 34, 38 ff., 94; Registereintragung

Vorbereitende Maßnahmen

23 18 ff.; **31** 10 ff.; Sicherung künftigen Erwerbs **21** 12; Siegelung **21** 64, 90; **22** 42, 45 ff.; Spektrum möglicher Sicherungsmaßnahmen **21** 44 f.; Verbot der Herausgabe einzelner Vermögensgegenstände **21** 64, 73, 90; Verbraucherinsolvenzverfahren **22** 15; **306** 16 ff.; **311** 15; Verhältnismäßigkeit **21** 2, 19 ff., 23 ff., 30, 94; **22** 16, 21, 29, 70; **23** 10; **24** 9; **25** 10; Verwertungsstopp **21** 96 f.; **22** 49; Vorführung, Verhaftung des Schuldners **21** 31, 93 ff., 95; vorläufiger Gläubigerausschuss **21** 44; **22** 72, 72³⁰⁴; Wirksamwerden **21** 35, 37, 56, 74; **23** 8, 12; Zeitpunkt und Zeitraum der Maßnahmen **21** 29 f.; Zugangssperre **22** 46; Zweck **21** 1 ff., 11 ff., 13 f., 71; **22** 14, 23, 25 ff., 36, 78 f.
– **allgemeines Verfügungsverbot 21** 46, 54 ff., Abbuchungsauftragsverfahren **21** 58, absolut wirkendes Verbot **21** 55; **24** 10, Arrest **21** 57, Aufrechnung **21** 57, ausländisches Vermögen **21** 57, Barauszahlung **21** 58, Einziehungsermächtigungsverfahren **21** 58, Genehmigung verbotswidriger Handlungen **21** 55, Kontokorrentabrede **21** 57, Lastschrift **21** 58, Leistung an den Schuldner **21** 57, Rechtsfolgen **24** 7 ff., Scheck **21** 58, Überweisungsvertrag **21** 58, Vorausverfügungen **21** 57, Wechsel **21** 58, Wirksamwerden **21** 56, Wirkungen **21** 57 f., Zahlungsverkehr **21** 58
– **Aufhebung 21** 18, 30¹⁰⁵; **25** 10 ff.; **Vor 85–87** 85, – nach Abweisung mangels Masse **25** 9, – von Amts wegen **25** 10, Anspruch des Schuldners **25** 10, isolierte Aufhebung des allgemeinen Verfügungsverbots **25** 7, Befriedigung der vom vorläufigen Insolvenzverwalter begründeten Verbindlichkeiten **25** 25, Befriedigung sonstiger Masseverbindlichkeiten **25** 27, Begleichung der Verfahrenskosten **25** 26, Bekanntmachung **25** 28, – der Bestellung des vorläufigen Insolvenzverwalters **25** 14 ff., gegenständlich beschränktes Verfügungsverbot **25** 7, Rechtsstellung und Pflichten des vorläufigen Insolvenzverwalters **25** 23 ff., Verfahren **25** 20 ff., Wegfall des Sicherungsgrundes **25** 17, Wirksamkeit vorgenommener Rechtshandlungen **25** 24
– **Zustimmungsvorbehalt 21** 46 f., 64, 65 ff.; **22** 133 ff.; **24** 7 ff., absolute Unwirksamkeit verbotswidriger Verfügungen **21** 47, 47¹⁷⁴; **22** 133; **24** 10, allgemeiner – **22** 32, 133 f.; **55** 210, Betriebsfortführung **22** 135, konkreter – **22** 33 f., 133 f.
Vorläufige Zahlungsunfähigkeit, Sicherungsmaßnahmen bei Eigenantrag **21** 21
Vorläufiger Gläubigerausschuss 22 72, 72³⁰⁴; **67** 2, 8; Betriebsstilllegung **21** 44; **22** 118
Vorläufiger Insolvenzverwalter InsolvenzStR 21 ff.; Ablehnung der Bestellung **4** 42; **22** 21; Akteneinsicht **4** 59, 67; – ohne allgemeine Verwaltungs- und Verfügungs-

Vormerkung Fette Zahlen = §§

befugnis **21** 48 f., 50 ff.; **22** 28 ff., 127 ff.; **112** 34; – mit allgemeiner Verwaltungs- und Verfügungsbefugnis **22** 23 ff., 34; **55** 209 ff.; **112** 34; Anfechtung seiner Handlungen durch den Insolvenzverwalter **22** 189 ff.; **112** 36; Anfechtungsklage **InsolvenzStR** 23 a; Annahme des Amtes **22** 17; Arbeitgeberfunktion **22** 62, 110; **Vor 113–128** 24; Aufgabenzuweisung **21** 50 ff.; Aufhebung der Bestellung **4** 42; **25** 14 ff.; Aufsicht des Insolvenzgerichts **22** 23, 27, 72, 203, 213 ff.; **25** 14, 16, 19; Auswahl/Bestellung **21** 53; **22** 18 ff., 137; **56** 8 f.; Beendigung des Amtes **25** 22; Beginn des Amtes **22** 21; Begründung von Masseverbindlichkeiten **1** 80; **21** 50 f., 68; **22** 64 ff., 106, 110, 128, 131 f., 210; **25** 7; **53** 25; **55** 213 ff.; **108** 185 ff.; Besitzrecht **22** 49; Besteuerung **InsolvenzStR** 21 ff.; Darlehensaufnahme **22** 72; Eignung **22** 18, 20; Einspruch **InsolvenzStR** 23 a; Einzelkompetenzen **21** 51 f., 66; **22** 131 f., 136; Einziehungsbefugnis für Forderungen **21** 102 f.; Entlassung **22** 213, 216; **59** 8 f.; Exkulpationsmöglichkeit **InsolvenzStR** 21 c; Feststellung des Eröffnungsgrundes **22** 153 ff.; Forderungseinziehung **21** 102; **22** 54 ff.; Freigabe **22** 37; gutachterliche Tätigkeit **22** 138 ff.; Haftung **InsolvenzStR** 21 c, s. dort; Handlungsbefugnis **22** 26 f.; Inbesitznahme s. dort; Insolvenzanfechtung **129** 193; Insolvenzarbeitsrecht **Vor 113–128** 27 ff.; Insolvenzplan **218** 31 ff., 175 ff.; Inventarisierung des Schuldnervermögens **22** 42 ff.; Kassenführung **21** 47, 69; **25** 7; Kündigung der Kontokorrentabrede **22** 60; Kündigung gegenseitiger Verträge **22** 59 ff., 108, 120; Lohnsteuer **InsolvenzStR** 21 b; Partei kraft Amtes **22** 24; Prozessführungsbefugnis **21** 50, 52; **22** 54, 128, 131, 136, 184 ff.; **24** 2, 15 ff.; Prüfung der Kostendeckung **22** 139, 145 ff., 157; Rechnungslegung **21** 53; **22** 42, 137, 201 ff.; **25** 23; **66** 37; **Vor 151–155** 10; Rechtsstellung **21** 48 f.; **22** 22 ff., 28 ff., 128, 131 f.; Rechtsstellung nach Aufhebung der Verfügungsbefugnis **25** 23 ff.; Sachverständiger **5** 36 a f.; **22** 3, 35, 138 ff.; **26** 14 f.; "schwacher" – **22** 14; **InsolvenzStR** 22; "starker" – **22** 14; **InsolvenzStR** 21 a f.; Steuererklärung **InsolvenzStR** 21 a; steuerrechtliche Pflichten **22** 193 ff., 202; **InsolvenzStR** 21 a; Übernahme des Amtes **22** 21; Umsatzsteuer **InsolvenzStR** 21 b; Unabhängigkeit **22** 18, 20, 27; Verfügungen **21** 52; **22** 136; Verfügungen des Schuldners mit seiner Zustimmung **22** 65; **110** 9; Verpflichtungsgeschäfte **21** 52; **22** 136; Versicherung der Vermögensgegenstände **22** 47; Vertrauensschutz **56** 11; Verwertung von Absonderungsgut **22** 50 f., 82, 104, 107; Verwertung von Aussonderungsgut **22** 51, 106; Verwertungsbefugnis nach Aufhebung der Verfügungsbefugnis **25** 23 ff.; Verwertungsmaßnahmen **22** 73 ff.; Warnung der Geschäftspartner bei drohender Masseunzulänglichkeit **22** 210; Widerspruch gegen Lastschrift **22** 60; **112** 23; Wirksamkeit des Verwalterhandelns **22** 26, 72, 82; Zutritts-, Einsichts- und Informationsrechte **21** 53, 91; **22** 3, 41, 128, 130, 137, 144, 173, 178 ff.; Zwangsbefugnisse **21** 52; **22** 178 ff.

Vormerkung 55 129; **91** 42 f.; **103** 100; **106** 1 ff.; **254** 25, 29; Abwicklung nicht erfüllter Verträge **106** 28 ff.; Akzessorietät **106** 6; Anfechtbarkeit **140** 46 ff.; Aussonderung **47** 333; eintragungsfähige Rechtsänderung **106** 5; Einwendungen und Einreden **106** 19; Entstehung des Anspruchs **106** 16 ff.; Erfüllung aus der Insolvenzmasse **106** 18; künftige und bedingte Ansprüche **106** 8 ff.; Restschuldbefreiungsverfahren **301** 29; Wahlrecht des Insolvenzverwalters **106** 20 ff., 27; Zeitpunkt des Entstehens **106** 14 ff.

Vormerkungsberechtigte 217 93

Vormund, Auskunfts – und Mitwirkungspflicht **97** 25; Auskunftspflicht für Schuldner **20** 64; Handeln für Antragsberechtigten **13** 13 ff., 82; Insolvenz **103** 112

Vormundschaftsgericht, Genehmigung des Eröffnungsantrags **13** 15, 82; Genehmigung des Schuldenbereinigungsplans **13** 15

Vorpfändung 50 66 a

Vorstandsmitglied 304 55

Vorvertrag 106 13, 16 a

Vorweggenommene Erbfolge 295 58 f.

Wahlrecht des Insolvenzverwalters 103 2, 10, 42; Anfechtung der Wahlrechtsausübung **103** 206; Anzeige der Massunzulänglichkeit **209** 25 ff.; Aufforderung zur Wahlrechtsausübung **103** 171 f.; Ausübung **103** 196 ff.; Ausübungsberechtigung **103** 149 ff.; Begriff **103** 148; beiderseitige Untätigkeit **103** 183; Beweisfragen **103** 175; Eigenverwaltung **279** 1; Erfüllungsablehnung **103** 167 ff.; Erfüllungsverlangen **103** 154 ff.; Erklärung unter Vorbehalten/Einschränkungen **103** 159 ff.; EuInsVO **31 EuInsVO** 23; Insolvenz beider Vertragspartner **103** 210; Rechte Dritter **103** 205; Schweigen **103** 158, 182; Untätigkeit **103** 158; unterlassene Wahlrechtsausübung **103** 170 ff.; unverzügliche Erklärung des Insolvenzverwalters **103** 173 f.; unzulässige Rechtsausübung **103** 203 f.; Vertragsschluss im Eröffnungsverfahren nach Bestellung eines vorläufigen Insolvenzverwalters **103** 151; Verwertung **103** 157; Zustimmung des Gläubigerausschusses **103** 162

Wahrheitspflicht 4 47

Wales, Länderbericht **England & Wales**

Waren 104 38

Warenlager, Veräußerung **160** 12, 15 f.

Warentermingeschäft 104 91

magere Zahlen = Randnummern

Warenvorrat

Warenvorrat 148 50
Wechsel 21 58; **116** 45; **137** 1 ff.; Anfechtbarkeit **140** 9 a; Anfechtung **129** 145; Inkongruenz **131** 35
Wechselfähigkeit des Schuldners **80** 11
Wechselverkehr, – in der Insolvenz **82** 26 ff.; Insolvenz des Ausstellers **82** 27; Insolvenz des Bezogenen **82** 28
Wegnahmerecht 47 325
Wehrdienstleistender 113 37
Werkförderungsvertrag 108 24
Werklieferungsvertrag 103 85; Insolvenz des Bestellers **103** 135; Insolvenz des Unternehmers **103** 136; Rechtsmangel **103** 135 ff.
Werkunternehmerpfandrecht 50 105 f.; **91** 63; gutgläubiger Erwerb **50** 117 f.
Werkvertrag 103 85; **105** 15 ff.; **116** 8; Anwendbarkeit des § 103 InsO **103** 144; Erfüllung **103** 134; Insolvenz des Bestellers **103** 135; Insolvenz des General(Haupt-)Unternehmers **103** 147 ff.; Insolvenz des Unternehmers **103** 136; Mängelanspruch **45** 7; mangelhafte Teilleistung vor Insolvenzeröffnung **103** 145 ff.; Rechtsmangel **103** 135 ff.; Sachmangel **103** 144 ff.; Umsatzsteuer **InsolvenzStR** 187 a ff.
Wertgegenstände 149 1 ff.
Wertguthaben aus Vorleistungen der Arbeitnehmer **Vor 113–128** 39 f.
Wertpapierdarlehen 104 92 ff.
Wertpapierdepotgeschäft, Bildung von Sondermassen **27–29** 106; Pfleger für vorrangige Gläubiger **27–29** 106
Wertpapierdienstleistung 104 48
Wertpapierdienstleistungs-Richtlinie 340 3
Wertpapiere 35 420; **104** 80; **149** 6; internationales Insolvenzrecht **351** 13
Wertpapierleihe 104 92 ff.
Wertpapierpensionsgeschäft 104 96 ff.
Wertpapierverwahrung 47 409 ff.
Wesentliche Bestandteile 35 138, 171; Absonderung **49** 13; Aussonderung **47** 20, 21 ff., 42
Wettbewerbsabrede 55 186; **103** 84
Wettbewerbsrecht 22 109; **80** 116 ff.
Wette 103 93
Wetterderivate 104 134
Widerruf der Restschuldbefreiung 303 1 ff.
Wiederauflebensklausel 255 1 ff.; **257** 60; **299** 10
Wiederaufnahme des Verfahrens 6 86 f.; Anwendbarkeit der ZPO-Regeln **4** 89
Wiedereinsetzung in den vorigen Stand, Anwendbarkeit der ZPO-Regeln **4** 51 f.; Beschwerdeverfahren **6** 39 a; Rechtsbeschwerdeverfahren **7** 55, 63; Rechtsmittel **6** 68; Versäumung der RSB-Antragsfrist **20** 103; Versäumung des Abstimmungstermins **251** 11 ff.; Versäumung des Prüfungstermins **4** 52; **186** 1 ff.

Wiedereinstellungsanspruch 125 105; **127** 16
Wiederkaufsrecht 35 444 ff.; **47** 328; **49** 75
Wiederkehrende Leistungen 46 1 ff.
Willensmangel, Zurechnung **80** 36
Windkraftanlage, Absonderungsrecht **166** 8
Wirkungserstreckung, Grenzen **17 EuInsVO** 10; Sekundärverfahren **17 EuInsVO** 11, 12 ff.; verfahrensrechtliche – **17 EuInsVO** 1
Wirtschaftsprüfer, berufsrechtliche Auswirkungen einer Insolvenz **80** 16; Entbindung von der Schweigepflicht **5** 30 a; **80** 44, 79; – als Insolvenzverwalter **56** 57; Vergütung **5 InsVV** 9; Verschwiegenheitspflicht **97** 28; **InsolvenzStR** 8 d; Zutrittsrecht im Eröffnungsverfahren **22** 179
Wirtschaftsprüfervertrag 103 105; **116** 27
Wohlverhaltensperiode 286 37; **287** 56 ff.; **291** 31; Aufrechnung **294** 2, 34 ff.; Beginn **287** 59 f.; **291** 35; Ende **287** 59, 61 f.; **299** 2, 7; **300** 4 ff., 10 ff.; Sonderabkommen **294** 26 ff.; **295** 98; Verkürzung der – **287** 63; Wahlfreiheit der Beschäftigung **295** 105; Zwangsvollstreckung **294** 2, 3 ff.; **302** 29
Wohn- und Hausgelder 55 76; **209** 24 a
Wohnsitz, Wechsel **295** 75 ff.
Wohnung des Schuldners Einl 89; **35** 462 f.; **55** 147; **100** 15, 25, 28; **108** 40, 82, 91, 121 f., 194; Zutrittsrecht/Durchsuchung **21** 91; **22** 179 f., 181; **148** 65 f., 68
Wohnungseigentum 35 168; **47** 20; **49** 5; **84** 7; **165** 25, 262 f.
Wohnungseigentümergemeinschaft, Insolvenzfähigkeit **11** 63 b; Rechtsfähigkeit **11** 63 b
Wohnungserbbaurecht 108 41
Wohnungsrecht 35 170; **108** 15, 41

Zahlungs-Netting 104 150
Zahlungsunfähigkeit 17 4 ff.; **130** 27 ff.; **135** 48; **320** 2; Beseitigung der – **17** 34 ff.; fällige Zahlungspflichten **17** 7; Finanzplan **17** 10 ff., 23; Finanzstatus **17** 13 f., 23; geringfügige Liquiditätslücken **17** 15 ff.; konkludente Handlungen des Schuldners **17** 29 ff.; Liquiditätsbilanz **17** 18 ff., 20; Liquiditätskennzahl **17** 19 f.; objektive – **17** 10 ff., 33; (Wieder-)Aufnahme der Zahlungen **17** 35; Zahlungseinstellung **17** 5, 22; Zahlungseinstellung als Regelvermutung **17** 27 f.; Zahlungsstockung **17** 5, 18, 22; Zeitpunkt der – **17** 25, 26 ff.; zeitpunktbezogene Liquidität **17** 12; zeitraumbezogene Liquidität **17** 12
Zeugen 5 24 ff.; **101** 29 f.; Zeugnisverweigerungsrecht **5** 27 ff.; **97** 29
Zeugenschutzprogramm 20 52
Zinsabschlag InsolvenzStR 70
Zinsabschlagsteuer InsolvenzStR 65
Zinsausgleichsanspruch, Absonderungsgläubiger **169** 1 ff., 20 ff.; Verzicht der Absonderungsgläubiger **223** 29 f.

1881

Zinsforderung

Zinsforderung 39 11 ff., 48
Zivildienstleistender 113 37
Zoll Vor 49–52 16; **InsolvenzStR** 234 f.; Insolvenzforderung **InsolvenzStR** 234 f.; Masseverbindlichkeit **InsolvenzStR** 234
ZPO, Anwendbarkeit 4 3 ff.; entsprechende Anwendung 4 6; Subsidiarität 4 5
Zubehör 35 138, 171; Absonderung 49 14; Aussonderung 47 28 f., 42; Doppelsicherung 165 223 ff.; 166 10; 170 16; Enthaftung 49 15 ff.; 165 216 ff.; Sicherungsübereignung 51 90 ff.; Verfahrenskostenbeitrag 165 13; Verwertung 165 33, 213 ff.
Zugewinnausgleich 35 431; 37 11 ff.
Zugewinngemeinschaft 37 5 f.; **103** 110; Beendigung 37 11 f.; Insolvenz des anderen Ehegatten 47 445; Insolvenzmasse 37 7
Zulässigkeitsprüfung des Eröffnungsantrags 14 101 ff.; 15 1 ff., 72 ff.
Zulassungsverfahren Vor 2–10 16; keine Amtsermittlungspflicht 3 37; 5 13
Zurückbehaltungsrecht, bereicherungsrechtliches – 51 241; Erbe 323 1 ff.; kaufmännisches – **Vor** 49–52 16; 51 11, 223 ff., 268; 91 44, 65; Mietzahlung 110 25; – wegen nützlicher Verwendungen **Vor** 49–52 16; 51 10, 217 ff., 267; 91 44; – nach § 273 BGB 51 242 f.; versicherungsrechtliches – 51 232 ff., 269
Zuständigkeit, Abgabe 3 30 f.; Anordnung von Sicherungsmaßnahmen durch verschiedene Insolvenzgerichte 3 32 a; ausschließliche – 2 11 f.; 3 27 ff.; Eröffnung durch unzuständiges Gericht 2 13; 3 32; Evokationsrecht 2 21; FGG-Gericht 2 6 a; Gerichtsstandsvereinbarung 2 11; Kammer für Handelssachen 47 477; 80 108 f.; Prüfung von Amts wegen 2 13; 3 37; Rechtspfleger 4 36; Unternehmensinsolvenzen 2 19 a; Verweisung 2 11, 13; 3 27 ff.; Zwischenentscheidung über die Zulässigkeit 4 54 a
– **funktionelle –** 2 20 ff.; 4 36, Evokationsrecht 2 21, Rechtspfleger 2 20 f., Richtervorbehalt 2 21, Übergang von Richter auf Rechtspfleger 27–29 135 ff., Verletzung 2 23
– **internationale –** 3 22 ff.; 11 17 a; 13 70, 99; 20 22, 25; 27–29 115; 32–33 46; 34 29, 77, 117, 123; 315 9; **Vor** 335 ff. 89; 335 20 ff.; 354 6 ff.; **KonzernInsO** 8 ff., Annexverfahren 25 **EuInsVO** 21 ff., Einstellung des Verfahrens **Art** 102 § 4 **EGInsO** 4, Feststellungsprozess 3 **EuInsVO** 93, Haftung des Insolvenzverwalters 3 **EuInsVO** 102, Insolvenzanfechtung 3 **EuInsVO** 92; 13 **EuInsVO** 22, Partikularverfahren 3 **EuInsVO** 71, Sekundärverfahren 3 **EuInsVO** 73 ff., Verweisung 3 **EuInsVO** 68
– **örtliche –** 2 19; 3 4 ff., allgemeiner Gerichtsstand 3 16 ff.; 4 38, Beendigung der wirtschaftlichen Tätigkeit 3 7 b, Beginn der wirtschaftlichen Tätigkeit 3 7 a, Darlegung im Eröffnungsantrag 13 99; 20 22, 25, Gerichtsstandsbestimmung durch das höhere Gericht 3 11, 29, 33 ff.; 4 39, Gerichtsstandserschleichung 3 5, 38 ff., Hauptinsolvenzverfahren **Art** 102 § 1 **EGInsO** 3 ff.; 3 **EuInsVO** 69 f., Hauptniederlassung 3 11, Insolvenzverfahren über das gemeinschaftlich verwaltete Gesamtgut einer Gütergemeinschaft 3 18, Insolvenzverfahren über das Gesamtgut einer fortgesetzten Gütergemeinschaft 3 18, Maßnahmen nach der EuInsVO **Art** 102 § 1 **EGInsO** 14 f., mehrfache Zuständigkeiten 3 20 f., Mittelpunkt der Tätigkeit 3 10 ff., Nachlassinsolvenzverfahren 3 18; 315 1 ff., keine Rüge im Beschwerdeverfahren 34 29, 77, 116, 122, Sekundärverfahren **Art** 102 § 1 **EGInsO** 10 ff., Selbständigkeit 3 9 f., Sitzverlegung ins Ausland 3 45, Verbraucherinsolvenzverfahren 3 9, wirtschaftliche Tätigkeit 3 7 ff., Wohnsitz 3 17, maßgeblicher Zeitpunkt 3 5; 4 53, Zeugenschutzprogramm 3 17, Zweigniederlassung 3 11
– **sachliche –** 2 3 ff., abweichende Zuständigkeitsregelung durch VO der Landesregierung 2 4, Amtsgericht als Vollstreckungsgericht 2 5 f., arbeitsgerichtliche Streitigkeiten 2 10, Konzentration 2 2, 4, 16, Prozessgericht 2 7 ff.
Zustellung, Adressat 8 10 f.; Aktenvermerk 8 20; – von Amts wegen 8 12; – an eine(n) Anwalt/Notar/Gerichtsvollzieher/Behörde oder Körperschaft des öffentlichen Rechts 8 25; Anwendbarkeit der ZPO-Regeln 4 26; Aufgabe zur Post 8 16 ff.; Aushändigung an der Amtsstelle 8 26; Beglaubigung des zuzustellenden Schriftstücks 8 13; Bewirkung 8 12 ff.; Eigenverwaltung 273 10 ff.; Ersatzzustellung 8 24; formlose Mitteilung 8 39 ff.; – gerichtlicher Entscheidungen 8 14; – durch Gerichtsbedienstete 8 24 a; Heilung von Zustellungsmängeln 8 38 a; – durch den Insolvenzverwalter 8 31 ff.; – neben öffentlicher Bekanntmachung 8 4 a; – an Personen im Ausland 8 29 f.; – an Personen unbekannten Aufenthalts 8 27 f.; – durch die Post 8 23 f.; Restschuldbefreiungsverfahren 289 32 ff.; 291 26; – durch den Sachwalter 8 35; Schuldenbereinigungsplan 8 27 a; 307 6 f.; – durch den Treuhänder 8 35; vorläufige Postsperre 8 10 a; – durch den vorläufigen Insolvenzverwalter 8 34; 22 137; 23 13, 16; – als Wirksamkeitserfordernis 8 11; zustellungsbedürftige Dokumente 8 6 ff.
Zustimmungserklärung zur Übernahme von Anteils- oder Mitgliedschaftsrechten 230 42 ff.; Beifügung 230 58, 59; Durchsetzung 230 64; – und gesellschaftsrechtliche Maßnahmen 230 65 f.; Rechtsnatur/Inhalt 230 56 f.; Wirksamkeit 230 59
Zustimmungsvorbehalt s. u. Vorläufige Sicherungsmaßnahmen

magere Zahlen = Randnummern

Zwangshypothek 21 79; **49** 55, 69 ff.
Zwangsmittel s. Haft des Schuldners, Vorführung des Schuldners
Zwangsversteigerung 49 84 ff.; **165** 1 ff., 26 ff.; Ablösung des Insolvenzverwalters hinsichtlich Kostenbeitrag nach § 10 Abs. 1 Nr. 1 a ZVG **165** 172 ff.; Beitritt **165** 64 f.; eigenkapitalersetzende Nutzungsüberlassung **165** 247 ff.; Einfluss der Insolvenzeröffnung **165** 42 ff.; einstweilige Einstellung **165** 87 ff.; einstweilige Einstellung im Eröffnungsverfahren **21** 79 ff.; **22** 52, 108; einstweilige Einstellung im Verbraucherinsolvenzverfahren **306** 18; Gläubigerantrag **165** 55 ff.; Grundpfandgläubiger **165** 55 ff.; Mindestgebot **165** 74 f.; Scheingebot durch Gläubigervertreter **165** 74; Steuern **165** 253 ff.; Teilungsplan **165** 80 ff.; Titelumschreibung **165** 46; Verkehrswert **165** 70; Widerspruch gegen Teilungsplan **165** 171; Zusammentreffen Verwalterversteigerung/Vollstreckungsversteigerung **165** 135 ff.

– **Antrag des Insolvenzverwalters 165** 119 ff., Anordnungsbeschluss **165** 128, Ausgebot **165** 145 ff., Beitritt zur Vollstreckungsversteigerung **165** 135 ff., Beschlagnahme **165** 130 f., Betreibungsrecht **165** 119 ff., geringstes Gebot **165** 145 ff., Rücknahme des Antrags **165** 132, 170, Terminbestimmung **165** 134, Wertfestsetzung **165** 168 f., Zuschlagsversagung **165** 39, 169 f.

Zwangsverwaltung 49 84 ff.; **165** 1 ff., 29 f., 230 ff.; Anordnungsbeschluss **165** 232; eigenkapitalersetzende Nutzungsüberlassung **165** 247 ff.; einstweilige Einstellung **165** 240 ff.; einstweilige Einstellung im Eröffnungsverfahren **21** 79 ff.; **22** 52; kalte **165** 32, 181 ff.; Kollision Rechte Insolvenzverwalter/Zwangsverwalter **165** 4, 237 ff.; Mietgrundstück **109** 48; Rechte und Pflichten des Zwangsverwalters **165** 234 ff.

Zwangsvollstreckung 80 96; **Vor 85–87** 47; – durch Absonderungsberechtigte **Vor 49–52** 163 ff.; **49** 84 ff.; Anfechtbarkeit **131** 26 ff.; **140** 17 f.; **145** 21; Anfechtung **133** 9 ff.; Anwendbarkeit der ZPO-Regeln **4** 32 ff.; Arbeitseinkommen **4** 36; – im Ausland **342** 9 f.; **20 EuInsVO** 3 ff.; Beitreibung von Forderungen **Vor 49–52** 166 a f.; eidesstattliche Versicherung des Insolvenzverwalters **53** 62; einstweilige Einstellung **108** 198; einstweilige Einstellung im Verbraucherinsolvenzverfahren **306** 17; – nach Erfüllungsablehnung **103** 181; – nach Eröffnung **89** 1 ff.; – vor Eröffnung **21** 70 ff.; **88** 1 ff.; **InsolvenzStR** 23 c; fehlende Vollstreckungsmöglichkeit aus dem Plan **257** 70 ff.; Herausgabeanspruch auf Insolvenzmasse **148** 60 ff.; Herausgabevollstreckung **Vor 49–52** 163 ff.; – in Nachlass **321** 1 ff.; **322** 3; Räumung der Wohnung **108** 82; Räumungsschutz **108** 122; – nach Restschuldbefreiung **302** 30; – aus Tabelle(neintrag) **201** 21; **202** 1 ff.; **302** 30; – nach Verfahrensbeendigung **89** 27 ff.; Vollstreckung wegen eines Geldanspruchs in bewegliche Sachen **Vor 49–52** 163 ff.

– **aus Insolvenzplan 257** 1 ff., 63, Absonderungsberechtigte **257** 14, Absonderungsrecht **257** 15, beseitigter Widerspruch **257** 20, Einwendungen des Plangaranten **257** 56, festgestellte nicht bestrittene Forderung **257** 18 f., Gesellschaft ohne Rechtspersönlichkeit **257** 11, Kommaditgesellschaft **257** 11, – gegen Plangaranten **257** 51 ff., rechtskräftig bestätigter Insolvenzplan **257** 16, Verfahren **257** 38 ff., Vollstreckungserinnerung **257** 39, Vollstreckungsgegenklage **257** 40 f., Vollstreckungsklausel **257** 16, 27 ff., 53 f., 64 f., Vollstreckungsschuldner **257** 10 ff., Vollstreckungstitel **257** 21 ff., – bei Wegfall der Planbeschränkungen **257** 59 ff., Zahlungsklage **257** 68 f.

– **wegen Masseverbindlichkeiten 53** 58 ff.; **165** 50 ff., Ausnahmen des Vollstreckungsverbots **53** 60; **90** 17 ff., Dauer des Vollstreckungsverbots **90** 15 f., Entscheidung des Insolvenzgerichts **90** 25, oktroyierte Masseverbindlichkeiten **53** 59 f.; **90** 7 ff., nicht oktroyierte Masseverbindlichkeiten **90** 9 ff., Rechtsbehelfe **90** 24, Rechtsfolgen **90** 21 ff., Vollstreckungsverbot **53** 79 f., 81 f., **208** 64 ff.; **210** 5 ff.

– **im Restschuldbefreiungsverfahren 294** 2 ff., 22, Auslandsvermögen **294** 7, Beendigung des Vollstreckungsschutzes **299** 9, Ende des Vollstreckungsverbots **294** 11, Erinnerung **294** 16 f., Geldstrafen/-bußen **294** 6, Kostenerstattungsanspruch eines Insolvenzgläubigers **294** 21, gewillkürte Masseverbindlichkeiten **294** 24, Neugläubiger **294** 20 ff., Rechtsfolgen unzulässiger Zwangsvollstreckungsmaßnahmen **294** 16 f., Unterhaltsforderungen **294** 4, 6, unzulässige Zwangsvollstreckungsmaßnahmen **294** 16 f., Vollstreckungsverbot **294** 2 ff., Wohlverhaltensperiode **294** 2, 3 ff.; **302** 29, Zwangsvollstreckung in Grundstücke **294** 19

Zweitersatzaussonderung
s. Ersatzaussonderung
Zwischenentscheidung über die Zulässigkeit **4** 54 a
Zwischenverfügung, Beanstandung des Eröffnungsantrags **13** 114; **14** 102; **20** 96; **34** 29 ff.